Benkel/Hirschberg
ALB- und BUZ-Kommentar

Benkel/Hirschberg

Lebens- und Berufsunfähigkeitsversicherung

– ALB- und BUZ-Kommentar –

unter Berücksichtigung der §§ 159–178 VVG 1908/2007,
der §§ 150–177 VVG 2008, der §§ 212, 213 und 215 VVG 2008
sowie der Art. 1, 3 und 4 EGVVG 2008

von

Gert A. Benkel
Dr. rer. pol., Rechtsanwalt, Neu-Isenburg

2., völlig neu bearbeitete Auflage

des von
Gert A. Benkel und Günther Hirschberg
begründeten Werks

Verlag C. H. Beck München 2011

Zitiervorschlag:
Benkel/Hirschberg,
2. Aufl., § 3 ALB 2008 Rdn. 12

Verlag C. H. Beck im Internet:
beck.de

ISBN 978 3 406 39526 0

© 2011 Verlag C. H. Beck oHG
Wilhelmstraße 9, 80801 München
Satz, Druck und Bindung: Druckerei C. H. Beck, Nördlingen
(Adressse wie Verlag)

Gedruckt auf säurefreiem, alterungsbeständigem Papier
(hergestellt aus chlorfrei gebleichtem Zellstoff)

Vorwort zur 2. Auflage

Das 1990 erstmals erschienene Werk wurde neu strukturiert und umfassend überarbeitet.

Der erste Teil des Werkes enthält unverändert die Texte zu den ALB und BUZ, jetzt aber auch die Vorschriften des VVG 1908/2007 und des VVG 2008 zur Lebens- und Berufsunfähigkeitsversicherung.

Im zweiten Teil des Werkes werden folgende Themen angesprochen: „Wirtschaftliche Bedeutung der Lebensversicherung", „Rechtsquellen der Lebensversicherung", „Bedeutung der Lebensversicherung für die private und betriebliche Altersversorgung", „Besteuerung der Lebensversicherung", „Vermittlung und Betreuung der Lebensversicherung", „Inhaltskontrolle von Allgemeinen Versicherungsbedingungen", „Beaufsichtigung der Lebensversicherungsunternehmen" und „Lebensversicherungsunternehmen unter Kartellaufsicht".

Im dritten Teil des Werkes wird auf die §§ 159 bis 178 VVG 1908/2007, §§ 150 bis 177 VVG 2008, §§ 212, 213 und 215 VVG 2008 sowie Art. 1, 3 und 4 EGVVG 2008 eingegangen. Behandelt werden ferner die VVG-InfoV 2008 und die Mindestzuführungsverordnung 2008.

Im vierten Teil des Werkes werden die ALB 1986 und im fünften Teil die ALB 2006 kommentiert, denen die ALB 1994 zugrunde liegen.

Im sechsten Teil des Werkes werden die ALB 2008 und BUZ 2008 kommentiert. Ferner werden die weiteren Musterbedingungen des GDV 2008 behandelt. Im Anhang wird schließlich die aktienindexgebundene Lebensversicherung angesprochen, zu der es bislang keine Musterbedingungen des GDV gibt.

Die im zweiten Teil der ersten Auflage behandelte Gruppen-Lebensversicherung ist nunmehr als Kollektivlebensversicherung Gegenstand des siebten Teils des Werkes.

Berücksichtigt ist die bis zum 30. April 2010 veröffentlichte Rechtsprechung. Dies gilt gleichermaßen für das seit der ersten Auflage erschienene umfangreiche Schrifttum.

Herr Rechtsanwalt Günther Hirschberg, der in der ersten Auflage die Rdn. 1 bis 36 der Einführung vor § 1 BUZ bearbeitet hatte, konnte – mit Rücksicht auf anderweitige Verpflichtungen – an der zweiten Auflage des „Benkel/Hirschberg" nicht mitwirken.

Neu-Isenburg, den 5. November 2010   Dr. Gert A. Benkel

Inhaltsübersicht

	Seite
Inhaltsverzeichnis	IX
Abkürzungsverzeichnis	LXVII

Teil 1. Texte

A. Gesetze	1
I. §§ 159–178 VVG 1908/2007	1
II. §§ 150–177 VVG 2008	8
B. Allgemeine Bedingungen für die kapitalbildende Lebensversicherung (ALB 2008)	17
C. Allgemeine Bedingungen für die Berufsunfähigkeits-Zusatzversicherung (BUZ 2008)	33

Teil 2. Einleitung

A. Wirtschaftliche Bedeutung der Lebensversicherung	45
B. Rechtsquellen der Lebensversicherung	49
C. Bedeutung der Lebensversicherung für die private und betriebliche Altersversorgung	77
D. Besteuerung der Lebensversicherung	96
E. Vermittlung und Betreuung der Lebensversicherung	111
F. Inhaltskontrolle von Allgemeinen Versicherungsbedingungen	264
G. Beaufsichtigung der Lebensversicherungsunternehmen	289
H. Lebensversicherungsunternehmen unter Kartellaufsicht	315

Teil 3. VVG, VVG-InfoV und Mindestzuführungsverordnung

A. Kommentierung der §§ 159 bis 178 VVG 1908/2007	329
B. Gesetz zur Reform des Versicherungsvertragsrechts (VVG 2008)	389
C. Verordnung über Informationspflichten bei Versicherungsverträgen (VVG-Informationspflichtenverordnung – VVG-InfoV) vom 18. Dezember 2007	464
D. Verordnung über die Mindestbeitragsrückerstattung in der Lebensversicherung (Mindestzuführungsverordnung) vom 4. April 2008	496

Teil 4. Allgemeine Bedingungen für die kapitalbildende Lebensversicherung (ALB 1986)

A. Vorbemerkung	503
B. Kommentierung der §§ 1–17 ALB 1986	517

Teil 5. Allgemeine Bedingungen für die kapitalbildende Lebensversicherung (ALB 2006)

A. Vorbemerkung	901
B. Kommentierung der §§ 1–17 ALB 2006	904

Teil 6. Musterbedingungen des GDV 2008

A. Allgemeine Bedingungen für die kapitalbildende Lebensversicherung (ALB 2008)	1021

Übersicht

Inhaltsübersicht

	Seite
B. Allgemeine Bedingungen für die Berufsunfähigkeits-Zusatzversicherung (BUZ 2008)	1382
C. Allgemeine Bedingungen für die Unfall-Zusatzversicherung (UZV 2008)	1659
D. Allgemeine Bedingungen für die Berufsunfähigkeits-Versicherung (BV 2008)	1688
E. Allgemeine Bedingungen für die Pflegerenten-Zusatzversicherung (PRZ 2008)	1707
F. Allgemeine Bedingungen für die Rentenversicherung (RV 2008)	1716
G. Allgemeine Bedingungen für die Rentenversicherung gemäß § 10 Abs. 1 Nr. 2 Buchstabe b) EStG/Basisversorgung (Basis-RV 2008)	1794
H. Allgemeine Bedingungen für eine Rentenversicherung und eine Fondsgebundene Rentenversicherung als Altersvorsorgevertrag im Sinne des Altersvorsorgeverträge-Zertifizierungsgesetzes (RVAltZertG 2008/FRVAltZertG 2008)	1823
I. Allgemeine Bedingungen für die Fondsgebundene Lebens- und Rentenversicherung (FLV 2008 und FRV 2008)	1847
J. Allgemeine Bedingungen für die Risikoversicherung (RiV 2008)	1882
K. Allgemeine Bedingungen für die Vermögensbildungsversicherung (VML 2008)	1899
L. Allgemeine Bedingungen für die Restschuldlebensversicherung (RLV 2008)	1912
M. Allgemeine Bedingungen für die Arbeitsunfähigkeits-Zusatzversicherung (AUZ 2008)	1925
N. Allgemeine Bedingungen für den vorläufigen Versicherungsschutz in der Lebensversicherung (VVSL 2008)	1934
O. Besondere Bedingungen für die Lebensversicherung mit planmäßiger Erhöhung der Beiträge und Leistungen ohne erneute Gesundheitsprüfung (PLV 2008)	1942
P. Anhang: Aktienindexgebundene Lebensversicherung (AILV)	1947

Teil 7. Kollektivlebensversicherung

A. Gruppen- und Sammelversicherung	1956
B. Rückdeckungsversicherung	1965
C. Direktversicherung	1977
D. Gehaltsumwandlungsversicherung	2002
Sachregister	2015

Inhaltsverzeichnis

	Seite
Abkürzungsverzeichnis	LXVII

Teil 1. Texte

A. Gesetze 1
   I. §§ 159–178 VVG 1908/2007 1
   II. §§ 150–177 VVG 2008 8
B. Allgemeine Bedingungen für die kapitalbildende Lebensversicherung (ALB 2008) 17
C. Allgemeine Bedingungen für die Berufsunfähigkeits-Zusatzversicherung (BUZ 2008) 33

Teil 2. Einleitung

A. Wirtschaftliche Bedeutung der Lebensversicherung 45
   I. Rechtsformen und Bedeutung der Lebensversicherer 45
      1. Rechtsform 45
      2. Bedeutung 46
   II. Rangfolge der Lebensversicherer nach Beitragseinnahme 46
   III. Ausgewählte Geschäftsdaten der Lebensversicherer 2008 47
      1. Bestand an Haupt- und Zusatzversicherungen 47
      2. Beitragseinnahmen Haupt- und Zusatzversicherungen 47
      3. Kapitalanlagenbestand 47
      4. Verwaltungskostensatz 48
      5. Abschlusskostensatz 48
      6. Nettoverzinsung 48
B. Rechtsquellen der Lebensversicherung 49
   I. Meilensteine der nationalen Gesetzgebung 50
      1. Allgemeines Landrecht für die Preußischen Staaten von 1794 50
      2. Versicherungsaufsichtsgesetz vom 12. Mai 1901 51
      3. Gesetz über den Versicherungsvertrag vom 30. Mai 1908 51
      4. Einigungsvertrag vom 3. Oktober 1990 52
      5. Drittes Durchführungsgesetz/EWG zum VAG vom 21. Juli 1994 52
      6. Kapitalaufnahmeerleichterungsgesetz (KapAEG) vom 20. April 1998 53
      7. Kapitalgesellschaften- und Co-Richtlinie-Gesetz (KapCoRiLiG) vom 16. Dezember 1999 54
      8. Gesetz über Fernabsatzverträge und andere Fragen des Verbraucherrechts sowie zur Umstellung von Vorschriften auf Euro vom 27. Juni 2000 54
      9. Gesetz zur Änderung des Versicherungsaufsichtsgesetzes, insbesondere zur Durchführung der EG-Richtlinie 98/78/EG vom 27. Oktober 1998 über die zusätzliche Beaufsichtigung der einer Versicherungsgruppe angehörenden Versicherungsunternehmen sowie zur Umstellung von Vorschriften auf Euro vom 21. Dezember 2000 („VAG-Novelle 2000") 55
      10. Altersvermögensgesetz (AVmG) vom 26. Juni 2001 56
      11. Versicherungskapitalanlagen-Bewertungsgesetz (VersKapAG) vom 26. März 2002 56
      12. Gesetz zur weiteren Fortentwicklung des Finanzplatzes Deutschland vom 21. Juni 2002 („VAG-Novelle 2002") 58
      13. Geldwäschebekämpfungsgesetz vom 8. August 2002 58

Inhalt

Inhaltsverzeichnis

14. Gesetz zur Umsetzung aufsichtsrechtlicher Bestimmungen zur Sanierung und Liquidation von Versicherungsunternehmen und Kreditinstituten vom 10. Dezember 2003 („VAG-Novelle 2003") 59
15. Alterseinkünftegesetz vom 5. Juli 2004 59
16. Gesetz zur Änderung der Vorschriften über Fernabsatzverträge bei Finanzdienstleistungen vom 2. Dezember 2004 60
17. Bilanzrechtsreformgesetz (BilReG) vom 4. Dezember 2004 61
18. Gesetz zur Änderung des Versicherungsaufsichtsgesetzes und anderer Gesetze vom 15. Dezember 2004 („VAG-Novelle 2004") 61
19. Siebtes Gesetz zur Änderung des Versicherungsaufsichtsgesetzes vom 29. August 2005 („7. VAG-Novelle") 62
20. Gesetz zur Umsetzung europäischer Richtlinien zur Verwirklichung des Grundsatzes der Gleichbehandlung vom 14. August 2006 63
    a) Umgesetzte Richtlinien 63
    b) Richtlinie 2004/113/EG 63
    c) Richtlinie 2006/54/EG 64
21. Gesetz zur Neuregelung des Versicherungsvermittlerrechts vom 19. Dezember 2006 65
22. Achtes Gesetz zur Änderung des Versicherungsaufsichtsgesetzes sowie zur Änderung des Finanzdienstleistungsgesetzes und anderer Vorschriften vom 28. Mai 2007 („8. VAG-Novelle") 66
23. Gesetz zur Reform des Versicherungsvertragsrechts vom 23. November 2007 68
24. Neuntes Gesetz zur Änderung des Versicherungsaufsichtsgesetzes vom 23. Dezember 2007 („9. VAG-Novelle") 69
25. Gesetz zur Ergänzung der Bekämpfung der Geldwäsche und der Terrorismusfinanzierung (Geldwäschebekämpfungsergänzungsgesetz – GwBekErgG) vom 13. August 2008 70
26. Gesetz zur Verbesserung der Rahmenbedingungen für die Absicherung flexibler Arbeitszeitregelungen und zur Änderung anderer Gesetze vom 21. Dezember 2008 71
27. Drittes Gesetz zum Abbau bürokratischer Hemmnisse insbesondere in der mittelständischen Wirtschaft (Drittes Mittelstandsentlastungsgesetz) vom 17. März 2009 72
28. Gesetz zur Modernisierung des Bilanzrechts (Bilanzrechtsmodernisierungsgesetz – BilMoG) vom 25. Mai 2009 72
    a) Allgemeines 72
    b) Ziel des Gesetzes 73
    c) Saldierung von Rückstellungen 73
    d) Pensionsverpflichtungen 74
    e) Handelsbestand 74
29. Gesetz zur Umsetzung der Verbraucherkreditrichtlinie, des zivilrechtlichen Teils der Zahlungsdiensterichtlinie sowie zur Neuordnung der Vorschriften über das Widerrufs- und Rückgaberecht vom 29. Juli 2009 74
30. Gesetz zur Stärkung der Finanzmarkt- und der Versicherungsaufsicht vom 29. Juli 2009 („VAG-Novelle 2009") 75
31. Gesetz über genetische Untersuchungen bei Menschen (Gendiagnostikgesetz – GenDG) vom 31. Juli 2009 75

II. Neue Entwicklungen 75

C. Bedeutung der Lebensversicherung für die private und betriebliche Altersversorgung 77
   I. Die Lebensversicherung als Säule der privaten Altersvorsorge 77
   II. Die Lebensversicherung in der betrieblichen Altersvorsorge 78
      1. Allgemeines 78
      2. Direktversicherung als eigener Durchführungsweg 84
         a) Verbreitung der Direktversicherung 84
         b) Wahl der Direktversicherung 84
         c) Vorgelagerte Besteuerung 85

Inhalt

    3. Rückdeckungsversicherung als Instrument der Bilanzpolitik 86
        a) Absicherung von Gesamtversorgungszusagen 86
        b) Absicherung von Einzel- und Unternehmerpensionszusagen 87
        c) Refinanzierung von Pensionszusagen 88
    4. Übertragung der Pensionsverbindlichkeiten auf einen Lebensversicherer 93
        a) Übertragung nach § 4 Abs. 4 BetrAVG 93
        b) Pensionsgesellschaft 94

D. Besteuerung der Lebensversicherung 96
  I. Steuerinformation 97
    1. Praxis der LVU 97
    2. Steuerfragen der Lebensversicherung 97
  II. Verlautbarungen des BMF 98
    1. Besteuerung von Versicherungsverträgen im Sinne des § 20 Abs. 1 Nr. 6 EStG 98
    2. Vertragsänderungen bei Versicherungen auf den Erlebens- oder Todesfall 99
    3. Förderung der privaten Altersvorsorge und der betrieblichen Altersversorgung 99
    4. Abzug von Altersvorsorgeaufwendungen, Besteuerung von Versorgungsbezügen und Rentenleistungen 100
    5. Grenzüberschreitende Zinszahlungen 101
    6. Einführung der Abgeltungsteuer auf Kapitalerträge 101
    7. Investmentfonds-Besteuerung 102
    8. Unfallversicherungen 103
    9. Weitergeltung von BMF-Schreiben zum Steuerrecht 103
        a) Rechtsbereinigung 2005 103
        b) Rechtsbereinigung 2007 103
  III. Besteuerung der kapitalbildenden Lebensversicherung 104
    1. Ausgangslage 104
        a) Sonderausgabenabzug 104
        b) Versteuerung der Versicherungsleistung 105
        c) Geltungsbereich 105
    2. Alterseinkünftegesetz vom 5. Juli 2004 105
        a) Neuordnung 105
        b) Versteuerung der Versicherungsleistung 106
    3. Unternehmensteuerreformgesetz 2008/Veranlagungszeitraum 2009 106
        a) Sonderausgabenabzug 106
        b) Versteuerung der Versicherungsleistung 106
        c) Abgeltungsteuer 106
        d) Erhebung und Abführung der Kirchensteuer 107
        e) Freistellungsauftrag oder Nichtveranlagungsbescheinigung 107
        f) Negativer Unterschiedsbetrag 107
        g) Veräußerung der Versicherungsansprüche 108
    4. Jahressteuergesetz 2009 108
        a) Mindesttodesfallschutz 108
        b) Laufende Beitragszahlung 108
        c) Einmalbeitragsversicherungen 109
  IV. Besteuerung der Berufsunfähigkeits-Zusatzversicherung 109
  V. Versorgungsausgleich 109

E. Vermittlung und Betreuung der Lebensversicherung 111
  I. Entwicklung des Versicherungsvermittlerrechts 116
    1. EG-Richtlinien zum Vermittlerrecht 116
        a) Ausgangslage 116
        b) Richtlinie 77/92/EWG 117
        c) Empfehlung 92/48/EWG 118
        d) Richtlinie 2002/92/EG 120
    2. EG-Richtlinien zum Handelsvertreterrecht 122

Inhalt

II. Besondere nationale Rahmenbedingungen für Versicherungsvermittler 124
  1. Gewerbeerlaubnis 124
    a) § 34 c GewO 124
    b) § 34 d GewO 124
    c) § 56 Abs. 1 Nr. 6 GewO 126
  2. Zuverlässigkeitsprüfung 128
    a) AVAD-Auskunft 128
    b) AVAD-Meldung 129
  3. Firmierung 129
  4. Rechtsberatung 130
    a) Erlaubte Tätigkeiten 130
    b) Schranken der Versicherungsmaklertätigkeit 131
    c) Beratungshonorarvereinbarung 132
  5. Versicherungsberatung 134
    a) Zulassung 134
    b) Provisionsannahmeverbot 135
    c) Beratungswerbung 135
    d) Rentenberatung 136
  6. Provisionsweitergabeverbot 136
    a) Ausgangslage 136
    b) Provisionsweitergabeverbot 137
    c) Verbot der Gewährung von Sondervergütungen 139
    d) Vereinbarkeit mit dem EG-Recht 139
    e) Einzelfälle 140
    f) Rechtsfolgen 141
    g) Versteuerung der Provisionsabgabe 142

III. Vermittlung der Lebensversicherung 142
  1. Lebensversicherungen als Finanzdienstleistungsprodukte 142
  2. Vertriebswege für Versicherungen 143
    a) Vertriebswege 143
    b) Firmenrepräsentanten 144
    c) Unabhängige Finanzdienstleister 145
    d) Captives 148
    e) Pseudo-Makler 149
  3. Rechtsstatus der Vermittler von Finanzdienstleistungen 149
    a) Angestellte Arbeitnehmer 149
    b) Scheinselbständige Arbeitnehmer 150
    c) Arbeitnehmerähnliche Selbständige i. S. von § 7 Abs. 4 SGB IV u. § 2 Satz 1 Nr. 9 SGB VI 152
    d) Handelsvertreter i. S. v. § 92 a HGB 154
    e) Handelsvertreter i. S. v. § 92 b HGB 156
    f) Handelsvertreter i. S. v. § 84 Abs. 1 HGB 156
    g) Mehrfachagent 157
    h) Makler 158
    i) Makleragent/Maklermehrfachagent 160
  4. Verantwortlichkeit des Versicherers bei Fehlverhalten des Versicherungsmaklers 161

IV. Vermittlung und Betreuung durch den Versicherungsmakler 162
  1. Rechtsverhältnis Versicherungsmakler – Versicherungsnehmer 163
    a) Zustandekommen und Beendigung des Versicherungsmaklervertrags 163
    b) Aufgaben des Versicherungsmaklers 164
    c) Einschaltung unselbständiger und selbständiger Mitarbeiter 175
    d) Haftung des Versicherungsmaklers 176
  2. Rechtsverhältnis Versicherungsmakler – Versicherungsunternehmen 181
    a) Doppelrechtsverhältnis 181
    b) Courtageanspruch bei Bestehen eines Maklerauftrags 182
    c) Courtageanspruch trotz Wegfalls des Maklerauftrags 187

d) Prämieneinzug	189
e) Kundendaten	189
f) Handels- und steuerrechtliche Behandlung der Courtagen	190
g) Umsatzbesteuerung	190

V. Bedeutung der Hauptpunkte eines Vertrages für selbständige hauptberufliche Versicherungsvertreter gemäß §§ 84 Abs. 1, 92 HGB (Hauptpunkte 2000) für die Vermittlung und Betreuung der Lebensversicherung durch den Versicherungsvertreter ... 192

§ 1 Übernahme der Vertretung	193
§ 2 Rechtsstellung des Vertreters	194
1. Registrierung	194
2. Vollmachtsmissbrauch	195
§ 3 Aufgaben des Vertreters	195
1. Informationspflicht	195
2. Inkassovollmacht	195
3. Rechte am Bestand	196
§ 4 Verantwortlichkeit des Vertreters	196
1. Haftung des Versicherungsvertreters	196
a) Vertragliche Eigenhaftung	196
b) Unerlaubte Handlung	198
2. Haftung des Versicherers	199
a) Allgemeines	199
b) Beratungs- und Sorgfaltspflichten	201
c) Garantieerklärung des Versicherers	204
d) Eigenmächtiges Verhalten	204
e) Mitverschulden	206
f) Beweislast	206
§ 5 Elektronische Kommunikations- und Datenverarbeitungssysteme	206
§ 6 Provisionen des Vertreters/Provisionsabgabeverbot	206
1. Allgemeines	207
a) Inhaltskontrolle	207
b) Anwendbarkeit des § 354a HGB	208
c) Handels- und steuerrechtliche Behandlung der Provisionen	208
2. Provisionsarten	211
a) Ausgangslage	211
b) Abschlussprovision	211
c) Provisionsvorauszahlung	212
d) Stornoreserve	213
e) Abschlussprovisionsgarantie	213
f) Folgeprovision	214
g) Verwaltungsprovision	214
h) Betreuungswechsel	215
i) Überhangprovisionen	215
3. Rückzahlung der Provision bei Storno	216
a) Nachbearbeitungspflicht	216
b) Einklagung Erstbeitrag	218
c) Stornogefahrmitteilungen	219
4. Provisionsabrechnung	221
a) Ausgangslage	221
b) Einigung über die Abrechnung	221
5. Buchauszug	223
a) Ausgangslage	223
b) Provisionsabrechnungsvereinbarung	224
c) Erfassung der Geschäfte	225
d) Darstellungsform	225
e) Notwendige Angaben	226
f) Internes Datennetz	227
g) Ausschlussklausel	227
h) Rechtsmissbrauch	227

Inhalt

6. Provisionsweitergabeverbot (§ 6 Abs. 3) 228
   a) Gesetzliche Regelung 228
   b) Provisionsteilungsabrede 228
§ 7 Weitere Tätigkeiten 229
   1. Inhaltskontrolle 229
   2. Ventil-Lösung 229
   3. Gewerberechtliche Grenzen 230
§ 8 Wettbewerb 230
   1. Wettbewerbsrichtlinien der Versicherungswirtschaft 231
   2. Vergleichende Werbung 231
   3. Irreführende Werbung 233
   4. Abmahnkosten 233
§ 9 Aufrechnung 233
§ 10 Revision 234
§ 11 Sicherheitsleistung 234
   1. Inhaltskontrolle 235
   2. Vorgaben der Aufsichtsbehörde 235
      a) Rechtslage bis 22. Februar 2008 235
      b) Rechtslage ab 22. Februar 2008 236
   3. Angemessene Sicherheit 236
§ 12 Beendigung des Vertragsverhältnisses 237
   1. Fassung 238
   2. Inhaltskontrolle 238
      a) Ausgangslage 238
      b) Provisionsverzichtsklausel 239
      c) Anrechnungsklausel 240
      d) Pauschalierungsklausel 241
      e) Freistellungsklausel 241
      f) Kündigungsverzichtklausel 242
   3. Kündigung des Versicherungsvertreters 242
      a) Anlass zur Kündigung 242
      b) Fristlose Kündigung 243
      c) Wegfall des Ausgleichsanspruchs 243
   4. Kündigung des Versicherers 244
      a) Wichtiger Grund 244
      b) Fehlverhalten einer Hilfsperson 245
      c) Frist 245
      d) Abmahnung 246
   5. Provisionsverzichtsklausel (§ 12 Abs. 4 Satz 1) 246
   6. Ausgleichsanspruch (§ 12 Abs. 4 Satz 2–4) 246
      a) Sinn und Zweck 246
      b) Anspruchsberechtigter 247
      c) Teilbeendigung 247
      d) Nachfolgeregelung 248
      e) Provisionsverluste 248
      f) Feststellung der Höhe des Ausgleichsanspruchs 250
      g) Anrechnung von Festvergütungen 253
      h) Anrechnung einer Altersversorgung 253
      i) Vererblichkeit 255
      j) Rückstellung 256
      k) Vertreterrecht 256
§ 13 Verjährung 257
   1. Allgemeines 257
   2. Verkürzung der Verjährungsfrist 258
§ 14 Geschäftsunterlagen und Schriftwechsel 259
   1. Geschäftsunterlagen 259
      a) Vertriebssoftware 259
      b) Werbedrucksachen 259
      c) Computerhardware 260

Inhalt

2. Zurückbehaltungsrecht 260
3. Leistungsverweigerungsrecht 260
4. Kundendaten 260
§ 15 Datenschutz 261
 1. Personenbezogene Daten 261
 2. Datengeheimnis 261
 3. § 203 Abs. 1 Nr. 6 StGB 262
§ 16 AVAD-Auskunftsverkehr 262
§ 17 Gerichtsstand 262
Anhang 1 Grundsätze Leben 262
Anhang 2 Berechnung der Höhe des Ausgleichsanspruchs (§ 89 b HGB) für Rentenversicherungen und Kapitalisierungsprodukte (Altersvorsorgeverträge) im Sinne des § 1 Abs. 1 Ziff. 7 a) Alterszertifizierungsgesetz (AltZertG) 263
Anhang 3 Wettbewerbsrichtlinien der Versicherungswirtschaft in der Fassung des R 2616/2006 des GDV vom 15. August 2006 263

F. Inhaltskontrolle von Allgemeinen Versicherungsbedingungen 264
 I. Transformierung des AGB-Gesetzes 266
 II. Allgemeine Versicherungsbedingungen als Allgemeine Geschäftsbedingungen 267
  1. Allgemeines 267
  2. Allgemeine Versicherungsbedingungen 268
   a) Satzungsbestimmungen 268
   b) Geschäftspläne 268
   c) Hauptversicherungsbedingungen 268
   d) Zusatzbedingungen 268
   e) Besondere Bedingungen 269
   f) Klauseln 269
   g) Merkblätter 269
   h) Antragsvordrucke 269
   i) Tarifbestimmungen 270
   j) Maklerbedingungen 271
   k) Interne Richtlinien 271
 III. Einbeziehung von AVB 271
 IV. Nichteinbeziehung von Überraschungsklauseln gemäß § 3 AGBG, jetzt § 305 c BGB 272
 V. Unklarheitenregel gemäß § 5 AGBG, jetzt § 305 c Abs. 2 BGB 272
  1. Allgemeines 272
  2. Auslegung von Allgemeinen Versicherungsbedingungen 273
  3. Einzelfälle 275
 VI. Umfang der Inhaltskontrolle gemäß § 8 AGBG, jetzt § 307 Abs. 3 Satz 1 BGB 275
  1. Vorrang der gesetzlichen Vorschriften 275
  2. Kontrollfähige Leistungsbeschreibung 276
  3. Ausnahme Preisangebot 278
  4. Einzelfälle 278
 VII. Inhaltskontrolle nach den §§ 9–11 AGBG, jetzt §§ 307 Abs. 1 u. 2, 308, 309 BGB 279
  1. Generalklausel des § 9 AGBG 279
   a) Geltungsbereich 279
   b) Inhalt der Vorschrift 279
   c) Verstoß gegen das Transparenzgebot 280
   d) Teilunwirksamkeit 281
   e) Einzelfälle 281
  2. Klauselverbote gemäß § 10 AGBG 283
  3. Klauselverbote gemäß § 11 AGBG 283

Inhalt

VIII. Unterlassungs- und Widerrufsanspruch gemäß § 1 UKlaG (vormals § 13 AGBG) 285
    1. Sinn und Zweck der Verbandsklage 285
    2. Klagebefugnis 285
    3. Anhörung der Bundesanstalt für Finanzdienstleistungsaufsicht 286
    4. Unterlassungs- und Widerrufsanspruch 286
    5. Rechtsfolgen 287
IX. Sammelklage 288
G. Beaufsichtigung der Lebensversicherungsunternehmen 289
  I. Allgemeines 291
    1. Zulässige Rechtsformen 291
    2. Versicherungsfremde Geschäfte 292
    3. Spartentrennung 293
    4. Anordnungen der Aufsichtsbehörde 294
        a) Ausgangslage 294
        b) BGB (AGBG) 295
        c) GWG 295
    5. Finanzaufsicht 296
    6. Kapitalanlagevorschriften 297
    7. Solvency II 299
        a) Richtlinie 2009/138/EG 299
        b) MaRiskVA 300
    8. Stress-Tests 301
    9. Rating-Agenturen 301
        a) Regulierung 301
        b) Formen des Ratings 303
        c) Rechtsschutz 303
    10. Bilanzierung und Bewertung von Versicherungsverträgen nach IFRS/ IASB/IASC 304
        a) Rechnungslegungsstandards für Versicherungen 304
        b) Übernahme internationaler Rechnungslegungsstandards 305
  II. Beaufsichtigung des Altbestandes 306
    1. Geltungsbereich 306
    2. Geschäftsplanmäßige Erklärungen 307
        a) Begriff 307
        b) Vorgaben 307
        c) Rechtswirkung 307
        d) Weitergeltung 308
  III. Beaufsichtigung des Neubestandes 308
  IV. Beschwerdeverfahren 309
  V. Ombudsmann 310
  VI. Sicherungseinrichtung der Lebensversicherer 311
    1. Europäische Insolvenzsicherungsrichtlinie 311
    2. Sicherungsfonds der Lebensversicherer 312
        a) Vorgeschichte 312
        b) Gesetzlicher Sicherungsfonds 314
H. Lebensversicherungsunternehmen unter Kartellaufsicht 315
  I. Vorrang des EG-Kartellrechts 317
    1. Kartellverbot mit Erlaubnisvorbehalt 317
    2. Freistellung vom Kartellverbot 318
        a) Verordnung (EWG) Nr. 1534/91 318
        b) Verordnung (EWG) Nr. 3932/92 318
        c) Verordnung (EG) Nr. 358/2003 319
        d) Verordnung (EG) Nr. 1/2003 320
    3. Rangverhältnis 320
  II. Auswirkungen des EG-Kartellrechts auf das nationale Verfahrensrecht 321

Inhaltsverzeichnis

Inhalt

III. Kartellrechtlich erhebliche Verhaltensweisen 321
  1. Informationsaustausch 321
    a) Grundsatz des Geheimwettbewerbs 321
    b) Legalitätspflicht 322
  2. Unverbindliche Empfehlungen der Versichererverbände 322
  3. Mitversicherung 323
    a) Zustandekommen der Mitversicherung 323
    b) Zulässigkeit 324
    c) Umsatzsteuerfreiheit der Führungsprovision 325
IV. GVO-Novelle 326

Teil 3. VVG, VVG-InfoV und Mindestzuführungsverordnung

A. Kommentierung der §§ 159 bis 178 VVG 1908/2007

§ 159 VVG	Versicherte Person	329
§ 160 VVG	Ärztliche Untersuchung	330
§ 161 VVG	Kenntnis und Verhalten des Versicherungsnehmers und des Versicherten	330
§ 162 VVG	Unrichtige Altersangabe	330
§ 163 VVG	Unanfechtbarkeit bei Verletzung der Anzeigepflicht	331
§ 164 VVG	Gefahrerhöhung	331
§ 164 a VVG	Keine Prämienherabsetzung bei Gefahrminderung	331
§ 165 VVG	Kündigungsrecht des Versicherungsnehmers	332

        I. Fassung 332
       II. Kündigungsrecht des Versicherungsnehmers 333
      III. Ausschluss des Kündigungsrechts bei VVaG 333
      IV. Ausschluss des Kündigungsrechts zum Schutz des Altersvorsorgevermögens 333
        1. Verwertungsausschluss bei privaten Lebensversicherungen 333
        2. Verwertungsausschluss bei staatlich geförderten Altersvorsorgeverträgen 334
          a) Allgemeines 334
          b) Basisrente gemäß § 10 Abs. 1 Nr. 2 Buchst. b EStG 334
          c) Riester-Verträge 334
      V. Beschränkung des Kündigungsrechts bei Risikorentenversicherungen 334
        1. Merkmale 334
        2. Vorzeitige Beendigung 335
          a) Ausschluss des Rückkaufs 335
          b) Beitragsfreie Versicherung 335
        3. Vermögen im Sinne des § 12 Abs. 1 SGB II 335

§ 166 VVG	Bezugsberechtigung	335
§ 167 VVG	Auslegung der Bezugsberechtigung	336

        I. Gesetzesmaterialien 336
       II. Anwachsung des von einem Bezugsberechtigten nicht erworbenen Anteils 337

§ 168 VVG	Nichterwerb des Begünstigten	337
§ 169 VVG	Selbstmord	338
§ 170 VVG	Tötung durch Versicherungsnehmer oder Begünstigten	338
§ 171 VVG	Anzeige des Versicherungsfalls	338
§ 172 VVG	Neufestsetzung der Prämie und der Überschussbeteiligung; Ersetzung unwirksamer ALB 86-Klauseln	339

        I. Allgemeines 341
       II. Neufestsetzung der Prämie (§ 172 Abs. 1 Satz 1 VVG) 341
      III. Änderung der Bestimmungen zur Überschussbeteiligung (§ 172 Abs. 1 Satz 2 VVG) 342

XVII

Inhalt

	IV. Genehmigung durch die Aufsichtsbehörde (§ 172 Abs. 1 Satz 3 VVG)	342
	V. Ersetzung unwirksamer Lebensversicherungsbedingungen (§ 172 Abs. 2 VVG)	342
	1. Zweck der Norm	342
	2. Geltungsbereich	344
	3. Ersetzungsbefugnis des Lebensversicherers	346
	4. Unwirksame Bestimmung	346
	5. Notwendigkeit der Vertragsergänzung	348
	a) Vertragliche Anpassungsklausel	348
	b) Notwendigkeit der Vertragsergänzung	349
	c) Ergänzung des Vertrages	350
	6. Fortführung des Vertrages	352
	VI. Mitwirkung des Treuhänders	354
	1. Bestellung	354
	2. Anstellung	354
	3. Funktion	355
	4. Mitwirkung	355
	VII. Benachrichtigung des Versicherungsnehmers	357
	VIII. Wirksamwerden der Vertragsergänzung	357
	IX. Inhaltskontrolle der Vertragsanpassung	358
	1. Allgemeines	358
	2. Ersetzte Klauseln	360
	3. Verworfene Klauseln	364
	X. Richterliche ergänzende Vertragsauslegung	365
§ 173 VVG a. F.	**Rückkaufsfähige Versicherung**	366
§ 173 VVG	**Umwandlung zur Erlangung eines Pfändungsschutzes**	366
	I. Fassung	367
	II. Umwandlung der Versicherung	367
§ 174 VVG a. F.	**Umwandlung in eine prämienfreie Versicherung**	367
§ 174 VVG	**Umwandlung in eine prämienfreie Versicherung**	368
	I. Zweck der Vorschrift	368
	II. Verlangen der Umwandlung	369
	III. Berechnung der prämienfreien Versicherungsleistung	369
	IV. Berechtigung des LVU zum Abzug (§ 176 Abs. 4 VVG)	369
	V. Wiederherstellung der Versicherung	369
§ 175 VVG a. F.	**Umwandlung als Folge einer Kündigung des Versicherers**	370
§ 175 VVG	**Umwandlung durch Kündigung des Versicherers**	371
§ 176 VVG a. F.	**Herausgabe der Prämienreserve**	371
	I. Geltungsbereich	371
	II. Erstattung der Prämienreserve	371
	III. Berechtigung des LVU zum Abzug (§ 176 Abs. 4 VVG a. F.)	372
	1. Normzweck	372
	2. Angemessener Abzug	372
	3. Inhaltskontrolle	372
§ 176 VVG	**Erstattung des Rückkaufswerts**	372
	I. Geltungsbereich	374
	II. Erstattung des Rückkaufswerts	374
	1. Allgemeines	374
	2. Anspruch auf den Rückkaufswert	375
	a) Anspruchsberechtigte	375
	b) Drittberechtigte	375
	III. Berechnung des Rückkaufswerts als Zeitwert der Versicherung (§ 176 Abs. 3 VVG)	375
	1. Anerkannte Regel der Versicherungsmathematik	375
	a) Grundsatz	375
	b) Zillmerung	376

Inhaltsverzeichnis

Inhalt

    2. Berechnungsvereinbarung 379
    3. Prämienrückstände 380
  IV. Berechtigung des LVU zum Abzug (§ 176 Abs. 4 VVG) 380
    1. Vereinbarung 380
       a) Zweck des Abzugs 380
       b) Rechtsnatur des Abzugs 381
       c) Höhe des Abzugs 382
       d) Stornoabzugsklausel 383
    2. Angemessenheit 383
    3. Inhaltskontrolle der Stornoabzugsklausel 385
       a) Kontrollfähigkeit 385
       b) § 307 Abs. 1, Abs. 2 Nr. 1 BGB 385
       c) § 308 Nr. 7 BGB 386
       d) § 309 Nr. 5 b) BGB 386
  V. Auskunft über die Berechnung des Rückkaufswerts 387
§ 177 VVG a. F.   **Eintrittsrecht Dritter** 387
§ 177 VVG   **Eintrittsrecht** 387
§ 178 VVG a. F.   **Unabänderlichkeit** 388
§ 178 VVG   **Halbzwingende Vorschriften** 388

B. Gesetz zur Reform des Versicherungsvertragsrechts (VVG 2008)

  I. Entwurf der Kommission zur Reform des Versicherungsvertragsrechts .. 389
    1. Ausgangslage 389
    2. Kommission zur Reform des Versicherungsvertragsrechts 391
       a) Einsetzung 391
       b) Zwischen- und Abschlussbericht 391
       c) Vorschläge der Reformkommission 393
    3. Entwurf der Kommission zur Reform des Versicherungsvertragsrechts (§ 142 E-VVG bis § 169 E-VVG) 394
  II. Richtlinien der Europäischen Union 399
  III. Europäisches Versicherungsvertragsrecht 401
  IV. Urteile des BVerfG 402
    1. Überschussbeteiligung 402
    2. Rückkaufswerte 405
  V. Kernpunkte einer Reform des VVG 405
  VI. Gesetz zur Reform des Versicherungsvertragsrechts 406
    1. Referentenentwurf vom 13. März 2006 406
    2. Gesetzentwurf vom 11. Oktober 2006 407
       a) Pressemitteilung 407
       b) Resonanz auf den Gesetzentwurf 408
    3. Gesetzgebungsverfahren 409
       a) Stellungnahme des Bundesrats vom 24. November 2006 409
       b) Gesetzentwurf vom 20. Dezember 2006 409
       c) Beschlussempfehlung und Bericht des Rechtsausschusses vom 20. Juni 2007 ... 409
       d) Beschlussfassung durch den Bundestag 410
    4. Gesetzestext, Regierungsbegründung und Beschlussempfehlung zu den Vorschriften über die Lebens- und Berufsunfähigkeitsversicherung (§§ 150 bis 177 VVG 2008), die §§ 212, 213, 215 VVG 2008 sowie die Art. 1, 3 und 4 EGVVG 2008 mit Kommentierung 410
  § 150 VVG 2008   Versicherte Person 410
                        I. Regierungsbegründung 411
                       II. Sonderregelung des § 150 Abs. 2 VVG 2008 411
  § 151 VVG 2008   Ärztliche Untersuchung 411
  § 152 VVG 2008   Widerruf des Versicherungsnehmers 412
                        I. Regierungsbegründung 412
                       II. Beschlussempfehlung des Rechtsausschusses 413

Inhalt

	1. Empfehlung	413
	2. Begründung	413
	III. Fehlende oder unrichtige Belehrung	413
§ 153 VVG 2008	Überschussbeteiligung	413
	I. Regierungsbegründung	414
	II. Beschlussempfehlung des Rechtsausschusses	416
	1. Empfehlung	416
	2. Begründung und Hinweis	416
	a) Begründung zu § 153 Abs. 1 VVG 2008	416
	b) Hinweis zu § 153 Abs. 3 VVG 2008	417
	III. Besondere Vorschriften für die Rentenversicherung	417
§ 154 VVG 2008	Modellrechnung	417
	I. Regierungsbegründung	418
	II. Zweck der Regelung	419
§ 155 VVG 2008	Jährliche Unterrichtung	419
	I. Regierungsbegründung	419
	II. Unterrichtung des Versicherungsnehmers	420
§ 156 VVG 2008	Kenntnis und Verhalten der versicherten Person	420
§ 157 VVG 2008	Unrichtige Altersangabe	420
§ 158 VVG 2008	Gefahränderung	420
§ 159 VVG 2008	Bezugsberechtigung	421
§ 160 VVG 2008	Auslegung der Bezugsberechtigung	422
§ 161 VVG 2008	Selbsttötung	422
§ 162 VVG 2008	Tötung durch Leistungsberechtigten	423
§ 163 VVG 2008	Prämien- und Leistungsänderung	423
§ 164 VVG 2008	Bedingungsanpassung	425
§ 165 VVG 2008	Prämienfreie Versicherung	427
§ 166 VVG 2008	Kündigung des Versicherers	428
	I. Regierungsbegründung	428
	II. Beschlussempfehlung des Rechtsausschusses	428
	1. Empfehlung	428
	2. Begründung	429
§ 167 VVG 2008	Umwandlung zur Erlangung eines Pfändungsschutzes	429
	I. Regierungsbegründung	429
	II. Umwandlung	429
§ 168 VVG 2008	Kündigung des Versicherungsnehmers	430
	I. Regierungsbegründung	430
	II. Beschlussempfehlung des Rechtsausschusses	431
	1. Empfehlung	431
	2. Begründung	431
	III. Ausschluss der ordentlichen Kündigung	431
§ 169 VVG 2008	Rückkaufswert	431
	I. Regierungsbegründung	433
	II. Beschlussempfehlung des Rechtsausschusses	438
	1. Empfehlung	438
	2. Begründung	438
	III. Geltungsbereich	438
	IV. Europarechtliche Zulässigkeit der Mindestrückkaufswertregelung des § 169 Abs. 3 VVG 2008	438
	V. Einmalbeitragsversicherungen und Versicherungen mit einer Beitragszahlungsdauer unter fünf Jahren	439
§ 170 VVG 2008	Eintrittsrecht	440
§ 171 VVG 2008	Abweichende Vereinbarungen	440
§ 172 VVG 2008	Leistung des Versicherers	441
	I. Regierungsbegründung	441
	II. Erbringung der Leistung (§ 172 Abs. 1 VVG 2008)	442
	III. Definition der Berufsunfähigkeit (§ 172 Abs. 2 u. 3 VVG 2008)	442
§ 173 VVG 2008	Anerkenntnis	443
	I. Regierungsbegründung	443

Inhalt

	II. Anerkenntnis der Leistungspflicht	444
	III. Befristetes Anerkenntnis	444
§ 174 VVG 2008	Leistungsfreiheit	444
§ 175 VVG 2008	Abweichende Vereinbarungen	445
§ 176 VVG 2008	Anzuwendende Vorschriften	445
§ 177 VVG 2008	Ähnliche Versicherungsverträge	446
§ 212 VVG 2008	Fortsetzung der Lebensversicherung nach der Elternzeit....	447
	I. Regierungsbegründung	447
	II. Geltungsbereich	447
§ 213 VVG 2008	Erhebung personenbezogener Gesundheitsdaten bei Dritten	447
	I. Zweck der Regelung	448
	1. Regierungsbegründung	448
	2. Beschlussempfehlung des Rechtsausschusses	449
	a) Empfehlung	449
	b) Begründung	449
	3. Stellungnahme	450
	II. Geltung	450
	III. Zulässigkeit der Erhebung personenbezogener Gesundheitsdaten	450
	IV. Einwilligung	450
	1. Befugnis	450
	2. Form der Erteilung der Einwilligung	451
	3. Nichterteilung der Einwilligung	451
	V. Verwertung personenbezogener Gesundheitsdaten	451
§ 215 VVG 2008	Gerichtsstand	452
	I. Regierungsbegründung	452
	II. Geltung	453
	Art. 1 Altverträge, Allgemeine Versicherungsbedingungen ...	454
	I. Zweck der Regelung	455
	1. Regierungsbegründung	455
	2. Beschlussempfehlung des Rechtsausschusses	456
	a) Empfehlung	456
	b) Begründung	457
	3. Umstellung der AVB der Altverträge	457
	II. Anwendung des VVG 2008	457
	III. Anwendungsbereich des Art. 1 Abs. 3 EGVVG 2008 ...	458
	1. Obliegenheitsklauseln	458
	2. Anpassungsrecht des LVU	458
	a) Ausübung	458
	b) Kenntlichmachung der Unterschiede	458
	IV. Geltungsdauer des § 12 Abs. 3 VVG gemäß Art. 1 Abs. 4 EGVVG 2008	459
	1. Geltung für bis zum 31. Dezember 2007 gesetzte Fristen	459
	2. Geltung für nach dem 1. Januar 2008 gesetzte Fristen	459
	Art. 3 Verjährung	460
	I. Regierungsbegründung	460
	II. Anmerkung	461
	Art. 4 Lebensversicherung, Berufsunfähigkeitsversicherung	461
	I. Regierungsbegründung	461
	II. Beschlussempfehlung des Rechtsausschusses	462
	1. Empfehlung	462
	2. Begründung	462

C. Verordnung über Informationspflichten bei Versicherungsverträgen (VVG-Informationspflichtenverordnung – VVG-InfoV) vom 18. Dezember 2007

I. Vorbemerkung	465
1. Regelungszweck	465
2. Rechtliche Einordnung	466

XXI

Inhalt

3. Befugnisse der Versicherungsaufsicht 466
4. Stellung des Versicherungsmaklers 467
5. Kostendarstellung in der Lebensversicherung 467
   a) Ausweis der Abschluss- und Verwaltungskosten 467
   b) Renditeangabe 467
   c) Reformbestrebungen 468
   d) Rechtsvergleichung 468
6. Internetversicherung 468
II. VVG-Informationspflichtenverordnung vom 18. Dezember 2007 469
Anhang 485
1. Produktinformationsblatt zur Rentenversicherung 485
2. Produktinformationsblatt zur Fondsgebundenen Rentenversicherung 488
3. Produktinformationsblatt zur Rentenversicherung mit Berufsunfähigkeits-Zusatzversicherung 491

D. Verordnung über die Mindestbeitragsrückerstattung in der Lebensversicherung (Mindestzuführungsverordnung) vom 4. April 2008

I. Vorbemerkung 496
II. Mindestzuführungsverordnung vom 4. April 2008 496

Teil 4. Allgemeine Bedingungen für die kapitalbildende Lebensversicherung (ALB 1986)

A. Vorbemerkung

I. Rechtsentwicklung der ALB 505
   1. Normativbedingungen von 1909 (NB 1909) 505
   2. Normativbedingungen von 1932: Allgemeine Versicherungsbedingungen der Kapitalversicherung auf den Todesfall (ALB 1932) 506
   3. Musterbedingungen für die Großlebensversicherung (ALB 1957) 506
   4. Musterbedingungen für die Großlebensversicherung (ALB 1975) 507
   5. Musterbedingungen für die Großlebensversicherung (ALB 1981) 507
   6. Verbraucherfreundliche Bedingungen in der Lebensversicherung (ALB 1984) 507
II. **Formen der kapitalbildenden Lebensversicherung** 508
   1. Allgemeines 508
   2. Versicherung auf den Todes- und Erlebensfall 508
      a) Normaltarif 508
      b) Aufbauversicherung 508
      c) Kapitalversicherung auf den Todes- und Erlebensfall mit steigenden Beiträgen 509
      d) Abkürzungsversicherung 509
      e) Versicherung mit erhöhten Leistungen 509
      f) Doppelschutzversicherung 509
      g) Todes- und Erlebensfallversicherung mit niedrigem Anfangsbeitrag 509
      h) Versicherung mit stufenweisem Aufbau der Versicherungsleistungen gegen laufende Beiträge in variabler Höhe 509
      i) Termfix-Versicherung 510
   3. Erbschaftsteuerversicherung 510
      a) Regelung bis 1974 510
      b) Übergangsregelung 511
      c) Unechte Erbschaftsteuerversicherung 511
      d) Bezugsrecht 511
   4. Befreiungsversicherung 511
      a) Allgemeines 512
      b) Befreiung von der Versicherungspflicht 512
      c) Aufrechterhaltung der Befreiungswirkung 513
      d) Erbschaftsteuerpflicht 514
      e) Anrechnung auf die Arbeitslosenhilfe 514
      f) Pfändbarkeit 514

5. Fremdwährungsversicherung 515
   a) Begriff 515
   b) Rechtsgrundlage 515
   c) Beitragszahlung 515
   d) Anlage der Deckungsrückstellungen 515
   e) Überschussbeteiligung 515
6. Kleinlebensversicherung 516
   a) Formen der Kleinlebensversicherung 516
   b) Musterbedingungen 516
   c) Tarifbeschreibung 516

B. Kommentierung der §§ 1–17 ALB 1986

§ 1 Wann beginnt Ihr Versicherungsschutz? 517
   I. Fassung 520
   II. Versicherungsvorschlag 520
      1. Ausgangslage 520
      2. Anbahnung 520
      3. Versicherungsvorschlag 520
   III. Gegenstand der Versicherung 521
   IV. Dauer des Versicherungsschutzes 521
      1. Beginn des Versicherungsschutzes 521
      2. Ende des Versicherungsschutzes 523
      3. Rückwärtsversicherung 523
         a) Begriff 524
         b) Zustandekommen 524
         c) Leistungsfreiheit des LVU 528
         d) Auswirkungen der Rückwärtsversicherung auf die Fristen der ALB 531
         e) Zusatzversicherungen 533
   V. Vorläufiger Versicherungsschutz vor Vertragsabschluss und Einlösung 534
      1. Ausgangslage 534
      2. Vorläufige Deckungszusage 534
      3. Erteilung 536
      4. Beginn und Ende 537
      5. Inhalt der vorläufigen Deckung 537
      6. Deckende Stundung 537
   VI. Antrag auf Abschluss einer Lebensversicherung 538
      1. Allgemeines 538
      2. Form des Lebensversicherungsantrags 538
         a) Allgemeines 538
         b) Zusatzerklärungen zum Antrag 539
      3. Vertretung des Versicherungsnehmers 539
      4. Zustimmung der gesetzlichen Vertreter und des Vormundschaftsgerichts bei minderjährigen Versicherungsnehmern 540
         a) Zustimmung der gesetzlichen Vertreter 541
         b) Anwendung des § 110 BGB 541
         c) Vormundschaftsgerichtliche Genehmigung 542
         d) Mündelsichere Anlage 542
         e) Genehmigung durch den volljährig gewordenen Versicherungsnehmer 543
         f) Genehmigung durch die Erben 546
      5. Einwilligung des Versicherten 547
         a) Ausgangslage 547
         b) Zweck 547
         c) Anforderungen 548
         d) Erklärung 548
         e) Schriftform 549
         f) Vertretung 549
         g) Minderjährige 550

Inhalt

h) Fehlen der Einwilligung	551
i) Mitwirkungsbefugnis	551
6. Antragsklauseln	551
a) AVB-Klausel	551
b) Antragsbindungsklausel	553
c) Anzeigepflichtklausel	553
d) Vollmachtsbeschränkungsklausel	554
e) Schweigepflichtentbindungsklausel	555
f) Datenschutzermächtigungsklausel	557
g) Schriftformklausel	560
h) Lastschriftklausel	560
7. Besondere Vereinbarungen	561
a) Darlehensgewährung durch den Versicherer	561
b) Darlehensgewährung durch ein Kreditinstitut	561
8. Zugang des Antrags	561
9. Antragswiderrufsrecht	561
a) Ausgangslage	561
b) Gesetzliche Regelung	562
c) Widerrufsbelehrung	562
d) Widerruf	563
VII. Annahme des Lebensversicherungsantrags	563
1. Annahmefrist	563
2. Antragsprüfung	564
a) Gesundheitsprüfung Altbestand	565
b) Eintrittsalter	566
3. Annahmeerklärung des Versicherers	566
a) Form	566
b) Ausschöpfung der Annahmefrist	567
c) Tod des Antragstellers	568
d) Zugang der Annahmeerklärung des LVU	568
e) Beweislast	569
4. Verspätete Annahmeerklärung des Versicherers	569
5. Abweichung vom Versicherungsantrag	570
6. Übermittlung des Versicherungsscheins	571
7. Anfechtung der Annahmeerklärung durch LVU	572
VIII. Hinweispflichten des Versicherers während der Vertragslaufzeit	573
1. Verwendung neuer Versicherungsbedingungen im Neugeschäft	573
2. Vertragsverhandlungen	574
3. Einzelfälle	574
IX. Änderung, Aufhebung und Wiederherstellung der Lebensversicherung	574
1. Änderung	574
a) Angebote des Versicherers	574
b) Anträge des Versicherungsnehmers	575
c) Steuerfragen	576
2. Aufhebung	578
3. Wiederinkraftsetzung und Wiederherstellung der Lebensversicherung	578
a) Anwendung des § 39 Abs. 3 Satz 3 VVG	578
b) Anwendung des Geschäftsplans	578
c) Vereinbarung	579
d) Besonderheiten bei der Wiederherstellung	579
§ 2 Was haben Sie bei der Beitragszahlung zu beachten?	580
I. Allgemeines	583
1. Fassung	583
2. VAG	584
3. ArbPlSchG	584
4. PAngV	585
5. FernAbsG	586
6. EStG	586

Inhaltsverzeichnis **Inhalt**

a) Sonderausgabenabzug ... 586
b) Personalrabatt ... 588
c) Betriebsausgabe ... 588
d) Betriebsvermögen ... 590
7. VersStG ... 591
II. Inhaltskontrolle ... 591
III. Beitragszahlung ... 592
  1. Beitragszahlungspflicht ... 592
  2. Beitragshöhe ... 592
  3. Beginn und Ende des beitragspflichtigen Zeitraumes ... 593
  4. Abgrenzung des Erst- und Folgebeitrags bei der Hauptversicherung ... 593
  5. Abgrenzung des Erst- und Folgebeitrags bei Einschluss von Zusatzversicherungen oder bei Anpassungsversicherungen ... 595
    a) Allgemeines ... 595
    b) Einschluss von Zusatz- und Anpassungsversicherungen ... 596
  6. Anfechtung des Versicherungsvertrages ... 596
  7. Beitragsraten (§ 2 Abs. 2 ALB) ... 597
    a) Jahresbeitrag ... 597
    b) Unterjährige Zahlungsweise ... 597
IV. Fälligkeit der Beiträge ... 597
  1. Fälligkeit des Erstbeitrags ... 597
    a) Fälligkeitszeitpunkt ... 597
    b) Fälligkeit bei Antragsabweichung ... 598
    c) Zurückbehaltungsrecht des Versicherungsnehmers ... 598
  2. Fälligkeit der Folgebeiträge ... 598
  3. Zahlung durch Dritte ... 598
  4. Vorauszahlung der Beiträge ... 599
V. Übermittlung der Beiträge durch den Versicherungsnehmer ... 599
  1. Gefahrtragung ... 599
  2. Rechtzeitigkeit der Zahlung ... 600
    a) Zeitpunkt ... 600
    b) Barzahlung ... 600
    c) Überweisung ... 601
    d) Dauerauftrag ... 603
    e) Scheckzahlung ... 604
    f) Verrechnung des Beitrags ... 604
    g) Einzugsermächtigungsverfahren ... 605
    h) Konzerninkasso ... 610
    i) Bestandsübertragung ... 610
  3. Teilleistungen ... 610
  4. Leistungen durch Dritte ... 611
  5. Zahlung an Versicherungsvermittler ... 611
    a) Versicherungsagent ... 611
    b) Versicherungsmakler ... 612
  6. Beweislast ... 612
VI. Stundung der Beiträge ... 612
  1. Ausgangslage ... 612
  2. Stundung der Sparbeiträge ... 613
  3. Einzugsermächtigungsverfahren ... 613
  4. Scheckzahlung ... 614
  5. Vorläufige Deckungszusage ... 614
VII. Beitragsverrechnung ... 615
VIII. Ruhensvereinbarung ... 615

§ 3 Was geschieht, wenn Sie einen Beitrag nicht rechtzeitig zahlen? ... 616
I. Allgemeines ... 619
  1. VAG ... 619
  2. VVG ... 619
  3. AGBG/BGB ... 619

Inhalt

II. Nichtzahlung des Einlösungsbeitrags (§ 3 Abs. 1 ALB)	620
1. Inhalt der Vorschrift	620
2. Nichtzahlung des Einlösungsbeitrags	620
a) Übergabe des Versicherungsscheins	620
b) Qualifizierte Anforderung des Erstbeitrags	620
c) Rechtzeitige Zahlung des Erstbeitrags	623
3. Geltendmachung des Erstbeitrags	624
a) Frist	624
b) Einklagung des Erstbeitrags	625
c) Einziehung der Beitragsforderung durch LVU	625
d) Einziehung der Beitragsforderung durch Inkassobüro	626
4. Rücktritt vom Versicherungsvertrag	626
a) Rücktrittsfiktion	626
b) Geschäftsgebühr	627
5. Leistungsfreiheit wegen Nichteinlösung	628
III. Nichtzahlung des Folgebeitrags oder eines sonstigen Beitrags (§ 3 Abs. 2 ALB)	629
1. Inhalt der Vorschrift	629
2. Nichtzahlung des Folgebeitrags	630
a) Qualifizierte Anmahnung des Folgebeitrags	630
b) Zahlungsfrist	632
c) Rechtsfolgenbelehrung	632
d) Empfänger der Mahnung	634
e) Zugang der Mahnung	635
f) Zahlung des Beitragsrückstands	637
3. Leistungsfreiheit bei Verzug	637
4. Vorfälligstellung bei Zahlungsrückstand	638
5. Kündigungsrecht des Versicherers bei Zahlungsverzug	639
a) Beitragsfreistellung	639
b) Empfänger der Kündigung	640
c) Beitragszahlungspflicht	640
d) Verspätete Kündigung	641
6. Wiederinkraftsetzung der Lebensversicherung	641
7. Wiederherstellung der Lebensversicherung	642
§ 4 Wann können Sie die Versicherung kündigen oder beitragsfrei stellen?	**642**
I. Allgemeines	646
1. VAG/VVG 2008	646
a) VAG	646
b) VVG 2008	646
2. Inhaltskontrolle	646
3. Anrechnung von Lebensversicherungen bei der Gewährung von Arbeitslosenhilfe oder Sozialhilfe	647
a) Sozialhilfe	647
b) Arbeitslosenhilfe	647
c) Hartz-IV-Gesetz	648
4. Kündigungsrecht des Versicherers	650
II. Kündigung durch den Versicherungsnehmer	650
1. Allgemeines	650
2. Berechtigter	651
a) Versicherter	651
b) Bezugsberechtigter	651
c) Versicherungsnehmer	651
d) Pfandgläubiger	651
e) Zessionar	651
f) Pfändungsgläubiger	652
g) Testamentsvollstrecker	652
h) Insolvenzverwalter	652
3. Form und Frist der Kündigung	652

Inhalt

    4. Inhalt der Kündigungserklärung 653
       a) Bestimmtheit 653
       b) Auslegung 653
    5. Umdeutung der Kündigungserklärung 653
    6. Zugang der Kündigungserklärung 654
    7. Rechtsfolgen der Kündigung 654
       a) Vertragsbeendigung 654
       b) Fälligkeit 655
       c) Auszahlung der Rückvergütung 655
       d) Verbesserte Garantiewerte 656
       e) Unterrichtung der Versicherungsnehmer über ihre Garantiewerte 657
    8. Fortführung einer gekündigten Lebensversicherung 659
  III. Umwandlung aufgrund Verlangens des Versicherungsnehmers 659
    1. Allgemeines 659
       a) Fassung 659
       b) VVG 659
    2. Berechtigter 659
    3. Form und Frist 660
    4. Inhalt der Umwandlungserklärung 660
    5. Zugang der Umwandlungserklärung 660
    6. Rechtsfolgen des Umwandlungsverlangens 661
       a) Allgemeines 661
       b) Fortführung als beitragsfreie Versicherung 661
  IV. Wiederherstellung der Lebensversicherung 661
  V. Rückzahlung der Beiträge 662
  VI. Auskunftspflicht des Versicherungsunternehmens 662
    1. Auskunftsanspruch des Versicherungsnehmers 662
    2. Haftung bei fehlerhafter Auskunft 662
    3. Anfechtung wegen Irrtums 663
    4. Verfahren 664

§ 5 Sie wollen eine Vorauszahlung? 664

  I. Allgemeines 666
    1. Fassung 666
    2. VAG 666
    3. KWG 667
  II. Gewährung einer Vorauszahlung durch den Versicherer 667
    1. Rechtsnatur 667
    2. Antragsberechtigter 668
       a) Versicherungsnehmer 668
       b) Vormundschaftsgerichtliche Genehmigung 668
       c) Weitere Berechtigte 669
    3. Erhebung von Gebühren 669
    4. Nichtzahlung der Zinsen 669
    5. Abzugsrecht des Versicherers 670
    6. Zinsanpassungsklausel 671
       a) Inhalt 671
       b) Inhaltskontrolle 672
    7. Höhe des Zinssatzes 674
       a) Bestimmung des Zinssatzes 674
       b) Angabe des effektiven Jahreszinses 674
       c) Anzeigepflicht 674
    8. Steuerliche Behandlung des Policendarlehens 674
       a) Verwendung der Lebensversicherung 674
       b) Anzeige der Beleihung 675
       c) Unzulässigkeit des Sonderausgabenabzugs 675
       d) Zulässigkeit des Betriebsausgabenabzugs 675
       e) Besteuerung der außerrechnungsmäßigen und rechnungsmäßigen Zinsen 676

Inhalt

III. Beamtendarlehensgeschäft 676
　　1. Sondergeschäftsplan 676
　　2. Darlehensbedingungen 677
IV. Arbeitgeberdarlehen 677

§ 6 Was bedeutet die vorvertragliche Anzeigepflicht? 677
I. Allgemeines 683
　　1. Fassung 683
　　2. Anspruchskonkurrenz 685
　　　　a) Anwendbarkeit des § 119 BGB 685
　　　　b) Ansprüche aus culpa in contrahendo 685
　　　　c) Ansprüche aus unerlaubten Handlungen 686
　　　　d) Rechte aus § 41 VVG 686
　　3. AGBG 686
　　4. VAG 687
　　5. VVG 2008 687
　　　　a) Geltung 687
　　　　b) Anpassung 687
　　　　c) Weitergeltung des § 6 ALB 1986 687
　　6. Rechtsvergleichung 688
　　7. EG-Recht 688
II. Vorvertragliche Anzeigepflicht (§ 6 Abs. 1 ALB 1986) 688
　　1. Unrichtige oder unvollständige Anzeige 688
　　　　a) Rechtsnatur der Anzeige 688
　　　　b) Schriftform 689
　　　　c) Nichtanzeige 689
　　　　d) Falschanzeige 689
　　　　e) Beweislast 689
　　2. Anzeigepflichtiger 689
　　　　a) Ausgangslage 689
　　　　b) Bevollmächtigter 690
　　3. Pflicht zur Anzeige gefahrerheblicher Umstände 691
　　　　a) Antragsfragen 691
　　　　b) Gegenwärtiger Gesundheitszustand 695
　　　　c) Frühere Erkrankungen 696
　　　　d) Angaben gegenüber dem untersuchenden Arzt 696
　　4. Maßgeblicher Zeitpunkt für die Anzeigepflicht 696
　　　　a) Anzeigepflicht nach Antragstellung 696
　　　　b) Kündigungsrecht des Versicherers 698
　　5. Gefahrerheblichkeit verschwiegener Umstände 698
　　　　a) Gefahrerhebliche Umstände 698
　　　　b) Feststellung der Gefahrerheblichkeit 699
　　　　c) Darlegungs- und Beweislast 703
　　6. Kenntnis des gefahrerheblichen Umstandes 705
　　　　a) Kenntnis des Anzeigepflichtigen 705
　　　　b) Beweislast 706
III. Kenntnis des Dritten (§ 6 Abs. 2 ALB 1986) 707
IV. Rücktritt vom Versicherungsvertrag (§ 6 Abs. 3 ALB 1986) 708
　　1. Rücktrittsfrist 708
　　　　a) Zehn- bzw. Dreijahresfrist 708
　　　　b) Monatsfrist 708
　　2. Zeitpunkt der Kenntniserlangung 709
　　　　a) Positive Kenntnis 709
　　　　b) Ermittlung der Tatsachen 710
　　　　c) Angemessener Zeitraum 711
　　　　d) Beweislast 712
　　3. Kenntnis des Versicherers 712
　　　　a) Ausgangslage 712
　　　　b) Risikoprüfungsobliegenheit des Versicherers 712

4. Zurechnungstatbestände ... 716
   a) Kenntnis des zuständigen Mitarbeiters ... 716
   b) Kenntnis des vom Versicherer beauftragten Arztes ... 717
   c) Kenntnis des Versicherungsagenten ... 719
   d) Kenntnis des Maklers ... 724
   e) Zurechnung der Kenntnis in besonderen Fällen ... 725
   f) Ausschluss der Zurechnung ... 726
5. Ausschluss des Rücktritts bei mangelndem Verschulden des Anzeigepflichtigen (§ 6 Abs. 3 Satz 3 ALB 1986) ... 729
   a) Grundsatz ... 729
   b) Mitverschulden mitversicherter Personen ... 731
   c) Mitwirkung des Versicherungsagenten ... 731
   d) Mitwirkung des untersuchenden Arztes ... 734
   e) Mitwirkung eines Maklers ... 735
   f) Vertretung durch Bevollmächtigten ... 735
   g) Beweislast ... 735
6. Ausschluss des Rücktritts wegen mangelnder Kausalität (§ 6 Abs. 3 Satz 4 ALB 1986) ... 736
   a) Begrenzung der Rechtsfolgen ... 736
   b) Indizierende Umstände ... 737
   c) Beweislast ... 737
7. Ausübung des Rücktritts ... 738
   a) Erklärungsempfänger ... 738
   b) Inhalt der Rücktrittserklärung ... 740
   c) Wirkung des Rücktritts ... 741
   d) Umdeutung des Rücktritts ... 742
   e) Zusatzversicherung ... 742
V. Anfechtung des Versicherungsvertrages wegen arglistiger Täuschung (§ 6 Abs. 4 ALB 1986) ... 743
   1. Allgemeines ... 743
      a) VVG ... 743
      b) Anspruchskonkurrenz ... 743
   2. Arglistige Täuschung ... 744
      a) Unrichtige oder unvollständige Angaben ... 744
      b) Bewusste und gewollte Einflussnahme auf die Annahmeentscheidung ... 745
      c) Kausalität ... 757
      d) Mitwirken des Vermittlers ... 758
   3. Anfechtung des Versicherungsvertrages (§ 6 Abs. 4 ALB 1986) ... 759
      a) Erklärungsempfänger ... 759
      b) Anfechtungsfrist ... 760
      c) Inhalt der Anfechtungserklärung ... 760
      d) Umdeutung der Anfechtungserklärung ... 761
      e) Wirkung der Anfechtungserklärung ... 761
      f) Verzicht auf die Anfechtung ... 763
      g) Teilanfechtung der Zusatzversicherung ... 763
      h) Unzulässige Rechtsausübung ... 763
      i) Vorläufiger Versicherungsschutz ... 764
VI. Änderung oder Wiederherstellung der Versicherung (§ 6 Abs. 5 ALB 1986) ... 764
   1. Allgemeines ... 764
   2. Änderung der Versicherung ... 764
   3. Wiederherstellung ... 765
VII. Folgen der Aufhebung der Versicherung (§ 6 Abs. 6 ALB 1986) ... 766
VIII. Adressat der Rücktritts- und Anfechtungserklärung (§ 6 Abs. 7 ALB 1986) .. 766
   1. Grundsatz ... 766
   2. Empfangsbevollmächtigte ... 767
   3. Rangfolge ... 767

§ 7 Was gilt bei Wehrdienst, Unruhen oder Krieg? ... 768

Inhalt

§ 8 Was gilt bei Selbsttötung des Versicherten? ... 768
  I. Allgemeines ... 771
   1. Fassung ... 771
   2. Verhältnis zu § 169 VVG, jetzt § 161 VVG 2008 ... 771
   3. AGBG ... 771
   4. Andere AVB ... 772
  II. Selbsttötung des Versicherten vor Ablauf der Wartezeit aus freier Willensbestimmung ... 772
   1. Ausschlusstatbestand ... 772
   2. Darlegungs- und Beweislast ... 772
   3. Einzelfälle ... 774
     a) Selbsttötung bejaht ... 774
     b) Selbsttötung verneint ... 776
  III. Selbsttötung des Versicherten im Zustand krankhafter Störung der Geistestätigkeit vor Ablauf der Wartezeit ... 776
   1. Ausnahmetatbestand ... 776
   2. Freie Willensbestimmung ... 777
   3. Krankhafte Störung der Geistestätigkeit ... 778
   4. Maßgeblicher Zeitpunkt ... 778
   5. Beweislast ... 778
   6. Verfahren ... 780
   7. Einzelfälle ... 781
     a) Psychopathie und Sucht ... 781
     b) Gemütserkrankung ... 781
     c) Alkoholeinwirkung ... 782
     d) Sonderklausel ... 783
  IV. Selbsttötung nach Ablauf der Dreijahresfrist ... 784
   1. Karenzzeit ... 784
   2. Zahlung des Einlösungsbeitrags ... 784
     a) Begriff des Einlösungsbeitrags ... 784
     b) Neuabschluss ... 785
     c) Vertragsänderung ... 785
   3. Wiederherstellung der Versicherung ... 786
  V. Tötung des Versicherten durch den Versicherungsnehmer oder den Bezugsberechtigten ... 786
   1. Tötung durch den Versicherungsnehmer ... 786
   2. Tötung durch den Bezugsberechtigten ... 787
   3. Beweislast ... 788
  VI. Unfall-Zusatzversicherung ... 788
   1. Allgemeines ... 788
   2. Einzelfälle ... 789
     a) Freiwilligkeit bejaht ... 789
     b) Freiwilligkeit verneint ... 789

§ 9 Was ist bei Fälligkeit der Versicherungsleistung zu beachten? ... 790
  I. Allgemeines ... 792
   1. Fassung ... 792
   2. § 81a VAG ... 792
   3. VVG 2008 ... 793
  II. Anzeige des Versicherungsfalls (§ 9 Abs. 2 ALB) ... 793
   1. Versicherungsfall ... 793
   2. Anzeigepflichtiger ... 793
   3. Frist ... 794
   4. Form ... 794
   5. Inhalt der Anzeige ... 794
   6. Verspätete Anzeige ... 795
   7. Beweislast ... 795
  III. Nachweis des Ablebens und der Todesursache (§ 9 Abs. 2 Satz 2 ALB) ... 795
   1. Nachweis des Ablebens ... 795
   2. Nachweis der Todesursache ... 795

Inhalt

IV. Vorlage des Versicherungsscheins und Nachweis der letzten Beitragszahlung (§ 9 Abs. 1 ALB) 796
   1. Vorlage des Versicherungsscheins 796
   2. Nachweis der letzten Beitragszahlung 797
V. Klärung der Leistungspflicht durch den Versicherer (§ 9 Abs. 3 ALB) 797
   1. Prüfung der Anspruchsberechtigung 797
   2. Verlangen nach weiteren Nachweisen 797
   3. Anstellen von Erhebungen 798
   4. Leichenöffnung und Exhumierung 798
      a) Obduktion und Exhumierung 798
      b) Einwilligung 799
   5. Verbleib der Nachweise 799
VI. Kostentragungspflicht (§ 9 Abs. 4 ALB) 800
VII. Erbringung der Versicherungsleistung 800
   1. Grundsatz 800
   2. Fälligkeit 800
      a) Allgemeines 800
      b) Nötige Erhebungen 801
      c) Beschleunigungspflicht 801
      d) Verzug des Versicherers 802
   3. Abschlagszahlung gemäß § 11 Abs. 2 VVG 802
   4. Zahlungsanweisung des Versicherungsnehmers 803
   5. Hinterlegung 803
   6. Meldepflichten nach der Außenwirtschaftsverordnung 803
VIII. Anzeigepflichten gemäß EStG 804
   1. § 22 a EStG 804
   2. § 29 EStDV 804
IX. Erbschaftsteuer 804
   1. § 3 Abs. 1 Nr. 4 ErbStG 804
   2. § 33 Abs. 3 ErbStG 805
   3. Haftung des Versicherers gemäß § 20 Abs. 6 ErbStG 806
X. Kapitalertragsteuer 807
   1. Entwicklung der Kapitalertragsteuer 808
      a) Regelung bis 31. Dezember 1988 808
      b) Regelung ab 1. Januar 1989 809
      c) Regelung ab 1. Juli 1989 809
      d) Regelung ab 13. Februar 1992 810
      e) Regelung ab 1. April 1996 811
      f) Regelung ab 1. Januar 1997 812
      g) Regelung ab 1. Januar 2005 812
   2. Zeitpunkt der Erhebung der Kapitalertragsteuer 813
   3. Kapitalertragsteuer-Bescheinigung gemäß § 45 a Abs. 2 EStG 813
XI. Prämienbesteuerung 813

§ 10 Wo sind die vertraglichen Verpflichtungen zu erfüllen? 813
   I. Fassung 814
   II. Leistungsübermittlung durch den Versicherer (§ 10 Abs. 1 ALB 1986) 814
      1. Leistungsort 814
      2. Gefahrtragung 815
      3. Leistungspflicht 815
      4. Leistungszeit 815
      5. Leistungsempfänger 815
      6. Kosten 816
      7. Meldepflichten nach der Außenwirtschaftsverordnung 816
   III. Übermittlung der Beiträge (§ 10 Abs. 2 ALB 1986) 816

§ 11 Welche Bedeutung hat der Versicherungsschein? 816
§ 12 Was gilt für Mitteilungen, die sich auf das Versicherungsverhältnis beziehen? 816
   I. Allgemeines 820

Inhalt

Inhaltsverzeichnis

    1. Fassung 820
    2. Inhaltskontrolle 821
       a) Schriftform 821
       b) Einschränkung der Empfangsvollmacht 822
       c) Abgrenzung 823
  II. Mitteilungen des Versicherungsnehmers 823
    1. Begriff 823
       a) Willenserklärungen 823
       b) Anzeigen 823
    2. Vertretung des Versicherungsnehmers 824
       a) Vertretung durch Makler 824
       b) Vertretung durch Ehefrau 825
    3. Form 825
       a) Ausgangslage 825
       b) E-Mail 825
       c) Fernschreibnetz 826
       d) Telefax 826
       e) Rechtswirksamkeit 827
    4. Zugang beim Versicherer 827
       a) Vorstand 827
       b) Vermittler 828
  III. Mitteilungen des Versicherers 828
    1. Willenserklärungen i. S. v. § 12 ALB 1986 828
    2. Vertretung des LVU 828
    3. Form 829
       a) Schriftform 829
       b) § 80 AktG 829
       c) Unterzeichnung der Mitteilung 829
    4. Zugang beim Versicherungsnehmer 830
       a) Zugangserleichterungen 830
       b) Beweislast 832
       c) Zugangsvereitelung 835

§ 13 Wer erhält die Versicherungsleistung? 836

§ 14 Welche Kosten und Gebühren dürfen Ihnen in Rechnung gestellt werden? 836
  I. Allgemeines 837
    1. Fassung 837
    2. Verhältnis zum VAG 837
    3. PAngV 837
  II. In Rechnung Stellung von Kosten und Gebühren ... 837

§ 15 Wo ist der Gerichtsstand? 838

§ 16 Wie sind Sie an unseren Überschüssen beteiligt? .. 838
  I. Allgemeines 846
    1. Fassung 846
    2. Anforderungen des § 10 Abs. 1 Nr. 7 VAG 846
    3. § 38 Abs. 1 VAG/§ 56 a VAG 846
    4. § 81 a VAG 847
    5. VVG 2008 847
  II. Geltungsbereich 847
  III. Rechtsnatur und Kontrollfähigkeit der Überschussbeteiligungsklausel 848
    1. Ausgangslage 848
    2. Rechtsnatur des Lebensversicherungsvertrages mit Überschussbeteiligungsklausel 849
       a) Treuhandverhältnis 849
       b) Partiarisches Rechtsverhältnis 853

	c) Geschäftsplanmäßige Erklärung	857
	d) Versicherungsvertrag gemäß § 1 VVG	858
3.	Kontrollfähigkeit der Überschussbeteiligungsklausel	863
	a) Ausgangslage	863
	b) AVB in Satzungen von VVaG	864
	c) Verweisung auf den Geschäftsplan	864
4.	Reformbestrebungen	866
IV.	Rechnungsgrundlagen der Lebensversicherung	870
1.	Kalkulationsgrundsatz	870
2.	Sterbetafel	871
3.	Rechnungszins	872
4.	Kostenzuschläge	873
V.	Überschussbeteiligung gemäß Geschäftsplan	873
1.	Allgemeines	873
	a) Verteilungsverfahren	873
	b) Geschäftsplan	874
	c) Bestandsübertragung	875
2.	Pflicht zur zeitnahen und angemessenen Beteiligung der Versicherungsnehmer am Überschuss	876
	a) Begrenzung der Rückstellung für Beitragsrückerstattung	876
	b) Direktgutschrift	878
	c) Sicherstellung angemessener Zuführungen zur RfB	879
3.	Zuteilung und Ausschüttung der Überschussanteile über die Abrechnungsverbände/Gewinnverbände an die Versicherungsnehmer	880
	a) Verteilungsgrundsätze	880
	b) Sofortüberschussbeteiligung	881
	c) Verwendung der jährlichen Überschussanteile	881
VI.	Darstellung und Erläuterung der Überschussbeteiligung	884
1.	Beispielrechnungen	884
2.	Genehmigungspflicht	885
3.	Prognose	885
VII.	Unterrichtung über die Überschussbeteiligung	885
VIII.	Anspruch des Versicherungsnehmers auf Auskunftserteilung über Grund und Höhe der Überschussbeteiligung	885

§ 17 Welche der vorstehenden Bestimmungen können geändert werden?   887

I.	Fassung	889
1.	ALB 1957	889
2.	ALB 1975	889
3.	ALB 1983	890
4.	ALB 1986	890
II.	Zweck der Änderungsvorbehaltsklausel	890
III.	Änderungsvorbehalt der Aufsichtsbehörde	891
1.	AVB-VO	891
2.	§ 81 a VAG	891
IV.	Änderungsvorbehalt des LVU	892
1.	Änderungsvorbehalte in Satzungen	892
2.	Änderungsvorbehalte in AVB	895
	a) Ausgangslage	895
	b) Anpassungsrecht des LVU	896
3.	Verfahren bei VVaG	897
	a) Mitwirkung der Aufsichtsbehörde	897
	b) Zustimmung der Organe	897
4.	Benachrichtigung des Versicherungsnehmers	897
V.	Abweichungen von den AVB	897
1.	Einhaltung des Geschäftsplans	897
2.	Abweichungen im Einzelfall	898
	a) Abweichungen zugunsten des Versicherungsnehmers	898
	b) Ungünstige Abweichung	898
VI.	Einführung neuer AVB mit Zustimmung des Versicherungsnehmers	898

Inhalt

Inhaltsverzeichnis

VII. Aufklärungs- und Hinweispflichten des LVU bei neuen AVB 899
   1. Unterrichtung der Bestandskunden 899
   2. Aufklärungs- und Hinweispflicht 899

Teil 5. Allgemeine Bedingungen für die kapitalbildende Lebensversicherung (ALB 2006)

A. Vorbemerkung

  I. ALB 1994 901
 II. ALB 2001 901
III. ALB 2006 902
IV. Umsetzung der Musterbedingungen 903

B. Kommentierung der §§ 1–17 ALB 2006

§ 1 Welche Leistungen erbringen wir? 904
§ 2 Wie sind Sie an unseren Überschüssen beteiligt? 905
    I. Geltung des VVG 2008 908
   II. Fortentwicklung der Überschussbeteiligungsklausel 908
      1. § 17 ALB 1994 908
         a) Fassung 908
         b) Inhaltskontrolle 909
      2. Überarbeitung der Überschussbeteiligungsklausel 911
  III. Überschussbeteiligung der Versicherungsnehmer 911
      1. Überschussergebnisquellen 911
      2. Begriff des Überschusses 911
      3. Aufteilung des Überschusses zwischen LVU und dem Kollektiv der Versicherungsnehmer 912
         a) Aufsichtsrechtliche Vorgaben 912
         b) Mindestüberschussbeteiligung 912
         c) Mindestdividende der Aktionäre 912
         d) Vorschlag des Verantwortlichen Aktuars 913
      4. Aufteilung des Überschusses bei Teilkollektiven 914
      5. Festsetzung der individuellen Überschussanteile 914
         a) Deklaration 914
         b) Verlustabdeckung 915
      6. Verwendung der Überschussanteile 915
      7. Veröffentlichung der Überschussanteilsätze 915
      8. Information des Versicherungsnehmers 915
      9. Leistungsdarstellung in der Lebensversicherung 915
  IV. Hochrechnung der Ablaufleistung 915
   V. Wahrung des Gleichbehandlungsgrundsatzes bei der Verteilung der Überschüsse 916
 VI. Besteuerung von Kapitalleistungen 918
      1. Altverträge 918
      2. Neuverträge 918

§ 3 Wann beginnt Ihr Versicherungsschutz? 918
    I. Fassung 921
      1. Vorfassung 921
      2. § 3 ALB 1994 921
   II. Regelungsgegenstand der Vorschrift 921
  III. Besondere Pflichten des Versicherers bei Abschluss des Versicherungsvertrages 921
      1. Informationspflichten gemäß VAG 921
         a) Ausgangslage 921
         b) Informationsberechtigter 924
         c) Form 924
         d) Rechtsfolgen der Verletzung von Informationspflichten 924
      2. Identifizierung des Kunden gemäß GWG 925

Inhalt

IV. Abschluss des Versicherungsvertrages 926
   1. Rechtsgrundlagen 926
      a) Vertragsabschlussverfahren 926
      b) Grenzüberschreitende Geschäfte 927
   2. Rahmenvereinbarung 928
   3. Policenmodell 928
      a) Ausgangslage 928
      b) Rechtswirksamkeit des § 5a VVG 929
      c) Antrag und Annahme 932
      d) Antragsbindungsfrist 933
      e) Widerspruchsrecht 933
      f) Zeitpunkt des Vertragsabschlusses 940
      g) Rücktrittsrecht 941
      h) Kündigungsrecht 942
   4. Antragsmodell 942
   5. Besondere Vereinbarungen 942
V. Beginn des Versicherungsschutzes 943
   1. Annahme des Antrags 943
   2. Zahlung des Einlösungsbeitrags 943
VI. Besondere Pflichten des Versicherers nach Abschluss des Versicherungsvertrages 944

§ 4 Was gilt bei Wehrdienst, Unruhen, Krieg oder Einsatz bzw. Freisetzen von ABC-Waffen/-Stoffen? 944

§ 5 Was gilt bei Selbsttötung der versicherten Person? 945

§ 6 Was bedeutet die vorvertragliche Anzeigepflicht? 946

§ 7 Was haben Sie bei der Beitragszahlung zu beachten? 948

§ 8 Was geschieht, wenn Sie einen Beitrag nicht rechtzeitig zahlen? 949

§ 9 Wann können Sie Ihre Versicherung kündigen oder beitragsfrei stellen? 951
   I. Allgemeines 956
      1. EG-Recht 956
      2. Vorteil der Regelung 956
      3. VVG 2008 957
   II. ALB 1994 957
      1. Fassung 957
      2. Inhaltskontrolle 958
         a) Kündigungs- und Beitragsfreistellungsklausel 958
         b) Stornoklausel als Teil der Kündigungs- und Beitragsfreistellungsklausel 961
      3. Anwendung des § 172 Abs. 2 VVG 961
         a) Ausgangslage 961
         b) Ersetzung der Stornoklausel 962
         c) Ersetzung der Kündigungs- und Beitragsfreistellungsklausel 963
      4. Richterliche ergänzende Vertragsauslegung 963
         a) Mindestrückkaufswert 963
         b) Geltung für VVaG 965
      5. Heilung des Transparenzmangels 966
      6. Auskunftsanspruch 967
   III. ALB 2001 967
      1. Fassung vom 30. Januar 2001 967
      2. Fassung vom 5. Juli 2001 969
      3. Inhaltskontrolle 972
         a) LG Hamburg – 324 O 1136/07 972
         b) LG Hamburg – 324 O 1116/07 973
         c) LG Hamburg – 324 O 1153/07 974
         d) Stellungnahme 976
   IV. ALB 2006 977

Inhalt

§ 10 Was bedeutet die Verrechnung von Abschlusskosten nach dem Zillmerverfahren? 978
    I. Fassung 980
    II. Zweck der Abschlusskostenverrechnungsklausel 981
        1. Vorgeschichte 981
        2. Zweck der Klausel 982
    III. Verrechnung der Abschlusskosten 983
        1. Allgemeines 983
        2. Zillmerungsverfahren 984
            a) Zillmerung 984
            b) Zillmersatz 985
            c) Zeitraum 986
            d) Bilanzierung 986
            e) Kritik 988
        3. Vereinbarung der Abschlusskostenverrechnung 989
        4. Berechnung der Deckungsrückstellung 990
    IV. Begrenzung der Abschlusskosten 990
    V. Inhaltskontrolle der Abschlusskostenverrechnungsklausel 991
        1. Verstoß gegen das Transparenzgebot 991
            a) Urteil des BGH vom 9. Mai 2001 991
            b) Instanzgerichte 992
        2. Stellungnahme 995
        3. Auswirkungen 996
            a) Altbestand 996
            b) Neubestand 997
    VI. Klauselersetzungsverfahren gemäß § 172 Abs. 2 VVG 997
        1. Ausgangslage 997
        2. Notwendige Ergänzung 997
            a) Grundsatz 997
            b) Notwendigkeit der Ergänzung 998
        3. Ergänzung durch den Versicherer 999
        4. Wirksamkeit der Ergänzung 999
            a) Richterliche Kontrolle 999
            b) Gesetzliche Vorschriften 1000
            c) Wegfall der Abschlusskostenverrechnungsklausel 1001
            d) Ergänzende Vertragsauslegung 1001
    VII. Richterliche ergänzende Vertragsauslegung 1006
        1. Wegen Unwirksamkeit der Vertragsergänzung nach § 172 Abs. 2 VVG 1006
        2. Ergänzende Vertragsauslegung außerhalb des Treuhänderverfahrens 1007
    VIII. Nachforderungsanspruch des Versicherungsnehmers 1007
        1. Unterrichtung des Versicherungsnehmers 1007
        2. Verjährung 1007
            a) Rückkaufswertanspruch 1007
            b) Schadensersatzanspruch 1008
        3. Versteuerung der Nachzahlung 1009

§ 11 Was ist zu beachten, wenn eine Versicherungsleistung verlangt wird? 1009

§ 12 Welche Bedeutung hat der Versicherungsschein? 1010

§ 13 Wer erhält die Versicherungsleistung? 1011

§ 14 Was gilt für Mitteilungen, die sich auf das Versicherungsverhältnis beziehen? 1011
    I. Fassung 1011
    II. Vergleich § 13 ALB 1994 mit § 12 ALB 1986 1012

§ 15 Welche Kosten stellen wir Ihnen gesondert in Rechnung? 1012

Inhaltsverzeichnis

Inhalt

§ 16 Welches Recht findet auf Ihren Vertrag Anwendung? 1013
§ 17 Wo ist der Gerichtsstand? 1013
Anhang der AVB zur Kündigung und Beitragsfreistellung Ihrer Versicherung 1014
Anhang der AVB zur Überschussbeteiligung für die kapitalbildende Lebensversicherung 1016

Teil 6. Musterbedingungen des GDV 2008
A. Allgemeine Bedingungen für die kapitalbildende Lebensversicherung (ALB 2008)

§ 1 Welche Leistungen erbringen wir? 1022
    I. Fassung 1023
    II. Kapitalversicherung auf den Todes- und Erlebensfall 1024
        1. Zweck der Versicherung 1025
        2. Kreditsicherung 1025
        3. Kredittilgung 1028
        4. Kombination Kapitalversicherung mit Festdarlehen 1030
            a) Koppelung 1030
            b) Aufsichtsrechtliche Vorgaben 1031
            c) Aufklärungspflichten gegenüber dem Kreditnehmer 1031
            d) Preisangaben im Darlehensvertrag 1036
        5. Verkauf von Krediten 1038
    III. Kapitalversicherung auf den Todes- und Erlebensfall mit Teilauszahlung 1040
    IV. Kapitalversicherung auf den Todes- und Erlebensfall von zwei Personen 1040
    V. Kapitalversicherung mit festem Auszahlungszeitpunkt, Termfixversicherung 1041
    VI. Kapitalversicherung auf den Heiratsfall, Aussteuerversicherung 1041
        1. Tarif Altbestand 1041
        2. Beitragszahlungspflicht 1042
        3. Fälligkeit 1042
        4. Kündigung 1042
        5. Ausstattungsversprechen 1042
            a) Inhalt 1042
            b) Absicherung 1042
        6. Auskunftsanspruch 1042
        7. Rechtsmissbrauch 1043
    VII. Garantierte Leistungen 1043
        1. Mindestverzinsung 1043
        2. Sicherstellung der dauerhaften Erfüllbarkeit der Versicherungsverträge 1043
        3. Sicherungsvermögen 1044

§ 2 Wie erfolgt die Überschussbeteiligung? 1044
    I. Fassung 1047
    II. Überschussbeteiligungszusage 1048
        1. Inhalt der Vereinbarung 1048
        2. Angaben zur Überschussbeteiligung 1048
    III. Grundsätze und Maßstäbe für die Beteiligung der Versicherungsnehmer am Überschuss 1049
        1. Grundsatz 1049
        2. Verursachungsorientiertes Verfahren 1049
        3. Vergleichbare angemessene Verteilungsgrundsätze 1049
        4. Zeitpunkt der Verteilung 1049
    IV. Grundsätze und Maßstäbe für die Beteiligung der Versicherungsnehmer an den Bewertungsreserven 1050
        1. Grundsatz 1050
        2. Verursachungsorientiertes Verfahren 1050

XXXVII

Inhalt

3. Jährliche Ermittlung und Zuordnung	1051
4. Frühere Zuteilung	1051
5. Endgültige Zuteilung	1051
6. Aufsichtsrechtliche Regelungen zur Kapitalausstattung	1051
V. Jährliche Unterrichtung	1052
VI. Angemessene Zuführung zur Rückstellung für Beitragsrückerstattung	1052
1. Mindestzuführung	1052
a) Ausgangslage	1052
b) § 81 c VAG	1053
2. Mindestzuführungsverordnung	1053
VII. Dotierung und Verwendung der Rückstellung für Beitragsrückerstattung	1053
1. Dotierung	1053
2. Verwendung	1054

Anhang zu § 2 ALB 2008 . . . 1054

I. Grundzüge zur Leistungsdarstellung in der Lebensversicherung . . . 1054
  1. Allgemeine Grundsätze . . . 1054
  2. Mindestanforderungen . . . 1055
II. Beispielrechnung für eine Kapitalversicherung auf den Todes- und Erlebensfall . . . 1057
III. Jährliche Mitteilung über den Stand der Überschussbeteiligung zur Kapitalversicherung auf den Todes- und Erlebensfall und Aktualisierung der Beispielrechnung . . . 1060

§ 3 Wann beginnt Ihr Versicherungsschutz? . . . 1061

I. Fassung . . . 1066
II. Pflichten des LVU vor Vertragsabschluss . . . 1067
  1. Befragung und Beratung des Versicherungsnehmers . . . 1067
    a) Pflichten . . . 1067
    b) Form . . . 1069
    c) Dokumentation . . . 1069
    d) Verzicht auf Beratung . . . 1069
    e) Schadensersatzpflicht . . . 1070
    f) Geltungsbereich . . . 1070
  2. Information des Versicherungsnehmers . . . 1071
    a) Pflichten . . . 1071
    b) Produktinformationsblatt . . . 1072
    c) Modellrechnung . . . 1073
    d) Rechtzeitige Mitteilung im Sinne von § 7 Abs. 1 VVG 2008 . . . 1073
III. Abschluss des Versicherungsvertrages . . . 1075
  1. Allgemeines . . . 1075
  2. Vertragsmodelle . . . 1076
    a) Policenmodell . . . 1076
    b) Antragsmodell . . . 1076
    c) Invitatiomodell . . . 1076
  3. Besondere Vereinbarungen . . . 1077
    a) Einrichtung eines Beitragsdepots . . . 1077
    b) Telefonklausel . . . 1079
    c) Datenschutzeinwilligungserklärung . . . 1081
    d) Einwilligungs- und Schweigepflichtentbindungsklausel . . . 1081
    e) Vorläufiger Versicherungsschutz . . . 1082
  4. Antragsprüfung . . . 1083
    a) Verhandlungsergebnis . . . 1083
    b) Eintrittsalter . . . 1083
    c) Risikoprüfung . . . 1083
    d) Risikoeinschätzung . . . 1089
    e) Identifizierungs- und Anzeigepflichten des GWG . . . 1090
    f) Bonitätsprüfung . . . 1093
  5. Annahme des Versicherungsantrags . . . 1093
    a) Annahmefrist . . . 1093

Inhaltsverzeichnis

b) Annahme des Antrags 1093
c) Beweislage 1094
6. Beginn des Versicherungsschutzes 1095
  a) § 3 Satz 1 ALB 2008 1095
  b) Mitternachtsregelung 1095
7. Widerrufsrecht des Versicherungsnehmers 1095
  a) Frist 1095
  b) Form 1095
  c) Beginn der Frist 1095
  d) Nichtbestehen des Widerrufsrechts 1097
  e) Rechtsfolgen des Widerrufs 1097
IV. Wegfall des Versicherungsschutzes 1097
  1. Nichtzahlung 1097
  2. Vertretenmüssen der Nichtzahlung 1098
    a) Grundsatz 1098
    b) Zeitpunkt 1098
    c) Beweislast 1098
  3. Warnhinweis 1099
V. Pflichten des LVU nach Vertragsabschluss 1099
  1. Frage-, Beratungs- und Begründungspflicht 1099
  2. Verzicht des Versicherungsnehmers 1099
  3. Schadensersatzpflicht 1099
  4. Geltungsbereich 1099
VI. Änderung, Aufhebung oder Abschluss eines neuen Versicherungsvertrags 1100
  1. Neuabschluss 1100
  2. Änderungsvertrag 1101
VII. Vertragsübernahme 1101
VIII. Bestandsübertragung 1102

§ 4 Was gilt bei Wehrdienst, Unruhen, Krieg oder Einsatz bzw. Freisetzen von ABC-Waffen/-Stoffen? 1103

I. Fassung 1105
  1. Historie 1105
  2. Ausschluss von Terrorrisiken 1107
  3. Ausschlussklausel für den vorsätzlichen Einsatz von ABC-Waffen/-Stoffen 1108
  4. Bedingungsvergleich 1108
II. Regelungsgegenstand und -zweck 1108
  1. Leistungsbeschreibung 1108
  2. Ausschluss des Kriegsrisikos 1109
    a) Grundgedanke 1109
    b) Entwicklung der Kriegsversicherung 1109
    c) Versicherbarkeit politischer Gefahren 1110
III. Leistungspflicht des Versicherers 1111
  1. Todesursache 1111
  2. Ausübung des Wehr- oder Polizeidienstes 1111
  3. Innere Unruhen 1111
IV. Beschränkung der Leistungspflicht bei kriegerischen Ereignissen 1112
  1. Kriegerische Ereignisse 1112
  2. Leistungspflicht des Versicherers 1114
V. Versicherungsschutz für Auslandsaufenthalte 1114
  1. Auslandsklausel in der Fassung VerBAV 1991, 142 1114
  2. Auslandsklausel in der Fassung VerBAV 1993, 109 1114

§ 5 Was gilt bei Selbsttötung der versicherten Person? 1115

I. Fassung 1115
II. Gesetzliche Regelung der Selbsttötung 1116
III. Beratungspflicht des LVU 1117

Inhalt

§ 6 Was bedeutet die vorvertragliche Anzeigepflicht? 1117
I. Allgemeines 1121
II. Anzeigepflicht des Versicherungsnehmers (§ 6 Abs. 1 ALB 2008) 1121
   1. Ausgangslage 1121
   2. Fragepflicht des Versicherers 1122
   3. Nachmelden von Gefahrumständen 1122
   4. Spontane Anzeigepflicht des Versicherungsnehmers 1123
III. Kenntnis und Verhalten der versicherten Person (§ 6 Abs. 2 ALB 2008) 1123
IV. Rücktrittsrecht des Versicherers wegen Verletzung der Anzeigepflicht (§ 6 Abs. 3 ALB 2008) 1123
   1. Rücktrittsrecht 1123
   2. Beweislast 1124
   3. Rücktritt bei Altvertrag 1124
V. Ausschluss des Rücktrittsrechts, aber Kündigungsrecht des Versicherers bei fahrlässiger Verletzung der Anzeigepflicht (§ 6 Abs. 6 ALB 2008) 1124
   1. Ausgangslage 1124
   2. Ausschluss des Rücktrittsrechts 1124
      a) Vorsatz 1124
      b) Grobe Fahrlässigkeit 1125
      c) Beweislast 1126
   3. Kündigungsrecht 1126
VI. Ausschluss des Rücktrittsrechts und des besonderen Kündigungsrechts des Versicherers gemäß § 19 Abs. 4 VVG 2008 (§ 6 Abs. 3 u. Abs. 7 ALB 2008) 1126
   1. Ausgangslage 1126
   2. Beweislast des Versicherungsnehmers 1127
   3. Vertragsänderung 1127
      a) Zeitpunkt 1127
      b) Andere Bedingungen 1128
VII. Hinweispflicht des Versicherers und Ausschluss der Rechte (§ 6 Abs. 11 u. 2 ALB 2008) 1128
   1. Ausgangslage 1128
   2. Gesonderte Mitteilung 1129
   3. Kenntnis des Versicherers 1129
      a) Sachbearbeiter 1129
      b) Versicherungsvertreter 1130
VIII. Kündigungsrecht des Versicherungsnehmers (§ 6 Abs. 10 ALB 2008) 1130
IX. Vertreter des Versicherungsnehmers 1130
X. Ausübung der Rechte durch den Versicherer (§ 6 Abs. 13 ALB 2008) 1131
   1. Erklärung 1131
      a) Ausgangslage 1131
      b) Frist 1131
      c) Inhalt 1131
      d) Nachschieben von Gründen 1131
   2. Leistungsfreiheit des Versicherers 1132
   3. Ausschlussfrist 1132
XI. Arglistige Täuschung (§ 6 Abs. 14 ALB 2008) 1133
   1. Ausgangslage 1133
   2. Anfechtung 1134
      a) Allgemeines 1134
      b) Arglistige Täuschung 1134
      c) Einzelfälle 1134
   3. Leistungsfreiheit 1135
   4. Schicksal der Prämie 1135
XII. Gefahrerhöhung 1135
   1. Allgemeines 1135
   2. Geltendmachung der Gefahrerhöhung 1135
   3. Herabsetzung der Prämie 1136

§ 7 Was haben Sie bei der Beitragszahlung zu beachten? 1136
I. Allgemeines 1138

Inhalt

1. Zusammensetzung des Beitrags ... 1138
2. Kalkulation des Beitrags ... 1138
   a) Grundsätze ... 1138
   b) Sterbetafel ... 1139
   c) Mitteilungspflichten ... 1139
3. Eigentum am Beitrag ... 1139
4. Aufrechnungsverbot des § 26 VAG ... 1139
II. Inhaltskontrolle ... 1140
III. Beitragszahlung ... 1141
IV. Bargeldloser Zahlungsverkehr ... 1141
   1. Ausgangslage ... 1141
      a) Rahmenabkommen der Banken ... 1141
      b) EG-Zahlungsdienste-Richtlinie ... 1142
   2. Lastschriftverfahren ... 1143
      a) Varianten ... 1143
      b) Einzugsermächtigung ... 1143
      c) Widerspruch ... 1143
V. Stundung der Beiträge ... 1145

§ 8 Was geschieht, wenn Sie einen Beitrag nicht rechtzeitig zahlen? ... 1145
   I. Zahlungsverzug bei Erstprämie ... 1146
   II. Zahlungsverzug bei Folgeprämie ... 1146
   III. Unterrichtung Dritter über Beitragsrückstand ... 1147
   IV. Vorläufige Deckung ... 1147

§ 9 Wann können Sie Ihre Versicherung kündigen oder beitragsfrei stellen? ... 1147
   I. Inhaltskontrolle ... 1151
   II. Kündigung des Versicherungsnehmers ... 1152
   III. Erstattung des Rückkaufswerts ... 1152
      1. Zahlungsanspruch ... 1152
      2. Berücksichtigung von Abschluss- und Vertriebskosten ... 1152
      3. Stornokosten ... 1153
         a) Darstellung des Abzugs ... 1153
         b) Grenzen des Abzugs ... 1153
         c) Darlegungs- und Beweislast ... 1153
      4. Herabsetzung des Rückkaufswerts ... 1153
      5. Anspruch auf Überschussbeteiligung ... 1153

§ 10 Wie werden die Abschluss- und Vertriebskosten verrechnet? ... 1153

§ 11 Was ist zu beachten, wenn eine Versicherungsleistung verlangt wird? ... 1154
   I. Fälligkeit und Erbringung der Versicherungsleistung ... 1154
   II. Abschlagszahlungen ... 1155
   III. Verzug des Versicherers ... 1155
   IV. Überweisung an den Empfangsberechtigten ... 1155
   V. Hinterlegung ... 1156

§ 12 Welche Bedeutung hat der Versicherungsschein? ... 1156
   I. Fassung ... 1157
   II. Inhaltskontrolle ... 1157
   III. Inhalt der Inhaberklausel ... 1158
      1. Befreiungs- oder Liberationswirkung ... 1158
      2. Nichtinanspruchnahme der Inhaberklausel ... 1159
      3. Befugnis des Inhabers des Versicherungsscheins ... 1160
   IV. Inhaber des Versicherungsscheins ... 1160
   V. Verfügungsbefugnis des Inhabers des Versicherungsscheins ... 1161
   VI. Nachweis der Verfügungsberechtigung ... 1162
   VII. Leistungsbefreiung des Versicherers ... 1162
      1. Grundsatz ... 1162
      2. Vorrang des § 1812 BGB ... 1163

XLI

Inhalt

3. Positive Kenntnis des LVU	1164
4. Grobe Fahrlässigkeit	1164
5. Rechtsmissbrauch	1165
6. Einfache Fahrlässigkeit	1165
7. Abgrenzung	1165
8. Beweislast	1166
VIII. Verlust des Versicherungsscheins	1166

§ 13 Wer erhält die Versicherungsleistung? ... 1167

- I. Allgemeines ... 1178
  - 1. Fassung ... 1178
    - a) ALB 1932 bis ALB 1984 ... 1178
    - b) ALB 1986 ... 1178
    - c) ALB 1994 ... 1178
    - d) ALB 2001 bis ALB 2006 ... 1179
  - 2. BGB/VVG ... 1180
  - 3. AGBG/BGB ... 1180
    - a) Inhaltskontrolle des § 13 Abs. 1 Satz 2 ALB 1986 ... 1180
    - b) Inhaltskontrolle des § 13 Abs. 2 ALB 1986 ... 1180
    - c) Inhaltskontrolle des § 13 Abs. 4 ALB 1986 ... 1181
- II. Erbringung der Versicherungsleistung an den Bezugsberechtigten ... 1181
  - 1. Einräumung des Bezugsrechts ... 1181
    - a) Befugnis ... 1181
    - b) Rechtscharakter der Begünstigungserklärung ... 1182
    - c) Auslegung der Begünstigungserklärung ... 1183
    - d) Inhalt und Umfang der Begünstigungserklärung ... 1184
    - e) Unwiderrufliches Bezugsrecht ... 1185
    - f) Ersatzbezugsberechtigter ... 1187
    - g) Auflagen ... 1187
    - h) Weitergeltung des Bezugsrechts nach Wiederherstellung einer erloschenen Versicherung ... 1187
    - i) Beweislast ... 1187
    - j) Einzelfälle ... 1187
  - 2. Widerruf oder Änderung der Bezugsberechtigung ... 1192
    - a) Berechtigter ... 1192
    - b) Rechtsnatur ... 1193
    - c) Ausübung ... 1194
    - d) Rechtswirksamkeit ... 1194
    - e) Einzelfälle ... 1194
  - 3. Form für Einräumung und Widerruf des Bezugsrechts ... 1199
  - 4. Frist für Einräumung und Widerruf des Bezugsrechts ... 1199
    - a) Frist ... 1199
    - b) Anwendbarkeit des § 130 Abs. 2 BGB ... 1200
  - 5. Anzeige der Einräumung und des Widerrufs des Bezugsrechts ... 1201
    - a) Anzeige ... 1201
    - b) Zugang der Anzeige ... 1202
  - 6. Besondere Beendigungsgründe ... 1203
    - a) Wegfall des Bezugsrechts ... 1203
    - b) Ausschluss des Bezugsrechts gemäß § 170 Abs. 2 VVG ... 1204
    - c) Nichtigkeit des Bezugsrechts gemäß § 138 BGB ... 1204
  - 7. Rechtsstellung des widerruflich Bezugsberechtigten ... 1205
    - a) Rechtslage vor Eintritt des Versicherungsfalls ... 1205
    - b) Rechtslage nach Eintritt des Versicherungsfalls ... 1207
  - 8. Rechtsstellung des unwiderruflich Bezugsberechtigten ... 1208
    - a) Rechtserwerb ... 1208
    - b) Befugnisse ... 1211
    - c) Zwangsvollstreckung ... 1211
    - d) Ableben ... 1212
  - 9. Rechtsstellung des Versicherungsnehmers bei Einräumung eines unwiderruflichen Bezugsrechts ... 1212

Inhalt

  a) Verlust der Vermögensrechte 1212
  b) Gestaltungsrechte 1212
  c) Vertragspflichten 1213
  d) Zwangsvollstreckung 1213
 10. Rechtsstellung des Versicherers 1214
  a) Pflichten bei Einräumung und Widerruf von Bezugsrechten 1214
  b) Auskunftspflichten gegenüber Bezugsberechtigten 1214
  c) Erbringung der Versicherungsleistung 1215
III. Erbringung der Versicherungsleistung an den Versicherungsnehmer oder seine Erben 1216
 1. Allgemeines 1216
 2. Rechtsstellung der Erben 1217
  a) Rechtsgrund für die Zuwendung der Bezugsberechtigung durch den Erblasser 1217
  b) Wegfall des Rechtsgrunds 1220
  c) Herausgabe der Versicherungsleistung 1220
  d) Pflichtteilsergänzungsanspruch 1221
 3. Rechtsstellung des Begünstigten 1222
 4. Rechtsstellung des Nachlassinsolvenzverwalters 1222
IV. Abtretung 1222
 1. Fassung 1223
 2. Rechtsgrund der Abtretung 1224
 3. Zulässigkeit der Abtretung 1225
  a) Gesetzliches Abtretungsverbot 1225
  b) Vertragliches Abtretungsverbot 1228
  c) Belastung mit einem Pfandrecht 1229
 4. Abtretung der Rechte aus dem Versicherungsvertrag 1229
  a) Formlose Abtretung 1229
  b) Inhalt und Umfang der Abtretung 1229
  c) Nachweis der Abtretung 1230
  d) Mehrfachabtretung 1231
  e) Prioritätsgrundsatz 1231
  f) Aufhebung der Abtretung 1231
  g) Rechtsgrundlose Zahlung 1232
 5. Anzeige der Abtretung an das LVU 1232
  a) Inhalt der Vorschrift 1232
  b) Zweck des Anzeigeerfordernisses 1234
  c) Anzeigeberechtigter 1235
  d) Form 1235
  e) Zugang und Kenntnis des LVU von der Abtretung 1235
  f) Rechtswirksamkeit 1236
  g) Rechtswirkung der Anzeige 1237
 6. Rechtsfolgen der Abtretung 1237
  a) Pflichten aus dem Versicherungsvertrag 1237
  b) Rechte aus dem Versicherungsvertrag 1237
 7. Sicherungsabtretung 1238
  a) Ausgangslage 1238
  b) Umfang des Sicherungszwecks 1240
  c) Abtretung der Todesfallansprüche 1240
  d) Widerruf des widerruflichen Bezugsrechts 1242
  e) Verwertung der Sicherheit 1243
 8. Einwendungen des Versicherers 1248
  a) Erfüllung durch Zahlung 1248
  b) Geltendmachung von Vertragsrechten 1250
  c) Einwendungen aus dem Abtretungsgeschäft 1250
  d) Zulässigkeit der Aufrechnung gegen die abgetretene Forderung 1250
  e) Abzugsrecht 1252
V. Verpfändung 1252
 1. Rechtsgrund der Verpfändung 1252

XLIII

Inhalt

Inhaltsverzeichnis

a) Verpfändung der Rückdeckungsversicherung	1252
b) Verpfändung der Hypothekentilgungsversicherung	1253
2. Verpfändungsvereinbarung	1253
a) Zulässigkeit	1253
b) Form	1253
c) Inhalt und Umfang der Verpfändung	1254
d) Anzeige der Verpfändung an das LVU	1254
3. Pfandrecht	1254
a) Mehrheit von Pfandrechten	1254
b) Aufhebung und Änderung der verpfändeten Lebensversicherung	1255
c) Erlöschen des Pfandrechts	1255
d) Übergang des Pfandrechts auf den PSV	1255
4. Verwertung des Pfandrechts	1255
a) Prioritätsgrundsatz	1255
b) Einziehung der Forderung	1256
c) Leistungen aus der Versicherung	1256
d) Steuerliche Aspekte	1257
VI. Pfändung von Versicherungsleistungen	1257
1. Allgemeines	1258
2. Pfändungs- und Überweisungsbeschluss	1259
a) Antrag	1259
b) Genaue Bezeichnung des Gläubigers und des Schuldners	1259
c) Genaue Bezeichnung des Drittschuldners	1260
d) Genaue Bezeichnung der Forderung	1261
e) Überweisung der Forderung	1266
f) Entscheidung über den Pfändungs- und Überweisungsbeschluss	1266
g) Zustellung des Pfändungs- und Überweisungsbeschlusses	1267
3. Vorpfändung	1268
4. Rechtsstellung des Gläubigers	1270
5. Rechtsstellung des Schuldners	1271
a) Befugnisse des Schuldners	1271
b) Pflicht zur Auskunft und Herausgabe des Versicherungsscheins	1272
c) Verteidigung gegen die vollstreckte Forderung	1273
d) Verteidigung gegen den Pfändungs- und Überweisungsbeschluss	1273
6. Rechtsstellung des Drittschuldners (LVU)	1273
a) Ausgangslage	1273
b) Prüfpflicht	1274
c) Erklärungspflicht	1274
d) Zahlungsverbot	1276
e) Gutglaubensschutz	1276
f) Einwendungen des Drittschuldners	1278
g) Mehrfache Pfändung	1281
h) Hinterlegung	1282
i) Überzahlung	1283
7. Rechtsstellung Dritter	1283
a) Stellung des widerruflich Bezugsberechtigten	1283
b) Stellung des unwiderruflich Bezugsberechtigten	1284
c) Stellung des Zessionars	1284
d) Stellung anderer Pfändungsgläubiger	1286
e) Stellung des Pfandgläubigers	1286
8. Rechtsbehelfe	1287
VII. Insolvenzverfahren über das Vermögen des Versicherungsnehmers	1287
1. Rechte des Insolvenzverwalters	1288
a) Insolvenzmasse	1288
b) Verwaltungs- und Verfügungsrecht	1288
c) Abwicklungsverhältnis	1289
d) Vergütungsanspruch	1291
2. Pflichten des Versicherers vor und nach Eröffnung des Insolvenzverfahrens	1293

Inhalt

      a) Beobachtungspflicht des LVU 1293
      b) Leistungen an den Schuldner 1293
      c) Beachtung des Verwaltungs- und Verfügungsrechts des Insolvenz-
         verwalters 1294
    3. Rechte des widerruflich Bezugsberechtigten 1295
    4. Rechte des unwiderruflich Bezugsberechtigten 1296
    5. Rechte des Pfandgläubigers 1296
    6. Rechte des Zessionars 1297
      a) Vollzession 1297
      b) Sicherungsabtretung 1297
      c) Aufschiebend bedingte Abtretung 1298
    7. Rechte des Pfändungsgläubigers 1298
      a) Ausgangslage 1298
      b) Insolvenzrechtliche Wirksamkeit der Sicherung 1299
      c) Abgesonderte Befriedigung 1299
    8. Rechtslage bei Direktversicherungen 1300
      a) Widerrufliches Bezugsrecht 1300
      b) Unwiderrufliches Bezugsrecht 1302
      c) Eingeschränkt unwiderrufliches Bezugsrecht 1303
    9. Rechtslage bei Rückdeckungsversicherungen 1309
      a) Unbelastete Rückdeckungsversicherung 1309
      b) Verpfändete Rückdeckungsversicherung 1309
  10. Insolvenzanfechtung 1310
      a) Grundsatz 1310
      b) Rechtshandlungen 1311
      c) Gläubigerbenachteiligung 1313
      d) Kongruente Deckung 1314
      e) Inkongruente Deckung 1314
      f) Vorsätzliche Benachteiligung 1315
      g) Unentgeltliche Leistung 1318
VIII. Eintrittsrecht Dritter 1322
    1. Ausgangslage 1322
    2. Eintrittsrecht des Bezugsberechtigten 1322
    3. Weitere Eintrittsberechtigte 1322
    4. Ausübung des Eintrittsrechts 1323
      a) Anzeige 1323
      b) Befriedigung des Gläubigers bzw. der Insolvenzmasse 1323
IX. Zugewinn- und Versorgungsausgleich 1323
    1. Zugewinnausgleich 1323
      a) Anfangsvermögen 1323
      b) Endvermögen 1324
    2. Versorgungsausgleich 1325
      a) Kapitalbildende Lebensversicherung 1325
      b) Berufsunfähigkeitsversicherung 1326
      c) Rentenversicherung 1326
      d) Direktversicherung 1327
      e) Vereinbarung nach § 1587 o BGB 1327
      f) Reform des Versorgungsausgleichs 1327
X. Verkauf der Lebensversicherung 1328
    1. Handel mit Kapitallebensversicherungspolicen 1328
    2. Sittenwidrigkeit 1329
    3. Zustimmung zum Versicherungsnehmerwechsel 1329
    4. Ertragsteuerliche Behandlung des Erwerbs „gebrauchter Lebensversi-
       cherungen" 1329

§ 14 Was gilt bei Änderung Ihrer Postanschrift und Ihres Namens? 1329
  I. Änderung der Postanschrift (§ 14 Abs. 1 Satz 1 ALB 2008) 1330
 II. Verlegung der gewerblichen Niederlassung (§ 14 Abs. 1 Satz 4 ALB
    2008) 1330
III. Änderung des Namens (§ 14 Abs. 2 ALB 2008) 1330

XLV

Inhalt

IV. Zugangsfiktion (§ 14 Abs. 1 Satz 2 und Satz 3 ALB 2008) 1331
    1. Letzte Anschrift 1331
    2. Dreitagesfiktion 1331
V. Anwendung des § 28 VVG 2008 1332

§ 15 Welche Kosten stellen wir Ihnen gesondert in Rechnung? 1332
I. Fassung 1333
II. Zweck der Klausel 1334
III. Inhaltskontrolle 1334
    1. Rechtsvergleich mit den Nebenentgelten der Banken 1334
    2. Zulässigkeit der Entgelte 1337
        a) Rücklastschrift 1337
        b) Ausfertigungsgebühren 1337
        c) Hebegebühren 1337
IV. Einordnung der Aufwendungsersatzansprüche 1337

§ 16 Welches Recht findet auf Ihren Vertrag Anwendung? 1338
I. Fassung 1338
II. Versicherungsnehmer mit Aufenthalt innerhalb der Europäischen Gemeinschaft 1338
III. Versicherungsnehmer und versicherte Person mit Aufenthalt außerhalb der Europäischen Gemeinschaft 1340
IV. Internationale Zuständigkeit der deutschen Gerichte 1340
    1. Allgemeines 1340
    2. Gerichtsstand 1341
        a) Klagen gegen den Versicherer 1341
        b) Klagen des Versicherers 1341
V. Ausblick 1341

§ 17 Wo ist der Gerichtsstand? 1342
I. Fassung 1344
II. Gerichtsstände bei Klagen gegen den Versicherer 1345
    1. Gerichtsstand gemäß § 48 VVG 1345
        a) Versicherungsagent 1345
        b) Versicherungsmakler 1345
    2. Gerichtsstand gemäß § 215 Abs. 1 VVG 2008 1346
        a) Ausgangslage 1346
        b) Geltungsbereich 1346
    3. Gerichtsstand gemäß § 106 Abs. 2 VAG 1347
    4. Gerichtsstand gemäß § 22 ZPO 1347
    5. Gerichtsstand im Mahnverfahren 1348
    6. § 29 c ZPO 1348
III. Gerichtsstände bei Klagen des Versicherers 1349
IV. Geltendmachung von Ansprüchen aus dem Versicherungsvertrag 1349
    1. Frist 1349
    2. Beginn der Verjährung 1350
        a) § 12 Abs. 1 Satz 2 VVG 1350
        b) § 199 Abs. 1 BGB 1352
    3. Unterbrechung der Verjährung 1353
        a) § 209 BGB a. F. 1353
        b) § 204 BGB 1353
    4. Hemmung der Verjährung 1354
        a) § 12 Abs. 2 VVG 1354
        b) § 15 VVG 2008 1355
        c) § 203 BGB 1356
        d) § 204 Abs. 1 Nr. 3 BGB 1356
V. Leistungsfreiheit des Versicherers 1356
    1. Allgemeines 1356
        a) Zweck des § 12 Abs. 3 VVG 1356
        b) Rechtsnatur 1357

Inhalt

    c) Geltungsbereich 1357
    d) Beginn der Frist 1358
    e) VVG 2008 1359
  2. Erhebung des Anspruchs 1359
  3. Ablehnung des Anspruchs 1360
    a) Schriftform 1360
    b) Endgültigkeit 1360
    c) Voraussetzungen 1360
  4. Rechtsbelehrung 1361
    a) Anforderungen 1361
    b) Zusatzbelehrung 1364
  5. Empfänger der Ablehnung 1364
  6. Gerichtliche Geltendmachung 1366
    a) Allgemeines 1366
    b) Mahnbescheidsantrag 1366
    c) Prozesskostenhilfegesuch 1368
    d) Klage 1369
    e) Teilklage 1373
  7. Nichteintritt der Leistungsfreiheit 1374
    a) Ausgangslage 1374
    b) Verlängerung der Klagefrist 1374
    c) Verzicht 1374
    d) § 242 BGB 1376
VI. Streitwert 1379
  1. Feststellungsklage 1379
  2. Leistungsklage 1380
  3. Nichtzulassungsbeschwerde 1380
VII. Erstattung Rechtsanwaltskosten 1380

Anhang der AVB zur Kündigung und Beitragsfreistellung Ihrer Versicherung 1381

B. Allgemeine Bedingungen für die Berufsunfähigkeits-Zusatzversicherung (BUZ 2008)

Vorbemerkung BUZ 1382
    I. Rechtsentwicklung 1384
   II. Sinn und Zweck der Berufsunfähigkeits-Zusatzversicherung 1385
    1. Abgrenzung 1385
    2. Sinn und Zweck der BUZ 1386
  III. Tarifformen 1387
  IV. Unfall-BUZ-Klausel 1388
   V. Sonderklauseln zu § 2 BUZ 1388
    1. Allgemeines 1388
    2. Sonderklauseln 1388
      a) Beamtenklausel 1388
      b) Ärzteklausel 1390
      c) Flugantauglichkeitsklausel 1391
      d) Seedienstuntauglichkeitsklausel 1391
      e) Erwerbsunfähigkeitsklausel 1392
      f) Tätigkeitsklausel 1393
      g) Inlandsklausel 1393
      h) Auslandsklausel 1394
      i) Altersklausel 1394
  VI. Ausschlussklauseln zu § 2 BUZ 1394
    1. Allgemeines 1394
    2. Augenklausel 1395
    3. Bandscheibenklausel 1395
    4. Weitere Ausschlussklauseln 1396
 VII. Österreichische BUZ (Ö-BUZ) 1396

XLVII

Inhalt

VIII. Produkt- und Unternehmensrating 1397
    1. Produktrating 1397
    2. Unternehmensrating 1397

§ 1 Welche Leistungen erbringen wir? 1398
  I. Allgemeines 1400
    1. Fassung 1400
      a) BUZ 1984 1400
      b) BUZ 1990 1401
    2. Inhaltskontrolle 1401
    3. Anwendung des VVG 2008 1401
  II. Beginn des Versicherungsschutzes 1402
    1. Einlösung der BUZ 1402
    2. Rückwärtsversicherung 1402
      a) Zulässigkeit 1402
      b) Leistungsfreiheit 1404
  III. Versicherte Gefahr/Versicherungsfall (§ 1 Abs. 1 BUZ) 1404
    1. Versicherte Gefahr 1404
    2. Versicherungsfall 1404
      a) Eintritt der Berufsunfähigkeit 1404
      b) Gedehnter Versicherungsfall 1406
      c) Zeitpunkt des Eintritts der Berufsunfähigkeit 1407
      d) Maßgeblicher Zeitraum 1407
      e) Grad 1408
      f) Beweislast 1408
  IV. Versicherte Leistungen (§ 1 Abs. 1 und Abs. 2 BUZ) 1408
    1. Fassung 1408
    2. Leistung 1408
    3. Höhe 1409
    4. Zeitraum 1409
    5. Zahlungsweise 1409
    6. Besteuerung der Rentenleistungen 1409
  V. Beginn der Leistungspflicht (§ 1 Abs. 3 BUZ) 1409
    1. Allgemeines 1409
      a) Fassung 1409
      b) Zweck der Vorschrift 1409
      c) AGBG 1410
    2. Anzeige der Berufsunfähigkeit 1410
      a) Form 1410
      b) Inhalt 1410
      c) Zugang 1410
      d) Ausschlussfrist 1411
      e) Entschuldigungsbeweis 1411
      f) Rechtswirkung der Anzeige 1412
    3. Leistungsprüfung aufgrund der Anzeige 1413
  VI. Ende der Leistungspflicht (§ 1 Abs. 4 BUZ) 1413
    1. Ende der Berufunfähigkeit 1413
    2. Ableben des Versicherten 1413
    3. Ablauf der BUZ 1414
    4. Ablauf der Beitragsdauer der Hauptversicherung 1414
    5. Rücktritt 1414
    6. Anfechtung 1415
  VII. Beitragszahlungspflicht (§ 1 Abs. 5 BUZ) 1415
    1. Dauer 1415
    2. Aufrechnungsverbot bei VVaG 1415

§ 2 Was ist Berufsunfähigkeit im Sinne dieser Bedingungen? 1415
  I. Allgemeines 1423
    1. Fassung 1423
      a) BUZ 1964 1423

Inhalt

  b) BUZ 1970 1424
  c) BUZ 1975 1424
  d) BUZ 1984 1424
  e) BUZ 1990 1424
  f) BUZ 1993 1425
 2. Inhaltskontrolle 1426
  a) Fiktion der Berufsunfähigkeit 1426
  b) Verweisungsmöglichkeit 1426
  c) Umorganisationsverpflichtung 1427
II. Begriff der Berufsunfähigkeit 1427
 1. Eigenständiger juristischer Begriff 1427
 2. Definition der Berufsunfähigkeit 1429
  a) Vollständige Berufsunfähigkeit (§ 2 Abs. 1 BUZ) 1429
  b) Teilweise Berufsunfähigkeit (§ 2 Abs. 2 BUZ) 1429
  c) Kausalität 1429
 3. Abweichung von der Musterdefinition 1430
  a) Vertragliche Regelung 1430
  b) Inhaltskontrolle 1430
III. Abgrenzung zur Sozialversicherung und anderen Versicherungsarten 1430
 1. Sozialversicherung 1430
  a) Berufsunfähigkeit 1430
  b) Erwerbsunfähigkeit 1431
 2. Krankentagegeldversicherung 1432
  a) Wesensmerkmale 1432
  b) Versicherungsschutz wegen Arbeitsunfähigkeit 1433
  c) Versicherungsfall 1433
  d) Versicherungsfähigkeit 1435
  e) Berufsunfähigkeit 1435
 3. Unfallversicherung 1437
  a) Zweck 1437
  b) Ausgangslage 1437
  c) Verweisung 1437
 4. Invaliditätszusatzversicherung 1438
 5. Marktwertversicherung 1439
 6. Arbeitslosigkeitsversicherung 1439
  a) Unfreiwillige Arbeitslosigkeit 1439
  b) Wartezeit 1439
 7. Berufsgenossenschaften und Versorgungswerke 1440
 8. Arbeitgeberzusage 1440
IV. Feststellung der Berufsunfähigkeit 1441
 1. Versicherter Beruf 1441
  a) Vertragliche Regelung 1441
  b) Konkret ausgeübter Beruf 1442
  c) Berufliche Fortentwicklung 1443
  d) Freiwilliger Berufswechsel 1443
  e) Leidensbedingter Berufswechsel 1444
  f) Veränderte Berufsausübung 1444
 2. Voraussichtlich dauernde Berufsunfähigkeit (§ 1 Abs. 1 BUZ) .. 1445
  a) Voraussichtlich dauernd 1445
  b) Sechs-Monats-Zeitraum 1446
  c) Nicht absehbare Zeit 1448
  d) Zeitpunkt des Eintritts des Versicherungsfalls 1448
  e) Beginn der Leistungspflicht 1449
  f) Beweislast 1449
 3. Grad der Berufsunfähigkeit (§ 2 Abs. 2 BUZ) 1450
  a) Bestimmung des Grads 1450
  b) Einzelfälle 1451
V. Außerstandesein zur Berufsausübung infolge Krankheit, Körperverletzung oder Kräfteverfalls 1453

Inhalt

1. Allgemeines 1453
2. Unfähigkeit zur Berufsausübung 1453
   a) Krankheit 1453
   b) Körperverletzung 1455
   c) Kräfteverfall 1455
3. Darstellung der Auswirkungen 1456
4. Kompensierung der Beeinträchtigung 1458
   a) Grundsatz 1458
   b) Einzelfälle 1458
5. Ärztlicher Nachweis (§ 2 Abs. 1 u. 3 BUZ) 1459
   a) Begriff 1459
   b) Grundsatz 1459
   c) Fremdnachweise 1460
6. Nachweis des Zeitpunkts des Eintritts der Berufsunfähigkeit 1461
7. Unveränderte Berufsausübung 1461
   a) Anscheinsbeweis 1461
   b) Überpflichtmäßige Anstrengung 1462
8. Beweislast 1463
9. Einzelfälle nach Krankheiten 1463
   a) Berufsunfähigkeit verneint 1463
   b) Berufsunfähigkeit bejaht 1467
VI. Außerstandesein zur Ausübung einer anderen Tätigkeit 1471
    1. Verweisung unter Berücksichtigung der Ausbildung und Erfahrung 1471
       a) Allgemeines 1471
       b) Vorhandene Leiden 1472
       c) Anforderungsprofil 1472
       d) Stichtagsprinzip 1473
       e) Maßstab 1473
       f) Überforderungsverbot 1474
       g) Kenntnisse und Fähigkeiten 1474
       h) Arbeitsmarktlage 1474
    2. Verlust der bisherigen Lebensstellung 1477
       a) Soziale Wertschätzung 1477
       b) Niveau des bisherigen Berufs 1479
       c) Aufstiegsmöglichkeiten 1479
       d) Verdienstmöglichkeit 1480
       e) Disposition über die Arbeitszeit 1484
    3. Beweislast 1484
       a) Darlegungs- und Beweislast des Versicherungsnehmers 1484
       b) Darlegungs- und Beweislast des Versicherers 1486
VII. Verweisung nach Fallgruppen 1488
     1. Verweisung von Selbständigen 1488
        a) Wechsel in abhängige Stellung 1488
        b) Umorganisation des Betriebs 1489
        c) Einzelfälle 1494
     2. Verweisung von Nichtselbständigen 1502
        a) Verweisung bejaht (Berufsunfähigkeit verneint) 1502
        b) Verweisung verneint (Berufsunfähigkeit bejaht) 1505
     3. Verweisung von Beamten 1508
        a) Beamtenklauseln 1508
        b) Begriff des Beamten 1510
        c) Entlassung wegen Dienstunfähigkeit 1510
        d) Vorzeitiger Ruhestand 1511
        e) Nichtvereinbarung der Beamtenklausel bei Beamten 1513
        f) Arbeitsmarktlage 1513
        g) Soziale Wertschätzung 1514
        h) Einzelfälle 1514
     4. Verweisung von Sportlern (Verweisung bejaht = Berufsunfähigkeit verneint) 1516

Inhalt

     5. Verweisung von Auszubildenden 1516
         a) Grundsatz 1516
         b) Bestimmung des Berufs 1517
         c) Einzelfälle 1518
     6. Verweisung von Angelernten 1518
         a) Ausgangslage 1518
         b) Einzelfälle 1519
     7. Verweisung von Ungelernten 1519
         a) Vergleichsberuf 1519
         b) Verweisbarkeit 1520
         c) Beweislast 1520
     8. Verweisung nach Einarbeitung 1520
     9. Verweisung nach Fortbildung 1521
    10. Verweisung nach Umschulung 1522
         a) Ausgangslage 1522
         b) Weitere Berufsausbildung 1522
         c) Ausschluss der Verweisung 1523
         d) Risikoabgrenzung 1524
         e) Einzelfälle 1524
    11. Berufswechsel ohne Umschulung 1525
  VIII. Berufsunfähigkeit nach Ausscheiden aus dem Berufsleben (§ 2 Abs. 4 BUZ) 1525
     1. Zweck der Klausel 1525
     2. Geltungsbereich 1526
     3. Maßgeblicher Zeitpunkt 1526
     4. Verweisung 1526
  IX. Berufsunfähigkeit wegen Pflegebedürftigkeit (§ 2 Abs. 5–9 BUZ) 1527
  X. Verfahrensfragen 1527
     1. Streitstoff 1527
     2. Darlegungslast 1527
     3. Einholung eines medizinischen Sachverständigengutachtens 1528
         a) Beweisverfahren nach § 485 Abs. 2 ZPO 1528
         b) Hauptsacheverfahren 1529
     4. Tätigkeit des gerichtlichen Sachverständigen 1529
         a) Vorgaben 1529
         b) Leitung 1530
         c) Erstattung des Gutachtens 1531
         d) Beurteilung des Gutachtens 1533
         e) Anhörung 1535
         f) Ablehnung des Sachverständigen 1537

§ 3 In welchen Fällen ist der Versicherungsschutz ausgeschlossen? 1538
  I. Allgemeines 1540
     1. Fassung 1540
     2. Inhalt der Bestimmung 1540
     3. Auslegung der Ausschlussklauseln 1541
  II. Ausschlusstatbestände 1541
     1. Straftat (§ 3 Satz 2 lit. a) BUZ) 1541
         a) Fassung 1541
         b) Zweck der Regelung 1542
         c) Geltung des § 169 VVG 1542
         d) Inhaltskontrolle 1543
         e) Straftat 1543
         f) Vorsatz 1545
         g) Kausalität 1546
         h) Beweislast 1547
         i) Einzelfälle 1547
     2. Kriegsereignisse (§ 3 Satz 2 lit. b) 1. Alt. BUZ) 1547
         a) Fassung 1547
         b) Sinn und Zweck der Kriegsklausel 1548

Inhalt

       c) Begriff des Kriegsereignisses 1548
       d) Kausalität 1549
       e) Beweislast 1549
    3. Innere Unruhen (§ 3 Satz 2 lit. b) 2. Alt. BUZ) 1549
       a) Fassung 1549
       b) Sinn und Zweck des Ausschlusses 1549
       c) Begriff der inneren Unruhen 1549
       d) Teilnahme des Versicherten 1550
       e) Beweislast 1550
    4. Luftfahrtrisiko (§ 3 Satz 2 lit. c) BUZ) 1550
       a) Fassung 1550
       b) Zweck der Bestimmung 1551
       c) Inhaltskontrolle 1551
       d) Luftfahrzeuge 1551
       e) Luftfahrten 1552
       f) Reise- oder Rundflug 1552
       g) Fluggast 1552
       h) Besatzungsmitglieder 1553
       i) Propeller- oder Strahlflugzeug, Hubschrauber 1554
       j) Beweislast 1554
    5. Kraftfahrzeugrennen (§ 3 Satz 2 lit. d) BUZ) 1554
       a) Fassung 1554
       b) Zweck der Regelung 1554
       c) Rechtsnatur 1555
       d) Beteiligung an Fahrtveranstaltungen 1555
       e) Übungsfahrten 1556
    6. Energiereiche Strahlen (§ 3 Satz 2 lit. e) BUZ) 1556
       a) Fassung 1556
       b) Strahlenschäden 1556
       c) Beweislast 1557
    7. Absichtliche Herbeiführung des Versicherungsfalls (§ 3 Satz 2 lit. f) BUZ) 1557
    8. Widerrechtliche Handlung (§ 3 Satz 2 lit. g) BUZ) 1557
    9. Einsatz von atomaren, biologischen oder chemischen Waffen (§ 3 Satz 2 lit. h) BUZ) 1558

§ 4 Welche Mitwirkungspflichten sind zu beachten, wenn Leistungen wegen Berufsunfähigkeit verlangt werden? 1558
    I. Allgemeines 1560
       1. Fassung 1560
          a) BUZ 1975 1560
          b) BUZ 1984 1561
          c) BUZ 1990/1993 1561
       2. Obliegenheiten 1562
          a) Ausgangslage 1562
          b) Ablehnung des Leistungsanspruchs 1562
       3. Inhaltskontrolle des § 4 BUZ 1990/1993 1562
          a) Verstoß gegen das Grundrecht auf informationelle Selbstbestimmung 1562
          b) Modifizierung der Leistungsfallschweigepflichtentbindungsklausel ... 1563
          c) Auswirkungen des BVerfG-Urteils 1563
       4. VVG 2008 1564
    II. Vorlage des Versicherungsscheins und Nachweis der Beitragszahlung (§ 4 Abs. 1 a) BUZ) 1564
    III. Darstellung der Ursache für den Eintritt der Berufsunfähigkeit (§ 4 Abs. 1 b) BUZ) 1565
       1. Darstellung der Ursache 1565
       2. Fragenkatalog zum Leistungsantrag 1565
    IV. Ärztliche Berichte (§ 4 Abs. 1 c) BUZ) 1566
       1. Fassung 1566

Inhaltsverzeichnis

Inhalt

2. Ärztlicher Bericht ... 1566
3. Verwertung ärztlicher Berichte anderer Leistungsträger ... 1566
   a) Berufsgenossenschaftliche Gutachten ... 1566
   b) Versorgungsamtliche Gutachten ... 1567
   c) Gutachten nach dem RKG ... 1567
   d) Rentenversicherungsgutachten ... 1567
   e) Gutachten nach dem BBG ... 1567
   f) Krankengeldbescheid gemäß § 182 RVO ... 1567
   g) Leistungen gemäß § 8 Abs. 2 AUB ... 1567
V. Unterlagen über den Beruf, die Stellung und die Tätigkeit des Versicherten (§ 4 Abs. 1 d) BUZ) ... 1568
   1. Zweck der Vorschrift ... 1568
   2. Angaben zur beruflichen Situation ... 1568
   3. Berichte zur Tätigkeit ... 1569
VI. Ärztliche Untersuchung und zusätzliche Auskünfte (§ 4 Abs. 2 BUZ) ... 1569
   1. Fassung ... 1569
   2. Zweck der Regelung ... 1569
   3. Untersuchung durch den beauftragten Arzt ... 1570
      a) Untersuchungsrecht des Versicherers ... 1570
      b) Benennungsrecht des Versicherers ... 1570
      c) Weigerung des Versicherten ... 1570
      d) Wegfall der Zustimmungspflicht des Versicherten ... 1571
   4. Entbindung von der Schweigepflicht ... 1571
   5. Zusätzliche Auskünfte ... 1571
VII. Ärztliche Anordnungen (§ 4 Abs. 4 BUZ 1990/1993) ... 1572
   1. Ausgangslage ... 1572
   2. Zweck der Regelung ... 1573
   3. Anordnungen ... 1573
      a) Untersuchender oder behandelnder Arzt ... 1573
      b) Konkrete Empfehlungen ... 1573
   4. Befolgung zumutbarer Anordnungen ... 1573
      a) Zumutbarkeit ... 1573
      b) Anordnungen ... 1574
      c) Operationen ... 1574
   5. Schadenminderungspflicht ... 1575
   6. Beweislast ... 1576
VIII. Kostentragung ... 1576
   1. Ermittlungs- und Feststellungskosten ... 1576
   2. Untersuchungskosten ... 1576
   3. Rehabilitationskosten ... 1576
   4. Schadenminderungskosten ... 1577

§ 5 Wann geben wir eine Erklärung über unsere Leistungspflicht ab? ... 1577
I. Allgemeines ... 1579
   1. Fassung ... 1579
      a) BUZ 1964 ... 1579
      b) BUZ 1970 ... 1580
      c) BUZ 1975 ... 1580
      d) BUZ 1978 ... 1580
      e) BUZ 1984 ... 1580
      f) BUZ 1990/1993 ... 1580
   2. Inhaltskontrolle ... 1580
      a) § 5 Abs. 1 BUZ ... 1580
      b) § 5 Abs. 2 BUZ ... 1581
   3. VVG 2008 ... 1581
      a) Anerkenntnis ... 1581
      b) Zeitliche Begrenzung ... 1581
      c) Bindungswirkung ... 1581
II. Anerkennung der Leistungspflicht ... 1582
   1. Erklärung des LVU ... 1582

Inhalt

        a) Entscheidungsrahmen 1582
        b) Unterlassung der Entscheidung 1582
    2. Form der Erklärung 1583
    3. Inhalt der Erklärung 1583
        a) Unbefristetes Anerkenntnis 1583
        b) Bedingungswidrige Befristung 1584
        c) Befristete Leistungszusage 1585
        d) Individualvertragliche Vereinbarung 1587
        e) Weitere Bedingungen 1588
    4. Bedeutung der Erklärung 1588
        a) Rechtsnatur 1588
        b) Einwendungen 1589
    5. Wirkung der Erklärung 1589
        a) Geltungszeitraum 1589
        b) Rückforderungsanspruch 1590
  III. Vorschussleistung 1590
  IV. Fälligkeit der Versicherungsleistung 1590
    1. Fälligkeit 1590
    2. Verzug 1591
  V. Ablehnung der Versicherungsleistung 1592
  VI. Rückzahlung zu Unrecht empfangener Renten 1592
  VII. Verfahrensbesonderheiten 1592
    1. Feststellungs- bzw. Leistungsklage 1592
    2. Aussetzung des Verfahrens (§ 148 ZPO) 1593
    3. Sofortiges Anerkenntnis 1593
        a) Ausgangslage 1593
        b) Sofortiges Anerkenntnis 1594
    4. Urteilstenor 1594
    5. Rechtskraft 1595
    6. Vergleich 1595
    7. Beschwer bei einer Feststellungsklage 1595
        a) Grundsatz 1595
        b) Eintritt des Versicherungsfalls 1596
        c) Nichteintritt des Versicherungsfalls 1596
    8. Beschwer bei einer Leistungsklage 1597
    9. Kostenerstattung Privatgutachten 1598

Anhang zu § 5 BUZ 1599

§ 6 Bis wann können bei Meinungsverschiedenheiten Rechte geltend gemacht werden und wer entscheidet in diesen Fällen? 1599
  I. Allgemeines 1601
    1. Fassung 1601
    2. Verhältnis zu anderen AVB 1602
    3. Inhaltskontrolle 1602
        a) Vereinbarkeit mit § 12 Abs. 3 VVG 1602
        b) VVG 2008 1603
  II. Gerichtsverfahren (§ 6 Abs. 1 und 2 1. Alt. BUZ 1984, § 6 Abs. 1 und 3 2. Alt. BUZ 1984) 1603
    1. Klagefrist 1603
    2. Anspruchsverlust 1603
    3. Ablehnung des Verfahrens vor dem Ärzteausschuss 1604
  III. Vereinbarung des Ärzteausschussverfahrens (§ 6 2. Alt. BUZ 1984) 1605
    1. Zulässigkeit und Rechtsnatur 1605
    2. Aufgabe 1605
    3. Entscheidung 1606
    4. Antrag auf Entscheidung 1606
        a) Frist 1606
        b) Gerichtliche Entscheidung 1607
        c) Ausschluss nicht anerkannter Ansprüche 1607
    5. Einigung 1609

Inhalt

 6. Zusammensetzung des Ärzteausschusses 1609
  a) Auswahl 1609
  b) Ablehnung 1610
 7. Verfahren vor dem Ärzteausschuss 1610
  a) Einleitung des Verfahrens 1610
  b) Verhandlung 1610
  c) Entscheidung 1611
  d) Kosten 1611
IV. Unverbindlichkeit der Entscheidung des Ärzteausschusses 1612
 1. Grundsatz 1612
 2. Tatsachenmängel 1612
 3. Rechtsmängel 1613
 4. Bewertungsmängel 1614
 5. Verfahrensmängel 1614
V. Verfahrensfragen 1614

§ 6 Was gilt für die Nachprüfung der Berufsunfähigkeit? 1614

I. Allgemeines 1616
 1. Fassung 1616
  a) BUZ 1975 1616
  b) BUZ 1984 1616
  c) BUZ 1990/1993 1617
 2. Sinn und Zweck der Regelung 1617
  a) Interesse des LVU 1617
  b) Interesse des VN 1617
 3. Inhaltskontrolle 1618
 4. Geltungsbereich 1618
 5. Geltung des § 12 Abs. 3 VVG 1618
II. Nachprüfung des Fortbestehens der Berufsunfähigkeit und ihres Grades (§ 6 Abs. 1 BUZ) 1619
 1. Nachprüfungsrecht des Versicherers 1619
  a) Bindungswirkung des Leistungsanerkenntnisses 1619
  b) Befristung 1620
  c) Neubeurteilung 1620
  d) Unterlassene Verweisung 1620
  e) Relevante Veränderung 1621
 2. Fortbestehen der Berufsunfähigkeit 1622
 3. Besserung des Gesundheitszustandes 1622
 4. Berücksichtigung neu erworbener beruflicher Fähigkeiten 1623
  a) Überobligationsmäßiger Erwerb 1623
  b) Berücksichtigung neuer beruflicher Fähigkeiten 1624
  c) Zeitpunkt 1625
 5. Beweislast 1625
  a) Darlegungslast des Versicherers 1625
  b) Darlegungslast des Versicherungsnehmers 1626
III. Obliegenheiten des Versicherten (§ 6 Abs. 2 BUZ) 1626
 1. Allgemeines 1626
 2. Sachdienliche Auskünfte 1627
 3. Untersuchung des Versicherten 1627
 4. Rehabilitation 1627
IV. Neufestsetzung der Leistungen im Nachprüfungsverfahren (§ 6 Abs. 4 BUZ) 1628
 1. Ausgangslage 1628
 2. Mitteilung 1628
  a) Allgemeines 1628
  b) Nachvollziehbarkeit 1629
  c) Nachholung 1633
  d) Unzureichende Mitteilung 1633
 3. Rechtlicher Hinweis 1634
 4. Wirksamwerden der Neufestsetzung 1634

Inhalt

V. Verfahrensrecht 1635
   1. Vollstreckungsgegenklage 1635
   2. Aussetzung des Rechtsstreits 1636
   3. Einstweilige Verfügung gemäß § 940 ZPO 1636
   4. § 533 ZPO 1637

§ 7 Was gilt bei einer Verletzung der Mitwirkungspflichten nach Eintritt der Berufsunfähigkeit? 1637
   I. Fassung 1638
      1. BUZ 1984 1638
      2. BUZ 1990/1993 1638
   II. Mitwirkungspflichten 1639
      1. Obliegenheiten 1639
      2. Mitwirkungspflichten gemäß BUZ 1639
   III. Leistungsfreiheit des Versicherers 1640
      1. Inhalt der Norm 1640
      2. Vorsätzliche Nichterfüllung der Mitwirkungspflichten ... 1640
      3. Grob fahrlässige Nichterfüllung der Mitwirkungspflichten ... 1642
         a) Voraussetzungen 1642
         b) Kausalität 1643
         c) Kürzungsrecht 1643
      4. Rechtsfolgenbelehrung 1644
   IV. Beweislast 1644
   V. Dauer der Leistungsfreiheit 1644

§ 8 Wie erfolgt die Überschussbeteiligung? 1645

§ 9 Wie ist das Verhältnis zur Hauptversicherung? 1646
   I. Allgemeines 1648
      1. Fassung 1648
         a) BUZ 1984 1648
         b) BUZ 1990/1993 1649
      2. Inhaltskontrolle des § 9 Abs. 6 BUZ 1990/1993 1650
         a) Zweck der Regelung 1650
         b) Rechtswirksamkeit 1650
      3. Inhaltskontrolle einer Umstellungsklausel 1651
   II. Einheit von Haupt- und Zusatzversicherung (§ 9 Abs. 1 BUZ) ... 1651
      1. Laufzeit der BUZ 1651
      2. Bestand der BUZ 1652
         a) Begriff der Einheit 1652
         b) Beendigung der BUZ 1652
         c) Abtretung von Ansprüchen aus der Lebensversicherung ... 1652
   III. Kündigung der laufenden BUZ (§ 9 Abs. 2 BUZ) 1653
      1. Kündigungsrecht des Versicherungsnehmers 1653
      2. Kündigungsrecht des Versicherers 1653
   IV. Kündigung der beitragsfreien BUZ (§ 9 Abs. 3 BUZ) ... 1654
   V. Umwandlung in eine beitragsfreie Versicherung (§ 9 Abs. 4 BUZ) ... 1654
   VI. Veränderung der versicherten Leistung (§ 9 Abs. 5 BUZ) ... 1654
      1. Herabsetzung 1654
      2. Heraufsetzung 1654
   VII. Berechnung der Leistungen (§ 9 Abs. 6 BUZ) 1655
   VIII. Fortbestehen der Ansprüche aus der BUZ (§ 9 Abs. 7 BUZ) ... 1655
   IX. Abtretungs- und Verpfändungsverbot (§ 9 Abs. 8 BUZ) ... 1655
      1. Zweck der Vorschrift 1655
      2. Pfändung der Ansprüche 1655
         a) § 850 b Abs. 1 Nr. 1, Abs. 2 ZPO 1655
         b) § 850 Abs. 3 b) ZPO 1656
         c) § 850 c ZPO 1656
         d) § 851 c ZPO 1656
      3. Insolvenz 1656
   X. Anwendung der AVB der Hauptversicherung (§ 9 Abs. 9 BUZ) ... 1657

Anhang der AVB zur Kündigung und Beitragsfreistellung Ihrer Versicherung 1658

C. Allgemeine Bedingungen für die Unfall-Zusatzversicherung (UZV 2008)

I. Vorbemerkung 1661
   1. Abgrenzung 1661
   2. Vertragstyp 1661
   3. Prämienkalkulation 1661
   4. Risikoprüfung 1661
   5. Berufsklauseln 1662
II. **Allgemeine Bedingungen für die Unfall-Zusatzversicherung (UZV 2008)** 1662
   § 1 Welche Leistungen erbringen wir? 1662
   § 2 Was ist ein Unfall im Sinne dieser Bedingungen? 1663
      I. Fassung 1663
      II. Zweck der Regelung 1663
      III. Unfallereignis 1663
         1. Externe Ursache 1663
         2. Innerer Vorgang 1664
      IV. Beweislast 1665
   § 3 In welchen Fällen ist der Versicherungsschutz ausgeschlossen? .. 1665
      I. Geistes- oder Bewusstseinsstörungen (§ 3 Abs. 2 lit. a) UZV 2008) 1666
         1. Ausgangslage 1666
         2. Alkoholbedingte Bewusstseinsstörung 1667
         3. Drogenbedingte Bewusstseinsstörung 1670
         4. Schwindelfall 1670
         5. Weitere Einzelfälle 1670
      II. Vorsätzliche Ausführung einer Straftat oder deren Versuch (§ 3 Abs. 2 lit. b) UZV 2008) 1671
         1. Zweck des Ausschlusses 1671
         2. Straftatbestand 1672
         3. Beweislast 1672
      III. Gesundheitsschädigungen durch Heilmaßnahmen oder Eingriffe (§ 3 Abs. 2 lit. h) UZV 2008) 1673
         1. Inhaltskontrolle 1673
         2. Zweck des Ausschlusses 1674
         3. Heilmaßnahmen 1674
         4. Eingriff 1675
      IV. Infektionen (§ 3 Abs. 2 lit. i) UZV 2008) 1675
         1. Inhaltskontrolle 1675
            a) Transparenzgebot 1675
            b) Angemessenheitskontrolle 1675
         2. Inhalt der Klausel 1676
         3. Beweislast 1676
      V. Psychische Reaktionen (§ 3 Abs. 2 lit. k) UZV 2008) 1676
         1. Inhaltskontrolle 1676
         2. Psychische Reaktionen 1677
         3. Beweislast 1678
      VI. Selbsttötung (§ 3 Abs. 2 lit. l) UZV 2008) 1678
      VII. Diabetes-Klausel 1679
   § 4 Welche Rolle spielen Erkrankungen und Gebrechen der versicherten Person? 1679
   § 5 Was ist nach dem Unfalltod der versicherten Person zu beachten? .. 1679
      I. Allgemeines 1680
         1. Fassung 1680
         2. Geltung des VVG 2008 1680
      II. Pflicht zur Anzeige des Versicherungsfalls 1680
      III. Nachweis- und Auskunftspflicht des Versicherungsnehmers 1680
         1. Unfallanzeige 1680

Inhalt

2. Nichtangabe weiterer Unfallversicherungen 1681
3. Frage nach Vorerkrankungen 1682
IV. Leistungsfreiheit des Versicherers 1682
  1. Vorsätzliche Obliegenheitsverletzung 1682
  2. Grob fahrlässiges Verhalten 1683
  3. Beweislast 1683
  4. Relevanz der Obliegenheitsverletzung 1683
    a) Relevanzrechtsprechung 1683
    b) Einzelfälle 1684
  5. Belehrung des Versicherungsnehmers 1684
V. Hinweispflicht des Versicherers 1685
VI. Bezugsberechtigung 1685
§ 6 Wann geben wir eine Erklärung über unsere Leistungspflicht ab? 1685
  I. Rechtscharakter der Erklärung des Versicherers 1686
  II. Beginn der Frist 1686
  III. Leistungsablehnung 1686
§ 7 Wie erfolgt die Überschussbeteiligung? 1686
§ 8 Wie ist das Verhältnis zur Hauptversicherung? 1687

D. Allgemeine Bedingungen für die Berufsunfähigkeits-Versicherung (BV 2008)

I. Vorbemerkung zu den BV des Altbestandes 1689
  1. Zweck der Berufsunfähigkeits-Versicherung 1689
  2. Versicherte Gefahr 1689
  3. Versicherte Leistungen 1690
  4. Beitragsanpassung 1690
  5. Garantiewerte 1691
  6. Überschussbeteiligung 1691
  7. Zusatzversicherung 1692
  8. Verhältnis zu den ALB und den BUZ 1692
  9. Bilanzdeckungsrückstellung 1692
  10. Meldepflicht 1692
II. Allgemeine Bedingungen für die Berufsunfähigkeits-Versicherung (BV 2008) 1692

E. Allgemeine Bedingungen für die Pflegerenten-Zusatzversicherung (PRZ 2008)

I. Vorbemerkung 1707
  1. Versicherte Leistungen 1707
  2. Beitragszahlung 1708
  3. Ausschluss des Versicherungsschutzes 1708
  4. Überschussbeteiligung 1708
II. Allgemeine Bedingungen für die Pflegerenten-Zusatzversicherung (PRZ 2008) 1708

F. Allgemeine Bedingungen für die Rentenversicherung (RV 2008)

I. Allgemeines 1720
  1. Entwicklung der Musterbedingungen 1720
    a) Fassung 1720
    b) Inhaltskontrolle 1720
  2. Neugeschäftsanteil der Rentenversicherung 1727
  3. Abgrenzung zur gesetzlichen Rentenversicherung 1727
  4. Mündelsicherheit 1727
  5. Pfändungsschutz bei Altersrenten 1728
    a) § 850 ZPO 1728
    b) § 851 c ZPO 1728

Inhalt

    6. Versorgungs- und Zugewinnausgleich 1730
        a) Abgrenzung 1730
        b) VersAusglG 1731
    7. Realteilung 1733
    8. Beitragspflicht in der gesetzlichen Krankenversicherung 1733
    9. Vergleichende Untersuchung privater Rentenversicherungen 1733
II. Tarifarten 1734
    1. Allgemeines 1734
    2. Rentenversicherung mit sofort beginnender Rentenzahlung 1734
    3. Rentenversicherung mit aufgeschobener Rentenzahlung 1735
        a) Tarifform 1735
        b) Kapitalwahlrecht 1735
    4. Hinterbliebenenrenten-Zusatzversicherung 1737
    5. Pensionsversicherung 1738
    6. Rentenversicherung in variabler Höhe 1738
    7. Zusatzversicherungen 1738
    8. Produktentwicklung 1739
        a) Klassische Produkte 1739
        b) IndexPolice 1739
        c) Enhanced Annuities 1739
    9. Unterrichtung über die Garantiewerte 1739
    10. Besteuerung der Zahlungen aus der Rentenversicherung 1740
        a) Nichtanwendbarkeit des § 20 Abs. 1 Nr. 6 Satz 2 EStG 1740
        b) Besteuerung mit dem Ertragsanteil 1740
III. Fremdfinanzierte Rentenversicherung gegen Einmalbeitrag 1741
    1. Allgemeines 1741
        a) Kombi-Rente 1741
        b) Sicherheitskompaktrente 1741
    2. Einkünfterzielungsabsicht 1742
    3. Verlustausgleichsgebot nach § 2 b EStG 1742
        a) Ausgangslage 1742
        b) Fremdfinanzierte Leibrentenversicherung 1743
    4. Abzugsfähigkeit von Werbungskosten 1744
        a) Allgemeines 1744
        b) Versicherungsmodelle 1744
    5. Umsatzsteuerfreiheit 1744
IV. Rechnungsgrundlagen 1745
    1. Sterbetafel 1745
    2. Deckungsrückstellung 1745
    3. Neubewertung der Deckungsrückstellung 1747
V. Überschussbeteiligung 1752
    1. Formen 1752
    2. Anspruch des Versicherungsnehmers 1753
        a) Ausgangslage 1753
        b) Einzelfälle 1753
    3. Standmitteilung 1754
    4. Einkommensteuerrechtliche Behandlung der Überschussbeteiligung 1754
    5. Mindestanforderungen bezüglich der Überschussverwendung 1755
    6. VVG 2008 1756
        a) Überschussbeteiligung 1756
        b) Verursachungsorientiertes Verfahren 1756
        c) Zuordnung der Bewertungsreserven 1756
        d) Aufsichtsrechtliche Regelungen zur Kapitalausstattung 1757
VI. Abschluss der Rentenversicherung 1757
    1. Vertragsanbahnung 1757
        a) Auskunfts- und Hinweispflicht 1757
        b) Produkte Dritter 1758
        c) Garantiezeiten 1758

Inhalt
Inhaltsverzeichnis

    d) Umwandlung in eine beitragsfreie Versicherung 1758
    e) Aktuelle Rechnungsgrundlagen 1758
    f) Darlegungs- und Beweislast 1759
    g) Kausalität 1759
  2. Annahme des Antrags 1760
VII. **Rentenbezugsmitteilung** 1760
VIII. **Allgemeine Bedingungen für die Rentenversicherung (RV 2008)** 1760
  1. Allgemeine Bedingungen für die Rentenversicherung mit aufgeschobener Rentenzahlung (RVAufschub 2008) 1760
  2. Allgemeine Bedingungen für die Hinterbliebenenrenten-Zusatzversicherung zur Rentenversicherung mit aufgeschobener Rentenzahlung (HRZAufschub 2008) 1774
  3. Allgemeine Bedingungen für die Rentenversicherung mit sofort beginnender Rentenzahlung (RVSofort 2008) 1777
  4. Allgemeine Bedingungen für die Hinterbliebenenrenten-Zusatzversicherung zur Rentenversicherung mit sofort beginnender Rentenzahlung (HRZSofort 2008) 1781
IX. **Grundzüge zur Leistungsdarstellung in der Lebensversicherung** 1784
X. **Beispielrechnung für eine aufgeschobene Rentenversicherung mit Beitragsrückgewähr im Todesfall und Rentengarantiezeit** 1787
XI. **Jährliche Mitteilung über den Stand der Überschussbeteiligung einer aufgeschobenen Rentenversicherung mit Beitragsrückgewähr im Todesfall und Rentengarantiezeit und Aktualisierung der Beispielrechnung** 1791

    G. Allgemeine Bedingungen für die Rentenversicherung gemäß § 10 Abs. 1 Nr. 2 Buchstabe b) EStG/Basisversorgung (BasisRV 2008)

  I. Vorbemerkung 1795
    1. Allgemeines 1795
    2. Fassung 1795
    3. Inhaltskontrolle 1795
    4. Versicherte Leistung 1796
      a) Lebenslange Leibrente 1796
      b) Eintritt der Berufsunfähigkeit 1796
      c) Hinterbliebenenversorgung 1797
      d) Todesfallleistung 1798
    5. § 168 VVG 2008 1798
    6. Sonderausgabenabzug der Beiträge 1798
      a) Beiträge im Sinne des § 10 Abs. 1 Nr. 2 Buchstabe b) EStG 1798
      b) Voraussetzungen für den Sonderausgabenabzug 1798
      c) Zertifizierung 1799
    7. Pfändbarkeit der Basisrenten 1800
II. **Allgemeine Bedingungen für die Rentenversicherung gemäß § 10 Abs. 1 Nr. 2 Buchstabe b) EStG/Basisversorgung (BasisRV 2008)** 1800
  1. Allgemeine Bedingungen für die Rentenversicherung gemäß § 10 Abs. 1 Nr. 2 Buchstabe b) EStG/Basisversorgung (BasisRV 2008) 1800
  2. Allgemeine Bedingungen für die Hinterbliebenenrenten-Zusatzversicherung zur Rentenversicherung/Basisversorgung (BasisHRZ 2008) 1810
  3. Allgemeine Bedingungen für die Berufsunfähigkeits-Zusatzversicherung zur BasisRente (BasisBUZ 2008) 1813
Anhang der AVB zur Kündigung und Beitragsfreistellung Ihrer BasisRente .. 1822

    H. Allgemeine Bedingungen für eine Rentenversicherung und eine Fondsgebundene Rentenversicherung als Altersvorsorgevertrag im Sinne des Altersvorsorgeverträge-Zertifizierungsgesetzes (RVAltZertG 2008/FRVAltZertG 2008)

  I. Vorbemerkung 1824
    1. Fassungshistorie 1824
      a) Neufassung 2004 1824

Inhaltsverzeichnis **Inhalt**

    b) Neufassung 2006 1824
    c) Neufassung 2008 1825
  2. AltZertG 1826
    a) Zertifizierung 1826
    b) Altersvorsorgevertrag 1826
    c) Verteilung der Abschluss- und Vertriebskosten 1826
    d) Geschlechtsunabhängige Kalkulation 1826
  3. PAngV 1827
  4. EStG 1827
    a) Zulageberechtigte Personen 1827
    b) Mitteilung über steuerpflichtige Leistungen 1828
    c) Anpassung an EU-Recht 1828
  5. Pfändungsschutz bei steuerlich gefördertem Altersvorsorgevermögen 1829
  6. Versorgungsausgleich 1829
  7. UWG 1829
II. Allgemeine Bedingungen für eine Rentenversicherung und für eine Fondsgebundene Rentenversicherung als Altersvorsorgevertrag im Sinne des Altersvorsorgeverträge-Zertifizierungsgesetzes 1829
  1. Allgemeine Bedingungen für eine Rentenversicherung mit Auszahlung des Deckungskapitals bei Tod als Altersvorsorgevertrag im Sinne des Altersvorsorgeverträge-Zertifizierungsgesetzes (RVAltZertG 2008) 1829
  2. Allgemeine Bedingungen für eine Fondsgebundene Rentenversicherung mit Auszahlung des Deckungskapitals bei Tod als Altersvorsorgevertrag im Sinne des Altersvorsorgeverträge-Zertifizierungsgesetzes (FRVAltZertG 2008) 1837

  I. Allgemeine Bedingungen für die Fondsgebundene Lebens- und Rentenversicherung (FLV 2008 und FRV 2008)
  I. Vorbemerkung 1848
    1. Inhaltskontrolle 1848
      a) Rückkaufswert- und Abschlusskostenklausel 1848
      b) Rückkaufswertklausel 1850
      c) Abschlusskostenklausel 1852
      d) Überschussbeteiligungsklausel 1853
    2. Merkmale der Fondsgebundenen Lebensversicherung 1854
    3. Produktinnovationen 1854
      a) Dread Disease 1854
      b) Variable Annuities 1855
    4. Beispielrechnungen 1856
    5. Mindestzuführung zur RfB 1856
    6. Besteuerung der Renten 1856
    7. Abschluss der Versicherung 1856
      a) Beratung 1856
      b) Anlagevermittlung 1857
II. Allgemeine Bedingungen für die Fondsgebundene Lebens- und Rentenversicherung (FLV 2008 und FRV 2008) 1858
  1. Allgemeine Bedingungen für die Fondsgebundene Lebensversicherung (FLV 2008) 1858
  2. Allgemeine Bedingungen für die Fondsgebundene Rentenversicherung (FRV 2008) 1869

  J. Allgemeine Bedingungen für die Risikoversicherung (RiV 2008)
  I. Vorbemerkung 1882
    1. Risikoversicherung mit gleich bleibender Versicherungssumme 1882
    2. Risikoversicherung mit Umtauschrecht 1883
    3. Sparplan mit Risikoversicherung 1883
    4. Bausparrisikoversicherung 1883
    5. Streitwert 1884
II. Allgemeine Bedingungen für die Risikoversicherung (RiV 2008) 1884

LXI

Inhalt

K. Allgemeine Bedingungen für die Vermögensbildungsversicherung (VML 2008)

I. Vorbemerkung 1899
   1. Tarifbeschreibung 1899
   2. Pflichten des Arbeitgebers 1900
   3. Arbeitnehmer-Sparzulage 1900
      a) Sperrfrist 1900
      b) Rückkaufswert 1900
      c) Höhe der Arbeitnehmer-Sparzulage 1900
II. Allgemeine Bedingungen für die Vermögensbildungsversicherung (VML 2008) 1901

L. Allgemeine Bedingungen für die Restschuldlebensversicherung (RLV 2008)

I. Vorbemerkung 1913
   1. Zweck der Restschuldlebensversicherung 1913
   2. Verbundenes Geschäft im Sinne von § 9 Abs. 4 VerbrKrG, jetzt § 358 Abs. 3 BGB 1914
   3. Vertragsanbahnung und Vertragsdurchführung 1914
      a) Anbahnung 1914
      b) Abschlussvollmacht 1915
      c) Versicherungsfall 1915
      d) Sittenwidrigkeit 1915
      e) Auskunftsanspruch 1915
   4. Verhältnis zu den ALB 1916
   5. Besondere Regelungen 1916
   6. Beschränkung der Bezugsberechtigung 1919
   7. Anzeigepflichten nach § 33 Abs. 3 ErbStG 1919
II. Allgemeine Bedingungen für die Restschuldlebensversicherung (RLV 2008) 1920

M. Allgemeine Bedingungen für die Arbeitsunfähigkeits-Zusatzversicherung (AUZ 2008)

I. Vorbemerkung 1925
   1. Zweck der AUZ 1925
   2. Begriff der Arbeitsunfähigkeit 1925
   3. Versicherungsfall 1926
   4. Leistungspflicht des Versicherers 1926
   5. Wartezeit- und Anmeldefristklausel 1927
      a) Wartezeitklausel 1927
      b) Anmeldefristklausel 1927
   6. Risikoausschlüsse 1928
      a) Vorvertragliche Gesundheitsstörungen 1928
      b) Gesundheitsstörungen nervöser oder psychischer Art 1929
II. Allgemeine Bedingungen für die Arbeitsunfähigkeits-Zusatzversicherung (AUZ 2008) 1929

N. Allgemeine Bedingungen für den vorläufigen Versicherungsschutz in der Lebensversicherung (VVSL 2008)

I. Vorbemerkung 1934
   1. Produktbeschreibung 1934
   2. Inhaltskontrolle 1935
      a) Zwei-Monats-Frist 1935
      b) Ausschluss der Leistungspflicht 1936

Inhalt

II. Allgemeine Bedingungen für den vorläufigen Versicherungsschutz in der Lebensversicherung (VVSL 2008) 1937
   1. Allgemeine Bedingungen für den vorläufigen Versicherungsschutz in der Lebensversicherung (VVS-AntragsV 2008) 1937
   2. Allgemeine Bedingungen für den vorläufigen Versicherungsschutz in der Lebensversicherung (VVS-InvitatioV 2008) 1939

O. Besondere Bedingungen für die Lebensversicherung mit planmäßiger Erhöhung der Beiträge und Leistungen ohne erneute Gesundheitsprüfung (PLV 2008)

I. Vorbemerkung 1942
   1. Anpassungsversicherung 1942
   2. Anpassungsformen 1943
      a) Anpassungsmodus A 1943
      b) Anpassungsmodus P und L 1943
      c) Anpassungsklausel 1943
      d) Andere Erhöhungsmaßstäbe 1943
   3. Rechtliche Gestaltung 1943
      a) Erhöhungsantrag 1943
      b) Ausschluss der Beitragserhöhung 1943
II. Besondere Bedingungen für die Lebensversicherung mit planmäßiger Erhöhung der Beiträge und Leistungen ohne erneute Gesundheitsprüfung (PLV 2008) 1944

P. Anhang: Aktienindexgebundene Lebensversicherung (AILV)

I. Vorbemerkung 1947
   1. Produktbeschreibung 1947
   2. Deckungsrückstellung 1948
   3. Steuerrechtliche Behandlung 1948
II. Versicherungsbedingungen für die DAX®-Index-Police 1949

Teil 7. Kollektivlebensversicherung

A. Gruppen- und Sammelversicherung

I. Allgemeines 1959
II. Richtlinien für die Gruppen- und Sammelversicherung (Altbestand) ... 1959
   1. Ausgangslage 1959
   2. Gruppenversicherung 1960
   3. Sammelversicherung 1960
III. Hinweise für die Kollektivlebensversicherung (Neubestand) 1961
IV. Rechtliche Besonderheiten der Kollektivlebensversicherung 1961
   1. Einwilligung des Versicherten 1961
      a) § 159 Abs. 2 Satz 1 VVG 1961
      b) § 150 Abs. 2 Satz 1 VVG 2008 1962
   2. Einheit von LVU und Versicherungsnehmer 1962
      a) Ausgangslage 1962
      b) Sicht der Aufsichtsbehörde 1962
      c) Auffassung der Finanzbehörden 1963
      d) Zivilrechtliche Einordnung 1963
   3. Gesundheitsprüfung 1963
   4. Abschluss 1963
V. Konsortialverträge 1964
   1. Abgrenzung 1964
   2. Konsortialführer 1964
   3. Überschussbeteiligung 1964

Inhalt

B. Rückdeckungsversicherung

- I. Allgemeines ... 1966
  - 1. Begriff ... 1966
  - 2. Zweck ... 1966
  - 3. Verpfändung ... 1967
- II. Bezugsberechtigung ... 1967
  - 1. Einräumung ... 1967
  - 2. Widerruf ... 1968
- III. Abtretung ... 1968
- IV. Verwendung der Überschussanteile ... 1968
- V. Insolvenz des Arbeitgebers ... 1969
  - 1. Teil der Insolvenzmasse ... 1969
  - 2. Übergang auf den PSVaG ... 1969
- VI. Verpfändung der Rückdeckungsversicherung an Gesellschafter-Geschäftsführer ... 1970
  - 1. Zweck der Verpfändung ... 1970
  - 2. Pfandrechtsbestellung ... 1970
  - 3. Eintritt der Pfandreife ... 1971
  - 4. Auszahlung der Rückdeckungsversicherung vor Pfandreife ... 1972
  - 5. Insolvenz der Firma vor Pfandreife ... 1972
    - a) Aufschiebend bedingte Forderung ... 1972
    - b) Anspruch auf Sicherung ... 1972
    - c) Ansprüche aus dem Pfandrecht an der Rückdeckungsversicherung ... 1973
    - d) Rückkaufswert ... 1973
  - 6. §§ 30, 31, 32 a GmbHG ... 1973
  - 7. Zugriffsmöglichkeiten der Gläubiger des Versorgungsberechtigten ... 1974
- VII. Aktivierung von Ansprüchen aus einer Rückdeckungsversicherung ... 1975
- VIII. Personengesellschaft ... 1976

C. Direktversicherung

- I. Allgemeines ... 1980
  - 1. Merkmale der Direktversicherung ... 1980
  - 2. Auswahl des Vertragspartners ... 1980
  - 3. Abgrenzung ... 1981
- II. Versicherungsformen ... 1981
- III. Beitragszahlung ... 1982
  - 1. Laufende Beitragszahlung ... 1982
  - 2. Zeitraum ... 1982
    - a) Beitragsleistung des Arbeitgebers ... 1982
    - b) Finanzierung aus Beiträgen der Arbeitnehmer ... 1982
  - 3. Prämienzahlungsverzug ... 1982
    - a) Unwiderrufliches Bezugsrecht ... 1982
    - b) Eingeschränkt unwiderrufliches Bezugsrecht ... 1983
    - c) § 166 Abs. 4 VVG 2008 ... 1983
  - 4. Steuerlicher Zufluss ... 1984
  - 5. Wechsel von der Pauschalversteuerung der Beiträge zur nachgelagerten Versteuerung der Versicherungsleistung ... 1984
  - 6. Beitragspflicht zur gesetzlichen Krankenversicherung ... 1985
  - 7. Ehegatten-Arbeitsverhältnisse ... 1986
- IV. Bezugsberechtigung ... 1986
  - 1. Allgemeines ... 1986
  - 2. Widerrufliches Bezugsrecht ... 1986
  - 3. Unwiderrufliches Bezugsrecht ... 1987
  - 4. Unwiderrufliches Bezugsrecht mit Vorbehalt ... 1988
- V. Beleihung ... 1989
  - 1. Befugnis des Arbeitgebers ... 1989
  - 2. Vorbehalt ... 1989

Inhalt

- 3. Wirksamkeit der Beleihung 1990
- 4. EStG 1991
- VI. **Verwendung der Überschussanteile** 1992
  - 1. Festlegung durch den Arbeitgeber 1992
  - 2. Unterrichtung über die Höhe der Ablaufleistung 1992
- VII. **Inanspruchnahme des Rückkaufswertes** 1993
  - 1. Kündigung einer Direktversicherung mit widerruflichem Bezugsrecht 1993
  - 2. Kündigung einer Direktversicherung mit unwiderruflichem Bezugsrecht 1993
  - 3. Vorzeitige Auszahlung von Direktversicherungsleistungen 1994
    - a) Verbot der Auszahlung des Rückkaufswertes 1994
    - b) Rechtsfolge bei Verstoß 1994
- VIII. **Pfändung der Ansprüche des Arbeitnehmers** 1995
- IX. **Insolvenz des Arbeitgebers** 1995
  - 1. Vorrang der versicherungsvertraglichen Regelung 1995
  - 2. Widerrufliches Bezugsrecht 1996
  - 3. Unwiderrufliches Bezugsrecht 1997
  - 4. Unwiderrufliches Bezugsrecht mit Vorbehalt 1997
  - 5. Prämienverzug 1998
- X. **Portabilität der Direktversicherung** 1999
  - 1. Versichererwechsel 1999
  - 2. Private Fortführung 2000
    - a) Auskünfte 2000
    - b) Besteuerung 2000

D. Gehaltsumwandlungsversicherung

- I. **Allgemeines** 2004
  - 1. Begriff 2004
  - 2. Abgrenzung 2004
  - 3. Steuerfragen 2005
    - a) Steuerbarer Zufluss 2005
    - b) Ehegatten-Direktversicherungen aus Gehaltsumwandlung 2005
  - 4. Beitragsfreiheit in der Sozialversicherung 2005
- II. **Rechtsanspruch auf Umwandlung** 2006
- III. **Rechtsnatur der Entgeltumwandlungsabrede** 2006
  - 1. Schuldänderungsvertrag 2006
  - 2. Treuhandverhältnis 2006
- IV. **Auswahl des Versicherers und des Tarifs** 2007
  - 1. Rechtsstellung und Befugnis des Arbeitgebers 2007
  - 2. Auswahl des Tarifs 2007
    - a) Auswahlentscheidung 2007
    - b) Aufklärungspflichten gegenüber dem Versicherungsnehmer 2009
- V. **Beitragszahlung** 2009
  - 1. Zahlung durch den Arbeitgeber 2009
  - 2. Dauer der Zahlung der Beiträge 2010
  - 3. Insolvenz des Arbeitgebers 2010
  - 4. Prämienzahlungsverzug 2010
- VI. **Bezugsberechtigung** 2010
  - 1. Unwiderrufliches Bezugsrecht 2010
  - 2. Unwiderrufliches Bezugsrecht mit Vorbehalt 2011
  - 3. Widerrufliches Bezugsrecht 2011
- VII. **Vorzeitiges Ausscheiden des Arbeitnehmers** 2012
  - 1. Arbeitsplatzwechsel 2012
  - 2. Fortführung der Versicherung 2012
  - 3. Auszahlungsverbot 2012
- VIII. **Zwangsvollstreckungsmaßnahmen gegen den Arbeitnehmer** 2013
- IX. **Insolvenzschutz** 2013

Sachregister 2015

Abkürzungsverzeichnis

a. A.	anderer Ansicht
a. a. O.	am angegebenen Ort
a. E.	am Ende
a. F.	alte Fassung
a. M.	andere(r) Meinung
AB	Abschlussbericht
Abl.EG	Amtsblatt der Europäischen Gemeinschaften (Rechtsvorschriften bis 31. 1. 2003)
Abl.EU	Amtsblatt der Europäischen Gemeinschaften (Rechtsvorschriften seit 1. 2. 2003)
Abs.	Absatz
abw.	abweichend
AcP	Archiv für die civilistische Praxis
AG	Amtsgericht; Die Aktiengesellschaft (Zeitschrift), Aktiengesellschaft
AGB	Allgemeine Geschäftsbedingungen
AGBG	Gesetz zur Regelung des Rechts der Allgemeinen Geschäftsbedingungen (AGB-Gesetz) in der bis zum 31. 12. 2001 geltenden Fassung
AILV	Aktienindexgebundene Lebensversicherung
ALB	Allgemeine Bedingungen für die kapitalbildende Lebensversicherung
allg.	allgemein
ALR	Allgemeines Landrecht für die preußischen Staaten
AltZertG	Gesetz über die Zertifizierung von Altersvorsorgeverträgen (Altersvorsorgeverträge-Zertifizierungsgesetz)
Anm.	Anmerkung
AnVNG	Gesetz zur Neuregelung des Rechts der Rentenversicherung der Angestellten vom 23. Februar 1957
Art.	Artikel
AUB	Allgemeine Unfallversicherungsbedingungen
AuVdBAV/BaFin	Anordnungen und Verlautbarungen des BAV/der BaFin
AUZ	Allgemeine Bedingungen für die Arbeitsunfähigkeits-Zusatzversicherung
AVB	Allgemeine Versicherungsbedingungen
BAG	Bundesarbeitsgericht
BaFin	Bundesanstalt für Finanzdienstleistungen
BAKred	Bundesaufsichtsamt für das Kreditwesen
BAnz.	Bundesanzeiger
BasisBUZ	Allgemeine Bedingungen für die Berufsunfähigkeits-Zusatzversicherung zur BasisRente
BasisRV	Allgemeine Bedingungen für die Rentenversicherung gemäß § 10 Abs. 1 Nr. 2 Buchstabe b) EStG/Basisversorgung
BayObLG	Bayerisches Oberstes Landesgericht
BAV	Bundesaufsichtsamt für das Versicherungswesen
BB	Betriebs-Berater (Zeitschrift)
Bd.	Band
Begr.	Begründung
Beil.	Beilage
Bek.	Bekanntmachung
ber.	berichtigt
BeschlKE BAV	Beschlusskammer-Entscheidung des BAV
BetrAV	Betriebliche Altersversorgung (Zeitschrift)
BetrAVG	Gesetz zur Verbesserung der betrieblichen Altersvorsorge

Abkürzungen

Abkürzungsverzeichnis

BetrVG 1952	Betriebsverfassungsgesetz vom 11. Oktober 1952
BewG	Bewertungsgesetz
BDSG	Bundesdatenschutzgesetz
BFH	Bundesfinanzhof
BGB	Bürgerliches Gesetzbuch
BGBl.	Bundesgesetzblatt
BGH	Bundesgerichtshof
BGHZ	Entscheidungen des Bundesgerichtshofs in Zivilsachen
BKartA	Bundeskartellamt
BMAS	Bundesministerium für Arbeit und Soziales
BMF	Bundesminister der Finanzen
BRAK-Mitt.	Mitteilungen der Bundesrechtsanwaltskammer
BR-Drucks.	Bundesratsdrucksache
BSG	Bundessozialgericht
BStBl.	Bundessteuerblatt
BT-Drucks.	Bundestagsdrucksache
Buchst.	Buchstabe
BUZ	Berufsunfähigkeits-Zusatzversicherung
BV	Allgemeine Bedingungen für die Berufsunfähigkeitsversicherung
BVerfG	Bundesverfassungsgericht
BVerfGE	Amtliche Entscheidungssammlung des Bundesverfassungsgerichts
BVerwG	Bundesverwaltungsgericht
bzw.	beziehungsweise
CEA	Comité Européen des Assurances
c. i. c.	culpa in contrahendo
DB	Der Betrieb (Zeitschrift)
d. h.	das heißt
DeckRV	Deckungsrückstellungsverordnung
DDV	Deutsches Druck- u. Verlagshaus GmbH
Diss.	Dissertation
DJT	Deutscher Juristentag
DNotZ	Deutsche Notar-Zeitschrift
DWiR	Deutsche Zeitschrift für Wirtschaftsrecht
D&H	Duncker & Humblot GmbH
EDV	elektronische Datenverarbeitung
EG	Europäische Gemeinschaft
EGBGB	Einführungsgesetz zum BGB
Einl.	Einleitung
ErbStG	Erbschaftsteuer- und Schenkungsteuergesetz
Erl.	Erlass
EStDV	Durchführungsverordnung zum Erbschaftsteuer- und Schenkungsteuergesetz
EStG	Einkommensteuergesetz
EuGH	Europäischer Gerichtshof
Eul	Josef Eul Verlag GmbH
EuGVO	Europäische Gerichtsstands- und Vollstreckungsverordnung
EuroEG	Euro-Einführungsgesetz
EuZW	Europäische Zeitschrift für Wirtschaftsrecht
EWG	Europäische Wirtschaftsgemeinschaft
EWGV	Vertrag zur Gründung der Europäischen Wirtschaftsgemeinschaft
EWiR	Entscheidungen zum Wirtschaftsrecht
f., ff.	folgende(r)
Festg.	Festgabe
FG	Finanzgericht
FinMin.	Finanzministerium
FLV	Allgemeine Bedingungen für die Fondsgebundene Lebensversicherung

Abkürzungen

Fn.	Fußnote
FRV	Allgemeine Bedingungen die Fondsgebundene Rentenversicherung
FRVAltZertG	Allgemeine Bedingungen für eine Fondsgebundene Rentenversicherung mit Auszahlung des Deckungskapitals bei Tod als Altersvorsorgevertrag im Sinne des Altersvorsorgeverträge-Zertifizierungsgesetzes (AltZertG)
GB BAV	Geschäftsbericht des Bundesaufsichtsamtes für das Versicherungswesen
GDV	Gesamtverband der Deutschen Versicherungswirtschaft e. V.
GewO	Gewerbeordnung
GG	Grundgesetz für die Bundesrepublik Deutschland
ggf.	gegebenenfalls
GmbH	Gesellschaft mit beschränkter Haftung
GmbHG	Gesetz betreffend die Gesellschaften mit beschränkter Haftung
GmbHR	GmbH-Rundschau (Zeitschrift)
Heymanns	Carl Heymanns Verlag GmbH
HGB	Handelsgesetzbuch
Hrsg.	Herausgeber
hrsg.	herausgegeben
HRZAufschub	Allgemeine Bedingungen für die Hinterbliebenenrenten-Zusatzversicherung zur Rentenversicherung mit aufgeschobener Rentenzahlung
HRZSofort	Allgemeine Bedingungen für die Hinterbliebenenrenten-Zusatzversicherung zur Rentenversicherung mit sofort beginnender Rentenzahlung
HWiG	Gesetz über den Widerruf von Haustürgeschäften in der bis 31. 12. 2001 geltenden Fassung
H&L	Helbing & Lichtenhahn
i. S. d.	im Sinne der/des
i. S. v.	im Sinne von
IAIS	International Association of Insurance Supervisors
IDW	Institut der Wirtschaftsprüfer
InsO	Insolvenzordnung
JStG	Jahressteuergesetz
JZ	Juristenzeitung
KAGG	Gesetz über Kapitalanlagegesellschaften
KfH	Kammer für Handelssachen
KG	Kammergericht; Kommanditgesellschaft
KO	Konkursordnung
Komm.	Kommentar (zum)
Kovac	Verlag Dr. Kovac
krit.	kritisch
KStG	Körperschaftsteuergesetz
KSVG	Gesetz über die Sozialversicherung der selbständigen Künstler und Publizisten (Künstlersozialversicherungsgesetz – KSVG)
KWG	Gesetz über das Kreditwesen
LAG	Landesarbeitsgericht
Lang	Peter Lang Europäischer Verlag der Wissenschaft
LG	Landgericht
lit.	litera
Logos	Logos Verlag
LV	Lebensversicherung
LVU	Lebensversicherungsunternehmen
MaBV	Makler- und Bauträgerverordnung
MaRisk	Mindestanforderungen an das Risikomanagement

Abkürzungen

MB/KK	Musterbedingungen für die Krankheitskosten und Krankenhaustagegeldversicherung
MB/KT	Musterbedingungen für die Krankentagegeldversicherung
MDR	Monatsschrift für Deutsches Recht
Meidenbauer	Martin Meidenbauer Verlagsbuchhandlung GmbH & Co. KG
Mio.	Million(en)
m. Nachw.	mit Nachweisen
Mrd.	Milliarde(n)
m. w. Nachw.	mit weiteren Nachweisen
Mutualité	Publikation der AISAM
n. F.	neue Fassung
NJW	Neue Juristische Wochenschrift
NJW-RR	NJW-Rechtsprechungs-Report
Nr.	Nummer
NVersZ	Neue Zeitschrift für Versicherung und Recht
NZA	Neue Zeitschrift für Arbeitsrecht
NZG	Neue Zeitschrift für Gesellschaftsrecht
OECD	Organization for Economic Cooperation and Development
OLG	Oberlandesgericht
öVAG	Versicherungsaufsichtsgesetz (Österreich)
Orac	LexisNexis Verlag ARD Orac GmbH
O. Schmidt	Verlag Dr. Otto Schmidt KG
PAngV	Preisangabenverordnung
PKV	Private Krankenversicherung
PLV	Besondere Bedingungen für die Lebensversicherung mit planmäßiger Erhöhung der Beiträge und Leistungen ohne erneute Gesundheitsprüfung
PStG	Personenstandsgesetz
PRZ	Allgemeine Bedingungen für die Pflegerenten-Zusatzversicherung
PSVaG	Pensionssicherungsverein auf Gegenseitigkeit
R	Rundschreiben
r+s	Recht und Schaden
RBerG	Rechtsberatungsgesetz
RdA	Recht der Arbeit
Rdn.	Randnummer(n)
Rdz.	Randziffer
RechVUVO	Verordnung über die Rechnungslegung der Versicherungsunternehmen
RefE	Referentenentwurf
RegE	Regierungsentwurf
RfB	Rückstellung für Beitragsrückerstattung
RFH	Reichsfinanzhof
RGBl.	Reichsgesetzblatt
RGZ	Entscheidung des Reichsgerichts in Zivilsachen
RiV	Allgemeine Bedingungen für die Risikoversicherung
RIW	Recht der Internationalen Wirtschaft
RLV	Allgemeine Bedingungen für die Restschuldlebensversicherung
Rn.	Randnummer(n)
RStBl.	Reichssteuerblatt
RV	Allgemeine Bedingungen für die Rentenversicherung
RVAltZertG	Allgemeine Bedingungen für eine Rentenversicherung mit Auszahlung des Deckungskapitals bei Tod als Altersvorsorgevertrag im Sinne des Altersvorsorgeverträge-Zertifizierungsgesetzes (AltZertG)
RVAufschub	Allgemeine Bedingungen für die Rentenversicherung mit aufgeschobener Rentenzahlung

Abkürzungen

RVSofort	Allgemeine Bedingungen für die Rentenversicherung mit sofort beginnender Rentenzahlung
S.	Seite
SGB	Sozialgesetzbuch
Slg.	Sammlung
sog.	so genannt(e, -er, -es, -en)
SpV	Zeitschrift Spektrum für Versicherungsrecht
StGB	Strafgesetzbuch
str.	streitig
Tz.	Textziffer
u.	und
u. a.	und andere; unter anderem
UKlaG	Gesetz über Unterlassungsklagen bei Verbraucherrechts- und anderen Verstößen
unstr.	unstreitig
UStG	Umsatzsteuergesetz
UWG	Gesetz gegen den unlauteren Wettbewerb
UZV	Allgemeine Bedingungen für die Unfall-Zusatzversicherung
v.	vom
VAG	Versicherungsaufsichtsgesetz
VAHRG	Gesetz zur Regelung von Härten im Versorgungsausgleich
VerAfP	Veröffentlichungen des Reichsaufsichtsamtes für Privatversicherung
VerBAV	Veröffentlichungen des Bundesaufsichtsamtes für das Versicherungswesen
VerbrKrG	Verbraucherkreditgesetz
Vers	Versicherung
VerschG	Verschollenheitsgesetz
VersR	Versicherungsrecht (Zeitschrift)
VersRdsch	Die Versicherungsrundschau (Zeitschrift)
VersRiLiG	Versicherungsbilanzrichtlinie-Gesetz
VersVerm	Zeitschrift Versicherungsvermittlung
VerwArch	Verwaltungsarchiv
VersWissArch	Versicherungswissenschaftliches Archiv
VersWissStud.	Versicherungswissenschaftliche Studien
VG	Verwaltungsgericht
VGH	Verwaltungsgerichtshof
vgl.	vergleiche
VML	Allgemeine Bedingungen für die Vermögensbildungsversicherung
VO	Verordnung
VP	Zeitschrift Versicherungspraxis
VR	Die Versicherungsrundschau (Zeitschrift)
VuR	Verbraucher und Recht (Zeitschrift)
VVaG	Versicherungsverein auf Gegenseitigkeit
VVG	Versicherungsvertragsgesetz 1908/2007
VVG 2008	Versicherungsvertragsgesetz 2008
VVG-InfoV	Verordnung über Informationspflichten bei Versicherungsverträgen
VVSL	Allgemeine Bedingungen für den vorläufigen Versicherungsschutz in der Lebensversicherung
VVSL-AntragsV	Allgemeine Bedingungen für den Vorläufigen Versicherungsschutz in der Lebensversicherung (Antragsverfahren)
VVSL-InvitatioV	Allgemeine Bedingungen für den Vorläufigen Versicherungsschutz in der Lebensversicherung (Invitatio-Verfahren)
VVW	Verlag Versicherungswirtschaft
VW	Versicherungswirtschaft (Zeitschrift)
WM	Wertpapier-Mitteilungen (Zeitschrift)
WPg	Die Wirtschaftsprüfung (Zeitschrift)

Abkürzungen

WuB	Entscheidungssammlung zum Wirtschafts- und Bankrecht
WuW	Wirtschaft und Wettbewerb (Zeitschrift)
z. B.	zum Beispiel
z. T.	zum Teil
ZBB	Zeitschrift für Bankrecht und Bankwirtschaft
ZEP	Zeitschrift für die gesamte erbrechtliche Praxis
ZfV	Zeitschrift für Versicherungswesen
Ziff.	Ziffer
ZInsO	Zeitschrift für das gesamte Insolvenzrecht
ZIP	Zeitschrift für Wirtschaftsrecht
ZPO	Zivilprozessordnung
ZRQuoten	Verordnung über die Mindestbeitragsrückerstattung in der Lebensversicherung
ZRP	Zeitschrift für Rechtspolitik
zust.	zustimmend
zutr.	zutreffend
ZVersWiss	Zeitschrift für die gesamte Versicherungswissenschaft

Teil 1. Texte

Übersicht

	Seite
A. Gesetze	1
I. §§ 159–178 VVG 1908/2007	1
II. §§ 150–177 VVG 2008	8
B. Allgemeine Bedingungen für die kapitalbildende Lebensversicherung (ALB 2008)	17
C. Allgemeine Bedingungen für die Berufsunfähigkeits-Zusatzversicherung (BUZ 2008)	33

A. Gesetze

I. §§ 159–178 VVG 1908/2007[1]

Dritter Abschnitt. Lebens- und Krankenversicherung

Erster Titel. Lebensversicherung

§ 159 [Versicherte Personen]

(1) Die Lebensversicherung kann auf die Person des Versicherungsnehmers oder eines anderen genommen werden.

(2) [1] Wird die Versicherung für den Fall des Todes eines anderen genommen und übersteigt die vereinbarte Leistung den Betrag der gewöhnlichen Beerdigungskosten, so ist zur Gültigkeit des Vertrags die schriftliche Einwilligung des anderen erforderlich. [2] Ist der andere geschäftsunfähig oder in der Geschäftsfähigkeit beschränkt oder ist für ihn ein Betreuer bestellt und steht die Vertretung in den seine Person betreffenden Angelegenheiten dem Versicherungsnehmer zu, so kann dieser den anderen bei der Erteilung der Einwilligung nicht vertreten.

(3) Nimmt der Vater oder die Mutter die Versicherung auf die Person eines minderjährigen Kindes, so bedarf es der Einwilligung des Kindes nur, wenn nach dem Vertrag der Versicherer auch bei Eintritt des Todes vor der Vollendung des siebenten Lebensjahres zur Leistung verpflichtet sein soll und die für diesen Fall vereinbarte Leistung den Betrag der gewöhnlichen Beerdigungskosten übersteigt.

(4) Soweit die Aufsichtsbehörde einen bestimmten Höchstbetrag für die gewöhnlichen Beerdigungskosten festgesetzt hat, ist dieser maßgebend.

§ 160 [Ärztliche Untersuchung]

Durch die Vereinbarung, dass derjenige, auf dessen Person eine Versicherung genommen werden soll, sich zuvor einer ärztlichen Untersu-

---

[1] Gesetz über den Versicherungsvertrag vom 30. 5. 1908 (RGBl. S. 263) in der im Bundesgesetzblatt Teil III, Gliederungsnummer 7632–1, veröffentlichten bereinigten Fassung, zuletzt geändert durch Art. 3 des Gesetzes vom 26. 3. 2007 (BGBl. I S. 378).

chung zu unterwerfen hat, wird ein Recht des Versicherers, die Vornahme der Untersuchung zu verlangen, nicht begründet.

§ 161 [Kenntnis und Verhaltenszurechnung]

Soweit nach den Vorschriften dieses Gesetzes die Kenntnis und das Verhalten des Versicherungsnehmers von rechtlicher Bedeutung ist, kommt bei der Versicherung auf die Person eines anderen als des Versicherungsnehmers auch die Kenntnis und das Verhalten des anderen in Betracht.

§ 162 [Unrichtige Altersangabe]

[1] Ist das Alter desjenigen, auf dessen Person die Versicherung genommen werden soll, unrichtig angegeben worden und infolge der unrichtigen Angabe die Prämie zu niedrig bestimmt, so mindert sich die Leistung des Versicherers nach dem Verhältnis, in welchem die dem wirklichen Alter entsprechende Prämie zu der vereinbarten Prämie steht. [2] Das Recht, wegen Verletzung der Anzeigepflicht von dem Vertrag zurückzutreten, steht dem Versicherer nur zu, wenn das wirkliche Alter außerhalb der Grenzen liegt, welche durch den Geschäftsplan für den Abschluss von Verträgen festgesetzt sind.

§ 163 [Verletzung der Anzeigepflicht]

[1] Wegen einer Verletzung der dem Versicherungsnehmer bei der Schließung des Vertrags obliegenden Anzeigepflicht kann der Versicherer von dem Vertrag nicht mehr zurücktreten, wenn seit der Schließung zehn Jahre verstrichen sind. [2] Das Rücktrittsrecht bleibt bestehen, wenn die Anzeigepflicht arglistig verletzt worden ist.

§ 164 [Gefahrerhöhung]

(1) Als Erhöhung der Gefahr gilt nur eine solche Änderung der Gefahrumstände, welche nach ausdrücklicher Vereinbarung als Gefahrerhöhung angesehen werden soll; die Erklärung des Versicherungsnehmers bedarf der schriftlichen Form.

(2) [1] Eine Erhöhung der Gefahr kann der Versicherer nicht mehr geltend machen, wenn seit der Erhöhung zehn Jahre verstrichen sind. [2] Der Versicherer bleibt jedoch zur Geltendmachung befugt, wenn die Pflicht, seine Einwilligung einzuholen oder ihm Anzeige zu machen, arglistig verletzt worden ist.

§ 164a [Gefahrminderung]

§ 41a gilt nicht für die Lebensversicherung.

§ 165 [Kündigung des Versicherungsnehmers]

(1) Sind laufende Prämien zu entrichten, so kann der Versicherungsnehmer das Versicherungsverhältnis jederzeit für den Schluss der laufenden Versicherungsperiode kündigen.

(2) Ist eine Kapitalversicherung für den Todesfall in der Art genommen, dass der Eintritt der Verpflichtung des Versicherers zur Zahlung des vereinbarten Kapitals gewiss ist, so steht das Kündigungsrecht dem Versicherungsnehmer auch dann zu, wenn die Prämie in einer einmaligen Zahlung besteht.

(3) ¹Die Absätze 1 und 2 sind nicht auf einen für die Altersvorsorge bestimmten Versicherungsvertrag anzuwenden, bei dem der Versicherungsnehmer mit dem Versicherer eine Verwertung vor dem Eintritt in den Ruhestand ausgeschlossen hat; der Wert der vom Ausschluss der Verwertbarkeit betroffenen Ansprüche darf die in § 12 Abs. 2 Nr. 3 des Zweiten Buches Sozialgesetzbuch bestimmten Beträge nicht übersteigen.[2] ²Entsprechendes gilt, soweit die Ansprüche nach § 851c der Zivilprozessordnung nicht gepfändet werden dürfen.[3]

§ 166 [Bezugsberechtigung]

(1) ¹Bei einer Kapitalversicherung ist im Zweifel anzunehmen, dass dem Versicherungsnehmer die Befugnis vorbehalten ist, ohne Zustimmung des Versicherers einen Dritten als Bezugsberechtigten zu bezeichnen sowie an die Stelle des so bezeichneten Dritten einen anderen zu setzen. ²Die Befugnis des Versicherungsnehmers, an die Stelle des bezugsberechtigten Dritten einen anderen zu setzen, gilt im Zweifel auch dann als vorbehalten, wenn die Bezeichnung des Dritten im Vertrag erfolgt ist.

(2) Ein als bezugsberechtigt bezeichneter Dritter erwirbt, wenn der Versicherungsnehmer nichts Abweichendes bestimmt, das Recht auf die Leistung des Versicherers erst mit dem Eintritt des Versicherungsfalls.

§ 167 [Auslegung der Bezugsberechtigung]

(1) Sind bei einer Kapitalversicherung mehrere Personen ohne Bestimmung ihrer Anteile als Bezugsberechtigte bezeichnet, so sind sie zu gleichen Teilen bezugsberechtigt; der von einem Bezugsberechtigten nicht erworbene Anteil wächst den übrigen Bezugsberechtigten zu.

(2) ¹Soll bei einer Kapitalversicherung die Leistung des Versicherers nach dem Tode des Versicherungsnehmers erfolgen und ist die Zahlung an die Erben ohne nähere Bestimmung bedungen, so sind im Zweifel diejenigen, welche zur Zeit des Todes als Erben berufen sind, nach dem Verhältnis ihrer Erbteile bezugsberechtigt. ²Eine Ausschlagung der Erbschaft hat auf die Berechtigung keinen Einfluss.

(3) Ist der Fiskus als Erbe berufen, so steht ihm ein Bezugsrecht im Sinne des Abs. 2 Satz 1 nicht zu.

§ 168 [Nichterwerb des Bezugsberechtigten]

Wird bei einer Kapitalversicherung das Recht auf die Leistung des Versicherers von dem bezugsberechtigten Dritten nicht erworben, so steht es dem Versicherungsnehmer zu.

---

[2] § 165 Abs. 3 Satz 1 VVG 1908/2007 eingefügt durch Art. 9 des Gesetzes zur Änderung des Betriebsrentengesetzes und anderer Gesetze vom 2. 12. 2006, BGBl. I S. 2742, 2746; in Kraft seit 12. 12. 2006, vgl. Art. 13 Abs. 1.
[3] § 165 Abs. 3 Satz 2 VVG 1908/2007 eingefügt durch Art. 3 Nr. 1 des Gesetzes zum Pfändungsschutz der Altersvorsorge vom 26. 3. 2007, BGBl. I S. 368; in Kraft seit 31. 3. 2007, vgl. Art. 4.

Texte

§ 169 [Selbstmord]

¹Bei einer Versicherung für den Todesfall ist der Versicherer von der Verpflichtung zur Leistung frei, wenn derjenige, auf dessen Person die Versicherung genommen ist, Selbstmord begangen hat. ²Die Verpflichtung des Versicherers bleibt bestehen, wenn die Tat in einem die freie Willensbestimmung ausschließenden Zustand krankhafter Störung der Geistestätigkeit begangen worden ist.

§ 170 [Tötung durch Versicherungsnehmer oder Berechtigten]

(1) Ist die Versicherung für den Fall des Todes eines anderen als des Versicherungsnehmers genommen, so ist der Versicherer von der Verpflichtung zur Leistung frei, wenn der Versicherungsnehmer vorsätzlich durch eine widerrechtliche Handlung den Tod des anderen herbeiführt.

(2) Ist bei einer Versicherung für den Todesfall ein Dritter als Bezugsberechtigter bezeichnet, so gilt die Bezeichnung als nicht erfolgt, wenn der Dritte vorsätzlich durch eine widerrechtliche Handlung den Tod desjenigen, auf dessen Person die Versicherung genommen ist, herbeiführt.

§ 171 [Anzeigepflicht]

(1) ¹Eine Anzeige von dem Eintritt des Versicherungsfalls ist dem Versicherer nur zu machen, wenn der Tod als Versicherungsfall bestimmt ist. ²Der Anzeigepflicht wird genügt, wenn die Anzeige binnen drei Tagen nach dem Eintritt des Versicherungsfalls erfolgt; durch die Absendung der Anzeige wird die Frist gewahrt.

(2) Steht das Recht auf die Leistung einem anderen als dem Versicherungsnehmer zu, so liegt die Anzeigepflicht dem anderen ob; das gleiche gilt von der Pflicht zur Auskunft und zur Beschaffung von Belegen.

§ 172 [Prämien- und Bedingungsanpassung]

(1) ¹Bietet eine Lebensversicherung Versicherungsschutz für ein Risiko, bei dem der Eintritt der Verpflichtung des Versicherers ungewiss ist, so ist der Versicherer nur bei einer nicht nur als vorübergehend anzusehenden und nicht vorhersehbaren Veränderung des Leistungsbedarfs gegenüber den technischen Berechnungsgrundlagen und der daraus errechneten Prämie berechtigt, die Prämie entsprechend den berichtigten Berechnungsgrundlagen neu festzusetzen, sofern dies erforderlich erscheint, um die dauernde Erfüllbarkeit der Versicherungsleistung zu gewährleisten, und sofern ein unabhängiger Treuhänder die Berechnungsgrundlagen und sonstigen Voraussetzungen für die Änderung überprüft und deren Angemessenheit bestätigt hat. ²Für Änderungen der Bestimmungen zur Überschussbeteiligung gilt Satz 1 entsprechend. ³Die Mitwirkung des Treuhänders entfällt, wenn Änderungen nach den Absätzen 1 und 2 der Genehmigung der Aufsichtsbehörde bedürfen.

(2) Ist in den Versicherungsbedingungen der Lebensversicherung eine Bestimmung unwirksam, findet Absatz 1 entsprechende Anwendung, wenn zur Fortführung des Vertrages dessen Ergänzung notwendig ist.

(3) ¹Soweit nichts anderes vereinbart ist, werden Änderungen nach Absatz 1 zu Beginn des zweiten Monats wirksam, der auf die Benachrichtigung des Versicherungsnehmers folgt. ²Änderungen nach Absatz 2

werden zwei Wochen nach Benachrichtigung des Versicherungsnehmers wirksam.

§ 173 a. F.[4] *(aufgehoben)*

[4] Auf die zur Zeit des Inkrafttretens des Gesetzes vom 21. 7. 1994 (29. 7. 1994) bestehenden Lebensversicherungsverhältnisse sind die §§ 173 bis 178 in der vor Inkrafttreten dieses Gesetzes geltenden Fassung anzuwenden (Art. 16 § 6 G v. 21. 7. 1994 I):

§ 173 [Rückkaufsfähige Versicherung] Ist die Prämie für einen Zeitraum von drei Jahren bezahlt, so gelten die besonderen Vorschriften der §§ 174 bis 176.

§ 174 [Umwandlung in eine prämienfreie Versicherung] (1) Der Versicherungsnehmer kann jederzeit für den Schluss der laufenden Versicherungsperiode die Umwandlung der Versicherung in eine prämienfreie Versicherung verlangen.
(2) Wird die Umwandlung verlangt, so tritt mit dem bezeichneten Zeitpunkt an die Stelle des vereinbarten Kapital- oder Rentenbetrags der Betrag, der sich für das Alter desjenigen, auf dessen Person die Versicherung genommen ist, als Leistung des Versicherers ergibt, wenn die auf die Versicherung entfallende Prämienreserve als einmalige Prämie angesehen wird.
(3) Die Prämienreserve ist für den Schluss der laufenden Versicherungsperiode zu berechnen. Prämienrückstände werden von dem Betrag der Prämienreserve abgesetzt.
(4) Der Versicherer ist zu einem angemessenen Abzug berechtigt. Ist für den Abzug mit Genehmigung der Aufsichtsbehörde in den Versicherungsbedingungen ein bestimmter Betrag festgesetzt, so gilt dieser als angemessen.

§ 175 [Umwandlung als Folge einer Kündigung des Versicherers] (1) Kündigt der Versicherer das Versicherungsverhältnis nach § 39, so wandelt sich mit der Kündigung die Versicherung in eine prämienfreie Versicherung um. Auf die Umwandlung finden die Vorschriften des § 174 Absatz 2 bis 4 Anwendung.
(2) Im Falle des § 39 Abs. 2 ist der Versicherer zu der Leistung verpflichtet, die ihm obliegen würde, wenn sich mit dem Eintritt des Versicherungsfalls die Versicherung in eine prämienfreie Versicherung umgewandelt hätte.
(3) Die in § 39 vorgesehene Bestimmung einer Zahlungsfrist muss einen Hinweis auf die eintretende Umwandlung der Versicherung enthalten.

§ 176 [Herausgabe der Prämienreserve] (1) Wird eine Kapitalversicherung für den Todesfall, die in der Art genommen ist, dass der Eintritt der Verpflichtung des Versicherers zur Zahlung des vereinbarten Kapitals gewiss ist, durch Rücktritt, Kündigung oder Anfechtung aufgehoben, so hat der Versicherer den Betrag der auf die Versicherung entfallenden Prämienreserve zu erstatten.
(2) Das gleiche gilt bei einer Versicherung der im Abs. 1 bezeichneten Art auch dann, wenn nach dem Eintritt des Versicherungsfalls der Versicherer von der Verpflichtung zur Zahlung des vereinbarten Kapitals frei ist. Im Falle des § 170 Abs. 1 ist jedoch der Versicherer zur Erstattung der Prämienreserve nicht verpflichtet.
(3) Bei der Ermittlung des zu erstattenden Betrags ist die Prämienreserve für den Schluss der Versicherungsperiode zu berechnen, in deren Lauf das Versicherungsverhältnis endigt.
(4) Der Versicherer ist zu einem angemessenen Abzug berechtigt. Ist für den Abzug mit Genehmigung der Aufsichtsbehörde in den Versicherungsbedingungen ein bestimmter Betrag festgesetzt, so gilt dieser als angemessen.

§ 177 [Eintrittsrecht Dritter] (1) Wird in den Versicherungsanspruch ein Arrest vollzogen oder eine Zwangsvollstreckung vorgenommen oder wird der Konkurs über das Vermögen des Versicherungsnehmers eröffnet, so kann der namentlich bezeichnete Bezugsberechtigte mit Zustimmung des Versicherungsnehmers an seiner Stelle in den Versicherungsvertrag eintreten. Tritt der Bezugsberechtigte ein, so hat er die Forderungen der betreibenden Gläubiger oder der Konkursmasse bis zur Höhe des Betrages zu befriedigen, dessen Zahlung der Versicherungsnehmer im Falle der Kündigung des Versicherungsvertrages vom Versicherer verlangen kann.
(2) Ist ein Bezugsberechtigter nicht oder nicht namentlich bezeichnet, so steht das gleiche Recht dem Ehegatten und den Kindern des Versicherungsnehmers zu.
(3) Der Eintritt erfolgt durch Anzeige an den Versicherer. Die Anzeige kann nur innerhalb eines Monats erfolgen, nachdem der Eintrittsberechtigte von der Pfändung Kenntnis erlangt hat oder der Konkurs eröffnet worden ist.

Texte

§ 173 Umwandlung zum Pfändungsschutz[5]

¹Der Versicherungsnehmer einer Lebensversicherung kann jederzeit für den Schluss der laufenden Versicherungsperiode die Umwandlung der Versicherung in eine Versicherung verlangen, die den Anforderungen des § 851 c Abs. 1 der Zivilprozessordnung entspricht. ²Die Kosten der Umwandlung hat der Versicherungsnehmer zu tragen.

§ 174 [Umwandlung in prämienfreie Versicherung]

(1) ¹Der Versicherungsnehmer kann jederzeit für den Schluss der laufenden Versicherungsperiode die Umwandlung der Versicherung in eine prämienfreie Versicherung verlangen, sofern die dafür vereinbarte Mindestversicherungssumme oder Mindestrente erreicht wird. ²Wird der entsprechende Mindestbetrag nicht erreicht, so hat der Versicherer den auf die Versicherung entfallenden Rückkaufswert zu erstatten, der nach § 176 Abs. 3 und 4 zu berechnen ist.

(2) Bei der Umwandlung ist die Berechnung der prämienfreien Versicherungsleistung nach den anerkannten Regeln der Versicherungsmathematik mit den Rechnungsgrundlagen der Prämienkalkulation vorzunehmen.

(3) Die prämienfreie Leistung ist für den Schluss der laufenden Versicherungsperiode unter Berücksichtigung von Prämienrückständen zu berechnen.

(4) Der Versicherer ist zu einem Abzug nur berechtigt, wenn dieser vereinbart und angemessen ist.

§ 175 [Umwandlung nach Kündigung des Versicherers]

(1) ¹Kündigt der Versicherer das Versicherungsverhältnis nach § 39, so wandelt sich mit der Kündigung die Versicherung in eine prämienfreie Versicherung um. ²Auf die Umwandlung findet § 174 Anwendung.

(2) Im Falle des § 39 Abs. 2 ist der Versicherer zu der Leistung verpflichtet, die ihm obliegen würde, wenn sich mit dem Eintritt des Versicherungsfalls die Versicherung in eine prämienfreie Versicherung umgewandelt hätte.

(3) Die in § 39 vorgesehene Bestimmung einer Zahlungsfrist muss einen Hinweis auf die eintretende Umwandlung der Versicherung enthalten.

---

§ 178 [Unabänderlichkeit] (1) Auf eine Vereinbarung, durch welche von den Vorschriften der §§ 162 bis 164, § 165, § 169 oder des § 171 Abs. 1 Satz 2 zum Nachteil des Versicherungsnehmers abgewichen wird, kann sich der Versicherer nicht berufen. Jedoch kann für die Kündigung, zu der nach § 165 der Versicherungsnehmer berechtigt ist, die schriftliche Form bedungen werden.

(2) Auf eine Vereinbarung, durch welche von den Vorschriften der §§ 173 bis 177 zum Nachteil des Versicherungsnehmers oder des Eintrittsberechtigten abgewichen wird, kann sich der Versicherer nicht berufen. In den Versicherungsbedingungen kann jedoch mit Genehmigung der Aufsichtsbehörde eine andere als die in den §§ 174, 175 vorgesehene Art der Umwandlung in eine prämienfreie Versicherung sowie eine andere als die im § 176 vorgesehene Berechnung des zu erstattenden Betrages bestimmt werden.

[5] § 173 VVG 1908/2007 eingefügt durch Art. 3 Nr. 2 des Gesetzes zum Pfändungsschutz der Altersvorsorge vom 26. 3. 2007, BGBl. I S. 368 f.; in Kraft seit 31. 3. 2007, vgl. Art. 4.

§ 176 [Rückkaufswert]

(1) Wird eine Kapitalversicherung für den Todesfall, die in der Art genommen ist, dass der Eintritt der Verpflichtung des Versicherers zur Zahlung des vereinbarten Kapitals gewiss ist, durch Rücktritt, Kündigung oder Anfechtung aufgehoben, so hat der Versicherer den auf die Versicherung entfallenden Rückkaufswert zu erstatten.

(2) ¹Das gleiche gilt bei einer Versicherung der in Absatz 1 bezeichneten Art auch dann, wenn nach dem Eintritt des Versicherungsfalls der Versicherer von der Verpflichtung zur Zahlung des vereinbarten Kapitals frei ist. ²Im Falle des § 170 Abs. 1 ist jedoch der Versicherer zur Erstattung des Rückkaufswerts nicht verpflichtet.

(3) Der Rückkaufswert ist nach den anerkannten Regeln der Versicherungsmathematik für den Schluss der laufenden Versicherungsperiode als Zeitwert der Versicherung zu berechnen. Prämienrückstände werden vom Rückkaufswert abgesetzt.

(4) Der Versicherer ist zu einem Abzug nur berechtigt, wenn er vereinbart und angemessen ist.

§ 177 [Eintrittsrecht Dritter]

(1) ¹Wird in den Versicherungsanspruch ein Arrest vollzogen oder eine Zwangsvollstreckung vorgenommen oder wird das Insolvenzverfahren über das Vermögen des Versicherungsnehmers eröffnet, so kann der namentlich bezeichnete Bezugsberechtigte mit Zustimmung des Versicherungsnehmers an seiner Stelle in den Versicherungsvertrag eintreten. ²Tritt der Bezugsberechtigte ein, so hat er die Forderungen der betreibenden Gläubiger oder der Insolvenzmasse bis zur Höhe des Betrages zu befriedigen, dessen Zahlung der Versicherungsnehmer im Falle der Kündigung des Versicherungsvertrags vom Versicherer verlangen kann.[6]

(2) Ist ein Bezugsberechtigter nicht oder nicht namentlich bezeichnet, steht das gleiche Recht dem Ehegatten oder Lebenspartner und den Kindern des Versicherungsnehmers zu.[7]

(3) ¹Der Eintritt erfolgt durch Anzeige an den Versicherer. ²Die Anzeige kann nur innerhalb eines Monats erfolgen, nachdem der Eintrittsberechtigte von der Pfändung Kenntnis erlangt hat oder das Insolvenzverfahren eröffnet worden ist.[8]

§ 178 [Halbzwingende Vorschriften]

(1) ¹Auf eine Vereinbarung, durch welche von den Vorschriften der §§ 162 bis 164, § 165, § 169 oder des § 171 Abs. 1 Satz 2 zum Nachteil

---

[6] § 177 Abs. 1 VVG 1908/2007 neu gefasst durch Art. 88 des Einführungsgesetzes zur Insolvenzordnung (EGInsO) vom 5. 10. 1994, BGBl. I S. 2911, 2946; in Kraft seit 1. 1. 1999, vgl. Art. 110 Abs. 1.

[7] § 177 Abs. 2 VVG 1908/2007 neu gefasst durch Art. 3 § 38 des Gesetzes zur Beendigung der Diskriminierung gleichgeschlechtlicher Gemeinschaften: Lebenspartnerschaften vom 16. 2. 2001, BGBl. I S. 266, 281; in Kraft seit 1. 8. 2001, vgl. Art. 5.

[8] § 177 Abs. 3 VVG 1908/2007 neu gefasst durch Art. 88 des Einführungsgesetzes zur Insolvenzordnung (EGInsO) vom 5. 10. 1994, BGBl. I S. 2911, 2946; in Kraft seit 1. 1. 1999, vgl. Art. 110 Abs. 1.

des Versicherungsnehmers abgewichen wird, kann sich der Versicherer nicht berufen. ²Jedoch kann für die Kündigung, zu der nach § 165 der Versicherungsnehmer berechtigt ist, die schriftliche Form bedungen werden.

(2) Auf eine Vereinbarung, durch welche von den Vorschriften der §§ 174 bis 177 zum Nachteil des Versicherungsnehmers oder des Eintrittsberechtigten abgewichen wird, kann sich der Versicherer nicht berufen.

II. §§ 150–177 VVG 2008[9]

Teil 2. Einzelne Versicherungszweige

Kapitel 5. Lebensversicherung

§ 150 VVG 2008 Versicherte Person

(1) Die Lebensversicherung kann auf die Person des Versicherungsnehmers oder eines anderen genommen werden.

(2) ¹Wird die Versicherung für den Fall des Todes eines anderen genommen und übersteigt die vereinbarte Leistung den Betrag der gewöhnlichen Beerdigungskosten, ist zur Wirksamkeit des Vertrags die schriftliche Einwilligung des anderen erforderlich; dies gilt nicht bei Kollektivlebensversicherungen im Bereich der betrieblichen Altersversorgung. ²Ist der andere geschäftsunfähig oder in der Geschäftsfähigkeit beschränkt oder ist für ihn ein Betreuer bestellt und steht die Vertretung in den seine Person betreffenden Angelegenheiten dem Versicherungsnehmer zu, kann dieser den anderen bei der Erteilung der Einwilligung nicht vertreten.

(3) Nimmt ein Elternteil die Versicherung auf die Person eines minderjährigen Kindes, bedarf es der Einwilligung des Kindes nur, wenn nach dem Vertrag der Versicherer auch bei Eintritt des Todes vor der Vollendung des siebenten Lebensjahres zur Leistung verpflichtet sein soll und die für diesen Fall vereinbarte Leistung den Betrag der gewöhnlichen Beerdigungskosten übersteigt.

(4) Soweit die Aufsichtsbehörde einen bestimmten Höchstbetrag für die gewöhnlichen Beerdigungskosten festgesetzt hat, ist dieser maßgebend.

§ 151 VVG 2008 Ärztliche Untersuchung

Durch die Vereinbarung einer ärztlichen Untersuchung der versicherten Person wird ein Recht des Versicherers, die Vornahme der Untersuchung zu verlangen, nicht begründet.

§ 152 VVG 2008 Widerruf des Versicherungsnehmers

(1) Abweichend von § 8 Abs. 1 Satz 1 beträgt die Widerrufsfrist 30 Tage.

---

[9] Gesetz zur Reform des Versicherungsvertragsrechts vom 23. 11. 2007 (BGBl. I S. 2631) zuletzt geändert durch Art. 6 des SozVersStabG vom 14. 4. 2010 (BGBl. I S. 410).

(2) ¹Der Versicherer hat abweichend von § 9 Satz 1 auch den Rückkaufswert einschließlich der Überschussanteile nach § 169 zu zahlen. ²Im Fall des § 9 Satz 2 hat der Versicherer den Rückkaufswert einschließlich der Überschussanteile oder, wenn dies für den Versicherungsnehmer günstiger ist, die für das erste Jahr gezahlten Prämien zu erstatten.

(3) Abweichend von § 33 Abs. 1 ist die einmalige oder die erste Prämie unverzüglich nach Ablauf von 30 Tagen nach Zugang des Versicherungsscheins zu zahlen.

§ 153 VVG 2008 Überschussbeteiligung

(1) Dem Versicherungsnehmer steht eine Beteiligung an dem Überschuss und an den Bewertungsreserven (Überschussbeteiligung) zu, es sei denn, die Überschussbeteiligung ist durch ausdrückliche Vereinbarung ausgeschlossen; die Überschussbeteiligung kann nur insgesamt ausgeschlossen werden.

(2) ¹Der Versicherer hat die Beteiligung an dem Überschuss nach einem verursachungsorientierten Verfahren durchzuführen; andere vergleichbare angemessene Verteilungsgrundsätze können vereinbart werden. ²Die Beträge im Sinn des § 268 Abs. 8 des Handelsgesetzbuchs bleiben unberücksichtigt.[10]

(3) ¹Der Versicherer hat die Bewertungsreserven jährlich neu zu ermitteln und nach einem verursachungsorientierten Verfahren rechnerisch zuzuordnen. ²Bei der Beendigung des Vertrags wird der für diesen Zeitpunkt zu ermittelnde Betrag zur Hälfte zugeteilt und an den Versicherungsnehmer ausgezahlt; eine frühere Zuteilung kann vereinbart werden. ³Aufsichtsrechtliche Regelungen zur Kapitalausstattung bleiben unberührt.

(4) Bei Rentenversicherungen ist die Beendigung der Ansparphase der nach Absatz 3 Satz 2 maßgebliche Zeitpunkt.

§ 154 VVG 2008 Modellrechnung

(1) ¹Macht der Versicherer im Zusammenhang mit dem Angebot oder dem Abschluss einer Lebensversicherung bezifferte Angaben zur Höhe von möglichen Leistungen über die vertraglich garantierten Leistungen hinaus, hat er dem Versicherungsnehmer eine Modellrechnung zu übermitteln, bei der die mögliche Ablaufleistung unter Zugrundelegung der Rechnungsgrundlagen für die Prämienkalkulation mit drei verschiedenen Zinssätzen dargestellt wird. ²Dies gilt nicht für Risikoversicherungen und Verträge, die Leistungen der in § 54b Abs. 1 und 2 des Versicherungsaufsichtsgesetzes bezeichneten Art vorsehen.

(2) Der Versicherer hat den Versicherungsnehmer klar und verständlich darauf hinzuweisen, dass es sich bei der Modellrechnung nur um ein Rechenmodell handelt, dem fiktive Annahmen zugrunde liegen, und dass der Versicherungsnehmer aus der Modellrechnung keine vertraglichen Ansprüche gegen den Versicherer ableiten kann.

---

[10] § 153 Abs. 2 Satz 2 VVG 2008 eingefügt durch Art. 13 Nr. 20 des Gesetzes zur Modernisierung des Bilanzrechts (Bilanzrechtsmodernisierungsgesetz – BilMoG) vom 25. 5. 2009, BGBl. I S. 1102, 1136; in Kraft seit 29. 5. 2009, vgl. Art. 15 BilMoG.

Texte

§ 155 VVG 2008 Jährliche Unterrichtung

¹Bei Versicherungen mit Überschussbeteiligung hat der Versicherer den Versicherungsnehmer jährlich in Textform über die Entwicklung seiner Ansprüche unter Einbeziehung der Überschussbeteiligung zu unterrichten. ²Ferner hat der Versicherer, wenn er bezifferte Angaben zur möglichen zukünftigen Entwicklung der Überschussbeteiligung gemacht hat, den Versicherungsnehmer auf Abweichungen der tatsächlichen Entwicklung von den anfänglichen Angaben hinzuweisen.

§ 156 VVG 2008 Kenntnis und Verhalten der versicherten Person

Soweit nach diesem Gesetz die Kenntnis und das Verhalten des Versicherungsnehmers von rechtlicher Bedeutung sind, ist bei der Versicherung auf die Person eines anderen auch deren Kenntnis und Verhalten zu berücksichtigen.

§ 157 VVG 2008 Unrichtige Altersangabe

¹Ist das Alter der versicherten Person unrichtig angegeben worden, verändert sich die Leistung des Versicherers nach dem Verhältnis, in welchem die dem wirklichen Alter entsprechende Prämie zu der vereinbarten Prämie steht. ²Das Recht, wegen der Verletzung der Anzeigepflicht von dem Vertrag zurückzutreten, steht dem Versicherer abweichend von § 19 Abs. 2 nur zu, wenn er den Vertrag bei richtiger Altersangabe nicht geschlossen hätte.

§ 158 VVG 2008 Gefahränderung

(1) Als Erhöhung der Gefahr gilt nur eine solche Änderung der Gefahrumstände, die nach ausdrücklicher Vereinbarung als Gefahrerhöhung angesehen werden soll; die Vereinbarung bedarf der Textform.

(2) ¹Eine Erhöhung der Gefahr kann der Versicherer nicht mehr geltend machen, wenn seit der Erhöhung fünf Jahre verstrichen sind. ²Hat der Versicherungsnehmer seine Verpflichtung nach § 23 vorsätzlich oder arglistig verletzt, beläuft sich die Frist auf zehn Jahre.

(3) § 41 ist mit der Maßgabe anzuwenden, dass eine Herabsetzung der Prämie nur wegen einer solchen Minderung der Gefahrumstände verlangt werden kann, die nach ausdrücklicher Vereinbarung als Gefahrminderung angesehen werden soll.

§ 159 VVG 2008 Bezugsberechtigung

(1) Der Versicherungsnehmer ist im Zweifel berechtigt, ohne Zustimmung des Versicherers einen Dritten als Bezugsberechtigten zu bezeichnen sowie an die Stelle des so bezeichneten Dritten einen anderen zu setzen.

(2) Ein widerruflich als bezugsberechtigt bezeichneter Dritter erwirbt das Recht auf die Leistung des Versicherers erst mit dem Eintritt des Versicherungsfalles.

(3) Ein unwiderruflich als bezugsberechtigt bezeichneter Dritter erwirbt das Recht auf die Leistung des Versicherers bereits mit der Bezeichnung als Bezugsberechtigter.

§ 160 VVG 2008 Auslegung der Bezugsberechtigung

(1) ¹Sind mehrere Personen ohne Bestimmung ihrer Anteile als Bezugsberechtigte bezeichnet, sind sie zu gleichen Teilen bezugsberechtigt. ²Der von einem Bezugsberechtigten nicht erworbene Anteil wächst den übrigen Bezugsberechtigten zu.

(2) ¹Soll die Leistung des Versicherers nach dem Tod des Versicherungsnehmers an dessen Erben erfolgen, sind im Zweifel diejenigen, welche zur Zeit des Todes als Erben berufen sind, nach dem Verhältnis ihrer Erbteile bezugsberechtigt. ²Eine Ausschlagung der Erbschaft hat auf die Berechtigung keinen Einfluss.

(3) Wird das Recht auf die Leistung des Versicherers von dem bezugsberechtigten Dritten nicht erworben, steht es dem Versicherungsnehmer zu.

(4) Ist der Fiskus als Erbe berufen, steht ihm ein Bezugsrecht im Sinn des Absatzes 2 Satz 1 nicht zu.

§ 161 VVG 2008 Selbsttötung

(1) ¹Bei einer Versicherung für den Todesfall ist der Versicherer nicht zur Leistung verpflichtet, wenn die versicherte Person sich vor Ablauf von drei Jahren nach Abschluss des Versicherungsvertrags vorsätzlich selbst getötet hat. ²Dies gilt nicht, wenn die Tat in einem die freie Willensbestimmung ausschließenden Zustand krankhafter Störung der Geistestätigkeit begangen worden ist.

(2) Die Frist nach Absatz 1 Satz 1 kann durch Einzelvereinbarung erhöht werden.

(3) Ist der Versicherer nicht zur Leistung verpflichtet, hat er den Rückkaufswert einschließlich der Überschussanteile nach § 169 zu zahlen.

§ 162 VVG 2008 Tötung durch Leistungsberechtigten

(1) Ist die Versicherung für den Fall des Todes eines anderen als des Versicherungsnehmers genommen, ist der Versicherer nicht zur Leistung verpflichtet, wenn der Versicherungsnehmer vorsätzlich durch eine widerrechtliche Handlung den Tod des anderen herbeiführt.

(2) Ist ein Dritter als Bezugsberechtigter bezeichnet, gilt die Bezeichnung als nicht erfolgt, wenn der Dritte vorsätzlich durch eine widerrechtliche Handlung den Tod der versicherten Person herbeiführt.

§ 163 VVG 2008 Prämien- und Leistungsänderung

(1) ¹Der Versicherer ist zu einer Neufestsetzung der vereinbarten Prämie berechtigt, wenn
1. sich der Leistungsbedarf nicht nur vorübergehend und nicht voraussehbar gegenüber den Rechnungsgrundlagen der vereinbarten Prämie geändert hat,

2. die nach den berichtigten Rechnungsgrundlagen neu festgesetzte Prämie angemessen und erforderlich ist, um die dauernde Erfüllbarkeit der Versicherungsleistung zu gewährleisten, und
3. ein unabhängiger Treuhänder die Rechnungsgrundlagen und die Voraussetzungen der Nummern 1 und 2 überprüft und bestätigt hat.

²Eine Neufestsetzung der Prämie ist insoweit ausgeschlossen, als die Versicherungsleistungen zum Zeitpunkt der Erst- oder Neukalkulation unzureichend kalkuliert waren und ein ordentlicher und gewissenhafter Aktuar dies insbesondere anhand der zu diesem Zeitpunkt verfügbaren statistischen Kalkulationsgrundlagen hätte erkennen müssen.

(2) ¹Der Versicherungsnehmer kann verlangen, dass anstelle einer Erhöhung der Prämie nach Absatz 1 die Versicherungsleistung entsprechend herabgesetzt wird. ²Bei einer prämienfreien Versicherung ist der Versicherer unter den Voraussetzungen des Absatzes 1 zur Herabsetzung der Versicherungsleistung berechtigt.

(3) Die Neufestsetzung der Prämie und die Herabsetzung der Versicherungsleistung werden zu Beginn des zweiten Monats wirksam, der auf die Mitteilung der Neufestsetzung oder der Herabsetzung und der hierfür maßgeblichen Gründe an den Versicherungsnehmer folgt.

(4) Die Mitwirkung des Treuhänders nach Absatz 1 Satz 1 Nr. 3 entfällt, wenn die Neufestsetzung oder die Herabsetzung der Versicherungsleistung der Genehmigung der Aufsichtsbehörde bedarf.

§ 164 VVG 2008 Bedingungsanpassung

(1) ¹Ist eine Bestimmung in Allgemeinen Versicherungsbedingungen des Versicherers durch höchstrichterliche Entscheidung oder durch bestandskräftigen Verwaltungsakt für unwirksam erklärt worden, kann sie der Versicherer durch eine neue Regelung ersetzen, wenn dies zur Fortführung des Vertrags notwendig ist oder wenn das Festhalten an dem Vertrag ohne neue Regelung für eine Vertragspartei auch unter Berücksichtigung der Interessen der anderen Vertragspartei eine unzumutbare Härte darstellen würde. ²Die neue Regelung ist nur wirksam, wenn sie unter Wahrung des Vertragsziels die Belange der Versicherungsnehmer angemessen berücksichtigt.

(2) Die neue Regelung nach Absatz 1 wird zwei Wochen, nachdem die neue Regelung und die hierfür maßgeblichen Gründe dem Versicherungsnehmer mitgeteilt worden sind, Vertragsbestandteil.

§ 165 VVG 2008 Prämienfreie Versicherung

(1) ¹Der Versicherungsnehmer kann jederzeit für den Schluss der laufenden Versicherungsperiode die Umwandlung der Versicherung in eine prämienfreie Versicherung verlangen, sofern die dafür vereinbarte Mindestversicherungsleistung erreicht wird. ²Wird diese nicht erreicht, hat der Versicherer den auf die Versicherung entfallenden Rückkaufswert einschließlich der Überschussanteile nach § 169 zu zahlen.

(2) Die prämienfreie Leistung ist nach anerkannten Regeln der Versicherungsmathematik mit den Rechnungsgrundlagen der Prämienkalkulation unter Zugrundelegung des Rückkaufswertes nach § 169 Abs. 3 bis 5 zu berechnen und im Vertrag für jedes Versicherungsjahr anzugeben.

(3) ¹Die prämienfreie Leistung ist für den Schluss der laufenden Versicherungsperiode unter Berücksichtigung von Prämienrückständen zu berechnen. ²Die Ansprüche des Versicherungsnehmers aus der Überschussbeteiligung bleiben unberührt.

§ 166 VVG 2008 Kündigung des Versicherers

(1) ¹Kündigt der Versicherer das Versicherungsverhältnis, wandelt sich mit der Kündigung die Versicherung in eine prämienfreie Versicherung um. ²Auf die Umwandlung ist § 165 anzuwenden.

(2) Im Fall des § 38 Abs. 2 ist der Versicherer zu der Leistung verpflichtet, die er erbringen müsste, wenn sich mit dem Eintritt des Versicherungsfalles die Versicherung in eine prämienfreie Versicherung umgewandelt hätte.

(3) Bei der Bestimmung einer Zahlungsfrist nach § 38 Abs. 1 hat der Versicherer auf die eintretende Umwandlung der Versicherung hinzuweisen.

(4) Bei einer Lebensversicherung. die vom Arbeitgeber zugunsten seiner Arbeitnehmerinnen und Arbeitnehmer abgeschlossen worden ist, hat der Versicherer die versicherte Person über die Bestimmung der Zahlungsfrist nach § 38 Abs. 1 und die eintretende Umwandlung der Versicherung in Textform zu informieren und ihnen eine Zahlungsfrist von mindestens zwei Monaten einzuräumen.

§ 167 VVG 2008 Umwandlung zur Erlangung eines Pfändungsschutzes

¹Der Versicherungsnehmer einer Lebensversicherung kann jederzeit für den Schluss der laufenden Versicherungsperiode die Umwandlung der Versicherung in eine Versicherung verlangen, die den Anforderungen des § 851c Abs. 1 der Zivilprozessordnung entspricht. ²Die Kosten der Umwandlung hat der Versicherungsnehmer zu tragen.

§ 168 VVG 2008 Kündigung des Versicherungsnehmers

(1) Sind laufende Prämien zu zahlen, kann der Versicherungsnehmer das Versicherungsverhältnis jederzeit für den Schluss der laufenden Versicherungsperiode kündigen.

(2) Bei einer Versicherung, die Versicherungsschutz für ein Risiko bietet, bei dem der Eintritt der Verpflichtung des Versicherers gewiss ist, steht das Kündigungsrecht dem Versicherungsnehmer auch dann zu, wenn die Prämie in einer einmaligen Zahlung besteht.

(3) ¹Die Absätze 1 und 2 sind nicht auf einen für die Altersvorsorge bestimmten Versicherungsvertrag anzuwenden, bei dem der Versicherungsnehmer mit dem Versicherer eine Verwertung vor dem Eintritt in den Ruhestand unwiderruflich[11] ausgeschlossen hat; der Wert der vom Aus-

---

[11] Wort eingefügt durch Art. 6 des Gesetzes zur Stabilisierung der Finanzlage der Sozialversicherungssysteme und zur Einführung eines Sonderprogramms mit Maßnahmen für Milchviehhalter sowie zur Änderung anderer Gesetze (Sozialversicherungs-Stabilisierungsgesetz – SozVersStabG) vom 14. 4. 2010, BGBl. I S. 410; in Kraft seit 17. 4. 2010, vgl. Art. 7.

schluss der Verwertbarkeit betroffenen Ansprüche darf die in § 12 Abs. 2 Nr. 3 des Zweiten Buches Sozialgesetzbuch bestimmten Beträge nicht übersteigen. ²Entsprechendes gilt, soweit die Ansprüche nach § 851 c oder § 851 d der Zivilprozessordnung nicht gepfändet werden dürfen.[12]

§ 169 VVG 2008 Rückkaufswert

(1) Wird eine Versicherung, die Versicherungsschutz für ein Risiko bietet, bei dem der Eintritt der Verpflichtung des Versicherers gewiss ist, durch Kündigung des Versicherungsnehmers oder durch Rücktritt oder Anfechtung des Versicherers aufgehoben, hat der Versicherer den Rückkaufswert zu zahlen.

(2) ¹Der Rückkaufswert ist nur insoweit zu zahlen, als dieser die Leistung bei einem Versicherungsfall zum Zeitpunkt der Kündigung nicht übersteigt. ²Der danach nicht gezahlte Teil des Rückkaufswertes ist für eine prämienfreie Versicherung zu verwenden. ³Im Fall des Rücktrittes oder der Anfechtung ist der volle Rückkaufswert zu zahlen.

(3) ¹Der Rückkaufswert ist das nach anerkannten Regeln der Versicherungsmathematik mit den Rechnungsgrundlagen der Prämienkalkulation zum Schluss der laufenden Versicherungsperiode berechnete Deckungskapital der Versicherung, bei einer Kündigung des Versicherungsverhältnisses jedoch mindestens der Betrag des Deckungskapitals, das sich bei gleichmäßiger Verteilung der angesetzten Abschluss- und Vertriebskosten auf die ersten fünf Vertragsjahre ergibt; die aufsichtsrechtlichen Regelungen über Höchstzillmersätze bleiben unberührt. ²Der Rückkaufswert und das Ausmaß, in dem er garantiert ist, sind dem Versicherungsnehmer vor Abgabe von dessen Vertragserklärung mitzuteilen; das Nähere regelt die Rechtsverordnung nach § 7 Abs. 2. ³Hat der Versicherer seinen Sitz in einem anderen Mitgliedstaat der Europäischen Union oder einem anderen Vertragsstaat des Abkommens über den Europäischen Wirtschaftsraum, kann er für die Berechnung des Rückkaufswertes anstelle des Deckungskapitals den in diesem Staat vergleichbaren anderen Bezugswert zu Grunde legen.

(4) ¹Bei fondsgebundenen Versicherungen und anderen Versicherungen, die Leistungen der in § 54 b des Versicherungsaufsichtsgesetzes bezeichneten Art vorsehen, ist der Rückkaufswert nach anerkannten Regeln der Versicherungsmathematik als Zeitwert der Versicherung zu berechnen, soweit nicht der Versicherer eine bestimmte Leistung garantiert; im Übrigen gilt Absatz 3. ²Die Grundsätze der Berechnung sind im Vertrag anzugeben.

(5) ¹Der Versicherer ist zu einem Abzug von dem nach Absatz 3 oder 4 berechneten Betrag nur berechtigt, wenn er vereinbart, beziffert und angemessen ist. ²Die Vereinbarung eines Abzugs für noch nicht getilgte Abschluss- und Vertriebskosten ist unwirksam.

(6) ¹Der Versicherer kann den nach Absatz 3 berechneten Betrag angemessen herabsetzen, soweit dies erforderlich ist, um eine Gefährdung der Belange der Versicherungsnehmer, insbesondere durch eine Gefähr-

---

[12] § 168 Abs. 3 Satz 2 VVG 2008 eingefügt durch Art. 3 Nr. 5 des Zeiten Gesetzes zur Änderung des Pflichtversicherungsgesetzes und anderer versicherungsrechtlicher Vorschriften vom 10. 12. 2007, BGBl. I S. 2833, 2835; in Kraft seit 11. 12. 2007, vgl. Art. 9.

dung der dauernden Erfüllbarkeit der sich aus den Versicherungsverträgen ergebenden Verpflichtungen, auszuschließen. ²Die Herabsetzung ist jeweils auf ein Jahr befristet.

(7) Der Versicherer hat dem Versicherungsnehmer zusätzlich zu dem nach den Absätzen 3 bis 6 berechneten Betrag die diesem bereits zugeteilten Überschussanteile, soweit sie nicht bereits in dem Betrag nach den Absätzen 3 bis 6 enthalten sind, sowie den nach den jeweiligen Allgemeinen Versicherungsbedingungen für den Fall der Kündigung vorgesehenen Schlussüberschussanteil zu zahlen; § 153 Abs. 3 Satz 2 bleibt unberührt.

§ 170 VVG 2008 Eintrittsrecht

(1) Wird in die Versicherungsforderung ein Arrest vollzogen oder eine Zwangsvollstreckung vorgenommen oder wird das Insolvenzverfahren über das Vermögen des Versicherungsnehmers eröffnet, kann der namentlich bezeichnete Bezugsberechtigte mit Zustimmung des Versicherungsnehmers an seiner Stelle in den Versicherungsvertrag eintreten. Tritt der Bezugsberechtigte ein, hat er die Forderungen der betreibenden Gläubiger oder der Insolvenzmasse bis zur Höhe des Betrags zu befriedigen, dessen Zahlung der Versicherungsnehmer im Fall der Kündigung des Versicherungsverhältnisses vom Versicherer verlangen könnte.

(2) Ist ein Bezugsberechtigter nicht oder nicht namentlich bezeichnet, steht das gleiche Recht dem Ehegatten oder Lebenspartner und den Kindern des Versicherungsnehmers zu.

(3) ¹Der Eintritt erfolgt durch Anzeige an den Versicherer. ²Die Anzeige kann nur innerhalb eines Monats erfolgen, nachdem der Eintrittsberechtigte von der Pfändung Kenntnis erlangt hat oder das Insolvenzverfahren eröffnet worden ist.

§ 171 VVG 2008 Abweichende Vereinbarungen

¹Von § 152 Abs. 1 und 2 und den §§ 153 bis 155, 157, 158, 161 und 163 bis 170 kann nicht zum Nachteil des Versicherungsnehmers, der versicherten Person oder des Eintrittsberechtigten abgewichen werden. ²Für das Verlangen des Versicherungsnehmers auf Umwandlung nach § 165 und für seine Kündigung nach § 168 kann die Schrift- oder die Textform vereinbart werden.

Kapitel 6. Berufsunfähigkeitsversicherung

§ 172 VVG 2008 Leistung des Versicherers

(1) Bei der Berufsunfähigkeitsversicherung ist der Versicherer verpflichtet, für eine nach Beginn der Versicherung eingetretene Berufsunfähigkeit die vereinbarten Leistungen zu erbringen.

(2) Berufsunfähig ist, wer seinen zuletzt ausgeübten Beruf, so wie er ohne gesundheitliche Beeinträchtigung ausgestaltet war, infolge Krankheit, Körperverletzung oder mehr als altersentsprechendem Kräfteverfall ganz oder teilweise voraussichtlich auf Dauer nicht mehr ausüben kann.

(3) Als weitere Voraussetzung einer Leistungspflicht des Versicherers kann vereinbart werden, dass die versicherte Person auch keine andere Tätigkeit ausübt oder ausüben kann, die zu übernehmen sie auf Grund ihrer Ausbildung und Fähigkeiten in der Lage ist und die ihrer bisherigen Lebensstellung entspricht.

§ 173 VVG 2008 Anerkenntnis

(1) Der Versicherer hat nach einem Leistungsantrag bei Fälligkeit in Textform zu erklären, ob er seine Leistungspflicht anerkennt.

(2) Das Anerkenntnis darf nur einmal zeitlich begrenzt werden. Es ist bis zum Ablauf der Frist bindend.

§ 174 VVG 2008 Leistungsfreiheit

(1) Stellt der Versicherer fest, dass die Voraussetzungen der Leistungspflicht entfallen sind, wird er nur leistungsfrei, wenn er dem Versicherungsnehmer diese Veränderung in Textform dargelegt hat.

(2) Der Versicherer wird frühestens mit dem Ablauf des dritten Monats nach Zugang der Erklärung nach Absatz 1 beim Versicherungsnehmer leistungsfrei.

§ 175 VVG 2008 Abweichende Vereinbarungen

Von den §§ 173 und 174 kann nicht zum Nachteil des Versicherungsnehmers abgewichen werden.

§ 176 VVG 2008 Anzuwendende Vorschriften

Die §§ 150 bis 170 sind auf die Berufsunfähigkeitsversicherung entsprechend anzuwenden, soweit die Besonderheiten dieser Versicherung nicht entgegenstehen.

§ 177 VVG 2008 Ähnliche Versicherungsverträge

(1) Die §§ 173 bis 176 sind auf alle Versicherungsverträge, bei denen der Versicherer für eine dauerhafte Beeinträchtigung der Arbeitsfähigkeit eine Leistung verspricht, entsprechend anzuwenden.

(2) Auf die Unfallversicherung sowie auf Krankenversicherungsverträge, die das Risiko der Beeinträchtigung der Arbeitsfähigkeit zum Gegenstand haben, ist Absatz 1 nicht anzuwenden.

B. Allgemeine Bedingungen für die kapitalbildende Lebensversicherung (ALB 2008)[1]

Sehr geehrte Kundin, sehr geehrter Kunde,
als Versicherungsnehmer sind Sie unser Vertragspartner; für unser Vertragsverhältnis gelten die nachfolgenden Bedingungen.

Inhaltsverzeichnis

§ 1 Welche Leistungen erbringen wir?
§ 2 Wie erfolgt die Überschussbeteiligung?
§ 3 Wann beginnt Ihr Versicherungsschutz?
§ 4 Was gilt bei Wehrdienst, Unruhen, Krieg oder Einsatz bzw. Freisetzen von ABC-Waffen/-Stoffen?
§ 5 Was gilt bei Selbsttötung der versicherten Person?
§ 6 Was bedeutet die vorvertragliche Anzeigepflicht?
§ 7 Was haben Sie bei der Beitragszahlung zu beachten?
§ 8 Was geschieht, wenn Sie einen Beitrag nicht rechtzeitig zahlen?
§ 9 Wann können Sie Ihre Versicherung kündigen oder beitragsfrei stellen?
§ 10 Wie werden die Abschluss- und Vertriebskosten verrechnet?
§ 11 Was ist zu beachten, wenn eine Versicherungsleistung verlangt wird?
§ 12 Welche Bedeutung hat der Versicherungsschein?
§ 13 Wer erhält die Versicherungsleistung?
§ 14 Was gilt bei Änderung Ihrer Postanschrift und Ihres Namens?
§ 15 Welche Kosten stellen wir Ihnen gesondert in Rechnung?
§ 16 Welches Recht findet auf Ihren Vertrag Anwendung?
§ 17 Wo ist der Gerichtsstand?

§ 1 Welche Leistungen erbringen wir?

(1) **Wir zahlen die vereinbarte Versicherungssumme, wenn die versicherte Person den im Versicherungsschein genannten Ablauftermin erlebt oder wenn sie vor diesem Termin stirbt.**

Bemerkung

§ 1 Abs. 1 ist bei anderer Leistungsbeschreibung entsprechend zu ändern, z. B. wie folgt:

Kapitalversicherung auf den Todes- und Erlebensfall mit Teilauszahlung

(1) Wir erbringen die vereinbarten Teilauszahlungen, wenn die versicherte Person die im Versicherungsschein genannten Auszahlungstermine erlebt. Bei Tod der versicherten Person vor dem letzen Auszahlungstermin zahlen wir die vereinbarte Versicherungssumme.

Kapitalversicherung auf den Todes- und Erlebensfall von zwei Personen

(1) Wir zahlen die vereinbarte Versicherungssumme, wenn beide versicherten Personen den im Versicherungsschein genannten Ablauftermin erleben oder wenn eine der versicherten Personen vor diesem Termin stirbt. Auch bei gleichzeitigem Tod beider versicherten Personen wird die vereinbarte Versicherungssumme nur einmal fällig.

---

[1] Stand: 2. 5. 2008. GDV-Rundschreiben Nr. 0850/2008 vom 7. 5. 2008: Diese Bedingungen sind für die Versicherer unverbindlich; ihre Verwendung ist rein fakultativ. Abweichende Bedingungen können vereinbart werden. Anm. des Verfassers: In den ALB 2008 werden die Bestimmungen des VVG 2008 genannt.

Texte

Teil 1. Texte: ALB 2008

Kapitalversicherung mit festem Auszahlungszeitpunkt, Termfixversicherung

(1) Wir zahlen die vereinbarte Versicherungssumme zu dem im Versicherungsschein genannten Ablauftermin, unabhängig davon, ob die versicherte Person diesen Zeitpunkt erlebt. Die Beitragszahlung endet bei Tod der versicherten Person, spätestens mit Ablauf der vereinbarten Versicherungsdauer.

Familienversorgungstarif

(1) Wir zahlen die vereinbarte Versicherungssumme zu dem im Versicherungsschein genannten Ablauftermin, unabhängig davon, ob die versicherte Person diesen Zeitpunkt erlebt. Stirbt die versicherte Person vor diesem Zeitpunkt, zahlen wir ein Sterbegeld von ... % der vereinbarten Versicherungssumme und zusätzlich eine monatliche Rente von ... % der Versicherungssumme von dem auf den Tod folgenden Monatsersten bis zum Ablauf der vereinbarten Versicherungsdauer. Die Beitragszahlung endet bei Tod des Versicherten, spätestens mit Ablauf der vereinbarten Versicherungsdauer.

Kapitalversicherung auf den Heiratsfall, Aussteuerversicherung

(1) Versichert sind der Versorger und das zu versorgende Kind. Wir zahlen die vereinbarte Versicherungssumme bei Heirat des zu versorgenden Kindes, spätestens zu dem im Versicherungsschein genannten Ablauftermin. Die Beitragszahlung endet bei Tod einer der versicherten Personen, bei Heirat des zu versorgenden Kindes, spätestens mit Ablauf der vereinbarten Versicherungsdauer. Stirbt das zu versorgende Kind vor Fälligkeit der Versicherungssumme, so erstatten wir die gezahlten Beiträge höchstens bis zum Betrag der Versicherungssumme. War die Versicherung durch den Tod des Versorgers oder durch vorzeitige Einstellung der Beitragszahlung beitragsfrei gestellt, zahlen wir den Rückkaufwert der Versicherung (§ 9 Abs. 3).

Kapitalversicherung auf den Todesfall

(1) Wir zahlen die vereinbarte Versicherungssumme bei Tod des Versicherten.

(2) **Außer den im Versicherungsschein ausgewiesenen garantierten Leistungen erhalten Sie weitere Leistungen aus der Überschussbeteiligung (siehe § 2).**

§ 2 Wie erfolgt die Überschussbeteiligung?

[1] Wir beteiligen Sie und die anderen Versicherungsnehmer gemäß § 153 des Versicherungsvertragsgesetzes (VVG) an den Überschüssen und Bewertungsreserven (Überschussbeteiligung). [2] Die Überschüsse werden nach den Vorschriften des Handelsgesetzbuches ermittelt und jährlich im Rahmen unseres Jahresabschluss festgestellt. [3] Die Bewertungsreserven werden dabei im Anhang des Geschäftsberichtes ausgewiesen. [4] Der Jahresabschluss wird von einem unabhängigen Wirtschaftsprüfer geprüft und ist unserer Aufsichtsbehörde einzureichen.

(1) Grundsätze und Maßstäbe für die Überschussbeteiligung der Versicherungsnehmer

(a) [1] Die Überschüsse stammen im Wesentlichen aus den Erträgen der Kapitalanlagen. [2] Von den Nettoerträgen derjenigen Kapitalanlagen, die für künftige Versicherungsleistungen vorgesehen sind (§ 3 der Verordnung über die Mindestbeitragsrückerstattung in der Lebensversicherung, Mindestzuführungsverordnung), erhalten die Versicherungsnehmer insgesamt mindestens den in dieser Verordnung genannten Prozentsatz. [3] In der derzeitigen Fassung der Verordnung sind grundsätzlich 90% vorgeschrieben (§ 4 Abs. 3, § 5 Mindestzuführungsverordnung). [4] Aus diesem Betrag werden zunächst die Beträge finanziert, die für die garantierten Versicherungsleistungen benötigt werden. [5] Die verbleibenden Mittel verwenden wir für die Überschussbeteiligung der Versicherungsnehmer.

B. Kapitalbildende Lebensversicherung   **Texte**

⁶Weitere Überschüsse entstehen insbesondere dann, wenn Sterblichkeit und Kosten niedriger sind, als bei der Tarifkalkulation angenommen. ⁷Auch an diesen Überschüssen werden die Versicherungsnehmer angemessen beteiligt und zwar nach derzeitiger Rechtslage am Risikoergebnis (Sterblichkeit) grundsätzlich zu mindestens 75% und am übrigen Ergebnis (einschließlich Kosten) grundsätzlich zu mindestens 50% (§ 4 Abs. 4 u. 5, § 5 Mindestzuführungsverordnung).
⁸Die verschiedenen Versicherungsarten tragen unterschiedlich zum Überschuss bei. ⁹Wir haben deshalb gleichartige Versicherungen zu Gruppen zusammengefasst. ¹⁰Gewinngruppen bilden wir beispielsweise, um das versicherte Risiko wie das Todesfall- oder Berufsunfähigkeitsrisiko zu berücksichtigen.² ¹¹Die Verteilung des Überschusses für die Versicherungsnehmer auf die einzelnen Gruppen orientiert sich daran, in welchem Umfang sie zu seiner Entstehung beigetragen haben. ¹²Den Überschuss führen wir der Rückstellung für Beitragsrückerstattung zu, soweit er nicht in Form der sog. Direktgutschrift bereits unmittelbar den überschussberechtigten Versicherungen gutgeschrieben wird. ¹³Diese Rückstellung dient dazu, Ergebnisschwankungen im Zeitablauf zu glätten. ¹⁴Sie darf grundsätzlich nur für die Überschussbeteiligung der Versicherungsnehmer verwendet werden. ¹⁵Nur in Ausnahmefällen und mit Zustimmung der Aufsichtsbehörde können wir hiervon nach § 56 a des Versicherungsaufsichtsgesetzes (VAG) abweichen, soweit die Rückstellung nicht auf bereits festgelegte Überschussanteile entfällt. ¹⁶Nach der derzeitigen Fassung des § 56 a VAG können wir die Rückstellung, im Interesse der Versicherungsnehmer auch zur Abwendung eines drohenden Notstandes, zum Ausgleich unvorhersehbarer Verluste aus den überschussberechtigten Versicherungsverträgen, die auf allgemeine Änderungen der Verhältnisse zurückzuführen sind, oder – sofern die Rechnungsgrundlagen aufgrund einer unvorhersehbaren und nicht nur vorübergehenden Änderung der Verhältnisse angepasst werden müssen – zur Erhöhung der Deckungsrückstellung heranziehen.
(b) ¹Bewertungsreserven entstehen, wenn der Marktwert der Kapitalanlagen über dem Wert liegt, mit dem die Kapitalanlagen in der Bilanz ausgewiesen sind. ²Die Bewertungsreserven sorgen für Sicherheit und dienen dazu, kurzfristige Ausschläge an den Kapitalmärkten auszugleichen. ³Ein Teil der Bewertungsreserven fließt den Versicherungsnehmern gemäß § 153 Abs. 3 VVG unmittelbar zu. ⁴Hierzu wird die Höhe der Bewertungsreserven jährlich neu ermittelt. ⁵Der so ermittelte Wert wird den Verträgen nach dem in Absatz 2 beschriebenen Verfahren zugeordnet (§ 153 Abs. 3 VVG). ⁶Bei Beendigung eines Vertrages³ wird der für diesen Zeitpunkt aktuell ermittelte Betrag zur Hälfte zugeteilt und ausgezahlt. ⁷Aufsichtsrechtliche Regelungen zur Kapitalausstattung bleiben unberührt.

(2) **Grundsätze und Maßstäbe für die Überschussbeteiligung Ihres Vertrages**
(a) ¹Ihre Versicherung erhält Anteile an den Überschüssen derjenigen Gruppe, die in Ihrem Versicherungsschein genannt ist. ²Die Mittel für die Überschussanteile werden bei der Direktgutschrift zu Lasten des

---

² Ggf. weitere unternehmensindividuelle Information über Gewinngruppen bzw. Untergruppen und deren Modalitäten; die Begriffe sind an die unternehmensindividuellen Gegebenheiten anzupassen.
³ Ggf. unternehmensindividuellen früheren Zuteilungszeitpunkt verwenden.

Texte

Ergebnisses des Geschäftsjahres finanziert, ansonsten der Rückstellung für Beitragsrückerstattung entnommen. ³Die Höhe der Überschussanteilsätze wird jedes Jahr vom Vorstand unseres Unternehmens auf Vorschlag des verantwortlichen Aktuars festgelegt. ⁴Wir veröffentlichen die Überschussanteilsätze in unserem Geschäftsbericht. ⁵Den Geschäftsbericht können Sie bei uns jederzeit anfordern.

(b) ... ⁴
(c) ... ⁵

(3) Information über die Höhe der Überschussbeteiligung

¹Die Höhe der Überschussbeteiligung hängt von vielen Einflüssen ab. ²Diese sind nicht vorhersehbar und von uns nur begrenzt beeinflussbar. ³Wichtigster Einflussfaktor ist dabei die Zinsentwicklung des Kapitalmarkts. ⁴Aber auch die Entwicklung des versicherten Risikos und der Kosten sind von Bedeutung. ⁵Die Höhe der künftigen Überschussbeteiligung kann also nicht garantiert werden.

§ 3 Wann beginnt Ihr Versicherungsschutz?

¹Ihr Versicherungsschutz beginnt, wenn der Vertrag abgeschlossen worden ist, jedoch nicht vor dem mit Ihnen vereinbarten, im Versicherungsschein angegebenen Versicherungsbeginn. ²Allerdings entfällt unsere Leistungspflicht bei nicht rechtzeitiger Beitragszahlung (vgl. § 7 Abs. 2 und 3 und § 8).

Bemerkung⁶
  Bei unechter, unterjähriger Beitragszahlung ist auf § 7 Abs. 3 und 4 und § 8 der Bemerkungsfassung zu verweisen.

§ 4 Was gilt bei Wehrdienst, Unruhen, Krieg oder Einsatz bzw. Freisetzen von ABC-Waffen/-Stoffen?

(1) ¹Grundsätzlich besteht unsere Leistungspflicht unabhängig davon, auf welcher Ursache der Versicherungsfall beruht. ²Wir gewähren Versicherungsschutz insbesondere auch dann, wenn die versicherte Person in Ausübung des Wehr- oder Polizeidienstes oder bei inneren Unruhen den Tod gefunden hat.

(2) ¹Bei Ableben der versicherten Person in unmittelbarem oder mittelbarem Zusammenhang mit kriegerischen Ereignissen beschränkt sich unsere Leistungspflicht allerdings auf die Auszahlung des für den Todestag berechneten Rückkaufswertes der Versicherung (§ 9 Abs. 3 bis 5). ²Diese Einschränkung unserer Leistungspflicht entfällt, wenn die versi-

---

⁴ Hier sind folgende unternehmensindividuelle Angaben zu machen:
a) Voraussetzung für die Fälligkeit der Überschussanteile (Wartezeit, Stichtag für die Zuteilung u. ä.)
b) Form und Verwendung der Überschussanteile (laufende Überschussanteile, Schlussüberschussanteile, Bonus, Ansammlung, Verrechnung, Barauszahlung u. ä.)
c) Bemessungsgrößen für die Überschussanteile.
⁵ Hier ist der Verteilungsmechanismus, d. h. die Schlüsselung der ermittelten, verteilungsfähigen Bewertungsreserven auf den einzelnen Vertrag und die Bewertungsstichtage anzugeben.
⁶ Die aktuelle Fassung des GDV vom 14. 10. 2009 enthält diese Bemerkung nicht mehr, vgl. www.gdv.de.

B. Kapitalbildende Lebensversicherung Texte

cherte Person in unmittelbarem oder mittelbarem Zusammenhang mit kriegerischen Ereignissen stirbt, denen sie während eines Aufenthaltes außerhalb der Bundesrepublik Deutschland ausgesetzt und an denen sie nicht aktiv beteiligt war.

(3) [1]Bei Ableben der versicherten Person in unmittelbarem oder mittelbarem Zusammenhang mit dem vorsätzlichen Einsatz von atomaren, biologischen oder chemischen Waffen oder dem vorsätzlichen Einsatz oder der vorsätzlichen Freisetzung von radioaktiven, biologischen oder chemischen Stoffen beschränkt sich unsere Leistungspflicht auf die Auszahlung des für den Todestag berechneten Rückkaufswertes der Versicherung (§ 9 Abs. 3 bis 5), sofern der Einsatz oder das Freisetzen darauf gerichtet sind, das Leben einer Vielzahl von Personen zu gefährden. [2]Absatz 2 Satz 2 bleibt unberührt.

§ 5 Was gilt bei Selbsttötung der versicherten Person?

(1) Bei vorsätzlicher Selbsttötung leisten wir, wenn seit Abschluss des Versicherungsvertrags drei Jahre vergangen sind.

(2) [1]Bei vorsätzlicher Selbsttötung vor Ablauf der Dreijahresfrist besteht Versicherungsschutz nur dann, wenn uns nachgewiesen wird, dass die Tat in einem die freie Willensbestimmung ausschließenden Zustand krankhafter Störung der Geistestätigkeit begangen worden ist. [2]Anderenfalls zahlen wir den für den Todestag berechneten Rückkaufswert Ihrer Versicherung (§ 9 Abs. 3 bis 5).

(3) [1]Die Absätze 1 und 2 gelten entsprechend bei einer unsere Leistungspflicht erweiternden Änderung oder bei einer Wiederherstellung der Versicherung. [2]Die Frist nach Absatz 1 beginnt mit der Änderung oder Wiederherstellung der Versicherung bezüglich des geänderten oder wiederhergestellten Teils neu zu laufen.

§ 6 Was bedeutet die vorvertragliche Anzeigepflicht?

Vorvertragliche Anzeigepflicht

(1) [1]Wir übernehmen den Versicherungsschutz im Vertrauen darauf, dass Sie alle vor Vertragsabschluss in Textform gestellten Fragen wahrheitsgemäß und vollständig beantwortet haben (vorvertragliche Anzeigepflicht). [2]Das gilt insbesondere für die Fragen nach gegenwärtigen oder früheren Erkrankungen, gesundheitlichen Störungen und Beschwerden.

(2) Soll das Leben einer anderen Person versichert werden, ist auch diese – neben Ihnen – für die wahrheitsgemäße und vollständige Beantwortung der Fragen verantwortlich.

Rücktritt

(3) [1]Wenn Umstände, die für die Übernahme des Versicherungsschutzes Bedeutung haben, von Ihnen oder der versicherten Person (vgl. Abs. 2) nicht oder nicht richtig angegeben worden sind, können wir vom Vertrag zurücktreten. [2]Dies gilt nicht, wenn uns nachgewiesen wird, dass die vorvertragliche Anzeigepflicht weder vorsätzlich noch grob fahrlässig verletzt worden ist. [3]Bei grob fahrlässiger Verletzung der vorvertraglichen Anzeigepflicht haben wir kein Rücktrittsrecht, wenn

Texte

uns nachgewiesen wird, dass wir den Vertrag auch bei Kenntnis der nicht angezeigten Umstände, wenn auch zu anderen Bedingungen, geschlossen hätten.

(4) ¹Im Fall des Rücktritts besteht kein Versicherungsschutz. Haben wir den Rücktritt nach Eintritt des Versicherungsfalles erklärt, bleibt unsere Leistungspflicht jedoch bestehen, wenn uns nachgewiesen wird, dass der nicht oder nicht richtig angegebene Umstand weder für den Eintritt oder die Feststellung des Versicherungsfalles noch für die Feststellung oder den Umfang unserer Leistungspflicht ursächlich war. ²Haben Sie oder die versicherte Person die Anzeigepflicht arglistig verletzt, sind wir nicht zur Leistung verpflichtet.

(5) ¹Wenn die Versicherung durch Rücktritt aufgehoben wird, zahlen wir den Rückkaufswert (§ 9). Die Regelung des § 9 Abs. 3 Satz 3 gilt nicht. ²Die Rückzahlung der Beiträge können Sie nicht verlangen.

Kündigung

(6) Ist unser Rücktrittsrecht ausgeschlossen, weil die Verletzung der vorvertraglichen Anzeigepflicht weder auf Vorsatz noch auf grober Fahrlässigkeit beruhte, können wir den Vertrag unter Einhaltung einer Frist von einem Monat kündigen.

(7) Wir haben kein Kündigungsrecht, wenn uns nachgewiesen wird, dass wir den Vertrag auch bei Kenntnis der nicht angezeigten Umstände, wenn auch zu anderen Bedingungen, geschlossen hätten.

(8) Kündigen wir die Versicherung, wandelt sie sich mit der Kündigung in eine beitragsfreie Versicherung um (§ 9 Abs. 7 bis 9).

Vertragsanpassung

(9) ¹Können wir nicht zurücktreten oder kündigen, weil wir den Vertrag auch bei Kenntnis der nicht angezeigten Umstände, aber zu anderen Bedingungen, geschlossen hätten, werden die anderen Bedingungen auf unser Verlangen rückwirkend Vertragsbestandteil. ²Haben Sie die Anzeigepflichtverletzung nicht zu vertreten, werden die anderen Bedingungen ab der laufenden Versicherungsperiode Vertragsbestandteil.

(10) ¹Erhöht sich durch die Vertragsanpassung der Beitrag um mehr als 10% oder schließen wir den Versicherungsschutz für den nicht angezeigten Umstand aus, können Sie den Vertrag innerhalb eines Monats nach Zugang unserer Mitteilung fristlos kündigen. ²In der Mitteilung werden wir Sie auf das Kündigungsrecht hinweisen.

Ausübung unserer Rechte

(11) ¹Wir können uns auf die Rechte zum Rücktritt, zur Kündigung und zur Vertragsanpassung nur berufen, wenn wir Sie durch gesonderte Mitteilung in Textform auf die Folgen einer Anzeigepflichtverletzung hingewiesen haben. ²Wir müssen unsere Rechte innerhalb eines Monats schriftlich geltend machen. ³Die Frist beginnt mit dem Zeitpunkt, zu dem wir von der Verletzung der Anzeigepflicht, die das von uns geltend gemachte Recht begründet, Kenntnis erlangen. ⁴Bei Ausübung unserer Rechte müssen wir die Umstände angeben, auf die wir unsere Erklärung stützen. ⁵Zur Begründung können wir nachträglich weitere Umstände innerhalb eines Monats nach deren Kenntniserlangung angeben.

(12) Unsere Rechte auf Rücktritt, Kündigung und Vertragsanpassung sind ausgeschlossen, wenn wir den nicht angezeigten Umstand oder die Unrichtigkeit der Anzeige kannten.

B. Kapitalbildende Lebensversicherung

(13) ¹Die genannten Rechte können wir nur innerhalb von fünf Jahren seit Vertragsabschluss ausüben. ²Ist der Versicherungsfall vor Ablauf dieser Frist eingetreten, können wir die Rechte auch nach Ablauf der Frist geltend machen. ³Haben Sie oder die versicherte Person die Anzeigepflicht vorsätzlich oder arglistig verletzt, beträgt die Frist zehn Jahre.

Anfechtung

(14) ¹Wir können den Versicherungsvertrag auch anfechten, falls durch unrichtige oder unvollständige Angaben bewusst und gewollt auf unsere Annahmeentscheidung Einfluss genommen worden ist. ²Handelt es sich um Angaben der versicherten Person, können wir Ihnen gegenüber die Anfechtung erklären, auch wenn Sie von der Verletzung der vorvertraglichen Anzeigepflicht keine Kenntnis hatten. ³Absatz 5 gilt entsprechend.

Leistungserweiterung/Wiederherstellung der Versicherung

(15) ¹Die Absätze 1 bis 14 gelten bei einer unsere Leistungspflicht erweiternden Änderung oder bei einer Wiederherstellung der Versicherung entsprechend. ²Die Fristen nach Absatz 13 beginnen mit der Änderung oder Wiederherstellung der Versicherung bezüglich des geänderten oder wiederhergestellten Teils neu zu laufen.

Erklärungsempfänger

(16) ¹Die Ausübung unserer Rechte erfolgt durch schriftliche Erklärung, die Ihnen gegenüber abzugeben ist. ²Sofern Sie uns keine andere Person als Bevollmächtigten benannt haben, gilt nach Ihrem Ableben ein Bezugsberechtigter als bevollmächtigt, diese Erklärung entgegenzunehmen. ³Ist auch ein Bezugsberechtigter nicht vorhanden oder kann sein Aufenthalt nicht ermittelt werden, können wir den Inhaber des Versicherungsscheins zur Entgegennahme der Erklärung als bevollmächtigt ansehen.

§ 7 Was haben Sie bei der Beitragszahlung zu beachten?

(1) ¹Die Beiträge zu Ihrer Lebensversicherung können Sie je nach Vereinbarung in einem einzigen Betrag (Einmalbeitrag), durch Monats-, Vierteljahres-, Halbjahres- oder Jahresbeiträge (laufende Beiträge) entrichten. ²Die Versicherungsperiode umfasst bei Einmalbeitrags- und Jahreszahlung ein Jahr, bei unterjähriger Beitragszahlung entsprechend der Zahlungsweise einen Monat, ein Vierteljahr bzw. ein halbes Jahr.

(2) ¹Der erste oder einmalige Beitrag (Einlösungsbeitrag) ist unverzüglich nach Abschluss des Vertrages zu zahlen, jedoch nicht vor dem mit Ihnen vereinbarten, im Versicherungsschein angegebenen Versicherungsbeginn. ²Alle weiteren Beiträge (Folgebeiträge) werden zu Beginn der vereinbarten Versicherungsperiode fällig.

(3) ¹Für die Rechtzeitigkeit der Beitragszahlung genügt es, wenn Sie fristgerecht alles getan haben, damit der Beitrag bei uns eingeht. ²Ist die Einziehung des Beitrags von einem Konto vereinbart, gilt die Zahlung als rechtzeitig, wenn der Beitrag zu dem in Absatz 2 genannten Termin eingezogen werden kann und Sie einer berechtigten Einziehung nicht widersprechen. ³Konnte der fällige Beitrag ohne ihr Verschulden von uns nicht eingezogen werden, ist die Zahlung auch dann noch rechtzeitig, wenn sie unverzüglich nach unserer schriftlichen Zahlungsaufforde-

rung erfolgt. [4] Haben Sie zu vertreten, dass der Beitrag wiederholt nicht eingezogen werden kann, sind wir berechtigt, künftig die Zahlung außerhalb des Lastschriftverfahrens zu verlangen.

(4) Die Übermittlung Ihrer Beiträge erfolgt auf Ihre Gefahr und Ihre Kosten.

(5) Für eine Stundung der Beiträge ist eine schriftliche Vereinbarung mit uns erforderlich.

(6) Bei Fälligkeit einer Versicherungsleistung werden wir etwaige Beitragsrückstände verrechnen.

Bemerkung[7]

Bei Tarifen, bei denen die Versicherungsperiode nicht mit dem Beitragszahlungsabschnitt (unechte unterjährige Beiträge) übereinstimmt, lautet § 7 wie folgt:

„Was haben Sie bei der Beitragszahlung zu beachten?

(1) Die Beiträge zu Ihrer Lebensversicherung können Sie je nach Vereinbarung in einem einzigen Betrag (Einmalbeitrag) oder durch jährliche Beitragszahlungen (Jahresbeiträge) entrichten. Die Jahresbeiträge werden zu Beginn eines jeden Versicherungsjahres fällig.

(2) Nach Vereinbarung können Sie Jahresbeiträge auch in halbjährlichen, vierteljährlichen oder monatlichen Raten zahlen; hierfür werden Ratenzuschläge erhoben.

(3) Der erste oder einmalige Beitrag (Einlösungsbeitrag) ist unverzüglich nach Abschluss des Vertrages zu zahlen, jedoch nicht vor dem mit Ihnen vereinbarten, im Versicherungsschein angegebenen Versicherungsbeginn. Alle weiteren Beiträge sind jeweils zum vereinbarten Fälligkeitstag an uns zu zahlen.

(4) Für die Rechtzeitigkeit der Beitragszahlung genügt es, wenn Sie fristgerecht alles getan haben, damit der Beitrag bei uns eingeht. Ist die Einziehung des Beitrags von einem Konto vereinbart, gilt die Zahlung als rechtzeitig, wenn der Beitrag zu dem in Absatz 3 genannten Termin eingezogen werden kann und Sie einer berechtigten Einziehung nicht widersprechen. Konnte der fällige Beitrag ohne ihr Verschulden von uns nicht eingezogen werden, ist die Zahlung auch dann noch rechtzeitig, wenn sie unverzüglich nach unserer schriftlichen Zahlungsaufforderung erfolgt. Haben zu vertreten, dass der Beitrag wiederholt nicht eingezogen werden kann, sind wir berechtigt, künftig die Zahlung außerhalb des Lastschriftverfahrens zu verlangen.

(5) Die Übermittlung Ihrer Beiträge erfolgt auf Ihre Gefahr und Ihre Kosten.

(6) Für eine Stundung der Beiträge ist eine schriftliche Vereinbarung mit uns erforderlich.

(7) Im Versicherungsfall (bei Tod der versicherten Person, bzw. im Erlebensfall) werden wir alle noch nicht gezahlten Raten des laufenden Versicherungsjahres und etwaige Beitragsrückstände mit der Versicherungsleistung verrechnen."

§ 8 Was geschieht, wenn Sie einen Beitrag nicht rechtzeitig zahlen?

(1) [1] Wenn Sie den Einlösungsbeitrag nicht rechtzeitig zahlen, können wir – solange die Zahlung nicht bewirkt ist – vom Vertrag zurücktreten. [2] Dies gilt nicht, wenn uns nachgewiesen wird, dass Sie die nicht rechtzeitige Zahlung nicht zu vertreten haben. [3] Bei einem Rücktritt können wir von Ihnen die Kosten der zur Gesundheitsprüfung durchgeführten ärztlichen Untersuchungen verlangen.

(2) [1] Ist der Einlösungsbeitrag bei Eintritt des Versicherungsfalles noch nicht gezahlt, sind wir nicht zur Leistung verpflichtet, sofern wir Sie

---

[7] Die aktuelle Fassung des GDV vom 14. 10. 2009 enthält diese Bemerkung nicht mehr, vgl. www.gdv.de.

B. Kapitalbildende Lebensversicherung   Texte

durch gesonderte Mitteilung in Textform oder durch einen auffälligen Hinweis im Versicherungsschein auf diese Rechtsfolge aufmerksam gemacht haben. ²Unsere Leistungspflicht besteht jedoch, wenn uns nachgewiesen wird, dass Sie die Nicht-Zahlung nicht zu vertreten haben.

(3) ¹Wenn ein Folgebeitrag oder ein sonstiger Betrag, den Sie aus dem Versicherungsverhältnis schulden, nicht rechtzeitig gezahlt worden ist oder eingezogen werden konnte, erhalten Sie von uns auf Ihre Kosten eine Mahnung in Textform. ²Darin setzen wir Ihnen eine Zahlungsfrist von mindestens zwei Wochen. ³Begleichen Sie den Rückstand nicht innerhalb der gesetzten Frist, entfällt oder vermindert sich Ihr Versicherungsschutz. ⁴Auf die Rechtsfolgen werden wir Sie in der Mahnung ausdrücklich hinweisen.

§ 9 Wann können Sie Ihre Versicherung kündigen oder beitragsfrei stellen?

Kündigung und Auszahlung des Rückkaufswertes

(1) Sie können Ihre Versicherung jederzeit zum Schluss der Versicherungsperiode ganz oder teilweise schriftlich kündigen.

(2) ¹Kündigen Sie Ihre Versicherung nur teilweise, ist die Kündigung unwirksam, wenn die verbleibende beitragspflichtige Versicherungssumme unter einen Mindestbetrag von ... ⁸ sinkt. ²Wenn Sie in diesem Fall Ihre Versicherung beenden wollen, müssen Sie diese also ganz kündigen.

(3) ¹Nach § 169 VVG haben wir den Rückkaufswert zu erstatten. ²Er ist das nach anerkannten Regeln der Versicherungsmathematik mit den Rechnungsgrundlagen der Prämienkalkulation zum Schluss der laufenden Versicherungsperiode berechnete Deckungskapital der Versicherung. ³Mindestens erstatten wir jedoch den Betrag des Deckungskapitals, das sich bei gleichmäßiger Verteilung der unter Beachtung der aufsichtsrechtlichen Höchstzillmersätze (vgl. § 10 Abs. 2 S. 3) angesetzten Abschluss- und Vertriebskosten auf die ersten fünf Vertragsjahre ergibt. ⁴Von dem so ermittelten Wert erfolgt ein Abzug von .... ⁹ ⁵Mit dem Abzug wird die Veränderung der Risikolage des verbleibenden Versichertenbestandes¹⁰ ausgeglichen; zudem wird damit ein Ausgleich für kollektiv gestelltes Risikokapital vorgenommen.¹¹ ⁶Weitere Erläuterungen sowie versicherungsmathematische Hinweise zum Abzug finden Sie im Anhang zu den Versicherungsbedingungen. ⁷Sofern Sie uns nachweisen, dass die dem Abzug zugrunde liegenden Annahmen in Ihrem Fall entweder dem Grunde nach nicht zutreffen oder der Abzug wesentlich niedriger zu beziffern ist, entfällt der Abzug bzw. wird – im letzteren Falle – entsprechend herabgesetzt.

---

⁸ Unternehmensindividuell zu ergänzen.
⁹ Ggf. sind die Bezugsgröße und die Auswirkungen des Abzugs etwa in einer schriftlichen Erläuterung bzw. in einer Tabelle darzustellen, sofern der in Satz 3 definierte Abzug hierfür Anlass bietet.
¹⁰ Ggf. unternehmensindividuell anpassen, wenn im Bedingungswerk eine andere Diktion veranlasst ist.
¹¹ Ggf. unternehmensindividuell anpassen, wenn auch aus anderen Gründen oder nur in eingeschränktem Umfang, also nicht aus allen oben genannten Gründen, ein Abzug erfolgen soll.

Texte

Beitragsrückstände werden von dem Rückkaufswert abgezogen.

(4) ¹Wir sind nach § 169 Abs. 6 VVG berechtigt, den nach Absatz 3 Satz 1 bis 3 errechneten Betrag angemessen herabzusetzen, soweit dies erforderlich ist, um eine Gefährdung der Belange der Versicherungsnehmer, insbesondere durch eine Gefährdung der dauernden Erfüllbarkeit der sich aus den Versicherungsverträgen ergebenden Verpflichtungen, auszuschließen. ²Die Herabsetzung ist jeweils auf ein Jahr befristet.

(5) ¹Zusätzlich zahlen wir die Ihrem Vertrag bereits zugeteilten Überschussanteile aus, soweit sie nicht bereits in dem nach den Absätzen 3 und 4 berechneten Rückkaufswert enthalten sind, sowie einen Schlussüberschussanteil, soweit ein solcher nach § 2 Abs. ...¹² für den Fall einer Kündigung vorgesehen ist. ²Außerdem erhöht sich der Auszahlungsbetrag ggf. um die Ihrer Versicherung gemäß § 2 Abs. 1 b) zugeteilten Bewertungsreserven.

(6) ¹Die Kündigung Ihrer Versicherung ist mit Nachteilen verbunden. In der Anfangszeit Ihrer Versicherung ist wegen der Verrechnung von Abschluss- und Vertriebskosten (vgl. § 10) nur ein geringer Rückkaufswert vorhanden. ²Der Rückkaufswert erreicht auch in den Folgejahren nicht unbedingt die Summe der eingezahlten Beiträge. ³Nähere Informationen zum Rückkaufswert, seiner Höhe und darüber, in welchem Ausmaß er garantiert ist, können Sie der beigefügten Tabelle entnehmen.

Umwandlung in eine beitragsfreie Versicherung

(7) ¹Anstelle einer Kündigung nach Absatz 1 können Sie zu dem dort genannten Termin schriftlich verlangen, ganz oder teilweise von der Beitragszahlungspflicht befreit zu werden. ²In diesem Fall setzen wir die Versicherungssumme ganz oder teilweise auf eine beitragsfreie Summe herab, die nach anerkannten Regeln der Versicherungsmathematik für den Schluss der laufenden Versicherungsperiode unter Zugrundelegung des Rückkaufswertes nach Absatz 3 Satz 1 bis 3 errechnet wird. ³Der aus Ihrer Versicherung für die Bildung der beitragsfreien Summe zur Verfügung stehende Betrag mindert sich um einen Abzug in Höhe von ... sowie um rückständige Beiträge.¹³ ⁴Mit dem Abzug wird die Veränderung der Risikolage des verbleibenden Versichertenbestandes¹⁴ ausgeglichen; zudem wird damit ein Ausgleich für kollektiv gestelltes Risikokapital vorgenommen.¹⁵ ⁵Weitere Erläuterungen sowie versicherungsmathematische Hinweise zum Abzug finden Sie im Anhang zu den Versicherungsbedingungen. ⁶Sofern Sie uns nachweisen, dass die dem Abzug zugrunde liegenden Annahmen in Ihrem Fall entweder dem Grunde nach nicht zutreffen oder der Abzug wesentlich niedriger zu beziffern ist, entfällt der Abzug bzw. wird – im letzteren Falle – entsprechend herabgesetzt.

(8) ¹Die Beitragsfreistellung Ihrer Versicherung ist mit Nachteilen verbunden. ²In der Anfangszeit Ihrer Versicherung sind wegen der Ver-

---

¹² Unternehmensindividuell anzupassen.
¹³ Soweit bei Beitragsfreistellung ein Wechsel der Tarifform erfolgt, ist § 9 Abs. 4 entsprechend zu ergänzen.
¹⁴ Ggf. unternehmensindividuell anpassen, wenn im Bedingungswerk eine andere Diktion veranlasst ist.
¹⁵ Ggf. unternehmensindividuell anpassen, wenn nur in eingeschränkten Umfang, also nicht aus allen oben genannten Gründen, ein Abzug erfolgen soll.

B. Kapitalbildende Lebensversicherung   Texte

rechnung von Abschluss- und Vertriebskosten (vgl. § 10) nur geringe Beträge zur Bildung einer beitragsfreien Versicherungssumme vorhanden. ³ Auch in den Folgejahren stehen nicht unbedingt Mittel in Höhe der eingezahlten Beiträge für die Bildung einer beitragsfreien Versicherungssumme zur Verfügung. ⁴ Nähere Informationen zur beitragsfreien Versicherungssumme und ihrer Höhe können Sie der beigefügten Tabelle entnehmen.

(9) ¹ Haben Sie die vollständige Befreiung von der Beitragszahlungspflicht verlangt und erreicht die nach Absatz 7 zu berechnende beitragsfreie Versicherungssumme den Mindestbetrag von ...[16] nicht, erhalten ² Sie den Rückkaufswert nach Absatz 3 bis 5. ³ Eine teilweise Befreiung von der Beitragszahlungspflicht können Sie nur verlangen, wenn die verbleibende beitragspflichtige Versicherungssumme mindestens ...[17] beträgt.

Beitragsrückzahlung

(10) Die Rückzahlung der Beiträge können Sie nicht verlangen.

Bemerkung[18]

Bei Tarifen, bei denen die Versicherungsperiode nicht mit dem Beitragszahlungsabschnitt (unechte unterjährige Beiträge) übereinstimmt, lautet § 9 wie folgt:

„Wann können Sie Ihre Versicherung kündigen oder beitragsfrei stellen?

Kündigung und Auszahlung des Rückkaufswertes

(1) Sie können Ihre Versicherung ganz oder teilweise schriftlich kündigen
– jederzeit zum Schluss des laufenden Versicherungsjahres
– bei Vereinbarung von Ratenzahlungen auch innerhalb des Versicherungsjahres mit Frist von einem Monat zum Schluss eines jeden Ratenzahlungsabschnitts, frühestens jedoch zum Schluss des ersten Versicherungsjahres.

(2) Kündigen Sie Ihre Versicherung nur teilweise, ist diese Kündigung unwirksam, wenn die verbleibende beitragspflichtige Versicherungssumme unter einen Mindestbetrag von ...[19] sinkt. Wenn Sie in diesem Falle Ihre Versicherung beenden wollen, müssen Sie diese also ganz kündigen.

(3) Nach § 169 VVG haben wir den Rückkaufswert zu erstatten. Er ist das nach anerkannten Regeln der Versicherungsmathematik mit den Rechnungsgrundlagen der Prämienkalkulation zum Schluss des laufenden Ratenzahlungsabschnitts berechnete Deckungskapital der Versicherung. Mindestens erstatten wir jedoch den Betrag des Deckungskapitals, das sich bei gleichmäßiger Verteilung der unter Beachtung der aufsichtsrechtlichen Höchstzillmersätze (vgl. § 10 Abs. 2 S. 3) angesetzten Abschluss- und Vertriebskosten auf die ersten fünf Vertragsjahre ergibt. Von dem so ermittelten Wert erfolgt ein Abzug von ....[20] Mit dem Abzug wird die Veränderung der Risikolage des verbleibenden Versichertenbestandes[21] ausgeglichen; zudem wird damit ein Ausgleich für kollektiv gestelltes Risikokapital vorgenommen.[22] Weite-

---

[16] Unternehmensindividuell zu ergänzen.
[17] Unternehmensindividuell zu ergänzen.
[18] Die aktuelle Fassung des GDV vom 14. 10. 2009 enthält diese Bemerkung nicht mehr, vgl. www.gdv.de.
[19] Unternehmensindividuell zu ergänzen.
[20] Ggf. sind die Bezugsgröße und die Auswirkungen des Abzugs etwa in einer schriftlichen Erläuterung bzw. in einer Tabelle darzustellen, sofern der in Satz 3 definierte Abzug hierfür Anlass bietet.
[21] Ggf. unternehmensindividuell anpassen, wenn im Bedingungswerk eine andere Diktion veranlasst ist.
[22] Ggf. unternehmensindividuell anpassen, wenn auch aus anderen Gründen oder nur in eingeschränktem Umfang, also nicht aus allen oben genannten Gründen, ein Abzug erfolgen soll.

Texte

Teil 1. Texte: ALB 2008

re Erläuterungen sowie versicherungsmathematische Hinweise zum Abzug finden Sie im Anhang zu den Versicherungsbedingungen. Sofern Sie uns nachweisen, dass die dem Abzug zugrunde liegenden Annahmen in Ihrem Fall entweder dem Grunde nach nicht zutreffen oder der Abzug wesentlich niedriger zu beziffern ist, entfällt der Abzug bzw. wird – im letzteren Falle – entsprechend herabgesetzt.

Beitragsrückstände werden von dem Rückkaufswert abgezogen.

(4) Wir sind nach § 169 Abs. 6 VVG berechtigt, den nach Absatz 3 Satz 1 bis 3 errechneten Betrag angemessen herabzusetzen, soweit dies erforderlich ist, um eine Gefährdung der Belange der Versicherungsnehmer, insbesondere durch eine Gefährdung der dauernden Erfüllbarkeit der sich aus den Versicherungsverträgen ergebenden Verpflichtungen, auszuschließen. Die Herabsetzung ist jeweils auf ein Jahr befristet.

(5) Zusätzlich zahlen wir die Ihrem Vertrag bereits zugeteilten Überschussanteile aus, soweit sie nicht bereits in dem nach den Absätzen 3 und 4 berechneten Rückkaufswert enthalten sind, sowie einen Schlussüberschussanteil, soweit ein solcher nach § 2 Abs. ...[23] für den Fall einer Kündigung vorgesehen ist. Außerdem erhöht sich der Auszahlungsbetrag ggf. um die Ihrer Versicherung gemäß § 2 Abs. 1 b zugeteilten Bewertungsreserven.

(6) Die Kündigung Ihrer Versicherung ist mit Nachteilen verbunden. In der Anfangszeit Ihrer Versicherung ist wegen der Verrechnung von Abschluss- und Vertriebskosten (vgl. § 10) nur ein geringer Rückkaufswert vorhanden. Der Rückkaufswert erreicht auch in den Folgejahren nicht unbedingt die Summe der eingezahlten Beiträge. Nähere Informationen zum Rückkaufswert, seiner Höhe und darüber, in welchem Ausmaß er garantiert ist, können Sie der beigefügten Tabelle entnehmen.

Umwandlung in eine beitragsfreie Versicherung

(7) Anstelle einer Kündigung nach Absatz 1 können Sie zu dem dort genannten Termin schriftlich verlangen, ganz oder teilweise von der Beitragszahlungspflicht befreit zu werden. In diesem Fall setzen wir die Versicherungssumme ganz oder teilweise auf eine beitragsfreie Summe herab, die nach anerkannten Regeln der Versicherungsmathematik für den Schluss des laufenden Ratenzahlungsabschnitts unter Zugrundelegung des Rückkaufswertes nach Absatz 3 Satz 1 bis 3 errechnet wird. Der aus Ihrer Versicherung für die Bildung der beitragsfreien Summe zur Verfügung stehende Betrag mindert sich um einen Abzug in Höhe von ... sowie um rückständige Beiträge.[24] Mit dem Abzug wird die Veränderung der Risikolage des verbleibenden Versichertenbestandes[25] ausgeglichen; zudem wird damit ein Ausgleich für kollektiv gestelltes Risikokapital vorgenommen.[26] Weitere Erläuterungen sowie versicherungsmathematische Hinweise zum Abzug finden Sie im Anhang zu den Versicherungsbedingungen. Sofern Sie uns nachweisen, dass die dem Abzug zugrunde liegenden Annahmen in Ihrem Fall entweder dem Grunde nach nicht zutreffen oder der Abzug wesentlich niedriger zu beziffern ist, entfällt der Abzug bzw. wird – im letzteren Falle – entsprechend herabgesetzt.

(8) Die Beitragsfreistellung Ihrer Versicherung ist mit Nachteilen verbunden. In der Anfangszeit Ihrer Versicherung sind wegen der Verrechnung von Abschluss- und Vertriebskosten (vgl. § 10) nur geringe Beträge zur Bildung einer beitragsfreien Versicherungssumme vorhanden. Auch in den Folgejahren stehen nicht unbedingt Mittel in Höhe der eingezahlten Beiträge für die Bildung einer beitragsfreien Versicherungssumme zur Verfügung. Nähere Informationen zur beitragsfreien Versicherungssumme und ihrer Höhe können Sie der beigefügten Tabelle entnehmen.

(9) Haben Sie die vollständige Befreiung von der Beitragszahlungspflicht verlangt und erreicht die nach Absatz 7 zu berechnende beitragsfreie Versicherungssumme den Mindestbetrag von ...[27] nicht, erhalten Sie den Rückkaufswert nach Absatz 3 bis 5. Eine teilweise

---

[23] Unternehmensindividuell anzupassen.

[24] Soweit bei Beitragsfreistellung ein Wechsel der Tarifform erfolgt, ist § 9 Abs. 4 entsprechend zu ergänzen.

[25] Ggf. unternehmensindividuell anpassen, wenn im Bedingungswerk eine andere Diktion veranlasst ist.

[26] Ggf. unternehmensindividuell anpassen, wenn nur im eingeschränkten Umfang, also nicht aus allen oben genannten Gründen, ein Abzug erfolgen soll.

[27] Unternehmensindividuell zu ergänzen.

B. Kapitalbildende Lebensversicherung **Texte**

Befreiung von der Beitragszahlungspflicht können Sie nur verlangen, wenn die verbleibende beitragspflichtige Versicherungssumme mindestens ...[28] beträgt.

Beitragsrückzahlung

(10) Die Rückzahlung der Beiträge können Sie nicht verlangen."

§ 10 Wie werden die Abschluss- und Vertriebskosten verrechnet?[29]

(1) [1]Durch den Abschluss von Versicherungsverträgen entstehen Kosten. [2]Diese sog. Abschluss- und Vertriebskosten (§ 43 Abs. 2 der Verordnung über die Rechnungslegung von Versicherungsunternehmen) sind bereits pauschal bei der Tarifkalkulation berücksichtigt und werden daher nicht gesondert in Rechnung gestellt.

(2) [1]Für Ihren Versicherungsvertrag ist das Verrechnungsverfahren nach § 4 der Deckungsrückstellungsverordnung maßgebend. [2]Hierbei werden die ersten Beiträge zur Tilgung eines Teils der Abschluss- und Vertriebskosten herangezogen, soweit die Beiträge nicht für Leistungen im Versicherungsfall, Kosten des Versicherungsbetriebs in der jeweiligen Versicherungsperiode und für die Bildung der Deckungsrückstellung aufgrund von § 25 Abs. 2 RechVersV i.V.m. § 169 Abs. 3 VVG bestimmt sind. [3]Der auf diese Weise zu tilgende Betrag ist nach der Deckungsrückstellungsverordnung auf 4% der von Ihnen während der Laufzeit des Vertrages zu zahlenden Beiträge beschränkt.

(3) Die restlichen Abschluss- und Vertriebskosten werden während der vertraglich vereinbarten Beitragszahlungsdauer aus den laufenden Beiträgen getilgt.

(4) [1]Die beschriebene Kostenverrechnung hat wirtschaftlich zur Folge, dass in der Anfangszeit Ihrer Versicherung nur geringe Beträge zur Bildung der beitragsfreien Versicherungssumme oder für einen Rückkaufswert vorhanden sind, mindestens jedoch die in § 9 genannten Beträge. [2]Nähere Informationen können Sie der beigefügten Tabelle[30] entnehmen.

§ 11 Was ist zu beachten, wenn eine Versicherungsleistung verlangt wird?

(1) Leistungen aus dem Versicherungsvertrag erbringen wir gegen Vorlage des Versicherungsscheins.

(2) Der Tod der versicherten Person ist uns unverzüglich anzuzeigen. Außer dem Versicherungsschein sind uns einzureichen
– eine amtliche, Alter und Geburtsort enthaltende Sterbeurkunde,
– ein ausführliches, ärztliches oder amtliches Zeugnis über die Todesursache sowie über Beginn und Verlauf der Krankheit, die zum Tode der versicherten Person geführt hat.

(3) [1]Zur Klärung unserer Leistungspflicht können wir notwendige weitere Nachweise und Auskünfte verlangen. [2]Die mit den Nachweisen verbundenen Kosten trägt derjenige, der die Versicherungsleistung beansprucht.

---

[28] Unternehmensindividuell zu ergänzen.
[29] Diese Bestimmung ist nur bei Verwendung des Zillmerverfahrens aufzunehmen.
[30] Unternehmensindividuell anzupassen.

Texte
Teil 1. Texte: ALB 2008

(4) ¹Unsere Leistungen überweisen wir dem Empfangsberechtigten auf seine Kosten. ²Bei Überweisungen in Länder außerhalb des Europäischen Wirtschaftsraumes trägt der Empfangsberechtigte auch die damit verbundene Gefahr.

§ 12 Welche Bedeutung hat der Versicherungsschein?

(1) ¹Den Inhaber des Versicherungsscheins können wir als berechtigt ansehen, über die Rechte aus dem Versicherungsvertrag zu verfügen, insbesondere Leistungen in Empfang zu nehmen. ²Wir können aber verlangen, dass uns der Inhaber des Versicherungsscheins seine Berechtigung nachweist.

(2) In den Fällen des § 13 Abs. 4 brauchen wir den Nachweis der Berechtigung nur dann anzuerkennen, wenn uns die schriftliche Anzeige des bisherigen Berechtigten vorliegt.

§ 13 Wer erhält die Versicherungsleistung?

(1) ¹Die Leistung aus dem Versicherungsvertrag erbringen wir an Sie als unseren Versicherungsnehmer oder an Ihre Erben, falls Sie uns keine andere Person benannt haben, die bei Eintritt des Versicherungsfalls die Ansprüche aus dem Versicherungsvertrag erwerben soll (Bezugsberechtigter). ²Bis zum Eintritt des Versicherungsfalls können Sie das Bezugsrecht jederzeit widerrufen.

(2) ¹Sie können ausdrücklich bestimmen, dass der Bezugsberechtigte sofort und unwiderruflich die Ansprüche aus dem Versicherungsvertrag erwerben soll. ²Sobald wir Ihre Erklärung erhalten haben, kann dieses Bezugsrecht nur noch mit Zustimmung des von Ihnen Benannten aufgehoben werden.

(3) Sie können Ihre Rechte aus dem Versicherungsvertrag auch abtreten oder verpfänden.

(4) Die Einräumung und der Widerruf eines Bezugsrechts sowie eine Abtretung oder Verpfändung von Ansprüchen aus dem Versicherungsvertrag sind uns gegenüber nur und erst dann wirksam, wenn sie uns vom bisherigen Berechtigten schriftlich angezeigt worden sind.

§ 14 Was gilt bei Änderung Ihrer Postanschrift und Ihres Namens?

(1) ¹Eine Änderung Ihrer Postanschrift müssen Sie uns unverzüglich mitteilen. ²Anderenfalls können für Sie Nachteile entstehen, da wir eine an Sie zu richtende Willenserklärung mit eingeschriebenem Brief an Ihre uns zuletzt bekannte Anschrift senden können. ³In diesem Fall gilt unsere Erklärung drei Tage nach Absendung des eingeschriebenen Briefes als zugegangen. ⁴Dies gilt auch, wenn Sie die Versicherung in Ihrem Gewerbebetrieb genommen und Ihre gewerbliche Niederlassung verlegt haben.

(2) Bei Änderung Ihres Namens gilt Absatz 1 entsprechend.

§ 15 Welche Kosten stellen wir Ihnen gesondert in Rechnung?

(1) ¹Falls aus besonderen, von Ihnen veranlassten Gründen ein zusätzlicher Verwaltungsaufwand verursacht wird, können wir die in solchen

B. Kapitalbildende Lebensversicherung Texte

Fällen durchschnittlich entstehenden Kosten als pauschalen Abgeltungsbetrag gesondert in Rechnung stellen. ²Dies gilt bei
– Ausstellung eines neuen Versicherungsscheins,
– Fristsetzung in Textform bei Nichtzahlung von Folgebeiträgen,
– Rückläufern im Lastschriftverfahren,
...³¹

(2) Sofern Sie uns nachweisen, dass die dem pauschalen Abgeltungsbetrag zugrunde liegenden Annahmen in Ihrem Fall entweder dem Grunde nach nicht zutreffen oder der Höhe nach wesentlich niedriger zu beziffern sind, entfällt der Abgeltungsbetrag bzw. wird – im letzteren Falle – entsprechend herabgesetzt.

§ 16 Welches Recht findet auf Ihren Vertrag Anwendung?

Auf Ihren Vertrag findet das Recht der Bundesrepublik Deutschland Anwendung.

§ 17 Wo ist der Gerichtsstand?

(1) ¹Für Klagen aus dem Versicherungsvertrag gegen uns bestimmt sich die gerichtliche Zuständigkeit nach unserem Sitz oder der für den Versicherungsvertrag zuständigen Niederlassung. ²Sind Sie eine natürliche Person, ist auch das Gericht örtlich zuständig, in dessen Bezirk Sie zur Zeit der Klageerhebung Ihren Wohnsitz oder, in Ermangelung eines solchen, Ihren gewöhnlichen Aufenthalt haben.

(2) ¹Sind Sie eine natürliche Person, müssen Klagen aus dem Versicherungsvertrag gegen Sie bei dem Gericht erhoben werden, das für Ihren Wohnsitz oder, in Ermangelung eines solchen, den Ort ihres gewöhnlichen Aufenthalts zuständig ist. ²Sind Sie eine juristische Person, bestimmt sich das zuständige Gericht nach ihrem Sitz oder Ihrer Niederlassung.

(3) Verlegen Sie Ihren Wohnsitz in einen Staat außerhalb der Europäischen Gemeinschaft, Islands, Norwegens oder der Schweiz, sind die Gerichte des Staats zuständig, in dem wir unseren Sitz haben.

Anhang der AVB zur Kündigung und Beitragsfreistellung³² Ihrer Versicherung³³

Die Kündigung oder die Beitragsfreistellung Ihrer Versicherung ist mit Nachteilen verbunden.
– Im Falle einer Kündigung erreicht der Rückkaufswert erst nach einem bestimmten Zeitpunkt die Summe der eingezahlten Beiträge, da aus diesen auch Abschluss- und Vertriebskosten sowie Kosten für die Verwaltung des gebildeten

---

³¹ Unternehmensindividuell auszufüllen.
³² Bei Riesterprodukten ist der Begriff „Beitragsfreistellung" durch den Begriff „Ruhenlassen" zu ersetzen.
³³ Dieser Anhang ist für die Versicherer unverbindlich; seine Verwendung ist rein fakultativ. Abweichende Formulierungen können verwendet werden.

Kapitals finanziert werden und der in den AVB erwähnte Abzug erfolgt.[34] Bei seiner Kalkulation werden folgende Umstände berücksichtigt:[35]

Veränderungen der Risikolage
Die Kalkulation von Versicherungsprodukten basiert darauf, dass die Risikogemeinschaft sich gleichmäßig aus Versicherungsnehmern mit einem hohen und einem geringeren Risiko zusammensetzt. Da Personen mit einem geringen Risiko die Risikogemeinschaft eher verlassen als Personen mit einem hohen Risiko, wird in Form eines kalkulatorischen Ausgleichs sichergestellt, dass der Risikogemeinschaft durch die vorzeitige Vertragskündigung kein Nachteil entsteht.

Ausgleich für kollektiv gestelltes Risikokapital
Wir bieten Ihnen im Rahmen des vereinbarten Versicherungsschutzes Garantien und Optionen. Dies ist möglich, weil ein Teil des dafür erforderlichen Risikokapitals (Solvenzmittel) durch den Versichertenbestand zur Verfügung gestellt wird. Bei Neuabschluss eines Vertrages partizipiert dieser an bereits vorhandenen Solvenzmitteln. Während der Laufzeit muss der Vertrag daher Solvenzmittel zur Verfügung stellen. Bei Vertragskündigung gehen diese Solvenzmittel dem verbleibenden Bestand verloren und müssen deshalb im Rahmen des Abzugs ausgeglichen werden. Der interne Aufbau von Risikokapital ist regelmäßig für alle Versicherungsnehmer die günstigste Finanzierungsmöglichkeit von Optionen und Garantien, da eine Finanzierung über externes Kapital wesentlich teurer wäre.

- Im Falle der Beitragsfreistellung gelten vorstehende Ausführungen entsprechend.
- Sofern Sie uns nachweisen, dass die dem Abzug zugrunde liegenden Annahmen in Ihrem Fall entweder dem Grunde nach nicht zutreffen oder der Abzug wesentlich niedriger zu beziffern ist, entfällt der Abzug bzw. wird – im letzteren Falle – entsprechend herabgesetzt.

---

[34] Ggf. unternehmensindividuell modifizieren.
[35] Die folgenden Ausführungen sind unternehmensindividuell anzupassen, sofern ein Abzug auch aus anderen Gründen oder aus nicht allen dort genannten Gründen erfolgt.

C. Allgemeine Bedingungen für die Berufsunfähigkeits-Zusatzversicherung (BUZ 2008)[1]

Sehr geehrte Kundin, sehr geehrter Kunde,
als Versicherungsnehmer sind Sie unser Vertragspartner; für unser Vertragsverhältnis gelten die nachfolgenden Bedingungen.

Inhaltsverzeichnis

§ 1 Welche Leistungen erbringen wir?
§ 2 Was ist Berufsunfähigkeit im Sinne dieser Bedingungen?
§ 3 In welchen Fällen ist der Versicherungsschutz ausgeschlossen?
§ 4 Welche Mitwirkungspflichten sind zu beachten, wenn Leistungen wegen Berufsunfähigkeit verlangt werden?
§ 5 Wann geben wir eine Erklärung über unsere Leistungspflicht ab?
§ 6 Was gilt für die Nachprüfung der Berufsunfähigkeit?
§ 7 Was gilt bei einer Verletzung der Mitwirkungspflichten nach Eintritt der Berufsunfähigkeit?
§ 8 Wie erfolgt die Überschussbeteiligung?
§ 9 Wie ist das Verhältnis zur Hauptversicherung?

§ 1 Welche Leistungen erbringen wir?

(1) [1] Wird die versicherte Person während der Dauer dieser Zusatzversicherung zu mindestens ...%[2] berufsunfähig, erbringen wir folgende Versicherungsleistungen:
a) Volle Befreiung von der Beitragszahlungspflicht für die Hauptversicherung und die eingeschlossenen Zusatzversicherungen;
b) Zahlung einer Berufsunfähigkeitsrente, wenn diese mitversichert ist.
[2] Die Rente zahlen wir entsprechend der vereinbarten Rentenzahlungsweise im Voraus, erstmals anteilig bis zum Ende der laufenden Rentenzahlungsperiode.
[3] Bei einem geringeren Grad der Berufsunfähigkeit besteht kein Anspruch auf diese Versicherungsleistungen.

(2) [1] Wird die versicherte Person während der Dauer dieser Zusatzversicherung infolge Pflegebedürftigkeit (vgl. § 2 Abs. 5 bis 7) berufsunfähig und liegt der Grad der Berufsunfähigkeit unter ...%,[3] erbringen wir dennoch folgende Leistungen:
a) Volle Befreiung von der Beitragszahlungspflicht für die Hauptversicherung und die eingeschlossenen Zusatzversicherungen;
b) Zahlung einer Berufsunfähigkeitsrente, wenn diese mitversichert ist

---

[1] Stand: 2. 5. 2008. GDV-Rundschreiben Nr. 0850/2008 vom 7. 5. 2008: Diese Bedingungen sind für die Versicherer unverbindlich; ihre Verwendung ist rein fakultativ. Abweichende Bedingungen können vereinbart werden. In den BUZ 2008 werden die Bestimmungen des VVG 2008 genannt.
[2] Unternehmensindividuell ergänzen.
[3] Unternehmensindividuell ergänzen.

– in Höhe von ...%[4] bei Pflegestufe III
– in Höhe von ...%[5] bei Pflegestufe II
– in Höhe von ...%[6] bei Pflegestufe I.

²Für die Zahlungsmodalitäten gilt Absatz 1b entsprechend.

(3) ¹Der Anspruch auf Beitragsbefreiung und Rente entsteht mit Ablauf des Monats, in dem die Berufsunfähigkeit eingetreten ist. ²Wird uns die Berufsunfähigkeit später als drei Monate nach ihrem Eintritt schriftlich mitgeteilt, entsteht der Anspruch auf die Versicherungsleistung erst mit Beginn des Monates der Mitteilung. ³Der Anspruch auf eine Erhöhung der Berufsunfähigkeitsrente wegen einer höheren Pflegestufe entsteht ebenfalls frühestens mit Beginn des Monats, in dem uns die Erhöhung der Pflegestufe mitgeteilt wird (vgl. § 4).

(4) Der Anspruch auf Beitragsbefreiung und Rente erlischt, wenn der Grad der Berufsunfähigkeit unter ...%[7] sinkt, bei Berufsunfähigkeit infolge Pflegebedürftigkeit spätestens, wenn die Pflegebedürftigkeit unter das Ausmaß der Pflegestufe I sinkt, wenn die versicherte Person stirbt oder bei Ablauf der vertraglichen Leistungsdauer.

(5) Bis zur Entscheidung über die Leistungspflicht müssen Sie die Beiträge in voller Höhe weiter entrichten; wir werden diese jedoch bei Anerkennung der Leistungspflicht zurückzahlen.

(6) Außer den im Versicherungsschein ausgewiesenen garantierten Leistungen erhalten Sie weitere Leistungen aus der Überschussbeteiligung (siehe § 8).

§ 2 Was ist Berufsunfähigkeit im Sinne dieser Bedingungen?

(1) Vollständige Berufsunfähigkeit liegt vor, wenn die versicherte Person infolge Krankheit, Körperverletzung oder mehr als altersentsprechendem Kräfteverfalls, die ärztlich nachzuweisen sind, voraussichtlich auf Dauer [alternativ: mindestens ...[8] Monate/Jahre] ihren zuletzt ausgeübten Beruf, so wie er ohne gesundheitliche Beeinträchtigung ausgestaltet war, nicht mehr ausüben kann und außerstande ist, eine andere Tätigkeit auszuüben, zu der sie aufgrund ihrer Ausbildung und Fähigkeiten in der Lage ist und die ihrer bisherigen Lebensstellung entspricht.

(2) Teilweise Berufsunfähigkeit liegt vor, wenn die in Absatz 1 genannten Voraussetzungen nur in einem bestimmten Grad voraussichtlich dauernd erfüllt sind.

(3) Ist die versicherte Person ...[9] Monate ununterbrochen infolge Krankheit, Körperverletzung oder mehr als altersentsprechendem Kräfteverfalls, die ärztlich nachzuweisen sind, vollständig oder teilweise außerstande gewesen, ihren zuletzt ausgeübten Beruf, so wie er ohne gesundheitliche Beeinträchtigung ausgestaltet war, oder eine andere Tätigkeit auszuüben, zu der sie aufgrund ihrer Ausbildung und Fähigkei-

---

[4] Unternehmensindividuell ergänzen.
[5] Unternehmensindividuell ergänzen.
[6] Unternehmensindividuell ergänzen.
[7] Unternehmensindividuell ergänzen.
[8] Unternehmensindividuell ergänzen.
[9] Unternehmensindividuell ergänzen.

C. Berufsunfähigkeits-Zusatzversicherung — Texte

ten in der Lage ist und die ihrer bisherigen Lebensstellung entspricht, gilt die Fortdauer dieses Zustands als vollständige oder teilweise Berufsunfähigkeit.

1. Bemerkung

Für den Fall, dass bei entsprechender Tarifierung auf die abstrakte Verweisung verzichtet wird, lauten die Absätze 1 und 3 wie folgt:

(1) Vollständige Berufsunfähigkeit liegt vor, wenn die versicherte Person infolge Krankheit, Körperverletzung oder mehr als alterssprechendem Kräfteverfalls, die ärztlich nachzuweisen sind, voraussichtlich auf Dauer [alternativ: mindestens ...[10] Monate/Jahre] ihren zuletzt ausgeübten Beruf, so wie er ohne gesundheitliche Beeinträchtigung ausgestaltet war, nicht mehr ausüben kann und auch keine andere Tätigkeit ausübt, die ihrer bisherigen Lebensstellung entspricht.

(3) Ist die versicherte Person ...[11] Monate ununterbrochen in Folge Krankheit, Körperverletzung oder mehr als alterssprechendem Kräfteverfalls, die ärztlich nachzuweisen sind, vollständig oder teilweise außerstande gewesen, ihren zuletzt ausgeübten Beruf, so wie er ohne gesundheitliche Beeinträchtigung ausgestaltet war, auszuüben und hat sie in dieser Zeit auch keine andere Tätigkeit ausgeübt, die ihrer bisherigen Lebensstellung entspricht, gilt die Fortdauer dieses Zustandes als vollständige oder teilweise Berufsunfähigkeit.

2. Bemerkung

Wenn abweichend von Abs. 3 rückwirkend von einem früheren Zeitpunkt an geleistet werden soll, sind die Bedingungen entsprechend zu ändern bzw. zu ergänzen.

(4) **Scheidet die versicherte Person aus dem Berufsleben aus und werden später Leistungen wegen Berufsunfähigkeit beantragt, kommt es bei der Anwendung der Absätze 1 bis 3 darauf an, dass die versicherte Person außerstande ist, eine Tätigkeit auszuüben, zu der sie aufgrund ihrer Ausbildung und Fähigkeiten in der Lage ist und die ihrer bisherigen Lebensstellung entspricht.**

(5) **Ist die versicherte Person ...[12] Monate ununterbrochen pflegebedürftig mindestens im Rahmen der Pflegestufe I gewesen und deswegen täglich gepflegt worden, gilt die Fortdauer dieses Zustandes als vollständige oder teilweise Berufsunfähigkeit.**

(6) [1]Pflegebedürftigkeit liegt vor, wenn die versicherte Person infolge Krankheit, Körperverletzung oder mehr als alterssprechendem Kräfteverfalls so hilflos ist, dass sie für die in Absatz 7 genannten gewöhnlichen und regelmäßig wiederkehrenden Verrichtungen im Ablauf des täglichen Lebens in erheblichem Umfang täglich der Hilfe einer anderen Person bedarf. [2]Die Pflegebedürftigkeit ist ärztlich nachzuweisen.

(7) [1]Bewertungsmaßstab für die Einstufung des Pflegefalls ist die Art und der Umfang der erforderlichen täglichen Hilfe durch eine andere Person. [2]Bei der Bewertung wird die nachstehende Punktetabelle zugrunde gelegt:

Die versicherte Person benötigt Hilfe beim

Fortbewegen im Zimmer   1 Punkt

Hilfebedarf liegt vor, wenn die versicherte Person – auch bei Inanspruchnahme einer Gehhilfe oder eines Rollstuhls – die Unterstützung einer anderen Person für die Fortbewegung benötigt.

---

[10] Unternehmensindividuell ergänzen.
[11] Unternehmensindividuell ergänzen.
[12] Unternehmensindividuell ergänzen.

Texte

Aufstehen und Zubettgehen　　　　　　　　　　　　　　　1 Punkt
Hilfebedarf liegt vor, wenn die versicherte Person nur mit Hilfe einer anderen Person das Bett verlassen oder in das Bett gelangen kann.

An- und Auskleiden　　　　　　　　　　　　　　　　　　1 Punkt
Hilfebedarf liegt vor, wenn die versicherte Person – auch bei Benutzung krankengerechter Kleidung – sich nicht ohne Hilfe einer anderen Person an- oder auskleiden kann.

Einnehmen von Mahlzeiten und Getränken　　　　　　　　1 Punkt
Hilfebedarf liegt vor, wenn die versicherte Person – auch bei Benutzung krankengerechter Essbestecke und Trinkgefäße – nicht ohne Hilfe einer anderen Person essen oder trinken kann.

Waschen, Kämmen oder Rasieren　　　　　　　　　　　　1 Punkt
Hilfebedarf liegt vor, wenn die versicherte Person von einer anderen Person gewaschen, gekämmt oder rasiert werden muss, da sie selbst nicht mehr fähig ist, die dafür erforderlichen Körperbewegungen auszuführen.

Verrichten der Notdurft　　　　　　　　　　　　　　　　1 Punkt
Hilfebedarf liegt vor, wenn die versicherte Person die Unterstützung einer anderen Person benötigt, weil sie
– sich nach dem Stuhlgang nicht allein säubern kann,
– ihre Notdurft nur unter Zuhilfenahme einer Bettschüssel verrichten kann oder weil
– der Darm bzw. die Blase nur mit fremder Hilfe entleert werden kann.
³Besteht allein eine Inkontinenz des Darms bzw. der Blase, die durch die Verwendung von Windeln oder speziellen Einlagen ausgeglichen werden kann, liegt hinsichtlich der Verrichtung der Notdurft keine Pflegebedürftigkeit vor.

(8) ¹Der Pflegefall wird nach der Anzahl der Punkte eingestuft. ²Wir leisten
aus der Pflegestufe I:　　　　　　　　　　　　　　bei ... Punkten[13]
aus der Pflegestufe II:　　　　　　　　　　　　　bei ... Punkten[14]
Unabhängig von der Bewertung aufgrund der Punktetabelle liegt die Pflegestufe II vor, wenn die versicherte Person wegen einer seelischen Erkrankung oder geistigen Behinderung sich oder andere gefährdet und deshalb täglicher Beaufsichtigung bedarf;
aus der Pflegestufe III:　　　　　　　　　　　　bei ... Punkten[15]
Unabhängig von der Bewertung aufgrund der Punktetabelle liegt die Pflegestufe III vor, wenn die versicherte Person dauernd bettlägerig ist und nicht ohne Hilfe einer anderen Person aufstehen kann oder wenn die versicherte Person der Bewahrung bedarf.
³Bewahrung liegt vor, wenn die versicherte Person wegen einer seelischen Erkrankung oder geistigen Behinderung sich oder andere in hohem Maße gefährdet und deshalb nicht ohne ständige Beaufsichtigung bei Tag und Nacht versorgt werden kann.

(9) ¹Vorübergehende akute Erkrankungen führen zu keiner höheren Einstufung. Vorübergehende Besserungen bleiben ebenfalls unberück-

---

[13] Unternehmensindividuell ergänzen.
[14] Unternehmensindividuell ergänzen.
[15] Unternehmensindividuell ergänzen.

C. Berufsunfähigkeits-Zusatzversicherung — Texte

sichtigt. ²Eine Erkrankung oder Besserung gilt dann nicht als vorübergehend, wenn sie nach ...¹⁶ Monaten noch anhält.

§ 3 In welchen Fällen ist der Versicherungsschutz ausgeschlossen?

¹Grundsätzlich besteht unsere Leistungspflicht unabhängig davon, wie es zu der Berufsunfähigkeit gekommen ist. ²Wir leisten jedoch nicht, wenn die Berufsunfähigkeit verursacht ist:

a) durch vorsätzliche Ausführung oder den Versuch einer Straftat durch die versicherte Person;
b) unmittelbar oder mittelbar durch Kriegsereignisse oder innere Unruhen, sofern die versicherte Person auf Seiten der Unruhestifter teilgenommen hat;
c) durch Unfälle der versicherten Person
   – als Luftfahrzeugführer (auch Luftsportgeräteführer), soweit dieser nach deutschem Recht dafür eine Erlaubnis benötigt, sowie als sonstiges Besatzungsmitglied eines Luftfahrzeuges;
   – bei einer mit Hilfe eines Luftfahrzeuges auszuübenden beruflichen Tätigkeit;
   – bei der Benutzung von Raumfahrzeugen;
d) durch Beteiligung an Fahrtveranstaltungen mit Kraftfahrzeugen, bei denen es auf die Erzielung einer Höchstgeschwindigkeit ankommt, und den dazugehörigen Übungsfahrten;
e) durch energiereiche Strahlen mit einer Härte von mindestens 100 Elektronen-Volt, durch Neutronen jeder Energie, durch Laser- oder Maser-Strahlen und durch künstlich erzeugte ultraviolette Strahlen. Soweit die versicherte Person als Arzt oder medizinisches Hilfspersonal diesem Risiko ausgesetzt ist, oder wenn eine Bestrahlung für Heilzwecke durch einen Arzt oder unter ärztlicher Aufsicht erfolgt, werden wir leisten;
f) durch absichtliche Herbeiführung von Krankheit oder mehr als altersentsprechendem Kräfteverfall, absichtliche Selbstverletzung oder versuchte Selbsttötung. Wenn uns jedoch nachgewiesen wird, dass diese Handlungen in einem die freie Willensbestimmung ausschließenden Zustand krankhafter Störung der Geistestätigkeit begangen worden sind, werden wir leisten;
g) durch eine widerrechtliche Handlung, mit der Sie als Versicherungsnehmer vorsätzlich die Berufsunfähigkeit der versicherten Person herbeigeführt haben;
h) unmittelbar oder mittelbar durch den vorsätzlichen Einsatz von atomaren, biologischen oder chemischen Waffen oder den vorsätzlichen Einsatz oder die vorsätzliche Freisetzung von radioaktiven, biologischen oder chemischen Stoffen, sofern der Einsatz oder das Freisetzen darauf gerichtet sind, das Leben oder die Gesundheit einer Vielzahl von Personen zu gefährden.

§ 4 Welche Mitwirkungspflichten sind zu beachten, wenn Leistungen wegen Berufsunfähigkeit verlangt werden?

(1) Werden Leistungen aus dieser Zusatzversicherung verlangt, sind uns unverzüglich auf Kosten des Anspruchserhebenden folgende Unterlagen einzureichen:

---

¹⁶ Unternehmensindividuell ergänzen.

a) ein amtliches Zeugnis über den Tag der Geburt der versicherten Person;
b) eine Darstellung der Ursache für den Eintritt der Berufsunfähigkeit;
c) ausführliche Berichte der Ärzte, die die versicherte Person gegenwärtig behandeln, bzw. behandelt oder untersucht haben, über Ursache, Beginn, Art, Verlauf und voraussichtliche Dauer des Leidens sowie über den Grad der Berufsunfähigkeit oder über die Pflegestufe;
d) Unterlagen über den Beruf der versicherten Person, deren Stellung und Tätigkeit im Zeitpunkt des Eintritts der Berufsunfähigkeit sowie über die eingetretenen Veränderungen.
e) bei Berufsunfähigkeit infolge Pflegebedürftigkeit zusätzlich eine Bescheinigung der Person oder der Einrichtung, die mit der Pflege betraut ist, über Art und Umfang der Pflege.

(2) Wir können außerdem – dann allerdings auf unsere Kosten – weitere ärztliche Untersuchungen durch von uns beauftragte Ärzte sowie notwendige Nachweise – auch über die wirtschaftlichen Verhältnisse und ihre Veränderungen – verlangen, insbesondere zusätzliche Auskünfte und Aufklärungen.

(3) Wird eine Erhöhung der Berufsunfähigkeitsrente wegen einer höheren Pflegestufe verlangt, so gelten die Absätze 1 und 2 sinngemäß.

§ 5 Wann geben wir eine Erklärung über unsere Leistungspflicht ab?

(1) Nach Prüfung der uns eingereichten sowie der von uns beigezogenen Unterlagen erklären wir in Textform, ob, in welchem Umfang und für welchen Zeitraum wir eine Leistungspflicht anerkennen.

(2) ¹Wir können einmalig ein zeitlich begrenztes Anerkenntnis unter einstweiliger Zurückstellung der Frage aussprechen, ob die versicherte Person eine andere Tätigkeit im Sinne von § 2 ausüben kann.[17] ²Bis zum Ablauf der Frist ist das zeitlich begrenzte Anerkenntnis für uns bindend.

§ 6 Was gilt für die Nachprüfung der Berufsunfähigkeit?

(1) ¹Nach Anerkennung oder Feststellung unserer Leistungspflicht sind wir berechtigt, das Fortbestehen der Berufsunfähigkeit und ihren Grad oder die Pflegestufe nachzuprüfen. ²Dabei können wir erneut prüfen, ob die versicherte Person eine andere Tätigkeit im Sinne von § 2 ausüben kann,[18] wobei neu erworbene berufliche Fähigkeiten zu berücksichtigen sind.

(2) ¹Zur Nachprüfung können wir auf unsere Kosten jederzeit sachdienliche Auskünfte und einmal jährlich umfassende Untersuchungen der versicherten Person durch von uns zu beauftragende Ärzte verlangen. ²Die Bestimmungen des § 4 Absätze 2 und 3 gelten entsprechend.

(3) Eine Minderung der Berufsunfähigkeit oder der Pflegebedürftigkeit und die Wiederaufnahme bzw. Änderung der beruflichen Tätigkeit müssen Sie uns unverzüglich mitteilen.

---

[17] Bei Verzicht auf die abstrakte Verweisung muss es heißen: ... andere Tätigkeit im Sinne von § 2 ausübt, ...
[18] Bei Verzicht auf die abstrakte Verweisung muss es heißen: ... andere Tätigkeit im Sinne von § 2 ausübt, ...

C. Berufsunfähigkeits-Zusatzversicherung   **Texte**

(4) ¹Ist die Berufsunfähigkeit weggefallen oder hat sich ihr Grad auf weniger als ...%¹⁹ vermindert, werden wir von der Leistung frei. ²In diesem Fall legen wir Ihnen die Veränderung in Textform dar und teilen die Einstellung unserer Leistungen dem Anspruchsberechtigten in Textform mit. ³Die Einstellung unserer Leistungen wird mit dem Ablauf des dritten Monats nach Zugang unserer Erklärung bei Ihnen wirksam. ⁴Zu diesem Zeitpunkt muss auch die Beitragszahlung wieder aufgenommen werden. ⁵Ist keine Berufsunfähigkeitsrente mitversichert, muss die Beitragszahlung zu Beginn des darauffolgenden Beitragszahlungsabschnitts wieder aufgenommen werden.

(5) ¹Liegt Berufsunfähigkeit infolge Pflegebedürftigkeit vor und hat sich die Art des Pflegefalls geändert oder sein Umfang gemindert, setzen wir unsere Leistungen herab oder stellen sie ein. ²Absatz 4 Satz 2 bis 5 gelten entsprechend, wenn wir unsere Leistungen einstellen.

§ 7 Was gilt bei einer Verletzung der Mitwirkungspflichten nach Eintritt der Berufsunfähigkeit?

¹Solange eine Mitwirkungspflicht nach § 4 oder § 6 von Ihnen, der versicherten Person oder dem Ansprucherhebenden vorsätzlich nicht erfüllt wird, sind wir von der Verpflichtung zur Leistung frei. ²Bei grob fahrlässiger Verletzung einer Mitwirkungspflicht sind wir berechtigt, unsere Leistung in einem der Schwere des Verschuldens entsprechendem Verhältnis zu kürzen. ³Dies gilt nicht, wenn Sie uns nachweisen, dass Sie die Mitwirkungspflicht nicht grob fahrlässig verletzt haben. ⁴Die Ansprüche aus der Zusatzversicherung bleiben jedoch insoweit bestehen, als die Verletzung ohne Einfluss auf die Feststellung oder den Umfang unserer Leistungspflicht ist. ⁵Wenn die Mitwirkungspflicht später erfüllt wird, sind wir ab Beginn des laufenden Monats nach Maßgabe dieser Bedingungen zur Leistung verpflichtet. ⁶Die vollständige oder teilweise Leistungsfreiheit tritt nur ein, wenn wir Sie durch gesonderte Mitteilung in Textform auf diese Rechtsfolge hingewiesen haben.

§ 8 Wie erfolgt die Überschussbeteiligung?

¹Wir beteiligen Sie und die anderen Versicherungsnehmer gemäß § 153 des Versicherungsvertragsgesetzes (VVG) an den Überschüssen und ggf. an den Bewertungsreserven (Überschussbeteiligung). ²Die Überschüsse werden nach den Vorschriften des Handelsgesetzbuches ermittelt und jährlich im Rahmen unseres Jahresabschlusses festgestellt. ³Die Bewertungsreserven werden dabei im Anhang des Geschäftsberichts ausgewiesen. ⁴Der Jahresabschluss wird von einem unabhängigen Wirtschaftsprüfer geprüft und ist unserer Aufsichtsbehörde einzureichen.

(1) Grundsätze und Maßstäbe für die Überschussbeteiligung der Versicherungsnehmer

(a) ¹Überschüsse entstehen dann, wenn die Aufwendungen für das Berufsunfähigkeitsrisiko und die Kosten niedriger sind, als bei der Tarifkalkulation angenommen. ²An diesen Überschüssen werden die Versicherungsnehmer angemessen beteiligt und zwar nach der derzeitigen

---

¹⁹ Unternehmensindividuell ergänzen.

Rechtslage am Risikoergebnis (Berufsunfähigkeitsrisiko) grundsätzlich zu mindestens 75% und am übrigen Ergebnis (einschließlich Kosten) grundsätzlich zu mindestens 50% (§ 4 Abs. 4 u. 5, § 5 Mindestzuführungsverordnung). [3] Weitere Überschüsse stammen aus den Erträgen der Kapitalanlagen. Von den Nettoerträgen derjenigen Kapitalanlagen, die für künftige Versicherungsleistungen vorgesehen sind (§ 3 Mindestzuführungsverordnung), erhalten die Versicherungsnehmer insgesamt mindestens den in dieser Verordnung genannten Prozentsatz. [4] In der derzeitigen Fassung der Verordnung sind grundsätzlich 90% vorgeschrieben (§ 4 Abs. 3, § 5 Mindestzuführungsverordnung). [5] Aus diesem Betrag werden zunächst die Beträge finanziert, die für die garantierten Versicherungsleistungen benötigt werden. [6] Die verbleibenden Mittel verwenden wir für die Überschussbeteiligung der Versicherungsnehmer.
[7] Die verschiedenen Versicherungsarten tragen unterschiedlich zum Überschuss bei. [8] Wir haben deshalb gleichartige Versicherungen zu Gruppen zusammengefasst. [9] Gewinngruppen bilden wir beispielsweise, um das versicherte Risiko wie das Todesfall- oder Berufsunfähigkeitsrisiko zu berücksichtigen.[20] [10] Die Verteilung des Überschusses für die Versicherungsnehmer auf die einzelnen Gruppen orientiert sich daran, in welchem Umfang sie zu seiner Entstehung beigetragen haben. [11] Den Überschuss führen wir der Rückstellung für Beitragsrückerstattung zu, soweit er nicht in Form der sog. Direktgutschrift bereits unmittelbar den überschussberechtigten Versicherungen gutgeschrieben wird. [12] Diese Rückstellung dient dazu, Ergebnisschwankungen im Zeitablauf zu glätten. [13] Sie darf grundsätzlich nur für die Überschussbeteiligung der Versicherungsnehmer verwendet werden. [14] Nur in Ausnahmefällen und mit Zustimmung der Aufsichtsbehörde können wir hiervon nach § 56a des Versicherungsaufsichtsgesetzes (VAG) abweichen, soweit die Rückstellung nicht auf bereits festgelegte Überschussanteile entfällt. [15] Nach der derzeitigen Fassung des § 56a VAG können wir die Rückstellung, im Interesse der Versicherungsnehmer auch zur Abwendung eines drohenden Notstandes, zum Ausgleich unvorhersehbarer Verluste aus den überschussberechtigten Versicherungsverträgen, die auf allgemeine Änderungen der Verhältnisse zurückzuführen sind, oder – sofern die Rechnungsgrundlagen aufgrund einer unvorhersehbaren und nicht nur vorübergehenden Änderung der Verhältnisse angepasst werden müssen – zur Erhöhung der Deckungsrückstellung heranziehen.
(b) [1] Bewertungsreserven entstehen, wenn der Marktwert der Kapitalanlagen über dem Wert liegt, mit dem die Kapitalanlagen in der Bilanz ausgewiesen sind. [2] Die Beiträge sind so kalkuliert, dass sie für die Deckung von Berufsunfähigkeitsrisiken benötigt werden. [3] Für die Bildung von Kapitalerträgen stehen deshalb bei der Berufsunfähigkeits-Zusatzversicherung keine oder allenfalls geringfügige Beträge zur Verfügung. [4] Daher entstehen keine oder nur geringe Bewertungsreserven. Soweit Bewertungsreserven überhaupt entstehen, werden diese jährlich neu ermittelt und den Verträgen nach dem in Absatz 2 beschriebenen Verfahren zugeordnet (§ 153 Abs. 3 VVG). [5] Bei Beendigung eines Vertrages[21]

---

[20] Ggf. weitere unternehmensindividuelle Information über Gewinngruppen bzw. Untergruppen und deren Modalitäten; die Begriffe sind an die unternehmensindividuellen Gegebenheiten anzupassen.
[21] Ggf. unternehmensindividuellen früheren Zuteilungszeitpunkt verwenden.

C. Berufsunfähigkeits-Zusatzversicherung **Texte**

wird der für diesen Zeitpunkt aktuell ermittelte Betrag zur Hälfte zugeteilt und ausgezahlt. [6]Auch während des Rentenbezuges werden wir Sie an den Bewertungsreserven beteiligen.[22] [7]Aufsichtsrechtliche Regelungen zur Kapitalausstattung bleiben unberührt.[23]

(2) Grundsätze und Maßstäbe für die Überschussbeteiligung Ihres Vertrages

(a) [1]Ihre Versicherung erhält Anteile an den Überschüssen derjenigen Gruppe, die in Ihrem Versicherungsschein genannt ist. [2]Die Mittel für die Überschussanteile werden bei der Direktgutschrift zu Lasten des Ergebnisses des Geschäftsjahres finanziert, ansonsten der Rückstellung für Beitragsrückerstattung entnommen. [3]Die Höhe der Überschussanteilsätze wird jedes Jahr vom Vorstand unseres Unternehmens auf Vorschlag des Verantwortlichen Aktuars festgelegt. [4]Wir veröffentlichen die Überschussanteilsätze in unserem Geschäftsbericht. [5]Den Geschäftsbericht können Sie bei uns jederzeit anfordern.

(b) ...[24]
(c) ...[25]

(3) Information über die Höhe der Überschussbeteiligung
[1]Die Höhe der Überschussbeteiligung hängt von vielen Einflüssen ab. [2]Diese sind nicht vorhersehbar und von uns nur begrenzt beeinflussbar. [3]Wichtigster Einflussfaktor ist dabei die Zinsentwicklung des Kapitalmarkts. [4]Aber auch die Entwicklung des versicherten Risikos und der Kosten sind von Bedeutung. [5]Die Höhe der künftigen Überschussbeteiligung kann also nicht garantiert werden.

§ 9 Wie ist das Verhältnis zur Hauptversicherung?

(1) [1]Die Zusatzversicherung bildet mit der Versicherung, zu der sie abgeschlossen worden ist (Hauptversicherung), eine Einheit; sie kann ohne die Hauptversicherung nicht fortgesetzt werden. [2]Spätestens wenn der Versicherungsschutz aus der Hauptversicherung endet, bei Rentenversicherungen spätestens mit dem vereinbarten Rentenbeginn, erlischt auch die Zusatzversicherung.

(2) [1]Eine Zusatzversicherung, für die laufende Beiträge zu zahlen sind, können Sie für sich allein kündigen. [2]In den letzten ...[26] Versiche-

---

[22] Neu eingefügter Satz gemäß aktueller Fassung des GDV vom 14. 10. 2009, vgl. www.gdv.de.
[23] Von dieser Regelung kann abgewichen werden, wenn ein Verzicht auf die Beteiligung an den Bewertungsreserven im Rentenbezug aktuariell begründet werden kann. Diese Fußnote wurde neu eingefügt, vgl. aktuelle Fassung des GDV vom 14. 10. 2009, abrufbar über www.gdv.de.
[24] Hier sind folgende unternehmensindividuelle Angaben zu machen:
a) Voraussetzung für die Fälligkeit der Überschussanteile (Wartezeit, Stichtag für die Zuteilung u. ä.
b) Form und Verwendung der Überschussanteile (laufende Überschussanteile, Schlussüberschussanteile, Bonus, Ansammlung, Verrechnung, Barauszahlung u. ä.)
c) Bemessungsgrößen für die Überschussanteile.
[25] Hier sind der Verteilungsmechanismus, d. h. die Schlüsselung der ermittelten verteilungsfähigen Bewertungsreserven auf den einzelnen Vertrag und die Bewertungsstichtage anzugeben. Vgl. hierzu auch Gesamtgeschäftsplan für die Überschussbeteiligung, Abschnitte 3.11.1 bis 3. 11. 11. Satz 2 der Fußnote wurde neu eingefügt, vgl. aktuelle Fassung des GDV vom 14. 10. 2009, abrufbar über www.gdv.de.
[26] Unternehmensindividuell ergänzen.

Texte

rungsjahren vor Ablauf der Hauptversicherung, bei Rentenversicherungen in den letzten ...[27] Jahren vor dem vereinbarten Rentenbeginn, kann die Zusatzversicherung jedoch nur zusammen mit der Hauptversicherung gekündigt werden. ³Einen Rückkaufswert aus der Zusatzversicherung – soweit vorhanden – erhalten Sie nur, wenn Sie die Zusatzversicherung zusammen mit der Hauptversicherung kündigen. ⁴Der Rückkaufswert mindert sich um einen Abzug in Höhe von ...[28] sowie um rückständige Beiträge. ⁵Mit dem Abzug wird die Veränderung der Risikolage des verbleibenden Versichertenbestandes[29] ausgeglichen; zudem wird damit ein Ausgleich für kollektiv gestelltes Risikokapital vorgenommen.[30] ⁶Weitere Erläuterungen sowie versicherungsmathematische Hinweise zum Abzug finden Sie im Anhang zu den Versicherungsbedingungen. ⁷Sofern Sie uns nachweisen, dass die dem Abzug zugrunde liegenden Annahmen in Ihrem Fall entweder dem Grunde nach nicht zutreffen oder der Abzug wesentlich niedriger zu beziffern ist, entfällt der Abzug bzw. wird – im letzteren Falle – entsprechend herabgesetzt.

(3) ¹Eine Zusatzversicherung, für die keine Beiträge mehr zu zahlen sind (beitragsfreie Zusatzversicherung, Zusatzversicherung gegen Einmalbeitrag), können Sie nur zusammen mit der Hauptversicherung kündigen. ²Absatz 2 Satz 3 und 4 gilt entsprechend.

(4) ¹Die Zusatzversicherung können Sie nur zusammen mit der Hauptversicherung in eine beitragsfreie Versicherung umwandeln, und nur dann, wenn die beitragsfreie Mindestrente von ...[31] erreicht wird. ²Das Verhältnis zwischen der Berufsunfähigkeitsrente und der Leistung aus der Hauptversicherung wird durch die Umwandlung in eine beitragsfreie Versicherung nicht verändert. ³Die beitragsfreie Berufsunfähigkeitsrente errechnen wir nach anerkannten Regeln der Versicherungsmathematik für den Schluss der laufenden Versicherungsperiode. ⁴Der aus der Zusatzversicherung für die Bildung der beitragsfreien Berufsunfähigkeitsrente zur Verfügung stehende Betrag mindert sich um einen Abzug in Höhe von ...[32] sowie um rückständige Beiträge. ⁵Mit dem Abzug wird die Veränderung der Risikolage des verbleibenden Versichertenbestandes[33] ausgeglichen; zudem wird damit ein Ausgleich für kollektiv gestelltes Risikokapital vorgenommen.[34] ⁶Weitere Erläuterungen sowie versicherungsmathematische Hinweise zum Abzug finden Sie im Anhang zu den Versicherungsbedingungen. ⁷Sofern Sie uns nachweisen, dass die dem Abzug zugrunde liegenden Annahmen in Ihrem Fall entweder dem Grunde nach nicht zutreffen oder der Abzug wesent-

---

[27] Unternehmensindividuell ergänzen.
[28] Unternehmensindividuell ergänzen.
[29] Ggf. unternehmensindividuell anpassen, wenn im Bedingungswerk eine andere Diktion veranlasst ist.
[30] Ggf. unternehmensindividuell anpassen, wenn auch aus anderen Gründen oder nur in eingeschränktem Umfang, also nicht aus allen oben genannten Gründen, ein Abzug erfolgen soll.
[31] Unternehmensindividuell ergänzen.
[32] Unternehmensindividuell ergänzen.
[33] Ggf. unternehmensindividuell anpassen, wenn im Bedingungswerk eine andere Diktion veranlasst ist.
[34] Ggf. unternehmensindividuell anpassen, wenn auch aus anderen Gründen oder nur in eingeschränktem Umfang, also nicht aus allen oben genannten Gründen, ein Abzug erfolgen soll.

C. Berufsunfähigkeits-Zusatzversicherung **Texte**

lich niedriger zu beziffern ist, entfällt der Abzug bzw. wird – im letzteren Falle – entsprechend herabgesetzt. [8]Wird die Mindestrente nicht erreicht, verwenden wir diesen Betrag zur Erhöhung der beitragsfreien Leistung der Hauptversicherung.

(5) Bei Herabsetzung der versicherten Leistung aus der Hauptversicherung gelten die Absätze 2 bis 4 entsprechend.

(6) Ist unsere Leistungspflicht aus der Zusatzversicherung anerkannt oder festgestellt, berechnen wir die Leistung aus der Hauptversicherung (Rückkaufwert, beitragsfreie Versicherungsleistung und Überschussbeteiligung der Hauptversicherung) so, als ob sie den Betrag unverändert weiter gezahlt hätten.

(7) Anerkannte oder festgelegte Ansprüche aus der Zusatzversicherung werden durch Rückkauf oder Umwandlung der Hauptversicherung in eine beitragsfreie Versicherung mit herabgesetzter Versicherungsleistung nicht berührt.

(8) Ansprüche aus der Berufsunfähigkeits-Zusatzversicherung können Sie nicht abtreten oder verpfänden.

(9) Soweit in diesen Bedingungen nichts anderes bestimmt ist, finden die Allgemeinen Bedingungen für die Hauptversicherung sinngemäß Anwendung.

Anhang der AVB zur Kündigung und Beitragsfreistellung[35] Ihrer Versicherung[36]

Die Kündigung oder die Beitragsfreistellung Ihrer Versicherung ist mit Nachteilen verbunden.
– Im Falle einer Kündigung erreicht der Rückkaufwert erst nach einem bestimmten Zeitpunkt die Summe der eingezahlten Beiträge, da aus diesen auch Abschluss- und Vertriebskosten sowie Kosten für die Verwaltung des gebildeten Kapitals finanziert werden und der in den AVB erwähnte Abzug erfolgt.[37] Bei seiner Kalkulation werden folgende Umstände berücksichtigt:[38]
Veränderungen der Risikolage
Die Kalkulation von Versicherungsprodukten basiert darauf, dass die Risikogemeinschaft sich gleichmäßig aus Versicherungsnehmern mit einem hohen und einem geringeren Risiko zusammensetzt. Da Personen mit einem geringen Risiko die Risikogemeinschaft eher verlassen als Personen mit einem hohen Risiko, wird in Form eines kalkulatorischen Ausgleichs sichergestellt, dass der Risikogemeinschaft durch die vorzeitige Vertragskündigung kein Nachteil entsteht.
Ausgleich für kollektiv gestelltes Risikokapital
Wir bieten Ihnen im Rahmen des vereinbarten Versicherungsschutzes Garantien und Optionen. Dies ist möglich, weil ein Teil des dafür erforderlichen

---

[35] Bei Riesterprodukten ist der Begriff „Beitragsfreistellung" durch den Begriff „Ruhenlassen" zu ersetzen.
[36] Dieser Anhang ist für die Versicherer unverbindlich; seine Verwendung ist rein fakultativ. Abweichende Formulierungen können verwendet werden.
[37] Ggf. unternehmensindividuell modifizieren.
[38] Die folgenden Ausführungen sind unternehmensindividuell anzupassen, sofern ein Abzug auch aus anderen Gründen oder aus nicht allen dort genannten Gründen erfolgt.

Risikokapitals (Solvenzmittel) durch den Versichertenbestand zur Verfügung gestellt wird. Bei Neuabschluss eines Vertrages partizipiert dieser an bereits vorhandenen Solvenzmitteln. Während der Laufzeit muss der Vertrag daher Solvenzmittel zur Verfügung stellen. Bei Vertragskündigung gehen diese Solvenzmittel dem verbleibenden Bestand verloren und müssen deshalb im Rahmen des Abzugs ausgeglichen werden. Der interne Aufbau von Risikokapital ist regelmäßig für alle Versicherungsnehmer die günstigste Finanzierungsmöglichkeit von Optionen und Garantien, da eine Finanzierung über externes Kapital wesentlich teurer wäre.

– Im Falle der Beitragsfreistellung gelten vorstehende Ausführungen entsprechend.
– Sofern Sie uns nachweisen, dass die dem Abzug zugrunde liegenden Annahmen in Ihrem Fall entweder dem Grunde nach nicht zutreffen oder der Abzug wesentlich niedriger zu beziffern ist, entfällt der Abzug bzw. wird – im letzteren Falle – entsprechend herabgesetzt.

Teil 2. Einleitung

Übersicht
zu Teil 2. Einleitung

	Seite
A. Wirtschaftliche Bedeutung der Lebensversicherung	45
B. Rechtsquellen der Lebensversicherung	49
C. Bedeutung der Lebensversicherung für die private und betriebliche Altersversorgung	77
D. Besteuerung der Lebensversicherung	96
E. Vermittlung und Betreuung der Lebensversicherung	111
F. Inhaltskontrolle von Allgemeinen Versicherungsbedingungen	264
G. Beaufsichtigung der Lebensversicherungsunternehmen	289
H. Lebensversicherungsunternehmen unter Kartellaufsicht	315

A. Wirtschaftliche Bedeutung der Lebensversicherung

Übersicht

	Rdn.
I. Rechtsformen und Bedeutung der Lebensversicherer	1, 2
1. Rechtsform	1
2. Bedeutung	2
II. Rangfolge der Lebensversicherer nach Beitragseinnahme	3, 4
III. Ausgewählte Geschäftsdaten der Lebensversicherer 2008	5–11
1. Bestand an Haupt- und Zusatzversicherungen	5
2. Beitragseinnahmen Haupt- und Zusatzversicherungen	7
3. Kapitalanlagenbestand	8
4. Verwaltungskostensatz	9
5. Abschlusskostensatz	10
6. Nettoverzinsung	11

I. Rechtsformen und Bedeutung der Lebensversicherer

1. Rechtsform

Gemäß § 5 Abs. 1 VAG bedürfen Versicherungsunternehmen zum Geschäftsbetrieb der Erlaubnis der Aufsichtsbehörde. Die Erlaubnis darf nur Aktiengesellschaften, Versicherungsvereinen auf Gegenseitigkeit[1] sowie Körperschaften und Anstalten des öffentlichen Rechts erteilt werden (§ 7 Abs. 1 VAG). Erwerber einer bedeutenden Beteiligung an einem Versicherungsunternehmen, d. h. von mindestens 10% des Kapitals oder der Stimmrechte (§ 7a Abs. 2 Satz 3 VAG), sind verpflichtet, die Höhe der beabsichtigten Beteiligung unverzüglich der Aufsichtsbehörde anzuzeigen.[2]

1

---

[1] Zur Marktstellung der Versicherungsvereine auf Gegenseitigkeit siehe *Benkel*, Der Versicherungsverein auf Gegenseitigkeit – Das Gesellschaftsrecht der großen konzernfreien VVaG, München, Beck, 2002, S. 5 ff.; *Weber-Rey/Guinomet*, Wege zur Demutualisierung – Umstrukturierungsbedarf bei den Versicherungsvereinen auf Gegenseitigkeit (VVaG), AG 2002, 278 f.

[2] Zu den Einzelheiten siehe *Hasselbach/Förster*, Private-Equity-Investitionen in Versicherungsunternehmen unter besonderer Berücksichtigung des § 104 VAG, VersR 2007, 1159.

Einl. A 2–4 Teil 2. Einleitung

2. Bedeutung

2 Die Lebensversicherer sind seit langem eines der größten Kapitalsammelbecken.[3] Jahr für Jahr stellen die Lebensversicherer dem Kapitalmarkt Mittel zur Verfügung, die von der Wirtschaft und vom Staat für Investitionen langfristig benötigt werden.[4] Aufgabe der deutschen Lebensversicherungsunternehmen ist es, Sicherheit für ihre Kunden zu produzieren.[5]

II. Rangfolge der Lebensversicherer nach Beitragseinnahme

3 Die zwanzig größten Lebensversicherer verbuchten für 2008 folgende Bruttobeiträge, wobei die gebuchten Bruttobeiträge für 2007 gegenübergestellt sind, so dass auch die Veränderungen in der Rangfolge dargestellt werden können:[6]

Rang 2008/Gesellschaft	Rang 2007	Gebuchte Bruttobeiträge[7] 2008	2007
01 Allianz Lebensversicherungs-Aktiengesellschaft	01	12 927,5	12 754,0
02 Aachener und Münchener Lebensversicherung AG	02	4 110,6	3 889,4
03 R+V Lebensversicherung AG	03	3 730,8	3 343,0
04 Zürich/Deutscher Herold	04	3 637,8	3 582,2
05 Debeka Leben	06	2 925,7	2 815,3
06 Hamburg-Mannheimer Versicherungs-AG	05	2 868,0	3 089,6
07 Volksfürsorge Deutsche Lebensversicherung AG	07	2 392,1	2 425,5
08 Württembergische Lebensversicherung AG[8]	08	2 095,6	2 167,6
09 Nürnberger Lebensversicherung AG	11	2 053,1	1 941,7
10 Bayern-Versicherung Lebensversicherung	13	2 041,8	1 926,7
11 HDI/Gerling Leben	09	1 954,8	2 009,1
12 Victoria Lebensversicherung AG	10	1 914,4	1 944,9
13 AXA Lebensversicherung AG	12	1 866,6	1 933,9
14 SV Sparkassen-Versicherung	14	1 519,8	1 534,3
15 IDUNA Vereinigte Lebensversicherung a. G.	15	1 406,5	1 433,0
16 Provinzial NordWest	17	1 344,8	1 363,7
17 DBV Deutsche Beamten	16	1 337,1	1 389,9
18 ALTE LEIPZIGER Lebensversicherung a. G.	18	1 282,9	1 253,3
19 Cosmos	21	1 249,3	1 170,7
20 Gothaer Lebensversicherung	20	1 242,8	1 198,9

4 Im Schrifttum wird kritisch angemerkt, dass der veröffentlichte zugegangene Jahresbeitrag ohne Angabe der mittleren Beitragszahlungsdauer ohne Aussagekraft

---

[3] *Kadatz/Hebel,* Die Lebensversicherung, in: 50 Jahre materielle Versicherungsaufsicht nach dem Gesetz vom 12. Mai 2001, hrsg. v. Walter Rohrbeck, Berlin, Duncker & Humblot, 1952, S. 1, 2.

[4] Vgl. Jahrbuch 2007 (Hrsg. GDV), Die deutsche Versicherungswirtschaft, 2007, S. 80.

[5] *Lueg/Schneidemann,* Garantiert versorgt: Wie Lebensversicherer ihren Kunden Sicherheit verschaffen – Kapital anhäufen reicht nicht, VW 2006, 976, 978.

[6] Vgl. *Surminski,* Einmalbeiträge treiben den Markt, ZfV 2007, 204, 205; *derselbe,* Wachstumssorgen: Das Neugeschäft der Lebensversicherer 2007: Einmalbeiträge und Riester verhindern Schlimmeres, ZfV 2008, 199, 200.

[7] In Mio. Euro. Quelle: ZfV 2009, 499.

[8] Inkl. Karlsruher Leben, vgl. *Surminski,* Wachstumssorgen: Das Neugeschäft der Lebensversicherer 2007: Einmalbeiträge und Riester verhindern Schlimmeres, ZfV 2008, 199, 200.

A. Wirtschaftliche Bedeutung der LV

sei, da das Einmalbeitragsgeschäft, das beispielsweise vom Zinsniveau des Kapitalmarkts, von gesetzlichen Rahmenbedingungen oder von einmaligen Sondereffekten abhängt, von Jahr zu Jahr erheblich schwanken kann.[9] Hiergegen ist einzuwenden, dass die gebuchte Bruttobeitragseinnahme seit eh und je die Rangfolge bestimmt.

III. Ausgewählte Geschäftsdaten der Lebensversicherer 2008[10]

1. Bestand an Haupt- und Zusatzversicherungen

Bei den GDV-Mitgliedsunternehmen bestanden am 31. Dezember 2008 insgesamt 92,8 Mio. (2007: 93,9 Mio.) Hauptversicherungsverträge[11] in der Lebensversicherung.[12] Bei den Hauptversicherungen waren in 2008 35,4% (2007: 36,5%) mit Zusatzversicherungen verbunden.[13]
Der Bestand an Zusatzversicherungen[14] belief sich auf 32,8 Mio. (2007: 34,3 Mio.) Zusatzversicherungen.[15] Von diesen Zusatzpolicen waren 11,9 Mio. (2007: 12,9 Mio.) Unfalltod-Zusatzversicherungen und 14,6 Mio. (2007: 14,9 Mio.) Berufsunfähigkeits- bzw. Invaliditäts-Zusatzversicherungen.[16]

2. Beitragseinnahmen Haupt- und Zusatzversicherungen

Die Beitragseinnahmen in der Lebensversicherung[17] beliefen sich auf 76,3 Mrd. Euro (2007: 75,4 Mrd. Euro).[18] Hiervon entfielen auf Hauptversicherungen 70,8 Mrd. Euro (2007: 70,1 Mrd. Euro) und auf Zusatzversicherungen 5,5 Mrd. Euro (2007: 5,3 Mrd. Euro).[19]

3. Kapitalanlagenbestand

Der Kapitalanlagenbestand[20] der Lebensversicherer stieg, gemessen an den Bilanzwerten, im Jahre 2008 um 0,6% auf 685,6 Mrd. Euro (2007: 681,6 Mrd.

---

[9] *Bittermann*, Der deutsche Lebensversicherungsmarkt im Überblick: Die Veränderungen bis 2004, VW 2005, 1214, 1215.
[10] Lebensversicherung i. e. S., d. h., ohne Pensionskassen und Pensionsfonds.
[11] Erfasst sind Kapital-Einzelversicherungen einschließlich Risiko- und Fondsgebundene Lebensversicherungen, Vermögensbildende Lebensversicherungen, Renten-Einzelversicherungen, Gruppenversicherungen ohne Sondertarifen, vgl. Jahrbuch 2007 (Hrsg. GDV), Die deutsche Versicherungswirtschaft, 2007, S. 76.
[12] GDV (Hrsg.), Geschäftsentwicklung 2008, Die deutsche Lebensversicherung in Zahlen, 2009, S. 16.
[13] GDV (Hrsg.), Geschäftsentwicklung 2007, Die deutsche Lebensversicherung in Zahlen, 2008, S. 18; GDV (Hrsg.), Geschäftsentwicklung 2008, Die deutsche Lebensversicherung in Zahlen, 2009, S. 18.
[14] Erfasst sind Unfall-Zusatzversicherungen, Berufsunfähigkeits-Zusatzversicherungen, sonstige Zusatzversicherungen, vgl. Jahrbuch 2007 (Hrsg. GDV), Die deutsche Versicherungswirtschaft, 2007, S. 76.
[15] GDV (Hrsg.), Geschäftsentwicklung 2008, Die deutsche Lebensversicherung in Zahlen, 2009, S. 18.
[16] GDV (Hrsg.), Geschäftsentwicklung 2008, Die deutsche Lebensversicherung in Zahlen, 2009, S. 18.
[17] Gebuchte Brutto-Beiträge ohne Beiträge aus der RfB.
[18] GDV (Hrsg.), Geschäftsentwicklung 2008, Die deutsche Lebensversicherung in Zahlen, 2009, S. 19.
[19] GDV (Hrsg.), Geschäftsentwicklung 2008, Die deutsche Lebensversicherung in Zahlen, 2009, S. 21.
[20] Ohne Depotforderungen und Kapitalanlagen für Rechnung und Risiko von Inhabern von Lebensversicherungspolicen.

Euro).[21] Die Kapitalanlagen für Rechnung und Risiko von Inhabern von Lebensversicherungspolicen betrugen 31,5 Mrd. Euro (2007: 41,2 Mrd. Euro).[22]

4. Verwaltungskostensatz

9   Der Verwaltungskostensatz der Lebensversicherer sank auf 2,8% (2007: 3,0%).[23] Betrachtet man nur die 20 größten Lebensversicherer, liegt der Verwaltungskostensatz zwischen 1,2% und 4% (2007: 1,4 bis 4,3%).[24] Viele Versicherer versuchen über Prozess- und Strukturoptimierungen Kostenpotentiale zu heben, um den Verwaltungskostensatz weiter zu senken.[25]

5. Abschlusskostensatz

10   Der Abschlusskostensatz der Lebensversicherer ging auf 4,9% zurück (2007: 5,2%).[26] Bei den 20 größten Lebensversicherern lag der Abschlusskostensatz zwischen 2,1% und 7% (2007: 2,6% bis 7%).[27]

6. Nettoverzinsung

11   Die Nettoverzinsung der Kapitalanlagen der Lebensversicherer ging auf 3,55% zurück (2007: 4,65%); sie errechnet sich als Bruttoerträge minus Aufwendungen (inklusive Abschreibungen) für die Kapitalanlagen im Verhältnis zum mittleren Kapitalanlagenbestand des Jahres.[28] Die laufende Durchschnittsverzinsung der Kapitalanlagen der Lebensversicherer lag bei 4,65%.[29] Bei den 20 größten Lebensversicherern bewegte sich die Nettoverzinsung der Kapitalanlagen zwischen 2,0% und 4,9% (2007: 4% bis 5,4%).[30]

---

[21] GDV (Hrsg.), Geschäftsentwicklung 2008, Die deutsche Lebensversicherung in Zahlen, 2009, S. 27.
[22] GDV (Hrsg.), Geschäftsentwicklung 2008, Die deutsche Lebensversicherung in Zahlen, 2009, S. 28.
[23] GDV (Hrsg.), Geschäftsentwicklung 2008, Die deutsche Lebensversicherung in Zahlen, 2009, S. 27.
[24] Quelle: ZfV 2009, 542.
[25] *Kern*, Bancassurance – Modell der Zukunft?, Karlsruhe, VVW, 1999, S. 18.
[26] GDV (Hrsg.), Geschäftsentwicklung 2008, Die deutsche Lebensversicherung in Zahlen, 2009, S. 27.
[27] Quelle: ZfV 2009, 542.
[28] GDV (Hrsg.), Geschäftsentwicklung 2008, Die deutsche Lebensversicherung in Zahlen, 2009, S. 29.
[29] GDV (Hrsg.), Geschäftsentwicklung 2008, Die deutsche Lebensversicherung in Zahlen, 2009, S. 29.
[30] Quelle: ZfV 2009, 542.

B. Rechtsquellen der Lebensversicherung

Übersicht

	Rdn.
I. Meilensteine der nationalen Gesetzgebung	1
1. Allgemeines Landrecht für die Preußischen Staaten von 1794	1
2. Versicherungsaufsichtsgesetz vom 12. Mai 1901	2
3. Gesetz über den Versicherungsvertrag vom 30. Mai 1908	3
4. Einigungsvertrag vom 3. Oktober 1990	4
5. Drittes Durchführungsgesetz/EWG zum VAG vom 21. Juli 1994	5
6. Kapitalaufnahmeerleichterungsgesetz (KapAEG) vom 20. April 1998	6
7. Kapitalgesellschaften- und Co-Richtlinie-Gesetz (KapCoRiLiG) vom 16. Dezember 1999	7
8. Gesetz über Fernabsatzverträge und andere Fragen des Verbraucherrechts sowie zur Umstellung von Vorschriften auf Euro vom 27. Juni 2000	8
9. Gesetz zur Änderung des Versicherungsaufsichtsgesetzes, insbesondere zur Durchführung der EG-Richtlinie 98/78/EG vom 27. Oktober 1998 über die zusätzliche Beaufsichtigung der einer Versicherungsgruppe angehörenden Versicherungsunternehmen sowie zur Umstellung von Vorschriften auf Euro vom 21. Dezember 2000 („VAG-Novelle 2000")	9–11
10. Altersvermögensgesetz (AVmG) vom 26. Juni 2001	12
11. Versicherungskapitalanlagen-Bewertungsgesetz (VersKapAG) vom 26. März 2002	13–16
12. Gesetz zur weiteren Fortentwicklung des Finanzplatzes Deutschland vom 21. Juni 2002 („VAG-Novelle 2002")	17
13. Geldwäschebekämpfungsgesetz vom 8. August 2002	18
14. Gesetz zur Umsetzung aufsichtsrechtlicher Bestimmungen zur Sanierung und Liquidation von Versicherungsunternehmen und Kreditinstituten vom 10. Dezember 2003 („VAG-Novelle 2003")	19
15. Alterseinkünftegesetz vom 5. Juli 2004	20
16. Gesetz zur Änderung der Vorschriften über Fernabsatzverträge bei Finanzdienstleistungen vom 2. Dezember 2004	21
17. Bilanzrechtsreformgesetz (BilReG) vom 4. Dezember 2004	22
18. Gesetz zur Änderung des Versicherungsaufsichtsgesetzes und anderer Gesetze vom 15. Dezember 2004 („VAG-Novelle 2004")	23–25
19. Siebtes Gesetz zur Änderung des Versicherungsaufsichtsgesetzes vom 29. August 2005 („7. VAG-Novelle")	26
20. Gesetz zur Umsetzung europäischer Richtlinien zur Verwirklichung des Grundsatzes der Gleichbehandlung vom 14. August 2006	27–29
a) Umgesetzte Richtlinien	27
b) Richtlinie 2004/113/EG	28
c) Richtlinie 2006/54/EG	29
21. Gesetz zur Neuregelung des Versicherungsvermittlerrechts vom 19. Dezember 2006	30
22. Achtes Gesetz zur Änderung des Versicherungsaufsichtsgesetzes sowie zur Änderung des Finanzdienstleistungsgesetzes und anderer Vorschriften vom 28. Mai 2007 („8. VAG-Novelle")	31–42

	Rdn.
23. Gesetz zur Reform des Versicherungsvertragsrechts vom 23. November 2007	43
24. Neuntes Gesetz zur Änderung des Versicherungsaufsichtsgesetzes vom 23. Dezember 2007 („9. VAG-Novelle")	44–48
25. Gesetz zur Ergänzung der Bekämpfung der Geldwäsche und der Terrorismusfinanzierung (Geldwäschebekämpfungsergänzungsgesetz – GwBekErgG) vom 13. August 2008	49
26. Gesetz zur Verbesserung der Rahmenbedingungen für die Absicherung flexibler Arbeitszeitregelungen und zur Änderung anderer Gesetze vom 21. Dezember 2008	50–52
27. Drittes Gesetz zum Abbau bürokratischer Hemmnisse insbesondere in der mittelständischen Wirtschaft (Drittes Mittelstandsentlastungsgesetz) vom 17. März 2009	53
28. Gesetz zur Modernisierung des Bilanzrechts (Bilanzrechtsmodernisierungsgesetz – BilMoG) vom 25. Mai 2009	54–58
a) Allgemeines	54
b) Ziel des Gesetzes	55
c) Saldierung von Rückstellungen	56
d) Pensionsverpflichtungen	57
e) Handelsbestand	58
29. Gesetz zur Umsetzung der Verbraucherkreditrichtlinie, des zivilrechtlichen Teils der Zahlungsdiensterichtlinie sowie zur Neuordnung der Vorschriften über das Widerrufs- und Rückgaberecht vom 29. Juli 2009	59
30. Gesetz zur Stärkung der Finanzmarkt- und der Versicherungsaufsicht vom 29. Juli 2009 („VAG-Novelle 2009")	60
31. Gesetz über genetische Untersuchungen bei Menschen (Gendiagnostikgesetz – GenDG) vom 31. Juli 2009	61
II. Neue Entwicklungen	62

I. Meilensteine der nationalen Gesetzgebung

1. Allgemeines Landrecht für die Preußischen Staaten von 1794

1   Das Allgemeine Landrecht für die preußischen Staaten (ALR) trat gemäß Publikationspatent vom 5. Februar 1794 am 1. Juni 1794 in Kraft.[1] Es enthält mit den §§ 1934 bis 2358 im 13. Abschnitt des 8. Titels des II. Teils unter der Überschrift „Von Versicherungen" eine ausführliche Regelung des Versicherungsvertragsrechts.[2] Hervorzuheben ist der Umfang der Regelung des Versicherungsvertragsrechts, der sich in dieser Breite und Ausführlichkeit in späteren Kodifikationen nicht wieder findet.[3] Erstmals wird die Lebensversicherung berücksichtigt,[4] die

---

[1] Allgemeines Landrecht für die Preußischen Staaten von 1794 mit einer Einführung v. Hans Hattenhauer u. einer Bibliographie v. Günther Bernert, 2. Aufl., Neuwied/Kriftel/Berlin, Luchterhand, 1994, S. 48 ff.

[2] Allgemeines Landrecht für die Preußischen Staaten von 1794 mit einer Einführung v. Hans Hattenhauer u. einer Bibliographie v. Günther Bernert, 2. Aufl., Neuwied/Kriftel/Berlin, Luchterhand, 1994, S. 523 ff.

[3] *Koch,* Die Behandlung des Versicherungsvertrages im preußischen Allgemeinen Landrecht – Gedanken zum 200jährigen Jubiläum des Allgemeinen Landrechts –, VersR 1994, 629, 630.

[4] §§ 1968–1974 ALR; *Prang,* Der Schutz der Versicherungsnehmer bei der Auslegung von Versicherungsbedingungen durch das Reichsgericht, Frankfurt am Main u. a., Lang, 2003, S. 30.

B. Rechtsquellen der Lebensversicherung

allerdings vom preußischen Gesetzgeber noch nicht als Summenversicherung sondern als Unterfall der Schadenversicherung angesehen wird.[5]

2. Versicherungsaufsichtsgesetz vom 12. Mai 1901

Das Versicherungsaufsichtsgesetz wurde am 2. Mai 1901 vom Reichstag angenommen und als Reichsgesetz über die privaten Versicherungsunternehmungen am 12. Mai 1901 im Reichsgesetzblatt verkündet und trat am 1. Januar 1902 in Kraft.[6] Vorausging ein Entwurf, bei dem die Einbeziehung des bisher nicht geregelten Rechts des Versicherungsvereins auf Gegenseitigkeit[7] in das Aufsichtsgesetz nicht auf Kritik stieß.[8] Die Schweiz erließ schon früher mit dem Bundesgesetz betreffend Beaufsichtigung von Privatunternehmungen im Gebiet des Versicherungswesens vom 25. Juni 1885 die erste einheitliche gesetzliche Regelung über die Versicherungsaufsicht in Europa.[9]

3. Gesetz über den Versicherungsvertrag vom 30. Mai 1908

Das Gesetz über den Versicherungsvertrag vom 30. Mai 1908 wurde unter dem 30. Mai 1908 im Reichsgesetzblatt verkündet.[10] Mit Rücksicht auf die notwendigen Umstellungs- und Anpassungsarbeiten in der Praxis sowie insbesondere die erforderliche Änderung und aufsichtsbehördliche Genehmigung der Versicherungsbedingungen ist das VVG 1908 aber erst am 1. Januar 1910 in Kraft getreten.[11] Die Vorarbeiten für dieses Gesetz wurden beeinflusst durch den Entwurf für eine gesetzliche Regelung in der Schweiz, das als erstes Land mit dem Bundesgesetz über den Versicherungsvertrag vom 2. April 1908 eine vollständige Kodifikation des Binnenversicherungsrechts in Form eines Spezialgesetzes erhielt.[12] Vor der Schaffung des einheitlichen deutschen Versicherungsvertragsrechts herrschte eine Rechtszersplitterung, die von den Versicherungsgesellschaften durch die Aufstellung von Versicherungsbedingungen überwunden wurde.[13]

---

[5] *Koch,* Entwicklung der versicherungsvertraglichen Rechtsquellen in Deutschland, in: Kontinuität und Wandel des Versicherungsrechts, Festschrift für Egon Lorenz zum 70. Geburtstag, hrsg. v. Manfred Wandt, Peter Reiff, Dirk Looschelders u. Walter Bayer, Karlsruhe, VVW, 2004, S. 411, 421.

[6] RGBl. 1902, 139; *Tigges,* Geschichte und Entwicklung der Versicherungsaufsicht, Karlsruhe, VVW, 1985, S. 85; *Botur,* Privatversicherung im Dritten Reich: Zur Schadenabwicklung nach der Reichskristallnacht unter dem Einfluss nationalsozialistischer Rassen- und Versicherungspolitik, Baden-Baden, Nomos, 1995, S. 17 ff.; *Koch,* 100 Jahre einheitliche Versicherungsaufsicht in Deutschland, VW 2001, 1466, 1468.

[7] Siehe hierzu *Benkel,* Der Versicherungsverein auf Gegenseitigkeit – Das Gesellschaftsrecht der großen konzernfreien Versicherungsvereine auf Gegenseitigkeit, 2. Aufl., München, Beck, 2002, S. 41 f.

[8] *Koch,* 100 Jahre einheitliche Versicherungsaufsicht in Deutschland, VW 2001, 1466, 1467.

[9] *Koch,* 100 Jahre einheitliche Versicherungsaufsicht in Deutschland, VW 2001, 1466, 1467.

[10] RGBl. S. 263.

[11] *Koch,* 100 Jahre Versicherungsvertragsgesetz: Willkommen und Abschied, VW 2008, 900, 903.

[12] Einzelheiten siehe bei *Roelli,* Der schweizerische und der deutsche Entwurf zur Kodifikation des privaten Binnenversicherungsrechts, ZVersWiss 1903, 328 ff.; *Duvinage,* Die Vorgeschichte und die Entstehung des Gesetzes über den Versicherungsvertrag, Karlsruhe, VVW, 1987, S. 69.

[13] *Koch,* 100 Jahre Versicherungsvertragsgesetz: Willkommen und Abschied, VW 2008, 900.

4. Einigungsvertrag vom 3. Oktober 1990

4   Für Versicherungsverträge, die vor dem 3. Oktober 1990 abgeschlossen worden sind, bleibt das bisherige Recht maßgebend, d. h. für diese Verträge gelten weiterhin sämtliche Sonderbedingungen, wie auch Art. 232 § 1 EGBGB zum Ausdruck bringt.[14] Im Gebiet der fünf neuen Bundesländer gilt gemäß Art. 8 des Einigungsvertrages seit dem 3. Oktober 1990 Bundesrecht.[15] Dass der Gesetzgeber im Einigungsvertrag das Geltendmachen von Lebens- und Rentenversicherungsansprüchen aus der Zeit vor der Währungsreform bis zu einer Abschlussgesetzgebung über Kriegsfolgen und Umstellungsansprüchen ausgeschlossen hat, begegnet keinen verfassungsrechtlichen Bedenken.[16] Verfassungsrechtlich unbedenklich ist auch die Regelung im Einigungsvertrag, dass die Versicherer bis zu einer allgemeinen oder besonderen Abschlussgesetzgebung über die Regelung von Kriegsfolgen und Umstellungsansprüchen nicht in Anspruch genommen werden können.[17]

5. Drittes Durchführungsgesetz/EWG zum VAG vom 21. Juli 1994

5   Mit dem Dritten Gesetz zur Durchführung versicherungsrechtlicher Richtlinien des Rates der Europäischen Gemeinschaft (Drittes Durchführungsgesetz/EWG zum VAG) vom 21. Juli 1994[18] wurden in erster Linie die Richtlinie 92/96/EWG des Rates vom 10. November 1992 zur Koordinierung der Rechts- und Verwaltungsvorschriften für die Direktversicherung (Lebensversicherung) sowie zur Änderung der Richtlinien 79/267/EWG und 90/619/EWG (Dritte Richtlinie Lebensversicherung)[19] in deutsches Recht umgesetzt.[20] Von der Option, genehmigen zu können, dass neben der Lebensversicherung auch die Kranken- und Unfallversicherung in einer Rechtseinheit betrieben werden dürfen, machte der deutsche Gesetzgeber keinen Gebrauch.[21] Dies war schon im Vorfeld der Umsetzungsgesetzgebung erwartet worden.[22] Im Zuge der Umsetzung sind die Kapitalisierungsgeschäfte,[23] die Geschäfte der Verwaltung von Versorgungsein-

---

[14] Vgl. *Präve*, Die Bedeutung des Einigungsvertrags für das Versicherungswesen im Beitrittsgebiet, VW 1990, 1324.
[15] *Koch*, 100 Jahre einheitliche Versicherungsaufsicht in Deutschland, VW 2001, 1466, 1476.
[16] BGH, Urt. v. 19. 5. 2004 – IV ZR 114/03, r+s 2004, 384 = MDR 2004, 1115 f. (Ls.).
[17] BGH, Urt. v. 19. 5. 2004 – IV ZR 114/03, r+s 2004, 384, 385.
[18] BGBl. I S. 1630.
[19] Abl.EG Nr. L 360 v. 9. 12. 1992, S. 1 = VerBAV 1993, 41; dazu *Hohlfeld*, Die deutsche Lebensversicherung im EG-Binnenmarkt unter aufsichtsrechtlichen Gesichtspunkten, in: Recht und Ökonomie der Versicherung, Festschrift für Egon Lorenz zum 60. Geburtstag, hrsg. v. Ulrich Hübner, Elmar Helten, Peter Albrecht, Karlsruhe, VVW, 1994, S. 295; *Janotta-Simons*, Die versicherungsmathematischen Prinzipien der Dritten EG-Lebensversicherungsrichtlinie und die künftige Rolle des Versicherungsmathematikers, ZfV 1992, 598 (I), ZfV 1993, 2 (II) u. ZfV 1993, 30 (III).
[20] Siehe hierzu *Präve*, Das Dritte Durchführungsgesetz/EWG zum VAG – Ausgewählte Fragen des neuen Aufsichts- und Vertragsrechts, ZfV 1994, 168, 199, 227, 255; *Renger*, Stand, Inhalt und Probleme des neuen Versicherungsrechts – Bemerkungen zum Dritten Gesetz zur Durchführung versicherungsrechtlicher Richtlinien des Rates der Europäischen Gemeinschaften –, VersR 1994, 753.
[21] Vgl. Art. 16 Abs. 1 Dritte Richtlinie Lebensversicherung, Abl.EG Nr. L 360 v. 9. 12. 1992, S. 1, 11.
[22] Vgl. *Will*, Innovationswirkung der Dritten Lebensversicherungsrichtlinie, in: Festschrift für Dieter Farny zur Vollendung seines 60. Lebensjahres von seinen Schülern, hrsg. v. Hans-Peter Mehring u. Volker Wolff, Karlsruhe, VVW, 1994, S. 305, 308.
[23] Siehe hierzu *Thiel*, Kapitalisation, Versicherungskaufmann 1991, 17; *Gehrke*, Vorzeitige Auszahlung beim französischen Kapitalisierungsvertrag durch Losentscheid, VersRAI 1997,

B. Rechtsquellen der Lebensversicherung

richtungen[24] und die Tontinengeschäfte als Nr. 23, 24 und 22 in den Katalog der Versicherungssparten gemäß Anlage A zum VAG eingefügt worden.[25] Ferner wurde § 11a VAG eingeführt.[26] § 11a Abs. 1 VAG bestimmt, dass jedes Lebensversicherungsunternehmen einen Verantwortlichen Aktuar zu bestellen hat.[27] Der Gesetzgeber hat sich bei der Einführung des Verantwortlichen Aktuars am britischen appointed actuary orientiert.[28] Der Verantwortliche Aktuar hat gegenüber dem bisherigen Mathematischen Sachverständigen eine deutlich erweiterte Aufgabenstellung mit einem höheren Maß an Verantwortung und trägt unverkennbar Züge eines „Vorpostens" der Aufsicht.[29] Nicht umgesetzt hat der Gesetzgeber die Forderung, den Verantwortlichen Aktuar durch den Aufsichtsrat bestellen zu lassen.[30] Um dem Verantwortlichen Aktuar und den LVU Orientierungslinien zu geben, hat sich im Februar 1993 die Deutsche Aktuarvereinigung (DAV) konstituiert, die aktuarielle Kalkulations- und Bewertungsregeln schafft, die auch Maßstäbe für die Bewertung durch die Aufsichtsbehörde und die ordentlichen Gerichte geben sollen.[31] Ein Verfahren zur Feststellung von Fachgrundsätzen hat die DAV 1999 vorgestellt.[32] Für Schäden, die der Verantwortliche Aktuar im Rahmen seiner Berufsausübung Dritten zufügt, haftet das LVU Dritten gegenüber auf Grund der Organstellung des Verantwortlichen Aktuars analog § 31 BGB.[33]

6. Kapitalaufnahmeerleichterungsgesetz (KapAEG) vom 20. April 1998

Das Gesetz zur Verbesserung der Wettbewerbsfähigkeit deutscher Konzerne an Kapitalmärkten und zur Erleichterung der Aufnahme von Gesellschafterdarlehen (Kapitalaufnahmeerleichterungsgesetz – KapAEG) vom 20. April 1998 trat am 21. April 1998 in Kraft.[34] Seit Inkrafttreten des KapAEG können deutsche börsennotierte Kapitalgesellschaften ihren Konzernabschluss gemäß dem neuen

---

2 f.; BaFin 10/2005 (Zulässigkeit von Kapitalisierungsgeschäften); BaFin v. 27. 6. 2007 (Zinsüberschussbeteiligung bei Kapitalisierungsprodukten).

[24] Siehe hierzu *Körber*, Neue Tätigkeitsfelder und neue Wettbewerbsverhältnisse für die deutsche Lebensversicherungswirtschaft, VW 1995, 100.

[25] Siehe dazu *Winter*, Grenzlinien der Lebensversicherung: „insurable interest", biometrisches Risiko und Kapitalisierungsgeschäfte, VersR 2004, 8.

[26] BGBl. I S. 1630.

[27] Einzelheiten zur Bestellung, Funktion und Haftung des Verantwortlichen Aktuars siehe bei *Benkel*, Der Versicherungsverein auf Gegenseitigkeit, München, Beck, 2002, S. 191. Siehe hierzu ferner *Bode*, Der neu geregelte Aufgabenbereich des Verantwortlichen Aktuars, BetrAV 1995, 20; *Präve*, Versicherungsaufsicht, Treuhänder und Verantwortlicher Aktuar, VersR 1995, 733; *Maaß*, Der deutsche Aktuar im deregulierten Lebensversicherungsmarkt, Ulm, IFA Ulm, 1995; *Rappich*, Der Verantwortliche Aktuar in der Lebensversicherung – Bemerkungen zu seiner Qualifikation und Stellung im deutschen und englischen Recht –, VersR 1996, 413.

[28] BT-Drucks. 12/6959, S. 56; *Brömmelmeyer*, Der Verantwortliche Aktuar in der Lebensversicherung, Baden-Baden, Nomos, VersWissStud. 14 (2000), S. 133; Einzelheiten zum appointed actuary bei *Koch*, Was ist ein Aktuar? – Sprach- und versicherungsgeschichtliche Überlegungen -, VW 2003, 1787.

[29] *Präve* ZfV 1994, 199, 201; vgl. auch *Präve* VW 1994, 800, 804; *Farny*, Versicherungsbetriebslehre, 2000, S. 117; *Hoppmann*, Vorstandskontrolle, 2000, S. 364.

[30] *Präve*, Versicherungsaufsichtsrecht im Wandel, ZfV 1996, 58, 61.

[31] *Balleer*, Deregulierung des deutschen Lebensversicherungsmarkts und Auswirkungen auf die Produktgestaltung, BetrAV 1994, 12, 13.

[32] Siehe Der Aktuar 1999, 61 ff.

[33] Vgl. Summary zum Rechtsgutachten zur Rechtsstellung und Haftung des Verantwortlichen Aktuars in der Lebensversicherung, Der Aktuar 2006, 15. Laut Mitteilung des DAV ist das vollständige Rechtsgutachten der Kanzlei Heuking über die Geschäftsstelle des DAV zu erhalten (E-Mail birgit.kaiser@aktuar.de oder Tel. 0221 912554–16), vgl. Der Aktuar 2006, 17.

[34] BGBl. I S. 707.

Einl. B 7, 8   Teil 2. Einleitung

§ 292a HGB auch nach entsprechenden internationalen Vorschriften aufstellen.[35] Im Verlauf des Gesetzgebungsverfahrens des KapAEG wurden als Beispiele für die Anwendung internationaler Rechnungslegungsgrundsätze die International Accounting Standards (IAS) des International Accounting Standard Committee (IASC) mit Sitz in London/UK und die in den USA gebräuchlichen Generally Accepted Accounting Principles (US-GAAP) genannt,[36] die auch Bedeutung für die Rechnungslegung über Pensionsverpflichtungen erlangt haben.[37] Das International Accounting Standards Board (IASB), die Nachfolgeorganisation des IASC, hat allerdings erst nach fast sieben Jahren andauernden Beratungen am 31. März 2004 einen International Financial Reporting Standard für Versicherungsverträge (IFRS 4) veröffentlicht.[38]

7. Kapitalgesellschaften- und Co-Richtlinie-Gesetz (KapCoRiLiG) vom 16. Dezember 1999

7   Nicht börsennotierte Gesellschaften haben nach dem am 9. März 2000 in Kraft getretenen Gesetz zur Durchführung der Richtlinie des Rates der Europäischen Union zur Änderung der Bilanz- und der Konzernbilanzrichtlinie hinsichtlich ihres Anwendungsbereiches (90/605/EWG), zur Verbesserung der Offenlegung von Jahresabschlüssen und zur Änderung anderer handelsrechtlicher Bestimmungen (Kapitalgesellschaften- und Co-Richtlinie-Gesetz – KapCoRiLiG) vom 16. Dezember 1999[39] unter den aufgezeigten Voraussetzungen die Möglichkeit, einen Konzernabschluss mit befreiender Wirkung nach internationalen Grundsätzen aufzustellen.[40] Große Versicherungsvereine auf Gegenseitigkeit werden, wenn die gesetzlichen Voraussetzungen erfüllt werden können, von diesen Möglichkeiten je nach geschäftspolitischer Notwendigkeit Gebrauch machen, insbesondere wenn dies internationale Verflechtungen gebieten.[41] Die Entscheidung, einen Konzernabschluss nach internationalen Grundsätzen aufzustellen, wird häufig in Abhängigkeit von der Entscheidung getroffen, sich laufend einem interaktiven Rating zu stellen.

8. Gesetz über Fernabsatzverträge und andere Fragen des Verbraucherrechts sowie zur Umstellung von Vorschriften auf Euro vom 27. Juni 2000

8   Mit dem Gesetz über Fernabsatzverträge und andere Fragen des Verbraucherrechts sowie zur Umstellung von Vorschriften auf Euro[42] vom 27. Juni

---

[35] Siehe hierzu IDW Stellungnahme zur Rechnungslegung: Einzelfragen zur Anwendung von IAS (IDW RS HFA 2), WPg 1999, 591 ff.; WPg 2000, 240 ff.
[36] BT-Drucks. 13/9909 v. 12. 2. 1998, S. 12.
[37] Dazu *Rößler/Kaether/Schmandt*, Rechnungslegung über Pensionsverpflichtungen in Deutschland nach internationalen Standards – Eine vergleichende Darstellung unter besonderer Berücksichtigung des IAS-Neuentwurfs (E 54) und der FAS, BB 1997, 1141 ff.
[38] Siehe hierzu *Ebbers*, IFRS 4: Insurance Contracts, WPg 2004, 1377 ff.; *Engeländer/Kölschbach*, Der International Financial Reporting Standard 4 für Versicherungsverträge, VW 2004, 574 ff.
[39] BGBl. 2000 I S. 154. Zum Gesetzentwurf siehe *Göhner* BB 1999, 1914 ff.; *Strobel* GmbHR 1999, 1117 ff.; *Theile* BB 2000, 555 ff.
[40] Vgl. *Bitter/Grashoff* DB 2000, 833, 836; *Strobel* DB 2000, 53, 59; *Weber* NJW 2000, 3461, 3462; *Zimmer/Eckhold*, Das Kapitalgesellschaften & Co.-Richtlinie-Gesetz, NJW 2000, 1361, 1366.
[41] Vgl. *Görg/Kölschbach*, Konzernabschluss des VVaG-Gleichordnungskonzerns – neue Perspektiven nach dem KapCoRiLiG, BB 2000, 607 ff.
[42] Siehe dazu *Uwe H. Schneider*, Die Auswirkungen der Einführung des Euro auf bestehende und zukünftige Lebens-, Kranken- und Sachversicherungsverträge, Baden-Baden, Nomos, VersWissStud. 13 (1999), S. 83.

B. Rechtsquellen der Lebensversicherung 9, 10 **Einl. B**

2000,[43] das in seinen wesentlichen Teilen am 30. Juni 2000 in Kraft getreten ist, setzte der Gesetzgeber zwei zentrale zivilrechtliche Richtlinien der EU in nationales Recht um.[44] Im Mittelpunkt steht dabei die Richtlinie über den Verbraucherschutz bei Vertragsabschlüssen im Fernabsatz.[45] Danach unterliegt der Anbieter zahlreichen Informationspflichten und muss dem Verbraucher ein Widerrufsrecht einräumen. Ferner wird die Richtlinie über Unterlassungsklagen zum Schutz der Verbraucherinteressen umgesetzt.[46] Sie führt eine Verbandsklagebefugnis bei Verstößen gegen Verbraucherschutzgesetze ein.

9. Gesetz zur Änderung des Versicherungsaufsichtsgesetzes, insbesondere zur Durchführung der EG-Richtlinie 98/78/EG vom 27. Oktober 1998 über die zusätzliche Beaufsichtigung der einer Versicherungsgruppe angehörenden Versicherungsunternehmen sowie zur Umstellung von Vorschriften auf Euro vom 21. Dezember 2000 („VAG-Novelle 2000")

Das Gesetz zur Änderung des Versicherungsaufsichtsgesetzes, insbesondere zur **9** Durchführung der EG-Richtlinie 98/78/EG vom 27. Oktober 1998 über die zusätzliche Beaufsichtigung der einer Versicherungsgruppe angehörenden Versicherungsunternehmen sowie zur Umstellung von Vorschriften auf Euro vom 21. Dezember 2000 wurde am 27. Dezember 2000 im Bundesgesetzblatt verkündet und trat mit Ausnahme der Änderung der §§ 54, 54a VAG sowie der die Umstellung von Zwangs- und Bußgeldern auf Euro betreffenden Vorschriften, die erst zum 1. Januar 2002 in Kraft treten, am Tag nach seiner Verkündung, also am 28. Dezember 2000, in Kraft.[47] Kernstück des Artikelgesetzes ist die Änderung des Versicherungsaufsichtsgesetzes zwecks Umsetzung der im Titel des Gesetzes genannten EG-Richtlinie (sog. Gruppenrichtlinie).[48]

Mit der VAG-Novelle 2000 erweiterte der Gesetzgeber die Befugnisse der Auf- **10** sichtsbehörde für den Fall, dass ein Versicherungsunternehmen einen Bedingungsänderungstreuhänder einsetzen will. Künftig muss der Aufsichtsbehörde auch ein

---

[43] BGBl. I S. 897; dazu *Micklitz/Reich,* Umsetzung der EG-Fernabsatzrichtlinie, BB 1999, 2093; *Riesenhuber,* Fernabsatz von Finanzdienstleistungen im europäischen Schuldvertragsrecht – Zum Richtlinienvorschlag der Kommission vom 14. 10. 1998 –, WM 1999, 1441; *Bülow,* Unsinniges im Fernabsatz: Das Widerrufsrecht im Referentenentwurf für ein Fernabsatzgesetz, ZIP 1999, 1293; *Bülow/Artz,* Fernabsatzverträge und Strukturen eines Verbraucherprivatrechts im BGB, NJW 2000, 2049; *Flume,* Vom Beruf unserer Zeit für Gesetzgebung: Die Änderungen des BGB durch das Fernabsatzgesetz, ZIP 2000, 1427; *Fuchs,* Das Fernabsatzgesetz im neuen System des Verbraucherschutzrechts, ZIP 2000, 1273; *Härting,* Erstkontakt mit dem Verbraucher nach dem Fernabsatzgesetz, DB 2000, 2312; *Härting/ Schirmbacher,* Fernabsatzgesetz – Ein Überblick über den Anwendungsbereich, die Systematik und die wichtigsten Regelungen, MDR 2000, 917; *Hensen,* Das Fernabsatzgesetz oder: Man könnte heulen, ZIP 2000, 1151; *Kamanabrou,* Die Umsetzung der Fernabsatzrichtlinie, WM 2000, 1417; *Roth,* Das Fernabsatzgesetz, JZ 2000, 1013.
[44] Dazu *Freitag/Leible,* Von den Schwierigkeiten der Umsetzung kollisionsrechtlicher Richtlinienbestimmungen, ZIP 1999, 1296 ff.; *Gaertner/Gierschmann,* Das neue Fernabsatzgesetz, DB 2000, 1601 ff.; *Tonner,* Das neue Fernabsatzgesetz – oder: System statt „Flickenteppich", BB 2000, 1413 ff.; *Meub,* Fernabsatz und E-Commerce nach neuem Recht, BB 2002, 359 ff.
[45] Richtlinie 97/7/EG des Europäischen Parlaments und des Rats v. 20. 5. 1997 über den Verbraucherschutz bei Vertragsabschlüssen im Fernabsatz, Abl.EG 1997 Nr. L 144, S. 19.
[46] Richtlinie 98/27/EG des Europäischen Parlaments und des Rats v. 19. 5. 1998, Abl.EG Nr. L 166, S. 1.
[47] BGBl. I S. 1857; dazu *Fricke* NVersZ 2001, 97.
[48] Dazu *Müller,* Aufsicht über Versicherungsgruppen, in. Festschrift für Horst Baumann, Karlsruhe, VVW, 1999, S. 229.

Einl. B 11–13 Teil 2. Einleitung

Bedingungsänderungstreuhänder vor seiner Bestellung angezeigt werden. Unter bestimmten Umständen kann die Aufsichtsbehörde sogar die Bestellung einer anderen Person verlangen bzw. die Bestellung des Bedingungsänderungstreuhänders selbst vornehmen (§§ 11b Satz 3, 12b Abs. 4 Satz 2 bis 4 VAG).

11 In Bereinigung einer redaktionellen Auslassung des Dritten Durchführungsgesetzes/EWG zum VAG wird die Bestellung und Entlassung des Verantwortlichen Aktuars von der Zustimmung des Aufsichtsrats abhängig gemacht.[49] Die Zustimmung des Aufsichtsrats erweist sich – vergleichbar mit dem Treuhänder für den Deckungsstock (jetzt Sicherungsvermögen) – als notwendig, damit nicht der Vorstand über die Personalauswahl einen der Funktion des Verantwortlichen Aktuars zuwiderlaufenden Einfluss nehmen kann.[50] Der Gesetzgeber will damit der Kontrollfunktion des Verantwortlichen Aktuars Rechnung tragen.[51]

10. Altersvermögensgesetz (AVmG) vom 26. Juni 2001

12 Mit Wirkung ab 1. Januar 2002 hat der Gesetzgeber durch das Gesetz zur Reform der gesetzlichen Rentenversicherung und zur Förderung eines kapitalgedeckten Altersvorsorgevermögens (Altersvermögensgesetz – AVmG) vom 26. Juni 2001[52] steuerliche Anreize geschaffen, mit denen die rentenversicherungspflichtigen Arbeitnehmer angehalten werden sollen, die beschlossene Absenkung des Rentenniveaus in der gesetzlichen Rentenversicherung durch eine private bzw. betriebliche kapitalgedeckte Altersvorsorge auszugleichen.[53] Die steuerliche Förderung setzt sich aus einer Zulage und einem zusätzlichen Sonderausgabenabzug zusammen. Zur Durchführung des gesamten Verfahrens wurde die Verordnung zur Durchführung der steuerlichen Vorschriften des Einkommensteuergesetzes zur Altersvorsorge (Altersvorsorge-Durchführungsverordnung – AltvDV) vom 17. Dezember 2002[54] erlassen.[55]

11. Versicherungskapitalanlagen-Bewertungsgesetz (VersKapAG) vom 26. März 2002

13 Das Gesetz zur Änderung von Vorschriften über die Bewertung der Kapitalanlagen von Versicherungsunternehmen und zur Aufhebung des Diskontsatz-Überleitungs-Gesetzes (Versicherungskapitalanlagen-Bewertungsgesetz – VersKap-

---

[49] Vgl. die Begründung zum Gesetzentwurf der Bundesregierung, BR-Drucks. 534/00, S. 71.

[50] So die Begründung zum Gesetzentwurf der Bundesregierung, BR-Drucks. 534/00, S. 71/72.

[51] Vgl. die Begründung zum Gesetzentwurf der Bundesregierung, BR-Drucks. 534/00, S. 71.

[52] BGBl. I S. 420, 1310; dazu *Grabner/Bode/Stein*, Brutto-Entgeltumwandlung vs. „Riester-Förderung" – Betriebsinterner Pensionsfonds vs. Pensionsfonds nach AVmG – Ein Günstigkeitsvergleich –, DB 2001, 1893; *Nachreiner*, Verwendung des Altersvorsorgekapitals für eine eigenen Wohnzwecken dienende Wohnung nach dem Altersvermögensgesetz, NJW 2001, 3517 ff.; *Reinecke*, Die Änderungen des Gesetzes zur Verbesserung der betrieblichen Altersversorgung durch das Altersvermögensgesetz – neue Chancen für die betriebliche Altersversorgung, NJW 2001, 3511 ff.; *Furtmayr*, Das neue Altersvermögensgesetz, München, Beck, 2002; *Lauth/Präve/Schwark/Wagner*, Altersvermögensgesetz: Materialien und Erläuterungen zur neuen Förderung, Karlsruhe, VVW, 2002.

[53] Krit. dazu *Löwisch*, Gleichheitswidrige Benachteiligung pflichtversicherter Selbständiger bei der „Riester-Rente", NZA 2001, 1273.

[54] BGBl. I S. 4544.

[55] Siehe hierzu *Myßen/Pieper*, Die Altersvorsorge-Durchführungsverordnung, BetrAV 2003, 510 ff.

B. Rechtsquellen der Lebensversicherung   14, 15   **Einl. B**

AG) vom 26. März 2002 wurde am 3. April 2004 verkündet.[56] Der Gesetzentwurf wurde wie folgt begründet:[57]

„Nach geltenden Bilanzrecht (§ 341 b HGB) haben die Versicherungen Aktien ausnahmslos wie Umlaufvermögen zu bewerten. Das heißt: Auch bei nur vorübergehenden Kurseinbußen ist sofort von den Bilanzwerten abzuschreiben, was den Überschuss der Versicherungen schmälert. Diese nur für Versicherungen, nicht aber z. B. für Banken, geltende Regelung hat sich nach der Entwicklung auf den Aktienmärkten am 11. September 2001 als nicht mehr sinnvoll erwiesen und soll deshalb an die Regelungen für Banken angepasst werden: Wenn die Aktien dem Geschäftsbetrieb langfristig dienen, können sie wie Anlagevermögen bewertet werden. Folge: Nur bei länger anhaltenden Kursverlusten sind die Unternehmen verpflichtet, entsprechende Abschreibungen vorzunehmen.

Die Neuregelung ist aus folgenden Gründen geboten:
– Sie verhindert, dass nur die Versicherungen bei vorübergehenden Kursschwankungen Einbußen bei den Überschüssen hinnehmen müssen. Das bedeutet mehr Wettbewerbsgleichheit auf den Finanzmärkten.
– Sie schützt die Versicherungsnehmer bei Lebensversicherungen vor Kürzungen bei der Überschussbeteiligung, die sich nach dem Bilanzgewinn der Unternehmen richtet."

Zur Auslegung des § 341 b HGB (neu) hat der Versicherungsfachausschuss des **14** Instituts der Wirtschaftsprüfer (IDW) einen Entwurf für eine Leitlinie vorgelegt.[58] Mit dem § 341 b HGB und den Interpretationsregeln durch die Wirtschaftsprüfer wurde der damaligen besonderen Kapitalmarktlage Rechnung getragen.[59]

Inzwischen hat der BFH mit Urteil vom 26. September 2007 entschieden, dass **15** bei börsennotierten Aktien im Anlagevermögen von einer voraussichtlich dauernden Wertminderung im Sinne des § 6 Abs. 1 Nr. 2 Satz 2 EStG auszugehen ist, wenn der Börsenwert unter die Anschaffungskosten gesunken ist und zum Zeitpunkt der Aufstellung der Bilanz keine konkreten Anhaltspunkte für eine alsbaldige Wertaufholung vorliegen.[60] Mit Schreiben vom 26. März 2009 hat das BMF verlautbart, dass das Urteil des BFH vom 26. September 2007 prinzipiell über den entschiedenen Einzelfall hinaus anzuwenden

---

[56] BGBl. I S. 1219; siehe dazu *Zimmerer,* Die Bilanzierung von Wertpapieren im Anlagevermögen nach § 341 b HGB n. F., in: Verantwortlichkeit im Wirtschaftsrecht, Beiträge zu Versicherungs- und Wirtschaftsrecht der Schüler von Ulrich Hübner, hrsg. v. Annemarie Matusche-Beckmann und Roland Michael Beckmann, Karlsruhe, VVW, 2002, S. 239 ff.; *Husch/Brüggentisch,* Was wann nach § 341 b HGB abschreiben? Zur Anwendung der Aufgreifkriterien und zur Bemessung der dauerhaften Wertminderung, VW 2003, 240; *Zimmermann/Chevtchenko/Schweinberger,* Der Einfluss des Versicherungskapitalanlagen-Bewertungsgesetzes (VersKapAG) auf Überschüsse und Überschussbeteiligung in der Lebensversicherung – Eine empirische Untersuchung, ZVersWiss 2006, 91.
[57] BT-Drucks. 14/7436 v. 15. 11. 2001, S. 7.
[58] IDW ERS VFA 2 (Stand: 5. 11. 2001), WPg 2001, 1403 = www.idw.de.; siehe ferner *Schleif,* Die Definition der Kapitalanlagerendite im Lichte des § 341 b HGB, VW 2003, 156; *Kölschbach/Brüggentisch,* Bilanzielle Kompensation stiller Lasten durch Rückversicherung?, VW 2004, 479; *Zielke,* Ohne Risiko kein Gewinn, VW 2004, 1716.
[59] Vgl. *Surminski,* Die Kapitalmarktkrise und die deutsche Versicherungswirtschaft, ZfV 2002, 757, 760; *derselbe,* Ausblick negativ. Die Finanzkraft der deutschen Lebensversicherer bröckelt weiter – Ratings von Standard & Poor's, ZfV 2002, 762; *derselbe,* Das Jahr der langen Messer, ZfV 2003, 455, 456 f.
[60] BFH, Urt. v. 26. 9. 2007 – I R 58/06, NJW 2008, 1102 = AG 2008, 212 = BB 2008, 550 = DB 2008, 214 = DStR 2008, 187 = WPg 2008, 217; dazu *Hoffmann,* Voraussichtlich dauernde Wertminderung nach dem Urteil des BFH zur Teilwertabschreibung auf Aktien vom 26. 9. 2007, BB 2008, 546; *Stümper/Walter* AG 2008, 213; *Weber-Grellet* NJW 2008, 1104; *derselbe,* BB-Rechtsprechungsreport zu BFH-Urteilen im Bilanzsteuerrecht 2008, BB 2009, 38, 40. Siehe ferner zum Prüfungsrisiko der Abschlussprüfer *Schmölz,* Abschlussprüfer zu Zeiten der Finanzmarktkrise, VersR 2009, 1433.

Einl. B 16–18 Teil 2. Einleitung

ist.[61] Allerdings ist die Finanzverwaltung der Auffassung, dass von einer voraussichtlich dauernden Wertminderung nur dann auszugehen ist, wenn der Börsenkurs von börsennotierten Aktien zu dem jeweils aktuellen Bilanzstichtag um mehr als 40% unter die Anschaffungskosten gesunken ist. Sind die Aktien bereits vor Ende des vorangegangenen Wirtschaftsjahres angeschafft worden, soll eine voraussichtlich dauernde Wertminderung vorliegen, wenn der Börsenkurs zum aktuellen Bilanzstichtag und zu dem vorangegangenen Bilanzstichtag um mehr als 25% unter die Anschaffungskosten gesunken ist. Die Finanzverwaltung gibt damit ihre bisherige restriktive Auffassung auf, wonach Kursschwankungen von börsennotierten Wirtschaftsgütern des Anlagevermögens nur eine vorübergehende Wertminderung darstellen und nicht zum Ansatz des niedrigen Teilwerts berechtigen.

16 Mit Blick auf die Sach- und Rechtslage ist vom Versicherer zu jedem Bilanzstichtag nachvollziehbar zu dokumentieren, ob und in welcher Höhe Abschreibungen oder Wertberichtigungen vorzunehmen sind. Verallgemeinernde Aussagen, wie die Konjunktur habe sich mittlerweile wieder erholt und deshalb bestehe kein Handlungsbedarf, reichen in diesem Kontext nicht aus.

12. Gesetz zur weiteren Fortentwicklung des Finanzplatzes Deutschland vom 21. Juni 2002 („VAG-Novelle 2002")

17 Das Gesetz zur weiteren Fortentwicklung des Finanzplatzes Deutschland vom 21. Juni 2002 ist gemäß Art. 16 dieses Gesetzes zum 1. Juli 2002 in Kraft getreten.[62] Mit diesem Gesetz wurde die Rückversicherungsaufsicht ausgedehnt[63] und durch eine Änderung des § 89a VAG wurden die Möglichkeiten der Aufsichtsbehörde, die Abberufung von Geschäftsleitern effektiv durchzusetzen, erheblich verschärft.[64]

13. Geldwäschebekämpfungsgesetz vom 8. August 2002

18 Durch das Gesetz zur Verbesserung der Bekämpfung der Geldwäsche und der Bekämpfung der Finanzierung des Terrorismus vom 8. August 2002 (Geldwäschebekämpfungsgesetz)[65] wurde die Richtlinie 2001/97/EG des Europäischen Parlaments und des Rates vom 4. Dezember 2001[66] zur Änderung der Richtlinie 91/308/EWG des Rates zur Verhinderung der Nutzung des Finanzsystems zum Zwecke der Geldwäsche[67] umgesetzt.[68] Ein Schwerpunkt der Novelle liegt darin, die Identifizierungs- und Anzeigepflichten bei verdächtigen Transaktionen zu verschärfen und damit die Gesetzeslage der verstärkten Nutzung elektronischer Medien anzupassen.[69]

---

[61] BMF-Schreiben v. 26. 3. 2009 – IV C 6 – S 2171 – b/O, BB 2009, 892, abrufbar unter www.betriebs-berater.de; krit. dazu *Schlotter* BB 2009, 892.
[62] BGBl. I S. 2010.
[63] Zu den Einzelheiten siehe *Fricke*, Die VAG-Novelle 2002 – Die VAG-Änderungen durch das Gesetz zur weiteren Förderung des Finanzplatzes Deutschland –, VersR 2002, 1078, 1079 f.
[64] *Fricke* VersR 2002, 1078, 1081.
[65] BGBl. I S. 3105; krit. dazu *Herzog/Christmann*, Geldwäsche und „Bekämpfungsgesetzgebung" – Ein Plädoyer für rechtsstaatliche Sensibilität -, WM 2003, 6.
[66] Abl.EG Nr. L 344 v. 28. 12. 2001, S. 76 = NJW 2002, 804; dazu *Wegner* NJW 2002, 794.
[67] Abl.EG Nr. L 166 v. 28. 6. 1991, S. 77.
[68] BR-Drucks. 492/02 v. 14. 6. 2002.
[69] Vgl. *Wegner*, Das Geldwäschebekämpfungsgesetz – Neue Pflichten für rechtsberatende Berufe und verfahrensrechtliche Besonderheiten, NJW 2002, 2276.

B. Rechtsquellen der Lebensversicherung   19, 20   Einl. B

14. Gesetz zur Umsetzung aufsichtsrechtlicher Bestimmungen zur Sanierung und Liquidation von Versicherungsunternehmen und Kreditinstituten vom 10. Dezember 2003 („VAG-Novelle 2003")

Durch das Gesetz zur Umsetzung aufsichtsrechtlicher Bestimmungen zur Sanierung und Liquidation von Versicherungsunternehmen und Kreditinstituten vom 10. Dezember 2003 (VAG-Novelle 2003), das am 17. Dezember 2003 bzw. am 1. Januar 2004 in Kraft trat,[70] wurden mehrere EU-Richtlinien umgesetzt, u.a. die Richtlinie 2001/17/EG des Rates und des Europäischen Parlaments vom 19. März 2001 über die Sanierung und Liquidation von Versicherungsunternehmen,[71] die Richtlinie 2002/24/EG des Europäischen Parlaments und des Rates vom 5. November 2002 über Lebensversicherungen[72] und die Richtlinie 2002/13/EG des Europäischen Parlaments und des Rates vom 5. März 2002 zur Änderung der Richtlinie 73/239/EWG des Rates hinsichtlich der Bestimmungen über die Solvabilitätsspanne für Schadenversicherungsunternehmen.[73] Mit der VAG-Novelle 2003 wurde die Aufsicht über Rückversicherungsunternehmen neu geregelt und erheblich ausgeweitet.[74] Hervorzuheben ist ferner, dass nunmehr alle Versicherungsunternehmen unabhängig von ihrem Produktangebot ein Sicherungsvermögen (§ 66 VAG) einrichten müssen, das den Umfang des bisherigen Deckungsstocks übersteigt.[75] Ferner erhielt die BaFin mit der Ergänzung des (damaligen) § 1a Abs. 3 VAG auch gegenüber Rückversicherungsunternehmen die Befugnis dort einen Sonderbeauftragten zu installieren.[76]   19

15. Alterseinkünftegesetz vom 5. Juli 2004

Das BVerfG hat mit Urteil vom 6. März 2002[77] die unterschiedliche Besteuerung von Renten und Pensionen als mit dem Grundgesetz unvereinbar angesehen und den Gesetzgeber verpflichtet, spätestens mit Wirkung zum 1. Januar 2005 eine Neuregelung zu treffen. Dies geschah mit dem Gesetz zur Neuordnung der einkommensteuerrechtlichen Behandlung von Altersvorsorgeaufwendungen und Altersbezügen (Alterseinkünftegesetz – AltEinkG) vom 5. Juli 2004,[78] das u.a. vorsieht, dass künftig Erträge aus Kapitallebensversicherungen, die nach dem 31. Dezember 2004 abgeschlossen werden, steuerlich erfasst werden und dass die Steuerbefreiung nach § 3 Nr. 63 EStG nunmehr auch auf Beiträge zu Direktversicherungen anwendbar ist und die Pauschalversteuerung nach § 40b EStG bei   20

---

[70] BGBl. I S. 2478; dazu *Eilert* VW 2004, 907.
[71] Abl.EG Nr. L 110 v. 20. 4. 2001, S. 28; siehe dazu *Geiger* VW 2002, 1157; *Bürkle*, Sicherungsvermögen und Sicherungsfonds: Neue aufsichtsrechtliche Instrumente in der Krise von Versicherungsunternehmen, ZfV 2006, 19; *Männle*, Die Richtlinie 2001/17/EG über die Sanierung und Liquidation von Versicherungsunternehmen und ihre Umsetzung ins deutsche Recht, Karlsruhe, VVW, 2007.
[72] Abl.EG Nr. L 125, S. 15.
[73] Abl.EG Nr. L 77, S. 17.
[74] Zu den Einzelheiten *Vogelgesang*, Aufsicht über Rückversicherungsunternehmen – Eine Momentaufnahme aus der Sicht des Praktikers, in: Kontinuität und Wandel des Versicherungsrechts, Festschrift für Egon Lorenz, Karlsruhe, VVW, 2004, S. 845, 851 ff.; *Weber-Rey/Guinomet*, Rückversicherungsaufsicht im Umbruch – Bestandsaufnahme Deutschland und europäische Reformtendenzen –, WM 2004, 661, 662 ff.
[75] *Bürkle*, a.a.O. (Fn. 71), ZfV 2006, 19, 20.
[76] Zu den Einzelheiten siehe *Bürkle*, Die Suspendierung von Unternehmensorganen durch die Einsetzung von Sonderbeauftragten der Versicherungsaufsicht, VersR 2006, 302 ff.
[77] BVerfG, Urt. v. 6. 3. 2002 – 2 BvL 17/99, BGBl. I S. 1305 = NJW 2002, 1103 = DB 2002, 557; dazu *Becker*, Das Rentenbesteuerungsurteil des BVerfG, NJW 2003, 3103 ff.
[78] BGBl. I S. 1427 = BStBl. I S. 554.

Einl. B 21 Teil 2. Einleitung

Neuzusagen nicht mehr in Anspruch genommen werden kann.[79] Ein weiterer zentraler Punkt des Gesetzes ist die Verbesserung der Mitnahmemöglichkeit erworbener Betriebsrentenanwartschaften bei einem Arbeitgeberwechsel, die sog. Portabilität.[80]

16. Gesetz zur Änderung der Vorschriften über Fernabsatzverträge bei Finanzdienstleistungen vom 2. Dezember 2004

21   Mit dem Gesetz zur Änderung der Vorschriften über Fernabsatzverträge bei Finanzdienstleistungen vom 2. Dezember 2004,[81] das am 7. Dezember 2004 im Bundesgesetzblatt verkündet und am 8. Dezember 2004 in Kraft trat, wurde die Richtlinie 2002/65/EG des Europäischen Parlaments und des Rates vom 23. September 2002 über den Fernabsatz von Finanzdienstleistungen an Verbraucher und zur Änderung der Richtlinie 90/619/EWG des Rates und der Richtlinien 97/7/EG und 98/27/EG[82] in deutsches Recht umgesetzt.[83] Der Fernabsatz

---

[79] Dazu im Einzelnen *Fischer/Hoberg*, Die „Rürup-Rente": Wen begünstigt sie wirklich? – Die Besteuerung von Renten nach dem Alterseinkünftegesetz, DB 2005, 1285 ff.; *Förster/Cisch*, Die Änderungen im Betriebsrentenrecht durch das Alterseinkünftegesetz und deren Bedeutung für die Praxis, BB 2004, 2126 ff.; *Wolfgang Förster*, Neue steuerliche Rahmenbedingungen für Betriebsrenten durch das Alterseinkünftegesetz, BetrAV 2004, 592 ff.; *derselbe*, Konsequenzen der steuerlichen Änderungen des Alterseinkünftegesetzes für die betriebliche Altersversorgung, DB 2005, 6 ff.; *Höreth/Schiegl*, Auswirkungen des Alterseinkünftegesetzes auf die Direktversicherung, BB 2004, 2101 ff.; *Niermann*, Altersteinkünftegesetz – Die steuerlichen Änderungen in der betrieblichen Altersversorgung, DB 2004, 1449 ff.; *Niermann/Risthaus*, Zwei wichtige Verwaltungsanweisungen zu den steuerlichen Änderungen bei der privaten Altersvorsorge sowie der betrieblichen Altersversorgung durch das Alterseinkünftegesetz – Die BMF-Schreiben vom 17. 11. 2004 und vom 24. 2. 2005 mit Anmerkungen –, DB Beil. Nr. 2/2005 zu Heft Nr. 18 v. 6. 5. 2005; *Pohl*, Neue steuerliche Behandlung der Direktversicherung – erste Erfahrungen der Praxis mit dem Alterseinkünftegesetz, BetrAV 2005, 537 ff.; *Risthaus*, Die Änderungen in der privaten Altersversorgung durch das Alterseinkünftegesetz, DB 2004, 1329 ff. (Teil I), 1383 ff. (Teil 2); *Rolfs*, Die Übertragung von Versorgungsanwartschaften und der Irrtum über den Umfang der Anwartschaft, BetrAV 2005, 533 ff.; *Schnitker/Grau*, Neue Rahmenbedingungen für das Recht der betrieblichen Altersversorgung durch das Alterseinkünftegesetz, NJW 2005, 10 ff.; *Wellisch/Näth*, Änderungen bei der betrieblichen Altersvorsorge durch das Alterseinkünftegesetz unter Berücksichtigung des BMF-Schreibens vom 17. 11. 2004, BB 2005, 18 ff.

[80] Siehe hierzu im Einzelnen bei *Reichel/Volk*, Portabilität von Versorgungsanwartschaften in der betrieblichen Altersversorgung, DB 2005, 886 ff.

[81] BGBl. I S. 3102.

[82] Abl.EG Nr. L 271 v. 9. 10. 2002, S. 16. Zur Vorgeschichte siehe *Präve*, Fernabsatz von Versicherungen, VW 1999, 1410 ff. (I) u. VW 1999, 1511 ff. (II).

[83] Dazu *Forgó*, Die Fernabsatzrichtlinie für Finanzdienstleistungen, in: Rechtsfragen der Versicherungsvermittlung, Wien, LexisNexis, 2003, S. 111; *Kocher*, Neue Vorschriften für den Fernabsatz von Finanzdienstleistungen an Verbraucher, DB 2004, 2679; *v. Münch*, Die geplante Umsetzung der Richtlinie zum Fernabsatz von Finanzdienstleistungen – Konsequenzen für die Einbeziehung von AVB, ZVersWiss 2004, 775; *Christian Schneider*, Der Vertrieb von Versicherungen über das Internet nach Inkrafttreten der EG-Richtlinie über den Fernabsatz von Finanzdienstleistungen, Berlin, D&H, 2004; *Abram*, Die neuen §§ 48 a bis c VVG über den Fernabsatz von Versicherungsdienstleistungen, VP 2005, 42; *Domke*, Nachholung gesetzlicher Informationspflichten bei Fernabsatzverträgen über Finanzdienstleistungen: Kein unbefristetes Widerrufsrecht des Verbrauchers, BB 2005, 228; *Felke/Jordans*, Umsetzung der Fernabsatz-Richtlinie für Finanzdienstleistungen, NJW 2005, 710; *Masuch*, Neufassung des Musters für Widerrufsbelehrungen, BB 2005, 344; *Rott*, BB-Gesetzgebungsreport: Die Umsetzung der Richtlinie über den Fernabsatz von Finanzdienstleistungen im deutschen Recht, BB 2005, 53; *Schimikowski*, Die Neuregelungen zum Vertrieb von Versicherungsprodukten im Fernabsatz, ZfV 2005, 279; *Mohrhauser*, Der Fernabsatz von Finanzdienstleistungen an Verbraucher, Baden-Baden, Nomos, 2006; *Domke*, Das Wider-

B. Rechtsquellen der Lebensversicherung   22, 23   **Einl. B**

von Versicherungen wurde in den neuen §§ 48a ff. VVG geregelt. Hervorzuheben ist die Verlängerung der Rücktritts- und Widerspruchsfrist bei Lebensversicherungsverträgen von 14 auf 30 Tage durch Änderung der §§ 5a Abs. 1 und 8 Abs. 5 Satz 1 VVG.[84]

17. Bilanzrechtsreformgesetz (BilReG) vom 4. Dezember 2004

Das am 9. Dezember 2004 im Bundesgesetzblatt verkündete Gesetz zur Einführung internationaler Rechnungslegungsstandards und zur Sicherung der Qualität der Abschlussprüfung (Bilanzrechtsreformgesetz – BilReG) vom 4. Dezember 2004 trat gemäß Art. 10 am Tage nach der Verkündung in Kraft.[85] Das Gesetz dient u. a. der Umsetzung der Wahlrechte der Verordnung (EG) Nr. 1606/2002 des Europäischen Parlaments und des Rates vom 19. Juli 2002 betreffend die Anwendung internationaler Rechnungslegungsstandards,[86] der Richtlinie 2003/51/EG des Europäischen Parlaments und des Rates vom 18. Juni 2003 zur Änderung der Richtlinien 78/660/EWG, 83/349/EWG, 86/635/EWG und 91/674/EWG über den Jahresabschluss und den konsolidierten Abschluss von Gesellschaften bestimmter Rechtsformen, von Banken und anderen Finanzinstituten sowie von Versicherungsunternehmen,[87] der Richtlinie 2001/65/EG des Europäischen Parlaments und des Rates vom 27. September 2001 zur Änderung der Richtlinien 78/660/EWG, 83/349/EWG und 86/635/EWG des Rates im Hinblick auf die im Jahresabschluss bzw. im konsolidierten Abschluss von Gesellschaften bestimmter Rechtsformen und von Banken und anderen Finanzinstituten zulässigen Wertansätze[88] und der Richtlinie 2003/38/EG des Rates vom 13. Mai 2003 zur Änderung der Richtlinie 78/660/EWG über den Jahresabschluss von Gesellschaften bestimmter Rechtsformen hinsichtlich der in Euro ausgedrückten Beträge.[89] Danach sind kapitalmarktorientierte Unternehmen ab 2005 verpflichtet, ihren Konzernabschluss nach IFRS aufzustellen. Ab 2007 sind auch Unternehmen, die die Zulassung eines Wertpapiers zum Handel an einem organisierten Markt im Inland beantragt haben, verpflichtet, ihren Konzernabschluss nach IFRS zu erstellen. Eine Übergangsfrist bis 2007 gilt ebenso für Unternehmen, deren Wertpapiere zum öffentlichen Handel in einem Drittstaat zugelassen sind und zu diesem Zweck international anerkannte Rechnungslegungsstandards (i. e. US-GAAP) anwenden sowie für Unternehmen, die lediglich Schuldtitel emittiert haben. Nicht-kapitalmarktorientierten Unternehmen wird ein Wahlrecht eingeräumt, einen IFRS-Konzernabschluss zu erstellen. Ein Wahlrecht gilt ebenso zur Erstellung eines IFRS-Einzelabschlusses. Allerdings ist zu berücksichtigen, dass dieser lediglich informatorischen Zwecken dient. Die Erstellung eines HGB-Abschlusses zu Zwecken der Steuer, der Ausschüttungsbemessung und der Aufsicht bleibt in jedem Fall verpflichtend.

18. Gesetz zur Änderung des Versicherungsaufsichtsgesetzes und anderer Gesetze vom 15. Dezember 2004 („VAG-Novelle 2004")

Das Gesetz zur Änderung des Versicherungsaufsichtsgesetzes und anderer Gesetze vom 15. Dezember 2004 (VAG-Novelle 2004) wurde am 20. Dezember

---

rufsrecht des Verbrauchers bei Fernabsatzverträgen über Finanzdienstleistungen, BB 2007, 341.
[84] BT-Drucks. 15/2946, S. 9; BT-Drucks. 15/3483, S. 27.
[85] BGBl. I S. 3166.
[86] Abl.EG Nr. L 243, S. 1.
[87] Abl.EG Nr. L 178, S. 16.
[88] Abl.EG Nr. L 283, S. 28.
[89] Abl.EG Nr. L 120, S. 22.

Einl. B 24–26   Teil 2. Einleitung

2004 im Bundesgesetzblatt verkündet und trat am 21. Dezember 2004 in Kraft, soweit in Art. 5 nicht etwas anderes bestimmt ist.[90] Die wesentlichen Änderungen des VAG durch dieses Gesetz wurden im Schrifttum ausführlich behandelt.[91]

24 Hervorzuheben ist die Schaffung eines Insolvenzsicherungsfonds für die Lebensversicherung. Lebensversicherer, die in Deutschland zum Geschäftsbetrieb zugelassen sind, sei es, dass sie hier ihren Sitz haben (§ 5 Abs. 1 VAG), oder dass sie aus einem Nicht-EU-Staat stammen und hier nicht ausschließlich im Korrespondenzwege tätig sind (§ 105 Abs. 2 VAG), sind künftig verpflichtet, einer Insolvenzsicherungseinrichtung anzugehören, die dem Schutz der Ansprüche ihrer Versicherungsnehmer, versicherten Personen, Bezugsberechtigten und sonstiger aus dem Versicherungsvertrag begünstigter Personen im Insolvenzfall dient (§ 124 Abs. 1 VAG). Die Zugehörigkeit zum Insolvenzsicherungssystem ist künftig in der Verbraucherinformation bei Vertragsschluss nach § 10a Abs. 1 VAG i.V.m. Anl. Teil D Abschn. I Nr. 1i VAG anzugeben. Im Vorfeld wurde der Insolvenzsicherungsfonds kontrovers diskutiert. Es gab Gegner und Befürworter des Insolvenzsicherungsfonds. Inzwischen wird zu Recht nur noch gefordert, den Insolvenzsicherungsfonds als Instrument zur Stabilisierung des Vertrauens der Versicherten und damit zur Stabilisierung der deutschen Versicherungswirtschaft insgesamt zu etablieren.[92]

25 Die Stellung des Aktuars hat der Gesetzgeber verstärkt. Der verantwortliche Aktuar erhält zusätzlich zu den bisherigen Aufgaben die Pflicht auferlegt, bei Feststellung von Tatsachen, die den Bestand des Unternehmens gefährden oder seine Entwicklung wesentlich beeinträchtigen können, Vorstand und Aufsichtsbehörde unverzüglich (§ 121 BGB) zu unterrichten (§ 11a Abs. 3 Nr. 3 VAG). Durch diese Regelung wird der potenzielle Interessenkonflikt, der durch die Einbindung des Aktuars in das LVU als Angestellter angelegt ist, vertieft, da der Aktuar nunmehr unter Umgehung der Unternehmenshierarchie ein Tätigwerden der Aufsichtsbehörde anstoßen muss.[93]

19. Siebtes Gesetz zur Änderung des Versicherungsaufsichtsgesetzes vom 29. August 2005 („7. VAG-Novelle")

26 Mit der 7. VAG-Novelle[94] wurde die Richtlinie 2003/41/EG vom 3. Juni 2003[95] über die Tätigkeiten und die Beaufsichtigung von Einrichtungen der betrieblichen Altersversorgung weiter umgesetzt.[96]

---

[90] BGBl. I S. 3416.
[91] *Fricke*, Die VAG-Novelle 2004 – Die wesentlichen Änderungen des VAG durch das Gesetz zur Änderung des Versicherungsaufsichtsgesetzes und anderer Gesetze vom 15. 12. 2004 –, VersR 2005, 161; *Präve*, Der Sicherungsfonds für die Lebensversicherung, VersR 2005, 1023; *Bürkle*, Die neue Staatsaufsicht über Versicherungs-Holdinggesellschaften, VersR 2005, 458; *derselbe*, Sicherungsvermögen und Sicherungsfonds: Neue aufsichtsrechtliche Instrumente in der Krise von Versicherungsunternehmen, ZfV 2006, 19; *Weber-Rey/Baltzer*, Aktuelle Entwicklungen im Versicherungsaufsichtsrecht – Aufsicht über Rückversicherungen und Aufsicht über beteiligte Unternehmen –, WM 2006, 205; *Wolf*, Wer ist Versicherungsholdinggesellschaft i.S.d. § 1b VAG? – Anmerkungen zum Anwendungsbereich der neuen Holdingaufsicht –, VersR 2006, 465; *Fricke*, Probleme bei der Mitgliedschaft EU-ausländischer Versicherer in der gesetzlichen Sicherungseinrichtung nach den §§ 124ff. VAG, VersR 2008, 865.
[92] *Horsch*, Die Entdeckung der Versichertenschutzfonds, VW 2003, 1960.
[93] *Fricke* VersR 2005, 161, 169.
[94] BGBl. I S. 2546.
[95] Abl.EG Nr. L 235, 10 v. 23. 9. 2003.
[96] Dazu *Baumeister*, Umsetzung der Pensionsfonds-Richtlinie der EU durch die 7. Novelle des Versicherungsaufsichtsgesetzes, DB 2005, 2076; *Bürkle*, Die Ausstrahlung des Versicherungsvertragsrechts auf die Tätigkeit von Pensionsfonds, BetrAV 2007, 31.

20. Gesetz zur Umsetzung europäischer Richtlinien zur Verwirklichung des Grundsatzes der Gleichbehandlung vom 14. August 2006

a) Umgesetzte Richtlinien. Mit dem Gesetz zur Umsetzung europäischer 27 Richtlinien zur Verwirklichung des Grundsatzes der Gleichbehandlung vom 14. August 2006, das am 18. August 2006 in Kraft getreten ist,[97] wurden vier europäische Antidiskriminierungsrichtlinien umgesetzt.[98] Im Einzelnen handelt es sich hierbei um die Richtlinie 2000/43/EG des Rates vom 29. Juni 2000 zur Anwendung des Gleichbehandlungsgrundsatzes ohne Unterschied der Rasse oder der ethnischen Herkunft,[99] die Richtlinie 2000/78/EG des Rates vom 27. November 2000 zur Festlegung eines allgemeinen Rahmens für die Verwirklichung der Gleichbehandlung in Beschäftigung und Beruf,[100] die Richtlinie 2002/73/EG des Europäischen Parlaments und des Rates vom 23. September 2002 zur Änderung der Richtlinie 76/207/EWG[101] des Rates zur Verwirklichung des Grundsatzes der Gleichbehandlung von Männern und Frauen hinsichtlich des Zugangs zur Beschäftigung, zur Berufsbildung und zum beruflichen Aufstieg sowie in Bezug auf die Arbeitsbedingungen[102] und die Richtlinie 2004/113/EG des Rates vom 13. Dezember 2004 zur Verwirklichung des Grundsatzes der Gleichbehandlung von Männern und Frauen beim Zugang zu und bei der Versorgung mit Gütern und Dienstleistungen.[103] Teilweise waren bei diesen Richtlinien die Umsetzungsfristen bereits abgelaufen.[104] Die Bundesrepublik Deutschland wurde deswegen in zwei Vertragsverletzungsverfahren vor dem EuGH verurteilt.[105]

b) Richtlinie 2004/113/EG. Der Richtlinie 2004/113/EG des Rates vom 28 13. Dezember 2004 zur Verwirklichung des Grundsatzes der Gleichbehandlung von Männern und Frauen beim Zugang zu und bei der Versorgung mit Gütern und Dienstleistungen ging ein Vorschlag der Europäischen Kommission vom

---

[97] Zum Benachteiligungsverbot des AGG siehe ArbG Berlin, Urt. v. 12. 11. 2007 – 86 Ca 4035/07, NJW 2008, 1401 = NZA 2008, 492.
[98] BGBl. I S. 1897; Gesetzesbegründung BT-Drucks. 16/1780. Siehe dazu *Armbrüster*, Bedeutung des Allgemeinen Gleichbehandlungsgesetzes für private Versicherungsverträge, VersR 2006, 1297; *derselbe* Diskriminierungsschutz im Privatversicherungsrecht, in: Supplement Jahrestagung 2006, ZVersWiss 2006, 477; *Fricke*, Wer beweist was? – Ein Versuch über § 22 AGG –, VersR 2006, 1473; *Heilmann*, Das Allgemeine Gleichbehandlungsgesetz (AGG) – eine Herausforderung für Erst- und Rückversicherer, ZfV 2006, 679; *Wagner/Potsch*, Haftung für Diskriminierungsschäden nach dem Allgemeinen Gleichbehandlungsgesetz, JZ 2006, 1085; *Cisch/Böhm*, Das Allgemeine Gleichbehandlungsgesetz und die betriebliche Altersversorgung in Deutschland, BB 2007, 602; *Koch*, Versicherung von Haftungsrisiken nach dem Allgemeinen Gleichbehandlungsgesetz, VersR 2007, 288; *Thüsing/v. Hoff*, Private Versicherungen und das Allgemeine Gleichbehandlungsgesetz, VersR 2007, 1.
[99] Abl.EG Nr. L 180 v. 19. 7. 2000, S. 22; dazu *v. Koppenfels*, Das Ende der Vertragsfreiheit? – Erkenntnisse aus dem (vorläufig) gescheiterten zivilrechtlichen Anti-Diskriminierungsgesetz für die Umsetzung der Richtlinien 2000/43/EG und 2000/78/EG –, WM 2002, 1489.
[100] Abl.EG Nr. L 303 v. 2. 12. 2000, S. 16.
[101] Abl.EG Nr. L 39 v. 14. 2. 1976, S. 40.
[102] Abl.EG Nr. L 269 v. 5. 10. 2002, S. 15.
[103] Abl.EG Nr. L 373 v. 21. 12. 2004, S. 37.
[104] Art. 16 Richtlinie 2000/43/EG: 19. 7. 2003; Art. 18 Richtlinie 2000/78/EG: 2. 12. 2003, wegen Alterdiskriminierung allerdings Zusatzfrist von bis zu drei Jahren; Art. 2 Richtlinie 2002/73/EG: 5. 10. 2005; Art. 17 Richtlinie 2004/113/EG: 21. 12. 2007.
[105] EuGH, Urt. v. 28. 4. 2005 – Rs. C-329/04 (Kommission ./. Bundesrepublik Deutschland), JZ 2005, 1166 m. Anm. *Mankowski* JZ 2005, 1144 wegen Nichtumsetzung der Richtlinie 2000/43/EG; EuGH, Urt. v. 23. 2. 2006 – Rs. C-43/05 (Kommission ./. Bundesrepublik Deutschland), EuZW 2006, 216 wegen Nichtumsetzung der Richtlinie 2000/78/EG.

5. November 2003 für eine Richtlinie des Rates zur Verwirklichung des Grundsatzes der Gleichbehandlung von Frauen und Männern beim Zugang zu und bei der Versorgung mit Gütern und Dienstleistungen voraus, mit dem die geschlechtsspezifische Kalkulation von Versicherungstarifen künftig verboten werden sollte.[106] Gemäß Artikel 4 des Vorschlags sollten die Mitgliedsstaaten sicher stellen, dass das Geschlecht als Faktor in der Berechnung von Prämien und Leistungen im Bereich des Versicherungswesens und verbundener Finanzdienstleistungen für alle neuen Verträge, die zwei Jahre nach Inkrafttreten der Richtlinie abgeschlossen werden, nicht mehr verwandt wird. Die Mitgliedsstaaten sollten jedoch die Möglichkeit haben, die Implementierung entsprechender Maßnahmen um bis zu sechs Jahre zu verschieben (Übergangszeitraum). In diesem Fall sollten die jeweiligen Mitgliedsstaaten regelmäßig umfassende und aktuelle Sterbetafeln von Männern und Frauen erstellen und veröffentlichen. In Art. 8 war darüber hinaus eine Umkehr der Beweislast vorgesehen. Der Entwurf der Europäischen Kommission trug der Forderung nach geschlechtsneutralen Tarifen Rechnung, die mit unterschiedlicher Begründung vorgetragen wurde[107] und zu Recht keine Zustimmung erhielt.[108] Bei der staatlich geförderten privaten Altersvorsorge hat der Gesetzgeber dieser Forderung bereits in § 1 Abs. 1 Nr. 2 AltZertG Rechnung getragen. Unisex-Tarife sind ferner in der privaten Pflegeversicherung vorgeschrieben.[109] Setzt sich die Europäische Kommission mit Ihren Vorstellungen durch, wird erwartet, dass z. B. in der Rentenversicherung Tarife kalkuliert werden müssen, die den heutigen Tarifen für Frauen entsprechen, woraus für Männer eine deutliche Verschlechterung von Preisen bzw. Leistungen des Gutes „Rentenversicherung" resultiert.[110]

29   c) **Richtlinie 2006/54/EG.** Umgesetzt werden muss nunmehr die Richtlinie 2006/54/EG des Europäischen Parlaments und des Rates vom 5. Juli 2006 zur Verwirklichung des Grundsatzes der Chancengleichheit und Gleichbehandlung von Männern und Frauen in Arbeits- und Beschäftigungsfragen.[111] Gemäß Art. 33 Satz 1 dieser Richtlinie setzen die Mitgliedsstaaten die Rechts- und Verwaltungsvorschriften in Kraft, die erforderlich sind, um dieser Richtlinie spätestens ab dem 15. August 2008 nachzukommen, oder stellen bis zu diesem Zeitpunkt sicher, dass die Sozialpartner im Wege einer Vereinbarung die erforderlichen Bestimmungen einführen. Den Mitgliedstaaten kann längstens ein weiteres Jahr eingeräumt werden, um dieser Richtlinie nachzukommen, wenn dies aufgrund besonderer Schwierigkeiten erforderlich ist (Art. 33 Satz 2). Von besonderer Bedeutung ist Art. 9 Abs. 1 lit. h) der Richtlinie. Nach dieser Bestim-

---

[106] KOM (2003) 657 endg. = VersR 2004, 4 (auszugsweise); krit. *Egon Lorenz,* Unisex-Tarife: Aktuarielle Erkenntnisse im Lichte juristischer Wertung, VW 2004, 1640 ff.

[107] Vgl. aus dem Kreis der Befürworter *Wrase/Baer,* Unterschiedliche Tarife für Männer und Frauen in der privaten Krankenversicherung – ein Verstoß gegen den Gleichheitsgrundsatz des Grundgesetzes?, NJW 2004, 1623 ff.

[108] Siehe z. B. *Sodan,* „Unisex-Tarife" – Gleichbehandlung von Männern und Frauen im privatrechtlichen Versicherungswesen, ZVersWiss 2004, 539, 553; *Wandt,* Geschlechtsabhängige Tarifierung in der privaten Krankenversicherung – Gebietet die Verfassung Unisex-Tarife? –, VersR 2004, 1341 ff.

[109] Vgl. § 110 Abs. 1 Nr. 1 lit. d) SGB XI; *Riedel/Münch,* Zur Bedeutung der sekundären Prämiendifferenzierung bei Unisex-Tarifen in der Krankenversicherung, ZVersWiss 2005, 457, 458.

[110] *Schareck,* Die ökonomische Bedeutung des Rechtsrahmens für die Versicherungswirtschaft, in: Kontinuität und Wandel des Versicherungsrechts, Festschrift für Egon Lorenz zum 70. Geburtstag, hrsg. v. Manfred Wandt, Peter Reiff, Dirk Looschelders u. Walter Bayer, Karlsruhe, VVW, 2004, S. 687, 702.

[111] Abl.EG Nr. L 204 v. 26. 7. 2006, S. 23 ff.

B. Rechtsquellen der Lebensversicherung

mung sind geschlechtsspezifisch kalkulierte Versicherungsprämien zulässig. Eine geschlechtsbezogene Kalkulation stellt sich nicht als eine gegen den Gleichbehandlungsgrundsatz verstoßende Diskriminierung dar, sondern als eine sachlich begründete Differenzierung, zumal nicht das Geschlecht primär den Anknüpfungspunkt für die Differenzierung bildet, sondern Faktoren wie Familienstand, Religion und Lebensgewohnheiten, auf denen die für die unterschiedlichen Tarife maßgebliche ungleiche Lebenserwartung beruht.[112]

21. Gesetz zur Neuregelung des Versicherungsvermittlerrechts vom 19. Dezember 2006

Das Vermittlerrecht hat auf der Grundlage des Gesetzentwurfs der Bundesregierung[113] und des vorausgegangenen Referentenentwurfs[114] eine umfassende Neugestaltung mit dem Gesetz zur Neuregelung des Versicherungsvermittlerrechts vom 19. Dezember 2006 erfahren.[115] Eine von Versicherungsberatern erhobene Verfassungsbeschwerde wurde nicht zur Entscheidung angenommen.[116] Seit dem Inkrafttreten am 22. Mai 2007 gelten die jetzt in den §§ 60 ff. VVG 2008 geregelten Informations-, Mitteilungs- und Beratungspflichten der Vermittler, die der Gesetzgeber im Rahmen der VVG-Reform als Vorlage für entsprechende Pflichten der Versicherer verwendet hat.[117] Am 22. Mai 2007 trat zugleich die Verordnung über die Versicherungsvermittlung und -beratung vom 15. Mai 2007 (Versicherungsvermittlerverordnung – VersVermV) in Kraft.[118] Mit dem Gesetz zur Neuregelung des Versicherungsvermittlerrechts vom 19. Dezember 2006 und der Versicherungsvermittlerverordnung vom 15. Mai 2007 setzte der Gesetzgeber die Richtlinie 2002/92/EG des Europäischen Parlaments und des Rates vom 9. Dezember 2002 über die Versicherungsvermittlung[119] um, die an sich bis zum 15. Januar 2005 umzusetzen war.[120] Im Gegensatz zu den Vorgaben der Richtlinie 2002/92/EG verlangen die Umsetzungsakte allerdings bereits beim Antrag auf Erteilung der notwendigen gewerberechtlichen Erlaubnis sowie der folgenden obligatorischen Registereintragung eine Festlegung des Vermittlers, ob er als Versicherungsmakler oder -vertreter tätig sein will (§ 34 d Abs. 1 S. 3

---

[112] Vgl. *v. Koppenfels-Spies*, Der Gleichbehandlungsgrundsatz im Versicherungsrecht, VersR 2004, 1085, 1090; *Winter*, Versicherungsaufsichtsrecht, Karlsruhe, VVW, 2007, S. 203.

[113] BT-Drucks. 16/1935; dazu *Beenken*, Vermittlerregulierung – Konsequenzen für den Kunden, VP 2006, 141.

[114] Dazu *Miettinen*, Information und Beratung – oder doch lieber Aufklärung? – Kritik zum Referentenentwurf „Erstes Gesetz zur Neuregelung des Versicherungsvermittlerrechts" (9. 12. 2004) –, VersR 2005, 1629.

[115] BGBl. I S. 3232; dazu *Beenken/Sandkühler*, Das Vermittlergesetz und seine Konsequenzen für die Branche, r+s 2007, 182; *Jacob*, Versicherungsvermittlung durch Banken und Sparkassen sowie im Strukturvertrieb, VersR 2007, 1164; *Jahn/Klein*, Überblick über das Gesetz zur Neuregelung des Versicherungsvermittlerrechts, BetrAV 2007, 450 = DB 2007, 957; *Koch*, Der Versicherungsmakler im neuen Vermittlerrecht, VW 2007, 248; *Reiff*, Das Gesetz zur Neuregelung des Versicherungsvermittlerrechts, VersR 2007, 717; *derselbe*, Das Versicherungsvermittlerrecht nach der Reform, ZVersWiss 2007, 535.

[116] BVerfG, Beschl. v. 8. 5. 2007 – 1 BvR 999/07, NJW 2007, 2537 = WM 2007, 1224.

[117] Siehe dazu *Abram*, Informations- und Beratungspflichten des Versicherungsvermittlers nach dem Vorschlag der Kommission zur Reform des Versicherungsvertragsrechts, VersR 2005, 43; *Jaeger*, Fallstricke der Vorsorgeberatung nach Vermittlerrichtlinie und VVG-Reform?, VW 2007, 238 (Teil 1), 326 (Teil 2),

[118] BGBl. I S. 733.

[119] Abl.EG L 9/3 v. 15. 1. 2003; dazu *Teichler*, Das zukünftige Vermittlerrecht, VersR 2002, 385.

[120] *Schönleiter*, Das neue Recht für Versicherungsvermittler, SpV 2008, 3.

GewO).[121] Zugleich muss der Vermittler diese statusbezogene Information seinen Kunden gegenüber beim Erstkontakt schriftlich offenlegen (§ 11 Abs. 1 Nr. 3 VersVermV). Mit dem Rundschreiben 9/2007 (VA) hat die BaFin Hinweise zur Anwendung der §§ 80 ff. VAG und 34 d GewO gegeben.[122]

22. Achtes Gesetz zur Änderung des Versicherungsaufsichtsgesetzes sowie zur Änderung des Finanzdienstleistungsgesetzes und anderer Vorschriften vom 28. Mai 2007 („8. VAG-Novelle")

31   Mit der vom Deutschen Bundestag am 1. Februar 2007 verabschiedeten VAG-Novelle 2007, der der Finanzausschuss des Bundesrats in seiner Sitzung am 22. Februar 2007 und der Bundesrat am 9. März 2007 zustimmte,[123] wurde die Richtlinie 2005/68/EG des Europäischen Parlaments und des Rates vom 16. November 2005 über die Rückversicherung und zur Änderung der Richtlinien 73/239/EWG, 92/49/EWG sowie der Richtlinien 98/78/EG und 2002/83/EG[124] in deutsches Recht umgesetzt.[125]

32   Die am 1. Juni 2007 im Bundesgesetzblatt veröffentlichte 8. VAG-Novelle vom 28. Mai 2007[126] bringt mit § 121 f VAG eine wichtige Neuerung für deutsche Rückversicherungsunternehmen.[127] Jeder Vertrag, durch den ein deutscher Rückversicherer seine mit Erst- oder Rückversicherern abgeschlossenen Rückversicherungsverträge auf einen anderen Rückversicherer übertragen will, bedarf zukünftig der Genehmigung durch die BaFin. Die Genehmigung durch die BaFin ersetzt die nach § 415 Abs. 1 Satz 1 BGB für das Wirksamwerden des Übertragungsvertrags eigentlich erforderliche Zustimmung jedes einzelnen betroffenen Vertragspartners zu dem Schuldnerwechsel.[128] Die Einrichtung des Instituts der Bestandsübertragung erfolgte, um sicherzustellen, dass die Übertragung von Versicherungsbeständen innerhalb der EU nicht unnötig erschwert wird.[129] Die 8. VAG-Novelle führt zudem Regeln über die Finanzrückversicherung (§ 121 e VAG) ein und enthält daneben auch Regelungen zu Versicherungs-Zweckgesellschaften (§ 121 g VAG).[130] Hintergrund ist, dass zahlreiche Rückversicherer wie beispielsweise Münchener Rück, Hannover Rück und Swiss RE an ausländischen Kapitalmärkten

---

[121] *Böckmann/Ostendorf,* Probleme für Versicherungsvermittler bei ihrer Statusbestimmung als Vertreter oder Makler und den daraus resultierenden Informationspflichten nach dem neuen Recht, VersR 2009, 154.
[122] R 9/2007 (VA) v. 23. 11. 2007 – VA 37 – O 1000–2007/287.
[123] BR-Drucks. 94/07 v. 16. 2. 2007 = http://dip.bundestag.de/brd/2007/0094-07.pdf.
[124] Abl.EG Nr. L 323 v. 9. 1. 2005, S. 1 ff.
[125] Dazu *Bähr/Püttgen,* Grenzüberschreitende Rückversicherung und die neue Aufsicht über Rückversicherungsunternehmen – insbesondere aus Drittstaaten, ZfV 2008, 705.
[126] BGBl. I S. 923.
[127] Dazu *Lüttringhaus,* Neue Wege zur internationalen Restrukturierung europäischer Erst- und Rückversicherungsunternehmen – Die Erweiterung des gemeinschaftsrechtlichen Rahmens für grenzüberschreitende Umwandlungen und Bestandsübertragungen –, VersR 2008, 1036; *Bürkle,* Auswirkungen staatlicher Schutzpflichten auf die Übertragung von Rückversicherungsbeständen, VersR 2008, 1590.
[128] *Galahn,* VAG-Novelle: Bald neue Möglichkeiten für Rückversicherer, VW 2007, 390, 391.
[129] Vgl. Begr. BT-Drucks. 16/1937 v. 23. 6. 2006, S. 20.
[130] Einzelheiten siehe bei *Weber-Rey/Baltzer,* Aktuelle Entwicklungen im Versicherungsaufsichtsrecht – Umsetzung der EU-Rückversicherungsrichtlinie und Einführung von Rahmenregeln für die Finanzrückversicherung und die Verbriefung von Versicherungsrisiken –, WM 2007, 2184, 2189 ff.; *Dreher/Lange,* Der „hinreichende Risikotransfer" bei der Finanzrückversicherung – Finanzinstrumente zwischen Risikotransfer- und Finanzierungsfunktion sowie Risikotransfer vom Versicherungs- auf den Kapitalmarkt durch Versicherungszweckgesellschaften –, WM 2009, 193.

B. Rechtsquellen der Lebensversicherung

zunehmend Anleihen zur Absicherung von versicherten Risiken (z. B. Cat Bonds) begeben.[131]

Für die Lebensversicherung ist ferner die Änderung des § 11 a VAG von Bedeutung. Der Absatz 2 a bestimmt, dass der Verantwortliche Aktuar vom Aufsichtsrat oder, soweit ein solcher nicht vorhanden ist, einem entsprechenden obersten Organ bestellt oder entlassen wird. Der neue Absatz 2 b sieht vor, dass der Verantwortliche Aktuar an der Sitzung des Aufsichtsrats über die Feststellung des Jahresabschlusses teilzunehmen und über die wesentlichen Ergebnisse seines Erläuterungsberichts zur versicherungsmathematischen Bestätigung zu berichten hat. Der Aufsichtsrat hat in seinem Bericht an die Hauptversammlung zu dem Erläuterungsbericht des Verantwortlichen Aktuars Stellung zu nehmen.

Der Gesetzgeber hat damit entsprechend einem Vorschlag der Deutschen Aktuarvereinigung (DAV) die Novellierung des VAG genutzt, um die Position des Verantwortlichen Aktuars und damit die Schutzinteressen der Versicherten weiter zu stärken.[132] Zur weiteren Verbesserung der rechtlichen Positionierung des Verantwortlichen Aktuars im Interesse der Belange der Versicherten hatte der DAV folgende Vorschläge unterbreitet:[133]

„1. Bestellung und Abberufung des Verantwortlichen Aktuars durch den Aufsichtsrat der Gesellschaft

Der Vorstand der DAV ist der Auffassung, dass über die geltenden gesetzlichen Regelungen hinaus (Zustimmung des Aufsichtsrats) der Verantwortliche Aktuar unmittelbar vom Aufsichtsrat der Gesellschaft bestellt und abberufen werden sollte. Eine solche Regelung würde den Verantwortlichen Aktuar dem Wirtschaftsprüfer gleichstellen (vgl. § 341 k Abs. 2 HGB) und damit die Kontrollfunktion des Aktuars als zweite Säule des Versichertenschutzes neben dem Wirtschaftsprüfer unterstreichen.

2. Teilnahmerecht des Verantwortlichen Aktuars an den bilanzfeststellenden Aufsichtsratssitzungen der Gesellschaft

In Analogie zur Stellung des Wirtschaftsprüfers ist ferner zu erwägen, ein Teilnahmerecht des Verantwortlichen Aktuars (in dieser Funktion) an für den Jahresabschluss relevanten Sitzungen des Aufsichtsrats zu dessen besserer Information vorzusehen, wie für den Wirtschaftsprüfer in § 171 Abs. 1 Satz 2 AktG geregelt.

3. Publizierung der versicherungsmathematischen Bestätigung im Geschäftsbericht und Aufnahme des Erläuterungsberichts des Verantwortlichen Aktuars in den Bericht des Aufsichtsrats gegenüber der Hauptversammlung

Weiterhin sollte die versicherungsmathematische Bestätigung im Geschäftsbericht publiziert werden und darüber hinaus der Erläuterungsbericht des Verantwortlichen Aktuars im Interesse der Transparenz Aufnahme finden in den Bericht des Aufsichtsrats gegenüber der Hauptversammlung der Gesellschaft (Analogie zu § 321 HGB i. V. m. § 171 Abs. 2 Satz 3 AktG).

4. Juristische Person in der Funktion des Verantwortlichen Aktuars

Wie die Praxis zeigt, kann ein Versicherungsunternehmen sowohl einen Unternehmensangestellten, ein Vorstandsmitglied als auch einen externen Mathematiker zum Verantwortlichen Aktuar bestellen. Zur Klarstellung und gestützt auf die Entscheidung des BGH in BGHZ 124, 224 ff. schlägt der Vorstand der DAV vor, in § 11 a VAG zu normieren, dass auch die Bestellung einer juristischen Person zulässig ist. Der BGH hat in der zitierten Entscheidung festgestellt, jede nach deutschem Recht gebildete und in Deutschland ansässige juristische Person habe gemäß Art. 12 Abs. 1 GG das Recht auf freie Berufswahl. Deshalb

---

[131] Siehe hierzu *Bähr*, Rückversicherung: Portfoliotransfers erleichtert, VW 2007, 388, 389.
[132] Vgl. Verlautbarung des Vorstands der Deutschen Aktuarvereinigung, Der Aktuar 2006, 17.
[133] Vgl. Verlautbarung des Vorstands der Deutschen Aktuarvereinigung, Der Aktuar 2006, 17 f.

„komme es nicht maßgeblich darauf an, ob es gesetzliche Bestimmungen gibt, die diese Tätigkeit (Zahnheilbehandlung durch angestellte Zahnärzte der GmbH) zulassen, sondern dass vielmehr umgekehrt nur zu prüfen ist, ob es rechtliche Regelungen gibt, die eine entsprechende Berufsausübung verbieten, und ob solche Regelungen, falls und soweit sie bestehen, mit Art. 12 GG vereinbar sind." Übertragen auf den Verantwortlichen Aktuar folgt daraus, dass § 11 a Abs. 1 VAG der Bestellung einer Aktuar-GmbH zum Verantwortlichen Aktuar nicht entgegensteht. Die erforderliche Zuverlässigkeit und fachliche Eignung wäre dann über die natürlichen Personen nachzuweisen, welche die juristische Person im Rahmen der jeweiligen Berufsausübung vertreten.

5. Beschränkung der Haftung des Verantwortlichen Aktuars analog der Regelungen für den Abschlussprüfer nach § 323 Abs. 2 HGB

39 Nach geltender Rechtslage ist die Haftung des Verantwortlichen Aktuars gegenüber dem Versicherungsunternehmen der Höhe nach unbegrenzt – vorbehaltlich etwaiger individueller oder formularmäßiger Haftungsbeschränkungen. Vor diesem Hintergrund regt der Vorstand der DAV an, die Haftung des Verantwortlichen Aktuars für fahrlässige Verstöße gegen seine gesetzlichen Pflichten gemäß § 11 a VAG im Innenverhältnis analog der Regelung für den Abschlussprüfer nach § 323 Abs. 2 HGB auf 1 Mio. € bzw. 4 Mio. € zu beschränken. Eine solche Normierung von Höchsthaftungsgrenzen hat den Vorteil, dass gleiche Standards für alle Verantwortlichen Aktuare in Deutschland gelten. Zudem würde die vorgeschlagene gesetzliche Haftungslimitierung dazu beitragen, eine mögliche Überforderung der wirtschaftlichen Tragfähigkeit des Verantwortlichen Aktuars zu vermeiden und zugleich die Regressansprüche gegen den Verantwortlichen Aktuar für den Schadensfall besser versicherbar machen.

6. Stärkung und Präzisierung der Rolle des Aktuars in der Schadenversicherung

40 Der Vorstand der DAV hält eine undifferenzierte Übertragung der Funktion des Verantwortlichen Aktuars von der Lebensversicherung auf die Schadensversicherung für wenig zweckmäßig, insbesondere ist dies im Bereich Kalkulation und Preisfindung sowie bei Unternehmensmodellen verfrüht. Er empfiehlt jedoch gerade vor dem Hintergrund der internationalen Entwicklungen die Rolle des Aktuars bei der Reservierung zu erweitern und zu präzisieren. Hierfür bietet sich eine zweistufige Vorgehensweise an:

41 In der ersten Stufe sollte für die die Schaden- und Unfallversicherung betreibenden Unternehmen vorgesehen werden, jährlich intern ein aktuarielles Gutachten zu den Schadenrückstellungen zu erstellen, welches entsprechende Fachgrundsätze der DAV berücksichtigt. Dieses Gutachten ist dem Vorstand des entsprechenden Unternehmens vorzulegen.

42 In einer zweiten Stufe wird angestrebt, zusätzlich eine versicherungsmathematische Bestätigung eines Verantwortlichen Aktuars über die Angemessenheit der Reserven im Jahresabschluss vorzusehen, und zwar analog zur Vorgehensweise in der Lebensversicherung."

23. Gesetz zur Reform des Versicherungsvertragsrechts vom 23. November 2007

43 Das neue VVG wurde vom Bundestag am 5. Juli 2007 beschlossen.[134] In einem historischen Rückblick zeigt *Koch* auf, welche herausragende Bedeutung dem VVG 2008 zukommt, das nach 100 Jahren das VVG 1908 ablöst.[135] Mit dem Inkrafttreten am 1. Januar 2008 kommen grundlegende Änderungen in nahezu allen Versicherungssparten auf Versicherungsnehmer, Versicherte und Versicherer zu, die vor allem die Stellung des Versicherungsnehmers verbessern.[136]

---

[134] Zu den Leitmotiven vgl. *Präve,* Das neue Versicherungsvertragsgesetz, VersR 2007, 1046.

[135] *Koch,* 100 Jahre Versicherungsvertragsgesetz: Willkommen und Abschied, VW 2008, 900.

[136] *Franz,* Das Versicherungsvertragsrecht im neuen Gewand – Die Neuregelungen und ausgewählte Probleme –, VersR 2008, 298.

B. Rechtsquellen der Lebensversicherung   44–47 Einl. B

24. Neuntes Gesetz zur Änderung des Versicherungsaufsichtsgesetzes vom 23. Dezember 2007 („9. VAG-Novelle")

Am 1. Januar 2008 ist das am 31. Dezember 2007 verkündete Neunte Gesetz 44
zur Änderung des Versicherungsaufsichtsgesetzes in Kraft getreten.[137] Ein zentraler
Punkt des Gesetzgebungsverfahrens ist die Anpassung der Vorschriften zur Rückstellung für Beitragsrückerstattung (RfB) gemäß § 56a VAG. Danach wird es zukünftig über die Anwendung eines (drohenden) Notstands hinaus möglich sein, unter den in § 56a Abs. 3 Satz 3 VAG normierten Voraussetzungen Beträge aus der noch nicht individuell zugeteilten RfB für Zwecke des Verlustausgleichs aus überschussberechtigten Verträgen oder zur Erhöhung der Deckungsrückstellung zu entnehmen. Diese Erweiterung unterstreicht den Eigenmittelcharakter der RfB und stellt einen wichtigen Beitrag zur Vorbereitung der Versicherungswirtschaft auf Solvency II dar.

Mit der 9. VAG-Novelle hat der Gesetzgeber neue und weitreichende Anfor- 45
derungen an die Unternehmensorganisation formuliert.[138] Danach müssen gemäß § 64a Abs. 1 Satz 1 VAG Versicherungsunternehmen über eine ordnungsgemäße Geschäftsorganisation verfügen, welche die Einhaltung der von ihnen zu beachtenden Gesetze und Verordnungen sowie der aufsichtsbehördlichen Anforderungen gewährleistet. Eine ordnungsgemäße Geschäftsorganisation setzt neben einer dem Geschäftsbetrieb angemessenen ordnungsgemäßen Verwaltung und Buchhaltung insbesondere ein angemessenes Risikomanagement voraus (§ 64a Abs. 1 Satz 3 VAG).[139] Dazu hat das Unternehmen Prozesse einzurichten, mit denen sämtliche Risiken identifiziert, analysiert, bewertet, gesteuert und überwacht werden können.[140] Zur Konkretisierung des § 64a VAG hat die BaFin am 22. Januar 2009 das Rundschreiben 3/2009 (VA) – Aufsichtsrechtliche Mindestanforderungen an das Risikomanagement (MaRiskVA) herausgegeben,[141] das zunächst zur Diskussion gestellt wurde.[142] Seit 1. Januar 2009 ist die Einreichung interner Risikoberichte obligatorisch.[143]

Die neuen VAG-Bestimmungen zum Risikomanagement, die Stärkung der Ei- 46
genmittelfähigkeit der verfügbaren RfB, die Regelungen für Pensionsfonds und ihre Pensionspläne ohne versicherungsförmige Garantie sowie die Fristverlängerung zur Überführung der freien RfB vom freien Vermögen in das sonstige gebundene Vermögen werden sich nach Einschätzung von *Wehling/Treber*[144] positiv auf den Versicherungsstandort Deutschland auswirken.

Mit der Neunten VAG-Novelle wird auch einem Auftrag des BVerfG entspro- 47
chen, bis zum 31. Dezember 2007 verfassungskonforme Regelungen über die

---

[137] BGBl. I S. 3248.
[138] *Bürkle*, VAG-Novelle: Organisationspflichten zwischen Anspruch und Wirklichkeit, VW 2008, 212.
[139] Dazu *Dreher*, Das Risikomanagement nach § 64a VAG und Solvency II, VersR 2008, 998.
[140] BT-Drucks. 16/6518, S. 16.
[141] Einsehbar über www.bafin.de.
[142] Siehe hierzu *Dreher/Schaaf*, Versicherungsunternehmensrecht und Risikomanagement – Gesamtverantwortung der Geschäftsleitung, Outsourcing des Risikomanagements und konzernweites versicherungsaufsichtsrechtliches Risikomanagement –, WM 2008, 1765; *Ramke/Angermüller*, Wenig Unterschiede zu Banken: Zum neuen Entwurf der MaRisk für Versicherungen, VW 2008, 1002; *Schneider*, Modernisierung der Outsourcing-Regelungen und Integration in die Mindestanforderungen an das Risikomanagement (MaRisk), WPg 2008, 435.
[143] *Rautenburger/Winter*, Risikoberichterstattung: Ab jetzt liest die Aufsicht mit, VW 2009, 232, 233.
[144] *Wehling/Treber*, VAG-Novelle 2007: Positive Effekte für den deutschen Versicherungsstandort, VW 2008, 178.

Bestandsübertragung insgesamt, die besondere Regelung über Bestandsübertragungen durch Versicherungsvereine auf Gegenseitigkeit und die Regelungen über die Überschussbeteiligung in der Lebensversicherung zu schaffen.[145] Das Gesetz sieht nun vor, dass eine aufsichtsrechtliche Genehmigung der Übertragung des Bestands von Lebensversicherungsverträgen auf ein anderes Unternehmen nur erfolgt, wenn die Belange der Versicherten – bei Versicherungsvereinen auf Gegenseitigkeit auch der Anspruch der Mitglieder auf Zahlung eines angemessenen Entgelts – gewahrt sind.[146]

48 Nicht aufgegriffen hat der Gesetzgeber einen Vorschlag der Deutschen Aktuarvereinigung e. V. (DAV) die Haftung des Verantwortlichen Aktuars für fahrlässige Verstöße gegen seine Pflichten gemäß § 11a VAG im Innenverhältnis analog der Regelung für den Abschlussprüfer nach § 323 Abs. 2 HGB auf 1 Mio. € bzw. 4 Mio. € zu beschränken.[147]

25. Gesetz zur Ergänzung der Bekämpfung der Geldwäsche und der Terrorismusfinanzierung (Geldwäschebekämpfungsergänzungsgesetz – GwBekErgG) vom 13. August 2008

49 Am 21. August 2008 ist das Gesetz zur Ergänzung der Bekämpfung der Geldwäsche und der Terrorismusfinanzierung (Geldwäschebekämpfungsergänzungsgesetz – GwBekErgG) in Kraft getreten.[148] Gleichzeitig trat das Geldwäschegesetz vom 25. Oktober 1993,[149] zuletzt geändert durch Artikel 5 des Gesetzes vom 21. Dezember 2007[150] außer Kraft (vgl. Art. 11 GwBekErgG). Vorausging der von der Bundesregierung vorgelegte Entwurf eines Gesetzes zur Ergänzung der Bekämpfung der Geldwäsche und der Terrorismusfinanzierung (Geldwäschebekämpfungsergänzungsgesetz – GwBekErgG),[151] mit die Vorgaben der so genannten Dritten EU-Anti-Geldwäsche-Richtlinie[152] nebst der dazugehörigen Richtlinie mit Durchführungsbestimmungen[153] „Eins- zu Eins" in nationales

---

[145] BR-Drucks. 599/07 v. 31. 8. 2007, S. 13.
[146] BR-Drucks. 599/07 v. 31. 8. 2007, S. 1.
[147] Stellungnahme des DAV zum Entwurf eines Neunten Gesetzes zur Änderung des Versicherungsaufsichtsgesetzes, Der Aktuar 2007, 131 f.
[148] BGBl. I S. 1690; dazu *Evers/Friele*, Was das neue Geldwäschegesetz bringt, VW 2008, 2018; Arbeitsgruppe Geldwäscheprüfung des IDW, Der risikobasierte Ansatz bei der Prüfung der Anti-Geldwäsche-Organisation von Kreditinstituten – Hinweise zur Fortentwicklung der Prüfung auf Basis der Neufassung der aufsichtsrechtlichen Regelungen zur Geldwäsche- und Terrorismusprävention, WPg 2009, 1116; *Auerbach*, Die Neuregelungen des Geldwäschebekämpfungsergänzungsgesetzes (GwBekErgG) und ihre Auswirkungen auf die Prüfung von Kreditinstituten und Versicherungen, WPg 2009, 1101; *Auerbach/Vitzthum*, Anforderungen an die Geldwäsche-Gefährdungsanalyse der Kreditinstitute aus der Sicht des Wirtschaftsprüfers, WPg 2009, 1119; *Kütting*, Neuerungen in der Bekämpfung von Geldwäsche und Terrorismusfinanzierung – Anforderungen an die Tätigkeit und Organisation des Wirtschaftsprüfers, WPg 2009, 1134.
[149] BGBl. I S. 1770.
[150] BGBl. I S. 3089.
[151] BT-Drucks. 16/9038; abrufbar über www.bmi.bund.de.
[152] Richtlinie 2005/60/EG des Europäischen Parlaments und des Rates vom 26. 10. 2005 zur Verhinderung der Nutzung des Finanzsystems zum Zwecke der Geldwäsche und der Terrorismusbekämpfung, Abl.EG L 309 v. 25. 11. 2005, S. 15.
[153] Richtlinie 2006/70/EG der Kommission vom 1. 8. 2006 mit Durchführungsbestimmungen für die Richtlinie 2005/60/EG hinsichtlich der Begriffsbestimmung von „politisch exponierten Personen" und der Festlegung der technischen Kriterien für vereinfachte Sorgfaltspflichten sowie für die Befreiung in Fällen, in denen nur gelegentlich oder in sehr eingeschränktem Umfang Finanzgeschäfte getätigt werden, Abl.EG L 214 v. 4. 8. 2006, S. 29.

B. Rechtsquellen der Lebensversicherung   50–52 Einl. B

Recht umgesetzt werden sollen.[154] Hierzu soll in erster Linie das GwG neu gefasst, das KWG und das VAG geändert sowie der Tatbestand der Geldwäsche (§ 261 StGB) modifiziert werden. Dabei sollen insbesondere die bestehenden Sorgfaltspflichten des GwG unter Berücksichtigung der im Jahre 2003 von der Financial Action Task Force on Money Laundering (FATF)[155] grundlegend überarbeiteten – bereits in der Richtlinie aufgegangenen – Standards stärker als bisher an einem risikoorientierten Ansatz ausgerichtet werden.

26. Gesetz zur Verbesserung der Rahmenbedingungen für die Absicherung flexibler Arbeitszeitregelungen und zur Änderung anderer Gesetze vom 21. Dezember 2008

Das Gesetz zur Verbesserung der Rahmenbedingungen für die Absicherung 50
flexibler Arbeitszeitregelungen und zur Änderung anderer Gesetze vom 21. Dezember 2008 wurde am 29. Dezember 2008 im Bundesgesetzblatt verkündet.[156] Die neuen Vorschriften treten weitgehend zum 1. Januar 2009 in Kraft. Mit dem sogenannten Flexi-II-Gesetz wurden nach intensiver Erörterung in der Fachwelt[157] verschärfte Regelungen zur Insolvenzsicherung von Arbeitszeitkonten eingeführt. Das Gesetz betrifft ausschließlich Unternehmen, die Langzeitkonten unterhalten. Gleitzeitkonten, die der Flexibilisierung der täglichen bzw. wöchentlichen Arbeitszeit dienen, fallen nicht unter den Anwendungsbereich des Flexi-II-Gesetzes. Das neue Gesetz statuiert in § 7e Abs. 7 SGB IV erstmals eine Haftung der organschaftlichen Vertreter:

„Kommt es wegen eines nicht geeigneten oder nicht ausreichenden Insolvenzschutzes zu 51
einer Verringerung oder einem Verlust des Wertguthabens, haftet der Arbeitgeber für den entstandenen Schaden. Ist der Arbeitgeber eine juristische Person oder eine Gesellschaft ohne Rechtspersönlichkeit haften auch die organschaftlichen Vertreter gesamtschuldnerisch für den Schaden. Der Arbeitgeber oder ein organschaftlicher Vertreter haften nicht, wenn sie den Schaden nicht zu vertreten haben."

Keine geeigneten Vorkehrungen zur Insolvenzsicherung der Wertguthaben sind 52
bilanzielle Rückstellungen sowie zwischen Konzernunternehmen (§ 18 des Aktiengesetzes) begründete Einstandspflichten, insbesondere Bürgschaften, Patronatserklärungen oder Schuldbeitritte(vgl. § 7e Abs. 3 SGB IV). Hingegen werden in § 7e Abs. 2 SGB IV als anerkannte Insolvenzsicherungsmittel neben einer Treuhandlösung[158] auch Versicherungsmodelle, schuldrechtliche Verpfändungsvereinbarungen und Bürgschaftsmodelle, die auf der Grundlage eines Geschäftsbesorgungsvertrages praktiziert werden,[159] aufgeführt. Die Insolvenzsicherung der Wertguthaben über Lebensversicherer und Kautionsversicherer ist damit vom

---

[154] Zum wesentlichen Inhalt der Dritten EU-Anti-Geldwäsche-Richtlinie siehe *Höche* WM 2005, 8; *Köhling* WM 2007, 1780, 1783 ff.
[155] Die FATF (www.fatf-gafi.org) ist das führende internationale Gremium zur Bekämpfung der Geldwäsche, vgl. *Zierke*, Bekämpfung der Geldwäsche – aktuelle Entwicklungen, WPg 2009, 1138.
[156] BGBl. I S. 2940; dazu *Ars/Blümke/Scheithauer*, Nach dem FlexiG II – Neue Spielregeln für Zeitwertkonten, BB 2009, 1358 (Teil I), BB 2009, 2252 (Teil II); *May/Birkel*, Verwendung von Wertguthaben für Zwecke der betrieblichen Altersversorgung – welchen Bestandsschutz gewährt das FlexiG II, BetrAV 2009, 514; *Ulbrich/Rihn*, Zeitwertkonten nach Flexi II: Ansichten der Sozialversicherungsträger, DB 2009, 1466; *Wellisch/Machill*, Bilanzierung von Wertkonten nach dem BilMoG, BB 2009, 1351.
[157] Siehe z.B. *Ulbrich*, Die Pflicht zur Insolvenzsicherung von Arbeitszeitkonten (Zeitwertkonten), Frankfurt/M., Lang, 2008.
[158] Krit. zu den gesetzlichen Vorgaben *Langohr-Plato/Sopora*, Neue gesetzliche Rahmenbedingungen für Zeitwertkonten, NZA 2008, 1377, 1380.
[159] Siehe OLG München, Urt. v. 30. 1. 2009 – 25 U 2011/08, VersR 2009, 928, 929.

Gesetzgeber ausdrücklich anerkannt. Im Rahmen einer Vorabinformation zu Zeitwertkonten-Modellen hat das BMF wissen lassen, dass für beherrschende Gesellschafter-Geschäftsführer Zeitwertkonten steuerlich nicht mehr anerkannt werden sollen. Der Personenkreis, für den Zeitwertkonten steuerlich nicht mehr anerkannt werden, soll ausgeweitet werden. Ausgenommen sollen nunmehr alle Personen sein, die als Organ einer Körperschaft (z. B. Vorstandsmitglieder einer AG oder Geschäftsführer einer GmbH) bestellt oder als beherrschende Anteilseigner beschäftigt sind.[160] Im Schreiben vom 17. Juni 2009 mit dem Betreff „Lohn-/einkommensteuerliche Behandlung sowie Voraussetzungen für die steuerliche Anerkennung von Zeitwertkonten-Modellen" hat das BMF seine Vorabinformation bestätigt.[161] Klargestellt wurde vom BMF, dass der Erwerb der Organstellung keinen Einfluss auf ein bis zu diesem Zeitpunkt aufgebautes Guthaben hat.[162]

27. Drittes Gesetz zum Abbau bürokratischer Hemmnisse insbesondere in der mittelständischen Wirtschaft (Drittes Mittelstandsentlastungsgesetz) vom 17. März 2009

53 Mit Artikel 9 des Dritten Gesetzes zum Abbau bürokratischer Hemmnisse insbesondere in der mittelständischen Wirtschaft (Drittes Mittelstandsentlastungsgesetz) vom 17. März 2009, das am 24. März 2009 verkündet wurde,[163] wird die Gewerbeordnung geändert. Nach dem Gesetz zur Neuregelung des Versicherungsvermittlerrechts vom 22. Mai 2007 beinhaltete die einem Versicherungsmakler erteilte Gewerbeerlaubnis nur die Befugnis, Dritte, die nicht Verbraucher sind, bei der Vereinbarung, Änderung oder Prüfung von Versicherungsverträgen gegen gesondertes Entgelt rechtlich zu beraten (§ 34d Abs. 1 Satz 4 GewO). Mit Inkrafttreten des Gesetzes am 25. März 2009[164] erstreckt sich diese Befugnis zur Beratung nunmehr auch auf Beschäftigte von Unternehmen in den Fällen, in denen der Versicherungsmakler das Unternehmen berät (§ 34d Abs. 1 Satz 4 2. Halbsatz GewO). Weitere Regelungen betreffen Versicherungsvermittler aus der Schweiz und Versicherungsvermittler von Investmentanteilen.

28. Gesetz zur Modernisierung des Bilanzrechts (Bilanzrechtsmodernisierungsgesetz – BilMoG) vom 25. Mai 2009

54 a) **Allgemeines.** Der Referentenentwurf eines Gesetzes zur Modernisierung des Bilanzrechts (Bilanzrechtsmodernisierungsgesetz – BilMoG) wurde am 8. November 2007 veröffentlicht.[165] Am 21. Mai 2008 wurde der Regierungsentwurf beschlossen.[166] Mit dem Gesetzesvorhaben stand die umfangreichste Reform des

---

[160] BMF-Schreiben v. 27. 1. 2009 – GZ IV C 5 – S 2332/07/0004 – DOK 2009/0052148, BB 2009, 299.
[161] BMF-Schreiben v. 17. 6. 2009 – GZ IV C 5 – S 2332/07/0004 – DOK 2009/0406609, BetrAV 2009, 437 = DB 2009, 1430.
[162] BMF-Schreiben v. 17. 6. 2009 – GZ IV C 5 – S 2332/07/0004 – DOK 2009/0406609, BetrAV 2009, 437, 438 = DB 2009, 1430, 1432.
[163] BGBl. I S. 550.
[164] Vgl. Art. 20 Abs. 1.
[165] *Ernst/Seidler*, Kernpunkte des Referentenentwurfs eines Bilanzrechtsmodernisierungsgesetzes, BB 2007, 2557.
[166] BR-Drucks. 344/08. Dazu *Claussen*, Das BilMoG – Befreiungen und Erleichterungen bei der Bilanzierung, AG 2008, 577; *Herzig*, Steuerliche Konsequenzen des Regierungsentwurfs zum BilMoG, DB 2008, 1339; *Küting/Kessler/Keßler*, Der Regierungsentwurf des Bilanzrechtsmodernisierungsgesetzes (BilMoG-RegE): Zwei Schritte vor, ein Schritt zurück bei der bilanziellen Abbildung der betrieblichen Altersversorgung, WPg 2008, 748; *Rhiel/Veit*, Auswirkungen des Gesetzes zur Modernisierung des Bilanzrechts (BilMoG) auf

B. Rechtsquellen der Lebensversicherung   55, 56 Einl. B

Handelsbilanzrechts seit dem Bilanzrichtliniengesetz von 1985 an.[167] Das BilMoG vom 25. Mai 2009 wurde am 28. Mai 2009 verkündet[168] und trat am 29. Mai 2009 in Kraft (Art. 15). Die meisten Vorschriften gelten erstmalig für Jahresabschlüsse zu Geschäftsjahren, die nach dem 31. Dezember 2009 beginnen, und betreffen insbesondere Finanzinstrumente und deren Zeitwerte sowie Pensionsverpflichtungen.[169]

b) Ziel des Gesetzes. Das Gesetz zur Modernisierung des Bilanzrechts sieht 55
eine tiefgreifende Reform des HGB in zahlreichen Punkten vor und will den Unternehmen eine akzeptable Alternative zu den zunehmend verwendeten IFRS bieten.[170] Ziel des Gesetzes ist die Modernisierung des Handelsrechts durch Annäherung an internationale Bilanzierungsvorschriften (IFRS bzw. IAS), ohne die bisherigen Merkmale des HGB-Bilanzrechts (Grundlage der Ausschüttungsbemessung und der steuerlichen Gewinnermittlung) und die Grundsätze ordnungsgemäßer Buchführung aufzugeben.[171] Einen Schwerpunkt des BilMoG bildet die Bewertung und Bilanzierung von Pensionsverpflichtungen.[172] Vom Gesetzgeber ist allerdings zu beachten, dass seit Inkrafttreten der Verordnung (EG) Nr. 297/2008 des Europäischen Parlaments und des Rates vom 11. März 2008 zur Änderung der Verordnung (EG) Nr. 1606/2002 betreffend die Anwendung internationaler Rechnungslegungsstandards im Hinblick auf die der Kommission übertragenen Durchführungsbefugnisse die Kommission über die Anwendbarkeit von internationalen Rechnungslegungsstandards in der Gemeinschaft beschließt.[173]

c) Saldierung von Rückstellungen. Die Saldierung von Rückstellungen 56
und dafür reserviertem Vermögen ist zukünftig nach § 246 Abs. 2 HGB möglich und auch vorgeschrieben, wobei die verrechneten Beträge gemäß § 285 Nr. 25 HGB im Anhang angegeben werden müssen.[174] Dies entspricht prinzipiell dem Vorgehen nach IFRS, wobei aber die Höhe der jeweiligen Positionen nach den Bewertungsvorschriften des HGB ermittelt werden muss.[175] Die neue

---

Pensionsverpflichtungen – Update: Änderungen des Regierungsentwurfs gegenüber dem Referentenentwurf –, DB 2008, 1509; *Weber-Grellet*, BilMoG – Wo bleibt die Reform des Bilanzsteuerrechts?, DB 2008, 2451; *Weigel*, Das BilMoG und seine Auswirkungen auf die Bilanzierung von Zusagen der betrieblichen Altersversorgung, BetrAV 2008, 759; *Wiechens/Helke*, Die Bilanzierung von Finanzinstrumenten nach dem Regierungsentwurf des BilMoG, DB 2008, 1333.

[167] *Geib/Ellenbürger*, BilMoG und seine Implikationen, VW 2008, 1173.
[168] BGBl. I S. 1102.
[169] *Höfer/Rhiel/Veit*, Die Rechnungslegung für betriebliche Altersversorgung im Bilanzrechtsmodernisierungsgesetz (BilMoG), DB 2009, 1605; *Scheffler*, Die wichtigsten Übergangsregeln des BilMoG, AG 2009, R 377.
[170] *Thurnes/Hainz*, Pensionsrückstellungen in der Handelsbilanz: Auswirkungen des geplanten Bilanzrechtsmodernisierungsgesetzes, BetrAV 2008, 50, 51; *Melcher/Schaier*, Zur Umsetzung der HGB-Modernisierung durch das BilMoG: Einführung und Überblick, Beil. Nr. 5/2009 zu Heft v. 5. 6. 2009, S. 4.
[171] *Derbort/Heubeck/Seeger*, Vergleich der Bilanzierung und Bewertung von Pensionsverpflichtungen nach HGB n. F. und nach IFRS, BetrAV 2009, 685.
[172] *Derbort/Heubeck/Seeger*, a. a. O. (Fn. 171), BetrAV 2009, 685. Siehe ferner *Seeger/Derbort*, Die Auswirkungen des BilMoG auf Rückstellungen und Pensionsrückstellungen – Konzeptioneller Vergleich mit HGB und IFRS –, BetrAV 2009, 697.
[173] Abl.EG Nr. L 97 v. 9. 4. 2008, S. 62.
[174] *Hasenburg/Hausen*, Zur Umsetzung der HGB-Modernisierung durch das BilMoG: Bilanzierung von Altersversorgungsverpflichtungen (insbesondere aus Pensionszusagen) und vergleichbaren langfristig fälligen Verpflichtungen unter Einbeziehung der Verrechnung mit Planvermögen, Beil. Nr. 5/2009 zu Heft Nr. 23 v. 5. 6. 2009, S. 38, 44.
[175] *Thurnes/Hainz*, a. a. O. (Fn. 170), BetrAV 2008, 50, 51.

Einl. B 57–59   Teil 2. Einleitung

Saldierungsregelung kann insbesondere sog. Contractual Trust Arrangements (CTAs), (polsterfinanzierte) Unterstützungskassen, verpfändete Rückdeckungsversicherungen und außerhalb der betrieblichen Altersversorgung z.B. Sicherungsvermögen für Verpflichtungen aus Altersteilzeit oder Arbeitszeitkonten betreffen.[176]

57 d) **Pensionsverpflichtungen.** Das BilMoG wird die bilanzielle Bewertung von Pensionsverpflichtungen im handelsrechtlichen Abschluss erheblich ändern.[177] Die speziell bei der Bilanzierung von Pensionsverpflichtungen vorgesehenen Neuerungen bewirken eine Annäherung an die IFRS.[178] Die Bewertung der Pensionsverpflichtungen soll den Umfang der voraussichtlichen zukünftigen Verpflichtungen aus heutiger Sicht zutreffend abbilden, so dass das Unternehmen zu jedem Bilanzstichtag jeweils realistisch erscheinende Bewertungsannahmen festlegen muss.[179] Die ab dem Jahr 2009 im Rahmen des BilMoG vorgesehenen Änderungen des Bilanzrechts werden für die meisten Unternehmen mit Pensionsverpflichtungen daher beträchtliche Rückstellungserhöhungen in der HGB-Bilanz mit sich bringen.[180]

58 e) **Handelsbestand.** Der als Spezialvorschrift für Kredit- und Finanzdienstleistungsinstitute kodifizierte § 340e Abs. 3 HGB besagt, dass Finanzinstrumente des Handelsbestands zum beizulegenden Zeitwert abzüglich eines Risikoabschlags zu bilanzieren sind.[181] Ursprünglich sollte die Zeitwertbilanzierung von Finanzinstrumenten allen Unternehmen unabhängig von ihrer Rechtsform und Branchenzugehörigkeit offenstehen.[182] Dies gilt allerdings nicht für Versicherungsunternehmen, da sie gemäß § 7 VAG aufsichtsrechtlich nicht über Handelsbestände verfügen dürfen, da diese versicherungsfremde Geschäfte darstellen.[183]

29. Gesetz zur Umsetzung der Verbraucherkreditrichtlinie, des zivilrechtlichen Teils der Zahlungsdiensterichtlinie sowie zur Neuordnung der Vorschriften über das Widerrufs- und Rückgaberecht vom 29. Juli 2009

59 Das Gesetz zur Umsetzung der Verbraucherkreditrichtlinie, des zivilrechtlichen Teils der Zahlungsdiensterichtlinie sowie zur Neuordnung der Vorschriften über das Widerrufs- und Rückgaberecht vom 29. Juli 2009 wurde am 3. August 2009 verkündet.[184] Mit Art. 10 dieses Gesetzes werden u.a. die §§ 8 und 33 VVG 2008 geändert. Diese Änderungen treten zum 11. Juni 2010 in Kraft (vgl. Art. 11).

---

[176] *Thurnes/Hainz,* a.a.O. (Fn. 170), BetrAV 2008, 50, 51.

[177] *Johannleweling,* BilMoG aus Sicht der betrieblichen Altersversorgung, BetrAV 2008, 769.

[178] *Pellens/Sellhorn/Strzyz,* Pensionsverpflichtungen nach dem Regierungsentwurf eines BilMoG – Simulation erwarteter Auswirkungen, DB 2008, 2373; *Oser/Roß/Wader/Drögemüller,* Änderungen des Bilanzrechts durch das Bilanzrechtsmodernisierungsgesetz (BilMoG), WPg 2009, 573, 578.

[179] *Thurnes/Hainz,* a.a.O. (Fn. 170), BetrAV 2008, 50, 54.

[180] *Thurnes/Hainz,* a.a.O. (Fn. 170), BetrAV 2008, 50, 55; ebenso *Borst,* BilMoG verbessert Marktchancen für die betriebliche Altersversorgung, VW 2010, 665, 667.

[181] *Helke/Wiechens/Klaus,* Zur Umsetzung der HGB-Modernisierung durch das BilMoG: Die Bilanzierung von Finanzinstrumenten, Beil. Nr. 5/2009 zu Heft Nr. 23 v. 5.6.2009, S. 30, 34.

[182] *Helke/Wiechens/Klaus,* a.a.O. (Fn. 181), Beil. Nr. 5/2009 zu Heft Nr. 23 v. 5.6.2009, S. 30, 34/35.

[183] *Brüggentisch,* Versicherer fit für die Zukunft – Modifikation des HGB durch das Bilanzrechtsmodernisierungsgesetz (BilMoG), ZfV 2008, 215, 217.

[184] BGBl. I S. 2355.

B. Rechtsquellen der Lebensversicherung   60–62   Einl. B

30. Gesetz zur Stärkung der Finanzmarkt- und der Versicherungsaufsicht vom 29. Juli 2009 („VAG-Novelle 2009")

Die Bundesregierung hat am 25. März 2009 den Regierungsentwurf des Gesetzes zur Stärkung der Finanzmarkt- und der Versicherungsaufsicht beschlossen.[185] Das Gesetz wurde am 29. Juli 2009 ausgefertigt und am 31. Juli 2009 verkündet.[186] Hervorzuheben sind im Rahmen der Änderungen des Versicherungsaufsichtsgesetzes die den Aktuar betreffenden Vorschriften zur Überschussbeteiligung. Nach der neu gefassten Vorschrift des § 11a Abs. 3 Nr. 4 VAG hat der Aktuar für die Versicherungsverträge mit Anspruch auf Überschussbeteiligung dem Vorstand Vorschläge für eine angemessene Beteiligung am Überschuss vorzulegen; dabei hat er die dauernde Erfüllbarkeit der sich aus den Versicherungsverträgen ergebenden Verpflichtungen des Unternehmens zu berücksichtigen. In einem Bericht an den Vorstand des Unternehmens hat er zu erläutern, aus welchen Tatsachen und Annahmen sich die Angemessenheit seines Vorschlags ergibt. Die Änderungen des Versicherungsaufsichtsgesetzes traten bereits am 1. August 2009 in Kraft (vgl. Art. 9 Abs. 4). Einzelheiten zum Inhalt, Umfang und zur Vorlagefrist des Angemessenheitsberichts werden in einer Rechtsverordnung festgelegt, die voraussichtlich im Jahre 2010 erlassen wird.

60

31. Gesetz über genetische Untersuchungen bei Menschen (Gendiagnostikgesetz – GenDG) vom 31. Juli 2009

Das Gesetz über genetische Untersuchungen bei Menschen (Gendiagnostikgesetz – GenDG) vom 31. Juli 2009 wurde im Bundesgesetzblatt vom 4. August 2009 verkündet.[187] Es tritt gemäß § 27 Abs. 1 GenDG am 1. Februar 2010 in Kraft, soweit in § 27 Abs. 2 bis 4 GenDG nichts Abweichendes bestimmt ist. Zu den Vorschriften, die am 1. Februar 2010 in Kraft treten, gehört § 18 GenDG. Gemäß § 18 Abs. 1 Satz 1 GenDG darf der Versicherer von Versicherten weder vor noch nach Abschluss des Versicherungsvertrages

61

1. die Vornahme genetischer Untersuchungen oder Analysen verlangen oder
2. die Mitteilung von Ergebnissen oder Daten aus bereits vorgenommenen genetischen Untersuchungen oder Analysen verlangen oder solche Ergebnisse oder Daten entgegennehmen oder verwenden. Für die Lebensversicherung, die Berufsunfähigkeitsversicherung, die Erwerbsunfähigkeitsversicherung und die Pflegerentenversicherung gilt § 18 Abs. 1 Satz 1 Nr. 2 GenDG nicht, wenn eine Leistung von mehr als 300 000 Euro oder mehr als 30 000 Euro Jahresrente vereinbart wird (§ 18 Abs. 1 Satz 2 GenDG).

II. Neue Entwicklungen

Um das auf zahlreiche Richtlinien zersplitterte Versicherungsaufsichtsrecht der Europäischen Union in einer einzigen konsolidierten Richtlinie zusammenzufassen, hat die EU-Kommission das Projekt Solvency II gestartet. Mit dem Projekt Solvency II soll die Finanzaufsicht über Versicherungsunternehmen grundlegend reformiert werden. Die Rahmenrichtlinie Solvency II wurde am 17. Dezember

62

---

[185] BT-Drucks. 16/12783 („; dazu *Bähr*, Bankenkrise erreicht Versicherungsaufsicht: Über den Gesetzentwurf zur Stärkung der Finanzmarkt- und der Versicherungsaufsicht, VW 2009, 914.
[186] BGBl. I S. 2305; dazu *Bähr*, Stärkung der Finanzmarkt- und Versicherungsaufsicht wirkt übereilt, VW 2009, 1401.
[187] BGBl. I S. 2529.

Einl. B 62 Teil 2. Einleitung

2009 im Amtsblatt der Europäischen Union veröffentlicht.[188] Gemäß Art. 311 Satz 1 tritt die Rahmenrichtlinie am zwanzigsten Tag nach ihrer Veröffentlichung im Amtsblatt der Europäischen Union in Kraft. Die neuen Bestimmungen in der Rahmenrichtlinie sind gemäß Art. 309 Satz 1 bis zum 31. Oktober 2012 in nationales Recht umzusetzen, so dass spätestens ab 1. November 2012 die Solvency II-Regeln insgesamt gelten. Wenn die Mitgliedstaaten diese Vorschriften erlassen, nehmen sie in diesen Vorschriften selbst oder durch einen Hinweis bei der amtlichen Veröffentlichung auf diese Richtlinie Bezug (Art. 309 Abs. 1 Satz 2). In diese Vorschriften haben sie die Erklärung einzufügen, dass Verweisungen in den geltenden Rechts- und Verwaltungsvorschriften auf die durch diese Richtlinie aufgehobenen Richtlinien als Verweisungen auf die vorliegende Richtlinie gelten (Art. 309 Abs. 1 Satz 3). Die Einzelheiten der Bezugnahme und die Formulierung dieser Erklärung regeln die Mitgliedstaaten (Art. 309 Abs. 1 Satz 4). Der Erlass der national erforderlichen Rechts- und Verwaltungsvorschriften verlangt im Vorfeld eine umfassende Analyse der Auswirkungen der Richtlinie 2009/138/EG und der von der Kommission ergänzend erlassenen Durchführungsmaßnahmen auf das bestehende Versicherungsaufsichtsgesetz. In der Erarbeitung einer zukunftsfähigen Konzeption für ein richtlinienkonformes Versicherungsaufsichtsgesetz liegt zugleich die Chance, die Transparenz des Gesetzes über eine Neustrukturierung zu erhöhen. Zugleich kann der Tendenz Rechnung getragen werden, dass sich das Aufsichtsrecht zu einer Rechtsmaterie entwickelt, die das für Versicherungsunternehmen geltende besondere Gesellschaftsrecht in einzelnen Teilen ergänzt oder sogar verschärft.

---

[188] Richtlinie 2009/138/EG des Europäischen Parlaments und des Rates v. 25. 11. 2009 betreffend die Aufnahme und Ausübung der Versicherungs- und der Rückversicherungstätigkeit (Solvabilität II), Abl.EU L 335 v. 17. 12. 2009, S. 1.

C. Bedeutung der Lebensversicherung für die private und betriebliche Altersvorsorge

Übersicht

	Rdn.
I. Die Lebensversicherung als Säule der privaten Altersvorsorge	1, 2
II. Die Lebensversicherung in der betrieblichen Altersvorsorge	3–24
1. Allgemeines	3–8
2. Direktversicherung als eigener Durchführungsweg	9–11
a) Verbreitung der Direktversicherung	9
b) Wahl der Direktversicherung	10
c) Vorgelagerte Besteuerung	11
3. Rückdeckungsversicherung als Instrument der Bilanzpolitik	12–21
a) Absicherung von Gesamtversorgungszusagen	12, 13
b) Absicherung von Einzel- und Unternehmerpensionszusagen	14–17
aa) Insolvenzrisiko	14, 15
bb) Gesellschafter-Geschäftsführer	16, 17
c) Refinanzierung von Pensionszusagen	18–21
aa) Ausgangslage	18–20
bb) Asset-Backing	21
4. Übertragung der Pensionsverbindlichkeiten auf einen Lebensversicherer	22, 23
a) Übertragung nach § 4 Abs. 4 BetrAVG	22
b) Pensionsgesellschaft	23

I. Die Lebensversicherung als Säule der privaten Altersvorsorge

Die deutsche Lebensversicherung versteht sich als eigenständige und bewährte 1 Vorsorgeeinrichtung[1] und als Ergänzung zur gesetzlichen und betrieblichen Alters- und Hinterbliebenenvorsorge.[2] Insofern vertraut sich der Versicherungsnehmer einem gesetzlich ausgestalteten System der privaten Zukunftssicherung an.[3] Das Dreisäulensystem der Altersvorsorge ist ein fester Begriff.[4] Das sozialpolitisch anerkannte System der drei Säulen entstand 1968.[5] Allerdings ist das System der drei Säulen (gesetzliche Rentenversicherung, betriebliche Altersversorgung und private Vorsorge) bis zu den Reformen im Jahre 2001 nicht konsequent verfolgt worden.[6]

---

[1] Vgl. *Holzwarth*, Langfristig erzielbare Leistungen aus der Lebensversicherung in einzelwirtschaftlicher Betrachtung, ZVersWiss 1989, 620 ff.

[2] *Pestenhofer*, Lebensversicherung heute und morgen, VW 1988, 262; *dieselbe*, Die Wesensmerkmale der deutschen Lebensversicherung vor und nach der Liberalisierung, in: Dieter Farny und die Versicherungswissenschaft, hrsg. v. Robert Schwebler und den Mitgliedern des Deutschen Vereins für Versicherungswissenschaft, Karlsruhe, VVW, 1994, S. 381.

[3] BVerfG, Urt. v. 26. 7. 2005 – 1 BvR 782/94 u. 1 BvR 957/96, NJW 2005, 2363, 2366 = VersR 2005, 1109, 1118 = WM 2005, 1505, 1507.

[4] Vgl. *Schwebler*, Die Funktion der Lebensversicherung in der Gesamtwirtschaft – ein Beitrag zur Aktualisierung des Drei-Säulen-Konzepts, ZVersWiss 1990, 551; Deutsche Bundesbank (Hrsg.), Die betriebliche Altersversorgung in Deutschland, Monatsbericht März 2001, S. 45, 46; Sozialbericht 2009 des BMAS, BetrAV 2009, 442 = www.bmas.de.

[5] *Michaels*, Altersversorgung – Ein Privileg der Lebensversicherung?, WM 1997, 59.

[6] *Becker*, Private und betriebliche Altersvorsorge zwischen Sicherheit und Selbstverantwortung, JZ 2004, 846, 850.

Einl. C 2, 3   Teil 2. Einleitung

Der Staat brauchte Zeit, um zur Erkenntnis zu gelangen, dass er private und betriebliche Altersvorsorge in besonderer Weise fördern muss, um den Rückgang des gesetzlichen Rentenniveaus aufzufangen.[7]

2   Viele Bundesbürger nutzen die kapitalbildende Lebensversicherung (auch Kapitalversicherung genannt) auf Grund der garantierten Mindestverzinsung und der damit garantierten Versicherungsleistung für den langfristigen und sicheren Aufbau von Kapital für ihr Alter bei gleichzeitiger Absicherung ihrer Familie.[8] Mit ihrem Konsumverzicht zu Gunsten einer langfristig angelegten Altersicherung sorgen sie dafür, dass die auf Grund der demographischen Entwicklung zwangsläufig auftretenden Versorgungslücken geschlossen werden. In der kapitalgedeckten Altersvorsorge kommt der Lebensversicherung eine Schlüsselstellung zu.[9] Sie ist unter Rendite-Risiko-Aspekten ein sehr gutes Produkt der Altersvorsorge[10] und hat kontinuierlich an Bedeutung gewonnen.[11]

II. Die Lebensversicherung in der betrieblichen Altersvorsorge

1. Allgemeines

3   Aus der Sicht der Unternehmen stellt die betriebliche Altersversorgung einen wichtigen Bestandteil des im jeweiligen Unternehmen praktizierten Vergütungssystems dar.[12] Mit Blick auf die Situation der umlagefinanzierten gesetzlichen Rentenversicherung, deren Finanzlage durch den hohen Anteil der versicherungsfremden Leistungen[13] belastet ist, und der seit Jahren andauernden Reformdiskussion[14] kommt der betrieblichen Altersversorgung neben der privaten Eigen-

---

[7] *Steinmeyer*, Gedanken zum Begriff der Altersvorsorge und Altersversorgung, in: Recht und Risiko, Festschrift für Helmut Kollhosser, Karlsruhe, VVW, 2004, S. 363; *derselbe*, Private und betriebliche Altersvorsorge zwischen Sicherheit und Selbstverantwortung – Gedanken des Deutschen Juristentages zur Fortentwicklung der betrieblichen Altersversorgung –, BetrAV 2005, 12.
[8] Vgl. Deutsche Bundesbank, Der Versicherungssektor als Finanzintermediär, Monatsbericht Dezember 2004, S. 31, 34; BVerfG NJW 2005, 2363 = VersR 2005, 1109, 1118; GDV (Hrsg.), Die Märkte für Altersvorsorge in Deutschland: Eine Analyse bis 2020, Karlsruhe, VVW, 2004, S. 42 f.
[9] Zum Ganzen siehe *Buttenböck/Wolgast*, Die Geldvermögensbildung der privaten Haushalte bei Lebensversicherungen: Trends und Perspektiven, Berlin, GDV, 2005.
[10] *Goecke*, Über das Wesen der Lebensversicherung – ein Diskussionsbeitrag, in: Versicherung, Recht und Schaden, Festschrift für Johannes Wälder, München, Beck, 2009, S. 291, 320.
[11] *Fels*, Drei Säulen für die Zukunft, in: Altern mit Zukunft, GDV (Hrsg.), 1. Aufl., 1997, S. 8, 24.
[12] Siehe hierzu *Andresen*, Gesamtvergütung auf dem Prüfstand – Vergütungspolitik im Umbruch, in: Betriebliche Altersversorgung in Deutschland im Zeichen der Globalisierung, Festschrift für Norbert Rößler, herausgegeben von Andresen/Förster/Doetsch, Köln, 2000, S. 315, 317; *Förster*, Betriebliche Altersversorgung – unverzichtbares Element einer strategisch ausgerichteten Gesamtvergütung, in: Aktuelle Entwicklungen in der betrieblichen Altersversorgung, BB, Beil. Nr. 5 zu Heft 24/2001, S. 6 ff.
[13] Einzelheiten siehe bei *Klein/Wunsch*, Betriebliche Altersversorgung im Wandel, DB 2002, 213, 214 f.
[14] Aus der Vielzahl der Beiträge siehe *Ruland*, Perspektiven der Alterssicherung – Am Beispiel der gesetzlichen Rentenversicherung und der betrieblichen Altersversorgung –, DB 1996, 2617 ff.; *Eichenhofer*, Gleitender Übergang in den später beginnenden Ruhestand – eine Zukunftsperspektive für die Rentenversicherung?, JZ 1998, 808 ff.; *Waltermann*, Wie sollte der Übergang vom Erwerbsleben in den Ruhestand rechtlich gestaltet werden?, NJW 1998, 2488 ff.; *Ruland*, Schwerpunkte der Rentenformen in Deutschland, NJW 2001, 3505 ff.

C. Bedeutung der LV für die Altersvorsorge 4 **Einl. C**

vorsorge im Gesamtsystem der sozialen Sicherung unverändert große Bedeutung zu, um vorhandene Versorgungslücken vor allem über die private Lebensversicherung zu schließen.[15] Dabei spielt die künftige Besteuerung der betrieblichen Altersversorgung eine wichtige Rolle.[16] Die Besteuerung von Vorsorgeaufwendungen für die Alterssicherung und die Besteuerung von Bezügen aus dem Ergebnis der Vorsorgeaufwendungen ist so aufeinander abzustimmen, dass eine doppelte Besteuerung vermieden wird.[17]

Besonders durch eine am 22. November 1995 abgeschlossene Studie[18] der zum Konzern der Deutschen Bank gehörigen DB Research GmbH ist eine Diskussion zur betrieblichen Altersversorgung und zum Pensionsfonds in Gang gekommen, die mit dem Ziel, langfristig die finanzielle Stabilität des Gesamtsystems der sozialen Sicherung zu gewährleisten, mit der Verabschiedung des Altersvermögensgesetzes und seinen Regelungen auch zum Pensionsfonds zu ersten Ergebnissen geführt hat. Vorausgingen jahrelange Diskussionen, zumal Pensionsfonds schon durch das Dritte Finanzmarktförderungsgesetz[19] geregelt werden sollten.[20] Das Dritte Finanzmarktförderungsgesetz brachte aber zunächst nur die Einführung des Altersvorsorge-Sondervermögens (AS-Fonds).[21] Aus den Diskussionen zum Pensionsfonds ist der Vorschlag hervorzuheben, die Unterstützungskasse in Richtung Pensionsfonds weiterzuentwickeln und unter der neuen Bezeichnung „Betriebs-

4

---

[15] Vgl. nur *Möller*, Lebensversicherung und öffentliche Meinung, in: Festschrift für Ernst Klingmüller, herausgegeben von Fritz Hauss und Reimer Schmidt, Karlsruhe, VVW, 1974, S. 287, 291. Zu den drei Säulen der Altersvorsorge siehe ferner die Mitteilung der EU-Kommission KOM (2001) 214 vom 19. 4. 2001 über die Beseitigung der steuerlichen Hemmnisse für die grenzüberschreitende betriebliche Altersversorgung, S. 5 ff.; dazu *Bernhard*, Die Besteuerung der betrieblichen Altersvorsorge im Binnenmarkt, DB 2001, 1385 f.
[16] Siehe hierzu *Kreußler*, Aktuelle Steuerfragen der betrieblichen Altersversorgung, BetrAV 2002, 760 ff.; *Treisch*, Neuregelung der Rentenbesteuerung und das vernachlässigte Problem der Versicherungsgewinne/-verluste, BB 2002, 225 ff.; *Fleischmann*, Vorschläge der Sachverständigenkommission zur Neuregelung der Besteuerung der Altersversorgung, DB 2003, 1195 ff.
[17] BVerfG, Urt. v. 6. 3. 2002 – 2 BvL 17/99, WM 2002, 668, 675; dazu *Djanani/Brähler/Lösel*, Deferred Taxation für Jedermann?, BB 2002, 965; *Höreth/Schiegl/Zipfel*, Was wird aus der Rentenbesteuerung? Das Urteil des Bundesverfassungsgerichts und seine Auswirkungen, BB 2002, 1565, 1569 ff.; *Kiesewetter/Niemann*, Eine Erhöhung der Ertragsanteile bei der Rentenbesteuerung ist ökonomisch geboten, BB 2002, 857.
[18] *Nürk/Schrader*, Von der Pensionsrückstellung zum Pensionsfonds: Eine Chance für den deutschen Finanzmarkt, hrsg. von DB Research GmbH, Selbstverlag. Siehe hierzu krit. *Schmitz*, Sind Pensionsfonds für die deutsche betriebliche Altersversorgung die einzig sinnvolle Lösung?, BB 1996, 1547 ff., und hierzu die Erwiderung *Nürk*, Pensionsfonds und betriebliche Altersversorgung, BB 1996, 2187 ff.
[19] BR-Drucks. 605/97; das Pensionssondervermögen betreffende Teil des Dritten Finanzmarktförderungsgesetzes ist abgedruckt in ZIP 1997, 1439 f.; siehe auch den Abdruck in ZBB 1997, 286 m. Einf. *Köndgen* sowie ZBB 1997, Heft 4.
[20] Siehe hierzu *Rupprecht*, Pensionsfonds – Wunsch und Wirklichkeit, VW 1996, 1100 ff.; *Blomeyer*, Pensionsfonds in der parlamentarischen Beratung, ZIP 1997, 1955 ff.; *derselbe*, Betriebsrente durch Pensionsfonds?, ZIP 1997, 1397 ff.; *Hanau/Arteaga*, Pensions-Sondervermögen und betriebliche Altersversorgung, BB, Beil. Nr. 17 zu Heft 47/1997, S. 1 ff.; *Blomeyer*, Betriebliche Pensionsfonds in neuer Auflage: Die Vorschläge der „Gerke-Kommission" in rechtlicher Sicht, ZIP 1998, 1737 ff.; *H. Balzer* u. a., Arbeitskreis „Finanzierung" der Schmalenbach-Gesellschaft für Betriebswirtschaft e. V., Betriebliche Altersversorgung mit Pensionsrückstellungen oder Pensionsfonds – Analyse unter finanzwirtschaftlichen Gesichtspunkten, DB 1998, 321 ff.; *Peemöller/Geiger/Fiedler*, Pensionsfonds als Chance für die betriebliche Altersversorgung – eine empirische Untersuchung, DB 1999, 809 ff.
[21] Eingehend hierzu *Heda/Heine/Oltmanns*, Indexfonds als Instrument der Kapitalanlage zur Altersvorsorge, AG 2001, 109 ff.

rentenfonds"[22] bzw. Pensionsfonds-Unterstützungskasse[23] als Leistungsträger fungieren zu lassen.[24] Mit dem Gesetz zur Reform der gesetzlichen Rentenversicherung und zur Förderung eines kapitalgedeckten Altersvorsorgevermögens (Altersvermögensgesetz – AVmG) vom 26. Juni 2001, das am 29. Juni 2001 im Bundesgesetzblatt verkündet wurde und am 1. Januar 2002 in Kraft trat, soweit in Artikel 35 Absatz 2 bis 8 nicht etwas anderes bestimmt ist, folgte der Gesetzgeber diesem Vorschlag nicht.[25] Der Gesetzgeber kam insbesondere der berechtigten Forderung nicht nach, die Rahmenbedingungen der betrieblichen Altersvorsorgung durch Senkung des Rechnungszinsfußes, Lockerung des Nachholverbotes sowie Zulassung von Einmalaufwand zu verbessern.[26] Durch das Altersvermögensgesetz wurde neben weiteren Maßnahmen, insbesondere dem Recht auf Entgeltumwandlung,[27] ein neuer Durchführungsweg der betrieblichen Altersvorsorgung in Gestalt der Pensionsfonds eingeführt (vgl. Artikel 10 AVmG) und damit der Freiheitsgrad der Unternehmen zur konkreten Gestaltung ihrer Betriebsrente vergrößert.[28] In § 4e Abs. 3 EStG, § 4d Abs. 3 EStG und § 3 Nr. 66 EStG wur-

---

[22] *Bode/Grabner*, Pensionsfonds in Deutschland ? – Realisierungsmöglichkeiten innerhalb der betrieblichen Altersversorgung –, DB 1997, 928, 932.

[23] *Kolvenbach*, Für eine Pensionsfonds-Unterstützungskasse, DB 1997, 290, 291.

[24] Ebenfalls für die Weiterentwicklung der Unterstützungskasse *Rößler*, Pensionsfonds für die betriebliche Altersversorgung in Deutschland ?, BetrAV 1996, 316, 320 ff.; *Stiefermann*, Pensionsfonds – auch in Deutschland ?, Der Arbeitgeber 1997, 209 ff.

[25] BGBl. I S. 1310; zu den Zielen und Inhalten des Gesetzes siehe aus dem umfangreichen Schrifttum vor und nach Erlass des Gesetzes vor allem *Beye/Bode/Stein*, Wirtschaftliche Auswirkungen der Änderungen bei der Unverfallbarkeit durch das Altersvermögensgesetz, in: Aktuelle Entwicklungen in der betrieblichen Altersversorgung, BB, Beil. Nr. 5 zu Heft 24/2001, S. 9; *Eilert*, Rechtliche, besonders versicherungsaufsichtsrechtliche Grundlagen des Pensionsfonds, BetrAV 2001, 624 ff.; *Höfer*, Die betriebliche Altersversorgung im Regierungsentwurf zum Altersvermögensgesetz (AVmG), DB 2000, 2474 ff.; *derselbe*, Die Neuregelung des Betriebsrentenrechts durch das Altersvermögensgesetz (AVmG), DB 2001, 1145 ff. = BetrAV 2001, 314 ff.; *Niermann*, Die Neuregelung der betrieblichen Altersversorgung durch das Altersvermögensgesetz (AVmG) aus steuerlicher Sicht, DB 2001, 1380 ff. = BetrAV 2001, 511 ff.; *Risthaus*, Steuerliche Fördermöglichkeiten für eine zusätzliche private Altersvorsorge nach dem Altersvermögensgesetz (AVmG), DB 2001, 1269 ff.; *Schink*, Der Pensionsfonds: Der klassische Pensionsfonds angelsächsischer Prägung und sein deutsches Pendant, BetrAV 2001, 718 ff.

[26] Stellungnahme der Arbeitsgemeinschaft für betriebliche Altersversorgung e. V., BetrAV 1996, 237, 243. Zu weiteren Vorschlägen siehe z. B. *Hanau/Arteaga*, Sofortprogramm zur Förderung der betrieblichen Altersversorgung, DB 1999, 898 ff.

[27] Einzelheiten siehe bei *Blomeyer*, Der Entgeltumwandlungsanspruch des Arbeitnehmers in individual- und kollektivrechtlicher Sicht, DB 2001, 141 ff. = BetrAV 2001, 501 ff.; *Förster*, Steuerliche Rahmenbedingungen für die betriebliche Altersversorgung – was ist neu und was bleibt ?, BetrAV 2001, 441 ff.; *Grabner/Bode*, Betriebliche Altersversorgung aus Entgeltumwandlung – Erhebliche Rechtsunsicherheiten durch neue Gesetzesregeln –, DB 2001, 481 ff.; *Grawert*, Das Altersvermögensgesetz (AVmG) und seine Auswirkungen auf die betriebliche Altersversorgung, Personal 2001, 462 ff.; *Heither*, Was bedeutet der Tarifvorbehalt im AVmG für die betriebliche Altersversorgung?, BetrAV 2001, 720 ff.; *derselbe*, Gestaltung des Anspruchs eines Arbeitnehmers auf Gehaltsumwandlung (§ 1a BetrAVG) durch Tarifverträge, NZA 2001, 1275 ff.; *Rieble*, Die Entgeltumwandlung, BetrAV 2001, 584 ff.; *Sasdrich/Wirth*, Betriebliche Altersversorgung gestärkt, BetrAV 2001, 401 ff.; *Schliemann*, Tarifrecht für die Entgeltumwandlung bei Betriebsrenten, DB 2001, 2554 ff.; *Schnitker/Grau*, Mitbestimmungsrechte des Betriebsrats bei der Einführung einer betrieblichen Altersversorgung im Wege der Entgeltumwandlung nach § 1a BetrAVG, BB 2003, 1061 ff.; *Steinmeyer*, Die Reichweite tariflicher Regelungsmacht nach dem neuen Altersvermögensgesetz, BetrAV 2001, 727 ff.

[28] Deutsche Bundesbank, Die betriebliche Altersversorgung in Deutschland, Monatsbericht März 2001, S. 45, 60.

C. Bedeutung der LV für die Altersvorsorge

den Rahmenbedingungen geschaffen, welche die Übertragung von Versorgungsverpflichtungen oder Versorgungsanwartschaften aus Direktzusagen des Arbeitgebers oder aus Unterstützungskassen auf Pensionsfonds erleichtern sollen.[29] Leider hat sich der Gesetzgeber jedoch nicht dazu verstehen können, die Pensionsfonds von der Körperschafts- und Gewerbesteuer zu befreien und sie insoweit den Pensionskassen gleichzustellen.[30] Der vom Gesetz den Pensionsfonds zugeteilte Charakter eines versicherungsförmigen Durchführungsweges bestätigt den Eindruck, dass die als Vorbild angesehenen US-amerikanischen Pensionsfonds mit dem neuen „Produkt" wenig gemeinsam haben.[31] Risiken für die Unternehmen bestehen deshalb möglicherweise in der Gefahr der Politisierung der Vermögensanlagen, in den durch den fünften Durchführungsweg sowie seine Reglementierung komplex gewordenen Rahmenbedingungen und in der Abgrenzung zu Pensionskassen (nach Liberalisierung der Anlagevorschriften bei Pensionskassen).[32]

Das neue Produkt steht darüber hinaus in Konkurrenz zur am Kapitalmarkt rückgedeckten Versorgungszusage (Auslagerung von Vermögensmitteln auf Publikums- oder vorzugsweise Spezialfonds)[33] und den von Versicherern gebotenen internen Fonds,[34] denen ggf. das Modell der fondsgebundenen Direktzusage[35] zugrunde liegt.[36] Der Wettbewerbsdruck ist relevant, da durch die vertragliche Gestaltung einer Treuhandlösung im Wege des Contractual Trust Arrangement (CTA) auch eine Auslagerung der Pensionsverpflichtungen aus dem nach IAS-/US-GAAP-Regeln aufgestellten handelsrechtlichen Konzernabschluss erreicht

---

[29] Siehe hierzu das BMF-Schreiben v. 26. 10. 2006 – IV B – 2 – S 2144–57/06, DB 2006, 2432; *Briese*, Übertragung von Pensionsanwartschaften und Pensionsverpflichtungen auf einen Pensionsfonds, DB 2006, 2424; *Nöcker*, Pensionsfonds – Versorgungseinrichtung und Finanzinstitution: Die Reform der Altersversorgung in Großbritannien als Vorbild und Warnung für Deutschland, Karlsruhe, VVW, 2003, S. 328; *Briese*, Auslagerung von Pensionsanwartschaften auf Pensionsfonds, BB 2009, 2733; *Prost*, Auslagerungsmöglichkeiten von Pensionszusagen, DB 2009, 2006.
[30] *Heubeck*, Pensionsfonds – Grenzen und Möglichkeiten, in: Aktuelle Entwicklungen in der betrieblichen Altersversorgung, BB, Beil. Nr. 5 zu Heft 24/2001, S. 2, 5 = BetrAV 2001, 610, 614.
[31] So wörtlich *Blomeyer*, Neue arbeitsrechtliche Rahmenbedingungen für die Betriebsrente, BetrAV 2001, 430, 433; siehe auch *Engeländer/Slota*, Wer darf in den Pensionsfonds einzahlen? Besonderheiten der Konstruktion des Pensionsfonds deutscher Art, VW 2003, 243. Zur positiven Sicht siehe vor allem *Bruno-Latocha/Devetzi*, Pensionsfonds in Deutschland und in Europa, BetrAV 2001, 614, 616 ff.
[32] *Förster/Rühmann/Recktenwald*, Auswirkungen des Altersvermögensgesetzes auf die betriebliche Altersversorgung: Die Einführung von Pensionsfonds und Anspruch auf Entgeltumwandlung als Kernelemente der gesetzlichen Neuregelung, BB 2001, 1406, 1411 = BetrAV 2001, 593, 598.
[33] Siehe hierzu *Wehlmann*, Betriebliche Altersversorgung – Spezialfonds als neues Finanzierungsmodell, DB 1996, 1145 ff.; *Fischer*, Insolvenzsicherung für Altersteilzeit, Arbeitszeitkonten und Altersversorgung – Vermögensdeckung mit doppelseitiger Treuhand in der Praxis, in: Aktuelle Entwicklungen in der betrieblichen Altersversorgung, BB, Beil. Nr. 5 zu Heft 24/2001, S. 21; *Förster/Rühmann/Recktenwald*, a. a. O., BetrAV 2001, 593, 598.; *Kiesewetter*, Welche Rückstellungsbildung für wertpapiergebundene Pensionszusagen ist im Halbeinkünfteverfahren begründet ?, BB 2003, 1220 ff.
[34] Einzelheiten bei *Hasse/Jeck*, Noch mehr Anlagespielraum durch Interne Fonds: Ein wenig beachteter Weg zu maßgeschneiderten Produkten, Imageförderung und Kostenvorteilen, VW 2001, 1554 ff.
[35] *Bode*, Innovative Modelle und aktuelle Tendenzen moderner Versorgungswerke, BetrAV 2001, 17, 20 f.
[36] *Grabner*, Der betriebsinterne Pensionsfonds – Eine beitragsdefinierte betriebliche Versorgungseinrichtung auf bestehender Gesetzesgrundlage –, DB 1999, 903, spricht vom innenfinanzierten Pensionsfonds.

werden kann,[37] um durch den Wechsel auf eine unternehmensexterne Finanzierung der Pensionszusagen zentrale Bilanzrelationen und das Unternehmensrating zu verbessern[38] sowie gesetzlich nicht geschützte Pensionszusagen gegen Insolvenz zu schützen.[39] Allerdings wird derzeit die bilanzsteuerrechtliche Behandlung der Auslagerung von Altersvorsorgevermögen bei Treuhandmodellen von der Finanzverwaltung auf Bundesebene erörtert.[40] In diesem Zusammenhang ist auch an Langzeit-Arbeitszeitkonten zu denken, die verzinslich angelegt werden und auch für die Auszahlung während einer Alterszeit- oder Vorruhestandsphase verwendet werden können.[41] Das Gesetz zur Verbesserung der Rahmenbedingungen für die

---

[37] Eingehend hierzu *Rößler/Doetsch*, Bevorzugte Verfahren zur Finanzierung betrieblicher Pensionsverpflichtungen in Deutschland – Ergebnisse einer Umfrage unter deutschen Großunternehmen –, DB 1998, 1773, 1774; *Stöhr*, Betrieblicher Pensionsfonds in Form einer Treuhand findet Anerkennung als „funded pension plan" nach US-GAAP, DB 1998, 2233; *Grabner*, Der betriebsinterne Pensionsfonds – Eine beitragsdefinierte betriebliche Versorgungseinrichtung auf bestehender Gesetzesgrundlage –, DB 1999, 903; *Rhiel*, Pensionsverpflichtungen, Steuern, Cash Flow und Unternehmensbewertung, WPg 1999, 62; *Bode/Bergt/Obenberger*, Doppelseitige Treuhand als Instrument der privatrechtlichen Insolvenzsicherung im Bereich der Betrieblichen Altersversorgung, DB 2000, 1864; *Fischer/Thoms-Meyer*, Privatrechtlicher Insolvenzschutz für Arbeitnehmeransprüche aus deferred compensation – Mögliche Gestaltungsformen, insbesondere das neue Modell der doppelseitigen Treuhand –, DB 2000, 1861 = BetrAV 2001, 125; *Rößler/Doetsch/Heger*, Auslagerung von Pensionsverpflichtungen im Rahmen einer Bilanzierung gemäß SFAS bzw. IAS, BB 1999, 2498 = BetrAV 2000, 112; *Fischer*, Insolvenzsicherung für Altersteilzeit, Arbeitskonten und Altersversorgung – Vermögensdeckung mit doppelseitiger Treuhand in der Praxis, in: Aktuelle Entwicklungen in der betrieblichen Altersversorgung, BB, Beil. Nr. 5 zu Heft 24/2001, S. 21; *Jaeger*, Outsourcing von Pensionsrückstellungen, BB 2000, 1518 = BetrAV 2000, 447; *Feld*, Die Bilanzierung von Pensionsrückstellungen nach HGB und IAS – Überblick über die wesentlichen Regelungen und Unterschiede unter Berücksichtigung von Abweichungen zwischen IAS und US-GAAP, WPg 2003, 573 (Teil 1), 638 (Teil 2); *Grabner/Bode/Stein*, Brutto-Entgeltumwandlung vs. „Riester-Förderung": Betriebsinterner Pensionsfonds vs. Pensionsfonds nach AVmG – Ein Günstigkeitsvergleich, BetrAV 2001, 600, 602; *Förster/Rühmann/Recktenwald*, BetrAV 2001, 593, 598; *Seeger*, Pensionsverpflichtungen und Rating, BetrAV 2003, 500; *Küppers/Louven/Schröder*, Contractual Trust Arrangements – Insolvenzsicherung und Bilanzverkürzung, BetrAV 2005, 417; *Mittermaier/Böhme*, Auslagerung von Pensionsverpflichtungen im Rahmen eines CTA: Bilanzverkürzung unter Verwendung alternativer Vermögenswerte, BB 2006, 203; *Höfer/Ververs*, Betriebliche Altersversorgung: Ausgliederung durch Contractual Trust Arrangement oder Pensionsfonds?, DB 2007, 1365; *Schnitker/Döring*, Zurechnung des wirtschaftlichen Eigentums an Barvermögen im Rahmen von Contractual Trust Arrangements – Zugleich Anmerkung zur Verfügung der OFD Frankfurt v. 1. 12. 2006 – S 2137 A – 57 – St 210, BB 2007, 324 – BB 2007, 596; *Seeger*, Contractual Trust Arrangements auf dem Prüfstand, BetrAV 2007, 339; *Niermann*, Jahressteuergesetz 2007: Lohnsteuerfreie Absicherung von Direktzusagen durch Contractual Trust Agreements, BetrAV 2007, 17; *Ditz/Tcherveniachki*, Steuerliche Konsequenzen eines Contractual Trust Arrangement („CTA"), DB 2010, 632.

[38] *Förster/Weppler*, Aktuelle steuerliche Zweifelsfragen, BetrAV 2006, 10, 11; *Küting/Keßler*, Bilanzielle Auslagerung von Pensionsverpflichtungen nach HGB und den IFRS durch ein Contractual Trust Arrangement – Gründe und Formen der Auslagerung, BetrAV 2009, 528, 531 = DB 2009, 1717, 1720 f.; *Neuhaus*, Auslagerung betrieblicher Pensionszusagen bei den DAX-Unternehmen – Eine Analyse der Auslagerungswege und -motive sowie der Finanzierungsformen, BetrAV 2009, 600.

[39] *Reichenbach/Liebing/Kehr*, CTA Governance: Notwendigkeit und Ausgestaltung des Risikomanagements, BetrAV 2009, 427.

[40] OFD Münster, Vfg. v. 6. 2. 2008 – S 2137-77 – St 12–33, DB 2008, 436; BMF-Schreiben v. 15. 6. 2009 – IV C 1 – S 2000/07/0009 (DOK. 2009/0394600), BetrAV 2009, 441.

[41] Zu den Einzelheiten siehe *Bode*, Innovative Modelle und aktuelle Tendenzen moderner Versorgungswerke, BetrAV 2001, 17, 21 f.; *Bruno-Latocha/Devetzi*, Pensionsfonds in

C. Bedeutung der LV für die Altersvorsorge   6, 7 **Einl. C**

Absicherung flexibler Arbeitszeitregelungen und zur Änderung anderer Gesetze vom 21. Dezember 2008, das am 29. Dezember 2008 im Bundesgesetzblatt veröffentlicht worden ist,[42] trägt diesem Gedanken Rechnung.[43]

Nach dem Willen des Gesetzgebers darf der Pensionsfonds nicht alle Bestandteile eines Pensionsplans (Beiträge und Leistungen) garantieren. Diese Beschränkung der Garantien stellt ein wesentliches Merkmal zur Abgrenzung eines Pensionsfonds gegenüber einer Lebensversicherung und einer Pensionskasse dar, die alle Leistungen und die dafür zu entrichtenden Beiträge garantieren dürfen.[44] Für den Wettbewerb der Durchführungswege ist relevant, dass Pensionsfondszusagen wegen der steuerlichen Limitierung der Beiträge vor allem für höhere Zusagebeträge (oberhalb der BBG) keine echte Alternative zu Direktzusagen und Unterstützungskassenzusagen darstellen.[45] 6

Mit dem neuen Durchführungsweg in Form der Pensionsfonds hat der Arbeitgeber jetzt allerdings die Möglichkeit, seinen Arbeitnehmern über eine Direktversicherung, eine Pensionskasse,[46] einen Pensionsfonds,[47] eine Unterstützungskasse,[48] 7

Deutschland und in Europa, BetrAV 2001, 614, 615; *Tacke*, Betriebsrenten aus Zeitguthaben – Zusätzliche Gestaltungsspielräume durch das 4. Euro-Einführungsgesetz, BetrAV 2001, 226 ff.; *Höfer/Greiwe*, Einführung von Langzeitkonten, BB 2006, 2242 ff.; *Cisch/Ulbrich*, Arbeitszeitkonten: Erkenntnisse zur Insolvenzsicherungspflicht für Langzeitkonten – Anmerkung zum BAG-Urteil vom 13. 12. 2005 – 9 AZR 436/04, DB 2007, 1029; *Skorczyk/Klups/Jacobsen*, Die Gestaltung von Lebensarbeitszeitkontenregelungen: Rechtliche Fragestellungen, Gestaltungsmöglichkeiten und Insolvenzsicherung, BB 2007, 2; *Wellisch/Machill/Gahl*, Unternehmenssteuerreform 2008, Einführung einer Abgeltungssteuer 2009 und deren Auswirkungen auf die Vorteilhaftigkeit von fondsgebundenen Lebensarbeitszeitkonten, DB 2007, 1933; *Bätzel*, Die überbetriebliche Treuhand als flexible Lösung für den Mittelstand, DB 2008, 1761 = BetrAV 2008, 659, 660; *Cisch/Ulbrich*, Flexi-Gesetz II: Licht und Schatten, BB 2009, 550, 552.

[42] BGBl. I S. 2940.

[43] Zu den Einzelheiten siehe *Langohr-Plato/Sopora*, Neue gesetzliche Rahmenbedingungen für Zeitwertkonten, NZA 2008, 1377; *Hanau/Veit*, Neues Gesetz zur Verbesserung der Rahmenbedingungen für die Absicherung flexibler Arbeitszeitregelungen und zur Änderung anderer Gesetze, NJW 2009, 182.

[44] *Oecking/Wunsch/Zimmermann*, Kapitalausstattung, Vermögensanlage und Deckungsrückstellung des Pensionsfonds, BetrAV 2001, 622.

[45] *Förster/Rühmann/Recktenwald*, a. a. O., BetrAV 2001, 593, 598; *Lindley/Stockkamp*, Betriebliche Pensionsfonds als Herausforderung und Chance für Versicherungen, VW 2001, 1548.

[46] Dazu *Schaumlöffel*, Die Änderung des Versicherungsaufsichtsrechts durch das Dritte Durchführungsgesetz/EWG zum VAG: Unmittelbare Auswirkungen auf die Pensionskassen und die weitere Entwicklung, BetrAV 1995, 153 ff.; *Huhn/Galinat*, Die Pensionskasse – Vorurteile und Vorteile, BetrAV 1995, 267 ff.; *dieselben*, Pensionskasse – neue Möglichkeiten, BetrAV 1996, 56; *Braun*, Die Pensionskasse in der Rechtsform der Aktiengesellschaft, BetrAV 2003, 114; *Herrmann*, Steuerliche Behandlung der Leistungen aus Pensionskassen nach Einführung des AVmG – ein Diskussionsbeitrag, BetrAV 2003, 117.

[47] Eingehend *Andresen*, Pensionsfonds als neue Gestaltungsform für Unternehmen – mehr Wettbewerb in der betrieblichen Altersversorgung, BetrAV 2001, 444; *Gohdes/Haferstock/Schmidt*, Pensionsfonds nach dem AVmG aus heutiger Sicht, DB 2001, 1558 = BetrAV 2001, 496 ff.; *Riester*, Der Pensionsfonds – ein modernes Instrument für die betriebliche Altersversorgung, BetrAV 2002, 617 ff.; *Kölschbach/Engeländer*, Ausgewählte Fragen zur Bilanzierung von Pensionsfonds (II), VW 2003, 1248 ff.; *Rhiel*, Pensionszusagen und Treuhandmodelle – Alternativen zu Pensionsfonds?, BetrAV 2003, 533; *Sasdrich*, Pensionsfonds für Deutschland – ein langer Weg, BetrAV 2006, 34; *Zeppenfeld/Rößler*, Pensionsfonds: verbesserte Rahmenbedingungen für nationale und internationale Arbeitgeber und Anbieter, BB 2006, 1221.

[48] Siehe hierzu *Harle/Weingarten*, Die pauschaldotierte Unterstützungskasse – Profitcenter der Zukunft? –, DB 2001, 2357 ff.; *dieselben*, Die Unterstützungskasse – Steuerliche und betriebswirtschaftliche Aspekte, BB 2001, 2502 ff. = BetrAV 2002, 32 ff.

Einl. C 8–10   Teil 2. Einleitung

insbesondere rückgedeckte Unterstützungskasse[49] oder über eine unmittelbar vom Unternehmen erteilte Versorgungszusage eine betriebliche Altersversorgung zu bieten.

8   Je nach Wahl des gewählten Durchführungswegs ergeben sich unterschiedliche Rechtsfolgen im Hinblick auf den Zeitpunkt der Lohnbesteuerung der vom Arbeitgeber entrichteten Beiträge bzw. die steuerliche Behandlung der späteren Versorgungsleistungen.[50] Hierbei ist mit Blick auf entsprechende Empfehlungen[51] der Trend zur nachgelagerten Besteuerung nicht zu übersehen, der durch das Alterseinkünftegesetz eingeleitet wurde[52] und verfassungsrechtlich nicht zu beanstanden ist.[53] Die konkrete Wahl des Trägers der Direktversicherung, der jeweiligen Pensionskasse oder Pensionsfonds trifft der Arbeitgeber.[54]

2. Direktversicherung als eigener Durchführungsweg

9   **a) Verbreitung der Direktversicherung.** Am Jahresende 2008 bestanden 6,40 Mio. Direktversicherungen (Ende 2007: 6,17 Mio.) mit einer versicherten Summe bzw. kapitalisierten Jahresrente von 173,35 Mrd. Euro (Ende 2007: 166,78 Mrd. Euro).[55] Das bedeutet in der Stückzahl ein Plus von 3,7% und hinsichtlich der versicherten Summe ein Plus von 3,9%.[56]

10 **b) Wahl der Direktversicherung.** Die Direktversicherung gibt in Kombination mit der versicherungsvertraglichen Methode (§ 2 Abs. 2 BetrAVG) und im Zusammenhang mit den steuerlichen Regelungen vor allem den kleineren und mittleren Betrieben einen Anreiz zur Einführung oder zum Ausbau der betrieblichen Altersversorgung.[57] Sie ist in diesen Betrieben die dominierende Versorgungsform.[58] Werden Direktversicherungen im Rahmen eines Gruppenversicherungsvertrages oder eines Sammelinkassovertrages geführt, ist im Vergleich zu den anderen Durchführungswegen die Portabilität[59] des Versorgungsanspruchs hervor-

---

[49] Hierzu und vor allem zur Segmentierung bei Gruppenkassen siehe *Baer*, Einflüsse des Steueränderungsgesetzes 1992 auf Versicherungslösungen in der betrieblichen Altersversorgung, BetrAV 1991, 237, 238 ff.

[50] Zum Prinzip der nachgelagerten bzw. vorgelagerten Besteuerung siehe *Birk/Wernsmann*, Die Besteuerung der betrieblichen Altersversorgung – Reformbedarf und Gestaltungsmöglichkeiten des Gesetzgebers, DB 1999, 166 ff.; *Fischer*, Mehr Schatten als Licht im Steuerrecht der Altersvorsorgeaufwendungen und Altersbezüge: Erste Gedanken zum Abschlussbericht der Sachverständigenkommission („Rürup-Kommission"), BB 2003, 873 ff.

[51] Siehe hierzu *Birk/Wernsmann*, Die Besteuerung der betrieblichen Altersversorgung – Reformbedarf und Gestaltungsmöglichkeiten des Gesetzgebers, BetrAV 1999, 59 ff.; *Buttler/Stegmann*, Forderungen für eine Reform der betrieblichen Altersversorgung in Deutschland, ZfV 1999, 532, 533; *Förster*, Besteuerung von Alterseinkommen – Stand der Diskussion, BetrAV 2003, 494 ff.

[52] Weiterführend *Myßen*, Die steuerlichen Neuregelungen durch das Alterseinkünftegesetz, BetrAV 2004, 415.

[53] BFH, Urt. v. 26. 11. 2008 – X R 15/07, WPg 2009, 216.

[54] *Höfer* DB 2001, 1145, 1146.

[55] GDV (Hrsg.), Geschäftsentwicklung 2008: Die deutsche Lebensversicherung in Zahlen, 2009, S. 30; GDV (Hrsg.), Jahrbuch 2008: Die deutsche Versicherungswirtschaft, 2008, S. 78.

[56] GDV (Hrsg.), Geschäftsentwicklung 2008: Die deutsche Lebensversicherung in Zahlen, 2009, S. 31.

[57] *Kronshage*, Die Direktversicherung im Wandel der Zeit aus Sicht eines Arbeitgebers, BetrAV 1995, 143, 144.

[58] *Blomeyer*, Die Bedeutung des Versicherungsbeginns für die Unverfallbarkeit der betrieblichen Altersversorgung, DB 1992, 2499, 2501 = BetrAV 1993, 6, 9; *Marschler*, Die Fortentwicklung der Direktversicherung als flexibles personalwirtschaftliches Versorgungsinstrument für die Praxis, BetrAV 1997, 51, 52.

[59] Demgegenüber stehen in der Krankenversicherung einer Mitgabe der Alterungsrückstellung versicherungsmathematische und rechtssystematische Gründe entgegen. Eingehend

C. Bedeutung der LV für die Altersvorsorge

zuheben, die auf das zwischen den deutschen Lebensversicherungsunternehmen bestehende Übertragungsabkommen zurückzuführen ist.[60] Für die Wahl der Direktversicherung sind für die Firmen häufig ausschlaggebend:[61]
- die Vorteile der versicherungsvertraglichen Methode bei vorzeitigem Ausscheiden eines Arbeitnehmers,
- die Möglichkeit, einen Kapitalbetrag zu versichern und damit Ansprüche der Arbeitnehmer nach dem Ausscheiden aus dem Betrieb, und vor allem nach einem Leistungsfall, auszuschließen und damit unkalkulierbare Folgekosten nach § 16 BetrAVG bei Rentenverpflichtungen zu vermeiden,
- durch eine Vorschaltzeit einen begrenzten Verwaltungsaufwand bei der Fluktuation zu sichern, insbesondere in den ersten Jahren der Betriebszugehörigkeit von Beschäftigten, verbunden mit einer starken Betonung der Betriebstreue,
- eine gute Überschaubarkeit des Versorgungswerkes, eine einfache Kalkulation und periodengerechte Finanzierung für die Zukunft.

c) Vorgelagerte Besteuerung. Für den Erhalt und den Ausbau der betrieblichen Altersversorgung ist es wichtig, dass die Unternehmen von verlässlichen, auf lange Zeit angelegten Rahmenbedingungen ausgehen können.[62] Mit der Einführung des § 40 b EStG wurde vom Gesetzgeber eine gesetzliche Grundlage für den sozialpolitisch wünschenswerten Ausbau der betrieblichen Altersversorgung geschaffen.[63] Ursprünglich wurde die Einführung einer betrieblichen Altersversorgung im Wege der Direktversicherung durch die Pauschalversteuerung der Beiträge zur Direktversicherung mit 10% zuzüglich Kirchensteuer gefördert. Im Jahre 1990 wurde der Pauschalsteuersatz allerdings auf 15% erhöht. Eine weitere Erhöhung des Pauschalsteuersatzes auf 20% erfolgte im Jahre 1996 durch das Jahressteuergesetz 1996.[64] Der Durchführungsweg der Direktversicherung bietet nunmehr als einziger die Möglichkeit der vorgelagerten Besteuerung mit einem Pauschalsteuersatz von 20%. Eine Lohnsteuerpauschalierung ist gemäß § 40b EStG nur zulässig, soweit die zu besteuernden Beiträge des Arbeitgebers für den Arbeitnehmer 1752 Euro im Kalenderjahr nicht übersteigen und sie dem Arbeitnehmer aus dem ersten Dienstverhältnis zufließen. Eine spätere Rentenleistung ist gemäß § 22 Nr. 1 Satz 3 a) EStG nur mit dem Ertragsanteil steuerbar. Anders als Pensionskassen- oder Pensionsfondsbeiträge sind Direktversicherungen in § 3 Nr. 63 EStG nicht in die Steuerfreiheit der Beiträge von bis zu 4% der Beitragsbemessungsgrenze zur gesetzlichen Rentenversicherung einbezogen worden. Die Ausklammerung der Direktversicherung von der steuerlichen Förderung nach § 3 Nr. 63 EStG verletzt den Gleichbehandlungsgrundsatz des Art. 3 Abs. 1 GG und ist verfassungswidrig.[65] Werden die Direktversicherungsbeiträge über eine Ent-

---

hierzu *Kalis*, Mitgabe der Alterungsrückstellung in der privaten Krankenversicherung – Eine Betrachtung unter versicherungsmathematischen und rechtsytematischen Aspekten –, VersR 2001, 11 ff.

[60] *Rößler*, Wünsche des Anwenders an die Direktversicherung unter besonderer Berücksichtigung aktueller und europäischer Aspekte, BetrAV 1997, 61, 63.

[61] *Kronshage*, Die Direktversicherung im Wandel der Zeit aus Sicht eines Arbeitgebers, BetrAV 1995, 143.

[62] *Kronshage*, Die Direktversicherung im Wandel der Zeit aus Sicht eines Arbeitgebers, BetrAV 1995, 143, 146.

[63] BT-Drucksache 7/1281, S. 40. Zur Vorgeschichte siehe *Goecke*, Neuorientierung der steuerlichen Förderung der Direktversicherung – Plädoyer für eine nachgelagerte Besteuerung der Direktversicherung –, DB 1997, 2568.

[64] BGBl. 1995 I S. 1250, 1265; dazu *Doetsch*, Jahressteuergesetz 1996: Auswirkungen auf Direktversicherungen und Pensionskassen, DB 1995, 2339 f. = BetrAV 1996, 49 ff.

[65] Eingehend hierzu *Birk*, Verfassungsfragen der Neuregelung der betrieblichen Altersversorgung, BB 2002, 229 ff. = BetrAV 2001, 757 ff.

geltumwandlung finanziert, kann der Arbeitnehmer nach dem AVmG ab 2002 die Lohnsteuerpauschalierung der Beiträge abwählen, um stattdessen die Altersversorgungszulage bzw. den Sonderausgabenabzug hierfür in Anspruch zu nehmen (§ 1 a Abs. 3 BetrAVG). Beim Arbeitgeber gehören die Direktversicherungsbeiträge wie bisher zu den sofort abzugsfähigen Betriebsausgaben. Der Versicherungsanspruch ist nicht zu aktivieren (§ 4 b EStG). In der Praxis kommt es vor, dass im Zeitpunkt des Erlasses einer Versorgungsordnung nicht vorausgesehen wird, dass die zu zahlenden Prämien zur Direktversicherung in Zukunft die pauschalsteuerfähigen Höchstbeträge überschreiten könnten. Um die individuelle Steuer für die die Pauschalsteuergrenzen überschreitenden Prämienteile zu sparen, kommt ein Wechsel zur Unterstützungskasse in Frage.[66]

3. Rückdeckungsversicherung als Instrument der Bilanzpolitik

12   a) **Absicherung von Gesamtversorgungszusagen.** Im betrieblichen Alltag kommt der Abschluss von Rückdeckungsversicherungen in Betracht, wenn Risiken abzusichern sind, die sich daraus ergeben, dass ein Unternehmen Versorgungszusagen, ggf. im Wege der Entgeltumwandlung (deferred compensation oder richtiger deferred taxation),[67] oder über eine Unterstützungskasse,[68] erteilt hat. Zu den abzusichernden Risiken rechnen vor allem das Todesfallrisiko und das Langlebigkeitsrisiko, das gerade bei hohen Einzelzusagen im Vordergrund steht.[69] Dabei kann das gesamte Leistungsspektrum rückgedeckt werden (kongruente Rückdeckung) oder nur eine Komponente des zugesagten Leistungspakets (Altersrente, Invalidenrente, Hinterbliebenenrente) oder wiederum nur ein Teil der

---

[66] Zur Gestaltung siehe *Paschek*, Zum Wechsel zwischen Versorgungsformen – Erfahrungen und praktische Hinweise, BetrAV 1997, 46, 50 f.

[67] Siehe dazu *Bode*, Gehaltsumwandlung im Tarifbereich, DB 1997, 1769 ff. = BetrAV 1997, 164 ff.; *Jaeger*, Die rückgedeckte Pensionszusage durch Gehaltsumwandlung aus Sicht des Arbeitnehmers, BB 1997, 1474 ff.; *Schareck/Schumacher*, Die arbeitnehmerfinanzierte Pensionszusage, VW 1997, 1782 ff.; *Schanz*, Steuerliche und wirtschaftliche Fallstricke bei aus Gehaltsumwandlung der Mitarbeiter finanzierten Versorgungszusagen, BB 1997, 602 ff. = BetrAV 1997, 16 ff.; *Engelstädter/Kraft*, Mit Deferred Compensation die Versorgungslücke schließen, Personal 1998, 555 ff.; *Höfer*, Entgeltumwandlungszusagen im novellierten Betriebsrentengesetz, DB 1998, 2266 ff.; *Höfer/Meier*, Tarifvertragliche Altersversorgung und Entgeltumwandlung, BB 1998, 1894 ff.; *Jaeger*, Die Pensionszusage gegen Gehaltsverzicht – eine Lebensversicherung ?, ZfV 1998, 102 ff. = BetrAV 1998, 78 ff.; *Tacke*, Entgeltumwandlung als geeignetes Vehikel, Arbeitgeber 2000, 22 ff.; *Wolf*, Voll im Trend – deferred taxation, DB 1999, 16 ff.; *Blomeyer*, Rechtsfragen der Entgeltumwandlung und Lösungsansätze, NZA 2000, 281 ff.; *Fischer/Thoms-Meyer*, Privatrechtlicher Insolvenzschutz für Arbeitnehmeransprüche aus deferred compensation – Mögliche Gestaltungsformen, insbesondere das neue Modell der doppelseitigen Treuhand –, DB 2000, 1861 ff. Der gegenwärtige Stand der Auffassung der Finanzverwaltung zu dieser Thematik ist dem BMF-Schreiben vom 4. 2. 2000 – IV C 5 – S 2332-11/00 –, BStBl. I 2000, 354 = DB 2000, 353 = BetrAV 2000, 123 zu entnehmen. Dazu *Höfer/Küpper*, Die Hinterbliebenenversorgung bei der betrieblichen Altersversorgung aus Entgeltumwandlung, DB 2000, 1271 ff; *Niermann*, Arbeitnehmerfinanzierte betriebliche Altersversorgung, DB 2000, 347 ff. = BetrAV 2000, 182 ff.

[68] Siehe hierzu *Jaeger*, Fallstricke bei der Deferred Compensation mittels einer Unterstützungskasse, BB 1999, 1430 ff. = BetrAV 1999, 384 ff.; *Baier/Buttler*, Steuerliche Fallstricke bei der rückgedeckten Unterstützungskasse, BB 2000, 2070 ff.; *Grawert*, Die Unterstützungskasse als arbeitnehmerfinanzierte Versorgungseinrichtung, Personal 2000, 556 ff.

[69] *Bongartz*, Betriebsrenten erfordern individuelle Lösungen – Betriebliche Altersvorsorge bietet Marktchancen für Konzeptanbieter, VW 2001, 636, 640; *Peters*, Rückdeckungsversicherung – ein zeitloses Instrument zur Refinanzierung betrieblicher Versorgungslasten?, in: Aktuelle Entwicklungen in der betrieblichen Altersversorgung, BB, Beil. Nr. 5 zu Heft 24/2001, S. 12.

C. Bedeutung der LV für die Altersvorsorge   13–15 Einl. C

zugesagten Leistungen (partielle Rückdeckung).[70] Ein vollständiger Risikotransfer vom Arbeitgeber zum Rückdeckungsversicherer gelingt jedoch nur, wenn die Versicherung die Direktzusage kongruent abdeckt.[71]

Bei Entgeltumwandlungen ist es gängige Praxis dem Versorgungsberechtig- 13
ten die Rückdeckungsversicherung zu verpfänden.[72] Mit der Verpfändung der Ansprüche aus der Rückdeckungsversicherung an den Versorgungsberechtigten wird ein hoher Sicherheitsstandard erreicht.[73] Durch den Abschluss der Rückdeckungsversicherung wird das Unternehmen weitgehend von jeglicher Verwaltungsarbeit im Zusammenhang mit der betrieblichen Altersversorgung entlastet.[74]

b) Absicherung von Einzel- und Unternehmerpensionszusagen. aa) In- 14
solvenzrisiko. Rückdeckungsversicherungen werden von den Unternehmen häufig wegen der mit hohen Einzelpensionszusagen verbundenen Liquiditätsrisiken auf das Leben von Vorstandsmitgliedern, Geschäftsführern oder leitenden Angestellten abgeschlossen.

Der angesprochene Personenkreis unterliegt in besonderem Maße dem Insol- 15
venzrisiko.[75] Denn nach § 7 Abs. 3 Satz 1 BetrAVG beträgt der Maximalbetrag der sicherungsfähigen Monatsrente – anstelle des bislang geltenden Wertes der dreifachen monatlichen Beitragsbemessungsgrenze der gesetzlichen Rentenversicherung – nur noch das Dreifache der monatlichen Bezugsgröße gemäß § 18 SGB IV (3 × 4480,00 DM = 13 440,00 DM im Jahre 2000). Seit dem 1. Januar 2009 sind maximal 7560,00 € Monatsrente insolvenzgeschützt.[76] Damit wurde die Höchstgrenze für die zu sichernden Renten im Ergebnis annähernd auf die Hälfte reduziert.[77] Versorgungsanwartschaften und Pensionsansprüche, die in ihrer Höhe über die jeweils gültigen Höchstgrenzen hinausgehen, bis zu denen der PSVaG gesetzlich einzustehen hat, können durch Rückdeckungsversicherungen abgesichert und die Ansprüche aus der Rückdeckungsversicherung den Versorgungsanwärtern verpfändet werden.[78] Eine volle privatrechtliche Absicherung über die Haftungshöchstgrenzen des PSVaG hinaus lässt sich aber nur durch den Abschluss und die Ver-

---

[70] *Peters*, Rückdeckungsversicherung – ein zeitloses Instrument zur Refinanzierung betrieblicher Versorgungslasten?, in: Aktuelle Entwicklungen in der betrieblichen Altersversorgung, BB, Beil. Nr. 5 zu Heft 24/2001, S. 12.
[71] *Thierer*, Kongruente Rückdeckung von Pensionszusagen durch Versicherungsprodukte, ZVersWiss 2008, 135.
[72] *Fühser*, Essener Verband – Tradition und Aufbruch, in: Aktuelle Entwicklungen in der betrieblichen Altersversorgung, BB, Beil. Nr. 5 zu Heft 24/2001, S. 19, 20.
[73] *Blomeyer*, Neue arbeitsrechtliche Rahmenbedingungen für die Betriebsrente, BetrAV 2001, 430, 433.
[74] *Körber*, Die Verwaltung von Pensionsfonds durch deutsche Lebensversicherer, VW 1993, 254, 257.
[75] Siehe hierzu auch *Neumann*, Die Vorstandsversorgung in der Insolvenz – Zeitratierliche Kürzung und versicherungsmathematische Abschläge in der betrieblichen Altersversorgung – DB 2007, 744.
[76] *Meyer/Janko/Hinrichs*, Arbeitgeberseitige Gestaltungsmöglichkeiten bei der Entgeltumwandlung, BetrAV 2009, 507 = DB 2009, 1533.
[77] *Langohr-Plato*, Neue haftungsrechtliche Aspekte in der betrieblichen Altersversorgung, BetrAV 1996, 81, 87; *derselbe*, Die Direktversicherung in der aktuellen Rechtsentwicklung, BB 1999, 1215, 1217.
[78] *Reuter*, Rückdeckungsversicherung für den Geschäftsführer der GmbH und der GmbH & Co. KG, GmbHR 1994, 141, 144 und GmbHR 1997, 1125, 1128; *Blumenstein/Krekeler*, Auswirkungen des neuen Betriebsrentenrechts auf die Praxis, DB 1998, 2600 ff.; *Blomeyer*, Die Verpfändung von Rückdeckungsversicherungen an Versorgungsanwärter der betrieblichen Altersversorgung, VersR 1999, 653 ff.; *Riewe*, Der privatrechtliche Insolvenzschutz in der betrieblichen Altersversorgung, DB 2010, 784, 785.

87

Einl. C 16–18   Teil 2. Einleitung

pfändung einer der Zusage entsprechenden Vollrückdeckungsversicherung erreichen.[79]

16   **bb) Gesellschafter-Geschäftsführer.** Besondere Bedeutung hat die Rückdeckungsversicherung für die Absicherung von Unternehmer-Pensionszusagen. Hiermit sind Pensionszusagen an geschäftsführende Gesellschafter einer Personengesellschaft oder an Gesellschafter-Geschäftsführer einer Kapitalgesellschaft gemeint. Der PSVaG ist nämlich nicht verpflichtet, gesetzlichen Insolvenzschutz für Pensionszusagen eines geschäftsführenden Gesellschafters einer Personengesellschaft oder eines beherrschend beteiligten Gesellschafter-Geschäftsführers einer Kapitalgesellschaft zu bieten.[80] Eine beherrschende Stellung liegt auch vor, wenn die geschäftsführenden Gesellschafter gemeinsam mehr als die Hälfte der Stimmen innehaben.[81] Auf eine Zusammenrechnung der Anteile kann verzichtet werden, wenn die Beteiligung des Minderheitsgesellschafters so gering ist, dass sie als unwesentlich angesehen werden muss. Wenn allerdings die Unwesentlichkeitsgrenze bei einer Beteiligungshöhe von 10% gezogen wird,[82] werden mehr Minderheitsgesellschafter als nötig aus dem gesetzlichen Insolvenzschutz ausgeschlossen.[83] Ein Minderheitsgesellschafter hat daher unabhängig von seiner Beteiligungshöhe Insolvenzschutz, wenn kraft Satzung ein anderer geschäftsführender Gesellschafter die Mehrheit der Stimmanteile besitzt.[84]

17   Über den Abschluss und die Verpfändung einer Rückdeckungsversicherung an den versorgungsberechtigten geschäftsführenden Gesellschafter wird für Unternehmer-Pensionszusagen Insolvenzschutz erreicht,[85] wobei gegen dieses sog. Verpfändungsmodell zunächst konkursrechtliche Bedenken geäußert wurden.[86] Diese Bedenken greifen aber nicht durch, da das Ziel, die Altersversorgung zu sichern, nicht missbilligt werden kann.[87] Im Insolvenzfall kann der Gesellschafter-Geschäftsführer allerdings nicht die Abtretung, aber die Hinterlegung der an ihn verpfändeten Rückdeckungsversicherung verlangen.[88]

18   **c) Refinanzierung von Pensionszusagen. aa) Ausgangslage.** Die Unternehmen haben für die eingegangenen Verpflichtungen aus Versorgungszusagen Pensionsrückstellungen zu bilden, die bei Unternehmenskäufen oder ähnlichen Transaktionen zunehmend im Fokus stehen.[89] Da Pensionsverpflichtungen als ungewisse Verbindlichkeiten zu klassifizieren sind, ist gemäß § 249 Abs. 1 Satz 1 HGB der Ansatz einer entsprechenden Rückstellung in der Handelsbilanz grund-

---

[79] *Langohr-Plato*, Neue haftungsrechtliche Aspekte in der betrieblichen Altersversorgung, BetrAV 1996, 81, 87.
[80] BGH ZIP 1980, 453; BGH ZIP 1980, 556
[81] BGH ZIP 1989, 1418 = EWiR 1989, 1161 (*V. Groß*).
[82] So aber der BGH EWiR 1990, 739 (Matthießen/Neumann) = BetrAV 1990, 206. Ob der BGH hieran festhält, ist zweifelhaft, vgl. das obiter dictum BGH ZIP 1997, 1351 = EWiR 1997, 825 (*Griebeling*).
[83] Goette ZIP 1997, 1317, 1320 m. zustimm. Anm. *Griebeling* EWiR 1997, 825. Ebenfalls zustimmend *Arteaga*, Endlich Konkurssicherheit für Unternehmer-Pensionszusagen, ZIP 1998, 276, 277: „Die Ausgrenzung von Personen aus dem gesetzlichen Insolvenzschutz sollte die Ausnahme bleiben."
[84] BAG, Urt. vom 16. 4. 1997, ZIP 1997, 2131 = EWiR 1997, 1117 (Blomeyer). Im konkreten Fall waren drei Gesellschafter-Geschäftsführer zu je einem Drittel beteiligt. Die Stimmrechte lagen jedoch satzungsgemäß zu 60% bei einem der drei geschäftsführenden Gesellschafter.
[85] Sog. Verpfändungsmodell, vgl. z. B. *Paschek* DB 1987, Beilage 20, S. 3.
[86] *Arteaga*, Insolvenzschutz der betrieblichen Altersversorgung mitarbeitender Gesellschafter, 1995, S. 258 ff.; derselbe, ZIP 1996, 2008, 2010.
[87] BAG DB 1978, 1843.
[88] BGH ZIP 1997, 1596 = EWiR 1997, 999 (Blomeyer).
[89] Siehe hierzu *Höfer/Küpper*, Due Diligence für Verpflichtungen aus der betrieblichen Altersversorgung, DB 1997, 1317 ff.

C. Bedeutung der LV für die Altersvorsorge 19 Einl. C

sätzlich geboten.[90] Mit der Bildung von Pensionsrückstellungen wird ein implizit vereinbartes Kreditverhältnis aufgezeigt, bei dem die Mitarbeiter bereits erdiente Arbeitsentgelte dem eigenen Unternehmen langfristig zur Finanzierung der Unternehmensaktivitäten überlassen.[91] Obwohl Pensionsrückstellungen eindeutig Fremdkapital darstellen, wirken sie als langfristig verfügbares Kapital bis zum Eintritt der Fälligkeit der Verpflichtung wie Eigenkapital und bewirken erhebliche Innenfinanzierungseffekte.[92] Dass die angesammelten Mittel im Einfluss- und Verfügungsbereich des Unternehmens stehen, hat mitbewirkt, dass die Innenfinanzierung über Pensionsrückstellungen eine herausragende Stellung einnimmt.[93]

Soweit der Arbeitgeber für dem Arbeitnehmer erteilte Versorgungszusagen 19 Pensionsrückstellungen gebildet hat, sind diese aufgrund des in der Bewertungsvorschrift für Pensionsrückstellungen vorgegebenen Rechnungszinsfußes von 6% von Gesetzes wegen unterbewertet (§ 6a EStG).[94] Orientiert sich das Unternehmen am Teilwertverfahren des § 6a EStG, erlaubt der mit dem derzeit als handelsrechtlich zulässig erachteten Zinskorridor von 3% bis 6% verbundene Ermessensspielraum den Unternehmen allerdings eine erhebliche Einflussnahme auf die Höhe der Pensionsrückstellungen.[95] Den Objektivierungs-, Wirtschaftlichkeits- und Wesentlichkeitsanforderungen an die Rechnungslegung wäre genüge getan, wenn der handelsrechtliche Rechnungszinsfuß bei etwa 4% fixiert werden würde, wobei zukünftige trendbedingte Wertänderungen dann aber keine Berücksichtigung finden dürfen.[96] Eine Verpflichtung der Unternehmen zur betragsmäßigen (Konzern-)Anhangangabe der einzelnen Komponenten der Zuführungen zu den Pensionsrückstellungen würde im Rahmen der erfolgswirtschaftlichen Bilanzanalyse die Aussagekraft der strukturellen Erfolgsanalyse stärken.[97] Kritisiert wird in diesem Zusammenhang die Verrechnung des gesamten Aufwands aus Pensionsrückstellungen als Personalaufwand.[98]

---

[90] So schon *Gehrhardt*, Steuerfragen betrieblicher Gefolgschaftsversorgung – Rückstellungen für Versorgungsverpflichtungen, Pensionskassen, Pensions-Unterstützungskassen, Gefolgschaftsversicherung, 2. Auflage, Leipzig, Verlag Felix Meiner, 1941, S. 11.
[91] *Küting/Strickmann*, Die betriebliche Altersversorgung im Spannungsfeld von Bilanzpolitik und Bilanzanalyse, BB, Beil. Nr. 12 zu Heft 34/1997, S. 1, 8.
[92] Stellungnahme der Arbeitsgemeinschaft für betriebliche Altersversorgung e. V., BetrAV 2003, 224, 225.
[93] Vgl. *Rupprecht*, Pensionsfonds – Wunsch und Wirklichkeit, VW 1996, 1100, 1101; *Führser*, Essener Verband – Tradition und Aufbruch, in: Pensionsfonds – Aktuelle Entwicklungen in der betrieblichen Altersversorgung, BB, Beil. Nr. 5 zu Heft 24/2001, S. 19, 20.
[94] *Bongartz*, Betriebsrenten erfordern individuelle Lösungen – Betriebliche Altersvorsorge bietet Marktchancen für Konzeptanbieter, VW 2001, 636, 640; *Niermann*, a. a. O., BetrAV 2001, 511, 513.
[95] *Weismüller/Kürten*, Bilanzielle Behandlung von Zinsen aus Pensionsverpflichtungen in der Praxis, WPg 1996, 721, 726; *Küting/Strickmann*, Die betriebliche Altersversorgung im Spannungsfeld von Bilanzpolitik und Bilanzanalyse, BB, Beil. Nr. 12 zu Heft 34/1997, S. 10; *Postert/Wolz*, Die Bilanzierung von Pensionsrückstellungen nach HGB und US-GAAP – Ein konzeptioneller Überblick –, DB 1999, 2173, 2176; *Feld*, Die Bilanzierung von Pensionsrückstellungen nach HGB und IAS – Überblick über die wesentlichen Regelungen und Unterschiede unter Berücksichtigung von Abweichungen zwischen IAS und US-GAAP (Teil 1) –, WPg 2003, 573, 576; *Müller*, Probleme bei der Abbildung der betrieblichen Altersversorgung in Rechnungslegungssystemen – Unter besonderer Berücksichtigung der Änderungen zu IAS 19 –, WPg 2003, 163, 165; *Zimmermann/Schilling*, Bilanzierung betrieblicher Altersversorgung nach E-DRS 19, DB 2003, 949, 951.
[96] *Küting/Strickmann*, a. a. O., S. 11, 16.
[97] *Küting/Strickmann*, a. a. O., S. 16.
[98] *Rößler/Demberger/Schmandt*, Aufspaltung des Versorgungsaufwands bei Pensionsrückstellungen – Informationsvorteile des versicherungsmathematischen Aufspaltungskonzepts –, DB 1996, 1785 ff. = BetrAV 1996, 278 ff.

Einl. C 20   Teil 2. Einleitung

20   Mit Blick auf die EU-Verordnung 1606/2002 vom 19. Juli 2002[99] müssen Konzerne mit mindestens einem kapitalmarktorientierten Unternehmen ihre konsolidierten Jahresabschlüsse für ab dem 1. Januar 2005 beginnende Geschäftsjahre nach IFRS aufstellen und ihre betrieblichen Versorgungsverpflichtungen in der Konzernbilanz nach dem Standard IAS 19[100] erfassen und bewerten, soweit nicht schon praktiziert. Eine Umstellung der Rechnungslegung auf internationale Rechnungslegungsgrundsätze führt häufig zu einem erheblichen Anstieg der Pensionsrückstellungen, da in die Bewertung der Versorgungsverpflichtungen künftige Gehalts- und Rentenerhöhungen Eingang finden.[101] Für die versicherungsmathematischen Bewertungen[102] ist der Rechnungszins als wirtschaftlich bedeutendster Parameter festgelegt.[103] Dieser Zins soll die zum Bilanzstichtag am Markt erzielbare Rendite von Unternehmensanleihen guter Bonität und mit ähnlicher Laufzeit wie die Pensionsverpflichtungen widerspiegeln.[104] Zum Stichtag 31. Dezember 2004 bewegte sich der Zinssatz bei den „Dax-30-Unternehmen" innerhalb einer Bandbreite von 4,75% und 5,4%, wobei der absolute Schwerpunkt bei 5% lag.[105] Bei den Nicht-Dax-Unternehmen ließ sich der absolute Schwerpunkt bei 5,25% feststellen.[106] Bei Bilanzstichtagen zum 31. Dezember 2005 ergibt sich ein Zinssatz in der Bandbreite von 4 bis 4,5%.[107] Die Praxis

---

[99] Abl.EG Nr. L 243, S. 1.

[100] Siehe dazu *Höfer/Verhuven/Young,* Internationale Rechnungslegung für Versorgungsverpflichtungen nach IFRS und US-GAAP, BetrAV 2005, 136 ff.; *Pawelzik,* Pensionenspiegel für Pensionsrückstellungen nach IAS 19, DB 2005, 733 ff.; *Peters,* Internationale Rechnungslegung – Änderungen des IASB zu IAS 19 und mögliche Konsequenzen für die betriebliche Altersversorgung, BetrAV 2005, 60 ff.; *Rhiel,* Pensionsverpflichtungen im IFRS-Abschluss – Die Neuerungen in IAS 19 vom Dezember 2004, DB 2005, 293 ff. = BetrAV 2005, 237 ff.; *Bauer,* IAS 19: Zur Bilanzierung beitragsorientierter Leistungszusagen bei versicherungsförmiger Finanzierung, BetrAV 2005, 742; *Baetge/Haenelt,* Pensionsrückstellungen im IFRS-Abschluss, DB 2006, 2413; *Thierer/Zwiesler,* Bilanzierung von Pensionsrückstellungen – Gestaltungsspielräume beim Übergang von HGB zu IAS 19, in: Supplement Jahrestagung 2006, ZVersWiss 2006, 301 = BetrAV 2006, 27.

[101] *Küting/Strickmann,* a. a. O., S. 10; *Peters,* Rückdeckungsversicherung – ein zeitloses Instrument zur Refinanzierung betrieblicher Versorgungslasten ?, in: Aktuelle Entwicklungen in der betrieblichen Altersversorgung, BB, Beil. Nr. 5 zu Heft 24/2001, S. 12, 13; *Rhiel/Stieglitz,* Praxis der Rechnungslegung für Pensionen nach IAS 19 und FAS 87, DB 2005, 2201, 2202. Zum Einfluss dieser Faktoren auf die Unternehmensbewertung siehe *Rhiel,* Unternehmensbewertung – Einbeziehung von Pensionsrückstellungen mit dem „Pensionsfondsmodell", in: Aktuelle Entwicklungen in der betrieblichen Altersversorgung, BB, Beil. Nr. 5 zu Heft 24/2001, S. 16 ff.; *Lachnit/Müller,* Bilanzanalytische Behandlung von Pensionsverpflichtungen, BetrAV 2004, 217, 218.

[102] Gemäß BMF-Schreiben v. 16. 12. 2005 – IV B 2 – S 2176 – 106/05, BB 2006, 40, 41 können die „Richttafeln 2005 G" von Professor Klaus Heubeck erstmals der Bewertung von Pensionsrückstellungen am Ende des Wirtschaftsjahres zugrunde gelegt werden, das nach dem 6. 7. 2005 endet.

[103] *Bode/Thurnes,* Betriebliche Altersversorgung im internationalen Jahresabschluss – Voraussichtliche Annahmen zum 31. 12. 2004 –, DB 2004, 2705 = BetrAV 2005, 133.

[104] *Rhiel/Stieglitz,* Praxis der Rechnungslegung für Pensionen nach IAS 19 und FAS 87, DB 2006, 1385.

[105] *Höfer/Früh,* Zinswahl für Versorgungsverpflichtungen im Konzernabschluss 2004/2005, DB 2005, 1177, 1178 = BetrAV 2005, 462, 463.

[106] *Höfer/Früh,* Zinswahl für Versorgungsverpflichtungen im Konzernabschluss 2004/2005, DB 2005, 1177, 1178.

[107] *Höfer/Früh,* Rechnungszins bei internationalen Bewertungen von Versorgungsverpflichtungen zum Jahresende 2005, BetrAV 2006, 14, 15 = DB 2005, 2427, 2428. Genannt wird auch eine Bandbreite von 4 bis 4,7%, vgl. *Gohdes/Recktenwald,* Pensionsverpflichtungen in den Jahresabschlüssen der DAX-Unternehmen, BetrAV 2006, 445, 446. Differenzierend zum 31. 12. 2005 *Bode/Thurnes,* Betriebliche Altersversorgung im internationalen Jahres-

C. Bedeutung der LV für die Altersvorsorge   20   Einl. C

wählt häufig einen Zinssatz von 4,25% bei „normaler" Mischung von Rentner- und Anwärterverpflichtungen.[108] Zum Bilanzstichtag 31. Dezember 2006 weisen 16 der 27 DAX-Konzerne €-Rechnungszinsen zwischen 4,4 und 4,6% aus[109] bei einem angesetzten Zinssatz zwischen 4,25% bis 4,50% für einen Mischbestand.[110] Der angemessene Rechnungszins für die Ermittlung der Pensionsverpflichtungen nach IFRS und FAS zum Bilanzstichtag 31. Dezember 2007 bewegt sich in einem Bereich von 5,20% bis 5,60%,[111] zum Bilanzstichtag 31. Dezember 2008 in einem Bereich von 5,25% bis 6,75%[112] und zum Bilanzstichtag 31. Dezember 2009 in einem Bereich von 5,25% bis 6%.[113] Legt man den von der Bundesbank nach Maßgabe der RückAbzinsV[114] ermittelten und bekannt gemachten Zinssatz zugrunde, sind die voraussichtlichen künftigen Versorgungszahlungen mit 5,27% abzuzinsen (Restlaufzeit 15 Jahre, Siebenjahresdurchschnitt per August 2009).[115] Falls bisher in der Handelsbilanz die steuerlichen Werte aus § 6a EStG für die Ermittlung der Ver-

---

abschluss – Voraussichtliche Bewertungsannahmen zum 31. 12. 2005 –, DB 2005, 2701, 2702: 4,25%–4,50% (Aktive), 3,75%–4,00% (Rentner) und 4,00%–4,25% (Mischbestand).

[108] *Höfer/Früh*, Rechnungszins bei internationalen Bewertungen von Versorgungsverpflichtungen zum Jahresende 2005, BetrAV 2006, 14, 15 = DB 2005, 2427, 2428; siehe aber auch zum Stichtag 30. 11. 2005 *Gohdes/Baach*, Rechnungszins und Inflationsrate für betriebliche Vorsorgeleistungen im internationalen Jahresabschluss zum 31. 12. 2005, BB 2005, 2737, 2739: Zinsspanne für Mischbestände im Rahmen zwischen 3,75% (Rentnerbestände) und 4,4% (Aktivenbestände); *dieselben* zum Stichtag 31. 12. 2005: Zinsspanne zwischen 3,5% und 4,25%.
[109] *Rhiel/Stieglitz*, Praxis der Rechnungslegung für Pensionen nach IAS 19 und FAS 87, DB 2007, 1653 = BetrAV 2007, 628, 629.
[110] *Thurnes/Vavra*, Betriebliche Altersversorgung im Internationalen Jahresabschluss – Voraussichtliche Bewertungsannahmen zum 31. 12. 2006 –, DB 2006, 2697, 2699.
[111] *Thurnes/Vavra*, Betriebliche Altersversorgung im internationalen Jahresabschluss – Voraussichtliche Bewertungsannahmen zum 31. 12. 2007 –, BetrAV 2008, 17, 21 = DB 2007, 2725, 2728. Siehe auch *Gohdes/Baach*, Rechnungszins und Inflationsrate für betriebliche Vorsorgeleistungen im internationalen Jahresabschluss zum 31. 12. 2007, BB 2007, 2671, 2675: Spanne zwischen 5,25% (Rentnerbestände) und 5,75% (Aktivenbestände).
[112] *Thurnes/Vavra*, Betriebliche Altersversorgung im internationalen Jahresabschluss – Bewertungsannahmen zum 31. 12. 2008 –, BetrAV 2009, 8, 9 = DB 2008, 2719, 2723; siehe ferner *Gohdes/Baach*, Rechnungszins und Inflationsrate für betriebliche Vorsorgeleistungen im internationalen Jahresabschluss zum 31. 12. 2008, BB 2008, 2730, 2734: Spanne zwischen 6,50% (Rentnerbestände) und 6,20% (Aktivenbestände); vgl. auch *Höfer/Früh/Neumeier*, Bewertungsparameter für Versorgungszusagen im internationalen Jahresabschluss 2008, BetrAV 2008, 753, 756 = DB 2008, 2437: Rechnungszins zwischen 6,00% und 6,90%.
[113] *Höfer/Früh/Neumeier*, Bewertungsparameter für Versorgungszusagen im internationalen und deutschen Jahresabschluss 2009/2010, BetrAV 2009, 724, 726 = DB 2009, 2389; *Thurnes/Vavra*, Betriebliche Altersversorgung im internationalen Jahresabschluss – Bewertungsannahmen zum 31. 12. 2009 –, DB 2009, 2671, 2674: 5,25% – 5,50% (Mischbestand); *Gohdes/Knußmann*, Rechnungszins und Inflationsrate für betriebliche Vorsorgeleistungen im nationalen und internationalen Jahresabschluss zum 31. 12. 2009, BB 2009, 2638, 2642: zum Stichtag 16. 11. 2009 5,2% bis 6,1% (bevorzugte Methode); *dieselben* zum Stichtag 31. 12. 2009: unverändert nach der bevorzugten Methode.
[114] Verordnung über die Ermittlung und Bekanntgabe der Sätze zur Abzinsung von Rückstellungen (Rückstellungsabzinsungsverordnung – RückAbzinsV) vom 18. 11. 2009, BGBl. I S. 3790.
[115] Siehe die Veröffentlichung der Abzinsungszinssätze, abrufbar über www.bundesbank.de. Zu den Parametern vgl. *Höfer/Früh/Neumeier*, Bewertungsparameter für Versorgungszusagen im internationalen und deutschen Jahresabschluss 2009/2010, BetrAV 2009, 724, 726 = DB 2009, 2389. Siehe ferner *Thurnes/Vavra*, Betriebliche Altersversorgung im internationalen Jahresabschluss – Bewertungsannahmen zum 31. 12. 2009 –, DB 2009, 2671, 2675: 5,25%; *Gohdes/Knußmann*, Rechnungszins und Inflationsrate für betriebliche Vorsorgeleistungen im nationalen und internationalen Jahresabschluss zum 31. 12. 2009, BB 2009, 2638, 2639: 5,3%.

sorgungsverpflichtungen zugrunde gelegt wurden,[116] ist aufgrund der künftig zu beachtenden neuen Bewertungsregeln mit höheren Verpflichtungswerten zu rechnen.[117] Der auf die neuen Bewertungsregeln zurückzuführende Unterschiedsbetrag kann aber gemäß Art. 67 Abs. 1 Satz 1 EGHGB über 15 Jahre mit mindestens einem Fünfzehntel bis zum 31. Dezember 2024 ergebniswirksam verteilt werden[118] und sollte im Interesse einer ordnungsgemäßen Datenbasis schon zum 31. Dezember 2009 bzw. 1. Januar 2010 festgestellt werden.[119] Der noch nicht zugeführte Unterschiedsbetrag ist gemäß Art. 67 Abs. 2 EGHGB jeweils im Anhang auszuweisen.[120] Künftig sind Pensionsrückstellungen gemäß § 253 Abs. 1 Satz 2 BGB mit dem nach vernünftiger kaufmännischer Beurteilung notwendigen Erfüllungsbetrag zu bewerten.[121]

21   **bb) Asset-Backing.** Wenn die Versorgungsverpflichtungen bei den Unternehmen verbleiben, können die Unternehmen frei entscheiden, wo und in welchem Umfang sie die Pensionsverpflichtungen mit speziellen, für die Erfüllung der Verpflichtungen geeigneten Vermögenswerten bedecken.[122] Das Unternehmen kann daher Vermögensmittel über Spezialfonds am Kapitalmarkt anlegen. Es kann ferner über Treuhandlösungen ein saldierungsfähiges Vermögen für den nach IAS-Regeln aufgestellten Konzernabschluss erhalten und damit die Pensionsrückstellungen durch Bilanzverkürzung eliminieren.[123] Im deutschen Abschluss nach

---

[116] Vgl. HFA 2/1988, WPg 1988, 403; *Gohdes*, Bilanzierung versicherungsmathematischer Gewinne und Verluste: neue Ära in der internationalen Rechnungslegung für Pensionen, BB 2006, 990, 992.

[117] *Höfer/Früh/Neumeier*, Bewertungsparameter für Versorgungszusagen im internationalen und deutschen Jahresabschluss 2009/2010, BetrAV 2009, 724, 726 = DB 2009, 2389; *Kalk-Griesan*, Wirtschaftsprüfer und Aktuare – neue Herausforderungen bei der Bewertung von Personalverpflichtungen nach dem BilMoG, BetrAV 2009, 702, 703; *Lucius*, BilMoG nach der Verabschiedung des Gesetzes – Bewertung und Bilanzierung von Pensionsverpflichtungen in der Praxis, BetrAV 2009, 520, 526: 30% und mehr.

[118] Krit. dazu *Bertram*, Einheitliche Bewertung von Pensionsrückstellungen in Handels- und Steuerbilanz?, DB 2006, 350, 352.

[119] *Höfer/Früh/Neumeier*, Bewertungsparameter für Versorgungszusagen im internationalen und deutschen Jahresabschluss 2009/2010, BetrAV 2009, 724, 727 = DB 2009, 2389.

[120] *Lucius*, BilMoG nach der Verabschiedung des Gesetzes – Bewertung und Bilanzierung von Pensionsverpflichtungen in der Praxis, BetrAV 2009, 520, 526.

[121] Zu den Einzelheiten siehe *Veit*, BB-Rechtsprechungs-, Verwaltungs- und Gesetzgebungsreport zur Bilanzierung der betrieblichen Altersversorgung 2009/2010, BB 2010, 751.

[122] *Beye*, Zukunftsperspektiven der Direktzusage und Unterstützungskasse, BetrAV 2001, 302, 305.

[123] Dazu im Einzelnen *Rößler/Doetsch*, Bevorzugte Verfahren zur Finanzierung betrieblicher Pensionsverpflichtungen in Deutschland – Ergebnisse einer Umfrage unter deutschen Großunternehmen –, DB 1998, 1773, 1774; *Stöhr* DB 1998, 2233; *Roeßler/Doetsch/Heger*, Auslagerung von Pensionsverpflichtungen im Rahmen einer Bilanzierung gemäß SFAS bzw. IAS, BB 1999, 2498 ff.; *Bode/Bergt/Obenberger*, Doppelseitige Treuhand als Instrument der privatrechtlichen Insolvenzsicherung im Bereich der betrieblichen Altersversorgung, DB 2000, 1864; *Fischer/Thoms-Meyer*, Privatrechtlicher Insolvenzschutz für Arbeitnehmeransprüche aus deferred compensation – Mögliche Gestaltungsformen, insbesondere die Modell der doppelseitigen Treuhand –, DB 2000, 1861, 1863; *Höfer/Oppermann*, Änderung des IAS 19 für den Bilanzausweis von Betriebsrenten, DB 2000, 1039 = BetrAV 2000, 551 f.; *Bode*, Innovative Modelle und aktuelle Tendenzen moderner Versorgungswerke, BetrAV 2001, 17, 22; *Küppers/Louven* BB 2004, 337; *Küppers/Louven/Schröder* BB 2005, 763 ff.; *Höfer*, Pensionsrückstellungen oder Treuhandlösungen (CTA) oder Übergang auf Pensionsfonds?, BetrAV 2005, 739, 741; *Passarge*, Aktuelle Fragen zur Auslagerung von Pensionsverpflichtungen mittels Contractual Trust Agreements, DB 2005, 2746 = BetrAV 2006, 127; *Beckstette/Reuß*, Asset-Liability-Management bei einem CTA, BetrAV 2006, 138; *Klemm*, Sicherung von Ansprüchen und Anwartschaften auf Leistungen der betrieblichen Altersversorgung durch Contractual Trust Agreements („CTA") – What's new?, BetrAV 2006, 132; *Berenz*,

C. Bedeutung der LV für die Altersvorsorge

den allgemeinen Regeln des HGB werden allerdings das abdeckende Vermögen und die Pensionsrückstellung normal bilanziert und bewertet.[124] Die im Betriebsvermögen des Unternehmens geführten Rückdeckungsversicherungen können ebenfalls wie saldierungsfähiges Versorgungsvermögen behandelt werden, wenn durch Verpfändung der Rückdeckungsversicherung an den Arbeitnehmer sichergestellt ist, dass die Versicherungsleistungen nach der Insolvenz des Unternehmens dem Arbeitnehmer beim Eintritt des Versorgungsfalls zustehen.[125] Dies ist wichtig, weil in vielen Fällen dem Unternehmen daran gelegen ist, den baren Mittelabfluss von der Rentenbezugszeit in die Zeit des aktiven Erwerbslebens der Versorgungsberechtigten zu verlagern.[126] Die Rückdeckungsversicherung stellt in diesem Fall im Vergleich mit Bankprodukten, die die Lebensversicherer auch über eigene Kapitalanlagegesellschaften anbieten, unverändert eine attraktive Alternative dar, zumal Lebensversicherer im Wettbewerb häufig eine bessere Performance zu bieten haben. Hinzu kommt, dass Lebensversicherer den Unternehmen den Service bieten können, die Entwicklung der einzelnen Aktivwerte aus der Rückdeckungsversicherung so darzustellen, dass ein Abgleich mit den zugehörigen Posten der Pensionsrückstellung möglich ist. Wenn beklagt wird, dass dieser Service nicht allenthalben geboten wird,[127] so liegt dies daran, dass diesen Service in der Regel nur Lebensversicherer bieten können, die auf dem Gebiet der betrieblichen Altersversorgung Kernkompetenz besitzen.

4. Übertragung der Pensionsverbindlichkeiten auf einen Lebensversicherer

a) **Übertragung nach § 4 Abs. 4 BetrAVG.** Unternehmensakquisitionen **22** im Wege eines so genannten „Asset Deals" sehen vor, dass nur die Pensionsverpflichtungen für aktive Arbeitnehmer gemäß § 613a BGB auf den Erwerber übergehen; die Pensionsverpflichtungen für unverfallbar Anwartschaft ausgeschiedene Arbeitnehmer und Rentner, also für nicht mehr aktive Arbeitnehmer, verbleiben hingegen grundsätzlich beim Veräußerer.[128] Will der Veräußerer nach der Veräußerung die Betriebstätigkeit einstellen, sieht das Gesetz in § 4 Abs. 4 BetrAVG als Lösungsweg die Übertragung der Pensionsverbindlichkeiten

---

Contractual Trust Arrangements (CTA) und die gesetzliche Insolvenzsicherung der betrieblichen Altersvorsorgung durch den PSVaG, DB 2006, 2125; *Niermann*, Jahressteuergesetz 2007: Lohnsteuerfreie Absicherung von Direktzusagen durch Contractual Trust Agreements, DB 2006, 2595; *Wellisch*, Auslagerungen von Pensionsverpflichtungen: aktuelle Lösungen und offen gebliebene Fragen, BB 2006, S. I; *Höfer/Verwers*, Betriebliche Altersversorgung: Ausgliederung durch Contractual Trust Arrangement oder Pensionsfonds?, BetrAV 2007, 433; *Meier/Recktenwald*, Finanzstrategien für Pensionsverpflichtungen aus der betrieblichen Altersversorgung, BB 2007, 708, 709; *Niermann*, Aktuelles aus dem Bereich Steuerrecht, BetrAV 2007, 310, 312 ff.; *Seeger*, Contractual Trust Arrangements auf dem Prüfstand, DB 2007, 697.
[124] *Höfer/Oppermann*, Änderung des IAS 19 für den Bilanzausweis von Betriebsrenten, DB 2000, 1039 = BetrAV 2000, 551.
[125] *Höfer/Oppermann*, Änderung des IAS 19 für den Bilanzausweis von Betriebsrenten, DB 2000, 1039, 1040 = BetrAV 2000, 551, 552.
[126] *Peters*, Rückdeckungsversicherung – ein zeitloses Instrument zur Refinanzierung betrieblicher Versorgungslasten, BB, Beil. Nr. 5 zu Heft 24/2001, S. 12, 13.
[127] Siehe hierzu die Forderung von *Peters*, Rückdeckungsversicherung – ein zeitloses Instrument zur Refinanzierung betrieblicher Versorgungslasten?, in: Aktuelle Entwicklungen in der betrieblichen Altersversorgung, BB, Beil. Nr. 5 zu Heft 24/2001, S. 12, 16.
[128] *Doetsch/Rühmann* in: Willemsen u.a., Umstrukturierung und Übertragung von Unternehmen, 2. Aufl., 2003, J 98 f.

auf einen Lebensversicherer (oder eine Pensionskasse) vor.[129] Dies kann im Wege des Schuldbeitritts erfolgen.[130] Erforderlich ist eine vertragliche Vereinbarung zwischen dem Arbeitgeber als Schuldner der künftigen Versorgungsleistungen und dem beitretenden Dritten.[131] Eine Zustimmung des Gläubigers (Arbeitnehmers) ist dagegen nicht erforderlich.[132] Um einen geordneten Rückzug im Falle der Unternehmensliquidation zu ermöglichen, bieten inzwischen viele Versicherer die Liquidationsdirektversicherung an, wenn von den Möglichkeiten des § 4 Abs. 4 BetrAVG Gebrauch gemacht werden soll.[133]

23   b) **Pensionsgesellschaft.** Als Alternative kommt die Übertragung der Versorgungsverbindlichkeiten von ausgeschiedenen Arbeitnehmern und Pensionären auf eine reine Pensionsgesellschaft in Betracht, der so genannten „Rentner-GmbH",[134] die dann an den Erwerber veräußert wird.[135] Die Versorgungsverbindlichkeiten ausgeschiedener Arbeitnehmer und Pensionäre können im Rahmen einer Spaltung einem Rechtsträger frei vertraglich zugeordnet werden.[136] Die betroffenen ehemaligen Arbeitnehmer und der PSVaG müssen der Übertragung weder zustimmen noch steht ihnen ein Widerspruchsrecht zu.[137] Teilweise wurde unter Hinweis auf § 4 BetrAVG die Auffassung vertreten, dass die Zuweisung an einen anderen Rechtsträger nur mit Zustimmung des PSVaG möglich sei, weil § 4 BetrAVG eine Schutzvorschrift nicht nur zu Gunsten des Arbeitnehmers, sondern auch zu Gunsten des PSVaG vor unerwünschten Haftungsrisiken sei.[138] § 4 BetrAVG ist jedoch nicht anwendbar, weil § 132 UmwG a. F. nicht auf § 4 BetrAVG verweist.[139] Die Rentnergesellschaft, auf die Versorgungsverbindlichkei-

---

[129] Vgl. hierzu *Blomeyer/Otto*, Komm. z. BetrAVG, 4. Aufl., 2006, § 4 Rdn. 141 ff.

[130] *Wellisch/Bleckmann*, Schuldbeitritt und unmittelbare Pensionsverpflichtungen – Anmerkungen zum BMF-Schreiben v. 16. 12. 2005 –, BetrAV 2006, 142.

[131] BMF, Schreiben v. 16. 12. 2005 – IV B 2 – S 2176–103/05, WPg 2006, 147 = BB 2006, 69.

[132] BMF, Schreiben v. 16. 12. 2005 – IV B 2 – S 2176–103/05, WPg 2006, 147 = BB 2006, 69.

[133] *Louven/Weng*, Die Ausgliederung von Pensionsverbindlichkeiten – neue Optionen bei Unternehmens(ver)käufen, BB 2006, 619, 624.

[134] *Hartsoe*, Tod der „Rentner-GmbH" – es lebe die „Rentner-GmbH"!, VW 2006, 153.

[135] *Klemm*, Weg frei für „Rentner-GmbHs", BetrAV 2006, 54.

[136] BAG, Beschl. v. 22. 2. 2005–3 AZR 499/03, 3371 = NZA 2005, 639 = BB 2005, 2414 = DB 2005, 954; BAG, Urt. v. 11. 3. 2008–3 AZR 358/06, NZA 2009, 790, 792 = BetrAV 2008, 800 = DB 2008, 2369 = BB 2009, 329; dazu *Louis/Nowak*, Unternehmensumwandlung: Schicksal von Versorgungsverbindlichkeiten gegenüber Betriebsrentnern, DB 2005, 2354 = BetrAV 2006, 59; *Hohenstatt/Seibt*, Ausgliederung laufender Pensionsverbindlichkeiten: Eine arbeits- und umwandlungsrechtliche Betrachtung, ZIP 2006, 546, 551; a. A. AG Hamburg v. 1. 7. 2005 – HRA 100711, ZIP 2005, 1249 = DB 2005, 1562 = BetrAV 2005, 693.

[137] BAG, Beschl. v. 22. 2. 2005 – 3 AZR 499/03, NJW 2005, 3371 = NZA 2005, 639 = DB 2005, 954; BAG, Urt. v. 11. 3. 2008 – 3 AZR 358/06, NZA 2009, 790, 792 = BetrAV 2008, 800 = DB 2008, 2369 = BB 2009, 329; *Sieger/Aleth*, Die Ausgliederung von Pensionspflichtungen auf eine Pensionsgesellschaft, DB 2002, 1487, 1492; *Arnold*, Übergang von Pensionsverbindlichkeiten im Licht der Änderung des Umwandlungsgesetzes, DB 2008, 986, 987 = BetrAV 2008, 542, 543; *Klemm/Hamisch*, Das BAG ebnet den Weg für „Renter-GmbHs", BB 2005, 2409, 2413; *Metz*, „Bilanzielle Auslagerung" von Versorgungsverbindlichkeiten nach BilMoG, BB 2009, 2244.

[138] ErfK/*Preis*, 5. Aufl., 2005, § 613a BGB Rdn. 175; *Schaub* in: MünchKomm, 3. Aufl., 1997, § 613a BGB Rdn. 222 m. Hinw. auf BAG NZA 1988, 21; LG Hamburg, Beschl. v. 8. 12. 2005 – 417 T 16/05, BetrAV 2006, 98, 99; abl. *Laufersweiler* EWiR 2006, 127.

[139] BAG, Beschl. v. 22. 2. 2005 – 3 AZR 499/03, NJW 2005, 3371 = NZA 2005, 639; BAG, Urt. v. 11. 3. 2008 – 3 AZR 358/06, NZA 2009, 790, 792 = BetrAV 2008, 800 =

C. Bedeutung der LV für die Altersvorsorge

ten ausgegliedert werden, ist aber so auszustatten, dass sie die laufenden Betriebsrenten zahlen kann und zu den gesetzlich vorgesehenen Anpassungen in der Lage ist.[140]

DB 2008, 2369 = BB 2009, 329; *Bahnsen,* Die Übertragung von Versorgungsverbindlichkeiten bei Unternehmensspaltungen, NJW 2005, 3328, 3330; *Wollenweber/Ebert,* Ausgliederung von Pensionsverbindlichkeiten nach dem Umwandlungsgesetz, NZG 2006, 41, 45.
[140] BAG, Urt. v. 11. 3. 2008 – 3 AZR 358/06, NZA 2009, 790, 796 = BetrAV 2008, 800, 803 m. Anm. *Klemm* = DB 2008, 2369, 2371 = BB 2009, 329, 331; dazu *Baum/ Humpert,* Zur finanziellen Ausstattung einer durch Ausgliederung entstehenden reinen Rentnergesellschaft, BB 2009, 950; *v. Buddenbrock/Manhart,* Rechtsprechung des BAG zur Ausstattung einer „Rentnergesellschaft" im Licht des BilMoG, DB 2009, 1237; *Höfer/ Küpper,* Die angemessene Dotierung von Rentnergesellschaften – Anmerkungen zum BAG-Urteil vom 11. 3. 2008 –, BetrAV 2009, 107 = DB 2009, 118; *Metz,* „Bilanzielle Auslagerung" von Versorgungsverbindlichkeiten nach BilMoG, BB 2009, 2244; *Witteler,* Ausgliederung von Pensionsverbindlichkeiten – Zulässigkeit und rechtlicher Rahmen, BetrAV 2009, 216; *Uckermann,* Auslagerung von Pensionsverpflichtungen – Vorteilhaftigkeitsbetrachtung aus der Sicht der steuerlichen Betrachtung, BB 2010, 279.

D. Besteuerung der Lebensversicherung

Übersicht

	Rdn.
I. Steuerinformation	1, 2
1. Praxis der LVU	1
2. Steuerfragen der Lebensversicherung	2
II. Verlautbarungen des BMF	3–12
1. Besteuerung von Versicherungsverträgen im Sinne des § 20 Abs. 1 Nr. 6 EStG	3
2. Vertragsänderungen bei Versicherungen auf den Erlebens- oder Todesfall	4
3. Förderung der privaten Altersvorsorge und der betrieblichen Altersversorgung	5
4. Abzug von Altersvorsorgeaufwendungen, Besteuerung von Versorgungsbezügen und Rentenleistungen	6
5. Grenzüberschreitende Zinszahlungen	7
6. Einführung der Abgeltungsteuer auf Kapitalerträge	8
7. Investmentfonds-Besteuerung	9
8. Unfallversicherungen	10
9. Weitergeltung von BMF-Schreiben zum Steuerrecht	11, 12
a) Rechtsbereinigung 2005	11
b) Rechtsbereinigung 2007	12
III. Besteuerung der kapitalbildenden Lebensversicherung	13–22
1. Ausgangslage	13–15
a) Sonderausgabenabzug	13
b) Versteuerung der Versicherungsleistung	14
c) Geltungsbereich	15
2. Alterseinkünftegesetz vom 5. Juli 2004	16–18
a) Neuordnung	16
b) Versteuerung der Versicherungsleistung	17, 18
3. Unternehmensteuerreformgesetz 2008/Veranlagungszeitraum 2009	19–28
a) Sonderausgabenabzug	19
b) Versteuerung der Versicherungsleistung	20
c) Abgeltungsteuer	21–23
d) Erhebung und Abführung der Kirchensteuer	24
e) Freistellungsauftrag oder Nichtveranlagungsbescheinigung	25
f) Negativer Unterschiedsbetrag	26, 27
g) Veräußerung der Versicherungsansprüche	28
4. Jahressteuergesetz 2009	29–32
a) Mindesttodesfallschutz	29
b) Laufende Beitragszahlung	30
c) Einmalbeitragsversicherungen	31
IV. Besteuerung der Berufsunfähigkeits-Zusatzversicherung	32, 33
V. Versorgungsausgleich	34

Schrifttum: *Bülte,* Die Abgeltungsteuer bei EU-quellenbesteuerten Kapitalerträgen als probates Mittel zur Vermeidung von Steuerstraftaten oder als Folge eines Rückzugsgefechts des Steuerstrafrechts?, BB 2008, 2375; *Brückner,* Der versicherungsinterne Fonds als öffentlich vertriebener Investmentfonds, VW 2010, 133; *Dommermuth/Linden,* Rürup-Rente, betriebliche Altersversorgung, Vorsorgepauschale – auch nach dem BürgerentlG eine Haftungsfalle für Berater?, DB 2009, 2745; *Drenseck,* Möglichkeiten der Arbeitnehmer zur Einsparung von Lohnsteuer – Lohnsteuer-Merkblatt 2008 –, DB 2008, Beil. Nr. 3 zu Heft Nr. 15 v. 11. 4. 2008, S. 1; *Fiala/Schramm/Pohl,* Wie geht es weiter mit dem Steuerprivileg der Lebensversi-

D. Besteuerung der Lebensversicherung 1, 2 **Einl. D**

cherung?, VW 2008, 1742; *Fischer/Russ,* Die steuerliche Behandlung von Vertragsänderungen bei Lebensversicherungen – Die bisherige Praxis und die neue Auffassung der Finanzverwaltung, NVersZ 1999, 411; *dieselben,* Die vorgesehene gesetzliche Neuregelung der Besteuerung von kapitalbildenden Lebensversicherungen durch das Steuerbereinigungsgesetz 1999 ab Dezember 1999/Januar 2000, NVersZ 1999, 553; *Goretzky/Wallis,* Besteuerung von Lebensversicherungspolicen: Maß oder Konfektion?, VW 2009, 826; *Goverts,* Besteuerung von Erträgen aus Lebensversicherungsverträgen – BMF-Schreiben vom 1. 10. 2009 – IV C 1–2252/ 07/0001 –, DB 2009, 2455; *derselbe,* Steuerliche Anforderungen an Versicherungsverträge geklärt, VW 2009, 1760; *Gstöttner/Valerius,* Vorzeitige Beendigung kapitalbildender Lebens- und Rentenversicherungen – ist die Erhebung einer Kapitalertragsteuer bei geminderten Rückkaufwerten verfassungskonform?, DB 2008, 1883; *Heidemann,* Rahmenbedingungen zur Lebensversicherungsbesteuerung, VP 2007, 67; *Hetzer/Götzenberger,* Absicherungs- und Gestaltungsstrategien mit Lebensversicherungen für Unternehmer, BB 2009, 2290; *dieselben,* Lebensversicherungen unter Berücksichtigung des neuen BMF-Schreibens vom 1. 10. 2009, BB 2010, 223; *May/Jura,* Normkonkretisierung durch Verwaltungsvorschriften? – Eine kritische Auseinandersetzung mit dem BMF-Schreiben vom 20. 1. 2009 –, BetrAV 2009, 406; *Mützler,* Die „Zuschreibungs-Falle" des § 8 b Abs. 8 S. 4 KStG für Lebens- und Krankenversicherungsunternehmen, DB 2007, 1894; *Nacke,* Die einkommensteuerlichen Änderungen durch das Jahressteuergesetz 2009, DB 2008, 2792; *Niermann,* Lohnsteuerliche Behandlung von arbeitgeberfinanzierten Unfallversicherungen, DB 2009, 2516; *Niermann/Risthaus,* Kommentierte Verwaltungsregelungen zur privaten Altersvorsorge und betrieblichen Altersversorgung – Die BMF-Schreiben vom 30. 1. 2008 und 5. 2. 2008 mit Anmerkungen –, DB 2008, Beil. Nr. 4 zu Heft Nr. 17 v. 25. 4. 2008; *Plassmann,* Die Kapitalertragsteuer (KESt) in der Lebensversicherung: Zur Besteuerung rechnungsmäßiger und außerrechnungsmäßiger Zinsen aus Sparanteilen, VW 1997, 1502 (Teil I), 1605 (Teil II), 1676 (Teil III); *Redert,* Besteuerung von Lebensversicherungen, NWB Nr. 17 v. 24. April 2006, S. 1413; *Rengier,* Besteuerung von Kapitalversicherungen nach der Unternehmenssteuerreform 2008, DB 2007, 1771; *Risthaus,* Neuregelung der Besteuerung von Kapitallebensversicherungen nach § 20 Abs. 1 Nr. 6 EStG – Klarstellungen der Finanzverwaltung durch das BMF-Schreiben vom 22. 12. 2005 –, DB 2006, 232 = BetrAV 2006, 342; *dieselbe,* Beschränkte Abziehbarkeit der Altersvorsorgeaufwendungen und übrigen Vorsorgeaufwendungen verfassungsgemäß – Zugleich Anm. zu BFH-Urteil X R 34/07, X R 6/08 und X R 28/07 –, DB 2010, 137; *Schick/Franz,* Kapitalertragsteuerabzugspflicht von Versicherungsunternehmen nach Jahressteuergesetz 2007 und Unternehmenssteuerreform 2008, BB 2007, 1981; *Schoor,* Neuer Verwaltungserlass: Zur steuerlichen Behandlung von freiwilligen Unfallversicherungen, VW 2009, 1835; *Weidemann/ Söffing,* Steuerliche Behandlung von Erträgen und Prämien privater Berufs- und Erwerbsunfähigkeitsversicherungen, DB 1999, 2133.

I. Steuerinformation

1. Praxis der LVU

Die LVU übermitteln je nach verkauftem Produkt mit den Vertragsunterlagen 1 z. B. eine Allgemeine Steuerinformation, eine Steuerinformation zu privaten zertifizierten Altersvorsorgeverträgen mit staatlicher Förderung durch Altersvorsorgezulage und zusätzlichem Sonderausgabenabzug, eine Steuerinformation zu Direktversicherungen im Sinne des Altersvermögensgesetzes (AVmG) oder eine Steuerinformation zu Basisrentenversicherungen und ggf. ergänzenden Zusatzversicherungen gemäß § 10 Abs. 1 Nr. 2 Buchstabe b) EStG.

2. Steuerfragen der Lebensversicherung

Auf Steuerfragen der Lebensversicherung wurde erstmals ausführlich in den 2 BMF-Schreiben vom 17. Juli 1978 und 6. Juli 1979 zur steuerlichen Behandlung der rechnungsmäßigen und außerrechnungsmäßigen Zinsen aus Lebensversicherungen eingegangen.[1] In der Folgezeit kam es zu sehr vielen BMF-Schreiben zu

---

[1] BMF-Schreiben v. 17. 7. 1978 – IV B 4 – S 2252–114/78 und 6. 7. 1979 – IV B 4 – S 2252–68/79 –, ESt V/78 (TOP 13), BStBl. 1979 I S. 592.

Einl. D 3   Teil 2. Einleitung

Detailfragen, die nicht immer öffentlich verlautbart wurden. Zur Transparenz und damit auch zur Rechtssicherheit hat beigetragen, dass das BMF etwa seit dem Jahre 2002 die Steuerfragen der Lebensversicherungen nach Themen geordnet in BMF-Schreiben umfassend und ausführlich behandelt, die in der Regel über die Homepage des BMF und des BStBl. einsehbar sind. Soweit möglich, werden die wichtigsten BMF-Schreiben nachstehend dargestellt und wird in den weiteren Teilen des Werkes auf für die Praxis relevante Steuerthemen eingegangen.

II. Verlautbarungen des BMF

1. Besteuerung von Versicherungsverträgen im Sinne des § 20 Abs. 1 Nr. 6 EStG

3   Durch das Alterseinkünftegesetz vom 5. Juli 2004[2] ist § 20 Abs. 1 Nr. 6 EStG neu gefasst worden. Für Neuverträge (Abschluss nach dem 31. Dezember 2004) sollen Erträge aus Kapitallebensversicherungen grundsätzlich steuerlich erfasst werden.[3] Steuerpflichtig ist der Unterschiedsbetrag zwischen der Versicherungsleistung und der Summe der auf sie entrichteten Beiträge im Erlebensfall oder bei Rückkauf des Vertrags, wenn der Vertrag nach dem 31. Dezember 2004 abgeschlossen wurde.[4] Zur Besteuerung von Versicherungsverträgen im Sinne des § 20 Abs. 1 Nr. 6 EStG hat das BMF mit Schreiben vom 22. Dezember 2005 Stellung genommen[5] und unter dem 18. Januar 2007 ergänzend ausgeführt, dass ein Versicherungsprodukt, das gegen Einmalbeitrag eine sofort beginnende lebenslange Auszahlung einer konstanten Anzahl von Investmentanteilen vorsieht, als Kapitalversicherung im Sinne des § 20 Abs. 1 Nr. 6 EStG zu betrachten ist.[6] Zur Weitergeltung von BMF-Schreiben wird im BMF-Schreiben vom 22. Dezember 2005 ausgeführt, dass die BMF-Schreiben vom 31. August 1979,[7] 13. November 1985,[8] 15. Juni 2000[9] und 22. August 2002[10] für Altverträge weiterhin anwendbar sind. Das BMF-Schreiben vom 25. November 2004[11] wurde aufgehoben.[12] Gemäß Rz. 88 des BMF-Schreibens vom 22. Dezember 2005 ist nach § 52 Abs. 36 EStG für vor dem 1. Januar 2005 abgeschlossene Versicherungsverträge (Altverträge) § 20 Abs. 1 Nr. 6 EStG in der am 31. Dezember 2004 geltenden Fassung weiter anzuwenden. Damit besteht insbesondere die Steuerbefreiung nach § 20 Abs. 1 Nr. 6 Satz 2 EStG a. F. für Altverträge fort.[13] Das BMF-Schreiben vom 22. Dezember 2005 wurde durch das BMF-Schreiben vom 1. Oktober 2009 grundlegend überarbeitet.[14] Zur Weitergeltung von BMF-Schreiben hat das BMF fest-

---

[2] BGBl. I S. 1427.
[3] *Risthaus* DB 2006, 232.
[4] *Risthaus* DB 2006, 232.
[5] BMF-Schreiben v. 22. 12. 2005 – IV C 1 – S 2252–343/05, BStBl. 2006 I S. 92 = BetrAV 2006, 150 = DB 2006, 243 = WPg 2006, 149; dazu *Redert* NWB Nr. 17 v. 24. 4. 2006, S. 1413; *Risthaus* DB 2006, 232; *Heidemann* VP 2007, 67.
[6] BMF-Schreiben v. 18. 1. 2007 – IV B 8 – S 2252–5/07.
[7] BMF-Schreiben v. 31. 8. 1979 – IV B 4 – S 2252–77/79, BStBl. I S. 592.
[8] BMF-Schreiben v. 13. 11. 1985 – IV B 4 – S 2252–150/85, BStBl. I S. 661.
[9] BMF-Schreiben v. 15. 6. 2000 – IV C 4 – S 2221–86/00, BStBl. I S. 1118.
[10] BMF-Schreiben v. 22. 8. 2002 – IV C 4 – S 2221–211/02, BStBl. I S. 827 = WPg 2002, 1104.
[11] BMF-Schreiben v. 25. 11. 2004 – IV C 1 – S 2252–405/04, BStBl. I S. 1096.
[12] BMF-Schreiben v. 22. 12. 2005, a. a. O. (Fn. 5), Rz. 90.
[13] BMF-Schreiben v. 22. 12. 2005, a. a. O. (Fn. 5), Rz. 88.
[14] BMF-Schreiben v. 1. 10. 2009 – IV C 1 – S 2252/07/0001 (DOK 2009/0637786), BStBl. I S. 1172 = DB 2009, 2286 = BetrAV 2009, 630; dazu *Goverts* DB 2009, 2455; *derselbe* VW 2009, 1760.

D. Besteuerung der Lebensversicherung 4, 5 **Einl. D**

gelegt, dass die BMF-Schreiben vom 13. November 1985, 31. August 1979, 15. Juni 2000 und 22. August 2002 für Altverträge weiterhin anzuwenden sind, die BMF-Schreiben vom 25. November 2004 und vom 22. Dezember 2005 hat das BMF aufgehoben.[15]

2. Vertragsänderungen bei Versicherungen auf den Erlebens- oder Todesfall

Vertragsänderungen bei Versicherungen auf den Erlebens- oder Todesfall im Sinne des § 10 Abs. 1 Nr. 2 Buchstabe b Doppelbuchstaben cc und dd EStG behandelt das BMF-Schreiben vom 22. August 2002.[16] Inhaltlich geht das BMF-Schreiben über den Wortlaut des Titels hinaus. Es enthält auch Ausführungen allgemeiner Art, insbesondere zu der Frage, unter welchen Voraussetzungen Versicherungen im Sinne des § 10 Abs. 1 Nr. 2 Buchstabe b Doppelbuchstaben cc und dd EStG begünstigt bzw. nicht begünstigt sind (z. B. Regelungen zum Vertragsabschluss, zu Beiträgen und zum Mindesttodesfallschutz). Mit diesem Schreiben ersetzt die Finanzverwaltung die BMF-Schreiben vom 23. September 1974,[17] 13. Juni 1977,[18] 23. Februar 1984,[19] 6. April 1984,[20] 3. Juni 1987,[21] 12. März 1990,[22] 20. Juli 1990,[23] 7. Februar 1991,[24] 22. Februar 1991,[25] 26. Juli 1996,[26] 6. Dezember 1996,[27] 12. September 1997[28] und 28. Februar 1997.[29] Das BMF-Schreiben vom 22. August 2002 wurde mit BMF-Schreiben vom 1. Oktober 2009 wegen der Fortsetzung einer während der Elternzeit beitragsfrei gestellten Lebensversicherung geändert[30] und mit weiterem BMF-Schreiben vom 1. Oktober 2009 in Sachen Beitragserhöhungen bei Altverträgen ergänzt.[31]

3. Förderung der privaten Altersvorsorge und der betrieblichen Altersversorgung

Mit dem Altersvermögensgesetz[32] und dem Alterseinkünftegesetz[33] hat der Gesetzgeber die so genannte zweite und dritte Säule der Altersvorsorge in Deutsch-

---

[15] BMF-Schreiben v. 1. 10. 2009, a. a. O. (Fn. 14), Rz. 90.
[16] BMF-Schreiben v. 22. 8. 2002 – IV C 4 – S 2221–211/02, BStBl. I S. 827 = DB 2002, 1910 = WPg 2002, 1104.
[17] BMF-Schreiben v. 23. 9. 1974 – IV B 3 – S 2220–6/74 III.
[18] BMF-Schreiben v. 13. 6. 1977 – IV B 3 – S 2221–80/77.
[19] BMF-Schreiben v. 23. 2. 1984 – IV B 4 – S 2252–19/84.
[20] BMF-Schreiben v. 6. 4. 1984 – IV B 4 – S 2252–35/84.
[21] BMF-Schreiben v. 3. 6. 1987 – IV B 4 – S 2252–58/87.
[22] BMF-Schreiben v. 12. 3. 1990 – IV B 4 – S 2252–64/90.
[23] BMF-Schreiben v. 20. 7. 1990 – IV B 1 – S 2221–115/90/IV B 4 – S 2252–131/90, BStBl. I S. 324.
[24] BMF-Schreiben v. 7. 2. 1991 – IV B 1 – S 2221–10/91, BStBl. I S. 214.
[25] BMF-Schreiben v. 22. 2. 1991 – IV B 1 – S 2221–20/91, BStBl. I S. 330.
[26] BMF-Schreiben v. 26. 7. 1996 – IV B 1 – S 2221–207/96, BStBl. I S. 1120.
[27] BMF-Schreiben v. 6. 12. 1996 – IV B 1 – S 2221–301/96, BStBl. I S. 1438.
[28] BMF-Schreiben v. 12. 9. 1997 – IV B 1 – S 2221–172/97, BStBl. I S. 825.
[29] BMF-Schreiben v. 28. 2. 1997 – IV B 1 – S 2221–29/97.
[30] BMF-Schreiben v. 1. 10. 2009 – IV C 1 – S 2252/07/0001 (DOK 2009/0637786), BStBl. I S. 1188.
[31] BMF-Schreiben v. 1. 10. 2009 – IV C 1 – S 2252/07/0001 (DOK 2009/0637786), Rz. 92, BStBl. I S. 1172.
[32] Gesetz zur Reform der gesetzlichen Rentenversicherung und zur Förderung eines kapitalgedeckten Altersvorsorgevermögens (Altersvermögensgesetz – AVmG) vom 26. 6. 2001, BGBl. I S. 1310.
[33] Gesetz zur Neuordnung der einkommensteuerrechtlichen Behandlung von Altersvorsorgeaufwendungen und Altersbezügen (Alterseinkünftegesetz – AltEinkG) vom 5. 7. 2004, BGBl. I S. 1427.

Einl. D 6 Teil 2. Einleitung

land, d.h. die betriebliche Altersversorgung und die private Altersvorsorge, in ein steuerrechtliches Förderungskonstrukt eingebunden.[34] Mit ihren Schreiben zur steuerlichen Förderung der privaten Altersvorsorge und betrieblichen Altersversorgung vom 5. August 2002,[35] 17. November 2004,[36] 5. Februar 2008[37] und 20. Januar 2009[38] hat die Finanzverwaltung u.a. Regeln für die steuerliche Anerkennung betrieblicher Versorgungszusagen aufgestellt,[39] jeweils unter Aufhebung der vorausgehenden Verlautbarungen. Zur gesetzlich vorgeschriebenen Aufteilung von geförderten und nicht geförderten Leistungen bei der nachgelagerten Besteuerung nach § 22 Nr. 5 EStG hat das BMF mit Schreiben vom 11. November 2004 verlautbart, welche versicherungsmathematischen Verfahren zulässig sind, wenn nicht schon aufgrund einer entsprechenden Bestandsführung eine zutreffende Aufteilung der Leistungen gewährleistet ist, ferner wie der Teil der Leistungen, der nach § 22 Nr. 5 Satz 2 EStG zu versteuern ist, zu berechnen ist.[40] Aufgrund verschiedener Gesetzesänderungen hat das BMF das BMF-Schreiben vom 20. Januar 2009 zur steuerlichen Förderung der privaten Altersvorsorge und betrieblichen Altersversorgung durch BMF-Schreiben vom 31. März 2010 ersetzt[41] und das BMF-Schreiben vom 20. Januar 2009 mit Wirkung ab 1. Januar 2010 aufgehoben.[42]

4. Abzug von Altersvorsorgeaufwendungen, Besteuerung von Versorgungsbezügen und Rentenleistungen

6 Zum Sonderausgabenabzug für Beiträge nach § 10 Abs. 1 und zur Besteuerung von Versorgungsbezügen nach § 19 Abs. 2 sowie von Einkünften nach § 22 Nr. 1 Satz 3 Buchstabe a EStG hat die Finanzverwaltung mit Schreiben vom 30. Januar 2008[43] Stellung genommen. Dieses Schreiben ersetzt das BMF-Schreiben vom 24. Februar 2005[44] unter Berücksichtigung der Änderungen durch das BMF-Schreiben vom 14. August 2006.[45] Das BMF-Schreiben vom 30. Januar 2008 zur einkommensteuerrechtlichen Behandlung von Vorsorgeaufwendungen und Altersbezügen hat das BMF aufgrund verschiedener Gesetzesänderungen überarbei-

---

[34] *May/Jura* BetrAV 2009, 406.
[35] BMF-Schreiben v. 5. 8. 2002 – IV C 4 – S 2222–295/02/IV C 5 – S 2333–154/02, BStBl. I S. 767 = BetrAV 2002, 539 = DB 2002, Beil. Nr. 6 zu Heft Nr. 36 v. 6. 9. 2002.
[36] BMF-Schreiben v. 17. 11. 2004 – IV C 4 – S 2222–177/04/IV C 5 – S 2333–269/04, BStBl. I S. 1065 = BetrAV 2004, 745.
[37] BMF-Schreiben v. 5. 2. 2008 – IV C 8 – S 2222/07/0003/IV C 5 – S 2333/07/0003 (DOK 2008/0022798), BStBl. I S. 420 = BetrAV 2008, 184; dazu *Niermann/Risthaus* DB 2008, Beil. Nr. 4 zu Heft Nr. 17 v. 25. 4. 2008, S. 43.
[38] BMF-Schreiben v. 20. 1. 2009 – IV C 3 – S 2496/08/10011/IV C 5 – S 2333/07/0003 (DOK 2009/0032144), BStBl. I S. 273 = BetrAV 2009, 137. Das Schreiben steht auch unter www.bundesfinanzministerium.de zur Verfügung.
[39] Krit. dazu *May/Jura* BetrAV 2009, 406, 409 ff.
[40] BMF-Schreiben v. 11. 11. 2004 – IV C 3 – S 2257 b – 47/04, BStBl. I S. 1061.
[41] BMF-Schreiben v. 31. 3. 2010 – IV C 3 – S 2222/09/10041/IV C 5 – S 2333/07/0003 (DOK 2010/0256374), abrufbar über www.bundesfinanzministerium.de.
[42] BMF-Schreiben v. 31. 3. 2010 – IV C 3 – S 2222/09/10041/IV C 5 – S 2333/07/0003 (DOK 2010/0256374), Rz. 393.
[43] BMF-Schreiben v. 30. 1. 2008 – IV C 8 – S 2222/07/0003/IV C 5 – S 2345/08/0001 (DOK 2008/0017104), BStBl. I S. 390; dazu *Niermann/Risthaus* DB 2008, Beil. Nr. 4 zu Heft Nr. 17 v. 25. 4. 2008, S. 4.
[44] BMF-Schreiben v. 24. 2. 2005 – IV C 3 – S 2255–51/05/IV C 4 – S 2221–37/05/IV C 5 – S 2345–9/05, BStBl. I S. 429.
[45] BMF-Schreiben v. 14. 8. 2006 – IV C 8 – S 2255–224/06, BStBl. I S. 496.

D. Besteuerung der Lebensversicherung 7, 8 **Einl. D**

tet und zunächst einen so genannten abgestimmten Entwurf unter dem 26. April 2010 im Internet veröffentlicht.[46]

5. Grenzüberschreitende Zinszahlungen

Zur Zinsinformationsverordnung vom 26. Januar 2004,[47] zuletzt geändert durch Verordnung vom 5. November 2007,[48] mit der die Richtlinie 2003/48/EG des Rates vom 3. Juni 2003[49] umgesetzt wird, hat die Finanzverwaltung ein Einführungsschreiben unter dem 6. Januar 2005[50] verlautbart, das in der Folgezeit mehrfach geändert wurde.[51] Nach der Zinsinformationsverordnung sind in Deutschland ansässige Versicherungsunternehmen als auskunftspflichtige Zahlstellen im Sinne des § 4 ZIV verpflichtet, Zinszahlungen an natürliche Personen in einem anderen Mitgliedstaat der EU dem Bundesamt für Finanzen zu melden. Die Meldepflicht betrifft die Zinserträge aus Beitragsdepots, da es sich hierbei um Einkünfte aus Kapitalvermögen im Sinne des § 20 Abs. 1 Nr. 7 EStG handelt, die nach Rz. 40 des BMF-Schreibens vom 6. Januar 2005 vom materiellen Zinsbegriff der Richtlinie 2003/48/EG erfasst sind.[52] Meldepflichtig sind gleichermaßen die Erträge aus Kapitalisierungsgeschäften im Sinne des § 1 Abs. 4 VAG. In Rz. 40 des BMF-Schreibens vom 6. Januar 2005 wird ausdrücklich klargestellt, dass die Meldepflicht nicht für Zinsen aus Lebensversicherungen im Sinne des § 20 Abs. 1 Nr. 6 EStG gilt.[53] Da die Unfallversicherung mit Beitragsrückzahlung (UBR) steuerlich wie eine Lebensversicherung behandelt wird, ist sie vom Mitteilungsverfahren ebenfalls nicht betroffen. Unter dem 30. Januar 2008 hat das BMF an die obersten Finanzbehörden der Länder unter Aufhebung der bisherigen Anwendungsschreiben ein neues Anwendungsschreiben zur Zinsinformationsverordnung verlautbart[54] und hervorgehoben, dass die Richtlinie 2003/48/EG des Rates vom 3. Juni 2003 die effektive Besteuerung von Zinserträgen natürlicher Personen im Gebiet der EU sicherstellen soll.[55] Die bisherigen Hinweise zur Lebensversicherung gelten unverändert weiter.

6. Einführung der Abgeltungsteuer auf Kapitalerträge

Durch das Unternehmenssteuerreformgesetz 2008 vom 14. August 2007[56] wurde eine Abgeltungsteuer auf Kapitalerträge zum 1. Januar 2009 eingeführt. Der Sparer-Freibetrag und der für Kapitaleinkünfte geltende Werbungskostenpauschbetrag wurden zu einem einheitlichen Sparer-Pauschbetrag in Höhe von

---

[46] BMF-Schreiben v. 26. 4. 2010 – IV C 3 – S 2222/09/10041/IV C 5 – S 2345/08/0001 (DOK 2010/0318779), abrufbar über www.bundesfinanzministerium.de.
[47] Verordnung zur Umsetzung der Richtlinie 2003/48/EG des Rates vom 3. 6. 2003 im Bereich der Besteuerung von Zinserträgen (Zinsinformationsverordnung – ZIV) vom 26. 1. 2004, BGBl. I S. 128.
[48] BGBl. I S. 2562.
[49] Richtlinie 2003/48/EG des Rates vom 3.6.2003 im Bereich der Besteuerung von Zinserträgen, Abl.EU Nr. L 157 v. 26. 6. 2003, S. 38.
[50] BMF-Schreiben v. 6. 1. 2005 – IV C 1 – S 2000–363/04, BStBl. I S. 29.
[51] BMF-Schreiben v. 13. 6. 2005 – IV C 1 – S 2402-a – 23/05, BStBl. I S. 716; BMF-Schreiben v. 12. 10. 2005 – IV C 1 – S 2402-a – 46/05; BMF-Schreiben v. 27. 1. 2006 – IV C 1 – S 2402-a – 4/06, BStBl. I S. 439.
[52] Ebenso schon BR-Drucks. 832/03 v. 5. 11. 2003, S. 22.
[53] Ebenso schon BR-Drucks. 832/03 v. 5. 11. 2003, S. 22.
[54] BMF-Schreiben v. 30. 1. 2008 – IV C 1 – S 2402-a/0 (DOK 2008/0043793), BStBl. I S. 320.
[55] BMF-Schreiben v. 30. 1. 2008 – IV C 1 – S 2402-a/0 (DOK 2008/0043793), Rz. 2, BStBl. I S. 320.
[56] BGBl. I S. 1912.

Einl. D 9   Teil 2. Einleitung

801,00 € (1602,00 € für Verheiratete) zusammengefasst (§ 20 Abs. 9 EStG). Mit Schreiben vom 2. Juli 2008[57] verlautbarte das BMF das Muster des Freistellungsauftrags für Kapitalerträge, die nach dem 31. Dezember 2008 zufließen. Eine Beschränkung des Freistellungsauftrages auf einzelne Versicherungsverträge, Ablaufdepots oder dergleichen war danach nicht mehr möglich. Für Kapitalerträge, die nach § 43 Abs. 1 EStG dem Steuerabzug unterliegen, sind der Schuldner der Kapitalerträge oder die auszahlende Stelle verpflichtet, dem Gläubiger der Kapitalerträge auf Verlangen eine Steuerbescheinigung nach amtlich vorgeschriebenem Muster auszustellen, die die nach § 32 d EStG erforderlichen Angaben enthält; die Verpflichtung besteht unabhängig von der Vornahme eines Steuerabzugs. Zur Ausstellung derartiger Steuerbescheinigungen hat das BMF mit Schreiben vom 24. November 2008[58] Stellung genommen und ein bundeseinheitlich geltendes Musterformular für die Anmeldung der Kapitalertragsteuer veröffentlicht, das für die Zeiträume ab 2009 verwendet werden muss.[59] In den Formularen sind die Kapitalerträge sowohl dann, wenn die Auszahlung durch die auszahlende Stelle erfolgt (wie bei Beitragsdepots, Parkdepots, Ablaufdepots, Kapitalisierungsgeschäften), als auch dann, wenn die Auszahlung durch den Schuldner erfolgt (wie bei Erträgen aus Lebensversicherungen oder Unfallversicherungen mit garantierter Beitragsrückzahlung), nach Berücksichtigung eventuell gestellter Freistellungsaufträge oder vorgelegter Nichtveranlagungsbescheinigungen (vgl. § 44 a Abs. 1 bis 3 EStG) anzugeben. Mit Schreiben vom 12. Dezember 2008[60] hat das BMF ausdrücklich festgehalten, dass auch bei Erträgen aus Beitragsdepots, Parkdepots, Ablaufdepots oder Kapitalisierungsgeschäften, die vor dem 1. Januar 2007 abgeschlossen wurden, seit Einführung der Abgeltungsteuer bei Versicherungsunternehmen gemäß § 52 a Abs. 1 EStG eine Pflicht zum Einbehalt der Kapitalertragsteuer besteht. Es wird von der Finanzverwaltung jedoch nicht beanstandet, wenn bei Beitragsdepots, die vor dem 1. Januar 2007 abgeschlossen wurden, vom Steuerabzug Abstand genommen wird.[61] Unter dem 20. Mai 2009 hat das BMF ein Schreiben zum Kontrollmeldeverfahren (§ 50 d Abs. 6 EStG) veröffentlicht, das auch für Lebensversicherungsunternehmen von Bedeutung ist.[62]

7. Investmentfonds-Besteuerung

9   Mit Schreiben vom 18. August 2009[63] hat die Finanzverwaltung in Aktualisierung des Schreibens vom 2. Juni 2005[64] zur Anwendung des Investmentsteuergesetzes Stellung genommen. Das BMF-Schreiben vom 18. August 2009 ist für die Versicherungsunternehmen in ihrer Eigenschaft als Kapitalanleger von Bedeutung, aber auch für die Versicherungsunternehmen, die selbst eine Kapitalanlagegesellschaft unterhalten, die Investmentfonds verwaltet. Zur Steuerbefreiung gemäß § 4 Nr. 8 Buchst. h UStG für die Verwaltung von Investmentvermögen nach dem

---

[57] BMF-Schreiben v. 2. 7. 2008 – IV C 1 – S 2056/0 (DOK 2008/0349029), BStBl. I S. 687.
[58] BMF-Schreiben v. 24. 11. 2008 – IV C 1 – S 2401/08/10001 (DOK 2008/0661017), BStBl. I S. 973.
[59] Aktuelle Muster siehe auf der Homepage des BMF.
[60] BMF-Schreiben v. 12. 12. 2008 – IV C 1 – S 2252/07/0001 (DOK 2008/0699317), BStBl. 2009 I S. 38.
[61] BMF-Schreiben v. 12. 12. 2008 – IV C 1 – S 2252/07/0001 (DOK 2008/0699317), BStBl. 2009 I S. 38.
[62] BMF-Schreiben v. 20. 5. 2009 – IV B 5 – S 2411/07/10021 (DOK 2009/0230615), BStBl. I S. 645.
[63] BMF-Schreiben v. 18. 8. 2009 – IV C 1 – S 1980-1/08/10019 (DOK 2009/0539738), BStBl. I S. 931.
[64] BStBl. I S. 728.

D. Besteuerung der Lebensversicherung　　　　　　10–12　**Einl. D**

Investmentgesetz hat das BMF mit BMF-Schreiben vom 6. Mai 2010 unter Berücksichtigung der hierzu ergangenen EuGH-Rechtsprechung ausführlich Stellung genommen und grenzt steuerfreie von steuerpflichtigen Verwaltungsleistungen ab.[65] Mit Schreiben vom 8. Juni 2010 geht das BMF auf die Frage ein, wie die Gebühren für die Verwaltung eines Investmentvermögens steuerlich zu behandeln sind, wenn sie von einem Dritten unmittelbar dem Anleger und nicht der Kapitalanlagegesellschaft in Rechnung gestellt werden.[66]

8. Unfallversicherungen

Mit Schreiben vom 28. Oktober 2009[67] hat das BMF das BMF-Schreiben zur 10 einkommen- bzw. lohnsteuerlichen Behandlung von freiwilligen Unfallversicherungen aus dem Jahr 2000[68] überarbeitet. Das neue Schreiben gilt ab sofort in allen noch nicht formell bestandskräftigen Fällen. Es wurde ausgelöst durch das Urteil des BFH vom 11. Dezember 2008 zu arbeitgeberfinanzierten Gruppenunfallversicherungen.[69] Zur steuerlichen Behandlung bei der Anwendung von Gruppentarifen auf Einzelversicherungen in der Versicherungswirtschaft hat sich das BMF mit Schreiben vom 4. November 2009 geäußert.[70] Das BMF bestätigt in diesem Schreiben die im BMF-Schreiben vom 20. März 1996[71] vertretene Auffassung, dass Prämienvorteile nicht zum lohnsteuerpflichtigen Arbeitslohn gehören, die bei Gruppenversicherungen zum Gruppentarif gegenüber Einzelversicherungen zum Einzeltarif entstehen.[72]

9. Weitergeltung von BMF-Schreiben zum Steuerrecht

a) Rechtsbereinigung 2005. Zur Rechtsbereinigung hat das BMF mit 11 Schreiben vom 7. Juni 2005 grundsätzlich alle BMF-Schreiben aufgehoben, die vor dem 1. Januar 1980 ergangen sind.[73] Betroffen davon sind fast 1000 Schreiben.[74] Ausgenommen von der Aufhebung sind lediglich die BMF-Schreiben, die in der Anlage zum Schreiben vom 7. Juni 2005 aufgeführt sind. Zu den nicht aufgehobenen Schreiben gehört das BMF-Schreiben vom 31. August 1979[75] zur steuerlichen Behandlung der rechnungsmäßigen und außerrechnungsmäßigen Zinsen aus Lebensversicherungen.[76]

b) Rechtsbereinigung 2007. Um den Bestand an steuerlichen Verwaltungs- 12 vorschriften zu verringern, hat das BMF mit Schreiben vom 29. März 2007 für Steuertatbestände, die nach dem 31. Dezember 2004 verwirklicht werden, die

---

[65] BMF-Schreiben v. 6. 5. 2010 – IV D 3 – S 7160-h/09/10001 (DOK 2010/0342087), abrufbar über www.bundesfinanzministerium.de.
[66] BMF-Schreiben v. 8. 6. 2010 – IV C 1 – S 1980-1/10/10003:007 (DOK 2010/0441639), abrufbar über www.bundesfinanzministerium.de.
[67] BMF-Schreiben v. 28. 10. 2009 – IV C 5 – S 2332/09/10004 (DOK 2009/0690175), BStBl. I S. 1275; dazu *Niermann* DB 2009, 2516; *Schoor* VW 2009, 1835.
[68] BMF-Schreiben v. 17. 7. 2000 – IV C 5 – S 2332–67/00, BStBl. I S. 1204 = DB 2000, 1492.
[69] BFH, Urt. v. 11. 12. 2008 – VI R 9/05, BStBl. 2009 II S. 385 = DB 2009, 542 = BB 2009, 763 m. Anm. *v. Bornhaupt*.
[70] BMF-Schreiben v. 4. 11. 2009 – IV C 5 – S 2334/08/10012 (DOK 2009/0717416).
[71] BMF-Schreiben v. 20. 3. 1996 – IV B 6 – S 2334–100/96, DB 1996, 655.
[72] *Kreußler/Nörig*, Lebensversicherung und Steuer, 4. Aufl., Karlsruhe, VVW, 1998, S. 103.
[73] BMF-Schreiben v. 7. 6. 2005 – IV C 6 – O 1000–86/05, BStBl. I S. 717.
[74] BMF-Pressemitteilung Nr. 72/2005 v. 9. 6. 2005.
[75] BMF-Schreiben v. 31. 8. 1979 – IV B 4 – S 2252–77/79, BStBl. I S. 592.
[76] BMF-Schreiben v. 7. 6. 2005 – IV C 6 – O 1000–86/05, Nr. 75 der Anlage, BStBl. I S. 717.

vom 1. Januar 1980 bis zum 31. Dezember 2004 ergangenen BMF-Schreiben aufgehoben, soweit sie nicht in der Anlage zum Schreiben vom 29. März 2007 aufgeführt sind (Positivliste).[77] Für vor dem 1. Januar 2005 verwirklichte Steuertatbestände bleibt deren Anwendung unberührt.[78] Die Aufhebung der BMF-Schreiben bedeutet keine Aufgabe der bisherigen Rechtsauffassung der Verwaltung, sondern dient der Bereinigung der Weisungslage.[79] Zu den nicht aufgehobenen Schreiben gehört das BMF-Schreiben vom 15. Juni 2000[80] zur Anwendung des § 10 Abs. 2 Satz 2 EStG und des § 52 Abs. 24 Satz 3 EStG und zu Finanzierungen unter Einsatz von Lebensversicherungsansprüchen.[81] In Fortführung der zur Eindämmung der Normenflut bisher ergangenen BMF-Schreiben vom 7. Juni 2005 und 29. März 2007 wurde mit Schreiben vom 23. April 2010 eine Verwaltungsregelung für die bis zum 31. Dezember 2009 ergangenen BMF-Schreiben verlautbart.[82]

III. Besteuerung der kapitalbildenden Lebensversicherung

1. Ausgangslage

13   a) **Sonderausgabenabzug.**[83] Bis 2004 konnte der Steuerpflichtige die für die kapitalbildende Lebensversicherung eingezahlten Beiträge als Sonderausgaben geltend machen, wenn eine Versicherungsdauer von mindestens 12 Jahren vereinbart wurde.[84] Weitere Voraussetzung war, dass nach dem Versicherungsvertrag die Beiträge für mindestens fünf Beitragsjahre gezahlt sein mussten.[85] Bei einem erhöhten Anfangsbeitrag musste dieser für die ersten fünf Versicherungsjahre vereinbart sein. Schließlich wurde nach mehreren Konkretisierungsversuchen für die Abzugsfähigkeit verlangt, dass ein Todesfallschutz besteht, der – bei Verträgen mit einer geringeren Todes- als Erlebensfallsumme – in jedem Versicherungsjahr mindestens 60% der Summe der nach dem Versicherungsvertrag für die gesamte Vertragsdauer zu zahlenden Beiträge beträgt,[86] wobei Beitragsteile für die Berufsunfähigkeits-Zusatzversicherung nicht einzubeziehen sind. Bei Verträgen, die in den ersten drei Jahren keinen Todesfallschutz vorsehen oder bei denen der Todesfallschutz in diesem Zeitraum stufenweise ansteigt, ist das Erfordernis des Mindesttodesfallschutzes erfüllt, wenn bei Ablauf des Dreijahreszeitraumes der Todesfallschutz mindestens 60% der Beitragssumme beträgt.

---

[77] BMF-Schreiben v. 29. 3. 2007 – IV C 6 – O 1000/07/0018 (DOK 2007/0 145 039), BStBl. I S. 369.

[78] BMF-Schreiben v. 29. 3. 2007 – IV C 6 – O 1000/07/0018 (DOK 2007/0 145 039), BStBl. I S. 369.

[79] BMF-Schreiben v. 29. 3. 2007 – IV C 6 – O 1000/07/0018 (DOK 2007/0 145 039), BStBl. I S. 369.

[80] BMF-Schreiben v. 15. 6. 2000 – IV C 4 – S 2221–86/00, BStBl. I S. 1118.

[81] BMF-Schreiben v. 29. 3. 2007 – IV C 6 – O 1000/07/0018 (DOK 2007/0 145 039), Nr. 505 der Positivliste, BStBl. I S. 369.

[82] Zu den Einzelheiten siehe BMF-Schreiben v. 23. 4. 2010 – IV A 6 – O 1000/09/10095 (DOK 2010/0 197 416).

[83] Die Vorschriften, die die Abzugsfähigkeit von Beiträgen zur Lebensversicherung berühren, gehören zu den ältesten einkommensteuerlichen Normen, vgl. *Arndt*, Lebensversicherungsbeiträge und Einkommensteuerrecht, in: Recht und Ökonomie der Versicherung, Festschrift für Egon Lorenz zum 60. Geburtstag, hrsg. v. Ulrich Hübner, Elmar Helten und Peter Albrecht, Karlsruhe, VVW, 1994, S. 23, mit Hinweis auf das Preußische EStG von 1891.

[84] *Fischer/Russ* NVersZ 1999, 411; *Drenseck* DB 2008, Beil. Nr. 3 zu Heft Nr. 15 v. 11. 4. 2008, S. 1, 36;

[85] *Goretzky/Wallis* VW 2009, 826, 827.

[86] *Fischer/Russ* NVersZ 1999, 553.

D. Besteuerung der Lebensversicherung   14–16 Einl. D

b) Versteuerung der Versicherungsleistung. Nach bis einschließlich 2004 14
geltendem Recht (§ 20 Abs. 1 Nr. 6 EStG a. F.) gehörten außerrechnungsmäßige
und rechnungsmäßige Zinsen aus Rentenversicherungen ohne Kapitalwahlrecht,
Rentenversicherungen mit Kapitalwahlrecht und Kapitalversicherungen gegen
laufende Beitragsleistung mit Sparanteil im Sinne des § 10 Abs. 1 Nr. 2 Buchst. b
EStG nicht zu den Einkünften aus Kapitalvermögen, wenn die Zinsen mit Beiträgen
verrechnet oder im Versicherungsfall oder im Fall des Rückkaufs des Vertrags nach
Ablauf von zwölf Jahren seit dem Vertragsabschluss ausgezahlt wurden und der Versicherungsvertrag nicht entgeltlich von einem Dritten erworben wurde.[87] Steuerfrei
sind auch Zinsen aus einer Kapitallebensversicherung im Sinne des § 10 Abs. 1 Nr. 2
Buchst. b EStG, die nach Ablauf eines Zeitraums von mehr als zwölf Jahren nach
Vertragsabschluss bei Weiterführung des Versicherungsvertrages gezahlt werden.[88]

c) Geltungsbereich. Für Kapitalversicherungen, die vor dem 1. Januar 2005 15
abgeschlossen wurden, gilt gemäß § 52 Abs. 36 Satz 1 EStG die am 31. Dezember
2004 geltende Rechtslage fort. Seitdem ist zwischen so genannten Altverträgen
(Abschluss vor dem 1. Januar 2005) und so genannten Neuverträgen (Abschluss
nach dem 31. Dezember 2004) zu unterscheiden.[89]

2. Alterseinkünftegesetz vom 5. Juli 2004

a) Neuordnung. Mit dem Gesetz zur Neuordnung der einkommensteuer- 16
rechtlichen Behandlung von Altersvorsorgeaufwendungen und Altersbezügen nach
dem Alterseinkünftegesetz („AltEinkG") vom 5. Juli 2004, das am 1. Januar 2005
in Kraft getreten ist, sieht der Gesetzgeber die Altersvorsorge in drei Schichten.
Die 1. Schicht ist die Basisversorgung mit gesetzlichen Rentenversicherungen,
berufsständischen Versorgungseinrichtungen und kapitalgedeckten Rentenversicherungen (Basisrentenversicherungen). In der 2. Schicht findet sich die Zusatzversorgung mit Rentenversicherungen im Sinne des Altersvermögensgesetzes
(sog. Riester-Renten) und die betriebliche Altersversorgung. Die 3. Schicht wird
aus den Kapitalanlageprodukten gebildet, z. B. kapitalbildende Lebensversicherungen, Rentenversicherungen mit Kapitalwahlrecht, Fonds- und Banksparpläne.
Daran gekoppelt ist eine unterschiedliche steuerliche Behandlung in der Anspar-
und in der Auszahlungsphase. Da die Kapitallebensversicherung gegen laufende
Beitragsleistung mit Sparanteil eine Versicherungsform ist, die der Altersvorsorge
dienen kann, bei der aber der Charakter einer frei verfügbaren Kapitalanlage deutlich überwiegt, hatte die Rürup-Kommission, die das Gesetzgebungsverfahren
zum Alterseinkünftegesetz durch ein Gutachten[90] vorbereitet hatte, vorgeschlagen,
bei derartigen Produkten eine vorgelagerte Besteuerung vorzunehmen.[91] Dem ist
der Gesetzgeber im Prinzip gefolgt, indem er künftig die Beiträge zu solchen
Versicherungen nicht mehr zum Sonderausgabenabzug zulässt und die Erträge aus
nach dem 31. Dezember 2004 abgeschlossenen Neuverträgen der Besteuerung
unterwirft.[92] Infolgedessen gehören nach den steuerrechtlichen Regelungen des
Alterseinkünftegesetzes kapitalbildende Lebensversicherungen mit einem Policierungsdatum nach dem 31. Dezember 2004 nicht zu den förderbaren Kapitalanlageprodukten. Dadurch sind die Beitragsaufwendungen bei der Veranlagung zur
Einkommensteuer im Rahmen der Höchstbeträge für Vorsorgeaufwendungen als
Sonderausgabenabzug nicht mehr absetzbar.

---

[87] *Risthaus* DB 2006, 232.
[88] BFH, Urt. v. 12. 10. 2005 – VIII R 87/03, BStBl. 2006 II S. 251.
[89] *Rengier* DB 2007, 1771.
[90] Schriftenreihe des BMF, 2003, Bd. 74.
[91] *Risthaus* BetrAV 2006, 342.
[92] *Risthaus* BetrAV 2006, 342.

17 b) Versteuerung der Versicherungsleistung. Hinsichtlich der Besteuerung der Versicherungsleistungen gilt Folgendes:
– Kapitalleistungen im Todesfall sind beim Leistungsempfänger einkommensteuerfrei.[93]
– Kapitalleistungen im Erlebensfall oder bei Kündigung (Teilkündigung) sind beim Leistungsempfänger in Höhe des Unterschiedsbetrages zwischen der Kapitalleistung und der Summe der auf sie entrichteten Beiträge als Ertrag einkommensteuerpflichtig.[94] Hat der Leistungsempfänger zum Zuflusszeitpunkt das 60. Lebensjahr vollendet und liegt der Vertragsabschluss (= Policendatum) mindestens 12 Jahre zurück, beträgt der steuerpflichtige Ertrag die Hälfte des Unterschiedsbetrages.[95]

18 Von den steuerpflichtigen Erträgen muss der Versicherer gemäß § 43 Abs. 1 Nr. 4 EStG 25% Kapitalertragsteuer und den Solidaritätszuschlag von z. Zt. 5,5% auf die Kapitalertragsteuer einbehalten und an das zuständige Finanzamt weiterleiten. Die Kapitalertragsteuer und der Solidaritätszuschlag sind Vorauszahlungen auf die persönliche Einkommensteuer und werden auf die vom Steuerpflichtigen zu zahlenden Steuerbeträge angerechnet. Der Steuerabzug ist ganz oder teilweise nicht vorzunehmen, wenn der Steuerpflichtige dem Versicherer rechtzeitig einen Freistellungsauftrag oder eine Nichtveranlagungsbescheinigung vorlegt.

3. Unternehmensteuerreformgesetz 2008/Veranlagungszeitraum 2009

19 a) Sonderausgabenabzug. Kapitallebensversicherungen gehören zu den nicht förderbaren Kapitalanlageprodukten. Die Beiträge zu solchen Versicherungen sind bei der Veranlagung zur Einkommensteuer nicht als Sonderausgaben absetzbar.

20 b) Versteuerung der Versicherungsleistung. Im Todesfall sind Kapitalleistungen im vollen Umfang einkommensteuerfrei.[96] Kapitalleistungen im Erlebensfall oder bei Kündigung/Teilkündigung gehören zu den Einkünften aus Kapitalvermögen (§ 20 EStG). Sie sind in Höhe des Unterschiedsbetrages zwischen der Kapitalleistung und der Summe der auf sie entrichteten Beiträge als Ertrag einkommensteuerpflichtig. Hat der Steuerpflichtige zum Zuflusszeitpunkt das 60. Lebensjahr vollendet und liegt der Vertragsabschluss mindestens 12 Jahre zurück, beträgt der steuerpflichtige Ertrag die Hälfte des Unterschiedsbetrags.[97]

21 c) Abgeltungsteuer. Das deutsche Unternehmensteuerreformgesetz 2008 vom 14. August 2007[98] bringt als eine wichtige Änderung des deutschen Kapitalertragsteuersystems mit sich, dass ab dem Veranlagungszeitraum 2009[99] alle Kapitaleinkünfte grundsätzlich[100] schon an der Quelle mit einem Steuersatz von 25% belastet werden (§ 32 d Abs. 1 Satz 1 EStG), soweit sie nicht nach der Subsidiaritätsregel des § 20 Abs. 8 EStG anderen Einkunftsarten zuzurechnen sind oder unter die Ausnahmen des § 32 d Abs. 2 EStG fallen.[101] Mit dieser Regelung wird

---

[93] BMF-Schreiben v. 1. 10. 2009 – IV C 1 – S 2252/07/0001 (DOK 2009/0637786), Rzn. 24 u. 40, BStBl. I S. 1172.
[94] *Rengier* DB 2007, 1771, 1772; krit. dazu *Gstöttner/Valerius* DB 2008, 1883, 1884.
[95] *Rengier* DB 2007, 1771, 1772.
[96] *Hetzer/Götzenberger* BB 2009, 2290.
[97] *Fiala/Schramm/Pohl* VW 2008, 1742, 1743.
[98] BGBl. I S. 1912.
[99] Vgl. § 52 a Abs. 15 EStG.
[100] Zur ausnahmsweise auf Antrag des Steuerpflichtigen durchgeführten Regelbesteuerung vgl. § 32 d Abs. 6 EStG.
[101] *Bülte* BB 2008, 2375.

D. Besteuerung der Lebensversicherung 22–26 Einl. D

eine Steuerbegünstigung privater Kapitalerträge erzielt, die der Kapitalflucht in das Ausland entgegenwirken soll.[102]

Bei Kapitallebensversicherungen ist die abgeltende Einkommensteuer (Abgeltungsteuer) nach § 32 d EStG in Höhe von 25% zuzüglich der darauf entfallenden Zuschlagsteuern Solidaritätszuschlag (5,5%) und Kirchensteuer (Prozentsatz abhängig vom Wohnsitz) auf den vollen Unterschiedsbetrag anzuwenden. Der Versicherer hat in gleicher Höhe die Kapitalertragsteuer zuzüglich der Zuschlagsteuern zu erheben und abzuführen, so dass dieser Steuereinbehalt an der Quelle abgeltende Wirkung entfaltet. Steuerpflichtige müssen deshalb diese Einkünfte nicht mehr in ihrer Einkommensteuererklärung angeben. Sie haben aber das Recht, die der Abgeltungsteuer unterliegenden Einkünfte aus Kapitalvermögen im Rahmen der Einkommensteuererklärung zu erklären, um z. B. einen bei der Erhebung der Kapitalertragsteuer nicht genutzten Sparer-Pauschbetrag oder Verlustabzug durch Neufestsetzung der Abgeltungsteuer geltend zu machen. Außerdem können sie im Zuge der Einkommensteuererklärung beantragen, dass sämtliche Einkünfte aus Kapitalvermögen den allgemeinen einkommensteuerrechtlichen Regelungen zur Ermittlung der tariflichen Einkommensteuer zu unterwerfen sind, sofern dies zu einer niedrigeren Einkommensteuer führt (Günstigerprüfung durch das Wohnsitzfinanzamt). Sollte dies nicht der Fall sein, bleibt es bei der erhobenen oder festgesetzten Abgeltungsteuer. 22

Beträgt der steuerpflichtige Ertrag die Hälfte des Unterschiedsbetrags, ist vom Versicherer auf den vollen Unterschiedsbetrag die Kapitalertragsteuer von 25% zuzüglich der darauf entfallenden Zuschlagsteuern Solidaritätszuschlag (5,5%) und Kirchensteuer (Prozentsatz abhängig vom Wohnsitz) zu erheben und abzuführen. Diese Steuerbeträge sind Vorauszahlungen auf die persönliche Einkommensteuer und werden auf die im Rahmen der Veranlagung zu zahlenden Steuerbeträge angerechnet. 23

d) Erhebung und Abführung der Kirchensteuer. Für die Erhebung und Abführung der Kirchensteuer gilt für den Kirchensteuerpflichtigen bis zum Zeitpunkt der Einführung eines elektronischen Mitteilungsverfahrens seitens der Finanzverwaltung ein Wahlrecht. Danach erhebt der Versicherer nur auf Antrag des Kirchensteuerpflichtigen mit der Kapitalertragsteuer auch die für ihn geltende Kirchensteuer. Stellt der Kirchensteuerpflichtige keinen Antrag, ist die Kirchensteuer im Rahmen der Einkommensteuerveranlagung zu erheben. 24

e) Freistellungsauftrag oder Nichtveranlagungsbescheinigung. Der Steuerabzug ist vom Versicherer ganz oder teilweise nicht vorzunehmen, wenn der Steuerpflichtige dem Versicherer rechtzeitig einen Freistellungsauftrag oder eine Nichtveranlagungsbescheinigung vorlegt. Der Versicherer bescheinigt dem Steuerpflichtigen die Erträge oder Verluste und die abgeführten Steuerbeträge, so dass er diese Bescheinigung im Rahmen seiner Einkommensteuererklärung einsetzen kann. 25

f) Negativer Unterschiedsbetrag. Ergibt sich z. B. bei Kündigung ein negativer Unterschiedsbetrag (Verlust), ist dieser nur mit positiven der Abgeltungsteuer unterliegenden Kapitaleinkünften aus Privatvermögen verrechenbar. Nicht verrechenbare Verluste dürfen jedoch in die folgenden Veranlagungsjahre vorgetragen werden und dort mit entsprechenden positiven Kapitaleinkünften verrechnet werden. Entsteht der negative Unterschiedsbetrag nach Ablauf von 12 Jahren seit Vertragsabschluss und hat der Steuerpflichtige zu diesem Zeitpunkt das 60. Lebensjahr vollendet, vermindert dieser Verlust die nach den allgemeinen einkommensteuerrechtlichen Regelungen zur Ermittlung der tariflichen Einkommensteuer zu 26

---

[102] Bülte BB 2008, 2375.

107

Einl. D 27–30 Teil 2. Einleitung

ermittelnden Einkünfte aus Kapitalvermögen. Gleicht sich dieser Verlust nicht aus, ist der Ausgleich mit anderen Einkunftsarten vorzunehmen. Verbleibt danach ein nicht ausgeglichener Verlust, ist dieser nach Maßgabe des § 10 d EStG in anderen Veranlagungszeiträumen zu verrechnen.

27 Ist bereits bei Vertragsabschluss absehbar, dass sich bei Ablauf der Versicherung ein negativer Unterschiedsbetrag ergibt, besteht die Gefahr, dass bei Kündigung bzw. bei Ablauf der Versicherung der negative Unterschiedsbetrag nicht zum Verlustausgleich zugelassen wird (fehlende Einkunftserzielungsabsicht). In diesem Fall ist die Einkunftserzielungsabsicht vom Steuerpflichtigen bzw. durch seinen steuerlichen Vertreter darzulegen.

28 **g) Veräußerung der Versicherungsansprüche.** Werden die Ansprüche auf die Versicherungsleistung im Erlebensfall oder bei Rückkauf im Sinne des § 20 Abs. 1 Nr. 6 EStG vom steuerpflichtigen Anspruchsinhaber veräußert (z. B. durch Übertragung, Abtretung, unwiderrufliches Bezugsrecht) ist der Veräußerungsgewinn/-verlust im Rahmen der Einkommensteuererklärung zu erklären. Er ermittelt sich aus dem Veräußerungspreis abzüglich der Summe der bis zum Veräußerungszeitpunkt entrichteten kapitalbildenden Beiträge (Anschaffungskosten) und den Aufwendungen die unmittelbar durch die Veräußerung entstanden sind. Lag bereits zuvor beim Veräußerer ein Erwerb durch Veräußerung vor, gelten sowohl die Erwerbsaufwendungen als auch die nach dem Erwerb entstehenden Beiträge als Anschaffungskosten. Der Versicherer hat in diesen Fällen dem Wohnsitzfinanzamt des Veräußerers unverzüglich die Veräußerung anzuzeigen und dem Veräußerer auf Verlangen eine Bescheinigung über die Höhe der entrichteten Beiträge auszustellen. Dies gilt nicht, wenn ausschließlich Ansprüche für den Todes- und Berufsunfähigkeitsfall veräußert werden. Beim Erwerber treten beim entgeltlichen Erwerb der Versicherungsansprüche die Anschaffungskosten an die Stelle der vor dem Erwerb entrichteten Beiträge. Sie sind insoweit bei der Ermittlung des Unterschiedsbetrages oder einer späteren Veräußerung im Rahmen der Einkommensteuererklärung des Steuerpflichtigen anzusetzen, da der Versicherer für die Ermittlung des Unterschiedsbetrags nur auf die bekannte Summe der entrichteten Beiträge zurückgreifen kann.

4. Jahressteuergesetz 2009

29 **a) Mindesttodesfallschutz.** Das Jahressteuergesetz 2009 (JStG 2009) vom 19. Dezember 2008[103] setzt im Zuge einer Neufassung des § 20 EStG neue steuerliche Mindeststandards für die Anforderungen an die Risikoleistung aus einer Kapitallebensversicherung.[104] Sofern Kapitallebensversicherungen die Mindeststandards kumulativ nicht erfüllen, sind diese Kapitallebensversicherungen von einer nur hälftigen Versteuerung der Erträge ausgeschlossen.[105]

30 **b) Laufende Beitragszahlung.** Bei Kapitallebensversicherungen mit einer laufenden Beitragszahlung bis zum Zeitpunkt des Erlebensfalls, also dem Zeitpunkt des Ablaufs der vereinbarten Versicherungslaufzeit, werden künftig mindestens 50 Prozent der über die gesamte Laufzeit zu zahlenden Beiträge als Mindesttodesfallschutz vorausgesetzt.[106] Hierzu wird von der Bundesregierung Folgendes ausgeführt:[107]

„Die Regelung lehnt sich an die frühere verwaltungsrechtliche Regelung zum Mindesttodesfallschutz an. Sie geht allerdings insoweit über sie hinaus, als früher die Beitragszah-

---

[103] BGBl. I S. 2794.
[104] BT-Drucks. 16/11 108, S. 19.
[105] BT-Drucks. 16/11 108, S. 19.
[106] BT-Drucks. 16/11 108, S. 19; *Nacke* DB 2008, 2792, 2797.
[107] BT-Drucks. 16/11 108, S. 19 f.

D. Besteuerung der Lebensversicherung   31–34 Einl. D

lungsdauer auf fünf Jahre beschränkt werden konnte. Verbreitet waren Verträge, die fünf Jahre lang jeweils eine Beitragszahlung von 20 Prozent und anschließend sieben Jahre lang keine Beitragszahlung mehr vorsahen. Dies führte dazu, dass in der Regel bereits nach dem dritten oder vierten Versicherungsjahr das angesammelte Deckungskapital die versprochene Todesfallleistung überstieg, faktisch also kein Risiko mehr getragen wurde. Dies soll zukünftig dadurch vermieden werden, dass die Regelung auf eine Beitragszahlung bis zum Laufzeitende abstellt. Gleichzeitig wird jedoch statt der früher vorausgesetzten 60 Prozent nunmehr nur ein Risikoschutz von 50 Prozent der Beitragssumme verlangt. Ziel ist dabei, dass in der Regel zumindest während der Hälfte der vertraglichen Laufzeit ein versicherungstechnisches Risiko getragen wird."

c) **Einmalbeitragsversicherungen.** Bei Kapitalversicherungen gegen Einmalbeitrag oder abgekürzter Beitragszahlungsdauer sowie Leistungen bei fondsgebundenen Lebensversicherungen werden die Anforderungen an den Mindesttodesfallschutz anstatt auf die Beitragssumme auf das jeweilige Deckungskapital oder bei fondsgebundenen Versicherungen auf den Zeitwert des Vertrages bezogen.[108] Als ausreichend wird grundsätzlich eine Todesfallleistung betrachtet, die den Zeitwert oder das Deckungskapital um 10 Prozent übersteigt.[109] Da der Zeitwert auf Grund der Wertentwicklung der unterlegten Kapitalanteile regelmäßig schwankt, ist es jedoch nicht zu beanstanden, wenn im Hinblick auf eine verlässliche, in die Zukunft gerichtete Kalkulation alternativ zugelassen wird, dass sich die zusätzlich auszuzahlende Todesfallleistung auf die Summe der gezahlten Beiträge bezieht.[110]   31

IV. Besteuerung der Berufsunfähigkeits-Zusatzversicherung

Die Beiträge zur Berufsunfähigkeits-Zusatzversicherung sind als Vorsorgeaufwendungen steuerbegünstigt, wenn der Versicherer den auf die Zusatzversicherung entfallenden Beitrag, den Überschussanteil und die sonstige Leistung für die Zusatzversicherung getrennt ausweist.   32

Renten aus der Berufsunfähigkeits-Zusatzversicherung unterliegen beim Steuerpflichtigen als abgekürzte Leibrenten mit dem nach der Tabelle zu § 55 Abs. 2 der EStDV zu ermittelnden Ertragsanteil als sonstige Einkünfte der Einkommensteuer; dies gilt auch für die Überschussbeteiligung. Der Ertragsanteil richtet sich hierbei nach der voraussichtlichen Leistungsdauer.   33

V. Versorgungsausgleich

Im Zuge der Scheidung von Ehegatten oder der Aufhebung einer eingetragenen Lebenspartnerschaft (§ 20 Abs. 1 Lebenspartnerschaftsgesetz) kommt es im Regelfall zur Durchführung eines Versorgungsausgleichs. Die hiermit zusammenhängenden steuerrechtlichen Fragen hat das BMF mit BMF-Schreiben vom 9. April 2010 betreffend die einkommensteuerrechtliche Behandlung von Ausgleichszahlungen im Rahmen des Versorgungsausgleichs nach § 10 Absatz 1 Nummer 1b EStG und § 22 Nummer 1c EStG ausführlich behandelt.[111] Danach findet ab dem Veranlagungszeitraum 2008 für Ausgleichsansprüche nach der Schei-   34

---

[108] BT-Drucks. 16/11 108, S. 20.
[109] BT-Drucks. 16/11 108, S. 20.
[110] BT-Drucks. 16/11 108, S. 20.
[111] BMF-Schreiben v. 9. 4. 2010 – IV C 3 – S 2221/09/10024 (DOK 2010/0 267 359), abrufbar über www.bundesfinanzministerium.de.

dung § 10 Abs. 1 Nr. 1 b EStG in der ab dem 1. Januar 2008 geltenden Fassung und das BMF-Schreiben vom 9. April 2010 Anwendung.[112] Das BMF-Schreiben vom 20. Juli 1981[113] findet ab dem Veranlagungszeitraum 2008 keine Anwendung mehr.[114]

---

[112] BMF-Schreiben v. 9. 4. 2010 – IV C 3 – S 2221/09/10024 (DOK 2010/0 267 359), Rz. 24.
[113] BStBl. I S. 567.
[114] BMF-Schreiben v. 9. 4. 2010 – IV C 3 – S 2221/09/10024 (DOK 2010/0 267 359), Rz. 24.

E. Vermittlung und Betreuung der Lebensversicherung

Übersicht

	Rdn.
I. Entwicklung des Versicherungsvermittlerrechts	1–9
1. EG-Richtlinien zum Vermittlerrecht	1
a) Ausgangslage	1
b) Richtlinie 77/92/EWG	2
c) Empfehlung 92/48/EWG	3, 4
d) Richtlinie 2002/92/EG	5, 6
2. EG-Richtlinien zum Handelsvertreterrecht	7–9
II. Besondere nationale Rahmenbedingungen für Versicherungsvermittler	10–45
1. Gewerbeerlaubnis	10, 11
a) § 34 c GewO	10, 11
aa) Vermittlung von Investmentanteilen	10
bb) Maklerverordnung	11
b) § 34 d GewO	12–15
aa) Erlaubnis	12
bb) Abgrenzung zum Tippgeber	13
cc) Haftungsübernahme durch VU	14
dd) Zusammenarbeit mit VU	15
c) § 56 Abs. 1 Nr. 6 GewO	16–19
aa) Geltung	16
bb) § 56 Abs. 1 Nr. 6 GewO a. F.	17, 18
cc) § 56 Abs. 1 Nr. 6 GewO n. F.	19
2. Zuverlässigkeitsprüfung	20, 21
a) AVAD-Auskunft	20
b) AVAD-Meldung	21
3. Firmierung	22
4. Rechtsberatung	23–31
a) Erlaubte Tätigkeiten	23
b) Schranken der Versicherungsmaklertätigkeit	24–27
c) Beratungshonorarvereinbarung	28–31
aa) Bestandsanalysen	28–30
bb) Versicherungsabschlussberatung	31
5. Versicherungsberatung	32–37
a) Zulassung	32, 33
aa) Altes Recht	32
bb) Neuregelung	33
b) Provisionsannahmeverbot	34
c) Beratungswerbung	35
d) Rentenberatung	36, 37
6. Provisionsweitergabeverbot	38–45
a) Ausgangslage	38
b) Provisionsweitergabeverbot	39, 40
c) Verbot der Gewährung von Sondervergütungen ..	41
d) Vereinbarkeit mit dem EG-Recht	42
e) Einzelfälle	43
f) Rechtsfolgen	44
g) Versteuerung der Provisionsabgabe	45
III. Vermittlung der Lebensversicherung	46–69
1. Lebensversicherungen als Finanzdienstleistungsprodukte	46

	Rdn.
2. Vertriebswege für Versicherungen	47–55
a) Vertriebswege	47
b) Firmenrepräsentanten	48, 49
aa) Angestellter Außendienst	48
bb) Vermittler	49
c) Unabhängige Finanzdienstleister	50–53
aa) Erscheinungsformen	50
bb) Vermittlerpflichten	51
cc) Haftung	52
dd) Schadensersatzanspruch	53
d) Captives	54
e) Pseudo-Makler	55
3. Rechtsstatus der Vermittler von Finanzdienstleistungen	56–68
a) Angestellte Arbeitnehmer	56
b) Scheinselbständige Arbeitnehmer	57, 58
c) Arbeitnehmerähnliche Selbständige i. S. von § 7 Abs. 4 SGB IV u. § 2 Satz 1 Nr. 9 SGB VI	59–61
aa) Ausgangslage	59
bb) Rentenversicherungspflicht der Versicherungsvertreter	60
cc) Rentenversicherungspflicht der GmbH-Geschäftsführer	61
d) Handelsvertreter i. S. v. § 92 a HGB	62
e) Handelsvertreter i. S. v. § 92 b HGB	63
f) Handelsvertreter i. S. v. § 84 Abs. 1 HGB	64
g) Mehrfachagent	65
h) Makler	66, 67
i) Makleragent/Maklermehrfachagent	68
4. Verantwortlichkeit des Versicherers bei Fehlverhalten des Versicherungsmaklers	69
IV. Vermittlung und Betreuung durch den Versicherungsmakler	69
1. Rechtsverhältnis Versicherungsmakler–Versicherungsnehmer	70–103
a) Zustandekommen und Beendigung des Versicherungsmaklervertrags	70–72
aa) Vertragsabschluss	70
bb) Kundendaten	71
cc) Kündigung	72
b) Aufgaben des Versicherungsmaklers	73–92
aa) Allgemeines	73–77
bb) Marktanalyse	78
cc) Angebotsanalyse	79
dd) Anbieteranalyse	80
ee) Risikoanalyse	81
ff) Deckungsanalyse	82
gg) Deckungskonzept	83
hh) Offertenprüfung und Kundenpräsentation	84
ii) Vertragsplazierung	85
jj) Versicherungsscheinprüfung	86
kk) Vertragsverwaltung	87
ll) Vertragsanpassung	88
mm) Auskunft zum Deckungsumfang	89
nn) Beratung und Unterstützung im Schadenfall	90
oo) Pflicht zur Vertraulichkeit	91
pp) Rechenschaftspflicht	92
c) Einschaltung unselbständiger und selbständiger Mitarbeiter	93

E. Vermittlung und Betreuung der Lebensversicherung **Einl. E**

	Rdn.
d) Haftung des Versicherungsmaklers	94–103
aa) Haftung wegen Vertragsverletzung	94–97
bb) Beweislast bei Pflichtverletzung	98
cc) § 826 BGB	99
dd) Persönliche Haftung des Versicherungsmaklers als Geschäftsführer einer GmbH	100
ee) Schadensberechnung	101
ff) Berufshaftpflichtversicherung	102
gg) Verjährung	103
2. Rechtsverhältnis Versicherungsmakler – Versicherungsunternehmen	104–121
a) Doppelrechtsverhältnis	104
b) Courtageanspruch bei Bestehen eines Maklerauftrags	105–112
aa) Bruttoprämien	105–108
bb) Nettoprämien	109–111
cc) Vererbbarkeit	112
c) Courtageanspruch trotz Wegfalls des Maklerauftrags	113–115
d) Prämieneinzug	116
e) Kundendaten	117
f) Handels- und steuerrechtliche Behandlung der Courtagen	118
g) Umsatzbesteuerung	119–121
aa) Umsätze gemäß § 4 Nr. 11 UStG	119
bb) Kreditvermittlung gemäß § 4 Nr. 8 a UStG	120
cc) Vertrieb von Kapitalbeteiligungen gemäß § 4 Nr. 8 f UStG	121
V. Bedeutung der Hauptpunkte eines Vertrages für selbständige hauptberufliche Versicherungsvertreter gemäß §§ 84 Abs. 1, 92 HGB (Hauptpunkte 2000) für die Vermittlung und Betreuung der Lebensversicherung durch den Versicherungsvertreter	122–267
§ 1 Übernahme der Vertretung	126, 127
§ 2 Rechtsstellung des Vertreters	126, 127
1. Registrierung	126
2. Vollmachtsmissbrauch	127
§ 3 Aufgaben des Vertreters	128–130
1. Informationspflicht	128
2. Inkassovollmacht	129
3. Rechte am Bestand	130
§ 4 Verantwortlichkeit des Vertreters	131, 132
1. Haftung des Versicherungsvertreters	131–147
a) Vertragliche Eigenhaftung	131
b) Unerlaubte Handlung	132
2. Haftung des Versicherers	133–147
a) Allgemeines	133
aa) Erfüllungshaftung	134
bb) Culpa in contrahendo	135
b) Beratungs- und Sorgfaltspflichten	136
aa) Wirtschaftliche Verhältnisse	136
bb) Umfang des Versicherungsschutzes	137, 138
cc) Falschauskunft	139
dd) Lebensversicherungsprodukte	140
ee) Kombinationsprodukte	141, 142
ff) Beweislast	143
c) Garantieerklärung des Versicherers	144
d) Eigenmächtiges Verhalten	145
e) Mitverschulden	146
f) Beweislast	147

113

Einl. E

Teil 2. Einleitung

	Rdn.
§ 5 Elektronische Kommunikations- und Datenverarbeitungssysteme	148–193
§ 6 Provisionen des Vertreters/Provisionsabgabeverbot	148–193
1. Allgemeines	148–158
a) Inhaltskontrolle	148–153
aa) Provisionsänderungsklausel	149, 150
bb) Provisionskürzungsklausel	151
cc) Anfechtungsklausel	152
dd) Provisionsentstehungsklausel	153
b) Anwendbarkeit des § 354a HGB	154
c) Handels- und steuerrechtliche Behandlung der Provisionen	155–158
aa) Aktivierung und Passivierung des Provisionsanspruchs	155
bb) Rückstellung	156
cc) Einkommensteuer	157
dd) Umsatzsteuer	158
2. Provisionsarten	159–173
a) Ausgangslage	159
b) Abschlussprovision	160–162
c) Provisionsvorauszahlung	163
d) Stornoreserve	164
e) Abschlussprovisionsgarantie	165
f) Folgeprovision	166, 167
g) Verwaltungsprovision	168, 169
h) Betreuungswechsel	170–172
i) Überhangprovisionen	173
3. Rückzahlung der Provision bei Storno	174–180
a) Nachbearbeitungspflicht	174–176
b) Einklagung Erstbeitrag	177
c) Stornogefahrmitteilungen	178–180
aa) Grundsatz	178
bb) Vor Vertragsbeendigung	179
cc) Nach Vertragsbeendigung	180
4. Provisionsabrechnung	181–183
a) Ausgangslage	181
b) Einigung über die Abrechnung	182, 183
5. Buchauszug	184–191
a) Ausgangslage	184
b) Provisionsabrechnungsvereinbarung	185
c) Erfassung der Geschäfte	186
d) Darstellungsform	187
e) Notwendige Angaben	188
f) Internes Datennetz	189
g) Ausschlussklausel	190
h) Rechtsmissbrauch	191
6. Provisionsweitergabeverbot (§ 6 Abs. 3)	192, 193
a) Gesetzliche Regelung	192
b) Provisionsteilungsabrede	193
§ 7 Weitere Tätigkeiten	194–200
1. Inhaltskontrolle	194–196
2. Ventil-Lösung	197–199
3. Gewerberechtliche Grenzen	200
§ 8 Wettbewerb	201–204
1. Wettbewerbsrichtlinien der Versicherungswirtschaft	201
2. Vergleichende Werbung	202
3. Irreführende Werbung	203
4. Abmahnkosten	204

E. Vermittlung und Betreuung der Lebensversicherung **Einl. E**

	Rdn.
§ 9 Aufrechnung	205
§ 10 Revision	206, 207
§ 11 Sicherheitsleistung	208–213
1. Inhaltskontrolle	208
2. Vorgaben der Aufsichtsbehörde	209
a) Rechtslage bis 22. 2. 2008	209–211
b) Rechtslage ab 22. 2. 2008	212
3. Angemessene Sicherheit	213
§ 12 Beendigung des Vertragsverhältnisses	214–248
1. Fassung	214–216
2. Inhaltskontrolle	217–224
a) Ausgangslage	217
b) Provisionsverzichtsklausel	218
c) Anrechnungsklausel	219
d) Pauschalierungsklausel	220
e) Freistellungsklausel	221, 222
f) Kündigungsverzichtklausel	223, 224
3. Kündigung des Versicherungsvertreters	225–227
a) Anlass zur Kündigung	225
b) Fristlose Kündigung	226
c) Wegfall des Ausgleichsanspruchs	227
4. Kündigung des Versicherers	228–231
a) Wichtiger Grund	228
b) Fehlverhalten einer Hilfsperson	229
c) Frist	230
d) Abmahnung	231
5. Provisionsverzichtsklausel (§ 12 Abs. 4 Satz 1)	232
6. Ausgleichsanspruch (§ 12 Abs. 4 Satz 2–4)	233–248
a) Sinn und Zweck	233
b) Anspruchsberechtigter	234
c) Teilbeendigung	235
d) Nachfolgeregelung	236
e) Provisionsverluste	237
f) Feststellung der Höhe des Ausgleichsanspruchs	238–241
aa) Grundsätze Leben	238
bb) Handelsbrauch	239
cc) Minderung des Ausgleichanspruchs	240, 241
g) Anrechnung von Festvergütungen	242
h) Anrechnung einer Altersversorgung	243–245
i) Vererblichkeit	246
j) Rückstellung	247
k) Vertreterrecht	248
§ 13 Verjährung	249–252
1. Allgemeines	249
2. Verkürzung der Verjährungsfrist	250–252
§ 14 Geschäftsunterlagen und Schriftwechsel	253–259
1. Geschäftsunterlagen	253–255
a) Vertriebssoftware	253
b) Werbedrucksachen	254
c) Computerhardware	255
2. Zurückbehaltungsrecht	256, 257
3. Leistungsverweigerungsrecht	258
4. Kundendaten	259
§ 15 Datenschutz	260–262
1. Personenbezogene Daten	260
2. Datengeheimnis	261
3. § 203 Abs. 1 Nr. 6 StGB	262

	Rdn.
§ 16 AVAD-Auskunftsverkehr	263
§ 17 Gerichtsstand	264
Anhang 1 Grundsätze Leben	265
Anhang 2 Berechnung der Höhe des Ausgleichsanspruchs	266
Anhang 3 Wettbewerbsrichtlinien der Versicherungswirtschaft	267

AuVdBAV: Vermittlung von Investmentfonds-Anteilen durch Versicherungsunternehmen, VerBAV 1991, 302.
AuVdBaFin: R 9/2007 (VA) v. 23. 11. 2007 – VA 37 – O 1000–2007/287 (Hinweise zur Anwendung der §§ 80 ff. VAG und § 34 d Gewerbeordnung); Sammelverfügung v. 23. 11. 2007 – VA 37 – O 1000–2007/107 (Anordnung zur Meldung von Unregelmäßigkeiten im Versicherungsaußen- und Versicherungsinnendienst), www.bafin.de.

Schrifttum: *Baumbach/Hopt*, Handelsgesetzbuch mit GmbH & Co., Handelsklauseln, Bank- und Börsenrecht, Transportrecht (ohne Seerecht), 33. Aufl., München, Beck, 2008; *Baumann*, Versicherungsvermittlung durch Versicherungsmakler, Karlsruhe, VVW, 1998; *Beenken*, Auswirkungen der EU-Vermittlerrichtlinie auf die einzelnen Vertriebswege, Karlsruhe, VVW, 2004; *derselbe*, Der Markt der Versicherungsvermittlung unter veränderten rechtlichen Rahmenbedingungen unter besonderer Berücksichtigung von Sourcingstrategien des Versicherungsvermittlerbetriebs, Karlsruhe, VVW, 2010; *Ebenroth/Boujong/Joost*, Handelsgesetzbuch, Band 1, §§ 1–342a HGB, München, Beck/Vahlen, 2001; *Hopt*, Handelsvertreterrecht, 3. Aufl., München, Beck, 2003; *Kessler*, Die Stellung der gebundenen und ungebundenen Versicherungsvermittler nach Inkrafttreten des neuen VAG am 1. Januar 2006, Zürich, Schulthess, 2009; *Körtner*, Die EU-Vermittlerrichtlinie und die Reform des Versicherungsvertragsgesetzes: Das Ende der Ausschließlichkeitsvertriebe, Hamburg, Kovac, 2009; *Küstner/Thume*, Handbuch des gesamten Außendienstrechts, Band 1, Das Recht des Handelsvertreters (ohne Ausgleichsrecht), 3. Aufl., Heidelberg, Verl. Recht und Wirtschaft, 2000; *Küstner/Thume*, Handbuch des gesamten Außendienstrechts, Band 2, Der Ausgleichsanspruch des Handelsvertreters, 7. Aufl., Heidelberg, Verl. Recht und Wirtschaft, 2003; *Marcks*, MaBV, 8. Aufl., München, Beck, 2009; *Müller-Peters/Arnold/Beenken*, Die Umsetzung der EU-Vermittlerrichtlinie: Bürde oder Chance für die Assekuranz?, Karlsruhe, VVW, 2006; *Neidlinger*, Vermittlungsverträge unter besonderer Beachtung der Anlagenvermittlung, Berlin, D&H, 2009; *Panzer*, Provisions-, Ausgleichs- und Schadensersatzansprüche des Versicherungsvertreters bei Maklereinbruch, Göttingen, Forum für Recht & Vertrieb GmbH, 2001; *Reiff*, Versicherungsvermittlerrecht im Umbruch, Karlsruhe, VVW, 2006; *Reinhard*, Die Rechtsprechung des Bundesarbeitsgerichts zum Arbeitnehmerstatus von Versicherungsagenten, in: Kontinuität und Wandel des Versicherungsrechts, Festschrift für Egon Lorenz, Karlsruhe, VVW, 2004, S. 587; *Schönleiter*, Die Umsetzung der EU-Versicherungsvermittler-Richtlinie: Perspektiven des Bundesministeriums für Wirtschaft und Arbeit, Karlsruhe, VVW, 2006; *Stracke/Geitner*, Finanzdienstleistungen: Handbuch über den Markt und die Anbieter, Heidelberg, Verl. Recht und Wirtschaft, 1992; *Thiel*, Die Haftung der Anlageberater und Versicherungsvermittler, München, Beck, 2005; *Thume*, Der Ausgleichsanspruch des Handelsvertreters gem. § 89b HGB im Lichte der Europäischen Union, BB 2004, 2473; *derselbe*, Vertriebsrecht, 3. Aufl., Heidelberg, Recht und Wirtschaft, 2009.

I. Entwicklung des Versicherungsvermittlerrechts

1. EG-Richtlinien zum Vermittlerrecht

1   **a) Ausgangslage.** Beim Vertrieb von Versicherungen und damit auch von Lebensversicherungsprodukten spielen Versicherungsvermittler eine zentrale Rolle.[1] Gleichwohl bestanden für Versicherungsvermittler zunächst keine gesetzlichen Berufszugangs- und Berufsausübungsregelungen.[2] Vielmehr konnte nach der Vor-

---

[1] Siehe hierzu *Gehrhardt*, Aufgaben und Bedeutung der freien Vermittler im Dienste der Versicherungswirtschaft, VersVerm 1973, 1.
[2] In den Niederlanden ist dagegen gesetzlich bestimmt, dass alle Vermittler – mit Ausnahme des angestellten Vermittlers – sich in einem Register eintragen lassen müssen, das vier Katego-

E. Vermittlung und Betreuung der Lebensversicherung

stellung des Gesetzgebers über die Gewerbefreiheit jeder, der mochte und ein Gewerbe nach § 14 GewO angemeldet hatte, Versicherungen vermitteln und sich dabei Versicherungsmakler[3] oder Versicherungsvertreter nennen, ohne bestimmte Voraussetzungen für diese Tätigkeit nachweisen zu müssen.[4] Dass in früheren Zeiten schon Berufsausübungsregeln in Deutschland bestanden und vorgesehen waren, hat *Abram* im Einzelnen dargelegt.[5] Eine ernst zu nehmende Berufszugangsschranke für Anlagevermittler hat *Benedict* gefordert.[6]

b) Richtlinie 77/92/EWG. Mit der Richtlinie 77/92/EWG des Rates vom 13. Dezember 1976 über Maßnahmen zur Erleichterung der tatsächlichen Ausübung der Niederlassungsfreiheit und des freien Dienstleistungsverkehrs für die

---

rien vorsieht, vgl. *Saxton*, Der Versicherungsmakler in der Europäischen Gemeinschaft, ZfV 1976, 508; *Bevers/Rademacher/Raczinski*, Die Organisation des niederländischen Versicherungsmarktes, VW 1991, 598, 602. Auch in Großbritannien gibt es im Insurance Brokers Registrations Act von 1977 ein Regulierungsinstrument, vgl. *Sieger*, Die Rechtsstellung des englischen Versicherungsmaklers, VW 1984, 74; *Gumbel*, Versicherung und Rückversicherung als Financial Services im Londoner Markt, Beiträge zur Sicherheitsökonomik, Heft 9, St. Gallen, IVW, 1989, S. 3. Danach darf sich ein Vermittler nur dann als „broker" bezeichnen, wenn er sich beim „Insurance Brokers Registration Council" angemeldet hat, vgl. *Flesch*, Neues Gesetz für Versicherungsmakler in Großbritannien, VW 1978, 364; *Cornish*, Der Makler und der Versicherungsvertreter im englischen Recht, VersRAI 1991, 41, 42. Mit Rücksicht auf die zunehmende Vergleichbarkeit des Versicherungsmaklers mit anderen Berufsgruppen wie den Wirtschaftsprüfern, Steuerberatern, Anwälten und Architekten werden Überlegungen angestellt, auch für Versicherungsmakler eine öffentlich-rechtliche Berufsordnung zu schaffen, vgl. *Werber*, Anforderungen an den Versicherungsmakler bei grenzüberschreitenden Dienstleistungen sowie im neuen Geschäftsfeld „Privatkunde", VP 1990, 21, 26.
[3] Der Versicherungsmakler oder Angestellte eines Versicherungsmaklerunternehmens können nur nicht zugleich den Beruf des Rechtsanwalts ausüben, vgl. BGH, Beschl. v. 14. 6. 1993 – AnwZ (B) 15/93, BRAK-Mitt. 1994, 43, 44 f.; BGH NJW 1995, 2357 = BRAK-Mitt. 1995, 123, 124; BGH, Beschl. vom 21. 7. 1997 – AnwZ (B) 15/97, NJW-RR 1998, 571 = BRAK-Mitt. 1997, 253; BGH, Beschl. v. 18. 10. 1999 – AnwZ (B) 97/98, NJW-RR 2000, 437 = NJW 2000, 1419 (Ls.) = BRAK-Mitt. 2000, 43. Auch entschieden für den Fall des Immobilien- und Finanzmaklers, vgl. BGH, Beschl. v. 13. 10. 2003 – AnwZ (B) 79/02, NJW 2004, 212; BGH, Beschl. v. 8. 10. 2007 – AnwZ (B) 92/06, ZIP 2007, 2331, 2332 = AnwBl. 2008, 65.
[4] Vgl. *Benkel/Reusch*, Der Einfluss der Deregulierung der Versicherungsmärkte auf die Haftung des Versicherungsmaklers, VersR 1992, 1302, 1304; *Müller*, Anforderungen an den Versicherungsvermittler im Binnenmarkt aus der Sicht der Aufsichtsbehörde, Schriftenreihe Versicherungsforum, Heft 15, Karlsruhe, VVW, 1993, S. 17; *derselbe*, Nur noch gut ein Jahr bis zum EG-Binnenmarkt für Versicherungen: Wie sich die noch ausstehende Umsetzung der Empfehlungen der EG-Kommission für die Versicherungsvermittler auswirken kann, VersVerm 1993, 157, 160; *Jannott*, 25 Jahre internverbundene Versicherungsvermittlung, ZfV 1994, 270, 275; *Bosselmann*, Gesetzliche Berufszugangs- und Berufsausübungsregeln für Versicherungsmakler?, VW 1995, 310; *Fricke*, Einige Gedanken über die Berufsfreiheit der Versicherungsvermittler und die Umsetzung der EG-Vermittlerempfehlung vom 18. 12. 1991 in deutsches Recht, VersR 1995, 1134; *Matusche*, Pflichten und Haftung des Versicherungsmaklers, 4. Aufl., Karlsruhe, VVW, 1995, S. 27; *Hübner*, Notwendigkeit einer Berufsregelung für Versicherungsvermittler in Deutschland?, in: Berufsregelung für Versicherungsvermittler in Deutschland, Veröffentlichungen der Hamburger Gesellschaft zur Förderung des Versicherungswesens mbH, Heft 18, Karlsruhe, VVW, 1997, S. 3, 23.
[5] *Abram*, Werden in Deutschland gesetzliche Berufsregelungen für Versicherungsvermittler bald Wirklichkeit?, VersR 1998, 551. Siehe hierzu auch *Rohrbeck/Durst/Bronisch*, Das Recht des Versicherungsagenten, 3. Aufl., Weißenburg/Bayern, René Fischer Verlag, 1950, S. 176; *Thies*, Freiheit oder Bindung in der Versicherungsvermittlung?, VW 1958, 574; *Klöckener*, Status und Haftung bei Fehlverhalten der selbständigen Versicherungsvertreter in Frankreich und in der Bundesrepublik Deutschland, Karlsruhe, VVW, 1990, S. 123.
[6] *Benedict*, Die Haftung des Anlagevermittlers: Von der Vertrags-, Vertrauens- und Garantiehaftung zu einer Berufshaftung?, ZIP 2005, 2129, 2138.

Tätigkeiten des Versicherungsagenten und des Versicherungsmaklers (aus ISIC-Gruppe 630), insbesondere Übergangsmaßnahmen für solche Tätigkeiten, wurde vom Rat der EU ein erster Schritt unternommen, um Versicherungsagenten und Versicherungsmaklern die Ausübung der Niederlassungs- und Dienstleistungsfreiheit zu erleichtern.[7]

3   c) **Empfehlung 92/48/EWG.** Um die Angleichung der einzelstaatlichen Vorschriften über die beruflichen Anforderungen und die Registrierung von Versicherungsvermittlern in den Mitgliedstaaten voranzubringen, verlautbarte die EG-Kommission am 18. Dezember 1991 auf der Grundlage von Art. 155 EWGV die Empfehlung 92/48/EWG betreffend die Tätigkeit der Versicherungsvermittler.[8] Für eine Umsetzung der Empfehlung der EG sprach sich eine breite Mehrheit im Schrifttum aus.[9] Auch die Vertreter der betroffenen Wirtschaftskreise unterstützten das Vorhaben der EG-Kommission.[10] Entsprechend der Empfehlung

---

[7] Abl.EG Nr. L 26 v. 31. 1. 1977, S. 14. Siehe hierzu *Ewert*, Die Niederlassungs- und Dienstleistungsfreiheit der Versicherungs-Vermittler, ZfV 1977, 406 f.; eingehend *Müller*, Versicherungsbinnenmarkt, Die Europäische Integration im Versicherungswesen, München, Beck, 1995, S. 101 ff., Rdn. 273 ff.

[8] Abl.EG Nr. L 19 v. 28. 1. 1992, S. 32 = VerBAV 1992, 168. Siehe hierzu *Müller*, Neue Rolle der Aufsicht, Versicherer, Vermittler und Kunden unter den neuen Rahmenbedingungen der Versicherungsaufsicht, VersVerm 1991, 579; *Hohlfeld*, Was bleibt von der materiellen Versicherungsaufsicht nach Vollendung des Binnenmarktes?, in: Münsteraner Reihe, Heft 10, Karlsruhe, VVW, 1992, S. 21 f.; *Müller*, Die Empfehlung der EG-Kommission vom 18. Dezember 1991 über Versicherungsvermittler aus der Sicht der Versicherungsaufsicht, in: Beiträge über den Versicherungsmakler, Ewald Lahno gewidmet, Veröffentlichungen der Hamburger Gesellschaft zur Förderung des Versicherungswesens mbH, Heft 13, Hamburg, 1993, S. 159 ff.; *Hübner*, Deregulierung und Versicherungsvermittlung – Verbraucherschutz durch Beratung ?, in: Recht und Ökonomie im Versicherungswesen, Festschrift für Egon Lorenz, Karlsruhe, VVW, 1994, S. 317, 326 f.; *Müller*, Versicherungsbinnenmarkt, 1995, a. a. O. (Fn. 7), S. 104 ff., Rdn. 283 ff.; *Traub*, Marktfunktion und Dienstleistung des Versicherungsmaklers auf der Grundlage informationsökonomischer Ergebnisse, Karlsruhe, VVW, 1995, S. 177 ff.; *Rabe*, Liberalisierung und Deregulierung im Europäischen Binnenmarkt für Versicherungen, Berlin, Duncker & Humblot, 1997, S. 178 ff.; *Schmidt* in: Prölss, VAG, 11. Aufl., München, Beck, 1997, Zus. § 1 VAG Rdn. 12 ff.; *Abram*, a. a. O. (Fn. 5), VersR 1998, 551 ff.; zu einer entsprechenden Gesetzesinitiative in Österreich siehe *Heiss/Lorenz*, Vorschlag für ein (österreichisches) Bundesgesetz über die Beaufsichtigung der Versicherungsvermittlung, ZVersWiss 1996, 551, 552.

[9] Vgl. *Hohlfeld* VP 1991, 177, 181 f.; *derselbe*, Die Zukunft der Versicherungsaufsicht nach Vollendung des Binnenmarktes, VersR 1993, 144, 149; *Roth*, Die Vollendung des europäischen Binnenmarktes für Versicherungen, NJW 1993, 3028, 3032; *Hohlfeld*, Versicherungskaufmann 1994, 18; *Müller* VersVerm 1993, 157, 162 ff.; *derselbe*, Anforderungen an den Versicherungsvermittler im Binnenmarkt aus Sicht der Versicherungsaufsichtsbehörde, in: Die neuen Rahmenbedingungen für die Versicherungsaußendienst im europäischen Binnenmarkt, Karlsruhe, VVW, 1993, S. 17, 25; *Büchner* ZVersWiss 1994, 349, 357; *Werber* VR 1993, 53, 58 f.; *Bosselmann*, Versicherungsmakler und deregulierte Versicherungsmärkte, Karlsruhe, VVW, 1994, S. 230 ff.; *Hübner*, Auswirkungen der Deregulierung des Aufsichtsrechts auf den Versicherungsvertrieb – Rechtliche Grundlagen, Karlsruhe, 1994, S. 10 f.; *Jannott*, Auswirkungen der Deregulierung des Aufsichtsrechts auf den Versicherungsvertrieb – Eine Stellungnahme aus der deutschen Versicherungswirtschaft, Karlsruhe, 1994, S. 12 f.; *Reifner* VuR 1994, 145, 151; *Schwintowski*, Die Marktöffnung der Kfz-Versicherung – Herausforderungen für Rechtsprechung und Praxis –, VersR 1994, 646, 652; *Bosselmann*, a. a. O. (Fn. 4), VW 1995, 310, 316; *Schedlbauer*, Aufsicht von Lebensversicherungsprodukten und Versicherungsvermittlern in ausgewählten europäischen Ländern, Karlsruhe, 1995, S. 260 f.; *Baumann*, Versicherungsrecht nach der Deregulierung, VersR 1996, 1, 7; *Bosselmann*, Möglichkeiten und Grenzen von Maklergesetzen und Honorarberatungen, VW 1996, 883, 884; *Abram*, a. a. O. (Fn. 5), VersR 1998, 551, 556.

[10] Vgl. *Theilmeier*, Europa kann kommen! Wir sind gewappnet – Vermittler im Spannungsfeld des Wettbewerbs, VersVerm 1992, 242, 250, 255 f.; „Vermittler: Gesetzliche Berufsregelung angestrebt" (Bericht über Gesprächsrunde des Bundesverbandes Deutscher

E. Vermittlung und Betreuung der Lebensversicherung

der EG-Kommission wurde die Einrichtung eines zentralen Registers für Versicherungsvermittler vorgeschlagen.[11] In diesem Zusammenhang wurde mit Blick auf den in der Vergangenheit immer wieder vorgebrachten Einwand, dass die Gewerbefreiheit nicht angetastet werden dürfe[12] und dass Berufszulassungsregelungen nur zum Schutz besonders wichtiger Gemeinschaftsgüter zulässig seien,[13] überzeugend aufgezeigt, dass der Erlass von Vorschriften über die an Versicherungsvermittler zu stellenden beruflichen Anforderungen und über deren Registrierung mit Art. 12 Abs. 1 GG in Einklang zu bringen ist.[14]

Die Empfehlung 92/48/EWG der EG-Kommission vom 18. Dezember 1991 **4** wurde von den Mitgliedstaaten weitgehend befolgt und trug zur Angleichung der

---

Versicherungsmakler e. V.), VW 1991, 1540; *Sedler*, Wer hat Angst vor Europa?, VersVerm 1992, 486, 488; *Stritzelberger*, Noch sind zwei Forderungen der EG-Empfehlung in der Bundesrepublik nicht umgesetzt, VersVerm 1993, 416 f.; *Jannott* ZfV 1994, 270, 275 f.; *Keil*, „Es muss eine gesetzliche Regelung geben", VW 1994, 1292 f.

[11] Vgl. *Müller*, Die neue Rolle der Versicherungsaufsicht – Durchsetzungsmöglichkeiten zur Verbesserung des Verbraucherschutzes gegenüber den Marktteilnehmern, in: Die Haftung des Versicherungsmaklers, hrsg. v. Attila Fenyves/Klaus G. Koban, Wien, Orac, 1993, S. 125, 140; *Jannott*, Auswirkungen der Deregulierung des Aufsichtsrechts auf den Versicherungsvertrieb, VW 1994, 612, 615; *Lach*, Ansätze zu einer Regulierung des unabhängigen Vermittlers auf einem deregulierten deutschen Versicherungsmarkt aus der Sicht der Privatkunden, in: Festschrift für Farny, Karlsruhe, VVW, 1994, S. 35, 39; *Taupitz*, Die Rolle der Versicherungsvertreter, Versicherungsmakler und Versicherungsberater unter Wettbewerbsbedingungen, in: Lebensversicherung, Internationale Versicherungsverträge und Verbraucherschutz, Versicherungsvertrieb, hrsg. von Jürgen Basedow, Ulrich Meyer, Hans-Peter Schwintowski, Baden-Baden, Nomos, 1996, S. 105, 118; *Präve*, Überlegungen zu einer Berufsregelung für Versicherungsvermittler in Deutschland, in: Berufsregelung für Versicherungsvermittler in Deutschland, Heft 18 der Veröffentlichungen der Hamburger Gesellschaft zur Förderung des Versicherungswesens mbH, Karlsruhe, VVW, 1997, S. 133 ff.; *derselbe*, Privatversicherung und Politik im Zeichen der Berliner Republik, ZfV 1999, 10, 12; *Werber*, Status und Pflichten der Versicherungsvermittler, insbesondere des Versicherungsmaklers, vor dem Hintergrund der Reformarbeiten, ZfV 2004, 419, 422.

[12] Vgl. die Antwort des Parlamentarischen Staatssekretärs *Dr. Riedl* v. 19. 1. 1990 auf eine parlamentarische Anfrage, BT-Drucks. 11/6323, VW 1990, 466.

[13] *Hohlfeld* VersR 1993, 144, 149/150 unter Hinweis auf BVerfGE 7, 377; BVerfGE 13, 97; BVerfGE 19, 330.

[14] Vgl. *Klöckener*, Status und Haftung bei Fehlverhalten der selbständigen Versicherungsvertreter in Frankreich und in der Bundesrepublik Deutschland, Karlsruhe, VVW, 1990, S. 124 ff.; *Müller* VersVerm 1993, 157, 162 ff; *derselbe*, Die Empfehlung der EG-Kommission vom 18. Dezember 1991 über Versicherungsvermittler aus der Sicht der Versicherungsaufsicht, in: Beiträge über den Versicherungsmakler, Ewald Lahno gewidmet, Heft 13 der Veröffentlichungen der Hamburger Gesellschaft zur Förderung des Versicherungswesens mbH, Hamburg, 1993, S. 159, 171 ff.; *Hübner*, Deregulierung und Versicherungsvermittlung – Verbraucherschutz durch Beratung?, in: Recht und Ökonomie der Versicherung, Festschrift für Egon Lorenz, Karlsruhe, VVW, 1994, S. 317, 324; *Fricke* VersR 1995, 1134 ff.; *Taupitz*, Macht und Ohnmacht der Verbraucher auf dem dekontrollierten europäischen Versicherungsmarkt, VersR 1995, 1125, 1130 f.; *Hübner* in: Berufsregelung für Versicherungsvermittler in Deutschland, 1997, S. 3, 41 ff.; *Sendler*, Verfassungsrechtliche Voraussetzungen einer Berufsregelung für Versicherungsvermittler, in: Berufsregelung für Versicherungsvermittler in Deutschland, Veröffentlichungen der Hamburger Gesellschaft zur Förderung des Versicherungswesens mbH, Heft 18, Hamburg, 1997, S. 47 ff., 68; *Schmidt* in: Prölss, VAG, 11. Aufl., München, Beck, 1997, Zus. § 1 VAG Rdn. 15; *Baumann*, Versicherungsvermittlung durch Versicherungsmakler, Karlsruhe, VVW, 1998, S. 31 ff.; *Hohlfeld*, Versicherungsvermittlung und Regulierung in Deutschland, NVersZ 1999, 305, 306; *Müller*, Vermittlerkontrolle, in: 100 Jahre materielle Versicherungsaufsicht in Deutschland, Band I, hrsg. v. Helmut Müller, Joachim-Friedrich Golz, Elke Washausen-Richter, Michael Trommeshauser, Bonn, BAV, 2001, S. 375, 391; *J. F. Schmidt*, Die Deregulierung der Versicherungsaufsicht und der Versicherungsvermittlung in Deutschland, Berlin, D&H, 2003, S. 212.

einzelstaatlichen Vorschriften über die beruflichen Anforderungen und die Eintragung von Versicherungsvermittlern bei.[15] Zur Umsetzung der Empfehlung 92/48/EWG – und damit zur Schaffung eines zentralen Registers für Versicherungsvermittler – kam es in Deutschland nicht, da die Bundesregierung keinen Umsetzungsbedarf sah.[16] Auch dem aus den Bundesländern in den Bundesrat eingebrachten Entwurf eines Gesetzes zur Ausübung der Tätigkeit als Finanzdienstleistungsvermittler und als Versicherungsvermittler sowie zur Errichtung eines Beirates beim Bundesaufsichtsamt für das Kreditwesen vom 9. Juli 1997 des Niedersächsischen und des Saarländischen Wirtschaftsministeriums war kein Erfolg beschieden,[17] obwohl das BAV die Gesetzesinitiative der Länder Niedersachsen und Saarland grundsätzlich befürwortet hatte.[18]

5   d) **Richtlinie 2002/92/EG.** Da nach Auffassung des Rates der EU zwischen den einzelstaatlichen Vorschriften in den Mitgliedstaaten immer noch erhebliche Unterschiede bestehen, die für die Aufnahme und die Ausübung der Tätigkeit von Versicherungs- und Rückversicherungsvermittlern im Binnenmarkt Hindernisse mit sich bringen, entschloss sich der Rat der EU die Richtlinie 77/92/EWG durch die neue Richtlinie 2002/92 /EG des Europäischen Parlaments und des Rates vom 9. Dezember 2002 über Versicherungsvermittlung zu ersetzen.[19] Vorausging der Vorschlag für eine EU-Richtlinie über Versicherungsvermittlung vom 20. September 2000.[20]

---

[15] Siehe hierzu *Krauss*, Die Lage in den anderen wichtigsten Mitgliedstaaten der Europäischen Union, in: Berufsregelung für Versicherungsvermittler in Deutschland, Veröffentlichungen der Hamburger Gesellschaft zur Förderung des Versicherungswesens mbH, Heft 18, Karlsruhe, VVW, 1997, S. 97.

[16] Vgl. Antwort der Bundesregierung v. 5. 2. 1993, BT-Drucks. 12/4279, VW 1993, 784; vgl. auch die Antworten zu Pkt. 23 und 24 in BT-Drucks. 12/8552; VW 1993, 1398; VersR 1993, 812 f.; *B. Michaels*, Der Versicherungsstandort Deutschland vor neuen Herausforderungen, VW 1990, 1489.

[17] BR-Drucks. 517/97. Siehe hierzu ausführlich *Abram* VersR 1998, 551, 553 ff.; *Brandt*, Mehr Verbraucherschutz durch Registrierungspflicht für Finanzdienstleistungs- und Versicherungsvermittler?, ZRP 1998, 179; *Kieninger*, Informations-, Aufklärungs- und Beratungspflichten beim Abschluss von Versicherungsverträgen: zur Gesetzesinitiative der Bundesländer vom 7. 7. 1997, VersR 1998, 5; *Abram*, Die Berufshaftpflichtversicherung für Versicherungsvermittler, Frankfurt am Main u. a., Lang, 2000, S. 35, 58.

[18] Vgl. *Müller*, Vermittlerkontrolle, in: 100 Jahre materielle Versicherungsaufsicht in Deutschland, Band I, hrsg. v. Helmut Müller, Joachim-Friedrich Golz, Elke Washausen-Richter, Michael Trommeshauser, Bonn, BAV, 2001, S. 375, 384.

[19] Abl.EG Nr. L 9 v. 15. 1. 2003, S. 3; eingehend hierzu *Abram*, Die Instrumentarien des Kundenschutzes nach der EU-Versicherungsvermittlungs-Richtlinie, VersicherungsPraxis 2003, 174; *derselbe*, Der Schutz des Kunden gegen die Nichtweiterleitung von Fremdgeldern nach der EU-Versicherungsvermittlungsrichtlinie, VersR 2003, 1355; *Koban*, Die europäische Richtlinie über Versicherungsvermittlung und die Umsetzung im österreichischen Versicherungsvermittlerrecht, in: Rechtsfragen der Versicherungsvermittlung, Wien, Lexis-Nexis, 2003, S. 1; *Fenyves*, Zum Begriff der „gleichwertigen Garantie" gemäß Art. 4 Abs. 3 der Vermittler-Richtlinie, in: Recht und Risiko, Festschrift für Helmut Kollhosser zum 70. Geburtstag, hrsg. v. Reinhard Bork, Thomas Hoeren u. Petra Pohlmann, Bd. I Versicherungsrecht, Karlsruhe, VVW, 2004, S. 105; *Mensching*, Versichert mit beschränkter Haftung? Plädoyer für ein neues Haftungsregime bei der Versicherungsvermittlung durch Versicherungsvertreter, VersR 2004, 19; *Beenken*, Auswirkungen der EU-Vermittler-Richtlinie auf die einzelnen Vertriebswege, Karlsruhe, VVW, 2004; *Müller*, Die Aufsicht über Versicherungsvermittler in Deutschland, Österreich und der Schweiz nach Umsetzung der EU-Vermittlerrichtlinie, in: Ein Leben mit der Versicherungswissenschaft, Festschrift für Helmut Schirmer, hrsg. v. Thomas Bielefeld u. Sven Marlow, Karlsruhe, VVW, 2005, S. 437.

[20] KOM (2000) 511 endg.; Ratsdok. 11 686/00; siehe hierzu *Abram*, Der Vorschlag für eine EU-Versicherungsvermittlungsrichtlinie, NVersZ 2001, 49; *Karten*, Ökonomische Aspekte einer EU-Richtlinie zur Versicherungsvermittlung, ZVersWiss 2002, 43, 57 ff.;

E. Vermittlung und Betreuung der Lebensversicherung   6 **Einl. E**

Art. 3 Abs. 1 Satz 1 der Richtlinie 2002/92/EG sieht vor, dass Versicherungs- 6
und Rückversicherungsvermittler bei der zuständigen Behörde in ihrem Herkunftsmitgliedstaat einzutragen sind. Gemäß Art. 7 Abs. 2 der Richtlinie muss es sich bei dieser Behörde entweder um eine staatliche Stelle oder um eine Einrichtung handeln, die nach nationalem Recht oder von nach nationalem Recht ausdrücklich dazu befugten staatlichen Stellen anerkannt ist. Dabei darf es sich nicht um ein Versicherungs- oder Rückversicherungsunternehmen handeln. Nach Art. 12 Abs. 3 hat der Versicherungsvermittler, insbesondere anhand der vom Kunden gemachten Angaben, zumindest dessen Wünsche und Bedürfnisse sowie die Gründe für jeden diesem zu einem bestimmten Versicherungsprodukt erteilten Rat genau anzugeben. Diese Angaben sind der Komplexität des angebotenen Versicherungsvertrags anzupassen. Die Richtlinie 2002/92/EG war gemäß Art. 16 Abs. 1 in den Mitgliedstaaten so umzusetzen, dass sie der Richtlinie ab dem 15. Januar 2005 nachkommen können.[21] Trotz erheblicher Anstrengungen ist dieses Vorhaben in vielen Ländern, unter anderem in Deutschland, nicht fristgerecht umgesetzt worden.[22] Ein erst am 24. März 2006 veröffentlichter Referentenentwurf für ein Gesetz zur Neuregelung des Versicherungsvermittlerrechts und eine Verordnung über die Versicherungsvermittlung sahen u. a. vor, dass die Industrie- und Handelskammern die Zulassung und Registrierung der Versicherungsvermittler übernehmen, und regelte vor allem die alle Versicherungsvermittler treffende Dokumentationspflicht.[23] Voraus ging ein Referentenentwurf des Bundesministeriums für Wirtschaft und Arbeit vom 9. Dezember 2004.[24] Am

---

Matusche-Beckmann, Berufsrecht und zivilrechtliche Beratungs- und Informationspflichten für Versicherungsvermittler, NVersZ 2002, 385; *Mensching*, Verbraucherschutz durch Berufsregelungen für Versicherungsvermittler, Karlsruhe, VVW, 2002, S. 97; *Reiff*, Aspekte einer Neugestaltung des Rechtes der Versicherungsvermittlung, ZVersWiss 2002, 103; *Teichler*, Das zukünftige Vermittlerrecht, VersR 2002, 385.

[21] Siehe dazu *Müller*, Die neue EU-Vermittlerrichtlinie – Überlegungen zur Umsetzung in deutsches Recht, ZfV 2003, 98; *Seeher*, EU-Vermittlerrichtlinie: Probleme bei der Qualifizierung und bei den Nebenberuflern, ZfV 2003, 105; *Niederleithinger*, Die EU-Vermittlerrichtlinie und ihre Umsetzung in deutsches Recht, ZfV 2004, 316; *Reiff*, Die Umsetzung der Vermittlerrichtlinie in das deutsche Recht, VersR 2004, 142; *Erlenbach*, Noch Hürden für die Umsetzung der Vermittler-Richtlinie, VW 2005, 304; *Mönnich/Baumeister*, Die Neuregelung des Versicherungsvermittlungsrechts, ZfV 2005, 284; *Tramnitz*, EU-Vermittlerrichtlinie – Auswirkungen für Vermittler und Versicherungsunternehmen in der Praxis, ZfV 2005, 125; *Reiff*, Die Auswirkungen der Versicherungsvermittlungsrichtlinie auf die Kreditwirtschaft, WM 2006, 1701.

[22] Dazu *Evers/Klaedtke*, Staatshaftung wegen mangelnder Umsetzung der EG-Versicherungsvermittlerrichtlinie, ZfV 2004, 612; *Beenken*, Zentralregister kommt verspätet, VW 2004, 1499; *Ernest/Dember*, Vermittlerrichtlinie: Die großen und freien Vermittler werden profitieren, VW 2006, 674. Zur per 15. 1. 2005 erfolgten Umsetzung der EU-Vermittlerrichtlinie in Österreich siehe *Waghubinger*, Das Vermittlergesetz in Österreich, AssCompact 2006, 58.

[23] Siehe hierzu den Bericht des Arbeitskreises „EU-Vermittlerrichtlinie Dokumentation", ZfV 2004, 729 f. = VW 2004, 1431; *Gräfendorf*, Vom Protokoll zum Expertensystem, ZfV 2005, 150; *Beenken*, Vermittlergesetz nimmt weitere Konturen an, VW 2006, 672; *derselbe*, Was bin ich?, AssCompact 2006, 48; *Belz/Beenken*, Wie soll man eine Beratung dokumentieren? Einige Anmerkungen zu der Diskussion um die Dokumentationspflicht für Versicherungsvertreter, VW 2006, 747.

[24] Eingehend dazu *Abram*, Geplante Berufsausübungsregelungen für Versicherungsvermittler – Der Referentenentwurf eines Ersten Gesetzes zur Neuregelung des Versicherungsvermittlerrechts –, VersR 2005, 1318; *derselbe*, Die §§ 42 a VVG des Referentenentwurfs eines Ersten Gesetzes zur Neuregelung des Versicherungsvermittlungsrechts, r+s 2005, 137; *Evers*, EU-Vermittlerrichtlinie: Endlich alles klar?, AssCompact 2005, 76; *Laakmann*, Was bedeutet die Haftungsübernahme im Sinne der EU-Versicherungsvermittlerrichtlinie für den Versicherer?, ZfV 2005, 601; *Miettinen*, Information und Beratung – oder doch lieber Aufklärung? – Kritik zum Referentenentwurf „Erstes Gesetz zur Neuregelung

121

19. Dezember 2006 beschloss der Bundestag mit Zustimmung des Bundesrats das Gesetz zur Neuregelung des Versicherungsvermittlerrechts,[25] das der Umsetzung der Richtlinie 2002/92/EG des Europäischen Parlaments und des Rates vom 9. Dezember 2002 über Versicherungsvermittlung dient, auf der Grundlage des Gesetzentwurfs der Bundesregierung vom 5. Mai 2006[26] und 22. Juni 2006.[27] Eine Verfassungsbeschwerde von Versicherungsberatern gegen dieses Gesetz wurde vom BVerfG nicht angenommen.[28] Mit dem Gesetz, das am 22. Mai 2007 in Kraft getreten ist, wurde u.a. § 34d GewO in die GewO eingefügt.[29] Danach bedarf der Erlaubnis der zuständigen Industrie- und Handelskammer, wer gewerbsmäßig als Versicherungsmakler oder als Versicherungsvertreter den Abschluss von Versicherungsverträgen vermitteln will. Weitere Einzelheiten regelt die Verordnung über die Versicherungsvermittlung und -beratung (Versicherungsvermittlungsverordnung – VersVermV) vom 15. Mai 2007, die am 22. Mai 2007 in Kraft trat[30] und die durch die Verordnung zur Änderung der Verordnung über die Versicherungsvermittlung und -beratung vom 19. Dezember 2008 geändert wurde.[31] Diese Verordnung trat zum 1. Januar 2009 bzw. zum 1. April 2009 in Kraft.[32]

2. EG-Richtlinien zum Handelsvertreterrecht

7   Mit der Bekanntmachung vom 24. Dezember 1962 über Alleinvertriebsverträge mit Handelsvertretern legte die EG-Kommission fest, unter welchen Voraussetzungen Handelsvertreter nicht dem Kartellverbot des Art. 81 EGV (früher Art. 85 EGV) unterliegen.[33] Die EG-Kommission beabsichtigte, ihre Bekanntmachung neu zu gestalten.[34] Im Rahmen der Neufassung der Bekanntmachung sollte klargestellt werden, dass der als Einfirmenvertreter tätige Versicherungsvermittler als voll integrierter Handelsvertreter anzusehen ist.[35] Das Recht der Handelsvertreter in der Europäischen Gemeinschaft wurde durch die Richtlinie 86/653/EWG des Rates vom 18. Dezember 1986 zur Koordinierung der Rechtsvorschriften der Mitgliedstaaten betreffend die selbständigen Handelsvertreter harmo-

---

des Versicherungsvermittlerrechts" (9. 12. 2004) –, VersR 2005, 1629; *Schimikowski*, Die künftigen Informations- und Beratungspflichten der Versicherungsvermittler: Rechtspolitische Anregungen für geplanten Umsetzung der EU-Vermittlerrichtlinie, VW 2005, 1912.
[25] BGBl. 2006 I S. 3232.
[26] BR-Drucks. 303/06.
[27] BT-Drucks. 16/1935.
[28] BVerfG, Beschl. v. 8. 5. 2007 – 1 BvR 999/07, NJW 2007, 2537 = r+s 2007, 483 = WM 2007, 1224.
[29] Einzelheiten bei *Reiff*, Das Versicherungsvermittlerrecht nach der Reform, ZVersWiss 2007, 535, 541 ff.
[30] BGBl. I S. 733.
[31] BGBl. I S. 2969.
[32] BGBl. I S. 2969.
[33] ABl.EG Nr. L 139 v. 24. 12. 1962, S. 2921; siehe dazu *Federlin* in: Handb. des Vertriebsrechts, hrsg. von *Michael Martinek* und *Franz-Jörg Semler*, München, Beck, 1996, § 32 Rdn. 51 ff.; *Emde*, Das Handelsvertreter-Kartellrecht nach den Leitlinien zur GVO 2790/99, BB 2002, 949; dazu weiterführend *Ulmer/Habersack* ZHR 159 (1995), 109, 125.
[34] Siehe dazu *Rittner*, Der Einfirmenvertreter in der Versicherungswirtschaft und der Gemeinsame Markt, in: Versicherungen in Europa heute und morgen, Geburtstagsschrift für Georg Büchner, hrsg. von Franz Wilhelm Hopp und Georg Mehl, Karlsruhe, VVW, 1991, S. 691; *Wissel/Scherer*, Handelsvertreterverträge: Neue Bekanntmachung der EG-Kommission in Vorbereitung, DB 1991, 1659.
[35] Vgl. *Martinek/Oechsler*, Die EG-kartellrechtliche Stellung der deutschen Versicherungsvermittler: Zur wettbewerblichen Unentbehrlichkeit und kartellrechtlichen Schutzwürdigkeit von Ausschließlichkeitsbindungen, Fremdgeschäftsverboten und Provisionsweitergabeverboten der Versicherungsvertreter im EG-Binnenmarkt, Karlsruhe, VVW, 1993, S. 118 f.; *Kapp/Andresen*, Der Handelsvertreter im Strudel des Kartellrechts, BB 2006, 2253.

E. Vermittlung und Betreuung der Lebensversicherung   8, 9   **Einl. E**

nisiert.[36] Die Richtlinie wurde in der Bundesrepublik Deutschland durch das Gesetz zur Durchführung der EG-Richtlinie zur Koordinierung des Rechts der Handelsvertreter vom 23. Oktober 1989 umgesetzt.[37] Die damit verbundenen Änderungen der §§ 84 ff. HGB sind seit dem 1. Januar 1990 in Kraft. Da das deutsche Handelsvertreterrecht den Vorgaben der Richtlinie 86/653/EWG entspricht, kommt der Gedanke des Vorrangs des Gemeinschaftsrechts nicht zum Tragen.[38] Allerdings ist die Richtlinie 86/653/EWG im Wege der gemeinschaftskonformen Auslegung bei der Interpretation der deutschen Vorschriften zu beachten.[39] Um eine Entscheidung des EuGH vom 26. März 2009[40] umzusetzen, hat der Gesetzgeber mit Art. 6a des Gesetzes zur Neuregelung der Rechtsverhältnisse bei Schuldverschreibungen aus Gesamtemissionen und zur verbesserten Durchsetzbarkeit von Ansprüchen von Anlegern aus Falschberatung vom 31. Juli 2009[41] eine Änderung des § 89b HGB betreffend den Ausgleichsanspruch des Handelsvertreters vorgenommen.[42] Nach der Neufassung des § 89b Abs. 1 HGB steht dem Handelsvertreter ein Ausgleich zu, wenn und soweit

1. der Unternehmer aus der Geschäftsverbindung mit neuen Kunden, die der Handelsvertreter geworben hat, auch nach Beendigung des Vertragsverhältnisses erhebliche Vorteile hat und
2. die Zahlung eines Ausgleichs unter Berücksichtigung aller Umstände, insbesondere der dem Handelsvertreter aus Geschäften mit diesen Kunden entgehenden Provisionen, der Billigkeit entspricht.

Die neue Regelung gilt seit dem 5. August 2009 für alle Handelsvertreterverträge, auch wenn diese schon vor diesem Zeitpunkt abgeschlossen und beendet worden sind.[43]   8

Danach kann der Ausgleichsanspruch entgegen der bislang herrschenden Auffassung zu § 89b HGB auch höher sein als die Provisionsverluste, die der Handelsvertreter infolge der Beendigung des Handelsvertreterverhältnisses zu verzeichnen hat.[44]   9

---

[36] AblEG Nr. L 382 v. 31. 12. 1986, S. 17; siehe dazu *Thume*, in: Küstner/Thume, Handbuch des gesamten Außendienstrechts, Band 1, Das Recht des Handelsvertreters, 3. Aufl., Heidelberg, Verlag Recht und Wirtschaft, 2000, Rdn. 2335 ff.; *Staudinger*, Die vorgeschriebenen kollisionsrechtlichen Regelungsgebote der Handelsvertreter-, Haustürwiderrufs- und Produkthaftungsrichtlinie, NJW 2001, 1974.
[37] BGBl. I 1989, 1910; siehe dazu *Ankele*, Das deutsche Handelsvertreterrecht nach der Umsetzung der EG-Richtlinie, DB 1989, 2211; *Küstner/von Manteuffel* BB 1990, 291 ff; *Kindler*, Neues deutsches Handelsvertreterrecht aufgrund der EG-Richtlinie, RIW 1990, 358; *Thume*, Der neue Ausgleichs-Ausschlusstatbestand nach § 89b Abs. 3 Nr. 3 HGB, BB 1991, 490; *derselbe*, Der Ausgleichsanspruch des Handelsvertreters gem. § 89b HGB im Lichte der Europäischen Union, BB 2004, 2473. Zur Umsetzung in Großbritannien siehe *Kessel*, Probleme des neuen Handelsvertreterrechts in Großbritannien, RIW 1994, 562.
[38] *Wank* in Martinek/Semler/Habermeier, Vertriebsrecht, 2. Aufl., München, Beck, 2003, § 8 Rdn. 2.
[39] *Wank* in Martinek/Semler/Habermeier, Vertriebsrecht, 2. Aufl., München, Beck, 2003, § 8 Rdn. 2.
[40] EuGH, Urt. v. 26. März 2009 – C-348/07, BB 2009, 1607 m. Anm. *Eckhoff* BB 2009, 1609; dazu *Evers*, Neuigkeiten für Ausgleichsprozess: EuGH ändert Darlegungs- und Beweislastgrundsätze, VW 2009, 956.
[41] BGBl. I 2009, 2512.
[42] *Wauschkuhn/Fröhlich*, Der nachvertragliche Provisionsanspruch des Handelsvertreters, BB 2010, 524, 527.
[43] *Thume*, Der neue § 89b Abs. 1 HGB und seine Folgen, BB 2009, 2490.
[44] BT-Drucks. 16/13 672 v. 1. 7. 2009, S. 34; *Linder*, Die geänderte Rechtslage zum Ausgleichsanspruch für Versicherungsvertreter gem. § 89b HGB, SpV 2009, 62, 63; *F.-J. Semler*, EuGH „Semen" – Neues zum Ausgleichsanspruch oder mehr?, BB 2009, 2327, 2328.

II. Besondere nationale Rahmenbedingungen für Versicherungsvermittler

1. Gewerbeerlaubnis

10 **a) § 34 c GewO. aa) Vermittlung von Investmentanteilen.** Einer Erlaubnis der zuständigen Behörde bedarf gemäß § 34 c Abs. 1 Nr. 2 GewO, wer gewerbsmäßig den Abschluss von Verträgen über den Erwerb von Anteilsscheinen einer Kapitalanlagegesellschaft oder Investmentaktiengesellschaft, von ausländischen Investmentanteilen, die im Geltungsbereich des Investmentgesetzes öffentlich vertrieben werden dürfen, von sonstigen öffentlich angebotenen Vermögensanlagen, die für gemeinsame Rechnung der Anleger verwaltet werden, oder von öffentlich angebotenen Anteilen an einer und von verbrieften Forderungen gegen eine Kapitalgesellschaft oder Kommanditgesellschaft vermittelt.[45] Unter der Vermittlung des Abschlusses von Verträgen war bisher jede auf den Abschluss eines Vertrages abzielende Tätigkeit zu verstehen, auch wenn eine solche Tätigkeit erfolglos bleibt oder nur der Vorbereitung des Vertragsabschlusses dient.[46] Nunmehr ist die Tätigkeit, Gelegenheiten zum Abschluss von Verträgen über Investmentanteile nachzuweisen, nicht mehr erlaubnispflichtig. Damit werden Tippgeber und Namhaftmacher in Bezug auf die Vermittlung von Investmentanteilen und Versicherungen gleichgestellt.

11 **bb) Maklerverordnung.** Darüber hinaus muss der Vermittler die Vorschriften der Makler- und Bauträgerverordnung (MaBV) in der Fassung der Bekanntmachung vom 7. November 1990[47] beachten, die zuletzt durch Art. 4 Nr. 2 des Gesetzes vom 23. Oktober 2008[48] und durch Art. 11 des Dritten Gesetzes zum Abbau bürokratischer Hemmnisse insbesondere in der mittelständischen Wirtschaft (Drittes Mittelstandsentlastungsgesetz) vom 17. März 2009 geändert wurde.[49] Gemäß § 16 MaBV ist der Vermittler verpflichtet, auf seine Kosten die Einhaltung der Buchführungspflicht (§ 10 MaBV), der Inseratensammlung (§ 13 MaBV) und der besonderen Aufbewahrungspflichten (§ 14 MaBV) für jedes Kalenderjahr bis zum 31. Dezember des darauf folgenden Jahres durch einen geeigneten Prüfer prüfen zu lassen und der zuständigen Behörde den Prüfungsbericht unverzüglich nach dessen Erstellung zu übermitteln.

12 **b) § 34 d GewO. aa) Erlaubnis.** Das neue Berufsrecht der Versicherungsvermittler ist im Wesentlichen in dem neuen § 34 d GewO geregelt.[50] Die Vorschrift wurde gemäß Art. 9 des Dritten Gesetzes zum Abbau bürokratischer Hemmnisse insbesondere in der mittelständischen Wirtschaft (Drittes Mittelstandsentlastungsgesetz) vom 17. März 2009 ergänzt.[51] Die Beratungsbefugnis des Versicherungsmaklers wurde erweitert. Wer gewerbsmäßig als Versicherungsmakler oder als Versicherungsvertreter den Abschluss von Versicherungsverträgen

---

[45] Siehe dazu *Wolf,* Die Erlaubnispflicht gemäß § 34 c GewO bei der Kapitalanlagevermittlung durch den Versicherungsvertrieb, VW 2001, 268.
[46] VGH Kassel, Beschl. v. 18. 7. 2003 – 6 TG 3395/02, NJW 2003, 3578 = ZIP 2003, 1880, 1881.
[47] BGBl. I S. 2479.
[48] BGBl. I S. 2022.
[49] BGBl. I S. 550.
[50] Ausführlich dazu *Jahn/Klein,* Überblick über das Gesetz zur Neuregelung des Versicherungsvermittlerrechts, BetrAV 2007, 450 = DB 2007, 957; *Koch,* Der Versicherungsmakler im neuen Vermittlerrecht, VW 2007, 248; *Reiff,* Das Gesetz zur Neuregelung des Versicherungsvermittlerrechts, VersR 2007, 717; *Baumann,* Die neuen rechtlichen Rahmenbedingungen für Bankassurance, ZfV 2008, 428.
[51] BGBl. I S. 550.

vermitteln will (Versicherungsvermittler), bedarf der Erlaubnis der zuständigen Industrie- und Handelskammer (§ 34d Abs. 1 Satz 1 GewO). In der Erlaubnis ist anzugeben, ob sie einem Versicherungsmakler oder einem Versicherungsvertreter erteilt wird (§ 34d Abs. 1 Satz 3 GewO). Die einem Versicherungsmakler erteilte Erlaubnis beinhaltet die Befugnis, Dritte, die nicht Verbraucher sind, bei der Vereinbarung, Änderung oder Prüfung von Versicherungsverträgen gegen gesondertes Entgelt rechtlich zu beraten (§ 34d Abs. 1 Satz 4 GewO). § 34d Abs. 1 Satz 4 GewO greift damit rechtlich billigend die bisherige Verfahrensweise der Industriemakler auf.[52] Die Befugnis zur Beratung erstreckt sich auch auf Beschäftigte von Unternehmen in den Fällen, in denen der Versicherungsmakler das Unternehmen berät (§ 34d Abs. 1 Satz 4 GewO). Versicherungsvermittler sind verpflichtet, sich unverzüglich nach Aufnahme ihrer Tätigkeit in das Register nach § 11a Abs. 1 GewO eintragen zu lassen (§ 34d Abs. 7 GewO).[53] Bei der Eintragung im Register muss eine entsprechende statusbezogene Unterscheidung gemäß § 5 Satz 1 Nr. 3 VersVermV vorgenommen werden, die vom Vermittler gegenüber dem Kunden beim ersten Geschäftskontakt gemäß § 11 Abs. 1 Nr. 3 VersVermV offenzulegen ist. Nach Maßgabe von § 5 Satz 1 Nr. 3 VersVermV wird im Register gespeichert, ob der Vermittler als Versicherungsmakler mit Erlaubnis gemäß § 34d Abs. 1 GewO, als Versicherungsvertreter mit Erlaubnis nach § 34d Abs. 1 GewO, als gebundener Versicherungsvertreter gemäß § 34d Abs. 4 GewO oder mit Erlaubnisbefreiung nach Maßgabe von § 34d Abs. 3 GewO oder als Versicherungsberater mit Erlaubnis nach § 34d Abs. 3 GewO tätig wird.[54] Eine gemischte Tätigkeit als Vertreter und Versicherungsmakler ist damit gewerberechtlich grundsätzlich nicht mehr zulässig.[55] Der auf Basis einer entsprechenden Erlaubnis und Registrierung tätige Versicherungsvertreter, der auch als Versicherungsmakler in Erscheinung tritt, riskiert nicht nur gemäß § 144 Abs. 1 Nr. 1j GewO eine Geldbuße, sondern auch, dass Wettbewerber gemäß §§ 3, 4 Nr. 11 UWG unlauteren Wettbewerb geltend machen und gemäß §§ 8, 9 UWG Unterlassung der makelnden Tätigkeit bzw. Schadensersatz verlangen.[56] Eine Erlaubnis nach § 34d Abs. 1 GewO ist nicht nur für die Vermittlung von Neuverträgen, sondern auch für die Betreuung von Bestandsverträgen erforderlich.[57]

bb) Abgrenzung zum Tippgeber. Die Tätigkeit eines so genannten Tippgebers, die darauf beschränkt ist, Möglichkeiten zum Abschluss von Versicherungsverträgen namhaft zu machen oder Kontakte zwischen einem potentiellen Versicherungsnehmer und einem Versicherungsvermittler oder Versicherungsunternehmen herzustellen, stellt keine Vermittlung im Sinne des § 34d GewO dar.[58]

---

[52] *Lensing,* Die Vergütung von Rechtsdienstleistungen des Versicherungsmaklers nach § 34d Abs. 1 Satz 4 GewO, ZfV 2009, 16, 18.
[53] Die DIHK hat hierzu ein Merkblatt herausgegeben.
[54] Zu den Einzelheiten der Registrierung siehe zuletzt die Verordnung zur Änderung der Verordnung über die Versicherungsvermittlung und -beratung vom 19. Dezember 2008, BGBl. I S. 2969 und die vorausgegangene Evaluierung der Verordnung über die Versicherungsvermittlung gemäß BR-Drucks. 844/08.
[55] *Böckmann/Ostendorf,* Probleme für Versicherungsvermittler bei ihrer Statusbestimmung als Vertreter oder Makler und den daraus resultierenden Informationspflichten nach dem neuen Recht, VersR 2009, 154, 156; *Evers/Friele,* Haftungsdach oder Servicegesellschaft? Makler und Mehrfachvertreter in der Zusammenarbeit mit (Makler-)Pools, VW 2009, 58.
[56] *Böckmann/Ostendorf* VersR 2009, 154, 156.
[57] *Evers/Eikelmann,* Alte Hasen & Co.: Nun geht es an deren Bestände – Bestandscourtage trotz fehlender Vermittlerregistrierung?, VW 2009, 863, 865.
[58] BT-Drucks. 16/1935, S. 17; *Meixner/Steinbeck,* Das neue Versicherungsvertragsrecht, München, Beck, 2008, § 1 Rdn. 387.

In der Praxis stößt allerdings die Abgrenzung zwischen Tippgeber und Versicherungsvermittler oft auf Schwierigkeiten, z. B. im Rahmen von Kooperationen von Versicherungsunternehmen mit Handelsketten.[59] Es besteht die Gefahr, dass der Versuch unternommen wird, nebenberufliche Vermittler zu Tippgebern zu deklarieren, um sie aus der Regulierung herauszuhalten.[60] Eine erlaubnispflichtige Versicherungsvermittlung liegt vor, wenn Kinderschutzversicherungen über einen Lebensmitteldiscounter vertrieben werden.[61] Werden die Versicherungen ohne die erforderliche Genehmigung angeboten, verstößt dies gegen §§ 3, 4 Nr. 11 UWG i. V. m. § 34d GewO.[62]

14 cc) **Haftungsübernahme durch VU.** Keiner Erlaubnis bedarf ein Versicherungsvermittler nach § 34d Abs. 1 Satz 1 GewO, wenn er erstens seine Tätigkeit als Versicherungsvermittler ausschließlich im Auftrag eines oder, wenn die Versicherungsprodukte nicht in Konkurrenz stehen, mehrerer im Inland zum Geschäftsbetrieb befugten Versicherungsunternehmen ausübt und zweitens durch das oder die Versicherungsunternehmen für ihn die uneingeschränkte Haftung aus seiner Vermittlertätigkeit übernommen wird (§ 34d Abs. 4 GewO). Schon nach dem Wortlaut des § 34d Abs. 4 GewO ist die Haftungsübernahmeerklärung von jeder Gesellschaft abzugeben, für die der Versicherungsvermittler seine Tätigkeit ausübt.[63] Eine Haftungsübernahmeerklärung nur der Konzernmuttergesellschaft reicht nicht aus.[64] Die Haftungsübernahmeerklärung kann weder zeitlich befristet noch unter Widerrufsvorbehalt erklärt werden.[65] Der Beginn und das Ende der Haftungsübernahmeerklärung sind vielmehr untrennbar mit dem Schicksal des mit dem Versicherer bestehenden Vertragsverhältnisses verknüpft.[66]

15 dd) **Zusammenarbeit mit VU.** Gemäß § 80 Abs. 1 Nr. 1 VAG dürfen Versicherungsunternehmen nur noch mit Versicherungsvermittlern zusammenarbeiten, die im Besitz einer Erlaubnis nach § 34d Abs. 1 GewO sind, nach § 34d Abs. 3 GewO von der Erlaubnispflicht befreit oder nach § 34d Abs. 4 GewO oder § 34d Abs. 9 GewO nicht erlaubnispflichtig sind.[67]

16 c) **§ 56 Abs. 1 Nr. 6 GewO. aa) Geltung.** Nach § 6 Satz 2 GewO findet die GewO auf den Gewerbebetrieb der Versicherungsunternehmen nur Anwendung, soweit dies ausdrücklich bestimmt ist. Eine solche ausdrückliche Bestimmung enthält § 56 GewO nicht. Die Vorschrift gilt deshalb für Versicherungsun-

---

[59] Siehe hierzu Merkblatt BaFin v. 6. 3. 2009 – Hinweise zu Kooperationen von Versicherungsunternehmen: Versicherungsvermittlung über Handelsketten, abrufbar unter www.bafin.de; *Tetzlaff*, Anfang oder Ende der Supermarktpolice? Auswirkungen der „Penny-Entscheidung" auf den Versicherungsbetrieb, ZfV 2008, 574.
[60] *Reiff*, Das Gesetz zur Neuregelung des Versicherungsvermittlerrechts, VersR 2007, 717, 719.
[61] LG Wiesbaden, Urt. v. 14. 5. 2008 – 11 O 8/08, NJW-RR 2008, 1572, 1573 = VersR 2008, 919, 920.
[62] LG Wiesbaden, Urt. v. 14. 5. 2008 – 11 O 8/08, NJW-RR 2008, 1572, 1573 = VersR 2008, 919, 920.
[63] Ebenso für das österreichische Recht *Fenyves*, Zur „uneingeschränkten Haftungserklärung" des Versicherers nach Art. 4 Abs. 3 der Versicherungsvermittlungs-Richtlinie, in: Ein Leben mit der Versicherungswissenschaft, Festschrift für Helmut Schirmer, hrsg. v. Thomas Bielefeld u. Sven Marlow, Karlsruhe, VVW, 2005, S. 119, 126.
[64] *Jacob*, Versicherungsvermittlung durch Banken und Sparkassen sowie im Strukturvertrieb, VersR 2007, 1164, 1171; a. A. *Laakmann*, Was bedeutet die Haftungsübernahme im Sinne der EU-Versicherungsvermittlerrichtlinie für den Versicherer?, ZfV 2005, 601, 604.
[65] So aber *Laakmann* ZfV 2005, 601, 605.
[66] Ebenso *Jacob* VersR 2007, 1164, 1171.
[67] *Beenken/Sandkühler*, Das Vermittlergesetz und seine Konsequenzen für die Branche, r+s 2007, 182, 185; *Schönleiter*, Das neue Recht für Versicherungsvermittler, SpV 2008, 3, 9.

E. Vermittlung und Betreuung der Lebensversicherung   17, 18 **Einl. E**

ternehmen nicht,[68] wohl aber gilt die GewO für die selbständigen Versicherungsvermittler.[69]

bb) § 56 Abs. 1 Nr. 6 GewO a. F. Voraussetzung des Verbotstatbestands der 17 §§ 55, 56 Abs. 1 Nr. 6 GewO a. F. ist ein gewerbsmäßiges Tätigwerden ohne vorgehende Bestellung.[70] Soweit die Initiative zur Aufnahme des geschäftlichen Kontakts wegen eines Darlehensgeschäfts außerhalb der Geschäftsräume des Kreditinstituts vom Kreditkunden ausgeht, ist § 56 Abs. 1 Nr. 6 GewO a. F. nicht anwendbar.[71] Ein Verstoß gegen § 56 Abs. 1 Nr. 6 GewO und damit Nichtigkeit nach § 134 BGB liegt deshalb nicht vor, wenn ein Kreditnehmer auf Veranlassung des Kreditgebers (Versicherers) den Kreditvertrag zu Hause von einem nahen Familienangehörigen (Ehefrau) als Mitschuldnerin unterzeichnen lässt[72] und eine von der Mitschuldnerin ausgehende Bestellung im Sinne des § 55 GewO vorliegt.[73] Auch die Vermittlung von Darlehensverträgen zur Finanzierung des Erwerbs einer Immobilie als Kapitalanlage zum Zwecke der Steuerersparnis und späteren Gewinnerzielung verstößt nicht gegen § 56 Abs. 1 Nr. 6 GewO.[74] Dies gilt ebenso für den finanzierten Beitritt zu einer Abschreibungsgesellschaft.[75]

Im Übrigen führt ein Verstoß gegen § 56 Abs. 1 Nr. 6 GewO bei vor Inkraft- 18 treten des Gesetzes über den Widerruf von Haustürgeschäften und ähnlichen Geschäften[76] am 1. Mai 1986 abgeschlossenen Darlehensverträgen zur Nichtigkeit.[77] Ist mit dem Darlehensvertrag ein Lebensversicherungsvertrag verbunden, ist auch dieser Vertrag nichtig.[78] Wichtig ist, dass der Teil des Lebensversicherungsvertrages, der auf die Risikotragung entfällt, im Rahmen der Rückabwicklung des Vertrages vom Kunden nicht zurückverlangt werden kann.[79] Seit dem Inkrafttreten des Gesetzes über den Widerruf von Haustürgeschäften und ähnli-

---

[68] OLG Stuttgart, Urt. v. 29. 11. 1988 – 10 U 314/87, VersR 1989, 919 = MDR 1989, 542; vgl. auch GB BAV 1979, 27.
[69] Vgl. *Tettinger* in: Tettinger/Wank, § 6 GewO Rdn. 33.
[70] BGH v. 24. 3. 1988, NJW 1988, 2106, 2107; BGH v. 6. 10. 1988, NJW 1989, 584 = DB 1989, 622; BGH, Urt. v. 22. 1. 1991 – XI ZR 111/90, NJW 1991, 923, 924 m. zust. Anm. *Grün* NJW 1991, 925.
[71] BGH v. 27. 10. 1988, WM 1988, 1719; OLG Bamberg, Urt. v. 15. 10. 1987 – 1 U 81/87, WM 1988, 1073; OLG Karlsruhe, Urt. v. 27. 10. 1987 – 17 U 103/87, WM 1988, 1072, 1073.
[72] OLG Frankfurt/M., Urt. v. 26. 3. 1985 – 5 U 92/84, NJW 1985, 1906; BGH, Urt. v. 16. 10. 1986 – III ZR 92/85, WM 1986, 1466 = DB 1986, 2593 = MDR 1987, 210; a. A. OLG Stuttgart NJW 1983, 891.
[73] BGH, Urt. v. 5. 3. 1987 – III ZR 43/86, WM 1987, 613, 615; BGH, Urt. v. 22. 1. 1991 – XI ZR 111/90, NJW 1991, 923, 924 = VersR 1991, 886.
[74] KG v. 30. 6. 1988, WM 1988, 1721.
[75] BGH, Urt. v. 17. 1. 1985, BGHZ 93, 264 = NJW 1985, 1020 = WM 1985, 221; BGH WM 1986, 6; OLG München, Urt. v. 20. 2. 2001 – 30 U 949/99, WM 2003, 191, 192.
[76] Gesetz über den Widerruf von Haustürgeschäften und ähnlichen Geschäften vom 16. 1. 1986, BGBl. I S. 122.
[77] BGH v. 22. 5. 1978, BGHZ 71, 358 = WM 1978, 875; dazu *Wolff*, Zur Unanwendbarkeit des § 56 Abs. 1 Nr. 6 GewO auf „vermittelte" Bürgschaften, WM 1988, 961, 962 f.; BGH NJW 1983, 868 = WM 1982, 1429; OLG Frankfurt/M., Urt. v. 26. 3. 1985 – 5 U 92/84, NJW 1985, 1906; BGH NJW 1989, 584 u. 3217; OLG Frankfurt/M., Urt. v. 24. 4. 1991 – 19 U 238/88, NJW 1992, 246, 247; BGH, Urt. v. 5. 5. 1992 – XI ZR 242/91, VersR 1992, 1361; BGH, Urt. v. 15. 6. 1993 – XI ZR 172/92, NJW 1993, 2108 = DB 1993, 2377; *Rösler*, Risiken der Bank bei Finanzierung von Immobilien als Kapitalanlagen, DB 1999, 2297, 2300.
[78] OLG Frankfurt/M., Urt. v. 24. 4. 1991 – 19 U 238/88, NJW 1992, 246, 248.
[79] OLG Frankfurt/M., Urt. v. 24. 4. 1991 – 19 U 238/88, NJW 1992, 246, 248.

Einl. E 19, 20   Teil 2. Einleitung

chen Geschäften vom 16. Januar 1986 ist § 56 Abs. 1 Nr. 6 GewO nicht mehr als Verbotsgesetz im Sinne des § 134 BGB anzusehen.[80]

19   **cc) § 56 Abs. 1 Nr. 6 GewO n. F.** Durch Art. 8 des Gesetzes über Verbraucherkredite, zur Änderung der Zivilprozessordnung und anderer Gesetze vom 17. Dezember 1990[81] wurde § 56 Abs. 1 Nr. 6 GewO so gefasst, dass nunmehr nur noch der Abschluss sowie die Vermittlung von Rückkaufgeschäften (§ 34 Abs. 4 GewO) und die für den Darlehensnehmer entgeltliche Vermittlung von Darlehensgeschäften im Reisegewerbe verboten sind, nicht aber die Tätigkeit von Kreditvermittlern, die ausschließlich vom Kreditgeber entlohnt werden.[82] Der Abschluss der vermittelten Darlehensverträge selbst wird vom Anwendungsbereich dieser Norm nicht mehr erfasst.[83] Mit der grundsätzlichen Aufhebung des gewerberechtlichen Verbots des Abschlusses und der Vermittlung von Darlehensgeschäften im Reisegewerbe bezweckt der Gesetzgeber die Herstellung von mehr Wettbewerbsgleichheit zwischen Versicherungsunternehmen und Kreditinstituten im Außendienst.[84] Damit trug der Gesetzgeber einem alten Anliegen der Kreditwirtschaft Rechnung.[85] Bereits im Rahmen der Beratungen zum Gesetz über den Widerruf von Haustürgeschäften und ähnlichen Geschäften war gefordert worden, das gewerberechtliche Verbot der Darlehensvergabe im Reisegewerbe aufzuheben.[86] Die Kreditinstitute können jetzt ihren Außendienst ebenso wie die Versicherungsunternehmen ohne Beschränkung durch ein gewerberechtliches Verbot intensivieren und Darlehensgeschäfte außerhalb ihrer ständigen Geschäftsräume auch ohne vorherige Bestellung durch den Kunden anbahnen und abschließen.[87]

2. Zuverlässigkeitsprüfung

20   **a) AVAD-Auskunft.** Die Versicherer sind aufsichtsrechtlich verpflichtet, vor Vertragsabschluss mit einem Bewerber für die Tätigkeit im Versicherungsaußendienst Auskunft bei der „Auskunftsstelle für den Versicherungsaußendienst e. V. (AVAD) einzuholen.[88] Das AVAD-Verfahren dient der Überprüfung der Zuverlässigkeit von Vermittlern im Rahmen ihrer Berufsausübung und ist deshalb nicht als Auskunftei im Sinne des § 28a BDSG zu verstehen. Die Datenübermittlungen

---

[80] Vgl. LG Kassel NJW-RR 1989, 106; OLG München NJW-RR 1990, 1928 = WM 1991, 523; OLG Hamm, Urt. v. 16. 3. 1994 – 11 U 56/93, NJW 1994, 2159; *Teske* ZIP 1986, 624, 635; *Heinrichs* in: Palandt, § 134 BGB Rdn. 10; *Knauth*, Die Bedeutung des Gesetzes über den Widerruf von Haustürgeschäften und ähnlichen Geschäften für die Kreditwirtschaft, WM 1987, 517, 518; *Schlaus* ZHR 151 (1987), 180, 186; *Wolff* WM 1989, 961; *Scholz* MDR 1991, 191, 194; *Teske*, Neue Widerrufsrechte beim Abschluss von Versicherungs- und Verbraucherkreditverträgen, NJW 1991, 2793, 2803; a. A. *Tepper* JR 1990, 356; *Schmelz* NJW 1991, 1219; Staudinger-Hopt-Mülbert, § 607 BGB Rdn. 226.
[81] BGBl. I S. 2840.
[82] *Teske*, Neue Widerrufsrechte beim Abschluss von Versicherungs- und Verbraucherkreditverträgen, NJW 1991, 2793, 2803.
[83] BGH, Urt. v. 27. 6. 2000 – XI ZR 210/99, WM 2000, 1687, 1688 = ZIP 2000, 1483, 1484 = EWiR 2001, 155 m. Anm. *Nielsen*.
[84] Vgl. BT-Drucks. 11/8274, S. 23; dazu *Seibert* DB 1991, 429; *Scholz* MDR 1991, 191, 194.
[85] *Scholz* MDR 1991, 191, 194; *Teske* NJW 1991, 2793, 2803.
[86] Vgl. *Löwe* ZIP 1985, 1363; *Gilles* ZRP 1989, 299, 301, 307. Siehe hierzu auch BT-Drucks. 10/4210, S. 10.
[87] *Teske*, Neue Widerrufsrechte beim Abschluss von Versicherungs- und Verbraucherkreditverträgen, NJW 1991, 2793, 2803.
[88] VerBAV 1984, 337; siehe hierzu *Gerlach*, Einstellung von Mitarbeitern des Außendienstes und Meldungen über Unregelmäßigkeiten, VerBAV 1973, 75 ff.; *Klöckener*, Status und Haftung bei Fehlverhalten der selbständigen Versicherungsvertreter in Frankreich und in der Bundesrepublik Deutschland, Karlsruhe, VVW, 1990, S. 114, 115 f.

E. Vermittlung und Betreuung der Lebensversicherung   21, 22 Einl. E

der AVAD sind gerechtfertigt, weil das Interesse der Allgemeinheit, den Versicherungsaußendienst von unlauter agierenden Personen freizuhalten, von großem Gewicht ist und bei der nach § 24 Abs. 1 BDSG erforderlichen Abwägung den schutzwürdigen Interessen des Betroffenen vorzuziehen ist.[89] Die AVAD ist berechtigt, über eine angefragte Person eine ungünstige Auskunft zu erteilen, da die AVAD bei der Weiterleitung der ihr übermittelten Auskünfte in Wahrnehmung berechtigter Interessen handelt.[90] Die Tätigkeit der AVAD führt auch nicht zu einer Schadenersatzpflicht, wenn der Vertreter behauptet, durch die betreffende Auskunft in seinem weiteren Fortkommen behindert worden zu sein.[91] Der Versicherungsvermittler trägt die Darlegungs- und Beweislast, wenn er den Vorwurf der rechtlich unzulässigen Auskunft erhebt.[92]

b) AVAD-Meldung. Im Falle der Meldung der Beendigung der Geschäftsbeziehung hat der Versicherer bei der Angabe des Beendigungsgrundes das Schutzbedürfnis des Vermittlers zu beachten.[93] Hat die Staatsanwaltschaft ein Ermittlungsverfahren wegen eines Anfangsverdachts nach § 170 Abs. 2 StPO eingeleitet, berechtigt dieser Anfangsverdacht den Versicherer nicht, diesen Verdacht, der sich noch nicht zu einer gewissen Verurteilungswahrscheinlichkeit verdichtet hat, an die AVAD zu melden.[94]   21

3. Firmierung

Ein Unternehmen, das sich mit der Vermittlung von Versicherungen befasst, darf keine unwahren oder unklaren Geschäftsbezeichnungen führen.[95] Ausdrücklich schreibt § 4 Abs. 1 Satz 2 VAG vor, dass Versicherungsvermittler die Bezeichnung „Versicherung", „Versicherer", „Assekuranz", „Rückversicherung", „Rückversicherer" sowie Bezeichnungen, die eines der vorgenannten Worte enthalten, nur führen dürfen, wenn sie mit einem die Vermittlereigenschaft klarstellenden Zusatz als Teil der Firma (z. B. „Versicherungsvermittlungs-GmbH", „Versicherungsmakler oHG" oder „Versicherungsagentur") versehen sind.[96] Nr. 25 Abs. 3 Satz 1 der Wettbewerbsrichtlinien der Versicherungswirtschaft sieht vor, dass selbständige Vertreter im Schriftverkehr ihre Firma bzw. ihren bürgerlichen Namen mit mindestens einem voll ausgeschriebenen Vornamen angeben müssen. Diese Bestimmung richtet sich als höchstpersönliche Verpflichtung allein an den selbständigen Versicherungsvertreter.[97] Die Firmierung mit dem Zusatz Versicherungsberatung ist für den Versicherungsvermittler unzulässig und verstößt gegen § 3 UWG.[98]   22

---

[89] LAG München, Urt. v. 3. 4. 1985 – 6 Sa 775/84, VersR 1986, 150, 151; siehe auch LAG Düsseldorf, Urt. vom 19. 2. 1975 – 12 Sa 460/73; ArbG Düsseldorf, Urt. v. 7. 3. 1985 – 2 Ca 6356/84, VersR 1985, 834.
[90] OLG Nürnberg VersR 1950, 118 und VersR 1953, 440; OLG Celle, Urt. v. 5. 11. 1968 – 11 U 46/68.
[91] OLG Frankfurt/M., Urt. v. 5. 2. 1971, VersR 1971, 257 = VW 1971, 417 = VerBAV 1971, 189 = WM 1971, 575.
[92] ArbG Düsseldorf, Urt. v. 7. 3. 1985 – 2 Ca 6356/84, VersR 1985, 834 f.
[93] OLG Hamburg, Urt. v. 6. 5. 2009 – 5 U 155/08.
[94] OLG Hamburg, Urt. v. 6. 5. 2009 – 5 U 155/08 (Verdacht auf Urkundenfälschung); zust. *Evers/Eikelmann*, AVAD-Eintrag: Vorsicht bei Verdachtsmeldungen, VW 2009, 1046, 1048.
[95] BGH VerBAV 1968, 189. Siehe ferner GB BAV 1977, 36; VW 1979, 311.
[96] Siehe hierzu die Grundsätze zur Firmierung von Versicherungsvermittlern, VerBAV 1982, 305, die Pressemitteilung des BAV, NVersZ 2001, 302; ferner *Bürkle*, Die Firmierung der Holdingunternehmen im Versicherungskonzern, VersR 2002, 291.
[97] OLG Frankfurt/M., Urt. v. 10. 11. 1983 – 6 U 4/83, VersR 1984, 625.
[98] OLG Stuttgart, Beschl. v. 11. 8. 1987 – 2 W 53/87, VW 1987, 1396.

4. Rechtsberatung

23 a) Erlaubte Tätigkeiten. Gemäß § 5 Abs. 1 Satz 1 RDG sind Rechtsdienstleistungen im Zusammenhang mit einer anderen Tätigkeit erlaubt, wenn sie als Nebenleistung zum Berufs- oder Tätigkeitsbild gehören. Welche Schranken dem Versicherungsvermittler hierbei gesetzt sind, ergibt sich aus dem Zweck des Rechtsdienstleistungsgesetzes, das das Rechtsberatungsgesetz abgelöst hat.[99] § 3 RDG stellt insoweit klar, dass Rechtsdienstleistungen angesichts des fortbestehenden Verbotscharakters des neuen Gesetzes, das gemäß seinem § 1 Abs. 1 Satz 2 RDG dazu dient, die Rechtsuchenden, den Rechtsverkehr und die Rechtsordnung vor unqualifizierten Rechtsdienstleistungen zu schützen, nur aufgrund gesetzlicher Erlaubnis erbracht werden dürfen und im Übrigen verboten sind.[100] Zweck des Rechtsberatungsgesetzes war es ebenfalls die Rechtsuchenden vor einer unsachgemäßen Erledigung ihrer rechtlichen Angelegenheiten zu schützen und im Interesse einer reibungslosen Abwicklung des Rechtsverkehrs fachlich ungeeignete oder unzuverlässige Personen von der geschäftsmäßigen Besorgung fremder Rechtsangelegenheiten fernzuhalten.[101] Auch bisher benötigte deshalb ein gewerblicher Unternehmer nach Artikel 1 § 5 Nr. 1 RBerG nicht eine Erlaubnis nach Art. 1 § 1 RBerG, wenn er als kaufmännischer oder sonstiger gewerblicher Unternehmer für seine Kunden rechtliche Angelegenheiten erledigte, die mit einem Geschäft seines Gewerbebetriebs in unmittelbarem Zusammenhang stehen. Diese Regelung sollte sicherstellen, dass Berufe, die ohne gleichzeitige Rechtsberatung nicht ausgeübt werden können, nicht am Rechtsberatungsgesetz scheitern.[102] Sie betrifft daher nicht nur solche Fälle, in denen die Haupttätigkeit des Unternehmers ohne die Erledigung rechtlicher Angelegenheiten für seine Kunden überhaupt unmöglich wäre, sondern gilt auch dann, wenn die Haupttätigkeit nicht sachgemäß erledigt werden könnte.[103] Die genannte Vorschrift gestattete deshalb dem Gewerbetreibenden eine rechtsberatende oder rechtsbesorgende Tätigkeit, wenn diese sich im Rahmen seiner (anders gearteten) eigentlichen Berufsaufgabe vollzieht und hier eine Hilfs- und Nebentätigkeit darstellt.[104] Entscheidend ist, ob diese Tätigkeit zur vernünftigen Ausübung des Berufes nach dem für ihn geltenden spezifischen Berufsbild oder gesetzlichen Leitbild nötig ist.[105] Diese Grundsätze haben unverändert Gültigkeit auch für die Anwendung des § 5 Abs. 1 RDG.

---

[99] BGBl. 2007 I S. 2840.
[100] BGH, Urt. v. 29. 7. 2009 – I ZR 166/06, WM 2009, 1953, 1955.
[101] BGH, Urt. v. 26. 3. 2003 – IV ZR 222/02, NJW 2003, 1594, 1595; BGH, Beschl. v. 5. 11. 2004 – BLw 11/04, NJW-RR 2005, 286, 287; OLG Karlsruhe, Urt. v. 9. 7. 2008 – 6 U 51/08, DB 2008, 2477, 2478.
[102] BGH NJW 1967, 1558, 1561; BGHZ 102, 128, 132 = WM 1988, 26; OLG Düsseldorf, Urt. v. 3. 6. 1993 – 18 U 331/92, VersR 1995, 401, 402; BGH, Urt. v. 13. 3. 2003 – I ZR 143/00, WM 2003, 2000, 2003.
[103] BGHZ 102, 128, 134 = WM 1988, 26; BGH, Urt. v. 26. 4. 1994, NJW-RR 1994, 1081, 1083 = WM 1994, 1443; BGH, Urt. v. 13. 3. 2003 – I ZR 143/00, JW 2003, 3046, 3048 = WM 2003, 2000, 2003; BVerwG NJW 2005, 1293, 1297; BGH, Urt. v. 3. 7. 2008 – III ZR 260/07, VersR 2009, 504, 505.
[104] BGH NJW 1978, 322, 323; BGH, Urt. v. 9. 6. 1979 – I ZR 136/77, VersR 1979, 714; BGH, Urt. v. 6. 12. 2001 – I ZR 316/98, NJW 2002, 2877; Urt. v. 6. 12. 2001 – I ZR 101/99, NJW 2002, 2879; BVerfG, Beschl. v. 8. 1. 2007 – 1 BvR 1117/03, VersR 2007, 1388, 1389; *Himmelmann*, Die beratende Tätigkeit der Versicherungsmakler unter Berücksichtigung des Gesetzes zur Verhütung von Missbräuchen auf dem Gebiet der Rechtsberatung v. 13. 12. 1935, VW 1957, 553.
[105] BGH NJW 1967, 1562, 1564; BGH NJW 1976, 1635.

E. Vermittlung und Betreuung der Lebensversicherung   24–26   Einl. E

b) Schranken der Versicherungsmaklertätigkeit. Das Vertragsverhältnis 24
des Versicherungsnehmers mit dem Versicherungsmakler ist dadurch gekennzeichnet, dass der Versicherungsmakler neben der reinen Vermittlung auch die Überprüfung und Betreuung bereits bestehender Versicherungen, den Abschluss neuer Versicherungen und eine umfassende Beratung in allen Versicherungsangelegenheiten übernimmt.[106] Die mit der Maklertätigkeit verbundene Rechtsberatung bedarf einer besonderen Erlaubnis nicht, weil die Rechtsberatung in unmittelbarem Zusammenhang mit dem Versicherungsmaklergeschäft steht.[107]

Der Versicherungsmakler kann ohne gegen das Rechtsdienstleistungsgesetz zu 25
verstoßen, sich beauftragen und bevollmächtigen lassen, bestehende Versicherungsverträge zu überprüfen, teilweise oder ganz zu kündigen,[108] selbst wenn die Kündigung in sein pflichtgemäßes Ermessen gestellt wird,[109] versicherte Risiken umzudecken und zu Versicherungsverträgen entsprechende Erklärungen abzugeben.[110] Dagegen soll es einem Makler, der unter der Bezeichnung „Finanz-, Unternehmensberatung und Vermittlung" firmiert, nicht gestattet sein, von ihm vermittelte Verträge zur Anlage vermögenswirksamer Leistungen zu kündigen und rückabzuwickeln.[111]

Zu den Aufgaben des Versicherungsmaklers rechnet anerkanntermaßen auch 26
die Hilfeleistung an den Versicherten nach einem Schadenfall, insbesondere die Mitwirkung bei der Schadenregulierung und die Vertretung der Interessen des Versicherungsnehmers gegenüber dem Versicherer.[112] Zur Schadenabwicklung, bei der der Versicherungsmakler seinen Kunden gegenüber dem Versicherer beraten und vertreten darf, gehört die Schadenfeststellung.[113] Der Makler, der seinen Kunden nach Anzeige eines Schadenfalls zu betreuen beginnt, darf den Sachverhalt auch unter haftungsrechtlichen Gesichtspunkten aufnehmen, prüfen und beurteilen, womit auch eine Beratung des Kunden im Hinblick auf sein Außenverhältnis zu Dritten verbunden sein kann.[114] Insoweit darf der Versicherungs-

---

[106] BGH VersR 1967, 686, 688; BGH, Urt. v. 22. 5. 1985 – IVa ZR 190/83, BGHZ 94, 356 = VersR 1985, 930; OLG Hamm, Urt. v. 16. 8. 1984 – 4 U 189/84, VersR 1985, 59; OLG Karlsruhe, Beschl. v. 1. 10. 1987 – 3 Ss 73/87, NJW 1988, 838 = VersR 1987, 1217; OLG Stuttgart, Urt. v. 28. 12. 1990 – 2 U 121/90, VersR 1991, 883 = r+s 1993, 319; *Spielberger*, Versicherungsmakler und Rechtsberatungsgesetz, VersR 1984, 1013; *Hübener*, Die Rechtsberatung des Versicherungsmaklers – Abgrenzung zum Versicherungsberater, in: Beiträge über den Versicherungsmakler, Ewald Lahno gewidmet, Heft 13 der Veröffentlichungen der Hamburger Gesellschaft zur Förderung des Versicherungswesens mbH, Hamburg, 1993, S. 115, 120.
[107] OLG Stuttgart, Urt. v. 28. 12. 1990 – 2 U 121/90, VersR 1991, 883 = r+s 1993, 319; offen gelassen OLG Nürnberg, Urt. v. 2. 2. 2004 – 8 U 110/03, VersR 2005, 1237, 1238.
[108] BGH GRUR 66, 509, 514 = WRP 66, 280; LG Düsseldorf, Urt. v. 3. 7. 1986, r+s 1989, 33, 34; KG, Urt. v. 13. 5. 1988 – 5 U 4968/86, VersR 1989, 183.
[109] Vgl. BGH VersR 1966, 4; OLG Karlsruhe, Beschl. v. 1. 10. 1987, NJW 1988, 838, 839; OLG Stuttgart, Urt. v. 24. 11. 1989 – 2 U 230/89, VersR 1991, 546.
[110] OLG Karlsruhe NJW 1988, 838; *AG Chemnitz* AnwBl. 1992, 504.
[111] OLG München, Urt. v. 20. 9. 1990 – U 2489/90, WM 1991, 1815.
[112] BGH NJW 1967, 1562, 1563; OLG Hamm, Urt. v. 16. 8. 1984 – 4 U 189/84, VersR 1985, 59; OLG Stuttgart WRP 1985, 302; OLG Frankfurt/M., Urt. v. 23. 6. 1987 – 22 U 1/87, VersR 1987, 985; LG Hamburg, Urt. v. 6. 12. 2005 – 312 O 592/05, VersR 2006, 696, 697; *Klein*, Regulierung von versicherten Schäden – wer darf was? Rechtsberatungsgesetz (RBerG) und EG-Recht, VW 1993, 411; *Werber*, Rechtsdienstleistungen und Versicherung, VersR 2006, 1010, 1016; *Schwintowski*, Honorarberatung durch Versicherungsvermittler – Paradigmawechsel durch VVG und RDG, VersR 2009, 1333.
[113] OLG Düsseldorf, Urt. v. 18. 9. 1990 – 20 U 4/90, NJW-RR 1991, 115, 116 = MDR 1991, 64; LG Hamburg, Urt. v. 6. 12. 2005 – 312 O 592/05, VersR 2006, 696, 697.
[114] OLG Düsseldorf, Urt. v. 18. 9. 1990 – 20 U 4/90, NJW-RR 1991, 115, 116 = MDR 1991, 64; LG Hamburg, Urt. v. 6. 12. 2005 – 312 O 592/05, VersR 2006, 696, 697.

makler den Kunden im Rahmen der Schadenermittlung über die haftungsrechtliche Situation belehren.[115] Eine aktive Prozessvertretung ist dem Versicherungsmakler jedoch verwehrt.[116] Ebenso ist es dem Versicherungsmakler nicht gestattet, seinen Kunden in einem gerichtlichen Verfahren eines Dritten gegen seinen Kunden zu vertreten.[117] Die außergerichtliche Vertretung des Kunden bei der Geltendmachung von Ansprüchen aus dem Versicherungsvertrag ist dem Versicherungsmakler hingegen erlaubt.[118]

27 Soll der Kunde in Fragen der betrieblichen Altersversorgung beraten werden, insbesondere in den Bereichen des Arbeits-, Betriebsrenten-, Zivil-, Gesellschafts-, Insolvenz- und Steuerrechts, kann es sich je nach der konkreten Ausgestaltung um die Erbringung von Rechtsdienstleistungen im Sinne des § 2 Abs. 1 RDG handeln, die nicht mehr als Nebenleistungen im Sinne des § 5 Abs. 1 RDG anzusehen sind. Handelt es sich im Einzelfall um die selbständige Erbringung außergerichtlicher Rechtsdienstleistungen im Sinne von § 3 RDG, ist die Rechtsberatung im Bereich der betrieblichen Altersversorgung zugelassenen Rechtsanwälten und registrierten bzw. gerichtlich zugelassenen Rentenberatern im Sinne des § 10 Abs. 1 Nr. 2 RDG vorbehalten.[119] Gesellschaften, die nicht zugelassene Rechtsanwaltsgesellschaften im Sinne von §§ 59c ff. BRAO bzw. nicht registrierte Rentenberatungsgesellschaften im Sinne von § 10 Abs. 1 RDG sind, können sich nicht darauf berufen, dass die von ihnen erbrachten Rechtsdienstleistungen durch angestellte Syndikusanwälte bzw. Rentenberater bearbeitet werden.[120] Entscheidend ist, dass die Gesellschaft selbst eine Rechtsberatungserlaubnis besitzt.[121]

28 **c) Beratungshonorarvereinbarung. aa) Bestandsanalysen.** Umstritten ist, ob sich ein Versicherungsmakler durch den Abschluss einer Honorarvereinbarung für Bestandsanalysen für den Fall absichern kann, dass seine Analysearbeit nicht mit der Erteilung eines Versicherungsmaklerauftrags vom Kunden honoriert wird. Wer möchte schon einem Kunden mit hohem Aufwand kostenlos Analysen liefern, die der Kunde dann anderweitig verwertet, ggf. in Zusammenarbeit mit dem bisherigen Vermittler.

29 Die Aufsichtsbehörde vertritt gleichwohl die Auffassung, dass derartige Honorarabreden gegen das Rechtsberatungsgesetz verstoßen würden.[122] Die Beratung gegen Honorar entspreche allein dem Berufsbild des Versicherungsberaters und sei nur diesem vorbehalten.[123] Ein Honorar dürfe der Versicherungsmakler nur dann abrechnen, wenn der Versicherer einen abschlusskostenfreien Tarif anbie-

---

[115] OLG Düsseldorf, Urt. v. 18. 9. 1990 – 20 U 4/90, NJW-RR 1991, 115, 116 = MDR 1991, 64; LG Hamburg, Urt. v. 6. 12. 2005 – 312 O 592/05, VersR 2006, 696, 697.
[116] BGH NJW 1967, 1562 = VersR 1967, 686, 688; OLG Düsseldorf, Urt. v. 18. 9. 1990 – 20 U 4/90, NJW-RR 1991, 115, 116; OLG Stuttgart, Urt. v. 28. 12. 1990 – 2 U 121/90, VersR 1991, 883; *Spielberger*, Versicherungsmakler und Rechtsberatungsgesetz, VersR 1984, 1013, 1016; *Matusche-Beckmann*, Rechtsberatungsverbot und Anspruchsabwehr durch Versicherungsmakler, NVersZ 1999, 16, 18.
[117] OLG Düsseldorf, Urt. v. 18. 9. 1990 – 20 U 4/90, NJW-RR 1991, 115, 116 = MDR 1991, 64; *Matusche-Beckmann* NVersZ 1999, 16, 18 f.
[118] *Harstorff*, Grenzen der Honorarberatung für Versicherungsmakler und Versicherungsberater, VersR 2008, 47, 50; *Zinnert*, Honorarberatung durch Versicherungsmakler, VersR 2008, 313.
[119] *Uckermann/Pradl*, Steuerberater in der „Haftungsfalle": Aufdeckung, Gefahren und Vermeidung der unerlaubten Rechtsberatung im Rahmen der betrieblichen Altersversorgung, BB 2009, 1892, 1893.
[120] *Uckermann/Pradl*, a. a. O. (Fn. 119), BB 2009, 1892, 1893.
[121] *Uckermann/Pradl*, a. a. O. (Fn. 119), BB 2009, 1892, 1893.
[122] BAV GB BAV 1987, 44, 45; ebenso *Müller-Stein* VW 1991, 1355, 1356.
[123] BAV VerBAV 1996, 222.

E. Vermittlung und Betreuung der Lebensversicherung   30, 31   **Einl. E**

tet.[124] Wenn der vom Makler vermittelte Vertrag – aus welchen Gründen auch immer – nicht zustande komme, könne der Makler vom Versicherungsnehmer keine Vergütung verlangen.[125]

Vollgraf[126] folgt zu Recht der Auffassung der Aufsichtsbehörde nicht. Der BGH 30 hat in seinem Sachwalter-Urteil[127] festgestellt, dass zur Tätigkeit des Versicherungsmaklers die Untersuchung des Risikos und die Prüfung des Objekts gehören. Hieraus ist zu schließen, dass auch nach Ansicht des BGH die Markt-, Angebots-, Anbieter-, Risiko- und Deckungsanalyse zu den klassischen Aufgaben des Versicherungsmaklers gehört. Diese Analysetätigkeiten sind zur sinnvollen Ausübung des Berufs nach dem für den Versicherungsmakler geltenden spezifischen Berufsbild nötig und können damit nicht gegen das Rechtsdienstleistungsgesetz verstoßen. Für die Vornahme dieser Analysen kann sich daher der Versicherungsmakler eine Vergütung versprechen lassen. Selbst wenn der Versicherungsmakler noch da Deckungskonzept in die Honorarvereinbarung einbeziert, liegt kein Verstoß gegen das Rechtsdienstleistungsgesetz vor. Es ist Sache des Kunden, ob er die Tätigkeit des Versicherungsmaklers bis zu dieser Leistungsgrenze selbst vergüten will. Die Rechtsprechung scheint dieser Auffassung zu folgen. Das OLG Stuttgart hat in einer Entscheidung vom 28. Dezember 1990 festgestellt, dass ein unerlaubter Wettbewerbsvorsprung nicht hergeleitet werde könne, wenn der Versicherungsmakler nicht nur Vermittlungsprovision für Versicherungsabschlüsse nehme, sondern daneben sich noch eine erfolgsunabhängige Vergütung versprechen lasse.[128] Es entspreche zwar dem gesetzlichen Leitbild eines Maklers, dass dieser lediglich im Erfolgsfall honoriert werde, davon abweichende Vereinbarungen seien jedoch möglich und fänden ihre Grenze an den zum Schutz der Kunden geschaffenen Rechtsvorschriften (wie z. B. dem AGBG).[129] In dem vom OLG Stuttgart zu entscheidenden Fall bestand allerdings die Besonderheit, dass die erfolgsunabhängige Vergütung mit der Courtage verrechnet wurde, die der Versicherer dem Versicherungsmakler für die Versicherungsvermittlung zu zahlen hatte, wenn es zur Vermittlung eines Versicherungsvertrages kam.[130] In diesem Fall liegt ein klarer Verstoß gegen das Provisionsabgabeverbot vor.[131] Auch ist bei dieser Vorgehensweise die zuvor durchgeführte Versicherungsberatung nicht mehr als Hilfsgeschäft zur Versicherungsvermittlung anzusehen und hätte deshalb einer ausdrücklichen Genehmigung nach dem RDG bedurft.[132]

bb) **Versicherungsabschlussberatung.** Nach § 34d Abs. 1 Satz 4 GewO 31 dürfen Kunden, welche nicht Verbraucher sind, gegen ein gesondertes Entgelt

---

[124] BAV VerBAV 1996, 222; GB BAV 1996, Teil A, S. 20; ebenso *Koch/Staun*, Versicherungsmakler und Versicherungsaufsicht aus der Sicht des Versicherungs-Makler-Verbandes e. V., in: 100 Jahre materielle Versicherungsaufsicht in Deutschland, Band II, hrsg. v. Helmut Müller, Joachim-Friedrich Golz, Elke Washausen-Richter, Michael Trommeshauser, Bonn, BAV, 2001, S. 895, 906.
[125] BAV VerBAV 1996, 222.
[126] *Vollgraf*, Zulässigkeit von Honorarvereinbarungen für Bestandsanalysen in Maklerverträgen, r+s 1989, 237, 238.
[127] BGH, Urt. v. 22. 5. 1985 – IVa ZR 190/83, BGHZ 94, 356 = VersR 1985, 930.
[128] OLG Stuttgart, Urt. v. 28. 12. 1990 – 2 U 121/90, VersR 1991, 883.
[129] OLG Stuttgart, Urt. v. 28. 12. 1990 – 2 U 121/90, VersR 1991, 883.
[130] *Hoenicke* r+s 1993, 320.
[131] BAV VerBAV 1996, 222; LG Aachen, Beschl. v. 22. 8. 1991 – 3 T 80/91, VersR 1991, 1409, 1410 = VerBAV 1992, 135, 136; ebenso *Müller-Stein* VW 1991, 1355, 1356 und VersR 1991, 1408, 1409; *Karle*, Die Honorarberatung durch den Versicherungsmakler, VersR 2000, 425; *Zinnert*, Das Recht des Versicherungsmaklers am Anfang des 21. Jahrhunderts – Rechtliche und rechtspolitische Streiflichter –, VersR 2000, 399, 405; *Beenken*, Unbefriedigende Situation für Makler: Beratung und Vermittlung gegen Honorar, VW 2009, 61.
[132] *Hoenicke* r+s 1993, 320.

beraten werden. Bei gewerblichen Kunden ist mithin die Erhebung eines Beratungshonorars zulässig, wenn der Versicherungsvertrag nicht zustande kommt.[133] Aus der Formulierung des § 34 d Abs. 1 Satz 4 GewO folgt zugleich, dass eine Honorarberatung bei Verbrauchern nicht erlaubt und damit verboten ist.[134]

5. Versicherungsberatung

AuVdBAV: GB BAV 1959/60, 23 (Beratung in Sozialversicherungsfragen); GB BAV 1961, 26 (Rentenberatung und Versicherungsvermittlung); GB BAV 1962, 22 (Rechtsberatung auf dem Gebiet der Sozialversicherung und Versicherungsvermittlung); GB BAV 1963, 28 (Beratung in Sozialversicherungsfragen durch LVU); GB BAV 1965, 26 (Unzulässige Versicherungsberatung durch Versicherungsmakler); GB BAV 1967, 42 (Versicherungsvermittlung und Versicherungsberatung); GB BAV 1970, 45 (Unvereinbarkeit von Versicherungsberatung und Versicherungsvermittlung); GB BAV 1970, 55 (Beratung in Sozialversicherungsfragen und Berechnung von Sozialversicherungsrenten durch LVU); GB BAV 1971, 45 (Unvereinbarkeit von Versicherungsberatung und Versicherungsvermittlung sowie von Versicherungsberatung und der Tätigkeit als Versicherungsangestellter); GB BAV 1974, 32 (Beanstandung der Geschäftstätigkeit von Versicherungsmaklern); GB BAV 1976, 33 (Unvereinbarkeit von Versicherungsberatung und Versicherungsvermittlung); GB BAV 1987, 44 (Unzulässigkeit entgeltlicher Versicherungsberatung durch Vermittler).

Schrifttum: *Casselmann*, Zulassungspflicht für Rentenberater und Rentenberechner, BB 1960, 785; *Durstin/Peters*, Versicherungsberater und Versicherungsmakler in der rechtspolitischen Entwicklung, VersR 2007, 1456; *Hercher*, Versicherungsvertreter als Rentenberater, ZfV 1958, 301; *Hochstetter*, Zum Umfang der beruflichen Befugnisse eines Versicherungsberaters, Der Rechtsbeistand 1985, 59; *Rieger*, Versicherungsvermittlung im Wettbewerb, VersVerm 1978, 225; *Uihlein*, Zur Frage der Rechtmäßigkeit einer Werbung für computermäßige Rentenberechnung durch ein Lebensversicherungsunternehmen, VersR 1989, 563; *Weber*, Lebensversicherung-Rentenberatung-Rechtsberatungsmißbrauchsgesetz, VW 1958, 578; *Wussow*, Rechtsschutzversicherung und Rechtsberatungsmißbrauchsgesetz, VersR 1958, 740; VW 1989, 147 (Rentenberatung durch Lebensversicherer grundsätzlich zulässig); VW 1989, 1081 (Zulässigkeit der Bezeichnung „Versicherungsverwaltung in Vollmacht des Versicherungsnehmers").

32 **a) Zulassung. aa) Altes Recht.** Das Zulassungsverfahren für den Versicherungsberater entspricht der Bestellung des öffentlich bestellten und vereidigten Sachverständigen.[135] Versicherungsmaklern kann eine Zulassung als Versicherungsberater für die Beratung und außergerichtliche Vertretung gegenüber Versicherern bei der Vereinbarung, Änderung oder Prüfung von Versicherungsverträgen im Sinne des Art. 1 § 1 Abs. 1 Nr. 2 a RBerG wegen der bestehenden Interessenkollision[136] und damit wegen Fehlens der persönlichen Eignung nicht erteilt werden.[137] Der Versicherungsberater ist spezialisierter Rechtsberater, mit dessen Pflicht zur objektiven und neutralen Beratung nur eine von Versicherungsunternehmen unabhängige, weder unmittelbar noch mittelbar beeinflusste Stel-

---

[133] *Beenken*, a. a. O. (Fn. 131), VW 2009, 61; *Michaelis*, Vorsicht: Verstoß gegen die Gewerbeordnung – Honorarverträge bei der Beratung von Verbrauchern, VW 2009, 888.

[134] *Sandkühler*, Rechtsberatung durch Versicherungsmakler, AssCompact 2008, 102; *Michaelis*, a. a. O. (Fn. 133), VW 2009, 888, 889; a. A. *Lensing*, Die Vergütung von Rechtsdienstleistungen des Versicherungsmaklers nach § 34 d Abs. 1 Satz 4 GewO, ZfV 2009, 16, 22; offen lassend *Beenken*, a. a. O. (Fn. 131), VW 2009, 61, 62.

[135] *Sittner*, Versicherungsberater, ZfV 2001, 120, 121.

[136] Vgl. dazu BVerfG, Beschl. v. 5. 5. 1987 – 1 BvR 981/81, NJW 1988, 543 = VersR 1988, 145.

[137] LG Aachen, Beschl. v. 22. 8. 1991 – 3 T 80/91, VersR 1991, 1409, 1410 = VerBAV 1992, 135, 136; *Spielberger*, Zur Werbung mit Versicherungsberatung durch Versicherungsvermittler, VersR 1987, 1176; *Lensing*, Die Vergütung von Rechtsdienstleistungen des Versicherungsmaklers nach § 34 d Abs. 1 Satz 4 GewO, ZfV 2009, 16, 17.

E. Vermittlung und Betreuung der Lebensversicherung   33–35   Einl. E

lung zu vereinbaren ist; seine Tätigkeit liegt im Schwerpunkt in der Rechtsbesorgung; sie zielt auf die Gestaltung und Veränderung von Rechtsverhältnissen ab.[138] Die Erlaubnis zur Besorgung fremder Rechtsangelegenheiten für den Sachbereich Versicherungsberatung darf nicht widerrufen werden, wenn der Versicherungsberater als Rechtsanwalt zugelassen wird.[139]

bb) Neuregelung. Seit der Neuregelung des Versicherungsvermittlerrechts 33 erfolgt die berufsrechtliche Regelung der Versicherungsberater in der GewO.[140] Gemäß § 34e Abs. 1 Satz 1 GewO ist Versicherungsberater, wer gewerbsmäßig Dritte über Versicherungen beraten will, ohne von einem Versicherungsunternehmen einen wirtschaftlichen Vorteil zu erhalten oder von ihm in anderer Weise abhängig zu sein, und bedarf der Erlaubnis der zuständigen Industrie- und Handelskammer. Die Erlaubnis beinhaltet die Befugnis, Dritte bei der Vereinbarung, Änderung oder Prüfung von Versicherungsverträgen oder bei der Wahrnehmung von Ansprüchen aus dem Versicherungsvertrag im Versicherungsfall rechtlich zu beraten und gegenüber dem Versicherungsunternehmen außergerichtlich zu vertreten (§ 34e Abs. 1 Satz 3 GewO). Im April 2009 waren 165 Versicherungsberater registriert.[141] Die Trennung der Regelung des Versicherungsberaters in § 34e GewO von der des Versicherungsvermittlers in § 34d GewO stellt sicher, dass der Beruf des Versicherungsberaters weiterhin mit dem Rechtsanwaltsberuf vereinbar ist.[142]

b) Provisionsannahmeverbot. Gemäß § 34e Abs. 3 Satz 1 GewO dürfen 34 Versicherungsberater keine Provision von Versicherungsunternehmen entgegennehmen. Der Kunde kann sich damit auf die Neutralität des Versicherungsberaters verlassen.[143] Zum Schutze der Allgemeinheit und der Versicherungsnehmer können durch Rechtsverordnung nähere Vorschriften über das Provisionsannahmeverbot erlassen werden (§ 34e Abs. 3 Satz 2 GewO).

c) Beratungswerbung. Wer Versicherungen vermittelt, muss dies im Ge- 35 schäftsverkehr erkennbar zum Ausdruck bringen und darf sich nicht „Versicherungsberater" nennen.[144] Er darf auf seinen Briefbögen die Bezeichnung „Versicherungsberater" nicht verwenden.[145] Eine gemäß §§ 1, 3 UWG unzulässige irreführende Werbung liegt vor, wenn der Versicherungsagent oder LVU gebundene Versicherungsmakler Beratung in Versicherungsangelegenheiten wie ein Versicherungsberater anbietet, da Versicherungsberatung und Versicherungsvermittlung unvereinbar sind.[146] Unvereinbar ist ebenso die Versicherungsvermittlung und eine gleichzeitige Tätigkeit als Verbraucherberater.[147] Die Verwendung der Bezeichnung „Versicherungsberater" durch ein LVU ist sogar dann wettbewerbswid-

---

[138] LG Aachen, Beschl. v. 22. 8. 1991 – 3 T 80/91, VersR 1991, 1409, 1410 = VerBAV 1992, 135, 136 f.
[139] VG Regensburg, Urt. v. 27. 9. 1999, NJW 2000, 1665.
[140] Im Einzelnen hierzu *Reiff,* Das Gesetz zur Neuregelung des Versicherungsvermittlerrechts, VersR 2007, 717, 729 ff.
[141] GDV (Hrsg.), Statistisches Taschenbuch der Versicherungswirtschaft 2009, S. 9 (Quelle: DIHK).
[142] BT-Drucks. 16/1935, S. 21; *Ring,* Rechtsberatung durch Versicherungsberater nach aktuellem und künftigen Recht, WM 2007, 281, 285, 288; *Lensing,* Die Vergütung von Rechtsdienstleistungen des Versicherungsmaklers nach § 34d Abs. 1 Satz 4 GewO, ZfV 2009, 16, 19.
[143] *Ring,* Rechtsberatung durch Versicherungsberater nach aktuellem und künftigen Recht, WM 2007, 281, 288.
[144] *Ring,* Rechtsberatung durch Versicherungsberater nach aktuellem und künftigen Recht, WM 2007, 281, 282.
[145] OLG Stuttgart, Beschl. v. 11. 8. 1987 – 2 W 53/87.
[146] GB BAV 1976, 33.
[147] LG Hildesheim, Urt. v. 4. 10. 1988 – 10 O 72/88, VW 1989, 255.

rig, wenn sie nur in Werbeschriften für die Mitarbeiter oder Geschäftsstellen Eingang gefunden hat.[148] Der BGH vertritt demgegenüber die Meinung, dass Mitarbeiter einer Versicherung die Bezeichnung „Vorsorge- und Versicherungsberater" führen können, solange sie gesetzlich nicht geschützt ist, und dass hierin auch keine Irreführung der Verbraucher zu sehen ist.[149] Dem Versicherungsmakler ist hingegen die Versicherungsberatung erlaubt, soweit hierunter die Ermittlung des Versicherungsbedarfs und des Deckungsangebots verstanden wird. Wenn die Beratungstätigkeit in unmittelbarem Zusammenhang mit dem Geschäftsbetrieb des Versicherungsmaklers steht, liegt insoweit kein Verstoß gegen Art. 1 § 5 Nr. 1 RBerG vor.[150] Aber schon der BGH hat feststellen müssen, dass es in der Praxis schwierig ist zu bestimmen, ob Beratungsleistungen als Besorgung fremder Rechtsangelegenheiten angesehen werden müssen.[151]

36   **d) Rentenberatung.** Eine computermäßige Rentenberechnung durch ein Lebensversicherungsunternehmen oder dessen Vertreter ist als Rechtsberatung im Sinne des Art. 1 § 1 RBerG zu qualifizieren.[152] Individuelle Rentenberechnungen durch den Computer eines Lebensversicherungsunternehmens, angeboten von einer illustrierten Zeitschrift, verstoßen daher nicht nur gegen Art. 1 § 1 RBerG, sondern auch gegen § 1 UWG.[153] Die Rentenberatung und die hiermit verbundene Errechnung von Rentenanwartschaften ist aber zulässig, wenn es sich hierbei um eine untergeordnete Hilfs- oder Nebentätigkeit bei der Vorbereitung oder der Durchführung des Abschlusses eines Lebensversicherungsvertrages handelt.[154]

37   Wenn bei der Beratung Fehler in Fragen der Sozialversicherung innerhalb der Sphäre des Lebensversicherungsunternehmens entstanden sind, so trägt hierfür das Versicherungsunternehmen die Verantwortung. Dagegen trägt der Kunde die Verantwortung für diejenigen Ursachen der fehlerhaften Beratung, die in seiner Sphäre liegen (also beispielsweise, wenn er dem Versicherungsunternehmen unrichtige oder unvollständige Sozialversicherungsunterlagen vorlegt). Jedoch fallen in die Haftungssphäre eines Lebensversicherungsunternehmen auch solche Fehler, die darin bestehen, dass ein Versicherungskunde nachweislich nicht auf alle Umstände hingewiesen worden ist, die für seine Beratung von Bedeutung sind oder er nicht nach allen solchen Umständen befragt worden ist.[155]

6. Provisionsweitergabeverbot

38   **a) Ausgangslage.** Gemäß § 81 Abs. 2 Satz 4 VAG (§ 81 Abs. 2 Satz 3 VAG a. F.) ist die Aufsichtsbehörde ermächtigt, allgemein oder für einzelne Versiche-

---

[148] LG Frankfurt, Urt. v. 20. 8. 1987 – 2/6 O 367/87.
[149] BGH, Urt. v. 20. 5. 2009 – I ZR 220/06, NJW-RR 2009, 1650, 1652 = VersR 2009, 1555, 1557 = WM 2009, 1770, 1772.
[150] OLG Frankfurt/M., Urt. v. 23. 6. 1987 – 22 U 1/87, VersR 1987, 985; OLG Karlsruhe, Beschl. v. 1. 10. 1987 – 3 Ss 73/87, VersR 1987, 1217; KG v. 13. 5. 1988, 183; OLG Hamm v. 25. 4. 1989, NJW-RR 1989, 1061; OLG Stuttgart, Urt. v. 28. 12. 1990 – 2 U 121/90, VersR 1991, 883, 884.
[151] BGH v. 5. 2. 1987, NJW-RR 1987, 875 = MDR 1987, 730 und 731.
[152] BGH, Beschl. v. 5. 2. 1987, ZIP 1987, 740; *Spatz*, Grundsätzliche Zulässigkeit der Werbung mit computerunterstützter Rentenberatung durch Lebensversicherer, VersR 1993, 1183, 1184.
[153] BGH, Beschl. v. 5. 2. 1987, ZIP 1987, 740; LG Nürnberg-Fürth, Urt. v. 1. 9. 1988 – 1 HKO 5366/88, VersR 1989, 746.
[154] BGH, Urt. v. 19. 6. 1981 – I ZR 100/79, VersR 1981, 1076 = NJW 1981, 2811; OLG Celle NJW-RR 1986, 399; OLG Hamm NJW-RR 1986, 705; OLG Köln NJW-RR 1986, 917; LG München I v. 14. 6. 1988 – 16 HK O 9728/88; LG Nürnberg-Fürth, Urt. v. 1. 9. 1988 – 1 HKO 5366/88, VersR 1989, 746.
[155] GB BAV 1970, 55; VerBAV 1974, 82. Siehe auch VW 1972, 68.

E. Vermittlung und Betreuung der Lebensversicherung   39   Einl. E

rungszweige den Versicherungsunternehmen oder den Vermittlern von Versicherungsverträgen zu untersagen, dem Versicherungsnehmer in irgendeiner Form Sondervergütungen zu gewähren. Die Ermächtigung des § 81 Abs. 2 Satz 4 VAG und die nach dieser Bestimmung erlassenen Anordnungen beruhen an sich auf dem allgemeinen versicherungsrechtlichen Gleichbehandlungsgebot, dessen Einhaltung zur umfassenden Wahrung der Belange der Versicherten erforderlich ist.[156] Ursprünglicher Anlass der in der Notsituation des Jahres 1923 in das VAG eingefügten Ermächtigung zum Erlass von Vorschriften über das Verbot von Begünstigungsverträgen und Sondervergütungen (§ 81 Abs. 2 Satz 4 und 5 VAG) war es nach der Begründung der Bundesregierung zum Entwurf eines Dritten Durchführungsgesetzes/EWG zum VAG zum einen eine weitere Steigerung der Verwaltungskosten der Versicherungsunternehmen zu vermeiden.[157] Der Fortbestand der Ermächtigung zum Erlass des Begünstigungs- und Provisionsabgabeverbots wurde bei der Beratung des Dritten Durchführungsgesetzes/EWG zum VAG vom 21. Juli 1994[158] ausweislich der Beschlussempfehlung und dem Bericht des Finanzausschusses zu diesem Gesetz nur noch damit gerechtfertigt, dass eine Aufgabe des Verbots die Qualität der Beratung beeinträchtigen und die Existenz vieler Versicherungsvermittler gefährden könnte; auch wurde die Gefahr einer Verminderung der Markttransparenz gesehen.[159] Hieraus entnimmt der BGH, dass das Verbot der Gewährung von Sondervergütungen nicht mehr dem Erhalt der Bonität der Versicherungsunternehmen dient, sondern es vielmehr um allgemeine Interessen des Verbraucherschutzes und die finanziellen Interessen der Vermittler geht.[160]

b) Provisionsweitergabeverbot. Von der Ermächtigung des früheren § 81   39
Abs. 2 Satz 3 VAG machte das damalige Reichsaufsichtsamt für das Versicherungswesen durch Ziffer I der Anordnung vom 8. März 1934 Gebrauch.[161] Den Lebensversicherungsunternehmen und den für sie tätigen Vermittlern wurde verboten, den Versicherungsnehmern Sondervergütungen zu gewähren. Zu den nach der Anordnung betreffend Lebensversicherungen unzulässigen Sondervergütungen an Versicherungsnehmer oder versicherte Personen zählt insbesondere die Gewährung von Provisionen.[162] Das vorkonstitutionelle Verbot der Gewährung

---

[156] *Gerlach*, Zur Zulässigkeit aufsichtsbehördlicher Provisionsabgabeverbote, VerBAV 1972, 149; krit. dazu *Gärtner*, Das aufsichtsbehördliche Begünstigungsverbot für die Sachversicherung und die Praxis der Gewährung von Konkurrenzrabatten, VW 1967, 1088, 1092 f.; *derselbe*, Zur Zulässigkeit von Sondervergütungen in der Sachversicherung unter besonderer Berücksichtigung der Rechtslage bei firmeneigenen Vermittlungsgesellschaften, VersR 1967, 1118, 1122.; *Werber*, Zur Begründung und aktuellen Tragweite eines Gleichbehandlungsgebots im Versicherungswesen, VW 1981, 1378, 1386; *Dreher*, Das deutsche versicherungsaufsichtsrechtliche Begünstigungsverbot und das europäische Versicherungsrecht, VersR 1997, 1, 5; *Nell/Karten*, Das Provisionsabgabeverbot für Versicherungsvermittler, in: Recht und Ökonomie der Versicherung, Festschrift für E. Lorenz, Karlsruhe, VVW, 1994, S. 389, 394.
[157] BT-Drucks. 12/6959, S. 83; BGH, Urt. v. 19. 12. 1984 – I ZR 181/82, BGHZ 93, 177, 180 f. = VersR 1985, 485, 486; BAV VersR 1989, 942; *Gebhard*, Gefahren für die finanzielle Stabilität der auf dem deutschen Markt vertretenen Lebensversicherer im Zuge des europäischen Binnenmarktes, Karlsruhe, VVW, 1995, S. 348.
[158] BGBl. I S. 1630.
[159] BT-Drucks. 12/7595, S. 104 u. 109.
[160] Vgl. BGH, Urt. v. 17. 6. 2004 – III ZR 271/03, NJW-RR 2004, 1545, 1547 = VersR 2004, 1029, 1031 = r+s 2004, 383, 384 = MDR 2004, 1104, 1105.
[161] VerAfP 1934, 99, 100; dazu *Mohr*, Über das Verbot von Begünstigungsverträgen bei der Gruppenlebensversicherung und die Rechtsnatur der Gruppenversicherungsrichtlinien, VersR 1963, 1094, 1095 f.
[162] Vgl. R 3/94 des BAV v. 10. 11. 1994, VerBAV 1995, 3; BGH, Urt. v. 19. 12. 1984 – I ZR 181/82, BGHZ 93, 177 = VersR 1985, 485; BGH, Urt. v. 17. 6. 2004 – III ZR

von Sondervergütungen gilt als bundesrechtliche Rechtsverordnung fort[163] und ist nicht als verfassungswidrig anzusehen.[164] Das in der Anordnung bestimmte Verbot, Sondervergütungen zu gewähren, richtet sich einseitig an die Versicherungsunternehmen und die Vermittler.[165] Der Anordnung des Provisionsabgabeverbots unterliegen allerdings nur diejenigen Versicherungsunternehmen, die der Aufsicht des BAV unterstehen, nicht jedoch diejenigen, die von den Ländern beaufsichtigt werden.[166] Täter einer nach § 144a Abs. 1 Nr. 3 VAG bußgeldbedrohten Zuwiderhandlung gegen die Anordnung können nur die Vermittler von Versicherungsverträgen und möglicherweise die das Versicherungsunternehmen vertretenden Personen (§ 9 OWiG) sein.[167] Die Versicherungsbranche sprach sich stets für die Aufrechterhaltung des Provisionsabgabeverbots aus und sorgt für die Einhaltung auch im Wege eines nicht rechtsfähigen Vereins, der folgenden Namen führt:

„Wiesbadener Vereinigung. – Abkommen der Versicherungsunternehmen zur Durchführung rechtlich begründeter Provisionsregelungen –".

40 Nach dem Abkommen der Versicherungsunternehmen zur Durchführung rechtlich begründeter Provisionsregelungen in der Fassung vom 11. März 2004 ist es den Versicherungsunternehmen und den Versicherungsvertretern verboten, Provisionen an die Versicherungsnehmer abzugeben.[168] Das Abkommen verstößt nicht gegen das GWB.[169] Die Beachtung des Verbots von Sondervergütungen (u. a. Provisionsabgabe) und Begünstigungsverträgen enthält auch der Code of

---

271/03, NJW-RR 2004, 1545, 1546 = VersR 2004, 1029, 1030; siehe ferner *Klinge*, Das Provisionsabgabeverbot in der Lebensversicherung, VuR 2008, 125.
[163] Vgl. BGH, Urt. v. 19. 12. 1984 – I ZR 181/82, BGHZ 93, 177, 179 = NJW 1985, 3018, 3019 = VersR 1985, 485, 486 = VerBAV 1985, 279, 280 = MDR 1985, 553; OLG Köln, Urt. v. 18. 6. 1990 – 10 U 13/90, VersR 1991, 1373; AG Hamburg, Urt. v. 24. 11. 1992, NJW-RR 1993, 1372; OLG Hamburg, Urt. v. 16. 6. 1995 – 11 U 76/94, NJW-RR 1997, 1381, 1382; LG Hamburg, Urt. v. 23. 7. 1998, NVersZ 1999, 32; OLG Hamburg, Urt. v. 15. 2. 2000, VerBAV 2000, 163, 165; BAV VerBAV 1989, 187 = VersR 1989, 942; BGH, Urt. v. 17. 6. 2004 – III ZR 271/03, NJW-RR 2004, 1545, 1546 = VersR 2004, 1029, 1030 = r+s 2004, 383 = MDR 2004, 1104; *Werber*, Zur Sonderbehandlung von Versicherungsnehmern und den Grundlagen ihrer Beurteilung, in: Festschrift für Sieg, Karlsruhe, VVW, 1976, S. 541, 543/544; *Jannott*, Der Grundsatz der Gleichbehandlung in der Versicherungswirtschaft, in: Recht und Ökonomie der Versicherung, Festschrift für E. Lorenz, Karlsruhe, VVW, 1994, S. 341, 345.
[164] KG, Beschl. v. 3. 6. 1994 – 2 Ss 125/90–5 Ws (B) 192/90, VersR 1995, 445, 446 = VerBAV 1995, 129; *Unger*, Die Versicherungsvermittlung im Wirkungsfeld des Aufsichts- und Wettbewerbsrechts, Karlsruhe, VVW, 1987, S. 58; krit. dazu *Dreher*, Die europa- und verfassungsrechtliche Beurteilung des Provisionsabgabeverbots in der Lebensversicherung, VersR 2001, 1, 10.
[165] BGH, Urt. v. 17. 6. 2004 – III ZR 271/03, NJW-RR 2004, 1545, 1547 = VersR 2004, 1029, 1030 = r+s 2004, 383, 384 = MDR 2004, 1104, 1105.
[166] BGH, Urt. v. 17. 6. 2004 – III ZR 271/03, NJW-RR 2004, 1545, 1547 = VersR 2004, 1029, 1031 = r+s 2004, 383, 384 = MDR 2004, 1104, 1105; *Dreher*, Die zivilrechtliche Beurteilung von Provisionsabgabevereinbarungen und die Zuständigkeit der Kartellgerichte, VersR 1995, 1, 3; *Bähr* in: Fahr/Kaulbach/Bähr, VAG, 3. Aufl., 2003, § 81 VAG Rdn. 34.
[167] BGH, Urt. v. 19. 12. 1984 – I ZR 181/82, BGHZ 93, 177, 181 = NJW 1985, 3018 = VersR 1985, 485, 486; BGH, Urt. v. 17. 6. 2004 – III ZR 271/03, NJW-RR 2004, 1545, 1547 = VersR 2004, 1029, 1030 = r+s 2004, 383, 384 = MDR 2004, 1104, 1105; *Dreher* VersR 1995, 1, 2.
[168] Siehe zu den Vorfassungen VW 1999, 813.
[169] LG Düsseldorf, Urt. v. 24. 5. 2006 – 34 O (Kart) 67/06, VersR 2007, 1109; *Emde*, Vertriebsrecht: Rechtsprechungs- und Literaturüberblick 2007 (2. Teil), BB 2008, 2755, 2757.

E. Vermittlung und Betreuung der Lebensversicherung   41, 42   **Einl. E**

Conduct des Verbandes Deutscher Versicherungs-Makler e.V. in Ziffer 8.[170] Ein Verstoß gegen das Provisionsabgabeverbot ist zugleich ein Wettbewerbsverstoß gegen § 1 UWG, weil sich der Versicherungsvermittler bewusst und planmäßig über bestehende Rechtsvorschriften hinwegsetzt, obwohl für ihn erkennbar ist, dass er dadurch einen sachlich nicht gerechtfertigten Vorsprung vor gesetzestreuen Mitbewerbern erlangen kann.[171]

c) Verbot der Gewährung von Sondervergütungen. Für den Bereich der   41
Lebensversicherung wurden von der Aufsichtsbehörde zum Verbot der Gewährung von Sondervergütungen Auslegungshinweise gegeben.[172] In der Folgezeit hielt die Aufsichtsbehörde an dem Verbot der Gewährung von Sondervergütungen fest und forderte die Einhaltung dieses Verbotes ein.[173] Das von der Aufsichtsbehörde ausgesprochene Verbot, dem Versicherungsnehmer Sondervergütungen zu gewähren, gilt auch für alle Personen, die die Vermittlung von Versicherungsverträgen übernehmen, sei es als Vertreter oder als Versicherungsmakler.[174]

d) Vereinbarkeit mit dem EG-Recht. Die Diskussion zu diesem Thema ist   42
belebt worden durch das Urteil des EuGH vom 1. Oktober 1987 zum Provisionsabgabeverbot für Reiseagenturen in Belgien,[175] dem Financial Services Act in Großbritannien und der dort vorgesehenen Offenlegung von Provisionen und dem Urteil des LG Heidelberg vom 31. Mai 1989. Das LG Heidelberg[176] stellte im sogenannten „Fall Meng" die Unvereinbarkeit des Provisionsabgabeverbots mit Art. 85 EWGV fest. Zur Begründung führte das LG Heidelberg aus, dass das Provisionsabgabeverbot eine den europäischen Wettbewerbsbestimmungen zuwiderlaufende Kartellabsprache enthalte, die geeignet sei, den Handel zwischen den Mitgliedstaaten zu beeinträchtigen.[177] Das Urteil fand im Schrifttum zu Recht keine Zustimmung.[178] Die Aufsichtsbehörde nahm das Urteil zum Anlass auf die unveränderte Gültigkeit des Provisionsabgabeverbots hinzuweisen.[179] Das Berliner

---

[170] Dazu *Durstin/Peters,* Versicherungsberater und Versicherungsmakler in der rechtspolitischen Entwicklung, VersR 2007, 1456, 1463.
[171] BGH, Urt. v. 19. 12. 1984 – I ZR 181/82, VersR 1985, 485, 487 = VerBAV 1985, 279, 282 = GRUR 1985, 447, 450; OLG Hamburg, Urt. v. 16. 6. 1995 – 11 U 76/94, NJW-RR 1997, 1381, 1382.
[172] Vgl. R 1/73 v. 4. 5. 1973 – Sondervergütungen und Begünstigungsverträge in der Lebensversicherung, VerBAV 1973, 128; R 3/94, VerBAV 1995, 3.
[173] Siehe hierzu VerAfP 1934, 105 (Provision an Agent als VN); GB BAV 1958/59, 24; GB BAV 1965, 39/40 (firmeneigene bzw. versicherungsnehmereigene Versicherungsvermittlungsgesellschaften); GB BAV 1972, 49; GB BAV 1976, 33 (Provisionen für Vorstandsmitglieder); GB BAV 1977, 25 (Zusammenarbeit von VU mit Vereinen und Verbänden); VerBAV 1981, 4 (firmeneigene bzw. versicherungsnehmereigene Versicherungsvermittlungsgesellschaften); GB BAV 1982, 43; GB BAV 1985, 46; GB BAV 1987, 44; VerBAV 1989, 187 = VersR 1989, 942.
[174] BGH, Urt. v. 19. 12. 1984 – I ZR 181/82, BGHZ 93, 177, 181 = VersR 1985, 485, 487 = VerBAV 1985, 279, 281 = MDR 1985, 553; OLG Celle, Urt. v. 23. 2. 1994 – 11 U 79/93, VersR 1994, 856; KG, Beschl. v. 3. 6. 1994 – 2 Ss 125/90 – 5 Ws (B) 192/90, VersR 1995, 445, 446 = VerBAV 1995, 129, 130.
[175] EuGH, Urt. v. 1. 10. 1987 – Rs 311/85, VersR 1989, 349.
[176] LG Heidelberg, Urt. v. 31. 5. 1989 – O 126/88 KfH II, NJW-RR 1990, 362 = VersR 1989, 941 = BB 1989, 1845.
[177] LG Heidelberg, Urt. v. 31. 5. 1989 – O 126/88 KfH II, NJW-RR 1990, 362 = VersR 1989, 941 = BB 1989, 1845.
[178] Vgl. *Hootz* BB 1989, 1846; *Müller-Stein* VersR 1989, 941; *Martinek/Oechsler,* Die EG-kartellrechtliche Stellung der deutschen Versicherungsvermittler. Zur wettbewerblichen Unentbehrlichkeit und kartellrechtlichen Schutzwürdigkeit von Ausschließlichkeitsbindungen, Fremdgeschäftsverboten und Provisionsweitergabeverboten der Versicherungsvertreter im EG-Binnenmarkt, Karlsruhe, VVW, 1993, S. 100, 114 f.
[179] BAV VerBAV 1989, 187.

Kammergericht legte die Frage der Unvereinbarkeit des Provisionsweitergabeverbots mit dem EWG-Vertrag dem EuGH vor.[180] Der EuGH stellte aufgrund dieser Vorlage mit Urteil vom 17. November 1993 ausdrücklich für den Bereich der Krankenversicherung und der Rechtsschutzversicherung fest, dass das bestehende deutsche staatliche Provisionsabgabeverbot den Artikeln 3 lit. f, 5 Abs. 2, 85 EWGV nicht entgegensteht.[181] Das Berliner Kammergericht verneinte daraufhin in seinem Beschluss vom 3. Juni 1994 unter Hinweis auf die Rechtsauffassung des EuGH einen Verstoß gegen das EG-Recht.[182] Soweit das Provisionsweitergabeverbot für den Bereich der Lebensversicherung kartellrechtlich gerichtlich in Frage gestellt wurde, hatte der entsprechende Versuch keinen Erfolg.[183]

43 **e) Einzelfälle.** Unzulässig ist der klassische Fall der direkten Weitergabe der Provision an den Versicherungsnehmer durch den Vermittler, wobei schon das Versprechen der Provisionsabgabe das aufsichtsbehördliche Verbot der Provisionsabgabe verletzt.[184] Das Verbot der Provisionsweitergabe lässt sich auch nicht dadurch unterlaufen, dass der Vermittler im Zuge der Vermittlung einer Tilgungslebensversicherung Provisionsteile der kreditgebenden Bank zukommen lässt, um hiermit zu Gunsten des Versicherungsnehmers das nach dem Darlehensvertrag fällige Agio zu finanzieren. Auch in diesem Fall liegt ein Verstoß gegen das aufsichtsbehördliche Verbot der Gewährung von Sondervergütungen vor.[185] Eine vergleichbare Situation besteht beim Refinanzierungsgeschäft, wenn der Vermittler auf Provision verzichtet, um für den Kunden bessere Zinskonditionen bei der Vergabe des Bankdarlehens zu erreichen, das vom Lebensversicherer refinanziert wird.[186] Unzulässig ist es ferner, Sondervergünstigungen in Gestalt von Vermittlungsbeträgen oder der Übernahme von Steuerberaterhonoraren in Aussicht zu stellen oder zu gewähren.[187] Rechtlich bedenklich ist auch eine Provisionsteilungsvereinbarung zwischen dem steuerlichen Berater und dem Versicherungsvermittler, wenn der Steuerberater sich für die Empfehlung eines Versicherungs-

---

[180] KG Berlin, Vorlagebeschl. v. 26. 11. 1990 – 2 Ss 125/90 – 5 Ws (B) 192/90, VersR 1991, 289.
[181] EuGH, Urt. v. 17. 11. 1993 – Rs C-2/91, NJW 1994, 1717 = VersR 1994, 161 = VerBAV 1994, 81 = ZIP 1993, 1898 = WM 1994, 858; dazu *Dreher*, Die einzelstaatliche Regulierung des Wettbewerbs und das europäische Recht – Das Beispiel der deutschen Provisionsabgabeverbote nach dem Meng-Urteil des EuGH, WuW 1994, 193 ff.
[182] KG Berlin, Beschl. v. 3. 6. 1994 – 2 Ss 125/90 – 5 Ws (B) 192/90, VersR 1995, 445, 447 = VerBAV 1995, 129, 131; *Habermeier* in: Martinek/Semler/Habermeier, Vertriebsrecht, 2. Aufl., München, Beck, 2003, § 30 Rdn. 53.
[183] Vgl. LG Düsseldorf, Urt. v. 30. 4. 1997, VerBAV 1999, 231, 232 f.; hierzu und mit dem Ergebnis, dass das Provisionsabgabeverbot in der Lebensversicherung zwingend europarechtswidrig erscheine: *Dreher*, Die europa- und verfassungsrechtliche Beurteilung des Provisionsabgabeverbots in der Lebensversicherung, VersR 2001, 1, 10; *Winter*, Das Provisionsabgabeverbot in der Lebensversicherung – Grenzen und zivilrechtliche Auswirkungen, VersR 2002, 1055, 1057; *derselbe*, Versicherungsaufsichtsrecht, Karlsruhe, VVW, 2007, S. 666; *Dreher/Kling*, Kartell- und Wettbewerbsrecht der Versicherungsunternehmen, München, Beck, 2007, § 12 Rdn. 520; offen geblieben in BGH, Urt. v. 17. 6. 2004 – III ZR 271/03, NJW-RR 2004, 1545, 1546 = VersR 2004, 1029, 1030 = r+s 2004, 383.
[184] Ausdrücklich für den Bereich der Lebensversicherung entschieden durch BGH, Urt. v. 19. 12. 1984 – I ZR 181/82, VersR 1985, 485, 487 = VerBAV 1985, 485, 487 = GRUR 1985, 447, 449; OLG Köln, Urt. v. 18. 6. 1990 – 10 U 13/90, VersR 1991, 1373/1374.
[185] Vgl. LG Berlin, Urt. v. 14. 8. 2001 – 7 O 144/01, NVersZ 2002, 304, 305 = VersR 2002, 1270; LG Berlin, Urt. v. 29. 11. 2001, r+s 2002, 102.
[186] *Specht*, Die Refinanzierungsdarlehen von Lebensversicherungsunternehmen unter wirtschaftlichen und aufsichtsrechtlichen Aspekten, Karlsruhe, VVW, 1999, S. 68.
[187] Vgl. BGH, Urt. v. 19. 12. 1984 – I ZR 181/82, VersR 1985, 485, 487 = VerBAV 1985, 279, 282.

E. Vermittlung und Betreuung der Lebensversicherung   44   Einl. E

abschlusses an seine Mandanten Provisionen oder andere Vermögensvorteile versprechen lässt. Dem Vorwurf des Treuebruchs kann er nur dadurch entgehen, dass er den Mandanten, denen er den Versicherungsabschluss nahe legt, gleichzeitig seine Provisionsaussicht offenbart.[188] Erhält der Steuerberater vom Vermittler Provision für die Zuführung eines Mandanten, mit dem es zum Geschäftsabschluss gekommen ist, hat der Steuerberater die Provision an seinen Mandanten herauszugeben.[189] Diese Grundsätze finden auch auf den Anlageberater Anwendung. Er kann dem Vorwurf des Treuebruchs nur entgehen, wenn er seinem Klienten, dem er die Beteiligung an einem Projekt nahe legt, das ihm erteilte Provisionsversprechen offenbart.[190]

f) **Rechtsfolgen.** Das durch die Anordnung des Reichsaufsichtsamts für Privatversicherung vom 8. März 1934 gegenüber den Lebensversicherungsunternehmen und den Vermittlern von Lebensversicherungsverträgen ausgesprochene Verbot, Versicherungsnehmern in irgendeiner Form Sondervergütungen zu gewähren, enthält kein gesetzliches Verbot mit der Nichtigkeitsfolge im Sinne des § 134 BGB.[191] Eine gegen das Provisionsabgabeverbot verstoßende Provisionsteilungsvereinbarung ist daher nicht gemäß § 134 BGB mit der Folge nichtig, dass der Versicherungsvermittler die Rückzahlung der dem Versicherungsnehmer überlassenen Provision aus keinem Rechtsgrund verlangen kann.[192] Auch stehen dem Versicherer gegen Ansprüche aus dem Versicherungsvertrag keine aufrechnungsfähigen Ansprüche gegen den Versicherungsnehmer mit Blick auf eine gegen das Provisionsabgabeverbot verstoßende Provisionsteilungsvereinbarung des Versicherungsnehmers mit dem Versicherungsvermittler zu.[193] In der Begründung wird vom OLG Hamburg zutreffend ausgeführt, dass sich das Provisionsabgabeverbot nicht an den Versicherungsnehmer richte[194] und deshalb die Provisionsteilungsvereinbarung nicht als sittenwidrig eingestuft werden könne.[195]

44

---

[188] BGH, Urt. v. 23. 10. 1980 – IV a ZR 28/80, BGHZ 78, 263, 268 = NJW 1981, 399, 400; BGH, Urt. v. 19. 6. 1985 – IV a ZR 196/83, NJW 1985, 2523 = WM 1985, 1071; BGHZ 95, 81, 84; BGH, Urt. v. 25. 2. 1987 – IVa ZR 214/85, VersR 1987, 767.
[189] OLG Koblenz, Urt. v. 28. 2. 1991 – 5 U 1248/90, VersR 1991, 1300.
[190] KG, Urt. v. 3. 3. 2008 – 20 U 46/06, WM 2008, 1445, 1448.
[191] Vgl. OLG Celle, Urt. v. 23. 2. 1994 – 11 U 79/93, VersR 1994, 856; OLG Frankfurt/M., Urt. v. 12. 11. 1993 – 10 U 29/91, VersR 1995, 92, 94 = r+s 1995, 159 m. Nichtannahmebeschl. des BGH v. 19. 10. 1994 – IV ZR 39/94, BGHR BGB § 626 Abs. 1 – Versicherungsmakler 1; OLG Hamburg, Urt. v. 30. 11. 1993 – 7 U 61/93, VersR 1995, 817; BGH, Urt. v. 17. 6. 2004 – III ZR 271/03, NJW-RR 2004, 1545, 1546 = VersR 2004, 1029, 1030 = r+s 2004, 383, 384 = VW 2004, 1429 = MDR 2004, 1104, 1105; a. A. OLG Köln, Urt. v. 18. 6. 1990 – 10 U 13/90, VersR 1991, 1373, 1374; OLG Hamburg, Urt. v. 15. 2. 2000 – 9 U 174/98, VerBAV 2000, 163, 165; AG Hamburg, Urt. v. 24. 11. 1992, NJW-RR 1993, 1372/1373; LG Hamburg, Urt. v. 23. 7. 1998 – 322 O 261/97, NVersZ 1999, 32, 33; *Schwarz*, Versichertengemeinschaft und zivilrechtliche Wirksamkeit sog. Provisionsteilungsabreden, NJW 1995, 491, 494; offen geblieben in BGH, Urt. v. 28. 11. 1996 – IX ZR 204/95, NJW-RR 1997, 1381.
[192] OLG Celle, Urt. v. 23. 2. 1994 – 11 U 79/93, VersR 1994, 856; OLG Hamburg NJW-RR 1997, 1381; *Dreher*, Die zivilrechtliche Beurteilung von Provisionsabgabevereinbarungen und die Zuständigkeit der Kartellgerichte, VersR 1995, 1, 2 f.
[193] Vgl. OLG Hamburg, Urt. v. 30. 11. 1993 – 7 U 61/93, VersR 1995, 817 = r+s 1997, 37 m. Nichtannahmebeschl. des BGH v. 9. 11. 1994 – IV ZR 325/93, VersR 1995, 817.
[194] Ebenso LG Berlin, Urt. v. 14. 8. 2001 – 7 O 144/01, NVersZ 2002, 304, 305 = VersR 2002, 1227.
[195] OLG Hamburg, Urt. v. 30. 11. 1993 – 7 U 61/93, VersR 1995, 817 = r+s 1997, 37, 38; *Sieg*, Betrachtungen zum Urteil des EuGH über Provisionsabgabeverbote der Reisevermittler, VersR 1989, 217.

Unstreitig ist und war stets, dass der vermittelte Versicherungsvertrag auch im Falle einer etwaigen Nichtigkeit der Provisionsteilungsvereinbarung unberührt bleibt.[196]

45 **g) Versteuerung der Provisionsabgabe.** Die vom Versicherungsvermittler an den Versicherungsnehmer weitergegebene Provision stellt wirtschaftlich gesehen eine Beitragsminderung der zu zahlenden Prämien mit der Folge dar, dass der Versicherungsnehmer diese Zahlung nicht als sonstige Einkünfte nach § 22 Nr. 3 EStG versteuern muss.[197]

III. Vermittlung der Lebensversicherung

1. Lebensversicherungen als Finanzdienstleistungsprodukte

46 Bis Anfang der achtziger Jahre herrschte unter Banken, Versicherungen und Bausparkassen weitgehend Arbeitsteilung.[198] Diese Arbeitsteilung schloss aber eine Zusammenarbeit nicht aus. Banken, Versicherer und Bausparkassen arbeiteten z. B. in der Refinanzierung, Bau-, Gewerbe- und Praxisfinanzierung über Kooperationsabkommen zusammen. Mit Entstehen der Auffassung, dass zur optimalen Nutzung und Sicherung der Kundenbeziehungen und zur Stärkung der eigenen Vertriebswege dem Kunden neben einem kompletten Angebot für den Versicherungsbedarf auch Finanzprodukte angeboten werden müssten, kam es zunehmend zur Aufkündigung der traditionellen Arbeitsteilung zwischen Versicherungs- und Kreditbranche. Sie veranlasste große Versicherer, sich an Kreditinstituten zu beteiligen, und Banken, Versicherer zu gründen oder sich an Versicherungsunternehmen zu beteiligen.[199] Mit dieser Entwicklung ging einher, dass Vermittler zunehmend zugleich Versicherungs- und Bankprodukte anbieten.[200] Diese Produkte werden vielfach als Finanzdienstleistungsprodukte angesehen.[201] Der Vermittler von Lebensversicherungen ist damit Anbieter von Finanzdienstleistungen.[202] Hierunter werden Dienstleistungen verstanden, die der Kunde zum Aufbau, zur Be-

---

[196] Vgl. LG Köln, Urt. v. 19. 9. 1984 – 24 O 64/83, VersR 1985, 384, 385; OLG Hamburg, Urt. v. 16. 6. 1995 – 11 U 76/94, NJW-RR 1997, 1381, 1382; LG Berlin, Urt. v. 14. 8. 2001 – 7 O 144/01, NVersZ 2002, 304, 305 = VersR 2002, 1227; LG Berlin, Urt. v. 29. 11. 2001, r+s 2002, 437; OLG Hamm, Urt. v. 25. 9. 2002 – 20 U 63/02, VersR 2003, 446, 447 = r+s 2003, 292, 293; a. A. OLG Hamburg, Urt. v. 15. 2. 2000 – 9 U 174/98, VerBAV 2000, 163, 165; Vorinstanz LG Hamburg, Urt. v. 23. 7. 1998 – 322 O 261/97, VerBAV 1998, 327.

[197] FG München, Urt. v. 7. 6. 2002 – 8 K 2742/01, EFG 2003, 463 = DB 2003, 1084; BFH-Revision – IX R 62/02; BFH, Urt. v. 2. 3. 2004 – IX R 68/02, BB 2004, 923, 924 = DB 2004, 913, 914 = WPg 2004, 873.

[198] *Hänle*, Die Geschäfte des Allfinanzdienstleistungsvermittlers bei Kombinationsmodellen: Berufsbild, Haftung, Haustürgeschäft, Täuschung unter besonderer Berücksichtigung der Haftung der dahinterstehenden Produktgeber, Frankfurt/M., Lang, 2002, S. 23.

[199] Siehe hierzu *Blankenburg*, Versicherungsmakler und Finanzdienstleistungen, in: Beiträge über den Versicherungsmakler, Ewald Lahno gewidmet, Heft 13 der Veröffentlichungen der Hamburger Gesellschaft zur Förderung des Versicherungswesens mbH, Hamburg, 1992, S. 47, 49; *Hansen*, Allfinanzkonzepte auf dem Prüfstand, AG 2002, R 356 ff.

[200] Zum Fondsvertrieb durch Versicherungsvermittler siehe *Wolf*, Pflichtenstandards bei der Kapitalanlagevermittlung durch den Versicherungsvertrieb, NVersZ 2001, 392 ff.

[201] Vgl. *Stracke/Geitner*, Finanzdienstleistungen: Handbuch über den Markt und die Anbieter, Heidelberg, Verl. Recht und Wirtschaft, 1992, S. 37.

[202] *Feyerabend* in: Martinek/Semler/Habermeier, Vertriebsrecht, 2. Aufl., München, Beck, 2003, § 42 Rdn. 5; *Benölken/Gerber/Skudlik*, Versicherungsvertrieb im Wandel, Wiesbaden, Gabler, 2005, S. 33.

E. Vermittlung und Betreuung der Lebensversicherung 47 Einl. E

wirtschaftung und Absicherung seines Vermögens benötigt.[203] Von daher ist es nur konsequent, wenn mit Blick auf den in Deutschland entstandenen integrierten Finanzmarkt,[204] die Bundesanstalt für Finanzdienstleistungsaufsicht durch das Gesetz über die integrierte Finanzdienstleistungsaufsicht vom 22. April 2002[205] mit Wirkung vom 1. Mai 2002 errichtet worden ist,[206] zu deren Finanzierung die beaufsichtigten Unternehmen im Wege der Umlage verpflichtet sind.[207] Nicht umgesetzt wurde damit der Vorschlag des Präsidenten der Bundesbank, der sich im Frühjahr 2000 für eine Zusammenfassung der Banken-, Versicherungs- und Wertpapierhandelsaufsicht unter dem Dach der Bundesbank eingesetzt hatte.[208] Derzeit unterliegen die selbständigen Versicherungsvertreter und Versicherungsmakler nicht der Versicherungsaufsicht, so dass die Aufsichtsbehörde nicht unmittelbar gegen Versicherungsmakler einschreiten kann, wenn diese gegen gesetzliche Vorschriften oder aufsichtsbehördliche Grundsätze verstoßen.[209]

2. Vertriebswege für Versicherungen

a) **Vertriebswege.** In der Versicherungsbranche ist es in Abhängigkeit von der 47 Geschäftspolitik des einzelnen Versicherungsunternehmens üblich, Versicherungsprodukte über verschiedene Vertriebskanäle direkt und/oder indirekt anzubieten.[210] Dabei kann auch das Internet eine gute Ergänzung zu den klassischen Vertriebswegen bieten.[211] Beim direkten Vertrieb steht zwischen dem Versicherer und dem Kunden kein Vermittler. Versicherer, die ihre Produkte direkt anbieten, erlangten bisher keinen signifikanten Marktanteil und spielen, gemessen am vermittelten Versicherungsbestand sowie am vermittelten Neugeschäft, nach wie vor eine deutlich untergeordnete Rolle.[212] Dieser Vertriebsweg wird oft überschätzt, während der Aufwand oft unterschätzt wird.[213] Vorherrschend ist der indirekte Vertrieb über Vermittler, die gegenüber dem Kunden als Repräsentanten einer

---

[203] *Stracke/Geitner,* Finanzdienstleistungen: Handbuch über den Markt und die Anbieter, Heidelberg, Verl. Recht und Wirtschaft, 1992, S. 37.
[204] Vgl. *Hagemeister,* Die neue Bundesanstalt für Finanzdienstleistungsaufsicht, WM 2002, 1773, 1774.
[205] BGBl. I S. 1310.
[206] Ausführlich hierzu *Fricke,* Versicherungsaufsicht integriert – Versicherungsaufsicht unter dem Gesetz über die integrierte Finanzdienstleistungsaufsicht, NVersZ 2002, 337.
[207] BVerfG, Beschl. v. 16. 9. 2009 – 2 BvR 852/07, VersR 2010, 53 = WM 2009, 2023.
[208] *Feyerabend* in: Martinek/Semler/Habermeier, Vertriebsrecht, 2. Aufl., München, Beck, 2003, § 42 Rdn. 8.
[209] Vgl. GB BAV 1974, S. 32; OLG Hamburg, Urt. v. 10. 9. 1998 – 3 U 273/97, NVersZ 1999, 46, 47.
[210] Siehe hierzu *Taupitz,* Macht und Ohnmacht des Verbrauchers auf dem dekontrollierten europäischen Versicherungsmarkt, VersR 1995, 1125.
[211] *Schöffski/Samusch,* Das Internet – Grundlagen und Nutzungsmöglichkeiten in der Versicherungswirtschaft, ZVersWiss 1997, 171, 193 ff.; *Hoppmann/Moos,* Rechtsfragen des Internet-Vertriebs von Versicherungsdienstleistungen, NVersZ 1999, 197; *Weiber,* Der Vertragsschluss im Internet: Ökonomische Voraussetzungen und Konsequenzen für die Versicherungswirtschaft, Baden-Baden, Nomos, VersWissStud. 24 (2003), S. 13; *Micklitz/Ebers,* Verbraucherschutz durch und im Internet bei Abschluss von privaten Versicherungsverträgen, Baden-Baden, Nomos, VersWissStud. 24 (2003), S. 43; *Köndgen,* Beratungspflichten und Haftung für Beratungsfehler im Internet, Baden-Baden, Nomos, VersWissStud. 24 (2003), S. 139.
[212] Vgl. *v. Fürstenwerth/Marzin,* Bemerkungen zu den Vertriebswegen der deutschen Versicherungswirtschaft, in: Ein Leben mit der Versicherungswissenschaft, Festschrift für Helmut Schirmer, hrsg. v. Thomas Bielefeld u. Sven Marlow, Karlsruhe, VVW, 2005, S. 133; *Marzin,* Versicherungsvertrieb im neuen Umfeld, in: Supplement Jahrestagung 2007, ZVersWiss 2007, 305.
[213] Vgl. *Schreiber,* Aktuelle Außendienstfragen, VW 1988, 1595, 1596.

Einl. E 48, 49   Teil 2. Einleitung

oder mehrerer Gesellschaften oder als unabhängige Finanzdienstleister auftreten. Die zur Steuerung der Vertriebswege notwendigen Vergütungssysteme bedürfen immer wieder der Anpassung, insbesondere im Zuge der Einführung neuer Produkte.[214] Nach einer 2009 veröffentlichten Untersuchung von Towers Perrin stellen sich die Vertriebswegeanteile in der Lebensversicherung in 2008 wie folgt dar: Unabhängige Vermittler 28%, Ausschließlichkeitsorganisationen 27,9%, Banken 26,8%, gebundene Strukturvertriebe 8,6%, Direktvertrieb 4,4% und sonstige Vertriebe 4,3%.[215]

48 **b) Firmenrepräsentanten. aa) Angestellter Außendienst.** Als Repräsentant eines Lebensversicherungsunternehmens kann dem Kunden der angestellte Außendienst des LVU gegenübertreten, der als Vermittler betreuender und/oder als unmittelbar Endkunden akquirierender Außendienst tätig sein kann. Beim betreuenden angestellten Außendienst wird in der Regel der für die Gesellschaft tätige Vermittler bei seinen Vermittlungsbemühungen unterstützt. Eine weitere wichtige Aufgabe des betreuenden angestellten Außendienstes besteht darin, neue Vermittler für das LVU zu verpflichten. Die Zahl der Außendienstmitarbeiter wird auf 30 bis 38 000 geschätzt.

49 **bb) Vermittler.** Eine besonders wichtige Rolle bei der Vermittlung von Versicherungsverträgen im privaten und mittleren gewerblichen Geschäft spielen die 172611[216] hauptberuflich als Einfirmenvertreter tätigen Versicherungsvertreter,[217] die auch unter der Rechtsform der GmbH anzutreffen sind.[218] Der Einfirmenvertreter ist damit heute immer noch der mit Abstand wichtigste Vertriebsweg der deutschen Versicherungswirtschaft.[219] Nennenswerte Vertriebsanteile entfallen auch auf die für mehrere Gesellschaften vermittelnden sog. Mehrfachagenten, von denen im April 2009 32 484 registriert sind.[220] Den Mehrfachagenten werden auch die Strukturvertriebe[221] zugerechnet.[222] Voraussetzung ist aber, dass sie ihren Status als Mehrfachagenten offen legen. Eine zahlenmäßig große Bedeutung ha-

---

[214] Siehe hierzu *Küstner*, Verstoßen „Rennlisten" gegen datenschutzrechtliche Bestimmungen?, BB 1984, 1906 ff.; *Zietsch*, Grundlagen der Gestaltung außenorganisationsbezogener Vertriebssysteme in Versicherungsunternehmen, Karlsruhe, 1985, S. 68 ff.; *Weiss*, Vertrieb und Vermittlung von Versicherungen aus der Sicht der betriebswirtschaftlichen Theorie, ZVersWiss 1988, 217, 234 ff.; *Kasten*, Das Provisionssystem in der Lebensversicherung und der europäische Binnenmarkt, VW 1994, 1127, 1128 ff.; *Ludwig*, Vergütungssysteme in der Versicherungswirtschaft im Spannungsfeld zwischen Anbieter, Vermittler und Verbraucher, Veröffentlichungen der Forschungsstelle für Versicherungswesen Münster, Heft 22, Karlsruhe, VVW, 1994; *Fischer*, Gestaltung von Vergütungssystemen für den Außendienst, VW 1995, 436 ff.; *Recht/Scheel*, Faire Effizienzmessung im Außendienst, VW 1997, 364 ff.

[215] Quelle: AssCompact Dezember 2009, S. 12.

[216] Stand April 2009, vgl. GDV (Hrsg.), Statistisches Taschenbuch der Versicherungswirtschaft 2009, S. 9 (Quelle: DIHK).

[217] So das Gemeinsame Positionspapier des GDV und des BVK zur Zukunft des Einfirmenvertreters im Bild der Branche, VW 2002, 670. Nach *Schreiber* liegt das Privatkundengeschäft in Deutschland zu ca. 80% in den Händen der Ausschließlichkeitsorganisationen der Versicherer, vgl. *Schreiber*, Vertrieb und Vermittlung von Versicherungen aus der Sicht der Praxis, ZVersWiss 1988, 253, 255.

[218] Siehe hierzu *Emde*, Die GmbH als Handelsvertreter, GmbHR 1999, 1005 ff.

[219] *Surminski*, Vertrieb im Umbruch? Neue Herausforderungen für die Versicherungswirtschaft, ZfV 2002, 447, 454.

[220] GDV (Hrsg.), Statistisches Taschenbuch der Versicherungswirtschaft 2009, S. 9 (Quelle: DIHK).

[221] Instruktiv hierzu *Maschmeyer*, Der Strukturvertrieb als Ergänzung zur klassischen Absatzorganisation, VW 1993, 1012 ff.

[222] Vgl. *Hopt*, Moderne Vertriebsformen und Einzelheiten ihrer handelsrechtlichen Zulässigkeit, Das Zusammentreffen von Ausschließlichkeits-, Direkt- und Parallelvertrieb in der Versicherungswirtschaft, ZIP 1996, 1809, 1816/1817.

E. Vermittlung und Betreuung der Lebensversicherung

ben die nebenberuflichen Vermittler, die früher auf 250 000 geschätzt wurden,[223] jetzt auf 300 000[224] bzw. 350 000.[225] Sind Versicherungsvertreter zugleich als Vermittler von Kapitalanlagen tätig, sind sie zu richtiger und vollständiger Information über diejenigen tatsächlichen Umstände verpflichtet, die für den Anlageentschluss des Interessenten von besonderer Bedeutung sind.[226]

c) Unabhängige Finanzdienstleister. aa) Erscheinungsformen. Der Vermittler, der als unabhängiger Finanzdienstleister auftritt und Versicherungsprodukte vermittelt, wird in der Regel als Versicherungsmakler anzusehen sein.[227] Dies gilt auch für gesetzliche Krankenversicherer, wenn sie ihren Mitgliedern private Zusatzversicherungen vermitteln und dafür von den privaten Krankenversicherern einen Aufwendungsersatz erhalten.[228] Der Versicherungsmakler ist Handelsmakler im Sinne des § 93 Abs. 1 HGB.[229] Zunehmend organisieren sich die Makler in Pools, um sich gegenüber Versicherern besser zu positionieren.[230] Die Zahl der Versicherungsmakler wurde für 1990 auf ca. 3500 geschätzt.[231] Im April 2009 waren 38 883 Versicherungsmakler registriert.[232] Prognosen, dass sich in Deutschland die Zahl der Makler deutlich erhöhen werde, haben sich damit erfüllt.[233] Hohe Kosten des Ausschließlichkeitsvertreters und unvollständige Informationsvermittlung sind die Kernargumente, die mehr oder weniger modifiziert gegen das traditionell überwiegende Absatzverfahren der deutschen Versicherer zur Rechtfertigung der Prognosen vorgebracht werden und sicher nicht vollends von der Hand zu weisen sind.[234] In die Kategorie der Versicherungsmakler wird man auch die als Vermögensberatungsgesellschaften auftretenden Vermittler zu rechnen haben, wenn sie als unabhängige Finanz- und/oder Vermögensberater auftreten. Häufig sind diese Vermittler zugleich als Kreditvermittler tätig, denen in besonderen Fällen ein Makleranspruch gemäß § 354 Abs. 1 HGB zustehen kann.[235] Bislang er-

---

[223] *Bangert,* Der selbständige und der unselbständige Versicherungsvertreter – Arten, wirtschaftliche Bedeutung und Abgrenzung, Karlsruhe, VVW, 1983, S. 1.
[224] *Hagena,* Die Umsetzung der Empfehlung der EU-Kommission über Versicherungsvermittler vom 18. 12. 1991, Baden-Baden, Nomos, VersWissStud. 11 (1999), S. 35, 43.
[225] *Abram,* Schützt das neue Recht den Versicherungsnehmer gegen Folgen einer Pflichtverletzung seines Versicherungsvermittlers?, VersR 2008, 724, 727.
[226] BGH NJW-RR 1993, 1114; BGH NJW-RR 2000, 998; BGH NJW 2002, 2641, 2642; BGH NJW-RR 2003, 1690; BGH NJW-RR 2007, 348, 349; BGH NJW-RR 2007, 925 = ZIP 2007, 871; BGH, Urt. v. 12. 7. 2007 – III ZR 83/06, NZG 2007, 784, 785 (Immobilienfonds); BGH, Urt. v. 12. 7. 2007 – III ZR 145/06, NZG 2007, 783 (Immobilienfonds).
[227] Für den deutschen Markt wird angenommen, dass das hochwertige Privatkundengeschäft der Versicherungsmakler wegen Wachstums des qualifizierten Privatkundengeschäfts höchstwahrscheinlich an Bedeutung zunehmen wird, vgl. *Weiss,* Vertrieb und Vermittlung von Versicherungen aus der Sicht der betriebswirtschaftlichen Theorie, ZVersWiss 1988, 217, 230.
[228] BFH, Beschl. v. 3. 2. 2010 – I R 8/09, DB 2010, 763, 764.
[229] BGH, Urt. v. 13. 1. 2005 – III ZR 238/04, NJW-RR 2005, 568 = VersR 2005, 550, 551 = r+s 2005, 237 = WM 2005, 1477 = MDR 2005, 698.
[230] VersVerm 2000, 284.
[231] Vgl. Jahrbuch 1991 des GDV, Die deutsche Versicherungswirtschaft, S. 133. Siehe hierzu ferner *Traub,* Marktfunktion und Dienstleistung des Versicherungsmaklers auf der Grundlage informationsökonomischer Ergebnisse, Karlsruhe, VVW, 1995, S. 10.
[232] GDV (Hrsg.), Statistisches Taschenbuch der Versicherungswirtschaft 2009, S. 9 (Quelle: DIHK).
[233] Siehe VW 1991, 1541: Makler vor einer Prozessflut? Am 31. 12. 2001 waren bei der AVAD 33 165 Makler registriert, vgl. VW 2002, 1505 (AVAD setzt gute Arbeit fort: Mehr als eine halbe Million registrierter Vermittler).
[234] Vgl. *Karten,* Über die Wettbewerbsfähigkeit des Versicherungsvertreters, in: Dieter Farny und die Versicherungswissenschaft, Karlsruhe, VVW, 1994, S. 259, 260.
[235] Vgl. BGH, Urt. v. 7. 7. 2005 – III ZR 397/04, NJW-RR 2005, 1572, 1574 = VersR 2005, 1432, 1433 f.

Einl. E 51   Teil 2. Einleitung

laubnisfrei tätige Anlageberater benötigen allerdings seit 1. November 2007 für ihre Finanzdienstleistungstätigkeit eine Erlaubnis nach § 32 Abs. 1 Satz 1 KWG,[236] das Schutzgesetz im Sinne des § 823 Abs. 2 BGB zugunsten des einzelnen Kapitalanlegers ist.[237] Schutzgesetz im Sinne des § 823 Abs. 2 BGB sind auch sämtliche in § 2 Abs. 1 Nr. 1 bis 5 AuslInvestmG bezeichneten Zulässigkeitsvoraussetzungen für den Vertrieb von ausländischen Investmentanteilen.[238]

51   bb) **Vermittlerpflichten.** Die Vermittler treffen besondere Pflichten bei der Wahrnehmung der Interessen ihrer Kunden, insbesondere bei der Geldanlageberatung,[239] die die Anlageziele des Kunden beachten muss,[240] wobei der Pflichtenumfang eines Anlageberaters nicht allgemein bestimmt werden kann, sondern nur anhand der Besonderheiten des Einzelfalles.[241] Inhalt und Umfang der gebotenen Aufklärung richten sich nach der Art der vermittelten Anlage,[242] wobei jeder Anlageberater seine Kunden darüber aufzuklären hat, ob und in welcher Höhe er von Dritten Provisionen für das am Ende der Beratung stehenden Verkauf eines Anlageprodukts erhält.[243] Der Anlageberater ist zu richtiger und vollständiger Information über alle tatsächlichen Umstände verpflichtet, die für den Anlageentschluss des Interessenten von besonderer Bedeutung sind.[244] Dazu gehört sowohl

---

[236] *Thonfeld,* Die Zuordnung von Anlageberatern zur gesetzlichen Entschädigungseinrichtung der Wertpapierhandelsunternehmen — Konsequenzen der Neuregelung der Anlageberatung durch das Finanzmarktrichtlinie-Umsetzungsgesetz, ZIP 2007, 2302, 2305.
[237] BGH, Urt. v. 21. 4. 2005 — III ZR 238/03, VersR 2005, 1394, 1395 = ZIP 2005, 1223, 1224 = MDR 2005, 1002.
[238] BGH VersR 2005, 1390 = WM 2004, 2150; OLG Karlsruhe, Urt. v. 24. 2. 2006 — 1 U 190/05, VersR 2006, 836, 837 f.
[239] Zur Haftung für fehlerhafte Geldanlageberatung siehe BGH, Urt. v. 6. 6. 1991 — III ZR 116/90, NJW-RR 1991, 1243 (Warenterminoptionsgeschäfte); BGH, Urt. v. 13. 5. 1993 — III ZR 25/92, NJW-RR 1993, 1114 = VersR 1993, 1104 = WM 1993, 1238; BGH, Urt. v. 6. 7. 1993 — XI ZR 12/93, BGHZ 123, 126 = NJW 1993, 2433 = VersR 1993, 1236 = ZIP 1993, 1148 = WM 1993, 1455 (Bond-Fall); *Schwintowski,* Anleger- und objektgerechte Beratung in der Lebensversicherung, ZfV 1997, 174; OLG Düsseldorf v. 24. 8. 1995, WM 1996, 1082, 1085; OLG Koblenz v. 22. 3. 1996, WM 1996, 1089, 1090; OLG Braunschweig v. 12. 6. 1996, ZIP 1996, 1242, 1244; OLG Nürnberg, Urt. v. 28. 1. 1998 — 12 U 2131/97, BB 1998, 498 (Industrieanleihe); BGH, Urt. v. 13. 1. 2000 — III ZR 62/99, VersR 2001, 240 = WM 2000, 426; BGH, Urt. v. 13. 6. 2002 — III ZR 166/01, NJW 2002, 2641 = NZG 2002, 927 = VersR 2003, 594 = WM 2002, 1456, 1457 = MDR 2002, 1247; *von Stebut,* Aufklärungspflichten und Haftungsrisiken von Finanzdienstleistern, ZIP 1992, 1698 ff.; *Reich,* Informations-, Aufklärungs- und Warnpflichten beim Anlagengeschäft unter besonderer Berücksichtigung des „execution-only-business" (EOB), WM 1997, 1601; *Möllers/Leisch,* Neuere Gesetze und Rechtsprechung zur bank- und kapitalmarktrechtlichen Informationshaftung, JZ 2000, 1085, 1090 f.; *Koch,* Die Haftung des Anlagevermittlers bei Vertrieb von geschlossenen Fonds und anderen Finanzanlagen des Nebenkapitalmarktes, Frankfurt/M., Lang, 2003.
[240] BGH, Urt. v. 14. 7. 2009 — XI ZR 152/08, WM 2009, 1647, 1651; *Rönsberg,* Heilung von Beratungsfehlern durch anschließende Aufklärung?, AG 2009, R 523, R 524.
[241] BGH NJW-RR 1993, 1114 = WM 1993, 1238; OLG Frankfurt/M., Urt. v. 7. 3. 2007 — 19 U 141/06, WM 2007, 1215.
[242] BGH, Urt. v. 9. 6. 1998 — XI ZR 220/97, VersR 1999, 94.
[243] LG Düsseldorf, Urt. v. 27. 4. 2004 — 10 O 105/99, ZIP 2004, 2089, 2090; BGH, Urt. v. 9. 2. 2006 — III ZR 20/05, VersR 2006, 653; *Feyerabend* in: Martinek/Semler/Habermeier, Vertriebsrecht, 2. Aufl., München, Beck, 2003, § 42 Rdn. 104; *Strohmeyer,* Aufklärung über Kick-Backs in der Anlageberatung, AssCompact 2009, 134, 765; *Assmann,* Die Pflicht von Anlageberatern und Anlagevermittlern zur Offenlegung von Innenprovisionen, ZIP 2009, 2125; *Heße,* Verdeckte Innenprovision und Offenbarungspflicht beim Anlagevermittlungs- und Anlageberatungsvertrag, MDR 2009, 119.
[244] OLG Köln, Urt. v. 24. 2. 1999 — 26 U 11/98, VersR 2001, 508, 509; OLG Koblenz, Urt. v. 19. 9. 2001 — 9 U 1725/00, WM 2003, 189; OLG Köln, Urt. v. 24. 7. 2003 —

E. Vermittlung und Betreuung der Lebensversicherung   52   Einl. E

die Information über die Art und Sicherheit der Kapitalanlage als auch über die Bonität einer Kapital suchenden Gesellschaft.[245] Bei prospektgestützter Anlagevermittlung hat der Vermittler den Prospekt in den Grenzen persönlicher Zumutbarkeit auf Plausibilität und wirtschaftliche Schlüssigkeit des Anlagekonzepts zu prüfen.[246] Dazu gehört auch die Auswertung vorhandener Veröffentlichungen in der Wirtschaftspresse,[247] wobei ein Zeitraum von drei Tagen noch als pflichtgemäß anzusehen ist.[248]

cc) **Haftung.** Eine Haftung des Vermittlers besteht z. B., wenn ein Anleger auf Grund sachlich unrichtiger und unvollständiger Angaben über eine angeblich bestehende Einlagensicherung zu einer Festgeldanlage bei einer Bank veranlasst wird, die tatsächlich nicht Mitglied im Einlagensicherungsfonds des Bundesverbands deutscher Banken ist,[249] oder der Anleger Aktien erworben hat, die mit besonderen Risiken verbunden waren und nicht seinen persönlichen Wert- und Risikovorstellungen entsprachen,[250] oder über die Art und das Risiko empfohlener Aktien getäuscht und damit eine vorsätzlich sittenwidrige Schädigung begangen worden ist[251] oder wenn Terminoptionen auf der Grundlage einer Broschüre vermittelt werden, durch die die Gefahr verschleiert wird, trotz eines gewinnbringenden Erstgeschäfts durch weitere Geschäfte einen Totalverlust erleiden zu können.[252] Eine Haftung des Vermittlers ist ferner zu bejahen, wenn er den Anlageinteressenten, dem er zur Eingehung einer Kommanditbeteiligung an einem geschlossenen Immobilienfonds rät, nicht darauf hinweist, dass die Veräußerung

52

---

8 U 16/03, VersR 2005, 1396; BGH, Beschl. v. 12. 1. 2006 – III ZR 407/04, VersR 2006, 656.
[245] OLG Köln, Urt. v. 24. 2. 1999 – 26 U 11/98, VersR 2001, 508, 509; OLG Köln, Urt. v. 9. 4. 2003 – 2 U 5/01, VersR 2004, 111, 112; BGH, Urt. v. 29. 5. 2000 – II ZR 280/98, WM 2000, 1503, 1504; BGH, Urt. v. 11. 9. 2003 – III ZR 381/02, MDR 2003, 1428, 1429.
[246] BGH, Urt. v. 13. 1. 2000 – III ZR 62/99, NJW 2000, 2503 (Ls.) = NJW-RR 2000, 998 = WM 2000, 426; *Lange/Frank*, Widerruflichkeit von Darlehensverträgen zur Finanzierung von Immobilienfonds nach dem Haustürwiderrufsgesetz, WM 2000, 2364, 2369; OLG Frankfurt/M., Urt. v. 19. 3. 2002 – 14 U 90/01, NJW-RR 2003, 414, 415; OLG Karlsruhe, Urt. v. 24. 10. 2002 – 9 U 49/02, VersR 2004, 643, 644; BGH, Urt. v. 12. 5. 2005 – III ZR 413/04, WM 2005, 1219, 1220; dazu *Koller* EWiR 2005, 665; BGH, Urt. v. 5. 3. 2009 – III ZR 17/08, VersR 2010, 429, 1098 m. Anm. *Brocker/Geist*; *Besch/Kiene*, Die Verjährung von Anlegeransprüchen gegenüber Anlagevermittler und Anlageberater zum 1. 1. 2005, DB 2004, 1819; *Kuschka*, Die aktuelle Rechtsprechung zur Haftung von Banken und Anlagevermittlern, MDR 2005, 906, 907.
[247] LG Hannover, Urt. v. 9. 1. 2001 – 13 O 3037/01, DB 2001, 1707; LG Hannover, Urt. v. 16. 11. 2001 – 13 O 2250/01, EWiR 2002, 233; OLG Celle, Urt. v. 15. 8. 2002 – 11 U 341/01, DB 2002, 2211; BGH, Urt. v. 5. 3. 2009 – III ZR 302/07, NJW-RR 2009, 687, 688 = VersR 2010, 764, 765 = WM 2009, 688, 690 = BB 2009, 1094 = DB 2009, 731, 732 m. Anm. *Unzicker* BB 2009, 1095; *Richrath*, Aufklärungs- und Beratungspflichten – Grundlagen und Grenzen, WM 2004, 653, 656; *Kelm*, „Lesefreiheit" für Anlageberater: BGH grenzt Aufklärungspflicht über negative Pressestimmen ein, experten Report 2009, 60, 61; krit. dazu *Loritz*, Aufklärungs- und Informationsbeschaffungspflichten über Presseberichte beim Vertrieb von Kapitalanlagen, NZG 2002, 889, 890.
[248] BGH, Urt. v. 5. 11. 2009 – III ZR 302/08, NJW-RR 2010, 349, 350 = WM 2009, 2360, 2362 = BB 2010, 725, 727 m. Anm. *Langen/Lang* = DB 2009, 2711, 2712.
[249] BGH, Urt. v. 11. 1. 2007 – III ZR 193/05, NJW 2007, 1362, 1364 = VersR 2007, 990, 991 = ZIP 2007, 1069, 1070 = DB 2007, 628, 629; dazu *Klanten* EWiR 2007, 429.
[250] BGH, Urt. v. 4. 4. 2002 – III ZR 237/01, VersR 2002, 1248, 1249 = ZIP 2002, 795 = EWiR 2002, 425, 426 m. Anm. *Balzer*; OLG Oldenburg, Urt. v. 6. 9. 2002 – 6 U 66/02, NJW-RR 2003, 179, 180.
[251] BGH, Urt. v. 19. 2. 2008 – XI ZR 170/07, VersR 2008, 966, 969 = WM 2008, 825, 828.
[252] BGH, Urt. v. 30. 3. 2004 – XI ZR 488/02, NJW-RR 2004, 1420, 1421 = MDR 2004, 1128.

eines solchen Anteils in Erlangung eines entsprechenden Markts nur eingeschränkt möglich ist.[253] Im Falle der Provisionsschinderei (churning) kommt eine Haftung des Brokers neben dem Vermittler gemäß § 826 BGB in Betracht.[254] Unter churning versteht man den durch das Interesse des Kunden nicht gerechtfertigten häufigen Umschlag eines Anlagekontos, durch den der Broker oder der Vermittler oder beide sich zu Lasten der Gewinnchancen des Kunden Provisionseinnahmen verschaffen.[255] Wer im Wege des Strukturvertriebes Handelsvertreter für sich tätig werden lässt, hat grundsätzlich für die Falschberatung durch von ihm beauftragte Handelsvertreter einzustehen.[256]

53 **dd) Schadensersatzanspruch.** Der Schadensersatzanspruch entsteht bereits mit dem Erwerb der pflichtwidrig empfohlenen Kapitalanlagen.[257] Macht der Kapitalanleger gegen den Vermittler Schadensersatz mit der Behauptung geltend, die ihm vom Vermittler erteilten Informationen seien unrichtig bzw. unvollständig gewesen, so trägt er für die von ihm behauptete Schlechterfüllung des Auskunftsvertrags – unbeschadet der insoweit bestehenden sekundären Behauptungslast der Gegenseite – die Darlegungs- und Beweislast.[258] Ein Mitverschulden des Anlegers ist von Amts wegen zu berücksichtigen.[259] Anknüpfungspunkte liegen vor, wenn Warnungen von dritter Seite oder differenzierende Hinweise des Vermittlers nicht hinreichend beachtet werden.[260] Auf seinen Schadensersatzanspruch muss sich der Geschädigte Steuern anrechnen lassen, die er infolge der Schädigung erspart hat.[261]

54 **d) Captives.** Ob die firmenverbundenen Vermittler[262] als Makler anzusehen sind, ist streitig. Nach *Reichert-Facilides*[263] ist der unternehmensverbundene Ver-

---

[253] BGH, Urt. v. 18. 1. 2007 – III ZR 44/06, NJW-RR 2007, 621, 622 = VersR 2007, 991, 992 = WM 2007, 542, 543; BGH, Urt. v. 12. 7. 2007 – III ZR 83/06, VersR 2007, 1653, 1654.

[254] BGH, Urt. v. 13. 7. 2004 – VI ZR 136/03, NJW 2004, 3423.

[255] BGH NJW 1995, 1225 = VersR 1995, 482, 483; BGH NJW-RR 2000, 51 = VersR 2000, 1375, 1377; BGH, Urt. v. 13. 7. 2004 – VI ZR 136/03, NJW 2004, 3423; *Ellenberger*, Die neuere Rechtsprechung des Bundesgerichtshofes zu Aufklärungs- und Beratungspflichten bei der Anlageberatung, WM Sonderbeil. Nr. 1/2001 zu Nr. 15 v. 14. 4. 2001, S. 12.

[256] OLG Celle, Urt. v. 1. 6. 2006 – 11 U 311/05, DB 2006, 1841 (Ls.).

[257] BGH, Urt. v. 8. 3. 2005 – XI ZR 170/04, VersR 2005, 940, 941.

[258] BGH, Urt. v. 11. 5. 2006 – III ZR 205/05, VersR 2006, 1400.

[259] BGH NJW 1991, 167; OLG Köln, Urt. v. 15. 7. 2005 – 6 U 227/04, BB 2005, 2095, 2097.

[260] OLG Saarbrücken, Urt. v. 8. 3. 2006 – 5 U 257/05 – 79, WM 2006, 1720, 1723; *Feyerabend* in: Martinek/Semler/Habermeier, Vertriebsrecht, 2. Aufl., München, Beck, 2003, § 42 Rdn. 101.

[261] BGHZ 53, 132, 134 = NJW 1970, 461; BGHZ 74, 103, 114 = NJW 1979, 1449; OLG Celle, Urt. v. 15. 8. 2002 – 11 U 291/01, VersR 2003, 61, 66; zust. *Lang* EWiR 2003, 11; BGH, Urt. v. 17. 11. 2005 – III ZR 350/04, NJW 2006, 499 = VersR 2006, 413; BGH, Urt. v. 19. 6. 2008 – VII ZR 215/076, VersR 2009, 796, 797; OLG Karlsruhe, Urt. v. 30. 12. 2008 – 17 U 197/08, WM 2009, 691; a. A. LG Stuttgart, Urt. v. 29. 6. 2001 – 8 O 527/00, EWiR 2001, 1125 m. zust. Anm. *Nittel*.

[262] Das gehobene gewerbliche und industrielle Geschäft liegt weit überwiegend in den Händen von firmenverbundenen Vermittlern und Maklern mit einigen Ausnahmen von Direktgeschäft, vgl. *Schreiber*, Vertrieb und Vermittlung von Versicherungen aus der Sicht der Praxis, ZVersWiss 1988, 253, 255/256; *Benölken/Heß*, Diversifikationsschiene Maklervertrieb, VW 1997, 1516. In Großbritannien betreuen die Versicherungsmakler etwa drei Viertel aller Industrieversicherungen und einen noch höheren Anteil in der Transportversicherung und der Flugzeugversicherung sowie fast das ganze Auslandsgeschäft, sei es als Erst- oder als Rückversicherungsgeschäft, vgl. *Gumbel*, Wem dient der englische Makler?, ZfV 1991, 542; *derselbe*, Neue Vertriebswege und das Beispiel des britischen Versicherungsmaklers, VersR 1992, 1293, 1294.

[263] *Reichert-Facilides*, Rechtsbetrachtungen zur unternehmensverbundenen Versicherungsvermittlung, VW 1980, 695, 697.

E. Vermittlung und Betreuung der Lebensversicherung   55, 56   **Einl. E**

mittler als „Einkaufsagent für Versicherungsschutz" anzusehen. Stellt man auf die Funktion ab, für den oder die Träger der Vermittlungsgesellschaft den günstigsten Versicherungsschutz oder andere Finanzdienstleistungen zu beschaffen, liegt es nahe, diese firmenverbundenen Vermittler als Makler anzusehen,[264] zumal dies in der Regel nicht nur dem Selbstverständnis, sondern auch dem Gesellschaftszweck entsprechen wird.[265] Je nach Art des Geschäfts sind sie als Erstversicherungs- oder als Rückversicherungsmakler tätig.[266]

e) **Pseudo-Makler.** Allerdings kommt es vor, dass als unabhängige Finanzberater auftretende Vermittler ihre Agenten- oder Mehrfachagentenverträge nicht aufgelöst haben. In diesem Fall spricht man von ihnen als Pseudo-Makler. Diese Vermittler sind von den Makleragenten abzugrenzen. Für den Makleragent ist kennzeichnend, dass er in einem Teilbereich seiner Geschäftstätigkeit von einem oder mehreren Versicherern ständig mit der Vermittlung von Versicherungsverträgen betraut ist, in einem anderen Teilbereich aber als freier Makler ohne eine solche vertragliche Bindung mit Versicherern agiert.[267] Tritt der Makleragent gegenüber dem Kunden als Makler auf, so muss er auch nach Maklergrundsätzen haften.[268] Im Falle des Pseudo-Maklers haftet somit nicht der Versicherer, sondern allein der Pseudo-Makler für falsch erteilte Informationen und Ratschläge.[269]   55

3. Rechtsstatus der Vermittler von Finanzdienstleistungen

a) **Angestellte Arbeitnehmer.** Kennzeichnend für den als Firmenrepräsentant auftretenden angestellten Vermittler ist, dass er aufgrund eines Arbeitsvertrages tätig wird, der je nach Arbeitgeber (Bank oder Versicherer) und Unternehmenspolitik unterschiedlich ausgestaltet sein kann.[270] Im Gegensatz zum selbstständigen   56

---

[264] *Koch*, Aktuelle Fragen des Versicherungsmaklerrechts – Zugleich Besprechung von Grieß/Zinnert: „Der Versicherungsmakler" –, VersR 1997, 1200, 1201.

[265] Ähnlich *Deckers*, Die Abgrenzung des Versicherungsvertreters vom Versicherungsmakler, Karlsruhe, VVW, 2003, S. 156 f.; a. A. *Sieg*, Vertrieb und Vermittlung von Versicherungen aus rechtlicher Sicht, ZVersWiss 1988, 263, 285. Sieg bezeichnet aber selbst firmenverbundene Vermittlungsgesellschaften als Maklerfirmen, wenn sie in Gestalt juristischer Personen auftreten, vgl. *Sieg*, Entwicklungslinien des Versicherungsvermittlerrechts, ZVersWiss 1982, 143, 163. Nach *Unger*, Die Versicherungsvermittlung im Wirkungsfeld des Aufsichts- und Wettbewerbsrechts, Karlsruhe, VVW, 1987, S. 20, sind die firmenverbundenen Vermittler soziologisch den Maklern zuzuordnen.

[266] In Deutschland sind die Versicherungsmakler schwerpunktmäßig im gewerblichen Versicherungsgeschäft mit den Groß- und Größtkunden tätig, vgl. *Farny*, Ergebnis der Podiumsdiskussion zum Thema „Vertrieb und Vermittlung von Versicherungen" am 2. 3. 1988 in Kiel, ZVersWiss 1988, 286. Der Anteil der Versicherungsmakler am Beitragsaufkommen wird für Großbritannien auf ca. 30% geschätzt, vgl. *Schreiber*, Aktuelle Außendienstfragen, VW 1988, 1595. Siehe ferner zur Marktlage in Großbritannien *Gumbel*, Vermittler im Westen und Osten, ZfV 1972, 421 ff; derselbe, Die Rolle des internationalen Rückversicherungsmaklers, VW 1981, 528 ff; *derselbe*, Strukturen des englischen Versicherungsmarktes, VW 1988, 954 ff; *derselbe*, Wem dient der englische Makler? Offene Rechtsfragen auf dem Weg zum 21. Jahrhundert, ZfV 1991, 522 ff; *derselbe*, Beiträge über den Versicherungsmakler – Eine Besprechung der gleichnamigen Festschrift für Ewald Lahno aus englischer Sicht –, VersR 1994, 23 ff.

[267] Vgl. *Schmidt*, Die Versicherungsvermittler in einem Markt der Dienstleistungsfreiheit, VW 1982, 22, 28.

[268] *Ebers*, Die Reform des VVG vor dem Hintergrund des Gemeinschaftsrechts: Überlegungen zur Umsetzung der Informations- und Beratungspflichten, in: Beiträge zur 13. Wissenschaftstagung des Bd V, Baden-Baden, Nomos, VersWissStud. 26 (2004), S. 123, 143 f.

[269] OLG Köln r+s 1991, 32; OLG Hamm VersR 1995, 167; OLG Oldenburg VersR 1999, 757 = NVersZ 1999, 359; OLG Hamm, Urt. v. 8. 10. 2009 – I-18 U 26/08, VersR 2010, 388, 389/390; *Ebers*, a. a. O. (Fn. 268), VersWissStud. 26 (2004), S. 123, 144.

[270] Siehe für die Versicherungsbranche BAG, Urt. v. 24. 3. 1999 – 10 AZR 692/97, VersR 2001, 351 ff.

Handelsvertreter unterliegt der angestellte Vermittler dem Direktionsrecht des Arbeitgebers und ist voll in die Unternehmensorganisation eingebunden. *Sieg* bezeichnet deshalb den Außendienstangestellten in Anlehnung an *Lieb* als Teilunternehmer mit vollem Sozialschutz.[271]

57 b) Scheinselbständige Arbeitnehmer. Um den vollen Sozialschutz nicht bieten zu müssen, kommt es mitunter in der Praxis zu Vertragsgestaltungen für Handelsvertreter, die die Frage der Scheinselbständigkeit aufwerfen.[272] Sind die Verträge so gestaltet oder werden sie so gelebt, dass kein wirklicher Unterschied zur Arbeitnehmertätigkeit besteht, ist damit zu rechnen, dass der wie ein Arbeitnehmer tätige Handelsvertreter auch als Arbeitnehmer mit allen Rechtsfolgen eingestuft wird[273] Für die Frage, ob ein Handelsvertreter als angestellter Arbeitnehmer anzusehen ist, wird in erster Linie auf das Merkmal der Selbständigkeit abgestellt.[274] Das BAG[275] bringt dies wie folgt zum Ausdruck:

„Arbeitnehmer ist derjenige Mitarbeiter, der seine Dienstleistung im Rahmen einer von Dritten bestimmten Arbeitsorganisation erbringt. Insoweit enthält § 84 Abs. 1 Satz 2 HGB ein typisches Abgrenzungsmerkmal. Nach dieser Bestimmung ist selbständig, wer im Wesentlichen frei seine Tätigkeit gestalten und seine Arbeitszeit bestimmen kann. Unselbständig und deshalb persönlich abhängig ist dagegen der Mitarbeiter, dem dies nicht möglich ist. Zwar gilt diese Regelung unmittelbar nur für die Abgrenzung des selbständigen Handelsvertreters von abhängig beschäftigten kaufmännischen Angestellten. Über ihren unmittelbaren Anwendungsbereich hinaus enthält diese Bestimmung jedoch eine allgemeine gesetzliche Wertung, die bei der Abgrenzung des Dienstvertrages vom Arbeitsvertrag zu beachten ist, zumal sie die einzige Norm ist, die Kriterien dafür enthält. Die Eingliederung in die fremde Arbeitsorganisation zeigt sich insbesondere daran, dass der Beschäftigte einem Weisungsrecht des Arbeitgebers unterliegt. Das Weisungsrecht kann Inhalt, Durchführung, Zeit, Dauer und Ort der Tätigkeit betreffen. Die fachliche Weisungsgebundenheit ist allerdings

---

[271] *Sieg*, Vertrieb und Vermittlung von Versicherungen aus rechtlicher Sicht, ZVersWiss 1988, 263, 270. Zur Haftung siehe *Krause*, Die Beschränkung der Außenhaftung des Arbeitnehmers, VersR 1995, 752 ff.

[272] Vgl. Surminski, Scheinselbständige, ZfV 1996, 488.

[273] Siehe hierzu *Thies*, Agenturverträge Kriterien der Selbständigkeit, Zum Umgang mit den selbständigen Versicherungsvertretern, VW 1990, 646; *Müller*, Arbeitnehmer und freie Mitarbeiter, MDR 1996, 1061, 1065 ff.; *Reiserer*, „Scheinselbständigkeit" – Arbeitnehmer oder Selbständiger?, BB 1998, 1258, 1262 ff.; *Goretzki/Hohmeister*, Scheinselbständigkeit – Rechtsfolgen im Sozialversicherungs-, Steuer- und Arbeitsrecht, BB 1999, 635, 637 ff.; *Olbing*, Neue Gefahren in der Besteuerung freier Mitarbeit, ZIP 1999, 226 ff.

[274] Vgl. LG Osnabrück, Beschl. v. 14. 6. 1999 – 1 AR 3/99, NVersZ 2000, 448 = VersR 2000, 633, 634 = r+s 2000, 44; BAG, Urt. v. 15. 12. 1999 – 5 AZR 566/98, NZA 2000, 447 = VersR 2000, 1143, 1144 = BB 2000, 826, 827 = DB 2000, 723, 724 = ZIP 2000, 630, 631 = r+s 2000, 219/220 (Versicherungsvertreter); BAG, Urt. v. 15. 12. 1999 – 5 AZR 770/98, NZA 2000, 481, 482 = VersR 2000, 1365, 1366 = BB 2000, 932 = DB 2000, 1028 (Bausparkassenvertreter); BAG, Urt. v. 15. 12. 1999 – 5 AZR 3/99, NZA 2000, 534, 536 = VersR 2000, 1496, 1497 = ZIP 2000, 808 = BB 2000, 1469 = DB 2000, 879 (Versicherungsvertreter); BAG, Urt. v. 20. 9. 2000 – 5 AZR 271/99, NZA 2001, 210, 211 = VersR 2001, 857 = BB 2001, 48 = DB 2001, 280 = ZIP 2001, 36, 37 = EWiR 2001, 277 m. Anm. *Emde* (Versicherungs- und Bausparkassenvertreter); *Preis/Stoffels*, Die Inhaltskontrolle der Verträge selbständiger und unselbständiger Handelsvertreter, ZHR 160 (1996), 442, 444. Zutreffend weisen *Preis/Stoffels*, a.a.O., Fn. 6, S. 444/445, darauf hin, dass es sich bei dem Merkmal der Selbständigkeit um einen Gemeinschaftsbegriff nach der Richtlinie 86/653/EWG des Rates der EG vom 18. 12. 1986 zur Koordinierung der Rechtsvorschriften der Mitgliedstaaten betreffend die selbständigen Handelsvertreter (AblEG Nr. L 382 vom 31. 12. 1986, S. 17) handelt. Unter Berufung auf *Ankele*, Handelsvertreterrecht, § 84 HGB Rdn. 51, hält sie es für nicht ausgeschlossen, dass in nicht allzu ferner Zukunft der EuGH verbindlich über die Handelsvertretereigenschaft und damit über die Abgrenzung zum Arbeitnehmer entscheidet.

[275] Vgl. BAG, Urt. v. 21. 1. 1966 – 3 AZR 183/65, VersR 1966, 382 ff. = DB 1966, 546 ff.; BAG, Urt. v. 26. 7. 1995 – 5 AZR 22/94, NZA 1996, 477.

E. Vermittlung und Betreuung der Lebensversicherung

für Dienste höherer Art häufig nichttypisch; die Art der Tätigkeit kann es mit sich bringen, dass dem Mitarbeiter ein hohes Maß an Gestaltungsfreiheit, Eigeninitiative und fachlicher Selbständigkeit verbleibt."

Für die Einstufung eines Handelsvertreters als Arbeitnehmer kommt es mithin nach der ständigen Rechtsprechung des BAG allein darauf an, ob die für einen Arbeitnehmer charakteristische durch Weisungsgebundenheit und Eingliederung bestimmte persönliche Abhängigkeit gegeben ist.[276] Eine wirtschaftliche Abhängigkeit des einzelnen Beschäftigten von seinem Arbeitgeber ist weder erforderlich noch ausreichend.[277] Dass der Handelsvertreter an Weisungen und Richtlinien des Auftraggebers gebunden ist, berührt seine grundsätzliche Selbständigkeit noch nicht.[278] Macht ein Handelsvertreter geltend, er sei Arbeitnehmer, so ist er für den fehlenden Spielraum bei der Arbeitszeitgestaltung darlegungs- und beweisbelastet.[279] Entscheidend ist das Gesamtbild der Verhältnisse unter Würdigung sowohl der vertraglichen Gestaltung als auch der tatsächlichen Handhabung des Vertrags.[280] Soweit durch Entscheidungen des ArbG Nürnberg und des LAG Nürnberg,[281] die in der Versicherungsbranche Unruhe ausgelöst hatten,[282] die Rechtsprechung des BAG in Frage gestellt worden ist, hatten diese Entscheidungen vor dem BAG keinen Bestand.[283] Sie wurden zur erneuten Entscheidung an eine andere Kammer des LAG Nürnberg verwiesen und von dieser Kammer aufgehoben.[284] Die nochmalige Revision blieb erfolglos. Das BAG bekräftigte viel-

58

---

[276] Vgl. OLG München, Urt. v. 8. 11. 1963 – 8 U 1670/60, VersR 1964, 235, 236; LAG Bad.-Württ., Beschl. v. 26. 10. 1990 – 11 Ta BV 6/90, VersR 1991, 1156, 1157; ArbG Lübeck BB 1996, 177; LG Kiel, Beschl. v. 23. 9. 1997 – 13 T 36/97, VersR 1999, 485; *Fecker/Glöckle*, Die Scheinselbständigkeit des Versicherungsvertreters – Wandel der Rechtsprechung?, ZfV 1997, 699; *Gamerschlag*, Scheinselbständigkeit im Versicherungsaußendienst und eventuelle Folgen, ZfV 1997, 458; *Berndt*, Arbeitnehmer oder freier Mitarbeiter, Zur aktuellen Diskussion um die Scheinselbständigkeit, BB 1998, 894 f.; *Behrend*, Aktuelle handelsvertreterrechtliche Fragen in Rechtsprechung und Praxis, NJW 2003, 1563.
[277] Vgl. BAG, Beschl. v. 30. 10. 1991 – 7 ABR 19/91, DB 1992, 742 = NZA 1992, 407; BAG, Urt. v. 16. 3. 1994 – 5 AZR 447/92, NZA 1994, 1132; BAG, Urt. v. 30. 11. 1994 – 5 AZR 704/93, NZA 1995, 622; AG Neumünster, Beschl. v. 6. 1. 1997 – 8 C 1731/95, VersR 1998, 1507 = BB 1997, 1763; OLG Koblenz, Beschl. v. 9. 10. 2006 – AW 510/06, VersR 2007, 1222; *Hanau/Strick*, Die Abgrenzung von Selbständigen und Arbeitnehmern (Beschäftigten) im Versicherungsaußendienst, DB Beil. Nr. 14/98 zu Heft Nr. 40 vom 2. 10. 1998, S. 18; *Müller*, Arbeitnehmer und freie Mitarbeiter, MDR 1998, 1061, 1063; *Reinecke*, Neudefinition des Arbeitnehmerbegriffs durch Gesetz und Rechtsprechung?, ZIP 1998, 581, 583; *Bolle*, Der arbeits- und sozialversicherungsrechtliche Status von Versicherungsvermittlern, NJW 2001, 422, 423.
[278] LG Mannheim, Beschl. v. 19. 10. 2001 – 7 AktE 1/01, ZIP 2001, 2149; OLG Karlsruhe, Beschl. v. 30. 3. 2004 – 1 W 20/04; LAG München, Urt. v. 22. 7. 2004 – 2 Sa 1323/03, NZA 2004, 1175, 1177; OLG Saarbrücken, Beschl. v. 29. 7. 2004 – 5 W 144/04–49, VersR 2005, 1388, 1389 = r+s 2006, 396; OLG Karlsruhe, Beschl. v. 12. 5. 2006 – 1 W 18/06, VersR 2007, 207, 208; *Emde* EWiR 2002, 23, 24.
[279] BAGE 93, 132, 142 = NZA 2000, 1162; BAG, Urt. v. 20. 8. 2003 – 5 AZR 610/02, NJW 2004, 461, 462 = NZA 2004, 39, 40.
[280] BGH NJW 1998, 2057; BGH, Beschl. v. 27. 10. 2009 – VIII ZB 42/08, NJW 2010, 873, 874.
[281] Vgl. ArbG Nürnberg, Urt. v. 31. 7. 1996 – 2 Ca 4546/95, NZA 1997, 37 = DB 1996, 2032; LAG Nürnberg, Urt. v. 25. 2. 1998 – 4 Sa 860/96, ZIP 1998, 617; LAG Nürnberg, Urt. v. 25. 2. 1998 – 4 Sa 670/97, ZIP 1998, 617; krit. dazu *Plagemann* EWiR 1998, 491 f.
[282] Vgl. *Surminski*, a. a. O. (Fn. 272), ZfV 1996, 488; o. V. VW 1998, 899.
[283] BAG, Urt. v. 16. 6. 1998 – 5 AZR 256/98, BB 1998, 1954.
[284] LAG Nürnberg, Urt. v. 26. 1. 1999 – 7 Sa 658/98, BB 1999, 793 = ZIP 1999, 769. Siehe dazu *Küstner*, Nun muss das Bundesarbeitsgericht abschließend entscheiden, Die Statusproblematik im Bereich des Versicherungs-Außendienstes, VW 1999, 630 f; *Plagemann* EWiR 1999, 363 f.

mehr seine bisherige Rechtsprechung zur Arbeitnehmerstellung von Versicherungsvertretern.[285] Hervorzuheben ist die gerichtliche Anerkennung der unter dem Logo der MLP AG auftretenden Vermittler der MLP AG als selbständige Vertreter,[286] hingegen wurden Vermittler der AWD als scheinselbständig eingestuft.[287]

59 c) **Arbeitnehmerähnliche Selbständige i. S. v. § 7 Abs. 4 SGB IV und § 2 Satz 1 Nr. 9 SGB VI. aa) Ausgangslage.** Mit dem Gesetz zu Korrekturen in der Sozialversicherung und zur Sicherung der Arbeitnehmerrechte vom 19. Dezember 1998 hat der Gesetzgeber mit Wirkung zum 1. Januar 1999 den § 7 Abs. 4 SGB IV zur Scheinselbständigkeit und den § 2 Satz 1 Nr. 9 SGB VI zu den arbeitnehmerähnlichen Selbständigen neu eingefügt.[288] Zweck des Gesetzes ist eine schnellere und einfachere Erfassung und erleichterte Einbeziehung sog. scheinselbständiger Arbeitnehmer in die Sozialversicherung und die Verwirklichung der grundsätzlichen Einbeziehung sog. arbeitnehmerähnlicher Selbständiger als Pflichtversicherte in die gesetzliche Rentenversicherung.[289] Das Gesetz erfuhr aufgrund seiner inhaltlichen Schwächen überwiegend Kritik[290] und entging auch nicht dem Vorwurf, gegen das Grundgesetz zu verstoßen.[291] Den Hinweisen aus der Praxis trugen die Spitzenorganisationen der Sozialversicherung Rechnung.[292] Auch die Bundesregierung sah sich veranlasst, durch eine Kommis-

---

[285] BAG, Urt. v. 15. 12. 1999 – 5 AZR 169/99 (Vorinstanz: LAG Nürnberg, Urt. v. 26. 1. 1999 – 7 Sa 658/98), NZA 2000, 1162 = VersR 2000, 1501 = BB 2000, 1837 = DB 2000, 1618 = EWiR 2000, 969 m. Anm. *Emde*; dazu *Fecker/Glöckle*, Die Scheinselbständigkeit des Versicherungsvertreters – Ende der Statusdiskussion!, ZfV 2000, 647, 648 ff.

[286] LG Mannheim v. 19. 10. 2001 – 7 AktE 1/01, ZIP 2001, 2149 = EWiR 2002, 23; *Emde*, Die Entwicklung des Vertriebsrechts im Zeitraum Oktober 2001 bis September 2002 (Teil I), VersR 2003, 419.

[287] LAG Bremen v. 6. 2. 2008 – 2 Sa 264/06; LAG Bremen v. 2. 4. 2008 – 2 Sa 326/06; krit. dazu *Evers/Oberst*, Scheinselbständigkeit: Wenn „Spielregeln" Weisungen enthalten, VW 2009, 1622.

[288] BGBl. I S. 3843. Siehe dazu *Adomeit*, Der Schein-Schein-Selbständige, NJW 1999, 2086; *Beenken*, Scheinselbständigkeit, arbeitnehmerähnliche Selbständigkeit und die Folgen für die Versicherungsvertreter-Organisationen, VW 1999, 883; *Berndt*, Einbeziehung der „Scheinselbständigen" und der „arbeitnehmerähnlichen Selbständigen" in die Sozialversicherung zum 1. 1. 1999, MDR 1999, 210; *Däubler*, Das Gesetz zu Korrekturen in der Sozialversicherung und zur Sicherung der Arbeitnehmerrechte, Ein Kurswechsel im Arbeitsrecht, NJW 1999, 601; *Jacobs*, Das neue Gesetz zu Korrekturen in der Sozialversicherung, ZIP 1999, 1549; *Kollmer*, Das neue „Gesetz zu Korrekturen in der Sozialversicherung und zur Sicherung der Arbeitnehmerrechte", Der sozialversicherungsrechtliche Teil, NJW 1999, 608; *Küstner*, Worauf „arbeitnehmerähnliche Selbständige" achten sollten, VW 1999, 380 f.; *Leuchten/Zimmer*, Das neue Gesetz zur „Scheinselbständigkeit" – Probleme in der Praxis, DB 1999, 381; *Reiserer*, Schluss mit dem Missbrauch der Scheinselbständigkeit, BB 1999, 366.

[289] Siehe dazu das Gemeinsame Rundschreiben der Spitzenorganisationen der Sozialversicherung vom 19. 1. 1999, NZA 1999, 365 ff = BB 1999, 471 ff.

[290] Vgl. *Bauer/Diller/Lorenzen*, Das neue Gesetz zur „Scheinselbständigkeit", NZA 1999, 169 ff., 177; *Buchner*, Scheinselbständige und arbeitnehmerähnliche Selbständige in der Sozialversicherung und zur Korrekturen in der Sicherung, DB 1999, 229 ff.; *Goretzki/Hohmeister*, Die „Korrektur des Korrekturgesetzes" – Neues zur Scheinselbständigkeit –, AnwBl. 1999, 499; *Postler*, Das Ende der Scheinselbständigkeit und gleichzeitig der freien Mitarbeiter?, NJW 1999, 925, 926 f.

[291] *Weimar/Goebel*, Neue Grundsatzfragen um Scheinselbständigkeit und arbeitnehmerähnliche Selbständige, ZIP 1999, 217, 225 f.

[292] Vgl. Rundschreiben vom 16. 6. 1999, NZA 1999, 746 ff.; dazu *Bauer/Diller*, Das Ende eines Albtraums, NZA 1999, 745 f.; *Buchner*, Gelöstes und Ungelöstes zu Scheinselbständigen und arbeitnehmerähnlichen Selbständigen – Ergänzende Hinweise der Sozialversicherungsträger vom 16. 6. 1999 –, DB 1999, 1502 ff. Siehe ferner das Rundschreiben vom 20. 12. 1999, NZA 2000, 190 ff.

E. Vermittlung und Betreuung der Lebensversicherung   60   Einl. E

sion Vorschläge zur inhaltlichen Verbesserung der Neuregelung erarbeiten zu lassen.²⁹³ Der in Anlehnung an die Ergebnisse dieser Kommission vorgelegte Gesetzesentwurf wurde vom Bundestag am 12. November 1999 als Gesetz zur Förderung der Selbständigkeit verabschiedet und vom Bundesrat am 17. Dezember 1999 gebilligt und am 20. Dezember 1999 ausgefertigt.²⁹⁴ Auch dieses Gesetz wurde im Schrifttum kritisch aufgenommen.²⁹⁵ Zur Statusklärung wurde in § 7a SGB IV ein Antragsverfahren eingeführt, das Rechtssicherheit darüber verschaffen soll, ob eine selbständige oder eine abhängige Beschäftigung gegeben ist.²⁹⁶ Gemäß § 231 Abs. 5 SGB VI konnten sich bis zum 30. Juni 2000 Selbständige, die am 31. Dezember 1998 eine selbständige Tätigkeit ausgeübt haben, in der sie versicherungspflichtig waren, unter engen Voraussetzungen befreien lassen, wenn sie eine anderweitige Altersvorsorge in Form einer Lebens- oder Rentenversicherung nachweisen konnten.²⁹⁷

bb) Rentenversicherungspflicht der Versicherungsvertreter. Aufgrund 60
der Ausnahmeregelung des § 7 Abs. 4 Satz 2 SGB IV unterlagen selbständige Handelsvertreter grundsätzlich nicht der Sozialversicherungspflicht nach § 7 Abs. 1 Satz 1 SGB IV.²⁹⁸ Ein Handelsvertreter galt mithin nur dann als arbeitnehmerähnlicher Selbständiger, wenn die Vermutung widerlegt wurde, dass er als Handelsvertreter seine Tätigkeit im Wesentlichen frei gestalten und über seine Arbeitszeit bestimmen kann. Mit Wirkung ab 1. Januar 2003 wurde § 7 Abs. 4 SGB IV geändert und die Vermutungsregelung entfiel endgültig.²⁹⁹ Auch wenn der Handelsvertreter nicht gemäß § 7 Abs. 4 SGB IV sozialversicherungspflichtig ist, kann er unter den Voraussetzungen des § 2 Satz 1 Nr. 9 SGB VI rentenversicherungspflichtig sein.³⁰⁰ Insoweit hat das BSG mit Urteil vom 23. November 2005³⁰¹ entschieden, dass die Versicherungspflicht der Selbständigen nach § 2 Satz 1 Nr. 9 SGB VI nicht nur durch die Beschäftigung zumindest eines versicherungspflichtigen Arbeitnehmers, dessen individuelles monatliches Arbeitsentgelt regelmäßig 400 Euro übersteigt, ausgeschlossen ist. Die Versicherungspflicht des Selbständigen tritt vielmehr auch dann nicht ein, wenn er regelmäßig Arbeitnehmer be-

---

²⁹³ Vgl. den Zwischenbericht der Kommission „Selbständigkeit" vom 2. 8. 1999, NZA 1999, 1145 ff.; dazu krit. *Dörner/Baeck*, Die Vorschläge der Kommission „Scheinselbständigkeit" – Geht der Albtraum weiter?, NZA 1999, 1136 ff; *Krebs*, Die vermutete Scheinselbständigkeit nach § 7 Abs. 4 Satz 1 SGB IV – Bedeutungslose Beweislastregel jetzt oder in Zukunft? –, DB 1999, 1602, 1604 ff. Siehe ferner den Abschlußbericht der Kommission, NZA 1999, 1260 ff.
²⁹⁴ BGBl. 2000 I S. 2; siehe dazu *Bieback*, Das neue Antragsverfahren bei der Feststellung der Sozialversicherungspflicht, BB 2000, 873 ff.; *Kunz/Kunz*, Die Tücken des neuen Anfrageverfahrens zur Statusklärung – Die Beantwortung des sog. „Antrags auf Feststellung des sozialversicherungsrechtlichen Status" –, DB 2000, 518 ff.
²⁹⁵ Vgl. *Bauer/Diller/Schuster*, Das Korrekturgesetz zur „Scheinselbständigkeit", Alles anders, nichts besser !, NZA 1999, 1297 ff, 1303.
²⁹⁶ *Reiserer/Freckmann*, Scheinselbständigkeit – heute noch ein schillernder Rechtsbegriff –, NJW 2003, 180, 182.
²⁹⁷ *Plagemann/Radtke-Schwenzer*, GmbH-Geschäftsführer: „Arbeitnehmerähnlich?, NZG 2006, 281, 284.
²⁹⁸ Krit. zur Ausnahmeregelung des § 7 Abs. 4 Satz 2 SGB IV *Heinze*, Das Gesetz zur Neuregelung der sogenannten Selbständigkeit, JZ 2000, 332, 336; *Oberthür/Lohr*, Der Handelsvertreter im Arbeits- und Sozialversicherungsrecht, NZA 2001, 126, 127; *Reiserer/Freckmann/Träumer*, Scheinselbständigkeit, geringfügige Beschäftigung, München, Beck, 2002, Teil 1 Rdn. 154 (S. 48).
²⁹⁹ Gesetz v. 23. 12. 2002, BGBl. I S. 4621.
³⁰⁰ *Küstner*, Arbeitnehmerähnliche Handelsvertreter nach jetzt geltendem Recht, VW 1999, 807, 808.
³⁰¹ BSG, Urt. v. 23. 11. 2005 – B 12 RA 15/04 R, S. 7.

schäftigt, deren Entgelte (ggf. nach Zusammenrechnung) die Grenze des in § 2 Satz 1 Nr. 9 lit. a) SGB VI genannten Betrages überschreiten, auch wenn das individuelle Arbeitsentgelt jedes einzelnen Arbeitnehmers unter der Geringfügigkeitsgrenze von 400 Euro liegt. Wer als Versicherungsvertreter jedoch gemäß § 2 Satz 1 Nr. 9 SGB VI als arbeitnehmerähnlicher Selbständiger eingestuft wird, kann grundsätzlich nicht als selbständiger Handelsvertreter im Sinne von § 84 Abs. 1 Satz 2 HGB behandelt werden.[302] Er ist dann als Angestellter gemäß § 84 Abs. 2 HGB mit der Folge einzustufen, dass er als Handlungsgehilfe im Sinne von § 59 HGB anzusehen ist.[303]

61 **cc) Rentenversicherungspflicht der GmbH-Geschäftsführer.** Mit Urteil vom 24. November 2005 nahm das BSG eine grundsätzliche Rentenversicherungspflicht für Geschäftsführer einer Alleingesellschafter einer GmbH an[304] und weitete damit die Rentenversicherungspflicht für solche Geschäftsführer erheblich aus.[305] Die Entscheidung des BSG stieß auf erheblichen Widerspruch.[306] Selbst die Rentenversicherungsträger beschlossen, dem Urteil des BSG vom 24. November 2005 nicht zu folgen, und verlangten eine Klarstellung durch den Gesetzgeber. Die Klarstellung erfolgte im Rahmen von Art. 11 des Haushaltsbegleitgesetzes 2006, mit dem eine Anpassung des § 2 Satz 1 Nr. 9 SGB IV erfolgte.[307] Entsprechend der bisherigen Handhabung der Rentenversicherungsträger ist bei der Prüfung des Versichertenstatus des Gesellschafters auf die Verhältnisse der Gesellschaft abzustellen.[308] Maßgebend ist, wie viele versicherungspflichtige Arbeitnehmer bei der Gesellschaft beschäftigt sind und für wie viele Auftraggeber die Gesellschaft tätig ist.[309]

62 **d) Handelsvertreter i. S. v. § 92a HGB.** Im Fokus des § 92a Abs. 1 HGB steht der Handelsvertreter, der nicht für weitere Unternehmer tätig werden darf, weil der Vertrag dies nur nach vorheriger schriftlicher Einwilligung gestattet und diese Genehmigung fehlt,[310] oder dem dies nach Art und Umfang der von ihm verlangten Tätigkeit nicht möglich ist.[311] Für diesen sog. Einfirmenvertreter kann durch Rechtsverordnung die untere Grenze der vertraglichen Leistungen festgesetzt werden, um die notwendigen sozialen und wirtschaftlichen Bedürfnisse dieser Handelsvertreter oder einer bestimmten Gruppe von ihnen sicherzustellen. Für Versicherungsvertreter bestimmt § 92a Abs. 2 HGB ausdrücklich, dass dies

---

[302] *Graf v. Westphalen,* Scheinselbstständigkeiten nach § 2 Nr. 9 SGB VI und der Ausgleichsanspruch des Handelsvertreters, ZIP 1999, 1083, 1085.

[303] *Graf v. Westphalen,* a. a. O. (Fn. 302), ZIP 1999, 1083, 1085.

[304] BSG, Urt. v. 24. 11. 2005 – B 12 RA 1/04 R, NJW 2006, 1162 = NZA 2006, 396 = NZG 2006, 308 = WM 2006, 1314.

[305] *Löw,* Eingabe der Centrale für GmbH Dr. Otto Schmidt vom 12. 4. 2006 zur Frage der Rentenversicherungspflicht für geschäftsführende Alleingesellschafter einer GmbH, GmbHR 2006, 473.

[306] Vgl. *Gach/Kock,* Rentenversicherungspflicht von Gesellschafter-Geschäftsführern einer GmbH und ähnlichen Selbständigen, NJW 2006, 1089, 1090; *Hillmann-Stadtfeld,* Auswege aus der drohenden Rentenversicherungspflicht für GmbH-Geschäftsführer, GmbHR 2006, 470, 473; *Schrader/Straube,* Rentenversicherungspflicht für alle GmbH-Geschäftsführer!, NZA 2006, 358, 360.

[307] BGBl. 2006 I S. 1402, 1405.

[308] *Freckmann,* Neues zur Sozialversicherungspflicht von GmbH-Geschäftsführern, BB 2006, 2077, 2082.

[309] *Freckmann,* a. a. O. (Fn. 308), BB 2006, 2077, 2083.

[310] OLG Stuttgart BB 1966, 1396; OLG Köln, Beschl. v. 14. 6. 2000 – 19 W 12/00, VersR 2001, 894, 895; BAG, Urt. v. 15. 2. 2005 – 5 AZB 13/04, NJW 2005, 1146; OLG Saarbrücken, Beschl. v. 9. 5. 2005 – 5 W 92/05 – 23, VersR 2006, 1216; OLG Brandenburg, Beschl. v. 17. 4. 2007 – 3 W 8/07, Vers 2008, 1066.

[311] LAG Stuttgart, Beschl. v. 23. 2. 2005 – 6 Ta 1/05, VersR 2005, 832.

E. Vermittlung und Betreuung der Lebensversicherung

auch für den Fall gilt, dass der Versicherungsvertreter auf Grund eines Vertrages oder mehrerer Verträge damit betraut ist, Geschäfte für mehrere Versicherer zu vermitteln oder abzuschließen, die zu einem Versicherungskonzern oder zu einer zwischen ihnen bestehenden Organisationsgemeinschaft gehören, sofern die Beendigung des Vertragsverhältnisses mit einem dieser Versicherer im Zweifel auch die Beendigung des Vertragsverhältnisses mit den anderen Versicherern zur Folge haben würde. Zum Erlass der angesprochenen Rechtsverordnung kam es bisher nicht.[312] Hierbei handelt es sich um eine Gesetzeslücke, die nicht von den Gerichten geschlossen werden kann.[313] Die besondere Bedeutung des § 92a HGB liegt in der Vermittlung der gesetzlichen Wertung, dass auch der Einfirmenvertreter grundsätzlich Selbständiger ist.[314] Für die Praxis ist von Bedeutung, dass als Einfirmenvertreter i. S. von § 92a Abs. 1 Satz 1 1. Alt. HGB nicht schon der Handelsvertreter gilt, der sein ganzes Wissen und Können und seine volle Arbeitskraft zur Verfügung stellt.[315] Der Einfirmenvertreter ist als Arbeitnehmer anzusehen, wenn er während der letzten sechs Monate des Vertragsverhältnisses im Durchschnitt monatlich nicht mehr als 1000 Euro aufgrund des Vertragsverhältnisses an Vergütung einschließlich Provision und Ersatz für im regelmäßigen Geschäftsbetrieb entstandenen Aufwendungen bezogen hat (§ 5 Abs. 3 Satz 1 ArbGG). Die für die Zuständigkeit der Arbeitsgerichte entscheidende Verdienstgrenze ist selbst dann maßgebend, wenn der Versicherungsvertreter in diesen Monaten nichts gearbeitet und nichts verdient hat.[316] Bei der Ermittlung der nach § 5 Abs. 3 Satz 1 ArbGG anzusetzenden Beträge sind nur unbedingt entstandene Ansprüche des Versicherungsvertreters zu berücksichtigen,[317] unabhängig davon, ob und auf welche Weise sie vom Versicherer erfüllt worden sind.[318] Unter dem Vorbehalt der Rückforderung stehende Vorschusszahlungen an den Versicherungsvertreter bleiben bei der Ermittlung des Durchschnittsbezugs zunächst außer Ansatz.[319] Sie gehen jedoch in die Berechnung ein, sobald sie vom Versicherer mit Provisionsforderungen des Versicherungsvertreters verrechnet werden können.[320] Laufende Aufwendungen, die vom Versicherer erstattet werden, gehen in die Berechnung des Verdienstes ein.[321] Nicht von Bedeutung ist, welche Mittel dem

---

[312] *Bangert,* Der selbständige und der unselbständige Versicherungsvertreter, Karlsruhe, VVW, 1983, S. 12.
[313] BAG, Urt. v. 24. 10. 2002 – 6 AZR 632/00, NJW 2003, 2627, 2628 = MDR 2003, 814; *Hopt,* Handelsvertreterrecht, 4. Aufl., München, Beck, 2009, § 92a HGB Rdn. 2.
[314] Vgl. ArbG Lübeck, Beschl. v. 26. 10. 1995 – 2 Ca 2046/95, VersR 1996, 1275, 1276; *Küstner,* Zur Statusproblematik im Handels- und Versicherungsvertreterrecht, ZVersWiss 1997, 659, 660; *Horn/Hensslor,* Der Vertriebsfranchisenehmer als selbständiger Unternehmer, Zugleich eine Besprechung des Eismann-Beschlusses des Bundesarbeitsgerichts vom 16. Juli 1997, ZIP 1997, 1714, ZIP 1998, 589, 592; *Fecker/Glöckle,* Die Scheinselbständigkeit des Versicherungsvertreters – Ende der Statusdiskussion!, ZfV 2000, 647, 650.
[315] Vgl. OLG Frankfurt/M., Urt. v. 13. 3. 1979 – 5 U 141/78, VersR 1979, 717 = VW 1979, 948 = BB 1980, 336 = DB 1979, 1178 = MDR 1979, 761; *Evers,* Die Nichtigkeit von Handelsvertreterverträgen wegen zu geringer Verdienstmöglichkeiten und ihre Rückabwicklung, BB 1992, 1365, 1367.
[316] BAG, Beschl. v. 15. 2. 2005 – 5 AZB 13/04, NJW 2005, 1146 = ZIP 2005, 1335 (Ls.) = BB 2005, 728; zust. *Emde* EWiR 2005, 505, 506; OLG Saarbrücken, Beschl. v. 9. 5. 2005 – 5 W 92/05–23, VersR 2006, 1216.
[317] BGH, Urt. v. 9. 12. 1963 – VII ZR 113/62, NJW 1964, 497 = VersR 1964, 144.
[318] BGH, Beschl. v. 12. 2. 2008 – VIII ZB 3/07, VersR 2008, 641, 642; BGH, Beschl. v. 12. 2. 2008 – VIII ZB 4/08, VersR 2008, 533 = r+s 2008, 311.
[319] BGH, Urt. v. 9. 12. 1963 – VII ZR 113/62, NJW 1964, 497 = VersR 1964, 144; OLG Saarbrücken, Beschl. v. 29. 7. 2004 – 5 W 144/04–49, VersR 2005, 1388, 1390.
[320] OLG Karlsruhe, Beschl. v. 12. 5. 2006 – 1 W 18/06, VersR 2007, 207, 208.
[321] BGH, Beschl. v. 12. 2. 2008 – VIII ZB 51/06, NJW-RR 2008, 1420 = VersR 2008, 533 = r+s 2008, 311.

Versicherungsvertreter nach Abzug von Aufwendungen und Kosten verbleiben; entscheidend ist sein Bruttoverdienst.[322] Dazu passt nicht die Auffassung des BAG, dass Provisionen, die mit einem Gebietsübernahmebetrag verrechnet werden, bei der Berechnung der Durchschnittsvergütung nicht berücksichtigt werden dürfen.[323]

63 e) **Handelsvertreter i. S. v. § 92 b HGB.** Ob ein Handelsvertreter haupt- oder nebenberuflich tätig ist, bestimmt sich gemäß § 92 b Abs. 3 HGB nach der Verkehrsauffassung.[324] Die für nebenberufliche Handelsvertreter geltenden Einschränkungen nach § 92 b Abs. 1 HGB im Vergleich zu einem hauptberuflichen Handelsvertreter kann der Unternehmer dem Vertreter nur dann entgegenhalten, wenn er diesen ausdrücklich als Handelsvertreter im Nebenberuf mit der Vermittlung oder dem Abschluss von Geschäften betraut hat (§ 92 b Abs. 2 HGB). Ist ein Handelsvertreter nach der Verkehrsauffassung hauptberuflich tätig, kann er nicht durch Parteivereinbarung zum nebenberuflichen Vertreter „herabgestuft" werden.[325] Der nebenberufliche Versicherungsvertreter hat keinen Anspruch auf einen Ausgleichsanspruch nach § 89 b HGB und es gibt bei ihm keine mit dem Zeitablauf steigenden Kündigungsfristen des Vertretervertrages.[326]

64 f) **Handelsvertreter i. S. v. § 84 Abs. 1 HGB.** Das Handelsvertreterverhältnis ist ein Vertragsverhältnis über eine Dienstleistung im Sinne des Art. 5 Nr. 1 lit. b EuGVVO.[327] Nach der Legaldefinition des § 92 Abs. 1 HGB ist Versicherungsvertreter, wer als Handelsvertreter damit betraut ist, Versicherungsverträge zu vermitteln (oder abzuschließen). Der Handelsvertreter hat keine dem Versicherungsmakler vergleichbare Stellung als treuhänderischer Sachwalter des Versicherungsnehmers.[328] Handelsvertreter ist nach § 84 Abs. 1 HGB ein selbständiger Gewerbetreibender, der von einem Unternehmer (in der Lebensversicherung einem Lebensversicherungsunternehmen oder als Unterhandelsvertreter[329] eines Handelsvertreters) ständig – und nicht nur von Fall zu Fall – damit betraut ist, für diesen Geschäfte zu vermitteln oder in dessen Namen abzuschließen.[330] Es reicht

---

[322] BGH, Beschl. v. 12. 2. 2008 – VIII ZB 51/06, NJW-RR 2008, 1420 = VersR 2008, 533 = r+s 2008, 311; *Emde,* Rechtsprechungs- und Literaturübersicht zum Vertriebsrecht des Jahres 2008, BB 2009, 2714.
[323] BAG, Beschl. v. 20. 10. 2009 – 5 AZB 30/09, NJW 2009, 3803, 3804.
[324] *Küstner,* Aktuelle Probleme des Vertriebsrechts, BB 1999, 541, 543; *derselbe,* Ständig, nicht gelegentlich: Einige Bemerkungen zur Nebenberuflichkeit, VW 2002, 1793.
[325] Vgl. BGH, Urt. v. 25. 3. 1987 – IVa ZR 224/85, VersR 1987, 663, 664; BGH, Urt. v. 4. 11. 1998 – VIII ZR 248/97, NJW 1999, 639, 641 = VersR 1999, 186, 187 = VerBAV 1999, 225 = ZIP 1998, 2152 = BB 1999, 71, 72 = WM 1999, 388, 390 = r+s 1999, 131, 132 = DB 1999, 429 = MDR 1999, 240; zust. *Escher* BB 1999, 72.
[326] *Beenken/Reckenfelderbäumer,* Versicherungswirtschaft hält an Nebenberuflern fest, VW 2006, 76.
[327] OLG Koblenz, Urt. v. 13. 3. 2008 – 6 U 947/07, NJW-RR 2009, 502.
[328] KG, Urt. v. 21. 10. 1996 – 10 U 2102/95, VersR 1997, 1105.
[329] Vgl. OLG Düsseldorf, Urt. v. 12. 2. 1993 – 16 U 96/92, NJW-RR 1993, 1188 = DB 1993, 733 (selbständiger Repräsentant eines Vermittlers von Kapitalanlageobjekten).
[330] BGH BB 1973, 11; BGH MDR 1984, 909; BGH, Urt. v. 22. 5. 1985 – IVa ZR 190/83, BGHZ 94, 356, 359 = NJW 1985, 2595 = VersR 1985, 930; BGH NJW-RR 1986, 709; BGH, Urt. v. 25. 3. 1987 – IVa ZR 224/85, NJW 1988, 60, 61 = VersR 1987, 663, 664; OLG Frankfurt/M., Urt. v. 23. 6. 1987 – 22 U 1/87, VersR 1987, 985; BGH NJW 1988, 60 = NJW-RR 1988, 150 (Ls.); BGHZ 102, 194, 197 f. = NJW 1988, 973; BGH, Urt. v. 1. 4. 1992 – IV ZR 154/91, NJW 1992, 2818, 2819 = VersR 1992, 869, 870; OLG Nürnberg, Urt. v. 27. 1. 1994 – 8 U 1143/93, NJW-RR 1995, 227, 229 = VersR 1995, 94, 95 = r+s 1996, 333; BGH, Urt. v. 22. 9. 1999 – IV ZR 15/99, NJW-RR 2000, 316 = NVersZ 2000, 124 = VersR 1999, 1481 = DB 2000, 212; BGH, Urt. v. 19. 9. 2001 – IV ZR 235/00, NJW-RR 2002, 169 = NVersZ 2002, 59 = VersR 2001, 1498; BGH, Beschl. v. 7. 11. 2007 – IV ZR 103/06, NJW-RR 2008, 343, 344 = VersR 2008, 242 = r+s 2008, 62; *Matusche-Beckmann,* Probleme bei der Abgrenzung des Versicherungs-

dafür nicht aus, dass der Vermittler (oder sein Arbeitgeber) ein eigenes wirtschaftliches Interesse an Vertragsabschlüssen mit einem bestimmten Versicherer hat.[331] Auch das Provisionsinteresse des Vermittlers genügt insoweit nicht.[332] Ein Betreuungshinweis in Vertragsunterlagen des Versicherers ist kein ausreichendes Indiz für eine Agentenstellung des benannten Vertragsbetreuers oder seiner Mitarbeiter.[333] Selbständig ist, wer im Wesentlichen frei seine Tätigkeit gestalten und seine Arbeitszeit bestimmen kann.[334] Für die Beurteilung, ob diese Voraussetzungen erfüllt sind oder die Grenze zum Arbeitsverhältnis überschritten ist, sind alle Umstände des Falles in Betracht zu ziehen und schließlich in ihrer Gesamtheit zu würdigen.[335] Maßgebend für die rechtliche Einordnung im Einzelfall ist nicht die von den Beteiligten (Versicherer und Vermittler) gewählte Bezeichnung, sondern ausschließlich die tatsächlich vom Vermittler vereinbarungsgemäß ausgeübte Tätigkeit,[336] sofern diese von den ausdrücklich getroffenen Vereinbarungen abweicht.[337] Handelsvertreter ist daher auch, wer mit einem Finanzdienstleistungsunternehmen auf der Grundlage eines Vermittlervertrages und eines Geschäftsstellenleitervertrags zusammenarbeitet, wonach die Rekrutierung, Ausbildung und Überwachung der der Geschäftsstelle zugeordneten Handelsvertreter die Aufgabe des Geschäftsstellenleiters ist.[338] Unwirksam ist allerdings eine Regelung, nach der der Geschäftsstellenleitervertrag jederzeit und ohne Angabe von Gründen mit einer Kündigungsfrist von lediglich einem Monat innerhalb des ersten Jahres mit der Folge gekündigt werden kann, dass der Handelsvertreter mit Vertragsbeendigung zum Ausgleich des in der Anfangszeit naturgemäß sehr hohen Saldos zu seinen Lasten verpflichtet ist.[339]

g) **Mehrfachagent.** Der Handelsvertreter ist nicht begriffsnotwendig Einfirmenvertreter.[340] Zum Einfirmenvertreter wird er nur durch die sog. Ausschließ- 65

---

agenten vom Versicherungsmakler, VersR 1995, 1391, 1392. Zur handelsrechtsgeschichtlichen Entwicklung siehe *Martinek*, Vom Handelsvertreterrecht zum Recht der Vertriebssysteme, ZHR 161 (1997), 67 ff.

[331] BGH, Beschl. v. 7. 11. 2007 – IV ZR 103/06, NJW-RR 2008, 343, 344 = VersR 2008, 242, 243 = r+s 2008, 62.

[332] BGH, Urt. v. 19. 9. 2001 – IV ZR 235/00, NJW-RR 2002, 169 = NVersZ 2002, 59 = VersR 2001, 1498; BGH, Beschl. v. 7. 11. 2007 – IV ZR 103/06, NJW-RR 2008, 343, 344 = VersR 2008, 242, 243 = r+s 2008, 62, 63.

[333] BGH, Urt. v. 22. 9. 1999 – IV ZR 15/99, NJW-RR 2000, 316 = NVersZ 2000, 124 = VersR 1999, 1481 = DB 2000, 212; BGH, Beschl. v. 7. 11. 2007 – IV ZR 103/06, NJW-RR 2008, 343, 344 = VersR 2008, 242, 243 = r+s 2008, 62, 63.

[334] *Feldmann*, Anforderungen an die Selbständigkeit eines Versicherungsvermittlers, ZfV 1999, 389.

[335] Im Einzelnen dazu *Reinhard*, Die Rechtsprechung des Bundesarbeitsgerichts zum Arbeitnehmerstatus von Versicherungsagenten, in: Kontinuität und Wandel des Versicherungsrechts, Festschrift für Egon Lorenz zum 70. Geb. hrsg. v. Wandt, Reiff, Looschelders u. Bayer, Karlsruhe, VVW, 2004, S. 587, 597 ff.

[336] BGH, Urt. v. 4. 12. 1981 – I ZR 200/79, VersR 1982, 343, 344 = BB 1982, 1876, 1877; OLG Nürnberg, Urt. v. 27. 1. 1994 – 8 U 1184/93, NJW-RR 1995, 227, 229 = VersR 1995, 94, 95 = r+s 1996, 333, 334; BAG, Urt. v. 15. 12. 1999 – 5 AZR 169/99, NZA 2000, 1162 = VersR 2000, 1501; OLG Hamm, Beschl. v. 4. 8. 2000 – 35 W 13/99; OLG Hamm, Beschl. v. 7. 2. 2003 – 35 W 11/02, VersR 2004, 1133, 1134; LAG München, Urt. v. 22. 7. 2004 – 2 Sa 1323/03, VersR 2004, 1175.

[337] ArbG Berlin, Beschl. v. 27. 5. 1998 – 85 Ca 2819/98, VersR 1998, 1508, 1509; ArbG Berlin, Urt. v. 17. 2. 1997 – 5 Ca 35 498/96, VersR 1997, 827, 828.

[338] LG Tübingen, Urt. v. 18. 11. 2008 – 4 O 202/07, VW 2009, 619.

[339] LG Tübingen, Urt. v. 18. 11. 2008 – 4 O 202/07, VW 2009, 619, 620; zust. *Evers/Eikelmann*, K. O. für Geschäftsstellenleitersystem, VW 2009, 619, 620.

[340] OLG Nürnberg, Urt. v. 27. 1. 1994 – 8 U 1184/93, NJW-RR 1995, 227, 229 = VersR 1995, 94, 95 = r+s 1996, 333, 334.

Einl. E 66

lichkeitsklausel, mit der sich der Versicherungsvertreter verpflichtet, nur für einen Versicherer (Versicherungsgruppe) tätig zu werden. Der Versicherungsvertreter kann, wenn das einzelne Unternehmen damit einverstanden ist, auch von anderen Unternehmen, selbst von Konkurrenzunternehmen, mit der ständigen Vermittlung von entsprechenden Verträgen betraut sein.[341] Versicherungsagent (Versicherungsvertreter) ist daher auch, wer aufgrund ständiger Betrauung für Versicherungen verschiedener Sparten Versicherungsverträge mit unterschiedlichen Versicherern oder für mehrere Versicherer in der gleichen Sparte Versicherungsverträge vermittelt.[342]

66 **h) Makler.** Der im VVG nicht erwähnte Versicherungsmakler wird mit dem Versicherungsagenten (§§ 43 bis 48 VVG) unter dem Begriff Versicherungsvermittler zusammengefasst.[343] Das VVG 2008 hat diese Begrifflichkeit übernommen. Gemäß § 59 Abs. 1 VVG 2008 sind Versicherungsvermittler im Sinne des VVG 2008 Versicherungsvertreter und Versicherungsmakler. Versicherungsmakler im Sinne des VVG 2008 ist, wer gewerbsmäßig für den Auftraggeber die Vermittlung oder den Abschluss von Versicherungsverträgen übernimmt, ohne von einem Versicherer oder einem Versicherungsvertreter damit betraut zu sein (§ 59 Abs. 3 VVG 2008). Diese Regelung greift § 93 Abs. 1 HGB auf. Versicherungsmakler (Handelsmakler) ist gemäß § 93 Abs. 1 HGB nur ein Unternehmer, der gewerbsmäßig für andere Personen Versicherungen vermittelt, ohne von diesen aufgrund eines Vertragsverhältnisses ständig damit betraut zu sein.[344] Der Versicherungsmakler steht zwischen der Anbieterseite und der Kundenseite und wird bei der Erfüllung seiner Aufgaben nicht nur von angestellten Mitarbeitern, sondern häufig auch von selbständig tätigen Mitarbeitern unterstützt. Als Versicherungsmakler ist anzusehen, wer kraft rechtsgeschäftlicher Geschäftsbesorgungsmacht für einen anderen Versicherungsschutz ganz oder teilweise beschafft, ausgestaltet und abwickelt, ohne selbst Versicherungsnehmer oder Versicherer zu sein.[345] Zwischen dem Versicherungsmakler und seinem Kunden besteht ein enges, vertraglich geregeltes Verhältnis.[346] Der Versicherungsmakler ist der Vertraute und Berater des Versicherungsnehmers, der wegen seiner umfassenden Pflichten für den Bereich der Versicherungsverhältnisse des von ihm betreuten Versicherungsnehmers als dessen treuhänderähnlicher Sachwalter bezeichnet und insoweit mit sonstigen Beratern verglichen werden kann.[347] Dies gilt trotz der in vielen

---

[341] BGH BB 1972, 11; BGH NJW-RR 1986, 709; OLG Nürnberg, Urt. v. 27. 1. 1994 – 8 U 1184/93, NJW-RR 1995, 227, 229 = VersR 1995, 94, 95 = r+s 1996, 333, 334; OLG Hamm, Urt. v. 3. 2. 1994 – 18 U 113/93, r+s 1995, 399, 400.

[342] OLG Nürnberg, Urt. v. 27. 1. 1994 – 8 U 1184/93, NJW-RR 1995, 227, 229 = VersR 1995, 94, 95 = r+s 1996, 333, 334; OLG Hamm, Urt. v. 3. 2. 1994 – 18 U 113/93, VersR 1995, 167, 168; siehe hierzu auch *Sieg,* Die Erfüllungshaftung des Versicherers für Auskünfte seiner Agenten – vom Gewohnheitsrecht zum Gesetzesrecht, VersR 1998, 162, 164.

[343] BGH, Urt. v. 22. 5. 1985 – IVa ZR 190/83, BGHZ 94, 356, 358 = VersR 1985, 930, 931 = NJW 1985, 2595; BGH, Urt. v. 25. 3. 1987 – IVa ZR 224/85, VersR 1987, 663, 664 = NJW 1988, 60, 61; OLG Düsseldorf, Urt. v. 6. 6. 1997 – 7 U 197/96, NJW-RR 1998, 395.

[344] OLG Nürnberg, Urt. v. 27. 1. 1994 – 8 U 1184/93, NJW-RR 1995, 227, 228 = VersR 1995, 94, 95 = r+s 1996, 333; LG Duisburg, Beschl. v. 28. 7. 1999 – 10 O 79/99, NVersZ 2001, 14 = VersR 2001, 178.

[345] BGH, Urt. v. 22. 5. 1985 – IVa ZR 190/83, BGHZ 94, 356 = NJW 1985, 2595 = VersR 1985, 930.

[346] OLG Stuttgart, Urt. v. 28. 12. 1990 – 2 U 121/90, VersR 1991, 883.

[347] BGH, Urt. v. 22. 5. 1985 – IVa ZR 190/83, BGHZ 94, 356, 358 = VersR 1985, 930, 931 = NJW 1985, 2595 = MDR 1985, 916; OLG Düsseldorf, Urt. v. 20. 12. 1996 – 7 U 201/95, NJW-RR 1997, 756 = VW 1997, 1312; OLG Düsseldorf, Urt. v. 30. 4. 1999 –

E. Vermittlung und Betreuung der Lebensversicherung

Ländern gleichförmig bestehenden Übung, wonach die Provision des Versicherungsmaklers vom Versicherer getragen wird.[348] In der Regel wird der Versicherungsmakler aufgrund eines Geschäftsbesorgungsvertrages tätig.[349] Er steht im Lager des Versicherungsnehmers.[350] Das Berufsbild des Versicherungsmaklers ist im Verhältnis zur Versichererseite durch Unabhängigkeit gekennzeichnet.[351] Dies kommt darin zum Ausdruck, dass der Versicherungsmakler nicht an bestimmte Versicherer gebunden ist. Die den Versicherungsmakler auszeichnende Unabhängigkeit prädestiniert ihn für eine beratende Mitwirkung im Vergabeverfahren.[352] Als Sachwalter des von ihm betreuten Versicherungsnehmers hat der Versicherungsmakler besonders weitgehende Aufklärungs- und Beratungspflichten.[353]

Im Hinblick auf das Sachwalter-Urteil des BGH ist der Versicherungsmakler aufgrund der vermögensinteressenbezogenen Sachwalteraufgaben in die Nähe anderer Sachwalter, wie etwa den Wirtschaftsprüfer sowie Rechts- und Steuerberater zu rücken.[354] Aufgrund der vom BGH vorgenommenen Positionierung und

---

[7] U 201/98, VersR 2000, 54, 55; LG Saarbrücken, Urt. v. 23. 12. 1999 – 2 S 213/98, NJW-RR 2000, 476, 477 = NVersZ 2000, 150, 151; OLG München, Urt. v. 24. 3. 2000 – 23 U 5318/97, VersR 2001, 459; BGH, Urt. v. 20. 1. 2005 – III ZR 251/04, BGHZ 162, 67, 78 = NJW 2005, 1357 = VersR 2005, 406, 408 = WM 2005, 655 = MDR 2005, 686; BGH, Urt. v. 14. 6. 2007 – III ZR 269/06, NJW-RR 2007, 1503, 1504 = VersR 2007, 1127, 1128 = r+s 2007, 483 = WM 2007, 1676, 1677 f. = MDR 2007, 1190, 191. Im Schrifttum früher schon *Trinkhaus*, Handbuch der Versicherungsvermittlung, Berlin, 1955, S. 132. Die Auffassung des BGH hat im Schrifttum bis heute nur Zustimmung gefunden, vgl. exemplarisch *Koch*, Der Versicherungsmakler als Berater der mittelständischen Wirtschaft, VW 1995, 112, 113; *Werber*, Der Versicherungsmakler im Vergaberecht, VersR 2001, 1313, 1321.

[348] BGH, Urt. v. 22. 5. 1985 – IVa ZR 190/83, BGHZ 94, 356, 359 = VersR 1985, 930, 931; OLG Köln, Urt. v. 1. 6. 1995 – 5 U 249/93, VersR 1995, 946, 947.

[349] OLG Stuttgart, Urt. v. 28. 12. 1990 – 2 U 121/90, VersR 1991, 883; ebenso OLG Hamm, Urt. v. 19. 6. 2000 – 18 U 7/00, VersR 2001, 583, 584; *Bangert*, Der selbständige und der unselbständige Versicherungsvertreter. Arten, wirtschaftliche Bedeutung und Abgrenzung, Karlsruhe, VVW, 1983, S. 3; *J. F. Schmidt*, Die Deregulierung der Versicherungsaufsicht und die Versicherungsvermittlung in Deutschland, Berlin, D&H, 2003, S. 170.

[350] BGHZ 94, 356, 358 f. = NJW 1985, 2596; BGH, Urt. v. 25. 3. 1987 – IVa ZR 224/85, NJW 1988, 60 = VersR 1987, 663; BGH, Urt. v. 22. 9. 1999 – IV ZR 15/99, NJW-RR 2000, 316 = NVersZ 2000, 124 = VersR 1999, 1481 = DB 2000, 212; BGH, Beschl. v. 7. 11. 2007 – IV ZR 103/06, NJW-RR 2008, 343, 344 = VersR 2008, 242 = r+s 2008, 62.

[351] OLG Stuttgart, Urt. v. 28. 12. 1990 – 2 U 121/90, VersR 1991, 883; *Farny*, Der Versicherungsmakler im Privatkundengeschäft?, in: Beiträge über den Versicherungsmakler, Ewald Lahno gewidmet, Heft 13 der Veröffentlichungen der Hamburger Gesellschaft zur Förderung des Versicherungswesens mbH, Hamburg, 1993, S. 79, 81; *Werber*, Von der Unabhängigkeit eines Versicherungsmaklers im „Doppelrechtsverhältnis", in: Beiträge über den Versicherungsmakler, Ewald Lahno gewidmet, Heft 13 der Veröffentlichungen der Hamburger Gesellschaft zur Förderung des Versicherungswesens mbH, Hamburg, 1993, S. 185, 191.

[352] Ebenso *Werber*, Der Versicherungsmakler im Vergaberecht, VersR 2001, 1313, 1314. Soweit gegen die Einschaltung eines Versicherungsmakler Bedenken erhoben werden (siehe hierzu vor allem *Dreher* NVersZ 1999, 10, 13; *derselbe* VersR 2000, 666, 668), darf nicht übersehen werden, dass häufig wirtschaftliche Interessen der öffentlich-rechtlichen Versicherer mit im Spiel sind (siehe hierzu näher bei *Fetzer* VersR 2000, 1311).

[353] OLG Köln, Urt. v. 5. 11. 2003 – 5 U 205/02, VersR 2004, 851, 852 = r+s 2004, 95, 96; *Hopt* in: Baumbach/Hopt, HGB, 33. Aufl., München, Beck, 2008, § 93 HGB Rdn. 28.

[354] Vgl. OLG Schleswig, Urt. v. 16. 7. 1999 – 6 U 28/99, NVersZ 2000, 149 = VersR 2000, 1430 = r+s 2000, 396; Geyer, Sorgfaltspflichten bei der Deckungsbeschaffung, Versicherungskaufmann 1986, 87, 88; *Zopf*, Die Rechtsstellung des Versicherungsmaklers, VersR 1986, 747; *Werber*, Anforderungen an den Versicherungsmakler bei grenzüberschrei-

der aufgezeigten Aufgabenstellung ist der Versicherungsmakler mit anderen Selbständigen, wie z.B. dem Anlageberater, Architekt oder dem Rechtsanwalt vergleichbar. Die Konsequenz der Gleichstellung des Versicherungsmaklers mit den genannten Berufsgruppen besteht darin, dass auf den Versicherungsmakler die für diese Berufsgruppen entwickelte strenge Berufshaftung Anwendung findet. Gerade die Rechtsprechung zu den Pflichten der Anlageberater in Angelegenheiten der Beratung, Vertragsgestaltung und Vertragsabwicklung ist geeignet, Entscheidungshilfen auch für die Pflichten des Versicherungsmaklers, insbesondere beim Vertrieb ausländischer Versicherungsprodukte, zu geben.[355] Beispielhaft sei darauf hingewiesen, dass ein Makler, der als Anlage- und Wirtschaftsberater aufgetreten ist, für unrichtige Angaben über Steuervorteile haftbar gemacht werden kann.[356] Wer als Verkäufer für eine Immobilie wirbt und dabei Steuervorteile einer Anlage- oder Kaufentscheidung herausstellt oder in konkrete Finanzierungsvorschläge einbezieht, muss Voraussetzungen, Hinderungsgründe und Ausmaß der Steuervorteile richtig und so vollständig darstellen, dass bei dem Kunden oder Käufer über keinen für seine Entscheidung möglicherweise wesentlichen Umstand eine Fehlvorstellung erweckt wird.[357]

68   i) **Makleragent/Maklermehrfachagent.** Häufig treten im Innenverhältnis an Versicherer als Agenten oder Mehrfachagenten gebundene Vermittler im Geschäftsverkehr in einer Art und Weise auf, die beim Kunden den Eindruck erweckt, der Vermittler handele nicht für eine oder mehrere bestimmte Versicherungsgesellschaften als deren Agent, sondern sei ohne eine solche Bindung tätig, um in erster Linie als Sachwalter des Kunden tätig zu werden (sog. Pseudomakler). In diesem Fall muss sich der Vermittler im Verhältnis zum Kunden so behandeln lassen, als sei er Versicherungsmakler tätig geworden.[358] Die Konsequenz ist, dass der sog. Makleragent bzw. Maklermehrfachagent seinem Kunden aus dem

---

tenden Dienstleistungen sowie im neuen Geschäftsfeld „Privatkunde", VP 1990, 21; *derselbe,* „Best advice" und die Sachwalterhaftung des Versicherungsmaklers, VersR 1992, 917, 920.

[355] Zur Haftung des Kapitalanlagevermittlers siehe BGH, Urt. v. 13. 6. 2002 – III ZR 166/01, NJW 2002, 2641 = NZG 2002, 927 = WM 2002, 1456, 1457 = MDR 2002, 1247; *Wolf,* BGH-Rechtsprechung aktuell: Prospekthaftung und Verschulden bei Vertragsschluss, NJW 1994, 24 ff.

[356] BGH, Urt. v. 26. 4. 1991 – V ZR 165/89, NJW 1991, 2556 = VersR 1991, 1146 = WM 1991, 1171 = DB 1991, 1617 = MDR 1991, 966; BGH, Urt. v. 27. 11. 1998 – V ZR 344/97, ZIP 1999, 193.

[357] BGH, Urt. v. 26. 4. 1991 – V ZR 165/89, NJW 1991, 2556 = VersR 1991, 1146 = WM 1991, 1171 = DB 1991, 1617 = MDR 1991, 966.

[358] LG Düsseldorf VersR 1951, 197; OLG Köln r+s 1991, 32; OLG Hamm, Urt. v. 3. 2. 1994 – 18 U 113/93, VersR 1995, 167, 168 = r+s 1995, 399, 400; OLG Oldenburg, Urt. v. 13. 1. 1999 – 2 U 246/98, NVersZ 1999, 359 = VersR 1999, 757, 758 = r+s 1999, 351, 352; *Werber,* Zur Rechtsstellung des Versicherungsmaklers in der heutigen Zeit, VW 1988, 1159, 1163; *Schirmer,* Vertriebsformen auf dem Prüfstand, VersVerm 1990, 349, 352; *Benkel/ Reusch,* Zur Einfluss der Deregulierung der Versicherungsmärkte auf die Haftung des Versicherungsmaklers, VersR 1992, 1302, 1314; *Heinemann,* Vorvertragliche Anzeigepflicht – Irreführung des Verbrauchers durch Gestaltung von Anzeigeformularen? – Aufklärungspflicht des Maklers bei Antragsaufnahme, auch unter Berücksichtigung der Haftungsproblematik –, VersR 1992, 1319, 1323; *Matusche-Beckmann,* Probleme bei der Abgrenzung des Versicherungsagenten vom Versicherungsmakler, VersR 1995, 1391, 1393; *Reiff* r+s 1998, 89, 91; *Baumann* VersVerm 1999, 512; *Müller-Wiedenhorn,* Haftungsprobleme für Vermittler von Finanzdienstleistungen, in: Verantwortlichkeit im Wirtschaftsrecht, Beiträge zum Versicherungs- und Wirtschaftsrecht der Schüler von Ulrich Hübner, hrsg. v. Annemarie Matusche-Beckmann und Roland Michael Beckmann, Karlsruhe, VVW, 2002, S. 171, 176; *Reiff* ZVersWiss 2002, 103, 113; *derselbe,* Der Versicherungsvermittler in der VVG-Reformdiskussion, ZfV 2003, 689, 695.

E. Vermittlung und Betreuung der Lebensversicherung

Geschäftsbesorgungsvertrag bzw. aus Beratungs- und Auskunftsvertrag[359] unmittelbar haftet.[360] Will der Vermittler der Maklerhaftung entgehen, muss er dem Kunden gegenüber deutlich gemacht haben, dass er kein Versicherungsmakler ist.[361] Hierfür reicht aus, dass für den Kunden aus dem Verhalten des Vermittlers erkennbar ist, dass dieser nicht als sein „Sachwalter", sondern für das hinter ihm stehende Versicherungsunternehmen tätig ist.[362]

4. Verantwortlichkeit des Versicherers bei Fehlverhalten des Versicherungsmaklers

Grundsätzlich hat der Versicherer für ein Fehlverhalten eines Versicherungsmaklers nicht einzustehen, da der Versicherungsmakler im Lager des Versicherungsnehmers steht.[363] Ausnahmsweise ist der Versicherungsmakler als Vertreter des Versicherers anzusehen, wenn er vom Versicherer mit der gesamten Geschäftsführung aus einem Versicherungsvertrag beauftragt ist und alle Rechtshandlungen gegenüber dem Versicherungsnehmer als Vertreter des Versicherers vornimmt.[364] Übernimmt der Versicherungsmakler mit Wissen und Wollen des Versicherers Aufgaben, die typischerweise dem Versicherer obliegen, so wird er im Pflichtenkreis des Versicherers tätig und ist zugleich als Hilfsperson des Versicherers zu betrachten.[365] Wann eine solche Einschätzung gerechtfertigt ist, lässt sich nur aufgrund einer die Interessen beider Parteien wertenden Betrachtung der Einzelfallumstände entscheiden.[366] Wenn der Versicherer damit rechnen muss, dass der

---

[359] Im Ergebnis ebenso *Zinnert,* Zur Eigenhaftung des Mehrfachagenten – Zugleich Anmerkung zum Urteil des OLG Oldenburg v. 13. 1. 1999 (2 U 246/98) VersR 99, 757 –, VersR 1999, 1343, 1344.
[360] BGH, Urt. v. 25. 3. 1987 – IVa ZR 224/85, VersR 1987, 663, 664; *Werber,* Zur Rechtsstellung des Versicherungsmaklers in der heutigen Zeit, VW 1988, 1159, 1162 f.; *Klöckener,* Status und Haftung bei Fehlverhalten der selbständigen Versicherungsvertreter in Frankreich und in der Bundesrepublik Deutschland, Karlsruhe, VVW, 1990, S. 255; *von Stebut,* Aufklärungspflichten und Haftungsrisiken von Finanzdienstleistern, VW 1991, 741, 743; *Scheiper,* Der Versicherungsmakler: Aufgabe und Vergütungssystem im Wandel, Frankfurt/M. u. a., Lang, 1996, S. 16/17; *Schimikowski,* Probleme des konventionellen Vertragsabschlusses und des Electronic Commerce in der Versicherungswirtschaft, r+s 1999, 485, 488; *Hagemann-Böthern,* Anforderungen der EU-Vermittlerrichtlinie an den Haftpflichtversicherungsschutz des Versicherungsvermittlers, VW 2003, 1847.
[361] OLG Oldenburg, Urt. v. 13. 1. 1999 – 2 U 246/98, NVersZ 1999, 359 = VersR 1999, 757, 758 = r+s 1999, 351, 352; Prölss/Martin, VVG, 26. Aufl., 1998, Anh. zu §§ 43 bis 48 VVG Rdn. 61.
[362] LG Berlin, Urt. v. 9. 2. 2000 – 28 O 321/99, VersR 2000, 1413, 1414.
[363] BGHZ 94, 356, 358 f. = NJW 1985, 2596; BGH, Urt. v. 25. 3. 1987 – IVa ZR 224/85, NJW 1988, 60; BGH, Urt. v. 22. 9. 1999 – IV ZR 15/99, NJW-RR 2000, 316 = NVersZ 2000, 124 = VersR 1999, 1481 = DB 2002, 212; BGH, Beschl. v. 7. 11. 2007 – IV ZR 103/06, NJW-RR 2008, 343, 344 = VersR 2008, 242 = r+s 2008, 62.
[364] BGH, Urt. v. 17. 1. 2001 – IV ZR 282/99, NVersZ 2001, 189 f.; *Kollhosser* in: Prölss/Martin, VVG, 26. Aufl., § 43 Rdn. 4; *Gruber* in: Berliner Komm. z. VVG, Vorb. §§ 43–48 Rdn. 2.
[365] Vgl. BGH, Urt. v. 24. 11. 1995 – V ZR 40/94, NJW 1996, 451 = WM 1996, 315, 316; BGH, Urt. v. 24. 9. 1996 – XI ZR 318/95, NJW-RR 1997, 116 = VersR 1997, 877 = WM 1996, 2105, 2106 = ZIP 1996, 1950, 1951 = DB 1997, 525 = MDR 1997, 155, 156; BGH, Urt. v. 14. 11. 2000 – XI ZR 336/99, VersR 2001, 188, 189 = r+s 2001, 220 = DB 2001, 1143.
[366] BGH, Urt. v. 24. 11. 1995 – V ZR 40/94, NJW 1996, 451 = VersR 1996, 324 = WM 1996, 315, 316 = DB 1996, 370; BGH, Urt. v. 24. 9. 1996 – XI ZR 318/95, NJW-RR 1997, 116 = VersR 1997, 877 = WM 1996, 2105, 2106 = ZIP 1996, 1950, 1951 = MDR 1997, 155, 156; BGH, Urt. v. 14. 11. 2000 – XI ZR 336/99, VersR 2001, 188, 189 = r+s 2001, 220 = DB 2001, 1143.

Vermittler nicht nur eigene Mitarbeiter einsetzt, sondern auch Untervermittler einschaltet und diesen die Verhandlungen mit den Kunden überlässt, muss sich der Versicherer auch deren Verhalten bei der Anbahnung von Darlehens-, Bauspar- und Versicherungsverträgen zurechnen lassen.[367] Der Versicherer muss sich ferner Beitragszahlungen an den Versicherungsmakler zurechnen lassen, wenn er dessen Inkasso über mehrere Jahre duldet.[368] Des Weiteren ist ein Versicherungsmakler im Rahmen der versicherungsrechtlichen Vertrauenshaftung einem Versicherungsagenten gleichzustellen, wenn der Versicherer den Makler mit Antragsformularen ausgestattet und ihn bevollmächtigt hat, solche Antragsformulare auszufüllen, Prämien zu errechnen und die Anträge entgegenzunehmen[369] oder sogar vorläufigen Versicherungsschutz zu gewähren.[370] Allein die Tatsache, dass ein Vermittler Antragsformulare des Versicherers verwendet hat, rechtfertigt aber nicht die Annahme, dass der Vermittler in die betriebliche Organisation des Versicherers integriert ist.[371] Ebenso wenig begründet allein die Tatsache, dass der Vermittler nach Abschluss des Versicherungsvertrags eine Provision vom Versicherer erhielt, die Stellung als Versicherungsagent.[372] Tritt der Versicherungsvermittler als „ihr unabhängiger Finanzoptimierer" auf, so weist diese Bezeichnung für den Rechtsverkehr hinreichend deutlich darauf hin, dass sich der Vermittler als eigenständiger Berater des Kunden versteht und auch aus Sicht des Kunden in dessen Lager und nicht im Lager des Versicherers steht.[373]

IV. Vermittlung und Betreuung durch den Versicherungsmakler

AuVdBAV/BaFin: Überprüfung der Zuverlässigkeit von Versicherungsmaklern nach den Rundschreiben R 1/94 v. 28. 3. 1994 (VerBAV 1994, 87) und R 2/94 v. 3. 11. 1994 (VerBAV 1994, 411), VerBAV 1995, 315; R 9/2007 v. 23. 11. 2007 – Hinweise zur Anwendung der §§ 80 ff. VAG und § 34 d Gewerbeordnung, www.bafin.de; Sammelverfügung v. 23. 11. 2007 – Anordnung zur Meldung von Unregelmäßigkeiten im Versicherungsaußen- und Versicherungsinnendienst, www.bafin.de.

Schrifttum: *Baier/Hillenbrand*, Honorarmodelle für Versicherungsvermittler, 2009; *Baumann*, Die Courtage des Versicherungsmaklers, Diss. Zürich 1996, Zürich, Schulthess, 1996; *Beenken*, Makler: Alternative oder Ausschließlichkeit? Handlungsalternativen und Entscheidungshilfen, Karlsruhe, VVW, 2004; *Doth*, Kauf von Maklerbeständen – Chance oder Risiko?, AssCompact 2009, 132; *Farny*, Erfolgsfaktoren der Versicherungsmakler vor dem Hintergrund der Entwicklungen auf den nationalen und internationalen Versicherungsmärkten, ZVersWiss 1993, 339; *Finsinger*, Lebensversicherungsvergleiche, VW 1997, 208; *Fischer*,

---

[367] BGH, Urt. v. 24. 9. 1996 – XI ZR 318/95, NJW-RR 1997, 116 = VersR 1997, 877 = WM 1996, 2105, 2106 = ZIP 1996, 1950, 1951 = DB 1997, 525 = MDR 1997, 155, 156; BGH, Urt. v. 9. 7. 1998 – III ZR 158/97, VersR 1998, 1093 = WM 1998, 1673, 1674 = DB 1998, 1857; BGH, Urt. v. 14. 11. 2000 – XI ZR 336/99, VersR 2001, 188, 189 = r+s 2001, 220 = DB 2001, 1143, 1144.

[368] OLG Oldenburg, Urt. v. 20. 5. 1997 – 9 U 109/96, NVersZ 1999, 466 f.

[369] OLG Hamm, Urt. v. 6. 5. 1992 – 20 U 344/91, VersR 1992, 1462, 1463; abl. *Müller-Stein*, Abgrenzung Versicherungsvertreter/Versicherungsmakler, ZfV 1995, 602, 604; *Schimikowski*, Probleme des konventionellen Vertragsabschlusses und des Electronic Commerce in der Versicherungswirtschaft, r+s 1999, 485, 487.

[370] OLG Düsseldorf, Urt. v. 31. 10. 2003 – I-4 U 48/03, VersR 2004, 1170.

[371] OLG Zweibrücken, Urt. v. 9. 3. 2005 – 1 U 100/04, VersR 2005, 1373, 1374; OLG Saarbrücken, Beschl. v. 19. 7. 2006 – 5 W 138/06, NJW-RR 2006, 1467, 1468.

[372] OLG Zweibrücken, Urt. v. 9. 3. 2005 – 1 U 100/04, VersR 2005, 1373, 1374; OLG Saarbrücken, Beschl. v. 19. 7. 2006 – 5 W 138/06, NJW-RR 2006, 1467, 1468.

[373] OLG Saarbrücken, Beschl. v. 19. 7. 2006 – 5 W 138/06, NJW-RR 2006, 1467, 1468.

E. Vermittlung und Betreuung der Lebensversicherung

Makler als Vertriebsweg: Grundzüge eines Makler-Konzepts, VW 1996, 1629; *Flesch,* Broker Direct oder der Makler als sein eigener Direktversicherer, VW 1996, 1635; *Focht,* Einfluss von Maklern und Wettbewerb auf Industrieversicherungsmärkten: Eine Analyse unter besonderer Berücksichtigung von Vergütungssystemen, Marktstrukturen und Kollusionsanreizen, Karlsruhe, VVW, 2009; *Geisenhöfer,* Offene Fragen des Richtlinienvorschlages der EG-Kommission zur Haftung bei Dienstleistungen, VersR 1991, 1317; *Griess/Zinnert,* Der Versicherungsmakler: Position und Funktion aus rechtlicher und wirtschaftlicher Sicht, 3. Aufl., Karlsruhe, VVW, 1997; *Guszewski,* Die Vertretungsmacht des Versicherungsmaklers beim Abschluss des Versicherungsvertrages, Diss. Berlin 1974; *Hannemann,* Vertrieb von Finanzdienstleistungen: Einsatz von Maklern, Handelsvertretern und Franchise-Systemen, Diss. Bochum 1992, Wiesbaden, Gabler, 1993; *Hunsdorfer,* Zulassungsvoraussetzungen für Versicherungsmakler in Großbritannien und Frankreich – eine rechtsvergleichende Untersuchung, Diss. Köln 1992; *Jaeger,* Einfluss der Rechtsprechung auf die Entwicklung von Allgemeinen Geschäftsbedingungen am Beispiel der Haftungsausschlussklauseln, VersR 1990, 455; *Jung,* Versicherungsvermittler als Beruf: Starthilfen für die Selbständigkeit, Wiesbaden, Gabler, 1994; *Kleikamp,* Doppeltätigkeit des Zivilmaklers, Diss. Bielefeld 1994, Frankfurt am Main u. a., Lang, 1995; *Koban/Riedlsperger/Schalich* (Hrsg.), Die Zukunft des Versicherungsmaklers, Wien, Orac, 2007; *Kohte,* Die Schlüsselrolle der Aufklärungspflicht – neue Rechtsprechung zur Kombination von Verbraucherkredit und Kapitallebensversicherung. Besprechung der Entscheidung des BGH vom 9. 3. 1989 – III ZR 269/87 – ZIP 89, 558, ZBB 1989, 130; *Krauß,* Die Vergütung des Versicherungsmaklers im Rahmen internationaler Entwicklungen, Karlsruhe, VVW, 2009; *Küstner,* Die Versicherungsmakler im Wettbewerb mit dem Versicherungsvertreter, insbesondere die Bekämpfung von Wettbewerbsauswüchsen (Makleraufträge), VersVerm 1977, 325; *Lach,* Vertikales Marketing von Versicherungsunternehmen: Marketingkonzepte für Versicherungsunternehmen mit Ausschließlichkeits-, Makler- und Strukturvertrieb, Diss. Köln 1995, Berlin, Duncker & Humblot, 1995; *Lange,* Verteiltes Vertriebscontrolling in Versicherungsunternehmen, Diss. Münster 1995, Karlsruhe, VVW, 1995; *Nell/Traub,* Die Haftung von Versicherungsmaklern als ökonomisches Problem, ZVersWiss 1994, 93; *Ruttloff,* Gewerberechtliche Zulässigkeit der Honorarberatung durch Versicherungsmakler unter Berücksichtigung des neuen Versicherungsvermittlerrechts, GewArch 2009, 59; *Schareck, C.,* Wertorientierung im Versicherungsbetrieb, Karlsruhe, VVW, 2005; *Schedlbauer/Scully,* Ein Vergleich von Versicherungs-Ratingagenturen und -verfahren in den USA, VW 1997, 664; *Scheele,* Der europäische Schadenversicherungsmarkt aus der Sicht eines europaweit arbeitenden Versicherungsmaklers, in: Frankfurter Vorträge zum Versicherungswesen, Heft 25, Karlsruhe, VVW, 1993, S. 39; *Schimikowski,* Haftung des Versicherungsnehmers für Verhalten und Kenntnis anderer Personen, VW 1996, 626; *Schmidt,* Die Versicherungsvermittler in einem Markt der Dienstleistungsfreiheit, VW 1982, 22; *Schnyder,* Die Haftung des Versicherungsmaklers – Herausforderung aus der Sicht des EG-Verbraucherschutzes, in: Die Haftung des Versicherungsmaklers, herausgegeben von Attila Fenyves/Klaus P. Koban, Wien, Orac, 1993, S. 55; *Schulz,* Wie sicher sind Ablaufleistungen? Zur Beurteilung von Gewinnaussagen in der Lebensversicherung, VW 1996, 1710; *Schwintowski,* Anleger- und objektgerechte Beratung in der Lebensversicherung, ZfV 1997, 174, 223; *Sieg,* Kompetenzgrenzen der Versicherungsaufsicht unter dem Aspekt des Wettbewerbs, ZVersWiss 1979, 91; *Sieger,* Die Rechtsstellung des englischen Versicherungsmaklers, Karlsruhe, VVW, 1984; *Skaupy,* Der Vorschlag einer EG-Richtlinie für die Haftung bei Dienstleistungen, BB 1990, 1021; *Sönnichsen,* Rating-Systeme am Beispiel der Versicherungswirtschaft, Diss. Köln 1991, Berlin, Duncker & Humblot, 1992; *Steiner/Heinke,* Risikobeurteilung von Lebensversicherungen durch spezialisierte Ratingagenturen, VW 1996, 1694; *Surminski,* Makler und Massengeschäft, ZfV 1990, 6; *Traub,* Marktfunktion und Dienstleistungen des Versicherungsmaklers, ZVersWiss 1993, 369; *Warth/Schittenhelm,* Erfolgsfaktor Transparenz in der Lebensversicherung oder: Wird für die Lebensversicherung ein Produktrating benötigt?, VW 1997, 760; *Wiegand,* Die „Sachwalterhaftung" als richterliche Rechtsfortbildung, Diss. Göttingen 1990, Berlin, Duncker & Humblot, 1991; *Zinnert,* Recht und Praxis des Versicherungsmaklers, Karlsruhe, VVW, 2008.

1. Rechtsverhältnis Versicherungsmakler – Versicherungsnehmer

a) Zustandekommen und Beendigung des Versicherungsmaklervertrags. aa) Vertragsabschluss. Anders als der Versicherungsvertreter betätigt sich der Versicherungsmakler als rechtlich und wirtschaftlich unabhängiger Versicherungsvermittler ohne Bindung an ein bestimmtes Versicherungsunternehmen im Versicherungswesen.[1] Gemäß § 59 Abs. 3 Satz 1 VVG 2008 gilt denn auch als Versicherungsmakler, wer gewerbsmäßig für den Auftraggeber die Vermittlung oder den Abschluss von Versicherungsverträgen übernimmt, ohne von einem Versicherer oder von einem Versicherungsvertreter damit betraut zu sein. Als Versicherungsmakler gilt auch, wer gegenüber dem Versicherungsnehmer den Anschein erweckt, er erbringe seine Leistungen als Versicherungsmakler gemäß § 59 Abs. 3 Satz 1 VVG 2008. Bezeichnet sich der Vermittler auf seinen gedruckten Briefbögen als unabhängiger Finanzberater, wird er in einer Courtagevereinbarung mit dem Versicherer als „Versicherungsmakler" bezeichnet und fehlt jeder Hinweis auf eine ständige Verbindung mit einer bestimmten Versicherungsgesellschaft, so tritt er nach außen als Versicherungsmakler auf.[2] Nach der herkömmlichen Übung schließt der Versicherungsmakler ausdrücklich oder konkludent den Maklervertrag stets mit dem Versicherungsnehmer.[3] Unter diesen Umständen muss eine Bitte, Versicherungsschutz zu verschaffen, als Antrag auf Abschluss eines Versicherungsmaklervertrags angesehen werden.[4] Der konkrete Maklerauftrag, insbesondere sein Umfang und seine Dauer, ist im Einzelfall zu bestimmen und zur Haftungsminimierung ebenso sorgfältig zu dokumentieren wie die auf Beratung und sachgerechte Überzeugung des Kunden angelegten Bemühungen.[5] Dies ist vor allem für die Festlegung des Pflichtenumfangs und damit für die Haftung von Bedeutung.[6] Wurde dem Versicherer durch Vorlage der Vollmachtsurkunde angezeigt, dass der Versicherungsmakler für die Überprüfung und Verwaltung der bestehenden Versicherungsverträge des Versicherungsnehmers zuständig ist, kann der Versicherungsnehmer vom Versicherer die Herausgabe der Vollmachtsurkunde verlangen, die dem Versicherer zur Einsichtnahme übermittelt worden ist.[7]

71   bb) Kundendaten. Hat der Versicherungsmakler im Auftrag eines Vereins einen Gruppen-Versicherungsvertrag vermittelt und verwaltet, ist er nach Beendigung des Maklervertrags verpflichtet, die Mitglieder- und Vertragsdaten an seinen Auftraggeber gemäß § 667 BGB herauszugeben.[8] Wenn der Versicherungsmakler Bestandsdaten aus dem Gruppen-Versicherungsvertrag nach Beendigung des Maklervertrags verwertet, läuft er Gefahr, dass er sich gemäß § 17 Abs. 2 UWG strafbar macht.[9]

72   cc) Kündigung. Der Versicherungsmaklervertrag kann stets fristlos aus wichtigem Grund gekündigt werden.[10]

73   b) Aufgaben des Versicherungsmaklers. aa) Allgemeines. Nach dem anerkannten Berufsbild des Versicherungsmaklers, der im Lager des Versicherungs-

---

[1] OLG Hamm, Urt. v. 16. 8. 1984 – 4 U 189/84, VersR 1985, 59.
[2] OLG Zweibrücken, Urt. v. 9. 3. 2005 – 1 U 100/04, VersR 2005, 1373, 1374.
[3] BGH, Urt. v. 20. 1. 2005 – III ZR 207/04, VersR 2005, 404; BGH, Urt. v. 20. 1. 2005 – III ZR 251/04, NJW 2005, 1357, 1358 = VersR 2005, 406 = r+s 2005, 222, 223 = WM 2005, 655, 657 = ZIP 2005, 581, 582.
[4] BGH, Urt. v. 25. 3. 1987 – IVa ZR 224/85, NJW 1988, 61 = VersR 1987, 663.
[5] Vgl. *Werber*, Zur Rechtsstellung des Versicherungsmaklers in heutiger Zeit, VW 1988, 1159, 1162.
[6] Zur Haftungsbegrenzung siehe *Frotz*, Die Haftung des Versicherungsmaklers: Möglichkeiten der Haftungsbegrenzung, in: Die Haftung des Versicherungsmaklers, hrsg. von Fenyves/Koban, Wien, Orac, 1993, S. 23 ff.; *Koban*, Die Vermögensschaden-Haftpflichtversicherung für Versicherungsmakler, in: Die Haftung des Versicherungsmaklers, hrsg. v. Fenyves/Koban, Wien, Orac, 1993, S. 39 ff.
[7] LG Düsseldorf, Urt. v. 12. 12. 2002 – 21 S 262/02, VersR 2003, 626, 627.
[8] OLG Frankfurt/M., Beschl. v. 30. 6. 2009 – 7 U 24/09, VW 2009, 1764.
[9] *Evers*, Datenschutz: Der Fuß steckt in der Schlinge, VW 2009, 1764.
[10] *Michaelis*, Wie wird ein Versicherungsmakler seinen Kunden los?, experten Report 2009, 54, 55.

E. Vermittlung und Betreuung der Lebensversicherung   73 Einl. E

nehmers steht,[11] erschöpft sich seine Tätigkeit nicht in der Vermittlung von Versicherungsverträgen.[12] Zu seiner nach dem Rechtsberatungsgesetz zulassungsfreien Tätigkeit, die damit auch als wettbewerbskonform zu qualifizieren ist, gehört die Betreuung und Verwaltung der von ihm oder Dritten vermittelten Versicherungsverträge, die Unterstützung des Versicherungsnehmers bei der Abwicklung von Versicherungsfällen, insbesondere die Überwachung der Leistungserbringung im Versicherungsfall, und die Beratung der Kunden, ob sie richtig und günstig versichert sind.[13] Seit dem in Großbritannien seit dem 29. April 1988 der Financial Services Act 1986 auch für den Versicherungsbereich gilt,[14] wird auch in Deutschland vom „best advice" gesprochen, den der Versicherungsmakler seinem Kunden schuldet.[15] Anerkannt ist, dass der Versicherungsmakler zur umfassenden Beratung seiner Kunden und zur Empfehlung des bestmöglichen Versicherungsschutzes verpflichtet ist.[16] Dies kommt nunmehr auch in § 61 Abs. 1 VVG 2008 (vorher § 42c Abs. 1 VVG) zum Ausdruck. Hiernach hat der Versicherungsmakler den Versicherungsnehmer, soweit nach der Schwierigkeit, die angebotene Versicherung zu beurteilen, oder der Person des Versicherungsnehmers und dessen Situation hierfür Anlass besteht, nach seinen Wünschen und Bedürfnissen zu befragen und, auch unter Berücksichtigung eines angemessenen Verhältnisses zwischen Beratungsaufwand und der vom Versicherungsnehmer zu zahlenden Prämie zu beraten sowie die Gründe für jeden zu einer bestimmten Versicherung erteilten Rat anzugeben. Gemäß § 60 Abs. 1 Satz 1 VVG 2008 (früher § 42b Abs. 1

---

[11] BGHZ 94, 356, 358 f. = NJW 1985, 2596; BGH NJW 1988, 60; BGH, Urt. v. 22. 9. 1999 – IV ZR 15/99, NJW-RR 2000, 316 = NVersZ 2000, 124 = VersR 1999, 1481; BGH, Beschl. v. 7. 11. 2007 – IV ZR 103/06, NJW-RR 2008, 343, 344.
[12] BGH, Urt. v. 22. 5. 1985 – IVa ZR 190/83, BGHZ 94, 358 = NJW 1985, 2595 = VersR 1985, 930 = VerBAV 1985, 356; BGH, Urt. v. 27. 11. 1985 – IVa ZR 68/84, VersR 1986, 236, 237; OLG Hamm, Urt. v. 28. 4. 1986 – 18 U 186/85, VersR 1987, 155, 156; OLG Karlsruhe NJW 1988, 839; OLG Stuttgart, Urt. v. 28. 12. 1990 – 2 U 121/90, VersR 1991, 883 m. Anm. *Müller-Stein* VersR 1991, 1408.
[13] BGH VersR 1967, 686 = NJW 1967, 1562; OLG Hamm, Urt. v. 16. 8. 1984 – 4 U 189/84, VersR 1985, 59; BGH, Urt. v. 27. 11. 1985 – IVa ZR 68/84, VersR 1986, 236, 237; BGH v. 27. 11. 1985, DB 1986, 742; BGHZ 94, 362; OLG Frankfurt/M., Urt. v. 23. 6. 1987 – 22 U 1/87, VersR 1987, 985; OLG Karlsruhe NJW 1988, 839; *Albers,* Beurteilung von Versicherungsmaklern durch Firmenkunden, VW 1997, 156.
[14] Siehe hierzu *Böttger,* Financial Services Act 1986: Übersicht über die Regelungen und die Problemfelder für deutsche Institute, WM 1988, 2; *Isringhaus,* Financial Services Act in Großbritannien, VW 1988, 1220 ff.; *Gumbel,* Neue Vertriebswege und das Beispiel des britischen Versicherungsmaklers, VersR 1992, 1293, 1298 f.; *Hodgin,* Anforderungen an die optimale Beratung im Versicherungsrecht („Best Advice") – Die englische Position, Baden-Baden, Nomos, VersWissStud. 11 (1999), S. 79.
[15] Vgl. *Griess/Zinnert,* Der Versicherungsmakler, 2. Aufl., Karlsruhe, VVW, 1992, S. 205; *Finsinger,* Best Advice-Beratung und Schutzsystem für den Verbraucher, in: Die Haftung des Versicherungsmaklers, herausgegeben von Attila Fenyves/Klaus G. Koban, Wien, Orac, 1993, S. 85, 94 ff.; *Werber,* „Best advice" und die Sachwalterhaftung des Versicherungsmaklers, VersR 1992, 917; *derselbe,* „Best advice" und die Sachwalterhaftung des Versicherungsmaklers, in: Die Haftung des Versicherungsmaklers, herausgegeben von Attila Fenyves/Klaus G. Koban, Wien, Orac, 1993, S. 67, 69 f.; *derselbe,* Der Versicherungsmakler im Vergaberecht, VersR 2001, 1313, 1315.
[16] Vgl. BGH, Urt. v. 22. 5. 1985 – IVa ZR 190/83, BGHZ 94, 356, 358 ff. = VersR 1985, 930 ff.; BGH, Urt. v. 9. 7. 1998 – III ZR 158/97, VersR 1998, 1093; OLG Düsseldorf, Urt. v. 30. 3. 2004 – 4 U 137/03, VersR 2005, 62, 63; OLG Nürnberg, Urt. v. 11. 7. 2005 – 8 U 3187/04, VersR 2005, 1375, 1376; *Matusche,* Pflichten und Haftung des Versicherungsmaklers, 4. Aufl., 1995, S. 66 ff.; *Deckers,* Die Abgrenzung des Versicherungsvertreters vom Versicherungsmakler, Karlsruhe, VVW, 2003, S. 22; *Durstin/Peters,* Versicherungsberater und Versicherungsmakler in der rechtspolitischen Entwicklung, VersR 2007, 1456, 1461.

Satz 1 VVG) ist der Versicherungsmakler verpflichtet, seinem Rat eine hinreichende Zahl von auf dem Markt angebotenen Versicherungsverträgen und von Versicherern zu Grunde zu legen, so dass er nach fachlichen Kriterien eine Empfehlung dahin abgeben kann, welcher Versicherungsvertrag geeignet ist, die Bedürfnisse des Versicherungsnehmers zu erfüllen. Dies gilt nicht, soweit er im Einzelfall vor Abgabe der Vertragserklärung des Versicherungsnehmers diesen ausdrücklich auf eine eingeschränkte Versicherer- und Vertragsauswahl hinweist (§ 60 Abs. 1 Satz 2 VVG 2008, vorher § 42b Abs. 1 Satz 2 VVG).

74 Gleichwohl wird die Einschaltung eines Versicherungsmaklers in öffentlich-rechtlichen Vergabeverfahren für unzulässig erklärt,[17] insbesondere wenn der Makler mit der kompletten Durchführung des Ausschreibungsverfahrens beauftragt wird.[18] Wenn eine ordnungsgemäße Bekanntgabe erfolgt ist, verstößt die Einschaltung eines Maklers in ein Vergabeverfahren nicht gegen das Diskriminierungsverbot.[19] Keine Bedenken sollen gegen eine Beteiligung des Versicherungsmaklers in Vergabeverfahren[20] bestehen, wenn ausschließlich der Auftraggeber (Versicherungsnehmer) den Versicherungsmakler honoriert,[21] da dann ein Interessenkonflikt nicht anzunehmen ist.[22] Als Sachverständige können Versicherungsmakler am Vergabeverfahren nicht teilnehmen.[23]

75 Wettbewerbsrechtlich ist es zulässig, wenn der Makler den Auftraggeber veranlasst, ihn mit der Kündigung und Umdeckung von Versicherungsverträgen nach eigenem pflichtgemäßen Ermessen zu bevollmächtigen und im Rahmen der betreuenden und beratenden Tätigkeit die Kündigungsbedürftigkeit eines übernommenen Vertrages festzustellen.[24]

---

[17] OLG Rostock, Beschl. v. 29. 9. 1999 – 17 W (Verg) 1/99, NVersZ 2001, 143 = VersR 1999, 1511, 1512 m. Anm. *Dreher*; OLG Düsseldorf, Beschl. v. 18. 10. 2000 – Verg 3/00, NVersZ 2001, 137 = VersR 2001, 1043; OLG Schleswig VergabeR 2002, 649, 653; zust. *Dreher*, Der Wettbewerb bei der Vergabe von Versicherungsdienstleistungen, in: Liber amicorum für Alexander Riesenkampff zum 70. Geburtstag, S. 3; *derselbe*, Versicherungsdienstleistungen und Vergaberecht – Die Vergabe von Versicherungsdienstleistungen aus vergabe- und versicherungsrechtlicher Sicht -, VersR 2000, 666, 674; a. A. *Fetzer*, Vergabepflichtige Versicherungsdienstleistungen als maklerfreier Teilmarkt? – Erwiderung auf den Aufsatz von Dreher VersR 2000, 666 –, VersR 2000, 1311, 1320; *Teichler*, Versicherungsmakler und Vergaberecht, VersR 2000, 295, 297; *Fleischer*, Die Vergabe von Versicherungsdienstleistungen und die Stellung des Versicherungsmaklers im Ausschreibungsverfahren, NVersZ 2001, 204, 209.

[18] OLG Düsseldorf, Beschl. v. 18. 10. 2000 – Verg 3/00, NVersZ 2001, 137 = VersR 2001, 1043.

[19] VÜA Brandenburg, Beschl. v. 22. 10. 1998 – 1 VÜA 15/96–2, NVersZ 1999, 48.

[20] Zum Ausschreibungsverfahren siehe *Dreher*, Die Vergabe von Versicherungsdienstleistungen nach dem neuen Kartellvergaberecht, NVersZ 1999, 10; *Noch/Sittner*, Rechtsprechung zur vergaberechtlichen Ausschreibung von Versicherungsverträgen – Erfahrungen und Empfehlungen aus der beratenden Begleitung von Vergabeverfahren –, VersR 2006, 1445; *Werber*, Veränderte rechtliche Rahmenbedingungen für die Mitwirkung des Versicherungsmaklers an Verfahren zur Vergabe von Versicherungsdienstleistungen, VersR 2008, 1026.

[21] Vgl. *Frank*, Kann ein Versicherungsmakler überhaupt noch provisionspflichtig Versicherungen vermitteln? – Makler im öffentlich-rechtlichen Vergabeverfahren –, VersR 2005, 592, 595.

[22] Vgl. *Höfler/Bert*, Rechtsfragen der Vergabe von Versicherungsdienstleistungen, NVersZ 2001, 197, 204.

[23] *Müller-Stüler*, Die Stellung des Versicherungsmaklers bei der öffentlichen Ausschreibung von Versicherungsleistungen, VersR 1999, 1060, 1062.

[24] BGH VersR 1966, 44; OLG Hamm, Urt. v. 16. 8. 1984 – 4 U 189/84, VersR 1985, 59; OLG Frankfurt/M., Urt. v. 23. 6. 1987 – 22 U 1/87, VersR 1987, 985; OLG Karlsruhe NJW 1988, 839 = VersR 1987, 1217; BGH, Urt. v. 8. 11. 2001 – I ZR 124/99, VersR 2002, 633; OLG Celle, Urt. v. 5. 9. 2002 – 13 U 125/02, NJW-RR 2003, 175 = VW 2003, 508; BGH, Urt. v. 7. 4. 2005 – I ZR 140/02, VersR 2005, 1452 = r+s 2005, 400;

E. Vermittlung und Betreuung der Lebensversicherung   76, 77   Einl. E

Zu den Grundlagen und dem Umfang der Maklerpflichten hat der BGH in   76
seinem berühmten Sachwalter-Urteil vom 22. Mai 1985 ausgeführt, dass die
Pflichten des Versicherungsmaklers weit gingen.[25] Er werde regelmäßig vom Versicherungsnehmer beauftragt und als sein Interessen- oder sogar Abschlussvertreter angesehen.[26] Er habe individuellen, für das betreffende Objekt passenden Versicherungsschutz oft kurzfristig zu besorgen.[27] Deshalb sei er anders als sonst der Handels- oder Zivilmakler dem ihm durch einen Geschäftsbesorgungsvertrag verbundenen Versicherungsnehmer gegenüber üblicherweise sogar zur Tätigkeit, meist zum Abschluss des gewünschten Versicherungsvertrages, verpflichtet.[28] Dem entspreche, dass der Versicherungsmakler von sich aus das Risiko untersuche, das Objekt prüfe und dem Versicherungsnehmer als seinem Auftraggeber ständig, unverzüglich und ungefragt über die für ihn wichtigen Zwischen- und Endergebnisse seiner Bemühungen, das aufgegebene Risiko zu platzieren, unterrichten müsse.[29] Hieraus folgt, dass zwischen dem Versicherungsmakler und dem Versicherer kein dauerndes Vertragsverhältnis besteht.[30]

Je nach Sparte und Versicherungszweig wird der Katalog der Sachwalteraufgaben   77
unterschiedlich umfangreich ausfallen. Vom Kundenauftrag hängt es im Einzelfall ab, die Erfüllung welcher der genannten Sachwalteraufgaben geschuldet wird. In jedem Fall kann der Kunde vom Versicherungsmakler erwarten, dass er auch technisch kompetent ist, wenn dies für die Versicherung bestimmter Risiken wichtig ist, und der Versicherungsmakler die Fähigkeit besitzt, seinen Kunden im Hinblick auf das Produkt und die abschließende Gesellschaft fachkundig zu beraten und den bestmöglichen Versicherungsschutz entsprechend den Vorstellungen des Kunden zu besorgen.[31] Nicht verpflichtet ist der Versicherungsmakler, dem

---

Lensing, Die Vergütung von Rechtsdienstleistungen des Versicherungsmaklers nach § 34 d Abs. 1 Satz 4 GewO, ZfV 2009, 16, 22.

[25] BGH, Urt. v. 22. 5. 1985 – IV a ZR 190/83, BGHZ 94, 358 = NJW 1985, 2595 = VersR 1985, 930 = VerBAV 1985, 356; dazu *Geyer*, Sorgfaltspflichten bei der Deckungsbeschaffung, Versicherungskaufmann 1986, 87 f.; *Kuntz*, Die BGH-Anforderungen an den Versicherungsmakler, ZfV 1991, 34 f.; BGH, Urt. v. 14. 6. 2007 – III ZR 269/06, NJW-RR 2007, 1503, 1504 = VersR 2007, 1127, 1128 = r+s 2007, 483 = WM 2007, 1676, 1677 f. = MDR 2007, 1190, 191.

[26] BGH, Urt. v. 14. 6. 2007 – III ZR 269/06, NJW-RR 2007, 1503, 1504 = VersR 2007, 1127, 1128 = r+s 2007, 483 = WM 2007, 1676, 1677 f. = MDR 2007, 1190, 191.

[27] Ebenso OLG München, Urt. v. 24. 3. 2000 – 23 U 5318/97, NVersZ 2000, 563; BGH, Urt. v. 14. 6. 2007 – III ZR 269/06, NJW-RR 2007, 1503, 1504 = VersR 2007, 1127, 1128 = r+s 2007, 483 = WM 2007, 1676, 1677 f. = MDR 2007, 1190, 191.

[28] BGH, Urt. v. 14. 6. 2007 – III ZR 269/06, NJW-RR 2007, 1503, 1504 = VersR 2007, 1127, 1128 = r+s 2007, 483 = WM 2007, 1676, 1677 f. = MDR 2007, 1190, 191.

[29] Ebenso OLG Hamm, Urt. v. 11. 11. 1992 – 2 U 129/92, r+s 1993, 439; OLG Düsseldorf, Urt. v. 10. 11. 1995 – 7 U 81/94, VersR 1996, 1104 = VersR 1997, 219; LG Nürnberg-Fürth, Urt. v. 10. 9. 1999, VerBAV 1999, 322, 323; LG Saarbrücken, Urt. v. 23. 12. 1999, NVersZ 2000, 150, 151; BGH, Urt. v. 14. 6. 2007 – III ZR 269/06, NJW-RR 2007, 1503, 1504 = VersR 2007, 1127, 1128 = r+s 2007, 483 = WM 2007, 1676, 1677 f. = MDR 2007, 1190, 191.

[30] *Odendahl*, Der Courtageanspruch des Versicherungsmaklers: Problemfälle. Die optimale Courtagezusage, ZfV 1993, 413. Nach *Jabornegg*, Der Provisionsanspruch des Versicherungsmaklers, Die Versicherungsrundschau 1988, 273, 283 liegt ein Vermittlungsvertrag nach Art eines Maklervertrags vor.

[31] Vgl. *Trinkhaus*, Handbuch der Versicherungsvermittlung, Bd. I: Provision und Abfindung der Versicherungsvermittler, Berlin, 1955, S. 137; *von Gaertner*, Die Makler – Garanten des Leistungswettbewerbs im deutschen Versicherungsmarkt, VW 1986, 1198; *Unger*, Die Versicherungsvermittlung im Wirkungsfeld des Aufsichts- und Wettbewerbsrechts, Karlsruhe, VVW, 1987, S. 16; *Werber*, Zur Rechtsstellung des Versicherungsmaklers in heutiger Zeit, VW 1988, 1159, 1160; *Oppl*, Beurteilung des „Best Advice"-Modells aus der

Einl. E 78, 79 Teil 2. Einleitung

Versicherungsnehmer Aktiensparpläne oder Investmentfonds anzubieten.[32] Dies kommt nur in Betracht, wenn der Kunde diese Produkte nachfragt und ihm erklärt wird, diese Produkte beschaffen zu können und ein entsprechender Auftrag vom Kunden erteilt und vom Versicherungsmakler angenommen wird. Gleichermaßen gilt dies für eine Tätigkeit als Risiko-Manager nach Basel II.[33] Nunmehr im Einzelnen zu den Sachwalteraufgaben:[34]

78   **bb) Marktanalyse.** Je nach Maklerauftrag wird vom Versicherungsmakler eine umfassende Marktanalyse verlangt.[35] Im Rahmen der Marktanalyse sind von ihm dann ggf. Informationen über die Situation auf dem deutschen Versicherungsmarkt und den ausländischen Versicherungsmärkten zu liefern, insbesondere bei bestehender Dienstleistungsfreiheit.[36] Die Marktanalyse wird je nach Aufgabenstellung auch die Entwicklung der rechtlichen Rahmenbedingungen, insbesondere in der EG einbeziehen, wenn sie eine Erhöhung der Anzahl der Anbieter und eine Ausweitung des Versicherungsangebots erwarten lassen. Auf Unterschiede in den Rechtsordnungen der jeweiligen Märkte, insbesondere in steuerlichen und aufsichtsrechtlichen Angelegenheiten, ist hinzuweisen.

79   **cc) Angebotsanalyse.** Die Angebotslage auf den Versicherungsmärkten zum nachgesuchten Versicherungsschutz muss der Versicherungsmakler kennen. Der Kunde kann erwarten, dass der Versicherungsmakler ihm im Rahmen der Angebotsanalyse je nach erteiltem Auftrag vollständig über die von deutschen und ggf. ausländischen Anbietern angebotenen Produkte, die den nachgesuchten Versicherungsschutz bedarfsgerecht befriedigen können, informiert.[37] Hierzu gehört bei ausländischen Produkten die Information, dass der zu schließende Versicherungsvertrag den Aufsichtsregeln des Staates unterliegt, in dem die vertragsschließende

---

Sicht eines Versicherers, in: Die Haftung des Versicherungsmaklers, herausgegeben von Attila Fenyves/Klaus E. Koban, Wien, Orac, 1993, S. 151; *Teichler*, Die Rolle des Industrie-Versicherungsmaklers im Binnenmarkt nach der 3. Schadenrichtlinie, ZfV 1994, 446, 451; *Kieninger*, Informations-, Aufklärungs- und Beratungspflichten beim Abschluss von Versicherungsverträgen: zur Gesetzesinitiative der Bundesländer vom 7. 7. 1997, VersR 1998, 5, 6.
[32] *Baumann*, Müssen Versicherungsvermittler auch Aktiensparpläne und Investmentfonds anbieten?, ZfV 2006, 795, 796.
[33] Einzelheiten bei *Müller-Reichart/Dura/Fischer/Nosty*, Finanzberater und Versicherungsmakler als Risk Advisors nach Basel II, VW 2002, 625.
[34] Siehe hierzu *Lahno*, Die Funktion des Versicherungsmaklers im liberalisierten Industrieversicherungsmarkt, VW 1987, 428, 434; *Keil*, Der Versicherungsmakler im gegenwärtigen und zukünftigen Markt, VW 1990, 311; eingehend *Benkel/Reusch*, Der Einfluss der Deregulierung der Versicherungsmärkte auf die Haftung des Versicherungsmaklers, VersR 1992, 1302 ff.; *Hübener*, Die Rechtsberatung des Versicherungsmaklers – Abgrenzung zum Versicherungsberater, in: Beiträge über den Versicherungsmakler, Ewald Lahno gewidmet, Heft 13 der Veröffentlichungen der Hamburger Gesellschaft zur Förderung des Versicherungswesens mbH, Hamburg, 1993, S. 115, 121 f.
[35] Vgl. *Stracke//Geitner*, Finanzdienstleistungen: Handbuch über den Markt und die Anbieter, Heidelberg, Verl. Recht und Wirtschaft, 1992, S. 263; *Meyer-Kahlen*, Der EG-Binnenversicherungsmarkt und die zusätzlichen Aufgaben deutscher Makler, in: Beiträge über den Versicherungsmakler, Ewald Lahno gewidmet, Heft 13 der Veröffentlichungen der Hamburger Gesellschaft zur Förderung des Versicherungswesens mbH, Hamburg, 1993, S. 137, 146; *Werber*, Der Versicherungsmakler im Vergaberecht, VersR 2001, 1313, 1317.
[36] Vgl. *Lahno*, Die Funktion des Versicherungsmaklers im liberalisierten Industrieversicherungsmarkt, VW 1987, 428, 433; *Fenyves*, Die Haftung des Versicherungsmaklers nach österreichischem Recht, in: Die Haftung des Versicherungsmaklers, herausgegeben von Attila Fenyves/Klaus E. Koban, Wien, Orac, 1993, S. 1, 10.
[37] Vgl. *Werber*, „Best advice" und die Sachwalterhaftung des Versicherungsmaklers, in: Die Haftung des Versicherungsmaklers, herausgegeben von Attila Fenyves/Klaus E. Koban, Wien, Orac, 1993, S. 67, 71.

E. Vermittlung und Betreuung der Lebensversicherung

Niederlassung des Versicherers liegt.[38] Die Information schließt die Darstellung der Unterschiede im Preis, Umfang des Versicherungsschutzes, den Bedingungen und der produktbezogenen steuerlichen[39] und aufsichtsrechtlichen Situation ein. Angesichts der Komplexität und der Vielfalt der Produkte, insbesondere der neuen Produkte, ist es nicht überraschend, dass inzwischen die Machbarkeit eines Angebotsvergleichs durch den Versicherungsmakler künftig als fast unmöglich angesehen wird.[40]

dd) Anbieteranalyse. Zu den Sachwalteraufgaben des Versicherungsmaklers gehört auch die Suche nach geeigneten Anbietern[41] und als Mindestanforderung die Vermittlung des Angebots eines Versicherers, der eine EU-Zulassung hat.[42] Direktversicherer müssen nicht einbezogen werden, was vorsorglich zu vereinbaren ist.[43] Die Stärken und Schwächen der Anbieter auf dem nationalen Markt und ggf. auf den internationalen Märkten muss der Versicherungsmakler kennen. Nicht nur bei ausländischen Anbietern hat sich der Versicherungsmakler auch über die Bilanzsituation der einzelnen Anbieter Gedanken zu machen und sich zur Bonität und Solvenz des einzelnen Anbieters eine Meinung zu bilden.[44] Hierbei helfen ihm die Ratings anerkannter Ratingagenturen.[45] Zu berücksichtigen ist

---

[38] Vgl. *Schnyder*, Die Haftung des Versicherungsmaklers – Herausforderung aus der Sicht des EG-Verbraucherschutzes, in: Die Haftung des Versicherungsmaklers, herausgegeben von Attila Fenyves/Klaus G. Koban, Wien, Orac, 1993, S. 55, 65.
[39] So unterliegen z. B. in Frankreich seit 1999 Lebensversicherungsverträge einer Eigentumsübertragungssteuer von 20%. Im Einzelnen hierzu *Gebauer*, Verträge deutscher Lebensversicherungsunternehmen mit französischen Kunden: Steuerliche Veränderungen durch das neue französische Finanzgesetz von 1999, VW 1999, 856 ff.
[40] *Roß*, Für Lebensversicherer werden eingespielte Vertriebsstrukturen zum Hindernis, zit. von Reinhold Müller, VW 2008, 949, 950.
[41] *Traub*, Marktfunktion und Dienstleistung des Versicherungsmaklers auf der Grundlage informationsökonomischer Ergebnisse, Karlsruhe, VVW, 1995, S. 33; *Kromschröder*, Die Versicherungsmakler-Dienstleistung als Bestandteil des Produktes Versicherungsschutz, ZVersWiss 1997, 59, 67.
[42] OLG Hamburg, Urt. v. 3. 7. 2002 – 14 U 36/02, VersR 2002, 1507, 1508; krit. dazu *Schwintowski*, Grenzen zulässiger Versicherungsvermittlung im Rahmen der europäischen Dienstleistungsfreiheit, VersR 2006, 588, 593.
[43] Vgl. *Koch*, zit. von *Moll-Iffland*, Die Vergütung des Versicherungsmaklers: Über Courtage und Honorar, VW 1999, 131; *Beenken/Sandkühler*, Das neue Versicherungsvermittlergesetz, Karlsruhe, VVW, 2007, S. 57.
[44] Vgl. *Gauer*, Der Versicherungsmakler und seine Stellung in der Versicherungswirtschaft, Weissenburg/Bayern, 1951, S. 49; *Trinkhaus*, Handbuch der Versicherungsvermittlung, Bd. 1, Berlin, 1955, S. 131 f.; *Dahm*, Versicherungsvermittlung und Rechtsberatung, ZfV 1961, 302; *Spielberger*, Versicherungsmakler und Rechtsberatungsgesetz, VersR 1984, 1013, 1015; *Zierke*, Zur Werbung für Versicherungsberatung durch Versicherungsvermittler, VersR 1987, 746; *Werber*, Zur Rechtsstellung des Versicherungsmaklers in heutiger Zeit, VW 1988, 1159, 1162; *Bosselmann*, Versicherungsmakler und deregulierte Versicherungsmärkte, Karlsruhe, VVW, 1994, S. 126; *Werber*, Der Versicherungsmakler im Vergaberecht, VersR 2001, 1313, 1316; *Fenyves*, Die Haftung des Versicherungsmaklers nach österreichischem Recht, in: Die Haftung des Versicherungsmaklers, hrsg. v. Attila Fenyves/Klaus G. Koban, Wien, Orac, 1993, S. 1, 10; *Matusche-Beckmann*, Die Beschränkung des Maklervertrags auf ein Einzelmandat und ihre Rechtsfolgen, in: Verantwortlichkeit im Wirtschaftsrecht, Beiträge zum Versicherungs- und Wirtschaftsrecht der Schüler von Ulrich Hübner, hrsg. v. Annemarie Matusche-Beckmann und Roland Michael Beckmann, Karlsruhe, VVW, 2002, S. 151, 155; *Fiala/Kohrs/Leuschner*, Die Haftung der „Experten" für anlagebeeinflussende Äußerungen am Beispiel der Haftung für Versicherungsratings, VersR 2005, 742, 748.
[45] Siehe hierzu *Schedlbauer/Scully*, Die Entwicklung von Ratingagenturen und ihre aktuelle Bedeutung für Versicherungsmärkte, ZfV 1997, 262 ff.; *Schulz*, Storno in der Lebensversicherung – ein zu vernachlässigender Qualitätsfaktor?, VW 1997, 757 f.; *Spatz*, Der Europäische Binnenmarkt und seine Auswirkungen auf die Haftung des Versicherungsmaklers,

bei der Auswahlentscheidung auch der Stress-Test, den das BaFin mit Rundschreiben R 30/2002 konzipiert und für alle Versicherer für verbindlich erklärt hat.[46] Im Einzelfall kann der Versicherungsmakler sogar gehalten sein, eine Bilanzanalyse vorzunehmen, um eine Aussage zur Bonität machen zu können, d. h., er muss z. B. die Rückstellung für Beitragsrückerstattung, die Stornoquote, die Verwaltungskostenquote oder die Rentabilität der Kapitalanlagen beurteilen.[47] Bei der Bewertung des Anbieters berücksichtigt der Versicherungsmakler neben der finanziellen Leistungskraft[48] die fachliche Kompetenz,[49] die Güte und den Preis der Produkte, die Schnelligkeit des Versicherers in der Bearbeitung von Anträgen oder der Abwicklung von Leistungsfällen, die Servicefähigkeit und die Kulanzbereitschaft.[50] Angesichts der Finanzmarktkrisen der vergangenen Jahre ist das Finanzstärkerating für die Auswahlentscheidung des Versicherers allerdings immer wichtiger geworden.[51]

81   ee) Risikoanalyse. Im Rahmen seiner Betätigungspflicht hat der Versicherungsmakler eine Risikoanalyse vorzunehmen.[52] Die Risikoanalyse wird den Versicherungsmakler bei Großrisiken und bei Massenrisiken unterschiedlich fordern. Bei Großrisiken muss in der Regel eine umfangreiche Prüfung des Risikos und des Objekts, meist verbunden mit einer Besichtigung, erfolgen. Zur Erreichung einer günstigen Tarifierung bei Großrisiken wird der Versicherungsmakler Maßnahmen zur Schadenverhütung zu prüfen haben. Mitunter ergeben sich Hinweise für die Risikoanalyse gerade aufgrund von Schadenfällen. Für die Durchführung

---

VW 1997, 1394. Nach Aussage *von Uckermann* („Ratings sind notwendig", ZfV 1997, 394) sollte der Inhalt eines guten Ratings in der Lebensversicherung mindestens folgende fünf Faktoren enthalten: 1. Kapitalrendite, 2. Überschussbeteiligung der Versicherten, 3. Kosten, 4. Storno, 5. Rückkaufswerte. Für den Verbraucher seien drei Kriterien im Rating eines Lebensversicherers wichtig: 1. Sicherheit, 2. Rentabilität, 3. Flexibilität (*von Uckermann,* a. a. O., ZfV 1997, 395); *Baumann,* Ratings dürfen in der Vermittlung nicht außer Acht gelassen werden, AssCompact 2008, 53; *Franke,* Ratings sind unverzichtbarer Baustein für die Arbeit des Vermittlers, AssCompact 2008, 53.

[46] *Hartard/Zwilling,* Wie wirkt sich der Stresstest auf die Haftung des Versicherungsmaklers aus?, VW 2003, 1191, 1192.

[47] *Werber,* Möglichkeiten einer Begrenzung der Versicherungsmaklerhaftung, VersR 1996, 917, 919.

[48] Die Finanzstärke gilt nach Auffassung des Arbeitskreises „EU-Vermittlerrichtlinie – Dokumentation" als Auswahlkriterium von besonderer Relevanz, siehe bei *Baumann,* Gibt es Auswege aus der „Haftungsklemme"?, VW 2006, 1019, 1020.

[49] Vgl. *Werber,* Zur Rechtsstellung des Versicherungsmaklers in heutiger Zeit, VW 1988, 1159, 1162.

[50] Von daher kommt es nicht nur auf das Regulierungsverhalten des Versicherers an. So aber *Werber,* Der Versicherungsmakler im Vergaberecht, VersR 2001, 1313, 1316.

[51] *Sandkühler,* Die Bedeutung von Ratings, AssCompact Juli 2009, 84, 85.

[52] Vgl. AG Kassel, Urt. vom 14. 5. 1996, r+s 1997, 44; OLG Düsseldorf, Urt. vom 30. 4. 1999 – 7 U 201/98, VersR 2000, 54; OLG Köln, Urt. v. 7. 5. 2004 – 9 U 105/03, VersR 2005, 789 = r+s 2004, 527; BGH, Urt. v. 14. 6. 2007 – III ZR 269/06, NJW-RR 2007, 1503, 1504 = VersR 2007, 1127, 1128 = r+s 2007, 483 = WM 2007, 1676, 1678 = MDR 2007, 1190, 1191; OLG Frankfurt/M., Urt. v. 13. 12. 2007 – 12 U 214/06, r+s 2009, 218, 219; OLG Celle, Urt. v. 4. 6. 2009 – 11 U 220/08, r+s 2009, 396 (Ls.); *Brinkmann,* Leistungsspektrum und Funktion des Versicherungsmaklers, in: Beiträge über den Versicherungsmakler, Ewald Lahno gewidmet, Heft 13 der Veröffentlichungen der Hamburger Gesellschaft zur Förderung des Versicherungswesens, Hamburg, 1993, S. 65, 70; *Fenyves,* Die Haftung des Versicherungsmaklers nach österreichischem Recht, in: Die Haftung des Versicherungsmaklers, hrsg. v. Attila Fenyves/Klaus G. Koban, Wien, Orac, 1993, S. 1, 10; *Werber,* „Best advice" und Sachwalterhaftung des Versicherungsmaklers, in: Die Haftung des Versicherungsmaklers, herausgegeben von Attila Fenyves/Klaus G. Koban, Wien, Orac, 1993, S. 67, 77; *Schirmer/Höhne,* Die Haftung des Versicherungsmaklers bei Hinzuziehung Dritter, insbesondere eines Maklerbetreuers des Versicherungsunternehmens, VersR 1998, 661; *Werber,* Der Versicherungsmakler im Vergaberecht, VersR 2001, 1313, 1317.

E. Vermittlung und Betreuung der Lebensversicherung   82, 83   **Einl. E**

der Risikoanalyse hat es sich als sinnvoll erwiesen, mit speziellen Fragebögen und Check-Listen zu arbeiten.[53] Jeder Versicherungsmakler und Versicherer hat hierzu seine eigenen Vorstellungen zur Risiko- und Versicherungsanalyse entwickelt. Diese Unterlagen werden in der Regel auch bei der Deckungsanalyse eingesetzt.

ff) Deckungsanalyse. Im Rahmen der Deckungsanalyse stellt der Versicherungsmakler fest, in welcher Weise das Risiko versicherungsmäßig zu decken ist. Bei bestehenden Verträgen ist zu prüfen, ob der Versicherungsschutz vollständig und die bestehenden Verträge zweckmäßig sind. Die Ermittlung der richtigen Versicherungsart und der bedarfsgerechten Versicherungssumme, die Feststellung der in Frage kommenden Bedingungen, insbesondere Zusatzbedingungen in Anpassung auf das zu versichernde Risiko, ist notwendiger Bestandteil der vom Versicherungsmakler vorzunehmenden Deckungsanalyse.[54] Zur Erstellung des Deckungskonzepts bei Lebens- und Rentenversicherungen darf der Versicherungsmakler die Rentenversicherungsunterlagen der Bundesversicherungsanstalt für Angestellte auswerten und Rentenberechnungen anstellen. 82

gg) Deckungskonzept. Auf der Grundlage der Markt-, Angebots-, Anbieter-, Risiko- und Deckungsanalyse ist vom Versicherungsmakler das auf die Bedürfnisse des einzelnen Kunden zugeschnittene Deckungskonzept für das jeweilige Risiko zu erstellen und vorzulegen.[55] Dies kann sogar bis zum Ausarbeiten europaweiter Versicherungskonzepte reichen.[56] In diesem Deckungskonzept hat der Versicherungsmakler das passende Produkt anzubieten, wobei wegen der Vor- und Nachteile der einzelnen Produkte der Versicherungsmakler in der Regel ein weites Ermessen bei der Auswahl und damit bei seiner Empfehlung hat. Häufig wird der Versicherungsmakler bei der Abgabe seines Deckungskonzepts zu berücksichtigen haben, dass der vom Kunden gesuchte Versicherungsschutz Bestandteil eines Sicherungskonzepts ist. Das Sicherungskonzept soll eine auf Sicherheit ausgerichtete Bilanzpolitik mit dem Ziel des Bilanzschutzes unterstützen. Insoweit wird das Deckungskonzept häufig einen Risikodialog der Beteiligten auslösen. Die in Frage kommende Versicherungsart, das zu versichernde Interesse und das zu deckende Risiko, die Höhe des Versicherungsbeitrags und die zu vereinbarenden Allgemeinen Versicherungsbedingungen sowie Zusatz- und Sonderbedingungen sind im Deckungskonzept ausführlich und für den Kunden ver- 83

---

[53] *Schwintowski,* Anleger- und objektgerechte Beratung in der Lebensversicherung, ZfV 1997, 223. Siehe ferner Arbeitskreis EU-Vermittlerrichtlinie Dokumentation www.vermittlerprotokoll.de/download/down-load.php.

[54] *Schimikowski,* Versicherungsvertragsrecht, 3. Aufl., München, Beck, 2004, S. 87 (Rdn. 142).

[55] *Meyer-Kahlen,* Der EG-Binnenversicherungsmarkt und die zusätzlichen Aufgaben deutscher Makler, in: Beiträge über den Versicherungsmakler, Ewald Lahno gewidmet, Heft 13 der Veröffentlichungen der Hamburger Gesellschaft zur Förderung des Versicherungswesens mbH, Hamburg, 1993, S. 137, 146; *Zinnert/Günther,* Versicherungsmakler: Haftung, Fälle, Lösungen, Karlsruhe, VVW, 1997, S. 30; *Schirmer/Höhne,* Die Haftung des Versicherungsmaklers bei Hinzuziehung Dritter, insbesondere eines Maklerbetreuers des Versicherungsunternehmens, VersR 1998, 661; *Schirmer,* Beratungspflichten und Beratungsverschulden der Versicherer und ihrer Agenten – Teil II, r+s 1999, 177, 185 (Fn. 171); *Werber,* Der Versicherungsmakler im Vergaberecht, VersR 2001, 1313, 1517; *Schwintowski,* Honorarberatung durch Versicherungsvermittler – Paradigmawechsel durch VVG und RDG, VersR 2009, 1333, 1336. Siehe auch § 48a Abs. 1 Nr. 2 VVG-E des Entwurfs eines Gesetzes zur Ausübung der Tätigkeit als Finanzdienstleistungsvermittler und als Versicherungsvermittler sowie zur Einrichtung eines Beirats beim Bundesaufsichtsamt für das Kreditwesen der Länder Niedersachsen, Saarland, BR-Drucks. 517/97 v. 9. 7. 1997, auszugsw. abgedr. NVersZ 1999, 310, 311.

[56] *Baumann,* Die neuen rechtlichen Rahmenbedingungen für Bankassurance, ZfV 2008, 428, 429.

ständlich und nachvollziehbar darzulegen. Dabei hat der Versicherungsmakler auf die Vermögensverhältnisse des Kunden und seine monatliche Belastungsfähigkeit zu achten.[57] Allerdings muss hierfür ein Beratungsbedarf bestehen.[58] Wird die Lebensversicherung im Zusammenhang mit Steuersparmodellen vermittelt, treffen den Makler besondere Aufklärungs- und Beratungspflichten im Rahmen der Anlagevermittlung.[59] Dies gilt gleichermaßen für steuerliche Aspekte der Lebensversicherung, z.B. die Berechnung der für die Steuerfreiheit maßgeblichen Zwölfjahresfrist, oder die Verknüpfung von Kreditaufnahme und kapitalbildende Lebensversicherung.[60]

84 hh) Offertenprüfung und Kundenpräsentation. Die Suche nach einem geeigneten Versicherer hat der Versicherungsmakler aufzunehmen, nachdem er eine Risikoanalyse vorgenommen und ein Deckungskonzept entwickelt hat.[61] Auf der Grundlage des Deckungskonzepts prüft und präsentiert der Versicherungsmakler die Offerten des oder der Versicherer. Der Versicherungsmakler muss den Versicherungsnehmer über alle Vor- und Nachteile der angebotenen Versicherung vollständig aufklären.[62] Soll eine Police platziert werden, die wesentlich von der Versicherung gleichartiger Risiken zum Nachteil des Versicherungsnehmers abweicht, so muss der Versicherungsmakler hierauf hinweisen.[63] Handelt es sich um eine ausländische Offerte, ist auf alle relevanten Unterschiede zu deutschen Offerten hinzuweisen.[64] Dies können Marktbesonderheiten oder Unterschiede in der Besteuerung oder im Aufsichtssystem sein, um nur einige Beispiele zu nennen.

85 ii) Vertragsplazierung. Den Deckungsauftrag erteilt der Versicherungsmakler als Vertreter des Versicherungsnehmers, wenn er hierzu aufgrund der vorgelegten Vollmacht legitimiert ist.[65] Er hat dem Versicherungsnehmer dann unverzüglich aufzuzeigen, dass er einen entsprechenden Vertrag abgeschlossen hat. Ist es ihm nicht gelungen, das Risiko zu plazieren, muss er dem Versicherungsnehmer unverzüglich Mitteilung machen. Ein Versicherungsmakler ist in der Regel nicht bevollmächtigt, Erklärungen für den Versicherer entgegenzunehmen; dagegen ist es durchaus möglich und für die Stellung eines Versicherungsmaklers sogar typisch, dass er den Versicherungsnehmer bei Abschluss des Versicherungsvertrags

---

[57] LG Aachen, Urt. vom 8. 4. 2003 – 10 O 99/02, VersR 2003, 1440, 1441 (Vermittlung einer ungeeigneten fondsgebundenen Lebensversicherung).

[58] Vgl. OLG Frankfurt/M., Urt. v. 5. 9. 2001 – 7 U 29/01, VersR 2001, 1542, 1543.

[59] Vgl. OLG Hamm v. 10. 3. 1988, NJW-RR 1989, 631; BGH v. 26. 4. 1991 – V ZR 165/89, NJW 1991, 2556 = VersR 1991, 1146 = WM 1991, 1171 = DB 1991, 1617 = MDR 1991, 966.

[60] *Werber,* „Best advice" und die Sachwalterhaftung des Versicherungsmaklers, in: Die Haftung des Versicherungsmaklers, herausgegeben von Attila Fenyves/Klaus G. Koban, Wien, Orac, 1993, S. 67, 74.

[61] Vgl. *Groh,* Gedanken zur Rolle des Versicherungsmaklers bei der Produktgestaltung, in: Beiträge über den Versicherungsmakler, Ewald Lahno gewidmet, Heft 13 der Veröffentlichungen der Hamburger Gesellschaft zur Förderung des Versicherungswesens mbH, Hamburg 1993, S. 95, 100; *Fenyves,* Die Haftung des Versicherungsmaklers nach österreichischem Recht, in: Die Haftung des Versicherungsmaklers, herausgegeben von Attila Fenyves/Klaus G. Koban, Wien, Orac, 1993, S. 1, 10.

[62] *Lahno,* Die Funktion des Versicherungsmaklers im liberalisierten Industrieversicherungsmarkt, VW 1987, 428, 433.

[63] *Lahno,* Die Funktion des Versicherungsmaklers im liberalisierten Industrieversicherungsmarkt, VW 1987, 428, 433.

[64] *Lahno,* Die Funktion des Versicherungsmaklers im liberalisierten Industrieversicherungsmarkt, VW 1987, 428, 433.

[65] Im Vergabeverfahren ist der Versicherungsmakler entscheidungsvorbereitend tätig, vgl. *Werber,* Der Versicherungsmakler im Vergaberecht, VersR 2001, 1313, 1316.

E. Vermittlung und Betreuung der Lebensversicherung   86–88   Einl. E

vertritt[66] oder bestehende Versicherungsverträge des Auftraggebers nach eigenem pflichtgemäßen Ermessen kündigt,[67] wobei er sich von seinen Kunden auch formularmäßig vorbereitete Kündigungserklärungen unterschreiben lassen kann. Hierin liegt kein Verstoß gegen § 1 RBerG[68] oder gegen § 3 UWG.[69] Dem Versicherungsmakler ist es jedoch ohne besondere Erlaubnis nicht gestattet, den von ihm geworbenen Versicherungsnehmern Rechtsrat zu erteilen und sie zu vertreten.[70]

jj) Versicherungsscheinprüfung. Die vom Versicherer vorgenommene Dokumentierung des plazierten Vertrages ist vom Versicherungsmakler zu überprüfen.[71] Vor der Unterzeichnung des Vertrages und der Zahlung des Beitrags durch den Kunden hat der Versicherungsmakler eine eingehende Prüfung der Versicherungsdokumente vorzunehmen, z. B. zu überprüfen, ob steuerlich wichtige Mindestlaufzeiten eingehalten sind. Den Versicherungsschein hat der Versicherungsmakler herauszugeben. Insoweit trifft ihn eine Herausgabe- und Weiterleitungspflicht, sofern ihn nicht aufgrund einer entsprechenden Abrede eine Aufbewahrungspflicht trifft.   86

kk) Vertragsverwaltung. Im Rahmen der Vertragsverwaltung kann der Versicherungsmakler für den Kunden Erklärungen abgeben, wenn er hierzu entsprechend ausdrücklich bevollmächtigt ist. Mit Wirkung für den Versicherer geht ihm die Erklärung nur dann zu, wenn er hierzu vom Versicherer ausnahmsweise ermächtigt ist. Zur Vertragsverwaltung kann der Geldverkehr, insbesondere der Beitragseinzug gehören, wenn hierzu entsprechende Vereinbarungen bestehen. Die Zahlung wirkt nur dann gegen den Versicherer, wenn dieser dem Versicherungsmakler Inkassovollmacht erteilt hat. In diesem Fall trifft den Versicherungsmakler eine Herausgabepflicht auch im Verhältnis zum Versicherer, wenn er für diesen das Beitragsinkasso übernommen hat. Meistens gibt der Versicherungsmakler an den Versicherer auch Informationen zu Kontenverbindungen, die beim Einzugsermächtigungsverfahren durch eine ausdrückliche Vollmacht des Kunden abgedeckt sein müssen. Im Rahmen der Verwaltung der Versicherungsverträge hat der Makler die Verpflichtung, den Kunden auf die Ablaufdaten zeitlich begrenzter Versicherungen rechtzeitig hinzuweisen und ggf. auf deren Verlängerung hinzuwirken. Notwendig werdende Änderungen des Vertrages sind vorzunehmen, mindestens aber dem Auftraggeber vorzuschlagen. Der Versicherungsmakler darf sich Vollmacht für die Kündigung von Versicherungsverträgen geben lassen. Dass dies nicht wettbewerbswidrig ist, hat der BGH mit Urteil vom 20. 4. 1966 – I b ZR 42/64 ausdrücklich für Makler und Agenten bestätigt.   87

ll) Vertragsanpassung. Es ist auch Aufgabe des Versicherungsmaklers im Rahmen der laufenden Betreuung des Versicherungsverhältnisses das versicherte Risiko zu überwachen, im Fall von Risikoveränderungen den Versicherungsneh-   88

---

[66] BGH, Urt. v. 22. 5. 1985 – IVa ZR 190/83, BGHZ 94, 356, 359 = NJW 1985, 2595 = VersR 1985, 930, 931; BGH, Urt. v. 25. 3. 1987 – IV a ZR 224/85, NJW 1988, 61 = VersR 1987, 663, 664.
[67] BGH VersR 1966, 44; OLG Stuttgart, Urt. v. 24. 11. 1989 – 2 U 230/89, VersR 1991, 546.
[68] OLG Karlsruhe, Urt. v. 1. 10. 1987 – 3 Ss 73/87, VersR 1987, 1217.
[69] OLG Schleswig, Urt. vom 16. 7. 1999 – 6 U 28/99, NVersZ 2000, 149 = VersR 2000, 1430 = r+s 2000, 396.
[70] BGH VerBAV 1967, 239 = BB 1967, 737 = NJW 1967, 1562.
[71] Vgl. *Spielberger*, Versicherungsmakler und Rechtsberatungsgesetz, VersR 1984, 1013, 1014; *Fenyves*, Die Haftung des Versicherungsmaklers nach österreichischem Recht, in: Die Haftung des Versicherungsmaklers, herausgegeben von Attila Fenyves/Klaus G. Koban, Wien, Orac, 1993, S. 1, 10; *Brachmann/Jauernig*, Betriebslehre für Versicherungsvermittlung: Grundlagen von Praxis und Theorie, Karlsruhe, VVW, 2000, S. 43.

mer hierauf ungefragt hinzuweisen und auf eine Anpassung hinzuwirken.[72] Hierzu gehört, die Versicherungswerte auf dem laufenden zu halten, eingetretene Veränderungen im Bestand der Risiken zu überwachen und auf die gegenüber den Versicherern abzugebenden Erklärungen zu achten. Dies gilt insbesondere auch für periodische Erklärungen (z. B. Angaben über versicherte Werte, Vorräte, Umsätze). Die Vertragsanpassung an veränderte Markt- und Risikoverhältnisse gehört aufgrund der laufenden Beobachtung des Risikos, des sich möglicherweise ändernden Bedarfs und der Märkte zusammen mit einer angemessenen Beitragsfestsetzung und einer weiteren Einbeziehung geänderter Bedingungen zu den Pflichten des Versicherungsmaklers, der nach Abschluss des Versicherungsvertrages nachweislich die Vertragsbetreuung übernommen hat. Die Übernahme der Vertragsbetreuung ergibt sich in der Regel aus einer entsprechenden schriftlichen Vereinbarung. Erhält der Versicherungsmakler eine Betreuungsprovision und/oder hat er den Beitragseinzug für den vermittelten Versicherungsvertrag übernommen, so reichen diese Umstände für den Nachweis der Übernahme der Vertragbetreuung aus.[73]

89 mm) Auskunft zum Deckungsumfang. Über die Besonderheiten und den Umfang des Versicherungsschutzes muss beraten werden.[74] Auf Wunsch des Kunden hat der Versicherungsmakler alle erforderlichen Angaben über den Umfang der bestehenden Deckungen beizubringen, wobei der Versicherungsmakler nicht für die von den Versicherungsgesellschaften gegebenen Erklärungen zum Versicherungsschutz einzustehen hat, es sei denn, er hat sie als eigene Erklärungen abgegeben. Im Rahmen der Vertragsbetreuung darf der Versicherungsmakler eine entsprechende Beratung vornehmen, wenn in Verträgen mit Dritten Haftungs- und Versicherungsklauseln enthalten sind. Auch in Sachen Schadenverhütung und Schutz bereits bestehender oder neu erstellter Anlagen hat der Versicherungsmakler dem Kunden Auskunft zu geben und Beistand zu leisten, wobei der Kunde auch periodische Besichtigungen erwarten darf. Die Pflichten des Versicherungsmaklers dürfen hierbei aber nicht überspannt werden.

90 nn) Beratung und Unterstützung im Schadenfall. Der Versicherungsmakler leistet Regulierungshilfe als Interessenvertreter des Versicherungsnehmers gegenüber den Versicherungsunternehmen auch für bereits bestehende Verträge durch Vornahme einer sachgerechten Schadenanzeige an die richtige Stelle.[75] Bei ausländischen Anspruchsgegnern sind die dortigen Usancen zu berücksichtigen, wenn Ansprüche gestellt werden. Anzeige- und Verjährungsvorschriften sowie

---

[72] OLG Düsseldorf, Urt. v. 30. 4. 1999 – 7 U 201/98, VersR 2000, 54, 55; *Haeberlin*, Der aktuelle Stand des Versicherungsnehmerschutzes im englischen und deutschen Versicherungsvertragsrecht vor dem Hintergrund der jüngsten EG-Rechtsentwicklung, Frankfurt am Main u. a., Lang, 1998, S. 80; a. A. *Michaelis*, Die Betreuungspflichten eines Versicherungsmaklers und deren vertraglicher Gestaltungsspielraum, ZfV 2009, 147, 154; *derselbe*, Die Betreuungspflichten eines Versicherungsmaklers und deren vertraglicher Gestaltungsspielraum, experten Report 2009, 42, 47.
[73] OLG Frankfurt/M., Urt. v. 5. 7. 2006 – 7 U 68/05, VersR 2006, 1546, 1547 = r+s 2007, 88; krit. dazu *Zinnert* VersR 2007, 689.
[74] OLG Köln, Urt. v. 10. 5. 2005 – 9 U 123/04, r+s 2006, 483.
[75] Vgl. OLG Hamm, Urt. v. 19. 6. 2000 – 18 U 7/00, NJW-RR 2001, 602, 603 = NVersZ 2001, 68, 69; BGH, Urt. v. 16. 7. 2009 – III ZR 21/09, NJW-Spezial 2009, 730 = VersR 2009, 1495, 1496 = r+s 2009, 395 = WM 2009, 1753; *Spielberger*, Versicherungsmakler und Rechtsberatungsgesetz, VersR 1984, 1013, 1014; *Fürst*, Die Haftung des Versicherungsmaklers (Best Advice) – Neue Anforderungen an das Leistungsbild des Versicherungsmaklers?, in: Die Haftung des Versicherungsmaklers, hrsg. v. Attila Fenyves/Klaus G. Koban, Wien, Orac, 1993, S. 145, 146; *Brachmann/Jauernig*, Betriebslehre für Versicherungsvermittlung: Grundlagen von Praxis und Theorie, Karlsruhe, VVW, 2000, S. 4.

E. Vermittlung und Betreuung der Lebensversicherung   91–93   Einl. E

Regressrechte sind hierbei zu beachten. Die Schadenregulierung verpflichtet den Versicherungsmakler zur genauen Prüfung des bestehenden Versicherungsschutzes und zur Unterstützung des Kunden in jeder Hinsicht, um so zu einer bestmöglichen Schadenregulierung zu kommen. Hierzu gehören insbesondere die Schadenbesichtigung, die Vorbereitung von Besprechungen mit den Versicherern oder Dritten, die Bestellung von Sachverständigen, die Unterbreitung von Regulierungsvorschlägen und die Durchsetzung einer schnellen Regulierung. Insoweit kommt auch eine Mitwirkung bei der Auszahlung der Versicherungsleistung in Betracht, wenn der Kunde Geldempfangsvollmacht für das Schadensinkasso erteilt hat. In diesem Fall trifft den Versicherungsmakler eine Herausgabepflicht und er muss die erhaltene Versicherungsleistung an den Versicherungsnehmer weiterleiten. Auf Wunsch hat der Versicherungsmakler auch Prämien- und Schadenstatistiken pro Police zu erstatten. Der Versicherungsmakler hat zu beachten, dass es ihm ohne besondere Erlaubnis nicht gestattet ist, Versicherungsnehmern bei der Geltendmachung von Schadensersatzansprüchen gegen den Schädiger Rechtsrat zu erteilen und sie zu vertreten.[76] Nicht möglich ist es in der Regel, anderweitig Versicherten die Übernahme der Regulierung bzw. die Beratung in einem Schadenfall gegen die Verpflichtung anzubieten, dass die Versicherung zum nächstmöglichen Zeitpunkt übertragen wird.

oo) Pflicht zur Vertraulichkeit. Über alle Belange des Versicherungsnehmers hat der Versicherungsmakler gegenüber dem Versicherer und Dritten Stillschweigen zu bewahren.[77] Er muss allerdings dem Versicherer alle für die Risikobeurteilung notwendigen Angaben mitteilen. Diese Pflicht ergibt sich aus § 98 HGB und ist zugleich vorvertragliche Pflicht aus dem Versicherungsvertrag. Erlangt der Versicherungsmakler die Kenntnis, dass der Auftraggeber unredliche Ziele mit dem Abschluss des Versicherungsvertrages verfolgt, muss er ggf. den Auftrag zurückweisen. Eine Anzeigepflicht gegenüber dem Versicherer besteht nicht. Anders kann es jedoch sein, wenn der Versicherungsmakler während des Bestehens des Versicherungsvertrages hierüber Kenntnis erlangt.   91

pp) Rechenschaftspflicht. Hat der Versicherungsmakler das Beitragsinkasso übernommen oder werden bei Schadenabwicklungen die Versicherungsleistungen über ihn ausgezahlt, trifft den Versicherungsmakler eine Rechenschaftspflicht. Darüber hinaus hat er auf Verlangen über alle weiteren Umstände der Vertragsausführung Auskunft zu geben.   92

c) Einschaltung unselbständiger und selbständiger Mitarbeiter. Vielfach arbeitet der Versicherungsmakler mit Geschäftspartnern bei der Werbung neuer Kunden zusammen. Besondere Bedeutung kommt dabei dem Umstand zu, in welcher Form und Weise der Geschäftspartner tätig ist. Der Geschäftspartner ist Arbeitnehmer, wenn er seine Arbeitsleistung im Rahmen einer von einem Dritten (hier also dem Versicherungsmakler) bestimmten Arbeitsorganisation erbringt.[78] Eine Eingliederung in die fremde Arbeitsorganisation ist insbesondere dann anzunehmen, wenn der Betreffende hinsichtlich Zeit, Dauer und Ort der Ausführung der versprochenen Tätigkeit einem umfassenden Weisungsrecht des Dritten unterliegt.[79] Bei der Gestaltung der Zusammenarbeit ist auf diese Grundsätze zu achten, wenn es das Ziel der Zusammenarbeit ist, den Geschäftspartner als freien Mitarbeiter zu be-   93

---

[76] BGH, Urt. v. 5. 4. 1967 – I b ZR 56/65, NJW 1967, 1562 = VersR 1967, 686; OLG Frankfurt/M., Urt. v. 23. 6. 1987 – 22 U 1/87, VersR 1987, 985.
[77] *Kleikamp*, Doppeltätigkeit des Zivilmaklers, Frankfurt/M. u. a., Lang, 1995, S. 49.
[78] LAG Baden-Württemberg, Urt. v. 26. 10. 1990 – 11 Ta BV 6/90, VersR 1991, 1156, 1157.
[79] LAG Baden-Württemberg, Urt. v. 26. 10. 1990 – 11 Ta BV 6/90, VersR 1991, 1156, 1157; siehe ferner *Thies*, Agenturverträge: Kriterien der Selbständigkeit, VW 1990, 646.

schäftigen. Der Geschäftspartner kann natürlich auch – je nach Status und Ausgestaltung der Zusammenarbeit – Untermakler oder Handelsvertreter sein. Soweit der Versicherungsmakler Selbständige beschäftigt, die keine Verpflichtung zum Tätigwerden übernommen haben und sich nicht ständig um die Geschäfte des Maklers bemühen müssen, so sind diese als Untermakler anzusehen. Ihre vermittelnde Tätigkeit beschränkt sich dann auf das zu vermittelnde Geschäft.[80] Denkbar ist aber auch, dass der Mitarbeiter nicht nur die Stellung eines sogenannten Zubringer- und Vermittlungsuntermaklers hat, sondern auch geschäftsbesorgungsähnliche Aufgaben, nämlich die Betreuung und Verwaltung der vermittelten Versicherungsverträge wahrnimmt. Ist keine besondere Abrede getroffen, so entfallen 50% der Vergütung auf die Vermittlung und 50% auf die Betreuung des Versicherungsvertrages.[81] Dies ist von Bedeutung, wenn die Zusammenarbeit endet und die Betreuungsfunktion vom Untermakler nicht mehr wahrgenommen wird. Handelsvertreter ist dagegen gemäß § 84 Abs. 1 HGB derjenige selbständige Mitarbeiter eines Maklers, der ständig damit betraut ist, für diesen Aufträge hereinzuholen.[82] Im Falle eines Verstoßes gegen das Wettbewerbsverbot hat der Makler Anspruch auf Schadensersatz wegen positiver Vertragsverletzung, der auf Ersatz entgangenen Gewinns gerichtet ist.[83] Je nach den Umständen des Einzelfalls kann den Versicherungsmakler eine Haftung für ein Fehlverhalten eines freien Mitarbeiters, Untermaklers oder Handelsvertreters treffen. Eine Haftung wird immer dann in Betracht kommen, wenn der freie Mitarbeiter, Untermakler oder Handelsvertreter im Namen und für Rechnung des Versicherungsmaklers auftritt, d. h. vom Kunden als Repräsentant des Versicherungsmaklers wahrgenommen wird.[84]

94 **d) Haftung des Versicherungsmaklers. aa) Haftung wegen Vertragsverletzung.** Die Inanspruchnahme des Versicherungsmaklers erfolgt häufig aufgrund von Fehlern bei der Abwicklung des Versicherungsmaklerauftrags, nicht aber wegen eines Fehlers in der Auswahl des Anbieters oder des Produkts oder wegen eines Fehlers in der Markt-, Risiko- oder Deckungsbeurteilung. Dies ist auch verständlich, denn der Versicherungsmakler entscheidet unter Beurteilung der Erfolgsaussichten seiner Vermittlungstätigkeit nach eigenem sachkundigem Ermessen, mit welchen Versicherern und in welcher Reihenfolge er Verhandlungen aufnimmt.[85] Nach erfolgreichem Abschluss seiner Tätigkeit kann dem Versicherungsmakler grundsätzlich nicht angelastet werden, er hätte schlecht erfüllt, wenn sich nachträglich herausstellt, dass ein bestimmter von ihm nicht angesprochener Versicherer zu für den Auftraggeber günstigeren Bedingungen Versicherungsschutz gewährt haben würde.[86]

95 Hat der Versicherungsmakler mit seinen Vermittlungsbemühungen keinen Erfolg, kann der Auftraggeber in der Regel keine Ansprüche gegen ihn erheben,

---

[80] BGH, Urt. v. 22. 5. 1963 – VIII ZR 254/61, BB 1963, 835; BGH, Urt. v. 28. 2. 1968 – VIII ZR 6/66, BB 1968, 729; BGH, Urt. v. 28. 5. 1969 – IV ZR 788/68.
[81] OLG Hamm, Urt. v. 28. 4. 1986 – 18 U 186/85, VersR 1987, 155.
[82] BGH, Urt. v. 4. 12. 1981 – I ZR 200/79, VersR 1982, 343; OLG München, Urt. v. 15. 7. 1998 – 7 U 2623/98, r+s 2000, 130, 131.
[83] BGH, Urt. v. 3. 4. 1996 – VIII ZR 3/95, r+s 1996, 423; BGH, Urt. v. 24. 6. 2009 – VIII ZR 332/07, r+s 2010, 43, 44.
[84] Siehe hierzu BGH, Urt. v. 5. 3. 1998 – III ZR 183/96, NJW 1998, 1854 = VersR 1998, 888 = WM 1998, 819 = DB 1998, 1324 zur Haftung eines Wirtschaftsberatungs- und Finanzbetreuungsunternehmens kraft Anscheinsvollmacht für einen als Handelsvertreter tätigen Außendienstmitarbeiter, der weisungswidrig Kapitalanlagen vermittelt, die nicht in dem gültigen Produktplan des Unternehmens enthalten sind.
[85] OLG Bremen, Urt. vom 12. 2. 1970 – 2 U 120/69, VersR 1970, 853; Revisionsentscheidung BGH, Urt. v. 5. 5. 1971 – IV ZR 40/70, VersR 1971, 714.
[86] OLG Bremen, Urt. v. 12. 2. 1970 – 2 U 120/69, VersR 1970, 853.

E. Vermittlung und Betreuung der Lebensversicherung

wenn er nachträglich erfährt, dass ein seinen Wünschen entsprechender Versicherungsabschluss mit einem bestimmten Versicherer möglich gewesen wäre.[87] Solche Ansprüche können ausnahmsweise dann in Betracht kommen, wenn der Versicherungsmakler entweder rechtsverbindlichen Weisungen des Auftraggebers zuwidergehandelt hat oder wenn seine Tätigkeit außerhalb eines sachgemäßen Ermessensspielraums grob fehlerhaft war.[88]

Dass es in der Rechtsprechung immer wieder um Fragen der Abwicklung des Versicherungsmaklerauftrags geht, zeigen auch die Aussagen in den Gerichtsurteilen zu den haftungsbegründenden Pflichten. Der Versicherungsmakler muss danach

– wegen seiner Fürsorge- und Aufklärungspflicht gegenüber einem in versicherungsrechtlichen Fragen naturgemäß nicht oder nur wenig bewanderten Kunden auf Verlangen über die Voraussetzungen des Zustandekommens des vom Kunden angestrebten Versicherungsvertrags aufklären,[89]
– über Risikoausschlüsse[90] und den Beginn der Wirksamkeit einer ggf. vorläufigen Deckungszusage richtig Auskunft geben,[91]
– angesichts des Sicherungsbedürfnisses des Versicherungsnehmers ohne schuldhaftes Zögern einen Versicherer suchen,[92]
– den Auftraggeber klar und eindeutig darauf hinweisen, dass dieser in wenigen Wochen ohne Versicherungsschutz dastehen werde, wenn er ihm die bestehende Police erst sechs Wochen vor Ablauf übermittelt,[93]
– seinen Auftraggeber sachgemäß und umfassend beraten, wobei Art und Umfang jeweils im Einzelfall der Geschäftskenntnis und insbesondere der Versicherungserfahrung des Auftraggebers entsprechen muss,[94]
– aufklären, wie durch eine sofort wirksame versicherungstechnische Zwischenmaßnahme die Gefahr beseitigt werden kann, die für den Auftraggeber darin besteht, dass er ohne oder zumindest ohne zureichenden Versicherungsschutz ist, wenn ein Schadenereignis vor Inkrafttreten der vom Versicherungsmakler zu vermittelnden Versicherung eintritt,[95]
– eine zwischenzeitliche Deckung des Versicherungsrisikos, wenn er Abschlussvollmacht hat, von sich aus in Fällen besonderer Eilbedürftigkeit herbeiführen, sofern das üblich und für ihn leicht möglich ist,[96]
– den Versicherungsvertrag entsprechend den erteilten Weisungen abschließen,[97]
– beim Auftraggeber rückfragen, wenn er von Weisungen abweichen will, insbesondere wenn ihm eine Rückfrage möglich gewesen wäre und er den Umständen nach annehmen müsste, dass der Auftraggeber die Abweichung von seinen Weisungen nicht billigen würde,[98]
– unter Bewertung aller bekannten Gesichtspunkte die wirtschaftliche Zweckmäßigkeit eines Versicherungswechsels überprüfen, wobei auf nicht vorhersehbare

---

[87] OLG Bremen, Urt. v. 12. 2. 1970 – 2 U 120/69, VersR 1970, 853.
[88] OLG Bremen, Urt. v. 12. 2. 1970 – 2 U 120/69, VersR 1970, 853.
[89] OLG Stuttgart, Urt. v. 1. 8. 1969 – 2 U 30/69, VersR 1970, 237.
[90] OLG Karlsruhe, Urt. v. 1. 7. 2004 – 12 U 85/04, NJW-RR 2004, 1328 = VersR 2005, 78 (Falschauskunft zu § 2 b Abs. 3 b AKB).
[91] OLG Stuttgart, Urt. v. 1. 8. 1969 – 2 U 30/69, VersR 1970, 237.
[92] OLG Bremen, Urt. v. 12. 2. 1970 – 2 U 120/69, VersR 1970, 853.
[93] BGH, Urt. v. 10. 5. 2000 – IV ZR 297/98, NVersZ 2000, 389 = VersR 2000, 846.
[94] OLG Bremen, Urt. v. 12. 2. 1970 – 2 U 120/69, VersR 1970, 853.
[95] OLG Bremen, Urt. v. 12. 2. 1970 – 2 U 120/69, VersR 1970, 853.
[96] OLG Bremen, Urt. v. 12. 2. 1970 – 2 U 120/69, VersR 1970, 853.
[97] BGH, Urt. v. 25. 3. 1987 – IV a ZR 224/85, VersR 1987, 663.
[98] BGH, Urt. v. 25. 3. 1987 – IV a ZR 224/85, VersR 1987, 663.

Änderungen der Rechtslage schon rein faktisch keine Rücksicht genommen werden muss,[99]
- den Versicherungsnehmer, der seine private Krankenversicherung wechseln will, über die gesundheitlichen Voraussetzungen für einen erfolgreichen Wechsel zutreffend beraten,[100] insbesondere auf den Verlust der Alterungsrückstellung hinweisen,[101]
- den Versicherungsnehmer auf die Fristen zur Feststellung der Invalidität und deren Geltendmachung hinweisen.[102]

97 Die Entscheidungen vermitteln einen guten Eindruck vom Pflichten- und damit auch vom Haftungsrahmen des Versicherungsmaklers. Die Haftung des Versicherungsmaklers und die Besonderheiten der Beweislast in diesem Zusammenhang lassen sich anschaulich anhand des Sachwalter-Urteils des BGH aufzeigen. Das am 22. Mai 1985 ergangene Sachwalter-Urteil des BGH betont die Pflicht des Maklers, den Auftraggeber über den Wegfall des Deckungsschutzes aufklären zu müssen und ihm im Rahmen seiner Beratungspflicht zu verdeutlichen, dass der Auftraggeber auf die Sicherheitsvorstellungen des Versicherers eingehen muss, wenn er Deckung erlangen will.[103] Unter Berufung auf seine ständige Rechtsprechung hat der BGH ausgeführt, dass bei der Verletzung einer vertraglichen Aufklärungs- und Beratungspflicht die Beweislast den für die vertragsgemäße Erfüllung verantwortlichen Berater und damit den Schädiger treffe.[104] Er müsse darlegen und je nach Gegenvortrag des Geschädigten beweisen, dass der Schaden trotz Pflichtverletzung eingetreten wäre, weil der Geschädigte sich über die aus der Aufklärung und Beratung folgenden Bedenken hinweggesetzt haben würde.[105] Der BGH hat deshalb dem Versicherungsmakler die Darlegungs- und Beweislast dafür auferlegt, dass die Versicherungsnehmerin = Auftraggeberin trotz Kenntnis vom Wegfall der vorläufigen Deckung und gehöriger Aufklärung über die Erfordernisse neuen Versicherungsschutzes bzw. die Unmöglichkeit solchen zu erlangen, ihr Verhalten nicht so eingerichtet hätte, dass der eingetretene Schaden vermieden worden wäre.[106] In einer späteren Entscheidung hat der BGH dem Versicherungsmakler die Beweislast dafür auferlegt, dass er überhaupt einen Versicherungsantrag gestellt hat, mit welchem Inhalt er den Versicherungsantrag aufgesetzt hat und dass der Versicherungsantrag dem ihm erteilten Auftrag entsprochen hat.[107]

98 **bb) Beweislast bei Pflichtverletzung.** Verlangt der Auftraggeber vom Versicherungsmakler Schadenersatz wegen positiver Vertragsverletzung, so hat er alle

---

[99] BGH, Beschl. v. 27. 5. 2009 – III ZR 231/08, NJW-RR 2009, 1407 = VersR 2009, 1224 = r+s 2010, 264 = WM 2009, 1435, 1436 (Übertragbarkeit von Alterungsrückstellungen).
[100] OLG Frankfurt/M., Urt. v. 13. 12. 2007 – 12 U 214/06, r+s 2009, 218, 219.
[101] BGH, Urt. v. 11. 5. 2006 – III ZR 228/05, NJW-RR 2006, 1403 = VersR 2006, 1072.
[102] BGH, Urt. v. 16. 7. 2009 – III ZR 21/09, NJW-Spezial 2009, 730 = VersR 2009, 1495, 1496 = r+s 2009, 395 = WM 2009, 1753, 1754.
[103] BGH, Urt. v. 22. 5. 1985 – IVa ZR 190/83, BGHZ 94, 356, 363 = NJW 1985, 2595, 2596 = VersR 1985, 930, 931.
[104] BGH, Urt. v. 22. 5. 1985 – IVa ZR 190/83, BGHZ 94, 356, 363 = NJW 1985, 2595, 2596 = VersR 1985, 930, 931; ebenso *Stodolkowitz*, Beweislast und Beweiserleichterungen bei der Schadensursächlichkeit von Aufklärungspflichtverletzungen, VersR 1994, 11.
[105] BGH, Urt. v. 22. 5. 1985 – IVa ZR 190/83, BGHZ 94, 356, 363 = NJW 1985, 2595, 2596 = VersR 1985, 930, 931 = r+s 1985, 206; ebenso OLG Düsseldorf, Urt. v. 10. 11. 1995 – 7 U 81/94, VersR 1996, 1104 = r+s 1997, 219 f.; OLG Hamm, Urt. v. 19. 6. 2000 – 18 U 7/00, NJW-RR 2001, 602, 603 = NVersZ 2001, 68, 69 = VersR 2001, 583, 584 m. Anm. *Wandt* VersR 2001, 584 f.; OLG Frankfurt/M., Urt. v. 13. 12. 2007 – 12 U 214/06, r+s 2009, 218, 220.
[106] BGH, Urt. v. 22. 5. 1985 – IVa ZR 190/83, BGHZ 94, 356, 363 = NJW 1985, 2595, 2596 = VersR 1985, 930, 931.
[107] BGH, Urt. v. 25. 3. 1987 – IVa ZR 224/85, VersR 1987, 663.

E. Vermittlung und Betreuung der Lebensversicherung

Voraussetzungen der positiven Vertragsverletzung zu beweisen, es sei denn, es steht fest, dass nur eine Schadensursache aus dem Verantwortungsbereich des Versicherungsmaklers in Betracht kommt; in diesem Fall hat sich der Versicherungsmakler zu entlasten und zwar nicht nur hinsichtlich der subjektiven Seite,[108] sondern auch hinsichtlich der objektiven Pflichtwidrigkeit.[109] Der Versicherungsmakler hat sich dann dahin zu entlasten, dass ihn kein Verschulden trifft.[110] Der Versicherungsmakler hat deshalb als Abschlussbevollmächtigter, dem eine Verletzung des ihm erteilten Auftrags vorgeworfen wird, den Gang der Vertragsverhandlungen aufzuklären, insbesondere ist es seine Sache, den Inhalt der Willenserklärung zu beweisen, die er im Namen des Vollmachtgebers abgegeben hat, und hat deshalb auch zu beweisen, welchen Inhalt ein von ihm gestellter Versicherungsantrag hatte.[111] Wenn streitig wäre, ob der Versicherungsmakler überhaupt einen Versicherungsantrag an den Versicherer gerichtet hat, würde die Beweislast den Versicherungsmakler treffen; denn in diesem Fall läge ein schlichter Fall der Nichterfüllung vor.[112] Auch bei der Verletzung einer vertraglichen Aufklärungs- und Beratungspflicht trifft die Beweislast den für die vertragsgerechte Erfüllung verantwortlichen Berater.[113] Er muss konkrete Einzelheiten des Beratungsgesprächs vortragen.[114] Hat der Antragsteller bei Abschluss einer Risikolebensversicherung mit BUZ seinen Drogenkonsum nicht angegeben, liegt allerdings die Beweislast dafür, dass der Versicherer bei richtiger Belehrung des Antragstellers und zutreffenden Angaben zu seinem Drogenkonsum den Antrag auf Abschluss einer Lebensversicherung einschließlich BUZ angenommen und dieser Vertrag Bestand gehabt hätte, beim Antragsteller.[115] Dies gilt gleichermaßen, wenn eine Berufsunfähigkeitsversicherung wegen falscher Angaben zum Gesundheitszustand angefochten wird.[116]

cc) § 826 BGB. Eine Inanspruchnahme des Versicherungsmaklers nach § 826 BGB wegen Sittenverstoßes kommt in Betracht, wenn ihm ein leichtfertiges und gewissenloses Handeln vorgeworfen werden kann.[117] Hierzu gehören auch vorsätzliche Fehlinformationen[118] und hierfür reicht es aus, dass Angaben „ins Blaue hinein" gemacht worden sind, wobei als Schuldform für § 826 BGB bedingter Vorsatz genügt.[119] Dieser liegt vor, wenn der Handelnde mit der Möglichkeit der Schädigung durch sein Verhalten rechnet und dieses Ergebnis billigend in Kauf nimmt.[120] Ein Schaden im Sinne des § 826 BGB liegt nicht nur in der Verletzung bestimmter Rechte oder Rechtsgüter; es genügt vielmehr u. a. jede nachteilige Einwirkung auf die Vermögenslage[121] einschließlich der sittenwidrigen Belastung fremden Vermögens mit einem Verlustrisiko.[122]

---

[108] BGHZ 8, 239, 241 = NJW 1953, 584; BGHZ 23, 288, 290 = NJW 1957, 746.
[109] BGHZ 27, 236 = NJW 1958, 1629.
[110] OLG Bremen, Urt. v. 12. 2. 1970 – 2 U 120/69, VersR 1970, 853; OLG Bremen VersR 1971, 126 und 464; BGH, Urt. v. 5. 5. 1971 – IV ZR 40/70, VersR 1971, 714.
[111] BGH, Urt. v. 25. 3. 1987 – IV a ZR 224/85, NJW 1988, 62 = VersR 1987, 663.
[112] BGH, Urt. v. 25. 3. 1987 – IV a ZR 224/85, NJW 1988, 62 = VersR 1987, 663.
[113] BGH VerBAV 1985, 356, 358.
[114] OLG Köln, Urt. v. 7. 5. 2004 – 9 U 105/03, VersR 2005, 789, 790 = r+s 2004, 527, 528.
[115] OLG Brandenburg, Urt. v. 17. 10. 2007 – 13 U 111/06, r+s 2008, 220.
[116] OLG Koblenz, Urt. v. 28. 9. 2006 – 5 U 582/06, r+s 2007, 176 = DB 2006, 2289 (Ls.).
[117] BGHZ 10, 228, 233 = NJW 1953, 1665; BGH NJW 1956, 1595 (Ls.) = VersR 1956, 641 = MDR 1957, 29 m. Anm. *Pohle*; BGH WM 1960, 933, 934 f.; BGH VersR 1966, 1034, 1035; BGH, Urt. v. 17. 9. 1985 – VI ZR 73/84, NJW 1986, 180, 181.
[118] OLG Düsseldorf, Urt. v. 20. 12. 2001 – 8 U 6/01, EWiR 2002, 557, 558.
[119] BGH, Urt. v. 17. 9. 1985 – VI ZR 73/84, NJW 1986, 180, 182.
[120] BGH NJW 1956, 1595 (Ls.) = VersR 1956, 641 = MDR 1957, 29; BGH VersR 1966, 1034, 1035; BGH, Urt. v. 17. 9. 1985 – VI ZR 73/84, NJW 1986, 180, 182.
[121] BGH, Urt. v. 19. 7. 2004 – II ZR 402/02, ZIP 2004, 1593, 1597.
[122] BGH, Urt. v. 13. 9. 2004 – II ZR 276/02, VersR 2005, 1390, 1394.

100 dd) Persönliche Haftung des Versicherungsmaklers als Geschäftsführer einer GmbH. Eine persönliche Haftung aus der Schlechterfüllung eines Versicherungsmaklerauftrags trifft den als Geschäftsführer tätigen Versicherungsmakler ausnahmsweise dann, wenn der Versicherungsmakler/Gesellschafter-Geschäftsführer in besonderem Maße persönliches Vertrauen in Anspruch nimmt und ihm von seinem Verhandlungspartner auch dieses persönliche Vertrauen in besonderem Maße entgegengebracht wird oder wenn er mit dem Hinweis auf seine außergewöhnliche Sachkunde oder seine besondere persönliche Zuverlässigkeit dem Verhandlungspartner eine zusätzliche, von ihm persönlich ausgehende Gewähr für das Gelingen des in Aussicht genommenen Geschäfts bietet.[123] Der als Geschäftsführer fungierende Versicherungsmakler wird der persönlichen Haftung in der Regel nicht ausgesetzt sein, da für die Eigenhaftung weder das Provisionsinteresse noch die für die Tätigkeit erforderliche Sachkunde ausreicht.[124]

101 ee) Schadensberechnung. Bei der Berechnung des Vermögensschadens ist grundsätzlich von der Differenzhypothese auszugehen.[125] Danach ist die infolge des haftungsbegründenden Ereignisses eingetretene Vermögenslage mit derjenigen zu vergleichen, die ohne jenes Ereignis eingetreten wäre.[126] Ein Schaden ist gegeben, wenn das jetzige Vermögen insgesamt geringer ist als der Wert, den das Vermögen ohne das die Ersatzpflicht begründende Ereignis haben würde.[127] Er entfällt, wenn dem Nachteil ein entsprechender, gleich hoher Vermögenszuwachs gegenüber steht.[128] Ausnahmen von diesen Grundsätzen hat die Rechtsprechung mit Rücksicht auf den Schutzweck der Haftung und die Ausgleichsfunktion des Schadensersatzes in mehrfacher Hinsicht zugelassen.[129]

102 ff) Berufshaftpflichtversicherung. Gemäß § 34d Abs. 2 Nr. 3 GewO ist für die Zulassung als Versicherungsmakler der Nachweis einer Berufshaftpflichtversicherung erforderlich. Die Mindestversicherungssumme beträgt gemäß 9 Abs. 2 VersVermV eine Mio. Euro für jeden Versicherungsfall und 1,5 Mio. Euro für alle Versicherungsfälle eines Jahres.[130] Ab 1. Januar 2009 erhöhten sich die Mindestversicherungssummen auf 1,13 Mio. Euro bzw. 1,7 Mio. Euro und unterliegen ab

---

[123] BGHZ 56, 81, 83 ff. = NJW 1971, 1309; BGHZ 63, 382, 384 f. = NJW 1975, 642; BGHZ 74, 103, 108 = NJW 1979, 1449; BGH, Urt. v. 22. 4. 1981 – VIII ZR 34/80, VersR 1981, 847, 848; BGH, Urt. v. 17. 9. 1985 – VI ZR 73/84, NJW 1986, 180, 181; BGH, Urt. v. 3. 10. 1989 – XI ZR 157/88, BB 1989, 2210, 2211; BGH, Urt. v. 17. 10. 1989 – XI ZR 173/88, VersR 1990, 157, 158; BGH, Urt. v. 1. 7. 1991 – II ZR 180/90, NJW-RR 1991, 1312 = VersR 1991, 1247.
[124] BGH, Urt. v. 3. 10. 1989 – XI ZR 157/88, BB 1989, 2210, 2211; BGH, Urt. v. 17. 10. 1989 – XI ZR 173/88, VersR 1990, 157, 158.
[125] BGH, Urt. v. 11. 5. 2006 – III ZR 228/05, NJW-RR 2006, 1403, 1404 = VersR 2006, 1072.
[126] BGH, Urt. v. 11. 5. 2006 – III ZR 228/05, NJW-RR 2006, 1403, 1404 = VersR 2006, 1072.
[127] BGHZ 86, 128, 130 = NJW 1983, 444 = VersR 1983, 298; BGHZ 99, 182, 196 = NJW 1987, 831; BGHZ 161, 361, 366 = NJW-RR 2005, 611 = VersR 2005, 412 = NZM 2005, 270; BGH, Urt. v. 11. 5. 2006 – III ZR 228/05, NJW-RR 2006, 1403, 1404 = VersR 2006, 1072.
[128] BGH, Urt. v. 11. 5. 2006 – III ZR 228/05, NJW-RR 2006, 1403, 1404 = VersR 2006, 1072.
[129] Vgl. nur BGHZ (GSZ) 98, 212, 217 f. = NJW 1987, 50; BGHZ 161, 361, 367 = NJW-RR 2005, 61 = NZM 2005, 270; BGH, Urt. v. 11. 5. 2006 – III ZR 228/05, NJW-RR 2006, 1403, 1404 = VersR 2006, 1072; Palandt/Heinrichs, BGB, 67. Aufl., 2008, Vorb. v. § 249 BGB Rdn. 9.
[130] Siehe dazu Nickel, Die Makler-Haftpflichtversicherung: Haftpflicht-Zusatzversicherung für Makler und Maklerkunden, VW 2000, 391.

E. Vermittlung und Betreuung der Lebensversicherung   103, 104   **Einl. E**

15. Januar 2013 der Anpassung.[131] Eine Haftungsbegrenzung in Höhe der Mindestversicherungssumme kann der Versicherungsmakler für Schäden infolge leichter Fahrlässigkeit vereinbaren.[132] Unzulässig ist jegliche Haftungsbegrenzung bei Vorliegen von grober Fahrlässigkeit oder Vorsatz,[133] es sei denn, eine Haftungsfreizeichnung für grobe Fahrlässigkeit ist aufgrund branchentypischer Besonderheiten zulässig.[134]

gg) Verjährung. Haftungsansprüche gegen den Versicherungsmakler verjähren   **103**
für Fälle vor der seit dem 1. Januar 2002 gültigen Regelung des § 195 BGB erst in 30 Jahren.[135] Der neue § 195 BGB reduziert die Regelverjährungsfrist auf drei Jahre. Allerdings ist zu befürchten, dass die Rechtsprechung wie bei den Anwälten, Steuerberatern und Architekten den Beginn der kurzen Verjährungsfrist davon abhängig macht, dass der Versicherungsmakler seine Pflichtverletzung offenbart hat. Denn die Pflicht zur unaufgeforderten Offenbarung eigenen Fehlverhaltens wird immer dann angenommen, wenn die Kriterien „Wahrnehmung fremder Interessen", „enge Vertrauensbeziehung" und „faktische Unmöglichkeit einer fachlichen Kontrolle der Tätigkeit des Interessenwahrers durch den Vertragspartner" vorliegen.[136]

2. Rechtsverhältnis Versicherungsmakler – Versicherungsunternehmen

a) Doppelrechtsverhältnis. Maklerverträge nehmen die Versicherer unter   **104**
Beachtung des „Punktekatalogs zur Vermeidung einer missbräuchlichen Ausgestaltung von Maklerverträgen" an.[137] Der Versicherungsmakler steht zum Versicherungsnehmer einerseits und zum Versicherer andererseits in einem sog. Doppelrechtsverhältnis.[138] Vorrang haben allerdings die Interessen des Versiche-

---

[131] Einzelheiten ergeben sich aus Art. 1 Nr. 6 der Verordnung zur Änderung der Verordnung über die Versicherungsvermittlung und -beratung v. 19. 12. 2008, BGBl. I S. 2969, 2970.

[132] *Müller-Stein,* Haftungsausschluss bzw. Haftungsbegrenzung des Versicherungsmaklers in AGB, VW 1996, 1062, 1063; *Werber,* Beratungspflichten und Haftungsbeschränkung, VersR 2010, 553, 556 f.

[133] *Müller-Stein,* Haftungsausschluss bzw. Haftungsbegrenzung des Versicherungsmaklers in AGB, VW 1996, 1062, 1063.

[134] BGHZ 103, 316, 324 ff. = VersR 1988, 847, 848; BGH, Urt. v. 14. 11. 2000 – X ZR 211/98, VersR 2002, 1517, 1518.

[135] *Lomen,* Möglichkeiten der Haftungsreduzierung für Makler, AssCompact 2002, 82, 83.

[136] Vgl. *Taupitz,* Aufklärung über Behandlungsfehler: Rechtspflicht gegenüber dem Patienten oder ärztliche Ehrenpflicht?, NJW 1992, 713, 714.

[137] Abdruck VW 1981, 195 ff.; hierzu *Müller-Stein,* Ausgleichsanspruch gem. § 89 b HGB nach Bestandsübertragungen aufgrund erteilter Maklerauftrage?, VersR 1990, 561; GDV (Hrsg.), Leitfaden Abrechnungsverkehr mit Vermittlern, 2002, S. 6.

[138] OLG Frankfurt/M., Urt. v. 12. 11. 1993 – 10 U 29/91, VersR 1995, 92, 93 = r+s 1995, 159; *Möller,* Die Rechtsstellung des deutschen Versicherungsmaklers speziell in der internationalen Wirtschaft, VW 1970, 1004; *Zierke,* Versicherungsberater – Versicherungsvermittler, MDR 1989, 780; *Werber,* Anforderungen an den Versicherungsmakler bei grenzüberschreitenden Dienstleistungen sowie im neuen Geschäftsfeld „Privatkunde", Versicherungspraxis 1990, 21, 22; *Biagosch,* Aufklärungspflicht des Versicherungsmaklers bei der Platzierung von Rückversicherungsverträgen, in: Beiträge über den Versicherungsmakler, Ewald Lahno gewidmet, Heft 13 der Veröffentlichungen der Hamburger Gesellschaft zur Förderung des Versicherungswesens, Hamburg, 1993, S. 31, 34; *Schirmer/Höhne,* Die Haftung des Versicherungsmaklers beim Hinzuziehung Dritter, insbesondere eines Maklerbetreuers des Versicherungsunternehmens, VersR 1998, 664, 666; *Keil,* Allgemeine Fragen des privaten und des gewerblichen Geschäfts: produktorientierte Qualifikationen, 2. Aufl., Karlsruhe, VVW, 2002, S. 71; a. A. *Odendahl,* Der Courtageanspruch des Versicherungsmaklers: Problemfälle. Die optimale Courtagezusage, ZfV 1993, 390.

rungsnehmers.[139] Der Versicherungsmakler hat auch gegenüber dem Versicherer Sorgfaltspflichten und kann sich durch Fehlleistungen nach § 98 HGB schadensersatzpflichtig machen.[140] Dies ist insbesondere dann der Fall, wenn ausdrücklich oder konkludent Provisionsvereinbarungen (Courtagelisten) und andere Abreden[141] zwischen dem Makler und dem Versicherer bestehen und damit die Existenz einer vertraglichen Sonderpflicht des Maklers gegenüber dem Versicherer in Bezug auf Selektion und Bonität des Versicherungsnehmers sowie das konkret zu versichernde Risiko zumindest nicht ausgeschlossen werden kann.[142] Anerkannt ist, dass der Versicherungsmakler keine Anzeigepflichtverletzungen für den Versicherungsnehmer zum Nachteil des Versicherers begehen oder daran mitwirken darf.[143] Hat der Makler Zweifel an der Richtigkeit der Angaben des Kunden, wird man ihm weitere Nachfragen zumuten müssen, wenn sich aus den Umständen ergibt, dass der Maklerkunde nicht alle vertragsrelevanten Umstände mitgeteilt hat.[144] Eine Inanspruchnahme des Versicherers durch den Kunden des Versicherungsmaklers kommt nicht in Betracht, da der Versicherungsmakler den Kunden, nicht aber den Versicherer vertritt.[145]

105 **b) Courtageanspruch bei Bestehen eines Maklerauftrags. aa) Bruttoprämien.** Der Anspruch des Versicherungsmaklers auf Zahlung von Courtage richtet sich beim Bruttoprämienmodell grundsätzlich nicht gegen seinen Kunden, den Versicherungsnehmer, sondern gegen den Versicherer.[146] Dass der Versicherungsmakler seine Courtage abweichend von § 99 HGB vom Versicherer bekommt, ist eine historisch gewachsene Besonderheit, ändert aber nichts an der Tatsache, dass die Courtage letztlich über die Bruttoprämie vom Versicherungsnehmer aufgebracht wird.[147] Die Höhe der Courtage ist dem vom Versiche-

---

[139] OLG Oldenburg, Urt. v. 13. 1. 1999 – 2 U 246/98, NVersZ 1999, 359, 360 = r+s 1999, 351, 352.
[140] Vgl. *Werber*, Der Versicherungsmakler im Vergaberecht, VersR 2001, 1313, 1321.
[141] Siehe hierzu BGH, Urt. v. 17. 1. 2001 – IV ZR 282/99, NJW-RR 2001, 593, 594 = NVersZ 2001, 189 (Geschäftsführung für Transportversicherungspolice); ferner *Jabornegg*, Rechtsfragen bei Exklusivprodukten für Versicherungsmakler, in: Rechtsfragen der Versicherungsvermittlung, Wien, LexisNexis, 2003, S. 30.
[142] Vgl. *Schnyder*, Die Haftung des Versicherungsmaklers – Herausforderung aus der Sicht des EG-Verbraucherschutzes, in: Die Haftung des Versicherungsmaklers, herausgegeben von Attila Fenyves/Klaus G. Koban, Wien, Orac, 1993, S. 55, 56.
[143] OLG Zweibrücken, Urt. v. 9. 3. 2005 – 1 U 100/04, VersR 2005, 1373, 1374; *Werber*, Von der Unabhängigkeit eines Versicherungsmaklers im „Doppelrechtsverhältnis", in: Beiträge über den Versicherungsmakler, Ewald Lahno gewidmet, Heft 13 der Veröffentlichungen der Hamburger Gesellschaft zur Förderung des Versicherungswesens mbH, Hamburg, 1993, S. 185, 192; *Reiff,* Die Haftung des Versicherers für Versicherungsvermittler (Teil 1), r+s 1998, 89, 90.
[144] *Heinemann*, Vorvertragliche Anzeigepflicht – Irreführung des Verbrauchers durch Gestaltung von Antragsformularen? – Aufklärungspflicht des Maklers bei Antragsaufnahme, auch unter Berücksichtigung der Haftungsproblematik –, VersR 1992, 1319, 1322.
[145] OLG Oldenburg, Urt. v. 7. 9. 1994 – 2 U 25/94, VersR 1996, 373.
[146] BGH, Urt. v. 22. 5. 1985 – IVa ZR 190/83, BGHZ 94, 356, 359 = NJW 1985, 2595 = VersR 1985, 930, 931; OLG Frankfurt/M., Urt. v. 17. 11. 1993 – 10 U 29/91, VersR 1995, 92, 93 = r+s 1995, 159; LG Köln, Urt. v. 1. 12. 1993, r+s 1994, 318, 319; OLG Hamm, Urt. v. 8. 12. 1994 – 18 U 279/93, VersR 1995, 658 = r+s 1995, 479; BGH, Urt. v. 13. 1. 2005 – III ZR 238/04, NJW-RR 2005, 568 = VersR 2005, 550, 551 = r+s 2005, 237 = WM 2005, 1477 = MDR 2005, 698; BGH, Urt. v. 20. 1. 2005 – III ZR 207/04, VersR 2005, 404; *Durstin/Peters*, Versicherungsberater und Versicherungsmakler in der rechtspolitischen Entwicklung, VersR 2007, 1456, 1461 f.
[147] *Bangert*, Der selbständige und der unselbständige Versicherungsvertreter: Arten, wirtschaftliche Bedeutung und Abgrenzung, Karlsruhe, VVW, 1983, S. 3; *Werber*, Von der Unabhängigkeit eines Versicherungsmaklers im „Doppelrechtsverhältnis", in: Beiträge über den

E. Vermittlung und Betreuung der Lebensversicherung   106–108   **Einl. E**

rungsmakler betreuten Kunden üblicherweise unbekannt.[148] Im Vergabeverfahren gelten Besonderheiten.[149]

In der Lebens- und Krankenversicherung ist es aufgrund des dort herrschenden Provisionssystems üblich, dass der Versicherungsmakler bereits bei Vertragsabschluss die volle Courtage für die Vermittlung des Versicherungsvertrages bekommt.[150] In der Kompositversicherung erhält dagegen der Versicherungsmakler in der Regel nicht eine einmalige Provision, sondern eine laufende Courtage in Höhe des vereinbarten Prozentsatzes der Prämieneinnahmen des Versicherers.[151] Der Versicherer hat auch Folgeverträge zu verprovisionieren, wenn der dem Versicherungsmakler erteilte Auftrag nicht nur auf das zustande bringen des Erstvertrages, sondern zumindest konkludent auch auf das etwaiger Folgeverträge gerichtet war.[152]

Zusätzlich wird dem Versicherungsmakler vom Versicherer Bestandspflegegeld als Tätigkeitsvergütung bezahlt, die das Interesse des Versicherungsmaklers an der Bestandserhaltung und Stornoverhütung wach halten soll.[153] Der Versicherer hat bei der Vereinbarung der Vermittlungs- und Tätigkeitsvergütungen die Vorgaben der Aufsichtsbehörde zur Beschränkung der Abschlusskosten in der Lebensversicherung zu beachten und insbesondere dafür zu sorgen, dass im Falle der Bevorschussung der Vergütungen Sicherheiten so bemessen sind, dass Rückforderungsansprüche jederzeit in voller Höhe realisiert werden können.[154]

Nach dem sog. Schicksalsteilungsgrundsatz folgt die Courtage des Versicherungsmaklers der Prämie im Guten wie im Schlechten.[155] Dies beruht darauf, dass

106

107

108

Versicherungsmakler, Ewald Lahno gewidmet, Heft 13 der Veröffentlichungen der Hamburger Gesellschaft zur Förderung des Versicherungswesens mbH, Hamburg, 1993, S. 185, 191; *Koch*, Zur Geschichte des Versicherungsmakler-Rechts in Deutschland, in: Ein Leben mit der Versicherungswissenschaft, Festschrift für Helmut Schirmer, hrsg. v. Thomas Bielefeld u. Sven Marlow, Karlsruhe, VVW, 2005, S. 279, 285.

[148] *Teichler*, Quo vadis Vermittlerrecht?, in: Festschrift für Helmut Schirmer, 2005, S. 585, 588.

[149] Siehe hierzu OLG Celle, Beschl. v. 1. 3. 2001–13 Verg 1/01, VersR 2003, 625.

[150] BGH, Urt. v. 13. 1. 2005 – III ZR 238/04, NJW-RR 2005, 568 = VersR 2005, 550, 551 = r+s 2005, 237 = WM 2005, 1477 = MDR 2005, 698; GDV VW 1988, 783; *Scheipel*, Der Versicherungsmakler: Aufgabe und Vergütungssystem im Wandel, Frankfurt am Main u. a., Lang, 1996, S. 80; *Förtsch*, Anleger- und objektgerechte Beratung in der Lebensversicherung, VW 1997, 184, 185; *Schwintowski*, Alternative Finanzierungsmöglichkeiten der Abschlusskosten in der Lebensversicherung, ZfV 2005, 783.

[151] BGH, Urt. v. 27. 11. 1985 – IVa ZR 68/84, NJW 1986, 1036 = VersR 1986, 236, 237 = r+s 1986, 77 = DB 1986, 742, 743; OLG Hamm, Urt. v. 8. 12. 1994 – 18 U 279/93, VersR 1995, 658 = r+s 1995, 479; BGH, Urt. v. 13. 1. 2005 – III ZR 238/04, NJW-RR 2005, 568 = VersR 2005, 550, 551 = r+s 2005, 237 = WM 2005, 1477 = MDR 2005, 698.

[152] BGH, Urt. v. 27. 11. 1985 – IVa ZR 68/84, NJW 1986, 1036 = VersR 1986, 236, 237 = r+s 1986, 77 = DB 1986, 742; AG Köln, Urt. v. 21. 10. 1994, r+s 1995, 359.

[153] OLG Frankfurt/M., Urt. v. 12. 11. 1993 – 10 U 29/91, VersR 1995, 92, 93 = r+s 1995, 159.

[154] R 5/95 v. 31. 10. 1995 zur Begrenzung der Abschlusskosten in der Lebensversicherung, VerBAV 1995, 366; dazu *Claus*, Begrenzung der Abschlusskosten in der Lebensversicherung, ZfV 1996, 82 ff.

[155] OLG München, Urt. v. 19. 11. 1974 – 9 U 1643/74, VersR 1975, 150; LG Stuttgart, Urt. v. 21. 1. 1976 – 8 KfH O 112/75, S. 8; OLG Hamburg, Urt. v. 5. 9. 1984 – 5 U 59/84, VersR 1986, 487 (Ls.); OLG Hamm, Urt. v. 9. 5. 1994 – 18 U 64/93, NJW-RR 1994, 1306; OLG Saarbrücken, Urt. v. 19. 11. 1997, 334, 335; LG Nürnberg-Fürth, Urt. v. 1999, VerBAV 1999, 322, 324; BGH, Urt. v. 20. 1. 2005 – III ZR 207/04, VersR 2005, 404; BGH, Urt. v. 20. 1. 2005 – III ZR 251/04, NJW 2005, 1357, 1358 = VersR 2005, 406 = r+s 2005, 222, 223 = WM 2005, 655, 657 = ZIP 2005, 581, 582; OLG Köln, Urt. v. 10. 10. 2006 – 9 U 209/05, VersR 2007, 836, 837; *Möller*, Bemerkungen zum Versiche-

Einl. E 109

beim Versicherungsmakler die Zahlung der vereinbarten Prämie aufschiebende Bedingung für das Entstehen des Courtageanspruchs ist[156] oder anders ausgedrückt, der Courtageanspruch ist im Sinne des § 158 Abs. 2 BGB auflösend bedingt durch den Wegfall des Prämienanspruchs,[157] es sei denn, der Versicherer hat den Eintritt der auflösenden Bedingung wider Treu und Glauben herbeigeführt.[158] Auch wenn die Zusammenarbeit mit dem Versicherer beendet ist, hat der Versicherer die Courtage in der vereinbarten Höhe weiterzubezahlen, solange der Versicherungsvertrag besteht.[159] Kündigt hingegen der Versicherungsnehmer den Versicherungsvertrag vor dessen Ablauf, so entfällt mit der weiteren Prämienzahlung auch der in den künftigen Prämien enthaltene Anteil der Maklerprovision.[160] Ist Courtage schon bezahlt, so ist sie für jene Zeit zurückzuzahlen, für welche der Versicherungsnehmer keine Beiträge zahlt.[161] Eine Stornogefahrmitteilung muss der Versicherer dem Versicherungsmakler nicht übermitteln,[162] es sei denn, er steht mit dem Versicherer in einer sehr engen Geschäftsverbindung und ist mit einem Versicherungsvertreter vergleichbar.[163]

109 bb) Nettoprämien. Das Nettoprämien-Modell wird häufig im Industriekundengeschäft auf Verlangen der Kunden praktiziert, da sich die Versicherungssteuer vermindert, wenn die Courtage nicht mehr in der Prämie enthalten ist.[164] Als Vorteil des Nettoprämien-Modells für das Privatkundengeschäft wird angeführt, dass Versicherungsmakler nicht durch hohe Prämien- oder Courtagesätze dazu verleitet werden, Versicherungen zu vermitteln, die für ihre Kunden kein optimales Preis-Leistungsverhältnis bieten.[165] Diese These hat in der Praxis keine Bestätigung gefunden. Kennzeichnend für das Nettoprämien-Modell ist, dass der Versi-

---

rungsmaklerrecht, in: Beiträge zur Versicherungswissenschaft, Festgabe für Walter Rohrbeck zum 70. Geburtstag, hrsg. v. Hans Möller, Berlin, Duncker & Humblot, S. 223, 230; *Migsch,* Der Courtageanspruch des Versicherungsmaklers nach österreichischem Recht, VersR 1989, 321, 325; *Sieg,* Der Bereicherungsanspruch des Versicherers gegen seinen Vermittler, VersR 1993, 1198, 1200.

[156] OLG Köln VersR 1974, 287 m. Anm. VW 1974, 528; OLG Nürnberg VW 1974, 1143; VW 1974, 63; OLG München, Urt. v. 19. 11. 1974 – 9 U 1643/74, VersR 1975, 150, 151 = VW 1975, 186 und 449; OLG Hamm, Urt. v. 9. 5. 1994 – 18 U 64/93, NJW-RR 1994, 1306; LG Nürnberg-Fürth, Urt. v. 10. 9. 1999, VerBAV 1999, 322, 324.
[157] OLG Köln, Urt. v. 10. 10. 2006 – 9 U 209/05, VersR 2007, 836, 837; FG Sachsen-Anhalt, Urt. v. 24. 4. 2008 – 1 K 1242/04, BB 2008, 2344 m. Anm. *v. Rönn.*
[158] OLG Köln, Urt. v. 10. 10. 2006 – 9 U 209/05, VersR 2007, 836, 837.
[159] AG München, Urt. v. 13. 8. 1993, BB 1993, 2270; *Evers/Eikelmann,* Alte Hasen & Co.: Nun geht es an deren Bestände – Bestandscourtage trotz fehlender Vermittlerregistrierung?, VW 2009, 863, 865.
[160] BGH, Urt. v. 20. 1. 2005 – III ZR 207/04, VersR 2005, 404; BGH, Urt. v. 20. 1. 2005 – III ZR 251/04, NJW 2005, 1357, 1358 = VersR 2005, 406 = r+s 2005, 222, 223 = WM 2005, 655, 657 = ZIP 2005, 581, 582.
[161] OLG München, Urt. v. 19. 11. 1974 – 9 U 1643/74, VersR 1975, 150; a. A. OLG Hamm, Urt. v. 9. 5. 1994 – 18 U 64/93, NJW-RR 1994, 1306 f., für den Fall, dass die Stellung des Versicherungsmaklers organisatorisch durch Zahlung laufender Vorschüsse und Führung eines Agenturkontos der Stellung eines Versicherungsvertreters angenähert ist.
[162] OLG Frankfurt/M., Urt. v. 18. 4. 1997 – 24 U 115/95, VersR 1999, 439; LG Köln, Beschl. v. 19. 1. 2004 – 1 O 296/03, VersR 2004, 1312; AG München, Urt. v. 24. 3. 2004 – 132 C 35 109/03, VersR 2005, 1688.
[163] OLG Frankfurt/M., Urt. v. 18. 4. 1997 – 24 U 115/95, VW 1997, 1469; *Emde,* Vertriebsrecht, Berlin, De Gruyter, 2009, § 92 HGB Rdn. 19.
[164] *Krieger,* Keine Lust auf neue Vergütungsmodelle, Financial Times Deutschland v. 20. 11. 2009.
[165] *Thürnagel,* Die Zulässigkeit von Honorarvereinbarungs-, Provisionsabgabe- und Nettoprämienmodellen bei der Vergütung des Industrieversicherungsmaklers, Karlsruhe, VVW, 1997, S. 81.

E. Vermittlung und Betreuung der Lebensversicherung   109   Einl. E

cherungsmakler dem Kunden das gewünschte Produkt vermittelt und dafür vom Kunden eine Vermittlungsgebühr erhält. Die weit gespannten Betreuungs- und Beratungspflichten treffen dabei den Versicherungsmakler nur hinsichtlich der ihm übertragenen vertraglichen Leistung, d. h. dem von ihm zu vermittelnden Versicherungsverhältnis.[166] In Bezug auf den Abschluss des vorgelagerten Maklervertrags stehen sich hingegen der Versicherungsmakler und sein Kunde wie bei anderen Verträgen mit entgegen gesetzten Interessen selbständig gegenüber.[167] In solchen Fällen besteht keine regelmäßige Pflicht einer Partei, von sich aus – ungefragt – den anderen vor oder bei Vertragsschluss über die damit verbundenen Risiken zu unterrichten.[168] Nur ausnahmsweise kann auch beim Versicherungsmaklervertrag eine Aufklärungspflicht nach Treu und Glauben (§ 242 BGB) bestehen, wenn wegen besonderer Umstände des Einzelfalls davon ausgegangen werden muss, dass der künftige Vertragspartner nicht hinreichend unterrichtet ist und die Verhältnisse nicht durchschaut.[169] Solche besonderen Umstände liegen nicht vor, wenn nach dem Maklervertrag die in 36 Monatsraten zu zahlende Vermittlungsgebühr auch im Falle der vorzeitigen Kündigung des Versicherungsvertrages in voller Höhe zu zahlen ist.[170] Die Rechtswirksamkeit der Vereinbarung einer unmittelbar vom Kunden zu zahlenden Maklerprovision bei der Vermittlung eines Lebensversicherungsvertrages mit Nettopolice ist anerkannt.[171] Aus dem Markt ist z. B. folgende Vereinbarung über die Gebühren für die Vermittlung einer Lebensversicherungs-Nettopolice bekannt:[172]

„1. Der Handelsmakler wird vom Kunden beauftragt, ihm die nachfolgend gekennzeichneten Versicherungsverträge zu vermitteln. Er erhält vom Kunden für jeden vermittelten

---

[166] BGH, Urt. v. 14. 6. 2007 – III ZR 269/06, NJW-RR 2007, 1503, 1504 = VersR 2007, 1127, 1128 = r+s 2007, 483, 484 = WM 2007, 1676, 1678 = MDR 2007, 1190, 1191.
[167] BGH, Urt. v. 14. 6. 2007 – III ZR 269/06, NJW-RR 2007, 1503, 1504 = VersR 2007, 1127, 1128 f. = r+s 2007, 483, 484 = WM 2007, 1676, 1678 = MDR 2007, 1190, 1191.
[168] BGH, Urt. v. 14. 6. 2007 – III ZR 269/06, NJW-RR 2007, 1503, 1504 = VersR 2007, 1127, 1129 = r+s 2007, 483, 484 = WM 2007, 1676, 1678 = MDR 2007, 1190, 1191.
[169] BGH, Urt. v. 15. 4. 1997 – IX ZR 112/96, NJW 1997, 3230, 3231 = VersR 1997, 1011, 1013 = MDR 1997, 777; BGH, Urt. v. 6. 4. 2001 – V ZR 402/99, NJW 2001, 2021 = MDR 2001, 800; BGH, Urt. v. 28. 6. 2006 – XII ZR 50/04, BGHZ 168, 168 = NJW 2006, 2618, 2619 = VersR 2006, 1274 = MDR 2006, 1103; BGH, Urt. v. 14. 6. 2007 – III ZR 269/06, NJW-RR 2007, 1503, 1504 = VersR 2007, 1127, 1129 = r+s 2007, 483, 484 = WM 2007, 1676, 1678 = MDR 2007, 1190, 1191.
[170] BGH, Urt. v. 14. 6. 2007 – III ZR 269/06, NJW-RR 2007, 1503, 1504 = VersR 2007, 1127, 1129 = r+s 2007, 483, 484 = WM 2007, 1676, 1678 = MDR 2007, 1190, 1191.
[171] BGH, Urt. v. 20. 1. 2005 – III ZR 207/04, VersR 2005, 404; BGH, Urt. v. 20. 1. 2005 – III ZR 251/04, BGHZ 162, 67 = MDR 2005, 686; BGH, Urt. v. 19. 5. 2005 – III ZR 240/04, NJW-RR 2005, 1141 = VersR 2005, 1144, 1145 = ZIP 2005, 1179, 1180 = MDR 2005, 1153; BGH, Urt. v. 19. 5. 2005 – III ZR 309/04, NJW-RR 2005, 1425; BGH, Urt. v. 19. 5. 2005 – III ZR 322/04, NJW-RR 2005, 1423, 1424 = VersR 2005, 978, 979 = r+s 2006, 264 = WM 2005, 1480 = MDR 2005, 1216; BGH, Urt. v. 14. 6. 2007 – III ZR 269/06, NJW-RR 2007, 1503, 1504 = VersR 2007, 1127, 1128 = WM 2007, 1676, 1677 = MDR 2007, 1190, 1191.
[172] Vgl. BGH, Urt. v. 20. 1. 2005 – III ZR 207/04, VersR 2005, 404; BGH, Urt. v. 20. 1. 2005 – III ZR 251/04, BGHZ 162, 67 = MDR 2005, 406 = MDR 2005, 686; BGH, Urt. v. 19. 5. 2005 – III ZR 322/04, VersR 2005, 978, 979 = WM 2005, 1480; siehe ferner die Vermittlergebührenvereinbarung für eine fondsgebundene Lebensversicherung in: BGH, Urt. v. 14. 6. 2007 – III ZR 269/06, NJW-RR 2007, 1503 = VersR 2007, 1127, 1128 = WM 2007, 1676, 1677.

Versicherungsvertrag eine Vermittlungsgebühr. Der Handelsmakler erhält vom jeweiligen Versicherungsunternehmen für die Vermittlung des jeweiligen Versicherungsvertrags keine Vergütung.
2. Die vom Handelsmakler zu erbringende Leistung ist auf die Vermittlung des jeweiligen Versicherungsvertrags beschränkt. Eine über die Vermittlung des jeweiligen Versicherungsvertrags hinausgehende Beratungs- oder Betreuungspflicht ist nicht Gegenstand dieser Vereinbarung und wird vom Handelsmakler nicht geschuldet.
3. ...
4. Der Anspruch des Handelsmaklers gegenüber dem Kunden auf Zahlung der jeweiligen Vermittlungsgebühr in den ersten drei Versicherungsjahren ... entsteht mit der Annahme des jeweiligen Versicherungsantrags durch das Versicherungsunternehmen, sofern der Kunde nicht nach den Bestimmungen des Versicherungsvertragsgesetzes dem jeweiligen Versicherungsvertrag widerspricht oder seinen Rücktritt vom jeweiligen Versicherungsvertrag erklärt oder seinen Antrag widerruft. Die Vermittlungsgebührenansprüche des Handelsmaklers ... bleiben jedoch von einer Änderung oder vorzeitigen Beendigung des jeweiligen Versicherungsvertrags aus anderen Gründen unberührt.
5. Zur Sicherung der Ansprüche des Handelsmaklers auf Zahlung der jeweiligen Vermittlungsgebühr während der ersten drei Versicherungsjahre ... tritt der Kunde seine gegenwärtigen und zukünftigen Ansprüche auf Versicherungsleistungen aus dem jeweils vermittelten (Haupt-)Versicherungsvertrag ... an den Handelsmakler ab, der diese Abtretung annimmt."

110 Wie die vorstehende Vereinbarung zeigt, kennzeichnet die Nettopolice, dass das LVU in die Versicherungsbeiträge, die der Versicherungsnehmer an das LVU zu zahlen hat, keine Provisionen für die Vermittlungstätigkeit einkalkuliert hat.[173] Nach dem Inhalt der vorstehenden in Nr. 4 getroffenen Abrede zwischen dem Makler und seinem Kunden soll der Anspruch auf den Maklerlohn unabhängig von dem späteren Schicksal des wirksam geschlossenen Versicherungsvertrags sein, eine vorzeitige Kündigung der Versicherung also die Verpflichtung zur Fortzahlung der Courtageraten nicht berühren.[174] Von einem Teil der Rechtsprechung und Literatur wird die damit zumindest bei kurzer Laufzeit des Versicherungsvertrags verbundene Schlechterstellung des Versicherungsnehmers mit unterschiedlichen rechtlichen Ansätzen (Nichtigkeit nach § 134 BGB i.V.m. §§ 165, 174, 178 VVG; Unwirksamkeit gemäß § 9 AGBG oder § 307 BGB; Verwirkung des Maklerlohns gemäß § 654 BGB) für unzulässig gehalten.[175] Demgegenüber bejaht zu Recht die überwiegende Meinung auch unter solchen Umständen die Wirksamkeit einer besonderen Provisionsvereinbarung mit dem Versicherungsnehmer.[176]

---

[173] OLG Frankfurt/M., Urt. v. 25. 9. 2001 – 8 U 70/01, VersR 2003, 1571, 1573.
[174] OLG Köln, Urt. v. 22. 6. 2004 – 9 U 193/03, r+s 2004, 528; BGH, Urt. v. 20. 1. 2005 – III ZR 207/04, VersR 2005, 404; BGH, Urt. v. 20. 1. 2005 – III ZR 251/04, NJW 2005, 1357, 1358 = VersR 2005, 406/407 = r+s 2005, 222, 223 = WM 2005, 655, 657 = ZIP 2005, 581, 582/583.
[175] So LG Karlsruhe, Urt. v. 3. 7. 2003 – 5 S 25/03, NJW-RR 2003, 1470 = VersR 2004, 110 = r+s 2004, 263, 264; LG Karlsruhe, Urt. v. 19. 4. 2004 – 5 S 246/03, Info-Letter 2004, 113; dazu BGH, Urt. v. 15. 11. 2004 – III ZR 375/03, VersR 2005, 406; LG Offenburg, Urt. v. 20. 4. 2004 – 1 S 15/03, VersR 2005, 646; LG Nürnberg-Fürth, Urt. v. 10. 9. 1999 – 16 S 4835/98, VersR 2000, 1235 (Ls.) = VerBAV 1999, 322; AG Berlin-Neukölln, Urt. v. 3. 6. 2002 – 4/12b C 452/01, VersR 2003, 502; AG Berlin-Neukölln, Urt. v. 27. 6. 2002 – 10a C 102/02, VersR 2003, 504; jeweils aufgehoben durch Urteile des LG Berlin, siehe Anm. der Redaktion VersR 2003, 1571 und VersR 2003, 1574.
[176] OLG Frankfurt/M., Urt. v. 25. 9. 2001 – 8 U 70/01, VersR 2003, 1571, 1572; OLG Nürnberg, Urt. v. 24. 4. 2001 – 3 U 4515/00, VersR 2003, 1574; LG Paderborn, Beschl. v. 25. 11. 2003 – 1 S 153/03, NJW-RR 2004, 329; OLG Karlsruhe, Urt. v. 19. 2. 2004 – 9 U 112/03, VersR 2004, 999, 1000; LG Baden-Baden, Urt. v. 12. 3. 2004 – 2 S 76/03 (Revisionsverfahren III ZR 207/04); LG Karlsruhe, Urt. v. 9. 5. 2003 – 5 S 261/03 (Revisionsverfahren III ZR 322/04); LG Paderborn, Beschl. v. 25. 11. 2003 – 1 S 153/03, NJW-RR 2004, 329; BGH, Urt. v. 20. 1. 2005 – III ZR 207/04, VersR 2005, 404, 405; BGH, Urt. v. 20. 1. 2005 – III ZR 251/04, NJW 2005, 1357, 1358 = VersR 2005, 406, 407 = r+s 2005,

Die formularmäßige Klausel über eine Fortdauer der Provisionszahlungspflicht unabhängig von dem späteren Schicksal des Versicherungsvertrages in Nr. 4 der Vertragsbedingungen ist dem äußeren Erscheinungsbild des Vertrags nach auch nicht überraschend (§ 3 AGBG; jetzt § 305c Abs. 1 BGB).[177] Sie ist entgegen der Auffassung einzelner Instanzgerichte[178] auch weder ganz noch zum Teil wegen § 9 des im Streitfall gemäß Art. 229 § 5 EGBG noch anwendbaren AGBG (jetzt § 307 BGB) unwirksam.[179] Eine gegen die Gebote von Treu und Glauben verstoßende unangemessene Benachteiligung der Maklerkunden (§ 9 Abs. 1 AGBG) liegt nicht vor, insbesondere weicht die Abrede nicht von wesentlichen Grundgedanken der gesetzlichen Regelung ab (§ 9 Abs. 2 Nr. 1 AGBG).[180] Soweit in Nr. 2 der oben dargestellten Vereinbarung formularmäßig alle Beratungspflichten ausgeschlossen werden, verstößt diese Abrede gegen § 9 AGBG.[181] Die Verwendung unzulässiger Allgemeiner Geschäftsbedingungen seitens des Maklers kann aber im Regelfall keine Verwirkung des Maklerlohnanspruchs rechtfertigen.[182]

Fällt neben der Honorarberatung für den Vermittler im Falle des Abschlusses **111** des Versicherungsvertrages eine Courtage an, so ist der Versicherungsmakler verpflichtet, dies offenzulegen, anderenfalls er sich einem Herausgabeanspruch ausgesetzt sieht.[183]

cc) Vererbbarkeit. Hat der Versicherungsmakler zu Lebzeiten eine Tätigkeit **112** entfaltet, die ursächlich für das erst nach seinem Tode zustande gekommene Geschäft war, so steht seinen Erben die Provision auch dann zu, wenn der Makler bereits vor Vertragsabschluss gestorben ist.[184]

c) Courtageanspruchs trotz Wegfalls des Maklerauftrags. Häufig stellt **113** sich die Frage, ob und inwieweit der Versicherungsmakler nach Beendigung des Maklervertrags einen Courtageanspruch gegen den Versicherer behält, wenn der

---

222, 223 = WM 2005, 655, 657 = ZIP 2005, 581, 583; BGH, Urt. v. 19. 5. 2005 – III ZR 322/04, NJW-RR 2005, 1423, 1424 = VersR 2005, 978, 979 = r+s 2006, 264 = WM 2005, 1480, 1481 = MDR 2005, 1216; *Loritz*, Provisionen beim Abschluss von Lebensversicherungsverträgen, VersR 2004, 405, 408 ff.; *derselbe*, Die Wirksamkeit eigenständiger Provisionsvereinbarungen am Beispiel der Lebensversicherungsverträge als Modell für Finanzprodukte, NJW 2005, 1757, 1758; *Fischer*, Die Entwicklung des Maklerrechts seit 2003, NJW 2007, 3107, 3108.
[177] BGH, Urt. v. 20. 1. 2005 – III ZR 207/04, VersR 2005, 404, 405; BGH, Urt. v. 20. 1. 2005 – III ZR 251/04, NJW 2005, 1357, 1359 = VersR 2005, 406, 407 = r+s 2005, 222, 223 = WM 2005, 655, 658 = ZIP 2005, 581, 583.
[178] LG Nürnberg-Fürth VerBAV 1999, 322, 324; AG Berlin-Neukölln, Urt. v. 3. 6. 2002 – 4/12b C 452/01, VersR 2003, 502, 503; AG Berlin-Neukölln, Urt. v. 27. 6. 2002 – 10a C 102/02, VersR 2003, 504.
[179] BGH, Urt. v. 20. 1. 2005 – III ZR 207/04, VersR 2005, 404, 405; BGH, Urt. v. 20. 1. 2005 – III ZR 251/04, NJW 2005, 1357, 1359 = VersR 2005, 406, 407 = r+s 2005, 222, 223 = WM 2005, 655, 658 = ZIP 2005, 581, 583.
[180] BGH, Urt. v. 20. 1. 2005 – III ZR 207/04, VersR 2005, 404, 405. BGH, Urt. v. 20. 1. 2005 – III ZR 251/04, NJW 2005, 1357, 1359 = VersR 2005, 406, 407 = r+s 2005, 222, 223 = WM 2005, 655, 658 = ZIP 2005, 581, 583.
[181] BGH, Urt. v. 20. 1. 2005 – III ZR 251/04, NJW 2005, 1357, 1360 = VersR 2005, 406, 408 = r+s 2005, 222, 224 = WM 2005, 655, 659 = ZIP 2005, 581, 584; BGH, Urt. v. 19. 5. 2005 – III ZR 309/04, NJW-RR 2005, 1425, 1426; BGH, Urt. v. 19. 5. 2005 – III ZR 322/04, NJW-RR 2005, 1423, 1424 = VersR 2005, 978, 980 = r+s 2006, 264 = WM 2005, 1480, 1481 = MDR 2005, 1216; dazu *Baumann*, Gibt es Auswege aus der „Haftungsklemme"?, VW 2006, 1019.
[182] BGH, Urt. v. 19. 5. 2005 – III ZR 322/04, NJW-RR 2005, 1423, 1424 = VersR 2005, 978, 980 = r+s 2006, 264 = WM 2005, 1480, 1481 = MDR 2005, 1216.
[183] *Schwintowski*, Honorarberatung durch Versicherungsvermittler – Paradigmawechsel durch VVG und RDG, VersR 2009, 1333, 1336.
[184] BGH, Urt. v. 3. 3. 1965 – VIII ZR 266/63, BB 1965, 396, 397.

von ihm vermittelte Versicherungsvertrag fortbesteht. Anerkannt ist, dass der Versicherungsmakler auch nach Beendigung des Versicherungsmaklervertrags einen Anspruch gegen das Versicherungsunternehmen auf Folgeprovision hat.[185] Voraussetzung hierfür ist allerdings, dass der Versicherungsmakler als Versicherungsvermittler registriert ist.[186] Allerdings wird der Anspruch des Versicherungsmaklers, der den Versicherungsvertrag vermittelt hat, regelmäßig um die Hälfte gekürzt, da man – sofern die Parteien keine anders lautende Vereinbarung getroffen haben – davon ausgeht, dass 50% der Courtage auf die Vermittlung der Versicherungsverträge und weitere 50% auf deren Betreuung entfallen und der Versicherungsmakler den Aufwand für die Betreuungstätigkeit nach Beendigung seines Vertragsverhältnisses mit dem Versicherungsunternehmen erspart.[187] Das ist auch dann der Fall, wenn der Versicherungsnehmer fortan von einem anderen Versicherungsmakler betreut wird, der seinerseits Courtage von dem Versicherer beansprucht.[188]

114 Über den Abschluss eines neuen Versicherungsvertrages, durch den der ursprünglich vermittelte Versicherungsvertrag ersetzt wird, kann der Courtageanspruch des erstvermittelnden Versicherungsmaklers nicht beseitigt werden, wenn das Risiko, das Gegenstand des Versicherungsvertrages ist, für denselben Versicherungsnehmer beim Versicherer versichert bleibt, zumindest so lange nicht, wie die zugrunde liegenden Versicherungsbedingungen nicht wesentlich verändert werden.[189] Ob eine wesentliche Änderung des Versicherungsvertrags vorliegt, ist unter Berücksichtigung der in den Kreisen der Versicherungsmakler, der Versicherer und der versicherten Wirtschaft herrschenden Auffassungen zu beurteilen.[190]

115 In der Lebens- und Krankenversicherung stellt sich die Frage nach der Fortzahlung der Courtage nicht. Die Courtage wird hier als Einmalprovision zu Vertragsbeginn ausgezahlt.[191] Von daher geht es nur um die Weiterzahlung des Bestandspflegegeldes durch den Versicherer, wenn er neben der Courtage für den Versicherungsabschluss üblicherweise auch Bestandspflegegeld zahlt. Auch wenn der Versicherer und der Versicherungsmakler keine besonderen Abreden getroffen haben oder wenn sie ihre Vertragsbeziehung beendet haben, ist Bestandspflegegeld zu bezahlen, vorausgesetzt, der Versicherungsmakler betreut im Auftrag der Versicherungsnehmer ihre beim Versicherer bestehenden Versicherungsverträge.[192]

---

[185] BGH, Urt. v. 13. 6. 1990 – IV ZR 141/89, NJW-RR 1991, 51 = VersR 1990, 1355; AG Stuttgart, Urt. v. 9. 7. 1991 – 11 C 3738/91, VersR 1992, 609, 610; *Evers*, Kundeninteressen haben Vorrang: Mitteilungspflicht des Maklers gegenüber dem Versicherer, VW 2009, 1206.

[186] *Harbig*, Courtagezahlung/Provisionszahlung an ehemalige Versicherungsvermittler, experten Report 2009, 58, 59; a. A. *Evers*, Keine Folgecourtage ohne Erlaubnis, AssCompact 2009, 118.

[187] LG Hagen, Urt. v. 11. 3. 1985 – 24 O 26/84, VersR 1986, 144; OLG Hamm, Urt. v. 9. 5. 1985 – 18 U 186/85, VersR 1987, 155; AG Stuttgart, Urt. v. 9. 7. 1991 – 11 C 3738/91, VersR 1992, 609, 610; LG München I, Urt. v. 30. 3. 1991, r+s 1996, 158; OLG Hamm, Urt. v. 8. 12. 1994 – 18 U 279/93, VersR 1995, 658 = r+s 1995, 479. Siehe hierzu auch Rein, Maklerverträge und Bestandsübertragung, ZfV 1978, 8; *Müller-Stein*, Ausgleichsanspruch gem. § 89b HGB nach Bestandsübertragungen aufgrund erteilter Maklerverträge?, VersR 1990, 561, 564.

[188] OLG Hamm, Urt. v. 8. 12. 1994 – 18 U 279/93, VersR 1995, 658 = r+s 1995, 479.

[189] BGH, Urt. v. 2. 10. 1985 – IV a ZR 249/83, VersR 1986, 58, 59.

[190] BGH, Urt. v. 27. 11. 1985 – IV a ZR 68/84, NJW 1986, 1036 = VersR 1986, 236, 237/238; *Migsch*, Der österreichische Versicherungsmakler – Einzelfragen seines Courtageanspruchs –, VersR 1989, 450, 454.

[191] *Traub*, Marktfunktion und Dienstleistung des Versicherungsmaklers auf der Grundlage informationsökonomischer Ergebnisse, Karlsruhe, VVW, 1995, S. 134.

[192] OLG Frankfurt/M., Urt. v. 12. 11. 1993 – 10 U 29/91, VersR 1993, 92, 93 f. = r+s 1995, 159, 160; BGH, Urt. v. 13. 1. 2005 – III ZR 238/04, NJW-RR 2005, 568, 569 =

E. Vermittlung und Betreuung der Lebensversicherung   116, 117   Einl. E

d) Prämieneinzug. Das Prämieninkasso gehört zu den üblichen Tätigkeiten 116
eines Versicherungsmaklers, auch wenn er keine Inkassovollmacht des Versicherers
hat, die Zahlung des Versicherungsnehmers an den Makler also nicht schuldbefreiend wirkt.[193] Mit der Einziehung fremder Gelder aufgrund einer Inkassovollmacht ist im Regelfall keine Darlehensabrede verbunden.[194] Vielmehr ist der Makler als Geschäftsbesorger nach § 667 i.V.m. § 675 BGB zur Herausgabe der erlangten Beitragseinnahmen verpflichtet.[195] Hat der Versicherungsmakler Inkassoauftrag, bei dem es sich schuldrechtlich um eine fremdnützige Treuhand handelt, vom Versicherer erhalten, ist er zur sicheren Verwahrung der eingenommenen Gelder verpflichtet.[196] Der Versicherungsmakler ist als Treuhänder gegenüber dem Versicherer als Treugeber verpflichtet, das ihm überlassene oder von Dritten erlangte Vermögen in seinem Bestand zu sichern und zu erhalten.[197] Er hat deshalb im Allgemeinen, mindestens bei der Verwahrung von Fremdgeldern, unnötige Risiken zu vermeiden, wobei die Anforderungen um so höher sein müssen, je größer der mögliche Schaden und je wahrscheinlicher die Gefahr eines Verlustes ist.[198] Zu diesen vermeidbaren Risiken gehört auch die erhöhte Verlustgefahr, wenn die Bank, bei der die Prämiengelder angelegt werden, im Gegensatz zu den meisten anderen Kreditinstituten nur die gesetzliche Mindest-Einlagensicherung nach dem Einlagensicherungs- und Entschädigungsgesetz bietet und die dem Versicherungsmakler anvertrauten Gelder den dadurch gesicherten Höchstbetrag von 20 000 € weit übersteigen.[199] Gehen die Prämiengelder infolge Insolvenz dieser Bank verloren, haftet der Versicherungsmakler wegen einer von ihm zu vertretenden Pflichtverletzung auf Schadensersatz nach den §§ 280, 283 BGB.[200]

e) Kundendaten. Der Versicherungsmakler ist nicht verpflichtet, die Daten 117
von ihm vermittelter Kunden an den Versicherer herauszugeben, weil der Versicherungsmakler im Auftrag des Kunden tätig wird (vgl. § 59 Abs. 3 VVG 2008).[201] Demzufolge kommt ein Verstoß gegen § 17 Abs. 2 UWG nicht in Frage.[202] Will der Versicherungsmakler seinen Vertragsbestand oder Teile hiervon auf

---

VersR 2005, 550, 552 = r+s 2005, 237, 238 = WM 2005, 1477, 1478 = MDR 2005, 698, 699; *Werber*, Von der Unabhängigkeit eines Versicherungsmaklers im „Doppelrechtsverhältnis", in: Beiträge über den Versicherungsmakler, Ewald Lahno gewidmet, Heft 13 der Veröffentlichungen der Hamburger Gesellschaft zur Förderung des Versicherungswesens mbH, Hamburg, 1993, S. 185, 200; *Karle*, Zum Maklerwechsel und zu den Folgen für die Courtageansprüche, VersR 2001, 825, 827.

[193] OLG Stuttgart, Urt. v. 24. 11. 1989 – 2 U 230/89, VersR 1991, 546.
[194] BFH, Urt. v. 15. 5. 2008 – IV R 25/07, DB 2008, 1661, 1662.
[195] BFH, Urt. v. 15. 5. 2008 – IV R 25/07, DB 2008, 1661, 1662 m. Anm. *Hölzerkopf* BB 2009, 92.
[196] BGH, Urt. v. 21. 12. 2005 – III ZR 9/05, VersR 2006, 360, 361 = WM 2006, 371, 372 = ZIP 2006, 272 = BB 2006, 291 = MDR 2006, 584.
[197] BGHZ 32, 67, 70; BGH, Urt. v. 10. 6. 1959 – V ZR 25/58, NJW 1959, 1820, 1821; BGH, Urt. v. 21. 12. 2005 – III ZR 9/05, VersR 2006, 360, 361 = WM 2006, 371, 372 = ZIP 2006, 272 = BB 2006, 291 = MDR 2006, 584; *Coing*, Die Treuhand kraft privaten Rechtsgeschäfts, 1973, S. 144.
[198] BGH, Urt. v. 21. 12. 2005 – III ZR 9/05, VersR 2006, 360, 361 = WM 2006, 371, 373 = ZIP 2006, 272 = BB 2006, 291 = MDR 2006, 584.
[199] BGH, Urt. v. 21. 12. 2005 – III ZR 9/05, VersR 2006, 360, 361 = WM 2006, 371, 373 = ZIP 2006, 272 = BB 2006, 291 = MDR 2006, 584: Im Streit waren 1 120 515,55 € Prämiengelder.
[200] BGH, Urt. v. 21. 12. 2005 – III ZR 9/05, VersR 2006, 360, 361 = WM 2006, 371, 372 = ZIP 2006, 272 = BB 2006, 291 = MDR 2006, 584.
[201] BGH, Urt. v. 26. 2. 2009 – I ZR 28/06, NJW 2009, 1420, 1422 = DB 2009, 839, 841.
[202] BGH, Urt. v. 26. 2. 2009 – I ZR 28/06, NJW 2009, 1420, 1422 = DB 2009, 839, 841.

einen Dritten übertragen, benötigt er hierfür zum einen die Einwilligung der betroffenen Kunden, die sich nicht einseitig einen neuen Vertragspartner aufzwingen lassen müssen. Zum anderen ist auch aus datenschutzrechtlicher Sicht die Einwilligung der Versicherungsnehmer gemäß § 4 BDSG erforderlich, wobei auf die Einhaltung des § 4a BDSG zu achten ist. Auf Datenermächtigungsklauseln oder § 28 BDSG wird sich der Versicherungsmakler zur Rechtfertigung von Vertragsübertragungen ohne Kundeneinwilligung nicht berufen können. Dieser Weg bietet keine Rechtssicherheit.[203]

118 **f) Handels- und steuerrechtliche Behandlung der Courtagen.** Für die Verpflichtung zur unentgeltlichen Betreuung von Versicherungsverträgen sind Rückstellungen auch bei unwesentlichen Belastungen zu bilden.[204]

119 **g) Umsatzbesteuerung. aa) Umsätze gemäß § 4 Nr. 11 UStG.** Die Umsätze aus der Tätigkeit als Versicherungsmakler unterliegen gemäß § 4 Nr. 11 des Umsatzsteuer-Binnenmarktgesetzes (UStG) vom 25. August 1992[205] nicht der Umsatzsteuer. Die Steuerfreiheit setzt voraus, dass die Leistungen des Unternehmers die spezifischen und wesentlichen Funktionen einer Versicherungsvermittlung erfüllen, nämlich die am Abschluss der Versicherung interessierten Personen zusammen zu führen.[206] Zu den steuerfreien Umsätzen gehören auch die Zuführungsprovisionen,[207] wozu man auch die Tippgeberprovisionen rechnen kann[208] und die Bestandspflegeprovisionen.[209] Die Steuerbefreiung greift auch für den Fall, dass der Versicherungsmakler von seinen Kunden Beratungshonorar erhält.[210] Europarechtlich ist zu beachten, dass der Umstand, dass einen Versicherungsmakler oder Versicherungsvertreter zu den Parteien des Versicherungs- oder Rückversicherungsvertrags, zu dessen Abschluss er beiträgt, keine unmittelbare Verbindung, sondern nur eine mittelbare Verbindung über einen anderen Steuerpflichtigen unterhält, der selbst in unmittelbarer Verbindung zu einer dieser Parteien steht und mit dem der Versicherungsmakler oder Versicherungsvertreter vertraglich verbunden ist, es nicht ausschließt, dass die von dem Letztgenannten erbrachte Leistung von der Mehrwertsteuer befreit wird.[211] Die Untervermittlung von Versicherungsprodukten wurde schon bisher als nach § 4 Nr. 11 UStG umsatz-

---

[203] *Doth/Laas*, Hindert der Datenschutz die Übertragung von Maklerbeständen?, VersR 2009, 140, 142.
[204] FG Münster, Urt. v. 2. 12. 2008 – 9 K 4216/07, BB 2009, 435 m. Anm. *Winkels*; a. A. BMF, Nichtanwendungserlass v. 28. 11. 2006 – IV B 2 – S 2137–73/06, BStBl. I 2006, 765 = BB 2007, 41.
[205] BGBl. I S. 1548. Siehe eingehend zu § 4 Nr. 11 UStG *Loritz*, Die Steuerbefreiung der Finanzdienstleistungen von Vertriebsunternehmen nach § 4 Nr. 11 UStG, WM 1999, 1089.
[206] BFH, Urt. v. 28. 5. 2009 – V R 7/08, VersR 2009, 1562, 1563 = DB 2009, 2135 (Ls.); BMF-Schreiben v. 23. 6. 2009 – IV B 9 – S 7160-f/08/10 004 – 2009/0 404 024, S. 2.
[207] BFH, Urt. v. 28. 5. 2009 – V R 7/08, VersR 2009, 1562, 1563 = DB 2009, 2135 (Ls.); dazu *Evers/Stallbaum*, Umsatzsteuer auf Provisionen?, VW 2009, 1444.
[208] *Evers/Stallbaum*, Umsatzsteuer auf Provisionen?, VW 2009, 1444.
[209] BMF-Schreiben v. 28. 2. 2000 – IV D 2 – S 7167–2/00, BB 2000, 812 = DB 2000, 649; *Ressos*, BB-Forum: Finanzvermittlung und Umsatzsteuer: Teilweise Klärung durch das BMF, BB 2005, 191, 192.
[210] BMF-Schreiben v. 12. 3. 1997 – IV C 8 – S 6403 – 3/97, DB 1997, 1110, 1111; FinMin. Baden-Württemberg, Erlass v. 10. 4. 1997 – S 6403/1, VW 1997, 1312; *Karle*, Die Honorarberatung durch den Versicherungsmakler, VersR 2000, 425, 427; a. A. OFD Rheinland DB 2008, 898.
[211] EuGH, Urt. v. 3. 4. 2008 – Rs C-124/07, VersRAI 2008, 34, 36 = BB 2008, 1152, 1154 m. Anm. *Behrens/Grabbe*; *Göcking/Döcker*, Umsatzsteuerbefreiung für Vermittlungsleistungen bei mehrstufigen Vertriebsstrukturen, DB 2005, 2711, 2713.

E. Vermittlung und Betreuung der Lebensversicherung   120, 121   **Einl. E**

steuerfreie Tätigkeit als Versicherungsmakler oder Versicherungsvertreter behandelt.[212] Als Folge der Umsatzsteuerbefreiung der Entgelte (Makler-Courtagen bzw. Provisionen) für berufstypische Leistungen eines Versicherungsmaklers nach § 4 Nr. 11 UStG ist gemäß § 15 Abs. 2 Nr. 1 UStG der Vorsteuerabzug für die diesen Umsätzen ggf. anteilig zuzurechnenden umsatzsteuerpflichtigen Eingangsleistungen ausgeschlossen.[213]

bb) Kreditvermittlung gemäß § 4 Nr. 8 a UStG. Eine Kreditvermittlung 120
im Sinne des § 4 Nr. 8 a UStG ist nur dann umsatzsteuerfrei, wenn die Leistung des Vermittlers auf Grund eines entgeltlichen Geschäftsbesorgungsvertrags an eine Partei des Hauptvertrages erbracht und von dieser Partei als eigenständige Vermittlertätigkeit vergütet wird.[214] Bei mehrstufigen Vermittlungsstrukturen besteht daher die Gefahr einer definitiven Umsatzsteuerbelastung auf der Ebene der Zwischenvermittler.[215] Die Finanzverwaltung hat dieses Problem erkannt und zunächst die Nichtanwendung der neueren Rechtsprechungsgrundsätze bis zum 30. Juni 2005 gewährt[216] und sodann die Nichtbeanstandungsregelung bis zum 31. Dezember 2005 verlängert.[217] Die Nichtbeanstandungsregelung gemäß BMF-Schreiben vom 30. Mai 2005 wurde vom BMF mit Schreiben vom 25. November 2005 bis auf Weiteres verlängert.[218] Inzwischen hat aber der EuGH entschieden, dass nicht nur der Vermittler von Finanzprodukten, der direkt vom Verkäufer beauftragt wurde, keine Mehrwertsteuer abführen muss, sondern auch die Untervermittler nicht umsatzsteuerpflichtig sind.[219]

cc) Vertrieb von Kapitalbeteiligungen gemäß § 4 Nr. 8 f UStG. Eine 121
steuerfreie Leistung nach § 4 Nr. 8 f UStG liegt vor, wenn nach der Art der erbrachten Leistung eine Vermittlungstätigkeit ausgeübt worden ist.[220] Dies ist nicht der Fall, wenn der Kern der übernommenen Tätigkeit nicht die Suche nach potenziellen Interessenten, sondern der Aufbau, die Führung und die Leitung einer Vermittlerorganisation ist.[221]

---

[212] BMF-Schreiben v. 13. 12. 2004 – IV A 6 – S 7160 a – 26/04, BStBl. 2004, 1199 = DB 2004, 2783.
[213] Vgl. *Berger,* Umsatzsteuerfragen bei einem Versicherungsmakler unter besonderer Berücksichtigung von Auslandsaktivitäten, in: Beiträge über den Versicherungsmakler, Ewald Lahno gewidmet, Heft 13 der Veröffentlichungen der Hamburger Gesellschaft zur Förderung des Versicherungswesens mbH, Hamburg, 1993, S. 7, 13.
[214] BFH, Urt. v. 9. 10. 2003 – V R 5/03, BStBl. 2003, 958 = ZIP 2004, 259 = BB 2003, 2608 = DB 2004, 290; siehe dazu *Ressos,* Umsatzsteuerpflicht von Vermittlungsprovisionen: Paradigmenwechsel mit weitreichenden Konsequenzen?, BB 2004, 521 ff.; *Klümpen-Neusel/Ressos,* Umsatzsteuerpflicht von Vermittlungsprovisionen: Steuerliche und steuerstrafrechtliche Konsequenzen für Vermittler aus dem BFH-Urteil vom 9. 10. 2003 – V R 5/03, BB 2004, 801 ff.; *Ressos/Warth,* Provisionsbesteuerung, Vermittlerrichtlinie und Alterseinkünftegesetz, VW 2004, 340 ff.; BFH, Urt. v. 3. 11. 2005 – V R 21/05, BB 2006, 200, 201 = DB 2006, 486, 487.
[215] Vgl. *Lüdicke/Naujok,* Umsatzsteuerliche Aspekte der Vermittlungsleistungen von Anteilen an geschlossenen Fonds, BB 2005, 1310; *Weber,* Umsatzsteuerliche Behandlung von Provisionen für die Vermittlung von Finanzprodukten – Ist das BFH-Urteil vom 9. 10. 2003 mit der Rechtsprechung des EuGH vereinbar?, BB 2005, 694, 695.
[216] BMF-Schreiben v. 13. 12. 2004 – IV A 6 – S 7160 a – 26/04, BStBl. I 2004, 1199 = ZIP 2005, VI = WPg 2005, 56 = DB 2004, 2783.
[217] BMF-Schreiben v. 30. 5. 2005 – IV A 6 – S 7160 a – 34/05, DB 2005, 1197.
[218] BMF-Schreiben v. 25. 11. 2005 – IV A 6 – S 7160 a – 67/05, DB 2005, 2609.
[219] EuGH, Urt. v. 21. 6. 2007 – Rs. C 453/05, DB 2007, 1623; dazu *Schick/Franz,* Die Umsatzsteuerbefreiung von Vermittlungsleistungen nach dem „Ludwig"-Urteil des EuGH, BB 2008, 1483.
[220] BFH, Urt. v. 20. 12. 2007 – V R 62/06, VersR 2008, 1378, 1379.
[221] BFH, Urt. v. 20. 12. 2007 – V R 62/06, VersR 2008, 1378, 1379.

Einl. E

V. Bedeutung der Hauptpunkte eines Vertrages für selbständige hauptberufliche Versicherungsvertreter gemäß §§ 84 Abs. 1, 92 HGB (Hauptpunkte 2000) für die Vermittlung und Betreuung der Lebensversicherung durch den Versicherungsvertreter

AuVdBAV: R 1/94 v. 28. 3. 1994 – Anordnung über die A. Überprüfung der Zuverlässigkeit von Versicherungsvermittlern und Mitarbeitern des Versicherungsaußendienstes und B. Meldungen über Veruntreuungen von Versicherungsvermittlern und Mitarbeitern des Außen- und Innendienstes, VerBAV 1994, 87; R 2/94 v. 3. 11. 1994 – Hinweise zur Überprüfung der Zuverlässigkeit von Versicherungsvermittlern und Mitarbeitern des Versicherungsaußendienstes, VerBAV 1994, 411; R 5/95 v. 31. 10. 1995 – Begrenzung der Abschlusskosten in der Lebensversicherung, VerBAV 1995, 366, ber. VerBAV 1999, 130; Hinweise zu den Rundschreiben R 1/94 v. 28. 3. 1994 (VerBAV 1994, 87) und R 2/94 v. 3. 11. 1994 (VerBAV 1994, 411), VerBAV 1998, 292; R 9/2007 v. 23. 11. 2007 – Hinweise zur Anwendung der §§ 80 ff. VAG und § 34 d Gewerbeordnung, www.bafin.de; Sammelverfügung v. 23. 11. 2007 – Anordnung zur Meldung von Unregelmäßigkeiten im Versicherungsaußen- und Versicherungsinnendienst, www.bafin.de.

Schrifttum: *Brand,* Wettbewerbsvorteile selbständiger Versicherungsvermittler, Regensburg, 1986; *Budde,* Auswirkungen des Allgemeinen Gleichbehandlungsgesetzes auf Vertriebspartner, BB 2007, 731; *Dreher/Kling,* Die wettbewerbsrechtliche Beurteilung der Abwerbung von Versicherungsvertretern, Karlsruhe, VVW, 2005; *Eickstädt,* Die Haftung des Versicherers für das Fehlverhalten seiner Agenten. Eine rechtsvergleichende Untersuchung für die Bundesrepublik Deutschland, Großbritannien und die Vereinigten Staaten von Amerika, Berlin, dissertation.de GmbH, 2005; *Emde,* Anerkenntnis von Provisionsabrechnungen durch Schweigen, MDR 1996, 331; *Emde/Kelm,* Der Handelsvertretervertrag in der Insolvenz des Unternehmers, ZIP 2005, 58; *Evers,* Die Nichtigkeit von Handelsvertreterverträgen wegen zu geringer Verdienstmöglichkeiten und ihre Rückabwicklung, BB 1992, 1365; *Evers/Kiene,* Ist die Auslagerung von Betriebsteilen im Versicherungsbetrieb rechtlich möglich?, ZfV 2006, 397; *Fausten,* Ansprüche des Versicherungsnehmers aus positiver Vertragsverletzung, Frankfurt/M. u. a., Lang, 2003; *Günther,* Der Versicherungsvertreter und sein Ausgleichsanspruch: Eine Neubestimmung nach deutschem und französischem Recht, Karlsruhe, VVW, 2004; *Hanau,* Die Anforderungen an die Selbständigkeit des Versicherungsvertreters nach den §§ 84, 92 HGB, Mannheimer Vorträge zur Versicherungswissenschaft, Heft 69, Karlsruhe, VVW, 1997; *Hohloch,* Versicherungsrechtliche Vertrauenshaftung, VersR 1980, 107; *Jaax,* Culpa in contrahendo im Versicherungsvertragsrecht, Diss. Köln 1935; *Kasten,* Das Provisionssystem in der Lebensversicherung und der europäische Binnenmarkt, VW 1994, 1127; *Kiene,* Der Ausgleichsanspruch des Handelsvertreters: Die Nachfolge in den Vertrag nach deutschem und französischem Recht, Diss. Münster 2004, Herzogenrath, Shaker, 2004; *derselbe,* Der Verkauf einer Agentur – die „nicht-bindende Vorausvereinbarung" – Teil 2, ZfV 2008, 55; *Köbler,* Culpa in contrahendo und Privatversicherungsrecht, VersR 1969, 773; *Kramer,* Die Verantwortlichkeit des Versicherers für Handlungen und Unterlassungen seiner Agenten bei Vertragsschluss, Diss. Göttingen 1938; *Lutz,* Ausgleichsanspruch des Handelsvertreters und Pensionszusage, DB 1989, 2345; *Otto,* Zweifelsfragen bei der Anrechnung der betrieblichen Altersversorgung auf den Ausgleichsanspruch des Handelsvertreters, in: Vertrieb, Versicherung, Transport, Festschrift zum 70. Geb. v. Karl-Heinz Thume, Frankfurt/M., Recht u. Wirtschaft, 2008, S. 81; *Platz,* Schicksal der Provision bei der Stornierung von Versicherungsverträgen – Eine Fallgruppensammlung –, VersR 1985, 621; *Rabich,* Vertrauens- und Verschuldenshaftung bei der Vermittlung von Versicherungsverträgen, Diss. Köln 1966; *Rohrbeck/Durst/Bronisch,* Das Recht des Versicherungsagenten, 3. Aufl., Weißenburg, Fischer, 1950; *Schareck/Deppe/Rosenbaum,* Versicherer zwischen Bestandssicherung und neuen Vorschriften – Die VVG-Novelle als Auslöser für grundlegende Reformen der Provisionssysteme in der Sachversicherung, VW 2006, 412; *Schareck, C.,* Wertorientierung im Versicherungsvertrieb, Karlsruhe, VVW, 2005; *Schlossareck,* Ansprüche des Versicherungsnehmers aus culpa in contrahendo: ein Beitrag zur culpa in contrahendo im Bereich des Individualversicherungsrechts, Diss. Mannheim 1994, Karlsruhe, VVW, 1995; *Segger,* Der Vermittlungsvertrag des Versicherungsvertreters, Rechtliche Rahmenbedingungen und Beispiele der Vertragsgestaltung, Wiesbaden, Gabler; *derselbe,* Der

E. Vermittlung und Betreuung der Lebensversicherung   122–125   Einl. E

elektronische Buchauszug für den Versicherungsvertreter, in: Vertrieb, Versicherung, Transport, Festschrift zum 70. Geb. v. Karl-Heinz Thume, Frankfurt/M., Recht u. Wirtschaft, 2008, S. 109; *Sieg*, Zur Haftung des Versicherers aus Culpa in contrahendo, BB 1987, 352; *Wagner*, Konzeption einer leistungsadäquaten Provisionssatzdifferenzierung in finanziellen Anreizsystemen für Versicherungsvermittler, in. Supplement Jahrestagung 2006, ZVersWiss 2006, 79; *derselbe*, Provisionssatzdifferenzierung in finanziellen Anreizsystemen für Versicherungsvermittler. Analyse von Bemessungsgrundlagen und Konzeption eines leistungsadäquaten Provisionssatzsystems, Karlsruhe, VVW, 2006; *Wernink*, Die gewohnheitsrechtliche Erfüllungshaftung der Versicherer für die Auskünfte ihrer Agenten, Frankfurt/M., Lang, 2003; *Zinnert*, Der Versicherungsvertreter, Karlsruhe, VVW, 2009.

Als Orientierungsrahmen für die Gestaltung von Agenturverträgen bestehen **122** seit 1955 die „Hauptpunkte eines Vertrages für selbstständige hauptberufliche Versicherungsvertreter".[1] Die „Hauptpunkte 1955" wurden von den die „Hauptpunkte" tragenden Verbänden überarbeitet und im Jahre 2000 bekannt gegeben.[2]

Vorbemerkung

Die rechtlichen und tatsächlichen Entwicklungen in der Versicherungswirt- **123** schaft haben die Verbände, die die "Hauptpunkte" mittragen, nämlich den Gesamtverband der Deutschen Versicherungswirtschaft e. V. (GDV), den Bundesverband Deutscher Versicherungskaufleute e. V. (BVK) und den Bundesverband der Assekuranzführungskräfte e. V. (VGA), veranlasst, eine Neufassung der Hauptpunkte vorzunehmen.

Der Versicherungsvertreter ist als selbständiger Gewerbetreibender unterneh- **124** merisch mit entsprechenden Chancen und Risiken tätig. Die praktische Zusammenarbeit zwischen Vertreter und Unternehmer und Unternehmen erfolgt in der Weise, dass die Selbständigkeit des Versicherungsvertreters nicht beeinträchtigt wird.

Die Verbände sind sich darüber einig, dass diese „Hauptpunkte" Richtschnur **125** für die Formulierung der Vertreterverträge sind. Sie erachten die „Hauptpunkte" als Mindestregelungen, die nicht alle denkbaren Vertragsinhalte erfassen können und sollen.

§ 1 Übernahme der Vertretung

(1) [1]Der Vertreter/die Vertreterin (nachfolgend Vertreter genannt) übernimmt mit Sitz in (Ort) eine Vertretung des Versicherungsunternehmens (VU) mit Wirkung vom (Datum). [2]Die Übernahme der Vertretung geschieht unter den nachstehenden Bedingungen sowie gemäß den diesem Vertrag beigefügten und den noch zu erlassenden schriftlichen Geschäftsanweisungen, soweit sie diesem Vertrag nicht zuwiderlaufen.

(2) Der Vertreter (Name) führt im Geschäftsverkehr ausschließlich die mit dem VU abgestimmte Bezeichnung.

(3) [1]Das VU und der Vertreter sind sich einig, dass – sofern der Vertreter eine Berufsausbildung zum Versicherungskaufmann nicht absolviert hat – er die Anforderungen des Ausbildungsprogramms des Berufsbil-

---

[1] Dazu *Strietholt* VersVerm 1958, 1 f.; *Fuchs-Baumann*, Ausgleichsanspruch des Versicherungsvertreters: Anrechnung des Barwerts einer vom Versicherungsunternehmen finanzierten Versorgung, DB 2001, 2131.
[2] *Müller-Stein*, Agenturvertrag: Neufassung der „Hauptpunkte", VW 2000, 476. Abgedr. auch bei *Hopt*, Handelsvertreterrecht, 4. Aufl., München, Beck, 2009, Materialien XI.

dungswerkes der Deutschen Versicherungswirtschaft e. V. (im folgenden BWV) zum „Versicherungsfachmann/-fachfrau (BWV)" zu erfüllen hat. ²Steht endgültig fest, dass der Vertreter den Anforderungen des Ausbildungsprogramms nicht genügt, so wird der Agenturvertrag gekündigt.

§ 2 Rechtsstellung des Vertreters

(1) ¹Der Vertreter ist selbständiger Gewerbetreibender im Hauptberuf gemäß §§ 84 ff. Handelsgesetzbuch (HGB). ²Über seine Zeit und die Art der Durchführung seiner Tätigkeit kann der Vertreter im Wesentlichen frei bestimmen.

(2) Der Vertreter hat seine öffentlich-rechtlichen, insbesondere seine gewerbe- und steuerrechtlichen Verpflichtungen in eigener Verantwortung zu erfüllen und sorgt für seine eigene soziale Absicherung.

(3) ¹Der Vertreter ist Vermittlungsagent im Sinne des § 43 Versicherungsvertragsgesetz (VVG). ²Er ist berechtigt, soweit nicht hier oder in den Allgemeinen Versicherungsbedingungen (AVB) etwas anderes bestimmt ist,

a) Anträge auf Schließung, Verlängerung oder Änderung eines Versicherungsvertrages sowie den Widerruf solcher Anträge entgegenzunehmen,
b) Anzeigen, welche bei der Schließung des Versicherungsvertrages und während der Versicherung zu machen sind sowie Kündigungs- und Rücktrittserklärungen oder sonstige das Versicherungsverhältnis betreffende Erklärungen entgegenzunehmen,
c) vom VU zur Weiterleitung an den Versicherungsnehmer (VN) ausgefertigte Versicherungsscheine, Nachträge und sonstige Vertragsdokumente auszuhändigen.

(4) Der Vertreter ist ohne ausdrückliche Ermächtigung nicht befugt,

a) die Annahme oder Ablehnung von Versicherungsanträgen zu erklären,
b) die Änderung, Verlängerung oder Aufhebung von Versicherungsverträgen zu vereinbaren,
c) Kündigungs- und Rücktrittserklärungen abzugeben,
d) das VU durch irgendwelche Erklärungen zu verpflichten, insbesondere Deckungszusagen zu erteilen,
e) Prämien/Beiträge oder sonstige Zahlungen anzunehmen oder zu stunden,
f) Prämien-/Beitragsklagen zu erheben.

1. Registrierung

126   Dem Versicherer ist es nach § 80 VAG untersagt, ab dem 1. Januar 2009 mit nicht registrierten Vermittlern zusammenzuarbeiten, wobei in bestimmten Fällen eine sanktionslose Ausnahme bis zum 31. März 2009 eingeräumt worden ist.³ Versicherungsvermittler müssen sich nach § 34d Abs. 7 GewO unmittelbar nach Aufnahme ihrer Tätigkeit ins Vermittlerregister eintragen lassen. Eine Registrierung setzt an sich eine erteilte Gewerbeerlaubnis voraus. Bei erlaubnisfreien Vertretern nach § 34d Abs. 4 GewO übernimmt der Versicherer die Anmeldung zur Registereintragung. Nach § 34d Abs. 4 GewO bleiben Ausschließlichkeitsvertre-

---

³ *Evers/Friele,* Beratungspflichten des Versicherers und Korrespondenzpflicht, VW 2009, 199.

E. Vermittlung und Betreuung der Lebensversicherung   127–129   Einl. E

ter oder unechte Mehrfachvertreter, die mehrere Agenturverträge bei nicht konkurrierenden Versicherungsgesellschaften unterhalten, erlaubnisfrei, wenn das oder die Versicherungsunternehmen die uneingeschränkte Haftung für sie übernehmen. Dies erfolgt durch direkte Meldung ans Vermittlerregister durch den Versicherer. Der Versicherer ist verpflichtet, das Vorliegen der gewerberechtlichen Voraussetzungen Zuverlässigkeit, geordnete Vermögensverhältnisse und angemessene Qualifizierung sicherzustellen.[4]

2. Vollmachtsmissbrauch

Im Falle einer missbräuchlichen Ausnutzung der Vertretungsmacht durch den Versicherungsvertreter kommt ein Versicherungsvertrag nicht zustande.[5] Ein Versicherungsvertreter ist zum Abschluss eines Versicherungsvertrages ohne jegliche Gegenleistung für die Risikoübernahme nicht befugt.[6]   127

§ 3 Aufgaben des Vertreters

(1) ¹Der Vertreter ist verpflichtet, mit der Sorgfalt eines ordentlichen Kaufmanns die Geschäfte des VU und dessen Kooperationspartner zu fördern und deren Interessen wahrzunehmen (§ 86 HGB). ²Er hat sich dabei ständig um die Vermittlung von Produkten dieser Unternehmen, insbesondere von neuen Versicherungen, zu bemühen.

(2) ¹Ebenso bestehen seine Aufgaben darin, den Bestand zu pflegen. ²Hierzu zählen insbesondere die Kundenbetreuung und die Erhaltung des Bestandes. ³Weiterhin hat er die Prämien/Beiträge einzuziehen, soweit das VU dazu Vollmacht erteilt hat. ⁴Er hat ferner bei Schadens- und Leistungsfällen mitzuwirken.

(3) Im Rahmen seiner Aufgaben hat der Vertreter bei der Umsetzung konkreter geschäftspolitischer Entscheidungen des VU mitzuwirken.

(4) Versicherungsverträge im Bestand anderer Vertreter des VU bzw. der Unternehmensgruppe sind zu respektieren.

1. Informationspflicht

Die Berichtspflicht des Handelsvertreters gemäß § 86 Abs. 2 HGB soll zum einen dazu dienen, dem vertretenen Unternehmen einen Überblick über die konkrete Anbahnungs- und Vermittlungstätigkeit des Handelsvertreters zu verschaffen.[7] Zum anderen besteht der Sinn der Berichtspflicht des Handelsvertreters darin, dem vertretenen Unternehmen stets die Informationen zukommen zu lassen, derer es bedarf, um sich ein möglichst umfassendes Bild über die Marktsituation, das Angebot von Wettbewerbsunternehmen, die Absatzlage und die Präferenzen der Kunden zu verschaffen.[8]   128

2. Inkassovollmacht

In der Lebensversicherung zieht der Versicherer die Beiträge direkt ein. Besteht ausnahmsweise eine Inkassovollmacht, ist sie in der Regel mit der Auflage verbunden, die vereinnahmten Versicherungsbeiträge in bar an den Versicherer   129

---

[4] *Beenken*, Das ABC des Vermittlergesetzes, VW 2007, 791, 792.
[5] OLG Karlsruhe, Urt. v. 6. 10. 1994 – 12 U 37/94, r+s 1995, 320.
[6] OLG Karlsruhe, Urt. v. 6. 10. 1994 – 12 U 37/94, r+s 1995, 320.
[7] BGH, Urt. v. 13. 6. 2007 – VIII ZR 352/04, WM 2007, 1983, 1985.
[8] BGH, Urt. v. 13. 6. 2007 – VIII ZR 352/04, WM 2007, 1983, 1985.

weiterzuleiten. Wird dem Versicherungsvertreter gestattet, die Kundengelder unmittelbar nach Erhalt auf sein Konto einzuzahlen, hat er die eingezogenen Versicherungsbeiträge sogleich an den Versicherer zu überweisen. Nimmt der Versicherungsvertreter die Versicherungsbeiträge in bar an, geht das Eigentum an den vom Versicherungsnehmer an den Versicherungsvertreter ausgehändigten Geldscheinen sofort und unmittelbar auf den Versicherer über.[9] Führt der Versicherungsvertreter die so erhaltenen Gelder nicht an den Versicherer ab, sondern verwendet er sie zur Begleichung bestehender Schulden, macht er sich wegen Unterschlagung strafbar.[10] Soll der Versicherungsvertreter im Auftrag des Versicherers Kunden bei der Wiederanlage frei gewordener Gelder beraten und ihnen Ablaufleistungen aushändigen, wenn es zu keiner Wiederanlage kommt, ergibt sich hieraus keine Treuepflicht im Sinne des § 266 StGB gegenüber den Kunden.[11]

3. Rechte am Bestand

130   Versicherungsvertreter können keine Rechte am Bestand erwerben, insbesondere darf sich ein Versicherer während der Laufzeit der Versicherungsverträge nicht der Möglichkeit begeben zu entscheiden, wem er das Inkasso und die Bestandspflege für einen Teil seines Versicherungsbestandes anvertraut.[12]

§ 4 Verantwortlichkeit des Vertreters

¹Im Rahmen seines Vertrages haftet der Vertreter für die Erfüllung der ihm obliegenden Pflichten. ²Bedient sich der Vertreter zur Erfüllung seiner Verpflichtungen aus dem Agenturvertrag einer oder mehrerer Hilfspersonen, so hat er deren Verschulden wie eigenes zu vertreten.

1. Haftung des Versicherungsvertreters

131   a) **Vertragliche Eigenhaftung.** Der Versicherungsvertreter hat zwar auch gegenüber dem Antragsteller (dem zukünftigen Versicherungsnehmer bzw. Kunden) gewisse Sorgfalts-, insbesondere Aufklärungspflichten zu erfüllen; deren Verletzung begründet jedoch keinen Schadensersatzanspruch wegen Vertragsverletzung, sondern nur einen solchen aus Verschulden beim Vertragsschluss, der sich in der Regel gegen den Geschäftsherrn, nicht aber gegen den Versicherungsvertreter richtet.[13] Ausnahmsweise kann ein Versicherungsvertreter für ein Verschulden bei den Vertragsverhandlungen persönlich haften, wenn er entweder wirtschaftlich selbst stark an dem Vertragsabschluss interessiert ist und aus dem Geschäft eigenen Nutzen erstrebt oder in besonderem Maße persönliches Vertrauen in Anspruch genommen hat.[14] Anerkannt ist, dass die berufliche Sachkunde und das Provisi-

---

[9] OLG Düsseldorf NJW 1992, 60, 61.
[10] OLG Düsseldorf, Beschl. v. 16. 3. 1998 – 2 Ss 33/98–14/98 III, VersR 1999, 1149.
[11] BGH, Beschl. v. 24. 10. 2001 – 1 StR 432/01, VersR 2002, 232, 233.
[12] GB BAV 1961, 27; GB BAV 1969, 43; GB BAV 1977, 35, 36.
[13] BGH, Urt. v. 25. 3. 1987 – IVa ZR 224/85, VersR 1987, 663, 664.
[14] Vgl. BGH v. 4. 12. 1958, VersR 1959, 64, 66; BGH v. 7. 3. 1963, VersR 1963, 554; OLG Stuttgart VersR 1970, 237; OLG Düsseldorf VersR 1973, 74; LG Mönchengladbach VersR 1974, 185; BGHZ 63, 382, 384f. = WM 1975, 309; BGHZ 70, 337, 341 = WM 1978, 425; BGH WM 1978, 611; BGH, Urt. v. 5. 7. 1977 – VI ZR 268/75, VersR 1978, 59, 60 = VW 1978, 378; BGHZ 74, 103, 109; BGH VersR 1964, 977; BGHZ 56, 81, 84 = NJW 1971, 1309, 1310 = WM 1971, 592 = MDR 1971, 570; BGH, Urt. v. 26. 1. 1971 – VI ZR 152/69, BB 1971, 543; LG Bielefeld, Urt. v. 7. 9. 1973 – 5 O 192/73, VersR 1975, 368 = r+s 1975, 112; LG Kempten, Urt. v. 20. 2. 1980 – 5 S 1860/79, VersR 1981, 472;

E. Vermittlung und Betreuung der Lebensversicherung

onsinteresse des Versicherungsvertreters nicht ausreichen, um eine Eigenhaftung zu begründen.[15] Eine Eigenhaftung wegen eines besonderen wirtschaftlichen Interesses setzt vielmehr eine so enge Beziehung zum Vertragsgegenstand voraus, dass der Verhandelnde gleichsam in eigener Sache tätig wird, mithin als wirtschaftlicher Herr des Geschäfts anzusehen ist, und deshalb eine Gleichstellung mit dem Vertragspartner gerechtfertigt ist.[16] In der Praxis kommt es daher darauf an, ob der Versicherungsvertreter in besonderem Maße persönliches Vertrauen in Anspruch genommen hat, wobei die höchstrichterliche Rechtsprechung im Allgemeinen zurückhaltend urteilt, was dem Ausnahmecharakter Rechnung trägt.[17]

BGH, Urt. v. 23. 2. 1983 – VIII ZR 325/81, BGHZ 87, 27, 32 f. = NJW 1983, 1607 = WM 1983, 413; BGHZ 88, 67, 69 = NJW 1983, 2696 = WM 1983, 950 = MDR 1983, 909; BGH, Urt. v. 17. 12. 1984 – II ZR 314/83, VersR 1985, 267 = WM 1985, 384; OLG Hamm, Urt. v. 23. 10. 1985 – 20 U 138/85, VersR 1987, 351, 352; BGH, Urt. v. 9. 10. 1986 – II ZR 241/85, NJW 1987, 1141 = WM 1987, 77; BGH, Urt. v. 17. 6. 1991 – II ZR 171/90 = NJW-RR 1991, 1241, 1242 = VersR 1991, 1052, 1053 = r+s 1992, 287, 288 = WM 1991, 1730 = MDR 1992, 232; BGH, Urt. v. 29. 1. 1992 – VIII ZR 80/91, NJW-RR 1992, 605 = VersR 1992, 631 = WM 1992, 699, 700; OLG Köln, Urt. v. 20. 12. 1994 – 9 U 199/94, VersR 1995, 1173 (Ls.) = r+s 1995, 84; KG, Urt. v. 21. 10. 1996 – 10 U 2102/95, VersR 1997, 1105; *Klöckener,* Status und Haftung bei Fehlverhalten der selbständigen Versicherungsvertreter in Frankreich und in der Bundesrepublik Deutschland, Karlsruhe, VVW, 1990, S. 261 ff., 275; *Abram,* Die Auswirkungen der Schuldrechtsmodernisierungsgesetzes auf die Haftung des Versicherers und der Versicherungsvermittler, VersR 2002, 1331, 1332.

[15] Vgl. BGH, Urt. v. 26. 1. 1971 – VI ZR 152/69, BB 1971, 543; LG Bielefeld, Urt. v. 7. 9. 1973 – 5 O 192/73, VersR 1975, 368 = r+s 1975, 112; OLG Köln, Urt. v. 4. 12. 1974 – 17 U 36/74, VersR 1978, 333; LG Kempten, Urt. v. 20. 2. 1980 – 5 S 1860/79, VersR 1981, 472; BGH, Urt. v. 14. 11. 1983 – II ZR 184/82, WM 1984, 127; OLG Karlsruhe, Urt. v. 9. 5. 1985 – 9 U 292/83, VersR 1986, 33, 34; OLG Hamm, Urt. v. 23. 10. 1985 – 20 U 138/85, VersR 1987, 351, 352; BGH, Urt. v. 23. 10. 1985 – VIII ZR 210/84, NJW 1986, 586, 587; OLG Hamm, Urt. v. 23. 10. 1985 – 20 U 138/85, VersR 1987, 351 f; OLG Karlsruhe Urt. v. 9. 5. 1985 – 9 U 292/83, VersR 1986, 33 f; BGH, Urt. v. 17. 10. 1989 – XI ZR 173/88, NJW 1990, 157, 158; BGH, Urt. v. 3. 4. 1990 – XI ZR 206/88, NJW 1990, 1907 = VersR 1990, 753 = WM 1990, 966; OLG Hamm, Beschl. v. 25. 5. 1991 – 20 W 19/91, VersR 1992, 50, 51; BGH, Urt. v. 17. 6. 1991 – II ZR 171/90 = NJW-RR 1991, 1241, 1242 = VersR 1991, 1052, 1053 = r+s 1992, 287, 288 = WM 1991, 1730, 1731 = MDR 1992, 232; OLG Hamm, Beschl. v. 16. 6. 1992 – 20 U 7/92, VersR 1993, 227; OLG Naumburg, Urt. v. 4. 3. 1993 – 4 U 3/93, VersR 1993, 1355, 1356; OLG Hamm, Urt. v. 3. 2. 1994 – 18 U 113/93, VersR 1995, 167, 168; AG Koblenz, Urt. v. 16. 8. 1995 – 42 C 1069/95, VersR 1996, 189; *Sieg* ZVersWiss 1976, 48; *Löwisch* in: Ebenroth/Boujong/Joost, HGB, Bd. 1, München, Beck/Vahlen, 2001, § 84 HGB Rdn. 59; *Hopt,* Handelsvertreterrecht, 4. Aufl., München, Beck, 2009, § 84 HGB Rdn. 50; *Schwintowski,* Vermittlung privater Zusatzversicherungen durch gesetzliche Krankenversicherer nach § 194 Abs. 1 a SGB-V, in: Jürgen Basedow/Ulrich Meyer/Dieter Rückle/Hans-Peter Schwintowski (Hrsg.), VVG-Reform – Abschlussbericht Rückzug des Staates aus sozialen Sicherungssystemen, Beiträge zur 14. Wissenschaftstagung des Bundes der Versicherten, VersWissStud Bd. 29, Baden-Baden, Nomos, 2005, S. 211, 254; a. A. OLG Düsseldorf VersR 1970, 126; LG Kiel, Urt. v. 29. 4. 1985 – 5 O 301/84, VersR 1986, 646.

[16] RGZ 120, 249, 252; BGHZ 14, 313, 318; BGHZ 56, 81, 84 = NJW 1971, 1309 = WM 1971, 592 = MDR 1971, 570; BGH, Urt. v. 25. 1. 1984 – VIII ZR 227/82, NJW 1984, 2284, 2286 = VersR 1984, 463, 464 f. = WM 1984, 475 = MDR 1984, 929; OLG Hamm, Urt. v. 23. 10. 1985 – 20 U 138/85, VersR 1987, 351, 352; BGH, Urt. v. 17. 10. 1989 – XI ZR 173/88, NJW 1990, 506 = VersR 1990, 157 = WM 1989, 1923 = MDR 1990, 434; BGH, Urt. v. 17. 6. 1991 – II ZR 171/90 = NJW-RR 1991, 1241, 1242 = VersR 1991, 1052, 1053 = r+s 1992, 287, 288 = WM 1991, 1730, 1731 = MDR 1992, 232; BGH, Urt. v. 29. 1. 1992 – VIII ZR 80/91, WM 1992, 699, 700.

[17] BGH, Urt. v. 17. 12. 1984 – II ZR 314/83, VersR 1985, 267 = WM 1985, 384; BGH, Urt. v. 9. 10. 1986 – II ZR 241/85, NJW 1987, 1141 = WM 1987, 77; BGH, Urt.

Die Annahme, der Versicherungsvertreter habe Vertrauen für sich und nicht für den Versicherer in Anspruch genommen, lässt sich grundsätzlich nur rechtfertigen, wenn der Versicherungsvertreter dem Kunden eine zusätzliche, gerade von ihm persönlich ausgehende Gewähr für die Seriosität und die Erfüllung des Geschäfts[18] oder für die Richtigkeit und Vollständigkeit der Erklärungen, die für den Willensentschluss des Kunden bedeutsam gewesen sind,[19] geboten oder wenn der Vertreter dem Kunden in zurechenbarer Weise den Eindruck vermittelt hat, er werde persönlich mit seiner Sachkunde die ordnungsgemäße Abwicklung des Geschäfts selbst dann gewährleisten, wenn der Kunde dem Versicherer als Geschäftsherrn nicht oder nur wenig vertraut oder sein Verhandlungsvertrauen sich als nicht gerechtfertigt erweist.[20] Insofern müssen sich die Erklärungen des Versicherungsvertreters im Vorfeld einer Garantie bewegen, um eine Haftung auslösen zu können.[21] Bei Angestellten[22] und Versicherungsagenten[23] liegen diese besonderen Voraussetzungen regelmäßig nicht vor.[24] Klagen gegen Versicherungsvertreter war denn bisher aus diesen Gesichtspunkten auch kein Erfolg beschieden.[25]

132 b) Unerlaubte Handlung. Eine deliktische Haftung des Versicherungsvertreters kommt bei der Begehung vermögensbezogener Straftatbestände in Be-

---

v. 16. 10. 1987 – V ZR 153/86, NJW-RR 1988, 328 = VersR 1988, 386 = WM 1987, 1466; BGH, Urt. v. 8. 10. 1987 – IX ZR 143/86, NJW-RR 1988, 615 = WM 1987, 1431; BGH, Urt. v. 11. 10. 1988 – X ZR 75/87, NJW-RR 1989, 110 = WM 1988, 1888; BGH, Urt. v. 3. 4. 1990 – XI ZR 206/88, NJW 1990, 1907 = VersR 1990, 753 = WM 1990, 966; BGH, Urt. v. 18. 9. 1990 – XI ZR 77/89, NJW-RR 1991, 289 = VersR 1991, 431 = WM 1990, 2039; BGH, Urt. v. 17. 6. 1991 – II ZR 171/90 = NJW-RR 1991, 1241, 1242 = VersR 1991, 1052, 1053 = r+s 1992, 287, 288 = WM 1991, 1730 = MDR 1992, 232; BGH, Urt. v. 29. 1. 1992 – VIII ZR 80/91, WM 1992, 699, 700; BGH, Urt. v. 4. 5. 2004 – XI ZR 41/03, NJW-RR 2005, 23, 24.
[18] BGHZ 56, 81, 84 f. = NJW 1971, 1309 = WM 1971, 592; BGHZ 87, 27, 33 = WM 1983, 413; BGHZ 88, 67, 68 f. = NJW 1983, 2696 = WM 1983, 950; BGH, Urt. v. 8. 10. 1987, WM 1987, 1431; BGH, Urt. v. 3. 10. 1989 – XI ZR 157/88, VersR 1989, 1261; BGH, Urt. v. 17. 10. 1989 – XI ZR 173/88, VersR 1990, 157, 158; BGH NJW 1990, 506; BGH, Urt. v. 17. 6. 1991 – II ZR 171/90 = NJW-RR 1991, 1241, 1242 = VersR 1991, 1052, 1053 = r+s 1992, 287, 288 = WM 1991, 1730, 1731 = MDR 1992, 232; BGH, Urt. v. 29. 1. 1992 – VIII ZR 80/91, WM 1992, 699, 700; *Hopt,* Handelsvertreterrecht, 4. Aufl., München, Beck, 2009, § 84 HGB Rdn. 50.
[19] BGH, Urt. v. 9. 10. 1986 – II ZR 241/85, WM 1987, 77 = ZIP 1987, 175, 176 f.; BGH, Urt. v. 11. 10. 1988 – X ZR 57/87, WM 1988, 1888 = ZIP 1988, 1576 = BB 1988, 2338; BGH, Urt. v. 1. 7. 1991 – II ZR 180/90, VersR 1981, 1247, 1248 = WM 1991, 1548 = ZIP 1991, 1140.
[20] BGH, Urt. v. 4. 7. 1983, WM 1983, 950; BGH, Urt. v. 14. 11. 1983 – II ZR 184/82, WM 1984, 127, 128 (Warenterminoptionen); BGH, Urt. v. 3. 10. 1989, WM 1987, 77 = ZIP 1989, 1455; BGH, Urt. v. 3. 4. 1990, WM 1990, 966 = ZIP 1990, 659; BGH, Urt. v. 29. 1. 1992 – VIII ZR 80/91, WM 1992, 699, 700; OLG Hamm, Urt. v. 3. 2. 1994 – 18 U 113/93, r+s 1995, 399, 400.
[21] BGH NJW 1994, 2220, 2222 = WM 1994, 1428; OLG Koblenz, Urt. v. 5. 4. 2001 – 5 U 1380/00, WM 2003, 186, 187.
[22] BGHZ 88, 67, 69 = NJW 1983, 2696 = WM 1983, 950 = MDR 1983, 909.
[23] OLG Karlsruhe Urt. v. 9. 5. 1985 – 9 U 292/83, NJW-RR 1986, 27 = VersR 1986, 33 = WM 1985, 1321; OLG Hamm, Urt. v. 3. 2. 1994 – 18 U 113/93, VersR 1995, 167, 168.
[24] BGH, Urt. v. 17. 6. 1991 – II ZR 171/90 = NJW-RR 1991, 1241 = VersR 1991, 1052, 1053 = r+s 1992, 287, 288 = WM 1991, 1730, 1731 = MDR 1992, 232.
[25] Vgl. zuletzt für die Vermittlung einer Unfallversicherung OLG Hamm, Urt. v. 3. 2. 1994 – 18 U 113/93, VersR 1995, 167, 168, einer Lebensversicherung AG Koblenz, Urt. v. 16. 8. 1995 – 42 C 1069/95, VersR 1996, 189 und einer Reiseversicherung AG Karlsruhe, Urt. v. 12. 1. 2001 – 1 C 187/00, VersR 2002, 1147, 1148.

tracht.²⁶ Der Versicherungsvertreter ist zum Schadensersatz verpflichtet, wenn durch Erteilung unrichtiger Auskünfte in einer gegen die guten Sitten verstoßenden Weise einem Kunden vorsätzlich Schaden zugefügt wird.²⁷ Schon ein leichtfertiges oder gewissenloses Verhalten kann einen Sittenverstoß begründen.²⁸ Dieser Fall ist gegeben, wenn dem Kunden ins Blaue hinein erklärt wird, die Finanzierung für einen Grundstückserwerb lasse sich zu 100% über ein Lebensversicherungsdarlehen bewerkstelligen und der Kunde mit Blick auf diese Auskunft den Grundstückskaufvertrag abschließt.²⁹ Der Leiter eines Handelsvertretervertriebs haftet gemäß § 826 BGB, wenn er wahrheitswidrig seine Vermittler erklären lässt, die Anlage von Kundengeldern erfolge bei einer renommierten ausländischen Bank, die einem Einlagensicherungssystem angehöre.³⁰

2. Haftung des Versicherers

a) Allgemeines. Die Haftung des Versicherers für die Fehler seiner Vertreter bei Vertragsabschluss beruht auf zwei Rechtsinstituten, der sog. Erfüllungshaftung und der culpa in contrahendo.³¹

aa) Erfüllungshaftung. Nach der gewohnheitsrechtlichen versicherungsrechtlichen Vertrauenshaftung hat der Versicherer für Erklärungen seines Versicherungsagenten über den Inhalt des Versicherungsvertrags einzustehen, wenn der Versicherungsnehmer auf die Richtigkeit der Angaben vertraut und ihn kein erhebliches eigenes Verschulden an seinem Irrtum trifft.³² Diese Vertrauenshaftung führt zu einer Umgestaltung des Versicherungsvertrags zugunsten des Versicherungsnehmers im Sinne der unrichtigen Angaben des Versicherungsvertreters.³³ Es handelt sich dabei um eine Erfüllungshaftung, die den Versicherer als Vertrags-

---

²⁶ *Deckers,* Die Abgrenzung des Versicherungsvertreters vom Versicherungsmakler, Karlsruhe, VVW, 2003, S. 238.
²⁷ KG, Urt. v. 21. 10. 1996 – 10 U 2102/95, VersR 1997, 1105, 1106.
²⁸ BGH, Urt. v. 17. 9. 1985 – IV ZR 73/84, NJW 1986, 180, 181 = VersR 1986, 158, 159; BGH NJW 1992, 2080, 2083.
²⁹ KG, Urt. v. 21. 10. 1996 – 10 U 2102/95, VersR 1997, 1105, 1106.
³⁰ OLG Celle, Urt. v. 15. 12. 2005 – 11 U 107/05, ZIP 2006, 858 (Ls.).
³¹ *Klöckener,* Status und Haftung bei Fehlverhalten der selbständigen Versicherungsvertreter in Frankreich und in der Bundesrepublik Deutschland, Karlsruhe, VVW, 1990, S. 189 ff.
³² BGHZ 40, 22, 24 f. = VersR 1963, 768; OLG Hamm, Urt. v. 23. 10. 1985 – 20 U 138/85, VersR 1987, 351, 352; OLG Nürnberg, Urt. v. 26. 3. 1998 – 8 U 1935/97, r+s 1999, 165, 166; *Reichert-Facilides,* Die „Erfüllungshaftung des Versicherers für seine Agenten", VersR 1977, 208, 212; *Sieg,* Die Erfüllungshaftung des Versicherers für Auskünfte seiner Agenten – vom Gewohnheitsrecht zum Gesetzesrecht – Zugleich Anmerkung zum Urteil des OLG Hamm vom 8. 11. 1996 (20 U 247/95) VersR 97, 124 –, VersR 1998, 162, 164; *Kollhosser,* Gewohnheitsrechtliche Erfüllungshaftung und alternative Regelungen, r+s 2001, 89, 90.
³³ BGH, Urt. v. 9. 5. 1951 – II ZR 8/51, BGHZ 2, 87 = VersR 1951, 166; BGH v. 6. 11. 1967, NJW 1968, 299 = VersR 1968, 35; OLG Hamm, Urt. v. 23. 10. 1985 – 20 U 138/85, VersR 1987, 351, 352; BGH, Urt. v. 4. 7. 1989 – VI ZR 217/88, NJW 1989, 3095 = VersR 1989, 948; OLG Köln, Beschl. v. 19. 5. 1994 – 5 W 27/94, VersR 1995, 157; OLG Düsseldorf, Beschl. v. 30. 7. 1997 – 4 W 32/97, VersR 1998, 236 = r+s 1997, 486; OLG Düsseldorf, Urt. v. 22. 10. 1996 – 4 U 144/95, VersR 1998, 224 = r+s 1997, 485; OLG Saarbrücken, Urt. v. 4. 4. 2001 – 5 U 670/00 – 57, VersR 2001, 1405, 1407; OLG Saarbrücken, Urt. v. 21. 6. 2006 – 5 U 720/05 – 105, VersR 2007, 235, 236 = r+s 2008, 344, 345; *Lorenz,* Die Haftung des Versicherers für Auskünfte und Wissen seiner Agenten im englischen, deutschen und österreichischen Privatrecht, Wien, Manz, 1993, S. 61; *Schirmer,* Beratungspflichten und Beratungsverschulden der Versicherer und ihrer Agenten, r+s 1999, 177 (Teil II).

partner des Versicherungsnehmers trifft.³⁴ Erklärt z. B. der Versicherungsagent dem Versicherungsnehmer bei den Verhandlungen zum Abschluss einer Berufsunfähigkeits-Zusatzversicherung, dass bei Berufsunfähigkeit im ausgeübten Beruf eine Rente gezahlt werde, ohne die Verweisung auf einen anderen Beruf zu erwähnen, muss der Versicherer die Mitteilung seines Versicherungsagenten nach den Grundsätzen der Erfüllungshaftung gegen sich gelten lassen und kann den Versicherungsnehmer nicht auf einen anderen Beruf verweisen.³⁵ Die Erfüllungshaftung führt in diesem Fall zu einer Umgestaltung des Vertrags.³⁶ Hat der Versicherungsvertreter sowohl auf einer Informationsveranstaltung als auch bei der späteren Antragstellung auf Abschluss einer Berufsunfähigkeits-Zusatzversicherung dem Versicherungsnehmer mündlich zugesagt, dass eine amtsärztliche Feststellung der Feuerwehrdienstuntauglichkeit (so genannte G 26 Untersuchung) den Leistungsanspruch begründe, und zwar unabhängig vom Nichtmehrbestehen eines aktiven Beamtenverhältnisses, obwohl nach den Versicherungsbedingungen Voraussetzung dafür die Versetzung in den Ruhestand wegen allgemeiner Dienstunfähigkeit ist, so haftet der Versicherer aus Erfüllungshaftung bei Eintritt der Feuerwehrdienstuntauglichkeit.³⁷ Ein erhebliches Eigenverschulden des Versicherungsnehmers, das diesen Anspruch entfallen lässt, liegt nicht vor, wenn dem Versicherungsnehmer zugleich mit der falschen mündlichen Auskunft die schriftlichen Vertragsbedingungen nicht vorgelegen haben.³⁸

135 **bb) Culpa in contrahendo.** Auch für Versicherungsgeschäfte gilt der allgemeine Grundsatz, dass bereits durch den Eintritt in Vertragsverhandlungen und das dadurch begründete vertragsähnliche Vertrauensverhältnis Sorgfaltspflichten der Parteien entstehen können, deren schuldhafte Verletzung zum Schadensersatz verpflichtet.³⁹ Der Leistungsanspruch aus Erfüllungshaftung und der Schadensersatzanspruch aus culpa in contrahendo bestehen nebeneinander.⁴⁰ Bei jeder Art schuldhafter Sorgfaltsverletzungen bei Vertragsschluss wie z. B. verzögerter Bearbeitung von Anträgen,⁴¹ unterlassener Aufklärung über den Umfang der Versicherung oder das Bestehen von Risikoausschlüssen,⁴² unvollständiger oder falscher Auskunft oder Belehrung über vertragswesentliche Punkte kommt eine Haftung des Versicherers aus culpa in contrahendo in Betracht.⁴³ Das Verschulden von

---

³⁴ BGHZ 40, 22, 27 = VersR 1963, 768, 769; OLG Hamm, Urt. v. 23. 10. 1985 – 20 U 138/85, VersR 1987, 351, 352; *Reichert-Facilides,* Die Erfüllungshaftung des Versicherers für seine Agenten, VersR 1977, 208.
³⁵ OLG Nürnberg r+s 1999, 165.
³⁶ *Schimikowski,* Probleme des konventionellen Vertragsabschlusses und des Electronic Commerce in der Versicherungswirtschaft, r+s 1999, 485, 488.
³⁷ OLG Koblenz, Hinweisbeschl. v. 28. 4. 2008 – 10 U 1115/07, r+s 2009, 291.
³⁸ OLG Koblenz, Hinweisbeschl. v. 28. 4. 2008 – 10 U 1115/07, r+s 2009, 291.
³⁹ BGH VersR 1966, 457; BGH, Urt. v. 1. 10. 1975 – IV ZR 202/73, VersR 1975, 1090, 1092.
⁴⁰ BGH, Urt. v. 20. 6. 1963 – II ZR 199/61, BGHZ 40, 22, 26 = VersR 1963, 768, 769 = VerBAV 1964, 95, 96; OLG Karlsruhe, Urt. v. 9. 5. 1985 – 9 U 292/83, VersR 1986, 33; OLG Hamm, Urt. v. 23. 10. 1985 – 20 U 138/85, VersR 1987, 351, 352; OLG Celle, Urt. v. 26. 2. 2009 – 8 U 150/08, VersR 2009, 914, 916; *Hohloch,* Versicherungsrechtliche Vertrauenshaftung, VersR 1980, 107, 109; *Klöckener,* Status und Haftung bei Fehlverhalten des selbständigen Versicherungsvertreter in Frankreich und in der Bundesrepublik Deutschland, Karlsruhe, VVW, 1990, S. 193.
⁴¹ LG Hamburg v. 20. 2. 1951, VersR 1951, 158 m. Anm. *Weber* VersR 1951, 159 = VerBAV 1951, 126.
⁴² BGH, Urt. v. 20. 6. 1963 – II ZR 199/61, VersR 1963, 768, 769 = NJW 1963, 1978, 1979 = VerBAV 1964, 95, 96 = MDR 1963, 742.
⁴³ Vgl. AG Frankfurt/M. v. 15. 3. 1950, VersR 1950, 160; BGH v. 9. 5. 1951, BGHZ 2, 87, 92 = NJW 1951, 885 = VersR 1951, 166, 167; OLG Celle v. 26. 10. 1953, VersR

E. Vermittlung und Betreuung der Lebensversicherung   136, 137   Einl. E

Angestellten oder Versicherungsvertretern wird dem Versicherer über § 278 BGB zugerechnet.[44] Für einen Schadensersatzanspruch aus culpa in contrahendo hat der Versicherungsnehmer darzulegen, dass der Vermittler als Agent des Versicherers tätig wurde.[45]

b) Beratungs- und Sorgfaltspflichten. aa) Wirtschaftliche Verhältnisse. 136
Der Versicherungsvertreter ist nicht verpflichtet, die Höhe der vom Versicherungsnehmer zu zahlenden Versicherungsbeiträge zu ermitteln und diese mit den Einkommens- und Vermögensverhältnissen des Versicherungsnehmers zu vergleichen, da dies der Versicherungsnehmer selbst feststellen kann.[46]

bb) Umfang des Versicherungsschutzes. Grundsätzlich ist es alleinige Sa- 137
che des Versicherungsnehmers, sich um einen ausreichenden Versicherungsschutz, insbesondere auch um eine genügende Versicherungssumme zu kümmern und insoweit das zu versichernde Risiko richtig zu ermitteln.[47] Auf die grundsätzliche Verantwortung des Versicherungsnehmers für die Richtigkeit der Versicherungssumme kann allerdings dann nicht mehr abgestellt werden, wenn dem Versicherer im Einzelfall hinsichtlich der Versicherungssumme Hinweis-, Aufklärungs- und Beratungspflichten obliegen und eine unzutreffende niedrige Versicherungssumme ausschließlich auf einer schuldhaften Verletzung dieser Pflichten durch den Versicherer bzw. den für ihn handelnden Versicherungsagenten bei Antragsaufnahme beruhen.[48] Der Versicherer haftet ferner auf Schadensersatz wegen positiver Vertragsverletzung, wenn der Versicherungsvertrag entgegen dem für den Agenten erkennbaren Wunsch des Versicherungsnehmers, umfassend gesichert zu werden, bestimmte Risiken nicht abdeckt.[49] Tariflich vorgesehene Erweiterungen des Versicherungsschutzes muss der Agent dem Versicherungsnehmer empfehlen, wenn ein Bedürfnis hierfür erkennbar ist.[50] Er muss auch dafür sorgen, dass bei einem Tarifwechsel ein Änderungsantrag mit allen zur Bearbeitung erforderlichen Informationen versehen wird.[51]

1953, 490; BGH v. 19. 11. 1956, VersR 1956, 789, 791; OLG Stuttgart v. 2. 10. 1956, VersR 1957, 78, 80; BGH v. 14. 6. 1957, VersR 1957, 580 (Ls.) = DB 1957, 745 = BB 1957, 729; OLG München v. 30. 5. 1959, VersR 1959, 978, 979; LG Nürnberg-Fürth v. 25. 2. 1959, VersR 1960, 241, 243; OLG Düsseldorf v. 5. 2. 1962, VersR 1963, 56, 58; BGH v. 28. 10. 1963, VersR 1964, 36, 37; BGH VersR 1968, 35; BGH VersR 1969, 723; OLG München VersR 1972, 1112; OLG Düsseldorf VersR 1973, 74; BGH, Urt. v. 30. 5. 1979 – IV ZR 138/77, VersR 1979, 709; BGH, Urt. v. 5. 2. 1981 – IV a ZR 42/80, VersR 1981, 621, 623; BGH, Urt. v. 26. 2. 1981 – VI a ZR 67/80, NJW 1981, 2305 = VersR 1981, 469, 470; OLG Hamm, Beschl. v. 20. 8. 1980 – 20 W 4/80, VersR 1981, 191; OLG Hamm, Urt. v. 2. 11. 1980 – 20 U 39/80, VersR 1981, 825; LG Düsseldorf, Urt. v. 2. 11. 1979 – 20 b S 42/79, VersR 1981, 827, 828; OLG Celle ZfS 1983, 429; OLG Hamm, Urt. v. 24. 10. 1990 – 20 U 294/89, VersR 1991, 914; OLG Hamm, Urt. v. 28. 5. 1997 – 20 U 7/97, r+s 1999, 128.
[44] Vgl. OLG Neustadt v. 6. 7. 1956, VersR 1957, 311, 312; BGH NJW 1983, 631, 632; OLG Nürnberg, Urt. v. 30. 8. 1979 – 8 U 136/78, NJW 1980, 647 = VersR 1980, 36; OLG München VersR 1972, 1112, 1113; OLG Düsseldorf, Urt. v. 28. 4. 1998 – 4 U 84/97, VersR 1998, 1366, 1367 f. = r+s 1998, 361, 362.
[45] LG Köln, Urt. v. 1. 12. 1993 – 25 O 117/91, r+s 1994, 318.
[46] OLG Frankfurt/M., Urt. v. 5. 9. 2001 – 7 U 29/01, NVersZ 2002, 113 = r+s 2002, 303, 304.
[47] OLG Köln, Urt. v. 19. 9. 1995 – 9 U 50/94, VersR 1996, 1265 = r+s 1996, 219; OLG Köln, Urt. v. 12. 11. 1996 – 9 U 17/96, r+s 1997, 30, 31; OLG Hamm, Urt. v. 23. 8. 2000 – 20 U 22/00, NVersZ 2001, 88, 89.
[48] OLG Koblenz, Urt. v. 5. 10. 1996 – 10 U 121/96, r+s 1997, 93, 94.
[49] OLG Hamm, Urt. v. 23. 11. 1983 – 20 U 36/83, VersR 1984, 853, 854; OLG Köln, Urt. v. 14. 1. 1993 – 5 U 175/91, VersR 1993, 1385, 1386.
[50] OLG Köln r+s 1986, 273; OLG Köln, Urt. v. 14. 1. 1993 – 5 U 175/91, VersR 1993, 1385, 1386.
[51] KG, Urt. v. 27. 6. 2008 – 6 U 195/07, VersR 2009, 343.

138 Das Versicherungsunternehmen ist nicht verpflichtet, von sich aus den Versicherungsnehmer über den Umfang des Versicherungsschutzes aufzuklären, wenn ihm unrichtige Vorstellungen des Versicherungsnehmers hierüber nicht erkennbar werden oder unbekannt bleiben.[52] Denn wer eine Versicherung eingeht, muss mit dem Bestehen von Risikoausschlüssen rechnen; er muss sich über deren Inhalt und Umfang durch Einsichtnahme in die Versicherungsbedingungen, die er sich aushändigen lassen kann, vergewissern und beim Versicherungsagenten oder Versicherer rückfragen, wenn er dann noch Zweifel hat.[53] Der Versicherungsagent ist daher in der Regel nicht verpflichtet, den Versicherungsnehmer darüber aufzuklären, dass in den Versicherungsbedingungen die Haftung für bestimmte Fälle ausgeschlossen ist, die der Versicherungsnehmer selbst aus den Versicherungsbedingungen ersehen kann.[54] Nur wenn der Versicherungsvertreter erkennt oder erkennen muss, dass sich der Versicherungsnehmer falsche Vorstellungen über den Umfang der Versicherung macht, muss der Versicherungsagent ihn selbst dann über den Umfang der Versicherung aufklären, wenn die Versicherungsbedingungen klar und eindeutig gefasst sind.[55] Eine derartige Verpflichtung besteht auch dann, wenn der Versicherungsvertreter zwar nicht mit Sicherheit zu erkennen braucht, dass der Versicherungsnehmer sich irrige Vorstellungen macht, er aber mit der nahe liegenden Möglichkeit eines derartigen Irrtums rechnen muss.[56]

139 cc) **Falschauskunft.** Wenn der Abschluss- oder Vermittlungsagent bei Vertragsschluss falsche Auskünfte über Inhalt oder Bedeutung der Versicherungsbedingungen, über den Umfang des abzuschließenden oder des abgeschlossenen Versicherungsvertrags oder sonstige vertragswesentliche Punkte abgibt und der Antragsteller hierauf vertrauen darf, besteht eine Erfüllungshaftung des Versicherers.[57] Der Versicherer haftet in dem Umfang auf Erfüllung, den der Versicherungsagent dem Versicherungsnehmer vor Vertragsschluss als Inhalt der Versicherung dargestellt hat.[58] Die Haftung greift zunächst in den Fällen ein, in denen der

---

[52] BGH v. 16. 4. 1959, VersR 1959, 361, 362 = BB 1959, 507; BGH, Urt. v. 20. 6. 1963 – II ZR 199/61, VersR 1963, 768, 769 = VerBAV 1964, 95, 96; OLG München, Urt. v. 30. 11. 1984 – 18 U 3917/84, VersR 1986, 284; OLG Hamm r+s 1986, 247; *Römer* VersR 1998, 1313.

[53] BGH NJW 1957, 140; BGH, Urt. v. 20. 6. 1963 – II ZR 199/61, VersR 1963, 768, 769 = NJW 1963, 1978, 1979 = VerBAV 1964, 95, 96; BGH, Urt. v. 9. 6. 1983 – I ZR 106/81, VersR 1983, 1050; OLG Schleswig, Urt. v. 5. 10. 1984 – 1 U 184/83, VersR 1985, 756.

[54] OLG Schleswig v. 5. 11. 1951, VersR 1952, 61, 62; BGH v. 19. 11. 1956, VersR 1956, 789, 791; OLG Frankfurt/M., Urt. v. 14. 3. 1985 – 1 U 196/84, VersR 1987, 579.

[55] BGH, Urt. v. 20. 6. 1963 – II ZR 199/61, VersR 1963, 768, 769 = NJW 1963, 1978, 1979 = VerBAV 1964, 95, 96; OLG Frankfurt/M., Urt. v. 14. 3. 1985 – 1 U 196/84, VersR 1987, 579; BGH, Urt. v. 7. 12. 1988 – IVa ZR 193/87, NJW-RR 1989, 410 = VersR 1989, 472 = r+s 1989, 58; OLG Köln, Urt. v. 19. 9. 1995 – 9 U 50/94, VersR 1996, 1265 = r+s 1996, 219; OLG Karlsruhe, Urt. v. 19. 1. 1995 – 12 U 171/94, VersR 1996, 1001, 1002 = r+s 1996, 156; OLG Frankfurt/M., Urt. v. 1. 7. 1999 – 3 U 134/98, VersR 1999, 1397, 1398 = NVersZ 2000, 18, 19 = r+s 2000, 84, 85.

[56] BGH, Urt. v. 20. 6. 1963 – II ZR 199/61, VersR 1963, 768, 769 = NJW 1963, 1978, 1979 = VerBAV 1964, 95, 96.

[57] BGHZ 40, 22, 24 f. = NJW 1963, 1978 = VersR 1963, 768; OLG Bamberg, Urt. v. 12. 1. 1989 – 1 U 75/88, VersR 1990, 260; OLG Düsseldorf, Urt. v. 22. 10. 1996 – 4 U 144/95, NJW-RR 1997, 1525 = VersR 1998, 224; BGH, Urt. v. 26. 9. 2001 – IV ZR 220/00, VersR 2001, 1502, 1503; OLG Koblenz OLGR 2001, 376; OLG Celle, Urt. v. 13. 9. 2007 – 8 U 29/07, VersR 2008, 60, 62; OLG Celle, Urt. v. 26. 2. 2009 – 8 U 150/08, VersR 2009, 914, 916.

[58] OLG Celle, Urt. v. 13. 9. 2007 – 8 U 29/07, VersR 2008, 60, 62; OLG Celle, Urt. v. 26. 2. 2009 – 8 U 150/08, VersR 2009, 914, 916.

E. Vermittlung und Betreuung der Lebensversicherung   140   Einl. E

Agent positiv eine Falschauskunft über den Inhalt der Versicherung abgibt.[59] Die Falschauskunft kann aber auch in einem Unterlassen bestehen, wenn der Agent die für ihn erkennbaren unzutreffenden Vorstellungen des Versicherungsnehmers erkennt, ohne diesen zu widersprechen und den Versicherungsnehmer zutreffend aufzuklären.[60] Die Erfüllungshaftung kommt hierbei nicht nur dann in Betracht, wenn der Agent eine unzutreffende Vorstellung des Versicherungsnehmers positiv erkannt hat.[61] Eine Haftung ist vielmehr auch dann gegeben, wenn für den Agenten ohne Weiteres erkennbar war, dass der Versicherungsnehmer sich über einen vertragswesentlichen Punkt irrt.[62] Der Versicherer kann sich nicht mit dem Einwand entlasten, der Versicherungsnehmer habe sich auf die Richtigkeit der Angaben des Agenten nicht verlassen dürfen.[63]

dd) **Lebensversicherungsprodukte.** Im Regelfall ist auf übliche Klauseln in   140
den ALB nicht hinzuweisen. Auf die Ausschlussfrist in der Lebensversicherung für den Fall der Selbsttötung, braucht der Versicherungsagent auch dann nicht von sich aus hinzuweisen, wenn der Abschluss der Lebensversicherung im Zusammenhang mit der Kündigung einer bestehenden Lebensversicherung steht, bei der die Ausschlussfrist des § 8 ALB bereits abgelaufen ist.[64] Der Versicherer hat jedoch den Versicherungsnehmer zu belehren, wenn er erkennen oder mit der nahe liegenden Möglichkeit rechnen muss, dass der Antragsteller aus mangelnden versicherungsrechtlichen oder versicherungstechnischen Kenntnissen nicht die für ihn zweckmäßigste Vertragsgestaltung wählt.[65] Schließt der Antragsteller eine Lebensversicherung ab, muss vom Versicherer nicht automatisch auf die Möglichkeit hingewiesen werden, die Lebensversicherung mit einer BUZ mit Beitragsbefreiung abschließen zu können.[66] Eine Vertrauenshaftung des Versicherers ist ausgeschlossen, wenn die zur Vereinbarung einer Erwerbsunfähigkeitsklausel getroffenen Vereinbarungen klar und eindeutig sind.[67] Dass dem Antragsteller auf Befragen Auskunft gegeben werden muss, ob bei einem bestimmten Verhalten Versicherungsschutz besteht,[68] versteht sich von selbst. Über fremde Versicherungsprodukte muss der Versicherungsvertreter seinen Kunden nicht beraten.[69]

---

[59] OLG Koblenz, Urt. v. 27. 10. 2006 – 10 U 1615/05, VersR 2007, 482, 483; OLG Celle, Urt. v. 13. 9. 2007 – 8 U 29/07, VersR 2008, 60, 62; OLG Celle, Urt. v. 26. 2. 2009 – 8 U 150/08, VersR 2009, 914, 916.
[60] OLG Koblenz, Urt. v. 28. 3. 1980 – 10 U 450/79, VersR 1980, 915; OLG Köln, Urt. v. 4. 10. 1990 – 5 U 21/90, VersR 1990, 1381 = r+s 1991, 113, 114; OLG Köln r+s 1992, 220, 221; OLG Nürnberg r+s 1999, 165; OLG Stuttgart, Urt. v. 9. 6. 2004 – 7 U 211/03, VersR 2004, 1161; OLG Celle, Urt. v. 13. 9. 2007 – 8 U 29/07, VersR 2008, 60, 62; OLG Celle, Urt. v. 26. 2. 2009 – 8 U 150/08, VersR 2009, 914, 916.
[61] OLG Celle, Urt. v. 13. 9. 2007 – 8 U 29/07, VersR 2008, 60, 62; OLG Celle, Urt. v. 26. 2. 2009 – 8 U 150/08, VersR 2009, 914, 916.
[62] OLG Koblenz, Urt. v. 27. 10. 2006 – 10 U 1615/05, VersR 2007, 482, 483; OLG Celle, Urt. v. 13. 9. 2007 – 8 U 29/07, VersR 2008, 60, 62.
[63] BGH, Urt. v. 26. 9. 1997 – V ZR 29/96, VersR 1998, 905, 907.
[64] OLG Hamm, Urt. v. 18. 8. 1986 – 20 W 26/86, VersR 1988, 51.
[65] OLG Celle, Urt. v. 5. 2. 1981 – IV a ZR 42/80, VersR 1981, 621 = MDR 1981. 654. Siehe auch BGH, Urt. v. 9. 10. 1974 – IV ZR 118/73, VersR 1975, 77.
[66] LG Bochum, Urt. v. 20. 11. 1997, r+s 2000, 85; bestätigt durch OLG Hamm, Urt. v. 4. 9. 1998 – 20 U 34/98.
[67] OLG Saarbrücken, Urt. v. 21. 6. 2006 – 5 U 720/05 – 105, VersR 2007, 235, 236 = r+s 2008, 344, 345.
[68] LG Düsseldorf, Urt. v. 2. 11. 1979 – 20 b S 42/79, VersR 1981, 827, 828.
[69] *Schirmer*, Beratungspflichten und Beratungsverschulden der Versicherer und ihrer Agenten – Teil I, r+s 1999, 133, 136; *Rehberg*, Transparenz beim Vertrieb von Finanzprodukten – Das Konzept der Kompensation mangelnder Produkt- durch Statustransparenz vor dem Hintergrund der aktuellen europäischen Rechtsentwicklung –, WM 2005, 1011, 1012.

Einl. E 141–145 Teil 2. Einleitung

141   **ee) Kombinationsprodukte.** Der Versicherungsvermittler/Kreditvermittler hat eine besonders intensive Beratungs- und Aufklärungspflicht, wenn bei einem Ratenkreditvertrag, der aus einer gleichzeitig mit dem Vertrag abgeschlossenen und während dessen Laufzeit angesparten Lebensversicherung zu tilgen ist, die steuerlichen Vorteile eine besondere Rolle spielen.[70] Eine Haftung trifft in diesem Fall die Bank, da sich ein Beratungsfehler nur beim Kreditvertrag auswirkt.

142   Den Versicherer trifft an sich keine Pflicht zur steuerrechtlichen Beratung des Versicherungsnehmers bei Abschluss des Versicherungsvertrages.[71] Bei kreditfinanzierten Rentenversicherungsverträgen zur Altersversorgung wird eine besondere steuerrechtliche Beratung notwendig werden, wenn die Rückzahlungsbeträge zur Kredittilgung als Betriebsausgaben oder Werbungskosten steuermindernd abgesetzt werden sollen.[72] Schuldhaft falsche Erklärungen des Versicherungsagenten über die steuerliche Anerkennung von Lebensversicherungsbeiträgen als betriebliche Ausgaben führen zu einem Schadensersatzanspruch des Versicherungsnehmers gegen den Versicherer aus culpa in contrahendo.[73]

143   **ff) Beweislast.** Der Versicherungsnehmer muss nachweisen, dass er bei richtiger Belehrung anderweitig entsprechenden Versicherungsschutz überhaupt hätte erhalten können.[74] Hierfür ist der Versicherungsnehmer darlegungs- und beweisbelastet.[75]

144   **c) Garantieerklärung des Versicherers.** Wenn der Versicherer den Abschluss einer Rückdeckungsversicherung durch eine Garantieerklärung bezüglich der Versteuerung erreicht, hat er aufgrund dieser Garantieerklärung für den Eintritt des beabsichtigten steuerlichen Erfolgs zu haften.[76] Garantiert der Versicherer die Zahlung der Erlebens- oder der Todesfallleistung gegenüber einer Bank zu einem bestimmten Zeitpunkt, darf mit der Garantieerklärung bei der Bank nicht der Eindruck erweckt werden, dass der Versicherer sich nicht auf seine bedingungsgemäßen Rechte berufen werde (z. B. Leistungsfreiheit wegen Selbsttötung vor Ablauf der Wartezeit, Rücktritts aufgrund Verletzung der vorvertraglichen Anzeigepflicht, Anfechtung wegen arglistiger Täuschung). Aussagen zur Überschussbeteiligung dürfen schon aus aufsichtsrechtlichen Gründen nicht im Wege der Garantieerklärung abgegeben werden.

145   **d) Eigenmächtiges Verhalten.** Der Versicherer muss sich pflichtwidriges Verhalten des Versicherungsvertreters nach § 278 BGB zurechnen lassen, wenn der Versicherungsvertreter als sein Erfüllungsgehilfe tätig geworden ist.[77] Für einen Missbrauch der dem Versicherungsvertreter anvertrauten Stellung und der damit verbundenen Befugnisse im Geschäftsverkehr mit Kunden muss der Versi-

---

[70] OLG Hamburg NJW 1987, 962.
[71] LG München I, Urt. v. 16. 9. 1992 – 3 O 1446/92, r+s 1994, 156.
[72] *Schirmer*, Beratungspflichten und Beratungsverschulden der Versicherer und ihrer Agenten – Teil II, r+s 1999, 177, 185.
[73] OLG Hamm, Beschl. v. 10. 4. 1987 – 20 W 64/86, VersR 1988, 623; OLG Karlsruhe, Urt. v. 10. 1. 1995 – 12 U 171/94, NVersR 1996, 1001, 1002 = r+s 1996, 156.
[74] OLG Saarbrücken, Urt. v. 21. 6. 2006 – 5 U 720/05–105, VersR 2007, 235, 236 = r+s 2008, 344, 345; OLG Celle, Urt. v. 26. 2. 2009 – 8 U 150/08, VersR 2009, 914, 917.
[75] OLG Köln r+s 1990, 325; OLG Saarbrücken, Urt. v. 21. 6. 2006 – 5 U 720/05–105, VersR 2007, 235, 236 = r+s 2008, 344, 345; OLG Celle, Urt. v. 26. 2. 2009 – 8 U 150/08, VersR 2009, 914, 917.
[76] OLG Köln VersR 1967, 247.
[77] LG Berlin, Urt. v. 3. 7. 2001 – 7 O 446/00, VersR 2003, 717; BGH, Urt. v. 10. 2. 2005 – III ZR 258/04, NJW-RR 2005, 756, 757 = VersR 2005, 552 = r+s 2005, 355 = WM 2005, 701, 702 = ZIP 2005, 815, 816 = MDR 2005, 917.

E. Vermittlung und Betreuung der Lebensversicherung   145   Einl. E

cherer nach § 278 BGB einstehen.[78] Die Einstandspflicht des Versicherers als Geschäftsherrn für eigenmächtiges Verhalten des Versicherungsvertreters als seinem Erfüllungsgehilfen ist aber dann zu verneinen, wenn dessen Verfehlung sich von dem ihm übertragenen Aufgabenbereich so weit entfernt, dass aus der Sicht eines Außenstehenden ein innerer Zusammenhang zwischen dem Handeln der Hilfsperson und dem allgemeinen Rahmen der ihr übertragenen Aufgaben nicht mehr zu erkennen ist.[79] Das ist etwa dann der Fall, wenn der Gehilfe rein zufällig mit den Rechtsgütern eines Geschädigten in einer Weise in Berührung gekommen ist, die ihm lediglich die Gelegenheit bot, wie ein deliktisch handelnder Dritter eine von den ihm übertragenen Aufgaben völlig losgelöste unerlaubte Handlung zu begehen.[80] Für die Frage, ob ein Schädiger als Erfüllungsgehilfe oder als ein außerhalb des Vertragsverhältnisses stehender Dritter gehandelt hat, ist allein maßgeblich, ob die Verfehlung des Schädigers eine selbständige unerlaubte Handlung darstellt, die mit der Vertragserfüllung nur in äußerem Zusammenhang steht, oder ob sie in den allgemeinen Umkreis desjenigen Aufgabenbereichs gehört, für dessen Wahrnehmung der Schädiger vom Schuldner bestimmt worden ist.[81] Hat es der Versicherer insoweit an der Wahrnehmung ihm zumutbarer Aufsichts- und Kontrollpflichten fehlen lassen, kann im Einzelfall eine Haftung auf Schadensersatz in Frage kommen.[82] In Einzelfällen ergab sich, dass sich ein Versicherer das Abfangen und Fälschen von Darlehensverträgen,[83] das Fälschen des Versicherungsscheins,[84] Geldanlagen und damit verbundene Barzahlungen der Kunden[85] und die Veruntreuung von Geldern zur Anlage in Luxemburg[86] nicht zurechnen lassen musste. Der Versicherer hat aber für seinen Versicherungsagenten einzustehen, wenn dieser eine Depot-Einmalzahlung[87] oder Orderschecks, die er vom Versicherer über fällige Lebensversicherungen mit dem Auftrag erhielt, mit den Kunden möglichst einen Vertrag über die Wiederanlage des Geldes abzuschließen,

---

[78] BGH NJW 1977, 2259; BGH, Urt. v. 14. 2. 1989 – VI ZR 121/88, NJW-RR 1989, 723, 725 = VersR 1989, 522, 524; BGH NJW 1991, 3209; OLG Hamm, Urt. v. 20. 8. 1999 – 20 U 51/99, VersR 2000, 213, 214 = r+s 1999, 528; LG Berlin, Urt. v. 3. 7. 2001 – 7 O 446/00, VersR 2003, 717.
[79] BGH, Urt. v. 8. 10. 1991 – XI ZR 207/90, NJW 1991, 3208, 3209 f. = WM 1991, 1912 = ZIP 1991, 1413 = MDR 1992, 152; dazu *Hadding* EWiR 1991, 1185; BGH, Urt. v. 29. 1. 1997 – VIII ZR 356/95, NJW 1997, 1233, 1234 f. = WM 1997, 1431 = ZIP 1997, 548 = MDR 1997, 455; dazu *Reinking* EWiR 1997, 291; BGH, Urt. v. 5. 3. 1998 – III ZR 183/96, NJW 1998, 1854, 1856 = VersR 1998, 888, 890 = WM 1998, 819 = MDR 1998, 638; dazu *Kort* EWiR 1998, 531; OLG Hamm, Urt. v. 20. 8. 1999 – 20 U 51/99, VersR 2000, 213, 214 = r+s 1999, 528; LG Berlin, Urt. v. 3. 7. 2001 – 7 O 446/00, VersR 2003, 717; BGH, Urt. v. 10. 2. 2005 – III ZR 258/04, NJW-RR 2005, 756, 757 = VersR 2005, 552, 553 = r+s 2005, 355 = WM 2005, 701, 702 = ZIP 2005, 815, 816 = MDR 2005, 917; OLG Düsseldorf, Urt. v. 11. 10. 2005 – 4 U 174/04, r+s 2006, 483, 484.
[80] BGH, Urt. v. 14. 2. 1989 – VI ZR 121/88, NJW-RR 1989, 723, 725 = VersR 1989, 522, 524; OLG Hamm, Urt. v. 20. 8. 1999 – 20 U 51/99, VersR 2000, 213, 214 = r+s 1999, 528; LG Berlin, Urt. v. 3. 7. 2001 – 7 O 446/00, VersR 2003, 717.
[81] OLG Düsseldorf NJW-RR 1997, 1097, 1098; OLG Hamm, Urt. v. 20. 8. 1999 – 20 U 51/99, VersR 2000, 213, 214 = r+s 1999, 528; LG Berlin, Urt. v. 3. 7. 2001 – 7 O 446/00, VersR 2003, 717.
[82] OLG Hamm, Urt. v. 20. 8. 1999 – 20 U 51/99, VersR 2000, 213, 214 = r+s 1999, 528; LG Berlin, Urt. v. 3. 7. 2001 – 7 O 446/00, VersR 2003, 717, 718.
[83] LG Berlin, Urt. v. 3. 7. 2001 – 7 O 446/00, VersR 2003, 717 f.
[84] OLG Köln, Urt. v. 12. 12. 1994 – 5 U 266/93, r+s 1995, 242; a.A. LG Karlsruhe, Urt. v. 18. 10. 1991 – 4 O 364/90, VersR 1992, 1206.
[85] OLG Hamm, Urt. v. 27. 7. 2004 – 4 U 63/04, VersR 2005, 104, 105; LG Frankfurt/M., Urt. v. 20. 10. 2006 – 2-21 O 315/04, S. 4.
[86] OLG Hamm, Urt. v. 20. 8. 1999 – 20 U 51/99, VersR 2000, 213, 214 = r+s 1999, 528.
[87] OLG Düsseldorf, Urt. v. 11. 10. 2005 – 4 U 174/04, r+s 2006, 483, 484.

abredewidrig für sich selbst verwendet hat.[88] Ein zu einer Versicherungsgruppe gehörendes Anlagevermittlungsunternehmen muss für die Veruntreuung von Bareinzahlungen, die aus einem Luxemburger Konto finanziert und von den Anlegern auf ein Konto des Generalagenten eingezahlt wurden, gerade stehen, auch wenn dieser nach den Antragsunterlagen nicht zur Entgegennahme von Geldern berechtigt war (Luxemburg-Fall).[89]

146 e) **Mitverschulden.** Bei Mitverschulden des Versicherungsnehmers findet § 254 BGB Anwendung.[90] Vertraut der Versicherungsnehmer auf Erklärungen des Versicherungsagenten über steuerliche Vorteile, muss er sich ein Mitverschulden von mindestens 50% anrechnen lassen, wenn er vor Abschluss der Versicherungsverträge nicht einen Steuerberater konsultiert.[91] Im Luxemburg-Fall mussten sich die Anleger ein Mitverschulden in Höhe von 40% anrechnen lassen, da sie dem Generalagenten immerhin 200 000 DM anvertraut hatten, ohne sich über die Art der Geldanlage zu informieren, und die Hinweise auf die nicht gegebene Inkassovollmacht ignorierten.[92] Im Falle einer unterlassenen Bezugsrechtsänderung wurde das Mitverschulden der benannten begünstigten Ehefrau mit 25% beziffert.[93]

147 f) **Beweislast.** Es obliegt dem klagenden Versicherungsnehmer darzulegen und zu beweisen, dass der Versicherungsvermittler Versicherungsagent des Versicherers ist, denn nur in diesem Fall ist dessen Verhalten dem Versicherer zuzurechnen.[94] Wird vom Versicherungsnehmer lediglich bestritten, dass der Versicherungsvertrag von einem Versicherungsmakler vermittelt worden ist, reicht dies nicht aus.[95] Der Vermittler ist darlegungs- und beweispflichtig dafür, dass er Geldbeträge, die ihm der Anleger im Rahmen der Kapitalanlagevermittlung übergeben hat, weisungsgemäß verwendet hat.[96]

§ 5 Elektronische Kommunikations- und Datenverarbeitungssysteme

Die Teilnahme des Vertreters am elektronischen Kommunikations- und Datenverarbeitungssystem des VU wird in einem gesonderten Vertrag geregelt.

§ 6 Provisionen des Vertreters/Provisionsabgabeverbot

(1) ¹Der Vertreter erhält für seine Tätigkeit Provisionen nach Maßgabe der als Anlage beigefügten Provisionsregelungen. ²Beeinflussen gesetzliche Bestimmungen, behördliche Anordnungen oder die höchstrichterliche Rechtsprechung die Provisionsregelungen, ist das VU nach Treu

---

[88] So erfolgt laut Sachverhalt BGH, Beschl. v. 24. 10. 2001 – 1 StR 432/01, VersR 2002, 232.
[89] BGH, Urt. v. 10. 2. 2005 – III ZR 258/04, NJW-RR 2005, 756, 757 = VersR 2005, 552, 553 = r+s 2005, 355 = WM 2005, 701, 703 = ZIP 2005, 815, 816 = MDR 2005, 917.
[90] BGH, Urt. v. 20. 6. 1967, BGHZ 40, 22; BGH v. 1. 3. 1972, VerBAV 1972, 205; *Ewald Schulz,* Haftung des Versicherers für seinen Versicherungsagenten bei Vertragsabschluss, ZfV 1963, 705, 706.
[91] OLG Hamm, Beschl. v. 10. 4. 1987 – 20 W 64/86, VersR 1988, 623 = VerBAV 1989, 91.
[92] BGH, Urt. v. 10. 2. 2005 – III ZR 258/04, NJW-RR 2005, 756, 757 = VersR 2005, 552, 553 = r+s 2005, 355 = WM 2005, 701, 703 = ZIP 2005, 815, 816 = MDR 2005, 917, 918.
[93] OLG Hamm, Urt. v. 14. 1. 2009 – 20 U 40/08, NJW-RR 2009, 1409, 1410 = VersR 2010, 200, 201 = r+s 2010, 28, 29.
[94] OLG Köln, Beschl. v. 21. 6. 2004 – 5 U 30/04, VersR 2005, 775.
[95] OLG Köln, Beschl. v. 21. 6. 2004 – 5 U 30/04, VersR 2005, 775.
[96] BGH, Urt. v. 4. 10. 2001 – III ZR 290/00, EWiR 2002, 807 m. Anm. *Klanten.*

E. Vermittlung und Betreuung der Lebensversicherung   148–150   **Einl. E**

und Glauben berechtigt, die Provisionsregelungen unter Berücksichtigung der beiderseitigen Interessen nach billigem Ermessen mit einer angemessenen Ankündigungsfrist anzupassen. ³Die Provisionen sind fällig, sobald die Prämien gezahlt sind. ⁴Die Provision errechnet sich aus dem Beitrag ohne Gebühr und ohne Steuern. ⁵Bei vorzeitigem Erlöschen einer Versicherung ist, vorbehaltlich § 87a Abs. 3 HGB, die entsprechend der kürzeren Dauer nicht verdiente Abschlussprovision zurück zu vergüten.

(2) ¹Mit der Zahlung dieser Provisionen sind regelmäßig alle Aufwendungen des Vertreters abgegolten. ²Aus seinen Einnahmen hat der Vertreter, sofern nichts anderes vereinbart ist, sämtliche persönlichen und sachlichen Kosten seines Geschäftsbetriebes, wie z. B. Reiseaufwendungen, Bürobedarf, Telekommunikationsmittel und die mit seinem Geschäftsbetrieb zusammenhängenden Abgaben, zu bestreiten.

(3) Die aufsichtsrechtlichen Bestimmungen über das Provisionsabgabeverbot sind zu beachten.

1. Allgemeines

a) Inhaltskontrolle. aa) Provisionsänderungsklausel. Die Provisionsänderungsklausel des § 6 Abs. 1 Satz 2 Hauptpunkte 2000 ist wirksam, da sie schwerwiegende Gründe für eine einseitige Provisionsänderung nennt und in ihren Voraussetzungen und Folgen die Interessen des Vertragspartners angemessen berücksichtigt.[97] Mit Blick auf die VVG-Reform ist der Versicherer zu einer Anpassung der Provisionsregelungen unter angemessener Vorankündigung berechtigt. Die VVG-Reform mit der veränderten Verteilung der Abschlusskosten auf die ersten fünf Vertragsjahre bei Frühstornofällen führt zu einem Wegfall bzw. zu einer Änderung der Geschäftsgrundlage der Versicherungsvermittlervereinbarungen, so dass der Versicherer – unter Berücksichtigung der Interessen der betroffenen Versicherungsvermittler – eine Anpassung des Vertragsverhältnisses verlangen kann, die zu einem Gleichlauf der Stornohaftungszeiten im Versicherungsvertrag einerseits und den versicherungsaufsichtsrechtlichen bzw. versicherungsvertragsrechtlichen Vorgaben andererseits führt.[98] 148

Mitunter wird dem Versicherer das Recht eingeräumt, die Provision der Versicherungsvertreter im Zuge der Einführung neuer Tarife frei abzuändern. Zur Herabsetzung des Provisionssatzes auf der Grundlage einer entsprechenden Änderungsvorbehaltsklausel bei Einführung neuer Tarife ist der Versicherer nicht berechtigt, da die Klausel gegen den Rechtsgedanken des § 308 Nr. 4 BGB verstößt, die Versicherungsvertreter gemäß § 307 Abs. 1, 2 Nr. 1 BGB unangemessen benachteiligt und deshalb unwirksam ist.[99] 149

Mit § 89b Abs. 4 Satz 1 HGB ist eine vollständige Abbedingung des Anspruchs des Versicherungsvertreters auf Vermittlungsprovision und deren vollständige Ersetzung durch eine (echte) Verwaltungsprovision nicht vereinbar.[100] 150

---

[97] OLG Frankfurt/M., Beschl. v. 2. 12. 1997 – 14 (27) U 157/96, r+s 1998, 484.
[98] *Segger*, Müssen Versicherungsvermittler längere Stornohaftzeiten akzeptieren? Warum und wie die neuen rechtlichen Vorgaben in die Vermittlerverträge eingehen können, VW 2009, 922, 925.
[99] OLG München, Urt. v. 6. 2. 2008 – 7 U 3993/07, S. 10 = NJW-RR 2009, 458 = VersR 2008, 1212 = r+s 2008, 358.
[100] BGH, Urt. v. 10. 7. 2002 – VIII ZR 58/00, NJW-RR 2002, 1548 = VersR 2003, 242 = WM 2003, 491 = DB 2002, 2321; BGH, Urt. v. 14. 6. 2006 – VIII ZR 261/04, NJW-RR 2006, 1542, 1543 = VersR 2006, 1256, 1257 = r+s 2006, 482 = WM 2006, 1788, 1789 = DB 2006, 1953.

151 bb) Provisionskürzungsklausel. Es ist unzulässig, vom Handelsvertreter für Nebenleistungen des Unternehmers eine feste, erfolgsunabhängige Vergütung zu verlangen. Unwirksam ist daher eine Klausel, nach der Kostenersatz für vom Unternehmer zur Verfügung gestellte Anschriften zu leisten ist.[101]

152 cc) Anfechtungsklausel. Mitunter enthalten Agenturverträge die Regelung, dass im Falle der Anfechtung des Versicherungsvertrages die Provision zurückzuzahlen ist. Ein Ausschluss des Provisionsanspruchs im Falle der Anfechtung benachteiligt den Versicherungsvertreter unangemessen und ist deshalb unwirksam.[102] Soweit der Versicherer Prämien erhalten hat und/oder gemäß § 40 Abs. 1 Satz 1 VVG noch fordern und behalten kann, steht dem Versicherungsvertreter auch ein Provisionsanspruch zu.[103]

153 dd) Provisionsentstehungsklausel. Die in einer formularmäßigen Vertriebsvereinbarung zwischen einem Hauptvertreter und einem Untervertreter enthaltene Klausel, wonach ein Anspruch auf Provision bei einem Untervertreter erst dann entsteht, wenn bei dem Hauptvertreter für das von dem Untervertreter vermittelte Geschäft Provisionszahlungen tatsächlich eingegangen sind, ist wegen Verstoßes gegen § 307 Abs. 2 Nr. 1 BGB als nichtig anzusehen.[104] Dies gilt auch für eine Klausel in der Vertriebsvereinbarung, nach der Provisionsansprüche des Untervertreters davon abhängen, dass der Hauptvertreter Provisionen innerhalb von drei Monaten nach Beendigung des Vertriebsvertrags für von dem Untervertreter vermittelte Geschäfte erhalten hat.[105]

154 b) Anwendbarkeit des § 354a HGB. Der selbständige Versicherungsvertreter ist Kaufmann gemäß §§ 1 Abs. 2 Ziff. 7, 84 HGB, so dass der Agenturvertrag ein beiderseitiges Handelsgeschäft darstellt. Die Abtretung von Provisionsforderungen oder anderen Forderungen des Vermittlers bleibt deshalb auch dann gemäß § 354a HGB wirksam, wenn im Agenturvertrag ein Abtretungsverbot zwischen den Parteien vereinbart wurde.

155 c) Handels- und steuerrechtliche Behandlung der Provisionen. aa) Aktivierung und Passivierung des Provisionsanspruchs. Mit dem Beginn des vermittelten Versicherungsvertrags entsteht der Provisionsanspruch und ist in voller Höhe zu aktivieren, wenn ein selbständiger Versicherungsvertreter seinen Gewinn durch Betriebsvermögensvergleich ermittelt.[106] Wird die Auszahlung der Provision über die Zeit der Beitragszahlung des Versicherungsnehmers verteilt, liegt lediglich eine Fälligkeitsvereinbarung vor, die auf die Entstehung der Forderung auf Provisionszahlung keinen Einfluss hat.[107] Der bilanzierende Versicherungsvertreter muss daher auch in diesem Fall den Provisionsanspruch voll aktivieren und das Versicherungsunternehmen muss ihn in voller Höhe passivieren.[108] Wird z.B. bei Altersvorsorgeverträgen in Anlehnung an die gesetzliche Regelung in § 1 Abs. 1 Satz 1 Nr. 8 AltZertG, wonach die Abschluss- und Ver-

---

[101] OLG Saarbrücken, Urt. v. 10. 7. 1996 – 1 U 38/96–7, NJW-RR 1997, 99, 100 f.
[102] *Christoph/Effenberger*, Der Provisionsanspruch des Versicherungsvertreters bei Anfechtung des Versicherungsvertrags, VersR 2007, 593, 597.
[103] *Christoph/Effenberger*, a. a. O. (Fn. 102), VersR 2007, 593, 596.
[104] OLG München, Urt. v. 17. 12. 2008 – 7 U 4025/08.
[105] OLG München, Urt. v. 17. 12. 2008 – 7 U 4025/08.
[106] BFH, Urt. v. 15. 1. 1963 – I 259/61 S, BStBl. III 1963, 256; BFH, Urt. v. 17. 1. 1963 – IV 335/59 S, BStBl. III 1963, 257; BFH, Urt. v. 21. 10. 1971 – IV 305/65, BStBl. II 1972, 274; siehe dazu *Umhau*, Vergütungssysteme für die Versicherungsvermittlung im Wandel, Karlsruhe, VVW, 2003, S. 117 ff.
[107] BFH, Urt. v. 21. 10. 1971 – IV 305/65, BStBl. II 1972, 274.
[108] BMF-Schreiben v. 28. 5. 2002 – IV A 6 – S 2132 – 10/02; siehe dazu *Umhau*, Vergütungssysteme für die Versicherungsvermittlung im Wandel, Karlsruhe, VVW, 2003, S. 116 f., 118 ff.

E. Vermittlung und Betreuung der Lebensversicherung   156, 157   Einl. E

triebskosten im Verhältnis vom Versicherungsunternehmen zum Kunden grundsätzlich über einen Zeitraum von mindestens zehn (jetzt fünf) Jahren in gleichmäßigen Jahresbeiträgen zu verteilen sind, vereinbart, dass der Provisionsanspruch ratierlich in Abhängigkeit von den jährlichen Beiträgen oder zu einem späteren Zeitpunkt entsteht und handelt es sich dabei nicht um eine Fälligkeitsvereinbarung, ist der Provisionsanspruch vom bilanzierenden Versicherungsvertreter auch nur in entsprechender Höhe zu aktivieren.[109] Eine Vorfinanzierung bzw. vorschüssige Gutschrift von Provisionen spricht für eine Fälligkeitsvereinbarung.[110] In den Fällen, in denen der Provisionsanspruch nicht bereits bei Beginn des Versicherungsvertrages in voller Höhe entsteht, darf die Verpflichtung zur Auszahlung der Provision beim Versicherungsunternehmen auch nur ratierlich entsprechend dem Entstehen des Provisionsanspruchs passiviert werden.[111] Werden neben der Abschlussprovision gesonderte Betreuungsprovisionen vereinbart, entstehen diese in dem jeweiligen Betreuungszeitraum.[112]

bb) Rückstellung. Der Versicherer kann für Provisionsansprüche aus vermittelten, am Bilanzstichtag aber vom Handelsvertreter noch nicht ausgeführten Geschäften grundsätzlich keine Rückstellungen bilden.[113] Provisionsvorschüsse sind als Anzahlungen zu aktivieren.[114] Für Provisionsfortzahlungen an einen Handelsvertreter nach Beendigung des Vertreterverhältnisses kann eine Rückstellung gebildet werden.[115] Nach Auffassung der Finanzverwaltung kann eine Rückstellung erst dann gebildet werden, wenn die zu Grunde liegende Verpflichtung rechtlich entstanden ist oder mit einiger Wahrscheinlichkeit rechtlich entstehen wird und wirtschaftlich verursacht ist.[116] Erhält der Versicherungsvertreter vom LVU die Abschlussprovision nicht nur für die Vermittlung der Versicherung, sondern auch für die weitere Betreuung des Versicherungsvertrags, so hat er für die Verpflichtung zukünftiger Vertragsbetreuung eine Rückstellung wegen Erfüllungsrückstands gemäß §§ 4 Abs. 1 und 5 Abs. 1 EStG i.V.m. § 249 Abs. 1 HGB zu bilden.[117] Die Finanzverwaltung will Rückstellungen, die unter Bezugnahme auf das BFH-Urteil vom 28. Juli 2004 gebildet werden, bis auf weiteres nicht berücksichtigen.[118]

156

cc) Einkommensteuer. Versicherungsvertreter, die ihren Gewinn nicht durch Betriebsvermögensvergleich, sondern mittels Einnahme-Überschuss-Rechnung gemäß § 4 Abs. 3 EStG ermitteln, versteuern ihre Provisionen gemäß § 11 Abs. 1 EStG in dem Kalenderjahr, in dem sie ihnen zugeflossen sind.[119] Eine einmalige Provision für die Vermittlung von Lebensversicherungen ist auch bei einem Ringgeschäft unter nahen Angehörigen steuerpflichtig (§ 22 Nr. 3 EStG).[120] Wird im

157

---

[109] BMF-Schreiben v. 28. 5. 2002 – IV A 6 – S 2132–10/02.
[110] BMF-Schreiben v. 28. 5. 2002 – IV A 6 – S 2132–10/02.
[111] BMF-Schreiben v. 28. 5. 2002 – IV A 6 – S 2132–10/02.
[112] BMF-Schreiben v. 28. 5. 2002 – IV A 6 – S 2132–10/02.
[113] BFH, Urt. v. 19. 10. 1972 – I R 50/70, BStBl. II 1973, 212.
[114] BFH, Urt. v. 4. 8. 1976 – I R 145/74, BStBl. II 1976, 675.
[115] BFH, Urt. v. 24. 1. 2001 – I R 39/00.
[116] BMF-Schreiben v. 28. 6. 2005 – IV B 2 – S 2137–19/05, BetrAV 2005, 662 = BB 2005, 1624 = DB 2005, 1418 = WPg 2005, 863.
[117] BFH, Urt. v. 28. 7. 2004 – XI R 63/03, BStBl. II 2006, 866 = BB 2004, 2743, 2744 = DB 2004, 2614 = WPg 2005, 20, 21; FG München, Urt. v. 27. 2. 2008 – 10 K 1237/07, EFG 2008, 931 = DB 2008, 1448; FG München, Urt. v. 16. 12. 2008 – K 1954/07, DB 2009, 828.
[118] OLG Koblenz, Kurzinformation der Steuergruppe St 3 – Einkommensteuer – Nr. 126/05 v. 30. 11. 2005 – S 2137 A, BB 2006, 265 = DB 2006, 71; OFD Koblenz DB 2007, 2118; OFD Münster DB 2007, 2454; BMF-Schreiben v. 28. 11. 2006 – IV B 2 – S 2137–73/06, BB 2007, 41 = DB 2006, 2660.
[119] BFH, Urt. v. 12. 11. 1997 – XI R 30/97, BB 1998, 303.
[120] BFH, Urt. v. 20. 1. 2009 – IX R 34/07, NJW-RR 2009, 776 = BB 2009, 523 (Ls.) = DB 2009, 541 = WPg 2009, 474.

Rahmen des Ringgeschäfts die Provision weitergeleitet, handelt es sich hierbei nicht um abzugsfähigen Aufwand, sondern um die Verwendung von Einkommen.[121] Werden die auf einem Sperrkonto des Versicherers verbuchten verdienten Provisionsanteile eines Versicherungsvertreters abredegemäß auf ein Kautionskonto zwecks Sicherung von Ansprüchen des Versicherers umgebucht, so stellt diese Umbuchung noch keine Betriebseinnahme dar.[122]

158 **dd) Umsatzsteuer.** Nach § 4 Nr. 11 UStG sind die Umsätze aus der Tätigkeit als Versicherungsvertreter, Bausparkassenvertreter und Versicherungsmakler steuerfrei. Diese Steuerbefreiung schließt beim Versicherungsvertreter nur berufstypische Umsätze im Sinne von § 92 Abs. 1, Abs. 5 HGB ein.[123] Die Steuerfreiheit setzt voraus, dass die Leistungen des Unternehmers die spezifischen und wesentlichen Funktionen einer Versicherungsvermittlung erfüllen, nämlich die am Abschluss der Versicherung interessierten Personen zusammenzuführen.[124] Die Umsatzsteuerbefreiung erstreckt sich auf alle Leistungen gegen Entgelt, z. B. Provision, Fixum, Zuschüsse, Bestandspflegegeld,[125] Inkassoprovision[126] oder Tippgeberprovision.[127] Hierzu gehören auch die Superprovisionen eines Versicherungsvertreters, der wie ein Generalvertreter tätig ist.[128] Als steuerfreie berufstypische Tätigkeit eines Bausparkassen- bzw. Versicherungsvertreters oder Versicherungsmaklers ist auch die Betreuung, Überwachung oder Schulung nachgeordneter selbständiger Vermittler anzusehen.[129] Dies setzt aber voraus, dass der Unternehmer, der die Leistung der Betreuung, Überwachung oder Schulung übernimmt, durch Prüfung eines jeden Vertragsangebots mittelbar auf eine der Vertragsparteien einwirken kann.[130] Die einmalige Prüfung und Genehmigung von Standardverträgen und standardisierten Vorgängen reicht entgegen dem BMF-Schreiben vom 9. Oktober 2008[131] nicht mehr aus.[132] Diese Sonderregelung gilt nur noch für die bis zum

---

[121] BFH, Urt. v. 20. 1. 2009 – IX R 34/07, NJW-RR 2009, 776 = BB 2009, 523 (Ls.) = DB 2009, 541 = WPg 2009, 474.
[122] FG Düsseldorf, Urt. v. 20. 3. 1991, EFG 1991, 672; a. A. BFH, Urt. v. 9. 4. 1968, BStBl. II 1968, 525.
[123] BFH, Urt. v. 24. 4. 1975 – V R 35/74, BStBl. II 1975, 593 = DB 1975, 1540; BFH, Urt. v. 29. 6. 1987 – X R 11/81, BStBl. II 1987, 867 = BB 1987, 2151; BFH, Beschl. v. 29. 3. 1994 – V B 131/93, BFH/NV 1995, 452; BMF-Schreiben v. 2. 5. 1995 – IV C 4 – S 7167–3/95, BB 1995, 1123, 1124.
[124] BFH-Urt. v. 28. 5. 2009 – V R 7/08, DB 2009, 2135 (Ls.).
[125] BGH, Urt. v. 1. 6. 2005 – VIII ZR 335/04, NJW-RR 2005, 1274, 1275 = r+s 2005, 487 = WM 2005, 1866, 1867 m. Anm. *Küstner* EWiR 2005, 799; *derselbe* VW 2007, 1271.
[126] *C. Schmidt*, Notfalls per Rechtsbehelf anfechten: Die umsatzsteuerliche Behandlung von Vergütungsbestandteilen im Versicherungsbetrieb bleibt wie sie ist, VW 2005, 284.
[127] BFH-Urt. v. 28. 5. 2009 – V R 7/08, DB 2009, 2135 (Ls.); *Evers/Stallbaum*, Umsatzsteuer auf Provisionen?, VW 2009, 1444.
[128] BFH, Urt. v. 9. 7. 1998 – V R 62/97, BStBl. II 1999, 253 = BB 1999, 1419, 1421 = DB 1999, 129, 130.
[129] BMF-Schreiben v. 9. 10. 2008 – IV B 9 – S 7167/08/10 001, BStBl. I 2008, 948 = BB 2008, 34, 289 = DB 2008, 2335; dazu *Evers*, Grenzen der Umsatzsteuerfreiheit, VW 2008, 1817.
[130] BFH, Urt. v. 30. 10. 2008 – V R 44/07, VersR 2009, 1560, 1562 = BB 2009, 256, 259 = DB 2009, 267, 269; BMF-Schreiben v. 23. 6. 2009 – IV B 9 – S 7160-f/08/10 004 – 2009/0 404 024, S. 2; *Schoor*, Steuern und Betriebsausgaben der Versicherungsagentur, 7. Aufl., Karlsruhe, VVW, 2000, S. 147.
[131] BMF-Schreiben v. 9. 10. 2008 – IV B 9 – S 7167/08/10 001, BStBl. I 2008, 948 = BB 2009, 34, 289 = DB 2008, 2335; dazu *Evers*, Die Last der Leistungen, VW 2009, 196.
[132] BFH, Urt. v. 30. 10. 2008 – V R 44/07, VersR 2009, 1560, 1562 = BB 2009, 256, 259 = DB 2009, 267, 269; BMF-Schreiben v. 23. 6. 2009 – IV B 9 – S 7160-f/08/10 004 – 2009/0 404 024, S. 2.

31. Dezember 2009 bewirkten Umsätze.[133] Keine Umsatzsteuerfreiheit besteht für Umsätze eines so genannten Werbeagenten, der im Wesentlichen Daten erhebt, sich aber nicht zu den zu vermittelnden Versicherungen äußert.[134]

2. Provisionsarten

a) Ausgangslage. In der Lebensversicherung werden als Abschlussprovisionen in der Regel Einmalprovisionen vereinbart. Die hohen Abschlussprovisionen sind jedoch problematisch, weil sie die Versicherungsvermittler vorwiegend an hohen Abschlusssummen interessiert sein lassen.[135] Gegen das in der Lebensversicherung abweichend von § 92 Abs. 4 HGB (ratierliche Zahlung der Provision entsprechend der Prämienzahlung) übliche System der Einmalprovision[136] werden daher von Verbraucherseite und in der Literatur[137] Bedenken erhoben, die nach Auffassung des BGH nicht ganz von der Hand zu weisen sind.[138] Denn dieses System kann den Vermittler dazu verleiten, zur Erzielung einer möglichst hohen Provision Verträge zu Stande zu bringen, die dem Bedarf oder den finanziellen Möglichkeiten des Kunden nicht entsprechen, und mag Anlass sein, über eine Änderung des Provisionssystems nachzudenken.[139] Ungezillmerte oder teil gezillmerte Tarife, bei denen die Provisionen über die Laufzeit der Verträge verteilt werden, heben dagegen das Interesse an zufriedenen Kunden.[140] 159

b) Abschlussprovision. Die Abschlussprovision ist eine Vergütung für den Abschluss oder die Vermittlung eines Versicherungsvertrages.[141] Sie steht gemäß § 92 Abs. 3 HGB dem Versicherungsvertreter nur für solche Geschäfte zu, die auf seine Tätigkeit zurückzuführen sind. Der Versicherungsvertreter kann daher einen Provisionsanspruch gegen den Versicherer nur dann geltend machen, wenn er beim Zustandekommen eines Versicherungsvertrages unmittelbar und in erheblicher Weise mitgewirkt hat.[142] 160

---

[133] BMF-Schreiben v. 23. 6. 2009 – IV B 9 – S 7160-f/08/10 004 – 2009/0 404 024, S. 2.

[134] BFH, Urt. v. 6. 9. 2007 – V R 50/05, VersR 2008, 1237, 1238 = BB 2008, 319 = DB 2007, 2817, 2818 m. Anm. *Hiller*; dazu ferner *Behrens/Wagner*, BMF: Umsatzsteuerliche Behandlung der Umsätze aus der Tätigkeit als Bausparkassenvertreter, Versicherungsvertreter oder Versicherungsmakler, BB 2009, 34, 35 f.; *Schoor*, Grenzen der Steuerfreiheit, VW 2009, 48.

[135] Vgl. *Hohlfeld*, Die deutsche Lebensversicherung im EG-Binnenmarkt unter aufsichtsrechtlichen Gesichtspunkten, in: Recht und Ökonomie der Versicherung, Festschrift für Egon Lorenz zum 60. Geburtstag, hrsg. v. Ulrich Hübner, Elmar Helten u. Peter Albrecht, Karlsruhe, VVW, 1994, S. 295, 314.

[136] Vgl. *Küstner*, in: Küstner/Thume, Handbuch des gesamten Außendienstrechts, Bd. 1, 3. Aufl., Rdn. 956 ff., 1099 ff.

[137] *Schünemann* VersR 2005, 323, 326.

[138] BGH, Urt. v. 12. 10. 2005 – IV ZR 162/03, NJW 2005, 3559, 3566 = VersR 2005, 1565, 1571 = r+s 2005, 519, 524 = BetrAV 2005, 788, 790 = WM 2005, 2279, 2286 = ZIP 2005, 2109, 2117 = DB 2005, 2686, 2687 f.; vgl. auch R 5/95 des BAV v. 31. 10. 1995, VerBAV 1995, 366; Ziff. 1.3.2.1.4.3 des Abschlussberichts der vom Bundesministerium der Justiz eingesetzten Kommission zur Reform des Versicherungsvertragsrechts vom 19. 4. 2004.

[139] BGH, Urt. v. 12. 10. 2005 – IV ZR 162/03, NJW 2005, 3559, 3566 = VersR 2005, 1565, 1571 = r+s 2005, 519, 524 = BetrAV 2005, 788, 790 = WM 2005, 2279, 2286 = ZIP 2005, 2109, 2117 = DB 2005, 2686, 2687 f.

[140] *Hohlfeld*, Die deutsche Lebensversicherung im EG-Binnenmarkt unter aufsichtsrechtlichen Gesichtspunkten, in: Recht und Ökonomie der Versicherung, Festschrift für Egon Lorenz zum 60. Geburtstag, hrsg. v. Ulrich Hübner, Elmar Helten u. Peter Albrecht, Karlsruhe, VVW, 1994, S. 295, 314.

[141] Gutachten BAV GB BAV 1960, 24.

[142] BGH, Urt. v. 5. 4. 2006 – VIII ZR 384/04, NJW-RR 2006, 976, 978 = VersR 2006, 1359, 1361 = WM 2006, 1358, 1361 = BB 2006, 1300, 1301 = MDR 2006, 1417, 1418; *Fuchs-Baumann*, Ausgleichsanspruch des Versicherungsvertreters: Anrechnung des Barwerts einer vom Versicherungsunternehmen finanzierten Versorgung, DB 2001, 2131.

161 Die Abschlussprovision ist fällig, sobald der Versicherungsnehmer die Versicherungsbeiträge gezahlt hat. In der Lebensversicherung setzt dies nach § 92 Abs. 4 HGB die Zahlung des ersten Ganzjahresbeitrags voraus.[143] Durch § 92 Abs. 4 HGB wird bestimmt, dass die Entstehung des Provisionsanspruchs beim Versicherungsvertreter von der Zahlung der Prämie durch den Versicherungsnehmer abhängig ist und damit grundsätzlich der Versicherungsnehmer vorleistungspflichtig ist.[144] Leistet der Versicherungsnehmer den vereinbarten Beitrag nicht, tritt die für die Entstehung des Provisionsanspruchs maßgebliche aufschiebende Bedingung nicht ein, die Entstehung des Provisionsanspruchs ist gehindert.[145]

162 Die Provision berechnet sich grundsätzlich aus dem vollen Jahresbeitrag.[146] Endgültig verdient ist die volle Provision erst dann, sobald der Versicherungsnehmer den ersten Jahresbeitrag voll entrichtet hat.[147] Der Vertreter muss deshalb einen Provisionsvorschuss, den ihm der Versicherer bereits beim Abschluss einer Lebensversicherung gewährt hat, zurückzahlen, wenn der Versicherungsnehmer den ersten Jahresbeitrag nicht voll begleicht. Die Beweislast für vermeintlich verdiente Provisionen vor Ablauf von zwölf bezahlten Beitragsmonaten trifft den Versicherungsvertreter.[148] Im Einzelfall können andere Haftungszeiten vereinbart sein. Eine Anpassung von Stornohaftungszeiten ist zulässig, wenn der Versicherer hierzu aufgrund von Auflagen des BAV verpflichtet ist.[149]

163 c) **Provisionsvorauszahlung.** Provisionsvorschüsse sind als aufsichtsrechtlich zulässige Hilfsgeschäfte des Versicherers anzusehen.[150] Sie sind auch beim Versicherungs- und Bausparkassenvertreter gemäß §§ 92 Abs. 2, 87a Abs. 3 Satz 2 HGB zurückzuzahlen, wenn die Beiträge aus den vom Handelsvertreter vermittelten Geschäften innerhalb der vereinbarten Provisionshaftungszeiten nicht mehr geleistet werden. § 92 Abs. 4 HGB modifiziert lediglich die Regelung in § 87a Abs. 1 HGB, als hiernach die Zahlung der Prämien und die Ausführung der Geschäfte zur Grundlage der Provisionsansprüche gemacht werden. Der Grundsatz, dass der Handelsvertreter nicht für seine Dienstleistung entlohnt wird, sondern nur im Falle der Ausführung des Geschäfts einen Provisionsanspruch hat, gilt auch für den Versicherungs- und Bausparkassenvertreter. Nicht verdiente Provisionen hat der Vermittler zurückzuzahlen.[151] Dies gilt bei Vorliegen entsprechender Regelungen auch für den Fall, dass die Zahlungen als sog. Organisations- oder Bürokostenzuschüsse erfolgt sind.[152] Leistet der Versicherer über einen längeren Zeit-

---

[143] OLG Stuttgart, Urt. v. 29. 8. 1997 – 2 U 97/97, NJW-RR 1998, 1192, 1193.
[144] LG Karlsruhe, Urt. v. 30. 5. 1980 – 7 O 66/80, VersR 1980, 1121; LAG Frankfurt/M. NJW 1982, 254; OLG Frankfurt/M. v. 24. 2. 1983 – 16 U 187/81; BGH v. 12. 11. 1987 – I ZR 3/86, VersR 1988, 490; OLG Karlsruhe, Urt. v. 3. 3. 1988 – 12 U 70/87, VersR 1989, 511, 512; OLG Zweibrücken, Urt. v. 21. 3. 1995 – 5 U 103/93, NJW-RR 1996, 285; BGH, Urt. v. 25. 5. 2005 – VIII ZR 279/04, NJW-RR 2005, 1196, 1197 = VersR 2005, 1078 = r+s 2006, 43, 44 = WM 2005, 1487, 1488 = DB 2005, 1961.
[145] OLG Frankfurt/M. v. 24. 2. 1983 – 16 U 187/81.
[146] Etwas anderes gilt im Falle der Vermittlung eines Bestandsübernahmevertrags, vgl. zur Krankenversicherung KG Berlin, Urt. vom 14. 7. 1995 – 14 U 3888/93, r+s 1996, 248 (40% eines Monatsbeitrags).
[147] BAG VersR 1968, 166; LG Karlsruhe MDR 1981, 322; OLG Stuttgart, Urt. v. 29. 8. 1997 – 2 U 97/97, NJW-RR 1998, 1192, 1193; *Emde*, Die Entwicklung des Vertriebsrechts im Zeitraum von August 1998 bis August 1999, VersR 1999, 1464, 1467.
[148] OLG Karlsruhe, Urt. v. 16. 5. 1984 – 1 U 11/84, VersR 1984, 935, 935.
[149] LAG Frankfurt/M. v. 31. 10. 1989 – 7 Sa 287/89.
[150] *Heukamp/Görner*, Die Zulässigkeit von Provisionsvorschüssen, Börsen-Zeitung v. 7. 11. 2006, S. 4.
[151] Vgl. LAG Hamm, Urt. v. 3. 3. 2009 – 14 Sa 361/08, r+s 2010, 85; *Sieg*, Der Bereicherungsanspruch des Versicherers gegen seinen Vermittler, VersR 1993, 1198.
[152] OLG Hamburg, Urt. v. 29. 1. 1993 – 11 U 255/92, VersR 1995, 415 = r+s 1996, 79, 80.

E. Vermittlung und Betreuung der Lebensversicherung 164, 165 Einl. E

raum laufende monatliche Vorschusszahlungen (Zuschüsse und Vorschüsse), kann eine Rückzahlungsvereinbarung nichtig sein, wenn sie auf eine Knebelung des Versicherungsagenten hinausläuft.[153] Unterstützt der Versicherer seine Versicherungsvertreter beim Aufbau der Vertriebsorganisation durch Darlehen, stellen solche Darlehen weder ein versicherungsfremdes Geschäft im Sinne des § 7 Abs. 2 Satz 1 VAG noch ein verbotenes Kreditgeschäft im Sinne von § 32 KWG dar.[154] Hat der Versicherer dem Versicherungsvertreter ein Darlehen zum Organisationsaufbau gegeben, das vereinbarungsgemäß durch Verrechnung mit monatlich fälligen Provisionsansprüchen zu tilgen ist, so hat nicht der Versicherer den fälligen Provisionsanspruch darzulegen und zu beweisen, vielmehr muss der Versicherungsvertreter das Entstehen, die Höhe und Fälligkeit seines Provisionsanspruchs darlegen und beweisen.[155] Der Versicherer hat nur die Entstehung seines Rückzahlungsanspruchs, nicht aber dessen Fortbestand darzulegen und zu beweisen.[156]

d) Stornoreserve. Zur Absicherung des Rückprovisionsrisikos ist es üblich, **164** dass der Versicherungsvertreter eine sog. Stornoreserve stellt.[157] Diese Stornoreserve wird in der Praxis meist durch Einbehalt eines bestimmten Provisionsanteils abgesichert.[158] Soweit zur Bildung einer Stornoreserve Provisionen einbehalten wurden, erfolgt eine Freigabe, sobald mit Rückbelastungen von Provisionsvorschüssen nicht mehr zu rechnen ist.[159] Bei Angestellten im Werbeaußendienst kann ein bei Ausscheiden nicht getilgter Schuldsaldo mit dem Stornoreserveguthaben verrechnet werden.[160] Mit Beendigung des Vertragsverhältnisses ist die vereinbarte Stornoreserve nicht schon aufzulösen, sondern erst dann, wenn die Provisionshaftungszeit abgelaufen ist.[161] Grundsätzlich ist es nämlich nicht zu beanstanden, wenn bezüglich der Auszahlung der Stornoreserve vereinbart wird, dass der Versicherer die Stornoreserve noch solange einbehalten darf, bis nach Vertragsende anfallende Storni festgestellt und etwaige Provisionsvorschuss-Rückgewähransprüche des Versicherers dem Stornoreservekonto-Guthaben des Vertreters belastet worden sind.[162] Unzulässig wäre allerdings eine Regelung, die Provisionsauszahlungen aus dem vom Versicherer geführten Sicherheitskonto erst drei Jahre nach Vertragsende vorsehen würde.[163]

e) Abschlussprovisionsgarantie. Die Vereinbarung einer Abschlussprovisi- **165** onsgarantie führt zu einer Abbedingung von § 87a Abs. 2 HGB. Entgegen der

---

[153] LG Karlsruhe, Urt. v. 2. 7. 1990 – O 137/89 KfH III, VersR 1990, 1008 ff. = BB 1990, 1504 = DB 1990, 2063.
[154] OLG Hamm, Urt. v. 10. 12. 2009 – I-2 U 111/09, VersR 2010, 609, 610.
[155] BGH, Urt. v. 17. 1. 2007 – VIII ZR 135/04, VersR 2007, 799, 801 = r+s 2007, 351, 352.
[156] BGH, Urt. v. 27. 2. 1975 – III ZR 9/73, WM 1975, 593; BGH, Urt. v. 17. 1. 2007 – VIII ZR 135/04, VersR 2007, 799 = r+s 2007, 351.
[157] Vgl. zur Praxis AG Marl, Urt. v. 28. 6. 1991 – 3 C 247/91, VersR 1992, 1224. Zur steuerlichen Behandlung siehe BFH, Urt. v. 12. 11. 1997 – XI R 30/97, BB 1998, 303 f. = WPg 1998, 380 (Ls.).
[158] LG Lübeck, Urt. v. 16. 9. 1991 – 12 O 441/90, VersR 1992, 1222 (20% Stornoreserve); OLG Köln, Urt. v. 19. 12. 2001 – 19 U 130/01, NVersZ 2002, 479, 480; *Küstner*/Thume, Handbuch des gesamten Außendienstrechts I, 3. Aufl., 2000, Rdn. 1550 f.; *Köllner/Stoll*, Vorsicht bei der Vertragsgestaltung! Klauseln der Versicherer in Vermittlerverträgen auf dem Prüfstand – Neue Rechtsprechung zum Recht der allgemeinen Geschäftsbedingungen, VW 2007, 1633, 1635: 10 bis 20 Prozent.
[159] *Viktor Stötter/Karin Stötter*, Die Stornohaftung des Versicherungsvertreters, VersVerm 1983, 435.
[160] LAG Baden-Württemberg, Urt. v. 5. 11. 1979 – 2 Sa 66/79, VersR 1980, 495.
[161] LG Frankfurt/M. v. 28. 11. 1985 – 2/5 O 72/85.
[162] OLG Düsseldorf, Urt. v. 19. 1. 1990 – 16 U 97/89, DB 1990, 731 = BB 1990, 1086.
[163] OLG Düsseldorf, Urt. v. 19. 1. 1990 – 16 U 97/89, DB 1990, 731 = BB 1990, 1086; *Flor* in: Martinek/Semler, Vertriebsrecht, München, Beck, 1996, § 8 Rdn. 116.

gesetzlichen Regelung entfällt der Provisionsrückforderungsanspruch für stornierte Versicherungsabschlüsse. Die Garantie-Provisionen gehören zu den Abschlusskosten im Sinne des inzwischen aufgehobenen § 56 VAG und sind als Abschlussprovisionen nicht zu aktivieren und auf die Laufzeit des Versicherungsvertrages zu verteilen.[164] Aufsichtsrechtlich bestehen gegen Garantiezusagen keine Bedenken, wenn diese nur solchen Vermittlern längstens für ein Jahr gegeben werden, die neu auf dem Gebiet der Lebensversicherung anfangen.[165]

166 f) **Folgeprovision.** Der Versicherungsvertreter hat gemäß § 92 Abs. 3 HGB nur Anspruch auf Provision, wenn er beim Abschluss des oder bei Änderung des alten Vertrages fördernd mitwirkt, auch wenn der abgeänderte Vertrag ursprünglich von ihm vermittelt worden ist.[166] Vermittelt ein Versicherungsvertreter sogenannte Aufbauversicherungen, bei denen sich die Versicherungssumme in regelmäßigen Zeitabständen erhöht, wenn der Versicherungsnehmer nicht widerspricht, so gehen die Erhöhungen auf die Vermittlungstätigkeit bei Abschluss des Grundvertrags zurück und sind nach § 87 Abs. 1 Satz 1 HGB im Zweifel provisionspflichtig.[167] Werden vermittelte Versicherungsverträge ordnungsgemäß gekündigt und alsdann unter Mitwirkung des Versicherungsvertreters neu abgeschlossen, so ist die Provisionspflicht grundsätzlich entfallen.[168]

167 Dem Versicherungsagenten steht nach der Beendigung des Agenturverhältnisses kein Anspruch auf Folgeprovisionen aus den von ihm vermittelten Versicherungsverträgen zu.[169] Es ist nicht sachwidrig einem Vertreter Folgeprovisionen dann nicht mehr zukommen zu lassen, wenn er ausgeschieden ist und für eine Betreuung des Kunden nicht mehr zur Verfügung steht.[170] Auch das OLG Düsseldorf[171] hat zum Ausdruck gebracht, dass der Anspruch auf „Folgeprovisionen" von der vertraglichen Regelung im Einzelfall abhängt und dass ein dahingehender Handelsbrauch nicht besteht.[172]

168 g) **Verwaltungsprovision.** Die gesetzlichen Vorschriften über die Provisionsansprüche des Handelsvertreters gelten nicht für sog. Verwaltungsprovisionen, d. h. Vergütungen, die einem Vertreter nicht für den Abschluss von Versicherungsverträgen, sondern für die Verwaltung des Versicherungsbestandes gewährt werden.[173] Zu den Verwaltungsprovisionen gehören die Bestandspflegeprovisionen und die Inkassoprovisionen.

169 Die Bestandspflegeprovision ist begrifflich das Entgelt, das einem Versicherungsvertreter für die laufende Pflege und Betreuung eines Versicherungsvertrages, insbesondere für die tätige Sorge um die Bestandsfestigkeit der vermittelten Objekte gewährt wird.[174] Führt ein Versicherungsvertreter für eine bestimmte Gesellschaft die Bestandspflege, so ist die hierfür zu leistende Provision von der tatsächlichen Pflege des Bestandes in dem Sinne abhängig, dass die Provision mit dem Bestehen des Vertreterverhältnisses verknüpft ist und der Rechtsgrund für

---

[164] Vgl. aber Gutachten des BFH v. 26. 1. 1960, VersR 1960, 619.
[165] Vgl. R 5/74 in der Fassung des R 4/86.
[166] LG Freiburg, Urt. v. 18. 12. 1979 – 9 S 157/79, BB 1980, 224 = VersR 1980, 329; BGH, Urt. v. 24. 4. 1986 – I ZR 83/84, NJW-RR 1986, 1477 = VersR 1986, 988.
[167] BAG, Urt. v. 28. 2. 1984 – 3 AZR 472/81, VersR 1984, 897 = BB 1984, 1687 = DB 1985, 50
[168] OLG Köln, Urt. v. 17. 2. 1978 – 6 U 86/77, VersR 1978, 511.
[169] BAV VerBAV 1952, 67.
[170] BAG, Urt. v. 28. 2. 1984 – 3 AZR 472/81, VersR 1984, 897 = BB 1984, 1687 = DB 1985, 50.
[171] DB 1956, 1132.
[172] A. A. OLG Hamm VersR 1956, 61.
[173] OLG Schleswig, Urt. v. 11. 1. 1977 – 9 U 35/76, VersR 1977, 1002.
[174] Gutachten BAV GB BAV 1960, 23, 24.

E. Vermittlung und Betreuung der Lebensversicherung   170–173   **Einl. E**

ihre Gewährung entfällt, sobald das Vertreterverhältnis beendigt wird.[175] Beim Makler gilt nichts anderes. Die entsprechende Maklervereinbarung, die eine Tätigkeitspflicht vorsieht, ist als Dienstvertrag anzusehen.[176] Wird das Bestandspflegegeld pauschal nach dem jeweiligen Beitragsaufkommen gezahlt, ist gemäß § 621 Nr. 5 BGB eine Kündigungsfrist nicht einzuhalten.[177]

h) Betreuungswechsel. Aufsichtsrechtlich ist es unzulässig, wenn Versicherungsvertreter mit Versicherungsnehmern zusätzliche Vereinbarungen treffen, in denen sich die Versicherungsnehmer verpflichten, während der Laufzeit ihres Versicherungsvertrages dessen Betreuung nur durch den abschließenden Vertreter zuzulassen und die Übertragung der Betreuung an einen Dritten zu verhindern.[178] Das Versicherungsunternehmen darf sich während der Dauer des Vertreterverhältnisses und bei seiner Beendigung nicht der Möglichkeit begeben zu entscheiden, wem es das Inkasso und die Bestandspflege für einen Teil seines Versicherungsbestandes anvertraut.[179] Demgemäß sieht das BAV Vereinbarungen als Missstand an, nach denen Vertretern beim Erlöschen des Vertragsverhältnisses mit dem LVU sinngemäß in jedem Falle das Inkasso und die Bestandsverwaltung weiter zu belassen sind.[180] Soweit LVU Ausschließlichkeitsvereinbarungen zwischen Vermittlern und Versicherungsnehmern über die Vertragsbetreuung ihrerseits als verbindlich anerkennen und diesen Vermittlern die Bestandspflege und das Inkasso übertragen, können sie gegen den in dem Rundschreiben des Bundesaufsichtsamtes R 2/78 vertretenen Grundsatz verstoßen, dass jederzeit während der Dauer eines Versicherungsverhältnisses die Entscheidungsfreiheit der Versicherungsunternehmen darüber gewährleistet sein muss, wem sie das Inkasso und die Bestandspflege für bestimmte Teile ihres Versicherungsbestandes anvertrauen wollen.[181] Bei den langjährigen, auf besonderem Vertrauen beruhenden Lebensversicherungsverträgen muss der Versicherer jederzeit dem Anspruch des Kunden nachkommen können, vom Vermittler seines Vertrauens betreut zu werden. Dabei ist auf die Belange des bisher betreuenden Vermittlers Rücksicht zu nehmen. 170

Richtet sich der Versicherer nach dem Wunsch des Kunden, von einem neuen Vermittler betreut zu werden, verliert der Ursprungsvermittler des Lebensversicherungsvertrages den Anspruch auf Zahlung von Verwaltungsprovisionen.[182] Diese Tätigkeitsvergütungen fließen dann dem neuen Vermittler zu, der jetzt den Lebensversicherungsvertrag verwaltet. 171

Der Betreuungswechsel hat bei Anpassungsversicherungen keine nachteiligen Konsequenzen für den Ursprungsvermittler, wenn der Kunde – wie bisher – die Anpassungen automatisch akzeptiert hat. Ist jedoch vom Kunden eine Anpassung der Lebensversicherung abgelehnt worden und stimmt er ihr dann aber aufgrund der Tätigkeit des neuen Vermittlers zu, so hat dieser den Anspruch auf die Abschlussprovision/Courtage, und nicht der Ursprungsvermittler.[183] 172

i) Überhangprovisionen. Die Ansprüche auf Vermittlungsprovisionen, die erst nach Beendigung des Vertreterverhältnisses mit der Zahlung der Versicherungsprämien fällig werden und somit erst dann von der Anwartschaft zum Vollan- 173

---

[175] Gutachten BAV GB BAV 1960, 23, 24.
[176] LG Bonn v. 12. 10. 1990 – 2 O 203/89.
[177] LG Bonn v. 12. 10. 1990 – 2 O 203/89.
[178] R 2/78, VerBAV 1978, 131.
[179] GB BAV 1961, 27; 1969, 43; VerBAV 1969, 328; GB BAV 1977, 35; R 2/78, VerBAV 1978, 131; VerBAV 1979, 166.
[180] R 2/78, VerBAV 1978, 131.
[181] VerBAV 1979, 166.
[182] *Fuchs-Baumann*, Ausgleichsanspruch des Versicherungsvertreters: Anrechnung des Barwerts einer vom Versicherungsunternehmen finanzierten Versorgung, DB 2001, 2131, 2133.
[183] Vgl. BGH, Urt. v. 24. 4. 1986 – I ZR 83/84, VersR 1986, 988.

spruch erwachsen (sog. Überhangprovisionen), bleiben beim Versicherungsvertreter nach dem Gesetz auch über die Beendigung des Vertretervertrages hinaus bestehen.[184] Eine Klausel in einem formularmäßigem Handelsvertretervertrag, wonach der Handelsvertreter Provision für Verträge, die während der Vertragszeit abgeschlossen werden, aber erst nach Vertragsbeendigung ausgeführt werden, nur dann erhält, wenn die Ausführung innerhalb von 6 Monaten nach Ausscheiden des Handelsvertreters erfolgt, verstößt gegen die zwingenden gesetzlichen Bestimmungen des § 87 a Abs. 3 Satz 1 HGB i. V. m. § 87 a Abs. 5 HGB[185] und kann nur dann Geltung beanspruchen, wenn sie den Fall der verspäteten Ausführung des Geschäfts durch den Unternehmer nicht erfasst.[186]

3. Rückzahlung der Provision bei Storno

174 a) **Nachbearbeitungspflicht.** Grundsätzlich entsteht der Provisionsanspruch des Versicherungsvertreters erst mit der Zahlung der Prämie durch den Versicherungsnehmer (§ 92 Abs. 4 HGB). Allerdings lässt die Nichtzahlung der Prämie den Provisionsanspruch nicht ohne weiteres entfallen. Es gilt nämlich für den Versicherungsvertreter die Regelung des § 87 a Abs. 3 HGB. Danach hat der Versicherungsvertreter einen Anspruch auf Provision, wenn feststeht, dass der Versicherer das Geschäft nicht ausführt.[187] Dieser Anspruch entfällt allerdings, wenn dem Versicherer die Ausführung des Geschäfts ohne sein Verschulden unmöglich oder unzumutbar ist.[188] Aufgrund der mit dem Versicherungsvertreter bestehenden Rechtsbeziehungen ist der Versicherer verpflichtet, im Interesse des Versicherungsvertreters Anstrengungen dahingehend zu unternehmen, die Nichtleistung des vorleistungspflichtigen Versicherungsnehmers als Grund für die Nichtentstehung des Provisionsanspruchs zu verhindern bzw. zu beseitigen.[189] Auch für den Provisionsanspruch eines Untervertreters kommt es darauf an, ob der Auftraggeber des Hauptvertreters die Nichtausführung nicht zu vertreten hat.[190] Im Rahmen dieser Nachbearbeitungspflicht ist der Versicherer grundsätzlich verpflichtet, zur Sicherung des Provisionsanspruchs seines Vertreters gegenüber einem säumigen Versicherungsnehmer in zumutbarer Weise aktiv zu werden und den Versicherungsnehmer zur Erfüllung seiner Vertragspflichten ernstlich und nachdrück-

---

[184] OLG Düsseldorf DB 1956, 1132; BGH, Urt. v. 23. 10. 1996 – VIII ZR 16/96, VersR 1997, 1143, 1144 = WM 1997, 232, 234 = ZIP 1996, 2165, 2167 = BB 1997, 59 = DB 1996, 2486, 2487; BGH, Urt. v. 10. 12. 1997 – VIII ZR 107/97, NJW-RR 1998, 629 = VersR 1998, 491; BAG, Urt. v. 20. 2. 2008 – 10 AZR 125/07, NZA 2008, 1124, 1125 = DB 2008, 761; BGH, Urt. v. 21. 10. 2009 – VIII ZR 286/07, VersR 2010, 249, 250 = DB 2009, 2652, 2655; *Fuchs-Baumann*, Ausgleichsanspruch des Versicherungsvertreters: Anrechnung des Barwerts einer vom Versicherungsunternehmen finanzierten Versorgung, DB 2001, 2131, 2132.
[185] BGH, Urt. v. 10. 12. 1997 – VIII ZR 107/97, r+s 1998, 306 = ZIP 1998, 695, 697 = WM 1998, 723, 724 = BB 1998, 391, 392 = DB 1998, 720.
[186] BGH, Urt. v. 10. 12. 1997 – VIII ZR 107/97, r+s 1998, 306, 307 = ZIP 1998, 695, 697 = WM 1998, 723, 725 = BB 1998, 391, 392 = DB 1998, 720, 721.
[187] BGH, Urt. v. 5. 3. 2008 – VIII ZR 31/07, VersR 2008, 684, 685 = BB 2008, 1030 m. Anm. *Hilgard*.
[188] LAG München, Urt. v. 27. 9. 1990 – 6 Sa 562/88, VersR 1992, 183.
[189] Sogenannte Nachbearbeitungspflicht, vgl. BAG VersR 1968, 166, 168 f.; OLG Köln, Urt. v. 27. 3. 1975 – 18 U 108/74, VersR 1976, 87 f.; OLG Köln, Urt. v. 18. 5. 1977 – 2 U 168/76, NJW 1978, 327 f. = VersR 1978, 920 ff.; LAG Hamm, Urt. v. 17. 3. 1980 – 15 Sa 771/80, VersR 1981, 1054; OLG Frankfurt/M., Urt. v. 10. 7. 1980 – 15 U 159/79, VersR 1981, 480 f.; BGH, Urt. v. 19. 11. 1982 – I ZR 125/80, VersR 1983, 371, 372 = DB 1983, 2135; OLG Frankfurt/M., Urt. v. 24. 2. 1983 – 16 U 187/81; *Herzog*, Übersendung von Stornogefahrmitteilungen an den Versicherungsvertreter, VersR 1979, 797 f.
[190] OLG Frankfurt/M., Urt. v. 19. 1. 2007 – 5 U 34/06, DB 2007, 2199 (Ls.).

E. Vermittlung und Betreuung der Lebensversicherung   175, 176   **Einl. E**

lich anzuhalten.[191] Mit anderen Worten: Der Versicherer ist verpflichtet, alles ihm Zumutbare zur Rettung eines notleidend gewordenen Vertrags zu tun.[192] Dem Versicherungsvertreter hat der Versicherer über rechtzeitige Stornogefahrmitteilungen die Gelegenheit zu geben, die gefährdeten Lebensversicherungsverträge nachzuarbeiten,[193] wobei die Beweislast für den Zugang beim Versicherungsvertreter das Versicherungsunternehmen trifft.[194]

Die Darlegungs- und Beweislast dafür, dass alles Zumutbare unternommen worden ist, um eine weitere Zahlung des Versicherungsbeitrags durch den Versicherungsnehmer zu erreichen, liegt beim Versicherer.[195] Seine Sache ist es, die Nachbearbeitung gefährdeter Verträge darzulegen.[196] Dabei hat die Darlegung der bestandserhaltenden Maßnahmen konkret auf den jeweiligen Einzelfall einzugehen.[197] Ausreichend ist die Darlegung, welche Gründe den jeweiligen Vertrag notleidend gemacht haben und welche Nachbearbeitungsmaßnahmen der Versicherer ergriffen hat.[198] Diese Darlegung kann allerdings entfallen, wenn es sich um Kleinststornofälle handelt,[199] die früher im Bereich von 100,00 DM angesiedelt wurden[200] und heute bei 100,00 Euro gesehen werden.[201] 175

Die ausgezahlten Provisionsvorschüsse verbleiben dem Versicherungsvertreter, wenn der Versicherer die Stornierung des Versicherungsvertrags zu vertreten hat.[202] Nicht vertreten muss der Versicherer eine Stornierung u. a. nur dann, wenn er sich pflichtgemäß durch Übersendung einer Stornogefahrmitteilung an 176

---

[191] LAG Frankfurt/M., Urt. v. 20. 1. 1981 – 7 Sa 1336/79, NJW 1982, 254, 255 = VersR 1982, 480 (Ls.); OLG Frankfurt/M., Urt. v. 10. 7. 1980 – 15 U 159/79, VersR 1981, 480 f.; AG Hildesheim, Urt. v. 17. 10. 1996 – 40 C 138/96, VersR 1997, 310, 311; OLG Düsseldorf, Urt. v. 29. 11. 1996 – 16 U 18/96, r+s 1998, 44.
[192] OLG Frankfurt/M., Urt. v. 20. 11. 1989 – 3 U 4/88, VersR 1991, 1135.
[193] OLG Köln, Urt. v. 18. 5. 1977 – 2 U 168/76, NJW 1978, 327, 328 = VersR 1978, 920; LAG Hamm, Urt. v. 17. 9. 1980 – 15 Sa 771/80, VersR 1981, 1054; OLG Frankfurt/M., Urt. v. 10. 7. 1980 – 15 U 159/79, VersR 1981, 480; OLG Schleswig, Urt. v. 24. 4. 1984 – 3 U 114/82, VersR 1985, 37 (Ls.) = MDR 1984, 760; OLG Frankfurt/M., Urt. v. 18. 12. 1984 – 8 U 74/84, VersR 1986, 461; OLG Karlsruhe, Urt. v. 3. 3. 1988 – 12 U 70/87, VersR 1989, 511, 512; LAG München, Urt. v. 27. 9. 1990 – 6 Sa 562/88, VersR 1992, 183, 184; OLG Zweibrücken, Urt. v. 21. 3. 1995 – 24 U 85/94, VersR 1997, 875 = r+s 1996, 291; OLG Düsseldorf, Urt. v. 29. 11. 1996 – 16 U 18/96, r+s 1998, 44; OLG Frankfurt/M., Urt. v. 18. 4. 1997 – 24 U 115/95, VersR 1999, 439, 440; *Stötter*, Zur Anwendung des § 87 a Abs. 3 HGB auf die Provisionsvorschuss-Rückgewähransprüche der Versicherungen in den sog. Stornofällen, MDR 1981, 269, 272.
[194] OLG Köln, Urt. v. 9. 9. 2005 – 19 U 174/04, VersR 2006, 71, 72 = r+s 2006, 220.
[195] OLG Koblenz, Urt. v. 27. 3. 1980 – 6 U 982/77, VersR 1980, 623 m. Anm. *Jestaedt* VersR 1980, 919; OLG Schleswig VerBAV 1985, 229 = MDR 1984, 760; LAG München, Urt. v. 27. 9. 1990 – 6 Sa 562/88, VersR 1992, 183.
[196] BGH, Urt. v. 19. 11. 1982 – I ZR 125/80, VersR 1983, 371, 372 = DB 1983, 2135; OLG Frankfurt/M., Urt. v. 18. 12. 1984 – 8 U 74/84, VersR 1986, 461; BGH, Urt. v. 12. 11. 1987 – I ZR 3/83, NJW-RR 1988, 546 = VersR 1988, 490 = MDR 1988, 555; a. A. OLG Frankfurt/M., Urt. v. 24. 2. 1983 – 16 U 187/81.
[197] BGH, Urt. v. 19. 11. 1982 – I ZR 125/80, VersR 1983, 371 = DB 1983, 2135; LAG München, Urt. v. 27. 9. 1990 – 6 Sa 562/88, VersR 1992, 183, 184; OLG Zweibrücken, Urt. v. 21. 3. 1995 – 5 U 103/93, NJW-RR 1996, 285.
[198] BGH, Urt. v. 12. 11. 1987 – I ZR 3/83, NJW-RR 1988, 546 = VersR 1988, 490 = MDR 1988, 555.
[199] AG Karlsruhe, Urt. v. 23. 9. 2009 – 9 C 126/09, VersR 2010, 626.
[200] OLG Celle, Urt. v. 28. 6. 2001 – 11 U 221/00, OLGR 2001, 267.
[201] *Krämer* VersR 2010, 626, 627.
[202] LG Karlsruhe, Urt. v. 30. 5. 1980 – 7 O 66/80, VersR 1980, 530 (Ls.) = MDR 1981, 322.

Einl. E 177   Teil 2. Einleitung

den Versicherungsvertreter um die „Rettung" des Versicherungsvertrags und damit des Provisionsanspruchs des Versicherungsvertreters bemüht hat.[203]

177   b) Einklagung Erstbeitrag. Im Hinblick auf die besondere Eigenart der Lebensversicherung und das bei ihr bestehende spezielle Kündigungsrecht des Versicherungsnehmers nach § 165 VVG 2008 ist der Lebensversicherer zur Einklagung des ersten Jahresbeitrags nicht verpflichtet, um dem Versicherungsvertreter, der den Versicherungsvertrag vermittelt hat, seinen Provisionsanspruch zu erhalten.[204] Auch entsprechende Klageandrohungen sind dem Versicherer nicht zumutbar.[205] Der Versicherer ist auch nicht verpflichtet, den Klageweg zu beschreiten, wenn Beitragszahlungen eingestellt werden.[206] Unabhängig hiervon ist der Versicherer nach den Regelungen in Agenturverträgen nicht verpflichtet, den Provisionsanspruch des Versicherungsvertreters durch klageweise Geltendmachung des Beitragsrückstands durchzusetzen; diese Regelung ist als wirksam anzuerkennen.[207]

---

[203] BGH, Urt. v. 2. 3. 1989 – I ZR 121/87, VersR 1989, 846 = BB 1989, 1077; OLG Frankfurt/M., Urt. v. 15. 12. 1995 – 24 U 85/95, VersR 1997, 875; *Sundermann*, Die Provision des Versicherungsvertreters bei Nichtausführung des vermittelten Geschäftes, BB 1958, 542, 544; a. A. *Hans*, Die Provision des Handelsvertreters – insbesondere des Versicherungsvertreters – bei Nichtausführung des vermittelten Geschäftes, BB 1957, 1060, 1061; *derselbe* BB 1958, 544, 545.

[204] BAV VerBAV 1953, 162; LG Essen VersR 1955, 387; OLG Oldenburg VersR 1961, 648; BAG NJW 1968, 518 = VersR 1968, 166, 169; LG Regensburg VersR 1973, 710; OLG Köln, Urt. v. 27. 3. 1975 – 18 U 108/74, VersR 1976, 87 = VerBAV 1976, 272 = VW 1976, 358; OLG Frankfurt/M., Urt. v. 29. 10. 1976 – 10 U 80/76, VersR 1978, 326 = BB 1977, 1170; OLG Koblenz, Urt. v. 27. 3. 1980 – 6 U 982/77, VersR 1980, 623; LG Hildesheim, Urt. v. 8. 3. 1979 – 4 O 405/78, VersR 1980, 330; LG Freiburg, Urt. v. 18. 12. 1979 – 9 S 157/79, VersR 1980, 329; LG Karlsruhe, Urt. v. 30. 5. 1980 – 7 O 66/80, VersR 1981, 530 (Ls.) = MDR 1981, 322; OLG Frankfurt/M., Urt. v. 10. 7. 1980 – 15 U 159/79, VersR 1981, 480, wobei der BGH die Revision nicht angenommen hat, vgl. BGH v. 19. 12. 1980 – I ZA 2/80; LAG Hamm, Urt. v. 17. 9. 1980 – 15 Sa 771/80, VersR 1981, 1054; OLG Karlsruhe, Urt. v. 10. 7. 1981 – 15 U 227/80, VersR 1982, 267; LG Karlsruhe, Urt. v. 18. 6. 1982 – 7 O 584/81, VersR 1983, 374 (Ls.); OLG Frankfurt/M., Urt. v. 24. 2. 1983 – 16 U 187/81; OLG Frankfurt/M. MDR 1983, 844 = DB 1983, 1591; OLG Frankfurt/M., Urt. v. 13. 7. 1984 – 10 U 92/83, VW 1985, 1218, wobei der BGH die Revision nicht angenommen hat, vgl. BGH, 23. 5. 1985 – I ZR 163/84; OLG Frankfurt/M., Urt. v. 18. 12. 1984 – 8 U 74/84, VersR 1986, 461, 462; OLG Schleswig, Urt. v. 24. 4. 1984 – 3 U 114/82, VerBAV 1985, 228, 229 = MDR 1984, 760; AG Hildesheim, Urt. v. 17. 10. 1996 – 40 C 138/96, VersR 1997, 310, 311; LG Memmingen, Urt. v. 27. 1. 1999 – 2H O 1639/98, VersR 2000, 318, 320; LG Rostock, Urt. v. 2. 5. 2002 – 1 S 358/01; BGH, Urt. v. 25. 5. 2005 – VIII ZR 279/04, NJW-RR 2005, 1196, 1197 = VersR 2005, 1078, 1079 = r+s 2006, 43, 44 = WM 2005, 1487, 1488 = DB 2005, 1961, 1962; *Höft*, Die provisionsrechtlichen Sonderregelungen für die Versicherungswirtschaft – Gründe und Unverzichtbarkeit, VersR 1976, 205, 208; *Stötter/Stötter*, Die Pflicht der Versicherungen zur Benachrichtigung seiner Versicherungsvertreter in den Fällen der sog. Stornogefahr, VersVerm 1983, 4, 6; *Bonvie*, Der Provisionsanspruch des ausscheidenden Versicherungsvertreters bei stornogefährdeten Verträgen, VersR 1986, 119, 121; *Löwisch* in: Ebenroth/Boujong/Joost, HGB, Bd. 1, München, Beck/Vahlen, 2001, § 92 HGB, Rdn. 24; *Hopt*, Handelsvertreterrecht, 4. Aufl., München, Beck, 2009, § 87a HGB Rdn. 29; **a. A.** OLG Hamm v. 24. 10. 1955, VersR 1956, 61 m. Anm. Franke VersR 1956, 156; LG München v. 6. 6. 1956, VersR 1956, 654; LG Gießen MDR 1981, 938.

[205] OLG Frankfurt/M., Urt. v. 10. 7. 1980 – 15 U 159/79, VersR 1981, 480.

[206] LAG München, Urt. v. 27. 9. 1990 – 6 Sa 562/88, VersR 1992, 83; AG Hildesheim, Urt. v. 17. 10. 1996 – 40 C 138/96, VersR 1997, 310, 311; BGH, Urt. v. 25. 5. 2005 – VIII ZR 279/04, NJW-RR 2005, 1196, 1197 = VersR 2005, 1078f. = r+s 2006, 43, 44 = WM 2005, 1487, 1488 = DB 2005, 1961, 1962.

[207] OLG München VersR 1958, 599; LG Frankfurt/M. VersR 1958, 688; OLG Frankfurt/M. VersR 1960, 510; OLG Köln, Urt. v. 27. 3. 1975 – 18 U 108/74, VersR 1976, 87;

E. Vermittlung und Betreuung der Lebensversicherung   178, 179   **Einl. E**

Die Klausel verstößt nicht gegen § 87a Abs. 5 HGB[208] und auch nicht gegen § 9 AGBG.[209]

c) Stornogefahrmitteilungen. aa) Grundsatz. Art und Umfang der dem 178
Versicherungsunternehmen obliegenden Nachbearbeitung notleidender Versicherungsverträge bestimmt sich nach den Umständen des Einzelfalles.[210] Das Versicherungsunternehmen kann entweder eigene Maßnahmen zur Stornoabwehr ergreifen, die dann freilich nach Art und Umfang ausreichend sein müssen, was im Streitfall vom Versicherungsunternehmen darzulegen und zu beweisen ist, oder sich darauf beschränken, dem Versicherungsvertreter durch eine Stornogefahrmitteilung Gelegenheit zu geben, den notleidend gewordenen Vertrag selbst nachzubearbeiten.[211] Stornogefahrmitteilungen sind somit nur eines von mehreren in Betracht kommenden Mittel, unter denen das Versicherungsunternehmen die Wahl hat.[212] Es besteht demzufolge auch gegenüber einem noch in den Diensten des Versicherungsunternehmens stehenden Versicherungsvertreter weder eine Pflicht noch auch nur eine Obliegenheit zu Stornogefahrmitteilungen.[213] Bei einem aus den Diensten des Versicherers ausgeschiedenen Vertreter gilt nichts anderes.[214] Diese Grundsätze müssen aber den Besonderheiten des Lebensversicherungsvertriebs Rechnung tragen.

bb) Vor Vertragsbeendigung. Der Versicherer darf vorläufig bezahlte Provisionen nur dann ganz oder teilweise stornieren, wenn er dem Versicherungsvertreter Stornogefahrmitteilungen hat zukommen lassen.[215] Seinen vertraglichen Verpflichtungen zur Rücksichtnahme auf das Provisionsinteresse des Vertreters genügt der Versicherer dadurch, dass er den ausstehenden Erstbeitrag anmahnt, dem Vertreter eine Kopie des Mahnschreibens übersendet und ggf. auch noch einen gesonderten Hinweis auf die drohende Stornierung des Versicherungsvertrages gibt; dabei bleibt dem Versicherer hinsichtlich der Formulierung des Mahnschreibens ein Ermessensspielraum.[216] Im Einzelfall können auch weitere Maßnahmen erforderlich sein, wie z.B. die Anfrage bei dem Versicherungsnehmer nach dem Grund der Nichtzahlung des Beitrags, Vorschläge zur Änderung des Vertrags hinsichtlich des Deckungsumfangs und des Beitrags, Hinausschieben des Versicherungsbeginns und ähnliches.[217] 179

OLG Frankfurt/M., Urt. v. 10. 7. 1980 – 15 U 159/79, VersR 1981, 480; OLG Karlsruhe, Urt. v. 10. 7. 1981 – 15 U 227/80, VersR 1982, 267; OLG Schleswig VerBAV 1985, 229; *Unger*, Die Versicherungsvermittlung im Wirkungsfeld des Aufsichts- und Wettbewerbsrechts, Karlsruhe, VVW, 1987, S. 86.
[208] OLG Frankfurt/M., Urt. v. 20. 11. 1989 – 3 U 4/88, VersR 1991, 1135.
[209] LG Köln, Urt. v. 20. 10. 1983 – 25 O 655/82.
[210] BGH, Urt. v. 19. 11. 1982 – I ZR 125/80, VersR 1983, 371 = DB 1983, 2135; BGH, Urt. v. 12. 11. 1987 – I ZR 3/86, NJW-RR 1988, 546 = VersR 1988, 490; BGH, Urt. v. 25. 5. 2005 – VIII ZR 279/04, NJW-RR 2005, 1196, 1197 = VersR 2005, 1078f. = r+s 2006, 43, 44 = WM 2005, 1487, 1488 = DB 2005, 1961, 1962.
[211] BGH, Urt. v. 19. 11. 1982 – I ZR 125/80, VersR 1983, 371 = DB 1983, 2135; BGH, Urt. v. 25. 5. 2005 – VIII ZR 279/04, NJW-RR 2005, 1196, 1197 = VersR 2005, 1078f. = r+s 2006, 43, 44 = WM 2005, 1487, 1488 = DB 2005, 1961, 1962.
[212] BGH, Urt. v. 25. 5. 2005 – VIII ZR 279/04, NJW-RR 2005, 1196, 1197 = VersR 2005, 1078f. = r+s 2006, 43, 44 = WM 2005, 1487, 1488 = DB 2005, 1961, 1962.
[213] BGH, Urt. v. 25. 5. 2005 – VIII ZR 279/04, NJW-RR 2005, 1196, 1197 = VersR 2005, 1078f. = r+s 2006, 43, 44 = WM 2005, 1487, 1488 = DB 2005, 1961, 1962.
[214] BGH, Urt. v. 25. 5. 2005 – VIII ZR 279/04, NJW-RR 2005, 1196, 1197 = VersR 2005, 1078f. = r+s 2006, 43, 44 = WM 2005, 1487, 1488 = DB 2005, 1961, 1962.
[215] OLG Köln, Urt. v. 18. 5. 1977 – 2 U 168/76, VersR 1978, 920; OLG Frankfurt/M., Urt. v. 10. 7. 1980 – 15 U 159/79, VersR 1981, 480; OLG Frankfurt/M., Urt. v. 20. 11. 1989 – 3 U 4/88, VersR 1991, 1135.
[216] OLG Frankfurt/M., Urt. v. 10. 7. 1980 – 15 U 159/79, VersR 1981, 480.
[217] OLG Karlsruhe, Urt. v. 3. 3. 1988 – 12 U 70/87, VersR 1989, 511, 512.

Der Versicherer ist jedoch nicht verpflichtet, einen persönlichen Besuch beim Versicherungsnehmer durchführen zu lassen.[218]

180 cc) Nach Vertragsbeendigung. Nach der Beendigung des Vertretervertrages muss der Versicherer dem Versicherungsvertreter keine Stornogefahrmitteilungen mehr übermitteln, weil die Gefahr besteht, dass der Vertreter anstelle der Nachbearbeitung des „alten" Versicherungsvertrages den Kunden für einen neuen Dienstherrn abwirbt.[219] Das Versicherungsunternehmen ist jedoch verpflichtet, von sich aus die nach dem Ausscheiden des Vertreters notleidend gewordenen Verträge nachzuarbeiten.[220] Ein Besuch durch den Nachfolger des ausgeschiedenen Vertreters ist dabei regelmäßig nicht angezeigt bzw. zumutbar.[221] Die Durchführung des Bestandserhaltungsverfahrens – in der Regel eine Kombination von Erinnerungs-, Mahn- und Kündigungsschreiben – ist ausreichend.[222] Die Nacharbeit erübrigt sich jedoch, wenn schon der Erstbeitrag nicht gezahlt ist.[223]

---

[218] OLG Schleswig VerBAV 1985, 229.
[219] LG Bochum VW 1979, 191; LG Hildesheim, Urt. v. 8. 3. 1979 – 4 O 405/78, VersR 1980, 330, 331; LG Freiburg, Urt. v. 18. 12. 1979 – 9 S 157/79, VersR 1980, 329, 330 = BB 1980, 224; LG Baden-Baden, Urt. v. 19. 12. 1980 – 2 O 156/80, VersR 1981, 776 = VW 1981, 622; LAG Hamm, Urt. v. 17. 9. 1980 – 15 Sa 771/80, VersR 1981, 1054; LAG Frankfurt/M., Urt. v. 20. 1. 1981 – 7 Sa 1336/79, NJW 1982, 254, 255 = VersR 1982, 480 (Ls.) = VW 1982, 238 (für Versicherungsangestellten); OLG Karlsruhe, Urt. v. 10. 7. 1981 – 15 U 227/80, VersR 1982, 267; OLG Frankfurt/M. v. 24. 2. 1983 – 16 U 187/81; OLG Frankfurt/M. DB 1983, 1591; OLG Karlsruhe, Urt. v. 16. 5. 1984 – 1 U 11/84, VersR 1984, 935, 936; OLG Schleswig, Urt. v. 24. 4. 1984 – 3 U 114/82, VersR 1985, 37 (Ls.) = VersR 1985, 28, 229 = VW 1984, 1408 = MDR 1984, 760; BGH NJW-RR 1988, 546 ff.; *Platz* VersR 1985, 621, 622; OLG Frankfurt/M., Urt. v. 20. 11. 1989 – 3 U 4/85, VersR 1991, 1135; LAG München, Urt. v. 27. 9. 1990 – 6 Sa 562/88, VersR 1992, 183, 184; LG München I, Urt. v. 24. 9. 1996, r+s 1997, 176; OLG Saarbrücken, Urt. v. 24. 3. 1999 – 1 U 529/98–96, VersR 2000, 1017, 1019 = r+s 2001, 87, 88; LG Saarbrücken, Urt. v. 11. 11. 1999 – 11 S 336/98, VersR 2000, 761, 762; LG Hannover, Urt. v. 16. 6. 2005 – 2 U 356/04, VersR 2006, 545; *Goertz* VersR 1978, 921; *Herzog*, Übersendung von Stornogefahrmitteilungen an den Versicherungsvertreter, VersR 1979, 797 f.; *Emde*, Rechtsprechungs- und Literaturübersicht zum Vertriebsrecht im Jahre 2006, BB 2007, 3, 4; a.A. OLG Köln, Urt. v. 18. 5. 1977 – 2 U 168/76, NJW 1978, 327 = VersR 1978, 920 = VW 1978, 611; LG Mainz, Urt. v. 8. 9. 1999, NVersZ 2000, 303, 304 = NJW-RR 2000, 915, 916; *Bonvie* VersR 1986, 119.
[220] OLG Köln, Urt. v. 18. 5. 1977 – 2 U 168/76, NJW 1978, 327, 328 = VersR 1978, 920; LAG Hamm, Urt. v. 17. 9. 1980 – 15 Sa 771/80, VersR 1981, 1054; OLG Schleswig MDR 1984, 760; OLG Frankfurt/M., Urt. v. 10. 7. 1980 – 15 U 159/79, VersR 1981, 480; OLG Frankfurt/M., Urt. v. 18. 12. 1984 – 8 U 74/84, VersR 1986, 461; LAG München, Urt. v. 27. 9. 1990 – 6 Sa 562/88, VersR 1992, 183, 184; OLG Zweibrücken, Urt. v. 21. 3. 1995 – 5 U 103/93, NJW-RR 1996, 285; OLG Frankfurt/M., Urt. v. 15. 12. 1995 – 24 U 85/94, r+s 1996, 291.
[221] OLG Schleswig VerBAV 1985, 229 = MDR 1984, 760; LAG München, Urt. v. 27. 9. 1990 – 6 Sa 562/88, VersR 1992, 183, 184.
[222] LG Hildesheim, Urt. v. 8. 3. 1979 – 4 O 405/78, VersR 1980, 330, 331; LG Freiburg, Urt. v. 18. 12. 1979 – 9 S 157/79, VersR 1980, 329 ff.; OLG Frankfurt/M., Urt. v. 10. 7. 1980 – 15 U 159/79, VersR 1981, 480; LAG Frankfurt/M., Urt. v. 20. 1. 1981 – 7 Sa 1336/79, NJW 1982, 254 ff. = VersR 1982, 480 (Ls.) = OLG Schleswig VerBAV 1985, 229 = MDR 1984, 760; BGH MDR 1988, 555; LAG München, Urt. v. 27. 9. 1990 – 6 Sa 562/88, VersR 1992, 183, 184; OLG Frankfurt/M., Urt. v. 21. 5. 1999 – 19 U 7/98; weiterführend *Mecklenbrauck*, § 87 a Abs. 3 HGB: Besteht eine Pflicht des Versicherers zur Versendung von Stornogefahrmitteilungen?, VersR 2006, 1157, 1160.
[223] LG Hamm, Urt. v. 12. 5. 1980 – 18 U 121/78; LAG Hamm, Urt. v. 17. 9. 1980 – 15 Sa 771/80, VersR 1981, 1054; LG Freiburg, Urt. v. 18. 12. 1979 – 9 S 157/79, VersR 1980, 329; LG Hildesheim, Urt. v. 8. 3. 1979 – 4 O 405/78, VersR 1980, 330; a. A. OLG Köln, Urt. v. 18. 5. 1977 – 2 U 168/76, VersR 1978, 920; OLG Frankfurt/M., Urt. v. 20. 11. 1989 – 3 U 4/88, VersR 1991, 1135.

E. Vermittlung und Betreuung der Lebensversicherung   181, 182   **Einl. E**

4. Provisionsabrechnung

a) Ausgangslage. Der Versicherer schuldet dem Vertreter gemäß § 87 c Abs. 1   **181**
HGB i. V. m. § 92 Abs. 2 HGB eine monatliche Abrechnung über die Provisionen, auf die er Anspruch hat.[224] Im Falle der Beendigung des Vertretervertrages ist der Versicherer zur sofortigen Abrechnung verpflichtet.[225] Diese Abrechnung hat auch – über den Wortlaut des § 87 c Abs. 1 HGB hinaus – die Provisionsvorschüsse und die im Fall des Provisionswegfalles zu leistenden Provisionsrückzahlungen zu enthalten, das heißt nicht nur Gutschriften, sondern auch Lastschriften.[226] Der Anspruch des Handelsvertreters auf Abrechnung gemäß § 87 c Abs. 1 HGB soll dem Handelsvertreter unter Vergleich mit seinen eigenen Unterlagen die Prüfung ermöglichen, ob die Provisionsabrechnungen und sonstigen Vergütungen lückenlos erfasst wurden.[227] Macht der Versicherungsvertreter Provisionsansprüche im Wege der Zahlungsklage geltend, muss er das Entstehen, die Höhe und die Fälligkeit dieser Ansprüche darlegen und beweisen.[228]

b) Einigung über die Abrechnung. Für eine Einigung über die Abrechnung zwischen dem Versicherer und dem Versicherungsvertreter bedarf es in der Regel einer eindeutigen Willenserklärung des Versicherungsvertreters.[229] Eindeutige Erklärungen sind auch für die Annahme eines Verzichts oder eines negativen Schuldanerkenntnisses zu verlangen und insoweit grundsätzlich strenge Anforderungen zu stellen.[230] Ein Einverständnis mit den Provisionsabrechnungen und damit das Anerkenntnis, keine weiteren Ansprüche zu haben, kann im Allgemeinen nicht aus einem untätigen Verhalten des Handelsvertreters (und damit auch des Versicherungsvertreters) gefolgert werden.[231] In dem Umstand, dass der Handelsvertreter über mehrere Jahre hinweg die Abrechnungen des Unternehmers widerspruchslos hingenommen hat, ist weder ein stillschweigend erklärtes Einverständnis mit den Abrechnungen noch ein Verzicht auf weitere Provision für nicht   **182**

---

[224] Siehe hierzu *Emde,* Abrechnung und Buchauszug als Informationsrechte des Handelsvertreters, MDR 2003, 1151 ff.
[225] *Emde/Kelm,* Der Handelsvertretervertrag in der Insolvenz des Unternehmers, ZIP 2005, 58, 64.
[226] OLG München VersR 1964, 235, *Stötter* DB 1970, 1473; OLG Frankfurt/M. v. 24. 2. 1983 – 16 U 187/81.
[227] BGH NJW-RR 1989, 738 = WM 1989, 1073, 1074.
[228] BGH, Urt. v. 17. 1. 2007 – VIII ZR 135/04, VersR 2007, 799, 801 = r+s 2007, 351, 352.
[229] BGH, Urt. v. 28. 11. 1963 – VII ZR 90/62, nicht veröffentlicht, Umdruck S. 16; BGH, Urt. v. 20. 2. 1964 – VII ZR 147/62, VersR 1964, 429 = BB 1964, 409 = DB 1964, 583; BGH, Urt. v. 23. 10. 1981 – I ZR 171/79, VersR 1982, 265, 266 = WM 1982, 152 = DB 1982, 376; BAG, Urt. v. 23. 3. 1982 – 3 AZR 637/79, VersR 1982, 1109; BGH, Urt. v. 29. 11. 1995 – VIII ZR 293/94, NJW 1996, 588 = VersR 1996, 230, 231 = r+s 1996, 203, 204 = WM 1996, 309, 310 = BB 1996, 176 = MDR 1996, 372, 373; OLG Saarbrücken, Urt. v. 23. 5. 2001 – 1 U 760/00-167, NJW-RR 2002, 391, 392; BGH, Urt. v. 20. 9. 2006 – VIII ZR 100/05, NJW-RR 2007, 246, 248 = VersR 2006, 1682, 1683 = r+s 2007, 131, 132 = WM 2007, 177, 178 f. = BB 2006, 2492, 2493.
[230] BGH, Urt. v. 16. 11. 1993 – XI ZR 70/93, NJW 1994, 397 = WM 1994, 13 = BB 1994, 305 = MDR 1994, 156; BGH, Urt. v. 22. 6. 1995 – VII ZR 118/94, NJW-RR 1996, 237 = WM 1995, 1677 = BB 1995, 1817; BGH, Urt. v. 29. 11. 1995 – VIII ZR 293/94, NJW 1996, 588 = VersR 1996, 230, 231 = r+s 1996, 203, 204 = WM 1996, 309, 310 = BB 1996, 176 = MDR 1996, 372, 373; BGH, Urt. v. 20. 9. 2006 – VIII ZR 100/05, NJW-RR 2007, 246, 248 = VersR 2006, 1682, 1683 = r+s 2007, 131, 132 = WM 2007, 177, 178 f. = BB 2006, 2492, 2493.
[231] BGH, Urt. v. 29. 11. 1995 – VIII ZR 293/94, NJW 1996, 588 = VersR 1996, 230, 231 = r+s 1996, 203, 204 = WM 1996, 309, 310 = BB 1996, 176 = MDR 1996, 372, 373; OLG Saarbrücken, Urt. v. 23. 5. 2001 – 1 U 760/00-167, NJW-RR 2002, 391, 392.

Einl. E 183 Teil 2. Einleitung

durchgeführte Geschäfte zu sehen.[232] Will sich ein Versicherer Abrechnungssicherheit verschaffen, bietet es sich an, dass er aus Anlass eines fälligen Saldos, der in der Regel im Zuge einer Jahresabrechnung anfällt, sich mit seinem Versicherungsvertreter ausdrücklich über die Provisionsabrechnung einigt.

183 Über eine Anerkennungsklausel im Vertretervertrag kann die durch das Abrechnungsgespräch zu erzielende Einigung nicht erreicht werden, auch wenn es zur Vermeidung von Missbräuchen bei der Geltendmachung von Buchauszugsforderungen zu begrüßen wäre, wenn die Rechtsprechung grundsätzlich eine widerspruchslose Hinnahme von Provisionsabrechnungen durch den Vertreter als Anerkenntnis werten würde.[233] Eine Vereinbarung zwischen Handelsvertreter und Unternehmer, nach der dessen Abrechnung mangels Widerspruchs des Handelsvertreters innerhalb einer bestimmten Frist als genehmigt gelten soll, verstößt gegen § 87c Abs. 5 HGB und ist als unwirksam anzusehen.[234] Dies gilt selbst

---

[232] BGHZ 56, 290, 296 = NJW 1971, 1610; BGH, Urt. v. 23. 10. 1981 – I ZR 171/79, VersR 1982, 265; BGH, Urt. v. 29. 11. 1995 – VIII ZR 293/94, NJW 1996, 588,589 = VersR 1996, 230, 231 = r+s 1996, 203, 204 = WM 1996, 309, 311 = BB 1996, 176, 177 = MDR 1996, 372, 373; OLG Köln BB 1997, 2130; OLG Hamm, Urt. v. 15. 9. 2000 – 35 U 4/00, VersR 2001, 1106; OLG Saarbrücken, Urt. v. 23. 5. 2001 – 1 U 760/00–167, NJW-RR 2002, 391, 392; OLG München, Urt. v. 1. 7. 2003 – 23 U 1637/03, VersR 2004, 470, 471; OLG Frankfurt/M., Urt. v. 1. 7. 2003 – 5 U 229/99, VersR 2004, 781, 782 = r+s 2005, 356; OLG Hamm, Beschl. v. 12. 3. 2004 – 35 W 2/04, NJW-RR 2004, 1266; BGH, Urt. v. 20. 9. 2006 – VIII ZR 100/05, NJW-RR 2007, 246, 248 = VersR 2006, 1682, 1683 = r+s 2007, 131, 132 = WM 2007, 177, 179 = BB 2006, 2492, 2493; *Emde*, Rechtsprechungs- und Literaturübersicht zum Vertriebsrecht im Jahre 2004, BB 2005, 389, 392; *Evers* VW 2009, 1845; **a. A.** BGH NJW 1961, 1059 (Ls.) = BB 1961, 424 = DB 1961, 533; BGH, Urt. v. 28. 1. 1965 – VII ZR 120/63, NJW 1965, 1136 (Ls.) = VersR 1965, 583 (Ls.) = BB 1965, 434 = DB 1965, 588 = MDR 1965, 570; dazu *Stötter*, Einzelfragen der Provisionsabrechnung zwischen Unternehmer und Handelsvertreter, DB 1970, 1473, 1475.

[233] *Müller-Stein*, Buchauszug nach § 87c Abs. 2 HGB – Anerkenntnisklausel in Provisionsabrechnungen nach § 87c Abs. 1 HGB, VersR 2001, 830, 831; ähnlich *Behrend*, Aktuelle handelsvertreterrechtliche Fragen in Rechtsprechung und Praxis, NJW 2003, 1563, 1565.

[234] BGH, Urt. v. 20. 2. 1964 – VII ZR 147/62, VersR 1964, 429 = BB 1964, 409; OLG Hamm, Urt. v. 22. 5. 1978 – 18 U 10/77, VersR 1979, 53 (Ls.) = BB 1979, 442, 443; OLG Karlsruhe VersR 1980, 551 (Ls.) = BB 1980, 226; OLG Koblenz, Urt. v. 27. 3. 1980 – 6 U 982/77, VersR 1980, 623; BGH, Urt. v. 23. 10. 1981 – I ZR 171/79, VersR 1982, 265; BGH, Urt. v. 19. 11. 1982 – I ZR 125/80, VersR 1983, 371 = MDR 1998, 728; BAG, Urt. v. 3. 3. 1982 – 3 AZR 637/79, VersR 1982, 1109; BGH BB 1990, 2066; BGH, Urt. v. 29. 11. 1995 – VIII ZR 293/94, NJW 1996, 588, 589 = VersR 1996, 230, 231/232 = r+s 1996, 203, 204 = WM 1996, 309, 311 = BB 1996, 176, 177 = MDR 1996, 372, 373; OLG Köln, Urt. v. 20. 6. 1997 – 3 U 146/96, VersR 1997, 1101; OLG München VersR 2004, 470, 471; OLG Hamm, Beschl. v. 12. 3. 2004 – 35 W 2/04, NJW 2004, Heft 36, S. XII = NJW-RR 2004, 1266 = r+s 2007, 220; BGH, Urt. v. 20. 9. 2006 – VIII ZR 100/05, NJW-RR 2007, 246, 248 = VersR 2006, 1682, 1683 = r+s 2007, 131, 132 = WM 2007, 177, 179 = BB 2006, 2492, 2493 = DB 2006, 2570 (Ls.) = MDR 2007, 285; *Stötter/Stötter*, Besprechung des Urteils des Bundesgerichtshofes vom 10. 11. 1982 zur Frage der Nachbearbeitung notleidender Versicherungsverträge, VersVerm 1984, 45, 48; *Emde*, Anerkenntnis von Provisionsabrechnungen durch Schweigen, MDR 1996, 331, 333; *derselbe*, Beschränkung des Auskunftsrechts des Handelsvertreters in mehrstufigen Vertriebssystemen, MDR 1999, 1108, 1110; *Treffer*, Pfändung von Provisionsansprüchen, MDR 1998, 384, 385; **a. A.** OLG Saarbrücken, Urt. v. 18. 9. 1985 – 1 U 132/83, VersR 1986, 89 (Ls.) = DB 1985, 2399; AG Lüdinghausen, Urt. v. 28. 2. 1992, NJW-RR 1992, 885; LG Magdeburg, Urt. v. 17. 12. 1996, NJW-RR 1998, 329, 330 = r+s 1998, 528; LG Frankfurt/Oder, Urt. v. 17. 10. 1997 – 31 O 153/96, VersR 1998, 1238, 1239; OLG Naumburg, Urt. vom 17. 4. 1997 – 2 U (HS) 21/97, VersR 1999, 578, 579; *Scherer* BB 1996, 2205, 2209; *Müller-Stein* VersR 2001, 830, 831; *Segger* VersR 2004, 781.

E. Vermittlung und Betreuung der Lebensversicherung

dann, wenn der Vermittler Vollkaufmann ist.[235] Eine Vereinbarung, dass auf Wunsch von Kunden veranlasste Vertragsstornierungen den Provisionsanspruch des Vertreters entfallen lassen sollen, ist demgegenüber nicht gemäß § 87 a Abs. 5 HGB unwirksam.[236]

5. Buchauszug

a) Ausgangslage. Gemäß § 87 c Abs. 2 HGB kann der Handelsvertreter einen Buchauszug über alle Geschäfte verlangen, für die ihm nach § 87 HGB Provision gebührt.[237] Der Anspruch ist unabdingbar.[238] Der Umfang der zu erteilenden Informationen hängt nicht von der Zahl der vermittelten Kunden ab.[239] Der Anspruch steht gemäß § 92 Abs. 2 HGB auch dem Versicherungsvertreter zu. Der Versicherungsvertreter kann außerdem nach § 87 c Abs. 3 HGB Mitteilung über alle Umstände verlangen, die für den Provisionsanspruch, seine Fälligkeit und seine Berechnung wesentlich sind.[240] Er kann einen Buchauszug beanspruchen, damit er Klarheit über seine Provisionsansprüche gewinnen und die vom Unternehmer erteilte oder zu erteilende Provisionsabrechnung nachprüfen kann.[241] Der Anspruch besteht nicht bei zweifelsfrei nicht provisionspflichtigen Geschäften.[242]

---

[235] Vgl. BGH v. 20. 2. 1964, BB 1964, 409 = DB 1964, 583; OLG München VersR 1964, 842; BGH BB 1965, 434; OLG Nürnberg BB 1966, 877; BAG NJW 1973, 1343 = BB 1973, 1411; OLG Hamm MDR 1978, 937 = BB 1979, 442; OLG Koblenz, Urt. v. 27. 3. 1980 – 6 U 982/77, VersR 1980, 623 m. Anm. *Jaestedt* VersR 1980, 919; OLG Karlsruhe BB 1980, 226; BGH, Urt. v. 23. 10. 1981 – I ZR 171/79 VersR 1982, 265; BAG, Urt. v. 23. 3. 1982 – 3 AZR 637/79, BB 1983, 195 = VersR 1982, 1109 = DB 1982, 2249; BGH, Urt. v. 19. 11. 1982 – I ZR 125/80, VersR 1983, 371; LG Karlsruhe, VersR 9. 2. 1982 – 7 O 541/81, DB 1982, 2453 = VersR 1983, 829; **a. A.** OLG Braunschweig, Urt. v. 15. 1. 1975 – 3 U 90/74, VersR 1975, 518; OLG Saarbrücken, Urt. v. 18. 9. 1985 – 1 U 132/83, VersR 1986, 89 (Ls.) = DB 1985, 2399; OLG Oldenburg, Urt. v. 27. 4. 1989 – 1 U 256/88 – NJW-RR 1989, 1081 – Widerspruchsfrist drei Monate; OLG Naumburg, Urt. v. 17. 4. 1997 – 2 U (HS) 21/97, VersR 1999, 578, 579; *Scherer,* Nachforderung von Provision – Verzicht durch widerspruchslose Hinnahme der Abrechnungen ?, BB 1996, 2205, 2210.

[236] BGH, Urt. v. 9. 7. 2003 – VIII ZR 60/02, MDR 2003, 1428.

[237] OLG Bamberg, Urt. v. 16. 5. 2003 – 6 U 62/02, NJW-RR 2004, 475, 476; *Emde,* Abrechnung und Buchauszug als Informationsrechte des Handelsvertreters, MDR 2003, 1151, 1155 ff.

[238] *Flohr* in: Martinek/Semler/Habermeier, Vertriebsrecht, 2. Aufl., München, Beck, 2003, § 13 Rdn. 15.

[239] OLG Karlsruhe, Urt. v. 18. 9. 2006 – 1 U 34/06, VersR 2007, 1514, 1517.

[240] OLG Hamm, Urt. v. 14. 5. 2003 – 35 U 36/02, VersR 2004, 1603.

[241] BGH, Urt. v. 20. 2. 1964 – VII ZR 147/62, VersR 1964, 429; BGH, Urt. v. 11. 7. 1980 – I ZR 192/78, VersR 1981, 38; BGH, Urt. v. 23. 10. 1981 – I ZR 171/79, VersR 1982, 265, 266 = WM 1982, 152 = DB 1982, 376 = MDR 1982, 378; BGH, Urt. v. 23. 2. 1989 – I ZR 203/87, NJW-RR 1989, 738 = ZIP 1989, 707, 708 = WM 1989, 1073 = DB 1989, 1329 = MDR 1989, 796; BGH NJW-RR 1991, 156 = WM 1991, 196, 200; OLG Hamm, Urt. v. 21. 4. 1994 – 18 U 140/93, VersR 1995, 779; OLG Hamm, Urt. v. 21. 3. 1997 – 35 U 24/96, NJW-RR 1997, 1322 = VersR 1998, 1415, 1416; OLG Hamm, Urt. v. 15. 1. 1999 – 35 U 30/98, NJW-RR 1999, 1712 = VersR 1999, 1492 = r+s 2000, 131, 132; BGH, Urt. v. 21. 3. 2001 – VIII ZR 149/99, NJW 2001, 2333 = NVersZ 2001, 356 = VersR 2000, 761 = r+s 2001, 305, 306 = ZIP 2001, 876, 877 = WM 2001, 1258, 1259 = BB 2001, 1058, 1059 = DB 2001, 1409, 1410 = MDR 2001, 823; OLG Saarbrücken, Urt. v. 23. 5. 2001 – 1 U 760/00–167, NJW-RR 2002, 391; BGH, Urt. v. 20. 9. 2006 – VIII ZR 100/05, NJW-RR 2007, 246, 247 = VersR 2006, 1682, 1683 = r+s 2007, 131 = WM 2007, 177, 178 = BB 2006, 2492, 2493; *Müller-Stein,* Buchauszug nach § 87 c Abs. 2 HGB – Anerkenntnisklausel in Provisionsabrechnungen nach § 87 c Abs. 1 HGB, VersR 2001, 830; *Segger,* Die Verteidigung des Versicherers gegen den Anspruch auf Buchauszug, NVersZ 2002, 102; *Behrend,* Aktuelle handelsvertreterrechtliche Fragen in Rechtsprechung und Praxis, NJW 2003, 1563.

[242] OLG Köln, Urt. v. 29. 11. 2002 – 19 U 88/02, VersR 2003, 1126.

Einl. E 185 Teil 2. Einleitung

Keine Auskunft kann über bereits verjährte Provisionsansprüche verlangt werden, auch nicht zur Vorbereitung eines Ausgleichsanspruchs.[243] Eine bestimmte Frist zur Erteilung des Buchauszuges ist in § 87 c Abs. 2 HGB anders als für die Erteilung der Provisionsabrechnung in § 87 c Abs. 1 HGB nicht vorgesehen.[244] Ein Zeitraum von 1 ½ Monaten ist angemessen, um das Verlangen ordnungsgemäß zu erfüllen.[245] Wurde der Versicherer auf der Grundlage des § 87 c Abs. 2 HGB zur Erstellung eines Buchauszugs verurteilt, erfolgt die Vollstreckung nach § 887 ZPO, weil der Buchauszug auf Grund der vorhandenen Unterlagen nicht nur vom Versicherer, sondern auch von einem Dritten erstellt werden kann.[246] Im Einzelfall kann es darauf ankommen, welche Handlung oder Unterlassung jeweils durchgesetzt werden soll.[247] § 887 ZPO findet Anwendung, auch wenn sich die für den Buchauszug benötigten Unterlagen im Ausland befinden.[248] Der Einwand der Schuldnerseite, sie habe den titulierten Anspruch bereits erfüllt, ist im Rahmen eines Vollstreckungsverfahrens nach § 887 ZPO zu berücksichtigen.[249]

185 b) **Provisionsabrechnungsvereinbarung.** Der Versicherungsvertreter kann den Anspruch auf Erteilung eines Buchauszugs aus § 87 c Abs. 2 HGB als Grundlage für weitere Provisionsansprüche nicht mehr geltend machen, wenn er sich mit dem Versicherer über die Abrechnung der Provisionen geeinigt hat[250] oder Provisionsansprüche wegen Verjährung nicht mehr durchgesetzt werden können.[251] Einer Einigung steht die widerspruchslose Hinnahme von Provisionsabrechnungen nicht gleich. Die widerspruchslose Hinnahme von Provisionsabrechnungen kann nicht als negatives Schuldanerkenntnis des Handelsvertreters (und damit auch des Versicherungsvertreters) gewertet werden, dass ihm weitere Provi-

---

[243] BGH, Urt. v. 1. 12. 1978 = WM 1979, 304; BGH, Urt. v. 22. 5. 1981 – I ZR 34/79, NJW 1982, 235 = VersR 1981, 880 = WM 1981, 991 = BB 1982, 14; OLG Hamm OLGR 1993, 8; BGH, Urt. v. 3. 4. 1996 – VIII ZR 54/95, NJW 1996, 2100, 2101 = VersR 1996, 752, 753 = r+s 1996, 380 = WM 1996, 1817, 1818 = BB 1996, 1190 = MDR 1996, 696; OLG Hamm, Urt. v. 15. 12. 2000 – 35 U 77/99, VersR 2001, 1154, 1155; OLG Celle, Hinweisbeschl. v. 20. 4. 2004 – 11 U 61/04, r+s 2004, 349, 350.
[244] LG Hannover, Urt. v. 26. 1. 2004 – 21 O 152/03, r+s 2004, 351.
[245] LG Hannover, Urt. v. 26. 1. 2004 – 21 O 152/03, r+s 2004, 351.
[246] OLG Hamm NJW-RR 1994, 489, 490 f.; OLG Köln NJW-RR 1996, 100; OLG Düsseldorf MDR 2000, 167, 168; OLG Köln, Beschl. v. 9. 2. 2004 – 19 W 2/04, VersR 2004, 1413, 1414; OLG Köln, Beschl. v. 3. 3. 2004 – 19 W 10/04, VersR 2004, 1457; BGH, Beschl. v. 26. 4. 2007 – I ZB 82/06, NJW-RR 2007, 1475, 1476 = VersR 2007, 1081, 1082 = r+s 2008, 43 = WM 2007, 1418, 1419 = MDR 2007, 1097 (Ls.); BGH, Beschl. v. 13. 8. 2009 – I ZB 43/08, NJW-RR 2010, 279, 280.
[247] OLG Frankfurt/M., Beschl. v. 28. 1. 2002 – 5 W 2/02, DB 2002, 474.
[248] BGH, Beschl. v. 13. 8. 2009 – I ZB 43/08, NJW-RR 2010, 279, 281.
[249] OLG Bamberg, Beschl. v. 27. 5. 2008 – 4 W 68/07, NJW-RR 2008, 1422, 1423.
[250] BGH, Urt. v. 15. 3. 1961 – VII ZR 35/60, NJW 1961, 1059 (Ls.) = VersR 1961, 365 = BB 1961, 424; BGH, Urt. v. 20. 2. 1964 – VII ZR 147/62, VersR 1964, 429; BGH, Urt. v. 11. 7. 1980 – I ZR 192/78, NJW 1981, 457 = VersR 1981, 38 = WM 1980, 1449; BGH, Urt. v. 23. 10. 1981 – I ZR 171/79, VersR 1982, 265 = WM 1982, 152 = MDR 1982, 378; BGH, Urt. v. 29. 11. 1995 – VIII ZR 293/94, NJW 1996, 588 = VersR 1996, 230, 231 = r+s 1996, 203, 204 = WM 1996, 309, 310 = BB 1996, 176 = MDR 1996, 372, 373; OLG Saarbrücken, Urt. v. 23. 5. 2001 – 1 U 760/00–167, NJW-RR 2002, 391, 392; BGH, Urt. v. 20. 9. 2006 – VIII ZR 100/05, NJW-RR 2007, 246, 248 = VersR 2006, 1682, 1683 = r+s 2007, 131, 132 = WM 2007, 177, 178 f. = BB 2006, 2492, 2493.
[251] BGH, Urt. v. 1. 12. 1978 – I ZR 7/77, NJW 1979, 764 = WM 1979, 304 = BB 1979, 241; BGH, Urt. v. 31. 1. 1979 – I ZR 8/77, WM 1979, 463; BGH, Urt. v. 22. 5. 1981 – I ZR 34/79, NJW 1982, 235 = VersR 1981, 880 = WM 1981, 991 = BB 1982, 14; BGH, Urt. v. 3. 4. 1996 – VIII ZR 54/95, NJW 1996, 2100, 2101 = VersR 1996, 752, 753 = r+s 1996, 380 = BB 1996, 1190 = MDR 1996, 696; OLG Hamm, Urt. v. 12. 12. 1997 – 35 U 25/97, OLGR 1998, 48, 49; OLG Hamm, Urt. v. 15. 12. 2000 – 35 U 77/99, VersR 2001, 1154, 1155.

E. Vermittlung und Betreuung der Lebensversicherung   186, 187   **Einl. E**

sionsansprüche und ein Anspruch auf Erteilung eines Buchauszuges nicht zustehen.[252]

c) Erfassung der Geschäfte. Ein Unternehmer, der mit Handelsvertretern 186 arbeitet, muss sich von vornherein auf ein mögliches Buchauszugsverlangen einstellen und seine Buchführung so einrichten, dass er der Forderung des Handelsvertreters unschwer und mit möglichst geringem eigenem Aufwand nachkommen kann.[253] Der Buchauszug hat nicht nur die bereits ausgeführten Geschäfte zu erfassen, sondern auch solche Geschäfte, die bloß abgeschlossen, aber noch nicht ausgeführt sind.[254] Der Buchauszug muss daher die im Zeitpunkt seiner Aufstellung für die Berechnung, die Höhe und die Fälligkeit der Provisionen relevanten Geschäftsverhältnisse vollständig widerspiegeln, soweit sie sich aus den Büchern des Unternehmens entnehmen lassen.[255] Welche Angaben über die Geschäfte für die Provision des Handelsvertreters im Einzelfall von Bedeutung sind, hängt von der zwischen dem Handelsvertreter und dem Unternehmer geltenden Provisionsregelung ab.[256]

d) Darstellungsform. Der Unternehmer ist nicht verpflichtet, den Buchauszug in Form einer tabellarischen Übersicht zu erteilen, sondern ist berechtigt, unter mehreren gleich geeigneten Darstellungsformen die für ihn kostengünstigere für den Buchauszug zu wählen.[257] Provisionsabrechnungen können einen 187

---

[252] BGH, Urt. v. 29. 11. 1995 – VIII ZR 293/94, NJW 1996, 588, 589 = VersR 1996, 230, 231 = r+s 1996, 203, 204 = WM 1996, 309, 311 = BB 1996, 176, 177 = MDR 1996, 372, 373; OLG Saarbrücken, Urt. v. 23. 5. 2001 – 1 U 760/00–167, NJW-RR 2002, 391, 392; OLG Hamm, Beschl. v. 12. 3. 2004 – 35 W 2/04, NJW-RR 2004, 1266; OLG Frankfurt/M., Urt. v. 1. 7. 2003 – 5 U 229/99, VersR 2004, 781; *Raimond Emde*, Rechtsprechungs- und Literaturübersicht zum Vertriebsrecht im Jahre 2004, BB 2005, 389, 392.

[253] BGH, Urt. v. 21. 3. 2001 – VIII ZR 149/99, NJW 2001, 2333, 2336 = NVersZ 2001, 381, 384 = VersR 2001, 760, 764 = r+s 2001, 305, 308 = ZIP 2001, 876, 881 = WM 2001, 1258, 1262 = DB 2001, 1409, 1412 = MDR 2001, 823, 825; dazu *Emde* EWiR 2001, 631 f.; zust. *Segger*, Die Verteidigung des Versicherers gegen den Anspruch auf Buchauszug, NVersZ 2002, 102, 105.

[254] BGH NJW-RR 1989, 738 = WM 1989, 1073; OLG Köln, Urt. v. 20. 6. 1997 – 3 U 146/96, VersR 1997, 1101, 1102; OLG Hamburg, Urt. v. 6. 3. 1998 – 11 U 94/97, BB 1998, 971, 972 = VersR 1999, 187 (Ls.); dazu *Emde* EWiR 1999, 327 f.; OLG Saarbrücken, Urt. v. 23. 5. 2001 – 1 U 760/00–167, NJW-RR 2002, 391.

[255] BGH, Urt. v. 29. 11. 1995 – VIII ZR 293/94, NJW 1996, 588 = VersR 1996, 230 = ZIP 1996, 129, 131 = WM 1996, 309 = BB 1996, 176 = MDR 1996, 372; dazu *v. Manteuffel/Evers* EWiR 1996, 175; OLG Hamm, Urt. v. 21. 3. 1997 – 35 U 24/96, VersR 1998, 1415, 1416 = r+s 1998, 218, 219 = BB 1997, 1329, 1330; OLG Köln, Urt. v. 20. 6. 1997 – 3 U 146/96, VersR 1997, 1101, 1102 = r+s 1998, 86 = BB 1997, 2130; OLG Hamburg, Urt. v. 6. 3. 1998 – 11 U 94/97, BB 1998, 971, 972 = VersR 1999, 187 (Ls.); dazu *Emde* EWiR 1999, 327 f.; OLG Nürnberg, Beschl. vom 28. 7. 1998 – 12 W 2209/98, BB 1999, 150, 151; dazu *v. Manteuffel/Evers* EWiR 1998, 951 f.; BGH, Urt. v. 21. 3. 2001 – VIII ZR 149/99, NJW 2001, 2333 = NVersZ 2001, 381 = VersR 2001, 760, 761 = r+s 2001, 305, 306 = ZIP 2001, 876, 877 = WM 2001, 1258, 1259 = BB 2001, 1058, 1059 = DB 2001, 1409, 1410 = MDR 2001, 823; OLG Saarbrücken, Urt. v. 23. 5. 2001 – 1 U 760/00–167, NJW-RR 2002, 391; BGH, Urt. v. 20. 9. 2006 – VIII ZR 100/05, NJW-RR 2007, 246, 247 = VersR 2006, 1682, 1683 = r+s 2007, 131 = WM 2007, 177, 178 = BB 2006, 2492, 2493.

[256] BGH, Urt. v. 21. 3. 2001 – VIII ZR 149/99, NJW 2001, 2333 = NVersZ 2001, 381 = VersR 2001, 760, 761 = r+s 2001, 305, 306 = ZIP 2001, 876, 877 = WM 2001, 1258, 1259 = BB 2001, 1058, 1059 = DB 2001, 1409, 1410 = MDR 2001, 823; *Seetzen* WM 1985, 213, 215.

[257] BGH, Urt. v. 21. 3. 2001 – VIII ZR 149/99, NJW 2001, 2333, 2336 = NVersZ 2001, 381, 383/384 = VersR 2001, 760, 763 = r+s 2001, 305, 308 = ZIP 2001, 876, 880 = WM 2001, 1258, 1262 = BB 2001, 1058, 1061 = DB 2001, 1409, 1412 = MDR 2001, 823, 824; OLG Frankfurt/M., Urt. v. 1. 7. 2003 – 5 U 229/99, VersR 2004, 780, 781 = r+s 2005, 356.

Buchauszug ersetzen, wenn sie sich lückenlos über den gesamten Vertragszeitraum erstrecken und wenn sie entweder zusätzlich alle in einen Buchauszug aufzunehmenden Angaben enthalten[258] oder der Unternehmer mit ihrer Überlassung alle Angaben macht, die für einen ordnungsgemäßen Buchauszug erforderlich sind.[259]

188 **e) Notwendige Angaben.** In den Buchauszug sind im Falle der Vermittlung von Lebensversicherungsverträgen die folgenden Angaben aufzunehmen:[260] Versicherungsnehmer, Versicherungsscheinnummer, Art und Sparte des Vertrags, Tarif, Versicherungsbeginn, Versicherungssumme, Jahresbeitrag, provisionsrelevante Sondervereinbarungen, Eintrittsalter, Laufzeit des Vertrages. Für Lebensversicherungsverträge mit einer Dynamikklausel sind in den Buchauszug die jeweilige Erhöhung der Versicherungssumme, die damit verbundene Erhöhung der Jahresprämie und der Zeitpunkt der Erhöhung aufzunehmen.[261] Im Falle der Stornierung von Lebensversicherungsverträgen ist im Buchauszug auch das Datum und der Grund der Stornierung zu erfassen,[262] nicht jedoch das Datum der Stornogefahrmitteilung.[263] Wiederzugeben sind auch die vom Versicherer bei stornierten Verträgen selbst vorgenommenen Bestandserhaltungsmaßnahmen.[264] Hierfür

---

[258] BGH, Urt. v. 24. 5. 1995 – VIII ZR 146/94, NJW 1995, 2229 = WM 1995, 1774; BGH, Urt. v. 21. 3. 2001 – VIII ZR 149/99, NJW 2001, 2333, 2336 = NVersZ 2001, 381, 384 = VersR 2001, 760, 763 = r+s 2001, 305, 308 = ZIP 2001, 876, 880 = BB 2001, 1058, 1062 = DB 2001, 1409, 1412 = WM 2001, 1258, 1262.

[259] BGHZ 56, 290, 295 = NJW 1971, 1610; BGH, Urt. v. 23. 10. 1981 – I ZR 171/79, VersR 1982, 265, 266 = WM 1982, 152 = DB 1982, 376; BGH, Urt. v. 11. 10. 1990 – I ZR 32/89, NJW-RR 1991, 156 = WM 1991, 196, 200; OLG Hamm, Urt. v. 21. 3. 1997 – 35 U 24/96, NJW-RR 1997, 1322 = VersR 1998, 1415, 1416 = r+s 1998, 218, 219 = BB 1997, 1329, 1330; LG Hannover, Urt. v. 7. 2. 2001 – 23 O 4512/99–128, VersR 2001, 764, 765; dazu *Emde* EWiR 2001, 731 f.; BGH, Urt. v. 21. 3. 2001 – VIII ZR 149/99, NJW 2001, 2333, 2336 = NVersZ 2001, 381, 384 = VersR 2001, 760, 763/764 = r+s 2001, 305, 308 = ZIP 2001, 876, 880 = WM 2001, 1258, 1262 = BB 2001, 1058, 1062 = DB 2001, 1409, 1412; OLG Saarbrücken, Urt. v. 23. 5. 2001 – 1 U 760/00–167, NJW-RR 2002, 391, 392.

[260] OLG Hamm, Urt. v. 21. 3. 1997 – 35 U 24/96, BB 1997, 1329; OLG Hamm BB 1999, 150; dazu *v. Manteuffel/Evers* EWiR 1998, 951; BGH, Urt. vom 21. 3. 2001 – VIII ZR 149/99, NJW 2001, 2333, 2334 = NVersZ 2001, 381, 382 = VersR 2001, 760, 762, 763 = r+s 2001, 305, 306 f. = ZIP 2001, 876, 878 = WM 2001, 1258, 1260 = BB 2001, 1058, 1060 = DB 2001, 1409, 1410/1411; OLG Saarbrücken, Urt. v. 23. 5. 2001 – 1 U 760/00–167, NJW-RR 2002, 391; dazu *Emde*, Die Entwicklung des Vertriebsrechts im Zeitraum von Oktober 2000 bis September 2001, VersR 2002, 151, 154 ff.

[261] BGH, Urt. v. 21. 3. 2001 – VIII ZR 149/99, NJW 2001, 2333, 2335 = NVersZ 2001, 381, 383 = VersR 2001, 760, 763 = r+s 2001, 305, 308 = ZIP 2001, 876, 880 = WM 2001, 1258, 1261 = BB 2001, 1058, 1061 = DB 2001, 1409, 1412.

[262] OLG Hamm, Urt. v. 21. 3. 1997 – 35 U 24/96, VersR 1998, 1415, 1416 = r+s 1998, 218, 219 = BB 1997, 1329, 1330; OLG Köln, Urt. v. 11. 8. 1998 – 4 U 11/98, NJW-RR 1999, 833 (Ls.); BGH, Urt. v. 21. 3. 2001 – VIII ZR 149/99, NJW 2001, 2333, 2335 = NVersZ 2001, 381, 383 = VersR 2001, 760, 762 = r+s 2001, 305, 307 = ZIP 2001, 876, 879 = WM 2001, 1258, 1261 = BB 2001, 1058, 1060 = DB 2001, 1409, 1411 = MDR 2001, 823, 824; OLG Saarbrücken, Urt. v. 23. 5. 2001 – 1 U 760/00–167, NJW-RR 2002, 391; OLG Frankfurt/M., Urt. v. 1. 7. 2003 – 5 U 229/99, VersR 2004, 780, 781 = r+s 2005, 356; *Emde* VersR 1999, 1464, 1468.

[263] BGH, Urt. v. 21. 3. 2001 – VIII ZR 149/99, NJW 2001, 2333, 2335 = NVersZ 2001, 381, 383 = VersR 2001, 760, 763 = r+s 2001, 305, 308 = ZIP 2001, 876, 880 = WM 2001, 1258, 1261 = BB 2001, 1058, 1061 = DB 2001, 1409, 1412; OLG Saarbrücken, Urt. v. 23. 5. 2001 – 1 U 760/00–167, NJW-RR 2002, 391, 392; OLG Frankfurt/M., Urt. v. 1. 7. 2003 – 5 U 229/99, VersR 2004, 780, 781 = r+s 2005, 356.

[264] OLG Hamm, Urt. v. 21. 3. 1997 – 35 U 24/96, VersR 1998, 1415, 1416 = r+s 1998, 218, 219 = BB 1997, 1329, 1330; BGH, Urt. v. 21. 3. 2001 – VIII ZR 149/99, NJW 2001, 2333, 2335 = NVersZ 2001, 381, 383 = VersR 2001, 760, 763 = r+s 2001, 305, 307

E. Vermittlung und Betreuung der Lebensversicherung   189–191   **Einl. E**

reicht aus, wenn die ergriffenen Maßnahmen im Buchauszug schlagwortartig skizziert werden (z. B. „Mahnung des Versicherungsnehmers am ...", „Vorschlag für Vertragsumstellung auf ... am ... unterbreitet") und in dieser Form auch durch eine automatisierte Datenverwaltung erfasst werden.[265] Nicht in den Buchauszug aufzunehmen sind der Provisionssatz und der Provisionsbetrag, da der Handelsvertreter diese Angaben der nach § 87c Abs. 1 HGB zu erteilenden Abrechnung entnehmen kann.[266] Entbehrlich ist auch die vollständige Anschrift des Versicherungsnehmers, weil sie zur Identifizierung des vermittelten Geschäfts nicht erforderlich ist.[267]

f) Internes Datennetz. In vielen Unternehmen sind Handelsvertreter in das interne Datennetz eingebunden und haben direkten Zugang zu allen Daten ihres vermittelten Geschäfts. Allerdings haben sie in der Regel nach ihrem Ausscheiden aus der Vertriebsorganisation keinen Zugriff mehr auf das Agenturinformationssystem. Der Anspruch auf Erteilung eines Buchauszuges kann daher mit der vorübergehenden Zugriffsberechtigung nicht zu Fall gebracht werden.[268]   189

g) Ausschlussklausel. Der Anspruch des Handelsvertreters (und damit auch des Versicherungsvertreters) auf Erteilung eines Buchauszuges kann nach § 87c Abs. 5 HGB jedenfalls nicht für die Zukunft ausgeschlossen werden.[269]   190

h) Rechtsmissbrauch. Die Forderung des Handelsvertreters nach einem Buchauszug verstößt mit Rücksicht auf die in den §§ 87a Abs. 5, 87c Abs. 5 HGB zum Ausdruck kommende gesetzgeberische Wertung trotz jahrelanger widerspruchsloser Hinnahme der Provisionsabrechnungen nicht gegen Treu und Glauben, zumal der Unternehmer durch die kurze Verjährung nach § 88 HGB hinreichend geschützt ist.[270] Im Einzelfall kann eine andere Wertung angezeigt sein, wenn der Handelsvertreter seinen Anspruch allein deshalb geltend macht,   191

= ZIP 2001, 876, 879 = WM 2001, 1258, 1261 = BB 2001, 1058, 1061 = DB 2001, 1409, 1411; OLG Saarbrücken, Urt. v. 23. 5. 2001 – 1 U 760/00–167, NJW-RR 2002, 391, 392.
[265] BGH, Urt. v. 21. 3. 2001 – VIII ZR 149/99, NJW 2001, 2333, 2335 = NVersZ 2001, 381, 383 = VersR 2001, 760, 763 = r+s 2001, 305, 307 = ZIP 2001, 876, 879 = WM 2001, 1258, 1261 = BB 2001, 1058, 1061 = DB 2001, 1409, 1411.
[266] OLG Celle NJW 1962, 1968 = BB 1962, 1017; OLG Nürnberg, Beschl. v. 28. 7. 1998 – U 2209/98, BB 1999, 150, 151; dazu *v. Manteuffel/Evers* EWiR 1998, 951 f.; BGH, Urt. v. 21. 3. 2001 – VIII ZR 149/99, NJW 2001, 2333, 2334 = NVersZ 2001, 381, 382 = VersR 2001, 760, 762 = r+s 2001, 305, 307 = ZIP 2001, 876, 879 = WM 2001, 1258, 1260 = BB 2001, 1058, 1060 = DB 2001, 1409, 1411; *Seetzen* WM 1985, 213, 216; a. A. OLG München BB 1964, 698.
[267] *Segger*, Die Verteidigung des Versicherers gegen den Anspruch auf Buchauszug, NVersZ 2002, 102, 104; *derselbe* VersR 2004, 781; a. A. BGH, Urt. v. 23. 10. 1981 – I ZR 171/79, VersR 1982, 265, 266; BGH NJW-RR 1989, 738 = WM 1989, 1073, 1074; OLG Hamm, Urt. v. 21. 3. 1997 – 35 U 24/96, NJW-RR 1997, 1322 = VersR 1998, 1415, 1416; OLG Köln, Urt. v. 2. 3. 2001 – 19 U 228/00.
[268] OLG Frankfurt/M., Urt. v. 1. 7. 2003 – 5 U 229/99, VersR 2004, 780, 781 = r+s 2005, 356; BGH, Urt. v. 20. 9. 2006 – VIII ZR 100/05, NJW-RR 2007, 246, 248 = VersR 2006, 1682, 1683 = r+s 2007, 131 = WM 2007, 177, 178 = BB 2006, 2492, 2493 = DB 2006, 2570 (Ls.) = MDR 2007, 285; a. A. AG Aachen, Urt. v. 3. 3. 2000 – 81 C 381/99, VersR 2001, 716; *Segger*, Die Verteidigung des Versicherers gegen den Anspruch auf Buchauszug, NVersZ 2002, 102, 103.
[269] BGH, Urt. v. 20. 2. 1964 – VII ZR 147/62, VersR 1964, 429 = BB 1964, 409; BGH, Urt. v. 29. 11. 1995 – VIII ZR 293/94, NJW 1996, 588, 589 = VersR 1996, 230, 231 = r+s 1996, 203, 204 = BB 1996, 176, 177 = WM 1996, 309, 311 = MDR 1996, 372, 373.
[270] BGH, Urt. v. 13. 3. 1961 – VII ZR 35/60, VersR 1961, 365; BGH, Urt. v. 29. 11. 1995 – VIII ZR 293/94, NJW 1996, 588, 589 = VersR 1996, 230, 232 = r+s 1996, 203, 204 = BB 1996, 176, 177 = WM 1996, 309, 311; a. A. LG Wiesbaden, Urt. v. 23. 4. 1998 – 13 O 10/98, VW 1998, 1218; LG Hannover, Teilurteil v. 7. 2. 2001 – 23 O 4512/99–128, VersR 2001, 764.

Einl. E 192, 193 Teil 2. Einleitung

um dem Unternehmen zu schaden.[271] Die Belastung mit außergewöhnlich hohen Kosten, die mit der Erstellung des Buchauszugs verbunden sind, kann der Versicherer dem Anspruch auf Erteilung eines Buchauszugs nicht mit Erfolg entgegenhalten.[272]

6. Provisionsweitergabeverbot (§ 6 Abs. 3)

192 a) **Gesetzliche Regelung.** Nach Ziff. I der Anordnung des Reichsaufsichtsamtes für Privatversicherung vom 8. März 1934,[273] auf die das Rundschreiben R 1/73 des BAV vom 4. Mai 1973[274] Bezug nimmt, ist es Lebensversicherern und deren Vermittlern untersagt, Versicherungsnehmern oder versicherten Personen unmittelbare oder mittelbare Sondervergütungen, insbesondere Provisionen, zu gewähren. Diese Verordnung ist eine vom Reichsaufsichtsamt für Privatversicherung aufgrund und im Rahmen der Ermächtigung des § 81 Abs. 2 Satz 3 des Gesetzes über die Beaufsichtigung der privaten Versicherungsunternehmen und Bausparkassen vom 6. Juni 1931[275] erlassene Rechtsverordnung, die seit Inkrafttreten des Grundgesetzes gemäß Art. 74 Nr. 11, 123 Abs. 1, 125, 129 Abs. 1 GG als Bundesrecht fort gilt, und heute noch gültig ist.[276] Ein Verstoß gegen das Provisionsweitergabeverbot ist nicht nur eine Ordnungswidrigkeit nach § 144 a Abs. 1 Nr. 3 VAG,[277] sondern auch eine Wettbewerbswidrigkeit nach § 1 UWG.[278] Trotz dieser Rechtslage soll der Versicherer dem Handelsvertreter die Provisionsweitergabe an den Kunden nur durch Individualvereinbarung und nicht durch AGB untersagen können.[279]

193 b) **Provisionsteilungsabrede.** Eine Provisionsteilungsabrede zwischen dem Versicherungsvertreter und dem Versicherungsnehmer ist nichtig.[280] Die Nichtig-

---

[271] *Kukat*, Der Anspruch des Handelsvertreters auf Erteilung eines Buchauszugs gem. § 87c Abs. 2 HGB, DB 2002, 1646, 1648; *Behrend*, Aktuelle handelsvertreterrechtliche Fragen in Rechtsprechung und Praxis, NJW 2003, 1563, 1564.

[272] BGH, Urt. v. 21. 3. 2001 – VIII ZR 149/99, NJW 2001, 2333 = VersR 2001, 760 = r+s 2001, 305; BGH, Urt. v. 20. 9. 2006 – VIII ZR 100/05, NJW-RR 2007, 246, 248 = VersR 2006, 1682, 1683 = r+s 2007, 131, 132 = WM 2007, 177, 179 = BB 2006, 2492, 2494.

[273] DReichsAnz und PrStAnz Nr. 58 vom 9. 3. 1934, S. 3; Veröffentlichungen des Reichsaufsichtsamtes für Privatversicherung – VerAfP – 1934, 99 f.; siehe dazu auch das Rundschreiben A I 421 des Reichsaufsichtsamtes für Privatversicherung an die der Reichsaufsicht unterstehenden Lebensversicherungsunternehmen vom 10. 3. 1934, VerAfP 1934, 101.

[274] VerBAV 1973, 128; abgedr. bei Prölss, VAG, 10. Aufl., 1989, § 81 VAG Rdn. 120.

[275] RGBl. I 315.

[276] BGH, Urt. v. 19. 12. 1984 – I ZR 181/82, BGHZ 93, 177, 179 = NJW 1985, 3018; OLG Köln, Urt. v. 18. 6. 1990 – 10 U 13/90, VersR 1991, 1373; OLG Hamburg, Urt. v. 16. 6. 1995 – 11 U 76/94, NJW-RR 1997, 1381, 1382; LG Hamburg, Urt. v. 23. 7. 1998 – 322 O 261/97, NVersZ 1999, 32.

[277] KG, Beschl. v. 3. 6. 1994 – 2 Ss 125/90 – 5 Ws (B) 192/90, VersR 1995, 445, 446; OLG Hamburg, Urt. v. 16. 6. 1995 – 11 U 76/94, NJW-RR 1997, 1381, 1382; zur Verfassungswidrigkeit siehe *Dreher*, Die europa- und verfassungsrechtliche Beurteilung des Provisionsabgabeverbots in der Lebensversicherung, VersR 2001, 1, 9 f.

[278] BGH, Urt. v. 19. 12. 1984 – I ZR 181/82 = NJW 1985, 3018; OLG Hamburg, Urt. v. 16. 6. 1995 – 11 U 76/94, NJW-RR 1997, 1381, 1382.

[279] So *Löwisch* in: Ebenroth/Boujong/Joost, HGB, Bd. 1, München, Beck/Vahlen, 2001, § 87b HGB Rdn. 34; siehe dazu auch *Ulmer/Habersack* ZHR 159 (1995), 109, 131 ff.

[280] OLG Köln, Urt. v. 18. 6. 1990 – 10 U 13/90, VersR 1991, 1373, 1374; AG Hamburg NJW-RR 1993, 1372; BGH, Beschl. v. 28. 11. 1994 – IX ZR 204/95, NJW-RR 1997, 1381; LG Hamburg, Urt. v. 23. 7. 1998 – 322 O 261/97, NVersZ 1999, 32, 33; *Schwarz* NJW 1995, 491; a. A. OLG Celle, Urt. v. 23. 2. 1994 – 11 U 79/93, VersR 1994, 856; OLG Hamburg, Urt. v. 30. 11. 1993 – 7 U 61/93, VersR 1995, 817; OLG Hamburg NJW-RR 1997, 1381; *Dreher/Kling*, Kartell- und Wettbewerbsrecht der Versicherungsunternehmen, München, Beck, 2007, § 12 Rdn. 495.

E. Vermittlung und Betreuung der Lebensversicherung

keit der Provisionsteilungsabrede führt aber nicht zur Unwirksamkeit der Provisionsregelung in dem auf Dauer angelegten Agenturvertrag (§ 139 BGB).[281]

§ 7 Weitere Tätigkeiten

(1) **Für andere VU, Bausparkassen und Geldinstitute darf der Vertreter nur mit ausdrücklicher Einwilligung des VU unmittelbar oder mittelbar tätig werden.**

(2) **Andere Tätigkeiten dürfen ausgeübt werden, soweit sie mit den Verpflichtungen aus diesem Vertrag vereinbar sind.**

1. Inhaltskontrolle

Die Klausel hält der Inhaltskontrolle stand. Dies ist für folgende Klausel entschieden:[282]

„Während der Dauer dieses Vertrages werden Sie ausschließlich für die X-Versicherung tätig sein. Sie dürfen ohne schriftliche Zustimmung der X-Versicherung keinerlei Nebengeschäfte betreiben, insbesondere nicht unmittelbar oder mittelbar für ein anderes Versicherungsunternehmen tätig werden. Als Nebengeschäft gilt vor allem eine Tätigkeit für in- oder ausländische Investmentfonds, Kapitalanlagegesellschaften oder ähnliche Unternehmen. Zuwiderhandlungen gegen diese Vereinbarung berechtigen die X-Versicherung zur fristlosen Lösung des Vertrags."

Der Inhaltskontrolle hält hingegen folgende Vertragsstrafen- und Schadensersatzregelung nicht stand:[283]

Für jeden Fall der Zuwiderhandlung – je Adresse und Fall – wird eine Vertragsstrafe von 1000 DM vereinbart. Die weitere Geltendmachung von Schadensersatzansprüchen durch die Vertriebsorganisation bleibt vorbehalten. Wenn infolge der Auswertung der Adresse einem Konkurrenzunternehmen der Abschluss eines Vertrags ermöglicht wurde, hat der Mitarbeiter den hieraus der Vertriebsorganisation entstehenden Schaden zu ersetzen. Der Schaden wird für den Abschluss eines Versicherungsvertrags mit 50 DM pro Einheit angegeben.

Diese Klausel, die eine kumulative Geltendmachung der Ansprüche auf Vertragsstrafe und pauschalierten Schadensersatz ermöglicht, verstößt gegen das Anrechnungsgebot des § 340 Abs. 2 BGB[284] und ist wegen unangemessener Benachteiligung des Vertragspartners auch im Verhältnis unter Kaufleuten unwirksam.[285]

2. Ventil-Lösung

In der Praxis wird das Wettbewerbsverbot je nach Sachlage durch eine Vereinbarung zwischen Versicherer und Versicherungsvertreter gelockert, wonach bestimmte Risiken vom Versicherungsvertreter anderweitig vermittelt werden dürfen (sog. Ventil-Lösung).[286] Die Ventil-Lösung, die wegen der besonderen

---

[281] BGH, Beschl. v. 28. 11. 1996 – IX ZR 204/95, NJW-RR 1997, 1381.
[282] OLG München, Urt. v. 11. 8. 1993 – 7 U 2011/93, NJW-RR 1994, 159.
[283] BGH, Urt. v. 24. 6. 2009 – VIII ZR 332/07, NJW-RR 2009, 1404 = VersR 2009, 1360 = WM 2009, 1811.
[284] BGHZ 63, 256, 258 = NJW 1975, 163 = WM 1974, 51; BGH, Urt. v. 24. 6. 2009 – VIII ZR 332/07, NJW-RR 2009, 1404, 1405 = VersR 2009, 1360, 1361 = WM 2009, 1811, 1812.
[285] BGH, Urt. v. 29. 2. 1984 – VIII ZR 350/82, NJW 1985, 53 = WM 1984, 663; BGH, Urt. v. 24. 6. 2009 – VIII ZR 332/07, NJW-RR 2009, 1404, 1405 = VersR 2009, 1360, 1361 = WM 2009, 1811, 1812.
[286] Zur Zweckmäßigkeit des Ausbaus von Ventillösungen siehe *Nickel-Waninger*, Vertriebsausgliederung: Wem gehört die Marke und wem der Vertrieb?, ZfV 2005, 644, 647.

sozialpolitischen Bedeutung der Lebens- und der Krankenversicherung allerdings für diese Sparten nicht gilt, dient der Aufrechterhaltung der Wettbewerbsfähigkeit des Einfirmenvertreters, kann im Einzelfall aber auch im Interesse des Versicherungsunternehmens liegen, wenn der Erhalt einer geschäftlichen Gesamtverbindung bezweckt ist.[287] Sie soll nach einer Übereinkunft der beteiligten Verbände vom 27. Oktober 1992 nur auf folgende Risiken Anwendung finden:[288]
– Für Risiken, deren Versicherung das Unternehmen nicht betreibt.
– Für Risiken, die das Unternehmen aufgrund seiner jeweiligen Annahmerichtlinien generell nicht zeichnet.
– Für Risiken, die das Unternehmen im Einzelfall aus subjektiven Gründen nicht zeichnet.
– Für Risiken, die das Unternehmen aufgrund des Schadensverlaufs oder aus anderen Gründen kündigt. Dies gilt nicht, wenn die Kündigung wegen Nichtzahlung der Prämie oder eine Änderungskündigung zum Zwecke der Sanierung zu marktgerechten Prämien oder Bedingungen erfolgt.

198 Die Ventillösung hat, wenn sie überhaupt von den Gesellschaften übernommen wurde, kaum praktische Bedeutung erlangt.[289]

199 Risiken, die mit Genehmigung des Versicherers zu einem anderen Versicherungsunternehmen vermittelt werden, lösen beim genehmigenden Versicherer keinen Ausgleichsanspruch aus. Eine etwaige Haftungsfreistellung des genehmigenden Versicherers erfasst über die Ventil-Lösung vermittelte Risiken nicht. Hält sich der Versicherungsvertreter nicht an die im Rahmen der Ventil-Lösung getroffenen Abreden und wird er auch in anderen Bereichen für Konkurrenten seines Versicherers tätig, so ist der Versicherer berechtigt, den gesamten Handelsvertretervertrag aus wichtigem Grunde fristlos zu kündigen.[290]

3. Gewerberechtliche Grenzen

200 Der Einfirmenvertreter muss sich inzwischen für den Status eines Mehrfirmenvertreters gemäß § 34d Abs. 1 GewO entscheiden, wenn er eine breitere Palette von Versicherungsprodukten anbieten will.[291] Bei einem Makler oder bei einem Maklerpool kann der Einfirmen- oder Mehrfirmenvertreter Geschäft nicht einreichen, weil er in diesem Fall ohne entsprechende Erlaubnis als Versicherungsmakler tätig wird.[292]

§ 8 Wettbewerb

Der Vertreter ist verpflichtet, die für den Wettbewerb geltenden Grundsätze und Vorschriften, insbesondere die „Wettbewerbsrichtlinien der Versicherungswirtschaft", zu beachten.

---

[287] Vgl. v. *Fürstenwerth/Marzin*, Bemerkungen zu den Vertriebswegen der deutschen Versicherungswirtschaft, in: Ein Leben mit der Versicherungswissenschaft, Festschrift für Helmut Schirmer, hrsg. v. Thomas Bielefeld u. Sven Marlow, Karlsruhe, VVW, 2005, S. 133, 143 ff.

[288] Zu den weiteren Einzelheiten siehe VW 1992, 1506 f.

[289] *Beenken*, Der Versicherungsvertreter als Unternehmer, 3. Aufl., Karlsruhe, VVW, 2002, S. 74; a. A. *Sohn* in: Gamm/Sohn, Versicherungsvermittlerrecht, Karlsruhe, VVW, 2007, S. 74 f.

[290] OLG Frankfurt/M., Beschl. v. 15. 10. 2003 – 1 U 159/03, VersR 2005, 940 = r+s 2004, 396.

[291] *Baumann*, Die neuen rechtlichen Rahmenbedingungen für Bankassurance, ZfV 2008, 428.

[292] *Harbig*, Zusammenarbeit zwischen Maklerpools und Mehrfachagenten, experten Report 2009, 48, 49; *Sandkühler*, Zur Zusammenarbeit von Maklerpools und Mehrfachvertretern, AssCompact 2009, 82, 83.

E. Vermittlung und Betreuung der Lebensversicherung   201, 202   Einl. E

Schrifttum: *Büchner*, Zulässigkeit und Grenzen vergleichender Werbung in der Versicherungswirtschaft, FS *Schwebler* 1986, S. 145; *Forster/Christ*, Die vergleichende Werbung im Wettbewerb der Versicherungswirtschaft, ZfV 1981, 114, 150, 183, 205; *Fricke*, Kein Anschluss unter dieser Nummer – Zur Situation der „Telefonwerbung" in der Versicherungsbranche nach BGH, NVersZ 1999, 360 und 445, NVersZ 1999, 407; *Nowak-Over*, Haftung im Versicherungskonzern für Werbemaßnahmen des Versicherungsvertreters, in: Verantwortlichkeit im Wirtschaftsrecht, Beiträge zum Versicherungs- und Wirtschaftsrecht der Schüler von Ulrich Hübner, hrsg. v. Annemarie Matusche-Beckmann und Roland Michael Beckmann, Karlsruhe, VVW, 2002, S. 187; *Schwerdtfeger*, Die rechtliche Behandlung von Versicherungsvergleichen. Rechtsfragen bei der Veröffentlichung von Versicherungsvergleichen durch Finanz- und Wirtschaftsmagazine sowie die Verwendung als Entscheidungshilfe für den Verbraucher, Berlin, Logos, 2006

1. Wettbewerbsrichtlinien der Versicherungswirtschaft

Die Wettbewerbsrichtlinien der Versicherungswirtschaft als die nach wie vor   **201**
wichtigste Wettbewerbsregelung im Versicherungsbereich sind 1967 in Kraft getreten.[293] Die Neufassung der Richtlinien war angestrengt worden, nachdem gegen die seit 1977 geltenden und in Agentur- und Arbeitsverträgen der Versicherungswirtschaft regelmäßig vereinbarten Richtlinien kartellrechtliche Bedenken geltend gemacht wurden.[294] Die neue Fassung der Wettbewerbsrichtlinien der Versicherungswirtschaft wurde mit Bekanntmachung Nr. 12/2006 des Bundeskartellamts im Bundesanzeiger vom 5. April 2006 über den Antrag des GDV auf Anerkennung der Wettbewerbsregeln der Versicherungswirtschaft veröffentlicht.[295] Das Bundeskartellamt hat die überarbeiteten Wettbewerbsrichtlinien gemäß § 26 GWB mit der Folge anerkannt, dass der GDV die Verwendung der neuen Wettbewerbsrichtlinien ab dem 1. September 2006 empfohlen hat.[296] Die Wettbewerbsrichtlinien der Versicherungswirtschaft können als Indiz dafür herangezogen werden, welches Wettbewerbsverhalten nach der Auffassung der beteiligten Verkehrskreise als unlauter anzusehen ist.[297] Dabei ist zu beachten, dass der Kampf um den König Kunde wettbewerbsrechtlich grundsätzlich erwünscht ist[298] und die Grenze zu einem nicht mehr lauteren Verhalten erst dann überschritten wird, wenn nicht mehr der eigene Wettbewerbsvorteil, sondern die Schädigung des Konkurrenten im Vordergrund steht.[299]

2. Vergleichende Werbung

Die Zulässigkeit vergleichender Werbung ist europarechtlich auf der Grund-   **202**
lage der Richtlinie 97/55/EG des Europäischen Parlaments und des Rates vom 6. Oktober 1997 zur Änderung der Richtlinie 84/450/EWG über irreführende Werbung zwecks Einbeziehung der vergleichenden Werbung zu beurtei-

---

[293] *Schnorbus*, Die Bedeutung und Grenzen der wettbewerbsrechtlichen Selbstregulierung durch Verbände in der Versicherungswirtschaft, VersR 1999, 932, 933.
[294] *Paschke*, Die kartell- und wettbewerbsrechtliche Bedeutung der Wettbewerbsrichtlinien der Versicherungswirtschaft, in: Liber amicorum für Gerrit Winter, hrsg. v. Bergeest u. Labes, Karlsruhe, VVW, 2007, S. 111.
[295] Vgl. *Beenken*, Gute Sitten im Versicherungsvertrieb, VW 2006, 833 ff.
[296] R 2616/2006 des GDV v. 15. 8. 2006, S. 3; *Hopt*, Handelsvertreterrecht, 4. Aufl., München, Beck, 2009, Materialien VIII.
[297] BGH, Urt. v. 8. 11. 1990 – I ZR 48/89, NJW-RR 1991, 809, 810 = VersR 1991, 997, 998 = BB 1991, 648 = MDR 1991, 856, 857; LG Gießen, Urt. v. 16. 10. 1996 – 1 S 206/96, VersR 1997, 486 = r+s 1997, 307; OLG Celle, Urt. v. 5. 9. 2002 – 13 U 125/02, VW 2003, 508; GB BAV 1974, 28; *Hefermehl/Köhler/Bornkamm*, UWG, 27. Aufl., 2009, § 4 UWG Rdn. 10.45.
[298] LG Freiburg im Breisgau, Urt. v. 27. 6. 2001 – 2 O 10/90, S. 11.
[299] OLG Oldenburg, Urt. v. 15. 2. 2007 – 1 U 97/06, VersR 2008, 1664, 1665.

len,[300] die durch die Richtlinie 2006/114/EG des Europäischen Parlaments und des Rates vom 12. Dezember 2006 über irreführende und vergleichende Werbung abgelöst wurde.[301] Vergleichende Werbung ist nunmehr auch nach deutschem Recht als zulässig anzusehen, sofern die unter Art. 3a Abs. 1 lit. a bis h der Richtlinie 97/55/EG genannten Voraussetzungen erfüllt sind.[302] In der Praxis spielen Preis-/Leistungsvergleiche eine große Rolle. Einer zunehmenden Beliebtheit erfreuen sich vergleichende Tests von Versicherungsprodukten, insbesondere in jenen Sparten, die aus Verbrauchersicht von existenzieller Bedeutung sind wie beispielsweise Lebens-, Renten-, Kranken- und Berufsunfähigkeitsversicherungen.[303] Sie sind wettbewerbsrechtlich zulässig, wenn ein hinreichender Anlass für den Vergleich besteht und dieser inhaltlich wahr, vollständig und sachbezogen ist.[304] In diesem Fall liegt auch kein unzulässiger Eingriff in den eingerichteten und ausgeübten Gewerbebetrieb vor.[305] Einen hinreichenden Anlass für einen Vergleich stellt der ausdrückliche Wunsch eines Kunden nach Unterrichtung über die Person und die Leistung eines Mitbewerbers dar.[306] Unbedenklich sind Preis-/Leistungsvergleiche zwischen den Angeboten von Versicherungsgesellschaften, wenn der Name des jeweiligen Anbieters genannt ist.[307] Eine vergleichende Darstellung von Leistungen verschiedener Lebensversicherungen ohne herabsetzende Bezugnahme auf Mitbewerber begründet nicht ohne weiteres den Vorwurf unzulässiger Werbung.[308] Ein solches zusätzliches unlauteres Verhalten kann darin gesehen werden, dass gegenüber dem abzuwerbenden Kunden einer anderen Gesellschaft unrichtige oder zumindest unvollständige Angaben über die Bedingungen

---

[300] AblEG Nr. L 290 v. 23. 10. 1997, S. 18; dazu *Kotthoff,* Neue Maßstäbe für vergleichende Werbung, BB 1998, 2217 ff.; *Leible/Sosnitza,* Richtlinienkonforme Auslegung vor Ablauf der Umsetzungsfrist und vergleichende Werbung, NJW 1998, 2507 ff.; *Schnorbus,* Die Zulässigkeit der vergleichenden Werbung in der Versicherungswirtschaft – Zugleich ein Beitrag zur Auslegung der neuen Richtlinie 97/55/EG –, ZVersWiss 1999, 375 ff.; *Berlit,* Gesetzentwurf der Bundesregierung zur vergleichenden Werbung und zur Änderung wettbewerbsrechtlicher Vorschriften, BB 2000, 1305.

[301] AblEG Nr. L 376, S. 21; dazu *Hefermehl/Köhler/Bornkamm,* UWG, 27. Aufl., 2009, Einl. Rdn. 3.41.

[302] BGH, Urt. v. 5. 2. 1998 – I ZR 211/95, BGHZ 138, 55 = NJW 1998, 2208 = ZIP 1998, 1084 = WM 1998, 1693, 1697 = BB 1998, 2225, 2226 = DB 1998, 2161 (Testpreisangebot); BGH, Urt. v. 23. 4. 1998 – I ZR 2/96, NJW 1998, 3561 = WM 1998, 2474 = BB 1998, 2228 (Preisvergleichsliste II); OLG Stuttgart, Urt. v. 10. 7. 1998 – 2 U 278/97, VersR 1999, 1036, 1038; OLG Dresden, Urt. v. 25. 8. 1998 – 14 U 3276/97, NVersZ 1999, 294, 296 = VersR 1998, 1526, 1529; BGH, Urt. v. 15. 10. 1998 – I ZR 69/96, BGHZ 139, 378 = NJW 1999, 948, 949 = WM 1999, 397, 398; OLG Düsseldorf, Urt. v. 22. 10. 1998 – 2 U 84/98, NJW-RR 1999, 408, 409; BGH, Urt. v. 25. 3. 1999 – I ZR 77/97, WM 1999, 2262, 2264; KG, Urt. v. 15. 6. 1999 – 5 U 1476/98, VersR 2001, 350, 351; OLG Köln, Urt. v. 26. 5. 2000 – 6 U 174/99, NVersZ 2000, 543, 544.

[303] Vgl. *Kirscht,* Rechtliche Grenzen für Versicherungsvergleiche: Richter müssen Kriterien bei Warentests präzisieren, VW 2001, 1558.

[304] LG Berlin, Urt. v. 9. 12. 1997 – 15 O 368/97, VersR 1998, 651, 652.

[305] OLG Frankfurt/M., Urt. v. 25. 4. 2002 – 16 U 136/01, VersR 2003, 470, 471.

[306] OLG Celle, Urt. v. 7. 1. 1988, WM 1988, 236.

[307] KG, Urt. v. 16. 6. 1998 – 5 U 5200/97, EWiR 1998, 1047 (Ls.) m. Anm. *Ulrich;* OLG Dresden, Urt. v. 25. 8. 1998 – 14 U 3276/97, NVersZ 1999, 294, 296 = VersR 1998, 1526, 1528 (Preis-/Leistungsvergleich in der Krankenversicherung); dazu *Knickenberg,* Wettbewerbsrechtliche Einordnung von Preis-Leistungs-Vergleichen privater Krankenversicherungsangebote, VersR 1997, 1449 ff.; *Omsels,* Nochmals: Wettbewerbsrechtliche Einordnung von Preis-Leistungs-Vergleichen privater Krankenversicherungsangebote, VersR 1998, 681 ff. Zur Zulässigkeit des Systemvergleichs zwischen gesetzlicher und privater Krankenversicherung siehe OLG Saarbrücken, Urt. v. 15. 7. 1998 – 1 U 222/98–41, NJW-RR 1999, 268 = VersR 1999, 1119; OLG Stuttgart NJW-RR 1999, 266.

[308] LG Stuttgart, Urt. v. 27. 4. 1973 – 4 KfH O 58/73, VersR 1975, 576.

E. Vermittlung und Betreuung der Lebensversicherung   203, 204 Einl. E

der miteinander verglichenen Lebensversicherungen[309] bzw. Rentenversicherungen[310] gemacht worden sind. Zulässig ist die Weitergabe eines Zeitschriftenartikels, der negative Aussagen über die Leistung eines Mitbewerbers enthält.[311] Geworben werden kann mit der Wiedergabe des Testergebnisses der Stiftung Warentest für die Zusatzversicherung ohne Offenlegung des Ergebnisses für die Hauptversicherung.[312]

3. Irreführende Werbung

Eine Irreführung des Verkehrs kann aktiv durch falsche Angaben herbeigeführt werden, aber auch durch Unterlassung gebotener Aufklärungshinweise.[313] Eine Aufklärungspflicht besteht immer dann, wenn die verschwiegene Tatsache nach der Auffassung des Verkehrs von so großer Bedeutung ist, dass das Verschweigen geeignet ist, das Publikum in relevanter Weise irrezuführen.[314] Auf Unterlassung kann daher ein Unternehmen in Anspruch genommen werden, das unsachliche, fehlerhafte oder sonst unzureichende Informationen über die von ihm angebotenen Produkte oder Leistungen an die Medien gibt.[315] Eine Irreführung über den Leistungsumfang einer Versicherung kann bereits in der positiven Angabe liegen, dass die Versicherung bei bestimmten Schäden Ersatz leisten werde[316] oder dass die Versicherungsbedingungen verbraucherfreundlicher und der Umfang der Leistungen wesentlich besser sei.[317] Um eine irreführende Werbung im Sinne des § 3 UWG handelt es sich, wenn behauptet wird, dass bei kapitalbildenden Lebensversicherungen mit langer Laufzeit bei gleich bleibendem Beitrag (monatlich oder jährlich) am Ende der Laufzeit eine Gewinnbeteiligung in der Größenordnung zwischen 6 und 7% erzielt werde, bezogen auf das eingezahlte Geld.[318] Irreführend ist auch eine Werbung für staatlich geförderte Produkte, solange noch keine staatliche Zertifizierung dieser Anlageprodukte erfolgt ist.[319]   203

4. Abmahnkosten

Nimmt der Versicherer anwaltliche Hilfe in Anspruch, um einen wettbewerbsrechtlichen Unterlassungsanspruch geltend zu machen, kann er vom Anspruchsgegner Kostenstattung verlangen, auch wenn er über eine eigene Rechtsabteilung verfügt.[320]   204

§ 9 Aufrechnung

Gegen einen Anspruch des VU auf Herausgabe von Kundengeldern kann der Vertreter nur mit Forderungen gegen das VU aufrechnen, welche dieses schriftlich anerkannt hat oder die rechtskräftig festgestellt sind.

---

[309] LG Düsseldorf VersR 1969, 696; LG Frankfurt/M., Urt. v. 2. 4. 1986 – 2/6 O 576/85, VersR 1987, 37.
[310] OLG München, Urt. v. 15. 12. 1994 – 29 U 3563/94, NJW-RR 1995, 1196 = VersR 1996, 851, 852.
[311] OLG Celle, Urt. v. 7. 1. 1988, WM 1988, 236.
[312] OLG München, Urt. v. 4. 11. 1999 – 29 U 3092/99, VersR 2000, 909; zust. *Dallmayr* VersR 2000, 909.
[313] OLG Hamburg, Urt. v. 23. 10. 1997 – 3 U 238/96, VersR 1998, 865, 867.
[314] OLG Hamburg, Urt. v. 23. 10. 1997 – 3 U 238/96, VersR 1998, 865, 867.
[315] OLG Hamburg, Urt. v. 23. 10. 1997 – 3 U 238/96, VersR 1998, 865, 867.
[316] BGH, Urt. v. 9. 6. 1983 – I ZR 106/81, VersR 1984, 1050.
[317] LG Hamburg, Urt. v. 12. 2. 1999 – 406 O 219/98, VersR 1999, 1302, 1303.
[318] LG Hamburg, Urt. v. 19. 2. 1997, r+s 1997, 260, 261.
[319] LG Mannheim, Urt. v. 3. 8. 2001 – 7 O 271/01, NVersZ 2001, 527, 528.
[320] BGH, Urt. v. 8. 5. 2008 – I ZR 83/06, VersR 2009, 278.

Einl. E 205–207   Teil 2. Einleitung

205 Der Versicherungsvertreter kann mit seinem Provisionsanspruch nicht gegen den Anspruch des Versicherers auf Abführung kassierter Prämien aufrechnen.[321] Wenn vereinbart ist, dass beide Parteien lediglich mit einer unbestrittenen oder rechtskräftig festgestellten Forderung gegen eine Forderung der anderen Partei aufrechnen können, kann die Berufung auf dieses Aufrechnungsverbot gegen Treu und Glauben (§ 242 BGB) verstoßen, soweit die Forderung, mit der aufgerechnet wird, aus einer vorsätzlichen unerlaubten Handlung herrührt.[322] Dasselbe kann je nach den Umständen des Einzelfalls auch für Forderungen aus einer vorsätzlichen Vertragsverletzung gelten.[323]

§ 10 Revision

Im Rahmen der vom Bundesaufsichtsamt für das Versicherungswesen (BAV) angeordneten Zuverlässigkeitsüberprüfung von Versicherungsvermittlern sowie gesetzlicher Vorschriften ist das VU berechtigt, Revisionen in der Vertretung durchzuführen.

206 Durch die Deregulierung des Versicherungsmarktes steigt die Bedeutung umfassender und seriöser Beratung durch zuverlässige Versicherungsvermittler.[324] Die Aufsichtsbehörde unterstellt deshalb, dass sich die LVU bei
– allen hauptberuflichen Versicherungsvermittlern einschließlich Versicherungsmaklern und Mitarbeitern des Versicherungsaußendienstes sowie
– nebenberuflichen Versicherungsvermittlern, soweit es sich um Mitarbeiter in strukturierten Agenturen oder Vertriebsgesellschaften mit mehr als zwei Strukturebenen handelt,
207 vor Beginn der Zusammenarbeit von deren Zuverlässigkeit überzeugen und alle geeigneten Erkenntnisquellen für die Feststellung der Zuverlässigkeit nutzen.[325] Dazu bedarf es namentlich der Vorlage eines Führungszeugnisses und der Vorlage eines originalen Auszuges aus dem Gewerbezentralregister, wenn der Bewerber bereits ein Gewerbe betrieben hat.[326] Von allen LVU erwartet die Aufsichtsbehörde die regelmäßige Einholung einer AVAD-Auskunft als ein Mittel zur Überprüfung der Zuverlässigkeit, ferner neben der sorgfältigen Auswahl zuverlässiger Versicherungsvermittler und Außendienstmitarbeiter eine ordnungsgemäße laufende Kontrolle dieser Personen.[327]

§ 11 Sicherheitsleistung

Der Vertreter hat dem VU auf Verlangen für seine vertraglichen und gesetzlichen Verpflichtungen aus diesem Rechtsverhältnis unter Beachtung der aufsichtsbehördlichen Anordnungen und der gesetzlichen Vorschriften eine angemessene Sicherheit zu stellen.

---

[321] LG München VersR 1952, 321; OLG Hamm VersR 1953, 181; OLG Hamburg, Beschl. v. 12. 8. 1993 – 18 W 23/93, r+s 1996, 512.
[322] BGH, Urt. v. 7. 3. 1985 – III ZR 90/83, ZIP 1985, 921; BGH, Urt. v. 19. 1. 2005 – VIII ZR 139/04, VersR 2005, 504, 506.
[323] BGH, Urt. v. 9. 5. 1966 – VIII ZR 8/64, NJW 1966, 1452; BGH, Urt. v. 18. 6. 2002 – XI ZR 160/01, NJW 2002, 2779 = WM 2002, 1654; BGH, Urt. v. 19. 1. 2005 – VIII ZR 139/04, VersR 2005, 504, 506.
[324] R 2/94 v. 3. 11. 1994, VerBAV 1994, 411.
[325] R 2/94 v. 3. 11. 1994, VerBAV 1994, 411.
[326] R 2/94 v. 3. 11. 1994, VerBAV 1994, 411, 412.
[327] R 2/94 v. 3. 11. 1994, VerBAV 1994, 411, 412.

E. Vermittlung und Betreuung der Lebensversicherung   208–211   Einl. E

1. Inhaltskontrolle

Eine Regelung, dass im Falle einer „unbegrenzten Zusage" die Provision erst 208
dann zu zahlen ist, wenn der Versicherungsagent „ausreichende Sicherheiten"
beigebracht hat, verletzt das Transparenzgebot und benachteiligt den Versicherungsagenten unangemessen, weil sich der Versicherer das Risiko einer Stornohaftung in voller Höhe absichern lässt und damit die wirtschaftliche Bewegungsfreiheit des Versicherungsagenten in unangemessener Weise beschränkt.[328]

2. Vorgaben der Aufsichtsbehörde
a) Rechtslage bis 22. Februar 2008. In verschiedenen Rundschreiben sind 209
auf § 81 Abs. 2 Satz 1 VAG gestützte Anordnungen des Bundesaufsichtsamtes für
das Versicherungswesen (BAV) zur Begrenzung der Abschlusskosten in der Lebensversicherung ergangen.[329] Ziel der Anordnungen ist es, durch Begrenzung
der Abschlussvergütungen ein angemessenes Verhältnis zwischen den Abschlusskosten, den Versicherungsleistungen und den Beiträgen sicherzustellen, damit vor
allem die Überschussbeteiligung der Versicherten nicht durch Abschlusskostenverluste geschmälert wird.[330] Nach Fortfall der Tarifgenehmigung ging der Hinweis
in Nr. 1 und Nr. 2 des Rundschreibens R 2/93 auf die „rechnungsmäßig gedeckten Abschlusskosten" als Bezugsgrundlage für die Begrenzung ins Leere, so dass
eine Änderung dieses Rundschreibens durch Einführung eines neuen, für die
Zweckerreichung geeigneten Maßstabes durch das Rundschreiben R 5/95 notwendig wurde.[331] In diesem Rundschreiben R 5/95 geht das BAV davon aus, dass
die Abschlussprovisionen und sonstigen Vergütungen, die im Zusammenhang mit
der Vermittlung von Lebensversicherungsverträgen gewährt werden, so bemessen
sind, dass sie zusammen mit den sonstigen aus Anlass des Abschlusses entstehenden Kosten den Anforderungen des § 11 Abs. 1 VAG entsprechen.[332]

Das Lebensversicherungsunternehmen muss nach Nr. 4 des Rundschreibens 210
R 5/95 durch entsprechende Vertragsbestimmungen sicherstellen, dass die im
Einzelfall gewährte Gesamtvergütung (Abschlussvergütung gemäß Nr. 2 und
Dienstleistungsvergütung gemäß Nr. 3) außer bei Eintritt des Versicherungsfalles
zurückgefordert werden kann, solange und soweit diese 70% der gezahlten Beiträge übersteigt. Vor Ablauf der Rücktritts- bzw. Widerspruchsfrist gezahlte Beiträge
dürfen dabei erst nach Fristablauf einbezogen werden.

Nach Nr. 5 des Rundschreibens R 5/95 darf in den ersten fünf Jahren der 211
Laufzeit eines Versicherungsvertrages die Summe aus der bereits verdienten, d. h.
nicht mehr rückforderbaren Gesamtvergütung gemäß Nr. 4 und dem Rückkaufswert nicht höher sein als die gezahlten Beiträge. Diese Regelung gilt nicht für
Einmalbeitragsversicherungen, Versicherungen mit einer Lauf- bzw. Aufschubzeit
bis zu acht Jahren und Versicherungen mit stark abgekürzter Beitragszahlungsdauer, d. h. einer Beitragszahlungsdauer bis zu fünf Jahren bei einer Lauf- bzw. Aufschubzeit bis zu 12 Jahren sowie einer Beitragszahlungsdauer bis zu einem Drittel

---

[328] OLG Köln, Urt. v. 19. 12. 2001 – 19 U 130/01, r+s 2004, 43, 44.
[329] Rundschreiben R 5/74 v. 24. 8. 1974, VerBAV 1974, 206; Rundschreiben R 3/85 v.
21. 8. 1985, VerBAV 1985, 344; Rundschreiben R 4/86 vom 29. 5. 1986, VerBAV 1986,
267; Rundschreiben R 2/93, VerBAV 1994, 3; Rundschreiben R 5/95 über die Begrenzung der Abschlusskosten in der Lebensversicherung v. 31. 10. 1995, VerBAV 1995, 366.
[330] Vgl. Rundschreiben R 5/95 über die Begrenzung der Abschlusskosten in der Lebensversicherung v. 31. 10. 1995, VerBAV 1995, 366.
[331] Vgl. R 5/95 über die Begrenzung der Abschlusskosten in der Lebensversicherung v.
31. 10. 1995, VerBAV 1995, 366.
[332] Vgl. R 5/95 über die Begrenzung der Abschlusskosten in der Lebensversicherung v.
31. 10. 1995, VerBAV 1995, 366.

der Lauf- bzw. Aufschubzeit sonst. Die dem Lebensversicherungsunternehmen gemäß Nr. 7 des Rundschreibens R 5/95 zu stellenden Sicherheiten (z. B. Kaution, Bankbürgschaft) sind so zu bemessen, dass das Lebensversicherungsunternehmen jederzeit seine Rückforderungsansprüche gemäß Nr. 4 und Nr. 5, sofern der Vermittler ausfällt, in voller Höhe realisieren kann. Dem Regelungszweck, die Überschussbeteiligung der Versicherten zu gewährleisten, wird mithin dadurch in zulässiger Weise Rechnung getragen, dass die Versicherungsvermittler ausreichende Sicherheiten stellen, aus denen sich die Lebensversicherungsunternehmen im Stornofall wegen entsprechender Provisionsrückforderungsansprüche befriedigen können.[333] Bei der Auszahlung von Abschlussprovisionen, sonstigen im Zusammenhang mit dem Abschluss des Versicherungsvertrages stehenden Vergütungen und Dienstleistungsvergütungen sind die weiteren durch das Rundschreiben R 5/95 vom BAV angeordneten Einschränkungen zu beachten.[334]

212 **b) Rechtslage ab 22. Februar 2008.** Die BaFin hat am 22. Februar 2008 das Rundschreiben 5/95 des BAV über die Begrenzung der Abschlusskosten in der Lebensversicherung aufgehoben.[335] Zur Begründung der Aufhebung führt die BaFin Folgendes aus:

„Der Aspekt des Rundschreibens, ausreichende Sicherheiten für eventuelle Rückforderungsansprüche der Versicherer gegenüber den Vermittlern aufgrund von ausgezahlten und unverdienten Provisionen zu verlangen, wird inzwischen von dem neuen Rundschreiben 9/2007 „Hinweise zur Anwendung der §§ 80 ff. VAG und § 34 d GewO" abgedeckt. Außerdem gehört es zu einem guten Risikomanagement, dass das Versicherungsunternehmen und damit auch seine Versicherungsnehmer vor Ausfallschäden durch geeignete Kontrollinstrumente bezüglich des Außendienstbereichs, der eine entscheidende Bedeutung für den wirtschaftlichen Erfolg des Unternehmens hat, geschützt werden."

3. Angemessene Sicherheit

213 Die Klausel soll den von der Versicherungsaufsichtsbehörde ergangenen Anordnungen Rechnung tragen, wonach die Versicherungsunternehmen verpflichtet sind, das Rückprovisionsrisiko aus stornierten Versicherungsverträgen in ausreichender Höhe abzusichern. Die Gestaltung der Sicherheit hat die Aufsichtsbehörde in das pflichtgemäße Ermessen der LVU gestellt. Die sofortige volle Auszahlung der nicht beitragsmaximierten Provision bei Vertragsbeginn ist in aller Regel ein Kredit, den das LVU dem Vermittler in der Erwartung gewährt, dass der Lebensversicherungsvertrag nicht storniert wird und damit der Provisionsrückforderungsanspruch nicht zum Tragen kommt. Das einzelne LVU muss deshalb nach Art eines Kreditinstituts die Bonität des Vermittlers einschätzen und aufgrund dieser Einschätzung festlegen, welche Sicherheiten es bei sofortiger Auszahlung der Provision verlangt. In vielen Fällen wird zur Abdeckung des Risikos eine Vertrauensschadenversicherung durch den Versicherer mit Beitragsbeteiligung des Versicherungsvertreters gemäß getroffener Vereinbarung abgeschlossen.[336] Das

---

[333] OLG Hamburg, Urt. vom 16. 6. 1995 – 11 U 76/94, NJW-RR 1997, 1381, 1382.

[334] Siehe dazu ferner *Claus*, Begrenzung der Abschlusskosten in der Lebensversicherung, ZfV 1996, 82 ff.; *Küstner* in: Küstner/Thume, Handbuch des gesamten Außendienstrechts, Bd. 1, Das Recht des Handelsvertreters (ohne Ausgleichsrecht), 3. Aufl., Heidelberg, Verl. Recht und Wirtschaft, 2000, Rdn. 969 ff., 1099 ff.

[335] BaFin v. 22. 2. 2008 – VA 21 – A – 2007/0107, www.bafin.de.

[336] Vgl. OLG Hamburg, Urt. v. 16. 6. 1995 – 11 U 76/94, NJW-RR 1997, 1381, 1382; OLG Köln, Urt. vom 19. 12. 2001 – 19 U 130/01, NJW-RR 2002, 1464, 1465 = VersR 2002, 355, 356; *Stunz/Wilhelm*, Neue Wege zur Absicherung des Stornorisikos: Wenn Abschlussprovisionen in der Lebensversicherung zurückgefordert werden müssen – Zur Aufhebung des Rundschreibens 5/95 durch die BaFin, VW 2008, 734, 736.

E. Vermittlung und Betreuung der Lebensversicherung

Stellen einer Bankbürgschaft,[337] die Abtretung der Rechte aus einer vom Versicherungsvertreter abgeschlossenen und finanzierten Lebensversicherung mit ausreichendem Rückkaufswert oder die Bildung einer Stornoreserve durch Einbehalt eines Provisionsanteils in vereinbarter Höhe sind in der Praxis häufig anzutreffende Alternativen oder Ergänzungen zur Vertrauensschadenversicherung. Unberührt bleibt die in § 64a VAG angesprochene Verpflichtung des Lebensversicherers durch geeignete Maßnahmen des Risikomanagements dafür zu sorgen, dass an Vermittler geleistete, aber nicht verdiente Provisionen an ihn zurückfließen.[338] Sicherheiten sind dem Vermittler zurückzugeben, sobald feststeht, dass dem Versicherer keine Forderungen mehr gegen den Vermittler zustehen können.

§ 12 Beendigung des Vertragsverhältnisses

(1) Das Vertragsverhältnis kann unter Einhaltung der gesetzlichen Kündigungsfristen in der jeweils geltenden Fassung ordentlich gekündigt werden.

(2) ¹Die Kündigung des Vertragsverhältnisses kann außerdem von jedem Teil ohne Einhaltung einer Kündigungsfrist ausgesprochen werden, wenn ein wichtiger Grund vorliegt (§ 89a HGB). ²Als wichtiger Grund, der das VU zur sofortigen Kündigung berechtigt, ist insbesondere anzusehen, wenn der Vertreter gegen § 7 dieses Vertrages verstößt. ³Sofern der Vertreter aus begründetem Anlass kündigt, bleibt davon sein Ausgleichsanspruch nach § 89b HGB unberührt.

(3) Im Falle des Todes des Vertreters erlischt das Vertragsverhältnis mit sofortiger Wirkung.

(4) ¹Mit Beendigung des Vertragsverhältnisses erlischt jeder Anspruch des Vertreters gegen das VU auf Provisionen oder sonstige Vergütungen; ausgenommen hiervon sind etwaige Ansprüche aus § 87 Abs. 3 und § 89b HGB. ²Es wird vereinbart, dass die von den Verbänden entwickelten – als Anlage beigefügten – „Grundsätze zur Errechnung der Höhe des Ausgleichsanspruchs" in ihrer jeweils gültigen Fassung bei der Ermittlung bzw. Berechnung eines Ausgleichsanspruchs in den Sparten Sach, Leben, Kranken und Bausparen nach Maßgabe des § 89b HGB zugrunde gelegt werden. ³Anderweitige Ermittlungs- bzw. Berechnungsarten können nur herangezogen werden, soweit eine der Vertragsparteien im Einzelfall nachweist, dass die nach den „Grundsätzen" durchgeführte Ermittlung bzw. Errechnung des Ausgleichsanspruchs nicht dem § 89b HGB und insbesondere den dort festgeschriebenen Billigkeitsgrundsätzen entspricht. ⁴Die Beweislast trägt insoweit die Partei, die sich hierauf beruft.

AuVdBAV: VerBAV 1985 (Ausweis der Aufwendungen für die Ausgleichsansprüche und die Altersversorgung der Versicherungsvertreter (§ 92 Abs. 1 HGB) in der Gewinn- und Verlustrechnung (GVR) der Versicherungsunternehmen (VU).

Schrifttum: *Schnabl*, Die Höhe der Prozesszinsen beim Handelsvertreterausgleich: Ein Beitrag zur Anwendbarkeit des § 288 II BGB auf Mischtatbestände, NJW 2009, 955.

---

[337] Siehe BGH, Beschl. v. 28. 11. 1996 – IX ZR 204/95, NJW-RR 1997, 1381 (Wirksamkeit einer Geschäftsführerbürgschaft für eine Versicherungsagentur).
[338] *Stunz/Wilhelm* VW 2008, 734, 736.

1. Fassung

214 § 12 Abs. 4 Hauptpunkte 2000 ersetzt Ziffer 12 Hauptpunkte 1955. Ziffer 12 Hauptpunkte 1955 lautete wie folgt:[339]

„Mit Beendigung des Vertragsverhältnisses erlischt jeder Anspruch des Vertreters an das VU auf irgendwelche Vergütungen oder Provisionen. Ausgenommen hiervon sind Ansprüche auf Provisionen aus Versicherungen, die der Vertreter vor Beendigung des Vertragsverhältnisses vermittelt hat, auch wenn sie erst später beurkundet oder eingelöst werden, ferner etwaige Ansprüche aus § 87 Abs. 3 und § 89 b HGB.

Das VU ermöglicht dem Vertreter eine Alters- und Hinterbliebenenversorgung nach den vom „Gesamtverband" erlassenen „Richtlinien für die Altersversorgung des selbständigen Versicherungsaußendienstes" vom 5. 12. 1949 (GV-Nr. 176/49) oder nach den Grundsätzen des bei ihm bestehenden Versorgungswerkes für hauptberufliche Vertreter gemäß der dafür geltenden Satzung. Der Vertreter erklärt sich auch für seine hiernach versorgungsberechtigten Hinterbliebenen damit einverstanden, dass die Versorgungsansprüche, soweit sie aus Mitteln des VU entstanden sind, auf einen etwa nach § 89 b HGB zu zahlenden Ausgleich angerechnet werden."

215 In § 12 Abs. 4 Hauptpunkte 2000 wird auf die „Grundsätze zur Errechnung der Höhe des Ausgleichsanspruchs" („Grundsätze") in ihrer jeweils gültigen Fassung verwiesen. Die „Grundsätze Leben" sind inzwischen um die „Berechnung der Höhe des Ausgleichsanspruchs (§ 89 b HGB) für Rentenversicherungen und Kapitalisierungsprodukte (Altersvorsorgeverträge) im Sinne des § 1 Abs. 1 Ziff. 7 a) Alterszertifizierungsgesetz (AltZertG)" ergänzt worden.[340]

216 Zweck der „Grundsätze" ist es, den vom Gesetzgeber durch § 89 b HGB gesetzten Rahmen durch praktische Berechnungsmethoden auszufüllen, ungerechtfertigte Ergebnisse zu vermeiden und ein Mindestmaß im Hinblick auf gerechtfertigte Lösungen zu erzielen.[341] Ihrem Rechtscharakter nach sind die „Grundsätze" als empfehlende Vereinbarungen anzusehen.[342]

2. Inhaltskontrolle

217 **a) Ausgangslage.** Nach § 89 b Abs. 4 Satz 1 HGB kann der Ausgleichsanspruch, der mit der rechtlichen Beendigung des Handelsvertreterverhältnisses entsteht, nicht im Voraus ausgeschlossen werden.[343] Mit diesem Verbot soll der Handelsvertreter vor der Gefahr bewahrt werden, sich aufgrund seiner wirtschaftlichen Abhängigkeit von dem Unternehmer auf ihn benachteiligende Abreden einzulassen.[344] Unter dieses Verbot fallen Abreden, die den Ausgleichsanspruch ganz ausschließen oder durch die er mehr oder weniger eingeschränkt

---

[339] *Fuchs-Baumann*, Ausgleichsanspruch des Versicherungsvertreters: Anrechnung des Barwerts einer vom Versicherungsunternehmen finanzierten Versorgung, DB 2001, 2131.

[340] Zu den Einzelheiten siehe *Bredebusch/Marzin*, Riester-Verträge und Ausgleichsanspruch, VW 2003, 1019 f.

[341] *Küstner*, „Grundsätze" als Rechtsgrundlage für die Ausgleichsberechnung, VW 1998, 704.

[342] OLG Köln, Urt. v. 5. 6. 1974 – 2 U 93/72, VersR 1974, 995 = VersVerm 1974, 392 = BB 1974, 1093; LG Stuttgart, Urt. v. 28. 1. 2000 – 21 O 425/99, VersR 2000, 972, 973; *Küstner*, Neue Rechtsprechung zur Rechtsnatur der „Grundsätze", VW 1996, 1140.

[343] BGH, Urt. v. 29. 3. 1990 – I ZR 2/89, WM 1990, 1496 = DB 1990, 2264; BGH, Urt. v. 10. 7. 1996 – VIII ZR 261/95, VersR 1996, 1145 = r+s 1996, 467 = DB 1996, 2278; dazu *Küstner* VW 1997, 388.

[344] BGH NJW 1967, 248, 249; BGH NJW 1985, 3076, 3077 = WM 1985, 838, 840; BGH, Urt. v. 29. 3. 1990 – I ZR 2/89, NJW 1990, 2889 = WM 1990, 1496 = DB 1990, 2264; BGH, Urt. v. 10. 7. 1996 – VIII ZR 261/95, NJW 1996, 2867, 2868 = VersR 1996, 1145 = r+s 1996, 467 = WM 1996, 1967 = DB 1996, 2278; OLG Celle, Urt. v. 16. 5. 2002 – 11 U 193/01, VersR 2002, 976, 978.

E. Vermittlung und Betreuung der Lebensversicherung 218 **Einl. E**

wird.[345] Die Vorschrift erfasst auch solche Vereinbarungen, durch die der Ausgleichsanspruch von weiteren, vom Gesetz nicht vorgesehenen Voraussetzungen abhängig gemacht wird.[346] Vereinbarungen, die sich nur mittelbar auf den Ausgleichsanspruch auswirken, verstoßen grundsätzlich nicht gegen § 89b Abs. 4 Satz 1 HGB.[347] Abreden, durch die der Ausgleichsanspruch eingeschränkt oder ausgeschlossen wird, sind wirksam, wenn sie nach Beendigung des Agenturvertrages oder in einer Aufhebungsvereinbarung, die gleichzeitig den Vertrag beendet, getroffen werden.[348] Solche Abreden sind aber dann unwirksam, wenn die gleichzeitig vereinbarte Auflösung des Agenturvertrages erst in einem späteren Zeitpunkt wirksam werden soll und der Versicherungsvertreter mit sofortiger Wirkung freigestellt wird.[349]

b) Provisionsverzichtsklausel. Eine Provisionsverzichtsklausel ist grundsätzlich wirksam, weil an die Stelle der bereits verdienten, aber durch die Vertragsbeendigung weggefallenen Provisionsansprüche der Ausgleichsanspruch nach § 89b HGB tritt.[350] Die Provisionsverzichtsklausel betrifft die möglichen künftigen Ansprüche des Versicherungsvertreters auf die Überhangprovisionen, die ggf. mit 218

---

[345] BGHZ 55, 124, 126 = NJW 1971, 465 = VersR 1971, 370, 371 = WM 1971, 184 = DB 1971, 187 = MDR 1971, 293; BGH, Urt. v. 11. 1. 1990 – I ZR 32/89, NJW-RR 1991, 156 = WM 1991,196; BGH, Urt. v. 10. 7. 2002 – VIII ZR 58/00, NJW-RR 2002, 1548 = VersR 2003, 242 = WM 2003, 491 = BB 2002, 2151 = DB 2002, 2321 = MDR 2002, 1381; BGH, Urt. v. 20. 11. 2002 – VIII ZR 146/01, BGHZ 153, 6 = NJW 2003, 1241, 1242 = VersR 2003, 323, 324 = r+s 2003, 86, 88 = ZIP 2003, 264 = WM 2003, 687, 689 = BB 2003, 330 (Ls.) = DB 2003, 142, 143 = MDR 2003, 278; dazu *Küstner* EWiR 2003, 229; OLG München, Urt. v. 13. 3. 2003 – 29 U 2509/02, NJW-RR 2003, 1286, 1287; BGH, Urt. v. 21. 5. 2003 – VIII ZR 57/02, NJW 2003, 3350, 3351 = NZA 2003, 920, 921 = VersR 2003, 1253, 1254 = r+s 2003, 395 = WM 2003, 2110, 2111 = BB 2003, 1581, 1582 = DB 2003, 1568, 1569 = MDR 2003, 1122, 1123 (Verzicht auf Treuegeld aus der Vertreter-Hilfskasse); *Westphal*, Einstandszahlungen des Handelsvertreters, MDR 2005, 421, 424.
[346] BGH, Urt. v. 21. 5. 2003 – VIII ZR 57/02, NJW 2003, 3350, 3351 = NZA 2003, 920, 921 = VersR 2003, 1253, 1254 = r+s 2003, 395 = WM 2003, 2110, 2111 = BB 2003, 1581, 1582 = DB 2003, 1568, 1569 = MDR 2003, 1122, 1123 (Verzicht auf Treuegeld aus der Vertreter-Hilfskasse).
[347] BGH, Urt. v. 21. 5. 2003 – VIII ZR 57/02, NJW 2003, 3350, 3351 = NZA 2003, 920, 921 = VersR 2003, 1253, 1254 = r+s 2003, 395, 396 = WM 2003, 2110, 2111 = BB 2003, 1581, 1582 = DB 2003, 1568, 1569 = MDR 2003, 1122, 1123 (Verzicht auf Treuegeld aus der Vertreter-Hilfskasse).
[348] BGHZ 51, 184, 188 f. = NJW 1969, 504; BGH NJW 1989, 35, 36 = WM 1988, 1207, 1208; BGH, Urt. v. 29. 3. 1990 – I ZR 2/89, NJW 1990, 2889 = BB 1990, 1366 = MDR 1990, 793; LG Wuppertal, Urt. v. 13. 9. 1996 – 10 S 292/95, VersR 1997, 572 (Ls.) = BB 1996, 2268.
[349] BGHZ 53, 89, 91 = NJW 1970, 420; BGH, Urt. v. 29. 3. 1990, a. a. O. (Fn. 348).
[350] BAG, v. 4. 7. 1972, DB 1972, 2113; OLG Frankfurt/M., Urt. v. 26. 1. 1978 – 15 U 250/76, BB 1978, 726 = VW 1978, 918; OLG Frankfurt/M., Urt. vom 18. 2. 1986 – 5 U 47/85, VersR 1986, 574 (Ls.) = BB 1986, 697 = DB 1986, 1174 = MDR 1986, 502; BGH WM 1986, 20; LG Köln VW 1997, 1166 m. Anm. Küstner; OLG Köln, Urt. v. 17. 8. 2001 – 19 U 206/00, VersR 2001, 1377, 1378; OLG Köln, Urt. v. 1. 8. 2003 – 19 U 39/03, VersR 2004, 907, 908; *Fuchs-Baumann*, Ausgleichsanspruch des Versicherungsvertreters: Anrechnung des Barwerts einer vom Versicherungsunternehmen finanzierten Versorgung, DB 2001, 2131, 2136; *Küstner*, „Unangemessene Benachteiligung"? Nun auch Bedenken gegen die Provisionsverzichtsklausel, VW 2001, 1882 f.; *Emde*, Vertriebsverträge – Wirksame und unwirksame AGB-Klauseln, MDR 2007, 994, 1002; a. A. *Westphalen*, Ausgleichsanspruch des Versicherungsvertreters und Nichtanrechnung einer Alters- und Hinterbliebenenversorgungszusage, DB 2000, 2255, 2256 f.; *derselbe*, Die Provisionsverzichtsklausel im Spannungsverhältnis zum Ausgleichsanspruch des Versicherungsvertreters, DB 2003, 2319 ff., 2323.

Einl. E 219 Teil 2. Einleitung

künftiger Prämienzahlung durch den Versicherungsnehmer fällig werden.[351] Sie bereitet die Voraussetzungen des § 89 b Abs. 1 Nr. 2 HGB für den Ausgleichsanspruch des Versicherungsvertreters vor.[352] *Höft* folgt daraus, dass es sich beim Ausgleichsanspruch des Versicherungs- und Bausparkassenvertreters grundsätzlich um ein „Surrogat für vertraglich abbedungene Nachprovisionen" handele.[353] In der Lebensversicherung kommt der Provisionsverzichtsklausel nur eine eingeschränkte Bedeutung zu, da für die erfolgreiche Vermittlung neuer Verträge in der Regel eine Einmalprovision gezahlt wird, mit der der gesamte Vermittlungserfolg abgegolten wird.[354] Eine andere Rechtslage ergibt sich nur dann, wenn ausgleichsrechtlich auch nachvertraglich zustande kommende Vertragserweiterungen oder Summenerhöhungen zu erfassen sind, denen ein gleiches Versicherungsbedürfnis im Hinblick auf die vom ausgeschiedenen Vertreter vor der Vertragsbeendigung vermittelten Erst- oder Ursprungsverträge zugrunde liegt.[355] Hier kommt es darauf an, dass die Provisionsverzichtsklausel eine klare Regelung trifft. Im Falle folgender Klausel

„Nach Beendigung des Vertragsverhältnisses erlischt jeder Anspruch des Vertreters ...auf irgendwelche Vergütungen oder Provisionen. Ausgenommen hiervon sind Ansprüche auf Provisionen aus Versicherungen, für die der Vertreter vor Beendigung des Vertragsverhältnisses Versicherungsanträge eingereicht, aber seine Provision nach den Provisionsbestimmungen noch nicht erhalten hatte."

wurde vom OLG Köln die Ansicht vertreten, dass dem Versicherungsvertreter gemäß §§ 92 Abs. 2, 87c Abs. 1 HGB aus nachvertraglich erfolgenden aufgrund der Dynamisierungsklausel erfolgten Beitragserhöhungen Abschlussprovisionen zustehen, soweit diese aus vom Versicherungsvertreter vor der Vertragsbeendigung vermittelten dynamischen Lebensversicherungsverträgen resultieren.[356]

219 c) **Anrechnungsklausel.** Die Vereinbarung der Grundsätze und der in den Grundsätzen geregelten Anrechnung der Altersversorgung auf den Ausgleichsanspruch verstößt weder gegen den Unabdingbarkeitsgrundsatz des § 89 b Abs. 4 Satz 1 HGB noch gegen § 9 Abs. 2 Nr. 1 AGB-Gesetz.[357] Wird im Handelsvertretervertrag vereinbart, dass der Handelsvertreter mit der Geltendmachung des Ausgleichsanspruchs nach § 89 b HGB auf Leistungen aus einer unternehmerfi-

---

[351] *Fuchs-Baumann*, Ausgleichsanspruch des Versicherungsvertreters: Anrechnung des Barwerts einer vom Versicherungsunternehmen finanzierten Versorgung, DB 2001, 2131, 2132.
[352] *Fuchs-Baumann*, Ausgleichsanspruch des Versicherungsvertreters: Anrechnung des Barwerts einer vom Versicherungsunternehmen finanzierten Versorgung, DB 2001, 2131, 2132.
[353] *Höft*, Ausgleichsanspruch (§ 89 b HGB) der Versicherungs- und Bausparkassenvertreter für zukünftig zustande kommende Verträge ?, VersR 1967, 524, 525.
[354] LG Stuttgart, Urt. v. 28. 1. 2000 – 21 O 425/99, VersR 2000, 972, 973; *Fuchs-Baumann*, Ausgleichsanspruch des Versicherungsvertreters: Anrechnung des Barwerts einer vom Versicherungsunternehmen finanzierten Versorgung, DB 2001, 2131, 2133; *Küstner*, Im Versicherungsvertreterrecht kehrt keine Ruhe ein, VersR 2002, 513, 517.
[355] LG Stuttgart, Urt. v. 28. 1. 2000 – 21 O 425/99, VersR 2000, 972, 973; *Küstner*, Im Versicherungsvertreterrecht kehrt keine Ruhe ein, VersR 2002, 513, 517.
[356] OLG Köln, Urt. v. 1. 8. 2003 – 19 U 39/03, VersR 2004, 907, 908; dazu *Greve* VersR 2004, 1267; *Felske* VersVerm 2004, 130; zust. *Küstner*, Kein Provisionsverlust – kein Ausgleichsanspruch, VW 2005, 1010.
[357] *Thume* VersR 2002, 981, 982; a. A. OLG Celle, Urt. vom 16. 5. 2002 – 11 U 193/01, VersR 2002, 976, 978; *von Westphalen*, Ausgleichsanspruch des Versicherungsvertreters und Nichtanrechnung einer Alters- und Hinterbliebenenversorgungszusage, DB 2000, 2255, 2257 ff.; *derselbe*, „Funktionelle Verwandtschaft" zwischen Altersversorgung und Ausgleichsanspruch des Versicherungsvertreters? – BGH-Rechtsprechung auf dem Prüfstand, BB 2001, 1593, 1596; *Evers/Kiene*, Die Anrechenbarkeit von Versorgungsleistungen auf den Ausgleichsanspruch des Handelsvertreters (Teil I: Der Meinungsstand in Rechtsprechung und Literatur), ZfV 2001, 585, 587 f., 590 f.

E. Vermittlung und Betreuung der Lebensversicherung   220, 221   **Einl. E**

nanzierten Altersversorgung verzichtet, liegt kein Verstoß gegen § 89b Abs. 4 Satz 1 HGB vor.[358] Unwirksam ist dagegen eine Klausel, die zwingend eine automatische Herabsetzung des Ausgleichsanspruchs in Höhe des Barwerts der vom Versicherer gewährten Versorgungsleistung vorsieht[359] oder eine Klausel, nach welcher in Höhe des Kapitalwertes bzw. Barwertes einer vom Versicherungsunternehmen finanzierten Versorgung aus Billigkeitsgründen kein Ausgleichsanspruch nach § 89b HGB entsteht, und zwar sowohl für den Fall der Rentengewährung als auch für den Fall einer unverfallbaren Rentenanwartschaft.[360] Ebenso unwirksam ist eine Rentenkürzungs- bzw. Entziehungsklausel, die das Unternehmen berechtigt, Leistungen aus der Altersversorgung einzustellen, wenn der Versorgungsberechtigte oder ein Dritter in seinem Auftrag Handlungen begeht, die geeignet sind, den Versicherungsbestand zu schmälern oder die das Unternehmen berechtigt hätten, den Agenturvertrag aus wichtigem Grund wegen schuldhaften Verhaltens des Vertreters zu kündigen, wenn der Agenturvertrag noch bestehen würde.[361] Unwirksam ist ferner eine Klausel, wonach der vom Vorgänger erworbene Kundenstamm bei der Berechnung des Ausgleichsanspruchs nicht als vom Handelsvertreter geworben gilt.[362]

d) **Pauschalierungsklausel.** Unzulässig wäre es gemäß § 89b Abs. 4 HGB, 220 wenn der Versicherer von vorneherein vertraglich einseitig für jeden Versicherungsvertreter pauschal und ohne Rücksicht auf den Einzelfall festlegen würde, dass mit 50% der Provision die verwaltenden Tätigkeiten mit der Folge vergütet werden, dass eine Berücksichtigung dieses Teils der Vergütung bei der späteren Ermittlung des Ausgleichsanspruchs nach § 89b HGB entfällt.[363] Zugleich würde ein Verstoß gegen § 307 Abs. 2 Nr. 1 BGB vorliegen.[364]

e) **Freistellungsklausel.** § 12 Hauptpunkte 2000 kann um eine Regelung er- 221 gänzt werden, mit der verhindert werden soll, dass der gekündigte Vertreter bei Vertragsende den von ihm geworbenen und betreuten Kundenstamm „mitnimmt" und einem Konkurrenzunternehmen zuführt. Zulässig ist folgende mit § 90a HGB im Einklang stehende Freistellungsklausel:[365]

---

[358] BGH, Urt. v. 21. 5. 2003 – VIII ZR 57/02, NJW 2003, 3350, 3351 = NZA 2003, 920, 921 = VersR 2003, 1253, 1254 = r+s 2003, 395, 396 = WM 2003, 2110, 2111 = BB 2003, 1581, 1582 = DB 2003, 1568, 1569 = MDR 2003, 1122, 1123 (Verzicht auf Treuegeld aus der Vertreter-Hilfskasse).
[359] OLG München, Urt. v. 22. 3. 2001 – 29 U 4997/00, DB 2001, 1666 = EWiR 2001, 765 (Ls.); zust. *Emde* EWiR 2001, 765 f.; BGH, Urt. v. 20. 11. 2002 – VIII ZR 211/01, NJW 2003, 1244, 1245 = VersR 2003, 368, 369 = r+s 2003, 131, 132 = WM 2003, 691, 693 = DB 2003, 144, 145 = MDR 2003, 277, 278; dazu *Emde* EWiR 2003, 231 f.; OLG München, Urt. v. 13. 3. 2003 – 29 U 2509/02, NJW-RR 2003, 1286; BGH, Beschl. v. 7. 11. 2003 – VIII ZR 112/03, NJW-RR 2004, 1728.
[360] BGH, Urt. v. 20. 11. 2002 – VIII ZR 146/01, NJW 2003, 1241 = VersR 2003, 323 = r+s 2003, 86, 87 = WM 2003, 687 = ZIP 2003, 264 = DB 2003, 142; dazu *Küstner* EWiR 2003, 229.
[361] LG München I, Urt. v. 10. 8. 2000 – 12 O 3779/00, VersR 2001, 55, 57 = DB 2000, 2423, 2425; dazu *Küstner* VersR 2001, 58 f.; zust. *v. Hoyningen-Huene* EWiR 2000, 1019, 1020; a. A. LG Köln, Urt. v. 6. 2. 1992 – 86 O 84/91, VersR 1992, 1468, 1469.
[362] OLG München, Urt. v. 20. 10. 2004 – 7 U 3194/04, DB 2005, 2189; krit. *Budde,* Das Ende der Einstandszahlung im Handelsvertreterrecht?, DB 2005, 2177.
[363] Vgl. BGH, Urt. v. 25. 9. 2002, ZIP 2003, 34 = DB 2003, 146; *von Westphalen,* Die Provisionsverzichtsklausel im Spannungsverhältnis zum Ausgleichsanspruch des Versicherungsvertreters, DB 2003, 2319, 2322, 2324.
[364] *von Westphalen,* Die Provisionsverzichtsklausel im Spannungsverhältnis zum Ausgleichsanspruch des Versicherungsvertreters, DB 2003, 2319, 2322, 2324.
[365] OLG Nürnberg, Urt. v. 30. 7. 1992 – 12 U 1953/92, VersR 1992, 1223; BGH, Urt. v. 29. 3. 1995 – VIII ZR 102/94, BGHZ 129, 186 = NJW 1995, 1552 ff. = VersR 1995,

„Ist der Vertrag gekündigt, so kann die Gesellschaft den Vertreter von der Führung der Geschäfte seiner Vertretung entbinden. Bis zur Beendigung des Vertrages erhält der Vertreter die ihm zustehenden Folgeprovisionen sowie eine monatliche Ausgleichszahlung. Die Folgeprovisionen bemessen sich aus dem Bestand im Zeitpunkt der Freistellung. Die Ausgleichszahlung bemisst sich nach dem monatlichen Durchschnitt der in den letzten zwölf Monaten vor der Freistellung verdienten erstjährigen Provisionen."

222 Unberührt bleibt, dass ein ausgeschiedener Versicherungsvertreter grundsätzlich einem nachvertraglichen Wettbewerbsverbot nur dann unterliegt, wenn eine entsprechende konkrete Vereinbarung zwischen den Parteien getroffen wurde, die den Voraussetzungen des § 90a HGB entspricht.[366] Eine Ausgleichszahlung nach § 89b HGB führt nicht zu einer Wettbewerbsbeschränkung.[367]

223 f) **Kündigungsverzichtklausel.** Aus einem Handelsvertretervertrag ist folgende Klausel bekannt:[368]

„Innerhalb der ersten drei Jahre kann der Vertrag von jeder Vertragspartei mit einer Frist von sechs Wochen zum Quartalsende, danach bis zum Ablauf des fünften Jahres der Firmenzugehörigkeit mit einer Frist von drei Monaten zum Halbjahresende gekündigt werden. Danach verzichtet die Firma auf das ordentliche Kündigungsrecht, wenn nicht der Mitarbeiter berufsunfähig ist."

224 Mit dieser Klausel haben die Vertragsparteien zu Lasten der Firma die in § 89 Abs. 1 HGB geregelte Möglichkeit der Vertragsbeendigung durch ordentliche Kündigung ausdrücklich vertraglich abbedungen.[369] Gegen die Wirksamkeit einer solchen Vereinbarung bestehen grundsätzlich keine Bedenken.[370] Hat die Firma auf ihr Recht zur ordentlichen Kündigung eines unbefristeten Handelsvertretervertrags verzichtet, ist der Schadensersatzanspruch des Handelsvertreters aus § 89a Abs. 2 HGB, der den Vertrag als Reaktion auf eine von der Firma schuldhaft veranlasste, unberechtigte fristlose Kündigung ebenfalls gekündigt hat, zeitlich nicht begrenzt.[371]

3. Kündigung des Versicherungsvertreters

225 a) **Anlass zur Kündigung.** Kündigt der Versicherungsvertreter das Vertragsverhältnis, so behält er seinen Ausgleichsanspruch nur dann, wenn ihm entweder die Fortsetzung seiner Tätigkeit wegen seines Alters oder wegen Krankheit nicht zugemutet werden kann oder wenn das Verhalten des Unternehmers ihm einen begründeten Anlass zur Kündigung gegeben hat.[372] Die Kündigung aus begrün-

---

570, 571 ff. = r+s 1995, 357 ff. = WM 1995, 1028, 1029 ff. = BB 1995, 1054 f. = DB 1995, 1604 f. = MDR 1995, 890, 891 f.; zust. *Hübsch/Hübsch,* Die neuere Rechtsprechung des Bundesgerichtshofs zum Handelsvertreterrecht, WM Sonderbeil. Nr. 1/2005 zu Nr. 9 v. 5. 3. 2005, S. 27; *Küstner,* Wie frei ist der freigestellte Vertreter? Was während der Kündigungsfrist zu beachten ist, VW 2009, 361, 362.
[366] *Küstner,* Nur Gesetz und „gute Sitten" setzen Grenzen: Zum nachvertraglichen Bestandsschutz zugunsten des Versicherungsunternehmens, VW 2008, 937; *Blankenburg,* Wettbewerbsrechtliche Zulässigkeit der Kundenabwerbung bei Beendigung eines Versicherungsvertreterverhältnisses, VersR 2010, 581.
[367] OLG Hamm, Urt. v. 12. 1. 1989, BB 1989, 1221.
[368] Siehe BGH, Urt. v. 16. 7. 2008 – VIII ZR 151/05, VersR 2008, 1492.
[369] BGH, Urt. v. 16. 7. 2008 – VIII ZR 151/05, VersR 2008, 1492, 1493 = r+s 2009, 175, 176.
[370] BGH, Urt. v. 16. 7. 2008 – VIII ZR 151/05, VersR 2008, 1492, 1493 = r+s 2009, 175, 176.
[371] BGH, Urt. v. 16. 7. 2008 – VIII ZR 151/05, VersR 2008, 1492, 1493 = r+s 2009, 175, 176 = BB 2008, 2262, 2263; zust. *Genzow* BB 2008, 2264.
[372] Siehe dazu BGH, Urt. v. 29. 4. 1993 – I ZR 150/91, WM 1993, 1681 ff.; *Thume,* Der Ausgleichsanspruch des Handelsvertreters – Ausgewählte Probleme in der neueren Rechtsprechung, BB 1990, 1645 f.; *Arndt,* Alters- oder krankheitsbedingte Kündigung bei Han-

E. Vermittlung und Betreuung der Lebensversicherung   226, 227   **Einl. E**

detem Anlass setzt kein schuldhaftes Verhalten des vertretenen Unternehmens voraus, kann wirksam also auch bei rechtmäßigem Verhalten des Unternehmens in Betracht kommen.[373] Maßgebend ist allein, dass durch das rechtmäßige Verhalten des Unternehmers eine für den Handelsvertreter nach Treu und Glauben nicht mehr hinnehmbare Situation geschaffen wird, die ihm die Fortsetzung des Vertrags unzumutbar macht.[374] Eine Änderung des Inkassosystems durch Einführung des Zentralinkassos gibt den bisher mit dem Beitragseinzug betrauten Vertretern noch keinen auch im Verhalten des Versicherers begründeten Anlass zur Kündigung des Vertreterverhältnisses nach § 89b Abs. 3 Satz 1 HGB, da der Versicherer in der unternehmerischen Entscheidung über die Art und Weise der Einziehung seiner Forderungen frei ist.[375]

b) Fristlose Kündigung. Ein wichtiger Grund zur außerordentlichen Kündi-   226
gung im Sinne des § 89a Abs. 1 Satz 1 HGB ist gegeben, wenn dem Kündigenden unter Berücksichtigung aller Umstände eine Fortsetzung des Vertragsverhältnisses auch nur bis zum Ablauf der Frist für eine ordentliche Kündigung nicht zugemutet werden kann.[376] Beleidigungen und Drohungen können einen wichtigen Grund zur fristlosen Vertragskündigung darstellen, wenn es dem anderen Vertragsteil dadurch unzumutbar wird, am Vertreterverhältnis festzuhalten.[377] Allerdings kann vor der fristlosen Kündigung eine erfolglose Abmahnung (§ 314 Abs. 2 BGB) erforderlich sein.[378] Eine vorherige Abmahnung ist unter Berücksichtigung des Grundsatzes der Verhältnismäßigkeit nur dann entbehrlich, wenn eine Verhaltensänderung in Zukunft trotz Abmahnung nicht erwartet werden kann oder wenn es sich um eine so schwere Pflichtverletzung handelt, dass die Vertrauensgrundlage auch durch eine erfolgreiche Abmahnung nicht wiederhergestellt werden kann.[379]

c) Wegfall des Ausgleichsanspruchs. Wenn der Versicherungsvertreter   227
durch eigene, nicht vom Versicherer veranlasste Kündigung das Vertragsverhältnis auflöst, entfällt der Ausgleichsanspruch gemäß § 89b Abs. 3 Satz 1 HGB.[380] § 89b Abs. 3 Satz 1 HGB stellt in Verbindung mit der diese Vorschrift ergänzenden Regelung des § 89b Abs. 3 Satz 2 HGB eine angemessene Abwägung der Interessen einerseits des Handelsvertreters andererseits des Unternehmers dar und verstößt weder gegen Art. 12 GG noch gegen Art. 14 GG.[381]

---

delsvertretungsgesellschaften: Erhaltung des Ausgleichsanspruchs durch Formwechsel?, DB 1999, 1789 f.
[373] BGH, Beschl. v. 21. 2. 2006 – VIII ZR 61/04, NJW-RR 2006, 755 = VersR 2006, 835 = WM 2006, 1115; *Küstner,* Relativ selten: Kündigung von Handelsvertreterverträgen vor Gericht, VW 2005, 1178.
[374] BGH, Urt. v. 13. 12. 1995 – VIII ZR 61/95, NJW 1996, 848 = VersR 1996, 627 = WM 1996, 877; BGH, Beschl. v. 21. 2. 2006 – VIII ZR 61/04, NJW-RR 2006, 755 = VersR 2006, 835 = WM 2006, 1115.
[375] LG Düsseldorf, Urt. v. 14. 4. 1980 – 35 O 172/79, VersR 1980, 1143.
[376] BGH, Urt. v. 17. 1. 2001 – VIII ZR 186/99, NJW-RR 2001, 677 = VersR 2001, 370; LG Göttingen, Urt. v. 21. 3. 2007 – 5 O 247/06, VersR 2007, 1696; OLG Stuttgart, Urt. v. 29. 4. 2008 – 10 U 233/07, VersR 2009, 218.
[377] OLG Stuttgart, Urt. v. 29. 4. 2008 – 10 U 233/07, VersR 2009, 218, 219.
[378] OLG Stuttgart, Urt. v. 29. 4. 2008 – 10 U 233/07, VersR 2009, 218.
[379] BGH, Urt. v. 17. 1. 2001 – VIII ZR 186/99, VersR 2001, 370; OLG Stuttgart, Urt. v. 29. 4. 2008 – 10 U 233/07, VersR 2009, 218.
[380] BGH, Urt. v. 7. 3. 1957, BGHZ 24, 30, 33 = NJW 1957, 871 = BB 1957, 413; OLG Hamm, Urt. v. 3. 7. 1987 – 18 U 296/86, VersR 1987, 1761 = MDR 1987, 1027 = VW 1987, 1588. Siehe hierzu ferner *Saenger,* Das Recht des Handelsvertreters zur ausgleichswahrenden Eigenkündigung, DB 2000, 129 ff.
[381] BVerfG, Beschl. v. 22. 8. 1995 – 1 BvR 1624/92, NJW 1996, 381 = r+s 1996, 290; OLG Hamm, Urt. v. 3. 7. 1987 – 18 U 296/86, VW 1987, 1588 = BB 1987, 1761 =

4. Kündigung des Versicherers

228 **a) Wichtiger Grund.** Nach § 89b Abs. 3 Nr. 2 HGB besteht kein Ausgleichsanspruch, wenn der Versicherer das Vertragsverhältnis gekündigt hat und dafür ein wichtiger Grund wegen schuldhaften Verhaltens des Handelsvertreters vorlag. Werden wichtige Kündigungsgründe, die einen Vertragspartner zur vorzeitigen Beendigung des Vertrages berechtigen sollen, konkret im Vertrag festgelegt und tritt ein solcher Grund ein, ist die fristlose Kündigung gerechtfertigt, ohne dass es auf die Frage der Zumutbarkeit der Fortsetzung des Vertrages noch ankommt.[382] Mit einem Versicherungsvertreter kann daher in Allgemeinen Geschäftsbedingungen vereinbart werden, dass das Betreiben von Nebengeschäften ohne Zustimmung des Versicherers unzulässig ist und einen Grund zur fristlosen Kündigung darstellt.[383] Wichtigster Grund für eine fristlose Kündigung ist denn auch nach wie vor eine verbotene Konkurrenztätigkeit des Handelsvertreters,[384] der sich auch nach der fristlosen Kündigung bis zur rechtswirksamen Beendigung des Vertrags jeden Wettbewerbs zu enthalten hat, der geeignet ist, die Interessen des Unternehmens zu beeinträchtigen.[385] Da es für den Ruf eines Versicherers in hohem Maß abträglich ist, wenn publik wird, dass ein für sie tätiger Versicherungsvertreter Versicherungsverträge mit dem Namen eines Kunden unterschreibt, ohne hierzu berechtigt zu sein, rechtfertigt ein solches Verhalten die fristlose Kündigung durch den Versicherer.[386] Ein Unternehmensverkauf stellt als solcher keinen Kündigungsgrund dar, der den Ausgleichsanspruch des Handelsvertreters ausschließt.[387] Auch eine Restrukturierung des Vertriebsnetzes aufgrund wirtschaftlicher und rechtlicher Notwendigkeiten vermag den in § 89b Abs. 3

MDR 1987, 1027; OLG Hamm NJW-RR 1992, 364; OLG München, Urt. v. 11. 8. 1993 – 7 U 2011/93, NJW-RR 1994, 159, 160 = r+s 1994, 279, 280 = BB 1993, 1835, 1836; *Brych*, Ausgleichsanspruch bei jedweder Art von Eigenkündigung? Zugleich Anmerkung zum Beitrag von Haas und zum Beschluss des LG Koblenz BB 1992, 8, 9; *Laber*, Eigenkündigung des Handelsvertreters: Verfassungsmäßigkeit des Ausschlusses des Ausgleichsanspruchs, DB 1994, 1275, 1278; a. A. LG Koblenz, Beschl. v. 10. 9. 1991 – 4 HO 22/91, NJW 1992, 72 (Ls.) = BB 1991, 2032 = DB 1991, 2230 = MDR 1991, 1149; *Moritz* DB 1987, 875 ff.; *Haas*, Wegfall des Handelsvertreter-Ausgleichsanspruchs gemäß § 89b Abs. 3 Nr. 1 HGB bei Eigenkündigung ohne besonderen Anlass verfassungswidrig?, BB 1991, 1441, 1442; krit. dazu *Retzer*, Verfassungsmäßigkeit des § 89b Abs. 3 Nr. 1 HGB ? Ausschluss des Ausgleichsanspruchs bei Eigenkündigung des Handelsvertreters?, BB 1993, 668 ff.
[382] BGH, Urt. v. 7. 7. 1988 – I ZR 78/87, NJW-RR 1988, 1381 = ZIP 1988, 1389, 1390 = BB 1988, 1771; BGH BB 1990, 1645, 1647; BGH, Urt. v. 12. 3. 1992 – I ZR 117/90, VersR 1993, 433, 434; BGH NJW-RR 1992, 1059 = BB 1992, 1162, 1163; OLG München, Urt. v. 11. 8. 1993 – 7 U 2011/93, NJW-RR 1994, 159, 160 = r+ s 1994, 279 = BB 1993, 1835.
[383] OLG München, Urt. v. 11. 8. 1993 – 7 U 2011/93, NJW-RR 1994, 159,160 = r+s 1994, 279 = BB 1993, 1835.
[384] BGH, Urt. v. 6. 10. 1983 – I ZR 127/81, NJW 1984, 2101, 2102 = WM 1983, 1416 = BB 1984, 235; OLG München, Urt. v. 11. 8. 1993 – 7 U 2011/93, NJW-RR 1994, 159, 160 = r+s 1994, 279, 280 = BB 1993, 1835; OLG Frankfurt/M., Beschl. v. 15. 10. 2003 – 1 U 159/03, NJW-RR 2004, 124, 125 = VersR 2005, 940 = VW 2004, 1430; OLG München, Beschl. v. 24. 3. 2009 – 7 U 5575/08, BB 2009, 2002 m. Anm. *Salomon; Emde*, Rechtsprechung- und Literaturübersicht zum Vertriebsrecht im Jahre 2005 – Teil II, BB 2006, 1121, 1122.
[385] BGH, Urt. v. 30. 6. 1954 – II ZR 26/53, VersR 1954, 400 = MDR 1954, 606; BGH, Urt. v. 17. 10. 1991 – I ZR 248/89, VersR 1992, 233 = WM 1992, 311; BGH, Urt. v. 12. 3. 2003 – VIII ZR 197/02, VersR 2003, 856, 857 = r+s 2003, 308.
[386] OLG München, Urt. v. 1. 7. 2003 – 23 U 1637/03, VersR 2004, 470, 472 = r+s 2005, 135, 136.
[387] Vgl. *Westphal* BB 1998, 1432; *Sturm/Liekefett*, § 89b HGB und Unternehmenskauf – Ausgleichsansprüche von Handelsvertretern nach Betriebsveräußerung durch Asset Deal, BB 2004, 1009, 1011.

Nr. 2 HGB zwingend angeordneten Wegfall des Ausgleichsanspruchs nicht zu rechtfertigen.[388] Die Insolvenz des Versicherungsvertreters berechtigt hingegen den Versicherer zur fristlosen Kündigung aus wichtigem Grund.[389] Der Ausgleichsanspruch entfällt nach § 89 b Abs. 3 Satz 2 HGB gleichwohl nur dann, wenn der Versicherer darlegt und erforderlichenfalls beweist, dass der Insolvenzgrund auf ein schuldhaftes Verhalten des Versicherungsvertreters zurückzuführen ist.[390] Inwieweit die nationale Regelung zum Ausschluss des Ausgleichsanspruchs im Falle der fristlosen Kündigung durch den Unternehmer wegen schuldhaften Verhaltens des Handelsvertreters mit Art. 18 Buchst. a der Richtlinie 86/653/EWG des Rates vom 18. Dezember 1986 zur Koordinierung der Rechtsvorschriften der Mitgliedstaaten betreffend die selbständigen Handelsvertreter vereinbar ist, ist Gegenstand eines Vorlagebeschlusses des BGH vom 29. April 2009 an den EuGH.[391] Der EuGH wird unter anderem entschieden, was mit dem Ausgleichsanspruch geschieht, wenn der Versicherer erst nach ordentlicher Beendigung des Vertrags von einer Pflichtverletzung des Versicherungsvertreters erfährt.[392]

b) Fehlverhalten einer Hilfsperson. Das Fehlverhalten einer Hilfsperson ist dem Handelsvertreter, soweit es um den Ausschluss des Ausgleichsanspruchs nach § 89 b Abs. 3 Nr. 2 HGB geht, nicht nach § 278 BGB zuzurechnen; die Vorschrift des § 278 BGB findet insoweit keine Anwendung.[393] Der Grundsatz, dass ein Verschulden von Hilfspersonen eines Handelsvertreters nicht geeignet ist, den Ausgleichsanspruch auszuschließen, greift allerdings ausnahmsweise dann nicht ein, wenn ein Dritter, der nicht Vertragspartner ist, nach dem übereinstimmenden Willen der Beteiligten ausschließlich als Handelsvertreter für den Unternehmer tätig sein soll; in einem solchen Fall kann sich der Handelsvertreter nicht darauf berufen, dass der Dritte nur sein Erfüllungsgehilfe gewesen sei.[394]

c) Frist. Die fristlose Kündigung muss nicht innerhalb der Zweiwochenfrist des § 626 Abs. 2 BGB ausgesprochen werden.[395] Wenn der Versicherer allerdings in Kenntnis der wichtigen Kündigungsgründe das vertragswidrige Verhalten des Versicherungsvertreters längere Zeit hinnimmt, so kann er später hierauf eine fristlose Kündigung nicht mehr stützen.[396] So kann ein zweimonatiges Zuwarten des Unternehmens darauf hindeuten, dass dieses selbst das beanstandete Ereignis nicht als hinreichend schwerwiegend empfindet.[397] Umso mehr gilt dies für eine

---

[388] BGH, Urt. v. 28. 2. 2007 – VIII ZR 30/06, NJW 2007, 3493, 3494 = VersR 2007, 1557, 1558.
[389] OLG München, Urt. v. 26. 4. 2006 – 7 U 5350/05, DB 2006, 1371 (Ls.).
[390] OLG München, Urt. v. 26. 4. 2006 – 7 U 5350/05, DB 2006, 1371 (Ls.).
[391] BGH, Beschl. v. 29. 4. 2009 – VIII ZR 226/07, VersR 2009, 1116 = r+s 2009, 440 = BB 2010, 335 m. Anm. *Salomon/Wegstein* BB 2010, 339.
[392] *Salomon* BB 2009, 2002.
[393] BGH, Urt. v. 5. 2. 1959 – II ZR 107/57, BGHZ 29, 275, 278 = NJW 1959, 878 = VersR 1959, 268, 271 = DB 1959, 345; BGH, Urt. v. 18. 7. 2007 – VIII ZR 267/05, NJW 2007, 3068 = VersR 2007, 1413 = r+s 2008, 44 = WM 2007, 1986 = BB 2007, 2034 = DB 2008, 2528 = MDR 2007, 1432; zust. *v. Hoyningen-Huene* EWiR 2007, 721.
[394] BGH, Urt. v. 23. 1. 1964, VersR 1964, 428; BGH, Urt. v. 18. 7. 2007 – VIII ZR 267/05, NJW 2007, 3068 = VersR 2007, 1413 = r+s 2008, 44 = WM 2007, 1986 = BB 2007, 2034 = DB 2008, 2528 = MDR 2007, 1432; zust. *v. Hoyningen-Huene* EWiR 2007, 721.
[395] BGH, Urt. v. 3. 7. 1986 – I ZR 171/84, NJW 1987, 57, 58 = VersR 1986, 1239, 1241 = BB 1986, 2015 = DB 1986, 2228; BGH, Urt. v. 12. 3. 1992 – I ZR 117/90, NJW 1993, 433, 434.
[396] Vgl. OLG München, Urt. v. 22. 9. 1993 – 7 U 2318/93, r+s 1994, 440 = DB 1993, 2280.
[397] BGH, Urt. v. 14. 4. 1983 – I ZR 37/81, VersR 1983, 665 = WM 1983, 820, 821 = BB 1983, 1629; BGH, Urt. v. 15. 12. 1993 – VIII ZR 157/92, VersR 1994, 470 = BB 1994, 815.

Kündigung, die erst vier Monate nach Kenntnis einer beanstandenswerten Tatsache erfolgt,[398] oder gar bei der jahrelangen Duldung einer Konkurrenzvertretung.[399]

231 d) **Abmahnung.** Eine Abmahnung ist entbehrlich, wenn dem Kündigenden selbst unter veränderten Umständen nach erfolgreicher Abmahnung eine Fortsetzung des Vertragsverhältnisses nicht mehr zuzumuten ist.[400]

5. Provisionsverzichtsklausel (§ 12 Abs. 4 Satz 1)

232 Nach § 12 Abs. 4 Satz 1 der Hauptpunkte 2000 erlischt mit der Beendigung des Vertragsverhältnisses jeder Anspruch des Versicherungsvertreters gegen den Versicherer auf Provisionen oder sonstige Vergütungen. Ausgenommen hiervon sind etwaige Ansprüche aus § 87 Abs. 3 und § 89b HGB. Die Provisionsverzichtsklausel betrifft daher alle möglichen künftigen Ansprüche des Versicherungsvertreters auf Vermittlungsfolgeprovisionen, die ggf. mit künftiger Prämienzahlung durch den Versicherungsnehmer fällig werden, und bereitet die Voraussetzungen des § 89b Abs. 1 Nr. 2 HGB für den Ausgleichsanspruch des Versicherungsvertreters vor.[401] Fehlt im Versicherungsvertretervertrag eine Provisionsverzichtsklausel, bleiben die vom Versicherungsvertreter erworbenen Ansprüche auf Vermittlungsprovision nach der gesetzlichen Regelung auch über das Vertragsende hinaus unbefristet voll bestehen und sind als sog. Nachprovisionen zu den vertraglich vereinbarten Fälligkeiten zu befriedigen.[402]

6. Ausgleichsanspruch (§ 12 Abs. 4 Satz 2–4)

233 a) **Sinn und Zweck.** Der Ausgleichsanspruch des Handelsvertreters soll in erster Linie die Vertragsparität des Vertretervertrages gewährleisten und eine faire Vergütung des Vertreters bei Vertragsbeendigung sicherstellen.[403] Zugleich hat der Gesetzgeber mit dem Ausgleichsanspruch die Möglichkeit geschaffen, die sich aus der Provisionsverzichtsklausel ergebenden Nachteile auszugleichen.[404] Beim Versicherungsvertreter dient daher der Ausgleichsanspruch gemäß § 89b HGB dazu, den Verlust aufzufangen, den er dadurch erleidet, dass ihm bereits verdiente Provisionen in Gestalt der Folgeprovisionen aus den Beiträgen entgehen, die dem Versicherer aus dem Bestand auch dann noch zufließen werden, wenn der Vertreter schon ausgeschieden ist.[405] Es handelt sich von daher beim Ausgleichsanspruch des Versicherungsvertreters um eine Bestandsvergütung, und nicht um eine kun-

---

[398] BGH, Urt. v. 12. 3. 1992 – I ZR 117/90, VersR 1993, 433, 434 = WM 1992, 1440 = BB 1992, 1162.
[399] BGH, Urt. v. 21. 3. 1985 – I ZR 177/82.
[400] BGH NJW-RR 2003, 981, 982; OLG Koblenz, Urt. v. 22. 3. 2007 – 6 U 1313/06, NJW-RR 2007, 1044, 1045; dazu *Döpfer* EWiR 2007, 525; *Evers/Oberst*, Für den Fall der Zerrüttung: Abmahnungserfordernis bei Störungen im Vertrauensbereich, VW 2008, 1931, 1934.
[401] *Fuchs-Baumann*, Ausgleichsanspruch des Versicherungsvertreters: Anrechnung des Barwerts einer vom Versicherungsunternehmen finanzierten Versorgung, DB 2001, 2131, 2132.
[402] *Höft*, Bemerkungen zu aktuellen Fragen um den Ausgleichsanspruch (§ 89b HGB) des Versicherungsvertreters, ZVersWiss 1976 (65), 439, 446.
[403] *Franta*, Das neue Handelsvertreterrecht, MDR 1953, 530, 532; *Kilian Bälz*, Der Ausschluss des Ausgleichsanspruchs in internationalen Handelsvertreterverträgen, NJW 2003, 1559, 1562.
[404] *Höft*, Ausgleichspflichtiger Provisionsverlust der Versicherungs-(Bausparkassen-)Vertreter (§ 89b I 2 HGB), VersR 1966, 104, 106.
[405] BAV VerBAV 1985, 348; OLG Frankfurt/M. VersR 1970, 271; OLG Frankfurt/M., Urt. v. 9. 5. 1986 – 10 U 48/85, VersR 1986, 814 = DB 1986, 1174.

E. Vermittlung und Betreuung der Lebensversicherung 234, 235 Einl. E

denbezogene Vergütung.[406] Die wesentliche Bedeutung des dem Versicherungsvertreter im Zeitpunkt der Vertragsbeendigung zustehenden Ausgleichsanspruchs besteht daher darin, ihn für den auf der Vertragsbeendigung und dem Wirksamwerden der Provisionsverzichtsklausel beruhenden Provisionsverlust aus bereits vor der Vertragsbeendigung vermittelten und abgeschlossenen Verträgen zu entschädigen.[407] Werbende Tätigkeiten des Versicherungsvertreters im Hinblick auf das Zustandekommen künftiger Folgeverträge mit von ihm geworbenen Kunden sind für den ihm zustehenden Ausgleichsanspruch grundsätzlich ohne Bedeutung.[408] Die Darlegungs- und Beweislast für das Vorliegen der Voraussetzungen des Ausgleichsanspruchs liegt beim Handelsvertreter.[409]

b) Anspruchsberechtigter. Ein Ausgleichsanspruch steht nur dem hauptberuflichen Handelsvertreter im Sinne des § 84 Abs. 1 HGB einschließlich der Versicherungsvertreter gemäß § 92 HGB zu.[410] Auf Handelsvertreter im Nebenberuf findet § 89b HGB gemäß § 92b Abs. 1 Satz 1 HGB keine Anwendung.[411] Mit Blick auf die Nebenberuflichkeit ist diese Regelung sachgerecht.[412] 234

c) Teilbeendigung. Nach dem eindeutigen Wortlaut des § 89b Abs. 1 HGB knüpft die Entstehung eines Ausgleichsanspruchs des Handelsvertreters an die Beendigung seiner Vertragsbeziehung zum Unternehmer an.[413] Der Übergang von Versicherungsverträgen aus dem Bestand des Versicherungsvertreters in den Bestand eines anderen Vermittlers, der in der Regel auf einem Kundenwunsch beruht, löst auch unter dem Gesichtspunkt „Teilbeendigung" des Handelsvertretervertrages keinen Ausgleichsanspruch des betroffenen Versicherungsvertreters aus.[414] Nutzt ein Versicherungsnehmer durch Einschaltung eines Maklers die 235

---

[406] BGH, Urt. v. 23. 2. 1961 – VII ZR 237/59, BGHZ 34, 310 = VersR 1961, 341 = BB 1961, 381.
[407] Sieg, Rechtsnatur des Ausgleichsanspruchs des Versicherungsvertreters und Folgerungen hieraus, VersR 1964, 789; Küstner, Im Versicherungsvertreterrecht kehrt keine Ruhe ein, VersR 2002, 513, 517; Thume, Ausgleichsanspruch und Altersversorgung, VersR 2009, 436.
[408] BGH v. 22. 12. 2003 – VIII ZR 117/03, NJW-RR 2004, 469 = VersR 2004, 376 = WM 2004, 1483; BGH, Urt. v. 1. 6. 2005 – VIII ZR 335/04, NJW-RR 2005, 1274, 1276 = WM 2005, 1866, 1868; dazu Küstner VW 2005, 1870; derselbe VW 2007, 1271.
[409] BGH, Urt. v. 28. 4. 1988 – I ZR 66/87, WM 1988, 1204; BGH, Urt. v. 10. 7. 2002 – VIII ZR 158/01, WM 2003, 499; BGH, Urt. v. 7. 5. 2003 – VIII ZR 263/02, WM 2003, 2107; BGH, Urt. v. 12. 9. 2007 – VIII ZR 194/06, VersR 2008, 214; BGH, Urt. v. 1. 10. 2008 – VIII ZR 13/05, VersR 2009, 635, 637.
[410] ArbG Köln, Urt. v. 22. 7. 1999 – 8 Ca 3505/99, NVersZ 2000, 304 = VersR 2000, 724.
[411] Lohmüller, Ausgleichsanspruch des Versicherungsvertreters, VW 1955, 151.
[412] Lediglich Specks, Der Ausgleichsanspruch des Versicherungsvertreters gemäß § 89b HGB, Karlsruhe, VVW, 2002, S. 71, spricht sich für eine Gesetzesänderung aus.
[413] BGH, Urt. v. 27. 10. 1993 – VIII ZR 46/93, NJW 1994, 193 = VersR 1994, 92, 93 = r+s 1995, 120 = ZIP 1994, 31 = WM 1994, 206, 207 = BB 1994, 99 = MDR 1994, 458.
[414] LG Münster, Urt. v. 27. 5. 1991 – 22 O 48/91; OLG Hamm, Urt. v. 7. 12. 1992 – 18 U 203/91, VersR 1993, 833; BGH, Urt. v. 27. 10. 1993 – VIII ZR 46/93, NJW 1994, 193 = VersR 1994, 92, 93 = r+s 1995, 120 = WM 1994, 206, 207 = BB 1994, 99 = MDR 1994, 458, 459; dazu Küstner, Bestandswegnahme und Schadensersatz, VersR 1996, 944f.; Thume, Neues zum Ausgleichsanspruch des Handelsvertreters und Vertragshändlers, BB 1994, 2358, 2360; Küstner in: Küstner/Thume, Handbuch des gesamten Außendienstrechts, Bd. 2, Der Ausgleichsanspruch des Handelsvertreters, 7. Aufl., Heidelberg, Verl. Recht und Wirtschaft, 2003, Rdn. 406ff.; a.A. Küstner/von Manteuffel, Rechtsgutachten zur Problematik der Bestandsübertragung aufgrund erteilter Maklerauftragge im Versicherungsvertreterrecht, VersVerm 1989, 168ff., 244ff., 248; Panzer, Provisions-, Ausgleichs- und Schadensersatzansprüche des Versicherungsvertreters bei Maklereinbruch, Göttingen, Forum für Recht & Vertrieb, 2001, S. 143.

Möglichkeiten des Marktes aus und kommt es deshalb zu einer Übertragung von Versicherungsverträgen auf einen Makler, so kann dies bei Fortführung des Versicherungsvertrages durch den Versicherer ausgleichsrechtlich nicht zu Lasten des Versicherungsunternehmens gehen.[415]

236 **d) Nachfolgeregelung.** Im Wirtschaftsleben ist der Verkauf einer Versicherungsvertretung des bisherigen Vertreters an einen Nachfolger im Sinne des § 89 b Abs. 3 Nr. 3 HGB eine in der Praxis immer wieder auftretende Konstellation.[416] Gemäß § 89 b Abs. 3 Nr. 3 HGB besteht ein Ausgleichsanspruch dann nicht, wenn aufgrund einer Vereinbarung zwischen dem Unternehmer und dem Handelsvertreter ein Dritter anstelle des Handelsvertreters in das Vertragsverhältnis eintritt, wobei die Vereinbarung jedoch nicht vor Beendigung des Vertragsverhältnisses getroffen werden kann.[417] Der frühestmögliche Zeitpunkt für den Abschluss der Vereinbarung ist der Zeitpunkt der rechtlichen Beendigung des Vertragsverhältnisses.[418] Unwirksam ist eine im Zusammenhang mit der Übernahme einer Versicherungsagentur getroffene Vereinbarung, wenn darin zwar festgelegt wird, dass der neue Versicherungsvertreter für die Übernahme des Altkundenstamms einen Übernahmepreis zahlen soll, nicht aber gleichzeitig vereinbart wird, dass bei einer Berechnung des Ausgleichsanspruchs im Zeitpunkt der Vertragsbeendigung die übernommenen Altkunden, für deren Übernahme der Versicherungsvertreter ein Entgelt gezahlt hat, mit Rücksicht auf diese Zahlung als Neukunden gelten.[419]

237 **e) Provisionsverluste.** Grundlage der Berechnung des Ausgleichsanspruchs nach § 89 b HGB ist eine Prognose über die nach Vertragsbeendigung zu erwartenden Unternehmervorteile und Provisionsverluste (§ 89 b Abs. 1 Satz 1 Nr. 1 und Nr. 2 HGB), die auf der Grundlage der vom Handelsvertreter darzulegenden Entwicklung seiner bis zum Vertragsende erzielten Provisionseinkünfte aufzustellen ist.[420] Dies gilt grundsätzlich auch für den Ausgleichsanspruch des Versicherungsvertreters, soweit er Provisionsverluste aus solchen Verträgen abgelten soll, die nach Beendigung des Vertreterverhältnisses abgeschlossen worden sind, aber in

---

[415] BGH, Urt. v. 27. 10. 1993 – VIII ZR 46/93, NJW 1994, 193, 194 = VersR 1994, 92, 94 = r+s 1995, 120 = ZIP 1994, 31, 33 = WM 1994, 206, 208 = BB 1994, 99, 100 = MDR 1994, 458, 459; *Müller-Stein*, Ausgleichsanspruch gem. § 89 b HGB nach Bestandsübertragungen aufgrund erteilter Maklerautträge ?, VersR 1990, 561 ff.
[416] *Kiene*, Der Verkauf einer Handelsvertretung: Rechtliche Besonderheiten bei der Nachfolge im Wege des § 89 b Abs. 3 Nr. 3 HGB, NJW 2006, 2007; *derselbe*, Die Beurteilung des Kundenstamms bei einer Agenturnachfolge – Amortisationsansprüche des neuen Versicherungsvertreters bei unerwarteter Kündigung? –, VersR 2006, 1024.
[417] Siehe dazu *Küstner/von Manteuffel*, Gedanken zu dem neuen Ausgleichs-Ausschlusstatbestand gem. § 89 b Abs. 3 Nr. 3 HGB, BB 1990, 1713 ff.; *Thume*, Der neue Ausgleichsausschlusstatbestand nach § 89 b Abs. 3 Nr. 3 HGB, BB 1991, 490 ff.
[418] Ausführlich zum Meinungsstand *Kiene*, Der Verkauf einer Agentur: Der zu wählende Zeitpunkt des möglichen Verkaufs gemäß § 89 b Abs. 3 Nr. 3 HGB, ZfV 2008, 17 (Teil I), 55 (Teil II).
[419] OLG Düsseldorf, Urt. v. 16. 3. 2001 – 16 U 186/99; OLG München, Urt. v. 20. 10. 2004 – 7 U 3194/04; *Küstner*, Wenn Altkunden als Neukunden gelten: Tatbestände, die das Ausgleichsrecht gegen den Unabdingbarkeitsgrundsatz gem. § 89 b IV HGB verstoßen, VW 2005, 298; *Kiene*, Die Übertragung einer Versicherungsvertretung an einen Nachfolger – Die Wirksamkeit der Abrede als Formularvertrag –, VersR 2005, 1332, 1341; *Ensthaler/Würmann*, Auswirkungen des § 89 b Abs. 3 Nr. 3 HGB bei der Veräußerung des Unternehmens eines Handelsvertreters, BB 2008, 230, 235.
[420] BGH, Urt. v. 3. 4. 1996 – VIII ZR 54/95, NJW 1996, 2100, 2101 = VersR 1996, 752, 753 = r+s 1996, 380 = WM 1996, 1817, 1818 = BB 1996, 1190 = MDR 1996, 696; *Emde*, Wege zur vereinfachten Berechnung des Handelsvertreterausgleichs (§ 89 b HGB), VersR 2006, 1592, 1596.

E. Vermittlung und Betreuung der Lebensversicherung **237** Einl. E

engem wirtschaftlichen Zusammenhang mit von dem Versicherungsvertreter früher vermittelten Verträgen stehen, insbesondere eine Verlängerung oder Summenerhöhung solcher Verträge zum Inhalt haben.[421] Für den Ausgleichsanspruch dürfen dabei nur jene Provisionen berücksichtigt werden, die der Versicherungsvertreter als Abschlussprovision für seine Vermittlungs- bzw. Abschlusstätigkeit erhalten hat,[422] wobei hierzu auch die eine Vermittlungs- bzw. Abschlusstätigkeit belohnenden Superprovisionen[423] und die Überhangprovisionen[424] rechnen, nicht aber die Inkassoprovisionen.[425] Vergütungen für eine verwaltende Tätigkeit, sog. Verwaltungsprovisionen, die in der Lebensversicherung in der Regel als Bestandspflegeprovisionen bezeichnet werden, sind nicht als Vermittlungs- bzw. Abschlussprovisionen anzusehen und sind daher nicht ausgleichspflichtig.[426] Zum

---

[421] BGH, Urt. v. 23. 2. 1961 – VII ZR 237/59, BGHZ 34, 310, 315 ff. = NJW 1961, 1059 = VersR 1961, 341, 342; BGH, Urt. v. 21. 3. 1963 – VII ZR 95/61, VersR 1963, 556, 557; BGH, Urt. v. 10. 7. 1969 – VII ZR 111/67, VersR 1969, 995; BGH, Urt. v. 19. 11. 1970 – VII ZR 47/69, BGHZ 55, 45, 52 = VersR 1971, 265, 266/267 = WM 1971, 185; OLG Stuttgart, Urt. v. 22. 2. 1971 – 5 U 89/70, VersR 1972, 44; dazu *Höft* VersR 1972, 46 ff.; BGH, Urt. v. 6. 7. 1972 – VII ZR 75/71, BGHZ 59, 125 = NJW 1972, 1664 = VersR 1972, 931 = WM 1972, 938; BGH, Urt. v. 3. 4. 1996 – VIII ZR 54/95, NJW 1996, 2100, 2101 = VersR 1996, 752, 753 = r+s 1996, 380 = WM 1996, 1817, 1818 = BB 1996, 1190 = MDR 1996, 696; OLG Celle, Urt. v. 16. 5. 2002 – 11 U 193/01, VersR 2002, 976, 977; BGH, Urt. v. 1. 6. 2005 – VIII ZR 335/04, NJW-RR 2005, 1274, 1276 = WM 2005, 1866, 1868; dazu *Küstner* VW 2005, 1870; *derselbe* VW 2007, 1271.
[422] OLG Stuttgart VersR 1957, 329; BGH, Urt. v. 4. 5. 1959 – II ZR 81/57, BGHZ 30, 98 = NJW 1959, 1430 = VersR 1959, 427; BGH, Urt. v. 1. 12. 1960 – VII ZR 215/59, VersR 1961, 210, 211 = BB 1961, 189; BGH, Urt. v. 23. 2. 1961 – VII ZR 237/59, BGHZ 34, 310, 313 = VersR 1961, 341, 342 mit Berichtigung VersR 1962, 340 = BB 1961, 381; BGH, Urt. v. 21. 3. 1963 – VII ZR 95/61, VersR 1963, 556, 557; BGH, Urt. v. 15. 2. 1965 – VII ZR 194/63, NJW 1965, 1134, 1135 = DB 1965, 509, 510; BGH, Urt. v. 19. 11. 1970 – VII ZR 47/69, BGHZ 55, 45, 49 ff. = NJW 1971, 462 = VersR 1971, 265, 266 m. Anm. *Höft* VersR 1971, 269; BGH WM 1971, 183; BGH, Urt. v. 6. 7. 1972 – VII ZR 75/71, BGHZ 59, 125 = VersR 1972, 931; BAG DB 1986, 920; LG Frankfurt/M. v. 21. 12. 1988 – 3/8 O 203/87, VW 1989, 255; OLG München, Urt. v. 13. 11. 1991 – U 6544/90, NJW-RR 1993, 357, 358 = VersR 1992, 1512; OLG München, Urt. v. 10. 3. 1993 – 7 U 5352/92, NJW-RR 1993, 1381 (Ls.) = VersR 1994, 345 (Ls.) = r+s 1993, 480 = BB 1993, 1754; BGH, Urt. v. 1. 6. 2005 – VIII ZR 335/04, NJW-RR 2005, 1274, 1275 = r+s 2005, 487 = WM 2005, 1866, 1867; *Thume*, Einige Gedanken zum Ausgleichsanspruch nach § 89 b HGB, BB 1999, 2309, 2311.
[423] BGH v. 16. 3. 1989, MDR 1989, 786; BGH, Urt. v. 6. 7. 1972 – VII ZR 75/71, VersR 1972, 931, 932; dazu *Höft* VersR 1972, 933 ff.
[424] BGH, Urt. v. 23. 10. 1996 – VIII ZR 16/96, NJW 1997, 316 = VersR 1997, 1143, 1144 = WM 1997, 232, 234 = ZIP 1996, 2165, 2167 = BB 1997, 59 = DB 1996, 2486, 2487; siehe dazu *Sellhorst* BB 1997, 2019 ff.
[425] BGH, Urt. v. 4. 5. 1959 – II ZR 81/57, BGHZ 30, 98 = NJW 1959, 1430 = VersR 1959, 427 = DB 1959, 677 = MDR 1959, 638 (Krankenversicherung); BGH, Urt. v. 1. 12. 1960 – VII ZR 215/59, VersR 1961, 210, 211 = BB 1961, 189 (Lebensversicherung); BGH, Urt. v. 9. 2. 1961 – VII ZR 237/59, BGHZ 34, 310 = VersR 1961, 341, 342 = BB 1961, 381, 382 (Bauspargeschäft).
[426] BGH, Urt. v. 4. 5. 1959 – II ZR 81/57, BGHZ 30, 98, 104 = NJW 1959, 1430 = VersR 1959, 427, 428 = DB 1959, 677 = MDR 1959, 638; BGHZ 55, 45, 49 f. = NJW 1971, 462 = VersR 1971, 265, 266 = DB 1971, 185 = MDR 1971, 292; BGH, Urt. v. 6. 7. 1972 – VII ZR 75/71, VersR 1972, 931; LG Frankfurt/M., Urt. v. 2. 5. 2001 – 3/9 O 47/99; OLG München, Urt. v. 13. 11. 1991 – 7 U 6544/90, NJW-RR 1993, 357, 358 = VersR 1992, 1512; LG Köln, Urt. v. 9. 1. 2003 – 2 O 305/99; dazu *Küstner*, Ausgleichsansprüche außerhalb der „Grundsätze" ist erneut gescheitert, VW 2003, 284 f.; BGH, Urt. v. 22. 12. 2003 – VIII ZR 117/03, NJW-RR 2004, 469, 470 = VersR 2004, 376, 377 = r+s 2004, 130, 131 = WM 2004, 1483, 1485 = ZIP 2004, 1319, 1321 = DB 2004, 928 =

einen werden Bestandspflegeprovisionen auch für von Dritten vermittelte und dem Versicherungsvertreter übertragene Bestände gezahlt, so dass allein dies schon ein ausreichender Grund ist, die Bestandspflegeprovision nicht als Vermittlungsvergütung anzusehen.[427] Zum anderen müssen die Bestandspflegeprovisionen stets erst durch die vertragsgemäße Tätigkeit des Versicherungsvertreters erneut verdient werden, was aber infolge der Vertragsbeendigung nicht mehr möglich ist.[428] In der Regel ist daher ein Ausgleichsanspruch nur gegeben, wenn der Versicherungsvertreter Folgeprovisionen für Anpassungsversicherungen und Neuzugänge bei Gruppenversicherungen, insbesondere aufgrund Summenerhöhung sowie Vermittlungsprovisionen bei ratierlicher Aufteilung auf mehrere Vertragsjahre (z. B. bei Vermögensbildungsversicherungen) verliert.[429] Für Risiko-Lebensversicherungen stehen dem Versicherungsvertreter keine Ausgleichsansprüche nach § 89b HGB unter dem Gesichtspunkt zu, dass es ihm bei Fortbestehen des Vertrages gelungen wäre, einen der Versicherungsnehmer zu veranlassen, die ihm vermittelte Risikoversicherung in eine kapitalbildende Lebensversicherung umzuwandeln,[430] denn für konventionelle Lebensversicherungen gibt es keinen Ausgleichsanspruch.[431]

238 **f) Feststellung der Höhe des Ausgleichsanspruchs. aa) Grundsätze Leben.** In den Hauptpunkten ist geregelt, dass die von den Verbänden entwickelten „Grundsätze zur Errechnung der Höhe des Ausgleichsanspruchs" („Grundsätze") in ihrer jeweils gültigen Fassung bei der Ermittlung bzw. Berechnung eines Ausgleichsanspruchs in den Sparten Sach, Leben, Kranken und Bausparen nach Maßgabe des § 89b HGB, der unter Beachtung der Entscheidung des EuGH vom 26. März 2009[432] richtlinienkonform auszulegen ist, zugrunde gelegt werden.

MDR 2004, 402; dazu *Küstner* EWiR 2004, 387 f.; *derselbe* VW 2004, 426 f.; *derselbe* VW 2004, 923 f.; BGH, Urt. v. 1. 6. 2005 – VIII ZR 335/04, NJW-RR 2005, 1274, 1275 = VersR 2005, 1283, 1284 = r+s 2005, 487 = WM 2005, 1866, 1867 = DB 2005, 2131, 2132; dazu *Küstner*, Verwaltung ist nicht Vermittlung, VW 2005, 1499 f.; *derselbe* EWiR 2005, 799; siehe ferner *Höft*, Nochmals: Kein Ausgleichsanspruch (§ 89b HGB) des Versicherungsvertreters für Inkasso- und sonstige Verwaltungsprovisionen, VersR 1970, 97; *von Westphalen*, Die Provisionsverzichtsklausel im Spannungsverhältnis zum Ausgleichsanspruch des Versicherungsvertreters, DB 2003, 2319, 2320, 2322; *Günther*, Der Versicherungsvertreter und sein Ausgleichsanspruch, 2004, S. 106 f.; *Küstner*, Neueste Rechtsprechung zum Ausgleichsanspruch (I), VW 2004, 178 f.

[427] BGH, Urt. v 4. 5. 1959 – II ZR 81/57, BGHZ 30, 98 = VersR 1959, 427; BGH, Urt. v. 1. 12. 1960 – VII ZR 215/59, VersR 1961, 210; BGH, Urt. v. 9. 2. 1961 – VII ZR 237/59, BGHZ 34, 310 = VersR 1961, 341 = BB 1961, 381; BGH, Urt. v. 21. 3. 1963 – VII ZR 95/61, VersR 1963, 556; BGH, Urt. v. 19. 11. 1970, BGHZ 55, 45 = NJW 1971, 462 = VersR 1971, 265 m. Anm. *Höft* VersR 1971, 269.

[428] *Stumpf*, Vertragshändlerausgleich analog § 89b HGB – praktische und dogmatische Fehlverortung ?, NJW 1998, 12, 16.

[429] BGH, Urt. v. 23. 2. 1961 – VII ZR 237/59, BGHZ 34, 310, 315 ff. = NJW 1961, 1059 = VersR 1961, 341, 342 = BB 1961, 381 = MDR 1961, 495; BGH, Urt. v. 21. 3. 1963 – VII ZR 95/61, VersR 1963, 556; BGH v. 10. 7. 1969, VersR 1969, 996 = BB 1970, 102; BGHZ 55, 45 = NJW 1971, 462 = VersR 1971, 265, 266 = NJW 1971, 105 = MDR 1971, 292; BGH, Urt. v. 6. 7. 1972 – VII ZR 75/71, BGHZ 59, 125 = NJW 1972, 1664 = VersR 1972, 931 = BB 1972, 1037; LG Heilbronn BB 1980, 1819; LG München I BB 1981, 573; OLG Hamm, Urt. v. 15. 12. 2000 – 35 U 77/99, VersR 2001, 1154, 1155; BGH, Urt. v. 1. 6. 2005 – VIII ZR 335/04, NJW-RR 2005, 1275, 1276 = WM 2005, 1866, 1868; *Küstner*, Ausgleichsberechnung und „Folgegeschäfte", VW 2005, 1870.

[430] OLG Karlsruhe Justiz 1984, 202 = OLGZ 1984, 228.

[431] LG Stuttgart VW 1976, 871.

[432] EuGH, Urt. v. 26. 3. 2009 – C-348/07, BB 2009, 1607 m. Anm. *Eckhoff* BB 2009, 1609; dazu *Evers*, Neuigkeiten für den Ausgleichsprozess: EuGH ändert Darlegungs- und Beweislastgrundsätze, VW 2009, 956; *F.-J. Semler*, EuGH „Semen" – Neues zum Ausgleichs-

E. Vermittlung und Betreuung der Lebensversicherung   239   **Einl. E**

Anderweitige Ermittlungs- bzw. Berechnungsarten können nur herangezogen werden, soweit eine der Vertragsparteien im Einzelfall nachweist, dass die nach den Grundsätzen durchgeführte Ermittlung bzw. Errechnung des Ausgleichsanspruchs nicht dem § 89 b HGB und insbesondere den dort festgeschriebenen Billigkeitsgrundsätzen entspricht. Alle Grundsätze enthalten eine Anrechnungsklausel, die bestimmt, dass der Barwert einer vom Unternehmen für den Versicherungsvertreter aufgebauten Alters- und Hinterbliebenenversorgung auf den Ausgleichsanspruch angerechnet wird. Die Höhe der Anrechnung, ggf. bis zum völligen Wegfall, muss der Versicherer im Einzelnen darlegen, geltend machen und im Streitfall beweisen.[433] Lehnt der Versicherer es ab, den Ausgleichsanspruch nach den Grundsätzen zu berechnen, ist der Versicherungsvertreter gemäß § 242 BGB berechtigt, Auskunft zu den ausgleichspflichtigen Geschäften zu verlangen, insbesondere auch zu dynamischen Lebens- und Rentenversicherungsverträgen, die während der Vertragslaufzeit vom Versicherungsvertreter und ihm zugeordneten unechten Untervertretern vermittelt worden sind.[434]

bb) Handelsbrauch. Die Grundsätze sind als Handelsbrauch anzusehen,[435]   239
zumindest müssen sie aber als Erfahrungswerte der in Betracht kommenden Wirtschaftskreise gelten, die im Rahmen einer Schätzung nach § 287 ZPO berücksichtigt werden können,[436] da sie die Vermutung der grundsätzlichen Richtigkeit

---

anspruch oder mehr?, BB 2009, 2327; *Linder,* Die geänderte Rechtslage zum Ausgleichanspruch für Handelsvertreter gem. § 89 b HGB, SpV 2009, 62; *Christoph,* Muss der Handelsvertreterausgleich neu berechnet werden?, NJW 2010, 647; *Küstner,* Europarecht geht vor, VW 2010, 131.
[433] Vgl. für § 89 b Abs. 1 Satz 1 Nr. 3 HGB ausdrücklich BGH NJW 1990, 2889, 2891 = ZIP 1990, 1197, 1199; a.A. OLG Köln, Urt. v. 17. 8. 2001 – 19 U 206/00, VersR 2001, 1377, 1380.
[434] OLG München, Urt. v. 10. 6. 2009 – 7 U 4522/08, VersR 2010, 344, 346; dazu *Evers/Obst* VW 2009, 1290.
[435] LG Hamburg VersR 1972, 742 m. Anm. *Martin*; OLG München, Urt. v. 21. 12. 1973 – 23 U 2577/73, VersR 1974, 288; LG München I, Urt. v. 4. 7. 1974 – 17 O 798/73, VersR 1975, 81; LG München I, Urt. v. 10. 3. 1975 – 11 HKO 231/74, VersR 1975, 736; LG Nürnberg-Fürth, Urt. v. 30. 9. 1975 – 5 HK O 6664/74, VersR 1976, 467; LG Wiesbaden, Urt. v. 21. 11. 1974 – 13 O 52/74, VersR 1976, 145; OLG Nürnberg, Urt. v. 26. 1. 1976 – 9 U 210/75, VersR 1976, 467; OLG Hamburg, Urt. v. 26. 3. 1992 – 8 U 97/90, VersR 1993, 476 = r+s 1994, 238, 239; *Thume,* Anrechnung einer Alters- und Hinterbliebenenversorgungszusage auf den Ausgleichsanspruch des Versicherungsvertreters – ein Handelsbrauch, BB 2002, 1325, 1327 f.; a.A. OLG Frankfurt/M., Urt. v. 17. 2. 1970 – 5 U 50/69, NJW 1970, 814 = VersR 1970, 271 = BB 1970, 228; OLG Köln, Urt. v. 5. 6. 1974, VersR 1974, 995; BAG, Urt. v. 21. 5. 1985, NZA 1986, 476 = DB 1986, 919, 920; OLG Frankfurt/M., Urt. v. 9. 5. 1986 – 10 U 48/85, VersR 1986, 814; OLG Frankfurt/M., Urt. v. 22. 10. 1985 – 5 U 247/84, VersR 1986, 388 = BB 1986, 896 = DB 1986, 687; OLG Frankfurt/M., Urt. v. 21. 11. 1995 – 8 U 110/95, NJW-RR 1996, 548, 549 = VersR 1996, 1367, 1368 = r+s 1996, 468; für die Qualifizierung als Empfehlungen ohne verbindlichen Charakter *v. Westphalen,* Ausgleichsanspruch des Versicherungsvertreters und Nichtanrechnung einer Alters- und Hinterbliebenenzusage, DB 2000, 2255; unentschieden OLG München, Urt. v. 21. 12. 2005 – 7 U 2941/05, VersR 2006, 1123, 1124 = DB 2006, 1371 (Ls.).
[436] LG München I, Urt. v. 10. 3. 1975 – 11 HKO 231/74, VersR 1975, 736 = VW 1975, 1178; LG Stuttgart, Urt. v. 23. 9. 1974 – 2 KfH O 107/73, VersR 1975, 1004; LG Wiesbaden, Urt. v. 21. 11. 1974 – 13 O 52/74, VersR 1976, 145; LG Nürnberg-Fürth, Urt. v. 30. 9. 1975 – 5 HK O 6664/74, VersR 1976, 467; LG Hannover BB 1976, 664; OLG Nürnberg, Beschl. v. 26. 1. 1976 – 9 U 210/75, VersR 1976, 467; LG Hannover VW 1978, 558; OLG Celle VW 1978, 806; OLG Düsseldorf, Urt. v. 4. 7. 1979 – 3 U 15/79, VersR 1979, 837, 838; LG Düsseldorf, Urt. v. 5. 10. 1979 – 9 O 129/79, VersR 1980, 186; OLG Düsseldorf, Urt. v. 5. 3. 1981 – 34 O 73/79, VersR 1981, 979; LG Köln VW 1983, 250; LG Bielefeld VW 1983, 251; BAG, Urt. v. 21. 5. 1985 – 3 AZR 283/83, DB 1986, 919, 920 = VersR 1986, 559 (Ls.); OLG Frankfurt/M., Urt. v. 9. 5. 1986 – 10 U 48/85,

Einl. E 240, 241   Teil 2. Einleitung

und Billigkeit für sich haben.[437] Durch die Grundsätze wird eine unumgängliche, aber nahezu undurchführbare Abgrenzung der ausgleichsfähigen und der nicht zu berücksichtigenden Folgeprovisionen ermöglicht.[438] In der Praxis kann daher für den Versicherungsvertreter die Berechnung des Ausgleichsanspruchs anhand der Grundsätze durchaus zweckmäßig und vorteilhaft sein.[439]

240 **cc) Minderung des Ausgleichsanspruchs.** Nach den Grundsätzen sollen Billigkeitsgesichtspunkte auch bei der Bemessung des Ausgleichsanspruchs eine Rolle spielen und können zu einer Kürzung des Ausgleichsanspruchs führen.[440] Ein übernommener Bestand bleibt bei der Bemessung des Ausgleichsbetrags außer Betracht, insbesondere wenn bei der Übernahme ein Verzicht erklärt wurde.[441] Umsatzfördernde Maßnahmen des Lebensversicherungsunternehmens mindern regelmäßig den Ausgleichsanspruch nicht; Umstände, die ausnahmsweise eine andere Beurteilung rechtfertigen können, hat der Versicherer darzulegen.[442] Auch ein Zuschuss, mit dem der Versicherer dem Versicherungsvertreter den Weg in die Selbständigkeit erleichtert hat, kann nicht im Wege der Kürzung des Ausgleichsanspruchs wieder genommen werden.[443]

241 Der Ausgleichsanspruch kann dagegen ganz oder teilweise entfallen, wenn der Vertreter neben den üblichen Provisionen feste Bezüge erhalten hat.[444] Feste Bezüge mindern den Ausgleichsanspruch um so stärker, je kürzer ihre Zahlung bei Agenturvertragsende zurückliegt [445] und führen zum Wegfall des Ausgleichsanspruchs, wenn die neben den Provisionen gezahlten sonstigen Bezüge des Versicherungsvertreters ein Vielfaches des rechnerischen Ausgleichsanspruchs erreichen[446] oder wenn zwischen dem rechnerischen Ausgleichsbetrag und den erfolgsunabhängigen Festbezügen, die der Vertreter während einer relativ kurzen Vertragsdauer oder in den letzten Jahren erhalten hat, ein auffälliges Missverhältnis besteht.[447] Anspruchsmindernd ist auch die Übernahme einer Konkurrenztätigkeit durch den ausgeschiedenen Vertreter zu berücksichtigen.[448] Im Einzelfall kann dies zum völligen Verlust des Ausgleichsanspruchs führen, insbesondere

---

VersR 1986, 814; LG München I, Urt. v. 10. 5. 1988 – 5 HKO 905/88, VersR 1988, 1069; OLG Hamburg, Urt. v. 26. 3. 1992 – 8 U 97/90, VersR 1993, 476, 477 = r+s 1994, 238, 239; OLG Frankfurt/M., Urt. v. 30. 6. 2000 – 10 U 217/99; dazu *Müller-Stein* VW 2001, 1048; *Thume*, Ausgleichsanspruch und Altersversorgung, VersR 2009, 436, 437; **a. A.** OLG Frankfurt/M., Urt. v. 21. 11. 1995 – 8 U 110/95, NJW-RR 1996, 548, 549 = VersR 1996, 1367, 1368 = r+s 1996, 468; krit. dazu *Küstner*, Neue Rechtsprechung zur Rechtsnatur der „Grundsätze", VW 1996, 1140.
[437] OLG Düsseldorf, Urt. v. 4. 7. 1979 – 3 U 15/79, VersR 1979, 837 = VW 1979, 1070; LG Düsseldorf, Urt. v. 5. 10. 1979 – 9 O 129/79, VersR 1980, 186.
[438] OLG Frankfurt/M., Urt. v. 30. 6. 2000 – 10 U 217/99; LG Frankfurt/M., Urt. vom 2. 5. 2001 – 3/9 O 47/99.
[439] Eingehend hierzu *Küstner*, Kann vor Gericht ein höherer Ausgleich als nach den „Grundsätzen" erzielt werden?, VW 1996, 1661 ff.; *Löwe/Schneider*, Zur Anrechnung einer betrieblichen Altersversorgung auf den Ausgleichsanspruch des Handelsvertreters – Zugleich Besprechung der BGH-Urteile vom 20. 11. 2002 – VIII ZR 146/01, ZIP 2003, 264, und VIII ZR 211/01 –, ZIP 2003, 1129, 1135.
[440] BGH, Urt. v. 21. 5. 1975 – I ZR 141/74, VersR 1975, 807.
[441] LG Wiesbaden, Urt. v. 21. 11. 1974 – 13 O 52/74, VersR 1976, 145.
[442] Vgl. BGH v. 15. 12. 1978, BGHZ 73, 99 = NJW 1979, 651 = VW 1979, 624.
[443] KG Berlin BB 1988, 582.
[444] LG München I, Urt. v. 4. 7. 1974 – 17 O 798/73, VersR 1975, 81 = VW 1975, 45 und 746.
[445] LG Bremen, Urt. v. 1. 7. 1975 – 13 O 970/74, VersR 1975, 1099.
[446] OLG Nürnberg, Beschl. v. 26. 1. 1976 – 9 U 210/75, VersR 1976, 467.
[447] LG Düsseldorf, Urt. v. 5. 3. 1981 – 34 O 73/79, VersR 1981, 979.
[448] BGH, Urt. v. 21. 5. 1975 – I ZR 141/74, VersR 1975, 807; OLG Rostock, Urt. v. 4. 3. 2009 – 1 U 57/08, NJW-RR 2009, 1631, 1632.

E. Vermittlung und Betreuung der Lebensversicherung   242, 243   Einl. E

wenn die bisherigen Versicherungsbestände angetastet werden.[449] Im Falle der nachvertraglichen Umdeckung kommt ein Rückforderungsanspruch des Versicherers in Betracht, dessen Höhe sich nach den Umständen des Einzelfalls richtet.[450]

g) Anrechnung von Festvergütungen. Aus Billigkeitsgründen kann der Ausgleichsanspruch gemindert werden oder sogar völlig entfallen, wenn der Versicherer erfolgsunabhängige feste Zuschusszahlungen an den Versicherungsvertreter erbracht hat, die nicht durch Provisionen zu verdienen und auch nicht mit solchen zu verrechnen waren. Dies ist der Fall, wenn der Versicherer dem Versicherungsvertreter ein vom Erfolg unabhängiges Mindesteinkommen garantiert.[451] In der Praxis kommt dies häufig in Form von Organisationszuschüssen oder Bürokostenzuschüssen vor, die vom Versicherer monatlich anrechnungsfrei geleistet werden, und ausgleichsmindernd zu berücksichtigen sind.[452]   242

h) Anrechnung einer Altersversorgung. Mit der Finanzierung der Altersversorgung durch den Unternehmer übernimmt dieser eine dem Handelsvertreter obliegende Aufgabe, der anderenfalls die dafür erforderlichen Aufwendungen aus seinem laufenden Einkommen bestreiten müsste.[453] Über das Versorgungswerk des Unternehmens soll der Versicherungsvertreter eine im Wert regelmäßig weit über dem Ausgleichsanspruchswert liegende Alters-, Invaliditäts- und Hinterbliebenenversorgung erhalten, die der Sicherstellung seiner Existenz dient.[454] Im Regelfall sind daher auf den Ausgleichsanspruch des Handelsvertreters die vom Unternehmen zugunsten des Vertreters finanzierten Versorgungsleistungen im Rahmen der Billigkeitsprüfung nach § 89b Abs. 1 Satz 1 Nr. 3 HGB anzurechnen, um im Ergebnis eine Doppelbelastung des Unternehmers zu vermeiden.[455]   243

---

[449] Siehe hierzu aber OLG Hamm v. 12. 1. 1989, BB 1989, 1221, 1223.
[450] AG Walsrode, Urt. v. 21. 1. 1983 – 7 C 604/82; *Müller-Stein,* Ausgleichsanspruch nach § 89b HGB/Rückforderung bei nachvertraglicher Umdeckung, VW 1998, 259 f.
[451] BGH, Urt. v. 14. 11. 1966, VersR 1966, 1182, 1183.
[452] LG Bremen, Urt. v. 1. 7. 1975 – 13 O 970/74, VersR 1975, 1099; LG München I, Urt. v. 4. 7. 1974 – 17 O 798/73, VersR 1975, 81; LG Stuttgart, Urt. v. 28. 1. 2000 – 21 O 425/99, VersR 2000, 972, 973 f.; *Emde,* Die Entwicklung des Vertriebsrechts im Zeitraum von September 1999 bis September 2000, VersR 2001, 148, 163.
[453] BGH, Urt. v. 21. 5. 2003 – VIII ZR 57/02, NJW 2003, 3350, 3351.
[454] *Fuchs-Baumann,* Ausgleichsanspruch des Versicherungsvertreters: Anrechnung des Barwerts einer vom Versicherungsunternehmen finanzierten Versorgung, DB 2001, 2131, 2135; *Thume,* Anrechnung einer Alters- und Hinterbliebenenversorgungszusage auf den Ausgleichsanspruch des Versicherungsvertreters – ein Handelsbrauch, BB 2002, 1325, 1326.
[455] OLG München, Urt. v. 9. 7. 1964 – 1 U 2164/62, BB 1965, 345; BGH, Urt. v. 23. 5. 1966 – VII ZR 268/64, BGHZ 45, 268, 273 = NJW 1966, 1962 ff. = VersR 1966, 754, 755 = BB 1966, 794 = DB 1966, 1130 = MDR 1966, 833; dazu *Höft* VersR 1966, 842 ff.; *Martin* DB 1966, 1837; BGH, Urt. v. 19. 11. 1970 – VII ZR 47/69, BGHZ 55, 45, 58 f. = NJW 1971, 462 = VersR 1971, 265, 268 f. = BB 1971, 105; dazu *Höft* VersR 1971, 269; *derselbe* NJW 1971, 462, 464; BGH WM 1975, 856, 858; BGH, Urt. v. 18. 2. 1982 – I ZR 20/80, NJW 1982, 1814 = VersR 1982, 593, 594 f. = WM 1982, 632; BGH, Urt. v. 17. 11. 1983 – I ZR 139/81, NJW 1984, 184 = VersR 1984, 184, 185 f. = WM 1984, 212, 213 f. = BB 1984, 168 m. Anm. *Hopt;* BGH, Urt. v. 23. 2. 1994 – VIII ZR 94/93, VersR 1994, 807, 808; OLG Düsseldorf, Beschl. v. 24. 2. 1995 – 16 W 2/95, NJW-RR 1996, 225 = OLGR 1995, 185; dazu *Küstner* VW 1997, 386; OLG Köln, Urt. v. 19. 9. 1996 – 18 U 14/96, VersR 1997, 615, 616; BGH, Beschl. v. 13. 11. 1996 – XII ZB 131/94, VersR 1997, 447, 449; LG Stuttgart, Urt. v. 28. 1. 2000 – 21 O 425/99, VersR 2000, 972, 974; OLG Köln, Urt. v. 17. 8. 2001 – 19 U 206/00, VersR 2001, 1377, 1380; BGH, Urt. v. 20. 11. 2002 – VIII ZR 211/01, NJW 2003, 1244, 1246 = VersR 2003, 368, 370 = r+s 2003, 131, 132 = WM 2003, 691, 693 = DB 2003, 144, 145 = MDR 2003, 277, 278; dazu *Emde* EWiR 2003, 231 f.; ferner *Küstner,* Ausgleichsminderung: Es bleibt bei der Billigkeitsprüfung, VW 2003, 127 f.; BGH, Urt. v. 21. 5. 2003 – VIII ZR 57/02, NJW 2003, 3350, 3351 = NZA 2003, 920, 921 = VersR 2003, 1253, 1254 = r+s 2003, 395, 396

Die sich aus der Finanzierung der Altersversorgung ergebenden steuerlichen Auswirkungen für das LVU sind im Rahmen der Billigkeitsprüfung nicht zu berücksichtigen.[456] Scheidet der Vertreter vor dem für den Eintritt des Versorgungsfalls maßgebenden Zeitpunkt aus den Diensten des Versicherers aus, so ist demzufolge der für den Zeitpunkt der Vertragsbeendigung errechnete Anwartschaftsbarwert einer ausschließlich auf Leistungen des Versicherers beruhenden Alters-, Invaliditäts- und Hinterbliebenenversorgung auf den Ausgleichsanspruch nach § 89b HGB anzurechnen,[457] auch wenn irgendeine vertragliche Vereinbarung zwischen den Beteiligten über eine solche Anrechnungsmöglichkeit nicht vorliegt.[458] Bei einer vom Versicherer zu Gunsten des Vertreters abgeschlossenen Lebensversicherung ist der Rückkaufswert dieser Versicherung anzurechnen.[459]

244 Liegen zwischen dem Ende des Handelsvertretervertrages und der Fälligkeit des Anspruchs aus der vom Unternehmen finanzierten oder mitfinanzierten Altersversorgung längere Zeitspannen, ist eine Anrechnung der Leistungen des Unternehmens auf jeden Fall dann vorzunehmen, wenn zwischen den Parteien eine

---

= WM 2003, 2110, 2111 = BB 2003, 1581, 1582 = DB 2003, 1568, 1569 = MDR 2003, 1122, 1123; OLG München, Urt. v. 21. 7. 2004 – 7 U 1800/04, VersR 2005, 687, 688; OLG München, Urt. v. 30. 6. 2005 – 23 U 2382/05, VersR 2006, 1122, 1123; OLG München, Urt. v. 21. 12. 2005 – 7 U 2941/05, VersR 2006, 1123, 1126; BGH, Beschl. v. 30. 5. 2006 – VIII ZR 201/05; dazu *Küstner* VW 2006, 1186; OLG München, Urt. v. 16. 11. 2006 – 23 U 2539/06, WM 2007, 710, 711; OLG München, Urt. v. 5. 8. 2009 – 7 U 2055/09, VersR 2010, 209, 211; *Evers/Kiene*, Die Anrechenbarkeit von Versorgungsleistungen auf den Ausgleichsanspruch des Handelsvertreters (Teil II: Leistungen für die Altersversorgung als besonders günstige Vertragsbedingungen), ZfV 2001, 618 ff.; *dieselben*, Das Betriebsrentengesetz und der Ausgleichsanspruch des Versicherungsvertreters, ZfV 2002, 802, 803; *dieselben*, Der Ausgleichsanspruch des Handelsvertreters: Anrechnung von Versorgungsleistungen nur bei Einstufung als „besonders günstige Vertragsbedingung", DB 2002, 1309; **a. A.** LG München I, Vorbehaltsurt. v. 8. 12. 2008 – 14 HK O 24 599/07, BB 2009, 350, 351 m. Anm. *Röder* BB 2009, 353.

[456] Vgl. BGH, Urt. v. 23. 5. 1966 – VII ZR 268/64, BGHZ 45, 268 = VersR 1966, 754; BGH, Urt. v. 17. 11. 1983 – I ZR 139/81, VersR 1984, 184 = BB 1984, 365; LG München I, Urt. v. 11. 1. 2005 – 16 HKO 13 994/04; OLG München, Urt. v. 21. 12. 2005 – 7 U 2941/05, VersR 2006, 1123, 1126; zust. *Küstner*, Doppelbelastung des Unternehmers und versorgungsbedingte Ausgleichsminderung, VersR 2004, 977, 980; *derselbe*, Neueste Rechtsprechung zum Ausgleichsanspruch (II), VW 2004, 262, 263; *derselbe*, Ausgleichsanspruch plus Altersversorgung, VW 2005, 368, 369; krit. dazu *Löwe/Schneider*, Nochmals: Doppelbelastung des Unternehmers und versorgungsbedingte Ausgleichsminderung, VersR 2004, 1518 ff.; für eine Quotelung der Vorteile: *Emde*, Rechtsprechungs- und Literaturübersicht zum Vertriebsrecht im Jahre 2004, BB 2005, 389, 397.

[457] ArbG Freiburg VW 1978, 868; BGH, Urt. v. 17. 11. 1983 – I ZR 139/81, VersR 1984, 184 = WM 1984, 212 = DB 1984, 556 = BB 1984, 168 und 365 = MDR 1984, 375; LG München I, Urt. v. 15. 5. 1988 – 5 HKO 905/88, VersR 1988, 1069; OLG Saarbrücken v. 18. 5. 1988, VW 1988, 1375 und VW 1989, 637; BGH, Urt. v. 20. 11. 2002 – VIII ZR 211/01, NJW 2003, 1244, 1246 = VersR 2003, 368, 369 = r+s 2003, 131, 132 = WM 2003, 691, 693 = DB 2003, 144, 145 = MDR 2003, 277, 278; krit. dazu *Löwe/Schneider*, Zur Anrechnung einer betrieblichen Altersversorgung auf den Ausgleichsanspruch des Handelsvertreters – Zugleich Besprechung der BGH-Urteile v. 20. 11. 2002 – VIII ZR 146/01, ZIP 2003, 264, und VIII ZR 211/01 –, ZIP 2003, 1129 ff.; OLG Celle, Urt. v. 13. 1. 2005 – 11 U 171/04, r+s 2006, 132; OLG München, Urt. v. 30. 6. 2005 – 23 U 2382/05, VersR 2006, 1122, 1123; BGH, Beschl. v. 30. 5. 2006 – VIII ZR 201/05; dazu *Küstner* VW 2006, 1186.

[458] BGH, Urt. v. 23. 5. 1966 – VII ZR 268/64, BGHZ 45, 268, 278 f. = NJW 1966, 1962 ff. = VersR 1966, 754 = BB 1966, 794 = DB 1966, 1130 = MDR 1966, 833; dazu *Höft* VersR 1966, 842; *Martin* DB 1966, 1837.

[459] LG Köln, Urt. v. 21. 6. 1990 – 15 O 55/89; *Löwe/Schneider*, Zur Anrechnung einer betrieblichen Altersversorgung auf den Ausgleichsanspruch des Handelsvertreters – Zugleich Besprechung der BGH-Urteile vom 20. 11. 2002 – VIII ZR 146/01, ZIP 2003, 264, und VIII ZR 211/01 -, ZIP 2003, 1129, 1138.

E. Vermittlung und Betreuung der Lebensversicherung   245, 246   Einl. E

vertragliche Vereinbarung besteht, dass vom Unternehmen finanzierte Versorgungsleistungen auf einen etwaigen Ausgleichsanspruch angerechnet werden.[460] Mit Blick auf die Finanzierung durch den Versicherer hat eine Anrechnung aber auch im Falle des Fehlens einer ausdrücklichen Vereinbarung stattzufinden, selbst wenn zwischen dem Ende des Handelsvertretervertrages und der Fälligkeit des Anspruchs aus der vom Unternehmen finanzierten oder mitfinanzierten Altersversorgung längere Zeitspannen liegen.[461]

Wenn zwischen den Parteien eine Anrechnungsvereinbarung getroffen wurde, die wegen ihrer Formulierung gegen den Unabdingbarkeitsgrundsatz des § 89 b Abs. 4 HGB verstößt und deshalb gemäß § 9 Abs. 1 und 2 Nr. 1 AGBG unwirksam ist, ist gleichwohl vom Gericht im Einzelfall die Frage der Ausgleichsminderung unter Billigkeitsgesichtspunkten zu prüfen.[462] Dabei kommt unter Billigkeitsgesichtspunkten eine Ausgleichsminderung oder sogar ein vollständiger Ausschluss des Ausgleichsanspruchs auch für den Fall in Betracht, dass zwischen der Fälligkeit des Ausgleichsanspruchs und der Altersversorgung eine mehr oder weniger lange zeitliche Differenz liegt.[463]   245

i) Vererblichkeit. Der Ausgleichsanspruch ist vererblich.[464] Der Erbe muss sich dabei so behandeln lassen wie der Erblasser aus dem Handelsvertreterverhältnis mit der Folge, dass ein Ausgleichsanspruch nicht entsteht, wenn das Unternehmen den Ausgleichsanspruch übersteigende Beiträge für eine Altersversorgung   246

---

[460] BGH, Urt. v. 17. 11. 1983 – I ZR 139/81, VersR 1984, 184, 185 = WM 1984, 212, 213 = DB 1984, 556 = BB 1984, 168 = MDR 1984, 375 m. Anm. *Honsel*; dazu *Küstner* VW 1999, 185, 187; OLG Köln, Urt. v. 17. 8. 2001 – 19 U 206/00, VersR 2001, 1377; BGH, Urt. v. 20. 11. 2002 – VIII ZR 211/01, NJW 2003, 1244 = VersR 2003, 368, 370 = r+s 2003, 131, 132 = WM 2003, 691, 693 = DB 2003, 144, 145 = MDR 2003, 277, 278.
[461] BGH, Urt. v. 20. 11. 2002 – VIII ZR 211/01, NJW 2003, 1244 = VersR 2003, 368, 370 = r+s 2003, 131, 132 = WM 2003, 691, 693 = DB 2003, 144, 145 = MDR 2003, 277, 278; a. A. OLG Köln, Urt. v. 19. 9. 1996 – 18 U 14/96, VersR 1997, 615, 616; BGH, Urt. v. 23. 2. 1994 – VIII ZR 94/93, NJW 1994, 1350, 1351 = VersR 1994, 807, 808 = r+s 1995, 240 = ZIP 1994, 454, 455 = WM 1994, 594 = DB 1994, 881 = MDR 1994, 564, wenn der Versorgungsanspruch erst 21 Jahre nach Beendigung des Handelsvertreterverhältnisses fällig wird; im Ergebnis zust. *Küstner* BB 1994, 1590, 1591; *Küstner*, Wiederum Anerkennung der „Grundsätze" in einem neuen Urteil, VW 1997, 1166, 1167; *Thume*, Neues zum Ausgleichsanspruch des Handelsvertreters und des Vertragshändlers, BB 1994, 2358, 2361; *derselbe*, Neue Rechtsprechung zum Ausgleichsanspruch des Handelsvertreters und des Vertragshändlers, BB 1998, 1425, 1429; *Emde*, Die Entwicklung des Vertriebsrechts im Zeitraum Oktober 2001 bis September 2002 (Teil II), VersR 2003, 549, 550; OLG Naumburg, Urt. vom 15. 4. 2003 – 9 U 12/03, r+s 2003, 484.
[462] OLG München, Urt. v. 22. 3. 2001 – 29 U 4997/00, OLGR 2001, 168; OLG Köln, Urt. v. 17. 8. 2001 – 19 U 206/00, VersR 2001, 1377; OLG Celle, Urt. v. 16. 5. 2002 – 11 U 193/01, VersR 2002, 976, 978; BGH, Urt. v. 20. 11. 2002 – VIII ZR 211/01, NJW 2003, 1244 = VersR 2003, 368, 369 = r+s 2003, 131, 132 = WM 2003, 691, 693 = DB 2003, 144, 145 = MDR 2003, 277, 278; OLG München, Urt. v. 16. 11. 2006 – 23 U 2539/06, WM 2007, 710, 712.
[463] OLG Köln, Urt. v. 17. 8. 2001 – 19 U 206/00, VersR 2001, 1377; OLG Celle, Urt. v. 16. 5. 2002 – 11 U 193/01, VersR 2002, 976, 979; *Küstner*, Im Versicherungsvertreterrecht kehrt keine Ruhe ein, VersR 2002, 513, 520; BGH, Urt. v. 20. 11. 2002 – VIII ZR 211/01, NJW 2003, 1244, 1246 = r+s 2003, 131, 132 = WM 2003, 691, 693 = VersR 2003, 368 = DB 2003, 144, 145; OLG München, Urt. v. 16. 11. 2006 – 23 U 2539/06, WM 2007, 710, 712; a. A. *Löwe/Schneider*, Zur Anrechnung einer betrieblichen Altersversorgung auf den Ausgleichsanspruch des Handelsvertreters, ZIP 2003, 1129, 1135.
[464] BGH BB 1957, 527; BGHZ 45, 268, 274 = VersR 1966, 754, 755; BGH, Urt. v. 10. 2. 2010 – VIII ZR 53/09, VersR 2010, 762, 763 = WM 2010, 669, 671; *Evers/Eikelmann*, Abrechnung als Straftat? Provisionsabtretung und Bestandsübertragung im Personengeschäft, VW 2009, 529.

des Handelsvertreters aufgebracht hat.[465] Als Erbe eines Geheimnisträgers nach § 203 Abs. 1 StGB unterliegt der Erbe gemäß § 203 Abs. 3 Satz 2 StGB einer eigenen Geheimhaltungspflicht.[466]

247 **j) Rückstellung.** Vor Beendigung des Vertragsverhältnisses kann für die aus § 89b HGB resultierende Verpflichtung, einem Handelsvertreter nach Beendigung des Vertragsverhältnisses einen Ausgleich zahlen zu müssen, steuerrechtlich keine Rückstellung gebildet werden.[467] Dies geht auf eine Entscheidung des BFH vom 4. Februar 1958[468] zurück, der zulasten der Unternehmen die Rückstellungsbildung für künftig entstehende Ausgleichsverpflichtungen mit dem Hinweis darauf untersagte, ein Ausgleich sei von so vielen Bedingungen abhängig, dass er „vor Lösung des Vertrags nicht ausreichend konkretisiert sei, um eine gegenwärtige rückstellungsfähige Last für das Unternehmen zu sein". Steuerrechtlich kann daher eine Rückstellung für die Handelsvertreterausgleichverpflichtung erst in dem Geschäftsjahr gebildet werden, in dem das Handelsvertretungsverhältnis endet.[469] Diese nachteilige Rechtslage führte vornehmlich im Bereich der Versicherungswirtschaft zu der Überlegung, den schon in den Dreißigerjahren diskutierten Gedanken einer Altersversorgung zugunsten des angestellten bzw. selbständigen Außendienstes[470] aufzugreifen, diese Altersversorgung über Pensionsrückstellungen zu finanzieren und auf diese Weise das Ziel einer Senkung der steuerlichen Belastung gleichwohl zu erreichen.[471]

248 **k) Vertreterrecht.** Ein Handelsvertreter, der eine eingeführte Vertretung übernimmt, erlangt dadurch einen greifbaren wirtschaftlichen Vorteil.[472] Ist die Übernahme einer Vertretung mit einer „Einstandszahlung" verbunden, so liegt darin die Gegenleistung des Handelsvertreters für die ihm von dem Geschäftsherrn verschaffte – rechtlich verfestigte – wirtschaftliche Chance, Provisionseinnahmen zu erzielen.[473] Bei dem neu in die bestehenden Kundenbeziehungen des Geschäftsherrn eintretenden Handelsvertreter wird dadurch ein als „Vertreter-

---

[465] LG Düsseldorf, Urt. v. 15. 8. 1990 – 16 O 439/89, VersR 1991, 184, 185.
[466] BGH, Urt. v. 10. 2. 2010 – VIII ZR 53/09, VersR 2010, 762, 763 = WM 2010, 669, 671.
[467] BFH, Urt. v. 26. 3. 1969 – I R 141/66, BFHE 95, 497 = BStBl. II 1969, 485 = DB 1969, 1378; BFH, Urt. v. 28. 4. 1971 – I R 39, 40/70, BFHE 102, 270 = BStBl. II 1971, 601 = DB 1971, 1601; BFH, Urt. v. 20. 1. 1983 – IV R 168/81, BFHE 137, 489 = BStBl. II 1983, 375 = DB 1983, 1023; BFH, Beschl. v. 4. 2. 1999 – VIII B 31/98, BFH/NV 1999, 1076; BFH, Urt. v. 24. 1. 2001 – I R 39/00, BB 2001, 1403, 1404 = DB 2001, 1227, 1228; *Lohmüller*, Ausgleichsanspruch des Versicherungsvertreters, VW 1955, 151; *Löwisch* in: Ebenroth/Boujong/Joost, HGB, Bd. 1, München, Beck/Vahlen, 2001, § 89b HGB Rdn. 163; *Beiser*, Der Ausgleichsanspruch des Handelsvertreters in der Handels- und Steuerbilanz, DB 2002, 2176, 2179; *Löwe/Schneider*, Zur Anrechnung einer betrieblichen Altersversorgung auf den Ausgleichsanspruch des Handelsvertreters, ZIP 2003, 1129, 1130; *Otto*, Zahlungen auf den Handelsvertreterausgleichsanspruch nach § 89b HGB: Anschaffungskosten eines Wirtschaftsguts, BB 2005, 1324. Zum Wertansatz am Bilanzstichtag siehe BFH v. 17. 5. 1978, BB 1978, 1097 = VW 1978, 1130 = WPg 1978, 579.
[468] BFH, Urt. v. 4. 2. 1958 – I 326/56 U, VersR 1958, 496 = BB 1958, 332 = DB 1958, 295.
[469] BFH, Urt. v. 24. 6. 1969 – I R 15/68, BStBl. II 1969, 581; BFH, Urt. v. 31. 5. 1972 – IV R 44/69, DB 1972, 1807; BFH, Urt. v. 25. 7. 1990 – X R 111/88, BStBl. II 1991, 218; *Otto*, Gestaltungsmöglichkeiten zur Aufwandsvorverlagerung für die Ausgleichsverpflichtung nach § 89b HGB, BB 2004, 1900.
[470] Siehe dazu *Knapp* VW 1952, 391; Bruck/Möller, VVG, Vor §§ 43–48 Anm. 390.
[471] *Küstner*, Zur Problematik Ausgleichsanspruch und Altersversorgung – Eine Bestandsaufnahme, VersR 2004, 157, 158.
[472] BFH, Urt. v. 18. 1. 1989 – X R 10/86, BFHE 156, 110 = BStBl. II 1989, 549 = BB 1989, 881.
[473] BFH, Urt. v. 22. 8. 2007 – X R 2/04, BB 2007, 2621, 2622 = WPg 2007, 1090, 1091.

E. Vermittlung und Betreuung der Lebensversicherung   249 Einl. E

recht" umschriebenes und abgeleitet (derivativ) erworbenes immaterielles Wirtschaftsgut begründet.[474] Der entgeltliche Erwerb eines solchen Vertreterrechts setzt nicht voraus, dass die als Gegenleistung vereinbarte Einstandszahlung von dem Vertreter sogleich bei Übernahme der Vertretung bezahlt werden muss.[475] Das Vertreterrecht wird auch dann entgeltlich erworben, wenn das Entgelt erst zu einem späteren Zeitpunkt durch Verrechnung mit zukünftig zur Entstehung gelangenden Gegenansprüchen des Handelsvertreters gegen den Geschäftsherrn zu erbringen ist.[476] Ein Vertreterrecht ist daher beim Handelsvertreter auch dann als entgeltlich erworbenes immaterielles Wirtschaftsgut des Anlagevermögens zu aktivieren, wenn die Einstandszahlung an den Geschäftsherren für die Übernahme der Vertretung erst bei Beendigung des Vertragsverhältnisses durch Verrechnung mit dem dann fälligen Ausgleichsanspruch nach § 89b HGB erbracht werden soll und dem Handelsvertreter bereits bei Erwerb des Vertreterrechts der teilweise Erlass der Einstandszahlung für den Fall zugesagt wird, dass der künftige Ausgleichsanspruch hinter dem Übernahmepreis zurückbleibt.[477] Wenn der Versicherungsvertreter im Benehmen mit dem Versicherer den Ausgleichsanspruch des ausscheidenden Versicherungsvertreters ablöst, kann er das so erworbene „Vertreterrecht" nach der im Schätzungswege für den konkreten Einzelfall zu bestimmenden betriebsgewöhnlichen Nutzungsdauer abschreiben.[478]

§ 13 Verjährung

Gemäß § 88 HGB verjähren Ansprüche aus dem Vertragsverhältnis in vier Jahren beginnend mit dem Schluss des Jahres, in dem sie fällig geworden sind.

1. Allgemeines

§ 88 HGB galt als lex specialis und ließ für die Anwendung der neuen Regelverjährungszeit des Schuldrechts von drei Jahren gemäß § 195 BGB zunächst keinen Raum.[479] Die Verjährungsfrist von vier Jahren für alle Ansprüche aus dem Vertragsverhältnis war gerechtfertigt, da die dreißigjährige Regelverjährung des § 195 BGB a. F. für die Erfordernisse des Handelsverkehrs nicht passte.[480] Die im gesamten Vertriebsrecht geltende vierjährige Verjährungsfrist des § 88 HGB wurde jedoch durch das Verjährungsanpassungsgesetz vom 28. Oktober 2004, das am 14. Dezember 2004 verkündet und am 15. Dezember 2004 in Kraft getreten ist,[481] aufgehoben.[482] Bisher § 88 HGB unterfallende Ansprüche verjähren seit-

249

---

[474] BFH, Urt. v. 12. 7. 2007 – X R 5/05, DStR 2007, 1809 = VersR 2008, 1110, 1111 = DB 2007, 2231 = BB 2007, 2284 = WPg 2007, 987; BFH, Urt. v. 22. 8. 2007 – X R 2/04, BB 2007, 2621, 2622 f. = WPg 2007, 1090, 1091.
[475] BFH, Urt. v. 22. 8. 2007 – X R 2/04, BB 2007, 2621, 2623 = WPg 2007, 1090, 1091.
[476] BFH, Urt. v. 12. 7. 2007 – X R 5/05, VersR 2008, 1110 = DB 2007, 2231 = WPg 2007, 987; BFH, Urt. v. 22. 8. 2007 – X R 2/04, BB 2007, 2621, 2623 = WPg 2007, 1090, 1091.
[477] BFH, Urt. v. 22. 8. 2007 – X R 2/04, BB 2007, 2621 = WPg 2007, 1090.
[478] BFH, Urt. v. 12. 7. 2007 – X R 5/05, VersR 2008, 1110 = DB 2007, 2231, 2232 = WPg 2007, 987.
[479] *Emde*, Analoge Anwendung der Verjährungsvorschrift des § 88 HGB auf andere Vertriebsmittler als Handelsvertreter? – Die Folgen der Schuldrechtsnovelle für das Verjährungssystem des Vertriebsrechts –, DB 2003, 981, 982.
[480] *Kindler*, Die Entwicklung des Handelsrechts seit 1998, JZ 2006, 176, 182.
[481] BGBl. I S. 3214.
[482] Eingehend *Prasse* in: *Giesler*, Praxishandbuch Vertriebsrecht, 2005, § 2 Rdn. 349 ff.

Einl. E 250–252   Teil 2. Einleitung

dem innerhalb der dreijährigen Regelverjährungsfrist der §§ 195, 199 BGB.[483] Dies gilt auch für Informationsansprüche.[484] Die Übergangsregelung ist in Art. 229 § 12 EGBGB normiert.[485] Aufgrund des Verweises auf Art. 229 § 6 EGBGB gilt das Übergangsrecht für alle Ansprüche, die vor dem 15. Dezember 2004 bestanden und zu diesem Zeitpunkt noch unverjährt waren.[486] Maßgeblich für das Bestehen des Anspruchs ist seine Fälligkeit.[487]

2. Verkürzung der Verjährungsfrist

250   Die vierjährige Verjährungsfrist des § 88 HGB a. F. konnte bei Wahrung des Grundsatzes der Gleichbehandlung von Handelsvertreter und Unternehmer abgekürzt werden, wenn und soweit billigenswerte Interessen zumindest einer der Vertragsparteien eine angemessene Beschränkung der Verjährungsfrist rechtfertigen.[488] Dies ist jedoch nicht der Fall bei folgender Klausel:[489] „Alle Ansprüche aus diesem Vertrag verjähren unabhängig von der Anzeigepflicht zwölf Monate nach Eintritt der jeweiligen Fälligkeit." Unwirksam ist auch folgende Klausel:[490]

„Alle Ansprüche des Handelsvertreters aus dem Vertragsverhältnis verjähren in 12 Monaten nach Fälligkeit."

251   Dagegen ist eine Abkürzung der vierjährigen Verjährungsfrist des § 88 HGB a. F. auf sechs Monate rechtswirksam, wenn für den Beginn des Laufs der abgekürzten Frist die Kenntnis von der Anspruchsberechtigung Voraussetzung ist.[491] Mit Blick auf diese Rechtsprechung hat das KG[492] zu Recht folgende Klausel nicht beanstandet: „Alle Ansprüche aus diesem Vertrag verjähren in zwölf Monaten nach Fälligkeit, spätestens gerechnet von der Erlangung der Kenntnis des Berechtigten von den Umständen, die die Entstehung des Anspruchs rechtfertigen." Bei entsprechender Sachlage kann es gerechtfertigt sein, folgende Klausel nicht zu verwerfen:[493]

„Die Verjährungsfrist für Ansprüche der Vertragsparteien beträgt abweichend von § 88 HGB ein Jahr. Die Frist beginnt mit dem Ende des Jahres, in dem der Anspruch entstanden ist."

252   Die Regelung ist nicht unangemessen, wenn der Versicherungsvertreter alle provisionspflichtigen Verträge selbst vermittelt und an den Versicherer weitergelei-

---

[483] LG Mannheim, Urt. v. 10. 12. 2004 – 23 O 89/04, VersR 2005, 1532, 1534; *Wagner* ZIP 2005, 558, 563.
[484] *Emde,* Die Verjährung der dem Handelsvertreter zustehenden Informationsrechte aus § 87 c HGB, VersR 2009, 889.
[485] *Emde,* Rechtsprechungs- und Literaturübersicht zum Vertriebsrecht im Jahre 2005 – Teil I, BB 2006, 1061, 1062.
[486] *Emde,* a. a. O. (Fn. 485), BB 2006, 1061, 1062.
[487] *Wagner* ZIP 2005, 558.
[488] BGHZ 75, 218, 220 = NJW 1980, 286 = BB 1980, 12; BGH, Urt. v. 10. 5. 1990 – I ZR 175/88, NJW-RR 1991, 35 = WM 1990, 2085 = BB 1990, 2066 f.; OLG Hamm NJW-RR 1988, 674; OLG Celle NJW-RR 1988, 1064, 1065; BGH, Urt. v. 3. 4. 1996 – VIII ZR 3/95, NJW 1996, 2097, 2099 = VersR 1996, 848, 851 = r+s 1996, 423, 424 = BB 1996, 1188, 1189.
[489] BGH, Urt. v. 3. 4. 1996 – VIII ZR 3/95, NJW 1996, 2097, 2099 = VersR 1996, 848, 851 = r+s 1996, 423, 424 = BB 1996, 1188, 1189.
[490] LG Mainz, Urt. v. 8. 9. 1999, NVersZ 2000, 303 = NJW-RR 2000, 915; BGH, Urt. v. 12. 2. 2003 – VIII ZR 284/01, NJW 2003, 1670 = VersR 2003, 991, 992 = r+s 2003, 264 = WM 2003, 2101, 2102 = BB 2003, 919, 920 = DB 2003, 2121.
[491] BGH, Urt. v. 10. 5. 1990 – I ZR 175/88, NJW-RR 1991, 35 = WM 1990, 2085 = BB 1990, 2066 f.
[492] KG, Urt. v. 2. 5. 2002 – 2 U 7/01, VersR 2002, 1554; ebenso *Emde,* Die Entwicklung des Vertriebsrechts im Zeitraum Oktober 2002 bis Dezember 2003, VersR 2004, 1499, 1501.
[493] Vgl. OLG München, Urt. v. 12. 12. 2007 – 7 U 3750/07, VersR 2009, 112.

E. Vermittlung und Betreuung der Lebensversicherung

tet hat sowie vom Versicherer regelmäßig die Provisionsabrechnungen und Kopien der Versicherungsscheine erhalten hat.[494]

§ 14 Geschäftsunterlagen und Schriftwechsel

(1) [1]Der Vertreter ist verpflichtet, alle Geschäftsunterlagen sorgsam aufzubewahren, ihren Inhalt vertraulich zu behandeln und sie zur Verfügung und zur Kontrolle des VU bereitzuhalten. [2]Soweit dem Vertreter von dem VU für seinen Geschäftsbetrieb Akten oder sonstiges Material, gleich welcher Art, zur Verfügung gestellt wird, bleibt dieses Eigentum des VU.

(2) [1]Bei Beendigung des Vertragsverhältnisses ist der Vertreter verpflichtet, die Geschäftsunterlagen unverzüglich dem VU und dessen Beauftragten zu übergeben. [2]Er ist ferner verpflichtet, das ihm für seine Tätigkeit ausgehändigte Material, wie z. B. Antragsvordrucke, Tarife, Bedingungen, Werbedrucksachen, Rundschreiben und dergleichen, an das VU zurückzugeben. [3]Der Vertreter darf auch keine Abschriften und sonstige Vervielfältigungen sowie Auszüge von Geschäftsunterlagen, die zu Zwecken der Ausübung unzulässigen Wettbewerbs verwendet werden können, behalten. [4]Ausgenommen hiervon sind lediglich Unterlagen und Schriftwechsel über das Vertretungsverhältnis sowie Kontenblätter und Buchungsnoten, soweit sich diese nicht auf den Verkehr mit den dem VU vertraglich verpflichteten Untervertretern beziehen.

(3) Unbeschadet hiervon bleibt die für Vertreter geltende Regelung des Zurückbehaltungsrechts gemäß § 88a HGB.

(4) Die Behandlung der in einer vertretereigenen EDV gespeicherten Kundendaten nach Beendigung des Vertretungsvertrages bleibt einer gesonderten Vereinbarung vorbehalten.

1. Geschäftsunterlagen

a) **Vertriebssoftware.** Gemäß § 86a Abs. 1 HGB hat der Versicherer dem Versicherungsvertreter die zur Ausübung seiner Tätigkeit erforderlichen Unterlagen zur Verfügung zu stellen. Zu den gemäß § 86a Abs. 1 HGB vom Unternehmer zur Verfügung zu stellenden Unterlagen gehört die Vertriebssoftware, die dem Vermittler den Zugang zum Vertragsdatenbestand ermöglicht.[495] Lässt sich der Versicherer eine EDV-Sachkostenpauschale zahlen, um damit eine Kostendeckung für Aktualisierungs-CDs zu Tarifsystemen von Produktpartnern des Versicherers und für die Zugangs- und Aktualisierungssoftware für das eigene Außendienstinformationssystem zu erreichen, ist diese Kostenregelung gegen § 86a Abs. 3 HGB unwirksam.[496]

b) **Werbedrucksachen.** Gemäß § 86a Abs. 1 HGB hat der Versicherer dem Versicherungsvertreter die zur Ausübung seiner Tätigkeit erforderlichen Unterlagen wie Werbedrucksachen zur Verfügung zu stellen. Werbedrucksache ist auch eine vom Versicherer herausgegebene Kundenzeitschrift.[497] Eine Vereinbarung,

---

[494] OLG München, Urt. v. 12. 12. 2007 – 7 U 3750/07, VersR 2009, 112, 113.
[495] OLG Köln, Urt. v. 30. 9. 2005 – 19 U 67/05, VersR 2006, 407, 409 = r+s 2006, 176; OLG Celle, Urt. v. 10. 12. 2009 – 11 U 50/09, DB 2010, 390; dazu *Evers*, Versicherer müssen ihren Vertretern mehr Kosten erstatten, VW 2010, 137.
[496] OLG Köln, Urt. v. 30. 11. 2007 – 19 U 84/07, r+s 2009, 87, 88; *Evers* VW 2009, 1845 m. w. Nachw.
[497] OLG Köln, Urt. v. 30. 11. 2007 – 19 U 84/07, r+s 2009, 87, 88.

Einl. E 255–259 Teil 2. Einleitung

nach der der Versicherungsvertreter die Kosten für die Kundenzeitschrift zu tragen hat, ist gemäß § 86a Abs. 3 HGB unwirksam.[498]

255 c) **Computerhardware.** Zu den gemäß § 86a Abs. 1 HGB zur Verfügung zu stellenden Unterlagen gehört nicht die Computerhardware wie z. B. ein Laptop. Hierbei handelt es sich um Hilfsmittel der Geschäfts- bzw. Büroeinrichtung des Versicherungsvertreters.[499] Kosten hierfür hat der Versicherungsvertreter selbst zu tragen.[500] Hat der Versicherungsvertreter das Notebook geleast, verstößt die Leasingvereinbarung mit dem Versicherer nicht gegen § 86a Abs. 1 HGB.[501]

2. Zurückbehaltungsrecht

256 Gegen § 88a Abs. 1 HGB verstößt folgende Klausel und hält damit einer Inhaltskontrolle nach § 9 AGBG (jetzt § 307 BGB) nicht stand:[502]

„Der Vertreter hat ein Zurückbehaltungsrecht, soweit über die Ansprüche aus dem Vertretungsvertrag noch Meinungsverschiedenheiten bestehen."

257 Soweit nicht schon im Agenturvertrag das Aufrechnungs- und Zurückbehaltungsrecht des Agenten an kassierten Beiträgen untersagt ist, stehen diese Rechte auch grundsätzlich dem Agenten nicht zu.[503] Der Versicherungsvertreter ist berechtigt, nach § 273 Abs. 1 BGB die Nutzung der Kundendaten durch den Versicherer von der Zahlung des gesetzlichen Ausgleichsanspruchs abhängig zu machen.[504]

3. Leistungsverweigerungsrecht

258 Eine Leistungsverweigerung hinsichtlich der Verpflichtung zur Herausgabe von Unterlagen gemäß §§ 88a, 369 HGB kommt wegen eines fälligen Provisionsanspruchs in Betracht.[505]

4. Kundendaten

259 Das Verwertungsverbot des § 90 HGB betrifft grundsätzlich alle Geschäfts- und Betriebsgeheimnisse, die dem ausgeschiedenen Handelsvertreter während des Vertragsverhältnisses bekannt geworden sind.[506] Kundendaten eines Unternehmens können ein Geschäftsgeheimnis darstellen, wenn sie Kunden betreffen, zu denen bereits eine Geschäftsbeziehung besteht und die daher auch in Zukunft als Ab-

---

[498] OLG Köln, Urt. v. 30. 11. 2007 – 19 U 84/07, r+s 2009, 87, 88; a. A. *Thelen,* Unterfallen „Kundenzeitschriften" eines im Finanzdienstleistungsbereich tätigen Vertriebsunternehmens § 86a Abs. 1 HGB?, VersR 2009, 1025, 1031.
[499] OLG Köln, Urt. v. 30. 9. 2005 – 19 U 67/05, VersR 2006, 407, 409 = r+s 2006, 176; OLG Köln, Urt. v. 30. 11. 2007 – 19 U 84/07, r+s 2009, 87, 88.
[500] OLG Köln, Urt. v. 30. 9. 2005 – 19 U 67/05, VersR 2006, 407, 409 = r+s 2006, 176; OLG Köln, Urt. v. 30. 11. 2007 – 19 U 84/07, r+s 2009, 87, 88; a. A. *Evers,* Was zählt zum eigenen Geschäftsaufwand des Vertreters?, VW 2008, 1562, 1564.
[501] OLG Köln, Urt. v. 30. 11. 2007 – 19 U 84/07, r+s 2009, 87, 88.
[502] BGH, Urt. v. 29. 3. 1995 – VIII ZR 102/94, BGHZ 129, 186 = NJW 1995, 1552, 1554 = VersR 1995, 570, 573 = r+s 1995, 357, 359 = WM 1995, 1028, 1031 = BB 1995, 1054, 1055 = DB 1995, 1604, 1605 = MDR 1995, 890, 891 f.; *Hübsch/Hübsch,* Die neuere Rechtsprechung des Bundesgerichtshofs zum Handelsvertreterrecht, WM Sonderbeil. Nr. 1/2005 zu Nr. 9 v. 5. 3. 2005, S. 27.
[503] OLG Hamm VerBAV 1953, 36.
[504] OLG München, Urt. v. 26. 4. 2006 – 7 U 5350/05, DB 2006, 1371 (Ls.).
[505] BGH, Urt. v. 28. 4. 1983 – I ZR 101/81, VersR 1983, 873 = WM 1983, 863.
[506] BGH, Urt. v. 26. 2. 2009 – I ZR 28/06, NJW 2009, 1420, 1421 = VersR 2009, 1403, 1404 = r+s 2009, 307, 308 = DB 2009, 839, 840.

E. Vermittlung und Betreuung der Lebensversicherung   260, 261   Einl. E

nehmer in Frage kommen.[507] Gemäß § 667 BGB, der auf die Rechtsbeziehungen zwischen Versicherer und Handelsvertreter als einem Auftragsverhältnis ergänzend anzuwenden ist, ist der Handelsvertreter verpflichtet, nach Beendigung des Vertragsverhältnisses alle Kundenanschriften an den Versicherer herauszugeben.[508] Die Herausgabepflicht bezieht sich auf alles, was der Handelsvertreter aus der Tätigkeit für den Versicherer erlangt hat; sie umfasst demnach auch die Daten solcher Kunden, die der Handelsvertreter selbst geworben hat.[509] Ein vertrags- oder wettbewerbswidriges Verhalten liegt nicht vor, wenn ein ausgeschiedener Vertreter Kundenadressen verwertet, die in seinem Gedächtnis geblieben sind, oder sich solche Anschriften von Kunden nutzbar macht, die keinen dauerhaften geschäftlichen Kontakt zu dem bisher vertretenen Unternehmen aufgenommen haben.[510] Auch auf die Daten solcher Kunden, über die der Handelsvertreter auf Grund der Vermittlung an andere Versicherungsgesellschaften befugtermaßen verfügt, darf der Handelsvertreter auch nach Beendigung der Rechtsbeziehungen zum Versicherer weiterhin zugreifen.[511]

§ 15 Datenschutz

Der Vertreter ist gemäß § 5 des Bundesdatenschutzgesetzes (BDSG) zur Wahrung des Datenschutzgeheimnisses verpflichtet.

1. Personenbezogene Daten

Bei den Kundendaten handelt es sich um personenbezogene Daten im Sinne des § 3 Abs. 1 BDSG, die Einzelangaben über persönliche oder sachliche Verhältnisse der Kunden zum Inhalt haben. Um personenbezogene Daten von Kunden erheben, speichern, verändern oder an Dritte übermitteln zu können, bedient sich die Praxis formularmäßig ausgestalteter Einwilligungsklauseln.[512]

2. Datengeheimnis

Dem Vertreter ist untersagt, personenbezogene Daten unbefugt zu erheben, zu verarbeiten und zu nutzen (§ 5 Satz 1 BDSG). Bei der Aufnahme seiner Tätigkeit hat der Versicherer den Vertreter auf das Datengeheimnis zu verpflichten (§ 5 Satz 2 BDSG). Erforderlich ist eine persönliche Verpflichtung in jedem Einzel-

---

[507] BGH, Urt. v. 26. 2. 2009 – I ZR 28/06, NJW 2009, 1420 = VersR 2009, 1403, 1404 = r+s 2009, 307 = DB 2009, 839, 840; *Harte-Bavendamm* in: UWG, hrsg. v. Harte-Bavendamm/Henning-Bodewig, München, Beck, 2004, § 17 UWG Rdn. 7.
[508] BGH, Urt. v. 26. 2. 2009 – I ZR 28/06, NJW 2009, 1420, 1421 = VersR 2009, 1403, 1405 = r+s 2009, 307, 308 = DB 2009, 839, 841.
[509] BGH, Urt. v. 28. 1. 1993 – I ZR 294/90, NJW 1993, 1786, 1787 = VersR 1993, 964, 966 = DB 1993, 1282; BGH, Urt. v. 10. 5. 1995 – VIII ZR 144/94, NJW-RR 1995, 1243 f. = VersR 1995, 957 = DB 1995, 1658; BGH, Urt. v. 26. 2. 2009 – I ZR 28/06, NJW 2009, 1420, 1421 = VersR 2009, 1403, 1405 = r+s 2009, 307, 308 = DB 2009, 839, 841; *Semler* in: Martinek/Semler/Habermeier, Vertriebsrecht, 2. Aufl., München, Beck, 2003, § 16 Rdn. 12.
[510] BGH, Urt. v. 28. 1. 1993 – I ZR 294/90, NJW 1993, 1786, 1787 = VersR 1993, 964, 965; BGH, Urt. v. 14. 1. 1999 – I ZR 2/97, VersR 1999, 966 f.
[511] BGH, Urt. v. 26. 2. 2009 – I ZR 28/06, NJW 2009, 1420, 1422 = VersR 2009, 1403, 1405 = r+s 2009, 307, 308 = DB 2009, 839, 841; zust. *Evers/Eikelmann,* Sind die Daten der Agenturkunden die Kundendaten der Agentur?, VW 2009, 785, 787.
[512] *Evers/Kiene,* Auslagerung von Finanzdienstleistungen auf Handelsvertreter: Anforderungen an die Einwilligungserklärung hinsichtlich der Weitergabe von Kundendaten, DB 2003, 2762, 2763.

fall.[513] Sie ist aktenkundig zu machen und sollte vom Vertreter schon zu Beweiszwecken durch Unterschrift bestätigt werden.[514] Das Datengeheimnis besteht auch nach Beendigung der Tätigkeit des Vertreters fort (§ 5 Satz 3 BDSG).

3. § 203 Abs. 1 Nr. 6 StGB

262   Nach § 203 Abs. 1 Nr. 6 StGB wird das Offenbaren eines einem Angehörigen eines Unternehmens der privaten Kranken-, Unfall- oder Lebensversicherung anvertrauten oder bekannt gewordenen Geheimnisses unter Strafe gestellt. Zu den Angehörigen der genannten Versicherungsunternehmen gehören die selbständigen Versicherungsvertreter.[515] Die Schweigepflicht erstreckt sich auch auf die wirtschaftlichen Verhältnisse der Kunden.[516] Wegen der mit einer Abtretung verbundenen Pflicht, dem Zessionar nach § 402 BGB die zur Geltendmachung der abgetretenen Forderung nötigen, jedoch der Geheimhaltung unterworfenen Auskünfte zu erteilen, ist die Abtretung der Zahlungsansprüche als auch die Übertragung der in § 87c HGB vorgesehenen Hilfsrechte aus Provisionsansprüchen eines Versicherungsvertreters, der Personenversicherungen vermittelt, gemäß § 134 BGB nichtig.[517]

§ 16 AVAD-Auskunftsverkehr

263   Dem Vertreter ist das „Informationsblatt über den AVAD-Auskunftsverkehr" in der jeweils gültigen Fassung ausgehändigt worden, und er hat sich mit der Einhaltung des Auskunftsverfahrens einverstanden erklärt.

§ 17 Gerichtsstand

264   Bei Rechtsstreitigkeiten aus diesem Vertrag, die nicht durch gütliche Verständigung oder durch ein schiedsgerichtliches Verfahren erledigt werden können, sind nur die Gerichte des Ortes der Bezirks-/Filialdirektion des VU oder des Vertreters (§ 21 ZPO) zuständig.

Anhang 1
Grundsätze Leben

265   Wortlaut der Grundsätze abgedruckt in Wolfram Küstner, „Grundsätze zur Errechnung der Höhe des Ausgleichsanspruchs", Taschenkommentar des Betriebs-Beraters, Verlag Recht und Wirtschaft, Heidelberg, 1997, S. 26 ff.

---

[513] *Gola/Schomerus*, BDSG, 9. Aufl., München, Beck, 2007, § 5 BDSG Rdn. 11.
[514] *Gola/Schomerus*, BDSG, 9. Aufl., München, Beck, 2007, § 5 BDSG Rdn. 11.
[515] BGH, Urt. v. 10. 2. 2010 – VIII ZR 53/09, VersR 2010, 762, 763 = WM 2010, 669, 671.
[516] BGH, Urt. v. 10. 2. 2010 – VIII ZR 53/09, VersR 2010, 762, 763 = WM 2010, 669, 671.
[517] BGH, Urt. v. 10. 2. 2010 – VIII ZR 53/09, VersR 2010, 762, 763 = WM 2010, 669, 671/672.

Anhang 2
Berechnung der Höhe des Ausgleichsanspruchs (§ 89 b HGB) für Rentenversicherungen und Kapitalisierungsprodukte (Altersvorsorgeverträge) im Sinne des § 1 Abs. 1 Ziff. 7 a) Alterszertifizierungsgesetz (AltZertG)

Wortlaut der Grundsätze abgedruckt in VW 2003, 1021. **266**

Anhang 3
Wettbewerbsrichtlinien der Versicherungswirtschaft in der Fassung des R 2616/2006 des GDV vom 15. August 2006

Die Wettbewerbsrichtlinien der Versicherungswirtschaft sind über www.gdv.de **267** erhältlich.

F. Inhaltskontrolle von Allgemeinen Versicherungsbedingungen

Übersicht

	Rdn.
I. Transformierung des AGB-Gesetzes	1
II. Allgemeine Versicherungsbedingungen als Allgemeine Geschäftsbedingungen	2–15
1. Allgemeines	2
2. Allgemeine Versicherungsbedingungen	3–15
a) Satzungsbestimmungen	3
b) Geschäftspläne	4
c) Hauptversicherungsbedingungen	5, 6
d) Zusatzbedingungen	7, 8
e) Besondere Bedingungen	9
f) Klauseln	10
g) Merkblätter	11
h) Antragsvordrucke	12
i) Tarifbestimmungen	13
j) Maklerbedingungen	14
k) Interne Richtlinien	15
III. Einbeziehung von AVB	16, 17
IV. Nichteinbeziehung von Überraschungsklauseln gemäß § 3 AGBG, jetzt § 305 c BGB	18
V. Unklarheitenregel gemäß § 5 AGBG, jetzt § 305 c Abs. 2 BGB	19–23
1. Allgemeines	19
2. Auslegung von Allgemeinen Versicherungsbedingungen	20–22
3. Einzelfälle	23
VI. Umfang der Inhaltskontrolle gemäß § 8 AGBG, jetzt § 307 Abs. 3 Satz 1 BGB	24–28
1. Vorrang der gesetzlichen Vorschriften	24
2. Kontrollfähige Leistungsbeschreibung	25
3. Ausnahme Preisangebot	26
4. Einzelfälle	27, 28
VII. Inhaltskontrolle nach §§ 9–11 AGBG, jetzt §§ 307 Abs. 1 u. 2, 308, 309 BGB	29–60
1. Generalklausel des § 9 AGBG	29–46
a) Geltungsbereich	29
b) Inhalt der Vorschrift	30
c) Verstoß gegen das Transparenzgebot	31, 32
d) Teilunwirksamkeit	33
e) Einzelfälle	34–46
2. Klauselverbote gemäß § 10 AGBG	47–50
3. Klauselverbote gemäß § 11 AGBG	51–58
VIII. Unterlassungs- und Widerrufsanspruch gemäß § 1 UKlaG (vormals § 13 AGBG)	59–66
1. Sinn und Zweck der Verbandsklage	59
2. Klagebefugnis	60
3. Anhörung der Bundesanstalt für Finanzdienstleistungsaufsicht	61
4. Unterlassungs- und Widerrufsanspruch	62–64
5. Rechtsfolgen	65
IX. Sammelklage	66

F. Inhaltskontrolle v. Allgemeinen Versicherungsbedingungen   **Einl. F**

AuVdBAV: GB BAV 1976, 30 (Gesetz zur Regelung des Rechts der Allgemeinen Geschäftsbedingungen – AGB-Gesetz); GB BAV 1977, 31 (Anpassung der AVB an das AGB-Gesetz); VerBAV 1978, 80 (Änderung Allgemeiner Versicherungsbedingungen in der Lebensversicherung aus Anlass des Inkrafttretens des AGB-Gesetzes); VerBAV 1981, 98 (Änderung Allgemeiner Versicherungsbedingungen in der Lebensversicherung); VerBAV 2002, 105 (Auswirkungen des Gesetzes zur Modernisierung des Schuldrechts auf das Versicherungsrecht).

Schrifttum: *Adelmann,* Die Grenzen der Inhaltskontrolle Allgemeiner Versicherungsbedingungen – Entwurf einer Regelung für ein europäisches VVG, Karlsruhe, VVW, 2008; *Angerer,* AVB unter Gesichtspunkten der Versicherungsaufsicht, ZVersWiss 1975, 197; *Baumann,* Aktuelle Entwicklungen des Versicherungsrechts unter besonderer Berücksichtigung des deutschen Einigungsprozesses, ZVersWiss 1991, 37; *Borges,* AGB-Kontrolle durch den EuGH, NJW 2001, 2061; *Canaris,* Die AGB-rechtliche Leitbildfunktion des neuen Leistungsstörungsrechts, in: Festschrift für Peter Ulmer zum 70. Geburtstag am 2. Januar 2003, hrsg. v. Mathias Habersack, Peter Hommelhoff, Uwe Hüffer, Karsten Schmidt, Berlin, De Gruyter, 2003, S. 1073; *Choi,* Kontrolle von Leistungsbeschreibungen in Allgemeinen Versicherungsbedingungen, Diss. Frankfurt (Main) 1994, Frankfurt am Main u. a., Lang, 1995; *Dörstling,* Versicherungsvertragsgesetz und Lebensversicherung, ZVersWiss 1935, 10; *Farny,* AVB unter dem Gesichtspunkt der „Produktbeschreibung", ZVersWiss 1975, 169; *Fromm,* Vereinfachung und Vereinheitlichung der Allgemeinen Versicherungsbedingungen, ZVersWiss 1943, 25; *v. Fürstenwerth,* Die Einbeziehung neuer Allgemeiner Versicherungsbedingungen in bestehende Versicherungsverträge, r+s 2009, 221; *Gardette,* Die Behandlung der „unangemessenen" Klauseln nach dem französischen „AGB"-Gesetz: Eine rechtsvergleichende Untersuchung unter besonderer Berücksichtigung des Versicherungsrechts, Karlsruhe, VVW, 2005; *Goudefroy,* Vereinfachung und Vereinheitlichung der Allgemeinen Versicherungsbedingungen, ZVersWiss 1943, 1; *Häsemeyer,* Geltungserhaltende oder geltungszerstörende Reduktion?, in: Festschrift für Peter Ulmer zum 70. Geburtstag am 2. Januar 2003, hrsg. v. Mathias Habersack, Peter Hommelhoff, Uwe Hüffer, Karsten Schmidt, Berlin, De Gruyter, 2003, S. 1097; *Hagemann,* Bemerkungen zur Versicherungsvertrags-Novelle vom 19. 12. 1939, ZVersWiss 1940, 19; *Hansmeyer,* Ausländische Lösungsmodelle des AVB-Phänomens, ZVersWiss 1975, 185; *Hagen,* Die neuen Versicherungsbedingungen, ZVersWiss 1910, 202; *Hensen,* 20 Jahre AGB-Gesetz im Spiegel der Rechtsprechung des Bundesgerichtshofes, FS Brandner, Köln, O. Schmidt, 1996, S. 231; *Hübner,* Allgemeine Versicherungsbedingungen und AGB-Gesetz, 5. Aufl., Köln, RWS, 1997; *derselbe,* Vertragsbindung und Beitragsanpassungsklausel, in: Festschrift 125 Jahre Concordia; *Junge,* Die AVB im Rahmen der geplanten AGB-Gesetzgebung, ZVersWiss 1975, 211; *Küpper,* Vereinfachung und Vereinheitlichung der Allgemeinen Versicherungsbedingungen, ZVersWiss 1943, 15; *Löwe,* Flickschusterei bei den gesetzlichen Änderungen der AGB-Verbandsklagebefugnis, ZIP 2003, 12; *Luckey,* Mündliche Nebenabreden zu Allgemeinen Versicherungsbedingungen, Diss. Hamburg 1992, Frankfurt am Main u. a., Lang, 1992; *Markwardt,* Inhaltskontrolle von AGB-Klauseln durch den EuGH – Zugleich Besprechung EuGH, Urt. v. 1. 4. 2004 – Rs C-237/02, ZIP 2004, 1053, ZIP 2005, 152; *Martin,* Die Auswirkungen des AGBG auf Ausarbeitung und Verwendung von AVB, Symposion „80 Jahre VVG", Karlsruhe, VVW, 1988, S. 305; *Michalski/Römermann,* Inhaltskontrolle von Einzelvereinbarungen anhand des AGB-Gesetzes, ZIP 1993, 1434; *Pilz,* Missverständliche AGB: Ein Beitrag zum Verhältnis von Auslegung und Transparenzkontrolle untersucht am Beispiel Allgemeiner Versicherungsbedingungen, Karlsruhe, VVW, 2010; *Präve,* Die AGB-Banken als Vorbild für eine Einführung geänderter AVB in bestehende Verträge?, ZfV 1993, 214; *derselbe,* Versicherungsbedingungen und AGB-Gesetz, Diss. Mannheim, München, Beck, 1997; *derselbe,* Reichweite und Funktion der Inhaltskontrolle von Allgemeinen Versicherungsbedingungen, in: Festschrift für Horst Baumann, Karlsruhe, VVW, 1999, S. 249; *derselbe,* Allgemeine Versicherungsbedingungen und das Transparenzgebot, ZfV 2003, 472; *Prang,* Der Schutz des Versicherungsnehmers bei der Auslegung von Versicherungsbedingungen durch das Reichsgericht, Frankfurt/M., Lang, 2003; *Prölss,* Über die Auslegung Allgemeiner Versicherungsbedingungen, ZVersWiss 1935, 218; *derselbe,* Über Form und Inhalt Allgemeiner Versicherungsbedingungen, ZVersWiss 1938, 23; *Prölss, Jürgen,* Die Berücksichtigung versicherungswirtschaftlichen Zwecks einer risikobegrenzenden AVB-Klausel nach den Methoden der teleologischen Gesetzesanwendung, NVersZ 1998, 17; *Römer,* Der Prüfungsmaßstab bei der Missstandsaufsicht nach § 81 VAG und der AVB-Kontrolle nach § 9 AGBG, Karlsruhe, VVW, 1996; *derselbe,* Gerichtliche Kontrolle Allgemeiner Versicherungsbedingungen nach den §§ 8, 9 AGBG, NVersZ 1999, 97; *Sasse,* Die halbzwingenden Schutzvorschriften des VVG, VersArch 1956, 163; *Schmidt,* Die Verbandsklage nach dem AGB-Gesetz, NJW 1989, 1192; *Schirmer,* Allgemeine Versicherungsbedingungen im Spannungsfeld zwischen Aufsicht und AGB-Gesetz, ZVersWiss 1986, 509; *derselbe,* Die Kontrolle Allgemeiner Versicherungsbedingungen durch die Rechtsprechung, Festschrift 125 Jahre Concordia; *derselbe,* Die Rechtsprechung des Bundesgerichtshofs zum allgemeinen Versicherungsvertragsrecht – Ein Überblick –, ZVersWiss 1992, 381; *derselbe,* Vertragsabschluß und AVB-Geltung nach dereguliertem VVG, Frankfurter Vorträge zum Versicherungswesen, Heft 28, Karlsruhe, VVW, 1996; *Schmidt-Salzer,* Leistungsbeschreibungen insbesondere in Versicherungsverträgen und Schranken der Inhaltskontrolle (AGB-Gesetz und EG-Richtlinie über missbräuchliche Klauseln in Verbraucherverträgen), in: Festschrift für Hans Erich Brandner zum 70. Geburtstag, hrsg. v. Gerd Pfeiffer, Joachim Kummer, Silke Scheuch, Köln, O. Schmidt, 1996, S. 259; *Sieg,* Entstehungsgeschichte der AVB, privatrechtliche Ordnungskriterien, wesentlicher Inhalt und Verhältnis zum Versicherungsvertragsgesetz, ZVersWiss 1975, 161; *derselbe,* Haustarife der Assekuranz in arbeits- und versicherungsrechtlicher Sicht, VersR 1994, 890; *Stagl,* Geltung und Transparenz Allgemeiner Geschäfts- und Versicherungsbedingungen (nach österreichischem Recht), Karlsruhe, VVW, 2006; *Staudinger,* Die Kontrolle grenzüberschreitender Versicherungsverträge anhand des AGBG, VersR 1999, 401.

I. Transformierung des AGB-Gesetzes

1   Mit dem Gesetz zur Modernisierung des Schuldrechts wurden die materiellrechtlichen Bestimmungen des AGB-Gesetz weitgehend unverändert in die §§ 305 bis 310 BGB überführt und die Verfahrensvorschriften in das Gesetz über Unterlassungsklagen bei Verbraucherrechts- und anderen Verstößen übernommen.[1] Die angeführten Vorschriften des BGB verstehen sich vor dem Hintergrund einer gemeinschaftsweiten Privatrechtsharmonisierung von besonderer Bedeutung, die durch die Richtlinie über missbräuchliche Klauseln in Verbraucherverträgen[2] ausgelöst worden ist.[3] Bereits vor der Umsetzung dieser Richtlinie

---

[1] Gegen eine Integration des AGB-Gesetzes in das BGB sprach sich vor allem *Ulmer* aus, vgl. *Ulmer,* Das AGB-Gesetz: ein eigenständiges Kodifikationswerk, JZ 2001, 491 ff. Durchgesetzt hat sich die Auffassung, dass die Europäisierung des nationalen Rechts nicht vor dem BGB Halt macht und die verbraucherschützenden Nebengesetze den Weg zurück in das BGB finden sollten; vgl. statt vieler *Roth,* Europäischer Verbraucherschutz und BGB, JZ 2001, 475, 488.

[2] Richtlinie 93/13/EWG des Rates v. 5. 4. 1993 über missbräuchliche Klauseln in Verbraucherverträgen, AblEG Nr. L 95 v. 21. 5. 1993, S. 29 ff. = NJW 1993, 1838 = WM 1993, 1111. Siehe hierzu *Sieg,* Die Bedeutung der EG-Richtlinie über missbräuchliche Klauseln in Verbraucherverträgen für die AVB, VersR 1993, 1305 ff.; *Eckert,* Der Referentenentwurf zur Umsetzung der EG-Richtlinie über missbräuchliche Klauseln in Verbraucherverträgen, ZIP 1994, 1986 ff.; *Wendt Nassall,* Die Auswirkungen der EU-Richtlinie über missbräuchliche Klauseln in Verbraucherverträgen auf nationale Individualprozesse, WM 1994, 1645 ff.; *Brandner,* Auswirkungen der EU-Richtlinie über missbräuchliche Vertragsklauseln auf Versicherungsverträge, Baden-Baden, Nomos, VersWissStud. 2 (1995), S. 67; *Schmidt-Salzer,* Recht der AGB und missbräuchlichen Klauseln: Grundsatzfragen, JZ 1995, 223 ff.; *derselbe,* Transformation der EG-Richtlinie über missbräuchliche Klauseln in Verbraucherverträgen in deutsches Recht und AGB-Gesetz, BB 1995, 733 ff.; *derselbe,* EG-Richtlinie über missbräuchliche Klauseln in Verbraucherverträgen, Inhaltskontrolle von AVB und Deregulierung der Versicherungsaufsicht, VersR 1995, 1261 ff.; *derselbe,* Das neue Recht der Allgemeinen Geschäftsbedingungen, ZIP 1996, 1238 ff.; *Heinrichs,* Das Gesetz zur Änderung des AGB-Gesetzes: Umsetzung der EG-Richtlinie über missbräuchliche Klauseln in Verbraucherverträgen durch den Bundesgesetzgeber, NJW 1996, 2190 ff.; *Graf von Westphalen,* Die Novelle zum AGB-Gesetz, BB 1996, 2101 ff.; *Micklitz,* Verbandsklage und die EG-Richtlinie über missbräuchliche Klauseln, ZIP 1998, 937 ff.; *Schwintowski* NVersZ 1998, 97; *Leithoff,* Transparenz und Verständlichkeit für Allgemeine Versicherungsbedingungen und Prämien, NVersZ 1999, 555.

[3] *Hakenberg,* Der europäische zivilrechtliche Verbraucherschutz – Überblick und aktuelle Entwicklungen –, AnwBl. 1997, 56, 61 f.

F. Inhaltskontrolle v. Allgemeinen Versicherungsbedingungen   2 **Einl. F**

wurde die Auffassung vertreten, dass die Richtlinie bei der Gesetzesauslegung zu berücksichtigen sei.[4] Das in Art. 5 Satz 1 der Richtlinie über missbräuchliche Klauseln in Verbraucherverträgen normierte und bisher von der Rechtsprechung als Fallgruppe einer unangemessenen Benachteiligung entwickelte Transparenzgebot wurde aber erst im Rahmen des Gesetzes zur Modernisierung des Schuldrechts explizit bei den Vorschriften über die Inhaltskontrolle in § 307 Abs. 1 Satz 2 BGB kodifiziert. Dies geht auf eine Entscheidung des EuGH zurück, wonach das Transparenzgebot der Art. 4 (2) und 5 der Richtlinie 93/13/EWG des Rates vom 5. April 1993 über missbräuchliche Klauseln in Verbraucherverträgen vom nationalen Gesetzgeber eine ausdrückliche Aufnahme in das Umsetzungsgesetz verlangt und ein Verweis auf eine entsprechende höchstrichterliche Rechtsprechung nicht ausreicht.[5] Bis zu dieser Entscheidung des EuGH wurde die Auffassung vertreten, dass Art. 5 Satz 1 der Richtlinie bereits gefestigter Bestandteil des deutschen Rechts sei und von daher der Umsetzung nicht bedürfe[6] oder allenfalls eine textliche Änderung des AGB-Gesetzes erforderlich sei.[7]

II. Allgemeine Versicherungsbedingungen als Allgemeine Geschäftsbedingungen

1. Allgemeines

Allgemeine Versicherungsbedingungen stellen nach ständiger Rechtsprechung   2 des BGH[8] AGB dar und unterfallen deshalb dem AGBG[9] bzw. den entsprechenden Vorschriften des BGB. Sie sind Bestimmungen, die die Rechte und Pflichten der Versicherten und des Versicherers für ganze Gattungen oder umfangreiche Gruppen von Versicherungen regeln und sich als von vornherein feststehender typischer, regelmäßig wiederkehrender Vertragsinhalt darstellen.[10] Auf die Bezeichnung allgemeine Versicherungsbedingungen kommt es nicht unbedingt an; nicht die äußere Erscheinungsform, sondern der materielle Gehalt einer Versicherungsbedingung ist allein entscheidend.[11]

---

[4] Vgl. BGH NJW 1995, 2034, 2036; OLG Schleswig NJW 1995, 2858, 2859; *Heinrichs,* Umsetzung der EG-Richtlinie über missbräuchliche Klauseln in Verbraucherverträgen durch Auslegung: Erweiterung des Anwendungsbereichs der Inhaltskontrolle, NJW 1995, 153, 154 ff.
[5] EuGH, Urt. v. 10. 5. 2001 – Rs C-144/99, ZIP 2001, 1373 = EWiR 2001, 969 m. zust. Anm. *Reich.*
[6] LG München I, Urt. v. 30. 3. 2000 – 12 O 19386/99, NJW-RR 2001, 529, 530 = NVersZ 2001, 459 = r+s 2001, 257 (bestätigt durch OLG München, Urt. v. 19. 10. 2000 – 29 U 3316/00); *Heinrichs,* Die EG-Richtlinie über missbräuchliche Klauseln in Verbraucherverträgen, NJW 1993, 1817, 1821; *Schmidt-Salzer,* Transformation der EG-Richtlinie über missbräuchliche Klauseln in Verbraucherverträgen v. 5. 4. 1993 in deutsches Recht und AGB-Gesetz: Einzelfragen, BB 1995, 1493; *Bunte,* Die EG-Richtlinie über missbräuchliche Klauseln in Verbraucherverträgen und ihre Umsetzung durch das Gesetz zur Änderung des AGB-Gesetzes, DB 1996, 1389; *Brandner,* Maßstab und Schranken der Inhaltskontrolle bei Verbraucherverträgen, MDR 1997, 312, 313.
[7] *Michalski,* Änderung des AGB-Gesetzes durch die EG-Richtlinie über missbräuchliche Klauseln in Verbraucherverträgen, DB 1994, 665, 667.
[8] BGH VersR 1982, 841; *Schwenker,* Die Vollmacht des Vermittlungsagenten beim Abschluss von Versicherungsverträgen, NJW 1992, 343, 345; *Bach/Geiger* VersR 1993, 659, 662; *Römer,* Für eine gesetzliche Regelung zur Anpassung Allgemeiner Versicherungsbedingungen, VersR 1994, 125.
[9] *Pauly,* Zur „Lückenfüllung" bei unwirksamen AVB, VersR 1996, 287.
[10] VerAfP 1911, 223; 1912, 132; RGZ 81, 119; RGZ 135, 136; RGZ 144, 301; RGZ 158, 8; RGZ 170, 233; RGZ 171, 43; OLG Hamburg VersR 1964, 814; BGH VersR 1975, 845; *Goldberg* VerBAV 1967, 274.
[11] BGH VerBAV 1967, 267.

2. Allgemeine Versicherungsbedingungen

3 **a) Satzungsbestimmungen.** Satzungsbestimmungen der VVaG, die das versicherungsrechtliche Verhältnis betreffen, unterliegen der Inhaltskontrolle nach dem AGBG, jetzt §§ 305 ff. BGB.[12] Dies gilt jedoch nicht für die Satzungsbestimmungen, die das vereinsrechtliche Verhältnis betreffen.[13] Die behördliche Genehmigung nimmt den das Versicherungsverhältnis betreffenden Satzungsbestimmungen nicht den Charakter von AGB.[14]

4 **b) Geschäftspläne.** Die von der Aufsichtsbehörde genehmigten Geschäftspläne und die gegenüber der Aufsichtsbehörde abgegebenen geschäftsplanmäßigen Erklärungen stellen keine vom Versicherer vorformulierten Vertragsbedingungen dar und unterliegen daher nicht den Bestimmungen des AGB-Gesetzes.[15]

5 **c) Hauptversicherungsbedingungen.** Als Hauptversicherungsbedingungen sind die für die Hauptversicherung oder Grundversicherung geltenden AVB anzusehen. Zu nennen sind folgende Musterbedingungen:
  Allgemeine Bedingungen für die
  – kapitalbildende Lebensversicherung,[16]
  – Berufsunfähigkeits-Versicherung,[17]
  – Risikoversicherung,[18]
  – Rentenversicherung,[19]
  – Pflegerentenversicherung,[20]
  – Vermögensbildungsversicherung,[21]
  – Fondsgebundene Lebensversicherung[22]

6 und die Allgemeinen Bedingungen für den vorläufigen Versicherungsschutz in der Lebensversicherung.[23]

7 **d) Zusatzbedingungen.** Zusatzbedingungen, auch Besondere Bedingungen oder einfach Bedingungen genannt, sind Allgemeine Versicherungsbedingungen, die für die Zusatzversicherungen gelten, die zu Hauptversicherungen abgeschlossen werden. Als Musterbedingungen sind folgende Zusatzbedingungen verlautbart:
– Besondere Bedingungen für die Lebensversicherung mit planmäßiger Erhöhung der Beiträge und Leistungen ohne erneute Gesundheitsprüfung,[24]

---

[12] OLG Oldenburg VersR 1981, 369; OLG Hamm VersR 1982, 989; OLG Celle VersR 1996, 1196; BGH NJW 1998, 454; BGH, Urt. v. 24. 3. 2010 – IV ZR 69/08, VersR 2010, 801, 802; *Sieg* VersR 1977, 489; *Hansen*, Die Bedeutung der Klauselverbote des AGBG (§§ 10, 11) für AVB, VersR 1988, 1110, 1112; *Helm*, AGB-Gesetz und Allgemeine Versicherungsbedingungen, NJW 1978, 129; *Heinrichs*, Die Entwicklung des Rechts der Allgemeinen Geschäftsbedingungen im Jahre 1996, NJW 1997, 1407, 1420; *Ulmer* in: Ulmer/Brandner/Hensen, AGB-Recht, 10. Aufl., 2006, § 310 BGB Rdn. 123; *Römer* NVersZ 1999, 97, 101; *Prölss*, 50 Jahre BGH: ein Streifzug durch die höchstrichterliche Rechtsprechung zu den AVB, VersR 2000, 1441, 1446; krit. *Fricke* VersR 1996, 1449.
[13] *Ulmer* in Ulmer/Brandner/Hensen, AGB-Recht, 10. Aufl., 2006, § 310 BGB Rdn. 124; a. A. *Heinrichs*, Die Entwicklung des Rechts der Allgemeinen Geschäftsbedingungen im Jahre 1997, NJW 1998, 1447, 1462.
[14] BGH WM 1978, 1097 und BGH NJW 1983, 1322, 1324 = BGHZ 86, 284, 291.
[15] A. A. *Sieg* VersR 1977, 490; *Helm*, AGB-Gesetz und Allgemeine Versicherungsbedingungen, NJW 1978, 129.
[16] VerBAV 1984, 435.
[17] VerBAV 1986, 474.
[18] VerBAV 1986, 301.
[19] VerBAV 1987, 303.
[20] VerBAV 1986, 342.
[21] VerBAV 1984, 275 und VerBAV 1986, 341.
[22] VerBAV 1988, 147.
[23] VerBAV 1986, 213.
[24] VerBAV 1984, 8.

F. Inhaltskontrolle v. Allgemeinen Versicherungsbedingungen   8–12   **Einl. F**

– Bedingungen für die Unfall-Zusatzversicherung,[25]
– Bedingungen für die Berufsunfähigkeits-Zusatzversicherung,[26]
– Zusatzbedingungen für die erhöhte Berufsunfähigkeitsrente bei Berufsunfähigkeit durch Unfall,[27]
– Bedingungen für die Hinterbliebenenrenten-Zusatzversicherung.[28]

Ihr Charakter als allgemeine Versicherungsbedingungen ist unstreitig.[29] Die Zusatzbedingungen bedürfen wie die Hauptversicherungsbedingungen als Versicherungsbedingungen beim Altbestand der Genehmigung der Aufsichtsbehörde.[30]   **8**

e) **Besondere Bedingungen.** Besondere Bedingungen werden für ein konkretes einzelnes Risiko benutzt.[31] Sie sind allgemeine Versicherungsbedingungen, wenn sie einer Vielzahl von Versicherungsverträgen ohne Rücksicht auf individuelle Verschiedenheiten des einzelnen Wagnisses zugrunde gelegt werden.[32] Klauseln, die bei Wagnissen einer bestimmten Gattung verwendet werden, sind selbst dann keine besonderen Bedingungen, wenn nur wenige Wagnisse dieser Art im Bestand des Versicherers vorhanden sind.[33] Hierbei kann es sich auch um Sonderklauseln handeln, die dann nicht als Versicherungsbedingungen anzusehen sind. Solche Sonderklauseln können jedoch nur in gelegentlichen, besonders gelagerten Fällen Verwendung finden. Werden indessen diese Sonderklauseln planmäßig verwendet, so sind sie als Versicherungsbedingungen zu behandeln.[34]   **9**

f) **Klauseln.** Klauseln sind Bestimmungen, die für einzelne Gruppen von Wagnissen getroffen werden, die einen feststehenden Inhalt haben und häufig in einen bestimmten Vertrag aufgenommen werden.[35] Es sind entweder besondere Vereinbarungen, durch die der Umfang der Leistungspflicht des Versicherers eingeschränkt oder erweitert wird oder durch die dem Versicherungsnehmer oder dem Versicherten besondere Verhaltenspflichten auferlegt werden.[36] Hier sind beispielhaft die Berufsklauseln zu § 2 BUZ und die Ausschlußklauseln zu § 2 BUZ zu nennen.   **10**

g) **Merkblätter.** Merkblätter finden regelmäßig in der Berufsunfähigkeits-Versicherung[37] und in der Vermögensbildungsversicherung[38] Verwendung. Sie sind nur dann AVB, wenn sie Bestandteil des Versicherungsvertrages sind, z.B. wenn der Abschluss einer Restschuldversicherung gemäß dem Merkblatt über die Restschuldversicherung beantragt wird.[39] Ihnen kommt eine besondere Bedeutung zu, wenn sie z.B. Aussagen über die Leistungshöhe im Todesfall enthalten.[40]   **11**

h) **Antragsvordrucke.** Antragsvordrucke fallen unter den AGB-Begriff, weil die in ihnen vorformulierten Regelungen für den Abschluss einer Vielzahl von   **12**

---

[25] VerBAV 1984, 6.
[26] VerBAV 1984, 152.
[27] VerBAV 1987, 481.
[28] VerBAV 1988, 146.
[29] Weber VersR 1950, 108.
[30] GB BAV 1956/57, 31; vgl auch BGH VersR 1968, 762; 1969, 271; VerBAV 1975, 299.
[31] OLG Nürnberg VersR 1957, 541.
[32] BGH VersR 1968, 762.
[33] BGH VersR 1968, 762; 1969, 271.
[34] VerVw 1974, 4.
[35] Weber VersR 1950, 108.
[36] Gerlach VerBAV 1984, 125.
[37] Muster VerBAV 1986, 474.
[38] Muster VerBAV 1989, 241.
[39] Vgl. OLG Hamm v. 9. 12. 1988, NJW-RR 1989, 493.
[40] OLG Nürnberg v. 26. 10. 1989, NJW-RR 1989, 815; LG Köln v. 12. 12. 1988, NJW-RR 1989, 816.

Einl. F 13

Verträgen bestimmt sind.[41] Anerkannt ist dies für vorgegebene Laufzeitregelungen.[42] Enthält das Antragsformular keine konkret vorformulierten Vorschläge für eine Vertragsdauer, so handelt es sich bei diesem Teil des Antragsformulars um keine AGB.[43]

13 i) **Tarifbestimmungen.** Werden Zusätze oder Erklärungen zu den Versicherungsbedingungen vereinbart, um eine Umarbeitung zu vermeiden, so sind auch die Zusätze (Erklärungen) Teil der Versicherungsbedingungen.[44] Zu den AVB sind auch Tarife und Tarifbestimmungen zu zählen,[45] jedenfalls, soweit diese nicht individuell ausgehandelt wurden.[46] Ferner bestimmte einseitige Rechtsgeschäfte, wie z. B. die Schweigepflichtentbindungserklärung.[47] Gesundheitsfragen eines Versicherers fallen dagegen nicht unter § 1 AGBG.[48] Sie bereiten den Vertragsabschluss vor, enthalten aber keine den Vertragsinhalt gestaltende Regelungen.[49]

---

[41] RGZ 168, 372, 376; BGH v. 26. 4. 1962, VerBAV 1962, 246, 247; BGH v. 16. 6. 1982, NJW 1982, 2776 = VersR 1982, 841 = VerBAV 1982, 463; OLG Hamm v. 12. 7. 1985, VersR 1986, 82; OLG Düsseldorf v. 5. 4. 1990, NJW-RR 1990, 1311 = JZ 1990, 982; *Schwenker* a. a. O. (Fn. 8), NJW 1992, 343, 345; *van de Loo*, Die Angemessenheitskontrolle Allgemeiner Versicherungsbedingungen nach dem AGB-Gesetz, 1986, S. 6; *Bach/ Geiger,* Die Entwicklung der Rechtsprechung bei der Anwendung des AGBG auf AVB, VersR 1993, 659, 662.

[42] OLG Hamm, Urt. v. 18. 3. 1994 – 20 U 323/93, VersR 1995, 403; BGH, Urt. v. 13. 7. 1994 – IV ZR 107/93, VersR 1994, 1049 = r+s 1994, 363, 364 (ferner die Urt. v. 13. 7. 1994: IV ZR 220/93, IV ZR 219/93); BGH, Urt. v. 13. 7. 1994 – IV ZR 227/93, VersR 1994, 1052 = r+s 1994, 363, 364; BGH, Urt. v. 13. 7. 1994 – IV ZR 183/93, VersR 1994, 1213, 1214 = r+s 1994, 363, 364; OLG Hamburg, Urt. v. 23. 11. 1994 – 5 U 110/93, VersR 1995, 325; OLG Karlsruhe, Urt. v. 1. 12. 1994 – 12 U 253/94, VersR 1995, 645, 646; BGH, Urt. v. 22. 2. 1995 – IV ZR 44/94, BB 1995, 693.

[43] BGH, Urt. v. 7. 2. 1996 – IV ZR 16/95, NJW 1996, 1676, 1677 = VersR 1996, 485 = r+s 1996, 122; BGH, Urt. v. 3. 4. 1996 – IV ZR 98/95, VersR 1996, 741, 742; BGH, Urt. v. 13. 11. 1997 – X ZR 135/95, WM 1998, 562, 563 = BB 1998, 499, 500 = DB 1998, 616, 617; zust. *Heinrichs* EWiR 1998, 289, 290.

[44] Vgl. bereits VerAfP 1905, 37; BGH VersR 1989, 395, 396; *Präve,* Produktkontrolle, in: 100 Jahre materielle Versicherungsaufsicht in Deutschland, hrsg. v. Helmut Müller, Joachim-Friedrich Golz, Elke Washausen-Richter u. Michael Trommeshauser, Berlin, BAV, 2001, S. 201, 202.

[45] BGH, Urt. v. 14. 12. 1994 – IV ZR 3/94, VersR 1995, 328; BGH, Urt. v. 10. 1. 1996 – IV ZR 125/95, VerBAV 1996, 150, 151 = r+s 1996, 154 = MDR 1996, 1130, 1131; *Asmus,* Zum Charakter der Tarifbestimmungen in der Kraftfahrtversicherung, in: Grundprobleme des Versicherungsrechts, Festgabe für Hans Möller zum 65. Geburtstag, hrsg. v. Reimer Schmidt u. Karl Sieg, Karlsruhe, 1972, S. 11 ff.; *Bach,* Vorvertragliche Informationspflichten des Versicherers nach der VAG-Novelle, in: Recht und Ökonomie der Versicherung, Festschrift für Egon Lorenz zum 60. Geburtstag, hrsg. v. Ulrich Hübner, Elmar Helten, Peter Albrecht, Karlsruhe, VVW, 1994, S. 45, 49; *Terno,* Gerichtliche Inhaltskontrolle Allgemeiner Versicherungsbedingungen, r+s 1994, 45, 46; *Römer* NVersZ 1999, 97; *Wandt,* Tarifänderungsklauseln in der Kfz-Haftpflichtversicherung – Zugleich Besprechung des Urteils des OLG Celle vom 22. 7. 1999 (8 U 82/98) VersR 2000, 47 –, VersR 2000, 129, 130.

[46] BGH, Urt. v. 13. 5. 1992 – IV ZR 213/91, NJW 1992, 2360 = VersR 1992, 950 = MDR 1992, 854; BGH, Urt. v. 10. 1. 1996 – IV ZR 125/95, NJW-RR 1996, 1047 = VersR 1996, 357, 358 = VerBAV 1996, 150, 151 = r+s 1996, 154 = MDR 1996, 1130, 1131 (Rentenversicherung); BGH, Urt. v. 6. 3. 1996 – IV ZR 275/95, VersR 1996, 622 = MDR 1996, 1240.

[47] OLG Hamburg VersR 1994, 1170; *Hollmann* NJW 1978, 2332; *Borchert* NVersZ 2001, 4; *Weichert,* Die Krux mit der ärztlichen Schweigepflichtentbindung für Versicherungen, NJW 2004, 1695, 1698.

[48] OLG Bremen VersR 1996, 317.

[49] *Heinrichs,* Die Entwicklung des Rechts der Allgemeinen Geschäftsbedingungen im Jahre 1995, NJW 1996, 1381, 1382.

j) Maklerbedingungen. Maklerbedingungen sind im Lebensversicherungsge- 14
schäft nicht anzutreffen. In vielen Bereichen der Sachversicherung, insbesondere
in der Industrieversicherung, kommen vorformulierte Maklerbedingungen vor.
Der BGH hat ihnen – im Zusammenhang mit der Frage der Revisibilität – ohne
weiteres AGB-Charakter zuerkannt.[50] Allerdings kommt in einem Rechtsstreit
gegen den Versicherer eine Klauselkontrolle nicht in Betracht, da der Versicherer
nicht der Verwender der Maklerbedingungen ist.[51] Verwender Allgemeiner Geschäftsbedingungen ist nur derjenige, auf dessen Veranlassung die Einbeziehung
der vorformulierten Bedingungen in den Vertrag zurückgeht.[52]

k) Interne Richtlinien. Das Verhalten von Unternehmen ist häufig umfas- 15
send durch interne Richtlinien koordiniert, sei es durch systematische Regelwer-
ke oder durch einzelne Regelungen in laufenden Rundschreiben bzw. E-Mails.[53]
Solche internen Richtlinien haben keine AGB-Eigenschaft.[54]

III. Einbeziehung von AVB

§ 23 Abs. 3 AGBG, nach der die von der zuständigen Behörde genehmigten 16
AVB auch dann Vertragsinhalt werden, wenn die in § 2 Abs. 1 Nr. 1 und 2
AGBG bezeichneten Erfordernisse nicht eingehalten sind, ist durch den Wegfall
des Genehmigungserfordernisses für AVB funktionslos geworden. Für die Einbeziehung von nicht genehmigten AVB gelten grundsätzlich die Erfordernisse des
§ 2 AGBG.[55]

AVB wurden nach dem in das VVG eingefügten § 5a VVG aber weiterhin 17
privilegiert. Sie wurden, auch wenn der Versicherer den Erfordernissen des § 2
AGBG nicht genügt hat, durch nachträgliche Übersendung Vertragsinhalt, wenn
der Versicherungsnehmer ihnen nicht innerhalb von zehn Tagen schriftlich
widerspricht. Die durch § 5a VVG i.V.m. § 10a VAG und § 5 VVG aufgewor-
fenen schwierigen Rechtsanwendungsprobleme können hier nicht dargestellt werden.[56]
Mit Blick auf das VVG 2008 gelten für die Einbeziehung von AVB grundsätzlich die allgemeinen Regeln. Gemäß § 305 Abs. 2 BGB werden AVB nur
dann Bestandteil des Versicherungsvertrags, wenn der Versicherer bei Vertragsschluss die andere Vertragspartei ausdrücklich auf die AVB hinweist und der
andere Vertragspartner die Möglichkeit zur Kenntnisnahme vom Inhalt der AVB
hat. Soweit der Versicherer, wie von § 7 Abs. 1 Satz 1 VVG 2008 gefordert, dem
Versicherungsnehmer die AVB rechtzeitig vor Abgabe von dessen Vertragserklärung überlässt, sind die Einbeziehungsvoraussetzungen nach § 305 Abs. 2 BGB
erfüllt.

---

[50] Vgl. BGH VersR 1988, 463.
[51] BGH, Beschl. v. 22. 7. 2009 – IV ZR 74/08, NJW-RR 2010, 39 = VersR 2009, 1477
m. Anm. *Steinkühler/Kassing* = r+s 2010, 100.
[52] BGH, Beschl. v. 22. 7. 2009 – IV ZR 74/08, NJW-RR 2010, 39 = VersR 2009, 1477
= r+s 2010, 100.
[53] *Borges*, Zur AGB-Kontrolle interner Richtlinien, ZIP 2005, 185, 186.
[54] OLG Hamm, Urt. v. 9. 1. 2002, BKR 2002, 1016; OLG Köln, Urt. v. 31. 3. 2004,
ZIP 2004, 1496; *Freitag*, Vom Missbrauch der AGB-Kontrolle zur Umgehung des Wettbewerbsrechts, ZIP 2005, 2052; *Haertlein* EWiR 2005, 535, 536; a. A. BGH, Urt. v. 8. 3. 2005
– XI ZR 154/04, ZIP 2005, 798; im Falle ermessensreduzierender Richtlinien *Borges*,
a. a. O. (Fn. 53), ZIP 2005, 185, 190.
[55] *Dörner/Hoffmann* NJW 1996, 153, 154.
[56] Siehe bei *Lorenz* VersR 1995, 616; *Dörner/Hoffmann* NJW 1995, 153.

IV. Nichteinbeziehung von Überraschungsklauseln gemäß § 3 AGBG, jetzt § 305 c BGB

18 Bestimmungen in den Versicherungsbedingungen, die so ungewöhnlich sind, dass der Versicherungsnehmer mit ihnen nicht zu rechnen braucht, werden gemäß § 305 c Abs. 1 BGB (§ 3 AGBG) nicht Vertragsbestandteil.[57] AGB-Klauseln müssen danach für einen Durchschnittskunden mühelos lesbar sein, wozu ein Mindestmaß an Übersichtlichkeit gehört.[58] Für behördlich genehmigte AGB wie die ALB, BUZ u. a. ist für die Anwendung von § 305 c Abs. 1 BGB (§ 3 AGBG) regelmäßig kein Raum.[59] Die Kontrolle durch die Versicherungsaufsicht lässt die Vermutung zu, dass die vom BAV genehmigten AVB keinen ungewöhnlichen oder überraschenden Charakter haben.[60] Unterlässt es der Versicherungsnehmer, sich vor Abschluss eines Versicherungsvertrages über den Umfang des Versicherungsschutzes zu informieren, so kann er sich nicht darauf berufen, dass eine Begrenzung des Versicherungsschutzes für ihn eine überraschende Klausel im Sinne des AGB-Gesetzes sei.[61] Der Versicherer ist zur Aufklärung verpflichtet, wenn die Klausel den Versicherungsschutz einschränkt.[62] Überraschend kann eine Klausel ferner sein, wenn der Versicherer im Versicherungsnehmer nachweislich den Eindruck erweckt hat, die Klausel werde nicht oder nur in einem bestimmten Sinn verwendet.[63] Nicht überraschend ist die Klausel, dass der Restkreditversicherungsvertrag, der das Risiko der Arbeitsunfähigkeit erfasst, mit Eintritt der Berufsunfähigkeit endet.[64]

V. Unklarheitenregel gemäß § 5 AGBG, jetzt § 305 c Abs. 2 BGB

1. Allgemeines

19 Bereits vor Inkrafttreten des AGBG war allgemein anerkannt, dass es zu Lasten des Verwenders geht, wenn eine Klausel Allgemeiner Geschäftsbedingungen unklar oder mehrdeutig ist.[65] Die Unklarheitenregel findet nur subsidiär Anwendung, wenn die Auslegung, die sich nicht an den besonderen Umständen des Einzelfalles, sondern an dem Wortlaut und dem Sinn und Zweck der Bestimmung orientiert, ohne Ergebnis bleibt und nach Ausschöpfung aller in Betracht kommenden Auslegungsmethoden ein nicht behebbarer Zweifel bleibt und zumindest zwei Auslegungen vertretbar sind.[66] Die Unklarheitenregel greift nicht

---

[57] BGH NJW 2000, 1179, 1181; BGH NJW-RR 2001, 439, 440.
[58] BGH VersR 1983, 1077, 1079 = NJW 1983, 2772, 2773; OLG Saarbrücken v. 22. 9. 1987, VersR 1988, 1283; OLG Saarbrücken, Urt. v. 12. 6. 2008 – 8 U 380/07, NJW-RR 2009, 989.
[59] OLG Hamburg VersR 1979, 154, 155; BGH NJW 1981, 746.
[60] *Helm*, AGB-Gesetz und Allgemeine Versicherungsbedingungen, NJW 1978, 129, 132; a. A. *Ulmer* in: Ulmer/Brandner/Hensen, AGB-Gesetz, 9. Aufl., 2001, § 3 AGBG Rdn. 7.
[61] AG Recklinghausen VersR 1979, 905; a. A. LG Frankfurt/M. VersR 1984, 32.
[62] Vgl. BGH VersR 1979, 343 = NJW 1979, 981; BGH v. 11. 11. 1984, VersR 1985, 12.
[63] Vgl. BGH NJW 1981, 117; OLG Hamm VersR 1986, 55.
[64] OLG Hamm v. 18. 11. 1986, VersR 1987, 354.
[65] BGHZ 25, 115; 42, 216; 62, 89; OLG Stuttgart v. 19. 5. 1982, VersR 1983, 231.
[66] Vgl. BGH VersR 1967, 652; OLG Hamburg VersR 1968, 1079; OLG Karlsruhe VersR 1977, 420; BGH VersR 1980, 668; LG Köln VersR 1981, 150; BGH VersR 1982, 841; BGH BB 1984, 1512; BGH v. 5. 10. 1983, VersR 1984, 51 zu § 7 BUZ; OLG Karlsruhe VersR 1984, 839; OLG Hamburg VersR 1985, 559; BGHZ 91, 98; OLG München VersR 1986, 284; 1987, 196; OLG Frankfurt/M. VersR 1987, 42; BGH v. 14. 6. 1989, NJW-RR 1989, 1050 = VersR 1989, 903 zu § 2 Nr. 3 BUZ.

F. Inhaltskontrolle v. Allgemeinen Versicherungsbedingungen   20   **Einl. F**

bei klarer Formulierung ein, welches Vorkommnis für die Auslösung eines Versicherungsfalls maßgebend ist, und bei genauer Festlegung, wann es sich verwirklicht haben muss.[67] Die Anwendung der Unklarheitenregel ist berechtigt bei der Auslegung unklarer technischer Begriffe[68] oder unklarer Inbezugnahme von Bestimmungen bei Leistungsausschlüssen.[69] Eine Klausel über Leistungsbegrenzungen, für die zwei rechtlich vertretbare Auslegungen bestehen, ist nach der für den Versicherten günstigeren Auslegung anzuwenden.[70] Eine Ausschlussklausel in AVB ist unwirksam, wenn sie zu anderen Klauseln in Widerspruch steht und für einen durchschnittlichen Versicherungsnehmer nicht ohne weiteres verständlich ist.[71]

2. Auslegung von Allgemeinen Versicherungsbedingungen

Gegenstand der Auslegung von Versicherungsbedingungen ist das zwischen den   20
Parteien vereinbarte Klauselwerk.[72] Dabei hat die Auslegung vom Wortlaut der betreffenden Bestimmung auszugehen.[73] Das Klauselwerk ist nach objektiven Gesichtspunkten wie Gesetzesvorschriften auszulegen, ohne Berücksichtigung der besonderen Umstände des Einzelfalls.[74] Soweit durch geschäftsplanmäßige Erklärungen des Versicherers Rechte des Versicherungsnehmers begründet werden, gelten für ihre Auslegung die besonderen Grundsätze, die die Rechtsprechung für die Auslegung von AVB entwickelt hat.[75] Dabei ist der Sinn, den die AVB für alle Beteiligten und für alle Fälle haben müssen, objektiv so auszulegen, wie er von verständigen und redlichen Vertragspartnern unter Abwägung der Interessen der normalerweise beteiligten Kreise verstanden wird.[76] Es kommt für die Auslegung nicht auf den juristisch-technischen Sinn der einzelnen Klauseln und insbesondere der in den AVB verwendeten Ausdrücke an, sondern wie ein verständiger, juristisch und versicherungstechnisch nicht vorgebildeter Versicherungsnehmer entsprechend dem allgemeinen Sprachgebrauch des täglichen Lebens den Text des Bedingungswerkes oder auch den Text der geschäftsplanmäßigen Erklärung bei verständiger Würdigung, aufmerksamer Durchsicht und Berücksichtigung des

---

[67] BGH VersR 1987, 69.
[68] BGH VersR 1986, 177.
[69] Vgl. BGH v. 13. 7. 1988, VersR 1988, 951, 952 zu § 2 Nr. 3 Abs. 1 a AUB und § 2 Nr. 3 Abs. 2 Satz 1 AUB.
[70] AG Berlin-Charlottenburg VersR 1983, 51.
[71] OLG Frankfurt/M. v. 9. 7. 1980, VersR 1980, 1166.
[72] BGH NJW 1955, 337; BGH VersR 1981, 173, 174/175 = BGHZ 79, 76, 83; BGH VersR 1981, 183; BGH VersR 1987, 68, 69; *Pauly*, Allgemeine Versicherungsbedingungen – sind bei ihrer Auslegung auch externe Erklärungen zu berücksichtigen?, VersR 2008, 1326.
[73] BGH, Urt. v. 21. 11. 1975 – IV ZR 112/74, VersR 1976, 136; BGH, Urt. v. 13. 3. 1991 – IV ZR 37/90, NJW-RR 1991, 797, 798 = VersR 1991, 574.
[74] RGZ 81, 117; 97, 189; 170, 233; 171, 43; BGHZ 1, 85; 6, 376; 25, 34, 44; BGHZ 66, 132; BGHZ 83, 169; BGHZ 87, 215; BGH VersR 1951, 79; BGH VersR 1952, 52, 117; BGH VersR 1956, 186; 1956, 789; 1958, 336; 1958, 853; 1962, 33; 1963, 766 = NJW 1963, 2171; BGH VersR 1967, 652; OLG Hamburg VersR 1967, 392; BGH VersR 1968, 762; 1968, 795; 1969, 420; 1970, 435 = VerBAV 1970, 184; BGH VersR 1971, 949; OLG Hamm VersR 1973, 810; OLG Hamburg VersR 1973, 1014; BGH VersR 1974, 741 = NJW 1974, 1429; BGH VersR 1976, 136; BVerwG VersR 1976, 377 = VerBAV 1976, 147, 246 (Anm. *Kaulbach*); OLG Karlsruhe VersR 1977, 420; OLG Hamm VersR 1980, 669; BGH VersR 1981, 178 m. w. Nw.; BGH VersR 1982, 84; BGH v. 15. 6. 1983, VersR 1983, 850; BGH VersR 1984, 626; BGH VersR 1984, 830.
[75] BGH v. 13. 7. 1988, VersR 1988, 1062, 1066.
[76] BGH DB 1978, 629; BGH VersR 1981, 322; BGHZ 83, 169, 177 = VersR 1982, 482; BGH NJW 1984, 721; BGH VersR 1986, 537; BGH, Urt. v. 9. 12. 1987 – IVa ZR 151/86, NJW-RR 1988, 469 = VersR 1988, 282; BGH, Urt. v. 13. 3. 1991 – IV ZR 37/90, NJW-RR 1991, 797, 798 = VersR 1991, 574; OGH, Urt. v. 30. 6. 2003 – 7 Ob 142/03p, VersR 2005, 715, 716.

Einl. F 21, 22 Teil 2. Einleitung

erkennbaren Sinnzusammenhangs verstehen muss.[77] Dem Versicherungsnehmer kann dabei nicht jedes eigene Denken erspart werden.[78] Enthalten AVB juristische Fachausdrücke, so ist von deren gesetzlicher Bedeutung auszugehen.[79]

21 Die Entstehungsgeschichte der AVB und der vom Versicherer verfolgte Regelungszweck können Eingang finden, wenn die Absichten des Versicherers in den auszulegenden Bestimmungen einen hinreichend deutlichen, dem verständigen Versicherungsnehmer erkennbaren Niederschlag gefunden haben.[80] Dies ist in der Regel nicht der Fall. Was sich der Verfasser der Bedingungen bei ihrer Abfassung vorgestellt hat oder deren Entstehungsgeschichte, die der Versicherungsnehmer typischerweise nicht kennt, spielen daher für die Auslegung keine Rolle.[81]

22 Bei der Auslegung sind der wirtschaftliche Zweck der getroffenen Regelung und die gewählte Ausdrucksweise zu berücksichtigen.[82] Die Belange von Versicherern und Versicherungsnehmern sind gleichmäßig zu wahren.[83] Das Auslegungsergebnis muss sich mit den Belangen der Versichertengemeinschaft verein-

---

[77] LG Freiburg VersR 1980, 525; BGH NJW 1981, 870 = VersR 1981, 173; BGH NJW 1982, 84 = VersR 1982, 841, 842 = VerBAV 1982, 462; BGH v. 15. 6. 1983, VersR 1983, 850 = NJW 1983, 638; BGH VersR 1984, 28; BGH v. 27. 4. 1988, VersR 1988, 714 zu § 4 Abs. 3 b AUB; BGH v. 13. 7. 1988, VersR 1988, 1062, 1066; BGH v. 13. 7. 1988, VersR 1988, 952; BGH v. 14. 6. 1989, NJW-RR 1989, 1050 = VersR 1989, 903 zu § 2 Nr. 3 BUZ; BGHZ 62, 221; BGHZ 70, 436; BGHZ 78, 272; BGHZ 88, 228; BGHZ 91, 98; BGHZ 123, 83, 85 = NJW 1993, 2369 = VersR 1993, 957, 958 = r+s 1993, 351 = MDR 1993, 841; BGH, Urt. v. 2. 11. 1994 – IV ZR 324/93, S. 5 = NJW 1995, 598 = VersR 1995, 82 = VerBAV 1995, 205, 206 = r+s 1995, 75, 76 (Berufsunfähigkeits-Zusatzversicherung); BGH, Urt. v. 5. 7. 1995 – IV ZR 196/94, NJW-RR 1996, 150, 151 = VersR 1995, 1174, 1175 = VerBAV 1996, 60, 61 (Beamtenklausel in der Berufsunfähigkeits-Zusatzversicherung); BGH, Urt. v. 10. 1. 1996 – IV ZR 125/95, NJW-RR 1996, 1047 = VersR 1996, 357, 358 = r+s 1996, 154 = MDR 1996, 1130 (Rentenversicherung); BGH, Urt. v. 6. 3. 1996 – IV ZR 275/95, VersR 1996, 622 = MDR 1996, 1240; BGH, Urt. v. 3. 4. 1996 – IV ZR 152/95, NJW-RR 1996, 856, 857 = VersR 1996, 743, 744 = VerBAV 1996, 211, 213 = r+s 1996, 284 = MDR 1996, 691, 692 zu § 3 Abs. 2 Satz 1 VVSL 91; OLG Koblenz, Urt. v. 23. 1. 1998 – 10 U 963/96, VersR 1998, 1146, 1147 (Unfall-Zusatzversicherung); BGH, Urt. v. 11. 3. 1998 – IV ZR 92/97, NVersZ 1998, 73 = r+s 1998, 348 (Unfallversicherung); BGH, Urt. v. 21. 4. 1999 – IV ZR 192/98, NJW 1999, 2741, 2742 = VersR 1999, 877, 878 = r+s 1999, 300 (Krankenversicherung); BGH, Urt. v. 21. 2. 2001 – IV ZR 11/00, NJW 2001, 3406 = NVersZ 2001, 266 = VersR 2001, 576 = r+s 2001, 258 = MDR 2001, 812; BGH, Urt. v. 26. 9. 2001 – IV ZR 220/00, NJW-RR 2002, 168 = NVersZ 2002, 64 = r+s 2002, 80 (Berufsunfähigkeitsversicherung); *Schmidt-Salzer,* Zur Auslegung der in AVB übernommenen rechtstechnischen Begriffe, VersR 1967, 537, 538.

[78] BGH NJW-RR 2005, 902, 904 = VersR 2005, 639, 640; OLG Köln, Beschl. v. 12. 5. 2009 – 20 U 31/09, VersR 2009, 1484.

[79] BGH VersR 1963, 766 = NJW 1963, 2171; OLG Stuttgart VersR 1983, 745.

[80] BGH VersR 1981, 173, 322; BGH VersR 1983, 680; BGH VersR 87, 215, 221; BGH VersR 1983, 86; BGHZ 66, 132; BGH VersR 1984, 530; BGH v. 14. 6. 1989, NJW-RR 1989, 105 = VersR 1989, 903 zu § 2 Nr. 3 BUZ; *Pfeiffer,* Die Belange der Versicherer als Kriterium bei der Auslegung von AVB, in: Festschrift für Schwebler, 1986, S. 399, 408.

[81] BGHZ 123, 83, 85 = VersR 1993, 957, 958; BGH VersR 2000, 1090, 1091; BGH NVersZ 2000, 443 = VersR 2000, 969; OLG Köln, Urt. v. 8. 2. 2001 – 5 U 140/00, VersR 2001, 851, 852; krit. dazu *Baumann,* „Rechtsgeschäftsadäquate" versus „gesetzesähnliche" Auslegung von Allgemeinen Versicherungsbedingungen, in: Kontinuität und Wandel des Versicherungsrechts, Festschrift für Egon Lorenz zum 70. Geburtstag, hrsg. v. Manfred Wandt, Peter Reiff, Dirk Looschelders u. Walter Bayer, Karlsruhe, VVW, 2004, S. 111, 112 ff.; *derselbe,* Die Bedeutung der Entstehungsgeschichte für die Auslegung von Allgemeinen Geschäfts- und Versicherungsbedingungen, r+s 2005, 313 ff.

[82] BGH VersR 1978, 363.

[83] BGH VersR 1982, 567; BGH VersR 1982, 746; BGH VersR 1984, 626; BGH VersR 1985, 54; BGH v. 20. 3. 1985, VersR 1985, 540; BGH VersR 1985, 538.

F. Inhaltskontrolle v. Allgemeinen Versicherungsbedingungen 23, 24 Einl. F

baren lassen und darf der Gesamtheit der Versicherungsnehmer nichts Unbilliges zumuten.[84] Leistungsausschlüsse (Risikobeschränkungen) dürfen nicht weiter ausgedehnt werden, als es ihr Sinn unter Beachtung ihres wirtschaftlichen Zwecks und der gewählten Ausdrucksweise erfordert.[85] Führt die hiernach vorgenommene Auslegung von AVB zu unbilligen Ergebnissen, sind diese hinzunehmen.[86] Risikoausschlüsse sind nicht schon deshalb unanwendbar, weil im konkreten Fall die ihnen zugrunde liegende versicherungswirtschaftliche Erwägung nicht zutrifft.[87] Auch bei der Auslegung von AGB nach § 5 AGBG ist das Transparenzgebot zu beachten und führt dazu, dass jedenfalls im Verbandsprozess eine zur Prüfung anstehende Klausel in der „kundenfeindlichsten" Bedeutung der Inhaltskontrolle unterzogen wird.[88]

3. Einzelfälle

Der Wortlaut des § 8 ALB, nach dem die Berechnung der Wartefrist an die 23 Zahlung der Erstprämie anknüpft, legt für einen verständigen Versicherungsnehmer keine besonderen Auslegungszweifel nahe.[89] „Zahlung" ist ein Begriff des allgemeinen Sprachgebrauchs, unter dem auch der juristische Laie die Verschaffung – gegebenenfalls im Wege des bargeldlosen Zahlungsverkehrs – des geschuldeten Betrags versteht.[90] Die Beamtenklausel lässt schon nach dem natürlichen Sprachgebrauch keine erweiternde Deutung dahin zu, dass auch nicht beamtete Staatsdiener wie Soldaten – oder Richter und Minister – darunter fallen.[91]

VI. Umfang der Inhaltskontrolle gemäß § 8 AGBG, jetzt § 307 Abs. 3 Satz 1 BGB

1. Vorrang der gesetzlichen Vorschriften

Nach § 8 AGBG sind Regelungen in Allgemeinen Geschäftsbedingungen nur 24 dann einer Inhaltskontrolle nach den §§ 9–11 AGBG zu unterziehen, wenn sie von Rechtsvorschriften abweichen oder diese ergänzen.[92] Danach sind Klauseln,

---

[84] BGH VersR 1984, 848; BGH VersR 1985, 354.
[85] BGH VersR 1951, 79; BGH NJW 1962, 914 = VersR 1962, 341; BGH VersR 1969, 420; BGH VersR 1975, 1049; BGHZ 65, 143, 145 = NJW 1976, 106; BGHZ 70, 158 = NJW 1978, 589 = VersR 1978, 267 = VerBAV 1978, 122; BGH VersR 1978, 816; BGHZ 88, 228 = NJW 1984, 370 = VersR 1984, 370 m. Anm. *Forster*, S. 570; BGH VersR 1984, 626; OLG Karlsruhe VersR 1984, 839; BGH NJW-RR 1995, 276 = VersR 1995, 162; *J. Prölss* NVersZ 1998, 17, 18.
[86] OLG Hamm VersR 1978, 1034.
[87] OLG Hamburg VersR 1964, 1095.
[88] BGHZ 95, 350, 353 = NJW 1986, 43, 44; BGHZ 139, 190, 199 = NJW 1998, 3119, 3121; OLG Düsseldorf, Urt. v. 23. 12. 1999 – 6 U 159/98, VersR 2001, 46, 47; *Ulmer* in: Ulmer/Brandner/Hensen, AGB-Gesetz, 9. Aufl., 2001, § 5 AGBG Rdn. 6; *Prölss*, Die Unklarheitenregel unter besonderer Berücksichtigung ihrer Anwendung auf AVB, in: Kontinuität und Wandel des Versicherungsrechts, Festschrift für Egon Lorenz zum 70. Geburtstag, hrsg. v. Manfred Wandt, Peter Reiff, Dirk Looschelders u. Walter Bayer, Karlsruhe, VVW, 2004, S. 533, 542.
[89] BGH, Urt. v. 13. 3. 1991 – IV ZR 37/90, NJW-RR 1991, 797, 798 = VersR 1991, 574.
[90] BGH, Urt. v. 13. 3. 1991 – IV ZR 37/90, NJW-RR 1991, 797, 798 = VersR 1991, 574.
[91] BGH, Urt. v. 26. 9. 2001 – IV ZR 220/00, NJW-RR 2002, 168 = NVersZ 2002, 64 = r+s 2002, 80.
[92] BGH, Urt. v. 9. 5. 2001 – IV ZR 138/99, r+s 2001, 433; BGH, Urt. vom 9. 5. 2001 – IV ZR 121/00, BGHZ 147, 354 = NJW 2001, 2014, 2015 = NVersZ 2001, 308, 309 =

Einl. F 25

die Rechtsvorschriften nur wiedergeben und in jeder Hinsicht mit ihnen übereinstimmen (sog. deklaratorische Klauseln) der Inhaltskontrolle entzogen.[93] Bei solchen Klauseln verbietet sich eine Inhaltskontrolle schon wegen der Bindung des Richters an das Gesetz.[94] Sie liefe auch leer, weil an die Stelle der unwirksamen Klausel gemäß § 6 AGBG doch wieder die inhaltsgleiche gesetzliche Bestimmung treten würde.[95] Die bloße Wiedergabe einer gesetzlichen Regelung in Allgemeinen Versicherungsbedingungen ist allerdings dann auf ihre Transparenz für den durchschnittlichen Versicherungsnehmer zu prüfen, wenn ein nicht zu übergehendes Bedürfnis des Versicherungsnehmers nach weiterer Unterrichtung besteht.[96]

2. Kontrollfähige Leistungsbeschreibung

25 Da das Gesetz den Vertragspartnern grundsätzlich freistellt, Leistung und Gegenleistung im Vertrag frei zu bestimmen, unterliegen bloße Abreden über den unmittelbaren Gegenstand der Hauptleistung (sog. Leistungsbeschreibung) der gesetzlichen Inhaltskontrolle nach dem AGB-Gesetz ebenso wenig wie Vereinbarungen über das von dem anderen Teil zu erbringende Entgelt.[97] Der gerichtlichen Inhaltskontrolle entzogene Leistungsbeschreibungen sind solche, die Art, Umfang und Güte der geschuldeten Leistung festlegen.[98] Klauseln, die das Haupt-

---

VersR 2001, 841, 843 = ZIP 2001, 1052, 1053 = WM 2001, 1152, 1153 = BB 2001, 1427, 1428 = DB 2001, 2186, 2187 = MDR 2001, 1055 = EWiR 2001, 1025 m. zust. Anm. *Derleder*; *Schaefer*, Inhaltskontrolle nach dem AGB-Gesetz bei Allgemeinen Versicherungsbedingungen?, VersR 1978, 4, 7; *Fausten*, Grenzen der Inhaltskontrolle Allgemeiner Versicherungsbedingungen – Eine Betrachtung zu § 8 AGBG unter Berücksichtigung der EG-Richtlinie über missbräuchliche Klauseln in Verbraucherverträgen –, VersR 1999, 413, 414.
[93] BGH, Urt. v. 9. 5. 2001 – IV ZR 138/99, r+s 2001, 433; BGH vom 9. 5. 2001, a. a. O. (Fn. 92); *Brandner* in: Ulmer/Brandner/Hensen, AGB-Gesetz, 9. Aufl., 2001, § 8 AGBG Rdn. 30; *Wolf* in: Wolf/Lindacher/Pfeiffer, AGB-Recht, 5. Aufl., 2009, § 305 c BGB Rdn. 19; *van de Loo*, Die Angemessenheitskontrolle Allgemeiner Versicherungsbedingungen nach dem AGB-Gesetz, Karlsruhe, 1997, S. 41; *Niebling* BB 1984, 1713; *Dylla-Krebs*, Schranken der Inhaltskontrolle Allgemeiner Geschäftsbedingungen, Baden-Baden, 1990, S. 82 f.; *Präve*: in: Festschrift für Horst Baumann, 1999, S. 249, 255.
[94] BGH, Urt. v. 9. 5. 2001 – IV ZR 138/99, r+s 2001, 433; BGH v. 9. 5. 2001 – IV ZR 121/00, a. a. O. (Fn. 92).
[95] BGH, Urt. v. 5. 4. 1984 – II ZR 2/83, BGHZ 91, 55, 57 = NJW 1984, 2161 = ZIP 1984, 676, 677 = MDR 1984, 738; BGH, Urt. v. 9. 5. 2001 – IV ZR 138/99, r+s 2001, 433; BGH v. 9. 5. 2001 – IV ZR 121/00, a. a. O. (Fn. 92); BGH NJW 2002, 1950, 1951; *Stoffels*, Schranken der Inhaltskontrolle, JZ 2001, 843, 844.
[96] BGH v. 9. 5. 2001 – IV ZR 121/00, a. a. O. (Fn. 92); *Brandner* in: Ulmer/Brandner/Hensen, AGB-Gesetz, 9. Aufl., 2001, § 8 AGBG Rdn. 32 a; a. A. *Armbrüster*, Transparenzgebot und deklaratorische Klauseln, in: Recht und Risiko, Festschrift für Helmut Kollhosser zum 70. Geburtstag, hrsg. v. Reinhard Bork, Thomas Hoeren u. Petra Pohlmann, Karlsruhe, VVW, 2004, Bd. II, S. 3, 7 ff.
[97] BGH, Urt. v. 6. 2. 1985 – VIII ZR 61/84, BGHZ 93, 358, 360 = NJW 1985, 3013 = ZIP 1985, 478, 479 = BB 1985, 1153 = MDR 1986, 84; dazu *Schlosser* EWiR 1985, 225; BGH, Urt. v. 17. 3. 1999 – IV ZR 137/98, NJW 1999, 3411, 3412; BGH, Urt. v. 22. 11. 2000 – IV ZR 235/99, NJW 2001, 1132 = NVersZ 2001, 121 = VersR 2001, 184 = MDR 2001, 450; dazu *Littbarski* EWiR 2001, 293 f.; BGH, Urt. v. 9. 5. 2001 – IV ZR 121/00, NJW 2001, 2014, 2016 = NVersZ 2001, 308, 310 = VersR 2001, 841, 843 = ZIP 2001, 1052, 1054 = BB 2001, 1427, 1428 = MDR 2001, 1055.
[98] OLG Hamburg, Urt. v. 20. 7. 1999 – 9 U 152/99, NJW-RR 1999, 1631; BGH, Urt. v. 17. 3. 1999 – IV ZR 137/98, NJW 1999, 3411, 3412; BGH, Urt. v. 22. 11. 2000 – IV ZR 235/99, VerBAV 2001, 159, 160 = r+s 2001, 124 = MDR 2001, 450; BGH, Urt. v. 28. 3. 2001 – IV ZR 19/00, VerBAV 2002, 83, 84 = MDR 2001, 866; BGH, Urt. v. 9. 5. 2001 – IV ZR 121/00, a. a. O. (Fn. 97).

F. Inhaltskontrolle v. Allgemeinen Versicherungsbedingungen   25   **Einl. F**

leistungsversprechen einschränken,[99] verändern, ausgestalten oder modifizieren, sind hingegen der Inhaltskontrolle unterworfen.[100] Damit bleibt für die der Überprüfung entzogene Leistungsbeschreibung nur der enge Bereich der Leistungsbezeichnungen, ohne deren Vorliegen mangels Bestimmtheit oder Bestimmbarkeit des wesentlichen Vertragsinhalts ein wirksamer Vertrag nicht mehr angenommen werden kann.[101] Die Inhaltskontrolle erfasst daher grundsätzlich die produktgestaltenden AVB-Klauseln, zu denen die primären Risikobegrenzungen und die sekundären Risikobeschreibungen, also die Risikoeinschlüsse, Risikobeschränkungen und Risikoausschlüsse gehören.[102] Auch die vertraglichen Obliegenheiten

---

[99] BGHZ 141, 137, 140 ff. = NJW 1999, 2279 = NVersZ 1999, 360 = VersR 1999, 710, 711; BGHZ 142, 103, 109 ff. = NJW 1999, 3558 = NVersZ 1999, 494 = VersR 1999, 1390, 1391 = r+s 1999, 490; BGH, Urt. v. 21. 2. 2001 – IV ZR 11/00, NJW 2001, 3406 = NVersZ 2001, 266 = VersR 2001, 576 = r+s 2001, 258; BGH, Urt. v. 30. 10. 2002 – IV ZR 60/01, BGHZ 152, 262 = NJW 2003, 294 = VersR 2002, 1546 = r+s 2003, 72; BGH, Urt. v. 23. 6. 2004 – IV ZR 130/03, NJW 2004, 2589, 2591 = VersR 2004, 1039, 1040 = r+s 2004, 385, 386.
[100] BGH, Urt. v. 21. 4. 1993 – IV ZR 33/92, NJW-RR 1993, 1049 = VersR 1993, 830 = r+s 1993, 308; BGH, Urt. v. 23. 6. 1993 – IV ZR 135/92, BGHZ 123, 83 = NJW 1993, 2369 = VersR 1993, 957, 958 = r+s 1993, 351; BGH, Urt. v. 13. 7. 1994 – IV ZR 107/93, NJW 1994, 2693, 2694 = VersR 1994, 1049, 1050 = VerBAV 1995, 110, 112 = ZIP 1994, 1358, 1360 = WM 1994, 1716, 1718 = DB 1994, 1817, 1818; BGH, Urt. v. 13. 7. 1994 – IV ZR 219/93, BB 1994, 1736, 1737; BGH, Urt. v. 23. 11. 1994 – IV ZR 124/93, NJW 1995, 589, 590 = VersR 1995, 77, 78 = VerBAV 1995, 223, 225 = r+s 1997, 169, 170 = WM 1995, 27, 29 = ZIP 1995, 33, 34 f. = BB 1995, 423, 424 = JZ 1995, 458, 459; BGH, Urt. v. 19. 11. 1997 – IV ZR 348/96, r+s 1998, 79; BGH, Urt. v. 17. 3. 1999 – IV ZR 137/98, NJW 1999, 3411, 3412; OLG Hamburg, Urt. v. 20. 7. 1999 – 9 U 152/99, NJW-RR 1999, 1631; BGH, Urt. v. 22. 11. 2000 – IV ZR 235/99, VerBAV 2001, 159, 160 = r+s 2001, 124 = MDR 2001, 450; BGH, Urt. v. 28. 3. 2001 – IV ZR 19/00, VerBAV 2002, 83, 84 = MDR 2001, 866; BGH, Urt. v. 9. 5. 2001 – IV ZR 121/00, a. a. O. (Fn. 97); *Brandner*, Schranken der Inhaltskontrolle – Zur Kontrollfähigkeit der Leistungsbeschreibung in AGB, in: Festschrift für Fritz Hauß zum 70. Geburtstag, hrsg. v. Ernst von Caemmerer, Robert Fischer, Karl Nüßgens u. Reimer Schmidt, Karlsruhe, VVW, 1978, S. 1, 8; *Baumann*, Zur Inhaltskontrolle von Produktbestimmungen in Allgemeinen Geschäfts- und Versicherungsbedingungen, VersR 1991, 490; *Präve*, Die Verwandtenklausel in der privaten Krankenversicherung, VersR 1997, 938.
[101] BGH, Urt. v. 21. 4. 1993 – IV ZR 33/92, NJW-RR 1993, 1049 = VersR 1993, 830 = MDR 1993, 617; BGH, Urt. v. 23. 6. 1993 – IV ZR 135/91, BGHZ 123, 83 = NJW 1993, 2369 = VersR 1993, 957 = r+s 1993, 351; BGH, Urt. vom 13. 7. 1994 – IV ZR 107/93, BGHZ 127, 35, 41 = NJW 1994, 2693 = VersR 1994, 1049, 1050 = ZIP 1994, 1358, 1360 = MDR 1995, 47; dazu *Littbarski* EWiR 1995, 9; BGH NJW 1998, 1069 = VersR 1998, 175; BGH, Urt. v. 17. 3. 1999 – IV ZR 137/98, NJW 1999, 3411, 3412/3413; BGH, Urt. v. 24. 3. 1999 – IV ZR 90/98, NJW 1999, 2279 = NVersZ 1999, 360 = VersR 1999, 745, 747 = r+s 1999, 301 = MDR 1999, 867; OLG Stuttgart, Urt. v. 28. 5. 1999 – 2 U 219/98, BB 1999, 1572; BGH, Urt. v. 23. 6. 1999 – IV ZR 136/98, NJW 1999, 3558, 3559 = NVersZ 1999, 494, 495 = VersR 1999, 1390, 1391 = NZA 1999, 1164, 1166 = r+s 1999, 490, 491 = MDR 1999, 1324, 1325; OLG Hamburg, Urt. v. 20. 7. 1999 – 9 U 152/99, NJW-RR 1999, 1631; OLG München, Urt. v. 14. 10. 1999 – 29 U 2875/99, VersR 2000, 1098, 1099; BGH, Urt. vom 22. 11. 2000 – IV 235/99, NJW 2001, 1132 = NVersZ 2001, 121 = VersR 2001, 184 = MDR 2001, 450; BGH, Urt. v. 28. 3. 2001 – IV ZR 19/00, VerBAV 2002, 83, 84 = MDR 2001, 866; BGH, Urt. v. 28. 3. 2001 – IV ZR 180/00, NJW-RR 2001, 1242, 1243 = NVersZ 2001, 453, 454 = VersR 2001, 752, 753 = r+s 2001, 300, 301; BGH, Urt. vom 9. 5. 2001 – IV ZR 121/00, NJW 2001, 2014, 2016 = NVersZ 2001, 308, 310 = VersR 2001, 841, 843 = ZIP 2001, 1052, 1054 = BB 2001, 1427, 1428 = MDR 2001, 1055; *Präve*, Das Recht der Allgemeinen Geschäftsbedingungen und der Versicherungswirtschaft, NVersZ 1998, 49, 50; *Römer* NVersZ 1999, 97, 99.
[102] OLG Celle VersR 1982, 457; LG München I NJW 1983, 1685 = VersR 1983, 923 und 976; OLG Schleswig, Urt. v. 21. 1. 1982, VersR 1983, 1184; a. A. AG München v. 12. 2.

unterliegen in vollem Umfang der Inhaltskontrolle.[103] Da die Gefahren, die mit der Verwendung von AVB verbunden sind, sich für den Kunden im produktgestaltenden Teil der AVB am schwerwiegendsten niederschlagen, entspricht allein eine umfassende Inhaltskontrolle den praktischen Bedürfnissen.[104] Hingegen ist es nicht Aufgabe der Inhaltskontrolle, die in verschiedenen AVB enthaltenen unterschiedlichen Regelungen einander anzupassen.[105] Leistungs- und Beitragsänderungsvorbehalte können überprüft werden, da sie Änderungen der vertraglichen Rechte und Pflichten beinhalten. Summen- und Prämienanpassungsklauseln unterliegen mithin der Inhaltskontrolle. Ebenso Klauseln zur Dauer, Kündigung und Beendigung des Vertrages.[106]

3. Ausnahme Preisangebot

26 Die Beitragsvereinbarung im Versicherungsvertrag unterliegt ebenso wenig der Inhaltskontrolle wie die Beitragsregelung in Tarifen, Tarifbestimmungen und in Prämientabellen, die die Höhe des vom Versicherungsnehmer geschuldeten Beitrags festlegen.[107] § 8 AGBG lässt keine Inhaltskontrolle über solche AGB-Bestimmungen zu, die Art und Umfang der vertraglichen Hauptleistung und den dafür zu zahlenden Preis unmittelbar regeln.[108]

4. Einzelfälle

27 Kontrollfähig ist in den ALB 1994 die Kündigungs- und Beitragsfreistellungsklausel,[109] ferner die Abschlusskostenklausel[110] und die Überschussbeteiligungsklausel.[111] In der privaten Arbeitslosigkeitsversicherung ist die in § 3 Nr. 1 PVA 96 geregelte Einschränkung des Begriffs der „unfreiwilligen Arbeitslosigkeit" der Inhaltskontrolle unterworfen.[112] Dies gilt nach Auffassung des BGH auch für die

---

1979, VersR 1979, 1052; LG Saarbrücken v. 13. 7. 1981, VersR 1984, 31; LG Schweinfurt v. 28. 2. 1985, VersR 1986, 1014.
[103] Vgl. BGH VerBAV 1969, 313, 314; BGH VerBAV 1970, 253, 254; BGH VersR 1984, 830; *Römer,* Schranken der Inhaltskontrolle von Versicherungsbedingungen in der Rechtsprechung nach § 8 AGB-Gesetz, in: Recht und Ökonomie der Versicherung, Festschrift für Egon Lorenz zum 60. Geburtstag, hrsg. v. Ulrich Hübner, Elmar Helten u. Peter Albrecht, Karlsruhe, VVW, 1994, S. 449, 468.
[104] *Werber,* Die Bedeutung des AGBG für die Versicherungswirtschaft, VersR 1986, 1, 4.
[105] BGH VersR 1986, 804.
[106] BGH v. 6. 7. 1983, VersR 1983, 848; BGH v. 15. 6. 1983, VersR 1983, 850; BGH v. 18. 12. 1985, VersR 1986, 257.
[107] Vgl. GB BAV 1976, 30; *Präve,* Das AGB-Recht auf dem Prüfstand, NVersZ, 2001, 5, 7.
[108] BGH v. 24. 11. 1988, WM 1988, 1780, 1782.
[109] BGH, Urt. v. 9. 5. 2001 – IV ZR 121/00, NJW 2001, 2014, 2016 = NVersZ 2001, 308, 310 = VersR 2001, 841, 843 = ZIP 2001, 1052, 1053 = BB 2001, 1427, 1428.
[110] BGH, Urt. v. 9. 5. 2001 – IV ZR 121/00, NJW 2001, 2014, 2017 = NVersZ 2001, 308, 311 = VersR 2001, 841, 844 = ZIP 2001, 1052, 1055 = BB 2001, 1427, 1430.
[111] Offen lassend, aber Kontrollfähigkeit unterstellend BGH, Urt. v. 9. 5. 2001 – IV ZR 121/00, NJW 2001, 2014, 2018 = NVersZ 2001, 308, 312 = VersR 2001, 841, 845 = ZIP 2001, 1052, 1057.
[112] BGH, Urt. v. 24. 3. 1999 – IV ZR 90/98, NJW 1999, 2279 = NVersZ 1999, 360 = VersR 1999, 710; dazu *Basedow* NVersZ 1999, 349; *Fausten,* Grenzen der Inhaltskontrolle Allgemeiner Versicherungsbedingungen – Eine Betrachtung zu § 8 AGBG unter Berücksichtigung der EG-Richtlinie über missbräuchliche Klauseln in Verbraucherverträgen –, VersR 1999, 413 ff.; *Kieninger,* Nochmals: Grenzen der Inhaltskontrolle Allgemeiner Versicherungsbedingungen – Stellungnahme zu dem Aufsatz von Fausten VersR 99, 413 –, VersR 1999, 951 ff.; *Langheid,* § 8 AGB-Gesetz im Lichte der EG-AGB-Richtlinie: Kontrollfähigkeit von Leistungsbeschreibungen durch Intransparenz, NVersZ 2000, 63 ff. Das

F. Inhaltskontrolle v. Allgemeinen Versicherungsbedingungen   28–30   **Einl. F**

Bestimmung in den Allgemeinen Bedingungen für den vorläufigen Versicherungsschutz in der Lebensversicherung, die besagt, dass der vorläufige Versicherungsschutz spätestens zwei Monate nach der Unterzeichnung des Antrags endet (§ 3 Abs. 2 Satz 1 VVSL 1991).[113]

Dagegen unterliegt eine Bestimmung in Allgemeinen Versicherungsbedingungen, nach der der Versicherer zu Beginn des Versicherungsjahres einen prozentualen Nachlass auf den Jahresbeitrag gewährt, welcher wieder entfallen soll, wenn der Versicherungsnehmer während des Versicherungsjahres einen Schaden bezahlt oder der Versicherungsnehmer den Vertrag nicht um ein weiteres Jahr bei bestimmten Versicherungsunternehmen verlängert, als Rabattklausel, welche die Prämienhöhe unmittelbar bestimmt, nicht der Inhaltskontrolle nach den §§ 307 Abs. 1 und 2, 308 und 309 BGB (§§ 9 bis 11 AGBG).[114]   28

VII. Inhaltskontrolle nach den §§ 9–11 AGBG, jetzt §§ 307 Abs. 1 u. 2, 308, 309 BGB

1. Generalklausel des § 9 AGBG

a) Geltungsbereich. Einer Inhaltskontrolle sind auch Versicherungsverträge, die vor Inkrafttreten des AGBG geschlossen worden sind, zu unterziehen.[115] Soweit Allgemeine Versicherungsbedingungen der Genehmigung durch die Aufsichtsbehörde unterlagen oder noch unterliegen oder auf eine Empfehlung der Aufsichtsbehörde zurückgehen, so nehmen sie keine Sonderstellung bei der Anwendung des § 9 AGBG ein.[116] Bei Klauseln, die zunächst geraume Zeit unbeanstandet geblieben sind, trägt der Versicherer, und nicht der Versicherungsnehmer, das Risiko einer von Anfang an bestehenden Unwirksamkeit.[117]   29

b) Inhalt der Vorschrift. Nach der Generalklausel des § 9 AGBG sind allgemeine Versicherungsbedingungen unwirksam, wenn sie den Versicherungsnehmer entgegen dem Gebot von Treu und Glauben unangemessen benachteiligen, d. h. wenn sie wesentlich von der gesetzlichen Regelung – zum Nachteil des Versicherungsnehmers – abweichen oder wesentliche Rechte des Versicherungsnehmers und wesentliche Pflichten des Versicherers, die sich aus der Natur des Versicherungsverhältnisses als eines auf Leistungsaustausch aufgebauten Vertrages ergeben, so einschränken, dass die Erreichung des Vertragszwecks gefährdet ist.[118] Die Erreichung des Vertragszwecks ist gefährdet, wenn mit der Begrenzung der Leistung der Vertrag ausgehöhlt werden kann und damit der Versicherungsvertrag in Bezug   30

OLG Hamburg (Urt. v. 11. 3. 1998, VersR 1998, 627) lehnte als Vorinstanz die Kontrollfähigkeit einer leistungsbeschreibenden Klausel ab; siehe dazu *Reiff* VersR 1998, 976; *Kieninger* VersR 1998, 1071.
[113] BGH, Urt. v. 3. 4. 1996 – IV ZR 152/95, NJW-RR 1996, 856, 857 = VersR 1996, 743, 744 f. = VerBAV 1996, 211, 213 = r+s 1996, 284, 285.
[114] BGH, Urt. v. 13. 7. 2005 – IV ZR 83/04, NJW 2005, XII (Ls.).
[115] BGHZ 83, 169 = NJW 1982, 1391 = VerBAV 1982, 319 = VersR 1982, 482 Anm. *Kuhn* VersR 1983, 316; BGH VersR 1983, 848 = NJW 1983, 2632 = VerBAV 1983, 439.
[116] Vgl. OLG Düsseldorf, Urt. v. 23. 12. 1999 – 6 U 159/98, VersR 2001, 46, 47; LG Heilbronn, Urt. v. 12. 3. 2009 – 6 O 341/08 Bm, WM 2009, 603, 605; *Schimikowski*, Das rechtliche Gebot zu transparenter und inhaltlich angemessener Gestaltung von AVB, r+s 1998, 353, 356; *Brandner* in: Ulmer/Brandner/Hensen, AGB-Gesetz, 9. Aufl., 2001, § 9 AGBG Rdn. 17 und 128.
[117] BGH WM 1988, 1780, 1784; *Lechner*, Vertrauensschutz für „Altverträge" bei Unwirksamkeitserklärung von AGB-Klauseln, WM 1994, 2049, 2052.
[118] OLG Köln VerBAV 1985, 446; BGH VerBAV 1986, 388; LG Frankfurt/M., Urt. v. 22. 10. 1998 – 2/2 O 24/98, NVersZ 1999, 75, 76 = VersR 1999, 1356.

Einl. F 31   Teil 2. Einleitung

auf das zu versichernde Risiko zwecklos wird.[119] Geben AVB lediglich den Wortlaut einer Rechtsvorschrift wieder, kann hierin für sich genommen noch keine Benachteiligung gesehen werden, denn die Inhaltskontrolle nach dem AGBG zielt nicht auf eine vom Standpunkt des Verbrauchers optimale Gestaltung der AGB.[120] Eine dynamische Verweisung in AVB kann der Inhaltskontrolle standhalten, wenn sie für die Erreichung des Vertragszwecks notwendig ist.[121]

31   c) **Verstoß gegen das Transparenzgebot.** Intransparenz gilt als ein selbständiges Merkmal unangemessener Vertragsgestaltung.[122] Bei der Prüfung hinreichender Transparenz ist auf den Verständnishorizont und die Erwartungen eines typischerweise bei der betreffenden Vertragsart zu erwartenden Durchschnittskunden abzustellen.[123] Nach dem Transparenzgebot ist der Verwender Allgemeiner Versicherungsbedingungen entsprechend den Grundsätzen von Treu und Glauben gehalten, Rechte und Pflichten seines Vertragspartners möglichst klar und durchschaubar darzustellen.[124] Dabei kommt es nicht nur darauf an, dass die Klausel in ihrer Formulierung für den durchschnittlichen Versicherungsnehmer verständlich ist.[125] Vielmehr gebieten Treu und Glauben auch, dass die Klausel die wirtschaftlichen Nachteile und Belastungen so weit erkennen lässt, wie dies nach den Umständen gefordert werden kann.[126] Hierzu führt das OLG Düsseldorf[127] Folgendes aus:

---

[119] BGH NJW 1998, 1069 = VersR 1998, 175; OLG Frankfurt/M., Urt. v. 20. 1. 2000 – 1 U 230/98, VersR 2000, 1097, 1098 (Berufungsentscheidung zu LG Frankfurt/M., Urt. v. 22. 10. 1998 – 2/2 O 24/98, NVersZ 1999, 75, 76 = VersR 1999, 1356).

[120] BGH VersR 1986, 257, 258; *Präve*, Aktuelle Fragen zum Recht der privaten Krankenversicherung, ZfV 1997, 354, 396; *derselbe*, Die Gestaltung der Versicherungsbedingungen in der Lebensversicherung unter Berücksichtigung des AGB-Gesetzes, ZfV 2000, 549, 550; *derselbe*, Versicherungsbedingungen und Transparenzgebot, VersR 2000, 138, 143.

[121] *Oetker*, Dynamische Verweisungen in Allgemeinen Geschäftsbedingungen als Rechtsproblem, JZ 2002, 337, 342.

[122] BGHZ 106, 42, 49 = VersR 1989, 82, 84; BGHZ 104, 82, 83; OLG Düsseldorf, Urt. v. 23. 12. 1999 – 6 U 159/98, VersR 2001, 46, 47; *Brandner* in: Ulmer/Brandner/Hensen, AGB-Gesetz, 9. Aufl., 2001, § 9 AGBG Rdn. 87 und 89.

[123] BGHZ 112, 115 = NJW 1990, 2383; BGH, Urt. v. 15. 10. 1991 – XI ZR 192/90, BGHZ 116, 1, 7 = NJW 1992, 179; OLG Düsseldorf, Urt. v. 23. 12. 1999 – 6 U 159/98, VersR 2001, 46, 47; *Brandner* in: Ulmer/Brandner/Hensen, AGB-Gesetz, 9. Aufl., 2001, § 9 AGBG Rdn. 106.

[124] OLG Hamburg, Urt. v. 20. 7. 1999 – 9 U 152/99, NJW-RR 1999, 1631; BGH, Urt. v. 24. 3. 1999 – III ZR 90/98, BGHZ 141, 137, 143 = NJW 1999, 2279 = NVersZ 1999, 360 = VersR 1999, 710, 711; BGH, Urt. v. 9. 5. 2001 – IV ZR 121/00, NJW 2001, 2014, 2016 = NVersZ 2001, 308, 310 = VersR 2001, 841, 843 = ZIP 2001, 1052, 1054 = BB 2001, 1427, 1429 = MDR 2001, 1055/1056; BGH, Urt. v. 20. 11. 2002 – VIII ZR 146/01, VersR 2003, 323, 325 = WM 2003, 687, 690 = DB 2003, 142, 144; BGH, Urt. v. 23. 6. 2004 – IV ZR 130/03, NJW 2004, 2589, 2591 = VersR 2004, 1039, 1040 = r+s 2004, 385, 387 = MDR 2004, 1353, 1354; OLG Karlsruhe, Urt. v. 3. 2. 2005 – 12 U 290/04, NJW-RR 2005, 759; *Bernreuther*, Zum Maßstab der Auslegung von AGB und dem Transparenzgebot, BB 1993, 1823, 1826; *Schimikowski*, Das rechtliche Gebot zu transparenter und inhaltlich angemessener Gestaltung von AVB, r+s 1998, 353, 359.

[125] BGH, Urt. v. 9. 5. 2001 – IV ZR 121/00, a. a. O. (Fn. 124).

[126] BGH, Urt. v. 24. 3. 1999 – III ZR 90/98, BGHZ 141, 137, 143 = NJW 1999, 2279 = NVersZ 1999, 360 = VersR 1999, 710, 711; OLG Hamburg, Urt. v. 23. 1. 2001 – 9 U 327/99, VersR 2001, 849, 851; BGH, Urt. v. 9. 5. 2001 – IV ZR 121/00, BGHZ 147, 354, 362 = NJW 2001, 2014, 2016 = NVersZ 2001, 308, 310 = VersR 2001, 841, 844 = r+s 2001, 386 = ZIP 2001, 1052, 1054 = BB 2001, 1427, 1429 = MDR 2001, 1055, 1056; LG Nürnberg-Fürth, Urt. v. 24. 4. 2002 – 3 O 6422/01, S. 15; BGH, Urt. v. 23. 6. 2004 – IV ZR 130/03, NJW 2004, 2589, 2591 = VersR 2004, 1039, 1040 = r+s 2004, 385, 387; BGH, Urt. v. 23. 2. 2005 – IV ZR 273/03, VersR 2005, 639 = r+s 2005, 257, 258; *Römer*, Zu den Grenzen des Transparenzgebots im Versicherungsrecht, in: Kontinuität und Wandel

F. Inhaltskontrolle v. Allgemeinen Versicherungsbedingungen 32–35 **Einl. F**

„Die Rechte und Pflichten des Vertragspartners müssen in den AGB durch entsprechende Ausgestaltung und geeignete Formulierung der Vertragsbedingungen durchschaubar, richtig, bestimmt und möglichst klar dargestellt werden. Insbesondere sind die AGB so zu gestalten, dass der rechtsunkundige Durchschnittskunde in der Lage ist, die ihn benachteiligende Wirkung einer Klausel ohne Einholung von Rechtsrat zu erkennen. Sind Klauseln unklar, obwohl Klarheit möglich und zur Wahrung der Rechte des Kunden nötig ist, belasten sie den Kunden entgegen den Geboten von Treu und Glauben unangemessen im Sinne des § 9 AGBG. Dies gilt insbesondere für Regelungen, die die Gefahr begründen, dass der Kunde von der Durchsetzung bestehender Rechte abgehalten wird."

Das Transparenzgebot verlangt allerdings eine dem Versicherungsnehmer verständliche Darstellung nur soweit, wie dies nach den Umständen gefordert werden kann.[128] Im Zuge der Kontrolle der Überschussbeteiligungsklausel (§ 17 ALB 1994) stellte der BGH zu den Regelungen des § 81c VAG und der dazu ergangenen Verordnung über die Mindestbeitragsrückerstattung in der Lebensversicherung zu Recht fest, dass sie so komplex und kompliziert seien, dass sie einem durchschnittlichen Versicherungsnehmer nicht weiter erklärt werden können.[129]   32

d) Teilunwirksamkeit. Mitunter stellt ein Teil einer Klausel eine inhaltlich von dem übrigen Klauselinhalt trennbare, aus sich heraus verständliche und sinnvolle Regelung dar, die von den übrigen unwirksamen Klauselteilen nicht erfasst wird. In diesem Fall bleibt diese Regelung als Teilklausel wirksam.[130] Oder anders gesprochen: Führt die Inhaltskontrolle zur Teilunwirksamkeit einer Klausel, muss nicht zwingend die Gesamtklausel für unwirksam erklärt werden.[131] Die Unwirksamkeit der Teilklausel ergreift allerdings dann die Gesamtklausel, wenn der als wirksam anzusehende Rest im Gesamtgefüge des Vertrags nicht mehr sinnvoll ist, insbesondere wenn der als unwirksam beanstandete Klauselteil von so einschneidender Bedeutung ist, dass von einer gänzlich neuen, von der bisherigen völlig abweichenden Vertragsgestaltung gesprochen werden muss.[132]   33

e) Einzelfälle. Die Klausel, besondere Vereinbarungen seien nur dann verbindlich, wenn sie von der Hauptverwaltung schriftlich bestätigt werden, verstößt gegen § 9 Abs. 1 und 2 Nr. 1 AGBG.[133]   34

Eine Klausel, nach der der Versicherer berechtigt ist, im Falle der Unwirksamkeit von Bedingungen einzelne Bedingungen mit Wirkung für bestehende Verträge zu ergänzen oder zu ersetzen, und nach der die geänderten Bedingungen als genehmigt gelten, wenn der Versicherungsnehmer nicht innerhalb eines Monats   35

---

des Versicherungsrechts, Festschrift für Egon Lorenz zum 70. Geburtstag, hrsg. v. Manfred Wandt, Peter Reiff, Dirk Looschelders u. Walter Bayer, Karlsruhe, VVW, 2004, S. 615, 617.
[127] OLG Düsseldorf, Urt. v. 23. 12. 1999 – 6 U 159/98, VersR 2001, 46, 47. Ebenso BGHZ 106, 42, 49 = VersR 1989, 82, 84; BGH, Urt. v. 23. 11. 1994 – IV ZR 124/93, NJW 1995, 589, 590 = VersR 1995, 77, 79 = VerBAV 1995, 223, 225 = r+s 1997, 169, 171 = WM 1995, 27, 30 = ZIP 1995, 33, 35 = BB 1995, 423, 424 = DB 1995, 265 = MDR 1995, 910, 911 = JZ 1995, 458, 459; OLG Hamburg, Urt. v. 20. 7. 1999 – 9 U 152/99, VersR 1999, 1482, 1483.
[128] BGHZ 141, 137, 143 = NJW 1999, 2279 = NVersZ 1999, 360 = VersR 1999, 710, 711; BGH, Urt. v. 9. 5. 2001 – IV ZR 121/00, NJW 2001, 2014, 2019 = NVersZ 2001, 308, 313 = VersR 2001, 841, 846 = ZIP 2001, 1052, 1058 = BB 2001, 1427, 1431; OLG Nürnberg, Urt. v. 12. 11. 2002 – 3 U 1813/02, S. 14.
[129] BGH, Urt. v. 9. 5. 2001 – IV ZR 121/00, VersR 2001, 841, 845f.; *Schwintowski*, Transparenz in der Lebensversicherung, NVersZ 2001, 337, 340; *Präve* ZfV 2003, 472, 475.
[130] BGH NJW 1989, 3215, 3216; OLG Düsseldorf, Urt. v. 23. 12. 1999 – 6 U 159/98, VersR 2001, 46.
[131] BGH v. 18. 4. 1989, WM 1989, 949, 950.
[132] BGH NJW 1989, 3215, 3216; OLG Düsseldorf, Urt. v. 23. 12. 1999 – 6 U 159/98, VersR 2001, 46, 48.
[133] LG Stuttgart, Urt. v. 22. 9. 1998 – 20 O 487/97, VersR 1999, 179, 181.

Einl. F 36–43

nach Bekanntgabe widerspricht, enthält einen mit § 10 Nr. 4 AGBG unvereinbaren Änderungsvorbehalt und ist mit dem Transparenzgebot unvereinbar.[134] Sie verstößt gegen § 6 Abs. 2 AGBG[135] und wurde daher zu Recht vom OLG Düsseldorf für unwirksam erklärt.[136]

36   Auch die Klausel, dass der vorläufige Deckungsschutz der Lebensversicherung zwei Monate nach der Unterzeichnung des Versicherungsantrags endet, stellt nach einer Entscheidung des BGH eine unangemessene Benachteiligung des Versicherungsnehmers dar und ist gemäß § 9 Abs. 1 AGBG unwirksam.[137]

37   Mit der formularmäßig dem Versicherungsnehmer zugeschriebenen Erklärung, dieser wolle telefonisch Informationen über das Dienstleistungsangebot des Versicherers und seiner Kooperationspartner erhalten, verstößt der Versicherer gegen § 9 Abs. 1 AGBG.[138]

38   Unwirksam ist in der Restschuldlebensversicherung der Ausschluss des Versicherungsschutzes für Arbeitsunfähigkeit aufgrund „alter" Leiden.[139] Allerdings hat der BGH die Unwirksamkeit dieser Regelung nicht aus § 9 AGBG, sondern aus einem Verstoß gegen die §§ 16 ff. VVG hergeleitet.[140]

39   In den AVB für den vorläufigen Versicherungsschutz verstößt die Ausschlussklausel des § 4 Abs. 1 VVSL 1991 gegen § 9 Abs. 2 Nr. 2 AGBG.[141]

40   Gegen das sich aus § 9 AGBG ergebende Transparenzgebot verstoßen nach Auffassung des BGH die 1994 verlautbarten und seit dieser Zeit von den LVU angewendeten Klauseln der ALB 1994 zur Kündigung, Beitragsfreistellung und Verrechnung von Abschlusskosten.[142]

41   Klauseln, mit denen sich der Versicherer ein uneingeschränktes Recht vorbehält, Prämien, Tarife und sonstige versicherungsvertragliche Rechte und Pflichten abzuändern, verstoßen gegen das im Transparenzgebot enthaltene Bestimmtheitsgebot[143] und sind gemäß § 9 AGBG unwirksam.[144]

42   In der Invaliditätszusatzversicherung ist die Ausschlussklausel im Falle der Invalidität wegen angeborener oder im ersten Lebensjahr in Erscheinung getretener Krankheiten unwirksam.[145]

43   Hingegen verstößt die ebenfalls 1994 verlautbarte und seit dieser Zeit von den LVU angewendete Klausel der ALB 1994 zur Überschussbeteiligung nicht gegen das Transparenzgebot.[146]

---

[134] *Heinrichs,* Die Entwicklung des Rechts der Allgemeinen Geschäftsbedingungen im Jahre 1997, NJW 1998, 1447, 1459.
[135] KG NJW 1998, 829, 831.
[136] OLG Düsseldorf VersR 1997, 1272; *Matusche-Beckmann* NJW 1998, 112.
[137] BGH, Urt. v. 3. 4. 1996 – IV ZR 152/95, NJW-RR 1996, 856 = VersR 1996, 743 = VerBAV 1996, 211 = r+s 1996, 284 = MDR 1996, 691.
[138] LG Stuttgart, Urt. v. 22. 9. 1998 – 20 O 487/97, VersR 1999, 179, 180.
[139] BGH VersR 1996, 1486.
[140] Vgl. zu Risikoausschlüssen für „alte" Leiden auch KG VersR 1996, 1397; OLG Köln VersR 1996, 1399; *Wriede* VersR 1996, 1437.
[141] BGH, Urt. v. 21. 2. 2001 – IV ZR 259/99, NVersZ 2001, 262 = NJW-RR 2001, 741 = VersR 2001, 489 = VerBAV 2001, 242 = r+s 2001, 260 = MDR 2001, 813.
[142] BGH, Urt. v. 9. 5. 2001 – IV ZR 121/00, NJW 2001, 2014 = NVersZ 2001, 308 = VersR 2001, 841 = ZIP 2001, 1052 = BB 2001, 1427 = DB 2001, 2186 = MDR 2001, 1055; BGH, Urt. v. 9. 5. 2001 – IV ZR 138/99, BGHZ 147, 373 = VersR 2001, 839.
[143] *Heinrichs* in: Festschrift für Trinkner, 1995, S. 157, 167; *derselbe,* Die Entwicklung des Rechts der Allgemeinen Geschäftsbedingungen im Jahre 1997, NJW 1998, 1447, 1454.
[144] OLG Düsseldorf BB 1997, 2185, zu einer entsprechenden Klausel in den AGB der Rechtsschutzversicherer; BGH NJW 1998, 453, 455.
[145] BGH, Urt. v. 26. 9. 2007 – IV ZR 252/06, NJW-RR 2008, 189, 190 = VersR 2007, 1690, 1691 = r+s 2008, 25, 26 f.
[146] BGH, Urt. v. 9. 5. 2001 – IV ZR 121/00, a. a. O. (Fn. 142).

F. Inhaltskontrolle v. Allgemeinen Versicherungsbedingungen 44–51 Einl. F

Im Jahr zuvor entschied der BGH[147] zu § 11 ALB 1986,[148] dass die sog. Inhaberklausel, nach der der Lebensversicherer den Inhaber des Versicherungsscheins als berechtigt ansehen kann, über die Rechte aus dem Versicherungsvertrag zu verfügen, insbesondere Leistungen in Empfang zu nehmen, der Kontrolle nach § 9 AGBG standhält. 44

Obliegenheits- und Verwirkungsklauseln mit schwerwiegenden Sanktionen für den Verletzungsfall werden im Versicherungsvertrag noch als angemessen erachtet.[149] Formularmäßig kann im Versicherungsvertrag vereinbart werden, dass für bestimmte Gesundheitsstörungen sowie deren Ursachen und Folgen unter näher bezeichneten Voraussetzungen kein Versicherungsschutz besteht.[150] 45

Ein Vertragszusatz, der vorsieht, dass ein zusätzlich vereinbarter Leistungsausschluss nur auf Antrag des Versicherungsnehmers wieder aufgehoben werden kann, wenn fünf Jahre lang keine unter den Ausschluss fallenden Behandlungen durchgeführt bzw. Beschwerden aufgetreten sind, verstößt nicht gegen § 9 AGBG,[151] wohl aber der Ausschluss der Zuständigkeitsregelung des § 48 VVG in einer Satzung.[152] 46

2. Klauselverbote gemäß § 10 AGBG

Die Sechswochenfrist im Versicherungsantrag verstößt nicht gegen § 10 Nr. 1 AGBG.[153] Die unbestimmte Leistungsfrist des § 11 Abs. 1 VVG geht für AVB dem § 10 Nr. 1 AGBG vor.[154] 47

§ 10 Nr. 5 AGBG (fingierte Erklärungen) wird im Versicherungsrecht kaum Anwendung finden, denn für grundlegende Erklärungen, die den wesentlichen Inhalt oder Bestand des Versicherungsvertrages betreffen, werden vom BAV ausdrückliche Erklärungen gefordert. 48

§ 10 VVG begründet für Willenserklärungen jeder Art eine Zugangsfiktion im Sinne von § 10 Nr. 6 AGBG aufgrund Absendung eines eingeschriebenen Briefes an die letzte bekannte Wohnung und darf gemäß § 10 Nr. 6 AGBG nicht auf die Absendung einfacher Briefe ausgedehnt werden.[155] Soweit sich in Allgemeinen Versicherungsbedingungen noch die Bestimmung befinden sollte, dass zum Nachweis einer Mahnung oder Kündigung ein Aktenvermerk des Versicherers genügen soll, verstößt diese Regelung gegen § 10 Nr. 6 AGBG.[156] 49

§ 10 Nr. 7 AGBG greift nicht bei der Geschäftsgebühr und der Rückkaufswertregelung. 50

3. Klauselverbote gemäß § 11 AGBG

§ 11 Nr. 1 AGBG erfasst wegen Bereichsausnahme für Versicherungsverträge nicht die Prämienanpassungsklausel in der BV und der PRV.[157] In den Versiche- 51

---

[147] BGH, Urt. v. 22. 3. 2000 – IV ZR 23/99, NJW 2000, 2103 = NVersZ 2001, 259 = VersR 2000, 709 = VerBAV 2000, 198 = MDR 2000, 831 (Revisionsentscheidung zu OLG München, Urt. v. 19. 11. 1998 – 29 U 3536/98, VersR 1999, 1222).
[148] VerBAV 1986, 205.
[149] BGHZ 52, 86, 90.
[150] OLG Köln v. 26. 9. 1985, VersR 1986, 1186.
[151] AG Köln v. 25. 10. 1985, VersR 1987, 401.
[152] AG Cuxhaven v. 19. 5. 1988, NJW-RR 1989, 990.
[153] OLG Frankfurt/M. v. 12. 5. 1982, VersR 1983, 528; OLG Hamm v. 12. 7. 1985, VersR 1986, 82.
[154] *Schmidt* in: Ulmer/Brandner/Hensen, AGB-Gesetz, 9. Aufl., 2001, § 10 Nr. 1 AGBG Rdn. 20.
[155] OLG Hamburg VersR 1980, 38.
[156] OLG Hamburg VersR 1981, 125.
[157] *Hensen* in: Ulmer/Brandner/Hensen, AGB-Gesetz, 9. Aufl., 2001, § 11 Nr. 1 AGBG Rdn. 9.

rungsbedingungen von VVaG kann der Ausschluss eines Zurückbehaltungsrechts des Mitglieds an den Beiträgen im Hinblick auf § 26 VAG ohne Verstoß gegen § 11 Nr. 2 AGBG wirksam vereinbart werden.[158]

52 Gemäß § 11 Nr. 3 AGBG kann eine Aufrechnung mit unbestrittenen oder rechtskräftig festgestellten Forderungen in den Versicherungsbedingungen nicht ausgeschlossen werden, wohl aber mit bestrittenen oder nicht rechtskräftigen Forderungen. Bei VVaG geht das Aufrechnungsverbot des § 26 VAG dem AGBG vor.

53 In Antragsformularen, die insbesondere für den Abschluss von Lebens- und Berufsunfähigkeits-Zusatzversicherungen verwendet wurden, befand sich folgende Klausel:

„Für die Richtigkeit der Angaben bin ich allein verantwortlich, auch wenn ich den Antrag nicht selbst ausgefüllt habe. Der Vermittler darf über die Erheblichkeit von Antragsfragen oder Erkrankungen keine verbindlichen Erklärungen abgeben."

54 Diese Klausel ist Vertragsbedingung im Sinne von § 1 Abs. 1 Satz 1 AGBG. Damit ist nicht nur eine – allerdings unwirksame – Beschränkung der Vollmacht des Versicherungsagenten beabsichtigt, als „Auge und Ohr" des Versicherers mündliche Angaben des Versicherungsinteressenten entgegenzunehmen. Es soll auch die Haftung des Versicherers aus Verschulden bei Vertragsschluss für unrichtige Auskünfte und falsche Ratschläge bei der Beantwortung der Formularfragen ohne Rücksicht auf den Grad des Verschuldens ausgeschlossen werden. Dies verstößt gegen § 11 Nr. 7 AGBG.[159]

55 Die in § 11 Nr. 12 AGBG festgelegten Höchstgrenzen gelten nicht für Versicherungsverträge.[160] § 23 Abs. 2 Nr. 6 AGBG ist mit dem Grundgesetz vereinbar, soweit hiernach AGB bei Versicherungsverträgen eine Laufzeit von mehr als zwei Jahren vorsehen können.[161]

56 Bestimmungen über die Beweislast in den Versicherungsbedingungen, die dem VVG entsprechen, fallen nicht unter das Klauselverbot des § 11 Nr. 15 AGBG, z. B. § 6 VVG (Obliegenheiten), §§ 16 ff. VVG (vorvertragliche Anzeigepflicht und Gefahrerhöhung), § 169 Abs. 2 VVG (Leistungspflicht trotz Selbstmord). § 180 a VVG schreibt seit 5. August 1967 vor, dass der Versicherer im Bereich der Unfallversicherung die Freiwilligkeit des Unfalls voll beweisen muss. Eine entgegenstehende Bestimmung in AVB ist schon gemäß § 180 a Abs. 2 VVG unwirksam. Eine Beweislastumkehr in Bezug auf Absendung und Zugang von Mahn- und Kündigungsschreiben des Versicherers kann nicht zulässig gemäß § 11 Nr. 15 AGBG vereinbart werden.[162] Zu den beweisländernden Tatsachenbestätigungen gehören auch die Wissenserklärungen in den formularmäßigen Versicherungsanträgen wie z. B. die Verneinung von Vorerkrankungen.[163]

57 Gegen § 11 Nr. 15 b) AGBG verstoßen Klauseln, mit denen sich das LVU bestätigen lässt, dass der Versicherungsnehmer bestimmte Vertragsbedingungen ausgehändigt erhalten habe.[164] Ein solches Empfangsbekenntnis in AGB ist – wenn

---

[158] Vgl. BGH VerBAV 1955, 211, 213.
[159] BGHZ 116, 387 = VersR 1992, 217 unter c und d; kritisch *Weigel* MDR 1992, 728; *Schirmer* ZVersWiss 1992, 381, 396.
[160] § 23 Abs. 2 Nr. 6 AGBG; AG Hersbruck VersR 1984, 773 und 841; BGH NJW 1985, 2328.
[161] BVerfG v. 4. 6. 1985, VersR 1985, 856 = NJW 1986, 243 = VerBAV 1985, 353 = WM 1985, 1067; siehe auch LG Lübeck NJW 1987, 594.
[162] *Brandner* in: Ulmer/Brandner/Hensen, AGB-Gesetz, 5. Aufl., 1987, § 11 Nr. 15 AGBG Rdn. 18; a. A. *Voosen* VersR 1977, 895.
[163] *Brandner* in: Ulmer/Brandner/Hensen, AGB-Gesetz, 5. Aufl., 1987, § 11 Nr. 15 AGBG Rdn. 16.
[164] LG Stuttgart, Urt. v. 22. 9. 1998 – 20 O 487/97, VersR 1999, 179, 180.

F. Inhaltskontrolle v. Allgemeinen Versicherungsbedingungen 58–60 **Einl. F**

nicht deutlich vom übrigen Vertragstext abgehoben und gesondert unterschrieben – grundsätzlich gesetzwidrig.[165]

Nach § 11 Nr. 16 AGBG sind Bestimmungen in Versicherungsbedingungen unzulässig, durch die Anzeigen oder Erklärungen, die dem Versicherungsunternehmen oder einem Dritten gegenüber abzugeben sind, an eine strengere Form als die Schriftform oder an besondere Zugangserfordernisse gebunden werden. Das VVG verlangt nur Schriftform (vgl § 5 Abs. 1, § 12 Abs. 2, § 16 Abs. 1, § 34a Satz 2, § 37, § 39 Abs. 1 VVG). 58

VIII. Unterlassungs- und Widerrufsanspruch gemäß § 1 UKlaG (vormals § 13 AGBG)

1. Sinn und Zweck der Verbandsklage

Für das Verfahren nach §§ 13 ff. AGBG hat der BGH schon sehr früh betont, dass nicht der einzelne, von einer möglicherweise unzulässigen Klausel betroffene Verbraucher, sondern der Rechtsverkehr von der Verwendung unzulässiger Klauseln freigehalten werden soll.[166] Der Zweck der Verbandsklage besteht mithin darin, den Rechtsverkehr von sachlich unangemessenen und unzulässigen Klauseln und den durch sie tatsächlich oft erzeugten Scheinbindungen freizuhalten.[167] 59

2. Klagebefugnis

Die Ansprüche auf Unterlassung bzw. Widerruf Allgemeiner Geschäftsbedingungen dürfen seit dem 30. Juni 2000 von den Verbänden geltend gemacht werden, die in der Liste der qualifizierten Einrichtungen eingetragen sind, die gemäß § 4 UKlaG durch das Bundesverwaltungsamt in Köln geführt wird.[168] Klagebefugt sind danach zum einen die ausländischen Verbände und Stellen, die gemäß Mitteilung der Kommission zu Art. 4 Abs. 3 der Richtlinie 98/27/EG des Europäischen Parlaments und des Rates über Unterlassungsklagen zum Schutz der Verbraucherinteressen, betreffend die qualifizierten Einrichtungen, berechtigt sind, eine Klage im Sinne des Art. 2 dieser Richtlinie zu erheben, und in der Liste der qualifizierten Einrichtungen der EU-Kommission eingetragen sind,[169] und zum anderen die im Inland ansässigen Verbraucherverbände, die das Bundesverwaltungsamt in einer Liste qualifizierter Einrichtungen erfasst, regelmäßig im Bundesanzeiger veröffentlicht und der EU-Kommission meldet.[170] Nunmehr ist klagebefugt, wer in die vom Bundesamt für Justiz geführte Liste der qualifizierten Einrichtungen eingetragen ist.[171] Nicht umgesetzt hat der Gesetzgeber Forderungen aus dem Schrifttum,[172] der Versicherungsaufsichtsbehörde ein eigenes Klage- 60

---

[165] LG Stuttgart, Urt. v. 22. 9. 1998 – 20 O 487/97, VersR 1999, 179, 180.
[166] BGH NJW 1981, 979; BGH NJW 1989, 582; BGH NJW 1990, 317.
[167] BGHZ 100, 157, 178 = VersR 1987, 712, 717; BGHZ 136, 394, 400 = VersR 1997, 1517, 1519; BGH, Urt. v. 12. 12. 2007 – IV ZR 130/06, VersR 2008, 246, 247; *Wandt*, Die Kontrolle handschriftlicher AGB im Verbandsklageverfahren gem. § 13 AGBG – Zugleich Anmerkung zum Urteil des BGH vom 10. 3. 1999 (VIII ZR 204/98) VersR 99, 741 –, VersR 1999, 917, 918.
[168] Krit. hierzu *Littbarski*, Die kapitalbildende Lebensversicherung im Visier des Verbraucherschutzes, NJW 2001, 3315, 3317.
[169] Mitteilung v. 16. 2. 2006, Abl.EU C 39/2.
[170] Vgl. *Schmidt-Räntsch*, Änderungen bei der Klagebefugnis von Verbänden durch das Schuldrechtsmodernisierungsgesetz – Der Schwächere verliert den Schutz nicht –, DB 2002, 1595, 1596.
[171] BGH, Urt. v. 16. 7. 2008 – VIII ZR 348/06, WM 2008, 1941, 1942.
[172] Eingehend *Präve*, Einführung eines versicherungsaufsichtsbehördlichen Klagerechts in das AGB-Gesetz?, NJW 1993, 970 ff.

recht einzuräumen. Mitbewerber sind nicht berechtigt, einen Unterlassungsanspruch nach dem UKlaG geltend zu machen.[173] Da die Verwendung unwirksamer Allgemeiner Versicherungsbedingungen für sich allein betrachtet nicht als Zuwiderhandlung gegen § 3 UWG anzusehen ist, steht dem Mitbewerber kein Unterlassungsanspruch gemäß § 8 Abs. 1 UWG zu.[174]

3. Anhörung der Bundesanstalt für Finanzdienstleistungsaufsicht

61 Nach § 8 Abs. 2 Nr. 1 UKlaG (bislang § 16 AGBG) hat das Gericht vor einer Entscheidung über eine Klage nach § 1 UKlaG die Bundesanstalt für Finanzdienstleistungsaufsicht zu hören, wenn Gegenstand der Klage Bestimmungen in Allgemeinen Versicherungsbedingungen sind. Dies gilt allerdings nicht, wenn es allein um die tatsächliche Frage einer Wiederholungsgefahr geht.[175]

4. Unterlassungs- und Widerrufsanspruch

62 Im Verbandsklageverfahren kann gemäß § 13 Abs. 1 AGBG – ebenso wie jetzt gemäß § 1 UKlaG – nur der Inhalt von AVB, nicht aber die Art ihrer Einbeziehung kontrolliert werden.[176] Die Art der Einbeziehung neuer Klauseln gemäß § 172 Abs. 2 VVG kann daher nicht im Wege der Klage nach § 1 UKlaG überprüft werden.[177] Grundsätzlich unzulässig ist auch die Erhebung einer Verfassungsbeschwerde in gewillkürter Prozessstandschaft, also zur Geltendmachung der Grundrechte Dritter.[178]

63 Der Unterlassungs- und Widerrufsanspruch gemäß § 13 AGBG (jetzt § 1 UKlaG) besteht gegen Klauseln, die nach den §§ 307 bis 309 BGB (bislang §§ 9 bis 11 AGBG) unwirksam sein sollen.[179] Beruht die Unwirksamkeit nicht auf den §§ 9 bis 11 AGBG oder verletzten Rechtsnormen mit gleicher Schutzwirkung, kann das Verfahren gemäß §§ 13 ff. AGBG nicht durchgeführt werden.[180] Das abstrakte gerichtliche Verfahren gemäß § 13 AGBG ist auch bei den von der Aufsichtsbehörde genehmigten Versicherungsbedingungen durchführbar.

---

[173] *Ernst/Seichter*, Zur Wettbewerbswidrigkeit von Verstößen gegen das AGB-Recht, DB 2007, 1573; *Köhler*, Konkurrentenklage gegen die Verwendung unwirksamer Allgemeiner Geschäftsbedingungen?, NJW 2008, 177.
[174] LG Düsseldorf, Urt. v. 4. 5. 2005 – 12 O 192/04, VersR 2005, 1273, 1274; OLG Köln, Urt. v. 26. 4. 2006 – 5 U 147/05, VersR 2006, 1113, 1116; OLG Düsseldorf, Urt. v. 18. 5. 2006 – I-6 U 116/05, VersR 2006, 1111, 1113; BGH, Urt. v. 12. 12. 2007 – IV ZR 144/06, NJW-RR 2008, 624, 626; a. A. KG NJW 2007, 2266 = GRUR-RR 2007, 291, 292; *Schimikowski*, Das rechtliche Gebot zu transparenter und inhaltlich angemessener Gestaltung von AVB, r+s 1998, 353, 355; *Köhler*, a. a. O. (Fn. 173), NJW 2008, 177, 181.
[175] OLG Karlsruhe, Urt. v. 20. 2. 2003 – 12 U 210/02, VersR 2003, 889, 890.
[176] Vgl. BGH MDR 1983, 113; BGH, Urt. v. 25. 6. 1986 – IVa ZR 263/84, NJW-RR 1987, 45 = VersR 1986, 908; LG Stuttgart, Urt. v. 1. 8. 2000 – 20 O 216/00, VersR 2000, 1136, 1137; BGH, Beschl. v. 16. 10. 2002 – IV ZR 307/01, NJW-RR 2003, 103, 104 = VersR 2002, 1498 = r+s 2003, 25, 26; OLG Köln, Urt. v. 26. 4. 2006 – 5 U 147/05, VersR 2006, 1113, 1114; OLG Düsseldorf, Urt. v. 18. 5. 2006 – I-6 U 116/05, VersR 2006, 1111, 1112; *Hefermehl/Köhler/Bornkamm*, UWG, 27. Aufl., 2009, § 1 UKlaG Rdn. 5.
[177] BGH, Beschl. v. 16. 10. 2002 – IV ZR 307/01, NJW-RR 2003, 103, 104 = VersR 2002, 1498 = r+s 2003, 25, 26; OLG Karlsruhe, Urt. v. 20. 2. 2003 – 12 U 210/02, VersR 2003, 889, 890.
[178] BVerfG, Beschl. v. 29. 5. 2006 – 1 BvR 1080/01, S. 6.
[179] BGH, Urt. v. 25. 6. 1986 – IVa ZR 263/84, NJW-RR 1987, 45, 46 = VersR 1986, 908, 909; OLG Stuttgart, Urt. v. 6. 4. 2001 – 2 U 175/00, NVersZ 2002, 164, 166 = VersR 2001, 1141, 1142; OLG Köln, Urt. v. 18. 5. 2002 – 5 U 75/02, NJW-RR 2003, 316 = VersR 2003, 448, 449; OLG Köln, Urt. v. 30. 3. 2007 – 6 U 249/06, NJW 2007, 3647.
[180] OLG Stuttgart, Urt. v. 6. 4. 2001 – 2 U 175/00, NVersZ 2002, 164, 166 = VersR 2001, 1141, 1142.

F. Inhaltskontrolle v. Allgemeinen Versicherungsbedingungen 64, 65   **Einl. F**

Der Unterlassungsanspruch nach § 1 UKlaG (vormals § 13 AGBG) setzt das **64**
Bestehen einer Wiederholungsgefahr voraus.[181] Die Verwendung von AGB, die
unzulässige Klauseln enthalten, begründet eine tatsächliche Vermutung für das
Vorliegen einer Wiederholungsgefahr.[182] Dabei ist unerheblich, ob die beanstandete Klausel im Einzelfall Vertragsinhalt geworden ist.[183] Nach § 1 UKlaG kann
nicht nur auf die Unterlassung der Verwendung von Klauseln von AGB geklagt
werden, sondern auch darauf, dass sich der Verwender auf solche bei der Abwicklung von Verträgen nicht mehr beruft,[184] da dieses Verhalten eine tatsächliche
Vermutung für das Bestehen einer Wiederholungsgefahr durch den Verwender
begründet.[185] Für das Fortbestehen einer Wiederholungsgefahr spricht, wenn der
Verwender noch im Rechtsstreit die Zulässigkeit der von ihm benutzten AGB
verteidigt und nicht bereit ist, eine strafbewehrte Unterlassungserklärung abzugeben.[186] Hat das LVU dagegen eine ernsthafte Unterlassungserklärung abgegeben
und die Ernsthaftigkeit durch Abgabe eines Vertragsstrafeversprechens eindeutig
zum Ausdruck gebracht, dann besteht keine Wiederholungsgefahr und damit
auch kein Anlass zur Klage.[187]

5. Rechtsfolgen

Bei der Abwicklung bereits abgeschlossener Verträge darf sich der Versicherer **65**
auf die streitgegenständliche Klausel nicht mehr berufen, soweit sie für unwirksam
erklärt worden ist.[188] Da der Rechtsverkehr von unwirksamen Klauseln freizuhalten ist, kann dem Versicherer vom Gericht grundsätzlich keine Aufbrauchs- und
Umstellungsfrist eingeräumt werden.[189]

---

[181] BGH WM 1983, 595; OLG Karlsruhe, Urt. v. 20. 2. 2003 – 12 U 210/02, VersR 2003, 889.
[182] BGH WM 1990, 1339; BGHZ 81, 222; OLG Karlsruhe, Urt. v. 20. 2. 2003 – 12 U 210/02, VersR 2003, 889.
[183] *Hensen*, Zur Effizienz der Verbandsklage nach § 13 AGB-Gesetz, in: Festschrift für Peter Ulmer zum 70. Geburtstag am 2. Januar 2003, hrsg. v. Mathias Habersack, Peter Hommelhoff, Uwe Hüffer, Karsten Schmidt, Berlin, De Gruyter, 2003, S. 1135, 1138.
[184] BGH NJW 1981, 1511; BGH NJW-RR 1988, 819 = VersR 1988, 1281; BGH VersR 1994, 1049 = r+s 1994, 363, 364; OLG Karlsruhe, Urt. v. 1. 12. 1994 – 12 U 252/94, VersR 1995, 326, 327 = r+s 1996, 293.
[185] BGHZ 119, 152; BGH NJW-RR 2001, 485; OLG Braunschweig, Urt. v. 10. 7. 2003 – 2 U 161/02, VersR 2003, 1111, 1112.
[186] BGH WM 2000, 1967; OLG Karlsruhe, Urt. v. 20. 2. 2003 – 12 U 210/02, VersR 2003, 889.
[187] OLG Köln, Urt. v. 18. 9. 2002 – 5 U 75/02, Info-Letter 2002, 6.
[188] BGH, Urt. v. 11. 2. 1981 – VIII ZR 335/79, NJW 1981, 1511, 1512 = WM 1981, 379 = DB 1981, 1129; BGHZ 81, 222, 228 – ZIP 1981, 989 = WM 1981, 1105 = DB 1981, 2113; BGH, Urt. v. 16. 3. 1988 – IVa ZR 247/84, NJW-RR 1988, 819 = VersR 1988, 1281; OLG Düsseldorf v. 5. 4. 1990, NJW-RR 1990, 1311 = JZ 1990, 982; OLG München, Urt. v. 18. 2. 1993 – 29 U 4048/92, NJW-RR 1993, 736, 738; BGH, Urt. v. 13. 7. 1994 – IV ZR 107/93, NJW 1994, 2693 = NJW-RR 1995, 218 (Ls.) = VersR 1994, 1049 = VerBAV 1995, 110 = ZIP 1994, 1358, 1359 = WM 1994, 1716; BGH, Urt. v. 13. 7. 1994 – IV ZR 219/93, BB 1994, 1736; OLG Düsseldorf, Urt. v. 23. 12. 1999 – 6 U 159/98, VersR 2001, 46, 48; LG Köln, Urt. v. 9. 1. 2002 – 26 O 90/01, VersR 2002, 741, 742; *Rosenow/Schaffelhuber*, Neues zur Transparenzkontrolle im AGB-Recht – Zugleich Besprechung der beiden BGH-Urteile v. 9. 5. 2001 zur Intransparenz allgemeiner Versicherungsbedingungen (BGH ZIP 2001, 1052 und BGH ZIP 2001, 1062), ZIP 2001, 2211, 2222.
[189] BGH NJW 1983, 1322, 1326; OLG Düsseldorf, Urt. v. 23. 12. 1999 – 6 U 159/98, VersR 2001, 46, 48; *Hensen* in: Ulmer/Brandner/Hensen, AGB-Recht, 10. Aufl., 2006, § 9 UKlaG Rdn. 11.

IX. Sammelklage

66 Verbraucherzentralen sind berechtigt, an Sie abgetretene Kundenansprüche geltend zu machen, wenn die gerichtliche Einziehung der Forderungen durch eine Verbraucherorganisation im Interesse des Verbraucherschutzes erforderlich ist (Art. 1 § 3 Nr. 8 RBerG).[190] Die gerichtliche Einziehung fremder und zu Einziehungszwecken abgetretener Forderungen von Verbrauchern durch Verbraucherzentralen oder -verbänden ist gemäß Art. 1 § 3 Nr. 8 RBerG im Interesse des Verbraucherschutzes erforderlich, wenn die Einschaltung einer Verbraucherorganisation einem kollektiven Verbraucherinteresse dient und eine effektivere Verfolgung dieses Interesses ermöglicht als eine Individualklage.[191] Dies kann insbesondere der Fall sein, wenn Umstände vorliegen, die den einzelnen Verbraucher von einer Individualklage abhalten können, wie etwa eine geringe Anspruchshöhe, unverhältnismäßig hohe Prozesskosten, ein besonderes Prozessrisiko oder erhebliche praktische Schwierigkeiten, den Anspruch durchzusetzen.[192] Diese können sich z.B. aus der Person des Prozessgegners oder im Hinblick auf die Beschaffung der erforderlichen Informationen und Beweismittel ergeben.[193]

---

[190] BGH, Urt. v. 14. 11. 2006 – XI ZR 294/05.
[191] BGH, Urt. v. 14. 11. 2006 – XI ZR 294/05.
[192] BGH, Urt. v. 14. 11. 2006 – XI ZR 294/05.
[193] BGH, Urt. v. 14. 11. 2006 – XI ZR 294/05.

G. Beaufsichtigung der Lebensversicherungsunternehmen

Übersicht

	Rdn.
I. Allgemeines	1–23
1. Zulässige Rechtsformen	1
2. Versicherungsfremde Geschäfte	2
3. Spartentrennung	3, 4
4. Anordnungen der Aufsichtsbehörde	5–7
a) Ausgangslage	5
b) BGB (AGBG)	6
c) GWG	7
5. Finanzaufsicht	8–10
6. Kapitalanlagevorschriften	11, 12
7. Solvency II	13–15
a) Richtlinie 2009/138/EG	13, 14
b) MaRiskVA	15
8. Stress-Tests	16
9. Rating-Agenturen	17–19
a) Regulierung	17
b) Formen des Ratings	18
c) Rechtsschutz	19
10. Bilanzierung und Bewertung von Versicherungsverträgen nach IFRS/IASB/IASC	20–23
a) Rechnungslegungsstandards für Versicherungen	20–22
b) Übernahme internationaler Rechnungslegungsstandards	23
II. Beaufsichtigung des Altbestandes	24–28
1. Geltungsbereich	24
2. Geschäftsplanmäßige Erklärungen	25–28
a) Begriff	25
b) Vorgaben	26
c) Rechtswirkung	27
d) Weitergeltung	28
III. Beaufsichtigung des Neubestandes	29
IV. Beschwerdeverfahren	30–32
V. Ombudsmann	33
VI. Sicherungseinrichtung der Lebensversicherer	34–38
1. Europäische Insolvenzsicherungsrichtlinie	34
2. Sicherungsfonds der Lebensversicherer	35–38
a) Vorgeschichte	35–37
b) Gesetzlicher Sicherungsfonds	38

AuVdBAV: VerAfP 1938, 61 (Aufsichtsbehördliche Anforderungen an den Druck der Allgemeinen Versicherungsbedingungen); GB BAV 1954/55, 22 (Werbebezeichnung neuer Tarife); GB BAV 1955/56, 21 (Genehmigungspflicht für Geschäftsplanänderungen); GB BAV 1958/59, 37 (Gewinnausschüttungsverbot des ehemaligen Zonenamtes des Reichsaufsichtsamts für das Versicherungswesen vom 23. Dezember 1947); GB BAV 1962, 28 (Genehmigungspflicht von Geschäftsplanänderungen); GB BAV 1964, 42 (Geschäftsplanauszüge); VerBAV 1971, 138 (Vorlage von Geschäftsplanauszügen und Drucksachen); VerBAV 1971, 363 (R 8/71 v. 24. 11. 1971 – Gestaltung der von den Versicherungsunternehmen verwendeten Druckstücke); GB BAV 1973, 44 (Werbung in der Lebensversicherung mit der Bezeichnung „dynamisch"); VerBAV 1975, 438 (Haustarife); VerBAV 1976, 127 (Anträge auf Genehmigung von Geschäftsplänen und Geschäftsplanänderungen sowie Übersendung von Geschäftsplanauszügen und Druckstücken); VerBAV 1978, 205 (Mitversicherungsver-

Einl. G Teil 2. Einleitung

träge in der Lebensversicherung); GB BAV 1979, 26 (Auskunfts- und Prüfungsrechte des BAV); GB BAV 1982, 58 (Werbe- und Tarifbezeichnungen in der Lebensversicherung); VerBAV 1984, 195 (Zulässigkeit von Haustarifen in der Versicherungswirtschaft); VerBAV 1988, 411 (Geschäftsplanänderung bei Versicherungsvereinen auf Gegenseitigkeit); VerBAV 1998, 111 (Währungsunion); VerBAV 1990, 275 (Versicherungsaufsicht in der DDR); VerBAV 1994, 87 (Bearbeitung von Beschwerden); VerBAV 1994, 191 (Neufassung des Formulars „Auszug aus dem Geschäftsplan"); VerBAV 1994, 286 und 410 (Drittes Durchführungsgesetz/EWG zum VAG); VerBAV 1995, 283 (Grundsätze des BAV zur Anwendung des § 10a VAG – Verbraucherinformation); VerBAV 2000, 171 (Einführung neuer Produkte und Genehmigungspflicht); VerBAV 2001, 118 (Funktionsausgliederungs- und sonstige Dienstleistungsverträge, Beherrschungsverträge; Risikomanagement); VerBAV 2002, 52 (Verpflichtung von Versicherungsunternehmen eines Drittstaates zur Stellung von Sicherheiten – feste und bewegliche Kaution); VerBAV 2002, 128 (R 1/2002 v. 12. 4. 2002 – Hinweise zu Anlagen in Asset-Backed-Securities und Credit-Linked-Notes); VerBaFin 2005, 3 (Hinweise zur Werbung mit der BaFin).

Schrifttum: *Angerer,* AVB unter Gesichtspunkten der Versicherungsaufsicht, ZVersWiss 1975, 197; *Beckmann,* Die neue Rolle des Bundesaufsichtsamts für das Versicherungswesen bei der Inhaltskontrolle von AVB am Beispiel unzulässiger Vollmachtsbeschränkungen, NVersZ 1998, 19; *Binder,* Krisenbewältigung im Spannungsfeld zwischen Aufsichts-, Kapitalmarkt- und Gesellschaftsrecht – Anwendungsprobleme des Finanzmarktstabilisierungsgesetzes –, WM 2008, 2340; *Claus,* Aktuelle Probleme der Lebensversicherung, VerBAV 1980, 22; *derselbe,* Lebensversicherungsaufsicht nach der Dritten EG-Richtlinie, ZfV 1994, 110, 139, 658; *Dreher,* Die Quersubventionierung bei Versicherungsunternehmen nach europäischem und deutschem Versicherungsrecht, ZVersWiss 1996, 499; *derselbe,* Das deutsche versicherungsaufsichtsrechtliche Begünstigungsverbot und das europäische Versicherungsrecht, VersR 1997, 1; *derselbe,* Die Konkretisierung der Mißstandsaufsicht nach § 81 VAG, Mannheimer Vorträge zur Versicherungswissenschaft, Heft 67, Karlsruhe, VVW, 1997; *Duge/Berg,* Ansprüche des Versicherungsnehmers gegen das Versicherungsunternehmen aus dessen geschäftsplanmäßigen Erklärungen, ZfV 1990, 440; *Eilert,* Die Zwecke des VAG im Lichte der Urteile des BVerfG zur Lebensversicherung, VersR 2009, 709; *Fahr,* Die Umsetzung der Versicherungsrichtlinien der dritten Generation in deutsches Recht, VersR 1992, 1033; *Fricke,* Warnen statt mahnen? Zur Befugnis des Bundesaufsichtsamtes für das Versicherungswesen vor Versicherern und deren Produkten in der Öffentlichkeit namentlich zu warnen, VersR 1992, 1325; *Fuchs,* Zivilrechtliche (Bindungs-)Wirkung „Geschäftsplanmäßiger Erklärungen" vor und nach dem Dritten Gesetz zur Durchführung versicherungsrechtlicher Richtlinien des Rates der Europäischen Gemeinschaften (Drittes Durchführungsgesetzes/EWG zum VAG), Karlsruhe, VVW, 2005; *Glauber,* Wandlungen im Recht der geschäftsplanmäßigen Erklärung, VersR 1993, 12; *Gölz,* Europäisches Versicherungsinsolvenzrecht nach der Richtlinie 2001/17/EG des Europäischen Parlaments und des Rates vom 19. März 2001 über die Sanierung und Liquidation von Versicherungsunternehmen, Hamburg, Kovac, 2009; *Grothkopf,* Die Finanzkrise und ihre Auswirkungen auf die deutsche Versicherungswirtschaft: theoretisches Modell und empirische Erkenntnisse, Karlsruhe, VVW, 2009; *Hartung,* Eigenkapitalregulierung bei Versicherungsunternehmen: Eine ökonomisch-risikotheoretische Analyse verschiedener Solvabilitätskonzeptionen, Karlsruhe, VVW, 2007; *Heckelmann,* Beschwerdemanagement in Versicherungsunternehmen, Diss. München 1997, Karlsruhe, VVW, 1997; *Hoeren,* Der englische Versicherungs-Ombudsmann – ein Modell auch für die deutsche Versicherungswirtschaft?, ZVersWiss 1992, 487; *derselbe,* Selbstregulierung im Banken- und Versicherungsrecht, Habil. Münster 1994, Karlsruhe, VVW, 1995; *Hohlfeld,* Die Zukunft der Versicherungsaufsicht nach Vollendung des Binnenmarktes, VersR 1993, 144; *derselbe,* Die deutsche Lebensversicherung im EG-Binnenmarkt unter aufsichtsrechtlichen Gesichtspunkten, in: Festschrift für Egon Lorenz, Karlsruhe, VVW, 1994, S. 295; *derselbe,* Auswirkungen der Deregulierung aus aufsichtsbehördlicher Sicht, Mannheimer Vorträge zur Versicherungswissenschaft, Heft 64, Karlsruhe, VVW, 1996; *Hübner,* Auswirkungen der Deregulierung des Aufsichtsrechts auf den Versicherungsvertrieb: rechtliche Grundlagen, Mannheimer Vorträge zur Versicherungswissenschaft, Heft 60, Karlsruhe, VVW, 1994; *Kimball-Pfennigstorf,* Allgemeine Versicherungsbedingungen unter Staatsaufsicht – Eine rechtsvergleichende Studie, Karlsruhe, VVW, 1968; *Lorenz,* Das auf grenzüberschreitende Lebensversicherungsverträge anwendbare Recht – eine Übersicht über die kollisionsrechtlichen Rechtsgrundlagen, ZVersWiss 1991, 121; *Möllers,* Regulierung von Ratingagenturen. Das neue europäische und amerikanische Recht – Wichtige Schritte oder viel Lärm um nichts?,

G. Beaufsichtigung der Lebensversicherungsunternehmen   1   **Einl. G**

JZ 2009, 861; *Müller,* Verbraucherschutz im Versicherungswesen durch Information der Versicherten, Veröffentlichungen der Forschungsstelle für Versicherungswesen Münster, Heft 12, Karlsruhe, VVW, 1992; *derselbe,* Die neue Rolle der Versicherungsaufsicht – Durchsetzungsmöglichkeiten zur Verbesserung des Verbraucherschutzes gegenüber den Marktteilnehmern, in: Die Haftung des Versicherungsmaklers, hrsg. v. Fenyves/Koban, Wien, Orac, 1993, S. 125; *derselbe,* Versicherungsbinnenmarkt: Die europäische Integration im Versicherungswesen, Diss. Münster 1995, München, Beck, 1995; *derselbe,* Überlegungen zur Vereinheitlichung der aufsichtsrechtlichen Rahmenbedingungen für Versicherungsunternehmen und Kreditinstitute, Veröffentlichungen der Forschungsstelle für Versicherungswesen Münster, Heft 28, Karlsruhe, VVW, 1995; *derselbe,* Versicherungsaufsicht an der Schwelle zum Jahr 2000, ZVersWiss 1999, 297; *Pestenhofer,* Die Wesensmerkmale der deutschen Lebensversicherung vor und nach der Liberalisierung, FS Farny und die Versicherungswissenschaft, Karlsruhe, VVW, 1994, S. 381; *Präve,* Der gekoppelte Versicherungsschutz, VW 1992, 1529; *derselbe,* Vom Nutzen und Nachteil eines Gütezeichens für Versicherungen, VW 1994, 800; *derselbe,* Das Dritte Durchführungsgesetz/EWG zum VAG – Ausgewählte Fragen des neuen Aufsichts- und Vertragsrechts, ZfV 1994, 168, 199, 227, 255; *derselbe,* Möglichkeiten und Grenzen der Versicherungsaufsicht im europäischen Binnenmarkt, ZfV 1995, 258; *derselbe,* Beaufsichtigung von Lebensversicherern nach neuem Recht, ZfV 1997, 5; *Rittmann,* Neuausrichtung der Versicherungsaufsicht (Solvency II): Implikationen und Ansatzpunkte für die Gestaltung des Risikomanagements in Versicherungsunternehmen, Wiesbaden, Gabler, 2009; *Schedlbauer,* Aufsicht von Lebensversicherungsprodukten und Versicherungsvermittlern in ausgewählten europäischen Ländern: Eine vergleichende Untersuchung zu den Versicherungsaufsichtssystemen in Deutschland, der Schweiz, Frankreich und Großbritannien, Diss. München 1995, Karlsruhe, VVW, 1995; *Schenke,* Schadensersatzansprüche des Versicherungsnehmers bei der Verletzung staatlicher Versicherungsaufsichtspflichten – Zur Frage der Drittgerichtetheit von Versicherungsaufsichtspflichten, in: Recht und Ökonomie der Versicherung, Festschrift für Egon Lorenz zum 60. Geburtstag, Karlsruhe, VVW, 1994, S. 473; *Schirmer,* Allgemeine Versicherungsbedingungen im Spannungsfeld zwischen Aufsicht und AGB-Gesetz, ZVersWiss 1986, 509; *Schlappa,* Die Kontrolle von Allgemeinen Versicherungsbedingungen im deutschen Versicherungsaufsichtsrecht und der freie Dienstleistungsverkehr im EG-Recht, Karlsruhe, VVW, 1987; *Sieg,* Der finanzielle Schutz des Versicherungsnehmers gegen und bei Insolvenz des Versicherers, Festgabe für Hans Möller, 1972, S. 463; *Schmitt,* Beschwerdewege bei Versicherungsproblemen in Westeuropa, VersR 1989, 1011; *Törmyn,* Die Rundschreiben-Praxis des Bundesaufsichtsamtes für das Versicherungswesen, Diss. Münster 1991/92, Karlsruhe, VVW, 1992; *Vassel,* Einflussnahme des Staates auf die Gestaltung von Allgemeinen Versicherungsbedingungen, Karlsruhe, 1971; *Wandt/Dreher,* Solvency II in der Rechtsanwendung, Karlsruhe, VVW, 2009; *Wildmoser/Schiffer/Langoth,* Haftung von Ratingagenturen gegenüber Anlegern?, RIW 2009, 657; *Zimmermann/Schweinberger,* Zukunftsperspektiven der internationalen Rechnungslegung: Hinweise aus dem Diskussionspapier des IASB zur Bilanzierung von Versicherungsverträgen, DB 2007, 2157; *Zischka,* Bundesaufsichtsamt (BAV) Aufgaben und Kompetenzen – unter besonderer Berücksichtigung der laufenden Aufsicht –, München, Beck, 1997.

I. Allgemeines

1. Zulässige Rechtsformen

Unternehmen, die Versicherungsgeschäfte betreiben wollen, erhalten die Er-   1
laubnis zum Geschäftsbetrieb nur dann, wenn sie bestimmte Rechtsformerfordernisse erfüllen. Diese Vorgabe gilt zunächst einmal für Unternehmen mit Sitz in Deutschland.[1] Diese müssen gemäß § 7 Abs. 1 VAG Aktiengesellschaften, Versicherungsvereine auf Gegenseitigkeit[2] oder Anstalten bzw. Körperschaften des

---

[1] *Präve* in: Prölss, VAG, 12. Aufl., 2005, § 7 VAG Rdn. 2.
[2] Zum Ganzen siehe *Benkel,* Der Versicherungsverein auf Gegenseitigkeit – Das Gesellschaftsrecht der großen konzernfreien VVaG, 2. Aufl., München, Beck, 2002; *Langheid* in: Langheid/Wandt, Münchener Komm. VVG, Bd. 1, 1. Aufl., 2010, AufsichtsR, Rdn. 330.

öffentlichen Rechts sein. Aufgrund ihrer Bedeutung für das Gemeinwohl liegt der dauerhafte Bestand der Versicherungsunternehmen im besonderen öffentlichen Interesse.[3] Große Versicherungsunternehmen können für das nationale bzw. internationale Finanzsystem systemrelevante Bedeutung haben und stehen deshalb unter besonders intensiver Finanzaufsicht.

2. Versicherungsfremde Geschäfte

2   Gemäß § 7 Abs. 2 Satz 1 VAG dürfen Versicherungsunternehmen neben Versicherungsgeschäften nur solche Geschäfte betreiben, die hiermit in unmittelbarem Zusammenhang stehen.[4] Hierbei handelt es sich um ein rein aufsichtsrechtliches Verbot versicherungsfremder Geschäfte.[5] Gegen dieses Verbot bestehen weder in verfassungs- noch in europarechtlicher Hinsicht durchgreifende Bedenken.[6] Mit Blick auf diese Vorschrift darf ein Lebensversicherer zwar mangels Einstandspflicht Tochtergesellschaften mit der Konzernzugehörigkeit werben lassen,[7] darf aber grundsätzlich keine rechtlichen Verpflichtungen zur finanziellen Ausstattung einer Tochtergesellschaft eingehen (sog. „harte Patronatserklärung").[8] Von diesem Grundsatz weicht die Aufsichtsbehörde ab, wenn der Versicherer als Gründer eines anderen Versicherers auftritt.[9] Erklärt der Versicherer, dass es seiner Geschäftspolitik entspricht, die Kreditwürdigkeit seiner Tochtergesellschaft aufrechtzuerhalten, ergibt sich hieraus keine rechtliche Verpflichtung zur Unterstützung der Tochtergesellschaft.[10] Durch das Gesetz zur Stärkung der Finanzmarkt- und Versicherungsaufsicht[11] wurde ferner das Verbot der Aufnahme von Fremdmitteln als versicherungsfremdes Geschäft aufgenommen.[12] Der Gesetzgeber hat sich damit der Auffassung, dass die Aufnahme von Fremdkapital zur Finanzierung von Versicherungsgeschäften oder zum Erwerb von Kapitalanlagen als ein versicherungstypisches Geschäft anzusehen sei,[13] nicht angeschlossen.

---

[3] *Grote* in: Langheid/Wandt, Münchener Komm. VVG, Bd. 1, 1. Aufl., 2010, AufsichtsR, Rdn. 117.

[4] Für eine Aufhebung der Vorschrift: *Meyer-Reim,* Aufsichtsrechtliche Probleme banknaher Versicherungsprodukte – Zugleich ein Beitrag zur Auslegung von § 7 Abs. 2 Satz 1 VAG, in: Liber amicorum für Gerrit Winter, hrsg. v. Bergeest u. Labes, Karlsruhe, VVW, 2007, S. 271, 279.

[5] *Präve* in: Prölss, VAG, 12. Aufl., 2005, § 7 VAG Rdn. 15.

[6] BeschlKE BAV v. 6. 3. 1996 – Z 3 – B 1/96, VerBAV 1996, 284, 288; *Präve* in: Prölss, VAG, 12. Aufl., 2005, § 7 VAG Rdn. 16; a. A. *Entzian,* Zum Verbotscharakter von § 7 Abs. 2 VAG, in: Verantwortlichkeit im Wirtschaftsrecht, Beiträge zum Versicherungs- und Wirtschaftsrecht der Schüler von Ulrich Hübner, hrsg. v. Annemarie Matusche-Beckmann und Roland Michael Beckmann, Karlsruhe, VVW, 2002, S. 65, 75.

[7] Vgl. *Rieckers,* Werbung mit der Konzernzugehörigkeit als Haftungsrisiko?, BB 2006, 277.

[8] *Präve* in: Prölss, VAG, 12. Aufl., 2005, § 7 VAG Rdn. 31; *Gause* in: Langheid/Wandt, Münchener Komm. VVG, Bd. 1, 1. Aufl., 2010, AufsichtsR, Rdn. 303; *Grote* in: Langheid/Wandt, Münchener Komm. VVG, Bd. 1, 1. Aufl., 2010, AufsichtsR, Rdn. 119; a. A. *Entzian,* Versicherungsfremde Geschäfte: Die Geschäftskreisbeschränkung der Versicherungsunternehmen, Karlsruhe, VVW, 1999, S. 141 ff.

[9] *Präve* in: Prölss, VAG, 12. Aufl., 2005, § 7 VAG Rdn. 31. Diese Vorgehensweise ist dem Verfasser aus selbst betreuten Zulassungsverfahren bekannt.

[10] OLG Frankfurt/M., Urt. v. 19. 9. 2007 – 4 U 22/07, ZIP 2007, 2316 = AG 2008, 218 = DB 2007, 2535; *Fleischer* WM 1999, 666, 672; *Kiethe* ZIP 2005, 646, 647; *Wolf,* Die Patronatserklärung, 2005, S. 170 f.; *Winter,* Versicherungsaufsichtsrecht, 2007, S. 326.

[11] BGBl. I 2009, 2305.

[12] *Hasse,* Auswirkungen des Gesetzes zur Stärkung der Finanzmarkt- und Versicherungsaufsicht auf die Corporate Governance von Versicherungsunternehmen, VersR 2010, 18, 25.

[13] *Vogelgesang* in: Langheid/Wandt, Münchener Komm. VVG, Bd. 1, 1. Aufl., 2010, AufsichtsR, Rdn. 450.

G. Beaufsichtigung der Lebensversicherungsunternehmen   3, 4   Einl. G

3. Spartentrennung

Das System der materiellen Staatsaufsicht, das der Aufsichtsbehörde einen er- 3
heblichen Einfluss auf das Geschäftsgebaren der Lebensversicherungsunternehmen
ermöglicht,[14] ist im Interesse des Verbraucherschutzes im Jahre 1901 eingeführt
worden und hat sich seit seinem Bestehen bewährt.[15] In der staatlichen Wirtschaftsaufsicht konkretisiert sich die grundrechtliche Schutzpflicht des Staates vor
dem Hintergrund, dass sich der Versicherer dem einzelnen Versicherungsnehmer
gegenüber aus einer Vielzahl von Gründen heraus im Regelfall nicht nur tatsächlich, sondern auch rechtlich in einer wesentlich stärkeren Position befindet.[16] In
Ausfüllung der Schutzpflicht hat die Aufsichtsbehörde dafür gesorgt, dass es seit
1903 die Spartentrennung gibt,[17] die zur Bildung von Versicherungsgruppen unter Zusammenfassung mehrerer selbständiger Versicherungsunternehmen geführt
hat.[18] Der Grundsatz der Spartentrennung, der für die Lebensversicherung in § 8
Abs. 1 a) VAG festgeschrieben ist, ist europarechtlich verankert[19] und verfolgt den
Gedanken des Schutzes vor Gefahren anderer Sparten.[20]
Ziel der Trennung der Lebensversicherung von den übrigen Sparten war es bis 4
zum heutigen Tage, die statistisch und versicherungstechnisch abgesicherte Lebensversicherung vor Verlusten aus den risikoreicheren Schadenversicherungszweigen zu schützen und damit die Erfüllbarkeit der langfristigen Lebensversicherungsverträge zu gewährleisten.[21] Auch sollte die angemessene Beteiligung der
Versicherungsnehmer an den Überschüssen des Lebensversicherungsgeschäfts gesichert und jede Gewinnverlagerung auf andere Versicherungszweige ausgeschlossen werden.[22] Dass sich die Spartentrennung bewährt hat, zeigt sich schon da-

---

[14] *Siebelt*, Allfinanzunternehmen im Währungs- und Aufsichtsrecht, WM 1989, 1269, 1271.
[15] *Claus*, Wettbewerb in der Lebensversicherung – via Beitrag oder Überschussbeteiligung?, ZfV 1983, 602; *Hohlfeld*, Zukunft des Verbraucherschutzes durch Versicherungsaufsicht, in: Versicherungen in Europa heute und morgen, Geburtstags-Schrift für Franz Wilhelm Hopp u. Georg Mehl, Karlsruhe, VVW, 1991, S. 373, 377.
[16] *Schenke*, Schadensersatzansprüche des Versicherungsnehmers bei der Verletzung staatlicher Versicherungsaufsichtspflichten – Zur Frage der Drittgerichtetheit von Versicherungsaufsichtspflichten, in: Recht und Ökonomie der Versicherung, Festschrift für Egon Lorenz zum 60. Geburtstag, hrsg. v. Ulrich Hübner, Elmar Helten u. Peter Albrecht, Karlsruhe, VVW, 1994, S. 473, 494 f.
[17] VerAfP 1904, 91.
[18] *Tigges*, Geschichte und Entwicklung der Versicherungsaufsicht, Karlsruhe, VVW, 1985, S. 90 f.; *Schirmer*, Überlegungen zur Fortentwicklung der Rechtsform des VVaG, in: Dieter Farny und die Versicherungswissenschaft, hrsg. v. Robert Schwebler u. den Mitgliedern des Vorstands des Deutschen Vereins für Versicherungswissenschaft, Karlsruhe, VVW, 1994, S. 391, 400 f.; *Beringer*, Das Spartentrennungsprinzip der Lebensversicherung: nach Umsetzung von Solvency II noch zeitgemäß? Eine risikotheoretische und empirische Analyse, Karlsruhe, VVW, 2007, S. 65.
[19] *Boetius*, Alterungsrückstellung und Versicherungswechsel in der privaten Krankenversicherung, VersR 2001, 661, 673.
[20] BVerwG, Urt. v. 13. 12. 2006 – 6 A 3/05, NJW 2007, 2199, 2203.
[21] Vgl. *Nowak*, Unternehmensverbindung und Spartentrennung in der Sicht der Aufsichtsbehörde, VW 1966, 1358, 1359; *Müller*, Der Grundsatz der Spartentrennung im Gemeinsamen Markt nach Verabschiedung der Koordinierungsrichtlinien für die Lebensversicherung, ZVersWiss 1979, 144, 148; *Henning*, Die Spartentrennung auf dem Prüfstand – neue Entwicklungen in der Lebensversicherung, in: Versicherungen in Europa heute und morgen, Geburtstags-Schrift für Georg Büchner, hrsg. v. Franz Wilhelm Hopp u. Georg Mehl, Karlsruhe, VVW, 1991, S. 49; *Hetmeier*, Sicherheit der Ansprüche an die Lebensversicherung im künftigen Binnenmarkt, VW 1991, 1191, 1192; *Winter*, Versicherungsaufsichtsrecht, Karlsruhe, VVW, 2007, S. 193.
[22] *Rohde-Liebenau*, Spartentrennung als Ordnungsprinzip der Versicherungsaufsicht, Diss. Berlin 1973, S. 23 ff. Siehe ferner zum Nachweis der steuerlichen Angemessenheit konzern-

rin, dass sich seit Jahrzehnten keine Insolvenz eines Lebensversicherers ereignet hat.[23] Im Falle der Mannheimer konnte durch die Aufnahme der Geschäftstätigkeit der Protektor Lebensversicherung AG der Versicherungsbestand saniert werden.[24]

4. Anordnungen der Aufsichtsbehörde

5   a) **Ausgangslage.** Die Aufsichtsbehörde kann gemäß § 81 Abs. 2 Satz 1 und 2 VAG gegenüber den Versicherungsunternehmen alle Anordnungen treffen, die geeignet und erforderlich sind, um Missstände zu vermeiden oder zu beseitigen.[25] Missstand ist jedes Verhalten eines Versicherungsunternehmens, das den Aufsichtszielen des § 81 Abs. 1 VAG widerspricht. Zu den Aufsichtszielen gemäß § 81 Abs. 1 VAG gehören die ausreichende Wahrung der Belange der Versicherten und die Einhaltung der Gesetze, die für den Betrieb des Versicherungsgeschäfts gelten. Aus einem Gesetzesverstoß ergibt sich damit bereits ein Missstand im Sinne des § 81 Abs. 2 Satz 2 VAG.[26] Die Aufsichtsbehörde nimmt gemäß § 81 Abs. 1 Satz 2 VAG die ihr nach dem VAG und anderen Gesetzen zugewiesenen Aufgaben nur im öffentlichen Interesse wahr. Dies hat zur Folge, dass eine Amtshaftung für diese Aufgabenwahrnehmung grundsätzlich ausscheidet.[27] Verletzt die Geschäftspraxis des Versicherungsunternehmens eine Vorschrift, deren Einhaltung im Interesse der ausreichenden Wahrung der Belange der Versicherten Gegenstand der Aufsicht ist, ist die Aufsichtsbehörde zum Erlass aufsichtsrechtlicher Anordnungen befugt, die geeignet und erforderlich sind, um den darin liegenden Missstand zu beseitigen.[28] Dies gilt grundsätzlich auch im Rahmen der Geschäftsleiterkontrolle.[29] Im Rahmen der Geschäftsleiterkontrolle kommt der Verlautbarung der BaFin

---

interner Verrechnungspreise *Hülshorst/Rettinger,* Verrechnungspreise in der Versicherungswirtschaft, DB 2006, 2032 ff.

[23] *Hohlfeld,* Finanzaufsicht und Rechnungslegung auf dem Versicherungssektor nach der Deregulierung, in: Dieter Farny und die Versicherungswissenschaft, hrsg. v. Robert Schwebler und den Mitgliedern des Vorstands des Deutschen Vereins für Versicherungswissenschaft, Karlsruhe, VVW, 1994, S. 229, 234; *Backes,* Die Insolvenz des Versicherungsunternehmens, Karlsruhe, VVW, 2003, S. 2. In Großbritannien führten finanzielle Schwierigkeiten von LVU im Jahre 1974 zum Erlass des „Policyholder Protection Act 1975", der am 12. 11. 1975 Gesetzeskraft erlangte, vgl. *Müller-Stüler,* Policyholder Protection – Verbraucherschutz bei finanziellem Zusammenbruch des Versicherers in Großbritannien, NVersZ 2001, 247 (Teil 1), 248, zu den Regelungen siehe NVersZ 2001, 297 ff. (Teil 2).

[24] Vgl. *Koch,* Krisen in der deutschen Versicherungswirtschaft – Eine historische Betrachtung, VW 2003, 1228.

[25] VG Frankfurt/M., Beschl. v. 21. 6. 2005 – 1 G 1525/05, VersR 2007, 189, 191; dazu *Bürkle* VersR 2007, 191.

[26] *Eilert* VersR 2009, 709, 711.

[27] VG Frankfurt/M. VersR 2004, 1397; BGH, Urt. v. 20. 1. 2005 – III ZR 48/01, JZ 2005, 724 (zu § 6 Abs. 4 KWG); dazu *von Danwitz* JZ 2005, 729 ff.; *Kollhosser* in: Prölss, VAG, 12. Aufl., 2005, § 81 VAG Anm. 124: *Fricke,* Wer den Schaden hat ... ? – Gilt die Finanzierung der Aufsicht durch die Beaufsichtigten auch für fehlerhafte Aufsichtsmaßnahmen? –, VersR 2007, 300, 301.

[28] BVerwG, Urt. v. 5. 3. 1999 – 1 A 1.97, NJW 1999, 2752 (Ls.) = NVersZ 1999, 376 = VerBAV 1999, 186, 187; BVerwG, Urt. v. 4. 5. 1999 – 1 A 2.97, NVersZ 1999, 463/464 = VerBAV 1999, 206, 207.

[29] BVerwG, Urt. v. 6. 12. 1999 – 1 A 4/97, VersR 2000, 705, 706; BVerwG, Urt. v. 6. 12. 1999 – 1 A 5/98, VersR 2000, 707, 708; *Dreher,* Die Kontrolle der Geschäftsleiter von Versicherungsunternehmen, in: Supplement Jahrestagung 2006, ZVersWiss 2006, 375, 382; siehe ferner *Görg,* Abberufung von Vorstandsmitgliedern auf Anordnung der BaFin, in: Supplement Jahrestagung 2006, ZVersWiss 2006, 419; *Kunz,* Die Geschäftsleiterkontrolle im Versicherungsaufsichtsrecht, in: Supplement Jahrestagung 2006, ZVersWiss 2006, 249.

G. Beaufsichtigung der Lebensversicherungsunternehmen   6, 7   **Einl. G**

zu den „Aufsichtsrechtlichen Mindestanforderungen an das Risikomanagement (MaRisk VA) wachsende Bedeutung zu.[30]

b) BGB (AGBG). Zu den Gesetzen, die für den Betrieb des Versicherungsgeschäfts gelten und über deren Einhaltung die Aufsichtsbehörde zu wachen hat, gehört auch das AGBG (jetzt §§ 305 ff. BGB).[31] Auch nach dem Wegfall der präventiven Kontrolle von Versicherungsbedingungen ist die Aufsichtsbehörde befugt, im Wege der anlassbezogenen nachträglichen Missstandsaufsicht eine nachträgliche Inhaltskontrolle von AVB, Tarifen und Klauseln auszuüben.[32] Wenn die Aufsichtsbehörde nach Kenntniserlangung in der Verwendung einer bestimmten Klausel einen Missstand erblickt, darf die Aufsichtsbehörde der Klausel untersagen, wobei eines vorherigen Zivilverfahrens nach § 13 AGBG und einer vorherigen Missbilligung der Klausel durch die Zivilgerichte nicht bedarf.[33] Vorausgehen kann die Veröffentlichung einer entsprechenden Verlautbarung, da die Aufsichtsbehörde gemäß § 103 VAG ausdrücklich ermächtigt ist, eigene Rechtsansichten zu verlautbaren.[34] Die Verlautbarung kann zur Rechts- und Planungssicherheit der Versicherungsunternehmen beitragen.[35]   6

c) GWG. Die Aufsichtsbehörde wacht auch über die Einhaltung des GWG. Das Gesetz über das Aufspüren von Gewinnen aus schweren Straftaten (Geldwäschegesetz – GWG) wurde am 29. Oktober 1993 veröffentlicht[36] und trat einen Monat nach der Verkündung in Kraft. Das Geldwäschegesetz wurde durch das am 9. Mai 1998 in Kraft getretene Gesetz zur Bekämpfung der Organisierten Kriminalität geändert.[37] Die Aufsichtsbehörde hat durch Verlautbarungen[38] und Rundschreiben[39] auf die Anwendung des GWG Einfluss genommen. Im Zuge des Inkrafttretens des Geldwäschebekämpfungsergänzungsgesetzes am 21. August 2008 wurden von der BaFin u. a. die Verlautbarungen des BAV zum Geldwäschegesetz   7

---

[30] R 3/2009 v. 27. 1. 2009, GZ: VA 46-Sch-2007/0042; dazu *Michael*, Rechts- und Außenwirkungen sowie richterliche Kontrolle der MaRisk VA, VersR 2010, 141.
[31] BVerwG, Urt. v. 25. 6. 1998 – 1 A 6/96, NJW 1998, 3216, 3217 = NVersZ 1998, 24 = VersR 1998, 1137, 1138 m. zust. Anm. *Beckmann* NVersZ 1998, 19, 21; *Römer*, Einige Grundsatzfragen der Rechtsprechung des Bundesgerichtshofs im Versicherungsrecht, in: Die rechtliche und versicherungstechnische Handhabung von Versicherungsprodukten nach der Deregulierung, Karlsruhe, VVW, 1997, S. 1, 5; *Präve* VersR 1998, 1141 ff. u. krit. Anm. *Lorenz* VersR 1998, 1144 ff. = VerBAV 1998, 280, 282.
[32] BVerwG, Urt. v. 25. 6. 1998 – 1 A 6/96, NJW 1998, 3216, 3217 = NVersZ 1998, 24 = VersR 1998, 1137, 1138 m. zust. Anm. *Präve* VersR 1998, 1141 ff. u. krit. Anm. *Lorenz* VersR 1998, 1144 ff. = VerBAV 1998, 280, 282; *Winter*, Das Subsidiaritätsprinzip bei der aufsichtsbehördlichen Überprüfung von Versicherungsbedingungen, in: Kontinuität und Wandel des Versicherungsrechts, Festschrift für Egon Lorenz zum 70. Geburtstag, hrsg. v. Manfred Wandt, Peter Reiff, Dirk Looschelders, Walter Bayer, Karlsruhe, VVW, 2004, S. 941, 949; *Reiff* in: Wolf/Lindacher/Pfeiffer, AGB-Recht, 5. Aufl., 2009, Klausel V 210.
[33] BVerwG, Urt. v. 25. 6. 1998 – 1 A 6/96, NJW 1998, 3216, 3217 = NVersZ 1998, 24 = VersR 1998, 1137, 1138 m. zust. Anm. *Präve* (VersR 1998, 1141 ff.) u. krit. Anm. *Lorenz* (VersR 1998, 1144 ff.) = VerBAV 1998, 280, 282; ebenso schon für den Altbestand *Schwintowski*, Der private Versicherungsvertrag zwischen Recht und Markt, – zugleich eine Analyse der Konstruktionsprinzipien des privaten Versicherungsvertrages unter Berücksichtigung des Wettbewerbsrechts und des Europäischen Rechts, Baden-Baden, Nomos, 1987, S. 192 ff.
[34] Vgl. *Präve*, Möglichkeiten und Grenzen versicherungsaufsichtsbehördlicher Öffentlichkeitsarbeit, ZfV 1992, 110, 112.
[35] *Hahn*, Die Kapitalanlage von Versicherungsunternehmen nach dem VAG unter besonderer Berücksichtigung von Asset-Backed-Securities, Karlsruhe, VVW, 2005, S. 214.
[36] BGBl. I S. 1770.
[37] BGBl. I S. 845 = VerBAV 1998, 197.
[38] VerBAV 1994, 408; VerBAV 1996, 3; VerBAV 1997, 243; VerBAV 1998, 135.
[39] R 1/93 v. 8. 11. 1993 – Hinweise zur Anwendung des Gesetzes über das Aufspüren von Gewinnen aus schweren Straftaten, VerBAV 1993, 355.

vom 8. November 1993, Dezember 1994, Januar 1996, September 1997 sowie Juli 1998 aufgehoben.[40]

5. Finanzaufsicht

8 Im Zuge der Deregulierung hat sich der Schwerpunkt der Aufsicht von der Produktaufsicht mit einer Genehmigung der Versicherungsbedingungen und Tarife hin zu einer Finanzaufsicht entwickelt, die Schieflagen von Finanzunternehmen sofort bereinigen und Geschäftsleiter, die krass versagen und die Belange der Versicherungsnehmer gefährden, für ihr Fehlverhalten zur Rechenschaft ziehen will.[41] Einen mit einer Ermahnung verbundenen Verweis darf die Aufsichtsbehörde mangels besonderer Rechtsgrundlage nicht erteilen.[42]

9 Eine wirksame Finanzaufsicht erfordert angesichts der Internationalisierung des Versicherungsgeschäfts, dass Versicherungsaufseher auch mit Banken- und Wertpapieraufsehern zusammenarbeiten. Dies führte 1994 zur Gründung der International Association of Insurance Supervisors (IAIS) als internationale Vertretung der Versicherungsaufsicht, die den Informationsaustausch zwischen den Versicherungsaufsichtsbehörden erleichtern soll.[43] Inzwischen ist die IAIS der weltweit anerkannte Standardsetzer für die Versicherungsaufsicht. Durch Schaffung von Grundsätzen (principles), Standards, Leitfäden (guidance papers) und vorbereitenden Papieren (issue papers) für spätere Grundsätze und Standards wird die Zusammenarbeit der Aufsichtsbehörden gefördert.[44]

10 Am 2. Dezember 2009 haben sich die Finanzminister der Europäischen Union auf eine neue Architektur aus europäischen und nationalen Aufsichtsbehörden verständigt. Auf der Makro-Ebene wird ein neuer Europäischer Ausschuss für Systemrisiken (ESRB) die systemischen Risiken des Finanzsystems in den Blick nehmen, das heißt der Ausschuss wird Risiken analysieren, Frühwarnungen aussprechen und Empfehlungen abgeben, wie Risiken beseitigt werden können. Das Sekretariat des ESRB soll bei der Europäischen Zentralbank angesiedelt werden. Auf der Mikro-Ebene soll ein Europäisches Finanzaufsichtssystem geschaffen werden, das aus den Aufsichtsbehörden der einzelnen Mitgliedstaaten und drei Europäischen Finanzaufsichtsbehörden bestehen soll. Bei den drei Europäischen Finanzaufsichtsbehörden handelt es sich um eine Europäische Bankaufsichtsbehörde (EBA), eine Europäische Aufsichtsbehörde für das Versicherungswesen und die betriebliche Altersversorgung (EIOPA) und eine Europäische Wertpapieraufsichtsbehörde (ESMA), die bis zum 1. Januar 2011 errichtet werden sollen. Die Europäischen Aufsichtsbehörden sollen ein einheitliches Aufsichtshandeln der nationa-

---

[40] R 2/2009 v. 13. 1. 2009 – Aufhebung/Gegenstandsloserklärung von Verlautbarungen, Rundschreiben und Einzelschreiben, GZ: GW 1 – GW 2001–2008/0003.

[41] Vgl. *Sanio*, „Eine wahre Aufsicht verlässt Dich nie!" – Stand und Perspektiven der Finanzdienstleistungsaufsicht, VW 2002, 1831, 1832.

[42] BVerwG, Urt. v. 6. 12. 1999 – 1 A 5.98, NVersZ 2000, 420; dazu *Kaulbach*, Optima-Geschäfte – Ein versicherungsaufsichtsrechtlicher Rückblick, NVersZ 2000, 415 f.

[43] Siehe hierzu im Einzelnen *H. Müller*, Die Kooperation der Versicherungsaufsichtsbehörden in der Europäischen Union, Baden-Baden, Nomos, VersWissStud. 2 (1995), S. 55, 65; *Hohlfeld*, Versicherungsaufsicht – Allfinanzaufsicht: Zusammenarbeit von Versicherungs-, Bank- und Wertpapieraufsehern, in: Recht und Risiko, Festschrift für Helmut Kollhosser zum 70. Geburtstag, hrsg. v. Reinhard Bork, Thomas Hoeren, Petra Pohlmann, Bd. I Versicherungsrecht, Karlsruhe, VVW, 2004, S. 151; *Zens*, Die Zusammenarbeit der Versicherungsaufsichtsbehörden in der Europäischen Gemeinschaft, Karlsruhe, VVW, 2005.

[44] Einzelheiten siehe bei *Müller*, Die neuen Insurance Core Principles der IAIS, in: Recht und Risiko, Festschrift für Helmut Kollhosser zum 70. Geburtstag, hrsg. v. Reinhard Bork, Thomas Hoeren, Petra Pohlmann, Bd. I Versicherungsrecht, Karlsruhe, VVW, 2004, S. 245.

G. Beaufsichtigung der Lebensversicherungsunternehmen   11 **Einl. G**

len Aufsichtsbehörden sicherstellen.[45] Die Willensbildung der Europäischen Organe erfolgt auf der Grundlage entsprechender Vorschläge der Europäischen Kommission vom 23. September 2009.[46] Eine politische Einigung des Rates und die Annahme der Rechtstexte durch das Plenum des Europäischen Parlaments werden im Sommer 2010 erwartet.[47] Im Hinblick auf die Befugnisse der Europäischen Bankaufsichtsbehörde, der Europäischen Aufsichtsbehörde für das Versicherungswesen und die betriebliche Altersversorgung und der Europäischen Wertpapieraufsichtsbehörde hat die Kommission der Europäischen Gemeinschaften einen Vorschlag für eine Richtlinie des Europäischen Parlaments und des Rates zur Änderung der Richtlinien 1998/26/EG, 2002/87/EG, 2003/6/EG, 2003/41/EG, 2003/71/EG, 2004/39/EG, 2004/109/EG, 2005/60/EG, 2006/48/EG, 2006/49/EG und 2009/65/EG vom 26. Oktober 2009 vorgelegt.[48] Die Versicherer müssen sich darauf einstellen, dass sie über die Umlagefinanzierung der BaFin zukünftig auch an der Finanzierung der EIOPA beteiligt werden.[49]

6. Kapitalanlagevorschriften

Als ein zentraler Bereich der Finanzaufsicht sind die Kapitalanlagevorschriften   11
anzusehen.[50] Ziel der Kapitalanlagevorschriften ist die Gewährleistung der dauernden Erfüllbarkeit der Versicherungsverträge.[51] In der Praxis kommt den Rundschreiben der Aufsichtsbehörde große Bedeutung zu.[52] Die Anlage des gebundenen Vermögens regelt die Verordnung über die Anlage des gebundenen Vermögens von Versicherungsunternehmen (Anlageverordnung – AnlV) vom 20. Dezember 2001,[53] geändert durch die Erste Verordnung zur Änderung der AnlV vom 12. August 2004,[54] zuletzt geändert durch die Zweite Verordnung zur Änderung

---

[45] Vorstehende Ausführungen beruhen auf der Mitteilung des BMF v. 4. 12. 2009, abrufbar über www.bundesfinanzministerium.de.
[46] ESRB = KOM (2009) 499; EBA = KOM (2009) 501; EIOPA = KOM (2009) 502; ESMA = KOM (2009) 503; dazu *Forst*, Der Kommissionsvorschlag einer europäischen Aufsichtsbehörde für die betriebliche Altersversorgung, BetrAV 2009, 623; *derselbe*, Zum Verordnungsvorschlag der Kommission über eine europäische Versicherungsaufsicht, VersR 2010, 155.
[47] Mitteilung des BMF v. 4. 12. 2009, abrufbar über www.bundesfinanzministerium.de.
[48] KOM (2009) 576.
[49] *Forst*, a. a. O. (Fn. 46), VersR 2010, 155, 162.
[50] Zutreffend *Hohlfeld*, Finanzaufsicht und Rechnungslegung auf dem Versicherungssektor nach der Deregulierung, in: Dieter Farny und die Versicherungswissenschaft, hrsg. v. Robert Schwebler und den Mitgliedern des Vorstands des Deutschen Vereins für Versicherungswissenschaft, Karlsruhe, VVW, 1994, S. 229, 230; siehe zum Ganzen *Beyer*, Die Kapitalanlagevorschriften des VAG und des englischen Rechts aus europarechtlicher Sicht, Karlsruhe, VVW, 2006.
[51] *H. Müller*, Neue Vorschriften der Kapitalanlagenaufsicht – Inhalt, Bewertung, Perspektiven, Karlsruhe, VVW, 2001, S. 11; *Schradin*, Entwicklung der Rahmenbedingungen für die Finanzaufsicht – Auswirkungen auf die Versicherungswirtschaft, Karlsruhe, VVW, 2004, S. 5, 8.
[52] Siehe z. B. R 7/95 v. 21. 11. 1995 – A. Hinweise zu den nach § 7 Abs. 2 Satz 2 VAG möglichen Geschäften und B. Anordnung betreffend die Berichts- und Mitteilungspflichten über Geschäfte im Sinne von § 7 Abs. 2 Satz 2 VAG, VerBAV 1996, 5; R 3/99; dazu *Krüger*, Das BAV-Rundschreiben R 3/99 zu strukturierten Produkten, VW 1999, 1354.
[53] BGBl. I S. 3913 = VerBAV 2002, 59; dazu *Biagosch*, Die Verordnung über die Anlage des gebundenen Vermögens von Versicherungsunternehmen, in: Verantwortlichkeit in Wirtschaftsrecht, Beiträge zum Versicherungs- und Wirtschaftsrecht der Schüler von Ulrich Hübner, hrsg. v. Annemarie Matusche-Beckmann und Roland Michael Beckmann, Karlsruhe, VVW, 2002, S. 251.
[54] BGBl. I S. 2176; dazu *Weitzel/Zeller*, Hedgefonds-Investitionen von Versicherungsunternehmen nach der neuen Anlageverordnung, WM 2006, 358.

Einl. G 12 Teil 2. Einleitung

der Anlageverordnung vom 21. Dezember 2007.[55] Ein Grundgedanke der Änderung ist die Ausrichtung auf das so genannte Prudent-Person-Prinzip, der Abkehr von rein quantitativen Vorgaben in der Kapitalanlage hin zu qualitativen Maßstäben.[56] Die Anlageverordnung bietet einen breiten Katalog von Anlagemöglichkeiten und ordnet diese hinsichtlich der Kriterien Mischung und Streuung systematisch ein.[57] § 1 Abs. 2 und Abs. 3 AnlV 2007 lauten wie folgt:[58]

„(2) Die Anlage des gebundenen Vermögens hat mit der gebotenen Sachkenntnis und Sorgfalt zu erfolgen. Die Einhaltung der allgemeinen Anlagegrundsätze des § 54 Abs. 1 VAG und der nachfolgenden besonderen Kapitalanlageregelungen sind durch ein qualifiziertes Anlagemanagement, geeignete interne Kapitalanlagegrundsätze und Kontrollverfahren, eine strategische und taktische Anlagepolitik sowie weitere organisatorische Maßnahmen sicherzustellen. Hierzu gehören insbesondere die Beobachtung aller Risiken der Aktiv- und Passivseite der Bilanz und des Verhältnisses beider Seiten zueinander sowie eine Prüfung der Elastizität des Anlagebestandes gegenüber bestimmten Kapitalmarktszenarien und Investitionsbedingungen.

(3) Die Versicherungsunternehmen haben sicherzustellen, dass sie jederzeit auf sich wandelnde wirtschaftliche und rechtliche Bedingungen, insbesondere Veränderungen auf den Finanz- und Immobilienmärkten, auf Katastrophenereignisse mit Schadenfällen großen Ausmaßes oder auf sonstige ungewöhnliche Marktsituationen angemessen reagieren können. Bei der Anlage des gebundenen Vermögens in einem Staat, der nicht Staat des Europäischen Wirtschaftsraums (EWR) oder Vollmitgliedstaat der Organisation für wirtschaftliche Zusammenarbeit und Entwicklung (OECD) ist, sind auch die mit der Anlage verbundenen Rechtsrisiken besonders sorgfältig zu prüfen."

12   Die Einzelheiten zu § 1 Abs. 2 und 3 AnlV 2007 und insbesondere die Darlegungs- und Anzeigepflichten der Versicherungsunternehmen bestimmt die Aufsichtsbehörde durch ein Rundschreiben (§ 1 Abs. 4 AnlV 2007). Wie sich Versicherungsunternehmen im Rahmen des Derivate-Rundschreibens 3/2000 gegen fallende Zinsen und Kreditrisiken absichern können, hat die Aufsichtsbehörde im November 2005 verlautbart.[59] Zuvor gab die BaFin Hinweise zu Anlagen in Hedgefonds.[60] Mit dem Rundschreiben 15/2005 (VA) gibt die BaFin u. a. Hinweise zur Anlage des gebundenen Vermögens und legt fest, dass auf Vorstandsebene die Verantwortung für das Anlagemanagement und das Gesamtrisikomanagement des Versicherungsunternehmens zu trennen sind, ferner, dass diese Bereiche mit angemessenen personellen und sachlichen Ressourcen auszustatten sind.[61] Ferner hat die BaFin unter dem 22. März 2010 (VA 54-I 3201-2010/0001) zum Rundschreiben 15/2005 (VA) Hinweise zur Anlage in Unternehmensdarlehen verlautbart.[62] Die Anlagemöglichkeiten der Versicherungsunternehmen wurden durch die am 1. Juli 2010 in Kraft getretene Dritte Verordnung zur Änderung der Anlageverordnung vom 29. Juni 2010 erweitert.[63]

---

[55] BGBl. I S. 3278.
[56] Ausführlich hierzu Jahresbericht der BaFin 2007, Mai 2008, S. 78 ff.
[57] *Eling*, Kapitalanlagepolitik und -performance der deutschen Lebensversicherer im Spannungsfeld von Buch- und Zeitwerten, ZVersWiss 2006, 185, 189.
[58] BGBl. I S. 3278.
[59] VerBaFin 11/2005 (Hinweise zum Einsatz von Receiver Forward Swaps, Long Receiver Swaptions und Credit Default Swaps bei Versicherungsunternehmen und Pensionsfonds); ausführlich dazu *Beyer*, Die Kapitalanlagevorschriften des VAG und des englischen Rechts aus europarechtlicher Sicht, Karlsruhe, VVW, 2006, S. 81 ff.
[60] Rundschreiben 7/2004 (VA) v. 20. 8. 2004 – GZ: VA 14 – O 1000–200/04.
[61] Rundschreiben 15/2005 (VA) v. 20. 8. 2005 – GZ: VA 14 – O 1000–2005/113, S. 47.
[62] Abrufbar über www.bafin.de.
[63] BGBl. I S. 841; zu den Einzelheiten siehe *Goretzky/Sijanski*, Neue Anlageverordnung schränkt Investition in Bank-Papiere ein, VW 2010, 334.

7. Solvency II

a) Richtlinie 2009/138/EG. Die EU-Kommission und aber auch die IAIS arbeiten intensiv an einem neuen Aufsichtsmodell unter der Projektbezeichnung „Solvency II" mit dem Ziel, ein neues EU-Solvabilitätssystem zu etablieren, welches den Risiken, denen ein VU ausgesetzt ist, besser Rechnung trägt.[64] Es geht hierbei nicht nur um eine Reform des Solvabilitätssystems, sondern auch um eine Strukturreform der Finanzaufsicht über Versicherungsunternehmen mit einer bisher unbekannten Mischung von quantitativen und qualitativen Elementen bei der Aufsichtsdurchführung.[65] In Analogie zu dem im Bankbereich bekannten Projekt Basel II baut Solvency II auf einem Drei-Säulen-System auf.[66] Das neue Drei-Säulen-Aufsichtsmodell sieht in der ersten Säule vor, dass von der Aufsichtsbehörde Mindestkapitalanforderungen definiert werden. Danach muss der Versicherer eine Kapitalausstattung nachweisen, die wenigstens den Anforderungen eines Triple-B-Ratings entspricht.[67] „Solvency II" wird darüber hinaus die Eigenmittelanforderungen der Versicherungsunternehmen von den Risiken im versicherungstechnischen Bereich, aber auch im Bereich der Kapitalanlage abhängig machen („risk-based-capital").[68] Die qualitative Überprüfung des Risikomanagements des VU durch die Aufsichtsbehörde kennzeichnet die zweite Säule des künftigen Aufsichtsmodells. In der dritten Säule wird mit höheren Publizitätsanforderungen an die VU die Markttransparenz vergrößert und damit die Marktdisziplin erhöht. Zur optimalen Vorbereitung auf Solvency II gehört der Aufbau eines Risikomanagementsystems.[69] Bei der Frage nach den größten erwarteten Herausforderungen für die praktische Umsetzung von Solvency II werden zwei Aspekte genannt: IT-Implementierung und Datenmanagement.[70]

---

[64] Vgl. nur *Knauth/Schubert,* Versicherungsaufsicht vor Paradigmenwechsel – Von der Produktgenehmigung zum unternehmerischen Risikomanagement, VW 2003, 902; siehe hierzu ferner *Müller,* Vom Sinn der Solvabilitätsvorschriften, ZfV 2004, 764; *Koch,* Markttransparenz durch Versicherungsaufsicht – Informationsökonomische Begründung der dritten Säule von Solvency II, in: Supplement Jahrestagung 2006, ZVersWiss 2006, 129; *Mayr,* „Pitfalls" bei der Berücksichtigung von Diversifikationseffekten in der Eigenmittelbetrachtung von Versicherungskonzernen – eine Betrachtung aus Aufsichtsperspektive, ZVersWiss 2006, 641; *Sauer,* Solvency II und Rechnungslegung – Diskussion einer solvabilitätsorientierten Bilanzierung von Versicherungsunternehmen, in: Supplement Jahrestagung 2006, ZVersWiss 2006, 49; *Mummenhoff,* Analyse des deutschen Standardmodells für Lebensversicherungsunternehmen, Ulm, ifa Verlag, 2007.
[65] *Farny,* Versicherungsbetriebslehre, 4. Aufl., Karlsruhe, VVW, 2006, S. 806.
[66] *Rittmann/Rockel,* Rechnungslegung und Aufsicht von Versicherungsunternehmen – Zur Vereinbarkeit von IFRS und Solvency II, ZVersWiss 2004, 441, 447.
[67] Zum Rating siehe *Metzler,* Beim Rating zählt auch die Gruppe: Wie bei Fitch die Finanzkraft (Insurer Financial Strength, IFS) für das Rating analysiert wird, VW 2003, 1441 ff. Zur Regulierung des Ratingwesens siehe *Deipenbrock,* Aktuelle Rechtsfragen zur Regulierung des Ratingwesens, WM 2005, 261 ff.
[68] So zutreffend *Schareck,* Die ökonomische Bedeutung des Rechtsrahmens für die Versicherungswirtschaft, in: Kontinuität und Wandel des Versicherungsrechts, Festschrift für Egon Lorenz zum 70. Geburtstag, hrsg. v. Manfred Wandt, Peter Reiff, Dirk Looschelders u. Walter Bayer, Karlsruhe, VVW, 2004, S. 687, 704; siehe ferner *v. Plato,* Konsequenzen von Solvency II für die Kapitalanforderungen von Lebensversicherungsprodukten, Lohmar, Eul, 2005; *Basse/Friedrich/Krampen/Krummaker,* Strategisches Asset-Liability Management in der Versicherungswirtschaft – Ein Ansatz zur integrierten Bilanzstrukturoptimierung, ZVersWiss 2007, 617, 620.
[69] *Nickel-Waninger,* Selbst Kalkulation und Beitragshöhen werden betroffen sein, VW 2005, 1062; GDV (Hrsg.), Risikosteuerung im Versicherungsunternehmen: Risikoidentifizierung als Voraussetzung für ein integriertes Risikomanagementsystem, 2. Aufl., 2004, S. 11.
[70] GDV (Hrsg.), Solvency II und Anforderungen an Datenhaushalte der Versicherungsunternehmen, 2007, S. 7; *Schubert/Probst,* Ceiops Konsultationsverfahren: Solvency II sollte sachgerecht ausgestaltet werden, VW 2010, 194.

Einl. G 14, 15   Teil 2. Einleitung

14   Nach umfangreichen Vorarbeiten hat die EU-Kommission ihren Vorschlag für eine Richtlinie des Europäischen Parlaments und des Rates betreffend die Aufnahme und Ausübung der Versicherungs- und Rückversicherungstätigkeit – Solvabilität II vom 10. Juli 2007 veröffentlicht.[71] Die Kommission beabsichtigt mit ihrem Richtlinienvorschlag sowohl eine Harmonisierung des Aufsichtsrechts als auch eine Konvergenz der Aufsichtspraxis herbeizuführen.[72] Im Entwurf der Rahmenrichtlinie Solvency II wird auch die Aufsicht über Versicherungsgruppen grundlegend umgestaltet.[73] Der Richtlinienvorschlag wurde gemäß Beschluss der Kommission am 26. Februar 2008 in neuer Fassung vorgelegt.[74] Am 5. Mai 2009 wurde über die vom Europäischen Parlament geänderte Fassung der Rahmenrichtlinie Solvency II im EU-Finanzministerrat (ECOFIN Council) Einigung erzielt.[75] Die Rahmenrichtlinie Solvency II wurde am 17. Dezember 2009 im Amtsblatt der Europäischen Union veröffentlicht.[76] Gemäß Art. 311 Satz 1 tritt die Rahmenrichtlinie am zwanzigsten Tag nach ihrer Veröffentlichung im Amtsblatt der Europäischen Union in Kraft. Die neuen Bestimmungen in der Rahmenrichtlinie sind gemäß Art. 309 Satz 1 bis zum 31. Oktober 2012 in nationales Recht umzusetzen, so dass spätestens ab 1. November 2012 die Solvency II-Regeln insgesamt gelten. Bedeutsam ist in diesem Zusammenhang Art. 290 des Vertrages über die Arbeitsweise der Europäischen Union in der Fassung des am 13. Dezember 2007 in Lissabon unterzeichneten Vertrags.[77] Danach kann der Gesetzgeber der Kommission die Befugnis übertragen, Rechtsakte ohne Gesetzescharakter mit allgemeiner Geltung zur Ergänzung oder Änderung bestimmter nicht wesentlicher Vorschriften eines Gesetzgebungsaktes zu erlassen (sog. delegierte Rechtsakte).[78]

15   **b) MaRiskVA.** In Vorwegnahme wesentlicher Elemente der Rahmenrichtlinie Solvency II hat die BaFin am 22. Januar 2009 das Rundschreiben 3/2009 (VA) – Aufsichtsrechtliche Mindestanforderungen an das Risikomanagement (MaRisk-VA) – herausgegeben, das den Versicherungsunternehmen eine frühzeitige Vorbereitung auf die Umsetzung der Rahmenrichtlinie Solvency II ermöglicht und ihnen verdeutlicht, welche Anforderungen § 64 a VAG nach Ansicht der Aufsichtsbehörde an eine ordnungsgemäße Geschäftsorganisation von Versicherungsunternehmen stellt.[79] Ob die Geschäftsorganisation eines Versicherungsunter-

---

[71] KOM (2007), 361 endg.; dazu *Faber-Graw*, Solvency II und die Mindestanforderungen an das Risikomanagement der Versicherungsunternehmen (MaRisk VA), Der Aktuar 2007, 162; *Krämer*, Die Gruppenaufsicht nach dem Entwurf der Solvency II Rahmenrichtlinie, ZVersWiss 2008, 319.

[72] *Bürkle*, Die rechtliche Dimension von Solvency II, VersR 2007, 1595, 1596.

[73] Zu den Einzelheiten siehe *Sehrbrock*, Gruppenaufsicht unter Solvency II, ZVersWiss 2008, 27. Siehe ferner GDV (Hrsg.), Konzept einer kooperativen Gruppenbeaufsichtigung – Kernthesen zur Gruppenbeaufsichtigung unter Solvency II, Oktober 2007.

[74] Geänderter Vorschlag für eine Richtlinie des Europäischen Parlaments und des Rates betreffend die Aufnahme und Ausübung der Versicherungs- und der Rückversicherungstätigkeit (Solvabilität II) v. 26. 2. 2008, KOM (2008) 119 endgültig; dazu *Gödeke*, Das (neue) Governance-System nach Solvency II, VersR 2010, 10.

[75] *Weber-Rey*, Solvency II – Auf der Schlussgerade!, AG 2009, R249.

[76] Richtlinie 2009/138/EG des Europäischen Parlaments und des Rates v. 25. 11. 2009 betreffend die Aufnahme und Ausübung der Versicherungs- und der Rückversicherungstätigkeit (Solvabilität II), Abl.EU L 335 v. 17. 12. 2009, S. 1.

[77] Abl.EG C 306 v. 17. 12. 2007.

[78] Mitteilung der Kommission an das Europäische Parlament und den Rat: Umsetzung von Artikel 290 des Vertrags über die Arbeitsweise der Europäischen Union, KOM (2009) 673 endgültig, S. 2.

[79] Dazu *Bürkle*, Die rechtlichen Auswirkungen der MaRisk VA auf die Geschäftsorganisation von Versicherungsunternehmen, VersR 2009, 866. Zu Risiken bei Auslagerungssach-

nehmens ordnungsgemäß im Sinne des § 64a Abs. 1 VAG ist, soll die BaFin auch durch die in § 55c Abs. 1 VAG vorgeschriebene Vorlage des Risiko- und Revisionsberichts rechtzeitig erkennen können.[80] Damit dienen Informationen der Risikoberichterstattung zugleich der Selbstüberwachung eines Versicherers sowie der Fremdüberwachung desselben durch die Aufsichtsbehörde.[81]

8. Stress-Tests

Im Interesse einer funktionierenden Finanzaufsicht überprüft die Aufsichtsbehörde über Stresstests, ob ein VU auch nach einem weiteren deutlichen Absinken der Kurse von Aktien und festverzinslichen Wertpapieren seine Verpflichtungen gegenüber den Kunden und die Solvabilitätsanforderungen der BaFin erfüllen kann.[82] Einzelheiten sind dem Merkblatt zur Durchführung der BaFin-LVU-Szenariorechnung (Nw. 680) zu entnehmen.[83] Der Aktivität der BaFin gingen Arbeiten des GDV an einem Stresstest zur internen Steuerung der Kapitalanlagerisiken voraus.[84] Im Rahmen der Stresstests wird allerdings nicht untersucht, wie sich der Ausfall einer Kapitalanlage bei einem einzelnen Schuldner bzw. Objekt auswirkt.[85]

16

9. Rating-Agenturen

a) Regulierung. Neben der Aufsichtsbehörde spielen Rating-Agenturen mit ihren jeweiligen Rating-Konzepten[86] eine wichtige Rolle.[87] Es wird deshalb be-

17

---

verhalten der Kreditinstitute siehe *Loff,* Herausforderungen bei Auslagerungssachverhalten nach den MaRisk – Durchführung der Risikoanalyse und Besonderheiten bei der Vertragsgestaltung –, WM 2009, 780; *Gabel/Steinhauer,* Neue aufsichtsrechtliche Anforderungen für das Outsourcing durch Versicherungsunternehmen, VersR 2010, 177, 179 ff.

[80] BT-Drucks. 16/6518, S. 15.
[81] *Dreher/Schaaf,* Inhalt und Organisation des Risiko- sowie des Revisionsberichts, VersR 2009, 1151.
[82] Vgl. BaFin, Rundschreiben 1/2004 (VA) vom 17. 2. 2004 – VA 14 – O 1000–50/04. Siehe hierzu *Sieg,* Die BaFin-Szenariorechnung für Lebensversicherer, ZfV 2003, 379; o. V., Abschreibungen: Risiko unterschätzt?, VW 2003, 614; *Metzler,* Dinge, die es nicht gibt: Das „Stress Test-Rating", VW 2003, 1888.
[83] Das Merkblatt lässt sich über die Internetseite der BaFin http://www.bafin.de/szenariorechnung/index.htm unter Eingabe des Benutzernamens und des Passwortes herunterladen.
[84] *Hein/Mayer-Wegelin,* Stresstest im Test – Hintergründe und Bewertungsschwierigkeiten des aktuellen Stresstests der Bundesanstalt für Finanzdienstleistungen, VW 2003, 908.
[85] *Mudrack,* Das Adressenausfallrisiko der Versicherungsunternehmen und die Finanzkrise, ZfV 2008, 212, 215.
[86] Krit. hierzu *Schulz/Glissmann,* Das definitive Rating für jede Situation kann es nicht geben: Zielkonflikte in (Lebens-)Versicherungsratings unter besonderer Berücksichtigung der realen Nettoverzinsung, VW 2002, 1070.
[87] Siehe hierzu den Bericht Lebensversicherungsrating des Ausschusses Finanzmathematik der DAV, Stand: 10. 1. 2000, Der Aktuar 2000, 44; *Krausz,* Strategische Unternehmenspolitik von Erstversicherern unter Verbindung von Zielgruppen-Marketing und Kernkompetenz-Management, Karlsruhe, VVW, 2002, S. 44; Rating von Lebensversicherungsunternehmen aus aktuarieller Sicht, Der Aktuar 2005, 162; ferner *Hirschmann/Romeike,* Rating von Versicherungsunternehmen, Köln, Bank-Verlag, 2004; *Achleitner/Everling* (Hrsg.), Versicherungsrating. Hintergrund – Strukturen – Prozesse, Wiesbaden, Gabler, 2005; *Horsch,* Rating in der Versicherungswirtschaft. Eine ökonomische Analyse, Karlsruhe, VVW, 2006; *Kürble/Reichling* (Hrsg.), Rating und Kapitalanlage in schwierigen Zeiten, Karlsruhe, VVW, 2006; *Blaurock,* Verantwortlichkeit von Ratingagenturen – Steuerung durch Privat- oder Aufsichtsrecht ?, ZGR 2007, 603; *Richter,* Ratings oder Credit Spreads – mögliche Anknüpfungspunkte für eine Kapitalmarktregulierung, WM 2008, 960; *v. Schweinitz,* Die Haftung von Ratingagenturen, WM 2008, 953.

reits darüber nachgedacht, per Gesetz Rating-Standards einzuführen[88] und die Rating-Agenturen mit Blick auf die ihnen angelastete Mitverantwortung für die Subprime-Krise einer stärkeren Kontrolle zu unterziehen.[89] Wegweisend ist insoweit der am 23. April 2009 vom Europäischen Parlament mit Änderungen verabschiedete Vorschlag einer Verordnung des Europäischen Parlaments und des Rates über Ratingagenturen vom 12. November 2008.[90] Durch die mit der Verordnung eingeführten Regelungen, die unmittelbar in allen Mitgliedstaaten gelten, soll für die Tätigkeit von Rating-Agenturen, die die Kreditwürdigkeit von Unternehmen, Staaten und komplexen Finanzinstrumenten beurteilen, ein einheitlicher Rechtsrahmen geschaffen werden.[91] Dieser setzt EU-weit gültige, strengere Auflagen bezüglich der Qualität der Bewertungsmethode, der Transparenz und der Integrität bei der Erstellung und Aufgabe von Ratings fest.[92] Gleichzeitig wird die Kontrolle der Agenturen verstärkt.[93] Die Verordnung (EG) Nr. 1060/2009 des Europäischen Parlaments und des Rates vom 16. September 2009 über Ratingagenturen ist am 17. November 2009 veröffentlicht worden[94] und tritt gemäß Art. 41 zwanzig Tage nach ihrer Veröffentlichung im Amtsblatt der EU in Kraft.[95] Abweichend davon gilt Art. 4 Abs. 1 ab dem 7. Dezember 2010 und gelten Art. 4 Abs. 3 Buchst. f, g und h ab dem 7. Juni 2011. Gemäß Art. 40 müssen die bestehenden Ratingagenturen bis zum 7. September 2010 ihren Antrag auf Registrierung stellen.[96] Am 13. Januar 2010 hat das Bundeskabinett ein Ausführungsgesetz zur EU-Ratingverordnung beschlossen, mit dem die notwendigen rechtlichen Grundlagen dafür geschaffen werden sollen, dass die Bundesrepublik Deutschland ihren Verpflichtungen aus der Verordnung (EG) Nr. 1060/2009 nachkommen kann.[97] Mit dem Gesetzentwurf wird die BaFin als die in Deutschland zuständige Behörde für die Aufsicht über die Ratingagenturen benannt.[98] Hierbei handelt es sich um eine Übergangslösung. Die Überwachung von Ratingagenturen soll im Rahmen der neuen europäischen Aufsichtsarchitektur zum 1. Januar 2010 auf die neu zu schaffende Europäische Wertpapieraufsichtsbehörde (ESMA) übergehen.[99] Der Gesetzentwurf des Ausführungsgesetzes zur EU-Ratingverordnung[100] wurde vom Finanzausschuss auf der Grundlage der Stellungnahme des Bundesrates und der Gegenäußerung der Bundesregierung[101] sowie nach erfolgter öffentlicher Anhörung unverändert dem Bundestag zur Beschlussfassung empfohlen.[102]

---

[88] *Däubler,* Wer kontrolliert die Rating-Agenturen?, NJW 2003, 1096, 1097.
[89] Weiterführend *Eisen,* Haftung und Regulierung internationaler Rating-Agenturen, Frankfurt/M., Lang, 2007.
[90] KOM (2008) 704 endgültig; hierzu im Einzelnen *Deipenbrock,* „Mehr Licht!"? − Der Vorschlag einer europäischen Verordnung über Ratingagenturen, WM 2009, 1165.
[91] *Schindler,* Verabschiedung EU-einheitlicher Regeln für Rating-Agenturen, WM 2009, 1105.
[92] *Schindler,* Verabschiedung EU-einheitlicher Regeln für Rating-Agenturen, WM 2009, 1105 f.
[93] *Schindler,* Verabschiedung EU-einheitlicher Regeln für Rating-Agenturen, WM 2009, 1106.
[94] Abl.EU L 302 v. 17. 11. 2009, S. 1.
[95] Abl.EU L 302 v. 17. 11. 2009, S. 22.
[96] Abl.EU L 302 v. 17. 11. 2009, S. 22.
[97] Entwurf eines Ausführungsgesetzes zur Verordnung (EG) Nr. 1060/2009 des Europäischen Parlaments und des Rates vom 16. September 2009 über Ratingagenturen (Ausführungsgesetz zur EU-Ratingverordnung) m. Begr., BT-Drucks. 17/716.
[98] § 17 WpHG-E.
[99] Begr. S. 9.
[100] BT-Drucks. 17/716.
[101] BT-Drucks. 17/984.
[102] BT-Drucks. 17/1609.

G. Beaufsichtigung der Lebensversicherungsunternehmen   18, 19   Einl. G

Der Bundestag hat den Gesetzentwurf unter Ablehnung eines Entschließungsantrags[103] der Fraktion Bündnis 90/Die Grünen am 6. Mai 2010 verabschiedet.[104] Das Ausführungsgesetz zur EU-Ratingverordnung vom 14. Juni 2010 wurde am 18. Juni 2010 im Bundesanzeiger verkündet und trat gemäß Art. 3 des Ausführungsgesetzes zur EU-Ratingverordnung am 19. Juni 2010 in Kraft.[105]

b) Formen des Ratings. Zu unterscheiden ist das Produktrating[106] vom Unternehmensrating.[107] Das Unternehmensrating kann entweder interaktiv – also im Auftrag und auf Rechnung eines Unternehmens und mit dessen aktiver Beteiligung – oder auf Basis öffentlich zugänglicher Informationen, sofern die Rating-Agentur sie für ausreichend hält, stattfinden.[108] Die klassischen Adressaten eines Unternehmensratings sind nicht nur professionelle Entscheidungsträger, z. B. andere LVU oder Aktionäre,[109] sondern auch nicht-professionelle Entscheidungsträger.[110] Zu den professionellen Entscheidungsträgern sind allerdings auch Vermittler und Kunden, insbesondere Firmenkunden, zu rechnen. Von einem gut aufgebauten Rating-System sind wichtige Hinweise auf die Leistungskraft von LVU zu erwarten.[111] Ein entsprechendes Rating ist denn auch von Bedeutung für die Frage, inwieweit Lebensversicherungs-Policen in Höhe ihres bestätigten Rückkaufswertes als Eigenmittel reduzierende Sicherheit bei der Vergabe von Bankkrediten anrechenbar sind.[112]   **18**

c) Rechtsschutz. Die Zulässigkeit der Veröffentlichung von Ratings ist an den Maßstäben auszurichten, die die Rechtsprechung[113] für die Zulässigkeit der Veröffentlichung von Waren- und Leistungstests entwickelt hat; dabei ist bei dem Rating ein besonderes Augenmerk auf eventuelle Interessenkonflikte zu legen.[114] Da das einem Emittenten von einer Rating-Agentur erteilte Rating keine Tatsachenfeststellung, sondern eine Meinungsäußerung darstellt, ist eine gerichtliche Überprüfung nur in sehr eingeschränktem Umfang möglich.[115] Nach den zum Vertrag mit Schutzwirkung zu Gunsten Dritter entwickelten Rechtsgrundsätzen haben   **19**

---

[103] BT-Drucks. 17/1612.
[104] Protokoll der 40. Sitzung der 17. Wahlperiode, Seite 3921 u. 3922.
[105] BGBl. I 2010, 786.
[106] Dazu *Führer/Petschmann*, Mehr Transparenz mit Bestimmungsfaktoren für Produkt-Ratings. Damit man Testvergleiche in der Lebensversicherung überprüfen kann, VW 2003, 1414.
[107] Hierzu *Heimes/Will*, Probleme beim Unternehmensrating von Lebensversicherungsunternehmen, BDGVM XXII (1995), 309; *Fiebiger/Lenz*, Nutzen von Unternehmensratings nach Basel II für die Prüfung des Lageberichts, WPg 2007, 279.
[108] *Görsdorf-Kegel*, Rating schafft Vertrauen. Standard & Poor's: Mit Transparenz können Lebensversicherer die Krise überwinden, VW 2002, 1895.
[109] *Trautvetter/Lust*, Modell eines Unternehmensratings für Lebensversicherungsunternehmen, DGVM XXI (1994), 525.
[110] *Heimes/Will*, Probleme beim Unternehmensrating von Lebensversicherungsunternehmen, BDGVM XXII (1995), 309.
[111] *Hohlfeld*, Finanzaufsicht und Rechnungslegung auf dem Versicherungssektor nach der Deregulierung, in: Dieter Farny und die Versicherungswissenschaft, hrsg. v. Robert Schwebler und den Mitgliedern des Vorstands des Deutschen Vereins für Versicherungswissenschaft, Karlsruhe, VVW, 1994, S. 229, 234.
[112] Siehe hierzu die Richtlinie 2009/83/EG der Kommission vom 27. 7. 2009 zur Änderung bestimmter Anhänge der Richtlinie 2006/48/EG des Europäischen Parlaments und des Rates mit technischen Bestimmungen über das Risikomanagement, Abl.EU L 196 v. 28. 7. 2009, S. 14.
[113] BGH NJW 1997, 2593 = WM 1997, 1765.
[114] KG, Urt. v. 12. 5. 2006 – 9 U 127/05, WM 2006, 1432, 1433; *Habersack* ZHR 169 (2005), 185, 191, 195, 199 ff.
[115] *Vetter*, Rechtsprobleme des externen Ratings, WM 2004, 1701, 1712.

Rating-Agenturen für Schäden einzustehen, die Dritten durch fehlerhafte Ratings kausal entstehen.[116] Schadensersatzansprüche werden aber in der Praxis wegen der fehlenden Transparenz und Nachvollziehbarkeit von Rating-Entscheidungen und den damit verbundenen Beweisproblemen der Emittenten oder der Anleger nur in seltenen Extremfällen Erfolg haben.[117]

10. Bilanzierung und Bewertung von Versicherungsverträgen nach IFRS/IASB/IASC

20 a) Rechnungslegungsstandards für Versicherungen. Die Einführung der internationalen Rechnungslegungsvorschriften (International Financial Reporting Standards – IFRS) in die nationale Rechnungslegung in Europa[118] und in einer Reihe anderer Länder erfordert die Entwicklung neuer Rechnungslegungsstandards für Versicherungen. Im März 2004 hat das International Accounting Standards Board (IASB) einen Übergangsstandard für Versicherungsverträge verabschiedet (IFRS 4 Insurance Contracts).[119] Vorausging der Exposure Draft für die Bilanzierung von Versicherungsverträgen, den das IASB am 31. Juli 2003 veröffentlicht hat.[120] Der künftige, fair-value-basierte internationale Rechnungslegungsstandard für Versicherungsverträge (IFRS 4) wirkt sich auf die Geschäftstätigkeit der deutschen Lebensversicherer aus[121] und stellt weltweit die Aktuare vor Herausforderungen. Um die Einheitlichkeit und Vergleichbarkeit der Anwendung des IFRS für Versicherungen sicherzustellen, ist es erforderlich, dass die aktuariellen Methoden in diesem Zusammenhang und die Interpretation der Rechnungslegungsstandards durch Aktuare weltweit einheitlich sind.[122] Für eine schnellere allgemeine Ausbreitung der Rechnungslegung nach IAS/IFRS für Versicherungsunternehmen werden Zwänge im Zusammenhang mit der Einführung von Solvency II und auch die Rating-Agenturen sorgen, die u. a. aus Gründen der Vergleichbarkeit internationale Abschlüsse fordern.[123]

21 Für die Bilanzierung und Bewertung von Versicherungsverträgen in den internationalen Konzernabschlüssen liegt noch kein IFRS-konsistentes Rechnungslegungskonzept vor.[124] Für die Rechnungslegungspraxis in Deutschland hat dies zur

---

[116] *Witte/Hrubesch,* Rechtsschutzmöglichkeiten beim Unternehmens-Rating, ZIP 2004, 1346, 1351.
[117] *Vetter,* Rechtsprobleme des externen Ratings, WM 2004, 1701, 1712.
[118] Verordnung (EG) Nr. 1606/2002 des Europäischen Parlaments und des Rates vom 19. 7. 2002, Abl.EG Nr. L 243 v. 11. 9. 2002, S. 1; dazu *Hennrichs,* Zur normativen Reichweite der IFRS, NZG 2005, 783.
[119] Dazu *Kölschbach,* Aktuelle Entwicklungen in der Beaufsichtigung und Rechnungslegung von Versicherungsunternehmen: IFRS und Solvency II, ZVersWiss 2004, 675; *Altenburger,* IFRS 4 Insurance Contracts – verbesserte Versicherungsrechnungslegung, in: Supplement Jahrestagung 2006, ZVersWiss 2006, 323.
[120] Siehe dazu *Engeländer/Kölschbach,* Der Fair-Value-Standard ist schwer umzusetzen: Zum Entwurf die Bilanzierung von Versicherungsverträgen nach International Financial Reporting Standards, VW 2003, 1324; *Hommel,* ED 5: Der neue Standardentwurf für Versicherungsverträge – ein Placebo mit Nebenwirkungen, BB 2003, 2114.
[121] Dazu *Hipp,* IAS/IFRS für Versicherungsunternehmen, Bd. 9 der Leipziger Schriften zur Versicherungswissenschaft, Karlsruhe, VVW, 2007.
[122] *Engeländer,* Die zukünftigen Fachgrundsätze der IAA – International Actuarial Standards of Practice, Der Aktuar 2004, 5.
[123] *Wiechmann,* Internationale Rechnungslegung von Versicherungsunternehmen – Der Stand der Dinge, in: Liber amicorum für Gerrit Winter, hrsg. v. Bergeest u. Labes, Karlsruhe, VVW, 2007, S. 281, 291.
[124] *Ludwig/Reiss/Werner,* Rückstellung für latente Beitragsrückerstattung im Financial Statement der Versicherungskonzerne nach IFRS, WPg 2007, 607; *Rockel/Sauer,* Bilanzierung

Folge, dass die Bilanzierung und Bewertung des Versicherungsgeschäfts entweder weiterhin gemäß den ersatzweise verwendeten US-GAAP fortgeführt wird oder auf modifizierte HGB-Vorschriften zurückgegriffen wird.[125]

Mit Blick darauf, dass Versicherungsverträge vom Anwendungsbereich anderer Standards ausgeschlossen sind, z. B. IAS 37 und IAS 39, steht bereits seit 1997 das Projekt „Insurance Contracts"[126] auf der Agenda des IAS C bzw. IASB und beschäftigt sich mit der Entwicklung eines internationalen Rechnungslegungsstandards für Versicherungsverträge (International Financial Reporting Standard „IFRS 4").[127] Als jüngstes Ergebnis dieses Projekts hat das IASB ein Diskussionspapier zur Bilanzierung von Versicherungsverträgen am 3. Mai 2007 veröffentlicht. Danach sollen die aus einem Versicherungsvertrag resultierenden Rechte und Verpflichtungen mit marktkonsistenten Barwertkalkülen angesetzt werden.[128] Konzeptionell entspricht dies der Umsetzung eines „Asset/Liability"-Ansatzes mit dem Ziel, Vermögenswerte und Schulden mit Marktpreisen zu bewerten.[129] Für die Versicherungsbranche handelt es sich hierbei um einen durchaus radikalen Wechsel.[130] Dies beruht darauf, dass die Bilanzierungspraxis noch stark durch eine zeitraumbezogene Periodisierung geprägt ist.[131] Mit dem Diskussionspapier vom 3. Mai 2007 hat deshalb das IASB sowohl in der Wissenschaft als auch in der Praxis eine lebhafte Auseinandersetzung über das Für und Wider einer Fair Value-Bewertung von versicherungstechnischen Rückstellungen ausgelöst.[132] In dem aktuellen Zeitplan des IASB wird die Fertigstellung eines Exposure Drafts für April 2010 und eines IFRS für Versicherungsverträge für Juni 2011 angekündigt.[133] Allerdings sind die zukünftigen Grundsätze zur Bewertung und Gewinnrealisierung von Versicherungsverträgen nach wie vor unklar.[134]

b) Übernahme internationaler Rechnungslegungsstandards. Um die Rechtsvorschriften der Gemeinschaft auf dem Gebiet der Rechnungslegungsstandards zu vereinfachen, hat die Kommission der Europäischen Gemeinschaften mit der Verordnung (EG) Nr. 1126/2008 vom 3. November 2008 aus Gründen der Klarheit und der Transparenz die internationalen Rechnungsstandards, die derzeit Gegenstand der Verordnung (EG) Nr. 1725/2003[135] sind, sowie die damit ver-

---

von Versicherungsverträgen – IASB Discussion Paper „Preliminary Views on Insurance Contracts", WPg 2007, 741.
[125] *Perlet,* Fair Value-Bilanzierung bei Versicherungsunternehmen, BFuP 2003, 441; *Ludwig/Reiss/Werner,* Rückstellung für latente Beitragsrückerstattung im Financial Statement der Versicherungskonzerne nach IFRS, WPg 2007, 607.
[126] Zu den Inhalten siehe *Widmann* VW 2006, 1840 ff.
[127] *Kölschbach/Engeländer,* IFRS für Versicherungen auf der Zielgeraden?, VW 2009, 1495.
[128] *Zimmermann/Schweinberger* DB 2007, 2157, 2158.
[129] *Zimmermann/Schweinberger* DB 2007, 2157, 2158.
[130] *Zimmermann/Schweinberger* DB 2007, 2157, 2158.
[131] *Zimmermann/Schweinberger* ZVersWiss 2005, 58 f.
[132] Weiterführend hierzu *Waschbusch/Steiner/Thiemann,* IFRS: Zahlreiche Ermessensspielräume mindern den Informationsgehalt – Die Abgrenzung zwischen Finanzinstrumenten und Versicherungsverträgen nach IFRS bleibt schwierig, VW 2008, 1890, 1897; *Nguyen/Molinari,* Zur Fair Value-Bewertung von Versicherungsverträgen – Offene Fragen bei der IFRS-Bilanzierung von Versicherungsverträgen, VW 2009, 1010, 1011 ff.
[133] *Ebbers,* Große Unsicherheit statt Klarheit für IFRS-Bilanzen: Unterschiede in den Entscheidungen von IASB und FASB, VW 2009, 1809; *Kreeb,* IFRS 4: Das Projekt Versicherungsverträge verzögert sich, VW 2010, 350, 352.
[134] *Ebbers,* a. a. O. (Fn. 133), VW 2009, 1809.
[135] Verordnung (EG) Nr. 1725/2003 der Kommission v. 29. 9. 2003 betreffend die Übernahme bestimmter internationaler Rechnungslegungsstandards in Übereinstimmung mit der

Einl. G 24 Teil 2. Einleitung

bundenen Änderungsakte in einem Text zusammengefasst.[136] Unter Aufhebung der Verordnung (EG) Nr. 1725/2003 wurden die internationalen Rechnungslegungsstandards im Sinne von Artikel 2 der Verordnung (EG) Nr. 1606/2002 gemäß dem Anhang zur Verordnung (EG) Nr. 1126/2008 übernommen. Zu den übernommenen International Accounting Standards gehören neben den IAS 37 (Rückstellungen, Eventualverbindlichkeiten und Eventualforderungen) und IAS 39 (Finanzinstrumente: Ansatz und Bewertung) auch der IFRS 4 (Versicherungsverträge) und der IFRS 7 (Finanzinstrumente: Angaben).[137] Erfolgen Änderungen an den International Accounting Standards oder an den International Financial Reporting Standards, werden diese Änderungen von der Kommission der Europäischen Gemeinschaften erst dann übernommen, wenn die Prüfgruppe für Standardübernahmeempfehlungen zur Beratung der Kommission hinsichtlich der Objektivität und Neutralität der von der Europäischen Beratergruppe für Rechnungslegung (EFRAG) abgegebenen Stellungnahmen nach Prüfung der EFRAG-Stellungnahme der Kommission mitgeteilt hat, dass sie die Stellungnahme der EFRAG für ausgewogen und objektiv hält, so zuletzt im Falle der Änderungen des IAS 39 und des IFRS 7[138] sowie des IAS 39.[139]

II. Beaufsichtigung des Altbestandes

1. Geltungsbereich

24 Im Zuge der Umsetzung der Richtlinie 92/96 EWG vom 10. November 1992[140] wurde das VAG am 29. Juli 1994 inhaltlich überarbeitet. Seither werden bestehende Versicherungsverträge nach der gültigen Rechtsgrundlage bei Vertragsabschluss unterschieden in Alt- und Neubestand. Für den Altbestand sowie den Zwischenbestand sind nach § 11 c VAG weiterhin die Bestimmungen vor der VAG-Novelle maßgebend. Als Zwischenbestand werden diejenigen Verträge bezeichnet, die während einer Übergangszeit bis zum 31. Dezember 1994 nach VAG a. F., also den im Geschäftsplan genehmigten Konditionen abgeschlossen worden sind. Änderungen des Geschäftsplans für den Altbestand – und damit auch der Allgemeinen Versicherungsbedingungen – bedürfen demzufolge weiterhin der Genehmigung durch die Aufsichtsbehörde.[141] Verstößt der Versicherer gegen einen genehmigten Geschäftsplan, so kann dies aufsichtsrechtliche Folgen

---

Verordnung (EG) Nr. 1606/2002 des Europäischen Parlaments und des Rates, Abl.EU L 261 v. 13. 10. 2003, S. 1.

[136] Verordnung (EG) Nr. 1126/2008 der Kommission vom 3. 11. 2008 zur Übernahme bestimmter internationaler Rechnungslegungsstandards gemäß der Verordnung (EG) Nr. 1606/2002 des Europäischen Parlaments und des Rates, Abl.EU L 320/ 1 v. 29. 11. 2008.

[137] Weitere Informationen sind beim IASB unter www.iasb.org erhältlich.

[138] Verordnung (EG) Nr. 824/2009 der Kommission vom 9. September 2009 zur Änderung der Verordnung (EG) Nr. 1126/2008 der Kommission zur Übernahme bestimmter internationaler Rechnungslegungsstandards gemäß der Verordnung (EG) Nr. 1606/2002 des Europäischen Parlaments und des Rates im Hinblick auf International Accounting Standard (IAS) 39 und International Financial Reporting Standard (IFRS) 7, Abl.EU Nr. L 239 v. 10. 9. 2009, S. 48.

[139] Vgl. Verordnung (EG) Nr. 839/2009 der Kommission vom 15. September 2009 zur Änderung der Verordnung (EG) Nr. 1126/2008 zur Übernahme bestimmter internationaler Rechnungslegungsstandards gemäß der Verordnung (EG) Nr. 1606/2002 des Europäischen Parlaments und des Rates im Hinblick auf International Accounting Standard (IAS) 39, Abl.EU L 244 v. 16. 9. 2009, S. 6.

[140] Abl.EG Nr. L 360 v. 9. 2. 1992, S. 1.

[141] BaFin in BaFinJournal Mai 2008, S. 3.

G. Beaufsichtigung der Lebensversicherungsunternehmen 25–27 **Einl. G**

für den Versicherer nach sich ziehen.[142] Etwaige Ansprüche des Versicherungsnehmers werden hierdurch aber nicht geschmälert.[143]

2. Geschäftsplanmäßige Erklärungen

a) Begriff. Geschäftsplanmäßige Erklärungen sind schriftliche Erklärungen des 25 Versicherungsunternehmens gegenüber der Aufsichtsbehörde, in denen sich der Versicherer in Ergänzung der übrigen von ihm mit dem Antrag auf Zulassung eingereichten Unterlagen zu einem bestimmten Verhalten im Rahmen seines Geschäftsplans verpflichtet oder in denen Einzelfragen, die an sich in die AVB, die Bestandteil des Geschäftsplans sind, gehören, geregelt werden.[144]

b) Vorgaben. Das BAV verpflichtete die LVU durch Abgabe geschäftsplanmä- 26 ßiger Erklärungen aufsichtsrechtlich zu einem bestimmten Verhalten, z. B. im Versicherungsantragsverfahren, und fasste die wichtigsten Verhaltenspflichten im Allgemeinen Geschäftsplan für die Lebensversicherung zusammen, den die LVU möglichst bald übernehmen sollten.[145] Mit diesem Geschäftsplan wurden u.a. die geschäftsplanmäßigen Erklärungen zu den Allgemeinen Versicherungsbedingungen in der Lebensversicherung,[146] für die Gesundheitsprüfung in der Lebensversicherung nach Einzeltarifen[147] und zur Ermächtigungsklausel nach dem Bundesdatenschutzgesetz[148] zusammengefasst.

c) Rechtswirkung. Die geschäftsplanmäßige Erklärung, mit der sich das LVU 27 der Aufsichtsbehörde gegenüber zu einem bestimmten Verhalten verpflichtet, ist Bestandteil des Geschäftsplans und demzufolge kein bürgerlich-rechtlicher Vertrag.[149] Sie kann aus diesem Grund auch nicht als ein zwischen Versicherungsunternehmen und dem Aufsichtsamt zugunsten eines Dritten (des Versicherungsnehmers) geschlossener Vertrag im Sinne von § 328 BGB aufgefasst werden,[150] auch nicht in analoger Anwendung von § 328 BGB.[151] Geschäftsplanmäßige Erklärungen entfalten Wirkungen grundsätzlich nur im Verhältnis des Versicherers zur Aufsichtsbehörde,[152] nicht aber zum Versicherungsnehmer, Versicherten oder einem sonstigen Anspruchsberechtigten.[153] Sie können aber die AVB ergänzen[154] und zivilrechtliche Geltung beanspruchen, wenn die geschäftsplanmäßige Erklä-

---

[142] OLG Karlsruhe, Urt. v. 20. 11. 2008 – 12 U 234/07, VersR 2009, 1104, 1105 = r+s 2009, 473, 474.
[143] OLG Karlsruhe NVersZ 2002, 455 = r+s 2002, 475; OLG Karlsruhe, Urt. v. 20. 11. 2008 – 12 U 234/07, VersR 2009, 1104, 1105 = r+s 2009, 473, 474.
[144] OLG Saarbrücken, Urt. v. 25. 11. 1987 – 5 U 35/87, VersR 1989, 245, 246.
[145] VerBAV 1986, 150 und 306; vorher VerBAV 1981, 99.
[146] Letzte Fassung VerBAV 1984, 380.
[147] Letzte Fassung VerBAV 1984, 93.
[148] VerBAV 1979, 408 Anlage 1.
[149] BGH v. 13. 7. 1988, NJW 1988, 2734, 2736 = VersR 1988, 1062, 1065; VerBAV 1969, 235.
[150] BGH v. 13. 7. 1988, NJW 1988, 2734, 2736 = VersR 1988, 1062, 1065; *André*, Die geschäftsplanmäßige Erklärung, Karlsruhe, VVW, 1969, S. 121; *Seybold*, Geltungserhaltende Reduktion, Teilunwirksamkeit und ergänzende Vertragsauslegung bei Versicherungsbedingungen, VersR 1989, 784, 786.
[151] OLG Oldenburg v. 21. 6. 1974, NJW 1974, 2133 = VersR 1975, 128.
[152] LG Düsseldorf v. 21. 3. 1967, VersR 1967, 948; AG München v. 12. 7. 1966, VersR 1967, 1045 = VerBAV 1967, 36; OLG Düsseldorf v. 31. 10. 1967, VersR 1968, 243; LG Braunschweig VersR 1980, 837; unentschieden BGH v. 27. 5. 1981, VersR 1981, 971 = NJW 1981, 1843; OLG Saarbrücken, Urt. v. 25. 11. 1987 – 5 U 35/87, VersR 1989, 246.
[153] OLG Düsseldorf VersR 1968, 243; a. A. OLG Koblenz v. 20. 11. 1981, VersR 1982, 260.
[154] BGH v. 27. 5. 1981, VersR 1981, 971 = NJW 1981, 1843.

rung mit unmittelbarer Wirkung rechtsgestaltend in das Rechtsverhältnis zwischen Versicherer und versicherter Person eingreift.[155] Der Begünstigte einer geschäftsplanmäßigen Erklärung kann sich wegen deren Nichteinhaltung an die Aufsichtsbehörde wenden, die nach § 81 VAG die notwendigen Maßnahmen zu ihrer Einhaltung ergreifen kann.[156]

28 **d) Weitergeltung.** Mit der Aufhebung der Genehmigungspflicht für Allgemeine Versicherungsbedingungen durch das Dritte Durchführungsgesetz/EWG zum VAG[157] ist auch die Rechtsgrundlage für die Weitergeltung der Geschäftsplanmäßigen Erklärungen der Versicherer für alle Verträge, die ab dem 1. Juli 1994 abgeschlossen wurden, entfallen.[158] In Bezug auf die bereits bestehenden Verträge sind sie jedoch grundsätzlich weiter wirksam und müssen nach wie vor beachtet werden.[159] Auch für Neuverträge sind die Versicherer verpflichtet, die in den Geschäftsplanmäßigen Erklärungen festgelegten Grundsätze zu befolgen, sofern sonst ein Verstoß gegen gesetzliche Bestimmungen insbesondere des VVG, VAG, AGB-Gesetz und § 242 BGB sowie eine Nichtbeachtung der Rechtsprechung vorliegt.[160] In diesem Fall kann das BAV im Rahmen der Missbrauchsaufsicht gemäß § 81 Abs. 2 Satz 1 VAG gegen das LVU einschreiten.[161] Zwecks Vermeidung eines Missstands im Sinne des § 81 Abs. 2 Satz 1 VAG sind namentlich weiterhin die Anforderungen zur Vermittlung von Investmentfonds-Anteilen durch Versicherungsunternehmen,[162] zur Einwilligungsklausel nach dem Bundesdatenschutzgesetz,[163] zur Schweigepflichtentbindungserklärung für die Kranken-, Unfall- und Lebens- und Allgemeine Haftpflichtversicherung[164] und zu langfristigen Verträgen mit Minderjährigen[165] zu beachten.[166]

III. Beaufsichtigung des Neubestandes

29 Im Zuge der Deregulierung ist zwar die europarechtlich unzulässige präventive Bedingungskontrolle in Gestalt der Bedingungsgenehmigung entfallen und damit die Selbstverantwortung sowohl für die LVU auch die Versicherungsnehmer gestiegen.[167] Der Wegfall der Bedingungsgenehmigung hat jedoch nicht zur Folge, dass nunmehr allein die Zivilgerichte aufgerufen sind, AVB auf ihre Zulässigkeit zu kontrollieren. Die Aufsichtsbehörde ist vielmehr aufgrund der Generalklausel des § 81 VAG zur nachträglichen Missstandskontrolle von AVB befugt.[168] Dies folgt aus den in § 81 VAG normierten Pflichten der Aufsichtsbehörde, wonach diese auf eine ausreichende Wahrung der Belange der Versicherten zu achten

---

[155] BGH v. 13. 7. 1988, NJW 1988, 2734, 2736 = VersR 1988, 1062, 1065; *Seybold,* a. a. O. (Fn. 150), VersR 1989, 784, 786.
[156] OLG Hamm, Urt. v. 17. 3. 1993 – 20 U 360/92, VersR 1994, 37, 38.
[157] BGBl. 1994 I S. 1630.
[158] BAV VerBAV 1994, 287.
[159] BAV VerBAV 1994, 287.
[160] BAV VerBAV 1994, 287.
[161] BAV VerBAV 1994, 287.
[162] BAV VerBAV 1991, 302.
[163] BAV VerBAV 1990, 75; BAV VerBAV 1992, 335.
[164] BAV VerBAV 1989, 345; VerBAV 1990, 431; VerBAV 1992, 299.
[165] BAV VerBAV 1990, 129.
[166] Vgl. BAV VerBAV 1994, 287 f.
[167] Vgl. *Brachmann,* Die Aufhebung der Tarifgenehmigung – eine problematische Entscheidung, ZfV 2000, 436.
[168] *Präve,* Das Recht der Allgemeinen Geschäftsbedingungen und die Versicherungswirtschaft, NVersZ 1998, 49, 53.

und die Einhaltung der Gesetze durch die Versicherungsunternehmen zu überwachen hat. Zu diesen Gesetzen gehört auch das AGB-Gesetz (jetzt §§ 305 ff. BGB).[169] Die zu § 9 AGBG bestehende umfangreiche Rechtsprechung gibt der Aufsichtsbehörde hinreichende Anhaltspunkte für die aufsichtsbehördliche Kontrolle und die Beantwortung der Frage, ob gemäß § 81 VAG Anordnungen zu treffen sind, die geeignet und erforderlich sind, um einen Missstand zu vermeiden oder zu beseitigen.[170] Die Aufsichtsbehörde ist auch nach dem Wegfall der präventiven Kontrolle von Versicherungsbedingungen befugt, im Wege anlassbezogener nachträglicher Missstandsaufsicht eine Klausel zu untersagen, deren Verwendung die Versicherten unangemessen benachteiligt.[171] Die Rechtmäßigkeit einer die Verwendung einer Klausel untersagenden Aufsichtsmaßnahme hängt nicht davon ab, dass die Klausel bereits aufgrund einer zivilgerichtlichen Inhaltskontrolle für unwirksam erklärt wurde.[172]

IV. Beschwerdeverfahren

Es gehört zu den Aufgaben der Aufsichtsbehörde, sich mit Eingaben – Anfragen allgemeiner Art und Beschwerden über Versicherungsunternehmen – zu befassen.[173] Das in Artikel 17 GG geregelte Petitionsrecht verpflichtet die Aufsichtsbehörde, in Versicherungsangelegenheiten Beschwerden über das Verhalten von Versicherungsunternehmen entgegenzunehmen,[174] sie sachlich zu prüfen und zu beantworten.[175] Die Aufsichtsbehörde geht auch solchen Beschwerden nach, bei denen von vornherein nichts auf einen Missstand hindeutet.[176] Das Ergebnis der aufsichtsbehördlichen Prüfung wird dem Beschwerdeführer, ggf. mit entsprechenden Erläuterungen, mitgeteilt.[177] Für die Aufsichtsbehörde bieten die Beschwerdeverfahren eine wichtige Erkenntnisquelle.[178]

---

[169] BR-Drucks. 23/94, S. 244; BeschlKE BAV VerBAV 1996, 259, 263 f.; BVerwG, Urt. v. 25. 6. 1998 – 1 A 6/96, NJW 1998, 3216, 3217 = NVersZ 1998, 24 = VersR 1998, 1137, 1138 = VerBAV 1998, 280, 282; *Roth* NJW 1993, 3028, 3031; *Geiger*, Der Schutz der Versicherten im Europäischen Binnenmarkt, 1992, S. 304; *Miersch*, Versicherungsaufsicht nach den Dritten Richtlinien: Aufsichtsbefugnisse und Inländerbenachteiligungen, Diss. Hamburg 1996, Karlsruhe, VVW, 1996, S. 73; *Donath* VuR 1997, 339, 343; *Zischka*, Bundesaufsichtsamt (BAV) Aufgaben und Kompetenzen – unter besonderer Berücksichtigung der laufenden Aufsicht –, München, Beck, 1997, Rdn. 267 f.

[170] *Römer*, Der Prüfungsmaßstab bei der Mißstandsaufsicht nach § 81 VAG und der AVB-Kontrolle nach § 9 AGBG, Heft 32 der Münsteraner Reihe, Karlsruhe, VVW, 1996, S. 20.

[171] BVerwG, Urt. v. 25. 6. 1998 – 1 A 6.96, NJW 1998, 3216, 3219 = VersR 1998, 1137, 1139 ff. = r+s 1998, 447, 449 ff.; zust. *Präve* VersR 1998, 1141 ff.; *Heinrichs* NJW 1999, 1596, 1597; krit. dazu *Lorenz* VersR 1998, 1144 ff.; *Reiff* EWiR 1998, 961, 962.

[172] BVerwG, Urt. v. 25. 6. 1998 – 1 A 6.96, NJW 1998, 3216, 3219 = VersR 1998, 1137, 1139 ff. = r+s 1998, 447, 449 ff.; zust. *Präve* VersR 1998, 1141 ff.; *Heinrichs* NJW 1999, 1596, 1597; krit. dazu *Lorenz* VersR 1998, 1144 ff.; *Reiff* EWiR 1998, 961, 962.

[173] GB BAV 1987, 34.

[174] OVG Berlin, Urt. v. 25. 7. 1995 – 8 B 16/94, VersR 1995, 1217, 1219; *Kaulbach/Honnefelder*, Beschwerden bei der BaFin und andere außergerichtliche Befriedungssysteme, in: Liber amicorum für Gerrit Winter, hrsg. v. Bergeest u. Labes, Karlsruhe, VVW, 2007, S. 219, 222/223.

[175] GB BAV 1987, 34.

[176] BAV VerBAV 1998, 123, 124.

[177] GB BAV 1987, 34.

[178] *Koch*, 100 Jahre einheitliche Versicherungsaufsicht in Deutschland, VW 2001, 1466, 1472.

Einl. G 31–33 Teil 2. Einleitung

31 Von den betroffenen Versicherungsunternehmen fordert die BaFin in Beschwerdefällen zuvor regelmäßig eine Stellungnahme an, die unter Beachtung der von der BaFin mit Rundschreiben R 1/2006 (VA) verlautbarten Hinweise zur Bearbeitung von Beschwerden abzugeben ist.[179] Für die Versicherer kann die Bearbeitung dieser Beschwerden Teil des Qualitätsmanagements, Arbeit an dem Unternehmensziel „Kundenzufriedenheit" und Teil der Öffentlichkeitsarbeit sein.[180] Soweit das LVU bei seiner Stellungnahme zu Beschwerden die wesentlichen Vertragsdaten wie Vertragsbeginn und -laufzeit, Beitragshöhe, Tarifbezeichnung usw. mitzuteilen hat, bestehen keine datenschutzrechtlichen Bedenken.[181]

32 Auf Ersuchen der Medien hat die Aufsichtsbehörde Auskunft zu erteilen und eine weitere Aufschlüsselung der Beschwerdestatistik nach Versicherungsunternehmen und Versicherungssparten vorzunehmen.[182]

V. Ombudsmann

33 Im Jahre 1990 empfahl die EG-Kommission den Mitgliedsstaaten der Union für Kundenbeschwerden gegenüber Banken eine spezielle Instanz einzurichten. Der Bundesverband der Banken hat dies aufgegriffen und über die Empfehlung hinausgehend ab dem 1. Juli 1992 ein sog. Ombudsmann-Verfahren ins Leben gerufen, das das gesamte Spektrum des Bankgeschäfts umfasst.[183] Seit diesem Zeitpunkt wurde verstärkt die Forderung erhoben, auch im Versicherungswesen einen Ombudsmann einzuführen.[184] Die Versicherungswirtschaft hat nach jahrzehntelanger Diskussion[185] ebenfalls einen Ombudsmann für die meisten Versicherungszweige bestellt. Vorbild für den Ombudsmann war das britische Insurance Ombudsman Bureau.[186] Seit dem 1. Oktober 2001 steht dem Versicherten der Weg zum Ombudsmann offen.[187] Nach der Satzung des Vereins „Versicherungs-

---

[179] Rundschreiben der BaFin R 1/2006 v. 23. 3. 2006 – GZ: Q 24 – O 1416 – 2006/1 (Hinweise zur Bearbeitung von Beschwerden).
[180] R 1/2006 v. 23. 3. 2006, S. 1.
[181] GB BAV 1986, 34.
[182] OVG Berlin, Urt. v. 25. 7. 1995 – 8 B 16/94, VersR 1995, 1217, 1219.
[183] Näher hierzu *Heinsius*, Verbraucher und Ombudsmann, WM 1992, 478; *Parsch*, Erste Erfahrungen mit dem Ombudsmann-Verfahren, WM 1993, 238; *Hoeren*, Ombudsmann in der Praxis, NJW 1994, 362; *Parsch*, Fünf Jahre Schlichtungsverfahren der privaten Banken, WM 1997, 1228; *Bundschuh*, Erfahrungen mit dem Bankombudsmann, Karlsruhe, Nomos, VersWissStud 11 (1999), S. 213; *Schmittmann*, Der Banken-Ombudsmann als unabhängiger und neutraler Schlichter, AnwBl 2000, 118; *Scherpe*, Der Bankenombudsmann – Zu den Änderungen der Verfahrensordnung seit 1992 –, WM 2001, 2321; *Lücke*, Die Schlichtung in der deutschen Kreditwirtschaft als Form außergerichtlicher Streitbeilegung, WM 2009, 102.
[184] *Hohlfeld*, Wie schützt sich der Versicherungskunde im europäischen Binnenmarkt?, in: Die Entwicklung des Verbraucherschutzes bei Versicherungsverträgen, Karlsruhe, VVW, 1993, S. 47, 53; *v. Hippel*, Der Ombudsmann im Bank- und Versicherungswesen, Tübingen, Mohr, 2000, S. 266, 276.
[185] Vgl. nur *Büchner* VW 1974, 1485; *Hoeren* ZVersWiss 1992, 487; *Hohlfeld* VersR 1993, 144; *derselbe*, Überlegungen zur Einführung eines Ombudsmanns im Versicherungsbereich, Karlsruhe, Nomos, VersWissStud 11 (1999), S. 223; *Reichert-Facilides*, Der Versicherungsombudsmann im Ausland – Ein vergleichender Überblick, Karlsruhe, Nomos, VersWissStud. 11 (1999), S. 169; *Michaels* VW 2000, 396.
[186] *Th. v. Hippel*, Der Ombudsmann im britischen Privatversicherungsrecht, Baden-Baden, Nomos, VersWissStud. 25 (2004), S. 163.
[187] Siehe hierzu *Römer*, Offene und beantwortete Fragen zum Verfahren vor dem Ombudsmann, NVersZ 2002, 289 ff.; *derselbe*, Der Ombudsmann im deutschen Privatversiche-

G. Beaufsichtigung der Lebensversicherungsunternehmen

ombudsmann e. V. wird der Ombudsmann für Versicherungen von einem Verein getragen, dem Versicherungsombudsmann e. V. Die Beschwerdeeingänge, die Prüfung von deren Zulässigkeit und das Call-Center werden beim Versicherungsombudsmann e. V. von einer selbständigen Organisationseinheit, nämlich einer GmbH, betrieben.[188] Zeitgleich zu dem vom GDV eingesetzten Ombudsmann hat zum 1. Oktober 2001 der Ombudsmann für alle privat Kranken- und Pflegeversicherten seine Tätigkeit aufgenommen.[189] Im Zuge der Verabschiedung von *Römer* als erstem Versicherungsombudsmann wurde von *Basedow* hervorgehoben, dass die Entwicklung des Versicherungsombudsmanns nach den ersten sieben Jahren seiner Existenz als Erfolgsgeschichte zu lesen ist.[190] Gemäß § 1 der Verfahrensordnung für Beschwerden im Zusammenhang mit der Vermittlung von Versicherungsverträgen (VermVO) im Sinne von § 214 Abs. 1 Nr. 2 VVG 2008 (Stand: 27. November 2008)[191] ist der Versicherungsombudsmann auch zuständig für Streitigkeiten zwischen Versicherungsnehmern und Versicherungsvermittlern oder -beratern. Kommt ein Versicherungsvertrag nicht zustande, wird der Versicherungsinteressent dem Versicherungsnehmer im Sinne dieses Verfahrens gleichgestellt. Beschwerdebefugt sind auch Verbraucherschutzverbände. Bei der Vorlage seines Jahresberichts für das Jahr 2008 hat der Versicherungsombudsmann darauf aufmerksam gemacht, dass aus seiner Sicht die Umsetzung der gesetzlichen Pflichten zur Beratung des Versicherungsnehmers und zur Dokumentation des Beratungsgesprächs in der Praxis erhebliche Schwierigkeiten bereite. Er verweist dabei auf Eingaben, die offenbaren würden, dass insbesondere die Beratungsdokumentation nicht selten unzulänglich sei.[192]

VI. Sicherungseinrichtung der Lebensversicherer

1. Europäische Insolvenzsicherungsrichtlinie

Im Banken- und Wertpapierbereich existiert die Richtlinie 94/19/EG des Europäischen Parlaments und des Rates vom 30. Mai 1994 über Einlagensicherungssysteme[193] und die Richtlinie 97/9/EG des Europäischen Parlaments und des Rates

---

rungsrecht, Baden-Baden, Nomos, VersWissStud. 25 (2004), S. 199. Die Satzung des Vereins „Versicherungsombudsmann e. V." ist in NVersZ 2002, 293 ff. abgedruckt. Die Verfahrensordnung des Versicherungsombudsmanns findet sich in NVersZ 2002, 296 ff.

[188] Einzelheiten siehe bei *Knauth*, Versicherungsombudsmann – private Streitbeilegung für Verbraucher –, WM 2001, 2325 ff.; *Scherpe*, Der deutsche Versicherungsombudsmann, NVersZ 2002, 97 ff.; *Lorenz*, Der Versicherungsombudsmann – eine neue Institution im deutschen Versicherungswesen, VersR 2004, 541 ff.; *Römer*, Zum Einfluss der Organisationsformen von Schlichtungsstellen auf deren Erfolg – Am Beispiel des Ombudsmannes für Versicherungen, in: Recht und Risiko, Festschrift für Helmut Kollhosser zum 70. Geburtstag, hrsg. v. Reinhard Bork, Thomas Hoeren, Petra Pohlmann, Bd. I Versicherungsrecht, Karlsruhe, VVW, 2004, S. 277 ff.; *derselbe*, Der Ombudsmann für private Versicherungen, NJW 2005, 1251 ff.; *Hövel/Leissner* in: Halm/Engelbrecht/Krahe, Handbuch FA VersR, 3. Aufl., 2008, S. 293 ff.

[189] Siehe hierzu *Kalis*, Der Ombudsmann in der privaten Krankenversicherung (PKV), VersR 2002, 292 ff.

[190] *Basedow*, Der Versicherungsombudsmann und die Durchsetzung der Verbraucherrechte in Deutschland, VersR 2008, 750, 751.

[191] Abrufbar über http://www.versicherungsombudsmann.de/Navigationsbaum/VermVo.jsp.

[192] Zu den Einzelheiten siehe Presseinformation v. 30. 6. 2009, einsehbar unter http://www.versicherungsombudsmann.de/Navigationsbaum/Presse/Pressemitteilungen.

[193] Abl.EG L 135 v. 31. 5. 1994, S. 5.

vom 3. März 1997 über Systeme für die Entschädigung der Anleger.[194] Seit 2003 liegt ein Diskussionspapier der EU-Kommission mit dem Titel „Sicherungssysteme für Versicherungen" vor.[195] Dass die EU-Kommission eine richtlinienmäßige Regulierung für die Versicherungswirtschaft bevorzugt und gewillt ist, die Errichtung von Insolvenzsicherungssystemen für Versicherungen EU-weit vorzuschreiben, lässt sich am Fortgang der Arbeiten an der zukünftigen Richtlinie ablesen.[196]

2. Sicherungsfonds der Lebensversicherer

35   a) **Vorgeschichte.** Mit Blick darauf, dass im Bereich der privaten Kreditwirtschaft der seit 1. Mai 1976 bestehende Einlagensicherungsfonds des Bundesverbandes deutscher Banken e. V. Bankkunden gegen Einlagen-Verluste schützt,[197] wurde auch für den Bereich der Versicherungswirtschaft verlangt, Garantiefonds ähnlich dem Einlagensicherungsfonds der Banken einzurichten.[198] *Baumann* sah in einer kollektiven Solidareinrichtung „eine Aufwertung der Privatversicherung, ihrer Leistungsfähigkeit und ihrer Solidität".[199] Die Forderung nach der Schaffung einer Sicherungseinrichtung ließ sich zunächst nicht durchsetzen, weil *Farny*[200] mit seinem Votum für eine überwältigende Mehrheit im Schrifttum sprach:[201]

„Radikalere Vorschläge, insbesondere die Einführung eines Konkurssicherungsfonds für die Gläubigeransprüche der Versicherungsnehmer bei grundsätzlicher Akzeptanz von Versi-

---

[194] Abl.EG L 84 v. 26. 3. 1997, S. 22.
[195] Markt/2538/02-DE.
[196] Die Arbeitspapiere sind unter http://europa.eu.int/comm/internal_market/insurance/guarantee_de.htm einsehbar. Zum Inhalt der künftigen Richtlinie siehe *Fricke*, Eckdaten einer künftigen europäischen Insolvenzsicherungsrichtlinie für die Versicherungswirtschaft, VersR 2006, 1149, 1151 ff.
[197] Dazu *Schneider*, Die Sanierung von Kreditinstituten und die Angleichung des aufsichtsrechtlichen Sanierungsrechts in der Europäischen Gemeinschaft, in: Festschrift für Ernst Steindorff, 1990, S. 1393; *Vogelsang*, Der Einlagensicherungsfonds des Bundesverbandes deutscher Banken im Lichte des Versicherungsrechts, Karlsruhe, VVW, 1990, S. 29; *Dreher*, Sicherungseinrichtungen im Kreditsektor zwischen Instituts-, Einlagen- und Herrschaftssicherung, ZIP 1992, 1597; *Möschel*, Banken und Wettbewerb, in: Unternehmen, Recht und Wirtschaftsordnung, Festschrift für Peter Raisch, 1995, S. 469, 474 f. Zum Erfordernis nationaler Einlagensicherungssysteme siehe *Schneider*, Europäisches Bankenaufsichtsrecht und internationale Einlagensicherung, EuZW 12/1990, Editorial. Inzwischen ist seit 1. 8. 1998 das Einlagensicherungs- und Anlegerentschädigungsgesetz (EAG) in Kraft (BGBl. I S. 1842). Siehe dazu *Dreher*, Die neue deutsche Einlagensicherung im Bereich der privaten Banken und das Europarecht, ZIP 1998, 1777; *Steuer*, Das Gesetz zur Umsetzung der EG-Einlagensicherungs- und Anlegerentschädigungsrichtlinie und seine Umsetzung in der Praxis, WM 1998, 2449; *Herdegen*, Das deutsche Einlagensicherungs- und Entschädigungsgesetz aus europarechtlicher Perspektive, WM 1999, 1541; *Sethe*, Europarechtswidrige Kollusion von Gesetzgeber und Bankwirtschaft?, ZIP 1999, 1461 ff.; *Dreher*, Aufsicht über Kreditinstitute durch Private? Das Beispiel der Prüfungsbefugnis Privater nach § 9 EAG, in: Festschrift für Martin Peltzer, 2001, S. 69 ff.
[198] Einzelheiten siehe bei *Dreher*, Konkurssicherungsfonds statt Wirtschaftsaussicht? – Zu den Schranken des Vorrangs der privatautonomen Selbstverwaltung der Wirtschaft, in: Festschrift für Fritz Rittner, 1991, S. 93 ff.
[199] *Baumann*, Versicherungswirtschaft, Kartellrecht und Gesamtrechtsordnung, ZHR 139 (1975), 291, 239.
[200] *Farny*, Versicherungsbetriebslehre, 3. Aufl., Karlsruhe, VVW, 2000, S. 110; ähnlich *derselbe*, Versicherungsbetriebslehre, Karlsruhe, VVW, 1989, S. 94; *derselbe*, Ein Konkurssicherungsfonds in der Versicherungswirtschaft, Ei des Kolumbus oder Windei?, in: Mannheimer Vorträge zur Versicherungswissenschaft, Karlsruhe, VVW, 1990, S. 1 ff., 33.
[201] Siehe hierzu die ausführlichen Nachweise bei *Benkel*, Der Versicherungsverein auf Gegenseitigkeit: Das Gesellschaftsrecht der großen konzernfreien VVaG, 2. Aufl., München, 2002, S. 319 (Fn. 10).

cherungskonkursen, widersprechen der Marktwirtschaft; denn durch einen Konkurssicherungsfonds wird das Prinzip gestört, wonach Risiken und Chancen aus Versicherungsentscheidungen ungeteilt auf die einzelnen autonom entscheidenden Wirtschaftssubjekte, also die Versicherungsnehmer und die Versicherer, dezentral zugeordnet werden. Es ist marktwirtschaftlich verfehlt, wenn Versicherungskunden die Chancen guter Entscheidungen für sich behalten, die Risiken schlechter Entscheidungen dagegen bei einem Konkurssicherungsfonds „entsorgen". Gleiche Überlegungen gelten für Versicherungsunternehmen, wenn diese die Chancen aus bestimmten Entscheidungen behalten, die Risiken aber (ganz oder teilweise) an einen Konkurssicherungsfonds abgeben, der von der Gesamtheit aller Versicherer finanziert wird."

Im Schrifttum wurde aber auch darauf hingewiesen, dass die durchaus berechtigte Kritik von *Farny* nicht ausschließt, dass die Versicherer wie die Banken zu einer freiwilligen Lösung kommen,[202] auch wenn *Reimer Schmidt*[203] es als schwierig ansah, „die Versicherer für einen freiwilligen Fondsbeitritt zu gewinnen". Verwirklicht hat sich aber im Ergebnis die Einschätzung von *Hohlfeld*,[204] der es für denkbar hielt, dass die Versicherungswirtschaft selbst einen Sicherungsfonds einrichtet. Soweit er aber annahm, dass zu dessen Beitritt bestimmte Kriterien erfüllt sein müssen, beispielsweise die Überprüfung der Tarifkalkulation durch unabhängige Aktuare,[205] hat sich diese Erwartung nicht erfüllt. Die Versicherungswirtschaft gründete zwar unter dem Eindruck der Entwicklung der Kapitalmärkte am 8. November 2002 die Protektor Lebensversicherungs-AG.[206] Gleichzeitig mit der Gründung wurden aber alle Mitglieder des GDV durch eine Satzungsänderung Gesellschafter der Protektor Lebensversicherungs-AG,[207] und zwar „ohne Überprüfung der Tarifkalkulation". Ihre Beteiligung an der Protektor Lebensversicherungs-AG müssen die LVU von den Eigenmitteln abziehen (§ 104k Nr. 2a 2. Halbsatz VAG i. V. m. § 53c Abs. 3e VAG), es sei denn die Protektor Lebensversicherungs-AG wird in die Berechnung der bereinigten Solvabilität einbezogen (§ 53c Abs. 3e Satz 2 VAG).

Durch die drohende Insolvenz der Mannheimer Lebensversicherung AG trat der Bewährungsfall für die Protektor Lebensversicherungs-AG schneller ein, als er von vielen Marktteilnehmern erwartet wurde.[208] Dieser Sicherungsfall führte dazu, dass die Forderung auf Einrichtung eines gesetzlichen Sicherungsfonds erneut erhoben wurde.[209]

---

[202] So schon *Benkel*, Der Versicherungsverein auf Gegenseitigkeit: Das Gesellschaftsrecht der großen konzernfreien VVaG, 2. Aufl., München, 2002, S. 319.
[203] *Schmidt*, Rechtsfragen des Konkurs von Versicherungsunternehmen – unter besonderer Berücksichtigung der Konkursabwendung, in: Staat, Wirtschaft, Assekuranz und Wissenschaft, Festschrift für Robert Schwebler, Karlsruhe, 1986, S. 419, 431.
[204] *Hohlfeld*, Was bleibt von der materiellen Versicherungsaufsicht nach Vollendung des Binnenmarktes?, in: Münsteraner Reihe, Karlsruhe, VVW, 1992, S. 20; *derselbe*, Finanzaufsicht und Rechnungslegung auf dem Versicherungssektor nach der Deregulierung, in: Dieter Farny und die Versicherungswissenschaft, 1994, S. 229, 234 ff.; vgl. auch *Kühlein*, Die Liquidation von Versicherungsunternehmen, VW 1994, 102, 109; *Müller*, Die zukünftige Rolle des Bundesaufsichtsamtes für das Versicherungswesen, VW 1993, 548, 554 f.; *Hanekopf*, Einlagensicherung in der unternehmerischen Bank- und Versicherungswirtschaft, 1998, S. 170 ff.
[205] *Hohlfeld*, Was bleibt von der materiellen Versicherungsaufsicht nach Vollendung des Binnenmarktes?, in: Münsteraner Reihe, Karlsruhe, VVW, 1992, S. 20; *derselbe*, Finanzaufsicht und Rechnungslegung auf dem Versicherungssektor nach der Deregulierung, in: Dieter Farny und die Versicherungswissenschaft, 1994, S. 229, 234 ff.
[206] Vgl. *Metzler*, Ein Konkurssicherungsfonds in der deutschen Versicherungswirtschaft: „Ei des Kolumbus", „Windei" oder vielleicht doch eine „Eierlegende Wollmilchsau"?, ZfV 2003, 496, 498.
[207] Vgl. *Metzler* ZfV 2003, 496, 498.
[208] Vgl. *Metzler* ZfV 2003, 496, 498.
[209] Vgl. *Metzler* ZfV 2003, 496, 498.

38 b) Gesetzlicher Sicherungsfonds. Durch das Gesetz zur Änderung des Versicherungsaufsichtsgesetzes und anderer Gesetze vom 15. Dezember 2004 (VAG-Novelle 2004)[210] wurden Lebensversicherer verpflichtet, einem (gesetzlichen) Sicherungsfonds anzugehören.[211] Eine Pflichtmitgliedschaft EG-ausländischer Versicherungsunternehmen in den Sicherungsfonds nach dem VAG konnte der deutsche Gesetzgeber jedoch nicht durch nationales Recht begründen.[212] Dass EWR-Versicherer gemäß § 124 VAG nicht die Aufnahme in den gesetzlichen Sicherungsfonds für die Lebensversicherung verlangen können, verstößt weder gegen Art. 43, 48 EGV (jetzt Art. 49 u. Art. 54 EGV) noch gegen Art. 3, 12 GG.[213] Mit den Aufgaben und Befugnissen des Sicherungsfonds wurde die Protektor Lebensversicherungs-AG betraut.[214] Versicherungsunternehmen, die dem gesetzlichen Sicherungsfonds angehören, sind verpflichtet, Jahresbeiträge an den Sicherungsfonds zu leisten. Deren Höhe ist so bemessen, dass das LVU nach der Aufbauphase immer mit grundsätzlich 1‰ am Sicherungsvermögen beteiligt ist (bezogen auf seine versicherungstechnischen Netto-Rückstellungen zu den Rückstellungen aller Mitglieder). Darüber hinaus können Sonderbeiträge bis zur Höhe von 1‰ der versicherungstechnischen Netto-Rückstellungen erhoben werden, wenn dies zur Durchführung der Aufgaben des gesetzlichen Sicherungsfonds erforderlich ist. Die Einzelheiten regelt die Verordnung über die Finanzierung des Sicherungsfonds für die Lebensversicherer (Sicherungsfonds-Finanzierungs-Verordnung (Leben) – SichLVFinV) vom 11. Mai 2006,[215] die durch die Erste Verordnung zur Änderung der Sicherungsfonds-Finanzierungs-Verordnung (Leben) vom 24. Oktober 2006[216] geändert wurde. Mit dem gesetzlichen Sicherungsfonds erlangt der Versicherungsnehmer einen Rechtsanspruch auf Insolvenzschutz, der aus den Beiträgen der Versicherungsnehmer finanziert werden muss.[217]

---

[210] BGBl. I S. 3416. Dazu *Heidel*, Die Regelung im VAG über Sicherungsfonds unter besonderer Berücksichtigung einer zukünftigen EU-Richtlinie über Sicherungssysteme für Versicherte im Falle der Liquidation des Versicherungsunternehmens, Karlsruhe, VVW, 2007; *Plath*, Das Lebensversicherungsunternehmen in der Insolvenz unter besonderer Berücksichtigung des Gesetzes zur Umsetzung aufsichtsrechtlicher Bestimmungen zur Sanierung und Liquidation von Versicherungsunternehmen und Kreditinstituten vom 10. Dezember 2003, Frankfurt/M. u. a., Lang, 2007.

[211] Zu den Einzelheiten siehe *Präve*, Der Sicherungsfonds für die Lebensversicherung, VersR 2005, 1023; *Bürkle*, Sicherungsvermögen und Sicherungsfonds: Neue aufsichtsrechtliche Instrumente für die Krise von Versicherungsunternehmen, ZfV 2006, 19; *Winter*, Versicherungsaufsichtsrecht, Karlsruhe, VVW, 2007, S. 156.

[212] *Lange*, Die Mitgliedschaft EG-ausländischer Versicherungsunternehmen im Sicherungsfonds der Lebens- und Krankenversicherung, ZVersWiss 2008, 13, 14.

[213] VG Berlin, Urt. v. 25. 9. 2009 – VG 1 A 224.07, S. 16, 25.

[214] Siehe Verordnung über die Übertragung von Aufgaben und Befugnissen eines Sicherungsfonds für die Lebensversicherung an die Protektor Lebensversicherungs-AG v. 11. 5. 2006, BGBl. I S. 1170. Die Aufgaben und Befugnisse des gesetzlichen Sicherungsfonds für die Krankenversicherung wurden der Medicator AG übertragen, vgl. BGBl. I S. 1171.

[215] BGBl. I S. 1172.

[216] BGBl. 2006 I S. 2390.

[217] *Heidemann*, Gesetzlicher Insolvenzschutz für Lebensversicherungskunden und -unternehmen, VersicherungsPraxis 2007, 6.

H. Lebensversicherungsunternehmen unter Kartellaufsicht

Übersicht

	Rdn.
I. Vorrang des EG-Kartellrechts	1–11
1. Kartellverbot mit Erlaubnisvorbehalt	1
2. Freistellung vom Kartellverbot	2–10
a) Verordnung (EWG) Nr. 1534/91	2, 3
b) Verordnung (EWG) Nr. 3932/92	4, 5
c) Verordnung (EG) Nr. 358/2003	6–9
d) Verordnung (EG) Nr. 1/2003	10
3. Rangverhältnis	11
II. Auswirkungen des EG-Kartellrechts auf das nationale Verfahrensrecht	12
III. Kartellrechtlich erhebliche Verhaltensweisen	13–24
1. Informationsaustausch	13, 14
a) Grundsatz des Geheimwettbewerbs	13
b) Legalitätspflicht	14
2. Unverbindliche Empfehlungen der Versichererverbände	15
3. Mitversicherung	16–24
a) Zustandekommen der Mitversicherung	16–19
b) Zulässigkeit	20–23
c) Umsatzsteuerfreiheit der Führungsprovision	24
IV. GVO-Novelle	25–30

AuVdBAV: VerBAV 1981, 2 (R 3/80 vom 15. 12. 80 – Anmeldungen nach § 102 GWB); VerBAV 1982, 13 (Legalisierung horizontaler Wettbewerbsbeschränkungen zwischen VU durch Anmeldung nach § 102 GWB); GB BAV 1980, 37 (Abgrenzung der Befugnisse zwischen Bundeskartellamt und BAV; Verfahren bei Anmeldungen von Wettbewerbsbeschränkungen; Anmeldepflichtige Sachverhalte); GB BAV 1981, 39 (Kartellrechtliche Beurteilung von Sammelgenehmigungsverfahren); GB BAV 1982, 40 (Kartellrechtliche Beurteilung von Gruppenversicherungsverträgen; GB BAV 1983, 37 (Kartellrecht); GB BAV 1987, 41 (Überprüfung des § 102 GWB); GB BAV 1989, 47 (Entwurf einer Gruppenfreistellungsverordnung); GB BAV 1991, 57 (Verordnung (EWG) Nr. 1534/91); GB BAV 1992, 48 (Verordnung (EWG) Nr. 3932/92); GB BAV 1998, 17 (6. GWB-Novelle).

Schrifttum: *Adel*, Deregulierung der Versicherungswirtschaft durch die Gruppenfreistellungsverordnung der Europäischen Kommission – Die Regelung für Prämienempfehlungen und Mustergeschäftsbedingungen –, ZVersWiss 1994, 77; *Andreae*, Rücktritt von Konsortialmitgliedern bei einer Mitversicherung – jeder für sich oder alle zusammen?, VersicherungsPraxis 2003, 194; *Brinker/Schädle*, Kartellrechtliche Marktabgrenzung in der Versicherungswirtschaft, VersR 2004, 673; *Büchner*, Auf dem Weg zu Gruppenfreistellungen der EG-Kommission für den Versicherungsbereich, in: Festschrift für Fritz Rittner, 1991, S. 55; *derselbe*, Die Gruppenfreistellungsverordnung der EG-Kommission im Versicherungsbereich – insbesondere die Tatbestandsgruppe der „Muster allgemeiner Versicherungsbedingungen", in: Festschrift Dieter Farny und die Versicherungswissenschaft, Karlsruhe, VVW, 1994, S. 45; *Bunte*, Regulierungsabkommen zwischen Leistungserbringern und Versicherungsunternehmen auf dem Prüfstand des Kartellrechts, VersR 1997, 1429; *Bunte/Stancke*, Leitfaden Versicherungskartellrecht: Ein Leitfaden für Vorstände, Führungskräfte und Mitarbeiter zur Vermeidung von Verstößen gegen das Kartellrecht im Versicherungsgeschäft, 2. Aufl., Karlsruhe, VVW, 2007; *Dannecker*, Die Neuregelung der Sanktionierung von Verstößen gegen das EG-Kartellrecht nach der Verordnung (EG) Nr. 1/2003 des Rates vom 16. Dezember 2002 zur Durchführung der in den Art. 81 und 82 des Vertrages niedergelegten Wettbewerbsregeln, in: Wirtschafts- und Privatrecht im Spannungsfeld von Privatautonomie, Wettbewerb und Regulierung, Festschrift für Ulrich Immenga, hrsg. v. Fuchs, Schwintowski u. Zimmer, München, Beck, 2004, S. 61; *Dreher,* Die kartellrechtliche Abgrenzung der Mitversicherung im Einzelfall von der Bildung einer Mitversicherungsgemeinschaft, in: Kontinuität und Wandel des Versicherungsrechts, Festschrift für Egon Lorenz zum 70. Geburtstag, hrsg. v. Manfred Wandt, Peter Reiff, Dirk Looschelders u. Walter Bayer, Karlsruhe, VVW, 2004, S. 211; *derselbe,* Kartellrechtscompliance in der Versicherungswirtschaft, VersR 2004, 1; *derselbe,* Das europäische Kartellrecht der Mitversicherungsgemeinschaften, in: Wirtschafts- und Privatrecht im Spannungsfeld von Privatautonomie, Wettbewerb und Regulierung, Festschrift für Ulrich Immenga, hrsg. v. Fuchs, Schwintowski u. Zimmer, München, Beck, 2004, S. 93; *Dreher/Lange,* Die Mitversicherung – Die bürgerlich-, versicherungsvertrags- und gesellschaftsrechtlichen Grundlagen –, VersR 2005, 717; *Dreher,* Die kartellrechtliche Beurteilung identifizierender Marktinformation in der Versicherungswirtschaft, in: Ein Leben mit der Versicherungswissenschaft, Festschrift für Helmut Schirmer, hrsg. v. Thomas Bielefeld u. Sven Marlow, Karlsruhe, VVW, 2005, S. 71; *derselbe,* Die kartellrechtliche Bußgeldverantwortlichkeit von Vorstandsmitgliedern, Vorstandshandeln zwischen aktienrechtlichem Legalitätsprinzip und kartellrechtlicher Unsicherheit, in: Festschrift für Horst Konzen, Tübingen, Mohr Siebeck, 2006, S. 85; *derselbe,* Die Mitversicherung bei der Ausschreibung von Versicherungsdienstleistungen, VersR 2007, 1040; *Dreher/Kling,* Kartell- und Wettbewerbsrecht der Versicherungsunternehmen, München, Beck, 2007; *Dreher,* Das Versicherungskartellrecht nach der Sektoruntersuchung der EG-Kommission zu den Unternehmensversicherungen, VersR 2008, 15; *Farny,* Wirtschaftliches Gutachten über Prämienkartelle von Versicherungsunternehmen, Sonderbeil. VW, Heft 4 v. 15. 2. 1970; *v. Fürstenwerth/Hörst,* Einige Aspekte zum Versicherungskartellrecht vor der 6. GWB-Novelle, VersR 1997, 1172; *v. Fürstenwerth,* Das Versicherungskartellrecht nach der 6. GWB-Novelle, in: Festschrift für Horst Baumann, Karlsruhe, VVW, 1999, S. 77; GDV (Hrsg.), Kartellrecht und Verbandsarbeit, 2. Aufl., Berlin, 2006; *Gleiss,* Wettbewerbsbeschränkende Empfehlungen in der Kredit- und Versicherungswirtschaft, BB 1958, 431; *Honsel,* Neue wettbewerbsrechtliche Rahmenbedingungen für die Versicherungswirtschaft, in: Recht und Risiko, Festschrift für Helmut Kollhosser zum 70. Geburtstag, hrsg. v. Reinhard Bork, Thomas Hoeren u. Petra Pohlmann, Bd. I Versicherungsrecht, Karlsruhe, VVW, 2004, S. 165; *v. Hülsen/Manderfeld,* Neue Rahmenbedingungen des Versicherungskartellrechts – Die neue Gruppenfreistellungsverordnung für den Versicherungssektor, VersR 2010, 559; *Kirscht,* Versicherungskartellrecht: Problemfelder im Lichte der Europäisierung, Karlsruhe, VVW, 2003; *Kollhosser,* Einige Bemerkungen zum § 102 GWB, ZVersWiss 1991, 105; *Lange/Dreher,* Der Führende in der Mitversicherung, VersR 2008, 289; *Kreiling,* Versicherungsgemeinschaften im europäischen Kartellrecht, 1999; *Liebelt-Westphal,* Schadenverhütung und Versicherungsvertragsrecht: Schadenverhütung durch die Gestaltung des Versicherungsvertrages (Risikobeschreibung, Ausschluss von Risiken und Auferlegung von Obliegenheiten, Frankfurt am Main, u.a., Lang, 1997; *Lieberknecht,* Das Verhältnis der EWG-Gruppenfreistellungsverordnungen zum deutschen Kartellrecht, in: Festschrift für Gerd Pfeiffer,1988, S. 589; *Markert,* Die Anwendung des deutschen Kartellrechts auf die Versicherungswirtschaft vor dem Hintergrund des entstehenden europäischen Binnenmarktes, VW 1989, 1342; *Martinek/Oechsler,* Die EG-kartellrechtliche Stellung der deutschen Versicherungsvermittler: Zur wettbewerblichen Unentbehrlichkeit und kartellrechtlichen Schutzwürdigkeit von Ausschließlichkeitsbindungen, Fremdgeschäftsverboten und Provisionsweitergabeverboten der Versicherungsvertreter im EG-Binnenmarkt, Karlsruhe, VVW, 1993; *Meyer-Lindemann,* Das Versicherungskartellrecht in Deutschland nach der 7. GWB-Novelle, Karlsruhe, VVW, 2006; *Pohlmann/Orlikowski-Wolf,* Die Regelungen für Versicherungsunternehmen im Regierungsentwurf des GWB, VersR 2005, 171; *Rehbinder,* Zum Verhältnis zwischen nationalem und EG-Kartellrecht nach der VO Nr. 1/2003, in: Wirtschafts- und Privatrecht im Spannungsfeld von Privatautonomie, Wettbewerb und Regulierung, Festschrift für Ulrich Immenga, hrsg. v. Fuchs, Schwintowski u. Zimmer, München, Beck, 2004, S. 303; *Saller,* Die neue Gruppenfreistellungsverordnung der Europäischen Kommission für den Versicherungssektor, VersR 2010, 417; *Schaloske,* Das Recht der so genannten offenen Mitversicherung: Vertragsrechtliche Konstruktion und kartellrechtliche Beurteilung, Karlsruhe, VVW, 2007; *Schmidt, Heinz August,* Die Europäisierung des Kartellrechts im Bereich der Kredit- und Versicherungswirtschaft: Zur Ersetzung der kartellrechtlichen Bereichsausnahme für die Kredit- und Versicherungswirtschaft (§ 102 GWB) durch die EG-rechtliche Freistellungs-

H. Lebensversicherungsunternehmen unter Kartellaufsicht   1 Einl. H

vorschrift (Art. 85 III EGV), Diss. Göttingen 1995, Baden-Baden, Nomos, 1995; *Schulze Schwienhorst,* Die kartellrechtlichen Rahmenbedingungen der „Mitversicherung im Einzelfall", in: Recht und Risiko, Festschrift für Helmut Kollhosser zum 70. Geburtstag, hrsg. v. Reinhard Bork, Thomas Hoeren u. Petra Pohlmann, Bd. I Versicherungsrecht, Karlsruhe, VVW, 2004, S. 329; *Seemayer,* Die EU-Sektoruntersuchung zu den Unternehmensversicherungen: Meistbegünstigungsklauseln in Rückversicherungsverträgen unter Berücksichtigung des Kartellrechts, ZVersWiss 2010, 603; *Semler/Bauer,* Die neue EU-Gruppenfreistellungsverordnung für vertikale Wettbewerbsbeschränkungen – Folgen für die Rechtspraxis, DB 2000, 193; *Stancke,* Mitversicherungslösungen in der kartellrechtlichen Praxis, VW 2004, 1458; *Vassel,* Sollte die Versicherungswirtschaft „Empfehlungen" nach § 101 (§ 106) GWB melden?, VersR 1958, 432; *Vogel/Glas,* Datenschutzrechtliche Probleme unternehmensinterner Ermittlungen, DB 2009, 1747; *Windhagen,* Die Versicherungswirtschaft im europäischen Kartellrecht, Diss. Augsburg 1994, Baden-Baden, Nomos, VersWissStud. 3 (1996).

I. Vorrang des EG-Kartellrechts

1. Kartellverbot mit Erlaubnisvorbehalt

Die Wettbewerbsbestimmungen, insbesondere die Art. 81 und 82 EWG-Vertrag sowie die Bestimmungen der Verordnung Nr. 17 des Rats vom 6. Februar 1962,[1] finden uneingeschränkte Anwendung auf den Versicherungssektor und gelten folglich auch für Versicherungsunternehmen.[2] Das EG-Kartellrecht hat bei wettbewerbsbeschränkendem Verhalten generellen Vorrang vor dem nationalen Recht.[3] Dies bedeutet, dass die „gleichzeitige Anwendung des nationalen Wettbewerbsrechts nur statthaft ist, soweit sie die einheitliche Anwendung der Wettbewerbsvorschriften der Gemeinschaft und die volle Wirksamkeit der aufgrund dieser Vorschriften ergangenen Maßnahmen im gesamten gemeinsamen Markt nicht beeinträchtigt".[4] Nach dem insoweit einschlägigen Wortlaut des Art. 81 Abs. 1 EWG-Vertrag sind mit dem Gemeinsamen Markt unvereinbar und verboten alle Vereinbarungen zwischen Unternehmen, Beschlüsse von Unternehmensvereinigungen und aufeinander abgestimmte Verhaltensweisen, welche den Handel zwischen Mitgliedstaaten zu beeinträchtigen geeignet sind und eine Verhinderung, Einschränkung oder Verfälschung des Wettbewerbs innerhalb des Gemeinsamen Marktes bezwecken oder bewirken, insbesondere gemäß Art. 81 Abs. 1 a) EWG-Vertrag die unmittelbare oder mittelbare Festsetzung der An- oder Verkaufspreise oder sonstiger Geschäftsbedingungen. Allerdings sah schon der

1

---

[1] Abl.EG 1962, 13/204.
[2] Vgl. EuGH, Urt. v. 27. 1. 1987 – Rs 45/85, NJW 1987, 2150 = VersR 1987, 169, 170; dazu *Markert,* Die Anwendung des § 102 GWB auf die Versicherungswirtschaft vor dem Hintergrund des EuGH-Urteils im Fall „Feuerversicherung", VersR 1998, 101 ff.; *Liebelt-Westphal,* Schadenverhütung und Versicherungsvertragsrecht, 1997, S. 141; *Kollhosser* in: Prölss, § 81 VAG Anh II Rdn. 6; *Harrer* in: Berliner Komm. z. VVG, Berlin u. a., Springer, 1999, § 31 VVG Rdn. 29; *Präve,* Versicherungsbedingungen und AGB-Gesetz, München, Beck, 1998, Rdn. 77; *Dreher* VersR 2004, 1, 2.
[3] EuGH, Amtliche Sammlung 1969, 1 = NJW 1969, 1000; *Kollhosser* in: Prölss, § 81 VAG Anh II Rdn. 10; *Bechtold,* GWB, 3. Aufl., 2002, Einf. Rdn. 65; *Dreher,* Das deutsche Kartellrecht vor der Europäisierung – Überlegungen zur 6. GWB-Novelle –, WuW 1995, 881, 891; *Traugott,* Kartellrecht der Versicherungswirtschaft, in: Lexikon des Rechts, Versicherungsrecht, hrsg. v. Bunte, Neuwied/Kriftel, Luchterhand, 1998, S. 74, 78; *Harrer* in: Berliner Komm. z. VVG, Berlin u. a., Springer, 1999, § 31 VVG Rdn. 29; *Präve,* Versicherungsbedingungen und AGB-Gesetz, München, Beck, 1998, Rdn. 77; *Dreher* VersR 2004, 1, 2; *Rehbinder* in: Festschrift für Ulrich Immenga, 2004, S. 303, 306; *Materne/Seemayer,* Die kartellrechtliche Behandlung der Praxis der Meistbegünstigung in der EU-Sektoruntersuchung, VersR 2009, 1326, 1327.
[4] EuGH, EuZW 1992, 671; EuGH, Amtliche Sammlung 1980, 2327, 2375.

317

seinerzeit gültige Art. 85 Abs. 3 EWG-Vertrag vor, dass eine wettbewerbsbeschränkende Abrede durch eine Einzelentscheidung oder durch die generelle Freistellung von bestimmten Gruppen von Vereinbarungen vom Kartellverbot des Art. 81 Abs. 1 EWG-Vertrag freigestellt werden kann.

2. Freistellung vom Kartellverbot

2 a) **Verordnung (EWG) Nr. 1534/91.** Die Verordnung (EWG) Nr. 1534/91 des Rates vom 31. Mai 1991[5] über die Anwendung von Art. 85 Abs. 3 EWG-Vertrag auf Gruppen von Vereinbarungen, Beschlüssen und aufeinander abgestimmten Verhaltensweisen im Bereich der Versicherungswirtschaft ermächtigte die Kommission, Art. 81 Abs. 3 EWG-Vertrag durch Verordnung auf Gruppen von Vereinbarungen, Entscheidungen und aufeinander abgestimmte Verhaltensweisen in der Versicherungswirtschaft anzuwenden, die eine Zusammenarbeit in folgenden Bereichen bezwecken:
- Erstellung gemeinsamer, auf gegenseitig abgestimmten Statistiken oder dem Schadensverlauf beruhender Risikoprämientarife;
- Erstellung von Mustern für allgemeine Versicherungsbedingungen;
- gemeinsame Deckung bestimmter Arten von Risiken;
- Abwicklung von Schadensfällen;
- Prüfung und Anerkennung von Sicherheitsvorkehrungen;
- Erstellung von Verzeichnissen und Austausch von Informationen über erhöhte Risiken.

3 Mit den Musterbedingungen sind solche Bedingungswerke gemeint, die von den Verbänden der Versicherungswirtschaft als Muster empfohlen oder die von mehreren Versicherern gemeinsam erstellt werden.[6] Sie sollen dem Versicherungsnehmer die Vergleichbarkeit des Leistungsumfangs der Versicherungsprodukte erleichtern.[7]

4 b) **Verordnung (EWG) Nr. 3932/92.** Aufgrund der Ermächtigung durch die Verordnung (EWG) Nr. 1534/91 des Rates vom 31. Mai 1991 erließ die Kommission am 21. Dezember 1992 die Verordnung (EWG) Nr. 3932/92 über die Anwendung von Art. 85 Abs. 3 EWG-Vertrag auf bestimmte Gruppen von Vereinbarungen, Beschlüssen und aufeinander abgestimmten Verhaltensweisen im Bereich der Versicherungswirtschaft.[8] Die Verordnung (EWG) Nr. 3932/92 trat am 1. April 1993 in Kraft und galt bis zum 31. März 2003.

---

[5] Abl.EG Nr. L 143 v. 7. 6. 1991, S. 1 = VerBAV 1991, 385.

[6] *Kühnle,* Die Bindung an den Versicherungsvertrag: Vertragslaufzeit und Lösungsrechte im Lichte des deutschen, amerikanischen und europäischen Rechts, Baden-Baden, Nomos, VersWissStud. 8 (1998), S. 174 f.

[7] Vgl. *Baumann,* Versicherungsrecht nach der Deregulierung, VersR 1996, 1, 3; *Windhagen,* Die Versicherungswirtschaft im europäischen Kartellrecht, Baden-Baden, Nomos, VersWissStud. 3 (1996), S. 184; *Schauer* in: Liebscher/Flohr/Petsche, EU-Gruppenfreistellungsverordnungen, München, Beck, 2003, § 12 Rdn. 49.

[8] Abl.EG Nr. L 398 v. 21. 12. 1992, S. 7; VerBAV 1993, 120; siehe dazu *Bunte,* Expertenseminar des GDV über die Gruppenfreistellungsverordnung für die Versicherungswirtschaft, VersR 1993, 543; *Schultz,* Die Gruppenfreistellungsverordnung (GVO) der EG-Kommission vom 21. 12. 1992 zu § 102 GWB – Regelungsinhalte und Verhältnis zu § 102 GWB –, VW 1993, 556; *Vernimmen,* Die Gruppenfreistellungsverordnung für die Versicherungswirtschaft, VW 1993, 559; eingehend *von Fürstenwerth,* EG-Gruppenfreistellungsverordnungen für die Versicherungswirtschaft, WM 1994, 465; *Büchner* in: Dieter Farny und die Versicherungswissenschaft, 1994, S. 45; *Schumm,* Die Gruppenfreistellungsverordnung für die Versicherungswirtschaft, Baden-Baden, Nomos, VersWissStud. 2 (1995), S. 75; *Schümann,* Die Gruppenfreistellungsverordnung Nr. 3932/92 für die Versicherungswirtschaft, Diss. Berlin 1997, Lang, 1998; *Kollhosser* in: Prölss, § 81 VAG Anh II Rdn. 28 ff.; *Müller,* Versicherungsbinnenmarkt, München, Beck, 1995, Rdn. 127–150.

H. Lebensversicherungsunternehmen unter Kartellaufsicht   5–8 **Einl. H**

Mit der Verordnung (EWG) Nr. 3932/92 wurden Vereinbarungen über die **5**
Abwicklung von Schadensfällen und die Erstellung von Verzeichnissen bzw. den
Austausch von Informationen über erhöhte Risiken nicht freigestellt.[9] Die Kommission war der Ansicht, dass es ihr an ausreichender Erfahrung mit Einzelfällen mangelte, um die ihr mit der Verordnung (EWG) Nr. 1534/91 übertragenen Befugnisse auf diese Vereinbarungen anzuwenden.[10]

c) **Verordnung (EG) Nr. 358/2003.** Gemäß Art. 8 der Verordnung (EWG) **6**
Nr. 1534/91 des Rates vom 31. Mai 1991[11] war die Kommission verpflichtet, spätestens sechs Jahre nach Inkrafttreten der Verordnung (EWG) Nr. 3932/92 dem Europäischen Parlament und dem Rat einen Bericht über das Funktionieren der Verordnung (EWG) Nr. 3932/92 vorzulegen und ggf. die erforderlich erscheinenden Vorschläge zur Änderung der Verordnung (EWG) Nr. 3932/92 beizufügen. Die Kommission erstattete diesen Bericht unter dem 12. Mai 1999.[12] Am 9. Juli 2002 veröffentlichte die Kommission den Entwurf einer neuen Gruppenfreistellungsverordnung und forderte sämtliche Interessenten auf, sich bis zum 30. September 2002 zu äußern.[13] Nach den Erwägungsgründen der neuen Verordnung soll die Gruppenfreistellung nur Vereinbarungen zugute kommen, von denen mit hinreichender Sicherheit angenommen werden kann, dass sie die Voraussetzungen von Art. 81 Abs. 3 EG-Vertrag erfüllen. Die Verordnung (EG) Nr. 358/2003 der Kommission vom 27. Februar 2003 über die Anwendung von Art. 81 Abs. 3 EWG-Vertrag auf Gruppen von Vereinbarungen, Beschlüssen und aufeinander abgestimmten Verhaltensweisen im Versicherungssektor trat am 1. April 2003 in Kraft und ist in ihrer Geltung nach Art. 12 befristet bis zum 31. März 2010.[14] Sie ersetzt die Verordnung (EWG) Nr. 3932/92 vom 21. Dezember 1992.[15]

Die kartellrechtliche Gruppenfreistellungsverordnung nach Art. 81 Abs. 3 **7**
EWG-Vertrag bringt im Hinblick auf die Versicherungswirtschaft zahlreiche Freistellungstatbestände von dem Kartellverbot des Art. 81 Abs. 1 EWG-Vertrag. Grund dafür ist die Einschätzung, dass die Vorteile der Unternehmenskooperation in diesen Bereichen überwiegen und die Massenhaftigkeit gleichartiger Vorgänge Rechtssicherheit fordert.[16]

Die Verordnung (EG) Nr. 358/2003 stellt wie die Vorgängerverordnung ge- **8**
meinsame Berechnungen, Tabellen und Studien, Muster allgemeiner Versicherungsbedingungen, Mitversicherungs- und Mitrückversicherungsgemeinschaften sowie Sicherheitsvorkehrungen unter bestimmten Voraussetzungen von Art. 81 Abs. 1 EWG-Vertrag frei.[17] Wichtigste Änderungen gegenüber der alten Verord-

---

[9] Verordnung (EG) Nr. 358/2003, Abl.EG Nr. L 53 v. 28. 2. 2003, S. 8, Erwägungsgrund (3).
[10] Verordnung (EG) Nr. 358/2003, Abl.EG Nr. L 53 v. 28. 2. 2003, S. 8, Erwägungsgrund (3).
[11] Abl.EG Nr. L 143 v. 31. 5. 1991, S. 1.
[12] Bericht an das Europäische Parlament und den Rat über die Anwendung der Verordnung Nr. 3932/92 der Kommission über die Anwendung von Art. 81 Abs. 3 EWG-Vertrag (EX-Art. 85 Abs. 3) auf bestimmte Gruppen von Vereinbarungen, Beschlüssen und aufeinander abgestimmten Verhaltensweisen im Bereich der Versicherungswirtschaft v. 12. 5. 1999 KOM (1999), 192 endg.
[13] Abl.EG Nr. C 163 v. 9. 7. 2002, S. 7 = NVersZ 2002, 449.
[14] Abl.EG Nr. L 53 v. 28. 2. 2003, S. 8; dazu *Brinker/Schädle*, Versicherungspools und EG-Kartellrecht – Erste praktische Erfahrungen mit der neuen Gruppenfreistellungsverordnung für den Versicherungssektor –, VersR 2003, 1475.
[15] Abl.EG Nr. L 398 v. 31. 12. 1992, S. 7.
[16] Vgl. *Dreher* VersR 2008, 15, 16.
[17] Bericht des BKartA über seine Tätigkeit in den Jahren 2001/2002 sowie über die Lage und Entwicklung auf seinem Aufgabengebiet, BT-Drucks. 15/1226, S. 71 f.

nung sind: Die neue Verordnung (EG) Nr. 358/2003 enthält eine generelle Freistellung von Mitversicherungs- und Mitrückversicherungsgemeinschaften für neuartige Risiken für einen Zeitraum von drei Jahren und erhöht die Marktanteilsschwellen gegenüber der Vorgängerverordnung im Übrigen von 10% auf 20% bei Mitversicherungsgemeinschaften und von 15% auf 25% bei Mitrückversicherungsgemeinschaften.[18]

9 Muster allgemeiner Versicherungsbedingungen dürfen weder zur Vereinheitlichung der Produkte noch zu einem erheblichen Ungleichgewicht von vertraglichen Rechten und Pflichten führen.[19] Sie sollen folglich nur dann freigestellt werden, wenn sie unverbindlich sind und ausdrücklich auf die Möglichkeit hinweisen, dass die beteiligten Unternehmen ihren Kunden von der Vereinbarung abweichende Klauseln anbieten dürfen.[20] Allgemeine Versicherungsbedingungen dürfen ferner keine systematischen Risikoausschlüsse enthalten, ohne ausdrücklich darauf hinzuweisen, dass diese Risiken durch Vereinbarung in die Deckung einbezogen werden können; sie dürfen den Versicherungsnehmer nicht unverhältnismäßig lange binden und über den ursprünglichen Zweck des Versicherungsvertrags hinausgehen.[21] Außerdem ist festzulegen, dass diese allgemeinen Versicherungsbedingungen für alle interessierten Personen, insbesondere den Versicherungsnehmer, allgemein zugänglich sind, um auf diese Weise wirkliche Transparenz sicherzustellen und einen Vorteil für den Verbraucher herbeizuführen.[22]

10 **d) Verordnung (EG) Nr. 1/2003.** Die grundlegende Reform des Freistellungsrechts durch die Verordnung (EG) Nr. 1/2003 des Rates vom 16. Dezember 2002 zur Durchführung der in den Art. 81 und 82 des EWG-Vertrages niedergelegten Wettbewerbsregeln trat am 1. Mai 2004 in Kraft.[23] Gemäß Art. 29 Abs. 1 der Verordnung (EG) Nr. 1/2003 kann die Kommission von Amts wegen oder auf eine Beschwerde hin den Rechtsvorteil einer entsprechenden Gruppenfreistellungsverordnung entziehen, wenn sie in einem bestimmten Fall feststellt, dass eine Vereinbarung, ein Beschluss oder eine abgestimmte Verhaltensweise, für die die Gruppenfreistellungsverordnung gilt, Wirkungen hat, die mit Art. 81 Abs. 3 des EWG-Vertrages unvereinbar sind. Zur Anwendung des Art. 81 Abs. 3 EGV hat die Kommission Leitlinien veröffentlicht.[24]

3. Rangverhältnis

11 Zum Rangverhältnis der gesetzlichen Regelungen ist hervorzuheben, dass die Gruppenfreistellungsverordnungen spezielle Legalausnahmen sind, die denen des Art. 81 Abs. 3 EGV mit verdrängender Wirkung vorgehen.[25]

---

[18] BKartA, BT-Drucks. 15/1226, S. 72.
[19] Verordnung (EG) Nr. 358/2003, Abl.EG Nr. L 53 v. 28. 2. 2003, S. 8, Erwägungsgrund (15).
[20] Verordnung (EG) Nr. 358/2003, Abl.EG Nr. L 53 v. 28. 2. 2003, S. 8, Erwägungsgrund (15).
[21] Verordnung (EG) Nr. 358/2003, Abl.EG Nr. L 53 v. 28. 2. 2003, S. 8, Erwägungsgrund (15).
[22] Verordnung (EG) Nr. 358/2003, Abl.EG Nr. L 53 v. 28. 2. 2003, S. 8, Erwägungsgrund (16).
[23] Abl.EG Nr. L 1 v. 4. 1. 2003, S. 1; dazu *Dannecker* in: Festschrift für Ulrich Immenga, 2004, S. 61, 63 ff.
[24] Abl.EG Nr. C 101 v. 27. 4. 2004, S. 97.
[25] *Herrmann*, Die Gleichgewichtskontrolle in der EU-kartellrechtlichen Freistellung von Muster-AVB – Von der Europäisierung zur neuen rechtlichen Ordnung Europas, in: Ein Leben mit der Versicherungswissenschaft, Festschrift für Helmut Schirmer, hrsg. v. Thomas Bielefeld u. Sven Marlow, Karlsruhe, VVW, 2005, S. 199, 204.

II. Auswirkungen des EG-Kartellrechts auf das nationale Verfahrensrecht

Die Gruppenfreistellungsverordnung gilt in den europäischen Mitgliedstaaten in allen Teilen unmittelbar.[26] Verfahrensrechtlich findet das System der automatischen Freistellung jedoch seitens des Bundeskartellamts keine Anerkennung, da das Bundeskartellamt den Grundsatz des Vorrangs des EG-Rechts als auf das materielle Recht beschränkt ansieht und von einer parallelen Geltung des deutschen Kartellverfahrensrechts ausgeht.[27] Es erwartet eine Anmeldung auch dann, wenn die Wettbewerbsbeschränkung in vollem Umfang von der Gruppenfreistellungsverordnung für die Versicherungswirtschaft Nr. 3932/92 gedeckt ist. Zur Begründung wird angeführt, dass das Bundeskartellamt erst aufgrund der Anmeldung prüfen könne, ob die Voraussetzungen der Gruppenfreistellungsverordnung gegeben seien.[28] Auch nach Inkrafttreten des geänderten GWB geht das Bundeskartellamt von der Anmeldepflichtigkeit gruppenfreigestellter Sachverhalte aus (siehe hierzu § 29 Abs. 1 GWB i.V.m. § 29 Abs. 3 GWB und § 9 GWB). Diese Auffassung des Bundeskartellamts ist mit dem Freistellungsmonopol der Europäischen Kommission gemäß Art. 9 der Verordnung Nr. 17/62 des Europäischen Rates vom 6. Februar 1962 zur Durchführung von Art. 85 EGV und Art. 86 EGV (Abl.EG Nr. 13/204 vom 21. 2. 1962) nicht in Einklang zu bringen, wonach die Kommission ausschließlich zuständig ist, Art. 85 Abs. 1 EGV gemäß Art. 85 Abs. 3 EGV für nicht anwendbar zu erklären. Die europarechtliche Freistellung wirkt danach sofort und unbeschränkt und kann nicht aufgrund nationaler Vorschriften von Anmeldungen und Wartezeiten abhängig gemacht werden.[29] Das Bundeskartellamt darf daher gruppenfreigestellte Wettbewerbsbeschränkungen weder verbieten noch deren Nichtanmeldung mit einem Bußgeld belegen. Auch darf das Bundeskartellamt nicht eine gebührenpflichtige Anmeldung bereits gruppenfreigestellter Wettbewerbsbeschränkungen verlangen.[30]

III. Kartellrechtlich erhebliche Verhaltensweisen

1. Informationsaustausch

a) Grundsatz des Geheimwettbewerbs. Nach europäischem Kartellrecht ist für die Beurteilung jedes Informationsaustauschs der Grundsatz des Geheimwettbewerbs maßgeblich.[31] Jeder Marktteilnehmer muss seine Unternehmenspolitik im Gemeinsamen Markt selbständig bestimmen.[32] Auch nach § 1 GWB ist ein Informationsaustausch, der zu einer Dämpfung vorstoßenden Wettbewerbs führen

---

[26] *Kollhosser* in: Prölss, § 81 VAG Anh. II Rdn. 30.
[27] Vgl. Bericht BKartA 1993/1994, S. 140/141, erwähnt bei *Kollhosser* in: Prölss, § 81 VAG Anh II Rdn. 124 a. E.
[28] *Schultz* VW 1993, 6, 7; *Präve*, Versicherungsbedingungen und AGB-Gesetz, München, Beck, 1998, Rdn. 78.
[29] *Kollhosser* in: Prölss, § 81 VAG Anhang II Rn. 122.
[30] Ebenso *Bechtold*, GWB, 3. Aufl., 2002, § 29 GWB Rdn. 16 a. E.; *Müller*, Versicherungsbinnenmarkt, München, Beck, 1995, Rdn. 150.
[31] *Dreher* in: Festschrift für Helmut Schirmer, 2005, S. 71, 74; *Dreher/Kling*, Kartell- und Wettbewerbsrecht der Versicherungsunternehmen, 2007, § 7 Rdn. 146.
[32] *J. P. Schmidt/Koyuncu*, Kartellrechtliche Compliance-Anforderungen an den Informationsaustausch zwischen Wettbewerbern, BB 2009, 2551, 2552.

Einl. H 14, 15   Teil 2. Einleitung

kann, kartellrechtlich unzulässig.[33] Unzulässig ist ein Informationsaustausch, wenn unternehmensindividuelle Entscheidungen betroffen sind.[34] Einen Verstoß gegen das Kartellrecht stellt der unmittelbare Austausch von wettbewerbssensiblen Informationen dar, zu denen bei der Versicherung aufgrund des produktgestaltenden Charakters die AVB ebenso wie die preisregelnden Tarife und Tarifbedingungen gehören.[35] Verbände dürfen kein Forum für einen unzulässigen Informationsaustausch bieten.[36]

14   **b) Legalitätspflicht.** Handeln Mitarbeiter kartellrechtswidrig, können Vorstandsmitglieder wegen Verletzung von Aufsichtspflichten persönlich bußgeldpflichtig werden.[37] Organmitglieder, die wettbewerbsbeschränkende Vereinbarungen dulden, anordnen oder gar selbst treffen, verletzen ihre aktienrechtliche Kardinalpflicht zur gesetzestreuen Amtsführung (sog. Legalitätspflicht).[38] Auch im Fall lediglich unbewusster Gesetzesverstöße drohen neben Reputationsschäden erhebliche Bußgelder, Organhaftungsansprüche durch Bußgelder geschädigter Unternehmen, die Abberufung und Verhinderung der Neuberufung durch die Finanzaufsicht, Schadensersatzrisiken seitens der Kunden und die Unwirksamkeit von kartellrechtlich problematischen Verträgen.[39] Einer Muttergesellschaft kann das kartellrechtswidrige Verhalten ihrer 100%igen Tochtergesellschaft zugerechnet werden, wenn die Tochtergesellschaft trotz eigener Rechtspersönlichkeit ihr Marktverhalten nicht autonom bestimmt, sondern im Wesentlichen Weisungen der Muttergesellschaft befolgt.[40] Im Einzelfall können Verletzungshandlungen mitunter ihre Ursache darin haben, wie Unternehmen ihre Bindung an das Recht verstehen: Wird rechtskonformes Handeln nur dann akzeptiert, wenn der Nutzen die Kosten übersteigt („immoral calculations"), oder wird rechtskonformes Handeln nur dann praktiziert, wenn Gesetze als legitim oder sinnvoll angesehen werden, oder werden Gesetzesverletzungen lediglich als bedauerliche Organisationspannen eingestuft.[41]

2. Unverbindliche Empfehlungen der Versichererverbände

15   Durch die sog. Gruppenfreistellungsverordnung sind nur unverbindliche Empfehlungen freigestellt.[42] Die Aufsichtsbehörde kann an der Aufstellung von Musterbedingungen durch die Versicherungsverbände in der Regel nicht mehr mitwirken, da die Aufsichtsbehörde nicht den Eindruck entstehen lassen darf, die aufgestellten Musterbedingungen seien staatlich gebilligt.[43] Zulässig ist die Aufstel-

---

[33] *Dreher* in: Festschrift für Helmut Schirmer, 2005, S. 71, 77.
[34] *Stancke,* Schadensregulierung und Kartellrecht, VersR 2005, 1324, 1329.
[35] *Dreher* in: Festschrift für Helmut Schirmer, 2005, S. 71, 79; *Stancke,* a.a.O. (Fn. 34), VersR 2005, 1324, 1325; *Dreher/Kling,* Kartell- und Wettbewerbsrecht der Versicherungsunternehmen, 2007, § 8 Rdn. 194.
[36] *Stancke,* Marktinformation, Benchmarking und Statistiken – Neue Anforderungen an Kartellrechts-Compliance, BB 2009, 912, 917.
[37] *Dreher* in: Festschrift für Horst Konzen, 2006, S. 85, 97.
[38] *Fleischer,* Kartellrechtsverstöße und Vorstandsrecht, BB 2008, 1070; *Zimmermann,* Aktienrechtliche Grenzen der Freistellung des Vorstands von kartellrechtlichen Bußgeldern, DB 2008, 687; *derselbe,* Kartellrechtliche Bußgelder gegen Aktiengesellschaft und Vorstand: Rückgriffsmöglichkeiten, Schadensumfang und Verjährung, WM 2008, 433, 435.
[39] *Stancke,* Versicherungsvertrieb und Kartellrecht, VersR 2009, 1168, 1169.
[40] EuGH, Urt. v. 10. 9. 2009 – Rs. C-97/08 P, WM 2009, 2048, 2054 Rdn. 72.
[41] *Hommerich,* Professionals in Organisations – oder: Vom Sinn des Syndikus, AnwBl. 2009, 406, 407.
[42] Ausführlich dazu *Dreher/Kling,* Kartell- und Wettbewerbsrecht der Versicherungsunternehmen, 2007, § 9 Rdn. 350 ff.
[43] Vgl. *Schultz,* Nationales Kartellrecht und Deregulierung der Versicherungswirtschaft, VW 1994, 1597, 1598.

H. Lebensversicherungsunternehmen unter Kartellaufsicht   16, 17   Einl. H

lung und Bekanntgabe von Musterversicherungsbedingungen, wenn sie mit dem ausdrücklichen Hinweis auf ihre Unverbindlichkeit aufgestellt und bekannt gegeben werden und ausdrücklich auf die Möglichkeit hingewiesen wird, dass die beteiligten Unternehmen ihren Kunden von der Vereinbarung abweichende Klauseln anbieten dürfen.[44] Zahlenvorgaben dürfen die Musterbedingungen nicht enthalten, da die Unternehmen im Wettbewerb untereinander die für ihr Angebot geltenden Summen jeweils individuell einsetzen sollen.[45]

3. Mitversicherung

a) Zustandekommen der Mitversicherung. Unter Mitversicherung ist die gemeinsame Versicherung eines bestimmten Risikos durch das Zusammenwirken mehrerer Versicherer zu verstehen.[46] Trotz ihrer Bedeutung in der Praxis[47] fehlt im deutschen Recht eine gesetzliche Regelung des Verhältnisses der Versicherer untereinander im Rahmen der Mitversicherung.[48] Ob die Mitversicherung als ein Bündel mehrerer rechtlich selbständiger Verträge zu betrachten ist[49] oder ob es sich bei der Mitversicherung um einen einheitlichen Versicherungsvertrag des Versicherungsnehmers mit mehreren Versicherern handelt,[50] wird im Einzelfall von der tatsächlichen rechtlichen Ausgestaltung nach dem Willen der Vertragsparteien abhängen. Keine Mitversicherungsgemeinschaften sind Gruppenversicherungsverträge, wenn an ihnen nur ein Versicherer beteiligt ist.[51]   **16**

Einem Bericht der EG-Kommission vom 25. September 2007[52] ist zu entnehmen, dass in der Praxis ein Mitversicherungsvertrag nach folgenden Verfahren zustande kommen kann: Dem maklergeführten Subskriptionsverfahren, dem Vertikalzeichnungsmodell, im Wege der delegierten Zeichnungsbefugnis und schließlich durch die durch Ausschließlichkeitsvermittler oder Versicherer zustande gebrachte Mitversicherung.[53] In seltenen Ausnahmefällen kommen Mitversicherungsverträge auch auf Betreiben von Kunden und Banken zustande.[54] Von Bedeutung sind in diesem Zusammenhang die BIPAR high level principles for placement of a risk with multiple insurers vom 28. April 2008, die vom CEA unterstützt werden und auch von der EU-Kommission begrüßt worden sind.[55]   **17**

---

[44] Zu den weiteren Einzelheiten siehe *Bunte/Honsel*, Allgemeine Versicherungsbedingungen, in: Lexikon des Rechts, Versicherungsrecht, hrsg. v. Bunte, Neuwied/Kriftel, Luchterhand, 1998, S. 1, 6; GDV (Hrsg.), Kartellrecht und Verbandsarbeit, 2. Aufl., Berlin, 2006, S. 28; *Bunte/Stancke*, Leitfaden Versicherungskartellrecht, 2. Aufl., 2007, S. 81 ff.
[45] *Honsel*, Besonderheiten der AGB-Kontrolle bei Versicherungen aus der Sicht des Praktikers, in: Die Entwicklung des Verbraucherschutzes bei Versicherungsverträgen, Karlsruhe, VVW, 1992, S. 115, 133.
[46] *Kirsch*, Versicherungskartellrecht: Problemfelder im Lichte der Europäisierung, Karlsruhe, VVW, 2003, S. 53.
[47] Auf Mitversicherungen und Mitversicherungsgemeinschaften entfallen rund 70% des Geschäftsvolumens im Industriegeschäft, vgl. *Jestaedt*, zit. v. *Lier*, Kartellrecht – wird die Assekuranz richtig verstanden?, VW 2003, 1924, 1925.
[48] *Andreae* VersicherungsPraxis 2003, 194; *Dreher* VersR 2005, 717; *derselbe* VersR 2007, 1040.
[49] OLG Hamburg VW 1949, 230; BGH VersR 1954, 249; OLG Hamm VersR 1984, 149; OLG Bremen VersR 1994, 709; OLG Hamburg, Urt. v. 19. 2. 2008 – 6 U 119/07, VersR 2008, 1249.
[50] *Möller* in: Bruck/Möller, VVG, 8. Aufl., § 58 VVG Anm. 52.
[51] *Schauer* in: Liebscher/Flohr/Petsche, EU-Gruppenfreistellungsverordnungen, München, Beck, 2003, § 12 Rdn. 87.
[52] Dazu *Schaloske*, Mitversicherung nach der EU-Sektorenuntersuchung, VW 2008, 822.
[53] *Dreher* VersR 2008, 15, 20.
[54] *Dreher* VersR 2008, 15, 20.
[55] Siehe Website bipar@skynet.be.

Einl. H 18–21 Teil 2. Einleitung

18 In der Praxis wird bei nahezu allen Mitversicherungsgeschäften – gleich ob es sich um eine Mitversicherung im Einzelfall oder eine Mitversicherungsgemeinschaft handelt – ein Führender bestimmt, der mit der Vertragsabwicklung betraut ist und in dessen Hand wesentliche Befugnisse konzentriert werden.[56] Typischerweise, aber nicht notwendig übernimmt dabei ein an der Mitversicherung beteiligter Versicherer – oft derjenige mit dem größten Risikoanteil – die Rolle des führenden Versicherers.[57] Folgende Führungsklausel:[58]

„... 3. Die Führung dieser Versicherung liegt in den Händen der H. Versicherungs-AG, deren Maßnahmen sich die mitbeteiligten Versicherer in jeder den Versicherungsvertrag betreffenden Erklärung bei Schuldanerkenntnissen, Vergleichen, Abrechnungen, Bedingungsänderungen, Auslegungen usw. anschließen. Jede Maßnahme, die seitens des führenden Versicherers getroffen wird, gilt stillschweigend als seitens der mitbeteiligten Versicherer selbst getroffen.
4. Der führende Versicherer kann alle Erklärungen, Mitteilungen oder Anzeigen rechtsverbindlich für die mitbeteiligten Versicherer abgeben. Die Versicherungsnehmerin kann alle Erklärungen, Mitteilungen oder Anzeigen dem führenden Versicherer rechtsverbindlich gegenüber den mitbeteiligten Versicherern abgeben.
5. Klagen der Versicherungsnehmerin aus diesem Versicherungsvertrag sind nur gegenüber dem führenden Versicherer unter Beschränkung auf den von ihm übernommenen Anteil zu erheben. Gerichtliche Entscheidungen haben auch gegenüber den mitbeteiligten Versicherern Wirksamkeit.
6. Falls der Anteil des führenden Versicherers die Berufungs- oder Revisionssumme nicht erreicht, ist die Versicherungsnehmerin berechtigt und auf Verlangen des führenden Versicherers verpflichtet, die Klage auf die Mitversicherer auszudehnen. Wird diesem Verlangen nicht entsprochen, so finden die Bestimmungen der Nr. 5 letzter Satz keine Anwendung."

19 hält einer Inhaltskontrolle stand.[59] Sie ist im Geschäftsverkehr üblich und bewirkt eine vereinfachte Handhabung der Anspruchsklärung.[60]

20 **b) Zulässigkeit.** Im Ausgangspunkt ist die Richtlinie 78/473/EWG des Rates vom 30. Mai 1978[61] zu erwähnen, die in Art. 2 Abs. 1 den Begriff der Mitversicherung wie folgt definiert:

„Mitversicherung auf Gemeinschaftsebene im Sinne dieser Richtlinie liegt nur vor, wenn folgende Bedingungen erfüllt sind: a) Das Risiko im Sinne von Art. 1 Abs. 1 wird im Rahmen eines einzigen Vertrags gegen Zahlung einer Gesamtprämie für eine einheitliche Versicherungsdauer von mehreren Versicherungsunternehmen, nachstehend ‚Mitversicherer' genannt, von denen einer der führende Versicherer ist, übernommen, ohne dass zwischen diesen ein Gesamtschuldverhältnis besteht, ... e) der führende Versicherer nimmt die Funktion, die ihm in der Praxis der Mitversicherung zukommt, in vollem Umfang wahr und setzt insbesondere die Versicherungsbedingungen und Prämien fest."

21 Aus dieser Richtlinie ist zu entnehmen, dass europarechtlich die Mitversicherung grundsätzlich nicht als unzulässig angesehen wird. Für das nationale Recht ist der Leitbrief des Bundeskartellamts vom 18. Dezember 1981[62] von Bedeutung, der unverändert als Beurteilungsgrundlage für die kartellrechtliche Zulässigkeit von Mitversicherungen herangezogen werden kann.[63]

---

[56] *Farny*, Versicherungsbetriebslehre, 4. Aufl., Karlsruhe, VVW, 2006, S. 289; *Lange/Dreher* VersR 2008, 289; *Dreyer*, Die Rechtsstellung des führenden Versicherers, in: Liber amicorum für Gerrit Winter, hrsg. v. Bergeest u. Labes, Karlsruhe, VVW, 2007, S. 159, 169.
[57] *Lange/Dreher* VersR 2008, 289 f. Zu den Rechten und Pflichten des führenden Versicherers siehe *Brinker/Schädle*, Risikostreuung durch Mitversicherung, VW 2003, 1420 ff. (Teil II).
[58] Vgl. Sachverhalt OLG Köln, Urt. v. 2. 9. 2008 – 9 U 151/07, VersR 2008, 1673/1674.
[59] OLG Köln, Urt. v. 2. 9. 2008 – 9 U 151/07, VersR 2008, 1673, 1675.
[60] OLG Köln, Urt. v. 2. 9. 2008 – 9 U 151/07, VersR 2008, 1673, 1675.
[61] Abl.EG L 151 v. 7. 6. 1978, S. 25.
[62] VerBAV 1982, 13.
[63] *Honsel* VersR 2007, 1205, 1206.

H. Lebensversicherungsunternehmen unter Kartellaufsicht   22–24 Einl. H

Grundsätzlich stellt die Bildung von Mitversicherungsgemeinschaften keine   22
Wettbewerbsbeschränkung dar, wenn und solange die Zusammenarbeit der Versicherer für die Risikoabdeckung erforderlich ist, weil keine Möglichkeit für die einzelnen Versicherer besteht, die Risiken alleine zu übernehmen.[64] Dies muss um so mehr gelten, wenn die Zusammenarbeit der Versicherer auf Wunsch des Kunden und insbesondere des von ihm zwischengeschalteten Maklers initiiert ist, der z. B. auf der Basis des im Wege der Ausschreibung ermittelten besten Angebots der Versicherer die Mitversicherung zu einheitlichen Prämien und Bedingungen organisiert hat.[65] Irrelevant sind sowohl die Zahl der Versicherungsnehmer als auch die Versicherungsdauer der Mitversicherungsgemeinschaft.[66]

Mitversicherungs- und Mitrückversicherungsgemeinschaften können neuartige   23
Risiken versichern, für die noch keine Erfahrungswerte vorliegen.[67] Auf jeden Fall sind Mitversicherungsgemeinschaften, die nicht der Deckung neuartiger Risiken dienen, vom Kartellverbot des Art. 81 Abs. 1 EGV freigestellt, wenn der Marktanteil der Mitversicherungsgemeinschaft 20% nicht überschreitet.[68] Voraussetzung für die Freistellung ist des Weiteren, dass kein Mitglied einer Mitversicherungsgemeinschaft gleichzeitig in einer anderen auf dem gleichen relevanten Markt tätigen Mitversicherungsgemeinschaft Mitglied ist oder auf ihre Geschäftspolitik einen maßgeblichen Einfluss ausübt.[69]

c) **Umsatzsteuerfreiheit der Führungsprovision.** Die im Rahmen der   24
Mitversicherung gezahlte Führungsprovision unterliegt nicht der Umsatzsteuer.[70] Die Führungsprovision unterliegt auch beim Vertreter der mitversicherten Gesellschaft nicht der Umsatzsteuer.[71]

---

[64] Vgl. *Hörst*, Die Zulässigkeit von Absprachen unter Versicherungsunternehmen in der EU, VersRdsch 2003, 148, 152; *Schaloske*, Offene Mitversicherung und Kartellverbot – Wettbewerbsbeschränkung oder Wettbewerbsneutralität –, VersR 2008, 734, 742; *Richter*, Die Mitversicherung von Großrisiken, in: Liber amicorum für Gerrit Winter, hrsg, v. Bergeest u. Labes, Karlsruhe, VVW, 2007, S. 129, 141; *Bechtold/Bosch/Brinker/Hirsbrunner*, EG-Kartellrecht, 2. Aufl., 2009, Art. 7 VO 358/2003 Rdn. 6.

[65] Vgl. *von Fürstenwerth* WM 1994, 367, 371; *Hörst* VersRdsch 2003, 148, 152; *Esser-Wellié/Hohmann*, Die kartellrechtliche Beurteilung von Mitversicherungsgemeinschaften nach deutschem und europäischem Recht, VersR 2004, 1211, 1213; zu den weiteren Einzelheiten siehe ausführlich *Bunte/Stancke*, Leitfaden Versicherungskartellrecht, 2. Aufl., 2007, S. 66 ff.; *Schaloske*, Mitversicherung nach der EU-Sektorenuntersuchung, VW 2008, 822, 824; a. A. *Dreher* VersR 2004, 1, 7; *derselbe* in: Langheid/Wandt, Münchener Komm. VVG, Bd. 1, 1. Aufl., 2010, VersKartellR, Rdn. 34.

[66] *Barth/Gießelmann*, Die wettbewerbsrechtliche Beurteilung von Mitversicherergemeinschaften – Zugleich Anmerkung zum Beschluss des OLG Düsseldorf v. 17. 9. 2008 (VI-Kart 11/07 [V] VersR 2009, 1420 –, VersR 2009, 1454, 1455.

[67] *Mestmäcker/Schweitzer*, Europäisches Wettbewerbsrecht, 2. Aufl., München, Beck, 2004, § 1 Rdn. 19.

[68] OLG Düsseldorf, Beschl. v. 17. 9. 2008 (VI-Kart 11/07 [V]), VersR 2009, 1420, 1424 = http://www.justiz.nrw.de/nrwe/olgs/duesseldorf/j2008/VI_Kart_11_07_V_beschluss; *Dreher* in: Festschrift für Ulrich Immenga, 2004, S. 93, 108; *derselbe* in: Festschrift für Egon Lorenz, 2004, S. 211, 214; *Görner*, Die Marktabgrenzung im Versicherungskartellrecht am Beispiel der Berufshaftpflichtversicherungen, ZVersWiss 2005, 739, 740; *Schaloske*, Das Recht der so genannten offenen Mitversicherung, 2007, S. 432; *Bechtold/Bosch/Brinker/Hirsbrunner*, EG-Kartellrecht, 2. Aufl., 2009, Art. 7 VO 358/2003 Rdn. 19.

[69] *Jestaedt*, Gruppenfreistellungsverordnung für die Versicherungswirtschaft, in: Lexikon des Rechts, Versicherungsrecht, hrsg. v. Bunte, Neuwied/Kriftel, Luchterhand, 1998, S. 58, 61; *Görner* a. O. (Fn. 68), ZVersWiss 2005, 739, 740.

[70] RFH, Urt. v. 21. 12. 1931 – VA 389/30.

[71] BFH, Urt. v. 12. 11. 1964 – V 173/62 U, BStBl. III 1965, 129.

IV. GVO-Novelle

25 Die EU-Kommission hat am 5. Oktober 2009 den Entwurf für eine neue Gruppenfreistellungsverordnung veröffentlicht[72] und alle interessierten Unternehmen und Personen gebeten, ihre Stellungnahmen bis zum 30. November 2009 vorzulegen.[73] Die Verordnung soll die am 31. März 2010 auslaufende aktuelle Gruppenfreistellungsverordnung ablösen. Nach dem jetzt veröffentlichten Entwurf soll die Gruppenfreistellungsverordnung in zwei Teilbereichen (Schadenbedarfsstatistiken/Sterbetafeln/Studien und Mitversicherungsgemeinschaften) verlängert werden. In den beiden anderen Bereichen (Musterbedingungen/Sicherheitsvorkehrungen) erkennt die EU-Kommission zwar die Notwendigkeit der Zusammenarbeit an, hält aber eine sektorale Sonderregelung nicht mehr für erforderlich.

26 Mitversicherungsgemeinschaften, deren Marktanteil bestimmte Schwellenwerte (20% bei Erst- bzw. 25% bei Rückversicherungsgemeinschaften) nicht überschreitet, sollen auch zukünftig unter bestimmten Voraussetzungen nach der Gruppenfreistellungsverordnung vom Kartellverbot freigestellt sein. Die Berechnung der Marktanteile soll aber dergestalt verschärft werden, dass zukünftig der Marktanteil der Unternehmen sowohl im Rahmen als auch außerhalb der Mitversicherungsgemeinschaft berücksichtigt wird. Bisher ist nur auf den Marktanteil der Mitversicherungsgemeinschaft selbst abzustellen.

27 Gemäß der aktuellen Gruppenfreistellungsverordnung sind Mitversicherungsgemeinschaften, die zur Absicherung neuartiger Risiken gegründet werden, unabhängig von ihrem Marktanteil für drei Jahre freigestellt. Die Definition der neuartigen Risiken war bisher sehr eng gefasst und hat nur solche Risiken erfasst, die zuvor überhaupt nicht existiert haben. Jetzt soll ein neuartiges Risiko in Ausnahmefällen auch ein solches sein, das sich unter einer objektiven Analyse zufolge so wesentlich verändert hat, dass nicht vorausehbar ist, welche Zeichnungskapazität zur Risikodeckung erforderlich ist.

28 Nach Anhörung des Beratenden Ausschusses für Kartell- und Monopolfragen hat die Europäische Kommission die Verordnung (EU) Nr. 267/2010 der Kommission vom 24. März 2010 über die Anwendung von Artikel 101 Absatz 3 des Vertrags über die Arbeitsweise der Europäischen Union auf Gruppen von Vereinbarungen, Beschlüssen und abgestimmten Verhaltensweisen im Versicherungssektor erlassen.[74] Die Verordnung ist am 1. April 2010 in Kraft getreten und gilt bis zum 31. März 2017 (Art. 9). In der Übergangszeit vom 1. April 2010 bis zum 30. September 2010 kann sich die Branche auf die neue Verordnung einstellen (Art. 8).

29 Erwartungsgemäß hat die Kommission die Freistellung für die gemeinsame Aufstellung und Bekanntgabe von Mustern allgemeiner Versicherungsbedingungen nicht erneuert. Auch in anderen Branchen, insbesondere im Bankensektor, kommen Muster allgemeiner Bedingungen zum Einsatz, ohne dass hierfür eine Gruppenfreistellungsverordnung erforderlich wäre.[75] Den Verbänden bleibt es im Rahmen der kartellrechtlichen Grenzen unbenommen, weiterhin Musterbedingungen zu erarbeiten.[76]

---

[72] Abrufbar unter http://ec.europa.eu/competition/sectors/financial services/insurance.html.
[73] Siehe Presseerklärung der EU-Kommission IP/09/470, abrufbar unter http://europa.eu/rapid/pressReleasesAction.do?reference=IP/09/470&format=HTML&aged=0&language=EN&guiLanguage=en.
[74] Abl. EU L 83 v. 30. 3. 2010, S. 1.
[75] *Saller* VersR 2010, 417, 420.
[76] *Grave/Krauel* VW 2010, 504; *v. Hülsen/Manderfeld* VersR 2010, 559, 567; *Stancke* VW 2010, 505.

H. Lebensversicherungsunternehmen unter Kartellaufsicht

Ausschließlich zur Deckung neuartiger Risiken gegründete Mitversicherungs- und Mit-Rückversicherungsgemeinschaften werden unabhängig von ihrem Marktanteil ab dem Tag ihrer erstmaligen Gründung für eine Dauer von drei Jahren freigestellt (Art. 6 Abs. 1). Alle anderen Mitversicherungs- und Mit-Rückversicherungsgemeinschaften sind weiterhin freigestellt, soweit sie nicht einen Marktanteil von mehr als 20% im Fall von Mitversicherungsgemeinschaften und mehr als 25% im Fall von Mit-Rückversicherungsgemeinschaften überschreiten (Art. 6 Abs. 2).[77]

---

[77] Einzelheiten bei *v. Hülsen/Manderfeld* VersR 2010, 559, 563 ff.; *Saller* VersR 2010, 417, 419 ff.

Teil 3. VVG, VVG-InfoV und Mindestzuführungsverordnung

Übersicht

	Seite
A. Kommentierung §§ 159 bis 178 VVG 1908/2007	329
B. Gesetz zur Reform des Versicherungsvertragsrechts (VVG 2008)	389
C. Verordnung über Informationspflichten bei Versicherungsverträgen (VVG-Informationspflichtenverordnung – VVG-InfoV) vom 18. 12. 2007	464
D. Verordnung über die Mindestbeitragsrückerstattung in der Lebensversicherung (Mindestzuführungsverordnung) vom 4. 4. 2008	496

A. Kommentierung §§ 159 bis 178 VVG 1908/2007
Gesetz über den Versicherungsvertrag vom 30. 5. 1908 (RGBl. S. 263), aufgehoben durch Gesetz vom 23. 11. 2007 (BGBl. I S. 2631)

Dritter Abschnitt. Lebens- und Krankenversicherung

Erster Titel. Lebensversicherung

§ 159 VVG [Versicherte Person]

(1) Die Lebensversicherung kann auf die Person des Versicherungsnehmers oder eines anderen genommen werden.

(2) [1]Wird die Versicherung für den Fall des Todes eines anderen genommen und übersteigt die vereinbarte Leistung den Betrag der gewöhnlichen Beerdigungskosten, so ist zur Gültigkeit des Vertrags die schriftliche Einwilligung des anderen erforderlich. [2]Ist der andere geschäftsunfähig oder in der Geschäftsfähigkeit beschränkt oder ist für ihn ein Betreuer bestellt und steht die Vertretung in den seine Person betreffenden Angelegenheiten dem Versicherungsnehmer zu, so kann dieser den anderen bei der Erteilung der Einwilligung nicht vertreten.

(3) Nimmt der Vater oder die Mutter die Versicherung auf die Person eines minderjährigen Kindes, so bedarf es der Einwilligung des Kindes nur, wenn nach dem Vertrag der Versicherer auch bei Eintritt des Todes vor der Vollendung des siebenten Lebensjahres zur Leistung verpflichtet sein soll und die für diesen Fall vereinbarte Leistung den Betrag der gewöhnlichen Beerdigungskosten übersteigt.

(4) Soweit die Aufsichtsbehörde einen bestimmten Höchstbetrag für die gewöhnlichen Beerdigungskosten festgesetzt hat, ist dieser maßgebend.

1 Der Höchstbetrag der gewöhnlichen Beerdigungskosten gemäß § 159 Abs. 4 VVG wurde mit Rundschreiben des BAV R 4/82 auf 10 000,00 DM festgesetzt.[1] Zur Anpassung an die seitherige Veränderung der wirtschaftlichen Verhältnisse wurde dieser Betrag 1991 auf 15 000,00 DM heraufgesetzt.[2] Im Zuge der Einführung des Euro rundete das BAV den Höchstbetrag auf und setzte im Jahre 2001 den Höchstbetrag der gewöhnlichen Beerdigungskosten auf 8000,00 € fest.[3]

§ 160 VVG [Ärztliche Untersuchung]

Durch die Vereinbarung, dass derjenige, auf dessen Person eine Versicherung genommen werden soll, sich zuvor einer ärztlichen Untersuchung zu unterwerfen hat, wird ein Recht des Versicherers, die Vornahme der Untersuchung zu verlangen, nicht begründet.

1 Die Vornahme der Untersuchung kann der Versicherer selbst dann nicht verlangen, wenn sich der Versicherte dem Versicherer oder dem Versicherungsvertreter gegenüber zu einer ärztlichen Untersuchung verpflichtet hat.[4] Eine für den Fall der Nichterfüllung der Zusage getroffene Vereinbarung über die Zahlung einer Vertragsstrafe verstößt gegen § 160 VVG und ist unwirksam.[5]

§ 161 VVG [Kenntnis und Verhalten des Versicherungsnehmers und des Versicherers]

Soweit nach den Vorschriften dieses Gesetzes die Kenntnis und das Verhalten des Versicherungsnehmers von rechtlicher Bedeutung ist, kommt bei der Versicherung auf die Person eines anderen als des Versicherungsnehmers auch die Kenntnis und das Verhalten des anderen in Betracht.

1 Die Vorschrift des § 161 VVG bezieht sich grundsätzlich auf sämtliche gesetzliche und bedingungsgemäße Verhaltensnormen, soweit sie in der Lebensversicherung von Bedeutung sind.[6]

§ 162 VVG [Unrichtige Altersangabe]

[1] Ist das Alter desjenigen, auf dessen Person die Versicherung genommen werden soll, unrichtig angegeben worden und infolge der unrichtigen Angabe die Prämie zu niedrig bestimmt, so mindert sich die Leistung des Versicherers nach dem Verhältnis, in welchem die dem wirklichen Alter entsprechende Prämie zu der vereinbarten Prämie steht. [2] Das Recht, wegen Verletzung der Anzeigepflicht von dem Vertrag zurückzutreten, steht dem Versicherer nur zu, wenn das wirkliche Alter außerhalb der Grenzen liegt, welche durch den Geschäftsplan für den Abschluss von Verträgen festgesetzt sind.

---

[1] VerBAV 1982, 398.
[2] VerBAV 1991, 436.
[3] VerBAV 2001, 133.
[4] *Winter* in: Bruck/Möller, VVG, 8. Aufl., 1988, §§ 159–178 VVG Anm. C 66.
[5] *Winter* in: Bruck/Möller, VVG, 8. Aufl., 1988, §§ 159–178 VVG Anm. C 66.
[6] *Winter* in: Bruck/Möller, VVG, 8. Aufl., 1988, §§ 159–178 VVG Anm. H 12.

A. §§ 159–178 VVG a.F. **§§ 163–164a VVG 1908/2007**

§ 162 VVG findet Anwendung, auch wenn die Bestimmung in ein Bedin- 1
gungswerk nicht ausdrücklich aufgenommen worden ist.[7]

§ 163 VVG [Unanfechtbarkeit bei Verletzung der Anzeigepflicht]

¹Wegen einer Verletzung der dem Versicherungsnehmer bei der Schließung des Vertrags obliegenden Anzeigepflicht kann der Versicherer von dem Vertrag nicht mehr zurücktreten, wenn seit der Schließung zehn Jahre verstrichen sind. ²Das Rücktrittsrecht bleibt bestehen, wenn die Anzeigepflicht arglistig verletzt worden ist.

§ 163 VVG ermöglicht es dem Versicherer, bei einer Anzeigepflichtverletzung 1
binnen zehn Jahren seit Schließung des Vertrages vom Vertrag zurückzutreten.
Diese Frist wird jedoch – außer bei Berufsunfähigkeits- und Pflegerentenversicherungen – von den LVU in den Allgemeinen Versicherungsbedingungen generell auf drei Jahre oder weniger verkürzt.
Bei HIV-Infektionen kann die Inkubationszeit jedoch wesentlich länger als drei 2
Jahre betragen. Angesichts der Schwere dieses speziellen Risikos genehmigt die Aufsichtsbehörde für den Altbestand auf Antrag die Erweiterung des Rücktrittsrechts auf die gesetzliche Höchstgrenze von zehn Jahren.[8] Eine Diskriminierung von HIV-infizierten Personen kann hierin nicht gesehen werden, da lediglich die Fälle betroffen sind, in denen bei Antragstellung trotz positiver Kenntnis das Vorhandensein einer HIV-Infektion verschwiegen wurde.[9] Eine entsprechende Regelung ist bereits 1990 für den Bereich der privaten Krankenversicherung eingeführt worden.[10]

§ 164 VVG [Gefahrerhöhung]

(1) Als Erhöhung der Gefahr gilt nur eine solche Änderung der Gefahrumstände, welche nach ausdrücklicher Vereinbarung als Gefahrerhöhung angesehen werden soll; die Erklärung des Versicherungsnehmers bedarf der schriftlichen Form.

(2) ¹Eine Erhöhung der Gefahr kann der Versicherer nicht mehr geltend machen, wenn seit der Erhöhung zehn Jahre verstrichen sind. ²Der Versicherer bleibt jedoch zur Geltendmachung befugt, wenn die Pflicht, seine Einwilligung einzuholen oder ihm Anzeige zu machen, arglistig verletzt worden ist.

Die neueren Bedingungswerke enthalten keine ausdrückliche Vereinbarung im 1
Sinne des § 164 VVG über eine in der Lebensversicherung relevante Gefahrerhöhung.[11] Eine solche Vereinbarung findet sich im Einzelfall in Individualvereinbarungen.[12] § 29a VVG gilt auch in der Lebensversicherung.[13]

§ 164a VVG [Keine Prämienherabsetzung bei Gefahrminderung]

§ 41a gilt nicht für die Lebensversicherung.

---

[7] *Winter* in: Bruck/Möller, VVG, 8. Aufl., 1988, §§ 159–178 VVG Anm. F 151.
[8] Vgl. VerBAV 1992, 336.
[9] BAV in: VerBAV 1992, 336.
[10] VerBAV 1990, 524.
[11] *Winter* in: Bruck/Möller, VVG, 8. Aufl., 1988, §§ 159–178 VVG Anm. D 37.
[12] *Winter* in: Bruck/Möller, VVG, 8. Aufl., 1988, §§ 159–178 VVG Anm. D 37.
[13] *Winter* in: Bruck/Möller, VVG, 8. Aufl., 1988, §§ 159–178 VVG Anm. D 37.

1 Der Versicherungsnehmer hat mit Blick auf diese Vorschrift keinen gesetzlichen Anspruch auf Prämienkorrektur.[14]

§ 165 VVG [Kündigungsrecht des Versicherungsnehmers]

(1) Sind laufende Prämien zu entrichten, so kann der Versicherungsnehmer das Versicherungsverhältnis jederzeit für den Schluss der laufenden Versicherungsperiode kündigen.

(2) Ist eine Kapitalversicherung für den Todesfall in der Art genommen, dass der Eintritt der Verpflichtung des Versicherers zur Zahlung des vereinbarten Kapitals gewiss ist, so steht das Kündigungsrecht dem Versicherungsnehmer auch dann zu, wenn die Prämie in einer einmaligen Zahlung besteht.

(3) ¹Die Absätze 1 und 2 sind nicht auf einen für die Altersvorsorge bestimmten Versicherungsvertrag anzuwenden, bei dem der Versicherungsnehmer mit dem Versicherer eine Verwertung vor dem Eintritt in den Ruhestand ausgeschlossen hat; der Wert der vom Ausschluss der Verwertbarkeit betroffenen Ansprüche darf die in § 12 Abs. 2 Nr. 3 des Zweiten Buches Sozialgesetzbuch bestimmten Beträge nicht übersteigen. ²Entsprechendes gilt, soweit die Ansprüche nach § 851 c der Zivilprozessordnung nicht gepfändet werden dürfen.

I. Fassung

1 Im Zuge der Zusammenführung von Arbeitslosen- und Sozialhilfe durch das Hartz-IV-Gesetz ist auch das VVG geändert worden. Durch Art. 35 c des Vierten Gesetzes für moderne Dienstleistungen am Arbeitsmarkt vom 24. Dezember 2003 wurde dem § 165 VVG, der das Kündigungsrecht für Lebensversicherungen mit laufender Beitragszahlung sowie für bestimmte gemischte Versicherungen gegen Einmalbeitrag regelt, erstmals ein Absatz 3 wie folgt mit Wirkung ab 1. Januar 2005 angefügt:[15]

„(3) Die Absätze 1 und 2 finden keine Anwendung auf einen für die Altersvorsorge bestimmten Versicherungsvertrag, bei dem der Versicherungsnehmer mit dem Versicherer eine Verwertung vor dem Eintritt in den Ruhestand ausgeschlossen hat. Der Wert, der vom Ausschluss der Verwertbarkeit betroffenen Ansprüche darf 200 Euro je vollendetem Lebensjahr des Versicherungsnehmers und seines Partners, höchstens jedoch jeweils 13 000,00 Euro nicht übersteigen."

2 Hintergrund ist die Einführung eines zusätzlichen Freibetrags für Altersvorsorgevermögen im Rahmen der Bedürftigkeitsprüfung von Hilfesuchenden, die Arbeitslosengeld II begehren.

3 Durch Art. 9 des Gesetzes zur Änderung des Betriebsrentengesetzes und anderer Gesetze vom 2. Dezember 2006 wurde § 165 Absatz 3 VVG neu gefasst und erhielt die jetzige Fassung des § 165 Absatz 3 Satz 1.[16]

4 § 165 Abs. 3 Satz 2 VVG wurde durch das Gesetz zum Pfändungsschutz der Altersvorsorge vom 26. März 2007[17] eingefügt.[18]

---

[14] *Winter* in: Bruck/Möller, VVG, 8. Aufl., 1988, §§ 159–178 VVG Anm. F 183.
[15] BGBl. I S. 2954, 2992.
[16] BGBl. I S. 2742, 2746.
[17] BGBl. I S. 368.
[18] Dazu *Stöber*, Das Gesetz zum Pfändungsschutz der Altersvorsorge, NJW 2007, 1242.

II. Kündigungsrecht des Versicherungsnehmers

Das Kündigungsrecht des Versicherungsnehmers gemäß § 165 Abs. 1 VVG garantiert dem Versicherungsnehmer jederzeit eine Kündigung des Vertrags und begründet die Verpflichtung des Versicherers, den Vertrag zum sog. Rückkaufswert zurückzukaufen (§ 176 Abs. 1 VVG).[19] Grundsätzlich ist dabei der Rückkaufswert „nach den anerkannten Regeln der Versicherungsmathematik für den Schluss der laufenden Versicherungsperiode als Zeitwert der Versicherung zu berechnen" (§ 176 Abs. 3 VVG). Ein Abzug von diesem Zeitwert ist nur zulässig, wenn er explizit vereinbart und angemessen ist (§ 176 Abs. 4 VVG). Materiell wirkt die Garantie eines Rückkaufswerts wie der Verkauf einer speziellen Put-Option amerikanischen Typs an den Versicherungsnehmer.[20]

III. Ausschluss des Kündigungsrechts bei VVaG

In den Allgemeinen Versicherungsbedingungen einer Pensionskasse in der Rechtsform eines kleineren Versicherungsvereins auf Gegenseitigkeit (§ 189 Abs. 1 VVG) kann das Recht des Versicherungsnehmers, die Versicherung zu kündigen und die Auszahlung der Prämienreserve zu verlangen (§§ 165, 176 VVG) ausgeschlossen werden.[21] Eine solche Regelung verstößt nicht gegen Art. 2 Abs. 1 GG und Art. 12 Abs. 1 GG und ist auch mit § 39 VVG zu vereinbaren.[22]

IV. Ausschluss des Kündigungsrechts zum Schutz des Altersvorsorgevermögens

1. Verwertungsausschluss bei privaten Lebensversicherungen

§ 165 Abs. 3 VVG gestattet bei Lebensversicherungsverträgen den Ausschluss des Kündigungsrechts zum Schutz des Altersvorsorgevermögens. Von dieser Möglichkeit können die Vertragsparteien jedoch nicht uneingeschränkt Gebrauch machen. Sie haben bei der Vereinbarung des Ausschlusses des Kündigungsrechts die in § 12 Abs. 2 Nr. 3 SGB II festgesetzten Verwertungsgrenzen zu beachten. Eine Verwertungsausschlussklausel kann zu einem für die Altersvorsorge bestimmten Versicherungsvertrag für die Zeit vor Eintritt des Ruhestandes wie folgt mit Wirkung ab 1. Januar 2005 vereinbart werden:[23]

„1. Eine Verwertung der Ansprüche aus diesem Vertrag vor Vollendung des ... Lebensjahres des Versicherungsnehmers ist in den nachfolgend genannten Grenzen ausgeschlossen (§ 165 Abs. 3 VVG). Verwertung ist jede Nutzung des wirtschaftlichen Wertes der Versicherung zugunsten des Versicherungsnehmers oder eines Dritten (etwa durch Kündigung, Beleihung, Verpfändung oder Abtretung).
2. Der Wert der vom Ausschluss betroffenen Ansprüche beträgt 200 Euro je vollendetem Lebensjahr des Versicherungsnehmers und seines Partners, höchstens jedoch jeweils 13 000 Euro beim Versicherungsnehmer und beim Partner.

---

[19] *Förterer*, Ertrags- und Risikosteuerung von Lebensversicherern aus finanzmarkttheoretischer Sicht – Ein Ansatz zum Asset/Liability Management –, Karlsruhe, VVW, 2000, S. 11.
[20] *Förterer*, a.a.O. (Fn. 19), 2000, S. 12.
[21] BAG, Urt. v. 13. 5. 1997 – 3 AZR 79/96, VersR 1998, 789, 790 f. = ZIP 1998, 1451, 1453.
[22] BAG, Urt. v. 13. 5. 1997 – 3 AZR 79/96, VersR 1998, 789, 790 = ZIP 1998, 1451, 1452 f.
[23] Unverbindliche Empfehlung gemäß GDV-Schreiben 1259/2004 v. 29. 7. 2004.

3. Etwaige dieser Vereinbarung entgegenstehende Regelungen treten hinter diese Vereinbarung zurück.
4. Diese Vereinbarung kann nicht widerrufen werden."

8   Als frühestes Endalter im Hinblick auf den Eintritt in den Ruhestand gilt das 60. Lebensjahr.

9   Mit der Vereinbarung der Verwertungsausschlussklausel kann der Versicherungsnehmer erreichen, dass sein Lebensversicherungsvertrag innerhalb der Verwertungsgrenzen des § 12 Abs. 2 Nr. 3 SGB II nicht auf das Arbeitslosengeld II/Sozialgeld angerechnet wird und damit als Altersvorsorgevermögen geschützt ist.

2. Verwertungsausschluss bei staatlich geförderten Altersvorsorgeverträgen

10   a) Allgemeines. Einen Verwertungsausschluss können, ja müssen die Vertragsparteien zur Erreichung der Förderung bei den staatlich geförderten Altersvorsorgeverträgen vereinbaren. Zugleich wird hierdurch bewirkt, dass das in diesen Verträgen gebundene Kapital nicht als verwertbares Vermögen bei der Hilfebedürftigkeitsprüfung gemäß § 9 SGB II berücksichtigt wird. Gemäß § 12 Abs. 2 Nr. 2 SGB II sind vom Vermögen die Altersvorsorge in Höhe des nach Bundesrecht ausdrücklich als Altersvorsorge geförderten Vermögens einschließlich seiner Erträge und der geförderten laufenden Altersvorsorgebeiträge abzusetzen, soweit der Inhaber das Altersvorsorgevermögen nicht vorzeitig verwendet.

11   b) Basisrente gemäß § 10 Abs. 1 Nr. 2 Buchst. b EStG. Für die nach dem Alterseinkünftegesetz ab 1. Januar 2005 steuerlich geförderte sog. Basisrente verlangt § 10 Abs. 1 Nr. 2 Buchst. b EStG ausdrücklich, dass sie nicht vererblich, nicht übertragbar, nicht beleihbar, nicht veräußerbar und nicht kapitalisierbar sein darf. Diese Kriterien sollen sicherstellen, dass ein wirksamer Verfügungsverzicht für das akkumulierte Kapital erreicht wird. Basisrenten im Sinne von § 10 Abs. 1 Nr. 2 Buchst. b EStG erfüllen damit als nach Bundesrecht geförderte Altersvorsorge die Voraussetzungen für die Nichtanrechnung gemäß § 12 Abs. 2 Nr. 2 SGB II und sind infolgedessen nicht bei der Ermittlung des Arbeitslosengeld II/Sozialgeld zu berücksichtigen.

12   c) Riester-Verträge. Ebenfalls als Altersvorsorgevermögen im Sinne von § 12 Abs. 2 Nr. 2 SGB II sind Ansprüche aus Riester-Verträgen in Höhe des geförderten Vermögens einschließlich seiner Erträge und der geförderten laufenden Altersvorsorgebeiträge geschützt. Die Überführung einer bereits bestehenden Kapitallebensversicherung in einen Riester-Vertrag führt allerdings nicht dazu, dass der entsprechend übertragene Kapitalbetrag im Rahmen der Anrechnungsprüfung unberücksichtigt bleibt. Das aus der Kapitallebensversicherung übertragene Kapital fällt nicht unter den Schutz des § 12 Abs. 2 Nr. 2 SGB II, da es sich insoweit nicht um ein gefördertes Vermögen handelt.

V. Beschränkung des Kündigungsrechts bei Risikorentenversicherungen

1. Merkmale

13   Bei der reinen Risikorentenversicherung hängt der Versicherungsfall von dem Eintritt eines künftigen, ungewissen Ereignisses ab, d. h., eine Leistung aus der Versicherung erfolgt nur, wenn das künftige, ungewisse Ereignis auch tatsächlich eintritt. Eine Leistung aus der Versicherung, die unbedingt, d. h. unabhängig vom Eintritt künftiger Ereignisse ist, z. B. Zahlung einer bestimmten Summe zu einem bestimmten Zeitpunkt unabhängig vom Erleben dieses Zeitpunktes durch den

Versicherungsnehmer, sieht der Versicherungsvertrag nicht vor. Dies gilt auch für ein nur für den Erlebensfall vereinbartes Kapitalwahlrecht. Sämtliche dem Versicherungsnehmer nach dem Versicherungsvertrag zustehenden Versicherungsleistungen sind aufschiebend bedingt.

2. Vorzeitige Beendigung

a) Ausschluss des Rückkaufs. Bei einer vorzeitigen Beendigung des Versi- 14 cherungsverhältnisses erfolgt bei entsprechender Vertragsgestaltung keine Erstattung des Rückkaufswerts. Nach § 176 Abs. 1 VVG ist zwar die Erstattung der auf die Versicherung entfallenden Prämienreserve bei vorzeitiger Beendigung des Versicherungsverhältnisses gesetzlich vorgeschrieben. Diese Regelung gilt jedoch nur für Kapitalversicherungen auf den Todesfall, bei denen der Eintritt der Verpflichtung des Versicherers zur Zahlung des vereinbarten Kapitals gewiss ist. Bei der Risikorentenversicherung ist das gerade nicht der Fall, so dass die Nichtvereinbarung einer Rückkaufsmöglichkeit gesetzlich zulässig ist. Dies führt dazu, dass dem Versicherungsnehmer ohne den ungewissen Eintritt des Versicherungsfalls kein verwertbarer Vermögenswert aus dieser Versicherung zusteht.

b) Beitragsfreie Versicherung. Eine andere Beurteilung zum Vermögens- 15 wert der Risikorentenversicherung folgt weder daraus, dass für die Risikorentenversicherung beim Versicherer intern ein Deckungskapital gebildet wird, noch daraus, dass eine Kündigung nicht zur Aufhebung des Versicherungsverhältnisses, sondern zur Umwandlung in eine beitragsfreie Versicherung führt. Das angesammelte Deckungskapital kommt dem Versicherungsnehmer nicht notwendigerweise, d. h. ohne Eintritt des Versicherungsfalls, zugute. Die Umwandlung in eine beitragsfreie Versicherung erhält zwar dem Versicherungsnehmer seine bis dahin erreichte Rechtsposition. Diese führt jedoch nur bei Eintritt einer aufschiebenden Bedingung zu einer Leistungspflicht aus der Versicherung.

3. Vermögen im Sinne des § 12 Abs. 1 SGB II

Ansprüche aus einer Risikorentenversicherung, bei der der Rückkauf nicht 16 vorgesehen ist, sind nicht als verwertbares Vermögen im Sinne des § 12 Abs. 1 SGB II anzusehen.

§ 166 VVG [Bezugsberechtigung]

(1) ¹Bei einer Kapitalversicherung ist im Zweifel anzunehmen, dass dem Versicherungsnehmer die Befugnis vorbehalten ist, ohne Zustimmung des Versicherers einen Dritten als Bezugsberechtigten zu bezeichnen sowie an die Stelle des so bezeichneten Dritten einen anderen zu setzen. ²Die Befugnis des Versicherungsnehmers, an die Stelle des bezugsberechtigten Dritten einen anderen zu setzen, gilt im Zweifel auch dann als vorbehalten, wenn die Bezeichnung des Dritten im Vertrag erfolgt ist.

(2) **Ein als bezugsberechtigt bezeichneter Dritter erwirbt, wenn der Versicherungsnehmer nichts Abweichendes bestimmt, das Recht auf die Leistung des Versicherers erst mit dem Eintritt des Versicherungsfalls.**

Der Grund für die in § 166 Abs. 1 VVG bestimmte gesetzliche Erleichterung 1 der Benennung eines Bezugsberechtigten ist darin begründet, dass die Frage, an wen zu leisten ist, bei der Kapitalversicherung nur für den Versicherungsnehmer, nicht für den Versicherer von nennenswerter Bedeutung ist, während bei der

Rentenversicherung die Person des Bezugsberechtigten das versicherte Risiko mitbestimmt.[24] Insofern ist für Rentenversicherungen die Zweifelsregelung des § 166 Abs. 1 VVG nicht entsprechend anwendbar.[25] Das Recht einseitiger Bezeichnung des Drittbegünstigten muss im Vertrag ausdrücklich vereinbart werden oder sich nach der Auslegungsregel des § 328 Abs. 2 BGB ergeben.[26]

§ 167 VVG [Auslegung der Bezugsberechtigung]

(1) **Sind bei einer Kapitalversicherung mehrere Personen ohne Bestimmung ihrer Anteile als Bezugsberechtigte bezeichnet, so sind sie zu gleichen Teilen bezugsberechtigt; der von einem Bezugsberechtigten nicht erworbene Anteil wächst den übrigen Bezugsberechtigten zu.**

(2) ¹**Soll bei einer Kapitalversicherung die Leistung des Versicherers nach dem Tode des Versicherungsnehmers erfolgen und ist die Zahlung an die Erben ohne nähere Bestimmung bedungen, so sind im Zweifel diejenigen, welche zur Zeit des Todes als Erben berufen sind, nach dem Verhältnis ihrer Erbteile bezugsberechtigt.** ²**Eine Ausschlagung der Erbschaft hat auf die Berechtigung keinen Einfluss.**

(3) **Ist der Fiskus als Erbe berufen, so steht ihm das Bezugsrecht im Sinne des Absatzes 2 Satz 1 nicht zu.**

I. Gesetzesmaterialien

1 § 167 Abs. 1 VVG ist durch Verordnung zur Vereinheitlichung des Rechts der Vertragsversicherung vom 19. Dezember 1939[27] aus dem österreichischen VVG übernommen worden, wobei § 133 Abs. 1 öVVG des alten österreichischen VVG vom 23. Dezember 1917 als Vorlage diente und lediglich statt des Wortes „Begünstigte" das Wort „Bezugsberechtigte" verwendet wurde.[28] Die amtliche Begründung lautet hierzu wie folgt:[29]

„Die Verordnung übernimmt zur Vermeidung von Zweifeln aus dem österreichischen Recht (§ 133 Abs. 1 öVVG) die Vermutung, dass bei einer Kapitallebensversicherung mehrere als bezugsberechtigt bezeichnete Personen zu gleichen Teilen bezugsberechtigt sind."

2 Weiter heißt es in der amtlichen Begründung:[30]

„Ferner ist in Abänderung des in § 168 enthaltenen Grundsatzes bestimmt, dass bei Nichterwerb des bezugsberechtigten Dritten das Recht auf Leistung dann nicht dem Versicherungsnehmer zusteht, wenn mehrere Bezugsberechtigte vorhanden sind und einer oder

---

[24] KG, Urt. v. 10. 2. 2006 – 6 U 139/05, VersR 2006, 1349, 1350.
[25] A. A. *Winter* in: Bruck/Möller, VVG, 8. Aufl., 1988, §§ 159–178 VVG Anm. H 43; *Römer* in: Römer/Langheid, VVG, 2. Aufl., 2003, § 166 VVG Rdn. 1. Unentschieden KG, Urt. v. 10. 2. 2006 – 6 U 139/05, VersR 2006, 1349, 1350.
[26] *Hoffmann* FamRZ 1977, 222, 224; *Staudinger/Jagmann*, BGB – Stand Mai 2004 – § 330 BGB Rdn. 10; *Gottwald* in: Münchener Komm. BGB, 4. Aufl., § 330 BGB Rdn. 6; *Soergel/Hadding*, BGB, 12. Aufl., § 330 BGB Rdn. 6; *Erman/Westermann*, BGB, § 330 BGB Rdn. 3. Unentschieden KG, Urt. v. 10. 2. 2006 – 6 U 139/05, VersR 2006, 1349, 1350.
[27] RGBl. I 1939, 2443.
[28] OLG Saarbrücken, Urt. v. 7. 2. 2007 – 5 U 581/06 – 76, NJW-RR 2008, 47, 48 = VersR 2007, 1638 = MDR 2007, 1317.
[29] OLG Saarbrücken, Urt. v. 7. 2. 2007 – 5 U 581/06 – 76, NJW-RR 2008, 47, 48 = VersR 2007, 1638, 1639 = MDR 2007, 1317.
[30] OLG Saarbrücken, Urt. v. 7. 2. 2007 – 5 U 581/06 – 76, NJW-RR 2008, 47, 48 = VersR 2007, 1638, 1639 = MDR 2007, 1317.

mehrere von ihnen ihren Anteil nicht erwerben. In diesem Falle tritt Anwachsung zugunsten der verbleibenden Bezugsberechtigten ein. Auch diese Vorschrift ist aus dem österreichischen Recht entnommen."

§ 133 öVVG lehnt sich an die §§ 560 und 689 des österreichischen AGBG an, die vorsehen, dass dann, wenn alle Erben ohne Bestimmung der Teile oder in dem allgemeinen Ausdrucke einer gleichen Teilung zur Erbschaft berufen werden, bzw. wenn das Vermächtnis mehreren Personen ungeteilt oder ausdrücklich zu gleichen Teilen zugedacht ist, und einer der Bedachten von seinem Erbrecht keinen Gebrauch macht bzw. den Anteil nicht erhält, dessen Anteil den übrigen zuwächst.[31]   3

II. Anwachsung des von einem Bezugsberechtigten nicht erworbenen Anteils

Die Orientierung des § 133 öVVG an den Bestimmungen des Erbrechts lässt den Schluss zu, dass der Gesetzgeber, der diese Vorschrift in § 167 VVG adaptiert hat, die Regelung so verstanden wissen wollte, dass dann, wenn bei einer Kapitallebensversicherung mehrere Personen als Bezugsberechtigte bezeichnet sind, ohne dass dabei ihre Anteile bestimmt werden, sie zu gleichen Teilen bezugsberechtigt sind, bzw. immer dann, wenn mehrere Personen zu gleichen Teilen bezugsberechtigt sind – gleichgültig, ob aufgrund gesetzlicher Auslegungsregel oder aufgrund ausdrücklicher Bestimmung „zu gleichen Teilen" durch den Versicherungsnehmer – Anwachsung stattfindet, wenn ein Bezugsberechtigter seinen Anteil nicht erwirbt.[32] Auch die Regelungen im deutschen Erbrecht sprechen dafür, eine Anwachsung dann anzunehmen, wenn ein Bezugsberechtigter, der neben anderen zu gleichen Teilen begünstigt ist, seinen Anteil nicht erwirbt.[33]   4

§ 168 VVG [Nichterwerb des Begünstigten]

Wird bei einer Kapitalversicherung das Recht auf die Leistung des Versicherers von dem bezugsberechtigten Dritten nicht erworben, so steht es dem Versicherungsnehmer zu.

Immer dann, wenn der Versicherungsnehmer nur einen Bezugsberechtigten benannt hat, der den Anteil nicht erwirbt, oder mehrere Bezugsberechtigte benannt hat, die alle ihren Anteil nicht erwerben, greift die Regelung des § 168 VVG ein und steht der nicht erworbene Anteil dem Versicherungsnehmer zu bzw. fällt dieser Anteil in seinen Nachlass.[34] Erwirbt hingegen von mehreren Bezugsberechtigten nur einer nicht den Anteil, wächst dessen Anteil den übrigen Bezugsberechtigten zu.[35]   1

---

[31] OLG Saarbrücken, Urt. v. 7. 2. 2007 – 5 U 581/06 – 76, NJW-RR 2008, 47, 48 = VersR 2007, 1638, 1639 = MDR 2007, 1317.
[32] OLG Saarbrücken, Urt. v. 7. 2. 2007 – 5 U 581/06 – 76, NJW-RR 2008, 47, 48 = VersR 2007, 1638, 1639 = MDR 2007, 1317; hierzu weitergehend *Frels, H.,* Zur Auslegung des § 167 Abs. 1 VVG, VersR 1968, 524 ff.
[33] Zu den Einzelheiten siehe OLG Saarbrücken, Urt. v. 7. 2. 2007 – 5 U 581/06 – 76, NJW-RR 2008, 47, 48 = VersR 2007, 1638, 1640 = MDR 2007, 1317 f.
[34] OLG Saarbrücken, Urt. v. 7. 2. 2007 – 5 U 581/06 – 76, NJW-RR 2008, 47, 49 = VersR 2007, 1638, 1640 = MDR 2007, 1317, 1318.
[35] OLG Saarbrücken, Urt. v. 7. 2. 2007 – 5 U 581/06 – 76, NJW-RR 2008, 47, 49 = VersR 2007, 1638, 1640 = MDR 2007, 1317, 1318.

§ 169 VVG [Selbstmord]

¹Bei einer Versicherung für den Todesfall ist der Versicherer von der Verpflichtung zur Leistung frei, wenn derjenige, auf dessen Person die Versicherung genommen ist, Selbstmord begangen hat. ²Die Verpflichtung des Versicherers bleibt bestehen, wenn die Tat in einem die freie Willensbestimmung ausschließenden Zustand krankhafter Störung der Geistestätigkeit begangen worden ist.

1 Bei der Vorschrift des § 169 Satz 2 VVG handelt es sich um eine speziell für die Lebensversicherung geltende Regelung, die ihrem Sinn und Zweck nach auf andere Versicherungsbereiche nicht übertragbar ist.[36]

§ 170 VVG [Tötung durch Versicherungsnehmer oder Begünstigten]

(1) Ist die Versicherung für den Fall des Todes eines anderen als des Versicherungsnehmers genommen, so ist der Versicherer von der Verpflichtung zur Leistung frei, wenn der Versicherungsnehmer vorsätzlich durch eine widerrechtliche Handlung den Tod des anderen herbeiführt.

(2) Ist bei einer Versicherung für den Todesfall ein Dritter als Bezugsberechtigter bezeichnet, so gilt die Bezeichnung als nicht erfolgt, wenn der Dritte vorsätzlich durch eine widerrechtliche Handlung den Tod desjenigen, auf dessen Person die Versicherung genommen ist, herbeiführt.

1 Eine analoge Anwendung des § 170 Abs. 2 VVG ist geboten, wenn der Versicherungsnehmer die Rechte aus einer auf sein eigenes Leben abgeschlossene Versicherung abtritt, verpfändet oder die Rechte gepfändet werden und der Zessionar, Pfandgläubiger oder Vollstreckungsgläubiger den Versicherungsnehmer vorsätzlich und widerrechtlich tötet.[37] Wird der Versicherungsfall durch den Gläubiger eines unwiderruflich Bezugsberechtigten, dessen Rechte von dem Gläubiger gepfändet wurden, herbeigeführt, ist § 170 Abs. 2 VVG ebenfalls analog anzuwenden.[38]

§ 171 VVG [Anzeige des Versicherungsfalls]

(1) Eine Anzeige von dem Eintritt des Versicherungsfalls ist dem Versicherer nur zu machen, wenn der Tod als Versicherungsfall bestimmt ist. Der Anzeigepflicht wird genügt, wenn die Anzeige binnen drei Tagen nach dem Eintritt des Versicherungsfalls erfolgt; durch die Absendung der Anzeige wird die Frist gewahrt.

(2) Steht das Recht auf die Leistung einem anderen als dem Versicherungsnehmer zu, so liegt die Anzeigepflicht dem anderen ob; das gleiche gilt von der Pflicht zur Auskunft und zur Beschaffung von Belegen.

1 Die Dreitagesfrist beruht auf der Erwägung, dass vor allem bei Selbstmordverdacht eine längere Frist den Verlust von Beweismitteln für den Versicherer mit sich bringen kann, so vor allem dann, wenn die Leiche vor der Anzeigeerstattung bereits beerdigt oder gar eingeäschert ist.[39]

---

[36] OLG Hamburg, Beschl. v. 10. 1. 1995 – 9 W 55/94, VersR 1995, 1475 (Ls.).
[37] *Winter* in: Bruck/Möller, VVG, 8. Aufl., 1988, §§ 159–178 VVG Anm. G 147.
[38] *Winter* in: Bruck/Möller, VVG, 8. Aufl., 1988, §§ 159–178 VVG Anm. G 147.
[39] *Winter* in: Bruck/Möller, VVG, 8. Aufl., 1988, §§ 159–178 VVG Anm. F 212.

§ 172 VVG 1908/2007

§ 172 VVG [Neufestsetzung der Prämie und der Überschussbeteiligung; Ersetzung unwirksamer ALB 86-Klauseln]

(1) ¹Bietet eine Lebensversicherung Versicherungsschutz für ein Risiko, bei dem der Eintritt der Verpflichtung des Versicherers ungewiss ist, so ist der Versicherer nur bei einer nicht nur als vorübergehend anzusehenden und nicht vorhersehbaren Veränderung des Leistungsbedarfs gegenüber den technischen Berechnungsgrundlagen und der daraus errechneten Prämie berechtigt, die Prämie entsprechend den berichtigten Berechnungsgrundlagen neu festzusetzen, sofern dies erforderlich erscheint, um die dauernde Erfüllbarkeit der Versicherungsleistung zu gewährleisten, und sofern ein unabhängiger Treuhänder die Berechnungsgrundlagen und sonstigen Voraussetzungen für die Änderung überprüft und deren Angemessenheit bestätigt hat. ²Für Änderungen der Bestimmungen zur Überschussbeteiligung gilt Satz 1 entsprechend. ³Die Mitwirkung des Treuhänders entfällt, wenn Änderungen nach den Absätzen 1 und 2 der Genehmigung der Aufsichtsbehörde bedürfen.

(2) Ist in den Versicherungsbedingungen einer Lebensversicherung eine Bestimmung unwirksam, findet Absatz 1 entsprechende Anwendung, wenn zur Fortführung des Vertrages dessen Ergänzung notwendig ist.

(3) ¹Soweit nichts anders vereinbart ist, werden Änderungen nach Absatz 1 zu Beginn des zweiten Monats wirksam der auf die Benachrichtigung des Versicherungsnehmers folgt. ²Änderungen nach Absatz 2 werden zwei Wochen nach Benachrichtigung des Versicherungsnehmers wirksam.

Übersicht

	Rdn.
I. Allgemeines	1
II. Neufestsetzung der Prämie (§ 172 Abs. 1 Satz 1 VVG)	2, 3
III. Änderung der Bestimmungen zur Überschussbeteiligung (§ 172 Abs. 1 Satz 2 VVG)	4
IV. Genehmigung durch die Aufsichtsbehörde (§ 172 Abs. 1 Satz 3 VVG)	5
V. Ersetzung unwirksamer Lebensversicherungsbedingungen (§ 172 Abs. 2 VVG)	6–19
1. Zweck der Norm	6–8
2. Geltungsbereich	9, 10
3. Ersetzungsbefugnis des Lebensversicherers	11, 12
4. Unwirksame Bestimmung	13
5. Notwendigkeit der Vertragsergänzung	14–17
a) Vertragliche Anpassungsklausel	14
b) Notwendigkeit der Vertragsergänzung	15, 16
c) Ergänzung des Vertrages	17
6. Fortführung des Vertrages	18, 19
VI. Mitwirkung des Treuhänders	20–27
1. Bestellung	20, 21
2. Anstellung	22
3. Funktion	23, 24
4. Mitwirkung	25–27
VII. Benachrichtigung des Versicherungsnehmers	28–30
VIII. Wirksamwerden der Vertragsergänzung	31
IX. Inhaltskontrolle der Vertragsanpassung	32–44
1. Allgemeines	32–34

	Rdn.
2. Ersetzte Klauseln	35–43
3. Verworfene Klauseln	44
X. Richterliche ergänzende Vertragsauslegung	45

AuVdBAV: VerBAV 2000, 63 (Auswirkung vertraglicher Abweichungen von § 172 VVG auf die Kalkulation der Deckungsrückstellung und das interne Kontrollsystem in der Lebensversicherung); VerBAV 2001, 174 (Entscheidung des BGH zur Lebensversicherung); VerBAV 2001, 251 = NVersZ 2002, 9 (R 1/2001 v. 10. 10. 2001 – Hinweise zur Unwirksamkeit von Allgemeinen Versicherungsbedingungen in der Lebensversicherung).

Schrifttum: *Bäuerle,* Rechtsgutachten zu den verfassungsrechtlichen Fragen der Ersetzung unwirksamer Vertragsbedingungen in der kapitalbildenden Lebensversicherung, in: Ersetzung unwirksamer Klauseln in der kapitalbildenden Lebensversicherung aus verfassungs- und zivilrechtlicher Sicht, VersWissStud. Bd. 20, 2002, S. 17; *derselbe,* Die Bedingungsanpassung in der Lebensversicherung, in: Lebensversicherung, Altersvorsorge, Private Krankenversicherung, Versicherung als Geschäftsbesorgung, Gentests, der Ombudsmann im Privatversicherungsrecht, Beiträge zur 12. Wissenschaftstagung des Bundes der Versicherten, Baden-Baden, Nomos, VersWissStud. 25 (2004), S. 37; *Baroch Castellví,* Reichweite von § 172 Abs. 2 VVG, VersR 2000, 1199; *derselbe,* Unwirksamkeit der Regelungen zu Abschlusskosten, Rückkaufswert und Beitragsfreistellung – Ende der Unklarheiten ?, NVersZ 2001, 529; *Bartmuß,* AVB-Anpassung durch Bedingungsanpassungsklauseln und Bedingungstreuhänder, VuR 2000, 299; *Buchholz,* Die Unabhängigkeit des juristischen Treuhänders in der Lebens- und Krankenversicherung, VersR 2005, 866; *Buchholz-Schuster,* Gesetzliches Korsett oder wegweisendes Prinzip: Zur Bedeutung und Reichweite des § 172 I 1 VVG in der Lebensversicherung, NVersZ 1999, 297; *derselbe,* Die Konsequenzen des BGH-Urteils zur Bedingungsanpassungsklausel des § 10 A ARB 94 für bestehende Versicherungsverträge, NVersZ 2000, 207; *Drews,* Gefahr für die Gültigkeit von Treuhänderverfahren, VW 2002, 450; *Engeländer,* Untersuchung des § 172 Abs. 1 S. 1 VVG aus aktuarieller Sicht, VersR 2000, 274; *Fricke,* Die Botschaft hör' ich wohl, allein mir fehlt Verständnis – Was meint § 172 II VVG wirklich?, NVersZ 2000, 310; *Grote,* Die Rechtsstellung der Prämien-, Bedingungs- und Deckungsstocktreuhänder nach dem VVG und dem VAG, Karlsruhe, VVW, 2002; *derselbe,* ZVersWiss 2002, 621; *Jaeger,* Anmerkungen zur gesetzlichen Anpassungsmöglichkeit für Lebensversicherungsverträge, VersR 1999, 26; *Kirscht,* Das Treuhänderverfahren zur Bedingungsänderung in der Lebensversicherung – Aktuelle Streitpunkte und Reformüberlegungen –, VersR 2003, 1072; *Kollhosser,* Auslegung des § 172 VVG, VersR 2003, 807; *Langheid/Grote,* Praktische Probleme der Bedingungstreuhandschaft, NVersZ 2002, 49; *Littbarski* NJW 2001, 3315; *Lorenz,* Nochmals: „Notwendigkeit" des Klauselersetzungsverfahrens nach § 172 Abs. 2 VVG, VersR 2002, 410; *Matusche-Beckmann,* Die Bedingungsanpassungsklausel – Zulässiges Instrument für den Fall der Unwirksamkeit Allgemeiner Versicherungsbedingungen?, NJW 1998, 112; *Präve* ZfV 1993, 214; *derselbe,* Versicherungsaufsicht, Treuhänder und Verantwortlicher Aktuar, VersR 1995, 733; *derselbe,* ZfV 1997, 354; *derselbe,* ZVersWiss 1998, 355, 362; *derselbe,* Die Gestaltung der Versicherungsbedingungen in der Lebensversicherung unter Berücksichtigung des AGB-Gesetzes, ZfV 2000, 549; *Reimann,* Bedingungsanpassungsklauseln in Versicherungsverträgen, Baden-Baden, Nomos, 2007; *Renger,* Stand, Inhalt und Probleme des neuen Versicherungsrechts – Bemerkungen zum Dritten Gesetz zur Durchführung versicherungsrechtlicher Richtlinien des Rates der Europäischen Gemeinschaften –, VersR 1994, 753; *Reifner* VuR 1994, 1257; *Römer* VersR 1994, 125; *Rosenow/Schaffelhuber,* Neues zur Transparenzkontrolle im AGB-Recht – Zugleich Besprechung der beiden BGH-Urteile vom 9. 5. 2001 zur Intransparenz allgemeiner Versicherungsbedingungen (BGH ZIP 2001, 1052 und BGH ZIP 2001, 1062), ZIP 2001, 2211; *Schünemann,* Rechtsgutachten zu den tatbestandlichen Voraussetzungen, dem Inhalt und den Rechtsfolgen des § 172 Abs. 2 VVG (einseitiges Klauselersetzungsverfahren unter Treuhändervorbehalt), in: Ersetzung unwirksamer Klauseln in der kapitalbildenden Lebensversicherung aus verfassungs- und zivilrechtlicher Sicht, VersWissStud. Bd. 20, 2002, S. 63; *derselbe,* Klauselersetzungsverfahren nach § 172 II VVG auch bei der Kapitallebensversicherung?, NVersZ 2002, 145; *derselbe,* Gesetzliche Ermächtigung zu einseitigen Vertragsänderungen? Zum vertragsdogmatischen Grundverständnis des § 172 Abs. 2 VVG, JZ 2002, 134; *derselbe,* „Notwendigkeit" des Klauselersetzungsverfahrens nach § 172 Abs. 2 VVG, VersR 2002, 393; *Schwintowski* NVersZ 2001, 337; *Sijanski,* Ersetzung unwirksamer

A. §§ 159–178 VVG a.F. 1, 2 § 172 VVG 1908/2007

Klauseln und Mindestrückkaufswert in der kapitalbildenden Lebensversicherung, VersR 2006, 469; *Wandt,* Änderungsklauseln in Versicherungsverträgen, in: Veröffentlichungen der Hamburger Gesellschaft zur Förderung des Versicherungswesens mbH, Heft 24, Karlsruhe, VVW, 2000; *derselbe,* Ersetzung unwirksamer ALB im Treuhänderverfahren gem. § 172 VVG, VersR 2001, 1449; *Wedler,* Für eine vertragsrechtliche Möglichkeit zur Prämien- und Bedingungsanpassung in der privaten Rentenversicherung, VW 1996, 369; *Werber* VersR 2003, 148.

I. Allgemeines

§ 172 VVG ist durch das Dritte Gesetz zur Durchführung versicherungsrechtlicher Richtlinien des Rates der Europäischen Gemeinschaften vom 21. Juli 1994 (Drittes Durchführungsgesetz/EWG zum VAG) neu gefasst worden, wobei eine anders lautende Bestimmung weggefallen ist.[40] Auch im Hinblick auf Art. 2 Abs. 1 GG ist § 172 VVG verfassungsgemäß.[41] Die Vorschrift gilt seit ihrem Inkrafttreten für den Alt- und den Neubestand.[42] Hinweise aus dem Schrifttum,[43] die Vorschrift klarstellend neu zu fassen, wurden vom Gesetzgeber bisher nicht aufgegriffen. 1

II. Neufestsetzung der Prämie (§ 172 Abs. 1 Satz 1 VVG)

§ 172 Abs. 1 Satz 1 VVG gilt nur für Versicherungen, die Versicherungsschutz für ein Risiko bieten, bei dem die Eintrittspflicht des LVU ungewiss ist.[44] Das sind reine Risikoversicherungen, etwa die Todesfallversicherung mit fester Laufzeit, die Berufsunfähigkeits-Zusatzversicherung, die Unfall-Zusatzversicherung, die Dread-Disease-Versicherung (Versicherungsfall ist eine schwere Erkrankung) und die Pflegeversicherung.[45] Bei der gemischten, kapitalbildenden Lebensversicherung (Kapitalversicherung, Rentenversicherung, fondsgebundene Lebensversicherung) ist der Eintritt der Leistungspflicht des Versicherers dem Grunde nach gewiss.[46] Entweder ist die Todesfallleistung zu zahlen oder die Ablaufleistung oder 2

---

[40] BGBl. I S. 1630.
[41] LG Aachen, Urt. v. 10. 7. 2003 – 2 S 367/02, VersR 2003, 1022, 1024; OLG Braunschweig, Urt. v. 8. 10. 2003 – 3 U 69/03, VersR 2003, 1520, 1522; LG Würzburg, Urt. v. 29. 12. 2004 – 53 S 1510/04, VersR 2005, 538, 540; OLG Celle, Urt. v. 25. 1. 2005 – 8 U 84/04, VersR 2005, 535, 536; LG Hamburg, Urt. v. 27. 1. 2005 – 302 S 3/03, VersR 2005, 537, 538; OLG Nürnberg, Urt. v. 11. 7. 2005 – 8 U 3187/04, VersR 2005, 1375, 1376; ausdrücklich für das Klauselersetzungsverfahren des § 172 Abs. 2 VVG BGH, Urt. v. 12. 10. 2005 – IV ZR 162/03 (Revisionsentscheidung LG Hannover, Urt. v. 12. 6. 2003 – 19 S 108/02, VersR 2003, 1289), NJW 2005, 3559, 3561 = VersR 2005, 1565, 1567 = r+s 2005, 519, 520 = WM 2005, 2279, 2282 = ZIP 2005, 2109, 2112; *Lorenz* VersR 2002, 410; *Wandt* VersR 2002, 1363, 1364; *Kollhosser* VersR 2003, 807; a. A. *Bäuerle/Schünemann* VersWissStud. Bd. 20, 2002, S. 65; *Schünemann* VersR 2002, 393, 394; *derselbe* JZ 2002, 134.
[42] *Kollhosser* VersR 2003, 807.
[43] Siehe hierzu die Vorschläge von *Fricke* NVersZ 2000, 310, 314 und *Kirscht* VersR 2003, 1072, 1080.
[44] BGH, Urt. v. 12. 10. 2005 – IV ZR 162/03 (Revisionsentscheidung LG Hannover, Urt. v. 12. 6. 2003 – 19 S 108/02, VersR 2003, 1289), NJW 2005, 3559, 3560 = VersR 2005, 1565, 1566 = r+s 2005, 519 = WM 2005, 2279, 2280 = ZIP 2005, 2109, 2110; BGH, Urt. v. 12. 10. 2005 – IV ZR 177/03, S. 6.
[45] BGH, Urt. v. 12. 10. 2005 – IV ZR 162/03, NJW 2005, 3559, 3560 = VersR 2005, 1565, 1566 = r+s 2005, 519 = WM 2005, 2279, 2280 = ZIP 2005, 2109, 2110; Regierungsbegründung, BT-Drucks. S. 101 f.; *Wedler* VW 1996, 369, 370; *Buchholz-Schuster* NVersZ 1999, 297, 298; *Schwintowski* in: Berliner Komm. VVG, 1999, § 172 VVG Rdn. 8; *Baroch Castellví* VersR 2000, 1199, 1200; *Kollhosser* VersR 2003, 807, 808.
[46] BGH, Urt. v. 12. 10. 2005 – IV ZR 162/03, NJW 2005, 3559, 3560 = VersR 2005, 1565, 1566 = ZIP 2005, 2109, 2110.

die Rente.[47] Zweifel an der Gewissheit bestehen allenfalls dann, wenn die für den Todesfall vereinbarte Leistung höher ist als die für den Erlebensfall.[48]

3   Seitens der Aufsichtsbehörde wird davor gewarnt, für die Berufsunfähigkeitsversicherung auf das Recht zur Anwendung des Prämienanpassungsrechts nach § 172 Abs. 1 Satz 1 VVG zu verzichten.[49] Nicht möglich ist eine Anpassung z. b. bei lebenslänglichen Sterbegeldversicherungen oder bei aufgeschobenen Rentenversicherungen mit Beitragsrückgewähr und Rentengarantie, da es sich hierbei um Lebensversicherungen handelt, bei denen in jedem Fall eine Leistung fällig wird.[50]

III. Änderung der Bestimmungen zur Überschussbeteiligung (§ 172 Abs. 1 Satz 2 VVG)

4   § 172 Abs. 1 Satz 2 VVG gilt für jede Lebensversicherung, bei der eine Überschussbeteiligung mit dem Versicherungsnehmer vertraglich vereinbart worden ist.[51]

IV. Genehmigung durch die Aufsichtsbehörde (§ 172 Abs. 1 Satz 3 VVG)

5   Mit § 172 Abs. 1 Satz 3 VVG sind Änderungen bei Verträgen des Alt- und Zwischenbestandes gemeint, die bis zum 28. Juli 1994 bzw. bis zum 1. Januar 1995 (Art. 16 § 2 des Dritten Durchführungsgesetzes/EWG zum VAG vom 21. Juli 1994) aufgrund eines Geschäftsplans geschlossen worden sind, der noch von der Aufsichtsbehörde genehmigt worden ist und nur mit ihrer Genehmigung geändert werden kann (§§ 11 c, 13 Abs. 1 VAG i. V. m. § 8 Abs. 1 Satz 1 Nr. 3 VAG).[52] Hierher gehören ferner die Verträge mit Pensions- und Sterbekassen, bei denen ALB nach § 5 Abs. 3 Nr. 2 VAG auch weiterhin zum Geschäftsplan gehören und deshalb nach § 13 VAG nur mit Zustimmung der Aufsichtsbehörde geändert werden können.[53]

V. Ersetzung unwirksamer Lebensversicherungsbedingungen (§ 172 Abs. 2 VVG)

1. Zweck der Norm

6   § 172 Abs. 2 VVG schränkt die durch Art. 2 Abs. 1 GG gewährleistete Privatautonomie der Versicherungsnehmer ein, weil dem Versicherer ein einseitiges Recht zur Vertragsergänzung eingeräumt wird.[54] Diese Einschränkung ist sachlich gerechtfertigt, weil von der Unwirksamkeit einer Klausel regelmäßig eine sehr hohe Zahl von Verträgen betroffen ist.[55] Eine Vertragsergänzung mit Zustimmung

---

[47] BGH, Urt. v. 12. 10. 2005 – IV ZR 162/03, NJW 2005, 3559, 3560 = VersR 2005, 1565, 1566 = r+s 2005, 519 = WM 2005, 2279, 2280 = ZIP 2005, 2109, 2110.
[48] BGH, Urt. v. 12. 10. 2005 – IV ZR 162/03, NJW 2005, 3559, 3560 = VersR 2005, 1565, 1566 = r+s 2005, 519 = WM 2005, 2279, 2280 = ZIP 2005, 2109, 2110; vgl. dazu *Engeländer* VersR 2000, 274, 278.
[49] BAV VerBAV 2000, 63 = NVersZ 2000, 263.
[50] *Jaeger* VersR 1999, 26, 28.
[51] *Jaeger* VersR 1999, 26; *Kollhosser* VersR 2003, 807, 808.
[52] *Präve* VersR 1995, 733, 737; *Kollhosser* VersR 2003, 807, 808.
[53] *Lorenz* VersR 2001, 1146; *Kollhosser* in: Prölss/Martin, VVG, 27. Aufl., 2004, § 172 VVG Rdn. 15.
[54] BGH, Urt. v. 12. 10. 2005 – IV ZR 162/03 (Revisionsentscheidung LG Hannover, Urt. v. 12. 6. 2003 – 19 S 108/02, VersR 2003, 1289), NJW 2005, 3559, 3561 = VersR 2005, 1565, 1567 = r+s 2005, 519, 520 = WM 2005, 2279, 2282 = ZIP 2005, 2109, 2112.
[55] BGH, Urt. v. 12. 10. 2005 – IV ZR 162/03, NJW 2005, 3559, 3561 = VersR 2005, 1565, 1567 = r+s 2005, 519, 520 = WM 2005, 2279, 2282 = ZIP 2005, 2109, 2112.

aller Versicherungsnehmer ist praktisch nicht durchführbar und würde deshalb die Rechtssicherheit und die nach § 11 Abs. 2 VAG gebotene Gleichbehandlung aller Versicherungsnehmer gefährden.[56] Ohne die Ersetzungsmöglichkeit des § 172 Abs. 2 VVG blieben alle Verträge lückenhaft, bei denen die Versicherungsnehmer der Ergänzung nicht zugestimmt haben.[57] Daran würde sich auch dann nichts ändern, wenn im Individualprozess eines Versicherungsnehmers der BGH die neue Bestimmung billigen würde, weil dies die Zustimmung des Versicherungsnehmers, wenn sie nötig wäre, nicht ersetzen könnte.[58] Auch im Interesse des Versicherungsnehmers soll § 172 Abs. 2 VVG ermöglichen, dass die durch die Unwirksamkeit einer Klausel entstandene Regelungslücke in einer Unzahl von Lebensversicherungsverträgen, die den Charakter von Massenverträgen haben, zügig, interessengerecht und mit gleicher Geltung für alle betroffenen Verträge wieder geschlossen wird.[59]

§ 172 Abs. 2 VVG setzt nicht voraus, dass sich der Versicherer durch eine Änderungsklausel in den AVB vorbehalten hat, den Austausch einer unwirksamen Klausel durch eine wirksame Klausel mit Zustimmung eines Treuhänders vorzunehmen.[60] Zwar sah der Regierungsentwurf ursprünglich das Bestehen einer Anpassungsklausel vor.[61] Der Finanzausschuss hat aber im Zuge seiner Beratungen diese Anforderung gestrichen.[62] Andererseits gestattet die Vorschrift dem Versicherer nicht, unwirksame Bedingungen gestützt auf eine unwirksame Ersetzungsklausel zu ersetzen und hierzu die Zustimmung des Treuhänders einzuholen. Die Vorschrift trägt der Erkenntnis Rechnung, dass das Institut der ergänzenden Vertragsauslegung zur Schließung von Vertragslücken nur für den Einzelfall ein taugliches Mittel darstellt[63] und Klauseln, die dem Versicherer die Befugnis geben, unwirksame Bedingungen zu ersetzen, in der Regel unwirksam sind.[64]

§ 172 Abs. 2 VVG steht in einem Konkurrenzverhältnis zu § 306 Abs. 2 BGB (§ 6 Abs. 2 AGBG). Diese Vorschrift sieht vor, dass sich der Inhalt eines unter Zugrundelegung von Allgemeinen Geschäftsbedingungen abgeschlossenen Vertrags nach den gesetzlichen Vorschriften richtet, soweit Bestimmungen des Ver-

---

[56] BGH, Urt. v. 12. 10. 2005 – IV ZR 162/03, NJW 2005, 3559, 3561 f. = VersR 2005, 1565, 1567 = r+s 2005, 519, 520 = WM 2005, 2279, 2282 = ZIP 2005, 2109, 2112; *Römer* VersR 1994, 125; *Wandt* VersR 2001, 1451; *Lorenz* VersR 2001, 1147; *Lorenz* VersR 2002, 410 ff.; *Präve* in: Prölss, VAG, 12. Aufl., 2005, § 11 VAG Rdn. 9, § 11 VAG Rdn. 14, 15.

[57] BGH, Urt. v. 12. 10. 2005 – IV ZR 162/03, NJW 2005, 3559, 3562 = VersR 2005, 1565, 1567 = r+s 2005, 519, 520 = WM 2005, 2279, 2282 = ZIP 2005, 2109, 2112.

[58] BGH, Urt. v. 12. 10. 2005 – IV ZR 162/03, NJW 2005, 3559, 3562 = VersR 2005, 1565, 1567 = r+s 2005, 519, 520 = WM 2005, 2279, 2282 = ZIP 2005, 2109, 2112.

[59] Vgl. AG Kamenz, Urt. v. 23. 10. 2002 – 1 C 0438/02, VersR 2003, 315; AG Kiel, Urt. v. 21. 11. 2002 – 109 C 180/02, VersR 2003, 317; AG Titisee-Neustadt, Urt. v. 18. 12. 2002 – 12 C 101/02, S. 5; AG Hamburg, Urt. v. 11. 2. 2003 – 4 C 554/02, S. 7; AG Dresden, Urt. v. 1. 4. 2003 – 114 C 7221/02, S. 9; LG Wiesbaden, Urt. v. 27. 6. 2003 – 7 S 2/03, VersR 2003, 1292; LG Aachen, Urt. v. 10. 7. 2003 – 2 S 367/02, VersR 2003, 1022, 1023; LG Hildesheim, Urt. v. 5. 12. 2003 – 7 S 169/03, S. 7; LG Düsseldorf, Urt. v. 17. 12. 2003 – 23 S 217/03, S. 4; LG Würzburg, Urt. v. 29. 12. 2004 – 53 S 1510/04, VersR 2005, 538, 540; LG Hamburg, Urt. v. 27. 1. 2005 – 302 S 3/03, VersR 2005, 537; *Wandt* VersR 2001, 1449, 1451.

[60] *Benkel*, Handb. VVaG, 2. Aufl., 2002, S. 252; a. A. *Schünemann* JZ 2002, 134, 135.

[61] Regierungsentwurf, BT-Drucks. 12/6959 v. 4. 3. 1994, S. 35, 37, 101 f., 105 f.; *Claus*, Lebensversicherungsaufsicht nach der Dritten EG-Richtlinie – Was bleibt? Was ändert sich? –, ZfV 1994, 139, 145.

[62] Beschlussempfehlung und Bericht des Finanzausschusses v. 18. 5. 1994, BT-Drucks. 12/7595, S. 3, 77, 103, 112; *Präve* VersR 1995, 733, 737.

[63] Vgl. LG Hamburg, Urt. v. 27. 1. 2005 – 302 S 3/03, VersR 2005, 537; *Matusche-Beckmann* NJW 1998, 112, 113.

[64] *Matusche-Beckmann* NJW 1998, 112, 116.

trags nicht Vertragsbestandteil geworden oder unwirksam sind. § 172 Abs. 2 VVG geht allerdings als Spezialvorschrift der Regelung in § 306 Abs. 2 BGB (§ 6 Abs. 2 AGBG) vor,[65] hat also nicht nur nachrangige Bedeutung.[66] Die Auffassung von Schünemann,[67] § 172 VVVG komme nur zum Tragen, „wenn die Lückenfüllungsstrategien des § 306 Abs. 2 BGB n. F. (§ 6 Abs. 2 AGBG) nicht (mehr) zu Gebote stehen", hat zu Recht keine Zustimmung gefunden.[68] Sie negiert den Willen des Gesetzgebers und würde dazu führen, dass § 172 VVG leer läuft.[69]

2. Geltungsbereich

9 § 172 Abs. 2 VVG spricht ausdrücklich von den „Versicherungsbedingungen der Lebensversicherung". Die Bestimmung findet daher schon vom Wortlaut her Anwendung auf alle Formen der Lebensversicherung und die sie regelnden Versicherungsbedingungen.[70] Zwar verweist § 172 Abs. 2 VVG auf § 172 Abs. 1 VVG. Mit dieser Verweisung wird aber lediglich geregelt, dass sich die Durchführung des Ergänzungsverfahrens an den in § 172 Abs. 1 VVG getroffenen Regelungen ausrichtet. § 172 Abs. 2 VVG enthält mithin keine Rechtsgrundverweisung, sondern eine Rechtsfolgenverweisung.[71]

10 Die von einer Mindermeinung[72] vertretene Auffassung, nur unwirksame Klauseln der Risikoversicherung könnten vom Lebensversicherer ersetzt werden, hat zu Recht keine Zustimmung gefunden. § 172 Abs. 2 VVG gilt uneingeschränkt für alle Arten der Lebensversicherung, und nicht lediglich für die von § 172 Abs. 1 VVG erfassten speziellen Lebensversicherungen, die ein Risiko mit ungewisser Eintrittspflicht des Versicherers decken.[73] Zu den Arten der Lebensversi-

---

[65] AG Hannover, Urt. v. 22. 1. 2003 – 540 C 10742/02, S. 7; AG München, Urt. v. 21. 1. 2003 – 131 C 23103/02, S. 7; LG Traunstein, Urt. v. 6. 2. 2003 – 1 O 3674/02, VersR 2003, 1024, 1025; AG Duisburg, Urt. v. 13. 2. 2003 – 3 C 4121/02, S. 6; AG Köpenick, Urt. v. 13. 3. 2003 – 17 C 416/02, S. 7; LG Wiesbaden, Urt. v. 27. 6. 2003 – 7 S 2/03, VersR 2003, 1292; AG Eisenach, Urt. v. 28. 7. 2003 – 54 C 1402/02, S. 3; LG Landshut, Urt. v. 16. 12. 2003 – 720 2548/03, S. 7; *Fricke* NVersZ 2000, 310, 314; *Rosenow/Schaffelhuber* ZIP 2001, 2211, 2222; *Kirsch* VersR 2003, 1072, 1074; *Kollhosser* VersR 2003, 807, 812.

[66] So aber die Auffassung von *Bartmuß* VuR 2000, 305; *Grote,* Die Rechtsstellung, S. 360.

[67] *Schünemann* VersR 2002, 393, 397; vgl. auch *Schwintowski* in: Berliner Komm. z. VVG, 1999, § 172 VVG Rdn. 25.

[68] BGH, Urt. v. 12. 10. 2005 – IV ZR 162/03 (Revisionsentscheidung LG Hannover, Urt. v. 12. 6. 2003 – 19 S 108/02, VersR 2003, 1289), NJW 2005, 3559, 3563 = VersR 2005, 1565, 1569 = r+s 2005, 2005, 519, 522 = WM 2005, 2279, 2283 = ZIP 2005, 2109, 2114; *Wandt* VersR 2001, 1451; *Lorenz* VersR 2002, 410 ff.; *Kirscht* VersR 2003, 1072, 1075.

[69] BGH, Urt. v. 12. 10. 2005 – IV ZR 162/03, NJW 2005, 3559, 3563 = VersR 2005, 1565, 1569 = ZIP 2005, 2109, 2114; *Wandt* VersR 2001, 1451; *Lorenz* VersR 2002, 410.

[70] BGH, Urt. v. 12. 10. 2005 – IV ZR 162/03, NJW 2005, 3559, 3561 = VersR 2005, 1565, 1566 f. = r+s 2005, 519 = WM 2005, 2279, 2281 = ZIP 2005, 2109, 2111.

[71] OLG Stuttgart, Urt. v. 6. 4. 2001 – 2 U 175/00, NVersZ 2002, 164, 169 = VersR 2001, 1141, 1144; LG Leipzig, Urt. v. 17. 1. 2005 – 9 O 245/04, VersR 2005, 1378, 1379; *Schwintowski* in: Berliner Komm. z. VVG, 1999, § 172 VVG Rdn. 23; *Fricke* NVersZ 2000, 310, 313; *Kollhosser* VersR 2003, 807, 811; *Kollhosser* in: Prölss/Martin, VVG, 27. Aufl., 2004, § 172 VVG Rdn. 32.

[72] LG Düsseldorf VersR 1996, 874, 875; LG Dortmund, Urt. v. 23. 11. 2001 – 8 O 354/01; LG Frankfurt/M., Urt. v. 18. 4. 2002 – 2 O 79 und 80/01; *Buchholz-Schuster* NVersZ 2000, 242; *Bäuerle* VersWissStud. Bd. 20, 2002, S. 9 ff.; *Schünemann* NVersZ 2002, 145, 152; *derselbe* VersR 2002, 393; *derselbe* JZ 2002, 134; *derselbe* JZ 2002, 460, 462; *derselbe* VuR 2002, 85; *derselbe* VuR 2002, 100, 103; *Römer* in: Römer/Langheid, VVG, 2. Aufl., 2003, § 172 VVG Rdn. 13 ff.; *Schünemann* VersR 2004, 817; *derselbe* VersR 2005, 323.

[73] OLG Stuttgart, Urt. v. 6. 4. 2001 – 2 U 175/00, NVersZ 2002, 164, 169 = VersR 2001, 1141, 1144 m. zust. Anm. *Lorenz* (ebenso Vorinstanz LG Stuttgart, Urt. v. 1. 8. 2000

cherung, auf die § 172 Abs. 2 VVG Anwendung findet, gehören neben der kapitalbildenden Lebensversicherung[74] auch die Rentenversicherung,[75] ferner die

---

[20] O 216/00, VersR 2000, 1136, 1137 m. zust. Anm. *Präve*); LG Frankfurt/M., Urt. v. 18. 4. 2002 – 2/02 O 79/01, S. 13; LG Landshut, Urt. v. 3. 9. 2002 – 72 O 1458/02, VersR 2002, 1362, 1363 m. zust. Anm. *Wandt* VersR 2002, 1363; AG Hamburg, Urt. v. 26. 9. 2002 – 19 C 133/02; AG Kamenz, Urt. v. 23. 10. 2002 – 1 C 0438/02, VersR 2003, 315; AG Hannover, Urt. v. 22. 1. 2003 – 540 C 10 742/02, S. 6; LG Traunstein, Urt. v. 6. 2. 2003 – 1 O 3674/02, VersR 2003, 1024, 1025; AG Duisburg, Urt. v. 13. 2. 2003 – 3 C 4121/02, S. 6; AG Hamm, Urt. v. 20. 2. 2003 – 16 C 327/02, S. 7; AG Günzburg, Urt. v. 13. 3. 2003 – 2 C 0516/02, S. 9; AG Zwickau, Urt. v. 13. 3. 2003 – 17 C 2859/02, S. 10; AG Annaberg, Urt. v. 18. 3. 2003 – 2 C 0759/02, S. 5; AG Köln, Urt. v. 9. 4. 2003 – 112 C 625/02, S. 4; AG Köln, Urt. v. 23. 4. 2003 – 119 C 660/02, S. 4; AG Dresden, Urt. v. 20. 3. 2003 – 116 C 1048/03, S. 4; LG Wiesbaden, Urt. v. 27. 6. 2003 – 7 S 2/03, VersR 2003, 1292; OLG München, Urt. v. 1. 7. 2003 – 25 U 2283/03, VersR 2003, 1024, 1026; AG Ingolstadt, Urt. v. 2. 7. 2003 – 15 C 238/03, S. 7; LG Gießen, Urt. v. 31. 7. 2003 – 4 O 114/03, S. 9; OLG Braunschweig, Urt. v. 8. 10. 2003 – 3 U 69/03, VersR 2003, 1520, 1521; LG Köln, Urt. v. 15. 10. 2003 – 23 S 61/03, S. 7; AG Dresden, Urt. v. 4. 11. 2003 – 108 C 2047/03, S. 11; LG Landshut, Urt. v. 16. 12. 2003 – 72 O 2548/03, S. 7/8; LG Düsseldorf, Urt. v. 17. 12. 2003 – 23 S 217/03, S. 4; OLG Saarbrücken VersR 2003, 1291, 1292; LG Stuttgart VersR 2003, 313; LG Aachen, Urt. v. 10. 7. 2003 – 2 S 367/02, VersR 2003, 1022, 1023; LG Würzburg, Urt. v. 29. 12. 2004 – 5 S 1510/04, VersR 2005, 538, 539; OLG Celle, Urt. v. 25. 1. 2005 – 8 U 84/04, VersR 2005, 535, 536; OLG Nürnberg, Urt. v. 11. 7. 2005 – 8 U 3187/04, VersR 2005, 1375; BGH, Urt. v. 12. 10. 2005 – IV ZR 162/03 (Revisionsentscheidung LG Hannover, Urt. v. 12. 6. 2003 – 19 S 108/02, VersR 2003, 1289); NJW 2005, 3559, 3561 ff. = VersR 2005, 1565, 1566 ff. = r+s 2005, 519 ff. = WM 2005, 2279, 2280 ff. = ZIP 2005, 2109, 2111 ff. = DB 2005, 2686 = MDR 2006, 204, 205; BAV, R 1/2001 v. 10. 10. 2001, NVersZ 2002, 9 = VerBAV 2001, 251; *Renger* VersR 1994, 753, 755; *Schwintowski* VersR 1996, 337, 340; *Präve*, Versicherungsbedingungen und AGB-Gesetz, 1998, Rdn. 475; *Jaeger* VersR 1999, 26, 29; *Präve* VersR 1999, 699; *Schwintowski* in: Berliner Komm. z. VVG, 1999, § 172 VVG Rdn. 23; *Fricke* NVersZ 2000, 310, 311; *Präve* ZfV 2000, 549, 551; *Präve* VersR 2000, 1138 f.; *Wandt*, Änderungsklauseln in Versicherungsverträgen, 2000, Rdn. 303; *Bartmuß* VuR 2000, 299, 304; *Baroch Castellví* VersR 2000, 1199, 1202; derselbe NVersZ 2001, 529, 534; *Lorenz* VersR 2001, 1146; *Präve* VersR 2001, 839, 841, 846, 848; *Reiff* ZIP 2001, 1058, 1060; *Rosenow/Schaffhuber* ZIP 2001, 2211, 2222; *Teslau* in: van Bühren (Hrsg.), Hdb. VersicherungsR, 2001, § 13 Rdn. 118; *Wandt* VersR 2001, 1449, 1451 f.; *Armbrüster* EWiR 2002, 1109; *Langheid/Grote* NVersZ 2002, 49; *Lorenz* VersR 2002, 410; *Wandt* VersR 2002, 1363, 1364; *Kirschl* VersR 2003, 1072, 1074; *Kollhosser* VersR 2003, 807, 811; *Höra/Müller-Stein* in: Terbille, Münchener Anwaltshdb. VersicherungsR, 2004, § 24 Rdn. 205–208; *Kollhosser* in: Prölss/Martin, 27. Aufl., 2004, § 172 VVG Rdn. 30; *Wandt*, in: Beckmann/Matusche-Beckmann, Versicherungsrechts-Hdb., 2004, § 11 Rdn. 18–24, 43–49, 117–144; *Präve* in: Prölss, VAG, 12. Aufl., 2005, § 11 b VAG Rdn. 14, 15.

[74] AG Hamburg, Urt. v. 11. 2. 2003 – 4 C 554/02, S. 6; LG Potsdam, Urt. v. 11. 4. 2003 – 1 O 485/02, S. 6; AG Dresden, Urt. v. 25. 4. 2003 – 115 C 7604/02, S. 5; OLG München, Urt. v. 1. 7. 2003 – 25 U 2283/03, VersR 2003, 1024, 1026; LG Aachen, Urt. v. 10. 7. 2003 – 2 S 367/02, VersR 2003, 1022, 1023; LG Duisburg, Urt. v. 6. 8. 2003 – 11 S 33/03, S. 3; LG Köln, Urt. v. 24. 9. 2003 – 23 S 44/03, S. 8; OLG Braunschweig, Urt. v. 8. 10. 2003 – 3 U 69/03, VersR 2003, 1520, 1521; LG Würzburg, Urt. v. 29. 12. 2004 – 5 S 1510/04, VersR 2005, 538, 539; OLG Nürnberg, Urt. v. 11. 7. 2005 – 8 U 3187/04, VersR 2005, 1375; BGH, Urt. v. 12. 10. 2005 – IV ZR 162/03 (Revisionsentscheidung LG Hannover, Urt. v. 12. 6. 2003 – 19 S 108/02, VersR 2003, 1289); NJW 2005, 3559, 3561 ff. = VersR 2005, 1565, 1566 ff. = ZIP 2005, 2109, 2111 ff.

[75] AG Hamburg, Urt. v. 3. 12. 2002 – 21 b C 282/02, S. 4; AG Hamburg, Urt. v. 20. 2. 2003, S. 6; AG Köln, Urt. v. 26. 2. 2003 – 112 C 670/02, S. 6; AG Zwickau, Urt. v. 13. 3. 2003 – 17 C 2859/02, S. 10; LG Potsdam, Urt. v. 11. 4. 2003 – 1 O 485/02, S. 6; AG Köln, Urt. v. 23. 4. 2003 – 119 C 660/02, S. 4; AG Hamburg, Urt. v. 30. 4. 2003 – 13A C 335/02, S. 5; AG Coburg, Urt. v. 16. 7. 2003 – 12 C 1908/02, S. 5 (Berufung durch LG Coburg zurückgewiesen, vgl. VersR 2004, 96); LG Köln, Urt. v. 24. 9. 2003 – 23 S 44/03,

fondsgebundene Lebensversicherung[76] und die fondsgebundene Rentenversicherung.[77] Die Vorschrift gilt nur für die Lebensversicherung und ist nicht analogiefähig.[78] Der Vorschlag von *Römer*,[79] eine spartenübergreifende gesetzliche Regelung zur Anpassung von AVB zu schaffen, wurde bislang nicht verwirklicht.

3. Ersetzungsbefugnis des Lebensversicherers

11 § 172 Abs. 2 VVG räumt dem Versicherer ausdrücklich das Recht ein, eine durch eine unwirksame Versicherungsbedingung entstandene Vertragslücke zu schließen.[80] Zum Teil wird die Auffassung vertreten, dass der Versicherer sogar kraft Obliegenheit,[81] Vertragspflicht[82] und/oder öffentlich-rechtlicher Pflicht, deren Verletzung einen Missstand im Sinne des § 81 VAG begründen kann,[83] zur Klauselersetzung verpflichtet sei. Gegen diese Auslegung des § 172 Abs. 2 VVG spricht, dass der Gesetzgeber dem LVU ausdrücklich eine Ersetzungsbefugnis, nicht aber eine Ersetzungspflicht auferlegt hat. Es liegt mithin im pflichtgemäßen Ermessen des Vorstands des LVU, ob und mit welchem Inhalt ein Ersetzungsverfahren durchgeführt wird.

12 Die Rechtsausübung durch das LVU setzt nicht voraus, dass der Versicherungsvertrag eine wirksame Anpassungsklausel enthält.[84] Allerdings darf der Versicherer nur das zum Inhalt der Verträge machen, was nach den anerkannten Grundsätzen der ergänzenden Vertragsauslegung zulässiger Inhalt einer richterlichen ergänzenden Vertragsauslegung wäre.[85]

4. Unwirksame Bestimmung

13 Voraussetzung für die rechtmäßige Durchführung des Treuhänderverfahrens nach § 172 Abs. 2 VVG i. V. mit § 172 Abs. 1 VVG ist, dass eine Bestimmung in

---

S. 8; LG Wiesbaden, Urt. v. 16. 1. 2004 – 3 S 16/03, S. 2; OLG Celle, Urt. v. 25. 1. 2005 – 8 U 84/04, VersR 2005, 535, 536; LG Hamburg, Urt. v. 27. 1. 2005 – 302 S 3/03, VersR 2005, 537.

[76] LG München I, Urt. v. 22. 8. 2003 – 34 S 21 024/02, S. 4.

[77] LG Köln, Urt. v. 15. 10. 2003 – 23 S 61/03, S. 7.

[78] *Kollhosser* in: Prölss/Martin, § 172 VVG Rdn. 6 a. E. unter Hinweis auf LG Düsseldorf VersR 1996, 874 f.

[79] *Römer* VersR 1994, 125, 127: „Der Versicherer ist berechtigt, mit Wirkung für bestehende Versicherungsverträge die Allgemeinen Versicherungsbedingungen insoweit zu ergänzen, als Regelungen durch die höchstrichterliche Rechtsprechung für unwirksam erklärt wurden. Die Ergänzung wird zwei Wochen nach Bekanntgabe wirksam." Hierzu zustimmend *Pauly,* Zur „Lückenfüllung" bei unwirksamen AVB, VersR 1996, 287, 290.

[80] *Grote,* Die Rechtsstellung, 2002, S. 620.

[81] *Wandt* VersR 2001, 1449, 1453 f.

[82] *Kollhosser* VersR 2003, 807, 811; *Kollhosser* in: Prölss/Martin, VVG, 27. Aufl., 2004, § 172 VVG Rdn. 35.

[83] BAV NVersZ 2002, 9 f.; *Lorenz* VersR 2001, 1146, 1148.

[84] Vgl. *Präve* VersR 1995, 733, 737; *Jaeger* VersR 1999, 26, 30; *Fricke* NVersZ 2000, 310, 312; *Wandt* VersR 2002, 1363, 1364; *Kirscht* VersR 2003, 1072; a. A. *Schünemann* JZ 2002, 134.

[85] AG Stuttgart, Urt. v. 24. 10. 2002 – 12 C 4072/02, VersR 2003, 318, 319; AG Stuttgart, Urt. v. 18. 10. 2002 – 10 C 4794/02, VersR 2003, 317, 318; AG Hamburg, Urt. v. 11. 2. 2003 – 4 C 554/02, S. 7; AG Hanau, Urt. v. 9. 5. 2003 – 33 C 3228/02 – 13, S. 7; LG Hildesheim, Urt. v. 15. 5. 2003 – 1 S 3/03, VersR 2003, 1022; LG Aachen, Urt. v. 10. 7. 2003 – 2 S 367/02, VersR 2003, 1022, 1023; OLG Braunschweig, Urt. v. 8. 10. 2003 – 3 U 69/03, VersR 2003, 1520, 1522; LG Hildesheim, Urt. v. 5. 12. 2003 – 7 S 169/03, S. 7; LG Würzburg, Urt. v. 29. 12. 2004 – 53 S 1510/04, VersR 2005, 538, 539; LG Hamburg, Urt. v. 27. 1. 2005 – 302 S 3/03, VersR 2005, 537; *Wandt* VersR 2001, 1449, 1452; *derselbe* VersR 2002, 1364; *Kirscht* VersR 2003, 1072, 1075.

den Versicherungsbedingungen der Lebensversicherung unwirksam ist.[86] Der Wortlaut der Vorschrift könnte den Schluss zulassen, dass der Nachweis der Unwirksamkeit im Verhältnis zum Kunden in der Regel erbracht ist, wenn Bestimmungen in Lebensversicherungsbedingungen, die der Lebensversicherer auch seinen Lebensversicherungsverträgen zugrunde gelegt hat, in einem gerichtlichen Verfahren (Individualprozess oder Verbandsprozess) für unwirksam erklärt worden sind[87] oder von der Aufsichtsbehörde oder der Kartellbehörde deren Unwirksamkeit verlautbart oder festgestellt worden ist. Für diese Sicht spricht der Zweck des § 172 Abs. 2 VVG. Nach dieser Vorschrift soll für eine unwirksame Klausel möglichst rasch eine einheitliche, klare und angemessene Ersatzklausel geschaffen werden, damit im Interesse der Beteiligten möglichst schnell Rechtsklarheit, Rechtssicherheit und Rechtsfrieden wiederhergestellt wird.[88] Dieses Ziel ist nicht zu erreichen, wenn ggf. über mehrere Jahre erst der Ausgang anhängiger Verfahren abgewartet werden muss. Andererseits ist es nicht der Zweck des § 172 Abs. 2 VVG, dem Versicherer mit dem Klauselersetzungsverfahren ein Mittel in die Hand zu geben, mit dem er beliebig in die Vertragsparität eingreifen kann, indem er ihm nicht genehme Klauseln für unwirksam erklärt und den Vertrag mit Hilfe des Treuhänders einseitig zu seinem Vorteil ändert.[89] Von daher räumt § 172 Abs. 2 VVG dem Versicherer nicht die Befugnis ein, in eigener Verantwortung über die Unwirksamkeit einer Klausel seines Bedingungswerkes zu entscheiden.[90] Dies würde die Vertragsfreiheit des Versicherungsnehmers in nicht hinnehmbarer Weise einschränken.[91] Mit dem Zweck des § 172 Abs. 2 VVG ist schon eher in Einklang zu bringen, wenn die Unwirksamkeit einer Bestimmung durch ein rechtskräftiges Urteil festgestellt oder die Entscheidung der Aufsichtsbehörde oder Kartellbehörde bestandskräftig ist.[92] Zu berücksichtigen ist aber, dass rechtskräftige Urteile der Instanzgerichte nicht gewährleisten können, dass mit ihren Entscheidungen abschließend Rechtsklarheit geschaffen

---

[86] BGH, Urt. v. 12. 10. 2005 – IV ZR 162/03, NJW 2005, 3559, 3562 = VersR 2005, 1565, 1568 = r+s 2005, 519, 521 = WM 2005, 2279, 2282 = ZIP 2005, 2109, 2113 = MDR 2006, 204, 205.
[87] Zu nennen sind vor allem die Entscheidungen des BGH zu Klauseln betreffend ungarantierte bzw. garantierte Rückkaufswerte, vgl. BGH, Urt. v. 9. 5. 2001, NVersZ 2001, 313 = VersR 2001, 839 m. Anm. *Präve* = ZIP 2001, 1061 (Vorinstanz OLG Stuttgart, Urt. v. 28. 5. 1999 – 2 U 219/98, NVersZ 1999, 366 = VersR 1999, 832); BGH, Urt. v. 9. 5. 2001, NVersZ 2001, 308 = VersR 2001, 841 m. Anm. *Präve* = ZIP 2001, 1052 m. Anm. Reiff (Vorinstanz OLG Nürnberg, VersR 2000, 713).
[88] *Kollhosser* VersR 2003, 807, 809.
[89] BGH, Urt. v. 12. 10. 2005 – IV ZR 162/03 (Revisionsentscheidung LG Hannover, Urt. v. 12. 6. 2003 – 19 S 108/02, VersR 2003, 1289), NJW 2005, 3559, 3562 = VersR 2005, 1565, 1568 = r+s 2005, 519, 521 = WM 2005, 2279, 2282 f. = ZIP 2005, 2109, 2113; *Langheid/Grote* NVersZ 2002, 49 f.
[90] BGH, Urt. v. 12. 10. 2005 – IV ZR 162/03 (Revisionsentscheidung LG Hannover, Urt. v. 12. 6. 2003 – 19 S 108/02, VersR 2003, 1289), NJW 2005, 3559, 3562 = VersR 2005, 1565, 1568 = r+s 2005, 519, 521 = WM 2005, 2279, 2282 = ZIP 2005, 2109, 2113; *Wandt* in: Beckmann/Matusche-Beckmann, Versicherungsrechts-Hdb., 2004, § 11 Rdn. 127; vgl. auch BGHZ 141, 153, 157 = NJW 1999, 1865 = NVersZ 1999, 360 = VersR 1999, 697 = WM 1999, 1367 = ZIP 1999, 804, 806; dazu *van Bühren* EWiR 1999, 723; a. A. *Drews* VW 2002, 450, 452; *Kollhosser* VersR 2003, 807, 809; *Kollhosser* in: Prölss/Martin, VVG, 27. Aufl., 2004, § 172 VVG Rdn. 23.
[91] BGH, Urt. v. 12. 10. 2005 – IV ZR 162/03, NJW 2005, 3559, 3562 = VersR 2005, 1565, 1568 = r+s 2005, 519, 521 = WM 2005, 2279, 2282 = ZIP 2005, 2109, 2113.
[92] BAV VerBAV 2001, 251; vgl. *Präve* VersR 2000, 138, 141; *Wandt*, Änderungsklauseln in Versicherungsverträgen, 2000, Rdn. 335; *derselbe*, VersR 2001, 1449, 1453; *Langheid/Grote* NVersZ 2002, 49, 51.

wird.[93] Wie insbesondere die zahlreichen Verfahren zu § 172 Abs. 2 VVG zeigen, können Entscheidungen der Instanzgerichte im Ergebnis und der Begründung sehr unterschiedlich ausfallen.[94] So könnte sich ein Treuhänderverfahren als unnötig erweisen, wenn der BGH in einem anderen Verfahren die beanstandete Klausel für wirksam hält.[95] Beispielhaft zu erwähnen ist das Treuhänderverfahren zu Ersetzung der vom OLG Stuttgart[96] für unwirksam erklärten Bestimmungen zur Überschussbeteiligung in § 17 AVB, die in vergleichbarer Form Gegenstand des Urteils des BGH vom 9. Mai 2001 gegen einen anderen Versicherer waren und vom BGH[97] für wirksam erachtet wurden. Die Unwirksamkeit einer Klausel kann daher nur durch eine höchstrichterliche Entscheidung oder einen bestandskräftigen Verwaltungsakt der Aufsichtsbehörde oder der Kartellbehörde festgestellt werden.[98] Nur solche Entscheidungen schaffen abschließend Rechtsklarheit.[99] Ihnen lassen sich regelmäßig auch die Maßstäbe dafür entnehmen, ob und mit welchem Inhalt eine Ergänzung in Betracht kommt.[100] Die Feststellung der Unwirksamkeit eröffnet nicht nur dem Versicherer das Verfahren nach § 172 Abs. 2 VVG, gegen den die Entscheidung ergangen ist, sondern allen Versicherern, die gleichartige, aus denselben Gründen als unwirksam anzusehende Klauseln verwenden.[101]

5. Notwendigkeit der Vertragsergänzung

14 a) Vertragliche Anpassungsklausel. Kann das LVU ausnahmsweise auf eine vertraglich wirksam vereinbarte Bedingungsanpassungsklausel[102] zurückgreifen, besteht kein Bedarf, ein Klauselersetzungsverfahren durchzuführen.[103] Ein Beispiel hierfür ist nach *Jaeger*[104] eine vertragliche Klausel, die eine Anpassungsmög-

---

[93] BGH, Urt. v. 12. 10. 2005 – IV ZR 162/03, NJW 2005, 3559, 3562 = VersR 2005, 1565, 1568 = r+s 2005, 519, 521 = WM 2005, 2279, 2282 = ZIP 2005, 2109, 2113.
[94] BGH, Urt. v. 12. 10. 2005 – IV ZR 162/03, NJW 2005, 3559, 3562 = VersR 2005, 1565, 1568 = r+s 2005, 519, 521= WM 2005, 2279, 2282 = ZIP 2005, 2109, 2113.
[95] BGH, Urt. v. 12. 10. 2005 – IV ZR 162/03, NJW 2005, 3559, 3562 = VersR 2005, 1565, 1568 = r+s 2005, 519, 521 = WM 2005, 2279, 2282 = ZIP 2005, 2109, 2113.
[96] OLG Stuttgart, Urt. v. 28. 5. 1999 – 2 U 219/98, NVersZ 1999, 366 = VersR 1999, 832, 835 f.
[97] BGH, Urt. v. 9. 5. 2001 – IV ZR 121/00, BGHZ 147, 354, 356, 367 ff. = NJW 2001, 2014 = NVersZ 2001, 308 = VersR 2001, 841, 842, 845 = r+s 2001, 386 = ZIP 2001, 1052, 1053, 1056 ff.
[98] BGH, Urt. v. 12. 10. 2005 – IV ZR 162/03, NJW 2005, 3559, 3562 = VersR 2005, 1565, 1568 = r+s 2005, 519, 521 = WM 2005, 2279, 2282 = ZIP 2005, 2109, 2113 = MDR 2006, 204, 205; *Römer* VersR 1994, 125, 127.
[99] BGH, Urt. v. 12. 10. 2005 – IV ZR 162/03, NJW 2005, 3559, 3562 = VersR 2005, 1565, 1568 = r+s 2005, 519, 521 = WM 2005, 2279, 2282 = ZIP 2005, 2109, 2113.
[100] BGH, Urt. v. 12. 10. 2005 – IV ZR 162/03, NJW 2005, 3559, 3562 = VersR 2005, 1565, 1568 = r+s 2005, 519, 521 = WM 2005, 2279, 2282 = ZIP 2005, 2109, 2113.
[101] BGH, Urt. v. 12. 10. 2005 – IV ZR 162/03 (Revisionsentscheidung LG Hannover, Urt. v. 12. 6. 2003 – 19 S 108/02, VersR 2003, 1289), NJW 2005, 3559, 3562 = VersR 2005, 1565, 1568 = r+s 2005, 519, 521 = WM 2005, 2279, 2282 = ZIP 2005, 2109, 2113; *Wandt* VersR 2001, 1453; *Langheid/Grote* NVersZ 2002, 49, 51; *Präve* in: Prölss, VAG, 12. Aufl., 2005, § 11 b VAG Rdn. 18.
[102] Siehe hierzu BGH NJW 1998, 4545 = VersR 1997, 1517; BGH v. 17. 3. 1999, VersR 1999, 697; dazu *Fricke*, Quomodo pacta sunt servanda? – Zum Stand der Diskussion um die Möglichkeit von Bedingungsänderungsvorbehalten in AVB nach den Urteilen des BGH v. 17. 3. 1999 (IV ZR 218/97) VersR 1999, 697 und v. 8. 10. 1997 (IV ZR 220/96) VersR 1997, 1517 –, VersR 2000, 257 ff.
[103] *Römer* VersR 1994, 125, 127; *Schwintowski* in: Berliner Komm. z. VVG, 1999, § 172 VVG Rdn. 23; *Kollhosser* VersR 2003, 807, 810.
[104] *Jaeger* VersR 1999, 26, 30.

lichkeit für den Fall vorsieht, dass bei einer Übertragung von Versicherungsbeständen oder der Neueinführung von Tarifen vertraglich vereinbarte Überschussbeteiligungssysteme zum Zwecke der Verwaltungsvereinfachung mit Zustimmung eines Treuhänders angepasst werden können.

b) Notwendigkeit der Vertragsergänzung. Voraussetzung für die rechtmäßige Durchführung des Treuhänderverfahrens nach § 172 Abs. 2 VVG i. V. m. § 172 Abs. 1 VVG ist, dass nicht nur eine Bestimmung in den Versicherungsbedingungen unwirksam ist, sondern dass zur Fortführung des Vertrags dessen Ergänzung notwendig ist.[105] Notwendig ist die Ergänzung zur Fortführung des Vertrages, wenn durch die Unwirksamkeit der Bestimmung eine Regelungslücke im Vertrag entsteht.[106] Diese Voraussetzung ist erfüllt, wenn für die Vertragsergänzung „ein unabweisbarer Bedarf" besteht.[107] Dies ist der Fall, wenn die Vertragsergänzung im schutzwerten Interesse auch nur einer Vertragspartei zur Vertragsfortführung erforderlich erscheint.[108] Das wird im Allgemeinen anzunehmen sein, wenn die Unwirksamkeit – wie erforderlich – durch eine höchstrichterliche Entscheidung oder einen bestandskräftigen Verwaltungsakt festgestellt wird.[109] Unverzichtbar ist die Ergänzung, wenn die Leistungspflichten und Ansprüche der Parteien betroffen sind.[110] Ob die Unwirksamkeit einer inhaltlich unangemessenen Benachteiligung des Kunden oder einem Transparenzmangel beruht, ändert nichts am Vorhandensein der dadurch entstandenen Vertragslücke.[111] 15

Zum Teil wird angenommen, dass eine Vertragsergänzung erst dann notwendig sei, wenn der Versicherer nicht auf eine gesetzliche Regelung zurückgreifen kann, eine individuelle ergänzende Vertragsauslegung nicht zu sachgerechten Ergebnissen führt, „die Belange der Versicherten eine Ergänzung erforderlich machen"[112] oder die für unwirksam erklärte Klausel „wesentliche Vertragselemente" des Versicherungsvertrages betrifft.[113] Mit Blick auf den Normzweck des § 172 Abs. 2 VVG ist diese Sicht zu eng und auch nicht praxisgerecht. In der Lebensversicherung sind Vertragsergänzungen zur Ersetzung unwirksamer Klauseln grundsätzlich immer notwendig, weil den Lebensversicherungsverträgen Versicherungsbedingungen zugrunde liegen, die die gegenseitigen Rechte und Pflichten, also das vertragliche Austauschverhältnis, regeln. Aber selbst wenn die Notwendigkeit der Vertragsergänzung sich danach richtet, ob „wesentliche Vertragselemente" betroffen sind, ist die Notwendigkeit einer Vertragsänderung auf jeden Fall dann zu bejahen, wenn ein Versicherer Klauseln verwendet, die mit den Klauseln ver- 16

---

[105] BGH, Urt. v. 12. 10. 2005 – IV ZR 162/03 (Revisionsentscheidung LG Hannover, Urt. v. 12. 6. 2003 – 19 S 108/02, VersR 2003, 1289), NJW 2005, 3559, 3562 = VersR 2005, 1565, 1568 = r+s 2005, 519, 521 = WM 2005, 2279, 2282 = ZIP 2005, 2109, 2113 = MDR 2006, 204, 205.
[106] BGH, Urt. v. 12. 10. 2005 – IV ZR 162/03, NJW 2005, 3559, 3563 = VersR 2005, 1565, 1568 = r+s 2005, 519, 521 = WM 2005, 2279, 2283 = ZIP 2005, 2109, 2113; *Lorenz* VersR 2001, 1147.
[107] BT-Drucks. 1275/95, S. 112; *Fricke* NVersZ 2000, 310, 313.
[108] Vgl. *Fricke* NVersZ 2000, 310, 314; *Lorenz* VersR 2001, 1146, 1147 f.; *Wandt* VersR 2001, 1449, 1452; *Kollhosser* VersR 2003, 807, 810.
[109] BGH, Urt. v. 12. 10. 2005 – IV ZR 162/03, NJW 2005, 3559, 3563 = VersR 2005, 1565, 1568 = r+s 2005, 519, 521 = WM 2005, 2279, 2283 = ZIP 2005, 2109, 2113.
[110] BGH, Urt. v. 12. 10. 2005 – IV ZR 162/03, NJW 2005, 3559, 3563 = VersR 2005, 1565, 1568 = r+s 2005, 519, 521 = WM 2005, 2279, 2283 = ZIP 2005, 2109, 2113.
[111] BGH, Urt. v. 12. 10. 2005 – IV ZR 162/03, NJW 2005, 3559, 3563 = VersR 2005, 1565, 1568 = r+s 2005, 519, 521 = WM 2005, 2279, 2283 = ZIP 2005, 2109, 2113.
[112] *Schwintowski* in: Berliner Komm. z. VVG, 1999, § 172 VVG Rdn. 25.
[113] OLG Stuttgart, Urt. v. 6. 4. 2001 – 2 U 175/00, NVersZ 2002, 164, 169 = VersR 2001, 1141, 1144.

gleichbar sind, die der BGH in seinen Entscheidungen vom 9. Mai 2001[114] für unwirksam erklärt hat, nämlich die Klauseln zu den Rückkaufswerten und zur beitragsfreien Versicherungssumme sowie den Abschlusskosten.[115] Anerkannt ist insoweit, dass es einer vertraglichen Regelung der Verrechnung von Abschlusskosten schon im Hinblick auf die fortlaufend notwendige Berechnung der beitragsfreien Versicherungssummen, der Rückkaufswerte, der Überschussbeteiligungen, der Prämienkalkulation sowie für das Provisionssystem und die Bilanzierung bedarf.[116] Die Notwendigkeit, die entstandene Vertragslücke im Verfahren nach § 172 Abs. 2 VVG zu schließen, wenn Klauseln die Leistungspflicht gegenüber dem Versicherungsnehmer und damit verbunden auch die Rechnungslegung betreffen, wird vom BGH in seinem Urteil vom 12. Oktober 2005 ausdrücklich bestätigt.[117]

17   c) **Ergänzung des Vertrages.** Ist die Lücke nach dem ursprünglichen Regelungsplan der Parteien zu schließen, ist der Vertrag zu ergänzen.[118] Nach welchen Maßstäben und mit welchem Inhalt die Ergänzung zu erfolgen hat, sagt § 172 Abs. 2 VVG nicht.[119] Das ergibt sich vielmehr aus den allgemeinen, den Fall der Unwirksamkeit einer AGB-Klausel regelnden Vorschriften, nämlich § 306 Abs. 2 BGB, früher § 6 Abs. 2 AGBG.[120] Danach bestimmt sich, wie die Ergänzung vorzunehmen ist, ob durch dispositives Gesetzesrecht im Sinne einer konkreten materiellrechtlichen Regelung, nach den Grundsätzen der ergänzenden Vertragsauslegung oder durch ersatzlosen Wegfall der Klausel.[121] Die Streitfrage, ob sich bei den Bestimmungen der §§ 157, 133 BGB, in denen die ergänzende Vertragauslegung ihre Grundlage hat, um „gesetzliche Vorschriften" im Sinne von § 306 Abs. 2 BGB, § 6 Abs. 2 AGBG handelt[122] oder um eine – allgemein aner-

---

[114] BGH, Urt. v. 9. 5. 2001 – VI ZR 138/99, BGHZ 147, 354 = NJW 2001, 2014 = VersR 2001, 839; BGH, Urt. v. 9. 5. 2001 – IV ZR 121/00, BGHZ 147, 373 = NJW 2001, 2014 = VersR 2001, 841.
[115] Vgl. AG Kamenz, Urt. v. 23. 10. 2002 – 1 C 0438/02, VersR 2003, 315; AG Köln, Urt. v. 26. 2. 2003 – 112 C 670/02, S. 6; AG Hamburg, Urt. v. 11. 2. 2003 – 4 C 554/02, S. 7; AG Hamm, Urt. v. 20. 2. 2003 – 16 C 327/02, S. 7; AG Stralsund, Urt. v. 9. 5. 2003 – 5 C 202/03, S. 3; AG Köln, Urt. v. 11. 6. 2003 – 112 C 175/03, S. 4; LG Gießen, Urt. v. 31. 7. 2003 – 4 O 114/03, S. 9; LG Köln, Urt. v. 24. 9. 2003 – 23 S 44/03, S. 9; LG Würzburg, Urt. v. 29. 12. 2004 – 53 S 1510/04, VersR 2005, 538, 539; OLG Celle, Urt. v. 25. 1. 2005 – 8 U 84/04, VersR 2005, 535, 536; BAV VerBAV 2001, 174.
[116] OLG Stuttgart, Urt. v. 6. 4. 2001 – 2 U 175/00, NVersZ 2002, 164, 169 = VersR 2001, 1141, 1144; LG Aachen, Urt. v. 10. 7. 2003 – 2 S 367/02, VersR 2003, 1022, 1024; LG Saarbrücken, Urt. v. 1. 7. 2003 – 14 O 20/03, VersR 2003, 1291, 1292; OLG München, Urt. v. 1. 7. 2003 – 25 U 2283/03, VersR 2003, 1024, 1026; LG Köln, Urt. v. 24. 9. 2003 – 23 S 44/03, S. 9; AG Dresden, Urt. v. 4. 11. 2003 – 108 C 2047/03, S. 10; *Wandt* VersR 2001, 1449, 1458 f.
[117] BGH, Urt. v. 12. 10. 2005 – IV ZR 162/03 (Revisionsentscheidung LG Hannover, Urt. v. 12. 6. 2003 – 19 S 108/02, VersR 2003, 1289), NJW 2005, 3559, 3563 = VersR 2005, 1565, 1569 = r+s 2005, 519, 522 = WM 2005, 2279, 2284 = ZIP 2005, 2109, 2114.
[118] BGH, Urt. v. 12. 10. 2005 – IV ZR 162/03, VersR 2005, 1289, NJW 2005, 3559, 3563 = VersR 2005, 1565, 1568 = r+s 2005, 519, 521 = WM 2005, 2279, 2283 = ZIP 2005, 2109, 2113.
[119] BGH, Urt. v. 12. 10. 2005 – IV ZR 162/03, NJW 2005, 3559, 3563 = VersR 2005, 1565, 1568 = r+s 2005, 519, 521 = WM 2005, 2279, 2283 = ZIP 2005, 2109, 2113.
[120] BGH, Urt. v. 12. 10. 2005 – IV ZR 162/03, NJW 2005, 3559, 3563 = VersR 2005, 1565, 1568 = r+s 2005, 519, 521 = WM 2005, 2279, 2283 = ZIP 2005, 2109, 2113; *Lorenz* VersR 2001, 1147 f.; *derselbe* VersR 2002, 411 f.
[121] BGH, Urt. v. 12. 10. 2005 – IV ZR 162/03, NJW 2005, 3559, 3563 = VersR 2005, 1565, 1568 = r+s 2005, 519, 521 = WM 2005, 2279, 2283 = ZIP 2005, 2109, 2113.
[122] So BGHZ 90, 69, 75 = NJW 1984, 1127 = ZIP 1984, 330, 332.

kannte – Methode der Lückenfüllung,[123] ist im Ergebnis ohne Relevanz.[124] Unter dem Begriff der Ergänzung im Sinne von § 172 Abs. 2 VVG sind deshalb alle nach § 306 Abs. 2 BGB, § 6 Abs. 2 AGBG in Betracht kommenden Möglichkeiten der Lückenfüllung zu verstehen.[125] Ob der ersatzlose Wegfall, gesetzliche Vorschriften oder nur eine sachgerechte Ersatzlösung darstellen, gehört nicht schon zu den Voraussetzungen für die Durchführung des Treuhänderverfahrens.[126] Das ist vielmehr erst zu prüfen, wenn es darum geht, ob die vom Versicherer mit Zustimmung des Treuhänders vorgenommene Ergänzung den gesetzlichen Anforderungen entspricht.[127] Wenn sich dabei ergibt, dass der Vertrag durch eine gesetzliche Regelung sachgerecht ergänzt werden kann, ist die Ergänzung durch eine neue (davon abweichende) Klausel nicht wirksam.[128] Würde man die nicht immer einfach und klar zu beantwortende Frage, ob dispositives Gesetzesrecht eine sachgerechte Ersatzlösung bietet,[129] schon zu den Voraussetzungen des Treuhänderverfahrens rechnen, hinge dessen Zulässigkeit letztlich von der rechtlichen Wirksamkeit seines Ergebnisses ab.[130] Gleiches gilt für die Frage, ob die Ergänzung deshalb zu unterbleiben hat, weil der Vertrag nach § 306 Abs. 3 BGB, § 6 Abs. 3 AGBG insgesamt nichtig ist.[131] Ist der Versicherer oder der Treuhänder der Ansicht, die unwirksame Klausel sei ersatzlos zu streichen oder durch eine gesetzliche Bestimmung zu ersetzen, kann es auf Grund des Transparenzgebots erforderlich sein, den Versicherungsnehmer darüber zu informieren.[132] Kennt der Versicherungsnehmer die Unwirksamkeit der Klausel nicht, besteht die Gefahr, dass er die ihm dadurch genommenen Rechte im Vertrauen auf die Wirksamkeit der Klausel nicht wahrnimmt.[133]

---

[123] *Schmidt* in: Ulmer/Brandner/Hensen, AGB-Gesetz, 9. Aufl., 2001, § 6 AGBG Rdn. 26, 34 ff.
[124] BGH, Urt. v. 12. 10. 2005 – IV ZR 162/03 (Revisionsentscheidung LG Hannover, Urt. v. 12. 6. 2003 – 19 S 108/02, VersR 2003, 1289), NJW 2005, 3559, 3563 = VersR 2005, 1565, 1568 = r+s 2005, 519, 521 = WM 2005, 2279, 2283 = ZIP 2005, 2109, 2113/2114; *Wandt* VersR 2001, 1450 (Fn. 14).
[125] BGH, Urt. v. 12. 10. 2005 – IV ZR 162/03, NJW 2005, 3559, 3563 = VersR 2005, 1565, 1568 = r+s 2005, 519, 521 = WM 2005, 2279, 2283 = ZIP 2005, 2109, 2114.
[126] BGH, Urt. v. 12. 10. 2005 – IV ZR 162/03, NJW 2005, 3559, 3563 = VersR 2005, 1565, 1568 = r+s 2005, 519, 521 f. = WM 2005, 2279, 2283 = ZIP 2005, 2109, 2114.
[127] BGH, Urt. v. 12. 10. 2005 – IV ZR 162/03, NJW 2005, 3559, 3563 = VersR 2005, 1565, 1568 = r+s 2005, 519, 522 = WM 2005, 2279, 2283 = ZIP 2005, 2109, 2114.
[128] BGH, Urt. v. 12. 10. 2005 – IV ZR 162/03 (Revisionsentscheidung LG Hannover, Urt. v. 12. 6. 2003 – 19 S 108/02, VersR 2003, 1289), NJW 2005, 3559, 3563 = VersR 2005, 1565, 1568 = r+s 2005, 519, 521 f. = WM 2005, 2279, 2283 = ZIP 2005, 2109, 2114.
[129] Vgl. dazu *Staudinger/Schlosser*, BGB, 13. Bearb., 1998, § 6 AGBG Rd. 10, 12; *Basedow* in: MünchKomm, 4. Aufl., § 306 BGB Rdn. 23, 26; *Schmidt* in: Ulmer/Brandner/Hensen, AGB-Gesetz, 9. Aufl., 2001, § 6 AGBG Rdn. 29.
[130] BGH, Urt. v. 12. 10. 2005 – IV ZR 162/03 (Revisionsentscheidung LG Hannover, Urt. v. 12. 6. 2003 – 19 S 108/02, VersR 2003, 1289), NJW 2005, 3559, 3563 = VersR 2005, 1565, 1568 = r+s 2005, 519, 522 = WM 2005, 2279, 2283 = ZIP 2005, 2109, 2114.
[131] BGH, Urt. v. 12. 10. 2005 – IV ZR 162/03 (Revisionsentscheidung LG Hannover, Urt. v. 12. 6. 2003 – 19 S 108/02, VersR 2003, 1289), NJW 2005, 3559, 3563 = VersR 2005, 1565, 1568 = r+s 2005, 519, 522 = WM 2005, 2279, 2283 = ZIP 2005, 2109, 2114.
[132] BGH, Urt. v. 12. 10. 2005 – IV ZR 162/03 (Revisionsentscheidung LG Hannover, Urt. v. 12. 6. 2003 – 19 S 108/02, VersR 2003, 1289), NJW 2005, 3559, 3563 = VersR 2005, 1565, 1568 = r+s 2005, 519, 522 = WM 2005, 2279, 2283 = ZIP 2005, 2109, 2114; *Wandt* VersR 2001, 1452; *Lorenz* VersR 2002, 411; *Wandt* in: Beckmann/Matusche-Beckmann, Versicherungsrechts-Hdb., 2004, § 11 Rdn. 132.
[133] BGH, Urt. v. 12. 10. 2005 – IV ZR 162/03 (Revisionsentscheidung LG Hannover, Urt. v. 12. 6. 2003 – 19 S 108/02, VersR 2003, 1289), NJW 2005, 3559, 3563 = VersR

6. Fortführung des Vertrages

18   Für den Begriff „Fortführung des Vertrages" kommt es nicht darauf an, in welchem Stadium sich der Lebensversicherungsvertrag befindet,[134] so dass der beitragsfrei gestellte Vertrag erfasst ist.[135] Auch das Abwicklungsstadium eines Versicherungsvertrages fällt noch unter den Begriff „Fortführung des Vertrages".[136] § 172 Abs. 2 VVG setzt nämlich nicht voraus, dass der Lebensversicherungsvertrag, dessen Versicherungsbedingungen eine unwirksame Bestimmung enthalten, noch nicht abgewickelt worden ist.[137] Auch der bereits abgewickelte Versicherungsvertrag wird durch eine unwirksame Versicherungsbedingung lückenhaft und ggf. rückabwicklungsbedürftig.[138] Von daher erfasst § 172 Abs. 2 VVG auch bereits vor der Durchführung des Treuhänderverfahrens durch Kündigung des Versicherungsnehmers beendete oder bereits abgewickelte Verträge, in denen die unwirksame Klausel enthalten war,[139] und aus denen deshalb Bereicherungs- oder Rückabwicklungsansprüche geltend gemacht werden oder geltend gemacht werden können.[140] Oder anders gesagt: § 172 Abs. 2 VVG ist auch dann anwendbar,

---

2005, 1565, 1568f. = r+s 2005, 519, 522 = WM 2005, 2279, 2283 = ZIP 2005, 2109, 2114.
[134] AG Zwickau, Urt. v. 25. 4. 2003 – 2 C 3062/02, S. 4.
[135] LG Köln, Urt. v. 24. 9. 2003 – 23 S 44/03, S. 10.
[136] LG Landshut, Urt. v. 3. 9. 2002 – 72 O 1458/02, VersR 2002, 1362, 1363; AG Kamenz, Urt. v. 23. 10. 2002 – 1 C 0438/02, VersR 2003, 315; AG Rathenow, Urt. v. 15. 1. 2003 – 4 C 523/02, S. 5; AG München, Urt. v. 21. 1. 2003 – 131 C 23 103/02, S. 7; AG Hannover, Urt. v. 22. 1. 2003 – 540 C 10 742/02, S. 7; AG Koblenz, Urt. v. 22. 1. 2003 – 141 C 2854/02, S. 4; AG Koblenz, Urt. v. 22. 1. 2003 – 141 C 1371/02, S. 3; AG Aachen, Urt. v. 24. 1. 2003 – 9 C 121/02, S. 5; AG Coesfeld, Urt. v. 4. 3. 2003, S. 4; AG Annaberg, Urt. v. 18. 3. 2003 – 2 C 0759/02, S. 5; AG Dresden, Urt. v. 1. 4. 2003 – 114 C 7221/02, S. 9; AG Dresden, Urt. v. 25. 4. 2003 – 115 C 7604/02, S. 6; LG Wiesbaden, Urt. v. 27. 6. 2003 – 7 S 2/02, VersR 2003, 1292; LG Aachen, Urt. v. 10. 7. 2003 – 2 S 367/02, VersR 2003, 1022, 1023; LG Gießen, Urt. v. 31. 7. 2003 – 4 O 114/03, S. 11; LG Landshut, Urt. v. 16. 12. 2003 – 72 O 2548/03, S. 8; LG Düsseldorf, Urt. v. 17. 12. 2003 – 23 S 217/03, S. 5; LG Hamburg, Urt. v. 27. 1. 2005 – 302 S 3/03, VersR 2005, 537.
[137] AG Düren, Urt. v. 30. 10. 2002 – 45 C 214/02, VersR 2002, 1499.
[138] AG Düren, Urt. v. 30. 10. 2002 – 45 C 214/02, VersR 2002, 1499; AG Köln, Urt. v. 26. 2. 2003 – 112 C 670/02, S. 7.
[139] Vgl. AG Stuttgart, Urt. v. 24. 10. 2002 – 12 C 4072/02, VersR 2003, 318, 319; LG Stuttgart, Urt. v. 11. 12. 2002 – 13 S 86/02, NJW-RR 2003, 166 = VersR 2003, 313, 314; AG Titisee-Neustadt, Urt. v. 18. 12. 2002 – 12 C 101/02, S. 5; AG Reinbek, Urt. v. 23. 1. 2003 – 9 C 255/02, S. 4; AG Büdingen, Urt. v. 11. 3. 2003 – 2 C 262/02 (20), S. 5; AG Zwickau, Urt. v. 13. 3. 2003 – 17 C 2859/02, S. 11; AG Itzehoe, Urt. v. 3. 4. 2003 – 53 C 1662/02, S. 7; AG Köln, Urt. v. 4. 4. 2003 – 132 C 299/02, S. 5; AG Köln, Urt. v. 23. 4. 2003 – 119 C 660/02, S. 4; LG Aachen, Urt. v. 10. 7. 2003 – 2 S 367/02, VersR 2003, 1022, 1023; LG Saarbrücken, Urt. v. 1. 7. 2003 – 14 O 20/03, VersR 2003, 1291, 1292; AG Goslar, Urt. v. 12. 8. 2003 – 8 C 173/03, S. 3; LG München I, Urt. v. 22. 8. 2003 – 34 S 21 024/02, S. 5; **a. A.** AG Hannover, Urt. v. 11. 12. 2002 – 525 C 5344/02, VersR 2003, 314, 315; AG Karlsruhe, Urt. v. 13. 9. 2002 – 1 C 52/02, VersR 2003, 316; AG Karlsruhe, Urt. v. 13. 9. 2002 – 1 C 52/02, VersR 2003, 316; AG Stuttgart, Urt. v. 18. 10. 2002 – 10 C 4794/02, VersR 2003, 317, 318; AG Leipzig, Urt. v. 23. 10. 2002 – 09 C 2278/02, S. 7; AG Leipzig VuR 2003, 65 – 67; LG Potsdam, Urt. v. 11. 4. 2003 – 1 O 485/02, S. 6; LG Hannover, Urt. v. 12. 6. 2003 – 19 S 108/02, VersR 2003, 1289, 1290; LG Köln, Urt. v. 24. 9. 2003 – 23 S 44/03, S. 10; *Kollhosser* in: Prölss/Martin, VVG, 27. Aufl., 2004, § 172 VVG Rdn. 29.
[140] Vgl. AG Kiel, Urt. v. 21. 11. 2002 – 109 C 180/02, VersR 2003, 317; AG Bremen, Urt. v. 8. 4. 2003 – 10 C 0661/02, S. 5/6; AG Dresden, Urt. v. 25. 4. 2003 – 115 C 7604/02, S. 6; AG Zwickau, Urt. v. 25. 4. 2003 – 2 C 3062/02, S. 4; AG Hamburg, Urt. v. 30. 4. 2003 – 13A C 335/02, S. 6; AG Köln, Urt. v. 11. 6. 2003 – 112 C 175/03, S. 4; AG

wenn die Änderung der Versicherungsbedingungen erst nach Zugang der Kündigung des Versicherungsvertrages vorgenommen wird.[141] In seinem Urteil vom 12. Oktober 2005 hat der BGH ausdrücklich bestätigt, dass der Vertragsergänzung nach § 172 Abs. 2 VVG nicht entgegensteht, dass der Vertrag im Zeitpunkt der Änderungsmitteilung nach § 172 Abs. 3 VVG gekündigt oder beitragsfrei gestellt ist.[142] Die Feststellung der Unwirksamkeit der Klausel entfaltet Rückwirkung und führt dazu, dass der Vertrag von Anfang an lückenhaft war.[143] Die Ergänzung nach § 172 Abs. 2 VVG i. V. m. § 306 Abs. 2 BGB, § 6 Abs. 2 AGBG durch dispositives Gesetzesrecht oder eine neue wirksame Klausel wirkt ebenfalls auf den Zeitpunkt des Vertragsabschlusses zurück.[144] Der Vertrag wird deshalb materiell von seinem Beginn bis zur Beendigung durch Zeitablauf oder Kündigung nach diesen Bestimmungen durchgeführt und damit fortgeführt im Sinne von § 172 Abs. 2 VVG.[145] Für die bei Beendigung gegebenen Ansprüche ist deshalb die Ersatzregelung maßgebend.[146]

Soweit vereinzelt die Anwendbarkeit des § 172 Abs. 2 VVG nur für bestehende Lebensversicherungsverträge bejaht wird, ist nach dieser Ansicht der Versicherer bei gekündigten Verträgen im Wege der ergänzenden Vertragsauslegung berechtigt, den Rückkaufswert nach den anerkannten Regeln der Versicherungsmathematik gemäß § 176 Abs. 3 VVG im Wege der sog. Zillmerung zu berechnen, d. h. unter voller Verrechnung der Abschlusskosten mit den ersten Beiträgen.[147] Vertreten wird aber auch die Auffassung, dass die Abschlusskosten auf einen Zeitraum verteilt werden müssten, der sich an den Regelungen des § 1 Abs. 1 Satz 1 Nr. 8 AltZertG orientiert und damit mindestens zehn (heute fünf) Jahre beträgt.[148] Dieser Auffassung ist entgegenzuhalten, dass es sich bei § 1 Abs. 1 Satz 1 Nr. 8 AltZertG um eine spezielle gesetzliche Regelung für staatlich geförderte Anlageprodukte handelt, die darauf abzielt, auch Arbeitnehmern mit niedrigem und mittlerem Einkommen die Aufwendungen für eine zusätzliche kapitalgedeck-

---

Köln, Urt. v. 25. 6. 2003 – 112 C 504/02, S. 4; AG Ingolstadt, Urt. v. 17. 7. 2003 – 15 C 238/03, S. 7.
[141] AG Zwickau, Urt. v. 25. 4. 2003 – 2 C 3062/02, S. 5; AG Hamburg, Urt. v. 30. 4. 2003 – 13A C 335/02, S. 5; LG Gießen, Urt. v. 31. 7. 2003 – 4 O 114/03, S. 11; LG Stuttgart, Urt. v. 11. 12. 2002 – 13 S 86/02, NJW-RR 2003, 166 = VersR 2003, 313, 314; LG Hildesheim, Urt. v. 5. 12. 2003 – 7 S 169/03, S. 6; LG Gießen, Urt. v. 23. 6. 2005 – 4 O 100/05, VersR 2005, 1377, 1378; ebenso im Ergebnis *Kirsch* VersR 2005, 1072, 1077; a. A. AG Köln, Urt. v. 21. 2. 2003 – 111 C 429/02, VersR 2003, 1026, 1027.
[142] BGH, Urt. v. 12. 10. 2005 – IV ZR 162/03 (Revisionsentscheidung LG Hannover, Urt. v. 12. 6. 2003 – 19 O 108/02, VersR 2003, 1289), NJW 2005, 3559, 3563 = VersR 2005, 1565, 1569 = r+s 2005, 519, 522 = WM 2005, 2279, 2283 = ZIP 2005, 2109, 2114.
[143] BGH, Urt. v. 12. 10. 2005 – IV ZR 162/03, NJW 2005, 3559, 3563 = VersR 2005, 1565, 1569 = r+s 2005, 519, 522 = WM 2005, 2279, 2283 = ZIP 2005, 2109, 2114.
[144] BGH, Urt. v. 12. 10. 2005 – IV ZR 162/03, NJW 2005, 3559, 3563 = VersR 2005, 1565, 1569 = r+s 2005, 519, 522 = WM 2005, 2279, 2283 = ZIP 2005, 2109, 2114.
[145] BGH, Urt. v. 12. 10. 2005 – IV ZR 162/03, NJW 2005, 3559, 3563 = VersR 2005, 1565, 1569 = r+s 2005, 519, 522 = WM 2005, 2279, 2283 = ZIP 2005, 2109, 2114.
[146] BGH, Urt. v. 12. 10. 2005 – IV ZR 162/03, NJW 2005, 3559, 3563 = VersR 2005, 1565, 1569 = r+s 2005, 519, 522 = WM 2005, 2279, 2283 = ZIP 2005, 2109, 2114.
[147] AG Stuttgart, Urt. v. 18. 10. 2002 – 10 C 4794/02, VersR 2003, 317, 318; LG Potsdam, Urt. v. 11. 4. 2003 – 1 O 485/02, S. 7; ebenso vorsorglich LG Traunstein, Urt. v. 6. 2. 2003 – 1 O 3674/02, VersR 2003, 1024, 1025; AG Zwickau, Urt. v. 25. 4. 2003 – 2 C 3062/02, S. 6; AG Hamburg, Urt. v. 30. 4. 2003 – 13A C 335/02, S. 6; LG Saarbrücken, Urt. v. 1. 7. 2003 – 14 O 20/03, VersR 2003, 1291, 1292; a. A. AG Karlsruhe, Urt. v. 13. 9. 2002 – 1 C 52/02, VersR 2003, 316, 317; AG Leipzig, Urt. v. 23. 10. 2002 – 09 C 2278/02, S. 9.
[148] LG Hildesheim, Urt. v. 15. 5. 2003 – 1 S 3/03, NJW-RR 2003, 1473 (Ls.) = VersR 2003, 1290, 1291; LG Hildesheim, Urt. v. 16. 10. 2003 – 1 S 54/03, S. 7.

te Altersversorgung zu ermöglichen und folgerichtig die genannte Regelung einen begrenzten sachlichen und persönlichen Anwendungsbereich hat.[149]

VI. Mitwirkung des Treuhänders

1. Bestellung

20 Das Amt des Treuhänders wurde 1994 durch das Dritte Gesetz zur Durchführung versicherungsrechtlicher Richtlinien des Rates der Europäischen Gemeinschaften vom 21. Juli 1994 (Dritte Durchführungsgesetz/EWG zum VAG) zugleich mit dem Amt des Verantwortlichen Aktuars geschaffen.[150] Der Treuhänder und der Verantwortliche Aktuar übernehmen Funktionen, die bislang im Rahmen der Bedingungs- und Tarifgenehmigung der Aufsichtsbehörde oblagen.[151]

21 Im Schrifttum gibt es für den Treuhänder keine einheitliche Sprachregelung. Er wird juristischer Treuhänder, Bedingungstreuhänder oder Bedingungsänderungstreuhänder genannt,[152] je nach Funktion auch Bedingungs-, Prämien- oder Überschussänderungstreuhänder.[153] Als Treuhänder kommt nur eine natürliche Person in Betracht.[154] Zum Treuhänder kann grundsätzlich nicht bestellt werden, wer bereits bei zehn Versicherungsunternehmen oder Pensionsfonds als Treuhänder oder Aktuar tätig ist, wobei die Aufsichtsbehörde aber eine höhere Zahl von Mandaten zulassen kann.[155] Die Begrenzung auf zehn Mandate schränkt das Grundrecht der Berufsfreiheit der Treuhänder zwar in verfassungsrechtlich bedenklicher Weise ein.[156] Sie wird sich aber in der Praxis nicht auswirken, weil Mandate für mehrere Versicherungsgruppen schon aus Wettbewerbsgründen eine Ausnahme bleiben werden.

2. Anstellung

22 Der Treuhänder wird aufgrund eines mit dem LVU abgeschlossenen Geschäftsbesorgungsvertrages tätig.[157] Da der Treuhänder eine sach- und fachgerechte Mitwirkungsleistung zu erbringen hat, hat der Geschäftsbesorgungsvertrag Werkvertragscharakter (§§ 675, 631 BGB).[158] Das Rechtsverhältnis zwischen Treuhänder und LVU lediglich als „freien Dienstvertrag" (§§ 611 ff. BGB) zu qualifizieren,[159] würde der Aufgabenstellung des Treuhänders nicht gerecht werden.

---

[149] LG Hildesheim, Urt. v. 5. 12. 2003 – 7 S 169/03, S. 9/10; *Wandt* VersR 2001, 1449, 1460.
[150] BGBl. I S. 1630.
[151] BAV in: GB BAV 1994, Teil A, S. 13.
[152] *Buchholz* VersR 2005, 866/867 m. w. Nachw.
[153] *Präve* VersR 1995, 733, 737.
[154] *Präve* VersR 1995, 733, 737; *Drews* VW 2002, 450.
[155] § 11 b Satz 2 VAG i. V. m. § 12 b Abs. 3 Satz 3 und 4 VAG.
[156] Vgl. *Bürkle*, Mandatsbegrenzung für Bedingungsänderungstreuhänder durch die VAG-Novelle 2003, VersR 2004, 826, 831.
[157] BVerfG, Beschl. v. 28. 12. 1999 – 1 BvR 2203/98, VersR 2000, 214, 215 = VerBAV 2000, 100; *Bürkle*, Aufsichtsrechtliche Anforderungen an Rechtsanwälte als Bedingungsänderungstreuhänder für Lebensversicherungsverträge, ZfV 2004, 12, 16.
[158] *Drews*, Nochmals: Prüfungsmaßstab des unabhängigen Treuhänders in der privaten Krankenversicherung nach § 178 Abs. 2 VVG, VersR 1996, 422, 423; *Renger*, Der unabhängige Treuhänder in der Krankenversicherung, 1997, S. 16 f.; *Hohlfeld* in: Berliner Komm. z. VVG, 1999, § 178 g VVG Rdn. 25.
[159] So aber *Grote*, Die Rechtsstellung, 2002, S. 502; *Schünemann*, Bedingungsanpassung nach Rechtsprechungswechsel? – Zulässigkeitsprobleme und Haftungsfragen bezüglich des Treuhänders –, VersR 2004, 817, 821; *derselbe*, Wirtschaftlichkeitsgebot und Bedingungsersetzung in der privaten Krankenversicherung – Zulässigkeitsprobleme und Haftungsfragen

Anerkannt ist, dass die Zahlung einer angemessenen Vergütung auf der Grundlage eines Treuhändervertrages die Unabhängigkeit des Treuhänders nicht in Frage stellt.[160] Der Vertrag mit dem Treuhänder gibt dem LVU das Recht, den Treuhänder zu verklagen, wenn der Treuhänder seine Aufgaben nicht erfüllt, insbesondere untätig bleibt oder sich trotz Tätigwerden nicht erklärt, ob er den Maßnahmen des LVU zustimmt.[161]

3. Funktion

Der Treuhänder vertritt die Interessen der Gesamtheit der Versicherungsnehmer.[162] Seine Einschaltung soll einen Ausgleich dafür schaffen, dass das Gesetz dem Versicherer ein einseitiges Vertragsänderungsrecht einräumt und dadurch die Vertragsfreiheit der Versicherungsnehmer einschränkt.[163] Damit dieser vom Gesetz vorgesehene Ausgleich seine Wirkung entfalten kann, ist für die Beurteilung der Unabhängigkeit des vom Versicherer bestellten Treuhänders der Standpunkt der Gesamtheit der Versicherungsnehmer maßgeblich.[164] Der Treuhänder ist danach unabhängig, wenn bei objektiv-generalisierender, verständiger Würdigung das Vertrauen gerechtfertigt ist, er werde die Interessen der Gesamtheit der Versicherungsnehmer angemessen wahrnehmen.[165]

23

Der Treuhänder unterliegt nicht der Versicherungsaufsicht und ist in der Lebensversicherung gegenüber der Aufsichtsbehörde nicht berichts- oder auskunftspflichtig.[166]

24

4. Mitwirkung

Nach § 172 VVG ist die Mitwirkung des Treuhänders erforderlich, wenn der Versicherer Prämien und Bedingungen ändern will. Voraussetzung für die rechtmäßige Durchführung des Treuhänderverfahrens nach § 172 Abs. 2 VVG i. V. m.

25

---

bezüglich des Treuhänders, in: Jürgen Basedow/Ulrich Meyer/Dieter Rückle/Hans-Peter Schwintowski (Hrsg.), VVG-Reform – Abschlussbericht Rückzug des Staates aus sozialen Sicherungssystemen, Beiträge zur 14. Wissenschaftstagung des Bundes der Versicherten, VersWissStud. Bd. 29, Baden-Baden, Nomos, 2005, S. 167, 179.

[160] *Buchholz* VersR 2005, 866, 870.
[161] Vgl. *Drews*, a. a. O. (Fn. 158), VersR 1996, 422, 423; *Renger*, Die Verantwortung des Treuhänders in der privaten Krankenversicherung, 1997, S. 18 f.; *Langheid/Grote* NVersZ 2002, 49, 53.
[162] Vgl. BVerfG, Beschl. v. 28. 12. 1999 – 1 BvR 2203/98, VersR 2000, 214, 216 = VerBAV 2000, 100, 102; AG Köln, Urt. v. 17. 8. 2000 – 115 C 93/99, VersR 2002, 178; BGH, Urt. v. 12. 10. 2005 – IV ZR 162/03 (Revisionsentscheidung LG Hannover, Urt. v. 12. 6. 2003 – 19 S 108/02, VersR 2003, 1289), NJW 2005, 3559, 3563 = VersR 2005, 1565, 1569 = r+s 2005, 519, 522 = WM 2005, 2279, 2284 = ZIP 2005, 2109, 2114; *Renger* VersR 1994, 1257 ff.; *Präve* VersR 1995, 733, 739; *Renger* VersR 1995, 866, 874; *Schwintowski* in: Berliner Komm. z. VVG, 1999, § 172 VVG Rdn. 4; *Lorenz* VersR 2002, 410, 412; *Kirsch* VersR 2003, 1072, 1078; *Präve* in: Prölss, VAG, 12. Aufl., § 11 b VAG Rdn. 5, 37 ff.; *Buchholz* VersR 2005, 866, 867.
[163] BGH, Urt. v. 12. 10. 2005 – IV ZR 162/03, NJW 2005, 3559, 3563 = VersR 2005, 1565, 1569 = r+s 2005, 519, 522 = WM 2005, 2279, 2284 = ZIP 2005, 2109, 2114.
[164] BGH, Urt. v. 12. 10. 2005 – IV ZR 162/03, NJW 2005, 3559, 3564 = VersR 2005, 1565, 1569 = r+s 2005, 519, 522 = WM 2005, 2279, 2284 = ZIP 2005, 2109, 2114.
[165] BGH, Urt. v. 12. 10. 2005 – IV ZR 162/03, NJW 2005, 3559, 3564 = VersR 2005, 1565, 1569 = r+s 2005, 519, 522 = WM 2005, 2279, 2284 = ZIP 2005, 2109, 2114; *Buchholz* VersR 2005, 866, 870.
[166] BVerfG, Beschl. v. 28. 12. 1999 – 1 BvR 2203/98, VersR 2000, 214, 216 = VerBAV 2000, 100, 102; *Renger*, Über den Treuhänder in der Krankenversicherung, VersR 1994, 1257, 1258; *derselbe* VersR 1995, 866, 875; a. A. *Langheid/Grote* NVersZ 2002, 49, 53.

§ 172 Abs. 1 VVG ist, dass nicht nur eine Bestimmung in den Versicherungsbedingungen unwirksam und zur Durchführung des Vertrags dessen Ergänzung notwendig ist, sondern dass ein unabhängiger Treuhänder die Voraussetzungen für die Änderung überprüft und deren Angemessenheit bestätigt hat.[167] Eine solche Maßnahme setzt nicht voraus, dass eine Änderungsmöglichkeit im Versicherungsvertrag vorbehalten ist.[168] Die Zustimmung des Treuhänders ist Wirksamkeitsvoraussetzung für die vom Versicherer beabsichtigten Änderungen und ersetzt die nach allgemeinem Vertragsrecht notwendige Zustimmung des anderen Vertragspartners.[169]

26 Im Falle der Neufestsetzung der Prämie hat der Treuhänder die Berechnungsgrundlagen und sonstigen Voraussetzungen für die vom LVU vorgesehene Änderung zu überprüfen und deren Angemessenheit zu bestätigen.[170] Der Treuhänder hat die Bestätigung zu erteilen, wenn nach seiner Überzeugung die tatsächlichen Grundlagen der Berechnung durch das LVU zutreffend und vollständig festgestellt wurden, die Anwendung der versicherungsmathematischen Verfahren zur Prämienermittlung fehlerfrei erfolgte, die rechtlichen Vorgaben des VVG, VAG und der einschlägigen Verordnungen erfüllt sind und nach seiner Angemessenheitskontrolle die auf dieser Grundlage vom LVU festgesetzte neue Prämie angemessen ist.[171] Da der Verantwortliche Aktuar gemäß § 11a Abs. 3 Nr. 1 VAG sicherzustellen hat, dass bei der Berechnung der Prämien und der Deckungsrückstellungen die Grundsätze des § 11 VAG und der aufgrund des § 65 Abs. 1 VAG erlassenen Rechtsverordnungen sowie des § 341f HGB eingehalten werden, und da der Verantwortliche Aktuar dabei die Finanzlage des Unternehmens insbesondere daraufhin zu überprüfen hat, ob die dauernde Erfüllbarkeit der sich aus den Versicherungsverträgen ergebenden Verpflichtungen jederzeit gewährleistet ist und das Unternehmen über ausreichende Mittel in Höhe der Solvabilitätsspanne verfügt, wird der Treuhänder bei der von ihm vorzunehmenden Prüfung insoweit eine Abstimmung mit dem Verantwortlichen Aktuar zu suchen und mit ihm zusammenzuwirken haben.[172] Unberührt bleibt, dass der Treuhänder aufgrund seiner Unabhängigkeit frei entscheidet, wie er zu seiner Beurteilung der Maßnahmen des LVU kommt, denen er zustimmen soll.[173]

27 Im Falle der Bedingungsänderung hat der Treuhänder zu prüfen, ob anstelle der weggefallenen Klausel dispositives Gesetzesrecht zur Verfügung steht bzw. ob der Versicherer sich mit seinem Klauselvorschlag innerhalb des Rahmens bewegt, den die ergänzende Vertragsauslegung eröffnet.[174] Hierbei werden Prüfprogramm und Prüfungsmaßstäbe des Treuhänders zusätzlich durch die Begründung der Entscheidung, die zur Unwirksamkeit der zu ersetzenden Klausel führte, konkre-

---

[167] BGH, Urt. v. 12. 10. 2005 – IV ZR 162/03, NJW 2005, 3559, 3562 = VersR 2005, 1565, 1568 = r+s 2005, 519, 521 = WM 2005, 2279, 2282 = ZIP 2005, 2109, 2113.
[168] A. A. *Bode*, Der neu geregelte Aufgabenbereich des Verantwortlichen Aktuars, BetrAV 1995, 20, 26.
[169] AG Köln, Urt. v. 17. 8. 2000 – 115 C 93/99, VersR 2002, 178; *Renger*, a.a.O. (Fn. 166), VersR 1994, 1257; *Küntzel*, Prüfungsmaßstab des unabhängigen Treuhänders in der privaten Krankenversicherung nach § 178a Abs. 2 VVG, VersR 1996, 148, 149.
[170] Zur Prüfungspflicht des Treuhänders im Einzelnen siehe *Engeländer* VersR 2000, 274, 282/283.
[171] Vgl. für die Krankenversicherung *Reinhard* VersR 2000, 216, 217.
[172] Vgl. *Schramm*, Nochmals: Prüfungsmaßstab des unabhängigen Treuhänders in der privaten Krankenversicherung nach § 178g Abs. 2 VVG, VersR 1996, 424, 425; *Gerwins*, Bei Anpassungen: Neue Aufgabe für den Aktuar-Treuhänder – Ist die Zustimmung des PKV-Bedingungstreuhänders nach § 178g Abs. 3 VVG obsolet? – Prüfung durch die Gerichte als dritter Weg?, VW 2003, 1837.
[173] *Gerwins*, aaO. (Fn. 172), VW 2003, 1837.
[174] OLG Braunschweig VersR 2003, 1520, 1522; *Lorenz* VersR 2001, 1146, 1147.

tisiert.¹⁷⁵ Er darf auf keinen Fall Ersatzklauseln billigen, die über eine ergänzende Vertragsauslegung zu einer Schlechterstellung der Versicherten führen würden.¹⁷⁶

VII. Benachrichtigung des Versicherungsnehmers

Bei der Benachrichtigung des Versicherungsnehmers handelt es sich um eine einseitige Erklärung des Versicherers, die nicht der Zustimmung des Versicherungsnehmers bedarf.¹⁷⁷ 28

Die Benachrichtigung des Versicherungsnehmers kann im Rahmen des vorgerichtlichen Schriftwechsels oder auch noch im Rahmen des gerichtlichen Verfahrens, in dem es um die Unwirksamkeit der durch das Vertragsergänzungsverfahren ersetzten Klausel geht, durch Zustellung eines Schriftsatzes erfolgen.¹⁷⁸ Die Beweislast für den Zugang der Benachrichtigung trägt der Versicherer.¹⁷⁹ 29

Die Richtigstellung der Mitteilung des LVU über die Ersetzung von für unwirksam erklärten Versicherungsbedingungen kann ein Verbraucherschutzverein nicht verlangen.¹⁸⁰ 30

VIII. Wirksamwerden der Vertragsergänzung

Beim Vorgehen nach § 172 Abs. 2 VVG werden die Änderungen durch die Mitteilung nach § 172 Abs. 3 VVG Vertragsinhalt.¹⁸¹ Eine gemäß § 172 Abs. 2 VVG vorgenommene Vertragsergänzung wird binnen zwei Wochen nach Benachrichtigung des Versicherungsnehmers wirksam. Diese Frist ist ausreichend, da es in der Lebensversicherung für den Versicherungsnehmer nicht erforderlich bzw. nicht schwierig ist, sich auf den Inhalt der ersetzenden Klausel einzustellen.¹⁸² Die im Wege des Vertragsergänzungsverfahrens in den Versicherungsvertrag eingefügten neuen Bedingungen sind dem Versicherungsvertrag rückwirkend ab Vertragsbeginn zugrunde zu legen.¹⁸³ Ein Widerspruchsrecht gemäß § 5a VVG gegen die 31

---

¹⁷⁵ Vgl. *Wandt* VersR 2001, 1449, 1453.
¹⁷⁶ *Lorenz* VersR 2001, 1146, 1148; *Kollhosser* VersR 2003, 807, 809.
¹⁷⁷ AG Zwickau, Urt. v. 13. 3. 2003 – 17 C 2859/02, S. 11; LG Duisburg, Urt. v. 6. 8. 2003 – 11 S 33/03, S. 3; AG Goslar, Urt. v. 12. 8. 2003 – 8 C 173/03, S. 3; AG Dresden, Urt. v. 4. 11. 2003 – 108 C 2047/03, S. 10; *Renger* VersR 1994, 1257; *Römer* in: Römer/Langheid, § 178 g VVG Rdn. 6; *Reiff* VersR 2001, 1058, 1060; *Teslau* in: Handbuch, § 13, Rdn. 110; *Kirsch* VersR 2003, 1072, 1079.
¹⁷⁸ LG Stuttgart, Urt. v. 11. 12. 2002 – 13 S 86/02, NJW-RR 2003, 166 = VersR 2003, 313, 314; AG Köln, Urt. v. 26. 2. 2003 – 112 C 670/02, S. 7; AG Zwickau, Urt. v. 13. 3. 2003 – 17 C 2859/02, S. 11; AG Itzehoe, Urt. v. 28. 3. 2003 – 53 C 1662/02, S. 7; LG Wiesbaden, Urt. v. 27. 6. 2003 – 5 S 2/03, VersR 2003, 1292; LG Gießen, Urt. v. 31. 7. 2003 – 4 O 114/03, S. 10; LG München I, Urt. v. 22. 8. 2003 – 34 S 21 024/02, S. 5.
¹⁷⁹ *Kollhosser* VersR 2003, 807, 812.
¹⁸⁰ BGH, Beschl. v. 16. 10. 2002 – IV ZR 307/01, NJW-RR 2003, 103 = VersR 2002, 1498 = r+s 2003, 25, 26.
¹⁸¹ BGH, Urt. v. 12. 10. 2005 – IV ZR 162/03 (Revisionsentscheidung LG Hannover, Urt. v. 12. 6. 2003 – 19 S 108/02, VersR 2003, 1289); NJW 2005, 3559, 3562 = VersR 2005, 1565, 1567 = r+s 2005, 519, 520 = WM 2005, 2279, 2282 = ZIP 2005, 2109, 2112.
¹⁸² *Schwintowski* in: Berliner Komm. z. VVG, 1999, § 172 VVG Rdn. 26; *Wandt*, Änderungsklauseln in Versicherungsverträgen, 2000, Rdn. 354.
¹⁸³ Vgl. LG Stuttgart, Urt. v. 11. 12. 2002 – 13 S 86/02, NJW-RR 2003, 166 = VersR 2003, 313, 314; AG Stuttgart, Urt. v. 14. 1. 2003 – 1 C 4135/02, S. 6; AG Rathenow, Urt. v. 15. 1. 2003 – 4 C 523/02, S. 5; AG Hannover, Urt. v. 22. 1. 2003 – 540 C 10 742/02, S. 6/7; AG Hamburg, Urt. v. 11. 2. 2003 – 4 C 554/02, S. 6; AG Günzburg, Urt. v. 13. 3. 2003 – 2 C 0516/03, S. 9; AG Köln, Urt. v. 23. 4. 2003 – 119 C 660/02, S. 4; AG Zwickau, Urt. v. 25. 4. 2003 – 2 C 3062/02, S. 5; AG Hamburg, Urt. v. 30. 4. 2003 – 13A C

neuen Bedingungen steht dem Versicherungsnehmer nicht zu.[184] Sie unterliegen allerdings wie jede andere AGB-Klausel der richterlichen Inhaltskontrolle.[185]

IX. Inhaltskontrolle der Vertragsanpassung

1. Allgemeines

32 Die Rechtsordnung muss dafür sorgen, dass die verfassungsrechtlich geschützten Interessen derjenigen, die von der gesetzlichen Einschränkung der Vertragsfreiheit betroffen sind, hinreichend gewahrt werden.[186] In verfahrensrechtlicher Hinsicht ist dies dadurch gewährleistet, dass die im Wege des Treuhänderverfahrens eingeführten neuen Klauseln sowohl im Individualprozess als auch im Verbandsprozess nach dem Unterlassungsklagengesetz (UKlaG) der uneingeschränkten richterlichen Kontrolle durch die Zivilgerichte unterliegen.[187] Gegenstand der gerichtlichen Überprüfung sind nur die Unterlagen, die der Versicherer dem Treuhänder zur Prüfung vorgelegt hat.[188]

335/02, S. 5; AG Hamburg, Urt. v. 27. 5. 2003 – 20A C 464/02, S. 4; LG Wiesbaden, Urt. v. 27. 6. 2003 – 7 S 2/03, VersR 2003, 1292; LG Gießen, Urt. v. 31. 7. 2003 – 4 O 114/03, S. 11; LG Duisburg, Urt. v. 6. 8. 2003 – 11 S 33/03, S. 3; LG München I, Urt. v. 22. 8. 2003 – 34 S 21 024/02, S. 5; BGH, Urt. v. 12. 10. 2005 – IV ZR 162/03 (Revisionsentscheidung LG Hannover, Urt. v. 12. 6. 2003 – 19 S 108/02, VersR 2003, 1289), NJW 2005, 3559, 3563 = VersR 2005, 1565, 1568 = ZIP 2005, 2109, 2114; *Wandt* VersR 2001, 1449, 1455; *Kollhosser* VersR 2003, 807, 812; *Kollhosser* in: Prölss/Martin, VVG, 27. Aufl., 2004, § 172 VVG Rdn. 40; *Wandt* in: Beckmann/Matusche-Beckmann, § 11 Rdn. 139.

[184] AG Duisburg, Urt. v. 13. 2. 2003 – 3 C 4121/02, S. 6; AG Büdingen, Urt. v. 11. 3. 2003 – 2 C 262/02 (20), S. 5; AG Köln, Urt. v. 4. 4. 2003 – 132 C 299/02, S. 6; AG Chemnitz, Urt. v. 13. 6. 2003 – 15 C 4346/02, S. 4; AG München, Urt. v. 1. 7. 2003, VersR 2003, 1024, 1026; AG München, Urt. v. 10. 7. 2003 – 272 C 8997/03, S. 4; OLG Nürnberg, Urt. v. 14. 7. 2003 – 8 U 632/03, S. 6; AG Eisenach, Urt. v. 28. 7. 2003 – 54 C 1402/02, S. 3; LG Duisburg, Urt. v. 6. 8. 2003 – 11 S 33/03, S. 3; OLG Nürnberg, Urt. v. 11. 7. 2005 – 8 U 3187/04, VersR 2005, 1375, 1376; *Reiff* ZIP 2001, 1058, 1060; *Benkel*, Handb. VVaG, 2002, S. 252; *Kirscht* VersR 2003, 1072, 1079; a. A. *Schünemann* JZ 2002, 134, 137.

[185] BGH, Urt. v. 12. 10. 2005 – IV ZR 162/03 (Revisionsentscheidung LG Hannover, Urt. v. 12. 6. 2003 – 19 S 108/02, VersR 2003, 1289), NJW 2005, 3559, 3562 = VersR 2005, 1565, 1567 = r+s 2005, 519, 520 = WM 2005, 2279, 2282 = ZIP 2005, 2109, 2112.

[186] BVerfG v. 26. 7. 2005, NJW 2005, 2363 = VersR 2005, 1109, 1117 f., 1124, dazu *Schwintowski* EWiR 2005, 647; BVerfG NJW 2005, 2376 = VersR 2005, 1127, 1130 f. = r+s 2005, 429; dazu *Löwe* EWiR 2005, 703; BGH, Urt. v. 12. 10. 2005 – IV ZR 162/03 (Revisionsentscheidung LG Hannover, Urt. v. 12. 6. 2003 – 19 S 108/02, VersR 2003, 1289), NJW 2005, 3559, 3562 = VersR 2005, 1565, 1567 = r+s 2005, 519, 520 = WM 2005, 2279, 2282 = ZIP 2005, 2109, 2112.

[187] BVerfG, Beschl. v. 28. 12. 1999 – 1 BvR 2203/98, NJW 2000, 2733 (Ls.) = NVersZ 2000, 132 = VersR 2000, 214, 216 (m. Anm. *Reinhard*) = r+s 2000, 167 = VerBAV 2000, 100, 102; OLG Braunschweig, Urt. v. 8. 10. 2003 – 3 U 69/03, VersR 2003, 1520, 1522; BGH, Urt. v. 16. 6. 2004 – IV ZR 117/02, BGHZ 159, 323 = NJW 2004, 2679 = VersR 2004, 991 = r+s 2005, 27, 28 = WM 2004, 1496 = MDR 2004, 1183; BGH, Urt. v. 12. 10. 2005 – IV ZR 162/03 (Revisionsentscheidung LG Hannover, Urt. v. 12. 6. 2003 – 19 S 108/02, VersR 2003, 1289), NJW 2005, 3559, 3562 = VersR 2005, 1565, 1567 = r+s 2005, 519, 520 = WM 2005, 2279, 2282 = ZIP 2005, 2109, 2112; *Wandt* VersR 2001, 1449, 1453, 1461; *Lorenz* VersR 2002, 410, 412; *Wandt* VersR 2002, 1363, 1364; *Kirscht* VersR 2003, 1072, 1079.

[188] BGH, Urt. v. 16. 6. 2004 – IV ZR 117/02, NJW 2004, 2679, 2681 = VersR 2004, 991, 992 = r+s 2005, 27, 28 = WM 2004, 1496, 1498 = MDR 2004, 1183; krit. *Reinhard* VersR 2005, 489 f.

Nach § 306 Abs. 2 BGB, § 6 Abs. 2 AGBG sind vorrangig gesetzliche Vor- 33
schriften im Sinne einer konkreten Ersatzregelung in Betracht zu ziehen.[189] Stehen solche nicht zur Verfügung, ist zu fragen, ob ein ersatzloser Wegfall der unwirksamen Klausel eine sachgerechte Lösung darstellt.[190] Scheiden beide Möglichkeiten aus, ist zu prüfen, ob die Ersatzregelung nach den anerkannten Grundsätzen der ergänzenden Vertragsauslegung zulässiger Inhalt einer richterlichen ergänzenden Vertragsauslegung wäre.[191] Denn dem Versicherungsnehmer sollen nicht durch den ersatzlosen Fortfall von Klauseln Vorteile verschafft werden, die das Vertragsgefüge einseitig zu seinen Gunsten verschieben.[192]

Die neuen Versicherungsbedingungen unterliegen der gerichtlichen Inhaltskon- 34
trolle und müssen insbesondere den Anforderungen des BGH an das Transparenzgebot standhalten.[193] Mit Blick auf die Entscheidungen des BGH[194] vom 9. Mai 2001 stehen die von den LVU ersetzten Klauseln zu den Rückkaufswerten und zur beitragsfreien Versicherungssumme sowie den Abschlusskosten im Mittelpunkt der Betrachtung. Zutreffend wird es als zulässig angesehen, wenn in den neuen Klauseln auf das Zillmer-Verfahren abgestellt wird.[195] Die Abrechnung der Abschlusskosten nach dem Zillmer-Verfahren entspricht der ständigen Versicherungspraxis und wird als anerkannte Abrechnungsmethode von den Versicherern aufgrund einer Vielzahl von Verträgen praktiziert.[196] Soweit mit dem Zillmer-Verfahren eine schnelle Amortisation der Abschlusskosten erreicht werden soll, ist dies sachgerecht, da eine Lebensversicherung in der Regel auf eine lange Laufzeit angelegt ist und die Abschlusskosten für das Versicherungsunternehmen auch dann anfallen, wenn der Versicherungsvertrag nach kurzer Zeit beendet wird.[197]

---

[189] BGH, Urt. v. 12. 10. 2005 – IV ZR 162/03 (Revisionsentscheidung LG Hannover, Urt. v. 12. 6. 2003 – 19 S 108/02, VersR 2003, 1289), NJW 2005, 3559, 3564 = VersR 2005, 1565, 1569 = r+s 2005, 519, 522 = BetrAV 2005, 788 = WM 2005, 2279, 2284 = ZIP 2005, 2109, 2114 = DB 2005, 2686.

[190] BGH, Urt. v. 12. 10. 2005 – IV ZR 162/03, NJW 2005, 3559, 3564 = VersR 2005, 1565, 1569 = r+s 2005, 519, 522 = BetrAV 2005, 788 = WM 2005, 2279, 2284 = ZIP 2005, 2109, 2114 = DB 2005, 2686.

[191] AG Duisburg-Hamborn, Urt. v. 6. 5. 2003 – 6 C 458/02, S. 7; LG Hildesheim, Urt. v. 16. 10. 2003 – 1 S 54/03, S. 5; BGH, Urt. v. 12. 10. 2005 – IV ZR 162/03, NJW 2005, 3559, 3564 = VersR 2005, 1565, 1569 = r+s 2005, 519, 522 = BetrAV 2005, 788 = WM 2005, 2279, 2284 = ZIP 2005, 2109, 2114 f. = DB 2005, 2686; *Wandt* VersR 2001, 1449, 1461; *derselbe* in: Beckmann/Matusche-Beckmann, Versicherungsrechts-Hdb., 2004, § 11 Rdn. 135.

[192] BGH, Urt. v. 31. 10. 1984 – VIII ZR 200/93, NJW 1985, 621, 622; OLG Hamm, Urt. v. 14. 12. 1994 – 20 U 144/94, NJW-RR 1995, 111, 112; BGH, Urt. v. 13. 11. 1997 – IX ZR 289/96, NJW 1998, 450, 451; OLG Braunschweig, Urt. v. 8. 10. 2003 – 3 U 69/03, VersR 2003, 1520, 1523; OLG Celle, Urt. v. 25. 1. 2005 – 8 U 84/04, VersR 2005, 535, 536.

[193] OLG Braunschweig, Urt. v. 8. 10. 2003 – 3 U 69/03, VersR 2003, 1520, 1522; *Reiff* ZIP 2001, 1058, 1060/1061.

[194] BGH, Urt. v. 9. 5. 2001 – IV ZR 121/00, NJW 2001, 2014 = NVersZ 2001, 308 = VersR 2001, 841 = ZIP 2001, 1052; BGH, Urt. v. 9. 5. 2001 – IV ZR 138/99, NJW 2001, 1152 = NVersZ 2001, 313 = VersR 2001, 839 = ZIP 2001, 1061.

[195] OLG München, Urt. v. 1. 7. 2003 – 25 U 2283/03, VersR 2003, 1024, 1026; LG Aachen, Urt. v. 10. 7. 2003 – 2 S 367/02, VersR 2003, 1022, 1024; OLG Braunschweig, Urt. v. 8. 10. 2003 – 3 U 69/03, VersR 2003, 1520, 1522 f.; LG Hildesheim, Urt. v. 5. 12. 2003 – 7 S 169/03, S. 7/8; LG Düsseldorf, Urt. v. 17. 12. 2003 – 23 S 217/03, S. 5; LG Köln, Urt. v. 24. 9. 2003 – 23 S 44/03, S. 11; LG Würzburg, Urt. v. 29. 12. 2004 – 53 S 1510/04, VersR 2005, 538, 540.

[196] LG Hildesheim, Urt. v. 5. 12. 2003 – 7 S 169/03, S. 9; LG Würzburg, Urt. v. 29. 12. 2004 – 53 S 1510/04, VersR 2005, 538, 540; LG Hamburg, Urt. v. 27. 1. 2005 – 302 S 3/03, VersR 2005, 537, 538.

[197] LG Düsseldorf, Urt. v. 17. 12. 2003 – 23 S 217/03, S. 5/6.

Soweit in den ersetzten Klauseln auf eine Übersicht über die Rückkaufswerte und die beitragsfreien Versicherungssummen verwiesen wird, muss in dieser Übersicht nicht für jedes Jahr der Versicherungslaufzeit die Höhe des Rückkaufswerts oder der beitragsfreien Versicherungssummen angegeben werden. Ausreichend ist eine Tabelle, die zu Beginn einen Rückkaufswert von null ausweist, und in der die nächsten Jahre, in denen die eingezahlten Beiträge und der potenzielle Rückkaufswert besonders divergieren, jeweils gesondert aufgeführt sind.[198] Welche Rückkaufswert- und Abschlusskostenklauseln, die im Wege des Ergänzungsverfahrens nach § 172 Abs. 2 VVG eingeführt worden sind, dem Transparenzgebot entsprechen, ergibt sich aus den nachstehenden erstinstanzlichen Entscheidungen.

2. Ersetzte Klauseln

35 In den nachstehenden Entscheidungen wurden vom Versicherer ersetzte Klauseln als rechtswirksam erachtet. Teilweise waren Rechtsmittelverfahren anhängig oder ergibt sich aus veröffentlichten Entscheidungen, dass die Revision gemäß § 543 Abs. 2 Nr. 1 ZPO zugelassen worden ist.[199]

36 **a)** AG Hanau, Urt. v. 9. 5. 2003 – 33 C 3228/02 – 13, S. 7:

„§ 6 Wann können Sie die Versicherung kündigen oder beitragsfrei stellen?
Auszahlung eines Rückkaufswertes
(3) ... Vom Rückkaufswert garantieren wir Ihnen einen Betrag, dessen Höhe vom Zeitpunkt der Beendigung des Vertrages abhängt (vgl. die im Versicherungsschein abgedruckte Übersicht sowie die näheren Erläuterungen in Abs. 7).
Beitragsrückstände werden von dem Rückkaufswert abgesetzt.
(7) Das in § 16 beschriebene Verrechnungsverfahren hat wirtschaftlich zur Folge, dass in der Anfangszeit Ihrer Versicherung kein Rückkaufswert und keine beitragsfreie Versicherungssumme vorhanden sind. Deshalb erreicht der Rückkaufswert erst in späteren Jahren die Summe der eingezahlten Beiträge.
§ 16 Wie werden Abschlusskosten erhoben und ausgeglichen?
(1) Die mit dem Abschluss Ihrer Versicherung verbundenen und auf Sie entfallenden Kosten, etwa die Kosten für Vermittlung, Beratung, Anforderung von Gesundheitsauskünften und Ausstellung des Versicherungsscheins, werden Ihnen nicht gesondert in Rechnung gestellt. Den Teil dieser Kosten, der bei der Berechnung der Deckungsrückstellung angesetzt wird, verrechnen wir nach einem aufsichtsrechtlich geregelten Verfahren (Zillmerverfahren) mit Ihren ab Versicherungsbeginn eingehenden Beiträgen, soweit diese nicht für die Deckung des Risikos und der Kosten für den Versicherungsbetrieb vorgesehen sind.
(2) Das beschriebene Zillmerverfahren hat wirtschaftlich zur Folge, dass in der Anfangszeit Ihrer Versicherung kein Rückkaufswert und keine beitragsfreie Versicherungssumme vorhanden sind. Nähere Informationen können Sie der in Ihrem Versicherungsschein abgedruckten Übersicht der Rückkaufswerte und beitragsfreien Versicherungssummen entnehmen."

37 **b)** AG Kamenz, Urt. v. 23. 10. 2002 – 1 C 0438/02, S. 10 (ebenso AG Köln, Urt. v. 26. 2. 2003 – 112 C 670/02, S. 2/3 zu einer ähnlichen Klausel):

„Unabhängig von den evtl. Abzügen gemäß § 4 ist die Kündigung ihrer Versicherung mit weiteren Nachteilen verbunden. Wegen der Verrechnung nach dem Zillmerverfahren (vgl. § 22) kann ein Rückkaufswert frühestens ab dem 2. Versicherungsjahr garantiert werden. Auch in den Folgejahren erreicht der Rückkaufswert noch nicht unbedingt die Summe der eingezahlten Beiträge. Der auszuzahlende Teil des Rückkaufswertes aus der Grundversicherung erreicht jedoch mindestens den bei Vertragsabschluss vereinbarten Garantiebetrag, dessen Höhe vom Zeitpunkt der Beendigung des Vertrages abhängt. Nähere Informationen zum Rückkaufswert und seiner Höhe können Sie der ent-

---

[198] LG Hamburg, Urt. v. 27. 1. 2005 – 302 S 3/03, VersR 2005, 537, 538; BAV in: VerBAV 2001, 174.
[199] Vgl. z. B. LG Würzburg, Urt. v. 29. 12. 2004 – 53 S 1510/04, VersR 2005, 538, 540.

weder bei Antragstellung ausgehändigten oder in ihrem Versicherungsschein ausgedruckten Übersicht der garantierten Rückkaufswerte entnehmen.
Die mit dem Abschluss ihrer Versicherung verbundenen und auf Sie entfallenden Kosten, etwa die Kosten für Beratung und Vermittlung, Anforderung von Gesundheitsauskünften, Prüfung des Risikos und Ausstellung des Versicherungsscheins, die sogenannten Abschlusskosten.... sind bereits pauschal bei der letzten Tarifkalkulation berücksichtigt und werden ihnen daher nicht gesondert in Rechnung gestellt. Für Ihren Versicherungsvertrag ist das Verrechnungsverfahren nach § 4 der Deckungsrückstellungsverordnung (Zillmer-Verfahren) maßgebend. Hierbei werden die ersten Beiträge zur Tilgung von Abschlusskosten herangezogen, soweit sie nicht für Leistungen im Versicherungsfall und Kosten des Versicherungsbetriebs im jeweiligen Ratenzahlungsabschnitt vorgesehen sind.... Deshalb ist ein Rückkaufswert oder eine beitragsfreie Versicherungssumme gemäß § 9 Abs. 3–9 in der Anfangszeit nicht vorhanden und können frühestens ab dem zweiten Versicherungsjahr garantiert werden. Nähere Informationen können Sie der entweder bei Antragstellung ausgehändigten oder in ihrem Versicherungsschein abgedruckten Übersicht entnehmen."

c) AG Köln, Urt. v. 26. 2. 2003 – 112 C 670/02, S. 7, bestätigt durch LG **38** Köln, Urt. v. 24. 9. 2003 – 23 S 44/03, S. 10f.:

„Durch den Abschluss von Versicherungsverträgen entstehen Kosten. Diese sogenannten Abschlusskosten (§ 43 Abs. 2 der Verordnung über die Rechnungslegung von Versicherungsunternehmen) sind bereits pauschal bei der Tarifkalkulation berücksichtigt und werden daher nicht gesondert in Rechnung gestellt. Für Ihren Versicherungsvertrag ist das Verrechnungsverfahren nach § 4 der Deckungsrückstellungsverordnung (Zillmer-Verfahren) maßgebend. Hierbei werden die ersten Beiträge zur Tilgung von Abschlusskosten herangezogen, soweit sie nicht für Leistungen im Versicherungsfall und Kosten des Versicherungsbetriebs in der jeweiligen Versicherungsperiode bestimmt sind. Der zu tilgende Betrag ist nach der Deckungsrückstellungsverordnung auf 4% der von Ihnen während der Laufzeit des Vertrages zu zahlenden Beiträge beschränkt. Das beschriebene Verrechnungsverfahren hat wirtschaftlich zur Folge, dass in der Anfangszeit Ihrer Versicherung kein Rückkaufswert und keine beitragsfreie Versicherungssumme vorhanden sind. (Bei Rentenversicherungen: Das beschriebene Verrechnungsverfahren hat wirtschaftlich zur Folge, dass zunächst keine Beiträge zur Bildung einer beitragsfreien Rente oder für einen Rückkaufswert vorhanden sind.) Nähere Informationen können sie der Ihrem Versicherungsschein beigefügten Tabelle entnehmen."

d) AG Hannover, Urt. v. 22. 1. 2003 – 540 C 10742/02, S. 7: **39**

„Beim Abschluss von Versicherungsverträgen entstehen Kosten. Diese sogenannten Abschlusskosten (§ 43 Abs. 2 der Verordnung über die Rechnungslegung von Versicherungsunternehmen) sind bei der Tarifkalkulation berücksichtigt. Sie werden Ihnen nicht gesondert in Rechnung gestellt, sondern mit den Beiträgen verrechnet.
Für Ihren Versicherungsvertrag ist das Verrechnungsverfahren nach § 4 Deckungsrückstellungsverordnung (Zillmer-Verfahren) vorgesehen. Hierbei werden die ersten Beiträge zur Tilgung von Abschlusskosten herangezogen. Der zu tilgende Betrag ist nach der Deckungsrückstellungsverordnung auf 4% der von Ihnen während der Laufzeit des Vertrages zu zahlenden Beiträge beschränkt.
Dieses Verrechnungsverfahren hat keine Auswirkungen auf den vereinbarten Versicherungsschutz. Er besteht von Anfang an in voller Höhe. Die Tilgung der Kosten für den Abschluss Ihres Vertrages hat jedoch zur Folge, dass zunächst keine Beiträge zur Bildung der beitragsfreien Versicherungssumme oder des Rückkaufswerts zur Verfügung stehen. Die Entwicklung der beitragsfreien Versicherungssumme und des Rückkaufswerts Ihrer Versicherung ist im Versicherungsschein dargestellt."

e) AG Köpenick, Urt. v. 13. 3. 2003 – 17 C 416/02, S. 8 (ebenso hinsichtlich **40** der relevanten Teile AG Dresden, Urt. v. 1. 4. 2003 – 114 C 7221/02, S. 9 und LG Landshut, Urt. v. 16. 12. 2003 – 72 O 2548/03, S. 9):

„§ 6 Wann können Sie die Versicherung beitragsfrei stellen oder kündigen?
(1) Umwandlung in eine beitragsfreie Versicherung
(a) Der Abzug beträgt bis zum Ende des 3. Versicherungsjahres 5%. Er sinkt mit jedem weiteren Jahr, in dem die Versicherung nicht beitragsfrei gestellt wird, um 0,2%-Punkte und beträgt bei Beitragsfreistellung ab dem 19. Versicherungsjahr 2%.

(2) Kündigung und Auszahlung des Rückkaufswertes
(a) Sie können Ihre Versicherung jederzeit zum Schluss einer Versicherungsperiode schriftlich kündigen. Nach Kündigung erhalten Sie – soweit vorhanden – den Rückkaufswert. Er wird nach den anerkannten Regeln der Versicherungsmathematik für den Schluss der laufenden Versicherungsperiode als Zeitwert Ihrer Versicherung berechnet (§ 176 VVG).

(b) Ist die Versicherung zum Zeitpunkt der Kündigung beitragspflichtig, so wird bei der Berechnung des Zeitwerts ein als angemessen angesehener Abzug vorgenommen (§ 176 VVG). Der Abzug stimmt der Höhe nach mit dem Abzug überein, der bei Umwandlung in eine beitragsfreie Versicherung zum selben Zeitpunkt angesetzt würde (Ziffer 1 a).

(c) Die Kündigung Ihrer Versicherung ist mit Nachteilen verbunden. In der Anfangszeit Ihrer Versicherung ist wegen der Verrechnung von Abschlusskosten nach dem Zillmerverfahren (vgl. Bestimmung „Wie werden Abschlusskosten mit Ihren Beiträgen verrechnet?") kein Rückkaufswert vorhanden. Der Rückkaufswert kann auch in den Folgejahren unter der Summe der eingezahlten Beiträge liegen. Nähere Informationen zum Rückkaufswert können Sie der beigefügten Tabelle entnehmen.

Wie werden Abschlusskosten mit Ihren Beiträgen verrechnet (§ 17 oder § 15)?
Beim Abschluss von Versicherungsverträgen entstehen Kosten. Diese sogenannten Abschlusskosten (§ 43 Abs. 2 der Verordnung über die Rechnungslegung von Versicherungsunternehmen) sind bei der Tarifkalkulation berücksichtigt. Sie werden Ihnen nicht gesondert in Rechnung gestellt, sondern mit den Beiträgen verrechnet. Für Ihren Versicherungsvertrag ist das Verrechnungsverfahren nach § 4 Deckungsrückstellungsverordnung (Zillmerverfahren) vorgesehen. Hierbei werden die ersten Beiträge zur Tilgung von Abschlusskosten herangezogen. Der zu tilgende Betrag ist nach der erwähnten Deckungsrückstellungsverordnung auf 4% der von Ihnen während der Laufzeit des Vertrages zu zahlenden Beiträge beschränkt.

Dieses Verrechnungsverfahren hat keine Auswirkungen auf den vereinbarten Versicherungsschutz. Er besteht von Anfang an in voller Höhe. Die Tilgung der Kosten für den Abschluss Ihres Vertrages hat jedoch zur Folge, dass zunächst keine Beiträge zur Bildung der beitragsfreien Versicherungssumme oder des Rückkaufswerts zur Verfügung stehen. Die Entwicklung der beitragsfreien Versicherungssumme und des Rückkaufswerts Ihrer Versicherung ist im Versicherungsschein dargestellt."

41 **f) LG Gießen, Urt. v. 31. 7. 2003 – 4 O 114/03, S. 10:**

„Nach Kündigung erhalten Sie – soweit bereits entstanden – den Rückkaufswert. Er wird nach den anerkannten Regeln der Versicherungsmathematik für den gemäß Abs. 1 maßgebenden Kündigungstermin als Zeitwert ihrer Versicherung berechnet, wobei ein als angemessen angesehener Abzug erfolgt (§ 176 VVG). Dieser Abzug beläuft sich, solange die restliche Beitragszahlungsdauer noch mindestens fünf Jahre betragen würde, auf 3,5 Prozent der Summe der bis zum Ablauf der Beitragszahlungsdauer vereinbarten Beiträge ohne Beiträge für eine eventuell eingeschlossene Berufsunfähigkeits- und Unfall-Zusatzversicherung. Ab fünf Jahre vor Ablauf der vereinbarten Beitragszahlungsdauer und bei beitragsfreien Versicherungen erfolgt kein Abzug. Der Rückkaufswert beträgt mindestens 90 Prozent der für die Versicherung gebildeten Deckungsrückstellung (ohne die Deckungsrückstellung der bereits gebildeten Summenerhöhungen, vgl. § 22 Abs. 5), sofern positiv.

Unabhängig von den vorgenannten eventuellen Abzügen ist die Kündigung ihrer Versicherung mit weiteren Nachteilen verbunden. Wegen der Verrechnung von Abschlusskosten nach dem Zillmer-Verfahren (vgl. § 19) kann bei Versicherungen gegen laufende Beitragszahlungen ein Rückkaufswert frühestens ab dem zweiten Verrechnungsjahr garantiert werden. Auch in den Folgejahren erreicht der Rückkaufswert noch nicht unbedingt die Summe der eingezahlten Beiträge. Er erreicht aber auf jeden Fall den bei Vertragsschluss vereinbarten Garantiebetrag, dessen Höhe vom Zeitpunkt der Beendigung des Vertrages abhängt. Nähere Informationen zum Rückkaufswert und seiner Höhe können Sie der entweder bei Antragsstellung ausgehändigten oder der in ihrem Versicherungsschein abgedruckten Übersicht der garantierten Rückkaufswerte entnehmen. Beitragsrückstände werden von dem Rückkaufswert abgezogen.

Die mit dem Abschluss ihrer Versicherung verbundenen und auf Sie entfallenden Kosten, etwa die Kosten für Beratung und Vermittlung, Anforderung von Gesundheitsauskünften, Prüfung des Risikos und Ausstellung des Versicherungsscheins, die so genannten Abschlusskosten (§ 43 Abs. 2 der Verordnung über die Rechnungslegung von Versicherungsunternehmen), sind bereits pauschal bei der Tarifkalkulation berücksichtigt und werden Ihnen daher nicht gesondert in Rechnung gestellt. Für Ihren Versicherungsvertrag ist das Verrechnungsverfahren nach § 4 der Deckungsrückstellungsverordnung (Zillmer-Verfahren) maßgebend. Hierbei werden die ersten Beiträge zur Tilgung von Abschlusskosten herangezogen, soweit sie nicht für Leistungen im Versicherungsfall und Kosten des Versicherungsbetriebs im jeweiligen Ratenzahlungsabschnitt bestimmt sind. Deshalb sind bei Versicherungen gegen laufende Beitragszahlungen ein Rückkaufswert oder eine beitragsfreie Versicherungssumme gemäß § 7 in der Anfangszeit nicht vorhanden und können frühestens ab dem zweiten Versicherungsjahr garantiert werden. Nähere Informationen können Sie der entweder bei Antragstellung ausgehändigten oder in Ihrem Versicherungsschein abgedruckten Übersicht entnehmen. Der nach dem Zillmer-Verfahren zu verrechnende Betrag ist nach der Deckungsrückstellungsverordnung auf 4% der von Ihnen während der Laufzeit des Vertrages zu zahlenden Beiträge beschränkt."

g) LG Landshut, Urt. v. 3. 9. 2002 – 72 O 1458/02, VersR 2002, 1362:

„Durch den Abschluss von Versicherungsverträgen entstehen Kosten. Diese so genannten Abschlusskosten (§ 43 Abs. 2 der Verordnung über die Rechnungslegung von Versicherungsunternehmen) sind bereits pauschal bei der Kalkulation der Beiträge berücksichtigt und werden daher nicht gesondert in Rechnung gestellt. Für Ihren Versicherungsvertrag ist das Verrechnungsverfahren nach § 4 der Deckungsrückstellungsverordnung (Zillmer-Verfahren) maßgebend. Hierbei werden die ersten Beiträge zur Tilgung von Abschlusskosten herangezogen, soweit sie nicht für Leistungen im Versicherungsfall und Kosten des Versicherungsbetriebs in der jeweiligen Versicherungsperiode bestimmt sind. Der zu tilgende Betrag ist nach der Deckungsrückstellungsverordnung auf 4% der von Ihnen während der Laufzeit des Vertrages zu zahlenden Beiträge beschränkt. Das beschriebene Verrechnungsverfahren hat wirtschaftlich zur Folge, dass in der Anfangszeit Ihrer Versicherung kein Rückkaufswert und keine beitragsfreie Versicherungssumme vorhanden sein können. Die garantierten Werte können Sie der Ihrem Versicherungsschein beigefügten Übersicht entnehmen. Die Berechnung des Rückkaufswertes und die Umwandlung in eine beitragsfreie Versicherung erfolgen nach den Bestimmungen des § . . ."

h) LG Traunstein, Urt. v. 6. 2. 2003 – 1 O 3674/02, VersR 2003, 1024, 1025 (bestätigt durch OLG München, Urt. v. 1. 7. 2003 – 25 U 2283/03, VersR 2003, 1024, 1026):

„§ 5 Wann können Sie die Versicherung kündigen oder beitragsfrei stellen?
Die Kündigung Ihrer Versicherung ist mit Nachteilen verbunden. In der Anfangszeit Ihrer Versicherung ist wegen der Verrechnung von Abschlusskosten nach dem Zillmerverfahren (vgl. § 15) kein Rückkaufswert vorhanden. Der Rückkaufswert erreicht auch in den Folgejahren nicht unbedingt die Summe der eingezahlten Beiträge. Der Rückkaufswert erreicht jedoch mindestens einen bei Vertragsschluss vereinbarten Garantiebetrag, dessen Höhe vom Zeitpunkt der Beendigung des Vertrages abhängt. Nähere Informationen zum Rückkaufswert und seiner Höhe können Sie der Ihrem Versicherungsschein beigefügten Garantiewerttabelle entnehmen. Beitragsrückstände werden vom Rückkaufswert abgezogen.
§ 15 Was bedeutet die Verrechnung von Abschlusskosten nach dem Zillmerverfahren?
(1) Durch den Abschluss von Versicherungsverträgen entstehen Kosten. Diese sog. Abschlusskosten (§ 43 Abs. 2 der Verordnung über die Rechnungslegung von Versicherungsunternehmen) sind bereits pauschal bei der Tarifkalkulation berücksichtigt und werden daher nicht gesondert in Rechnung gestellt.
Für Ihren Versicherungsvertrag ist das Verrechnungsverfahren nach § 4 der Deckungsrückstellungsverordnung (Zillmerverfahren) maßgebend. Hierbei werden die ersten Beiträge (bei Vermögensbildungsversicherungen 50% der ersten Beiträge) zur Tilgung von Abschlusskosten herangezogen, soweit sie nicht für Leistungen im Versicherungsfall und Kosten des Versicherungsbetriebs in der jeweiligen Versicherungsperiode bestimmt sind. Der zu tilgende Betrag ist nach der Deckungsrückstellungsverordnung auf 4% der von Ihnen während der Laufzeit des Vertrages zu zahlenden Beiträge beschränkt.
(1 a) (Gilt nur für kapitalbildende Lebensversicherungen)

Das beschriebene Verrechnungsverfahren hat wirtschaftlich zur Folge, dass in der Anfangszeit Ihrer Versicherung kein Rückkaufswert und keine beitragsfreie Versicherungssumme vorhanden sind. Nähere Informationen können Sie der Ihrem Versicherungsschein beigefügten Garantiewertetabelle entnehmen."

3. Verworfene Klauseln

44 Im Gegensatz zu den aufgezeigten Entscheidungen der Instanzgerichte hat der BGH die gemäß § 172 Abs. 2 VVG durchgeführten Vertragsergänzungen nicht gebilligt. Die inhaltsgleiche Ersetzung unwirksamer Klauseln unterläuft nach Auffassung des BGH die gesetzliche Sanktion der Unwirksamkeit nach § 9 Abs. 1 AGBG, jetzt § 307 Abs. 1 BGB, und sei schon deshalb mit den Grundsätzen der ergänzenden Vertragsauslegung nicht zu vereinbaren.[200] Es sei nicht angängig, an die Stelle der unwirksamen, weil den Vertragspartner des Klauselverwenders unangemessen benachteiligenden Klausel im Wege der ergänzenden Vertragsauslegung eine inhaltsgleiche Bestimmung zu setzen.[201] Dies gilt nach Ansicht des BGH auch, wenn die Unwirksamkeit auf einem Verstoß gegen das Transparenzgebot beruht.[202] Darin liege eine unangemessene Benachteiligung des Kunden im Sinne von § 9 AGBG, jetzt ausdrücklich § 307 Abs. 1 Satz 2 BGB, und ein Verstoß gegen Art. 6 der Richtlinie 93/13/EWG.[203] Wenn Allgemeine Versicherungsbedingungen Rechte und Pflichten des Vertragspartners (des Versicherungsnehmers) nicht klar und durchschaubar darstellen, insbesondere die wirtschaftlichen Nachteile nicht so weit erkennen lassen, wie dies nach den Umständen gefordert werden kann, werde er unangemessen benachteiligt.[204] Der Versicherungsnehmer werde durch die fehlende Transparenz gehindert, seine Entschließungsfreiheit bei Eingehung des Vertrags in voller Kenntnis des Inhalts des Vertrags, insbesondere der wirtschaftlichen Nachteile, auszuüben; er werde gehindert, schon die Produktwahl auf der Grundlage der wirklichen, mit dem Versicherungsvertrag bei frühzeitiger Beendigung verbundenen Nachteile zu treffen.[205] Diese Folgen des Transparenzmangels ließen sich nicht rückwirkend damit beseitigen, dass die unwirksame intransparente Klausel durch eine materiell inhaltsglei-

---

[200] BGH, Urt. v. 12. 10. 2005 – IV ZR 162/03 (Revisionsentscheidung LG Hannover, Urt. v. 12. 6. 2003 – 19 S 108/02, VersR 2003, 1289), NJW 2005, 3559, 3564 = VersR 2005, 1565, 1570 = r+s 2005, 519, 523 = BetrAV 2005, 788, 789 = WM 2005, 2279, 2285 = ZIP 2005, 2109, 2115 = DB 2005, 2686 f. = MDR 2006, 204, 205.

[201] BGH, Urt. v. 12. 10. 2005 – IV ZR 162/03, NJW 2005, 3559, 3564 = VersR 2005, 1565, 1570 = r+s 2005, 519, 523 = BetrAV 2005, 788, 789 = WM 2005, 2279, 2285 = ZIP 2005, 2109, 2115 = DB 2005, 2686, 2687 = MDR 2006, 204, 205 unter Berufung auf BGH, Urt. v. 1. 2. 1984 – VIII ZR 54/83, BGHZ 90, 69, 78 = NJW 1984, 1177 = WM 1984, 309 = ZIP 1984, 330, 333 = MDR 1984, 750.

[202] BGH, Urt. v. 12. 10. 2005 – IV ZR 162/03, NJW 2005, 3559, 3564 = VersR 2005, 1565, 1570 = r+s 2005, 519, 523 = BetrAV 2005, 788, 789 = WM 2005, 2279, 2285 = ZIP 2005, 2109, 2115 = DB 2005, 2686, 2687.

[203] BGH, Urt. v. 12. 10. 2005 – IV ZR 162/03, NJW 2005, 3559, 3564 = VersR 2005, 1565, 1570 = r+s 2005, 519, 523 = BetrAV 2005, 788, 789 = WM 2005, 2279, 2285 = ZIP 2005, 2109, 2115 = DB 2005, 2686, 2687 unter Berufung auf BGHZ 106, 42, 49 = NJW 1989, 222 = VersR 1989, 82, 84 = WM 1988, 1780 = ZIP 1988, 1530, 1532 = DB 1989, 33; BGHZ 140, 25, 31 = NJW 1999, 635 = WM 1998, 2469 = ZIP 1998, 2059, 2061 = DB 1999, 275; dazu *Baums* ZIP 1989, 7; *Löwe* EWiR 1989, 1.

[204] BGH, Urt. v. 12. 10. 2005 – IV ZR 162/03, NJW 2005, 3559, 3564 f. = VersR 2005, 1565, 1570 = r+s 2005, 519, 523 = BetrAV 2005, 788, 789 = WM 2005, 2279, 2285 = ZIP 2005, 2109, 2115 f. = DB 2005, 2686, 2687.

[205] BGH, Urt. v. 12. 10. 2005 – IV ZR 162/03, NJW 2005, 3559, 3565 = VersR 2005, 1565, 1570 = r+s 2005, 519, 523 = BetrAV 2005, 788, 789 = WM 2005, 2279, 2285 = ZIP 2005, 2109, 2116 = DB 2005, 2686, 2687.

che transparente Klausel ersetzt werde.[206] Soweit im Schrifttum[207] dennoch die inhaltsgleiche Ersetzung damit gerechtfertigt werde, die Klauseln seien lediglich wegen formeller Intransparenz für unwirksam erklärt worden, inhaltlich aber angemessen, greife das zu kurz.[208] Der Senat habe die in Rede stehende Verrechnung der einmaligen Abschlusskosten nach dem Verfahren der Zillmerung zwar nicht im Sinne von § 9 AGBG, § 307 BGB als materiell unangemessene Benachteiligung der Versicherungsnehmer angesehen, er habe aber betont, sie schaffe bei Kündigung und Beitragsfreistellung einen wirtschaftlichen Nachteil des Versicherungsnehmers von erheblichem Gewicht.[209] Bei der inhaltsgleichen Ersetzung der Klausel hätte dieser Nachteil Bestand, obwohl der Vertrag durch den Transparenzmangel unter Verdeckung dieses Nachteils zu Stande gekommen sei.[210] Der Eingriff in die Entschließungs- und Auswahlfreiheit bliebe unbeseitigt und bestünde - bei Einstellung der Prämienzahlung – in seinen Auswirkungen fort.[211] Das führe im Ergebnis dazu, dass die wegen Intransparenz unwirksame Klausel mit den verdeckten Nachteilen für den Versicherungsnehmer letztlich doch verbindlich bliebe.[212] Ein solches Ergebnis liefe § 9 AGBG, jetzt § 307 BGB, zuwider und könne deshalb auch nicht Ergebnis einer ergänzenden Vertragsauslegung sein.[213] Die Verrechnung der Abschlusskosten im Wege der Zillmerung sei hinsichtlich der Versicherungsnehmer, die den Vertrag bis zum Ende beitragspflichtig führen, zwar unbedenklich.[214] Da die Klauseln aber nicht teilbar seien, sei die Vertragsergänzung insgesamt unwirksam.[215]

X. Richterliche ergänzende Vertragsauslegung

Das Scheitern einer Vertragsergänzung nach § 172 Abs. 2 VVG bedeutet nicht, dass dem Versicherer Gelegenheit gegeben werden muss, erneut ein sol-

---

[206] BGH, Urt. v. 12. 10. 2005 – IV ZR 162/03, NJW 2005, 3559, 3565 = VersR 2005, 1565, 1570 = r+s 2005, 519, 523 = BetrAV 2005, 788, 789 = WM 2005, 2279, 2285 = ZIP 2005, 2109, 2116 = DB 2005, 2686, 2687.
[207] *Wandt* VersR 2001, 1455; *Kirsch* VersR 2003, 1075.
[208] BGH, Urt. v. 12. 10. 2005 – IV ZR 162/03, NJW 2005, 3559, 3565 = VersR 2005, 1565, 1570 = r+s 2005, 519, 523 = BetrAV 2005, 788, 789 = WM 2005, 2279, 2285 = ZIP 2005, 2109, 2116 = DB 2005, 2686, 2687.
[209] BGH, Urt. v. 12. 10. 2005 – IV ZR 162/03, NJW 2005, 3559, 3565 = VersR 2005, 1565, 1570 = r+s 2005, 519, 523 = BetrAV 2005, 788, 789 = WM 2005, 2279, 2285 = ZIP 2005, 2109, 2116 = DB 2005, 2686, 2687.
[210] BGH, Urt. v. 12. 10. 2005 – IV ZR 162/03, NJW 2005, 3559, 3565 = VersR 2005, 1565, 1570 = r+s 2005, 519, 523 = BetrAV 2005, 788, 789 = WM 2005, 2279, 2285 = ZIP 2005, 2109, 2116 = DB 2005, 2686, 2687.
[211] BGH, Urt. v. 12. 10. 2005 – IV ZR 162/03, NJW 2005, 3559, 3565 = VersR 2005, 1565, 1570 = r+s 2005, 519, 523 = BetrAV 2005, 788, 789 = WM 2005, 2279, 2285 = ZIP 2005, 2109, 2116 = DB 2005, 2686, 2687.
[212] BGH, Urt. v. 12. 10. 2005 – IV ZR 162/03, NJW 2005, 3559, 3565 = VersR 2005, 1565, 1570 = r+s 2005, 519, 523 = BetrAV 2005, 788, 789 = WM 2005, 2279, 2285 = ZIP 2005, 2109, 2116 = DB 2005, 2686, 2687.
[213] BGH, Urt. v. 12. 10. 2005 – IV ZR 162/03, NJW 2005, 3559, 3565 = VersR 2005, 1565, 1570 = r+s 2005, 519, 523 = BetrAV 2005, 788, 789 = WM 2005, 2279, 2285 = ZIP 2005, 2109, 2116 = DB 2005, 2686, 2687.
[214] BGH, Urt. v. 12. 10. 2005 – IV ZR 162/03, NJW 2005, 3559, 3565 = VersR 2005, 1565, 1570 = r+s 2005, 519, 523 = BetrAV 2005, 788, 790 = WM 2005, 2279, 2285 = ZIP 2005, 2109, 2116 = DB 2005, 2686, 2687.
[215] BGH, Urt. v. 12. 10. 2005 – IV ZR 162/03, NJW 2005, 3559, 3565 = VersR 2005, 1565, 1570 = r+s 2005, 519, 523 f. = BetrAV 2005, 788, 790 = WM 2005, 2279, 2285 = ZIP 2005, 2109, 2116 = DB 2005, 2686, 2687.

ches Verfahren durchzuführen.[216] Vielmehr ist im Wege der richterlichen ergänzenden Vertragsauslegung zu entscheiden, wie die Regelungslücke zu schließen ist.[217] Bei unwirksamen Bestimmungen in Allgemeinen Geschäftsbedingungen hat die ergänzende Vertragsauslegung ebenso wie die Auslegung und Inhaltskontrolle solcher Bestimmungen nach einem objektiv generalisierenden Maßstab zu erfolgen, der am Willen und Interesse der typischerweise beteiligten Verkehrskreise (und nicht nur der konkret beteiligten Parteien) ausgerichtet sein muss.[218] Maßgeblicher Zeitpunkt für die Feststellung und Bewertung des mutmaßlichen typisierten Parteiwillens und der Interessenlage ist der Zeitpunkt des Vertragsschlusses, da die ergänzende Vertragsauslegung eine anfängliche Regelungslücke rückwirkend schließt.[219] Die Vertragsergänzung unterliegt nicht einem Widerspruchsrecht in entsprechender Anwendung des § 5a VVG.[220] Gegen eine ergänzende Vertragsauslegung bestehen auch keine europarechtlichen Bedenken.[221]

§ 173 VVG a. F. [Rückkaufsfähige Versicherung]

Ist die Prämie für einen Zeitraum von drei Jahren bezahlt, so gelten die besonderen Vorschriften der §§ 174 bis 176.

§ 173 VVG [Umwandlung zur Erlangung eines Pfändungsschutzes]

¹Der Versicherungsnehmer einer Lebensversicherung kann jederzeit für den Schluss der laufenden Versicherungsperiode die Umwandlung der Versicherung in eine Versicherung verlangen, die den Anforderungen des § 851c Abs. 1 der Zivilprozessordnung entspricht. ²Die Kosten der Umwandlung hat der Versicherungsnehmer zu tragen.

---

[216] BGH, Urt. v. 12. 10. 2005 – IV ZR 162/03, NJW 2005, 3559, 3565 = VersR 2005, 1565, 1570 = r+s 2005, 519, 524 = BetrAV 2005, 788, 790 = WM 2005, 2279, 2285 = ZIP 2005, 2109, 2116 = DB 2005, 2686, 2687.

[217] BGH, Urt. v. 12. 10. 2005 – IV ZR 162/03, NJW 2005, 3559, 3565 = VersR 2005, 1565, 1570 = r+s 2005, 519, 524 = BetrAV 2005, 788, 790 = WM 2005, 2279, 2285 = ZIP 2005, 2109, 2116 = DB 2005, 2686, 2687 = MDR 2006, 204, 205.

[218] BGHZ 107, 273, 276 f. = NJW 1989, 3010 = WM 1989, 1544 = ZIP 1989, 939, 940 f.; dazu *Niederleithinger* EWiR 1989, 785; BGH, Urt. v. 14. 4. 2005 – VII ZR 56/04, NJW-RR 2005, 1040 = WM 2005, 1188 = MDR 2005, 1103; BGH, Urt. v. 12. 10. 2005 – IV ZR 162/03, NJW 2005, 3559, 3565 = VersR 2005, 1565, 1570 = r+s 2005, 519, 524 = BetrAV 2005, 788, 790 = WM 2005, 2279, 2285 = ZIP 2005, 2109, 2116 = MDR 2006, 204, 205.

[219] BGH, Urt. v. 12. 10. 2005 – IV ZR 162/03, NJW 2005, 3559, 3565 = VersR 2005, 1565, 1570 = r+s 2005, 519, 524 = BetrAV 2005, 788, 790 = WM 2005, 2279, 2285 = ZIP 2005, 2109, 2116.

[220] BGH, Urt. v. 12. 10. 2005 – IV ZR 162/03, NJW 2005, 3559, 3565 = VersR 2005, 1565, 1570 = r+s 2005, 519, 524 = BetrAV 2005, 788, 790 = WM 2005, 2279, 2285 = ZIP 2005, 2109, 2116 = DB 2005, 2686, 2687; OLG Celle VersR 2003, 1113; OLG München VersR 2003, 1024, 1026; *Römer* in: Römer/Langheid, § 5a VVG Rdn. 41; *Wandt* VersR 2001, 1455; a. A. *Schünemann* JZ 2002, 137.

[221] BGH, Urt. v. 12. 10. 2005 – IV ZR 162/03, NJW 2005, 3559, 3565 = VersR 2005, 1565, 1570 = r+s 2005, 519, 524 = BetrAV 2005, 788, 790 = WM 2005, 2279, 2286 = ZIP 2005, 2109, 2116.

§ 174 a.F. VVG 1908/2007

I. Fassung

Die Vorschrift wurde durch das Gesetz zum Pfändungsschutz der Altersvorsorge vom 26. März 2007[222] eingefügt. **1**

II. Umwandlung der Versicherung

Um heute bereits bestehende Versicherungsverträge für eine pfändungsgeschützte Altersvorsorge einsetzen zu können, ermöglicht es der neue § 173 VVG dem Versicherungsnehmer, jederzeit für den Schluss der laufenden Versicherungsperiode die Umwandlung seiner Versicherung in eine nach § 851 c Abs. 1 ZPO privilegierte Versicherung zu verlangen.[223] Eine solche Umwandlung ist jedoch nur dann zulässig, wenn Rechte Dritter nicht entgegenstehen, wenn also insbesondere der Schuldner nicht die Ansprüche aus dem Versicherungsvertrag an seine Gläubiger abgetreten hat oder die Gläubiger diese Ansprüche gepfändet haben.[224] Die Umwandlung einer Kapitallebensversicherung in eine pfändungsgeschützte Rentenversicherung ist steuerunschädlich möglich, wenn folgende Voraussetzungen beachtet werden: **2**
– Eine Umwandlung hat bis spätestens zum 31. Dezember 2009 zu erfolgen;
– umzuwandelnde Altverträge (Abschluss vor dem 1. Januar 2005) hätten bei Ablauf der ursprünglich vereinbarten Laufzeit steuerfrei sein müssen;
– Neuverträge können umgewandelt werden, sofern sie bis zum 30. März 2007 abgeschlossen wurden;
– die Rentenversicherung darf nicht die Voraussetzungen einer Basisrente erfüllen;
– die Umwandlung in Riester-Renten ist nur für Altverträge steuerunschädlich möglich.

Rentenversicherungen mit Kapitalwahlrecht können ohne zeitliche Beschränkung u. a. durch Abwahl des Kapitalwahlrechts in eine pfändungsgeschützte Rentenversicherung umgewandelt werden, da insoweit die Voraussetzungen einer steuerlich relevanten Vertragsänderung nicht berührt sind. Insbesondere liegt kein Wechsel der Versicherungsart im Sinne der Rdn. 37 des BMF-Schreibens vom 22. August 2002 vor.[225] **3**

§ 174 VVG a. F. [Umwandlung in eine prämienfreie Versicherung]

(1) Der Versicherungsnehmer kann jederzeit für den Schluss der laufenden Versicherungsperiode die Umwandlung der Versicherung in eine prämienfreie Versicherung verlangen.

(2) Wird die Umwandlung verlangt, so tritt mit dem bezeichneten Zeitpunkt an die Stelle des vereinbarten Kapital- oder Rentenbetrags der Betrag, der sich für das Alter desjenigen, auf dessen Person die Versicherung genommen ist, als Leistung des Versicherers ergibt, wenn die auf die Versicherung entfallende Prämienreserve als einmalige Prämie angesehen wird.

---
[222] BGBl. I S. 368.
[223] BFH, Urt. v. 31. 7. 2007 – VII R 60/06, WM 2007, 2332, 2334.
[224] BT-Drucks. 16/886, S. 14; BFH, Urt. v. 31. 7. 2007 – VII R 60/06, WM 2007, 2332, 2334.
[225] BStBl. I S. 827.

(3) Die Prämienreserve ist für den Schluss der laufenden Versicherungsperiode zu berechnen. Prämienrückstände werden von dem Betrag der Prämienreserve abgesetzt.

(4) ¹Der Versicherer ist zu einem angemessenen Abzug berechtigt. ²Ist für den Abzug mit Genehmigung der Aufsichtsbehörde in den Versicherungsbedingungen ein bestimmter Betrag festgesetzt, so gilt dieser als angemessen.

Schrifttum: *Adan,* Das Eigenthumsrecht an der Prämien-Reserve der Ablebensversicherung, in: Assecuranz-Jahrbuch, hrsg. v. A. Ehrenzweig, Wien, Manz, 1894, S. 111; *Knöpfmacher,* Der Policen-Rückkauf in der Lebensversicherung, in: Assecuranz-Jahrbuch, hrsg. v. A. Ehrenzweig, Wien, 1892, S. 3

1   Die Aufsichtsbehörde sah einen Abzug dann als genehmigungsfähig an, wenn er im Mittel nicht mehr als 5 v. H. der Deckungsrückstellung beträgt.²²⁶ Der Abzug konnte aber auch so gestaffelt werden, dass er bei Beginn der Rückkaufsfähigkeit 10 v. H. der Deckungsrückstellung beträgt und jährlich um 1 v. H. abnimmt, bis er 2 v. H. erreicht hat.²²⁷ Auch dann, wenn der Abzug von der Deckungsrückstellung nicht mit einem Vomhundertsatz der Deckungsrückstellung, sondern mit einem Vomhundertsatz der Versicherungssumme festgelegt werden sollte, hat das BAV verlangt, dass der Abzug im Durchschnitt nicht mehr als 5 v. H. der gezillmerten Deckungsrückstellung beträgt und bei Beginn der Rückkaufsfähigkeit 10 v. H. der Deckungsrückstellung nicht übersteigt.²²⁸

§ 174 VVG [Umwandlung in eine prämienfreie Versicherung]

(1) ¹Der Versicherungsnehmer kann jederzeit für den Schluss der laufenden Versicherungsperiode die Umwandlung der Versicherung in eine prämienfreie Versicherung verlangen, sofern die dafür vereinbarte Mindestversicherungssumme oder Mindestrente erreicht wird. ²Wird der entsprechende Mindestbetrag nicht erreicht, so hat der Versicherer den auf die Versicherung entfallenden Rückkaufswert zu erstatten, der nach § 176 Abs. 3 und 4 zu berechnen ist.

(2) Bei der Umwandlung ist die Berechnung der prämienfreien Versicherungsleistung nach den anerkannten Regeln der Versicherungsmathematik mit den Rechnungsgrundlagen der Prämienkalkulation vorzunehmen.

(3) Die prämienfreie Leistung ist für den Schluss der laufenden Versicherungsperiode unter Berücksichtigung von Prämienrückständen zu berechnen.

(4) Der Versicherer ist zu einem Abzug nur berechtigt, wenn dieser vereinbart und angemessen ist.

I. Zweck der Vorschrift

1   Nach den Gesetzesmaterialien soll dem Versicherungsnehmer auch bei Zahlungsschwierigkeiten der Anspruch auf die für seinen Vertrag gebildeten Deckungsrückstellungen grundsätzlich erhalten bleiben.²²⁹

---

²²⁶ GB BAV 1955/56, 24.
²²⁷ GB BAV 1955/56, 24.
²²⁸ GB BAV 1955/56, 24.
²²⁹ Vgl. Regierungsbegründung BT-Drucks. 12/6959, S. 102.

II. Verlangen der Umwandlung

Die Umwandlung geschieht nach § 174 VVG durch ein dahingehendes „Verlangen" des Versicherungsnehmers, d.h. durch einen einseitigen Gestaltungsakt.[230] Aus der auf Umwandlung gerichteten Willenserklärung muss sich der Wille des Versicherungsnehmers nach Prämienfreiheit klar und eindeutig ergeben.[231] Bei unklaren Erklärungen des Versicherungsnehmers muss der Versicherer beim Versicherungsnehmer nachfragen und über die Konsequenzen aufklären, ehe er die Versicherung in eine prämienfreie Versicherung umwandelt.[232] Liegt eine eindeutige Umwandlungserklärung vor, muss der Versicherer den Versicherungsnehmer nicht darüber aufklären, welche Rechtsfolgen das Umwandlungsverlangen hat.[233] Zur Aufklärung kann der Versicherer gleichwohl verpflichtet sein, wenn aus besonderen Gründen dazu ein Anlass besteht.[234] Dies ist z.B. der Fall, wenn der Versicherer erkennt oder erkennen muss, dass beim Versicherungsnehmer ein Beratungsbedürfnis besteht.[235]

III. Berechnung der prämienfreien Versicherungsleistung

Bei Umwandlung einer Lebensversicherung in eine prämienfreie Versicherung vermindert sich der Versicherungsschutz auf den in § 174 Abs. 2 VVG genannten Betrag.[236] In Höhe des darüber hinausgehenden Betrags erlischt die Versicherung.[237] Eine mit der Lebensversicherung verbundene Berufsunfähigkeitszusatzversicherung entfällt.[238]

IV. Berechtigung des LVU zum Abzug (§ 176 Abs. 4 VVG)

Die Darlegungslast dafür, ob ein Abzug „angemessen" ist, trifft grundsätzlich denjenigen, der sich auf die Unwirksamkeit einer Klausel beruft.[239]

V. Wiederherstellung der Versicherung

Ein Anspruch des Versicherungsnehmers auf spätere Erhöhung des Versicherungsschutzes ergibt sich weder aus dem VVG noch aus den ALB oder den BUZ.[240] Die Wiederherstellung des ursprünglichen Versicherungsschutzes nach Umwandlung der Versicherung in eine prämienfreie Versicherung ist wie ein Neuabschluss

---

[230] BGH, Urt. v. 24. 9. 1975 – IV ZR 50/74, VersR 1975, 1089, 1090; OLG Saarbrücken, Urt. v. 8. 1. 2003 – 5 U 383/02 – 49 –, r+s 2004, 33.
[231] BGH, Urt. v. 24. 9. 1975 – IV ZR 50/74, VersR 1975, 1089, 1090; BGH, Urt. v. 23. 6. 1993 – IV ZR 37/92, VersR 1994, 39, 40 = r+s 1993, 475; OLG Stuttgart VersR 2002, 301; OLG Saarbrücken, Urt. v. 8. 1. 2003 – 5 U 383/02 – 49 –, r+s 2004, 33.
[232] OLG Köln r+s 1992, 138.
[233] OLG Karlsruhe r+s 1996, 286.
[234] *Kollhosser* in: Prölss/Martin, VVG, 27. Aufl., § 174 VVG Rdn. 4.
[235] *Römer* in: Römer/Langheid, VVG, 2. Aufl., 2003, § 174 VVG Rdn. 7.
[236] OLG Oldenburg, Urt. v. 28. 4. 2004 – 3 U 10/04, VersR 2004, 1164, 1165.
[237] BGHZ 13, 226, 234 = VersR 1954, 281, 282; OLG Oldenburg, Urt. v. 28. 4. 2004 – 3 U 10/04, VersR 2004, 1164, 1165.
[238] OLG Karlsruhe VersR 1992, 1250; OLG Oldenburg, Urt. v. 28. 4. 2004 – 3 U 10/04, VersR 2004, 1164, 1165; *Römer* in: Römer/Langheid, VVG, 2. Aufl., 2003, § 174 VVG Rdn. 6.
[239] LG Hamburg, Urt. v. 11. 7. 2003 – 324 O 577/02, VuR 2003, 455, 460.
[240] OLG Oldenburg, Urt. v. 28. 4. 2004 – 3 U 10/04, VersR 2004, 1164, 1165.

anzusehen, zu dem der Versicherer nicht verpflichtet ist.[241] Der Versicherer ist berechtigt, die Wiederherstellung des ursprünglichen Versicherungsschutzes abzulehnen bzw. von einer erneuten Gesundheitsprüfung abhängig zu machen.[242] Das LVU ist daher weder gehindert, eine erneute Risikoprüfung durchzuführen, noch in diese auch solche Gesundheitsschäden einzubeziehen, die bereits vor der Umwandlung in eine prämienfreie Versicherung eingetreten sind.[243] Eine Belehrung darüber, dass der Versicherer zu einer späteren Wiederherstellung des Versicherungsschutzes nur nach erneuter Gesundheitsprüfung bereit ist, bedarf es grundsätzlich nicht, weil ein Versicherungsnehmer nicht ernsthaft erwarten darf, dass ein Versicherer zu einer Wiederherstellung der Versicherung bereit ist, ohne zu prüfen, ob sich der Gesundheitszustand des Versicherungsnehmers seit der Prämienfreistellung nicht deutlich verschlechtert und damit sich das Risiko erhöht hat.[244] Anders soll dies aber sein, wenn der Versicherer in die erneute Gesundheitsprüfung vor der Wiederherstellung des Vertrags auch solche Gesundheitsschäden einbeziehen will, die bereits vor der Prämienfreistellung vorhanden waren und unter Umständen sogar allein wegen solcher Umstände den Versicherungsschutz ablehnen oder einschränken will.[245] Da, so das OLG Oldenburg,[246] eine derartige wenig kundenfreundliche Verfahrensweise für den durchschnittlichen Versicherungsnehmer fern liege und auch weder den ALB noch den BUZ explizit zu entnehmen sei, bedürfe es eines ausdrücklichen Hinweises des Versicherers auf diese Handhabung.[247] Dem OLG Oldenburg[248] reichte hierfür folgender Hinweis des Versicherers nicht aus:

„Sie haben auch zu einem späteren Zeitpunkt die Möglichkeit, den ursprünglichen Versicherungsschutz wiederzuerlangen. (...). Geben Sie uns dann bitte Nachricht, damit wir Ihnen ein entsprechendes Angebot unterbreiten können. Die Wiederherstellung des Versicherungsschutzes ist möglich, wenn die erneute Risikoprüfung keine Bedenken ergibt."

§ 175 VVG a. F. [Umwandlung als Folge einer Kündigung des Versicherers]

(1) ¹Kündigt der Versicherer das Versicherungsverhältnis nach § 39, so wandelt sich mit der Kündigung die Versicherung in eine prämienfreie Versicherung um. ²Auf die Umwandlung finden die Vorschriften des § 174 Absatz 2 bis 4 Anwendung.

(2) Im Falle des § 39 Abs. 2 ist der Versicherer zu der Leistung verpflichtet, die ihm obliegen würde, wenn sich mit dem Eintritt des Versicherungsfalls die Versicherung in eine prämienfreie Versicherung umgewandelt hätte.

(3) Die in § 39 vorgesehene Bestimmung einer Zahlungsfrist muss einen Hinweis auf die eintretende Umwandlung der Versicherung enthalten.

---

[241] BGH, Urt. v. 23. 6. 1993 – IV ZR 37/92, VersR 1994, 39, 40 = r+s 1993, 475; OLG Karlsruhe VersR 1992, 1250, 1251; OLG Saarbrücken, Urt. v. 8. 1. 2003 – 5 U 383/02 – 49 –, r+s 2004, 33, 34; OLG Oldenburg, Urt. v. 28. 4. 2004 – 3 U 10/04, VersR 2004, 1164, 1165.
[242] OLG Saarbrücken, Urt. v. 8. 1. 2003 – 5 U 383/02 – 49 –, r+s 2004, 33, 34.
[243] OLG Oldenburg, Urt. v. 28. 4. 2004 – 3 U 10/04, VersR 2004, 1164, 1165.
[244] OLG Karlsruhe r+s 1996, 286, 287; OLG Oldenburg, Urt. v. 28. 4. 2004 – 3 U 10/04, VersR 2004, 1164, 1165.
[245] OLG Oldenburg, Urt. v. 28. 4. 2004 – 3 U 10/04, VersR 2004, 1164, 1165.
[246] OLG Oldenburg, Urt. v. 28. 4. 2004 – 3 U 10/04, VersR 2004, 1164, 1165.
[247] OLG Oldenburg, Urt. v. 28. 4. 2004 – 3 U 10/04, VersR 2004, 1164, 1165.
[248] OLG Oldenburg, Urt. v. 28. 4. 2004 – 3 U 10/04, VersR 2004, 1164.

A. §§ 159–178 VVG a.F. 1, 2   §§ 175, 176 a.F. VVG 1908/2007

§ 175 VVG [Umwandlung durch Kündigung des Versicherers]

(1) ¹Kündigt der Versicherer das Versicherungsverhältnis nach § 39, so wandelt sich mit der Kündigung die Versicherung in eine prämienfreie Versicherung um. ²Auf die Umwandlung findet § 174 Anwendung.

(2) Im Falle des § 39 Abs. 2 ist der Versicherer zu der Leistung verpflichtet, die ihm obliegen würde, wenn sich mit dem Eintritt des Versicherungsfalls die Versicherung in eine prämienfreie Versicherung umgewandelt hätte.

(3) Die in § 39 vorgesehene Bestimmung einer Zahlungsfrist muss einen Hinweis auf die eintretende Umwandlung der Versicherung enthalten.

§ 176 VVG a. F. [Herausgabe der Prämienreserve]

(1) Wird eine Kapitalversicherung für den Todesfall, die in der Art genommen ist, dass der Eintritt der Verpflichtung des Versicherers zur Zahlung des vereinbarten Kapitals gewiss ist, durch Rücktritt, Kündigung oder Anfechtung aufgehoben, so hat der Versicherer den Betrag der auf die Versicherung entfallenden Prämienreserve zu erstatten.

(2) ¹Das gleiche gilt bei einer Versicherung der im Absatz 1 bezeichneten Art auch dann, wenn nach dem Eintritt des Versicherungsfalls der Versicherer von der Verpflichtung zur Zahlung des vereinbarten Kapitals frei ist. ²Im Falle des § 170 Abs. 1 ist jedoch der Versicherer zur Erstattung der Prämienreserve nicht verpflichtet.

(3) Bei der Ermittlung des zu erstattenden Betrags ist die Prämienreserve für den Schluss der Versicherungsperiode zu berechnen, in deren Laufe das Versicherungsverhältnis endigt.

(4) ¹Der Versicherer ist zu einem angemessenen Abzug berechtigt. ²Ist für den Abzug mit Genehmigung der Aufsichtsbehörde in den Versicherungsbedingungen ein bestimmter Betrag festgesetzt, so gilt dieser als angemessen.

I. Geltungsbereich

Die Vorschrift findet Anwendung auf Lebensversicherungsverträge, die vor dem 1
29. Juli 1994 geschlossen wurden, und auf solche Lebensversicherungsverträge, die bis zum 31. Dezember 1994 unter Verwendung von vor dem 29. Juli 1994 genehmigten ALB abgeschlossen wurden. Für diese Lebensversicherungsverträge (sog. Alt- und Zwischenbestand) gilt § 176 VVG a. F. weiter.[249]

II. Erstattung der Prämienreserve

§ 176 VVG a. F. stellt auf die „Prämienreserve" ab,[250] die mit dem Deckungs- 2
kapital identisch ist, das sich nach den Regelungen des Geschäftsplans bemisst

---

[249] OLG Köln, Urt. v. 19. 12. 2001 – 5 U 142/01, NJW-RR 2002, 599 = NVersZ 2002, 163 = VersR 2002, 600 = r+s 2003, 514; *Kollhosser* in: Prölss/Martin, 27. Aufl., 2004, § 176 VVG Rdn. 1 u. Vorbem. vor Anhang zu § 178 VVG Rdn. 1.
[250] BVerfG, Beschl. v. 15. 2. 2006 – 1 BVR 1317/96, VersR 2006, 489, 491.

371

(vgl. § 11 VAG).²⁵¹ Die Höhe der Prämienreserve kann der Versicherungsnehmer in der Regel nicht selbst ermitteln und nur die Aufsichtsbehörde in ihren Ansätzen kontrollieren.²⁵²

III. Berechtigung des LVU zum Abzug (§ 176 Abs. 4 VVG a. F.)

1. Normzweck

3   Zweck der Vorschrift ist es, dem Versicherer eine Entschädigung dafür zu gewähren, dass der Vertrag vorzeitig beendet wird.²⁵³

2. Angemessener Abzug

4   Maßgebend ist der im Geschäftsplan festgelegte Abschlag.²⁵⁴ Der gemäß § 176 Abs. 4 VVG a. F. zulässige Stornoabzug soll den Versicherer vor den finanziellen Nachteilen einer vorzeitigen Kündigung bewahren und derartigen Vertragsauflösungen generell vorbeugen.²⁵⁵

3. Inhaltskontrolle

5   Die Verweisung auf den Geschäftsplan genügt dem Transparenzgebot und ist wirksam.²⁵⁶ Der Geschäftsplan als solcher ist nicht in den Vertrag einbezogen und unterliegt deshalb auch keiner Inhaltskontrolle.²⁵⁷

---

§ 176 VVG [Erstattung des Rückkaufswerts]

(1) **Wird eine Kapitalversicherung für den Todesfall, die in der Art genommen ist, dass der Eintritt der Verpflichtung des Versicherers zur Zahlung des vereinbarten Kapitals gewiss ist, durch Rücktritt, Kündigung oder Anfechtung aufgehoben, so hat der Versicherer den auf die Versicherung entfallenden Rückkaufswert zu erstatten.**

(2) ¹**Das gleiche gilt bei einer Versicherung der in Absatz 1 bezeichneten Art auch dann, wenn nach dem Eintritt des Versicherungsfalls der Versicherer von der Verpflichtung zur Zahlung des vereinbarten Kapitals frei ist.** ²**Im Fall des § 170 Abs. 1 ist jedoch der Versicherer zur Erstattung des Rückkaufswerts nicht verpflichtet.**

(3) ¹**Der Rückkaufswert ist nach den anerkannten Regeln der Versicherungsmathematik für den Schluss der laufenden Versicherungsperi-**

---

²⁵¹ OLG Düsseldorf, Urt. v. 9. 2. 1993 – 4 U 2/92, NJW-RR 1993, 801 = VersR 1993, 556 = r+s 1994, 232; *Claus*, Lebensversicherungsaufsicht nach der Dritten EG-Richtlinie: Was bleibt? Was ändert sich?, ZfV 1994, 139, 144.
²⁵² OLG Düsseldorf, Urt. v. 9. 2. 1993 – 4 U 2/92, NJW-RR 1993, 801 = VersR 1993, 556 = r+s 1994, 232.
²⁵³ RGZ 152, 268; *Kollhosser* in: Prölss/Martin, 27. Aufl., 2004, § 174 VVG a. F. Rdn. 9.
²⁵⁴ OLG Köln, Urt. v. 19. 12. 2001 – 5 U 142/01, NJW-RR 2002, 599, 600 = NVersZ 2002, 163, 164 = VersR 2002, 600, 601 = r+s 2003, 514.
²⁵⁵ BGH, Urt. v. 12. 7. 1995 – XII ZR 109/94, NJW 1995, 2781, 2782 = VersR 1995, 1225, 1226 = r+s 1996, 71, 72 = WM 1995, 1937, 1938 = MDR 1995, 1140, 1141.
²⁵⁶ OLG Köln, Urt. v. 19. 12. 2001 – 5 U 142/01, NJW-RR 2002, 599, 600 = NVersZ 2002, 163, 164 = VersR 2002, 600, 601 = r+s 2003, 514.
²⁵⁷ OLG Düsseldorf NJW-RR 1993, 801 = VersR 1993, 556; OLG Köln, Urt. v. 19. 12. 2001 – 5 U 142/01, NJW-RR 2002, 599, 600 = NVersZ 2002, 163, 164 = VersR 2002, 600, 601 = r+s 2003, 514.

ode als Zeitwert der Versicherung zu berechnen. ²Prämienrückstände werden vom Rückkaufswert abgesetzt.

(4) Der Versicherer ist zu einem Abzug nur berechtigt, wenn er vereinbart und angemessen ist.

Übersicht

	Rdn.
I. Geltungsbereich	1, 2
II. Erstattung des Rückkaufswerts	3–5
1. Allgemeines	3
2. Anspruch auf den Rückkaufswert	4, 5
a) Anspruchsberechtigte	4
b) Drittberechtigte	5
III. Berechnung des Rückkaufswerts als Zeitwert der Versicherung (§ 176 Abs. 3 VVG)	6–19
1. Anerkannte Regeln der Versicherungsmathematik	6–13
a) Grundsatz	6, 7
b) Zillmerung	8–13
aa) Zulässigkeit	8
bb) Vereinbarung	9
cc) Berechnung des Zeitwerts	10–13
2. Berechnungsvereinbarung	14–18
3. Prämienrückstände	19
IV. Berechtigung des LVU zum Abzug (§ 176 Abs. 4 VVG)	20–36
1. Vereinbarung	20–27
a) Zweck des Abzugs	20, 21
b) Rechtsnatur des Abzugs	22–24
c) Höhe des Abzugs	25
d) Stornoabzugsklausel	26, 27
2. Angemessenheit	28–30
3. Inhaltskontrolle der Stornoabzugsklausel	31–36
a) Kontrollfähigkeit	31, 32
b) § 307 Abs. 1, Abs. 2 Nr. 1 BGB	33
c) § 308 Nr. 7 BGB	34
d) § 309 Nr. 5 b) BGB	35, 36
V. Auskunft über die Berechnung des Rückkaufswerts	37

Schrifttum: *Bergmann,* Muss die Zillmerung in den allgemeinen Versicherungsbedingungen vereinbart werden?, VersR 2004, 549; *Brömmelmeyer,* Der Verantwortliche Aktuar in der Lebensversicherung, 2000; *Castellví,* Unwirksamkeit der Regelungen zu Abschlusskosten, Rückkaufswert und Beitragsfreistellung – Ende der Unklarheiten?, NVersZ 2001, 529; *Engeländer,* Das Zillmerverfahren in der Lebensversicherung, VersR 1999, 1325; *derselbe,* Die rechtliche Relevanz von Rechnungsgrundlagen der Beiträge in der Lebensversicherung, NVersZ 2001, 289; *derselbe,* Der Zeitwert einer Lebensversicherung, NVersZ 2002, 436; *derselbe,* Der Nichtannahmebeschluss des BVerfG zu Rückkaufswerten, VersR 2009, 1308; *Frels, H.,* Zum Prämienrückkauf in der Lebensversicherung – Eine Erwiderung –, VersR 1972, 503; *Holz,* Beurteilung von Lebensversicherungsprodukten: Der innere Zins einer Produktkonstruktion, VW 1999, 851; *Jaeger,* Der Zeitwert eines Lebensversicherungsvertrags – ein ungelöstes Rätsel?, VersR 2002, 133; *Kunkel,* Schlussüberschussanteil und natürliches Überschusssystem, Der Aktuar 1999, 20; *Liebetanz,* Die Anwerbekosten in der Lebensversicherung und ihre Deckung, Lübeck, 1902; *Logophilus,* Der Streit um die Zillmersche Methode in der Lebensversicherung, Berlin, 1902; *Lörper/Schön,* Der Zeitwert in Lebensversicherungsverträges, Der Aktuar 1997, 170; *Nies,* Die Verpflichtung aus dem Versicherungsvertrag, WPg 1971, 503; *derselbe,* Die Zillmerung als Teil des Geschäftsplans und als Grundlage der Bilanzierung, Blätter der Deutschen Gesellschaft für Versicherungsmathematik, Bd. XI, 1973/74, S. 11; *derselbe,* Die besonderen Bestimmungen des KStG 1977 für Lebensversicherungsunternehmen, VW 1977, 113; *Präve,* Rückkaufswert und Bestandsübertragung in der

Lebensversicherung, VW 2005, 566; *Rhiel,* Die Berechnung von versicherungstechnischen Rückstellungen und Zeitwerten von Versicherungsverträgen, Der Aktuar 1999, 56; *Schmidt,* Zur aktuariellen Ermittlung angemessener Stornoabzüge in der Lebensversicherung, Der Aktuar 1999, 24; *Schünemann,* „Zillmerung" ohne Kostenverrechnungsklausel?, VersR 2005, 323; *derselbe,* Der „Rückkaufswert" zwischen Gesetz und Vertrag, VersR 2009, 442; *Schwartze,* Wann verjähren Nachforderungsansprüche aus Lebensversicherungsverträgen, VersR 2006, 1331; *Schwerdtner,* Der Prämienrückkauf in der Lebensversicherung oder: Das Geschäft mit dem Tode, ZRP 1971, 219; *Schwintowski,* Recht und Institutionen langfristiger privater Versicherungsverhältnisse, in: Langfristige Versicherungsverhältnisse: Ökonomie, Technik, Institutionen, hrsg. v. Leonhard Männer, Karlsruhe, VVW, 1997, S. 77; *derselbe,* Schutzlücken durch Koppelung und Intransparenz in der Kapitallebensversicherung, VuR 1998, 219, 227; *derselbe,* Der Rückkaufswert als Zeitwert – eine (scheinbar) überwundene Debatte, VersR 2008, 1425; *Seiffert,* Die Rechtsprechung des BGH zum Versicherungsrecht – Neuere Entscheidungen des IV. Zivilsenats des BGH zur Lebensversicherung und Anmerkungen zu „Nichtentscheidungen", r+s 2010, 177; *Zeuner,* Einige Gedanken zum Zeitwert eines Lebensversicherungsvertrages, Der Aktuar 2000, 63; *derselbe,* Nochmals: Zum Zeitwert eines Lebensversicherungsvertrags, Der Aktuar 2001, 59.

I. Geltungsbereich

1 Die Vorschrift ist nicht anwendbar auf Lebensversicherungsverträge, die vor dem 29. Juli 1994 geschlossen wurden, und auf solche Lebensversicherungsverträge, die bis zum 31. Dezember 1994 unter Verwendung von vor dem 29. Juli 1994 genehmigten ALB abgeschlossen wurden. Für diese Lebensversicherungsverträge (sog. Alt- und Zwischenbestand) gilt § 176 VVG a. F. weiter.[258] Siehe hierzu auch § 11 c VAG.

2 § 176 Abs. 1 VVG erfasst nur die Versicherung auf den (sicheren) Todesfall und ist für die Kapitallebensversicherung auf den (ungewissen) Erlebensfall nicht anwendbar.[259] Auf die Alterungsrückstellungen in der privaten Krankenversicherung, die in der Art der Lebensversicherung geführt werden, findet § 176 VVG ohne besondere Vereinbarung von Versicherer und Versicherungsnehmer keine Anwendung.[260]

II. Erstattung des Rückkaufswerts

1. Allgemeines

3 Die Ansprüche aus der Versicherung für den Todesfall und den Erlebensfall stehen nebeneinander und sind unterschiedlichen Verfügungen zugänglich.[261] Das Recht auf den Rückkaufswert ist nur eine andere Erscheinungsform des Rechts auf die Versicherungssumme.[262] Aus § 176 Abs. 1 VVG ergibt sich, dass der Anspruch

---

[258] OLG Köln, Urt. v. 19. 12. 2001 – 5 U 142/01, NJW-RR 2002, 599 = NVersZ 2002, 163 = VersR 2002, 600 = r+s 2003, 514; *Kollhosser* in: Prölss/Martin, 27. Aufl., 2004, § 176 VVG Rdn. 1 u. Vorbem. vor Anhang zu § 178 VVG Rdn. 1.
[259] OLG Karlsruhe, Urt. v. 2. 7. 1998 – 12 U 302/97, NJW-RR 1999, 324, 325 = NVersZ 1999, 129, 130 = VersR 1999, 571, 572; *Kollhosser* in: Prölss/Martin, 25. Aufl., § 176 VVG Anm. 1.
[260] OLG Karlsruhe, Urt. v. 2. 7. 1998 – 12 U 302/97, NJW-RR 1999, 324, 325 = NVersZ 1999, 129, 130 = VersR 1999, 571, 572.
[261] OLG Celle, Beschl. v. 23. 6. 2005 – 16 W 54/05, r+s 2007, 295.
[262] BGH, Urt. v. 22. 3. 2000 – IV ZR 23/99, NJW 2000, 2103 = VersR 2000, 709; BGH, Urt. v. 18. 6. 2003 – IV ZR 59/02, NJW 2003, 2679 = VersR 2003, 1021 = r+s 2003, 424 = WM 2003, 2247 = BGHReport 2003, 992 m. Anm. *Castellví;* BGH, Urt. v. 8. 6. 2005 – IV ZR 30/04, NJW-RR 2005, 1412, 1413 = VersR 2005, 1134, 1135 = WM 2005, 2141, 2142 = ZIP 2005, 1373, 1374 = BetrAV 2005, 786; OLG Celle, Beschl. v. 23. 6. 2005 – 16 W 54/05, r+s 2007, 295; *Schwartze* VersR 2006, 1331, 1332.

auf den Rückkaufswert den Ansprüchen auf den Todesfall zuzuordnen ist, sofern sich eine Abweichung hiervon nicht ausdrücklich oder konkludent ergibt.[263] Eine ausdrückliche Regelung über die Zuordnung des Rückkaufswerts kann sich z. B. aus einem Abtretungsformular mit der Folge ergeben, dass der Anspruch auf Auszahlung des Rückkaufswerts nicht dem Zessionar zusteht.[264]

2. Anspruch auf den Rückkaufswert

a) Anspruchsberechtigte. Hat der Versicherungsnehmer keine Verfügungen über die Ansprüche aus der Versicherung getroffen und steht Dritten auf Grund von Vollstreckungsmaßnahmen nicht der Zugriff auf die Versicherungsleistung offen, gebührt der Anspruch auf den Rückkaufswert im Erlebensfall dem Versicherungsnehmer und im Todesfall seinen Erben.

b) Drittberechtigte. Ist der Anspruch auf die Versicherungsleistung mit sofortiger Wirkung auf einen anderen übergegangen, also insbesondere auf den unwiderruflich Bezugsberechtigten, den Zessionar, den Vertragspfandgläubiger nach Pfandreife, den Vollstreckungsgläubiger aufgrund Pfändungs- und Überweisungsbeschluss, steht der Anspruch auf den Rückkaufswert den Drittberechtigten zu.

III. Berechnung des Rückkaufswerts als Zeitwert der Versicherung (§ 176 Abs. 3 VVG)

1. Anerkannte Regeln der Versicherungsmathematik

a) Grundsatz. Nach § 176 Abs. 3 VVG hat der Versicherer bei der Ermittlung des Zeitwerts, der dem Rückkaufswert gleichsteht, für den Fall der Kündigung anerkannte Regeln der Versicherungsmathematik zu Grunde zu legen.[265] Dies gilt auch für den Fall des § 174 Abs. 1 Satz 2 VVG. Hintergrund der Regelung des § 176 Abs. 3 VVG ist, dass Prämienkalkulation und Berechnung der Deckungsrückstellung auseinander fallen können und die Versicherer größere Freiheiten bei der Wahl der Kapitalanlagen haben.[266]

Die in den gesetzlichen Vorschriften erwähnten anerkannten Regeln der Versicherungsmathematik, die allerdings konkretisierungsbedürftig sind,[267] stellen einen

---

[263] OLG Celle, Beschl. v. 23. 6. 2005 – 16 W 54/05, r+s 2007, 295.
[264] OLG Dresden, Urt. v. 2. 12. 2004 – 13 U 1569/04; OLG Celle, Beschl. v. 23. 6. 2005 – 16 W 54/05, r+s 2007, 295.
[265] BGH, Urt. v. 9. 5. 2001 – IV ZR 121/00, NJW 2001, 2014, 2016 = NVersZ 2001, 308, 310 = VersR 2001, 841, 844 = r+s 2001, 386, 387 = ZIP 2001, 1052, 1054 = BB 2001, 1427, 1429 = MDR 2001, 1055, 1056; LG Chemnitz, Teilurt. v. 16. 1. 2004 – 6 S 1679/03, NJW-RR 2004, 461, 462; OLG München, Urt. v. 17. 2. 2009 – 25 U 3975/07, VersR 2009, 770.
[266] BT-Drucks. 12/6959, S. 102 f.; BVerfG, Beschl. v. 15. 2. 2006 – 1 BVR 1317/96, VersR 2006, 489, 491.
[267] Vgl. hierzu *Zwiesler*, Was sind „anerkannte versicherungsmathematische Grundsätze"? Die Sicht des Versicherungsmathematikers, in: Basedow/Schwark/Schwintowski (Hrsg.), Informationspflichten, Europäisierung des Versicherungswesens, Anerkannte Grundsätze der Versicherungsmathematik, VersWissStud. 2 (1995), S. 155; *Vieweg*, Anerkannte Regeln der Versicherungsmathematik aus der Sicht der Rechtswissenschaft, in: Basedow/Schwark/Schwintowski (Hrsg.), Informationspflichten, Europäisierung des Versicherungswesens, Anerkannte Grundsätze der Versicherungsmathematik, VersWissStud. 2 (1995), S. 163, 165 ff.; *Neuburger*, Bemerkungen zu den anerkannten Regeln der Versicherungsmathematik, in: Basedow/Meyer/Schwintowski (Hrsg.), Lebensversicherung, Internationale Versicherungsverträge und Verbraucherschutz, Versicherungsbetrieb, 1996, S. 37; *Schwintowski* in: Berliner Komm. z. VVG, 1999, § 176 VVG Rdn. 17.

Rahmen dar, innerhalb dessen sich die Berechnung halten muss.[268] Auch wenn das System zur Ermittlung der Rückkaufswerte durch die anerkannten Regeln der Versicherungsmathematik vorgegeben ist, so enthält es aber doch Spielräume, die durch geschäftspolitische Entscheidungen des jeweiligen Unternehmens ausgefüllt werden.[269] Diese Entscheidungen haben bei der Anwendung der anerkannten Regeln der Versicherungsmathematik bei der Berechnung des Rückkaufswerts unmittelbaren Einfluss auf dessen Höhe, so dass unterschiedliche Rückkaufswerte das Ergebnis sein können.[270] Der potenzielle Kunde ist deshalb auf Informationen angewiesen, die ihm für seine Entscheidung bei Vertragsschluss einen Vergleich der unterschiedlichen Angebote – auch von anderen Versicherungsunternehmen – erlauben.[271] Eine klare Übersicht über die Rückkaufswerte kommt auch dem Versicherungsnehmer entgegen, der bei einer Veränderung seiner Verhältnisse vor der Frage steht, ob er den Lebensversicherungsvertrag unverändert lassen oder ihn beitragsfrei stellen oder den Rückkaufswert, soweit vorhanden, sich auszahlen lassen möchte.[272]

8   b) Zillmerung. aa) Zulässigkeit. Zu den anerkannten Regeln der Versicherungsmathematik gehört die Zillmerung.[273] Diese nach dem Versicherungsmathematiker Zillmer (1831–1893) benannte Rechenmethode[274] ist ein Verfahren zur Deckung der rechnungsmäßigen Abschlusskosten, auf die das LVU einen vertraglichen Anspruch gegenüber dem Versicherungsnehmer erhält, die aus dem gezillmerten Nettobeitrag zu tilgen ist, bevor mit dem Aufbau der Deckungsrückstellung begonnen wird.[275] Der Nettobeitrag ist der für die Hauptleistung des Versicherers bestimmte Entgeltteil; er besteht aus dem Risikobeitrag, durch den das Sterblichkeitswagnis abgedeckt wird, und dem Sparbeitrag, aus dem bis zum Vertragsablauf die Deckungsrückstellung aufzubauen ist.[276] Gesetzlich ist die Verrechnung einmaliger Abschlusskosten ab Beginn des Vertragsverhältnisses mit Ansprüchen auf künftige Beiträge (sog. Zillmerung) nicht untersagt.[277] Im Gegenteil setzt § 65 Abs. 1 Satz 1 Nr. 2 VAG, wonach Höchstbeträge für die Zillmerung

---

[268] BGH, Urt. v. 9. 5. 2001 – IV ZR 121/00, NJW 2001, 2014, 2015 = NVersZ 2001, 308, 309 = VersR 2001, 841, 843 = r+s 2001, 386 = ZIP 2001, 1052, 1053 = BB 2001, 1427, 1428 = DB 2001, 2186, 2187; OLG Braunschweig, Urt. v. 8. 10. 2003 – 3 U 69/03, VersR 2003, 1520, 1522.
[269] BGH, Urt. v. 9. 5. 2001 – IV ZR 121/00, NJW 2001, 2014, 2015 = NVersZ 2001, 308, 309 = VersR 2001, 841, 843 = r+s 2001, 386 = ZIP 2001, 1052, 1053 = BB 2001, 1427, 1428 = DB 2001, 2186, 2187; OLG Braunschweig, Urt. v. 8. 10. 2003 – 3 U 69/03, VersR 2003, 1520, 1522; *Reimer Schmidt* in Prölss, VAG, 11. Aufl., § 10a VAG Rdn. 24.
[270] BGH, a. a. O. (Fn. 269).
[271] BGH, Urt. v. 9. 5. 2001 – IV ZR 121/00, NJW 2001, 2014, 2016 = NVersZ 2001, 308, 310 = VersR 2001, 841, 844 = r+s 2001, 386, 387 = ZIP 2001, 1052, 1054 = BB 2001, 1427, 1429.
[272] BGH, Urt. v. 9. 5. 2001 – IV ZR 121/00, NJW 2001, 2014, 2016 = NVersZ 2001, 308, 310 = VersR 2001, 841, 844 = r+s 2001, 386, 387 = ZIP 2001, 1052, 1055 = BB 2001, 1427, 1429.
[273] AG Reinbek, Urt. v. 23. 1. 2003 – 9 C 255/02, S. 4; LG Köln, Urt. v. 24. 9. 2003 – 23 S 44/03, S. 11; LG Hildesheim, Urt. v. 16. 10. 2003 – 1 S 54/03, S. 4; *Präve* VersR 2001, 846, 848.
[274] Siehe zur historischen Ausgangslage Koch, Geschichte der Versicherungswissenschaft in Deutschland, hrsg. v. Deutschen Verein für Versicherungswissenschaft e.V. aus Anlass seines 100jährigen Bestehens, Karlsruhe, VVW, 1998, S. 92 ff.
[275] *Boetius*, Handbuch der versicherungstechnischen Rückstellungen: Handels- und Steuerbilanzrecht der Versicherungsunternehmen, Köln, O. Schmidt, 1996, Rdn. 597, S. 205. Siehe hierzu ferner BFH, Urt. v. 26. 1. 1960 – I D 1/58 S, BStBl. III 1960, 191.
[276] *Boetius*, a. a. O. (Fn. 275), Rdn. 597, S. 205.
[277] BGH, Urt. v. 9. 5. 2001 – IV ZR 121/00, NJW 2001, 2014, 2017 = NVersZ 2001, 308, 311 = VersR 2001, 841, 844 = ZIP 2001, 1052, 1056 = BB 2001, 1427, 1430.

durch Rechtsverordnung festgesetzt werden sollen, die Zillmerung als grundsätzlich zulässig voraus.[278] Dass das Zillmerverfahren als solches weiterhin angewendet werden kann, ergibt sich ferner aus § 4 DeckRV und § 15 RechVersV.[279] Allerdings ist eine vertragliche Grundlage erforderlich.[280]

bb) Vereinbarung. Die §§ 174 Abs. 2 und 176 Abs. 3 VVG enthalten keine Aussage dazu, ob der Versicherer gehalten ist, die Höhe der Rückkaufswerte bei Vertragsschluss mit dem Versicherungsnehmer zu vereinbaren, oder ob sich der Versicherer vorbehalten darf, diese Leistung im Falle der Kündigung des Vertrags (oder der Beitragsfreistellung) im Rahmen der anerkannten Regeln der Versicherungsmathematik selbst zu bestimmen.[281] Dem Schweigen des Gesetzes kann aber auf jeden Fall nicht entnommen werden, dass die Abschlusskosten allein der Versicherer zu tragen hat.[282] Da die Prämien in der Lebensversicherung nicht nur aus betriebswirtschaftlicher Vernunft, sondern aufsichtsrechtlich nach § 11 VAG zwingend so kalkuliert werden müssen, dass das Versicherungsunternehmen allen seinen Verpflichtungen nachkommen und insbesondere eine ausreichende Deckungsrückstellung bilden kann, dürfte auch den vertragsrechtlichen Vorschriften eher die Vorstellung zu Grunde liegen, dass die Abschlusskosten in die Prämienkalkulation einfließen.[283] Eine Lösung, die sich vorwiegend am Interesse der Versicherungsnehmer an der Optimierung der an sie auszukehrenden Leistungen orientiert, widerspräche dem für das Versicherungsrecht typischen Grundgedanken einer Risikogemeinschaft[284] und ist deshalb nicht sachgerecht.[285]

cc) Berechnung des Zeitwerts. Wie der Zeitwert eines Lebensversicherungsvertrags zu bestimmen ist, ist umstritten.[286] Im Gesetzentwurf der Bundesregierung vom 14. Januar 1994 wurde hierzu folgendes ausgeführt:[287]

---

[278] BGH, Urt. v. 9. 5. 2001 – IV ZR 121/00, NJW 2001, 2014, 2017 = NVersZ 2001, 308, 311 = VersR 2001, 841, 844 = r+s 2001, 433 = ZIP 2001, 1052, 1056 = BB 2001, 1427, 1430; OLG Düsseldorf, Urt. v. 3. 12. 2002 – 4 U 106/02, NJW-RR 2003, 463 = VersR 2003, 892 = r+s 2004, 75; *Mayer* in: Prölss, VAG, § 65 VAG Rdn. 15; *Kaulbach* in: Fahr/Kaulbach, VAG, 2. Aufl., § 65 VAG Rdn. 6.
[279] BVerfG, Beschl. v. 15. 2. 2006 – 1 BVR 1317/96, VersR 2006, 489, 492; *Engeländer* VersR 1999, 1325, 1330 ff.
[280] BVerfG, Beschl. v. 15. 2. 2006 – 1 BVR 1317/96, VersR 2006, 489, 492; *Reifner*, Kapitallebensversicherung und „Rückkaufwertberechnung" im neuen System des privatrechtlich organisierten europäischen Versicherungsrechts, in: Basedow/Schwark/Schwintowski (Hrsg.), Informationspflichten, Europäisierung des Versicherungswesens, Anerkannte Grundsätze der Versicherungsmathematik, VersWissStud. 2 (1995), S. 179, 199; a. A. *Bergmann* VersR 2004, 549.
[281] BGH, Urt. v. 9. 5. 2001 – IV ZR 121/00, NJW 2001, 2014, 2015/2016 = NVersZ 2001, 308, 309 = VersR 2001, 841, 843 = ZIP 2001, 1052, 1053 = BB 2001, 1427, 1428.
[282] BGH, Urt. v. 12. 10. 2005 – IV ZR 162/03, NJW 2005, 3559, 3564 = VersR 2005, 1565, 1569 = r+s 2005, 519, 523 = BetrAV 2005, 788, 789 = WM 2005, 2279, 2284 = ZIP 2005, 2109, 2115; a. A. *Schünemann* VersR 2005, 323, 326.
[283] BGH, Urt. v. 12. 10. 2005 – IV ZR 162/03, NJW 2005, 3559, 3564 = VersR 2005, 1565, 1569 = r+s 2005, 519, 523 = BetrAV 2005, 788, 789 = WM 2005, 2279, 2284 = ZIP 2005, 2109, 2115.
[284] BVerfG NJW 2005, 2376 = VersR 2005, 1127, 1134 = r+s 2005, 429.
[285] BGH, Urt. v. 12. 10. 2005 – IV ZR 162/03, NJW 2005, 3559, 3564 = VersR 2005, 1565, 1569 = r+s 2005, 519, 523 = BetrAV 2005, 788, 789 = WM 2005, 2279, 2284 f. = ZIP 2005, 2109, 2115.
[286] BVerfG, Beschl. v. 15. 2. 2006 – 1 BVR 1317/96, VersR 2006, 489, 491; *Schwintowski* in: Berliner Komm. z. VVG, 1999, § 176 VVG Rdn. 17 ff.; *Kollhosser* in: Prölss/Martin, VVG, 27. Aufl., 2004, § 176 VVG Rdn. 9.
[287] BR-Drucks. 23/94, S. 306 f.

„Die Änderung des § 176 hat das zukünftig mögliche Auseinanderfallen von Prämienkalkulation und Berechnung der Deckungsrückstellung zu berücksichtigen. Sie hat weiter dem Umstand Rechnung zu tragen, dass nach den Vorgaben der 3. Lebensversicherungs-Richtlinie der Versicherer künftig größere Freiheiten bei der Wahl der Kapitalanlagen hat, die zu einer Abhängigkeit des Wertes der Versicherung von der Kapitalmarktsituation führt und bei der Ermittlung des Rückkaufswertes zu berücksichtigen ist.

Eine an der Summe der verzinslich angesammelten Sparanteile der Prämien ausgerichtete Berechnung des Rückkaufswertes wird diesen Gegebenheiten nicht gerecht. Sie würde auch die Berechnung der Rückkaufswerte in der fondsgebundenen Lebensversicherung nicht erfassen.

Es ist deshalb erforderlich und entspricht auch dem Interesse des Versicherungsnehmers, die Definition des Rückkaufswertes am Zeitwert der Versicherung zu bemessen. Hierbei sind nach versicherungsmathematischen Grundsätzen einerseits alle künftigen Prämien und anderseits alle zukünftigen Leistungen aus dem Versicherungsvertrag, zu deren Erbringung der Versicherer vertraglich verpflichtet ist, einzubeziehen und in Anlehnung an § 9 des Bewertungsgesetzes alle Umstände zu berücksichtigen, die den Zeitwert beeinflussen wie etwa Kapitalmarktsituation und Sterblichkeitsrisiko. Abweichungen von dieser Regel können nen erforderlich werden, wenn die zeitliche Verteilung des Gewinnes auf den einzelnen Vertrag nicht der tatsächlichen Überschusserzielung entspricht (z. B. vorweggenommene Gewinnbeteiligung zur Reduzierung der Prämie) oder sich ein Zeitwert ergäbe, dessen Herausgabe in voller Höhe den Interessen der im Bestand verbleibenden Versicherten zuwider läuft (z. B. bei einer seit Vertragsschluss eingetretenen Verschlechterung der Risikosituation). Nach unten ist der Zeitwert durch den Zeitwert der Garantieleistungen bei Beitragsfreistellung begrenzt. Insgesamt wird durch diese Berechnungsmethode erreicht, dass der Versicherungsnehmer beim Rückkauf seiner Versicherung deren echten Wert erhält."

11 Hervorzuheben ist, dass nach Ansicht des Gesetzgebers der Zeitwert in Anlehnung an § 9 BewG zu bestimmen ist.[288] Nach Meinung des BGH[289] ist hingegen noch nicht allgemein anerkannt, wie nach § 176 Abs. 3 Satz 1 VVG der Zeitwert der Versicherung zu berechnen ist.[290] Für die Richtigkeit dieser Auffassung scheint zu sprechen, dass die Fachwelt bislang nicht abschließend klären konnte, wie sich der Zeitwert ermittelt,[291] und deshalb im Schrifttum von einem „ungelösten Rätsel" gesprochen wird.[292] Allerdings weist der BGH[293] selbst darauf hin, dass der Zeitwert nach Ansicht von Versicherungsmathematikern[294] unter den vereinbarten und nach den herkömmlichen Verfahren berechneten Rückkaufswerten liegt. Mit Blick hierauf kommt der Auffassung von *Claus* besondere Bedeutung zu, der den Zeitwert wie folgt beschreibt:[295]

„Um eine geeignete Bezugsgrundlage für den Rückkaufswert zu haben, ist deshalb der Zeitwert herangezogen worden. Versicherungsmathematisch ist das nichts anderes als die mit zeitnahen Rechnungsgrundlagen (also 2. Ordnung) berechnete Deckungsrückstellung. Der Zeitwert muss dabei sämtliche Leistungen umfassen, also auch diejenigen aus der künftigen

---

[288] Ebenso BAV in GB BAV 1994, 29.
[289] BGH, Urt. v. 12. 10. 2005 – IV ZR 162/03, NJW 2005, 3559, 3567 = VersR 2005, 1565, 1572 = r+s 2005, 519, 526 = BetrAV 2005, 788, 792 = WM 2005, 2279, 2287 = ZIP 2005, 2109, 2118.
[290] Ebenso *Schwintowski* VersR 2008, 1425, 1430; *Schünemann* VersR 2009, 442, 445.
[291] *Kleinlein*, Steigen die Zinsen, sinkt der Rückkaufswert – Der „neue Rückkaufswert": Verbesserte Leistung bei Frühstorno – Transparenzprobleme durch Kapitalmarktadjustierung, VW 2006, 887, 889; *Thierer*, Betriebliche Altersversorgung für GmbH-Geschäftsführer: Bilanzierung von Rückdeckungsversicherungen im Rahmen von IAS 19, BetrAV 2007, 425, 426.
[292] *Jaeger* VersR 2002, 133.
[293] BGH, Urt. v. 12. 10. 2005 – IV ZR 162/03, NJW 2005, 3559, 3567 = VersR 2005, 1565, 1572 = r+s 2005, 519, 526 = BetrAV 2005, 788, 792 = WM 2005, 2279, 2287 = ZIP 2005, 2109, 2118.
[294] *Engeländer* NVersZ 2002, 436, 441, 446; *Jaeger* VersR 2002, 133, 144.
[295] *Claus*, Lebensversicherungsaufsicht nach der Dritten EG-Richtlinie: Was bleibt? Was ändert sich?, ZfV 1994, 139, 144.

Überschussbeteiligung. Ist die Überschussbeteiligung aber – wie heute – verursachungsgerecht und zeitnah ausgestaltet, so kann man diesen Zeitwert durch das prospektive Deckungskapital nach Rechnungsgrundlagen 1. Ordnung ersetzen. Bis auf weiteres wird sich also an den Rückkaufswerten grundsätzlich nichts ändern."

Ähnlich äußert sich *Engeländer*[296] 12

„In der aktuariellen Diskussion wurde auch nur gesagt, dass bei einem herkömmlich kalkulierten Vertrag mit natürlicher Überschussbeteiligung das mit den Rechnungsgrundlagen der Beiträge kalkulierte Deckungskapital inklusive der bislang zugeteilten Überschussanteile mindestens so hoch sein wird wie der Zeitwert."[297]

Der Mindestwert des Zeitwerts ist mithin zu jedem Zeitpunkt der vertragliche 13 Rückkaufswert.[298] Gesichert ist, dass der Zeitwert ein prospektiv zu bestimmender Wert ist.[299]

2. Berechnungsvereinbarung

Die Vereinbarung zur Berechnung des Rückkaufswerts findet sich in entsprechenden Klauseln, die Bestandteil der Allgemeinen Versicherungsbedingungen sind, die ggf. auf andere Unterlagen, insbesondere die Rückkaufswerttabelle, verweisen. Diese Klauseln stehen in einem sachlogischen Zusammenhang. 14

Soweit entsprechend der Praxis der LVU die Information zum Rückkaufswert 15 über eine Erläuterung in den Allgemeinen Versicherungsbedingungen und durch Verweisung auf eine Rückkaufswerttabelle erfolgt, die bei Vertragsschluss ausgehändigt wird, muss die Information des Versicherers geeignet sein, dem Versicherungsnehmer vor Augen zu führen, die er im Falle einer Kündigung oder Beitragsfreistellung hinnehmen muss.[300] Wenn es allerdings um wirtschaftliche Nachteile des Versicherungsnehmers von erheblichem Gewicht geht, muss der Versicherungsnehmer über die wirtschaftlichen Folgen solcher Nachteile bei Vertragsschluss an der Stelle der Allgemeinen Versicherungsbedingungen in den Grundzügen unterrichtet werden, an der die Regelung der Kündigung und Beitragsfreistellung angesprochen ist.[301] Um wirtschaftliche Nachteile von erheblichem Gewicht geht es, wenn der Versicherungsnehmer z. B. bei einer Kündigung die in den ersten zwei Jahren eingezahlten Beiträge ganz verliert und auch in den weiteren Jahren der garantierte Rückkaufswert bis zum neunzehnten Jahr der Laufzeit weniger als die bis dahin eingezahlten Prämien beträgt.[302]

Nicht erforderlich ist, dass der Versicherer im Einzelnen mitteilt, welche Me- 16 thode er zur Ermittlung des Zeitwerts anwendet, wenn er das Ergebnis der Berechnung in Form einer Tabelle garantierter Rückkaufswerte, wenn auch ohne garantierte Überschussbeteiligung, genau darstellt.[303] Allerdings muss der Versi-

---

[296] *Engeländer* NVersZ 2001, 289, 294.
[297] DAV-Mitteilung Nr. 2/94 v. 27. 6. 1994.
[298] OLG München, Urt. v. 17. 2. 2009 – 25 U 3975/08, VersR 2009, 770; *Engeländer* Der Aktuar 2001, 22.
[299] *Engeländer* NVersZ 2001, 289, 295; *derselbe* VersR 2009, 1308, 1313.
[300] BGH, Urt. v. 9. 5. 2001 – IV ZR 121/00, NJW 2001, 2014, 2017 = NVersZ 2001, 308, 310 = VersR 2001, 841, 844 = ZIP 2001, 1052, 1055 = BB 2001, 1427, 1429 = MDR 2001, 1055, 1056.
[301] BGH, Urt. v. 9. 5. 2001 – IV ZR 121/00, NJW 2001, 2014, 2017 = NVersZ 2001, 308, 311 = VersR 2001, 841, 844 = ZIP 2001, 1052, 1055 = BB 2001, 1427, 1430 = MDR 2001, 1055, 1056.
[302] BGH, Urt. v. 9. 5. 2001 – IV ZR 121/00, NJW 2001, 2014, 2017 = NVersZ 2001, 308, 311 = VersR 2001, 841, 844 = ZIP 2001, 1052, 1055 = BB 2001, 1427, 1429 = MDR 2001, 1055, 1056.
[303] BGH, Urt. v. 9. 5. 2001 – IV ZR 121/00, NJW 2001, 2014, 2016 = NVersZ 2001, 308, 310 = VersR 2001, 841, 844 = ZIP 2001, 1052, 1054 = BB 2001, 1427, 1429 =

cherer in der Tabelle mit hinreichender Deutlichkeit darstellen, dass der garantierte Rückkaufswert in den ersten beiden Jahren gleich Null ist, wenn der Versicherer das Konto des Versicherungsnehmers sofort bei Vertragsbeginn mit sämtlichen Abschlusskosten mit der Folge belastet, dass der Versicherungsnehmer bei einer Kündigung oder Beitragsfreistellung innerhalb der ersten zwei Jahre überhaupt keine Leistungen des Versicherers erhält, weil nach der vom Versicherer gewählten Berechnungsmethode der Zeitwert gleich Null ist.[304] Wenn in den weiteren Vertragsjahren die Leistungen des Versicherers im Falle der Kündigung oder Beitragsfreistellung nicht die eingezahlten Beiträge erreichen, muss der Versicherungsnehmer dies der Rückkaufswerttabelle entnehmen können.[305] Dabei dürfen aber die Anforderungen an den Versicherer nicht überspannt werden. Bei den mehr als zwölf Jahre laufenden Versicherungsverträgen ist dem Informationsbedürfnis des Versicherungsnehmers genügt, wenn der Rückkaufswert in den späteren Jahren nicht mehr für jedes Vertragsjahr aufgezeigt wird. Als ausreichend sind Drei- oder Fünfjahresabschnitte anzusehen.[306]

17 Wenn der Versicherer das Zillmer-Verfahren anwendet, muss der Wortlaut der Abschlusskostenklausel in den Allgemeinen Versicherungsbedingungen im Ansatz auf die wirtschaftlichen Folgen der Verrechnung der Abschlusskosten im Wege des Zillmer-Verfahrens deutlich genug aufmerksam machen und muss die Rückkaufswerttabelle, auf die die Klausel verweist, den Versicherungsnehmer erkennen lassen, in welcher Weise das Anwachsen des Kapitals durch die Verrechnung mit den Abschlusskosten belastet wird.[307]

18 Die §§ 6, 15 ALB 1994 entsprachen nicht den aufgezeigten Anforderungen an eine transparente Berechnungsvereinbarung im Wege von Allgemeinen Versicherungsbedingungen und wurden vom BGH[308] wegen Verstoßes gegen das Transparenzgebot für unwirksam erklärt.

3. Prämienrückstände

19 Gemäß § 176 Abs. 3 Satz 2 VVG dürfen Prämienrückstände vom Rückkaufswert abgezogen werden.

IV. Berechtigung des LVU zum Abzug (§ 176 Abs. 4 VVG)

1. Vereinbarung

20 **a) Zweck des Abzugs.** Die Vorschrift des § 176 Abs. 4 VVG soll dem Versicherer ermöglichen, dem Versicherungskollektiv im Falle der Kündigung entste-

---

MDR 2001, 1055, 1056; OLG München, Urt. v. 17. 2. 2009 – 25 U 3975/08, VersR 2009, 770.
[304] BGH, Urt. v. 9. 5. 2001 – IV ZR 121/00, NJW 2001, 2014, 2017 = NVersZ 2001, 308, 311 = VersR 2001, 841, 844 = ZIP 2001, 1052, 1055 = BB 2001, 1427, 1429 = MDR 2001, 1055, 1056.
[305] BGH, Urt. v. 9. 5. 2001 – IV ZR 121/00, NJW 2001, 2014, 2017 = NVersZ 2001, 308, 311 = VersR 2001, 841, 844 = ZIP 2001, 1052, 1055 = BB 2001, 1427, 1430 = MDR 2001, 1055, 1056.
[306] *Römer* in: Römer/Langheid, VVG, 2. Aufl., § 176 VVG Rdn. 11.
[307] BGH, Urt. v. 9. 5. 2001, NJW 2001, 2014, 2017/2018 = NVersZ 2001, 308, 311 = VersR 2001, 841, 845 = ZIP 2001, 1052, 1056 = BB 2001, 1427, 1430 = MDR 2001, 1055, 1056.
[308] BGH, Urt. v. 9. 5. 2001 – IV ZR 121/00, NJW 2001, 2014 = NVersZ 2001, 308 = VersR 2001, 841 = ZIP 2001, 1052 = BB 2001, 1427 = DB 2001, 2186 = MDR 2001, 1055.

hende Nachteile über einen Abzug auszugleichen.[309] Dabei ist zu berücksichtigen, dass nach Einschätzung des BGH unter dem Eindruck verschiedener Veröffentlichungen[310] etwa 50% der Verträge vorzeitig beendet werden.[311] Es wird deshalb gefordert, dass der Versicherungsnehmer im Zeitpunkt des Vertragsabschlusses über die Nachteile einer vorzeitigen Kündigung informiert und der Abzug quantifiziert wird.[312]

Zu nennen ist zum Zweck des Abzugs erstens die Gefahr der Antiselektion.[313] Hiermit ist gemeint, dass Versicherungsnehmer, die ein schlechtes Risikoprofil haben, eher geneigt sein werden, ihren Vertrag aufrechtzuerhalten, weil sie woanders denselben Versicherungsschutz nur teurer und ggf. sogar überhaupt nicht bekämen.[314] Zweitens soll der Versicherer über den Abzug quasi eine Vorfälligkeitsentschädigung dafür erhalten, dass Kapitalanlagen, die sich an der Laufzeit der Verträge im Bestand ausrichten, im Falle der Kündigung vorzeitig aufgelöst werden müssen.[315] Drittens sollen über den Abzug vor allem noch nicht getilgte überrechnungsmäßige Abschlusskosten ausgeglichen werden.[316] Die überrechnungsmäßigen Abschlusskosten dürfen nicht mit den ggf. im Zillmerverfahren getilgten Abschlusskosten verwechselt werden, die kalkulatorisch bereits im Zeitwert verarbeitet sind, von dem der Stornoabzug vorzunehmen ist.[317] Viertens muss der Abzug den erhöhten Verwaltungskosten und den Fixkosten sowie fünftens der steigenden relativen Streuung Rechnung tragen.[318] Sechstens muss der Abzug einen Ausgleich für entgangene Gewinne schaffen.[319]

b) Rechtsnatur des Abzugs. Streitig ist die rechtliche Einordnung des Abzugs. Nach einer Ansicht stellt sich der Abzug als eine Entschädigung dafür dar, dass der Vertrag vorzeitig endet.[320] Andere Stimmen im Schrifttum sprechen vom pauschalierten Schadensersatz.[321] Nach Ansicht der Kommission zur Reform des Versicherungsvertragsrechts handelt es sich bei der Belastung mit Abschlusskosten, die in den zukünftigen, nicht mehr geschuldeten Prämien enthalten sind, um eine Art unzulässige Vertragsstrafe für vertragsgemäßes Verhalten.[322]

Die Auffassung der Kommission zur Reform des Versicherungsvertragsrechts kann nicht zutreffen. Dies ergibt ein Abgleich mit den gesetzlichen Vorschriften zum Darlehensvertrag. § 490 Abs. 2 Satz 3 BGB bestimmt, dass der Darlehensnehmer dem Darlehensgeber denjenigen Schaden zu ersetzen hat, der dem Darlehensgeber entsteht, wenn der Darlehensnehmer den Darlehensvertrag vorzeitig kündigt.[323] Der Gesetzgeber bezeichnet diesen Schadensersatz in § 490 Abs. 2 Satz 3 BGB ausdrücklich als „Vorfälligkeitsentschädigung", hat allerdings mit

---

[309] Zu den Gründen für die Erhebung und Methoden zur Ermittlung eines Stornoabzugs siehe DAV-Mitteilung Nr. 5.
[310] VW 2004, 1884; VW 2005, 419.
[311] BGH, Urt. v. 12. 10. 2005 – IV ZR 162/03, NJW 2005, 3559, 3566 = VersR 2005, 1565, 1571 = r+s 2005, 519, 525 = BetrAV 2005, 788, 791 = WM 2005, 2279, 2287 = ZIP 2005, 2109, 2117 = DB 2005, 2686, 2688.
[312] *Schwerdtner* ZRP 1971, 219, 221; krit. dazu *Frels, H.* VersR 1972, 503.
[313] *Schmidt* Der Aktuar 1999, 24; *Castellví* NVersZ 2001, 529, 534.
[314] *Schmidt* Der Aktuar 1999, 24, 25; *Castellví* NVersZ 2001, 529, 534.
[315] *Schmidt* Der Aktuar 1999, 24; *Castellví* NVersZ 2001, 529, 534.
[316] *Schmidt* Der Aktuar 1999, 24; *Castellví* NVersZ 2001, 529, 534.
[317] *Baroch Castellví* NVersZ 2001, 529, 534.
[318] *Schmidt* Der Aktuar 1999, 24.
[319] *Schmidt* Der Aktuar 1999, 24.
[320] *Castellví* NVersZ 2001, 529, 534.
[321] *Winter* in: Bruck/Möller, Anm. G 462; *Jaeger* VersR 2002, 133, 141.
[322] Abschlussbericht v. 19. 4. 2004, S. 110.
[323] Siehe hierzu *Becher/Lauterbach,* Darlehenskündigung nach § 490 Abs. 2 BGB wegen günstigerer Zinskonditionen?, WM 2004, 1163 ff.

Blick auf die Komplexität der Berechnung der Vorfälligkeitsentschädigung[324] darauf verzichtet, hierzu gesetzliche Festlegungen zu treffen.[325] Dies ist zu bedauern, da erste Versuche einer Pauschalierung der Vorfälligkeitsentschädigung vor dem BGH wenig Gnade gefunden haben.[326]

24 Auch dem Versicherer entsteht ein Schaden, wenn der Versicherungsnehmer von seinem gesetzlichen Kündigungsrecht Gebrauch macht. Der Schaden liegt darin, dass dem Versicherer und damit dem Versicherungskollektiv, dem der Vertrag des Versicherungsnehmers zugeordnet ist, die Beiträge für die vertragliche Laufzeit nicht vertragsgemäß zufließen. Zum Ausgleich für diesen Schaden billigt der Gesetzgeber dem LVU einen Abzug zu, der mit Blick auf die versicherungsmathematischen Kalkulationsgrundsätze in der Regel pauschaliert ist. Zuzustimmen ist daher der Ansicht, dass der dem LVU in § 176 Abs. 4 VVG gesetzlich zugebilligte Abzug als pauschalierter Schadensersatz anzusehen ist.

25 **c) Höhe des Abzugs.** Gemäß § 176 Abs. 4 VVG ist der Versicherer zu einem Abzug nur berechtigt, wenn er vereinbart ist.[327] Ist die Vereinbarung unwirksam, besteht kein Anspruch auf einen Abzug.[328] Nach der amtlichen Begründung zu § 176 VVG kann die Vereinbarung über den zulässigen Abzug bezüglich dessen Höhe entweder abstrakt oder betragsmäßig konkret getroffen werden.[329] Nach Auffassung der Kommission zur Reform des Versicherungsvertragsrechts ist streitig, ob der Stornoabzug bei Vertragsabschluss bereits beziffert werden muss.[330] Im Abschlussbericht der Kommission zur Reform des Versicherungsvertragsrechts vom 19. April 2004 heißt es hierzu weiter:

„Für die Nennung eines genauen Betrags spricht der Umstand, dass der Versicherungsnehmer bei Vertragsabschluss über die Höhe eines bei Kündigung drohenden Abzugs unterrichtet sein muss, wenn er dessen wirtschaftliche Bedeutung erkennen soll. Ein Abzug, der nur dem Grunde nach vereinbart, der Höhe nach aber tatsächlich in das Ermessen des Versicherers gestellt ist oder von diesem erst nach der Kündigung genannt wird, erfüllt diese Voraussetzung nicht; das gilt auch für einen nicht bezifferten Abzug, für dessen Berechnung

---

[324] Siehe dazu BGH, Urt. v. 1. 7. 1997 – XI ZR 267/96, BGHZ 136, 161 = NJW 1997, 2875 = ZIP 1997, 1641 = WM 1997, 1747 = DB 1998, 1966; BGH, Urt. v. 1. 7. 1997 – XI ZR 197/96, NJW 1997, 2878 = ZIP 1997, 1646 = WM 1997, 1799 = BB 1997, 1966 = DB 1997, 1968; BGH, Urt. v. 7. 11. 2000 – XI ZR 27/00; BGHZ 146, 5 = NJW 2001, 509 = ZIP 2001, 20 = WM 2001, 20 = DB 2001, 33; BGH, Urt. v. 6. 5. 2003 – XI ZR 226/02, NJW 2003, 2230 = ZIP 2003, 1189 = WM 2003, 1261 = BB 2003, 1462 = DB 2003, 1897; BGH, Urt. v. 3. 2. 2004 – XI ZR 398/02, BGHZ 158, 11 = NJW 2004, 1730 = WM 2004, 780 = BB 2004, 1019 = DB 2004, 977; BGH, Urt. v. 30. 11. 2004 – XI ZR 285/03, NJW 2005, 751 = ZIP 2005, 293 = WM 2005, 322 = BB 2005, 570 = DB 2005, 388; *von Heymann/Rösler*, Berechnung von Vorfälligkeits- und Nichtabnahmeentschädigung, ZIP 2001, 441 ff.; *Wimmer/Rösler*, Vorfälligkeitsentschädigung bei vorzeitiger Beendigung von Darlehensverträgen, WM 2005, 1873 ff.

[325] BT-Drucks. 14/6040, S. 255; krit. dazu *Kopp/Rössner*, Reformbedarf bei der Vorfälligkeitsentschädigung in Deutschland, AG 2005, R 427 f.

[326] BGH NJW 1998, 592 = WM 1998, 70 = ZIP 1998, 20; BGH NJW 1999, 842, 843 = WM 1999, 840, 841; zust. *Köndgen*, Die Entwicklung des Bankkreditrechts in den Jahren 1995 – 1999, NJW 2000, 468, 482.

[327] Zur Rechtslage in Österreich siehe OGH, Urt. v. 17. 1. 2007 – 7 Ob 131/06 z, VersR 2007, 1676, 1680.

[328] BGH, Urt. v. 12. 10. 2005 – IV ZR 162/03, NJW 2005, 3559, 3564 = VersR 2005, 1565, 1569 = r+s 2005, 519, 522 = BetrAV 2005, 788 = WM 2005, 2279, 2284 = ZIP 2005, 2109, 2115 = DB 2005, 2686; *Wandt* VersR 2001, 1458 f.

[329] BT-Drucks. 12/6959, S. 102; BT-Drucks. 23/94, S. 306; *Römer* in: Römer/Langheid, VVG, 2. Aufl., 2003, § 176 VVG Rdn. 16; *Kollhosser* in: Prölss/Martin, VVG, 27. Aufl., 2004, § 176 VVG Rdn. 10.

[330] Abschlussbericht der Kommission zur Reform des Versicherungsvertragsrechts v. 19. 4. 2004, S. 110.

auf versicherungsmathematische Grundsätze verwiesen wird, die der Versicherungsnehmer nicht kennt und nicht nachvollziehen kann. Deshalb soll die bisherige Regelung in § 161 Abs. 5 E dahingehend klargestellt werden, dass der (angemessene) Stornoabzug im Vertrag nicht nur vereinbart, sondern bereits beziffert werden muss."

d) Stornoabzugsklausel. Vereinbarungen werden mit dem Versicherungsnehmer in den ALB getroffen. Gegenstand eines Rechtsstreits war z.B. folgende Klausel, die den vom GDV unverbindlich verlautbarten ALB 1994 nachgebildet ist:[331]

„§ 8 Wann können Sie Ihre Versicherung kündigen? Kündigung des Vertrages zur Auszahlung des Rückkaufswertes (1) (...). (2) Bei Kündigung werden wir entsprechend § 176 VVG den Rückkaufswert erstatten. Er wird nach den anerkannten Regeln der Versicherungsmathematik als Zeitwert Ihrer Versicherung berechnet, wobei ein als angemessen angesehener Abzug erfolgt. Diesen errechnen wir bei Kündigung zum Ende eines Kalenderjahres wie folgt: Wir multiplizieren 5% des höchsten jemals vereinbarten Jahresbeitrags mit der Anzahl der bis zum vereinbarten Rentenbeginn noch ausstehenden Jahre."

Ferner ist folgende Klausel zu erwähnen:[332]

„§ 6 Wann können Sie die Versicherung beitragsfrei stellen oder kündigen? (1) Umwandlung in eine beitragsfreie Versicherung. a) Zu beitragspflichtigen Versicherungen können Sie jederzeit schriftlich verlangen, zum Schluss einer Versicherungsperiode von der Beitragszahlungspflicht befreit zu werden. In diesem Fall setzen wir die Versicherungssumme nach den anerkannten Regeln der Versicherungsmathematik herab. Der aus Ihrer Versicherung für die Bildung der beitragsfreien Versicherungssumme zur Verfügung stehende Betrag wird dabei um einen als angemessen angesehenen Abzug gekürzt (§ 174 VVG). Der Abzug beträgt bei Beitragsfreistellung bis zum Ende des dritten Versicherungsjahres 5%. Er sinkt mit jedem weiteren Jahr, in dem die Versicherung nicht beitragsfrei gestellt wird, um 0,2%-Punkte und beträgt bei Beitragsfreistellung ab dem neunzehnten Versicherungsjahr 2%.
(2) Kündigung und Auszahlung des Rückkaufswerts.
a) Sie können Ihre Versicherung jederzeit zum Schluss einer Versicherungsperiode schriftlich kündigen. Nach Kündigung erhalten Sie – soweit vorhanden – den Rückkaufswert. Er wird nach den anerkannten Regeln der Versicherungsmathematik für den Schluss der laufenden Versicherungsperiode als Zeitwert Ihrer Versicherung berechnet (§ 176 VVG).
b) Ist die Versicherung zum Zeitpunkt der Kündigung beitragspflichtig, so wird bei der Berechnung des Zeitwerts ein als angemessen angesehener Abzug vorgenommen (§ 176 VVG). Der Abzug stimmt der Höhe nach mit dem Abzug überein, der bei Umwandlung in eine beitragsfreie Versicherung zum selben Zeitpunkt angesetzt würde (Nr. 1 lit. a)."

2. Angemessenheit

Gemäß § 176 Abs. 4 VVG ist der Versicherer zu einem Abzug nur berechtigt, wenn er angemessen ist. Der Stornoabzug ist in angemessener Höhe zulässig, da die Aufhebung eines Vertrages Geld kostet und unter Umständen zur Neugewichtung des Restbestandes zwingt.[333]

Die die Unangemessenheit begründenden Umstände hat derjenige vorzutragen, der sich auf die Unwirksamkeit der Stornoabzugsklausel beruft.[334] Der Versicherer muss lediglich darlegen, dass der Abzug jedenfalls nicht über die von ihm aufzuwendenden Abschluss- und Vertriebskosten hinausgeht, da der angemessene Abzug im Sinne des § 176 Abs. 4 VVG zulässigerweise die bei Kündigung noch

---

[331] LG Hamburg, Urt. v. 11.7. 2003 – 324 O 577/02, S. 2 = VuR 2003, 455, 456 („Hamburg-Mannheimer"); siehe hierzu die Berufungsentscheidung OLG Hamburg, Urt. v. 18. 2. 2004 – 9 U 146/03, und das Revisionsverfahren BGH – IV ZR 63/04.
[332] BGH, Urt. v. 9. 5. 2001 – IV ZR 138/99, NJW 2001, 2012.
[333] *Schwintowski* in: Männer (Hrsg.), Langfristige Versicherungsverhältnisse, 1997, S. 77, 105.
[334] OLG Hamburg, Urt. v. 18. 2. 2004 – 9 U 146/03, S. 9/10.

nicht amortisierten Abschluss- und Vertriebskosten umfasst.[335] Allerdings hat sich zur Angemessenheit des Stornoabzugs die Kommission zur Reform des Versicherungsvertragsrechts wie folgt erklärt:[336]

> „Bei dem grundlegenden Kriterium der Angemessenheit des vereinbarten Stornoabzugs handelt es sich um einen unbestimmten Rechtsbegriff. Solche Begriffe können und müssen verwendet werden, wenn eine Fülle von Lebenssachverhalten erfasst werden soll, aber nicht erschöpfend umschrieben werden kann. Diese Voraussetzung ist hier nicht uneingeschränkt gegeben. Einerseits sind lange nur drei einen Stornoabzug möglicherweise rechtfertigende Umstände (Bearbeitungskosten, Risikoverschlechterung, nicht bereits getilgte Abschlusskosten) geltend gemacht worden; erst neuerdings wird der zunehmend diskutierte Stornoabzug mit weiteren Überlegungen gerechtfertigt. Andererseits ist ein Abzug wegen noch nicht getilgter außerrechnungsmäßiger Abschlusskosten grundsätzlich unbestritten; dabei handelt es sich um den größten Teilbetrag der bisher weitgehend üblichen Stornoabzüge.
>
> Der Gesetzgeber kann die Frage der Angemessenheit zwar grundsätzlich der Rechtsprechung zur Entscheidung im Einzelfall überlassen. Die umstrittene Berechtigung eines Abzugs wegen der Kündigung noch nicht getilgten außerrechnungsmäßigen Abschlusskosten soll aber abschließend geklärt werden.
>
> Dieser bisher zugelassene Abzug beruht auf der Überlegung, der Versicherer habe für den Vertrieb seiner Lebensversicherungen erhebliche Kosten, die er auf alle abgeschlossenen Verträge unter der Bezeichnung Abschlusskosten anteilig umlegt; sie sind aber nur teilweise dem einzelnen Vertrag unmittelbar zurechenbar. Die Umlage auf die Verträge erfolgt in den meisten Fällen in der Weise, dass jeder Vertrag von Anfang an mit einem bestimmten Betrag für Abschlusskosten belastet wird. Deshalb werden mit den Prämien der ersten Jahre zunächst – neben Verwaltungskosten und Risikoprämie – nur diese Abschlusskosten gedeckt; erst anschließend wird mit den Sparanteilen der Prämie ein Deckungskapital aufgebaut. Diese mit dem Begriff „Zillmerung" bezeichnete Vorgehensweise ist durch aufsichtsrechtliche Regelung (§ 4 Abs. 1 Satz 2 DeckRV auf der Grundlage von § 65 Abs. 1 Nr. 2 VAG) auf 4% der Summe aller Prämien beschränkt, wobei die erst während der sehr langen Vertragslaufzeit fälligen Prämien nicht abgezinst werden. Soweit die Abschlusskosten den Höchstzillmersatz übersteigen oder soweit nicht oder nur in geringem Umfang gezillmert wird, werden die nicht gedeckten Abschlusskosten als Amortisationsbeiträge in die laufenden Prämien einkalkuliert. Im Falle der Kündigung werden dann die wegen der fehlenden Amortisationsbeiträge der nicht mehr eingehenden Prämien noch nicht getilgten Kosten als Stornoabzug geltend gemacht.
>
> Dieser Stornoabzug beruht zwar auf einer vom Standpunkt der Versicherer folgerichtigen Überlegung, vernachlässigt aber sowohl die aufsichtsrechtliche Begrenzung auf den Höchstzillmersatz als auch das zwingende gesetzliche Kündigungsrecht des Versicherungsnehmers. Dieser muss zwar – eine transparente Vertragsgestaltung vorausgesetzt – grundsätzlich hinnehmen (vgl. wegen einer Einschränkung unten Ziff. 1.3.2.1.4.3), dass der Versicherer zur Deckung seiner Abschlusskosten durch die auf 4% der Summe aller Prämien begrenzte Zillmerung zulässigerweise, allerdings verdeckt eine Art Abschlussgebühr erhebt, die bei einer Kündigung nicht erstattet wird; eine offene Erhebung einer Abschlussgebühr wäre sicher transparenter. Wenn der Versicherer Abschlusskosten als Amortisationsbeiträge auf die Prämien umlegt, hat er aber im Falle der Kündigung nur auf die eingegangenen Prämien und auf die darin enthaltenen Amortisationsbeiträge Anspruch, die bis zur Wirksamkeit der Kündigung fällig geworden sind. Der kündigende Versicherungsnehmer enttäuscht zwar die Erwartung des Versicherers, der trotz seiner bekannten unternehmensindividuellen Stornoquote mit der Kündigung gerade durch diesen Versicherungsnehmer nicht rechnet; dieser verhält sich aber nicht vertragswidrig, sondern nimmt nur sein gesetzlich gesichertes Kündigungsrecht wahr. Deshalb ist die Belastung mit den Abschlusskosten, die in den zukünftigen, nicht mehr geschuldeten Prämien enthalten sind, eine Art unzulässige Vertragsstrafe für vertragsgemäßes Verhalten."

30 Aus den zitierten Ausführungen der Kommission zur Reform des Versicherungsvertragsrechts vom 19. April 2004 ergibt sich, dass die Kommission die in der gesetzlichen Regelung des § 176 Abs. 4 VVG zum Ausdruck kommende

---

[335] OLG Hamburg, Urt. v. 18. 2. 2004 – 9 U 146/03, S. 9 f.
[336] Abschlussbericht v. 19. 4. 2004, S. 110.

Einschätzung des Gesetzgebers teilt, dass mit der Berechnung des Rückkaufswerts nach den anerkannten Regeln der Versicherungstechnik als Zeitwert der Versicherung nicht allen Umständen Rechnung getragen wird, die eine vorzeitige Auflösung des Lebensversicherungsvertrages mit sich bringt.

3. Inhaltskontrolle der Stornoabzugsklausel

a) Kontrollfähigkeit. Soweit in Stornoabzugsklauseln Regelungen zum Abzug enthalten sind, füllt das LVU mit diesen Klauselteilen die gesetzliche Regelung der §§ 174 Abs. 4 und 176 Abs. 4 VVG aus, wonach der Versicherer bei Umwandlung in eine prämienfreie Versicherung und bei Kündigung zu einem Abzug berechtigt ist, wenn dieser vereinbart und angemessen ist.[337] Es handelt sich also nicht um die bloße Wiedergabe einer gesetzlichen Regelung.[338] Damit unterliegen diese Klauselteile der Inhaltskontrolle nach dem AGB-Gesetz.[339] Zu nennen sind vor allem § 10 Nr. 7 AGB-Gesetz und § 11 Nr. 5 b) AGB-Gesetz, nunmehr § 308 Nr. 7 BGB und § 309 Nr. 5 b) BGB.[340] Den kurzen Ausführungen des BGH zur Stornoklausel im Urteil vom 9. Mai 2001 ist allerdings nicht zu entnehmen, dass sie umfassend auf ihre Wirksamkeit im Hinblick auf §§ 10 Nr. 7, 11 Nr. 5 AGBG, jetzt §§ 308 Nr. 7, 309 Nr. 5 b) BGB geprüft worden ist.[341] 31

Hervorzuheben ist, dass die §§ 305 ff. BGB nach Art. 229 § 5 Satz 2 EGBGB grundsätzlich nur für Verträge gelten, die nach dem 31. Dezember 2001 abgeschlossen worden sind. Für Dauerschuldverhältnisse, zu denen die Versicherungsverträge zählen,[342] gelten die §§ 305 ff. BGB erst seit dem 1. Januar 2003.[343] Sie erfassen aber auch die vor dem 1. Januar 2002 begründeten Altschuldverhältnisse. Das hat zur Folge, dass auch für bereits vor der Geltung der §§ 305 ff. BGB geschlossene Verträge ab dem 1. Januar 2003 das neue Recht Anwendung findet. Dies entspricht der ständigen Rechtsprechungspraxis und wird als verfassungsrechtlich unbedenklich angesehen.[344] 32

b) § 307 Abs. 1, Abs. 2 Nr. 1 BGB. Die Stornoabzugsklausel verstößt nicht gegen § 307 Abs. 1, Abs. 2 Nr. 1 BGB. Auch bei Altersvorsorgeverträgen verbietet § 1 Abs. 1 Satz 1 Nr. 8 AltZertG nicht, bei einer Kündigung noch nicht amortisierte Abschluss- und Vertriebskosten nicht in Rechnung zu stellen.[345] 33

---

[337] BGH, Urt. v. 9. 5. 2001 – IV ZR 138/99, NJW 2001, 2012, 2014.
[338] BGH, Urt. v. 9. 5. 2001 – IV ZR 138/99, NJW 2001, 2012, 2014
[339] BGH, Urt. v. 9. 5. 2001 – IV ZR 138/99, NJW 2001, 2012, 2014; OLG Brandenburg, Urt. v. 25. 9. 2002 – 7 U 39/02, NJW-RR 2003, 991, 992 = VersR 2003, 1155, 1157.
[340] *Römer* in: Römer/Langheid, VVG, 2. Aufl., 2003, § 176 VVG Rdn. 16; *Kollhosser* in: Prölss/Martin, VVG, 27. Aufl., 2004, § 176 VVG Rdn. 10; vgl. nur für die Anwendung des § 11 Nr. 5 b) AGBG *Schwintowski* in: Berliner Komm. z. VVG, 1999, § 176 VVG Rdn. 28; a. A. *Präve* in: v. Westphalen, Vertragsrecht und AGB-Klauselwerke, 15. Erg., Nov. 2004, Allgemeine Versicherungsbedingungen, Rdn. 186, 192, 197. Im Revisionsverfahren IV ZR 63/04 gegen die Berufungsentscheidung des OLG Hamburg, Urt. v. 18. 2. 2004 – 9 U 146/03, hat der BGH mit Schreiben v. 11. 4. 2005 den Hinweis gegeben, dass bei der Klauselkontrolle auch eine Prüfung zu §§ 308 Nr. 7, 309 Nr. 5 b BGB in Betracht kommen könnte.
[341] BGH, Urt. v. 12. 10. 2005 – IV ZR 162/03, NJW 2005, 3559, 3564 = VersR 2005, 1565, 1569 = r+s 2005, 519, 523 = BetrAV 2005, 788, 789 = WM 2005, 2279, 2284 = ZIP 2005, 2109, 2115.
[342] *Heinrichs* in: Palandt, § 314 BGB Rdn. 2.
[343] *Seiffert* r+s 2010, 177, 179.
[344] *Heinrichs* in: Palandt, EGBGB Art. 229 § 5 Rdn. 7.
[345] OLG Hamburg, Urt. v. 18. 2. 2004 – 9 U 146/03, S. 5 f.

Die Stornoabzugsklausel muss allerdings für den durchschnittlichen Versicherungsnehmer hinreichend deutlich und durchschaubar erkennen lassen, dass überhaupt, unter welchen Voraussetzungen und insbesondere in welcher Höhe ein Stornoabzug vorgenommen werden kann.[346] Nur dann entspricht die Stornoabzugsklausel den Anforderungen des BGH[347] an das Transparenzgebot.[348]

34 **c) § 308 Nr. 7 BGB.** Gemäß § 308 Nr. 7 BGB ist in Allgemeinen Geschäftsbedingungen insbesondere eine Bestimmung unwirksam, nach der der Verwender für den Fall, dass eine Vertragspartei vom Vertrag zurücktritt oder den Vertrag kündigt, aa) eine unangemessen hohe Vergütung für die Nutzung oder den Gebrauch einer Sache oder eines Rechts oder für erbrachte Leistungen oder bb) einen unangemessen hohen Ersatz von Aufwendungen verlangen kann. Ein Verstoß gegen diese Vorschrift liegt nicht vor, da der angemessene Abzug im Sinne des § 176 VVG zulässigerweise die bei Kündigung noch nicht amortisierten Abschluss- und Vertriebskosten umfassen kann.[349]

35 **d) § 309 Nr. 5 b) BGB.** Gemäß § 309 Nr. 5 b) BGB ist in Allgemeinen Geschäftsbedingungen, auch soweit eine Abweichung von den gesetzlichen Vorschriften zulässig ist, die Vereinbarung eines pauschalierten Anspruchs des Verwenders auf Schadensersatz unwirksam, wenn dem anderen Vertragsteil nicht ausdrücklich der Nachweis gestattet wird, ein Schaden sei überhaupt nicht entstanden oder wesentlich niedriger als die Pauschale. Erforderlich ist ein unzweideutiger, für den rechtsunkundigen Kunden ohne Weiteres verständlicher Hinweis, dass ihm der Nachweis offen steht, es sei kein oder ein geringerer Schaden entstanden.[350]

36 Die Anwendung des § 309 Nr. 5 b) BGB scheidet aus, wenn es sich beim Abzug im Sinne von § 176 Abs. 4 VVG um einen versicherungsmathematischen Abzug, und nicht um einen pauschalierten Schadensersatzanspruch handelt. Selbst wenn man sich aber der Auffassung anschließt, dass der Abzug des § 176 Abs. 4 VVG als pauschalierter Schadensersatzanspruch anzusehen ist,[351] kommt § 309 Nr. 5 b) BGB nicht zur Anwendung.[352] Diese Vorschrift kommt nur dann zum Zuge, wenn die Möglichkeit einer individuellen Schadensberechnung besteht.[353] Auf Grund seiner Kalkulationstechnik muss der Lebensversicherer aber die Individualität des einzelnen Vertrages vernachlässigen und Pauschalen ansetzen.[354] Diese Pauschalen übersteigen nach der in der Versicherungswirtschaft üblichen Berechnungspraxis nicht den nach dem gewöhnlichen Lauf der Dinge eintretenden Schaden.[355] Es ist daher der Nachweis des Versicherungsnehmers ausgeschlossen, dass der gerade durch ihn verursachte Aufwand unter der Pauschale liegt.[356] Eine Regelung, nach der dem Versicherungsnehmer ausdrücklich der Nachweis gestattet wird, ein Schaden sei überhaupt nicht entstanden oder wesentlich niedriger als die Pauschale, liefe ins Leere und ist deshalb entbehrlich.

---

[346] *Seiffert* r+s 2010, 177, 180.
[347] Vgl. BGH, Urt. v. 18. 7. 2007 – IV ZR 258/03, VersR 2007, 1211 = r+s 2007, 427.
[348] *Seiffert* r+s 2010, 177, 180.
[349] OLG Hamburg, Urt. v. 18. 2. 2004 – 9 U 146/03, S. 10.
[350] Vgl. Gesetzesbegründung BT-Drucks. 14/6040, S. 155; *Seiffert* r+s 2010, 177, 179.
[351] So *Winter* in: Bruck/Möller, 8. Aufl., 1988, §§ 159–178 VVG Anm. G 462; *Seiffert* r+s 2010, 177, 179.
[352] Vgl. *Prölss* in: Prölss/Martin, VVG, 27. Aufl., 2004, Vorb. I Rdn. 95.
[353] *Prölss* in: Prölss/Martin, VVG, 27. Aufl., 2004, Vorb. I Rdn. 95.
[354] *Winter* in: Bruck/Möller, 8. Aufl., 1988, §§ 159–178 VVG Anm. G 467.
[355] *Winter* in: Bruck/Möller, 8. Aufl., 1988, §§ 159–178 VVG Anm. G 463.
[356] *Prölss* in: Prölss/Martin, VVG, 27. Aufl., 2004, Vorb. I Rdn. 95.

V. Auskunft über die Berechnung des Rückkaufswerts

Anspruchsgrundlage für einen Anspruch auf Auskunftserteilung und Vorlage 37
des Geschäftsplans zur Berechnung des Rückkaufswerts einer Lebensversicherung
ist die Vorschrift des § 810 BGB.[357] Dieser Anspruch kann jedoch dann nicht
mehr geltend gemacht werden, wenn das Informationsbedürfnis wegen Verjährung des Anspruchs auf Auszahlung des Rückkaufswerts bei vorzeitiger Beendigung des Versicherungsvertrags entfallen ist.[358]

§ 177 VVG a. F. [Eintrittsrecht Dritter]

(1) ¹Wird in den Versicherungsanspruch ein Arrest vollzogen oder eine Zwangsvollstreckung vorgenommen oder wird der Konkurs über das Vermögen des Versicherungsnehmers eröffnet, so kann der namentlich bezeichnete Bezugsberechtigte mit Zustimmung des Versicherungsnehmers an seiner Stelle in den Versicherungsvertrag eintreten. ²Tritt der Bezugsberechtigte ein, so hat er die Forderungen der betreibenden Gläubiger oder der Konkursmasse bis zur Höhe des Betrages zu befriedigen, dessen Zahlung der Versicherungsnehmer im Falle der Kündigung des Versicherungsvertrags vom Versicherer verlangen kann.

(2) Ist ein Bezugsberechtigter nicht oder nicht namentlich bezeichnet, so steht das gleiche Recht dem Ehegatten und den Kindern des Versicherungsnehmers zu.

(3) Der Eintritt erfolgt durch Anzeige an den Versicherer. Die Anzeige kann nur innerhalb eines Monats erfolgen, nachdem der Eintrittsberechtigte von der Pfändung Kenntnis erlangt hat oder der Konkurs eröffnet worden ist.

§ 177 VVG [Eintrittsrecht]

(1) Wird in den Versicherungsanspruch ein Arrest vollzogen oder eine Zwangsvollstreckung vorgenommen oder wird das Insolvenzverfahren über das Vermögen des Versicherungsnehmers eröffnet, so kann der namentlich bezeichnete Bezugsberechtigte mit Zustimmung des Versicherungsnehmers an seiner Stelle in den Versicherungsvertrag eintreten. Tritt der Bezugsberechtigte ein, so hat er die Forderungen der betreibenden Gläubiger oder der Insolvenzmasse bis zur Höhe des Betrages zu befriedigen, dessen Zahlung der Versicherungsnehmer im Falle der Kündigung des Versicherungsvertrags vom Versicherer verlangen kann.

(2) Ist ein Bezugsberechtigter nicht oder nicht namentlich bezeichnet, so steht das gleiche Recht dem Ehegatten oder Lebenspartner und den Kindern des Versicherungsnehmers zu.

(3) ¹Der Eintritt erfolgt durch Anzeige an den Versicherer. ²Die Anzeige kann nur innerhalb eines Monats erfolgen, nachdem der Eintrittsberechtigte von der Pfändung Kenntnis erlangt hat oder das Insolvenzverfahren eröffnet worden ist.

---

[357] LG Köln, Urt. v. 8. 9. 1993 – 24 S 45/92, VersR 1994, 296; siehe auch AG Aue, Urt. v. 5. 12. 2005 – 1 C 1085/04, NJW-RR 2006, 899.
[358] LG Köln, Urt. v. 8. 9. 1993 – 24 S 45/92, VersR 1994, 296, 297.

1 Wenn der Eintrittsberechtigte sein Eintrittsrecht ausübt, übernimmt er die Rechte und Pflichten des Versicherungsnehmers aus dem Versicherungsvertrag.[359] Er kann die Gestaltungsrechte aus dem Versicherungsvertrag ausüben und insbesondere die Bezugsberechtigung widerrufen, ändern oder neu begründen.[360]

§ 178 VVG a. F. [Unabänderlichkeit]

(1) ¹Auf eine Vereinbarung, durch welche von den Vorschriften der §§ 162 bis 164, 165, 169 oder des § 171 Abs. 1 Satz 2 zum Nachteile des Versicherungsnehmers abgewichen wird, kann sich der Versicherer nicht berufen. ²Jedoch kann für die Kündigung, zu der nach § 165 der Versicherungsnehmer berechtigt ist, die schriftliche Form bedungen werden.

(2) ¹Auf eine Vereinbarung, durch welche von den Vorschriften der §§ 173 bis 177 zum Nachteile des Versicherungsnehmers oder des Eintrittsberechtigten abgewichen wird, kann sich der Versicherer nicht berufen. ²In den Versicherungsbedingungen kann jedoch mit Genehmigung der Aufsichtsbehörde eine andere als die in den §§ 174, 175 vorgesehene Art der Umwandlung in eine prämienfreie Versicherung sowie eine andere als die im § 176 vorgesehene Berechnung des zu erstattenden Betrages bestimmt werden.

§ 178 VVG [Halbzwingende Vorschriften]

(1) ¹Auf eine Vereinbarung, durch welche von den Vorschriften der §§ 162 bis 164, 165, 169 oder des § 171 Abs. 1 Satz 2 zum Nachteil des Versicherungsnehmers abgewichen wird, kann sich der Versicherer nicht berufen. ²Jedoch kann für die Kündigung, zu der nach § 165 der Versicherungsnehmer berechtigt ist, die schriftliche Form bedungen werden.

(2) Auf eine Vereinbarung, durch welche von den Vorschriften der §§ 174 bis 177 zum Nachteil des Versicherungsnehmers oder des Eintrittsberechtigten abgewichen wird, kann sich der Versicherer nicht berufen.

Schrifttum: *Klimke*, Die halbzwingenden Vorschriften des VVG. Ihre Missachtung und ihr Verhältnis zur Kontrolle nach den §§ 305 ff. BGB n. F., Berlin, D&H, 2004

1 Mit der Vorschrift des § 178 VVG soll Rechtssicherheit für die Frage geschaffen werden, welche Regelungen im Recht der Lebensversicherung nicht zum Nachteil der Versicherungsnehmer abbedungen werden können.[361] § 178 VVG selbst ist zwingend.[362]

---

[359] *Winter* in: Bruck/Möller, VVG, 8. Aufl., 1988, §§ 159–178 VVG Anm. H 197.
[360] *Winter* in: Bruck/Möller, VVG, 8. Aufl., 1988, §§ 159–178 VVG Anm. H 197.
[361] *Schwintowski* in: Berliner Komm z. VVG, Berlin u. a., Springer, 1999, § 178 VVG Rdn. 1.
[362] *Schwintowski* in: Berliner Komm z. VVG, Berlin u. a., Springer, 1999, § 178 VVG Rdn. 1.

B. Gesetz zur Reform des Versicherungsvertragsrechts (VVG 2008) vom 23. 11. 2007 (BGBl. I S. 2631); Art. 1 (VVG) zuletzt geändert durch Art. 6 Gesetz vom 14. 4. 2010 (BGBl. I S. 410)

Übersicht

	Rdn.

I. Entwurf der Kommission zur Reform des Versicherungs-
vertragsrechts 1–12a
 1. Ausgangslage 1–4
 2. Kommission zur Reform des Versicherungsvertragsrechts 5–12
  a) Einsetzung 5
  b) Zwischen- und Abschlussbericht 6
  c) Vorschläge der Reformkommission 7–12
 3. Entwurf der Kommission zur Reform des Versicherungsvertragsrechts (§ 142 E-VVG bis § 169 E-VVG) 12a
II. Richtlinien der Europäischen Union 13–15
III. Europäisches Versicherungsvertragsrecht 16
IV. Urteile des BVerfG 17–21
 1. Überschussbeteiligung 17–20
 2. Rückkaufswerte 21
V. Kernpunkte einer Reform des VVG 22, 23
VI. Gesetz zur Reform des Versicherungsvertragsrechts 24–116
 1. Referentenentwurf vom 13. März 2006 24
 2. Gesetzentwurf vom 11. Oktober 2006 25–34
  a) Pressemitteilung 25–33
  b) Resonanz auf den Gesetzentwurf 34
 3. Gesetzgebungsverfahren 35–37a
  a) Stellungnahme des Bundesrats vom 24. November
   2006 35
  b) Gesetzentwurf vom 20. Dezember 2006 36
  c) Beschlussempfehlung und Bericht des Rechtsausschusses
   vom 20. Juni 2007 37
  d) Beschlussfassung durch den Bundestag 37a
 4. Gesetzestext, Regierungsbegründung und Beschlussempfehlung zu den Vorschriften über die Lebens- und
  Berufsunfähigkeitsversicherung (§§ 150 bis 177 VVG 2008),
  die §§ 212, 213, 215 VVG 2008 sowie die Art. 1, 3 und 4
  EGVVG 2008 mit Kommentierung 38–116

I. Entwurf der Kommission zur Reform des Versicherungsvertragsrechts

1. Ausgangslage

Das Gesetz über den Versicherungsvertrag vom 30. Mai 1908 (VVG) gehört als **1** Nachkömmling zu jener großen Familie von Reichszivilgesetzen, welche um die Jahrhundertwende geschaffen worden sind.[1] Im Jahre 1937 stellte *Julius von Gierke* fest, dass das Gesetz über den Versicherungsvertrag vom 30. Mai 1908 eines der

---

[1] *Möller* in: 50 Jahre Versicherungsvertragsgesetz, Hat sich das Versicherungsvertragsgesetz bewährt? – Eine Umfrage, VersR 1958, 349, 352.

besten Gesetze aus der Zeit vor dem ersten Weltkrieg sei.[2] *Haidinger*,[3] Richter am BGH, erklärte im Jahre 1958, „dass sich das VVG auf das beste bewährt hat, ist heute wohl außer jedem Zweifel". In diesem Sinne haben sich weitere führende versicherungsrechtliche Experten geäußert.[4] Eine zunehmende Diskrepanz zwischen dem Gesetzestext und dem durch Wissenschaft und Rechtsprechung geformten, praktizierten Recht im Bereich des VVG haben gleichwohl den Ruf nach einer grundlegenden Reform des VVG bereits vor längerer Zeit aufkommen lassen.[5]

2 Einer Reform steht das europäische Recht grundsätzlich nicht entgegen, denn der europäische Gesetzgeber hat das Vorhaben einer Koordinierung des Versicherungsrechts bis auf weiteres aufgegeben und durch Kollisionsrecht ersetzt.[6]

3 Das Bundesministerium der Justiz hatte bereits 1995 geplant, für das Jahr 1996 eine Reformkommission einzuberufen, die das Gesetzesvorhaben zur Reform des VVG vorbereiten sollte.[7] Stattdessen brachten im Jahre 1997 Abgeordnete der SPD-Bundestagsfraktion einen eigenen Gesetzesentwurf[8] ein, der zwar in der Wissenschaft Unterstützung durch die Herren Professoren *Adams, Schünemann* und *Schwintowski* fand, aber nicht ins weitere Gesetzgebungsverfahren kam. Ausschlaggebend hierfür war sicherlich die zu Recht am Gesetzentwurf geübte Kritik, die der damalige Präsident der Aufsichtsbehörde wie folgt formulierte:[9]

„Der Entwurf zielt auf eine radikale Veränderung im System der kapitalbildenden Lebensversicherung, auch wenn er, wohl irrtümlicherweise, sich auf alle Versicherungsverträge bezieht. Ihm liegt die Vorstellung zugrunde, dass die Risikotragung, die Sparvorgänge und eine Geschäftsbesorgung durch den Versicherer in der kapitalbildenden Lebensversicherung unabhängig voneinander sind oder zumindest künftig sein sollten. Das ist heute nicht der Fall. Das bisherige Grundprinzip lautet in Deutschland ebenso wie anderswo in der Welt: Ein klar umrissenes Risiko wird gegen eine feste vereinbarte Prämie übernommen, wobei in der internen Kalkulation der Prämie in einen Sparanteil, einen Risikoanteil und einen Kostenanteil aufgeteilt wird. Da die Prämie für die gesamte Laufzeit gleich bleibt, durch das Älterwerden der versicherten Person jedoch jährlich steigende Risikobeiträge benötigt werden, verändern sich Sparanteil, Risikoanteil und Kostenanteil jährlich. Einen über die Laufzeit des Vertrages gleich bleibenden Satz der Prämienanteile kann es daher nicht geben. Eine gesetzlich vorgeschriebene Aufteilung der Prämienanteile, die jeweils gesondert verwaltet und abgerechnet werden, müsste zu einem Abschied von dem bisherigen System des über die Laufzeit des Vertrages unveränderbaren Gesamtbeitrags für das Gesamtprodukt Kapital-

---

[2] *v. Gierke*, Versicherungsrecht, 1937, Bd. 1, S. 33.

[3] *Haidinger* in: 50 Jahre Versicherungsvertragsgesetz, Hat sich das Versicherungsvertragsgesetz bewährt? – Eine Umfrage, VersR 1958, 349, 351.

[4] Siehe hierzu den Bericht von *Koch*, 100 Jahre Versicherungsvertragsgesetz: Willkommen und Abschied, VW 2008, 900, 903.

[5] Vgl. *Niederleithinger*, 2003 zählt: Ein neues Versicherungsvertragsgesetz für das 21. Jahrhundert!, BB 2003, Seite I; siehe hierzu die Vorschläge von *Präve*, Das Allgemeine Versicherungsvertragsrecht in Deutschland im Zeichen der europäischen Einigung, VW 1992, 596 (I), 656 (II), 737 (III); *Müller*, Reformbedarf im Versicherungsrecht aus der Sicht der Versicherungsaufsicht, Vortrag auf dem 16. Münsterischen Versicherungstag am 21. 11. 1998, S. 15; *Schmidt* ZVersWiss 1998, 55; *Surminski* ZfV 1998, 705, 706; *Präve* ZfV 1999, 11 f.; *Römer*, Reformbedarf des Versicherungsvertragsrechts aus höchstrichterlicher Sicht, gehalten am 16. 2. 2000 beim 4. Tagessymposium des Versicherungsforum in Köln, S. 1.

[6] *Müller*, Versicherungsbinnenmarkt, 1995, S. 37.

[7] *Niederleithinger*, Handels- und Wirtschaftsrecht in der 13. Legislaturperiode, ZIP 1995, 597, 603.

[8] BT-Drucks. 13/8163 v. 2. 7. 1997; krit. dazu *Reimer Schmidt*, Weitere Überlegungen aus Anlass einer Reform des Versicherungsvertragsgesetzes, Karlsruhe, VVW, 1999, S. 56 ff.

[9] *Müller*, Reformbedarf im Versicherungsrecht aus der Sicht der Versicherungsaufsicht, Vortrag auf dem 16. Münsterischen Versicherungstag am 21. 11. 1998, S. 18 f.

versicherung führen. Prämienanpassungen in die eine oder andere Richtung wären unumgänglich. Besonders einschneidend bei diesem Modell ist, dass wie bei der fondsgebundenen Lebensversicherung der Versicherungsnehmer das Kapitalanlagerisiko trägt. Unter diesen Umständen erübrigt es sich auf die weiteren einschneidenden Merkmale des Modells wie z. B. die Abkehr von den Bewertungsgrundsätzen des HGB hin zur Einführung des Marktwertprinzips für die Vermögenswerte einzugehen. Das vorgeschlagene Produkt ist nicht nur kompliziert, es entspricht, das ist mein persönlicher Eindruck, den ich aus den Beschwerden und Anfragen der Versicherten an das BAV gewinne, auch nicht den Wünschen des größten Teils der Versicherungsinteressenten, nämlich selbst kein Risiko in der Lebensversicherung zu tragen. Andernfalls wäre der Anteil der fondsgebundenen Lebensversicherung am Gesamtgeschäft der deutschen Lebensversicherer nicht so extrem niedrig. Der Vorstoß, für mehr Transparenz in der Lebensversicherung zu sorgen, ist anerkennenswert und sicher gut gemeint. Man sollte versuchen, das Modell zu verbessern, nur zwingend vorschreiben sollte man in heutiger Zeit die Produktgestaltung nicht mehr. Ich sehe keinen Grund, weshalb die herkömmliche kapitalbildende Lebensversicherung, die in allen anderen Ländern zulässig ist, in Deutschland verboten werden sollte."

Zugleich hob der damalige Präsident der Aufsichtsbehörde aber auch hervor, **4** dass es sinnvoll sei, das Versicherungsvertragsgesetz nach fast hundertjähriger Gültigkeit einmal insgesamt auf den Prüfstand zu stellen.[10]

2. Kommission zur Reform des Versicherungsvertragsrechts

a) Einsetzung. Zur Einsetzung der Kommission zur Reform des Versicherungs- **5** vertragsrechts unter dem Vorsitz von Herrn Prof. Dr. *Ernst Niederleithinger* kam es erst mit der konstituierenden Sitzung der Kommission am 7. Juni 2000 in Berlin.[11] In die Kommission wurden berufen: Frau *Lilo Blunck* und die Herren Prof. Dr. Dr. h. c. *Jürgen Basedow, Jan Boetius, Gottfried Claus,* Dr. *Bruno Gas,* Peter Hanus, Prof. Dr. *Walter Karten,* Dr. *Christoph Klaas* (bis zum 24. Juli 2002), Dr. *Ulrich Knappmann,* Prof. Dr. Dr. h. c. *Helmut Kollhosser,* Dr. *Theo Langheid,* Prof. Dr. *Egon Lorenz,* Prof. Dr. *Ulrich Meyer,* Dr. *Reinhard Renger,* Prof. Dr. *Roland Rixecker,* Prof. *Wolfgang Römer,* Prof. Dr. *Helmut Schirmer,* Prof. Dr. *Hans-Peter Schwintowski,* Dr. *Maximilian Teichler,* Dr. *Eckart Freiherr von Uckermann* und Dr. *Ulrich Weidner.*

b) Zwischen- und Abschlussbericht. Einen Zwischenbericht gab die Kom- **6** mission zur Reform des Versicherungsvertragsrechts unter dem 30. Mai 2002 ab.[12] Über die Arbeit der Reformkommission wurde berichtet.[13] Ihren Abschlussbericht erstattete die Kommission zur Reform des Versicherungsvertragsrechts unter dem 19. April 2004.[14] Die Arbeit der Reformkommission wurde durch Überlegungen und Vorschläge aus Wissenschaft und Praxis begleitet,[15] insbeson-

---

[10] *Müller,* Reformbedarf im Versicherungsrecht, BB 1999, 1178, 1180.
[11] Vgl. NVersZ 2000, 318.
[12] Dazu *Niederleithinger,* Ein neues Versicherungsvertragsgesetz – der große Wurf für den Verbraucher?, Karlsruhe, VVW, 2003, S. 6; *derselbe,* Zwischenbericht der VVG-Kommission vom 30. Mai 2002, in: Beiträge zur 13. Wissenschaftstagung des BdV, Baden-Baden, Nomos, VersWissStud. 26 (2004), S. 101; *Brömmelmeyer/Ebers,* Stellungnahme zum Zwischenbericht der Kommission zur Reform des Versicherungsvertragsrechts vom 30. Mai 2002 – Teilaspekt: Die Informations- und Beratungspflichten in der Kapitallebensversicherung, in: Beiträge zur 13. Wissenschaftstagung des BdV, Baden-Baden, Nomos, VersWissStud. 26 (2004), S. 151; *Scholl,* Fehlende Aspekte im Zwischenbericht der Kommission zur Reform des Versicherungsvertragsrechts, in: Beiträge zur 13. Wissenschaftstagung des BdV, Baden-Baden, Nomos, VersWissStud. 26 (2004), S. 155.
[13] Siehe *Niederleithinger,* Aktuelle Einzelfragen aus der Arbeit der VVG-Kommission, ZfV 2003, 246.
[14] Abschlussbericht der Kommission zur Reform des Versicherungsvertragsrechts vom 19. April 2004, Karlsruhe, VVW, 2004.
[15] Vgl. *Schimikowski,* Überlegungen zu einer Reform des Versicherungsvertragsgesetzes, r+s 2000, 353; *Meyer,* Schutz der Privatautonomie der Verbraucher durch Beseitigung ihrer In-

dere zum Alles-oder-Nichts-Prinzip[16] und zur Berufsunfähigkeitsversicherung.[17] Der Abschlussbericht wurde intensiv kommentiert und teilweise durch Mitglieder

---

formationsunterlegenheit als Aufgabe des Gesetzgebers und der staatlichen Versicherungsaufsicht, in: 100 Jahre materielle Versicherungsaufsicht in Deutschland, hrsg. v. Helmut Müller, Joachim-Friedrich Golz, Elke Washausen-Richter, Michael Trommeshauser, Bonn, BAV, 2001, S. 827; *Knappmann,* Der Eintritt des Versicherungsfalls und die Rechte und Pflichten der Vertragsbeteiligten, r+s 2002, 485, 486; *Präve,* Auf dem Weg zu einem neuen Vertragsrecht, VW 2002, 1836 (I), VW 2002, 1934 (II); *Armbrüster,* Abstufungen der Leistungsfreiheit bei grob fahrlässigem Verhalten des VN, VersR 2003, 675; *Brömmelmeyer,* Die Reform des Lebensversicherungsrechts, VersR 2003, 939; *Herrmann,* Ist der VVG-Reformvorschlag zum Recht der Obliegenheiten europarechtskonform?, VersR 2003, 1333; *Müller,* Ein Weg zu mehr Transparenz für Verbraucher und mehr Wettbewerb im Versicherungssektor – Für einen neuen gesetzlichen Ansatz für AVB –, VersR 2003, 933; *Präve,* in: Versicherer machen die Produkte, nicht der Gesetzgeber, VW 2003, 351; *Surminski,* Lebensversicherung und VVG-Reform, ZfV 2003, 455; *Reiff,* Die Reform der gesetzlichen Empfangsvollmacht des Versicherungsvertreters im Spiegel des Zwischenberichts der Expertenkommission, in: Recht und Risiko, Festschrift für Helmut Kollhosser zum 70. Geburtstag, hrsg. v. Reinhard Bork, Thomas Hoeren u. Petra Pohlmann, Bd. I Versicherungsrecht, Karlsruhe, VVW, 2004, S. 261; *Baroch Castellvi,* Wissenszurechnung und Überschussbeteiligung in der Lebensversicherung, in: Die Vorschläge der Reformkommission für ein neues Versicherungsvertragsrecht – ein Jahrhundertwerk am Horizont?, 9. Kölner Versicherungssymposium, Karlsruhe, VVW, 2005, S. 95; *Maier,* Gefahrerhöhung und grob fahrlässige Herbeiführung des Versicherungsfalls, in: Die Vorschläge der Reformkommission für ein neues Versicherungsvertragsrecht – ein Jahrhundertwerk am Horizont?, 9. Kölner Versicherungssymposium, Karlsruhe, VVW, 2005, S. 67; *Marlow,* Vertragliche Obliegenheiten vor und nach dem Versicherungsfall – Erste Anmerkungen zum Entwurf der VVG-Reformkommission, in: Die Vorschläge der Reformkommission für ein neues Versicherungsvertragsrecht – ein Jahrhundertwerk am Horizont?, 9. Kölner Versicherungssymposium, Karlsruhe, VVW, 2005, S. 49; *Nitschke,* Reform des Versicherungsvertragsrechts – Vorvertragliche Anzeigepflichtverletzung nach dem VVG-E, in: Die Vorschläge der Reformkommission für ein neues Versicherungsvertragsrecht – ein Jahrhundertwerk am Horizont?, 9. Kölner Versicherungssymposium, Karlsruhe, VVW, 2005, S. 33; *Präve,* Rückkaufswert und Bestandsübertragung in der Lebensversicherung, in: Die Vorschläge der Reformkommission für ein neues Versicherungsvertragsrecht – ein Jahrhundertwerk am Horizont?, 9. Kölner Versicherungssymposium, Karlsruhe, VVW, 2005, S. 83; *Schimikowski,* Beratungs- und Informationspflichten des Versicherers, in: Die Vorschläge der Reformkommission für ein neues Versicherungsvertragsrecht – ein Jahrhundertwerk am Horizont?, 9. Kölner Versicherungssymposium, Karlsruhe, VVW, 2005, S. 1; *Mistal,* Rechtsfolgen der Verletzung von Pflichten und Obliegenheiten des Versicherungsnehmers nach deutschem und polnischem Recht, Karlsruhe, VVW, 2006.

[16] *van Bühren,* Das Alles-oder-Nichts-Prinzip im Privat-Versicherungsrecht, AnwBl. 2000, 584; *Präve,* Alles-oder-Nichts-Prinzip im geltenden Versicherungsrecht – Forderungen an die Reform des VVG, AnwBl. 2000, 593; *Schubach,* Alles-oder-Nichts-Prinzip im geltenden Versicherungsrecht – Forderungen an die Reform des VVG, AnwBl. 2000, 590; *Terbille,* Das Alles-oder-Nichts-Prinzip im Versicherungsrecht, AnwBl. 2000, 586; *derselbe,* Das Alles-oder-Nichts-Prinzip im Versicherungsrecht, dargestellt anhand der Regelungen der §§ 6, 23 ff. und 61 VVG, r+s 2001, 1, 4 ff.; *Armbrüster,* Das Alles-oder-nichts-Prinzip im Privatversicherungsrecht – Zugleich ein Beitrag zur Reform des VVG, Karlsruhe, VVW, 2003; *Neumann,* Abkehr vom Alles-oder-Nichts-Prinzip: Reformüberlegungen zum Versicherungsvertragsgesetz, Berlin, D&H, 2004; krit. dazu *Armbrüster* ZVersWiss 2005, 385, 387; *Baumann,* Quotenregelung contra Alles-oder-nichts-Prinzip im Versicherungsfall – Überlegungen zur Reform des § 61 VVG –, r+s 2005, 11; *Römer,* Zur Reform des VVG-Prinzip, VersWissStud Bd. 29, 2005, S. 11; *von Koppenfels-Spies,* Die Konsequenzen der schuldhaften Herbeiführung des Versicherungsfalls – das „Alles-oder-nichts-Prinzip" auf dem Prüfstand, VersR 2006, 23.

[17] *Rosensträter-Krumbach,* Die Berufsunfähigkeitsversicherung: Späte Ehre für ein Stiefkind? – Zum Regelungsvorschlag der Kommission zur Reform des Versicherungsvertragsrechts –, VersR 2004, 170.

der Reformkommission erläutert,[18] insbesondere hinsichtlich der Vorschläge der Reformkommission zur Lebensversicherung.[19]

c) Vorschläge der Reformkommission. Nach Auffassung der Reformkommission soll in der Lebensversicherung die Information des Versicherungsnehmers verbessert werden. Neben den Informationen, die in eine VVG-Informationspflichtenverordnung aufzunehmen sind, ist u. a. Folgendes vorgesehen:[20]
- Vorlage einer Modellrechnung für die Ablaufleistung (§ 146 E), gerechnet nach den Rechnungsgrundlagen der Prämienkalkulation mit drei realistischen Zinssätzen (das 1,67-fache des jeweiligen Höchstrechnungszinssatzes, plus ein Prozentpunkt, minus ein Prozentpunkt), verbunden mit einen Hinweis, dass es sich nur um fiktive Annahmen über mögliche Anlageergebnisse handelt;
- Erläuterung der wirtschaftlichen Auswirkungen gezillmerter Tarife auf Deckungskapital, Verzinsung und Rückkaufswert (InfoVO);
- Angaben zur Überschussbeteiligung (§ 145 Abs. 3 E und InfoVO);
- Angabe der garantierten Rückkaufswerte für jedes Versicherungsjahr (§ 161 Abs. 3 Satz 2 E);
- Hinweis auf die Unverbindlichkeit aller Angaben über die Höhe der ungewissen Überschussbeteiligung (InfoVO).

Ein vertragsrechtlicher Anspruch auf Überschussbeteiligung soll bei der Lebensversicherung eingeführt werden (§ 145 Abs. 1 E), der nur durch ausdrückliche Vereinbarung ausgeschlossen werden kann. Für die Übermittlung der Überschüsse gelten weiterhin die allgemeinen Vorschriften des Bilanzrechts; für die Zuweisung von Überschüssen an die sog. Rückstellung für Beitragsrückerstattung und für die Verwendung dieser Rückstellung bleibt es bei den aufsichts- und steuerrechtlichen Vorschriften. Der Versicherer soll aber vertragsrechtlich verpflichtet werden, die jährliche Verteilung (Deklaration) eines Teilbetrags der Rückstellung

---

[18] Vgl. *Deutsch*, Die grobe Fahrlässigkeit im künftigen Versicherungsvertragsrecht, VersR 2004, 1485; *Armbrüster*, Abstufungen der Leistungsfreiheit bei grob fahrlässigem Verhalten des Versicherungsnehmers, in: Jürgen Basedow/Ulrich Meyer/Dieter Rückle/Hans-Peter Schwintowski (Hrsg.), VVG-Reform — Abschlussbericht Rückzug des Staates aus sozialen Sicherungssystemen, Beiträge zur 14. Wissenschaftstagung des Bundes der Versicherten, VersWissStud Bd. 29, Baden-Baden, Nomos, 2005, S. 21; *Basedow*, Der Allgemeine Teil des Versicherungsvertragsgesetzes 2006 — ausgewählte Fragen —, VersWissStud Bd. 29, 2005, S. 45 ff.; *Ebers*, Der Vertragsschluss im deutschen Versicherungsrecht — Das Policenmodell in § 5 a VVG und die Vorschläge der VVG-Reformkommission auf europäischem Prüfstand —, in: Verbraucherrecht in Deutschland — Stand und Perspektiven —, Baden-Baden, Nomos, 2005, S. 253; *Gas*, Die Schadenversicherung im VVG-Entwurf, VersWissStud Bd. 29, 2005, S. 59; *Meyer*, Vorschläge der VVG-Reform-Kommission zur privaten Krankenversicherung (PKV), VersWissStud Bd. 29, 2005, S. 119; *Niederleithinger*, Ausblick auf ein neues VVG, VersWissStud Bd. 29, 2005, S. 155; *Schönleiter*, Umsetzung der Versicherungsvermittlungsrichtlinie, VersWissStud Bd. 29, 2005, S. 141; *Teichler*, Umsetzung der Vermittlerrichtlinie, VersWissStud Bd. 29, 2005, S. 149.

[19] *Nitschke/Müller-Frank*, ZuRecht: Systemwechsel bei § 16 VVG, Die Vorschläge der VVG-Reformkommission zur Änderung der §§ 16 VVG ff., BUZaktuell 2004, 21; *Braun*, Zu Vorschlägen der VVG-Kommission bei der Lebensversicherung, in: Jürgen Basedow/Ulrich Meyer/Dieter Rückle/Hans-Peter Schwintowski (Hrsg.), VVG-Reform — Abschlussbericht Rückzug des Staates aus sozialen Sicherungssystemen, Beiträge zur 14. Wissenschaftstagung des Bundes der Versicherten, VersWissStud Bd. 29, Baden-Baden, Nomos, 2005, S. 93; *Schwintowski*, Konzept und Kritik am Vorschlag der VVG-Reformkommission zur Lebensversicherung, in: Verbraucherrecht in Deutschland — Stand und Perspektiven —, Baden-Baden, Nomos, 2005, S. 233 = VersWissStud Bd. 29, 2005, S. 77; *von Uckermann*, Berufsunfähigkeitsversicherung, VersWissStud Bd. 29, 2005, S. 107.

[20] Vgl. *Heidemann*, VVG-Reform — Der Abschlussbericht der Kommission, VersicherungsPraxis 2004, 208; *Niederleithinger*, Der Abschlussbericht der VVG-Kommission — Zusammenfassung von Vorschlägen, ZfV 2004, 241, 244.

nach einem verursachungsorientierten Verfahren vorzunehmen (§ 145 Abs. 2 E). Vorbehaltlich abweichender Vereinbarungen handelt es sich dabei um einen vertragsrechtlichen Anspruch des Versicherungsnehmers.

9 Die Rückkaufswerte sollen insbesondere in den ersten Vertragsjahren nicht unerheblich angehoben werden. Im Fall der vorzeitigen Kündigung einer kapitalbildenden Lebensversicherung (ohne fondsgebundene Versicherungen) soll der Rückkaufswert nicht mehr wie bisher nach einem ungewissen Zeitwert, sondern nach dem tatsächlichen Deckungskapital der gekündigten Versicherung berechnet werden (nach anerkannten Regeln der Versicherungsmathematik mit den Rechnungsgrundlagen der Prämienkalkulation – § 161 Abs. 3 Satz 1 E).

10 Der sog. Stornoabzug für noch nicht getilgte Abschlusskosten soll untersagt werden (§ 161 Abs. 5 Satz 2 E).

11 Werden die Abschlusskosten vom Versicherer insgesamt oder teilweise gezillmert (Belastung des einzelnen Vertrags mit der Abschlussgebühr zur Deckung der Vertriebskosten), soll der Versicherer zumindest die Hälfte desjenigen (fiktiven) Deckungskapitals als Rückkaufswert auszahlen, das sich bei gleichmäßiger Verteilung der Vertriebskosten auf die gesamte Vertragszeit ergeben würde (§ 161 Abs. 3 Satz 1 E).

12 Die Berufsunfähigkeitsversicherung soll erstmals wenigstens in ihren Grundzügen gesetzlich geregelt werden. Das bezieht sich insbesondere auf den Begriff der Berufsunfähigkeit (§ 164 Abs. 2 E), auf die abstrakte und konkrete Verweisung (§ 164 Abs. 3 E), auf den Anspruch des Versicherungsnehmers auf eine abschließende Entscheidung des Versicherers über die Berufsunfähigkeit (§ 165 Abs. 1 E), auf die begrenzte Zulässigkeit einer zeitlichen Beschränkung eines Anerkenntnisses des Versicherers (nur einmal zulässig – § 165 Abs. 2 E) und auf die Einschränkungen der späteren Nachprüfung (nur bei neuen Tatsachen – § 166 Abs. 1 E).

3. Entwurf der Kommission zur Reform des Versicherungsvertragsrechts (§ 142 E-VVG bis § 169 E-VVG)[21]

Abschnitt 2. Personenversicherung

Titel 1. Lebensversicherung

§ 142 E-VVG Versicherte Person

(1) Wird die Versicherung für den Fall des Todes eines anderen genommen und übersteigt die vereinbarte Leistung den Betrag der gewöhnlichen Beerdigungskosten, so ist zur Wirksamkeit des Vertrags die schriftliche Einwilligung des anderen erforderlich; bei Kollektivlebensversicherungen kann die Einwilligung in Textform erklärt werden. Ist der andere geschäftsunfähig oder in der Geschäftsfähigkeit beschränkt oder ist für ihn ein Betreuer bestellt und steht die Vertretung in den seine Person betreffenden Angelegenheiten dem Versicherungsnehmer zu, so kann dieser den anderen bei der Erteilung der Einwilligung nicht vertreten.

(2) Nimmt ein Elternteil die Versicherung auf die Person eines minderjährigen Kindes, so bedarf es der Einwilligung des Kindes nur, wenn nach dem Vertrag der Versicherer auch bei Eintritt des Todes vor der Vollendung des siebenten Lebensjahres zur Leistung verpflichtet sein soll und die für diesen Fall vereinbarte Leistung den Betrag der gewöhnlichen Beerdigungskosten übersteigt.

(3) Soweit die Aufsichtsbehörde einen bestimmten Höchstbetrag für die gewöhnlichen Beerdigungskosten festgesetzt hat, ist dieser maßgebend.

§ 143 E-VVG Ärztliche Untersuchung

Durch die Vereinbarung einer ärztlichen Untersuchung der versicherten Person wird ein Recht des Versicherers, die Vornahme der Untersuchung zu verlangen, nicht begründet.

---

[21] In der Fassung des Abschlussberichts vom 19. April 2004.

B. Gesetz zur Reform des Versicherungsvertragsrechts

§ 144 E-VVG Widerruf des Versicherungsnehmers

(1) Abweichend von § 8 Abs. 2 Satz 1 beträgt die Widerrufsfrist 30 Tage.

(2) Übt der Versicherungsnehmer das Widerrufsrecht nach Ablauf eines Jahres nach Zahlung der ersten Prämie aus, so hat der Versicherer abweichend von § 9 Abs. 2 Satz 1 den Rückkaufswert nach § 161 zu zahlen.

§ 145 E-VVG Überschussbeteiligung

(1) Eine Überschussbeteiligung kann nur durch ausdrückliche Vereinbarung ausgeschlossen werden.

(2) Der Versicherer hat die Überschussverteilung nach einem verursachungsorientierten Verfahren durchzuführen, es sei denn, es sind andere angemessene Verteilungsgrundsätze vereinbart.

(3) Bei Verträgen mit Überschussbeteiligung ist in Textform mitzuteilen, dass der Überschuss nach handelsrechtlichen Gesichtspunkten ermittelt wird, eine Mindestzuführung zur Rückstellung für Beitragsrückerstattung nach § 81c des Versicherungsaufsichtsgesetzes vorzunehmen ist und die Rückstellung für Beitragsrückerstattung nach § 56a des Versicherungsaufsichtsgesetzes auch zur Verlustdeckung herangezogen werden kann.

§ 146 E-VVG Modellrechnung

(1) Macht ein Versicherer in Zusammenhang mit dem Angebot oder dem Abschluss einer Lebensversicherung bezifferte Angaben zur Höhe von möglichen Leistungen über die vertraglich garantierten Leistungen hinaus, so hat er dem Versicherungsnehmer eine Modellrechnung zu übergeben, bei der die mögliche Ablaufleistung unter Zugrundelegung der Rechnungsgrundlagen für die Prämienkalkulation, jedoch mit folgenden abweichenden Zinssätzen dargestellt wird:
1. Höchstrechnungszinssatz multipliziert mit 1,67
2. Zinssatz nach Nummer 1 zuzüglich eines Prozentpunktes.
3. Zinssatz nach Nummer 1 abzüglich eines Prozentpunktes.

(2) Absatz 1 gilt nicht für Risikoversicherungen und Verträge, die Leistungen der in § 54b Abs. 1 und 2 des Versicherungsaufsichtsgesetzes bezeichneten Art vorsehen.

(3) Der Versicherer hat den Versicherungsnehmer in Textform darauf hinzuweisen, dass es sich bei der Modellrechnung nur um ein Rechenmodell handelt, dem fiktive Annahmen zu Grunde liegen, und dass der Versicherungsnehmer aus der Modellrechnung keine vertraglichen Ansprüche gegen den Versicherer ableiten kann.

§ 147 E-VVG Jährliche Unterrichtung

(1) Bei der Versicherung auf den Todes- oder Erlebensfall mit Überschussbeteiligung hat der Versicherer den Versicherungsnehmer jährlich unaufgefordert in Textform über die tatsächliche Entwicklung seiner Ansprüche unter Einbeziehung der Überschussbeteiligung zu unterrichten. Dabei ist im einzelnen für das Ende des abgelaufenen Versicherungsjahres anzugeben
1. die Todesfallleistung,
2. der Rückkaufswert,
3. der erreichte Stand der Erlebensfallleistung und
4. die prämienfreie Versicherungssumme.

(2) Hat der Versicherer über die Modellrechung hinaus bezifferte Angaben zur möglichen zukünftigen Entwicklung der Überschussbeteiligung gemacht, so hat er den Versicherungsnehmer jährlich unaufgefordert in Textform auf Abweichungen der tatsächlichen Entwicklung von den anfänglichen Angaben hinzuweisen.

§ 148 E-VVG Kenntnis und Verhalten der versicherten Person

Soweit nach den Vorschriften dieses Gesetzes die Kenntnis und das Verhalten des Versicherungsnehmers von rechtlicher Bedeutung sind, wird bei der Versicherung auf die Person eines anderen auch deren Kenntnis und Verhalten berücksichtigt.

§ 149 E-VVG Unrichtige Altersangabe

Ist das Alter der versicherten Person unrichtig angegeben worden, so verändert sich die Leistung des Versicherers nach dem Verhältnis, in welchem die dem wirklichen Alter entsprechende Prämie zu der vereinbarten Prämie steht. Das Recht, wegen der Verletzung der Anzeigepflicht von dem Vertrag zurückzutreten, steht dem Versicherer abweichend von § 21 Abs. 2 nur zu, wenn er nachweist, dass er den Vertrag bei richtiger Altersangabe nicht geschlossen hätte.

§ 150 E-VVG Anzeigepflichtverletzung

Die Rechte des Versicherers nach § 21 Abs. 2 bis 4 wegen einer Verletzung der dem Versicherungsnehmer bei Vertragsschluss obliegenden Anzeigepflicht erlöschen abweichend von § 23 Abs. 3 Satz 1 nach Ablauf von fünf Jahren.

§ 151 E-VVG Gefahränderung

(1) Als Erhöhung der Gefahr gilt nur eine solche Änderung der Gefahrumstände, die nach ausdrücklicher Vereinbarung als Gefahrerhöhung angesehen werden soll; die Vereinbarung bedarf der Textform.

(2) Eine Erhöhung der Gefahr kann der Versicherer nicht mehr geltend machen, wenn seit der Erhöhung fünf Jahre verstrichen sind. Dies gilt nicht, wenn der Versicherungsnehmer arglistig gegen § 25 verstoßen hat.

(3) § 44 ist mit der Maßgabe anzuwenden, dass eine Herabsetzung der Prämie nur wegen einer solchen Minderung der Gefahrumstände verlangt werden kann, die nach ausdrücklicher Vereinbarung als Gefahrminderung angesehen werden soll.

§ 152 E-VVG Bezugsberechtigung

(1) Der Versicherungsnehmer ist im Zweifel berechtigt, ohne Zustimmung des Versicherers einen Dritten als Bezugsberechtigten zu bezeichnen sowie an die Stelle des so bezeichneten Dritten einen anderen zu setzen.

(2) Ein widerruflich als bezugsberechtigt bezeichneter Dritter erwirbt, wenn der Versicherungsnehmer nichts Abweichendes bestimmt, das Recht auf die Leistung des Versicherers erst mit dem Eintritt des Versicherungsfalles.

(3) Ein unwiderruflich als bezugsberechtigt bezeichneter Dritter erwirbt, wenn der Versicherungsnehmer nichts Abweichendes bestimmt, das Recht auf die Leistung des Versicherers bereits mit der Bezeichnung als Bezugsberechtigter.

§ 153 E-VVG Auslegung der Bezugsberechtigung

(1) Sind mehrere Personen ohne Bestimmung ihrer Anteile als Bezugsberechtigte bezeichnet, so sind sie zu gleichen Teilen bezugsberechtigt. Der von einem Bezugsberechtigten nicht erworbene Anteil wächst den übrigen Bezugsberechtigten zu.

(2) Soll die Leistung des Versicherers nach dem Tode des Versicherungsnehmers an dessen Erben erfolgen, so sind in Zweifel diejenigen, welche zur Zeit des Todes als Erben berufen sind, nach dem Verhältnis ihrer Erbteile bezugsberechtigt. Eine Ausschlagung der Erbschaft hat auf die Berechtigung keinen Einfluss.

(3) Wird das Recht auf die Leistung des Versicherers von dem bezugsberechtigten Dritten nicht erworben, so steht es dem Versicherungsnehmer zu.

(4) Ist der Fiskus als Erbe berufen, so steht ihm ein Bezugsrecht im Sinne des Absatzes 2 Satz 1 nicht zu.

§ 154 E-VVG Selbsttötung

(1) Bei einer Versicherung für den Todesfall ist der Versicherer nicht zur Leistung verpflichtet, wenn die versicherte Person sich innerhalb von drei Jahren nach Abschluss des Versicherungsvertrags vorsätzlich selbst getötet hat. Dies gilt nicht, wenn die Tat in einem die freie Willensbestimmung ausschließenden Zustand krankhafter Störung der Geistestätigkeit begangen worden ist.

(2) Die Frist nach Absatz 1 Satz 1 kann durch Einzelvereinbarung geändert werden.

(3) Ist der Versicherer nicht zur Leistung verpflichtet, so hat er den Rückkaufswert nach § 161 zu zahlen.

§ 155 E-VVG Tötung durch Leistungsberechtigten

(1) Ist die Versicherung für den Fall des Todes eines anderen als des Versicherungsnehmers genommen, so ist der Versicherer nicht zur Leistung verpflichtet, wenn der Versicherungsnehmer vorsätzlich durch eine widerrechtliche Handlung den Tod des anderen herbeiführt.

(2) Ist ein Dritter als Bezugsberechtigter bezeichnet, so gilt die Bezeichnung als nicht erfolgt, wenn dieser den Tod der versicherten Person vorsätzlich durch eine widerrechtliche Handlung herbeiführt.

§ 156 E-VVG Prämien- und Leistungsänderung

(1) Bietet eine Lebensversicherung Versicherungsschutz für ein Risiko, bei dem der Eintritt der Verpflichtung des Versicherers ungewiss ist, so ist der Versicherer zu einer Neufestsetzung der vereinbarten Prämie berechtigt, wenn
1. sich der Leistungsbedarf nicht nur vorübergehend und nicht voraussehbar gegenüber den Rechnungsgrundlagen der vereinbarten Prämie geändert hat,
2. die nach den berichtigten Rechnungsgrundlagen neu festgesetzte Prämie angemessen und erforderlich ist, um die dauernde Erfüllbarkeit der Versicherungsleistung zu gewährleisten, und
3. ein unabhängiger Treuhänder die Rechnungsgrundlagen und die Voraussetzungen der Nummern 1 und 2 überprüft und bestätigt hat.

Eine Neufestsetzung der Prämie ist insoweit ausgeschlossen, als die Versicherungsleistungen zum Zeitpunkt der Erst- oder Neukalkulation unzureichend kalkuliert waren und ein ordentlicher und gewissenhafter Aktuar dies hätte erkennen müssen.

(2) Bei einer prämienfreien Versicherung ist der Versicherer unter den Voraussetzungen des Absatzes 1 zur Herabsetzung der Versicherungsleistung berechtigt.

(3) Soweit nichts anderes vereinbart, wird eine Neufestsetzung der Prämie und eine Herabsetzung der Versicherungsleistung zu Beginn des zweiten Monats wirksam, der auf die Benachrichtigung des Versicherungsnehmers folgt.

(4) Die Mitwirkung des Treuhänders nach Absatz 1 Satz 1 Nr. 3 entfällt, wenn die Neufestsetzung der Genehmigung der Aufsichtsbehörde bedarf.

§ 157 E-VVG Bedingungsanpassung

Ersetzt der Versicherer eine unwirksame Bestimmung in den Versicherungsbedingungen, so bedarf die neue Regelung zu ihrer Wirksamkeit der Bestätigung eines unabhängigen Treuhänders, dass die Voraussetzungen nach § 16 Abs. 2 erfüllt sind.

§ 158 E-VVG Prämienfreie Versicherung

(1) Der Versicherungsnehmer kann jederzeit für den Schluss der laufenden Versicherungsperiode die Umwandlung der Versicherung in eine prämienfreie Versicherung verlangen, sofern die dafür vereinbarte Mindestversicherungsleistung erreicht wird. Wird diese nicht erreicht, so hat der Versicherer den auf die Versicherung entfallenden Rückkaufswert nach § 161 zu zahlen.

(2) Die prämienfreie Versicherungsleistung ist nach anerkannten Regeln der Versicherungsmathematik mit den Rechnungsgrundlagen der Prämienkalkulation unter Zugrundelegung des Rückkaufswertes nach § 161 Abs. 3 bis 5 zu berechnen und im Vertrag für jedes Versicherungsjahr anzugeben.

(3) Die prämienfreie Leistung ist für den Schluss der laufenden Versicherungsperiode unter Berücksichtigung von Prämienrückständen zu berechnen. Die Ansprüche des Versicherungsnehmers aus der Überschussbeteiligung bleiben unberührt.

§ 159 E-VVG Kündigung des Versicherers

(1) Kündigt der Versicherer das Versicherungsverhältnis, so wandelt sich mit der Kündigung die Versicherung in eine prämienfreie Versicherung um. Auf die Umwandlung findet § 158 Anwendung.

(2) Im Falle des § 41 Abs. 2 ist der Versicherer zu der Leistung verpflichtet, die ihm obliegen würde, wenn sich mit dem Eintritt des Versicherungsfalles die Versicherung in eine prämienfreie Versicherung umgewandelt hätte.

(3) Bei der Bestimmung einer Zahlungsfrist nach § 41 Abs. 1 hat der Versicherer auf die eintretende Umwandlung der Versicherung hinzuweisen.

§ 160 E-VVG Kündigung des Versicherungsnehmers

(1) Sind laufende Prämien zu entrichten, so kann der Versicherungsnehmer das Versicherungsverhältnis jederzeit für den Schluss der laufenden Versicherungsperiode kündigen.

(2) Ist eine Versicherung in der Art genommen, dass der Eintritt der Verpflichtung des Versicherers zur Zahlung des vereinbarten Kapitals gewiss ist, so steht das Kündigungsrecht dem Versicherungsnehmer auch dann zu, wenn die Prämie in einer einmaligen Zahlung besteht.

§ 161 E-VVG Rückkaufswert

(1) Wird eine Versicherung, bei welcher der Eintritt der Verpflichtung des Versicherers gewiss ist, durch Kündigung des Versicherungsnehmers oder durch Rücktritt oder Anfechtung des Versicherers aufgehoben, so hat der Versicherer den Rückkaufswert zu zahlen.

(2) Der Rückkaufswert ist nur insoweit zu zahlen, als dieser die Leistung bei einem Versicherungsfall zum Zeitpunkt der Kündigung nicht übersteigt. Der danach nicht gezahlte Teil des Rückkaufswertes ist für eine prämienfreie Versicherung zu verwenden. Im Falle des Rücktrittes und der Anfechtung ist der volle Rückkaufswert zu zahlen.

(3) Der Rückkaufswert ist das nach anerkannten Regeln der Versicherungsmathematik mit den Rechnungsgrundlagen der Prämienkalkulation zum Schluss der laufenden Versicherungsperiode berechnete Deckungskapital der Versicherung, bei einer Kündigung mindestens jedoch die Hälfte des ungezillmerten Deckungskapitals. Der Rückkaufswert ist im Vertrag für jedes Versicherungsjahr anzugeben.

(4) Bei fondsgebundenen Versicherungen und anderen Versicherungen, die Leistungen der in § 54 b des Versicherungsaufsichtsgesetzes bezeichneten Art vorsehen, ist der Rückkaufswert abweichend von Absatz 3 nach anerkannten Regeln der Versicherungsmathematik als Zeitwert der Versicherung zu berechnen. Die Grundsätze der Berechnung sind in dem Vertrag anzugeben.

(5) Der Versicherer ist zu einem Abzug nur berechtigt, wenn er vereinbart, beziffert und an gemessen ist. Die Vereinbarung eines Abzugs für noch nicht getilgte überrechnungsmäßige Abschlusskosten ist unwirksam.

(6) Neben dem nach den Absätzen 3 bis 5 berechneten Betrag hat der Versicherer bereits zugeteilte Überschussanteile und einen für den Kündigungsfall bereits deklarierten Schlussüberschussanteil zu zahlen.

§ 162 E-VVG Eintrittsrecht

(1) Wird in den Anspruch aus dem Versicherungsvertrag ein Arrest vollzogen oder eine Zwangsvollstreckung vorgenommen oder wird das Insolvenzverfahren über das Vermögen des Versicherungsnehmers eröffnet, so kann der namentlich bezeichnete Bezugsberechtigte mit Zustimmung des Versicherungsnehmers an seiner Stelle in den Versicherungsvertrag eintreten. Tritt der Bezugsberechtigte ein, so hat er die Forderungen der betreibenden Gläubiger oder der Insolvenzmasse bis zur Höhe des Betrags zu befriedigen, dessen Zahlung der Versicherungsnehmer im Falle der Kündigung des Versicherungsvertrags vom Versicherer verlangen kann.

(2) Ist ein Bezugsberechtigter nicht oder nicht namentlich bezeichnet, so steht das gleiche Recht dem Ehegatten oder Lebenspartner und den Kindern des Versicherungsnehmers zu.

(3) Der Eintritt erfolgt durch Anzeige an den Versicherer. Die Anzeige kann nur innerhalb eines Monats erfolgen, nachdem der Eintrittsberechtigte von der Pfändung Kenntnis erlangt hat oder das Insolvenzverfahren eröffnet worden ist.

§ 163 E-VVG Abweichende Vereinbarungen

Von den Vorschriften der § 144 bis 147, 149 bis 151, 154 und 156 bis 162 kann nicht zum Nachteil des Versicherungsnehmers oder des Eintrittsberechtigten abgewichen werden. Für das Verlangen des Versicherungsnehmers auf Umwandlung nach § 158 und für seine Kündigung nach § 160 kann die Schriftform oder die Textform vereinbart werden.

Titel 2. Berufsunfähigkeitsversicherung

§ 164 E-VVG Leistung des Versicherers

(1) Bei der Berufsunfähigkeitsversicherung ist der Versicherer verpflichtet, für die Dauer der Berufsunfähigkeit, längstens bis zum vereinbarten Endtermin, die vereinbarte Leistung zu erbringen.

B. Gesetz zur Reform des Versicherungsvertragsrechts

(2) Berufsunfähig ist, wer seinen zuletzt ausgeübten Beruf, so wie er ohne gesundheitliche Beeinträchtigung ausgestaltet war, infolge Krankheit, Körperverletzung oder mehr als altersentsprechendem Kräfteverfall ganz oder teilweise voraussichtlich auf Dauer nicht mehr ausüben kann.

(3) Als weitere Voraussetzung einer Leistungspflicht kann vereinbart werden, dass der Versicherte auch keine andere Tätigkeit, die zu übernehmen er auf Grund seiner Ausbildung und Fähigkeiten in der Lage ist und die seiner bisherigen Lebensstellung entspricht, ausübt oder ausüben kann.

§ 165 E-VVG Anerkenntnis

(1) Der Versicherer muss nach einem Leistungsantrag bei Fälligkeit in Textform erklären, ob und in welchem Umfang er seine Leistungspflicht anerkennt.

(2) Das Anerkenntnis darf nur einmal zeitlich begrenzt werden. Es ist bis zum Ablauf der Frist bindend.

§ 166 E-VVG Leistungsfreiheit nach Anerkenntnis

(1) Entfallen nach einem Anerkenntnis, das nicht nach § 165 Abs. 2 Satz 1 wirksam begrenzt ist, die Voraussetzungen der Leistungspflicht, so wird der Versicherer nur leistungsfrei, wenn er dem Versicherungsnehmer diese Veränderung in Textform dargelegt hat.

(2) Die Leistungsfreiheit tritt frühestens mit dem Ablauf des dritten Monats nach der Erklärung des Versicherers ein.

§ 167 E-VVG Abweichende Vereinbarungen

Von den Vorschriften der §§ 165 und 166 kann nicht zum Nachteil des Versicherungsnehmers abgewichen werden.

§ 168 E-VVG Anzuwendende Vorschriften

Die Vorschriften der §§ 142 bis 162 sind auf die Berufsunfähigkeit entsprechend anzuwenden, soweit die Besonderheiten dieser Versicherung dem nicht entgegenstehen.

§ 169 E-VVG Ähnliche Versicherungsverträge

(1) Die §§ 165 bis 168 sind auf alle Versicherungsverträge, bei denen der Versicherer für eine dauerhafte Beeinträchtigung der Arbeitsfähigkeit eine Leistung verspricht, entsprechend anzuwenden.

(2) Auf Krankenversicherungsverträge, die das Risiko der Beeinträchtigung der Arbeitsfähigkeit zum Gegenstand haben, sowie auf die Unfallversicherung findet Absatz 1 keine Anwendung.

II. Richtlinien der Europäischen Union

Bei der Reform des VVG hat der Gesetzgeber die einschlägigen Richtlinien der Europäischen Union und die hierdurch entstandene Wettbewerbssituation zu beachten. Das bedeutet für das Versicherungsvertragsrecht vor allem, dass die Grundfreiheiten des EG-Vertrags zu berücksichtigen sind, also keine Maßnahmen getroffen werden dürfen, die diese Freiheiten in unzulässiger Weise einschränken,[22] vor allem die durch Art. 49 EG-Vertrag gewährleistete Dienstleistungsfreiheit.[23] So stellt eine mit Art. 33 der Richtlinie 2002/83/EG des Europäischen Parlaments und des Rates vom 5. November 2002 über Lebensversicherungen[24] unvereinbare Beschränkung der Dienstleistungsfreiheit für Lebensversicherungsunternehmen die Regelung im norwegischen Versicherungsrecht dar, wonach ein Lebensversicherer die gesamten Abschlusskosten bereits bei Vertragsschluss vom

---

[22] Vgl. *Präve,* Versicherungsbedingungen: Grundsätze zur Reform (I) – Neuere Entwicklungen bei der Kontrolle von VVG und AGBG, VW 2000, 374, 379; *Ortmann,* Verstoßen garantierte Rückkaufswerte gegen EU-Recht?, ZfV 2007, 46.
[23] *Bürkle* VersR 2006, 249.
[24] Abl.EG 2002 L 345, S. 1.

Versicherungsnehmer einfordern muss.[25] Auch müssen die nationalen Vorschriften den Anforderungen des so genannten Allgemeininteresses entsprechen,[26] wobei allerdings als zwingendes Allgemeininteresse der Verbraucherschutz anerkannt ist.[27] Die Europäische Kommission hat sich zu den nationalen Vorschriften über eine obligatorische Rückkaufs- und/oder Gewinnbeteiligungsklausel in Lebensversicherungsverträgen wie folgt geäußert:[28]

„Um diese Vorschriften durch den Begriff des Allgemeininteresses zu rechtfertigen, wird hauptsächlich argumentiert, die Verpflichtung, in allen im Hoheitsgebiet des betreffenden Staates angebotenen Lebensversicherungsverträgen einen Rückkaufswert festzulegen, entspräche dem Interesse der Verbraucher. Im Rahmen dieser zumeist langfristigen Verträge seien die Verbraucher bei dieser Praxis flexibel und könnten frei über ihre Ersparnisse verfügen. Die Vorschriften, wonach den Versicherungsnehmern bei Lebensversicherungsverträgen eine Gewinnbeteiligung einzuräumen ist, werden auch mit dem Schutz der wirtschaftlichen Interessen der Versicherungsnehmer begründet.

Diesbezüglich ist zwischen zwei großen Lebensversicherungskategorien zu unterscheiden: den Lebensversicherungen mit Sparkomponente (Erlebensfallversicherung, gemischte Lebensversicherung, Rentenversicherung usw.) auf der einen und den Lebensversicherungen ohne Sparkomponente (Todesfallversicherung, Restschuldlebensversicherung) auf der anderen Seite. Im Falle der Lebensversicherungen mit Sparkomponente wird diese Komponente bei der Berechnung der vom Versicherer zu bildenden mathematischen Rückstellungen berücksichtigt. Der Versicherungsnehmer verfügt über ein entsprechendes Rückkaufsrecht. Der Zweck der Lebensversicherungen ohne Sparkomponente besteht lediglich in der Deckung des mit dem menschlichen Leben verbundenen Risikos. In diesen Versicherungsverträgen wird die Sparkomponente bei der Berechnung der mathematischen Rückstellungen nicht berücksichtigt und der Versicherungsnehmer hat kein entsprechendes Rückkaufsrecht. Diese beiden Lebensversicherungskategorien entsprechen unterschiedlichen Deckungsbedürfnissen der Versicherten. Außerdem zeigen sich die Unterschiede in den vom Versicherer per Vertrag übernommenen Risikoarten am jeweiligen Preis der beiden Kategorien. Wenn für jeden Lebensversicherungsvertrag, bei dem lediglich das Todesfallrisiko abgedeckt wird, ein Rückkaufswert vorzusehen wäre, müsste der betreffende Vertrag eine Sparkomponente beinhalten; dadurch würde die zu zahlende Versicherungsprämie steigen. Im Übrigen ist fraglich, ob dies den Anforderungen der verschiedenen Versicherungsnehmer entspricht, die oft nur an Versicherungsprodukten interessiert sind, die lediglich das Todesfallrisiko abdecken.

Zwar wäre die Situation in jedem Mitgliedstaat einzeln zu prüfen, aber in jedem Fall umfassen die in der Dritten Lebensversicherungsrichtlinie 92/96/EWG festgelegten versicherungsmathematischen Grundsätze über die Bildung mathematischer Rückstellungen im Herkunftsmitgliedstaat spezifische Vorschriften für Verträge mit garantierten Rückkaufswerten sowie für Verträge mit Gewinnbeteiligung. Außerdem sind nach Anhang II der Dritten Richtlinie 92/96/EWG dem Versicherungsnehmer vor Abschluss des Vertrages oder während der Laufzeit des Vertrages u. a. die „Rückkaufswerte und beitragsfreien Leistungen und das Ausmaß, in dem diese Leistungen garantiert sind sowie die Methoden der Gewinnberechnung und Gewinnbeteiligung" mitzuteilen. Diese Angaben sollen es dem Versicherungsnehmer ermöglichen, die wesentlichen Merkmale der Lebensversicherungsprodukte kennenzulernen und sie zu verstehen, damit er das für seine spezifischen Bedürfnisse am besten geeignete Produkt auswählen kann.

---

[25] EFTA-Gerichtshof, Urt. v. 25. 11. 2005 – E-1/05, VersR 2006, 249.

[26] Zutreffend *Präve*, a. a. O. (Fn. 22), VW 2000, 374, 379; *Bürkle*, Nationalstaatliche Produktregulierung im Europäischen Binnenmarkt für Lebensversicherungen – Anmerkungen zum Referentenentwurf eines Gesetzes zur Reform des Versicherungsvertragsrechts, VersR 2006, 1042, 1046.

[27] EuGH, Slg. 1986, 3663 Rdn. 20 (Kommission ./. BRD); EuGH, Slg. 1986, 3755 Rdn. 30 (Versicherungen); EuGH, Slg. 1999, I-7289 Rdn. 31 (Zenatti); *Schwintowski*, Grenzen zulässiger Versicherungsvermittlung im Rahmen der europäischen Dienstleistungsfreiheit, VersR 2006, 588, 592.

[28] Vgl. Freier Dienstleistungsverkehr und Allgemeininteresse im Versicherungswesen, Mitteilung der Europäischen Kommission zu Auslegungsfragen v. 2. 2. 2000 – C(1999) 5046, VerBAV 2000, 119, 143.

Es fragt sich daher, ob es objektiv notwendig und dem Ziel, die wirtschaftlichen Interessen der Versicherungsnehmer zu schützen, angemessen ist, wenn ein Tätigkeitsland vorschreibt, dass in allen in seinem Hoheitsgebiet angebotenen Lebensversicherungsverträgen ein Rückkaufswert oder eine Gewinnbeteiligung vorzusehen ist. Vielleicht könnte dieses Ziel vielmehr durch eine weniger einschränkende Maßnahme erreicht werden, z. B. durch die Verpflichtung, den Versicherungsnehmer vor Vertragsschluss umfassend zu informieren."

Diese Aspekte könnte auch das BVerfG gesehen haben, wenn es sich im Urteil vom 26. Juli 2005 wie folgt äußert:[29] **14**

„Angesichts der nicht zuletzt durch Richtlinien der Europäischen Union und den gestiegenen Wettbewerb zwischen in- und ausländischen Versicherungsunternehmen ausgelösten Anstöße zur Anpassung des deutschen Rechts an die rechtlichen und tatsächlichen Entwicklungen wird der Gesetzgeber insbesondere zu klären haben, ob die zukünftige Zuordnung der Rechtspositionen der verschiedenen Versicherten und der Versicherer im vorhandenen rechtlichen Rahmen oder im Zuge weiterer Veränderungen der rechtlichen Strukturen des Lebensversicherungsrechts und des mit ihm verknüpften Gesellschaftsrechts sowie des Bilanzrechts erfolgen soll."

Von daher ist der an anderer Stelle begründet vorgetragenen Auffassung zuzustimmen, dass sich die Vorgabe von garantierten Rückkaufswerten und Mindestrückkaufswerten durch den deutschen Gesetzgeber europarechtlich als nicht haltbar erweist.[30] **15**

III. Europäisches Versicherungsvertragsrecht

Die Entwicklung des europäischen Versicherungsvertragsrechts ist bei der Reform und Fortentwicklung des VVG im Auge zu behalten.[31] Ein Meilenstein auf dem Weg zu einem europäischen Versicherungsvertragsrecht ist die Initiativstellungnahme des Europäischen Wirtschafts- und Sozialausschusses vom 15. Dezember 2004. Die Stellungnahme analysiert die gegenwärtigen politischen Rahmenbedingungen, begründet im Einzelnen das Bestehen eines Handlungsbedarfs auf Gemeinschaftsebene und zeigt mögliche Handlungsformen auf.[32] Mit den Arbeiten an der Rom-I-Verordnung wurde der Analyse Rechnung getragen.[33] Am **16**

---

[29] BVerfG, Urt. v. 26. 7. 2005 – 1 BvR 80/95, NJW 2005, 2376, 2381 = VersR 2005, 1127, 1134 = r+s 2005, 429, 434 = WM 2005, 1515, 1519f.
[30] Einzelheiten siehe bei *Präve*, Lebensversicherung im Umbruch, in: Kontinuität und Wandel des Versicherungsrechts, Festschrift für Egon Lorenz zum 70. Geburtstag, hrsg. v. Manfred Wandt, Peter Reiff, Dirk Looschelders u. Walter Bayer, Karlsruhe, VVW, 2004, S. 517, 524 ff., 527; *Lang*, Am Verbraucher vorbei. VVG-Reform schränkt Produktvielfalt ein, VW 2007, 176, 177; *Herrmann*, Zillmerungsregeln in der Lebensversicherung und kein Ende – Bedeutung des informationsrechtlichen Verbraucherschutzes nach dem EU-Recht –, VersR 2009, 7, 13.
[31] Siehe dazu *Loacker*, Insurance soft law? – Die Idee eines europäischen Versicherungsvertragsrechts zwischen akademischer Pionierleistung, Gemeinsamem Referenzrahmen und optionalem Instrument –, VersR 2009, 289. Dies gilt auch für die Entwicklung des „Common Frame of Reference" (CFR). Siehe hierzu *Fricke*, Entgrenztes Zivilrecht? – Zu den Perspektiven des Common Frame of Reference und der Europäischen Schuldrechtsharmonisierung für die Versicherungswirtschaft, VersR 2005, 1474; *Jansen/Zimmermann*, Was ist und wozu der DCFR?, NJW 2009, 3401.
[32] Einzelheiten siehe bei *Heiss*, Europäischer Versicherungsvertrag – Initiativstellungnahme des Europäischen Wirtschafts- und Sozialausschusses verabschiedet –, VersR 2005, 1. Siehe ferner *Heiss*, Stand und Perspektiven der Harmonisierung des Versicherungsvertragsrechts in der EG, Karlsruhe, VVW, 2005.
[33] Siehe hierzu *Fricke*, Das Versicherungs-IPR im Entwurf der Rom-I-Verordnung – ein kurzer Überblick über die Änderungen, VersR 2006, 745; *Heiss*, Reform des internationalen Versicherungsvertragsrechts, ZVersWiss 2007, 503, 511 ff.; *Ferrari/Leible* (Hrsg.), Ein neues Internationales Vertragsrecht für Europa – Der Vorschlag für eine Rom I-Verordnung, Jena, 2007; dazu *Fricke* VersR 2008, 194.

7. Dezember 2007 billigte der Rat der Europäischen Union inhaltlich die vom Europäischen Parlament am 29. November 2007 verabschiedete sogenannte Rom-I-Verordnung, die künftig das Internationale Privatrecht der Schuldverträge in Europa regeln soll, insbesondere auch das Internationale Privatrecht der Versicherungsverträge.[34] Die Rom-I-Verordnung wurde am 17. Juni 2008 erlassen[35] und wird gemäß Art. 28 auf Verträge angewandt, die nach dem 17. Dezember 2009 geschlossen werden.[36] Die dadurch entstandene Regelungslücke für Verträge, die genau am 17. Dezember 2009 geschlossen werden, ist vom Europäischen Rat am 19. Oktober 2009[37] durch eine Berichtigung der Verordnung (EG) Nr. 593/2008 geschlossen worden. Danach wird die Verordnung auf Verträge angewandt, die ab dem 17. Dezember 2009 geschlossen werden.[38] Die Rom-I-Verordnung verdrängt die bislang geltenden Regelungen der Art. 27 ff. des Einführungsgesetzes zum Bürgerlichen Gesetzbuch und die Art. 7 ff. des Einführungsgesetzes zum Versicherungsvertragsgesetz. Versicherungsverträge mit Auslandsberührung sind künftig nach der unmittelbar in den Mitgliedstaaten – ausgenommen Dänemark – geltenden Rom-I-Verordnung zu beurteilen.[39] Der materielle Anwendungsbereich und die Bestimmungen der Rom-I-Verordnung sollen gemäß Erwägungsgrund (7) mit der Verordnung (EG) Nr. 864/2007 des Europäischen Parlaments und des Rates vom 11. Juli 2007 über das auf außervertragliche Schuldverhältnisse anzuwendende Recht (Rom II)[40] im Einklang stehen. Für Altverträge bleibt entsprechend Art. 220 Abs. 1 EGBGB das bisherige Kollisionsrecht maßgeblich.[41]

IV. Urteile des BVerfG

1. Überschussbeteiligung

17 Für die Reform des VVG kommt dem Urteil des BVerfG vom 26. Juli 2005,[42] das eine lebhafte Resonanz auslöste,[43] eine besondere Bedeutung zu. Zutreffend

---

[34] Zu den Einzelheiten *Staudinger*, Rechtsvereinheitlichung innerhalb Europas: Rom I und Rom II, AnwBl. 2008, 8; siehe ferner *Fricke*, Das internationale Privatrecht der Versicherungsverträge nach Inkrafttreten der Rom-I-Verordnung, VersR 2008, 443. Zur Qualifizierung der Haftung für c. i. c. im IPR und IZVR siehe *Henk,* Die Haftung für culpa in contrahendo im IPR und IZVR, Berlin, D&H, 2007.
[35] Verordnung (EG) Nr. 593/2008 des Europäischen Parlaments und des Rates vom 17. Juni 2008 über das auf vertragliche Schuldverhältnisse anzuwendende Recht (Rom I), Abl.EU L 177 v. 4. 7. 2008, S. 6. Krit. dazu *Heiss*, Versicherungsverträge in „Rom I": Neuerliches Versagen des europäischen Gesetzgebers, in: Festschrift für Jan Kropholler, 2008, S. 459.
[36] *Katschthaler/Leichsenring*, Neues internationales Versicherungsvertragsrecht nach der Rom-I-Verordnung, r+s 2010, 45, 46.
[37] 13497/1/09 REV 1 v. 19. 10. 2009.
[38] Berichtigung der Verordnung (EG) Nr. 593/2008 des Europäischen Parlaments und des Rates vom 17. Juni 2008 über das auf vertragliche Schuldverhältnisse anzuwendende Recht (Rom I), Abl.EU L 309 v. 24. 11. 2009, S. 87; *Brödermann*, Paradigmenwechsel im Internationalen Privatrecht: Zum Beginn einer neuen Ära seit 17. 12. 2009, NJW 2010, 807 f.
[39] *Einsele*, Auswirkungen der Rom I-Verordnung auf Finanzdienstleistungen, WM 2009, 289; *Katschthaler/Leichsenring*, Neues internationales Versicherungsvertragsrecht nach der Rom-I-Verordnung, SpV 2009, 56; *Vorpeil*, Internationales Privatrecht zum Versicherungsvertragsrecht, VersRAI 2009, 1.
[40] Abl.EU L 199 v. 31. 7. 2007, S. 40.
[41] *Looschelders/Smarowos*, Das Internationale Versicherungsvertragsrecht nach Inkrafttreten der Rom-I-Verordnung, VersR 2010, 1.
[42] BVerfG, Urt. v. 26. 7. 2005 – 1 BvR 80/95, NJW 2005, 2376, 2381 = VersR 2005, 1127 = r+s 2005, 429 = WM 2005, 1515, 1519 f. = MDR 2005, 1405; dazu *Löwe* EWiR 2005, 703; *Schwintowski* VuR 2005, 305.
[43] Vgl. *Bäuerle*, Privatautonome Interessenwahrung und Schutzpflichten des Staates – Die Urteile des Bundesverfassungsgerichts zur Kapitallebensversicherung und ihre Konse-

wird hervorgehoben, dass der Gesetzgeber nunmehr die verfassungsrechtliche Pflicht habe, die „Überschussbeteiligung der Versicherungsnehmer hinreichend bestimmt und hinreichend transparent zu regeln",[44] ohne die Ansprüche der Versicherungsnehmer dem freien Ermessen des LVU zu überlassen.[45] Im Ausland sind dagegen Regelungen oft nur deshalb einfach und übersichtlich, weil sie kaum Regelungsinhalt besitzen, sondern die Vorgehensweise zur Überschussbeteiligung dem freien Ermessen des LVU überlassen.[46]

Ausgangspunkt für die Entscheidung des BVerfG war, dass bislang die Versicherten im Hinblick auf eine zeitnahe Überschussbeteiligung nicht konkret und individualisierbar anspruchsberechtigt waren.[47] Unter Zugrundelegung eines erweiterten Eigentumsbegriffs, demzufolge auch „werdendem Eigentum" Verfassungsrang zukommt, hat das BVerfG in seiner Entscheidung vom 26. Juli 2005 Sicherungen für die Vermögenswerte eingefordert, die durch Prämienzahlungen der Versicherungsnehmer beim Versicherer geschaffen werden.[48] Demgemäß wurde seitens des BVerfG Regulierungsbedarf für die Fälle der Bestandsübertragung[49] sowie für die allgemeine Ausgestaltung der Überschussbeteili-

18

---

quenzen für den vertragsrechtlichen Verbraucherschutz, VuR 2005, 401; *Baumann,* Lebensversicherungen mit Überschussbeteiligung und Bestandsübertragungen nach den Urteilen des BVerfG vom 26. 7. 2005 [VersR 2005, 1109 und 1127], r+s 2005, 401; *Grobenski,* Schmiedearbeit am „heißen Eisen": Die rechtliche Bewertung stiller Reserven im Lebensversicherungsbereich – Urteilsanalyse anlässlich der Entscheidung des Bundesverfassungsgerichts vom 26. Juli 2005, ZfV 2005, 535; *Heidemann,* Das richtungsweisende Urteil aus Karlsruhe, VP 2005, 161; *Knappmann,* BVerfG stärkt Stellung der Versicherten in der Lebensversicherung, NJW 2005, 2892; *Mudrack,* Zur Beteiligung der Lebensversicherten an den stillen Reserven nach dem Urteil des Bundesverfassungsgerichts vom 26. 7. 2005 – 1 BvR 80/95 – VuR 2005, 302, VuR 2006, 41; *Schradin,* Mit Reserven die Jahresschwankungen ausgleichen – Beteiligung der Versicherungsnehmer an den stillen Reserven in der Lebensversicherung? Zu dem Urteil des Bundesverfassungsgerichts, VW 2005, 1288; *Schenke,* Versicherungsrecht im Fokus des Verfassungsrechts – die Urteile des BVerfG vom 26. Juli 2005, VersR 2006, 871; *Schröder,* Stille Reserven als Quelle der Überschussbeteiligung – Die transparente Zukunft der Kapitallebensversicherung nach dem BVG-Urteil, VW 2005, 1226; *Surminski,* Was zu erwarten war: Die Entscheidungen des Bundesverfassungsgerichtes zur Lebensversicherung, ZfV 2005, 491; *Weber-Rey/Ressos/Mönnich,* Lebensversicherung vor Veränderungen, ZfV 2005, 494; *Weber-Rey/Ressos,* Lebensversicherungsaufsicht vor Veränderungen – Konvergenz innerhalb Europas?, AG 2005, R407; *Armbrüster,* Eigentumsschutz im Kapitalgesellschaftsrecht – Auswirkungen der Judikatur des BVerfG zur Lebensversicherung, ZGR 2006, 683; *Mülbert/ Leuschner,* Die verfassungsrechtlichen Vorgaben der Art. 14 GG und Art. 2 Abs. 1 GG für die Gesellschafterstellung – wo bleibt die Privatautonomie? Zu den objektiv-rechtlichen Gestaltungsvorgaben der Art. 2 Abs. 1, 14 GG nach den Entscheidungen des BVerfG zur Kapitallebensversicherung, ZHR 170 (2006), 615, 630 ff.

[44] *Wandt,* Thesen zur Transparenz des Rechts der Überschussbeteiligung, VW 2006, 1966.

[45] *Geib/Engeländer,* Mehr oder weniger nach Ermessen? BVerfG: Das letzte Wort im Rechtsstreit um die Überschussbeteiligung (I), VW 2006, 541, 545.

[46] *Geib/Engeländer,* Kann ein neues Gesetz werden? Das BVerfG-Urteil in der heutigen deutschen Rechtslage – Lösungsansätze für die Umsetzung der Urteile (III), VW 2006, 714, 715.

[47] *Winter,* Die Paradigmenverschiebung bei der Missstandsaufsicht nach § 81 VAG, VersR 2005, 145, 152.

[48] *Präve,* Das Individuelle und das Kollektive in der Privatversicherung – dargestellt am Beispiel der Lebensversicherung, VersR 2006, 1190/1191. Die vom BVerfG entwickelten Grundsätze gelten unmittelbar auch für die substitutive Krankenversicherung, vgl. *Boetius,* „Gegen die Wand" – Der Basistarif der Gesundheitsreform bricht Europa- und Verfassungsrecht, VersR 2007, 431, 438.

[49] BVerfG, Urt. v. 26. 7. 2005 – 1 BVR 782/94 u. 1 BVR 957/96, NJW 2005, 2363 = VersR 2005, 1109 = r+s 2005, 472 = WM 2005, 1505; dazu *Hasselbach/Komp,* Die Bestandsübertragung als Maßnahme zur Restrukturierung von Versicherungsunternehmen, VersR

gung⁵⁰ angenommen.⁵¹ Dem BVerfG war es insoweit nicht möglich, „präzise, konturenscharfe Vorgaben für die Ausgestaltung des Privatversicherungsrechts und der in diesem Zusammenhang besonders strittigen Regelung der Überschussbeteiligung zu formulieren".⁵² Es hat deshalb nur auf eine mögliche Beteiligung der Versicherungsnehmer im Rahmen des Schlussüberschussanteils verwiesen.⁵³

19 Eine möglichst zeitnahe Rückgewähr der Überschüsse an die Versicherten war schon bisher ein grundsätzliches Anliegen der Aufsichtsbehörde. Zur Erreichung dieses Ziels veranlasste die Aufsichtsbehörde im Jahre 1986 mit der Unterstützung des BVerwG die Lebensversicherer sogar zur zwangsweisen Abschmelzung der RfB. Mit Blick auf die Volatilität der Kapitalmärkte wurde die Pufferfunktion der RfB vom BVerwG damals jedoch zu eng gesehen. Zutreffend führt *Winter* zu dieser Entscheidung des BVerwG aus:⁵⁴

„Die Einschränkung der Pufferfunktion der RfB – die aus heutiger Sicht besonders problematisch ist – läuft in der vom Gericht gesehenen Form dem Versicherungsgedanken zuwider. Der Sinn der Versicherung besteht darin, dem Versicherten Kontinuität, Berechenbarkeit und Sicherheit zu ermöglichen. Der Versicherte, der beim Abschluss einer Versicherung häufig auch die Altersvorsorge und -versicherung im Auge hat, will nicht möglichst zeitnah und verursachungsgerecht an Kapitalmarktschwankungen teilhaben, insbesondere auch nicht, wenn sie so heftig sind wie in den vergangenen Jahren und unter denen auch gerade Versicherte gelitten haben dürften, die ihre Lebensversicherungsverträge zu Beginn der Achtzigerjahre abgeschlossen hatten. Unbefriedigend ist dabei auch, dass das Urteil es unberücksichtigt lässt, dass die Versicherungsgesellschaft die RfB über ihre gesetzliche Verpflichtung hinaus dotiert hat. Die Verpflichtung zu einer Abschmelzung der RfB ist damit weiter reichend als die Pflicht zur Überschussbeteiligung selbst."

20 Das BVerfG hat in seiner Entscheidung vom 26. Juli 2005 nicht vertieft, dass im Bereich der Lebensversicherung der Grundsatz der Spartentrennung gilt, der im Jahre 1983 ausdrücklich als § 8 Abs. 1 a VAG in das VAG aufgenommen wurde.⁵⁵ Zur Begründung des Spartentrennungsprinzips wird angeführt, dass in der Lebensversicherung erhebliche Überschüsse anfallen, die den Versicherungsnehmern zugute kommen müssen und nicht zur Deckung von evtl. Fehlbeträgen in anderen Sparten verwendet werden dürfen. Die finanzielle Absicherung der Versicherungsnehmer war bisher immer gewährleistet durch die Verordnung über die Mindestbeitragsrückerstattung in der Lebensversicherung (ZRQuotenV), die der Bundesminister der Finanzen am 23. Juli 1996 mit Zustimmung des Bundesrates

---

2005, 1651, 1654 f.; *Schwintowski* EWiR 2005, 647; *Hövelmann/Brouwers*, Bestandsübertragungen zwischen privaten Krankenversicherungsunternehmen nach dem Urteil des BVerfG vom 26. 7. 2005 (1 BvR 782/94 + 957/96) VersR 2005, 1109, VersR 2006, 1306, 1308 ff.; *Eilert,* Die Zwecke des VAG im Lichte der Urteile des BVerfG zur Lebensversicherung, VersR 2009, 709.
⁵⁰ BVerfG, Urt. v. 26. 7. 2005 – 1 BvR 80/95, NJW 2005, 2376 = VersR 2005, 1127 = r+s 2005, 429 = WM 2005, 1515; dazu *Lensing,* Die Anwartschaft auf Überschussbeteiligung in der kapitalbildenden Lebensversicherung, VuR 2006, 249.
⁵¹ *Präve,* a. a. O. (Fn. 48), VersR 2006, 1190, 1191.
⁵² *Schenke,* Die Anforderungen des BVerfG an die Berücksichtigung von Bewertungsreserven bei der Ermittlung der Überschussbeteiligung bei kapitalbildenden Lebensversicherungen, VersR 2006, 725.
⁵³ *Zimmermann/Schweinberger,* Der Gesetzgeber auf Abwegen – Zur Verwirklichung einer angemessenen Überschussbeteiligung in der Lebensversicherung, VW 2006, 795, 798/799.
⁵⁴ *Winter,* Die Paradigmenverschiebung bei der Missstandsaufsicht nach § 81 VAG, VersR 2005, 145, 152.
⁵⁵ Vereinzelt wird die Frage aufgeworfen, ob das Spartentrennungsgebot noch zeitgemäß ist, vgl. *Knauth,* Spartentrennungsgebot und Konzentration in der Versicherungswirtschaft, in: Recht und Risiko, Festschrift für Helmut Kollhosser zum 70. Geburtstag, hrsg. v. Reinhard Bork, Thomas Hoeren, Petra Pohlmann, Bd. I Versicherungsrecht, Karlsruhe, VVW, 2004, S. 203, 217.

B. Gesetz zur Reform des Versicherungsvertragsrechts   21–23 VVG 2008

erlassen hat.[56] Danach muss ein Lebensversicherer mindestens 90% der Kapitalerträge den Versicherungsnehmern zuweisen.

2. Rückkaufswerte

Im Jahre 2006 hat das BVerfG[57] darüber hinaus auch für die Ausgestaltung der Rückkaufswerte eine Erwartungshaltung in Bezug auf Sicherungen für größere Transparenz sowie für die Be- und Verrechnung von Abschlusskosten formuliert.[58] Zuvor hatte schon der BGH mit Urteil vom 12. Oktober 2005 im Wege richterlicher ergänzender Vertragsausauslegung einen Mindestrückkaufswert festgeschrieben.[59]   21

V. Kernpunkte einer Reform des VVG

Mit Blick auf die Lebens- und Berufsunfähigkeitsversicherung kommt künftigen Regelungen zu den Rückkaufswerten, zur Überschussbeteiligung und für den Fall der Bestandsübertragung eine besondere Bedeutung zu. Schon vor der Berufung in die Reformkommission sprach sich *Römer* gegen die sog. Zillmerung in der Lebensversicherung wie folgt aus:[60]   22

„Eine ... wichtigere Frage ist, ob es bei der derzeitigen Handhabung bleiben muss, nach der die Abschlusskosten sofort dem Konto des Versicherungsnehmers belastet werden. Dieses „Zillmern" hat zwar seine logische Berechtigung, weil man sagen kann, der Vermittler hat die Provision sofort nach Abschluss des Vertrages verdient. Ich weiß auch, dass ich hier einen wunden Punkt anspreche. Denn kaum ein größeres Versicherungsunternehmen kann aus der Phalanx dieser Praxis ausscheren. Ihm laufen dann die besten Verkäufer zur Konkurrenz davon. Gerade darin liegt ein Grund, eine einheitliche gesetzliche Regelung zu treffen. Sie scheint mir aus dem Schutzgedanken des Verbrauchers heraus erforderlich. Denn es geht nicht an, dass ein Versicherungsnehmer, der nach zwei oder drei Jahren den Vertrag – aus welchen Gründen auch immer – kündigen muss, nicht eine Mark – oder einen Euro – seiner eingezahlten Prämien mehr erhält."

Mit diesem Votum wird der Gesetzgeber aufgerufen, in die Freiheit der Produktgestaltung einzugreifen. Es ist jedoch nicht Sache des Gesetzgebers, die Produktgestaltung selbst zu regeln und etwa vertragsuntreue Versicherungsnehmer zu Lasten vertragstreuer Versicherungsnehmer zu schützen.[61] Rückkaufswerte müssen die vollständige Tilgung der individuell verursachten Kosten berücksichtigen.[62] Die Deutsche Aktuarvereinigung sprach sich auf der Jahrestagung 2005 gegen die Einführung eines Mindestrückkaufswerts in der Lebensversicherung wie folgt aus:[63]   23

„Im Zusammenhang mit der aktuellen Diskussion um eine Reform des Versicherungsvertragsgesetzes ist zusätzlich zu beachten, dass die Wiedereinführung garantierter Rück-

---

[56] BGBl. I S. 1190.
[57] BVerfG, Urt. v. 15. 2. 2006 – 1 BVR 1317/96, NJW 2006, 1783 = VersR 2006, 489 = r+s 2006, 161 = WM 2006, 633.
[58] *Präve* VersR 2006, 1190, 1191.
[59] BGH NJW 2005, 3559.
[60] *Römer*, Reformbedarf des Versicherungsvertragsrechts aus höchstrichterlicher Sicht, gehalten am 16. 2. 2000 beim 4. Tagessymposium des Versicherungsforum in Köln, S. 10 = überarbeitet, VersR 2000, 661, 665.
[61] So zutreffend *Schareck*, Die ökonomische Bedeutung des Rechtsrahmens für die Versicherungswirtschaft, in: Kontinuität und Wandel des Versicherungsrechts, Festschrift für Egon Lorenz zum 70. Geburtstag, hrsg. v. Manfred Wandt, Peter Reiff, Dirk Looschelders u. Walter Bayer, Karlsruhe, VVW, 2004, S. 687, 702.
[62] *Richter/Lörper/Fürhaupter*, Kollektiv versus Individuum, Der Aktuar 2005, 89, 90.
[63] Der Aktuar 2005, 86, 88 f.

kaufswerte eine wirksame Risikosteuerung von Lebensversicherungsunternehmen unmöglich macht:
Primäres Merkmal von kapitalbildenden Lebensversicherungsverträgen sind Garantien für einen weit in der Zukunft liegenden Auszahlungszeitpunkt. Die Lebensversicherungsunternehmen sind dadurch einem erheblichen Risiko durch sinkende Kapitalmarktzinsen ausgesetzt. Im Rahmen des zwingend gebotenen Risikomanagements für die Lebensversicherungsunternehmen müssen daher die langfristigen Garantien vorwiegend durch Kapitalanlagen in Form von Zinspapieren hoher Duration bedeckt werden.
Nur so kann die Exposition des Garantiegebers gegenüber Änderungen der Kapitalmärkte so weit limitiert werden, dass er durch die verfügbaren Risikomittel ausreichend abgesichert ist.
Mit dem Festschreiben garantierter Rückkaufswerte wird diese Risikosteuerung jedoch konterkariert: Im Fall von Zinsanstiegen verlieren die zur Risikosteuerung erforderlichen langfristigen Zinspapiere erheblich an Wert. Die garantierten Rückkaufswerte verringern sich jedoch nicht. In der Folge wird ein Versicherer, der im Rahmen des Risikomanagements eine Absicherung der von ihm ausgesprochenen langfristigen Garantien vorgenommen hat, bei Zinsanstiegen erhebliche – u. U. existenzgefährdende – Verluste durch den Rückkauf von Verträgen mit garantierten Rückkaufswerten erleiden.
Diese Einschätzung wird durch Analysen auf Basis des DAV-Modells „Langfristige Garantien" auch quantitativ belegt.
Eine Risikoverschärfung durch die Einführung garantierter Rückkaufswerte – etwa im Rahmen der VVG-Reform – ist daher unbedingt zu vermeiden."

VI. Gesetz zur Reform des Versicherungsvertragsrechts

1. Referentenentwurf vom 13. März 2006

Der Referentenentwurf für das neue Versicherungsvertrags wurde am 13. März 2006 vorgestellt.[64] Das Schrifttum befasste sich zum einen mit Aspekten, die die Nichtlebensversicherung betreffen.[65] Zum anderen wurden die die Lebensversicherung betreffenden Vorschriften betrachtet.[66] Besonders kritisch wurde der Vorschlag einer zeitnahen Gutschrift von stillen Reserven gesehen. Zutreffend wird hervorgehoben, dass hierdurch der Gestaltungsspielraum der Versicherer erheblich eingeschränkt wird und höhere Anreize zur vorzeitigen Vertragskündigung geschaffen werden.[67] Seitens der Deutschen Aktuarvereinigung (DAV) wurde angemerkt, dass das Ende des Geschäftsmodells der deutschen Lebensversicherung bevorsteht, wenn die im Entwurf vorgesehene Ausschüttung von 50% der stillen Reserven an die Kunden innerhalb einer festen Frist von zwei Jahren umzusetzen ist.[68] Der Deutsche Anwaltverein unterstrich, dass sich die zur Gewährleistung der dauernden Erfüllbarkeit der Verträge erforderlichen Schwankungsreserven entscheidend verringern, wenn die Überschüsse nach § 153 Abs. 3 VVG 2008 spätestens zwei Jahre nach ihrer Ermittlung zugeteilt werden müssen.[69] Fer-

---

[64] Eingehend hierzu *Niederleithinger*, Auf dem Weg zu einer VVG-Reform – Zum Referentenentwurf eines Gesetzes zur Reform des Versicherungsvertragsrechts –, VersR 2006, 437.

[65] Siehe *Lange*, Das Anerkenntnisverbot vor und nach der VVG-Reform, VersR 2006, 1313; *Zielke*, Zillmerung ade – IFRS ahoi! – Die Reform des VVG kommt in Gang – Mögliche Szenarien, VW 2006, 456.

[66] Vgl. *Schick/Franz*, Rückkaufswerte in der Reform des VVG: Handlungsbedarf für Lebens- und Rentenversicherer, VW 2007, 764.

[67] *Zimmermann/Schweinberger*, Der Gesetzgeber auf Abwegen – Zur Verwirklichung einer angemessenen Überschussbeteiligung in der Lebensversicherung, VW 2006, 795, 798.

[68] M. S., Stille Reserven: Risiken und Nebenwirkungen, ZfV 2006, 304.

[69] DAV-Stellungnahme: VVG Reform, Spektrum für Versicherungsrecht 2006, 34, 37; ähnlich *Römer*, Zu den ausgewählten Problemen der VVG-Reform nach dem Referentenentwurf vom 13. März 2006 (Teil II), VersR 2006, 865, 869.

ner wurde darauf hingewiesen, dass die Versicherer ihren Vertriebsprozess mit Blick auf die Abschaffung des Policenmodells neu gestalten müssen[70] und dass den Anforderungen des BVerfG zur Beteiligung der Versicherten an der Überschussbeteiligung auch ein virtuelles Kundenkonto entsprechen würde, auf das der Versicherer Jahr für Jahr die volle Überschussbeteiligung verbucht und dabei dem Kunden mitteilt, dass der Überschuss im nächsten Jahr höher aber auch geringer ausfallen kann, je nach Kapitalmarktentwicklung.[71]

2. Gesetzentwurf vom 11. Oktober 2006

a) **Pressemitteilung.** In der Pressemitteilung zum Kabinettsbeschluss vom 25 11. Oktober 2006[72] unterstrich das Bundesministerium der Justiz, dass in der Lebensversicherung die Stellung des Versicherungsnehmers deutlich verbessert und die Transparenz erhöht werde. Folgende Änderungen wurden in der Pressemitteilung unter der Rubrik „Modernisierung der Lebensversicherung" hervorgehoben:

– **Anspruch auf Überschussbeteiligung**
Der Anspruch auf Überschussbeteiligung wird im Gesetz als Regelfall veran- 26 kert. Erstmals erhält der Versicherungsnehmer einen Anspruch auf Beteiligung an den stillen Reserven. Die Grundsätze für die Verteilung der Überschüsse werden bestimmt. Möglich bleibt es, Verträge ohne Überschussbeteiligung abzuschließen, die bislang aber kaum praktische Bedeutung haben.

Zur Beteiligung an den stillen Reserven: Der Versicherungsnehmer soll – wie 27 auch das Bundesverfassungsgericht in seinem Urteil zur Überschussbeteiligung vom 26. Juli 2005 vorgibt – in Zukunft angemessen auch an den noch nicht realisierten Gewinnen beteiligt werden (so genannte stille Reserven), soweit sie durch seine Beiträge erzielt worden sind. Die Versicherungsunternehmen müssen die stillen Reserven offen legen und den Versicherungsnehmer jährlich über den auf ihn entfallenden Teil unterrichten. Die Hälfte der stillen Reserven, die durch die Beiträge des Versicherungsnehmers erwirtschaftet worden sind, ist bei Beendigung des Vertrages auszuzahlen. Die andere Hälfte verbleibt im Unternehmen, um Wertschwankungsrisiken ausgleichen zu können. Dieses Verfahren sichert dem einzelnen Versicherungsnehmer eine Beteiligung an den Reserven, berücksichtigt aber auch das Interesse der Versichertengemeinschaft an der Erhaltung von Reserven. Das Bundesverfassungsgericht hat ebenfalls beide Aspekte betont.

Zur Geltung für laufende Verträge: Mit dem Inkrafttreten des Gesetzes hat je- 28 der Versicherungsnehmer diesen Anspruch, und zwar für die Restlaufzeit seines Vertrages nach Inkrafttreten. Bereits erfolgte Überschussbeteiligungen für die Zeit vor Inkrafttreten bleiben unberührt.

– **Modellrechnung**
Der Versicherungsnehmer ist darüber zu unterrichten, welche Leistungen zu er- 29 warten sind. Die Angaben müssen realistisch sein und dem Versicherungsnehmer deutlich machen, dass es sich nur um Prognosen und nicht um garantierte Leistungszusagen handelt. Um Missbrauchsgefahren zu verhindern, werden die Versicherer verpflichtet, eine Modellrechnung zu überlassen, bei der die mögliche Ablaufleistung unter Zugrundelegung realistischer Zinssätze dargestellt wird.

– **Berechnung des Rückkaufswerts**
Der Rückkaufswert der Lebensversicherung ist künftig nach dem Deckungska- 30 pital der Versicherung zu berechnen; dies gilt auch, wenn der Vertrag vorzeitig beendet wird. Auch der Bundesgerichtshof hat in seinem Urteil vom 12. Oktober

---

[70] *Stadler*, VVG-Reform – Aufwand bisher unterschätzt, VW 2006, 1339.
[71] *Schwintowski*, Neuerungen im Versicherungsvertragsrecht, ZRP 2006, 139, 142.
[72] Vgl. www.bmj.bund.de.

2005 so entschieden. Das Deckungskapital ist das Kapital, das vorhanden sein muss, um die Ansprüche des Versicherungsnehmers zu erfüllen. Der Rückkaufswert lässt sich so im Streitfall klar bestimmen. Für die Berechnung des Rückkaufswertes wurde bisher auf den unklaren und deswegen nicht transparenten Begriff des Zeitwerts der Versicherung abgestellt. Der nach dem Deckungskapital berechnete Rückkaufswert wird im Regelfall höher sein als der nach dem Zeitwert berechnete. Allerdings ist dies nicht primäres Ziel der Änderung. Auch insoweit wird – im Sinne der für die Überschussbeteiligung ergangenen Entscheidung des Bundesverfassungsgerichts – mehr Transparenz und Rechtsklarheit hergestellt.

– **Frühstorno**

31 Die Abschlusskosten der Lebensversicherung werden künftig auf die ersten fünf Vertragsjahre verteilt. Vorbild ist insoweit das Modell der Riester-Rente. Der Rückkaufswert fällt damit in den ersten Jahren höher aus. Weil die gezahlten Prämien bisher zunächst – und zwar häufig in den ersten zwei Vertragsjahren – mit den Abschlusskosten des Vertrages verrechnet werden, erhält der Versicherungsnehmer derzeit in der Regel keinen oder nur einen sehr geringen Rückkaufswert, wenn der Vertrag frühzeitig beendet wird.

– **Transparenz bei Abschluss- und Vertriebskosten**

32 Eine deutliche Verbesserung der Transparenz für die Verbraucher wird sich daraus ergeben, dass die Versicherer verpflichtet werden sollen, die jeweiligen Abschluss- und Vertriebskosten zu beziffern und offen zu legen (dies gilt nicht nur für die Lebens-, sondern auch für die private Krankenversicherung). Insbesondere diese verbesserte Information des Verbrauchers wird – wie die Verbesserung der Transparenz überhaupt – auch den Wettbewerb unter den Versicherungsunternehmen fördern; dies entspricht einer weiteren Forderung des Bundesverfassungsgerichts. Die Einzelheiten wird eine Verordnung regeln.

– **Zeitplan**

33 Am 1. Januar 2008 soll das Gesetz in Kraft treten; diese Frist hat das Bundesverfassungsgericht für die Änderungen in der Lebensversicherung gesetzt. Mit Inkrafttreten gilt das Gesetz für alle dann laufenden Verträge.

34 **b) Resonanz auf den Gesetzentwurf.** Der vom Bundeskabinett am 11. Oktober 2006 beschlossene Entwurf eines Gesetzes zur Reform des Versicherungsvertragsrechts wurde am 13. Oktober 2006 dem Bundesrat übermittelt[73] und im Schrifttum vorgestellt,[74] hinsichtlich der Auswirkungen untersucht,[75] insbesondere mit Blick auf die Neufassung des Obliegenheitsrechts[76] und die erstmalige Einführung von gesetzlichen Regelungen zur vorläufigen Deckung,[77] und ausführlich kommentiert.[78] Die Korrekturbedürftigkeit des Gesetzentwurfs wurde hervorge-

---

[73] BR-Drucks. 707/06.
[74] So z.B. durch *Langheid*, Auf dem Weg zu einem neuen Versicherungsvertragsrecht, NJW 2006, 3317.
[75] Vgl. *Looschelders*, Schuldhafte Herbeiführung des Versicherungsfalls nach der VVG-Reform, VersR 2008, 1; *Pasdika/Krüger/Scheil*, Auswirkungen der VVG-Reform auf die Rechnungsgrundlagen der Berufsunfähigkeitsversicherung, Der Aktuar 2007, 77.
[76] *Maier*, Die Leistungsfreiheit bei Obliegenheitsverletzungen nach dem Regierungsentwurf zur VVG-Reform, r+s 2007, 89; *Marlow*, Die Verletzung vertraglicher Obliegenheiten nach der VVG-Reform: Alles nichts, oder?, r+s 2007, 43.
[77] *Gitzel*, Die Beendigung eines Vertrages über vorläufige Deckung bei Prämienzahlungsverzug nach dem Regierungsentwurf eines Gesetzes zur Reform des Versicherungsvertragsrechts, VersR 2007, 322; *Maier*, Die vorläufige Deckung nach dem Regierungsentwurf zur VVG-Reform, r+s 2006, 485.
[78] *Schmitz*, Reform des Versicherungsvertragsrechts vor dem Abschluss – Gesetzentwurf gibt alte Prinzipien auf und setzt höchstrichterliche Urteile um, DRiZ 2006, 208; *Präve*, Das neue Versicherungsvertragsgesetz, VersR 2007, 1046.

B. Gesetz zur Reform des Versicherungsvertragsrechts   35–37   VVG 2008

hoben,[79] aber auch die Nichtbeteiligung der Versicherten an stillen Lasten kritisiert.[80] Hervorgehoben wurde, dass die Bilanzierungshilfe des § 341 b HGB künftig nicht mehr zu nutzen sein würde.[81]

3. Gesetzgebungsverfahren

a) Stellungnahme des Bundesrats vom 24. November 2006. Im Bundesratsverfahren fand insbesondere Artikel 4 Abs. 2 EGVVG-E besondere Beachtung. Artikel 4 Abs. 2 EGVVG-E sah nach der Regierungsbegründung vor, dass die neue Rückkaufswertregelung (§ 169 VVG-E) einschließlich der hieran anknüpfenden Vorschriften der §§ 165 und 166 VVG-E ab dem 1. Januar 2008 auch auf bestehende Versicherungsverträge ausgedehnt wird.[82] Seitens der mit dem Entwurf eines Gesetzes zur Reform des Versicherungsvertragsrechts befassten Ausschüsse wurde gegen diese Regelung vorgebracht, dass eine Rückwirkung der Rückkaufswertregelung für bestehende Verträge für die Lebensversicherungsunternehmen erhebliche finanzielle Zusatzbelastungen zur Folge habe.[83] Das Land Hessen stellte heraus, dass die neue Vorschrift zu den Rückkaufswerten kalkulationsrelevant sei, Mindestrückkaufswerte jedoch bei der Kalkulation bestehender Verträge bisher nicht berücksichtigt worden seien.[84] Der Bundesrat beschloss in seiner 828. Sitzung am 24. November 2006 eine Stellungnahme, in der sich der Bundesrat gegen die rückwirkende Anwendung der neuen Rückkaufswertregelung auf bestehende Lebensversicherungsverträge aussprach.[85]   35

b) Gesetzentwurf vom 20. Dezember 2006. Mit Schreiben vom 20. Dezember 2006 brachte die Bundesregierung den Entwurf eines Gesetzes zur Reform des Versicherungsvertragsrechts zur Beschlussfassung in den Bundestag ein.[86] Im Rahmen der Gegenäußerung zur Stellungnahme des Bundesrats vom 24. November 2006 führte die Bundesregierung zur rückwirkenden Anwendung der Rückkaufswertregelung auf bestehende Versicherungsverträge aus, dass sie nicht verkenne, dass eine rückwirkende Geltung erhebliche Konsequenzen habe, sie werde die Regelung deswegen unter erneuter Prüfung der verfassungsrechtlichen Fragen überdenken.[87]   36

c) Beschlussempfehlung und Bericht des Rechtsausschusses vom 20. Juni 2007. Nach Anhörung der Sachverständigen am 28. März 2007 wurden unter dem 28. Juni 2007 die Beschlussempfehlung und der Bericht des Rechtsausschusses (6. Ausschuss) vom 20. Juni 2007 zu dem Gesetzentwurf der Bundesregierung – Drucksache 16/3945 – in den Bundestag eingebracht.[88] Zu Artikel 4 Abs. 2 EGVVG-E beschloss der Rechtsausschuss folgende Fassung:[89] „Auf Altverträge ist anstatt des § 169 des Versicherungsvertragsgesetzes, auch soweit auf ihn verwiesen   37

---

[79] *Mudrack*, Änderungsbedarf beim Regierungsentwurf zum Versicherungsvertragsrecht. Praktische Probleme bei der Beteiligung der Lebensversicherten an den stillen Reserven, ZfV 2007, 41; *Weidner*, Notwendige Korrekturen am Gesetzentwurf der Bundesregierung zur VVG-Reform, r+s 2007, 138.
[80] *Zielke*, Mit Sicherheit arm! VVG-Reform und die Folgen – ein kritischer Zwischenruf, ZfV 2006, 303.
[81] *Kölschbach*, zitiert von Monika Lier, VVG-Reform mit großen handwerklichen Fehlern, VW 2006, 905.
[82] BR-Drucks. 707/06, S. 298.
[83] BR-Drucks. 707/1/06, S. 19.
[84] BR-Drucks. 707/2/06.
[85] BR-Drucks. 707/06 (Beschluss), S. 11.
[86] BT-Drucks. 16/3945.
[87] BT-Drucks. 16/3945, S. 133.
[88] BT-Drucks. 16/5862.
[89] BT-Drucks. 16/5862, S. 71.

wird, § 176 des Gesetzes über den Versicherungsvertrag in der bis zum 31. Dezember 2007 geltenden Fassung weiter anzuwenden."

37a **d) Beschlussfassung durch den Bundestag.** Entsprechend den Änderungsvorschlägen des Rechtsausschusses hat der Bundestag am 5. Juli 2007 das Gesetz über den Versicherungsvertrag (Versicherungsvertragsgesetz – VVG [2008]) in dritter Lesung verabschiedet.[90] In seiner 836. Sitzung beschloss der Bundesrat am 21. September 2007, den Vermittlungsausschuss nicht anzurufen,[91] so dass das nicht zustimmungspflichtige Gesetz anschließend verkündet werden konnte.[92] Am 23. November 2007 wurde das Gesetz vom Bundespräsidenten ausgefertigt und am 29. November 2007 im Bundesgesetzblatt verkündet.[93] Das Gesetz vom 23. November 2007 wurde zuletzt durch das Gesetz vom 14. April 2010 geändert.[94]

4. Gesetzestext,[95] Regierungsbegründung und Beschlussempfehlung zu den Vorschriften über die Lebens- und Berufsunfähigkeitsversicherung (§§ 150 bis 177 VVG 2008), die §§ 212, 213, 215 VVG 2008 sowie die Art. 1, 3 und 4 EGVVG 2008 mit Kommentierung

Artikel 1
Gesetz über den Versicherungsvertrag
(Versicherungsvertragsgesetz – VVG)

Teil 2
Einzelne Versicherungszweige

Kapitel 5
Lebensversicherung

§ 150 VVG 2008 Versicherte Person

(1) Die Lebensversicherung kann auf die Person des Versicherungsnehmers oder eines anderen genommen werden.

(2) ¹Wird die Versicherung für den Fall des Todes eines anderen genommen und übersteigt die vereinbarte Leistung den Betrag der gewöhnlichen Beerdigungskosten, ist zur Wirksamkeit des Vertrags die schriftliche Einwilligung des anderen erforderlich; dies gilt nicht bei Kollektivlebensversicherungen im Bereich der betrieblichen Altersversorgung. ²Ist der andere geschäftsunfähig oder in der Geschäftsfähigkeit beschränkt oder ist für ihn ein Betreuer bestellt und steht die Vertretung in den seine Person betreffenden Angelegenheiten dem Versicherungsnehmer zu, kann dieser den anderen bei der Erteilung der Einwilligung nicht vertreten.

(3) Nimmt ein Elternteil die Versicherung auf die Person eines minderjährigen Kindes, bedarf es der Einwilligung des Kindes nur, wenn nach dem Vertrag der Versicherer auch bei Eintritt des Todes vor der Vollendung des siebenten Lebensjahres zur Leistung verpflichtet sein soll und die für diesen Fall vereinbarte Leistung den Betrag der gewöhnlichen Beerdigungskosten übersteigt.

---

[90] Protokoll der 108. Sitzung, S. 11165 ff.
[91] BR-Drucks. 583/07.
[92] *Niederleithinger* in: Bruck/Möller, VVG, 9. Aufl., 2008, Einf. E Rdn. 79.
[93] BGBl. I S. 2631.
[94] BGBl. I S. 410.
[95] In der Fassung gemäß der letzten Änderung durch Art. 6 des SozVersStabG v. 14. 4. 2010 (BGBl. I S. 410).

B. Gesetz zur Reform des Versicherungsvertragsrechts   38–40   **VVG 2008**

(4) Soweit die Aufsichtsbehörde einen bestimmten Höchstbetrag für die gewöhnlichen Beerdigungskosten festgesetzt hat, ist dieser maßgebend.

Schrifttum: *Franz,* Informationspflichten gegenüber Versicherten bei Gruppenversicherungsverträgen – ein weißer Fleck auf der Landkarte des VVG?, VersR 2008, 1565.

I. Regierungsbegründung

In der Regierungsbegründung vom 20. Dezember 2006 wird zu § 150 VVG-E folgendes ausgeführt:[96]   **38**

„Zu Absatz 1
Die Vorschrift stimmt mit § 159 Abs. 1 VVG überein. Sie dient der Klarstellung, dass es sich um eine Versicherung entweder auf eigene Rechnung oder auf fremde Rechnung (§ 43 VVG-E) handeln kann. Nach § 176 VVG-E ist die Vorschrift auch auf die Berufsunfähigkeitsversicherung anzuwenden.

Zu Absatz 2.[97]
Die Vorschrift übernimmt inhaltlich unverändert § 159 Abs. 2 VVG. Eine Ausnahme von dem Erfordernis einer schriftlichen Einwilligung der versicherten Person, die nicht der Versicherungsnehmer ist, wird in Satz 1 Halbsatz 2 für Kollektivlebensversicherungen im Bereich der betrieblichen Altersversorgung zugelassen. Bei der Bezeichnung „Kollektivlebensversicherung" handelt es sich um einen neueren aufsichtsrechtlichen Begriff, der an die Stelle des bisher allein gebräuchlichen Begriffes „Gruppenversicherung" getreten ist. Bei solchen Verträgen fehlt es an dem für das Einwilligungserfordernis maßgeblichen Schutzbedürfnis der versicherten Person, weshalb auf den mit diesem Erfordernis verbundenen erheblichen Aufwand bei diesen Kollektivverträgen verzichtet werden kann. Eine weitere Ausnahme enthält § 211 Abs. 2 VVG-E für regulierte Pensionskassen.

Zu Absatz 3.[98]
Die Vorschrift stimmt mit § 159 Abs. 3 VVG überein.

Zu Absatz 4.[99]
Die Vorschrift stimmt mit § 159 Abs. 4 VVG überein."

II. Sonderregelung des § 150 Abs. 2 VVG 2008

§ 150 Abs. 2 Satz 1 Halbsatz 2 VVG 2008 enthält eine Sonderregelung für Kollektivlebensversicherungen im Bereich der betrieblichen Altersversorgung. Die neue Vorschrift bestimmt, dass bei Kollektivversicherungen im Bereich der betrieblichen Altersvorsorge die Einwilligung des Versicherten nicht erforderlich ist, auch wenn die vereinbarte Leistung den Betrag der Beerdigungskosten übersteigt.[100]   **39**

§ 151 VVG 2008 Ärztliche Untersuchung

Durch die Vereinbarung einer ärztlichen Untersuchung der versicherten Person wird ein Recht des Versicherers, die Vornahme der Untersuchung zu verlangen, nicht begründet.

In der Regierungsbegründung vom 20. Dezember 2006 wird zu § 151 VVG-E folgendes ausgeführt:[101]   **40**

„Die Vorschrift übernimmt inhaltlich unverändert § 160 VVG."

---

[96] BT-Drucks. 16/3945, S. 94.
[97] BT-Drucks. 16/3945, S. 95.
[98] BT-Drucks. 16/3945, S. 95.
[99] BT-Drucks. 16/3945, S. 95.
[100] *Franz* VersR 2008, 1565, 1573.
[101] BT-Drucks. 16/3945, S. 95.

§ 152 VVG 2008 Widerruf des Versicherungsnehmers

(1) Abweichend von § 8 Abs. 1 Satz 1 beträgt die Widerrufsfrist 30 Tage.

(2) ¹Der Versicherer hat abweichend von § 9 Satz 1 auch den Rückkaufswert einschließlich der Überschussanteile nach § 169 zu zahlen. ²Im Fall des § 9 Satz 2 hat der Versicherer den Rückkaufswert einschließlich der Überschussanteile oder, wenn dies für den Versicherungsnehmer günstiger ist, die für das erste Jahr gezahlten Prämien zu erstatten.

(3) Abweichend von § 33 Abs. 1 ist die einmalige oder die erste Prämie unverzüglich nach Ablauf von 30 Tagen nach Zugang des Versicherungsscheins zu zahlen.

Schrifttum: *Römer,* Was bringt das neue VVG Neues zur Lebensversicherung?, r+s 2008, 405.

I. Regierungsbegründung

In der Regierungsbegründung vom 20. Dezember 2006 wird zu § 152 VVG-E folgendes ausgeführt:[102]

„Zu Absatz 1
Entsprechend der gemeinschaftsrechtlichen Vorgabe bei der Lebensversicherung (vgl. Artikel 17 der Fernabsatzrichtlinie II, umgesetzt in § 48c Abs. 1 Satz 3 VVG) wird die Widerrufsfrist bei der Lebensversicherung abweichend von § 8 Abs. 1 Satz 1 VVG-E auf 30 Tage festgelegt.
Der Beginn der Widerrufsfrist bestimmt sich nach der allgemeinen Vorschrift des § 8 Abs. 2 Satz 1 VVG-E. Danach ist grundsätzlich der Zeitpunkt des Zugangs des Versicherungsscheins maßgeblich. Da Abschluss des Versicherungsvertrags und Information hierüber bei der Lebensversicherung in aller Regel durch Übersendung des Versicherungsscheins erfolgt, entspricht diese Regelung dem Interesse beider Vertragsparteien an einer klaren Fristbestimmung und steht im Einklang mit Sinn und Zweck der Richtlinienvorschrift über die Lebensversicherung, die auf die Information des Versicherungsnehmers über den Vertragsabschluss abstellt.
Die Regelung gilt auch für die Fälle des § 5 VVG-E, bei denen der übersandte Versicherungsschein teilweise vom Antrag des Versicherungsnehmers abweicht. Sie hat allerdings insoweit nur geringe praktische Bedeutung, da sich die Fristen für den Widerruf einerseits, für den Widerspruch nach § 5 Abs. 1 VVG-E andererseits weitgehend decken.

Zu Absatz 2[103]
Auch die Sonderregelung in Satz 1 beruht auf einer gemeinschaftsrechtlichen Vorgabe (Artikel 7 der Fernabsatzrichtlinie II). Nach § 9 Satz 1 VVG-E muss der Versicherer nur die nach Zugang des Widerrufs vom Versicherungsnehmer noch geleisteten Prämien erstatten, sofern der Versicherungsschutz vereinbarungsgemäß schon vor Ablauf der Widerrufsfrist beginnt. Dies würde bei Lebensversicherungen der in § 169 Abs. 1 VVG-E bezeichneten Art dazu führen, dass der widerrufende Versicherungsnehmer den Rückkaufswert nicht erhält, den er bei einer Kündigung beanspruchen könnte. Um dieses unbillige Ergebnis zu vermeiden, schreibt Absatz 2 Satz 1 insoweit zusätzlich die Zahlung des Rückkaufswertes vor, wie er sich nach den Vorschriften des § 169 Abs. 3 bis 6 VVG-E unter Ausklammerung der Abschluss- und Vertriebskosten (ungezillmertes Deckungskapital) errechnet. Ferner sind die in § 169 Abs. 7 VVG-E erfassten Anteile auszuzahlen, sofern der Versicherungsnehmer bereits zum Zeitpunkt des Widerrufs entsprechende Ansprüche erworben hat; dies wird nur in seltenen Ausnahmefällen in Betracht kommen. Liegen die Voraussetzungen des § 9 Satz 2 Halbsatz 1 VVG-E (fehlende oder unrichtige Belehrung) vor und hat der Versicherungsnehmer noch keine Leistung des Versicherers in Anspruch genommen, steht dem Versiche-

---
[102] BT-Drucks. 16/3945, S. 95.
[103] BT-Drucks. 16/3945, S. 95.

B. Gesetz zur Reform des Versicherungsvertragsrechts   42–44   VVG 2008

rungsnehmer nach Satz 2 ein Wahlrecht zu: Er kann entweder gemäß § 9 Satz 2 die Erstattung der für das erste Jahr des Versicherungsschutzes und der nach Wirksamwerden des Widerrufs gezahlten Prämien oder den sich aus dem ungezillmerten Deckungskapital ergebenden Rückkaufswert gemäß § 169 Abs. 3 bis 7 VVG-E verlangen. Welche Alternative für den Versicherungsnehmer vorteilhafter ist, richtet sich nach dem Zeitpunkt des Widerrufs. In der Belehrung nach § 8 Abs. 2 Satz 1 Nr. 2 VVG-E ist bei den Rechtsfolgen des Widerrufs für die Lebensversicherung auf die Besonderheiten nach § 152 Abs. 2 VVG-E hinzuweisen.

Zu Absatz 3[104]
Der neue § 33 Abs. 1 VVG-E knüpft für die Fälligkeit der vom Versicherungsnehmer zu zahlenden Prämie an den Ablauf der Widerrufsfrist an. Da nach § 152 Abs. 1 VVG-E diese Frist 30 Tage beträgt, wird für die Lebensversicherung der Zeitpunkt der Prämienfälligkeit entsprechend verlängert. Die Regelung ist, wie auch § 33 Abs. 1 VVG-E, abdingbar (vgl. § 171 VVG-E)."

II. Beschlussempfehlung des Rechtsausschusses

1. Empfehlung

Der Rechtsausschuss hat am 20. Juni 2007 zu dieser Vorschrift die Beschlussempfehlung abgegeben, § 152 Abs. 2 VVG wie folgt zu fassen:[105]

„(2) Der Versicherer hat abweichend von § 9 Satz 1 auch den Rückkaufswert einschließlich der Überschussanteile nach § 169 zu zahlen. Im Fall des § 9 Satz 2 hat der Versicherer den Rückkaufswert einschließlich der Überschussanteile oder, wenn dies für den Versicherungsnehmer günstiger ist, die für das erste Jahr gezahlten Prämien zu erstatten."

42

2. Begründung

Der Rechtsausschuss hat am 20. Juni 2007 seine Beschlussempfehlung wie folgt begründet:[106]

„Die Änderung stellt klar, dass der in Satz 2 genannte Rückkaufswert kein anderer ist, als der in Satz 1 der Vorschrift bezeichnete Rückkaufswert."

43

III. Fehlende oder unrichtige Belehrung

Liegen die Voraussetzungen des § 9 Satz 2 Halbsatz 1 VVG 2008 (fehlende oder unrichtige Belehrung) vor und hat der Versicherungsnehmer noch keine Leistung des Versicherers in Anspruch genommen, steht dem Versicherungsnehmer nach Satz 2 ein Wahlrecht zu. Er kann entweder gemäß § 9 Satz 2 VVG 2008 die Erstattung der für das erste Jahr des Versicherungsschutzes und der nach Wirksamwerden des Widerrufs gezahlten Prämien oder den sich aus dem ungezillmerten Deckungskapital ergebenden Rückkaufswert gemäß § 169 Abs. 3 bis 7 VVG 2008 verlangen, d. h. einschließlich Überschussanteile.[107]

44

§ 153 VVG 2008 Überschussbeteiligung

(1) **Dem Versicherungsnehmer steht eine Beteiligung an dem Überschuss und an den Bewertungsreserven (Überschussbeteiligung) zu, es**

---

[104] BT-Drucks. 16/3945, S. 95.
[105] BT-Drucks. 16/5862, S. 48.
[106] BT-Drucks. 16/5862, S. 99.
[107] Römer r+s 2008, 405, 410.

413

sei denn, die Überschussbeteiligung ist durch ausdrückliche Vereinbarung ausgeschlossen; die Überschussbeteiligung kann nur insgesamt ausgeschlossen werden.

(2) ¹Der Versicherer hat die Beteiligung an dem Überschuss nach einem verursachungsorientierten Verfahren durchzuführen; andere vergleichbare angemessene Verteilungsgrundsätze können vereinbart werden. ²Die Beträge im Sinn des § 268 Abs. 8 des Handelsgesetzbuchs bleiben unberücksichtigt.[108]

(3) ¹Der Versicherer hat die Bewertungsreserven jährlich neu zu ermitteln und nach einem verursachungsorientierten Verfahren rechnerisch zuzuordnen. ²Bei der Beendigung des Vertrags wird der für diesen Zeitpunkt zu ermittelnde Betrag zur Hälfte zugeteilt und an den Versicherungsnehmer ausgezahlt; eine frühere Zuteilung kann vereinbart werden. Aufsichtsrechtliche Regelungen zur Kapitalausstattung bleiben unberührt.

(4) Bei Rentenversicherungen ist die Beendigung der Ansparphase der nach Absatz 3 Satz 2 maßgebliche Zeitpunkt.

Schrifttum: *v. Hinüber*, Der (stille) Kampf um die stillen Reserven: Zur Ausweitung des Adressatenkreises von § 153 VVG und zeitlicher Geltung einer Ausnahmegenehmigung nach § 211 Abs. 2 Nr. 2 VVG, BetrAV 2008, 776; *Römer*, Die kapitalbildende Lebensversicherung nach dem neuen Versicherungsvertragsgesetz, DB 2007, 2523.

I. Regierungsbegründung

45 In der Regierungsbegründung vom 20. Dezember 2006 wird zu § 153 VVG-E folgendes ausgeführt:[109]

„Die Regelung des § 153 VVG-E zur Überschussbeteiligung ist neu. Zu den allgemeinen Erwägungen vgl. Allgemeiner Teil II Nr. 8.

Zu Absatz 1
Im geltenden VVG wird die Überschussbeteiligung nicht geregelt. In aller Regel sehen die Verträge eine Überschussbeteiligung des Versicherungsnehmers vor. Der Versicherer hat aber grundsätzlich die Möglichkeit, sich gegen die Einräumung einer Überschussbeteiligung zu entscheiden; er muss dabei allerdings gültige Vorgaben insbesondere des Aufsichtsrechts beachten. Von Sonderfällen abgesehen, wird der Versicherer im Wettbewerb kaum in der Lage sein, Verträge ohne Überschussbeteiligung durchzusetzen. Es besteht keine Notwendigkeit, diese Entscheidungsfreiheit des Versicherers zu beseitigen.

Als Grundsatz legt Absatz 1 fest, dass dem Versicherungsnehmer ein Anspruch auf Überschussbeteiligung zusteht. Will der Versicherer hiervon abweichen, muss er den Versicherungsnehmer auf den Ausschluss der Überschussbeteiligung als eine Abweichung vom Regelfall ausdrücklich aufmerksam machen; dies gilt insbesondere dann, wenn es sich um einen Vertragstyp handelt, bei dem sonst allgemein eine Überschussbeteiligung eingeräumt wird. Der Ausschluss kann zwar auch durch Aufnahme einer entsprechenden Klausel in die AVB vereinbart werden; dabei ist aber das Transparenzgebot zu beachten. Fehlt eine solche Vereinbarung, steht dem Versicherungsnehmer eine Überschussbeteiligung nach Maßgabe des § 153 VVG-E zu.

Der Begriff der Überschussbeteiligung wird erweitert. In der bisherigen Praxis bezieht sich die Überschussbeteiligung ausschließlich auf den sich aus dem Jahresabschluss ergebenden Überschuss. Dies ist auch nach der neuen Regelung die für den Umfang der Überschussbe-

---

[108] § 153 Abs. 2 Satz 2 VVG 2008 eingefügt durch Art. 13 Nr. 20 des Gesetzes zur Modernisierung des Bilanzrechts (Bilanzrechtsmodernisierungsgesetz – BilMoG) vom 25. 5. 2009, BGBl. I S. 1102, 1136; in Kraft seit 29. 5. 2009, vgl. Art. 15 BilMoG.
[109] BT-Drucks. 16/3945, S. 95 f.

teilligung des Versicherungsnehmers in erster Linie entscheidende Grundlage. Zusätzlich ist der Versicherungsnehmer aber entsprechend den Vorgaben des Bundesverfassungsgerichts an den Bewertungsreserven zu beteiligen, die nach Maßgabe des neuen § 54 der Versicherungsunternehmens-Rechnungslegungsverordnung (Artikel 6 des Gesetzentwurfes) im Anhang auszuweisen sind. Diese Bewertungsreserven sind Teil der dem Versicherungsnehmer nach Absatz 1 zustehenden Überschussbeteiligung. Dies entspricht dem vom Bundesverfassungsgericht festgestellten Grundsatz, dass der Versicherungsnehmer an den durch seine Prämienzahlungen geschaffenen Vermögenswerten angemessen beteiligt werden muss.

Die Regelung über die Überschussbeteiligung ist auch anzuwenden auf Versicherer mit Sitz im Ausland, insbesondere in einem anderen EU-Mitgliedstaat oder EWR-Vertragsstaat, die in Deutschland Lebensversicherungen mit Überschussbeteiligung anbieten. Grundlage für die Ermittlung des Überschusses nach § 153 VVG-E ist der Jahresabschluss, der nach dem jeweils maßgeblichen Recht des Sitzstaates aufgestellt worden ist. Es handelt sich um Abschlüsse auf der Grundlage der EU-Richtlinien 91/674/EWG und 2003/51/EG. Die Vorschriften dieser Richtlinien stehen insbesondere nicht der in § 153 Abs. 3 VVG-E vorgesehenen Ermittlung von Bewertungsreserven, die sich nach § 54 der Versicherungsunternehmens-Rechnungslegungsverordnung aus der Zeitwertberechnung ergeben, entgegen. Die mit dem nicht abdingbaren Anspruch auf Beteiligung an den Bewertungsreserven nach Absatz 3 verbundene Beschränkung der Dienstleistungsfreiheit ist durch das Verbraucherschutzinteresse gerechtfertigt. Die Beteiligung an den Bewertungsreserven ist geeignet und auch erforderlich um sicherzustellen, dass bei der Ermittlung eines bei Vertragsende zuzuteilenden Überschusses die Vermögenswerte angemessen berücksichtigt werden, die durch die Prämienzahlungen des Versicherungsnehmers mit geschaffen worden sind.

Zu Absatz 2[110]

Für die Ermittlung des Überschusses eines Versicherungsunternehmens sind die entsprechenden handelsrechtlichen Vorschriften maßgebend.

Für die Verwendung des ermittelten Überschusses zu Gunsten der Gesamtheit der Versicherten bleibt es bei der Regelung des § 81 c VAG (ergänzt durch die Verordnung über die Mindestbeitragsrückerstattung in der Lebensversicherung – ZR-QuotenV –, nach der die Überschüsse aus Kapitalerträgen zu mindestens 90% den Versicherungsnehmern zufließen; § 1 Abs. 1 und 2 ZR-QuotenV; für Bewertungsreserven gilt Absatz 3). Ein vertraglicher Anspruch des einzelnen Versicherungsnehmers auf eine bestimmte Zuführung zu der Rückstellung für Beitragsrückerstattung ist nicht vorgesehen. Die aufsichts- und steuerrechtlichen Begrenzungen der nicht zugeteilten Rückstellung bleiben bestehen; daraus ergeben sich keine vertraglichen Ansprüche, sondern nur tatsächliche Vorteile des einzelnen Versicherungsnehmers.

Der Betrag, den der Versicherer aus der Rückstellung für Beitragsrückerstattung zur Beteiligung aller Versicherungsnehmer an den Überschüssen der vergangenen Jahre verwendet bzw. den er als Direktgutschrift unmittelbar dem handelsrechtlich ermittelten Überschuss entnimmt, soll auf die einzelnen Versicherungsnehmer grundsätzlich nach anerkannten Regeln der Versicherungsmathematik verursachungsorientiert verteilt werden; auch insoweit sieht der Entwurf einen gesetzlichen Anspruch vertragsrechtlicher Art vor.

Das bedeutet, dass wie bisher gleichartige Versicherungsverträge nach anerkannten versicherungsmathematischen Grundsätzen zu Bestandsgruppen und Gewinnverbänden zusammengefasst werden können und dass sich die Verteilung des Überschusses auf diese daran zu orientieren hat, in welchem Umfang die Gruppe oder der Gewinnverband zur Entstehung des Überschusses beigetragen hat. Daher ist in Absatz 2 nicht eine verursachungsgerechte Verteilung, sondern nur ein verursachungsorientiertes Verfahren vorgeschrieben. Der Versicherer erfüllt diese Verpflichtung schon dann, wenn er ein Verteilungssystem zufließend und widerspruchsfrei praktiziert, das die Verträge unter dem Gesichtspunkt der Überschussbeteiligung sachgerecht zu Gruppen zusammenfasst, den zur Verteilung bestimmten Betrag nach den Kriterien der Überschussverursachung einer Gruppe zuordnet und dem einzelnen Vertrag dessen rechnerischen Anteil an dem Betrag der Gruppe zuschreibt. Die gesetzliche Vorgabe eines verursachungsorientierten Verfahrens schließt eine ausdrückliche Vereinbarung anderer Verteilungsgrundsätze nicht aus, sofern sie ebenfalls angemessen sind. Der Versicherer kann für die Verteilung bestimmte Grundsätze vereinbaren, die zwar nicht streng verursachungsorientiert, trotzdem aber angemessen sind. Die Interessen des Versicherungs-

---

[110] BT-Drucks. 16/3945, S. 96.

nehmers werden in diesem Falle durch die notwendige Information, durch die transparente Gestaltung der entsprechenden AVB (§§ 305 ff. BGB) und durch die gesetzliche Vorgabe der Angemessenheit gewahrt; durch die letzte Voraussetzung wird das zentrale Kriterium der Inhaltskontrolle nach § 307 BGB ausdrücklich aufgenommen.

Zu Absatz 3[111]

Absatz 3 regelt als Spezialregelung gegenüber Absatz 2 die Verteilung der Bewertungsreserven. Nach Satz 1 müssen die Bewertungsreserven jährlich neu ermittelt werden. Die Ermittlung bestimmt sich nach der Regelung des 54 der Versicherungsunternehmens-Rechnungslegungsverordnung; auf die dortige Begründung wird Bezug genommen. Für die rechnerische Zuordnung ist ein verursachungsorientiertes Verfahren zu verwenden. Der Versicherungsnehmer ist jährlich über seinen Anteil an den Bewertungsreserven zu informieren; eine entsprechende Verpflichtung des Versicherers wird in der Rechtsverordnung nach § 7 Abs. 2 VVG-E festgelegt.

Einen unbedingten Anspruch auf Beteiligung an den zugeordneten Reserven erwirbt der Versicherungsnehmer, in den Fällen des § 159 VVG-E der als bezugsberechtigt bezeichnete Dritte, nach Satz 2 erst bei Beendigung des Vertrags durch Zeitablauf oder Kündigung. Maßgeblich ist der Betrag, der vom Versicherer für den Zeitpunkt der Vertragsbeendigung zu ermitteln ist. Von diesem Betrag muss die Hälfte an den ausscheidenden Versicherungsnehmer oder den bezugsberechtigten Dritten ausgezahlt werden. Die andere Hälfte verbleibt beim Versicherer. Damit wird berücksichtigt, dass den sog. stillen Reserven bei Versicherungsunternehmen eine wichtige Funktion als Risikopuffer zukommt, um Schwankungen des Kapitalmarktes auszugleichen. Mit der hälftigen Aufteilung wird der Feststellung des Bundesverfassungsgerichts in dem oben zitierten Urteil Rechnung getragen, dass eine Neuregelung der Überschussbeteiligung nicht ausschließlich an den Interessen einzelner aus dem Vertragsverhältnis ausscheidender Versicherungsnehmer ausgerichtet werden darf, sondern die Interessen der Versicherten als Risikogemeinschaft berücksichtigen muss.

Satz 3 stellt klar, dass eine anspruchsbegründende Zuteilung der Hälfte der Bewertungsreserven bereits für einen Zeitpunkt vor Vertragsende vereinbart werden kann. Diese Klarstellung im Hinblick auf § 171 VVG-E ist notwendig, da zweifelhaft sein kann, ob es sich in jedem Fall um eine Vereinbarung zum Vorteil des Versicherungsnehmers handelt. Eine weitere Klarstellung enthält Satz 4 im Hinblick auf die Anforderungen an die Kapitalausstattung nach dem VAG (vgl. § 53 c VAG).

Zu Absatz 4[112]

Die Vorschrift bestimmt für Rentenversicherungen den Zeitpunkt, der für die Ermittlung des dem Versicherungsnehmer zuzuteilenden Betrags nach Absatz 3 Satz 2 maßgeblich ist."

II. Beschlussempfehlung des Rechtsausschusses

1. Empfehlung

46 Der Rechtsausschuss hat am 20. Juni 2007 zu dieser Vorschrift die Beschlussempfehlung abgegeben, § 153 Abs. 1 VVG wie folgt zu fassen:[113]

„(1) Dem Versicherungsnehmer steht eine Beteiligung an dem Überschuss und an den Bewertungsreserven (Überschussbeteiligung) zu, es sei denn, die Überschussbeteiligung ist durch ausdrückliche Vereinbarung ausgeschlossen; die Überschussbeteiligung kann nur insgesamt ausgeschlossen werden."

2. Begründung und Hinweis

47 a) **Begründung zu § 153 Abs. 1 VVG.** Der Rechtsausschuss hat am 20. Juni 2007 seine Beschlussempfehlung wie folgt begründet:[114]

„Durch die Änderung wird klargestellt, dass ein Ausschluss nur der Beteiligung an den Bewertungsreserven nicht möglich ist; anderenfalls bliebe es entgegen dem Urteil des Bun-

---

[111] BT-Drucks. 16/3945, S. 96 f.
[112] BT-Drucks. 16/3945, S. 97.
[113] BT-Drucks. 16/5862, S. 48.
[114] BT-Drucks. 16/5862, S. 99.

B. Gesetz zur Reform des Versicherungsvertragsrechts   48, 49   **VVG 2008**

desverfassungsgerichts (BVerfG) vom 26. Juli 2005 (1 BvR 80/95) zur Beteiligung der Versicherungsnehmer an Bewertungsreserven im Rahmen der Überschussbeteiligung bei der geltenden – nicht verfassungskonformen – Rechtslage. Eine inhaltliche Änderung zum Regierungsentwurf liegt darin nicht."

b) Hinweis zu § 153 Abs. 3 VVG. Der Rechtsausschuss hat am 20. Juni   **48**
2007 folgenden Hinweis zu § 153 Abs. 3 VVG gegeben:[115]

„Der Rechtsausschuss hebt hervor, das die Beteiligung an Bewertungsreserven nicht dazu führt, dass ein Versicherungsunternehmen seiner sich aus dem Versicherungsaufsichtsrecht ergebenden Verpflichtung, die dauernde Erfüllbarkeit der Verträge sicherzustellen (§§ 53 c ff. VAG), nicht nachkommen kann; dies regelt Absatz 3 Satz 3. Durch diesen Verweis auf das Versicherungsaufsichtsrecht wird dessen Vorrang klargestellt. Auch soweit sog. Stresstests der Bundesanstalt für Finanzdienstleistungsaufsicht ergeben, dass ein Unternehmen die sich aus dem Versicherungsaufsichtsrecht ergebenden Verpflichtungen nicht einhält, ist der Vorrang des Aufsichtsrechts zu beachten. Führt die Beteiligung an Bewertungsreserven dazu, dass die dauernde Erfüllbarkeit der Verträge nicht mehr sichergestellt ist, ist die Beteiligung an Bewertungsreserven zu kürzen. Im Hinblick darauf, dass nur ausscheidende Versicherungsnehmer an den Bewertungsreserven zu beteiligen sind, und zwar regelmäßig zu 50%, ist die mit dieser Beteiligung verbundene Belastung jedoch so gering, dass sich die Erforderlichkeit einer Kürzung kaum ergeben wird."

III. Besondere Vorschriften für die Rentenversicherung

Nach § 153 Abs. 4 VVG 2008 soll bei Rentenversicherungen die Beendigung   **49**
der Ansparphase der nach § 153 Abs. 3 Satz 2 VVG 2008 maßgebliche Zeitpunkt sein. Nach diesem Wortlaut müsste bei Rentenversicherungen für die hälftige Zuordnung der Bewertungsreserven statt auf die Beendigung des Vertrages auf die Beendigung der Ansparphase abgestellt werden. Diese Regelung ist nicht verfassungskonform. Denn auch nach Beendigung der Ansparphase entstehen bei der Rentenversicherung weiterhin Bewertungsreserven aus den vom Versicherungsnehmer erbrachten Prämienzahlungen, weil ein Kapitalstock als Anlagekapital, wenn auch jeweils vermindert um den als Rente ausgezahlten Betrag, auf lange Zeit erhalten bleibt.[116] Noch deutlicher wird dies bei der Rentenversicherung ohne Ansparphase, also bei Verträgen mit Einmalbeitrag und sofortigem Rentenbeginn.[117] Die Aufsichtsbehörde hat deshalb die Versicherer unter Berufung auf das Urteil des BVerfG vom 26. Juli 2005[118] darauf hingewiesen, dass bei laufenden Renten ebenfalls eine Beteiligung an den Bewertungsreserven gemäß § 153 VVG 2008 vorzusehen sei.[119]

§ 154 VVG 2008 Modellrechnung

(1) **¹Macht der Versicherer im Zusammenhang mit dem Angebot oder dem Abschluss einer Lebensversicherung bezifferte Angaben zur Höhe von möglichen Leistungen über die vertraglich garantierten Leistungen hinaus, hat er dem Versicherungsnehmer eine Modellrechnung zu übermitteln, bei der die mögliche Ablaufleistung unter Zugrundelegung der**

---

[115] BT-Drucks. 16/5862, S. 99.
[116] *Römer* DB 2007, 2523, 2527.
[117] *Römer* DB 2007, 2523, 2527.
[118] BVerfG, Urt. v. 26. 7. 2005 – 1 BvR 782/94 u. 957/96, NJW 2005, 2363; BVerfG, Urt. v. 26. 7. 2005 – 1 BvR 80/95, NJW 2005, 2376 = BetrAV 2005, 583.
[119] BaFin, Ziff. 6 der Hinweise zu einigen Auslegungsfragen zum Versicherungsvertragsgesetz (VVG) v. 28. 5. 2008, abrufbar unter www.bafin.de = BetrAV 2008, 513; a. A. *v. Hinüber* BetrAV 2008, 776, 780.

Rechnungsgrundlagen für die Prämienkalkulation mit drei verschiedenen Zinssätzen dargestellt wird. ²Dies gilt nicht für Risikoversicherungen und Verträge, die Leistungen der in § 54b Abs. 1 und 2 des Versicherungsaufsichtsgesetzes bezeichneten Art vorsehen.

(2) Der Versicherer hat den Versicherungsnehmer klar und verständlich darauf hinzuweisen, dass es sich bei der Modellrechnung nur um ein Rechenmodell handelt, dem fiktive Annahmen zugrunde liegen, und dass der Versicherungsnehmer aus der Modellrechnung keine vertraglichen Ansprüche gegen den Versicherer ableiten kann.

Schrifttum: *Römer*, Was bringt das neue VVG Neues zur Lebensversicherung?, r+s 2008, 405.

I. Regierungsbegründung

50   In der Regierungsbegründung vom 20. Dezember 2006 wird zu § 154 VVG-E folgendes ausgeführt:[120]

„Bei Verträgen mit Überschussbeteiligung hat der Versicherungsnehmer regelmäßig ein erhebliches Interesse daran, schon bei der Vertragsvorbereitung zu erfahren, welche Leistungen er vom Versicherer über die garantierten Leistungen hinaus zu erwarten hat. Auch der Versicherer und ein von ihm eingeschalteter Vermittler haben ein Interesse an einer derartigen Information, da sie damit die Leistungsfähigkeit ihres Angebots gegenüber anderen Versicherern und im Vergleich zu anderen Finanzdienstleistungen herausstellen werden. Deshalb geben die Versicherer den Interessenten in vielen Fällen eine Beispielrechnung, die bisher ohne gesetzliche Regelung ist.

Um die mit solchen Beispielrechnungen verbundenen Missbrauchsgefahren zu verhindern, sieht § 154 VVG-E zum Schutze der Versicherungsnehmer Bestimmungen für den Fall vor, dass der Versicherer im Zusammenhang mit dem Angebot oder Abschluss einer Lebensversicherung Beispielrechnungen oder vergleichbare Angaben gegenüber dem Versicherungsnehmer verwendet. Zu den allgemeinen Erwägungen der neuen Regelung vgl. Allgemeiner Teil II Nr. 8.

Zu Absatz 1
Der Versicherer ist verpflichtet, dem Versicherungsnehmer eine normierte Modellrechnung zu übermitteln, sofern er von sich aus oder auf Nachfrage des Interessenten bezifferte Angaben über die möglichen Auswirkungen der Überschussbeteiligung auf die tatsächliche Gesamtleistung macht.

Dabei soll die mögliche Ablaufleistung des Vertrags unter Zugrundelegung der Rechnungsgrundlagen für die Prämienkalkulation mit drei verschiedenen Zinssätzen dargestellt werden. Auch dann ist zwar eine Fehlinformation des Versicherungsnehmers durch zusätzliche unternehmensindividuelle Beispielrechnungen und Prognoseangaben nicht ausgeschlossen, aber er hat wenigstens eine vertretbare Berechnung der möglichen Entwicklung der Ablaufleistung als der wichtigsten Versicherungsleistung; dabei wird diese Berechnung von allen Versicherern auf einheitlichen und vertretbaren Zinsgrundlagen zu erstellen sein. Die maßgeblichen Zinssätze werden durch Rechtsverordnung nach § 7 Abs. 2 VVG-E geregelt.

Modellrechnungen im Sinne dieses Absatzes 1 kommen nur bei Verträgen in Betracht, bei denen die Überschussbeteiligung erhebliches wirtschaftliches Gewicht hat. Daher werden in Satz 2 bloße Risikoversicherungen sowie die in § 54b Abs. 1 und 2 VAG erfassten Verträge über fondsgebundene Versicherungen von der Anwendung des § 154 VVG-E ausgenommen.

Zu Absatz 2
Es kann nicht ausgeschlossen werden, dass auch eine konkrete Modellrechnung der in § 154 Abs. 1 VVG-E beschriebenen Art bei manchen Versicherungsnehmern den falschen Eindruck erweckt, sie könnten sich auf Versicherungsleistungen in der so berechneten Höhe verlassen. Daher wird der Versicherer verpflichtet, mit der Modellrechnung die in Absatz 2

---

[120] BT-Drucks. 16/3945, S. 97.

vorgesehenen Erläuterungen, die für den Versicherungsnehmer klar und verständlich sein müssen, zu verbinden. Verstößt der Versicherer hiergegen, kann sich für den Versicherungsnehmer ein entsprechender Leistungsanspruch ergeben."

II. Zweck der Regelung

§ 154 VVG 2008 bezweckt, der Missbrauchsgefahr entgegen zu wirken, die mit solchen Modellrechnungen verbunden ist.[121] Der Versicherungsnehmer soll durch die Modellrechnung vor falschen Vorstellungen über die mögliche Ablaufleistung bewahrt werden.[122]

51

§ 155 VVG 2008 Jährliche Unterrichtung

¹ Bei Versicherungen mit Überschussbeteiligung hat der Versicherer den Versicherungsnehmer jährlich in Textform über die Entwicklung seiner Ansprüche unter Einbeziehung der Überschussbeteiligung zu unterrichten. ² Ferner hat der Versicherer, wenn er bezifferte Angaben zur möglichen zukünftigen Entwicklung der Überschussbeteiligung gemacht hat, den Versicherungsnehmer auf Abweichungen der tatsächlichen Entwicklung von den anfänglichen Angaben hinzuweisen.

Schrifttum: *Römer*, Was bringt das neue VVG Neues zur Lebensversicherung?, r+s 2008, 405.

I. Regierungsbegründung

In der Regierungsbegründung vom 20. Dezember 2006 heißt es zu § 155 VVG-E:[123]

52

„Mit der neuen Regelung des § 155 VVG-E wird für überschussberechtigte Verträge eine jährliche Unterrichtung vorgeschrieben, deren Mindestinhalt durch Rechtsverordnung nach § 7 Abs. 2 VVG-E festzulegen ist. Die bisherige, auf Verbraucherverträge beschränkte Informationspflicht nach Anlage Teil D Abschnitt II Nr. 3 zu § 10a VAG bedarf im Interesse der Versicherungsnehmer einer Erweiterung und Präzisierung. Bei Verträgen mit Überschussbeteiligung unterrichten heute schon viele, aber nicht alle Versicherer den Versicherungsnehmer während der Vertragslaufzeit jährlich über die Entwicklung des Versicherungsschutzes unter Berücksichtigung der tatsächlichen Zuteilung aus der Überschussbeteiligung. Die entsprechenden Schreiben sind jedoch vielgestaltig, teilweise nicht vergleichbar und in manchen Fällen schwer verständlich. Dabei hat der Versicherungsnehmer ein großes Interesse daran, während der sehr langen Vertragslaufzeit Klarheit über die Entwicklung seiner Ansprüche zu erhalten. Dies gilt vor allem für die inzwischen gesicherten Zahlungen über die ursprünglich garantierten Leistungen hinaus, aber auch für die Abweichungen der tatsächlichen von der bei Vertragsschluss in Aussicht gestellten Entwicklung der Leistungen des Versicherers. Satz 1 verpflichtet den Versicherer, jährlich in Textform über die Entwicklung der Ansprüche des Versicherungsnehmers unter Einbeziehung der Überschussbeteiligung zu informieren. Die Einzelheiten sind durch Rechtsverordnung nach § 7 Abs. 2 Satz 1 Nr. 2 und Abs. 3 VVG-E zu regeln.

Auch nach der Neuregelung des § 154 VVG-E werden Versicherer dem Versicherungsnehmer bei den Vertragsverhandlungen neben der normierten Modellrechnung eigene Beispielrechnungen für die möglicherweise zu erwartende Versicherungsleistung einschließlich Überschussbeteiligung oder vergleichbare bezifferte Angaben vorlegen. Satz 2 erweitert die Informationspflicht nach Satz 1 im Hinblick auf Änderungen, die sich für bezifferte Angaben

---

[121] *Römer* r+s 2008, 405, 410.
[122] *Römer* r+s 2008, 405, 410.
[123] BT-Drucks. 16/3945, S. 97 f.

in einer solchen Beispielrechnung oder in der Modellrechnung selbst ergeben. Für diese Fälle wird der Versicherer verpflichtet, zusammen mit der Unterrichtung nach Satz 1 auf Abweichungen der tatsächlichen Entwicklung von den Angaben bei Vertragsschluss hinzuweisen. Der Versicherer braucht aber keine neue, aktualisierte Modellrechnung zu übermitteln."

II. Unterrichtung des Versicherungsnehmers

53 Der Versicherer kommt seiner gesetzlichen Verpflichtung nur dann ausreichend nach, wenn er die geforderten Mitteilungen so gestaltet, dass ein durchschnittlicher Versicherungsnehmer jedenfalls nicht in die Irre geführt wird.[124]

§ 156 VVG 2008 Kenntnis und Verhalten der versicherten Person

Soweit nach diesem Gesetz die Kenntnis und das Verhalten des Versicherungsnehmers von rechtlicher Bedeutung sind, ist bei der Versicherung auf die Person eines anderen auch deren Kenntnis und Verhalten zu berücksichtigen.

54 In der Regierungsbegründung vom 20. Dezember 2006 wird zu § 156 VVG-E folgendes ausgeführt:[125]

„Die Vorschrift übernimmt inhaltlich unverändert § 161 VVG. Auf diese Regelung kann nicht verzichtet werden, da Lebensversicherungen auf den Tod eines anderen (vgl. auch § 150 Abs. 1 VVG-E) regelmäßig nicht „auf fremde Rechnung" im Sinne der Vorschriften der §§ 43 ff. VVG-E abgeschlossen werden, so dass insoweit § 47 VVG-E nicht anwendbar ist."

§ 157 VVG 2008 Unrichtige Altersangabe

¹Ist das Alter der versicherten Person unrichtig angegeben worden, verändert sich die Leistung des Versicherers nach dem Verhältnis, in welchem die dem wirklichen Alter entsprechende Prämie zu der vereinbarten Prämie steht. ²Das Recht, wegen der Verletzung der Anzeigepflicht von dem Vertrag zurückzutreten, steht dem Versicherer abweichend von § 19 Abs. 2 nur zu, wenn er den Vertrag bei richtiger Altersangabe nicht geschlossen hätte.

55 In der Regierungsbegründung vom 20. Dezember 2006 wird zu § 157 VVG-E folgendes ausgeführt:[126]

„§ 162 VVG regelt bisher nur den Fall, dass das Alter der versicherten Person zu niedrig angegeben worden ist. Der seltene Fall einer zu hohen Altersangabe ist ungeregelt, so dass sich weder die Prämie nachhaltig ermäßigt noch die Versicherungsleistung erhöht, wenn der Fehler entdeckt wird. Diese Einseitigkeit der Regelung ist unangemessen. Deshalb wird dieser Fall in die neu gefasste Vorschrift einbezogen; im Übrigen stimmt sie sachlich mit dem geltenden Recht überein."

§ 158 VVG 2008 Gefahränderung

(1) Als Erhöhung der Gefahr gilt nur eine solche Änderung der Gefahrumstände, die nach ausdrücklicher Vereinbarung als Gefahrerhöhung angesehen werden soll; die Vereinbarung bedarf der Textform.

---

[124] *Römer* r+s 2008, 405, 410.
[125] BT-Drucks. 16/3945, S. 98.
[126] BT-Drucks. 16/3945, S. 98.

(2) ¹Eine Erhöhung der Gefahr kann der Versicherer nicht mehr geltend machen, wenn seit der Erhöhung fünf Jahre verstrichen sind. ²Hat der Versicherungsnehmer seine Verpflichtung nach § 23 vorsätzlich oder arglistig verletzt, beläuft sich die Frist auf zehn Jahre.

(3) § 41 ist mit der Maßgabe anzuwenden, dass eine Herabsetzung der Prämie nur wegen einer solchen Minderung der Gefahrumstände verlangt werden kann, die nach ausdrücklicher Vereinbarung als Gefahrminderung angesehen werden soll.

In der Regierungsbegründung vom 20. Dezember 2006 wird zu § 158 VVG-E folgendes ausgeführt:[127]

„Zu den Absätze 1 und 3
Durch § 164a VVG ist bisher die Anwendung des § 41a VVG in der Lebensversicherung ausgeschlossen. Deshalb kann der Versicherungsnehmer in keinem Fall die Herabsetzung der vereinbarten Prämie mit der Begründung verlangen, es sei eine Gefahrminderung eingetreten. Die dafür geltend gemachten Gründe können angesichts der Tatsache, dass § 164 VVG die Prämienerhöhung wegen einer Gefahrerhöhung eingeschränkt zulässt, nicht überzeugen. Deshalb werden die Gefahrerhöhung und die Gefahrminderung gleichgestellt. Beide Fallgruppen sind in der Lebensversicherung nur unsicher abzugrenzen. Deshalb muss bereits bei Vertragsschluss festgelegt werden, welche Änderung der Gefahrumstände zu einer Änderung der Prämie führen soll. Alle nicht ausdrücklich genannten Umstände bleiben außer Betracht. Hat der Versicherungsnehmer einen besonders unfallträchtigen Beruf, wird der Versicherer einen Zuschlag verlangen; es liegt dann nahe zu vereinbaren, dass dieser Zuschlag entfällt, wenn der Versicherungsnehmer diesen Beruf nicht mehr ausübt. Ist der Beruf dagegen mit einem erheblich erhöhten Risiko von Berufskrankheiten verbunden, die auch nach dem Ende der Berufsausübung noch ausbrechen können, wird der Versicherer auf den Zuschlag nach dem Ende der Berufsausübung nicht verzichten wollen. Dies kann auch bei Zuschlägen gelten, die der Versicherer wegen einer latenten Gesundheitsgefährdung z. B. durch Übergewicht verlangt; diese Gefährdung entfällt nicht schon deswegen, weil der Versicherungsnehmer zu einem bestimmten Zeitpunkt kein Übergewicht mehr hat. Deswegen müssen die Voraussetzungen einer Prämienerhöhung und -herabsetzung im Vertrag bereits ausdrücklich festgelegt werden, wenn sich der Versicherer oder der Versicherungsnehmer darauf später berufen will.

Zu Absatz 2
Die Verkürzung der Ausschlussfrist in Absatz 2 Satz 1 von bisher zehn Jahren auf fünf Jahre außer bei Vorsatz oder Arglist beruht auf den zu § 21 Abs. 3 VVG-E wiedergegebenen Überlegungen.
Für die Fälle der vorsätzlichen oder arglistigen Verletzung der bei einer Gefahrerhöhung nach § 23 VVG-E bestehenden Pflichten wird ebenfalls die neue Regelung des § 21 Abs. 3 VVG-E bei Verletzung der Anzeigepflicht übernommen. Dies bedeutet, dass abweichend vom geltenden § 164 Abs. 2 Satz 2 VVG auch bei Arglist eine Ausschlussfrist von zehn Jahren gilt. Eine unterschiedliche Behandlung der Arglistfälle wie sie von der VVG-Kommission in § 151 Abs. 2 ihres Entwurfes vorgeschlagen worden ist, erscheint nicht gerechtfertigt, da das Verhalten des Versicherungsnehmers bei einer Gefahrerhöhung nicht als schwerwiegenderer Verstoß als bei Verletzung der Anzeigepflicht angesehen werden kann."

§ 159 VVG 2008 Bezugsberechtigung

(1) **Der Versicherungsnehmer ist im Zweifel berechtigt, ohne Zustimmung des Versicherers einen Dritten als Bezugsberechtigten zu bezeichnen sowie an die Stelle des so bezeichneten Dritten einen anderen zu setzen.**

(2) **Ein widerruflich als bezugsberechtigt bezeichneter Dritter erwirbt das Recht auf die Leistung des Versicherers erst mit dem Eintritt des Versicherungsfalles.**

---

[127] BT-Drucks. 16/3945, S. 98.

(3) Ein unwiderruflich als bezugsberechtigt bezeichneter Dritter erwirbt das Recht auf die Leistung des Versicherers bereits mit der Bezeichnung als Bezugsberechtigter.

57 In der Regierungsbegründung vom 20. Dezember 2006 heißt es zu § 159 VVG-E:[128]

„Zu Absatz 1
Die Vorschrift übernimmt inhaltlich unverändert § 166 Abs. 1 VVG, dessen Satz 2 gestrichen wird, da seine Regelung bereits in dem übernommenen Satz 1 eingeschlossen ist. Die Vorschriften des § 159 VVG-E werden auf alle Lebensversicherungen erstreckt, da nicht nur Kapitallebensversicherungen eine Bezugsberechtigung vorsehen.

Zu den Absätzen 2 und 3
In Absatz 2 wird die Regelung, dass der als bezugsberechtigt bezeichnete Dritte das Recht auf die Leistung erst mit dem Eintritt des Versicherungsfalles erwirbt, auf die Fälle beschränkt, in denen sich der Versicherungsnehmer den Widerruf vorbehalten hat. Erfolgt dagegen die Benennung des Bezugsberechtigten unwiderruflich, soll dieser nach Absatz 3 das Recht auf die Leistung schon von Anfang an erwerben. Damit werden Fälle erfasst, in denen der Versicherungsnehmer den Bezugsberechtigten – möglicherweise schon beim Abschluss des Vertrags – endgültig sichern will, indem er auf seine normalerweise bestehende Widerrufsmöglichkeit verzichtet. Vertraglich kann aber auch bei der Unwiderruflichkeit der Bezugsberechtigung etwas anderes vereinbart werden (vgl. § 171 VVG-E)."

§ 160 VVG 2008 Auslegung der Bezugsberechtigung

(1) ¹Sind mehrere Personen ohne Bestimmung ihrer Anteile als Bezugsberechtigte bezeichnet, sind sie zu gleichen Teilen bezugsberechtigt. ²Der von einem Bezugsberechtigten nicht erworbene Anteil wächst den übrigen Bezugsberechtigten zu.

(2) ¹Soll die Leistung des Versicherers nach dem Tod des Versicherungsnehmers an dessen Erben erfolgen, sind im Zweifel diejenigen, welche zur Zeit des Todes als Erben berufen sind, nach dem Verhältnis ihrer Erbteile bezugsberechtigt. ²Eine Ausschlagung der Erbschaft hat auf die Berechtigung keinen Einfluss.

(3) Wird das Recht auf die Leistung des Versicherers von dem bezugsberechtigten Dritten nicht erworben, steht es dem Versicherungsnehmer zu.

(4) Ist der Fiskus als Erbe berufen, steht ihm ein Bezugsrecht im Sinne des Absatzes 2 Satz 1 nicht zu.

58 In der Regierungsbegründung vom 20. Dezember 2006 heißt es zu § 160 VVG-E:[129]

„Mit § 160 VVG-E wird die bisherige Vorschrift des § 167 VVG im Grundsatz übernommen. Allerdings wird sie auf alle Lebensversicherungen erstreckt, da nicht nur Kapitallebensversicherungen eine Bezugsberechtigung vorsehen. Die bisherige Vorschrift des § 168 VVG wird als Absatz 3 integriert."

§ 161 VVG 2008 Selbsttötung

(1) ¹Bei einer Versicherung für den Todesfall ist der Versicherer nicht zur Leistung verpflichtet, wenn die versicherte Person sich vor Ablauf von

---

[128] BT-Drucks. 16/3945, S. 98.
[129] BT-Drucks. 16/3945, S. 98 f.

drei Jahren nach Abschluss des Versicherungsvertrags vorsätzlich selbst getötet hat. ²Dies gilt nicht, wenn die Tat in einem die freie Willensbestimmung ausschließenden Zustand krankhafter Störung der Geistestätigkeit begangen worden ist.

(2) Die Frist nach Absatz 1 Satz 1 kann durch Einzelvereinbarung erhöht werden.

(3) Ist der Versicherer nicht zur Leistung verpflichtet, hat er den Rückkaufswert einschließlich der Überschussanteile nach § 169 zu zahlen.

In der Regierungsbegründung vom 20. Dezember 2006 wird zu § 161 VVG-E folgendes ausgeführt:[130]

„Zu den Absätzen 1 und 2
Im Interesse der hinterbliebenen Angehörigen wird die Ausschlussfrist nach § 169 Satz 1 VVG auf drei Jahre verkürzt. Dies entspricht einer verbreiteten Praxis der Lebensversicherer in ihren AVB. Allerdings soll es zulässig bleiben, durch Einzelvereinbarung, also nicht durch AVB, die Ausschlussfrist über drei Jahre hinaus zu verlängern. Damit soll dem Versicherer ein Handlungsspielraum in Sonderfällen mit sehr hohen Versicherungssummen erhalten bleiben. Eine Verkürzung der Ausschlussfrist oder der Verzicht hierauf wird durch § 171 VVG-E nicht ausgeschlossen, da es sich um eine Vereinbarung zugunsten des Versicherungsnehmers handelt.
Die Vorschrift ist auch anwendbar, wenn der Vertrag nicht nur für den Todesfall Versicherungsleistungen vorsieht.
Zu Absatz 3
Die Vorschrift stimmt inhaltlich mit § 176 Abs. 2 Satz 1 VVG überein. Zusätzlich wird klargestellt, dass dem Versicherungsnehmer neben dem Rückkaufswert auch etwaige Ansprüche auf Überschussbeteiligung nach § 169 Abs. 7 VVG-E zustehen. Die Vorschrift ist wie bisher halbzwingend (vgl. § 171 VVG-E)."

§ 162 VVG 2008 Tötung durch Leistungsberechtigten

(1) Ist die Versicherung für den Fall des Todes eines anderen als des Versicherungsnehmers genommen, ist der Versicherer nicht zur Leistung verpflichtet, wenn der Versicherungsnehmer vorsätzlich durch eine widerrechtliche Handlung den Tod des anderen herbeiführt.

(2) Ist ein Dritter als Bezugsberechtigter bezeichnet, gilt die Bezeichnung als nicht erfolgt, wenn der Dritte vorsätzlich durch eine widerrechtliche Handlung den Tod der versicherten Person herbeiführt.

In der Regierungsbegründung vom 20. Dezember 2006 wird zu § 162 VVG-E folgendes ausgeführt:[131]

„Die Vorschrift übernimmt inhaltlich unverändert § 170 VVG."

§ 163 VVG 2008 Prämien- und Leistungsänderung

(1) ¹Der Versicherer ist zu einer Neufestsetzung der vereinbarten Prämie berechtigt, wenn
1. sich der Leistungsbedarf nicht nur vorübergehend und nicht voraussehbar gegenüber den Rechnungsgrundlagen der vereinbarten Prämie geändert hat,

---
[130] BT-Drucks. 16/3945, S. 99.
[131] BT-Drucks. 16/3945, S. 99.

2. die nach den berichtigten Rechnungsgrundlagen neu festgesetzte Prämie angemessen und erforderlich ist, um die dauernde Erfüllbarkeit der Versicherungsleistung zu gewährleisten, und
3. ein unabhängiger Treuhänder die Rechnungsgrundlagen und die Voraussetzungen der Nummern 1 und 2 überprüft und bestätigt hat.

²Eine Neufestsetzung der Prämie ist insoweit ausgeschlossen, als die Versicherungsleistungen zum Zeitpunkt der Erst- oder Neukalkulation unzureichend kalkuliert waren und ein ordentlicher und gewissenhafter Aktuar dies insbesondere anhand der zu diesem Zeitpunkt verfügbaren statistischen Kalkulationsgrundlagen hätte erkennen müssen.

(2) ¹Der Versicherungsnehmer kann verlangen, dass anstelle einer Erhöhung der Prämie nach Absatz 1 die Versicherungsleistung entsprechend herabgesetzt wird. ²Bei einer prämienfreien Versicherung ist der Versicherer unter den Voraussetzungen des Absatzes 1 zur Herabsetzung der Versicherungsleistung berechtigt.

(3) Die Neufestsetzung der Prämie und die Herabsetzung der Versicherungsleistung werden zu Beginn des zweiten Monats wirksam, der auf die Mitteilung der Neufestsetzung oder der Herabsetzung und der hierfür maßgeblichen Gründe an den Versicherungsnehmer folgt.

(4) Die Mitwirkung des Treuhänders nach Absatz 1 Satz 1 Nr. 3 entfällt, wenn die Neufestsetzung oder die Herabsetzung der Versicherungsleistung der Genehmigung der Aufsichtsbehörde bedarf.

61 In der Regierungsbegründung vom 20. Dezember 2006 heißt es zu § 163 VVG-E:[132]

„Zu Absatz 1
§ 163 VVG-E sieht das Recht des Versicherers zur Neufestsetzung der Prämie vor, ohne eine entsprechende vertragliche Anpassungsklausel vorauszusetzen. Damit werden solche Klauseln in anderen Fällen nicht ausgeschlossen, sie unterliegen jedoch der allgemeinen Kontrolle nach §§ 305 ff. BGB. Dies entspricht der bisherigen Regelung des § 172 VVG. Eine inhaltliche Änderung der Voraussetzungen für die Neufestsetzung der Prämie ist nicht vorgesehen; die Änderungen im Wortlaut des § 163 Abs. 1 Satz 1 VVG-E dienen lediglich der Verdeutlichung.
Nach dem neuen Satz 2 ist eine Neufestsetzung ausgeschlossen, soweit die bisherige Prämie erkennbar unzureichend kalkuliert worden ist. Damit wird die für die Krankenversicherung geltende Regelung des § 12b Abs. 2 Satz 4 VAG, auf die § 203 Abs. 2 Satz 4 VVG-E verweist, auch für die Lebensversicherung übernommen. Wenn und soweit die ungünstige Risikoentwicklung schon bei Vertragsschluss abschätzbar war, vom Versicherer aber nur unzureichend berücksichtigt worden ist, soll dieser die Nachteile nicht auf die Versicherungsnehmer abwälzen können. Für die Beurteilung dieser Frage ist in erster Linie maßgeblich, ob der Aktuar die unzureichende Kalkulation auf Grund der verfügbaren statistischen Kalkulationsgrundlage hätte erkennen müssen.
Schon nach dem bisherigen § 172 Abs. 1 Satz 1 VVG hat ein unabhängiger Treuhänder die Angemessenheit der Änderung, d.h. insbesondere der neuen Prämie zu prüfen und zu bestätigen. Da der Treuhänder auf die Prüfung der gesetzlichen Voraussetzungen beschränkt sein muss, also nicht wie eine Verwaltungsbehörde ein eigenes Ermessen ausüben kann, handelt es sich bei der Angemessenheit um eine ungeschriebene Voraussetzung; sie ersetzt das billige Ermessen, das der Versicherer einhalten müsste, wenn er die neue Prämie nach § 315 BGB festsetzen könnte. Dies wird durch die Aufnahme der Angemessenheit als ausdrückliche Voraussetzung in § 163 Abs. 1 Satz 1 Nr. 2 VVG-E nunmehr klargestellt.
Die bisherige Regelung des § 172 Abs. 1 Satz 2 VVG, nach der der Versicherer zur Änderung der Bestimmungen zur Überschussbeteiligung berechtigt ist, wenn die Voraussetzungen für eine Neufestsetzung der Prämie gegeben sind, wird nicht übernommen. Ein

---
[132] BT-Drucks. 16/3945, S. 99.

Bedürfnis für eine solche Regelung könnte allenfalls im Hinblick auf Bestandsübertragungen oder für „auslaufende Bestände" in Betracht kommen. Fragen der Überschussbeteiligung und des Kosten- und Risikoausgleichs werden aber bereits im Rahmen einer Bestandsübertragung von der Aufsichtsbehörde geprüft. Hierbei sind die Belange der versicherten Personen umfassend zu wahren. Der Begriff der auslaufenden Verträge würde zu erheblichen Auslegungsschwierigkeiten führen, die eher durch entsprechende vertragliche Klauseln als durch eine Regelung in Gesetz ausgeräumt werden könnten.

Zu Absatz 2
Durch § 163 Abs. 2 VVG-E wird eine Lücke der bisherigen Regelung geschlossen. Satz 1 eröffnet dem Versicherungsnehmer die Möglichkeit zu verlangen, dass die Erhöhung der Prämie durch eine entsprechende Herabsetzung der Versicherungsleistung ersetzt wird. Damit wird dem Interesse derjenigen Versicherungsnehmer entsprochen, die bei einer erhöhten Prämie ihre Verträge nicht mehr weiterführen könnten.
Besteht eine prämienfreie Versicherung, ist eine Prämienerhöhung durch einseitige Erklärung des Versicherers nicht möglich. Daher tritt nach Satz 2 an deren Stelle die Herabsetzung der Versicherungsleistung. Dadurch wird eine nach der Leistungsherabsetzung getroffene Einzelvereinbarung, in der die Vertragsparteien die ungekürzte Leistung gegen eine neu aufzunehmende Prämienzahlung aufrechterhalten, nicht ausgeschlossen.

Zu Absatz 3
Die Vorschrift stimmt im Wesentlichen mit dem bisherigen § 172 Abs. 3 Satz 1 VVG überein. Eine Prämienerhöhung soll wie bisher erst zu Beginn des zweiten auf die Unterrichtung des Versicherungsnehmers folgenden Monats wirksam werden. Eine abweichende Vereinbarung zum Nachteil des Versicherungsnehmers ist ausgeschlossen (§ 171 VVG-E).

Zu Absatz 4
Die Vorschrift übernimmt den bisherigen § 172 Abs. 1 Satz 3 VVG."

§ 164 VVG 2008 Bedingungsanpassung

(1) ¹Ist eine Bestimmung in Allgemeinen Versicherungsbedingungen des Versicherers durch höchstrichterliche Entscheidung oder durch bestandskräftigen Verwaltungsakt für unwirksam erklärt worden, kann sie der Versicherer durch eine neue Regelung ersetzen, wenn dies zur Fortführung des Vertrags notwendig ist oder wenn das Festhalten an dem Vertrag ohne neue Regelung für eine Vertragspartei auch unter Berücksichtigung der Interessen der anderen Vertragspartei eine unzumutbare Härte darstellen würde. ²Die neue Regelung ist nur wirksam, wenn sie unter Wahrung des Vertragsziels die Belange der Versicherungsnehmer angemessen berücksichtigt.

(2) Die neue Regelung nach Absatz 1 wird zwei Wochen, nachdem die neue Regelung und die hierfür maßgeblichen Gründe dem Versicherungsnehmer mitgeteilt worden sind, Vertragsbestandteil.

In der Regierungsbegründung vom 20. Dezember 2006 heißt es zu § 164 VVG-E:[133]

„Der neue § 164 VVG-E ersetzt die bisherige Regelung des § 172 Abs. 2 VVG, die einige Fragen offen lässt und zu Auslegungsschwierigkeiten geführt hat. Die Neuregelung gilt auch für die Berufsunfähigkeitsversicherung (vgl. § 176 VVG-E) und die Krankenversicherung (vgl. § 203 Abs. 4 VVG-E).
Von der Aufnahme einer allgemeinen Anpassungsklausel für die anderen Versicherungszweige, wie sie von der VVG-Kommission vorgeschlagen worden ist (vgl. § 16 des Kommissionsentwurfes), sieht der Entwurf ab. Der mit dem Vorschlag der VVG-Kommission verbundene Eingriff in bestehende Verträge kann sich zum Nachteil der Versicherungsnehmer auswirken. Dies wäre zwar dann vertretbar, wenn sich in der Praxis aus dem Fehlen einer über

---

[133] BT-Drucks. 16/3945, S. 99 f.

den § 306 BGB hinausgehenden Anpassungsmöglichkeit für die Vertragsparteien unzumutbare Probleme ergeben hätten. Solche Probleme haben sich aber bisher nicht gezeigt. Nach wie vor erscheint es daher angemessen, außerhalb der Lebensversicherung und der Krankenversicherung das Risiko der Unwirksamkeit einer vom Versicherer verwendeten Bedingung dem Versicherer aufzuerlegen.

Zu Absatz 1
Nach Satz 1 ist die Ersetzung einer unwirksamen Bestimmung in den AVB durch den Versicherer wie im geltenden Recht zulässig, wenn die neue Bestimmung zur Fortführung des Versicherungsvertrags notwendig ist.

Diese Anpassungsmöglichkeit bedarf aber einer Ergänzung. Dem Versicherer steht bei der Lebensversicherung – wie bei der Krankenversicherung – kein ordentliches Kündigungsrecht zu; er ist also in der Regel sehr langfristig an den Vertrag gebunden. Auch ist für den Versicherungsnehmer eine vorzeitige Beendigung des Vertrags häufig mit erheblichen Nachteilen verbunden. Diese Umstände machen es erforderlich, dem Versicherer im Fall der Unwirksamkeit einer Klausel in den AVB eine Anpassungsbefugnis auch dann einzuräumen, wenn das Festhalten an der Regelung ohne eine Anpassung für den Versicherer oder den Versicherungsnehmer eine unzumutbare Härte darstellen würde; damit wird die Voraussetzung nach § 306 Abs. 3 BGB aufgegriffen. In aller Regel kann ein ersatzloser Wegfall der unwirksamen Klausel nur für den Versicherer eine unzumutbare Härte darstellen. Um zu vermeiden, dass die Anpassungsmöglichkeit einseitig zu Lasten des Versicherungsnehmers eröffnet wird, bestimmt Satz 1, dass bei der Beurteilung, ob für den Versicherer unzumutbare Härte zu bejahen ist, auch die Interessen der Versicherungsnehmer mit zu berücksichtigen sind. Unerheblich ist, aus welchem Grund eine Bestimmung in AVB unwirksam ist. In erster Linie kann sich die Unwirksamkeit aus einem Verstoß gegen die §§ 307 bis 309 BGB ergeben; andere Gründe dürften in der Praxis selten sein. Die Unwirksamkeit einer Klausel kann allerdings nur, und zwar mit Wirkung für alle Versicherer, welche diese oder eine gleichartige Klausel verwendet haben, durch eine höchstrichterliche Entscheidung des BGH oder eines Oberlandesgerichts, dessen Entscheidung nicht anfechtbar ist, oder einen bestandskräftigen Verwaltungsakt der Aufsichtsbehörde oder der Kartellbehörde festgestellt werden. Nur solche Entscheidungen schaffen abschließend Rechtsklarheit. Könnten die Versicherer in eigener Verantwortung über die Unwirksamkeit selbst entscheiden, würde die Vertragsfreiheit des Versicherungsnehmers in bedenklicher Weise eingeschränkt (vgl. BGH, Urteil vom 12. Oktober 2005, VersR 2005 S. 1565).

Nach Satz 2 ist die vom Versicherer getroffene neue Bestimmung, welche die unwirksame Klausel ersetzen soll, nur wirksam, wenn sie die Belange der Versicherungsnehmer insgesamt angemessen berücksichtigt, aber dabei auch das konkrete Vertragsziel des Vertragspartners gewahrt wird. Die Wahrung der Belange der Versicherungsnehmer ist ein Kriterium, das im VAG verwendet wird (vgl. § 8 Abs. 1 Satz 1 Nr. 3, § 12 b Abs. 1 a Satz 2, § 81 d Abs. 3 VAG). Allerdings ist der dort verwendete Begriff der Versicherten, der sowohl Versicherungsnehmer als auch versicherte Personen und Bezugsberechtigte umfasst, für das VVG nicht geeignet, da er dort sich auf die Versicherung für fremde Rechnung bezieht (§§ 43 ff. VVG-E). Daher wird hier auf die Belange der Versicherungsnehmer abgestellt und dabei davon ausgegangen, dass auch die Belange des im VAG erfassten Personenkreises mit zu berücksichtigen sind, wenn sie nicht mit den Belangen der Versicherungsnehmer gleichlaufend sein sollten.

Bei der Bedingungsanpassung sind diese Belange von Bedeutung, da von der Unwirksamkeit einer Bestimmung und deren Ersetzung durch eine neue Regelung jeweils eine Vielzahl von Verträgen betroffen ist. Diesem Kriterium wird entsprochen, wenn durch die neue Regelung das bei Vertragsschluss vorhandene Äquivalenzverhältnis wieder hergestellt wird. Dagegen sind die Belange der Versicherungsnehmer in aller Regel nicht gewahrt, wenn die Versicherungsnehmer durch die ersetzende Klausel schlechter gestellt werden, als sie bei Vertragsschluss standen. Die neue Regelung muss darüber hinaus den Anforderungen entsprechen, die sich aus den §§ 307 ff. BGB ergeben.

Nach geltendem Recht ist bei der Lebensversicherung wie auch bei der Krankenversicherung nicht nur für die Prämienanpassung, sondern auch für eine Bedingungsanpassung die Mitwirkung eines unabhängigen Treuhänders vorgeschrieben (vgl. §§ 172, 178 g VVG in Verbindung mit §§ 11 b, 12 b Abs. 3 bis 5 VAG). Diese Regelung wird nicht übernommen. Insbesondere die Erfahrungen in den letzten Jahren bei der Lebensversicherung haben gezeigt, dass durch die Einschaltung des Treuhänders der damit verfolgte zusätzliche Schutz der Interessen der Versicherungsnehmer in diesen Fällen nicht erreicht wird. Die Bestätigung

B. Gesetz zur Reform des Versicherungsvertragsrechts

des Treuhänders, dass die neue Bedingung des Versicherers den gesetzlichen Voraussetzungen entspricht, kann beim Versicherungsnehmer den Eindruck erwecken, dass eine gerichtliche Überprüfung der Wirksamkeit der neuen Klausel von vornherein erfolglos wäre. Dem Interesse der Versicherungsnehmer entspricht es daher eher, wenn für Bedingungsanpassungen nach §§ 164, 203 Abs. 4 VVG-E auf einen Treuhänder verzichtet und der Versicherungsnehmer auf die gerichtliche Kontrolle verwiesen wird.

Zu Absatz 2[134]
Die Vorschrift regelt den Zeitpunkt, zu dem eine Regelung nach Absatz 1 verbindlich wird. Die Formulierung „wird ... Vertragsbestandteil" lehnt sich an den Wortlaut des § 305 Abs. 2 BGB an und soll deutlich machen, dass eine inhaltliche Inhaltskontrolle noch nicht erfolgt ist. Die Frist von zwei Wochen entspricht der bisherigen Regelung des § 172 Abs. 3 Satz 2 VVG. Die Anpassung wirkt jeweils nur für die Zukunft (ex nunc). Die Vertragsparteien können aber einen anderen Zeitpunkt für das Wirksamwerden, z. B. rückwirkend zum Vertragsschluss, vereinbaren, sofern dieser für den Versicherungsnehmer nicht nachteilig ist (§ 171 VVG-E)."

§ 165 VVG 2008 Prämienfreie Versicherung

(1) ¹Der Versicherungsnehmer kann jederzeit für den Schluss der laufenden Versicherungsperiode die Umwandlung der Versicherung in eine prämienfreie Versicherung verlangen, sofern die dafür vereinbarte Mindestversicherungsleistung erreicht wird. ²Wird diese nicht erreicht, hat der Versicherer den auf die Versicherung entfallenden Rückkaufswert einschließlich der Überschussanteile nach § 169 zu zahlen.

(2) Die prämienfreie Leistung ist nach anerkannten Regeln der Versicherungsmathematik mit den Rechnungsgrundlagen der Prämienkalkulation unter Zugrundelegung des Rückkaufswertes nach § 169 Abs. 3 bis 5 zu berechnen und im Vertrag für jedes Versicherungsjahr anzugeben.

(3) ¹Die prämienfreie Leistung ist für den Schluss der laufenden Versicherungsperiode unter Berücksichtigung von Prämienrückständen zu berechnen. ²Die Ansprüche des Versicherungsnehmers aus der Überschussbeteiligung bleiben unberührt.

In der Regierungsbegründung vom 20. Dezember 2006 heißt es zu § 165 VVG-E:[135]

„Zu Absatz 1
Die Vorschrift übernimmt inhaltlich unverändert § 174 Abs. 1 VVG. Die Zahlungspflicht des Versicherers nach Satz 2 erfasst auch etwaige Ansprüche des Versicherungsnehmers aus einer Überschussbeteiligung (§ 169 Abs. 7 VVG-E).

Zu Absatz 2
In Absatz 2 wird für die Berechnung der prämienfreien Versicherungsleistung ergänzend auf § 169 Abs. 3 bis 5 VVG-E verwiesen, um den Gleichlauf der Berechnung mit dem Rückkaufswert im Fall der Kündigung sicherzustellen. Die prämienfreie Versicherungsleistung ist für jedes Versicherungsjahr im Voraus zu beziffern. Hinsichtlich ihrer Berechnung kann der Versicherer zwar nach § 171 VVG-E von den §§ 165, 169 VVG-E nicht zum Nachteil des Versicherungsnehmers abweichen: dieser soll aber schon bei Vertragsschluss wissen, welche genauen Beträge ihm in den einzelnen Vertragsjahren nach der Berechnung des Versicherers zustehen. Die Berechnung und die Bezifferung im Vertrag beziehen sich allerdings nur auf die garantierten Werte, da die Höhe der zusätzlichen Überschussbeteiligung zum Zeitpunkt des Vertragsschlusses nicht feststeht.

Zu Absatz 3
Satz 1 übernimmt den bisherigen § 174 Abs. 3 VVG.

---

[134] BT-Drucks. 16/3945, S. 100 f.
[135] BT-Drucks. 16/3945, S. 101.

Mit Satz 2 wird lediglich klar gestellt, dass bereits begründete Ansprüche des Versicherungsnehmers aus einer Überschussbeteiligung durch die Umwandlung nicht berührt werden (vgl. auch § 169 Abs. 7 VVG-E)."

§ 166 VVG 2008 Kündigung des Versicherers

(1) ¹Kündigt der Versicherer das Versicherungsverhältnis, wandelt sich mit der Kündigung die Versicherung in eine prämienfreie Versicherung um. ²Auf die Umwandlung ist § 165 anzuwenden.

(2) Im Fall des § 38 Abs. 2 ist der Versicherer zu der Leistung verpflichtet, die er erbringen müsste, wenn sich mit dem Eintritt des Versicherungsfalles die Versicherung in eine prämienfreie Versicherung umgewandelt hätte.

(3) Bei der Bestimmung einer Zahlungsfrist nach § 38 Abs. 1 hat der Versicherer auf die eintretende Umwandlung der Versicherung hinzuweisen.

(4) Bei einer Lebensversicherung, die vom Arbeitgeber zugunsten seiner Arbeitnehmerinnen und Arbeitnehmer abgeschlossen worden ist, hat der Versicherer die versicherte Person über die Bestimmung der Zahlungsfrist nach § 38 Abs. 1 und die eintretende Umwandlung der Versicherung in Textform zu informieren und ihnen eine Zahlungsfrist von mindestens zwei Monaten einzuräumen.

I. Regierungsbegründung

64 In der Regierungsbegründung vom 20. Dezember 2006 wird zu § 166 VVG-E erklärt:[136]

„Zu den Absätzen 1 bis 3
Diese Regelung übernimmt inhaltlich unverändert den bisherigen § 175 VVG, erstreckt aber Absatz 1 über § 38 VVG-E hinaus auf alle Fälle der Kündigung des Versicherers (z. B. nach § 19 Abs. 3 Satz 2 VVG-E).

Zu Absatz 4
Die Vorschrift ist neu. Sie begründet eine Informationspflicht des Versicherers gegenüber den bezugsberechtigten Arbeitnehmerinnen und Arbeitnehmern für den Fall, dass die fällige Prämie vom Arbeitgeber als Versicherungsnehmer nicht rechtzeitig gezahlt wird. Der Versicherer hat über den Zahlungsverzug und die eintretende Umwandlung der Versicherung zu informieren; dabei muss er die rückständigen Beträge der Prämien, Zinsen und Kosten im Einzelnen beziffern und über die Rechtsfolge des Zahlungsverzugs aufklären. Ferner hat er den bezugsberechtigten Arbeitnehmerinnen und Arbeitnehmern vor der Kündigung der Versicherung eine Zahlungsfrist von mindestens zwei Monaten einzuräumen, damit diese die Möglichkeit erhalten, mit eigenen Mitteln den Versicherungsschutz aufrecht zu erhalten."

II. Beschlussempfehlung des Rechtsausschusses

1. Empfehlung

65 Der Rechtsausschuss hat am 20. Juni 2007 zu dieser Vorschrift die Beschlussempfehlung abgegeben, § 166 Abs. 4 VVG wie folgt zu fassen:[137]

„(4) Bei einer Lebensversicherung, die vom Arbeitgeber zugunsten seiner Arbeitnehmerinnen und Arbeitnehmer abgeschlossen worden ist, hat der Versicherer die versicherte Per-

---

[136] BT-Drucks. 16/3945, S. 101.
[137] BT-Drucks. 16/5862, S. 52.

son über die Bestimmung der Zahlungsfrist nach § 38 Abs. 1 und die eintretende Umwandlung der Versicherung in Textform zu informieren und ihnen eine Zahlungsfrist von mindestens zwei Monaten einzuräumen."

2. Begründung

Der Rechtsausschuss hat am 20. Juni 2007 seine Beschlussempfehlung zu § 166 Abs. 4 VVG wie folgt begründet:[138]

„Die Ersetzung des Begriffs „Bezugsberechtigter" durch die Wörter „versicherte Personen" stellt eine rein begriffliche Korrektur dar."

§ 167 VVG 2008 Umwandlung zur Erlangung eines Pfändungsschutzes

[1]Der Versicherungsnehmer einer Lebensversicherung kann jederzeit für den Schluss der laufenden Versicherungsperiode die Umwandlung der Versicherung in eine Versicherung verlangen, die den Anforderungen des § 851 c Abs. 1 der Zivilprozessordnung entspricht. [2]Die Kosten der Umwandlung hat der Versicherungsnehmer zu tragen.

Schrifttum: *Neuhaus/Köther,* Pfändungsschutz bei umgewandelten Lebensversicherungen – Neue Vorschriften, neue Streitpunkte, ZfV 2009, 248; *Tavakoli,* Lohnpfändung und private Altersvorsorge: Erhöhung der Freigrenze durch § 851 c ZPO?, NJW 2008, 3259.

I. Regierungsbegründung

In der Regierungsbegründung vom 20. Dezember 2006 heißt es zu § 167 VVG-E:[139]

„Die Vorschrift übernimmt den in Artikel 4 Nr. 2 des Entwurfes eines Gesetzes zum Pfändungsschutz der Altersvorsorge und zur Anpassung des Rechts der Insolvenzanfechtung (BT-Drucksache 16/886) vorgesehenen § 173 VVG."

II. Umwandlung

Gemäß § 167 VVG 2008 kann eine kapitalbildende Lebensversicherung in eine Rentenversicherung im Sinne des § 167 VVG 2008 umgewandelt werden, um so mit bestehenden Altverträgen den Pfändungsschutz des § 851 c ZPO in Anspruch nehmen zu können.[140] Maßgeblicher Zeitpunkt, zu welchem die Voraussetzungen des § 851 c ZPO vorliegen müssen, ist der des Gläubigerzugriffs.[141] Der Pfändungsschutz greift aber bereits dann ein, wenn die Umwandlung der Versicherung unwiderruflich vom Versicherungsnehmer beantragt wurde, auch wenn die eigentliche Umwandlung noch aussteht.[142] Auch eine Umwandlung kurz vor dem Pfändungszugriff, z. B. vor der Zustellung des Pfändungs- und Überweisungsbeschlusses beim Versicherer als Drittschuldner,[143] oder kurz vor der Eröffnung des Insolvenzverfahrens ist rechtlich zulässig.[144] Ohne die Umwandlungsmöglichkeit

---
[138] BT-Drucks. 16/5862, S. 99.
[139] BT-Drucks. 16/3945, S. 101.
[140] *Tavakoli* NJW 2008, 3259, 3260.
[141] *Tavakoli* NJW 2008, 3259, 3260 f.
[142] *Tavakoli* NJW 2008, 3259, 3261.
[143] BFH, Urt. v. 31. 7. 2007 – VII R 60/06, r+s 2007, 514; *Neuhaus/Köther* ZfV 2009, 248, 249.
[144] *Tavakoli* NJW 2008, 3259, 3261.

nach § 167 VVG 2008 wäre der Anwendungsbereich von § 851 c ZPO lediglich für neu abgeschlossene Verträge eröffnet.[145] Schuldner, die etwa seit Jahrzehnten wesentliche Teile ihres Vermögens in kapitalbildenden Lebensversicherungen angespart haben, blieben ungeschützt, wenn der Gesetzgeber nicht den § 173 VVG, jetzt § 167 VVG 2008, geschaffen hätte.[146]

§ 168 VVG 2008 Kündigung des Versicherungsnehmers

(1) Sind laufende Prämien zu zahlen, kann der Versicherungsnehmer das Versicherungsverhältnis jederzeit für den Schluss der laufenden Versicherungsperiode kündigen.

(2) Bei einer Versicherung, die Versicherungsschutz für ein Risiko bietet, bei dem der Eintritt der Verpflichtung des Versicherers gewiss ist, steht das Kündigungsrecht dem Versicherungsnehmer auch dann zu, wenn die Prämie in einer einmaligen Zahlung besteht.

(3) ¹Die Absätze 1 und 2 sind nicht auf einen für die Altersvorsorge bestimmten Versicherungsvertrag anzuwenden, bei dem der Versicherungsnehmer mit dem Versicherer eine Verwertung vor dem Eintritt in den Ruhestand unwiderruflich[147] ausgeschlossen hat; der Wert der vom Ausschluss der Verwertbarkeit betroffenen Ansprüche darf die in § 12 Abs. 2 Nr. 3 des Zweiten Buches Sozialgesetzbuch bestimmten Beträge nicht übersteigen. ²Entsprechendes gilt, soweit die Ansprüche nach § 851 c oder § 851 d der Zivilprozessordnung nicht gepfändet werden dürfen.[148]

I. Regierungsbegründung

69 In der Regierungsbegründung vom 20. Dezember 2006 heißt es zu § 168 VVG-E:[149]

„Zu Absatz 1
Die Vorschrift stimmt inhaltlich mit § 165 Abs. 1 VVG überein.

Zu Absatz 2
Der Anwendungsbereich des bisherigen § 165 Abs. 2 VVG wird dahin erweitert, dass nicht nur Kapitalversicherungen auf den Todesfall, sondern alle Lebensversicherungen, die Versicherungsschutz für ein Risiko bieten, bei dem der Eintritt der Leistungspflicht des Versicherers gewiss ist, erfasst werden. Das Kündigungsrecht besteht danach auch bei Rentenversicherungen; im Fall der Kündigung hat der Versicherungsnehmer nach § 169 VVG-E Anspruch auf den Rückkaufswert einschließlich der zugeteilten Überschussanteile.

Zu Absatz 3
Die Vorschrift übernimmt den neuen § 165 Abs. 3 VVG, der durch Artikel 4 Nr. 1 des Entwurfes eines Gesetzes zum Pfändungsschutz der Altersvorsorge und zur Anpassung des Rechts der Insolvenzanfechtung (BT-Drucksache 16/886) in das VVG eingefügt werden soll."

---

[145] *Tavakoli* NJW 2008, 3259, 3261.
[146] *Tavakoli* NJW 2008, 3259, 3261.
[147] Wort eingefügt durch Art. 6 des Gesetzes zur Stabilisierung der Finanzlage der Sozialversicherungssysteme und zur Einführung eines Sonderprogramms mit Maßnahmen für Milchviehhalter sowie zur Änderung anderer Gesetze (Sozialversicherungs-Stabilisierungsgesetz – SozVersStabG) vom 14. 4. 2010, BGBl. I S. 410; in Kraft seit 17. 4. 2010, vgl. Art. 7.
[148] § 168 Abs. 3 Satz 2 VVG 2008 eingefügt durch Art. 3 Nr. 5 des Zweiten Gesetzes zur Änderung des Pflichtversicherungsgesetzes und anderer versicherungsrechtlicher Vorschriften vom 10. 12. 2007, BGBl. I S. 2833, 2835; in Kraft seit 11. 12. 2007, vgl. Art. 9.
[149] BT-Drucks. 16/3945, S. 101.

B. Gesetz zur Reform des Versicherungsvertragsrechts

II. Beschlussempfehlung des Rechtsausschusses

1. Empfehlung

Der Rechtsausschuss hat am 20. Juni 2007 zu dieser Vorschrift die Beschlussempfehlung abgegeben, § 168 Abs. 3 VVG wie folgt zu fassen:[150]

„(3) Die Absätze 1 und 2 sind nicht auf einen für die Altersvorsorge bestimmten Versicherungsvertrag anzuwenden, bei dem der Versicherungsnehmer mit dem Versicherer eine Verwertung vor dem Eintritt in den Ruhestand ausgeschlossen hat; der Wert der vom Ausschluss der Verwertbarkeit betroffenen Ansprüche darf die in § 12 Abs. 2 Nr. 3 des Zweiten Buches Sozialgesetzbuch bestimmten Beträge nicht übersteigen."

2. Begründung

Der Rechtsausschuss hat am 20. Juni 2007 seine Beschlussempfehlung zu § 168 Abs. 3 VVG wie folgt begründet:[151]

„Die Streichung des im Regierungsentwurf vorgesehenen § 168 Abs. 3 Satz 2 ist eine Anpassung an den mit Gesetz zur Änderung des Betriebsrentengesetzes v. 2. Dezember 2006 (BGBl. I S. 2742) beschlossenen Wortlaut des Gesetzes."

III. Ausschluss der ordentlichen Kündigung

Bestimmte Lebensversicherungsverträge, die der Altersvorsorge dienen, werden entweder steuerlich gefördert oder finden keine Anrechnung bei der Leistungsgewährung nach dem SGB II oder unterliegen einem Pfändungsschutz.[152] Wegen der Gewährung dieser Vorteile soll der Versicherungsnehmer durch ein Verwertungs- oder Verfügungsverbot an den Vertrag gebunden werden.[153] § 165 Abs. 3 VVG (jetzt § 168 Abs. 3 VVG 2008) sieht daher vor, dass die Absätze 1 und 2 auf die der Altersvorsorge dienenden Versicherungsverträge keine Anwendung finden, soweit die vertraglichen Ansprüche nach § 12 Abs. 2 SGB II nicht verwertet oder nach § 851c ZPO nicht gepfändet werden dürfen.[154] Unberührt von diesem Ausschluss der ordentlichen Kündigung bleibt die in engen Grenzen auch für die Lebensversicherung bestehende Möglichkeit einer außerordentlichen Kündigung gemäß §§ 313 Abs. 3, 314 BGB oder ausnahmsweise infolge sonstiger Unzumutbarkeit.[155] Eine Fortsetzung des Versicherungsvertrages könnte etwa für den Versicherungsnehmer unzumutbar sein, wenn eine Kündigung erforderlich ist, weil dem Versicherungsnehmer wegen der bestehenden geldwerten Ansprüche aus dem Vertrag Leistungen nach dem SGB II versagt werden.[156]

§ 169 VVG 2008 Rückkaufswert

(1) **Wird eine Versicherung, die Versicherungsschutz für ein Risiko bietet, bei dem der Eintritt der Verpflichtung des Versicherers gewiss ist, durch Kündigung des Versicherungsnehmers oder durch Rücktritt oder Anfechtung des Versicherers aufgehoben, hat der Versicherer den Rückkaufswert zu zahlen.**

---

[150] BT-Drucks. 16/5862, S. 53.
[151] BT-Drucks. 16/5862, S. 100.
[152] BT-Drucks. 16/886, S. 14.
[153] BT-Drucks. 16/886, S. 14.
[154] BT-Drucks. 16/886, S. 14.
[155] BT-Drucks. 16/886, S. 14.
[156] BT-Drucks. 16/886, S. 14.

(2) ¹Der Rückkaufswert ist nur insoweit zu zahlen, als dieser die Leistung bei einem Versicherungsfall zum Zeitpunkt der Kündigung nicht übersteigt. ²Der danach nicht gezahlte Teil des Rückkaufswertes ist für eine prämienfreie Versicherung zu verwenden. ³Im Fall des Rücktrittes oder der Anfechtung ist der volle Rückkaufswert zu zahlen.

(3) ¹Der Rückkaufswert ist das nach anerkannten Regeln der Versicherungsmathematik mit den Rechnungsgrundlagen der Prämienkalkulation zum Schluss der laufenden Versicherungsperiode berechnete Deckungskapital der Versicherung, bei einer Kündigung des Versicherungsverhältnisses jedoch mindestens der Betrag des Deckungskapitals, das sich bei gleichmäßiger Verteilung der angesetzten Abschluss- und Vertriebskosten auf die ersten fünf Vertragsjahre ergibt; die aufsichtsrechtlichen Regelungen über Höchstzillmersätze bleiben unberührt. ²Der Rückkaufswert und das Ausmaß, in dem er garantiert ist, sind dem Versicherungsnehmer vor Abgabe von dessen Vertragserklärung mitzuteilen; das Nähere regelt die Rechtsverordnung nach § 7 Abs. 2. ³Hat der Versicherer seinen Sitz in einem anderen Mitgliedstaat der Europäischen Union oder einem anderen Vertragsstaat des Abkommens über den Europäischen Wirtschaftsraum, kann er für die Berechnung des Rückkaufswertes anstelle des Deckungskapitals den in diesem Staat vergleichbaren anderen Bezugswert zu Grunde legen.

(4) ¹Bei fondsgebundenen Versicherungen und anderen Versicherungen, die Leistungen der in § 54b des Versicherungsaufsichtsgesetzes bezeichneten Art vorsehen, ist der Rückkaufswert nach anerkannten Regeln der Versicherungsmathematik als Zeitwert der Versicherung zu berechnen, soweit nicht der Versicherer eine bestimmte Leistung garantiert; im Übrigen gilt Absatz 3. ²Die Grundsätze der Berechnung sind im Vertrag anzugeben.

(5) ¹Der Versicherer ist zu einem Abzug von dem nach Absatz 3 oder 4 berechneten Betrag nur berechtigt, wenn er vereinbart, beziffert und angemessen ist. ²Die Vereinbarung eines Abzugs für noch nicht getilgte Abschluss- und Vertriebskosten ist unwirksam.

(6) ¹Der Versicherer kann den nach Absatz 3 berechneten Betrag angemessen herabsetzen, soweit dies erforderlich ist, um eine Gefährdung der Belange der Versicherungsnehmer, insbesondere durch eine Gefährdung der dauernden Erfüllbarkeit der sich aus den Versicherungsverträgen ergebenden Verpflichtungen, auszuschließen. ²Die Herabsetzung ist jeweils auf ein Jahr befristet.

(7) Der Versicherer hat dem Versicherungsnehmer zusätzlich zu dem nach den Absätzen 3 bis 6 berechneten Betrag die diesem bereits zugeteilten Überschussanteile, soweit sie nicht bereits in dem Betrag nach den Absätzen 3 bis 6 enthalten sind, sowie den nach den jeweiligen Allgemeinen Versicherungsbedingungen für den Fall der Kündigung vorgesehenen Schlussüberschussanteil zu zahlen; § 153 Abs. 3 Satz 2 bleibt unberührt.

Übersicht

	Rdn.
I. Regierungsbegründung	73
II. Beschlussempfehlung des Rechtsausschusses	74, 75
1. Empfehlung	74
2. Begründung	75

B. Gesetz zur Reform des Versicherungsvertragsrechts

	Rdn.
III. Geltungsbereich	76
IV. Europarechtliche Zulässigkeit der Mindestrückkaufswertregelung des § 169 Abs. 3 VVG 2008	77
V. Einmalbeitragsversicherungen und Versicherungen mit einer Beitragszahlungsdauer unter fünf Jahren	77 a

Schrifttum: *Engeländer*, Die Neuregelung des Rückkaufs durch das VVG 2008, VersR 2007, 1297; *Franz*, Das Versicherungsvertragsrecht im neuen Gewand – Die Neuregelungen und ausgewählte Probleme –, VersR 2008, 298; *Gatschke*, Die Neuregelungen zu den Rückkaufswerten in der Lebensversicherung – Eine interdisziplinäre Diskussion unter Betrachtung des Status quo –, VuR 2007, 447; *Herrmann*, Zillmerungsregeln in der Lebensversicherung und kein Ende – Bedeutung des informationsrechtlichen Verbraucherschutzes nach dem EU-Recht –, VersR 2009, 7; *Lang*, Am Verbraucher vorbei. VVG-Reform schränkt Produktvielfalt ein, VW 2007, 176; *Präve*, Die Neuregelungen im Umbruch, in: Kontinuität und Wandel des Versicherungsrechts, Festschrift für Egon Lorenz zum 70. Geburtstag, hrsg. v. Manfred Wandt, Peter Reiff, Dirk Looschelders u. Walter Bayer, Karlsruhe, VVW, 2004, S. 517; *Schünemann*, Der „Rückkaufswert" zwischen Gesetz und Vertrag, VersR 2009, 442; *Schwintowski*, Der Rückkaufswert als Zeitwert – eine (scheinbar) überwundene Debatte, VersR 2008, 1425.

I. Regierungsbegründung

In der Regierungsbegründung vom 20. Dezember 2006 wird zu § 169 VVG-E umfassend folgendes ausgeführt:[157] **73**

„Die Regelung des Rückkaufswertes weicht erheblich von dem bisherigen § 176 VVG ab. Zu den allgemeinen Erwägungen vgl. Allgemeiner Teil II Nr. 8.

Zu Absatz 1
Die Vorschrift beschränkt den Anwendungsbereich gegenüber § 176 VVG in zweifacher Weise. Zunächst werden die Fälle der Kündigung durch den Versicherer ausgeklammert, weil insoweit nach § 166 Abs. 1 VVG-E ausschließlich die Umwandlung in eine prämienfreie Versicherung nach § 165 VVG-E vorgesehen ist. Außerdem werden aber auch die Fälle des Rücktrittes und der Anfechtung durch den Versicherungsnehmer durch § 169 VVG-E nicht mehr geregelt. Dies hat zur Folge, dass sich die Abwicklung des Vertrags nach allgemeinem Recht richtet; der Versicherungsnehmer kann also nicht nur den Rückkaufswert, sondern unter Umständen alle bisher bezahlten Prämien einschließlich Zinsen verlangen. Dies ist grundsätzlich gerechtfertigt, weil der Versicherer in diesen Fällen Anlass zum Rücktritt oder zur Anfechtung gegeben hat; für eine Privilegierung im Verhältnis zum allgemeinen Vertragsrecht besteht kein Anlass.

Zu Absatz 2[158]
Satz 1 beschränkt den Anspruch auf Auszahlung des Rückkaufswertes in den Ausnahmefällen, in denen der nach den Absätzen 3 bis 6 berechnete Rückkaufswert höher ist als die Versicherungsleistung zum Zeitpunkt der Kündigung. Ein solcher Fall liegt vor, wenn das Deckungskapital für eine vereinbarte lebenslange Rente höher ist als der vereinbarte Rückzahlung aller Prämien im Todesfall vor Beginn der Rentenzahlung. Der von der Auszahlung nach Satz 1 ausgenommene Teil des Rückkaufswertes begründet eine prämienfreie Versicherung nach § 165 VVG-E (vgl. Satz 2). Entfällt der Vertrag durch Rücktritt oder Anfechtung, ist nach Satz 3 der volle Rückkaufswert zu zahlen, da eine Fortsetzung des Vertragsverhältnisses als prämienfreie Versicherung für die Vertragsparteien nicht zumutbar ist.

Zu Absatz 3[159]
Die Höhe des vom Versicherer bei einer Kündigung zu zahlenden Rückkaufswertes ist derzeit durch § 176 Abs. 3 Satz 1 VVG bestimmt. Danach ist der Betrag „nach den aner-

---
[157] BT-Drucks. 16/3945, S. 101.
[158] BT-Drucks. 16/3945, S. 101 f.
[159] BT-Drucks. 16/3945, S. 102.

kannten Regeln der Versicherungsmathematik ... als Zeitwert der Versicherung zu berechnen." Diese durch das Dritte Durchführungsgesetz/EWG im Jahre 1994 eingeführte Regelung hat keine ausreichende Transparenz gebracht. Verspricht der Versicherer im Vertrag unter Übernahme des Wortlauts der Bestimmung den (nicht bezifferten) Zeitwert, ist für den Versicherungsnehmer völlig unklar, welchen Betrag er im Fall der Kündigung erhalten wird. Nennt der Versicherer dagegen den Betrag in absoluten Zahlen, kann der Versicherungsnehmer die Berechnung nicht nachvollziehen. Es kommt hinzu, dass auch fast zehn Jahre nach der Neuregelung noch nicht allgemein anerkannt ist, wie die Berechnung zu erfolgen hat; dies hat der Bundesgerichtshof erst kürzlich erneut bestätigt (Urteil vom 12. Oktober 2005, IV ZR 162/03, VersR 2005, S. 1565). Diese Unsicherheit kann dazu führen, dass ein Versicherer versucht, eine ihm günstige Berechnungsweise durchzusetzen. Der Versicherungsnehmer kann seinerseits nur einen Sachverständigen beauftragen, eine eigene Berechnung vorzunehmen; ob dessen Berechnungsweise letztlich gegenüber derjenigen des Versicherers anerkannt wird, ist ungewiss.

Der Zeitwert ist auch unabhängig von diesen Schwierigkeiten ungeeignet, den zwingenden gesetzlichen Anspruch des Versicherungsnehmers zu umschreiben. Unter Zeitwert wird nämlich – neben anderen möglichen Definitionen – der Barwert unter Berücksichtigung aller zukünftigen Zahlungen des Versicherungsnehmers und aller zukünftigen Verpflichtungen des Versicherers verstanden. Damit wird der Vertrag zum vereinbarten Vertragsablaufzeitpunkt, also ohne Berücksichtigung des Kündigungsrechts nach § 165 VVG, abgebildet und auf den Kündigungszeitpunkt zurückgerechnet. Dabei ist eine Abzinsung der Leistungen und Verpflichtungen, die zum Teil erst nach vielen Jahren fällig werden, erforderlich, so dass schon geringfügige Unterschiede der verwendeten, nicht eindeutig bestimmten Abzinsungsfaktoren zu großen Differenzen beim Zeitwert führen.

Aus diesen Gründen soll an die Stelle des Zeitwertes eine möglichst klare und nachvollziehbare Berechnung des Rückkaufswertes treten, die einerseits dem Versicherungsnehmer bei der Inanspruchnahme des Kündigungsrechts die durch die gezahlten Prämien angesparten Wert des Vertrags erhält, anderseits den Versicherer weder mit bereits entstandenen Verpflichtungen hinaus belastet, noch ihm gestattet, Vorteile aus der Tatsache der Kündigung zu ziehen. Dies bedeutet gleichzeitig, dass die Transparenz hinsichtlich der Berechnung des Rückkaufswertes deutlich verbessert wird; damit wird den Forderungen des Bundesverfassungsgerichts in den oben zitierten Urteilen nach Herstellung einer höheren Transparenz auch für die Berechnung der Rückkaufswerte nachgekommen. Die Verbesserung wird erreicht, indem nach Absatz 3 die Auszahlung des Deckungskapitals vorgeschrieben wird. Das Deckungskapital wird versicherungsmathematisch nach den Rechnungsgrundlagen der Prämienkalkulation unter Berücksichtigung der bilanz- und aufsichtsrechtlichen Regelungen der Deckungsrückstellung (§ 341 f HGB, § 65 VAG) berechnet. Nur bei der fondsgebundenen Lebensversicherung, bei der die Versicherungsnehmer unmittelbar die Chancen und Risiken der Anlage am Kapitalmarkt tragen, muss es bei der Zeitwertberechnung bleiben (Absatz 4).

Zusätzlich enthält Satz 1 eine Sonderregelung für die Frühstornofälle. Die bisherige Praxis der Versicherer, die ersten Prämien zur Deckung der Abschlusskosten zu verwenden und auf dieser Grundlage die Prämie zu kalkulieren (sog. Zillmerung), führt dazu, dass zumindest in den ersten zwei Vertragsjahren kein Rückkaufswert besteht. Dieses Verfahren berücksichtigt nicht hinreichend die Interessen der Versicherungsnehmer, die sich aus unterschiedlichen Gründen dazu entschließen, von ihrem gesetzlichen Kündigungsrecht Gebrauch zu machen. Dem kündigenden Versicherungsnehmer soll in diesen Fällen ein Mindestrückkaufswert zustehen. Maßgeblich ist der Betrag des Deckungskapitals, der sich errechnet, wenn die Abschluss- und Vertriebskosten rechnerisch auf die ersten fünf Vertragsjahre verteilt werden. Um auszuschließen, dass vom Versicherer die gesamten Abschlusskosten, also auch der Teil, der nach geltendem Aufsichtsrecht nicht gezillmert werden darf (vgl. § 4 der Deckungsrückstellungsverordnung auf der Grundlage von § 65 Abs. 1 Satz 1 Nr. 2 VAG), in Ansatz gebracht werden und damit die mit der Neuregelung beabsichtigte Besserstellung des kündigenden Versicherungsnehmers verhindert würde, wird klargestellt, dass Abschluss- und Vertriebskosten nur im Rahmen des jeweils geltenden Höchstzillmersatzes angesetzt werden dürfen. Die Regelung setzt im Übrigen voraus, dass die Verrechnung der Abschlusskosten mit den Prämien vereinbart worden ist. Haben die Parteien z. B. vereinbart, dass die Abschlusskosten gesondert und ohne Zillmerung/Verrechnung gezahlt werden, es also nicht zu einer Verrechnung der Abschlusskosten kommt, kann es auch nicht zu einer Verrechnung über einen

B. Gesetz zur Reform des Versicherungsvertragsrechts 73 VVG 2008

Zeitraum von fünf Jahren kommen. Der Rückkaufswert wäre einerseits entsprechend höher; die Verpflichtung zur Zahlung der Abschlusskosten bestünde andererseits bei gesonderter Vereinbarung unabhängig davon, ob der Versicherungsvertrag beendet wird (ähnlich wie bei der Wohnraummiete; eine Maklerprovision ist auch dann in voller Höhe zu zahlen, wenn die angemietete Wohnung nach kurzer Zeit wieder gekündigt wird).

Die Neuregelung knüpft an das sog. Riester-Modell nach dem durch Artikel 7 des Gesetzes vom 5.7.2004 (BGBl. I S. 1443) geänderten Altersvorsorgeverträge-Zertifizierungsgesetz vom 26.6.2001 (BGBl. I S. 1322) an; sie ist verständlicher als der Vorschlag der VVG-Kommission, der auf das „ungezillmerte Deckungskapital" abstellt. Der Gesetzentwurf hat sich deswegen am geltenden Recht orientiert und nicht – wie der Bundesgerichtshof in dem oben zitierten Urteil vom 12. Oktober 2005 – am Vorschlag der VVG-Kommission, auch wenn beide Vorschläge zu mehr Rechtsklarheit und Rechtssicherheit führen. Für den Versicherungsnehmer ergeben sich im Übrigen auf der Grundlage der Regelung des Gesetzentwurfes leicht höhere Auszahlungsbeträge als auf der Grundlage des Modells der VVG-Kommission.

In der Rechtsverordnung nach § 7 Abs. 2 VVG-E soll entsprechend der Regelung des § 7 des genannten Zertifizierungsgesetzes bestimmt werden, dass der Versicherungsnehmer vor Abgabe seiner Vertragserklärung über die Höhe und Verteilung der ihn belastenden Abschluss- und Vertriebskosten informiert wird.

Die Sonderregelung in Satz 1 über die Zahlung eines Mindestrückkaufswertes wird auf die Fälle der Kündigung des Versicherungsvertrags beschränkt. Dabei wird die Kündigung durch den Versicherer wegen der Bezugnahme in § 165 Abs. 2 VVG-E (auch in Verbindung mit § 166 Abs. 1 VVG-E) ebenso erfasst wie die Kündigung durch den Versicherungsnehmer; beide Kündigungen beruhen nämlich oft auch darauf, dass der Versicherungsnehmer die weiteren Prämien nicht mehr zahlen kann. Dagegen besteht kein Anlass, die Sonderregelung auch auf die Fälle des Rücktritts und der Anfechtung durch den Versicherer zu erstrecken, da hierbei immer ein Fehlverhalten des Versicherungsnehmers vorliegen wird.

Nach Satz 2 muss der Rückkaufswert von vorneherein für jedes Vertragsjahr angegeben werden. Der Rückkaufswert ist also vorbehaltlich der Einschränkungen nach den Absätzen 5 und 6 garantiert. Der Versicherungsnehmer hat ein berechtigtes Interesse, bereits bei Vertragsschluss darüber informiert zu werden, mit welchen garantierten Beträgen er in den einzelnen Vertragsjahren rechnen kann.

Satz 3 berücksichtigt die Fälle, in denen der Versicherer seinen Sitz in einem anderen Mitgliedstaat der Europäischen Union oder anderen Vertragsstaat des EWR-Übereinkommens hat, dessen Recht ein Deckungskapital im Sinne von § 169 Abs. 3 VVG-E nicht kennt. Schließt ein solcher Versicherer einen Lebensversicherungsvertrag mit einem Versicherungsnehmer in Deutschland, unterliegt dieser Vertrag in der Regel deutschem Recht (vgl. Artikel 8 EGVVG). Um diesen Versicherer nicht gegenüber einem Versicherer mit Sitz in Deutschland zu benachteiligen, wird ihm das Recht eingeräumt, den Rückkaufswert nach einem Bezugswert zu berechnen, der mit dem Deckungskapital vergleichbar ist und im Wesentlichen zu entsprechenden Ergebnissen führt. Hierbei ist zu berücksichtigen, dass die Richtlinie 2002/83/EG über Lebensversicherungen in Artikel 20 für die Bildung versicherungstechnischer Rückstellungen einheitliche Kriterien für die Gemeinschaft vorsieht. Der Versicherungsnehmer wird durch die Zulassung einer von Satz 1 abweichenden Berechnung des Rückkaufswertes schon deshalb nicht benachteiligt werden, da er vom Versicherer nach Satz 2 über dessen Höhe für jedes Vertragsjahr bereits bei Vertragsschluss unterrichtet wird und sich damit einen Vergleich mit Versicherungen verschaffen kann, bei denen der Rückkaufswert nach dem Deckungskapital zu berechnen ist. Auch soll in der Rechtsverordnung nach § 7 Abs. 2 VVG-E vorgeschrieben werden, dass der Versicherungsnehmer bei der Information über den Rückkaufswert auf den abweichenden Bezugswert hinzuweisen ist.

Zu Absatz 4[160]
Für fondsgebundene Versicherungen und andere in § 54b VAG geregelte Verträge verbleibt es für die Berechnung des Rückkaufswertes bei der bisherigen Regelung des § 176 Abs. 3 VVG. Zusätzlich enthält Satz 2 die Verpflichtung, im Vertrag die Grundsätze der Berechnung anzugeben. Im Übrigen verbleibt es bei der Regelung des Absatzes 3; das heißt insbesondere, dass die Verteilung der Abschluss- und Vertriebskosten zur Sicherung eines Mindestrückkaufswertes auch für die Fälle des Absatzes 4 gilt und dass bei fondsgebundenen Rentenversicherungen, die eine Mindestleistung vorsehen, für die eine prospektive De-

---
[160] BT-Drucks. 16/3945, S. 103.

ckungsrückstellung gebildet wird (z. B. Beitragszusagen mit Mindestleistung gemäß § 1 Abs. 2 Nr. 2 des Gesetzes zur Verbesserung der betrieblichen Altersversorgung), der Rückkaufswert insoweit nach Absatz 3 gebildet wird.

Zu Absatz 5[161]
Satz 1 enthält gegenüber § 176 Abs. 4 VVG das zusätzliche Erfordernis, den Abzug zu beziffern. Neu ist ferner das Abzugsverbot nach Satz 2.

Nach der bisherigen Regelung des § 176 Abs. 4 VVG ist der Versicherer zu einem Abzug von dem Rückkaufswert (bisher als Zeitwert berechnet nach § 176 Abs. 3 VVG) berechtigt, wenn und soweit der Abzug im Vertrag vereinbart und angemessen ist. Dabei ist streitig, ob der Stornoabzug bei Vertragsschluss bereits beziffert werden muss. Für die Nennung eines Betrags spricht der Umstand, dass der Versicherungsnehmer bei Vertragsschluss über die Höhe eines bei Kündigung drohenden Abzugs unterrichtet sein muss, wenn er dessen wirtschaftliche Bedeutung erkennen soll. Ein Abzug, der nur dem Grunde nach vereinbart, der Höhe nach aber tatsächlich in das Ermessen des Versicherers gestellt ist oder von diesem erst nach der Kündigung genannt wird, erfüllt diese Voraussetzung nicht; das gilt auch für einen nicht bezifferten Abzug, für dessen Berechnung auf versicherungsmathematische Grundsätze verwiesen wird, die der Versicherungsnehmer nicht kennt und nicht selbst nachvollziehen kann.

Deshalb wird in § 169 Abs. 5 VVG-E die bisherige Regelung dahingehend klargestellt, dass der (angemessene) Stornoabzug im Vertrag nicht nur vereinbart, sondern bereits beziffert werden muss.

Bei dem Kriterium der Angemessenheit des vereinbarten Stornoabzugs handelt es sich um einen unbestimmten Rechtsbegriff. Solche Begriffe können und müssen verwendet werden, wenn eine Fülle von Lebenssachverhalten erfasst werden soll, aber nicht erschöpfend umschrieben werden kann. Diese Voraussetzung ist hier nicht uneingeschränkt gegeben. Einerseits sind bisher regelmäßig nur drei einen Stornoabzug möglicherweise rechtfertigende Umstände (Bearbeitungskosten, Risikoverschlechterung, bereits nicht getilgte Abschlusskosten) geltend gemacht worden; erst neuerdings wird der zunehmend diskutierte Stornoabzug mit weiteren Überlegungen gerechtfertigt. Andererseits ist ein Abzug wegen noch nicht getilgter Abschluss- und Vertriebskosten grundsätzlich umstritten; dabei handelt es sich um den größten Teilbetrag der bisher weitgehend üblichen Stornoabzüge.

Der Gesetzgeber kann die Frage der Angemessenheit zwar grundsätzlich der Rechtsprechung zur Entscheidung im Einzelfall überlassen. Die umstrittene Berechtigung eines Abzugs wegen der zum Zeitpunkt der Kündigung noch nicht getilgten Abschluss- und Vertriebskosten soll aber abschließend geklärt werden.

Dieser bisher zugelassene Abzug beruht auf der Überlegung, der Versicherer habe für den Vertrieb seiner Lebensversicherungen erhebliche Kosten, die er auf alle geschlossenen Verträge unter der Bezeichnung Abschlusskosten anteilig umlegt; sie sind aber nur teilweise dem einzelnen Vertrag unmittelbar zurechenbar. Die Umlage auf die Verträge erfolgt in den meisten Fällen in der Weise, dass jeder Vertrag von Anfang an mit einem bestimmten Betrag für Abschlusskosten belastet wird. Deshalb werden mit den Prämien der ersten Jahre zunächst – neben Verwaltungskosten und Risikoprämie – nur diese Abschlusskosten gedeckt; erst anschließend wird mit den Sparanteilen der Prämie ein Deckungskapital aufgebaut. Diese mit dem Begriff „Zillmerung" bezeichnete Vorgehensweise ist durch aufsichtsrechtliche Regelung (§ 4 Abs. 1 Satz 2 der Deckungsrückstellungsverordnung) auf 4% der Summe aller Prämien beschränkt, wobei die erst während der sehr langen Vertragslaufzeit fälligen Prämien nicht abgezinst werden. Soweit die Abschlusskosten den Höchstzillmersatz übersteigen oder soweit nicht oder nur in geringem Umfang gezillmert wird, werden die nicht gedeckten Abschlusskosten als Amortisationsbeiträge in die laufenden Prämien einkalkuliert. Im Fall der Kündigung werden dann die wegen der fehlenden Amortisationsbeiträge der nicht mehr eingehenden Prämien noch nicht getilgten Kosten als Stornoabzug geltend gemacht.

Dieser Stornoabzug beruht zwar auf einer vom Standpunkt der Versicherer folgerichtigen Überlegung, vernachlässigt aber das zwingende gesetzliche Kündigungsrecht des Versicherungsnehmers. Dieser muss zwar – wie das Bundesverfassungsgericht vorausgesetzt hat – grundsätzlich hinnehmen, dass der Versicherer zur Deckung seiner Abschlusskosten durch die auf 4% der Summe aller Prämien begrenzte Zillmerung zulässigerweise eine Art Abschlussgebühr erhebt, die bei einer Kündigung nicht erstattet wird. Wenn der Versicherer

---

[161] BT-Drucks. 16/3945, S. 103.

Abschlusskosten als Amortisationsbeiträge auf alle Prämien umlegt, hat er aber im Fall der Kündigung Anspruch nur auf diejenigen Prämien und auf die darin enthaltenen Amortisationsbeiträge, die bis zur Wirksamkeit der Kündigung fällig geworden sind. Der kündigende Versicherungsnehmer enttäuscht zwar die Erwartung des Versicherers, der trotz seiner bekannten unternehmensindividuellen Stornoquote mit der Kündigung gerade durch diesen Versicherungsnehmer nicht rechnet; dieser verhält sich aber nicht vertragswidrig, sondern nimmt nur sein gesetzlich gesichertes Kündigungsrecht wahr. Deshalb ist die Belastung mit den Abschluss- und Vertriebskosten, die in den zukünftigen, nicht mehr geschuldeten Prämien enthalten sind, eine Art unzulässige Vertragsstrafe für vertragsgemäßes Verhalten.

Der Versicherer trägt die Beweislast dafür, dass der von ihm geltend gemachte Abzug den Voraussetzungen des § 169 Abs. 5 VVG-E entspricht.

Zu Absatz 6[162]

Die neuen Regelungen in den Absätzen 3 bis 5, insbesondere die Umstellung der Rückkaufwertberechnung auf das Deckungskapital, die Begrenzung der Stornoabzüge und die Sonderregelung für das Frühstorno sind vertragsrechtliche Rahmenbedingungen, die in Zukunft in die Kalkulation der Versicherer eingehen müssen. Die Versicherungsnehmer werden dadurch nicht ungerechtfertigt belastet, denn jeder einzelne von ihnen nimmt an dem Vorteil der Neuregelung teil, wenn er sich zur Kündigung veranlasst sieht.

Es muss allerdings berücksichtigt werden, dass die Neuregelung in Zukunft bei einem Versicherer wirtschaftliche Schwierigkeiten verursachen kann. So könnte ein Versicherer von einer Welle von Kündigungen weit über die nach seiner bisherigen Erfahrung zu erwartende Quote hinaus überrascht werden. Dann würde ihn die Belastung durch die Regelung zu Gunsten der kündigenden Versicherungsnehmer in besonderer Weise treffen. Er könnte gezwungen sein, Vermögenswerte zur Unzeit, d. h. in einer ungünstigen Marktlage unter Verlusten zu veräußern. In einem anderen Fall könnte die Neuregelung die wirtschaftlichen Schwierigkeiten eines Versicherers über eine kritische Grenze hinaus vergrößern, wenn seine Vermögenswerte bei marktgerechter Bewertung die Verbindlichkeiten nicht mehr decken. In diesem Fall würde die Auszahlung des Deckungskapitals, das wirtschaftlich schon nicht mehr voll vorhanden ist, die kündigenden Versicherungsnehmer im Verhältnis zu den bleibenden begünstigen; letztere haben nur die Chance einer späteren Erholung der Vermögenswerte, behalten aber das Risiko einer Minderung ihrer Versicherungsansprüche bei tatsächlicher oder drohender Insolvenz.

Diesem Problem soll in Absatz 6 dadurch Rechnung getragen werden, dass dem Versicherer unter bestimmten, eng begrenzten Voraussetzungen die Befugnis eingeräumt wird, in Ausnahmefällen den nach Absatz 3 berechneten Rückkaufwert zu kürzen. Eine Leistungskürzung hat zur Voraussetzung, dass ohne eine solche Kürzung die Belange der Versicherungsnehmer gefährdet wären; im Wesentlichen geht es um den Fall, dass die dauernde Erfüllbarkeit der vertraglichen Verpflichtungen gegenüber den Versicherungsnehmern gefährdet wäre. Die Belange der Versicherungsnehmer sind im Sinne des VAG, das auf die Belange der Versicherten abstellt, zu beurteilen (vgl. Begründung zu § 164 Abs. 1 Satz 2 VVG-E). Eine Herabsetzung des Rückkaufwertes kann immer nur befristet auf ein Jahr ausgesprochen werden; ob weiterhin die Notwendigkeit der Herabsetzung gegeben ist, muss jeweils neu überprüft werden.

Diese Lösung ist dem von der VVG-Kommission vorgeschlagenen Weg einer aufsichtsrechtlichen Sonderregelung vorzuziehen. Eine solche Regelung im VAG wäre mit der Funktion der Aufsichtsbehörde und deren Neutralität schwer zu vereinbaren. Zudem erscheint die Befürchtung, dass ein einseitiges Leistungskürzungsrecht des Versicherers zu Ungunsten der Versicherungsnehmer missbraucht werden könnte, nicht begründet. Das öffentliche Eingeständnis eines Versicherers, nur durch Herabsetzung der Rückkaufwerte seine vertraglichen Verpflichtungen erfüllen zu können, würde dessen wirtschaftliche Situation erheblich verschlechtern; der Versicherer wird sich daher nur bei drohender Insolvenzgefahr zu einem solchen Schritt entscheiden.

Zu Absatz 7[163]

Die Vorschrift stellt lediglich klar, dass bereits erworbene Ansprüche des Versicherungsnehmers aus einer vereinbarten Überschussbeteiligung durch die Kündigung nicht in Frage gestellt werden. Das gilt zunächst für die während der Vertragszeit bereits zugeteilten laufen-

---

[162] BT-Drucks. 16/3945, S. 104.
[163] BT-Drucks. 16/3945, S. 104 f.

den Überschussanteile, die nach dem Vertrag angesammelt und zusammen mit der Versicherungsleistung ausgezahlt werden sollen. Wenn die zugeteilten Überschussanteile zur Erhöhung der Versicherungssumme verwendet worden sind, erfolgt ihre Berücksichtigung allerdings schon bei dem nach Absatz 3 auszuzahlenden Deckungskapital. Hinsichtlich des Schlussüberschussanteils beschränkt sich der Auszahlungsanspruch des Versicherungsnehmers auf den Betrag, den der Versicherer für den Kündigungsfall unter Berücksichtigung der Bewertungsreserven nach § 153 Abs. 3 VVG-E zuletzt deklariert hat."

II. Beschlussempfehlung des Rechtsausschusses

1. Empfehlung

74 Der Rechtsausschuss hat am 20. Juni 2007 zu dieser Vorschrift die Beschlussempfehlung abgegeben, § 169 Abs. 3 VVG 2008 wie folgt zu fassen:[164]

„(3) Der Rückkaufswert ist das nach anerkannten Regeln der Versicherungsmathematik mit den Rechnungsgrundlagen der Prämienkalkulation zum Schluss der laufenden Versicherungsperiode berechnete Deckungskapital der Versicherung, bei einer Kündigung des Versicherungsverhältnisses jedoch mindestens der Betrag des Deckungskapitals, der sich bei gleichmäßiger Verteilung der angesetzten Abschluss- und Vertriebskosten auf die ersten fünf Vertragsjahre ergibt; die aufsichtsrechtlichen Regelungen über Höchstzillmersätze bleiben unberührt. Der Rückkaufswert und das Ausmaß, in dem er garantiert ist, sind dem Versicherungsnehmer vor Abgabe von dessen Vertragserklärung mitzuteilen; das Nähere regelt die Rechtsverordnung nach § 7 Abs. 2. Hat der Versicherer seinen Sitz in einem anderen Mitgliedstaat der Europäischen Union oder einem anderen Vertragsstaat des Abkommens über den Europäischen Wirtschaftsraum, kann er für die Berechnung des Rückkaufswertes anstelle des Deckungskapitals den in diesem Staat vergleichbaren anderen Bezugswert zu Grunde legen."

2. Begründung

75 Der Rechtsausschuss hat am 20. Juni 2007 seine Beschlussempfehlung zu § 169 Abs. 3 VVG wie folgt begründet:[165]

„Die Neufassung stellt sicher, dass aufsichtsrechtliche Höchstzillmersätze nur insoweit zu beachten sind, als das deutsche Aufsichtsrecht Anwendung findet; also nicht auf Versicherungsunternehmen, der Aufsicht eines anderen Mitgliedstaates unterliegen. Die Vorschrift zur Mitteilung der Rückkaufswerte wird an EU-rechtliche Vorgaben (Richtlinie 2002/83/EG des Europäischen Parlaments und des Rates vom 5. November 2002 über die Lebensversicherungen; Anhang III, Buchstabe a.9) angepasst."

III. Geltungsbereich

76 Die Rückkaufswertregelung des § 169 VVG 2008 ist, auch soweit auf sie im Gesetz verwiesen wird, ab dem 1. Januar 2008 nur auf Neuverträge anwendbar.[166] Auf Altverträge ist gemäß Art. 4 Abs. 2 EGVVG 2008 weiterhin auch nach dem 1. Januar 2009 § 176 VVG anzuwenden.[167]

IV. Europarechtliche Zulässigkeit der Mindestrückkaufswertregelung des § 169 Abs. 3 VVG 2008

77 Mit dem neuen § 169 VVG 2008 wird der bisherige § 176 VVG wesentlich geändert, der erst 1994 im Zusammenhang mit der Einführung des EU-Binnen-

---

[164] BT-Drucks. 16/5862, S. 53/54.
[165] BT-Drucks. 16/5862, S. 100.
[166] *Franz* VersR 2008, 298, 312.
[167] *Franz* VersR 2008, 298, 312.

B. Gesetz zur Reform des Versicherungsvertragsrechts   77a   **VVG 2008**

marktes für Versicherungsdienstleistungen neu gefasst worden war.[168] Da die seinerzeit geltenden Vorgaben der Aufsichtsbehörde als mit europäischem Recht für unvereinbar angesehen wurden, stellte man die Rückkaufswerte auf eine neue Basis, den Zeitwert.[169] Mit der Änderung werden jetzt weitgehend die vor 1994 bestehenden Vorgaben der Aufsichtsbehörde wieder in Kraft gesetzt, nunmehr allerdings durch Gesetz.[170] § 169 Abs. 3 VVG 2008 schreibt den Lebensversicherungsunternehmen nach dem Vorbild des § 1 Abs. 1 Satz 1 Nr. 8 AltZertG vor, das sie die Abschluss- und Vertriebskosten gleichmäßig auf die ersten fünf Vertragsjahre zu verteilen haben. Dadurch werden wegen der halbzwingenden Wirkung des § 171 VVG 2008 alle benachteiligend abweichenden AVB nicht nur wie bei der Regelung des § 1 Abs. 1 Satz 1 Nr. 8 AltZertG steuerlich benachteiligt, sondern vollends verboten.[171] Dieses nationale Verbot verletzt den Vorrang informationeller Regulierung im Sinne der europäischen Rechtsprechung zu Art. 4, 98 EGV (Wettbewerbsfreiheit), Art. 43 EGV (Niederlassungsfreiheit), Art. 49 EGV (Dienstleistungsfreiheit).[172]

V. Einmalbeitragsversicherungen und Versicherungen mit einer Beitragszahlungsdauer unter fünf Jahren

In § 169 VVG 2008 und der Regierungsgründung wird nicht danach unterschieden, für welche Dauer die Versicherung abgeschlossen wird oder ob es sich um eine Einmalbeitragsversicherung handelt. Wird eine Versicherung mit einer Beitragszahlungsdauer unter fünf Jahren oder eine Einmalbeitragsversicherung abgeschlossen, stellt sich daher die Frage, wie die in § 169 Abs. 3 Satz 1 VVG 2008 vorgeschriebene Verteilung der Abschluss- und Vertriebskosten zu erfolgen hat. Die eine Möglichkeit wäre, die gesetzliche Regelung anzuwenden. Dies würde bedeuten, dass eine Einmalbeitragsversicherung oder eine auf vier Jahre abgeschlossene Versicherung gleich behandelt würden, wenn beide Versicherungen nach drei Jahren zurückgekauft werden. Damit Einmalbeitragsversicherungen keinen Wettbewerbsnachteil gegenüber Fondsprodukten haben, ist die gesetzliche Regelungslücke in der Weise zu schließen, dass bei Einmalbeitragsversicherungen die Abschluss- und Vertriebskosten umverteilt bei Abschluss der Versicherung belastet werden.[173] Bei Versicherungen mit einer Beitragszahlungsdauer unter fünf Jahren folgt der Zeitraum der Verteilung der Abschluss- und Vertriebskosten der Beitragszahlungsdauer.[174]

77a

---

[168] *Engeländer* VersR 2007, 1297.
[169] *Engeländer* VersR 2007, 1297.
[170] *Engeländer* VersR 2007, 1297.
[171] *Herrmann* VersR 2009, 7, 13.
[172] Näher hierzu *Präve* in: Festschrift für Egon Lorenz, 2004, S. 517, 524 ff., 527; *Lang* VW 2007, 176, 177; *Schwintowski* VersR 2008, 1425, 1430 f.; *Herrmann* VersR 2009, 7, 13; a. A. *Schünemann* VersR 2009, 442, 447 f.
[173] *Marlow/Spuhl*, Das Neue VVG kompakt, 3. Aufl., 2008, S. 241; *Ortmann* in: Schwintowski/Brömmelmeyer, VVG, 2008, § 169 VVG 2008 Rdn. 51; *Brambach* in: Rüffer/Halbach/Schimikowski, VVG, 2009, § 169 VVG 2008 Rdn. 14; *Krause* in: Looschelders/Pohlmann, VVG, 2010, § 169 VVG 2008 Rdn. 35; *Reiff* in: Prölss/Martin, VVG, 28. Aufl., 2010, § 169 VVG 2008 Rdn. 38.
[174] *Marlow/Spuhl*, Das Neue VVG kompakt, 3. Aufl., 2008, S. 241; *Brambach* in: Rüffer/Halbach/Schimikowski, VVG, 2009, § 169 VVG 2008 Rdn. 14; *Krause* in: Looschelders/Pohlmann, VVG, 2010, § 169 VVG 2008 Rdn. 35; *Reiff* in: Prölss/Martin, VVG, 28. Aufl., 2010, § 169 VVG 2008 Rdn. 38.

§ 170 VVG 2008 Eintrittsrecht

(1) ¹Wird in die Versicherungsforderung ein Arrest vollzogen oder eine Zwangsvollstreckung vorgenommen oder wird das Insolvenzverfahren über das Vermögen des Versicherungsnehmers eröffnet, kann der namentlich bezeichnete Bezugsberechtigte mit Zustimmung des Versicherungsnehmers an seiner Stelle in den Versicherungsvertrag eintreten. ²Tritt der Bezugsberechtigte ein, hat er die Forderungen der betreibenden Gläubiger oder der Insolvenzmasse bis zur Höhe des Betrags zu befriedigen, dessen Zahlung der Versicherungsnehmer im Fall der Kündigung des Versicherungsverhältnisses vom Versicherer verlangen könnte.

(2) Ist ein Bezugsberechtigter nicht oder nicht namentlich bezeichnet, steht das gleiche Recht dem Ehegatten oder Lebenspartner und den Kindern des Versicherungsnehmers zu.

(3) Der Eintritt erfolgt durch Anzeige an den Versicherer. Die Anzeige kann nur innerhalb eines Monats erfolgen, nachdem der Eintrittsberechtigte von der Pfändung Kenntnis erlangt hat oder das Insolvenzverfahren eröffnet worden ist.

78 In der Regierungsbegründung vom 20. Dezember 2006 wird zu § 170 VVG-E folgendes ausgeführt:[175]

„Die Vorschrift übernimmt inhaltlich unverändert § 177 VVG."

§ 171 VVG 2008 Abweichende Vereinbarungen

¹Von § 152 Abs. 1 und 2 und den §§ 153 bis 155, 157, 158, 161 und 163 bis 170 kann nicht zum Nachteil des Versicherungsnehmers, der versicherten Person oder des Eintrittsberechtigten abgewichen werden. ²Für das Verlangen des Versicherungsnehmers auf Umwandlung nach § 165 und für seine Kündigung nach § 168 kann die Schrift- oder die Textform vereinbart werden.

79 In der Regierungsbegründung vom 20. Dezember 2006 wird zu § 171 VVG-E folgendes ausgeführt:[176]

„Soweit die geltenden Vorschriften, wenn auch teilweise geändert, beibehalten werden, bleiben sie mit einer Ausnahme im bisherigen Umfang (vgl. § 178 VVG) halbzwingend. Künftig sind auch die Vorschriften der §§ 163 und 164 VVG-E über die Prämien- und Leistungsänderung und die Bedingungsanpassung halbzwingend, um den notwendigen Schutz der Versicherungsnehmer sicherzustellen. In Satz 2 wird neu die Möglichkeit aufgenommen, anstelle der Schriftform die Textform zu vereinbaren. Im Hinblick auf die §§ 157 und 161 VVG-E wird klargestellt, dass auch abweichende Vereinbarungen zum Nachteil der versicherten Person, die nicht der Versicherungsnehmer ist, ausgeschlossen sind."

Kapitel 6
Berufsunfähigkeitsversicherung

80 In der Regierungsbegründung vom 20. Dezember 2006 wird hierzu folgendes ausgeführt:[177]

---

[175] BT-Drucks. 16/3945, S. 105.
[176] BT-Drucks. 16/3945, S. 105.
[177] BT-Drucks. 16/3945, S. 105.

"Zu Kapitel 6 (Berufsunfähigkeitsversicherung)
Vorbemerkung
Die Regelung der Berufsunfähigkeitsversicherung wird neu in das Gesetz aufgenommen. Zu den allgemeinen Erwägungen s. Allgemeiner Teil II Nr. 9."
Als Grund für die Aufnahme weiter gehender Regelungen in das VVG wird die hohe sozialpolitische Bedeutung der Berufsunfähigkeitsversicherung angeführt.[178]

§ 172 VVG 2008 Leistung des Versicherers

(1) Bei der Berufsunfähigkeitsversicherung ist der Versicherer verpflichtet, für eine nach Beginn der Versicherung eingetretene Berufsunfähigkeit die vereinbarten Leistungen zu erbringen.

(2) Berufsunfähig ist, wer seinen zuletzt ausgeübten Beruf, so wie er ohne gesundheitliche Beeinträchtigung ausgestaltet war, infolge Krankheit, Körperverletzung oder mehr als altersentsprechendem Kräfteverfall ganz oder teilweise voraussichtlich auf Dauer nicht mehr ausüben kann.

(3) Als weitere Voraussetzung einer Leistungspflicht des Versicherers kann vereinbart werden, dass die versicherte Person auch keine andere Tätigkeit ausübt oder ausüben kann, die zu übernehmen sie auf Grund ihrer Ausbildung und Fähigkeiten in der Lage ist und die ihrer bisherigen Lebensstellung entspricht.

Schrifttum: *Präve*, Die Berufsunfähigkeitsversicherung im Lichte des neuen VVG, VersR 2003, 1207; *Terno*, Die neuere Rechtsprechung des IV. Zivilsenats des Bundesgerichtshofs zur Berufsunfähigkeits-Zusatzversicherung, r+s 2008, 361

I. Regierungsbegründung

In der Regierungsbegründung vom 20. Dezember 2006 heißt es zu § 172 VVG-E:[179]

"Zu Absatz 1
Die Vorschrift umschreibt die für die Berufsunfähigkeitsversicherung typische Leistungspflicht des Versicherers. Art und Dauer der Leistungen bestimmen sich nach dem Vertrag; enthält dieser keinen Endtermin, sind die Leistungen für die Dauer der Berufsunfähigkeit zu erbringen. Die Leistungspflicht kann vertraglich auf die Fälle beschränkt werden, in denen die Berufsunfähigkeit einen bestimmten Prozentsatz erreicht oder überschreitet.

Zu Absatz 2
Die Vorschrift enthält eine Definition der Berufsunfähigkeit. Ausgangspunkt ist dabei nicht der erlernte Beruf oder die Tätigkeit zur Zeit des Vertragsschlusses, sondern es wird die berufliche Entwicklung des Versicherungsnehmers nach dem Vertragsschluss einbezogen. Zum einen kann heute auf Grund der veränderten Lebenswirklichkeit nicht davon ausgegangen werden, dass jemand bis in das Rentenalter in dem einmal erlernten Beruf weiterarbeitet. Zum anderen muss auch bei Tätigkeiten, die keinem bestimmten Lehrberuf entsprechen, eine Einkommenssicherung durch eine Berufsunfähigkeitsversicherung möglich sein. Die allgemeinen Kriterien, die für die Beurteilung der jeweiligen Berufstätigkeit gelten, können gesetzlich nicht präzisiert werden, sondern müssen auch künftig den AVB und der Rechtsprechung hierzu überlassen werden; dies ist z.B. für den Beruf des selbstän-

---

[178] *Präve* VersR 2003, 1207, 1208 (Fn. 11) m. Hinweis auf *Römer*, Reformbedarf des Versicherungsvertragsrechts aus höchstrichterlicher Sicht, Vortrag beim 4. Tagessymposium des Versicherungsforums am 16. 2. 2000 in Köln, S. 10.
[179] BT-Drucks. 16/3945, S. 105.

digen Unternehmers oder Handwerkers relevant, bei dem nach höchstrichterlicher Rechtsprechung eine zumutbare Umorganisation des Betriebs für die Beurteilung seiner Berufsunfähigkeit zu berücksichtigen ist.

Nur die Beeinträchtigung durch Krankheit, Unfall oder Kräfteverfall wird als Leistungsvoraussetzung berücksichtigt. Das normale altersbedingte Nachlassen der Kräfte des Versicherungsnehmers und die sich daraus ergebenden Folgen für seine Berufsausübung sind nicht versichert, es sei denn, im Versicherungsvertrag ist eine andere Regelung getroffen worden.

Entsprechend der bisherigen Vertragspraxis und Rechtsprechung wird vorausgesetzt, dass der Beruf voraussichtlich auf Dauer nicht mehr ausgeübt werden kann. Ob der Versicherungsnehmer auf Dauer berufsunfähig ist, kann im Streitfall nur auf der Grundlage einer Prognose, die immer mit Unsicherheiten verbunden ist, festgestellt werden. Deshalb erleichtert § 2 Abs. 3 AVB BUZ 90 die Stellung des Versicherungsnehmers dadurch, dass die Berufsunfähigkeit, wenn sie sechs Monate bestanden hat, als auf Dauer bestehend gilt. Der Entwurf übernimmt diese Fiktion nicht als zwingende gesetzliche Regelung, da sie in der Regulierungspraxis bei positiver Wiederherstellungsprognose auch Nachteile für das zeitlich begrenzte Anerkenntnis haben kann. Auch auf eine entsprechende Vermutungsregelung wird verzichtet, da sie für den Versicherungsnehmer keinen wesentlichen Vorteil hätte. Der Zeitpunkt, ab dem der Versicherer seine Leistungen – rückwirkend ab Eintritt der Berufsunfähigkeit, nach Anzeige der Berufsunfähigkeit oder erst nach einer bestimmten Mindestdauer der Beeinträchtigung – zu erbringen hat, ist durch den Versicherungsvertrag zu regeln.

Zu Absatz 3
Die Leistungspflicht des Versicherers wird in der Praxis häufig an die in Absatz 3 umschriebene weitere Voraussetzung geknüpft. Damit ist keine abschließende Regelung der Frage verbunden, ob die versicherte Person, in der Regel also der Versicherungsnehmer, auf eine andere mögliche oder ausgeübte Tätigkeit verwiesen werden darf. Die in den Versicherungsverträgen vorgesehenen Verweisungen führen in der Praxis zwar häufig zu gerichtlichen Auseinandersetzungen und die Versicherer verwenden unterschiedliche AVB, die teils eine abstrakte oder konkrete Verweisungsmöglichkeit vorsehen und teils auf eine solche Möglichkeit ganz verzichten. Die Rechtsprechung hat aber zur Lösung von Problemfällen handhabbare und sachgerechte Grundsätze entwickelt. Zudem ist eine Beibehaltung der Produktvielfalt wünschenswert, um dem unterschiedlichen Bedarf der Versicherungsnehmer gerecht zu werden. Dabei ist auch zu berücksichtigen, dass Versicherungen mit Verweisungsmöglichkeiten zu niedrigeren Prämien angeboten werden können als solche ohne diese Möglichkeit. Die Vereinbarung einer Umschulungs- oder Rehabilitationsobliegenheit muss auch weiterhin bestimmt genug und für den Versicherungsnehmer zumutbar sein. Hierbei handelt es sich jedoch um Fragen des allgemeinen Obliegenheitsrechts. Einer besonderen Regelung für die Berufsunfähigkeitsversicherung bedarf es nicht."

II. Erbringung der Leistung (§ 172 Abs. 1 VVG 2008)

82   Die Vorschrift findet sich inhaltlich ausgeformt in § 1 BUZ 2008 und in den Vorfassungen des § 1 BUZ 2008 wieder.

III. Definition der Berufsunfähigkeit (§ 172 Abs. 2 u. 3 VVG 2008)

83   Die in § 2 BUZ 2008 und in den Vorfassungen des § 2 BUZ 2008 verwendete Definition der Berufsunfähigkeit hat Eingang in § 172 VVG Abs. 2 u. 3 VVG 2008 gefunden. Allerdings hat der Gesetzgeber das Merkmal „Kräfteverfall", das seit Jahren in den Musterbedingungen des BAV und des GDV zu finden ist, durch die Wendung „mehr als altersentsprechendem Kräfteverfall" ersetzt. Sachliche Änderungen gegenüber den BUZ 2008 und den Vorfassungen der BUZ 2008 lassen sich aus der gesetzlichen Vorschrift nicht ableiten.[180]

---

[180] Ebenso *Terno* r+s 2008, 361.

B. Gesetz zur Reform des Versicherungsvertragsrechts 84 **VVG 2008**

§ 173 VVG 2008 Anerkenntnis

(1) Der Versicherer hat nach einem Leistungsantrag bei Fälligkeit in Textform zu erklären, ob er seine Leistungspflicht anerkennt.
(2) Das Anerkenntnis darf nur einmal zeitlich begrenzt werden. Es ist bis zum Ablauf der Frist bindend.

Schrifttum: *Höra*, Materielle und prozessuale Klippen in der Berufsunfähigkeits- und Krankenversicherung, r+s 2008, 89; *Müller-Frank*, ZuRecht – Neues zum VVG 2008, BUZaktuell 2008, 11; *Neuhaus*, Die Berufsunfähigkeitsversicherung – Neues VVG, Perspektiven, Prognosen, r+s 2008, 449.

I. Regierungsbegründung

In der Regierungsbegründung vom 20. Dezember 2006 wird zu § 173 VVG-E 84 folgendes ausgeführt:[181]

„Zu Absatz 1
Eine relativ große Zahl von Streitfällen in der Berufsunfähigkeitsversicherung hat ihre Ursache u. a. darin, dass bei dauernder Berufsunfähigkeit hohe Versicherungsleistungen zu erbringen sind. Diese haben jedoch für den Versicherungsnehmer Lohnersatzfunktion und sollen alsbald nach Eintreten des Versicherungsfalles meist für den Lebensunterhalt oder zur Bezahlung einer Ersatzkraft zur Verfügung stehen. Daraus folgt ein schützenswertes Interesse, dass der Versicherer möglichst bald und für längere Zeit bindend erklärt, damit der Versicherungsnehmer diese wiederkehrenden Leistungen in seine Zukunftsplanung einbeziehen kann. Daher sieht der Entwurf in § 173 Abs. 1 die Verpflichtung des Versicherers vor, zu erklären, ob er seine Leistungspflicht anerkennt. Hinsichtlich des Zeitpunktes, in dem sich der Versicherer erklären muss, bedarf es keiner besonderen Regelung, da insoweit die Fälligkeitsvorschrift des § 14 VVG-E ausreicht.
Der Versicherer kann nach Absatz 1 ein Anerkenntnis verweigern, wenn er der Auffassung ist, die Berufsunfähigkeit sei nicht erwiesen oder die versicherte Person könne im Falle des § 172 Abs. 3 VVG-E auf eine andere Tätigkeit verwiesen werden. Dagegen kann der Versicherer ein Anerkenntnis nicht mit dem Vorbehalt der Verweisung auf eine andere mögliche Tätigkeit erklären. Für ein solches auf einzelne Elemente der Berufsunfähigkeit beschränktes Anerkenntnis besteht wegen der Möglichkeit der Befristung kein schutzwürdiges Interesse der Vertragsparteien.
Der Versicherer darf sein Anerkenntnis zeitlich begrenzen. Die Praxis hat gezeigt, dass aus der Sicht beider Vertragsparteien ein Bedürfnis besteht, in zweifelhaften Fällen bis zur einer abschließenden Klärung zunächst eine vorläufige Entscheidung zu ermöglichen. Dies gilt insbesondere auch für den Fall, dass sich der Versicherer die Prüfung vorbehalten möchte, ob sich der Versicherungsnehmer auf eine andere Tätigkeit verweisen lassen muss. Die Laufzeit der zeitlich beschränkten Zusage braucht nicht geregelt zu werden, da der Versicherer für die zugesagte Dauer gebunden ist (§ 173 Abs. 2 Satz 2 VVG-E). Es liegt daher in seinem eigenen Interesse, die Gültigkeit der Zusage nicht unangemessen lange auszuweiten.

Zu Absatz 2[182]
Um zu verhindern, dass der Versicherer sich einem dauernden Anerkenntnis durch mehrere auf einander folgende, zeitlich begrenzte Leistungszusagen entzieht, kann das Anerkenntnis nur einmal zeitlich begrenzt werden (Satz 1). Von dieser Regelung darf im Versicherungsvertrag nicht abgewichen werden, auch nicht durch Einzelabrede (vgl. § 175 VVG-E). Dies schließt nicht aus, dass die Vertragsparteien nach dem Versicherungsfall zur vorläufigen Beilegung eines Streites über die vom Versicherungsnehmer geltend gemachte Berufsunfähigkeit eine Vereinbarung über zunächst wiederum zeitlich begrenzte Leistungen des Versicherers treffen. Würde eine solche Abrede nicht zugelassen, müsste der Versicherungsnehmer seinen Anspruch gerichtlich geltend machen; diesen Weg kann er auch gehen,

---
[181] BT-Drucks. 16/3945, S. 105 f.
[182] BT-Drucks. 16/3945, S. 106.

indem er seine Zustimmung zu einer erneuten zeitlich begrenzten Leistungsvereinbarung verweigert und auf einer unbefristeten Erklärung des Versicherers besteht.
Ein zeitlich begrenztes Anerkenntnis ist nach Satz 2 für seine Dauer bindend. Damit ist insoweit das in § 174 VVG-E vorgesehene Nachprüfungsverfahren ausgeschlossen. Der Versicherer hat die Alternative, sich endgültig zu seiner Leistungspflicht zu erklären; bei einem unbefristeten Anerkenntnis hat er das Nachprüfungsverfahren zu Verfügung, um sich nachträglich von seiner Leistungspflicht zu befreien."

II. Anerkenntnis der Leistungspflicht

85   Der Versicherer darf das Anerkenntnis verweigern, wenn er der Auffassung ist, die Berufsunfähigkeit sei nicht erwiesen oder der Versicherte könne im Fall des § 172 Abs. 3 VVG 2008 auf eine andere Tätigkeit verwiesen werden.[183] Zur Beilegung eines Streits darf eine Individualvereinbarung über zeitlich begrenzte Leistungen getroffen werden.[184] Ein Vergleich über die Höhe und die Dauer der Leistungen ist ebenfalls zulässig.[185]

III. Befristetes Anerkenntnis

86   § 173 Abs. 2 VVG 2008 setzt für die Befristung des Anerkenntnisses einen sachlichen Grund nicht voraus. Dies bedeutet jedoch nicht, dass der Versicherer sein Anerkenntnis willkürlich befristen könnte.[186] Eine Befristung ist in zweifelhaften Leistungsfällen nicht willkürlich, insbesondere wenn Dauer und Auswirkung einer Erkrankung unklar sind und nicht eindeutig feststehen, namentlich, ob ein Berufsunfähigkeitsgrad von mindestens 50% erreicht ist.[187] Damit ein befristetes Anerkenntnis einer gerichtlichen Überprüfung standhält, muss der Versicherer darlegen und nachweisen, warum er kein unbefristetes, sondern nur ein befristetes Anerkenntnis abgegeben hat.

§ 174 VVG 2008 Leistungsfreiheit

(1) **Stellt der Versicherer fest, dass die Voraussetzungen der Leistungspflicht entfallen sind, wird er nur leistungsfrei, wenn er dem Versicherungsnehmer diese Veränderung in Textform dargelegt hat.**

(2) **Der Versicherer wird frühestens mit dem Ablauf des dritten Monats nach Zugang der Erklärung nach Absatz 1 beim Versicherungsnehmer leistungsfrei.**

87   In der Regierungsbegründung vom 20. Dezember 2006 heißt es zu § 174 VVG-E:[188]

„Zu Absatz 1
Zum Schutz des Versicherungsnehmers ist es erforderlich, dass sich der Versicherer von einer Leistungszusage nur unter bestimmten Voraussetzungen lösen kann. Dies entspricht auch der derzeitigen Rechtslage auf der Grundlage des § 7 AVB BUZ 90: Voraussetzung ist eine Änderung der tatsächlichen, für die Beurteilung der Leistungspflicht maßgebenden

---

[183] *Neuhaus* r+s 2008, 449, 453.
[184] *Neuhaus* r+s 2008, 449, 453.
[185] *Neuhaus* r+s 2008, 449, 453.
[186] *Höra* r+s 2008, 89, 94.
[187] *Müller-Frank* BUZaktuell 2008, 11, 13.
[188] BT-Drucks. 16/3945, S. 106.

B. Gesetz zur Reform des Versicherungsvertragsrechts 88, 89 **VVG 2008**

Umstände. Eine nur von der ersten Entscheidung abweichende Beurteilung und Bewertung der Tatsachen genügt nicht. Bei einem nach § 173 Abs. 2 VVG-E begrenzten Anerkenntnis verbleibt es für die Zeit der Bindung bei der vom Versicherer zugesagten Leistung.
Um den Versicherungsnehmer in die Lage zu versetzen, die Entscheidung des Versicherers zur Änderung seiner Leistung nachzuprüfen, muss ihm dieser die Veränderung der Tatsachen unter Beifügung eventueller Unterlagen darlegen.
Die Regelung des § 174 VVG-E schließt die Anwendung der §§ 19 ff. VVG-E bei Verletzung der Anzeigepflicht sowie eine Anfechtung nach den §§ 119 und 123 BGB sowohl des Anerkenntnisses als auch des Versicherungsvertrags nicht aus. Diese Rechte des Versicherers sind vor allem für die Fälle bedeutsam, in denen sein Anerkenntnis tatsächlich unbegründet war, weil die Voraussetzungen für seine Leistungspflicht zu keinem Zeitpunkt vorgelegen haben.

Zu Absatz 2
Unter dem Gesichtspunkt des Vertrauensschutzes ist eine kurzfristige Fortwirkung der Leistungszusage über den Zeitpunkt der Abänderungserklärung hinaus erforderlich, damit sich der Versicherungsnehmer auf den Wegfall der bisher erhaltenen Leistungen, die in aller Regel als Rente gezahlt werden, für seinen Lebensunterhalt einstellen kann. Daher tritt die Leistungsfreiheit nicht vor Ablauf des dritten Monats nach der Erklärung des Versicherers ein; dies gilt, wie aus Sinn und Zweck der Regelung folgt, nicht, wenn der Versicherungsnehmer zuvor stirbt."

§ 175 VVG 2008 Abweichende Vereinbarungen

Von den §§ 173 und 174 kann nicht zum Nachteil des Versicherungsnehmers abgewichen werden.

In der Regierungsbegründung vom 20. Dezember 2006 heißt es zu § 175 VVG-E:[189] 88

„Auch nach der Regelung des § 172 VVG-E werden die Voraussetzungen und der Umfang der Versicherungsleistungen wie bisher durch den Vertrag und die AVB bestimmt. Daran muss festgehalten werden, um die Gestaltung der Versicherungsprodukte nicht festzulegen. So kann z. B. vereinbart werden, dass die Leistungspflicht des Versicherers nur eintritt, wenn die Berufsunfähigkeit einen bestimmten Prozentsatz übersteigt. Daher ist § 172 VVG-E nicht halbzwingend. Dagegen sollen von den Vorschriften der §§ 173 und 174 VVG-E, die eine Schutzfunktion für den Versicherungsnehmer haben, Abweichungen zu dessen Nachteil nicht zugelassen werden.
Die Regelung schließt nicht aus, dass die Vertragsparteien nach einem Versicherungsfall, also nach der Anzeige der Berufsunfähigkeit, Vereinbarungen darüber treffen, welche Leistungen der Versicherer zu erbringen hat. Deshalb bleibt es z. B. möglich, dass die Vertragsparteien im Streitfall einen Vergleich über die Höhe und über die Dauer der Leistungen schließen; dabei sind sie nicht an § 173 Abs. 2 Satz 1 VVG-E gebunden."

§ 176 VVG 2008 Anzuwendende Vorschriften

Die §§ 150 bis 170 sind auf die Berufsunfähigkeitsversicherung entsprechend anzuwenden, soweit die Besonderheiten dieser Versicherung nicht entgegenstehen.

In der Regierungsbegründung vom 20. Dezember 2006 heißt es zu § 176 VVG-E:[190] 89

---
[189] BT-Drucks. 16/3945, S. 106.
[190] BT-Drucks. 16/3945, S. 107.

"Da die Berufsunfähigkeitsversicherung bisher nicht gesondert geregelt ist, werden derzeit die Vorschriften für die Lebensversicherung entsprechend angewendet. Dies soll nicht schon deswegen geändert werden, weil das neue Gesetz Regelungen für einige wichtige Einzelfragen dieses Versicherungszweigs enthält. Ergänzend bleiben daher die Vorschriften für die Lebensversicherung insgesamt entsprechend anwendbar. Das gilt allerdings – wie bisher – nicht, soweit die Besonderheiten der Berufsunfähigkeitsversicherung dem entgegenstehen. Ein Beispiel für die Anwendbarkeit ist danach die Neufestsetzung der Prämie nach § 163 VVG-E und die Bedingungsanpassung nach § 164 VVG-E. Ein Beispiel für die Unanwendbarkeit ist die Regelung des Rückkaufswertes nach § 169 VVG-E, da bei der Berufsunfähigkeitsversicherung der Eintritt des Versicherungsfalles ungewiss ist; etwas anderes gilt nur bei einer Versicherung mit Beitragsrückgewähr.

Ein Teil der entsprechend anzuwendenden Vorschriften ist für die Lebensversicherung nach § 171 VVG-E halbzwingend. Dies wird nicht auf die Berufsunfähigkeitsversicherung übertragen. Einerseits soll die Produktgestaltungsfreiheit der Versicherer nicht entsprechend eingeschränkt werden, da sich die Berufsunfähigkeitsversicherung noch stärker in der Entwicklung befindet. Andererseits bestehen rechtssystematische Bedenken dagegen, Vorschriften, deren Anwendbarkeit nur unter Vorbehalt von nicht näher bestimmten Besonderheiten der Berufsunfähigkeitsversicherung angeordnet wird, für halbzwingend zu erklären. Der notwendige Schutz der Versicherungsnehmer vor unangemessenen Abweichungen in AVB von nicht abdingbaren Vorschriften für die Lebensversicherung, deren Leitbild auf die Berufsunfähigkeitsversicherung übertragen werden kann, dürfte durch § 307 BGB sichergestellt sein."

§ 177 VVG 2008 Ähnliche Versicherungsverträge

(1) Die §§ 173 bis 176 sind auf alle Versicherungsverträge, bei denen der Versicherer für eine dauerhafte Beeinträchtigung der Arbeitsfähigkeit eine Leistung verspricht, entsprechend anzuwenden.

(2) Auf die Unfallversicherung sowie auf Krankenversicherungsverträge, die das Risiko der Beeinträchtigung der Arbeitsfähigkeit zum Gegenstand haben, ist Absatz 1 nicht anzuwenden.

90 In der Regierungsbegründung vom 20. Dezember 2006 heißt es zu § 177 VVG-E:[191]

"Zu Absatz 1
Die Vorschriften der §§ 173 bis 176 VVG-E sollen entsprechend auch für Versicherungsverträge gelten, durch die eine dauernde Beeinträchtigung der Arbeitsfähigkeit abgesichert wird. Diese bisher kaum angebotene Versicherungsform ist eine Art „kleine Berufsunfähigkeitsversicherung", die erst einsetzt, wenn der Versicherungsnehmer erwerbsunfähig wird. Wegen niedrigerer Prämien kann die Arbeitsunfähigkeitsversicherung in Zukunft größere Bedeutung erlangen. Bei ihr besteht hinsichtlich der für die Berufsunfähigkeitsversicherung geregelten Punkte dieselbe Interessenlage, wenn die Arbeitsunfähigkeit gesundheitlich bedingt ist (vgl. § 172 Abs. 2 VVG-E).

Durch die ausdrückliche Regelung für den Fall der dauernden Beeinträchtigung der Arbeitsfähigkeit wird eine analoge Anwendung einzelner Vorschriften auf die Einkommensausfallversicherung und andere Versicherungen nicht ausgeschlossen.

Zu Absatz 2
Auf die Unfallversicherung und auf die Krankenversicherung sind die Vorschriften der §§ 173 bis 175 VVG-E auch dann nicht anzuwenden, wenn sie Risiken der Beeinträchtigung der Arbeitsfähigkeit absichern. Insoweit gelten die besonderen Bestimmungen der §§ 178 ff. und 192 ff. VVG-E."

---

[191] BT-Drucks. 16/3945, S. 107.

Teil 3
Schlussvorschriften (auszugsweise)

§ 212 VVG 2008 Fortsetzung der Lebensversicherung nach der Elternzeit

Besteht während einer Elternzeit ein Arbeitsverhältnis ohne Entgelt gemäß § 1a Abs. 4 des Betriebsrentengesetzes fort und wird eine vom Arbeitgeber zugunsten der Arbeitnehmerin oder des Arbeitnehmers abgeschlossene Lebensversicherung wegen Nichtzahlung der während der Elternzeit fälligen Prämien in eine prämienfreie Versicherung umgewandelt, kann die Arbeitnehmerin oder der Arbeitnehmer innerhalb von drei Monaten nach der Beendigung der Elternzeit verlangen, dass die Versicherung zu den vor der Umwandlung vereinbarten Bedingungen fortgesetzt wird.

Schrifttum: *Reinecke,* Arbeitsrechtliche Rahmenbedingungen bei Unterstützungskassenzusagen, BetrAV 2009, 385 = DB 2009, 1182.

I. Regierungsbegründung

In der Regierungsbegründung vom 20. Dezember 2006 wird zu § 212 VVG-E folgendes ausgeführt:[192]

„Die vorgeschlagene Regelung stellt eine notwendige Ergänzung der mit der Einführung der Elternzeit bezweckten Familienförderung dar.
Wird während der Elternzeit (vgl. §§ 15 ff. des Bundeserziehungsgeldgesetzes), in der das Arbeitsverhältnis fortbesteht, keine Prämie an die Direktversicherung oder Pensionskasse gezahlt und wird deshalb die Lebensversicherung vom Versicherer gekündigt und dadurch nach § 166 Abs. 1 VVG-E in eine prämienfreie Versicherung umgewandelt, haben die aus der Versicherung berechtigten Arbeitnehmerinnen und Arbeitnehmer das Recht, die Lebensversicherung innerhalb von drei Monaten nach der Beendigung der Elternzeit zu den vor der Umwandlung vereinbarten Bedingungen fortzusetzen. Die Versicherung kann also zum bisherigen Tarif und ohne erneute Gesundheitsprüfung weitergeführt werden. Die Regelung gilt nicht für die Berufsunfähigkeitsversicherung (§ 176 VVG-E verweist nicht auf § 212 VVG-E)."

II. Geltungsbereich

Die Vorschrift findet nach dem Wortlaut der Vorschrift keine Anwendung auf Rückdeckungsversicherungen. Von daher scheidet eine analoge Anwendung dieser Vorschrift auf die kongruent rückgedeckte Unterstützungskasse aus.[193]

§ 213 VVG 2008 Erhebung personenbezogener Gesundheitsdaten bei Dritten

(1) Die Erhebung personenbezogener Gesundheitsdaten durch den Versicherer darf nur bei Ärzten, Krankenhäusern und sonstigen Krankenanstalten, Pflegeheimen und Pflegepersonen, anderen Personenversicherern und gesetzlichen Krankenkassen sowie Berufsgenossenschaften

---
[192] BT-Drucks. 16/3945, S. 116.
[193] A. A. *Reinecke* BetrAV 2009, 385, 389 = DB 2009, 1182; *Pohlmann/Wolf* in: Looschelders/Pohlmann, VVG, 2010, § 212 VVG 2008 Rdn. 2.

und Behörden erfolgen; sie ist nur zulässig, soweit die Kenntnis der Daten für die Beurteilung des zu versichernden Risikos oder der Leistungspflicht erforderlich ist und die betroffene Person eine Einwilligung erteilt hat.

(2) ¹Die nach Absatz 1 erforderliche Einwilligung kann vor Abgabe der Vertragserklärung erteilt werden. ²Die betroffene Person ist vor einer Erhebung nach Absatz 1 zu unterrichten; sie kann der Erhebung widersprechen.

(3) Die betroffene Person kann jederzeit verlangen, dass eine Erhebung von Daten nur erfolgt, wenn jeweils in die einzelne Erhebung eingewilligt worden ist.

(4) Die betroffene Person ist auf diese Rechte hinzuweisen, auf das Widerspruchsrecht nach Absatz 2 bei der Unterrichtung.

Übersicht

	Rdn.
I. Zweck der Regelung	92–94a
1. Regierungsbegründung	92
2. Beschlussempfehlung des Rechtsausschusses	93–94a
a) Empfehlung	93
b) Begründung	94
3. Stellungnahme	94a
II. Geltung	95
III. Zulässigkeit der Erhebung personenbezogener Gesundheitsdaten	96
IV. Einwilligung	96a–98
1. Befugnis	96a
2. Form der Erteilung der Einwilligung	97
3. Nichterteilung der Einwilligung	98
V. Verwertung personenbezogener Gesundheitsdaten	99

Schrifttum: *Fricke, H.-J.,* Die Erhebung personenbezogener Gesundheitsdaten bei Dritten – Anmerkungen zu § 213 VVG –, VersR 2009, 297; *Neuhaus,* Die Berufsunfähigkeitsversicherung – Neues VVG, Perspektiven, Prognosen, r+s 2008, 449; *derselbe,* Aktuelle Probleme in der Personenversicherung – unter besonderer Berücksichtigung der Berufsunfähigkeitsversicherung, r+s 2009, 309; *Neuhaus/Kloth,* Gesundheitsdaten(schutz) im Versicherungsrecht – Der aktuelle Stand, NJW 2009, 1707; *Schneider, W.-T.,* Neues Recht für alte Verträge? – Zum vermeintlichen Grundsatz aus Art. 1 Abs. 1 EGVVG –, VersR 2008, 859.

I. Zweck der Regelung

1. Regierungsbegründung

92 In der Regierungsbegründung vom 20. Dezember 2006 wird zu § 213 VVG-E folgendes ausgeführt:[194]

„Zur Beurteilung eines Versicherungsrisikos und der Leistungspflicht im Einzelfall erheben die privaten Krankenversicherer der ärztlichen Schweigepflicht unterliegende Gesundheitsdaten bei Ärzten, Krankenhäusern sowie auch bei anderen Versicherern. Anders als in der gesetzlichen Krankenversicherung, bei der der Datenfluss zwischen Ärzten und Krankenkasse durch Gesetz (§§ 284 ff. SGB V) geregelt ist, bedarf es für private Krankenversiche-

---

[194] BT-Drucks. 16/3945, S. 116 f.

rungen einer wirksamen Einwilligungserklärung des Patienten, damit Ärzte Patienteninformationen offenbaren dürfen (§ 203 StGB). Dazu wird derzeit auf eine im Jahr 1989 zwischen dem Gesamtverband der Deutschen Versicherungswirtschaft und dem Düsseldorfer Kreis, einem Zusammenschluss der obersten Datenschutzaufsichtsbehörden für den nichtöffentlichen Bereich, vereinbarte allgemeine pauschale Schweigepflichtentbindungserklärung zurückgegriffen, die die versicherten Personen bei dem oftmals viele Jahre zurückliegenden Vertragsschluss abgegeben haben.

Diese seit 17 Jahren verwendete Einwilligungserklärung entspricht nicht mehr der geltenden Rechtslage. Seit der Umsetzung der Europäischen Datenschutzrichtlinie 95/46/EG durch die BDSG-Novelle 2001 ist für die Übermittlung von (Gesundheits-)Daten eine hinreichend bestimmte Einwilligung notwendig, welche die Wirksamkeitsvoraussetzungen des § 4a Abs. 1 und 3 BDSG erfüllt. Insbesondere bei Gesundheitsdaten muss die versicherte Person zum Zeitpunkt ihrer Unterschrift von vornherein klar erkennen können, welche ihrer Patientendaten das Versicherungsunternehmen wann, bei welchen Stellen und zu welchem Zweck soll erheben dürfen. Aus der derzeit bei Vertragsschluss verwendeten Klausel zur Risikobeurteilung und Prüfung der Leistungspflicht ist der versicherten Person jedoch nicht ersichtlich, wann von der Erklärung Gebrauch gemacht werden soll und welche Patientendaten bei wem zukünftig angefordert werden. Weil sie somit die Reichweite ihrer Erklärung nicht erkennen kann, entspricht diese nicht den Voraussetzungen für eine wirksame Einwilligung nach § 4a BDSG. Auch der sich aus § 4a Abs. 1 BDSG ergebenden Pflicht, die versicherte Person auf die Folgen der Verweigerung der Einwilligung hinzuweisen, wird die verwendete Klausel nicht gerecht. Daher ist eine gesetzliche Regelung für die Erhebung von Gesundheitsdaten durch die Versicherungsunternehmen, insbesondere die privaten Krankenversicherer, erforderlich, um mehr Transparenz für die versicherten Personen und eine Stärkung ihrer Rechte zu erreichen."

2. Beschlussempfehlung des Rechtsausschusses

a) Empfehlung. Der Rechtsausschuss hat am 20. Juni 2007 zu dieser Vorschrift die Beschlussempfehlung abgegeben, § 213 VVG-E wie folgt zu fassen:[195]

„(1) Die Erhebung personenbezogener Gesundheitsdaten durch den Versicherer darf nur bei Ärzten, Krankenhäusern und sonstigen Krankenanstalten, Pflegeheimen und Pflegepersonen, anderen Personenversicherern und gesetzlichen Krankenkassen sowie Berufsgenossenschaften und Behörden erfolgen; sie ist nur zulässig, soweit die Kenntnis der Daten für die Beurteilung des zu versichernden Risikos oder der Leistungspflicht erforderlich ist und die betroffene Person eine Einwilligung erteilt hat.
(2) Die nach Absatz 1 erforderliche Einwilligung kann vor Abgabe der Vertragserklärung erteilt werden. Die betroffene Person ist vor einer Erhebung nach Absatz 1 zu unterrichten; sie kann der Erhebung widersprechen.
(3) Die betroffene Person kann jederzeit verlangen, dass eine Erhebung von Daten nur erfolgt, wenn jeweils in die einzelne Erhebung eingewilligt worden ist.
(4) Die betroffene Person ist auf diese Rechte hinzuweisen, auf das Widerspruchsrecht nach Absatz 2 bei der Unterrichtung."

b) Begründung. Der Rechtsausschuss hat am 20. Juni 2007 seine Beschlussempfehlung zu § 213 VVG wie folgt begründet:[196]

„Die Regelung zur Datenerhebung wird unter Berücksichtigung der Entscheidung des BVerfG vom 23. Oktober 2006 (BvR 2027/02) modifiziert. Insbesondere lässt die Regelung die einmalige Einwilligung in eine Datenerhebung bei Abgabe der Vertragserklärung weiterhin zu; da andererseits die betroffene Person in diesen Fällen stets vorab über eine geplante Datenerhebung zu unterrichten ist und widersprechen kann, sind die rechtlichen Voraussetzungen des verfassungsrechtlich geforderten wirkungsvollen Selbstschutzes gewährleistet. Darüber hinaus kann jederzeit verlangt werden, dass eine Erhebung nur bei Einzeleinwilligung erfolgt. Die in Absatz 1 enthaltene Auflistung der Stellen, bei denen Daten erhoben werden dürfen, orientiert sich an der bislang gängigen Praxis. Den Vertragsparteien

---

[195] BT-Drucks. 16/5862, S. 67/68.
[196] BT-Drucks. 16/5862, S. 100.

bleibt vorbehalten, ggf. Kostenregelungen zu vereinbaren, insbesondere in den Fällen, in denen eine Einzeleinwilligung vorgesehen ist."

3. Stellungnahme

94a Mit der neuen Regelung des § 213 VVG 2008 stellt der Gesetzgeber nunmehr auch im VVG ausdrücklich klar, dass eine Erhebung von Gesundheitsdaten zulässig ist.[197] Er erkennt damit die Notwendigkeit an, Gesundheitsdaten zur Prüfung der Leistungspflicht des Versicherers anfordern und verwerten zu dürfen.[198] Darüber hinaus ist die Kenntnis personenbezogener Gesundheitsdaten die Grundlage für eine risikogerechte Prämienkalkulation, die für die Lebensversicherung in § 11 VAG vorgegeben ist.[199]

II. Geltung

95 § 213 VVG 2008 findet nicht schon ab dem 1. Januar 2008 auf sämtliche Altverträge Anwendung, sondern erst ab dem 1. Januar 2009.[200]

III. Zulässigkeit der Erhebung personenbezogener Gesundheitsdaten

96 Die Erhebung personenbezogener Gesundheitsdaten ist nach § 213 VVG 2008 nur zulässig, wenn die Kenntnis der Daten für die Beurteilung des zu versichernden Risikos oder der Leistungspflicht erforderlich ist. Die Vorschrift gestattet dem Versicherer auch die Prüfung der Verletzung der vorvertraglichen Anzeigepflicht, da dies zur Beurteilung der Leistungspflicht erforderlich ist.[201] § 213 VVG 2008 verlangt nicht, dass die Datenerhebung vom Versicherer selbst vorgenommen werden muss.[202] Der Versicherer kann den Versicherungsnehmer im Wege einer Obliegenheit durch separate oder ergänzende Klausel verpflichten, die Gesundheitsdaten selbst einzuholen und an den Versicherer weiterzuleiten.[203]

IV. Einwilligung

1. Befugnis

96a Das Recht zur Freigabe von Gesundheitsdaten ist ein höchstpersönliches Recht der betroffenen Person.[204] Es geht nicht auf Erben oder Angehörige über.[205]

---

[197] *Kalis* in: Bach/Moser, Private Krankenversicherung, 4. Aufl., München, Beck, 2009, § 213 VVG Rdn. 2.
[198] *Kalis* in: Bach/Moser, Private Krankenversicherung, 4. Aufl., München, Beck, 2009, § 213 VVG Rdn. 2.
[199] *Kalis* in: Bach/Moser, Private Krankenversicherung, 4. Aufl., München, Beck, 2009, § 213 VVG Rdn. 2.
[200] *Pohlmann/Wolf* in: Looschelders/Pohlmann, VVG, 2010, § 213 VVG 2008 Rdn. 5; a. A. *W.-T. Schneider* VersR 2008, 859, 861.
[201] *Rixecker* zfs 2007, 556; *Marlow/Spuhl,* Das Neue VVG kompakt, 2. Aufl., S. 176.
[202] *Neuhaus* r+s 2008, 449, 460.
[203] *Neuhaus* r+s 2008, 449, 460.
[204] OLG Saarbrücken, Urt. v. 9. 9. 2009 – 5 U 510/08-93, VersR 2009, 1478, 1480.
[205] BGH NJW 1983, 2627 = VersR 1983, 834; OLG Naumburg, Beschl. v. 9. 12. 2004 – 4 W 43/04, VersR 2005, 817; OLG Saarbrücken, Urt. v. 9. 9. 2009 – 5 U 510/08-93, VersR 2009, 1478, 1480; *Knappmann* NVersZ 1999, 511.

2. Form der Erteilung der Einwilligung

Die Erhebung personenbezogener Gesundheitsdaten durch den Versicherer bei Dritten ist nur zulässig, wenn die hiervon betroffene Person ihre Einwilligung erteilt hat. § 213 VVG 2008 nennt zwar für die Einwilligung keine Formvorschrift. Hieraus ist aber nicht zu folgern, dass die Schriftform nicht erforderlich ist.[206] Es findet § 4a BDSG Anwendung, der in § 4a Abs. 1 Satz 3 BDSG die Einwilligung der Schriftform unterwirft. Im Einzelfall mag wegen besonderer Umstände eine andere Form angemessen sein.[207] In diesem Fall kann die ausdrückliche mündliche Erklärung, nicht aber eine stillschweigende, konkludente Erklärung als andere Form für die Einwilligung angemessen sein.[208] Allerdings wird man verlangen müssen, dass der Versicherer die mündliche Erklärung schriftlich bestätigt.

97

3. Nichterteilung der Einwilligung

Erteilt der Versicherte seine Einwilligung nicht, verletzt er seine Mitwirkungspflicht mit der Folge, dass eine Obliegenheitsverletzung vorliegt, die gemäß § 28 VVG 2008 bei vorsätzlicher Verletzung zur Leistungsfreiheit führt.[209] Ist ein Rechtsstreit anhängig, liegt eine Beweisvereitelung gemäß §§ 444, 427 ZPO vor, wenn der Versicherte seine Mitwirkungspflicht nicht erfüllt.[210]

98

V. Verwertung personenbezogener Gesundheitsdaten

Der Gesetzgeber hat in § 213 VVG 2008 nicht explizit geregelt, ob und in welchem Umfang personenbezogene Daten, die verfahrensfehlerhaft oder auf Grund einer unwirksamen Schweigepflichtentbindungsklausel eingeholt worden sind, in und außerhalb eines Rechtsstreits verwertet werden dürfen. Nach Sinn und Zweck des § 213 VVG 2008 dürfen rechtswidrig erlangte personenbezogene Gesundheitsdaten im Rechtsstreit grundsätzlich nicht verwertet werden.[211] Es hat aber eine Güterabwägung stattzufinden, die auf den konkreten Einzelfall abstellt, aber auch die Bildung von Fallgruppen erlaubt.[212] Nimmt man eine Güterabwägung vor, überwiegt in der Regel das Interesse des Versicherers an der Ermittlung der persönlichen Daten des Versicherungsnehmers zum Zwecke der Vermeidung ungerechtfertigter Versicherungsleistungen.[213] Hat sich der Versicherer Gesundheitsdaten entsprechend der langjährigen, bis zur Entscheidung des BVerfG vom 23. Oktober 2006[214] auch vom BGH gebilligten Praxis offen und im Vertrauen auf die Wirksamkeit der erteilten Einwilligungserklärung verschafft, ist der Versicherer nach den Grundsätzen von Treu und Glauben (§ 242 BGB) nicht daran gehindert, sich im Rahmen der Anfechtung wegen arglistiger Täuschung auf die gewonnenen Erkenntnisse zu berufen.[215] Erfolgte die Erhebung der Gesundheits-

99

---

[206] *H.-J. Fricke* VersR 2009, 297, 299.
[207] *Neuhaus/Kloth* NJW 2009, 1707, 1708 f.
[208] *Gola/Schomerus*, BDSG, 9. Aufl., München, Beck, 2007, § 4a BDSG Rdn. 13.
[209] *Neuhaus* r+s 2008, 449, 458.
[210] *Neuhaus* r+s 2008, 449, 458; *derselbe* r+s 2009, 309, 311.
[211] *H.-J. Fricke* VersR 2009, 297, 304; *Neuhaus/Kloth* NJW 2009, 1707, 1711.
[212] *H.-J. Fricke* VersR 2009, 297, 304; *Neuhaus/Kloth* NJW 2009, 1707, 1711.
[213] LG Karlsruhe, Urt. v. 7. 11. 2008 – 5 O 242/08, NJW-RR 2009, 1118; so wohl auch OLG Saarbrücken, Urt. v. 9. 9. 2009 – 5 U 510/08-93, VersR 2009, 1478, 1480.
[214] BVerfG, Beschl. v. 23. 10. 2006 – 1 BvR 2027/02, VersR 2006, 1669 = r+s 2007, 29 = WM 2006, 2270 = JZ 2007, 576, 577. Einzelheiten bei § 4 BUZ 2008 Rdn. 6 ff.
[215] BGH, Urt. v. 28. 10. 2009 – IV ZR 140/08, NJW 2010, 289, 290 u. 291 = VersR 2010, 97, 99 = r+s 2010, 55, 57.

daten unter Verstoß gegen eine zeitlich begrenzte Schweigepflichtentbindung, sind die Gesundheitsdaten verwertbar, wenn der Versicherungsnehmer Vorerkrankungen arglistig verschwiegen hat.[216] Denn in den Fällen, in denen arglistiges Verhalten aufgedeckt wurde, ist das Schutzbedürfnis des Versicherungsnehmers an der Geheimhaltung seiner Daten regelmäßig aufgehoben.[217]

§ 215 VVG 2008 Gerichtsstand

(1) ¹**Für Klagen aus dem Versicherungsvertrag oder der Versicherungsvermittlung ist auch das Gericht örtlich zuständig, in dessen Bezirk der Versicherungsnehmer zur Zeit der Klageerhebung seinen Wohnsitz, in Ermangelung eines solchen seinen gewöhnlichen Aufenthalt hat.** ²**Für Klagen gegen den Versicherungsnehmer ist dieses Gericht ausschließlich zuständig.**

(2) **§ 33 Abs. 2 der Zivilprozessordnung ist auf Widerklagen der anderen Partei nicht anzuwenden.**

(3) **Eine von Absatz 1 abweichende Vereinbarung ist zulässig für den Fall, dass der Versicherungsnehmer nach Vertragsschluss seinen Wohnsitz oder gewöhnlichen Aufenthalt aus dem Geltungsbereich dieses Gesetzes verlegt oder sein Wohnsitz oder gewöhnlicher Aufenthalt im Zeitpunkt der Klageerhebung nicht bekannt ist.**

Schrifttum: *Fricke, M.,* Wen oder was schützt § 215 VVG? – Ein Versuch, eine dunkle Norm zu erhellen –, VersR 2009, 15; *Looschelders/Heinig,* Der Gerichtsstand am Wohnsitz oder gewöhnlichen Aufenthalt des Versicherungsnehmers nach § 215 VVG, JR 2008, 265; *Nugel,* Die „neue" Zuständigkeitsregelung des § 215 VVG – Ausgangspunkt für Streitigkeiten „ohne Ende"?, VRR 2009, 448; *Schneider, W.-T.,* Neues Recht für alte Verträge? – Zum vermeintlichen Grundsatz aus Art. 1 Abs. 1 EGVVG –, VersR 2008, 859.

I. Regierungsbegründung

100 In der Regierungsbegründung vom 20. Dezember 2006 wird zu § 215 VVG-E folgendes ausgeführt:[218]

„Absatz 1
Der bisherige § 48 VVG (Gerichtsstand der Agentur) hat in der Vergangenheit zu Unklarheiten und Streitigkeiten geführt. Der Versicherungsnehmer muss darauf achten, dass er tatsächlich im Gerichtsstand des Vertreters und nicht etwa im Gerichtsstand einer Vertriebsorganisation des Versicherers o. ä. klagt. Andernfalls riskiert er eine Weiterverweisung mit der möglichen Folge, die damit verbundenen Kosten tragen zu müssen. Ferner gilt § 48 VVG nicht für Makler, wobei er dann wieder gilt, wenn sich der Gelegenheitsmakler im Einzelfall als Versicherungsvertreter betätigt hat. § 48 VVG gilt auch nicht, wenn der Vertrag unmittelbar mit einem Innendienstmitarbeiter des Versicherers geschlossen wurde, wie z. B. in der Direktversicherung (vgl. die Ausführungen in Römer/Langheid, VVG, § 48 Rn. 2).
Auf Grund dieser Unwägbarkeiten ist es vorzugswürdig und ausreichend, dem Versicherungsnehmer das Recht einzuräumen, die Klage gegen den Versicherer, den Versicherungsvermittler oder Versicherungsberater an seinem Wohnsitz einzureichen. Insofern entspricht die Regelung § 29 c ZPO, der für Klagen aus Haustürgeschäften gemäß § 312 BGB das Gericht für zuständig erklärt, in dessen Bezirk der Verbraucher zur Zeit der Klageerhebung seinen Wohnsitz, in Ermangelung eines solchen seinen gewöhnlichen Aufenthalt hat. Ob

---

[216] OLG Saarbrücken, Urt. v. 9. 9. 2009 – 5 U 510/08-93, VersR 2009, 1478, 1481.
[217] OLG Saarbrücken, Urt. v. 9. 9. 2009 – 5 U 510/08-93, VersR 2009, 1478, 1481.
[218] BT-Drucks. 16/3945, S. 117.

B. Gesetz zur Reform des Versicherungsvertragsrechts 101 **VVG 2008**

§ 29 c ZPO auf Versicherungsverträge Anwendung findet, ist jedenfalls nicht eindeutig, da ein Widerrufs- und Rückgaberecht bei Versicherungsverträgen nicht besteht (§ 312 Abs. 3 BGB). Unabhängig davon sollte der Gerichtsstand des Wohnsitzes für Versicherungsnehmer aber über die Haustürgeschäfte hinaus und für Klagen gegen den Versicherungsnehmer ausschließlich gelten.

Durch diese Regelung wird auch der prozessuale Rechtsschutz des Verbrauchers erheblich gestärkt.

Zu Absatz 2
Die Regelung entspricht § 29 c Abs. 2 ZPO. Die geringfügig abweichende Formulierung berücksichtigt, dass der Vermittler nicht Vertragspartei zu sein braucht.

Zu Absatz 3
Die Regelung entspricht § 29 c Abs. 3 ZPO. Sonstige von Absatz 1 abweichende Vereinbarungen sind unzulässig."

II. Geltung

§ 215 Abs. 1 VVG 2008 gilt für Klagen aus Versicherungsverhältnissen, die ab   101
dem 1. Januar 2008 entstanden sind.[219] Auf Klagen, die Versicherungsnehmer bis zum 31. Dezember 2008 gegen den Versicherer aufgrund von Versicherungsverhältnissen, die bis zum Inkrafttreten des VVG 2008 vom 23. November 2007 am 1. Januar 2008 entstanden sind (Altverträge), erheben, ist die Gerichtsstandregelung des § 215 VVG 2008 nicht anwendbar.[220] Hieraus folgt, dass § 48 VVG auf Altverträge noch bis zum 31. Dezember 2008 Anwendung findet.[221] § 215 VVG 2008 gilt bei Altverträgen erst für ab 1. Januar 2009 erhobene Klagen, da es andernfalls zu einer vom Gesetzgeber ersichtlich nicht bezweckten gleichzeitigen Geltung von § 48 VVG und § 215 VVG 2008 im Jahre 2008 käme.[222]

Artikel 2
Änderung des Einführungsgesetzes zu dem Gesetz über den Versicherungsvertrag

Das Einführungsgesetz zu dem Gesetz über den Versicherungsvertrag in der im Bundesgesetzblatt Teil III, Gliederungsnummer 7632-2, veröffentlichten bereinigten Fassung, zuletzt geändert durch Artikel 8 des Gesetzes vom 25. Februar 2000 (BGBl. I S. 154), wird wie folgt geändert:

---

[219] Ebenso *Klär* in: Schwintowski/Brömmelmeyer, VVG, 2008, § 215 VVG Rdn. 16.
[220] OLG Stuttgart, Beschl. v. 16. 6. 2008 – 7 AR 5/08, r+s 2009, 102; OLG Stuttgart, Beschl. v. 18. 11. 2008 – 7 AR 8/08, VersR 2009, 246 = r+s 2009, 103; OLG Jena, Urt. v. 26. 11. 2008 – 4 U 428/07, NJW-RR 2009, 719, 720; LG Berlin, Beschl. v. 8. 12. 2008 – 7 O 251/08, VersR 2009, 386; LG Berlin, Beschl. v. 8. 12. 2008 – 7 O 251/08, VersR 2009, 386; OLG Hamburg, Beschl. v. 30. 3. 2009 – 9 W 23/09, NJW-RR 2009, 966, 967 = VersR 2009, 531; OLG Köln, Beschl. v. 9. 6. 2009 – 9 W 36/09, BeckRS 2009, 19114 = NJW-Spezial 2009, 506 = r+s 2009, 141; *Abel/Winkens* r+s 2009, 103, 104; a. A. OLG Saarbrücken, Beschl. v. 23. 9. 2008 – 5 W 220/08 – 83, NJW 2009, 3579, 3580 = VersR 2008, 1337 = r+s 2009, 102; LG Hechingen, Urt. v. 15. 12. 2008 – 1 O 240/08, VersR 2009, 665, 666; OLG Frankfurt/M. NJOZ 2009, 2246; *W.-T. Schneider,* VersR 2008, 859, 861; *Fricke* VersR 2009, 15, 20.
[221] LG Osnabrück, Urt. v. 1. 2. 2009 – 9 O 2685/09, VersR 2009, 1101; OLG Hamburg, Beschl. v. 30. 3. 2009 – 9 W 23/09, NJW-RR 2009, 966, 967 = VersR 2009, 531; OLG Hamm, Beschl. v. 8. 5. 2009 – 20 W 4/09, r+s 2010, 140, 141; OLG Naumburg, Beschl. v. 15. 10. 2009 – 4 W 35/09, r+s 2010, 142; a. A. OLG Frankfurt/M., Beschl. v. 21. 4. 2009 – 3 W 20/09, r+s 2010, 140.
[222] OLG Hamburg, Beschl. v. 30. 3. 2009 – 9 W 23/09, NJW-RR 2009, 966, 967 = VersR 2009, 531.

1. Die Bezeichnung des Gesetzes wird wie folgt gefasst:
„Einführungsgesetz zum Versicherungsvertragsgesetz".
2. Das Erste Kapitel wird wie folgt gefasst:
„Erstes Kapitel
Übergangsvorschriften zum Gesetz zur Reform des Versicherungsvertragsrechts

Artikel 1 Altverträge, Allgemeine Versicherungsbedingungen

(1) **Auf Versicherungsverhältnisse, die bis zum Inkrafttreten des Versicherungsvertragsgesetzes vom 23. November 2007 (BGBl. I S. 2631) am 1. Januar 2008 entstanden sind (Altverträge), ist das Gesetz über den Versicherungsvertrag in der bis dahin geltenden Fassung bis zum 31. Dezember 2008 anzuwenden, soweit in Absatz 2 und den Artikeln 2 bis 6 nichts anderes bestimmt ist.**

(2) **Ist bei Altverträgen ein Versicherungsfall bis zum 31. Dezember 2008 eingetreten, ist insoweit das Gesetz über den Versicherungsvertrag in der bis zum 31. Dezember 2007 geltenden Fassung weiter anzuwenden.**

(3) Der Versicherer kann bis zum 1. Januar 2009 seine Allgemeinen Versicherungsbedingungen für Altverträge mit Wirkung zum 1. Januar 2009 ändern, soweit sie von den Vorschriften des Versicherungsvertragsgesetzes abweichen, und er dem Versicherungsnehmer die geänderten Versicherungsbedingungen unter Kenntlichmachung der Unterschiede spätestens einen Monat vor diesem Zeitpunkt in Textform mitteilt.

(4) **Auf Fristen nach § 12 Abs. 3 des Gesetzes über den Versicherungsvertrag, die vor dem 1. Januar 2008 begonnen haben, ist § 12 Abs. 3 des Gesetzes über den Versicherungsvertrag auch nach dem 1. Januar 2008 anzuwenden.**

Übersicht

	Rdn.
I. Zweck der Regelung	102–105
1. Regierungsbegründung	102
2. Beschlussempfehlung des Rechtsausschusses	103, 104
a) Empfehlung	103
b) Begründung	104
3. Umstellung der AVB der Altverträge	105
II. Anwendung des VVG 2008	106
III. Anwendungsbereich des Art. 1 Abs. 3 EGVVG 2008	107–109
1. Obliegenheitsklauseln	107
2. Anpassungsrecht des LVU	108, 109
a) Ausübung	108
b) Kenntlichmachung der Unterschiede	109
IV. Geltungsdauer des § 12 Abs. 3 VVG gemäß Art. 1 Abs. 4 EGVVG 2008	110, 111
1. Geltung für bis zum 31. Dezember 2007 gesetzte Fristen	110
2. Geltung für nach dem 1. Januar 2008 gesetzte Fristen	111

Schrifttum: *Daube,* Die Klagefrist des § 12 Abs. 3 S. 1 VVG a. F. ist seit dem 1. 1. 2008 nicht mehr existent, VersR 2009, 1599; *Fahl/Kassing,* Jetzt sind die Gerichte am Zug – Fehler bei der AVB-Anpassung?, VW 2009, 320; *Fitzau,* Das dicke Ende kommt noch!, VW 2008, 448; *Franz,* Das Versicherungsvertragsrecht im neuen Gewand – Die Neuregelungen und ausgewählte Probleme –, VersR 2008, 298; *v. Fürstenwerth,* Die Einbeziehung neuer

Allgemeiner Versicherungsbedingungen in bestehende Versicherungsverträge, r+s 2009, 221; *Grote/Finkel*, Der Rücktritt von einem Altvertrag – altes oder neues Recht?, VersR 2009, 312; *Günther/Spielmann*, Vollständige und teilweise Leistungsfreiheit nach dem VVG 2008 am Beispiel der Sachversicherung, r+s 2008, 133 (Teil 1), 177 (Teil 2); *Hövelmann*, Anpassung der AVB von Altverträgen nach Art. 1 Abs. 3 EGVVG – Option oder Zwang?, VersR 2008, 612; *Honsel*, Umstellung der Schaden- und Unfall-Bestände auf das VVG 2008, VW 2008, 480; *Just*, VVG-Reform: Verjährung und Klagefrist, VersPrax 2007, 208; *Klimke*, Die Folgen einer unterlassenen Anpassung Allgemeiner Versicherungsbedingungen an das neue VVG, in: Recht Genau, Liber amicorum für Jürgen Prölss zum 70. Geburtstag, München, Beck, 2009, S. 101; *Maier*, AVB: Kann oder muss umgestellt werden? Was bei der Anpassung von Allgemeinen Versicherungsbedingungen zu beachten ist, VW 2008, 986; *Muschner*, Zur fortdauernden Anwendbarkeit der Klagefrist des § 12 Abs. 3 VVG a. F. im Jahr 2008, VersR 2008, 317; *Muschner/Wendt*, Die Anpassung Allgemeiner Versicherungsbedingungen an das neue VVG und die Folgen ihres Unterbleibens, MDR 2008, 949; *Neuhaus*, Zwischen den Jahrhundertwerken – Die Übergangsregelungen des neuen VVG, r+s 2007, 441; *Schneider, W.-T.*, Neues Recht für alte Verträge? – Zum vermeintlichen Grundsatz aus Art. 1 Abs. 1 EGVVG –, VersR 2008, 859; *Schnepp/Segger*, Nur teure Lösungen für die Bestandsumstellung?, VW 2008, 907; *Staudinger/Kassing*, Rechtsfolgen der unterlassenen Anpassung von AVB in Altverträgen an das novellierte VVG, ZGS 2008, 411; *Uyanik*, Die Klageausschlussfrist nach § 12 Abs. 3 VVG a. F. – Oder: Totgesagte leben länger?, VersR 2008, 468; *Wagner*, Pflicht zur Anpassung der AVB von Altverträgen nach der VVG-Reform?, VersR 2008, 1190; *Weidner*, Risiken bei unterlassener Anpassung der AVB von Altverträgen an das VVG 2008, r+s 2008, 368.

I. Zweck der Regelung

1. Regierungsbegründung

In der Regierungsbegründung vom 20. Dezember 2006 wird zu Art. 1 folgendes ausgeführt:[223]

„Zu Absatz 1
Das Versicherungsvertragsrecht wird durch das VVG 2006 in wesentlichen Teilen neu gestaltet. Es unterscheidet sich daher grundlegend vom geltenden VVG. Grundsätzlich gelten neue vertragsrechtliche Regelungen nur für Verträge, die nach dem Inkrafttreten des Gesetzes geschlossen werden, da die zu diesem Zeitpunkt bestehenden Vertragsverhältnisse (Altverträge) Bestandsschutz genießen. Eine Umkehr dieses Grundsatzes erscheint aber bei der Reform des VVG aus zwei Gründen geboten. Bei Versicherungen handelt es sich häufig um sehr langfristige Vertragsverhältnisse; auf Altverträge wäre unter Umständen noch jahrzehntelang das alte VVG anzuwenden. Aus dem Nebeneinander zweier unterschiedlicher Rechtsordnungen für Versicherungsverträge würden sich für beide Vertragsparteien, in erster Linie allerdings für die Versicherer, kaum vertretbare Schwierigkeiten und Unsicherheiten ergeben. Ferner ist von Bedeutung, dass ein wesentliches Ziel der Reform des VVG darin besteht, die Rechtsstellung des Versicherungsnehmers gegenüber dem Versicherer zu stärken; dieses Ziel kann nur erreicht werden, wenn das Inkrafttreten des Gesetzes auch für bestehende Verträge gilt. Die Erstreckung des VVG 2006 auf Altverträge stellt eine unechte Rückwirkung dar, deren Zulässigkeit nicht durch überwiegende schutzwürdige Bestandsinteressen der Betroffenen in Frage gestellt ist.
Absatz 1 bestimmt im Grundsatz, dass das VVG 2006 auch auf Altverträge, d. h. auf Verträge, die bei Inkrafttreten des VVG 2006 bestehen, anzuwenden ist. Dies entspricht auch der Regelung des Schuldrechtsmodernisierungsgesetzes in Artikel 229 § 5 Satz 2 EGBGB für Dauerschuldverhältnisse. Bei den vorgeschlagenen Übergangsvorschriften wird davon ausgegangen, dass das neue Versicherungsvertragsgesetz Mitte des Jahres 2007 verabschiedet wird und nach Artikel 10 Abs. 1 des Entwurfes am 1. Januar 2008 in Kraft tritt.
Der Grundsatz der Geltung für Altverträge wird in zweierlei Hinsicht eingeschränkt: Zum einen muss den Versicherern eine Übergangszeit eingeräumt werden, um die bestehenden AVB und Vertragsmuster an das neue Recht anzupassen und die notwendigen betriebsorganisatorischen Änderungen vornehmen zu können. Eine zusätzliche Übergangszeit

---

[223] BT-Drucks. 16/3945, S. 117 f.

von einem Jahr nach dem Inkrafttreten des VVG 2006 dürfte zur Bewältigung des Umstellungsaufwandes ausreichend, aber auch erforderlich sein. Zum anderen ist zu berücksichtigen, dass für bestimmte Regelungen Abweichungen entweder im Hinblick auf die Übergangszeit oder aber vom Grundsatz der Geltung des neuen Rechtes für Altverträge notwendig sind. Diese Abweichungen sind in Absatz 2 sowie in den Artikeln 2 bis 6 geregelt. Darüber hinaus können auf Altverträge solche Vorschriften des VVG 2006 nicht zur Anwendung kommen, die – wie z. B. neue Publizitätsvorschriften, Anzeigepflichten – beim Abschluss des Vertrags zu beachten sind; es bedarf keiner gesetzlichen Klarstellung, in diesen Fällen stattdessen die zum Zeitpunkt des Vertragschlusses geltenden Vorschriften zu beachten sind. So ist z. b. für die Beurteilung der Frage, ob bei Altverträgen eine vorvertragliche Anzeigepflichtverletzung vorliegt, die bisherige Regelung des § 16 Abs. 1, § 17 Abs. 1 VVG weiterhin maßgeblich; tritt der Versicherungsfall erst nach dem 31. Dezember 2008 ein, bestimmen sich aber die Rechtsfolgen nach dem neuen VVG 2006.

Zu Absatz 2[224]
Das Inkrafttreten des VVG 2006 zum 31. Dezember 2008 für Altverträge ist im Hinblick auf bereits laufende Schadensfälle problematisch. Die Neuregelung für Obliegenheitsverletzungen kann dazu führen, dass bei Eintritt des Versicherungsfalles bestehende Ansprüche und Verpflichtungen verändert werden, wenn sie nach dem Recht, das im Zeitpunkt der letzten mündlichen Verhandlung eines Prozesses gilt, zu beurteilen sind. Um eine verfassungsrechtlich problematische Rückwirkung der Übergangsregelung in diesen Fällen zu vermeiden, bestimmt Absatz 2, dass bei Eintritt des Versicherungsfalles vor dem 1. Januar 2009 auf die sich hieraus ergebenden Rechte und Pflichten der Vertragsparteien weiterhin das Gesetz über den Versicherungsvertrag anzuwenden ist.

Zu Absatz 3[225]
Den Versicherern muss die Befugnis eingeräumt werden, für Altverträge ihre AVB an das neue VVG anzupassen. Ein Änderungsbedarf kann z. B. auch daraus folgen, dass im VVG 2006 auf eine bisherige abdingbare Vorschrift des Gesetzes über den Versicherungsvertrag verzichtet wird.
Die Anpassung ist für den Zeitpunkt vorzunehmen, zu dem das VVG 2006 nach Absatz 1 auf Altverträge anzuwenden ist (1. Januar 2009); ein hiervon abweichender Zeitpunkt ergibt sich aus Artikel 2 für die Vertretungsmacht des Versicherungsvertreters und die Krankenversicherung sowie aus den Artikeln 4 und 5.
Eine Bedingungsanpassung ist aber nur insoweit zulässig, als sie auf Grund einer Änderung des bisherigen Rechtes geboten ist. Dies ist insbesondere der Fall, wenn eine Bedingung einer zwingenden oder halbzwingenden Vorschrift des VVG 2006 widerspricht; eine Anpassung kommt aber auch im Hinblick auf Änderungen des dispositiven Rechtes in Betracht. Die Wirksamkeit der Anpassung hängt ferner davon ab, dass sie dem Versicherungsnehmer spätestens einen Monat vor dem Zeitpunkt, zu dem die Änderung Vertragsbestandteil werden soll, in Textform mitgeteilt wird und dabei gleichzeitig die Unterschiede zu den bisher geltenden AVB kenntlich gemacht werden."

2. Beschlussempfehlung des Rechtsausschusses

103 a) **Empfehlung.** Der Rechtsausschuss hat am 20. Juni 2007 zu dieser Vorschrift die Beschlussempfehlung abgegeben, Art. 1 Abs. 3 neu zu fassen und einen Abs. 4 wie folgt neu anzufügen:[226]

„(3) Der Versicherer kann bis zum 1. Januar 2009 seine Allgemeinen Versicherungsbedingungen für Altverträge mit Wirkung zum 1. Januar 2009 ändern, soweit sie von den Vorschriften des Versicherungsvertragsgesetzes abweichen und er dem Versicherungsnehmer die geänderten Versicherungsbedingungen unter Kenntlichmachung der Unterschiede spätestens einen Monat vor diesem Zeitpunkt in Textform mitteilt.
(4) Auf Fristen nach § 12 Abs. 3 des Gesetzes über den Versicherungsvertrag, die vor dem 1. Januar 2008 begonnen haben, ist § 12 Abs. 3 des Gesetzes über den Versicherungsvertrag auch nach dem 1. Januar 2008 anzuwenden."

---

[224] BT-Drucks. 16/3945, S. 118.
[225] BT-Drucks. 16/3945, S. 118.
[226] BT-Drucks. 16/5862, S. 70.

B. Gesetz zur Reform des Versicherungsvertragsrechts 104–106 VVG 2008

b) Begründung. Der Rechtsausschuss hat am 20. Juni 2007 seine Beschlussempfehlung zu Art. 1 Abs. 3 und Abs. 4 wie folgt begründet:[227]   104

„Zu Art. 1 Abs. 3:[228] Die Neufassung soll klarstellen, dass Änderungen der AVB der Versicherer auch schon vor dem 1. Januar 2009 erfolgen können, allerdings nur mit Wirkung zum 1. Januar 2009 als dem Zeitpunkt der grundsätzlichen Anwendbarkeit des neuen Rechts auf laufende Verträge.

Zu Art. 1 Abs. 4: Die schon bislang in Artikel 3 Abs. 4 enthaltene Übergangsregelung für Fristen nimmt auf die mit der beabsichtigten Abschaffung des bisherigen § 12 Abs. 3 VVG verbundenen Besonderheiten nicht ausreichend Rücksicht. Diesem Bedürfnis entspricht die neue Regelung; sie sieht vor, dass Klagefristen, die unter Geltung des bisherigen VVG in Gang gesetzt wurden, nach sechs Monaten auslaufen."

3. Umstellung der AVB der Altverträge

Mit Art. 1 Abs. 3 EGVVG will der Gesetzgeber dem Versicherer die Möglichkeit einräumen, gegen das VVG 2008 verstoßende Klauseln in den Altverträgen an die neue Rechtslage anzupassen. Der Gesetzgeber zeigt mit der Schaffung dieser Regelung zugleich, dass er von der Unwirksamkeit der von der VVG-Reform betroffenen Klauseln ausgeht.[229] Der Versicherer kann aber über den Weg des Art. 1 Abs. 3 EGVVG das Entstehen von unwirksamkeitsbedingten Lücken im Versicherungsvertrag verhindern.[230] Wenn der Versicherer von der Anpassungsoption Gebrauch macht, sorgt er zugleich dafür, dass sein Bestandskunde über die ab 1. Januar 2009 geltende Rechtslage informiert wird und nicht durch Beibehaltung nicht mit dem VVG 2008 übereinstimmender Klauseln in den Altverträgen ein unzutreffendes Bild von der ab 1. Januar 2009 geltenden Rechtslage vermittelt bekommt. Kennt der Versicherungsnehmer die Unwirksamkeit einer Vertragsklausel nicht, besteht die Gefahr, dass er die ihm dadurch genommenen Rechte im Vertrauen auf die Wirksamkeit der Vertragsklausel nicht wahrnimmt.[231] Ist der Versicherer der Ansicht, eine unwirksame Klausel sei ersatzlos zu streichen oder durch eine gesetzliche Bestimmung zu ersetzen, kann es auf Grund des Transparenzgebots erforderlich sein, den Versicherungsnehmer darüber zu informieren.[232]   105

II. Anwendung des VVG 2008

Versicherungsverträge, die nach Inkrafttreten des VVG 2008 am 1. Januar 2008 zur Entstehung gelangen, unterliegen dem neuen Vertragsrecht ohne Einschränkung.[233] Ab dem 1. Januar 2009 gilt das VVG 2008 grundsätzlich für alle Versicherungsverträge, also auch für sogenannte Altverträge, d.h. für solche Versicherungsverträge, die bis zum 1. Januar 2008 abgeschlossen wurden.[234] Allerdings bleibt das alte Recht nach Art. 1 Abs. 2 EGVVG 2008 ausnahmsweise über den   106

---

[227] BT-Drucks. 16/5862, S. 100.
[228] In der BT-Drucks. 16/5862, S. 100, wird versehentlich von „Zu Absatz 1" gesprochen.
[229] *Maier* VW 2008, 986, 988.
[230] *Maier* VW 2008, 986, 988.
[231] Vgl. BGH, Urt. v. 12. 10. 2005 – IV ZR 162/03, VersR 2003, 1289 = NJW 2005, 3559, 3563 = VersR 2005, 1565, 1568 f. = r+s 2005, 519, 522 = WM 2005, 2279, 2283 = ZIP 2005, 2109, 2114.
[232] BGH, Urt. v. 12. 10. 2005 – IV ZR 162/03, VersR 2003, 1289 = NJW 2005, 3559, 3563 = VersR 2005, 1565, 1568 = r+s 2005, 519, 522 = WM 2005, 2279, 2283 = ZIP 2005, 2109, 2114; *Wandt* VersR 2001, 1452; *Lorenz* VersR 2002, 411; *Wandt* in: Beckmann/Matusche-Beckmann, Versicherungsrechts-Hdb., 2004, § 11 Rdn. 132.
[233] *W.-T. Schneider* VersR 2008, 859.
[234] *v. Fürstenwerth* r+s 2009, 221, 222.

31. Dezember 2008 hinaus für Altverträge anwendbar, wenn bis zu diesem Zeitpunkt ein Versicherungsfall eingetreten ist.[235] Erklärt der Versicherer im Zusammenhang mit einem solchen Versicherungsfall den Rücktritt vom Versicherungsvertrag, gilt grundsätzlich nach wie vor das VVG 1908/2007 und nicht das VVG 2008,[236] wobei je nach Fallkonstellation eine differenzierte Betrachtung angebracht sein kann.[237]

III. Anwendungsbereich des Art. 1 Abs. 3 EGVVG 2008

1. Obliegenheitsklauseln

107 Die Frage nach der Umstellung der AVB von Altverträgen stellt sich insbesondere im Recht der vertraglich vereinbarten Obliegenheiten.[238] Da die Neuregelung des § 28 VVG 2008 deutlich günstiger für den Versicherungsnehmer ist als die bisher verwendeten Bedingungen, die z.B. in der Lebensversicherungssparte an § 6 VVG ausgerichtet sind, verstoßen die entsprechenden AVB-Klauseln ab dem 1. Januar 2009 gegen § 32 VVG 2008 und sind ab diesem Zeitpunkt nichtig.[239] Weder gilt das neue Recht im Bestand automatisch, ohne dass es einer Vertragsanpassung bedarf,[240] noch lassen sich die betroffenen Bestimmungen in zwei Teile, einen wirksamen und einen unwirksamen Teil, aufspalten.[241] Es wird daher für das Obliegenheitsrecht eine formelle Vertragsumstellung empfohlen.[242]

2. Anpassungsrecht des VU

108 **a) Ausübung.** Ob das durch Art. 1 Abs. 3 EGVVG 2008 eingeräumte Anpassungsrecht ausübt wird, steht im Ermessen des Vorstands des Versicherers. Stellen Versicherer Klauseln in den AVB der Altverträge nicht um, die mit Bestimmungen des VVG 2008 nicht im Einklang stehen, wird die Aufsichtsbehörde im Rahmen ihrer Überwachungsaufgabe gemäß § 81 Abs. 1 Satz 4 VAG zu beachten haben, dass der Gesetzgeber die Versicherer nicht verpflichtet hat, Altverträge, soweit sie von den Vorschriften des Versicherungsvertragsgesetzes abweichen, zum 1. Januar 2009 ändern.[243]

109 **b) Kenntlichmachung der Unterschiede.** Der Versicherer kann seine Allgemeinen Versicherungsbedingungen für Altverträge, soweit sie von den Vorschriften des Versicherungsvertragsgesetzes abweichen, gemäß Art. 1 Abs. 3 EGVVG 2008 ändern, sofern er dem Versicherungsnehmer die geänderten Versicherungsbedingungen unter Kenntlichmachung der Unterschiede mitteilt. Zur Kenntlichmachung der Unterschiede muss dem Versicherungsnehmer klar gesagt werden, welche Bestimmung seines Vertrages durch welche nunmehr anderslautende Bestimmung ersetzt wird.[244] Dies hat so zu erfolgen, dass die neuen AVB den alten Bedingungen konkret unter Angabe der jeweiligen Ziffern oder Para-

---

[235] LG Dortmund, Beschl. v. 28. 12. 2009 – 2 S 27/09, NJW-RR 2010, 457, 458; *Neuhaus* r+s 2007, 441, 442.
[236] LG Dortmund, Beschl. v. 28. 12. 2009 – 2 S 27/09, NJW-RR 2010, 457, 458.
[237] Siehe hierzu *Grote/Finkel* VersR 2009, 312, 315.
[238] *Maier* VW 2008, 986.
[239] *Maier* VW 2008, 986.
[240] *Maier* VW 2008, 986, 987.
[241] *Maier* VW 2008, 986, 987; a.A. *Hövelmann* VersR 2008, 616.
[242] *Honsell* VW 2008, 480, 481 f.
[243] *Hövelmann* VersR 2008, 612, 617; *Maier* VW 2008, 986, 988; *Weidner* r+s 2008, 368, 369; *Fahl/Kassing* VW 2009, 320; *v. Fürstenwerth* r+s 2009, 221, 223; a.A. *Fitzau* VW 2008, 448, 449; *Wagner* VersR 2008, 1190, 1191.
[244] *Maier* VW 2008, 986, 990.

B. Gesetz zur Reform des Versicherungsvertragsrechts 110, 111 **VVG 2008**

graphen gegenübergestellt werden,[245] mithin dem Versicherungsnehmer eine synoptische Gegenüberstellung der alten und der neuen AVB-Regelungen übermittelt wird.[246] Die sich gemäß dem VVG 2008 ergebenden Vertragsregelungen lediglich in Form einer zusammenfassenden Änderung per Nachtrag zu dokumentieren, ohne dass die im einzelnen abzuändernden Regelungen zitiert werden, ist weder mit dem Gesetzeswortlaut noch dem Zweck des Gesetzes zu vereinbaren.[247]

IV. Geltungsdauer des § 12 Abs. 3 VVG gemäß Art. 1 Abs. 4 EGVVG 2008

1. Geltung für bis zum 31. Dezember 2007 gesetzte Fristen

Gemäß Art. 1 Abs. 1 EGVVG 2008 gilt für bis zum 31. Dezember 2007 geschlossene Versicherungsverträge („Altverträge") das alte VVG bis zum 31. Dezember 2008. Tritt bei Altverträgen der Versicherungsfall in der Übergangszeit bis 31. Dezember 2008 ein, ist er gemäß Art. 1 Abs. 2 EGVVG 2008 über den 1. Januar 2009 hinaus nach altem Recht abzuwickeln,[248] insbesondere ist § 12 Abs. 3 VVG anzuwenden.[249] Art. 1 Abs. 4 EGVVG 2008 bestimmt eindeutig, dass § 12 Abs. 3 VVG auf Fristen, die vor dem 1. Januar 2008 begonnen haben, auch nach dem 1. Januar 2008 anzuwenden ist. Ist mithin die Klageausschlussfrist bis zum 31. Dezember 2007 rechtswirksam gesetzt worden, gilt die Ausschlussfrist auch noch im Jahre 2008 nach Inkrafttreten des neuen VVG 2008 weiter.[250] Das hat zur Folge, dass die vor dem 1. Januar 2008 wirksam, nämlich den strengen Anforderungen von § 12 Abs. 3 VVG entsprechend gesetzten Klagefristen, mit dem Ablauf von sechs Monaten auslaufen.[251]

110

2. Geltung für nach dem 1. Januar 2008 gesetzte Fristen

Bei Ansprüchen aus Altverträgen kann der Versicherer die Ausschlussfrist des § 12 Abs. 3 VVG auch noch nach dem 31. Dezember 2007 wirksam setzen.[252] Der Versicherungsnehmer muss die Ausschlussfrist wahren, wenn er den geltend gemachten und abgelehnten Anspruch nicht verlieren will.[253] Für ab 1. Januar 2008 abgeschlossene Versicherungsverträge entfällt § 12 Abs. 3 VVG ersatzlos. Der Versicherungsnehmer kommt damit künftig nicht mehr in Zugzwang, frist-

111

---

[245] *Maier* VW 2008, 986, 990.
[246] *Franz* VersR 2008, 298, 312; *Schnepp/Segger* VW 2008, 907; *Weidner* r+s 2008, 368; *Fahl/Kassing* VW 2009, 322; *v. Fürstenwerth* r+s 2009, 221, 225; a. A. *Funck* VersR 2008, 163; *Günther/Spielmann* r+s 2008, 133, 143 (Fn. 124).
[247] Ebenso *Maier* VW 2008, 986, 988; *v. Fürstenwerth* r+s 2009, 221, 225; a. A. *Honsell* VW 2008, 480, 482.
[248] *Neuhaus* r+s 2007, 177, 180.
[249] Ebenso LG Dortmund, Urt. v. 28. 5. 2009 – 2 O 353/08, S. 7 = NJOZ 2009, 2971 = VersR 2010, 193, 195; LG Köln, Urt. v. 27. 1. 2010 – 26 O 224/09, VersR 2010, 611; *Neuhaus/Kloth* MDR 2007, 193, 194; *Neuhaus* r+s 2007, 441, 442; *Müller-Frank* BUZaktuell 2008, 11, 13; a. A. *Daube* VersR 2009, 1599, 1601.
[250] *Uyanik* VersR 2008, 468, 469; *W.-T. Schneider* VersR 2008, 859, 864; a. A. *Daube* VersR 2009, 1599, 1601.
[251] *W.-T. Schneider* VersR 2008, 859, 864.
[252] LG Dortmund, Urt. v. 28. 5. 2009 – 2 O 353/08, VersR 2010, 193, 195; LG Dortmund, Urt. v. 12. 8. 2009 – 22 O 179/08, NJW-RR 2010, 330, 331 = VersR 2010, 197; LG Köln, Urt. v. 27. 1. 2010 – 26 O 224/09, VersR 2010, 611; *Muschner* VersR 2010, 738, 739; a. A. *Marlow* VersR 2010, 198, 199.
[253] LG Dortmund, Urt. v. 12. 8. 2009 – 22 O 179/08, NJW-RR 2010, 330, 331 = VersR 2010, 196, 197.

gemäß klagen zu müssen.[254] Der Anspruch unterliegt nur noch den Grenzen der Verjährung bzw. Verwirkung.[255]

Artikel 3 Verjährung

(1) § 195 des Bürgerlichen Gesetzbuchs ist auf Ansprüche anzuwenden, die am 1. Januar 2008 noch nicht verjährt sind.

(2) Wenn die Verjährungsfrist nach § 195 des Bürgerlichen Gesetzbuchs länger ist als die Frist nach § 12 Abs. 1 des Gesetzes über den Versicherungsvertrag in der bis zum 31. Dezember 2007 geltenden Fassung, ist die Verjährung mit dem Ablauf der in § 12 Abs. 1 des Gesetzes über den Versicherungsvertrag in der bis zum 31. Dezember 2007 geltenden Fassung bestimmten Frist vollendet.

(3) ¹Wenn die Verjährungsfrist nach § 195 des Bürgerlichen Gesetzbuchs kürzer ist als die Frist nach § 12 Abs. 1 des Gesetzes über den Versicherungsvertrag in der bis zum 31. Dezember 2007 geltenden Fassung, wird die kürzere Frist vom 1. Januar 2008 an berechnet. ²Läuft jedoch die längere Frist nach § 12 Abs. 1 des Gesetzes über den Versicherungsvertrag in der bis zum 31. Dezember 2007 geltenden Fassung früher als die Frist nach § 195 des Bürgerlichen Gesetzbuchs ab, ist die Verjährung mit dem Ablauf der längeren Frist vollendet.

(4) Die Absätze 1 bis 3 sind entsprechend auf Fristen anzuwenden, die für die Geltendmachung oder den Erwerb oder Verlust eines Rechtes maßgebend sind.

I. Regierungsbegründung

In der Regierungsbegründung vom 20. Dezember 2006 wird zu Art. 3 folgendes ausgeführt:[256]

„Zu Absatz 1
Die vom bisherigen § 12 Abs. 1 VVG abweichende Verjährungsregelung des § 195 BGB ist auch auf bei Inkrafttreten des VVG 2006 bestehende Ansprüche der Vertragsparteien anzuwenden, sofern zu diesem Zeitpunkt die Verjährung noch nicht eingetreten ist. Mit Artikel 3 wird die Überleitungsregelung des Artikels 229 § 6 EGBGB zum Gesetz zur Modernisierung des Schuldrechts vom 26. November 2001 (BGBl. I S. 3138) aufgegriffen.

Zu Absatz 2
Die Verjährungsfrist nach § 195 BGB beträgt drei Jahre und ist damit langer als die bisherige Frist von zwei Jahren nach § 12 Abs. 1 VVG. Für die Vollendung der Verjährung ist der Zeitpunkt maßgeblich, zu dem die kürzere Frist abläuft.

Zu Absatz 3
Die in dieser Vorschrift geregelten Fälle betreffen die Lebensversicherung, für die an Stelle der bisherigen Verjährungsfrist von fünf Jahren (vgl. § 12 Abs. 1 VVG) ebenfalls die generelle Frist von drei Jahren gelten soll. Die Berechnung des Fristablaufs in den Sätzen 1 und 2 entspricht der Überleitungsregelung des Artikels 229 § 6 Abs. 4 EGBGB.

Zu Absatz 4
Das VVG 2006 enthält in mehreren Vorschriften Fristen, die für die Geltendmachung oder den Erwerb oder Verlust eines Rechtes maßgeblich sind (so z.B. § 158 Abs. 2 VVG-E). Auf

---

[254] *Neuhaus/Kloth* MDR 2007, 193, 194.
[255] *Neuhaus/Kloth* MDR 2007, 193, 194.
[256] BT-Drucks. 16/3945, S. 119.

diese Fristen und deren Berechnung sind die Absätze 1 bis 3 entsprechend anzuwenden; dies entspricht der Regelung des Artikels 229 § 6 Abs. 5 EGBGB. Die Vorschrift ist dagegen nicht auf Fristen anzuwenden, die, wie z. B. die Ausschlussfrist nach § 21 Abs. 3 Satz 1 VVG-E, erstmalig eingeführt werden."

II. Anmerkung

Bei Ansprüchen aus der Lebens- und Berufsunfähigkeitsversicherung, für die gemäß § 12 Abs. 1 VVG eine Verjährungsfrist von fünf Jahren gilt, kann es vorkommen, dass die Verjährungsfrist des § 195 BGB kürzer ist. In diesem Fall gilt gemäß Artikel 3 Abs. 3 Satz 1 EGVVG 2008 die kürzere Verjährungsfrist des § 195 BGB, berechnet ab dem 1. Januar 2008. Läuft allerdings die längere Frist des bisherigen § 12 Abs. 1 VVG früher ab, so ist gemäß Artikel 3 Abs. 3 Satz 2 EGVVG 2008 die Verjährung mit dem Ablauf dieser Frist vollendet. Hat z. B. die Verjährung für einen Anspruch aus einer Lebensversicherung am 1. Januar 2005 begonnen, so endet die Frist mit Ablauf des 31. Dezember 2009, während die ab dem 1. Januar 2008 berechnete Frist des § 195 BGB erst mit Ablauf des 31. Dezember 2010 enden würde. Die Verjährung tritt in diesem Beispielsfall nach der Übergangsvorschrift des Art. 3 Abs. 3 EGVVG 2008 mit Ablauf des 31. Dezember 2009 ein.

Artikel 4 Lebensversicherung, Berufsunfähigkeitsversicherung

(1) ¹§ 153 des Versicherungsvertragsgesetzes ist auf Altverträge nicht anzuwenden, wenn eine Überschussbeteiligung nicht vereinbart worden ist. ²Ist eine Überschussbeteiligung vereinbart, ist § 153 des Versicherungsvertragsgesetzes ab dem 1. Januar 2008 auf Altverträge anzuwenden; vereinbarte Verteilungsgrundsätze gelten als angemessen.

(2) Auf Altverträge ist anstatt des § 169 des Versicherungsvertragsgesetzes, auch soweit auf ihn verwiesen wird, § 176 des Gesetzes über den Versicherungsvertrag in der bis zum 31. Dezember 2007 geltenden Fassung weiter anzuwenden.

(3) Auf Altverträge über eine Berufsunfähigkeitsversicherung sind die §§ 172, 174 bis 177 des Versicherungsvertragsgesetzes nicht anzuwenden.

I. Regierungsbegründung

In der Regierungsbegründung vom 20. Dezember 2006 wird zur ursprünglich vorgelegten Fassung des Regierungsentwurfs, die wie folgt lautete:

„Artikel 4
Lebensversicherung, Berufsunfähigkeitsversicherung

(1) § 153 Abs. 1 des Versicherungsvertragsgesetzes ist auf Altverträge auch nach dem 31. Dezember 2008 nicht anzuwenden. § 153 Abs. 2 und 3 des Versicherungsvertragsgesetzes ist auf Altverträge, für die eine Überschussbeteiligung vereinbart worden ist, ab dem 1. Januar 2008 anzuwenden. Vereinbarte Verteilungsgrundsätze gelten als angemessen.
(2) Die §§ 165, 166 und 169 des Versicherungsvertragsgesetzes sind auf Altverträge ab dem 1. Januar 2008 anzuwenden; § 11 c des Versicherungsaufsichtsgesetzes bleibt unberührt.
(3) Auf Altverträge über eine Berufsunfähigkeitsversicherung ist Teil 2 Kapitel 6 des Versicherungsvertragsgesetzes nicht anzuwenden."

Folgendes ausgeführt:[257]

„Zu Absatz 1
Verträge, die bisher keine Überschussbeteiligung vorsehen, werden durch das neue Recht nicht zu überschussberechtigten Verträgen. Dies wird durch Satz 1 geregelt.
Im Hinblick auf die vom Bundesverfassungsgericht gesetzte Frist zur Umsetzung seiner Urteile vom 26. Juli 2005 tritt § 153 Abs. 2 und 3 VVG-E am 1. Januar 2008 in Kraft. Eine Gleichbehandlung von Alt- und Neuverträgen erscheint geboten. In abgeschlossene kalkulatorische Vorgänge wird durch die Regelung nicht eingegriffen. Sie wirkt für die Zukunft.

Zu Absatz 2
Der BGH hat in seinem Urteil vom 12. Oktober 2005 (VersR 2005 S. 1565) festgestellt, dass das für den Rückkaufswert geltende Recht vor allem hinsichtlich der Frühstornofälle den kündigenden Versicherungsnehmer unangemessen benachteiligt; dem hat sich das Bundesverfassungsgericht in seinem Beschluss vom 15. Februar 2006 (Verfahren 1 BVR 1317/96) angeschlossen.
Absatz 2 trägt dieser Rechtsprechung Rechnung, indem die Neuregelung des Rückkaufswertes in § 169 VVG-E sowie die hieran anknüpfenden Vorschriften der §§ 165 und 166 VVG-E über die prämienfreie Versicherung, auch wenn die bei Inkrafttreten dieser Regelung bestehen, erstreckt werden. Durch die Verweisung auf § 11 c VAG wird klargestellt, dass es für den Altbestand im Sinne dieser Vorschrift bei den von der Aufsichtsbehörde genehmigten Stornoklauseln bleibt.

Zu Absatz 3
Eine ausdrückliche gesetzliche Regelung für Versicherungsverträge, die das Risiko einer Beeinträchtigung der Fähigkeit, einen bestimmten Beruf oder überhaupt eine Erwerbstätigkeit auszuüben, abdecken sollen, besteht bisher nicht. Diese Versicherungsverhältnisse sind zwar grundsätzlich der Lebensversicherung zuzurechnen. Sie werden jedoch in der Praxis im Einzelnen nur durch AVB geregelt. Für Altverträge muss es bei dieser Rechtslage bleiben. Eine Erstreckung der neuen Regelung des VVG 2006 auf Altverträge erscheint vor allem deshalb nicht vertretbar, weil mit den §§ 173 und 174 VVG-E halbzwingende Vorschriften aufgenommen werden, die für die Ausgestaltung dieser Versicherungsverhältnisse von wesentlicher Bedeutung sind. Die Vorschrift des Artikels 4 Abs. 3 schließt aber nicht aus, dass der Versicherer mit dem Versicherungsnehmer die Anwendung des neuen Rechtes auf Altverträge vereinbart."

II. Beschlussempfehlung des Rechtsausschusses

1. Empfehlung

115   Der Rechtsausschuss hat am 20. Juni 2007 zu dieser Vorschrift die Beschlussempfehlung abgegeben, Artikel 4 wie folgt zu fassen:[258]

„(1) § 153 des Versicherungsvertragsgesetzes ist auf Altverträge nicht anzuwenden, wenn eine Überschussbeteiligung nicht vereinbart worden ist. Ist eine Überschussbeteiligung vereinbart, ist § 153 des Versicherungsvertragsgesetzes ab dem 1. Januar 2008 auf Altverträge anzuwenden; vereinbarte Verteilungsgrundsätze gelten als angemessen.
(2) Auf Altverträge ist anstatt des § 169 des Versicherungsvertragsgesetzes, auch soweit auf ihn verwiesen wird, § 176 des Gesetzes über den Versicherungsvertrag in der bis zum 31. Dezember 2007 geltenden Fassung weiter anzuwenden.
(3) Auf Altverträge über eine Berufsunfähigkeitsversicherung sind die §§ 172, 174 bis 177 des Versicherungsvertragsgesetzes nicht anzuwenden."

2. Begründung

116   Der Rechtsausschuss hat am 20. Juni 2007 seine Beschlussempfehlung zu Art. 4 wie folgt begründet:[259]

„Zu Art. 4 Abs. 1: Die Änderung enthält lediglich eine Klarstellung dahingehend, dass § 153 insgesamt anwendbar ist, wenn eine Überschussbeteiligung vereinbart ist. Zudem

---

[257] BT-Drucks. 16/3945, S. 119.
[258] BT-Drucks. 16/5862, S. 71.
[259] BT-Drucks. 16/5862, 100/101.

wird der bislang versehentlich nicht erfasste § 153 Abs. 4 einbezogen. Inhaltliche Änderungen ergeben sich hieraus nicht.

Zu Art. 4 Abs. 2: Der neue § 169 VVG soll nur für Verträge gelten, die nach dem Inkrafttreten des Versicherungsvertragsgesetzes abgeschlossen werden. Für Altverträge bleibt es bei der Anwendung des bis zum 31. Dezember 2007 geltenden Rechts in seiner Ausprägung durch die Rechtsprechung.

Zu Art. 4 Abs. 3: Der neue § 173 VVG entspricht einem dringenden Bedürfnis der Praxis. Die Regelung, die mit der Formulierung des Regierungsentwurfs miterfasst und ausgeschlossen wird, soll deswegen auch auf Altverträge anwendbar sein. Im Übrigen bleibt es bei der Regelung des Regierungsentwurfs."

C. Verordnung über Informationspflichten bei Versicherungsverträgen (VVG-Informationspflichtenverordnung – VVG-InfoV)

vom 18. Dezember 2007 (BGBl. I S. 3004)

Übersicht

	Rdn.
I. Vorbemerkung	1–9
1. Regelungszweck	1
2. Rechtliche Einordnung	2
3. Befugnisse der Versicherungsaufsicht	3
4. Stellung des Versicherungsmaklers	4
5. Kostendarstellung in der Lebensversicherung	5–9
a) Ausweis der Abschluss- und Verwaltungskosten	5
b) Renditeangabe	6
c) Reformbestrebungen	7
d) Rechtsvergleichung	8
6. Internetversicherung	9
II. VVG-Informationspflichtenverordnung vom 18. Dezember 2007	10–16
Anhang	17–19
1. Produktinformationsblatt zur Rentenversicherung	17
2. Produktinformationsblatt zur Fondsgebundenen Rentenversicherung	18
3. Produktinformationsblatt zur Rentenversicherung mit Berufsunfähigkeits-Zusatzversicherung	19

Schrifttum: *Brömmelmeyer*, Vorvertragliche Informationspflichten des Versicherers – insbesondere in der Lebensversicherung, VersR 2009, 584; *Castellvi*, Der Kostenausweis in der kapitalbildenden Versicherung nach der VVG-InfoV, r+s 2009, 1; *Franz*, Das Versicherungsvertragsrecht im neuen Gewand – Die Neuregelungen und ausgewählte Probleme –, VersR 2008, 298; *Heilmann*, Informationspflichtenverordnung, Transparenz und Kosten, in: Mannheimer Vorträge zur Versicherungswissenschaft, Bd. 87, Karlsruhe, VVW, 2008; *Hillenbrand*, Beschert die Informationspflichtenverordnung dem Versicherungsmakler Prozessvorteile?, VW 2007, 1553; *Lang/Kühne*, Anlegerschutz und Finanzkrise – noch mehr Regeln? – Zu den Gesetzesinitiativen des BMJ und des BMELV u. a. im Rahmen des Gesetzes zur Neuregelung der Rechtsverhältnisse bei Schuldverschreibungen aus Gesamtemissionen und zur verbesserten Durchsetzbarkeit von Ansprüchen von Anlegern aus Falschberatung (SchVG) –, WM 2009, 1301; *Lensing*, Die Vergütung von Rechtsdienstleistungen des Versicherungsmaklers nach § 34d Abs. 1 Satz 4 GewO, ZfV 2009, 16; *Masuch*, Neues Muster für Widerrufsbelehrungen, NJW 2008, 1700; *Michaelis*, Muss der Versicherungsmakler prüfen, ob der Versicherer seine Informationspflichten nach der VVG-InfoV erfüllt?, AssCompact Dezember 2008, 122; *Ortmann*, Werden Kosten von Lebensversicherungen transparent? – Ein Beitrag zur Kostentransparenz bei Lebensversicherungen unter Berücksichtigung des Renditeeffekts nach GDV und der Effektivkosten nach ITA, VuR 2008, 256; *Präve*, Die VVG-Informationspflichtenverordnung, VersR 2008, 151; *Ras*, Mangelnde Transparenz birgt Vermittlerrisiko – Beispielrechnungen bei Fondspolicen irreführend – Ein kritisches Plädoyer für Kostenklarheit, ZfV 2008, 430; *Römer*, Was bringt das neue VVG Neues zur Lebensversicherung?, r+s 2008, 405; *Schwintowski*, Erste Erfahrungen mit Kostentransparenz und Produktinformationsblatt nach der VVG-InfoV, VuR 2008, 250; *Schwintowski/Ortmann*, Kostentransparenz in der Lebensversicherung – eine empirisch-normative Analyse, VersR 2009, 728; *Surminski*, Der neue „Renditeeffekt": Mehr Transparenz und weniger Lebensversicherer?, ZfV 2008, 248; *Tremmel*, GDV: Produktinformationsblatt, AssCompact 2008, 134.

C. VVG-Informationspflichtenverordnung   1 VVG-InfoV

I. Vorbemerkung

1. Regelungszweck

Auf Grund des § 7 Abs. 2 und 3 des Versicherungsvertragsgesetzes vom 23. November 2007[1] hat das Bundesministerium der Justiz im Einvernehmen mit dem Bundesministerium der Finanzen und im Benehmen mit dem Bundesministerium für Ernährung, Landwirtschaft und Verbraucherschutz die VVG-InfoV vom 18. Dezember 2007 verordnet und sie im Allgemeinen Teil wie folgt begründet:[2]

„Durch § 7 Abs. 2 des Versicherungsvertragsgesetzes (VVG) in der Fassung des Gesetzes zur Reform des Versicherungsvertragsrechts vom 23. November 2007 (BGBl. I, S. 2631) wird das Bundesministerium der Justiz ermächtigt, im Einvernehmen mit dem Bundesministerium der Finanzen und im Benehmen mit dem Bundesministerium für Ernährung, Landwirtschaft und Verbraucherschutz durch Rechtsverordnung ohne Zustimmung des Bundesrates die vom Versicherer vor Abschluss des Versicherungsvertrages mitzuteilenden Informationen zu regeln.

Im Einzelnen wird durch die Verordnung bestimmt,
– welche Einzelheiten des Vertrags, insbesondere zum Versicherer, zur angebotenen Leistung und zu den Allgemeinen Versicherungsbedingungen sowie zum Bestehen eines Widerrufsrechts, dem Versicherungsnehmer mitzuteilen sind (§ 1);
– welche weiteren Informationen dem Versicherungsnehmer bei der Lebensversicherung, insbesondere über die zu erwartenden Leistungen, ihre Ermittlung und Berechnung, über eine Modellrechnung, über den Rückkaufswert und das Ausmaß, in dem er garantiert ist, sowie über die Abschluss- und Vertriebskosten, soweit eine Verrechnung mit Prämien erfolgt, und über sonstige Kosten, mitzuteilen sind (§ 2);
– welche weiteren Informationen bei der Krankenversicherung, insbesondere über die Prämienentwicklung und -gestaltung sowie die Abschluss- und Vertriebskosten, mitzuteilen sind (§ 3);
– in welcher Art und Weise die Informationen zu erteilen sind (§ 4); hierbei wird insbesondere die Erteilung eines Produktinformationsblattes vorgesehen;
– was dem Versicherungsnehmer mitzuteilen ist, wenn der Versicherer mit ihm telefonisch Kontakt aufgenommen hat (§ 5);
– was der Versicherer während der Laufzeit des Vertrages in Textform mitteilen muss (§ 6).

Die Verordnung gilt für alle in Deutschland vermarkteten Versicherungsverträge.

Die Ermächtigung des Bundesministeriums der Justiz wird weitgehend durch die Vorgaben der in Bezug genommenen EG-Richtlinien konkretisiert. So sind bei der Festlegung der Mitteilung der vorgeschriebenen Angaben nach der Richtlinie 92/49/EWG des Rates vom 18. Juni 1992 zur Koordinierung der Rechts- und Verwaltungsvorschriften für die Direktversicherung (mit Ausnahme der Lebensversicherung) sowie zur Änderung der Richtlinien 73/239/EWG und 88/357/EWG (AB1EG Nr. L 228 S. 1) und der Richtlinie 2002/83/EG des Europäischen Parlaments und des Rates vom 5. November 2002 über Lebensversicherungen (AB1EG Nr. L 345 S. 1) zu beachten, die schon bislang in Anlage D, Abschnitt I zum Versicherungsaufsichtsgesetz (VAG) umgesetzt waren. Berücksichtigt werden auch die Vorgaben der Richtlinie 2002/65/EG des Europäischen Parlaments und des Rates vom 23. September 2002 über den Fernabsatz von Finanzdienstleistungen an Verbraucher und zur Änderung der Richtlinie 90/619/EWG des Rates und der Richtlinien 97/7/EG und 98/27/EG (AB1EG Nr. L 271 S. 16), die bislang in der Anlage zu § 48b VVG a. F. umgesetzt waren. Diese werden nunmehr im Sinne einer einheitlichen Behandlung auf alle Versicherungsverträge – unabhängig vom Vertriebsweg – erstreckt. Weitere, von der Verordnung vorgeschriebene Informationen ergeben sich aus dem Umfang der gesetzlichen Ermächtigung und den Vorgaben des VVG, die unter anderem über den Teil über – insoweit nicht abschließenden – Richtlinien hinausgehen. Dies betrifft vor allem die Informationen zur Berechnung von Rückkaufswerten bei der Lebensversicherung, zur Höhe der Abschluss- und Vertriebskosten sowie der vorgesehenen Modellrechung.

---

[1] BGBl. I S. 2631.
[2] Siehe VersR 2008, 183, 186.

Der Verordnungstext übernimmt in erster Linie und weitgehend unverändert die bestehenden, bislang in den Anlagen zum VAG sowie zum VVG enthaltenen Regelungen, die sich in der Praxis bewährt haben. Diese werden nunmehr in den §§ 1 bis 3 zusammengeführt, wobei sich die Systematik jetzt im wesentlichen an den bisherigen Vorschriften für Fernabsatzgeschäfte (Anlage zu § 48b VVG a. F.) orientiert. Die neuen Informationspflichten gelten einheitlich für alle Versicherungsverträge; die Unterscheidung zwischen Fernabsatzgeschäften und Versicherungsverträgen, die auf konventionellem Vertriebsweg geschlossen werden, entfällt. Da der Umfang der zu erteilenden Informationen weitgehend durch europäisches Recht vorgegeben ist und die bisherigen Regelungen diesem Erfordernis beanstandungslos entsprechen, waren grundlegende inhaltliche Änderungen nicht angezeigt. Lediglich einige vereinzelte Bestimmungen der neuen Verordnung sind über das geltende Recht hinaus durch erläuternde Zusätze präzisiert und, soweit dies unter dem Gesichtspunkt des Verbraucherschutzes angezeigt schien, im Einzelfall um weiterreichende Vorgaben ergänzt worden; insoweit wird auf die Erläuterungen der jeweiligen Einzelvorschrift verwiesen. Darüber hinaus waren kleinere Korrekturen im Wortlaut einzelner Bestimmungen durch die infolge des Zusammenführens der bislang getrennten Vorschriften bedingten Überschneidungen im Regelungsgehalt veranlasst; inhaltliche Änderungen des geltenden Rechts sind hiermit ebenfalls nicht verbunden.

Eine durch die Verordnung erstmals begründete wesentliche Neuerung ist – neben den Ausführungsvorschriften zu den Informationspflichten im Bereich der Lebensversicherung (§ 2 Abs. 2 und 3) – die Einführung einer Verpflichtung der Versicherer, den zu erteilenden Informationen ein „Produktinformationsblatt" voranzustellen (§ 4). Damit wird einer vielfach geäußerten Forderung Rechnung getragen, wonach dem Versicherungsnehmer vor Vertragsschluss ein Merkblatt ausgehändigt werden soll, in welchem die für seine Entscheidung maßgeblichen Einzelheiten des Vertrages in kurzer, prägnanter und verständlicher Weise erläutert werden. Die zu erteilenden Informationen werden in § 4 Abs. 2 abschließend aufgezählt; Inhalt und Darstellung des Produktinformationsblattes haben den in § 4 Abs. 3 genannten Anforderungen zu genügen. Die in § 4 aufgestellten Vorgaben sind generell gehalten, da die Vorschriften der Verordnung auf alle Versicherungsverträge Anwendung finden. Es obliegt dem einzelnen Versicherer, in Erfüllung dieser Vorgaben die in Abhängigkeit des von ihm angebotenen Produktes zu erteilenden Informationen in einer den Anforderungen der Verordnung entsprechenden Darstellung dem Versicherungsnehmer zur Verfügung zu stellen."

Mit der VVG-InfoV wird die Informationsverbesserung verordnet, die schon einmal im Wege einer Aufklärungsbroschüre erreicht werden sollte, die z. B. auf die Bedeutung der Kosten des Vertragsabschlusses und auf die Form der Deckung dieser Kosten eingeht.[3]

2. Rechtliche Einordnung

2   Die Bestimmungen der VVG-InfoV[4] stellen weder Verbotsgesetze im Sinne des § 134 BGB noch Schutzgesetze im Sinne von § 823 Abs. 2 BGB dar.[5] Auch lässt sich keine Sittenwidrigkeit im Sinne von § 138 BGB begründen, wenn die Vorschriften der VVG-InfoV verletzt werden.[6]

3. Befugnisse der Versicherungsaufsicht

3   Die Versicherungsaufsicht kann im Rahmen von § 81 Abs. 2 Satz 1 VAG in Verbindung mit § 81 Abs. 1 Satz 4 VAG einschreiten, wenn den Vorgaben der VVG-InfoV zuwidergehandelt und der Geschäftsbetrieb so ausgerichtet wird, dass keine oder nur unzureichende Informationen gegeben werden.[7] Dasselbe gilt,

---

[3] *Diederich*, Markttransparenz und Verbraucherschutz in der Lebensversicherung, Karlsruhe, VVW, 1984, S. 11.
[4] Zur BGB-Informationspflichten-Verordnung siehe *Masuch* NJW 2008, 1700.
[5] *Präve* VersR 2008, 151, 152.
[6] *Präve* VersR 2008, 151, 152.
[7] *Präve* VersR 2008, 151, 152.

C. VVG-Informationspflichtenverordnung   4–6 VVG-InfoV

wenn der Versicherer regelmäßig die rechtzeitige Übermittlung der Informationen unterlässt.[8]

4. Stellung des Versicherungsmaklers

Der Versicherungsmakler ist der Erklärungs- und Empfangsbote des Versicherungsnehmers.[9] Die Informationen nach der VVG-InfoV gelten mit Eingang beim Versicherungsmakler als dem Versicherungsnehmer zugegangen.[10] Der Versicherungsmakler hat die vom Versicherer erteilten Informationen einer Plausibilitätsprüfung zu unterziehen.[11]   4

5. Kostendarstellung in der Lebensversicherung

a) **Ausweis der Abschluss- und Verwaltungskosten.** Die in die Bruttobeiträge einkalkulierten Abschlusskosten sind als einheitlicher Gesamtbetrag gemäß § 2 Abs. 1 Nr. 1 VVG-InfoV anzugeben, weil sie bei gezillmerten Tarifen ungleichmäßig auf die Beiträge verteilt werden.[12] Die Provision muss als unselbständiger Bestandteil der Abschlusskosten nicht gesondert beziffert werden.[13] Alle anderen in die Prämie einkalkulierten Kosten, d.h. vor allem die Verwaltungskosten, sind als Anteil der Jahresprämie unter Angabe der jeweiligen Laufzeit auszuweisen.[14] Ratenzahlungszuschläge sollen nicht unter die sonstigen Kosten im Sinne von § 2 Abs. 1 Nr. 2 VVG-InfoV fallen.[15] Die Kostenangaben haben grundsätzlich in Euro, d.h. in absoluten Beträgen zu erfolgen.[16] Für den potenziellen Kunden liegt in diesen Angaben nur ein begrenzter Erkenntniswert, da ein Vergleich mit Angeboten anderer Unternehmen dadurch in der Praxis kaum möglich ist.[17] Außerdem ist der Erkenntniswert über die Kosten des betreffenden Vertrages gering, weil „nur" die einkalkulierten, also nicht die für den jeweiligen Vertrag tatsächlich entstehenden Abschlusskosten angegeben werden müssen.[18] Insgesamt ist aber den Forderungen nach Verbesserung der Kostentransparenz Rechnung getragen.[19]   5

b) **Renditeangabe.** Es wird erwartet, dass die Lebensversicherer nicht nur einen Ausweis der für den jeweiligen Vertrag einkalkulierten Abschluss- und Verwaltungskosten vornehmen, sondern, wo sinnvoll und zweckmäßig, eine Darstellung des durch die Verwaltungskosten verursachten Renditeeffekts vornehmen.[20] Dieser Renditeeffekt gibt an, wie viel Prozentpunkte der möglichen Rendite durch die Kosten verbraucht werden, oder anders formuliert, mit welchem Kostensatz das Guthaben im Mittel belastet ist.[21] Erstmals erlaubt der Renditeeffekt einen direkten Vergleich zwischen den mit Lebensversicherungsverträgen verbun-   6

---

[8] *Präve* VersR 2008, 151, 152.
[9] *Hillenbrand* VW 2007, 1553, 1555.
[10] *Hillenbrand* VW 2007, 1553, 1555.
[11] *Michaelis* AssCompact Dezember 2008, 122, 123.
[12] *Brömmelmeyer* VersR 2009, 584, 588 f.
[13] *Brömmelmeyer* VersR 2009, 584, 589; *Castellvi* r+s 2009, 1, 3.
[14] *Brömmelmeyer* VersR 2009, 584, 589.
[15] *Leverenz*, Vertragsschluss nach der VVG-Reform, Karlsruhe, VVW, 2008, S. 42; *Armbrüster* in: Münchener Komm. VVG, Bd. 1, 1. Aufl., 2010, § 2 VVG-InfoV Rdn. 20, S. 818.
[16] *Brömmelmeyer* VersR 2009, 584, 589.
[17] *Römer* r+s 2008, 405, 409.
[18] *Römer* r+s 2008, 405, 409; *Franz* VersR 2008, 298, 300; *Lensing* ZfV 2009, 16, 18.
[19] Siehe für die Aufklärungs- und Informationspflichten der Kreditwirtschaft im Hinblick auf die Vergütungs- bzw. Zuwendungspraxis *Lang/Kühne* WM 2009, 1301, 1305.
[20] *Heilmann*, Informationspflichtenverordnung, Transparenz und Kosten, 2008, S. 16; krit. dazu *Brömmelmeyer* VersR 2009, 584, 590; *Schwintowski/Ortmann* VersR 2009, 728, 732.
[21] *Surminski* ZfV 2008, 248.

VVG-Info V 7–9

denen laufenden Kosten und den als Total Expense Ratio (TER) ausgewiesenen Kosten von Investmentfonds.[22]

7   **c) Reformbestrebungen.** *Hohlfeld,* der frühere Präsident des BAV, sprach sich schon 1993 für eine Änderung des geltenden Provisionssystems aus. Würde das gegenwärtig praktizierte System hoher Abschlusskosten abgebaut und durch höhere Bestandspflegeprovisionen ersetzt werden, wären Versicherungsvermittler stärker an zufriedenen Versicherungskunden interessiert.[23] Der Vizepräsident im Bundesverband Deutscher Versicherungskaufleute e.V., *Heinz,* wies in einem Vortrag am 1. Juli 1999 darauf hin, dass gerade im Bereich der Lebensversicherung die hohe einmalige Abschlussprovision die Ausbreitung unsauberer Vertriebswege („Drückerkolonnen") fördere, die mit ursächlich für das anhaltend schlechte Image von Versicherungsvermittlern seien. Generell bestehe die Gefahr der Provisionsabgabe an den Versicherungsnehmer. Insbesondere bei Kreditinstituten finde häufig eine versteckte Provisionsabgabe bei der Verknüpfung von Produkten in Form von besseren Finanzierungskonditionen bei Sicherung einer Darlehensfinanzierung durch eine Lebensversicherung statt.[24] Diese Überlegungen wurden nicht aufgegriffen. Im Gegenteil wird keine Notwendigkeit gesehen, das derzeitige Provisionssystem in der Lebensversicherung zu reformieren.[25]

8   **d) Rechtsvergleichung.** In Großbritannien ist die Offenlegung der Provisionen seit 1994 Pflicht, wird aber von den Kunden mehr oder weniger ignoriert.[26] Inzwischen hat sich die britische Aufsicht FSA in einem „Consultation Paper" für ein Verbot von Courtagen bei den unabhängigen Vermittlern von Finanzprodukten und Lebensversicherungen ausgesprochen.[27]

6. Internetversicherung

9   Internetversicherer müssen nicht zwingend auf ihren Internetseiten eine Telefonnummer angeben.[28] Es reicht aus, wenn der Anbieter eine elektronische Anfragemaske einrichtet, über die sich der Nutzer des Dienstes im Internet an den Versicherer wenden kann.[29] Nur wenn ein Zugang zum elektronischen Netz nicht möglich ist, muss auf Anforderung des Kunden auch ein nichtelektronischer Kommunikationsweg eröffnet werden.[30]

---

[22] *Tremmel* AssCompact 2008, 134.
[23] *Hohlfeld,* Wie schützt sich der Versicherungskunde im europäischen Binnenmarkt?, in: Die Entwicklung des Verbraucherschutzes bei Versicherungsverträgen, Karlsruhe, VVW, 1993, S. 47, 51.
[24] *Heinz,* Provisionssysteme – Bestimmungsgrößen und Elemente der Vergütung von Ausschließlichkeitsvertretern, in: Aktuelle Fragen in der Versicherungswirtschaft, Leipziger Versicherungsseminare, Heft 1, hrsg. v. Fred Wagner, Karlsruhe, VVW, 2000, S. 85, 90.
[25] *H. Jäger,* Ist das Provisionssystem in der Lebensversicherung reformbedürftig?, in: Berliner Reihe, Heft 20, Karlsruhe, VVW, 2000, S. 31, 46; *Karten,* Ist das Provisionssystem in der Lebensversicherung reformbedürftig?, in: Berliner Reihe, Heft 20, Karlsruhe, VVW, 2000, S. 47, 61.
[26] *Skudlik,* Vertriebs-Aufsicht nach Art der Briten: Schreckens-Szenario für den Vertrieb oder bald Realität in Deutschland?, VW 1996, 1638, 1640.
[27] *Surminski,* Abschaffung der Courtagen: Britische Aufsicht mit Radikalkonzept – Was kommt auf die deutschen Vermittler zu?, ZfV 2009, 463.
[28] EuGH, Urt. v. 16. 10. 2008 – C-298/07, S. 7.
[29] EuGH, Urt. v. 16. 10. 2008 – C-298/07, S. 7.
[30] EuGH, Urt. v. 16. 10. 2008 – C-298/07, S. 7.

II. VVG-Informationspflichtenverordnung vom 18. Dezember 2007[31]

§ 1 Informationspflichten bei allen Versicherungszweigen

(1) Der Versicherer hat dem Versicherungsnehmer gemäß § 7 Abs. 1 Satz 1 des Versicherungsvertragsgesetzes folgende Informationen zur Verfügung zu stellen:

1. die Identität des Versicherers und der etwaigen Niederlassung, über die der Vertrag abgeschlossen werden soll; anzugeben ist auch das Handelsregister, bei dem der Rechtsträger eingetragen ist, und die zugehörige Registernummer;
2. die Identität eines Vertreters des Versicherers in dem Mitgliedstaat der Europäischen Union, in dem der Versicherungsnehmer seinen Wohnsitz hat, wenn es einen solchen Vertreter gibt, oder die Identität einer anderen gewerblich tätigen Person als dem Anbieter, wenn der Versicherungsnehmer mit dieser geschäftlich zu tun hat, und, die Eigenschaft, in der diese Person gegenüber dem Versicherungsnehmer tätig wird;
3. die ladungsfähige Anschrift des Versicherers und jede andere Anschrift, die für die Geschäftsbeziehung zwischen dem Versicherer, seinem Vertreter oder einer anderen gewerblich tätigen Person gemäß Nummer 2 und dem Versicherungsnehmer maßgeblich ist, bei juristischen Personen, Personenvereinigungen oder -gruppen auch den Namen eines Vertretungsberechtigten;
4. die Hauptgeschäftstätigkeit des Versicherers;
5. Angaben über das Bestehen eines Garantiefonds oder anderer Entschädigungsregelungen, die nicht unter die Richtlinie 94/19/EG des Europäischen Parlaments und des Rates vom 30. Mai 1994 über Einlagensicherungssysteme (Abl.EG Nr. L 135 S. 5) und die Richtlinie 97/9/EG des Europäischen Parlaments und des Rates vom 3. März 1997 über Systeme für die Entschädigung der Anleger (Abl.EG Nr. L 84 S. 22) fallen; Name und Anschrift des Garantiefonds sind anzugeben;
6. a) die für das Versicherungsverhältnis geltenden Allgemeinen Versicherungsbedingungen einschließlich der Tarifbestimmungen);
   b) die wesentlichen Merkmale der Versicherungsleistung, insbesondere Angaben über Art, Umfang und Fälligkeit der Leistung des Versicherers;
7. den Gesamtpreis der Versicherung einschließlich aller Steuern und sonstigen Preisbestandteile, wobei die Prämien einzeln auszuweisen sind, wenn das Versicherungsverhältnis mehrere selbständige Versicherungsverträge umfassen soll, oder, wenn ein genauer Preis nicht angegeben werden kann, Angaben zu den Grundlagen seiner Be-

---

[31] BGBl. I S. 3004. Die Verordnung dient der Umsetzung der Richtlinie 92/49/EWG des Rates vom 18. Juni 1992 zur Koordinierung der Rechts- und Verwaltungsvorschriften für die Direktversicherung (mit Ausnahme der Lebensversicherung) sowie zur Änderung der Richtlinien 73/239/EWG (Abl.EG Nr. L 228 S. 1), der Richtlinie 2002/65/EG des Europäischen Parlaments und des Rates vom 23. September 2002 über den Fernabsatz von Finanzdienstleistungen an Verbraucher und zur Änderung der Richtlinie 90/619/EWG des Rates und der Richtlinien 97/7/EG und 98/27/EG (Abl.EG Nr. L 271 S. 16) sowie der Richtlinie 2002/83/EG des Europäischen Parlaments und des Rates vom 5. November 2002 über Lebensversicherungen (Abl.EG Nr. L 345 S. 1).

rechnung, die dem Versicherungsnehmer eine Überprüfung des Preises ermöglichen;
8. gegebenenfalls zusätzlich anfallende Kosten unter Angabe des insgesamt zu zahlenden Betrages sowie mögliche weitere Steuern, Gebühren oder Kosten, die nicht über den Versicherer abgeführt oder von ihm in Rechnung gestellt werden; anzugeben sind auch alle Kosten, die dem Versicherungsnehmer für die Benutzung von Fernkommunikationsmitteln entstehen, wenn solche zusätzlichen Kosten in Rechnung gestellt werden;
9. Einzelheiten hinsichtlich der Zahlung und der Erfüllung, insbesondere zur Zahlungsweise der Prämien;
10. die Befristung der Gültigkeitsdauer der zur Verfügung gestellten Informationen, beispielsweise die Gültigkeitsdauer befristeter Angebote, insbesondere hinsichtlich des Preises;
11. gegebenenfalls den Hinweis, dass sich die Finanzdienstleistung auf Finanzinstrumente bezieht, die wegen ihrer spezifischen Merkmale oder der durchzuführenden Vorgänge mit speziellen Risiken behaftet sind, oder deren Preis Schwankungen auf dem Finanzmarkt unterliegt, auf die der Versicherer keinen Einfluss hat, und dass in der Vergangenheit erwirtschaftete Beträge kein Indikator für künftige Erträge sind; die jeweiligen Umstände und Risiken sind zu bezeichnen;
12. Angaben darüber, wie der Vertrag zustande kommt, insbesondere über den Beginn der Versicherung und des Versicherungsschutzes sowie die Dauer der Frist, während der der Antragsteller an den Antrag gebunden sein soll;
13. das Bestehen oder Nichtbestehen eines Widerrufsrechts sowie die Bedingungen, Einzelheiten der Ausübung, insbesondere Namen und Anschrift derjenigen Person, gegenüber der der Widerruf zu erklären ist, und die Rechtsfolgen des Widerrufs einschließlich Informationen über den Betrag, den der Versicherungsnehmer im Falle des Widerrufs gegebenenfalls zu zahlen hat;
14. Angaben zur Laufzeit und gegebenenfalls zur Mindestlaufzeit des Vertrages;
15. Angaben zur Beendigung des Vertrages, insbesondere zu den vertraglichen Kündigungsbedingungen einschließlich etwaiger Vertragsstrafen;
16. die Mitgliedstaaten der Europäischen Union, deren Recht der Versicherer der Aufnahme von Beziehungen zum Versicherungsnehmer vor Abschluss des Versicherungsvertrages zugrunde legt;
17. das auf den Vertrag anwendbare Recht, eine Vertragsklausel über das auf den Vertrag anwendbare Recht oder über das zuständige Gericht;
18. die Sprachen, in welchen die Vertragsbedingungen und die in dieser Vorschrift genannten Vorabinformationen mitgeteilt werden, sowie die Sprachen, in welchen sich der Versicherer verpflichtet, mit Zustimmung des Versicherungsnehmers die Kommunikation während der Laufzeit dieses Vertrages zu führen;
19. einen möglichen Zugang des Versicherungsnehmers zu einem außergerichtlichen Beschwerde- und Rechtsbehelfsverfahren und gegebenenfalls die Voraussetzungen für diesen Zugang; dabei ist ausdrücklich darauf hinzuweisen, dass die Möglichkeit für den Versicherungsnehmer, den Rechtsweg zu beschreiten, hiervon unberührt bleibt;

20. Name und Anschrift der zuständigen Aufsichtsbehörde sowie die Möglichkeit einer Beschwerde bei dieser Aufsichtsbehörde.

(2) Soweit die Mitteilung durch Übermittlung der Vertragsbestimmungen einschließlich der Allgemeinen Versicherungsbedingungen erfolgt, bedürfen die Informationen nach Absatz 1 Nr. 3, 13 und 15 einer hervorgehobenen und deutlich gestalteten Form.

In der Verordnungsbegründung heißt es zu § 1 VVG-InfoV:[32]   10

„Die Vorschrift bestimmt, welche Informationspflichten der Versicherer in sämtlichen Versicherungszweigen zu erfüllen hat. Rechtsgrundlage ist § 7 Abs. 2 Satz 1 Nr. 1 VVG. Berücksichtigt werden die Vorgaben aus Artikel 3 der Richtlinie 2002/65/EG, aus Artikel 31 der Richtlinie 92/49/EWG sowie aus Artikel 36 und Anhang III der Richtlinie 2002/83/EG. Inhaltlich entspricht die Vorschrift im wesentlichen den Bestimmungen der Anlage zu § 48 b VVG sowie Abschnitt 1 Nr. 1 der Anlage zu § 10 a VAG.

Absatz 1 nennt die im Einzelnen zu erteilenden Informationen. Diese untergliedern sich in Informationen zum Versicherer (Nummern 1 bis 5), Informationen zur angebotenen Leistung (Nummern 6 bis 11), Informationen zum Vertrag (Nummern 12 bis 18) sowie Informationen zum Rechtsweg (Nummern 19 und 20).

Informationen zum Versicherer:

Die Nummern 1 bis 3 übernehmen die Vorgaben von Anhang III zu Artikel 36 der Richtlinie 2002/83/EG, die bislang in Anlage D, Abschnitt I, Nr. 1 a) zu § 10 a VAG umgesetzt waren; zugleich wird damit den Vorgaben für Fernabsatzverträge von Artikel 3 Nr. 1 der Richtlinie 2002/65/EG (bislang Nummer 1 a bis c der Anlage zu § 48 b VVG a. F.) entsprochen.

Nummer 4 entspricht Nummer 2 a der Anlage zu § 48 b VVG a. F., wobei der Hinweis auf die für die Zulassung des Versicherers zuständige Aufsichtsbehörde wegen Sachzusammenhanges mit dem Hinweis auf die Beschwerdemöglichkeit nach Nummer 20 ausgegliedert wurde.

Nummer 5 übernimmt Nummer 2 h der Anlage zu § 48 b VVG a. F. und erfasst damit zugleich die bislang in Anlage D, Abschnitt I, Nr. 1 i der Anlage zu § 10 a VAG enthaltene Informationspflicht; klargestellt wird jetzt auch, dass nicht lediglich über die Zugehörigkeit zu einem Garantiefonds Auskunft zu erteilen ist, sondern dass zudem Name und Anschrift des Garantiefonds anzugeben sind. Die Vorschrift unterscheidet nicht danach, ob es sich um einen deutschen oder einen ausländischen Garantiefonds handelt.

Informationen zur angebotenen Leistung:

Nummer 6 a bestimmt, dass der Versicherer dem Versicherungsnehmer die für das Versicherungsverhältnis geltenden Allgemeinen Versicherungsbedingungen einschließlich der Tarifbestimmungen zur Verfügung zu stellen hat. Diese Informationspflicht war bislang in Nummer 1 c der Anlage D, Abschnitt I zu § 10 a VAG enthalten. Die dort ebenfalls vorgesehene Verpflichtung zur Angabe des auf den Vertrag anwendbaren Rechts ist wegen Sachzusammenhanges nach Nummer 17 ausgegliedert worden.

Nummer 6 b übernimmt die bislang für Fernabsatzverträge in Nummer 1 d der Anlage zu § 48 b VVG a. F. enthaltene Verpflichtung, den Versicherungsnehmer über die wesentlichen Merkmale der Versicherung aufzuklären. Diese Verpflichtung wird dahingehend konkretisiert, dass insbesondere über die ausdrücklich genannten Umstände (Angaben über Art, Umfang und Fälligkeit der Leistung) aufzuklären ist. Diese Aufzählung übernimmt die bislang in Anlage D, Abschnitt I, Nr. 1 c zu § 10 a VAG enthaltene Regelung. Sie gibt zwingende Angaben vor, ist jedoch nicht abschließend, denn der aus Nr. 1 d der Anlage zu § 48 b VVG a. F. stammende Begriff „wesentliche Merkmale der Versicherung" ist – im Einklang mit der bisherigen Rechtslage bei Fernabsatzgeschäften – unter Berücksichtigung des konkret angebotenen Vertrages im Einzelfall auszufüllen (vgl. MünchKomm/Wendehorst, BGB, 4. Aufl., § 1 BGBInfoV, Rn. 22; im diesem Sinne auch LG Magdeburg, NJW-RR 2003, 409, zu § 2 Abs. 2 Nr. 2 FernabsG). Durch das Abstellen auf den Oberbegriff der „wesentlichen Merkmale" wird auch insoweit eine einheitliche Behandlung aller Versiche-

---
[32] VersR 2008, 1183, 187.

rungsverträge unabhängig vom Vertriebsweg erreicht. Eine merkbare zusätzliche Belastung der Versicherer wird dadurch nicht begründet, da diese Informationen auch schon bislang bei Fernabsatzgeschäften gegeben werden mussten. Aus denselben Erwägungen und im Sinne eines effektiven Verbraucherschutzes ist die bislang in Anlage D, Abschnitt I, Nr. 1 c zu § 10 a VAG vorgesehene Verzichtbarkeit von Angaben über Art, Umfang und Fälligkeit der Leistung des Versicherers bei Verwendung allgemeiner Versicherungsbedingungen oder Tarifbestimmungen entfallen.

Die Nummern 7 bis 9 enthalten Vorgaben zu den erforderlichen Angaben hinsichtlich des Preises und der Kosten. Die Bestimmungen übernehmen die Regelungen von Anlage D, Abschnitt I, Nr. 1 e zu § 10 a VAG sowie von Nummer 1 f bis h der Anlage zu § 48 b VVG a. F. Unter dem in Nummer 7 genannten Gesamtpreis der Versicherung ist die vom Versicherungsnehmer für einen bestimmten, ausdrücklich zu nennenden Zeitraum zu entrichtende Bruttoprämie (einschließlich aller Steuern und sonstigen Prämienbestandteile) zu verstehen, die sich ergibt, wenn der konkret beantragte Versicherungsvertrag zum vorgesehenen Zeitpunkt geschlossen wird. Anzugeben sind schließlich auch die in Nummer 1 j der Anlage zu § 48 b VVG a. F. genannten Kosten der Benutzung von Fernkommunikationsmitteln, wobei im Hinblick auf den Wortlaut der Richtlinie auf eine Beschränkung auf diejenigen Kosten, die über die üblichen Grundtarife hinausgehen, verzichtet wurde.

Nummer 10 entspricht Nummer 1 k der Anlage zu § 48 b VVG a. F.; Nummer 11 übernimmt Nummer 2 b der Anlage zu § 48 b VVG a. F.

Informationen zum Vertrag:

Nummer 12 übernimmt für alle Versicherungsverträge die bislang schon für Fernabsatzgeschäfte in Nummer 1 d der Anlage zu § 48 b VVG a. F. enthaltene Verpflichtung, anzugeben, wie der Vertrag zustande kommt. Eine allgemeine Regelung erscheint bereits deshalb angebracht, da hinsichtlich des Zustandekommens von Versicherungsverträgen Besonderheiten bestehen können, die dem durchschnittlichen Versicherungsnehmer nicht zwangsläufig bekannt sein müssen. Insbesondere soll darauf hingewiesen werden, wann der Vertrag beginnt und ab welchem Zeitpunkt Versicherungsschutz besteht. Soweit der Versicherungsnehmer den Antrag auf Abschluss eines Versicherungsvertrages gestellt hat, von dem Versicherer angenommen werden muss, besteht die aus Anlage D, Abschnitt I, Nr. 1 f zu § 10 a VAG übernommene Verpflichtung, ihn über die Dauer der Frist zu belehren, während der er an seinen Antrag gebunden sein soll, fort.

Nummer 13 schreibt eine umfassende Aufklärung über das neue Widerrufsrecht (§§ 8, 9 VVG) vor. Die Vorschrift ersetzt die bislang für Fernabsatzverträge geltende Nummer 1 i der Anlage zu § 48 b VVG a. F. sowie die in Anlage D, Abschnitt I, Nr. 1 g zu § 10 a VAG enthaltene Bestimmung.

Nummer 14 fordert Angaben zur Laufzeit des Vertrages. Die Regelung übernimmt die Bestimmung aus Anlage D, Abschnitt I, Nr. 1 d zu § 10 a VAG und steht zugleich im Einklang mit der bisherigen Nummer 1 e der Anlage zu § 48 b VVG a. F.

Nummer 15 verlangt Angaben zur Beendigung des Vertrages, insbesondere zum Kündigungsrecht des Versicherungsnehmers. Der Versicherungsnehmer soll darüber aufgeklärt werden, wie lange der Versicherungsschutz andauert und unter welchen Bedingungen er den Vertrag einseitig beenden kann. Die Regelung erfasst in verallgemeinerter Form die bisherige Nummer 2 c der Anlage zu § 48 b VVG a. F.

Die Nummern 16 bis 18 entsprechen Nummer 2 d bis f der Anlage zu § 48 b VVG a. F.; der in Nummer 17 vorgesehene zusätzliche Hinweis auf das auf den Vertrag anwendbare Recht war bislang in Anlage D, Abschnitt I, Nr. 1 b zu § 10 a VAG vorgesehen.

Informationen zum Rechtsweg:

Nummer 19 übernimmt Nummer 2 g der Anlage zu § 48 b VVG a. F. Die Bestimmung wurde um die Verpflichtung ergänzt, bei der Information zu außergerichtlichen Rechtsbehelfen ausdrücklich darauf hinzuweisen, dass die Inanspruchnahme des Rechtsweges durch den Versicherungsnehmer hiervon unberührt bleibt. Dadurch soll etwaigen Fehlvorstellungen vorgebeugt und die Bereitschaft zur vorrangigen Inanspruchnahme außergerichtlicher Rechtsbehelfe gefördert werden.

Nummer 20 verpflichtet den Versicherer, Name und Anschrift der zuständigen Aufsichtsbehörde anzugeben sowie auf die Möglichkeit einer Beschwerde bei dieser Aufsichtsbehörde hinzuweisen. Die Bestimmung übernimmt in klarer gefasster Form die bislang in Anlage D,

Abschnitt 1 Nr. 1h zu § 10a VAG bzw. Nr. 2a der Anlage zu § 48b VVG a. F. vorgesehenen Informationspflichten.

Absatz 2 bestimmt, dass bestimmte Informationen einer hervorgehobenen und deutlich gestalteten Form bedürfen, soweit die Mitteilung durch Übermittlung der Vertragsbestimmungen einschließlich der Allgemeinen Versicherungsbedingungen erfolgt. Damit wird sachlich die bislang für Fernabsatzgeschäfte in § 48b Abs. 4 VVG a. F. enthaltene Regelung übernommen."

§ 2 Informationspflichten bei der Lebensversicherung, der Berufsunfähigkeitsversicherung und der Unfallversicherung mit Prämienrückgewähr

(1) Bei der Lebensversicherung hat der Versicherer dem Versicherungsnehmer gemäß § 7 Abs. 1 Satz 1 des Versicherungsvertragsgesetzes zusätzlich zu den in § 1 Abs. 1 genannten Informationen die folgenden Informationen zur Verfügung zu stellen:
1. Angaben zur Höhe der in die Prämie einkalkulierten Kosten; dabei sind die einkalkulierten Abschlusskosten als einheitlicher Gesamtbetrag und die übrigen einkalkulierten Kosten als Anteil der Jahresprämie unter Angabe der jeweiligen Laufzeit auszuweisen;
2. Angaben zu möglichen sonstigen Kosten, insbesondere zu Kosten, die einmalig oder aus besonderem Anlass entstehen können;
3. Angaben über die für die Übermittlung und Überschussbeteiligung geltenden Berechnungsgrundsätze und Maßstäbe;
4. Angabe der in Betracht kommenden Rückkaufswerte;
5. Angaben über den Mindestversicherungsbetrag für eine Umwandlung in eine prämienfreie oder eine prämienreduzierte Versicherung und über die Leistungen aus einer prämienfreien oder prämienreduzierten Versicherung;
6. das Ausmaß, in dem die Leistungen nach den Nummern 4 und 5 garantiert sind;
7. bei fondsgebundenen Versicherungen Angaben über die der Versicherung zugrunde liegenden Fonds und die Art der darin enthaltenen Vermögenswerte;
8. allgemeine Angaben über die für diese Versicherungsart geltende Steuerregelung.

(2) ¹Die Angaben nach Absatz 1 Nr. 1, 2, 4 und 5 haben in Euro zu erfolgen. ²Bei Absatz 1 Nr. 6 gilt Satz 1 mit der Maßgabe, dass das Ausmaß der Garantie in Euro anzugeben ist.

(3) Die vom Versicherer zu übermittelnde Modellrechnung im Sinne von § 154 Abs. 1 des Versicherungsvertragsgesetzes ist mit folgenden Zinssätzen darzustellen:
1. den Höchstrechnungszinssatz, multipliziert mit 1,67,
2. dem Zinssatz nach Nummer 1 zuzüglich eines Prozentpunktes und
3. dem Zinssatz nach Nummer 1 abzüglich eines Prozentpunktes.

(4) ¹Auf die Berufsunfähigkeitsversicherung sind die Absätze 1 und 2 entsprechend anzuwenden. ²Darüber hinaus ist darauf hinzuweisen, dass der in den Versicherungsbedingungen verwendete Begriff der Berufsunfähigkeit nicht mit den Begriff der Berufsunfähigkeit oder der Erwerbsminderung im sozialrechtlichen Sinne oder dem Begriff der Berufsunfähigkeit im Sinne der Versicherungsbedingungen in der Krankentagegeldversicherung übereinstimmt.

(5) Auf die Unfallversicherung mit Prämienrückgewähr sind Absatz 1 Nr. 3 bis 8 und Absatz 2 entsprechend anzuwenden.

11   In der Verordnungsbegründung heißt es zu § 2 VVG-InfoV:[33]

„Die Vorschrift bestimmt, welche weiteren Informationen der Versicherer dem Versicherungsnehmer bei der Lebensversicherung und den ihr verwandten Erscheinungsformen der Personenversicherung zur Verfügung zu stellen hat. Rechtsgrundlage ist § 7 Abs. Satz 1 Nr. 2 VVG. Die hiernach vorgeschriebenen Informationen tragen den Besonderheiten dieser Versicherungsart Rechnung und sind zusätzlich zu den in § 1 genannten Informationen zu erteilen.

Absatz 1 nennt die im Einzelnen zu erteilenden Informationen.

Die Vorschrift übernimmt zunächst die bislang in Anlage D, Abschnitt I, Nr. 2 der Anlage zu § 10a VAG enthaltenen, in Umsetzung der Richtlinie 2002/83/EG ergangenen Bestimmungen; diese finden sich jetzt in den Nummern 3 bis 8 wieder. Dabei wird in Nummer 4, die die in § 169 Abs. 3 VVG niedergelegte Verpflichtung zur Mitteilung des Rückkaufswertes näher konkretisiert, von der bisherigen Formulierung geringfügig abweichend ausgeführt, dass dem Versicherungsnehmer die „in Betracht kommenden" Rückkaufswerte mitzuteilen sind. Dadurch soll klargestellt werden, dass dem Versicherungsnehmer für den Zeitraum der gesamten Vertragslaufzeit eine repräsentative Auswahl von Rückkaufswerten mitzuteilen ist. Bei der Wahl der Darstellung sollte berücksichtigt werden, dass der Versicherungsnehmer den Vertrag jederzeit kündigen kann und er daher eine anschauliche Darstellung der Entwicklung seiner Versicherung erwartet. Vor diesem Hintergrund kann sich insbesondere eine Angabe in jährlichen Abständen empfehlen; in Betracht kommen aber auch kürzere Abstände, vor allem für die ersten Jahre der Laufzeit des Vertrages, in denen der Rückkaufswert wegen der üblichen Verrechnung der Abschluss- und Vertriebskosten größeren Schwankungen unterliegt.

Absatz 1 Nr. 1 und 2 enthalten neue Regelungen zur Mitteilung der Abschluss-, Vertriebs- und sonstigen Kosten des Vertrages. Gemäß Nummer 1 ist der Versicherer künftig gehalten, dem Versicherungsnehmer vor Abgabe von dessen Vertragserklärung Angaben zur Höhe der in die Prämie einkalkulierten Kosten zu machen. Dabei sind die Abschlusskosten als einheitlicher Gesamtbetrag anzugeben; die übrigen Kosten sind als Anteil der Jahresprämie unter Angabe der jeweiligen Laufzeit auszuweisen. Gemäß Nummer 2 sind Angaben zu möglichen sonstigen Kosten, insbesondere zu Kosten, die einmalig oder aus besonderem Anlass entstehen können, zu machen. Durch Absatz 2 Satz 1 (dazu i. e. unten) wird zudem klargestellt, dass die Kosten jeweils in Euro-Beträgen – und nicht lediglich als prozentualer Anteil der Prämie oder einer anderen Bezugsgröße – auszuweisen sind.

Die Verpflichtung zur Offenlegung der Abschluss-, Vertriebs- und sonstigen Kosten findet ihre gesetzliche Grundlage in § 7 Abs. 1 Satz 1 Nr. 2 VVG. Sie dient dem Anliegen, die Transparenz im Bereich der Lebensversicherung zu verbessern. Zugleich wird damit auch den Anforderungen der höchstrichterlichen Rechtsprechung entsprochen. Das Bundesverfassungsgericht hat zuletzt in seiner Entscheidung vom 15. Februar 2006 – 1 BvR 1317/96 – u. a. ausdrücklich klargestellt, dass die in Artikel 2 Abs. 1 und Artikel 14 Abs. 1 des Grundgesetzes enthaltenen objektivrechtlichen Schutzaufträge Vorkehrungen dafür erfordern, dass die Versicherungsnehmer einer kapitalbildenden Lebensversicherung erkennen können, in welcher Höhe Abschlusskosten mit der Prämie verrechnet werden dürfen. Diese Vorkehrungen erfordern, dass die Verbraucher – wie nunmehr vorgesehen – über die Höhe der Kosten unterrichtet werden. Denn: „bleiben den Versicherungsnehmern Art und Höhe der zu verrechnenden Abschlusskosten und der Verrechnungsmodus unbekannt, ist ihnen eine eigenbestimmte Entscheidung darüber unmöglich, ob sie einen Vertrag zu den konkreten Konditionen abschließen wollen" (BVerfG, a. a. O.). Erst die Kenntnis dieser bislang „versteckten" Kosten ermöglicht es dem Kunden, zu beurteilen, ob das ihm unterbreitete Angebot für ihn attraktiv ist oder nicht.

Nach der gesetzlichen Regelung sind deshalb künftig alle für den konkret angebotenen Vertrag entstehenden Kosten im einzelnen anzugeben. § 2 Abs. 1 Nr. 1 der Verordnung nennt hierbei zunächst die in die Prämie einkalkulierten Kosten. Dazu gehören insbes-- dere die Abschluss- und Vertriebskosten, aber auch alle sonstigen Kosten, die in die Prämie

---

[33] VersR 2008, 183, 187 f.

C. VVG-Informationspflichtenverordnung 11 VVG-InfoV

einkalkuliert sind und damit über die Prämie vom Versicherungsnehmer getragen werden. Maßgeblich sind die rechnungsmäßig angesetzten Kosten, nicht die tatsächlichen Aufwände, wobei laufende Zuschläge zur Deckung von Abschlussaufwendungen (sog. Amortisationszuschläge) mit auszuweisen sind. Die Kosten sind in Euro auszuweisen (§ 2 Abs. 2 Satz 1). Der Verbraucher soll erfahren, welchen Betrag er effektiv als in den Prämien enthaltenen Kostenanteil an den Versicherer zahlen muss, wenn er den angebotenen Vertrag abschließt. Unzureichend sind lediglich prozentuale Angaben oder Berechnungsgrundlagen, denn der Verbraucher muss anhand der Mitteilung die Höhe der Kosten ohne weiteres, insbesondere ohne weitere Berechnung, erkennen können. Gemäß Absatz 1 Nr. 2 sind darüber hinaus auch alle möglichen sonstigen Kosten, insbesondere Kosten, die einmalig oder aus besonderem Anlass entstehen können, anzugeben. Im Einklang mit der gesetzlichen Ermächtigung ist hier eine Beschränkung auf die mit der Prämie verrechneten Kosten nicht vorgesehen. Daher sind an dieser Stelle alle anderen Kosten anzugeben, die dem Versicherungsnehmer aufgrund des eingegangenen Vertragsverhältnisses entstehen, und zwar auch dann, wenn diese sich nicht in der Prämie des konkreten Vertrages niederschlagen; dazu gehören beispielsweise die Kosten für die Ausstellung einer Ersatzurkunde, aber nicht Stornokosten. Beiträge, die für den Versicherungsschutz zu zahlen sind, sind keine Kosten im Sinne dieser Regelung.

Für die Darstellung der in die Prämie einkalkulierten Kosten gelten die Vorgaben in § 2 Abs. 1 Nr. 1. Danach sind die Abschlusskosten grundsätzlich als einheitlicher Betrag auszuweisen. Das ist nicht notwendig, da es sich bei diesen Kosten in der Regel um größere Beträge handelt, die nicht über die gesamte Laufzeit des Vertrages einheitlich in die Prämie einkalkuliert werden. Alle anderen in die Prämie einkalkulierten Kosten sind als Anteil der Jahresprämie unter Angabe der jeweiligen Laufzeit auszuweisen. Dieser Unterschied ist in der Darstellung hinreichend kenntlich zu machen. Es kann beispielsweise wie folgt formuliert werden: „Für diesen Vertrag sind Abschlusskosten und weitere Kosten zu entrichten, die in der kalkulierten Prämie von jährlich zzz,– Euro bereits enthalten sind. Diese Kosten bestehen aus einem einmaligen Betrag von xxx,– Euro und weiteren Beträgen von jährlich yyy,– Euro für eine Laufzeit von 25 Jahren". Sonstige Kosten, die dem Versicherungsnehmer lediglich einmalig oder aus Anlass besonderer Leistungen in Rechnung gestellt werden, sind zusätzlich gesondert anzugeben (§ 2 Abs. 1 Nr. 2).

Absatz 2 sieht vor, dass die Angaben nach § 2 Abs. 1 Nr. 1, 2, 4 und 5 in Euro zu machen sind. Bei Absatz 1 Nr. 6 gilt Satz 1 mit der Maßgabe, dass das Ausmaß der Garantie in Euro anzugeben ist.

Die Verpflichtung gilt zunächst insbesondere für die Angabe der Abschluss- und Vertriebs- sowie der sonstigen Kosten (Absatz 1 Nr. 1 und 2), die für den jeweiligen Vertrag konkret zu beziffern und nicht lediglich etwa als Vomhundertsatz eines Bezugswertes anzugeben sind; die konkrete Angabe ist deutlich besser verständlich und aus Gründen der Transparenz geboten. Die Forderung, den Verbraucher durch konkrete Angaben in verständlicher Weise über die mit einem Geschäft verbundenen Kosten zu informieren, wird von vielen Seiten seit langem erhoben und in zunehmendem Maße auch durch Gesetz und Rechtsprechung betont. Im Bereich des Wertpapierhandels kann nach Gemeinschaftsrecht (Richtlinie 2006/73/EG vom 10. August 2006, Artikel 26) u. a. die Offenlegung des Betrages von Gebühren, Provisionen oder Zuwendungen ein Kriterium der Lauterkeit der Tätigkeit von Wertpapierfirmen darstellen. Aufgrund des Urteils des Bundesgerichtshofes vom 16. Dezember 2006 (XI ZR 56/05, NJW 2007, 1876) muss eine Bank, die Fondsanteile empfiehlt, darauf hinweisen, dass und in welcher Höhe sie Rückvergütungen aus Ausgabeaufschlägen und Verwaltungskosten von der Fondsgesellschaft erhält. All diesen Bestrebungen liegt die Erwägung zugrunde, dem Kunden durch Offenheit in der Information eine selbstbestimmte Entscheidung beim Vertragsschluss zu ermöglichen. Durch die Verpflichtung zur Bezifferung der Kosten bei Lebens-, Berufsunfähigkeits- und Krankenversicherungen, also Verträgen, bei denen typischerweise besonders hohe Kosten anfallen, soll die an anderer Stelle verwirklichte Kostentransparenz nunmehr auch in das Versicherungsvertragsrecht Einzug halten.

Gemäß § 2 Abs. 2 zu beziffern sind auch die vom Versicherer zu erbringenden, in Absatz 1 Nr. 4 und 5 genannten Leistungen sowie der Umfang, in dem diese Leistungen garantiert werden (Absatz 1 Nr. 6). Auch insoweit müssen dem Kunden aus Gründen der Verständlichkeit konkrete, der Vorstellungskraft zugängliche Angaben zur Verfügung gestellt werden. Absatz 2 Satz 2 stellt in diesem Zusammenhang klar, dass Absatz 2 Satz 1 bei der

Angabe nach Absatz 1 Nr. 6 mit der Maßgabe gilt, dass das Ausmaß der Garantie in Euro anzugeben ist. Das bedeutet, dass soweit eine Garantie überhaupt nicht übernommen wird, eine Bezifferung in Höhe von „0 (Null) Euro" vorzunehmen ist.
Absatz 3 regelt Einzelheiten der gemäß § 154 Absatz 1 VVG zu übermittelnden Modellrechnung. Bei dieser ist die mögliche Ablaufleistung unter Zugrundelegung der Rechnungsgrundlagen für die Prämienkalkulation mit drei verschiedenen Zinssätzen darzustellen. Die maßgeblichen Zinssätze sind durch diese Verordnung zu regeln (vgl. Begründung des Regierungsentwurfes zu § 154 VVG, BT-Drs 16/3945, S. 97). Die in den Nummern 1 bis 3 gewählten Zinssätze entsprechen dem von der VVG-Kommission vorgeschlagenen und eingehend begründeten (vgl. Abschlussbericht der Kommission zur Reform des Versicherungsvertragsrechts, VersR-Schriftenreihe, Bd. 25, Karlsruhe, 2004, S. 121 ff.) Modell, das eine sachgerechte und für den Verbraucher nachvollziehbare Darstellung ermöglicht.

Nach den Absätzen 4 und 5 sind die Absätze 1 und 2 auf die Berufsunfähigkeitsversicherung, Absatz 1 Nr. 3 bis 8 und Absatz 2 auch auf die Unfallversicherung mit Prämienrückgewähr entsprechend anzuwenden. Die Regelung beinhaltet eine zulässige Ausweitung der in der Richtlinie 2002/83/EG vorgesehenen Informationspflichten und wird von der Verordnungsermächtigung erfasst (vgl. Begründung des Regierungsentwurfes zu § 7 Abs. 2 VVG, BR-Drs 707/06, S. 152). Bei den von ihr betroffenen Versicherungen ist der Versicherungsnehmer ebenso auf diese Informationen angewiesen, wie bei der Lebensversicherung. Hinsichtlich der in Absatz 1 Nr. 3 bis 8 enthaltenen Informationspflichten entspricht dies auch der bisherigen Rechtslage (vgl. Anlage D, Abschnitt 1, Nr. 2 zu § 10 a VAG); dies soll für die Unfallversicherung mit Prämienrückgewähr unverändert beibehalten werden. Die Berufsunfähigkeitsversicherung war unter Geltung des bisherigen VVG gesetzlich nicht geregelt; sie wurde seit jeher als Unterfall der Lebensversicherung angesehen (vgl. nur BGH, Urt. v. 5. Oktober 1988, VersR 1988, 1233; Prölss/Martin/Voit/Knappmann, VVG, 27. Aufl., Vorb. BUZ, Rn. 3). Da das Gesetz zur Reform des Versicherungsvertragsrechts die Berufsunfähigkeitsversicherung in den §§ 172 ff. VVG-E als eigenständigen Vertragstypus kodifiziert, muss sie jetzt auch an dieser Stelle ausdrücklich erwähnt und in ihrer Behandlung der Lebensversicherung gleichgestellt werden. Bei der Berufsunfähigkeitsversicherung ist gemäß Absatz 4 Satz 2 darüber hinaus darauf hinzuweisen, dass der in den Versicherungsbedingungen verwendete Begriff der Berufsunfähigkeit nicht mit dem Begriff der Berufsunfähigkeit im sozialrechtlichen Sinne (§ 43 Abs. 2 SGB VI a. F., jetzt „teilweise oder volle Erwerbsminderung" gem. § 43 Abs. 1 und 2 SGB VI) oder dem Begriff der Berufsunfähigkeit im Sinne der Versicherungsbedingungen in der Krankentagegeldversicherung (vgl. z. B. § 15 Buchstabe b MB/KT 94) übereinstimmt. Damit soll der Versicherungsnehmer auf den vom Sozialversicherungsrecht abweichenden Umfang der Versicherung sowie auf das Risiko eventueller Deckungslücken im Verhältnis zur Krankentagegeldversicherung ausdrücklich hingewiesen werden."

§ 3 Informationspflichten bei der Krankenversicherung

(1) **Bei der substitutiven Krankenversicherung (§ 12 Abs. 1 des Versicherungsaufsichtsgesetzes) hat der Versicherer dem Versicherungsnehmer gemäß § 7 Abs. 1 Satz 1 des Versicherungsvertragsgesetzes zusätzlich zu den in § 1 Abs. 1 genannten Informationen folgende Informationen zur Verfügung zu stellen:**

1. **Angaben zur Höhe der in die Prämie einkalkulierten Kosten; dabei sind die einkalkulierten Abschlusskosten als einheitlicher Gesamtbetrag und die übrigen einkalkulierten Kosten als Anteil der Jahresprämie unter Angabe der jeweiligen Laufzeit auszuweisen;**
2. **Angaben zu möglichen sonstigen Kosten, insbesondere zu Kosten, die einmalig oder aus besonderem Anlass entstehen können;**
3. **Angaben über die Auswirkungen steigender Krankheitskosten auf die zukünftige Beitragsentwicklung;**
4. **Hinweise auf die Möglichkeiten zur Beitragsbegrenzung im Alter, insbesondere auf die Möglichkeiten eines Wechsels in den Standard-**

tarif oder Basistarif oder in andere Tarife gemäß § 204 des Versicherungsvertragsgesetzes und der Vereinbarung von Leistungsausschlüssen, sowie auf die Möglichkeit einer Prämienminderung gemäß § 12 Abs. 1 c des Versicherungsaufsichtsgesetzes;

5. einen Hinweis, dass ein Wechsel von der privaten in die gesetzliche Krankenversicherung in fortgeschrittenem Alter in der Regel ausgeschlossen ist;

6. einen Hinweis, dass ein Wechsel innerhalb der privaten Krankenversicherung in fortgeschrittenem Alter mit höheren Beiträgen verbunden sein kann und gegebenenfalls auf einen Wechsel in den Standardtarif oder Basistarif beschränkt ist;

7. eine Übersicht über die Beitragsentwicklung im Zeitraum der dem Angebot vorangehenden zehn Jahre; anzugeben ist, welcher monatliche Beitrag in den dem Angebot vorangehenden zehn Jahren jeweils zu entrichten gewesen wäre, wenn der Versicherungsvertrag zum damaligen Zeitpunkt von einer Person gleichen Geschlechts wie der Antragsteller mit Eintrittsalter von 35 Jahren abgeschlossen worden wäre; besteht der angebotene Tarif noch nicht seit zehn Jahren, so ist auf den Zeitpunkt der Einführung des Tarifs abzustellen, und es ist darauf hinzuweisen, dass die Aussagekraft der Übersicht wegen der kurzen Zeit, die seit der Einführung des Tarifs vergangen ist, begrenzt ist; ergänzend ist die Entwicklung eines vergleichbaren Tarifs, der bereits seit zehn Jahren besteht, darzustellen.

(2) Die Angaben zu Absatz 1 Nr. 1, 2 und 7 haben in Euro zu erfolgen.

In der Verordnungsbegründung heißt es zu § 3 VVG-InfoV:[34]

„§ 3 bestimmt, welche weiteren Informationen der Versicherer dem Versicherungsnehmer bei der Krankenversicherung zu erteilen hat. Rechtsgrundlage der Bestimmung ist § 7 Abs. 2 Satz 1 Nr. 3 VVG. Die hiernach vorgeschriebenen Informationen tragen den Besonderheiten dieser Versicherungsart Rechnung und sind zusätzlich zu den in § 1 genannten Informationen zu erteilen. Die in § 3 geregelten Verpflichtungen betreffen nur die substitutive Krankenversicherung (§ 12 Abs. 1 VAG), da diese für den Versicherungsnehmer von hoher wirtschaftlicher Bedeutung und der Rechtslage insoweit mit der bei der Lebensversicherung vergleichbar ist. Andere Krankenversicherungen, insbesondere Zusatzversicherungen, sollen angesichts ihrer auch im Hinblick auf Leistung und Prämie in der Regel geringeren Bedeutung nicht erfasst werden.

Absatz 1 benennt die vom Versicherer zu erteilenden Informationen.

Die Nummern 1 und 2 normieren auch hier zunächst eine neue Verpflichtung zur Mitteilung der Abschluss-, Vertriebs- und der sonstigen Kosten. Die Bestimmungen finden ihre gesetzliche Grundlage in § 7 Abs. 2 Satz 1 Nr. 3 VVG; sie entsprechen § 2 Abs. 1 Nr. 1 und 2, so dass insoweit zunächst auf die dortige Begründung verwiesen werden kann. Auch bei der Krankenversicherung hat der Versicherungsnehmer vor Abschluss des Vertrages ein hohes Interesse, über die mit dem Vertrag verbundenen, bisweilen erheblichen Kosten informiert zu werden, um sich in Kenntnis dieser Umstände selbstbestimmt für das ihm angebotene Produkt entscheiden zu können. Die Angabe der Kosten hat auch hier in Euro-Beträgen zu erfolgen (Absatz 2 Satz 1, dazu unten). Hinsichtlich der Darstellung gelten die Ausführungen zu § 2 Abs. 1 Nr. 1 und 2 entsprechend. Die Abschlusskosten sind auch hier grundsätzlich als einheitlicher Betrag anzugeben; alle anderen in die Prämie einkalkulierten Kosten sind als Anteil der Jahresprämie unter Angabe der jeweiligen Laufzeit auszuweisen (§ 3 Abs. 1 Nr. 1). Sonstige Kosten, die dem Versicherungsnehmer lediglich einmalig oder aus Anlass besonderer Leistungen in Rechnung gestellt werden, sind zusätzlich gesondert anzugeben (§ 3 Abs. 1 Nr. 2).

---

[34] VersR 2008, 183, 189.

Der weitere Inhalt der gemäß Absatz 1 zu erteilenden Informationen orientiert sich vornehmlich am Katalog der bisherigen Anlage D, Abschnitt I, Nr. 3 zu § 10a VAG; dieser wurde übernommen und, soweit angezeigt, um konkretisierende Beispiele ergänzt. So haben sich etwa die gemäß Absatz 1 Nr. 4 zu erteilenden Hinweise auf die Möglichkeiten zur Beitragsbegrenzung im Alter, insbesondere auf die Möglichkeit eines Wechsels in den Standardtarif bzw. den Basistarif sowie auf die Möglichkeit einer Beitragsreduzierung nach § 12 Abs. 1 c VAG zu erstrecken. Hinzugekommen ist die unter Nummer 6 normierte Verpflichtung, darauf hinzuweisen, dass ein Wechsel innerhalb der privaten Krankenversicherung in fortgeschrittenem Alter mit höheren Beiträgen verbunden und ggf. auf den Standardtarif bzw. den Basistarif beschränkt sein kann. Damit soll Versicherungsnehmern schon vor Abschluss des Vertrages die Tragweite ihrer Entscheidung für eine bestimmte Versicherungsgesellschaft verdeutlicht werden. Nummer 7 schließlich schreibt vor, dass die Informationen eine Übersicht über die Beitragsentwicklung im Zeitraum der dem Angebot vorangehenden zehn Jahre enthalten soll, damit sich der Antragsteller anhand reeller Zahlen eine Vorstellung über die Beitragsentwicklung in dem angebotenen Tarif machen kann. Um eine möglichst realistische Darstellung zu erhalten, die allerdings auch den Versicherer nicht vor unüberwindbare Schwierigkeiten in der praktischen Durchführung stellt, hat dieser eine Übersicht vorzulegen, aus der sich ergibt, welcher monatliche Beitrag im Zeitraum der dem Angebot vorangehenden zehn Jahre jeweils zu entrichten gewesen wäre, wenn der Versicherungsvertrag zum damaligen Zeitpunkt von einer Person gleichen Geschlechts wie der Antragsteller mit Eintrittsalter von 35 Jahren abgeschlossen worden wäre. Aus der vorzulegenden Übersicht muss erkennbar sein, wie hoch der Beitrag bei einem Vertragsschluss zehn Jahre vor Antragstellung unter Zugrundelegung der genannten Kriterien gewesen wäre und wie sich dieser Beitrag in der Folgezeit bis zum Zeitpunkt der Übermittlung der Information entwickelt hätte. Bestand der angebotene Tarif noch nicht seit zehn Jahren, so ist auf den Zeitpunkt der Einführung des Tarifs abzustellen. Um falsche Vorstellungen zu vermeiden, ist in diesem Fall allerdings darauf hinzuweisen, dass die Aussagekraft der Übersicht wegen der kurzen Zeit, die seit der Einführung des Tarifs vergangen ist, begrenzt ist. Darüber hinaus ist ergänzend die Entwicklung eines vergleichbaren Tarifs, der bereits seit zehn Jahren besteht, darzustellen.

Absatz 2 bestimmt, dass die Angaben nach Absatz 1 Nr. 1, 2 und 7 in Euro auszuweisen sind. Betroffen sind neben den Angaben zu den Abschluss- und Vertriebskosten die Angaben zur Beitragsentwicklung. Auch insoweit versteht es sich von selbst, dass dem Versicherungsnehmer konkrete Beträge genannt werden müssen, damit er in Kenntnis aller Umstände die Leistungsfähigkeit des angebotenen Tarifes beurteilen kann."

§ 4 Produktinformationsblatt

(1) **Ist der Versicherungsnehmer ein Verbraucher, so hat der Versicherer ihm ein Produktinformationsblatt zur Verfügung zu stellen, das diejenigen Informationen enthält, die für den Abschluss oder die Erfüllung des Versicherungsvertrages von besonderer Bedeutung sind.**

(2) **Informationen im Sinne des Absatzes 1 sind:**

1. **Angaben zur Art des angebotenen Versicherungsvertrages;**
2. **eine Beschreibung des durch den Vertrag versicherten Risikos und der ausgeschlossenen Risiken;**
3. **Angaben zur Höhe der Prämie in Euro, zur Fälligkeit und zum Zeitraum, für den die Prämie zu entrichten ist, sowie zu den Folgen unterbliebener oder verspäteter Zahlung;**
4. **Hinweise auf im Vertrag enthaltene Leistungsausschlüsse;**
5. **Hinweise auf bei Vertragsschluss zu beachtende Obliegenheiten und die Rechtsfolgen ihrer Nichtbeachtung;**
6. **Hinweise auf während der Laufzeit des Vertrages zu beachtende Obliegenheiten und die Rechtsfolgen ihrer Nichtbeachtung;**
7. **Hinweise auf bei Eintritt des Versicherungsfalles zu beachtende Obliegenheiten und die Rechtsfolgen ihrer Nichtbeachtung;**

8. Angabe von Beginn und Ende des Versicherungsschutzes;
9. Hinweise zu den Möglichkeiten einer Beendigung des Vertrages.

(3) Bei der Lebensversicherung mit Überschussbeteiligung ist Absatz 2 Nr. 2 mit der Maßgabe anzuwenden, dass zusätzlich auf die vom Versicherer zu übermittelnde Modellrechnung gemäß § 154 Abs. 1 des Versicherungsvertragsgesetzes hinzuweisen ist.

(4) Bei der Lebensversicherung, der Berufsunfähigkeitsversicherung und der Krankenversicherung ist Absatz 2 Nr. 3 mit der Maßgabe anzuwenden, dass die Abschluss- und Vertriebskosten (§ 2 Abs. 1 Nr. 1, § 3 Abs. 1 Nr. 1) sowie die sonstigen Kosten (§ 2 Abs. 1 Nr. 2, § 3 Abs. 1 Nr. 2) jeweils in Euro gesondert auszuweisen sind.

(5) ¹Das Produktinformationsblatt ist als solches zu bezeichnen und den anderen zu erteilenden Informationen voranzustellen. ²Die nach den Absätzen 1 und 2 mitzuteilenden Informationen müssen in übersichtlicher und verständlicher Form knapp dargestellt werden; der Versicherungsnehmer ist darauf hinzuweisen, dass die Informationen nicht abschließend sind. ³Die in Absatz 2 vorgegebene Reihenfolge ist einzuhalten. ⁴Soweit die Informationen den Inhalt der vertraglichen Vereinbarung betreffen, ist auf die jeweils maßgebliche Bestimmung des Vertrages oder der dem Vertrag zugrunde liegenden Allgemeinen Versicherungsbedingungen hinzuweisen.

In der Verordnungsbegründung heißt es zu § 4 VVG-InfoV:[35]

„Mit § 4 wird Vorschlägen entsprochen, wonach dem Versicherungsnehmer die wichtigsten Informationen zu dem von ihm in Aussicht genommenen Vertrag in gesondert hervorgehobener Form mitgeteilt werden müssen. Das sogenannte „Produktinformationsblatt" soll es dem Antragsteller ermöglichen, sich anhand einer knappen, verständlichen und daher auch keinesfalls abschließend gewollten Darstellung einen Überblick über die wesentlichen Merkmale des Vertrages zu verschaffen. Deshalb soll es auch nur solche Informationen enthalten, die aus Sicht des Verbrauchers für die Auswahl des geeigneten Produktes im Zeitpunkt der Entscheidungsfindung von Bedeutung sind. Das Produktinformationsblatt soll dem Versicherungsnehmer eine erste Orientierungshilfe bieten, ihn rasch mit den wesentlichen Rechten und Pflichten des Vertrages vertraut zu machen; durch die in Absatz 5 Satz 4 vorgesehene Bezugnahme auf die jeweilige Vertragbestimmung kann es für den an Einzelheiten interessierten Leser zugleich den Ausgangspunkt einer vertieften Befassung mit den dem Vertrag zugrunde liegenden Bedingungswerken bilden.

§ 4 bestimmt, dass ein Produktinformationsblatt zu erteilen ist (Absatz 1), welche Informationen es enthalten muss (Absätze 2 bis 4) und welche Mindestanforderungen bei der Erteilung dieser Informationen zu beachten sind (Absatz 5). Die genaue Form der Erteilung der Informationen, insbesondere die Formulierung, wird dagegen nicht vorgeschrieben. Aufgrund der Vielzahl der in Praxis angebotener unterschiedlicher Versicherungsverträge, auf die das Produktinformationsblatt jeweils zugeschnitten werden muss, können derart konkrete Vorgaben in einer abstrakt-generellen Verordnungsregelung nicht erfolgen. Die Gestaltung des Produktinformationsblattes im Einzelfall muss daher den Anwendern überlassen bleiben. Aus demselben Grund kommt auch die Vorgabe eines Musters durch den Verordnungsgeber nicht in Betracht.

Absatz 1 sieht vor, dass der Versicherer dem Versicherungsnehmer, wenn dieser Verbraucher (§ 13 BGB) ist, ein Produktinformationsblatt zur Verfügung zu stellen hat, das diejenigen Informationen enthält, die für den Abschluss oder die Erfüllung des Versicherungsvertrages von besonderer Bedeutung sind. Die Vorschrift normiert eine Verpflichtung des Versicherers zur Erteilung des Produktinformationsblattes; zugleich enthält sie eine gesetzliche Definition dieses Instruments. Der unbestimmte Rechtsbegriff der „Informationen, die für den Abschluss oder die Erfüllung des Versicherungsvertrages von besonderer Bedeutung sind", wird durch Absatz 2 der Vorschrift ausgefüllt.

---

[35] VersR 2008, 183, 189 f.

Absatz 2 enthält eine enumerative Aufzählung der Informationen, die im Sinne des Absatzes 1 von besonderer Bedeutung sind. Im einzelnen sind – in der vorgegebenen Reihenfolge (§ 4 Abs. 5 Satz 3) – aufzuführen:
Angaben zur Art des angebotenen Versicherungsvertrages; darzulegen ist also, um welchen Vertragstyp (z. B. Lebens-, Unfall- oder Haftpflichtversicherung) es sich handelt;
eine Beschreibung des durch den Vertrag versicherten Risikos und der ausgeschlossenen Risiken. Hier ist zunächst positiv zu beschreiben, welche Risiken vom Versicherungsschutz umfasst werden bzw. welche Leistungen der Versicherer aufgrund des Vertrages erbringt; darüber hinaus ist auf typische Risken hinzuweisen, die – möglicherweise entgegen bestehender Erwartungen – nicht versichert sind. Das in Absatz 5 normierte Gebot der Verständlichkeit gebietet gerade an dieser Stelle eine anschauliche Darstellung. So sollte sich die Beschreibung beispielsweise eines Privathaftpflichtversicherungsvertrages nicht in der Wiedergabe der Allgemeinen Versicherungsbedingungen („versichert ist die gesetzliche Haftpflicht des Versicherungsnehmers als Privatperson.") erschöpfen, sondern es sollten gegebenenfalls auch einzelne, besonders typische Beispiele genannt werden, in denen Art und Umfang des Versicherungsschutzes in positiver und negativer Hinsicht verdeutlicht werden. Andererseits wird gerade an dieser Stelle keine erschöpfende Darstellung verlangt, zumal dies aus Platzgründen in der Regel auch selten möglich sein wird. In diesem Fall erlangt die durch Absatz 5 Satz 4 gegebene Verweisungsmöglichkeit besondere Bedeutung;
Angaben zur Höhe der Prämie in Euro, zur Fälligkeit und zum Zeitraum, für den die Prämie zu entrichten ist sowie zu den Folgen unterbliebener oder verspäteter Zahlung. Anzugeben sind die Daten, die für den bei Erteilung des Produktinformationsblattes in Aussicht genommenen Vertrag maßgeblich sind. Die Darstellung soll gewährleisten, dass der Versicherungsnehmer auf einen Blick erkennt, zu welchem Zeitpunkt er welchen Betrag zu entrichten hat und für welchen Zeitraum er im Gegenzug Versicherungsschutz erlangt. Darüber hinaus soll er darauf hingewiesen werden, welche Folgen bei unterbliebener oder verspäteter Zahlung drohen;
Hinweise auf im Vertrag enthaltene Leistungsausschlüsse. Vielen Versicherungsnehmern ist bis zum Eintritt des Versicherungsfalles nicht bewusst, dass der von ihnen unterhaltene Vertrag unter Umständen keinen umfassenden Versicherungsschutz bietet. Auf diesen Umstand sollen sie daher im Produktinformationsblatt hingewiesen werden. Das Produktinformationsblatt sollte auch hier – neben generellen Ausführungen – beispielhaft einzelne, praktisch bedeutsame Leistungsausschlüsse darstellen. Auch diese Darstellung kann und muss nicht abschließend sein, worauf der Versicherer allerdings hinweisen muss (Absatz 5 Satz 2). Von besonderer Bedeutung ist auch hier die in Absatz 5 Satz 4 normierte Verpflichtung, auf die weiterführenden Bestimmungen des Vertrages bzw. der dem Vertrag zugrunde liegenden Allgemeinen Versicherungsbedingungen hinzuweisen;
Hinweise auf die bei Vertragsschluss zu beachtenden Obliegenheiten sowie die Rechtsfolgen ihrer Nichtbeachtung. Hierzu zählen insbesondere die in § 19 VVG normierten Anzeigepflichten. Das Produktinformationsblatt soll auf deren Existenz hinweisen und die wesentlichen bei Vertragsschluss zu beachtenden Obliegenheiten beispielhaft aufzählen. Soweit die Darstellung nicht erschöpfend sein muss und kann, gelten die Ausführungen zu Nummer 4 entsprechend. Der Versicherungsnehmer soll darauf hingewiesen werden, dass Obliegenheiten bestehen und wo diese im Vertrag bzw. den Versicherungsbedingungen geregelt sind. Darüber hinaus hat der Versicherer in prägnanten Worten auf die möglichen Konsequenzen der Nichtbeachtung von Obliegenheiten aufmerksam zu machen. Dem Versicherungsnehmer soll verdeutlicht werden, dass die fehlende Beachtung mit erheblichen Nachteilen verbunden sein kann und welcher Art diese Nachteile sein können. An diesem Zweck hat sich die Darstellung zu orientieren;
Hinweise auf die während der Laufzeit des Vertrages zu beachtenden Obliegenheiten, etwa zur Verminderung der Gefahr oder bei Gefahrerhöhung sowie die Rechtsfolgen ihrer Nichtbeachtung. Es gelten insoweit die Ausführungen zu Nummer 5 entsprechend;
Hinweise auf die bei Eintritt des Versicherungsfalles zu beachtenden Obliegenheiten sowie die Rechtsfolgen ihrer Nichtbeachtung. Unentbehrlich ist an dieser Stelle vor allem ein Hinweis auf die bei Eintritt des Versicherungsfalles bestehenden Anzeigepflichten, die in der Praxis von Versicherungsnehmern mangels Kenntnis oft übersehen werden. Im übrigen gelten auch insoweit die Ausführungen zu Nummer 5 entsprechend;
Angabe von Beginn und Ende des Versicherungsschutzes. Der Versicherungsnehmer muss wissen, ab wann und bis zu welchem Zeitpunkt er Versicherungsschutz genießt. Diese An-

C. VVG-Informationspflichtenverordnung 13 VVG-InfoV

gabe ist dann besonders wichtig, wenn der versicherte Zeitraum nicht mit der Laufzeit des Vertrages übereinstimmt, hat aber aus Klarstellungsgründen stets zu erfolgen;
Hinweise zu den Möglichkeiten einer Beendigung des Vertrages. Dem Versicherungsnehmer soll deutlich gemacht werden, unter welchen Voraussetzungen er den Vertrag (ggf. auch vorzeitig) beenden kann.

Absatz 3 modifiziert für den Bereich der Lebensversicherung die gemäß Absatz 2 Nr. 2 zu erteilenden Angaben dahingehend, dass neben der Beschreibung des versicherten Risikos (bzw. der aufgrund des Vertrages vom Versicherer zu erbringenden Leistungen) auf die vom Versicherer zu übermittelnde Modellrechnung gemäß § 154 Abs. 1 VVG hinzuweisen ist. Die Vorschriften über die Modellrechnung stellen sicher, dass der Versicherungsnehmer bei Überlassung einer Beispielsrechnung standardisierte Informationen mit vergleichbaren Informationen erhält. Durch die Aufnahme eines besonderen Hinweises in das Produktinformationsblatt soll der Versicherungsnehmer auf die Existenz der Modellrechnung aufmerksam gemacht werden. Keinesfalls ist allerdings die Modellrechnung selbst in das Produktinformationsblatt aufzunehmen, denn dies würde zu einer Überfrachtung führen.

Absatz 4 modifiziert für den Bereich der Lebens- und der Krankenversicherung die gemäß Absatz 2 Nr. 3 zu tätigenden Angaben dahingehend, dass die hiernach anzugebenden Prämien auch die Kosten im Sinne des § 2 Abs. 1 Nr. 1 und 2 bzw. des § 3 Abs. 1 Nr. 1 und 2 gesondert auszuweisen sind. Auch anhand des Produktinformationsblattes soll der Versicherungsnehmer auf einen Blick erkennen, welche Kosten mit dem Abschluss des Vertrages verbunden sind. Die Kosten sind wie die Prämie selbst auch an dieser Stelle in Euro auszuweisen. Die Darstellung hat auch hier den zu §§ 2 und 3 niedergelegten Grundsätzen zu entsprechen.

Absatz 5 normiert Vorgaben für die Gestaltung des Produktinformationsblattes. Dieses soll sich von den anderen Informationen in für den Versicherungsnehmer erkennbarer Weise abheben und ihm auf diese Weise die besondere Bedeutung der dort enthaltenen Informationen verdeutlichen. Deshalb soll das Produktinformationsblatt als solches bezeichnet werden und den anderen zu erteilenden Informationen vorangestellt werden. Darüber hinaus müssen die mitzuteilenden Informationen in übersichtlicher und verständlicher Form knapp dargestellt werden. Bei der Beschreibung der Anforderungen an die Darstellung lässt der Verordnungscharakter insoweit nur die Normierung abstrakter Vorgaben zu. Die verwendeten Begriffe sind jedoch üblich und einer unter Umständen auch gerichtlichen Auslegung ohne weiteres zugänglich. In Anbetracht des nicht abschließenden Charakters des Produktinformationsblattes hat der Versicherer – auch schon im eigenen Interesse – darauf hinzuweisen, dass die mitzuteilenden Informationen nicht abschließend sind; dies wird durch Absatz 5 Satz 2 vorgegeben. Des weiteren wird klargestellt, dass bei der Darstellung die in Absatz 2 vorgegebene Reihenfolge einzuhalten ist. Schließlich haben die mitzuteilenden Informationen, soweit diese den Inhalt der vertraglichen Vereinbarung betreffen, auf die jeweils maßgebliche Bestimmung des Vertrages oder der dem Vertrag zugrunde liegenden Allgemeinen Versicherungsbedingungen zu verweisen. Damit soll der Versicherungsnehmer nochmals auf den nicht abschließenden Charakter der auf dem Produktinformationsblatt enthaltenen Informationen hingewiesen werden; zugleich soll ihm die Möglichkeit gegeben werden, sich anhand der erteilten Information weitergehende Kenntnisse vom Inhalt des Vertrages unschwer zu verschaffen."

§ 5 Informationspflichten bei Telefongesprächen

(1) **Nimmt der Versicherer mit dem Versicherungsnehmer telefonischen Kontakt auf, muss er seine Identität und den geschäftlichen Zweck des Kontakts bereits zu Beginn eines jeden Gesprächs ausdrücklich offen legen.**

(2) [1] **Bei Telefongesprächen hat der Versicherer dem Versicherungsnehmer aus diesem Anlass nur die Informationen nach § 1 Abs. 1 Nr. 1 bis 3, 6 Buchstabe b, Nr. 7 bis 10 und 12 bis 14 mitzuteilen.** [2] **Satz 1 gilt nur, wenn der Versicherer den Versicherungsnehmer darüber informiert hat, dass auf Wunsch weitere Informationen mitgeteilt werden können und welcher Art diese Informationen sind, und der Versicherungsneh-**

mer ausdrücklich auf die Mitteilung der weiteren Informationen zu diesem Zeitpunkt verzichtet.

(3) Die in §§ 1 bis 4 vorgesehenen Informationspflichten bleiben unberührt.

14 In der Verordnungsbegründung heißt es zu § 5 VVG-InfoV:[36]

„§ 5 regelt die Informationspflichten bei Telefongesprächen und telefonischer Kontaktaufnahme. Die Vorschrift übernimmt den Regelungsgehalt des bisherigen § 48b Abs. 1 Satz 2 und Abs. 3 VVG a. F., mit dem Artikel 3 Absatz 3 der Richtlinie 2002/65/EG umgesetzt worden ist.

Absatz 1 betrifft den Fall, dass der Versicherer mit dem Versicherungsnehmer telefonischen Kontakt aufnimmt (vgl. § 7 Abs. 2 Satz 1 Nr. 4 VVG); der bisherige § 48b Abs. 1 Satz 2 VVG a. F. spricht von „vom Versicherer veranlassten Telefongesprächen"; das ist in der Sache nichts anderes. Die Vorschrift regelt, welche Informationspflichten in diesem Fall bestehen. Ob ein solcher Anruf überhaupt wettbewerbsrechtlich zulässig ist, richtet sich hingegen allein nach dem Gesetz gegen den unlauteren Wettbewerb (UWG). Auch gewerberechtliche Regelungen werden hierdurch nicht berührt. Nach dem UWG waren und sind Anrufe ohne Zustimmung des Verbrauchers nicht zulässig; dies gilt unverändert auch für die hier geregelten, „vom Anbieter initiierten Anrufe" (vgl. Begründung des Entwurfs eines Gesetzes zur Änderung der Vorschriften über Fernabsatzverträge bei Finanzdienstleistungen v. 22. April 2004, BT-Drs. 15/2946, S. 29). Absatz 1 sieht vor, dass der Versicherer bei telefonischer Kontaktaufnahme seine Identität und den geschäftlichen Zweck des Kontakts bereits zu Beginn eines jeden Gesprächs ausdrücklich offenlegen muss. Der Versicherungsnehmer soll von Anfang an darüber im Klaren sein, mit wem er geschäftlich verkehrt.

Absatz 2 betrifft alle Fälle fernmündlicher Kommunikation mit dem Versicherer. Hier gelten eingeschränkte Informationspflichten, die ihrem Inhalte nach auf die zu diesem Zeitpunkt unabdingbaren Informationen beschränkt sind. Die Vorschrift entspricht im Wesentlichen dem Inhalt des bisherigen § 48b Abs. 3 Satz 1 VVG a. F., musste jedoch aufgrund der neuen Systematik der §§ 1 ff. dieser Verordnung sprachlich angepasst werden. Die im Zuge der Neufassung des § 1 eingeführten Präzisierungen, die sich aufgrund der Zusammenführung der bisher in VVG und VAG getrennt geregelten Informationspflichten ergeben, gelten infolge der Verweisung nunmehr auch bei Telefongesprächen. In Übereinstimmung mit den Vorgaben der Richtlinie ist die in Absatz 2 enthaltene Beschränkung der Informationspflichten nur dann einschlägig, wenn der Versicherer den Versicherungsnehmer darüber informiert hat, dass auf Wunsch weitere Informationen mitgeteilt werden können und welcher Art diese Informationen sind, und der Versicherungsnehmer ausdrücklich auf die Mitteilung der weiteren Informationen zu diesem Zeitpunkt verzichtet.

Absatz 3 stellt klar, dass der Anbieter zu gegebenem Zeitpunkt, also grundsätzlich vor Abgabe der Vertragserklärung des Versicherungsnehmers (§ 7 Abs. 1 Satz 1 VVG), sämtliche in §§ 1 bis 4 genannten Informationspflichten zu erfüllen hat. Wenn allerdings auf Verlangen des Versicherungsnehmers der Vertrag telefonisch oder unter Verwendung eines anderen Fernkommunikationsmittels geschlossen wird, die Mitteilung in Textform vor Vertragsschluss nicht gestattet, müssen die in den §§ 1 bis 4 vorgesehenen Informationspflichten unverzüglich nach Abschluss des Vertrages nachgeholt werden. Dies ergibt sich aus § 7 Abs. 1 Satz 3 VVG und muss deshalb in der Verordnung nicht ausdrücklich erwähnt werden."

§ 6 Informationspflichten während der Laufzeit des Vertrages

(1) **Der Versicherer hat dem Versicherungsnehmer während der Laufzeit des Versicherungsvertrages folgende Informationen mitzuteilen:**
1. **jede Änderung der Identität oder der ladungsfähigen Anschrift des Versicherers und der etwaigen Niederlassung, über die der Vertrag abgeschlossen worden ist;**

---

[36] VersR 2008, 183, 191.

2. Änderungen bei den Angaben nach § 1 Abs. 1 Nr. 6 Buchstabe b, Nr. 7 bis 9 und 14 sowie nach § 2 Abs. 1 Nr. 3 bis 7, sofern sie sich aus Änderungen von Rechtsvorschriften ergeben;
3. soweit nach dem Vertrag eine Überschussbeteiligung vorgesehen ist, alljährlich eine Information über den Stand der Überschussbeteiligung sowie Informationen darüber, inwieweit diese Überschussbeteiligung garantiert ist; dies gilt nicht für die Krankenversicherung.

(2) [1]Bei der substitutiven Krankenversicherung nach § 12 Abs. 1 des Versicherungsaufsichtsgesetzes hat der Versicherer bei jeder Prämienerhöhung unter Beifügung des Textes der gesetzlichen Regelung auf die Möglichkeit des Tarifwechsels (Umstufung) gemäß § 204 des Versicherungsvertragsgesetzes hinzuweisen. [2]Bei Versicherten, die das 60. Lebensjahr vollendet haben, ist der Versicherungsnehmer auf Tarife, die einen gleichartigen Versicherungsschutz wie die bisher vereinbarten Tarife bieten und bei denen eine Umstufung zu einer Prämienreduzierung führen würde, hinzuweisen. [3]Der Hinweis muss solche Tarife enthalten, die bei verständiger Würdigung der Interessen des Versicherungsnehmers für eine Umstufung besonders in Betracht kommen. [4]Zu den in Satz 2 genannten Tarifen zählen jedenfalls diejenigen Tarife mit Ausnahme des Basistarifs, die jeweils im abgelaufenen Geschäftsjahr den höchsten Neuzugang, gemessen an der Zahl der versicherten Personen, zu verzeichnen hatten. [5]Insgesamt dürfen nicht mehr als zehn Tarife genannt werden. [6]Dabei ist jeweils anzugeben, welche Prämien für die versicherten Personen im Falle eines Wechsels in den jeweiligen Tarif zu zahlen wären. [7]Darüber hinaus ist auf die Möglichkeit eines Wechsels in den Standardtarif oder Basistarif hinzuweisen. [8]Dabei sind die Voraussetzungen des Wechsels in den Standardtarif oder Basistarif, die in diesem Falle zu entrichtende Prämie sowie die Möglichkeit einer Prämienminderung im Basistarif gemäß § 12 Abs. 1c des Versicherungsaufsichtsgesetzes mitzuteilen. [9]Auf Anfrage ist dem Versicherungsnehmer der Übertragungswert gemäß § 12 Abs. 1 Nr. 5 des Versicherungsaufsichtsgesetzes anzugeben; ab dem 1. Januar 2013 ist der Übertragungswert jährlich mitzuteilen.

In der Verordnungsbegründung heißt es zu § 6 VVG-InfoV:[37]

„Während der Laufzeit eines Vertrages bestehende Informationspflichten ergeben sich aus Anhang III, Abschnitt B der Richtlinie 2002/83/EG und waren bislang in Anlage D Abschnitt II zu § 10a VAG geregelt. Die vorliegende Bestimmung übernimmt dessen Vorgaben.

Absatz 1 nimmt auf die in §§ 1 und 2 genannten Informationspflichten Bezug und bestimmt, welche Änderungen dem Versicherungsnehmer während der Laufzeit des Vertrages mitgeteilt werden müssen.

Nummer 1 übernimmt die in Anlage D, Abschnitt II, Nr. 1 zu § 10a VAG normierte Verpflichtung. Anzugeben ist jede Änderung der Identität oder der ladungsfähigen Anschrift des Versicherers und der etwaigen Niederlassung, über die der Vertrag abgeschlossen worden ist.

Nummer 2 übernimmt die in Anlage D, Abschnitt II, Nr. 2 zu § 10a VAG normierte Verpflichtung. Diese wird insoweit geringfügig erweitert, als sich die nunmehr nach §§ 1 und 2 zu erteilenden Informationen jetzt auch an den Vorgaben der Fernabsatzrichtlinie orientieren. Das erscheint aus Gründen der Vereinheitlichung angemessen. Allerdings besteht die Verpflichtung zur Erteilung der geänderten Angaben auch weiterhin nur, sofern diese sich aus Änderungen von Rechtsvorschriften ergeben.

---

[37] VersR 2008, 183, 191.

Nummer 3 entspricht inhaltlich der Regelung aus Anlage D, Abschnitt II, Nr. 3 zu § 10a VAG; darüber hinaus ist nunmehr anzugeben, inwieweit eine Überschussbeteiligung garantiert ist. Da Nummer 3 allgemein auf Verträge mit Überschussbeteiligung abstellt, wird klargestellt, dass diese Verpflichtung nicht für die Krankenversicherung gilt, da die Überschüsse hier in der Regel nicht ausgekehrt, sondern zur Senkung der Prämien verwendet werden.

Absatz 2 bezieht sich ausschließlich auf die substitutive Krankenversicherung (§ 12 Abs. 1 VAG) und übernimmt zunächst die bislang in Anlage D, Abschnitt II, Nr. 4 zu § 10a VAG enthaltene Regelung. Geringfügig angepasst wurde die Verpflichtung, Versicherte, die das 60. Lebensjahr vollendet haben, unter Hinweis auf vergleichbare Tarife auf das Umstufungsrecht gemäß § 204 VVG hinzuweisen. Die vorgenommene Änderung soll sicherstellen, dass dem Versicherungsnehmer mehrere vergleichbare Tarife zur Auswahl angeboten werden, die für ihn besonders in Betracht kommen. Das Kriterium der Gleichartigkeit ist hier großzügig zu verstehen. Besteht der Versicherungsschutz beispielsweise aus mehreren Tarifen, die getrennt Versicherungsschutz für ambulante Heilbehandlung, stationäre Heilbehandlung sowie für Zahnbehandlung und Zahnersatz vorsehen, so erfüllt auch ein einziger Tarif, der alle vorgenannten Leistungsbereiche enthält, das Kriterium der Gleichartigkeit im Sinne von Satz 2. Ferner wird nunmehr unterstellt, dass zu den in Satz 2 genannten Tarifen jedenfalls diejenigen Tarife mit Ausnahme des Basistarifs zählen, die jeweils im abgelaufenen Geschäftsjahr den höchsten Neuzugang, gemessen an der Zahl der versicherten Personen, zu verzeichnen hatten. Die besondere Eignung im Sinne von Satz 3 der in Satz 4 genannten Tarife wird allein durch die dort genannten Kriterien begründet; weitere Erwägungen – etwa der Vergleich von Leistungsmerkmalen wie Wahlleistungen in Stationärtarifen, das Bestehen eines Hausarztprinzips sowie unterschiedliche Begrenzungen der maximal erstattungsfähigen Gebührenhöhe – sind hier nicht zulässig. Darüber hinaus wurde im Vorgriff auf die zum 1. Januar 2009 in Kraft tretenden Bestimmungen der Gesundheitsreform die Verpflichtung zum Hinweis auf die Wechselmöglichkeit in den Standardtarif und den neu einzuführenden Basistarif sowie auf die damit verbundenen Möglichkeiten einer Prämienminderung erweitert und Modalitäten zur Mitteilung des Übertragungswertes gemäß § 12 Abs. 1c VAG vorgesehen."

§ 7 Übergangsvorschrift; Inkrafttreten

(1) **Der Versicherer kann die in dieser Verordnung bestimmten Informationspflichten bis zum 30. Juni 2008 auch dadurch erfüllen, dass er nach den Vorgaben des bis zum 31. Dezember 2001 geltenden Rechts informiert.**

(2) ¹**§ 2 Abs. 1 Nr. 1 und 2 und Abs. 2, § 3 Abs. 1 Nr. 1 und 2 und Abs. 2 sowie § 4 treten am 1. Juli 2008 in Kraft.** ²**Im Übrigen tritt diese Verordnung am 1. Januar 2008 in Kraft.**

16   In der Verordnungsbegründung heißt es zu § 7 VVG-InfoV:[38]

„Die in § 7 Abs. 1 vorgesehene Übergangsvorschrift gestattet es dem Versicherer, die in dieser Verordnung bestimmten Informationspflichten bis zum 30. Juni 2008 auch dadurch zu erfüllen, dass er nach den Vorgaben des bis zum 31. Dezember 2007 geltenden Rechts informiert. Das bedeutet, dass Unterlagen zur Information der Versicherungsnehmer, die den Anforderungen des bis zum 31. Dezember 2007 geltenden Rechts entsprechen, noch bis zum 30. Juni 2008 verwendet werden dürfen. Die Einräumung einer Übergangsfrist erfolgt im Hinblick auf den verbleibenden Zeitraum zwischen Verkündung und Inkrafttreten der Verordnung (dazu Absatz 2). Es bestehen Zweifel, ob der mit der Herstellung des Informationsmaterials verbundene tatsächliche und innerhalb dieses kurzen Zeitraumes abschließend bewältigt werden kann. Deshalb soll den Unternehmen die Möglichkeit gegeben werden, bis zur Herstellung des neuen Informationsmaterials, höchstens aber für eine Übergangszeit von sechs Monaten die existierenden Bestände an Informationsmaterial weiterzuverwenden. Dies erscheint auch deswegen vertretbar, weil die meisten der in §§ 1 bis 3

---

[38] VersR 2008, 183, 192.

C. VVG-Informationspflichtenverordnung **17 VVG-InfoV**

enthaltenen Informationspflichten ohnehin seit langem geltendes Recht sind. Informationspflichten, die durch diese Verordnung neu geschaffen werden, müssen damit faktisch spätestens ab 1. Juli 2008 erfüllt werden.
§ 7 Abs. 2 regelt das Inkrafttreten der Verordnung. Als Ausführungsverordnung zum VVG soll diese grundsätzlich am 1. Januar 2008, zeitgleich mit dem Inkrafttreten des Gesetzes zur Reform des Versicherungsvertragsrechts, in Kraft treten. Eine Ausnahme ist allerdings für die Angabe der Kosten bei der Lebens-, Berufsunfähigkeits- und Krankenversicherung (§ 2 Abs. 1 Nr. 1 und 2 und Abs. 2, § 3 Abs. 1 Nr. 1 und 2 und Abs. 2) sowie für das Produktinformationsblatt nach § 4 vorgesehen. Diese Vorschriften treten erst am 1. Juli 2008 in Kraft. Auch insoweit gilt, dass diese Vorgaben von den Versicherern in die Praxis umgesetzt werden müssen. Dazu soll ihnen eine Übergangsfrist eingeräumt werden. Es liegt auch im Interesse des Verbrauchers, dass er sorgfältig ausgearbeitete und damit für ihn auch nützliche Informationen erhält."

Anhang

1. Produktinformationsblatt zur Rentenversicherung[1] 17

> Mit den nachfolgenden Informationen möchten wir Ihnen einen ersten Überblick über die Ihnen angebotene Versicherung geben. Diese Informationen sind jedoch <u>nicht abschließend</u>. Der vollständige Vertragsinhalt ergibt sich aus dem Antrag, dem Versicherungsschein und den beigefügten Versicherungsbedingungen. Bitte lesen Sie daher die gesamten Vertragsbestimmungen sorgfältig.

1 Welche Art der Versicherung bieten wir Ihnen an?

Der angebotene Vertrag ist eine Rentenversicherung mit einem in der Zukunft liegenden Rentenbeginn. Grundlage sind die beigefügten Allgemeinen Bedingungen für die Rentenversicherung mit aufgeschobener Rentenzahlung sowie alle weiteren im Antrag genannten Besonderen Bedingungen und Vereinbarungen.

2 Welche Risiken sind versichert, welche sind nicht versichert?[2]

Versichert ist Herr Max Mustermann, geb. am xx. xx. xx, Beruf: xxxx[3]
Wenn die versicherte Person den Rentenbeginn erlebt
zahlen wir wahlweise eine lebenslang garantierte Rente oder eine einmalige garantierte Auszahlung (Kapitalabfindung). Hinzu kommen noch Leistungen aus der Überschussbeteiligung, die nicht garantiert sind.
Wenn die versicherte Person vor dem Rentenbeginn stirbt
zahlen wir die Summe der bis zum Todesfall eingezahlten Beiträge und die angesammelten Überschüsse.[4]

---

[1] Unverbindliche Verbandsempfehlung des GDV gemäß Rundschreiben 0985/2008 vom 2. 6. 2008: Dieses Produktinformationsblatt ist für die Versicherer unverbindlich; ihre Verwendung ist rein fakultativ. Abweichende Darstellungen und Erläuterungen können vorgenommen werden.
[2] Bei anderen Gestaltungsformen (z. B. auch bei Beitragsrückgewähr statt Garantiezeit) sind die Formulierungen entsprechend anzupassen. Angaben zur Höhe der Leistungen in € sind möglich (als Ergänzung zur Beitragsangabe aus 3).
[3] Die Individualisierung ist rechtlich nicht zwingend.
[4] Bei für den Kunden „überraschenden" Gestaltungsformen (z. B. überhaupt keine Todesfallleistung) ist darauf gesondert hinzuweisen.

Wenn die versicherte Person während der Rentengarantiezeit stirbt zahlen wir die garantierte Rente zuzüglich Überschussrente bis zum Ablauf der Rentengarantiezeit weiter.

Möchten Sie mehr zum Thema Überschussbeteiligung wissen, sehen Sie dazu bitte in den AVB unter[5] ... und in den beigefügten Beispiel- und Modellrechnungen nach.

3 Wie hoch ist Ihr Beitrag und wann müssen Sie ihn bezahlen? Welche Kosten sind in Ihren Beitrag einkalkuliert und welche können zusätzlich entstehen? Was passiert, wenn Sie Ihren Beitrag nicht oder verspätet bezahlen?

Beitrag	... €
Beitragsfälligkeit	monatlich, jeweils zum ...
erstmals zum Versicherungsbeginn	...
letztmalig zum	...

In den Beitrag einkalkulierte Abschluss- und Vertriebskosten: [Unternehmensindividuelle Angaben zu den einkalkulierten einmaligen Abschluss- und Vertriebskosten. Z.B.: „Einmalig ... €"].[6]

In den Beitrag einkalkulierte laufende Kosten: [Unternehmensindividuelle Angaben zu den einkalkulierten laufenden Kosten. Z.B.: „Jährlich ... € für eine Laufzeit von ... Jahren"].[7] Unter der Voraussetzung, dass die aktuelle Überschussbeteiligung bis zum Ende der Aufschubdauer unverändert bleibt, entsprechen diese in den Beitrag einkalkulierten laufenden Kosten einem Renditeeffekt von x,xx %-Punkte. Mit dem Renditeeffekt wird die Beitragsrendite eines Lebensversicherungsvertrages mit der Rendite eines fiktiven Vertrages verglichen, bei dem keine laufenden Kosten einkalkuliert sind. Der Renditeeffekt gibt an, wie viel Prozentpunkte der möglichen Rendite durch die einkalkulierten laufenden Kosten verbraucht werden.[8]

[Weitere unternehmensindividuelle Kostenangaben ...][9]

Der erste Beitrag (Einlösungsbeitrag) ist unverzüglich nach Abschluss des Vertrages zu zahlen, jedoch nicht vor dem oben angegebenen[10] Versicherungsbeginn. Alle weiteren Beiträge (Folgebeiträge) sind zu den oben angegebenen Terminen zu zahlen. Falls Sie uns eine Lastschriftermächtigung erteilen, sorgen Sie bitte rechtzeitig für ausreichende Deckung auf Ihrem Konto.

---

[5] In den verschiedenen AVB gibt es eine unterschiedliche Nummerierung. Daher empfiehlt sich ein Hinweis auf gleichlautende AVB-Überschriften und nicht auf §§-Nummern.

[6] Die Angaben zu den Kosten haben ausweislich der Verordnungsbegründung in „übersichtlicher und verständlicher Form" zu erfolgen.

[7] Die Angaben zu den Kosten haben ausweislich der Verordnungsbegründung in „übersichtlicher und verständlicher Form" zu erfolgen. Bei einkalkulierten, nicht konstanten Kosten ist die Darstellung geeignet anzupassen. Auf bei Vertragsabschluss der Höhe nach nicht bezifferbare einkalkulierte Kosten ist in geeigneter Form hinzuweisen (Bsp.: „xx € je 1000 € Versichertenguthaben").

[8] Diese zusätzliche Angabe der Wirkung der einkalkulierten laufenden Kosten auf die Rendite eines Lebensversicherungsvertrages entspricht einer unverbindlichen Empfehlung des GDV. Einzelheiten enthält das Rundschreiben 0597/2008 vom 25. März 2008.

[9] Die Angaben zu den Kosten haben ausweislich der Verordnungsbegründung in „übersichtlicher und verständlicher Form" zu erfolgen. Bei den nicht einkalkulierten Kosten genügt es, wesentliche Punkte anzuführen; für den Rest genügt ein Verweis auf eine entsprechende Gebührenordnung.

[10] Wenn technisch möglich, konkrete Angabe des Termins.

Wenn Sie den Einlösungsbeitrag schuldhaft nicht rechtzeitig zahlen, können wir solange vom Vertrag zurücktreten, wie Sie nicht gezahlt haben. Außerdem werden wir dann im Versicherungsfall nicht leisten. Wenn Sie einen Folgebeitrag nicht rechtzeitig zahlen, fordern wir Sie auf, den rückständigen Beitrag innerhalb einer Frist von mindestens zwei Wochen zu zahlen. Tritt nach Fristablauf der Versicherungsfall ein und sind Sie zu diesem Zeitpunkt mit der Zahlung des Beitrags in Verzug, so entfällt oder vermindert sich Ihr Versicherungsschutz.

Möchten Sie mehr zu diesem Thema wissen, sehen Sie dazu bitte in den AVB unter ... nach.

4 Welche Leistungen sind ausgeschlossen?

Bei Tod der versicherten Person vor Rentenbeginn kann sich unsere Leistungspflicht z. B. bei kriegerischen Ereignissen auf die Auszahlung des Rückkaufswertes beschränken. Auch bei vorsätzlicher Selbsttötung in den ersten drei Versicherungsjahren zahlen wir nur den Rückkaufswert.
Diese Aufzählung ist **nicht abschließend.**

Möchten Sie mehr zu diesem Thema wissen, etwa eine vollständige Aufzählung der Ausschlussgründe, sehen Sie dazu bitte in den AVB unter ... nach.

5 Welche Pflichten haben Sie bei Vertragsabschluss zu beachten und welche Folgen können Verletzungen dieser Pflichten haben?

Damit wir Ihren Antrag ordnungsgemäß prüfen können, müssen Sie die im Antragsformular enthaltenen Fragen unbedingt wahrheitsgemäß und vollständig beantworten. Wenn Sie falsche Angaben machen, können wir unter Umständen – auch noch nach längerer Zeit – vom Vertrag zurücktreten. Das kann sogar zur Folge haben, dass wir keine Versicherungsleistungen erbringen müssen.

Möchten Sie mehr zu diesem Thema wissen, sehen Sie dazu bitte in den AVB unter ... nach.

6 Welche Pflichten haben Sie während der Vertragslaufzeit zu beachten und welche Folgen können Verletzungen dieser Pflichten haben?

Sollte sich Ihre Postanschrift, Ihre Bankverbindung oder Ihr Name ändern, teilen Sie uns dies bitte unverzüglich mit. Fehlende Informationen können den reibungslosen Vertragsablauf beeinträchtigen.

Möchten Sie mehr zu diesem Thema wissen, sehen Sie dazu bitte in den AVB unter ... nach.

7 Welche Pflichten haben Sie bei Eintritt des Versicherungsfalls und welche Folgen können Verletzungen dieser Pflichten haben?

Im Todesfall, bei Rückkauf oder wenn Sie zum Rentenbeginn die Kapitalabfindung wünschen, ist der Versicherungsschein vorzulegen. Im Todesfall benötigen wir außerdem die Sterbeurkunde. Darüber hinaus können wir, insbesondere wenn Sie eine Rente wählen, einen Nachweis erbitten, dass die versicherte Person noch lebt. Solange diese Verpflichtungen nicht erfüllt werden, kann keine Auszahlung von Leistungen erfolgen.

Möchten Sie mehr zu diesem Thema wissen, sehen Sie dazu bitte in den AVB unter ... nach.

8 Wann beginnt und endet Ihr Versicherungsschutz?

Der Versicherungsschutz beginnt mit Abschluss des Vertrages, frühestens jedoch am xx. xx. xx. Allerdings entfällt unsere Leistungspflicht bei nicht rechtzeitiger Beitragszahlung. Die Leistungen beginnen am xx. xx.xx und erfolgen lebenslang. Bei Wahl der Kapitalabfindung endet der Vertrag am xx. xx. xx.

Möchten Sie mehr zu diesem Thema wissen, sehen Sie dazu bitte in den AVB unter ... nach.

9 Wie können Sie Ihren Vertrag beenden?

Vor Rentenbeginn können Sie die Versicherung jederzeit kündigen. Sie erhalten dann den Rückkaufswert, der in der Anfangszeit Ihrer Versicherung noch gering ist. Die Kündigung der Versicherung ist also mit Nachteilen verbunden. Weitere Einzelheiten können Sie der Beispielrechnung entnehmen. Nach Rentenbeginn ist eine Kündigung nicht mehr möglich.

Möchten Sie mehr zu diesem Thema wissen, sehen Sie dazu bitte in den AVB unter ... nach.

18 2. Produktinformationsblatt zur Fondsgebundenen Rentenversicherung[11]

> Mit den nachfolgenden Informationen möchten wir Ihnen einen ersten Überblick über die Ihnen angebotene Versicherung geben. Diese Informationen sind jedoch **nicht abschließend**. Der vollständige Vertragsinhalt ergibt sich aus dem Antrag, dem Versicherungsschein und den beigefügten Versicherungsbedingungen. Bitte lesen Sie daher die gesamten Vertragsbestimmungen sorgfältig.

1 Welche Art der Versicherung bieten wir Ihnen an?

Der angebotene Vertrag ist eine fondsgebundene Rentenversicherung mit einem in der Zukunft liegenden Rentenbeginn. Grundlage sind die beigefügten Allgemeinen Bedingungen für die Fondsgebundene Rentenversicherung mit aufgeschobener Rentenzahlung sowie alle weiteren im Antrag genannten Besonderen Bedingungen und Vereinbarungen.

2 Welche Risiken sind versichert, welche sind nicht versichert?[12]

Versichert ist Herr Max Mustermann, geb. am xx. xx. xx, Beruf: xxxx[13]
Wenn die versicherte Person den Rentenbeginn erlebt
zahlen wir wahlweise eine lebenslang Rente oder eine einmalige Auszahlung (Kapitalabfindung). Die Höhe hängt von der Wertentwicklung der Ihrer Versicherung gutgeschriebenen Fondsanteile ab. Sie haben die Chance bei Kurssteigerungen einen Wertzuwachs zu erzielen; bei Kursrückgängen tragen Sie das Risiko der Wertminderung. Wenn Sie die Rentenzahlung wählen, rechnen wir das Fondsguthaben in eine (ab diesem Zeitpunkt) garantierte Rente um.

---

[11] Unverbindliche Verbandsempfehlung des GDV gemäß Rundschreiben 0985/2008 vom 2. 6. 2008: Dieses Produktinformationsblatt ist für die Versicherer unverbindlich; ihre Verwendung ist rein fakultativ. Abweichende Darstellungen und Erläuterungen können vorgenommen werden.

[12] Bei anderen Gestaltungsformen (z. B. auch bei Beitragsrückgewähr statt Garantiezeit) sind die Formulierungen entsprechend anzupassen. Angaben zur Höhe der Leistungen in € sind möglich (als Ergänzung zur Beitragsangabe aus 3).

[13] Die Individualisierung ist rechtlich nicht zwingend.

C. VVG-Informationspflichtenverordnung 18 **VVG-InfoV**

Wenn die versicherte Person vor dem Rentenbeginn stirbt
zahlen wir die Summe der bis zum Todesfall eingezahlten Beiträge aus.[14]
Wenn die versicherte Person während der Rentengarantiezeit stirbt,
zahlen wir die garantierte Rente zuzüglich Überschussrente bis zum Ende der Rentengarantiezeit weiter.

Möchten Sie mehr zu diesem Thema wissen, sehen Sie dazu bitte in den AVB unter[15] ... und in der beigefügten Modellrechnung nach.

3 Wie hoch ist Ihr Beitrag und wann müssen Sie ihn bezahlen? Welche Kosten sind in Ihren Beitrag einkalkuliert und welche können zusätzlich entstehen? Was passiert, wenn Sie Ihren Beitrag nicht oder verspätet bezahlen?

Beitrag	... €
Beitragsfälligkeit	monatlich, jeweils zum ...
erstmals zum Versicherungsbeginn	...
letztmalig zum	...

In den Beitrag einkalkulierte Abschluss- und Vertriebskosten: [Unternehmensindividuelle Angaben zu den einkalkulierten einmaligen Abschluss- und Vertriebskosten. Z. B.: „Einmalig ... €"].[16]

In den Beitrag einkalkulierte laufende Kosten: [Unternehmensindividuelle Angaben zu den einkalkulierten laufenden Kosten. Z. B.: „Jährlich ... € für eine Laufzeit von ... Jahren"].[17] Unter der Annahme einer jährlich gleichbleibenden Wertentwicklung der Fondsanteile von 6%, entsprechen diese in den Beitrag einkalkulierten laufenden Kosten einem Renditeeffekt von x,xx%-Punkte. Mit dem Renditeeffekt wird die Beitragsrendite eines Lebensversicherungsvertrages mit der Rendite eines fiktiven Vertrages verglichen, bei dem keine laufenden Kosten einkalkuliert sind. Der Renditeeffekt gibt an, wie viel Prozentpunkte der möglichen Rendite durch die einkalkulierten laufenden Kosten verbraucht werden.[18]

[Weitere unternehmensindividuelle Kostenangaben ...][19]

Der erste Beitrag (Einlösungsbeitrag) ist unverzüglich nach Abschluss des Vertrages zu zahlen, jedoch nicht vor dem oben angegebenen[20] Versicherungsbeginn.

---

[14] Bei für den Kunden „überraschenden" Gestaltungsformen (z. B. überhaupt keine Todesfallleistung) ist darauf gesondert hinzuweisen.

[15] In den verschiedenen AVB gibt es eine unterschiedliche Nummerierung. Daher empfiehlt sich ein Hinweis auf gleichlautende AVB-Überschriften und nicht auf §§-Nummern.

[16] Die Angaben zu den Kosten haben ausweislich der Verordnungsbegründung in „übersichtlicher und verständlicher Form" zu erfolgen.

[17] Die Angaben zu den Kosten haben ausweislich der Verordnungsbegründung in „übersichtlicher und verständlicher Form" zu erfolgen. Bei einkalkulierten, nicht konstanten Kosten ist die Darstellung geeignet anzupassen. Auf bei Vertragsabschluss der Höhe nach nicht bezifferbare, einkalkulierte Kosten ist in geeigneter Form hinzuweisen (Bsp.: „xx € je 1000 € Fondsguthaben").

[18] Diese zusätzliche Angabe der Wirkung der einkalkulierten laufenden Kosten auf die Rendite eines Lebensversicherungsvertrages ist eine unverbindliche Empfehlung des GDV. Einzelheiten enthält das Rundschreiben 0597/2008 vom 25. März 2008.

[19] Die Angaben zu den Kosten haben ausweislich der Verordnungsbegründung in „übersichtlicher und verständlicher Form" zu erfolgen. Bei den nicht einkalkulierten Kosten genügt es, wesentliche Punkte anzuführen; für den Rest genügt ein Verweis auf eine entsprechende Gebührenordnung. Für die Fondskosten ist ein Hinweis auf Fondsprospekte möglich.

[20] Wenn technisch möglich, konkrete Angabe des Termins.

VVG-Info V 18   Teil 3. VVG etc.

Alle weiteren Beiträge (Folgebeiträge) sind zu den oben angegebenen Terminen zu zahlen. Falls Sie uns eine Lastschriftermächtigung erteilen, sorgen Sie bitte rechtzeitig für ausreichende Deckung auf Ihrem Konto.

Wenn Sie den Einlösungsbeitrag schuldhaft nicht rechtzeitig zahlen, können wir solange vom Vertrag zurücktreten, wie Sie nicht gezahlt haben. Außerdem werden wir dann im Versicherungsfall nicht leisten. Wenn Sie einen Folgebeitrag nicht rechtzeitig zahlen, fordern wir Sie auf, den rückständigen Beitrag innerhalb einer Frist von mindestens zwei Wochen zu zahlen. Tritt nach Fristablauf der Versicherungsfall ein und sind Sie zu diesem Zeitpunkt mit der Zahlung des Beitrags in Verzug, so entfällt oder vermindert sich Ihr Versicherungsschutz.

    Möchten Sie mehr zu diesem Thema wissen, sehen Sie dazu bitte in den AVB unter … nach.

4 Welche Leistungen sind ausgeschlossen?

    Bei Tod der versicherten Person vor Rentenbeginn kann sich unsere Leistungspflicht z. B. bei kriegerischen Ereignissen auf die Auszahlung des Rückkaufswertes beschränken. Auch bei vorsätzlicher Selbsttötung in den ersten drei Versicherungsjahren zahlen wir nur den Rückkaufswert.
    Diese Aufzählung ist **nicht abschließend**.

    Möchten Sie mehr zu diesem Thema wissen, etwa eine vollständige Aufzählung der Ausschlussgründe, sehen Sie dazu bitte in den AVB unter … nach.

5 Welche Pflichten haben Sie bei Vertragsabschluss zu beachten und welche Folgen können Verletzungen dieser Pflichten haben?

    Damit wir Ihren Antrag ordnungsgemäß prüfen können, müssen Sie die im Antragsformular enthaltenen Fragen unbedingt wahrheitsgemäß und vollständig beantworten. Wenn Sie falsche Angaben machen, können wir unter Umständen – auch noch nach längerer Zeit – vom Vertrag zurücktreten. Das kann sogar zur Folge haben, dass wir keine Versicherungsleistungen erbringen müssen.

    Möchten Sie mehr zu diesem Thema wissen, sehen Sie dazu bitte in den AVB unter … nach.

6 Welche Pflichten haben Sie während der Vertragslaufzeit zu beachten und welche Folgen können Verletzungen dieser Pflichten haben?

    Sollte sich Ihre Postanschrift, Ihre Bankverbindung oder Ihr Name ändern, teilen Sie uns dies bitte unverzüglich mit. Fehlende Informationen können den reibungslosen Vertragsablauf beeinträchtigen.

    Möchten Sie mehr zu diesem Thema wissen, sehen Sie dazu bitte in den AVB unter … nach.

7 Welche Pflichten haben Sie bei Eintritt des Versicherungsfalls und welche Folgen können Verletzungen dieser Pflichten haben?

    Im Todesfall, bei Rückkauf oder wenn Sie zum Rentenbeginn die Kapitalabfindung wünschen, ist der Versicherungsschein vorzulegen. Im Todesfall benötigen wir außerdem die Sterbeurkunde. Darüber hinaus können wir, insbesondere wenn Sie eine Rente wählen, einen Nachweis erbitten, dass die versicherte Person noch lebt. Solange diese Verpflichtungen nicht erfüllt werden, kann keine Auszahlung von Leistungen erfolgen.

    Möchten Sie mehr zu diesem Thema wissen, sehen Sie dazu bitte in den AVB unter … nach.

C. VVG-Informationspflichtenverordnung

8 Wann beginnt und endet Ihr Versicherungsschutz?

Der Versicherungsschutz beginnt mit Abschluss des Vertrages, frühestens jedoch am xx. xx. xx. Allerdings entfällt unsere Leistungspflicht bei nicht rechtzeitiger Beitragszahlung. Die Leistungen beginnen am xx. xx.xx und erfolgen lebenslang. Bei Wahl der Kapitalabfindung endet der Vertrag am xx. xx. xx.

Möchten Sie mehr zu diesem Thema wissen, sehen Sie dazu bitte in den AVB unter ... nach.

9 Wie können Sie Ihren Vertrag beenden?

Vor Rentenbeginn können Sie die Versicherung jederzeit kündigen. Sie erhalten dann den Rückkaufswert, der in der Anfangszeit Ihrer Versicherung noch gering ist. Die Kündigung der Versicherung ist also mit Nachteilen verbunden. Weitere Einzelheiten können Sie der Modellrechnung entnehmen. Nach Rentenbeginn ist eine Kündigung nicht mehr möglich.

Möchten Sie mehr zu diesem Thema wissen, sehen Sie dazu bitte in den AVB unter ... nach.

3. Produktinformationsblatt zur Rentenversicherung mit Berufsunfähigkeits-Zusatzversicherung[1]

> Mit den nachfolgenden Informationen möchten wir Ihnen einen ersten Überblick über die Ihnen angebotene Versicherung geben. Diese Informationen sind jedoch <u>nicht abschließend</u>. Der vollständige Vertragsinhalt ergibt sich aus dem Antrag, dem Versicherungsschein und den beigefügten Versicherungsbedingungen. Bitte lesen Sie daher die gesamten Vertragsbestimmungen sorgfältig.

1 Welche Art der Versicherung bieten wir Ihnen an?

Der angebotene Vertrag ist eine Rentenversicherung mit einem in der Zukunft liegenden Rentenbeginn. Sie wird durch folgende Zusatzversicherung[en] ergänzt:
– Berufsunfähigkeits-Zusatzversicherung
[– ...][2]
Grundlage sind die beigefügten Allgemeinen Bedingungen für die Rentenversicherung mit aufgeschobener Rentenzahlung, die Allgemeinen Bedingungen für die BerufsunfähigkeitsVersicherung [...] sowie alle weiteren im Antrag genannten Besonderen Bedingungen und Vereinbarungen.

2 Welche Risiken sind versichert, welche sind nicht versichert?[3]

Versichert ist Herr Max Mustermann, geb. am xx. xx.xx, Beruf: xxxx[4]

---

[1] Dieses Produktinformationsblatt ist für die Versicherer unverbindlich; ihre Verwendung ist rein fakultativ. Abweichende Darstellungen und Erläuterungen können vorgenommen werden.
[2] Ggf. weitere Zusatzversicherungen.
[3] Bei anderen Gestaltungsformen (z.B. auch bei Beitragsrückgewähr statt Garantiezeit) sind die Formulierungen entsprechend anzupassen. Angaben zur Höhe der Leistungen in € sind möglich (als Ergänzung zur Beitragsangabe aus 5).
[4] Die Individualisierung ist rechtlich nicht zwingend.

Wenn die versicherte Person den Rentenbeginn erlebt
zahlen wir wahlweise eine lebenslang garantierte Rente oder eine einmalige garantierte Auszahlung (Kapitalabfindung). Hinzu kommen noch Leistungen aus der Überschussbeteiligung, die nicht garantiert sind.

Wenn die versicherte Person vor dem Rentenbeginn stirbt
zahlen wir die Summe der bis zum Todesfall eingezahlten Beiträge und die angesammelten Überschüsse.[5]

Wenn die versicherte Person während der Rentengarantiezeit stirbt
zahlen wir die garantierte Rente zuzüglich Überschussrente bis zum Ablauf der Rentengarantiezeit weiter.

Wenn die versicherte Person vor dem xx. xx.xx berufsunfähig wird
brauchen Sie für die Dauer der Berufsunfähigkeit keine Beiträge zu zahlen. Ihr Versicherungsschutz bleibt dabei in vollem Umfang bestehen. [Bei Einschluss einer Berufsunfähigkeitsrente wird ergänzt: „Außerdem zahlen wir eine Berufsunfähigkeitsrente."]

Bitte beachten Sie, dass der Begriff „Berufsunfähigkeit" nicht mit dem Begriff der Berufsunfähigkeit oder Erwerbsminderung im sozialrechtlichen Sinne oder dem Begriff der Berufsunfähigkeit im Sinne der Krankentagegeldversicherung übereinstimmt.

Möchten Sie mehr zu diesem Thema wissen, sehen Sie dazu bitte in den BUZ-Bedingungen unter ...[6] nach.

Möchten Sie mehr zum Thema Überschussbeteiligung wissen, sehen Sie dazu bitte in den AVB unter …und in den beigefügten Beispiel- und Modellrechnungen nach.

3 Wie hoch ist Ihr Beitrag und wann müssen Sie ihn bezahlen? Welche Kosten sind in Ihren Beitrag einkalkuliert und welche können zusätzlich entstehen? Was passiert, wenn Sie Ihren Beitrag nicht oder verspätet bezahlen?

Beitrag	... €
Beitragsfälligkeit	monatlich, jeweils zum ...
erstmals zum Versicherungsbeginn	...
letztmalig zum	...

[*Unternehmensindividuelle Angabe der Kosten*][7]

Der erste Beitrag (Einlösungsbeitrag) ist unverzüglich nach Abschluss des Vertrages zu zahlen, jedoch nicht vor dem oben angegebenen[8] Versicherungsbeginn.

---

[5] Bei für den Kunden „überraschenden" Gestaltungsformen (z. B. überhaupt keine Todesfallleistung) ist darauf gesondert hinzuweisen.

[6] In den verschiedenen AVB gibt es eine unterschiedliche Nummerierung. Daher empfiehlt sich ein Hinweis auf gleich lautende AVB-Überschriften statt auf §§-Nummern.

[7] Es sind in „übersichtlicher und verständlicher Form" Angaben zur Höhe der in den Beitrag einkalkulierten Kosten sowie zu möglichen sonstigen, nicht einkalkulierten Kosten zu machen. Auf einkalkulierte einmalige Kosten kann in der Form „Einmalig ... €" hingewiesen werden. Bei über die Laufzeit konstanten einkalkulierten Kosten ist bspw. eine Darstellung „Jährlich ... €" für eine Laufzeit von ... Jahren" möglich. Bei einkalkulierten, nicht konstanten Kosten ist die Darstellung geeignet anzupassen. Auch auf bei Vertragsabschluss der Höhe nach nicht bezifferbare, einkalkulierte Kosten ist in geeigneter Form hinzuweisen (Bsp.: „xx € je 1000 € Versichertenguthaben"). Bei den nicht einkalkulierten Kosten genügt es, wesentliche Punkte anzuführen; für den Rest genügt ein Verweis auf eine entsprechende Gebührenordnung.

[8] Wenn technisch möglich, konkrete Angabe des Termins.

Alle weiteren Beiträge (Folgebeiträge) sind zu den oben angegebenen Terminen zu zahlen. Falls Sie uns eine Lastschriftermächtigung erteilen, sorgen Sie bitte rechtzeitig für ausreichende Deckung auf Ihrem Konto.
Wenn Sie den Einlösungsbeitrag schuldhaft nicht rechtzeitig zahlen, können wir solange vom Vertrag zurücktreten, wie Sie nicht gezahlt haben. Außerdem werden wir dann im Versicherungsfall nicht leisten. Wenn Sie einen Folgebeitrag nicht rechtzeitig zahlen, fordern wir Sie auf, den rückständigen Beitrag innerhalb einer Frist von mindestens zwei Wochen zu zahlen. Tritt nach Fristablauf der Versicherungsfall ein und sind Sie zu diesem Zeitpunkt mit der Zahlung des Beitrags in Verzug, so entfällt oder vermindert sich Ihr Versicherungsschutz.

Möchten Sie mehr zu diesem Thema wissen, sehen Sie dazu bitte in den AVB unter ... nach.

4 Welche Leistungen sind ausgeschlossen?

Rentenversicherung
Bei Tod der versicherten Person vor Rentenbeginn kann sich unsere Leistungspflicht z. B. bei kriegerischen Ereignissen auf die Auszahlung des Rückkaufswertes beschränken. Auch bei vorsätzlicher Selbsttötung in den ersten drei Versicherungsjahren zahlen wir nur den Rückkaufswert.
Diese Aufzählung ist **nicht abschließend**.

Möchten Sie mehr zu diesem Thema wissen, etwa eine vollständige Aufzählung der Ausschlussgründe, sehen Sie dazu bitte in den AVB unter ... nach.

Berufsunfähigkeits-Zusatzversicherung
Es gibt Fälle, in denen der Berufsunfähigkeitsschutz ausgeschlossen ist. Wir leisten z. B. nicht, wenn die Berufsunfähigkeit durch vorsätzliche Ausführung oder den Versuch einer Straftat durch die versicherte Person verursacht ist.[9] Auch bei kriegerischen Ereignissen oder bei absichtlicher Herbeiführung der Berufsunfähigkeit besteht kein Versicherungsschutz
Diese Aufzählung ist **nicht abschließend**.

Möchten Sie mehr zu diesem Thema wissen, etwa eine vollständige Aufzählung der Ausschlussgründe, sehen Sie dazu bitte in den BUZ-Bedingungen unter ... nach.

5 Welche Pflichten haben Sie bei Vertragsabschluss zu beachten und welche Folgen können Verletzungen dieser Pflichten haben?

Damit wir Ihren Antrag ordnungsgemäß prüfen können, müssen Sie die im Antragsformular enthaltenen Fragen unbedingt wahrheitsgemäß und vollständig beantworten. Wenn Sie falsche Angaben machen, können wir unter Umständen – auch noch nach längerer Zeit – vom Vertrag zurücktreten. Das kann sogar zur Folge haben, dass wir keine Versicherungsleistungen erbringen müssen.

Möchten Sie mehr zu diesem Thema wissen, sehen Sie dazu bitte in den AVB unter ... nach.

6 Welche Pflichten haben Sie während der Vertragslaufzeit zu beachten und welche Folgen können Verletzungen dieser Pflichten haben?

Sollte sich Ihre Postanschrift, Ihre Bankverbindung oder Ihr Name ändern, teilen Sie uns dies bitte unverzüglich mit. Fehlende Informationen können den reibungslosen Vertragsablauf beeinträchtigen.

---

[9] Hier können Beispiele angeführt werden (z. B. „Die versicherte Person fährt betrunken (mit mehr als 1,1 Promille) Auto, verursacht einen Verkehrsunfall und verletzt sich so schwer, dass sie berufsunfähig wird.").

Möchten Sie mehr zu diesem Thema wissen, sehen Sie dazu bitte in den AVB unter ... nach.

7 Welche Pflichten haben Sie bei Eintritt des Versicherungsfalls und welche Folgen können Verletzungen dieser Pflichten haben?

Rentenversicherung

Im Todesfall, bei Rückkauf oder wenn Sie zum Rentenbeginn die Kapitalabfindung wünschen, ist der Versicherungsschein vorzulegen. Im Todesfall benötigen wir außerdem die Sterbeurkunde. Darüber hinaus können wir, insbesondere wenn Sie eine Rente wählen, einen Nachweis erbitten, dass die versicherte Person noch lebt. Solange diese Verpflichtungen nicht erfüllt werden, kann keine Auszahlung von Leistungen erfolgen.

Möchten Sie mehr zu diesem Thema wissen, sehen Sie dazu bitte in den AVB unter ... nach.

Berufsunfähigkeit-Zusatzversicherung

Im Falle einer Berufsunfähigkeit benötigen wir insbesondere Arztberichte und Informationen über den zuletzt ausgeübten Beruf der versicherten Person. Außerdem muss sich die versicherte Person ggf. von weiteren Ärzten untersuchen lassen.

Solange diese Mitwirkungspflichten nicht erfüllt werden, können wir keine Leistungen erbringen. Verletzen Sie oder die versicherte Person diese Mitwirkungspflichten vorsätzlich oder grob fahrlässig, kann es passieren, dass Sie für eine Zeit, in der möglicherweise Berufsunfähigkeit bestanden hat, keine oder nur verminderte Leistungen erhalten.

Während der Dauer einer Berufsunfähigkeit müssen Sie uns eine Minderung des Grades der Berufsunfähigkeit oder die Wiederaufnahme bzw. Änderung der beruflichen Tätigkeit anzeigen. Wird diese Mitwirkungspflicht vorsätzlich oder grob fahrlässig verletzt, können wir unter Umständen allein schon deswegen unsere Leistung kürzen bzw. einstellen oder gar bereits erbrachte Leistungen zurückfordern.

Möchten Sie mehr zu diesem Thema wissen, sehen Sie dazu bitte in den BUZ-Bedingungen unter ... nach.

8 Wann beginnt und endet Ihr Versicherungsschutz?

Der Versicherungsschutz beginnt mit Abschluss des Vertrages, frühestens jedoch am xx. xx. xx. Allerdings entfällt unsere Leistungspflicht bei nicht rechtzeitiger Beitragszahlung. Die Leistungen aus der Rentenversicherung beginnen am xx. xx. xx und erfolgen lebenslang. Bei Wahl der Kapitalabfindung endet der Vertrag am xx. xx. xx. Der Versicherungsschutz aus der Berufsunfähigkeits-Zusatzversicherung endet am xx. xx. xx. Die Leistungen aus der Berufsunfähigs-Zusatzversicherung enden am xx. xx. xx.[10]

Möchten Sie mehr zu diesem Thema wissen, sehen Sie dazu bitte in den AVB unter ... nach.

9 Wie können Sie Ihren Vertrag beenden?

Vor Rentenbeginn können Sie die Versicherung jederzeit kündigen. Sie erhalten dann den Rückkaufswert, der in der Anfangszeit Ihrer Versicherung noch gering ist. Die Kündigung der Versicherung ist also mit Nachteilen verbunden.

---

[10] Die Individualisierung ist rechtlich nicht zwingend.

Weitere Einzelheiten können Sie der Beispielrechnung entnehmen. Nach Rentenbeginn ist eine Kündigung nicht mehr möglich.

Möchten Sie mehr zu diesem Thema wissen, sehen Sie dazu bitte in den AVB unter ... nach.

Die Berufsunfähigkeits-Zusatzversicherung kann in den letzten ... Jahren vor dem vereinbarten Rentenbeginn nur zusammen mit der Rentenversicherung gekündigt werden.

Möchten Sie mehr zu diesem Thema wissen, sehen Sie dazu bitte in den BUZ-Bedingungen unter ... nach.

D. Verordnung über die Mindestbeitragsrückerstattung in der Lebensversicherung (Mindestzuführungsverordnung)

Vom 4. April 2008 (BGBl. I S. 690)

I. Vorbemerkung

1   Die Mindestzuführungsverordnung (MZV) regelt, welche Beträge ein Lebensversicherer der Rückstellung für Beitragsrückerstattung (RfB) mindestens zuführen muss.[1] Für den Neubestand werden in der MZV erstmals quantitative Vorgaben für eine Mindestbeteiligung am Risiko-, Kosten- und sonstigen Ergebnis gemacht. Sowohl für den Alt- als auch den Neubestand wird die gleiche Berechnungsmethode für die Ermittlung der RfB-Zuführung vorgeschrieben und dabei nach drei Überschussquellen unterschieden, nämlich den Kapitalerträgen, dem Risikoergebnis und dem übrigen Ergebnis, das das Kosten- und das sonstige Ergebnis zusammenfasst. Die Beteiligung der Versicherten beträgt 90% der Kapitalerträge, 75% des positiven Risikoergebnisses und 50% des positiven übrigen Ergebnisses. Der Mindestbeteiligungssatz von 50% am positiven übrigen Ergebnis beruht auf der Überlegung, dass sich das übrige Ergebnis noch weniger als das Risikoergebnis auf Vorleistungen der Versicherten zurückführen lässt.[2] Der Satz von 50% ist Ausdruck eines fairen Ausgleichs der Interessen der Versicherungsnehmer und des Versicherungsunternehmens.[3]

II. Mindestzuführungsverordnung vom 4. April 2008

2   Auf Grund des § 81 c Abs. 3 Satz 1 bis 3 und 5 des Versicherungsaufsichtsgesetzes in der Fassung der Bekanntmachung vom 17. Dezember 1992 (BGBl. 1993 I S. 2), der zuletzt durch Artikel 1 Nr. 16 des Gesetzes vom 23. Dezember 2007 (BGBl. I S. 3248) geändert worden ist, in Verbindung mit § 1a Nr. 1 der Verordnung vom 13. Dezember 2002 (BGBl. 2003 I S. 3), der durch Artikel 1 der Verordnung vom 14. Mai 2007 (BGBl. I S. 993) eingefügt worden ist, verordnet die Bundesanstalt für Finanzdienstleistungsaufsicht im Benehmen mit den Aufsichtsbehörden der Länder:

§ 1 Geltungsbereich

Diese Verordnung gilt für Lebensversicherungsunternehmen mit Ausnahme der Sterbekassen; bei Pensionskassen gilt sie nur für die Versicherungsverträge, denen keine genehmigten Geschäftspläne zu Grunde liegen.

---

[1] Siehe die ausführlichen Erläuterungen der BaFin in: BaFinJournal Juni 2008, 3.
[2] BaFin in: BaFinJournal Juni 2008, 3.
[3] BaFin in: BaFinJournal Juni 2008, 3.

D. Mindestzuführungsverordnung   MindZV

§ 2 Alt- und Neubestand

(1) Altbestand im Sinne dieser Verordnung sind:
1. bei Lebensversicherungsunternehmen mit Ausnahme der Pensionskassen die in § 11 c des Versicherungsaufsichtsgesetzes und in Artikel 16 § 2 Satz 2 des Dritten Gesetzes zur Durchführung versicherungsrechtlicher Richtlinien des Rates der Europäischen Gemeinschaften vom 21. Juli 1994 genannten Versicherungsverträge. Soweit Lebensversicherungsunternehmen die nach dem 31. Dezember 1994 und vor dem 1. Januar 1998 abgeschlossenen Versicherungsverträge, bei denen bei unverändertem Verfahren der Risikoeinschätzung die Prämien und Leistungen mit denen der in Satz 1 genannten Versicherungsverträge übereinstimmen (Zwischenbestand), bis zum Inkrafttreten dieser Verordnung mit dem Altbestand gemeinsam abgerechnet haben, gelten diese ebenfalls als Altbestand im Sinne dieser Verordnung;
2. bei Pensionskassen alle Lebensversicherungsverträge, denen ein genehmigter Geschäftsplan zu Grunde liegt.

(2) Neubestand im Sinne dieser Verordnung sind:
1. bei Lebensversicherungsunternehmen mit Ausnahme der Pensionskassen die nicht unter Absatz 1 Nr. 1 fallenden Lebensversicherungsverträge;
2. bei Pensionskassen die nicht unter Absatz 1 Nr. 2 fallenden Lebensversicherungsverträge.

§ 3 Anzurechnende Kapitalerträge

(1) Die anzurechnenden Kapitalerträge, die auf die überschussberechtigten Versicherungsverträge des Alt- beziehungsweise Neubestands entfallen, ergeben sich aus dem mit der Differenz der Erträge und der Aufwendungen aus den gesamten Kapitalanlagen (Betrag in Formblatt 200 Seite 1 Zeile 12 Spalte 04 der Versicherungsberichterstattungsverordnung vom 29. März 2006, BGBl. I S. 622), ohne die der Lebensversicherung für Rechnung und Risiko der Versicherungsnehmer zuzuordnenden Erträge und Aufwendungen, vervielfachten, getrennt für Alt- beziehungsweise Neubestand ermittelten Wert gemäß Absatz 2.

(2) Es ist für Alt- beziehungsweise Neubestand getrennt das Verhältnis der mittleren zinstragenden Passiva gemäß Absatz 3, die auf die überschussberechtigten Verträge entfallen, zu den anzurechnenden mittleren Passiva gemäß Absatz 4 zu bilden.

(3) [1] Die mittleren zinstragenden Passiva der überschussberechtigten Verträge des Alt- beziehungsweise Neubestands werden berechnet durch arithmetische Mittelung der zinstragenden Passiva jeweils zum Bilanzstichtag der beiden letzten Geschäftsjahre. [2] Die zinstragenden Passiva setzen sich zusammen aus den versicherungstechnischen Brutto-Rückstellungen für das selbst abgeschlossene Lebensversicherungsgeschäft (Betrag in Formblatt 100 Seite 4 Zeile 13 Spalte 03 Teilbetrag (T) der Versicherungsberichterstattungs-Verordnung) zuzüglich der Verbindlichkeiten aus dem selbst abgeschlossenen Lebensversicherungsgeschäft gegenüber Versicherungsnehmern (Betrag in Formblatt 100 Seite 5 Zeile 11 Spalte 01 T der Versicherungsberichterstattungs-Verordnung) und vermindert um den Bilanzposten „noch nicht fällige Ansprüche" der Forderungen aus dem selbst abgeschlossenen Versicherungsgeschäft an

497

Versicherungsnehmer (Betrag in Formblatt 100 Seite 2 Zeile 08 Spalte 01 T der Versicherungsberichterstattungs-Verordnung).

(4) ¹Die anzurechnenden mittleren Passiva des Gesamtbestands setzen sich zusammen aus der Summe der jeweils auf den Gesamtbestand bezogenen mittleren zinstragenden Passiva des selbst abgeschlossenen Geschäfts, dem mittleren Eigenkapital (berechnet aus den Beträgen in Formblatt 100 Seite 3 Zeile 21 Spalte 04 der Versicherungsberichterstattungs-Verordnung), dem mittleren Genussrechtskapital (berechnet aus den Beträgen in Formblatt 100 Seite 3 Zeile 22 Spalte 04 der Versicherungsberichterstattungs-Verordnung), den mittleren nachrangigen Verbindlichkeiten (berechnet aus den Beträgen in Formblatt 100 Seite 3 Zeile 24 Spalte 04 der Versicherungsberichterstattungs-Verordnung), den mittleren zinstragenden Passiva des in Rückdeckung übernommenen Versicherungsgeschäfts (berechnet aus den Beträgen in Formblatt 100 Seite 4 Zeile 21 Spalte 03 der Versicherungsberichterstattungs-Verordnung), den mittleren Rückstellungen für Pensionen und ähnlichen Verpflichtungen (berechnet aus den Beträgen in Formblatt 100 Seite 5 Zeile 03 Spalte 03 der Versicherungsberichterstattungs-Verordnung) und dem Saldo aus den mittleren Abrechnungsverbindlichkeiten und -forderungen aus dem passiven Rückversicherungsgeschäft (berechnet aus dem Saldo der Beträge in Formblatt 100 Seite 5 Zeile 15 Spalte 03 und Seite 2 Zeile 11 Spalte 03 der Versicherungsberichterstattungs-Verordnung). ²Dabei ist das noch nicht eingezahlte Grundkapital (Betrag in Formblatt 100 Seite 1 Zeile 02 Spalte 04 der Versicherungsberichterstattungs-Verordnung) nicht zu berücksichtigen. ³Für die jeweiligen mittleren zinstragenden Passiva gilt Absatz 3 sinngemäß. ⁴Für die mittleren übrigen Posten gilt Absatz 3 Satz 1 sinngemäß.

§ 4 Mindestzuführung zur Rückstellung für Beitragsrückerstattung

(1) ¹Zur Sicherstellung einer ausreichenden Mindestzuführung zur Rückstellung für Beitragsrückerstattung müssen Lebensversicherungsunternehmen mit Ausnahme der Pensionskassen die überschussberechtigten Versicherungsverträge angemessen am Kapitalanlageergebnis (Summe der Beträge in Nachweisung 213 Zeile 07 und 08 jeweils Spalte 01 der Versicherungsberichterstattungs-Verordnung), am Risikoergebnis (Summe der Beträge in Nachweisung 213 Zeile 04, 05, 12 und 13 jeweils Spalte 01 T der Versicherungsberichterstattungs-Verordnung) und am übrigen Ergebnis (Summe der Beträge in Nachweisung 213 Zeile 06, 09, 10, 11, 14 und 15 jeweils Spalte 01 T der Versicherungsberichterstattungs-Verordnung) beteiligen. ²Eine Beteiligung hat nur an positiven Ergebnisquellen zu erfolgen. ³Die Mindestzuführung zur Rückstellung für Beitragsrückerstattung wird berechnet nach den Absätzen 3 bis 6. ⁴Alt- und Neubestand werden dabei getrennt betrachtet.

(2) ¹Zur Sicherstellung einer ausreichenden Mindestzuführung zur Rückstellung für Beitragsrückerstattung müssen Pensionskassen die überschussberechtigten Versicherungsverträge des Neubestands angemessen am Kapitalanlageergebnis, am Risikoergebnis und am übrigen Ergebnis (ohne die auf die überschussberechtigten Versicherungsverträge entfallenden Schlusszahlungen auf Grund der Beteiligung an Bewertungsreserven, soweit diese in Form einer Direktgutschrift ausgeschüttet werden) beteiligen. ²Eine Beteiligung hat nur an positiven Ergebnisquel-

D. Mindestzuführungsverordnung　　　　　　　　　　MindZV

len zu erfolgen. ³Die einzelnen Ergebnisse ergeben sich anteilig aus den Erträgen und Aufwendungen, die in der Summe folgender Beträge enthalten sind:
1. dem Jahresergebnis nach Steuern (Betrag in Formblatt 200 Seite 7 Zeile 10 Spalte 04 der Versicherungsberichterstattungs-Verordnung),
2. den Entnahmen aus der Rücklage nach § 5 Abs. 5 Nr. 3 des Versicherungsaufsichtsgesetzes (Betrag in Formblatt 200 Seite 7 Zeile 12 Spalte 03 der Versicherungsberichterstattungs-Verordnung),
3. den Brutto-Aufwendungen für die erfolgsabhängige Beitragsrückerstattung (Betrag in Formblatt 200 Seite 3 Zeile 16 Spalte 04 der Versicherungsberichterstattungs-Verordnung) und
4. der im Geschäftsjahr gewährten Direktgutschrift (Summe der Beträge in Formblatt 200 Seite 2 Zeile 25, Seite 3 Zeile 11 und 13 jeweils Spalte 03 der Versicherungsberichterstattungs-Verordnung).

⁴Pensionskassen haben die genauen Beträge des Kapitalanlagenergebnisses, des Risikoergebnisses und des übrigen Ergebnisses für die überschussberechtigten Verträge des Neubestands im Rahmen des versicherungsmathematischen Gutachtens gemäß § 17 der Versicherungsberichterstattungs-Verordnung im Einzelnen herzuleiten. ⁵Die Mindestzuführung zur Rückstellung für Beitragsrückerstattung berechnet sich nach den Absätzen 3 bis 7. ⁶Dabei sind die jeweiligen Werte nur für den Neubestand zu ermitteln.

(3) ¹Die Mindestzuführung zur Rückstellung für Beitragsrückerstattung in Abhängigkeit von den Kapitalerträgen für die überschussberechtigten Versicherungsverträge beträgt 90 vom Hundert der nach § 3 anzurechnenden Kapitalerträge abzüglich der rechnungsmäßigen Zinsen ohne die anteilig auf die überschussberechtigten Versicherungsverträge entfallenden Zinsen auf die Pensionsrückstellungen (bei Lebensversicherungsunternehmen mit Ausnahme der Pensionskassen Differenz der Beträge in Nachweisung 219 Seite 1 Zeile 18 Spalte 03 T beziehungsweise Spalte 02 T und Zeile 12 Spalte 03 T beziehungsweise Spalte 02 T der Versicherungsberichterstattungs-Verordnung, bei Pensionskassen Summe der entsprechenden Teilbeträge in Formblatt 200 Seite 2 Zeile 24 Spalte 03 und Seite 3 Zeile 10 Spalte 03 abzüglich der entsprechenden Teilbeträge in Formblatt 200 Seite 6 Zeile 12 Spalte 03 der Versicherungsberichterstattungs-Verordnung). ²Die anzurechnenden Kapitalerträge werden dabei für Alt- und Neubestand getrennt ermittelt. Pensionskassen haben die jeweiligen Beträge im Rahmen des versicherungsmathematischen Gutachtens gemäß § 17 der Versicherungsberichterstattungs-Verordnung im Einzelnen herzuleiten. ³Ist vertraglich vereinbart, dass die Versicherungsnehmer an den anzurechnenden Kapitalerträgen zu mehr als 90 vom Hundert beteiligt werden, ist die Mindestzuführung entsprechend zu erhöhen. ⁴Ergeben sich rechnerisch negative Beträge für die Mindestzuführung zur Rückstellung für Beitragsrückerstattung in Abhängigkeit von den Kapitalerträgen, werden diese durch Null ersetzt.

(4) ¹Die Mindestzuführung zur Rückstellung für Beitragsrückerstattung in Abhängigkeit vom Risikoergebnis für die überschussberechtigten Versicherungsverträge beträgt 75 vom Hundert des auf überschussberechtigte Versicherungsverträge entfallenden Risikoergebnisses gemäß Absatz 1 bei Lebensversicherungsunternehmen mit Ausnahme der Pensionskassen und gemäß Absatz 2 bei Pensionskassen. ²Alt- und Neubestand werden dabei getrennt betrachtet (in der genannten Nachweisung

499

der Versicherungsberichterstattungs-Verordnung jeweils Spalte 03 beziehungsweise 02).

(5) ¹Die Mindestzuführung zur Rückstellung für Beitragsrückerstattung in Abhängigkeit vom übrigen Ergebnis für die überschussberechtigten Versicherungsverträge beträgt 50 vom Hundert des auf überschussberechtigte Versicherungsverträge entfallenden übrigen Ergebnisses gemäß Absatz 1 bei Lebensversicherungsunternehmen mit Ausnahme der Pensionskassen und gemäß Absatz 2 bei Pensionskassen. ²Alt- und Neubestand werden dabei getrennt betrachtet (in der genannten Nachweisung der Versicherungsberichterstattungs-Verordnung jeweils Spalte 03 beziehungsweise 02).

(6) Von der Summe der gemäß den Absätzen 3 bis 5 ermittelten Beträge werden, getrennt für Alt- und Neubestand, die auf die überschussberechtigten Versicherungsverträge entfallende Direktgutschrift (Summe der Beträge in Formblatt 200 Seite 2 Zeile 25 Spalte 03, Seite 3 Zeile 11 Spalte 03 und Seite 3 Zeile 13 Spalte 03 der Versicherungsberichterstattungs-Verordnung) einschließlich der auf die überschussberechtigten Versicherungsverträge entfallenden Schlusszahlungen auf Grund der Beteiligung an Bewertungsreserven, soweit diese in Form einer Direktgutschrift ausgeschüttet werden, abgezogen.

(7) ¹Für Pensionskassen ergibt sich die Mindestzuführung zur Rückstellung für Beitragsrückerstattung für die überschussberechtigten Versicherungsverträge aus dem nach den Absätzen 3 bis 6 ermittelten Saldo durch Abzug des Betrages, der zur Beitragssenkung oder zur Finanzierung von Versicherungsleistungen an Beitrags statt verwendet wird, sofern in der Satzung eine entsprechende Verwendung vor Feststellung der Zuführung zur Rückstellung für Beitragsrückerstattung festgelegt ist. ²Der Betrag, der zur Beitragssenkung oder zur Finanzierung von Versicherungsleistungen an Beitrags statt verwendet wird, ist im Rahmen des versicherungsmathematischen Gutachtens gemäß § 17 der Versicherungsberichterstattungs-Verordnung herzuleiten.

§ 5 Reduzierung der Mindestzuführung

(1) Die Mindestzuführung gemäß § 4 kann mit Zustimmung der Aufsichtsbehörde in Ausnahmefällen reduziert werden,
1. um den Solvabilitätsbedarf für die überschussberechtigten Versicherungsverträge des Gesamtbestands oder
2. um unvorhersehbare Verluste aus dem Kapitalanlagen-, dem Risikooder dem übrigen Ergebnis aus den überschussberechtigten Versicherungsverträgen des Gesamtbestands, die auf eine allgemeine Änderung der Verhältnisse zurückzuführen sind, oder
3. um den Erhöhungsbedarf in der Deckungsrückstellung, wenn die Rechnungsgrundlagen auf Grund einer unvorhersehbaren und nicht nur vorübergehenden Änderung der Verhältnisse angepasst werden müssen.

(2) Die Mindestzuführung kann zur Deckung des Solvabilitätsbedarfs oder unvorhersehbarer Verluste aus dem Kapitalanlageergebnis nur insoweit reduziert werden, als der hierfür erforderliche Betrag den folgenden, als Formel dargestellten Saldo übersteigt:

$(aKE - Rz) - mKE + 0{,}25 \times RE + 0{,}5 \times \ddot{u}E.$

Dabei sind:
aKE = die anzurechnenden Kapitalerträge,
Rz = die rechnungsmäßigen Zinsen ohne die anteilig auf die überschussberechtigten Versicherungsverträge entfallenden Zinsen auf die Pensionsrückstellungen,
mKE = die Mindestzuführung in Abhängigkeit von den Kapitalerträgen gemäß § 4 Abs. 3,
RE = das Risikoergebnis,
üE = das übrige Ergebnis.

Das Ergebnis in Klammern, das Risikoergebnis beziehungsweise das übrige Ergebnis ist dabei durch Null zu ersetzen, wenn es negativ ist. § 56a des Versicherungsaufsichtsgesetzes bleibt unberührt.

(3) ¹Soweit der Betrag, um den die Mindestzuführung reduziert werden kann, dem Alt- oder Neubestand ganz oder teilweise zugeordnet werden kann, verringert sich die Mindestzuführung für den Alt- oder Neubestand um den zugeordneten Teilbetrag. ²Soweit der genannte Betrag nicht zugeordnet werden kann, verringert sich die Mindestzuführung für den Alt- oder Neubestand entsprechend dem jeweiligen Anteil an der gesamten Mindestzuführung. ³Die Verpflichtung des Unternehmens zur Aufstellung eines Zuführungsplans bleibt hiervon grundsätzlich unberührt.

§ 6 Übergangsvorschrift

Die Vorschriften dieser Verordnung sind erstmals für das nach dem 31. Dezember 2007 beginnende Geschäftsjahr anzuwenden.

§ 7 Inkrafttreten, Außerkrafttreten

¹Diese Verordnung tritt am Tag nach der Verkündung in Kraft. ²Gleichzeitig tritt die Verordnung über die Mindestbeitragsrückerstattung in der Lebensversicherung vom 23. Juli 1996 (BGBl. I S. 1190) außer Kraft.

Teil 4. Allgemeine Bedingungen für die kapitalbildende Lebensversicherung (ALB 1986)

A. Vorbemerkung

Übersicht

	Rdn.
I. Rechtsentwicklung der ALB	1–12
1. Normativbedingungen von 1909 (NB 1909)	1
2. Normativbedingungen von 1932: Allgemeine Versicherungsbedingungen der Kapitalversicherung auf den Todesfall (ALB 1932)	2, 3
3. Musterbedingungen für die Großlebensversicherung (ALB 1957)	4–9
4. Musterbedingungen für die Großlebensversicherung (ALB 1975)	10
5. Musterbedingungen für die Großlebensversicherung (ALB 1981)	11
6. Verbraucherfreundliche Bedingungen in der Lebensversicherung (ALB 1984)	12
II. Formen der kapitalbildenden Lebensversicherung	13–46
1. Allgemeines	13
2. Versicherung auf den Todes- und Erlebensfall	14–22
a) Normaltarif	14
b) Aufbauversicherung	15
c) Kapitalversicherung auf den Todes- und Erlebensfall mit steigenden Beiträgen	16
d) Abkürzungsversicherung	17
e) Versicherung mit erhöhten Leistungen	18
f) Doppelschutzversicherung	19
g) Todes- und Erlebensfallversicherung mit niedrigem Anfangsbeitrag	20
h) Versicherung mit stufenweisem Aufbau der Versicherungsleistungen gegen laufende Beiträge in variabler Höhe	21
i) Termfix-Versicherung	22
3. Erbschaftsteuerversicherung	23–26
a) Regelung bis 1974	23
b) Übergangsregelung	24
c) Unechte Erbschaftsteuerversicherung	25
d) Bezugsrecht	26
4. Befreiungsversicherung	27–39
a) Allgemeines	27
b) Befreiung von der Versicherungspflicht	28–33
c) Aufrechterhaltung der Befreiungswirkung	34–36
aa) Beitragshöhe	34
bb) Bezugsrecht	35
cc) Wechsel des Arbeitgebers oder der Tätigkeit	36
d) Erbschaftsteuerpflicht	37
e) Anrechnung auf die Arbeitslosenhilfe	38
f) Pfändbarkeit	39
5. Fremdwährungsversicherung	40–43
a) Begriff	40

ALB 1986 Vorb.

Teil 4. ALB 1986

Rdn.

b) Rechtsgrundlage	40 a
c) Beitragszahlung	41
d) Anlage der Deckungsrückstellungen	42
e) Überschussbeteiligung	43
6. Kleinlebensversicherung	44–46
a) Formen der Kleinlebensversicherung	44
b) Musterbedingungen	45
c) Tarifbeschreibung	46

Au VdBAV: VerAfP 1909, 92, 154 (Normativbedingungen); VerAfP 1932, 115 (Musterbedingungen für die Großlebensversicherung – ALB 32); VerBAV 1957, 58 (Musterbedingungen für die Großlebensversicherung – ALB 57); VerBAV 1975, 434 (Musterbedingungen für die Großlebensversicherung – ALB 75); VerBAV 1978, 80 (Änderung Allgemeiner Versicherungsbedingungen in der Lebensversicherung aus Anlass des Inkrafttretens des AGB-Gesetzes); VerBAV 1981, 98 (Änderung Allgemeiner Versicherungsbedingungen in der Lebensversicherung); VerBAV 1981, 98 (Geschäftsplanmäßige Erklärungen zu den Allgemeinen Versicherungsbedingungen in der Lebensversicherung); VerBAV 1981, 118 (Musterbedingungen für die Großlebensversicherung – ALB 81); VerBAV 1983, 271 (AVB für die kapitalbildende Lebensversicherung – ALB 83); VerBAV 1984, 379 (Geschäftsplanmäßige Erklärungen zu den Allgemeinen Versicherungsbedingungen in der Lebensversicherung); VerBAV 1984, 435 (ALB für die kapitalbildende Lebensversicherung – ALB 84); VerBAV 1986, 150, 306 (Allgemeiner Geschäftsplan für die Lebensversicherung); VerBAV 1986, 200 (Einführung neuer Tarife in der Lebensversicherung); VerBAV 1986, 201 (Geschäftsplan für die Großlebensversicherung); VerBAV 1986, 209 (ALB für die kapitalbildende Lebensversicherung – ALB 86); VerBAV 1986, 480 (Auszug aus dem Geschäftsplan); GB BAV 1986, 51 (Neue Tarife in der Kapitalversicherung); VerBAV 1991, 59 (Änderung der Bedingungen für den vorläufigen Versicherungsschutz); VerBAV 1991, 59 (Berichtigung des Allgemeinen Geschäftsplans für die Lebensversicherung); VerBAV 1991, 142 (Ergänzung der Allgemeinen Bedingungen für die kapitalbildende Lebensversicherung).

Schrifttum: *Adler;* Einführung neuer Musterbedingungen für die Großlebensversicherung, VW 1957, 284; *Arnold,* Erfahrungen und Entwicklungen der japanischen Lebensversicherung, VerBAV 1956, 151; *Arnold,* Die neuen Musterbedingungen für die Großlebensversicherung, VerBAV 1957, 103; *derselbe,* Rechtsfragen der Lebensversicherung in der Entwicklung, VersR 1958, 8; *Becker,* Mathematische Fragen der Lebensversicherung, VW 1978, 852; *Braun,* Aus der Werdezeit der Lebensversicherung, ZVersWiss 1923, 66; *Braun,* Geschichte der Lebensversicherung und der Lebensversicherungstechnik, 2. Auflage, Berlin 1963; *Bruck-Dörstling,* Das Recht des Lebensversicherungsvertrages. Ein Kommentar zu den Allgemeinen Versicherungsbedingungen der Kapitalversicherung auf den Todesfall (Lebensversicherung). 2. Aufl., Mannheim/Berlin/Leipzig, DDV, 1933; *Claus,* Der Geschäftsplan für die Großlebensversicherung, VerBAV 1975, 476 und VerBAV 1976, 38 sowie VerBAV 1981, 215; *derselbe,* Der Geschäftsplan für die Großlebensversicherung, VerBAV 1986, 239 (I), 283 (II); *Claus/Müller,* Ergänzungsgeschäftsplan zum Geschäftsplan für die Großlebensversicherung für Lebensversicherungsverträge nach dem 3. Vermögensbildungsgesetz, VerBAV 1971, 55 und 121; *Dörstling,* Bedeutung der Gesetzesänderungen, Neum 40, 99, 112, 125; *Duvinage,* Die Vorgeschichte und die Entstehung des Gesetzes über den Versicherungsvertrag, Karlsruhe, VVW, 1987; *Frey,* Ein Vergleich zwischen Lebens- und Schadenversicherung, VW 1965, 1273; *Freytag,* 100 Fragen aus der Lebensversicherung, VW 1968, 862 und 923; *derselbe,* Rechtsfälle aus der Lebensversicherung, VW 1969, 1350, 1410, 1479; 1970, 52, 109; *derselbe,* Das Risiko in der Lebensversicherung, VW 1973, 70; *Ganghoff,* Lebensversicherung und Presse, ZfV 1966, 251 und 295; *Gebhard,* Gefahren für die finanzielle Stabilität der auf dem deutschen Markt vertretenen Lebensversicherer im Zuge des europäischen Binnenmarktes, Diss. Berlin 1995, Karlsruhe, VVW, 1995; *derselbe,* Englische Lebensversicherungen – eine Konkurrenz für die deutsche Versicherungswirtschaft?, VW 1989, 414; *Gerlach,* Musterbedingungen für die Großlebensversicherung, VerBAV 1976, 97; *Grosse,* Beiträge zur Geschichte der Lebensversicherung in Frankreich während der grossen Revolution, in: Assecuranz-Jahrbuch, hrsg. v. A. Ehrenzweig, Wien, 1891, S. 3; *Guski,* Formen der Lebensversicherung, VP 1954, 120; *Harlandt,* Versicherungsbedingungen und Antragsformulare in der Lebensversicherung. Eine Systemanalyse unter dem Gesichtspunkt der

Vorbemerkung 1 **Vorb. ALB 1986**

Markttransparenz, VersR 1975, 198; *Herde,* Besondere Tarife für Frauen in der Kapital-Lebensversicherung, VerBAV 1977, 106; *Herde/Drews,* Sondervergütungen und Begünstigungsverträge in der Lebensversicherung, VerBAV 1981, 145; *Herold,* Vielseitige Lebensversicherung, VersN 1964, 41; *Herting,* Berührungspunkte zwischen Lebens- und Sachversicherung, VW 1953, 268; *Kahlo,* Lebensversicherungsbedingungen und Prämien 1985; *Klingmüller,* Die Lebensversicherung und die öffentliche Meinung. Ein Beitrag zur Public-Relations-Arbeit der Verbände, VW 1968, 506; *König,* Ansätze zur Risikoanalyse und Risikobewältigung in der Lebensversicherung. Eine Untersuchung vor dem Hintergrund der Umsetzung der Dritten Lebensversicherungsrichtlinie der Europäischen Union, Diss. Mannheim 1997, Karlsruhe, VVW, 1997; *Kottke,* Zur Steuerfreiheit von Zinsen aus Lebensversicherungen in Schweizer Franken, BB 1988, 2293; *Kreußler/Heilmann/Nörig,* Lebensversicherung und Steuer, VVW Karlsruhe 1987; *Kürble,* Der Exodus der amerikanischen Lebensversicherer aus Deutschland – die Tontine und die Vorgeschichte des Jahres 1894 –, ZVersWiss 1990, 583; *Laskowski,* Auswirkungen der Bevölkerungsentwicklung in der Bundesrepublik Deutschland auf die Lebensversicherung, ZVersWiss 1981, 73; *Laskowski,* Die Lebensversicherung unter dem Einfluss demographischer und wirtschaftlicher Veränderungen, VW 1983, 952; *derselbe,* Die Lebensversicherung als System der Alters-, Invaliditäts- und Hinterbliebenensicherung, FS Schweber 1986, S. 319; *Pestenhofer,* Die Lebensversicherung auf dem Weg nach Europa, VW 1989, 808; *Piroth,* Volkstümlichere Fachsprache in der Lebensversicherung, ZfV 1963, 714; *Rüdiger,* Zur Gesetzgebung über den Versicherungsvertrag – Denkschrift des Verbandes deutscher Lebensversicherungsgesellschaften vom 15. Februar 1902, ZVersWiss 1989, 242; *Meyer,* Laufende Lebensversicherungen und das Gleichberechtigungsgesetz, FamRZ 1957, 397; *Mohr,* Die Lebensversicherung als Familiengut, VersR 1955, 723; *Müller,* Die verschiedenen Versicherungsformen in der Lebensversicherung, ZVersWiss 1930, 59; *Müller,* Variable Universal Life, ZfV 1988, 454; *Nonhoff,* Überblick über die Situation der Lebensversicherung in wichtigen europäischen Märkten, VW 1989, 817; *derselbe,* Lebensversicherung im EG-Binnenmarkt – Wechselwirkung im Hinblick auf Produkt- und Marktverfassung, ZVersWiss 1991, 233; *Oehl,* Die Lebensversicherung in der Sowjetunion, VW 1972, 250; *Pegler,* Die britische Lebensversicherung heute, ZfV 1968, 98; *Peiner,* Einflüsse in- und ausländischer Finanzdienstleister auf die Produktgestaltung in der Lebensversicherung, ZVersWiss 1991, 242; *Price,* Gestaltung von Lebensversicherungsprodukten im europäischen Ausland, BetrAV 1994, 17; *Rohde-Liebenau,* Die Zukunft der Lebensversicherung. Ergebnisse einer amerikanischen Untersuchung, VW 1968, 833; *Rummel,* Die Lebensversicherung – was man darüber wissen soll, VP 1978, 108; *Schneidler,* Die Rechtsnatur der gemischten Lebensversicherung, BB 1972 Beilage Nr. 3 Seite 16; *von der Schulenburg/Wähling,* Die Lebensversicherten: ihre Informationsquellen, ihr Informationsstand und ihr Nachfragerverhalten, ZVersWiss 1991, 287; *Schulz,* Lebensversicherungen für Einzel-Unternehmer und Gesellschafter, ZfV 1963, 15 und 46; *Schwebler,* Die Lebensversicherung in der Gesamtwirtschaft, ZVersWiss 1989, 659; *Schwebler,* Die Funktion der Lebensversicherung in der Gesamtwirtschaft – ein Beitrag zur Aktualisierung des Drei-Säulen-Konzepts, ZVersWiss 1990, 541; *Surminski,* Lebensversicherung nach 30 Jahren, ZfV 1978, 332; *Tiefenbacher,* Das Bereicherungsverbot im Lebensversicherungsrecht unter besonderer Berücksichtigung des englischen und amerikanischen Rechts, Diss. Hamburg 1948; VW 1965, 456 (Probleme der Lebensversicherung in England); VW 1967, 904 (Aktuelle Probleme der amerikanischen und deutschen Lebensversicherung); *Wasner,* Die deutsche und britische Lebensversicherung: Ein Vergleich hinsichtlich eines zukünftigen gemeinsamen Binnenmarktes, Diss. München 1991, Karlsruhe, VVW, 1992; *Wesselkock,* Spielräume für Innovationen in der Lebensversicherung, ZVersWiss 1991, 279; *Will,* Innovationswirkung der Dritten Lebensversicherungsrichtlinie, FS Farny 1996, Karlsruhe, VVW, 1996, S. 305; *Zeimentz,* Der Lebensversicherungsabschluss unter dem Einfluss volkswirtschaftlicher Parameter, Diss. Münster 1988, Köln, Müller-Botermann, 1989; *Zimmermann,* Der Geschäftsplan für Großlebens-Einzelkapitalversicherungen, VerBAV 1971, 307, 345.

I. Rechtsentwicklung der ALB

1. Normativbedingungen von 1909 (NB 1909)

Bis zum Inkrafttreten des VVG zum 1. Januar 1910 waren in der Lebensversicherung Normativbedingungen nicht üblich. Die deutschen Lebensversicherungs- 1 gesellschaften legten den Versicherungsabschlüssen Versicherungsbedingungen zugrunde, die materiell und formell nicht unwesentlich voneinander abwichen.[1] Die ersten Normativbedingungen für die Todesfallversicherung wurden 1909 genehmigt.[2]

2. Normativbedingungen von 1932: Allgemeine Versicherungsbedingungen der Kapitalversicherung auf den Todesfall (ALB 1932)

2   Die zahlreichen Änderungen und Ergänzungen, die die sogenannten „Normativbedingungen" des Jahres 1909[3] in der Zwischenzeit erfahren hatten, veranlassten den Verband Deutscher Lebensversicherungsgesellschaften in den Jahren 1930 und 1931 zur Beratung und Aufstellung neuer Musterbedingungen unter Berücksichtigung der gemachten Erfahrungen und der Rechtsprechung.[4] Unter Zugrundelegung des Verbandsentwurfs wurden die neuen Bedingungen seitens einer Verbandsgesellschaft dem Reichsaufsichtsamt zur Genehmigung vorgelegt.[5] Die ALB wurden nach ausgedehnten Vorverhandlungen, an denen auch Mitglieder des Versicherungsbeirats gutachtlich mitgewirkt hatten und in denen bereits verschiedene vom Reichsaufsichtsamt gewünschte Änderungen abgestimmt wurden, durch Verfügung des Reichsaufsichtsamtes in der aus VerAfP 1932, 115 ersichtlichen Fassung genehmigt.[6]

3   Im Zuge der Neufassung der Bedingungen wurde eine Form gesucht, die es auch dem versicherungsrechtlich und versicherungstechnisch nicht versierten Versicherungskunden ermöglicht, den Inhalt der Bedingungen zu verstehen.[7] Diesem Zweck dienten auch vor allem die jetzt aufgenommenen Begriffsbestimmungen des Versicherungsnehmers und des Versicherten (§ 1 Abs. 2 ALB 1932), des Deckungskapitals (Fußnote zu § 5 Abs. 2 ALB 1932) sowie die Einbeziehung der verstreuten Bestimmungen des VVG in die Bedingungen (vgl. z. B. §§ 4, 5, 8 ALB 1932).

3. Musterbedingungen für die Großlebensversicherung (ALB 1957)

4   Die Allgemeinen Versicherungsbedingungen für die Großlebensversicherung wurden im Jahre 1957 nach jahrelangen Arbeiten und Abstimmungen der Verbände mit dem BAV als Musterbedingungen für die Großlebensversicherung durch eine Beschlusskammerentscheidung vom 13. März 1957[8] seitens des BAV genehmigt.

5   In Abkehr von der bisherigen Konzeption wurden Bestimmungen, die aus dem Gesetz zu ersehen sind und über die der Versicherer den Versicherungsnehmer an anderer Stelle ausreichend informiert, gestrichen.

6   Ferner wurden die Bestimmungen, die den Versicherungsantrag oder den Versicherungsschein betreffen, in den Antrag bzw. den Versicherungsschein übernommen. Der Aufbau des Bedingungswerks wurde aus Gründen der besseren Übersicht und des leichteren Verständnisses nach dem Ablauf eines Lebensversicherungsvertrages gestaltet.[9]

---

[1] So *Bruck-Dörstling*, ALB-Komm., 2. Aufl., 1933, Allgem. Vorbem. Bem. 2.
[2] Siehe VerAfP 1909, 92, 154.
[3] VerAfP 1909, 92.
[4] So VerAfP 1932, 115.
[5] Siehe VerAfP 1932, 115.
[6] Vgl. VerAfP 1932, 115.
[7] Vgl. *Bruck-Dörstling*, ALB-Komm., 2. Aufl., 1933, Allgem. Vorbem. Bem. 4.
[8] VerBAV 1957, 58.
[9] *Winter* in: Bruck/Möller, VVG, 8. Aufl., 1988, §§ 159–178 VVG Anm. B 14.

Vorbemerkung 7–12 **Vorb. ALB 1986**

Alle Beteiligten erhofften sich, dass im Interesse einer einheitlichen Behandlung 7
der Versicherungsnehmer und Versicherten, im Interesse der Vereinfachung des
Geschäftsverkehrs und im Interesse der Wahrung einer möglichst einheitlichen
Rechtsprechung die neuen Musterbedingungen möglichst bald von sämtlichen 8
Versicherern übernommen werden.[10]

Entsprechend der neuen Auffassung zur Bedingungsfassung wurden zusammen 9
mit den ALB auch die geschäftsplanmäßigen Erklärungen neu gefasst und dort
insbesondere jene Regelungen aufgenommen, die aus Gründen der Straffung aus
den ALB herausgenommen worden waren.[11]

4. Musterbedingungen für die Großlebensversicherung (ALB 1975)

Die im Jahre 1957 veröffentlichten Musterbedingungen und geschäftsplanmäßi- 10
gen Erklärungen entsprachen nicht mehr den Anforderungen, u. a. unter dem
Gesichtspunkt des Verbraucherschutzes, so dass verschiedene Änderungen und
Ergänzungen notwendig wurden. Das BAV verlautbarte daher im Jahre 1975
neue, mit dem Verband der Lebensversicherungsunternehmen abgestimmte Musterbedingungen und geschäftsplanmäßige Erklärungen.[12]

5. Musterbedingungen für die Großlebensversicherung (ALB 1981)

Aus Anlass des Inkrafttretens des AGBG waren die Bestimmungen über Wil- 11
lenserklärungen (§ 12 ALB) geändert worden (VerBAV 1978, 80). Ferner wurden
1981 die §§ 1 und 10 ALB neu gefasst, da es als unbefriedigend angesehen wurde,
dass die bis zur Änderung gültigen ALB für den Beginn des Versicherungsschutzes
auf den Eingang des Einlösungsbeitrages beim Versicherer abstellten und dass die
Regelung über den Erfüllungsort vom gesetzlichen Leistungsort gemäß § 36
VVG abwich.[13] Das BAV veröffentlichte deshalb im Jahre 1981 eine Neufassung
der ALB,[14] nachdem zuvor bereits ein einheitlicher Mustertext für die geschäftsplanmäßigen Erklärungen veröffentlicht worden war.[15]

6. Verbraucherfreundliche Bedingungen in der Lebensversicherung (ALB 1984)

Als Alternative zu den Musterbedingungen für die Großlebensversicherung[16] 12
veröffentlichte das BAV erstmals im Jahre 1983 Allgemeine Bedingungen für die
kapitalbildende Lebensversicherung in verbraucherfreundlicher Fassung.[17] Eine
inhaltliche Änderung erfolgte nicht. Die verbraucherfreundlichen Bedingungen
zeichnen sich durch eine verständlichere Sprache und einen übersichtlicheren
Aufbau aus.[18] Da redaktionelle Unstimmigkeiten festgestellt wurden, erfolgte eine
Neufassung der ALB im Jahre 1984.[19] Letztmals veröffentlichte das BAV eine
Ergänzung der ALB 1986 im Jahre 1991. Hierbei handelt es sich um eine Einschränkung der Kriegsklausel in § 7 ALB 1986.[20]

---

[10] Vgl. *Adler* VW 1957, 284; *Arnold* VerBAV 1957, 103.
[11] VerBAV 1957, 80.
[12] Siehe VerBAV 1975, 434.
[13] VerBAV 1981, 98.
[14] VerBAV 1981, 118.
[15] Siehe VerBAV 1981, 98.
[16] Vgl. VerBAV 1981, 118.
[17] Vgl. VerBAV 1983, 271.
[18] GB BAV 1982, 57; GB BAV 1983, 55; *Winter* in: Bruck/Möller, VVG, 8. Aufl., 1988, §§ 159–178 VVG Anm. B 17.
[19] VerBAV 1984, 435.
[20] Vgl. VerBAV 1991, 142.

II. Formen der kapitalbildenden Lebensversicherung

AuVdBAV: GB BAV 1970, 57 (Feststellung des Erlebensfall- bzw. des Todesfallcharakters von Lebensversicherungen); GB BAV 1970, 58 (Abkürzung der Laufzeit der Versicherung durch Zuzahlungen und unwiderrufliche Begünstigung); GB BAV 1973, 44 (Werbung in der Lebensversicherung mit der Bezeichnung „dynamisch"); GB BAV 1974, 46 (Rechnungsmäßige Abschlusskosten bei kapitalbildenden Versicherungen mit erhöhter Todesfallleistung); GB BAV 1980, 54/55 (Rechnungsmäßige Abschlusskosten bei Tarifen mit vereinbarter Abkürzung der Versicherungsdauer); GB BAV 1982, 58 (Werbe- und Tarifbezeichnungen in der Lebensversicherung); GB BAV 1989, 58 (Beitragsfreie Fortführung einer kapitalbildenden Lebensversicherung nach technischem Ablauf).

1. Allgemeines

13   Jede Versicherung gewährt dem Versicherten in der durch das Gesetz oder die Versicherungsbedingungen festgesetzten Weise Schutz gegen die wirtschaftlichen Folgen ganz bestimmter ungewisser Ereignisse, die, solange sie noch nicht eingetreten sind, als versicherte Gefahr und bei ihrem Eintritt als Versicherungsfall bezeichnet werden.[21] Ihr spezifisches Gepräge erhält jede Versicherungsart durch die ihr eigentümliche Gestaltung des Versicherungsfalls und damit auch der versicherten Gefahr, wobei Versicherungsfall und versicherte Gefahr in einem engen wechselseitigen Abhängigkeitsverhältnis stehen.[22] Den Versicherern steht es dabei frei, selbst zu bestimmen, welche Gefahren sie versichern wollen, wie also das zu versichernde Gefahrereignis und damit der Versicherungsfall beschaffen sein soll.[23] Für den Bereich der Lebensversicherung ist durch Auslegung des vereinbarten Bedingungswerkes zu ermitteln, welche Gefahr versichert ist, die die Leistungspflicht des Versicherers – wenn auch nicht zwingend – auslöst.[24] Versicherungsfall ist dann das Ereignis, das nach Maßgabe der versicherungsvertraglichen Vereinbarungen die Leistungspflicht des Versicherers auslöst, m. a. W. unter das vertraglich versicherte Risiko fällt.[25] In der Regel wird es dasjenige Ereignis sein, das die dem Vertrag innewohnende Ungewissheit beseitigt, ganz gleich, worin diese im gegebenen Fall besteht, so z. B. in der Termfix-Versicherung der Tod der versicherten Person, denn damit entfällt die Ungewissheit über die Dauer der Beitragszahlung.[26]

2. Versicherung auf den Todes- und Erlebensfall

14   a) **Normaltarif.** Bei der Todesfallversicherung, auch bei der Risiko- und Risikovorversicherung, ist der Versicherungsfall mit dem Ableben des Versicherten eingetreten.[27] Bei der gemischten Todes- und Erlebensfallversicherung wird die Versicherungssumme mit dem Ableben des Versicherten, spätestens mit dem Ablauf der vereinbarten Versicherungsdauer fällig.

15   b) **Aufbauversicherung**

Schrifttum: Burkhardt, Zuzahlungsklauseln bei den Lebensversicherungen, BB 1959, 1027.

Häufig wird dem Versicherungsnehmer das Recht eingeräumt, durch freiwillige Zuzahlungen neben den laufenden Beiträgen die Versicherungsdauer abzukürzen

---

[21] BGHZ 16, 42.
[22] BGHZ 16, 42; BGH VersR 1952, 179; LG Berlin VersR 1954, 284; OLG Celle VersR 1959, 989; BGH VersR 1974, 741.
[23] BGHZ 16, 44.
[24] OLG Celle VersR 1959, 989, 990.
[25] BGH VersR 1955, 110, 111.
[26] BGHZ 9, 34, 48; OLG Nürnberg VersR 1952, 121; OLG Hamburg VersR 1975, 561.
[27] OLG Frankfurt/M. v. 21. 9. 1983 – 19 U 174/82.

Vorbemerkung 16–21 **Vorb. ALB 1986**

(sog. Aufbauversicherung). Die Zuzahlungen können aber nur dann als Sonderausgaben geltend gemacht werden, wenn die steuerlich vorgesehene Mindestlaufzeit seit der Zuzahlung eingehalten wird. Diese Versicherungsart ist auch für höhere Eintrittsalter bis zu 70 Jahren mit einer Höchstversicherungssumme von 20 000 DM möglich. An die Stelle einer Gesundheitsprüfung tritt eine dreijährige Wartezeit für das Erbringen der vollen Todesfallleistung.[28] Mitunter wird während der Wartezeit Versicherungsschutz in der Weise geboten, dass bei Tod des Versicherten durch Krankheit oder Unfall in den ersten drei Versicherungsjahren die gezahlten Beiträge bzw. die vereinbarte Versicherungssumme gezahlt werden.[29]

c) **Kapitalversicherung auf den Todes- und Erlebensfall mit steigenden Beiträgen.** Bei dieser Tarifform wird eine über die gesamte Laufzeit feste Versicherungssumme für den Todes- und Erlebensfall versichert, wobei die Beiträge planmäßig in bestimmten Abständen um einen festen Vomhundertsatz des Vorjahresbeitrags steigen.[30] 16

d) **Abkürzungsversicherung.** Die Versicherungssumme wird beim Tode des Versicherten, spätestens beim Ablauf der Versicherungsdauer fällig. Die jährlichen Überschussanteile werden zur Abkürzung der Versicherungsdauer verwendet. Der Versicherungsnehmer hat häufig das Recht, zur weiteren Abkürzung der Versicherungsdauer freiwillige Zahlungen zu leisten.[31] Im Erlebensfall wird die Versicherungssumme fällig, wenn das Deckungskapital so weit durch die laufenden Überschussanteile aufgefüllt ist, dass es die Versicherungssumme erreicht.[32] Wegen der Ungewissheit des genauen Ablauftermins wird bei dieser Variante von der eingeschränkten Abbruchklausel gesprochen, während eine uneingeschränkte Abbruchklausel darin besteht, dass von Anfang an ein fester Termin vereinbart wird.[33] Dem Versicherungsnehmer kann auch zugestanden werden, die Versicherungssumme abzurufen.[34] 17

e) **Versicherung mit erhöhten Leistungen.** Genehmigungsfähig sind Versicherungen mit erhöhter Erlebensfallleistung und mit erhöhter Todesfallleistung. Bei Versicherungen mit erhöhter Todesfallleistung müssen die rechnungsmäßigen Abschlusskosten reduziert werden.[35] 18

f) **Doppelschutzversicherung.** Die Todesfallsumme, die doppelt so hoch ist wie die Erlebensfallsumme, wird beim Tode des Versicherten fällig. Die Erlebensfallsumme wird beim Erreichen des Schlussalters der Versicherung ausgezahlt. 19

g) **Todes- und Erlebensfallversicherung mit niedrigem Anfangsbeitrag.** Die Versicherungssumme kann über die Laufzeit konstant sein, aber auch verschiedene Versicherungssummen für den Todes- bzw. Erlebensfall vorsehen.[36] Mit einem minimalen Beitragsaufwand soll von Anfang an ein möglichst hoher Versicherungsschutz geboten werden.[37] Die Versicherungssumme wird beim Tode des Versicherten, spätestens beim Ablauf der Versicherungsdauer fällig. 20

h) **Versicherung mit stufenweisem Aufbau der Versicherungsleistungen gegen laufende Beiträge in variabler Höhe.** Bei diesem Tarif werden 21

---

[28] VerBAV 1977, 73.
[29] LG Wiesbaden, Urt. v. 11. 1. 1990 – 2 O 313/89, VersR 1991, 210.
[30] Vgl. *Claus* VerBAV 1981, 216.
[31] Siehe hierzu GB BAV 1961, 36 und GB BAV 1967, 53 sowie GB BAV 1969, 52.
[32] *Claus* VerBAV 1986, 243.
[33] *Claus* VerBAV 1986, 243; wegen der Voraussetzungen GB BAV 1967, 51.
[34] *Claus* VerBAV 1986, 243.
[35] GB BAV 1974, 46 und GB BAV 1968, 45/46.
[36] GB BAV 1966, 38/39; wegen Abschlusskosten GB BAV 1979, 53/54 und *Claus* VerBAV 1981, 216.
[37] *Claus* VerBAV 1986, 243.

steigende Versicherungsleistungen vereinbart, wobei die jeweils erreichte Versicherungsleistung durch die bereits gezahlten Beiträge voll finanziert ist.[38] Die erreichte Versicherungssumme wird beim Tode des Versicherten, spätestens beim Ablauf der Versicherungsdauer fällig.

22 **i) Termfix-Versicherung.** Bei der Termfix-Versicherung handelt es sich um eine gemischte Kapitalversicherung mit festem Auszahlungstermin, bei der eine Teilversicherungssumme unter Wegfall der weiteren monatlichen Beitragszahlungen sofort fällig wird, wenn der Versicherte während der Versicherungsdauer verstirbt. Die Restversicherungssumme wird bei Ablauf der Versicherung fällig. Die Termfix-Versicherung behält bis zum Auszahlungszeitpunkt ihren versicherungsrechtlichen Charakter bei, auch wenn sie beitragsfrei geworden ist.[39] Versichert ist das Risiko, dass der Versicherte infolge zu frühen Todes sein Ziel, nämlich bis zu einem bestimmten Zeitpunkt eine bestimmte Geldsumme anzusammeln, nicht erreicht.[40] Versicherungsfall ist, auch soweit es um die Restversicherungssumme geht, der Tod des Versicherten.[41] Mit Eintritt des Versicherungsfalls erlangt der widerruflich Bezugsberechtigte den Anspruch auf die Teilversicherungssumme und die Restversicherungssumme.[42] Das Recht auf den Rückkaufwert steht nach Eintritt des Versicherungsfalls als besondere Erscheinungsform des Rechts auf die Versicherungssumme ausschließlich dem Bezugsberechtigten zu.[43] Das Kündigungsrecht des § 165 VVG kann, wenn es auf die Erben übergegangen sein sollte, von diesen jedenfalls nicht ohne die Zustimmung des Bezugsberechtigten ausgeübt werden.[44]

3. Erbschaftsteuerversicherung

Schrifttum: *Dörstling*, Probleme der Erbschaftsteuerversicherung, VW 1949, 74; *Hedemann*, Sonderfragen der Erbschaftsteuerversicherung, VW 1949, 403; *Flick*, Die verbundene Lastenausgleich-Erbschaftsteuerversicherung, BB 1953, 935; *derselbe*, Finanzierung der Erbschaft- und Schenkungsteuer, DStR 1986, 684; *Oswald*, Lebensversicherung und Erbschaftsteuer nach dem neuesten Stande, VersR 1952, 413; *derselbe*, Erbschaftsteuerversicherung – Möglichkeiten weitreichender Steuereinsparungen, ZfV 1953, 273; *derselbe*, Die beiden Arten der Erbschaftsteuerversicherung, DVersZ 1957, 63; *derselbe*, Die Erbschaftsteuerversicherung, VP 1980, 74; *Troll*, Versicherungsansprüche durch Abschluss einer Erbschaftsteuerversicherung, VW 1963, 134; *Strunz*, Steuerersparnis durch Abschluss einer Erbschaftsteuerversicherung, VW 1991, 168; *Visarius*, Bedeutung und Anwendung der Erbschaftsteuerversicherung, BB 1960, 701; *von der Thüsen*, Der Versorgungs- und Versicherungsbereich in der Erbschaftsteuer, VW 1989, 986.

23 **a) Regelung bis 1974.** Bis zur Neufassung des Erbschaftsteuer- und Schenkungsgesetzes am 17. April 1974[45] konnte der Erblasser als Versicherungsnehmer gemäß § 19 Erbschaftsteuergesetz a. F. eine steuerlich begünstigte Erbschaftsteuerversicherung abschließen, um für die Erben die Belastung aus der Erbschaftsteuer

---

[38] *Claus* VerBAV 1981, 217.
[39] BGHZ 9, 34, 48 = NJW 1953, 542 = VersR 1953, 106, 109.
[40] BGH, Urt. v. 3. 6. 1992 – IV ZR 217/91, NJW-RR 1992, 1302, 1303 = VersR 1992, 990, 991 = VerBAV 1992, 291, 293 = r+s 1992, 320, 321 = MDR 1992, 947; *Gärtner* VersR 1963, 895 f.; *Schmidt-Rimpler* VersR 1964, 792, 795.
[41] BGH, Urt. v. 3. 6. 1992 – IV ZR 217/91, NJW-RR 1992, 1302, 1303 = VersR 1992, 990, 991 = VerBAV 1992, 291, 293 = r+s 1992, 320, 321 = MDR 1992, 947.
[42] BGH, Urt. v. 3. 6. 1992 – IV ZR 217/91, NJW-RR 1992, 1302, 1303 = VersR 1992, 990, 991 = VerBAV 1992, 291, 293 = r+s 1992, 320, 321 = MDR 1992, 947.
[43] BGH, Urt. v. 3. 6. 1992 – IV ZR 217/91, NJW-RR 1992, 1302, 1303 = VersR 1992, 990, 991 = VerBAV 1992, 291, 293 = r+s 1992, 320, 321 = MDR 1992, 947.
[44] BGH, Urt. v. 3. 6. 1992 – IV ZR 217/91, NJW-RR 1992, 1302, 1303 = VersR 1992, 990, 991 = VerBAV 1992, 291, 293 = r+s 1992, 320, 321 = MDR 1992, 947.
[45] BGBl. I S. 933.

erträglicher zu gestalten. Hierzu war im Lebensversicherungsvertrag vorzusehen, dass die Versicherungssumme zur Bezahlung der Erbschaftsteuer verwendet und nach dem Tode des Versicherungsnehmers an die zuständige Finanzbehörde abgeführt wird. Wurde die Versicherungsleistung schon vor dem Tode des Erblassers fällig, musste sie bis zum Tode des Versicherungsnehmers beim Versicherer verbleiben und war erst dann aufgrund der Zahlungsanweisung des Versicherungsnehmers abzuführen. Soweit die Versicherungssumme zur teilweisen oder vollständigen Tilgung der Erbschaftsteuer verwendet werden konnte, blieb sie bei der Errechnung der Erbschaftsteuer außer Ansatz. Die Versicherungssumme war insoweit erbschaftsteuerfrei. Lediglich der überschüssige Betrag, der dem aus der Versicherung Berechtigten zufloss, unterlag der Erbschaftsteuer.

b) Übergangsregelung. Art. 8 § 6 des Reformgesetzes vom 17. April 1974 sah eine Übergangsregelung für vor dem 3. Oktober 1973 abgeschlossene Lebensversicherungsverträge bis zum 31. Dezember 1983 vor. Wenn der Tod des Versicherungsnehmers (§ 19 I a. F.) oder des überlebenden Ehegatten (§ 19 II a. F.) nach dem 31. Dezember 1973 eintritt, so mindert sich die Versicherungssumme, soweit sie bei der Feststellung des steuerlichen Erwerbs unberücksichtigt zu lassen ist, für jedes dem Kalenderjahr 1973 bis zum Eintritt des Versicherungsfalles folgende Kalenderjahr um jeweils 5 v. H. Seit Ablauf der Übergangsregelung können Erbschaftsteuerversicherungen nicht mehr mit den dargelegten Vergünstigungen bei der Erbschaftsteuer abgeschlossen werden. **24**

c) Unechte Erbschaftsteuerversicherung. Trotz des Wegfalls der Steuervergünstigungen bei der Erbschaftsteuer ist die Erbschaftsteuerversicherung weiterhin als sogenannte unechte Erbschaftsteuerversicherung anzutreffen, da mit ihr der Erblasser Vorsorge zur Sicherung der Erbschaft treffen kann. **25**

d) Bezugsrecht. Bei Erbschaftsteuerversicherungen, für die noch § 19 ErbStG 1959 gilt, ist das Finanzamt zunächst bezugsberechtigt hinsichtlich der gesamten Versicherungsleistung, auch wenn nur ein Teil für die Erbschaftsteuer benötigt wird und der über die Erbschaftsteuer hinausgehende Betrag an einen Begünstigten gezahlt werden soll.[46] Hat der Versicherungsnehmer (Erblasser) die Bezugsberechtigung des Finanzamts aufgehoben, hat das Finanzamt keine rechtlich begründbare Zahlungsempfängerstellung mehr.[47] Bereicherungsansprüche bestehen gegen Erben, auf deren Erbschaftsteuer die Versicherungssumme entgegen einer Bestimmung des Versicherungsnehmers verrechnet worden ist.[48] **26**

4. Befreiungsversicherung

AuVdBAV: GB BAV 1972, 48 (Befreiungsversicherung i. S. d. Art. 2 § 1 AnVNG); GB BAV 1982, 57 (Befreiende Lebensversicherung nach dem Künstlersozialversicherungsgesetz, Sonderklausel zu § 2 BUZ).

Schrifttum: *Joswig*, Nichteintritt der Erstattungspflicht des Arbeitgebers nach § 128 AFG aufgrund eines Anspruchs des früheren Arbeitnehmers aus einer sogenannten befreienden Lebensversicherung?, VersR 1996, 823; *Schmidt*, Befreiende Lebensversicherung und Vermögensteuer, DB 1995, 955.

Rechtsprechung: BSG BB 1962, 1124 (keine Befreiung von der Beitragspflicht zur landwirtschaftlichen Alterskasse wegen Befreiung von der handwerklichen Altersversorgung); BSG DB 1970, 1448 (keine Befreiung von der Arbeiterrentenversicherungspflicht wegen früherer Befreiung von der Angestelltenversicherungspflicht); BVerfG VersR 1971,

---

[46] BGH v. 24. 3. 1982, VersR 1982, 665.
[47] BGH, Urt. v. 17. 6. 1998 – IV ZR 145/97, NJW-RR 1998, 1297, 1298 = NVersZ 1998, 76 = WM 1998, 1945, 1947.
[48] BGH VersR 1963, 917 = MDR 1963, 995.

248 (Verfassungsmäßigkeit von Art 2 § 1 AnVNG); BVerfG 8. 4. 1987 (Verfassungswidrigkeit des § 52 Abs. 5 KSVG); BAG v. 11. 10. 1988, VersR 1989, 414 und BAG v. 10. 10. 1989 – 3 AZR 28/88 (Anrechnung auf Vorruhestandsgeld).

27 a) **Allgemeines.** Der Versicherungsnehmer einer befreienden Lebensversicherung hat auf Grund der vertraglichen Rechtsbeziehungen zum Versicherer die uneingeschränkte Dispositionsbefugnis bezüglich der Fortdauer des Vertrags und der sich daraus ergebenden Ansprüche.[49] Er unterliegt – anders als der in der Rentenversicherung versicherte Arbeitnehmer – keinen gesetzlichen Beschränkungen, sondern kann den Versicherungsvertrag nach § 165 Abs. 1 VVG kündigen, den Rückkaufswert beanspruchen, die Ansprüche beleihen, die Einsetzung der Hinterbliebenen als Bezugsberechtigte ändern oder den Versicherungsschutz durch Nichterfüllung der Pflichten aus dem Versicherungsvertrag aufs Spiel setzen,[50] ohne dass dies im Hinblick auf die einmal erfolgte Befreiung von der Mitgliedschaft in der gesetzlichen Rentenversicherung Folgen hätte.[51]

28 b) **Befreiung von der Versicherungspflicht.** Der Gesetzgeber ermöglichte gemäß Art. 2 § 1 AnVNG Angestellten, die vor dem 1. Januar 1968 wegen Überschreitens der Jahresarbeitsverdienstgrenze – ebenso wie zuvor 1957 und 1965 bei Anhebungen der Pflichtversicherungsgrenze – nicht versicherungspflichtig waren, auf Antrag von der zum 1. Januar 1968 eintretenden Versicherungspflicht befreit zu werden. Voraussetzung war der Abschluss einer privaten Lebensversicherung auf den Todes- und Erlebensfall auf Endalter 65 oder ein niedrigeres Endalter spätestens mit Wirkung vom 1. Januar 1968, die auch unter Zwangsbeitritt genommen sein konnte.[52] Der dafür aufgewendete Beitrag musste mindestens dem Beitrag zur gesetzlichen Rentenversicherung entsprechen, wobei ein Zuschuss des Arbeitgebers zur Befreiungsversicherung gemäß Art 2 § 1 Abs. 4 AnVNG erhalten blieb.[53]

29 Von Gesetzes wegen war damit weder eine Dynamik der Lebensversicherung noch der zusätzliche Abschluss einer Berufsunfähigkeits-Zusatzversicherung gefordert.[54]

30 Schon vorher stand von 1939 bis 1961 den selbständigen Handwerkern die Möglichkeit zum Abschluss einer Befreiungsversicherung offen. Für die Festsetzung der Höhe der notwendigen Lebensversicherungssummen war ausschließlich der letzte Einkommensteuerbescheid heranzuziehen, nicht aber der Umsatzsteuerbescheid.[55]

31 Von 1983 bis 1987 wurde nach dem KSVG den selbständigen Künstlern und Publizisten die Möglichkeit einer Befreiungsversicherung eingeräumt. Sofern entsprechende private Lebensversicherungsverträge für den Fall der Invalidität, des Todes und des Erlebens abgeschlossen werden, sieht § 52 Abs. 2 Ziff 2 KSVG auf Antrag eine Befreiung von der Versicherungspflicht vor. Die Beitragszuschüsse zur befreienden Lebensversicherung werden aufgrund des Gesetzes zur finanziellen Sicherung der Künstlersozialversicherung nicht mehr vom Vermarkter gezahlt, sondern von der Künstlersozialkasse erstattet (§ 52a Abs. 2 KSVG).

---

[49] BFH, Urt. v. 24. 10. 2001 – II R 10/00, NVersZ 2002, 428, 429 = BB 2002, 445.
[50] BGH, Urt. v. 27. 10. 1976 – IV ZR 136/75, BGHZ 67, 262 = NJW 1977, 101 = BB 1977, 69.
[51] BFH, Urt. v. 24. 10. 2001 – II R 10/00, NVersZ 2002, 428, 429 = BB 2002, 445.
[52] BSG v. 13. 8. 1965, VerBAV 1965, 223 = BB 1965, 1150 – Werkspensionskassen.
[53] BSG v. 13. 8. 1965, VerBAV 1965, 223 = BB 1965, 1150; siehe auch § 231 Abs. 5 SGB VI.
[54] OLG Hamm, Urt. v. 8. 2. 1995 – 20 U 228/94, VersR 1996, 47, 48 = r+s 1995, 194, 195.
[55] AG Frankfurt/M. VersR 1950, 160.

Vorbemerkung   32–35 **Vorb. ALB 1986**

Nach § 85 Abs. 3 Satz 1 Nr. 3 und Abs. 4 Satz 1 Nr. 3 des Gesetzes über die Alterssicherung der Landwirte (ALG) vom 29. Juli 1994[56] konnten sich in der Alterssicherung der Landwirte versicherungspflichtige Ehegatten von Landwirten unter bestimmten weiteren Voraussetzungen von der Versicherungspflicht befreien lassen, wenn sie vor dem 1. April 1996 einen Lebensversicherungsvertrag geschlossen hatten. Diese Befreiungsregelungen erfordern keine Überprüfung des Fortbestands der befreienden Lebensversicherungsverträge durch die landwirtschaftlichen Alterskassen.[57] Die Befreiung von der Versicherungspflicht erfolgt endgültig und ist unabhängig von der Fortführung der privaten Lebensversicherung.[58]

Mit Wirkung ab 1. Januar 1998 wurden die Gerüstbauer in die Rentenversicherungspflicht einbezogen. Nach § 231 Abs. 5 Satz 1 Nr. 2 SGB VI besteht für diesen Personenkreis ein Befreiungsrecht, wenn sie folgende Voraussetzungen erfüllen: 32
– Abschluss eines Lebensversicherungsvertrages mit einem öffentlichen oder privaten Versicherungsunternehmen für sich und ihre Hinterbliebenen für den Fall des Todes und des Erlebens des 65. oder eines niedrigeren Lebensjahres.
– Abschluss mit Wirkung vom 1. April 1998 oder eines früheren Datums.
– Prämienhöhe mindestens in der Höhe der zur gesetzlichen Rentenversicherung zu zahlenden Beiträge.

Freiberuflich Tätige, die auf Grund gesetzlicher Verpflichtung Mitglieder einer berufsständischen Versorgungseinrichtung sind, können sich nach § 6 SGB VI von der Versicherungspflicht in der gesetzlichen Rentenversicherung (GRV) befreien lassen. Die Versorgungswerke legen die Beiträge überwiegend zinsbringend an, weshalb sie in der Regel günstigere Leistungen bereithalten als die nach dem Umlageverfahren arbeitende GRV.[59] 33

c) Aufrechterhaltung der Befreiungswirkung. aa) Beitragshöhe. Wenn der für die Lebensversicherung aufgewendete Beitrag nicht dem Beitrag zur gesetzlichen Versicherung entspricht, so führt der zu niedrige Beitrag nicht zur Nichtigkeit des Lebensversicherungsvertrags.[60] Ein zu niedriger Beitrag, der nach Vertragsabschluss berichtigt wird, hindert den Eintritt der Befreiungswirkung nicht, wenn bei Abschluss des Lebensversicherungsvertrages der Wille beider Parteien auf die Befreiung des Versicherungsnehmers von der gesetzlichen Versicherung (hier: Handwerkerversicherung) gerichtet ist.[61] Für die Frage, ob bei Abschluss eines Lebensversicherungsvertrages zur Befreiung von der Pflichtversicherung die erforderliche monatliche Beitragshöhe erreicht ist, kommt es bei Vereinbarung jährlicher Zahlungsweise auf den dem Jahresbeitrag nach dem Geschäftsplan entsprechenden, den Ratenzuschlag mit enthaltenden Monatsbeitrag an.[62] Es genügt, wenn der Lebensversicherungsvertrag ein Rentenoptionsrecht enthält, das später ausgeübt wird.[63] 34

bb) Bezugsrecht. Der Versicherungsnehmer kann die Begünstigung der Hinterbliebenen für den Todesfall nachträglich abändern, auch wenn es sich um eine Lebensversicherung handelt, die gemäß Art. 2 § 1 AnVNG zur Befreiung von der Angestelltenversicherungspflicht abgeschlossen worden ist.[64] Eine Änderung der 35

---

[56] BGBl. I 1994, 1890.
[57] BSG, Urt. v. 17. 4. 2002 – B 10 LW 4/01 R, S. 4.
[58] BSG, Urt. v. 17. 4. 2002 – B 10 LW 4/01 R, S. 4.
[59] BSG, Urt. v. 7. 3. 2007 – B 12 RA 15/06 R, NZA 2007, 677.
[60] LG Mönchengladbach v. 18. 11. 1958, VersR 1959, 846 = DB 1959, 307.
[61] LSG Hamburg VersR 1966, 34.
[62] BSG VersR 1970, 346.
[63] BSG VersR 1964, 724.
[64] BGHZ 30, 330 = VersR 1959, 845 = VerBAV 1959, 305 = MDR 1959, 991 = BB 1959, 1065 = DB 1959, 1142; a. A. LG Berlin, VersR 1959, 329 = VerBAV 1959, 56, das

Bezugsberechtigung der Hinterbliebenen hat nur zur Folge, dass damit die Voraussetzung für die Versicherungsfreiheit oder Halbversicherung wegfällt.[65]

36 **cc) Wechsel des Arbeitgebers oder der Tätigkeit.** Bei einem Überwechseln eines Angestellten in einen knappschaftlichen Betrieb bleibt eine von der BfA nach dem AnVNG ausgesprochene Befreiung von der Rentenversicherungspflicht in Kraft, wenn der Angestellte seine befreiende Lebensversicherung dem Art. 2 § 1 KNVNG anpasst.[66] Die Befreiung von der Versicherungspflicht nach dem AnVNG durch Abschluss eines Lebensversicherungsvertrages bewirkt keine Versicherungsfreiheit für eine spätere Tätigkeit als selbständiger Handwerker.[67] Die Befreiungsvoraussetzungen müssen für die jeweilige Pflichtversicherung neu nachgewiesen werden.

37 **d) Erbschaftsteuerpflicht.** Aus dem Bereich der betrieblichen Altersversorgung unterfallen einzelvertraglich vereinbarte, auf arbeits- oder dienstvertraglicher Regelung beruhende Versorgungsansprüche bis zur Angemessenheitsgrenze aus Gleichbehandlungsgründen nicht dem Tatbestand des § 3 Abs. 1 Nr. 4 ErbStG.[68] Leistungen aus einer befreienden Lebensversicherung unterfallen nicht dem Bereich der betrieblichen, d. h. der in einem Arbeits- oder Dienstverhältnis erdienten Altersversorgung, selbst wenn üblicherweise vom Arbeitgeber Zuschüsse zum Beitragsaufwand gezahlt werden[69] und unterliegen daher gemäß § 3 Abs. 1 Nr. 4 ErbStG i. V. m. § 1 Abs. 1 Nr. 1 ErbStG der Erbschaftsteuerpflicht.[70] Der Annahme einer Steuerfreiheit steht nicht entgegen, dass der BFH für die Frage der Pfändung von befreienden Lebensversicherungen einen Vollstreckungsschutz in entsprechender Anwendung der sozialversicherungsrechtlichen Bestimmungen (§ 54 SGB I) abgelehnt hat.[71]

38 **e) Anrechnung auf die Arbeitslosenhilfe.** Leistungen aus befreienden Lebensversicherungen, die auf die Vollendung des 60. Lebensjahres abgeschlossen worden sind und die bereits vor Vollendung des 60. Lebensjahres ausgezahlt wurden, dürfen nicht auf die Arbeitslosenhilfe angerechnet werden, da sie zur Aufrechterhaltung einer angemessenen Alterssicherung bestimmt sind.[72] Ab Vollendung des 60. Lebensjahres dürfen diese Leistungen jedoch auf die Arbeitslosenhilfe angerechnet werden.[73]

39 **f) Pfändbarkeit.** Eine von der gesetzlichen Rentenversicherungspflicht befreiende Kapitallebensversicherung ist sowohl hinsichtlich des Rückkaufswerts als Forderung als auch hinsichtlich der Nebenrechte pfändbar.[74] Vor dem 1. Januar

---

der Meinung war, zu Ungunsten der Kinder könne das Bezugsrecht nicht geändert werden, solange diese gemäß Art 1 § 44 AnVNG waisenrentenberechtigt seien.

[65] BGH v. 8. 5. 1954, VerBAV 1955, 136.
[66] So schon LSG Essen VersR 1963, 870.
[67] Vgl. auch BSG VersR 1971, 927.
[68] BFH, Urt. v. 20. 5. 1981 – II R 11/81, BFHE 133, 426 = BStBl. II 1981, 715 = BB 1981, 1509; BFH, Urt. v. 20. 5. 1981 – II R 33/78, BFHE 134, 156 = BStBl. II 1982, 27 = BB 1982, 912; BFH, Urt. v. 13. 12. 1989 – II R 23/85, BFHE 159, 228 = BStBl. II 1990, 322 = BB 1990, 770; BFH, Urt. v. 24. 10. 2001 – II R 10/00, NVersZ 2002, 428, 429 = BB 2002, 445, 446 = DB 2002, 461, 462.
[69] BFH, Urt. v. 24. 10. 2001 – II R 10/00, BB 2002, 445, 446 = DB 2002, 461, 462.
[70] FG Köln, Urt. v. 25. 11. 1997 – 9 V 3238/97, VersR 1998, 1402; BFH, Urt. v. 24. 10. 2001 – II R 10/00, NVersZ 2002, 428, 429 = BB 2002, 445 = DB 2002, 461, 462.
[71] BFH, Urt. v. 12. 6. 1991 – VII R 54/90, BStBl. 1991 II, 747 = VersR 1992, 902 (Ls.).
[72] BSG, Urt. v. 24. 4. 1997 – 11 RAr 23/96.
[73] BSG, Urt. v. 24. 4. 1997 – 11 RAr 23/96.
[74] BGH VersR 1959, 845 = BB 1959, 1065 = MDR 1959, 991; KG VersR 1959, 845; VG Arnsberg VersR 1969, 920; BGHZ 30, 330; LG Lübeck MDR 1984, 61; FG Baden-Württemberg v. 27. 4. 1990, MDR 1990, 956; BFH, Urt. v. 12. 6. 1991 – VII R 54/90,

1962 abgeschlossene Handwerker-Befreiungsversicherungen sind allerdings bis zu einem Betrag von DM 10 000,– nicht pfändbar.[75] Ist ein Lebensversicherungsanspruch nach § 22 der 1. DVO/HVG unpfändbar geworden, so bleibt er es auch nach Beendigung der Versicherungsfreiheit.[76] Der Pfändungsschutz gilt auch gegenüber Unterhaltsansprüchen.[77]

5. Fremdwährungsversicherung

AuVdBAV: GB BAV 1959/60, 32; VerBAV 1992, 336 (Lebensversicherungen in Fremdwährung).

Schrifttum: *Wehl,* Rechtsprobleme der Fremdwährungsversicherungen, VersR 1950, 73.

a) Begriff. Unter einer Fremdwährungsversicherung ist eine Lebensversicherung zu verstehen, die auf eine ausländische Währung – in der Regel Schweizer Franken oder Dollar – abgeschlossen wird.[78] Die beiderseitigen Leistungen – Beitragszahlung wie Versicherungsleistung – sind in der vereinbarten Währung zu erbringen. Der Grundsatz des § 244 BGB, wonach eine in ausländischer Währung ausgedrückte Geldschuld, die im Inland zu zahlen ist, auch in inländischer Währung beglichen werden kann, wird mithin im Versicherungsvertrag ausgeschlossen. 40

b) Rechtsgrundlage. Der Abschluss einer Fremdwährungsversicherung zwischen einem in der BRD oder Westberlin ansässigen Versicherungsnehmer und einem in diesen Gebieten zugelassenen LVU ist seit 1959 wieder zulässig.[79] Außerdem findet seit dem 1. September 1961 § 3 Satz 1 des Währungsgesetzes auf Rechtsgeschäfte zwischen Gebietsansässigen und Gebietsfremden keine Anwendung mehr (§ 49 Absatz 1 des Außenwirtschaftsgesetzes). Daraus folgt, dass Lebensversicherungsunternehmen mit Sitz in der BRD oder Westberlin Lebensversicherungsverträge in fremder Währung mit gebietsfremden Personen ohne weiteres abschließen können. 40 a

c) Beitragszahlung. Die Beiträge für Fremdwährungsversicherungen sind in der vereinbarten Währung zu entrichten. Bis auf jederzeitigen Widerruf des Versicherers können die Beitragszahlungen auch in DM entrichtet werden. Der in der ausländischen Währung geschuldete Beitrag wird dann nach dem Kurswert umgerechnet, der zur Zeit der Zahlung für den Zahlungsort maßgebend ist. In der Regel wird eine Zahlung in DM ausdrücklich ausgeschlossen. 41

d) Anlage der Deckungsrückstellungen. Für jede Fremdwährung hat der Versicherer eine selbständige Abteilung des Deckungsstocks zu bilden. Die Deckungsstockwerte für Fremdwährungsversicherungen sind in der gleichen Währung anzulegen, in der die Versicherung abgeschlossen ist (vgl. § 54 a Abs. 3 VAG). 42

e) Überschussbeteiligung. Die Gewährung von Überschussanteilen ist u. a. davon abhängig, welcher Zins für die Deckungsstockwerte in ausländischer Währung erzielt wird. Ist der Kapitalzins in den betreffenden Ländern niedriger als in Deutschland, so ist mit geringeren Überschussanteilen zu rechnen. Je nach dem 43

NJW 1992, 527 = BB 1991, 2146, 2147 = MDR 1991, 1195, 1196; OLG Brandenburg, Urt. v. 18. 7. 2002 – 8 U 124/01, WM 2003, 1643; *David* MDR 1996, 24; a. A. AG Aachen v. 18. 8. 1959, VersR 1959, 893; *Breitling* EWiR 2003, 979, 980.
[75] *David* MDR 1996, 24; a. A. LG Kiel, Beschl. v. 2. 7. 1963 – 5 T 79 – 81/63, VersR 1963, 1213.
[76] BGHZ 35, 261 = NJW 1961, 1720 = VersR 1961, 697 = MDR 1961, 748 = BB 1961, 842; BGH v. 18. 10. 1965, BGHZ 44, 193; KG v. 20. 12. 1963, VersR 1964, 326; OLG Düsseldorf VersR 1967, 750.
[77] AG Viersen v. 19. 1. 1954, VersR 1954, 217.
[78] Vgl. BGH v. 16. 9. 1971, VersR 1972, 169.
[79] Genehmigung der Deutschen Bundesbank 92/59 – Mitteilung der Deutschen Bundesbank Nr. 1009/61 v. 24. 8. 1961, BAnz. Nr. 167/61.

Zinsniveau des Landes, in dessen Währung die Versicherung abgeschlossen wird, werden unter Umständen aus der Verzinsung der Deckungsstockwerte überhaupt keine Überschussanteile fällig. Auch kann die Überschussbeteiligung für Versicherungen in ausländischer Währung durch die erforderlichen Verwaltungskosten beeinträchtigt werden. Die Überschussanteile werden in der Regel zur Erhöhung der Versicherungsleistung verwendet.

6. Kleinlebensversicherung

AuVdBAV: VerBAV 1956, 99 (R 10/56 v. 22. 5. 1956 – Höchstversicherungssumme in der Kleinlebensversicherung); GB BAV 1960, 33 (Höchstversicherungssumme in der Kleinlebensversicherung; GB BAV 1960, 35 (Mindest-Versicherungsleistung und Mindest-Monatsbeitrag in der Kleinlebensversicherung); VerBAV 1961, 38 (R 2/61 v. 10. 2. 1961 – Höchstversicherungssumme in der Kleinlebensversicherung); GB BAV 1961, 35 (Erhöhung des Zillmersatzes in der Kleinlebensversicherung); VerBAV 1962, 122 und GB BAV 1962, 26 (Musterbedingungen für die Kleinlebensversicherung); GB BAV 1967, 47 (Ausschluss des Rückkaufs); GB BAV 1967, 48 (Herabsetzung der Mindestversicherungssumme in der Großlebens-Einzelversicherung bis in den Bereich der Kleinlebensversicherung); GB BAV 1968, 48 (Selbständige Geschäftspläne mit eigenen Tarifen für die kleine Lebensversicherung des Summenbereichs unter 2000 DM); VerBAV 1981, 101 (Musterbedingungen für die Kleinlebensversicherung).

Schrifttum: *Münster,* Die Musterbedingungen für die Kleinlebensversicherung, VerBAV 1962, 190.

44 **a) Formen der Kleinlebensversicherung.** Die Kleinlebensversicherung hat als Volksversicherung an der Förderung des Versicherungsgedanken einen wesentlichen Anteil. Sie war auch als Abonnentenversicherung verbreitet und ist noch heute als Sterbegeldversicherung bzw. als Familien-Unfall- und Sterbegeldversicherung anzutreffen.

45 **b) Musterbedingungen.** Gemäß § 189 VVG finden auf die Kleinlebensversicherung die Vorschriften der §§ 38, 39, 42 VVG über die nicht rechtzeitige Beitragszahlung, ferner des § 165 VVG über das Kündigungsrecht des Versicherungsnehmers und die §§ 173 bis 176, 178 VVG über die Gewährung einer beitragsfreien Versicherung und über die Beitragsrückerstattung keine Anwendung, soweit mit Genehmigung der Aufsichtsbehörde in den Versicherungsbedingungen abweichende Bestimmungen getroffen worden sind. Die auf diese gesetzlichen Bestimmungen abgestellten Musterbedingungen[80] entsprechen nach Auffassung des BAV nicht den heutigen Anforderungen an den Verbraucherschutz im Versicherungswesen und sind überholt.[81]

46 **c) Tarifbeschreibung.** Die Kleinlebensversicherung ist eine Lebensversicherung mit geringen Versicherungssummen, im Allgemeinen bis zum Betrage von höchstens 10 000 DM in sinngemäßer Anwendung des R 4/82.[82] Das LVU darf auf eine ärztliche Untersuchung verzichten und sich mit einer vereinfachten Gesundheitsprüfung begnügen.

Für eine Übergangszeit von zwei Jahren (1989 und 1990) können die nach 1938 geborenen Versicherten der gesetzlichen Krankenkassen eine Sterbegeldversicherung in Höhe von 2300 DM abschließen, ohne dass sie Gesundheitsfragen zu beantworten brauchen. Bei Summen bis 10 000 DM brauchen die Versicherten im Rahmen der vereinfachten Gesundheitsprüfung nur die Fragen zu beantworten, ob sie sich zur Zeit der Antragstellung gesund fühlen, ob sie in den letzten sechs Monaten einen Arzt in Anspruch genommen haben und falls ja, welchen und warum.[83]

---

[80] VerBAV 1962, 122.
[81] VerBAV 1981, 101.
[82] VerBAV 1982, 396; *Claus* VerBAV 1986, 241.
[83] VW 1988, 1032.

B. Kommentierung der §§ 1 bis 17 ALB 1986

Sehr geehrter Kunde!
Als Versicherungsnehmer sind Sie unser Vertragspartner; für unser Vertragsverhältnis gelten die nachfolgenden Bedingungen.

§ 1 Wann beginnt Ihr Versicherungsschutz?

Ihr Versicherungsschutz beginnt, wenn Sie den ersten oder einmaligen Beitrag (Einlösungsbeitrag) gezahlt und wir die Annahme Ihres Antrages schriftlich oder durch Aushändigung des Versicherungsscheins bestätigt haben. Vor dem im Versicherungsschein angegebenen Beginn der Versicherung besteht jedoch noch kein Versicherungsschutz.

Übersicht

	Rdn.
I. Fassung	1–3
II. Versicherungsvorschlag	4–6
1. Ausgangslage	4
2. Anbahnung	5
3. Versicherungsvorschlag	6
III. Gegenstand der Versicherung	7–9
IV. Dauer des Versicherungsschutzes	10–36
1. Beginn des Versicherungsschutzes	10–14
2. Ende des Versicherungsschutzes	15, 16
3. Rückwärtsversicherung	17–38
a) Begriff	17
b) Zustandekommen	18–24
c) Leistungsfreiheit des LVU	25–30
aa) Ausgangslage	25–27
bb) Kenntnis vom Eintritt des Versicherungsfalls vor Antragstellung	28
cc) Kenntnis vom Eintritt des Versicherungsfalls nach Antragstellung	29
dd) Kenntnis des Vertreters und des Vertretenen vom Eintritt des Versicherungsfalls	30
d) Auswirkungen der Rückwärtsversicherung auf die Fristen der ALB	31–35
aa) Rücktrittsfrist des § 6 ALB	31
bb) Wartezeit des § 8 ALB	32–35
e) Zusatzversicherungen	36
V. Vorläufiger Versicherungsschutz vor Vertragsabschluss und Einlösung	37–46
1. Ausgangslage	37
2. Vorläufige Deckungszusage	28–41
3. Erteilung	42, 43
4. Beginn und Ende	44
5. Inhalt der vorläufigen Deckung	45
6. Deckende Stundung	46
VI. Antrag auf Abschluss einer Lebensversicherung	47–124
1. Allgemeines	47
2. Form des Lebensversicherungsantrags	48–51

	Rdn.
a) Allgemeines	48–50
b) Zusatzerklärungen zum Antrag	51
3. Vertretung des Versicherungsnehmers	52–57
4. Zustimmung der gesetzlichen Vertreter und des Vormundschaftsgerichts bei minderjährigen Versicherungsnehmern	58–82
a) Zustimmung der gesetzlichen Vertreter	58
b) Anwendung des § 110 BGB	59
c) Vormundschaftsgerichtliche Genehmigung	60
d) Mündelsichere Anlage	61
e) Genehmigung durch den volljährig gewordenen Versicherungsnehmer	62–67
aa) Geschäftsplanmäßige Erklärung	62
bb) Konkludente Genehmigung	63
cc) Einzelfälle	64
dd) Unzulässige Rechtsausübung (§ 242 BGB)	65
ee) Rückabwicklung	66
ff) Verjährung	67
f) Genehmigung durch die Erben	68
5. Einwilligung des Versicherten	69–82
a) Ausgangslage	69
b) Zweck	70
c) Anforderungen	71
d) Erklärung	72, 73
e) Schriftform	74
f) Vertretung	75–77
g) Minderjährige	78
h) Fehlen der Einwilligung	79–81
i) Mitwirkungsbefugnis	82
6. Antragsklauseln	83–113
a) AVB-Klausel	83–86
b) Antragsbindungsklausel	87–90
c) Anzeigepflichtklausel	91–95
d) Vollmachtsbeschränkungsklausel	96–98
e) Schweigepflichtentbindungsklausel	99–102
f) Datenschutzermächtigungsklausel	103–111
aa) Ausgangslage	103
bb) Schriftform	104
cc) Einwilligungsklausel	105–107
dd) Inhaltskontrolle	108–111
g) Schriftformklausel	112
h) Lastschriftklausel	113
7. Besondere Vereinbarungen	114, 115
a) Darlehensgewährung durch den Versicherer	114
b) Darlehensgewährung durch ein Kreditinstitut	115
8. Zugang des Antrags	116
9. Antragswiderrufsrecht	117–123
a) Ausgangslage	117, 118
b) Gesetzliche Regelung	119, 120
c) Widerrufsbelehrung	121, 122
d) Widerruf	123, 124
VII. Annahme des Lebensversicherungsantrags	125–154
1. Annahmefrist	125–128
2. Antragsprüfung	129–133
a) Gesundheitsprüfung Altbestand	129–132
aa) Ärztliche Untersuchung	129
bb) Versicherung ohne ärztliche Untersuchung	130–132
b) Eintrittsalter	133

Beginn des Versicherungsschutzes § 1 ALB 1986

	Rdn.
3. Annahmeerklärung des Versicherers	134–144
a) Form	134–137
b) Ausschöpfung der Annahmefrist	138–140
c) Tod des Antragstellers	141, 142
d) Zugang der Annahmeerklärung des LVU	143
e) Beweislast	144
4. Verspätete Annahmeerklärung des Versicherers	145
5. Abweichung vom Versicherungsantrag	146–148
6. Übermittlung des Versicherungsscheins	149–153
7. Anfechtung der Annahmeerklärung durch LVU	154
VIII. Hinweispflichten des Versicherers während der Vertragslaufzeit	155–157
1. Verwendung neuer Versicherungsbedingungen im Neugeschäft	155
2. Vertragsverhandlungen	156
3. Einzelfälle	157
IX. Änderung, Aufhebung und Wiederherstellung der Lebensversicherung	158–175
1. Änderung	158
a) Angebote des Versicherers	158
b) Anträge des Versicherungsnehmers	159–165
aa) Frist	159
bb) Inhalt des Antrags	160
cc) Pflichten des LVU bei Antragsaufnahme	161
dd) Behandlung des Antrags	162
ee) Annahme des Antrags	163
ff) Rechtsnatur des Beitrags nach Vertragsänderung	164
gg) Einzelfälle	165
c) Steuerfragen	166, 167
aa) Steuerschädliche Vertragsänderungen	166
bb) Steuerunschädliche Vertragsänderungen	167
2. Aufhebung	168–170
3. Wiederinkraftsetzung und Wiederherstellung der Lebensversicherung	171–175
a) Anwendung des § 39 Abs. 3 Satz 3 VVG	171
b) Anwendung des Geschäftsplans	172
c) Vereinbarung	173
d) Besonderheiten bei der Wiederherstellung	174, 175

AuVdBAV: VerBAV 1978, 205 (Mitversicherung in der Lebensversicherung); VerBAV 1991, 303 (R 4/91 – Hinweise und Grundsätze zur Aufbewahrung geschäftlicher Unterlagen); VerBAV 1992, 199 (Grundsätze für die Gestaltung der Antragsvordrucke in der Lebensversicherung)

Schrifttum: *Adam,* Leistungspflichten bei nichtigen Lebensversicherungsverträgen, ZfV 1961, 646; *Bruck-Dörstling,* Das Recht des Lebensversicherungsvertrages. Ein Kommentar zu den Allgemeinen Versicherungsbedingungen der Kapitalversicherung auf den Todesfall (Lebensversicherung). 2. Aufl., Mannheim/Berlin/Leipzig, DDV, 1933; *Dittmann,* Vertragliche Abänderungen von Versicherungsverhältnissen durch Nachversicherung, VersArch 1956, 55; *Fuchs,* Bürgerlichrechtliche Grundlagen der Lebensversicherung, JuS 1989, 179; *Hattemer,* Die Sprache als Kommunikationsmittel des Versicherers, ZVersWiss 1979, 565; *Littbarski,* Die Bedeutung der Begriffe „Versicherungsnehmer" und „Versicherter" im Privatversicherungsrecht, ZVersWiss 1977, 453; *Präve,* Zum Für und Wider einer gesetzlichen Fixierung außerordentlicher Kündigungsrechte – Bemerkungen zu den Vorschlägen der Schuldrechtskommission aus versicherungsrechtlicher Sicht –, VersR 1993, 265; *derselbe,* Der Vorschlag für eine EG-Fernabsatz-Richtlinie aus versicherungsrechtlicher Sicht, VersR 1993, 1066; *Schlenke,* Allgemeine Geschäftsbedingungen der Banken und AGB-Gesetz, Berlin, 1984; *Wille,* Der langjährige Versicherungsvertrag – Eine kritische Bestandsaufnahme –, VersR 1992, 129, 1172.

I. Fassung

1 Die ALB 1932 legten noch das Antragsverfahren dar. § 1 Nr. 1 ALB 1932 enthielt den Hinweis, dass, wer eine Lebensversicherung eingehen will, einen schriftlichen Versicherungsantrag zu stellen und alles wahrheitsgemäß und vollständig anzugeben hat, was für die Gefahr, welche die Versicherungsgesellschaft übernehmen soll, erheblich ist. Erwähnt wurde ferner, dass der Antragsteller an diesen Antrag sechs Wochen lang gebunden ist und die Frist mit dem Tag der vertrauensärztlichen Untersuchung beginnt oder, falls eine solche nicht stattfinden soll, mit dem Tag der Antragstellung.
2 Seit Änderung der ALB beginnt der Versicherungsschutz nicht erst mit dem Eingang, sondern schon mit der Zahlung des Versicherungsbeitrags.[1]
3 Materiell ist die Bestimmung vergleichbar mit § 1 Abs. 1 AKB. Nach dieser Vorschrift beginnt der Versicherungsschutz mit Einlösung des Versicherungsscheins durch Zahlung des Beitrages und der Versicherungssteuer, jedoch nicht vor dem vereinbarten Zeitpunkt.

II. Versicherungsvorschlag

1. Ausgangslage

4 Grundsätzlich muss sich der Versicherungsnehmer selbst um den von ihm benötigten Versicherungsschutz in eigener Verantwortung kümmern und sich die dazu erforderlichen Kenntnisse verschaffen.[2] Der Versicherer muss aber in einem gewissen Umfang warnen, wenn er erkennt oder erkennen muss, dass der Kunde eine für ihn unpassende Risikoabsicherung begehrt.[3] Die Pflicht setzt um so eher ein, je komplizierter die Materie ist.[4]

2. Anbahnung

5 Im vorvertraglichen Stadium ist der Versicherer nur dann verpflichtet, den Versicherungsnehmer über die zweckmäßigste Vertragsgestaltung aufzuklären, insbesondere den Umfang der Versicherung und die Möglichkeit einer Erweiterung der Deckung[5] sowie über die Möglichkeit einer Beitragseinsparung, wenn er den Aufklärungsbedarf erkennt oder mit ihm rechnen muss.[6]

3. Versicherungsvorschlag

6 Mit der Unterbreitung eines Versicherungsvorschlages übernimmt der Versicherer keine Haftung für die Richtigkeit seines Vorschlags. Verlangt der Kunde hingegen ausdrücklich einen verbindlichen Versicherungsvorschlag und gibt er zu erkennen, dass der Versicherungsvorschlag des angefragten Versicherers Grundlage für Vermögensverfügungen sein soll (z. B. Absicherung eines Bankkredits), kommt

---

[1] GB BAV 1980, 52.
[2] BGH VersR 1981, 621, 623; OLG Köln VersR 1996, 1265; OLG Frankfurt/M., Urt. v. 30. 1. 2002 – 7 U 108/01, NVersZ 2002, 400, 401; *Römer*, Zu den Informationspflichten der Versicherer und ihrer Vermittler, VersR 1998, 1313, 1317.
[3] BGHZ 108, 200, 206 = VersR 1989, 948, 949.
[4] BGH VersR 1964, 36, 37; BGH VersR 1989, 472, 473.
[5] BGH v. 20. 6. 1963, BGHZ 40, 22 = NJW 1963, 1978 = VersR 1963, 768; BGH VersR 1975, 77; BGH VersR 1979, 343; OLG Hamm VersR 1984, 853; OLG Frankfurt/M. VersR 1987, 579; OLG Düsseldorf, Urt. v. 14. 1. 1992 – 4 U 38/91, VersR 1992, 948, 949.
[6] BGH, Urt. v. 5. 2. 1981 – IVa ZR 42/80, VersR 1981, 621, 623.

Beginn des Versicherungsschutzes 7–10 § 1 ALB 1986

eine Haftung des Versicherers in Betracht, wenn seine Auskunft unrichtig ist. Ein Schadensersatzanspruch wird aber nur dann denkbar sein, wenn der Kunde im Vertrauen auf die Auskunft anderweit sich keinen Versicherungsschutz besorgt hat und nach Richtigstellung des Versicherungsvorschlags sich nicht mehr zu den günstigeren Konditionen besorgen kann. Seine Haftung kann der Versicherer beschränken, indem er seinen Vorschlag ohne Gewähr und unter Ausschluss jeder Schadensersatzansprüche unterbreitet. Den Antrag muss dann nicht zwingend der künftige Versicherungsnehmer stellen.[7]

III. Gegenstand der Versicherung

Gegenstand, Umfang und Geltungsbereich des Versicherungsschutzes sowie eine Definition des Versicherungsfalls sind in § 1 ALB nicht angesprochen (vgl. demgegenüber § 1 AUB: „Der Versicherer gewährt entsprechend den versicherten Leistungen Versicherungsschutz gegen die Folgen der dem Versicherten während der Vertragsdauer zustoßenden Unfälle."). 7

Was versichert ist, richtet sich nach den getroffenen Vereinbarungen. Bei der kapitalbildenden Lebensversicherung verpflichtet sich das LVU die vereinbarte Versicherungssumme nach Ablauf der Vertragslaufzeit bei Fälligkeit auszuzahlen oder, wenn der Versicherte vor Ende der Versicherungsdauer verstirbt, sofort bei Fälligkeit zu leisten. Versicherungsnehmer kann eine natürliche oder juristische Person sein. Auch mehrere Personen können Versicherungsnehmer eines Lebensversicherungsvertrages sein. 8

Versicherte Person ist der Versicherungsnehmer oder eine andere Person. Ist die Dauer der Versicherung nach Tagen, Wochen und Monaten bestimmt, so beginnt die Versicherung am Mittag des Tages, an dem der Vertrag abgeschlossen ist; sie endet am Mittag des letzten Tages der Frist (§ 7 VVG). Diese Bestimmung gilt nur für die Berechnung der Haftungsdauer, nicht dagegen für die Berechnung der Fristen, für die die §§ 187 ff. BGB in Betracht kommen.[8] 9

IV. Dauer des Versicherungsschutzes

1. Beginn des Versicherungsschutzes

Der Beginn des Versicherungsschutzes (materieller Versicherungsbeginn) ist unabhängig vom Datum des Vertragsabschlusses (formeller Versicherungsbeginn).[9] Der formelle Versicherungsbeginn bestimmt den maßgeblichen Zeitpunkt für den Beginn der gegenseitigen Rechte und Pflichten und für die Erfüllung der Obliegenheiten. Der materielle Versicherungsbeginn ist der Zeitpunkt, von dem ab der Versicherer den Versicherungsschutz gewährt.[10] Der technische Versicherungsbeginn bezeichnet den Zeitpunkt, von dem ab der Beitrag berechnet wird,[11] und ist auch in der Lebensversicherung vom formellen und materiellen Versicherungsbeginn zu unterscheiden.[12] Auf die Unterschiede muss der Versicherer geschäfts- 10

---

[7] LG München v. 27. 11. 1953, VersR 1954, 73; LG Bonn v. 5. 7. 1956, VersR 1956, 537; OLG Köln v. 31. 3. 1966, VersR 1966, 868.
[8] VW 1949, 280.
[9] Vgl. BGH v. 17. 4. 1967, VersR 1967, 569.
[10] Vgl. BGH v. 17. 4. 1967, VersR 1967, 569; OLG Saarbrücken, Urt. v. 18. 6. 1971 – 3 U 17/70, VersR 1973, 461.
[11] BGH vom 17. 4. 1967, VersR 1967, 569.
[12] OLG Oldenburg v. 28. 9. 1972, VersR 1972, 1113; OLG Hamm, Beschl. v. 20. 2. 1975 – 20 W 52/74, VersR 1976, 144.

planmäßig hinweisen,[13] da der Begriff des Versicherungsbeginns mehrdeutig ist.[14] Denn es gibt objektiv keinen Anlass für eine rechtsunkundige und mit dem Versicherungswesen nicht vertraute Person anzunehmen, der von ihr begehrte und auch in der Police ausdrücklich niedergeschriebene Vertragsbeginn sei nicht auch der Versicherungsbeginn.[15]

11 In der Lebensversicherung beginnt der (materielle) Versicherungsschutz gemäß § 1 ALB 86, wenn der Versicherungsnehmer den ersten oder einmaligen Beitrag (Einlösungsbeitrag) gezahlt und der Versicherer die Annahme des Antrags schriftlich oder durch Aushändigung des Versicherungsscheins bestätigt hat (formeller Versicherungsbeginn).[16] Vor dem im Versicherungsschein angegebenen Beginn der Versicherung besteht noch kein Versicherungsschutz (technischer Versicherungsbeginn). Die Einlösungsklausel des § 1 ALB 86 entspricht damit der gesetzlichen Regelung in § 38 Abs. 2 VVG, die bestimmt, dass der Versicherer von der Leistungspflicht frei ist, wenn der Erst- oder Einlösungsbeitrag zur Zeit des Eintritts des Versicherungsfalls noch nicht beglichen war.[17] Aus Sicht des allgemeinen Schuldrechts liegt insoweit eine Abweichung von den Grundsätzen des Rechts der gegenseitigen Verträge vor, da nach dem Schuldrecht des BGB der Grundsatz gilt, dass gegenseitige Verträge Zug um Zug zu erfüllen sind und dass diese Verpflichtungen bestehen bleiben, wenn sich nicht einer der Vertragspartner wirksam vom Vertrag gelöst hat.[18]

12 Die Aushändigung des Versicherungsscheins ist nicht Voraussetzung für den Beginn des Versicherungsschutzes.[19] Der Haftungszeitraum beginnt demnach mit Zugang des ausgestellten Versicherungsscheins (Annahme des Versicherungsantrages = Zustandekommen des Vertrages), wobei ein Auseinanderfallen von technischem Versicherungsbeginn und formellem Versicherungsbeginn die Konsequenz hat, dass für einen beitragsbelasteten Zeitraum kein Versicherungsschutz besteht.[20] Entscheidend dafür ist in erster Linie, dass der Versicherungsvertrag in der Regel auf lange Dauer angelegt ist und die Leistungsdiskrepanz zwischen technischem und formellem Versicherungsbeginn insgesamt das Gleichgewicht von Leistung und Gegenleistung nur ganz unerheblich beeinträchtigt.[21]

13 Unerheblich ist, aus welchem Grunde die Zahlung unterblieben ist, insbesondere ob es auf ein schuldhaftes Verhalten des Versicherungsnehmers ankommt. Der materielle Versicherungsschutz tritt mithin frühestens mit der Zahlung des Erstbeitrags in Kraft, da die Zahlung des Erstbeitrags Voraussetzung für den Beginn des Versicherungsschutzes ist.[22] Kein Versicherungsschutz besteht, wenn der Antragsteller zwar den Einlösungsbeitrag gezahlt oder eine Einzugsermächtigung für den Beitragseinzug gegeben hat, die versicherte Person aber nach unternehmensinterner Annahmeentscheidung und vor Zugang der Annahmeerklärung des Versicherers beim Versicherungsnehmer verstirbt. Der Versicherungsnehmer ist

---

[13] Vgl. LG Karlsruhe v. 13. 8. 1970, VersR 1970, 169.
[14] OLG Oldenburg v. 28. 9. 1972, VersR 1972, 1113.
[15] OLG Frankfurt/M., Urt. v. 16. 9. 1992 – 7 U 17/91, VersR 1993, 1134.
[16] Vgl. BGH, Urt. v. 3. 4. 1996 – IV ZR 152/95, NJW-RR 1996, 856, 857 = VersR 1996, 743, 745 = VerBAV 1996, 211, 213 = r+s 1996, 284, 285 = MDR 1996, 691, 692.
[17] Sog. Einlösungsprinzip OLG Hamm v. 20. 2. 1975, VersR 1976, 144; OLG Hamm v. 18. 1. 1978, VersR 1978, 1135; BGH, Urt. v. 13. 3. 1991 – IV ZR 37/90, NJW-RR 1991, 797, 798 = VersR 1991, 574, 575 = VerBAV 1991, 428, 429 = MDR 1991, 604.
[18] Zutreffend *Johannsen*, Zum Einlösungsprinzip und seinen Abweichungen gemäß dem VVG-Entwurf, in: Ein Leben mit der Versicherungswissenschaft, Festschrift für Helmut Schirmer, hrsg. v. Thomas Bielefeld u. Sven Marlow, Karlsruhe, VVW, 2005, S. 263.
[19] BGH v. 31. 1. 1951, VersR 1951, 115.
[20] LG Würzburg, Urt. v. 19. 10. 1981 – 2 O 853/81.
[21] OLG Celle VersR 1983, 430; AG Köln VersR 1981, 274.
[22] BGH VersR 1975, 1059; BGH VersR 1984, 632.

beweispflichtig dafür, dass der Versicherungsfall sich nach Abschluss des Vertrages und Zahlung des Erstbeitrags ereignet hat.
In der Unfallversicherung ist dagegen das Einlösungsprinzip des § 38 Abs. 2 VVG 14 seit langem durch die sogenannte erweiterte Einlösungsklausel überlagert (§ 4 Abs. 1 AUB 86). Danach beginnt im Fall, dass der erste Beitrag zeitlich nach dem als Versicherungsbeginn festgesetzten Zeitpunkt auf Anforderung ohne Verzug bezahlt wird, der Versicherungsschutz schon mit dem vereinbarten früheren Zeitpunkt.[23] Im wirtschaftlichen Ergebnis sind die erweiterten Einlösungsklauseln einer vorläufigen Deckungszusage in den Fällen gleichzusetzen, in denen es tatsächlich zum Vertragsschluss kommt.[24] Die zwischen Antragstellung und Vertragsschluss eintretenden Versicherungsfälle sind dann aufgrund der erweiterten Einlösungsklausel gedeckt, auch wenn der Versicherungsnehmer hiervon Kenntnis hat.[25] Der Beweis für die unverzügliche Zahlung obliegt dem Versicherungsnehmer.

2. Ende des Versicherungsschutzes

Der Versicherungsschutz endet mit Ablauf der Versicherung. Er endet vorzei- 15 tig, wenn der Versicherungsvertrag vom VN vor Ablauf gekündigt wird oder wenn der Versicherer rechtswirksam vom Versicherungsvertrag zurücktritt oder den Versicherungsvertrag angefochten hat.

Der Versicherungsschutz wird nicht im Sinne von § 8 VVG über die vorgese- 16 hene Dauer hinaus stillschweigend verlängert, weil der Versicherer aus Versehen einen weiteren Beitrag eingezogen hat[26] oder Beiträge über das Vertragsende hinaus weitergezahlt werden.[27]

3. Rückwärtsversicherung

Schrifttum: *Behne*, Rückwärtsversicherung in der privaten Krankenversicherung, VersR 1951, 140; *Benkel*, Rückwärtsversicherung in der Lebensversicherung, VersR 1991, 953; *Demant*, Vertragsbeginn und Deckungsbeginn in der PKV, VersR 1979, 504; *Heid-Schmidt*, Der Beginn des Versicherungsschutzes in der privaten Krankenversicherung, VersR 1981, 711; *Klimke*, Anzeigepflichten des VN bei Abschluss einer Rückwärtsversicherung, VersR 2004, 287; *derselbe*, Die Abbedingung des § 2 Abs. 2 S. 2 VVG bei einem vom Versicherer ausgehenden Angebot auf Abschluss der Rückwärtsversicherung – Zugleich Anmerkung zum Urteil des OLG Saarbrücken vom 30. 4. 2003 (5 U 389/02-50) VersR 2004, 1306 –, VersR 2005, 595; *Maenner*, Rückwärtsversicherung in moderner Gestalt, VersR 1984, 717; *derselbe*, Rückwärtsversicherung – keine akademische Denkübung, VW 1985, 1318; *Martin*, Einlösungsklausel in den Zweigen der technischen Versicherung, VersR 1971, 189; *Plander*, Probleme der Rückwärtsversicherung im Falle des § 5 Abs 3 VVG, VersR 1986, 105; *Rassow*, Aktuelle Fragen des Versicherungsvertragsrechts unter dem Gesichtspunkt des Verbraucherschutzes – anhand von Beispielen aus der Rechtsprechung des BGH, VersR 1983, 893; *Rohles*, Zur Frage der vereinbarten Rückwirkung des § 2 VVG unter Berücksichtigung der höchstrichterlichen Rechtsprechung, VersR 1986, 214; *Schirmer*, Die Rechtsprechung des Bundesgerichtshofs zum allgemeinen Versicherungsvertragsrecht – Ein Überblick –, ZVersWiss 1992, 381; *Schulz*, Probleme um die Rückwärtsversicherung – insbesondere in der PKV sowie im Geltungsbereich der „erweiterten Einlösungsklausel", MDR 1959, 978; VW 1975, 1482 (Der Versicherungsbeginn und seine Probleme); *Werner*, Versicherungsbeginn und Zeitpunkt des Vertragsschlusses im privaten Versicherungsrecht, VersR 1985, 522; *Wrabetz*, Anmerkung zum Urteil des BGH vom 16. 6. 1982, VersR 1982, 942; *derselbe*, Rückwärtsversicherung in neuer Sicht, ZfV 1982, 454.

[23] BGH v. 30. 1. 1985, VersR 1985, 477 zu § 7 Abs. 1 AUB 61; OLG Celle VersR 1987, 1108, 1109; OLG Hamm v. 5. 2. 1994, NJW-RR 1994, 992 = VersR 1994, 1098 = r+s 1994, 201.
[24] OLG Celle VersR 1987, 1109.
[25] OLG Celle VersR 1987, 1109.
[26] LG Düsseldorf VW 1949, 142; OLG Düsseldorf VW 1949, 478.
[27] LG Frankfurt VersR 1975, 1116; OLG Köln VersR 1983, 527; LG Köln VersR 1983, 676.

17 a) **Begriff.** Eine Rückwärtsversicherung liegt vor, wenn die Versicherung in der Weise genommen wird, dass sie in einem vor der Schließung des Vertrags liegenden Zeitpunkt beginnt (§ 2 Abs. 1 VVG). Der BGH[28] vertrat zunächst in Übereinstimmung mit der Rechtsprechung der Instanzgerichte[29] die Auffassung, dass in der Lebensversicherung eine Rückwärtsversicherung begrifflich nicht in Betracht kommt. Diese Ansicht hat der BGH aber ausdrücklich mit Urteil vom 21. März 1990 aufgegeben.[30] Zwar ist nach Meinung des BGH eine Rückwärtsversicherung in der Lebensversicherung nach wie vor auf den im Versicherungsantrag genannten Zeitpunkt begrifflich nicht möglich, wenn der Versicherungsnehmer eine Versicherung auf den eigenen Todesfall abschließt und im Versicherungsantrag einen vor der Antragstellung liegenden Zeitpunkt nennt.[31] Unter den vorgenannten Umständen kommt nach seiner Ansicht aber eine Rückwärtsversicherung dann in Betracht, wenn der Versicherungsnehmer unter Beachtung des § 159 VVG das Leben eines anderen versichert.[32] Eine Rückwärtsversicherung kann nach Auffassung des BGH im Hinblick auf die §§ 130 Abs. 2, 153 BGB ferner zustande kommen, wenn der Versicherungsnehmer, der eine Versicherung auf den eigenen Todesfall beantragt hat, nach dem im Antrag als Versicherungsbeginn genannten Zeitpunkt, aber vor Annahme des Versicherungsantrags verstirbt und der Versicherer nach dem Tod den Versicherungsantrag unverändert, also auch mit dem im Antrag genannten Versicherungsbeginn, annimmt.[33] Der Auffassung des BGH ist zuzustimmen, da eine Manipulation durch den Versicherungsnehmer, die § 2 Abs. 2 Satz 2 VVG verhindern soll, bei Versicherungsfällen nach Abgabe des Antrags durch den Versicherungsnehmer nicht mehr möglich ist.[34]

18 b) **Zustandekommen.** Nach den in der Lebensversicherung verwendeten Versicherungsbedingungen ist an sich eine Rückwärtsversicherung ausgeschlossen.[35] Dies ergibt sich z. B. aus den ALB. § 1 ALB 1986 bestimmt für die kapitalbildende Lebensversicherung ausdrücklich, dass der Versicherungsschutz

---

[28] BGH, Urt. v. 16. 6. 1982 – IV a ZR 270/80, BGHZ 84, 268, 276 = NJW 1982, 2776 = VersR 1982, 841, 842; BGH, Urt. v. 22. 2. 1984 – IV a ZR 63/82, VersR 1984, 630, 632.
[29] OLG München, Beschl. v. 26. 1. 1951 – 1 W 18/51, VersR 1951, 73, 74 m. zust. Anm. von *Ewerling;* OLG Stuttgart v. 28. 10. 1958, VersR 1959, 261, 262; OLG Düsseldorf v. 23. 4. 1963, VersR 1963, 1041, 1042; OLG München, Beschl. v. 1. 2. 1965 – 12 W 544/65, VersR 1965, 373; OLG Saarbrücken, Urt. v. 18. 6. 1971 – 3 U 17/70, VersR 1973, 461; OLG Oldenburg, Beschl. v. 28. 9. 1972 – 4 W 154/72, VersR 1972, 1113; OLG Köln, Urt. v. 8. 3. 1976 – 5 U 71/75, VersR 1976, 654, 655; OLG Saarbrücken, Urt. v. 22. 6. 1988 – 5 U 7/88, VersR 1989, 390, 391.
[30] BGH, Urt. v. 21. 3. 1990 – IV ZR 39/89, NJW 1990, 1916 = VersR 1990, 729, 730 = MDR 1990, 908; *Langheid,* Rechtsprechungsübersicht zum Versicherungsrecht 1990/91, NJW 1992, 656.
[31] BGH, Urt. v. 21. 3. 1990 – IV ZR 39/89, NJW 1990, 1916 = VersR 1990, 729, 730 = MDR 1990, 908; BGH, Urt. v. 13. 3. 1991 – IV ZR 37/90, VersR 1991, 574; BGH, Urt. v. 29. 5. 1991 – IV ZR 157/90, VersR 1991, 986, 987.
[32] BGH, Urt. v. 21. 3. 1990 – IV ZR 39/89, NJW 1990, 1916 = VersR 1990, 729, 730 = r+s 1990, 250 = MDR 1990, 908.
[33] BGH, Urt. v. 21. 3. 1990 – IV ZR 39/89, NJW 1990, 1916 = VersR 1990, 729, 730 = r+s 1990, 250 = MDR 1990, 908; ebenso OLG Köln, Urt. v. 26. 6. 1996 – 5 U 182/95, VersR 1997, 51, 52 = r+s 1998, 39; LG Saarbrücken, Urt. v. 23. 7. 2001 – 12 O 478/00, r+s 2003, 187 = MDR 2002, 582, 583.
[34] OLG Hamm NJW-RR 1987, 154; OLG Köln, Urt. v. 17. 1. 1995 – 9 U 194/94, r+s 1995, 283, 284.
[35] OLG Köln, Urt. v. 8. 3. 1976 – 5 U 71/75, VersR 1976, 654, 655; ebenso in der Krankenversicherung, vgl. AG München, Urt. v. 19. 11. 1991 – 1101 C 24903/91, VersR 1992, 1126; OLG Köln, Urt. v. 30. 7. 1992 – 5 U 7/92, VersR 1992, 1457.

erst beginnt, sobald der Versicherungsnehmer den ersten oder einmaligen Beitrag (Einlösungsbeitrag) gezahlt und das LVU die Annahme des Versicherungsantrags schriftlich oder durch Aushändigung des Versicherungsscheins bestätigt hat. Vor dem im Versicherungsschein angegebenen Beginn der Versicherung besteht jedoch noch kein Versicherungsschutz. Damit ist der Beginn des Zeitraums, für welchen das LVU die Gefahr übernommen hat, vertraglich festgelegt.[36]

Schließen die Versicherungsbedingungen die Rückwärtsversicherung aus, so wird hierdurch allerdings eine Individualvereinbarung des Inhalts nicht ausgeschlossen, dass der Versicherungsschutz schon an dem Tag beginnen soll, an dem die Beitragszahlungspflicht einsetzt, obwohl der Versicherer die Versicherung erst zu einem späteren Zeitpunkt angenommen hat. Auf abweichende Bestimmungen in AVB kommt es insoweit gemäß § 4 AGBG wegen des Vorrangs der Individualabrede nicht an.[37]

Aufgrund welcher Umstände das Zustandekommen einer Rückwärtsversicherung in der Lebensversicherung im Wege der Individualabrede angenommen werden kann, hängt vom Einzelfall ab. Im Ausgangspunkt ist jede Rückwärtsversicherung gemäß § 2 VVG als eine Ausnahme vom Regelfall anzusehen und muss als Ausnahmeregelung ausdrücklich vereinbart sein.[38] Zwischen den Vertragsparteien muss ausdrücklich klargestellt sein, dass die Festlegung eines früheren Versicherungsbeginns im Sinne einer Rückwärtsversicherung gewollt ist.[39] Eine echte Rückwärtsversicherung muss daher ausdrücklich als solche bezeichnet und vereinbart werden.[40] Sie erfordert eine eindeutige Erklärung der Parteien, dass der Versicherungsschutz rückwirkend gewährt werden soll.[41]

Ein solcher besonderer Wille der Vertragsparteien kann nur ganz ausnahmsweise aus den Umständen entnommen werden.[42] Der Umstand, dass der Versicherer die Prämienabbuchung vorgenommen hat, reicht hierfür nicht aus.[43] Auch der Umstand, dass es sich um eine Lebensversicherung handelt, führt nicht notwendig zu dem Auslegungsergebnis, dass unter dem im Antragsformular verwendeten Begriff des Versicherungsbeginns der technische Beginn zu verstehen ist und der Antragsteller eine vorverlegte Prämienzahlung ohne Inanspruchnahme des Versicherungsschutzes, also keine (materielle) Rückwärtsversicherung gewollt hat.[44] Zwar hat der Begriff „Beginn der Versicherung" mehrfache Bedeutung. Mit dem Versicherungsbeginn kann der Beginn der vertraglichen Bindung (formeller Versicherungsbeginn), der Beginn des prämienbelasteten Zeitraums (technischer Ver-

---

[36] OLG Köln, Urt. v. 8. 3. 1976 – 5 U 71/75, VersR 1976, 654, 655.
[37] OLG Hamm, Beschl. v. 28. 4. 1978 – 20 W 10/78, VersR 1978, 1063, 1064; BGH, Urt. v. 21. 3. 1990, NJW 1990, 1916 = VersR 1990, 729, 730 = MDR 1990, 908; OLG Karlsruhe, Urt. v. 19. 3. 1992 – 12 U 213/91, VersR 1992, 1123, 1124.
[38] LG Paderborn, Urt. v. 10. 7. 1951 – 2 O 110/51, VersR 1951, 256; OLG Oldenburg, Beschl. v. 28. 9. 1972 – 4 W 154/72, VersR 1972, 1113; LG Würzburg v. 19. 10. 1981 – 2 O 253/81.
[39] OLG Oldenburg, Beschl. v. 28. 9. 1972 – 4 W 154/72, VersR 1972, 1113.
[40] LG Berlin v. 21. 11. 1954, VersR 1955, 163; LG Karlsruhe, Urt. v. 13. 8. 1970 – 2 O 298/69, VersR 1971, 168, 169; OLG Köln v. 8. 3. 1976, VersR 1976, 655; LG Würzburg, Urt. v. 19. 10. 1981 – 2 O 253/81.
[41] LG Paderborn, Urt. v. 10. 7. 1951 – 2 O 110/51, VersR 1951, 256; OLG München v. 26. 5. 1972, VersR 1972, 1112; LG Schweinfurt vom 5. 4. 1978, VersR 1979, 805.
[42] OLG Oldenburg, Beschl. v. 28. 9. 1972 – 4 W 154/72, VersR 1972, 1113; *Bruck/Möller*, 8. Aufl., § 2 Anm. 16.
[43] OLG München VersR 1983, 652; OLG Köln VersR 1983, 527.
[44] BGH, Urt. v. 13. 3. 1991 – IV ZR 37/90, NJW-RR 1991, 797 = VersR 1991, 574; a. A. OLG Oldenburg, Beschl. v. 28. 9. 1972, VersR 1972, 1113; LG Köln, Urt. v. 4. 6. 1975 – 74 O 314/74, VersR 1976, 159.

sicherungsbeginn) und der Beginn des Zeitraums verstanden werden, für den Versicherungsschutz gewährt wird (materieller Versicherungsbeginn).[45] Geht der Versicherer lediglich auf den Antrag des Versicherungsnehmers ein, so könnte eine Rückdatierung der Lebensversicherung durch den Versicherer auf den vom Versicherungsnehmer im Versicherungsantrag genannten Termin nur die Bedeutung haben, den versicherungstechnischen Beginn der Versicherung vorzuverlegen, nicht aber den materiellen Versicherungsbeginn, was zur Folge hätte, dass der Versicherer Versicherungsschutz von Versicherungsbeginn an zu gewähren hätte.[46] Bei dieser Betrachtungsweise würde aber übersehen werden, dass dem durchschnittlichen Versicherungsnehmer erfahrungsgemäß der Gedanke fern liegt, unter „Versicherungsbeginn" etwas anderes zu verstehen als den Beginn des Versicherungsschutzes, also den „materiellen" Versicherungsbeginn.[47] Denn der Versicherungsnehmer ist grundsätzlich an einem möglichst frühen materiellen Versicherungsbeginn interessiert[48] und kann durchaus ein Interesse haben, bereits für die Zeit zwischen Antragstellung und Annahme des Antrags Versicherungsschutz zu genießen.[49] Bei lebensnaher Betrachtung kann daher nicht angenommen werden, dass der Versicherungsnehmer lediglich einen früheren Beginn seiner Prämienzahlung ohne eine irgendwie geartete Gegenleistung des Versicherers erreichen will.[50] Wenn der Versicherungsnehmer einen Zeitpunkt als Versicherungsbeginn angibt, der vor dem des (voraussichtlichen) Vertragsschlusses, also der Vertragsannahme durch den Versicherer, oder gar vor dem des Versicherungsantrags liegt, will er in der Regel erkennbar eine echte Rückwärtsversicherung im Sinne von § 2 Abs. 1 VVG beantragen.[51] Eine Rückwärtsversicherung durch Individualabrede kann daher auch schon dann vorliegen, wenn sowohl im Versicherungsantrag als auch im Versicherungsschein ein Tag als Versicherungsbeginn genannt wird, der vor dem Zeitpunkt der Annahme des Antrags durch den Versicherer liegt.[52]

22 Eine Rückwärtsversicherung scheidet allerdings aus, wenn das Interesse des Versicherungsnehmers aus besonderen Gründen nicht auf den Beginn des Versicherungsschutzes, sondern auf eine Vorverlegung des prämienpflichtigen Zeit-

---

[45] OLG Oldenburg, Beschl. v. 28. 9. 1972 – 4 W 154/72, VersR 1972, 1113; OLG Karlsruhe, Urt. v. 19. 3. 1992 – 12 U 213/91, NJW-RR 1993, 218, 219.
[46] Dafür OLG München, Beschl. v. 26. 1. 1951 – 1 W 18/51, VersR 1951, 73, 74 m. zust. Anm. von *Ewerling*; LG Paderborn, Urt. v. 10. 7. 1951 – 2 O 110/51, VersR 1951, 256; OLG Stuttgart, Beschl. v. 28. 10. 1958 – 5 W 66/58, VersR 1959, 261, 262; OLG Düsseldorf, Urt. v. 23. 4. 1963 – 4 U 220/62, VersR 1963, 1041, 1042; OLG München v. 1. 2. 1965, VersR 1965, 373; OLG Saarbrücken, Urt. v. 18. 6. 1971 – 3 U 17/70, VersR 1973, 461; OLG Köln, Urt. v. 30. 7. 1992 – 5 U 7/92, VersR 1992, 1457, 1458; Bruck/Dörstling, Das Recht des Lebensversicherungsvertrages, 2. Aufl., 1933, § 2 Rdn. 23; *Winter* in: Bruck/Möller, VVG, 8. Aufl., 1988, §§ 159 bis 178 VVG Anm. D 10; *Prölss/Martin*, VVG, 27. Aufl., § 2 VVG Anm. 1 b.
[47] BGH, Urt. v. 13. 3. 1991 – IV ZR 37/90, NJW-RR 1991, 797.
[48] BGH, Urt. v. 16. 6. 1982 – IVa ZR 270/80, NJW 1982, 2776 = VersR 1982, 841, 842.
[49] BGH v. 21. 3. 1990, NJW 1990, 1916 = VersR 1990, 729, 730 = MDR 1990, 908.
[50] BGHZ 84, 268, 274 = NJW 1982, 2776 = VersR 1982, 841, 842; BGH, Urt. v. 13. 3. 1991 – IV ZR 37/90, NJW-RR 1991, 797 = VersR 1991, 574.
[51] BGH, Urt. v. 16. 6. 1982 – IVa ZR 270/80, VersR 1982, 841, 842; OLG Hamm NJW-RR 1987, 153 = VersR 1987, 1002 (Ls.); BGH NJW-RR 1991, 1154 = r+s 1992, 102; OLG Karlsruhe, Urt. v. 19. 3. 1992 – 12 U 213/91, NJW-RR 1993, 218, 219 = VersR 1992, 1123, 1124.
[52] BGH v. 21. 3. 1990, BGHZ 111, 44 = NJW 1990, 1916 = VersR 1990, 729, 730 = MDR 1990, 908 ausdrücklich gegen BGH v. 22. 2. 1984, VersR 1984, 630, 632.

Beginn des Versicherungsschutzes

raums, also den technischen Versicherungsbeginn gerichtet ist.[53] Hierzu müssen aber vom Gericht konkrete Feststellungen dazu getroffen worden sein, woraus die Gegenleistung für die Prämienzahlung bestehen soll.[54] Die Gegenleistung für die Prämienzahlung kann darin liegen, dass der Versicherungsnehmer bei seinem Alter andernfalls nicht versicherbar gewesen wäre[55] oder dass der frühe Versicherungsbeginn zu einer niedrigeren Altersstufe des Versicherten und damit zu einer geringeren Prämie für das gesamte Versicherungsverhältnis führt.[56] Als weitere Gründe sind zu nennen die Erreichung eines günstigeren Tarifs oder eines früheren Endes der Versicherung[57] oder damit die niedrigere Prämie des jüngeren Lebensalters zugrunde gelegt[58] oder die Aufnahmefähigkeit erreicht werden kann[59] oder weil eine Lebensversicherung im Rahmen des VermBG abgeschlossen werden sollte[60] und der Versicherungsbeginn so gewählt wurde, weil der Arbeitgeber einen bestimmten, für einen Monat bemessenen Zuschuss zu leisten hat.[61] Dass als Beginn der Lebensversicherung im Versicherungsantrag und im Versicherungsschein ein vor dem Datum der Antragstellung oder ein vor der Ausfertigung des Versicherungsscheins liegender Tag angegeben ist, macht daher die Versicherung noch nicht zur Rückwärtsversicherung im Sinne des § 2 VVG[62] Wird mithin der Versicherungsbeginn aus versicherungstechnischen oder aus Kulanzgründen zurückdatiert, um z. B. die Vertragsdauer zu verlängern oder um in eine günstigere Altersstufe mit dem Ziel einer niedrigeren Prämie zu kommen oder um sich Arbeitgeberzuschüsse zu einer Lebensversicherung im Rahmen des Vermögensbildungsgesetzes zu sichern, so wird dadurch nicht automatisch der Beginn des materiellen Versicherungsschutzes zurückverlegt, sondern nur der Beitragsleistungszeitraum vorgezogen.[63]

---

[53] BGH, Urt. v. 16. 6. 1982 – IV a ZR 270/80, VersR 1982, 841, 842; BGH, Urt. v. 21. 3. 1990, NJW 1990, 1916 = VersR 1990, 729, 730 = MDR 1990, 908; OLG Karlsruhe, Urt. v. 19. 3. 1992 – 12 U 213/91, NJW-RR 1993, 218, 219.
[54] BGH, Urt. v. 13. 3. 1991 – IV ZR 37/90, NJW-RR 1991, 797 = VersR 1991, 574.
[55] BGH, Urt. v. 21. 3. 1990, NJW 1990, 1916 = VersR 1990, 729, 730 = MDR 1990, 908.
[56] BGH, Urt. v. 13. 3. 1991 – IV ZR 37/90, NJW-RR 1991, 797.
[57] OLG München, Beschl. v. 1. 2. 1965 – 12 W 544/65, VersR 1965, 373.
[58] BGH, Urt. v. 22. 2. 1984 – IV a ZR 63/82, VersR 1984, 630, 632; OLG Karlsruhe, Urt. v. 19. 3. 1992 – 12 U 213/91, VersR 1992, 1123, 1124.
[59] BGH, Urt. v. 22. 2. 1984 – IV a ZR 63/82, VersR 1984, 630, 632 – Abschluss einer Lebensversicherung nur bis zum Eintrittsalter von 55 Jahren; OLG Saarbrücken, Urt. v. 22. 6. 1988 – 5 U 7/88, VersR 1989, 390, 391.
[60] OLG Hamm, Beschl. v. 20. 2. 1975 – 20 W 52/74, VersR 1976, 144.
[61] OLG Oldenburg, Beschl. v. 28. 9. 1972 – 4 W 154/72, VersR 1972, 1113.
[62] LG Paderborn v. 8. 7. 1954, VersR 1954, 409; OLG München v. 28. 1. 1966, VersR 1966, 438; LG Köln VersR 1967, 274; OLG Hamm v. 12. 1. 1968, VersR 1968, 838, 839; OLG München VersR 1972, 1112; OLG Nürnberg VersR 1975, 228; LG Aachen VersR 1976, 627, 628; LG Frankfurt/M. NJW 1978, 1007; BGH VersR 1978, 362; BGH, Urt. v. 30. 5. 1979 – IV ZR 138/77, VersR 1979, 709; OLG Köln VersR 1979, 245; OLG Köln VersR 1980, 1162; AG Köln VersR 1981, 274; LG Mönchengladbach, Urt. v. 18. 3. 1982 – 10 O 660/81, VersR 1983, 49, 50; OLG Köln VersR 1983, 578, 579; OLG Köln VersR 1983, 1179; OLG Celle VersR 1983, 430; OLG Hamm VersR 1984, 152; OLG Köln, Urt. v. 30. 7. 1992 – 5 U 7/92, VersR 1992, 1457, 1458; a. A. neuerdings OLG Düsseldorf v. 8. 9. 1998, NVersZ 1999, 163, 164 = VersR 1999, 829, 830 = r+s 1999, 52, 53 unter Berufung auf BGH VersR 1990, 729, 730; VersR 1991, 574; VersR 1982, 841, 842, weil der VN unter Versicherungsbeginn den Beginn des materiellen Versicherungsschutzes verstehen dürfe.
[63] OLG München, Beschl. v. 26. 1. 1951 – 1 W 18/51 VersR 1951, 73, 74; LG Paderborn, Urt. v. 10. 7. 1951 – 2 O 110/51, VersR 1951, 256; OLG Stuttgart, Beschl. v. 28. 10. 1958 – 5 W 66/58, VersR 1959, 261; OLG Düsseldorf, Urt. v. 23. 4. 1963 – 4 U 220/62,

23 Ob eine Rückwärtsversicherung anzunehmen ist, kann im Einzelfall davon abhängen, welche Erklärungen der Versicherungsnehmer gegenüber dem LVU bzw. dem Versicherungsagenten des LVU abgegeben hat. Hat der Versicherungsnehmer bei Aufnahme des Antrags erklärt, dass er so früh wie möglich Versicherungsschutz haben wolle, muss sich das LVU diese Kenntnis ihres Versicherungsagenten zurechnen lassen und muss beweisen, dass der Versicherungsagent den Versicherungsnehmer bei Aufnahme des Versicherungsantrags darauf hingewiesen hat, dass vor der Annahme des Versicherungsantrags kein Versicherungsschutz besteht.[64]

24 Im Übrigen kann das LVU natürlich eine Rückwärtsversicherung immer auch dadurch vermeiden, dass es die Versicherung mit einem nach der Antragsannahme liegenden Versicherungsbeginn annimmt[65] und hierbei die Bestimmungen des § 5 VVG beachtet oder durch die Antragsgestaltung deutlich macht, dass der Versicherungsschutz erst mit der Vertragsannahme beginnt.[66]

25 **c) Leistungsfreiheit des LVU. aa) Ausgangslage.** Inwieweit sich aus einer Rückwärtsversicherung Leistungspflichten des LVU ergeben, ist nach § 2 VVG zu beurteilen. Nach § 2 Abs. 2 Satz 2 VVG ist das LVU von der Verpflichtung zur Leistung frei, wenn der Versicherungsnehmer bei der Schließung des Vertrags wusste, dass der Versicherungsfall schon eingetreten ist. Diese gesetzliche Regelung beruht auf dem Grundgedanken des Versicherungsrechts, dass nur ungewisse Risiken versicherbar sind.[67] Sinn des § 2 Abs. 2 VVG ist, dass keine der Vertragsparteien von den für sie günstigen Umständen bei Vertragsschluss wissen darf.[68] Das Vertragsverhältnis zwischen Versicherungsnehmer und Versicherer ist wesentlich von der Gleichwertigkeit der Leistungen bestimmt, nämlich dass der Prämienzahlung eine ständig gegenwärtige Gefahr gegenübersteht, der Versicherungsfall könne eintreten.[69] § 2 Abs. 2 Satz 2 VVG will diese Gleichwertigkeit der Leistungen sicherstellen.[70] Sie wäre deutlich gestört, ließe man zu, dass der Versicherungsnehmer auch schon bei Antragstellung Kenntnis vom Versicherungsfall haben dürfe.[71] In diesem Falle verspräche der Versicherer von vornherein eine

---

VersR 1963, 1041, 1042; OLG München, Beschl. v. 1. 2. 1965 – 12 W 544/65, VersR 1965, 373; BGH VersR 1967, 569; LG Karlsruhe v. 13. 8. 1970, VersR 1971, 169; OLG Oldenburg v. 28. 9. 1972, VersR 1972, 1113; OLG Hamm v. 20. 2. 1975, VersR 1976, 144; OLG Köln, Urt. v. 8. 3. 1976 – 5 U 71/75, VersR 1976, 654; OLG Hamm, Beschl. v. 28. 4. 1978 – 20 W 10/78, VersR 1978, 1063, 1064; LG Würzburg, Urt. v. 19. 10. 1981 – 2 O 253/81; BGH v. 16. 6. 1982, VersR 1982, 843 = NJW 1982, 2776; OLG Saarbrücken, Urt. v. 22. 6. 1988 – 5 U 7/88, VersR 1989, 390, 391.

[64] Vgl. OLG Karlsruhe, Urt. v. 19. 3. 1992 – 12 U 213/91, NJW-RR 1993, 218, 219 = VersR 1992, 1123, 1124.

[65] So geschehen im Fall BGH v. 21. 3. 1990, NJW 1990, 1916 = VersR 1990, 729, 730 = MDR 1990, 908.

[66] AG München, Urt. v. 19. 11. 1991 – 1101 C 24903/91, VersR 1992, 1126; LG Göttingen VersR 1990, 78, 79.

[67] BGH, Urt. v. 16. 6. 1982 – IV a ZR 270/80, BGHZ 84, 268, 277 f. = VersR 1982, 841, 843; OLG Hamm, Urt. v. 7. 5. 1999 – 20 U 113/98, VersR 2000, 441, 443.

[68] Vgl. BGH, Urt. v. 19. 2. 1992 – IV ZR 106/91, NJW 1992, 1505 = VersR 1992, 484 = MDR 1992, 451, 452; OLG Stuttgart, Urt. v. 20. 11. 1997 – 7 U 56/97, NJW-RR 1999, 248.

[69] Vgl. BGH, Urt. v. 19. 2. 1992 – IV ZR 106/91, NJW 1992, 1505 = VersR 1992, 484 = MDR 1992, 451, 452; OLG Stuttgart, Urt. v. 20. 11. 1997 – 7 U 56/97, NJW-RR 1999, 248.

[70] Vgl. BGH, Urt. v. 19. 2. 1992 – IV ZR 106/91, NJW 1992, 1505 = VersR 1992, 484 = MDR 1992, 451, 452; OLG Stuttgart, Urt. v. 20. 11. 1997 – 7 U 56/97, NJW-RR 1999, 248.

[71] Vgl. BGH, Urt. v. 19. 2. 1992 – IV ZR 106/91, NJW 1992, 1505 = VersR 1992, 484 = MDR 1992, 451, 452; OLG Stuttgart, Urt. v. 20. 11. 1997 – 7 U 56/97, NJW-RR 1999, 248.

sichere Geldleistung, die in der Prämie nicht berücksichtigt ist.[72] Der Versicherer soll mithin davor geschützt werden, dass er gegen Zahlung der Erstprämie zur vollen Leistung verpflichtet wird, wenn der Versicherungsnehmer sich nicht gegen ein Risiko absichern will, sondern bereits weiß, dass der Versicherungsfall eingetreten ist.[73]

§ 2 Abs. 3 VVG bestimmt, dass dem Versicherungsnehmer auch die Kenntnis seines Vertreters schadet, wenn der Vertrag durch einen Bevollmächtigten oder einen Vertreter ohne Vertretungsmacht abgeschlossen wird. Weiß der Ehegatte vom Eintritt des Versicherungsfalls, so spielt diese Kenntnis nur dann eine Rolle, wenn der Ehegatte als Vertreter des anderen Ehegatten den Versicherungsvertrag abgeschlossen hat.[74] Die Kenntnis des Vermittlungsagenten, dass vor Abschluss des Versicherungsvertrags bereits ein Versicherungsfall eingetreten ist, ist im Rahmen des § 2 Abs. 3 VVG unbeachtlich. Der Versicherer kann sich auf Leistungsfreiheit gemäß § 2 Abs. 2 Satz 2 VVG berufen.[75] Die Kenntnis des Vermittlungsagenten kann aber dann von Bedeutung sein, wenn es um die Ausübung der Rechte gemäß §§ 16 ff. VVG durch das LVU geht. 26

Hingegen würde dem Versicherungsnehmer die Kenntnis des Versicherungsmaklers zugerechnet werden, den der Versicherungsnehmer mit der Weiterleitung seines Antrags an den Versicherer betraut hat.[76] 27

bb) Kenntnis vom Eintritt des Versicherungsfalls vor Antragstellung. Besteht die Kenntnis des Versicherungsnehmers vom Versicherungsfall bereits vor Antragstellung, bleibt es bei der Anwendung des § 2 Abs. 2 Satz 2 VVG, weil diese Vorschrift insoweit als konkludent abbedungen angesehen werden kann.[77] Der Grundgedanke des § 2 Abs. 2 Satz 2 VVG, zur Gewährleistung der Gleichwertigkeit der Leistungen zu verhindern, dass der Versicherungsnehmer an den Versicherer mit dem Ziel der Manipulation herantritt und ihm eine von vornherein sichere Geldleistung versprochen wird, die in der Prämie gar nicht berücksichtigt ist, wäre ansonsten in erheblichem Maße gestört.[78] Eine Abbedingung des § 2 Abs. 2 Satz 2 VVG auch für diesen Fall kann daher nur angenommen werden, wenn das Einverständnis des Versicherers damit, dass er auch für einen Versicherungsfall einstehen will, den der Versicherungsnehmer schon bei der Antragstellung kannte, entweder ausdrücklich zum Ausdruck gekommen ist oder aus den Umständen zweifelsfrei geschlossen werden kann.[79] Dies setzt aber voraus, dass der Entscheidungsträger des Versicherers bei der Annahme des Versicherungsantrags eigene Kenntnis von dem bereits vor Antragstellung eingetretenen Versicherungsfall hatte und aus seiner Erklärung auch eindeutig hervorgeht, er gewähre dennoch Versicherungsschutz.[80] Eine bloße Zurechnung der Kenntnis 28

---

[72] Vgl. BGH, Urt. v. 19. 2. 1992 – IV ZR 106/91, NJW 1992, 1505 = VersR 1992, 484 = MDR 1992, 451, 452; OLG Stuttgart, Urt. v. 20. 11. 1997 – 7 U 56/97, NJW-RR 1999, 248; *Maenner*, Theorie und Praxis der Rückwärtsversicherung, 1986, insb. S. 201, 213, 216.
[73] OLG Hamm, Urt. v.18. 1. 1978 – 20 U 186/77, VersR 1978, 1134, 1136.
[74] LG Köln, Urt. v. 4. 6. 1975 – 74 O 314/74, VersR 1976, 159, 160.
[75] LG Schweinfurt v. 5. 4. 1978, VersR 1979, 805.
[76] BGH, Urt. v. 21. 6. 2000 – IV ZR 157/99, NVersZ 2000, 510, 511 = VersR 2000, 1133, 1134/1135 = VerBAV 2001, 25, 27 = r+s 2000, 489, 492 = ZIP 2000, 2329, 2331; *Haertlein* EWiR 2001, 193.
[77] BGH, Urt. v. 19. 2. 1992 – IV ZR 106/91, NJW 1992, 1505 = VersR 1992, 484; OLG Stuttgart, Urt. v. 20. 11. 1997 – 7 U 56/97, NJW-RR 1999, 248, 249.
[78] OLG Stuttgart, Urt. v. 20. 11. 1997 – 7 U 56/97, NJW-RR 1999, 248, 249.
[79] BGH, Urt. v. 19. 2. 1992 – IV ZR 106/91, NJW 1992, 1505 = VersR 1992, 484 = MDR 1992, 451, 452; OLG Stuttgart, Urt. v. 20. 11. 1997 – 7 U 56/97, NJW-RR 1999, 248, 249.
[80] OLG Stuttgart, Urt. v. 20. 11. 1997 – 7 U 56/97, NJW-RR 1999, 248, 249.

eines mit Wissen und Wollen des Versicherers eingeschalteten, zum Vertragsabschluss namens des Versicherers aber nicht bevollmächtigten Agenten nach der Auge-und-Ohr-Rechtsprechung des BGH[81] kann dagegen nicht geeignet sein, diese Voraussetzung zu erfüllen, da dann nicht gewährleistet ist, dass die Entscheidung in dem Bewusstsein und unter Abwägung widerstreitender Interessen getroffen wird, entgegen dem Normzweck des § 2 Abs. 2 Satz 2 VVG dem Versicherungsnehmer zu Lasten der Gemeinschaft der Versicherten ein Geschenk zu machen.[82]

29 cc) **Kenntnis vom Eintritt des Versicherungsfalls nach Antragstellung.** Die Kenntnis vom Eintritt des Versicherungsfalls schadet dem Versicherungsnehmer dann nicht, wenn er sie erst nach Antragstellung erlangt hat, weil nur so dem Grundgedanken des § 2 Abs. 2 Satz 2 VVG Genüge getan wird.[83] Diese Vorschrift will verhindern, dass der Versicherungsnehmer an den Versicherer mit dem Ziel der Manipulation herantritt.[84] Nach Abgabe oder Absendung des Versicherungsantrags kann der Versicherungsnehmer in aller Regel weder den Zeitpunkt des Vertragsschlusses noch den Inhalt des Vertrags beeinflussen.[85] Der Versicherungsnehmer bleibt aber auch in der Zeit zwischen Antragstellung und Annahme des Versicherungsantrags zur Anzeige gefahrerheblicher Umstände[86] und des Eintritts des Versicherungsfalls[87] verpflichtet. Verletzt der Versicherungsnehmer seine Anzeigepflicht, kann das LVU vom Vertrag nach Maßgabe der §§ 16ff. VVG zurücktreten. Das Unterbleiben der Anzeige kann allerdings dann unschädlich sein, wenn die rechtzeitig abgesandte Anzeige den Entschluss des LVU, den Antrag anzunehmen, aus Zeitgründen nicht mehr hätte beeinflussen können.[88]

30 dd) **Kenntnis des Vertreters und des Vertretenen vom Eintritt des Versicherungsfalls.** Nach dem Wortlaut des § 2 Abs. 2 Satz 2 VVG kommt es auf die Kenntnis des Versicherungsnehmers an.[89] Die Auslegung dieser Vorschrift führt nicht dazu, dass trotz Kenntnis des Versicherungsnehmers der Versicherer zur Leistung verpflichtet bleibt, wenn nur der Vertreter des Versicherungsnehmers keine Kenntnis von dem bereits eingetretenen Versicherungsfall bei Abgabe des Antrags hatte.[90] Um den Versicherer vor unredlichen Handlungsweisen zu schüt-

---

[81] BGHZ 102, 194 = NJW 1988, 973.
[82] OLG Stuttgart, Urt. v. 20. 11. 1997 – 7 U 56/97, NJW-RR 1999, 248, 249.
[83] BGHZ 111, 29 = NJW 1990, 1851; BGH, Urt. v. 19. 2. 1992 – IV ZR 106/91, NJW 1992, 1505 = VersR 1992, 484; OLG Stuttgart, Urt. v. 20. 11. 1997 – 7 U 56/97, NJW-RR 1999, 248.
[84] BGH, Urt. v. 19. 2. 1992 – IV ZR 106/91, NJW 1992, 1505 = VersR 1992, 484; BGH, Urt. v. 21. 6. 2000 – IV ZR 157/99, NVersZ 2000, 510, 511 = VersR 2000, 1133, 1134 = VerBAV 2001, 25, 26 = r+s 2000, 489, 491 = ZIP 2000, 2329, 2331.
[85] BGHZ 111, 44 = NJW 1990, 1851; BGH, Urt. v. 19. 2. 1992 – IV ZR 106/91, NJW 1992, 1505 = VersR 1992, 484; OLG Stuttgart, Urt. v. 20. 11. 1997 – 7 U 56/97, NJW-RR 1999, 248; BGH, Urt. v. 21. 6. 2000 – IV ZR 157/99, NVersZ 2000, 510, 511 = VersR 2000, 1133, 1134 = VerBAV 2001, 25, 26 = r+s 2000, 489, 491 = ZIP 2000, 2329, 2331.
[86] LG Karlsruhe VersR 1971, 168; LG Köln, Urt. v. 4. 6. 1975 – 74 O 314/74, VersR 1976, 159, 160; BGH v. 30. 1. 1980, VersR 1980, 667 und BGH v. 27. 6. 1984, VersR 1984, 884; BGH v. 21. 3. 1990, NJW 1990, 1916 = VersR 1990, 729, 730 = MDR 1990, 908.
[87] LG Karlsruhe VersR 1971, 168; a.A. LG Köln, Urt. v. 4. 6. 1975 – 74 O 314/74, VersR 1976, 159, 160.
[88] BGH v. 27. 6. 1984, VersR 1984, 884.
[89] BGH, Urt. v. 19. 2. 1992 – IV ZR 106/91, NJW 1992, 1505 = VersR 1992, 484 = MDR 1992, 451, 452.
[90] BGH, Urt. v. 19. 2. 1992 – IV ZR 106/91, NJW 1992, 1505, 1506 = VersR 1992, 484 = MDR 1992, 451, 452; wohl a. A. *Prölss* in: Prölss/Martin, VVG, 24. Aufl., § 2 Anm. 3.

zen, erweitern § 2 Abs. 2 und Abs. 3 VVG den § 166 Abs. 1 BGB, indem auf die Kenntnis des Vertreters und des Vertretenen abgestellt wird.[91] Bei dem von einem Vertreter geschlossenen Vertrag kommt es demnach auch auf die Kenntnis des Vertretenen an.[92] Wollte man allein auf die Unkenntnis des Vertreters bei Kenntnis des Versicherungsnehmers vom Eintritt des Versicherungsfalls abstellen, so wäre der Gefahr der Manipulation nicht hinreichend entgegengewirkt.[93] Das Gesetz kann nicht danach ausgelegt werden, ob im Einzelfall sein Ziel erreicht oder verfehlt wird.[94] Grundsätzlich ist nicht ausgeschlossen, dass ein Versicherungsnehmer nach Eintritt des Versicherungsfalls die Möglichkeit hat, seinen Vertreter in Unkenntnis vom Versicherungsfall zu lassen und ihn anzuweisen, entgegen ursprünglicher Absicht die Bedingungen zu seinen, des Versicherungsnehmers, Gunsten zu verbessern.[95] Das wäre mit dem Schutzgedanken des § 2 Abs. 2 Satz 2 VVG nicht vereinbar.[96] Insoweit ist der Auftrag an den eigenen Vertreter, einen Versicherungsvertrag abzuschließen, nicht vergleichbar mit der Absendung des Antrags an den Versicherer durch die Post oder der Übergabe des Antrags an einen Vertreter des Versicherers.[97] Deshalb ist – entsprechend dem Wortlaut dieser Vorschrift – auf die Kenntnis auch des Versicherungsnehmers vom Eintritt des Versicherungsfalls abzustellen.[98] In diesem Fall ist der Versicherer auch dann von seiner Pflicht zur Leistung befreit, wenn der Vertreter des Versicherungsnehmers vom Eintritt des Versicherungsfalls nichts wusste, als er den Antrag abgab.[99]

d) Auswirkungen der Rückwärtsversicherung auf die Fristen der ALB. 31
aa) Rücktrittsfrist des § 6 ALB. Für die Rücktrittsfrist des § 6 ALB kommt es auf den Zeitpunkt des Vertragsabschlusses an. Die Dreijahresfrist beginnt folglich mit dem Abschluss des Versicherungsvertrags zu laufen.[100] Abzustellen ist damit auf den formellen Versicherungsbeginn, nicht aber auf den technischen Versicherungsbeginn, der Anknüpfungspunkt für die Rückdatierung und damit für die Rückwärtsversicherung sein kann. Dies gilt ebenfalls für die Frist gemäß § 163 VVG.

bb) Wartezeit des § 8 ALB. Mit der Bestimmung des § 8 ALB über die 32 Wartezeit bei Selbsttötung, die auf die Zahlung des Einlösungsbeitrags bzw. auf die Wiederherstellung der Versicherung abstellt, sind die Versicherer zugunsten der Versicherungsnehmer von § 169 VVG abgewichen, wonach der Lebensversicherer – von Ausnahmen abgesehen – leistungsfrei ist, wenn sich die Gefahrsper-

---

[91] BGH, Urt. v. 19. 2. 1992 – IV ZR 106/91, NJW 1992, 1505, 1506 = VersR 1992, 484 = MDR 1992, 451, 452.
[92] BGH, Urt. v. 19. 2. 1992 – IV ZR 106/91, NJW 1992, 1505, 1506 = VersR 1992, 484, 485 = MDR 1992, 451, 452; Bruck/Möller, VVG, 8. Aufl., § 2 Anm. 40.
[93] BGH, Urt. v. 19. 2. 1992 – IV ZR 106/91, NJW 1992, 1505, 1506 = VersR 1992, 484, 485 = MDR 1992, 451, 452.
[94] BGH, Urt. v. 19. 2. 1992 – IV ZR 106/91, NJW 1992, 1505, 1506 = VersR 1992, 484, 485 = MDR 1992, 451, 452.
[95] BGH, Urt. v. 19. 2. 1992 – IV ZR 106/91, NJW 1992, 1505, 1506 = VersR 1992, 484, 485 = MDR 1992, 451, 452.
[96] BGH, Urt. v. 19. 2. 1992 – IV ZR 106/91, NJW 1992, 1505, 1506 = VersR 1992, 484, 485 = MDR 1992, 451, 452.
[97] BGH, Urt. v. 19. 2. 1992 – IV ZR 106/91, NJW 1992, 1505, 1506 = VersR 1992, 484, 485 = MDR 1992, 451, 452 unter Hinweis auf die Fälle in den Urteilen des BGH vom 21. 3. 1990 – IV ZR 40/89, BGHZ 111, 29 = VersR 1990, 618 und des weiteren Urteils des BGH vom 21. 3. 1990 – IV ZR 39/89, BGHZ 111, 44 = VersR 1990, 729.
[98] BGH, Urt. v. 19. 2. 1992 – IV ZR 106/91, NJW 1992, 1505, 1506 = VersR 1992, 484, 485 = MDR 1992, 451, 452.
[99] BGH, Urt. v. 19. 2. 1992 – IV ZR 106/91, NJW 1992, 1505, 1506 = VersR 1992, 484, 485 = MDR 1992, 451, 452.
[100] OLG Stuttgart v. 20. 5. 1981, VersR 1982, 797, 798.

son selbst tötet. Die Versicherer haben mit § 8 ALB ihre Leistungsfreiheit auf eine Zeit von drei Jahren verkürzt. Sinn der Frist von drei Jahren ist es, die Versicherer davor zu schützen, dass ein Versicherter auf ihre Kosten zugunsten von Hinterbliebenen mit seinem Leben spekuliert[101] und ein Versicherungsnehmer einen Versicherungsvertrag in der Absicht schließt, alsbald sich vorsätzlich selbst zu töten und dadurch seinen Erben den Anspruch auf die Versicherungsleistung zu verschaffen.[102] Die Bestimmung des § 8 ALB macht deutlich, dass die Selbsttötung des Versicherten auf die Leistungspflicht der Gesellschaft dann keinen einschränkenden Einfluss mehr ausüben soll, wenn der freiwillig aus dem Leben geschiedene Versicherte drei Jahre lang ununterbrochen wirksamen Versicherungsschutz unter gleichbleibenden Bedingungen genossen hat.[103]

33   Gemäß § 8 ALB beginnt die Frist von drei Jahren mit Zahlung des Einlösungsbeitrags. Dieser Wortlaut legt für einen verständigen Versicherungsnehmer keine besonderen Auslegungszweifel nahe.[104] „Zahlung" ist ein Begriff des allgemeinen Sprachgebrauchs, unter dem auch der juristische Laie die Verschaffung – gegebenenfalls im Wege des bargeldlosen Zahlungsverkehrs – des geschuldeten Betrages versteht.[105] Hat der Versicherungsnehmer eine Einzugsermächtigung erteilt, soll die Verantwortung dafür auf den Versicherer übergehen, dass die Prämie rechtzeitig übermittelt wird.[106] Die Frage der Rechtzeitigkeit stellt sich aber erst, wenn die Prämie fällig geworden ist.[107] Fälligkeit der Prämie ist eingetreten, sobald das LVU den Versicherungsschein ausgestellt hat.[108] Eine Zahlung im Sinne des § 8 ALB kann vor dem Zeitpunkt der Fälligkeit nicht schon deshalb angenommen werden, weil der Versicherungsnehmer eine Einzugsermächtigung erteilt hat.[109] Dieser Vorgang allein ist auch nach dem Verständnis eines juristischen Laien noch nicht als Verschaffung des geschuldeten Betrags, also als Zahlung, anzusehen.[110]

34   In der Regel fällt die Zahlung mit dem Beginn des materiellen Versicherungsschutzes zusammen.[111] Denn § 1 ALB bestimmt, dass der Versicherungsschutz beginnt, wenn der Versicherungsnehmer den Einlösungsbeitrag bezahlt und der Versicherer die Annahme des Antrags durch Aushändigung des Versicherungsscheins bestätigt hat.[112] Das entspricht dem so genannten Einlösungsprinzip des § 38 Abs. 2 VVG.[113] Deshalb trifft es im Regelfall zu, dass der Anfang der Warte-

---

[101] BGH, Urt. v. 8. 5. 1954 – II ZR 20/53, VersR 1954, 281; OLG Düsseldorf, Urt. v. 23. 4. 1963 – 4 U 220/62, VersR 1963, 1041, 1042; BGH, Urt. v. 13. 3. 1991 – IV ZR 37/90, NJW-RR 1991, 797, 798 = VersR 1991, 574, 575.
[102] OLG Hamm, Beschl. v. 28. 4. 1978 – 20 W 10/78, VersR 1978, 1063, 1064.
[103] OLG Düsseldorf, Urt. v. 23. 4. 1963 – 4 U 220/62, VersR 1963, 1041, 1042.
[104] BGH, Urt. v. 13. 3. 1991 – IV ZR 37/90, NJW-RR 1991, 797, 798 = VersR 1991, 574.
[105] BGH, Urt. v. 13. 3. 1991 – IV ZR 37/90, NJW-RR 1991, 797, 798 = VersR 1991, 574.
[106] BGHZ 69, 361, 367 = NJW 1978, 215; BGH, Urt. v. 13. 3. 1991 – IV ZR 37/90, NJW-RR 1991, 797, 798 = VersR 1991, 574, 575.
[107] BGH, Urt. v. 13. 3. 1991 – IV ZR 37/90, NJW-RR 1991, 797, 798 = VersR 1991, 574, 575.
[108] BGH, Urt. v. 13. 3. 1991 – IV ZR 37/90, NJW-RR 1991, 797, 798 = VersR 1991, 574, 575.
[109] BGH, Urt. v. 13. 3. 1991 – IV ZR 37/90, NJW-RR 1991, 797, 798 = VersR 1991, 574, 575.
[110] BGH, Urt. v. 13. 3. 1991 – IV ZR 37/90, NJW-RR 1991, 797, 798 = VersR 1991, 574, 575.
[111] BGH, Urt. v. 13. 3. 1991 – IV ZR 37/90, NJW-RR 1991, 797, 798 = VersR 1991, 574, 575.
[112] BGH, Urt. v. 13. 3. 1991 – IV ZR 37/90, NJW-RR 1991, 797, 798 = VersR 1991, 574, 575.
[113] OLG Hamm, Beschl. v. 28. 4. 1978 – 20 W 10/78, VersR 1978, 1063, 1064; BGH, Urt. v. 13. 3. 1991 – IV ZR 37/90, NJW-RR 1991, 797, 798 = VersR 1991, 574, 575.

zeit des § 8 ALB mit dem Beginn des materiellen Versicherungsschutzes zusammenfällt.[114] Vereinbaren die Parteien aber, dass die Haftung des Versicherers ab einem bestimmten Zeitpunkt beginnen soll, der vor Aushändigung des Versicherungsscheins und vor Zahlung der ersten Prämie beginnt, so lässt es der Wortlaut des § 8 ALB nicht zu, auch die Wartefrist dieser Vorschrift schon seit dem vorverlegten materiellen Versicherungsbeginn zu berechnen.[115] Der Wortlaut des § 8 ALB, der auf die Zahlung der Prämie abstellt, ist insoweit eindeutig.[116] Wenn der Versicherer auf den ihnen durch § 169 VVG gewährten Schutz im Wesentlichen verzichten und annehmen, dass bei einer Frist von drei Jahren seit Zahlung der Einlösungsprämie zu vermuten ist, die Versicherung sei nicht in der Absicht einer geplanten Selbsttötung genommen, so darf diese Frist nicht entgegen dem Wortlaut des § 8 ALB verkürzt werden.[117]

Anders liegt der Fall, wenn die Parteien des Versicherungsvertrags eine Verkürzung der Wartefrist vereinbaren.[118] Eine solche von den Allgemeinen Versicherungsbedingungen abweichende Individualvereinbarung, die nach § 4 AGB-Gesetz dem § 8 ALB vorginge, kann auch stillschweigend oder durch schlüssiges Handeln getroffen werden.[119] In diesem Fall bedarf es konkreter Feststellungen für die Annahme, dass die Parteien mit dem Versicherungsbeginn auch – ausdrücklich oder konkludent – vereinbaren wollen, dass die Wartefrist des § 8 ALB nicht mit der Zahlung der ersten Prämie, sondern mit dem Versicherungsbeginn, beginnen soll.[120]   35

e) **Zusatzversicherungen.** Der Abschluss von Zusatzversicherungen zur Hauptversicherung ist nahezu die Regel. Häufig wird eine Berufsunfähigkeits-Zusatzversicherung zusammen mit einer kapitalbildenden Lebensversicherung abgeschlossen. Eine Gesamtbetrachtung des Versicherungsverhältnisses ergibt, dass das LVU das mit der Zusatzversicherung verbundene Risiko grundsätzlich erst nach Abschluss der Hauptversicherung tragen und keine Rückwärtsversicherung will.[121] Denn nach den AVB trägt der Versicherer die Gefahr des Ablebens und die einer Berufsunfähigkeit frühestens mit dem Abschluss des Vertrags und dem Eingang der Erstprämie.[122] Allerdings ist in der Lebensversicherung mit Berufsunfähigkeits-Zusatzversicherung eine Rückwärtsversicherung bis zum Zeitpunkt der Antragstellung möglich.[123] Beantragt der Versicherungsnehmer einen vor Vertragsschluss liegenden Versicherungsbeginn, so ist in der Regel anzunehmen, dass   36

---

[114] OLG Düsseldorf v. 23. 4. 1963, VersR 1963, 1041, 1042; OLG Saarbrücken, Urt v. 22. 6. 1988 – 5 U 7/88, VersR 1989, 390, 391; BGH, Urt. v. 13. 3. 1991 – IV ZR 37/90, NJW-RR 1991, 797, 798 = VersR 1991, 574, 575; *Winter* in: Bruck/Möller, VVG, 8. Aufl., 1988, §§ 158–178 VVG Anm. G 132 f.
[115] BGH, Urt. v. 13. 3. 1991 – IV ZR 37/90, NJW-RR 1991, 797, 798 = VersR 1991, 574, 575.
[116] BGH, Urt. v. 13. 3. 1991 – IV ZR 37/90, NJW-RR 1991, 797, 798 = VersR 1991, 574, 575.
[117] BGH, Urt. v. 13. 3. 1991 – IV ZR 37/90, NJW-RR 1991, 797, 798 = VersR 1991, 574, 575.
[118] BGH, Urt. v. 13. 3. 1991 – IV ZR 37/90, NJW-RR 1991, 797, 798 = VersR 1991, 574, 575.
[119] BGH NJW 1983, 2638 = VersR 1983, 850; BGH, Urt. v. 13. 3. 1991 – IV ZR 37/90, NJW-RR 1991, 797, 798 = VersR 1991, 574, 575.
[120] BGH, Urt. v. 13. 3. 1991 – IV ZR 37/90, NJW-RR 1991, 797, 798 = VersR 1991, 574, 575.
[121] BGH, Urt. v. 22. 2. 1984 – IV a ZR 63/82, VersR 1984, 630, 632.
[122] BGH, Urt. v. 22. 2. 1984 – IV a ZR 63/82, VersR 1984, 630, 632.
[123] BGH, Urt. v. 21. 3. 1990, BGHZ 111, 44, 49 = VersR 1990, 729, 730; BGH, Urt. v. 13. 3. 1991 – IV ZR 37/90, VersR 1991, 574; BGH, Urt. v. 29. 5. 1991 – IV ZR 157/90, VersR 1991, 986.

er ab dem genannten Zeitpunkt materiellen Versicherungsschutz haben will.[124] So muss ihn auch der Versicherer verstehen, sofern ihm nicht Umstände bekannt sind, die ein Interesse des Versicherungsnehmers an einem früheren technischen Versicherungsbeginn begründen.[125] Denn eine Zurückverlegung des technischen Versicherungsbeginns bringt dem Versicherungsnehmer keinen Vorteil, sondern nur den Nachteil schon für eine Zeit Prämien entrichten zu müssen, in der noch kein Versicherungsschutz bestand.[126] Versicherungsschutz besteht allerdings erst ab Antragstellung, weil nach § 9 BUZ die Berufsunfähigkeits-Zusatzversicherung mit der Lebensversicherung eine Einheit bildet und bei der Lebensversicherung eine Rückwärtsversicherung des eigenen Lebens für die Zeit vor Antragstellung nicht in Betracht kommt.[127]

V. Vorläufiger Versicherungsschutz vor Vertragsabschluss und Einlösung

Schrifttum: *Gitzel*, Der rückwirkende Wegfall vorläufiger Deckung wegen Prämienzahlungsverzugs – ein Auslaufmodell?, in: Supplement Jahrestagung 2006, ZVersWiss 2006, 269; *Grebe*, Die vorläufige Deckungszusage unter besonderer Berücksichtigung ihrer Handhabung in der Lebensversicherung, Diss. Hamburg 1987, Frankfurt am Main u. a., Lang, 1987.

1. Ausgangslage

37 Das VVG 1908/2007 enthält im Gegensatz zum VVG 2008 (siehe dort die §§ 49 bis 52 VVG 2008) keine Regelung über Inhalt und Umfang der Einräumung einer vorläufigen Deckung. Lediglich in Einzelvorschriften spricht das Gesetz von der Gewährung sofortigen Versicherungsschutzes (siehe hierzu § 5a Abs. 3 Satz 1, § 8 Abs. 4 Satz 5 VVG), dessen Hauptanwendungsfall die vorläufige Deckungszusage ist. Bestimmungen des Versicherers zur vorläufigen Deckung sind entweder in Antragsformularen enthalten oder werden dem Versicherungsnehmer in einer gesonderten Deckungszusage mitgeteilt.

2. Vorläufige Deckungszusage

38 In der Lebensversicherung sind vorläufige Deckungszusagen wegen der erforderlichen Risikoprüfung an sich nicht üblich.[128] Soll schon bereits mit Antragstellung vorläufiger Versicherungsschutz bestehen, bedarf es einer besonderen Zusage des Versicherers (vorläufige Deckungszusage). Eine vorläufige Deckungszusage setzt voraus, dass zwischen dem Versicherer und dem Versicherungsnehmer über den Abschluss eines Versicherungsvertrags oder über die Abänderung eines bestehenden Vertrags soweit Einigung erzielt ist, dass der künftige Abschluss in Aussicht genommen werden kann, während der endgültige Abschluss, namentlich die Ausfertigung der Versicherungspapiere, vielleicht auch die Besprechung minderwesentlicher Einzelheiten, mutmaßlich noch eine gewisse Zeit in Anspruch nehmen wird.[129] Zweck der vertraglichen Vereinbarung vorläufiger Deckung ist es daher die zeitweilige Lücke im Versicherungsschutz zu schließen.[130] Die vorläufi-

---

[124] BGH, Urt. v. 29. 5. 1991 – IV ZR 157/90, VersR 1991, 986, 987.
[125] BGH, Urt. v. 29. 5. 1991 – IV ZR 157/90, VersR 1991, 986, 987.
[126] BGH, Urt. v. 29. 5. 1991 – IV ZR 157/90, VersR 1991, 986, 987.
[127] BGH, Urt. v. 29. 5. 1991 – IV ZR 157/90, VersR 1991, 986, 987.
[128] OLG Hamm, Beschl. v. 20. 2. 1975 – 20 W 52/74, VersR 1976, 144, 145.
[129] RGZ 107, 198, 200; 113, 150; 114, 321; 140, 318.
[130] Vgl. RGZ 107, 198, 200; BGH, Urt. v. 27. 6. 1951 – II ZR 29/50, BGHZ 2, 360 = NJW 1951, 714 = VersR 1951, 195; BGH, Urt. v. 3. 4. 1996 – IV ZR 152/95, NJW-RR 1996, 856, 857 = VersR 1996, 743, 745 = VerBAV 1996, 211, 213 = r+s 1996, 284, 285 = MDR 1996, 691, 692; *Gitzel*, in: Supplement Jahrestagung 2006, ZVersWiss 2006, 269.

ge Deckungszusage hat dabei nicht etwa eine Verschiebung des Beginns des endgültigen Versicherungsvertrags zur Folge, sondern ist rechtlich ein vom eigentlichen Vertrag losgelöster, selbständiger Vertrag, der schon vor dem Beginn eines endgültigen Versicherungsvertrags und unabhängig von ihm einen Anspruch auf Versicherungsschutz entstehen lässt.[131] Die vorläufige Deckung endet ihrer Zweckbestimmung entsprechend regelmäßig mit dem Abschluss des endgültigen Versicherungsvertrags und Beginn des materiellen Versicherungsschutzes aus diesem Vertrag.[132] Für die Leistungspflicht des Versicherers aus einem solchen Vertrag ist es daher regelmäßig ohne Bedeutung, ob der endgültige Versicherungsvertrag zustande kommt oder nicht zustande kommt.[133]

Da es sich um einen selbständigen Vertrag handelt, kommt dieser Vertrag durch Antrag und Annahme zustande.[134] Er kann formlos, auch durch mündliche Erklärungen geschlossen werden.[135] Der Versicherer kann mit dem Antragsteller vereinbaren, dass der Versicherungsschutz aus der vorläufigen Deckungszusage rückwirkend außer Kraft tritt, wenn der Beitrag für den endgültigen Versicherungsvertrag nicht unverzüglich bezahlt wird und der Versicherer hierüber belehrt hat.[136] 39

Vorläufiger Versicherungsschutz wird vom LVU nach Maßgabe der AVB für den vorläufigen Versicherungsschutz in der Lebensversicherung eingeräumt. Beginn und Ende des vorläufigen Versicherungsschutzes ist in den bis 1996 verwendeten unverbindlichen Musterbedingungen durch folgende Klausel geregelt:[137] 40

„(1) Der vorläufige Versicherungsschutz beginnt mit dem 11. Tag nach der Unterzeichnung des Antrages und nur, wenn sie ihren Antrag nicht widerrufen haben.

(2) Der vorläufige Versicherungsschutz endet spätestens zwei Monate nach der Unterzeichnung des Antrags. Er endet jedoch vor Ablauf dieser Frist, wenn

a) der Versicherungsschutz aus der beantragten Versicherung begonnen hat;
b) wir Ihren Antrag abgelehnt haben;

---

[131] OLG Celle v. 22. 5. 1950, VersR 1950, 114; BGH v. 31. 1. 1951, VersR 1951, 114 = NJW 1951, 313; BGH v. 9. 5. 1951, BGHZ 2, 87, 91 = VersR 1951, 166 = NJW 1951, 855; BGH v. 27. 6. 1951, BGHZ 2, 360 = NJW 1951, 714 = VersR 1951, 195; BGH v. 14. 10. 1955, VersR 1955, 738; BGH v. 13. 6. 1956, BGHZ 21, 122, 129 = NJW 1956, 1634 = VersR 1956, 482; BGH, Urt. v. 13. 2. 1958 – II ZR 317/56, VersR 1958, 173; OLG München v. 13. 3. 1959, VersR 1959, 607; OLG Düsseldorf v. 8. 3. 1960, VersR 1961, 1009; OLG Nürnberg v. 25. 11. 1965, VersR 1955, 916; BGH v. 22. 2. 1968, VersR 1968, 439; OLG Frankfurt/M. v. 8. 2. 1971, VersR 1972, 727; OLG Frankfurt/M. v. 14. 7. 1978, VersR 1978, 1155; OLG Hamm VersR 1992, 995; BGH, Urt. v. 25. 1. 1995 – IV ZR 328/93, NJW-RR 1995, 537 = VersR 1995, 409 = r+s 1995, 75; BGH, Urt. v. 3. 4. 1996 – IV ZR 152/95, NJW-RR 1996, 856 = VersR 1996, 743, 744 = VerBAV 1996, 211, 212; LG Saarbrücken, Urt. v. 5. 8. 1998 – 14 O 288/97, NVersZ 1999, 371; OLG Hamm, Beschl. v. 24. 9. 1999 – 20 W 10/99, NVersZ 2000, 517; BGH, Urt. v. 7. 7. 1999 – IV ZR 32/98, NJW-RR 1999, 1571, 1572 = NVersZ 1999, 471, 472 = VersR 1999, 1266, 1267 = r+s 1999, 476 = BB 1999, 1729; BGH, Urt. v. 14. 7. 1999 – IV ZR 112/98, NJW 1999, 3560; BGH, Urt. v. 21. 2. 2001 – IV ZR 259/99, NVersZ 2001, 262, 263 = NJW-RR 2001, 741, 742 = VersR 2001, 489; BGH, Urt. v. 26. 4. 2006 – IV ZR 248/04, NJW-RR 2006, 1101, 1102 = VersR 2006, 913, 914 = r+s 2006, 271, 272 = MDR 2006, 1407, 1408.
[132] BGH, Urt. v. 26. 4. 2006 – IV ZR 248/04, NJW-RR 2006, 1101, 1103 = VersR 2006, 913, 914 = r+s 2006, 271, 272 = MDR 2006, 1407, 1408.
[133] BGHZ 21, 122, 129 = NJW 1956, 1634 = VersR 1956, 482, 483; BGH, Urt. v. 3. 4. 1996 – IV ZR 152/95, NJW-RR 1996, 856 = VersR 1996, 743, 744 = VerBAV 1996, 211, 212.
[134] *Grebe*, Die vorläufige Deckungszusage, 1987, S. 148.
[135] LG Saarbrücken, Urt. v. 5. 8. 1998 – 14 O 288/97, NVersZ 1999, 371.
[136] BGH v. 25. 6. 1956, VersR 1956, 482; BGH v. 17. 4. 1967, BGHZ 47, 352.
[137] § 2 Nr. 1 Satz 2 Musterbedingungen für den vorläufigen Versicherungsschutz in der Lebensversicherung, VerBAV 1977, 34; *Gerlach* VerBAV 1978, 173.

c) Sie Ihren Antrag angefochten oder bereits mit dem Eingang bei uns zurückgenommen haben;
d) ..."

41 Die Regelung, dass der vorläufige Versicherungsschutz spätestens zwei Monate nach der Unterzeichnung des Antrags endet, erweist sich nach Ansicht des BGH als unwirksam, weil sie den Versicherungsnehmer entgegen den Geboten von Treu und Glauben unangemessen benachteilige (§ 9 Abs. 1 AGBG).[138] Der bisher vertretenen Auffassung, dass die zeitliche Begrenzung des vorläufigen Versicherungsschutzes nicht gegen die §§ 5, 9 AGBG verstoße,[139] hat der BGH mithin eine Absage erteilt. Den Weg zu seiner Entscheidung hat sich der BGH mit der Begründung eröffnet, dass § 8 AGBG einer Inhaltskontrolle nicht entgegenstehe.[140] Ob und wie lange vorläufiger Versicherungsschutz eingeräumt wird und dieser Versicherungsschutz sogar auch noch kostenlos gewährt wird, ist ein Hauptleistungsversprechen, das entgegen der Auffassung des BGH dem kontrollfreien Bereich zuzuordnen ist. Sehen die Bedingungen vor, dass der vorläufige Versicherungsschutz nur dann ab Antragstellung beginnt, wenn der Antrag nicht vom Geschäftsplan des Versicherers abweicht, dann muss der Versicherer dafür Sorge tragen, dass der Vermittler des Antrags mit den notwendigen Informationen ausgestattet ist, die es überhaupt ermöglichen, auf dem vorgesehenen Wege vorläufigen Versicherungsschutz zu erlangen.[141]

3. Erteilung

42 Die vorläufige Deckungszusage kann in der Regel von besonders bevollmächtigten Mitarbeitern des LVU erteilt werden. Vermittlervertreter sind zur Erteilung von vorläufigen Deckungszusagen nicht bevollmächtigt,[142] wohl aber Abschlussvertreter.[143] Der Versicherer haftet dem Versicherungsnehmer aber nach den Grundsätzen der Vertrauenshaftung auf Erfüllung, wenn der Vermittlungsagent dem Versicherungsnehmer zu Unrecht Versicherungsschutz bereits ab Antragstellung zugesagt hat.[144] Nach den Usancen in der Lebensversicherung sind Versicherungsmakler in der Regel nicht befugt, eine vorläufige Deckungszusage zu erteilen. In der Sachversicherung kann sich dies im Einzelfall anders darstellen, wenn der Versicherer z. B. einem Versicherungsmakler faksimilierte Blankodeckungszusagen überlässt.[145]

43 Üblich ist die Schriftform. Die Deckung kann aber auch formlos gewährt werden,[146] selbst wenn aufsichtsrechtlich die Schriftform vorgeschrieben wäre.[147]

---

[138] BGH, Urt. v. 3. 4. 1996 – IV ZR 152/95, NJW-RR 1996, 856, 857 = VersR 1996, 743, 744 = VerBAV 1996, 211, 213 = r+s 1996, 284, 285 = MDR 1996, 691, 692.
[139] LG Köln v. 14. 1. 1987, r+s 1987, 206 = VersR 1988, 688.
[140] BGH, Urt. v. 3. 4. 1996 – IV ZR 152/95, NJW-RR 1996, 856, 857 = VersR 1996, 743, 744 = VerBAV 1996, 211, 213 = r+s 1996, 284, 285.
[141] OLG Hamm, Beschl. v. 29. 12. 1993 – 20 W 52/93, NJW-RR 1994, 861 = VersR 1994, 1094, 1095 = r+s 1994, 273.
[142] BGH v. 31. 1. 1951, VersR 1951, 115; OLG Hamm, Beschl. v. 20. 2. 1975 – 20 W 52/74, VersR 1976, 144, 145.
[143] RGZ 141, 415.
[144] OLG Köln, Beschl. v. 19. 5. 1994 – 5 W 27/94, VersR 1995, 157.
[145] OLG Hamburg, Urt. v. 15. 8. 1995 – 7 U 226/94, VersR 1996, 1137, 1138.
[146] BGH v. 31. 1. 1951, VersR 1951, 115; BGH v. 8. 6. 1964, VersR 1964, 840; OLG Frankfurt/M., Urt. v. 4. 12. 1992 – 25 U 280/91, VersR 1993, 1347, 1348.
[147] OLG Celle v. 14. 2. 1952, VersR 1952, 93.

4. Beginn und Ende

Je nach den getroffenen Vereinbarungen beginnt die vorläufige Deckung mit Antragstellung[148] oder einem zeitlich später liegenden Termin. Die Deckungszusage endet in der Regel, wenn der Versicherungsschein eingelöst wird[149] oder wenn das LVU den Versicherungsantrag zur Hauptversicherung ablehnt[150] oder sich aus sonstigen Gründen erledigt,[151] spätestens zum vereinbarten Zeitpunkt.

44

5. Inhalt der vorläufigen Deckung

Für die vorläufige Deckungszusage gelten neben den gesetzlichen Vorschriften die Versicherungsbedingungen, die für die endgültige Hauptversicherung und etwaige Zusatzbedingungen gelten würden.[152] Allerdings richtet sich auch in der Lebensversicherung der Inhalt des Vertrages über die vorläufige Deckung als rechtlich selbständiger Vertrag in erster Linie nach den Absprachen der Parteien, so dass der Inhalt des Vertrages über die vorläufige Deckung nicht mit dem des beabsichtigten oder später tatsächlich geschlossenen Versicherungsvertrags übereinstimmen muss.[153]

45

6. Deckende Stundung

Versicherungsschutz besteht vor der Einlösung auch, wenn der Versicherungsschein ausgehändigt und der Erstbeitrag gestundet worden ist. Eine solche Stundung liegt in der Vereinbarung des Einzugsermächtigungsverfahrens. Diese Vereinbarung führt dazu, dass in der Zeit zwischen der Übersendung des Versicherungsscheins und der vom Versicherungsnehmer nicht zu beeinflussenden Abbuchung des Erstbeitrags Versicherungsschutz besteht. Der Versicherungsschutz entfällt rückwirkend, wenn bei Anforderung der Erstbeitrag nicht abgebucht werden kann.[154] Dabei ist allein darauf abzustellen, ob der Versicherungsnehmer seinerseits das Erforderliche getan hat, damit zum Fälligkeitstermin der geschuldete Beitrag vom Konto abgebucht werden konnte.[155] Ist vereinbart, dass bei Einzug des Beitrags im Lastschriftverfahren der Versicherungsschutz mit Aushändigung des Versicherungsscheins beginnt, so soll dies sogar auch dann gelten, wenn mangels Deckung der Betrag nicht abgebucht werden konnte.[156]

46

---

[148] Vgl. LG Saarbrücken, Urt. v. 23. 7. 2001 – 12 O 478/00, r+s 2003, 187 = MDR 2002, 582, 583.

[149] RGZ 152, 235.

[150] RGZ 107, 198; 113, 150; OLG Düsseldorf v. 8. 3. 1960, VersR 1961, 1009; OLG Hamm, Beschl. v. 20. 5. 1975 – 20 W 52/74, VersR 1976, 144, 145.

[151] OLG Saarbrücken, Beschl. v. 25. 1. 2007 – 5 W 310/06 – 92, VersR 2007, 1684, 1686.

[152] Vgl. OLG Karlsruhe v. 25. 10. 1957, VersR 1957, 797; OLG Düsseldorf v. 8. 3. 1960, VersR 1961, 1009; OLG Karlsruhe VersR 1990, 889, 891; OLG Saarbrücken, Urt. v. 12. 3. 2003 – 5 U 460/01 – 33, NJW-RR 2003, 814, 816 = VersR 2004, 50, 51.

[153] BGH NJW 1982, 824 = VersR 1982, 381; LG Saarbrücken, Urt. v. 5. 8. 1998 – 14 O 288/97, NVersZ 1999, 371; *Römer* in: Römer/Langheid, VVG, 2. Aufl., 2003, Vor § 1 Rdn. 26 ff.

[154] OLG Hamm v. 19. 10. 1983, VersR 1984, 231.

[155] OLG Hamm VersR 1976, 563; BGH NJW 1978, 215 = VersR 1977, 1153, 1155; OLG Hamm VersR 1979, 413; 1984, 231.

[156] OLG Köln v. 20. 6. 1985, NJW-RR 1986, 390 = r+s 1985, 308; a.A. LG Köln v. 10. 1. 1984, r+s 1985, 154, 155.

VI. Antrag auf Abschluss einer Lebensversicherung

AuVdBAV: GB BAV 1963, 34 (Widerruf von Versicherungsanträgen); GB BAV 1965, 32 (Bündelung der Lebensversicherung mit anderen Versicherungsabschlüssen in einem Versicherungsantrag); VerBAV 1971, 363 (R 8/71 vom 24. 11. 1971 – Gestaltung der von den Versicherungsunternehmen verwendeten Druckstücke); GB BAV 1971, 35 (Gestaltung der Druckstücke); GB BAV 1972, 48 (Aushändigung einer Durchschrift des Versicherungsantrags); VerBAV 1974, 206 (R 6/74 vom 30. 8. 1974 – Richtlinien für die Gestaltung der Antragsvordrucke in der Lebensversicherung); GB BAV 1974, 43; VerBAV 1977, 402 (R 6/77 vom 3. 10. 1977 – Aushändigung von Antragsdurchschriften und AVB); VerBAV 1977, 403 (R 7/77 vom 3. 10. 1977 – Bündelung von Versicherungsverträgen); VerBAV 1977, 31 (Aushändigung von Antragsdurchschriften, AVB, Satzungen usw.); GB BAV 1977, 32 (Bündelung von Versicherungsverträgen); VerBAV 1978, 308 (R 6/78 v. 17. 11. 1978 – Grundsätze für die Gestaltung der Antragsvordrucke in der Lebensversicherung); VerBAV 1989, 175 (Aushändigung von Antragsdurchschriften und Allgemeinen Versicherungsbedingungen – AVB).

Schrifttum: *Heidel,* Bündelung und Koppelung von Versicherungsverträgen unter aufsichtsrechtlichen Aspekten, VersR 1989, 986; *Kirsch,* Koppelung von Versicherungsanträgen, Bündelung und Kombination von Versicherungsverträgen, Diss. Köln 1993, Karlsruhe, VVW, 1993; *Präve,* Der gekoppelte Versicherungsschutz, VW 1992, 1529; *Schimikowski,* Probleme des konventionellen Vertragsabschlusses und des Electronic Commerce in der Versicherungswirtschaft, r+s 1999, 485; *Schmidt,* Kombinierte und gebündelte Versicherungen und die schuldrechtliche Lehre von den gemischten Verträgen, in: Beiträge zur Versicherungswissenschaft, Festgabe für Walter Rohrbeck z. 70. Geb., hrsg. v. Hans Möller, Berlin, D&H, 1955, S. 425.

1. Allgemeines

47 Versicherungsverträge kommen, wie auch sonst Verträge, nach bürgerlichem Recht (§§ 145 ff. BGB) durch Vertragsantrag und Antragsannahme zustande.[157] Die Antragserklärung ist vom Antragsteller oder seinem Stellvertreter abzugeben.

2. Form des Lebensversicherungsantrags

48 a) **Allgemeines.** Gemäß § 1 Nr. 1 Satz 1 ALB 32 war die Schriftform im Interesse des Versicherers für den Versicherungsantrag vorgeschrieben, nicht aber für den Vertrag selbst.[158] Die Schriftform ist zur rechtlichen Wirksamkeit eines Versicherungsantrags heute nicht mehr erforderlich.[159] § 12 ALB 86 gilt nicht für Erklärungen des Versicherungsnehmers vor Vertragsabschluss. Der Lebensversicherungsantrag wird gleichwohl regelmäßig auf einem Antragsvordruck des Versicherers abgegeben, der den Grundsätzen für die Gestaltung der Antragsvordrucke in der Lebensversicherung entsprechen muss.[160] Gemäß Nr. 1.2 der Grundsätze darf der Antragsvordruck weder Bestandteil eines Werbeprospekts sein noch mit einem solchen fest verbunden werden. Aus dem Vordruck muss für den Antragsteller zweifelsfrei erkennbar sein, dass es sich um einen Lebensversicherungsantrag handelt (Nr. 1.3). Gemäß Nr. 2.1 der Grundsätze sind am Kopf des Vordrucks die Firma und der Sitz des LVU deutlich hervorzuheben und die in § 80 AktG vorgesehenen Angaben aufzunehmen. Eine bestimmte Schriftgröße wird

---

[157] OLG Hamm, Beschl. v. 20. 2. 1975 – 20 W 52/74, VersR 1976, 144; *Schimikowski* r+s 1999, 485.
[158] BGH v. 8. 6. 1967, VersR 1967, 795 = VerBAV 1968, 45.
[159] BGH v. 20. 5. 1963, VersR 1963, 717, 718; BGH VersR 1987, 663, 664 = NJW 1988, 60, 61.
[160] Vgl. R 6/78 v. 17. 11. 1978, VerBAV 1978, 308.

vom BAV bei Antragsformularen nicht mehr vorgeschrieben.[161] Wenn beim Lebensversicherungsvertrag auf verbundene Leben zwei Antragsformulare benutzt werden, ist gleichwohl von einem einheitlichen Versicherungsantrag auszugehen.[162] Soweit Makler eigene Vordrucke verwenden, wird das LVU darauf achten, dass der Vordruck den aufsichtsrechtlichen Vorschriften genügt. Eine Durchschrift des vollständigen Antrags ist dem Antragsteller gemäß Nr. 1.1 der Grundsätze nach Unterschriftsleistung auszuhändigen.

Bei den vorgedruckten Teilen der Versicherungsanträge handelt es sich um AGB im Sinne von § 1 Abs. 1 AGBG,[163] die somit der Beurteilung durch das AGBG unterliegen. Dies betrifft vor allem die sog. Schlusserklärung im Versicherungsantrag, die einen Teil der Antragsklauseln enthält (z. B. Antragsbindungsklausel). 49

Eine rechtswirksame Antragstellung liegt auch dann vor, wenn der Antragsteller den Antrag an der Stelle im Antragsvordruck unterschrieben hat, die im Formular für die Unterschrift der zu versichernden Person bestimmt ist.[164] 50

b) Zusatzerklärungen zum Antrag. Die Unterschrift des Versicherungsnehmers wird für die Ermächtigung zur Verarbeitung personenbezogener Daten, die Zustimmung des Versicherungsnehmers für eine Entbindung des Arztes von der Schweigepflicht und die Vereinbarung des Lastschriftverfahrens benötigt.[165] Hier sind gesetzgeberische Schritte notwendig, um elektronische Signaturen anzuerkennen.[166] Denn das deutsche Signaturgesetz stellt die digitale Signatur der eigenhändigen Unterschrift nicht gleich.[167] Die künftige Europäische Signaturrichtlinie wird hierfür den Weg ebnen.[168] 51

3. Vertretung des Versicherungsnehmers

Schrifttum: *Gehrlein,* Wirksame Vertretung trotz Unkenntnis über Person des Vertretenen, VersR 1995, 268; *Meyer,* Deckt eine Generalvollmacht den Abschluss einer Lebensversicherung?, ZfV 1967, 617.

Wer Vertragspartner des Versicherers ist, also Versicherungsnehmer ist, ist durch Auslegung des Versicherungsvertrags festzustellen.[169] Der Versicherungsnehmer kann sich als Antragsteller von einem Dritten vertreten lassen. Ist der Versicherungsnehmer zugleich als versicherte Person vorgesehen, findet § 159 Abs. 2 Satz 1 VVG mit der Folge entsprechende Anwendung, dass eine den Anforderungen des § 159 Abs. 2 Satz 1 VVG genügende schriftliche Vollmacht vorliegen muss. Fehlt die schriftliche Vollmacht, ist der Lebensversicherungsvertrag unwirksam.[170] Wird eine einem Dritten erteilte Vollmacht widerrufen, ist sie an den Vollmachtgeber herauszugeben; ein Zurückbehaltungsrecht an der Vollmachtsurkunde steht ihm nicht zu.[171] 52

---

[161] VerBAV 1971, 363; GB BAV 1971, 35; *Harlandt* VersR 1975, 198.
[162] OLG Hamm v. 11. 3. 1987, NJW-RR 1987, 1173 = VersR 1988, 32.
[163] BGHZ 84, 268 = NJW 1982, 2776 = VersR 1982, 841; dazu *Wrabetz* VersR 1982, 942; *Rassow* MDR 1982, 916.
[164] LG Braunschweig v. 5. 10. 1965, VersR 1966, 534.
[165] *Schimikowski* r+s 1999, 485, 489.
[166] *Schimikowski* r+s 1999, 485, 489.
[167] *Reusch* NVersZ 1999, 110, 111 ff.
[168] Dazu *Gravesen/Dumortier/van Eecke* MDR 1999, 577 ff.
[169] BGH, Urt. v. 11. 12. 1996 – IV ZR 284/95, NJW-RR 1997, 527, 528.
[170] BGH, Urt. v. 8. 2. 1989 – IVa ZR 197/87, NJW-RR 1989, 1183 = VersR 1989, 465 = r+s 1989, 233, 379; BGH, Urt. v. 9. 12. 1998 – IV ZR 306/97, NJW 1999, 950, 951 = NVersZ 1999, 258, 259 = VersR 1999, 347, 348 = VerBAV 1999, 159, 160 = r+s 1999, 212 = WM 1999, 916, 918 = BB 1999, 601, 602 = MDR 1999, 355, 356; dazu *van Bühren* EWiR 1999, 189 f.; *derselbe* MDR 1999, 356 f.
[171] OLG Köln, Beschl. v. 5. 2. 1993 – 19 W 7/93, VersR 1994, 191.

53   Ist die Unterschrift des Antragstellers gefälscht, kommt ein wirksamer Vertrag nicht zustande.[172] Ausreichend ist, wenn ein Dritter in Gegenwart des Antragstellers für diesen unterzeichnet.[173] Der Vertreter kann auch nur mit dem Namen des Vertretenen unterzeichnen.[174]

54   Der Versicherungsnehmer kann beim Vertragsabschluss von einem Dritten unter dem Namen des Versicherungsnehmers vertreten werden, der entsprechend den Versicherungsantrag unterzeichnet.[175] Hatte der unter dem Namen des Antragstellers Handelnde Vertretungsmacht, kommt der Versicherungsvertrag mit dem Antragsteller zustande, wenn das LVU mit dem Antragsteller und nicht mit dem handelnden Unterzeichner den Versicherungsvertrag abschließen wollte.[176] Ausreichend für den Nachweis der Vertretungsmacht ist, dass der Vertreter in Gegenwart des Antragstellers mit dem Namen des Antragstellers den Lebensversicherungsantrag unterzeichnet hat.[177] Die Genehmigung richtet sich nach § 177 BGB, wobei die Genehmigungsmöglichkeit auf die Erben übergeht und die Genehmigung in der Klageerhebung und Anspruchserhebung liegt.[178]

55   Der Zweck des § 159 Abs. 2 VVG verbietet es in der Regel, Generalvollmachten so auszulegen, dass sie den Abschluss von Lebensversicherungsverträgen einschließen; anders hingegen, wenn eine Spezialvollmacht erteilt ist.[179]

56   Der im Antragsformular als Abschlussvertreter bezeichnete Agent ist in der Regel nur zur Vermittlung von Versicherungsverträgen befugt.[180] Füllt der Agent den vom Versicherungsnehmer blanko unterschriebenen Versicherungsantrag abredewidrig aus, muss der Versicherungsnehmer die abredewidrige Ausfüllung des Versicherungsantrags sich als eigene Willenserklärung anrechnen lassen.[181]

57   Versicherungsangelegenheiten gehören in der Regel nicht zu den Besorgungen, zu deren Erledigung die Ehefrau im Rahmen der Schlüsselgewalt gemäß § 1357 BGB befugt ist. Sie ist daher nicht berechtigt, mit Wirkung gegen den Ehemann die Verlängerung eines Versicherungsvertrages[182] oder eine Höherversicherung zu vereinbaren.[183]

4. Zustimmung der gesetzlichen Vertreter und des Vormundschaftsgerichts bei minderjährigen Versicherungsnehmern

AuVdBAV: GB BAV 1961, 34 (Anwendbarkeit des § 159 Abs. 2 VVG bei Leibrentenversicherungen mit Prämienrückgewähr); GB BAV 1966, 41 (Verträge mit Minderjährigen – Antragskontrolle –); GB BAV 1968, 50 (Erfordernis der vormundschaftsgerichtlichen Genehmigung von Lebensversicherungsverträgen mit Minderjährigen); GB BAV 1981, 55 (Verträge mit Minderjährigen); GB BAV 1983, 37 (Versicherungsverträge mit Minderjährigen); VerBAV 1990, 129 (Langfristige Verträge mit Minderjährigen).

Schrifttum: *Adam,* Der Vertragsabschluss durch einen Minderjährigen in der Lebensversicherung, ZfV 1964, 625; *Bayer,* Lebensversicherung, Minderjährigenschutz und Bereiche-

---

[172] BGH v. 8. 2. 1989, VersR 1989, 466.
[173] Vgl. OLG Hamburg, Urt. v. 24. 5. 1955 – 1 U 411/53, VersR 1957, 106.
[174] RGZ 74, 69; LG Köln v. 23. 11. 1956, VersR 1957, 242.
[175] RGZ 74, 69; LG Köln v. 23. 11. 1956, VersR 1957, 242; OLG Hamburg v. 24. 5. 1955, VersR 1957, 106; OLG Hamm, Urt. v. 27. 5. 1987 – 20 U 335/86, VersR 1988, 458.
[176] BGH v. 8. 2. 1989, VersR 1989, 466.
[177] OLG Hamburg, Urt. v. 24. 5. 1955 – 1 U 411/53, VersR 1957, 106.
[178] OLG Hamm v. 27. 5. 1987 – 20 U 335/86, VersR 1988, 458.
[179] *Prölss-Martin,* § 6 Anm. 8 A; § 19 Anm. 1; *Bruck-Möller,* § 6 VVG Anm. 84 cc; § 19 VVG Anm. 3–5; *Palandt,* § 166 BGB Anm. 5; a. A. *Meyer,* ZfV 1967, 617. Siehe auch *Mohr* VersR 1966, 702 und OLG Hamburg VersR 1966, 680.
[180] KG VersR 1968, 546.
[181] BGZ 40, 65, 68; OLG München v. 15. 12. 1981, VerBAV 1983, 42, 43.
[182] LG Siegen v. 2. 2. 1951, VersR 1951, 168.
[183] AG Düsseldorf v. 11. 5. 1956, VersR 1956, 429.

rungsausgleich, VersR 1991, 129; *Berotzheimer,* Die Beteiligung Minderjähriger bei Versicherungsverträgen, ZVersWiss 1918, 87; *Boll,* Anm. zum Urteil des LG Waldshut-Tiengen vom 12. 7. 1979, VersR 1979, 1147, 1149; *Eberhardt/Castellví,* Rechtsfragen zum Beitragsdepot in der Lebensversicherung, VersR 2002, 261; *Erlanger,* Der Bereicherungsanspruch aus dem nichtigen Versicherungsvertrage eines Minderjährigen, ZVersWiss 1908, 692; *Fleischmann,* Lebensversicherung Minderjähriger, ZfV 1952, 456; *Franke,* Vormundschaftsgerichtliche Genehmigung zu Lebensversicherungen Minderjähriger, VW 1972, 431; *Hedemann,* Beleihung von Versicherungen mit Anspruchsberechtigung von Minderjährigen, VersR 1952, 189; *Hilbert,* Versicherungsverträge und Vormundschaftsgericht, VersR 1986, 948; *Kohler,* Kondiktion bei Leistung eines rechtlichen Nullum, VersR 1988, 563; *Präve,* Das Allgemeine Versicherungsvertragsrecht in Deutschland im Zeichen der europäischen Einigung (I), VW 1992, 596; *Schmidt,* Das Verhältnis von § 110 BGB zu § 1822 Ziff 5 BGB beim Abschluss von Lebensversicherungsverträgen durch Minderjährige, VersR 1966, 313; *Schulz,* Besonderheiten bei Verträgen mit Minderjährigen, ZfV 1959, 58, 90; *Servatius,* Die gerichtliche Genehmigung von Eltern-Kind-Geschäften, NJW 2006, 334; *Theda,* Der minderjährige Versicherungsnehmer, VW 1976, 1359; *Winter,* Erfordernis vormundschaftsgerichtlicher Genehmigung bei Lebensversicherungsverträgen Minderjähriger, ZVersWiss 1977, 145; *Woltereck,* Versicherungsverträge Minderjähriger oder Entmündigter und Genehmigung des Vormundschaftsgerichts, VersR 1965, 649; *Wrabetz,* Die wichtigsten Auswirkungen der neuen Volljährigkeitsregelung auf den Versicherungsalltag, ZfV 1975, 70.

a) Zustimmung der gesetzlichen Vertreter. Bei einer auf das Leben eines Minderjährigen abzuschließenden Todesfallversicherung ist die Einwilligung des gesetzlichen Vertreters erforderlich.[184] Gesetzlicher Vertreter sind in der Regel beide Eltern gemeinsam.[185] Bei fehlender Einwilligung der gesetzlichen Vertreter wird der Versicherungsvertrag erst mit der Genehmigung der gesetzlichen Vertreter wirksam.[186]

b) Anwendung des § 110 BGB. Nach dieser Vorschrift gilt mit der Gestattung einer bestimmten Art der Lebensbetätigung zugleich die Einwilligung zum Abschluss aller Rechtsgeschäfte als erteilt, die mit der Gestattung einer bestimmten Art der Lebensbetätigung notwendig verbunden sind.[187] Diese Norm hilft aber nur über den Mangel einer ausdrücklichen elterlichen Genehmigung hinweg, indem sie die Überlassung der Mittel als deren konkludente Einwilligung ansieht.[188] Der weitergehende Mangel der vormundschaftsgerichtlichen Genehmigung, der eine von § 110 BGB nicht mit geregelte Grenze des wirksamen Handelns der gesetzlichen Vertreter für den Minderjährigen betrifft, wird von dieser Vorschrift jedoch nicht geheilt.[189] Voraussetzung für das Eingreifen von § 110 BGB bei Dauerschuldverträgen, wie es der Lebensversicherungsvertrag darstellt, ist, dass bei Teilerfüllung Leistung und Gegenleistung entsprechend teilbar sind.[190] Diese Voraussetzung ist bei einem Lebensversicherungsvertrag auf den Todes- und Erlebensfall nicht erfüllt, da die Gegenleistung des Versicherers – Auszahlung der Versicherungssumme einschließlich Sparanteil – erst bei Eintritt des Versicherungsfalls erfolgt, nicht aber bereits im Gegenzug zu den monatlichen

---

[184] § 108 Abs. 1 BGB, § 107 BGB; RGZ 41, 71; OLG Frankfurt VP 1955, 63; wohl zustimmend OLG Hamm v. 12. 7. 1985, VersR 1986, 82; *Eberhardt/Castellví* VersR 2002, 261, 266; *Prölss-Martin,* § 159 Anm. 2 A; a. A. *Winter* in: Bruck/Möller, VVG, 8. Aufl., 1988, §§ 159–178 VVG Anm. C 28.
[185] § 1629 Abs. 1 BGB; LG Deggendorf v. 23. 12. 1972, VersR 1973, 609; AG München v. 30. 4. 1981/LG München v. 14. 10. 1981, VerBAV 1982, 123.
[186] BGH v. 17. 4. 1967, BGHZ 47, 352.
[187] Vgl. LG Koblenz v. 21. 2. 1956, VersR 1956, 314.
[188] AG Hamburg, Urt. v. 9. 11. 1993 – 9 C 1432/93, NJW-RR 1994, 721, 722.
[189] LG Hamburg, Urt. v. 31. 10. 1990 – 322 O 163/90; AG Hamburg, Urt. v. 9. 11. 1993 – 9 C 1432/93, NJW-RR 1994, 721, 722.
[190] AG Hamburg, Urt. v. 9. 11. 1993 – 9 C 1432/93, NJW-RR 1994, 721, 722; *Bayer* VersR 1991, 129.

Prämienzahlungen des Minderjährigen.[191] Bei reinen Risikoversicherungen ist eine Teilbarkeit von Leistung und Gegenleistung zu bejahen, da sich hier die Prämienleistung des Minderjährigen und die Gegenleistung des Versicherers, nämlich die Gefahrtragung bzw. der bedingte Anspruch auf Auszahlung der Versicherungssumme, kongruent decken.[192]

60 **c) Vormundschaftsgerichtliche Genehmigung.** Der Abschluss eines Lebensversicherungsvertrages bedarf gemäß §§ 1643 Abs. 1, 1822 Nr. 5 BGB der vormundschaftsgerichtlichen Genehmigung, wenn das Vertragsverhältnis länger als ein Jahr nach dem Eintritt der Volljährigkeit des minderjährigen Vertragspartners fortdauern soll.[193] Lebensversicherungsverträge sind von der Regelung des § 1822 Nr. 5 BGB nicht schon deshalb ausgeschlossen, weil der Versicherungsnehmer das Recht zur jederzeitigen Kündigung gemäß § 165 VVG hat[194] oder weil der gesetzliche Vertreter die Prämienzahlung übernimmt.[195] Ist zugleich mit dem Lebensversicherungsvertrag der Abschluss eines Unfallversicherungsvertrags beantragt, zieht die schwebende Unwirksamkeit des Lebensversicherungsvertrags aufgrund fehlender vormundschaftsgerichtlicher Genehmigung analog § 139 BGB die schwebende Unwirksamkeit des Unfallversicherungsvertrags nach sich.[196] Keiner vormundschaftsgerichtlichen Genehmigung bedarf dagegen die Einrichtung eines Beitragsdepots zugunsten des minderjährigen Versicherungsnehmers, mit dem die Finanzierung der Lebensversicherung erfolgt.[197] Der Versicherer trägt die Beweislast für das Vorliegen der Genehmigung.[198] Das Erfordernis der vormundschaftsgerichtlichen Genehmigung nach den §§ 1643 Abs. 1, 1822 Nr. 5 BGB ist mit dem Tode des Minderjährigen entfallen.[199]

61 **d) Mündelsichere Anlage.** Die Anlegung von Mündelgeld beim Lebensversicherungsunternehmen in Kapitalversicherungen gegen laufende Beitragszahlung oder Einmalbeitrag sowie in Beitragsdepots ist im Katalog der Anlagearten nicht

---

[191] AG Hamburg, Urt. v. 9. 11. 1993 – 9 C 1432/93, NJW-RR 1994, 721, 722; *Bayer* VersR 1991, 129.
[192] LG Bochum v. 5. 5. 1969, VersR 1970, 25 = VerBAV 1969, 345; *Bayer* VersR 1991, 129; a. A. LG München v. 30. 4. 1981/LG München vom 14. 10. 1981, VersR 1982, 123; AG Hamburg v. 11. 12. 1985, VersR 1986, 1185, das § 110 BGB für nicht anwendbar hält, weil § 110 BGB voraussetze, dass die vom minderjährigen geschuldeten Leistungen bereits in vollem Umfang erbracht worden sind, was bei langfristig angelegten Versicherungsverträgen nicht der Fall sei.
[193] BGH v. 30. 6. 1958, BGHZ 28, 78, 83 f. = NJW 1958, 1393 = VersR 1958, 506, 507; LG Aachen v. 14. 5. 1971 – 5 S 57/71, VersR 1971, 903, 904; LG Waldshut-Tiengen VersR 1979, 1147 und LG 1985, 937; LG Offenburg VersR 1987, 980; LG Aachen VersR 1987, 978; LG Hamburg NJW 1988, 215 = VersR 1988, 460; OLG Koblenz Urt. v. 18. 5. 1990 – 10 U 285/89, VersR 1991, 209; OLG Hamm, Urt. v. 3. 4. 1992 – 20 U 322/91, NJW-RR 1992, 1186, 1187 = VersR 1992, 1502 = r+s 1993, 34 = MDR 1992, 1037; AG Hamburg, Urt. v. 9. 11. 1993 – 9 C 1432/93, NJW-RR 1994, 721; LG Frankfurt/M., Urt. v. 13. 4. 1999 – 2/8 S 114/98, VersR 1999, 702; *Prölss/Martin*, VVG, 26. Aufl., § 3 Rdn. 4 m. w. Nachw.; *Präve* VW 1992, 596, 597.
[194] LG Aachen, Urt. v. 14. 5. 1971 – 5 S 57/71, VersR 1971, 903; ausf. OLG Hamm, Urt. v. 3. 4. 1992 – 20 U 322/91, NJW-RR 1992, 1186, 1187 = VersR 1992, 1502 f. = MDR 1992, 1037; AG Hamburg, Urt. v. 9. 11. 1993 – 9 C 1432/93, NJW-RR 1994, 721; *Bayer* VersR 1991, 129, 130; a. A. *Franke* VersR 1971, 1163 ff.; *Winter* ZVersWiss 1977, 145, 152; *Winter* in: Bruck/Möller, VVG, 8. Aufl., 1988, §§ 159 – 178 VVG Anm. C 14.
[195] LG Waldshut-Tiengen VersR 1979, 1147.
[196] AG Hamburg, Urt. v. 9. 11. 1993 – 9 C 1432/93, NJW-RR 1994, 721, 722.
[197] Vgl. *Eberhardt/Castellví* VersR 2002, 261, 267.
[198] LG Aachen VerBAV 1988, 84.
[199] BayObLG NJW 1965, 397; OLG Düsseldorf, Urt. v. 28. 10. 1969 – 4 U 68/69, VersR 1970, 738; OLG Düsseldorf, Urt. v. 28. 10. 1969 – 4 U 69/69, VersR 1971, 75; BayObLG NJW 1965, 397.

angeführt (§ 1807 BGB).²⁰⁰ Das Vormundschaftsgericht kann dem Vormund aber eine andere Anlegung des Mündelgelds als die in § 1807 BGB vorgeschriebene Art der Anlegung gestatten (§ 1811 Satz 1 BGB). Die Erlaubnis soll nur verweigert werden, wenn die beabsichtigte Art der Anlegung nach Lage des Falles den Grundsätzen einer wirtschaftlichen Vermögensverwaltung zuwiderlaufen würde (§ 1811 Satz 2 BGB). Insoweit kommt eine Gleichstellung der Lebensversicherungsunternehmen mit Kreditinstituten in Betracht, die einer für die Anlage von Mündelgeld ausreichenden Sicherungseinrichtung angehören (§ 1807 Abs. 1 Nr. 5 BGB). Solange Lebensversicherungsunternehmen keine dem Einlagenversicherungsfonds des Bundesverbands Deutscher Banken e. V. vergleichbare Sicherungseinrichtung unterhielten, kam eine analoge Anwendung des § 1807 Abs. 1 Nr. 5 BGB auf Lebensversicherungsunternehmen nicht in Betracht.²⁰¹

e) Genehmigung durch den volljährig gewordenen Versicherungsnehmer. aa) Geschäftsplanmäßige Erklärung. Nach Eintritt der Volljährigkeit kann der bis dahin minderjährige Versicherungsnehmer anstelle des gesetzlichen Vertreters die Genehmigung erteilen (§ 1829 Abs. 3 BGB).²⁰² Die Aufsichtsbehörde erwartet, dass sich die Versicherer durch folgende geschäftsplanmäßige Erklärung verpflichten, den Versicherungsnehmer nach Eintritt der Volljährigkeit ausdrücklich auf die schwebende Unwirksamkeit des Lebensversicherungsvertrages hinzuweisen und seine Genehmigung einzuholen:²⁰³

„Geschäftsplanmäßige Erklärung
Wir verpflichten uns, die Versicherungsnehmer nach Erreichen der Volljährigkeit wie folgt über die schwebende Unwirksamkeit und die Genehmigungsbedürftigkeit der mit ihnen als Minderjährigen abgeschlossenen Versicherungsverträge zu unterrichten:
Ihr Vertrag hätte, um rechtswirksam zu sein, der vormundschaftsgerichtlichen Genehmigung bedurft, weil Sie bei Vertragsschluss noch nicht volljährig waren. Eine solche Genehmigung liegt nicht vor.
Nachdem Sie nun volljährig geworden sind, können Sie selbst entscheiden, ob Sie den Vertrag genehmigen wollen.
Wir gehen davon aus, dass Sie den Vertrag genehmigen, wenn Sie den fälligen Beitrag innerhalb einer Frist von vier Wochen nach Zugang dieses Schreibens bezahlen. Sie können innerhalb dieses Zeitraums die Genehmigung aber auch ausdrücklich erklären oder ablehnen.
Wenn Sie innerhalb der Frist von vier Wochen den Beitrag nicht zahlen und keine ausdrückliche Erklärung abgeben, gilt dies als Ablehnung der Genehmigung. Beachten Sie aber, dass in diesem Fall der Versicherungsschutz entfällt, und zwar auch für bereits eingetretene, aber noch nicht gemeldete Versicherungsfälle."

bb) Konkludente Genehmigung. Die Genehmigung durch den volljährig gewordenen Versicherungsnehmer kann – wie jede Willenserklärung – auch konkludent erklärt werden.²⁰⁴ Im Ausgangspunkt setzt dies aber voraus, dass sich der Versicherungsnehmer der schwebenden Unwirksamkeit bzw. Genehmigungsbedürftigkeit des Vertrages bewusst ist oder mit ihr rechnet.²⁰⁵ Allein aus der bloßen

---

²⁰⁰ Zur Genehmigungsfähigkeit der Anlage des Geldvermögens eines Minderjährigen in einem geschlossenen Immobilienfonds vgl. OLG Frankfurt/M., Beschl. v. 19. 11. 1998 – 6 UF 262/98, DB 1999, 739 und zur Anlage in Aktienfonds vgl. OLG Köln, Beschl. v. 9. 8. 2000 – 16 WX 93/00, NJW-RR 2001, 577 f.
²⁰¹ Vgl. *Wagner*, Lebensversicherung als mündelsichere Anlage?, VersR 1999, 1079, 1080 f.
²⁰² § 108 Abs. 3 BGB; AG München v. 3. 4. 1981/LG München v. 14. 10. 1981, VerBAV 1982, 123; LG Osnabrück v. 4. 1. 1984, VerBAV 1984, 252.
²⁰³ BAV VerBAV 1990, 129.
²⁰⁴ LG Mainz VersR 1967, 945; *Bayer* VersR 1991, 129, 130; *Bayer/Ernst* EWiR 1997, 1077.
²⁰⁵ RGZ 118, 335; BGHZ 2, 150, 153; BGH FamRZ 1961, 216; BGH WM 1965, 1006; BGH NJW 1967, 1714; 1970, 753; und BGH WM 1980, 1032; LG München VerBAV 1982, 123; LG Aachen, Urt. v. 14. 3. 1986 – 5 S 439/85, VersR 1987, 978; BGH

zeitweiligen Weiterzahlung der Beiträge bzw. dem „Abbuchenlassen" in Unkenntnis der Rechtslage kann daher nicht auf eine nachträgliche Vertragsgenehmigung geschlossen werden.[206] Ob eine konkludente Genehmigung vorliegt, hängt mithin von den Umständen des Einzelfalles ab. Von einer Genehmigung ist spätestens dann auszugehen, wenn der Versicherungsnehmer Leistungen aus dem Vertrag verlangt.[207] Will der Versicherer, der über die Rechtslage informiert ist,[208] es nicht darauf ankommen lassen, diese Frage erst zu gegebener Zeit entschieden zu bekommen, kann er den Schwebezustand dadurch beenden, dass er den Versicherungsnehmer nach Eintritt der Volljährigkeit zur Genehmigung auffordert (§ 1829 Abs. 2 BGB).[209]

64   cc) Einzelfälle. Wie sehr es auf die Umstände des Einzelfalles ankommt, zeigt sich darin, dass selbst dann das Vorliegen einer konkludenten Genehmigung abgelehnt wird, wenn der volljährig gewordene Versicherungsnehmer fortlaufend die Beiträge gezahlt, dreimal auf Prämienanpassungen verzichtet und die Ansprüche aus dem Lebensversicherungsvertrag abgetreten hat.[210] Ausschlaggebend war in diesem Fall, dass sich der volljährig gewordene Versicherungsnehmer nach dem Ergebnis der Beweisaufnahme der schwebenden Unwirksamkeit des Vertrages nicht bewusst war.[211] Von einer konkludenten Genehmigung ist aber auszugehen, wenn nach Eintritt der Volljährigkeit die Beiträge auf welchem Zahlungsweg auch immer für einen längeren Zeitraum gezahlt werden.[212] Eine stillschweigende Genehmigung ist daher anzunehmen, wenn nach Eintritt der Volljährigkeit die Versicherungsbeiträge 17 Monate im Wege der Einzugsermächtigung,[213] nahezu 22

NJW 1988, 1199, 1200; OLG Koblenz, Urt. v. 18. 5. 1990 – 10 U 285/89, VersR 1991, 209; OLG Hamm, Urt. v. 3. 4. 1992 – 20 U 322/91, NJW-RR 1992, 1186, 1187 = VersR 1992, 1502, 1503 = r+s 1993, 34, 35 = MDR 1992, 1037; AG Hamburg, Urt. v. 9. 11. 1993 – 9 C 1432/93, NJW-RR 1994, 721, 722; LG Aachen, Urt. v. 9. 3. 1995 – 5 S 377/94, r+s 1996, 339; LG Frankfurt/M., Beschl. v. 26. 11. 1997 – 2-19 O 404/97, r+s 1998, 270; LG Frankfurt/M., Urt. v. 13. 4. 1999 – 2/8 S 114/98, VersR 1999, 702 = r+s 1999, 433, 434; Prölss/Martin, VVG, 26. Aufl., § 3 VVG Rdn. 5; *Bayer* VersR 1991, 129, 131; *Präve* VW 1992, 596, 597; a. A. LG Mainz, VersR 1967, 945; AG Hamburg v. 11. 12. 1985, VersR 1986, 1185; AG München v. 15. 3. 1988, VersR 1989, 467.
[206] LG München I VersR 1982, 644 = VerBAV 1982, 123; AG/LG Waldshut/Tiengen VersR 1985, 937, 939; LG Ravensburg v. 25. 4. 1985, VuR 1987, 100; AG Osnabrück v. 27. 7. 1984, VuR 1987, 101; LG Aachen VersR 1987, 978; LG Aachen VerBAV 1988, 84; OLG Koblenz, Urt. v. 18. 5. 1990 – 10 U 285/89, VersR 1991, 209; AG Hamburg, Urt. v. 9. 11. 1993 – 9 C 1432/93, NJW-RR 1994, 721, 722; GB BAV 1983, 37; GB BAV 1981, 55; GB BAV 1985, 79; *Hilbert* VersR 1986, 948, 950; *Bayer* VersR 1991, 129, 131; a. A. AG Hamburg vom 11. 12. 1985, VersR 1986, 1185, das eine konkludente Genehmigung annimmt, wenn der Versicherungsnehmer nach Eintritt der Volljährigkeit zwei Jahre lang Prämien zahlt, selbst wenn der Versicherungsnehmer einen von Anfang an wirksamen Vertrag angenommen hatte und sich deshalb der Genehmigungswirkung der Prämienzahlung nach Volljährigkeit nicht bewusst war (*Kramer* in: Münchener Kommentar, § 119 BGB Rdn. 79 ff.
[207] OLG Dresden, Beschl. v. 31. 1. 2006 – 4 U 2298/05, VersR 2006, 1526 (Vertrag über eine Berufsunfähigkeitsversicherung).
[208] Vgl. *Winter* ZVersWiss 77, 145, 148 f.; *Goll/Gilbert/Steinhaus*, Hdb. Lebensversicherung, 11. Aufl., 1992, S. 22; *Bayer* VersR 1991, 129, 131.
[209] AG Hamburg, Urt. v. 9. 11. 1993 – 9 C 1432/93, NJW-RR 1994, 721, 724; LG Frankfurt/M., Urt. v. 13. 4. 1999 – 2/8 S 114/98, VersR 1999, 702 = r+s 1999, 433, 434; OLG Hamm, Urt. v. 3. 4. 1992 – 20 U 322/91, NJW-RR 1992, 1186, 1187 f. = VersR 1992, 1502, 1503; *Bayer* VersR 1991, 129, 131.
[210] OLG Hamm, Urt. v. 3. 4. 1992 – 20 U 322/91, NJW-RR 1992, 1186, 1187 = VersR 1992, 1502, 1503.
[211] OLG Hamm, Urt. v. 3. 4. 1992 – 20 U 322/91, NJW-RR 1992, 1502, 1503.
[212] Vgl. LG Kaiserslautern, Urt. v. 16. 10. 1990 – 1 S 275/90, VersR 1991, 539.
[213] AG München, Urt. v. 26. 4. 1991 – 171 C 28 842/90, VersR 1992, 1117 (LS).

Jahre,[214] über mehr als 12 Jahre[215] bzw. über fünf Jahre[216] lang im Wege der Abbuchung oder mit Kenntnis des Versicherungsnehmers die Beiträge über einen Zeitraum von drei Jahren[217] oder sogar 16 Jahren[218] gezahlt worden sind. Eine konkludente Genehmigung ist ferner anzunehmen, wenn der Versicherungsnehmer acht Jahre lang nach Eintritt der Volljährigkeit die Abbuchungen der Versicherungsbeiträge hinnimmt, jährlichen Anpassungen nicht widerspricht oder sie auch ablehnt und den Vertrag letztlich in eine beitragsfreie Versicherung umwandelt.[219] Ferner liegt eine konkludente Genehmigung vor, wenn der Versicherungsnehmer die Abbuchung der Versicherungsbeiträge hinnimmt, jährlichen Beitragserhöhungen nicht widerspricht und die Bezugsberechtigung neu gestaltet[220] oder der Versicherungsnehmer die Versicherungsbeiträge zwei Jahre[221] oder drei Jahre lang nach Erlangung der Volljährigkeit die Monatsbeiträge zahlt und in dieser Zeit eine Abänderung des Leistungsinhalts und eine Laufzeitverkürzung vereinbart.[222] Auch in einer Vertragsfortsetzung trotz Kenntnis vom Ablauf der vertraglichen Laufzeit liegt eine Genehmigung des ursprünglich wegen Minderjährigkeit des Versicherungsnehmers schwebend unwirksamen Versicherungsvertrages, wenn von der Möglichkeit der Beendigung kein Gebrauch gemacht wird.[223] Wenn Verhandlungen über eine Erhöhung der Versicherungssumme nach Eintritt der Volljährigkeit erfolgen, liegt hierin eine konkludente Genehmigung des Vertrages.[224] Dies gilt auch dann, wenn die angebotene Vertragsänderung abgelehnt wird.[225] Voraussetzung ist aber, dass dem Versicherungsnehmer die Rechtslage offen gelegt worden ist.

dd) Unzulässige Rechtsausübung (§ 242 BGB). Einer unbeschränkt langen Berufung auf die Ungültigkeit des Lebensversicherungsvertrags wegen fehlender vormundschaftsgerichtlicher Genehmigung steht der Einwand unzulässiger Rechtsausübung (§ 242 BGB) entgegen.[226] Dieser Einwand kommt zum Zuge, wenn der Versicherungsnehmer nach Erlangung der Volljährigkeit nahezu zehn Jahre[227] oder annähernd vierzehn Jahre[228] lang das Versicherungsverhältnis fortgeführt hat, ohne sich vom Versicherungsvertrag lösen zu wollen.

ee) Rückabwicklung. Mit der Genehmigung ist der bis dahin schwebend unwirksame Versicherungsvertrag wirksam geworden mit der Folge, dass die hierauf geleisteten Prämienzahlungen mit rechtlichem Grund erbracht wurden und ein Rückzahlungsanspruch somit nicht besteht.[229] Wird der Versicherungsvertrag nicht genehmigt, ist der Versicherungsvertrag ex tunc aufzuheben und sind die

---

[214] LG Regensburg, Urt. v. 26. 9. 2003 – 4 O 1024/03, VersR 2004, 722.
[215] LG Frankfurt/M., Beschl. v. 26. 11. 1997 – 2-19 O 404/97, r+s 1998, 270.
[216] AG Köln, Urt. v. 20. 12. 1991 – 111 C 368/91, VersR 1992, 1117.
[217] LG Osnabrück VerBAV 1984, 251.
[218] LG Aachen, Urt. v. 9. 3. 1995 – 5 S 377/94, r+s 1996, 339.
[219] OLG Koblenz, Urt. v. 18. 5. 1990 – 10 U 285/89, VersR 1991, 209.
[220] LG Arnsberg, Urt. v. 30. 5. 1988 – 5 S 52/88, VersR 1989, 391 (Ls.).
[221] AG Hamburg v. 11. 12. 1985, VersR 1986, 1185.
[222] AG München v. 15. 3. 1988, VersR 1989, 467.
[223] LG Hildesheim VerBAV 1985, 141 f.
[224] *Hilbert* VersR 1986, 948, 951; krit. dazu *Bayer* VersR 1991, 129, 131 (Fn. 22).
[225] *Hilbert* VersR 1986, 948, 951. Zur Genehmigung durch Inanspruchnahme von Versicherungsleistungen OLG Köln VersR 1966, 156.
[226] BGH FamRZ 1961, 216; LG Wuppertal NJW-RR 1995, 152, 153; LG Verden, Urt. v. 7. 5. 1997 – 2 S 469/96, VersR 1998, 42.
[227] LG Freiburg, Urt. v. 7. 3. 1997 – 5 O 358/96, VersR 1998, 41 f.
[228] LG Verden, Urt. v. 7. 5. 1997 – 2 S 469/96, VersR 1998, 42; abl. *Bayer/Ernst* EWiR 1997, 1077, 1078.
[229] OLG Koblenz VersR 1991, 209; LG Aachen, Urt. v. 9. 3. 1995 – 5 S 377/94, r+s 1996, 339.

Prämien in voller Höhe zurückzugewähren (§ 812 Abs. 1 Satz 1 Alt. 1 BGB).[230] Hinzu kommen nach § 818 Abs. 1 BGB die erwirtschafteten Zinsen.[231] Andernfalls wird dem Minderjährigenschutz – im Hinblick auf die sonst entstehende Vermögenseinbuße – nicht Rechnung getragen.[232] Der Versicherer kann sich aber insoweit, als der Versicherungsnehmer in der maßgeblichen Zeit praktisch Versicherungsschutz erhalten hat, auf Bereicherung des Versicherungsnehmers berufen, wenn der Versicherungsschutz wertmäßig den geleisteten Versicherungsprämien entspricht,[233] und zwar nicht nur für die Zeit nach dem Eintritt der Volljährigkeit.[234] § 1822 Nr. 5 BGB verbietet die Anwendung der Saldotheorie nicht.[235] Auf Entreicherung wegen getätigter Abschlussaufwendungen kann sich der Versicherer gemäß §§ 819 Abs. 1, 818 Abs. 4 BGB nicht berufen.[236]

67 **ff) Verjährung.** Für die laufenden Prämienzahlungen als regelmäßigen wiederkehrenden Leistungen gilt die kurze, dreijährige Verjährungsfrist des § 195 BGB.[237] Die Vorschrift kann aber auf Rückforderungsansprüche aus Lebensversicherungsverträgen, die mit Minderjährigen geschlossen wurden, mit Blick auf § 1822 Nr. 5 BGB regelmäßig nicht angewendet werden.[238]

68 **f) Genehmigung durch die Erben.** Ist der Versicherungsfall vor Erteilung der Genehmigung eingetreten, können die gesetzlichen Vertreter nicht mehr genehmigen, wohl aber die Erben. Der Genehmigung durch die nunmehr dafür legitimierten Erben bedarf es nicht wegen § 110 BGB. Denn der Minderjährige hat seine Zahlungsverpflichtungen aus dem Versicherungsvertrag abschließend mit Mitteln erfüllt, die ihm zu diesem Zweck von seinen gesetzlichen Vertretern belassen worden sind.[239] Im Übrigen kann die Übersendung des Versicherungsscheins an einen minderjährigen Versicherungsnehmer und die Entgegennahme der Prämie nur dahin gehend verstanden werden, dass der Versicherer, der die schwebende Unwirksamkeit des Versicherungsvertrages kennt, sich hierauf nicht berufen will,[240] insbesondere auch nicht unter dem Gesichtspunkt des § 2 Abs. 2 VVG.[241]

---

[230] LG Aachen v. 14. 5. 1971, VersR 1971, 904; LG Waldshut-Tiengen v. 12. 7. 1979, VersR 1979, 1148; LG München v. 14. 10. 1981 und AG München v. 30. 4. 1982, VerBAV 1982, 123; OLG Hamm, Urt. v. 3. 4. 1992 – 20 U 322/91, NJW-RR 1992, 1186 = VersR 1992, 1502 = MDR 1992, 1037.
[231] LG Waldshut-Tiengen VersR 1979, 1147, 1148 f.; *Bayer* VersR 1991, 129, 131.
[232] GB BAV 1981, 55; VerBAV 1982, 123; GB BAV 1985, 79.
[233] LG Hildesheim VerBAV 1985, 142; LG Waldshut-Tiengen VersR 1985, 937, 939; AG Hamburg VersR 1985, 683; *Bayer* VersR 1991, 129, 134; a. A. LG München VerBAV 1982, 123; LG Aachen VerBAV 1988, 85; LG Hamburg NJW 1988, 215, 216 = VersR 1988, 460; AG Hamburg, Urt. v. 9. 11. 1993 – 9 C 1432/93, NJW-RR 1994, 721, 723; LG Frankfurt/M., Urt. v. 2/8 S 114/98, VersR 1999, 702 = r+s 1999, 433, 434.
[234] So aber LG Waldshut-Tiengen VersR 1985, 937, 939. Siehe auch OLG Karlsruhe VersR 1988, 128; LG Aachen VersR 1987, 978; LG Offenburg VersR 1987, 980.
[235] *Bayer* VersR 1991, 129, 132.
[236] *Bayer* VersR 1991, 129, 132; a. A. *Franke* VersR 1971, 1163, 1164 f.; *Dettmeier* VersR 1971, 1165, 1166.
[237] BGHZ 98, 174 = NJW 1986, 2564, 2567; LG Hamburg, Urt. v. 11. 6. 1987, NJW 1988, 215, 216 = VersR 1988, 460 (zu § 197 BGB a. F.); LG Hamburg, Urt. v. 31. 10. 1990 – 322 O 163/90; *Bayer* VersR 1991, 129, 133.
[238] AG Hamburg, Urt. v. 9. 11. 1993 – 9 C 1432/93, NJW-RR 1994, 721, 724; *Bayer* VersR 1991, 129, 133.
[239] OLG Düsseldorf, Urt. v. 28. 10. 1969 – 4 U 68/69, VersR 1970, 738/739; OLG Düsseldorf, Urt. v. 28. 10. 1969 – 4 U 69/69, VersR 1971, 75. Siehe aber OLG Hamm v. 18. 1. 1978, VersR 1978, 1135; LG Mönchengladbach v. 18. 3. 1982, VersR 1983, 50.
[240] *Franke* VersR 1971, 1163, 1164.
[241] *Bayer* VersR 1991, 129, 132.

Beginn des Versicherungsschutzes 69, 70 § 1 ALB 1986

5. Einwilligung des Versicherten

AuVdBAV: GB BAV 1959/60, 36 (Keine Ausnahme von den Höchstgrenzen bei Kinderversicherungen); GB BAV 1961, 34 (Anwendbarkeit des § 159 Abs. 2 VVG bei Leibrentenversicherungen mit Prämienrückgewähr); GB BAV 1965, 29 (Lebensversicherungsverträge auf das Leben von Kindern); GB BAV 1971, 51 und GB BAV 1975, 42 (Lebensversicherung mit überwiegendem Todesfallcharakter auf das Leben von Kindern); VerBAV 1976, 46 (R 1/76 vom 2. 2. 1976 – Lebensversicherung mit überwiegendem Todesfallcharakter auf das Leben von Kindern); VerBAV 1982, 398 (R 4/82 vom 20. 7. 1982 – Lebensversicherungen mit überwiegendem Todesfallcharakter auf das Leben von Kindern).

Schrifttum: *Anli*, Versicherung für fremde Rechnung, Diss. Heidelberg 1967; *Brecher*, Versicherung auf fremden Tod, Wien 1912; *Drews*, Die Zustimmung des Versicherten in der Lebensversicherung, VersR 1987, 634; *Elsholz*, Die Versicherung auf fremden Tod nach deutschem und ausländischem Recht, Diss. Göttingen 1933; *Fehrenbach*, Die Haftung bei Vertretung einer nicht existierenden Person, NJW 2009, 2173; *Fuchs*, Die Gefahrsperson im Versicherungsrecht, Diss. Berlin 1974; *Gärtner*, Das Bereicherungsverbot, Berlin 1970; *Glättli*, Die Versicherung auf fremdes Leben, Diss. Bern 1947; *Hülsmann*, Fremdlebensversicherung: Interesse des VN am Nichteintritt des Versicherungsfalls als Wirksamkeitserfordernis?, VersR 1995, 501; *derselbe*, Zum Einwilligungserfordernis nach § 159 Abs. 2 S. 1 VVG in der Gruppenlebensversicherung, VersR 1997, 1467; *derselbe*, Zum Einwilligungserfordernis nach § 159 VVG im Lichte der Rechtsprechung, NVersZ 1999, 550; *Mohr*, Übertragung der Versicherungsnehmereigenschaft in der Lebensversicherung für den Fall des Todes des Versicherungsnehmers, VersR 1966, 702; *Müller*, Die Einwilligung des Versicherten zum Lebensversicherungsvertrag, NVersZ 2000, 454; *Thiel*, Die Unfallfremdversicherung als unabhängiges Rechtsinstitut, VersR 1955, 726.

a) **Ausgangslage.** § 159 Abs. 2 Satz 1 VVG verlangt für die Gültigkeit einer 69 für den Tod eines anderen genommenen Versicherung, deren Leistungen die gewöhnlichen Beerdigungskosten übersteigen, die schriftliche Einwilligung des anderen. Der von der Aufsichtsbehörde festgesetzte Höchstbetrag für die gewöhnlichen Beerdigungskosten betrug zunächst 10.000,00 DM.[242] Zur Anpassung an die seitherige Veränderung der wirtschaftlichen Verhältnisse wurde dieser Betrag 1991 auf 15.000,00 DM heraufgesetzt.[243] Im Zuge der Einführung des Euro rundete das BAV den Höchstbetrag auf und setzte im Jahre 2001 den Höchstbetrag der gewöhnlichen Beerdigungskosten auf 8.000,00 € fest.[244] Die Vorschrift ist zwingenden Rechts, so dass weder eine wirksame Änderung dieser Bestimmung vereinbart noch auf die Einhaltung durch den Versicherten verzichtet werden kann.[245]

b) **Zweck.** Die Vorschrift betrifft unmittelbar den Fall, dass Versicherungs- 70 nehmer und versicherte Person nicht identisch sind.[246] Zweck des Gesetzes ist es, jeder Möglichkeit eines Spiels mit dem Leben oder der Gesundheit eines anderen vorzubeugen und Spekulationen mit dem Leben anderer zu unterbinden.[247] Das

---
[242] VerBAV 1982, 398.
[243] VerBAV 1991, 436.
[244] VerBAV 2001, 133.
[245] OLG Hamburg v. 19. 1. 1966, VersR 1966, 680, 681; *Drews* VersR 1987, 634, 641.
[246] LG Berlin, Urt. v. 14. 8. 2001 – 7 O 144/01, VersR 2002, 1227, 1228.
[247] BGH v. 19. 11. 1955, BGHZ 19, 94, 100 = NJW 1956, 222 = VersR 1956, 48, 50; BGH v. 8. 2. 1960, BGHZ 32, 44, 49 = NJW 1960, 912 = VersR 1960, 339, 340; BGH, Urt. v. 8. 2. 1989 – IVa ZR 197/87, NJW-RR 1989, 1183, 1184 = VersR 1989, 465, 466 = r+s 1989, 233, 379; OLG Köln, Urt. v. 4. 6. 1992 – 5 U 152/91, 1337 = r+s 1992, 392; BGH, Beschl. v. 5. 10. 1994 – IV ZR 18/94, NJW-RR 1995, 476 = VersR 1995, 405; dazu *Hülsmann* VersR 1995, 501; OLG Frankfurt/M., Urt. v. 31. 7. 1996 – 7 U 213/95, VersR 1997, 478 (Ls.); BGH, Urt. v. 7. 5. 1997 – IV ZR 35/96, NJW 1997, 2381, 2382 = VersR 1997, 1213, 1214 = VerBAV 1998, 68, 70 = r+s 1997, 388 = MDR 1997, 738; dazu *Hülsmann* VersR 1997, 1467; BGH, Urt. v. 9. 12. 1998 – IV ZR 306/97, BGHZ 140, 167 = NJW 1999, 950, 951 = NVersZ 1999, 258,

547

Einwilligungserfordernis soll insbesondere der Gefahr entgegenwirken, die sich daraus ergeben kann, dass der Versicherungsnehmer oder ein sonstiger Beteiligter in der Lage ist, den Versicherungsfall herbeizuführen.[248] Da auch bei einer Gruppenversicherung in der Form der Rückdeckungsversicherung eine Gefahr, vor der § 159 Abs. 2 Satz 1 VVG schützen will, nicht mit Sicherheit ausgeschlossen werden kann, besteht auch hier kein Anlass, das gesetzliche Gültigkeitserfordernis einer Einwilligung der Gefahrsperson einzuschränken.[249]

71 c) **Anforderungen.** Die Anforderungen an die inhaltliche Ausgestaltung der schriftlichen Einwilligung richten sich am Zweck der Vorschrift des § 159 Abs. 2 Satz 1 VVG aus. Danach soll sich die zu versichernde Person der Gefährdung bewusst werden und das Risiko abwägen können, das sie mit der Einwilligung auf sich nimmt.[250] Hierzu gehört, dass die zu versichernde Person die wesentlichen Risikoumstände kennt, nämlich die Höhe der Versicherungssumme, die Person von Versicherungsnehmer und Bezugsberechtigtem und die Dauer der Versicherung.[251]

72 d) **Erklärung.** Unter der von § 159 Abs. 2 Satz 1 VVG verlangten Einwilligung ist die vorherige Zustimmung im Sinne des § 183 BGB zu verstehen.[252] Selbst wenn eine spätere Genehmigung zulässig wäre,[253] ist sie jedenfalls in Abweichung von der Regel des § 182 Abs. 2 BGB schriftlich zu erklären und muss den Anforderungen des § 159 Abs. 2 Satz 1 VVG entsprechen.[254] Die Einwilli-

---

259 = VersR 1999, 347, 348 = VerBAV 1999, 159, 160 = r+s 1999, 212/213 = WM 1999, 916, 917 = BB 1999, 601, 602 = MDR 1999, 355, 356; dazu *van Bühren* EWiR 1999, 189 f.; *Müller* NVersZ 2000, 454.
[248] Motive z. VVG, Neudruck 1963, S. 217; LG Berlin, Urt. v. 14. 8. 2001 – 7 O 144/01, VersR 2002, 1227, 1228.
[249] BGH, Urt. v. 13. 5. 1953 – II ZR 197/52, VersR 1953, 249, 250; LG Berlin v. 24. 2. 1994 – 7 O 344/93; LG Wiesbaden v. 10. 8. 1994 – 5 O 612/93; OLG Hamburg v. 30. 5. 1995 – 9 U 155/94; BGH, Urt. v. 10. 1. 1996 – IV ZR 125/95, VersR 1996, 357; KG v. 2. 4. 1996 – 6 U 2789/94; OLG Frankfurt/M., Urt. v. 31. 7. 1996 – 7 U 213/95, VersR 1997, 478 (Ls.); BGH, Urt. v. 7. 5. 1997 – IV ZR 35/96, NJW 1997, 2381, 2382 = VersR 1997, 1213, 1214 = VerBAV 1998, 68, 70 = MDR 1997, 738; zust. *Hülsmann* VersR 1997, 1467, 1468; *derselbe* NVersZ 1999, 550; BAV in: GB BAV 1959/60, S. 3; *Drews* VersR 1987, 634, 636, 640; *Winter* in: Bruck/Möller, VVG, 8. Aufl., 1988, §§ 159–178 VVG Anm. C 34; a. A. *Klingmüller* VersR 1971, 390, 392 (Fn. 25).
[250] BGH, Urt. v. 9. 12. 1998 – IV ZR 306/97, NJW 1999, 950, 952 = NVersZ 1999, 258, 260 = VersR 1999, 347, 349 = VerBAV 1999, 159, 161 = r+s 1999, 212, 213 = WM 1999, 916, 918 = BB 1999, 601, 602/603 = MDR 1999, 355, 356; dazu *van Bühren* EWiR 1999, 189 f.
[251] BGH, Urt. v. 9. 12. 1998 – IV ZR 306/97, NJW 1999, 950, 952 = NVersZ 1999, 258, 260 = VersR 1999, 347, 349 = VerBAV 1999, 159, 161 = r+s 1999, 212, 213 = WM 1999, 916, 918 = BB 1999, 601, 602/603 = MDR 1999, 355, 356; dazu *van Bühren* EWiR 1999, 189 f.
[252] OLG Hamburg VersR 1966, 680, 681; OLG Frankfurt/M. VersR 1997, 478; BGH, Urt. v. 9. 12. 1998 – IV ZR 306/97, NJW 1999, 950, 952 = NVersZ 1999, 258, 260 = VersR 1999, 347, 349 = VerBAV 1999, 159, 161 = r+s 1999, 212, 213 = WM 1999, 916, 918 = BB 1999, 601, 602/603 = MDR 1999, 355, 356; dazu *van Bühren* EWiR 1999, 189 f.; *Winter* in: Bruck/Möller, VVG, 8. Aufl., 1988, §§ 159–178 VVG Anm. C 31; *Wagner* in: Bruck/Möller, Anm. H 32, S. 521; *Drews* VersR 1987, 634, 641; Motive z. VVG, S. 217.
[253] *Kollhosser* in: Prölss/Martin, § 159 Rdn. 3; *Römer* in: Römer/Langheid, VVG, 2. Aufl., 2003, § 159 Rdn. 5.
[254] BGH, Urt. v. 9. 12. 1998 – IV ZR 306/97, NJW 1999, 950, 952 = NVersZ 1999, 258, 260 = VersR 1999, 347, 349 = VerBAV 1999, 159, 161 = r+s 1999, 212, 213 = WM 1999, 916, 918 = BB 1999, 601, 602/603 = MDR 1999, 355, 356; dazu *van Bühren* EWiR 1999, 189 f.

gung kann vom Versicherten sowohl gegenüber dem Versicherer als auch dem Versicherungsnehmer erklärt werden.²⁵⁵ Wird ein Antrag auf Versicherung für zwei verbundene Leben gestellt, in dem die Ehefrau als versicherte Person bezeichnet ist, reicht für die Annahme ihrer Zustimmung aus, dass sie den Antrag mit unterzeichnet hat.²⁵⁶

Bei Gruppenversicherungsverträgen wird mitunter die Auffassung vertreten, die schriftliche Einwilligung der zu versichernden Person sei nicht erforderlich.²⁵⁷ Gerechtfertigt wird dies auch mit dem Hinweis, dass es in der Praxis schwierig sei, hunderte oder gar tausende von Unterschriften beizubringen.²⁵⁸ Diese Auffassung ist aber mit der Rechtsentwicklung des § 159 Abs. 2 Satz 1 VVG nicht in Einklang zu bringen, die darauf schließen lässt, dass auch für Gruppenversicherungsverträge am schriftlichen Einwilligungserfordernis festgehalten werden sollte.²⁵⁹ In der Regel reicht es aus, wenn die Einwilligung bei der Anmeldung des einzelnen Risikos oder beim Beginn seiner Gruppenzugehörigkeit vorliegt.²⁶⁰ Seit der Reform des VVG ist allerdings das schriftliche Einwilligungserfordernis bei Kollektivversicherungen im Bereich der betrieblichen Altersversorgung aufgegeben (§ 150 Abs. 2 Satz 1 2. Halbsatz VVG 2008). 73

e) Schriftform. § 159 Abs. 2 Satz 1 VVG schreibt Schriftform vor. Gemäß § 126 Abs. 1 BGB ist an sich die Schriftform mit Vervollständigung des Versicherungsantrags gewahrt, wenn die zu versichernde Person den Versicherungsantrag blanko unterzeichnet hat.²⁶¹ Zu beachten ist hierbei allerdings, dass das Schriftformgebot des § 159 Abs. 2 Satz 1 VVG dem Schutzbedürfnis der zu versichernden Person dient.²⁶² Insoweit gebietet der Zweck der Vorschrift des § 159 Abs. 2 Satz 1 VVG, dass die zu versichernde Person ihre schriftliche Einwilligung in Kenntnis der wesentlichen Risikoumstände erteilt. Aus der schriftlichen Einwilligung – hier also der Ausfüllungsermächtigung – muss hervorgehen, dass der Gefahrsperson alle diese Gefahrumstände bekannt waren, da anderenfalls die Warn- und Kontrollfunktion der schriftlichen Einwilligung nicht erfüllt wäre.²⁶³ 74

f) Vertretung. Die Einwilligung kann auch, wie sich aus dem Umkehrschluss aus § 179 Abs. 3 Satz 2 VVG ergibt – durch einen Vertreter oder Bevollmächtigten erklärt werden, jedoch genügt im Interesse des Schutzzweckes des § 179 Abs. 3 VVG keine allgemeine Vollmacht oder Generalvollmacht.²⁶⁴ Die Vollmacht muss deutlich erkennen lassen, dass sie auf den genauen Kenntnissen des Vollmachtgebers vom Vertragsinhalt beruht.²⁶⁵ Auch mit Blick auf § 159 Abs. 2 Satz 1 VVG muss die 75

---

²⁵⁵ § 182 Abs. 1 BGB; OLG Hamburg v. 19. 1. 1966, VersR 1966, 681.
²⁵⁶ OLG Düsseldorf, Urt. v. 5. 12. 2000 – 4 U 32/00, NVersZ 2001, 156 = VersR 2001, 837, 838 = r+s 2001, 269, 270.
²⁵⁷ *Kook*, Der Gruppenvertrag in der Kollektivlebensversicherung, Diss. Berlin 1939, S. 44.
²⁵⁸ *Heilmann*, Die Gruppenlebensversicherung und der § 159, HRR 1941, Bd. 108, S. 98.
²⁵⁹ Ausführlich hierzu *Drews* VersR 1987, 634, 635.
²⁶⁰ BGH v. 13. 5. 1953, VersR 1953, 250; *Millauer* VersR 1966, 422; siehe aber zur Rückdeckungsversicherung *Klingmüller* VersR 1971, 392.
²⁶¹ Vgl. BGHZ 22, 128, 132 = NJW 1957, 137 = WM 1956, 1538; BGH, Urt. v. 9. 12. 1998 – IV ZR 306/97, BGHZ 140, 167 = NJW 1999, 950, 952 = NVersZ 1999, 258, 260 = VersR 1999, 347, 349 = VerBAV 1999, 159, 161 = r+s 1999, 212, 213 = WM 1999, 916, 918 = BB 1999, 601, 602/603 = MDR 1999, 355, 356; dazu *van Bühren* EWiR 1999, 189 f.; *Wandt* VersR 1999, 347; *Dörner* JR 2000, 14.
²⁶² OLG Frankfurt/M., Urt. v. 31. 7. 1996 – 7 U 213/95, VersR 1997, 478 (Ls.).
²⁶³ BGH, Urt. v. 9. 12. 1998 – IV ZR 306/97, BGHZ 140, 167 = NJW 1999, 950, 952 = NVersZ 1999, 258, 260 = VersR 1999, 347, 349 = VerBAV 1999, 159, 161 = r+s 1999, 212, 213 = WM 1999, 916, 918 = BB 1999, 601, 602 f. = MDR 1999, 355, 356; dazu *van Bühren* EWiR 1999, 189 f. *Müller* NVersZ 2000, 454, 458.
²⁶⁴ LG Köln v. 23. 11. 1956, VersR 1957, 242.
²⁶⁵ OLG Hamburg, Urt. v. 24. 5. 1955 – 1 U 411/53, VersR 1957, 106.

schriftliche Vollmacht, mit der die versicherte Person einen Dritten zur Abgabe der schriftlichen Einwilligungserklärung ermächtigt, erkennen lassen, dass der versicherten Person als Vollmachtgeber alle wesentlichen Risikoumstände bekannt sind, nämlich die Höhe der Versicherungssumme, die Person von Versicherungsnehmer und Bezugsberechtigtem und die Dauer der Versicherung.[266] Entsprechendes gilt im Falle einer nachträglichen Genehmigung.[267]

76 Deshalb liegt keine ordnungsgemäße schriftliche Einwilligung vor, wenn die versicherte Person lediglich das Antragsformular blanko unterschreibt und das Ausfüllen des Antragsformulars einer anderen Person überlässt.[268] Dies gilt gleichermaßen, wenn ein Dritter auf der Grundlage einer Blankovollmacht (z.B. ein Versicherungsmakler) einen Versicherungsantrag auf das Leben des Versicherungsnehmers stellt und im Namen des Versicherungsnehmers unterzeichnet.[269] Ebenso wird, wenn der als Bezugsberechtigter vorgesehene Ehemann als erklärter Stellvertreter seiner Ehefrau, deren Leben versichert werden soll, bei der Antragstellung auftritt, den Anforderungen des § 159 Abs. 2 Satz 1 VVG nur dann entsprochen, wenn der als Vertreter seiner Ehefrau auftretende Ehemann eine entsprechende schriftliche Vollmacht der Ehefrau als zu versichernder Person vorlegt.[270] Der Versicherungsmakler kann mit einer nur mündlichen Bevollmächtigung durch den Versicherten das Einwilligungserfordernis gemäß § 159 Abs. 2 Satz 1 VVG nicht wirksam erfüllen.[271]

77 Unzureichend ist nach § 159 Abs. 2 VVG eine nur konkludente Einwilligung oder Genehmigung.[272] Auch die Tatsache, dass die Prämien gezahlt wurden, erfüllt nicht das Einwilligungserfordernis des § 159 Abs. 2 VVG, wenn der Versicherungsantrag von einem Dritten auf der Grundlage einer Blankovollmacht gestellt wurde.[273] Nur über eine schriftliche Ausfüllungsermächtigung der versicherten Person, die den Anforderungen des § 159 Abs. 2 Satz 1 VVG genügt, kann der Nachweis einer ordnungsgemäßen schriftlichen Einwilligung geführt werden.

78 **g) Minderjährige.** Bei einer auf das Leben eines Minderjährigen abzuschließenden Todesfallversicherung ist die schriftliche Einwilligung des gesetzlichen Vertreters erforderlich.[274] Eine Vertretung oder Bevollmächtigung bei der Erteilung der Einwilligung ist jedoch nicht zulässig, wenn die Gefahrperson geschäftsunfähig oder in der Geschäftsfähigkeit beschränkt ist und die Vertretung in den seine Person betreffenden Angelegenheiten dem Versicherungsnehmer zusteht. Das betrifft insbesondere die Vertretung minderjähriger Kinder durch die Eltern (§ 1629 Abs. 1 BGB). Vielmehr muss in diesen Fällen ein Ergänzungspfleger (§ 1909 BGB) zur Erteilung der Einwilligung bestellt werden.

---

[266] OLG Frankfurt/M., Urt. v. 28. 11. 2002 – 3 U 18/02, NJW-RR 2003, 1034, 1035.
[267] OLG Frankfurt/M., Urt. v. 28. 11. 2002 – 3 U 18/02, NJW-RR 2003, 1034, 1035.
[268] BGH, Urt. v. 9. 12. 1998 – IV ZR 306/97, BGHZ 140, 167 = NJW 1999, 950, 952 = NVersZ 1999, 258, 260 = VersR 1999, 347, 349 = VerBAV 1999, 159, 161 = r+s 1999, 212, 213 = WM 1999, 916, 918 = BB 1999, 601, 602/603 = MDR 1999, 355, 356; dazu van Bühren EWiR 1999, 189f.
[269] OLG Frankfurt/M., Urt. v. 28. 11. 2002 – 3 U 18/02, NJW-RR 2003, 1034, 1035.
[270] BGH, Urt. v. 8. 2. 1989 – IVa ZR 197/87, NJW-RR 1989, 1183, 1184 = VersR 1989, 465, 466 = r+s 1989, 233, 379 = MDR 1989, 616; *Kollhosser* in: Prölss/Martin, VVG, 26. Aufl., § 159 VVG Rdn. 1f.; *Römer* in: Römer/Langheid, VVG, 2. Aufl., 2003, § 159 VVG Rdn. 3.
[271] OLG Frankfurt/M., Urt. v. 31. 7. 1996 – 7 U 213/95, r+s 1998, 126.
[272] OLG Frankfurt/M., Urt. v. 28. 11. 2002 – 3 U 18/02, NJW-RR 2003, 1034, 1035.
[273] OLG Frankfurt/M., Urt. v. 28. 11. 2002 – 3 U 18/02, NJW-RR 2003, 1034, 1035.
[274] § 159 Abs. 2 Satz 2 VVG; OLG Hamm v. 12. 7. 1985, VersR 1986, 82; *Drews*, VersR 1987, 634, 642.

Beginn des Versicherungsschutzes　　　　　　79–82　**§ 1 ALB 1986**

h) **Fehlen der Einwilligung.** Die schriftliche Einwilligung desjenigen, für   79
dessen Tod eine Lebensversicherung genommen wird, die unter den Voraussetzungen des § 159 Abs. 2 Satz 1 VVG zur Gültigkeit des Vertrages erforderlich ist, muss vor dem Abschluss des Versicherungsvertrages vorliegen, anderenfalls der Vertrag nichtig ist.[275] Dies gilt gleichermaßen für die Zugangsmeldung eines Gruppenversicherten,[276] aber nicht mehr seit der Reform des VVG. Das schriftliche Einwilligungserfordernis bei Kollektivversicherungen im Bereich der betrieblichen Altersversorgung ist entfallen (§ 150 Abs. 2 Satz 1 2. Halbsatz VVG 2008).

Der Versicherte kann seine Einwilligung bis zum erfolgten Abschluss des Ver-   80
trages zurücknehmen, was die Nichtigkeit eines etwa später abgeschlossenen Vertrags zur Folge hat.[277]

Fehlt die Einwilligung der Gefahrperson, so ist der Vertrag nichtig[278] und kann   81
in einen Vertrag für fremde Rechnung nur umgedeutet werden, wenn eine Lebensversicherung für fremde Rechnung gemäß §§ 75 ff VVG gewollt ist.[279] Dies bedarf vielmehr der Prüfung im Einzelfall.[280]

i) **Mitwirkungsbefugnis.** Das Einwilligungserfordernis des § 159 Abs. 2   82
Satz 1 VVG eröffnet dem Versicherten keine Mitwirkungsbefugnisse. Dem Einwilligungserfordernis kommt insbesondere nicht die Bedeutung zu, dass damit auf Dauer Verfügungen des Versicherungsnehmers ohne Zustimmung des Versicherten verhindert werden sollen.[281] Der Versicherungsnehmer kann deshalb den Versicherungsvertrag auf das Leben eines anderen ohne dessen Zustimmung kündigen, zumal dann eine Spekulation auf das Leben des Versicherten ohnehin ausgeschlossen ist.[282] Im Falle von Vertragsänderungen (z. B. Erhöhung der Versicherungssumme, Einschluss von Zusatzversicherungen, Bestellung eines anderen Bezugsberechtigten, Wechsel des Versicherungsnehmers) oder Pfändungen bedarf es ebenfalls nicht der Erneuerung der Einwilligung. Dies steht mit der Auffassung im Einklang, dass eine Abtretung oder Verpfändung der Versicherung ohne Zustimmung des Versicherten rechtswirksam ist.[283] Verpfändung und Pfändung einer Lebensversicherung sind gleichermaßen ohne Zustimmung der versicherten Person wirksam.[284] Die Einwilligung muss allerdings erneuert werden, wenn der Versicherungsvertrag nur mit Zustimmung des Versicherers wiederhergestellt werden kann.[285]

6. Antragsklauseln

a) AVB-Klausel

Schrifttum: *Küpper*, Einbeziehung neuer Bedingungen in den Versicherungsvertrag, VP 1983, 43; *Rassow*, Aktuelle Fragen des Versicherungsvertragsrechts unter dem Gesichtspunkt

---

[275] RGZ 136, 398; RGZ 154, 158; OLG Frankfurt/M. v. 1. 2. 1955, VP 1955, 63; OLG Hamburg v. 19. 1. 1966, VersR 1966, 681; OLG Frankfurt/M., Urt. v. 31. 7. 1996 – 7 U 213/95, VersR 1997, 478.
[276] Ebenso *Winter* in: Bruck/Möller, VVG, 8. Aufl., 1988, §§ 159–178 VVG Anm. C 36.
[277] *Bruck-Dörstling*, Das Recht des Lebensversicherungsvertrages, 2. Aufl., 1933, § 1 ALB Bem. 36.
[278] *Millauer* VersR 1966, 422.
[279] OLG Hamburg VersR 1966, 682.
[280] OLG Hamburg VersR 1966, 682.
[281] OLG Köln, Urt. v. 4. 6. 1992 – 5 U 168/91, VersR 1992, 1337 = r+s 1992, 392.
[282] OLG Köln, Urt. v. 4. 6. 1992 – 5 U 168/91, VersR 1992, 1337 = r+s 1992, 392.
[283] RGZ 136, 395 und RGZ 154, 155.
[284] Ebenso *Winter* in: Bruck/Möller, VVG, 8. Aufl., 1988, §§ 159–178 VVG Anm. H 20.
[285] Vgl. BGH v. 8. 5. 1954, BGHZ 13, 226.

des Verbraucherschutzes – anhand von Beispielen aus der Rechtsprechung des BGH –, VersR 1983, 893.

83 Der Allgemeine Geschäftsplan für die Lebensversicherung sieht in Ziffer 1.1.1 vor, dass der Antragsteller im Versicherungsantrag folgende Erklärung abgibt: „Für die Versicherung gelten die Versicherungsbedingungen und der jeweilige von der Aufsichtsbehörde genehmigte Geschäftsplan des Versicherers".

84 Mit der Antragstellung unterwirft sich der Antragsteller ohne weiteres den AVB des Versicherers, den Prämientarifen und den nach seinen Geschäftsgrundsätzen für ein Wagnis dieser Art üblicherweise angewandten besonderen Bedingungen und Klauseln,[286] ohne dass den Versicherer Hinweis- oder Kenntnisverschaffungspflichten treffen.[287] Weil allgemein bekannt ist, dass Versicherer nur auf der Grundlage von – jedermann zugänglichen – Allgemeinen und Besonderen Versicherungsbedingungen Verträge abschließen, ist der widerspruchslose Vertragsabschluss seinem objektiven Erklärungswert nach als Einverständnis mit den AVB zu werten.[288] Es kommt weder darauf an, ob dem Versicherungsnehmer vor Vertragsabschluss ein Exemplar der AVB ausgehändigt wurde,[289] noch, ob er vom Inhalt der AVB Kenntnis genommen, sie gelesen und verstanden hat.[290] Die Genehmigung des BAV muss vor dem Versicherungsantrag dem Versicherer zugegangen sein.[291]

85 Vertragsinhalt wird die bei Vertragsabschluss geltende Fassung der AVB,[292] andernfalls ist ein Hinweis erforderlich.[293] Daneben gelten die gesetzlichen Vorschriften, ohne dass es eines besonderen Hinweises hierauf bedarf.[294] Die AVB sind spätestens mit dem Versicherungsschein zu übersenden.[295]

86 Neufassungen der AVB haben keine unmittelbare Auswirkung auf das Vertragsverhältnis der Parteien.[296] Wenn das LVU während der Laufzeit des Vertrages neue AVB einführt, ist es nicht verpflichtet, den Versicherungsnehmer auf die Änderung der AVB hinzuweisen und sich ggf. auf die Einbeziehung der neuen AVB in den Vertrag einzulassen.[297] Bei Vertragsverlängerungen oder Vertragsumgestaltungen muss der Versicherer allerdings darauf hinwirken, dass der Versicherungsneh-

---

[286] § 23 Abs. 3 AGBG; OLG Hamburg v. 6. 4. 1978, VersR 1979, 154 m. w. Nachw.; LG Hechingen, Urt. v. 20. 7. 1984 – 1 O 207/84.

[287] OLG Frankfurt/M. VersR 1980, 838; KG VersR 1980, 839.

[288] RGZ 157, 67; LG Köln v. 23. 8. 1952, VersR 1953, 138; BGH, Urt. v. 7. 7. 1955 – II ZR 341/53, VersR 1955, 481, 482; BGH NJW 1963, 1978 = VersR 1963, 768; OLG Stuttgart VersR 1972, 824; BGH VersR 1975, 845; OLG VersR 1980, 522; OLG Frankfurt/M. VersR 1980, 838; OLG Karlsruhe VersR 1983, 169; OLG Frankfurt/M. NJW-RR 1986, 1035; BGHZ 33, 216; GB BAV 1977, 31; VerBAV 1977, 402.

[289] KG VersR 1980, 839.

[290] OLG Düsseldorf v. 5. 6. 1951, VersR 1951, 201; BGH, Urt. v. 7. 7. 1955 – II ZR 341/53, VersR 1955, 481, 483; OLG Hamm v. 16. 12. 1970, VersR 1971, 633, 634; BGH VersR 1975, 845; OLG Karlsruhe VersR 1983, 169; LG Stuttgart VersR 1983, 478; OLG Frankfurt/M. VersR 1987, 579.

[291] BGH VersR 1986, 672.

[292] OLG Hamm MDR 1947, 262; OLG Hamburg VW 1948, 88; BGH, Urt. v. 7. 7. 1955 – II ZR 341/53, VersR 1955, 481, 482; OLG Hamm v. 20. 5. 1983, VersR 1984, 181; OLG Saarbrücken, Urt. v. 25. 11. 1987 – 5 U 35/87, VersR 1989, 245.

[293] BGH, Urt. v. 7. 7. 1955 – II ZR 341/53, VersR 1955, 481, 482; LG Düsseldorf VersR 1968, 1131; BGH VersR 1973, 176 = NJW 1973, 284; *Langenberg* NJW 1973, 705.

[294] KG Berlin v. 15. 10. 1951, VersR 1951, 292 = NJW 1952, 349.

[295] Vgl. R 6/77 in VerBAV 1977, 402 und GB BAV 1977, 31.

[296] OLG Saarbrücken VersR 1989, 245, 246; OLG Hamm, Urt. v. 17. 3. 1993 – 20 U 360/92, VersR 1994, 37.

[297] OLG Saarbrücken v. 25. 11. 1987, VersR 1989, 245, 246; OLG Hamm, Urt. v. 17. 3. 1993 – 20 U 360/92, VersR 1994, 37, 38; krit. *Voit* VersR 1989, 834.

mer zu neuen AVB abschließt, wenn diese seinen Interessen dienen, ohne eine Erhöhung des Risikos des Versicherers zu bewirken.[298]

b) Antragsbindungsklausel. Der Antrag auf Abschluss, Änderung oder Verlängerung eines bestehenden und auf Wiederherstellung eines zuvor in Kraft befindlichen Lebensversicherungsvertrags ist ein Antrag im Sinne der §§ 145 ff BGB.[299] Gemäß §§ 145 ff BGB ist der Antragsteller ab Zugang des Antrags beim Versicherer gebunden. Die Bindung besteht auch dann, wenn mündliche Nebenabreden (z. B. über ein Darlehen) unwirksam sind.[300] 87

Gemäß Ziffer 1.1.1 des Allgemeinen Geschäftsplans für die Lebensversicherung nimmt das LVU in den Versicherungsantrag folgende Erklärung des Antragstellers auf: 88

„An meinen Antrag halte ich mich sechs Wochen gebunden. Die Frist beginnt am Tag der Antragstellung, bei einer Versicherung mit ärztlicher Untersuchung jedoch erst mit dem Tag der Untersuchung."

Die vorgedruckten Antragsformulare und Änderungsanträge enthalten in der Regel eine sechswöchige Bindungsfrist.[301] Die Sechswochenfrist ist für sich genommen nicht unangemessen lang.[302] 89

Grundsätzlich beginnt die Frist, wenn der Antrag dem Versicherer zugeht und damit wirksam wird;[303] im Hinblick auf § 43 Abs. 1 Ziff 1 VVG Bindung auch schon mit Übergabe des Antrags an den Vermittlungsagenten.[304] Hiervon weicht die in den Anträgen auf Abschluss einer Lebensversicherung verwendete Klausel insoweit ab, als sie für den Fall der ärztlichen Untersuchung die Frist erst „mit dem Tag der Untersuchung" beginnen lässt. Der Versicherungsnehmer ist somit bis zur Untersuchung frei und an seinen Antrag noch nicht gebunden.[305] Finden mehrere ärztliche Untersuchungen statt, beginnt die Frist mit dem Tag der ersten ärztlichen Untersuchung und verlängert sich durch weitere Untersuchungen nicht.[306] 90

c) Anzeigepflichtklausel

AuVdBAV: VerBAV 1981, 328 (Einschränkung der vorvertraglichen Anzeigepflicht in der Lebensversicherung); VerBAV 1987, 416 (Gesundheitsfragen in Krankenversicherungsanträgen – Frage nach Blutuntersuchungen –).

Der Allgemeine Geschäftsplan für die Lebensversicherung sieht in Ziffer 1.1.1 vor, dass der Antragsteller im Versicherungsantrag folgende Erklärung abgibt: 91

„Die Antragsfragen sind nach bestem Wissen richtig und vollständig beantwortet. Jede bis zur Annahme des Antrags noch eintretende unerhebliche Verschlechterung des Gesundheitszustandes der zu versichernden Person werde ich unverzüglich dem Versicherer schriftlich anzeigen. Ich weiß, dass der Versicherer bei Verletzung dieser Pflichten vom Vertrag zurücktreten bzw. die Leistung verweigern kann; für die Richtigkeit der Angaben bin ich allein verantwortlich, auch wenn ich den Antrag nicht selbst ausgefüllt habe."

---

[298] BGH NJW 1973, 284 = VersR 1973, 176; BGH v. 23. 9. 1981, NJW 1982, 926 = VersR 1982, 37; OLG Saarbrücken v. 25. 11. 1987, VersR 1989, 246.
[299] OLG Oldenburg v. 28. 9. 1972, VersR 1972, 1113; OLG Hamm v. 18. 1. 1978, VersR 1978, 1134.
[300] GB BAV 1968, 50.
[301] Vgl. auch OLG Hamm VersR 1978, 1014, 1015.
[302] § 10 Nr. 1 AGBG; OLG Hamm, Urt. v. 12. 7. 1985, NJW-RR 1986, 388, 389 = VersR 1986, 83; OLG Frankfurt/M., Urt. v. 13. 11. 1994, NJW-RR 1986, 329, 330; *Biagosch/Scherer* VW 1995, 429, 432.
[303] § 130 Abs. 1 BGB; OLG Hamm VersR 1986, 83.
[304] LG Köln v. 16. 2. 1954, VersR 1954, 162; LG Aachen VersR 1976, 627, 628.
[305] OLG Hamm VersR 1986, 83.
[306] OLG Hamm VersR 1986, 84; a. A. *Prölss/Martin* Anm. 1 zu § 1 ALB und *Winter* in: Bruck/Möller, VVG, 8. Aufl., 1988, §§ 159–178 VVG Anm. C 63.

Der Vermittler darf über die Erheblichkeit von Antragsfragen oder Erkrankungen keine verbindlichen Erklärungen abgeben."

92   Die Klausel betrifft nicht nur die Gefahrerhöhung zwischen Antragstellung und Antragsannahme (§ 29 a VVG), sondern auch die Bestätigung des Versicherungsnehmers, dass er über die von ihm nach §§ 16 ff VVG bis zur Antragsannahme zu erfüllenden Obliegenheiten und über die Rechtsfolgen solcher Obliegenheitsverletzungen unterrichtet ist.

93   Die Erklärung des Versicherungsnehmers, für die Richtigkeit des Antrags und der Angaben allein verantwortlich zu sein, hat deklaratorische Bedeutung. Denn der Versicherungsnehmer darf der Beratung und Aufklärung vertrauen, die ihm vom Versicherungsagenten über den Inhalt und Umfang des abzuschließenden Vertrags zuteil wird.[307]

94   Der Antrag enthält in der Regel Fragen nach der Berufstätigkeit, nach dem Abschluss oder der Beantragung weiterer Versicherungen und deren Beendigung oder Ablehnung, ferner Fragen, die den Gesundheitszustand betreffen. Fragt der Versicherer auch nach dem Anlass einer Untersuchungs- oder Behandlungsmaßnahme, erfragt er nicht mehr ausschließlich einen indizierenden Umstand, aus dem sich mögliche Hinweise auf Krankheiten ergeben könnten.[308] Bei diesen Fragen handelt es sich um Umstände, die für die Übernahme der Gefahr im Sinne der §§ 16 ff. VVG erheblich sind. Sie betreffen nicht nur die Todesfallgefahr, sondern auch die Betrugsgefahr,[309] die der Versicherer ebenfalls trägt. Diese Fragen hat der Versicherungsnehmer wahrheitsgemäß zu beantworten.

95   Zur Frage, ob durch § 1 ALB a. F. die den Versicherungsnehmer (und Versicherten) treffende Verpflichtung, auch solche gefahrerheblichen Umstände anzuzeigen, die zwar schon bei Antragstellung vorhanden waren, ihm aber erst zwischen Antragstellung und Antragsannahme bekannt geworden sind, abbedungen wird, hat der BGH durch Urteil vom 30. Januar 1980 eine Änderung veranlasst.[310] Aufgrund dieses Urteils hat das BAV genehmigt, in Ziffer 1.1 Nr. 3 Satz 2 des Allgemeinen Geschäftsplans für die Lebensversicherung das Wort „eintretende" durch „bekannt werdende" zu ersetzen bzw. in den Satz 2 wie folgt zu ergänzen: „Jede bis zur Annahme des Antrags noch eintretende sowie jede vor Antragstellung eingetretene, aber erst bis zur Annahme des Antrags bekannt werdende nicht unerhebliche Verschlechterung des Gesundheitszustandes".[311]

d) Vollmachtsbeschränkungsklausel

AuVdBAV: VerBAV 1993, 342 (Empfangsvollmacht des Vermittlungsagenten).

Schrifttum: *Beckmann,* Auswirkungen der Auge-und-Ohr-Rechtsprechung auf die Beurteilung von Vollmachtsbeschränkungen, NJW 1996, 1378; *Büsken,* Die passive Vertretungsmacht des Vermittlungsagenten bei Antragstellung – Eine Bestandsaufnahme –, VersR 1992, 272; *Fricke,* Die Empfangsvollmacht des Vermittlungsagenten bei der Antragsaufnahme und die vergessene Risikoanzeige – Zugleich Anmerkung zum Urteil des BGH vom 18. 12. 1991 (IV ZR 299/90) BGHZ 116, 387 = VersR 92, 217 –, VersR 1993, 399; *Glauber,* Die Empfangsvollmacht des Vermittlungsagenten bei Antragstellung, VersR 1992, 937; *Gröning,* Zur Empfangsvollmacht des Vermittlers für mündliche Erklärungen des Antragstellers – Zugleich Anmerkung zum Urteil des BGH vom 23. 5. 1989 (VIa ZR 72/88) VersR 89, 833 –, VersR 1990, 710; *Luckey,* Der Ausschluss der Empfangsvollmacht des Versicherungsvertreters, VersR 1993, 151; *Präve,* Die Empfangsvollmacht des Vermittlungsagenten,

---

[307] BGH VersR 1964, 36, 37; BGH VerBAV 1969, 346, 350; BGH v. 5. 7. 1971, VersR 1971, 1031, 1034.
[308] BGH v. 23. 5. 1989, NJW 1989, 2060 = VersR 1989, 833.
[309] BGH VersR 1982, 182; BGH MDR 1985, 512; RGZ 112, 149; 132, 386.
[310] Siehe BGH v. 30. 1. 1980, VersR 1980, 667 = VerBAV 1980, 157 = MDR 1980, 477.
[311] Vgl. *Claus* VerBAV 1981, 218/219.

ZfV 1993, 130; *Schimikowski,* Probleme des konventionellen Vertragsabschlusses und des Electronic Commerce in der Versicherungswirtschaft, r+s 1999, 485; *Schwenker,* Die Vollmacht des Vermittlungsagenten beim Abschluss von Versicherungsverträgen, NJW 1992, 343; *Wedler,* Kenntnis und gesetzliche Vertretungsmacht des Versicherungsagenten oder: Wie die Versicherer aus dem Schlaf gerissen wurden, ZfV 1992, 418; *Weigel,* Die Vertreterklausel in Antragsformularen, MDR 1992, 728.

Gemäß Ziffer 1.1.1 Nr. 3 des Allgemeinen Geschäftsplans für die Lebensversicherung sollten die LVU folgende Klausel in die Formulare für die Versicherungsanträge aufnehmen:[312]

„Für die Richtigkeit der Angaben bin ich allein verantwortlich, auch wenn ich den Antrag nicht selbst ausgefüllt habe. Der Vermittler darf über die Erheblichkeit von Antragsfragen oder Erkrankungen keine verbindlichen Erklärungen abgeben."

Diese Klausel ist wegen Verstoßes gegen § 11 Nr. 7 AGBG unwirksam[313] und die weitere Verwendung den LVU auch aufsichtsrechtlich untersagt.[314] Im Bemühen um eine gerichtsfeste Nachfolgeklausel[315] fanden folgende Klauseln Eingang in Antragsunterlagen von LVU, die auf Bedenken des BAV stießen:[316]

„Der Vermittler berät Sie bei Abschluss des Vertrages. Er ist zur Entgegennahme mündlicher Erklärungen und Angaben nicht bevollmächtigt. Sämtliche Erklärungen und Angaben sind daher schriftlich niederzulegen. Bitte prüfen Sie deshalb Ihre schriftlichen Angaben sowohl in diesem Antrag als auch in eventuellen anderen Schriftstücken auf deren Richtigkeit und Vollständigkeit; sonst gefährden Sie Ihren Versicherungsschutz."

„**Schriftform/Vollständigkeit des Antrags.** Grundlage für Inhalt und Umfang des Versicherungsschutzes ist allein der schriftlich beantragte Vertragsinhalt. Ihre mündlichen Erklärungen hierzu sind nur wirksam, wenn sie von uns schriftlich bestätigt werden.

Zusatz: Leben/Unfall: Ihre Erklärungen zum Bezugsrecht sind nur schriftlich wirksam.

Bitte achten Sie auch auf vollständige und richtige Beantwortung der sonstigen Antragsfragen entweder gegenüber unserem Vertreter oder schriftlich an uns. Sie gefährden sonst Ihren Versicherungsschutz."

Das BVerwG hat gemäß § 81 Abs. 2 Satz 1 VAG i.V.m. § 9 Abs. 2 Nr. 1 AGBG, § 43 Nr. 1 VVG die Verwendung dieser Klauseln untersagt.[317] Die Versicherer müssen damit neue Wege beschreiten, wobei einer davon sein könnte, den Außendienst „besser in den Griff zu bekommen".[318]

e) Schweigepflichtentbindungsklausel

AuVdBAV: GB BAV 1959/60, 36 (Klausel für die Entbindung von der ärztlichen Schweigepflicht); VerBAV 1975, 405 (Neufassung der Ermächtigungsklausel); GB BAV 1977, 51 (Ermächtigungsklausel in der Lebensversicherung); VerBAV 1980, 2 (Geschäftsplanmäßige Erklärung zur Ermächtigungsklausel); GB BAV 1982, 40 (Zum Ermächtigungsumfang von Schweigepflichtentbindungsklauseln); GB BAV 1987, 41 (Schweigepflichtent-

---

[312] Vgl. VerBAV 1990, 295; krit. *Schwenker* NJW 1992, 343, 347 f.
[313] BGH, Urt. v. 18. 12. 1991 – IV ZR 299/90, BGHZ 116, 387 = NJW 1992, 828 = NJW-RR 1990, 1359 = VersR 1992, 217 = VerBAV 1992, 175, 177 = r+s 1992, 76 = BB 1992, 308 = MDR 1992, 232, 233; *Büsken* VersR 1992, 272, 275; *Präve* ZfV 1993, 130, 135; *Beckmann* NJW 1996, 1378, 1379; krit. *Wedler* ZfV 1992, 418, 422; *Weigel* MDR 1992, 728, 729.
[314] Vgl. VerBAV 1992, 143; VerBAV 1992, 298.
[315] Einzelheiten hierzu bei *Fricke* VersR 1993, 399, 405.
[316] VerBAV 1993, 342; *Hohlfeld,* BAV gegen Beschränkung der Empfangsvollmacht des Vermittlers, VW 1994, 430.
[317] BVerwG, Urt. v. 25. 6. 1998 – 1 A 6.96, NJW 1998, 3216, 3219 = VersR 1998, 1137, 1139 ff. = r+s 1998, 447, 449 ff. m. zust. Anm. *Präve* VersR 1998, 1141 ff.; *Heinrichs* NJW 1999, 1596, 1597; *Schimikowski* r+s 1999, 485, 487; krit. hierzu *Lorenz* VersR 1998, 1144 ff.; *Reiff* EWiR 1998, 961, 962.
[318] *Gröning* VersR 1990, 710, 714; *Glauber* VersR 1992, 937, 940; *Luckey* VersR 1993, 151, 153.

bindungsklauseln); VerBAV 1989, 345 (Schweigepflichtentbindungserklärungen für die Kranken-, Unfall- und Lebensversicherung).

Schrifttum: *Borchert,* Zur Unwirksamkeit der Schweigepflichtentbindungserklärung in Versicherungsanträgen, NVersZ 2001, 1; *Deutsch,* Schweigepflicht und Infektiosität, VersR 2001, 1471; *Frels,* Nochmals: Die Bedeutung des § 203 Abs. 1 Ziff. 6 StGB n. F. für die private Personenversicherung, VersR 1976, 511; *Hollmann,* Formularmäßige Erklärung über die Entbindung von der Schweigepflicht gegenüber Versicherungsunternehmen, NJW 1978, 2332 und NJW 1979, 1923; *derselbe,* Formularmäßige Erklärung über die Entbindung von der ärztlichen Schweigepflicht gegenüber Versicherungsanträgen, DMW 1981, 592; *Kohlhaas,* Versicherungsansprüche, Vertrauensarzt und Schweigepflicht, VersR 1965, 529; *Mohr,* Schweigepflicht – Versicherungsgeheimnis – Datenschutz, VersMed 1989, 106; *Niebling,* Ärztliche Formularaufklärung und AGB-Gesetz, MDR 1982, 193; *Rein,* Die Bedeutung der §§ 203 ff StGB für die private Personenversicherung, VersR 1976, 117; *Rauschenbach,* Ärztliche Schweigepflicht im Versicherungswesen im Vergleich zum Beichtgeheimnis, ZVersWiss 1961, 443; *Schimikowski,* Probleme des konventionellen Vertragsabschlusses und des Electronic Commerce in der Versicherungswirtschaft, r+s 1999, 485; *Schütte,* Die Schweigepflichtentbindung in Versicherungsanträgen, NJW 1979, 592; *Zeidler,* Verfassungsrechtliche Grenzen der Wirksamkeit formularmäßiger Entbindungen von der ärztlichen Schweigepflicht, Festschrift für Gebhard Müller, 1970, S. 595.

99 Die LVU sollen sich gemäß Ziffer 1.1.6 des Allgemeinen Geschäftsplans für die Lebensversicherung[319] vom Antragsteller durch eine Schweigepflichtentbindungsklausel ermächtigen lassen, Auskünfte über seine Gesundheitsverhältnisse einzuholen. Dies kann formularmäßig erfolgen.[320] Die Schweigepflichtentbindungsklausel in der Fassung VerBAV 1989, 345, 346 hat folgenden Wortlaut:

„Ich ermächtige den Versicherer, zur Nachprüfung und Verwertung der von mir über meine Gesundheitsverhältnisse gemachten Angaben alle Ärzte, Krankenhäuser und sonstigen Krankenanstalten, bei denen ich in Behandlung war oder sein werde, sowie andere Personenversicherer über meine Gesundheitsverhältnisse bei Vertragsabschluss zu befragen; dies gilt für die Zeit vor der Antragsannahme und die nächsten drei Jahre nach der Antragsannahme. Der Versicherer darf auch die Ärzte, die die Todesursache feststellen, und die Ärzte, die mich im letzten Jahr vor meinem Tode untersuchen oder behandeln werden, sowie Behörden – mit Ausnahme von Sozialversicherungsträgern – über die Todesursachen oder die Krankheiten, die zum Tode geführt haben, befragen. Insoweit entbinde ich alle, die hiernach befragt werden, von der Schweigepflicht auch über meinen Tod hinaus."

100 Bei der Schweigepflicht-Entbindungserklärung handelt es sich um eine einseitige rechtsgeschäftliche Erklärung, auf die als für eine Vielzahl von Verträgen vorformulierte Vertragsbedingung das AGB-Recht Anwendung findet.[321] Für die Zustimmung des Versicherungsnehmers zur Schweigepflichtentbindung ist seine Unterschrift nötig, so dass gesetzgeberische Maßnahmen notwendig sind, um elektronische Signaturen anzuerkennen.[322]

101 Die Klausel berechtigt, Gutachten nach dem Ableben des Versicherten über die Todesursache vom Arzt anzufordern.[323] Im Gegensatz zur Auffassung des OLG Köln,[324] die einen Haftpflichtfall betrifft, ist es nicht erforderlich, dass eine ausdrückliche Ermächtigung des Arztes erfolgt.

102 Die Schweigepflichtentbindung kann jederzeit widerrufen werden. Der Widerruf kann jedoch gegen Vertragspflichten verstoßen.[325]

---

[319] VerBAV 1986, 150 ff.
[320] *Deutsch* VersR 2001, 1471, 1473.
[321] OLG Hamburg VersR 1994, 1170; *Hollmann* NJW 1978, 2332; *Borchert* NVersZ 2001, 1, 4; *Weiffer,* Die Krux mit der ärztlichen Schweigepflichtentbindung für Versicherungen, NJW 2004, 1695, 1698.
[322] *Schimikowski* r+s 1999, 485, 489.
[323] Str. LSG München NJW 1962, 1789; OLG Karlsruhe NJW 1960, 1392.
[324] OLG Köln VersR 1962, 1189.
[325] OLG Celle v. 16. 3. 1966, VersR 1966, 870.

f) Datenschutzermächtigungsklausel

AuVdBAV: VerBAV 1977, 401 (Ermächtigungsklausel nach dem Bundesdatenschutzgesetz – BDSG –); VerBAV 1977, 442 (Geschäftsplanmäßige Erklärung zur Ermächtigungsklausel); GB BAV 1977, 24 (Datenschutz – Austausch von Daten); GB BAV 1979, 26 (Datenschutz); VerBAV 1979, 408 (Ermächtigungsklausel nach dem Bundesdatenschutzgesetz – BDSG –); VerBAV 1980, 119 (Anwendung des Bundesdatenschutzgesetzes – BDSG –); GB BAV 1980, 28; 1983, 30; 1984, 31 und 1986, 34 (Datenschutz); VerBAV 1986, 155 (Geschäftsplanmäßige Erklärung zur Ermächtigungsklausel nach dem BDSG); GB BAV 1987, 34 (Datenschutz).

Schrifttum: *Ayasse,* Die Grenzen des Datenschutzes im Bereich der privaten Versicherungswirtschaft, VersR 1987, 536; *Biagosch,* Datenschutz in Theorie und Praxis, VersR 1979, 489; *Biesalski,* Bundesdatenschutzgesetz – Datenverarbeitung im Konzern, BB 1978, 67; *Billig,* Verarbeitung und Nutzung von personenbezogenen Daten für Zwecke der Werbung, Kundenberatung oder Marktforschung, NJW 1998, 1286; *Breker,* Probleme des Datenschutzes in der Versicherungswirtschaft und ihre Lösungen, VW 1979, 168; *Bull,* Datenschutz als Informationsrecht und Gefahrenabwehr, NJW 1979, 1177; *Dahl,* Datenschutz – Einbindung in das Versicherungswesen, der arbeitgeber 1980, 73; *Eidt/Bölscher/von der Schulenburg,* Die besondere Problematik des Datenschutzes in der PKV, VW 2000, 115; *Frey,* Festgabe für E. Prölss, 1957, S. 88; *Gola,* Datenschutz-Vertragsklauseln bei „Auftrags-Datenverarbeitung", DB 1980, 1732; *Gola/Klug,* Die Entwicklung des Datenschutzrechts in den Jahren 2000/2001, NJW 2001, 3747; *Goronzy,* Die Auswirkungen des geplanten Bundesdatenschutzgesetzes auf die Versicherungswirtschaft, VW 1973, 1246; *Gundermann,* Noch einmal: Verarbeitung und Nutzung von personenbezogenen Daten für Zwecke der Werbung, Kundenberatung oder Marktforschung, NJW 1999, 477; *Haft,* Zur Situation des Datenschutzstrafrechts, NJW 1979, 1194; *Heußner,* Probleme des Datenschutzes in der Sozialversicherung, ZVersWiss 1978, 57; *Hoeren,* Internet und Recht – Neue Paradigmen des Informationsrechts, NJW 1998, 2849; *derselbe,* Risikoprüfung in der Versicherungswirtschaft – Datenschutz und wettbewerbsrechtliche Fragen beim Aufbau zentraler Hinweissysteme, VersR 2005, 1014; *Hollmann,* Formularmäßige Erklärung über die Entbindung von der Schweigepflicht gegenüber Versicherungsunternehmen, NJW 1978, 2332; *Hummerich/ Kniffka,* Die Entwicklung des Datenschutzrechts im Jahre 1978, NJW 1979, 1182; *Kilian,* Medizinische Forschung und Datenschutzrecht, NJW 1998, 787; *Kloth,* Zulässigkeit der Speicherung und Übermittlung von personenbezogenen Daten im Bereich der Lebensversicherung nach dem Bundesdatenschutzgesetz (BDSG), VW 1977, 645; *Meyer,* Noch einmal: Zur Frage einer Ausdehnung des Zeugnisverweigerungsrechts der §§ 53, 53 a StPO auf private Haftpflichtversicherer; *Mohr,* Verschwiegenheitspflicht der Lebensversicherungs VU im privaten Rechtsverkehr, VersR 1953, 7; *derselbe,* Versicherungsgeheimnis und Datenschutz, VersR 1975, 1069; *derselbe,* Probleme des Datenschutzes in der Versicherungswirtschaft, ZVersWiss 1978, 43; *von Puskas,* Die Datenschutzermächtigungsklausel, VerBAV 1980, 52 und 102; *Ringwald,* Das unverstandene Phänomen: Der Datenabruf, NJW 1984, 2397; *Schimikowski,* Probleme des konventionellen Vertragsabschlusses und des Electronic Commerce in der Versicherungswirtschaft, r+s 1999, 485; *Schmidt,* Verschwiegenheitspflicht und Auskunftsverweigerungsrecht der privaten Versicherungsunternehmen, VersR 1957, 492 und NJW 1957, 169; *Schulz,* Die Verschwiegenheitspflicht in der Versicherungspraxis, ZfV 1960, 317; *Schwintowski,* Rechtliche Grenzen der Datenweitergabeklausel in Versicherungsverträgen, VuR 2004, 242; *Schuster/Simon,* Anmerkung zum Urteil des OLG Celle vom 14. 11. 1979, NJW 1980, 1287; *Simitis,* Bundesdatenschutzgesetz – Ende der Diskussion oder Neubeginn?, NJW 1977, 729; *derselbe,* Datenschutz: Erfahrungen und Perspektiven, VersR 1981, 197; *derselbe,* Datenschutz: Voraussetzung oder Ende der Kommunikation?, in: Europäisches Rechtsdenken in Geschichte und Gegenwart, Festschrift für Helmut Coing zum 70. Geburtstag, Bd. II, hrsg. v. Norbert Horn i. V. m. Klaus Luig und Alfred Söllner, München, Beck, 1982, S. 495; *derselbe,* Datenschutz – Rückschritt oder Neubeginn?, NJW 1998, 2473; *Thilo,* Bankgeheimnis, Bankauskunft und Datenschutzgesetze, NJW 1984, 582; *Tiedemann,* Datenübermittlung als Straftatbestand, NJW 1981, 945; *Tinnefeld,* Die Novellierung des BDSG im Zeichen des Gemeinschaftsrechts, NJW 2001, 3078; *Trute,* Der Schutz personenbezogener Informationen in der Informationsgesellschaft, JZ 1998, 822; *von Uckermann,* Das Bundesdatenschutzgesetz und die Versicherungswirtschaft, VW 1977, 432; *derselbe,* Leitfaden zur Anwendung des Datenschutzgesetzes, VW 1977, 438; *Weichert,* Die Ökonomisierung des Rechts auf informationelle Selbstbestimmung, NJW 2001, 1463; *Wesselhöft*, Datenschutz im Versicherungswesen, Diss. Hamburg 1996, Frankfurt/M. u. a., Lang, 1996.

103   aa) **Ausgangslage.** Nach dem die EG-Datenschutzrichtlinie 95/46/EG[326] umsetzenden Bundesdatenschutzgesetz 2001[327] ist die Verarbeitung personenbezogener Daten, insbesondere auch das Übermitteln (§ 3 Abs. 4 BDSG) und Nutzen (§ 3 Abs. 5 BDSG) nur zulässig, wenn dies eine Rechtsvorschrift erlaubt oder der Betroffene eingewilligt hat (§ 4 Abs. 1 BDSG). Einen Konzernvorbehalt, der die Weiterleitung von Daten im Konzern grundsätzlich billigt, sieht das Bundesdatenschutzgesetz nicht vor.[328] Rechtlich selbständige Unternehmen eines Allfinanzkonzerns sind „Dritte" im Sinne von § 4 Abs. 8 Satz 2 BDSG, soweit keine Datenverarbeitung im Auftrag vorliegt.[329] Eine noch so ausgeprägte ökonomische Einheit begründet keine Informationseinheit.[330] Da keine Spezialvorschriften für konzerninterne Datenübermittlungen bestehen, muss entweder eine Einwilligung des Betroffenen in die Datenverarbeitung vorliegen oder das Bundesdatenschutzgesetz selbst eine Rechtsgrundlage bieten.[331]

104   bb) **Schriftform.** Die Einwilligung des Betroffenen bedarf grundsätzlich der Schriftform; wird die Einwilligung zusammen mit anderen Erklärungen schriftlich erteilt, ist der Betroffene hierauf schriftlich besonders hinzuweisen (§ 3 Satz 2 BDSG). Eine Einwilligung in die Verarbeitung personenbezogener Daten im Sinne des § 3 Satz 2 BDSG muss erkennen lassen, welche Daten in welchem Umfang verarbeitet werden sollen; für ihre wirksame Erteilung ist Voraussetzung, dass der Betroffene die Tragweite seiner Einwilligung abschätzen kann.[332] Da für die Ermächtigung zur Verarbeitung personenbezogener Daten eine Unterschrift benötigt wird, sind gesetzgeberische Schritte notwendig, um elektronische Signaturen anzuerkennen.[333]

105   cc) **Einwilligungsklausel.** Als Einwilligungsklausel wird in der Lebensversicherung seit 1977 die sog. Datenschutzermächtigungsklausel mit Billigung des BAV verwendet, die 1986 neu gefasst wurde.[334] Nach dieser Ermächtigungsklausel ermächtigt der Antragsteller im Versicherungsantrag den Versicherer, im erforderlichen Umfange Antragsdaten weiterzugeben:

> „Ich willige ferner ein, dass der Versicherer im erforderlichen Umfang Daten, die sich aus den Antragsunterlagen oder der Vertragsdurchführung (Beiträge, Versicherungsfälle, Risiko-/Vertragsänderungen) ergeben, an Rückversicherer zur Beurteilung des Risikos und zur Abwicklung der Rückversicherung sowie an den Verband der Lebensversicherungsunternehmen e. V. und andere Versicherer zur Beurteilung des Risikos und der Ansprüche übermittelt.
> Ich willige ferner ein, dass die Versicherer der ... Gruppe, soweit dies der ordnungsgemäßen Durchführung meiner Versicherungsangelegenheiten dient, allgemeine Vertrags-, Ab-

---

[326] Richtlinie 95/46/EG des Europäischen Parlaments und des Rates v. 24. 10. 1995 zum Schutz natürlicher Personen bei der Verarbeitung personenbezogener Daten und zum freien Datenverkehr, ABlEG Nr. L 281 v. 23. 11. 1995, S. 31; dazu *Simitis* NJW 1998, 2473 ff.; *Tinnefeld* NJW 2001, 3078.
[327] BGBl. 2001 I S. 2001, 904; dazu *Gola/Klug* NJW 2001, 3747.
[328] *Evers/Kiene*, Die Wirksamkeitskriterien von Einwilligungsklauseln und die Auslegerung von Finanzdienstleistungen im Sinne des § 11 BDSG, NJW 2003, 2726, 2728.
[329] Vgl. *Kilian/Scheja*, Freier Datenfluss im Allfinanzkonzern?, BB Beil. 3 zu Heft 14/2002, S. 19, 21/22.
[330] Zutreffend *Wengert/Widmann/Wengert*, Bankenfusionen und Datenschutz, NJW 2000, 1289, 1291.
[331] Vgl. *Kilian/Scheja*, Freier Datenfluss im Allfinanzkonzern?, BB Beil. 3 zu Heft 14/2002, S. 19, 21.
[332] OLG Düsseldorf WM 1983, 1142.
[333] *Schimikowski* r+s 1999, 485, 489.
[334] VerBAV 1977, 442; VerBAV 1986, 155.

rechnungs- und Leistungsdaten in gemeinsamen Datensammlungen führen und an ihre Vertreter weitergeben.
Gesundheitsdaten dürfen nur an Personen- und Rückversicherer übermittelt werden; an Vertreter dürfen sie nur weitergegeben werden, soweit es zur Vertragsgestaltung erforderlich ist.
Auf Wunsch werden mir zusätzliche Informationen zur Datenübermittlung zugesandt."

Als zusätzliche Information ist ein Merkblatt vorgesehen, das der Versicherer **106** auf Anfrage übermittelt (in der Fassung VerBAV 1979, 409).
Seit dem Inkrafttreten des BDSG verwenden die LVU eine Einwilligungs- **107** klausel, die folgenden Wortlaut hat:[335]

„Ich willige ein, dass der Versicherer im erforderlichen Umfang Daten, die sich aus den Antragsunterlagen oder der Vertragsdurchführung (Beiträge, Versicherungsfälle, Risiko-/Vertragsänderungen) ergeben, an Rückversicherer zur Beurteilung des Risikos und der Abwicklung der Rückversicherung sowie zur Beurteilung des Risikos und der Ansprüche an andere Versicherer (und/oder an den ... Verband zur Weitergabe dieser Daten an andere Versicherer) übermittelt. Diese Einwilligung gilt auch (unabhängig vom Zustandekommen des Vertrags sowie) für entsprechende Prüfungen bei anderweitig beantragten (Versicherungs-)Verträgen und bei künftigen Anträgen.
Ich willige ferner ein, dass die Versicherer (Unternehmen) der ... Gruppe meine allgemeinen Antrags-, Vertrags- und Leistungsdaten in gemeinsamen Datensammlungen führen und an den/die für mich zuständigen Vermittler weitergeben, soweit dies der ordnungsgemäßen Durchführung meiner Versicherungsangelegenheiten dient.
Gesundheitsdaten dürfen nur an Personen- und Rückversicherer übermittelt werden; an Vermittler dürfen sie nur weitergegeben werden, soweit es zur Vertragsgestaltung erforderlich ist.
Ohne Einfluss auf den Vertrag und jederzeit widerrufbar willige ich weiter ein, dass der/die Vermittler meine allgemeinen Antrags-, Vertrags- und Leistungsdaten darüber hinaus für die Beratung und Betreuung auch in sonstigen Finanzdienstleistungen nutzen darf/dürfen.
Diese Einwilligung gilt nur, wenn ich bei Antragstellung vom Inhalt des Merkblatts zur Datenverarbeitung Kenntnis nehmen konnte, das mir vor Vertragsabschluss (mit weiteren Verbraucherinformationen), auf Wunsch auch sofort, überlassen wird."

dd) Inhaltskontrolle. Die Datenschutzermächtigungsklausel zählt zu den **108** AGB i.S. des § 1 Abs. 1 AGBG und unterliegt der Inhaltskontrolle nach § 9 AGBG.[336] Sie muss mit den wesentlichen Grundgedanken des § 203 Abs. 1 StGB und § 24 Abs. 1 BDSG vereinbar sein. Wenn beim Abschluss des Versicherungsvertrages eine zu weitgehende Ermächtigung abverlangt wird, die die Zweckbestimmung des Vertrags eindeutig überschreitet, dann liegt darin auch ein Eingriff in das Persönlichkeitsrecht nach Art 2 GG, und die Einwilligung ist unter diesen Umständen nicht rechtswirksam.[337] Bei der Abwägung der widerstreitenden Interessen nach dem Verhältnismäßigkeitsprinzip stehen sich die Abwägungskriterien grundsätzlich gleichartig gegenüber und sind jeweils im Grundgesetz verankert.[338] Das Recht auf informationelle Selbstbestimmung als Ausprägung des allgemeinen Persönlichkeitsrechts, grundsätzlich selbst über die Preisgabe und Verwendung seiner persönlichen Daten zu bestimmen, ist dabei zu gewährleisten.[339] Der Eingriff in das allgemeine Persönlichkeitsrecht wird auch dadurch vertieft, dass die

---
[335] *Hoeren* VersR 2005, 1014.
[336] BGH, Urt. v. 19. 9. 1985 – III ZR 213/83, BGHZ 95, 362 = NJW 1986, 46 = BB 1985, 1998.
[337] BGH, Urt. v. 19. 9. 1985 – III ZR 213/83, BGHZ 95, 362 = NJW 1986, 46 = BB 1985, 1998.
[338] BGH NJW 1984, 1889 und OLG Düsseldorf NJW 1985, 2537.
[339] BVerfGE 65, 1, 42 = NJW 1984, 419, 422; OVG Bremen NJW 1987, 2393; OLG Düsseldorf, Urt. v. 20. 8. 1996 – 20 U 139/95, S. 10; *Weichert* NJW 2001, 1463, 1467.

Daten einem großen Adressatenkreis zur Verfügung gestellt werden.[340] Dass das Speichern personenbezogener kreditrelevanter Daten dem Gebot der Erforderlichkeit unterliegt, betont eine weitere Entscheidung des BGH.[341] Die Frage der Rechtmäßigkeit einer Scorewertübermittlung durch die SCHUFA an ihre Mitglieder ist an den Vorgaben des § 6a BDSG zu messen.[342] Datenschutzrechtliche Bedenken bestehen nicht.[343]

109 Gemäß § 24 Abs. 1 BDSG ist die Übermittlung gespeicherter Daten nur zulässig, wenn in jedem Einzelfall eine Abwägung zwischen den Belangen des Versicherungsnehmers und den Interessen der speichernden Stelle und der angeschlossenen Versicherer erfolgt.[344] Eine Klausel, die dem Versicherungsnehmer eine pauschale Einwilligung in die Weitergabe aller Versicherungsdaten an ein Informationssystem abverlangt, führt zu einer unangemessenen Benachteiligung im Sinne des § 9 AGBG.[345] Unwirksam wäre eine vorformulierte Pauschaleinwilligung, aus der nicht in der gebotenen Weise hervorgeht, worauf sich die Einwilligung erstreckt und welche Daten an wen übermittelt werden dürfen.[346]

110 Die Klausel berechtigt zur Übermittlung von Daten an die Mitteilungsstelle für Sonderwagnisse beim Verband der Lebensversicherungs-Unternehmen e. V. (ebenso Mitteilungsstelle für die BV) und zur Weitergabe an andere Versicherer zur Risikobeurteilung.[347]

111 Bei VVaG darf der Vorstand den Vereinsmitgliedern Mitgliederlisten nur übermitteln, wenn den betroffenen Mitgliedern eine Widerspruchsmöglichkeit eingeräumt worden ist.[348]

112 g) **Schriftformklausel.** Im Begleittext zu den Versicherungsanträgen findet sich häufig der Hinweis, dass mündliche oder schriftliche Abmachungen nur dann rechtliche Wirkung haben, wenn sie von der Gesellschaft schriftlich bestätigt sind. Dieser Hinweis ist rechtlich schon deshalb unbeachtlich, weil der Versicherungsnehmer diesen Hinweis nicht in seine Antragserklärungen einbezieht. Selbst wenn der Hinweis mit Gegenstand der Schlusserklärung des Antragstellers wäre, bliebe dieser Schriftformklausel die rechtliche Wirksamkeit gemäß § 9 AGBG versagt.[349]

113 h) **Lastschriftklausel.** Bei der Lastschrifterklärung im Versicherungsantrag und der Lastschriftklausel im Versicherungsschein handelt es sich um AGB, die insbesondere an § 5 AGBG zu messen sind.[350] Ist der Lastschrifteinzug vereinbart, kann unterstellt werden, dass ein anderer Zahlungsmodus seitens des Versicherers nicht gewünscht ist.[351]

---

[340] BGH NJW 1966, 2353.
[341] BGH NJW 1986, 2505 = MDR 1986, 489.
[342] *Möller/Florax*, Datenschutzrechtliche Unbedenklichkeit des Scoring von Kreditrisiken?, NJW 2003, 2724, 2726
[343] Vgl. *Wuermeling* NJW 2002, 3508.
[344] Vgl. für die Kreditwirtschaft BGH, Urt. v. 19. 9. 1985 – III ZR 213/83, BGHZ 95, 362 = NJW 1986, 46 = BB 1985, 1998.
[345] Vgl. für die Kreditwirtschaft BGH, Urt. v. 19. 9. 1985 – III ZR 213/83, BGHZ 95, 362 = NJW 1986, 46 = BB 1985, 1998; für die Vorjahre NJW 1985, 1198.
[346] OLG Celle NJW 1980, 347; OLG München BB 1984, 1965.
[347] Siehe hierzu OLG Frankfurt/M., VersR 1981, 1070 = VerBAV 1981, 287 und OLG Frankfurt/M. VersR 1982, 568 betreffend HUK-Verband.
[348] Siehe BadWürttStAnz. Nr. 53, 1986, S. 4 = RDV 1986, 217; hierzu nimmt auch der Bundesbeauftragte für den Datenschutz Stellung RDV 1986, 50.
[349] OLG Karlsruhe NJW 1981, 405; OLG Frankfurt/M. WM 1981, 598; BGH v. 26. 3. 1986, NJW 1986, 1809; a. A. BGH v. 12. 5. 1976, BB 1977, 61, 62; BGH v. 24. 10. 1979, BB 1979, 1789, 1790 = DB 1980, 396; BGH BB 1983, 1877.
[350] OLG Köln v. 20. 6. 1985 – NJW-RR 1986, 390 = r+s 1985, 309.
[351] Vgl. OLG Hamm v. 19. 10. 1983, VersR 1984, 231.

7. Besondere Vereinbarungen

a) Darlehensgewährung durch den Versicherer. Mitunter stellt der Antragsteller den Versicherungsantrag unter der Bedingung, dass der Versicherer ihm ein Darlehen gewährt und eine Hypothek beschafft wird.[352] Diese Antragsnebenerklärung ist gemäß Ziff 2.4 der Grundsätze für die Gestaltung der Antragsvordrucke in der Lebensversicherung Bestandteil des Antrags.[353]

b) Darlehensgewährung durch ein Kreditinstitut. Häufig dient die Lebensversicherung der Absicherung eines Darlehens für den Todesfall des Darlehensnehmers und soll zugleich im Erlebensfall für die Tilgung des Darlehens zur Verfügung stehen. Sofern für den Antragsteller die Kreditaufnahme zu bestimmten Konditionen im Vordergrund steht, wird die Antragstellung beim Versicherer unter der Bedingung der Darlehensgewährung durch das Kreditinstitut erfolgen. Die Bedingung ist dann in der Regel als „Besondere Vereinbarung" im Versicherungsantrag erwähnt.

8. Zugang des Antrags

Der Antrag ist eine empfangsbedürftige Willenserklärung und abgegeben, sobald der Antragsteller ihn willentlich in den Verkehr gebracht und an den richtigen Empfänger gerichtet hat.[354] Wirksam wird der Antrag mit Zugang beim Adressaten (§ 130 Abs. 1 Satz 1 BGB). Der schriftliche Antrag ist zugegangen, sobald der Versicherer von ihm Kenntnis nehmen konnte.[355] Aufgrund der Ermächtigung zur Entgegennahme von Versicherungsanträgen gemäß § 43 Nr. 1 VVG bewirkt der Zugang beim Versicherungsvertreter zugleich den Zugang beim Versicherer.[356] Keine Vollmacht zur Entgegennahme des Versicherungsantrags haben Versicherungsmakler, es sei denn, es ist ausnahmsweise die sog. Maklerklausel vereinbart.

9. Antragswiderrufsrecht

Schrifttum: *Koch*, Das Widerrufsrecht des Antragstellers, VersR 1991, 725; *Wessel*, Verbraucherschutz in der Lebensversicherung, VP 1981, 90; VP 1984, 124 (Einführung eines befristeten Widerrufsrechtes in der Lebensversicherung); ZfV 1984, 436 (Mit Widerrufsrecht gegen Storno?).

a) Ausgangslage. Ein Antragswiderrufsrecht wurde von den LVU freiwillig eingeführt.[357] Es war auflösend bedingt gestaltet. Die Widerrufsfrist betrug zehn Tage, innerhalb denen ein etwaiger Widerruf dem Versicherer zugehen musste. Das Widerrufsrecht sollte grundsätzlich für alle kapitalbildenden Lebens- und Rentenversicherungen, die als Einzelversicherung abgeschlossen werden, gelten und konnte auf andere Arten der Lebensversicherung, z.B. die Risikoversicherung, erstreckt werden.[358] Die Widerrufsfrist ist nicht auf die Antragsbindefrist anzurechnen.[359]

---

[352] LG Köln v. 12. 6. 1951, VersR 1951, 294; siehe auch LG Braunschweig v. 5. 10. 1965, VersR 1966, 534.
[353] R 6/78 v. 17. 11. 1978, VerBAV 1978, 309.
[354] BGH v. 11. 5. 1979, NJW 1979, 2032.
[355] BGH v. 31. 1. 1951, VersR 1951, 114; LG Berlin v. 9. 4. 1959, ZfV 1959, 759; BGH v. 13. 2. 1980, NJW 1980, 990.
[356] BGH v. 8. 6. 1967, VersR 1967, 796; LG Verden v. 23. 5. 1967, VersR 1967, 869; LG Saarbrücken v. 4. 3. 1971, VersR 1971, 1054; OLG Hamm, Urt. v. 18. 1. 1978 – 20 U 186/77, VersR 1978, 1134, 1135.
[357] GB BAV 1985, 54.
[358] GB BAV 1984, 55.
[359] *Präve*, Das Kündigungs- und Widerrufsrecht des Versicherungsnehmers bei Neuverträgen, VW 1991, 488, 490.

ALB 1986 § 1 118–121

118 Im Hinblick auf die verwirklichte Absicht, dem Kunden freiwillig ein befristetes Rücktrittsrecht beim Abschluss von Verträgen generell zuzubilligen, ist die ursprünglich auch für Versicherungsverträge vorgesehene Widerrufsmöglichkeit in das Gesetz über den Widerruf von Haustürgeschäften und ähnlichen Geschäften[360] nicht aufgenommen worden.[361]

119 **b) Gesetzliche Regelung.** Durch Art. 2 Nr. 1 des Gesetzes zur Änderung versicherungsrechtlicher Vorschriften vom 17. Dezember 1990, das am 1. Januar 1991 in Kraft getreten ist, wurde das Gesetz über den Versicherungsvertrag um Vorschriften über ein neues Widerrufsrecht ergänzt.[362] Die eingefügte Vorschrift des § 8 Abs. 4 VVG 1990, die auf Lebensversicherungsverträge anwendbar ist, die vom 1. Januar 1991 bis zum 24. Juli 1994 abgeschlossen wurden,[363] lautet wie folgt:

„(4) Wird ein Versicherungsvertrag mit einer längeren Laufzeit als ein Jahr abgeschlossen, so kann der Versicherungsnehmer innerhalb einer Frist von zehn Tagen ab Unterzeichnung des Versicherungsantrages seine auf den Vertragsabschluss gerichtete Willenserklärung schriftlich widerrufen. Maßgeblich für die Wahrung der Frist ist der Eingang der schriftlichen Widerrufserklärung bei dem Versicherer. Das Widerrufsrecht besteht nicht, wenn der Versicherungsnehmer Vollkaufmann ist oder wenn der Versicherer auf Wunsch des Versicherungsnehmers sofortigen Versicherungsschutz gewährt. Der Versicherungsnehmer ist über das Widerrufsrecht schriftlich zu belehren."

120 Mit dieser zum Nachteil des Versicherungsnehmers gemäß § 15a VVG nicht abänderbaren Neuregelung wollte der Gesetzgeber den Verbraucherschutz beim Abschluss von Versicherungsverträgen verbessern und den Besonderheiten dieses Wirtschaftszweiges Rechnung tragen.[364] Dem Versicherer verschafft § 8 Abs. 4 VVG 1990 relativ schnell endgültige Klarheit darüber, ob der Versicherungsnehmer an seinem Versicherungsantrag festhalten will oder nicht.[365]

121 **c) Widerrufsbelehrung.** § 8 Abs. 4 Satz 4 VVG 1990 spricht im Gegensatz zu § 7 VerbrKrG und § 2 HWiG nicht davon, dass die Belehrung über das Widerspruchsrecht drucktechnisch deutlich gestaltet sein und vom Kunden gesondert unterschrieben werden muss.[366] Allerdings würde eine in den Allgemeinen Versicherungsbedingungen „versteckte" Information des Versicherungsnehmers über sein Widerrufsrecht nicht dem Sinn und Zweck einer Widerrufsbelehrung entsprechen.[367] Es reicht aber aus, wenn der Antragsteller im Antragsformular in einem gesonderten Absatz über sein Widerrufsrecht in normaler Schriftgröße belehrt wird.[368] Hierfür soll folgender Wortlaut nach Ansicht des BAV[369] gewählt werden:

„Ich kann meinen Antrag innerhalb von 10 Tagen nach seiner Unterzeichnung widerrufen, und zwar auch dann, wenn der Versicherer ihn bereits angenommen hat. Mein Widerruf wird nur wirksam, wenn er in schriftlicher Form innerhalb der genannten Frist beim Versicherer eingegangen ist. Dieses Widerrufsrecht gilt nicht für Verträge mit einer Laufzeit von bis zu einem Jahr."

---

[360] BGBl. 1986 I S. 122.
[361] GB BAV 1985, 46.
[362] BGBl. I S. 2864, 2865; nichtamtliche Fassung abgedr. in VerBAV 1990, 562.
[363] *Römer* in: Römer/Langheid, VVG, 2. Aufl., 2003, § 8 VVG Rdn. 66.
[364] Vgl. BT-Drucks. 11/8321, S. 10, 12.
[365] *Teske*, Neue Widerrufsrechte beim Abschluss von Versicherungs- und Verbraucherkreditverträgen, NJW 1991, 2793, 2797.
[366] OLG Stuttgart, Urt. v. 17. 12. 1993 – 2 U 179/93, NJW-RR 1994, 487, 489 = VersR 1995, 202, 204.
[367] So zutreffend *Teske* NJW 1991, 2793, 2798.
[368] LG München I, Urt. v. 16. 9. 1993 – 7 O 8334/93, VersR 1994, 463; OLG Nürnberg, Urt. v. 26. 7. 1994 – 3 U 1018/94, VersR 1994, 1093, 1094 = NJW-RR 1995, 161.
[369] VerBAV 1991, 271 (Kündigungs- und Widerrufsrecht des Versicherungsnehmers nach § 8 VVG).

Beginn des Versicherungsschutzes 122–125 § 1 ALB 1986

Erfüllt der Versicherer die ihm gesetzlich auferlegte vorvertragliche Informationspflicht zum Widerrufsrecht nicht, kommt ein Schadensersatzanspruch des Versicherungsnehmers nach den Grundsätzen über das Verschulden bei Vertragsverhandlungen in Betracht.[370] Darüber hinaus setzt sich das LVU der Gefahr eines wettbewerbsrechtlichen Unterlassungsverfahrens nach § 13 Abs. 2 Nr. 1 UWG bzw. § 13 Abs. 2 Nr. 3 UWG aus, wenn Versicherungsnehmer vom LVU nicht ordnungsgemäß über das ihnen zustehende Widerrufsrecht belehrt werden.[371] 122

d) **Widerruf.** Der Widerruf des § 8 Abs. 4 VVG 1990 ist als Widerruf einer noch nicht wirksam gewordenen Verbrauchererklärung zu verstehen.[372] Die jeweilige Antragsbindefrist beginnt daher bei Versicherungen, bei denen ein Widerrufsrecht besteht, grundsätzlich erst mit dem Ablauf der Widerrufsfrist, denn nur ein unwiderruflicher Antrag kann eine Bindung begründen.[373] 123, 124

VII. Annahme des Lebensversicherungsantrags

1. Annahmefrist

Die im Versicherungsantrag enthaltene Bindungsfrist von sechs Wochen für den Antragsteller ist für den Versicherer zugleich Annahmefrist im Sinne von § 148 BGB.[374] Sie verstößt nicht gegen § 10 Nr. 1 AGBG,[375] da die Sechswochenfrist nicht als unangemessen lang anzusehen ist, zumal die Frist bei Lebensversicherungen mit ärztlicher Untersuchung bereits mit dem Tag der ärztlichen Untersuchung beginnt und nicht erst mit dem Zugang des ärztlichen Berichts beim Versicherer,[376] insbesondere wegen der Risikoprüfung,[377] oder nicht hinreichend bestimmt ist.[378] Die Annahmefristklausel ist auch keine überraschende Klausel im Sinne von § 3 AGBG.[379] Die Fristabrede hat den Zweck, klare Rechtsverhältnisse zu schaffen, und soll dem Versicherer eine zeitlich ausreichende Bearbeitungsfrist ermöglichen, den vorgelegten Versicherungsantrag nach der notwendigen Prü- 125

---

[370] *Teske* NJW 1991, 2793, 2799.
[371] *Teske* NJW 1991, 2793, 2799.
[372] *Gernhuber,* Verbraucherschutz durch Rechte zum Widerruf von Willenserklärungen – Eine rechtsdogmatische Studie –, WM 1998, 1797, 1805.
[373] BAV in: VerBAV 1991, 271, 272.
[374] BGH v. 31. 1. 1951, NJW 1951, 313 = VersR 1951, 114; BGH v. 31. 1. 1951, VersR 1951, 175; OLG München v. 31. 1. 1961, VersR 1961, 338; BGH v. 23. 2. 1973, NJW 1973, 751, 752 = VersR 1973, 409; BGH v. 1. 10. 1975, NJW 1976, 289 = VersR 1975, 1090, 1092; OLG Hamm, Beschl. v. 20. 2. 1975 – 20 W 52/74, VersR 1976, 144; OLG Hamm, Urt. v. 8. 2. 1978, VersR 1978, 1014, 1015; OLG Hamm, Urt. v. 10. 3. 1978 – 20 U 232/77, VersR 1978, 1039; OLG Hamm, Urt. v. 18. 1. 1978 – 20 U 186/77, VersR 1978, 1134, 1135; LG Mönchengladbach, Urt. v. 18. 3. 1982 – 10 O 660/81, VersR 1983, 49; OLG Frankfurt/M. v. 12. 5. 1982, VersR 1983, 529; OLG Köln VersR 1983, 849 und 579; OLG Hamm r+s 1984, 276; OLG Hamm VersR 1986, 92; OLG Hamm VersR 1985, 557; OLG Hamm VersR 1982, 1072; BGH NJW 1987, 258.
[375] *Schirmer,* Aktuelle Fragen bei der Anwendung des AGB-Gesetzes auf AVB, in: Die Entwicklung des Verbraucherschutzes bei Versicherungsverträgen, Karlsruhe, VVW, 1993, S. 61, 90.
[376] LG Köln v. 6. 7. 1972, VersR 1972, 926; OLG Hamm VersR 1986, 83; OLG Frankfurt/M. v. 12. 5. 1982, VersR 1983, 528; OLG Köln VersR 1983, 528.
[377] *Schmidt* in: *Ulmer-Brandner-Hensen,* AGB-Gesetz, 9. Aufl., 2001, § 10 Nr. 1 AGBG Rdn. 6.
[378] LG Köln VersR 1987, 1130.
[379] OLG Frankfurt/M. v. 12. 5. 1982, VersR 1983, 529.

fung wie beantragt anzunehmen oder ablehnen zu können.[380] Der Versicherungsnehmer soll sich darauf verlassen können, dass er nach Ablauf der Frist an seinen Antrag gemäß § 148 BGB nicht mehr gebunden ist und einen anderen Versicherungsantrag stellen kann, ohne der Gefahr einer doppelten Prämienzahlung ausgesetzt zu sein.[381]

126 Sieht der Versicherer, dass er mit der Sechswochenfrist nicht auskommt, kann er die erforderliche Klarheit dadurch schaffen, dass er mit dem Antragsteller eine Verlängerung der Annahmefrist vereinbart.[382] Das kann zwar auch stillschweigend geschehen. Hierzu bedarf es jedoch der Feststellung konkreter Umstände, die auf das Vorhandensein eines entsprechenden Geschäftswillens schließen lassen. Solche Umstände muss diejenige Partei vorbringen und notfalls beweisen, der sie zugute kommen sollen.[383] Dieser Beweis ist nicht geführt, weil der Antragsteller die Einzugsermächtigung für den Beitrag nicht nach Ablauf der Bindefrist widerrufen hat.[384]

127 Die sechswöchige Annahmefrist beginnt, wenn der Antrag dem Versicherer zugeht und damit wirksam wird.[385] Im Hinblick auf § 43 Abs. 1 Ziffer 1 VVG kann die Bindung auch schon mit Übergabe des Antrags an den Vermittlungsagenten eintreten, sonst mit Zugang beim Versicherer.[386] Die Annahmefrist beginnt auch dann am Tage des Zugangs des Antrags, wenn eine Lebensversicherung ohne ärztliche Untersuchung beantragt ist, der Versicherer aber trotzdem eine ärztliche Untersuchung veranlasst.[387] Eine Verkürzung der Annahmefrist kann zwischen LVU und Antragsteller vereinbart werden.[388] Nimmt der Versicherer den Versicherungsantrag nicht innerhalb der Bindefrist an, gilt er als abgelehnt.[389] Möglich ist aber eine erneute Antragstellung nach Ablauf der Bindefrist und Annahme des Antrags durch das LVU.[390]

128 Allgemeine Versicherungsbedingungen können wirksam bestimmen, dass ein Antrag auf Abschluss eines Versicherungsvertrages als angenommen gilt, wenn er nicht binnen einer bestimmten Frist nach seinem Eingang bei dem Versicherer von diesem abgelehnt worden ist.[391]

2. Antragsprüfung

AuVdBAV: GB BAV 1952/53, 31 (Erhöhung des höchstzulässigen Aufnahmealters); VerBAV 1953, 240 und GB BAV 1953/54, 20 (Höchstversicherungssummen in der Kindertodesfallversicherung); VerBAV 1956, 99 (R 9/56 vom 16. 5. 1956 – Höchstversicherungssumme in der Kindertodesfallversicherung; R 10/56 vom 22. 5. 1956 – Höchstversicherungssumme in der Kleinlebensversicherung; GB BAV 1957/58, 32 (Kinderversicherung); GB BAV 1959/60, 36 (Anwendbarkeit des § 159 Abs. 2 VVG auf Gruppenversicherungsverträge); GB BAV 1963, 34 (Summengrenze für Versicherungen ohne ärztliche Untersuchung); VerBAV 1964, 34 (R 2/64 vom 14. 2. 1964 – Summengrenze für Versicherungen

---

[380] OLG Frankfurt/M. v. 12. 5. 1982, VersR 1983, 529.
[381] BGH vom 31. 1. 1951, NJW 1951, 313 = VersR 1951, 114.
[382] *Winter* in: Bruck/Möller, VVG, 8. Aufl., 1988, §§ 159–178 VVG Anm. C 64.
[383] OLG Frankfurt/M. VersR 1972, 727, 728; BGH NJW 1987, 258.
[384] OLG Hamm, Urt. v. 18. 1. 1978 – 20 U 186/77, VersR 1978, 1134, 1135.
[385] § 130 Abs. 1 BGB; OLG Frankfurt/M. VersR 1983, 528; OLG Hamm VersR 1986, 82.
[386] LG Köln v. 16. 2. 1954, VersR 1954, 162; LG Aachen VersR 1976, 377, 628.
[387] OLG Hamm, Urt. v. 18. 1. 1978 – 20 U 186/77, VersR 1978, 1134, 1135.
[388] BGH v. 17. 2. 1976, NJW 1966, 1407 = VersR 1966, 457, 458; OLG Hamm, Urt. v. 18. 1. 1978 – 20 U 186/77, VersR 1978, 1134, 1136.
[389] BGH vom 31. 1. 1951, VersR 1951, 114; OLG Celle vom 14. 7. 1954, VersR 1954, 425; OLG München VersR 1961, 338; OLG Frankfurt/M. VersR 1983, 528.
[390] Vgl. OLG Düsseldorf v. 1. 3. 1966, VersR 1966, 727.
[391] OLG Düsseldorf MDR 1978, 144.

Beginn des Versicherungsschutzes 129, 130 § 1 ALB 1986

ohne ärztliche Untersuchung); GB BAV 1965, 30 (Erhöhung der Versicherungssumme ohne erneute Gesundheitsprüfung); VerBAV 1969, 329 und GB BAV 1969, 48 (Höchstversicherungssumme in der Kindertodesfallversicherung); VerBAV 1971, 236 (R 4/71 vom 2. 7. 1971 – Höchstsumme für Versicherungen ohne ärztliche Untersuchung); GB BAV 1971, 50 (Höchstsumme für Versicherungen ohne ärztliche Untersuchung); GB BAV 1971, 51 (Lebensversicherungen mit überwiegendem Todesfallcharakter auf das Leben von Kindern); GB BAV 1972, 46 (Planmäßige Erhöhung des Versicherungsschutzes ohne erneute Gesundheitsprüfung); GB BAV 1972, 46 (Einmalige Erhöhungsaktionen mit vereinfachter Gesundheitsprüfung); GB BAV 1975, 58 (R 3/75 vom 5. 2. 1975 – Höchstsumme für Versicherungen ohne ärztliche Untersuchung); VerBAV 1976, 46 und GB BAV 1975, 42 (R 1/76 vom 2. 2. 1976 – Lebensversicherung mit überwiegendem Todesfallcharakter auf das Leben von Kindern); VerBAV 1977, 73 (Versicherungen für ältere Personen ohne Gesundheitsprüfung); VerBAV 1977, 141 (Versicherungen ohne ärztliche Untersuchung; Höchstbetrag für Berufsunfähigkeits-Versicherungen); VerBAV 1977, 300 (Risikozuschläge mit Rückgewähr im Erlebensfall); GB BAV 1977, 51 (Versicherungen ohne Gesundheitsprüfung); VerBAV 1978, 132 (Einmalige Erhöhungsaktionen mit vereinfachter Gesundheitsprüfung); VerBAV 1980, 163 (R 2/80 vom 18. 6. 1980 – Höchstsumme für Versicherungen ohne ärztliche Untersuchung); GB BAV 1980, 55 (Antragsbearbeitung); GB BAV 1981, 54 (Vertragsverlängerung von Vermögensbildungsversicherungen); GB BAV 1981, 56 (Vertrieb von Versicherungen ohne Gesundheitsprüfung durch den Außendienst); VerBAV 1982, 398 (R 4/82 vom 20. 7. 1982 – Lebensversicherung mit überwiegendem Todesfallcharakter auf das Leben von Kindern); GB BAV 1982, 57 (Umtausch einer Risikoversicherung mit BUZ); GB BAV 1983, 54 (Erhöhung bzw. Verlängerung des Versicherungsschutzes ohne erneute Gesundheitsprüfung: Anschlussversicherungen, Nachversicherungsgarantie); VerBAV 1984, 55 (R 1/84 vom 13. 4. 1984 – Höchstsumme für Versicherungen ohne ärztliche Untersuchung); VerBAV 1984, 93 (Geschäftsplanmäßige Bestimmung für die Gesundheitsprüfung in der Lebensversicherung nach Einzeltarifen); VerBAV 1985, 111 (Einmalige Erhöhungsaktion mit vereinfachter Gesundheitsprüfung); GB BAV 1986, 53 (Lebensversicherung ohne Gesundheitsprüfung); GB BAV 1987, 57 (Gesundheitsprüfung).

Schrifttum: *Claus*, Die Höchstsumme für Versicherungen ohne ärztliche Untersuchung in der Lebensversicherung, VerBAV 1971, 260; *Freytag*, Erleichterungen für den Abschluss höherer Lebensversicherungssummen, ZfV 1964, 770; *Herde*, Die Höchstsumme für Versicherungen ohne ärztliche Untersuchung, VerBAV 1980, 225.

a) Gesundheitsprüfung Altbestand. aa) Ärztliche Untersuchung. Übersteigt die Versicherungssumme 250 000 DM (bzw. die versicherte Rente bei Berufsunfähigkeits- und Pflegerentenversicherungen 30 000 DM) hat das Lebensversicherungsunternehmen aufsichtsrechtlich zu beachten, dass sich der Versicherte zur Risikoprüfung ärztlich zu untersuchen hat. Bei höheren Eintrittsaltern ist in der Praxis meist schon bei niedrigeren Versicherungssummen eine Untersuchung obligatorisch. Allerdings wird durch die Vereinbarung, dass derjenige, auf dessen Person eine Versicherung genommen werden soll, sich zuvor einer ärztlichen Untersuchung zu unterwerfen hat, ein Recht des Versicherers, die Vornahme der Untersuchung zu verlangen, nicht begründet (§ 160 VVG). Es ist deshalb anerkannt, dass im Wege einer Eventualklausel die Höchstsumme für Versicherungen ohne ärztliche Untersuchung als vereinbart gelten kann, wenn der Versicherte sich nicht innerhalb einer bestimmten Frist untersuchen lässt.[392]

bb) Versicherung ohne ärztliche Untersuchung. Der Höchstbetrag für Lebensversicherungen ohne ärztliche Untersuchung und der entsprechende Höchstbetrag für die jährliche Rente bei selbständigen Berufsunfähigkeitsversicherungen und Berufsunfähigkeits-Zusatzversicherungen beträgt 250 000 DM

---
[392] Vgl. LG Hamburg v. 23. 5. 1952, VersR 1952, 419; siehe auch *Winter* in: Bruck/Möller, VVG, 8. Aufl., 1988, §§ 159–178 VVG Anm. C 66.

bzw. 30 000 DM.[393] Als Summe ist dabei grundsätzlich das riskierte Kapital zugrunde zu legen.[394]

131 Die Höchstversicherungssumme bei Versicherungen für ältere Personen ohne Gesundheitsprüfung betrug seit 1977 20 000 DM[395] und ist auf 30 000 DM angehoben.[396]

132 Nach den Grundsätzen für einmalige Erhöhungsaktionen mit vereinfachter Gesundheitsprüfung kann eine Erhöhung des Versicherungsschutzes um Versicherungssummen bis 40 000 DM ohne erneute Gesundheitsprüfung erfolgen.[397]

133 b) **Eintrittsalter.** Aufsichtsrechtlich hat das LVU bei der Aufnahme der versicherten Person zu beachten, dass das Eintrittsalter am Beginn der Versicherung mindestens 15 Jahre betragen muss und 80 Jahre nicht übersteigen darf. Bei Aussteuerversicherungen kann das zu versorgende Kind schon mit Alter 10 (Mädchen) bzw. Alter 12 (Knaben) versichert werden. Ursprünglich betrug das allgemeine Höchsteintrittsalter für kapitalbildende Versicherungen 70 Jahre und jetzt 80 Jahre.[398]

3. Annahmeerklärung des Versicherers

134 a) **Form.** Nach dem Gesetz bedarf die Annahmeerklärung des Versicherers zum Versicherungsvertrag keiner besonderen Form, insbesondere nicht der Schriftform.[399] Demgemäß ist es an sich rechtlich möglich, dass die Annahme stillschweigend erklärt wird.[400] Schweigen des Versicherers genügt als Annahme nicht,[401] da es im Versicherungsgewerbe keine allgemeine Verkehrssitte gibt, dass eine Annahmeerklärung durch den Versicherer nicht zu erwarten ist.[402] Es besteht vielmehr die Verkehrsübung, dass der Versicherer die Annahme des Versicherungsantrages ausdrücklich erklärt: in der Regel schriftlich, wobei die besondere Mitteilung der Annahme oder die gleichbedeutende Benachrichtigung, dass der Versicherungsschein zur Einlösung beim Versicherungsagenten bereitliege, aus Vereinfachungsgründen sehr häufig durch die Übersendung des Versicherungsscheins selbst (nebst erster Prämienrechnung) ersetzt wird; seltener mündlich oder fernmündlich, insbesondere wenn der Abschluss des Versicherungsvertrags aufgrund besonderer Umstände dringlich ist.[403] Eine konkludente Annahmeerklärung kommt daher nur in engen Ausnahmefällen in Betracht.[404]

135 Verfälscht der Versicherungsagent den Inhalt des ihm zur Weiterleitung überlassenen Versicherungsscheins und händigt er diesen anschließend dem Versiche-

---

[393] VerBAV 1986, 305.
[394] VerBAV 1975, 58; VerBAV 1971, 236; VerBAV 1964, 34; GB BAV 1971, 50.
[395] VerBAV 1977, 73 und GB BAV 1977, 51.
[396] GB BAV 1984, 52.
[397] VerBAV 1978, 132. Neue Grundsätze in VerBAV 1985, 111.
[398] *Claus* VerBAV 1981, 217.
[399] Vgl. dazu LG Hamburg v. 23. 5. 1952, VersR 1952, 419; BGH v. 8. 6. 1967, VersR 1967, 795; BGH, Urt. v. 1. 10. 1975 – IV ZR 202/73, VersR 1975, 1090; BGH, Urt. v. 22. 5. 1991 – IV ZR 107/90, VersR 1991, 910.
[400] BGH, Urt. v. 1. 10. 1975 – IV ZR 202/73, VersR 1975, 1090, 1092; OLG Hamm v. 18. 1. 1978, VersR 1978, 1135; BGH, Urt. v. 22. 5. 1991 – IV ZR 107/90, VersR 1991, 910.
[401] LG Köln VersR 1967, 274, 275; BGH VersR 1969, 415; BGH VersR 1987, 924.
[402] BGH v. 31. 1. 1951, NJW 1951, 313 = VersR 1951, 114; OLG Hamm v. 18. 1. 1978, VersR 1978, 1135; BGH VersR 1987, 924.
[403] BGH VersR 1975, 1092 m. w. Nachw.; OLG Hamm v. 18. 1. 1978, VersR 1978, 1135; LG Frankfurt/M. v. 27. 5. 1993, VersR 1994, 301, 303.
[404] LG Hannover VersR 1988, 262.

rungsnehmer aus, so führt dies nicht zum Zustandekommen eines Versicherungsvertrags mit dem verfälschten Inhalt.[405] Dies gilt auch für den Fall, dass der Versicherungsvertreter unter für den Versicherungsnehmer erkennbaren Missbrauch seiner Vertretungsmacht auf dem Versicherungsschein den Zusatz anbringt, dass bis auf Weiteres keine Prämien erhoben werden sollen.[406]

Übergibt der Versicherungsnehmer mit seinem Antrag auf Abschluss eines Lebensversicherungsvertrages unaufgefordert Bargeld oder einen Verrechnungsscheck in Höhe der Erstprämie, so kann nach der Verkehrsanschauung in der Entgegennahme des Geldes oder der Einlösung des Verrechnungsschecks mit nachfolgender vorläufiger Verbuchung durch den Versicherer oder Agenten allein noch keine Annahmeerklärung des Versicherers gesehen werden.[407] **136**

Hat der Versicherungsnehmer aber mit dem Versicherungsantrag zugleich eine – auf Dauer angelegte – Einziehungsermächtigung für sein Bankkonto erteilt, so darf er nach Treu und Glauben als Annahmeerklärung die Tatsache verstehen, dass der Versicherer nach einiger Zeit von der Ermächtigung Gebrauch gemacht und den Erstbeitrag eingezogen hat,[408] weil der Versicherungsnehmer sich dann sagen muss, dass dies im redlichen Geschäftsverkehr nur nach positivem Abschluss der Antragsprüfung geschehen sein kann.[409] Eine andere Beurteilung kann dann geboten sein, wenn nach den im Versicherungsantrag abgedruckten Versicherungsbedingungen das Zustandekommen des Vertrags nur dann erfolgen soll, wenn der Vorstand schriftlich die Annahme des Antrags erklärt hat oder der Versicherungsschein ausgehändigt oder angeboten wird.[410] **137**

b) Ausschöpfung der Annahmefrist. Innerhalb der Bindungsfrist muss der Versicherer den Antrag nicht so bearbeiten, dass die Annahme oder Ablehnung zu erklären ist.[411] Der Versicherer ist vielmehr berechtigt, die Annahmefrist für die Antragsprüfung voll auszuschöpfen; eine Verpflichtung, Anträge unabhängig von formularmäßig erklärten Bindungsfristen ohne Verzögerung in angemessener Frist zu prüfen und schon vor Fristablauf zu entscheiden, besteht grundsätzlich nicht.[412] **138**

---

[405] OLG Köln, Urt. v. 12. 12. 1994 – 5 U 266/93, NJW-RR 1995, 1494 = VersR 1995, 1226, 1227.
[406] OLG Karlsruhe, Urt. v. 6. 10. 1994 – 12 U 37/94, VersR 1996, 45, 46.
[407] BGH v. 31. 1. 1951, VersR 1951, 114; OLG Stuttgart v. 28. 10. 1958, VersR 1959, 261; AG München v. 22. 12. 1970, VersR 1971, 360; LG Saarbrücken v. 4. 3. 1971, VersR 1971, 1054; LG Essen VersR 1973, 27; BGH v. 1. 10. 1975, NJW 1976, 289 = VersR 1975, 1090, 1092; OLG Hamm v. 20. 2. 1975, VersR 1976, 144; OLG Hamm v. 18. 1. 1978, VersR 1978, 1134; LG Duisburg VersR 1980, 965; OLG Köln VersR 1980, 1162; AG Köln VersR 1981, 274; OLG Hamm VersR 1982, 844; BGH NJW 1983, 631; BGH v. 3. 11. 1982, VersR 1983, 121; OLG Köln VersR 1983, 578; OLG Köln VersR 1983, 1179; LG Hannover VersR 1988, 262; a. A. LG Frankfurt/M., NJW 1978, 1007 = VersR 1978, 1012, 1013 m. abl. Anm. *Martin* VersR 1971, 361 und *Surminski* VersR 1971, 709.
[408] Vgl. OLG Hamm v. 21. 12. 1970, VersR 1971, 1031; AG Lingen v. 19. 1. 1988, VersR 1988, 1037.
[409] BGH v. 1. 10. 1975, NJW 1976, 289 = VersR 1975, 1090, 1092; BGH, Urt. v. 22. 5. 1991 – IV ZR 107/90, NJW-RR 1991, 1177, 1178 = VersR 1991, 910 = MDR 1992, 238, 239; *Lorenz* VersR 1984, 729.
[410] LG Hannover VersR 1988, 262.
[411] BGH v. 17. 3. 1966, VersR 1966, 457; so aber noch LG Berlin v. 28. 12. 1950, VersR 1951, 42; LG Hamburg v. 20. 2. 1951, VersR 1951, 158; unklar RGZ 147, 109.
[412] BGH v. 24. 11. 1952, VersR 1952, 37, 38; OLG Stuttgart v. 28. 10. 1958, VersR 1959, 261; OLG München v. 1. 2. 1965, VersR 1965, 529; BGH v. 17. 3. 1966, VersR 1966, 457; LG Köln v. 6. 7. 1972, VersR 1972, 926; LG Köln v. 6. 7. 1972, VersR 1972, 1165; BGH vom 1. 10. 1975, VersR 1975, 1093; OLG Hamm v. 18. 1. 1978, VersR 1978, 1136; OLG Hamm v. 8. 2. 1978, VersR 1978, 1015; LG Bremen VersR 1982, 694; LG Mönchengladbach v. 18. 3. 1982, VersR 1983, 50; a. A. RGZ 147, 103; OLG München

139 Die im Versicherungsantrag vorgesehene Bindungsfrist von sechs Wochen, die ggf. vom Tag der ärztlichen Untersuchung an zählt, entbindet den Versicherer nicht ausnahmslos und unter allen Umständen von der Verpflichtung, eine Entscheidung über den Antrag nach Möglichkeit schon vor Fristablauf herbeizuführen und dem Antragsteller mitzuteilen, wobei er die Frist voll ausschöpfen darf, wenn eine besondere Eilbedürftigkeit des Antrages nicht ersichtlich ist.[413] Die besondere Eilbedürftigkeit ergibt sich nicht schon aus einer Rückdatierung des Versicherungsbeginns und aus einer Zahlung des Erstbeitrags bei Antragstellung oder aus einem gewünschten Versicherungsbeginn zu einem bestimmten Zeitpunkt nach Antragstellung.[414] Muss der Versicherer beim Antragsteller jedoch mit irrigen Vorstellungen über die Geltung der Bindungsfrist und über die Bearbeitungsdauer rechnen, muss er auf deren Abkürzung hinwirken oder den Antragsteller entsprechend aufklären.[415]

140 Bei fristgerechter Annahme des Antrags sind Änderungswünsche des Antragstellers als Angebot auf Abschluss eines neuen Versicherungsvertrags unter gleichzeitiger Aufhebung des gerade geschlossenen Versicherungsvertrags zu verstehen.[416]

141 c) **Tod des Antragstellers.** Der Antrag wird gemäß § 130 Abs. 2 BGB nicht gegenstandslos, wenn der Antragsteller nach Abgabe des Antrags verstirbt.[417] Aus § 153 BGB folgt, dass die Annahme des Antrags vom Versicherer auch noch nach dem Versterben des Antragenden wirksam gegenüber den Erben erklärt werden kann,[418] auch wenn der Antragsteller nicht zugleich die versicherte Person ist. Dabei ist es nicht erforderlich, dass die Annahmeerklärung als solche bereits an die Erben gerichtet ist.[419] Es ist ausreichend, wenn die an den Antragenden gerichtete Erklärung in Unkenntnis von dessen Versterben dem Erben unmittelbar zugeht.[420]

142 Ist die versicherte Person mit dem Antragsteller personengleich, ist gemäß § 2 VVG zu verfahren.[421] Danach kommt der Versicherungsvertrag wirksam zustande, wenn der Versicherer in Unkenntnis des Eintritts des Versicherungsfalls den Antrag annimmt; er ist aber nicht zur Leistung verpflichtet. Hingegen erlischt der Antrag, wenn auch der Versicherer vom Tod des Antragstellers Kenntnis hat und der beabsichtigte Vertrag gegenstandslos wird.[422]

143 d) **Zugang der Annahmeerklärung des LVU.** Gemäß §§ 130 bis 132 BGB wird die Annahmeerklärung des LVU mit Zugang beim Antragsteller wirk-

---

VersR 1965, 373; OLG Celle VersR 1965, 941; LG Köln VersR 1967, 274, 275; OLG München VersR 1972, 1112; LG Duisburg VersR 1980, 965.
[413] Vgl. LG Berlin v. 28. 12. 1950, VersR 1951, 42; LG Hamburg v. 20. 2. 1951, VersR 1951, 158 m. Anm. *Weber* VersR 1951, 159; BGH v. 17. 3. 1966, VersR 1966, 457; LG Köln VersR 1972, 925; LG Essen VersR 1973, 27; BGH v. 1. 10. 1975, VersR 1975, 1093; OLG Koblenz VersR 1977, 320, 321; OLG Hamm VersR 1978, 1014; LG Bremen VersR 1982, 694; OLG Köln VersR 1983, 578, 579; OLG Celle VersR 1983, 429; LG Mönchengladbach VersR 1983, 49.
[414] OLG München v. 1. 2. 1965, VersR 1965, 529; LG Köln v. 6. 7. 1972, VersR 1972, 926; LG Köln v. 6. 7. 1972, VersR 1972, 1165.
[415] Vgl. BGH v. 20. 6. 1963, VersR 1963, 768; BGH v. 17. 3. 1966, VersR 1966, 457; BGH v. 1. 10. 1975, VersR 1975, 1093; siehe auch BGHZ 40, 22.
[416] LG Mönchengladbach v. 18. 11. 1958, VersR 1959, 846.
[417] OLG Köln, Urt. v. 26. 6. 1996 – 5 U 182/95, VersR 1997, 51, 52 = r+s 1998, 39.
[418] OLG Köln, Urt. v. 26. 6. 1996 – 5 U 182/95, VersR 1997, 51, 52 = r+s 1998, 39.
[419] OLG Köln, Urt. v. 26. 6. 1996 – 5 U 182/95, VersR 1997, 51, 52 = r+s 1998, 39.
[420] OLG Köln, Urt. v. 26. 6. 1996 – 5 U 182/95, VersR 1997, 51, 52 = r+s 1998, 39.
[421] Vgl. hierzu OLG Hamm v. 18. 1. 1978, VersR 1978, 1136; LG Mönchengladbach v. 18. 3. 1982, VersR 1983, 50.
[422] LG Paderborn v. 10. 7. 1951, VersR 1951, 256.

sam.⁴²³ Eine interne Annahmeerklärung des Versicherers reicht nicht aus, um einen rechtswirksamen Vertragsabschluss herbeizuführen.⁴²⁴ Erfolgt der Zugang innerhalb der Annahmefrist, ist der Lebensversicherungsvertrag zustande gekommen und beginnt formell der Vertrag.

e) **Beweislast.** Die Beweislast für den Zugang der Annahmeerklärung trägt der Versicherer.⁴²⁵ Er kann durch Vorlage eines Datenbandauszuges der Datenverarbeitung den Anscheinsbeweis erbringen, dass ein Versicherungsschein und mit welchem Inhalt ausgefertigt und an den Antragsteller übermittelt worden ist.⁴²⁶ Allerdings ist allein mit der Aufgabe zur Post der Zugangsbeweis nicht geführt, da es keine Vermutung dafür gibt, dass eine zur Post gegebene Sendung auch den Adressaten erreicht hat.⁴²⁷ 144

4. Verspätete Annahmeerklärung des Versicherers

Schrifttum: *Martin,* Verspätete „Annahme" von Versicherungsanträgen, ZVersWiss 1976, 549.

Im Allgemeinen liegt in der verspäteten Zusendung des Versicherungsscheins ein erneutes Vertragsangebot.⁴²⁸ Die Annahme ist verspätet, wenn sie dem Versicherungsnehmer vom Versicherer nicht innerhalb der Bindefrist erklärt wird, und führt ferner auch nicht zum Vertragsabschluss, wenn der Versicherer den an ihn gerichteten Antrag nur unter Erweiterungen, Einschränkungen oder sonstigen Änderungen annimmt; sie ist dann gemäß § 150 Abs. 1 BGB als neuer Antrag auf Abschluss eines Versicherungsvertrages zu werten.⁴²⁹ Der Antrag des Versicherers wird durch Zahlung des im Versicherungsschein ausgewiesenen Beitrags vom Antragsteller schlüssig angenommen.⁴³⁰ Die Annahme des Versicherungsantrags wird auch durch widerspruchslose Hinnahme des Beitragseinzugs erklärt.⁴³¹ Keine Annahme ist erfolgt, wenn der Vertrag unmittelbar nach Erhalt des Versicherungsscheins angefochten worden ist und schon die Erst- und Folgeprämie aufgrund eines nicht widerrufenen, bei Antragstellung unterzeichneten Dauerauftrages an den Versicherer gezahlt werden.⁴³² Nach Auffassung des BAV kann eine nach Ablauf der Bindefrist übersandte Police als Angebot des Versicherungsunternehmens grundsätzlich nur dann konkludent durch Prämienzahlung angenommen 145

---

⁴²³ Vgl. hierzu OLG Hamm v. 18. 1. 1978, VersR 1978, 1135.
⁴²⁴ Vgl. BGH v. 31. 1. 1951, VersR 1951, 114; LG Bonn v. 16. 7. 1974, VersR 1975, 999; BGH vom 1. 10. 1975, NJW 1976, 289.
⁴²⁵ LG Hannover VersR 1988, 262.
⁴²⁶ LG Würzburg VersR 1983, 723.
⁴²⁷ OLG München v. 5. 10. 1962, VersR 1963, 373. Zur Verweigerung der Annahme: LG Verden v. 23. 5. 1967, VersR 1967, 869.
⁴²⁸ BGH, Urt. v. 16. 10. 1991 – IV ZR 226/90, NJW-RR 1992, 160 = VersR 1991, 1397; BGH, Urt. v. 19. 2. 1992 – IV ZR 106/91, NJW 1992, 1505 = VersR 1992, 484.
⁴²⁹ BGH v. 31. 1. 1951, VersR 1951, 114, 115; OLG Celle v. 14. 7. 1954, VersR 1954, 425; LG München v. 24. 6. 1958, VersR 1958, 590, 591; OLG Braunschweig VersR 1967, 852; LG Aachen VersR 1976, 627; OLG Hamm v. 18. 1. 1978, VersR 1978, 1134; OLG Köln VersR 1979, 245; OLG Hamm VersR 1982, 1072; LG Mönchengladbach VersR 1983, 49, 50; OLG Köln VersR 1983, 849.
⁴³⁰ BGH v. 31. 1. 1951, VersR 1951, 114, 115; BGH v. 14. 10. 1955, VersR 1955, 738; BGH v. 21. 5. 1959, VersR 1959, 497, 498.
⁴³¹ OLG Hamm VersR 1978, 1039; BGH, Urt. v. 22. 5. 1991 – IV ZR 107/90, VersR 1991, 910, 911 = VerBAV 1991, 454, 455; a. A. LG Koblenz, Urt. v. 14. 1. 1987 – 15 O 41/86.
⁴³² OLG Hamm VersR 1978, 1039.

werden, wenn sie dem ursprünglichen Antrag entspricht.[433] Von den Erben kann der Antrag des Versicherers nicht mehr angenommen werden.[434]

5. Abweichung vom Versicherungsantrag

Schrifttum: *Luckey*, Konsens, Dissens und Anfechtbarkeit – das Schicksal der Willenserklärungen und des Versicherungsvertrages unter Berücksichtigung des § 5 VVG, VersR 1994, 1261; *Schreiber*, Zur Anwendung der „Billigungsklausel" des § 5 VVG, VersR 1994, 760.

146 Die Annahmeerklärung des Versicherers gilt nach § 150 Abs. 2 BGB als Ablehnung des Versicherungsantrags verbunden mit einem neuen Antrag, wenn der Versicherer den Antrag nur unter Erweiterungen, Einschränkungen oder sonstigen Änderungen annehmen will.[435]

147 Nach § 5 Abs. 1 VVG gilt bei einer Abweichung des Versicherungsscheins vom Versicherungsantrag die Abweichung als genehmigt, wenn der Versicherungsnehmer nicht innerhalb eines Monats nach Empfang des Versicherungsscheins schriftlich widerspricht. Versicherungsscheine sind auch Verlängerungs- oder Nachtragsscheine.[436] § 5 VVG gilt nicht nur für den Inhalt des Versicherungsscheins selbst, sondern für jede Art von Versicherungsurkunde, auch für Briefe, die die Versicherungsurkunde begleiten oder ergänzen.[437] Keine Abweichung zwischen dem Versicherungsantrag und dem Versicherungsschein liegt vor, wenn die versicherungstechnischen Daten identisch sind.[438]

148 Nach § 5 Abs. 2 VVG ist der Versicherer bei Aushändigung des Versicherungsscheins verpflichtet, den Versicherungsnehmer auf die Abweichung in einer besonderen, im Gesetz näher geregelten Weise hinzuweisen.[439] Danach hat der Hinweis entweder durch besondere schriftliche Mitteilung oder durch einen auffälligen Vermerk in dem Versicherungsschein zu erfolgen.[440] Für das Eingreifen der Billigungsklausel des § 5 Abs. 1 VVG genügt, wenn der erforderliche Hinweis durch einen auffälligen Vermerk in dem Versicherungsschein (§ 5 Abs. 2 Satz 2 VVG) erfolgt, die Rechtsbelehrung des § 5 Abs. 2 Satz 1 VVG, drucktechnisch hervorgehoben, in schriftlichen „Hinweisen zum Versicherungsschutz" enthalten ist, diese „Hinweise zum Versicherungsschutz" der mit „Versicherungsschein" überschriebenen Urkunde angeheftet sind und auf sie in dieser Urkunde als derselben beigefügt verwiesen wird.[441] Fehlt es an der erforderlichen Rechtsbelehrung im Sinne von § 5 Abs. 2 Satz 1 VVG, wird die Genehmigung der Abweichung nicht vermutet.[442] Erfolgt ein Hinweis auf die Abweichung vom Versi-

---

[433] GB BAV 1983, 82.
[434] OLG Hamm VersR 1978, 1134.
[435] OLG Hamm vom 18. 1. 1978, VersR 1978, 1135; zum versteckten Dissens siehe LG Berlin v. 18. 2. 1963, VersR 1963, 817.
[436] BGH v. 21. 5. 1959, VersR 1959, 497, 498; BGH, Urt. v. 9. 12. 1965 – II ZR 165/63, VersR 1966, 129; OLG Hamm VersR 1993, 169 f.; BGH, Urt. v. 10. 3. 2004 – IV ZR 75/03, NJW-RR 2004, 892, 893 = VersR 2004, 893, 894.
[437] OLG Hamm v. 12. 10. 1988, NJW-RR 1989, 533, 534 = VersR 1989, 947.
[438] LG Augsburg, Urt. v. 4. 11. 1985 – 3 O 1422/85, r+s 1994, 116; LG Nürnberg-Fürth, Urt. v. 1. 7. 1987 – 12 O 2753/87, r+s 1994, 116; LG Bielefeld, Urt. v. 17. 12. 1992 – 21 O 380/92, r+s 1994, 115, 116.
[439] Vgl. hierzu OLG Celle v. 19. 6. 1952, VersR 1952, 283; BGH v. 16. 6. 1982, VersR 1982, 841; OLG Hamm v. 12. 10. 1988, NJW-RR 1989, 533, 534 = VersR 1989, 947; BGH, Urt. v. 10. 3. 2004 – IV ZR 75/03, NJW-RR 2004, 892, 893 = VersR 2004, 893, 894.
[440] OLG Karlsruhe, Urt. v. 18. 10. 1990 – 12 U 134/90, VersR 1992, 227.
[441] OLG Saarbrücken, Urt. v. 13. 11. 1991 – 5 U 35/91, VersR 1992, 687 (Ls.); OLG Karlsruhe, Urt. v. 18. 10. 1990 – 12 U 134/90, VersR 1992, 227, 228.
[442] OLG Saarbrücken, Urt. v. 30. 5. 2007 – 5 U 704/06-89, VersR 2008, 57, 58.

cherungsantrag nicht, so soll die Abweichung für den Versicherungsnehmer unverbindlich und insoweit der Inhalt des Versicherungsantrags als vereinbart anzusehen sein.[443] Dies gilt selbst dann, wenn die Abweichung im Versicherungsschein günstiger wäre.[444] Auf ein Verschulden des Versicherers kommt es in diesem Zusammenhang nicht an; die Rechtsfolgen des § 5 Abs. 3 VVG treten auch dann ein, wenn der Versicherer ohne Verschulden die Abweichung zwischen Antrag und Versicherungsschein nicht erkannt hat.[445] § 5 Abs. 1 VVG gilt unabhängig davon, ob die Abweichung für den Versicherungsnehmer günstig oder ungünstig ist.[446]

6. Übermittlung des Versicherungsscheins

AuVdBAV: VerBAV 1957, 108 (R 9/57 vom 22. 5. 1957 – Aufbewahrung geschäftlicher urkundlicher Belege); GB BAV 1965, 31 (Abdruck der AVB auf dem Versicherungsschein); VerBAV 1969, 328 (Angaben auf Geschäftsbriefen); GB BAV 1970, 45 (Angabe der Versicherungsagentur und der Filialdirektion auf dem Versicherungsschein); GB BAV 1972, 48 (Dokumentierung des Bezugsrechts); GB BAV 1977, 24 und 1978, 27 (Versicherungsscheine als Geschäftsbriefe); GB BAV 1980, 29 (Versendung von Versicherungsscheinen); GB BAV 1983, 53 (Angaben zur Überschussbeteiligung im Versicherungsschein).

Der Versicherungsschein, die Police, ist nach § 3 Abs. 1 VVG eine vom Versicherer unterzeichnete Urkunde über den Versicherungsvertrag. Er stellt also nicht etwa den schriftlichen Vertragsabschluss selbst dar, sondern lediglich eine einseitige, vom Versicherer unterzeichnete Erklärung (§ 126 BGB), bei der es § 3 Abs. 1 VVG zulässt, dass die Unterschrift auch in einer Nachbildung (Faksimile) bestehen kann. Er ist Beweisurkunde,[447] die die Vermutung der Vollständigkeit hat,[448] die aber widerlegt werden kann.[449] Wird der Versicherungsschein „In Vollmacht der beteiligten Gesellschaften" ausgestellt, so sind diese Versicherer, auch wenn sie nicht namentlich aufgeführt sind.[450]

149

Der Versicherungsschein enthält die für die Vertragspartner, besonders aber die für den Versicherungsnehmer wesentlichen Punkte des Versicherungsvertrags, also den gewählten Tarif, die Namen des Versicherungsnehmers und des Versicherten, die Höhe der Versicherungssumme und ihre Fälligkeit, den Beginn der Versicherung, die Höhe des Beitrags, die Gewinnbeteiligung und das etwa bestellte Bezugsrecht.

150

---

[443] Vgl. hierzu OLG Celle v. 19. 6. 1952, VersR 1952, 283; BGH v. 16. 6. 1982, VersR 1982, 841; OLG Hamm v. 12. 10. 1988, NJW-RR 1989, 533, 534 = VersR 1989, 947; OLG Karlsruhe, Urt. v. 10. 11. 2008 – 12 U 234/07, r+s 2009, 473, 474; OLG Celle, Urt. v. 26. 2. 2009 – 8 U 150/08, VersR 2009, 914, 916.
[444] OLG Celle v. 7. 12. 1959, VersR 1960, 121; OLG Koblenz v. 19. 2. 1976, VersR 1976, 979; LG Braunschweig v. 14. 12. 1977, VersR 1978, 413; a. A. OLG Hamm, Urt. v. 10. 6. 1992 – 20 U 376/91, VersR 1993, 169 = r+s 1992, 390.
[445] LG Lüneburg v. 19. 2. 1959, VerBAV 1959, 274; AG Mannheim VersR 1982, 481; BGH, Urt. v. 25. 3. 1987 – IV a ZR 224/85, NJW 1988, 60, 61 = VersR 1987, 663, 664 = r+s 1987, 239; BGH, Urt. v. 19. 9. 2001 – IV ZR 235/00, NJW-RR 2002, 169, 170 = NVersZ 2002, 59, 60 = VersR 2001, 1498, 1499 = VerBAV 2002, 267, 268 = r+s 2002, 97.
[446] Ebenso BGH v. 21. 1. 1976, VersR 1976, 477 = VerBAV 1976, 310; LG Braunschweig v. 14. 12. 1977, VersR 1978, 413; offen lassend BGH v. 21. 5. 1959, VersR 1959, 497.
[447] OLG Hamburg v. 16. 1. 1952, VersR 1952, 112, 113; LG Köln v. 29. 6. 1956, VersR 1957, 21.
[448] OLG Saarbrücken v. 22. 6. 1988, VersR 1989, 391; OLG München, Urt. v. 14. 8. 2008 – 25 U 2326/08, VersR 2008, 1521.
[449] OLG Neustadt v. 19. 12. 1958, VersR 1959, 885, 886; OLG München, Urt. v. 14. 8. 2008 – 25 U 2326/08, VersR 2008, 1521.
[450] OLG Hamburg VersR 1984, 980. Siehe auch OLG Köln VersR 1979, 1094.

151 Die für den Versicherungsvertrag maßgeblichen Allgemeinen Versicherungsbedingungen sind entsprechend einer Anweisung der Aufsichtsbehörde im Versicherungsschein abzudrucken. Etwaige „Zusätze", „Nachträge" u. a. zum Versicherungsschein sind seine Bestandteile und bestätigen spätere Änderungen, Ergänzungen oder Erweiterungen des Vertragsinhalts.

152 Im Versicherungsschein ist ein Hinweis aufzunehmen, dass die Höhe der Überschussbeteiligung nicht für die gesamte Vertragslaufzeit garantiert werden kann.[451] Der Inhalt des Vertrages wird durch die Unterwerfung gemäß § 5 VVG so bestimmt, wie Versicherungsschein und die darauf erfolgte Berechnung des Einlösungsbeitrags dies festlegen.[452]

153 Bei Vertragsschluss nach deutsch geführten Verhandlungen mit einem fremdsprachigen Ausländer muss der Versicherer keine Übersetzung zur Verfügung stellen.[453] Im folgenden Schriftverkehr muss der Versicherer keine Übersetzungen beifügen, auch wenn es z.B. um die Ablehnung des Versicherungsschutzes gemäß § 12 Abs. 3 VVG geht.[454] Die OLG-Rechtsprechung trägt der Auffassung des BGH Rechnung, dass der Versicherer sich für den einfachen Mann verständlich ausdrücken müsse.[455] Erfolgten die Vertragsverhandlungen in der Muttersprache des Versicherungsnehmers, muss die weitere Korrespondenz auch in dieser Sprache erfolgen.[456]

7. Anfechtung der Annahmeerklärung durch LVU

Schrifttum: *Schulz,* Zulässigkeit und Auswirkungen der Irrtumsanfechtung eines Lebensversicherungsvertrages durch den Versicherer, insbesondere bei zu niedrig dokumentierter Prämie, Karlsruhe, 1958; *Thees* VP 1941, 5.

154 Die heutigen Geschäftsabläufe sind geprägt durch Erklärungshandlungen, die über Datenverarbeitungsanlagen übermittelt werden. Im Falle einer automatisierten Willenserklärung im Rahmen der Nutzung einer EDV-Anlage ist ein Fehler bei der Bedienung der Computeranlage wie ein Irrtum in der Erklärungshandlung nach § 119 Abs. 1 Fall 2 BGB anzusehen.[457] Ein solcher Irrtum ist anzunehmen bei einer auf einem Eingabefehler beruhenden Annahme des Versicherungsantrags[458] oder wenn versehentlich auf 16 statt auf 26 Jahre die Lebensversicherung policiert wird,[459] ferner bei fehlerhafter Ausstellung einer Ersatzpolice, die irrtümlich Leistungen für jeden Fall der Berufsunfähigkeit vorsieht, und nicht nur für die unfallbedingte Berufsunfähigkeit[460] oder wenn bei der manuellen Eingabe der Daten und Beträge versehentlich der Betrag der Erlebensfallsumme einer Leibren-

---

[451] GB BAV 1985, 52.
[452] OLG Frankfurt VersR 1972, 387, 388; OLG Hamm VersR 1981, 870; OLG Koblenz VersR 1983, 384.
[453] BGH v. 10. 3. 1983, RIW 1983, 454.
[454] LG Stuttgart v. 19. 4. 1974, VersR 1976, 826; a. A. OLG Koblenz v. 19. 12. 1974, VersR 1975, 893, das einen Hinweis auf die Bedeutsamkeit der Mitteilung in der Sprache des Versicherungsnehmers verlangt; a. A. OLG Hamm v. 10. 12. 1969, VersR 1970, 315, wenn die mangelhaften Sprachkenntnisse des Versicherungsnehmers bekannt sind.
[455] BGH v. 21. 9. 1967, VersR 1967, 1062.
[456] LG Nürnberg-Fürth v. 30. 9. 1964, zitiert bei *Schmalzl* VersR 1965, 652.
[457] OLG Köln, Urt. v. 20. 2. 2001 – 9 U 173/99, NVersZ 2001, 351, 352 = VersR 2002, 85, 86 = r+s 2001, 175, 176.
[458] OLG Köln, Urt. v. 20. 2. 2001 – 9 U 173/99, NVersZ 2001, 351, 352 = VersR 2002, 85, 86 = r+s 2001, 175, 176.
[459] BGH, Urt. v. 22. 2. 1995 – IV ZR 58/94, NJW-RR 1995, 859 = VersR 1995, 648, 649 = r+s 1995, 241 = DB 1995, 1603, 1604; OLG Karlsruhe, Urt. v. 5. 10. 1995 – 12 U 66/95, r+s 1997, 178, 179.
[460] OLG Karlsruhe, Urt. v. 29. 8. 1991 – 12 U 217/90, VersR 1992, 1121, 1122.

tenversicherung in die Spalte der jährlichen Rente eingegeben wird.⁴⁶¹ Eine Irrtumsanfechtung ist dem Versicherer ferner zuzubilligen, wenn er aus Versehen vom genehmigten Geschäftsplan abgewichen ist.⁴⁶² Abgelehnt wurde die Anfechtung eines Lebensversicherungsvertrags, bei dem ein Sachbearbeiter des Versicherers versehentlich einen Risikoeinschluss für Flugsportrisiken vorgenommen, die Prämie aber ohne den für das eingeschlossene Risiko fälligen Prämienzuschlag berechnet hatte.⁴⁶³

VIII. Hinweispflichten des Versicherers während der Vertragslaufzeit

1. Verwendung neuer Versicherungsbedingungen im Neugeschäft

Es besteht keine allgemeine Verpflichtung der Versicherer zur Information ihrer Bestandskunden über die Schaffung neuer Versicherungsbedingungen für das Neugeschäft und zur Einbeziehung der neuen AVB in bestehende Versicherungsverträge.⁴⁶⁴ Die Begründung einer entsprechenden allgemeinen Hinweisverpflichtung würde zu einem kaum überschaubaren Prüfungsaufwand für den Versicherer führen und würde dazu führen, dass der Versicherer – unabhängig von den konkreten Auswirkungen auf einzelne Vertragsverhältnisse – jeden Versicherungsnehmer der betroffenen Sparte von der Existenz neuer Versicherungsbedingungen informieren müsste, damit jeder von ihnen die Möglichkeit eigener Entscheidungsbildung und der Geltendmachung konkreten Informationsbedarfs für seinen Vertrag hat.⁴⁶⁵ Eine derart weitergehende Informationspflicht besteht jedoch nicht.⁴⁶⁶ Auch § 6 Abs. 4 Satz 1 VVG 2008 begründet für den Versicherer Pflichten nach Vertragsschluss während der Dauer des Versicherungsverhältnisses nur, soweit für den Versicherer ein Anlass für eine Nachfrage und Beratung des Versicherers erkennbar ist. Von daher besteht für die Auffassung von *Klimke*⁴⁶⁷ keinerlei Raum, der eine anlassunabhängige Hinweispflicht des Versicherers befürwortet, wenn es größere Änderungen oder eine vollständige Ersetzung des Bedingungswerks gegeben hat. Eine Pflicht zum Hinweis auf neue Versicherungsbedingungen kommt – abgesehen von dem Fall geführter Vertragsverhandlungen – nur dann in Betracht, wenn hierfür ein besonderer, dem Versicherer erkennbarer Grund besteht.⁴⁶⁸ Insoweit genügt es nicht, dass einzelne Klauseln der

---

⁴⁶¹ OLG Hamm, Urt. v. 8. 1. 1993 – 20 U 249/92, NJW 1993, 2321 = r+s 1996, 159.
⁴⁶² Im Übrigen siehe OLG Düsseldorf v. 5. 7. 1949, VW 1949, 478; LG Berlin v. 15. 12. 1952, VersR 1953, 57; BGH v. 21. 5. 1959, VersR 1959, 497; LG Hannover v. 15. 5. 1979, VersR 1979, 1146.
⁴⁶³ OLG Frankfurt/M., Urt. v. 9. 2. 1996 – 24 U 118/94, VersR 1996, 1353, 1355; krit. dazu *Herrmann* VersR 1998, 931, 936.
⁴⁶⁴ OLG Hamm, Urt. v. 17. 3. 1993 – 20 U 360/92, NJW-RR 1994, 1247 = VersR 1994, 37, 38; OLG München, Urt. v. 19. 7. 2005 – 25 U 5019/04, VersR 2005, 1418 (Ls.); OLG Düsseldorf, Urt. v. 10. 6. 2008 – I-4 U 151/07, NJW-RR 2009, 246, 248 = VersR 2008, 1480, 1482; *Fausten*, Ansprüche des Versicherungsnehmers aus positiver Vertragsverletzung, Frankfurt/M. u. a., Lang, 2003, S. 127.
⁴⁶⁵ OLG Düsseldorf, Urt. v. 10. 6. 2008 – I-4 U 151/07, NJW-RR 2009, 246, 248 = VersR 2008, 1480, 1482.
⁴⁶⁶ OLG München, Urt. v. 19. 7. 2005 – 25 U 5019/04, VersR 2005, 1418 (Ls.); OLG Düsseldorf, Urt. v. 10. 6. 2008 – I-4 U 151/07, NJW-RR 2009, 246, 248 = VersR 2008, 1480, 1482.
⁴⁶⁷ *Klimke*, Die Hinweispflicht des Versicherers bei Einführung neuer AVB, NVersZ 1999, 449, 455.
⁴⁶⁸ OLG Düsseldorf, Urt. v. 10. 6. 2008 – I-4 U 151/07, NJW-RR 2009, 246, 248 = VersR 2008, 1480, 1482.

neuen Bedingungen das Vertragsverhältnis zugunsten des Versicherungsnehmers verändern würden.[469]

2. Vertragsverhandlungen

156   Haben die Parteien eine Dynamisierung von Leistungen und Beitrag vereinbart, setzt der danach in regelmäßigen Zeitabständen erfolgende Zuwachs von Leistung und Beitrag aufgrund der bereits früher getroffenen Vereinbarungen keine besondere Vertragsverhandlung voraus.[470] Automatisiert ablaufende Vertragsanpassungen und Vertragsänderungen aufgrund von vereinbarten Fortsetzungsklauseln oder regelmäßiger Dynamisierung von Prämie und Leistung können daher dem Fall einer Verhandlung über die Umgestaltung oder Verlängerung des Versicherungsvertrages nicht gleichgesetzt werden.[471]

3. Einzelfälle

157   Der Versicherer ist während der Laufzeit des Versicherungsvertrages nicht verpflichtet, den Versicherungsnehmer auf bevorstehende Änderungen im Steuer- und Sozialabgabenrecht hinzuweisen, deren Folgen der Versicherungsnehmer durch bestimmte Maßnahmen, z. B. Rückkauf oder Kündigung, noch umgehen kann.[472] Der Versicherer schuldet keine steuer- oder sozialabgabenrechtliche Beratung in Bezug auf eine demnächst fällig werdende Versicherungsleistung.[473] Hat der Versicherungsnehmer den Versicherer darauf hingewiesen, dass er arbeitslos geworden ist, ist der Versicherer nicht verpflichtet, den Versicherungsnehmer auf eine für ihn günstigere vertragliche Konstellation hinzuweisen und ihm eine entsprechende Vertragsänderung anzubieten.[474]

IX. Änderung, Aufhebung und Wiederherstellung der Lebensversicherung

AuVdBAV: GB BAV 1963, 34 (Beginnverlegung); GB BAV 1972, 45 (Vorzeitige Auflösung von Lebensversicherungsverträgen im Zusammenhang mit der flexiblen Altersgrenze); GB BAV 1981, 54 (Vertragsverlängerung von Vermögensbildungsversicherungen).

Schrifttum: *Heidemann*, Möglichkeiten der vorzeitigen Vertragsaufhebung und Umgestaltung von Lebensversicherungsverträgen, VP 1987, 95; *Mohr*, Übertragung der Versicherungsnehmereigenschaft in der Lebensversicherung für den Fall des Todes des Versicherungsnehmers, VersR 1966, 702.

1. Änderung

158   **a) Angebote des Versicherers.** Versicherer müssen dem Versicherungsnehmer Änderungsangebote so eindeutig unterbreiten, dass er das Angebot annehmen oder ablehnen kann. Auch bei einem vereinfachten Annahmeverfahren im Massengeschäft muss der Versicherer jedenfalls – etwa bei Erhöhung der Versicherungssummen oder Verbesserungen des Versicherungsschutzes – das Änderungs-

---

[469] OLG Düsseldorf, Urt. v. 10. 6. 2008 – I-4 U 151/07, NJW-RR 2009, 246, 248 = VersR 2008, 1480, 1482.
[470] OLG Düsseldorf, Urt. v. 10. 6. 2008 – I-4 U 151/07, NJW-RR 2009, 246, 248 = VersR 2008, 1480, 1482.
[471] OLG Düsseldorf, Urt. v. 2. 7. 1996 – 4 U 108/95, NJW-RR 1997, 979, 980 = VersR 1997, 1134, 1135; OLG Düsseldorf, Urt. v. 10. 6. 2008 – I-4 U 151/07, NJW-RR 2009, 246, 248 = VersR 2008, 1480, 1481.
[472] OLG Hamm, Beschl. v. 18. 10. 2006 – 20 U 189/06, VersR 2007, 631.
[473] OLG Hamm, Beschl. v. 18. 10. 2006 – 20 U 189/06, VersR 2007, 631.
[474] AG Düsseldorf, Urt. v. 3. 5. 2007 – 51 C 15000/06, VersR 2008, 767.

angebot als annahmebedürftiges Angebot kennzeichnen und darf bei den Versicherungsnehmern nicht den irrtümlichen Eindruck entstehen lassen, sie hätten die geänderten Verträge hinzunehmen.[475] Bei einmaligen Erhöhungsaktionen mit vereinfachter Gesundheitsprüfung sind vom Versicherer die vom BAV verlautbarten Grundsätze zu beachten.[476] Zulässig ist es ferner, dem VN geschäftsplanmäßig bis Ende 1988 das Recht einzuräumen, zum Ablauftermin einer bestehenden Versicherung eine neue Kapitalversicherung (Anschlussversicherung) ohne erneute Gesundheitsprüfung abzuschließen bzw. bei bestehenden Versicherungen zu bestimmten, objektiv nachprüfbaren Anlässen bzw. zu im vorhinein festgelegten Terminen den bestehenden Versicherungsschutz ohne erneute Gesundheitsprüfung zusätzlich zu erhöhen.[477]

b) Anträge des Versicherungsnehmers. aa) Frist. Für den Antrag auf Abänderung einer bestehenden Versicherung, z. B. Herabsetzung der Versicherungssumme, gilt keine bestimmte Annahme- oder Ablehnungsfrist.[478] Es bedarf jedoch des Zugangs des darauf gerichteten Antrags,[479] soweit nicht § 151 BGB eingreift. 159

bb) Inhalt des Antrags. Antragsinhalt kann die Erhöhung oder Herabsetzung der Versicherungssumme sein. Denkbar sind ferner eine technische Umstellung wie eine Beginnverlegung, der Umtausch, ein Versicherungsnehmerwechsel,[480] der Wegfall mitversicherter Personen, der Einschluss und der Wegfall von Zusatzversicherungen, die Streichung oder der Einschluss von Klauseln. Mitunter geht es auch um die nachträgliche Einrichtung eines Beitragsdepots. 160

cc) Pflichten des LVU bei Antragsaufnahme. Bei der Aufnahme des Abänderungsantrages durch einen Versicherungsvertreter muss der Versicherungsnehmer auf die Unwirksamkeit etwa getroffener Vereinbarungen hingewiesen werden, wenn erkennbar ist, dass der Versicherungsnehmer auf sofortigen Versicherungsschutz Wert legt, die vereinbarten Änderungen des Versicherungsvertrages aber erst mit Genehmigung des Versicherers wirksam werden; in dem Unterlassen des Hinweises auf die Unwirksamkeit der getroffenen Vereinbarung kann eine positive Vertragsverletzung liegen.[481] Strebt der Versicherer anlässlich einer Höherversicherung Änderungen der Bedingungen an, muss er dem Versicherungsnehmer anzeigen, welche wesentlichen Änderungen eintreten sollen.[482] 161

dd) Behandlung des Antrags. Im Rahmen eines bestehenden Versicherungsverhältnisses stellt bereits eine verzögerliche Behandlung des Antrags auf Abschluss einer Abänderungsvereinbarung eine schuldhafte Handlung des Versicherers gegenüber dem Versicherungsnehmer dar, die gegen diesen einen Schadenersatzanspruch wegen positiver Vertragsverletzung begründen kann.[483] Der Versicherungsnehmer muss sich jedoch mitwirkendes Verschulden anrechnen lassen, das darin liegen kann, dass er sich selbst nicht mehr um das Schicksal seines Antrags gekümmert hat.[484] 162

---

[475] BAV VerBAV 1981, 121.
[476] BAV VerBAV 1985, 111.
[477] Sog. Nachversicherungsgarantie, siehe im einzelnen GB BAV 1983, 54 und GB BAV 1987, 53/54.
[478] LG Mönchengladbach v. 18. 11. 1958 VersR 1958, 846; OLG Nürnberg VersR 1975, 228.
[479] GB BAV 1968, 49.
[480] Siehe hierzu OLG Hamburg NJW 1963, 449.
[481] BGH v. 23. 9. 1987, NJW-RR 1988, 23.
[482] BGH v. 24. 11. 1972, VersR 1973, 177.
[483] OLG Nürnberg v. 11. 5. 1950, VersR 1950, 180; OLG München v. 31. 1. 1961, VersR 1961, 338; OLG Hamm v. 8. 2. 1978, VersR 1978, 1015; BGH NJW 1981, 2305 = VersR 1981, 469.
[484] BGH r+s 1986, 113; *Prölss/Martin* § 3 VVG Anm. 5 B a.

163 **ee) Annahme des Antrags.** Die Annahme des Antrags erfolgt in der Regel durch Übersendung und Zugang eines Nachtrags zum Versicherungsschein. Mit Zugang der Annahmeerklärung wird die Änderungsvereinbarung wirksam.[485] Das Zustandekommen der Vertragsänderung wird nicht dadurch gehindert, dass der Antragsteller vor der Annahme stirbt, es sei denn, dass ein anderer Wille des Antragenden anzunehmen ist (§ 153 BGB). Die Annahme wird bei einer Herabsetzung der Versicherungssumme nicht gewollt sein, wenn der Antragende vor der Annahme verstirbt.[486] Wenn sowohl der Versicherungsnehmer als auch der Versicherer nicht wissen, dass der Versicherungsfall eingetreten ist, ist der geänderte Vertrag als Rückwärts- und als Vorwärtsversicherung wirksam.

164 **ff) Rechtsnatur des Beitrags nach Vertragsänderung.** Der nach der Vertragsänderung fällige Beitrag ist Folgebeitrag im Sinne von § 39 VVG.

165 **gg) Einzelfälle.** Änderungswünsche;[487] Aufnahme einer weiteren versicherten Person;[488] Aufstockung der Versicherungssumme;[489] Umwandlung einer Versicherung;[490] Verlängerung.[491]

166 **c) Steuerfragen. aa) Steuerschädliche Vertragsänderungen.** Nach einer Entscheidung des BFH ist ein Versicherungsvertrag nach Inhalt und wirtschaftlichem Gehalt unverändert geblieben, wenn sich die hierfür entscheidenden Merkmale, nämlich Laufzeit, Versicherungssumme, Versicherungsprämie und Prämienzahlungsdauer nicht geändert haben.[492] Wird ein Versicherungsvertrag nachträglich um drei Jahre verlängert, führt dies auch bei gleich bleibender Beitragsleistung steuerrechtlich zu einem neuen Vertrag, wenn die Möglichkeit der Vertragsänderung im ursprünglichen Versicherungsvertrag nicht vorgesehen war und sich auf Grund der Vertragsänderung die Laufzeit des Vertrags, die Prämienzahlungsdauer, die insgesamt zu entrichtenden Versicherungsbeiträge und die Versicherungssumme ändern.[493] Die Finanzverwaltung sieht von daher grundsätzlich alle Vertragsänderungen, die die Laufzeit, die Versicherungssumme, die Versicherungsprämie und die Zahlungsdauer betreffen, als Vertragsänderungen an, die den Altvertrag beenden und den geänderten Vertrag zu einem neuen Vertrag werden lassen.[494] Eine Novation hätte zur Folge, dass Beiträge zu einer Kapitallebensversicherung oder zu einer Rentenversicherung mit Kapitalwahlrecht, die nach der Vertragsänderung zu entrichten sind, nur dann als Sonderausgaben geltend gemacht werden können, wenn u. a. die nach der Vertragsänderung verbleibende Restdauer noch mindestens 12 Jahre beträgt. Auch für die Steuerfreiheit der rechnungsmäßigen und außerrechnungsmäßigen Zinsen ist im Falle einer Novation Voraussetzung, dass die Restdauer noch mindestens 12 Jahre beträgt. Steuerschädlich ist es, wenn der Todesfallschutz unter 60% der während der Vertragsdauer zu zahlenden

---

[485] Vgl. GB BAV 1968, 49.
[486] Siehe auch RG SeuffA 81, 20.
[487] LG Mönchengladbach v. 18. 11. 1958, VersR 1959, 846.
[488] OLG Düsseldorf v. 23. 4. 1963, VersR 1963, 1041.
[489] LG Freiburg v. 24. 2. 1953, VerBAV 1953, 194; OLG Hamm v. 28. 4. 1978, VersR 1978, 1063.
[490] BGH v. 11. 2. 1953, VersR 1953, 106.
[491] OLG Düsseldorf v. 5. 7. 1949, VW 1949, 478; OLG München v. 31. 1. 1961, VersR 1961, 339; OLG Hamm v. 8. 2. 1978, VersR 1978, 1015.
[492] BFH, Urt. v. 9. 5. 1974 – VI R 137/72, BStBl. II 1974, 633 = DB 1974, 1797; *Kreußler*, Vertragsänderungen bei Lebensversicherungen im Steuerrecht, VW 1996, 1506 f.; *Schoor*, Neues aus Finanzverwaltung und Rechtsprechung, VW 1996, 1654; *Horlemann*, Änderungen des Direktversicherungsvertrages aus steuerlicher Sicht, BetrAV 1998, 11, 12.
[493] BFH, Urt. v. 6. 7. 2005 – VIII R 71/04, NJW 2005, 3744 (Ls.) = DStR 2005, 1684 = DB 2005, 2163.
[494] OFD Kiel, Vfg. v. 1. 5. 1996 – S 2252 A – St 111, DB 1996, 212.

Beitragssumme sinkt⁴⁹⁵ oder wenn im Rahmen einer Dread-Disease-Police weitere schwere Erkrankungen eingeschlossen werden, die über die nach Auffassung der Finanzverwaltung zulässigen schweren Erkrankungen hinausgehen.⁴⁹⁶ Steuerunschädlich ist die Versicherung folgender Erkrankungen: Herzinfarkt, Bypass-Operation, Krebs, Schlaganfall, Nierenversagen und Multiple Sklerose.⁴⁹⁷

bb) Steuerunschädliche Vertragsänderungen. Folgende nachträglich getroffenen Vertragsänderungen stehen dem Sonderausgabenabzug und der Steuerfreiheit der Zinsen nicht entgegen und sind mithin steuerunschädlich:⁴⁹⁸ 167
- Wechsel der Person des Versicherungsnehmers unter Aufrechterhaltung des Vertragsinhalts.
- Umstellung eines nach einem alten Tarif abgeschlossenen Lebensversicherungsvertrags auf einen neuen Tarif.⁴⁹⁹
- Beitragsfreistellung.
- Änderung der Zahlungsweise der Beiträge (Übergang z.B. von jährlicher auf monatliche Zahlungsweise).
- Summenherabsetzung bei entsprechender Beitragsermäßigung.
- Zeitlich befristete vollständige oder teilweise Beitragsstundung.
- Verlegung des Beginns und des Ablauftermins zur Schließung von Beitragslücken, wodurch sich die Gesamtlaufzeit verlängert.
- Wiederherstellung des alten Versicherungsschutzes innerhalb von zwei Jahren durch Nachentrichtung von Beiträgen.
- Im Vertrag von Anfang an vorgesehene Beitragserhöhungen zur Dynamisierung der Alters- und Hinterbliebenenvorsorge entsprechend der Gehaltserhöhung, der Erhöhung des Beitrags zur gesetzlichen Rentenversicherung oder anderer im Vertrag vereinbarter Kriterien.⁵⁰⁰
- Im Vertrag von Anfang an vorgesehene Zuzahlungen zur Abkürzung der Vertragslaufzeit bei gleich bleibender Versicherungssumme, wenn bestimmte Voraussetzungen eingehalten werden (z.B. Restlaufzeit mindestens fünf Jahre, Zuzahlung in Höhe von höchstens 20 Prozent der Versicherungssumme).⁵⁰¹
- Beitragszahlungen in variabler Höhe, die sich nach einem bei Vertragsbeginn vereinbarten Maßstab bemessen (z.B. Umsatz, Gewinn, Dividendenzahlung), und die sich hierdurch ergebenden Änderungen der Versicherungssumme.⁵⁰²
- Beitragserhöhungen bei Direktversicherungen im Zusammenhang mit der Anhebung der Grenzen für die Lohnsteuerpauschalierung durch das Steuerreformgesetz 1990 oder das Jahressteuergesetz 1996.⁵⁰³
- Ausscheiden aus einem Gruppenversicherungsvertrag unter Fortführung der Versicherung als Einzelversicherung unter Erhöhung des Beitrags wegen des Übergangs zum Normaltarif, wenn das Leistungsversprechen des LVU weder seinem Inhalt noch seiner Höhe nach verändert wird.⁵⁰⁴
- Vertragsänderungen bei der Realteilung im Fall der Ehescheidung, wenn die Laufzeit des Versicherungsvertrags auch für den abgetrennten Teil unverändert

---

⁴⁹⁵ Vgl. BMF-Schreiben v. 6. 12. 1996, BStBl. I 1996, 1438.
⁴⁹⁶ BMF-Schreiben v. 26. 2. 1996, BStBl. I S. 123.
⁴⁹⁷ Vgl. *Weinmann*, Steuerrechtliche Novationen in der deutschen Lebensversicherung, ZfV 1997, 531, 535.
⁴⁹⁸ Siehe hierzu BMF-Schreiben v. 13. 6. 1977, DB 1977, 1231.
⁴⁹⁹ BMF-Schreiben v. 13. 11. 1986 – IV B 4 – S 2252 – 177/86.
⁵⁰⁰ FinMin. Baden-Württemberg v. 20. 11. 1984, DStZ 1985, 76.
⁵⁰¹ BMF-Schreiben v. 20. 7. 1990, BStBl. I 1990, 324. Siehe auch BFH v. 8. 2. 1974, BStBl. II 1974, 354, 356.
⁵⁰² BMF-Schreiben v. 6. 12. 1996, BStBl. I 1996, 1438.
⁵⁰³ Abschn. 129 Abs. 3a Satz 5 LStR.
⁵⁰⁴ BMF-Schreiben v. 3. 6. 1987, DB 1987, 1592.

bleibt und dem Unterhaltsberechtigten kein Kapitalwahlrecht eingeräumt wird.[505]

2. Aufhebung

168 Der Versicherungsvertrag steht häufig in engem Zusammenhang mit dem Abschluss eines Darlehensvertrages. War der Versicherungsvertrag für beide Parteien erkennbar lediglich Annex zum Kreditvertrag, kann der Versicherungsvertrag wegen Wegfalls der Geschäftsgrundlage aufzuheben sein.[506]

169 Wurde der Versicherungsvertrag wegen Irrtums wirksam vom Versicherungsnehmer angefochten, ist der Versicherungsvertrag als unwirksam anzusehen, und sind die beiderseitigen Leistungen nach den Regeln der ungerechtfertigten Bereicherung zurückzugewähren.[507] Die abstrakte Gefahrtragung muss sich der Versicherungsnehmer nicht anrechnen lassen und der Versicherer kann insoweit nicht die Beiträge gegen rechnen.[508] Wenn der Versicherer einen vereinbarten Nachtrag zum Versicherungsvertrag wegen Kalkulationsirrtums gemäß § 119 Abs. 1 BGB anficht, so hindert ihn hieran die Bindungswirkung des § 5 VVG nicht.[509]

170 Im Übrigen kann das Versicherungsverhältnis einverständlich aufgehoben werden.[510] Die Vertragsaufhebung wirkt nur für die Zukunft, so dass für den Zeitraum der Gefahrtragung dem Versicherer die gezahlten Beiträge verbleiben.[511] Haben die Parteien die BUZ zur kapitalbildenden Lebensversicherung durch schriftlichen Vergleich aufgehoben, führt die fehlerhafte Abbuchung der Beiträge für die BUZ nach Vergleichsabschluss nicht zum Neuabschluss der BUZ.[512]

3. Wiederinkraftsetzung und Wiederherstellung der Lebensversicherung

171 **a) Anwendung des § 39 Abs. 3 Satz 3 VVG.** Die Wiederherstellung der Lebensversicherung ist gesetzlich vorgesehen durch Wiederinkrafttreten der Lebensversicherung im Sinne des § 39 Abs. 3 Satz 3 VVG durch Nachholung der Beitragszahlung innerhalb der gesetzlichen Frist. Hat der Versicherungsnehmer weder die laufenden Beiträge noch die Nachzahlungen entrichtet, scheidet eine nachträgliche Beseitigung der Kündigungswirkungen (§ 39 Abs. 3 Satz 3 VVG) einer vom Versicherer ausgesprochenen Kündigung aus.[513]

172 **b) Anwendung des Geschäftsplans.** Geschäftsplanmäßig ist der Versicherer gehalten, dem Versicherungsnehmer im Mahn- und Kündigungsschreiben das Recht einzuräumen, nach Beendigung der gesetzlichen Wiederinkraftsetzungsfrist innerhalb von sechs Monaten durch Nachzahlung sämtlicher rückständiger Bei-

---

[505] BMF-Schreiben v. 3. 6. 1987 – IV B 4 – S 2252 – 58/87, DB 1987, 1562; OFD Köln, Vfg. v. 20. 5. 1988 – S 2252 – 21 – St 115, BB 1988, 1806; *Weinmann*, Steuerrechtliche Novationen in der deutschen Lebensversicherung, ZfV 1997, 573, 576.
[506] Vgl. OLG Nürnberg VersR 1980, 1137. Siehe auch OLG Nürnberg VersR 1975, 128.
[507] § 812 BGB; OLG Karlsruhe VersR 1988, 129.
[508] OLG Karlsruhe VersR 1988, 129.
[509] LG Hannover VersR 1979, 1146.
[510] OLG Koblenz v. 9. 3. 1951, VersR 1951, 164.
[511] OLG Hamm VersR 1983, 528.
[512] LG Bonn, Urt. v. 29. 9. 1998 – 10 O 111/98, NVersZ 1999, 316 = r+s 1999, 52.
[513] BGH, Urt. v. 23. 6. 1993 – IV ZR 37/92, VersR 1994, 39, 40 = r+s 1993, 475, 476.

träge und Kosten die Versicherung wieder in Kraft zu setzen. Hat der Versicherungsnehmer weder die laufenden Beiträge noch die Nachzahlungen entrichtet, scheidet eine Wiederherstellung der Versicherung in Anwendung von Nr. 3.2 Satz 2 der geschäftsplanmäßigen Erklärung zu den AVB[514] aus.[515] Macht der Versicherungsnehmer vom Angebot des Versicherers durch Nachzahlung Gebrauch, wird der bisherige Vertrag fortgesetzt, ohne dass der Begünstigte, Abtretungsgläubiger usw. zustimmen müssen. Der erste Beitrag der wiederhergestellten Versicherung ist als Folgebeitrag im Sinne von § 39 VVG anzusehen. Dies findet seine Rechtfertigung darin, dass die wesentlichen Merkmale des Versicherungsvertrages, insbesondere das versicherte Risiko, die Versicherungssumme sowie die Versicherungsprämie, unverändert bleiben.[516] Die Selbstmordwartefrist beginnt nicht neu zu laufen.

c) **Vereinbarung.** Wenn der Versicherungsnehmer die gesetzliche und die geschäftsplanmäßige Frist zur Wiederinkraftsetzung bzw. Wiederherstellung der Versicherung versäumt hat oder den Antrag auf Umwandlung in eine beitragsfreie Versicherung gestellt oder nach § 165 VVG gekündigt hat, ist die Wiederherstellung der Lebensversicherung auf Antrag des Versicherungsnehmers nicht aufgrund freier Entscheidung des Versicherers möglich. Diese Art der Wiederherstellung der Versicherung, wonach auf Antrag des Versicherungsnehmers Gefahrtragung und Versicherungsschutz wieder erhöht werden sollen, ist, auch wenn der wieder hergestellte Vertrag nicht den vollen Umfang des ursprünglichen Vertrag haben soll, wie ein Neuabschluss anzusehen.[517] Deshalb obliegt es dem Versicherungsnehmer gemäß § 16 VVG erneut, dem Versicherer zwischenzeitlich eingetretene gefahrhöhende Umstände anzuzeigen.[518] In der Regel wird denn auch der Versicherer seine Zustimmung davon abhängig machen, dass der Versicherungsnehmer eine Gesundheitserklärung der versicherten Person vorlegt und eine Erneuerungserklärung abgibt. 173

d) **Besonderheiten bei der Wiederherstellung.** Der erste Beitrag der mit Zustimmung des LVU wiederhergestellten Versicherung ist Erst- bzw. Einlösungsbeitrag im Sinne von § 38 VVG, da eine Neubegründung der Lebensversicherung vorliegt.[519] Die Zustimmung der erneut zu versichernden Person ist nachzuweisen, wenn sie nicht mit dem Versicherungsnehmer übereinstimmt. Die Wartefrist für die Selbsttötung läuft neu an.[520] 174

Abtretungen, Begünstigungen, Pfändungen und Verpfändungen sind erloschen, soweit kein Rückkaufswert entstanden ist. Andernfalls müssen die Gläubiger der Wiederherstellung zustimmen, soweit sie den Anspruch auf den Rückkaufswert haben. Die bisherigen Verfügungen haben weiterhin Geltung, wenn der neue Versicherungsschein mit dem alten identisch ist.[521] 175

---

[514] VerBAV 1984, 380.
[515] BGH, Urt. v. 23. 6. 1993 – IV ZR 37/92, VersR 1994, 39, 40 = r+s 1993, 475, 476.
[516] Vgl. OLG Köln, Urt. v. 18. 5. 1989 – 5 U 192/88, VersR 1990, 1004.
[517] BGH, Urt. v. 23. 6. 1993 – IV ZR 37/92, VersR 1994, 39, 40 = r+s 1993, 475, 476; *Winter* in: Bruck/Möller, VVG, 8. Aufl., 1988, §§ 159–178 VVG Anm. F 24.
[518] BGH, Urt. v. 23. 6. 1993 – IV ZR 37/92, VersR 1994, 39, 40 = r+s 1993, 475, 476.
[519] Zur Abgrenzung, Änderung/Neubegründung siehe OLG München v. 31. 1. 1961, VersR 1961, 338.
[520] BGH v. 8. 5. 1954, BGHZ 13, 226; a. A. OLG Schleswig v. 3. 10. 1951, VersR 1952, 32; OLG Schleswig v. 31. 10. 1952, VersR 1953, 19.
[521] Siehe OLG München v. 26. 1. 1951, VersR 1951, 73; OLG Schleswig v. 3. 10. 1951, VersR 1952, 32; BGH v. 8. 5. 1954, BGHZ 13, 233; OLG Schleswig v. 31. 10. 1952, VersR 1953, 19.

ALB 1986 § 2

§ 2 Was haben Sie bei der Beitragszahlung zu beachten?

(1) Die Beiträge zu Ihrer Lebensversicherung können Sie je nach Vereinbarung in einem einzigen Betrag (Einmalbeitrag) oder durch jährliche Beitragszahlung (Jahresbeiträge) entrichten. Die Jahresbeiträge werden zu Beginn eines jeden Versicherungsjahres fällig.

(2) Nach Vereinbarung können Sie Jahresbeiträge auch in halbjährlichen, vierteljährlichen oder monatlichen Raten zahlen; hierfür werden Ratenzuschläge erhoben.

(3) Bei Fälligkeit der Versicherungsleistung werden wir alle noch nicht gezahlten Raten des laufenden Versicherungsjahres und etwaige Beitragsrückstände verrechnen.

(4) Der erste oder einmalige Beitrag wird sofort nach Abschluss des Versicherungsvertrages fällig. Alle weiteren Beiträge (Folgebeiträge) sind innerhalb eines Monats, bei monatlicher Zahlungsweise innerhalb von zwei Wochen, jeweils ab Fälligkeitstag, an uns zu zahlen. Die Zahlung kann auch an unseren Vertreter erfolgen, sofern dieser Ihnen eine von uns ausgestellte Beitragsrechnung vorlegt.

(5) Für eine Stundung der Beiträge ist eine schriftliche Vereinbarung mit uns erforderlich.

Bemerkungen

1) Wenn die Beiträge tariflich nur bis zum Ende des am Todestag laufenden Beitragszahlungsabschnitts zu zahlen sind, lautet Absatz 3 wie folgt:
„Bei Fälligkeit der Versicherungsleistung werden wir etwaige Beitragsrückstände verrechnen."
2) Bei Tarifen, bei denen die Versicherungsperiode mit dem Beitragszahlungsabschnitt übereinstimmt, lautet § 2 wie folgt:
„Was haben Sie bei der Beitragszahlung zu beachten?
(1) Die Beiträge zu Ihrer Lebensversicherung können Sie je nach Vereinbarung in einem einzigen Betrag (Einmalbeitrag) oder durch laufende Beiträge für jede Versicherungsperiode entrichten. Versicherungsperiode kann je nach Vereinbarung ein Monat, ein Vierteljahr, ein halbes Jahr oder ein Jahr sein. Die laufenden Beiträge werden zu Beginn der vereinbarten Versicherungsperiode fällig.
(2) Bei Fälligkeit der Versicherungsleistung werden wir etwaige Beitragsrückstände verrechnen.
(3) Der erste oder einmalige Beitrag wird sofort nach Abschluss des Versicherungsvertrages fällig. Alle weiteren Beiträge (Folgebeiträge) sind innerhalb eines Monats, bei monatlicher Versicherungsperiode innerhalb von zwei Wochen, jeweils ab Fälligkeitstag an uns zu zahlen. Die Zahlung kann auch an unseren Vertreter erfolgen, sofern dieser Ihnen eine von uns ausgestellte Beitragsrechnung vorlegt.
(4) Für eine Stundung der Beiträge ist eine schriftliche Vereinbarung mit uns erforderlich."

Übersicht

	Rdn.
I. Allgemeines	1–23
1. Fassung	1
2. VAG	2
3. ArbPlSchG	3–7
4. PAngV	8, 9
5. FernAbsG	10, 11
6. EStG	12–22a
a) Sonderausgabenabzug	12–16
aa) Voraussetzungen	12–15
bb) Veranlagungsjahr	16

	Rdn.
b) Personalrabatt	17
c) Betriebsausgabe	18–22
d) Betriebsvermögen	22 a
7. VersStG	23
II. Inhaltskontrolle	24
III. Beitragszahlung	25–42
1. Beitragszahlungspflicht	25
2. Beitragshöhe	26
3. Beginn und Ende des beitragspflichtigen Zeitraumes	27
4. Abgrenzung des Erst- und Folgebeitrags bei der Hauptversicherung	28–31
5. Abgrenzung des Erst- und Folgebeitrags bei Einschluss von Zusatzversicherungen oder bei Anpassungsversicherungen	32–36
a) Allgemeines	32
b) Einschluss von Zusatz- und Anpassungsversicherungen	33–36
6. Anfechtung des Versicherungsvertrages	37, 38
7. Beitragsraten (§ 2 Abs. 2 ALB)	39–41
a) Jahresbeitrag	39
b) Unterjährige Zahlungsweise	40–42
IV. Fälligkeit der Beiträge	43–48
1. Fälligkeit des Erstbeitrags	43–45
a) Fälligkeitszeitpunkt	43
b) Fälligkeit bei Antragsabweichung	44
c) Zurückbehaltungsrecht des Versicherungsnehmers	45
2. Fälligkeit der Folgebeiträge	46
3. Zahlung durch Dritte	47
4. Vorauszahlung der Beiträge	48
V. Übermittlung der Beiträge durch den Versicherungsnehmer	49–92
1. Gefahrtragung	49
2. Rechtzeitigkeit der Zahlung	50–79
a) Zeitpunkt	50
b) Barzahlung	51, 52
c) Überweisung	52 a–57
aa) Überweisungsauftrag	52 a
bb) Rechtzeitigkeit der Überweisung	53–56
cc) Widerruf des Überweisungsauftrages	57
d) Dauerauftrag	58, 59
e) Scheckzahlung	60, 61
f) Verrechnung des Beitrags	62–64
g) Einzugsermächtigungsverfahren	65–77
aa) Rechtsgrundlage	65
bb) Erteilung der Einzugsermächtigung	66–68
cc) Inhalt der Einzugsermächtigung	69
dd) Pflichten des Versicherers	70–73
α) Ankündigung	70
β) Anforderung	71
γ) Belehrung	72
δ) Policenverfahren gemäß § 5 a VVG	73
ee) Rechte des Versicherungsnehmers	74
ff) Pflichten der Schuldnerbank	75
gg) Pflichten des Versicherungsnehmers	76
hh) Erfüllung	77
h) Konzerninkasso	78
i) Bestandsübertragung	79
3. Teilleistungen	80–83
4. Leistungen durch Dritte	84

ALB 1986 § 2

	Rdn.
5. Zahlung an Versicherungsvermittler	85–91
a) Versicherungsagent	85–90
b) Versicherungsmakler	91
6. Beweislast	92
VI. Stundung der Beiträge	93–97
1. Ausgangslage	93
2. Stundung der Sparbeiträge	94
3. Einzugsermächtigungsverfahren	95
4. Scheckzahlung	96
5. Vorläufige Deckungszusage	97
VII. Beitragsverrechnung	98
VIII. Ruhensvereinbarung	99

AuVdBAV: GB BAV 1967, 51 (Verzicht auf nach dem Tode fällige Beitragsraten); GB BAV 1968, 49 (Wirksamwerden von Vertragsänderungen); GB BAV 1971, 35 (Erstattung von Bagatellguthaben); GB BAV 1971, 50 (Gewährung eines geschäftsplanmäßig nicht festgelegten Summenrabattes bei Verträgen mit hoher Versicherungssumme); VerBAV 1973, 180 (Verordnung über Preisangaben); VerBAV 1974, 34 (Verlautbarung zur Verordnung über Preisangaben vom 10. Mai 1973); VerBAV 1975, 438 (Haustarife); VerBAV 1977, 4 (Besondere Tarife für Frauen in der Einzelkapitalversicherung); GB BAV 1978, 49 (Beitragsdepots in der Lebensversicherung); VerBAV 1979, 47 (Grundsätze für Beitragsdepots); GB BAV 1981, 39 (Schicksal von Versicherungsverträgen bei Beendigung des Arbeitsverhältnisses zwischen VU und VN); GB BAV 1981, 56 (Aufteilung der Ratenzuschläge); GB BAV 1982, 40 (Versicherungsprämie als Preis im Sinne der Verordnung über Preisangaben); VerBAV 1982, 317 (Frauen-Sterbetafel bei Tarifen mit Todesfallgrundlagen); GB BAV 1983, 49 (Bilanzierung vorausgezahlter echter Monatsbeiträge in der Lebensversicherung); VerBAV 1984, 195 (Zulässigkeit von Haustarifen in der Versicherungswirtschaft); VerBAV 1985, 300 (Preisangabenverordnung); GB BAV 1996, 44 (Beitragsdepots mit Garantiezins).

Schrifttum: *Barten,* Bewegliche Prämien in der Lebensversicherung, ZfV 1955, 7; *Bechert,* Wann ist die Erstprämie fällig?, ZfV 1956, 308, 348; *Berliner,* Die Rechtslage bei Stundung der Prämie, ZVersWiss 1925, 21; *Bischoff,* Die Einlösungsklausel – Abgrenzung zur Rückwärtsversicherung und vorläufige Deckungszusage, VersR 1957, 693; *Böckmann/Kluth,* Direktkondiktion bei irrtümlicher Doppelausführung eines Überweisungsauftrags, ZIP 2003, 656; *Böhmer,* Sparprämien und Risikoprämien, ZVersWiss 1910, 71; *Brockmann,* Sind die gestundeten Raten der Erstprämie Folgeprämien im Sinne von § 39 VVG?, VersR 1953, 345; *Bruck-Dörstling,* Das Recht des Lebensversicherungsvertrages. Ein Kommentar zu den Allgemeinen Versicherungsbedingungen der Kapitalversicherung auf den Todesfall (Lebensversicherung), 2. Aufl., Mannheim/Berlin/Leipzig, DDV, 1933; *Dautzenberg,* Zur Abzugsfähigkeit von Auslandsversicherungen nach EG-Recht, BB 1993, 1782; *Dittmann,* Vertragliche Abänderungen von Versicherungsverhältnissen durch Nachversicherung, VersArch 1956, 55; *Eberhardt/Castellví,* Rechtsfragen zum Beitragsdepot in der Lebensversicherung, VersR 2002, 261; *Ehricke,* Die Anfechtung einer Tilgungsbestimmung gem. § 366 Abs. 1 BGB wegen Irrtums, JZ 1999, 1075; *Engel,* Rechtsprobleme um das Lastschriftverfahren unter besonderer Berücksichtigung der Zahlung von Versicherungsprämien durch Lastschrift, Karlsruhe, VVW, 1966; *Frels,* Mitgliedschaftliche Versicherung gegen festen Beitrag bei Versicherungsvereinen auf Gegenseitigkeit?, VersR 1965, 202; *Fricke,* Die teleologische Reduktion des § 48 VVG bei Streitigkeiten aus Versicherungsverträgen, die im Internet abgeschlossen wurden – Zugleich ein Überblick über die Möglichkeiten des Abschlusses von Versicherungsverträgen über das Internet –, VersR 2001, 925; *Fritz,* Beitragsgerechtigkeit in der Privatversicherung vom Standpunkt der Aufsichtsführung, VersArch 1958, 269; *Gärtner,* Zur Abgrenzung des Anwendungsbereichs der §§ 38 und 39 VVG, ZVersWiss 1960, 225; *derselbe,* Der Prämienzahlungsverzug, 2. Aufl., Neuwied, Luchterhand, 1977; *van Gelder,* Fragen des sogenannten Widerspruchs und des Rückgabeentgelts im Einzugsermächtigungsverfahren, WM 2000, 101; *derselbe,* Die Rechtsprechung des Bundesgerichtshofs zum Lastschriftverkehr, WM Sonderbeil. Nr. 7 zu Heft 48/2001; *Gottwald,* Das Abzugsverbot für Beiträge zu Auslandslebensversicherungen, BB 1993, 837; *Gräber,* Erstprämienzahlung und Haftungsbeginn nach dem Versicherungsvertragsgesetz und den üblichen Vertragsklauseln, Diss. Köln 1938; *Heim,* Beginn des Versicherungsschutzes, Prämienzah-

Beitragszahlung 1 § 2 ALB 1986

lungspflicht und Prämienverzug in der Lebensversicherung, VN 1954, 61; *Heitmann/Mühlhausen,* Versicherungsteuer auf Selbstbehalte, VersR 2009, 874; *Herde,* Besondere Tarife für Frauen in der Kapital-Lebensversicherung, VerBAV 1977, 106; *Horlemann,* Nochmals: Das Abzugsverbot für Beiträge zu Auslandslebensversicherungen, BB 1993, 1342; *derselbe,* Lebensversicherungen als Betriebs- oder Privatvermögen, DB 1993, 2096; *derselbe,* Lebensversicherungsverträge als Betriebsvermögen?, VersR 1996, 1475; *Karten,* Prämientrennung in der Lebensversicherung – Verbraucherschutz oder Scheinproblem?, FS Schwebler 1986, S. 279; *Lorenz,* Gefahrengemeinschaft und Beitragsgerechtigkeit aus rechtlicher Sicht, Jubiläumsbeilage zu Heft 41, VersR 1983, 162; *Kaefer/Weynand,* Abzugsfähigkeit von Auslandsversicherungen und EG-Recht, BB 1994, 548; *Kalischko,* Lässt eine Stundungsvereinbarung oder ein Ruhen der Versicherung die Rechtsfolgen der Mahnung nach § 39 VVG entfallen?, VersR 1988, 671; *derselbe,* Problemfälle im Zusammenhang mit rückständigen Prämien und der Mahnung nach § 39 VVG, VersR 1988, 1002; *Krämer,* Gewerbesteuerliche Dauerschulden und Verbindlichkeiten des laufenden Geschäftsbetriebs bei Versicherungsunternehmen, BB 1994, 1323; *Kreußler/Nörig,* Lebensversicherung und Steuer: Leitfaden für den Versicherungsaußendienst, 4. Aufl., Karlsruhe, VVW, 1998; *Kuhsel,* Haftungsprobleme bei der Gewährung von Konzernrabatten in der Versicherungswirtschaft, DB 1994, 2265; *Kurzendörfer,* Einführung in die Lebensversicherung, 3. Aufl., Karlsruhe, VVW, 2000; *Loscky,* Die Prämienzahlung im Lebensversicherungsrecht, Diss. Nürnberg 1920; *Mitterhuber/Mühl,* Die Erteilung einer formwirksamen Einzugsermächtigung, WM 2007, 963; *De la Motte,* Leistung und Gegenleistung im Versicherungsvertrag, VersR 1951, 185; *Möller,* Grenzen der Vertragsfreiheit im Versicherungswesen, VersPrax 1952, 49; *Nobbe,* Die Rechtsprechung des Bundesgerichtshofs zum Überweisungsverkehr, WM Sonderbeil. Nr. 4 zu Heft 29/2001; *Pauli,* Wenn der Empfänger zur (Konto-) Nummer wird, NJW 2008, 2229; *Paus,* Beiträge zu Risiko-Lebensversicherungen als Werbungskosten, DStZ 1990, 242; *Präve,* Mahnung und Einzugsermächtigung, NVersZ 1999, 460; *derselbe,* Auf dem Weg zu einem neuen Vertragsrecht (II), VW 2002, 1934; *Reinelt,* Wann endet der Verzug?, VersR 2002, 1491; *Reichert-Facildes,* Zivilrechtliche Betrachtungen zum gerechten Verhältnis von Versicherungsschutz und Versicherungsentgelt, VersArch 1958, 299; *Reuter,* Teilhaberversicherung bei der GmbH, GmbHR 1999, 61; *Schelske,* Rückgabe einer Lastschrift mangels Deckung, ZGesKredW 1989, 1104; *Schimikowski,* Probleme des konventionellen Vertragsabschlusses und des Electronic Commerce in der Versicherungswirtschaft, r+s 1999, 485; *Schirmer,* Die Rechtsprechung des Bundesgerichtshofs zum allgemeinen Versicherungsvertragsrecht – Ein Überblick –, ZVersWiss 1992, 381; *Schoor,* Zeitpunkt der Zahlung von Versicherungsbeiträgen beim Sonderausgabenabzug, VW 1986, 1479; *Schulz,* Zulässigkeit und Auswirkungen der Irrtumsanfechtung eines Lebensversicherungsvertrages durch den Versicherer, insbesondere zu niedrig dokumentierter Prämie, 1958; *Starke,* Das Ruhen von Versicherungsverträgen, VW 1949, 354; *derselbe,* Erstprämie oder Folgeprämie nach Ruhen der Versicherung? VersR 1951, 91; *Terpitz,* Benachrichtigungspflicht der Kreditinstitute im Falle der Nichteinlösung von Lastschriften, NJW 1989, 2740; *Teske,* Aspekte der Beitragskalkulation in der privaten Krankenversicherung, unter anderem in der Lebensversicherung im Beitrittsgebiet, VW 1991, 491; *Völker,* Preisangabenrecht – Recht der Preisangaben und Preiswerbung, München, Beck, 1996; *derselbe,* Neue Entwicklungen im Recht der Preisangaben, NJW 2000, 2787; *Vogler,* Das neue Preisangabenrecht, Köln, Bundesanzeiger Verlag, 1998; *Wilkens,* Das Überweisungsgesetz, MDR 1999, 1236; *Wimmer,* Die neue Preisangabenverordnung, WM 2001, 447.

GDV: Leitfaden zu Rechtsfragen um das Lastschriftverfahren im Versicherungswesen, 6. Aufl., 2005.

I. Allgemeines

1. Fassung

Die ALB 1932 erläuterten in § 3 Nr. 1 noch, dass die Höhe der Prämien sich 1 nach den Tarifen der Gesellschaft unter Berücksichtigung des Alters des Versicherten bemisst und dabei ein begonnenes Lebensjahr als voll gerechnet wird, wenn davon am Tage, an welchem laut Versicherungsschein das erste Versicherungsjahr beginnt, mehr als sechs Monate verflossen sind. Ist das Alter zu niedrig oder zu hoch angegeben, so wird die Versicherungssumme entsprechend dem

Prämienunterschied herabgesetzt oder erhöht (§ 3 Nr. 2 ALB 1932). Die Gesellschaft kann die Versicherung einer Person, die einer erhöhten Sterblichkeitsgefahr ausgesetzt ist, von der Zahlung einer erhöhten Prämie oder von sonstigen besonderen Bedingungen abhängig machen (§ 3 Nr. 3 ALB 1932). Diese Bestimmungen wurden in die ALB 1957 nicht mehr übernommen. Im Übrigen überstand § 2 ALB alle Neufassungen materiell unverändert.

2. VAG

2   Gemäß § 10 Abs. 1 Nr. 3 VAG a. F. sollen die Allgemeinen Versicherungsbedingungen Bestimmungen über die Feststellung und Leistung des Entgelts enthalten, das der Versicherte an den Versicherer zu entrichten hat.

3. ArbPlSchG

3   Nach § 14a Abs. 4 Satz 1 ArbPlSchG i.d.F. der Neubekanntmachung vom 14. April 1980,[1] zuletzt geändert durch Gesetz vom 25. September 1996,[2] werden einem Arbeitnehmer, der aus seinem Arbeitseinkommen freiwillig Beiträge für eine Höherversicherung in der gesetzlichen Rentenversicherung oder zu einer sonstigen Alters- und Hinterbliebenenversorgung leistet, auf Antrag diese Beiträge für die Zeit des Wehrdienstes in Höhe des Betrages erstattet, der für die letzten zwölf Monate vor Beginn des Wehrdienstes durchschnittlich entrichtet worden ist, wenn die den Aufwendungen zugrunde liegende Versicherung bei Beginn des Wehrdienstes mindestens zwölf Monate besteht und der Arbeitgeber nicht nach den Absätzen 1 bis 3 des § 14a ArbPlSchG zur Weiterentrichtung verpflichtet ist. Für Zivildienstleistende enthält § 78 Zivildienstgesetz vergleichbare Regelungen.

4   Zu einer „sonstigen Alters- und Hinterbliebenenversorgung" im Sinne des § 14a Abs. 4 Satz 1 ArbPlSchG zählen auch Lebensversicherungen,[3] wenn sie (überwiegend) der Altersversorgung und nicht der privaten Vermögensbildung der Wehrpflichtigen dienen.[4] Beiträge für eine Kapitallebensversicherung sind nur dann erstattungsfähig, wenn die Auszahlung der Versicherungssumme nicht vor Vollendung des 60. Lebensjahres vereinbart ist.[5] Nach einer vom Bundesministerium für Verteidigung erlassenen Übergangsregelung sind bis zum 31. Dezember 2001 Beiträge zu Lebensversicherungen erstattungsfähig, soweit die Auszahlung der Versicherungssumme aus versicherungstechnischen Gründen im letzten Versicherungsjahr vor Vollendung des 60. Lebensjahres vorgesehen ist. Seit dem 1. Januar 2002 ist die Vollendung des versicherungstechnischen 60. Lebensjahres nicht mehr ausreichend. Die Beiträge können nur noch dann erstattet werden, wenn die Auszahlung der Versicherungssumme im Erlebensfall frühestens mit Vollendung des 60. Lebensjahres vorgesehen ist. Beiträge sind auch dann nicht erstattungsfähig, wenn die Auszahlung lediglich wenige Tage vor Ablauf des 60. Lebensjahres erfolgen soll, z. B. zum Ersten des Monats, in dem das 60. Lebensjahr

---

[1] BGBl. I S. 425.
[2] BGBl. I S. 1476.
[3] Nicht aber eine Unfall-Prämienrückgewähr-Versicherung, vgl. VGH Mannheim, Urt. v. 12. 8. 1992 – 11 S 438/90, MDR 1993, 222, 223.
[4] Vgl. OVG Nordrhein-Westfalen, Urt. v. 21. 4. 1988 – 12 A 1928/86, S. 6; BVerwG, Urt. v. 11. 6. 1993 – BVerwG 8 C 26.92, BVerwGE 92, 309, 310 = DÖV 1994, 216; BVerwG, Urt. v. 30. 5. 1997 – BVerwG 8 C 50.95, NVwZ-RR 1998, 46 = DB 1997, 2031 (Ls.); OVG Nordrhein-Westfalen, Urt. v. 10. 2. 1998 – 25 A 4709/94, S. 7; VG Aachen, Urt. v. 21. 1. 1999 – 4 K 2079/97, S. 5.
[5] OVG Rheinland-Pfalz, Urt. v. 28. 11. 1996 – 12 A 13702/95.OVG, S. 6; BVerwG, Urt. v. 30. 5. 1997 – BVerwG 8 C 50.95, NVwZ-RR 1998, 46 = DB 1997, 2031 (Ls.); OVG Nordrhein-Westfalen, Urt. v. 10. 2. 1998 – 25 A 4709/94, S. 8.

vollendet wird.⁶ Es ist daher darauf zu achten, dass der Fälligkeitszeitpunkt auf den Ersten des Monats vereinbart wird, der dem Monat folgt, in dem das 60. Lebensjahr vollendet wird.

Nach § 14a Abs. 4 Satz 1 2. Halbsatz ArbPlSchG muss die den Aufwendungen zugrunde liegende Versicherung bei Beginn des Wehrdienstes mindestens zwölf Monate bestehen. Insoweit ist nicht der vertraglich vereinbarte Versicherungsbeginn, sondern der Zeitpunkt des tatsächlichen Vertragsabschlusses maßgeblich, wobei ein Widerspruchsrecht gemäß § 5a Abs. 1 Satz 1 VVG und ein Rücktrittsrecht gemäß § 8 Abs. 5 Satz 1 VVG zu berücksichtigen sind.⁷

Beitragsleistungen sind nach § 14b Abs. 2 Satz 1 ArbPlSchG nicht zu erstatten, wenn die Beiträge in den zwölf dem Wehrdienst vorausgehenden Monaten wegen vorübergehender Berufsunfähigkeit des Wehrpflichtigen vom Versicherer selbst übernommen worden sind.⁸

Beiträge zu einem zertifizierten Altersvorsorgevertrag sind nach dem ArbPlSchG erstattungsfähig, wenn die Verträge die allgemeinen Voraussetzungen hierfür erfüllen (z.B. 12-Monats-Frist, eigenes Einkommen).⁹ Für die Erstattungsfähigkeit der Beiträge kommt es nicht darauf an, ob tatsächlich eine Förderung für den Altersvorsorgevertrag in Anspruch genommen wurde.

4. PAngV

Die auf der Grundlage des Gesetzes zur Regelung der Preisangaben vom 3. Dezember 1984¹⁰ erlassene Verordnung zur Regelung der Preisangaben vom 14. März 1985,¹¹ die am 1. Mai 1985 in Kraft getreten ist,¹² bezieht die Versicherungswirtschaft in die Preisauszeichnungspflicht ein, um auch auf diesem Gebiet dem Verbraucher die Möglichkeit von Preisvergleichen zu schaffen.¹³ Nach § 1 Abs. 3 PAngV genügt bei Preisen, die nach behördlich genehmigten Tarifen bemessen werden, deren Angabe in genehmigter Form. Gemäß § 3 Abs. 2 PAngV sind die vom BAV genehmigten Lebensversicherungstarife in allen Geschäftsstellen des LVU zur Einsicht bereitzuhalten.¹⁴ Seit im Zuge der Deregulierung des Versicherungsaufsichtsrechts die Genehmigung der Lebensversicherungstarife im Jahre 1994 vollständig entfallen ist, hat § 1 Abs. 3 PAngV für die Lebensversicherung keine Bedeutung mehr.

Infolge der Transformierung der EU-Richtlinie 98/7/EG des Europäischen Parlaments und des Rats vom 16. Februar 1998 über den Schutz der Verbraucher bei der Angabe der Preise der ihnen angebotenen Erzeugnisse¹⁵ wurde die PAngV zum 1. September 2000¹⁶ geändert. Soweit Versicherungsunternehmen Kredite anbieten, ist die Vorschrift des § 6 PAngV (früher § 4 PAngV) und für Verbraucherkreditverträge ergänzend § 4 VerbrKrG zu beachten. Im Interesse einer europaweit einheitlichen Berechnungsmethode muss entsprechend der EU-Richtlinie 98/7/EG der effektive Jahreszins gemäß § 6 Abs. 2 PAngV auch unterjährig nach

---

⁶ BMV-Schreiben v. 29. 11. 2002 – PSZ II 4 – Az 23 – 12 – 02.
⁷ VG Aachen, Urt. v. 21. 1. 1999 – 4 K 2079/97, S. 8.
⁸ BVerwG, Beschl. v. 24. 1. 1997 – BVerwG 8 B 222.96, S. 3.
⁹ BMF, Erlass v. 1. 2. 2002 – PSZ II 4 – Az 23 – 12 – 02.
¹⁰ BGBl. I S. 1429.
¹¹ BGBl. I S. 580 = VerBAV 1985, 331; dazu *Boest*, Die neue Preisangabenverordnung, NJW 1985, 1440; *Kunz*, Die neue Preisangabenverordnung (PAngV), MDR 1985, 539.
¹² Art. 1 der Verordnung zur Regelung der Preisangaben v. 14. 3. 1985, BGBl. I S. 580.
¹³ VerBAV 1985, 300 m. Hinweis auf VerBAV 1974, 34.
¹⁴ Vgl. *Völker*, § 3 PAngV Rz. 21; BAV VerBAV 1974, 34 u. VerBAV 1985, 300.
¹⁵ ABlEG Nr. L 80, S. 27.
¹⁶ BGBl. I S. 1238; dazu *Völke* NJW 2000, 2787 ff.

der exponentiellen Zinsrechnung ermittelt werden. Man bezeichnet diese Form der Zinsberechnung allgemein als ISMA- oder AIBD-Methode.[17]

5. FernAbsG

10 Mit dem am 27. Juni 2000 verabschiedeten FernAbsG[18] wurde die Richtlinie 97/7/EG des Europäischen Parlaments und des Rats vom 20. Mai 1997 über den Verbraucherschutz bei Vertragsabschlüssen im Fernabsatz, also bei sogenannten Fernabsatzverträgen, die zwischen einem Unternehmer und einem Verbraucher unter ausschließlicher Verwendung von Fernkommunikationsmitteln abgeschlossen werden, umgesetzt. Erfasst werden nach § 1 Abs. 2 FernAbsG Verträge mit Verbrauchern ohne gleichzeitige körperliche Anwesenheit der Vertragsparteien, also insbesondere per Brief, Katalog, Telefon, Telefax, E-Mail, Rundfunk sowie Tele- und Mediendienste Internet. Rechtzeitig vor Abschluss eines Fernabsatzvertrages muss der Unternehmer gemäß § 2 Abs. 2 Nr. 5 FernAbsG den Verbraucher in einer dem eingesetzten Fernkommunikationsmittel entsprechenden Weise klar und verständlich über den Preis der Ware oder Dienstleistung (einschließlich aller Steuern oder sonstiger Preisbestandteile) informieren. Diese Information muss sich also auf den Endpreis im Sinne von § 1 Abs. 1 Nr. 1 PAngV beziehen.[19] Die Preisangabe nach der Preisangabenverordnung stellt in der Regel auch gleichzeitig eine ausreichende Preisinformation im Sinne von § 2 Abs. 2 Nr. 5 FernAbsG dar.[20]

11 Auch wenn beide Vorschriften auf ein Geschäft anwendbar sind, bedarf es daher normalerweise nicht neben der Preisangabe beim Angebot im Sinne von § 1 Abs. 1 Satz 1 PAngV einer nochmaligen Preisinformation im Sinne von § 2 Abs. 2 Nr. 5 FernAbsG vor Vertragsschluss.[21]

6. EStG

12 a) **Sonderausgabenabzug. aa) Voraussetzungen.** Zu den nach § 10 Abs. 1 Nr. 2 EStG abzugsfähigen Sonderausgaben gehören lediglich die Beiträge zu Lebensversicherungen, die der Steuerpflichtige als Versicherungsnehmer abgeschlossen hat und zu denen er die Beiträge auch selbst aufbringt und entrichtet.[22] Bei Verrechnung eines Gewinnanteils auf den Beitrag in der Weise, dass nur der Unterschiedsbetrag zwischen Beitrag und Gewinnanteil an das Versicherungsunternehmen gezahlt wird, ist nur dieser Unterschiedsbetrag das Versicherungsentgelt.[23]

13 Die Beiträge zu Lebensversicherungen auf den Erlebens- und Todesfall können gemäß § 10 Abs. 1 Nr. 2 b) cc) und dd) EStG als Sonderausgaben nur dann abgesetzt werden, wenn der Vertrag für die Dauer von mindestens 12 Jahren abgeschlossen ist und der Versicherer – abgesehen von dem jederzeit gegebenen Todesfallrisiko – seine Leistung auf den Erlebensfall weder ganz noch teilweise vor Ablauf einer Versicherungsdauer von 12 Jahren zu erbringen verpflichtet ist.[24]

---

[17] AIBD-Methode (AIBD = Association of International Bond Dealers), ISMA-Methode (ISMA = International Securities Markets Association). Vgl. hierzu und siehe zu den Details der Berechnungsmethode *Wimmer* WM 2001, 447, 448 ff.
[18] BGBl. I S. 897.
[19] *Völker* NJW 2000, 2787, 2789.
[20] *Völker* NJW 2000, 2787, 2789.
[21] *Völker* NJW 2000, 2787, 2790.
[22] BFH BStBl. II S. 633; BFH, Urt. v. 19. 4. 1989 – X R 2/84, BStBl. II S. 683 = DB 1989, 2053 = BB 1989, 1674; BFH, Urt. v. 19. 4. 1989 – X R 28/86, BStBl. II S. 862 = BB 1989, 2092; BFH, Urt. v. 8. 3. 1995 – X R 80/91, BStBl. II S. 637 = BB 1995, 1526 = HFR 1995, 506; *Lamming* BB 1996, 241 ff.
[23] Erlass des BMF v. 12. 4. 1976, VerBAV 1976, 330.
[24] BFH, Urt. v. 27. 10. 1987 – IX R 1/83, NJW 1988, 2639 = VersR 1988, 529 = DB 1988, 315 = BB 1988, 464.

Für die steuerliche Behandlung von Beiträgen zu Rentenversicherungen mit **14** Kapitalwahlrecht und zu Kapitalversicherungen im Sinne von § 10 Abs. 1 Nr. 2b) cc) und dd) EStG und von außerrechnungsmäßigen und rechnungsmäßigen Zinsen im Sinne des § 20 Abs. 1 Nr. 6 Satz 2 EStG sind die von der Finanzverwaltung verlautbarten Grundsätze zur Beitragszahlungsdauer, Rückdatierung des Versicherungsbeginns und zu Zuzahlungen zur Abkürzung der Vertragslaufzeit bei gleich bleibender Versicherungssumme zu beachten,[25] die hinsichtlich der Regelungen zur Beitragszahlungsdauer und zur Rückdatierung des Versicherungsbeginns für die nach dem 16. März 1990 und vor dem 1. Januar 1991 abgeschlossenen Verträge gelten.[26] Danach bezieht sich die in § 10 Abs. 1 Nr. 2b EStG bezeichnete Frist von 12 Jahren auf die Vertragsdauer als solche, nicht aber auf die Beitragszahlungsdauer, die kürzer als 12 Jahre sein kann. Ausreichend ist, wenn nach dem Vertrag eine laufende Beitragsleistung für mindestens fünf Jahre ab dem Zeitpunkt des Vertragsabschlusses vereinbart ist.[27] Unter dem Zeitpunkt des Vertragsabschlusses ist regelmäßig das Datum der Ausstellung des Versicherungsscheins zu verstehen.[28] Als Zeitpunkt des Vertragsabschlusses gilt für Verträge, für die der Versicherungsschein nach dem 31. Dezember 1990 ausgestellt worden ist, der im Versicherungsschein bezeichnete Tag des Versicherungsbeginns, wenn innerhalb von drei Monaten nach diesem Tag der Versicherungsschein ausgestellt ist und der erste Beitrag gezahlt wird; ist die Frist von drei Monaten überschritten, sind die Beitragszahlungsdauer und die Mindestvertragsdauer vom Zeitpunkt der Zahlung des ersten Beitrags an zu berechnen.[29] Für die Bürger der ehemaligen DDR und von Berlin (Ost) galt eine Übergangsregelung zur Mindestvertragsdauer von 12 Jahren.[30]

Voraussetzung für den Abzug von Leistungen zu Lebensversicherungen als **15** Vorsorgeaufwendungen war nach der Verwaltungsauffassung gemäß § 10 Abs. 2 Satz 1 Nr. 2a EStG, dass sie an Versicherungsunternehmen, die ihren Sitz oder ihre Geschäftsleitung in einem Mitgliedstaat der Europäischen Gemeinschaften haben und das Versicherungsgeschäft im Inland betreiben dürfen, und Versicherungsunternehmen, denen die Erlaubnis zum Geschäftsbetrieb im Inland erteilt ist, geleistet werden.[31] Für bis zum 31. Dezember 2004 abgeschlossene Altverträge hat der BFH dann aber durch Urteil vom 1. März 2005 entschieden, dass die Steuerbefreiung in § 20 Abs. 1 Nr. 6 Satz 2 EStG a. F. 2004 für Zinsen aus Lebensversicherungen nicht an die Voraussetzungen des Sonderausgabenabzugs für die Versicherungsbeiträge geknüpft ist.[32] Nach dieser Entscheidung ist es für die Frage der Steuerpflicht unschädlich, wenn der ausländischen Lebensversicherungsgesellschaft die Erlaubnis zum Betrieb eines nach § 10 Abs. 2 Satz 1 Nr. 2 Buchst. a EStG a. F. begünstigten Versicherungszweigs im Inland nicht erteilt worden ist.[33]

---

[25] Siehe hierzu BMF-Schreiben v. 20. 7. 1990 – IV B 1 – S 2221 – 115/90/IV B 4 – S 2252 – 131/90 – DB 1990, 1695.
[26] BMF-Schreiben v. 7. 2. 1991 – IV B 1 – S 2221 – 10/90 – DB 1991, 523.
[27] So früher schon BMF-Schreiben v. 5. 12. 1988 – IV B 1 – S 2221 – 106/88; BMF-Schreiben v. 12. 3. 1990 – IV B 1 – S 2221 – 34/90/IV B 4 – S 2252 – 64/90.
[28] Bestätigt durch BMF-Schreiben v. 7. 2. 1991 – IV B 1 – S 2221 – 10/90 – DB 1991, 523; *Lührs*, Lebensversicherung, 1997, S. 236.
[29] Sog. Dreimonatserlass gemäß BMF-Schreiben v. 10. 6. 1954, BStBl. II 1954, 135; bestätigt durch BMF-Schreiben v. 7. 2. 1991 aaO; *Kreußler/Nörig* S. 43f; *Reuter* Rz 123, S. 63.
[30] Siehe BMF-Schreiben v. 22. 2. 1991 – IV B 1 – S 2221 – 20/91 – DB 1991, 675.
[31] Siehe hierzu *Gottwald* BB 1993, 837 ff.; *Horlemann* BB 1993, 1342 f.; *Dautzenberg* BB 1993, 1782 ff.; *Kaefer/Weynand* BB 1994, 548.
[32] BFH, Urt. v. 1. 3. 2005 – VIII R 47/01, BStBl. 2006 II S. 365 = DB 2006, 426.
[33] OFD Münster DB 2006, 1813.

16 **bb) Veranlagungsjahr.** Gemäß § 11 Abs. 2 Satz 1 EStG sind Versicherungsbeiträge grundsätzlich in dem Kalenderjahr als Sonderausgaben abzusetzen, in dem sie geleistet worden sind. Nach der Ausnahmeregelung des § 11 Abs. 2 Satz 2 EStG i. V. m. § 11 Abs. 1 Satz 2 EStG sind laufende Ausgaben, die kurze Zeit vor oder kurze Zeit nach Beginn des Kalenderjahres, zu dem sie wirtschaftlich zu rechnen sind, geleistet worden sind, als in dem Kalenderjahr der wirtschaftlichen Zugehörigkeit gezahlt zu behandeln. Für die Zahlung von Versicherungsbeiträgen ist als kurze Frist im Sinne der Vorschrift ein Zeitraum von 10 Tagen anzusehen, sofern die Fälligkeit der Versicherungsbeiträge innerhalb der 10-Tagesfrist liegt.[34] Für das Folgejahr voraus gezahlte Versicherungsbeiträge können mit Wirkung für den laufenden Veranlagungszeitraum vorausgezahlt und als Sonderausgaben abgesetzt werden, wenn der Versicherer die voraus gezahlten Beiträge als Tilgung der Beitragsschuld vereinnahmt.[35] Maßgeblicher Leistungszeitpunkt ist bei Zahlung mittels eines Bank- oder Postüberweisungsauftrags der Tag des Zugangs des Überweisungsauftrags, sofern an diesem Tag auf dem Konto genügende Deckung vorhanden ist.[36] Bei der Scheckzahlung ist der Zeitpunkt entscheidend, in dem der Scheck unter Verlust der Verfügungsgewalt hingegeben wird.[37]

17 **b) Personalrabatt.** Erhält ein Arbeitnehmer auf Grund seines Dienstverhältnisses Waren oder Dienstleistungen, die vom Arbeitgeber nicht überwiegend für den Bedarf seiner Arbeitnehmer hergestellt, vertrieben oder erbracht werden und deren Bezug nicht nach § 40 EStG pauschal versteuert wird, so gelten gemäß § 8 Abs. 3 EStG als deren Werte abweichend von § 8 Abs. 2 EStG die um 4 von Hundert geminderten Endpreise, zu denen der Arbeitgeber oder der dem Abgabeort nächstansässige Abnehmer die Waren oder Dienstleistungen fremden Letztverbrauchern im allgemeinen Geschäftsverkehr anbietet. Aus Vereinfachungsgründen ist es nicht zu beanstanden, wenn Mitarbeitern Versicherungsleistungen zu einem Tarif gewährt werden, der mit 96 v. H. des normalen Tarifs kalkuliert ist.[38] Soweit Rabatte durch Konzernunternehmen eingeräumt werden, fallen diese nicht unter den Anwendungsbereich des § 8 Abs. 3 EStG.[39] Gibt der Arbeitgeber (Bank) Provisionen, die er von Verbundunternehmen für die Vermittlung von Versicherungsverträgen erhalten hat, an eigene Arbeitnehmer weiter, gewährt er Bar- und sonstigen Sachlohn, wenn eine Vermittlungsleistung nur vom Verbundunternehmen erbracht wird und auch nur diesen gegenüber Ansprüche bestehen, mit der Folge, dass weitergeleitete Provisionen nicht nach § 8 Abs. 3 EStG zu bewerten sind.[40]

18 **c) Betriebsausgabe.** Ob Ansprüche und Verpflichtungen aus einem Versicherungsvertrag zum Betriebsvermögen eines Unternehmens gehören und ob die geleisteten Prämien beim Unternehmen Betriebsausgaben im Sinne des § 4 Abs. 4 EStG bilden, beurteilt sich nach der Art des versicherten Risikos.[41] Bezieht sich die Versicherung auf ein betriebsbedingtes Risiko, führt sie zu Betriebsausgaben und Betriebseinnahmen; ist dagegen ein außerbetriebliches Risiko versichert,

---

[34] BFH v. 9. 5. 1974, BStBl II 1974, 547.
[35] Vgl. Verfügung OFD Münster BB 1970, 476; OFD Köln BB 1971, 689; BFH v. 22. 11. 1983, DB 1984, 806; BFH v. 24. 9. 1985, DB 1986, 1050 = BStBl. II S. 284.
[36] BFH v. 14. 1. 1986, BStBl. II S. 453.
[37] BFH v. 30. 10. 1980, BStBl. 1981 II S. 305; BFH v. 24. 9. 1985, BStBl. 1986 II S. 284, 286 = DB 1986, 1050.
[38] BMF, Schreiben v. 27. 9. 1993, DB 1993, 2057; dazu *von Bornhaupt* BB 1993, 2493; *Donderer* DB 1994, 1159; *Kuhsel* DB 1994, 2265 f.
[39] BFH, Urt. v. 15. 1. 1993 – VI R 32/92, BStBl. II S. 356 = DB 1993, 1016.
[40] BFH, Urt. v. 23. 8. 2007 – VI R 44/05, BB 2008, 148.
[41] BFH, Urt. v. 6. 2. 1992 – IV R 30/91, BStBl. II 1992, 653 = BB 1992, 1473; *Horlemann* DB 1993, 2096, 2097; *derselbe* VersR 1996, 1475, 1476.

können die Ausgaben allenfalls als Sonderausgaben im Sinne des § 10 Abs. 1 Nr. 2 EStG berücksichtigt werden, während die Einnahmen nicht steuerbar sind.[42] Dies gilt auch, wenn eine Personengesellschaft ein privates Risiko ihres Gesellschafters absichert.[43] Die Versicherung gehört dann nicht zum Betriebsvermögen der Gesellschaft; Aufwendungen hierfür können auch nicht im Rahmen einer Überschussrechnung nach § 4 Abs. 3 EStG berücksichtigt werden.[44] Die von der Gesellschaft entrichteten Versicherungsprämien werden in diesem Fall als Entnahmen behandelt, während die von der Gesellschaft als Bezugsberechtigte erlangte Versicherungssumme eine Einlage des Gesellschafters darstellt.[45]

Von diesen Grundsätzen ist auch hinsichtlich eines Lebensversicherungsvertrages auszugehen.[46] Mit einem derartigen Vertrag wird in aller Regel kein betriebsbezogenes Risiko abgedeckt; vielmehr dient ein solcher Vertrag, mag die Versicherungssumme im Erlebens- oder Todesfall auszuzahlen sein, der Daseinsvorsorge des Betriebsinhabers für sich oder seine Hinterbliebenen und gehört damit dem außerbetrieblichen Bereich an.[47] Die Prämien bilden deswegen keine Betriebsausgaben, und zwar auch dann nicht, wenn die Versicherungssumme für betriebliche Zwecke verwendet werden soll.[48] Nichts anderes gilt für die Zinsen der zur Finanzierung von Prämien aufgenommenen Darlehen.[49] Hieran ändert sich auch dann nichts, wenn eine Personengesellschaft eine Risikolebensversicherung auf das Leben eines Gesellschafters unterhält und dadurch die Rückzahlung eines von der Gesellschaft aufgenommenen Darlehens sichergestellt werden soll.[50] Ebenso ist entschieden worden für den Fall des Abschlusses eines Lebensversicherungsvertrags durch den Kommanditisten einer KG, wenn durch die Versicherung ein Betriebskredit der KG gesichert werden sollte[51] und für den Fall des Abschlusses eines Lebensversicherungsvertrags durch die Gesellschafter einer Gesellschaft bürgerlichen Rechts, wobei die Lebensversicherung als Sicherheit für einen betrieblichen Bankkredit der Gesellschaft diente.[52]

Hiervon ist auch auszugehen, wenn eine Lebensversicherung zu dem Zweck unterhalten wird, mit Hilfe der Versicherungsleistungen die geschuldete Abfindung an die Hinterbliebenen eines Mitgesellschafters zu zahlen.[53] Das hat der BFH bereits für den Fall entschieden, dass die Versicherung zu diesem Zweck unmittelbar von einem Gesellschafter auf das Leben des Mitgesellschafters eingegangen wird.[54] Nach der Rechtsprechung des BFH gilt nichts anderes, wenn die

---

[42] BFH, Urt. v. 6. 2. 1992 – IV R 30/91, BB 1992, 1473.
[43] BFH, Urt. v. 6. 2. 1992 – IV R 30/91, BB 1992, 1473.
[44] BFH, Urt. v. 6. 2. 1992 – IV R 30/91, BB 1992, 1473; BGH, Urt. v. 9. 11. 1995 – IX ZR 161/94, NJW 1996, 312, 313 = DB 1996, 82, 83.
[45] BFH, Urt. v. 11. 5. 1989 – IV R 56/87, BFHE 157, 152 = BStBl. II S. 657 = BB 1989, 1957; BFH, Urt. v. 6. 2. 1992 – IV R 30/91, BB 1992, 1473.
[46] BFH, Urt. v. 6. 2. 1992 – IV R 30/91, BB 1992, 1473.
[47] BFH, Urt. v. 6. 2. 1992 – IV R 30/91, BB 1992, 1473.
[48] BFH, Urt. v. 21. 5. 1987 – IV R 80/85, BFHE 150, 342 = BStBl. II S. 710 = NJW 1988, 846 = BB 1987, 2000; BFH, Urt. v. 10. 11. 1988 – IV R 15/86, BFH/NV 1989, 499; BFH, Urt. v. 6. 2. 1992 – IV R 30/91, BB 1992, 1473.
[49] FG Düsseldorf, Urt. v. 21. 8. 2007 – 17 K 2330/06 E, EFG 2008, 370 = DB 2008, 787.
[50] BFH BFHE 157, 152 = BStBl. 1989 II S. 657 = BB 1989, 1959.
[51] BFH, Urt. v. 10. 4. 1990 – VIII R 63/88, BFHE 161, 440 = BStBl. II S. 1017 = BB 1990, 2097.
[52] BFH, Urt. v. 13. 3. 1991 – VIII R 70/89, BFH/NV 1991, 736.
[53] BFH, Urt. v. 6. 2. 1992 – IV R 30/91, NJW 1993, 552 (Ls.) = BB 1992, 1473, 1474.
[54] BFH, Urt. v. 21. 5. 1987 – IV R 80/85, BFHE 150, 342 = BStBl. II S. 710 = NJW 1988, 846 = BB 1987, 2000.

Lebensversicherung von der Personengesellschaft selbst, d. h. von den Gesellschaftern gemeinsam, unterhalten wird.[55]

21 Allerdings hat der RFH die von einer Personengesellschaft auf das Leben von Gesellschaftern unterhaltene Versicherung als sog. Teilhaberversicherung zum Betriebsvermögen der Personengesellschaft gerechnet, weil damit die zur Abfindung der Erben benötigten Mittel beschafft würden und die ungestörte Fortführung des Betriebs ermöglicht werden solle. Handelte es sich um eine Sozietät von Angehörigen freier Berufe sollte dies allerdings nur mit Einschränkungen gelten, weil in einem solchen Fall im allgemeinen nicht eine Kapitalabfindung der Hinterbliebenen vorgesehen sei; ebenfalls müsse gewährleistet sein, dass die Versicherungssumme der Sozietät zugute komme und den Gesellschaftern im Ergebnis nicht lediglich eine eigene Versicherung abgenommen werde.[56]

22 Der BFH hatte zunächst offen gelassen, ob an der Rechtsprechung des RFH festgehalten werden kann.[57] Im Anschluss an sein Urteil vom 21. Mai 1987[58] hat dies der BFH[59] verneint und ausgeführt, dass es keinen Unterschied mache, ob die Personengesellschaft eine Risikoversicherung oder eine Kapitalversicherung auf das Leben ihres Gesellschafters unterhalte. Da eine Kapitallebensversicherung auch vor dem Tode des Versicherten und damit unabhängig vom Entstehen eines Abfindungsanspruchs zugunsten der Erben ausgezahlt werden könne, werde der mangelnde Zusammenhang mit der Betriebssphäre vielmehr besonders deutlich.[60] Bei dieser rechtlichen Beurteilung sei auch unerheblich, ob die Gesellschafter auch eigene Versicherungen in ausreichendem Umfang abgeschlossen haben. Soweit im Streitfall die Sozietät Kapitalversicherungen auf den Todes- und Erlebensfall ihrer beiden Gesellschafter abgeschlossen habe, bildeten die entrichteten Versicherungsprämien keine Betriebsausgaben. Dies gelte auch, soweit mit den Versicherungen gleichzeitig das Risiko der Berufsunfähigkeit abgedeckt werde. Auch dabei handele es sich nicht um ein betriebliches, sondern um ein privates Risiko des Unternehmers oder Mitunternehmers. Eine Unfallversicherung für den Betriebsinhaber oder für Mitunternehmer führe nur zu Betriebsausgaben, wenn durch die Ausübung des Berufs ein erhöhtes Risiko geschaffen werde und der Abschluss des Versicherungsvertrags entscheidend der Absicherung dieses Risikos diene.[61]

22a **d) Betriebsvermögen.** Der Anspruch aus einer Versicherung gehört zum notwendigen Privatvermögen, soweit das versicherte Risiko privater Natur und mithin der Abschluss der Versicherung privat veranlasst ist.[62] Schließt ein Unternehmen einen Versicherungsvertrag auf das Leben oder den Tod eines fremden

---

[55] BFH, Urt. v. 6. 2. 1992 – IV R 30/91, BB 1992, 1473, 1474.
[56] RFH, Urt. v. 3. 12. 1931 – VI A 937, 1101/31, RStBl. 1932, 168; RFH, Urt. v. 22. 1. 1936 – VI A 1179/33, RStBl. 1936, 680; RFH, Urt. v. 11. 3. 1942 – VI 42/42, RStBl. 1942, 601; RFH, Urt. v. 21. 5. 1942 – IV 6/42, RStBl. 1942, 826.
[57] Vgl. BFH, Urt. v. 22. 5. 1969 – IV R 144/68, BFHE 95, 447 = BStBl. II 1969, 489 = BB 1969, 823; BFH, Urt. v. 21. 5. 1987 – IV R 80/85, BFHE 150, 342 = BStBl. II 1987, 710 = BB 1987, 2000.
[58] BFH, Urt. v. 21. 5. 1987 – IV R 80/85, BFHE 150, 342 = BStBl. II 1987, 710 = BB 1987, 2000; dazu Baer, Die betriebliche Teilhaberversicherung, VW 1991, 446.
[59] BFH, Urt. v. 6. 2. 1992 – IV R 30/91, BB 1992, 1473, 1474.
[60] Unter Berufung auf BFH, Urt. v. 10. 4. 1990 – VIII R 63/88, BFHE 161, 440 = BStBl. 1990, 1017 = BB 1990, 2097.
[61] Unter Berufung auf BFH, Urt. v. 15. 12. 1977 – IV R 78/74, BFHE 124, 185 = BStBl. II 1978, 212 = BB 1978, 338; BFH, Urt. v. 10. 11. 1988 – IV R 15/86, BFH/NV 1989, 499.
[62] BFH, Urt. v. 14. 3. 1996 – IV R 14/95, BetrAV 1996, 262, 263 = BB 1996, 1497 = DB 1996, 1501.

Dritten ab und ist Bezugsberechtigter nicht der Dritte, sondern das Unternehmen, so kann der Anspruch auf die Versicherungsleistung zum Betriebsvermögen gehören.[63]

7. VersStG

Gegenstand der Versicherungsteuer ist nach § 1 Abs. 1 VersStG die Zahlung 23 des Versicherungsentgelts aufgrund eines Versicherungsverhältnisses. Aus steuersystematischer Sicht ist die Versicherungsteuer eine Verkehrsteuer auf den rechtlich erheblichen Geldumsatz im Bereich des Versicherungswesens.[64] Die Voraussetzungen der Versicherungssteuerbefreiung gemäß § 4 Nr. 5 Satz 1 VersStG sind bereits dann erfüllt, wenn eine Versicherung vorliegt, durch die Ansprüche auf Kapital-, Renten oder sonstige Leistungen im Falle des Erlebens, der Krankheit, der Berufs- oder Erwerbsunfähigkeit usw. begründet werden.[65] Ob es sich hierbei um eine Lebensversicherung oder eine andere Versicherungsart handelt, ist nicht relevant, wenn gewährleistet ist, dass nicht eine der im Gesetz ausdrücklich genannten Ausnahmen, nämlich Unfall-, Haftpflicht oder sonstige Sachversicherungen, vorliegen. Die Steuerfreiheit ist nicht davon abhängig, wer der wirtschaftlich Begünstigte bzw. der Bezugsberechtigte der vereinbarten Versicherungsleistung ist, da es sich bei § 4 Nr. 5 VersStG um eine sachliche und nicht um eine persönliche Befreiungsvorschrift handelt.

Wird ein Versicherungsvertrag in Österreich angebahnt und hat der Versicherungsnehmer den Versicherungsvertrag nicht als Unternehmer abgeschlossen, gelten die zwingenden Bestimmungen des österreichischen Rechts, sofern nicht das gewählte Recht für den Versicherungsnehmer günstiger wäre. Ausländische Versicherer müssen einen Fiskalvertreter bestellen, der für die Entrichtung der Steuer in Österreich verantwortlich ist. Als Fiskalvertreter können nur Wirtschaftstreuhänder, Rechtsanwälte, Notare oder Versicherungsunternehmen mit Sitz in Österreich bestellt werden. Die Steuer wird grundsätzlich in Prozent des Versicherungsentgelts (Prämie) bemessen und beträgt bei Lebens- und Invaliditätsversicherungen 4% und bei Lebensversicherungen mit Einmalbeitrag und einer Laufzeit von weniger als zehn Jahren 11%.[66]

II. Inhaltskontrolle

Nach ständiger Rechtsprechung des BGH bleiben bloße Leistungsbeschreibun- 24 gen ebenso wie Vereinbarungen über das von dem anderen Teil zu erbringende Entgelt nach §§ 307 Abs. 3 Satz 1 BGB, 8 AGBG kontrollfrei.[67] Dies soll in erster Linie bewirken, dass Abreden der Parteien über den unmittelbaren Gegenstand der Hauptleistungen, insbesondere über die Höhe des von einer Seite zu zahlenden Preises, der gerichtlichen Nachprüfung entzogen werden; ihre Festlegung ist grundsätzlich Sache der Vertragsparteien, denn es gibt vielfach keine gesetzliche Preisregelung, die bei Unwirksamkeit der vertraglichen Regelung gemäß §§ 306

---

[63] BFH, Urt. v. 14. 3. 1996 – IV R 14/95, BetrAV 1996, 262, 263 = BB 1996, 1497 = DB 1996, 1501.
[64] Gesetzesbegründung VersStG 1937, RStBl. 1937, 837 u. 840; RFH, Urt. v. 15. 3. 1927 – II A 51/27, RStBl. 1927, 114; BFH, Urt. v. 14. 10. 1964 – II 175/61 U, BStBl. III 1965, 667 = VersR 1965, 146; *Heitmann/Mühlhausen* VersR 2009, 874, 875.
[65] BFH, Urt. v. 18. 5. 1971, BStBl. 1979 II S. 546 ff.
[66] Zum Ganzen siehe „Hinweis auf zwingende Bestimmungen des österreichischen Rechts" der FMA Finanzmarktaufsicht (Stand: 2003).
[67] BGH, Urt. v. 9. 5. 2001 – IV ZR 121/00, BGHZ 147, 354, 360 = NJW 2001, 2014 = VersR 2001, 841, 843 = MDR 2001, 1055.

Abs. 2 BGB, 6 Abs. 2 AGBG an deren Stelle treten könnte.[68] Kontrollfähig sind allerdings vorformulierte Vereinbarungen, die mittelbare Auswirkungen auf Preis und Leistung haben.[69] Solche Nebenabreden regeln nicht das Ob und den Umfang von Entgelten, sondern haben die Art und Weise der Erbringung und etwaige Modifikationen als ergänzende Regelung „neben" einer bereits existierenden Preishauptabrede zum Inhalt.[70] In Anwendung dieser Grundsätze ist eine Rabattklausel der Inhaltskontrolle entzogen.[71]

III. Beitragszahlung

1. Beitragszahlungspflicht

25 Die Beitragszahlungspflicht ergibt sich aus § 1 Abs. 2 VVG. Während das Gesetz das Entgelt für die vom Versicherer geschuldete Leistung als Prämie bezeichnet und die bei Versicherungsunternehmungen auf Gegenseitigkeit zu entrichtenden Beiträge den Prämien gleichstellt, enthalten die ALB 1986 und die ALB 1981 den einheitlichen Begriff des Beitrages. Der Beitrag kann gemäß § 2 Abs. 1 ALB 1986 je nach Vereinbarung als Einmalbeitrag oder durch Jahresbeiträge entrichtet werden. Dies entspricht § 9 VVG, wonach als Versicherungsperiode der Zeitraum eines Jahres gilt, falls nicht die Prämie nach kürzeren Zeitabschnitten bemessen ist. Die Beitragszahlungspflicht beruht auf dem Versicherungsvertrag als gegenseitigem Vertrag gemäß §§ 320 ff. BGB, der ein Austauschverhältnis begründet. Der Beitrag ist die Gegenleistung für die Gewährung des Versicherungsschutzes entweder in Form einer aufschiebend bedingten Geldleistung oder einer Gefahrtragung, wobei der Versicherer zur Offenlegung der Beitragskalkulation nicht verpflichtet ist.[72] Der vom Versicherungsnehmer gezahlte Beitrag geht uneingeschränkt in das Eigentum des Versicherers über.[73] Eigentumsrechte der Versicherten am Vermögen oder an einem Teil des Vermögens des Versicherungsunternehmens bestehen nicht.[74]

2. Beitragshöhe

26 Die Höhe des Beitrags ergibt sich aus dem genehmigungspflichtigen Geschäftsplan und richtet sich nach den Tarifen des LVU. Ein besonderer Beitrag wird in der Regel nicht für die Zeit der vorläufigen Deckung erhoben, da die Zeit der vorläufigen Deckung häufig formell in die Versicherungszeit einbezogen

---

[68] BGH, Urt. v. 26. 1. 2001 – V ZR 452/99, BGHZ 146, 331, 338 = NJW 2001, 2399 = MDR 2001, 681.
[69] BGH, Urt. v. 3. 2. 2005 – III ZR 268/04, NJW-RR 2005, 642 = ZIP 2005, 492 = MDR 2005, 738.
[70] BGH Urt. v. 3. 2. 2005 – III ZR 268/04, NJW-RR 2005, 642 = ZIP 2005, 492 = MDR 2005, 738.
[71] BGH, Urt. v. 13. 7. 2005 – IV ZR 83/04, NJW-RR 2005, 1479, 1480 = VersR 2005, 1417, 1418 = r+s 2005, 476, 477 = MDR 2005, 1406, 1407.
[72] Vgl. LG Hamburg, Urt. v. 10. 12. 1997 – 318 S 225/96, VersR 1998, 225, 227; *Präve*, Zum Reformbedarf im Versicherungsrecht, VersR 1999, 1211, 1212; *derselbe*, Verbraucherschutz und Reformbedarf, NVersZ 2000, 201, 203; *derselbe*, Neue Bedingungen für die Lebensversicherung, VersR 2000, 694, 695.
[73] BeschlKE BAV v. 22. 2. u. 11. 5. 1989, VerBAV 1989, 239; BVerfG NJW 2005, 2363 = VersR 2005, 1109, 1118; BGH, Urt. v. 12. 10. 2005 – IV ZR 162/03, NJW 2005, 3559, 3566 = VersR 2005, 1565, 1571 = r+s 2005, 519, 525 = BetrAV 2005, 788, 791 = WM 2005, 2279, 2286 = ZIP 2005, 2109, 2117 = DB 2005, 2686, 2688; *Winter* in: Bruck/Möller, VVG, 8. Aufl., 1988, §§ 159–178 VVG Anm. G 344; *Surminski*, Das Geld der Versicherten, ZfV 1986, 532.
[74] BeschlKE BAV v. 25. 2. 1986, VerBAV 1986, 264; BeschlKE BAV v. 22. 2. u. 11. 5. 1989, VerBAV 1989, 239.

Beitragszahlung 27, 28 § 2 ALB 1986

wird.[75] Der Beitrag ist wegen §§ 8, 11, 13 VAG a. F. mit aller Vorsicht vom Versicherer zu kalkulieren und hat insbesondere ausreichende Kostenzuschläge zu enthalten.[76] Der Grundsatz der Gleichbehandlung ist bei VVaG und AG gleichermaßen gemäß § 21 VAG zu beachten. § 11 Abs. 2 VAG 1994 bestimmt jetzt ausdrücklich, dass Prämien und Leistungen bei gleichen Voraussetzungen nur nach gleichen Grundsätzen bemessen werden dürfen. Dieser Grundsatz ist eingeschränkt, soweit es um die Übernahme erhöhter Risiken geht, z. B. wegen des Gesundheitszustandes des Versicherten oder wegen seines Berufes, und deswegen Risikozuschläge zum Tarifbeitrag verlangt werden. Grundsätzlich wird die Beitragshöhe bei Versicherungen mit festen Beiträgen im Versicherungsschein angegeben. Sie ist während der gesamten Vertragslaufzeit gleich bleibend. Sondervergünstigungen dürfen mit Ausnahme der Sondertarife für die Gruppenversicherung nicht gewährt werden.[77] Es ist daher nicht zulässig, einen im Geschäftsplan nicht vorgesehenen Summenrabatt bei Verträgen mit hoher Versicherungssumme zu gewähren.[78]

3. Beginn und Ende des beitragspflichtigen Zeitraumes

Der technische Versicherungsbeginn ist das im Versicherungsschein genannte 27 Datum, das dem im Versicherungsantrag mitgeteilten Beginndatum für die Versicherung entspricht und vom Versicherer als Datum für den Beginn der Lebensversicherung akzeptiert worden ist.[79] Dieses Datum ist in erster Linie von Bedeutung für den Beginn der Beitragszahlung oder einer Wartezeit sowie die Berechnung der Versicherungsperioden, nicht aber für den materiellen Versicherungsbeginn, d. h. für den Beginn des Versicherungsschutzes.[80] Ein Interesse an einem gegenüber dem Beginn des Versicherungsschutzes früheren technischen Versicherungsbeginn wird ein Versicherungsnehmer dann haben, wenn die Gegenleistung für die früher beginnende Beitragszahlung darin liegt, dass der frühe technische Versicherungsbeginn zu einer niedrigeren Altersstufe des Versicherten und damit zu einem geringeren Beitrag für das gesamte Versicherungsverhältnis führt.[81] Das technische Versicherungsende wird bestimmt durch § 4 ALB 1986, wonach die Beiträge bzw. Beitragsraten bis zum Ablauf des Monats zu zahlen sind, in dem das Versicherungsverhältnis endet.

4. Abgrenzung des Erst- und Folgebeitrags bei der Hauptversicherung

Erstbeitrag im Sinne von § 38 VVG ist der vereinbarte und zeitlich von mehreren Beiträgen als erster fällig werdende und zuerst bezifferte Beitrag bzw. auch der 28

---

[75] RG, Urt. v. 19. 3. 1926 – VI 376/25, RGZ 113, 150, 152; RG, Urt. v. 24. 9. 1926 – VI 154/26, RGZ 114, 321, 323; BGH, Urt. v. 25. 6. 1956 – II ZR 101/55, VersR 1956, 482, 483; *Kollhosser* in: Prölss/Martin, § 2 ALB 86 Rdn. 1.
[76] Vgl. GB BAV 1954/55, 20; GB BAV 1967, 46; GB BAV 1968, 47.
[77] Rundschreiben R 2/82 v. 25. 5. 1982 über Sondervergünstigungen und Begünstigungsverträge in der Lebensversicherung, VerBAV 1982, 259.
[78] GB BAV 1971, 50/51.
[79] Vgl. *Lührs*, Lebensversicherung, 1997, S. 34.
[80] BGH v. 19. 3. 1956, VersR 1956, 250; OLG Hamm, Urt. v. 23. 2. 1972 – 20 U 157/71, VersR 1972, 775, 776; OLG Hamm, Urt. v. 19. 10. 1973 – 20 U 126/73, VersR 1974, 557, 558; OLG Hamm v. 25. 9. 1974, VersR 1975, 754; BGH, Urt. v. 25. 1. 1978 – IV ZR 25/76, VersR 1978, 362, 363; LG Würzburg v. 19. 10. 1981 – 2 O 253/81; BGH, Urt. v. 22. 2. 1984 – IV a ZR 63/82, VersR 1984, 630, 632; OLG Saarbrücken v. 22. 6. 1988, VersR 1989, 391; LG Göttingen v. 27. 4. 1989, VersR 1990, 78, 79; *Römer* in: Römer/Langheid, VVG, Aufl., 2003, § 2 VVG Rdn. 2; *Gärtner*, S. 74; *Hofmann*, S. 89; *Schimikowski*, Rdn. 87; a. A. OLG Frankfurt/M. v. 16. 9. 1992, VersR 1993, 1134; AG Krefeld v. 11. 2. 1993, VersR 1994, 208.
[81] Vgl. BGH v. 13. 3. 1991, VersR 1991, 574.

einmal zu zahlende Beitrag.[82] Seit der Neufassung der §§ 38 und 39 VVG durch die VO vom 19. Dezember 1939[83] kommt es nämlich für die Anwendung des § 38 VVG oder des § 39 VVG nur darauf an, ob es sich um den zeitlich ersten (oder einmaligen) oder um einen zeitlich folgenden Beitrag handelt.[84] Es wird nicht mehr unterschieden zwischen einem "vor oder bei dem Beginn der Versicherung" und einem „nach dem Beginn der Versicherung" zu zahlenden Beitrag, sondern nur noch auf den „ersten oder einmaligen Beitrag" einerseits und den „Folgebeitrag" andererseits abgestellt.[85]

29 Erstbeitrag im Sinne von § 38 VVG ist bei laufender Beitragszahlungsverpflichtung der erstmals zu entrichtende Beitrag auch dann, wenn dieser stillschweigend oder ausdrücklich über den Beginn der Versicherung hinaus gestundet ist; darunter fällt insbesondere auch der erste Beitrag für den endgültigen Versicherungsvertrag nach vorläufiger Deckungszusage, auch wenn in ihm der Beitrag für die vorläufige Deckung mit enthalten ist.[86] Letztlich ist Erstbeitrag allein der Betrag, der mindestens zu zahlen ist, um den Versicherungsschutz materiell beginnen zu lassen.[87] Folgebeiträge sind alle weiteren, zeitlich auf den ersten Beitrag folgenden Beiträge, nicht aber der gestundete erste Beitrag.[88] Auch Nachforderungsbeträge aufgrund eines zu niedrig angesetzten Erstbeitrags sind als Folgebeiträge anzusehen.[89]

30 Haben die Parteien im Versicherungsvertrag antragsgemäß die Zahlung des Jahresbeitrags mit von vornherein vierteljährlicher Beitragszahlung vereinbart, so ist hierin nicht die Stundung eines Teils des Gesamtbeitrags zu sehen, sondern der Abschluss einer Ratenvereinbarung anzunehmen.[90] Bei einer solchen Ratenvereinbarung ist Erstbeitrag nur die zeitlich erste Rate des ersten Jahresbeitrags, also die Rate für das erste Quartal, die weiteren Raten sind Folgebeiträge,[91] selbst wenn es sich nicht um ein volles Quartal handelt.[92] An diesem Ergebnis ändert sich

---

[82] BGH v. 31. 1. 1951, VersR 1951, 115; LG Düsseldorf, Urt. v. 21. 2. 1952 - 1 O 313/51, VersR 1953, 132, 133; GB BAV 1985, 76.
[83] RGBl. I 2443.
[84] LG Hamburg v. 14. 12. 1950, VersR 1951, 75; BGH, Urt. v. 25. 6. 1956 - II ZR 101/55, BGHZ 21, 122, 132 = NJW 1956, 1634 = VersR 1956, 482, 484.
[85] BGH, Urt. v. 25. 6. 1956 - II ZR 101/55, BGHZ 21, 122, 132 = NJW 1956, 1634 = VersR 1956, 482, 484; OLG Hamburg, Urt. v. 13. 11. 1962 - 7 U 139/62, VersR 1963, 819, 820; *Goll/Gilbert/Steinhaus*, Hdb. Lebensversicherung, 11. Aufl., 1992, S. 40.
[86] BGH, Urt. v. 25. 6. 1956 - II ZR 101/55, BGHZ 21, 122, 132/133 = NJW 1956, 1634 = VersR 1956, 482, 484; OLG Hamburg, Urt. v. 13. 11. 1962 - 7 U 139/62, VersR 1963, 819; BGH v. 17. 4. 1967, BGHZ 47, 352, 361 = NJW 1967, 1800 = VersR 1967, 569; OLG Oldenburg, Urt. v. 2. 4. 1980 - 2 U 225/79, VersR 1980, 1113; a. A. LG Frankfurt/M., Urt. v. 24. 6. 1960 - 2 O 63/60, VersR 1960, 988; *Bruck/Möller* § 1 VVG Anm. 97, 103–105, § 35 VVG Anm. 46, 51, § 38 VVG Anm. 4 und 5 b, § 39 Anm. 52; *Möller* VersPrax 1952, 49.
[87] OLG Hamm, Urt. v. 23. 2. 1972 - 20 U 157/71, VersR 1972, 775, 776; OLG Hamm, Urt. v. 23. 10. 1981 - 20 U 121/81, VersR 1982, 867.
[88] BGH, Urt. v. 25. 6. 1956 - II ZR 101/55, BGHZ 21, 122, 132/133 = NJW 1956, 1634 = VersR 1956, 482, 484; BGH v. 17. 4. 1967, BGHZ 47, 352, 361 = NJW 1967, 1800 = VersR 1967, 569; a. A. *Brockmann* VersR 1953, 345; *Gärtner* ZVersWiss 1960, 225, 235.
[89] GB BAV 1985, 76.
[90] OLG Hamm, Urt. v. 23. 2. 1972 - 20 U 157/71, VersR 1972, 775, 776; OLG Oldenburg, Urt. v. 2. 4. 1980 - 2 U 225/79, VersR 1980, 1113.
[91] OLG Düsseldorf, Urt. v. 1. 3. 1966 - 4 U 296/65, VersR 1966, 819; OLG Koblenz, Urt. v. 3. 5. 1966 - 1a W 93/66, VersR 1966, 1128; OLG Hamm, Urt. v. 23. 2. 1972 - 20 U 157/71, VersR 1972, 775, 776; OLG Oldenburg, Urt. v. 2. 4. 1980 - 2 U 225/79, VersR 1980, 1113; OLG Hamm, Urt. v. 23. 10. 1981 - 20 U 121/81, VersR 1982, 867; OLG München v. 7. 2. 1986, VersR 1987, 554; *Goll/Gilbert/Steinhaus*, Hdb. Lebensversicherung, 11. Aufl., 1992, S. 40.
[92] Vgl. LG Oldenburg v. 29. 4. 1986, VersR 1986, 1012, 1013.

nichts, wenn im Zeitpunkt der Übersendung des Versicherungsscheins schon die Rate für das zweite Quartal des ersten Versicherungsjahres fällig geworden ist. Auch dann ist die erste Rate Erstbeitrag und die zweite Rate Folgebeitrag.[93] Nach dem Sinn und Zweck der gesetzlichen Vorschriften kann es nicht in das Belieben des Versicherers gestellt sein, den Einlösungsbeitrag, an dessen Zahlung bzw. Nichtzahlung wesentliche Rechtsfolgen geknüpft sind, durch Verzögerung der Ausstellung und Übersendung des Versicherungsscheins zu erhöhen.[94] Nur im Einzelfall kann der Versicherer, wenn das Kalenderjahr als Versicherungsjahr vereinbart ist, der Versicherungsbeginn aber in ein laufendes Kalenderhalbjahr fällt, in den Erstbeitrag das halbe Jahr übersteigenden Zeitraum in die Berechnung der ersten Rate und damit in den Erstbeitrag und Einlösungsbeitrag einbeziehen, sofern dies dem Willen der Parteien entspricht.[95] Im Regelfall ist es bei unterjähriger Zahlung der Beiträge nicht zulässig, die vor oder nach dem formellen Vertragsbeginn ab dem technischen Versicherungsbeginn angefallenen Monatsbeiträge oder Vierteljahresbeiträge in einem Erstbeitrag zusammenzufassen. Eine beliebige oder an Verwaltungsbedürfnissen orientierte Bezifferung des Erstbeitrags ist dem Versicherer verwehrt.

Wird die Versicherung mit Zustimmung des Versicherers wiederhergestellt, ist der erste Beitrag, der nach der Wiederherstellung zu zahlen ist, Erstbeitrag im Sinne von § 38 VVG.[96] Dies gilt ebenfalls, wenn ein bereits bestehender Vertrag, durch einen neuen Vertrag ersetzt werden soll. Dies setzt allerdings voraus, dass nach dem Willen der Parteien ein neuer Vertrag begründet werden soll, und nicht nur der bestehende Vertrag durch den neuen Vertrag geändert werden soll.[97] Lediglich eine Vertragsänderung ist anzunehmen, wenn die wesentlichen Merkmale eines Versicherungsvertrages, insbesondere das versicherte Risiko, die Versicherungssumme und die Versicherungsprämie unverändert bleiben.[98] In diesem Fall ist der erste Beitrag nach der Vertragsänderung Folgebeitrag.[99] 31

5. Abgrenzung des Erst- und Folgebeitrags bei Einschluss von Zusatzversicherungen oder bei Anpassungsversicherungen

a) **Allgemeines.** Ob ein Erst- oder Folgebeitrag anzunehmen ist, richtet sich bei einer Vertragsänderung danach, ob diese nach dem Willen der Parteien zum Abschluss eines neuen Vertrages geführt hat oder ob lediglich das bestehende Vertragsverhältnis unter Wahrung der Vertragsidentität abgeändert werden sollte.[100] Anerkannt ist, dass in den Fällen, in denen eine grundlegende Vertragsänderung zur wesentlichen Erhöhung des versicherten Risikos führt, von „Wahrung der Vertragsidentität" nicht mehr gesprochen werden kann, es sich vielmehr stets um 32

---

[93] OLG Hamm, Urt. v. 23. 2. 1972 – 20 U 157/71, VersR 1972, 775, 776; OLG Oldenburg, Urt. v. 2. 4. 1980 – 2 U 225/79, VersR 1980, 1113, 1114; OLG Hamm, Urt. v. 23. 10. 1981 – 20 U 121/81, VersR 1982, 867.
[94] OLG Hamm, Urt. v. 23. 2. 1972 – 20 U 157/71, VersR 1972, 775, 776; OLG Oldenburg, Urt. v. 2. 4. 1980 – 2 U 225/79, VersR 1980, 1113, 1114; OLG Hamm, Urt. v. 23. 10. 1981 – 20 U 121/81, VersR 1982, 867.
[95] OLG Koblenz, Urt. v. 29. 1. 1982 – 10 U 42/81, VersR 1983, 383, 384.
[96] Ebenso *Winter* in: Bruck/Möller, VVG, 8. Aufl., 1988, §§ 159–178 VVG Anm. F 24.
[97] OLG Köln, Urt. v. 16. 7. 2002 – 9 U 48/01, NVersZ 2002, 469 = VersR 2002, 1225 = r+s 2002, 357, 358.
[98] OLG Köln, Urt. v. 18. 5. 1989 – 5 U 192/88, VersR 1990, 1004.
[99] OLG Köln, Urt. v. 18. 5. 1989 – 5 U 192/88, VersR 1990, 1004.
[100] LG Würzburg, Urt. v. 11. 1. 1967 – 2 O 233/66, VersR 1969, 52, 53; OLG Hamm, Urt. v. 17. 9. 1975 – 20 U 82/75, VersR 1976, 1032, 1033; OLG Hamm v. 29. 9. 1978 VersR 1979, 413; OLG Hamm v. 31. 1. 1979, VersR 1980, 137.

den Abschluss eines neuen Vertrags handelt.[101] Wesentlich soll sein, ob eine Einheitsversicherung vorliegt oder eine Koppelung mehrerer rechtlich selbständiger Verträge, bei denen deshalb keine einheitliche Prämie angenommen werden kann, die als Einlösungsbeitrag bezeichnet werden kann.[102] Vielmehr handelt es sich dann um mehrere, unter einer Versicherungsnummer zusammen gefasste Versicherungsprämien, die gesondert und eindeutig auszuweisen sind.[103]

33 b) **Einschluss von Zusatzversicherungen und Anpassungsversicherungen.** Die Zusatzversicherungen, wie z. B. die Berufsunfähigkeits-Zusatzversicherung und die Unfall-Zusatzversicherung bilden bedingungsgemäß eine Einheit mit der Hauptversicherung.[104] Es liegt damit ein einheitlicher Versicherungsvertrag[105] und keine Koppelung mehrerer rechtlich selbständiger Verträge vor, bei denen wegen der rechtlichen Selbständigkeit keine einheitliche Prämie angenommen werden kann, die als Einlösungsbeitrag bezeichnet werden kann.[106] Die Beitragsteile für die Hauptversicherung und die Zusatzversicherung sind daher bei Abschluss des Versicherungsvertrages als eine Einheit anzusehen und damit als ein Beitrag im Sinne der §§ 38, 39 VVG zu behandeln. Wird eine Zusatzversicherung später eingeschlossen, ist der Mehrbeitrag Folgebeitrag, da aufgrund der Einheit des Versicherungsvertrages und der nicht wesentlichen Risikoerhöhung kein Abschluss eines neuen Vertrages anzunehmen ist.

34 Die Anpassungsbedingungen sehen nicht generell vor, dass die jeweils zustande gekommenen Erhöhungsversicherungen mit der ursprünglichen Versicherung eine Einheit bilden. Gleichwohl ist kein neuer Vertragsabschluß anzunehmen, da die Erhöhungsversicherungen zu keiner wesentlichen Erhöhung des versicherten Risikos führen. Bedingungsgemäß darf nämlich der Erhöhungsmaßstab 10% nicht überschreiten (vgl. Anmerkung zu § 1 Anpassungsbedingungen). Der erhöhte Beitragsteil aus einer Erhöhungsversicherung ist daher als Folgebeitrag anzusehen.[107]

35 Wird eine Risikoumtauschversicherung in eine kapitalbildende Lebensversicherung umgewandelt, ist der erste fällige Beitrag nach Umtausch als Folgebeitrag anzusehen.[108]

36 Auch bei den Versicherungen mit stufenweisem Aufbau der Versicherungsleistungen ist der zweite Beitrag (in der Regel ein Einmalbeitrag wie der erste Beitrag) als Folgebeitrag anzusehen.[109] Ebenso bei Erhöhung in der Vermögensbildungsversicherung und Zuzahlungen sowie bei Nachträgen aufgrund von Erhöhungsaktionen mit vereinfachter Gesundheitsprüfung, die nicht in Form selbständiger Nachversicherungen erfolgen (dann Erstbeitrag).

6. Anfechtung des Versicherungsvertrages

37 Im Falle einer rechtswirksamen Anfechtung des Versicherungsvertrages durch den Versicherungsnehmer entfällt für ihn gemäß § 142 BGB rückwirkend die

---

[101] Vgl. OLG Stuttgart v. 2. 10. 1956, VersR 1957, 78, 79; OLG Hamm v. 17. 9. 1975 – 20 U 82/75, VersR 1976, 1032, 1033.
[102] OLG Koblenz, Urt. v. 3. 5. 1966 – 1a W 93/66, VersR 1966, 1128; OLG Koblenz, Urt. v. 29. 1. 1982 – 10 U 42/81, VersR 1983, 383, 384.
[103] OLG Koblenz, Urt. v. 29. 1. 1982 – 10 U 42/81, VersR 1983, 383, 384.
[104] Vgl. § 9 Abs. 1 BUZ bzw. § 8 Abs. 1 UZV; LG Würzburg, Urt. v. 19. 10. 1981 – 2 O 853/81.
[105] So auch OLG Köln v. 8. 3. 1976 – 5 U 71/75.
[106] OLG Koblenz, Urt. v. 29. 1. 1982 – 10 U 42/81, VersR 1983, 383, 384.
[107] A. A. *Kurzendörfer*, Lebensversicherung, 3. Aufl., 2000, S. 235.
[108] *Goll/Gilbert/Steinhaus*, Hdb. Lebensversicherung, 11. Aufl., 1992, S. 45; ebenso *Winter* in: Bruck/Möller, VVG, 8. Aufl., 1988, §§ 159–178 VVG Anm. E 82; a. A. *Kurzendörfer*, Lebensversicherung, 3. Aufl., 2000, S. 235.
[109] *Winter* in: Bruck/Möller, VVG, 8. Aufl., 1988, §§ 159–178 VVG Anm. E 7.

Beitragszahlung 38–43 § 2 ALB 1986

Beitragszahlungspflicht. Dem Versicherer schuldet der Versicherungsnehmer trotz Gefahrtragung keinen Beitrag. Vielmehr muss der Versicherer dem Versicherungsnehmer die vom Versicherungsnehmer gezahlten Beiträge nach Bereicherungsgrundsätzen zurückerstatten.[110]
Der Versicherer kann, sofern es um andere als gefahrerhebliche Momente geht, den Versicherungsvertrag anfechten, z.B. wenn der Versicherer den Prämientarif versehentlich unrichtig angewendet und den Beitrag falsch errechnet hat.[111] Im Falle einer Anfechtung wegen Irrtums gemäß § 119 BGB muss der Versicherer aber dem Versicherungsnehmer den erlittenen Vertrauensschaden ersetzen.[112]   38

7. Beitragsraten (§ 2 Abs. 2 ALB)

a) **Jahresbeitrag.** Der Versicherungsnehmer kann mit dem LVU vereinbaren, dass die Jahresbeiträge in halbjährlichen, vierteljährlichen oder monatlichen Raten gezahlt werden. Mit dem Jahresbeitrag ist der Betrag gemeint, der pro Jahr zu zahlen ist, wenn keine kürzere Zahlungsperiode vereinbart wird.[113] Dieser Betrag wird nur als Vergleichsmaßstab dafür genannt, um wie viel sich dieser Betrag bei einer unterjährigen Zahlungsweise erhöht.[114]   39

b) **Unterjährige Zahlungsweise.** Wird vereinbart, dass der Jahresbeitrag in Raten gezahlt wird, muss der Versicherungsnehmer Ratenzuschläge bezahlen. Bei der Vereinbarung von Ratenzahlungen handelt es sich um keine Stundung eines Teils des Gesamtbeitrags.[115] Der Anspruch des Versicherers auf den Jahresbeitrag entsteht vielmehr sofort und endgültig. Die Fälligkeit der Forderung ist aber bis zu den für die einzelnen Raten vereinbarten Terminen hinausgeschoben (betagte Forderung).   40–42

IV. Fälligkeit der Beiträge

1. Fälligkeit des Erstbeitrags

a) **Fälligkeitszeitpunkt.** Gemäß § 2 Abs. 4 ALB 1986 ist der erste oder einmalige Beitrag sofort nach Abschluss des Versicherungsvertrages fällig. Allerdings ist die Bestimmung des § 35 VVG, wonach die erste Prämie sofort nach Abschluss des Versicherungsvertrages zu zahlen ist, nicht zwingend und kann daher auch in der Weise vertraglich abbedungen werden, dass die Fälligkeit rückwirkend auf einen vor dem Abschluss des endgültigen Vertrages liegenden Zeitpunkt verlegt wird, z.B. wegen Gewährung vorläufiger Deckung.[116] Ob sofort als gleichbedeutend mit unverzüglich im Sinne von § 121 Abs. 1 Satz 1 BGB anzusehen ist, umstritten.[117] Richtig ist, dass das Verschuldensmoment bei „sofort" unberück-   43

---

[110] Vgl. OLG Karlsruhe, Urt. v. 2.7.1987 – 12 U 12/87, VersR 1988, 128, 129; *Kollhosser* in: Prölss/Martin, § 2 ALB 86 Rdn 2.
[111] BGH v. 21.5.1959, VersR 1959, 497, 498; LG Düsseldorf, Urt. v. 21.2.1952 – 1 O 313/51, VersR 1953, 132, 133; *Bruck-Dörstling*, ALB-Komm., 2. Aufl., 1933, § 1 ALB Bem. 79; a.A. LG Berlin, Urt. v. 15.12.1952 – 7 S 23/52, VersR 1953, 57, 58.
[112] § 122 BGB; LG Düsseldorf, Urt. v. 21.2.1952 – 1 O 313/51, VersR 1953, 132, 133.
[113] OLG Bamberg, Urt. v. 24.1.2007 – 3 U 35/06, VersR 2007, 529, 530.
[114] OLG Bamberg, Urt. v. 24.1.2007 – 3 U 35/06, VersR 2007, 530.
[115] Vgl. OLG Hamm, Urt. v. 23.2.1972 – 20 U 157/71, VersR 1972, 775, 776 = VerBAV 1972, 313, 315.
[116] BGH, Urt. v. 25.6.1956 – II ZR 101/55, BGHZ 21, 122, 135 = NJW 1956, 1634 = VersR 1956, 482, 484; *Riedler* in: Berliner Komm. z. VVG, 1999, § 35 VVG Rdn. 41.
[117] Dafür: OLG München v. 16.9.1964, VersR 1964, 1264; OLG München v. 15.12.1981, VerBAV 1982, 42; *Bruck-Dörstling*, ALB-Komm., 2. Aufl., 1933, § 2 ALB Bem. 6; dagegen: *Winter* in: Bruck/Möller, VVG, 8. Aufl., 1988, §§ 159 – 178 VVG Anm. E 130;

sichtigt bleibt und es objektiv auf die Tatsache ankommt, dass der Versicherungsvertrag formell zustande gekommen ist.[118] Allerdings ist dem Beitragsschuldner eine angemessene Zeitspanne einzuräumen, die ihm Gelegenheit gibt, sich auf die Vornahme der Zahlung einzurichten.[119] Nicht wird die Fälligkeit des Erstbeitrags dadurch beeinflusst, dass der materielle oder der technische Beginn des Vertrags vereinbarungsgemäß auf einen späteren Zeitpunkt als den des Vertragsschlusses gelegt wird.[120] Hierin kann aber eine Stundung des Erstbeitrags liegen.

44 b) **Fälligkeit bei Antragsabweichung.** Wenn der Versicherungsschein vom Antrag abweicht, tritt die Fälligkeit grundsätzlich erst ein, wenn die Monatsfrist des § 5 Abs. 1 VVG abgelaufen ist, ohne dass der Versicherungsnehmer Widerspruch erhoben hat.[121]

45 c) **Zurückbehaltungsrecht des Versicherungsnehmers.** Der Versicherungsnehmer ist nur gegen Aushändigung des Versicherungsscheins zur Zahlung verpflichtet (§ 35 Satz 2 VVG). Er hat ein Zurückbehaltungsrecht bis zur Aushändigung des Versicherungsscheins,[122] das vom Versicherungsnehmer geltend gemacht werden muss.[123] Beweispflichtig für den Zugang des Versicherungsscheins beim Versicherungsnehmer ist der Versicherer.[124]

2. Fälligkeit der Folgebeiträge

46 Alle weiteren Beiträge (Folgebeiträge) sind innerhalb eines Monats, bei monatlicher Zahlungsweise innerhalb von zwei Wochen, jeweils ab Fälligkeitstag, an den Versicherer zu zahlen. Hierdurch wird eine Fälligkeitsfrist eingeräumt, die zur Folge hat, dass die Fälligkeit erst nach Ablauf der Frist voll gegeben ist.[125]

3. Zahlung durch Dritte

47 Der Versicherer muss die Zahlung fälliger Beiträge oder sonstiger ihm auf Grund des Versicherungsvertrages gebührender Zahlungen vom Versicherten bei der Versicherung für fremde Rechnung, ferner vom Bezugsberechtigten, der ein Recht auf die Leistung des Versicherers erworben hat, sowie vom Pfandgläubiger auch dann annehmen, wenn er nach den Vorschriften des bürgerlichen Rechts die Zahlung zurückweisen könnte.[126] Nach der eng zu interpretierenden gesetzlichen Regelung[127] gehören weder der Versicherte, auf dessen Person eine Lebens- oder

---

Römer in: Römer/Langheid, VVG, 2. Aufl., 2003, § 35 VVG Rdn. 4; *Schimikowski* Rdn. 151.
[118] LG Würzburg v. 11. 1. 1967, VersR 1969, 53.
[119] LG Bonn v. 23. 6. 1956, VersR 1957, 365.
[120] LG Hildesheim v. 6. 10. 1965, VersR 1965, 1165.
[121] OLG Hamm v. 19. 2. 1989, VersR 1982, 1042; *Römer* in: Römer/Langheid, VVG, 2. Aufl., 2003, § 35 VVG Rdn. 4; *Riedler* in: Berliner Komm. z. VVG, 1999, § 35 VVG Rn. 37; *Hofmann* S. 146; *Schimikowski* Rdn. 152.
[122] *Römer* in: Römer/Langheid, VVG, VVV, 2. Aufl., 2003, § 35 VVG Rdn. 13; *Hofmann* S. 146; *Schimikowski* Rdn. 54.
[123] AG Köln, Urt. v. 24. 1. 1953 – 49 C 685/52, VersR 1953, 365; LG München v. 21. 2. 1967, VersR 1968, 761; OLG Hamm v. 23. 2. 1972, VersR 1972, 775; BGH v. 21. 11. 1975, VersR 1976, 136.
[124] OLG Nürnberg v. 22. 6. 1966, VersR 1968, 38; LG München v. 21. 2. 1967, VersR 1968, 761; BGH, Urt. v. 13. 12. 1995 – IV ZR 30/95, r+s 1996, 87, 88.
[125] *Winter* in: Bruck/Möller, VVG, 8. Aufl., 1988, §§ 159–178 VVG Anm. E 136.
[126] Sog. Ablösungsrecht gemäß § 35a Abs. 1 VVG; vgl. zu den Einzelheiten *Römer* in: Römer/Langheid, VVG, 2. Aufl., 2003, § 35a VVG Rdn. 1–3; *Knappmann* in: Prölss/Martin, § 35a VVG Rdn. 1; *Winter* in: Bruck/Möller, VVG, 8. Aufl., 1988, §§ 159–178 VVG Anm. E 124; *Kurzendörfer*, Lebensversicherung, 3. Aufl., 2000, S. 234.
[127] Vgl. *Riedler* in: Berliner Komm. z. VVG, 1999, § 35a VVG Rn. 7.

Beitragszahlung 48, 49 § 2 ALB 1986

Unfallversicherung genommen worden ist, noch der widerruflich Bezugsberechtigte[128] und der Zessionar[129] zu dem Personenkreis, dem ein Ablösungsrecht zusteht.[130]

4. Vorauszahlung der Beiträge

Werden Versicherungsbeiträge nicht in ein Beitragsdepot genommen, sondern vorausgezahlt, so können sie als Sonderausgaben gemäß § 11 Abs. 2 EStG in dem Jahr abgesetzt werden, in dem sie geleistet werden.[131] Im Regelfall werden Beitragsvorauszahlungen gemäß Abrede auf ein Beitragsdepot übernommen und bei Beitragsfälligkeit entnommen. Die zum Zeitpunkt der Fälligkeit entnommenen Beiträge können erst im Entnahmejahr als Sonderausgaben abgesetzt werden.[132] Die Zinsen für das Beitragsdepot unterliegen jeweils im Jahr der Gutschrift wie Sparzinsen als Einkünfte aus Kapitalvermögen gemäß § 20 Abs. 1 Nr. 7 EStG der Einkommensteuer.[133] Hierauf sollte das LVU den Versicherungsnehmer hinweisen.[134] Das LVU ist aber nicht verpflichtet, gemäß § 43 Abs. 1 Nr. 7 Buchst. b EStG dem Finanzamt die Zinsgutschrift anzuzeigen oder Kapitalertragsteuer einzubehalten und abzuführen.[135] Denn bei LVU handelt es sich nicht um „ein inländisches Kreditinstitut oder inländisches Finanzdienstleistungsinstitut im Sinne des Gesetzes über das Kreditwesen". 48

V. Übermittlung der Beiträge durch den Versicherungsnehmer

1. Gefahrtragung

Der Versicherungsnehmer hat die Versicherungsbeiträge auf seine Gefahr und seine Kosten dem Versicherer zu übermitteln.[136] In der Regel an die vom Versicherer bezeichnete Stelle. Damit handelt es sich um eine sogenannte qualifizierte Schickschuld im Sinne von § 270 BGB.[137] Eine Schuldbefreiung tritt demzufolge erst mit Eingang des Geldes beim Versicherer ein. Hat der Versicherungsnehmer keine Hinweise auf den Verwendungszweck der Zahlung gegeben und kann deshalb die Zahlung vom LVU nicht zugeordnet werden, tritt die Erfüllung erst ein, wenn das LVU die benötigten Informationen erhält.[138] Trifft das Geld ein, so kommt es für die Rechtzeitigkeit der Zahlung auf den Zeitpunkt an, zu dem der 49

---

[128] A. A. nach Eintritt des Versicherungsfalls *Goll/Gilbert/Steinhaus,* Hdb. Lebensversicherung, 11. Aufl., 1992, S. 222.
[129] Vgl. LG Köln v. 27. 2. 1980, VersR 1980, 962.
[130] *Knappmann* in: Prölss/Martin, § 35a VVG Rdn. 5; *Riedler* in: Berliner Komm. z. VVG, 1999, § 35a VVG Rdn. 7.
[131] OFD Münster, Schreiben v. 14. 10. 1969 – S 2522 – 9 – St 11 – 31, BB 1970, 24.
[132] Vgl. *Schmidt/Heinicke* § 11 EStG Rz. 30 „Depotzahlung"; *Kreußler/Nörig,* Lebensversicherung und Steuer, 1998, S. 90.
[133] BMF, Schreiben v. 18. 1. 2005 – IV C 1 – S 2400 – 1/05, DStR 2005, 248.
[134] Ebenso *Kurzendörfer,* Lebensversicherung, 3. Aufl., 2000, S. 422.
[135] Vgl. *Kreußler/Nörig,* Lebensversicherung und Steuer, 4. Aufl., 1998, S. 90; *Kurzendörfer,* Lebensversicherung, 3. Aufl., 2000, S. 422; *Eberhardt/Castellví* VersR 2002, 261; a. A. BMF, Schreiben v. 18. 1. 2005 – IV C 1 – S 2400 – 1/05, DStR 2005, 248. Die Verpflichtung zum Einbehalt und Abführung von Kapitalertragsteuer soll allerdings erst für nach dem 31. 12. 2005 abgeschlossene Verträge bzw. begründete Beitragsdepots gelten.
[136] Siehe auch BGH, Urt. v. 5. 12. 1963, VersR 1964, 129; BGH, Urt. v. 20. 11. 1970 – IV ZR 58/69, NJW 1971, 380 = VersR 1971, 216 = DB 1971, 142.
[137] BGH, Urt. v. 20. 11. 1970 – IV ZR 58/69, NJW 1971, 380 = VersR 1971, 216 = DB 1971, 142; BGH VerBAV 1981, 118.
[138] AG Fürstenfeldbruck v. 24. 2. 1988, WM 1988, 1860.

Versicherungsnehmer alles seinerseits zur Zahlung Erforderliche getan hat, um das LVU zu befriedigen.[139] Früher sahen die ALB bis zur Verlautbarung der ALB 1981 eine Bringschuld vor, bei der es für die Rechtzeitigkeit der Zahlung auf den Leistungserfolg ankommt, d. h. bei der Überweisung auf die Gutschrift auf das hierfür bereitgehaltene Konto.[140]

2. Rechtzeitigkeit der Zahlung

50 a) **Zeitpunkt.** Gemäß § 10 Abs. 2 Satz 1 ALB 1986 genügt es für die Rechtzeitigkeit der Beitragszahlung, wenn der Versicherungsnehmer fristgerecht alles getan hat, damit der Beitrag beim Versicherer eingeht. Für die Rechtzeitigkeit der Leistung kommt es auf den Zeitpunkt der Leistungshandlung, nicht auf den des Leistungserfolges an,[141] mithin nicht auf den Eingang der Prämie beim Versicherer.[142] Es darf nicht mehr gefordert werden, als das, wozu der Schuldner in der Lage ist.[143] Der Schuldner soll nicht mit Verzögerungen belastet werden, die nicht ihre Ursache innerhalb seiner Einflusssphäre und seines Verantwortungsbereichs haben.[144]

51 b) **Barzahlung.** Nimmt der Versicherungsnehmer die Zahlung des Beitrags durch Bareinzahlung bei Bank oder Post vor, entscheidet der Einzahlungstermin, wenn der Beitrag dem Versicherer demnächst gutgeschrieben wird.[145] Eine Bareinzahlung stellt in diesen Fällen unmittelbar die Erfüllung der Geldschuld dar und es ist hier nicht einmal von Belang, ob es sich um eine Schick- oder Bringschuld des Versicherungsnehmers handelt. Der Versicherungsnehmer kann einerseits nicht mehr tun als bar bei den genannten Stellen einzuzahlen, und andererseits befindet sich unmittelbar danach das Geld in der Verfügungsgewalt des Versicherers, ohne dass der Versicherungsnehmer noch irgendwie widerrufen könnte. Mit den bei ihnen eingerichteten Konten, auf die eingezahlt wird, sind die Institute Erfüllungsgehilfen des Versicherers geworden, und zwar hier für die Entgegennahme der Beiträge.[146]

52 Die Übersendung von Bargeld in einem Brief an den Versicherer lässt hingegen die Erfüllung erst mit dem Zugang des Briefes bei dem Versicherer eintreten. Den späteren Zugang vorausgesetzt,[147] ist allerdings das Erfordernis der Rechtzeitigkeit schon vorher erfüllt, nämlich mit dem Absenden des Briefes (beweisbar durch Versendung per Einschreiben). Gemäß § 36 VVG hat allerdings den Verlust des

---

[139] BGH, Urt. v. 20. 11. 1970 – IV ZR 58/69, NJW 1971, 380 = VersR 1971, 216 = DB 1971, 142.
[140] BGH, Urt. v. 20. 11. 1970 – IV ZR 58/69, NJW 1971, 380 = VersR 1971, 216 = DB 1971, 142; OLG München v. 23. 11. 1975, VersR 1975, 851.
[141] BGH v. 5. 12. 1963, BGHZ 44, 178, 179 = NJW 1964, 499 = VersR 1964, 129; BGH v. 7. 10. 1965, BGHZ 44, 178, 179 = VersR 1965, 1141, 1142; OLG Köln NJW-RR 1990, 285 = VersR 1990, 258; OLG Köln v. 25. 2. 1997, r+s 1997, 179; OLG Düsseldorf NJW-RR 1998, 780; OLG Frankfurt/M. MDR 1999, 667; *Reinelt* VersR 2002, 1491, 1492.
[142] OLG Köln, Urt. v. 25. 2. 1997 – 9 U 30/96, VersR 1998, 317.
[143] BGH VersR 1964, 129, 130 = NJW 1964, 499.
[144] LG Hamburg v. 9. 12. 1954, VersR 1955, 433; OLG Karlsruhe v. 22. 12. 1954, VersR 1955, 98; LG Essen v. 8. 2. 1963, VersR 1964, 525; BGH v. 29. 1. 1969, VersR 1969, 368; OLG Nürnberg v. 14. 7. 1970, VersR 1971, 660; OLG Düsseldorf v. 28. 10. 1975, VersR 1976, 429; OLG Hamm v. 23. 11. 1977, VersR 1980, 1062; AG Ebersberg v. 7. 5. 1970, ZfS 1981, 338.
[145] RGZ 78, 137; 99, 257; BGH VersR 1964, 129 = NJW 1964, 499; OLG Nürnberg v. 14. 7. 1970, VersR 1971, 660; OLG Düsseldorf v. 28. 10. 1975, VersR 1976, 429.
[146] *Palandt-Heinrichs* Anm. 4 e zu § 278 BGB.
[147] *Bruck-Möller* § 36 VVG Anm. 9.

Briefes der Versicherungsnehmer zu vertreten, mithin nützt die rechtzeitige Absendung nichts, wenn es nicht zur Erfüllung kommt.

c) Überweisung. aa) Überweisungsauftrag. Bei der Überweisung muss der 52a
Versicherungsnehmer im Rahmen seiner Leistungshandlung den Versicherer als Empfänger richtig bezeichnen und die mitgeteilte Kontonummer und Bankleitzahl zutreffend angeben. Die Bank darf sich grundsätzlich auf die formale Prüfung beschränken, ob der Überweisungsauftrag seinem äußeren Erscheinungsbild nach den Eindruck der Echtheit erweckt.[148] Diese Prüfung liegt im eigenen Interesse der Bank, weil sie nämlich regelmäßig selbst das – auch nicht formularmäßig ohne Rücksicht auf ein Verschulden auf den Kunden abwälzbare – Risiko trägt, dass Überweisungsaufträge gefälscht oder inhaltlich verfälscht werden.[149] Nach dem Prinzip der formalen Auftragsstrenge hat sich die Bank bei der Ausführung der Überweisung strikt an die vom Überweisenden zur Verfügung gestellten Angaben zu halten.[150] Die Richtlinien über das Magnetband-Clearing-Verfahren sehen hierzu vor, dass das endbegünstigte Kreditinstitut im beleglosen Überweisungsverkehr nicht zu einem Vergleich des angegebenen Empfängernamens mit dem Namen des Kontoinhabers verpflichtet ist und den Überweisungsbetrag einem Konto mit der angegebenen Nummer bei der durch die Bankleitzahl bestimmten Filiale gutschreiben darf.[151] Die Bank muss aber prüfen, ob bei der durch die Bankleitzahl gekennzeichneten Filiale ein Konto mit der vom Auftraggeber angegebenen Nummer überhaupt existiert.[152] Im beleggebundenen Zahlungsverkehr ist bei Divergenzen zwischen Empfängerbezeichnung und Kontonummer die Empfängerbezeichnung maßgebend, weil der Name eine wesentlich sichere Individualisierung ermöglicht.[153] Die Empfängerbank darf sich deshalb bei der Gutschrift nach dem in der Rechtsprechung anerkannten Grundsatz richten, dass bei Divergenz zwischen Empfängerbezeichnung und Kontonummer die Empfängerbezeichnung maßgebend ist.[154] Kommt es hierdurch zu Verzögerungen, so gehen diese zu Lasten des Versicherungsnehmers mit der Folge, dass maßgeblicher Zeitpunkt der Tag der Gutschrift auf dem Konto des Versicherers ist,

---

[148] OLG Köln, Urt. v. 16. 9. 1998 – 13 U 48/98, WM 1999, 1211.
[149] BGH NJW 1994, 2357 = WM 1994, 1420; BGH NJW 1997, 1700 = WM 1997, 910; BGH NJW 1997, 2236 = WM 1997, 1250; OLG Köln, Beschl. v. 31. 5. 1996 – 2 U 18/96, WM 1996, 2007, 2010; OLG Köln, Urt. v. 16. 9. 1998 – 13 U 48/98, WM 1999, 1211; KG, Urt. v. 15. 10. 2009 – 8 U 26/09, VersR 2010, 541, 542; OLG Koblenz, Urt. v. 26. 1. 2009 – 2 U 116/09.
[150] BGH, Urt. v. 29. 9. 1986 – II ZR 283/85, NJW 1987, 317, 318 = WM 1986, 1409; *Wilkens* MDR 1999, 1236, 1240 (Fn. 33).
[151] BGHZ 108, 386, 389 = NJW 1990, 250 = WM 1989, 1754; BGH, Urt. v. 12. 10. 1999 – XI ZR 294/98, WM 1999, 2255, 2256; AG München, Urt. v. 18. 6. 2007 – 222 C 5471/07, NJW 2008, 2275 = WM 2008, 1451, 1452; dazu *Pauli* NJW 2008, 2229.
[152] BGH, Urt. v. 12. 10. 1999 – XI ZR 294/98, WM 1999, 2255, 2256.
[153] BGH, Urt. v. 11. 11. 1968 – II ZR 228/66, WM 1968, 1368; BGH, Urt. v. 31. 1. 1972 – II ZR 145/69, WM 1972, 308, 309; BGH, Urt. v. 31. 1. 1974 – II ZR 3/72, WM 1974, 274, 275; BGH, Urt. v. 28. 3. 1977 – II ZR 134/75, BGHZ 68, 266, 268 = NJW 1977, 1344 = WM 1977, 366; BGH, Urt. v. 17. 2. 1977 – II ZR 122/76, WM 1978, 367; OLG Frankfurt/M., Urt. v. 4. 5. 1983 – 17 U 95/82, NJW 1983, 1681, 1683; BGH, Urt. v. 9. 3. 1987 – II ZR 238/86, NJW 1987, 1825, 1826 = WM 1987, 530, 531 = ZIP 1987, 693; BGH, Urt. v. 3. 10. 1989 – XI ZR 163/88, BGHZ 108, 386, 390 f. = NJW 1990, 250 = WM 1989, 1754; BGH, Urt. v. 9. 7. 1991 – XI ZR 72/90, NJW 1991, 1452, 1458; BGH, Urt. v. 8. 10. 1991 – XI ZR 207/90, NJW 1991, 3208, 3209 = WM 1991, 1912, 1913; OLG Hamm NJW-RR 1992, 1138; BFH, Urt. v. 13. 6. 1997 – VII R 62/96, WM 1998, 1482, 1484; OLG Dresden, Beschl. v. 19. 3. 2007 – 8 U 311/07, WM 2007, 1023, 1024 = ZIP 2007, 1654; *Nobbe*, WM Sonderbeil. Nr. 4 zu Heft 29/2001, S. 15.
[154] OLG Frankfurt/M., Urt. v. 29. 9. 1998 – 14 U 205/97, WM 1999, 1208, 1209; BGH, Nichtannahmebeschl. v. 11. 5. 1999 – XI ZR 268/98, WM 1999, 1208.

während es sonst auf den Tag der Abbuchung des Beitrags vom Konto des Versicherungsnehmers ankommt.[155] Vollzogen ist der Überweisungsauftrag mit der Gutschrift der Empfangsbank auf dem Konto des Empfängers.[156]

53   **bb) Rechtzeitigkeit der Überweisung.** Nach Art. 3 Abs. 1 Buchst. c Ziff. ii der Richtlinie 2000/35/EG des Europäischen Parlaments und des Rates vom 29. Juni 2000 zur Bekämpfung von Zahlungsverzug im Geschäftsverkehr muss bei einer Zahlung durch Banküberweisung der geschuldete Betrag dem Konto des Gläubigers rechtzeitig gutgeschrieben sein, wenn das Entstehen von Verzugszinsen vermieden oder beendet werden soll.[157] Der Zeitpunkt, der für die Beurteilung maßgeblich ist, ob eine Banküberweisung im Rahmen eines Geschäftsvorgangs als rechtzeitig bewirkt anzusehen ist, so dass für die Forderung keine Verzugszinsen nach dieser Bestimmung zu zahlen sind, ist der Zeitpunkt, zu dem der geschuldete Betrag auf dem Konto des Gläubigers gutgeschrieben wird.[158]

54   Im bargeldlosen Zahlungsverkehr ist zu unterscheiden zwischen der Erfüllungswirkung des Zahlungsvorganges und seiner Rechtzeitigkeit.[159] Die Erfüllungswirkung tritt erst mit der Gutschrift auf dem Empfängerkonto oder dem Eingang der Überweisung bei der Bank des Gläubigers ein.[160] Wird dem Versicherungsnehmer vom Versicherer ein bestimmtes Konto mitgeteilt, hat die Überweisung auf ein anderes Konto in der Regel keine Tilgungswirkung.[161]

55   Hinsichtlich der Rechtzeitigkeit kommt es hingegen nur darauf an, ob der Schuldner der Geldschuld das seinerseits für die Leistung Erforderliche rechtzeitig getan hat, also auf die Leistungshandlung, nicht auf den Leistungserfolg.[162] Das ergibt sich aus den gesetzlichen Bestimmungen der §§ 269, 270 BGB über den Leistungsort, nach denen die Geldschuld eine sogenannte Schickschuld ist, bei der der Schuldner das am Leistungsort Erforderliche tun muss, so dass bei rechtzeitiger Absendung des Geldes die Verzögerungsgefahr beim Gläubiger liegt.[163] Deswegen genügt für die Rechtzeitigkeit einer im Banküberweisungsverkehr vorgenommenen Geldzahlung, dass der Schuldner am Leistungsort das für die Überweisung Erforderliche getan hat, also die Überweisung veranlasst hat und ein Guthaben unterhält, auf Grund dessen die Überweisung vorgenommen werden kann.[164] Es ist dafür nicht erforderlich, dass der Überweisungsauftrag auch noch innerhalb der Frist bei der Bank des Empfängers eingeht oder dass der überwiesene Betrag dort dem Gläubiger gutgeschrieben wird.[165] Unmaßgeblich ist mithin, wann der Überweisungsbetrag von dem Überweisungskonto abgebucht wird und

---

[155] BGH v. 9. 3. 1987, NJW 1987, 1826.
[156] BGH v. 11. 3. 1976, DB 1976, 1956 = WM 1976, 904; BGH v. 25. 1. 1988, DB 1988, 747.
[157] AblEG Nr. L 200, S. 35.
[158] EuGH, Urt. v. 3. 4. 2008 – Rs. C 306/06, DB 2008, 1966, 1967.
[159] OLG Düsseldorf DB 1984, 2686.
[160] LG Hamburg v. 9. 12. 1954, VersR 1955, 433; LG Essen v. 8. 2. 1963, VersR 1964, 525; AG Ebersberg v. 9. 5. 1980, ZfS 1981, 338; OLG Düsseldorf DB 1984, 2686.
[161] Vgl. BGHZ 98, 30 = WM 1986, 875; OLG Karlsruhe, Urt. v. 2. 11. 1995 – 4 U 49/95, WM 1996, 2007.
[162] OLG Düsseldorf DB 1984, 2686; OLG Köln v. 25. 2. 1997, VersR 1998, 317; OLG Karlsruhe, Urt. v. 2. 10. 1997 – 12 U 64/97, NJW-RR 1998, 1483, 1484.
[163] OLG Düsseldorf DB 1984, 2686.
[164] BGH v. 15. 5. 1952, BGHZ 6, 121; BGH VersR 1964, 129; GB BAV 1979, 87 Nr. 814; OLG Düsseldorf DB 1984, 2686; OLG Karlsruhe, Urt. v. 2. 10. 1997 – 12 U 64/97, NJW-RR 1998, 1483, 1484; OLG Oldenburg, Urt. v. 16. 5. 2001 – 2 U 80/01, VersR 2002, 555.
[165] Vgl. RGZ 78, 137, 139; BGH WM 1959, 624, 625; BGH NJW 1964, 499; BGH NJW 1971, 380 = VersR 1971, 216 = DB 1971, 142; OLG Celle MDR 1969, 1007; OLG Hamm VersR 1976, 1032, 1033; OLG Düsseldorf DB 1984, 2686.

wann die Gutschrift auf dem Konto des Empfängers erfolgt ist.[166] Spätestens ist der Zeitpunkt maßgebend, zu der Beitrag vom Konto des Versicherungsnehmers abgebucht wurde.[167] Ob schon der Zeitpunkt ausreicht, zu dem ein Überweisungsauftrag bei der Bank eingeht, hat der BGH offen gelassen.[168]

Auf dem Wege der Überweisung zum Versicherer ist der erste Tatbestand, den sich dieser als Erfüllung zurechnen lassen muss, die Gutschrift des überwiesenen Betrages auf seinem Konto.[169] Nur die Tatsache der Gutschrift, nicht ihr Zeitpunkt, ist für den Lebensversicherungsbeitrag als Schickschuld wichtig, da es, wie ausgeführt, für die Rechtzeitigkeit auf die Handlungen der im Auftrag des Versicherungsnehmers tätigen Bank ankommt.[170] Ein Verlust auf dem Überweisungsweg (z. B. Verlust der EDV-Daten) zwischen Abbuchung und Gutschrift geht zu Lasten des Versicherungsnehmers. 56

cc) **Widerruf des Überweisungsauftrages.** Der Widerruf des Überweisungsauftrages ist dem Versicherungsnehmer nur so lange möglich, als der Auftrag noch nicht endgültig ausgeführt worden ist.[171] In der Regel also bis zur Gutschrift auf dem Konto des Empfängers.[172] Wenn im Beleg begleitenden Überweisungsverkehr der Überweisungsauftrag von der Empfangsbank durch elektronische Datenverarbeitung ausgeführt wird, muss der Widerruf der Empfangsbank zu einem Zeitpunkt zugegangen sein, zu dem die Daten der Gutschrift dem Überweisungsempfänger noch nicht zur vorbehaltlosen Bekanntgabe zur Verfügung gestellt worden sind, z. B. durch Kontoauszugsdrucker, vorbehaltlose Absendung der Kontoauszüge, Bereitstellung zur Abholung.[173] 57

d) **Dauerauftrag.** Für den Dauerauftrag, der eine jederzeit widerrufliche Anweisung des Versicherungsnehmers an sein Kreditinstitut darstellt, Überweisungen zu bestimmten Terminen durchzuführen, gilt Vorstehendes uneingeschränkt. Jede einzelne Überweisung, die aufgrund eines Dauerauftrages erfolgt, hat nur Erfüllungswirkung, wenn die Gutschrift auf dem Konto des Versicherers vorgenommen wird und sie ist nur rechtzeitig erfolgt, wenn Abbuchung und Absendung der Überweisungsträger durch das vom Versicherungsnehmer beauftragte Geldinstitut pünktlich durchgeführt wurde. Der Versicherungsnehmer muss die regelmäßige Überweisung dadurch sicherstellen, dass er ein genügend großes Guthaben bzw. eine entsprechende Kreditvereinbarung zum richtigen Zeitpunkt vorweisen kann. Der Nachweis eines Dauerauftrages allein genügt keinesfalls als Nachweis für die rechtzeitige Beitragszahlung. 58

Störungen auf dem Überweisungswege nach der Belastung und der Absendung des Überweisungsträgers hat der Versicherungsnehmer nicht zu vertreten, es sei denn, es erfolgt keine oder eine verspätete Gutschrift beim Versicherer. Hier wirkt sich aus, dass der Versicherungsnehmer bei der Schickschuld immer noch die 59

---

[166] OLG Köln, Urt. v. 25. 2. 1997 – 9 U 30/96, VersR 1998, 317; OLG Karlsruhe, Urt. v. 2. 10. 1997 – 12 U 64/97, NJW-RR 1998, 1483, 1484.
[167] BGH, Urt. v. 15. 5. 1952 – IV ZR 157/51, BGHZ 6, 121, 124 = NJW 1952, 929; BGH NJW 1964, 499 = VersR 1964, 129; BGH v. 20. 11. 1970, NJW 1971, 380 = VersR 1971, 216 = DB 1971, 142; OLG München VersR 1975, 851; OLG Köln, Urt. v. 25. 2. 1997 – 9 U 30/96, VersR 1998, 317; OLG Köln, Urt. v. 16. 7. 2002 – 9 U 48/01, NVersZ 2002, 469, 471 = VersR 2002, 1225, 1226 = r+s 2002, 357, 359.
[168] BGH NJW 1964, 499 = VersR 1964, 129.
[169] BGZ 6, 124; BGHZ 53, 203; BGH VersR 1971, 216 = NJW 1971, 380; BGH NJW 1976, 1843; BGH NJW 1979, 385.
[170] OLG Hamm VersR 1976, 1032.
[171] BGH v. 25. 1. 1988, NJW 1988, 1320 = DB 1988, 747; LG München I, Urt. v. 15. 7. 2009 – 28 O 22448/08, WM 2010, 79, 81.
[172] BGH v. 29. 9. 1986, WM 1986, 1409.
[173] BGH v. 25. 1. 1988, NJW 1988, 1320 = DB 1988, 747.

Übermittlungsgefahr trägt. Die Tatsache, dass bei Erfüllung seine Leistungshandlungen rechtzeitig gewesen wären, nützt dem Versicherungsnehmer im Verhältnis zu seinem Versicherer nichts. Nicht zu behandeln ist hier die Frage eines Regresses des Versicherungsnehmers. Verspätete Gutschrift schadet dem Versicherungsnehmer nicht. Er wird so behandelt, als habe er rechtzeitig gezahlt. Anders wäre es, wenn es sich um eine echte Bringschuld handeln würde.[174]

60 **e) Scheckzahlung.** Die Hingabe eines Schecks stellt im Zweifel noch keine Zahlung dar, weil die Erfüllung erst eintritt, wenn der Versicherer den Gegenwert des nur zahlungshalber angenommenen Schecks erhält.[175] Entsprechend § 270 Abs. 1 BGB trägt der Versicherungsnehmer als Beitragsschuldner Gefahr und Kosten der Scheckübermittlung an den Versicherer als Gläubiger.[176] Hinsichtlich der Rechtzeitigkeit der Leistung ist es gerechtfertigt, die Hingabe eines Bar-, Verrechnungs- oder vordatierten Schecks bereits als Zahlung zu behandeln, vorausgesetzt, dass der Leistungserfolg eintritt, d. h. der Scheck vom Versicherer angenommen und von der bezogenen Bank eingelöst wird.[177] Das gilt selbst dann, wenn der Scheck vordatiert ist, weil nach Art. 28 ScheckG auch der vordatierte Scheck bei Vorlegung zahlbar ist.[178] Wenn der Versicherer einen solchen Scheck nicht annehmen will, muss er ihn unverzüglich zurückgeben.[179]

61 Bei Hingabe eines Schecks durch Aushändigung an eine Zahlstelle des Versicherers oder durch Absendung mit der Post hat der Versicherungsnehmer seine Leistungspflicht vollendet, wenn er sich seiner uneingeschränkten Verfügungsgewalt über den Scheck begeben hat.[180] Vorausgesetzt, er hält sein Konto durch entsprechendes Guthaben oder entsprechenden Kreditrahmen auf einem solchen Stand, dass zum Zeitpunkt des Rückgriffes der Empfängerbank dieser Scheck von der bezogenen Bank eingelöst werden kann.[181] Vor diesem Zeitpunkt ist aber in der Regel bei der Bank des Versicherers bereits die Gutschrift erfolgt. Diese wirkt aber nicht als Erfüllung, weil sie nicht unbedingt erfolgt, sondern unter dem Vorbehalt der Einlösung des Schecks durch die bezogene Bank. Erst mit dem Eintritt der Bedingung wird die Gutschrift voll wirksam und es tritt rückwirkend die Erfüllungswirkung ein.

62 **f) Verrechnung des Beitrages.** Eine rechtzeitige Beitragszahlung liegt vor, wenn ein Guthaben des Versicherungsnehmers verrechnet wird.[182] Der Versicherer ist daher bei Nichtzahlung eines Folgebeitrags trotz Ablaufs der dem Versicherungsnehmer nach § 39 Abs. 1 VVG gesetzten Zahlungsfrist nicht nach § 39 Abs. 2 VVG leistungsfrei, wenn der Versicherungsnehmer nach Eintritt des Versicherungsfalls mit einer Forderung aufrechnet, die ihm schon vor Eintritt des Versicherungsfalls zustand.[183] Bei einer solchen Aufrechnung wird gemäß § 389 BGB bewirkt, dass die Forderungen, soweit sie sich decken, als in dem Zeitpunkt erlo-

---

[174] BGH VersR 1971, 216; OLG Hamm VersR 1978, 753.
[175] BGH v. 7. 10. 1965, BGHZ 44, 178, 179f. = VersR 1965, 1141 = WM 1965, 1139; BGHZ 131, 66, 74 = WM 1995, 1988; BGH, Urt. v. 16. 7. 2009 – IX ZR 118/08, WM 2009, 1704.
[176] BGH, Urt. v. 12. 7. 2000, WM 2000, 1857 = ZIP 2000, 1719, 1721; BGH, Urt. v. 16. 7. 2009 – IX ZR 118/08, WM 2009, 1704.
[177] BGH v. 7. 10. 1965, BGHZ 44, 178 = VersR 1965, 1141.
[178] BGH v. 7. 10. 1965, BGHZ 44, 178 = VersR 1965, 1141.
[179] BGH v. 7. 10. 1965, BGHZ 44, 178 = VersR 1965, 1141.
[180] RGZ 78, 137; OLG Karlsruhe v. 22. 12. 1954, VersR 1955, 98; BGH v. 29. 1. 1969, VersR 1969, 368 = NJW 1969, 875; OLG Köln VersR 1974, 898; OLG Hamm v. 23. 11. 1977, VersR 1980, 1063.
[181] BGH v. 7. 10. 1965, VersR 1965, 1141.
[182] Vgl. BGH VersR 1956, 484/485.
[183] OLG Hamm v. 30. 5. 1986, VersR 1987, 250.

schen gelten, in welchem sie zur Aufrechnung geeignet einander gegenüber getreten sind; u. a. müssen beide Forderungen fällig sein.[184] Die Erfüllung richtet sich allein nach der genannten Vorschrift, die auf die sogenannte Aufrechnungslage abstellt.[185] Wenn beide Forderungen z. B. gleichartig und früher fällig waren, tritt die Erfüllung rückwirkend ein.[186] Zu beachten ist allerdings besonders, dass die Forderung auf Auszahlung der Versicherungsleistung erst nach § 11 VVG fällig wird, d. h. nach Abschluss der erforderlichen Erhebungen des Versicherers; das bedeutet, dass in der Praxis die Fälle der Rückwirkung selten sind. Der Versicherer kann im Übrigen durch Bestreiten der Forderung ihm ungünstig erscheinende Aufrechnungen verhindern. Das Merkmal der Rechtzeitigkeit im Sinne der Schickschuld kann nicht vor dem Zeitpunkt der Aufrechnungslage eintreten, weil es an dem Tatbestand der Übermittlung überhaupt fehlt, wenn der Versicherungsnehmer statt der Zahlung den Weg der Aufrechnung zur Erfüllung seiner Beitragsschuld wählt.

Rechnet der Versicherer auf, indem er die Beitragsschuld gegen eine Versicherungsleistung saldiert, stellt er den Versicherungsnehmer so, als hätte er zum Zeitpunkt der Aufrechnungslage bezahlt. Das kann für den Versicherungsnehmer bei Tatbeständen der §§ 38 und 39 VVG vorteilhaft sein, weil dies je nach den Umständen eine bereits eingetretene Leistungsfreiheit wieder aufhebt.[187] Eine Verrechnung von Beitragsforderungen des Versicherers mit Forderungen des Versicherungsnehmers aus einem Versicherungsvertrag ist nur dann möglich, wenn die Voraussetzungen des § 387 BGB gegeben sind. Hieran scheitert eine Verrechnung von Beitragsforderungen und Guthaben innerhalb einer Unternehmungsgruppe,[188] es sei denn, über Abtretungen wird eine Aufrechnungslage gemäß § 387 BGB geschaffen.

Nicht verpflichtet ist der Versicherer, eine fällige Leistung aus einem Versicherungsvertrag zur Verrechnung mit einer Beitragsforderung zu stellen.[189] Verzinslich angesammelte Überschussanteile sind für eine Verrechnung mit Beitragsforderungen nicht bestimmt und müssen daher vom Versicherer nicht angerechnet werden.[190]

g) Einzugsermächtigungsverfahren. aa) Rechtsgrundlage. Das in der Versicherungswirtschaft praktizierte Einzugsermächtigungsverfahren beruht auf dem von den Spitzenverbänden des deutschen Kreditgewerbes vereinbarten „Abkommen über den Lastschriftverkehr", dessen Neufassung seit dem 12. Dezember 1995 in Kraft ist und das Lastschriftermächtigungen zugunsten eines Versicherungsunternehmens auch ohne Bezug zu einem konkreten Versicherungsvertrag zulässt.[191] Das Lastschriftabkommen sieht vor, dass die Einzugsermächtigung grundsätzlich schriftlich zu erteilen ist.[192] Das in diesem Abkommen geregelte Abbuchungsauftragsverfahren ist für den Bereich der Versicherungswirtschaft ohne Bedeutung.[193] Soweit das LVU aus Rationalisierungsgründen in seinen AGB

---

[184] *Heinrichs* in: Palandt, § 387 BGB Anm. 6.
[185] *Heinrichs* in: Palandt, § 389 BGB Anm. 1.
[186] *Bruck/Möller* § 35 VVG Anm. 62.
[187] Siehe aber OLG Hamm VersR 1967, 249; LG Stuttgart VersR 1978, 173; LG Lübeck ZfS 1981, 176.
[188] GB BAV 1984, 73.
[189] Siehe aber BGH VersR 1985, 877.
[190] Vgl. BGH v. 24. 1. 1951, VersR 1951, 76; OLG Hamm v. 4. 2. 1966, VersR 1967, 249.
[191] Zu den Einzelheiten siehe GDV, Leitfaden zu Rechtsfragen um das Lastschriftverfahren im Versicherungswesen, 4. Aufl., 2001.
[192] *Mitterhuber/Mühl* WM 2007, 963, 964.
[193] GDV-Lastschriftleitfaden, 4. Aufl., 2001, S. 4. Zum Abbuchungsauftragsverfahren siehe OLG Rostock NJW-RR 1996, 882 = WM 1996, 2011.

ausschließlich die Möglichkeit der Zahlung im Wege des Lastschriftverfahrens vorsieht, hält eine entsprechende Regelung der Inhaltskontrolle stand.[194]

66   bb) **Erteilung der Einzugsermächtigung.** Im Einzugsermächtigungsverfahren ermächtigt der Schuldner den Gläubiger, künftige Zahlungen von seinem Konto einzuziehen, ohne dass aus der Einzugsermächtigung eine Weisung des Schuldners an die Schuldnerbank abgeleitet werden kann.[195] Kenntnisse des Versicherungsagenten über die erteilte Einzugsermächtigung muss sich das LVU nach der „Auge und Ohr"-Rechtsprechung[196] zurechnen lassen.[197] Ändert sich das Konto des Schuldners, so erfordert dies eine neue schriftliche Einzugsermächtigung. Ein Makler kann Änderungen der Einzugsermächtigung veranlassen, wenn er eine schriftliche Vollmacht des Kunden hierfür vorlegen kann.

67   Die Einzugsermächtigung erteilt der Versicherungsnehmer meist bereits bei der Stellung des Versicherungsantrages. Die Antragsformulare sind entsprechend konzipiert; wenn der Versicherungsnehmer seine Bank in das vorgedruckte Feld einsetzt, gilt mit seiner Unterschrift unter den Versicherungsantrag auch die Einzugsermächtigung als erteilt.[198] Vorgedruckt ist z.B. folgender Text: „Die Beiträge sollen bis auf Widerruf nach dem Lastschrifteinzugsverfahren eingezogen werden." Darin liegt eine Doppelermächtigung an den Versicherer und die Bank des Versicherungsnehmers. Unterzeichnet der Versicherungsnehmer mit einem Antrag auf Abänderung eines Versicherungsvertrages eine Einzugsermächtigung, so gilt diese für alle Beiträge, die auf den abgeänderten Vertrag zu entrichten sind. Dies gilt auch für Beitragsteile, die nach dem früheren Vertrag schon hätten entrichtet werden müssen.[199]

68   Da für das Lastschriftverfahren eine Unterschrift benötigt wird,[200] sind gesetzgeberische Schritte notwendig, um elektronische Signaturen anzuerkennen.[201] Dies ist durch das SigG geschehen. Die schriftliche Einzugsermächtigung kann seit dem SigG durch Generierung eines elektronischen Dokuments mit einer qualifizierten Signatur nach dem SigG erfolgen.[202]

69   cc) **Inhalt der Einzugsermächtigung.** Die Abrede, der Beitragseinzug solle im Einzugsermächtigungsverfahren erfolgen, enthält die Absprache, dass sich der Versicherer direkt unter Vorlage von Lastschriftbelegen an die ihm vom Versicherungsnehmer benannte Bank wenden und durch Gebrauchmachen von der Einzugsermächtigung selbst Sorge für den Beitragseinzug tragen solle.[203] Die Bringschuld des Versicherungsnehmers wird durch die Vereinbarung einer Einzugsermächtigung in eine Holschuld des Versicherers umgewandelt.[204] Mehr als

---

[194] OLG Nürnberg, Urt. v. 4. 4. 1995 – 3 U 4115/94, WM 1995, 1307, 1308; BGH WM 1996, 335, 336 f.
[195] BGH NJW 1977, 1916; BGH v. 14. 2. 1989, WM 1989, 521.
[196] Grundlegend BGHZ 102, 194 = NJW 1988, 973 = VersR 1988, 234; OLG Köln r+s 1991, 183; OLG Hamm VersR 1994, 294 = r+s 1993, 356.
[197] OLG Köln, Urt. v. 9. 5. 2000 – 9 U 127/99, NJW-RR 2000, 1627, 1629 = NVersZ 2001, 12, 13 = VersR 2000, 1266, 1267.
[198] Zur Frage, ob über das Internetseite eine wirksame Lastschriftermächtigung erteilt werden kann, siehe GDV-Lastschriftleitfaden, 4. Aufl., 2001, S. 6 f.
[199] OLG Hamm VersR 1979, 413.
[200] Für die Anwendung des § 126 b BGB (Textform) *Mitterhuber/Mühl* WM 2007, 963, 969.
[201] *Schimikowski* r+s 1999, 485, 489.
[202] *Fricke* VersR 2001, 925, 931.
[203] BGH v. 3. 12. 1976, BGHZ 69, 361, 366 = VersR 1977, 1153, 1154; BGH v. 30. 1. 1985, VersR 1985, 448.
[204] BGH, Urt. v. 7. 12. 1983 – VIII ZR 257/82, WM 1984, 163, 164; BGH, Urt. v. 30. 1. 1985 – IV a ZR 91/83, VersR 1985, 447, 448 = VerBAV 1985, 226 = WM 1985,

einen Holversuch muss der Versicherer nicht unternehmen.[205] Will der Versicherer nunmehr auf die Beitragszahlung in Form der Schickschuld übergehen, muss er gemäß § 37 VVG schriftlich und seit Änderung des § 37 VVG durch Gesetz vom 13. Juli 2001[206] in Textform[207] anzeigen, dass er die Übermittlung der Beiträge verlangt. Diese Anzeige ist nicht schon in einer qualifizierten Mahnung gemäß § 39 VVG zu sehen, wenn der ausdrückliche Hinweis nach § 37 VVG fehlt.[208] Vielmehr muss der Versicherer dem Versicherungsnehmer unmissverständlich mitteilen, dass er vom Lastschriftverfahren Abstand nimmt und die Verantwortung für die rechtzeitige Beitragszahlung auf den Versicherungsnehmer übergeht.[209] Eine Anzeige nach § 37 VVG ist dagegen entbehrlich, wenn der Versicherer von der eingeräumten Einzugsermächtigung keinen Gebrauch gemacht hat.[210] Für die schriftliche Anzeige des Versicherers über die Beendigung der Einzugsermächtigung ist eine eigenhändige Unterschrift erforderlich,[211] auch wenn dies wenig sachgerecht ist.[212]

dd) Pflichten des Versicherers. α) Ankündigung. Der Versicherer schuldet dem Versicherungsnehmer als vertragliche Nebenpflicht eine vorherige Ankündigung der Lastschrifteinreichung, wenn Zeitpunkt und/oder Höhe des Prämieneinzugs dem Versicherungsnehmer nicht im vor hinein zuverlässig bekannt sind, so dass er in Schwierigkeiten kommen könnte, rechtzeitig Kontendeckung zu beschaffen.[213] Eine an ihn persönlich gerichtete Prämienanforderung kann ein Versicherungsnehmer, der dem Einzugsermächtigungsverfahren zugestimmt hat, nicht mehr erwarten, da er vereinbarungsgemäß Zahlungen nicht mehr selbst vornehmen soll.[214] Verzögerungen durch eine verspätete Einreichung der Lastschrift oder ein Versehen der Bank des LVU gehen zu Lasten des LVU.[215] 70

β) Anforderung. Die Anforderung muss grundsätzlich ersehen lassen, auf welchen Vertrag sie sich bezieht,[216] und dem Versicherungsnehmer die besondere Wichtigkeit der ersten Prämienzahlung verdeutlichen.[217] Unklarheiten in der 71

461, 462 = BB 1985, 1022; OLG Köln v. 20. 6. 1985, NJW-RR 1986, 390 = r+s 1985, 308; OLG Celle NJW-RR 1986, 1359; OLG Köln, Urt. v. 9. 5. 2000 – 9 U 127/99, NJW-RR 2000, 1627, 1628 = NVersZ 2001, 12, 13 = VersR 2000, 1266, 1267; *van Gelder* WM Sonderbeil. Nr. 7 zu Heft 48/2001, S. 5, 16.
[205] OLG Köln v. 20. 6. 1985, NJW-RR 1986, 390 = r+s 1985, 308.
[206] BGBl. I S. 1542.
[207] Siehe §§ 126a, 126b BGB.
[208] OLG Hamm v. 9. 5. 1979, VersR 1979, 1047; *Knappmann* in: Prölss/Martin, VVG, 27. Aufl., § 37 VVG Rdn. 1.
[209] OLG Hamm v. 16. 5. 1975, VersR 1976, 536, 537; BGH v. 3. 12. 1976, BGHZ 69, 361, 366 = NJW 1978, 721 = VersR 1977, 1153, 1155; OLG Hamm VersR 1979, 413; OLG Köln VersR 2000, 1266.
[210] OLG Celle VersR 1976, 854; *Knappmann* in: Prölss/Martin, VVG, 27. Aufl., § 37 VVG Rdn. 1.
[211] OLG Hamm VersR 1979, 1047, 1048; *Knappmann* in: Prölss/Martin, VVG, 27. Aufl., § 37 VVG Rdn. 1; *Riedler* in: Berliner Komm. z. VVG, 1999, § 37 Rdn. 9; *Präve* NVersZ 1999, 460, 461.
[212] *Präve* NVersZ 1999, 460, 461; *derselbe* VW 2002, 1934, 1938.
[213] BGH v. 30. 1. 1985, VersR 1985, 447, 448; OLG Celle NJW-RR 1986, 1359; OLG Hamburg v. 23. 9. 1986, VuR 1987, 205.
[214] BGH VersR 1985, 448.
[215] LG Duisburg VersR 1981, 826: 14 Tage; OLG Düsseldorf, Urt. v. 8. 9. 1998 – 4 U 201/97, r+s 1999, 214; *Gärtner*, Der Prämienzahlungsverzug, 1977, S. 59.
[216] BGH VersR 1985, 447; BGH VersR 1985, 533; BGH VersR 1986, 54 = VerBAV 1986, 88; BGH VersR 1986, 878; LG Oldenburg VersR 1986, 1012.
[217] GDV-Lastschriftleitfaden, 4. Aufl., 2001, S. 23.

Anforderung gehen zu Lasten des Versicherers.[218] Eine wirksame Anforderung der Erstprämie im Einzugsermächtigungsverfahren liegt daher nur dann vor, wenn der eingereichte Lastschriftbeleg für jede Versicherungssparte separat den jeweils fälligen Erstbeitrag – unter entsprechender Kennzeichnung – ausweist,[219] damit auch das Kreditinstitut die besondere Wichtigkeit der Ausführung der Lastschrift sieht.[220] Der Erstbeitrag wird also nur dann ordnungsgemäß angefordert und fällig gestellt, wenn er getrennt und nicht zusammen mit dem Folgebeitrag eingezogen wird.[221] Dies gilt auch dann, wenn der Versicherer den geforderten Betrag nach Erstbeitrag und Folgebeitrag aufgeschlüsselt hat.[222] Bei nicht ordnungsgemäßer Abbuchung kann der Versicherungsnehmer der Abbuchung widersprechen und braucht selbst dann, wenn ihm Erst- und Folgebeitrag gesondert ausgewiesen wurden, nicht von sich aus den Erstbeitrag überweisen.[223]

72 γ) Belehrung. Wird die Erstprämie im Lastschriftverfahren eingezogen, muss das LVU den Versicherungsnehmer unmissverständlich darauf hinweisen, dass die bloße Erteilung der Einziehungsermächtigung durch den Versicherungsnehmer nicht ausreicht, um den Versicherungsschutz zu erhalten.[224] Dem Versicherungsnehmer ist vom LVU zu verdeutlichen, dass der Versicherungsnehmer die Einlösung der Lastschrift unbedingt gewährleisten muss, indem er auf dem Konto ausreichende Deckung unterhält oder sich um einen ausreichenden Überziehungskredit bemüht.[225] Es muss deutlich zum Ausdruck kommen, dass das Lastschriftverfahren nur bei Erfolg des ersten Einzugsverfahrens als Ersatz für die rechtzeitige Zahlung der Erstprämie gelten soll.[226] Diese Belehrung ist insbesondere erforderlich, wenn im Falle der Nichtzahlung der Prämie der vorläufige Deckungsschutz entfällt.[227]

73 δ) Policenverfahren gemäß § 5 a VVG. Wendet der Versicherer das Policenverfahren gemäß § 5 a VVG an, ist der Lastschrifteinzug der Erstprämie erst nach erfolglosem Verstreichen der Widerspruchsfrist des § 5 a VVG zulässig.[228]

74 **ee) Rechte des Versicherungsnehmers.** Bei Kontodeckung in Höhe der Anforderung hat der Versicherungsnehmer die Wahl, die erfolgte Abbuchung (auch wenn sie teilweise unberechtigt ist) entweder insgesamt gegen sich gelten zu lassen oder sie insgesamt binnen der sechs Wochen, innerhalb derer die Banken nach dem Lastschriftabkommen Rückbuchungen vornehmen, zu widerrufen[229] und so seinen Versicherungsschutz auch in Sparten, in denen er ihn sich erhalten

---

[218] OLG Hamburg v. 23. 9. 1986 – 9 U 86/86.
[219] BGH v. 30. 1. 1985, VersR 1985, 447, 449; BGH VersR 1985, 533; BGH VersR 1986, 54; BGH v. 9. 7. 1986, VerBAV 1987, 55; LG Oldenburg VersR 1986, 1012.
[220] BGH VersR 1988, 447.
[221] So schon OLG Hamm, Urt. v. 23. 10. 1981 – 20 U 121/81, VersR 1982, 867; OLG Hamm, Urt. v. 19. 10. 1983 – 20 U 1/83, VersR 1984, 231; vgl. auch OLG Hamm v. 26. 10. 1983, VersR 1984, 377; LG Oldenburg VersR 1986, 1012; OLG München VersR 1987, 554; BGH NJW-RR 1988, 1431 = VersR 1988, 484; OLG Hamm VersR 1988, 709; OLG Köln, Urt. v. 9. 5. 2000 – 9 U 127/99, NJW-RR 2000, 1627, 1629 = NVersZ 2001, 12, 13 = VersR 2000, 1266, 1267.
[222] BGH v. 30. 1. 1985, VersR 1985, 448; OLG München v. 7. 2. 1986, VersR 1987, 554.
[223] OLG München VersR 1987, 554.
[224] OLG Köln NJW-RR 1986, 390; BGH NJW 1989, 1671.
[225] GDV-Lastschriftleitfaden, 4. Aufl., 2001, S. 23.
[226] OLG Köln NJW-RR 1986, 390.
[227] BGH NJW-RR 1986, 21 = VersR 1985, 981; OLG Hamm NJW-RR 1990, 993 = VersR 1991, 220 = r+s 1990, 401; OLG Köln, Urt. v. 9. 5. 2000 – 9 U 127/99, NJW-RR 2000, 1627, 1629 = NVersZ 2001, 12, 13 = VersR 2000, 1266, 1268.
[228] OLG Köln, Urt. v. 9. 5. 2000 – 9 U 127/99, NJW-RR 2000, 1627, 1629 = NVersZ 2001, 12, 13 = VersR 2000, 1266, 1267; GDV-Lastschriftleitfaden, 4. Aufl., 2001, S. 8 f.
[229] Siehe hierzu van Gelder WM 2000, 101 ff.

oder ihn erst erlangen will, zu gefährden oder gar zu verlieren. Auch im vereinbarten Einzugsermächtigungsverfahren soll dem Versicherungsnehmer die freie Entscheidung aufgrund der getroffenen Parteivereinbarungen verbleiben, ob und welche Prämienanforderungen seines Versicherers er erfüllt und welche nicht. Er muss insbesondere bei nicht ausreichenden Mitteln zur Begleichung aller offenen Prämienschulden die Möglichkeit behalten, sich zumindest den Versicherungsschutz zu verschaffen oder zu behalten, an dem ihm am meisten gelegen ist.[230] Sofern das Widerspruchsrecht nicht durch besondere vertragliche Abreden, z.B. einer fingierten Genehmigung aller bisherigen Belastungen, ausgeschlossen ist, oder der Versicherungsnehmer nicht ausdrücklich oder konkludent, etwa durch ein rechtsgeschäftlich bedeutsames Schweigen auf einen Rechnungsabschluss im Kontokorrent, die Lastschrift genehmigt hat, besteht das Widerspruchsrecht auch über den sechswöchigen Zeitraum hinaus.[231] Widerspricht der Versicherungsnehmer der Abbuchung, ist dieser Widerspruch unwiderrufbar.[232]

ff) Pflichten der Schuldnerbank. Die Bank des Versicherungsnehmers kann bei fehlender Kontodeckung gleichwohl zur Einlösung einer Lastschrift verpflichtet sein, wenn die Bank weiß, dass es sich bei der Lastschrift um einen Erstbeitrag handelt, dessen nicht rechtzeitige Zahlung durch den Versicherungsnehmer für den Versicherungsnehmer erhebliche Nachteile hat, z.B. den Wegfall hoher Versicherungsleistungen.[233] Zumindest ist sie verpflichtet, den Versicherungsnehmer unverzüglich über die Nichteinlösung der Lastschrift zu unterrichten.[234] Verletzt die Bank ihre Unterrichtungspflicht, muss der Versicherungsnehmer die Ursächlichkeit der Pflichtverletzung für den Schadenseintritt beweisen.[235]

75

gg) Pflichten des Versicherungsnehmers. Bei Vereinbarung des Einzugsermächtigungsverfahrens erfüllt der Versicherungsnehmer seine Prämienzahlungsverpflichtung, wenn er dafür sorgt, dass zum Fälligkeitstermin der Erstprämie von seinem Konto abgebucht werden kann; es verbleibt für den Schuldner allein die Verpflichtung, auf seinem Konto einen Kontostand zu halten oder für einen Kreditrahmen zu sorgen, dass zu den jeweiligen Fälligkeitsterminen die Lastschrift eingelöst und der Erst- oder Folgebeitrag von seinem Konto abgebucht werden kann.[236] Zumindest in der Lebensversicherung braucht er nicht sicherzustellen, dass die Abbuchung auch noch nach seinem Tod möglich ist.[237]

76

---

[230] OLG Hamm v. 26. 10. 1983, VersR 1984, 377; BGH VersR 1985, 447, 448/449.
[231] BGH, Urt. v. 6. 6. 2000 – XI ZR 258/99, BGHZ 144, 349, 354 ff. = NJW 2000, 1379 ff. = WM 2000, 1577 = ZIP 2000, 1379, 1381; BGH, Urt. v. 19. 12. 2002 – IX ZR 377/99, WM 2003, 524, 526 = ZIP 2003, 488, 490 = MDR 2003, 652, 653.
[232] BGH DB 1989, 875.
[233] OLG Saarbrücken v. 23. 2. 1988, WM 1988, 1227.
[234] BGH v. 28. 2. 1989, NJW 1989, 1671 = MDR 1989, 737; *Engel*, Rechtsprobleme um das Lastschriftverfahren, 1966, S. 44; *Häuser* WM 1989, 842; *Schelske* ZGesKredW 1989, 1104; *Terpitz* NJW 1989, 2740; *Kümpel* Rdn. 4.172.
[235] OLG Saarbrücken, Urt. v. 13. 7. 1989 – 7 U 92/86, NJW 1989, 2758, 2759 = WM 1989, 1533, 1534.
[236] BGH VersR 1964, 130; BGH VersR 1965, 1141; OLG Hamm v. 16. 5. 1975, VersR 1976, 536; BGH, Urt. v. 19. 10. 1977 – IV ZR 149/76, BGHZ 69, 361, 366 = NJW 1978, 215 = VersR 1977, 1153; OLG Hamm v. 29. 9. 1978, VersR 1979, 413; OLG Hamm, Urt. v. 19. 10. 1983 – 20 U 1/83, VersR 1984, 231; OLG Hamm v. 26. 10. 1983, VersR 1984, 377; BGH, Urt. v. 30. 1. 1985 – IV a ZR 91/83, VersR 1985, 447, 448 = WM 1985, 461, 462 = BB 1985, 1022; BGH NJW 1987, 2370; BGH v. 13. 12. 1995, VersR 1996, 445; OLG Köln, Urt. v. 9. 5. 2000 – 9 U 127/99, NJW-RR 2000, 1627, 1628 = NVersZ 2001, 12, 13 = VersR 2000, 1266, 1267; AG Flensburg, Urt. v. 20. 12. 2002 – 67 C 328/02, VersR 2003, 988, 989; *van Gelder*, WM Sonderbeil. Nr. 7 zu Heft 48/2001, S. 5, 16.
[237] OLG Hamm, Urt. v. 19. 10. 1983 – 20 U 1/83, VersR 1984, 231.

77 **hh) Erfüllung.** Die Erfüllung der Beitragsschuld tritt mit der Abbuchung des Beitrags vom Schuldnerkonto ein.[238] Ferner ist Voraussetzung, dass der Schuldner keinen Widerspruch mehr erheben kann.[239] Ist die hypothetische Deckung streitig, so muss der Versicherungsnehmer als Schuldner beweisen, dass er rechtzeitig Deckung auf seinem Konto bereitgestellt hat. Zuvor muss der Versicherer darlegen, dass Einzugsversuche vergeblich waren.[240]

78 **h) Konzerninkasso.** Im Zuge der Bildung von Versicherungsgruppen kommt es vermehrt vor, dass ein Versicherer einer Versicherungsgruppe die Beiträge einzieht für einen anderen Versicherer der gleichen Gruppe. Die Basis einer solchen Zusammenarbeit ist ein Organisations- und Verwaltungsabkommen, das den mit dem Inkasso beauftragten Versicherer zwar zum Agenten im Sinne der §§ 43 ff. VVG macht; es wird aber nicht der Weg über § 43 Ziff 4 VVG gewählt, den Beitrag einzuziehen, sondern vom Lebensversicherer wird das Konto des einziehenden Versicherers als Zahlstelle angegeben. Damit tritt wie bei einer Zahlung direkt an den Lebensversicherer – je nach gewählter Zahlungsart – die Erfüllung ein, wenn der die Erfüllung auslösende Vorgang bei einem beauftragten Versicherer erfolgt.

79 **i) Bestandsübertragung.** Bei einer Bestandsübertragung gemäß § 14 VAG ist der Beitrag vom Versicherungsnehmer an den übernehmenden Versicherer zu zahlen.[241]

3. Teilleistungen

80 Wird eine Beitragsschuld nur zum Teil erfüllt, handelt es sich grundsätzlich um Nichterfüllung, denn der Versicherungsnehmer ist nach § 266 BGB zu Teilleistungen nicht berechtigt, und der Versicherer gerät bei Nichtannahme der Teilleistung nicht in Gläubigerverzug. Bei mehreren Verträgen bei einem Versicherer oder bei mehreren Versicherern ist der kassierende Versicherer von Aufsichts wegen gehalten, zurückzufragen, wenn mehrere Beiträge fällig oder rückständig sind und die Zahlung des Versicherungsnehmers nicht alle fälligen Beiträge abdeckt, andererseits aber auch keine oder keine eindeutige Bestimmung getroffen ist, für welche Beitragsschuld die Zahlung verrechnet werden soll.[242] Der Versicherer muss den Betrag alsbald zurück überweisen, wenn der Versicherungsnehmer einen nicht ausreichenden Betrag zur Bezahlung seiner Beitragsschuld überweist und das LVU diese Zahlung nicht ohne weiteres verbuchen kann, weil die Angabe der Versicherungsnummer fehlt.[243] Behält der Versicherer den Betrag, ohne sachgerechte Nachforschungen anzustellen länger als einen Monat, dann muss er die Zahlung als teilweise Erfüllung gegen sich gelten lassen.[244]

81 Bei mangelnder ausdrücklicher Tilgungsbestimmung durch den Prämienschuldner nach § 366 Abs. 1 BGB erfolgt die Anrechnung durch den Versicherer

---

[238] BGH NJW 1979, 2143; BGH NJW 1983, 220; BGH, Urt. v. 19. 12. 2002 – IX ZR 377/99, DB 2003, 877, 880.

[239] *van Gelder,* Die Rechtsprechung des Bundesgerichtshofs zum Lastschriftverkehr, WM Sonderbeil. Nr. 7 zu Heft 48/2001, S. 17.

[240] BGH, Urt. v. 31. 10. 1977 – IV ZR 149/76, BGHZ 69, 361, 368 = NJW 1978, 215 = VersR 1977, 1153, 1155. Siehe auch OLG Hamm v. 21. 12. 1970, VersR 1971, 1031; OLG Celle v. 4. 1976, VersR 1976, 854; OLG Hamm v. 19. 5. 1982, VersR 1983, 527; LG Duisburg v. 4. 11. 1980, VersR 1981, 826.

[241] *von Puskas* VersR 1980, 205; BAV GB BAV 1980, 28 – Bestandsübertragungen; a. A. OLG Zweibrücken v. 30. 5. 1979, VersR 1980, 57.

[242] Vgl. VerBAV 1954, 52.

[243] OLG Hamm VersR 1988, 622.

[244] OLG Hamm VersR 1988, 622.

Beitragszahlung   82–86 § 2 ALB 1986

entsprechend der in § 366 Abs. 2 BGB normierten Tilgungsreihenfolge, wenn diese nicht ausnahmsweise der Interessenlage des Schuldners offensichtlich widerspricht.[245] Das schnelle Inkrafttreten eines materiell wirksamen Versicherungsvertrages hat dabei ein vorrangiges Interesse für den Versicherungsnehmer und ist neben der Abdeckung des größeren Risikos ausschlaggebend für die Verrechnung.[246] Dementsprechend ist bei mehreren rückständigen Erstbeiträgen der früher fällige Beitrag als getilgt anzusehen.[247]

Wenn die Teilleistung den Beitrag für eine rechtlich selbständige Versicherung **82** nicht deckt, jedoch zur Tilgung des Beitrags für eine andere rechtlich selbständige Versicherung ausreicht, ist die Zahlung zuerst auf den gedeckten Beitrag anzurechnen, da dies der auch für den Versicherer erkennbaren offensichtlichen Interessenlage des Schuldners entspricht, nämlich wenigstens eine Versicherung in Kraft treten zu lassen oder den Versicherungsschutz zu erhalten.[248] Eine nicht ausreichende Beitragszahlung ist daher auf den Beitrag zu verrechnen, der von dem gezahlten Betrag voll abgedeckt wird.[249]

Ist dem Versicherungsnehmer bei der Bestimmung, welche von mehreren Bei- **83** tragsforderungen durch seine Zahlung getilgt werden soll, ein Irrtum unterlaufen, kann er durch Anfechtung gemäß §§ 119 ff., 142 BGB analog die Tilgungsbestimmung mit ex-tunc-Wirkung vernichten.[250]

4. Leistungen durch Dritte

Nach § 267 BGB kann ein Dritter eine Leistung des Schuldners dem Gläubiger **84** nur dann aufdrängen, wenn der Schuldner nicht widerspricht. Es gibt also kein allgemeines Recht eines Dritten, fremde Schulden zu tilgen.[251] Gemäß § 35 a Abs. 1 VVG muss das LVU fällige Beiträge oder sonstige ihm auf Grund des Vertrages gebührende Zahlungen vom Versicherten bei der Versicherung für fremde Rechnung, ferner vom Bezugsberechtigten, der ein Recht auf die Leistung des Versicherers erworben hat, sowie vom Pfandgläubiger auch dann annehmen, wenn das LVU nach den Vorschriften des bürgerlichen Rechts die Zahlung zurückweisen könnte.[252] Dem in § 35 a VVG genannten Personenkreis steht kein Recht auf Mitteilung im Falle des Beitragsverzuges zu.[253]

5. Zahlung an Versicherungsvermittler

a) Versicherungsagent. Gemäß § 43 Nr. 4 VVG, § 2 Abs. 4 ALB 1986 gilt **85** ein Agent als ermächtigt, Beiträge anzunehmen, sofern er sich im Besitz einer vom Versicherer unterzeichneten Beitragsrechnung befindet; zur Unterzeichnung genügt eine Nachbildung der eigenhändigen Unterschrift.

Eine Inkassovollmacht für den Erstbeitrag bzw. Folgebeitrag ist zu bejahen, **86** wenn der Versicherer die von ihm ausgefertigten Versicherungsscheine oder Verlängerungsscheine dem Versicherungsagenten zur Aushändigung überlässt.[254]

---

[245] OLG Celle VersR 1966, 1025, 1026; BGH NJW 1969, 1846; OLG Köln VersR 1974, 898, 900; BGH v. 28. 2. 1978, NW 1978, 1524; OLG Koblenz, Urt. v. 29. 1. 1982 – 10 U 42/81, VersR 1983, 383, 384.
[246] Vgl. OLG Koblenz, Urt. v. 29. 1. 1982 – 10 U 42/81, VersR 1983, 383, 384.
[247] BGH VersR 1976, 136, 137; *Kalischko* VersR 1988, 1002, 1004.
[248] BGH VersR 1978, 436, 437 = NJW 1978, 524; OLG Koblenz, Urt. v. 29. 1. 1982 – 10 U 42/81, VersR 1983, 383, 384; BGH VersR 1985, 981, 982.
[249] BGH VersR 1985, 981, 982; OLG Hamm VersR 1988, 622.
[250] *Ehricke* JZ 1999, 1075, 1080.
[251] *Weyers,* Versicherungsvertragsrecht, Frankfurt/M., *Metzner,* 1986, S. 111 (Rdn. 275).
[252] Siehe hierzu § 267 Abs. 2 BGB und BGH VersR 1964, 497.
[253] Vgl. OLG Nürnberg VersR 1973, 413; *Frels* VersR 1970, 984.
[254] AG Oelde VersR 1953, 234.

87 Die gesetzlichen Voraussetzungen für die Annahme einer Inkassovollmacht des Agenten müssen im Zeitpunkt der Zahlung gegeben sein. Der Versicherungsnehmer zahlt daher einen Erstbeitrag nicht mit Erfüllungswirkung an den Versicherer, wenn er dem Versicherungsagent den Erstbeitrag zusammen mit dem Versicherungsantrag übergeben hat oder ihm der Versicherungsagent einen gefälschten Versicherungsschein oder eine gefälschte Beitragsrechnung im Zeitpunkt der Zahlung vorgelegt hat.

88 Eine Inkassovollmacht ist ferner kraft Duldungsvollmacht anzunehmen, wenn der Versicherer den Agenten den Erst- und den Folgebeitrag, also mindestens zwei Beiträge, einziehen lässt, obwohl der Versicherungsagent keine Beitragsrechnung im Besitz hat.[255] Im Übrigen ist eine Vollmachtserteilung auf jede Weise möglich.[256] Eine Anscheinsvollmacht kommt bei Überschreiten einer gesetzlichen oder vertraglich eingeräumten Vollmacht in Betracht, sofern nur der Rechtsschein gerade im Hinblick auf die Überschreitung der Vollmacht gesetzt und insofern Vertrauen erweckt worden ist.[257]

89 Soweit der Versicherungsnehmer eine Inkassovollmacht des Versicherungsagenten nicht beweisen kann, stehen ihm wegen der an den Versicherungsagenten geleisteten Zahlungen in erster Linie Ansprüche gegen den Versicherungsagenten als vollmachtslosen Vertreter gemäß § 179 Abs. 1 BGB oder aus unerlaubter Handlung gemäß § 823 BGB zu.

90 Eine Haftung des Versicherers aus der Vertrauensstellung des Agenten kann gegeben sein, wenn der Agent dem Versicherungsnehmer wahrheitswidrig erklärt hat, den Einmalbeitrag annehmen zu dürfen.[258]

91 **b) Versicherungsmakler.** Leistet der Versicherungsnehmer an den Versicherungsmakler, tritt mit Eingang der Beitragszahlung beim Versicherungsmakler Erfüllung gemäß § 362 Abs. 2 BGB ein, wenn der Versicherungsmakler auf Grund der sog. Maklerklausel bevollmächtigt ist, für den Versicherer Zahlungen anzunehmen.[259] Ist der Versicherungsmakler vom Versicherungsnehmer bevollmächtigt, Prämien an den Versicherer weiterzuleiten und in allen Versicherungsangelegenheiten rechtsverbindliche Erklärungen für den Versicherungsnehmer abzugeben, schließt diese Vollmacht die Befugnis für den Versicherungsmakler ein, Zahlungen abweichend von Tilgungsbestimmungen zu verrechnen, die der Versicherungsnehmer im Zuge der Übermittelung von Beitragszahlungen an den Versicherungsmakler getroffen hat.[260]

6. Beweislast

92 Der Versicherungsnehmer trägt die Beweislast für den Zugang behaupteter Zahlungen.[261]

VI. Stundung der Beiträge

1. Ausgangslage

93 Gemäß § 2 Abs. 5 ALB 1986 ist für die Stundung der Beiträge eine schriftliche Vereinbarung mit dem Versicherer erforderlich. Alle Arten einer Stundung bedür-

---

[255] Vgl. OLG Hamm v. 9. 5. 1979, VersR 1979, 1048.
[256] OLG München VersR 1959, 978.
[257] BGH v. 28. 5. 1986, WM 1986, 1095.
[258] OLG Hamm VerAfP 35 Nr. 2834.
[259] OLG Düsseldorf, Teilurt. v. 9. 9. 2003 – 4 U 21/03, NJW-RR 2004, 563; LG Freiburg, Urt. v. 24. 4. 2007 – 6 U 412/06, r+s 2007, 395, 396 = SpV 2007, 41, 42.
[260] OLG Düsseldorf, Teilurt. v. 9. 9. 2003 – 4 U 21/03, NJW-RR 2004, 563, 564.
[261] LG Frankenthal VersR 1980, 40.

Beitragszahlung 94, 95 § 2 ALB 1986

fen grundsätzlich eines Vertrages gemäß § 305 BGB.[262] Bei einer solchen Stundung besteht Versicherungsschutz entgegen § 38 Abs. 2 VVG schon vor Zahlung des Erstbeitrags.[263] Die Stundung des Erstbeitrags ändert die Qualifikation des Erstbeitrags als Erstbeitrag nicht, so dass sich die Rechtsfolgen einer verzögerten Zahlung des Erstbeitrags unverändert nach § 38 VVG richten, und nicht nach § 39 VVG.[264] Der Versicherer ist aber gehalten, den Versicherungsnehmer eindringlich zu ermahnen, da ohne eine warnende Mahnung der Versicherungsnehmer seinen Versicherungsschutz nicht rückwirkend verliert.[265]

2. Stundung der Sparbeiträge

Anzutreffen ist in der Praxis z.B. die Vereinbarung, dass der Versicherungsnehmer für einen bestimmten Zeitraum nur die Risikozwischenbeiträge zu entrichten hat, während die Differenz zum vollen Beitrag vom Versicherer für diesen Zeitraum gestundet wird.[266] Diese Vereinbarung stellt einen besonderen Fall der Stundung der Beiträge dar, der den Sparvorgang, den eine Kapitalversicherung auf den Todes- und Erlebensfall enthält, vorübergehend zum Ruhen bringt und die Beitragszahlungspflicht des Versicherungsnehmers auf den Teil des Beitrags beschränkt, der dem Risikoschutz dient,[267] den unveränderten Fortbestand des Versicherungsvertrags im übrigen aber unberührt lässt.[268] Mit dem Ablauf der vereinbarten eingeschränkten Beitragspflicht und der Stundung der Differenzbeiträge zum vollen Beitrag bestimmen sich die Rechte und Pflichten der Parteien ohne weiteres wieder nach Maßgabe des ursprünglichen Vertrags, ohne dass es insoweit einer neuerlichen vertraglichen Einigung bedarf.[269] Bei Abschluss einer solchen Vereinbarung, die lediglich die Leistungspflicht des Versicherers einschränkt, sind die §§ 16 ff. VVG nicht anwendbar.[270] Die §§ 16 ff. VVG erfassen Vereinbarungen, mit denen die bisherige Leistungspflicht des Versicherers inhaltlich oder zeitlich erweitert wird.[271] Denn in all diesen Fällen hat der Versicherer ein erkennbares und anerkennenswertes Interesse an einer Prüfung der aktuellen Gefahrenlage, weil ihm angesonnen wird, seine Leistungszusage zu erweitern.[272] Dieses Interesse fehlt dagegen, wenn es um die Herabsetzung der bisherigen Leistungspflicht des Versicherers geht.[273]

94

3. Einzugsermächtigungsverfahren

In der Vereinbarung des Einzugsermächtigungsverfahrens liegt eine sogenannte deckende Stundung, die dazu führt, dass zunächst Versicherungsschutz besteht,

95

---

[262] *Lorenz* VersR 1984, 729.
[263] So auch *Winter* in: Bruck/Möller, VVG, 8. Aufl., 1988, §§ 159–178 VVG Anm. E 134.
[264] BGH v. 25. 6. 1956, BGHZ 21, 122, 132 = NJW 1956, 1634 = VersR 1956, 482, 484; BGH v. 17. 4. 1967, BGHZ 47, 352, 361 = NJW 1967, 1800 = VersR 1967, 569; *Winter* in: Bruck/Möller, VVG, 8. Aufl., 1988, §§ 159–178 VVG Anm. E 135.
[265] Vgl. BGH v. 17. 4. 1967, BGHZ 47, 352, 361 = NJW 1967, 1800 = VersR 1967, 569; BGH v. 4. 7. 1973, VersR 1973, 812; *Winter* in: Bruck/Möller, VVG, 8. Aufl., 1988, §§ 159–178 VVG Anm. E 135.
[266] Vgl. BGH, Urt. v. 23. 6. 1993 – IV ZR 37/92, VersR 1994, 39, 40.
[267] *Winter* in: Bruck/Möller, VVG, 8. Aufl., 1988, §§ 159–178 VVG Anm. E 119.
[268] BGH, Urt. v. 23. 6. 1993 – IV ZR 37/92, VersR 1994, 39, 40.
[269] BGH, Urt. v. 23. 6. 1993 – IV ZR 37/92, VersR 1994, 39, 40.
[270] BGH, Urt. v. 9. 12. 1992 – IV ZR 232/92, VersR 1993, 213; BGH, Urt. v. 23. 6. 1993 – IV ZR 37/92, VersR 1994, 39, 40.
[271] BGH, Urt. v. 23. 6. 1993 – IV ZR 37/92, VersR 1994, 39, 40.
[272] BGH, Urt. v. 23. 6. 1993 – IV ZR 37/92, VersR 1994, 39, 40.
[273] BGH, Urt. v. 23. 6. 1993 – IV ZR 37/92, VersR 1994, 39, 40.

aber von der rechtzeitigen Zahlung des Beitrags bei Fälligwerden abhängt und rückwirkend entfällt, wenn keine Deckung vorhanden ist.[274] Sie bewirkt, dass der Versicherungsnehmer den Einlösungsbeitrag oder Folgebeitrag nicht bar bezahlen[275] oder überweisen muss.[276] Die Zahlungsverpflichtung des Versicherungsnehmers ist bis zum Eingang des Abbuchungsersuchens bei seiner Bank gestundet.[277]

4. Scheckzahlung

96 Nur in der Annahme eines Schecks, die in der Regel erfüllungshalber erfolgt, liegt schon deshalb keine Stundung, weil keine schriftliche Vereinbarung vorliegt.[278]

5. Vorläufige Deckungszusage

97 Die vorläufige Deckungszusage begründet einen vom eigentlichen Versicherungsvertrag rechtlich losgelösten selbständigen Vertrag, der schon vor dem Beginn des endgültigen Versicherungsvertrages und unabhängig von ihm einen Anspruch auf Versicherungsschutz entstehen lässt.[279] Wenn nichts anderes vereinbart ist, bleibt sie solange wirksam, bis der endgültige Versicherungsvertrag in Kraft getreten ist oder die Vertragsverhandlungen endgültig gescheitert sind.[280] In der Regel ist bei der vorläufigen Deckungszusage § 38 Abs. 2 VVG abbedungen.[281] Der Versicherungsnehmer muss den Beitrag erst zahlen, wenn ihm der endgültige Versicherungsschein zur Einlösung vorgelegt wird.[282] Bis zum Eingang einer ordnungsgemäßen als Zahlungsaufforderung zu verstehenden Beitragsrechnung ist der Erstbeitrag gestundet und kann der Versicherungsnehmer nicht in Verzug kommen.[283] Nach ständiger Rechtsprechung hat der Versicherer, wenn er mit dem Versicherungsnehmer eine vorläufige Deckung vereinbart hat und danach die Zahlung der zunächst gestundeten Erstprämie verlangt, in der Zahlungsaufforderung auf die Rechtsfolgen hinzuweisen, die bei nicht unverzüglicher Zahlung insbesondere hinsichtlich der vorläufigen Deckung eintreten.[284] Das gilt nicht nur dann, wenn nach den Versicherungsbedingungen ein rückwirkender Verlust der vorläufigen Deckung droht,[285] sondern auch dann, wenn die nicht unverzügliche Zahlung der Erstprämie lediglich die vorläufige Deckung für die Zukunft been-

---

[274] OLG Hamm, Urt. v. 19. 10. 1983 – 20 U 1/83, VersR 1984, 231; OLG Köln NJW-RR 1986, 390; *Kollhosser* in: Prölss/Martin, § 1 ALB 86 Rdn. 2; *Kurzendörfer*, Lebensversicherung, 3. Aufl., 2000, S. 233; a. A. *Lorenz* VersR 1984, 729.
[275] OLG Hamm, Urt. v. 19. 10. 1983 – 20 U 1/83, VersR 1984, 231.
[276] OLG München v. 7. 2. 1986, VersR 1987, 554.
[277] OLG Hamm, Urt. v. 19. 10. 1983 – 20 U 1/83, VersR 1984, 231; *Kollhosser*, in: Prölss/Martin, § 2 ALB 86 Rdn. 3.
[278] Siehe auch LG Köln v. 5. 6. 1985, r+s 1987, 3; a. A. *Winter* in: Bruck/Möller, VVG, 8. Aufl., 1988, §§ 159–178 VVG Anm. E 134.
[279] OLG Karlsruhe v. 25. 10. 1957, VersR 1957, 797, 798; BGH v. 13. 2. 1958, VersR 1958, 173, 174.
[280] BGH v. 13. 2. 1958, VersR 1958, 173, 174.
[281] BGH v. 13. 2. 1958, VersR 1958, 173, 174; BGH, Urt. v. 26. 4. 2006 – IV ZR 248/04, NJW-RR 2006, 1101, 1103.
[282] BGH, Urt. v. 25. 6. 1956 – II ZR 101/55, BGHZ 21, 122, 129 = NJW 1956, 1634 = VersR 1956, 482, 483.
[283] BGH v. 17. 4. 1967, BGHZ 47, 352, 356 = NJW 1967, 1800 = VersR 1967, 569, 570; *Kollhosser* in: Prölss/Martin, § 2 ALB 86 Rdn. 3.
[284] BGH NJW-RR 1986, 21 = VersR 1985, 981; BGH, Urt. v. 26. 4. 2006 – IV ZR 248/04, NJW-RR 2006, 1101, 1103.
[285] Vgl. dazu BGHZ 47, 352, 361 ff. = NJW 1967, 1800; OLG Hamm VersR 1991, 220; OLG Hamm r+s 1995, 403.

Beitragszahlung 98, 99 § 2 ALB 1986

det.[286] Das hat seinen Grund darin, dass der Versicherungsnehmer dann, wenn ihm der Entzug bereits gewährten Versicherungsschutzes infolge verspäteter Zahlung der Erstprämie droht, in gleicher Weise schutzwürdig erscheint wie ein Versicherungsnehmer, der den Versicherungsschutz durch verspätete Zahlung einer Folgeprämie verliert.[287] Das Belehrungserfordernis des § 39 Abs. 1 Satz 2 VVG gilt deshalb entsprechend.[288] Die Belehrung muss nach den von der Rechtsprechung zur Belehrungspflicht nach § 39 Abs. 1 Satz 2 VVG entwickelten Grundsätzen[289] umfassend und vollständig erfolgen, d. h. auch, dass sie die Rechtsfolgen verspäteter Erstprämienzahlung zutreffend angeben muss. Sie muss weiter darauf hinweisen, dass die nachteiligen Rechtsfolgen nur bei verschuldeter verspäteter Zahlung eintreten und der Versicherungsnehmer bei unverschuldeter Verspätung die Möglichkeit hat, sich durch Nachzahlung der Erstprämie den Versicherungsschutz zu erhalten.[290]

VII. Beitragsverrechnung

Bei Fälligkeit der Versicherungsleistung, d. h. im Todesfall und bei Ablauf der Versicherungsdauer, ist der Versicherer gemäß § 2 Abs. 3 ALB berechtigt, alle noch nicht gezahlten Raten des laufenden Versicherungsjahres und etwaige Beitragsrückstände zu verrechnen. Die Pflicht zur Beitragszahlung endet aufgrund dieser Bestimmung mithin nicht automatisch mit Eintritt des Versicherungsfalls. Vielmehr kann es vorkommen, dass der Versicherer im Todesfall noch Beiträge für einen Zeitraum erhält, in dem er kein Risiko mehr trägt, da es sich schon vorher verwirklicht hat. 98

VIII. Ruhensvereinbarung

Wenn der Versicherungsnehmer nicht in der Lage ist, seiner Prämienzahlungspflicht nachzukommen, können sich die Vertragsparteien auf ein „Ruhen" der Lebensversicherung verständigen.[291] Diese Vereinbarungen waren häufig durch die besonderen Umstände der Kriegs- und Nachkriegsjahre veranlasst.[292] Bei der Ruhensvereinbarung ruhen die beiderseitigen Leistungspflichten im Wege des Erlassens gemäß § 397 BGB.[293] Fristen sind in der Ruhenszeit gehemmt. Stirbt die versicherte Person während des Ruhens des Vertrags, hat der Versicherer nur die Prämienreserve gemäß §§ 173, 176 VVG zu erstatten.[294] In der Praxis wird der Vertrag nicht länger als 18 Monate unterbrochen. Nach Wiederaufleben des Vertrags ist der erste danach fällige Beitrag kein Erstbeitrag sondern Folgebeitrag.[295] 99

---

[286] BGH NJW 1973, 1746 = VersR 1973, 811; BGH, Urt. v. 26. 4. 2006 – IV ZR 248/04, NJW-RR 2006, 1101, 1103.
[287] BGH, Urt. v. 26. 4. 2006 – IV ZR 248/04, NJW-RR 2006, 1101, 1103.
[288] BGH, Urt. v. 26. 4. 2006 – IV ZR 248/04, NJW-RR 2006, 1101, 1103.
[289] BGH NJW-RR 1988, 1431 = VersR 1988, 484; BGH NJW-RR 2000, 395 = NVersZ 2000, 72 = VersR 1999, 1525; BGH, Urt. v. 26. 4. 2006 – IV ZR 248/04, NJW-RR 2006, 1101, 1103.
[290] BGH NJW-RR 1988, 1431 = VersR 1988, 484; OLG Hamm VersR 1991, 220; OLG Hamm r+s 1995, 403; BGH, Urt. v. 26. 4. 2006 – IV ZR 248/04, NJW-RR 2006, 1101, 1103.
[291] *Kalischko* VersR 1988, 671.
[292] *Kalischko* VersR 1988, 671.
[293] LG Hamburg v. 14. 12. 1950, VersR 1951, 75 m. Anm. *Otto* VersR 1951, 97 und *Klauser* VersR 1951, 97; LG Augsburg v. 28. 2. 1951, VersR 1951, 123, 124; LG Berlin v. 16. 2. 1951, VersR 1951, 170, 171 m. Anm. *Behne* VersR 1951, 171.
[294] *Starke* VW 1949, 355.
[295] LG Hamburg v. 14. 12. 1950, VersR 1951, 75; OLG Karlsruhe v. 16. 10. 1986, VersR 1988, 487; *Otto* VersR 1951, 97; *Starke* VersR 1951, 91.

§ 3 Was geschieht, wenn Sie einen Beitrag nicht rechtzeitig zahlen?

Einlösungsbeitrag

(1) **Wenn Sie den Einlösungsbeitrag nicht rechtzeitig zahlen, so können wir die Beiträge des ersten Versicherungsjahres auch bei Vereinbarung von Ratenzahlungen sofort verlangen.** Stattdessen können wir auch vom Versicherungsvertrag zurücktreten. Es gilt als Rücktritt, wenn wir unseren Anspruch auf den Einlösungsbeitrag nicht innerhalb von drei Monaten vom Fälligkeitstag an gerichtlich geltend machen. Bei einem Rücktritt können wir von Ihnen neben den Kosten einer ärztlichen Untersuchung eine besondere Gebühr für die Bearbeitung Ihres Vertrages verlangen. Diese Gebühr beläuft sich auf 10 Prozent der Beiträge des ersten Versicherungsjahres bzw. auf 3 Prozent des Einmalbeitrags.

Folgebeitrag

(2) **Wenn Sie einen Folgebeitrag oder einen sonstigen Betrag, den Sie aus dem Versicherungsverhältnis schulden, nicht rechtzeitig zahlen, so erhalten Sie von uns eine schriftliche Mahnung. Begleichen Sie den Rückstand nicht innerhalb der in der Mahnung gesetzten Frist, so entfällt oder vermindert sich damit Ihr Versicherungsschutz. Auf diese Rechtsfolgen werden wir Sie in der Mahnung ausdrücklich hinweisen.**

(3) **Zahlen Sie schon im ersten Versicherungsjahr einen Folgebeitrag nicht rechtzeitig, so werden außerdem die noch ausstehenden Raten des ersten Jahresbeitrages sofort fällig.**

Bemerkung

Bei Tarifen, bei denen die Versicherungsperiode mit dem Beitragszahlungsabschnitt übereinstimmt, lautet § 3 wie folgt:

„Was geschieht, wenn Sie einen Beitrag nicht rechtzeitig zahlen?
Einlösungsbeitrag
(1) Wenn Sie den Einlösungsbeitrag nicht rechtzeitig zahlen, so können wir vom Vertrag zurücktreten. Es gilt als Rücktritt, wenn wir unseren Anspruch auf den Einlösungsbeitrag nicht innerhalb von drei Monaten vom Fälligkeitstag an gerichtlich geltend machen. Bei einem Rücktritt können wir von Ihnen neben den Kosten einer ärztlichen Untersuchung eine besondere Gebühr für die Bearbeitung Ihres Vertrages verlangen. Diese Gebühr beläuft sich auf 10 Prozent der Beiträge des ersten Versicherungsjahres bzw. auf 3 Prozent des Einmalbeitrages.

Folgebeitrag
(2) Wenn Sie einen Folgebeitrag oder einen sonstigen Betrag, den Sie aus dem Versicherungsverhältnis schulden, nicht rechtzeitig zahlen, so erhalten Sie von uns eine schriftliche Mahnung. Begleichen Sie den Rückstand nicht innerhalb der in der Mahnung gesetzten Frist, so entfällt oder vermindert sich damit Ihr Versicherungsschutz. Auf diese Rechtsfolgen werden wir Sie in der Mahnung ausdrücklich hinweisen."

Übersicht

	Rdn.
I. Allgemeines	1–4
1. VAG	1
2. VVG	2
3. AGBG/BGB	3, 4
II. Nichtzahlung des Einlösungsbeitrags (§ 3 Abs. 1 ALB)	5–31
1. Inhalt der Vorschrift	5
2. Nichtzahlung des Einlösungsbeitrags	6–17
a) Übergabe des Versicherungsscheins	6, 7
b) Qualifizierte Anforderung des Erstbeitrags	8–12
aa) Beitragsrechnung	8
bb) Genaue Bezifferung des Erstbeitrags	9
cc) Hinweispflicht des LVU bei vorläufiger Deckungszusage	10

Nichtzahlung des Beitrags § 3 ALB 1986

	Rdn.
dd) Fälligstellung des Erstbeitrags im Einzugsermächtigungsverfahren	11
ee) Zahlungsaufforderung bei minderjährigem Versicherungsnehmer	12
c) Rechtzeitige Zahlung des Erstbeitrags	13–17
aa) Sofortige Zahlung	13–16
bb) Vollständige Zahlung	17
3. Geltendmachung des Erstbeitrags	18–23
a) Frist	18
b) Einklagung des Erstbeitrags	19, 20
c) Einziehung der Beitragsforderung durch LVU	21
d) Einziehung der Beitragsforderung durch Inkassobüro	22, 23
4. Rücktritt vom Versicherungsvertrag	24–28
a) Rücktrittsfiktion	24–26
b) Geschäftsgebühr	27, 28
5. Leistungsfreiheit wegen Nichteinlösung	29–31
III. Nichtzahlung des Folgebeitrags oder eines sonstigen Beitrags (§ 3 Abs. 2 ALB)	32–62
1. Inhalt der Vorschrift	32, 33
2. Nichtzahlung des Folgebeitrags	34–48
a) Qualifizierte Anmahnung des Folgebeitrags	34–37
aa) Genaue Bezifferung des Folgebeitrags	34–36
bb) Fälligstellung des Folgebeitrags im Einzugsermächtigungsverfahren	37
b) Zahlungsfrist	38
c) Rechtsfolgenbelehrung	39–42
d) Empfänger der Mahnung	43
e) Zugang der Mahnung	44–47
aa) Beweislast	44
bb) Einzelfälle	45
cc) Annahmeverweigerung	46
dd) Zustellung an GmbH	47
f) Zahlung des Beitragsrückstands	48
3. Leistungsfreiheit bei Verzug	49–51
4. Vorfälligstellung bei Zahlungsrückstand	52
5. Kündigungsrecht des Versicherers bei Zahlungsverzug	53–59
a) Beitragsfreistellung	53, 54
b) Empfänger der Kündigung	55
c) Beitragszahlungspflicht	56–58
aa) Dauer	56
bb) Verfassungsmäßigkeit des § 40 Abs. 2 Satz 1 VVG	57, 58
d) Verspätete Kündigung	59
6. Wiederinkraftsetzung der Lebensversicherung	60
7. Wiederherstellung der Lebensversicherung	61, 62

AuVdBAV: GB BAV 1962, 29 (Gerichtliche Beitreibung von Versicherungsentgelten – insbesondere des ersten Jahresbeitrags – in der Lebensversicherung); GB BAV 1963, 31 (Einleitung und Durchführung von Offenbarungseidverfahren durch Versicherungsgesellschaften bei Beitragsrückständen); GB BAV 1966, 73 (Mahn- und Prämienklageverfahren); GB BAV 1971, 36 (Gestaltung von Mahnschreiben, Abnahme einer eidesstattlichen Versicherung); VerBAV 1977, 403 (R 7/77 vom 3. 10. 1977 – Bündelung von Versicherungsverträgen); GB BAV 1977, 51 (Beitragsklagen in der Lebensversicherung); VerBAV 1979, 259 (Gewährung und Berechnung von Rückkaufswerten); GB BAV 1980, 56 (Mahnwesen); GB BAV 1983, 68 (Keine Mahnung bei verspäteter Antragsannahme); VerBAV 1985, 417 und GB BAV 1985, 33 (Einschaltung Dritter (z.B. Inkassounternehmen) bei der Geltendmachung von Beitragsforderungen; GB BAV 1985, 43 (Mahnverfahren nach Rücktritt); GB BAV 1985, 43 (Unterrichtung des Arbeitgebers über Mahnverfahren).

Schrifttum: *Arnold,* Zur Mahnung und Kündigung wegen rückständiger Folgeprämien in der Lebensversicherung, ZfV 1953, 547; *Bartsch,* Rückwärtsversicherung und vorläufige Deckungszusage in der Fahrzeugvollversicherung, VersR 1987, 642; *Behr,* Inkassounternehmen und Rechtsberatungsgesetz, BB 1990, 795; *Brockmann,* Sind die gestundeten Raten der Erstprämie Folgeprämien im Sinne von § 39 VVG?, VersR 1953, 345; *derselbe,* Zur Leistungsfreiheit des Versicherers nach § 39 Abs. 2 VVG, VersR 1954, 449; *derselbe,* Ein Wort zur Leistungsfreiheit des Versicherers nach § 39 VVG, ZfV 1955, 402; *derselbe,* Zum Wiederaufleben des Versicherungsvertrages durch Zahlungsnachholung des VN gemäß § 39 Abs. 3 Satz 3 VVG, VersR 1960, 678; *Buchner,* Zur Leistungsfreiheit des Krankenversicherers nach § 39 II VVG, VersR 1950, 45; *Bruck-Dörstling,* Das Recht des Lebensversicherungsvertrages. Ein Kommentar zu den Allgemeinen Versicherungsbedingungen der Kapitalversicherung auf den Todesfall (Lebensversicherung). 2. Aufl., Mannheim/Berlin/Leipzig, DDV, 1933; *Dichanz,* Gedanken zu § 35 VVG, ZfV 1985, 49; *Ehrenzweig,* Zur Leistungsfreiheit des Versicherers nach § 39 Abs. 2 VVG, VersR 1954, 526; *derselbe,* Noch einmal: Leistungsfreiheit des Versicherers nach § 39 Abs. 2 VVG, VersR 1955, 68; *derselbe,* Rechtsgrundsätze des Gruppenversicherungsvertrages, VersR 1955, 196; *Finger,* Die Erstattungsfähigkeit der Gebühren von Inkassoinstituten als Verzugsschaden, WRP 1978, 785; *Franke,* Anmerkung zum Urteil des OLG Hamm vom 24. 10. 1955, VersR 1956, 157; *Frels,* Mitteilungspflichten des Lebensversicherers gegenüber dem Begünstigten oder einem Zessionar, Pfandgläubiger und Pfändungsgläubiger des VN ?, VersR 1970, 984; *derselbe,* Zur Rechtzeitigkeit der Prämienzahlung, VersR 1971, 591; *Gärtner,* Zum Wiederaufleben eines aufgekündigten Versicherungsvertrages durch Zahlungsnachholung, VersR 1961, 104; *derselbe,* Der Prämienzahlungsverzug, 2. Aufl., Neuwied, Luchterhand, 1977; *Gaßmann,* Zur Fälligkeit der Erstprämie, VersR 1966, 325; *Gerlach,* Vorläufiger Versicherungsschutz in der Lebensversicherung, VerBAV 1978, 72; *Grebe,* Die vorläufige Deckungszusage unter besonderer Berücksichtigung ihrer Handhabung in der Lebensversicherung, Frankfurt/Bern/New York/Paris 1987; *Haasen,* Noch einmal: Leistungsfreiheit des Versicherers nach § 39 Abs. 2 VVG, VersR 1955, 68; *Hadding,* Das Lastschriftverfahren in der Rechtsprechung, WM 1978, 1366; *Hansen,* Die Bedeutung der Klauselverbote des AGBG (§§ 10, 11) für AVB, VersR 1988, 1110; *Hasse, Andreas,* Gesetz zur Beschleunigung des Zahlungsverkehrs – Auswirkungen auf den Versicherungsvertrag, NVersZ 2000, 497; *Heiss,* Unteilbarkeit oder Teilbarkeit der Prämie: nationalrechtliche und EWG-Aspekte, VersR 1989, 1125; *Hoegen,* Ausgewählte Probleme des Versicherungsvertragsrechts unter besonderer Berücksichtigung der Rechtsprechung des BGH, VersR 1987, 221; *Höft,* Anspruch auf Rückzahlung von Provisionen in der Lebensversicherung und Einklagen von Erstprämien, VersR 1969, 253; *Hofstetter,* Der Prämienzahlungsverzug nach schweizerischem Versicherungsvertragsrecht, Diss. Bern 1935; *Kalka,* Zur Frage der Rechtzeitigkeit der Beitragszahlung, VersR 1967, 14; *Kindler,* Die neuere höchstrichterliche Rechtsprechung zum Ersatz entgangener Anlagezinsen im Verzug, WM 1997, 2017; *Kramer,* Leistung ohne Gegenleistung, VersR 1970, 599; *Lang,* Prämienverzug, Voraussetzungen und Rechtsfolgen in der Rechtsprechung des BGH, VersR 1987, 1157; *Magnusson,* Fälligkeit der Erstprämie, VW 1956, 584; *Michalski,* Unzulässigkeit der Forderungseinziehung durch konzerngebundene Inkassounternehmen, ZIP 1994, 1501; *Mohr,* Versicherungsnehmer – Prämienschuldner, Beitragsschuldner, VersR 1964, 885; *Möller,* Übergesetzliche Hinweispflichten des Versicherers, Festschrift für Klingmüller, Karlsruhe, VVW, 1974, S. 301; *Prölss,* Zum Erfordernis der Kausalität bei Verstößen des Versicherers gegen Belehrungsgebote, Festschrift für Klingmüller, Karlsruhe, VVW, 1974, S. 355; *von Puskas,* Die privatrechtsgestaltende Wirkung von § 14 VAG, VersR 1980, 205; *Schimikowski,* Versicherungsvertragsrecht, München, Beck, 1999; *Schirmer,* Die Rechtsprechung des Bundesgerichtshofs zum allgemeinen Versicherungsvertragsrecht – Ein Überblick –, ZVersWiss 1992, 381; *Sieg,* Neuere Aspekte der vorläufigen und der Rahmen-Versicherungsverhältnisse, VersR 1986, 929; *derselbe,* Prämienbelegte Zeiträume ohne Versicherungsschutz nach VVG, BB 1987, 2249; *derselbe,* Betrachtungen zur Geschäftsgebühr, VersR 1988, 309; *Stommel,* Ist die Hinauszögerung einer fristlosen Kündigung eines Versicherungsvertrags nach § 39 III VVG rechtsmissbräuchlich?, NVersZ 2002, 344; *Surminski,* Beweislast für den Zugang der Mahnung nach § 39 VVG, VersR 1970, 603; *derselbe,* Wann sind Versicherungsprämien rechtzeitig gezahlt?, ZfV 1964, 674; *Theda,* Beitragsverzug-Voraussetzungen und Rechtsfolgen, DAR 1987, 33; *Will,* Der Prämienzahlungsverzug: eine rechtsvergleichende Untersuchung im Hinblick auf die Harmonisierung des Versicherungsvertragsrechts in der Europäischen Gemeinschaft, Diss. Köln 1996.

I. Allgemeines

1. VAG

Die allgemeinen Versicherungsbedingungen sollen auch die Rechtsfolgen behandeln, die bei Zahlungsverzug des Versicherungsnehmers eintreten. 1

2. VVG

Die Folgen des Zahlungsverzugs sind in den §§ 37 ff. VVG geregelt. Diese Vorschriften können nicht zum Nachteil des Versicherungsnehmers abgeändert werden (§ 42 VVG). Das VVG unterscheidet zwischen dem ersten oder einmaligen Beitrag und den Folgebeiträgen. Im Rahmen der Überlegungen zur Reform des VVG wird im Schrifttum zu § 38 VVG angeregt, „die für den Fall des vereinbarten Beginns des Versicherungsschutzes nach der Rechtsprechung begründete Hinweis- und Belehrungspflicht in die Vorschrift aufzunehmen, um im Gesetz die Hinweis-, Informations- und Belehrungspflichten der Vertragsschließenden jeweils möglichst vollständig in Erscheinung treten zu lassen".[1] 2

3. AGBG/BGB

Die §§ 326, 327 BGB werden durch das speziellere Kündigungsverfahren des § 39 VVG ausgeschlossen.[2] 3

Nach früherer Lesart fielen unter den Begriff „sonstiger Betrag" auch die rückständigen Zinsen für ein Policendarlehen.[3] Dieses Verständnis steht im Widerspruch zum Normzweck des § 39 Abs. 2 VVG. Mit dieser Vorschrift soll verhindert werden, dass der Versicherer auch dann noch das vertraglich übernommene Risiko zu tragen hat, wenn der Versicherungsnehmer mit seiner dafür vorgesehenen Leistung, der Prämie, in Verzug ist.[4] Mit diesem Schutzzweck stehen die Zinsen für eine freiwillige Vorauszahlung des Versicherers in keinem Zusammenhang.[5] Die für den Versicherungsnehmer schwerwiegenden Rechtsfolgen des § 39 VVG bei einem Verzug mit der Gegenleistung für den Versicherungsschutz sind deshalb nicht übertragbar auf einen Gegenverzug mit der Gegenleistung für eine Kreditgewährung.[6] Eine Ausweitung des § 39 VVG auch auf die Gegenleistung für Vorauszahlungen des Versicherers würde den Versicherungsnehmer entgegen den Geboten von Treu und Glauben unangemessen benachteiligen und wäre nach § 9 Abs. 1 AGBG i. V. m. § 9 Abs. 2 Nr. 1 AGBG (jetzt § 307 Abs. 1 BGB i. V. m. § 307 Abs. 2 Nr. 1 BGB) unwirksam.[7] Unter einem „sonstigen Betrag" im Sinne des § 3 Abs. 2 Satz 1 ALB 1986 sind daher nur Kosten und Zinsen zu verstehen, die im Zusammenhang mit dem Verzug der Prämie entstanden sind.[8] Rückstän- 4

---

[1] *Reimer Schmidt*, Weitere Überlegungen aus Anlass einer Reform des Versicherungsvertragsgesetzes, Karlsruhe, VVW, 1999, S. 31.
[2] *Hasse* NVersZ 2000, 497, 500.
[3] *Goldberg/Müller*, VAG, 1980, § 10 Rdn. 69; *Winter* in: Bruck/Möller, VVG, 8. Aufl., 1988, §§ 159–178 VVG Anm. D 36; *Benkel/Hirschberg*, ALB/BUZ, 1990, § 5 ALB Rdn. 16; *Goll/Gilbert/Steinhaus*, Hdb. Lebensversicherung, 11. Aufl., 1992, S. 179; *Knappmann* in: Prölss/Martin, VVG, 26. Aufl., § 35 Rdn. 12; *Kollhosser* in: Prölss/Martin, VVG, 26. Aufl., § 5 ALB 86 Rdn. 3 zu § 3 Nr. 2 ALB 86.
[4] BGH, Urt. v. 27. 1. 1999 – IV ZR 72/98, NVersZ 1999, 212 = VersR 1999, 433 = BB 1999, 972, 973.
[5] BGH, Urt. v. 27. 1. 1999 – IV ZR 72/98, BB 1999, 972, 973.
[6] BGH, Urt. v. 27. 1. 1999 – IV ZR 72/98, BB 1999, 972, 973.
[7] BGH, Urt. v. 27. 1. 1999 – IV ZR 72/98, BB 1999, 972, 974.
[8] BGH, Urt. v. 27. 1. 1999 – IV ZR 72/98, BB 1999, 972, 973 u. 974.

dige Zinsen aus einem Policendarlehen kann der Versicherer gegen seine Leistungen verrechnen und das Policendarlehen analog § 554 Abs. 1 BGB fällig stellen, wenn der Darlehensnehmer mit mehr als zwei Zinsraten im Rückstand ist.[9]

II. Nichtzahlung des Einlösungsbeitrags (§ 3 Abs. 1 ALB)

1. Inhalt der Vorschrift

5   Wenn der Versicherungsnehmer den Einlösungsbeitrag (Erstbeitrag) nicht rechtzeitig zahlt, kann der Versicherer aufgrund der Nichteinlösung des Versicherungsscheins die Beiträge des ersten Versicherungsjahres auch bei Vereinbarung von Ratenzahlungen sofort verlangen (§ 3 Abs. 1 Satz 1 ALB 1986). Das LVU kann aber auch vom Versicherungsvertrag zurücktreten (§ 3 Abs. 1 Satz 2 ALB 1986).

2. Nichtzahlung des Einlösungsbeitrags

6   **a) Übergabe des Versicherungsscheins.** Das LVU kann seine bedingungsgemäßen Rechte aus § 3 Abs. 1 ALB 1986 nur geltend machen, wenn es dem Versicherungsnehmer den Versicherungsschein zur Einlösung übergeben hat. Einlösung des Versicherungsscheins heißt Aushändigung des Versicherungsscheins oder Übermittlung an den Wohnsitz des Versicherungsnehmers und Zahlung des Erstbeitrags.[10] Auch wenn der Erstbeitrag sofort nach Abschluss des Vertrages zu zahlen ist, so hat doch der Versicherungsnehmer ein Zurückbehaltungsrecht bis zur Aushändigung oder Übersendung des Versicherungsscheins.[11] Den Zugang des Versicherungsscheins muss der Versicherer beweisen.[12]

7   Bis zur Einlösung besteht wegen § 38 Abs. 2 VVG noch kein Versicherungsschutz. Will der Versicherungsnehmer dieses Ergebnis vermeiden, so muss er sich vom Versicherer eine vorläufige Deckungszusage geben lassen. Unter Umständen kann ein Verschulden des Versicherers bei Vertragsabschluss vorliegen, das zu einer Schadensersatzpflicht und damit im Ergebnis praktisch zu Versicherungsschutz führen kann,[13] z. B. bei längerer Verzögerung in der Übermittlung des Versicherungsscheins[14] und unrichtiger Auskunft des Versicherungsagenten zum Versicherungsschutz.[15] Unrichtige Auskünfte des den Versicherungsnehmer betreuenden Maklers muss sich der Versicherungsnehmer zurechnen lassen.[16]

8   **b) Qualifizierte Anforderung des Erstbeitrags. aa) Beitragsrechnung.** Die Einlösungspflicht des Versicherungsnehmers bei Aushändigung oder Übersendung des Versicherungsscheins setzt eine ordnungsgemäße und als Zahlungs-

---

[9] *Kieserling* BB 1999, 974.
[10] §§ 36, 35 VVG; OLG Hamm, Urt. v. 23. 2. 1972 – 20 U 157/71, VersR 1972, 775, 776 = VerBAV 1972, 313, 315; OLG Hamm, Urt. v. 23. 10. 1981 – 20 U 121/81, VersR 1982, 867.
[11] OLG Hamm, Urt. v. 23. 2. 1972 – 20 U 157/71, VersR 1972, 775, 776 = VerBAV 1972, 313, 315; LG Tübingen, Urt. v. 29. 5. 1988 – 5 O 172/87, VersR 1990, 33, 34; LG Hannover v. 22. 11. 1988, VersR 1990, 1377; OLG Karlsruhe v. 19. 12. 1990, VersR 1991, 1125, 1126; *Hofmann* S. 146; *Schimikowski*, Versicherungsvertragsrecht, 1999, Rdn. 54.
[12] Vgl. BGH, Urt. v. 22. 5. 1991 – IV ZR 107/90, NJW-RR 1991, 1177, 1178 = VersR 1991, 910 = MDR 1992, 238; OLG Hamm v. 28. 10. 1991, VersR 1992, 1269, 1270; BGH, Urt. v. 13. 12. 1995 – IV ZR 30/95, r+s 1996, 87, 88.
[13] Vgl. BGH v. 16. 6. 1982, BGHZ 84, 268, 278 = VersR 1982, 841, 843; BGH v. 3. 11. 1982, VersR 1983, 121, 122
[14] Vgl. OLG Karlsruhe v. 19. 12. 1990, VersR 1991, 1125, 1126.
[15] BGH v. 29. 1. 1986, VersR 1986, 329.
[16] Vgl. LG Wuppertal v. 22. 6. 1990, VersR 1991, 94, 95.

Aufforderung zu wertende Beitragsrechnung voraus; denn erst wenn dem Versicherungsnehmer eine solche ordnungsgemäße Beitragsrechnung vorliegt, ist er in der Lage und deshalb verpflichtet, den Erstbeitrag unverzüglich zur Einlösung des Versicherungsscheins zu entrichten.[17]

bb) Genaue Bezifferung des Erstbeitrags. Eine ordnungsgemäße Zahlungsaufforderung ist – bei Anforderungen wie bei Mahnungen – nur dann gegeben, wenn sie den Versicherungsnehmer erkennen lässt, welchen zutreffend bezifferten und richtig gekennzeichneten genauen Betrag er unverzüglich als Erstbeitrag zahlen muss, um den vertraglichen Versicherungsschutz zum Entstehen zu bringen oder zu erhalten und ggf. einen rückwirkenden Verlust eines ausdrücklich eingeräumten vorläufigen Deckungsschutzes zu vermeiden.[18] Eine ordnungsgemäße Zahlungsaufforderung liegt deshalb bei einer Ratenvereinbarung nicht vor, wenn im Versicherungsschein als Einlösungsbeitrag zwei inzwischen fällig gewordene Beitragsraten angegeben sind, obwohl Einlösungsbeitrag nur der Erstbeitrag ist, also der Beitrag der ersten Rate, z. B. für das erste Quartal.[19]

cc) Hinweispflicht des LVU bei vorläufiger Deckungszusage. Beginnt der Versicherungsschutz bereits vor der Zahlung des Erstbeitrags, muss der Versicherungsnehmer wegen des dann möglichen rückwirkenden Wegfalls des Versicherungsschutzes über die Folgen einer nicht unverzüglichen Zahlung des Erstbeitrags belehrt werden.[20] Besteht vorläufige Deckung setzt der rückwirkende Wegfall des vorläufigen Deckungsschutzes voraus, dass der Versicherer in der Zahlungsaufforderung zur Einlösung des Versicherungsscheins nach vorläufiger Deckungszusage den Versicherungsnehmer ausdrücklich auf die Folgen der nicht unverzüglichen Zahlung des Einlösungsbetrages hinweist; eine Mitteilung ohne diesen Hinweis ist unwirksam.[21] Dass ein solcher Hinweis in § 38 VVG im Ge-

---

[17] BGH, Urt. v. 22. 2. 1968 – II ZR 20/66, VersR 1968, 439, 440; OLG Hamm, Urt. v. 23. 2. 1972 – 20 U 157/71, VersR 1972, 775, 776 = VerBAV 1972, 313, 315; OLG Hamm, Urt. v. 23. 10. 1981 – 20 U 121/81, VersR 1982, 867.

[18] BGH, Urt. v. 25. 6. 1956 – II ZR 101/55, BGHZ 21, 122, 134 = NJW 1956, 1634 = VersR 1956, 482, 485; BGH, Urt. v. 17. 4. 1967 – II ZR 228/64, BGHZ 47, 352, 356 = NJW 1967, 1800 = VersR 1967, 569; BGH v. 4. 7. 1973, NJW 1973, 1746 = VersR 1973, 811 = VerBAV 1973, 302; OLG Oldenburg v. 2. 4. 1980 – 2 U 225/79, VersR 1980, 1113, 1114; KG, Urt. v. 23. 10. 1981 – 6 U 2104/81, VersR 1982, 865, 867; BGH, Urt. v. 30. 1. 1985 – IVa ZR 91/83, VersR 1985, 447, 448 = MDR 1985, 472; BGH, Urt. v. 9. 10. 1985 – IVa ZR 29/84, VersR 1986, 54 = MDR 1986, 210; BGH, Urt. v. 9. 7. 1986 – IVa ZR 5/85, VersR 1986, 986, 987 = NJW 1987, 54, 55; OLG Hamm v. 10. 2. 1988, VersR 1988, 709 (Ls.); BGH, Urt. v. 9. 3. 1988 – IVa ZR 225/86, NJW-RR 1988, 1431 = VersR 1988, 484 = r+s 1988, 191; OLG Hamm v. 24. 1. 1990, VersR 1991, 220, 221; LG Nürnberg-Fürth v. 11. 7. 1990, VersR 1991, 51 (Ls.); LG Oldenburg v. 7. 10. 1991, VersR 1992, 866 (Ls.); OLG Schleswig v. 18. 12. 1991, VersR 1992, 731, 732.

[19] OLG Düsseldorf, Urt. v. 3. 1966 – 4 U 296/65, VersR 1966, 819; OLG Koblenz, Beschl. v. 3. 5. 1966 – 1 a W 93/66, VersR 1966, 1128; OLG Hamm, Urt. v. 23. 2. 1972 – 20 U 157/71, VersR 1972, 775, 776 = VerBAV 1972, 313, 315; OLG Hamm, Urt. v. 23. 10. 1981 – 20 U 121/81, VersR 1982, 867; OLG Hamm, Urt. v. 26. 10. 1983 – 20 U 80/83, VersR 1984, 377; LG Oldenburg, Urt. v. 29. 4. 1986 – 1 S 805/85, VersR 1986, 1012, 1013.

[20] Vgl. OLG Hamm v. 10. 2. 1988, VersR 1988, 709; OLG Koblenz v. 31. 1. 1989, VersR 1989, 733; OLG Hamm, Beschl. v. 5. 2. 1994 – 20 W 46/93, NJW-RR 1994, 992 = VersR 1994, 1098 = r+s 1994, 201, 202; OLG Düsseldorf, Urt. v. 8. 9. 1998 – 4 U 201/97, NVersZ 1999, 163, 164 = VersR 1999, 830 = r+s 1999, 52, 55; OLG Karlsruhe, Urt. v. 17. 12. 1998 – 12 U 178/98, NVersZ 1999, 558 = r+s 1999, 442, 443; *Knappmann* in: Prölss/Martin, § 38 VVG Rdn. 29; *Römer* in: Römer/Langheid, VVG, 2. Aufl., 2003, § 38 VVG Rdn. 5, 16; *Münstermann* r+s 2001, 310.

[21] BGH, Urt. v. 17. 4. 1967 – II ZR 228/64, BGHZ 47, 352, 363 = NJW 1967, 1800 = VersR 1967, 569, 571; BGH, Urt. v. 22. 2. 1968 – II ZR 20/66, VersR 1968, 439, 440;

gensatz zu § 39 VVG nicht ausdrücklich im Gesetz vorgeschrieben ist, rechtfertigt ein Unterlassen der Aufklärung des Versicherungsnehmers nicht.[22] Man kann zwar nicht verlangen, dass der Versicherer im Falle der vorläufigen Deckungszusage den Weg des § 39 VVG beschreitet, der nur für Folgebeiträge vorgeschrieben ist, jedoch muss man ihm eine Hinweispflicht zumuten.[23] Die mit der Zahlungsaufforderung erteilte Belehrung darf aber den Versicherungsnehmer über die wirkliche Rechtslage und die weit reichenden Folgen seiner Säumnis nicht im unklaren lassen; er darf nicht durch unvollständige oder missverständliche Hinweise von einem der wirklichen Sach- und Rechtslage entsprechenden Entschluss abgehalten werden.[24] Fällt die vorläufige Deckung bei Nichteinlösung nicht rückwirkend weg, sondern wird sie nur für die Zukunft beendet, ist eine Belehrung, wie sie für die außergewöhnliche Rechtsfolge rückwirkenden Wegfalls des Versicherungsschutzes angebracht ist, nicht erforderlich.[25] Es bedarf daher keiner Rechtsbelehrung des Versicherers in den Fällen, in denen der Versicherungsschutz erst mit Zahlung der Erstprämie beginnt bzw. rückwirkend zum vereinbarten Zeitpunkt begründet wird und bis zu diesem Zeitpunkt keine Leistungspflicht des Versicherers besteht.[26] Die unterschiedliche Regelung, ob eine Rechtsbelehrung erforderlich ist oder nicht, rechtfertigt sich daraus, dass der Versicherungsnehmer, der schon vor der Zahlung der Erstprämie Versicherungsschutz hat, schutzwürdiger ist als derjenige, der sich durch die rechtzeitige Zahlung der Erstprämie den Versicherungsschutz – gleich, ob für die Zukunft oder rückwirkend – erst verschafft.[27]

11 dd) **Fälligstellung des Erstbeitrags im Einzugsermächtigungsverfahren.** Eine wirksame Fälligstellung des Erstbeitrags erreicht der Versicherer im Einzugsermächtigungsverfahren nur dann, wenn er den Erstbeitrag gesondert – und nicht zusammen mit Folgebeiträgen – anfordert und dies entsprechend kennzeichnet.[28] Dies gilt auch dann, wenn der Versicherer den geforderten Betrag

BGH, Urt. v. 13. 11. 1968 – IV ZR 507/68, VersR 1969, 49, 51; OLG Hamm, Urt. v. 23. 2. 1972 – 20 U 157/71, VersR 1972, 775, 776 = VerBAV 1972, 313, 315; BGH v. 4. 7. 1973, NJW 1973, 1746 = VersR 1973, 811; OLG Oldenburg, Urt. v. 2. 4. 1980 – 2 U 225/79, VersR 1980, 1113; VersR v. 30. 3. 1983, VersR 1983, 1172; BGH, Urt. v. 5. 6. 1985 – IVa ZR 113/83, NJW-RR 1986, 21 = VersR 1985, 981, 983; OLG Celle NJW-RR 1986, 1359; OLG Hamm VersR 1991, 220, 221 = r+s 1990, 401; OLG Schleswig, Urt. v. 18. 12. 1991 – 9 U 100/90, VersR 1992, 731, 732 = r+s 1992, 112; OLG Hamm VersR 1992, 558 = r+s 1991, 362; LG Würzburg v. 22. 6. 1994, VersR 1995, 776; LG Bremen v. 18. 5. 1994, VersR 1995, 287; OLG Hamm r+s 1995, 403; OLG Düsseldorf, Urt. v. 17. 6. 1997 – 4 U 86/96, NJW-RR 1998, 28; OLG Köln VersR 1997, 350 = r+s 1996, 388; OLG Celle, Urt. v. 4. 3. 1999 – 14 U 97/98, NVersZ 2000, 73 = VersR 2000, 314; OLG Hamm VersR 1999, 957 = r+s 1998, 489; OLG Hamm, Urt. v. 29. 1. 1999 – 20 U 159/98, VersR 1999, 1229, 1230; LG Tübingen, Urt. v. 3. 12. 1999 – 4 O 153/99, MDR 2000, 331, 332; BGH, Urt. v. 26. 4. 2006 – IV ZR 248/04, VersR 2006, 913, 914.
[22] OLG Zweibrücken, Urt. v. 5. 3. 1968 – 1 U 137/67, VersR 1969, 245, 246.
[23] OLG Zweibrücken, Urt. v. 5. 3. 1968 – 1 U 137/67, VersR 1969, 245, 246.
[24] RGZ 93, 80, 83; OLG Hamm v. 6. 12. 1978, VersR 1980, 178, 179; OLG Oldenburg, Urt. v. 2. 4. 1980 – 2 U 225/79, VersR 1980, 1113; BGH, Urt. v. 17. 4. 1967 – II ZR 228/64, BGHZ 47, 352, 362 f. = VersR 1967, 569, 571; OLG Düsseldorf v. 3. 11. 1992, VersR 1993, 737.
[25] OLG Hamm VersR 1994, 1098 = r+s 1994, 201; OLG Karlsruhe r+s 1999, 442; OLG München, Beschl. v. 30. 7. 2001 – 25 W 1841/01, NVersZ 2002, 316; a. A. LG Berlin, Urt. v. 10. 10. 2000 – 7 S 24/00, r+s 2001, 309, 310.
[26] *Münstermann* r+s 2001, 310.
[27] *Münstermann* r+s 2001, 310.
[28] OLG Hamm, Urt. v. 19. 10. 1983 – 20 U 1/83, VersR 1984, 231 m. Anm. *Lorenz* VersR 1984, 729 f.; OLG München, Urt. v. 7. 2. 1986 – 10 U 3896/85, VersR 1987, 554.

Nichtzahlung des Beitrags 12–15 § 3 ALB 1986

nach Erst- und Folgebeitrag aufgeschlüsselt hat.[29] Die Leistungsfreiheit des Versicherers tritt daher gemäß § 38 Abs. 2 VVG nur dann ein, wenn der Lastschriftbeleg allein und mit entsprechender Kennzeichnung den angeforderten Erstbeitrag ausweist, nicht aber dann, wenn der Versicherer zugleich einen Folgebeitrag angefordert hat.[30] Eine wirksame Beitragsanforderung gemäß § 38 VVG liegt ferner nicht vor, wenn im Lastschriftbeleg über den Erstbeitrag z. B. für eine kapitalbildende Lebensversicherung ein anderer Betrag z. B. für eine Pflegerentenversicherung hinzugerechnet und ausgewiesen wird als in der vorangegangenen Ankündigung der Prämienanforderung.[31]

ee) **Zahlungsaufforderung bei minderjährigem Versicherungsnehmer.** 12
Ist der Versicherungsnehmer minderjährig, so ist die Aufforderung, den Erstbeitrag zu zahlen, die bei Untätigkeit den rückwirkenden Fortfall des Versicherungsschutzes zur Folge hat, unwirksam, wenn sie nicht an den gesetzlichen Vertreter ergeht.[32]

c) **Rechtzeitige Zahlung des Erstbeitrags. aa) Sofortige Zahlung.** Ge- 13
mäß § 35 Satz 1 VVG sind Erstbeiträge sofort nach Abschluss des Versicherungsvertrages zu zahlen. Der Versicherungsnehmer ist zur Zahlung nur gegen Aushändigung des Versicherungsscheins verpflichtet (§ 35 Satz 2 VVG). Die Ausnahme des § 35 Satz 2 VVG greift nicht, da in der Lebensversicherung die Ausstellung eines Versicherungsscheins nicht ausgeschlossen ist.

Wenn der Versicherungsschein vom Versicherer durch die Post mit der Bitte 14
um Einlösung übersandt wird, ist es genügend, wenn der Versicherungsnehmer innerhalb von zwei bis drei Tagen,[33] vier bis fünf Tagen[34] oder einer Woche zahlt.[35] Dies gilt sicherlich auch dann, wenn der Versicherungsschein durch einen Beauftragten der Versicherung unmittelbar dem Versicherungsnehmer zur Zahlung vorgelegt wird.[36] Wird der Erstbeitrag erst nach zwölf Tagen gezahlt, liegt keine unverzügliche Zahlung im Sinne von § 121 BGB vor.[37]

Im Normalfall wird der Versicherer eine Zahlungsfrist setzen. Wendet der Ver- 15
sicherer das Policenverfahren gemäß § 5a VVG an, beginnt die Zahlungsfrist erst mit Ablauf der Widerspruchsfrist,[38] und nicht schon bereits mit der Übersendung des Versicherungsscheins.[39] Bis zum Ablauf der Widerspruchsfrist bleibt der Erstbeitrag gestundet.[40] Hat der Versicherer für die Zahlung des Erstbeitrags eine Zahlungsfrist von zwei Wochen gesetzt, ist die Zahlung nur dann nicht rechtzeitig

---

[29] BGH, Urt. v. 30. 1. 1985 – IVa ZR 91/83, VersR 1985, 447; OLG München, Urt. v. 7. 2. 1986 – 10 U 3896/85, VersR 1987, 554.
[30] OLG Hamm, Urt. v. 19. 10. 1983 – 20 U 1/83, VersR 1984, 231 m. Anm. *Lorenz* VersR 1984, 729 f.; OLG Hamm, Urt. v. 26. 10. 1983 – 20 U 80/83, VersR 1984, 377; BGH, Urt. v. 30. 1. 1985 – IVa ZR 91/83, VersR 1985, 447 = VerBAV 1985, 226 = BB 1985, 1022; LG Oldenburg, Urt. v. 29. 4. 1986 – 1 S 805/85, VersR 1986, 1012, 1013.
[31] BGH, Urt. v. 30. 1. 1985 – IVa ZR 91/83, VersR 1985, 447, 449 = VerBAV 1985, 226 = BB 1985, 1022.
[32] BGH, Urt. v. 17. 4. 1967 – II ZR 228/64, BGHZ 47, 352, 360 = NJW 1967, 1800 = VersR 1967, 569; OLG Zweibrücken, Urt. v. 5. 3. 1968 – 1 U 137/67, VersR 1969, 245, 246.
[33] OLG Zweibrücken, Urt. v. 5. 3. 1968 – 1 U 137/67, VersR 1969, 245, 247.
[34] LG Berlin, Urt. v. 10. 7. 1967 – 7 S 23/67, VersR 1969, 51, 52.
[35] BGH, Urt. v. 17. 6. 1964 – II ZR 87/61, VerBAV 1964, 97, 98.
[36] OLG Zweibrücken, Urt. v. 5. 3. 1968 – 1 U 137/67, VersR 1969, 245, 247.
[37] LG Berlin, Urt. v. 10. 7. 1967 – 7 S 23/67, VersR 1969, 51, 52.
[38] OLG Hamm, Urt. v. 29. 1. 1999 – 20 U 159/98, VersR 1999, 1229, 1230; *Römer* in: Römer/Langheid, VVG, 2. Aufl., 2003, § 35 VVG Rdn. 4; *Prölss* in: Prölss/Martin, § 5a VVG Rdn. 67; *Lorenz* VersR 1995, 616, 621; *derselbe* VersR 1997, 994, 996; *Schirmer* VersR 1996, 1045, 1054; BAV VerBAV 1995, 313.
[39] So aber LG Essen, Urt. v. 26. 2. 1997 – 2 S 139/96, NJW-RR 1998, 605 = VersR 1997, 993; *Hofmann* VersR 1997, 1257; abl. *Lorenz* VersR 1997, 994.
[40] OLG Hamm, Urt. v. 29. 1. 1999 – 20 U 159/98, VersR 1999, 1229, 1230.

erfolgt, wenn der Versicherer nachweist, dass die Zahlung nach Ablauf der Zweiwochenfrist erfolgt ist.[41] Der Versicherungsnehmer muss mithin die geschuldeten, angeforderten Erst- oder angemahnten Folgebeiträge unverzüglich begleichen, wenn er sich mit der Zahlung Versicherungsschutz verschaffen oder erhalten will.[42] Zahlung im Sinne von § 38 VVG ist die Leistungshandlung des Versicherungsnehmers, nicht der Eingang des Beitrags beim Versicherer.[43] Erfolgt die Beitragszahlung durch Banküberweisung, so hat der Versicherungsnehmer spätestens gezahlt, sobald er den Überweisungsauftrag erteilt und die Beitragszahlung vom Konto abgebucht worden ist.[44]

16 Wird der Beitrag nach Ablauf der Dreimonatsfrist des § 3 Abs. 1 Satz 3 ALB 1986 gezahlt, lebt der Lebensversicherungsvertrag nicht wieder auf. Nimmt jedoch der Versicherer nicht nur aus Versehen die verspätete Beitragszahlung an, so kann darin eine Wiederinkraftsetzung des Versicherungsverhältnisses zu sehen sein. Bei Eintritt des Versicherungsfalls kann dann die Berufung des Versicherers auf § 38 Abs. 1 Satz 2 VVG gegen Treu und Glauben verstoßen.[45]

17 **bb) Vollständige Zahlung.** Der Einlösungsbeitrag ist grundsätzlich in voller Höhe zu zahlen, wobei die Zahlung eines Drittels des Erstbeitrags auf keinen Fall ausreicht, um die Voraussetzung der Zahlung des Einlösungsbeitrags zu erfüllen.[46] Auch nicht bei Zahlung von 50%[47] oder 75% des Erstbeitrags.[48] Hat der Versicherungsnehmer bewusst und gewollt eine Beitragsanforderung nicht vollständig erfüllt, so bleibt für Billigkeitserwägungen, der nicht beglichene Beitragsrest sei verhältnismäßig geringfügig, grundsätzlich kein Raum.[49] Der Versicherungsnehmer trägt die Beweislast, wenn er geltend macht, er habe den Erstbeitrag vor dem Versicherungsfall gezahlt oder er habe eine Einziehungsermächtigung erteilt.[50]

3. Geltendmachung des Erstbeitrags

18 **a) Frist.** Nur wenn der Versicherer den Anspruch auf den Einlösungsbeitrag innerhalb von drei Monaten vom Fälligkeitstag an gerichtlich geltend macht, gilt der Rücktritt als nicht eingetreten (§ 3 Abs. 1 Satz 3 ALB 1986). Der Fälligkeitstag bestimmt sich gemäß § 35 VVG nicht nach dem vereinbarten Versicherungsbeginn, sondern nach der die Fälligkeit des Erstbeitrags herbeiführenden Übermittlung des Versicherungsscheins[51] und nach einer durch die Grundsätze von Treu und Glauben und unter Berücksichtigung der Umstände des Einzelfalls zu bestimmenden Frist für die tatsächliche Zahlung, deren Ablauf den endgültigen Fälligkeitstermin bestimmt und damit die Klagefrist in Gang setzt.[52] Zahlt der

---

[41] OLG Hamm, Urt. v. 23. 10. 1981 – 20 U 121/81, VersR 1982, 867.
[42] BGH, Urt. v. 9. 3. 1988 – IV a ZR 225/86, NJW-RR 1988, 1431 = VersR 1988, 484 = r+s 1988, 191.
[43] OLG Köln, Urt. v. 25. 2. 1997 – 9 U 30/96, VersR 1998, 317 = r+s 1997, 179; *Goll/Gilbert/Steinhaus*, Hdb. Lebensversicherung, 11 Aufl., 1992, S. 46; *Kurzendörfer*, Lebensversicherung, 3. Aufl., 2000, S. 281.
[44] OLG Köln, Urt. v. 25. 2. 1997 – 9 U 30/96, VersR 1998, 317 = r+s 1997, 179.
[45] BGH v. 30. 11. 1981, VersR 1982, 358, 359 = MDR 1982, 647.
[46] OLG Hamburg, Urt. v. 13. 11. 1962 – 7 U 139/62, VersR 1963, 819.
[47] LG Frankenthal v. 8. 6. 1979, VersR 1980, 40.
[48] OLG Koblenz, Beschl. v. 3. 5. 1966 – 1 a W 93/66, VersR 1966, 1128, 1129.
[49] BGH v. 9. 3. 1988, VersR 1988, 484.
[50] LG Osnabrück, Urt. v. 4. 7. 1986 – 3 O 54/86, VersR 1987, 62, 63.
[51] LG Bonn v. 23. 6. 1956, VersR 1957, 365; AG Hassfurt, Urt. v. 23. 11. 1989 – 1 C 284/89, VersR 1990, 1337; OLG München, Urt. v. 15. 12. 1981 – 25 U 2886/81, VerBAV 1983, 42, 43.
[52] OLG München, Urt. v. 15. 12. 1981 – 25 U 2886/81, VerBAV 1983, 42, 43.

Versicherungsnehmer den Einlösungsbeitrag nicht rechtzeitig, muss der Versicherer innerhalb der Ausschlussfrist einen Mahnbescheid beantragen oder eine Klage erheben, wenn er den Versicherungsnehmer am Vertrag festhalten will. Die Einreichung des Mahnbescheidantrags oder der Klage innerhalb der Dreimonatsfrist genügt nach § 270 Abs. 3 ZPO und § 693 Abs. 2 ZPO für die gerichtliche Geltendmachung, wenn die Zustellung demnächst erfolgt.[53] Das verstreichen lassen der Dreimonatsfrist ist keine anfechtbare Willenserklärung im Sinne des § 119 BGB.[54] Die Frist von drei Monaten wird nach § 187 Abs. 1 und § 188 Abs. 2 BGB berechnet, mithin der Fälligkeitstag des Erstbeitrags nicht mitgerechnet.

b) Einklagung des Erstbeitrags. Bei Versicherungen gegen Einmalbeitrag 19 wird das LVU aufgrund seiner geschäftsplanmäßigen Erklärung in der Regel von der Einklagung des Einmalbeitrags absehen und sich auf den Rücktritt vom Versicherungsvertrag beschränken.[55] Die Einklagung des Erstbeitrags bei Lebensversicherungen gegen laufenden Beitrag ist aufgrund der grundsätzlich ablehnenden Haltung der Aufsichtsbehörde die Ausnahme.[56] Häufig wird nur in Fällen der nachweisbaren Ausspannung der Erstbeitrag eingeklagt. Aus dieser Handhabung folgt aber nicht, dass ein Handelsbrauch besteht, Erstbeiträge in der Lebensversicherung grundsätzlich nicht einzuklagen.[57] Wird die Klage auf Zahlung des Beitrags erst nach Ablauf der Dreimonatsfrist des § 3 Abs. 1 Satz 2 ALB 1986 erhoben, so ist diese Verfahrensweise des LVU als Missstand im Sinne des § 81 Abs. 2 Satz 1 VAG anzusehen.[58] Alle Mahnverfahren – gerichtliche wie außergerichtliche – wegen des Erstbeitrags sind zu vermeiden, wenn die Verträge aus den Gründen des § 38 VVG als aufgehoben gelten.[59] Die Kosten eines Verkehrsanwalts werden dem LVU bei der Kostenfestsetzung nicht anerkannt, da es in der Lage ist, schriftlich den Prozessvertreter am Gerichtsort zu informieren.[60]

Wenn das LVU den Erstbeitrag einklagt, kann es seinen Verzugsschaden abs- 20 trakt berechnen.[61] Über die Höhe des Verzugsschadens entscheidet das Gericht nach freier Überzeugung unter Berücksichtigung der jeweils üblichen Zinssätze.[62] Maßstab ist der Zinssatz, zu dem LVU ihr Vermögen anlegen können.[63] Üblich ist der im letzten Geschäftsbericht des LVU ausgewiesene durchschnittliche Ertragszinssatz der Kapitalanlagen.[64] Das LVU kann es aber auch bei dem erhöhten Verzugszins gemäß § 288 BGB belassen.[65]

c) Einziehung der Beitragsforderung durch LVU. Nach Erlangung eines 21 Titels gegen den Versicherungsnehmer ist es allein dem pflichtgemäßen Ermessen

---

[53] Vgl. BGH v. 19. 10. 1977, VersR 1977, 1153, 1154; OLG München, Urt. v. 15. 12. 1981 – 25 U 2886/81, VerBAV 1983, 42, 43.
[54] OLG Köln v. 25. 2. 1953, VersR 1953, 182.
[55] Vgl. Nr. 1.3.1 des Allgemeinen Geschäftsplans für die Lebensversicherung, VerBAV 1986, 153.
[56] Vgl. VerAfP 1927, 126 und VerAfP 1928, 112; Gutachten des BAV, VerBAV 1953, 158.
[57] OLG Hamm v. 24. 10. 1955, VersR 1956, 61 m. Anm. *Franke* VersR 1956, 156; LG Lüneburg v. 10. 11. 1977, VersR 1977, 658.
[58] GB BAV 1966, 73.
[59] GB BAV 1985, 43.
[60] OLG Koblenz v. 9. 3. 1988, BB 1988, 2137.
[61] BGH v. 1. 2. 1974, BGHZ 62, 103 = WM 1974, 304; BGH v. 28. 4. 1988, JZ 1988, 1126; BGH, Urt. v. 9. 2. 1993 – XI ZR 88/92, VersR 1994, 183, 184; *Kindler* WM 1997, 2017, 2019.
[62] BGH v. 26. 10. 1983, NJW 1984, 371 = VersR 1984, 73.
[63] Vgl. LG Verden, Urt. v. 23. 5. 1967 – 2 S 53/67, VersR 1967, 869, 870.
[64] Vgl. OLG Düsseldorf, Urt. v. 14. 8. 1990 – 4 U 209/89, VersR 1990, 1261.
[65] *Hasse* NVersZ 2000, 497, 500.

des Vorstands überlassen, ob und inwieweit im Einzelfall Versicherungsbeiträge zwangsweise beigetrieben werden.[66] Wird die titulierte Forderung beigetrieben, ist schonend gegen den Versicherungsnehmer vorzugehen. So ist es nach Auffassung des BAV unzulässig, dass ein Versicherer ohne Einwilligung des Versicherungsnehmers außerhalb der Vertragsbeziehung stehende Dritte über Beitragsschulden informiert. Eine Unterrichtung des Arbeitgebers des Versicherungsnehmers dürfe nur bei Vorliegen eines Pfändungsbeschlusses erfolgen. Der Versicherer würde gegen Nebenpflichten aus dem Versicherungsvertrag verstoßen, wenn er außerhalb des von der ZPO gesetzten Rahmens den Arbeitgeber seines Versicherungsnehmers über dessen Beitragsrückstände informiere.[67] Der Versicherer muss daher mit Kostenlast für den Versicherungsnehmer erst den Weg der gerichtlichen Zwangsvollstreckung beschreiten. Die Durchführung des Verfahrens auf Abnahme der eidesstattlichen Versicherung soll vermieden werden, wenn der Schuldner ausreichend nachgewiesen hat, dass er infolge der schlechten wirtschaftlichen Verhältnisse ohne Verdienstmöglichkeit oder sonst unverschuldet in eine Notlage geraten ist.[68]

22 **d) Einziehung der Beitragsforderung durch Inkassobüro.** Bei der Einziehung von Beitragsforderungen durch Dritte, z.B. Inkassounternehmen, sind von den LVU die Verwaltungsgrundsätze der Aufsichtsbehörde zu beachten.[69] Die Kosten für die Beauftragung eines Inkassoinstituts können nicht als Verzugsschaden geltend gemacht werden, wenn zu diesem Zeitpunkt bereits offenkundig ist, dass der Schuldner zahlungsunfähig oder zahlungsunwillig ist.[70] Lassen LVU ihre Forderungen nicht durch eine betriebsinterne Mahnstelle, sondern durch ein konzerngebundenes Inkassounternehmen bearbeiten, fällt mangels Erforderlichkeit der Inanspruchnahme des konzernabhängigen Inkassounternehmens keine nach § 286 Abs. 1 BGB erstattungsfähige Gebühr an.[71]

23 Der Inkassounternehmer, dem die Erlaubnis zur geschäftsmäßigen außergerichtlichen Einziehung fremder Forderungen erteilt ist, darf das LVU darüber beraten, ob die ihm zur Einziehung angetragenen Forderungen bestehen oder nicht.[72] Er darf aber weder das gerichtliche Mahnverfahren einleiten noch Klage erheben.[73] Dem Inkassounternehmen ist es jedoch erlaubt, ihm zur Einziehung abgetretene Forderungen unter Einschaltung eines Rechtsanwalts gerichtlich durchzusetzen.[74]

4. Rücktritt vom Versicherungsvertrag

24 **a) Rücktrittsfiktion.** Wenn der Versicherungsnehmer den Einlösungsbeitrag nicht rechtzeitig zahlt, kann der Versicherer die gerichtliche Geltendmachung unterlassen und stattdessen vom Versicherungsvertrag zurücktreten (§ 3 Abs. 1

---

[66] GB BAV 1962, 29; GB BAV 1966, 42; GB BAV 1977, 51.
[67] GB BAV 1985, 43.
[68] VerAfP 1932, 158.
[69] VerBAV 1985, 417; siehe auch GB BAV 1985, 33.
[70] OLG München, Urt. v. 29. 11. 1974 – 19 U 3081/74, NJW 1975, 832.
[71] *Michalski* ZIP 1994, 1501, 1504.
[72] Vgl. BVerfG, Beschl. v. 20. 2. 2002 – 1 BvR 423/99, JZ 2003, 356, 357; dazu *Becker-Eberhard* JZ 2003, 358 ff.
[73] OLG Karlsruhe, Beschl. v. 3. 4. 1987 – 1 Ss 113/86, BB 1987, 1767; AG Lünen/Werne, Urt. v. 31. 10. 1989 – 14 C 281/89, NJW-RR 1990, 510, 511; OLG Nürnberg, Urt. v. 26. 4. 1990 – 8 U 3562/89, NJW-RR 1990, 1261.
[74] KG, Urt. v. 5. 12. 1989 – 7 U 5779/89, NJW-RR 1990, 429, 430; AG Kassel, Urt. v. 4. 9. 1991 – 871 C 508/91, WM 1992, 371, 372; OLG Hamm, Urt. v. 25. 9. 1991 – 11 U 52/91, WM 1992, 371; BGH v. 7. 11. 1995, NJW 1996, 393 = VersR 1996, 909; BVerwG, Urt. v. 29. 9. 1998 – 1 C 4/97, VersR 1999, 208; *Behr* BB 1990, 795, 802.

Satz 1 und 2 ALB 1986). Es gilt als Rücktritt, wenn der Versicherer den Anspruch auf den Einlösungsbeitrag nicht innerhalb von drei Monaten vom Fälligkeitstag an gerichtlich geltend macht (§ 3 Abs. 1 Satz 3 ALB 1986). Diese Regelung entspricht § 38 Abs. 1 Satz 2 VVG. Die Frist beginnt mit dem sich aus § 35 VVG ergebenden Fälligkeitszeitpunkt.[75]

Fälligkeitstag ist der Tag, an welchem dem Versicherungsnehmer eine ordnungsgemäße und als Zahlungsaufforderung zu wertende Beitragsrechnung zugegangen ist. Haben die Parteien das Einzugsermächtigungsverfahren verabredet, verschiebt sich der Fälligkeitstag auf den Abbuchungstag, da es Sache des Versicherers ist, den Erstbeitrag durch Abbuchung zu erheben. Die Frist des § 3 Abs. 1 Satz 3 ALB 1986 beginnt nur zu laufen, wenn der Versicherer den Erstbeitrag ordnungsgemäß zur Lastschrift eingereicht hat. Scheitert die Abbuchung, bleibt der Abbuchungstag gleichwohl der Fälligkeitstag. Hat der Versicherer mit Übersendung der Beitragsrechnung ein Zahlungsziel gesetzt, ändert sich hierdurch der Fälligkeitstag nicht.

Auf die Rücktrittsfiktion kann sich der Versicherer nicht berufen, wenn er die Erstprämie fehlerhaft angefordert und danach auch nicht eingeklagt hat.[76] Ebenso wie dem Versicherer die Berufung auf die Fiktion des Rücktritts gemäß § 38 Abs. 1 Satz 2 VVG verwehrt ist, wenn er die Erstprämie nach Ablauf der Dreimonatsfrist doch noch annimmt,[77] ist es dem Versicherungsnehmer verwehrt, sich im Nachhinein auf § 38 Abs. 1 Satz 2 VVG zu berufen, wenn er die Erstprämie nach Ablauf der Dreimonatsfrist schließlich doch noch gezahlt hat.[78]

b) **Geschäftsgebühr.** Unterlässt der Versicherer die gerichtliche Geltendmachung, so kommt es durch die in § 38 VVG enthaltene Rücktrittsfiktion zur rückwirkenden Auflösung des Vertragsverhältnisses, das heißt der vertragliche Anspruch auf den Beitrag entfällt.[79] Im Falle des Rücktritts kann der Versicherer vom Versicherungsnehmer neben den Kosten einer ärztlichen Untersuchung eine besondere Gebühr für die Bearbeitung seines Vertrages verlangen (§ 3 Abs. 1 Satz 4 ALB 1986). Diese Gebühr beläuft sich auf zehn Prozent der Beiträge des ersten Versicherungsjahres bzw. drei Prozent des Einmalbeitrags (§ 3 Abs. 1 Satz 5 ALB 1986).

Bei dieser Gebühr handelt es sich um keine Vertragsstrafe im Sinne von § 11 Nr. 6 AGBG, sondern um Aufwendungsersatz im Sinne von § 10 Nr. 7 b AGBG.[80] Die in § 3 Abs. 1 Satz 4 und 5 ALB 1986 getroffene Regelung hält sich an den gesetzlichen Rahmen des § 40 Abs. 2 Satz 2 VVG[81] und kann als vom BAV genehmigte Geschäftsgebühr nicht gegen § 42 VVG verstoßen.[82] Die Genehmigung des BAV bindet das Gericht allerdings nicht,[83] zumal die Genehmigung durch das BAV seit der Streichung des § 40 Abs. 2 Satz 3 VVG a. F. durch

---

[75] Vgl. LG Hildesheim v. 6. 10. 1965, VersR 1965, 1165; LG Hannover v. 5. 11. 1980, ZfS 1982, 18.
[76] Vgl. OLG Hamm VersR 1984, 231 und zum fraglichen Problem im Rahmen des § 39 Abs. 1 VVG BGHZ 69, 361 = NJW 1978, 215 = VersR 1977, 1153; OLG Köln, Urt. v. 9. 5. 2000 – 9 U 127/99, NJW-RR 2000, 1627, 1629 = NVersZ 2001, 12, 14 = VersR 2000, 1266, 1268.
[77] BGH VersR 1982, 358; OLG Köln, Urt. v. 18. 5. 1989 – 5 U 192/88, VersR 1990, 1004, 1005; Prölss/Martin, § 38 VVG Anm. 7.
[78] OLG Köln, Urt. v. 18. 5. 1989 – 5 U 192/88, VersR 1990, 1004, 1005.
[79] GB BAV 1985, 43.
[80] Sieg VersR 1988, 309, 310.
[81] *Winter* in: Bruck/Möller, VVG, 8. Aufl., 1988, §§ 159–178 VVG Anm. E 177.
[82] Siehe hierzu LG Braunschweig v. 22. 4. 1954, VersR 1954, 362, 363; Sieg VersR 1988, 309, 310.
[83] *Hansen* VersR 1988, 1110, 1111; a. A. *Bischoff* VersR 1951, 36.

das 3. DurchfG/EWG vom 21. Juli 1994[84] gegenstandslos ist.[85] Außerhalb der gesetzlichen Sonderfälle dürfen Geschäftsgebühren nicht erhoben werden.[86] Kann der Versicherungsnehmer sich darauf berufen, dass innerhalb der Versicherungsbranche von anderen Versicherern geringere Geschäftsgebühren verlangt werden[87] oder dass der in der Klausel enthaltene Betrag nach dem gewöhnlichen Lauf der Dinge zu hoch ist,[88] hat das LVU den Nachweis zu führen, dass die vom Versicherungsnehmer verlangte Geschäftsgebühr nicht unangemessen hoch ist.[89]

5. Leistungsfreiheit wegen Nichteinlösung

29   Ist der Einlösungsbeitrag zur Zeit des Eintritts des Versicherungsfalls noch nicht entrichtet, ist der Versicherer gemäß § 38 Abs. 2 VVG von der Verpflichtung zur Leistung frei.[90] Es besteht kein Grund, den Versicherer an seiner Leistungszusage festzuhalten, wenn der Versicherungsnehmer schon mit der Zahlung des ersten Beitrags in Verzug gerät und dadurch zu erkennen gibt, dass er nicht gewillt oder imstande ist, seine Vertragspflichten pünktlich und gewissenhaft zu erfüllen.[91] Auf ein Verschulden des Versicherungsnehmers kommt es nicht an.[92] Deshalb besteht grundsätzlich Leistungsfreiheit des Versicherers, wenn der Versicherungsnehmer nur Teilzahlungen erbringt.[93]

30   Die Berufung des Versicherers auf die Nichteinlösung kann gegen Treu und Glauben verstoßen, wenn ein geringfügiger Beitragsrückstand vorliegt.[94] Hierbei ist aber zu beachten, dass der unverkürzten Begleichung des fälligen Beitrags die gleiche Bedeutung zukommt wie der Anforderung bzw. Anmahnung des exakten Versicherungsbeitrags.[95] Ferner kann die Berufung des LVU auf die Nichtzahlung

---

[84] BGBl. S. 1630.
[85] *Präve*, Das Allgemeine Versicherungsvertragsrecht in Deutschland im Zeichen der europäischen Einigung (III), VW 1992, 737, 740.
[86] § 9 Abs. 2 Nr. 1 AGBG; BGH BB 1987, 781, 783; *Sieg* VersR 1988, 309.
[87] *H. Schmidt* in: Ulmer/Brandner/Hensen, AGBG, 9. Aufl., 2001, § 10 Nr. 7 AGBG Rdn. 22.
[88] *Wolf* in: Wolf/Horn/Lindacher, AGB-Gesetz, 4. Aufl., 1999, § 10 Nr. 7 AGBG Rz. 23.
[89] Nach a. A. hat der Lebensversicherer von Anfang an die Angemessenheit der Geschäftsgebühr darzulegen und zu beweisen: *Römer* in: Römer/Langheid, VVG, 2. Aufl., 2003, § 40 VVG Rdn 7; *Riedler* in: Berliner Komm. z. VVG, 1999, § 40 VVG Rdn. 14.
[90] BGH v. 31. 1. 1951, VersR 1951, 114; LG Hamburg v. 9. 12. 1954, VersR 1955, 433; OLG München v. 31. 1. 1961, VersR 1961, 338; BGH v. 24. 1. 1963, VersR 1963, 376; OLG Düsseldorf v. 28. 10. 1975, VersR 1976, 429; OLG Hamm v. 18. 1. 1978, VersR 1978, 1134; OLG Hamm v. 10. 3. 1978, VersR 1978, 753; LG Köln v. 3. 2. 1982, VersR 1983, 772; OLG Hamm v. 19. 10. 1983, VersR 1984, 231; LG Köln v. 10. 1. 1984, r+s 1985, 155; BGH, Urt. v. 30. 1. 1985 – IV a ZR 91/83, VersR 1985, 447 = BB 1985, 1022; OLG Köln v. 20. 6. 1985, r+s 1985, 308.
[91] BGH, Urt. v. 25. 6. 1956 – II ZR 101/55, BGHZ 21, 122, 131 = NJW 1956, 1634 = VersR 1956, 482, 484; LG Bielefeld, Urt. v. 22. 11. 1962 – 2 S 311/62, VersR 1963, 470, 472; OLG Koblenz, Beschl. v. 3. 5. 1966 – 1 a W 93/66, VersR 1966, 1128; OLG Düsseldorf, Urt. v. 29. 2. 2000 – 4 U 44/99, VersR 2000, 1355, 1357 = NVersZ 2000, 583, 584 = r+s 2000, 359, 360.
[92] BGH, Urt. v. 17. 4. 1967 – II ZR 228/64, BGHZ 47, 352, 354 = NJW 1967, 1800 = VersR 1967, 569; BGHZ 55, 281, 284 = VersR 1971, 429.
[93] BGH, Urt. v. 9. 10. 1985 – IV a ZR 29/84, NJW 1986, 1103 = VersR 1986, 54 = VerBAV 1986, 88.
[94] BGH, Urt. v. 25. 6. 1956 – II ZR 101/55, BGHZ 21, 122 = NJW 1956, 1634 = VersR 1956, 482, 485; OLG Neustadt, Urt. v. 12. 2. 1960 – 1 U 99/59, VersR 1960, 409, 410 = NJW 1960, 1065; OLG Hamm v. 30. 9. 1960, VersR 1961, 1086, 1087 = NJW 1961, 1411; LG Berlin, Urt. v. 10. 7. 1967 – 9 S 23/67, VersR 1969, 51, 52 – Fehlbetrag von 0,60 DM bei einer Gesamtprämie von 81,10 DM.
[95] BGH, Urt. v. 9. 10. 1985 – IV a ZR 29/84, NJW 1986, 1103 = VersR 1986, 54 = VerBAV 1986, 88; *Hoegen* VersR 1987, 221, 225.

mit Treu und Glauben nicht im Einklang stehen, wenn der Versicherungsnehmer entschuldbar der Überzeugung sein konnte, die Einlösung des Versicherungsscheins sei lediglich von der Frage einer Beitragsverrechnung abhängig und diese Frage werde zu seinen Gunsten geklärt werden.[96]

Das LVU kann sich ferner nicht auf Leistungsfreiheit gemäß § 38 Abs. 2 VVG trotz Nichtzahlung des Erstbeitrags zur Zeit des Eintritts des Versicherungsfalls berufen, wenn es eine vorläufige Deckungszusage erteilt hat.[97] Der Versicherer ist in diesem Fall verpflichtet, die volle Versicherungsleistung zu gewähren, kann aber den Beitrag für das erste Versicherungsjahr abziehen. Hat der Versicherer sich eine Einzugsermächtigung für den Beitrag erteilen lassen, wird in diesem Fall der deckenden Stundung des Erstbeitrags der Versicherer bei Nichtzahlung des Erstbeitrags nur dann von der Leistung frei, wenn er gegenüber dem Versicherungsnehmer eine warnende Mahnung ausgesprochen und ihn auf die Rechtsfolgen der Nichtzahlung hingewiesen hat.[98]

31

III. Nichtzahlung des Folgebeitrags oder eines sonstigen Beitrags (§ 3 Abs. 2 ALB)

1. Inhalt der Vorschrift

Wenn der Versicherungsnehmer einen Folgebeitrag oder einen sonstigen Betrag, den er aus dem Versicherungsverhältnis schuldet, nicht rechtzeitig zahlt, erhält er vom Versicherer eine schriftliche Mahnung (§ 3 Abs. 2 Satz 1 ALB 1986). Ein „sonstiger aus dem Versicherungsverhältnis geschuldeter Betrag" sind auch die Vorauszahlungszinsen für das Policendarlehen, wenn nicht die Form eines echten Darlehens mit Tilgungsverpflichtung gewählt worden ist.[99] Nach Auffassung des BGH benachteiligt diese Regelung den Versicherungsnehmer entgegen den Geboten von Treu und Glauben unangemessen und ist damit nach § 9 Abs. 1 AGBG unwirksam.[100] Zur Begründung führt der BGH[101] an, dass die Regelung von dem wesentlichen Grundgedanken des § 39 Abs. 2 VVG erheblich abweiche. Der Versicherer sei nach der gesetzlichen Regelung nur dann von der Leistung befreit, wenn sich der Versicherungsnehmer mit seiner Gegenleistung, nämlich dem Versicherungsbeitrag oder den mit ihm zusammenhängenden Kosten und Zinsen in Verzug befinde. Die Ausweitung dieser Regelung in AVB auch auf die Gegenleistung für Vorauszahlungen des Versicherers belaste den Versicherungsnehmer so erheblich, dass sie unangemessen sei. Das Interesse des Versicherers an einer möglichst pünktlichen Zahlung der Zinsen rechtfertige noch nicht die Freistellung von der Pflicht zur Versicherungsleistung. Der Versicherer sei nicht rechtlos gestellt. Er werde häufig gegen seine eigene Leistung aufrechnen können. Notfalls stehe ihm wie jedem anderen Kreditgeber der Klageweg zur Verfügung.

32

---

[96] BGH Urt. v. 25. 6. 1956 – II ZR 101/55, BGHZ 21, 122 = NJW 1956, 1634 = VersR 1956, 482, 485.
[97] OLG Nürnberg, Urt. v. 22. 6. 1966 – 4 U 58/65, VersR 1968, 37.
[98] BGH, Urt. v. 17. 4. 1967 – II ZR 228/64, BGHZ 47, 352, 362 = NJW 1967, 1800 = VersR 1967, 569; BGH v. 4. 7. 1973, VersR 1973, 812.
[99] Siehe hierzu § 5 ALB 86 Rdn. 17.
[100] BGH, Urt. v. 27. 1. 1999 – IV ZR 72/98, NJW 1999, 1335, 1336 = NVersZ 1999, 212, 213 = VersR 1999, 433, 434 = r+s 1999, 265, 266 = ZIP 1999, 582, 584 = BB 1999, 972, 974 m. Anm. *Kieserling* BB 1999, 974 = MDR 1999, 542 = EWiR 1999, 1079 m. Anm. *van Bühren*.
[101] BGH, Urt. v. 27. 1. 1999 – IV ZR 72/98, NJW 1999, 1335, 1336 = NVersZ 1999, 212, 213 = VersR 1999, 433, 434 = r+s 1999, 265, 266 = ZIP 1999, 582, 584 = BB 1999, 972, 974 m. Anm. *Kieserling* BB 1999, 974 = MDR 1999, 542 = EWiR 1999, 1079 m. Anm. *van Bühren*.

33 Der Folgebeitrag ist nicht rechtzeitig gezahlt, wenn mindestens ein Beitrag bei Fälligkeit nicht entrichtet worden ist.[102] Eine Mahnung ist eine Erklärung oder sonstige tatsächliche Handlung, durch die der andere Teil zur Leistung aufgefordert wird. Sie ist keine rechtsgeschäftliche Willenserklärung, weil ihre Rechtsfolge – der Verzug (§§ 284, 285 BGB) – nicht durch den Willen des Mahnenden, sondern kraft Gesetzes eintritt.[103] Wenn dem Versicherungsnehmer bis zum Eintritt der Fälligkeit des Folgebeitrags der Versicherungsschein noch nicht ausgehändigt worden ist, steht dem Versicherungsnehmer allerdings ein Zurückbehaltungsrecht hinsichtlich des Folgebeitrags zu.[104]

2. Nichtzahlung des Folgebeitrags

34 a) **Qualifizierte Anmahnung des Folgebeitrags. aa) Genaue Bezifferung des Folgebeitrags.** An den Inhalt des Mahn- und Kündigungsschreibens stellt die Rechtsprechung strenge Anforderungen.[105] Als Voraussetzung dafür, dass die Folgen des § 39 VVG eintreten, muss der Versicherer im Zuge einer qualifizierten Mahnung nach § 39 VVG den tatsächlichen Beitragsrückstand exakt und korrekt aufschlüsseln und dem Versicherungsnehmer klarmachen, welchen ausstehenden Beitrag er für jedes einzelne Versicherungsverhältnis aufwenden muss, wenn er sich den Versicherungsschutz in der jeweiligen Versicherung erhalten will.[106] Der Versicherungsnehmer muss die Richtigkeit der Angaben in der qualifizierten Mahnung nicht nachprüfen, selbst wenn ihm dies anhand seiner Unterlagen möglich ist.[107] Die Angabe eines Gesamtbetrags oder eine Unterscheidung nur nach Beitragsrückständen aus Tarifänderung und Folgeprämie erfüllen daher nicht die Anforderungen des § 39 Abs. 1 VVG.[108] Sind zwei rechtlich selbständige Versicherungen miteinander gekoppelt, so sind für jede von ihnen die fälligen Beiträge zu errechnen und gesondert zur Zahlung anzumahnen.[109] Da es als unabdingbare Voraussetzung einer wirksamen Beitragsanforderung anzusehen ist, dass deutlich zum Ausdruck gebracht wird, welcher genaue Beitrag zur Erlangung eines bestimmten Versicherungsschutzes gezahlt werden muss, macht jede überhöhte Beitragsforderung die Mahnung unwirksam.[110]

---

[102] BGH, Urt. v. 25. 1. 1968 – II ZR 76/65, VersR 1968, 241; BGH v. 19. 10. 1977, VersR 1977, 1153, 1154.

[103] BGH, Urt. v. 17. 4. 1967 – II ZR 228/64, BGHZ 47, 352, 357 = NJW 1967, 1800 = VersR 1967, 569 = MDR 1967, 655; BGH, Urt. v. 17. 9. 1986 – IVb ZR 59/85, MDR 1987, 217.

[104] LG Tübingen, Urt. v. 29. 2. 1988 – 5 O 172/87, VersR 1990, 33, 34.

[105] OLG Hamm, Urt. v. 24. 10. 1961 – 7 U 56/61, VersR 1962, 502, 503.

[106] BGH, Urt. v. 9. 10. 1985 – IVa ZR 29/84, NJW 1986, 1103 = VersR 1986, 54; BGH, Urt. v. 9. 3. 1988 – IVa ZR 225/86, NJW-RR 1988, 1431 = VersR 1988, 484 = VerBAV 1989, 256 = r+s 1988, 191; BGH, Urt. v. 7. 10. 1992 – IV ZR 247/91, NJW 1993, 130, 131 = VersR 1992, 1501 = r+s 1992, 398 = MDR 1993, 127; OLG München, Urt. v. 15. 2. 2000 – 25 U 4815/99, NVersZ 2000, 267, 268.

[107] BGH v. 13. 2. 1967, BGHZ 47, 88, 93 = NJW 1967, 1229 = VersR 1967, 467, 468 = VerBAV 1967, 183 = BB 1967, 395.

[108] BGH, Urt. v. 9. 10. 1985 – IVa ZR 29/84, NJW 1986, 1103 = VersR 1986, 54.

[109] BGH v. 13. 2. 1967, BGHZ 47, 88, 93 = NJW 1967, 1229 = VersR 1967, 467, 468 = VerBAV 1967, 183 = BB 1967, 395; BGH v. 28. 2. 1978 VersR 1978, 436; OLG Hamm, Beschl. v. 22. 9. 1998 – 20 W 21/98, NVersZ 1999, 335, 336 = NJW-RR 1999, 535 = VersR 1999, 957 = r+s 1998, 489 = MDR 1998, 1412; OLG Düsseldorf, Urt. v. 5. 7. 2005 – I-4 U 133/04, VersR 2006, 250, 251.

[110] Vgl. BGH v. 13. 2. 1967, BGHZ 47, 88, 93 = NJW 1967, 1229 = VersR 1967, 467, 468 = VerBAV 1967, 183 = BB 1967, 395; BGH v. 28. 2. 1978 VersR 1978, 436; OLG Hamm, Beschl. v. 29. 9. 1978 – 20 W 18/78, VersR 1979, 413, 414; OLG Hamm v. 23. 11. 1984, VersR 1985, 853.

Auf der Linie der strengen Formalisierung der Folgeprämienanmahnung bei 35
rechtlich selbständigen Versicherungsverhältnissen liegt die Entscheidung des
BGH, eine qualifizierte Anmahnung einer Folgeprämie nach § 39 VVG für unwirksam zu erklären, weil der Versicherer statt der geschuldeten DM 105,90 DM
3,00 zuviel angemahnt und die Mahngebühr von DM 3,00 nicht gesondert ausgewiesen hatte.[111] Schon vorher hat der BGH bei einer Zuvielforderung von nur
DM 7,05 (DM 26,05 statt DM 19,–) es aus Gründen der Rechtsklarheit und
Rechtssicherheit, denen im Versicherungsrecht erhebliches Gewicht zukomme,
abgelehnt, nach der Höhe der Prämien zu differenzieren, wenn es darum gehe,
die Erfordernisse zu bestimmen, die an eine Prämienanforderung zu stellen
sind.[112] Nach seiner Auffassung machen auch geringfügige Zuvielforderungen
(Pfennigbeträge) die Mahnung und die an sie geknüpfte Kündigung unwirksam.[113] Vom Versicherer müsse erwartet werden können, dass er den Beitragsrückstand „auf Heller und Pfennig" genau ermittelt und dem Versicherungsnehmer mitteilt.[114] Danach entspricht eine Mahnung nicht den Anforderungen, wie sie
vom BGH[115] entwickelt worden sind, wenn der Eindruck vermittelt wird, der
Versicherungsnehmer müsse 792,90 DM zahlen, wenn der Versicherungsnehmer
lediglich einen Betrag von 528,60 DM zu überweisen hatte, um nachteilige Folgen für einen etwaigen Versicherungsanspruch zu beseitigen.[116]

Unwirksam ist eine Mahnung ferner, wenn Beitragsrückstände aus mehreren 36
selbständigen Versicherungsverhältnissen zusammen in einer Weise angemahnt
werden, dass bei dem Versicherungsnehmer der irrige Eindruck entsteht, der Versicherungsschutz hänge für das einzelne Versicherungsverhältnis von der Zahlung
des gesamten Beitragsrückstandes ab[117] oder wenn die Zahlung wegen einem vom
Versicherer zu vertretenden Ungewissheit über die Höhe des geschuldeten Beitrags unterblieben ist.[118] Jede rückständige Beitragsrate muss isoliert betrachtet
werden. Eine spätere Prämie wächst nicht etwa, wenn sie nicht bezahlt worden
ist, automatisch der früheren zu, deretwegen gemahnt worden ist.[119] Eine unwirksame unqualifizierte Mahnung kann nicht durch spätere Ergänzung oder
Erläuterung geheilt werden; erforderlich ist vielmehr eine neue qualifizierte Mahnung, die allen gesetzlichen Anforderungen genügt.[120]

bb) Fälligstellung des Folgebeitrags im Einzugsermächtigungsverfah- 37
ren. Hat das LVU vom Versicherungsnehmer eine Einzugsermächtigung im Lastschriftverfahren entgegengenommen und können die Beiträge bei Fälligkeit vom

---

[111] BGH v. 6. 3. 1985, VersR 1985, 533.
[112] BGH, Urt. v. 30. 1. 1985 – IV a ZR 91/83, VersR 1985, 447.
[113] BGH, Urt. v. 7. 10. 1992 – IV ZR 247/91, NJW 1993, 130, 131 = VersR 1992, 1501, 1502 = r+s 1992, 398 = MDR 1993, 127; OLG Celle, Urt. v. 19. 6. 2008 – 8 U 80/07, VersR 2008, 1477, 1478.
[114] BGH, Urt. v. 7. 10. 1992 – IV ZR 247/91, NJW 1993, 130, 131 = VersR 1992, 1501, 1502 = r+s 1992, 398 = MDR 1993, 127.
[115] BGH, Urt. v. 7. 10. 1992, NJW 1993, 130 = VersR 1992, 1501.
[116] OLG München, Urt. v. 15. 2. 2000 – 25 U 4815/99, NVersZ 2000, 267, 268 = VersR 2000, 1094, 1095 = MDR 2000, 1133, 1134.
[117] BGH v. 13. 2. 1967, BGHZ 47, 88 = NJW 1967, 1229 = VersR 1967, 467 = VerBAV 1967, 183 = BB 1967, 395; OLG Hamm v. 7. 11. 1980 VersR 1981, 269, 270; KG, Urt. v. 7. 2. 1989 – 6 U 1222/88, VersR 1989, 1040, 1041; OLG Hamm, Urt. v. 3. 7. 1991 – 20 U 26/91, NJW-RR 1992, 479, 480 = VersR 1992, 558; OLG Frankfurt/M., Urt. v. 26. 3. 1997 – 7 U 21/95, MDR 1997, 1029, 1030; OLG Hamm, Beschl. v. 22. 9. 1998 – 20 W 21/98, NVersZ 1999, 335, 336 = NJW-RR 1999, 535 = VersR 1999, 957 = r+s 1998, 489.
[118] OLG Bremen v. 8. 12. 1976, VersR 1977, 855, 856; OLG Hamm v. 13. 7. 1979, VersR 1980, 861, 862.
[119] OLG Koblenz, Beschl. v. 24. 3. 1981 – 10 W 119/81, VersR 1981, 1148.
[120] BGH, Urt. v. 6. 3. 1985 – IV a ZR 52/83, VersR 1985, 533, 534.

Konto des Versicherungsnehmers abgebucht werden, bewirkt eine qualifizierte Mahnung nach § 39 Abs. 1 VVG regelmäßig nicht die Leistungsfreiheit des Versicherers nach Absatz 2 dieser Vorschrift.[121] Denn allein in einer qualifizierten Mahnung nach § 39 VVG ohne einen weiteren Hinweis ist noch nicht die in § 37 VVG vorgeschriebene Anzeige zu sehen, dass künftig die Übermittlung der Beiträge verlangt wird.[122] Verzug kann daher nicht eintreten, wenn der Versicherer nicht die Lastschrift vorlegt oder nicht wirksam vom Lastschriftverfahren Abstand genommen hat.[123]

38 **b) Zahlungsfrist.** Wird ein Folgebeitrag nicht rechtzeitig gezahlt, so kann der Versicherer dem Versicherungsnehmer auf dessen Kosten schriftlich eine Zahlungsfrist von mindestens zwei Wochen bestimmen (§ 39 Abs. 1 Satz 1 VVG). Das bedeutet, dass gemäß den §§ 187 Abs. 1, 188 Abs. 2 BGB eine Zahlung, die am 15. Tag nach Zugang der Mahnung erfolgt, nicht mehr rechtzeitig ist.[124] Dabei sind die Rechtsfolgen anzugeben, die nach § 39 Abs. 2 und 3 VVG mit dem Ablauf der Frist verbunden sind (§ 39 Abs. 1 Satz 2 VVG). Eine Fristbestimmung, die ohne Beachtung dieser Vorschriften erfolgt, ist unwirksam (§ 39 Abs. 1 Satz 3 VVG). Eine Vertragsklausel, die entgegen dieser relativ zwingenden Regelung die Leistungsfreiheit des Versicherers bei verspäteter Zahlung eines Folgebeitrags ohne Fristsetzung und Androhung schon von nicht eintreten ließe, wäre unwirksam.[125] Es reicht auch nicht aus, dass der Versicherungsnehmer schon vor Fälligkeit des Beitrags erklärt hat, er werde nicht zahlen, obwohl allein dies schon an und für sich Verzug bewirkt.[126] Werden nacheinander zwei qualifizierte Mahnschreiben an den Versicherungsnehmer abgesandt, ohne dass das zweite einen Hinweis auf das erste enthält, wird die endgültige Zahlungsfrist erst durch das zweite Mahnschreiben bestimmt.[127]

39 **c) Rechtsfolgenbelehrung.** Der Versicherer muss dem Versicherungsnehmer durch die Mahnung nicht nur unter genauer und konkreter Angabe des Beitragsrückstands eine Zahlungsfrist von mindestens zwei Wochen setzen, sondern muss dem Versicherungsnehmer zugleich eine unmissverständliche und umfassende Belehrung zukommen lassen, die sich auf die dem Versicherungsnehmer drohenden Versäumnisfolgen erstreckt und die dem Versicherungsnehmer Hinweise auf die rechtlichen Möglichkeiten gibt, wie den Säumnisfolgen zu begegnen ist, um sich den Versicherungsschutz zu erhalten.[128] Fehlt es an einer ordnungsgemäßen

---

[121] OLG Hamm v. 16. 5. 1975, VersR 1976, 536; BGH v. 19. 10. 1977, BGHZ 69, 336 = NJW 1978, 215 = VersR 1977, 1153; OLG Hamm, Beschl. v. 29. 9. 1978 – 20 W 18/78, VersR 1979, 414, 414; OLG Oldenburg, Urt. v. 28. 4. 1999 – 2 U 28/99, VersR 2000, 617.

[122] OLG Hamm v. 9. 5. 1979, VersR 1979, 1047; OLG Oldenburg, Urt. v. 28. 4. 1999 – 2 U 28/99, VersR 2000, 617.

[123] OLG Hamm v. 16. 5. 1975, VersR 1976, 536; BGH v. 29. 10. 1977, BGHZ 69, 366; OLG Hamm, Beschl. v. 29. 9. 1978 – 20 W 18/78, VersR 1979, 413, 414; LG Duisburg v. 4. 11. 1980, VersR 1981, 826; BGH, Urt. v. 30. 1. 1985 – IVa ZR 91/83, VersR 1985, 447 = BB 1985, 1022.

[124] *Reinhard* VersR 2000, 1095, 1096; *Knappmann* in: Prölss/Martin, VVG, 27. Aufl., 2004, § 39 VVG Rdn. 5; a. A. OLG München, Urt. v. 15. 2. 2000 – 25 U 4815/99, NVersZ 2000, 267, 268 = VersR 2000, 1094, 1095.

[125] BGH, Urt. v. 25. 6. 1956 – II ZR 101/55, VersR 1956, 482, 484.

[126] BGH MDR 1961, 314.

[127] OLG Koblenz, Urt. v. 20. 9. 1967 – 1 a U 303/66, VersR 1967, 1061.

[128] BGH, Urt. v. 9. 3. 1988 – IVa ZR 225/86, VersR 1988, 484, 485 = VerBAV 1989, 256 = r+s 1988, 191; siehe hierzu Musterschreiben LG Wuppertal, Urt. v. 9. 2. 1989 – 7 O 375/88, VersR 1990, 1109 m. Anm. *Maur* VersR 1990, 1110 ff.; OLG Köln, Urt. v. 7. 12. 1989 – 5 U 232/88, VersR 1990, 1261, 1262 f. m. Abdruck des gebilligten Mahnschreibens; ferner Punktekatalog des AG Essen, Urt. v. 24. 6. 1993 – 12 C 382/93,

Belehrung, ist die Mahnung unwirksam und kann sich der Versicherer nicht auf Leistungsfreiheit nach § 39 Abs. 2 VVG berufen.[129]

Das Mahnschreiben muss gemäß § 175 Abs. 3 VVG darauf hinweisen, dass mangels rechtzeitiger Zahlung des angemahnten Betrags sich die Versicherung in eine prämienfreie Versicherung umwandelt.[130] Dazu reicht es aus, wenn dem Versicherungsnehmer mitgeteilt wird, dass der Versicherungsschutz in Höhe der beitragsfreien Versicherungssumme weiter besteht, wenn nach den allgemeinen Versicherungsbedingungen die Umwandlung der Versicherung in eine beitragsfreie möglich ist.[131] Dem Versicherungsnehmer muss nicht konkret mitgeteilt werden, ob eine solche Umwandlung eintritt oder nicht.[132] Der Zweck der vorgeschriebenen Belehrung, dem Versicherungsnehmer eine sachgerechte Entscheidung zu ermöglichen,[133] wird durch den Hinweis auf die in § 175 Abs. 1 und 2 VVG geregelten Rechtsfolgen erreicht.[134]

In dem Mahnschreiben sind sämtliche Rechtsfolgen anzugeben, die mit dem Ablauf der Frist verbunden sind, selbst wenn das Versicherungsunternehmen von vornherein nur eine der Rechtsfolgen geltend machen will.[135] Der Versicherer muss in der qualifizierten Mahnung auf sein Kündigungsrecht hinweisen, selbst wenn er davon gar keinen Gebrauch machen will.[136] Die Rechtsfolgenbelehrung darf nicht den Eindruck erwecken, bei Nichteinhaltung der Zahlungsfrist gehe der Versicherungsschutz verloren, ohne dass eine spätere Beitragszahlung vor Eintritt des Versicherungsfalls daran noch etwas ändern könnte.[137] Der Versicherer muss daher in dem Mahnschreiben den Versicherungsnehmer darauf hinweisen, dass er auch nach der gesetzten Frist von zwei Wochen bis zum Eintritt eines Versicherungsfalls sich durch nachträgliche Zahlung Versicherungsschutz für eben diesen Versicherungsfall sichern kann und dass er weiter nach Ablauf der Frist von zwei Wochen durch Zahlung dem Versicherer, solange dieser seine Kündigung nicht ausgesprochen hat, das Kündigungsrecht nehmen kann und schließlich selbst die Wirkung einer bereits ausgesprochenen Kündigung wieder beseitigen kann, sofern er die Zahlung vor Eintritt eines Versicherungsfalls und innerhalb eines Monats nach Kündigung oder nach Ablauf einer mit der Kündigung verbundenen Zahlungsfrist nachholt.[138]

VersR 1994, 544; OLG Hamm, Urt. v. 3. 7. 1991 – 20 U 26/91, NJW-RR 1992, 479 = VersR 1992, 558; OLG Hamm, Urt. v. 18. 12. 1991 – 20 U 187/91, VersR 1992, 1205.

[129] BGH, Urt. v. 6. 10. 1999 – IV ZR 118/98, NJW-RR 2000, 395 = NVersZ 2000, 72 = VersR 1999, 1525 = VerBAV 2000, 102 = r+s 2000, 52 = BB 1999, 2531 = MDR 2000, 29 = EWiR 1999, 1187 m. Anm. *van Bühren*; OLG Oldenburg, Urt. v. 16. 5. 2001 – 2 U 80/01, NVersZ 2002, 111 = VersR 2002, 555 = r+s 2002, 226; OLG Köln, Urt. v. 23. 10. 2001 – 9 U 226/00, NVersZ 2002, 109, 110; Prölss/Martin, § 39 VVG Rdn. 15; *Riedler* in: Berliner Komm. z. VVG, 1999, § 39 VVG Rdn. 34; *Römer* in: Römer/Langheid, VVG, 2. Aufl., 2003, § 39 VVG Rdn. 6.

[130] OLG München, Urt. v. 15. 2. 2000 – 25 U 4815/99, NVersZ 2000, 267, 268 = VersR 2000, 1094, 1095.

[131] *Reinhard* VersR 2000, 1096, 1097; a. A. OLG München, Urt. v. 15. 2. 2000 – 25 U 4815/99, NVersZ 2000, 267, 268 = VersR 2000, 1094, 1095.

[132] *Reinhard* VersR 2000, 1096, 1097; a. A. OLG München, Urt. v. 15. 2. 2000 – 25 U 4815/99, NVersZ 2000, 267, 268 = VersR 2000, 1094, 1095.

[133] BGH NVersZ 2000, 72 = VersR 1999, 1525.

[134] *Reinhard* VersR 2000, 1096, 1097; a. A. OLG München, Urt. v. 15. 2. 2000 – 25 U 4815/99, NVersZ 2000, 267, 268 = VersR 2000, 1094, 1095.

[135] OLG Nürnberg v. 8. 2. 1973, VersR 1973, 910, 911.

[136] BGHZ 47, 88, 93 = VersR 1967, 467, 468.

[137] OLG Hamm v. 23. 2. 1977, VersR 1977, 715; OLG Hamm, Urt. v. 9. 1. 2002 – 20 U 84/01, r+s 2002, 275 (Ls.).

[138] BGH v. 9. 3. 1988, NJW-RR 1988, 1431 = VersR 1988, 484, 485 = VerBAV 1989, 256 = r+s 1988, 191; OLG Köln, Urt. v. 23. 10. 2001 – 9 U 226/00, NVersZ 2002, 109, 110.

42 Als Belehrung ist die bloße Wiedergabe des Gesetzestextes nicht ausreichend.[139] Dass zur sachgerechten Belehrung eines Nichtjuristen die bloße Wiedergabe des Gesetzestextes nicht ausreicht, gilt etwa auch bei § 277 Abs. 2 ZPO.[140] Unzureichend ist auch die Zitierung des vollständigen Wortlauts des § 39 VVG auf der Rückseite des Mahnschreibens verbunden mit einem Hinweis auf der Vorderseite, wenn der Mahntext selbst unvollständig ist.[141] Für die Rechtsfolgenbelehrung darf kein besonders kleiner Druck verwendet werden.[142]

43 **d) Empfänger der Mahnung.** Die Mahnung hat gegenüber dem Versicherungsnehmer zu erfolgen,[143] der auch im Fall einer Abtretung diese Eigenschaft nicht verliert.[144] Der Versicherungsnehmer ist der Vertragspartner und der Schuldner der Beiträge.[145] Bei minderjährigen Versicherungsnehmern muss das Mahnschreiben gemäß § 39 VVG dem gesetzlichen Vertreter zugehen, um wirksam zu sein.[146] Bei nicht getrennt lebenden Ehegatten genügt der Zugang an den jeweils anderen.[147] Unwirksam ist die gegenüber dem Zessionar ausgesprochene Mahnung.[148] Auch den in § 35a Abs. 1 VVG erwähnten Personen (unter bestimmten Voraussetzungen die Versicherte, Bezugsberechtigte und Pfandgläubiger) kann der Versicherer die Mahnung nicht rechtswirksam erklären, weil sie keine Beitragsschuldner sind.[149] Der Versicherer ist nicht verpflichtet, den Personen, denen eine Mahnung nicht wirksam zugestellt werden kann, die aber aus ihrer Interessenlage heraus Informationsbedarf haben können, über Zahlungsstörungen zu informieren.[150] Dem unwiderruflich[151] oder widerruflich[152] Bezugsberechtigten, dem Pfandgläubiger und Pfändungspfandgläubiger[153] oder dem Zessionar[154] muss der Versicherer deshalb keine besondere Mitteilung zukommen zu lassen, wenn der Versicherungsnehmer seiner Beitragszahlungspflicht nicht nachkommt und es deshalb zur Mahnung kommt.[155] Unberührt bleibt eine Mitteilungspflicht des Versi-

---

[139] OLG München, Urt. v. 15. 2. 2000 – 25 U 4815/99, NVersZ 2000, 267, 268 = VersR 2000, 1094, 1095 = MDR 2000, 1133, 1134; *Riedler* in: Berliner Komm. z. VVG, 1999, § 39 VVG Rdn. 35.

[140] BGH, Urt. v. 12. 1. 1983 – IVa ZR 135/81, BGHZ 86, 218, 226 = NJW 1983, 822 = MDR 1983, 383; OLG München, Urt. v. 15. 2. 2000 – 25 U 4815/99, NVersZ 2000, 267, 268 = VersR 2000, 1094, 1095 = MDR 2000, 1133, 1134.

[141] BGH v. 9. 3. 1988, VersR 1988, 484, 485 = VerBAV 1989, 256 = r+s 1988, 191.

[142] OLG Stuttgart v. 16. 10. 1986, NJW-RR 1987, 216; OLG Stuttgart v. 22. 9. 1987, VersR 1988, 1283; *Lang* VersR 1987, 1161; offen gelassen in BGH, Urt. v. 5. 6. 1985 – IVa ZR 113/83, VersR 1985, 981, 983.

[143] Vgl. *Winter* in: Bruck/Möller, VVG, 8. Aufl., 1988, §§ 159–178 VVG Anm. E 182.

[144] Vgl. BGH v. 22. 3. 1956, VersR 1956, 276; OLG Frankfurt/M., Urt. v. 3. 2. 1995 – 25 U 155/94, VersR 1996, 90.

[145] *Kollhosser* in: Prölss/Martin, § 3 ALB 86 Rdn. 5.

[146] Vgl. BGH, Urt. v. 17. 4. 1967 – II ZR 228/64, BGHZ 47, 352, 360 = VersR 1967, 569 = VerBAV 1967, 215 = MDR 1967, 655; BGH v. 9. 2. 1977, VersR 1977, 442; *Kurzendörfer*, Lebensversicherung, 3. Aufl., 2000, S. 288; *Weimar* VersR 1960, 391.

[147] BGH v. 3. 6. 1970, VersR 1970, 755, 756.

[148] Vgl. OLG Köln, Urt. v. 7. 12. 1989 – 5 U 232/88, VersR 1990, 1261, 1263; OLG Frankfurt/M., Urt. v. 3. 2. 1995 – 25 U 155/94, VersR 1996, 90.

[149] *Winter* in: Bruck/Möller, VVG, 8. Aufl., 1988, §§ 159–178 VVG Anm. E 182; *Riedler* in: Berliner Komm. z. VVG, 1999, § 39 VVG Rdn. 12.

[150] A. A. *Winter* in: Bruck/Möller, VVG, 8. Aufl., 1988, §§ 159–178 VVG Anm. E 182 für den Personenkreis des § 35a VVG.

[151] *Kollhosser* in: Prölss/Martin, § 3 ALB 86 Rdn. 5.

[152] OLG Köln, Urt. v. 7. 12. 1989 – 5 U 232/88, VersR 1990, 1261, 1263.

[153] *Bruck-Dörstling*, ALB-Komm., 2. Aufl., 1933, § 4 Bem. 15.

[154] OLG Köln, Urt. v. 7. 12. 1989 – 5 U 232/88, VersR 1990, 1261, 1263; *Kollhosser* in: Prölss/Martin, § 3 ALB 86 Rdn. 5.

[155] *Riedler* in: Berliner Komm. z. VVG, 1999, § 39 VVG Rdn. 13; *Frels* VersR 1970, 984, 989.

cherers aufgrund besonderer Vereinbarung z. B. im Zusammenhang mit Sicherungsabtretungen, wobei Vorgehensweisen in der Sachversicherung nicht ohne weiteres auf die Lebensversicherung übertragen werden können.[156] Liegen keine besonderen Rechtfertigungsgründe vor, ist das LVU ohne ausdrückliche Einwilligung des Versicherungsnehmers nicht berechtigt, Dritte, wie z. B. den Abtretungsempfänger, über einen Prämienverzug und damit die drohende Gefahr eines Sicherungsverlusts zu unterrichten. Auf eine mutmaßliche Einwilligung des Versicherungsnehmers kann sich das LVU in der Regel nicht berufen, zumal eine mutmaßliche Einwilligung voraussetzt, dass der Betroffene nicht rechtzeitig einwilligen kann.[157]

e) Zugang der Mahnung. aa) Beweislast. Der Versicherer trägt die volle 44 Beweislast sowohl für die Absendung als auch für den Zugang einer Mahnung nach § 39 VVG, wobei der Zugangsbeweis nach den Grundsätzen des Beweises des ersten Anscheins nicht schon dadurch als erbracht angesehen werden kann, dass das Mahnschreiben nachweislich als Einschreiben abgesandt worden ist.[158] Ist aber dem säumigen Versicherungsnehmer ein Einschreibebrief des Versicherers zugegangen, spricht der Anscheinsbeweis dafür, dass der Brief die übliche Mahnung enthielt.[159] Eine Abschrift der Mahnung muss der Versicherer nicht vorlegen; es genügt der Nachweis, dass ein bestimmtes Formular benutzt und maschinell zutreffend ausgefüllt worden ist.[160] Sieht das maschinelle Mahnverarbeitungsprogramm des LVU vor, dass neben dem Mahnschreiben dem Versicherungsnehmer ein Überweisungsträger übermittelt wird, der die Versicherungsnummer ergänzt um Prüfkennziffern enthält, ist der Zugangsbeweis geführt, wenn der Versicherungsnehmer auf dem Überweisungsträger für die verspätet gezahlte Prämie die Prüfkennziffern zur Versicherungsnummer angibt, die ihm nur aus dem Mahnschreiben des LVU bekannt sein können.[161] Wenn der Versicherer jeden Streit darüber, ob ein abgeschicktes Schriftstück angekommen ist, mit Sicherheit ausschließen will, muss er förmlich zustellen oder wenigstens ein

---

[156] Vgl. für den Sicherungsschein in der Sachversicherung OLG Hamm v. 24. 2. 1988, VersR 1989, 35, 36.
[157] BVerfG, Beschl. v. 14. 12. 2001 – 2 BvR 152/01, NJW 2002, 2164, 2165 = NVersZ 2002, 426, 428 = VersR 2002, 1405, 1407.
[158] BGH, Urt. v. 27. 5. 1957 – II ZR 132/56, BGHZ 24, 308, 312 = NJW 1957, 1230 = VersR 1957, 442, 443; BGH, Urt. v. 17. 2. 1964 – II ZR 87/61, NJW 1964, 1176 = VersR 1964, 375, 376 = VerBAV 1964, 97; OLG Hamm, Urt. v. 17. 9. 1975 – 20 U 82/75, VersR 1976, 1032; OLG Hamm v. 23. 11. 1977, VersR 1980, 1063; OLG Hamburg v. 27. 6. 1980, VersR 1981, 125; LG Duisburg v. 14. 7. 1983, r+s 1986, 87; LG Hamburg, Urt. v. 27. 6. 1991 – 405 O 161/90, VersR 1992, 85, 86 m. Anm. *Laumen*; OLG Hamm, Urt. v. 18. 12. 1991 – 20 U 197/91, VersR 1992, 1225; OLG Frankfurt/M., Urt. v. 3. 2. 1995 – 25 U 155/94, VersR 1996, 90, 91; *Römer* in: Römer/Langheid, VVG, 2. Aufl., 2003, § 39 VVG Rdn. 21; *Knappmann* in: Prölss/Martin, § 39 VVG Rdn. 10.
[159] OLG Hamm v. 28. 9. 1956, VersR 1957, 225, 226; OLG Stuttgart v. 13. 2. 1957, VersR 1957, 567, 568; OLG Hamm, Urt. v. 5. 10. 1965 – 7 U 121/65, VersR 1966, 972, 973; OLG Hamm v. 9. 5. 1979, VersR 1979, 1047; OLG Hamm v. 24. 4. 1984, VersR 1985, 491; OLG Hamm v. 15. 10. 1986, VersR 1987, 480.
[160] OLG Hamm v. 28. 9. 1956, VersR 1957, 225, 226; OLG Hamm v. 9. 5. 1979, VersR 1979, 1047; OLG Köln, Urt. v. 7. 12. 1989 – 5 U 232/88, VersR 1990, 1261, 1263; OLG Hamm, Urt. v. 12. 9. 1997 – 20 U 236/94 = VersR 1998, 360, 361; OLG Köln, Urt. v. 14. 10. 1998 – 13 U 98/98, NVersZ 1999, 143 = VersR 1999, 1357.
[161] Bei den Prüfkennziffern kann es sich um zusätzliche Buchstaben und Ziffern zur Nummer des Versicherungsscheins handeln, vgl. den Fall AG Köln, Urt. v. 18. 5. 2000 – 115 C 386/98, NVersZ 2001, 557, 558; LG Köln, Urt. v. 31. 1. 2001 – 23 S 58/00, r+s 2001, 228, 229.

Einschreiben mit Rückschein schicken[162] oder sich vom Versicherungsnehmer den Eingang der Folgeprämienmahnung bestätigen lassen.[163]

45 **bb) Einzelfälle.** Allein aus dem Nachweis der Absendung eines einfachen Briefes[164] oder der Einlieferung eines eingeschriebenen Briefes an einem bestimmten Tag kann nicht auf den Zugang innerhalb eines bestimmten Zeitraumes geschlossen werden.[165] Ein Einschreibebrief ist dem Empfänger auch nicht bereits dann zugegangen, wenn die Post den Benachrichtigungszettel für die Sendung in das Postfach oder in den Briefkasten des Empfängers eingelegt hat.[166] Der Nachweis des Zugangs kann jedoch als geführt angesehen werden, wenn der Versicherungsnehmer neben der Prämie auch die Mahnkosten bezahlt hat[167] oder wenn er in einem späteren Schreiben des Versicherers, das ihm unstreitig innerhalb der einjährigen Aufbewahrungsfrist für Ablieferungsscheine zugegangen ist, auf die früher übersandte Mahnung hingewiesen worden ist und daraufhin den Zugang des Mahnschreibens nicht in Abrede gestellt hat[168] oder sich der Zugang aus dem Zugang einer Reihe von Schriftstücken ergibt.[169] Ausreichend ist die Übergabe an einen im Geschäft des Versicherungsnehmers tätigen leitenden Angestellten, der zur Übermittlung bereit ist.

46 **cc) Annahmeverweigerung.** Verweigert ein Adressat grundlos die Annahme eines Einschreibebriefes, so muss er sich jedenfalls dann so behandeln lassen, als sei ihm das Schreiben im Zeitpunkt der Annahmeverweigerung zugegangen, wenn er im Rahmen vertraglicher Beziehungen mit rechtserheblichen Mitteilungen (hier: Rücktrittserklärung) des Absenders rechnen musste.[170] Dies gilt auch bei längerer Abwesenheit.[171]

47 **dd) Zustellung an GmbH.** Bei einer im Handelsregister gelöschten GmbH (Versicherungsnehmerin) kann eine Zustellung gemäß § 10 VVG nicht bewirkt werden, wenn die Versicherungsnehmerin nicht mehr als Rechtsperson existent ist und keine Anschrift mehr hat. Nach Amtslöschung kann auch an den früheren

---

[162] BGH, Urt. v. 27. 5. 1957 – II ZR 132/56, BGHZ 24, 308, 313 = NJW 1957, 1230 = VersR 1957, 442, 443; LG Rottweil v. 6. 2. 1991, VersR 1991, 1278, 1279; OLG Nürnberg, Urt. v. 11. 7. 1991 – 8 U 1036/91, VersR 1992, 602; OLG Hamm, Urt. v. 22. 11. 1991 – 20 U 187/91, VersR 1992, 1205 = r+s 1992, 258; OLG Hamm, Urt. v. 22. 11. 1995 – 20 U 186/95, VersR 1996, 1408, 1409; OLG Celle, Urt. v. 15. 1. 1998 – 8 U 159/96, VersR 1999, 352, 353; OLG Koblenz, Urt. v. 28. 7. 2000 – 10 U 1192/99, r+s 2000, 441, 442; OLG Köln, Urt. v. 23. 10. 2001 – 9 U 226/00, NVersZ 2002, 109, 110 = r+s 2001, 447; OLG Hamm, Urt. v. 15. 5. 2007 – 20 U 272/06, VersR 2007, 1397; *Schimikowski*, Versicherungsvertragsrecht, 1999, S. 89.
[163] OLG Köln, Urt. v. 7. 5. 2004 – 9 U 75/03, r+s 2004, 316, 317.
[164] BGH, Urt. v. 17. 2. 1964 – II ZR 87/61, VersR 1964, 375, 376; OLG Hamm v. 17. 9. 1971, VersR 1973, 147; OLG Düsseldorf v. 24. 2. 1986, VersR 1987, 1106; OLG Hamm, Urt. v. 18. 12. 1991 – 20 U 187/91, VersR 1992, 1205 = r+s 1992, 258; BGH, Urt. v. 13. 12. 1995 – IV ZR 30/95, r+s 1996, 87, 88; OLG Koblenz, Urt. v. 28. 7. 2000 – 10 U 1192/99, r+s 2000, 441, 442.
[165] OLG Hamm, Urt. v. 12. 7. 1974 – 20 U 52/74, VersR 1975, 246.
[166] OLG Celle WM 1975, 550; BGH v. 18. 12. 1970, VersR 1971, 262, 263; BGH v. 20. 10. 1983, VersR 1984, 45; OLG Köln v. 20. 6. 1991, VersR 1992, 85 (Ls.); *Lang* VersR 1987, 1157, 1161.
[167] AG Trier, Urt. v. 15. 3. 2006 – 5 C 332/05, SpV 2008, 29f.
[168] BGH, Urt. v. 27. 5. 1957 – II ZR 132/56, BGHZ 24, 308, 315; BGH v. 25. 1. 1968, VersR 1968, 24; a. A. OLG Köln v. 15. 1. 1991, 403, 404; OLG Nürnberg VersR 1992, 602; *Römer* in: Römer/Langheid, VVG, 2. Aufl., 2003, § 39 VVG Rdn. 22.
[169] LG Hamburg, Urt. v. 27. 6. 1991 – 405 O 161/90, VersR 1992, 85, 86 m. zust. Anm. *Laumen*; OLG München, Urt. v. 21. 4. 2004 – 7 U 5648/03, VersR 2005, 674.
[170] BGH, Urt. v. 27. 10. 1982 – V ZR 24/82, NJW 1983, 929.
[171] BGH v. 18. 12. 1970, VersR 1971, 262, 263.

gesetzlichen Vertreter einer GmbH (Versicherungsnehmerin) nicht mehr wirksam zugestellt werden, sondern es muss ein neuer Liquidator bestellt werden.[172] Der BGH hat für den Fall, dass eine GmbH aufgrund einer Beendigungsanzeige der Abwickler gelöscht worden ist und sich nachträglich weitere Abwicklungsmaßnahmen als notwendig erwiesen haben, wiederholt ausgesprochen, dass die Vertretungsbefugnis der früheren Abwickler nicht ohne weiteres wieder auflebt, sondern dass das Gericht in entsprechender Anwendung des § 273 Abs. 4 AktG auf Antrag die bisherigen oder andere Abwickler neu zu bestellen hat, wobei die Auswahl seinem pflichtgemäßen Ermessen unterliegt.[173]

f) Zahlung des Beitragsrückstands. Die Rechtswirkungen der qualifizierten 48 Mahnung dauern an, bis der angemahnte Betrag gezahlt wird, wobei sich der Versicherungsnehmer den Versicherungsschutz nicht mit einer Zahlung erhalten kann, die hinter dem in zutreffender Höhe angemahnten Betrag zurückbleibt.[174] Durch Zahlung des qualifiziert angemahnten Beitragsrückstands vor Eintritt des Versicherungsfalls wird die Leistungsfreiheit des Versicherers mit der Folge abgewendet, dass wegen weiterer Beitragsrückstände das Fristsetzungsverfahren nach § 39 VVG erneut in Gang zu setzen ist.[175] Die Zahlung durch Übergabe eines Schecks über den rückständigen Beitrag an einen zur Entgegennahme berechtigten Versicherungsagenten des LVU reicht aus, um den Verzug des Versicherungsnehmers zu beseitigen.[176] Die Leistungsfreiheit entfällt nicht, wenn der Versicherer nach Eintritt des Versicherungsfalls einen Beitrag annimmt.[177]

3. Leistungsfreiheit bei Verzug

Tritt der Versicherungsfall nach dem Ablauf der gesetzten Zahlungsfrist ein und 49 ist der Versicherungsnehmer im Zeitpunkt des Versicherungsfalles mit der Zahlung angemahnter Beiträge – oder der Zahlung geschuldeter Zinsen und Kosten – im Verzug, so ist der Versicherer von der Verpflichtung zur Leistung gemäß § 39 Abs. 2 VVG frei.[178] Auf andere nicht gezahlte Folgeprämien, hinsichtlich derer keine „qualifizierte" Mahnung im Sinne von § 39 VVG ausgesprochen wurde, kommt es nicht an.[179]

Kann der Schuldner beweisen, dass er die Nichtzahlung des Folgebeitrags bis 50 zum Ablauf der vom Versicherer gesetzten Zahlungsfrist nicht verschuldet hat, liegt kein Verzug vor.[180] Dies ist der Fall, wenn der Beitragsrückstand so geringfügig ist, dass die Leistungsfreiheit gegen Treu und Glauben verstoßen würde,[181] der

---

[172] OLG Frankfurt/M. MDR 1983, 135.
[173] BGH, Urt. v. 23. 2. 1970 – II ZB 5/69, BGHZ 53, 264.
[174] OLG Hamm v. 16. 1. 1987, VersR 1988, 822 zur Verrechnung; BGH, Urt. v. 9. 3. 1988 – IV a ZR 225/86, NJW-RR 1988, 1431 = VersR 1988, 484 = r+s 1988, 191; BGH, Urt. v. 7. 10. 1992 – IV ZR 247/91, NJW 1993, 130, 131 = VersR 1992, 1501 = r+s 1992, 398 = MDR 1993, 127; OLG Düsseldorf, Urt. v. 24. 1. 1997 – 4 U 179/95, VersR 1997, 1081.
[175] OLG Koblenz, Beschl. v. 24. 3. 1981 – 10 W 119/81, VersR 1981, 1148.
[176] LG Berlin v. 17. 11. 1950, VersR 1951, 65; LG Berlin v. 16. 2. 1951, VersR 1951, 171; BGH v. 7. 10. 1965, VersR 1965, 1141; OLG Hamm v. 23. 11. 1977, VersR 1980, 1062, 1063.
[177] BGH v. 24. 1. 1963, VersR 1963, 376, 377.
[178] OLG Karlsruhe v. 22. 12. 1954, VersR 1955, 98; LG Kiel, Urt. v. 23. 11. 1954 – 2 O 212/53, VersR 1956, 82; BGH v. 7. 10. 1965, VersR 1965, 1141; BGH v. 29. 1. 1969, VersR 1969, 368; BGH v. 3. 12. 1976, BGHZ 69, 361; AG Ebersberg v. 9. 5. 1980, ZfV 1981, 338; OLG Koblenz, Beschl. v. 24. 3. 1981 – 10 W 119/81, VersR 1981, 1148.
[179] OLG Köln, Beschl. v. 16. 9. 1992 – 5 W 29/92, r+s 1992, 398, 399.
[180] Vgl. OLG Hamm, Urt. v. 12. 9. 1997 – 20 U 236/96, VersR 1998, 360, 361.
[181] OLG Nürnberg v. 14. 7. 1952, VersR 1952, 370, 371; BGH v. 25. 6. 1956 – II ZR 101/55, BGHZ 21, 122, 136 = VersR 1956, 482, 485: Geringfügig, wenn 2,70 DM an

Versicherungsnehmer wegen schwerer Erkrankung zur Erfüllung der Beitragsschuld nicht in der Lage war,[182] wegen der Verrechnung früherer Gutschriften Zweifel über die Höhe der Restschuld bestanden und deren Überprüfung zugesagt war[183] oder der Versicherungsnehmer nach Eintritt des Versicherungsfalls mit einer Forderung aufrechnet, die ihm schon vor Eintritt des Versicherungsfalls zustand[184] oder der Versicherungsnehmer die Nichtzahlung nicht verschuldet hat.[185]

51 Die Berufung des Versicherers auf Leistungsfreiheit bei Beitragszahlungsverzug des Versicherungsnehmers ist in der Regel nicht rechtsmissbräuchlich, wenn der Versicherungsnehmer nur einzelne Folgebeiträge, nicht aber den gesamten Beitragsrückstand zahlt.[186] Ein Rückstand mit einer Monatsprämie ist nicht als derart geringfügig zu bewerten, dass darauf Leistungsfreiheit nach Treu und Glauben nicht gestützt werden darf.[187] Nur wenn der Versicherer erkennt oder erkennen muss, dass der Versicherungsnehmer glaubt, er habe durch die Zahlung der Folgeprämien Anspruch auf Versicherungsschutz, ist er seinen Versicherungsnehmer darauf hinzuweisen, dass Versicherungsschutz erst dann wieder besteht, wenn alle ausstehenden Prämien gezahlt sind.[188] Die Erkennbarkeit des Irrtums des Versicherungsnehmers nimmt der BGH stets als gegeben an. Der Versicherer müsse wissen, dass die Zahlung einer Prämie ohne Sinn sei, solange nicht auch die anderen ausstehenden Prämien gezahlt sind.[189] Die Hinweispflicht ist ferner gegeben, wenn der Versicherungsnehmer durch das Verhalten des Versicherers oder seiner Agenten in den Glauben versetzt worden ist, seine Prämienzahlung beseitige die Leistungsfreiheit schlechthin.[190] Ein Verzicht auf die Verzugsfolgen ist nicht in der widerspruchslosen Annahme eines nicht rechtzeitig gezahlten Beitrags[191] oder eines gezahlten Jahresfolgebeitrags mit vorangehendem Beitragsrückstand[192] zu sehen.

4. Vorfälligstellung bei Zahlungsrückstand

52 Zahlt der Versicherungsnehmer im ersten Versicherungsjahr einen Folgebeitrag nicht rechtzeitig, so werden außerdem die noch ausstehenden Raten des ersten Jahresbeitrages sofort fällig (§ 3 Abs. 3 ALB 1986). Eine nicht rechtzeitige Zah-

---

47,30 DM fehlen; OLG Neustadt, Urt. v. 12. 2. 1960 – 1 U 99/59, VersR 1960, 409 = BB 1960, 116; OLG Hamm, Urt. v. 30. 9. 1960 – 7 U 94/60, VersR 1961, 1086, 1087; OLG Koblenz, Beschl. v. 3. 5. 1966 – 1 a W 93/66, VersR 1966, 1128, 1129: Nicht geringfügig, wenn 6,30 DM an 26,30 DM fehlen; BGH, Urt. v. 5. 6. 1985 – IVa ZR 113/83, VersR 1985, 981, 983: Nicht geringfügig, wenn 52,50 DM an 1042,50 DM fehlen; BGH, Urt. 9. 10. 1985 – IVa ZR 29/84, NJW 1986, 1103 = VersR 1986, 54 = VerBAV 1986, 88: Nicht geringfügig, wenn 32,10 DM an 704,40 DM fehlen.

[182] OLG Stuttgart v. 27. 5. 1952, VersR 1953, 18.
[183] BGH v. 21. 12. 1977, VersR 1978, 241 = VerBAV 1978, 70.
[184] OLG Hamm v. 30. 5. 1986, VersR 1987, 354, 355.
[185] OLG Düsseldorf v. 11. 7. 1978, VersR 1978, 912; KG, Urt. v. 10. 11. 2000 – 6 U 4575/99, VersR 2003, 500, 501.
[186] LG Düsseldorf, Urt. v. 23. 10. 1985 – 23 S 69/85, VersR 1986, 378.
[187] OLG Düsseldorf, Urt. v. 13. 12. 2005 – I-4 U 3/05, SpV 2006, 47.
[188] Vgl. hierzu BGH v. 24. 1. 1963, VersR 1963, 376, 378; BGH v. 7. 11. 1973, VersR 1974, 121; BGH v. 21. 11. 1975, VersR 1976, 136, 138; LG Düsseldorf, Urt. v. 23. 10. 1985 – 23 S 69/85, VersR 1986, 378; *Fenyves*, „Übergesetzliche" Hinweispflichten des Versicherers bei Verzug des Versicherungsnehmers mit der Prämienzahlung, VersR 1985, 797, 800.
[189] BGH v. 24. 1. 1963, VersR 1963, 376, 378.
[190] *Erich R. Prölss* VersR 1963, 469.
[191] OLG Stuttgart v. 27. 5. 1952, VersR 1953, 18; OLG Köln v. 3. 3. 1975, VersR 1975, 725.
[192] OLG Karlsruhe, Urt. v. 16. 10. 1986 – 12 U 19/86, VersR 1988, 487.

lung des Folgebeitrags liegt vor, wenn der Folgebeitrag nicht zur gehörigen Zeit am gehörigen Ort auf die bedungene Weise vom Versicherungsnehmer gezahlt wurde.[193] Die Vorfälligstellung der ausstehenden Raten setzt mithin nach § 3 Abs. 3 ALB 1986 nicht voraus, dass sich der Versicherungsnehmer in Verzug befindet. Eine Verfallklausel, wonach die ausstehenden Raten des Jahresbeitrags fällig werden, wenn der Versicherungsnehmer mit der Zahlung einer Rate in Verzug gerät, ist mit § 39 VVG vereinbar.[194] Hingegen ist die Regelung des § 3 Abs. 3 ALB 1986, die ein Verschulden des Versicherungsnehmers für die Vorfälligstellung der ausstehenden Raten nicht erfordert, nunmehr an § 9 AGBG zu messen. Eine Vorfälligstellung bei unverschuldeter Nichtzahlung benachteiligt den Versicherungsnehmer entgegen den Geboten von Treu und Glauben unangemessen und ist gemäß § 9 Abs. 1 AGBG unwirksam.[195] Denn der Versicherungsnehmer wird wirtschaftlich von dem Verlust des Vorteils der Zahlung in Raten betroffen, ohne dass dies für den Fall des unverschuldeten Ratenrückstandes gerechtfertigt wäre.[196] Die Stundung setzt wieder ein, wenn außer der zunächst allein rückständigen Rate auch die bis zum Zahlungstage weiter fällig gewordenen Monatsraten und die Mahnkosten bezahlt sind.

5. Kündigungsrecht des Versicherers bei Zahlungsverzug

a) **Beitragsfreistellung.** Kündigt das Versicherungsunternehmen bei Verzug 53 des Versicherungsnehmers gemäß § 39 VVG den Vertrag, so wandelt sich die Versicherung mit der Kündigung in eine beitragsfreie um (§ 175 VVG),[197] wie wenn der Versicherungsnehmer sein vertragliches Umwandlungsrecht (§ 174 VVG) ausgeübt hätte.[198] Das Versicherungsverhältnis wird dahin umgestaltet, dass die weitere Beitragszahlung entfällt und dass sich die Leistungspflicht des Versicherers auf die beitragsfreie Versicherungssumme ermäßigt.[199] Nur in Höhe des darüber hinausgehenden Betrags erlischt die Versicherung.[200] Die beitragsfreie Versicherungssumme soll auf den Zeitpunkt des Wirksamwerdens der Kündigung berechnet werden.[201]

Die in eine beitragsfreie Versicherung umgewandelte beitragspflichtige Versi- 54 cherung lebt wieder auf, wenn sich das Versicherungsunternehmen so verhält, als ob die Umwandlung nicht erfolgt ist und der Versicherungsnehmer sich ohne Arglist auf denselben Standpunkt stellt.[202] Allein in der Annahme des verspätet gezahlten Beitrages nach Kündigung des Versicherungsvertrages wegen verzögerter Beitragszahlung ist ein Verzicht des Versicherers auf die Rechtsfolgen der ver-

---

[193] *Riedler* in: Berliner Komm. z. VVG, 1999, § 39 VVG Rdn. 9.
[194] BGH, Urt. v. 25. 1. 1968 – II ZR 76/65, VersR 1968, 241, 242; OLG Hamm, Urt. v. 12. 7. 1974 – 20 U 52/74, VersR 1975, 246, 247.
[195] *Kollhosser* in: Prölss/Martin, § 3 ALB 86 Rdn. 4.
[196] Vgl. BGH, Urt. v. 21. 2. 1985 – IX ZR 129/84, NJW 1985, 1705, 1706 = BB 1985, 1418, 1419 – Vorfälligstellung der Restschuld in Vertrag mit Trainings-Center.
[197] BGH, Urt. v. 23. 6. 1993 – IV ZR 37/92, VersR 1994, 39, 40.
[198] Vgl auch OLG Braunschweig v. 6. 4. 1954, VersR 1954, 313; OLG Bamberg v. 21. 3. 1975, VersR 1976, 652.
[199] OLG Schleswig v. 30. 10. 1952, VersR 1953, 20; BGH v. 8. 5. 1954, BGHZ 13, 226, 234; BGH v. 7. 7. 1955, VersR 1955, 481; OLG Nürnberg v. 28. 9. 1971, VersR 1973, 414; BGH v. 24. 9. 1975, VersR 1975, 1090; BGH, Urt. v. 23. 6. 1993 – IV ZR 37/92, VersR 1994, 39, 40.
[200] BGH v. 8. 5. 1954, BGHZ 13, 226, 234f. = VersR 1954, 281, 282; BGH, Urt. v. 23. 6. 1993 – IV ZR 37/92, VersR 1994, 39, 40.
[201] BAV in: VerBAV 1979, 259.
[202] OLG Hamm v. 25. 6. 1951, VersR 1953, 32; siehe auch OLG Hamburg v. 4. 3. 1954, VerBAV 1954, 84.

zögerten Zahlung nicht zu erblicken.²⁰³ Eine unwirksame Kündigung nach § 39 VVG kann nicht in einen Antrag des Versicherers auf Vertragsaufhebung ausgelegt oder umgedeutet werden.²⁰⁴

55 **b) Empfänger der Kündigung.** Die Kündigungserklärung gemäß § 39 Abs. 3 VVG ist dem gesetzlichen Vertreter zuzustellen, wenn der Versicherungsnehmer minderjährig ist.²⁰⁵ Bei mehreren Versicherungsnehmern ist jedem Versicherungsnehmer die Kündigung zu übermitteln.²⁰⁶

56 **c) Beitragszahlungspflicht. aa) Dauer.** Wird das Versicherungsverhältnis wegen nicht rechtzeitiger Zahlung des Beitrags nach § 39 VVG gekündigt, so kann der Versicherer den Beitrag bis zur Beendigung der laufenden Versicherungsperiode verlangen (§ 40 Abs. 2 Satz 1 VVG), es sei denn, der Versicherungsnehmer konnte und hat schon vorher zu einem früheren Termin gekündigt.²⁰⁷

57 **bb) Verfassungsmäßigkeit des § 40 Abs. 2 Satz 1 VVG.** Die frühere Spruchpraxis der Gerichte erkannte stillschweigend die Verfassungsmäßigkeit von § 40 Abs. 2 Satz 1 VVG an.²⁰⁸ Vereinzelt wird allerdings die Auffassung vertreten, dass die Regelung des § 40 Abs. 2 Satz 1 VVG gegen das Grundgesetz verstoße.²⁰⁹ Hiergegen ist vorzubringen, dass § 40 Abs. 2 VVG eine vom Gesetzgeber gewollte Folge des Grundsatzes der sogenannten Unteilbarkeit der Versicherungsprämie ist und nur in einigen im VVG vorgesehenen bestimmten Fällen gilt.²¹⁰ § 40 Abs. 2 VVG knüpft die Beitragszahlungspflicht für die laufende Versicherungsperiode an die Voraussetzung des Folgebeitragsverzugs des Versicherungsnehmers und damit an ein vertragswidriges Verhalten des Versicherungsnehmers, das es als sachgerecht erscheinen lässt, den Versicherungsbeitrag als in diesem Fall „unteilbar" zu betrachten und den Versicherungsnehmer nicht noch „quasi zur Belohnung" von der bereits fällig gewordenen Prämie ganz oder teilweise freizustellen.²¹¹ Hinzukommt, dass sich der Versicherungsnehmer nach den in der Lebensversicherung geltenden Regelungen (§ 165 VVG; §§ 173, 174 VVG) aus der Verpflichtung laufender Beitragszahlungen lösen kann, ohne dass ihn unzumutbare Belastungen treffen, die sich einseitig zugunsten des Lebensversicherers auswir-

---

²⁰³ OLG Köln v. 3. 3. 1975, VersR 1975, 725.
²⁰⁴ OLG Hamm v. 23. 11. 1984, VersR 1985, 853.
²⁰⁵ OLG Düsseldorf, Urt. v. 9. 5. 1961 – 4 U 21/61, VersR 1961, 878.
²⁰⁶ BGH NJW 1961, 1576 = VersR 1961, 651; OLG Hamm, Urt. v. 24. 10. 1961 – 7 U 56/61, VersR 1962, 502, 503.
²⁰⁷ BGH v. 19. 1. 1956, VersR 1956, 121.
²⁰⁸ Vgl. BGH v. 19. 1. 1956, VersR 1956, 121; LG Verden, Urt. v. 23. 5. 1967 – 2 S 53/67, VersR 1967, 869; AG Kappeln v. 26. 5. 1970, VersR 1971, 1162, 1163; OLG Hamburg v. 3. 7. 1979, VersR 1979, 1122, 1123; OLG Karlsruhe v. 16. 10. 1980, VersR 1981, 1021, 1022; OLG Hamm v. 13. 11. 1981, VersR 1982, 869; AG Baden-Baden r+s 1983, 6; ebenso die Verwaltungspraxis vgl. Erlass des FinMin. Baden-Württemberg v. 29. 6. 1998 – 3 – S 6527/1, BB 1998, 1677 zur versicherungssteuerlichen Behandlung von Geschäftsgebühren in den Sachsparten.
²⁰⁹ Vgl. AG Hassfurt, Urt. v. 24. 10. 1985 – 1 C 88/84, VersR 1986, 859, 860 m. krit. Anm. *Brentrup* VersR 1986, 862; AG Hassfurt v. 28. 4. 1988, NJW-RR 1988, 1433; AG Hassfurt v. 23. 2. 1989, NJW-RR 1989, 679; AG Hassfurt, Urt. v. 23. 11. 1989 – 1 C 284/89, VersR 1990, 1337, 1338; AG Kaiserslautern r+s 1980, 23.
²¹⁰ AG Wetzlar, Urt. v. 25. 6. 1985 – 3 C 363/85, VersR 1986, 859, 860; *Kramer* VersR 1970, 599. Krit. *Gärtner,* Der Prämienzahlungsverzug, 1977, S. 151 f.; *Heiss* VersR 1989, 1125 ff.
²¹¹ AG Wetzlar, Urt. v. 25. 6. 1985 – 3 C 363/85, VersR 1986, 859, 860; ähnlich AG Hannover, Urt. v. 23. 10. 1989 – 548 C 10065/89, VersR 1990, 1264; OLG Düsseldorf, Urt. v. 14. 8. 1990 – 4 U 209/89, VersR 1990, 1261; krit. dazu und a.A. AG Reutlingen, Urt. v. 23. 3. 1995 – 14 C 53/95, NJW-RR 1995, 1181 = VersR 1996, 573, 574.

ken.²¹² Die zutreffende Auffassung des BGH, dass die Regelung des § 40 Abs. 2 Satz 1 VVG nicht verfassungswidrig ist,²¹³ wird zwar im Schrifttum in Frage gestellt.²¹⁴ Aber auch das BVerfG²¹⁵ ist dem BGH gefolgt und hat unter Würdigung der Ausführungen von *Prölss* ausdrücklich die Verfassungsmäßigkeit der Vorschrift des § 40 Abs. 2 Satz 1 VVG bestätigt.²¹⁶

Das BAV setzt sich im Interesse des Lebensversicherungsgedankens dafür ein, **58** dass der von den LVU überwiegend praktizierte Grundsatz allgemein beachtet wird, Beiträge nur zu verlangen, soweit tatsächlich Versicherungsschutz gewährt wird.²¹⁷ In der Vergangenheit hat das BAV bereits Bedingungen genehmigt, die eine Abrechnung pro-rata-temporis vorsehen.²¹⁸ Diese Form der Abrechnung hat Bedeutung vor dem Hintergrund einer Entscheidung des BGH, wonach technischer und materieller Versicherungsbeginn aus der Sicht des Versicherungsnehmers gleichzusetzen seien, da der Versicherungsnehmer in der Regel nicht Beiträge für Zeiten ohne Versicherungsschutz zahlen möchte.²¹⁹

d) Verspätete Kündigung. Hat der Versicherer unter Verstoß gegen Treu **59** und Glauben die Kündigung hinausgeschoben, wie etwa bei einer längeren Dauer ohne Angabe plausibler Gründe, ist dem Prämienanspruch für die neu begonnene Versicherungsperiode der Erfolg zu versagen.²²⁰ Dies gilt auch für Verträge mit einer langen Laufzeit.²²¹

6. Wiederinkraftsetzung der Lebensversicherung

Kündigt der Versicherer die Lebensversicherung gemäß § 39 Abs. 3 VVG, dann **60** fallen die Wirkungen der Kündigung fort, wenn der Versicherungsnehmer innerhalb eines Monats nach der Kündigung oder, falls die Kündigung mit einer Fristbestimmung verbunden worden ist, innerhalb eines Monats nach dem Ablauf der Zahlungsfrist die Zahlung nachholt. Die Wiederinkraftsetzung der Lebensversicherung hängt aber davon ab, dass die Zahlung vor Eintritt des Versicherungsfalls erfolgt ist.²²² Gezahlt sein müssen nur die angemahnten, nicht aber sämtliche rückständige Beiträge.²²³ Zahlt der Versicherungsnehmer die angemahnten Beiträge, kann er die Lebensversicherung in voller Höhe einseitig wieder in Kraft

---

[212] BGH, Urt. v. 2. 10. 1991 – IV ZR 249/90, BGHZ 115, 347 = NJW 1992, 107, 108 = VersR 1991, 1277, 1278 = r+s 1992, 37 = MDR 1991, 1137; *Römer* in: Römer/Langheid, VVG, 2. Aufl., 2003, § 40 VVG Rdn. 3.
[213] BGH, Urt. v. 2. 10. 1991 – IV ZR 249/90, BGHZ 115, 347 = NJW 1992, 107, 108 = VersR 1991, 1277, 1278 = MDR 1991, 1137; ebenso schon AG Hamburg-Wandsbek, Urt. v. 9. 7. 1990 – 714 C 765/89, VersR 1991, 573; AG Eschweiler, Urt. v. 18. 10. 1990 – 5 C 215/90, VersR 1991, 169 (Ls.); AG Hannover v. 23. 10. 1989, VersR 1990, 1264; zust. *Sieg* BB 1987, 2249, 2252.
[214] Vgl. *Präve,* Das Allgemeine Versicherungsvertragsrecht in Deutschland im Zeichen der europäischen Einigung (III), VW 1992, 737 f.; *Prölss* in: Prölss/Martin, § 40 VVG Rdn. 12.
[215] BVerfG, Beschl. v. 8. 3. 1999 – 1 BvR 645/95, NJW 1999, 2959 = NVersZ 1999, 358 = VersR 1999, 1221 = r+s 1999, 441; m. zust. Anm. *Littbarski* EWiR 1999, 475 f.
[216] Ebenso OLG Düsseldorf, Urt. v. 20. 2. 2001 – 4 U 107/00, NVersZ 2002, 62 = VersR 2002, 217, 218.
[217] VerBAV 1979, 259.
[218] GB BAV 1985, 42 m. Hinweis auf § 7 Abs. 3 AUB und § 4 Abs. 4b AKB.
[219] BGH v. 16. 6. 1982, VersR 1982, 841, 842; zur Reform des § 40 VVG siehe *Schmidt*, a. a. O. (Fn. 1), S. 32 ff.
[220] OLG Koblenz, Urt. v. 29. 9. 2000 – 10 U 1937/99, NVersZ 2001, 237/238; OLG Düsseldorf, Urt. v. 20. 2. 2001 – 4 U 107/00, NVersZ 2002, 62 = VersR 2002, 217, 218.
[221] A. A. *Stommel* NVersZ 2002, 344, 345.
[222] Vgl. OLG München, Urt. v. 30. 1. 1998 – 14 U 337/97, NVersZ 1999, 213, 214; *Knappmann* in: Prölss/Martin, § 39 VVG Rdn. 24.
[223] LG Kiel v. 23. 11. 1954, VersR 1956, 82.

setzen.²²⁴ Rechnet der Versicherer Leistungsansprüche des Versicherungsnehmers gegen Beitragsrückstände auf, entfallen hierdurch nicht die Wirkungen einer Kündigung gemäß § 39 Abs. 3 VVG.²²⁵ Wenn die Voraussetzungen des § 39 Abs. 3 Satz 3 VVG erfüllt sind, wird das Vertragsverhältnis unverändert fortgesetzt, d.h. die §§ 16ff., 38 VVG sowie die Wartezeitbestimmungen sind nicht anwendbar, weil Vertragsidentität und Vertragskontinuität vorliegt.²²⁶

7. Wiederherstellung der Lebensversicherung

61   Geschäftsplanmäßig haben sich die Versicherer verpflichtet, nach Ablauf der gesetzlichen Wiederherstellungsfrist von einem Monat innerhalb einer Frist von sechs Monaten – gerechnet vom Fälligkeitstermin des erstmals unbezahlt gebliebenen Beitrags – durch Nachzahlung sämtlicher rückständiger Beiträge und Kosten, einschließlich der seit der Kündigung weiter fällig gewordenen, die Versicherung wieder in Kraft zu setzen.²²⁷ Diese Regelung kommt aber nur zum Zuge, wenn der Versicherungsfall noch nicht eingetreten ist.²²⁸

62   Bei der Anbahnung neuer Vertragsbeziehungen mit dem Ziel der Wiederherstellung des vollen Versicherungsschutzes haben Versicherer und Versicherungsnehmer sachgerecht zu verfahren.²²⁹ Dies gilt insbesondere mit Blick auf die steuerlichen Vorschriften²³⁰ oder wenn eine kapitalbildende Lebensversicherung mit Berufsunfähigkeitszusatzversicherung durch gesonderte vertragliche Vereinbarung wiederhergestellt wird.²³¹

---

§ 4 Wann können Sie die Versicherung kündigen oder beitragsfrei stellen?
Kündigung und Auszahlung der Rückvergütung)¹
(1) **Sie können Ihre Versicherung ganz oder teilweise schriftlich kündigen**
– **jederzeit zum Schluss des laufenden Versicherungsjahres**
– **bei Vereinbarung von Ratenzahlungen auch innerhalb des Versicherungsjahres mit Frist von einem Monat zum Schluss eines jeden Ratenzahlungsabschnitts, frühestens jedoch zum Schluss des ersten Versicherungsjahres.**
(2) **Kündigen Sie Ihre Versicherung nur teilweise, so darf die verbleibende beitragspflichtige Versicherungssumme nicht unter den Mindestbetrag sinken, der in unserem aufsichtsbehördlich genehmigten Geschäftsplan festgelegt ist.**
(3) **Nach Kündigung erhalten Sie** – soweit vorhanden – **die nach unserem Geschäftsplan berechnete Rückvergütung.**
(4) **Die Rückvergütung entspricht nicht der Summe der von Ihnen eingezahlten Beiträge, sondern dem Deckungskapital abzüglich eines in unserem Geschäftsplan festgelegten Abschlags.**
Umwandlung in eine beitragsfreie Versicherung
(5) **Anstelle einer Kündigung nach Absatz 1 können Sie unter Beachtung der dort genannten Termine und Fristen schriftlich verlangen, ganz oder teilweise von**

---

²²⁴ BGH v. 8. 5. 1954, BGHZ 13, 226.
²²⁵ AG Bad Mergentheim, Urt. v. 20. 3. 2000 – 2 C 40/00, VersR 2001, 575, 576.
²²⁶ *Schulz*, Kündigung und Wiederinkraftsetzung eines Versicherungsvertrages nach § 39 Abs. 3 VVG, ZfV 1961, 141, 143.
²²⁷ Vgl. Nr. 1.3.2 des Allgemeinen Geschäftsplans für die Lebensversicherung, VerBAV 1986, 150, 153; *Lührs*, Lebensversicherung, 1997, S. 45.
²²⁸ Vgl. OLG München v. 30. 1. 1998, NVersZ 1999, 213, 214.
²²⁹ OLG Nürnberg v. 28. 9. 1971, VersR 1973, 413.
²³⁰ *Lührs*, Lebensversicherung, 1997, S. 45.
²³¹ Siehe hierzu OLG München v. 30. 1. 1998, NVersZ 1999, 213, 214.
¹ Begriffsbestimmung siehe die dem Versicherungsschein beigefügte Übersicht über die Rückvergütungen und beitragsfreien Versicherungssummen.

Kündigung und Beitragsfreistellung § 4 ALB 1986

Ihrer Beitragszahlungspflicht befreit zu werden. In diesem Fall wird die Versicherungssumme entsprechend unserem Geschäftsplan herabgesetzt. Voraussetzung für die Fortführung der Versicherung unter Befreiung von der Beitragspflicht ist allerdings, dass die herabgesetzte Versicherungssumme die geschäftsplanmäßig vorgesehene Mindestsumme nicht unterschreitet.

Beitragsrückzahlung
(6) Die Rückzahlung der Beiträge können Sie nicht verlangen.

Bemerkung
Bei Tarifen, bei denen die Versicherungsperiode mit dem Beitragszahlungsabschnitt übereinstimmt, lautet § 4 wie folgt:

„Wann können Sie die Versicherung kündigen oder beitragsfrei stellen?

Kündigung und Auszahlung der Rückvergütung[2]
(1) Sie können Ihre Versicherung jederzeit zum Schluss der Versicherungsperiode ganz oder teilweise schriftlich kündigen.
(2) Kündigen Sie Ihre Versicherung nur teilweise, so darf die verbleibende beitragspflichtige Versicherungssumme nicht unter den Mindestbetrag sinken, der in unserem aufsichtsbehördlich genehmigten Geschäftsplan festgelegt ist.
(3) Nach Kündigung erhalten Sie – soweit vorhanden – die nach unserem Geschäftsplan berechnete Rückvergütung.
(4) Die Rückvergütung entspricht nicht der Summe der von Ihnen eingezahlten Beiträge, sondern dem Deckungskapital abzüglich eines in unserem Geschäftsplan festgelegten Abschlags.

Umwandlung in eine beitragsfreie Versicherung
(5) Anstelle einer Kündigung nach Absatz 1 können Sie zum dort genannten Termin schriftlich verlangen, ganz oder teilweise von Ihrer Beitragszahlungspflicht befreit zu werden. In diesem Fall wird die Versicherungssumme entsprechend unserem Geschäftsplan herabgesetzt. Voraussetzung für die Fortführung der Versicherung unter Befreiung von der Beitragspflicht ist allerdings, dass die herabgesetzte Versicherungssumme die geschäftsplanmäßig vorgesehene Mindestsumme nicht unterschreitet.

Beitragsrückzahlung
(6) Die Rückzahlung der Beiträge können Sie nicht verlangen."

Übersicht

	Rdn.
I. Allgemeines	1–19
1. VAG/VVG 2008	1, 2
a) VAG	1
b) VVG 2008	2
2. Inhaltskontrolle	3
3. Anrechnung von Lebensversicherungen bei der Gewährung von Arbeitslosenhilfe oder Sozialhilfe	4–18
a) Sozialhilfe	4–7
b) Arbeitslosenhilfe	8–11
c) Hartz-IV-Gesetz	12–18
aa) Grundsicherung	12
bb) Hilfebedürftigkeit	13
cc) Absetzbarkeit von Versicherungsbeiträgen	14
dd) Verwertung der Lebensversicherung	15–17
ee) Grundfreibetrag	18
4. Kündigungsrecht des Versicherers	19
II. Kündigung durch den Versicherungsnehmer	20–58
1. Allgemeines	20

---

[2] Begriffsbestimmung siehe die dem Versicherungsschein beigefügte Übersicht über die Rückvergütungen und beitragsfreien Versicherungssummen.

	Rdn.
2. Berechtigter	21–29
a) Versicherter	21
b) Bezugsberechtigter	22
c) Versicherungsnehmer	23, 24
d) Pfandgläubiger	25
e) Zessionar	26
f) Pfändungsgläubiger	27
g) Testamentsvollstrecker	28
h) Insolvenzverwalter	29
3. Form und Frist der Kündigung	30, 31
4. Inhalt der Kündigungserklärung	32, 33
a) Bestimmtheit	32
b) Auslegung	33
5. Umdeutung der Kündigungserklärung	34
6. Zugang der Kündigungserklärung	35
7. Rechtsfolgen der Kündigung	36–57
a) Vertragsbeendigung	36
b) Fälligkeit	37
c) Auszahlung der Rückvergütung	38–47
aa) Allgemeines	38
bb) Rückvergütungsrecht	39, 40
cc) Mindestvertragszeit	41
dd) Höhe der Rückvergütung	42–45
ee) Zinsbesteuerung	46
ff) Überzahlung des Versicherungsnehmers	47
d) Verbesserte Garantiewerte	48–51
e) Unterrichtung der Versicherungsnehmer über ihre Garantiewerte	52–57
8. Fortführung einer gekündigten Lebensversicherung	58
III. Umwandlung aufgrund Verlangens des Versicherungsnehmers	59–68
1. Allgemeines	59, 60
a) Fassung	59
b) VVG	60
2. Berechtigter	61
3. Form und Frist	62, 63
4. Inhalt der Umwandlungserklärung	64
5. Zugang der Umwandlungserklärung	65
6. Rechtsfolgen des Umwandlungsverlangens	66–68
a) Allgemeines	66
b) Fortführung als beitragsfreie Versicherung	67, 68
aa) Errechnung der beitragsfreien Versicherungssumme	67
bb) Rückkauf	68
IV. Wiederherstellung der Lebensversicherung	69
V. Rückzahlung der Beiträge	70
VI. Auskunftspflicht des Versicherungsunternehmens	71–75
1. Auskunftsanspruch des Versicherungsnehmers	71
2. Haftung bei fehlerhafter Auskunft	72
3. Anfechtung wegen Irrtums	73, 74
4. Verfahren	75

AuVdBAV: GB BAV 1953/54, 21 (Gewährung einer Rückvergütung vor Eintritt der Rückkaufsfähigkeit); GB BAV 1955/56, 24 (Bemessung der Rückkaufswerte); GB BAV 1957/58, 31 (Rückkaufswerte); GB BAV 1962, 28 (Stornorückstellung in der Lebensversicherung); GB BAV 1968, 48 (Abrundung bei der Berechnung von Rückkaufswerten); GB BAV 1969, 55 (Zinsen bei verspäteter Auszahlung von Rückkaufswerten); GB BAV 1971, 52 (Bemessung von Rückkaufswerten bei Aussteuerversicherungen); GB BAV 1971, 52 (Wartezeit für Garantiewerte); GB BAV 1972, 45 (Vorzeitige Auflösung von Lebensversicherungsverträgen im Zusammenhang mit der flexiblen Altersgrenze); GB BAV 1972, 47

Kündigung und Beitragsfreistellung § 4 ALB 1986

(Zahlungsverzug der LVU aufgrund von Stornoverhütungsmaßnahmen – § 284 Abs. 2 BGB); GB BAV 1974, 48 (Beitragsfreistellung von Versicherungen mit sehr niedrigen Versicherungssummen); VerBAV 1977, 300 (Risikozuschläge mit Rückgewähr im Erlebensfall); GB BAV 1979, 53 (Minderung des Deckungskapitals durch Besonderheiten einer Tarifform); VerBAV 1979, 259 (Gewährung und Berechnung von Rückkaufswerten); VerBAV 1979, 346 (Vorzeitige Auflösung bzw. Beitragsfreistellung von Lebensversicherungsverträgen im Zusammenhang mit der flexiblen Altersgrenze); GB BAV 1981, 55 (Rückkaufswerte nach Vertragsänderungen); GB BAV 1981, 55 (Versicherungsschutz bei diskontierter Auszahlung der Versicherungssumme im letzten Versicherungsjahr); GB BAV 1982, 58 (Einhaltung geschäftsplanmäßiger Gebührenregelungen und der Bagatellgrenzen bei Rückkauf, Stornoabzug bei Rückkauf eines Bonus); GB BAV 1984, 55 (Unterrichtung der Versicherungsnehmer über ihre Garantiewerte).

Schrifttum: *Bach*, Die Umdeutung rechtsgestaltender Willenserklärungen im Rahmen des Krankenversicherungsvertrages, VersR 1977, 881; *Becker*, Höhere Rückkaufswerte: Die ideale Lösung gibt es nicht, VW 1986, 331; *Bischoff*, Die rechtliche Bedeutung der Prämienreserve eines Lebensversicherungsbetriebes, Bremen 1891; *Bosshart*, Rückkauf und Umwandlung einer Lebensversicherung, Diss. Zürich 1927; *Breucker*, Vorsicht bei Rückkauf der Lebensversicherung – vorläufiger Teilrückkauf häufig vorteilhafter, VN 1951, 11; *Dörstling*, Doppelte Kündigung eines Lebensversicherungsvertrags, VersR 1950, 26; *Eberhardt/Castellví*, Rechtsfragen zum Beitragsdepot in der Lebensversicherung, VersR 2002, 261; *Ebnet*, Die Kündigung von Versicherungsverträgen, NJW 2006, 1697; *Engeländer*, Das Zillmerverfahren in der Lebensversicherung, VersR 1999, 1325; *Fiala/Schramm*, Was ist der Rückkaufswert einer Kapitallebensversicherung?, VW 2006, 116; *Frels*, Zum Prämienrückkauf in der Lebensversicherung, VersR 1972, 503 und 1975, 197; *Freytag*, Die Prämienreserve in der Lebensversicherung, Der Junior 1967, 48; *Gareis*, Zum Verbot der Kündigung einer widerruflichen Direktversicherung durch den Konkursverwalter, BB 1987, 2157; *Gebhard*, Risiken aus Rückkaufsoptionen in Lebensversicherungsverträgen, ZVersWiss 1996, 637; *Haasen*, Die doppelte Kündigung in der Lebensversicherung, VersR 1956, 269; *Hammel*, Zur Verwertungspflicht einer Kapitallebensversicherung vor deren Fälligkeit bei der Beantragung von Leistungen der Sozialhilfe – Ein Beitrag zur Auslegung und Anwendung des § 88 BSHG –, ZfS 1997, 257; *derselbe*, Zur Verwertungspflicht von Kapitallebensversicherungen und von vermögenswirksam getätigten Anlagen bei Beziehern von Leistungen der Arbeitslosenhilfe und der Sozialhilfe, ZfS 1997, 295; *Hecker*, Die rechtliche Natur der Prämienreserve bei der Lebensversicherung, Diss. München 1890; *Heimbücher*, Die Kündigung des Versicherungsvertrages, VW 1988, 1113; *Herold*, Spätere Gestaltungsmöglichkeit bei der Lebensversicherung, VersR 1967, 13; *Höckner*, Das Deckungskapital im Lebensversicherungsvertrag und die Abfindungswerte bei vorzeitiger Vertragslösung mit Berücksichtigung der modernen Gesetzgebung, Berlin 1909; *Jannott*, Freiheit zur Innovation in der Lebensversicherung, VW 1985, 810; *Kindl*, Der Kalkulationsirrtum im Spannungsfeld von Auslegung, Irrtum und unzulässer Rechtsausübung – Zugleich Besprechung der Entscheidung des BGH vom 7. 7. 1998, WM 1998, 2375 –, WM 1999, 2198; *Krämer/Bolsinger*, Unzumutbarkeit der Verwertung einer noch nicht fälligen Lebensversicherung im Bereich der Sozialhilfe, VersR 1995, 1278; *Langheid*, Die Reform des Versicherungsvertragsgesetzes, NJW 2007, 3665 (1. Teil: Allgemeine Vorschriften), 3745 (2. Teil: Die einzelnen Versicherungssparten); *Leverenz*, Zurückweisung unwirksamer Kündigungen des VN durch den Versicherer, VersR 1999, 525; *Metzing*, Die Zahlung der Prämienreserve nach Anfechtung von Lebensversicherungsverträgen, VersR 1950, 91; *Meyer, C.*, Der Rückkaufswert in der Lebensversicherung – Eine Untersuchung aktueller Kritik an dem Recht des Lebensversicherungsvertrages unter Berücksichtigung des AGB-Gesetzes und des Aufsichtsrechts, Diss. Hamburg 1978, Frankfurt am Main u. a., Lang 1989; *Mueller*, Die Lebensversicherung im Konkurs des Versicherungsnehmers, VW 1971, 522; *Müssig*, Falsche Auskunftserteilung und Haftung, NJW 1989, 1697; *Nobel*, Das Deckungskapital in der Lebensversicherung, insbesondere sein Rechtsverhältnis zum Versicherungsnehmer, Leipzig 1930; *Nolte*, Ergibt sich aus der Natur des Lebensversicherungsvertrages nach heutigem Rechte ein Anspruch des Versicherten auf die Prämienreserve?, Diss. Erlangen 1899; *Oswald*, Wem steht bei einer Lebensversicherung mit geteilter Begünstigung der Rückkaufswert zu?, VP 1980, 9; *Patzig*, Die Bemessung der Abfindungswerte in der Lebensversicherung, ZVersWiss 1917, 418; *Pawlowski*, Die Kalkulationsirrtümer: Fehler zwischen Motiv und Erklärung, JZ 1997, 741; *Peukert*, Der Rückkauf in der Lebensversicherung, Diss. Breslau 1938; *Pröbsting*, Der vermögenswirksame Lebensversicherungsvertrag nach dem Dritten Vermögensbildungsgesetz, VersR 1971, 685; *Prölss*, Kostenloser

Lebensversicherungsschutz?, MDR 1947, 216; *Rogler,* Pflicht des Versicherers zur Zurückweisung unwirksamer Kündigungen? Zugleich Anmerkung zu Bundessozialgericht, Urteil vom 29. November 2006 – B 12 P 1/05 R, r+s 2007, 140; *Römer,* Was bringt das neue VVG Neues zur Lebensversicherung?, r+s 2008, 405; *Rummel,* Kündigung und Rückkaufswert in der Lebensversicherung, VP 1976, 213; *Schiffer,* Der Rückkaufwert in der Lebensversicherung, NWB 1989, 689; *Schloß,* Die Rechte des Versicherten an der Prämienreserve nach dem Gesetz über die privaten Versicherungsunternehmungen vom 12. Mai 1901, Diss. Erlangen 1904; *Schulz,* Rückkauf und Umwandlung, Diss. Leipzig 1911; *Schwartze,* Wann verjähren Nachforderungsansprüche aus Lebensversicherungsverträgen?, VersR 2006, 1331; *Schwerdtner,* Der Prämienrückkauf in der Lebensversicherung oder: Das Geschäft mit dem Tode, ZRP 1971, 219 und ZRP 1974, 71; *Sieg,* Kritische Betrachtungen zum Recht der Zwangsvollstreckung in Lebensversicherungsforderungen, Festschrift für Klingmüller, 1974, 447; *Sieg,* Auswirkungen des AGB-Gesetzes auf Justiz und Verwaltung im Bereich der Privatversicherung, VersR 1977, 489; *Singer,* Der Kalkulationsirrtum – ein Fall für Treu und Glauben?, JZ 1999, 342; *Wall,* Die Ansprüche des Versicherten auf die Prämienreserve in der Lebensversicherung – Studie zu dem Entwurf eines Gesetzes über den Versicherungsvertrag, Diss. Gießen 1906; *Wriede,* Wirksamkeit der unwirksamen Kündigung des Versicherungsnehmers, VersR 1965, 9; VP 1985, 642 – Storno sittenwidrig; *Ziegler,* Der Prämienrückkauf in der Lebensversicherung, Berlin, 1964.

I. Allgemeines

1. VAG/VVG 2008

1   a) **VAG.** Nach § 10 Abs. 1 Nr. 4 VAG a. F. sollen die allgemeinen Versicherungsbedingungen eine Regelung über die Dauer des Versicherungsvertrags, ferner über die Möglichkeit einer Vertragsverlängerung, über Kündigung oder Aufhebung und über die Verpflichtung des Versicherers in solchen Fällen treffen (z. B. Löschung, Rückkauf, Umwandlung der Versicherung, Herabsetzung). Unter Löschung ist die kurzfristige Auflösung bzw. Aufhebung des Versicherungsverhältnisses zu verstehen (Stornierung).

2   b) **VVG 2008.** Die Neuregelung des Rückkaufswertes in § 169 VVG 2008 ist von der Rückwirkung ausgenommen, das heißt auf Altverträge ist auch nach dem 1. Januar 2009 weiterhin § 176 VVG 1908/2007 anzuwenden.[3] Der Gesetzgeber wollte insoweit nicht in die Kalkulation der Altverträge eingreifen.[4] Mit Blick hierauf kann dahin stehen, ob die Urteile des BGH vom 12. Oktober 2005[5] und der Beschluss des BVerfG vom 15. Februar 2006[6] auf Lebensversicherungsverträge des Altbestands im Sinne von § 11 c VAG Anwendung finden.[7]

2. Inhaltskontrolle

3   Die Vorschrift verstößt nicht gegen das Transparenzgebot.[8] Die Verweisung auf den Geschäftsplan ist wirksam.[9] Der Geschäftsplan als solcher ist nicht in den Vertrag einbezogen und unterliegt deshalb nicht der Inhaltskontrolle.[10]

---

[3] *Langheid* NJW 2007, 3745, 3751; *Römer* r+s 2008, 405, 411.
[4] *Römer* r+s 2008, 405, 411.
[5] BGH, Urt. v. 12. 10. 2005 – IV ZR 162/03, NJW 2005, 3559 = VersR 2005, 1665 = WM 2005, 2279; BGH, Urt. v. 12. 10. 2005 – IV ZR 177/03; BGH, Urt. v. 12. 10. 2005 – IV ZR 245/03.
[6] BVerfG, Beschl. v. 15. 2. 2006 – 1 BvR 1317/96, NJW 2006, 1783 = VersR 2006, 489 = r+s 2006, 161 = WM 2006, 633.
[7] Ablehnend *Grote* VersR 2006, 957, 959.
[8] OLG Köln, Urt. v. 19. 12. 2001 – 5 U 142/01, VersR 2002, 600, 601; *Grote* VersR 2006, 957, 959.
[9] OLG Köln, Urt. v. 19. 12. 2001 – 5 U 142/01, VersR 2002, 600, 601.
[10] OLG Düsseldorf VersR 1993, 556; OLG Köln, Urt. v. 19. 12. 2001 – 5 U 142/01, VersR 2002, 600, 601.

3. Anrechnung von Lebensversicherungen bei der Gewährung von Arbeitslosenhilfe oder Sozialhilfe

a) Sozialhilfe. In der Regel ist der Versicherungsnehmer nicht verpflichtet, seine Lebensversicherung zu kündigen, wenn er Sozialhilfe in Anspruch nimmt. Gemäß § 88 Abs. 3 BSHG darf die Sozialhilfe nicht vom Einsatz oder von der Verwertung des Vermögens abhängig gemacht werden, soweit dies für den, der das Vermögen einzusetzen hätte, eine Härte bedeutet. Eine Härte ist gemäß § 88 Abs. 3 Satz 2 BSHG gegeben, soweit die Aufrechterhaltung einer angemessenen Altersversorgung wesentlich erschwert würde.[11] In Anbetracht der Unwirtschaftlichkeit eines vorzeitigen Vermögenseinsatzes der Kapitallebensversicherung und der dem Hilfesuchenden damit bei einer sofortigen Verwertung drohenden nicht unerheblichen Verluste kann es angeboten sein, diesem nach § 89 BSHG für die Zeit bis zum Ablauf der Versicherung als ergänzende Hilfe zum Lebensunterhalt ein Darlehen zu gewähren, das durch die Lebensversicherung zu sichern ist.[12]

Durch das Gesetz zur Einordnung des Sozialhilferechts in das Sozialgesetzbuch ist das neue Sozialhilferecht in das Sozialgesetzbuch als dessen Zwölftes Buch (SGB XII) eingeordnet worden. Die neue Sozialhilfe sichert den Lebensunterhalt von Menschen, die bei Bedürftigkeit sonst keine Leistungen erhalten: also weder als erwerbsfähige Personen im Alter von 15 bis 65 Jahren das neue Arbeitslosengeld II (bisher arbeitsfähige Sozialhilfeempfänger) noch als 65-Jährige oder Ältere bzw. als dauerhaft voll Erwerbsgeminderte die Leistungen der Grundsicherung im Alter und bei Erwerbsminderung. Hilfe zum Lebensunterhalt werden demnach Menschen im erwerbsfähigen Alter erhalten, für die vorübergehend keine Erwerbstätigkeit möglich ist. Sie werden von den Sozialämtern betreut.

§ 77 SGB XII regelt den Begriff des zu berücksichtigenden Einkommens. Die Vorschrift knüpft an den bisherigen § 76 BSHG an. Auch künftig sollen Beiträge zu öffentlichen oder privaten Versicherungen oder ähnlichen Einrichtungen, soweit diese Beiträge gesetzlich vorgeschrieben oder nach Grund und Höhe angemessen sind, sowie geförderte Altersvorsorgebeiträge nach § 82 EStG, soweit sie den Mindesteigenbeitrag nach § 86 EStG nicht überschreiten, vom Einkommen abzusetzen sein.

In § 85 SGB XII ist das einzusetzende Vermögen geregelt. Diese Vorschrift überträgt im Wesentlichen inhaltsgleich den bisherigen § 88 BSHG.

b) Arbeitslosenhilfe. Nach § 6 Abs. 3 Satz 2 Nr. 3 der Arbeitslosenhilfe-Verordnung vom 7. August 1974 war eine Lebensversicherung dann nicht auf einen Arbeitslosenhilfeanspruch anrechenbar, wenn die Lebensversicherung der Altersvorsorge zu dienen bestimmt war.[13] Eine bereits vor Erreichen des gesetzlichen Rentenalters des Arbeitslosen fällig werdende Lebensversicherung konnte der Aufrechterhaltung einer angemessenen Lebensgrundlage oder der Alterssicherung dienen, so dass dem Arbeitslosen eine Verwertung nicht zuzumuten war.[14]

Mit Urteil vom 28. November 1998 entwickelte das Bundessozialgericht Leitlinien dafür, inwieweit Arbeitslose eigenes Vermögen, das der Altersvorsorge dient, vor der Inanspruchnahme von Arbeitslosenhilfe verwerten müssen bzw. in welcher Höhe angemessene private Altersvorsorge gebildet werden darf, die bei der Bedürftigkeitsprüfung nicht berücksichtigt wird (Schonvermögen). Als angemessenes Vermögen für die Altersvorsorge galt ein Vermögen dann, wenn es die sogenannte Standardrente der gesetzlichen Rentenversicherung (Rente eines Ver-

---

[11] BVerwG, Urt. v. 19. 12. 1997 – 5 C 7/96, NJW 1998, 1879, 1880 = VersR 1999, 1258 (Ls.).
[12] BVerwG, Urt. v. 13. 5. 2004 – 5 C 3/03, r+s 2005, 117, 118 (Ls.).
[13] Siehe dazu *Körber*, Lebensversicherung und Arbeitslosenhilfe, VW 1994, 376 ff.
[14] BSG, Urt. v. 24. 4. 1997 – 11 RAv 23/96, BetrAV 1998, 229, 230.

sicherten mit 45 Beitragsjahren, der ein durchschnittliches Arbeitseinkommen bezog) bis auf 100% des zuletzt verdienten Nettoarbeitsentgelts ergänzt.[15] Das BSG ging damit zumindest bei Verheirateten deutlich über den Betrag hinaus, den die Bundesanstalt für Arbeit bisher ohne weitere Prüfung für angemessen hielt. Für die Lebensversicherung verfügte sie in einem Erlass eine Obergrenze für die versicherte Summe von 120 000,00 DM.[16]

10   Mit Blick auf das Urteil des BSG vom 28. November 1998 wurde die Arbeitslosenhilfe-Verordnung durch die Sechste Verordnung zur Änderung der Arbeitslosenhilfe-Verordnung im Jahre 1999 geändert. Die neue Verordnung sah in § 6 AlhiV vor, dass Vermögen für eine Alterssicherung „angemessen" ist, soweit es 1000,00 DM je vollendetem Lebensjahr des Arbeitslosen und seines Ehegatten nicht übersteigt. Für einen beispielsweise 60-jährigen Arbeitslosen und seine gleichaltrige Ehefrau bedeutet dies, dass Vermögen, das sie nachweislich für die Alterssicherung bestimmt haben, bis zu einer Höhe von 120 000,00 DM nicht bei der Arbeitslosenhilfe berücksichtigt wird.[17]

11   Seit Geltung des § 3 Abs. 1 Arbeitslosenhilfe-Verordnung 2002 (AlhiV 2002) kann bei der Arbeitslosenhilfe ein Betrag in Höhe von 3% des Einkommens für öffentliche und private Versicherungen für Beiträge, die gesetzlich vorgeschrieben oder nach Grund und Höhe angemessen sind, abgezogen werden, wenn der Arbeitslose und sein Partner in der gesetzlichen Sozialversicherung versicherungspflichtig sind; in den übrigen Fällen die tatsächlichen Aufwendungen. Ob § 1 Abs. 1 Nr. 1 Arbeitslosenhilfe-Verordnung 2002 (in der für das Jahr 2002 maßgebenden Fassung) die Verwertung des gesamten verwertbaren Vermögens des Arbeitslosen erfordert, soweit der Wert den Freibetrag überschreitet, ist umstritten. Freibetrag ist nach § 1 Abs. 2 Nr. 1 Arbeitslosenhilfe-Verordnung 2002 ein Betrag von 520,00 € je vollendetem Lebensjahr des Arbeitslosen, der inzwischen durch die Arbeitslosen-Verordnung 2003 auf 200,00 € abgesenkt worden ist. Das darüber hinausgehende Vermögen soll verwertet werden, bevor Arbeitslosenhilfe in Anspruch genommen wird. Eine Vermögensverwertung ist jedoch als offensichtlich unwirtschaftlich im Sinne von § 1 Abs. 3 Nr. 6 AlhiV 2002 zu qualifizieren, wenn hierdurch die Aufrechterhaltung einer angemessenen Altersversorgung wesentlich erschwert würde.[18] Zum nicht verwertbaren Vermögen gehören Direktversicherungen, auch in Form der Gehaltsumwandlungsversicherungen, da der Arbeitslosenhilfe beantragende Arbeitnehmer über das während des Arbeitsverhältnisses aufgebaute Kapital nicht verfügen kann.[19]

12   c) Hartz-IV-Gesetz. aa) Grundsicherung. Mit dem Vierten Gesetz für moderne Dienstleistungen am Arbeitsmarkt vom 24. Dezember 2003[20] (Hartz-IV-Gesetz) wurden die unterschiedlichen steuerfinanzierten Transfersysteme Arbeitslosenhilfe und Sozialhilfe für Erwerbsfähige zu einer neuen Leistung – Grundsicherung für Arbeitssuchende – zusammengeführt.[21] Die Grundsicherung für Arbeitssuchende ist im Zweiten Buch des Sozialgesetzbuchs (SGB II) geregelt. Ziel ist es, eine ausreichende materielle Sicherheit bei Arbeitslosigkeit in Abhängigkeit vom Bedarf zu sichern. Gesichert wird grundsätzlich der Lebensunterhalt im Rahmen des soziokulturellen Existenzminimums. Die Leistungen lehnen sich

---

[15] BSG v. 28. 11. 1998 – B 7 AL 118/1997 R.
[16] GDV-Rundschreiben 594/1999 v. 23. 3. 1999.
[17] Einzelheiten GDV-Rundschreiben 1361/1999 v. 6. 7. 1999.
[18] SG Berlin, Urt. v. 10. 2. 2003 – S 58 AL 2208/02.
[19] Auskunft der BfA v. 23. 7. 2003 – II a 4 – 71190/71 193, vgl. GDV-Rundschreiben 1326/2003 v. 31. 7. 2003. Siehe auch GDV-Rundschreiben 457/2003 v. 11. 3. 2003.
[20] BGBl. I S. 2954.
[21] http://www.bmwi.de/Navigation/Arbeit/arbeitsmarktpolitik,did=22564.html. http://www.bmgs.bund.de/download/gesetze/entwuerfe/SGB_XII.pdf.

also – anders als bei der Arbeitslosenhilfe – nicht an die Regelungen zur Höhe des Arbeitslosengeldes an, sondern sind wie die Sozialhilfe bedarfsdeckend (§§ 19 ff. SGB II). Um finanzielle Härten beim Übergang von Arbeitslosengeld in die „Grundsicherung für Arbeitsuchende" abzufedern, wird ein auf zwei Jahre befristeter Zuschlag gezahlt, dessen Höhe nach einem Jahr halbiert wird und der am Ende des zweiten Jahres entfällt (§ 24 SGB II). Vorrangig muss aber Einkommen und Vermögen eingesetzt werden, um den eigenen Lebensunterhalt und den der nichterwerbsfähigen Angehörigen zu sichern.

bb) Hilfebedürftigkeit. Nach § 9 Abs. 1 SGB II ist grundsätzlich derjenige 13 hilfebedürftig, der seinen Lebensunterhalt und den der Mitglieder seiner Bedarfsgemeinschaft nicht oder nicht ausreichend aus eigenen Mitteln bestreiten kann. Der Hilfesuchende hat insbesondere seine Arbeitskraft und das zu berücksichtigende Einkommen und Vermögen einzusetzen, um die Hilfebedürftigkeit zu vermeiden.

cc) Absetzbarkeit von Versicherungsbeiträgen. Beiträge sind gemäß § 11 14 Abs. 2 Nr. 3 a SGB II in angemessener Höhe zu öffentlichen und privaten Versicherungen oder ähnlichen Einrichtungen vom Einkommen absetzbar, wenn sie der Vorsorge für den Fall der Krankheit und der Pflegebedürftigkeit dienen, und sofern die Personen in der gesetzlichen Krankenversicherung nicht versicherungspflichtig sind. Ein Abzug vom Einkommen ist für die Altersvorsorge gemäß § 11 Abs. 2 Nr. 3 b SGB II dann möglich, wenn eine Befreiung von der Versicherungspflicht in der gesetzlichen Rentenversicherung vorliegt. Weiterhin sind gemäß § 11 Abs. 2 Nr. 4 SGB II geförderte Altersvorsorgebeträge nach § 82 EStG – Riester-Rente – absetzbar, soweit sie den Mindesteigenbeitrag nach § 86 EStG nicht überschreiten.

dd) Verwertung der Lebensversicherung. Die Verwertung einer kapitalbil- 15 denden Lebensversicherung kommt nicht in Betracht, wenn diese eine besondere Härte gemäß § 9 Abs. 4 SGB II darstellt. In der Gesetzesbegründung zu dieser Norm heißt es: „Hilfebedürftig ist auch derjenige, der wegen tatsächlicher oder rechtlicher Hindernisse das zu berücksichtigende Vermögen objektiv nicht sofort verwerten kann. Darüber hinaus ist derjenige hilfebedürftig, für den die sofortige Verwertung eine Härte bedeuten würde, beispielsweise bei einer kapitalbildenden Lebensversicherung kurz vor dem vereinbarten Auszahlungspunkt. In beiden Fällen werden die Leistungen zum Lebensunterhalt nur als Darlehen erbracht."

Die Verwertung einer Lebensversicherung ist dann nicht unwirtschaftlich im 16 Sinne von § 12 Abs. 3 Satz 1 Nr. 6 SGB II, wenn der Rückkaufswert (Verkehrswert) die Summe der eingezahlten Beiträge (Substanzwert) übersteigt.[22] Die Verwertung stellt dann eine besondere Härte im Sinne des § 12 Abs. 3 Satz 1 Nr. 6 SGB II für den Betroffenen dar, wenn außergewöhnliche, bei anderen Hilfebedürftigen regelmäßig nicht anzutreffende Umstände vorliegen, die nicht bereits durch die ausdrücklichen Freistellungen über das Schonvermögen und die Absetzungsbeträge nach § 12 Abs. 2 SGB II erfasst werden.[23] Dabei ist insbesondere auf die künftige Verwendung des Vermögens abzustellen[24] und zu prüfen, ob sich aus der Berufsbiographie des Arbeitslosen bzw. seiner Ehefrau Versorgungslücken entnehmen lassen.[25] Insoweit kommt es darauf an, dass die Lebensversicherungen

---

[22] BSG, Urt. v. 6. 9. 2007 – B 14/7 b AS 66/06 R, NJW 2008, 2281, 2284; BSG, Urt. v. 15. 4. 2008 – B 14/7 b AS 6/07 R, BeckRS 2008, 53 442; OVG Bremen, Beschl. v. 7. 7. 2008 – S 2 B 231/08, NJW 2008, 2796 (Ls.).
[23] OVG Bremen, Beschl. v. 7. 7. 2008 – S 2 B 231/08, NJW 2008, 2796 (Ls.).
[24] BSG NZM 2007, 779 = NZS 2008, 263; OVG Bremen, Beschl. v. 7. 7. 2008 – S 2 B 231/08, NJW 2008, 2796 (Ls.).
[25] BSG, Urt. v. 14. 9. 2005 – B 11 a/11 AL 71/04 R, DB 2005, XXIV.

objektiv und subjektiv zur Alterssicherung bestimmt sind und nach deren Fälligkeit fortlaufende, lebenslange Rentenzahlungen bezogen werden können.[26]

17   Rentenversicherungen sind ebenfalls nicht als verwertbares Vermögen anzusehen, sofern keine Todesfallleistung (Beitragsrückgewähr o. ä.) vorgesehen und die Möglichkeit des Rückkaufes oder der Beleihung ausgeschlossen ist. Da in diesem Fall die Voraussetzungen des § 176 Abs. 1 VVG nicht vorliegen, kann eine Inanspruchnahme des Rückkaufswertes durch den Versicherungsnehmer wirksam ausgeschlossen werden. Der Versicherungsnehmer kann dann nicht mehr vorzeitig auf das angesammelte Versicherungskapital zurückgreifen.

18   ee) Grundfreibetrag. Der durch die Hartz-IV-Reform zum 1. Januar 2003 abgesenkte Freibetrag in Höhe von 200,00 € je vollendetem Lebensjahr des erwerbsfähigen Hilfebedürftigen und seines Partners wurde beibehalten. Der Grundfreibetrag beträgt gemäß § 12 Abs. 2 Nr. 1 SGB II mindestens jeweils 4100,00 € und höchstens jeweils 13000,00 € für den erwerbsfähigen Hilfebedürftigen und seinen Partner. Lediglich die staatlich geförderte Riester-Rente reduziert nicht mehr den Grundfreibetrag. Eine Obergrenze ist nach § 12 Abs. 2 Nr. 2 SGB II für die Riester-Rente nicht vorgesehen.

4. Kündigungsrecht des Versicherers

19   Der Versicherer kann im Gegensatz zum Versicherungsnehmer den Versicherungsvertrag nicht nach freiem Belieben durch Kündigung beenden. Gesetzlich und bedingungsgemäß kommt eine Kündigung im Fall des § 39 VVG wegen Nichtzahlung eines Folgebeitrags in Betracht sowie bei positiver Vertragsverletzung oder im Falle der §§ 27 I, 29 a, 164 VVG. Die Vereinbarung eines Kündigungsrechts für den Fall der Eröffnung des Konkurses über das Vermögen des Versicherungsnehmers ist gemäß § 14 Abs. 1 VVG möglich, sehen aber die Musterbedingungen nicht vor. Eine Kündigung des Versicherers – ohne beigefügte Vollmachtsurkunde – ist unwirksam, wenn sie nur von einem Prokuristen und einem Sachbearbeiter unterschrieben ist, obwohl der Prokurist laut Handelsregister nur gemeinsam mit einem Vorstandsmitglied zur Vertretung berechtigt ist.[27]

II. Kündigung durch den Versicherungsnehmer

1. Allgemeines

20   Gemäß § 165 VVG kann der Versicherungsnehmer bei laufenden Versicherungsbeiträgen jederzeit zum Schluss der laufenden Versicherungsperiode kündigen. Als Versicherungsperiode gilt gemäß § 9 VVG der beitragsbelastete Zeitraum eines Jahres, da gemäß § 2 ALB Jahresbeiträge zu zahlen sind.[28] Dass § 2 ALB auch die monatliche Ratenzahlung einräumt, berührt die Länge der Versicherungsperiode nicht.[29] Nur wenn die Versicherungsperiode mit dem Beitragszahlungsabschnitt übereinstimmt (vgl. Bemerkung zu § 4 ALB), ist die Versicherungsperiode auch unterjährig. Sind im Versicherungsschein nur Monatsbeiträge, und nicht ein in monatlichen Raten zu erbringender Jahresbeitrag ausgewiesen, gilt nach § 9 VVG der Zeitraum eines Monats.[30] § 165 VVG ist unabdingbar (§ 178 Abs. 1 VVG, vgl. aber § 189 VVG), doch ist es möglich, dem Versicherungsnehmer ein Kündigungsrecht auf einen früheren Zeitpunkt als nach § 165

---

[26] BSG, Urt. v. 7. 5. 2009 – B 14 AS 35/08 R, VersR 2010, 233, 235.
[27] AG Rastatt, Urt. v. 6. 9. 2001 – 1 C 193/01, VersR 2002, 963.
[28] LG Lüneburg v. 10. 11. 1977, VersR 1978, 658.
[29] LG Lüneburg v. 10. 11. 1977, VersR 1978, 658.
[30] OLG Hamm VersR 1987, 480; siehe auch VW 1949, 280.

Abs. 1 VVG einzuräumen.[31] Die Erschwerung der Kündigung ist unwirksam, auch wenn der Ausschluss der Kündigung der Sicherung für eine Vorauszahlung (§ 5 ALB) auf die Versicherungssumme dient. Die Wirksamkeit der Kündigung kann nicht davon abhängig gemacht werden, dass der Versicherungsschein vorgelegt wird.[32] Das Kündigungsrecht ist nicht selbständig, sondern nur zusammen mit dem Anspruch auf die Hauptleistung des Versicherers abtretbar, verpfändbar oder pfändbar.

2. Berechtigter

a) **Versicherter.** Der Versicherte hat kein eigenes Kündigungsrecht, sondern nur der Versicherungsnehmer als Vertragspartner des Versicherers.[33] 21

b) **Bezugsberechtigter.** Nicht kündigen kann der widerruflich oder unwiderruflich Bezugsberechtigte. 22

c) **Versicherungsnehmer.** Kündigungsberechtigt ist bedingungsgemäß der Versicherungsnehmer. Er ist auch dann zur Kündigung befugt, wenn er einem Dritten ein unwiderrufliches Bezugsrecht eingeräumt hat,[34] weil er Vertragspartner des LVU bleibt.[35] 23

Wird der Versicherungsnehmer durch einen Makler vertreten, muss er zur Kündigung besonders bevollmächtigt sein. Der Maklervertrag berechtigt nämlich nicht ohne weiteres zur Kündigung bestehender Versicherungsverträge.[36] Der Nachweis ordnungsgemäßer Vertretung durch einen Sachbearbeiter des Maklers kann daher nur durch Vorlage einer Vollmacht geführt werden.[37] Hat der Versicherer wiederholt Kündigungen durch diesen Sachbearbeiter anerkannt, ist die Zurückweisung einer Kündigung wegen fehlender Vollmacht allerdings treuwidrig.[38] Sind mehrere Versicherungsnehmer Vertragspartner, ist Gesamtgläubigerschaft anzunehmen mit der Folge, dass die Kündigung nur gemeinsam erklärt werden kann, es sei denn, jeder von ihnen ist hinsichtlich seines Anteils zur Kündigung berechtigt (§ 420 BGB). Mit dem Tode des oder der Versicherungsnehmer geht das Kündigungsrecht auf die Rechtsnachfolger über, in der Regel die Erben. Handelt es sich hierbei um eine Erbengemeinschaft, steht das Kündigungsrecht den Erben nur gemeinschaftlich zu (§ 428 BGB). 24

d) **Pfandgläubiger.** Hat der Versicherungsnehmer die Ansprüche aus der Lebensversicherung verpfändet, so kann er die Kündigung nur mit Zustimmung des oder der Pfandgläubiger aussprechen (§ 1276 BGB).[39] Wenn mit dem Pfandgläubiger keine besondere Vereinbarung getroffen ist, ist dieser weder vor noch nach der Pfandreife zur alleinigen Kündigung der Versicherung berechtigt, und muss die Fälligkeit der Versicherungssumme abwarten. 25

e) **Zessionar.** Tritt der Versicherungsnehmer mit allen Ansprüchen aus dem Lebensversicherungsvertrag auch das Kündigungsrecht ab, ist der Zessionar zur Kündigung berechtigt.[40] Dies gilt auch für den Fall der Sicherungszession.[41] 26

---

[31] OLG Celle v. 1. 12. 1949, VersR 1950, 33; BGH v. 7. 7. 1955, VersR 1955, 481, 483.
[32] OLG Düsseldorf VersR 1962, 655.
[33] OLG Koblenz, Beschl. v. 28. 5. 2001 – 10 W 737/01, S. 2.
[34] BGHZ 118, 242 = NJW 1992, 2154.
[35] *Ebnet* NJW 2006, 1697, 1702.
[36] OLG Hamm r+s 1992, 143.
[37] LG Hannover, Urt. v. 7. 1. 1998 – 1 S 32/97, r+s 1998, 396.
[38] LG Hannover, Urt. v. 7. 1. 1998 – 1 S 32/97, r+s 1998, 396.
[39] *Ebnet* NJW 2006, 1697, 1702.
[40] *Römer* in: Römer/Langheid, VVG, 2. Aufl., 2003, § 165 VVG Rdn. 6; *Ebnet* NJW 2006, 1697, 1702.
[41] Vgl. OLG Hamm VersR 1971, 246.

27 **f) Pfändungsgläubiger.** Der Pfändungsgläubiger erlangt das Kündigungsrecht nur, wenn er sich neben dem Anspruch auf die Versicherungsleistung auch das Kündigungsrecht im Wege des Pfändungs- und Überweisungsbeschlusses hat übertragen lassen.

28 **g) Testamentsvollstrecker.** Ist Testamentsvollstreckung angeordnet, ist der Testamentsvollstrecker mit der Folge ausschließlich verwaltungs- und verfügungsbefugt, dass das Kündigungsrecht als Verfügung über den zum Nachlass gehörenden Versicherungsvertrag nur von dem Testamentsvollstrecker selbst ausgeübt werden kann.[42]

29 **h) Insolvenzverwalter.** Im Insolvenzfall steht das Kündigungsrecht dem Insolvenzverwalter zu mit der Folge, dass er bei widerruflichem Bezugsrecht den Rückkaufswert zur Insolvenzmasse ziehen kann.[43] Die Kündigung ist nicht schon in der Erklärung zu sehen, dass der Vertrag gemäß § 17 Abs. 2 KO nicht mehr erfüllt werde. Ein Kündigungsrecht des Insolvenzverwalters besteht auch dann, wenn der Versicherungsnehmer ein unwiderrufliches Bezugsberecht eingeräumt hat.[44] Der Insolvenzverwalter bewirkt mit seiner Kündigung in diesem Fall aber nur, dass die Versicherungsleistungen an den unwiderruflichen Bezugsberechtigten vom Versicherer ausgezahlt werden müssen.[45]

3. Form und Frist der Kündigung

30 Die Kündigung ist wegen der in § 12 ALB vereinbarten Schriftform unmittelbar schriftlich an das Versicherungsunternehmen zu richten (vgl. auch § 178 Abs. 1 VVG). Ist die Kündigungserklärung nicht echt, fehlt es an einer den Versicherungsvertrag beendenden Erklärung.[46]

31 Eine Kündigungsfrist ist gesetzlich nicht vorgesehen. Nach § 4 Abs. 1 ALB 86 kann der Versicherungsnehmer die Versicherung jederzeit zum Schluss jedes laufenden Versicherungsjahres ganz oder teilweise kündigen, bei Vereinbarung von Ratenzahlungen auch innerhalb des Versicherungsjahres mit einer Frist von einem Monat zum Schluss eines jeden Ratenzahlungsabschnitts, frühestens jedoch zum Schluss des ersten Versicherungsjahres.[47] Eine nicht fristgemäß erklärte Kündigung ist nicht wirksam[48] und wirkt grundsätzlich nicht auf den nächsten zulässigen Termin, sondern muss fristgemäß wiederholt werden.[49] Der Versicherer hat die Pflicht, eine durch eine verspätete Kündigung des Versicherungsnehmers entstandene Rechtsunklarheit durch eine ausdrückliche Antwort zu beseitigen.[50] Das LVU muss daher den Versicherungsnehmer bei einer unvollständigen, formunwirksamen, verfrühten oder aus anderen Gründen unwirksamen Kündigung unverzüglich über den Mangel der Kündigung belehren, andernfalls muss es sich so

---

[42] OLG Koblenz, Beschl. v. 28. 5. 2001 – 10 W 337/01, S. 3.
[43] LAG München v. 22. 7. 1987, VersR 1988, 1059.
[44] A. A. *Sieg* in: Festschrift für Klingmüller, 1974, 459.
[45] *Ebnet* NJW 2006, 1697, 1702.
[46] KG, Hinweisbeschl. v. 23. 3. 2007 – 6 U 3/07, NJW-RR 2007, 1175 = r+s 2008, 253 = MDR 2007, 1193.
[47] Siehe auch LG Lüneburg v. 10. 11. 1977, VersR 1978, 658.
[48] BGH, Urt. v. 1. 7. 1987 – IV a ZR 63/86, NJW-RR 1987, 1429 = VersR 1987, 923.
[49] LG Lüneburg VerAfP 1936, 219; LG Berlin v. 22. 2. 1951, VersR 1951, 163; LG Köln VersR 1962, 409; AG Köln v. 28. 10. 1982, VersR 1983, 78; a. A. LG Lüneburg v. 10. 11. 1977, VersR 1978, 658.
[50] BGH, Urt. v. 1. 7. 1987 – IV a ZR 63/86, NJW-RR 1987, 1429 = VersR 1987, 923, 924 = r+s 1987, 271 = MDR 1988, 35; AG Hamburg, Urt. v. 3. 11. 1993 – 12 C 820/93, VersR 1994, 665; OLG Karlsruhe, Urt. v. 18. 10. 2001 – 12 U 161/01, VersR 2002, 1497 = r+s 2002, 75, 76 = MDR 2002, 581, 582; *Rogler* r+s 2007, 140, 141.

behandeln lassen, als ob wirksam gekündigt worden ist.[51] Weist eine Versicherung die Kündigung erst nach vier Tagen mangels Vollmachtsvorlage zurück, so ist dies nicht mehr als unverzüglich im Sinne von § 174 Satz 1 BGB anzusehen.[52] Der Versicherer ist berechtigt, Nachforschungen anzustellen, um festzustellen, aus welchen Gründen der Versicherungsvertrag gekündigt werden soll, ehe er eine unwirksame Kündigung zurückweist.[53]

4. Inhalt der Kündigungserklärung

a) Bestimmtheit. Die Kündigung muss eindeutig erkennen lassen, dass der Vertrag für die Zukunft beendet werden soll. Im Wege der Auslegung der Kündigungserklärung kann eine Kündigung zum nächst zulässigen Termin angenommen werden, wenn der Versicherungsnehmer in seiner Mitteilung den unbedingten Willen zum Ausdruck bringt, dass er sich ohne Einschränkungen vom Versicherungsvertrag so früh wie möglich lösen will, sei es sofort oder erst zu einem späteren Zeitpunkt, um seine Verpflichtung, noch Beiträge zahlen zu müssen, zum Erlöschen zu bringen.[54] Zur Bejahung des Kündigungswillens des Versicherungsnehmers genügt die Androhung der Kündigung ebenso wenig wie die bloße Einstellung der Beitragszahlung.[55] 32

b) Auslegung. Wenn im Einzelfall für die Versicherung als Empfängerin der Erklärung erkennbar wird, dass die Kündigung des Vertrages (auch) dazu dienen soll, die mit der Bezugsberechtigung bezweckte Absicherung einer Person im Todesfall rückgängig zu machen, kann die Kündigung eines Lebensversicherungsvertrages zugleich den Widerruf der widerruflichen Bezugsberechtigung mit dem Zugang der Kündigung beim Versicherer beinhalten.[56] In der Kündigungserklärung des Insolvenzverwalters wird in der Regel zugleich der Widerruf der Bezugsberechtigung liegen,[57] da diesem im Interesse der Insolvenzmasse daran gelegen ist, mit der Kündigung zugleich auch eine Bezugsberechtigung zu widerrufen.[58] Unberührt bleibt, dass mit der Beendigung des Lebensversicherungsvertrages im Falle der Kündigung auch die widerrufliche Bezugsberechtigung wegfällt.[59] 33

5. Umdeutung der Kündigungserklärung

Die Umdeutung einer unwirksamen fristlosen Kündigung des Versicherungsnehmers in eine ordentliche Kündigung ist im Einzelfall nicht ausgeschlossen.[60] 34

---

[51] OLG Düsseldorf v. 27. 7. 1954, VersR 1954, 587; BGH VersR 1977, 346; OLG Hamm VersR 1977, 999; OLG Celle VersR 1986, 569; BGH VersR 1987, 177; AG Melsungen v. 4. 6. 1987, VersR 1988, 1014; BGH, Urt. v. 26. 10. 1988 – IV a ZR 140/87, r+s 1989, 69, 70; BSG, Urt. v. 29. 11. 2006 – B 12 P 1/05 R, r+s 2007, 144, 146; *Leverenz* VersR 1999, 525, 530.

[52] LG Berlin, Urt. v. 6. 8. 2002 – 7 S 6/02, NVersZ 2002, 552, 553.

[53] AG Hamburg, Urt. v. 3. 11. 1993 – 12 C 820/93, VersR 1994, 665.

[54] BGH v. 7. 7. 1955, VersR 1955, 481, 482; OLG Hamm v. 19. 12. 1980, VersR 1981, 275.

[55] LG Düsseldorf v. 8. 6. 1951, VerBAV 1951, 125; LG Stuttgart v. 7. 4. 1951, VersR 1951, 162 m. Anm. *Weber*.

[56] OLG Köln, Urt. v. 20. 12. 2000 – 5 U 116/00, r+s 2002, 302; BGH, Nichtannahmebeschl. v. 14. 11. 2001 – IV ZR 41/01, r+s 2002, 302.

[57] BGH VersR 1993, 689, 690 = r+s 1993, 354.

[58] OLG Köln, Urt. v. 20. 12. 2000 – 5 U 116/00, r+s 2002, 302; BGH, Nichtannahmebeschl. v. 14. 11. 2001 – IV ZR 41/01, r+s 2002, 302.

[59] OLG Köln, Urt. v. 20. 12. 2000 – 5 U 116/00, r+s 2002, 302; BGH, Nichtannahmebeschl. v. 14. 11. 2001 – IV ZR 41/01, r+s 2002, 302.

[60] AG Garmisch-Partenkirchen v. 7. 4. 1971, VersR 1972, 344; BGH v. 12. 1. 1981, NJW 1981, 976, 977; OLG Hamm, Urt. v. 24. 5. 1985 – 20 U 260/84, VersR 1986, 759.

Ausnahmsweise kann eine unwirksame fristlose Kündigung auch in ein Angebot auf Aufhebung des Vertrags umgedeutet werden.[61] Gleichermaßen kann eine verspätete Kündigung als Angebot zur einvernehmlichen vorzeitigen Aufhebung des Versicherungsvertrages auszulegen sein, das in der Regel der Annahme durch den Versicherer bedarf,[62] wobei der Aufhebungsvertrag auch stillschweigend geschlossen werden kann.[63] Der Antrag des Versicherungsnehmers auf Aufhebung des Versicherungsvertrages kann vom LVU noch rechtswirksam angenommen werden, auch wenn der antragende Versicherungsnehmer vor Zugang der Annahmeerklärung des Versicherers verstirbt.[64] Um eine Umdeutung der fristlosen Kündigungserklärung vornehmen zu können, muss der Wille des Versicherungsnehmers, den Versicherungsvertrag auf jeden Fall beenden zu wollen, für das LVU zweifelsfrei erkennbar sein.[65] Eine vom Versicherungsnehmer mit sofortiger Wirkung ausgesprochene, jedoch unwirksame Kündigung, kann nur dann in eine ordentliche Kündigung umgedeutet werden, wenn der Versicherungsnehmer bei Kenntnis von der Nichtigkeit seiner außerordentlichen Kündigung ihre Geltung als ordentliche (befristete) gewollt hätte.[66] Die Umdeutung scheidet aus, wenn der Versicherungsnehmer mit einem nahen Tod rechnet und deshalb sofort von der Beitragszahlungspflicht befreit werden und in den Besitz des Versicherungswerts kommen will.[67]

6. Zugang der Kündigungserklärung

35   Die Kündigungserklärung muss innerhalb der Kündigungsfrist dem Versicherer zugehen. Bei mehreren Versicherern jedem von ihnen, bei Mitversicherung, wenn eine Führungsklausel vereinbart ist, dem Führenden. Auf Seiten des Versicherers ist auch der Vermittlungs- und Abschlussagent gemäß § 43 Nr. 2 VVG empfangsberechtigt. Weisen die Versicherungsscheinunterlagen aus, dass Erklärungen außer an die im Versicherungsschein als zuständig bezeichnete Vertriebsgesellschaft auch an eine andere namens und im Auftrag des Versicherers handlungsberechtigte Gesellschaft gerichtet werden können, ist dem Versicherer eine an eine solche Gesellschaft gerichtete Kündigungserklärung mit dem Eingang bei der Gesellschaft im Sinne von § 130 Abs. 1 BGB zugegangen.[68] Nicht empfangsberechtigt für den Versicherer sind der Zessionar, Pfandgläubiger, Pfändungsgläubiger, Versicherte,[69] Bezugsberechtigte, Makler.

7. Rechtsfolgen der Kündigung

36   **a) Vertragsbeendigung.** Aufgrund der Kündigung endet der Vertrag am Schluss der Versicherungsperiode. Insoweit enthält § 4 ALB 86 eine vertragliche Änderung. Für den Zeitpunkt der Vertragsbeendigung ist die zeitlich frühere Kündigung des Versicherungsnehmers maßgebend, wenn das LVU seinerseits, wenn auch später, den Versicherungsvertrag gemäß § 39 VVG fristlos gekündigt

---

[61] BGH v. 12. 1. 1981, NJW 1981, 976; OLG Hamm, Urt. v. 24. 5. 1985 – 20 U 260/84, VersR 1986, 759.
[62] BGH v. 1. 7. 1987, NJW-RR 1987, 1429 = VersR 1987, 923.
[63] LG Lüneburg v. 9. 2. 1950, MDR 1950, 425.
[64] OLG Hamm v. 15. 10. 1986, NJW-RR 1987, 342 = VersR 1987, 480, 481.
[65] BGH v. 12. 1. 1981, NJW 1981, 976.
[66] OLG Hamm v. 7. 5. 1984, VersR 1984, 958; OLG Hamm v. 24. 5. 1985, VersR 1986, 759.
[67] Vgl. OLG Hamm v. 24. 5. 1985, VersR 1986, 759. Siehe auch BGH VersR 1980, 1165.
[68] OLG Brandenburg, Urt. v. 13. 3. 1996 – 4 U 63/95, VersR 1997, 347.
[69] OLG Hamburg VersR 1980, 375; LG Osnabrück VersR 1963, 448.

hat.⁷⁰ Der Versicherer muss ggf. den Beitragsüberschuss zurückerstatten, wenn Beitrag für einen späteren Zeitraum als den Schluss der laufenden Periode vorausgezahlt oder wenn ein Einmalbeitrag entrichtet worden ist. Bestand ein Beitragsdepot, ist das Beitragsdepot nach Kündigung des Versicherungsvertrags aufzulösen und das Restdepotguthaben an den Versicherungsnehmer auszuzahlen,⁷¹ vorausgesetzt, dass zu berücksichtigende Rechte dritter Personen nicht bestehen.

b) Fälligkeit. Der Rückkaufswert ist zu dem Zeitpunkt fällig, zu dem gekündigt worden ist, also zum Schluss des laufenden Versicherungsjahres oder innerhalb des Versicherungsjahres mit Frist von einem Monat auf den Schluss eines jeden Ratenzahlungsabschnitts.⁷² Für die Fälligkeit des Anspruchs auf den Rückkaufswert kommt es damit auf den Zeitpunkt des Wirksamwerdens der Kündigung an.⁷³   37

c) Auszahlung der Rückvergütung. aa) Allgemeines. Die ALB 1932 kannten schon den Begriff der Rückvergütung. Er wurde in den ALB 1957 durch die Bezeichnung Rückkaufswert ersetzt. Seit den ALB 1986 wird wieder der Begriff Rückvergütung verwendet.   38

bb) Rückvergütungsrecht. Im Falle des Rückkaufs gibt das VVG im § 176 VVG dem Versicherungsnehmer ein Rückvergütungsrecht bei Kapitalversicherungen mit unbedingter Leistungspflicht. In Übereinstimmung mit der gesetzlichen Regelung (§ 176 VVG) sieht § 4 Abs. 3 ALB 1986 vor, dass der Versicherungsnehmer nach Kündigung – soweit vorhanden – die nach dem Geschäftsplan des Versicherers berechnete Rückvergütung (rechnungsmäßige Deckungskapital) erhält.⁷⁴ Sie ist dem Vermögen des Versicherungsnehmers zuzurechnen.⁷⁵   39

Mit dem Geschäftsplan ist nicht der bei Abschluss der Lebensversicherung geltende Geschäftsplan gemeint. Geltung hat nach einer geschäftsplanmäßigen Erklärung der LVU der jeweilige von der Aufsichtsbehörde genehmigte Geschäftsplan.⁷⁶   40

cc) Mindestvertragszeit. Gemäß § 173 VVG kann der Versicherer den Rückkauf davon abhängig machen, dass die Prämie für einen Zeitraum von drei Jahren bezahlt ist. Die Voraussetzung der Berechnung, die Entrichtung der Beiträge für einen Zeitraum von drei Jahren (§ 173 VVG), ist halbzwingend (§ 178 VVG). Infolgedessen wurde das Recht auf Rückkauf bis zu den ALB 84 im Einvernehmen mit der Aufsichtsbehörde bereits nach Ablauf von einem Zehntel der Versicherungs- oder Zahlungsdauer, spätestens nach drei Jahren eingeräumt.⁷⁷ Diese Frist sehen die ALB 86 nicht mehr vor. Der Versicherer kann nämlich dem Versicherungsnehmer auch eine kürzere als die gesetzliche Frist zur Kündigung oder Umwandlung seiner Lebensversicherung in eine prämienfreie einräumen.⁷⁸ Eine Erweiterung des Kündigungs- und Umwandlungsrechtes gegenüber den §§ 165, 174 VVG (Kündigung bzw. Umwandlung des Versicherungsvertrages nicht nur zum Schluss des Versicherungsjahres, sondern auch bereits innerhalb des   41

---

⁷⁰ BGH v. 19. 1. 1956, VersR 1956, 121; a. A. Vorinstanz OLG Braunschweig v. 6. 4. 1954, VersR 1954, 313 = ZfV 1954, 363.
⁷¹ *Eberhardt/Castellví* VersR 2002, 261, 262.
⁷² LG Köln VersR 1994, 296; *Winter* in: Bruck/Möller, VVG, 8. Aufl., 1988, §§ 159–178 VVG Anm. G 441; *Schwintowski* in: Berliner Komm. z. VVG, 1999, § 176 VVG Rdn. 29; *Kollhosser* in: Prölss/Martin, VVG, 27. Aufl., 2004, § 4 ALB 86 Rdn. 10.
⁷³ *Schwartze* VersR 2006, 1331, 1333.
⁷⁴ *Fiala/Schramm* VW 2006, 116, 118.
⁷⁵ BGH v. 27. 10. 1976, BGHZ 67, 262.
⁷⁶ Vgl. Nr. 1.1.1 des Allgemeinen Geschäftsplans für die Lebensversicherung.
⁷⁷ VerAfP 1936, 59; GB BAV 1955/56, 24.
⁷⁸ BGH v. 7. 7. 1955, VersR 1955, 481 = VerBAV 1955, 303.

laufenden Versicherungsjahres mit einer Frist von drei Monaten zum Monatsschluss) ist zulässig und verstößt insbesondere nicht gegen § 178 VVG.[79] Stundung genügt nicht; Zahlung ist aber auch durch ein Policedarlehen möglich. Die Frist läuft außer bei Vorverlegung des technischen Beginns (Rückdatierung) vom formellen Vertragsbeginn ab. Eine Verpflichtung zur Zahlung von Prämien für einen auf das dritte Jahr folgenden Zeitraum muss bestehen (anders § 176 VVG).

42 dd) **Höhe der Rückvergütung.** Gemäß § 4 Abs. 4 ALB 1986 entspricht die Rückvergütung nicht der Summe der vom Versicherungsnehmer eingezahlten Beträge, sondern dem Deckungskapital abzüglich eines im Geschäftsplan festgelegten Abschlags. Ein Anspruch auf Rückzahlung der Summe der eingezahlten Beträge besteht schon deswegen nicht, weil einerseits ein Teil der Beiträge für andere Zwecke (Kosten und Gewinne des Unternehmens) verwendet werden und andererseits zu den Nettobeiträgen im Laufe der Zeit die damit erwirtschafteten Nettoerträge hinzugerechnet werden.[80]

43 Bei der Ermittlung des Rückkaufswertes ist die Deckungsrückstellung für den Schluss der Versicherungsperiode zu berechnen, in deren Lauf das Versicherungsverhältnis endigt (§ 176 Abs. 3 VVG). Gemäß § 176 Abs. 4 VVG erfolgt die Rückvergütung nicht in voller Höhe der Deckungsrückstellung; das Versicherungsunternehmen ist zu einem angemessenen Abzug berechtigt.[81] Prämienrückstände werden von dem Betrag der Prämienreserve abgesetzt (§ 174 Abs. 3 VVG).

44 Zur Angemessenheit des von der Deckungsrückstellung vorzunehmenden Abzugs (§ 176 Abs. 4 VVG) verlangt die Aufsichtsbehörde, dass der Abzug an der gezillmerten Deckungsrückstellung im Mittel nicht mehr als 5 v. H. der Deckungsrückstellung betragen soll.[82]

45 Der Rückkaufswert und ein etwaiger Überschussanteil sind nicht vom Gericht zu bestimmen, sondern es sind die Rechnungsgrundlagen des genehmigten Geschäftsplans anzuwenden.[83]

46 ee) **Zinsbesteuerung.** Bei der Auszahlung von Mindestrückkaufswerten aus Versicherungen nach neuen Tarifen müssen die im uneingeschränkt gezillmerten Deckungskapital enthaltenen rechnungsmäßigen Zinsen ebenso der Zinsbesteuerung unterworfen werden wie die in den Überschussanteilen enthaltenen Zinsen. Soweit die alten Tarife weitergeführt werden, bleibt es dabei, dass die rechnungsmäßigen und außerrechnungsmäßigen Zinsen nach einem Näherungsverfahren ermittelt werden können.

47 ff) **Überzahlung des Versicherungsnehmers.** Hat der Versicherer versehentlich bei der Berechnung der an den Versicherungsnehmer auszuzahlenden Prämienreserve Beitragsrückstände nicht in Abzug gebracht, ist der Versicherungsnehmer gemäß § 812 BGB verpflichtet, den überzahlten Betrag dem Versicherer zurückzuerstatten.[84]

48 d) **Verbesserte Garantiewerte.** Bisher liegt den Garantiewerten, insbesondere den Rückkaufswerten oder Rückvergütungen, in der kapitalbildenden Lebensversicherung (ohne Vermögensbildungsversicherung) im Allgemeinen das sogenannte gezillmerte Deckungskapital zugrunde. Mit der Methode des Zillmerns

---

[79] BGH v. 7. 7. 1955, VersR 1955, 481, 483 = VerBAV 1955, 303.
[80] LG Karlsruhe, Urt. v. 4. 8. 1999 – 6 O 187/99, r+s 2000, 255; *Kollhosser* in: Prölss/Martin, VVG, 26. Aufl., 1998, § 4 ALB 86 Rdn. 7.
[81] § 176 Abs. 4 VVG; OLG Hamburg v. 22. 8. 1951, NJW/RzW 1952, 23 = VersR 1952, 408 (Ls.).
[82] VerAfP 1931, 102, 103; 1932, 144; *C. Meyer,* Der Rückkaufswert in der Lebensversicherung, 1989, S. 55.
[83] OLG Karlsruhe, Urt. v. 17. 12. 1998 – 12 U 183/98, r+s 1999, 522.
[84] LG Stade v. 10. 3. 1987 – 3 S 263/86.

wird das ungezillmerte oder Netto-Deckungskapital einer Versicherung über die gesamte Laufzeit des Vertrages in einer bestimmten Weise vermindert, so dass in den ersten Jahren nach Vertragsabschluss kein oder nur ein relativ geringes Guthaben des Versicherungsnehmers gebildet wird. Auf diese Weise werden die bei Abschluss der Versicherung entstehenden Kosten zu einem Teil finanziert, so dass bei Kündigung der Versicherung in den ersten Jahren der Laufzeit des Vertrages kein oder nur ein geringer Rückkaufswert zur Verfügung gestellt werden kann.[85] Hierbei hängt die Höhe des Rückkaufswertes in der Anfangsphase der Versicherung im Wesentlichen von der Versicherungsdauer ab. Bei kurzen Dauern ist bereits am Ende des ersten Versicherungsjahres ein Rückkaufswert vorhanden, bei langen Dauern unter Umständen erst am Ende des dritten Jahres oder noch später. Das Verfahren der vollen Zillmerung mit seinen Auswirkungen auf die Rückkaufswerte ist nach Auffassung des BAV so zu ändern, dass die Rückkaufswerte in den ersten Versicherungsjahren deutlich verbessert werden.[86]

Das BAV hat es als möglich angesehen, die Änderung an der Regelung bei der Vermögensbildungsversicherung auszurichten. Hier wird bei Kündigung der Versicherung als Rückkaufswert mindestens die Hälfte der gezahlten Beiträge herausgegeben. Dies bedeutet eine geringere (gestaffelte) Zillmerung als in der übrigen kapitalbildenden Lebensversicherung. Allerdings sind gewisse Modifikationen notwendig, weil Vermögensbildungsversicherungen nur mit einer Höchstversicherungsdauer von 35 Jahren, bestimmten Höchstaltern und ohne Zusatzversicherungen abgeschlossen werden können. Bei länger laufenden Verträgen, höheren Endaltern oder beim Einschluss von Zusatzleistungen müssten die Rückkaufswerte – gemessen an der halben Beitragssumme – geringer ausfallen, weil es sonst zur Herausgabe eines Teiles der Risikobeiträge käme, was nach Meinung des BAV nicht vertretbar wäre. Um diesen Schwierigkeiten aus dem Wege zu gehen, hat das BAV eine Festsetzung der Rückkaufswerte auch in Höhe von 65% des ungezillmerten Deckungskapitals als möglich angesehen, weil diese Regelung im Mittel dem Verfahren bei der Vermögensbildungsversicherung äquivalent ist.[87]

Das BAV hat als Rückkaufswertregelung auch zugelassen, wenn das Deckungskapital mit einem niedrigeren Satz als bisher gezillmert wird, so dass dieses Deckungskapital nur im ersten Versicherungsjahr Null ist, aber nach dem ersten Versicherungsjahr in jedem Falle ein Rückkaufswert vorhanden ist. Bei diesem Verfahren wird demnach lediglich der erste Jahresbeitrag voll für die Risikotragung, Verwaltungskosten und Abschlusskosten verwendet.[88]

Als äquivalent dazu und daher ebenfalls als zulässig hat das BAV die Regelung angesehen, als Rückkaufswert 80% des nach dem ersten Jahr gebildeten ungezillmerten Deckungskapitals zu gewähren. Gegen geeignete Näherungsverfahren zur Berechnung dieser Rückkaufswerte, die nicht unangemessen von den genannten Werten abweichen, bestehen aus der Sicht des BAV keine Bedenken. Da bei kürzeren Versicherungsdauern bereits das (ggf. um einen Stornoabzug gekürzte) voll gezillmerte Deckungskapital höher sein kann als die genannten Mindestrückkaufswerte, sind in jedem Falle mindestens die höheren Werte herauszugeben.[89]

e) Unterrichtung der Versicherungsnehmer über ihre Garantiewerte.

Gemäß Ziffer 1.1.1 Nr. 5 des Allgemeinen Geschäftsplans für die Lebensversicherung[90] ist vorgesehen, dass die LVU in den Versicherungsantrag folgenden Text

---

[85] GB BAV 1985, 56.
[86] GB BAV 1985, 56.
[87] GB BAV 1985, 56.
[88] GB BAV 1985, 56.
[89] GB BAV 1985, 56
[90] VerBAV 1986, 150.

aufnehmen: „Mir ist bekannt, dass die Beiträge bei kapitalbildenden Lebensversicherungen zunächst zur Deckung der vorzeitigen Versicherungsfälle, der Abschlusskosten und der Verwaltungskosten verbraucht werden. Deshalb fällt bei Kündigung der Lebensversicherung in den ersten Jahren kein oder nur ein niedriger Rückkaufswert an. Über die Entwicklung der Rückkaufswerte gibt eine dem Versicherungsschein beigefügte Tabelle Auskunft". Ergänzend bestimmt Ziffer 7.3 des Geschäftsplans für die Großlebensversicherung,[91] dass im Versicherungsschein eine Tabelle der Garantiewerte (Rückvergütungen und beitragsfreie Versicherungssummen) abgedruckt wird, durch die eine ausreichende Unterrichtung der Versicherungsnehmer gewährleistet ist.

53 Die Garantiewerttabelle sieht in der Regel so aus, dass sie meistens auf einer Seite sowohl die Rückkaufswerte als auch die beitragsfreien Versicherungssummen für die Eintrittsalter 25, 35, 45 und 55 Jahre, für die Versicherungsdauern 12, 15, 20, 25, 30, 35 ff. Jahre und die zurückgelegten Versicherungsjahre 1, 2, 3, 5, 7, 10, 15, 20 ff enthält. Mit dieser Gestaltung soll erreicht werden, dass eine einzige Tabelle unverändert allen Versicherungen einer Tarifgruppe beigefügt werden kann.

54 Verschiedene LVU, die bereits die dafür notwendigen verwaltungstechnischen Voraussetzungen geschaffen haben, sind dazu übergegangen, dem Versicherungsnehmer den Verlauf seiner individuellen Garantiewerte, die lediglich seinen eigenen Versicherungsantrag betreffen, im Versicherungsschein bzw. in einer Anlage dazu mitzuteilen.[92]

55 Die verbesserte Unterrichtung über den künftigen Verlauf der Garantiewerte ist zum Teil nicht auf Neuabschlüsse beschränkt worden. Vielmehr sind auch Vertragsänderungen einbezogen worden. Ggf. erhält der Versicherungsnehmer nach einer Vertragsänderung eine Übersicht über die neuen, auf seine geänderte Versicherung bezogenen Garantiewerte unter der Voraussetzung, dass die vereinbarten Beiträge für die restliche Beitragszahlungsdauer entrichtet werden. Dies gilt nicht nur für einmalige Vertragsänderungen, sondern auch für regelmäßige Änderungen, wie zum Beispiel bei laufender Erhöhung der Beiträge und Versicherungsleistungen ohne erneute Gesundheitsprüfung. Allerdings wird bei diesen sogenannten dynamischen Versicherungen im Regelfall noch das oben beschriebene Verfahren der Einheitstabelle angewendet, die damit bereits nach der ersten Erhöhung von Beitrag und Leistung überholt ist.[93]

56 Im Hinblick auf die heute allgemein gegebenen verwaltungstechnischen Möglichkeiten will das BAV zur Wahrung der Belange der Versicherten verstärkt darauf hinwirken, dass die individuellen Garantiewerte einer Lebensversicherung in den Vertragsunterlagen angegeben werden.[94]

57 In den Nachtrag zum Versicherungsschein aus Anlass einer Vertragsänderung werden teilweise auch das vorhandene Überschussguthaben und das Deckungskapital aus einer zusätzlichen Versicherungsleistung infolge der Überschussbeteiligung (Bonus) aufgenommen. Natürlich kann dabei nur der jeweils erreichte Stand des Überschussguthabens bzw. des Deckungskapitals, nicht jedoch die voraussichtliche Entwicklung dieser Posten im Versicherungsschein angegeben werden.[95] Umgekehrt hat das BAV Mitteilungen über den Stand der Überschussbeteiligung beanstandet, wenn lediglich der erreichte Bonus angegeben und dabei von „Guthaben" gesprochen wird. Als „Guthaben" kann nur das Deckungskapital aus dem

---

[91] VerBAV 1986, 201.
[92] GB BAV 1984, 55.
[93] GB BAV 1984, 55.
[94] GB BAV 1984, 55.
[95] Vgl. auch GB BAV 1983, 53.

Bonus bezeichnet werden. Das BAV begrüßt es, wenn bei laufenden Standmitteilungen auch dieses Deckungskapital als Garantiewert des Versicherungsnehmers ausgewiesen wird.[96]

8. Fortführung einer gekündigten Lebensversicherung

Eine einvernehmliche Fortführung der Lebensversicherung liegt nicht schon deshalb vor, weil der Versicherer nach der Kündigung des Versicherungsvertrags durch den Versicherungsnehmer eine Beitragsrechnung für das folgende Versicherungsjahr übersandt hat sowie die Prämie abbucht und sich der Versicherungsnehmer die Abbuchung der Prämie gefallen lässt.[97] Auch die nach einer wirksamen Kündigung fortgesetzte Prämienabbuchung kann ohne weitere hinzutretende Umstände nicht als ein Festhaltenwollen am Vertrag gewertet werden.[98] Gibt der Versicherer nach Kündigung der Lebensversicherung durch den Versicherungsnehmer ein Angebot auf Abschluss eines Aufhebungsvertrages ab, verbleibt es bei dem Grundsatz, dass Schweigen des Versicherungsnehmers auf dieses Angebot keine Zustimmung bedeutet.[99]

III. Umwandlung aufgrund Verlangens des Versicherungsnehmers

1. Allgemeines

a) **Fassung.** Die Umwandlungsvorschriften sahen bis zu den ALB 1981 vor, dass innerhalb des Versicherungsjahres mit einer Frist von drei Monaten die Umwandlung beantragt werden kann.

b) **VVG.** In den Versicherungsbedingungen kann mit Genehmigung der Aufsichtsbehörde eine andere als die in den §§ 174, 175 VVG vorgesehene Art der Umwandlung in eine prämienfreie Versicherung sowie eine andere als die im § 176 VVG vorgesehene Berechnung des zu erstattenden Betrages bestimmt werden (§ 178 Abs. 1 Satz 2 VVG). Die Teilumwandlung nach Abs. 5 verstößt daher nicht gegen § 178 VVG, zumal das VVG nur die Umwandlung im Ganzen vorsieht. Die Genehmigung der Aufsichtsbehörde kann sich nur darauf beziehen, wie die Umwandlung durchgeführt wird, nicht auf ihre Voraussetzungen.[100]

2. Berechtigter

Die Umwandlung der Versicherung kann der Versicherungsnehmer verlangen (§§ 173, 174, 178 VVG), ggf. mit Zustimmung des Pfandgläubigers, § 1276 BGB. Berechtigt sind ferner der Gesamt- oder Einzelrechtsnachfolger des Versicherungsnehmers, der Zessionar, der Vollstreckungsgläubiger, wenn er einen entsprechenden Pfändungs- und Überweisungsbeschluss erwirkt hat, der Insolvenzverwalter. Nicht berechtigt sind der Versicherte, der Bezugsberechtigte, der Pfandgläubiger (wegen § 1282 Abs. 2 BGB). Das Umwandlungsverlangen muss gegenüber dem Versicherer gestellt werden und ist schon während des ersten Versicherungsjahres möglich.

---

[96] GB BAV 1984, 56.
[97] OLG Hamm, Urt. v. 3. 9. 1993 – 20 U 36/93, NJW-RR 1994, 286, 287; a. A. OLG Brandenburg, Urt. v. 19. 2. 1997 – 1 U 17/96, NJW-RR 1997, 1050 f.
[98] OLG Köln VersR 1983, 527; OLG Köln VersR 1998, 85; OLG Köln, Urt. v. 30. 9. 1998 – 5 U 44/98, VersR 2000, 619, 620 = r+s 2000, 522, 523.
[99] BGH, Urt. v. 10. 2. 1999 – IV ZR 56/98, r+s 1999, 186, 187.
[100] LG Köln v. 5. 11. 1953, VersR 1955, 209 (Ls.) = VerBAV 1955, 50 = ZfV 1955, 250.

3. Form und Frist

62 Eine Form ist gesetzlich nicht vorgeschrieben. § 4 Abs. 5 Satz 1 ALB 1986 lässt sich insoweit mit § 178 Abs. 2 VVG nicht vereinbaren, der anders als die §§ 34a, 178 Abs. 1 VVG eine Erschwerung durch Schriftform nicht zulässt.[101] Ein mündlich gestelltes Umwandlungsverlangen ist daher wirksam.[102]

63 § 4 Abs. 5 ALB 1986 i.V.m. § 4 Abs. 1 ALB 1986 sieht eine Frist bei Umwandlung auf den Schluss eines Monats vor. Diese Bestimmung ist gegenüber § 178 VVG gültig.[103] Ansonsten tritt die Umwandlungswirkung nach § 174 Abs. 1 VVG erst zum Schluss des laufenden Jahres ein. Bei echten Monatsbeiträgen ist die Umwandlung jederzeit auf den Schluss eines Monats möglich.[104]

4. Inhalt der Umwandlungserklärung

64 Das Umwandlungsverlangen ist wirksam gestellt, wenn sich aus der Erklärung des Versicherungsnehmers klar und eindeutig der Wille ergibt, dass die Versicherung in eine beitragsfreie Lebensversicherung umgewandelt werden soll.[105] Gemäß Abs. 5 muss der Berechtigte verlangen, ganz oder teilweise von der Beitragszahlungspflicht befreit zu werden. Für diesen Antrag genügen schlüssige Handlungen nicht.[106] Ist zweifelhaft, ob eine Kündigung oder eine Umwandlung gemeint ist, so ist es zulässig, die Umwandlung als die weniger einschneidende Maßnahme zu unterstellen.[107] Fehlt es an einem eindeutigen Umwandlungsverlangen des Versicherungsnehmers, besteht der Versicherungsvertrag unverändert fort.[108] Ob der Versicherungsnehmer mit einer seitens des Versicherers eventuell in der Folgezeit angebotenen Umwandlung einverstanden gewesen sein sollte, ist unerheblich.[109]

5. Zugang der Umwandlungserklärung

65 Rechtswirksam ist die Umwandlungserklärung, wenn sie dem Versicherungsunternehmen zugegangen ist.[110] Das Erfordernis des Zugangs in schriftlicher Form entfällt, weil dieses Erfordernis eine unzulässige Abänderung der zwingenden Vorschrift des § 174 Abs. 1 VVG zum Nachteil des Versicherungsnehmers enthält.[111] Der Versicherer kann aber die Vorlage des Versicherungsscheins verlangen.[112]

---

[101] Vgl. OLG Hamm v. 25. 6. 1951, VerBAV 1951, 194.
[102] So auch *Winter* in: Bruck/Möller, VVG, 8. Aufl., 1988, §§ 159–178 VVG Anm. E 101.
[103] BGH v. 7. 7. 1955, VersR 1955, 481 = VerBAV 1955, 303.
[104] GB BAV 1957/58, 33.
[105] BGH, Urt. v. 24. 9. 1975 – IV ZR 50/74, NJW 1976, 148 = VersR 1975, 1089, 1090 = VerBAV 1976, 149 = MDR 1976, 33; OLG Stuttgart, Urt. v. 26. 7. 2001 – 7 U 71/01, VersR 2002, 301 = r+s 2003, 28, 29; BGH, Urt. v. 23. 6. 1993 – IV ZR 37/92, VersR 1994, 39, 40 = r+s 1993, 475, 476 (Revisionsentscheidung zu OLG Köln, Urt. v. 9. 1. 1992 – 5 U 12/91, VersR 1992, 1252).
[106] BGH, Urt. v. 24. 9. 1975 – IV ZR 50/74, NJW 1976, 148 = VersR 1975, 1089 = VerBAV 1976, 149 = MDR 1976, 33.
[107] BGH v. 7. 7. 1955, VersR 1955, 481, 482 = VerBAV 1955, 303.
[108] OLG Stuttgart, Urt. v. 26. 7. 2001 – 7 U 71/01, VersR 2002, 301 = r+s 2003, 28, 29.
[109] BGH, Urt. v. 23. 6. 1993 – IV ZR 37/92, VersR 1994, 39 = r+s 1993, 475; OLG Stuttgart, Urt. v. 26. 7. 2001 – 7 U 71/01, VersR 2002, 301 = r+s 2003, 28, 29.
[110] OLG Hamm v. 25. 6. 1951, VersR 1952, 32 = VerBAV 1951, 192 = VP 1952, 30.
[111] OLG Hamm v. 25. 6. 1951, VersR 1952, 32 = VerBAV 1951, 192 = VP 1952, 30.
[112] Ebenso *Winter* in: Bruck/Möller, VVG, 8. Aufl., 1988, §§ 159–178 VVG Anm. E 112.

6. Rechtsfolgen des Umwandlungsverlangens

a) Allgemeines. Die einseitige, empfangsbedürftige Willenserklärung des Ver- 66
sicherungsnehmers genügt, um die Umwandlung einer beitragspflichtigen Lebensversicherung in eine beitragsfreie automatisch herbeizuführen; einer Annahme der Umwandlungserklärung seitens des Versicherers bedarf es nicht.[113] Bis zum Ablauf der Versicherungsperiode besteht das Versicherungsverhältnis fort, wenn nicht der Versicherer aus §§ 175, 39 VVG kündigt, jedoch fallen die die Beitragszahlung betreffenden Vertragsbestimmungen weg; die übrigen bleiben in Kraft.[114] Nach der Umwandlung sind Rücktritt und Anfechtung möglich. Ein Anspruch auf Rückumwandlung besteht nicht.[115]

b) Fortführung als beitragsfreie Versicherung. aa) Errechnung der bei- 67
tragsfreien Versicherungssumme. Wird die Umwandlung vom Versicherungsnehmer verlangt, so tritt an die Stelle des vereinbarten Kapitalbetrages der Betrag, der sich für das Alter des Versicherten (desjenigen, auf dessen Person die Versicherung genommen ist) als Leistung des Versicherungsunternehmens ergibt, wenn die auf die Versicherung entfallende Deckungsrückstellung als einmaliger Beitrag angesehen wird.[116] Die Berechnung der beitragsfreien Versicherungssumme erfolgt nach den zur Zeit der Umwandlung geltenden Tarifen.[117] Maßgebend für die Ausgestaltung der beitragsfreien Versicherung ist bei Umwandlung der Versicherung das Deckungskapital abzüglich eines angemessenen Betrages.[118] Von der nach § 174 Abs. 3 VVG errechneten Summe sind alle Beitragsrückstände abzusetzen (§ 174 Abs. 3 Satz 2 VVG) sowie Darlehen, Zinsen und Kosten (einschließlich der Kosten eines Beitragsrechtsstreits), ferner der Abzug nach § 174 Abs. 4 VVG. Der Abzug soll einen inneren Ausgleich dafür gewähren, dass der Vertrag vorzeitig aufhört.[119] Die Umwandlung befreit unter Aufrechterhaltung des Versicherungsvertrages den Versicherungsnehmer von weiteren Beitragszahlungen. Beiträge sind zurückzuerstatten, soweit sie über den Zeitpunkt der Umwandlung hinaus gezahlt sind. Die Leistungspflicht des Versicherungsunternehmens bleibt auf die herabgesetzte Versicherungssumme bestehen. Eine analoge Anwendung bei Rücktritt wegen Verschweigung von Gefahrumständen ist ausgeschlossen. Die beitragsfreie Versicherung und damit die Umwandlung muss auch bei einem geringfügigen Betrag gewährt werden.[120]

bb) Rückkauf. Das Versicherungsunternehmen kann in seinem Geschäftsplan 68
einen Mindestbetrag festsetzen und bei Nichterreichung des Mindestbetrages den Rückkauf vorsehen. Dies stimmt mit §§ 173, 174 VVG überein.[121]

IV. Wiederherstellung der Lebensversicherung

Die Umwandlung einer Lebensversicherung in eine prämienfreie Versicherung 69
(§ 174 VVG) löst keinen Rückumwandlungsanspruch des Versicherten gegen den

---

[113] OLG Hamm v. 25. 6. 1951, VersR 1952, 32 = VerBAV 1951, 194 = VP 1952, 30; OLG Köln v. 15. 7. 1953, VersR 1953, 408; BGH v. 24. 9. 1975, VersR 1975, 1089.
[114] OLG Nürnberg v. 21. 12. 1951, VersR 1952, 121; OLG Schleswig v. 30. 10. 1952, VersR 1953, 19; BGH v. 11. 2. 1953, BGHZ 9, 48; BGH v. 8. 5. 1954, BGHZ 13, 234.
[115] Siehe aber OLG Nürnberg v. 28. 9. 1971, VersR 1973, 413.
[116] § 174 Abs. 2 VVG; vgl. auch BGH v. 11. 2. 1953, BGHZ 9, 48; LG Köln v. 5. 11. 1953, VerBAV 1955, 51.
[117] Dazu *Frels* VersR 1972, 503.
[118] BGH v. 16. 9. 1971, VersR 1972, 169; OLG Nürnberg v. 28. 9. 1971, VersR 1973, 413.
[119] RGZ 152, 268.
[120] VerAfP 1910, 102.
[121] OLG Hamm v. 25. 6. 1951, VersR 1952, 32 = VerBAV 1951, 192 = VP 1952, 30; a. A. LG Köln v. 5. 11. 1953, VerBAV 1955, 50.

Versicherer auf Wiederherstellung des ursprünglichen Versicherungsverhältnisses aus.[122] Es steht vielmehr im Ermessen des Versicherers, ob er den Vertrag wieder herstellen will.[123] Ist die Umwandlung einer beitragspflichtigen in eine beitragsfreie Lebensversicherung vollzogen, so lebt dennoch die beitragspflichtige Lebensversicherung wieder auf, wenn sich der Versicherer so verhält, als ob die Umwandlung nicht vollzogen sei, der Versicherungsnehmer sich ohne Arglist auf denselben Standpunkt stellt und entsprechend handelt, und zwar, ohne dass das Wiederaufleben der alten Versicherung vertraglich vereinbart worden ist.[124]

V. Rückzahlung der Beiträge

70 Ein Anspruch auf Rückzahlung der gezahlten Beiträge besteht nicht. Auch kann der Versicherungsnehmer nicht die Rückzahlung der entrichteten besonderen Risikozuschläge verlangen, da sie durch die Gefahrtragung des Versicherers abgegolten sind.[125]

VI. Auskunftspflicht des Versicherungsunternehmens

1. Auskunftsanspruch des Versicherungsnehmers

71 Die Höhe der Rückvergütung kann der Versicherungsnehmer während der Vertragslaufzeit erfragen und ist vom Versicherer mitzuteilen. Die Mitteilungspflicht besteht auch gegenüber dem Zessionar. Im Falle der vorzeitigen Kündigung besteht keine Verpflichtung des Versicherers, dem Versicherungsnehmer eine Abrechnung darüber zu erteilen, wie die Rückvergütung ermittelt wurde.[126] Der Versicherungsnehmer kann lediglich die Auskunft des Versicherers über die Höhe der Rückvergütung von der Aufsichtsbehörde überprüfen lassen.[127] Wenn die Aufsichtsbehörde die Richtigkeit der beanstandeten technischen Berechnung des Rückkaufswertes bestätigt, scheidet eine Nachprüfung durch das Gericht aus.[128]

2. Haftung bei fehlerhafter Auskunft

72 Teilt der Versicherer dem Versicherungsnehmer auf eine entsprechende Anfrage wenige Monate vor Ablauf der Lebensversicherung mit, es werde ein bestimmter Kapitalbetrag (anstelle einer zu wählenden Rente) fällig, so handelt es sich bei dieser Auskunft regelmäßig weder um ein abstraktes noch ein kausales oder deklaratorisches Schuldanerkenntnis.[129] Für eine derartige losgelöste Verpflichtung besteht bei der Erklärung des Versicherers über eine nach Ablauf des Vertrags fällig

---

[122] OLG Köln v. 15. 7. 1953, VersR 1953, 407, 408 = DB 1953, 1034 = VP 1954, 118.
[123] OLG Schleswig v. 30. 10. 1952, VersR 1953, 20; BGH v. 8. 5. 1954, BGHZ 13, 227; OLG Frankfurt/M. v. 16. 9. 1971, VersR 1973, 414.
[124] OLG Hamm v. 25. 6. 1951, VersR 1952, 32 = VerBAV 1951, 192 = VP 1952, 30.
[125] KG v. 17. 12. 1965, VersR 1966, 259.
[126] OLG München, Urt. v. 17. 2. 2009 – 25 U 3975/08, r+s 2010, 207, 208; a. A. LG Kiel, Urt. v. 25. 1. 1985 – 8 S 199/84, VuR 1987, 97.
[127] LG Hamburg, Urt. v. 23. 11. 2000 – 332 S 18/00, VersR 2002, 221, 222; OLG München, Urt. v. 17. 2. 2009 – 25 U 3975/08, r+s 2010, 207, 208.
[128] AG Heide v. 25. 10. 1950, VersR 1951, 42 m. Anm. *Bronisch*.
[129] OLG Köln, Urt. v. 30. 10. 2002 – 5 U 9/02, VersR 2003, 95, 96. Zu einem unzutreffenden Leistungsspiegel siehe OLG Stuttgart, Urt. v. 20. 7. 2000 – 7 U 255/99, VersR 2002, 555.

werdende Versicherungssumme in der Regel keine Veranlassung.[130] Erteilt der Versicherer eine objektiv fehlerhafte Auskunft bezüglich der Höhe des Rückkaufswertes, kann aber eine Haftung des Versicherers wegen Verletzung nebenvertraglicher Pflichten bestehen, wenn für den Versicherer erkennbar war, dass die Auskunft für den Empfänger von erheblicher Bedeutung ist und er sie zur Grundlage wesentlicher Vermögensverfügungen machen will.[131] Dem Sicherungsinteresse wird vom BGH „erhebliche Bedeutung" zugemessen.[132] Wenn die Lebensversicherung zur Sicherung von Forderungen gegen den Versicherungsnehmer abgetreten ist, ist – je nach den Umständen des Einzelfalls – die erhebliche Bedeutung der Rückkaufswertinformation für den Sicherungsnehmer zu bejahen. Wer sich auf die Erteilung falscher Auskünfte beruft, kann lediglich Ersatz des negativen Interesses verlangen, nämlich so gestellt zu werden, als wäre ihm die richtige Auskunft gegeben worden.[133] Der Einwand des Mitverschuldens kann vom Versicherer erhoben werden, wenn für den Empfänger der Auskunft besondere Anhaltspunkte dafür bestehen, dass die erteilte Auskunft unrichtig sein könnte.[134] Erfüllungs- und Schadensersatzansprüche scheiden aus, wenn aus der Mitteilung des LVU ohne weiteres ersichtlich ist, dass die vom LVU mitgeteilten Zahlen nicht stimmen können.[135]

3. Anfechtung wegen Irrtums

Der Versicherer kann berechtigt sein, die im Rahmen des stillschweigend zustande gekommenen Auskunftsvertrages erteilte Auskunft über die Höhe des Rückkaufswerts wegen Irrtums anzufechten und hierdurch ihre Unwirksamkeit zu erreichen (§§ 119, 142 BGB). Anfechtungserklärung ist jede Willenserklärung, die unzweideutig erkennen lässt, dass das Rechtsgeschäft rückwirkend beseitigt werden soll.[136] Die Erklärung des Versicherers, die seinerzeit dem Versicherungsschein beigefügte Anlage über die Rückvergütungswerte gelte nicht für den Tarif, der dem Vertrag zugrunde liege, stellt keine Anfechtung der Annahme des Antrags auf Vertragsabschluss dar, wenn der Versicherer nur die Tabelle nicht mehr gelten lassen, jedoch an dem Vertrag festhalten will.[137]

Nach § 119 BGB kann außer in den in §§ 120, 123 BGB geregelten Fällen eine Willenserklärung wegen Inhaltsirrtums (Auseinanderfallen von Wille und Erklärung; § 119 Abs. 1 1. Alt. BGB), wegen Erklärungsirrtums (§ 119 Abs. 1 2. Alt. BGB) oder wegen Irrtums über eine verkehrswesentliche Eigenschaft der Person oder der Sache (§ 119 Abs. 2 BGB) angefochten werden, sofern der Er-

---

[130] OLG Karlsruhe VersR 1992, 219; OLG Celle, Urt. v. 9. 3. 2006 – 8 U 181/05, VersR 2007, 930, 931.
[131] BGH, Urt. v. 30. 3. 1976 – VI ZR 21/74, VersR 1976, 830, 831 = WM 1976, 498, 499 = DB 1976, 1218 = MDR 1976, 748; BGH v. 22. 9. 1982, VersR 1982, 1143; BGH NJW 1983, 276; BGH WM 1985, 381 m.w.N.; OLG Hamm MDR 1987, 233 und WM 1987, 851; BGH v. 17. 10. 1989, VersR 1989, 1306; BGH, Urt. v. 16. 10. 1990 – XI ZR 165/88, NJW 1991, 352 = VersR 1991, 311 = WM 1990, 1990, 1991 = DB 1990, 2516 = MDR 1991, 338; dazu *Eckert* EWiR 1991, 41; BGH, Urt. v. 7. 7. 1998 – XI ZR 375/97, NJW-RR 1998, 1343, 1344 = VersR 1998, 1244 = ZIP 1998, 1474 = WM 1998, 1771, 1772 = DB 1998, 1858 = MDR 1998, 1235; dazu *Pfeiffer* EWiR 1998, 933; BGH, Urt. v. 8. 12. 1998 – XI ZR 50/98, ZIP 1999, 275; BGH, Beschl. v. 29. 1. 2009 – III ZR 74/08, WM 2009, 400, 402; *Müssig* NJW 1989, 1697, 1700.
[132] BGH NJW 1983, 276.
[133] OLG Köln VersR 1983, 1045.
[134] BGH NJW 1962, 1095, 1096; OLG Hamm WM 1987, 851, 853.
[135] OLG Stuttgart, Urt. v. 20. 7. 2000 – 7 U 255/99, VersR 2002, 555, 556.
[136] BGH, Urt. v. 14. 11. 2001 – IV ZR 181/00, NVersZ 2002, 112.
[137] BGH, Urt. v. 14. 11. 2001 – IV ZR 181/00, NVersZ 2002, 112.

klärende die Willenserklärung bei Kenntnis der Sachlage und bei verständiger Würdigung des Falles nicht abgegeben haben würde (§ 119 Abs. 1 2. Halbsatz BGB).[138] Beim Kalkulationsirrtum handelt es sich hingegen um einen schon im Stadium der Willensbildung unterlaufenden Irrtum im Beweggrund (Motivirrtum), der von keinem der gesetzlich vorgesehenen Anfechtungsgründe erfasst wird.[139] Er berechtigt grundsätzlich nicht zur Anfechtung, weil derjenige, der aufgrund einer für richtig gehaltenen, in Wirklichkeit aber unzutreffenden Berechnungsgrundlage einen bestimmten Preis oder eine Vergütungsforderung ermittelt und seinem Angebot zugrunde legt, auch das Risiko dafür trägt, dass seine Kalkulation zutrifft.[140] Dabei macht es keinen wesentlichen Unterschied, wenn die falsche Berechnung auf Fehlern einer vom Erklärenden verwendeten Software beruht.[141] In der Regel wird eine unrichtige Auskunft zum Rückkaufswert auf einem Dateneingabefehler beruhen, so dass ein Erklärungsirrtum vorliegt, der zur Anfechtung berechtigt.[142] Ein Kalkulationsirrtum würde hingegen zur Anfechtung wegen Irrtums nur berechtigen, wenn beide Vertragspartner von derselben Kalkulationsgrundlage ausgegangen sind oder wenn der andere Vertragspartner den Irrtum erkennen konnte.[143] Von einem Kennenmüssen wird man ausgehen können, wenn sich der Irrtum dem Erklärungsempfänger aufdrängen musste.[144] Die Erkennbarkeit des Irrtums ist gegeben, wenn dem Anfrager laufend die Rückkaufswerte mitgeteilt werden und er eine konstante und gleichmäßige Erhöhung bzw. ein Absinken des jeweils aktuellen Rückkaufswertes sehen kann und wenn dann der mitgeteilte Rückkaufswert um eine völlig unübliche Summe ansteigt oder absinkt. Bei einem außergewöhnlichen Ansteigen oder Absenken des Rückkaufswertes fällt auf, dass der Rückkaufswert nicht richtig mitgeteilt worden sein kann. Zumindest muss dies zur Rückfrage veranlassen.

4. Verfahren

75 Bei der Auskunftsklage ist für die Berechnung des Streitwerts darauf abzustellen, welche Aufwendungen, Arbeitszeit und allgemeine Kosten die Auskunftserteilung für den Verpflichteten mit sich bringen wird.[145] In der Regel ist bei einer Auskunftsklage gegen den Versicherer ein Betrag unter 700 DM anzunehmen.[146]

---

§ 5 Sie wollen eine Vorauszahlung?

(1) **Wir können Ihnen bis zur Höhe der Rückvergütung (vgl. § 4 Abs. 3) eine zu verzinsende Vorauszahlung auf die Versicherungsleistung gewähren. Ein Rechtsanspruch hierauf besteht jedoch nicht.**

(2) **Eine Vorauszahlung werden wir mit der fälligen Versicherungsleistung sowie im Falle der Umwandlung in eine beitragsfreie Versicherung verrechnen; vorher werden wir sie nicht zurückfordern. Sie hingegen können den Vorauszahlungsbetrag jederzeit zurückzahlen.**

---

[138] BGH, Urt. v. 7. 7. 1998 – X ZR 17/97, JZ 1999, 365, 366.
[139] BGH, Urt. v. 7. 7. 1998 – X ZR 17/97, JZ 1999, 365, 366.
[140] BGH, Urt. v. 7. 7. 1998 – X ZR 17/97, JZ 1999, 365, 366; *Singer* JZ 1999, 342, 343.
[141] BGH, Urt. v. 7. 7. 1998 – X ZR 17/97, JZ 1999, 365, 366; *Pawlowski* JZ 1997, 741.
[142] OLG Hamm, Urt. v. 8. 1. 1993 – 20 U 249/92, NJW 1993, 2321 = r+s 1996, 159; *Pawlowski* JZ 1997, 741.
[143] LG Hannover VersR 1979, 1146, 1147.
[144] Vgl. *Kindl* WM 1999, 2198, 2206.
[145] BGH NJW 1986, 1493.
[146] LG Detmold v. 19. 8. 1987 – 2 S 225/87 – nimmt 300 DM an.

Vorauszahlung § 5 ALB 1986

Übersicht

	Rdn.
I. Allgemeines	1–8
1. Fassung	1–5
2. VAG	6, 7
3. KWG	8
II. Gewährung einer Vorauszahlung durch den Versicherer	9–32
1. Rechtsnatur	9–12
2. Antragsberechtigter	13–15
a) Versicherungsnehmer	13
b) Vormundschaftsgerichtliche Genehmigung	14
c) Weitere Berechtigte	15
3. Erhebung von Gebühren	16
4. Nichtzahlung der Zinsen	17
5. Abzugsrecht des Versicherers	18, 19
6. Zinsanpassungsklausel	20–23
a) Inhalt	20, 21
b) Inhaltskontrolle	22, 23
7. Höhe des Zinssatzes	24–26
a) Bestimmung des Zinssatzes	24
b) Angabe des effektiven Jahreszinses	25
c) Anzeigepflicht	26
8. Steuerliche Behandlung des Policendarlehens	27–32
a) Verwendung der Lebensversicherung	27, 28
b) Anzeige der Beleihung	29
c) Unzulässigkeit des Sonderausgabenabzugs	30
d) Zulässigkeit des Betriebsausgabenabzugs	31
e) Besteuerung der außerrechnungsmäßigen und rechnungsmäßigen Zinsen	32
III. Beamtendarlehensgeschäft	33–41
1. Sondergeschäftsplan	33–39
2. Darlehensbedingungen	40
IV. Arbeitgeberdarlehen	41

AuVdBAV: GB BAV 1957/58, 33 (Vorauszahlungen auf die Versicherungsleistung); GB BAV 1966, 41 und GB BAV 1967, 52 (Hypothekendarlehen in Verbindung mit Lebensversicherungsverträgen); GB BAV 1967, 52 (Sondervergünstigungen im Zusammenhang mit Hypothekendarlehen); GB BAV 1968, 50 (Rechtsverbindliche Erklärung eines VN gegenüber dem Hypothekenantragsvermittler eines LVU); GB BAV 1972, 32 (Verordnung über Preisangaben); GB BAV 1972, 32 (Vermittlungstätigkeit von Versicherungsunternehmen); GB BAV 1972, 48 (Hypothekenanrecht und Schicksal des Lebensversicherungsvertrages); GB BAV 1972, 49 (Zinssätze für Policedarlehen (Vorauszahlungen); VerBAV 1974, 34 (Verlautbarung zur Verordnung über Preisangaben vom 10. 5. 1973); GB BAV 1979, 27 (Anwendung der Gewerbeordnung auf Versicherungsunternehmen); GB BAV 1980, 46 (Marktgerechte Verzinsung von Hypothekendarlehen); GB BAV 1984, 44 und GB BAV 1986, 46 (Zur Vergabe von Hypothekendarlehen); GB BAV 1985, 54 (Provisionsabgabe an darlehensgebende Bank); GB BAV 1987, 44 (Provisionsabgabe = Verbot – Rückerstattung Disagio); VerBaFin Februar 2004, S. 3 (Anzeigepflichten für Zinssätze der Beitragsdepots und Policendarlehen).

Schrifttum: *Baum*, Gesonderte Feststellung bei Policendarlehen – Änderung der Verordnung zu § 180 Abs. 2 AO –, DB 1995, 401; *Beining*, Pflichten der Kreditinstitute bei der Vergabe von endfälligen Lebensversicherungsdarlehen, VuR 2005, 407; *Blitz*, Die Beleihung des Versicherungsscheines in der Lebensversicherung, Diss. Erlangen 1933; *Bruck-Dörstling*, Das Recht des Lebensversicherungsvertrages. Ein Kommentar zu den Allgemeinen Versicherungsbedingungen der Kapitalversicherung auf den Todesfall (Lebensversicherung), 2. Aufl., Mannheim/Berlin/Leipzig, DDR, 1933; *Dahm*, Finanzierungsinstrument Lebensversicherung, Köln, Bank-Verlag, 1996; *Dankmeyer*, Hinweise zur Finanzierung von Fondsanteilen mit Policendarlehen auf der Grundlage der bestehenden Verwaltungsregelungen, DB 1996, 1488; *Fleischmann,* Darlehenshingabe mit Sachversicherungsforderungen, VersR 1955, 129; *Freytag,* Lebensversicherung als Kreditgrundlage, VW 1968, 1102; *Hedemann,* Beleihung von Versicherungen mit Anspruchsberechtigung von Minderjährigen, VersR 1952, 189; *Heinrichs,* Der Gewerbesteuer-Einfluss bei den Finanzierungskosten, VW 1993, 1557; *Horlemann,* Das BMF-Schreiben zu Verlustzuweisungsmodellen i. S. des § 2 b EStG, insbesondere für fremdfinanzierte Renten- und Lebensversicherungen, BB 2001, 650; *Illgen,* Die wirtschaftliche Bedeutung der Versicherungsdarlehen, ZVersWiss 1919, 104; *derselbe,* Versicherungsdarlehen (Policedarlehen), Karlsruhe 1920; *Jaeger,* Zinsdifferenzgeschäfte, die man tunlichst meiden sollte, VW 2009, 1512; *Klinkmann,* Zurechnung von Lebensversicherungen zum Betriebs- oder Privatvermögen bei Absicherung betrieblicher Darlehen, BB 1998, 1233; *Lübbert,* Die Abhängigkeit der Lebensversicherung als Finanzierungsinstrument vom Investitionsobjekt, BB 1996, 2273; von der *Linden,* AGB-rechtliches Transparenzgebot bei Zinsanpassungsklauseln – Probleme der Bankvertragsgestaltung nach Basel II –, WM 2008, 195; *Mauer,* Kreditsicherung mit Versicherungspolice, ZK 1954, 678; *Oswald,* Vorauszahlungen (Policendarlehen) auf eine Lebensversicherung, Steuer u. Wirtschaft 1964, 151; *derselbe,* Vorauszahlungen bei Lebensversicherungen, DVersZ 1965, 193; *derselbe,* Einkommensteuerliche Behandlung von Versicherungsdarlehen, auf die Policedarlehen für betriebliche Zwecke gewährt werden, VP 1978, 43; *derselbe,* Zum Problem der Rechtsnatur des sog. Policendarlehens (Vorauszahlung), Die steuerliche Betriebsprüfung 1980, 18; *Peter,* Das Policendarlehen, Diss. Erlangen 1937; *Reifner,* Rechtsprobleme des Lebensversicherungskredits, ZIP 1988, 817; *Schwenkedel,* Das Policendarlehen im Rahmen der Geschäftspolitik der Lebensversicherungen, Nürnberg, 1986; *derselbe,* Überlegungen zu einer Renaissance des Policedarlehens, VW 1990, 105.

I. Allgemeines

1. Fassung

1   Die ALB 1932 enthielten in § 5 noch Einzelheiten zu den Bedingungen der Gewährung eines Darlehens und nannten folgende Voraussetzungen: Verpfändung der Versicherungsansprüche, Hinterlegung des Versicherungsscheins, Rückkaufswert abzüglich eines Jahreszinses und der Risikoprämie des folgenden Versicherungsjahres als Höchstgrenze für das Darlehen, Festsetzung des Zinssatzes nach Lage des Kapitalmarkts, jederzeitige Rückzahlung des Darlehens ganz oder teilweise, Abzug des Darlehens am Rückkaufswert bei Nichtzahlung.

2   Demgegenüber bestimmten die ALB 1957 nur noch, dass die Gesellschaft bis zur Höhe des Rückkaufswertes eine verzinsliche Vorauszahlung (Darlehen) gewähren kann und ein Rechtsanspruch nicht besteht (vgl. § 5 ALB 1957).

3   Durch die ALB 1975 wurde § 5 ALB 1957 geändert. Der Versicherer konnte nunmehr eine „zu verzinsende Vorauszahlung (Darlehen)" gewähren. Im Übrigen blieb die Bestimmung unverändert.

4   Die ALB 1932 und 1981 sprachen von Vorauszahlung und Darlehen. Die ALB 1986 erwähnen in § 5 nur noch die Vorauszahlung.

5   Mit Einführung der verbraucherfreundlichen Versicherungsbedingungen erhielt § 5 seine jetzige Fassung, wobei die ALB 1983 noch den Begriff „Rückkaufswert" enthielten, der in den ALB 1986 durch den Begriff „Rückvergütung" ersetzt wurde. In den ALB 1994 findet sich mit Blick auf die Abschaffung des § 10 Abs. 1 Nr. 8 VAG die Vorauszahlungsklausel nicht mehr.

2. VAG

6   Die allgemeinen Versicherungsbedingungen sollen gemäß § 10 Abs. 1 Nr. 8 VAG a. F. Bestimmungen über die Voraussetzungen und den Umfang von Vorauszahlungen oder Darlehen auf Versicherungsscheine enthalten. Sie sollten auch Angaben über die Kündigung der Darlehen, über die Form einer Verpfändung des Versicherungsscheines (Hinterlegungsschein oder Vermerk auf dem Versiche-

Vorauszahlung 7–10 § 5 ALB 1986

rungsschein) und über die Rechtsfolgen einer nicht rechtzeitigen Zinszahlung vorsehen.[1] In den Versicherungsbedingungen sollte ferner zum Ausdruck gebracht werden, ob dem Versicherten ein Rechtsanspruch auf die Beleihung zusteht.[2] In § 5 ALB 1986 ist deshalb im Gegensatz zu den ALB 1994 noch geregelt, dass bis zur Höhe der Rückvergütung eine zu verzinsende Vorauszahlung auf die Versicherungsleistung gewährt werden kann, auf die kein Rechtsanspruch besteht.

Vorauszahlungen oder Policendarlehen, die der Versicherer nach den AVB auf die eigenen Versicherungsscheine gewährt, sind bis zur Höhe des Rückkaufswerts deckungsstockfähig (§ 54a Abs. 2 Nr. 12 VAG a.F.), sofern sie – wie allgemein üblich – verzinslich ausgestaltet sind.[3]   7

3. KWG

Policendarlehen sind nur dann als Kredite gemäß § 14 KWG anzeigepflichtig, wenn dem Versicherer aufgrund besonderer Vereinbarung ein Anspruch auf Rückzahlung entsteht.[4]   8

II. Gewährung einer Vorauszahlung durch den Versicherer

1. Rechtsnatur

Die Versicherungsbedingungen sprechen von Vorauszahlungen, weil der Versicherungsnehmer nicht verpflichtet ist, sondern nur berechtigt ist, die Vorauszahlung zurückzuzahlen.[5] Gleichwohl wird schon immer in der Praxis vom sog. Policen-Darlehen gesprochen.[6] In der Zeit der Geltung der §§ 607 ff. BGB wurde die Auffassung vertreten, dass derartige Policendarlehen keine Darlehen im Sinne dieser Vorschriften seien, weil wegen Fehlens der Rückzahlungsverpflichtung kein echtes Kreditgeschäft vorliege.[7]   9

Der BFH vertritt dagegen die Auffassung, dass die Vorauszahlung ein verzinsliches Darlehen sei. Er führt hierzu in seinem Urteil vom 29. April 1966 aus:[8]   10

„Aus diesen Vereinbarungen insgesamt konnte das FG rechtlich einwandfrei folgern, dass die Vorauszahlungen aus § 7 der Allgemeinen Versicherungsbedingungen verzinsliche Darlehen seien. Der Versicherungsvertrag als solcher bleibt in vollem Umfang bestehen; der Darlehensvertrag läuft rechtlich und wirtschaftlich selbständig daneben. Daran ändert es nichts, dass zwar der Versicherungsnehmer (Darlehensempfänger) zu jedem Beitragstermin die Vorauszahlungen ganz oder zum Teil zurückzahlen darf, insoweit also ein Kündigungsrecht hat, dass aber der Versicherer (Darlehensgeber) bei pünktlicher Zahlung durch den Versicherungsnehmer kein Recht zur Kündigung hat. Bei Darlehen kann vertragsmäßig der

---

[1] VerAfP 1909, 162.
[2] VerAfP 1917, 77.
[3] GB BAV 1962, 13, 14.
[4] Vgl. *Reischauer-Kleinhans*, § 14 Rdn 10; *Kollhosser* in: Prölss/Martin, § 5 ALB 86 Rdn. 4.
[5] LG Berlin, Beschl. v. 24. 9. 1962 – 83 T 511/62, ZfV 1963, 233.
[6] LG Berlin, Beschl. v. 24. 9. 1962 – 83 T 511/62, ZfV 1963, 233.
[7] LG Berlin, Beschl. v. 24. 9. 1962 – 83 T 511/62, ZfV 1963, 233; FG Münster v. 31. 1. 1963, EFG 1963, 353; *Bruck-Dörstling*, ALB-Komm., 2. Aufl., 1933, § 7 ALB Bem. 4; *Hedemann* VersR 1952, 189, 190; *Oswald*, Die steuerliche Betriebsprüfung 1980, 18, 21; *Winter* in: Bruck/Möller, VVG, 8. Aufl., 1988, §§ 159–178 VVG Anm. G 504; RG v. 9. 1. 1917, RGZ 89, 305, 307; BGHZ 42, 302, 305; *Soergel-Lippisch/Häuser*, vor § 607 BGB Rdn. 23; RGRK vor § 607 BGB Rdn. 35; Gutachten BJM, VerBAV 1954, 154, 155; a. A. *Kollhosser* in: Prölss/Martin, § 5 ALB 86 Rdn. 1.
[8] BFH, Urt. v. 29. 4. 1966 – VI 252/64, BStBl. III 1966, 421, 422 = VersR 1966, 1146 (ebenso Vorinstanz FG Hannover v. 9. 7. 1964, EFG 1965, 62); BFH, Urt. v. 19. 12. 1973, BStBl. 1974 II S. 237.

Kündigungsausschluss auf Zeit vereinbart werden (Kommentar von Reichsgerichtsräten und Bundesrichtern zum BGB – BGB-RGRK –, 11. Aufl., § 609 Anm. 1 und 3).
... Der Senat tritt den gegenteiligen Ausführungen des FG Münster (aaO.) nicht bei. Das FG Münster betrachtet die Vorauszahlungen nach § 7 der Allgemeinen Versicherungsbedingungen nicht als Darlehen, weil keine Rückzahlungsverpflichtung bestehe. Das trifft aber nicht zu. Zwar kann der Versicherer, wie ausgeführt, bei pünktlicher Zahlung des Versicherungsnehmers das Darlehen nicht kündigen. Eine Tilgung des Darlehens ist aber vorgesehen, sei es durch tatsächliche Zahlung des Versicherungsnehmers oder durch Aufrechnung des Versicherers mit einer Leistung aus der Versicherung. Dem entspricht es, dass bis zu dieser Zeit der Schuldbetrag zu verzinsen ist."

11   Das BAV teilt die Auffassung der Finanzverwaltung, da es unter Berufung auf den Reichsfinanzhof[9] aus der Ausgestaltung der Vorauszahlungen entnimmt, dass es sich – vom Standpunkt des Versicherungsnehmers aus – bei den Vorauszahlungen um die Aufnahme eines langfristigen Darlehens handele, das jederzeit zurückgezahlt werden könne.[10]

12   Dieser Auffassung ist zu folgen, da das Policendarlehen mit seinen Merkmalen als Darlehen im Sinne von § 488 BGB zu qualifizieren ist. In jedem Fall ist das Policendarlehen als sonstige Finanzierungshilfe im Sinne von § 499 Abs. 1 BGB anzusehen und fällt damit auch unter die Verbraucherkredit- und Fernabsatzvorschriften, wenn die Vereinbarungen unter ausschließlicher Verwendung von Fernkommunikationsmitteln getroffen werden. In seinem Urteil vom 27. Januar 1999 hat der BGH[11] die Frage der Rechtsnatur des Policendarlehens nicht entschieden.

2. Antragsberechtigter

13   **a) Versicherungsnehmer.** Den Antrag auf Entnahme einer Vorauszahlung (Gewährung eines Policendarlehens) bis zur Höhe des Rückkaufswerts[12] kann nur stellen, wem die Verfügungsrechte und die in der Versicherung angesammelten Mittel zustehen. Hat der Versicherungsnehmer keine Verfügungen getroffen, so ist er berechtigt, die Vorauszahlung zu beantragen.[13] Lässt der Versicherungsnehmer seine Ehefrau mehrfach in seinem Namen auftreten und den Vorauszahlungsantrag unterzeichnen, haftet er nach den Grundsätzen der Anscheinsvollmacht für das jeweilige Vorauszahlungsgeschäft.[14] Mit seinem Ableben geht die Berechtigung auf die Rechtsnachfolger über, es sei denn, er ist zugleich die versicherte Person und es ist deshalb die Versicherungssumme fällig geworden.[15]

14   **b) Vormundschaftsgerichtliche Genehmigung.** Das LVU muss bei der Beleihung einer Versicherung eine vormundschaftsgerichtliche Genehmigung verlangen, wenn ein minderjähriger Versicherungsnehmer das Policendarlehen beantragt.[16] Denn das Policendarlehen ist als Darlehen im Sinne von § 488 BGB anzusehen. Nur wenn das Policendarlehen kein Darlehen im Sinne der §§ 607 ff. BGB ist, sondern eine Vorauszahlung auf die Lebensversicherungssumme, handelt es sich um kein Kreditgeschäft im Sinne des § 1822 Nr. 8 BGB mit der Folge, dass keine vormundschaftsgerichtliche Genehmigung nach §§ 1822 Nr. 8, 1643

---

[9] RStBl. 1935, 1114.
[10] GB BAV 1957/58, 33.
[11] BGH, Urt. v. 27. 1. 1999 – IV ZR 72/98, NJW 1999, 1335 = NVersZ 1999, 212 = VersR 1999, 433 = ZIP 1999, 582 = MDR 1999, 542 = BB 1999, 972, 973 = r+s 1999, 265.
[12] Siehe dazu *Lührs*, Lebensversicherung, 1997, S. 195; *Kurzendörfer*, Lebensversicherung, 3. Aufl., 2000, S. 299.
[13] Vgl. *Bruck-Dörstling*, ALB-Komm., 2. Aufl., 1933, § 7 ALB Bem. 8.
[14] LG Köln, Urt. v. 11. 4. 1990 – 24 O 162/88.
[15] Vgl. *Winter* in: Bruck/Möller, VVG, 8. Aufl., 1988, §§ 159–178 VVG Anm. G 507.
[16] Ebenso *Hedemann* VersR 1952, 189, 192 f. für den Fall der Übernahme der Verpflichtung zur Zahlung von Vorauszahlungszinsen.

BGB notwendig ist, wenn das Policendarlehen vom gesetzlichen Vertreter des minderjährigen Berechtigten beantragt wird.[17]

c) **Weitere Berechtigte.** Der Zessionar – gleich ob eine Vollabtretung oder eine Sicherungsabtretung vereinbart ist – kann ebenfalls ein Policendarlehen nehmen, da ihm aufgrund der Abtretung alle Verfügungs- und Vermögensrechte zustehen.[18] Der Bezugsberechtigte, der Pfandgläubiger und der Pfändungspfandgläubiger sind dagegen nicht antragsberechtigt, da ihnen die Verfügungsrechte nicht zustehen.[19] Der Versicherungsnehmer ist in diesen Fällen antragsberechtigt, aber nur mit Zustimmung des Pfandgläubigers, Pfändungspfandgläubigers und unwiderruflich Bezugsberechtigten.[20] Im Falle der Einräumung eines eingeschränkt unwiderruflichen Bezugsrechts, bei dem sich der Versicherungsnehmer vorbehält, die Ansprüche aus dem Versicherungsvertrag zu beleihen, ist die Zustimmung des unwiderruflich Bezugsberechtigten entbehrlich.[21] Die Zustimmung ist jedoch dann erforderlich, wenn der Beleihungsvorbehalt auf die Zustimmung des unwiderruflich Bezugsberechtigten abstellt.[22] Zinsen auf das Policendarlehen sind von dem zu entrichten, der das Policedarlehen beantragt und erhalten hat, es sei denn, der Versicherungsnehmer hat die Zahlung der Zinsen übernommen. 15

3. Erhebung von Gebühren

Bei der Einräumung von Policendarlehen sind Nebengebühren nur zulässig, wenn sie in den Versicherungsbedingungen oder geschäftsplanmäßig vorgesehen sind. Jedoch können allgemeine Gebührensätze mit der Anzeige an die Aufsichtsbehörde in Kraft treten. Werden solche Sätze von der Aufsichtsbehörde beanstandet, so gelten sie mit dem Eingang des Bescheides als aufgehoben.[23] Unberührt bleibt das Recht des Versicherers, die Beleihung der Police mit besonderen Vorauszahlungsbedingungen zu verbinden, die in bestimmten Fällen den Vorauszahlungsnehmer zum Kostenersatz verpflichten. 16

Enthalten die Darlehensbedingungen eine Klausel, nach der pauschal pro Mahnung 5,00 DM beansprucht werden, ist die Klausel als Schadensersatzpauschale wegen Verstoßes gegen § 11 Nr. 5a AGBG unwirksam, weil ein Betrag von 5,00 DM pro Mahnung den nach dem gewöhnlichen Lauf der Dinge zu erwartenden Schaden übersteigt.[24] Für Gemeinkosten kann Ersatz nur verlangt werden, wenn sie den üblichen Rahmen überschreiten.[25]

4. Nichtzahlung der Zinsen

Zahlt der Empfänger einer Vorauszahlung (im Folgenden auch Policendarlehen genannt) die fälligen Zinsen nicht, entsprach es der allgemeinen Meinung im versicherungsrechtlichen Schrifttum, dass Zinsen für ein Policendarlehen wie 17

---

[17] So LG Berlin, Beschl. v. 24. 9. 1962 – 83 T 511/62, ZfV 1963, 233; *Winter* in: Bruck/Möller, VVG, 8. Aufl., 1988, §§ 159 – 178 VVG Anm. G 508.
[18] Ebenso *Bruck-Dörstling*, ALB-Komm., 2. Aufl., 1933, § 7 ALB Bem. 8; *Winter* in: Bruck/Möller, VVG, 8. Aufl., 1988, §§ 159–178 VVG Anm. G 507; *Kurzendörfer*, Lebensversicherung, 3. Aufl., 2000, S. 323.
[19] Vgl. *Winter* in: Bruck/Möller, VVG, 8. Aufl., 1988, §§ 159 – 178 VVG Anm. G 507.
[20] Vgl. *Bruck-Dörstling*, ALB-Komm., 2. Aufl., 1933, § 7 ALB Bem. 8; *Winter* in: Bruck/Möller, VVG, 8. Aufl., 1988, §§ 159–178 VVG Anm. G 507.
[21] Vgl. BAG, Urt. v. 17. 10. 1995 – 3 AZR 420/94, VersR 1996, 1042.
[22] BAG, Urt. v. 26. 6. 1990 – 3 AZR 651/88, VersR 1991, 211; BGH v. 19. 6. 1996, VersR 1996, 1089, 1090.
[23] VerAfP 1923, 21.
[24] KG WM 1980, 75; HansOLG v. 29. 4. 1987 – 5 U 167/86, VerBAV 1988, 230, 231.
[25] BGHZ 66, 112, 117; HansOLG v. 29. 4. 1987 – 5 U 167/86, VerBAV 1988, 230, 231.

Prämien zu behandeln sind und bei Verzug der Zinszahlung die Rechtsfolgen des § 39 Abs. 2 und 3 VVG eintreten.[26] Die Verzugsregelungen der ALB sprechen deshalb in § 3 Abs. 2 ALB 1986 vom „sonstigen aus dem Versicherungsverhältnis geschuldeten Betrag" und lassen damit die Verzugsfolgen auch für die Vorauszahlungszinsen eintreten. Der BGH hat diese verweisende Bestimmung in Anwendung des § 9 Abs. 1 AGBG für rechtsunwirksam erklärt und unter Ablehnung der bisher herrschenden Meinung eine unmittelbare oder sinngemäße Anwendung des § 39 VVG verworfen.[27] Der BGH[28] stellt in den Entscheidungsgründen fest, dass zu den in § 39 Abs. 2, 3 und 4 VVG angesprochenen Zinsen und Kosten nicht die Zinsen und Kosten rechnen, die aufgrund der Gewährung der Vorauszahlung (des Policendarlehens) geschuldet werden. Gemeint seien Zinsen und Kosten, die im Zusammenhang mit dem Verzug der Prämie entstanden sind. In den Zinsen als Gegenleistung für die Vorauszahlung sieht der BGH keine Prämie i. S. d. § 39 VVG, weil unter der Prämie nur die vom Versicherungsnehmer geschuldete Gegenleistung für den vom Versicherer übernommenen Versicherungsschutz zu verstehen sei.[29] Nach seiner Auffassung steht bei einem Policendarlehen der Versicherungsnehmer jedem Dritten gleich, bei dem der Versicherer sein Kapital zur Erwirtschaftung von Zinsen anlegt.[30] Dass der Versicherer mit der Gewährung des Policendarlehns wie ein Kreditgeber auftritt,[31] lässt sich in der Rechnungslegung der LVU nachvollziehen. Eine Vorauszahlung oder ein Darlehen, das ein Versicherungsunternehmen auf die eigenen Versicherungsscheine gewährt, gehört zum gebundenen Vermögen (§ 54 a Abs. 3 VAG i. V. m. § 1 Abs. 1 Nr. 5 AnlV[32]). Die vom Nehmer der Vorauszahlung (des Policendarlehens) zu entrichtenden Zinsen sind vom Versicherer als Erträge aus Kapitalanlagen (§ 45 RechVersV) und nicht als versicherungstechnische Erträge für eigene Rechnung (§ 40 RechVersV) zu verbuchen. Nicht zu behandeln hatte der BGH in diesem Zusammenhang die Frage, ob dem Versicherer weiterhin ein Abzugsrecht gemäß § 35 b VVG an der Versicherungsleistung wegen der Zinsen und Kosten aus Anlass der Gewährung einer Vorauszahlung (Policendarlehens) zusteht.

5. Abzugsrecht des Versicherers

18   § 35 b VVG verschafft dem Versicherer eine erweiterte Aufrechnungsmöglichkeit gegenüber jedem Dritten durch die Beseitigung des nach § 387 BGB erforderlichen Merkmals der Gegenseitigkeit der Forderungen, beschränkt jedoch zugleich die Aufrechnungsbefugnis auf Forderungen, die auf dem gleichen Versi-

---

[26] *Bruck-Dörstling*, ALB-Komm., 2. Aufl., 1933, § 7 ALB Bem. 18; *Goldberg/Müller*, § 10 VAG Rdn. 69; *Winter* in: Bruck/Möller, VVG, 8. Aufl., 1988, §§ 159–178 VVG Anm. D 36 m. Nachw. älterer Rechtsprechung, siehe auch Anm. G 511; *Goll/Gilbert/Steinhaus*, Hdb. Lebensversicherung, 11. Aufl., 1992, S. 179; *Kollhosser* in: Prölss/Martin, § 5 ALB 86 Rdn. 3; nicht explizit *Knappmann* in: Prölss/Martin, § 35 VVG Rdn. 2; siehe ferner die Vorauflage.
[27] BGH, Urt. v. 27. 1. 1999 – IV ZR 72/98, NJW 1999, 1335 = NVersZ 1999, 212 = VersR 1999, 433 = ZIP 1999, 582 = MDR 1999, 542 = BB 1999, 972 m. zust. Anm. *Kieserling* r+s 1999, 265.
[28] BGH, a. a. O.
[29] BGH, Urt. v. 27. 1. 1999, a. a. O.; *Riedler* in: Berliner Komm. z. VVG, 1999, § 35 VVG Rn. 10; ebenso früher schon *Bruck-Dörstling*, ALB-Komm., 2. Aufl., 1933, § 3 ALB Bem. 5.
[30] BGH, Urt. v. 27. 1. 1999, a. a. O.
[31] BGH, Urt. v. 27. 1. 1999, a. a. O.
[32] Verordnung über die Anlage des gebundenen Vermögens von Versicherungsunternehmen (Anlageverordnung – AnlV) vom 20. 12. 2001, BGBl. I 2001, 3913 – VerBAV 2002, 59.

Vorauszahlung 19–21 § 5 ALB 1986

cherungsvertrag beruhen müssen.[33] Der Versicherer kann nach dieser Vorschrift rückständige Zinsen, Kosten und die Vorauszahlung (Policendarlehen) von der Versicherungsleistung in Abzug bringen, auch wenn der Versicherungsnehmer oder ein anderer Berechtigter nicht der Empfänger der Vorauszahlung (des Policendarlehens) war. Dieses Abzugsrecht des Versicherers wird im Falle der Eröffnung des Insolvenzverfahrens über das Vermögen des Versicherungsnehmers nicht berührt.[34] Es bedarf daher zur Sicherung der Vorauszahlung nicht der Abtretung oder Verpfändung. Dadurch, dass das Versicherungsunternehmen bei Eintritt der Fälligkeit des Versicherungsanspruchs gegen diesen Anspruch mit Gegenforderungen aufrechnet, die ihm aus der Gewährung von verzinslichen Policendarlehen zustehen,[35] geht der Schutz der Lebensversicherung nicht verloren.

Beim echten darlehensmäßigen Geschäft liegt die besondere Aufrechnungsregelung, wie sie § 35b VVG gegenüber versicherungsvertraglich Begünstigten vorsieht, nicht vor. Hier hilft aber eine Aufrechnungsvereinbarung, da der Insolvenzverwalter an eine vor der Verfahrenseröffnung vorgenommene Aufrechnungsvereinbarung gebunden ist.[36] 19

6. Zinsanpassungsklausel

a) Inhalt. Von Zinsanpassungs- oder Zinsänderungsklauseln wird gesprochen, wenn der Darlehensvertrag z. B. folgende Klauseln enthält:[37] 20

„Für die Kredite einschließlich der Darlehen gelten die jeweils von der Bank bestimmten Zins-, Provisions- und Auszahlungssätze, bei Darlehen gelten gegenwärtig die oben angegebenen Zins- und Auszahlungssätze."

„Die Bank ist berechtigt, den Zinssatz zu ändern, wenn sie dies (z. B. wegen der Entwicklung am Geld- oder Kapitalmarkt) für erforderlich hält; sie wird die Änderung dem Kreditnehmer mitteilen."

Soweit Lebensversicherer im Wege der Zinsanpassungs- oder Zinsänderungsklausel einen variablen Zinssatz bei Policendarlehen (Vorauszahlungen) vereinbaren, kann der Versicherungsnehmer nicht darauf vertrauen, dass der für den Zeitpunkt des Vertragsabschlusses festgelegte Zinssatz für die gesamte Laufzeit des Policendarlehens gilt.[38] Wenn der Versicherungsnehmer sich für einen variablen Zinssatz entscheidet, nimmt er nicht nur das Risiko der Erhöhung der Zinsen in Kauf, sondern will auch die ihm vorteilhafte Chance einer Zinssenkung wahrnehmen.[39] Vom LVU kann aber bei entsprechender Auslegung der Zinsanpassungsklausel erwartet werden, dass es die Zinsen quartalsweise den Änderungen des Kapitalmarkts anpasst, und zwar jeweils entsprechend dem relevanten Zinssatz, der in den Monatsberichten der Deutschen Bundesbank für den letzten Vorquartalsmonat angegeben wird.[40] Für die Billigkeit der von ihm vorgenommenen Zinsanpassung ist der Versicherer darlegungs- und beweispflichtig.[41] 21

---

[33] Vgl. *Riedler* in: Berliner Komm. z. VVG, 1999, § 35b VVG Rn. 5.
[34] *Wittkowski* in: Nerlich/Römermann, § 94 InsO Rdn. 9.
[35] BGH v. 19. 10. 1960, VersR 1961, 20.
[36] Vgl. *Wittkowski* in: Nerlich/Römermann, § 94 InsO Rdn. 16.
[37] Vgl. BGH, Urt. v. 6. 3. 1986 – III ZR 195/84, BB 1986, 1874.
[38] BGHZ 93, 252, 258; BGH v. 16. 1. 1985, BB 1985, 1223 ff.; BGH, Urt. v. 6. 3. 1986 – III ZR 195/84, BB 1986, 1874, 1875 = MDR 1986, 826.
[39] BGH, Urt. v. 6. 3. 1986 – III ZR 195/84, BB 1986, 1874, 1875 = MDR 1986, 826, 827.
[40] LG Köln, Urt. v. 14. 8. 2002 – 2 O 152/99, WM 2003, 828, 829.
[41] BGH v. 2. 4. 1964, BGHZ 41, 271, 279 = BB 1964, 616; BGH, Urt. v. 30. 6. 1969 – VII ZR 170/67, NJW 1969, 1809 = BB 1969, 1017; BGH, Urt. v. 20. 10. 1980 – II ZR 190/79, NJW 1981, 571, 572 = BB 1981, 1295; BGH, Urt. v. 6. 3. 1986 – III ZR 195/84,

22 **b) Inhaltskontrolle.** Ob die Parteien eine gleich bleibende oder aber eine variable Verzinsung vereinbaren, ist ihre durch gesetzliche Vorschriften nicht vorgegebene Entscheidung und unterliegt damit keiner AGB-Inhaltskontrolle.[42] Der Inhaltskontrolle hält eine Klausel stand, nach der ein Kreditinstitut (oder ein Lebensversicherer) zu Zinsänderungen berechtigt ist, die durch die Entwicklung am Kapitalmarkt erforderlich werden.[43] Demzufolge ist eine Klausel zulässig, die ein Kreditinstitut (oder Lebensversicherer) berechtigt, den Zinssatz bei einer Erhöhung des Zinsniveaus am Geldmarkt in angemessener Weise anzuheben, und verpflichtet, bei sinkendem Zinssatz in angemessener Weise herabzusetzen.[44] Ebenso zulässig ist eine Klausel, die auf den Marktzins oder auf das allgemeine Zinsniveau abstellt.[45] Soll nach der Abrede der Parteien die Zinsberechnung halbjährlich stattfinden, gilt dieser Turnus auch für die Zinsanpassung.[46] Eine derartige Zinsanpassungsklausel verstößt grundsätzlich nicht gegen § 9 AGBG.[47] Gegen eine unangemessene Benachteiligung ist der Kreditnehmer (oder Versicherungsnehmer) ausreichend geschützt, wenn er jederzeit oder zumindest mit einer kurzen Frist (z. B. drei Monate) den Darlehensvertrag kündigen und die Vorauszahlung bzw. das Policendarlehen ablösen kann.[48] Unberührt bleibt dabei, dass einseitige Anpassungsklauseln nur hingenommen werden können, soweit sie bei unsicherer Entwicklung der Verhältnisse als Instrument der Anpassung notwendig sind, und dass der Anlass sowie die Richtlinien und Grenzen der Preisänderung möglichst konkret anzugeben sind.[49] Ob an der Rechtsprechung festgehalten wird, dass Änderungen des Zinssatzes nach Maßgabe der kapitalmarktbedingten Veränderungen der Refinanzierungskonditionen gestattet

---

BB 1986, 1874, 1876 = MDR 1986, 826, 827; AG Köln, Urt. v. 5. 6. 1998 – 120 C 12/98/LG Köln, Urt. v. 17. 2. 1999 – 23 S 44/98, VersR 1999, 958.

[42] BGHZ 158, 149, 152 f. = WM 2004, 825; BGH, Urt. v. 10. 6. 2008 – XI ZR 211/07, WM 2008, 1493; BGH, Urt. v. 13. 4. 2010 – XI ZR 197/09, VersR 2010, 1187, 1188.

[43] Vgl. BGH, Urt. v. 6. 3. 1986 – III ZR 195/84, BGHZ 97, 212, 216 = NJW 1986, 1803 = ZIP 1986, 698 = WM 1986, 580 = BB 1986, 1874 = MDR 1986, 826; dazu *Köndgen* EWiR 1986, 653 f.; AG Ibbenbüren, Urt. v. 12. 4. 1996, NJW-RR 1997, 239, 240 = WM 1997, 1145, 1147; AG Köln, Urt. v. 5. 6. 1998 – 120 C 12/98/LG Köln, Urt. v. 17. 2. 1999 – 23 S 44/98, VersR 1999, 958; OLG Köln, Urt. v. 13. 7. 1998 – 16 U 2/98, BB 1998, 1916 = EWiR 1998, 1117; dazu *Steiner* EWiR 1998, 1117; ebenso *Präve*, Versicherungsbedingungen und Transparenzgebot, VersR 2000, 138, 143.

[44] Vgl. *von Rottenburg*, Die Reform des gesetzlichen Kündigungsrechts für Darlehen – statt Zinssatz – Fristenregelung, WM 1987, 1, 3; a. A. LG Köln, Urt. v. 6. 12. 2000, WM 2001, 201 = ZIP 2001, 65 = BB 2001, 1271; krit. dazu *Edelmann* BB 2001, 1272, 1273; *Lang* EWiR 2001, 199 f.

[45] A. A. LG Dortmund, Urt. v. 30. 6. 2000 – 8 U 559/99, NJW 2001, 2638 = WM 2000, 2095 = ZIP 2001, 66 = BB 2001, 1269; zust. *Derleder* EWiR 2001, 201, 202; krit. *Edelmann* BB 2001, 1272, 1273.

[46] Vgl. AG Ibbenbüren, Urt. v. 12. 4. 1996, NJW-RR 1997, 239, 241 = WM 1997, 1145, 1148.

[47] BGHZ 82, 21, 27 = MDR 1982, 486; BGHZ 93, 252, 258 = MDR 1985, 489; BGH, Urt. v. 21. 5. 1987 – III ZR 38/86, WM 1987, 921; OLG Düsseldorf v. 12. 4. 1989, WM 1989, 1370; AG Köln, Urt. v. 5. 6. 1998 – 120 C 12/98/LG Köln v. 17. 2. 1999 – 23 S 44/98, VersR 1999, 958.

[48] BGH v. 7. 10. 1981, BGHZ 82, 21, 27 = BB 1982, 146 m. Anm. *Löwe* BB 1982, 152; BGH, Urt. v. 6. 3. 1986 – III ZR 195/84, BGHZ 97, 212, 219 f. = BB 1986, 1874, 1875 = MDR 1986, 826, 827; BGHZ 118, 126, 131; BGH v. 6. 4. 1989, NJW 1989, 1796; BGH WM 1991, 179; BGH WM 1993, 2003; AG Köln, Urt. v. 5. 6. 1998 – 120 C 12/98/LG Köln, Urt. v. 17. 2. 1999 – 23 S 44/98, VersR 1999, 958; BGH WM 2000, 1141 = ZIP 2000, 962, 964.

[49] BGH, Urt. v. 19. 10. 1999, NJW 2000, 651 = WM 1999, 2545, 2547 = ZIP 2000, 16; dazu *Metz* EWiR 2000, 363 f.

sind,[50] hat der BGH[51] in jüngster Zeit unentschieden gelassen, aber darauf hingewiesen, dass diese Rechtsprechung von der Rechtsprechung des BGH zu Preis- oder Tarifänderungsklauseln[52] abweicht und in den letzten Jahren zunehmend erhebliche Kritik erfahren hat.[53] In diesem Zusammenhang ist § 492 Abs. 1 Satz 5 Nr. 5 BGB zu beachten. Danach darf das LVU den Vertragszins nicht ohne Rücksicht auf das bei Vertragsbeginn bestehende Äquivalenzverhältnis von Leistung und Gegenleistung ändern und den Kunden damit einem unkalkulierbaren Zinsänderungsrisiko aussetzen.[54] Stellt mithin eine Preis- und Zinsänderungsklausel nicht die Wahrung des Äquivalenzverhältnisses sicher und ist deswegen nicht ausgeschlossen, dass der Verwender der Klausel unangemessene Erhöhungen zur Steigerung seines Gewinns vornehmen kann, wirkt sich eine Kündigung seitens des Kunden nur zu Gunsten des Verwenders und nicht zum Vorteil des Kunden aus.[55] Der Verwender erhält damit die Möglichkeit, durch unangemessene Preis- oder Zinsänderungen und anschließende Kündigung des Kunden von einem zuvor für ihn ungünstigen, für den Kunden jedoch vorteilhaften Vertrag frei zu werden.[56] Lässt eine Preis- und Zinsänderungsklausel weiter den Kunden darüber im Unklaren, ob und in welchem Umfang das Kreditinstitut zu einer Anpassung berechtigt oder zu seinen Gunsten verpflichtet ist, läuft auch die dem Kunden eingeräumte Möglichkeit einer gerichtlichen Kontrolle weitgehend leer.[57] Kommt es erst gar nicht zu einer gebotenen Herabsetzung des Preises oder des Zinssatzes, versagt sie für gewöhnlich, weil der Kunde mangels hinreichenden Anhalts schon eine solche Verpflichtung des Verwenders zumeist nicht zu erkennen vermag.[58] Erfolgt eine Preis- oder Zinsanpassung zu seinen Ungunsten, fehlt ihm die Beurteilungsgrundlage, ob sich die Anpassung im Rahmen des dem Versicherer zustehenden Gestaltungsspielraums bewegt oder ein Verfahren nach § 315 Abs. 3 Satz 2 BGB mit Erfolg betrieben werden kann.[59] Unwirksam ist nach diesen Grundsätzen eine Klausel nach der eine Zinsanpassung, soweit nichts anderes vereinbart ist, unter Berücksichtigung der Marktlage (z. B. Verän-

---

[50] BGHZ 97, 212, 217 = DB 1986, 1272; BGHZ 118, 126, 130f. = DB 1992, 1403; BGH, Urt. v. 4. 12. 1990 – XI ZR 340/89, WM 1991, 179, 181 = DB 1991, 542; BGH, Urt. v. 12. 10. 1993 – XI ZR 11/93, WM 1993, 2003, 2005 = DB 1994, 726; BGH, Urt. v. 6. 4. 2000 – IX ZR 2/98, WM 2000, 1141, 1142f. = DB 2000, 1401.
[51] BGH, Urt. v. 17. 2. 2004 – XI ZR 140/03, DB 2004, 1360, 1361, dazu *Hensen* EWiR 2004, 587f.; ebenso offen lassend OLG Düsseldorf, Urt. v. 17. 10. 2003 – 16 U 197/02, NJW 2004, 1532, 1535 = WM 2004, 319, 323.
[52] Vgl. BGHZ 82, 21, 25 = DB 1982, 427; BGHZ 90, 69, 72f. = DB 1984, 657; BGHZ 94, 335, 339f. = DB 1985, 1885; BGHZ 136, 394, 401f. = DB 1998, 466.
[53] Vgl. *Schwarz*, Bestimmtheitsgrundsatz und variabler Zins in vorformulierten Kreditverträgen, NJW 1987, 626 ff.; *Habersack*, Zinsänderungsklauseln im Lichte des AGBG und des VerbrKrG, WM 2001, 753, 755 ff.; *Derleder*, Transparenz und Äquivalenz bei bankvertragsrechtlicher Zinsanpassung, WM 2001, 2029, 2031; *Schimansky*, Zinsanpassungsklauseln in AGB, WM 2001, 1169, 1172; derselbe, WM 2003, 1449, 1450.
[54] *Rösler/Lang*, Zinsklauseln im Kredit- und Spargeschäft der Kreditinstitute: Probleme mit Transparenz, billigem Ermessen und Basel II, ZIP 2006, 214, 217.
[55] BGH, Urt. v. 21. 4. 2009 – XI ZR 78/08, NJW 2009, 2051, 2054 = VersR 2010, 950, 953 = WM 2009, 1077, 1081 = BB 2009, 1436, 1440.
[56] BGH, Urt. v. 21. 4. 2009 – XI ZR 78/08, NJW 2009, 2051, 2054 = VersR 2010, 950, 953 = WM 2009, 1077, 1081 = BB 2009, 1436, 1440.
[57] BGH, Urt. v. 21. 4. 2009 – XI ZR 78/08, NJW 2009, 2051, 2054 = VersR 2010, 950, 953 = WM 2009, 1077, 1081 = BB 2009, 1436, 1440.
[58] BGH, Urt. v. 21. 4. 2009 – XI ZR 78/08, NJW 2009, 2051, 2054 = VersR 2010, 950, 953 = WM 2009, 1077, 1081f. = BB 2009, 1436, 1440.
[59] BGH, Urt. v. 21. 4. 2009 – XI ZR 78/08, NJW 2009, 2051, 2054 = VersR 2010, 950, 953 = WM 2009, 1077, 1082; *Habersack* WM 2001, 753, 757.

derung des allgemeinen Zinsniveaus) und des Aufwandes nach gemäß § 315 BGB nachprüfbarem Ermessen festgelegt und geändert werden kann.[60]

23 Wurden dem Darlehensnehmer Mitarbeiterkonditionen eingeräumt, bestehen gegen eine Zinsanpassungsklausel keine Bedenken, die vorsieht, dass der Darlehensnehmer den Zinssatz ab Ausscheiden entrichtet, der für Nichtmitarbeiterdarlehen mit derselben Laufzeit gilt.[61]

7. Höhe des Zinssatzes

24 **a) Bestimmung des Zinssatzes.** Der Zinssatz für Vorauszahlungen (Policedarlehen) wird vom Vorstand des Versicherungsunternehmens in Anlehnung an den jeweiligen Durchschnittsertrag bestimmt, den die Versicherungsunternehmen aus ihren Vermögensanlagen erzielen.[62] Anzutreffen ist aber auch eine Zinspolitik, die sich an den Gegebenheiten des Kapitalmarkts ausrichtet.

25 **b) Angabe des effektiven Jahreszinses.** Der effektive Jahreszins ist bei Vorauszahlungen (Policendarlehen) nach § 6 Abs. 1 PAngV anzugeben.

26 **c) Anzeigepflicht.** Die Zinssätze der Policendarlehen waren der Aufsichtsbehörde für den Altbestand anzuzeigen.[63] Eine Aufrechterhaltung dieser Anzeigepflicht wird von der BaFin nicht mehr für erforderlich gehalten.[64]

8. Steuerliche Behandlung des Policendarlehens

27 **a) Verwendung der Lebensversicherung.** Die Vorauszahlung (Policendarlehen) auf eine private kapitalbildende Lebensversicherung kann genommen werden, um ein vom Versicherungsnehmer (Unternehmer) für betriebliche Zwecke aufgenommenes Bankdarlehen zwecks Umschuldung abzulösen oder um sich das Policendarlehen von Anfang an für betriebliche Zwecke vom LVU gewähren zu lassen.[65] Policendarlehen und Lebensversicherungsvertrag können in einem engen zeitlichen Zusammenhang stehen, wenn nicht ein schon bestehender Lebensversicherungsvertrag beliehen wird, sondern das LVU die Vorauszahlung nach Abschluss des Lebensversicherungsvertrags einräumt, wenn oder sobald ein ausreichender Rückkaufswert vorhanden ist. Der Lebensversicherungsvertrag kann inhaltlich so ausgestaltet sein, dass die Laufzeit und die Höhe der Lebensversicherung dem betrieblichen Kredit angepasst sind. In jedem Fall wird die maximale Höhe der Beleihbarkeit der Lebensversicherung für betriebliche Zwecke begrenzt durch die Höhe des jeweils vorhandenen Rückkaufswerts. Die für das Policendarlehen zu zahlenden Zinsen sind als Betriebsausgaben abziehbar, wenn das Policendarlehen wegen seiner Verwendung für betriebliche Zwecke zum Betriebsvermögen (ggf. des Versicherungsnehmers) gehört.[66] Die Lebensversicherung ist trotz ihrer Verwendung für betriebliche Zwecke der privaten Sphäre des Versicherungsnehmers (Unternehmers) zuzurechnen, auch wenn der Lebensversicherungsvertrag und das Policendarlehen in engem zeitlichen Zusammenhang stehen.[67] Vor-

---

[60] BGH, Urt. v. 21. 4. 2009 – XI ZR 78/08, NJW 2009, 2051, 2054 = VersR 2010, 950, 953 = WM 2009, 1077, 1081.
[61] Vgl. LAG Saarbrücken, Urt. v. 29. 4. 1987 – 1 Sa 91/86, WM 1988, 576, 579; BAG, Urt. v. 23. 2. 1999 – 9 AZR 737/97, NZA 1999, 1212.
[62] Vgl. VerVw 1951, 38.
[63] VerBAV 1979, 48; VerBAV 1984, 382; VerBAV 1993, 106, 109.
[64] VerBaFin Februar 2004, S. 3.
[65] Vgl. *Jaeger* VW 2009, 1512.
[66] Vgl. BFH, Urt. v. 8. 11. 1990 – IV R 127/86, DB 1991, 1309.
[67] Siehe hierzu BFH v. 26. 1. 1970, DB 1970, 424; BFH v. 18. 11. 1980, DB 1981, 1648; BFH v. 29. 10. 1985, BStBl. II 1986, 143; OFD München, RdVfG v. 23. 3. 1987 – S 2221 B – 98 St 21, WPg 1987, 263.

aussetzung ist, dass die Versicherung auf den Erlebens- oder Todesfall des Unternehmers oder eines nahen Angehörigen abgeschlossen wird.[68] Die bei Eintritt des Versicherungsfalls zur Auszahlung kommende Versicherungssumme fließt dem Versicherungsnehmer (Unternehmer) im privaten Bereich zu und stellt auch insoweit, als die Auszahlung durch Verrechnung mit dem zum Betriebsvermögen gehörenden Policendarlehen erfolgt, keine Betriebseinnahme dar.
  Eine steuerschädliche Verwendung des Darlehens liegt vor, wenn ein Darlehen, **28** zu dessen Besicherung Ansprüche aus Kapitallebensversicherungen eingesetzt werden, zur Anschaffung von Anteilen an offenen Aktienfonds genutzt werden.[69] Die Zinsen aus den Lebensversicherungen sind in diesem Fall in vollem Umfang nach § 20 Abs. 1 Nr. 6 EStG steuerpflichtig.[70]

  b) Anzeige der Beleihung. Der Lebensversicherer hat dem für seine eigene **29** Veranlagung gemäß §§ 19, 20 AO zuständigen Finanzamt unverzüglich die Fälle anzuzeigen, in denen die Ansprüche aus Lebensversicherungsverträgen nach dem 13. Februar 1992 zur Tilgung oder Sicherung von Darlehen von über 50 000 DM eingesetzt werden.[71] Der Versicherungsnehmer hat gemäß § 29 Abs. 4 EStDV unabhängig vom Betrag seinem Wohnsitzfinanzamt (§ 19 AO) die Abtretung und die Beleihung der Ansprüche anzuzeigen.[72]

  c) Unzulässigkeit des Sonderausgabenabzugs. Setzt ein Versicherungs- **30** nehmer die Ansprüche aus seiner privaten Lebensversicherung i. S. d. § 10 Abs. 1 Nr. 2 b) bb), cc) und dd) EStG während der Dauer der Versicherung im Erlebensfall zur Tilgung oder Sicherung von Darlehen ein, deren Finanzierungskosten Betriebsausgaben oder Werbungskosten sind, so hat dies zur Folge, dass die zu entrichtenden Lebensversicherungsbeiträge im Rahmen des § 10 Abs. 2 Satz 2 EStG nicht als Sonderausgaben zu berücksichtigen sind.[73] Policendarlehen sind Darlehen im Sinne des § 10 Abs. 2 Satz 2 EStG.[74] Der Sonderausgabenabzug kann aber hinsichtlich der Versicherungsprämien nur dann verneint werden, wenn es nicht bei einem tatsächlichen Einsatz der Lebensversicherung zu Sicherungszwecken bleibt, sondern es zu einem tatsächlichen Einsatz zu Tilgungszwecken kommt.[75]

  d) Zulässigkeit des Betriebsausgabenabzugs. Als Betriebsausgaben können **31** Versicherungsbeiträge zu einer Kapitalversicherung auf den Todes- und Erlebens-

---

[68] BFH v. 11. 5. 1989, BStBl. II S. 657 = BB 1989, 1957; BFH, Urt. v. 14. 3. 1996 – IV R 14/95, BStBl. II 1997, 343 = BB 1996, 1497; dazu *Klinkmann* BB 1998, 1233.
[69] BFH, Urt. v. 7. 11. 2006 – VIII R 1/06, BB 2007, 201.
[70] BFH, Urt. v. 7. 11. 2006 – VIII R 1/06, BB 2007, 201.
[71] § 29 Abs. 1 EStDV; OFD Münster v. 8. 7. 1992 – S 2532 – 192 – St 11 – 31, BB 1992, 1702; *Baum* DB 1995, 401.
[72] Vgl. OFD Münster v. 8. 7. 1992 – S 2532 – 192 – St 11 – 31, BB 1992, 1702; *Baum* DB 1995, 401.
[73] BMF-Schreiben v. 27. 7. 1995 – IV A 4 – S 0361 – 10/95, DB 1995, 1636; zu den steuerunschädlichen Ausnahmetatbeständen siehe BMF-Schreiben v. 21. 12. 1992, BStBl. I 1993, 10 = DB 1993, 199; BMF-Schreiben v. 12. 3. 1993, BStBl. I S. 277 = DB 1993, 612; BMF-Schreiben v. 19. 5. 1993, BStBl. I S. 406 = DB 1993, 1055; BMF-Schreiben v. 14. 6. 1993, BStBl. I S. 484 = DB 1993, 1264; BMF-Schreiben v. 2. 11. 1993, BStBl. I S. 901 = DB 1993, 2259; BMF-Schreiben v. 6. 5. 1994, BStBl. I S. 311 = DB 1994, 1058; BMF-Schreiben v. 22. 7. 1994, BStBl. I S. 509; siehe dazu *Scheurmann-Kettner/Broudré* DB 1992, 1108; *Wacker* DB 1993 Beil. 4; *Baum* DB 1995, 401; *Lübbert* BB 1996, 2273; BMF-Schreiben v. 15. 6. 2000 – IV C 4 – S 2221 – 86/00, Rz. 1, BStBl. I 2000, 1118.
[74] BFH, Urt. v. 29. 4. 1966, BStBl. III 1966, 421; BFH, Urt. v. 19. 12. 1973, BStBl. II 1974, 237; BMF-Schreiben v. 15. 6. 2000 – IV C 4 – S 2221 – 86/00, Rz. 2, BStBl. I 2000, 1118.
[75] BFH, Urt. v. 6. 10. 2009 – VIII R 7/08, NJW 2010, 1230, 1231 f. = DB 2010, 141, 142.

fall nicht abgezogen werden, auch wenn die Versicherungssumme zur Tilgung eines – z. B. zu einer Praxisfinanzierung – gewährten Darlehens verwandt wird, auf das laufende Tilgungsraten nicht geleistet werden und dessen Höhe und Laufzeit auf die Versicherungssumme abgestimmt ist.[76] Die Lebensversicherungsbeiträge sind nur dann als Betriebsausgaben abziehbar, wenn der Versicherungsvertrag ausschließlich zur Finanzierung einer Betriebsschuld abgeschlossen worden ist und Versicherungsnehmer, Beitragszahler und Bezugsberechtigter das Einzelunternehmen (die Personengesellschaft) ist, während die versicherte Person (ein Dritter) am Unternehmen (Personengesellschaft) nicht beteiligt ist.[77] In einem solchen Fall ist der durch die Beitragszahlungen erworbene Versicherungsanspruch zu aktivieren und sind die Versicherungsleistungen als Betriebseinnahmen zu erfassen.[78]

32   e) **Besteuerung der außerrechnungsmäßigen und rechnungsmäßigen Zinsen.** Liegen die Voraussetzungen für den Sonderausgabenabzug nicht vor, sind die Zinsen aus den in den Versicherungsbeiträgen enthaltenen Sparanteilen steuerpflichtige Einkünfte aus Kapitalvermögen (§ 20 Abs. 1 Nr. 6 Satz 3 EStG).[79] In diesem Fall muss der Lebensversicherer bei der Verrechnung oder Auszahlung von Zinsen (z. B. bei Fälligkeit der Lebensversicherung) Kapitalertragsteuer einbehalten.[80]

III. Beamtendarlehensgeschäft

1. Sondergeschäftsplan

33   Beamtendarlehen können gemäß GB BAV 1964, 40 nur nach von der Aufsichtsbehörde genehmigten Sondergeschäftsplänen von Versicherungsunternehmen in beschränktem Umfange gegeben werden, da es sich hier grundsätzlich um ein versicherungsfremdes Geschäft handelt, das jedoch in unmittelbarem Zusammenhang mit dem Versicherungsgeschäft im Sinne des § 7 Abs. 2 VAG steht. Bei der Aufstellung der Sondergeschäftspläne sind folgende aufsichtsrechtliche Grundsätze zu beachten:

34   a) Darlehen können nur an aktive Beamte im staatsrechtlichen Sinne gewährt werden, die auf Lebenszeit in das Beamtenverhältnis berufen sind und bereits eine Anwartschaft auf Ruhegehalt erworben haben.

35   b) Die Sicherung der Darlehen erfolgt durch Gehaltsabtretung, Abtretung oder Verpfändung der Rechte aus dem Versicherungsvertrag und grundsätzlich durch Beibringung zweier selbstschuldnerischer Bürgschaften. Bei verheirateten Darlehensnehmern muss einer der beiden Bürgen der Ehegatte des Beamten sein. Wird eine Kreditversicherung abgeschlossen, kann auf die Beibringung von Bürgschaften – mit Ausnahme derjenigen der Ehefrau – verzichtet werden.

36   c) Die Darlehen werden nicht laufend getilgt, sondern bei Fälligkeit der Versicherungssumme aus dieser in einem Betrage zurückgezahlt. Die Versicherungssumme muss mindestens ebenso hoch sein wie der Darlehensbetrag; sie darf im Höchstfalle das Doppelte der Darlehenssumme betragen.

37   d) Die Darlehen können grundsätzlich nur durch Einschaltung von Banken vermittelt werden. Eine Vermittlung durch den Außendienst von Versicherungsunternehmen ist unter keinen Umständen zulässig.

---

[76] Vgl. BFH v. 29. 10. 1985, BStBl. II 1986, 143; BFH v. 11. 5. 1989, DB 1989, 1902.
[77] OFD München v. 23. 3. 1987, WPg 1987, 264.
[78] OFD München v. 23. 3. 1987, WPg 1987, 264.
[79] BFH, Urt. v. 19. 1. 2010 – VIII R 40/06, DB 2010, 758, 759.
[80] § 43 Abs. 1 Nr. 4 Satz 2 EStG; BMF-Schreiben v. 27. 7. 1995 – IV A 4 – S 0361 – 10/95, DB 1995, 1636; *Baum* DB 1995, 401.

Vorvertragliche Anzeigepflicht § 6 ALB 1986

e) Die Darlehensforderungen können bis zu 5 v. H. des Deckungsrückstellungs-Solls zuzüglich der jeweils am Ende des Geschäftsjahres vorhandenen Deckungsrückstellungen der zugehörigen Versicherungen dem Deckungsstock zugeführt werden. 38

Die Vorgabe gemäß lit. e) war zunächst überholt, weil Beamtendarlehen nur aus Mitteln des restlichen Vermögens vergeben werden durften.[81] Die Aufsichtsbehörde erteilt jetzt auf fünf Jahre befristete Globalgenehmigungen zur Zuführung von Beamtendarlehen zum gebundenen Vermögen.[82] 39

2. Darlehensbedingungen

Die Darlehensbedingungen richten sich in der Regel an den aufsichtsrechtlichen Vorgaben aus. Soweit die Darlehensbedingungen bestimmen, dass das Darlehen von der Darlehensgeberin zur sofortigen Rückzahlung gekündigt werden kann, wenn der pfändbare Teil der Bezüge des Darlehensnehmers zur Deckung der Monatsrate nicht mehr ausreicht, ist diese Bestimmung gemäß § 9 AGBG unwirksam, weil sie den Darlehensnehmer entgegen den Geboten von Treu und Glauben unangemessen benachteiligt.[83] Vor Ausspruch einer Darlehenskündigung hat das LVU dem Darlehensnehmer die Bestellung anderer Sicherheiten zu ermöglichen.[84] 40

IV. Arbeitgeberdarlehen

Der Arbeitnehmer (Darlehensnehmer) erlangt keinen lohnsteuerlich zu erfassenden Vorteil, wenn der Arbeitgeber (LVU) ihm ein Darlehen zu einem marktüblichen Zinssatz (Maßstabszinssatz) gewährt.[85] Marktüblich in diesem Sinne ist auch die nachgewiesene günstigste Marktkondition für Darlehen mit vergleichbaren Bedingungen am Abgabeort unter Einbeziehung allgemein zugänglicher Internetangebote (z. B. von Direktbanken).[86] 41

§ 6 Was bedeutet die vorvertragliche Anzeigepflicht?

(1) Wir übernehmen den Versicherungsschutz im Vertrauen darauf, dass Sie alle in Verbindung mit dem Versicherungsantrag gestellten Fragen wahrheitsgemäß und vollständig beantwortet haben (vorvertragliche Anzeigepflicht). Das gilt insbesondere für die Fragen nach gegenwärtigen oder früheren Erkrankungen, gesundheitlichen Störungen und Beschwerden.

(2) Soll das Leben einer anderen Person versichert werden, ist auch diese – neben Ihnen – für die wahrheitsgemäße und vollständige Beantwortung der Fragen verantwortlich.

(3) Wenn Umstände, die für die Übernahme des Versicherungsschutzes Bedeutung haben, von Ihnen oder der versicherten Person (vgl. Absatz 2) nicht oder nicht richtig angegeben worden sind, können wir binnen drei Jahren seit Vertragsabschluss vom Vertrag zurücktreten, bei Eintritt des Versicherungsfalles während der ersten drei Jahre auch noch nach Ablauf dieser Frist. Den Rücktritt können wir aber nur innerhalb eines Monats erklären, nachdem wir von der Verletzung der Anzeigepflicht Kenntnis erhalten haben. Die Kenntnis eines Vermittlers steht unserer Kenntnis nicht gleich. Wenn uns nachgewiesen wird, dass die

---

[81] GB BAV 1983, 43.
[82] Vgl. GB BAV 1987, 48.
[83] OLG Oldenburg, Hinweisbeschl. v. 1. 10. 2004 – 3 U 67/04, NJW-RR 2005, 860.
[84] OLG Oldenburg, Hinweisbeschl. v. 1. 10. 2004 – 3 U 67/04, NJW-RR 2005, 860, 861.
[85] BFH, Urt. v. 4. 5. 2006 – VI R 28/05, BStBl. II S. 781 = DB 2006, 2099.
[86] BMF-Schreiben v. 1. 10. 2008 – IV C 5 – S 2334/07/0009 (DOK 2008/0537560), DB 2008, 2276, 2277.

falschen oder unvollständigen Angaben nicht schuldhaft gemacht worden sind, wird unser Rücktritt gegenstandslos. Haben wir den Rücktritt nach Eintritt des Versicherungsfalles erklärt, bleibt unsere Leistungspflicht bestehen, wenn die verschwiegenen Umstände nachweislich keinen Einfluss auf den Eintritt des Versicherungsfalles oder den Umfang unserer Leistung gehabt haben.

(4) Wir können den Versicherungsvertrag auch anfechten, falls durch unrichtige oder unvollständige Angaben bewusst und gewollt auf unsere Annahmeentscheidung Einfluss genommen worden ist. Handelt es sich um Angaben der versicherten Person, so können wir Ihnen gegenüber die Anfechtung erklären, auch wenn Sie von der Verletzung der vorvertraglichen Anzeigepflicht keine Kenntnis hatten.

(5) Die Absätze 1 bis 4 gelten auch für Angaben, die bei einem Antrag auf Änderung oder Wiederherstellung der Versicherung zu machen sind.

(6) Sofern Sie uns keine andere Person als Bevollmächtigten benannt haben, gilt nach Ihrem Ableben ein Bezugsberechtigter als bevollmächtigt, eine Rücktritts- oder Anfechtungserklärung entgegenzunehmen. Ist auch ein Bezugsberechtigter nicht vorhanden oder kann sein Aufenthalt nicht ermittelt werden, so können wir den Inhaber des Versicherungsscheins zur Entgegennahme der Erklärung als bevollmächtigt ansehen.

Übersicht

	Rdn.
I. Allgemeines	1–20
1. Fassung	1–5
2. Anspruchskonkurrenz	6–10
a) Anwendbarkeit des § 119 BGB	6
b) Ansprüche aus culpa in contrahendo	7, 8
aa) Rechte des Versicherers	7
bb) Rechte des Versicherungsnehmers	8
c) Ansprüche aus unerlaubten Handlungen	9
d) Rechte aus § 41 VVG	10
3. AGBG	11, 12
4. VAG	13
5. VVG 2008	14–16
a) Geltung	14
b) Anpassung	15
c) Weitergeltung des § 6 ALB 1986	16
6. Rechtsvergleichung	17–19
7. EG-Recht	20
II. Vorvertragliche Anzeigepflicht (§ 6 Abs. 1 ALB 1986)	21–56
1. Unrichtige oder unvollständige Anzeige	21–25
a) Rechtsnatur der Anzeige	21
b) Schriftform	22
c) Nichtanzeige	23
d) Falschanzeige	24
e) Beweislast	25
2. Anzeigepflichtiger	26–29
a) Ausgangslage	26
b) Bevollmächtigter	27–29
3. Pflicht zur Anzeige gefahrerheblicher Umstände	30–44
a) Antragsfragen	30–38
b) Gegenwärtiger Gesundheitszustand	39–41
c) Frühere Erkrankungen	42
d) Angaben gegenüber dem untersuchenden Arzt	43, 44
4. Maßgeblicher Zeitpunkt für die Anzeigepflicht	45–47
a) Anzeigepflicht nach Antragstellung	45, 46
aa) Ausgangslage	45
bb) Einzelfälle	46
b) Kündigungsrecht des Versicherers	47

Vorvertragliche Anzeigepflicht   § 6 ALB 1986

	Rdn.
5. Gefahrerheblichkeit verschwiegener Umstände	48–53
a) Gefahrerhebliche Umstände	48
b) Feststellung der Gefahrerheblichkeit	49–51
aa) Bewertung	49
bb) Gefahrunerhebliche Umstände	50
cc) Gefahrerhebliche Umstände	51
c) Darlegungs- und Beweislast	52, 53
6. Kenntnis des gefahrerheblichen Umstandes	54–56
a) Kenntnis des Anzeigepflichtigen	54
b) Beweislast	55, 56
III. Kenntnis des Dritten (§ 6 Abs. 2 ALB 1986)	57, 58
IV. Rücktritt vom Versicherungsvertrag (§ 6 Abs. 3 ALB 1986)	59–131
1. Rücktrittsfrist	59–62
a) Zehn- bzw. Dreijahresfrist	59–61
b) Monatsfrist	62
2. Zeitpunkt der Kenntniserlangung	63–66
a) Positive Kenntnis	63
b) Ermittlung der Tatsachen	64
c) Angemessener Zeitraum	65
d) Beweislast	66
3. Kenntnis des Versicherers	67–70
a) Ausgangslage	67
b) Risikoprüfungsobliegenheit des Versicherers	68–70
4. Zurechnungstatbestände	71–88
a) Kenntnis des zuständigen Mitarbeiters	71
b) Kenntnis des vom Versicherer beauftragten Arztes	72, 73
c) Kenntnis des Versicherungsagenten	74–82
d) Kenntnis des Maklers	83, 84
e) Zurechnung der Kenntnis in besonderen Fällen	85
f) Ausschluss der Zurechnung	86–88
5. Ausschluss des Rücktritts bei mangelndem Verschulden des Anzeigepflichtigen (§ 6 Abs. 3 Satz 3 ALB 1986)	89–108
a) Grundsatz	89–94
b) Mitverschulden mitversicherter Personen	95
c) Mitwirkung des Versicherungsagenten	96–102
d) Mitwirkung des untersuchenden Arztes	103, 104
e) Mitwirkung eines Maklers	105
f) Vertretung durch Bevollmächtigten	106
g) Beweislast	107, 108
6. Ausschluss des Rücktritts wegen mangelnder Kausalität (§ 6 Abs. 3 Satz 4 ALB 1986)	109–114
a) Begrenzung der Rechtsfolgen	109–111
b) Indizierende Umstände	112
c) Beweislast	113, 114
7. Ausübung des Rücktritts	115–131
a) Erklärungsempfänger	115–119
b) Inhalt der Rücktrittserklärung	120–124
c) Wirkung des Rücktritts	125–127
d) Umdeutung des Rücktritts	128–130
e) Zusatzversicherung	131
V. Anfechtung des Versicherungsvertrages wegen arglistiger Täuschung (§ 6 Abs. 4 ALB 1986)	132–164
1. Allgemeines	132–134
a) VVG	132
b) Anspruchskonkurrenz	133, 134
2. Arglistige Täuschung	135–150
a) Unrichtige oder unvollständige Angaben	135

		Rdn.
b)	Bewusste und gewollte Einflussnahme auf die Annahmeentscheidung	135a–145
	aa) Voraussetzungen	135a
	bb) Kenntnis des Wissens- und Erklärungsvertreters	136
	cc) Kenntnis des Versicherungsagenten	137
	dd) Kenntnis des Versicherungsmaklers	138
	ee) Kenntnis des Hausarztes	139
	ff) Kenntnis des Versicherers	140
	gg) Beweislast	141–143
	hh) Einzelfälle	144
	α) Arglistige Täuschung bejaht	144
	β) Argliste Täuschung verneint	145
c)	Kausalität	146, 147
d)	Mitwirken des Vermittlers	148–150
	aa) Ausfüllen des Antrags	148
	bb) Anzeige an den Vermittler	149
	cc) Unrichtige Auskünfte des Vermittlers	150
3.	Anfechtung des Versicherungsvertrages (§ 6 Abs. 4 ALB 1986)	151–164
a)	Erklärungsempfänger	151–153
b)	Anfechtungsfrist	154
c)	Inhalt der Anfechtungserklärung	155
d)	Umdeutung der Anfechtungserklärung	156–158
e)	Wirkung der Anfechtungserklärung	159–161
f)	Verzicht auf die Anfechtung	162
g)	Teilanfechtung der Zusatzversicherung	163
h)	Unzulässige Rechtsausübung	163a
i)	Vorläufiger Versicherungsschutz	164
VI.	Änderung oder Wiederherstellung der Versicherung (§ 6 Abs. 5 ALB 1986)	165–169
1.	Allgemeines	165
2.	Änderung der Versicherung	166
3.	Wiederherstellung	167–169
VII.	Folgen der Aufhebung der Versicherung (§ 6 Abs. 6 ALB 1986)	170
VIII.	Adressat der Rücktritts- und Anfechtungserklärung (§ 6 Abs. 7 ALB 1986)	171–175
1.	Grundsatz	171
2.	Empfangsbevollmächtigte	172–174
3.	Rangfolge	175

AuVdBAV: GB BAV 1972, 47 (Rücktritt nach Versicherungsfall); VerBAV 1992, 336 (Rücktrittsfrist bei verschwiegener HIV-Infektion).

Schrifttum: *Adam*, Die vorvertragliche Anzeigepflicht in der Lebensversicherung, ZfV 1963, 876; *Arndts*, Aufdeckung verschwiegener Vorerkrankungen durch den Gesellschaftsarzt im Schadenfalle, VW 1962, 376; *Arnold*, Rechtsfragen der Lebensversicherung in der Entwicklung, VersR 1958, 8; *Baumann*, Ist der Versicherungsmakler Auge und Ohr des Versicherers?, NVersZ 2000, 116; *Beckmann*, Auswirkungen der Auge-und-Ohr-Rechtsprechung auf die Beurteilung von Vollmachtsbeschränkungen, NJW 1996, 1378; *Bruns*, Ist Wissen Macht? – Die Zurechnung von Wissen und Wissenserklärungen im Privatversicherungsrecht, ZVersWiss 2007, 485; *dieselbe*, Voraussetzungen und Auswirkungen der Zurechnung von Wissen und Wissenserklärungen im allgemeinen Privatrecht und im Privatversicherungsrecht. Eine Untersuchung von Zurechnungsmechanismen außerhalb des unmittelbaren Anwendungsbereichs von Zurechnungsnormen, Karlsruhe, VVW, 2007; *Buck-Heeb*, Private Kenntnis in Banken und Unternehmen – Haftungsvermeidung durch Einhaltung von Organisationspflichten, WM 2008, 281; *Büsken*, Die passive Vertretungsmacht des Vermittlungsagenten bei Antragstellung – Eine Bestandsaufnahme –, VersR 1992, 272; *Bundschuh*, Tendenz der

Rechtsprechung in Bank- und Versicherungssachen, Karlsruhe, 1992, S. 13; *derselbe,* Versicherung im Wandel, ZVersWiss 1993, 39; *Dehner,* Zur vorvertraglichen Anzeigepflicht des Versicherungsnehmers, NJW 1992, 3007; *Dörner,* Rechtsfolgen einer Verletzung vorvertraglicher Aufklärungs- und Informationspflichten durch den Versicherer – Neue Aspekte, in: Kontinuität und Wandel des Versicherungsrechts, Festschrift für E. Lorenz, Karlsruhe, VVW, 2004, S. 195; *Dreher,* Die „bedingungsgemäße Entschädigung" des arglistig täuschenden VN – Zur Begründung eines Kausalitätserfordernisses bei der Anfechtung des Versicherungsvertrags wegen arglistiger Täuschung des Versicherers –, VersR 1998, 539; *Drexl,* Wissenszurechnung im Konzern, ZHR 161 (1997), 491; *Ehrenzweig,* Rücktritt und Leistungsbefreiung, VersArch 1955, 13; *Fitzau,* Das dicke Ende kommt noch! Die Umstellung der alten AVB auf das neue Versicherungsrecht, VW 2008, 448; *Freytag,* Das Risiko in der Lebensversicherung, VW 1973, 70; *Fricke,* Die Empfangsvollmacht des Vermittlungsagenten und die vergessene Risikoanzeige – Zugleich Anmerkung zum Urteil des BGH vom 18. 12. 1991 (IV ZR 299/90) BGHZ 116, 387 = VersR 92, 217 –, VersR 1993, 399; *Gerlach,* Musterbedingungen für die Großlebensversicherung, VerBAV 1976, 97; *Glauber,* Die Empfangsvollmacht des Vermittlungsagenten bei Antragstellung, VersR 1992, 937; *Gröning,* Zur Empfangsvollmacht des Vermittlers für mündliche Erklärungen des Antragstellers – Zugleich Anmerkung zum Urteil des BGH vom 23. 5. 1989 (VI a ZR 72/88) VersR 89, 833 –, VersR 1990, 710; *Grote/Finkel,* Der Rücktritt von einem Altvertrag – altes oder neues Recht?, VersR 2009, 312; *Haasen,* Zur Beweislast bei der Anfechtung wegen arglistiger Täuschung, VersR 1954, 482; *Haft,* Die Prüfung des subjektiven Risikos oder Interessenrisikos in der Lebens- und Berufsunfähigkeitsversicherung, VW 1977, 636; *Harke,* Versicherungsvertragliche Anzeigepflicht und Garantiehaftung für culpa in contrahendo, ZVersWiss 2006, 391; *Heinemann,* Vorvertragliche Anzeigepflicht – Irreführung des Verbrauchers durch Gestaltung von Antragsformularen? – Aufklärungspflicht des Maklers bei Antragsaufnahme, auch unter Berücksichtigung der Haftungsproblematik –, VersR 1992, 1319; *Henrichs,* Zur Reichweite des § 21 VVG in der privaten Krankenversicherung, VersR 1989, 230; *Honsel,* Umstellung der Schaden- und Unfall-Bestände auf das VVG-2008, VW 2008, 480; *Honsell,* Der rechtliche Schutz der Privatversicherer vor dem sogenannten subjektiven Risiko, VersR 1982, 112; *derselbe,* Beweislast- und Kompensationsprobleme bei der Gefahrerhöhung, VersR 1982, 1094; *Hübner,* Zur Regelungsbedürftigkeit der Risikoprüfungsobliegenheit des Versicherers, in: Kontinuität und Wandel des Versicherungsrechts, Festschrift für Egon Lorenz, Karlsruhe, VVW, 2004, S. 355; *Hübner/Schmid,* Die Sanktion des Fehlverhaltens des Versicherungsnehmers: Rechtsvergleichende Untersuchung des Alles-oder-nichts-Prinzips und der Proportionalregel in deutschen, schweizerischen und französischen Versicherungsvertragsrecht, in: Ein Leben mit der Versicherungswissenschaft, Festschrift für Helmut Schirmer, Karlsruhe, VVW, 2005, S. 217; *Kalka,* Die Anzeige sog. künftiger Umstände in der Lebensversicherung, VW 1965, 1193; *Kaufmann,* Zur Frage der Anwendbarkeit des § 41 Abs. 2 VVG in der Lebensversicherung, ZfV 1998, 480; *Keinert,* Vorvertragliche Anzeigepflicht (§§ 16 ff VersVG). Nach österreichischem und deutschem Recht. Zugleich ein Beitrag zur Vertreterrolle des Versicherungsagenten, Wien–New York 1983; *Kellner,* Fristenproblem beim Rücktritt vom Versicherungsvertrag wegen Verletzung der Anzeigepflicht, VersR 1978, 1006; *Kendall,* Auswirkungen der neuesten englischen Rechtsprechung zu Versicherungsnehmern obliegenden vorvertraglichen Aufklärungspflichten, ZfV 1994, 581; *Kientsch,* Die Auskunfts- und Mitwirkungspflicht des Arztes gegenüber dem privaten Versicherer, Bonn 1967; *Klein,* Die Rechtsmacht des Versicherungsagenten und ihre Beschränkbarkeit unter besonderer Berücksichtigung der passiven Vertretungsmacht für Gefahranzeigen, Diss. Köln 1992, Karlsruhe, VVW, 1994; *Klimke,* Anzeigepflichten des VN bei Abschluss einer Rückwärtsversicherung, VersR 2004, 287; *Knappmann,* Zurechnung des Verhaltens Dritter im Privatversicherungsrecht, NJW 1994, 3147; *derselbe,* Grenzen und Beschränkungen der Rechte des Versicherers bei Verletzung der Anzeigepflichten (§§ 16 ff. VVG) durch den Versicherungsnehmer, r+s 1996, 81; *derselbe,* Zurechnung des Verhaltens Dritter zu Lasten des VN, VersR 1997, 261; *derselbe,* Beteiligung von Ärzten beim Abschluss eines Versicherungsvertrags oder bei der Regulierung von Versicherungsfällen, VersR 2005, 199; *derselbe,* Anzeigepflicht hinsichtlich ausgeschlossener Umstände – Zugleich Anmerkung zu OLG Saarbrücken vom 3. 11. 2004 (5 U 190/04–26) VersR 2005, 929 –, VersR 2006, 51; *Koch,* Die Anzeigepflicht. Eine rechtsvergleichende Untersuchung, ZVersWiss 1927, 201; *Köbler,* Culpa in contrahendo und Privatversicherungsrecht, VersR 1969, 773; *Koller,* Wissenszurechnung, Kosten und Risiken, JZ 1998, 75; *Kummer,* Die Rechtsprechung des Bundesgerichtshofs zur Personenversicherung, r+s 1998, 265 (I), 309 (II); *Liebelt-Westphal,* Schadenverhütung und Versicherungsvertragsrecht: Schadenverhütung durch die Gestaltung des Versicherungsvertrages (Risikobeschreibung, Ausschluss von Risiken und Auferlegung von Obliegenheiten), Diss. Hamburg 1997, Frankfurt am Main u.a., *Lang,* 1997; *Liesenfeld,* Die vorvertragliche Anzeigepflicht im englischen Versicherungsvertragsrecht, Diss. Köln 1994, Karlsruhe, VVW, 1994; *Lorenz,* Die Haftung des Versicherers für Auskünfte und Wissen seiner Agenten im englischen, deutschen und österreichischen Privatrecht, Diss. Innsbruck 1992, Wien, Manz, 1993; *Lorenz, Egon,* Hat der Versicherer eine Risikoprüfungsobliegenheit mit Schutzzweck zugunsten des Antragstellers?, VersR 1993, 513; *Luckey,* Der Ausschluss der Empfangsvollmacht des Versicherungsvertreters, VersR 1993, 151; *Lücke,* Aktuelle Rechtsprechungsübersicht zur Betrugsproblematik in der Sachversicherung, VersR 1994, 128; *derselbe,* Versicherungsbetrug in der Sachversicherung, VersR 1996, 785; *Magnusson,* Arglistige Täuschung des Lebensversicherers durch den Versicherten bei der Versicherung auf fremdes Leben, VersR 1953, 300; *derselbe,* Willenserklärungen des Versicherers nach dem Tode des VN (insb. Lebensversicherung, VersR 1954, 331; *Messerschmidt,* Hinweis- und Belehrungspflichten des Versicherers, Frankfurt–Bern–New York 1986; *Metzing,* Die Zahlung der Prämienreserve nach Anfechtung des Lebensversicherungsvertrages, VersR 1950, 91; *Meyer-Kahlen,* Angleichung des Versicherungsvertragsrechts im Gemeinsamen Markt, 1980; *Meyer-Reim/Testorf,* Wissenszurechnung im Versicherungsunternehmen, VersR 1994, 1137; *Michel,* Rechtsprobleme der vorvertraglichen Anzeigepflicht in der privaten Krankenversicherung, Diss. Köln 1994; *Millauer,* Vorvertragliche Anzeigepflicht beim Gruppenversicherungsvertrag, VersR 1964, 355; *Mistal,* Rechtsfolgen der Verletzung von Pflichten und Obliegenheiten des Versicherungsnehmers nach deutschem und polnischem Recht, Karlsruhe, VVW, 2006; *Möller,* Versicherungsschutz und Agentenrecht, VP 1961, 84; *Morisse,* Vorvertragliche Anzeigepflicht und vertragliche Obliegenheit, NVersZ 2000, 209; *Müller,* Zur fristgerechten Ausübung des Rücktrittsrechts nach § 19 VVG – unter Berücksichtigung des Rücktritts nach Eintritt des Versicherungsfalles, r+s 2000, 485; *Müller-Frank,* Täuschung durch Antragsteller und Wissen des vom Versicherer beauftragten Arztes, NVersZ 2001, 447; *Münkel,* Die gesetzliche Empfangsvollmacht des Versicherungsvertreters und ihre Beschränkung, Karlsruhe, VVW, 2003; *Ohse,* Verschulden des Versicherungsnehmers bei unrichtiger Ausfüllung des Antrages durch den Vermittlungsvertreter, VersArch 1959, 455; *Petersen,* Die Anzeigepflicht beim Lebensversicherungsvertrag, ZVersWiss 1972, 47; *Präve,* Das Recht des Versicherungsnehmers auf gen-informationelle Selbstbestimmung, VersR 1992, 279; *derselbe,* Die Vorschrift des § 41 VVG in der Lebens- und Krankenversicherung, ZfV 1992, 394; *derselbe,* Zum Für und Wider einer gesetzlichen Fixierung außerordentlicher Kündigungsrechte – Bemerkungen zu den Vorschlägen der Schuldrechts-kommission aus versicherungsrechtlicher Sicht –, VersR 1993, 265; *derselbe,* Die Empfangsvollmacht des Vermittlungsagenten, ZfV 1993, 130; *Prahl,* Zum Prämienanspruch des Versicherers nach Anfechtung des Vertrags wegen arglistiger Täuschung des VN – Zugleich Anmerkung zu dem Urteil des BGH vom 1. 6. 2005 (IV ZR 46/04) VersR 2005, 1065 –, VersR 2007, 459; *Prölss, Erich,* Zur Kausalität im Sinne der §§ 21, 25 III VVG, VersR 1954, 153; *Prölss, Jürgen,* Anzeigeobliegenheiten des Versicherungsnehmers bei Drohungen Dritter – Zugleich ein Beitrag zur Mitversicherung von Gefahrerhöhungen, NVersZ 2000, 153; *Raestrup,* Falschdeklarationen und Falschattestierungen, ZVersWiss 1970, 433; *Reiff,* Die Haftung des Versicherers für Versicherungsvermittler, r+s 1998, 89 (I); *Reusch,* Wie weit reicht der Auge- und Ohr-Grundsatz?, NVersZ 2000, 120; *Rieke,* Die rechtliche Gestaltung der vorvertraglichen Anzeigepflicht in Deutschland, der Schweiz, Frankreich, Belgien, Holland und Italien und ihre rechtsvergleichende Wertung im Hinblick auf eine Neuordnung des Versicherungsvertragsrechts im Rahmen der europäischen Integration, Diss. Köln 1955; *Rixecker,* Die Aufklärungsobliegenheit im Schoß des Informationsmanagements von Versicherern, in: Ein Leben mit der Versicherungswissenschaft, Festschrift für Helmut Schirmer, Karlsruhe, VVW, 2005, S. 517; *Röhr,* Die vorvertragliche Anzeigepflicht, Karlsruhe 1980; *derselbe,* Die vorvertragliche Anzeigepflicht, VW 1981, 114; *Römer,* Obliegenheiten in der Personenversicherung, r+s 1998, 45; *derselbe,* Zu den Informationspflichten der Versicherer und ihrer Vermittler, VersR 1998, 1313; *Rühl,* Obliegenheiten im Versicherungsvertragsrecht. Auf dem Weg zum Europäischen Binnenmarkt für Versicherungen, Tübingen, Mohr, 2004; *dieselbe,* Die vorvertragliche Anzeigepflicht – Empfehlungen für ein europäisches Versicherungsvertragsrecht, ZVersWiss 2005, 479; *Sackhoff,* Die Anzeige-, Auskunfts- und Belegpflicht des Versicherungsnehmers nach Eintritt des Versicherungsfalles: eine rechtsvergleichende Untersuchung unter besonderer Berücksichtigung des Richtlinienentwurfes zur Harmonisierung des Versicherungsvertragsrechts; zugleich ein Beitrag zur Relevanzrechtsprechung des Bundesgerichtshofes, Diss. Hamburg 1993, Frankfurt am Main u. a., Lang, 1994; *Schagen,* Die Vorverhandlungen des Versicherungssuchenden mit dem Versicherungsagenten zur Begründung des Versicherungsvertrages, Diss. Köln 1972; *Schimikowski,* Haftung des Versicherungsnehmers für Verhalten und Kenntnis anderer Personen, VW 1996, 626; *Schirmer,* Die Rechtsprechung des Bundesgerichtshofs zum allgemeinen Versicherungsvertragsrecht – Ein Überblick –, ZVersWiss 1992, 381; *derselbe,* Beratungspflichten und Beratungsverschulden der Versicherer und ihrer Agenten, r+s 1999, 133 (I); *Schlenker,* Die vorvertragliche Anzeigeobliegenheit des Versicherungsnehmers: Ein iberischdeutscher Rechtsvergleich, Baden-Baden, Nomos, VersWissStud. 28 (2005); *Schmidt,* Der Rücktritt wegen Anzeigepflichtverletzung in der privaten Krankenversicherung, VersR 1986, 511; *Schmidt-Tüngler,* Beitragsänderung bei höherer Gefahr und Gefahrminderung, ZVersWiss 1942, 190; *Schneider,* Die versicherungsrechtliche Erfassung der Gefahrtatsachen nach schweizerischem und deutschem Recht, Bern 1971; *Schulte-Nölke,* Arbeiten an einem europäischen Vertragsrecht – Fakten und populäre Irrtümer, NJW 2009, 2161; *Schulz,* Zur Begründungspflicht beim Rücktritt vom Versicherungsvertrag, VersR 1968, 332; *Schultz,* Die Bedeutung der Kenntnis des Vertretenen beim Vertreterhandeln für juristische Personen und Gesellschaften, NJW 1996, 1392; *derselbe,* Nochmals: Die Bedeutung der Kenntnis des Vertretenen beim Vertreterhandeln für juristische Personen und Gesellschaften, NJW 1997, 2093; *Schwampe,* Überlegungen zu einer Reform der vorvertraglichen Anzeigepflicht im Versicherungsrecht, VersR 1984, 308; *Senger,* Anm. zum Urteil des BGH vom 2. 11. 1967 = VersR 1968, 41, VersR 1968, 545; *Sieg,* Die Erfüllungshaftung des Versicherers für Auskünfte seiner Agenten – vom Gewohnheitsrecht zum Gesetzesrecht – Zugleich Anmerkung zum Urteil des OLG Hamm vom 8.11.1996 (20 U 247/95) VersR 97, 1264 –, VersR 1998, 162; *Spieß,* Der Abschlussgehilfe – Ein Beitrag zu „Auge und Ohr"-Entscheidung (BGHZ 102, 194, 197 = VersR 88, 234, 237) und BGHZ 116, 387, 389 = VersR 92, 217 –, in: Recht und Ökonomie der Versicherung, Festschrift für Egon Lorenz, Karlsruhe, VVW, 1994, S. 657; *Steinbeck,* Die Sanktionierung von Obliegenheitsverletzungen im Versicherungsrecht. Ein Rück- und Ausblick: Von den Anfängen bis zur Reform des VVG vom 1. 1. 2008 unter Berücksichtigung der Rechtsentwicklungen im europäischen Binnenmarkt, München, Meidenbauer, 2007; *Süss,* Vorvertragliche Anzeigepflicht, insbesondere bei der Krankenversicherung, VersR 1952, 185; *Taupitz,* Die „Augen und Ohren" des Versicherers, in: Recht und Ökonomie der Versicherung, Festschrift für Egon Lorenz, Karlsruhe, VVW, 1994, S. 673; *Uhlenbrock,* Die Lösungsrechte des Versicherers bei Verletzung der vorvertraglichen Anzeigepflicht des Versicherungsnehmers unter besonderer Betrachtung der Berufsunfähigkeitsversicherung, Frankfurt/M. u. a., Lang, 2005; *von Waldstein,* Rücktritt des Versicherers nach dem Tode des Versicherungsnehmers, VersR 1953, 225; *Waltermann,* Arglistiges Verschweigen eines Fehlers bei der Einschaltung von Hilfskräften, NJW 1993, 889; *Weichert,* Lebensversicherungen für Homosexuelle, VersR 1997, 1465; *Wendt/Jularic,* Die Einbeziehung des Arztes in das Versicherungsgeschäft – Zur bisherigen und zukünftigen Rechtslage –, VersR 2008, 41; *Werber,* Die Gefahrerhöhung im deutschen, schweizerischen, französischen, italienischen, schwedischen und englischen Versicherungsvertragsrecht, Karlsruhe, VVW, 1967; *derselbe,* Änderungsrisiko und Gefahrerhöhung, VersR 1976, 897; *Wirth,* Zur Notwendigkeit des strafrechtlichen Schutzes des Privatversicherungswesens durch Sondernormen – Zugleich ein Beitrag zur Auslegung der §§ 265 und 263 Abs. 3 S. 2 Nr. 5 StGB, Diss. Dresden 2002, Berlin, D&H, 2004; *Wrabetz,* Der Rücktritt aufgrund Verletzung vorvertraglicher Anzeigepflicht nach §§ 16 ff. VVG als lex specialis zur Irrtumsanfechtung gemäß § 119 BGB, ZfV 1992, 147; *Wriede,* Ausschluss „alter Leiden" in der Reisekranken- und Restschuldlebensversicherung, VersR 1996, 1473.

I. Allgemeines

1. Fassung

Die Anzeigepflichtklausel stellt inhaltlich eine gekürzte Zusammenfassung der gesetzlichen Regelungen der §§ 16, 17 und 20 VVG dar[1] und gibt im Wesentli- **1**

---

[1] LG Berlin VersR 1984, 730.

chen die gesetzliche Regelung wieder,[2] wobei gemäß § 34a VVG Abweichungen von den §§ 16 bis 29a VVG zum Nachteil des Versicherungsnehmers nicht möglich sind.[3] Eine Abweichung von der gesetzlichen Regelung ist nicht beabsichtigt, obwohl in den ALB gegenüber früher in § 1 Nr. 1, 4 ALB 1932 eine Bestimmung über die Anzeige bereits bei Antragstellung vorhandener, aber erst nachträglich bekanntgewordener Umstände fehlt.[4] Der Versicherungsnehmer ist daher verpflichtet, nicht nur die nachträglich eingetretenen, sondern auch die nachträglich erkannten, bereits bei Antragstellung vorhandenen gefahrerheblichen Umstände anzuzeigen.[5]

2   In § 6 Abs. 3 Satz 2 ALB 1986 wird unverändert zu früheren Fassungen für den Beginn der Rücktrittsfrist hervorgehoben, dass die Kenntnis eines Vermittlers der Kenntnis des Unternehmens nicht gleichsteht. Mit dieser Regelung wird klargestellt, dass die Einmonatsfrist nur dann in Lauf gesetzt wird, wenn das Unternehmen selbst Kenntnis von der Verletzung der Anzeigepflicht erhalten hat.

3   § 6 Abs. 5 ALB 1986 enthält die Regelung, dass die Absätze 1 bis 4 auch für
4   Angaben gelten, die bei einem Antrag auf Änderung oder Wiederherstellung der Versicherung zu machen sind. Mit Blick auf die Anzeigeobliegenheit des Versicherungsnehmers stellt mithin die Klausel die Änderung einer bestehenden Versicherung dem Neuabschluss eines Versicherungsvertrages gleich. Allerdings ergibt eine aus Sicht eines verständigen und aufmerksamen Versicherungsnehmers vorzunehmende Auslegung des § 6 Abs. 5 ALB 1986, dass sich diese Regelung nur auf Änderungsverträge beziehen soll, mit denen die Leistungspflicht des Versicherers erweitert wird, nicht dagegen auf solche, die sie einschränken.[6] Mit der Neufassung des § 6 Abs. 5 Satz 1 ALB 1986 durch die ALB 1994 wird dieser Auslegung des § 6 Abs. 5 ALB 1986 Rechnung getragen. Ferner wird mit der Neufassung des § 6 Abs. 5 ALB 1986 in den ALB 1994 hervorgehoben, dass die Dreijahresfrist mit der Änderung oder Wiederherstellung der Versicherung bezüglich des geänderten oder wieder hergestellten Teils neu zu laufen beginnt.

5   Die Bestellung von Empfangsbevollmächtigten wurde erstmals in § 11 Nr. 1 Satz 2 ALB 1981 geregelt. Danach konnte der Versicherer nach dem Tode des Versicherungsnehmers, sofern nicht ein vom Versicherungsnehmer namentlich bezeichneter Zustellungsbevollmächtigter vorhanden war, den Bezugsberechtigten und, falls ein solcher nicht vorhanden oder sein Aufenthalt nicht feststellbar war, den Inhaber des Versicherungsscheins als bevollmächtigt zum Empfang von Willenserklärungen, welche die Gültigkeit des Vertrages zum Gegenstand haben, ansehen. Materiell wurde § 11 Nr. 1 Satz 2 ALB 1981 in alle folgenden ALB übernommen, so auch in § 6 Abs. 7 ALB 1986. Diese in der Lebensversicherung verwendeten Klauseln, die den Versicherer berechtigen, nach dem Tod des Versicherungsnehmers davon auszugehen, dass dieser bestimmte Personen zur Entgegennahme von Willenserklärungen des Versicherers nach Eintritt des Versicherungsfalles bevollmächtigt hat, sind grundsätzlich rechtlich unbedenklich.[7] Rechtliche Bedenken gegen diese Regelung bestehen nicht, da die Bestellung

---

[2] BGH v. 30. 1. 1980, VersR 1980, 668.
[3] LG Berlin VersR 1984, 730.
[4] BGH v. 30. 1. 1980, VersR 1980, 668; BGH v. 27. 6. 1984, VerBAV 1984, 461.
[5] BGH v. 30. 1. 1980, VersR 1980, 668. Siehe auch BGH VersR 1983, 237.
[6] BGH, Urt. v. 9. 12. 1992 – IV ZR 232/92, NJW 1993, 596 = VersR 1993, 213, 214 = r+s 1993, 88; BGH, Urt. v. 23. 6. 1993 – IV ZR 37/92, NJW-RR 1993, 1177, 1178 = VersR 1994, 39, 40 = r+s 1993, 475, 477; *Winter* in: Bruck/Möller, VVG, 8. Aufl., 1988, §§ 159–178 VVG Anm. F 22.
[7] BGH, Urt. v. 5. 5. 1982 – IVa ZR 264/80, NJW 1982, 2314 = VersR 1982, 746 = r+s 1982, 113; BGH, Urt. v. 24. 3. 1993 – IV ZR 36/92, NJW-RR 1993, 794/795 = VersR 1993, 868, 869 = VerBAV 1993, 311, 312 = r+s 1993, 436.

Vorvertragliche Anzeigepflicht   6–8   § 6 ALB 1986

von Empfangsbevollmächtigten im Rahmen Allgemeiner Geschäftsbedingungen weder gegen Vorschriften des VVG (§§ 20 Abs. 2 VVG i. V. m. § 34 a VVG) noch des AGBG (§ 9 AGBG) verstößt.[8]

2. Anspruchskonkurrenz

a) Anwendbarkeit des § 119 BGB. Soweit es sich bei dem geltend gemachten Anfechtungsgrund um einen Irrtum über gefahrerhebliche Umstände handelt, schließen die §§ 16 ff. VVG als gesetzliche Sonderregelung die Anwendbarkeit des § 119 BGB aus.[9]   6

b) Ansprüche aus culpa in contrahendo. aa) Rechte des Versicherers. Soweit sich eine dem Versicherungsnehmer angelastete Täuschung auf einen gefahrerheblichen Umstand im Sinne der §§ 16, 17 VVG bezieht, sind die im Schuldrecht durch das Institut der Verhandlungsverschuldens geschützten Interessen in den §§ 16 bis 22 VVG eigenständig geregelt.[10] Diese Vorschriften sanktionieren die Verletzung der vorvertraglichen Anzeigeobliegenheit abschließend,[11] da der Versicherer, der die Fristen für Rücktritt und Anfechtung versäumt hat, sich nicht auf die gewöhnliche Haftung für culpa in contrahendo zu dem Zwecke berufen darf, seine Leistungsfreiheit herzustellen.[12] Grundsätzlich kommen deshalb nach dem Gesetz insoweit nur Prämienerhöhung, Kündigung oder Rücktritt in Betracht.[13] Daneben steht es dem Versicherer offen, die Anfechtung seiner Annahmeerklärung wegen arglistiger Täuschung zu erklären (§§ 22 VVG, 123 BGB).[14] Betrifft eine Nicht- oder Falschanzeige gefahrerhebliche Umstände, so bestehen daneben keine Ansprüche aus culpa in contrahendo.[15] Anderenfalls würde die ausgewogene Entscheidung des Gesetzgebers zur Sanktionierung der Verletzung vorvertraglicher Anzeigepflichten bei Anbahnung eines Versicherungsvertrages verfälscht und unterlaufen.[16]   7

bb) Rechte des Versicherungsnehmers. Kündigt der Versicherungsnehmer den Versicherungsvertrag, wird durch die Kündigung die Rückforderung der   8

---

[8] OLG Düsseldorf v. 28. 10. 1969, VersR 1971, 75; OLG Hamburg VersR 1975, 562; BGH, Urt. v. 5. 5. 1982 – IV a ZR 264/80, NJW 1982, 2314 = VersR 1982, 746 = VerBAV 1982, 429 = DB 1982, 1975; OLG Köln v. 26. 9. 1985, VersR 1986, 1186 = VerBAV 1985, 446. Siehe auch OLG Stuttgart VersR 1982, 797.
[9] BGH, Urt. v. 24. 9. 1986 – IV a ZR 229/84, NJW-RR 1987, 148 = VersR 1986, 1089; BGH, Urt. v. 22. 2. 1995 – IV ZR 158/94, NJW-RR 1995, 725, 726 = BB 1995, 2396 = DB 1995, 1604 (Ls.); *Heinz-Dieter Schmidt* VersR 1986, 511; *Wrabetz* ZfV 1992, 147, 149.
[10] BGH, Urt. v. 7. 2. 2007 – IV ZR 5/06, VersR 2007, 630, 631 = r+s 2007, 233 = MDR 2007, 886.
[11] BGH, Urt. v. 7. 2. 2007 – IV ZR 5/06, VersR 2007, 630, 631 = r+s 2007, 233 = MDR 2007, 886; OLG Saarbrücken, Urt. v. 11. 7. 2007 – 5 U 643/06-81, NJW-RR 2008, 280, 281 = VersR 2008, 621, 622 = r+s 2008, 478.
[12] *Harke* ZVersWiss 2006, 391, 410.
[13] BGH, Urt. v. 7. 2. 2007 – IV ZR 5/06, VersR 2007, 630, 631 = r+s 2007, 233 = MDR 2007, 886; OLG Saarbrücken, Urt. v. 11. 7. 2007 – 5 U 643/06-81, NJW-RR 2008, 280, 281 = VersR 2008, 621, 622 = r+s 2008, 478.
[14] BGH, Urt. v. 7. 2. 2007 – IV ZR 5/06, VersR 2007, 630, 631 = r+s 2007, 233 = MDR 2007, 886.
[15] BGH, Urt. v. 22. 2. 1984 – IV a ZR 63/82, VersR 1984, 630; OLG Hamm VersR 1988, 458; BGH, Urt. v. 8. 2. 1989 – IV a ZR 197/87, VersR 1989, 465; BGH, Urt. v. 18. 9. 1991 – IV ZR 189/90, VersR 1991, 1404; OLG Saarbrücken VersR 1997, 863; BGH, Urt. v. 7. 2. 2007 – IV ZR 5/06, VersR 2007, 630, 631 = r+s 2007, 233, 234 = MDR 2007, 886; *Heinz-Dieter Schmidt* VersR 1986, 511.
[16] BGH, Urt. v. 22. 2. 1984 – IV a ZR 63/82, VersR 1984, 630; BGH, Urt. v. 7. 2. 2007 – IV ZR 5/06, VersR 2007, 630, 631 = r+s 2007, 233, 234 = MDR 2007, 886.

gezahlten Versicherungsbeiträge aus dem Gesichtspunkt des Schadensersatzes aus Verschulden beim Vertragsschluss nicht ausgeschlossen.[17]

9   c) **Ansprüche aus unerlaubten Handlungen.** Nur dort, wo die Regelungen der §§ 16 ff. VVG nicht eingreifen, etwa bei Täuschungen über andere als gefahrerhebliche Umstände, oder wo sie andere geschützte Interessen des Versicherers nicht abschließend behandeln, kommt ein über die genannten Sanktionen hinausgehendes Leistungsverweigerungsrecht des Versicherers in Betracht.[18] Das kann der Fall sein bei Ansprüchen aus unerlaubten Handlungen, insbesondere bei den Tatbeständen der §§ 826, 823 Abs. 2 BGB, die neben den §§ 16 ff. VVG anzuwenden sind.[19]

10   d) **Rechte aus § 41 VVG.** Unberührt bleiben allerdings die Rechte des Versicherers aus § 41 VVG, auch wenn für die Lebensversicherung gefordert wird, die Anwendung des § 41 VVG auszuschließen.[20] Zwar besteht in der Lebensversicherung kein allgemeines Recht des Versicherers zur ordentlichen Kündigung des Versicherungsvertrages.[21] Hierdurch wird erreicht, dass dem Versicherungsnehmer nicht ohne oder gegen seinen Willen die Grundlage einer Alters- und oder Hinterbliebenenversorgung entzogen werden kann.[22] Die Vorschrift des § 41 VVG gibt deshalb dem Versicherer nur die Möglichkeit, bei schuldloser Verletzung der vorvertraglichen Anzeigepflicht des Versicherungsnehmers oder bei Unkenntnis des Versicherungsnehmers von einem anzeigepflichtigen Umstand eine Beitragserhöhung vorzunehmen oder den Vertrag zu kündigen. Damit soll dem Versicherer die Möglichkeit eröffnet werden, den Versicherungsvertrag der tatsächlich gegebenen Gefahrenlage anzupassen.

3. AGBG

11   Auf die im Versicherungsantrag gestellten Gesundheitsfragen finden die §§ 9 ff. AGBG, 307 ff. BGB keine Anwendung.[23] Fragen in Antragsvordrucken sind weder § 34 a VVG noch der AGB-Kontrolle unterworfen, weil sie keine Regelungen beinhalten.[24]

12   Die Rücktrittsklausel verstößt nicht gegen § 10 Nr. 3 AGBG, da sie den Vorschriften der §§ 16 ff. VVG entspricht und dem Versicherer nicht die Möglichkeit einräumt, wegen jeder falschen Angabe des Versicherungsnehmers über seine Person den Rücktritt erklären zu können.[25] Mit den wesentlichen Grundgedanken der gesetzlichen Regelung in § 16 VVG ist eine Klausel zu vereinbaren, wo-

---

[17] OLG Nürnberg, Urt. v. 11. 11. 1993 – 8 U 1741/93, NJW-RR 1994, 1515, 1516 = VersR 1994, 585, 586; zust. *Wriede* r+s 1994, 82; vgl. ferner *Dörner* in: Festschrift für Egon Lorenz, 2004, S. 195, 209.
[18] BGH, Urt. v. 7. 2. 2007 – IV ZR 5/06, VersR 2007, 630, 631 = r+s 2007, 233, 234 = MDR 2007, 886.
[19] BGH, Urt. v. 22. 2. 1984 – IV a ZR 63/82, VersR 1984, 630 = MDR 1984, 1008; BGH, Urt. v. 8. 2. 1989 – IV a ZR 197/87, VersR 1989, 465 = MDR 1989, 616; BGH, Urt. v. 7. 2. 2007 – IV ZR 5/06, VersR 2007, 630, 631 = r+s 2007, 233, 234 = MDR 2007, 886.
[20] *Präve* ZfV 1992, 394, 396; *Kaufmann* ZfV 1998, 480, 484.
[21] *Präve* VersR 1993, 265, 269.
[22] *Goll/Gilbert/Steinhaus*, Hdb. Lebensversicherung, 11. Aufl., Karlsruhe, 1992, S. 159; *Präve* VersR 1993, 265, 269.
[23] So schon für das AGBG OLG Bremen, Urt. v. 16. 11. 1993 – 3 U 67/93, VersR 1996, 314.
[24] OLG Bremen VersR 1996, 314; OLG Saarbrücken, Urt. v. 1. 2. 2006 – 5 U 207/05 – 17, VersR 2006, 1482, 1483 = r+s 2006, 510; OLG Saarbrücken, Urt. v. 9. 9. 2009 – 5 U 26/09-9, VersR 2009, 1522, 1524 = r+s 2009, 453, 455.
[25] Vgl. hierzu BGH VersR 1985, 1353.

Vorvertragliche Anzeigepflicht   13–16   § 6 ALB 1986

nach der Versicherungsnehmer alle Veränderungen seines Gesundheitszustandes vom Zeitpunkt der Antragstellung bis zur Annahme des Antrags durch den Versicherer anzuzeigen hat.[26]

4. VAG

Aufsichtsrechtlich hat das Lebensversicherungsunternehmen die Grundsätze für die Gestaltung der Antragsvordrucke in der Lebensversicherung zu beachten.[27] Eine Einschränkung der vorvertraglichen Anzeigepflicht ist möglich.[28]   13

5. VVG 2008

a) **Geltung.** Das VVG 1908/2007 gilt bis zum 31. Dezember 2008. Danach findet das VVG 2008 Anwendung. Für die Verträge, die vor Einführung des VVG 2008 geschlossen wurden, soll grundsätzlich ab 1. Januar 2009 das neue Gesetz gelten.[29] Allerdings ist das VVG 1908/2007 auch über den 31. Dezember 2008 hinaus anzuwenden, wenn und soweit der Versicherungsfall bereits eingetreten ist.[30] Ferner finden die alten Vorschriften auf Altverträge Anwendung, die bei Abschluss des Versicherungsvertrages zu beachten waren.[31] Erfolgt mithin ein Rücktritt im Zusammenhang mit einem Versicherungsfall aus einem sog. Altvertrag, d. h. einem Versicherungsvertrag, der vor dem 1. Januar 2008 abgeschlossen wurde, bleibt das alte Recht über den 31. Dezember 2008 hinaus anwendbar, wenn der Versicherungsfall bis zum 31. Dezember 2008 eingetreten ist.[32] Dies versteht sich auch mit Blick darauf, dass für die Voraussetzungen der vorvertraglichen Anzeigepflicht und deren Verletzung die bei Vertragsschluss zu beachtenden Regelungen weiterhin anwendbar bleiben.[33] Auch wenn ein Rücktritt nach dem 31. Dezember 2008 oder später zu einem vor dem 31. Dezember 2008 eingetretenen Versicherungsfall erklärt wird, bleibt es bei der Anwendung der §§ 16 ff. VVG.[34]   14

b) **Anpassung.** Den LVU wurde eine Übergangszeit von einem Jahr eingeräumt, um die bestehenden AVB an das neue Recht ohne Zustimmung des Versicherungsnehmers anzupassen. Die Änderungsmitteilung muss dem Versicherungsnehmer bis zum 30. November 2008 unter Kenntlichmachung der Unterschiede zugegangen sein. Änderungen können bereits im Laufe des Jahres 2008 mit Wirkung zum 1. Januar 2009 vorgenommen werden.   15

c) **Weitergeltung des § 6 ALB 1986.** Die Klausel entspricht nicht allenthalben den Vorgaben des VVG 2008 zu den vorvertraglichen Anzeigepflichten. Wird die Klausel vom LVU nicht fristgerecht an das neue Recht angepasst, tritt nach   16

---

[26] OLG Düsseldorf, Urt. v. 23. 12. 1999 – 6 U 159/98, VersR 2001, 46, 48.
[27] VerBAV 1978, 308 ff.
[28] VerBAV 1981, 328.
[29] *Fitzau* VW 2008, 448.
[30] *Grote/Finkel* VersR 2009, 312, 315.
[31] *Fitzau* VW 2008, 448.
[32] LG Dortmund, Hinweisbeschl. v. 16. 11. 2009 – 2 S 27/09, VersR 2010, 515; LG Dortmund, Beschl. v. 28. 12. 2009 – 2 S 27/09, NJW-RR 2010, 457, 458; *Grote/Finkel* VersR 2009, 312, 315.
[33] BT-Drucks. 16/3945, S. 118; LG Dortmund, Hinweisbeschl. v. 16. 11. 2009 – 2 S 27/09, VersR 2010, 515; LG Dortmund, Beschl. v. 28. 12. 2009 – 2 S 27/09, NJW-RR 2010, 457, 458; *Marlow* VersR 2010, 516.
[34] LG Dortmund, Hinweisbeschl. v. 16. 11. 2009 – 2 S 27/09, VersR 2010, 515, 516; a. A. LG Köln, Urt. v. 7. 10. 2009 – 23 O 154/09, VersR 2010, 199; *Marlow* VersR 2010, 516, 517.

dem 1. Januar 2009 Unwirksamkeit ein.[35] Im Streitfalle ist zu erwarten, dass die Klausel für unwirksam erklärt wird.[36]

6. Rechtsvergleichung

17   Trotz des alle EU-Mitgliedstaaten erfassenden Rechtsangleichungsprozesses werden bislang kaum vergleichende Studien zu den Rechtsordnungen aller 27 Mitgliedstaaten unternommen.[37] Zur Anzeigepflicht sind denn auch nur vereinzelt Ergebnisse zu finden, die sich nicht nur auf die EU beschränken. Nach französischem Recht hat der Versicherungsnehmer alle objektiv gefahrerheblichen Umstände, nach denen der Versicherer schriftlich oder mündlich gefragt hat, anzuzeigen.[38] Eine Beschränkung der Anzeigepflicht auf erfragte Umstände besteht auch dann, wenn der Versicherungsnehmer arglistig handelt, also Kenntnis von gefahrerheblichen Umständen und deren nachteiligen Auswirkungen für den Versicherer hat, Letzterer aber diesbezüglich keine Fragen gestellt hat.[39]

18   Für das englische Recht ist nach *Kendall*[40] festzuhalten, dass der Versicherungsnehmer dem Versicherer vor Vertragsschluss jeden erheblichen Umstand, der ihm bekannt ist, mitzuteilen hat. Als dem Versicherungsnehmer bekannt wird jeder Umstand erachtet, der ihm nach normalem Geschäftsgang bekannt sein müsste. Sofern der Versicherungsnehmer diese Aufklärung unterlässt, kann der Versicherer den Vertrag anfechten. Erheblich ist ein Umstand, der das Urteil eines vernunftgemäß handelnden Versicherers bei der Feststellung der Prämie oder bei der Entscheidung, ob er das Risiko versichert, beeinflussen würde.

19   Das schweizerische Recht verpflichtet den Versicherungsnehmer, vor Abschluss des Versicherungsvertrags objektiv gefahrerhebliche Umstände wahrheitsgemäß, also vollständig und inhaltlich zutreffend, anzuzeigen, nach denen der Versicherer schriftlich in bestimmter und unzweideutiger Fassung gefragt hat.[41] Voraussetzung für das Bestehen der Anzeigepflicht ist die Kenntnis oder das Bekanntseinmüssen der gefahrerheblichen Umstände.[42]

7. EG-Recht

20   Der Richtlinienvorschlag der EG-Kommission zur Koordinierung der Rechts- und Verwaltungsvorschriften über Versicherungsverträge enthält den Vorschlag, das Rücktrittsrecht durch eine Proportionalregel zu ersetzen.[43]

II. Vorvertragliche Anzeigepflicht (§ 6 Abs. 1 ALB 1986)

1. Unrichtige oder unvollständige Anzeige

21   **a) Rechtsnatur der Anzeige.** Die Anzeige gefahrerheblicher Umstände ist keine Willenserklärung, sondern eine Wissenserklärung, die keine Geschäftsfähigkeit erfordert und trotz äußerer Verbindung nicht Bestandteil der auf Abschluss des Vertrages gerichteten Willenserklärung des Versicherungsnehmers ist und auf

---

[35] *Honsel* VW 2008, 480, 481.
[36] *Fitzau* VW 2008, 448.
[37] *Schulte-Nölke* NJW 2009, 2161.
[38] *Hübner/Schmid* in: Festschrift für Helmut Schirmer, 2005, S. 217, 221.
[39] *Hübner/Schmid* in: Festschrift für Helmut Schirmer, 2005, S. 217, 221.
[40] *Kendall* ZfV 1994, 581.
[41] *Hübner/Schmid* in: Festschrift für Helmut Schirmer, 2005, S. 217, 220.
[42] *Hübner/Schmid* in: Festschrift für Helmut Schirmer, 2005, S. 217, 220.
[43] Siehe Einzelheiten bei *Meyer-Kahlen,* Angleichung des Versicherungsvertragsrechts im Gemeinsamen Markt, 1980, S. 81 f.

die die Vorschriften über Willenserklärungen zumindest zum Teil Anwendung finden, insbesondere die §§ 177 Abs. 1 und 174 Abs. 3 BGB.[44]

b) Schriftform. Das Schriftformerfordernis gilt für die vorvertragliche Anzeigepflicht noch nicht.[45] Die Schriftform wird auch von der Rechtsprechung für nicht erforderlich gehalten.[46] 22

c) Nichtanzeige. Eine Nichtanzeige liegt vor, wenn die vom Anzeigepflichtigen zu beantwortenden Fragen nicht vollständig beantwortet werden und z.B. Krankheiten verschwiegen werden.[47] Ein Strich im Fragebogen ist als Verneinung aufzufassen. Bleibt eine im Versicherungsantrag gestellte Frage unbeantwortet, so bedeutet dies keine Verneinung der Frage,[48] sondern eine Nichtbeantwortung der Frage.[49] Unter besonderen Umständen kann die Nichtbeantwortung der Frage, an welchen Gesundheitsstörungen der Versicherungsnehmer leidet, eine Verneinung bedeuten.[50] Wird zur Beantwortung einer umfänglichen Frage erkennbar nur wenig Platz gelassen und der Antragsteller auch nicht auf ein Beiblatt zur Ergänzung verwiesen, kann der Versicherer ernsthaft keine vollständige Antwort erwarten.[51] Wenn der Versicherer an einer Antwort interessiert ist, muss er sich mit dem Versicherungsnehmer in Verbindung setzen.[52] Nimmt der Versicherer in einem solchen Fall den Versicherungsantrag an, ohne auf einer nachträglichen Beantwortung der Frage zu bestehen, so liegt keine Anzeigepflichtverletzung vor.[53] 23

d) Falschanzeige. Bei der Falschanzeige wird der anzeigepflichtige Umstand mitgeteilt, aber so, dass der Versicherer ein falsches Bild bekommt.[54] 24

e) Beweislast. Die Beweislast dafür, dass der Versicherungsnehmer im Zuge der Antragstellung eine Obliegenheitsverletzung durch unzutreffende Beantwortung von Gesundheitsfragen begangen hat, liegt stets beim Versicherer.[55] 25

2. Anzeigepflichtiger

a) Ausgangslage. Der Versicherer kann nach § 16 Abs. 2 Satz 1 VVG in Verbindung mit § 6 Abs. 3 ALB 1986 vom Versicherungsvertrag zurücktreten, wenn 26

---

[44] OLG Frankfurt/M. NJW 1967, 681.
[45] Ebenso *Winter* in: Bruck/Möller, VVG, 8. Aufl., 1988, §§ 159–178 VVG Anm. F 58.
[46] Vgl. OLG Düsseldorf v. 5. 6. 1951, VersR 1951, 201; BGH v. 29. 5. 1980, VersR 1980, 763; OLG München v. 13. 3. 1985, VersR 1985, 1178.
[47] BGH v. 30. 1. 1980, VersR 1980, 668; BGH v. 5. 5. 1980, VersR 1980, 762; BGH, Urt. v. 5. 5. 1982 – IV a ZR 264/80, VersR 1982, 746; BGH v. 22. 2. 1984, VersR 1984, 631.
[48] OLG Hamm v. 30. 11. 1977, VersR 1978, 815 = VerBAV 1978, 316.
[49] OLG Frankfurt/M. NJW 1967, 682.
[50] OLG Frankfurt/M., Beschl. v. 6. 2. 1989 – 17 U 81/88, VersR 1989, 1141; Bruck/Möller, VVG, § 16 Anm. 41.
[51] OLG Nürnberg VersR 1997, 1137 (Ls.) = r+s 1997, 305; OLG Celle, Beschl. v. 13. 2. 2006 – 8 W 9/06, VersR 2006, 921, 922.
[52] OLG Hamm, v. 30. 11. 1977, VersR 1978, 815 = VerBAV 1978, 316.
[53] OLG Hamm, v. 30. 11. 1977, VersR 1978, 815 = VerBAV 1978, 316; nach OLG Frankfurt/M. NJW 1967, 680, 682 entfällt zumindest die Gefahrerheblichkeitsvermutung des § 16 Abs. 1 Satz 1 VVG.
[54] Vgl. RGZ 128, 118; LG Köln, 5. 7. 1957, VersR 1957, 635.
[55] BGH, Urt. v. 23. 5. 1989 – IV a ZR 72/88, BGHZ 107, 322, 324f. = NJW 1989, 2060 = VersR 1989, 833, 834 = r+s 1989, 242 = MDR 1989, 800; BGH, Urt. v. 21. 11. 1989 – IV a ZR 269/88, NJW 1990, 767 = VersR 1990, 77 = r+s 1990, 101 = MDR 1990, 523; BGH, Urt. v. 11. 7. 1990 – IV ZR 156/89, NJW-RR 1990, 1359 = VersR 1990, 1002 = r+s 1990, 320 = MDR 1991, 231; OLG Karlsruhe, Urt. v. 17. 9. 1992 – 9 U 109/91, NJW-RR 1993, 489 = VersR 1993, 865 = BB 1993, 610; BGH, Urt. v. 14. 7. 2004 – IV ZR 161/03, NJW 2004, 3427, 3428 = VersR 2004, 1297, 1298 = r+s 2005, 10, 11 = MDR 2005, 91 = SpV 2004, 69, 70.

der Versicherungsnehmer bei Vertragsschluss einen nach § 16 Abs. 1 VVG anzeigepflichtigen Umstand verschwiegen hat. Anzeigepflichtig ist außerdem in den Fällen, in denen der Versicherungsnehmer und der Versicherte zwei verschiedene Personen sind, auch der Versicherte (§ 161 VVG). Das Verschweigen eines gefahrerheblichen Umstands durch den Versicherten hat nach § 6 Abs. 2 ALB die gleichen Rechtsfolgen wie ein Verschweigen durch den Versicherungsnehmer.[56]

27 **b) Bevollmächtigter.** Anzeigepflichtig ist auch der Bevollmächtigte des Versicherungsnehmers und des Versicherten (§ 19 VVG). Nach § 19 VVG kommt bei einem Vertragsschluss durch einen Bevollmächtigten für das Rücktrittsrecht des Versicherers nicht nur die Kenntnis des Versicherungsnehmers, sondern auch die Kenntnis des Vertreters in Betracht.[57] Falsche Angaben dritter Personen muss sich der Versicherungsnehmer in entsprechender Anwendung des § 166 BGB zurechnen lassen,[58] wenn er diese Personen zur Erfüllung seiner Aufklärungsobliegenheit beauftragt hat.[59]

28 Bei dieser Haftung für einen Wissenserklärungsvertreter handelt es sich um keinen Anwendungsfall der Repräsentantenhaftung, sondern um eine Haftung kraft eigenen Zurechnungsgrundes.[60] Wissenserklärungsvertreter ist nicht nur, wen vom Versicherungsnehmer zu dessen rechtsgeschäftlicher Vertreter bestellt ist.[61] Es genügt, dass der Versicherungsnehmer den Dritten mit der Erfüllung seiner Obliegenheiten gegenüber dem Versicherer betraut hat und dass der Dritte die Erklärungen anstelle des Versicherungsnehmers abgibt.[62] Erst in der Übertragung bestimmter Aufgaben liegt – wenn zu ihnen die Abgabe von Erklärungen gegenüber dem Versicherer gehört – der Grund, weshalb es gerechtfertigt ist, diese Erklärungen des Dritten dem Versicherungsnehmer zuzurechnen.[63] Dabei muss sich der Versicherungsnehmer auch das Unterlassen einer erforderlichen Wissenserklärung zurechnen lassen.[64] Hieraus folgt, dass auch bei Ehegatten es für die Zurech-

---

[56] BGH v. 3. 11. 1955, VersR 1955, 731; BGH VersR 1980, 668.
[57] BGH, Urt. v. 8. 2. 1989 – IV a ZR 197/87, NJW-RR 1989, 1183, 1184 = VersR 1989, 466; LG Stuttgart, Urt. v. 30. 12. 1998, r+s 1999, 298, 299.
[58] Gegen § 166 BGB als Zurechnungsgrundlage: *Bruns* ZVersWiss 2007, 485, 488 f.
[59] BGH, Urt. v. 19. 1. 1967 – II ZR 37/64, VersR 1967, 343; BGH, Urt. v. 30. 4. 1981 – IV a ZR 129/80, NJW 1981, 1952 = VersR 1981, 948; BGH, Urt. v. 2. 6. 1993 – IV ZR 72/92, NJW 1993, 2112, 2113 = VersR 1993, 960, 961 = r+s 1993, 281, 282; BGH, Urt. v. 14. 12. 1994 – IV ZR 304/93, VersR 1995, 281; OLG Düsseldorf, Urt. v. 23. 3. 1999 – 4 U 93/98, VersR 2000, 310, 311 = r+s 2001, 346, 347; OLG Koblenz, Urt. v. 20. 9. 2002 – 10 U 333/02, VersR 2004, 849, 850; *Knappmann* NJW 1994, 3147, 3148; *derselbe* VersR 1997, 261, 265 Fn. 52; *Beuthien*, Zur Wissenszurechnung nach § 166 BGB, NJW 1999, 3585; *Faßbender/Neuhaus*, Zum aktuellen Stand der Diskussion in der Frage der Wissenszurechnung, WM 2002, 1253, 1255; *Bruns* ZVersWiss 2007, 485, 497.
[60] BGH, Urt. v. 19. 1. 1967 – II ZR 37/64, VersR 1967, 343; BGH, Urt. v. 2. 6. 1993 – IV ZR 72/92, NJW 1993, 2112, 2113 = VersR 1993, 960, 961 = r+s 1993, 281, 282.
[61] BGH, Urt. v. 2. 6. 1993 – IV ZR 72/92, NJW 1993, 2112, 2113 = VersR 1993, 960, 961 = r+s 1993, 281, 282.
[62] BGH, Urt. v. 2. 6. 1993 – IV ZR 72/92, NJW 1993, 2112, 2113 = VersR 1993, 960, 961 = r+s 1993, 281, 282; BGH, Urt. v. 14. 12. 1994 – IV ZR 304/93, NJW 1995, 662, 663 = VersR 1995, 281; OLG Düsseldorf, Urt. v. 23. 3. 1999 – 4 U 93/98, VersR 2000, 310, 311 = r+s 2001, 346, 347; OLG Dresden, Beschl. v. 31. 1. 2006 – 4 U 2298/05, VersR 2006, 1526; *Knappmann* NJW 1994, 3147, 3148; *derselbe* VersR 1997, 261, 265 Fn. 52; *Wirth,* Zur Notwendigkeit des strafrechtlichen Schutzes des Privatversicherungswesens durch Sondernormen, 2004, S. 79.
[63] BGH, Urt. v. 2. 6. 1993 – IV ZR 72/92, NJW 1993, 2112, 2113 = VersR 1993, 960, 961 = r+s 1993, 281, 282; OLG Dresden, Beschl. v. 31. 1. 2006 – 4 U 2298/05, VersR 2006, 1526.
[64] OLG Dresden, Beschl. v. 31. 1. 2006 – 4 U 2298/05, VersR 2006, 1526; *Prölss* in: Prölss/Martin, VVG, 27. Aufl., 2004, § 6 VVG Rdn. 52.

nung der Erklärungen des einen erforderlich ist, dass der andere ihn mit der Abgabe von Erklärungen gegenüber dem Versicherer betraut hat.[65] Ein minderjähriger Antragsteller kann die Abgabe von Erklärungen im Zuge des Ausfüllens des Gesundheitsfragebogens zu einem Versicherungsantrag – im Gegensatz zum Antrag auf Abschluss eines Versicherungsvertrags, bei dem er durch seine Eltern gesetzlich vertreten wird – einem Elternteil übertragen, wenn er aufgrund seines Alters die erforderliche Verstandesreife hat.[66] In diesem Fall ist dieser Elternteil als der Wissens- und Erklärungsvertreter des Antragstellers zu betrachten, dessen Erklärungen und Erkenntnisse sich der Antragsteller zurechnen lassen muss.[67]

Der minderjährige Versicherte ist neben dem gesetzlichen Vertreter nicht anzeigepflichtig, auch wenn er den Vertrag abschließt und dann genehmigen lässt.[68] Den Bezugsberechtigten und den Verhandlungsgehilfen treffen ebenfalls keine Anzeigepflichten.[69] Verhandlungsgehilfe ist derjenige, der Verhandlungen für einen anderen führt, auch wenn er keine Abschlussvollmacht hat.[70]

3. Pflicht zur Anzeige gefahrerheblicher Umstände

a) Antragsfragen. Nach § 16 Abs. 1 Satz 1 und 2 VVG hat der Versicherungsnehmer beim Abschluss des Versicherungsvertrages alle ihm bekannten Umstände anzuzeigen, die für die vom Versicherer zu übernehmende Gefahr erheblich sind. Die Anzeigeobliegenheit der §§ 16, 17 VVG soll dem Versicherer die Risikoprüfungsmöglichkeit vor Vertragsschluss eröffnen.[71] Durch die Angaben des Antragstellers soll der Versicherer das zu versichernde Risiko umfassend und zutreffend einschätzen, die Zuordnung des Antragstellers zu einem bestimmten Risikokollektiv vornehmen, die Prämie zutreffend berechnen und evtl. Leistungsausschlüsse festlegen können.[72]

Bei der Ermittlung der für die Übernahme der Gefahr erheblichen Umstände (§§ 16 ff. VVG) anhand von Formularfragen im täglichen Massengeschäft ist der Versicherer in besonderem Maße darauf angewiesen, dass der Antragsteller Angaben macht, die vollständig sind und der Wahrheit entsprechen.[73] Verschweigt oder verheimlicht der Antragsteller die erfragten Umstände, ist dies für den Versicherer trotz sorgfältiger Prüfung des Antrags oft nicht zu erkennen.[74]

Wie man die Versicherungsprämien für den Versicherungsvertrag aufzubringen beabsichtigt, gehört in der Regel nicht zu den offenbarungspflichtigen Umstän-

---

[65] BGH, Urt. v. 2. 6. 1993 – IV ZR 72/92, NJW 1993, 2112, 2113 = VersR 1993, 960, 961 = r+s 1993, 281, 282.
[66] Zu bejahen für eine 17-jährige Antragstellerin, vgl. OLG Dresden, Beschl. v. 31. 1. 2006 – 4 U 2298/05, VersR 2006, 1526.
[67] OLG Dresden, Beschl. v. 31. 1. 2006 – 4 U 2298/05, VersR 2006, 1526.
[68] OLG Hamm v. 8. 2. 1978, VersR 1978, 860.
[69] BGH, Urt. v. 8. 2. 1989 – IVa ZR 197/87, NJW-RR 1989, 1183, 1184 = VersR 1989, 466.
[70] BGH v. 26. 9. 1962, NJW 1962, 2195; BGH, Urt. v. 8. 2. 1989 – IVa ZR 197/87, NJW-RR 1989, 1183, 1184 = VersR 1989, 466. Zum Wissenserklärungsvertreter vgl. LG Braunschweig v. 19. 6. 1968, VersR 1969, 150 = ZfV 1969, 195.
[71] OLG Hamm, Urt. v. 27. 1. 1993 – 20 U 167/92, VersR 1994, 293, 294 = r+s 1994, 77, 78; OLG Oldenburg, Urt. v. 2. 2. 2005 – 3 U 109/04, VersR 2005, 921, 922 = r+s 2005, 321, 322; Morisse NVersZ 2000, 209.
[72] OLG Oldenburg, Urt. v. 2. 2. 2005 – 3 U 109/04, VersR 2005, 921, 922 = r+s 2005, 321, 322.
[73] BGH, Urt. v. 1. 6. 2005 – IV ZR 46/04, NJW 2005, 2549, 2550 = VersR 2005, 1065, 1066 = r+s 2005, 368, 369 = MDR 2005, 1351, 1352.
[74] BGH, Urt. v. 1. 6. 2005, a. a. O. (Fn. 73).

den.⁷⁵ Um der gesetzlichen Obliegenheit zu genügen, hat der Versicherungsnehmer insbesondere die in den Antragsvordrucken an ihn gestellten Fragen über seinen Gesundheitszustand richtig und vollständig zu beantworten; denn Umstände, nach denen der Versicherer ausdrücklich und schriftlich fragt, gelten nach § 16 Abs. 1 Satz 3 VVG im Zweifel als geeignet, seinen Entschluss darüber zu beeinflussen, ob er den Vertrag überhaupt oder mit dem vorgesehenen Inhalt abschließen will.⁷⁶ Der Antragsteller kann dabei grundsätzlich davon ausgehen, dass der branchenerfahrene Versicherer bei der Fragestellung seine Interessen umfassend zu wahren weiß und ihm einen daran ausgerichteten, vollständigen Fragenkatalog vorlegt.⁷⁷ Der Versicherer kann deshalb regelmäßig nicht erwarten, dass der künftige Versicherungsnehmer ihm weitere Umstände ungefragt mitteilt, mögen sie objektiv gesehen auch als gefahrerheblich gewertet werden können.⁷⁸ Anderes kann nur für solche, nicht ausdrücklich erfragte Umstände gelten, wenn sich eine Frage konkludent auch auf sie bezieht oder wenn ihre Mitteilung als selbstverständlich erscheint.⁷⁹ Eine durch einen eingeschränkten Fragenkatalog veranlasste nicht vollständige Mitteilung gefahrerheblicher Umstände und die sich darauf gründende nur eingeschränkte Risikoprüfungsmöglichkeit können grundsätzlich nicht dadurch ausgeglichen werden, dass im Versicherungsfall auf gefahrerhebliche Umstände verwiesen wird, nach denen nicht gefragt wurde.⁸⁰

33 Der Fragenkatalog muss klare und eindeutige Fragen enthalten, die nach dem gewöhnlichen Sprachgebrauch auszulegen sind.⁸¹ Bei der Auslegung der Fragen ist auf die Verständnismöglichkeit eines durchschnittlichen, verständigen Versicherungsnehmers abzustellen.⁸² Wenn unklare oder mehrdeutige Fragen gestellt werden, fehlt es an einer ausdrücklichen Frage im Sinne des § 16 Abs. 1 VVG.⁸³

34 Durch Unklarheiten veranlasste Zweifel gehen daher zu Lasten des Versicherers.⁸⁴ Bei unklaren oder schwierig zu beantwortenden Fragen ist der Versicherungsnehmer ggf. zu belehren.⁸⁵ Das Stellen gezielter Fragen hat gemäß § 18 VVG zur Folge, dass das LVU bei der Nichtanzeige eines Gefahrumstandes, nach dem nicht ausdrücklich gefragt wurde, nur im Falle arglistigen Verschweigens des

---

[75] OLG Karlsruhe, Urt. v. 19. 3. 1992 – 12 U 247/91, NJW-RR 1993, 163, 164 = VersR 1992, 1208 f.

[76] OLG Hamburg VersR 1977, 1151; OLG Hamburg v. 15. 12. 1982, VersR 1983, 1052; OLG Hamm VersR 1987, 150.

[77] BGH MDR 1987, 213; OLG Hamm, Urt. v. 27. 1. 1993 – 20 U 167/92, VersR 1994, 293 = r+s 1994, 77.

[78] BGH VersR 1986, 1089, 1090; OLG Hamm, Urt. v. 27. 1. 1993 – 20 U 167/92, VersR 1994, 293 = r+s 1994, 77.

[79] BGH VersR 1986, 1089, 1090; OLG Hamm, Urt. v. 27. 1. 1993 – 20 U 167/92, VersR 1994, 293 = r+s 1994, 77.

[80] BGH NJW 1992, 1506 = VersR 1992, 603, 604 = r+s 1992, 213; OLG Hamm, Urt. v. 27. 1. 1993 – 20 U 167/92, VersR 1994, 293 = r+s 1994, 77, 78.

[81] OLG Hamburg v. 15. 12. 1982, VersR 1983, 1052.

[82] OLG Frankfurt/M. VersR 1992, 41, 42 = r+s 1992, 393; OLG Hamm, Urt. v. 27. 10. 1993 – 20 U 32/92, r+s 1994, 122; OLG Koblenz, Urt. v. 11. 11. 1994 – 10 U 586/94, VersR 1995, 689, 690 = r+s 1998, 212; OLG Oldenburg VersR 1994, 1169; OLG Oldenburg, Beschl. v. 5. 7. 1996 – 2 W 83/96, r+s 1998, 127, 128; OLG Celle, Beschl. v. 13. 2. 2006 – 8 W 9/06, VersR 2006, 921.

[83] OLG Frankfurt/M. VersR 1992, 41, 42 = r+s 1992, 393; OLG Oldenburg VersR 1994, 1169; OLG Oldenburg, Beschl. v. 5. 7. 1996 – 2 W 83/96, r+s 1998, 127, 128.

[84] BGH v. 21. 2. 1951, VersR 1951, 79; LG Mannheim v. 30. 12. 1950, VersR 1951, 70; OLG Köln v. 28. 5. 1951, VersR 1951, 160; BGH v. 11. 4. 1967, VerBAV 1968, 13.

[85] OLG Hamm v. 22. 12. 1976, VersR 1978, 31; OLG Hamburg v. 15. 12. 1982, VersR 1983, 1052.

gefahrerheblichen Umstands zurücktreten kann.[86] Diese Voraussetzung zu beweisen, ist Sache des Versicherers, der sich auf das Rücktrittsrecht beruft.[87] Der Teil des Versicherungsantrags, der sich auf die vorvertragliche Anzeigepflicht bezieht, ist streng von dem rechtsgeschäftlichen Inhalt des Versicherungsantrags zu unterscheiden.[88] Bekannt ist folgender Fragenkatalog[89] zum Gesundheitszustand der zu versichernden Person:
– Wie groß sind Sie und wie schwer?
– Bestehen oder bestanden Krankheiten, Störungen oder Beschwerden?
– Bestehen oder bestanden körperliche oder geistige Schäden?
– Bestehen oder bestanden Sehstörungen?
– Wurde bei Ihnen eine HIV-Infektion festgestellt (positiver AIDS-Test)?[90]
– Haben Sie Unfälle, Verletzungen, Vergiftungen erlitten oder einen Selbsttötungsversuch unternommen?
– Nahmen oder nehmen Sie Rauschmittel oder regelmäßig Medikamente (auch Schlaf- oder Beruhigungsmittel)? Alkoholmissbrauch?
– Haben Sie Operationen, Krankenhaus-, Heilstättenbehandlungen, Kuren, Bestrahlungen durchgemacht oder vorgesehen?
– Haben die Erkrankungen oder Verletzungen Folgen hinterlassen?
– Rentenbezug/Schwerbehinderung?
– Sind Sie von Ärzten oder Heilpraktikern in den letzten 5 Jahren untersucht, beraten oder behandelt worden?
– Name und Anschrift des Hausarztes, wann und weshalb wurde er konsultiert?

Die generelle Fragestellung nach Beschwerden trägt dem Umstand Rechnung, dass es bei der unübersehbaren Zahl körperlicher und seelischer Erkrankungen und der auf sie hindeutenden Symptome schlechthin unmöglich ist, alle denkbaren Krankheitsanzeichen in einem Fragekatalog zusammenzufassen.[91] Wird im Fragenkatalog ausschließlich nach Gesundheitsstörungen gefragt, ist zu berücksichtigen, dass nicht jegliche Beschwerden und Schmerzzustände zugleich als Gesundheitsstörungen zu qualifizieren sind.[92] Der Begriff der Gesundheitsstörung ist gegenüber dem der Krankheit umfassender; er bezieht sich über die Tatbestände eines diagnostisch geklärten Krankheitszustandes hinaus auf alle nicht lediglich belanglosen oder rasch vergehenden gesundheitlichen Beeinträchtigungen, mag ihre Ursache auch zunächst unerforscht geblieben oder letztlich nicht zu klären sein.[93] Es sind deshalb auch solche Beeinträchtigungen anzugeben, die noch keine

---

[86] OLG Hamm, Urt. v. 27. 1. 1993 – 20 U 167/92, VersR 1994, 293; BGH, Urt. v. 25. 5. 1994 – IV ZR 215/93, NJW-RR 1994, 1049 = r+s 1994, 444; BGH, Urt. v. 16. 10. 1996 – IV ZR 218/95, NJW-RR 1997, 154, 155 = VersR 1996, 1529, 1530 = r+s 1996, 469, 470 = VerBAV 1997, 131, 133 = MDR 1997, 144, 145; *Lorenz* VersR 1994, 295. Siehe hierzu auch BGH, Urt. v. 27. 6. 1984 – IV a ZR 1/83, VersR 1984, 884 = VerBAV 1984, 461.
[87] BGH, Urt. v. 14. 7. 2004 – IV ZR 161/03, NJW 2004, 3427, 3428 = VersR 2004, 1297, 1298 = r+s 2005, 10, 11 = MDR 2005, 91 = SpV 2004, 69, 70 f.
[88] BGH VersR 1972, 530.
[89] Siehe hierzu z. B. OLG Hamm, Urt. v. 27. 10. 1993 – 20 U 32/92, r+s 1994, 122; OLG Hamm, Urt. v. 6. 7. 2001 – 20 U 200/00, r+s 2002, 316.
[90] Ob der Antragsteller homosexuell ist, wäre hingegen keine zulässige Frage, vgl. *Weichert* VersR 1997, 1465, 1466 f.
[91] OLG Frankfurt/M. VersR 1975, 632, 634; OLG Düsseldorf VersR 1979, 928, 929; OLG Schleswig VersR 1985, 634.
[92] OLG Koblenz, Urt. v. 24. 11. 2000 – 10 U 1220/99, NVersZ 2001, 355 = r+s 2003, 376.
[93] OLG Frankfurt/M. v. 6. 11. 1985, VerBAV 1986, 190 = VersR 1986, 376; OLG Köln v. 23. 2. 1989, VersR 1989, 505 = r+s 1989, 205; OLG Frankfurt/M., Urt. v. 25. 1. 1995 – 19 U 44/94, r+s 1997, 172, 173; KG, Beschl. v. 27. 7. 2004 – 6 W 101/04, r+s 2005, 254.

Krankheit sind.⁹⁴ Hat der Versicherer im Antragsformular auch nach Beschwerden gefragt, die ausgeheilt oder für unwesentlich gehalten worden sind, muss der Versicherungsnehmer auch frühere Rückenbeschwerden angeben, die nach kurzfristiger Tablettenbehandlung verschwunden und nie wieder in Erscheinung getreten sind.⁹⁵

36 Soweit im Versicherungsantrag regelmäßig vorgesehen ist, dass jede bis zur Annahme des Antrags noch eintretende nicht unerhebliche Verschlechterung des Gesundheitszustands der zu versichernden Person der Versicherungsnehmer unverzüglich dem Versicherer schriftlich anzuzeigen hat, ist diese Schlusserklärung im Versicherungsantrag dahin zu verstehen, dass im Zeitraum zwischen Antragstellung und Antragsannahme nur aus medizinischer Sicht geklärte Erkrankungen von einigem Gewicht anzuzeigen sind.⁹⁶ Diagnostische Maßnahmen zur Abklärung eines vermuteten Krankheitsbildes lassen sich nicht unter den Begriff einer „nicht unerheblichen Verschlechterung des Gesundheitszustandes" einordnen.⁹⁷ Hierzu rechnet erst die abschließend diagnostizierte Erkrankung.⁹⁸

37 Ist nach Krankenhausbehandlung gefragt, so fällt hierunter nicht ein Krankenhausaufenthalt nur zu Diagnosezwecken, da unter Krankenhausbehandlung ein Krankenhausaufenthalt mit dem Ziel der Heilung, Besserung oder Linderung einer Krankheit, einer Gesundheitsstörung, von Unfallfolgen, körperlichen Schäden oder sonstigen Beschwerden durch geeignet erscheinende medizinische Maßnahmen zu verstehen ist.⁹⁹ Im übrigen werden unrichtige oder unvollständige Angaben zur Antragsfrage, ob stationäre Behandlungen, Untersuchungen, Operationen oder ambulante Behandlungen oder Untersuchungen stattgefunden haben und ob eine Operation oder eine stationäre Behandlung oder Untersuchung angeraten worden ist, in der Regel den Versicherer gemäß § 17 VVG zum Rücktritt vom Vertrag berechtigen.¹⁰⁰

38 Wenn der Versicherungsnehmer bei Aufnahme eines Antrags auf Abschluss eines Versicherungsvertrages befragt wird, ob er in den letzten fünf Jahren ärztlich untersucht, beraten oder behandelt ist, so hat er grundsätzlich alle ärztlichen Untersuchungen anzugeben, denen er sich in diesem Zeitraum unterzogen hat.¹⁰¹ Wird gefragt, ob die zu versichernde Person von Ärzten oder Heilpraktikern in den letzten fünf Jahren untersucht, beraten oder behandelt worden ist, so ist der Antragsteller verpflichtet, auch von ihm als belanglos und unwesentlich empfundene Beschwerden anzugeben.¹⁰² Hingegen ist der Versicherungsnehmer nicht verpflichtet, schwerwiegende Krankheiten oder Gesundheitsstörungen anzugeben, die länger als fünf Jahre seit Antragstellung zurückliegen, wenn der Versicherer im Antragsformular in einer ersten Gesundheitsfrage nach ärztlichen oder

---

⁹⁴ BGH VersR 1994, 711, 713 = r+s 1994, 711; BGH VersR 1994, 1457, 1458; OLG Jena, Urt. v. 7. 3. 2001 – 4 U 945/00, r+s 2002, 32.
⁹⁵ OLG Hamm, Urt. v. 28. 9. 1990 – 20 U 38/90, VersR 1991, 988 (Ls.).
⁹⁶ BGH, Urt. v. 27. 6. 1984 – IV a ZR 1/83, VersR 1984, 884, 885; OLG Saarbrücken, Beschl. v. 25. 1. 2007 – 5 W 310/06 – 92, VersR 2007, 1684, 1685.
⁹⁷ BGH, Urt. v. 27. 6. 1984 – IV a ZR 1/83, VersR 1984, 884, 885.
⁹⁸ BGH, Urt. v. 27. 6. 1984 – IV a ZR 1/83, VersR 1984, 884, 885.
⁹⁹ OLG Hamm v. 8. 11. 1985, VersR 1987, 556.
¹⁰⁰ Vgl. AG Stuttgart VersR 1988, 398.
¹⁰¹ OLG Düsseldorf, Urt. v. 28. 3. 1995 – 4 U 78/94, r+s 1997, 126; OLG Düsseldorf, Urt. v. 29. 2. 2000 – 4 U 47/99, NVersZ 2001, 544, 546 = VersR 2001, 1408, 1410 = r+s 2002, 388, 390; OLG Celle, Urt. v. 15. 3. 2007 – 8 U 196/06, VersR 2007, 1355, 1356 = r+s 2009, 73; *Kollhosser* in: Prölss/Martin, VVG, 26. Aufl., § 6 ALB 86 Rdn. 7.
¹⁰² LG Köln VersR 1982, 1188; OLG Düsseldorf, Urt. v. 19. 10. 1982 – 4 U 81/82, VersR 1984, 1034; LG Düsseldorf VersR 1984, 1062; OLG Düsseldorf v. 15. 12. 1987, VersR 1988, 1019.

anderen Behandlungen in den letzten fünf Jahren und unmittelbar im Anschluss daran in weiteren Gesundheitsfragen ohne zeitliche Eingrenzung nach Krankheiten oder Gesundheitsstörungen fragt.[103]

b) Gegenwärtiger Gesundheitszustand. Da ein Versicherungsnehmer in der Regel mangels medizinischer Kenntnisse nicht in der Lage ist, die Gefahrerheblichkeit körperlicher Beschwerden selbst zu beurteilen, muss er zur Darlegung seines gegenwärtigen Gesundheitszustands alle, auch die als belanglos empfundenen Krankheiten, Beschwerden und Symptome von Krankheiten anzeigen.[104] Die Anzeigepflicht umfasst dabei auch solche Beschwerden, die nicht organisch bedingt, sondern vegetativer Natur sind.[105] Wird dem Versicherungsnehmer die genaue Diagnose einer Erkrankung von den behandelnden Ärzten vorenthalten, so muss er zumindest die Krankheitssymptome laienhaft umschreiben.[106] Hingegen besteht kein Anlass und keine Verpflichtung zur Anzeige von Symptomen oder Folgeerscheinungen von Krankheiten, die bereits als solche anzuzeigen waren und angezeigt sind, weil aus ihnen unmittelbar auf allgemein bekannte Folgeerscheinungen geschlossen werden kann.[107]

Hat der Versicherungsnehmer noch zehn Tage vor Antragstellung den Hausarzt aufgesucht und über Herzkrämpfe, Luftmangel und Kraftlosigkeit geklagt, darf er diese Beschwerden auch dann nicht im Antrag verschweigen, wenn der Arzt noch keine genaue Diagnose stellen konnte.[108] Die einzige Antragsfrage nach der vollen Arbeitsfähigkeit des Versicherungsnehmers ist durch dessen Ehefrau unrichtig bejaht, wenn der Versicherungsnehmer sich bei Antragstellung nach einem Luftröhrenschnitt in stationärer Krankenhausbehandlung befindet.[109] Der Versicherungsnehmer darf sich nicht mit der Vorstellung zufriedengeben, die aufgetretenen Beschwerden besäßen keinen eigentlichen Krankheitswert.[110] Andernfalls enthält er dem Versicherer die notwendige Grundlage für eine sachgemäße Entscheidung über die Annahme des Antrages vor.[111]

---

[103] OLG Oldenburg, Urt. v. 26. 3. 1997 – 2 U 267/96, VersR 1998, 835.
[104] BGH v. 3. 11. 1955, VersR 1955, 731; OLG Düsseldorf v. 28. 10. 1969, VersR 1970, 738; OLG Köln VersR 1973, 1017; OLG Frankfurt/M. VersR 1975, 632, 634; OLG Hamm v. 8. 2. 1978, VersR 1978, 860; OLG Düsseldorf VersR 1979, 928; LG Köln VersR 1982, 1188; BGH, Urt. v. 5. 5. 1982 – IVa ZR 264/80, VersR 1982, 746; BGH v. 13. 10. 1982, VersR 1983, 25; OLG Hamburg v. 15. 12. 1982, VersR 1983, 1052; OLG Frankfurt/M. v. 11. 2. 1983, VersR 1983, 1126; OLG Düsseldorf, Urt. v. 19. 10. 1982 – 4 U 81/82, VersR 1984, 1034; OLG Düsseldorf VersR 1984, 1062; OLG Hamm v. 28. 11. 1984, VersR 1985, 958; OLG Hamm v. 13. 12. 1985, VersR 1986, 865; OLG München v. 13. 2. 1985, VersR 1985, 1178; OLG Frankfurt/M. v. 6. 11. 1985, VerBAV 1986, 190; OLG Hamm v. 23. 5. 1986, VersR 1987, 150; BGH VersR 1994, 711; OLG Frankfurt/M., Urt. v. 25. 1. 1995 – 19 U 44/94, VersR 1996, 360 (Ls.) = r+s 1997, 172, 173; BGH VersR 2000, 1486; OLG Koblenz, Urt. v. 16. 3. 2001 = 10 U 187/00, NVersZ 2001, 413 = VersR 2002, 428 (Ls.) = r+s 2001, 339 = OLGR 2001, 376; OLG Koblenz, Urt. v. 18. 1. 2002 – 10 U 374/01, NVersZ 2002, 260 = VersR 2002, 1091 (Ls.) = r+s 2003, 27, 28; OLG Koblenz, Urt. v. 31. 5. 2002 – 10 U 1039/01, VersR 2004, 208, 209 = OLGR 2002, 339; OLG Koblenz, Beschl. v. 8. 9. 2003 – 10 U 1649/02, VersR 2004, 228, 229 = r+s 2004, 295; OLG Koblenz, Urt. v. 3. 6. 2005 – 10 U 939/04, VersR 2005, 1671, 1672.
[105] OLG Hamm VersR 1985, 31, 32.
[106] OLG Koblenz, Urt. v. 30. 11. 1984 – 10 U 1513/82.
[107] OLG Frankfurt/M. NJW 1967, 681.
[108] OLG Hamm v. 28. 11. 1984, VersR 1985, 958.
[109] OLG Hamm VersR 1986, 865 (Ls.).
[110] OLG Köln VersR 1974, 849, 850; OLG Frankfurt/M., Urt. v. 25. 1. 1995 – 19 U 44/94, r+s 1997, 172, 173.
[111] OLG Köln VersR 1973, 1017, 1018; OLG Frankfurt/M., Urt. v. 25. 1. 1995 – 19 U 44/94, r+s 1997, 172, 173.

41 Im Übrigen muss berücksichtigt werden, dass nicht nur schwerwiegende Erkrankungen, sondern auch die Häufigkeit ambulanter Behandlungen das Bild über den Gesundheitszustand des Versicherungsnehmers prägen kann.[112] Selbst ständig auftretende Bagatellerkrankungen sind für den Versicherer ein Risikofaktor, die seine Entscheidung über die Annahme des Antrages beeinflussen können. Konsequenterweise muss der Versicherungsnehmer auch solche Krankheiten und Beschwerden anzeigen, die nur vorübergehend aufgetreten und ohne medikamentöse Behandlung wieder abgeklungen sind.[113]

42 **c) Frühere Erkrankungen.** Frühere Erkrankungen fallen ebenfalls unter die Anzeigepflicht, da sie als indizierende Tatsachen auf eine auch jetzt noch bestehende, wenn auch verborgene Gefahrenlage hinweisen.[114] Kann sich der Versicherungsnehmer an seine einzelnen Erkrankungen aus dem für die Anzeigepflicht maßgeblichen Zeitraum nicht mehr erinnern, so muss er sich diese Kenntnis notfalls durch Rückfragen bei seinem bisherigen Versicherer oder seinem Hausarzt beschaffen. Besteht nicht einmal die Möglichkeit zu einer derartigen Rückfrage, so muss der Versicherungsnehmer dem Versicherer durch einen deutlichen Hinweis im Versicherungsantrag zu verstehen geben, dass er aus seinen Angaben kein hinreichend zuverlässiges Bild über seine Vorerkrankungen gewinnen kann.[115]

43 **d) Angaben gegenüber dem untersuchenden Arzt.** Neben unrichtigen Angaben im Versicherungsantrag können auch unrichtige Angaben gegenüber einem Arzt eine Verletzung der Anzeigepflicht darstellen. Unrichtige und unvollständige Angaben gegenüber dem untersuchenden Arzt ziehen die gleichen Rechtsnachteile nach sich wie unvollständige unrichtige Angaben im Versicherungsantrag.[116]

44 Der Versicherer ist ohne besonderen Anlass nicht verpflichtet, bei den im Versicherungsantrag genannten Ärzten oder früheren Krankenversicherern Erkundigungen einzuziehen. Der Lebensversicherer stellt dem Versicherungsnehmer im Antrag konkrete Fragen und gibt damit zu erkennen, dass er die Gesundheitsfragen von ihm und nicht durch Rückfragen bei Dritten beantwortet haben will.[117] Der Versicherer darf den Angaben des Versicherungsnehmers im Versicherungsantrag vertrauen.

4. Maßgeblicher Zeitpunkt für die Anzeigepflicht

45 **a) Anzeigepflicht nach Antragstellung. aa) Ausgangslage.** Nach den §§ 16, 17 VVG muss der Versicherungsnehmer (und ggf. der Versicherte) nicht nur bei Antragstellung richtige und vollständige Angaben machen, sondern muss auch solche gefahrerheblichen Umstände anzeigen, die erst in der Zeit zwischen Antragstellung und Vertragsschluss eingetreten sind oder ihm erst in dieser Zeit bekannt wurden.[118] Infolgedessen muss der Versicherungsnehmer und ggf. der

---

[112] OLG Stuttgart VersR 1979, 859, 860; LG Frankfurt/M. VersR 1983, 773.
[113] OLG Hamburg VersR 1977, 1152.
[114] BGH v. 3. 11. 1955, VersR 1955, 731; OLG Hamm v. 30. 11. 1977, VersR 1978, 815; OLG Hamm v. 8. 2. 1978, VersR 1978, 860; BGH v. 29. 5. 1980, VersR 1980, 762; OLG Hamburg v. 15. 12. 1982, VersR 1983, 1052; OLG Celle v. 9. 3. 1984, VersR 1985, 1059; OLG Köln v. 30. 8. 1984, VersR 1984, 1166; OLG Frankfurt/M., Urt. v. 25. 1. 1995 – 19 U 44/94, r+s 1997, 172, 173.
[115] OLG Hamburg VersR 1979, 1122.
[116] BGH v. 29. 5. 1980, VersR 1980, 762, 763.
[117] OLG Hamburg VersR 1979, 1122.
[118] RGZ 134, 148, 152; RG LZ 1916, 1246; RG JRPV 1933, 5; OLG Düsseldorf v. 5. 6. 1951, VersR 1951, 201; BGH v. 3. 11. 1955, VersR 1955, 731; OLG Hamm VersR 1961, 842; OLG Hamm v. 5. 4. 1966, VersR 1967, 391; BGH v. 1. 2. 1968, VersR 1968, 293; LG Braunschweig v. 19. 6. 1968, VersR 1969, 150 = ZfV 1969, 195; LG Kiel v. 9. 5. 1972,

Versicherte alle gefahrerheblichen Umstände nachmelden, von denen er erst nach Antragstellung Kenntnis erlangt hat oder die erst nach diesem Zeitpunkt eintreten; das Gleiche gilt, wenn hinsichtlich richtig angezeigter Gefahrumstände Veränderungen eintreten.[119] In welchem Umfang konkret eine Nachmeldepflicht anzunehmen ist, richtet sich primär nach den Anforderungen, die im Antrag selbst aufgestellt sind.[120] Da nicht ohne Weiteres davon ausgegangen werden kann, dass diese sogenannte „Nachmeldeobliegenheit" einem durchschnittlichen Versicherungsnehmer ohne Weiteres bekannt ist, ist in aller Regel Voraussetzung der auf ihre Verletzung gestützten Rechte des Versicherers, dass der Versicherungsnehmer bei Aufnahme des Antrags ausdrücklich über die Nachmeldepflicht belehrt worden ist oder es sich jedenfalls um erhebliche Verschlechterungen seines gesundheitlichen Zustands handelt, deren Bedeutung für den Versicherer sich ihm aufdrängen muss.[121] Fehlt es an einem deutlichen Hinweis auf die Nachmeldepflicht kommt – je nach Lage des Falles – ein unverschuldeter Rechtsirrtum auf Seiten des Versicherungsnehmers in Betracht.[122]

bb) **Einzelfälle.** Danach ist z. B. eine nach Absendung des Antrags auf Abschluss einer Lebensversicherung mit Berufsunfähigkeitszusatzversicherung angeordnete und kurzfristig durchgeführte Bandscheibenoperation ebenso nachmeldepflichtig[123] wie die gesicherte Diagnose einer Krebserkrankung,[124] die Feststellung einer peripheren arteriellen Verschlusskrankheit in beiden Beinen[125] oder ein nach der Antragstellung erlittener Herzinfarkt, der naturgemäß das vom Versicherer übernommene Berufsunfähigkeitsrisiko erhöht.[126] Wünscht der Versicherer, nur über nicht unerhebliche Verschlechterungen der Gesundheit der zu versichernden Person zwischen Vertragsangebot und Angebotsannahme unterrichtet zu werden,

---

VersR 1973, 757; BGH, Urt. v. 30. 1. 1980 – IV ZR 73/78, VersR 1980, 667, 668 = VerBAV 1980, 157; BGH v. 22. 2. 1984, VersR 1984, 630; OLG Hamburg v. 29. 5. 1984, VersR 1984, 884; BGH, Urt. v. 27. 6. 1984 – IVa ZR 1/83, VersR 1984, 884; BGH v. 26. 3. 1986, VersR 1986, 674; BGH, Urt. v. 21. 3. 1990 – IV ZR 39/89, NJW 1990, 1851 = VersR 1990, 729, 731 = r+s 1990, 250; BGH, VersR 1994, 799 = r+s 1994, 321; OLG Frankfurt/M., Urt. v. 25. 1. 1995 – 19 U 44/94, r+s 1997, 172, 173; OLG Düsseldorf, Urt. v. 29. 2. 2000 – 4 U 47/99, NVersZ 2001, 544, 545 = VersR 2001, 1408 = r+s 2002, 388, 389; OLG Frankfurt/M., Urt. v. 15. 5. 2002 – 7 U 139/01, NJW-RR 2003, 1115 = VersR 2003, 357 = r+s 2004, 207; OLG Saarbrücken, Urt. v. 13. 12. 2006 – 5 U 137/06 – 28, VersR 2007, 675 = r+s 2008, 207 = SpV 2007, 45, 46; OLG Saarbrücken, Beschl. v. 25. 1. 2007 – 5 W 310/06 – 92, VersR 2007, 1684, 1686.
[119] OLG Stuttgart VersR 1979, 859, 860; BGH VersR 1968, 293, 294; BGH, Urt. v. 30. 1. 1980 – IV ZR 73/78, VersR 1980, 667 = VerBAV 1980, 157; BGH, Urt. v. 27. 6. 1984 – IVa ZR 1/83, VersR 1984, 884; OLG München VersR 1988, 33; OLG Frankfurt/M., Urt. v. 27. 11. 1992 – 25 U 284/91, VersR 1993, 1342 (Ls.); LG Köln, Urt. v. 7. 3. 1994, r+s 1995, 316; OLG Köln, Hinweisbeschl. v. 29. 5. 2007 – 5 U 44/07, VersR 2007, 1502.
[120] OLG Köln, Hinweisbeschl. v. 29. 5. 2007 – 5 U 44/07, VersR 2007, 1502.
[121] BGH, Urt. v. 20. 4. 1994 – IV ZR 70/93, VersR 1994, 799; OLG Bamberg OLGR 2003, 213; KG, Beschl. v. 18. 11. 2005 – 6 U 115/05, VersR 2006, 1394; OLG Saarbrücken, Urt. v. 13. 12. 2006 – 5 U 137/06 – 28, VersR 2007, 675 = r+s 2008, 207 = SpV 2007, 45, 46; OLG Jena, Hinweisbeschl. v. 8. 1. 2007 – 4 U 72/06, r+s 2007, 296, 297; OLG Saarbrücken, Beschl. v. 25. 1. 2007 – 5 W 310/06 – 92, VersR 2007, 1684, 1685.
[122] OLG Oldenburg NVersZ 2001, 409; OLG Köln, Hinweisbeschl. v. 29. 5. 2007 – 5 U 44/07, VersR 2007, 1502.
[123] OLG Hamm, Urt. v. 8. 3. 1989 – 20 U 224/88, VersR 1990, 76.
[124] OLG Saarbrücken, Beschl. v. 25. 1. 2007 – 5 W 310/06 – 92, VersR 2007, 1684, 1685.
[125] KG Berlin, Beschl. v. 13. 1. 2006 – 6 U 115/05, r+s 2007, 467.
[126] BGH, Urt. v. 21. 3. 1990 – IV ZR 39/89, NJW 1990, 1916 = VersR 1990, 729, 731 = MDR 1990, 908.

sind ihm gesicherte Erkrankungen von einigem Gewicht mitzuteilen, und nicht nur ein bloßer Krankheitsverdacht.[127] Ein Unterlassen einer gebotenen Anzeige führt allerdings nur dann zu einem Rücktrittsrecht des Versicherers, wenn sich eine unverzügliche Anzeige auf die Entscheidung des Versicherers noch ausgewirkt hätte, ihm also so zeitig zugegangen wäre, dass ihm genügend Zeit geblieben wäre, um von einer Vertragsannahme abzusehen oder sie zumindest gemäß § 130 Abs. 1 Satz 2 BGB zu widerrufen.[128]

47 **b) Kündigungsrecht des Versicherers.** Der Versicherer kann diese ungünstige Konsequenz vermeiden, indem er anstelle des Rücktritts die Kündigung gemäß § 27 Abs. 1 VVG ausspricht, denn der Versicherer kann im Rahmen des § 29a VVG auch auf die Vorschriften über die Gefahrerhöhung zurückgreifen.[129] Nach anderer Auffassung scheidet die Anwendbarkeit der §§ 29a, 27, 28 VVG gemäß § 164 VVG aus, wenn ausdrücklich keine Vereinbarung darüber getroffen und in den Versicherungsantrag aufgenommen ist, dass die Änderung von Gefahrumständen als Gefahrerhöhung angesehen werden soll.[130] Nach §§ 27 Abs. 2, 29a VVG hat der Versicherungsnehmer dem Versicherer in der Zeit zwischen Antragstellung und Annahme des Versicherungsantrages eingetretene ungewollte Gefahrerhöhungen unverzüglich anzuzeigen. Dazu gehören in der Lebensversicherung sämtliche Verschlechterungen des Gesundheitszustandes.[131] Die eingetretene Gefahrerhöhung berechtigt den Versicherer zur Kündigung gemäß § 27 Abs. 1 VVG. Das Kündigungsrecht setzt kein Verschulden des Versicherungsnehmers voraus. Es besteht auch dann, wenn es dem Versicherungsnehmer unmöglich war, den Versicherer rechtzeitig über die eingetretene Gefahrerhöhung zu unterrichten. Dies kann vor allem dann praktisch bedeutsam werden, wenn eine rechtzeitig vor dem formellen Versicherungsbeginn abgesandte Anzeige des Versicherungsnehmers erst nach Vertragsschluss beim Versicherer eingeht. Eine Kündigung gemäß § 27 Abs. 1 VVG ist jedoch nur möglich, wenn sich die Gefahr nach Antragstellung tatsächlich erhöht, was nicht zutrifft, wenn der Versicherungsnehmer lediglich erfährt, dass ein bestimmter Gefahrumstand bereits bei Antragstellung vorhanden war. Der Versicherer kann hier allerdings auf § 41 VVG zurückgreifen. Diese Vorschrift findet im übrigen auch dann entsprechende Anwendung, wenn der Versicherer zwar rechtzeitig von dem nachgemeldeten Gefahrumstand Kenntnis erlangt, aber nicht mehr in der Lage ist, den Zugang der Annahmeerklärung zu verhindern.

5. Gefahrerheblichkeit verschwiegener Umstände

48 **a) Gefahrerhebliche Umstände.** Gemäß § 16 Abs. 1 Satz 1 VVG sind die Gefahrenumstände erheblich, die objektiv geeignet sind, auf den Entschluss des Versicherers Einfluss zu nehmen, den Vertrag überhaupt oder zu dem vereinbarten Inhalt

---

[127] BGH, Urt. v. 27. 6. 1984 – IVa ZR 1/83, VersR 1984, 884 = MDR 1985, 127; BGH, Urt. v. 20. 4. 1994 – IV ZR 70/93, NJW-RR 1994, 859 = VersR 1994, 799, 800 = VerBAV 1994, 422 f.; OLG Saarbrücken, Urt. v. 29. 10. 2003 – 5 U 206/03 – 20, VersR 2004, 1444, 1445 = r+s 2004, 428; OLG Saarbrücken, Beschl. v. 2. 11. 2006 – 5 W 220/06, NJW-RR 2007, 755, 756; OLG Saarbrücken, Beschl. v. 25. 1. 2007 – 5 W 310/06 – 92, VersR 2007, 1684, 1685; OLG Köln, Hinweisbeschl. v. 29. 5. 2007 – 5 U 44/07, VersR 2007, 1502.
[128] BGH, Urt. v. 27. 6. 1984 – IVa ZR 1/83, VersR 1984, 884, 885; BGH, Urt. v. 28. 11. 1990 – IV ZR 219/89, NJW-RR 1991, 348, 350 = VersR 1991, 170, 172; OLG Saarbrücken, Beschl. v. 25. 1. 2007 – 5 W 310/06 – 92, VersR 2007, 1684, 1685.
[129] OLG Karlsruhe VersR 1983, 124.
[130] BGH, Urt. v. 27. 6. 1984 – IVa ZR 1/83, VersR 1984, 884 = VerBAV 1984, 461.
[131] OLG Karlsruhe VersR 1983, 124.

abzuschließen,[132] ggf. durch Verfügung eines Leistungsausschlusses oder eines Risikozuschlags.[133] Ob ein Umstand in diesem Sinne erheblich ist, muss danach bewertet werden, ob der Versicherer den Vertrag überhaupt nicht oder zu für den Versicherungsnehmer ungünstigeren Bedingungen abgeschlossen hätte, wenn er den Umstand gekannt hätte.[134] Gefahrerheblich sind auch die Umstände, die für sich gesehen die Gefahrlage nicht tangieren, aber in ihrer Gesamtheit dann für die Bedeutung der Gefahrlage bedeutsam sind.[135] Der in den Antragsformularen verwendete Fragenkatalog enthält ausdrückliche Fragen im Sinne des § 16 Abs. 1 Satz 3 VVG, wobei die Gefahrerheblichkeit dieser Gefahrumstände zunächst vermutet wird.[136] Durch die Fragestellung muss der Anzeigepflichtige auf den erfragten Umstand gleichsam hingestoßen werden.[137] Keine ausdrücklichen Fragen sind allgemein gehaltene Fragen[138] oder wenn nur noch eine vorgedruckte Erklärung unterschrieben wird.[139] Diese Fragen sind nach dem allgemeinen Sprachgebrauch auszulegen und zu deuten, da ein Versicherungsnehmer in der Regel weder über medizinische noch über versicherungstechnische oder juristische Kenntnisse verfügt.[140] Die Vermutung des § 16 Abs. 1 Satz 3 VVG greift insbesondere auch hinsichtlich der Frage nach den in den letzten Jahren aufgetretenen Krankheiten, Beschwerden und Unfallfolgen ein. Zwar ist anerkannt, dass generelle Fragen nach gefahrerheblichen Umständen oder solche Fragen, die dem Versicherungsnehmer ein Werturteil abverlangen, nicht als ausdrückliche Fragen im Sinne der genannten Vorschrift anzusehen sind, insbesondere wenn pauschal und daher auslegungsbedürftig nach Gesundheitsstörungen gegenwärtig und in den letzten zwei Jahren gefragt wird.[141] Auf die vorstehend erwähnte Frage trifft dies zumindest dann nicht zu, wenn sie mit dem Hinweis verbunden ist, dass auch als belanglos erachtete Krankheiten, Beschwerden und Unfallfolgen anzuzeigen sind, denn dem Versicherungsnehmer wird hier kein Werturteil abverlangt.[142] Er muss vielmehr ohne eigene Wertung auch die unwesentlichen Beschwerden angeben.

b) Feststellung der Gefahrerheblichkeit. aa) Bewertung. Werden dem Versicherungsnehmer mit dem Versicherungsantrag ausdrücklich Fragen nach Gesundheitsumständen gestellt, ist er nicht aufgerufen, deren Gefahrerheblichkeit aus seiner Sicht zu beurteilen, sondern gehalten, die Fragen wahrheitsgemäß und vollständig zu beantworten.[143] Die Prüfung und Bewertung der vom Versiche-

---

[132] OLG Hamburg VersR 1988, 396; BGH NJW-RR 1991, 735 = VersR 1991, 578; OLG Saarbrücken, Urt. v. 17. 6. 1992 – 5 U 85/91, VersR 1993, 341, 342.
[133] OLG Hamburg VersR 1977, 1151, 1152.
[134] OLG Saarbrücken, Urt. v. 9. 7. 1997 – 5 U 180/97 – 17, VersR 1998, 444; OLG Naumburg, Urt. v. 4. 6. 1999 – 6 U 131/98, VersR 2001, 222.
[135] BGH v. 11. 7. 1984, VersR 1984, 885.
[136] BGH v. 29. 5. 1980, VersR 1980, 763.
[137] OLG Frankfurt/M. v. 14. 5. 1974, VersR 1975, 632, 633.
[138] OLG Köln v. 13. 2. 1973, VersR 1973, 1017.
[139] RGZ 118, 217.
[140] OLG Frankfurt/M. NJW 1967, 682.
[141] OLG Frankfurt/M. v. 6. 11. 1985, VerBAV 1986, 190 = OLG Frankfurt/M., Urt. v. 20. 3. 1986 – 9 U 47/85.
[142] Vgl. auch KG VersR 1968, 546.
[143] BGH, Urt. v. 2. 3. 1994 – IV ZR 99/93, NJW-RR 1994, 666 = VersR 1994, 711, 713 = r+s 1995, 324; BGH, Urt. v. 20. 9. 2000 – IV ZR 203/99, NJW-RR 2001, 234, 235 = NVersZ 2001, 69, 70 = VersR 2000, 1486, 1487 = r+s 2003, 118, 119; KG Berlin, Beschl. v. 19. 5. 2006 – 6 W 14/06, r+s 2007, 112; OLG Karlsruhe, Urt. v. 11. 5. 2006 – 19 U 208/04, VersR 2007, 385, 386 = SpV 2006, 54, 56; OLG Saarbrücken, Urt. v. 14. 6. 2006 – 5 U 697/05 – 103, VersR 2007, 193, 194; BGH, Urt. v. 7. 3. 2007 – IV ZR 133/06, NJW-RR 2007, 979, 980 = VersR 2007, 821, 822.

rungsnehmer anzuzeigenden Umstände ist allein Sache des Versicherers.[144] Er beurteilt das Risiko gegebenenfalls unter Einschaltung der Gesellschaftsärzte oder nach Rückfrage bei den behandelnden Ärzten.[145]

50 **bb) Gefahrunerhebliche Umstände.** Nicht gefahrerheblich sind Krankheiten oder Beschwerden, die als so leicht einzuordnen sind, dass sie von vornherein für die Risikoeinschätzung des Versicherers als bedeutungslos angesehen werden können.[146] Dies sind diejenigen Krankheiten oder Beschwerden, von denen fast alle Menschen von Zeit zu Zeit befallen werden, die aber nach der Lebenserfahrung alsbald und folgenlos vorübergehen.[147] Hat der Lebensversicherer den Versicherungsantrag angenommen, obwohl einzelne oder mehrere Antragsfragen erkennbar unvollständig oder missverständlich beantwortet sind, kann in diesem Fall der nicht angegebene Umstand nicht als gefahrerheblich angesehen werden.[148]

51 **cc) Gefahrerhebliche Umstände.** Als gefahrerhebliche Umstände wurden angesehen: Absicht, den versicherten Versicherungsnehmer zu ermorden;[149] nur langsam abheilende Analfissur, die drei Arztbesuche erforderte;[150] heilkundliche Behandlung durch Psychologen wegen Angststörungen;[151] arterielle Durchblutungsstörungen;[152] mehrmonatige krankheitsbedingte Arbeitsunfähigkeit;[153] mehr-

---

[144] BGH, Urt. v. 11. 7. 1990 – IV ZR 156/89, NJW-RR 1990, 1359, 1360 = VersR 1990, 1002, 1003; BGH, Urt. v. 2. 3. 1994 – IV ZR 99/93, NJW-RR 1994, 666, 667 = VersR 1994, 711, 713 = r+s 1995, 324; BGH VersR 1994, 1457; BGH, Urt. v. 20. 9. 2000 – IV ZR 203/99, NJW-RR 2001, 234, 235 = NVersZ 2001, 69, 70 = VersR 2000, 1486, 1487 = r+s 2003, 118, 119; LG Osnabrück, Urt. v. 11. 12. 2002 – 9 O 1978/02, r+s 2003, 375; OLG Karlsruhe, Urt. v. 11. 5. 2006 – U 208/04, NVersZ 2007, 385, 386 = SpV 2006, 54, 56; OLG Saarbrücken, Urt. v. 14. 6. 2006 – 5 U 697/05 – 103, VersR 2007, 193, 194; OLG Celle, Urt. v. 15. 3. 2007 – 8 U 196/06, VersR 2007, 1355, 1356 = r+s 2009, 73; BGH, Urt. v. 7. 3. 2007 – IV ZR 133/06, NJW-RR 2007, 979, 980 = VersR 2007, 821, 822.
[145] OLG Köln VersR 1973, 1017; OLG Frankfurt/M. VersR 1975, 632, 633; OLG Düsseldorf VersR 1979, 928; OLG Hamm VersR 1980, 714; AG Hamburg VersR 1982, 744; AG Landshut VersR 1983, 51; OLG Düsseldorf, Urt. v. 19. 10. 1982 – 4 U 81/82, VersR 1984, 1034; OLG Frankfurt/M. VersR 1984, 1062; BGH NVersZ 2001, 69, 70; OLG Jena, Urt. v. 7. 3. 2001 – 4 U 945/00, r+s 2002, 32.
[146] BGH VersR 2000, 1486; OLG Hamm, Urt. v. 21. 2. 2001 – 20 U 114/00, NVersZ 2001, 406, 407 = VersR 2001, 1503, 1504 = r+s 2002, 126, 127; BGH, Urt. v. 19. 3. 2003 – IV ZR 67/02, NJW-RR 2003, 1106, 1107 = r+s 2003, 336, 337; KG Beschl. v. 18. 7. 2006/29. 9. 2006 – 6 U 18/06, VersR 2007, 933 = VersR 2008, 209.
[147] OLG Köln, Urt. v. 29. 10. 1981 – 5 U 33/81; OLG Köln, Urt. v. 11. 2. 1982 – 5 U 111/81; BGH, Urt. v. 2. 3. 1994 – IV ZR 99/93, NJW-RR 1994, 859 = VersR 1994, 711, 713 = r+s 1995, 324; BGH, Urt. v. 26. 10. 1994 – IV ZR 151/93, NJW-RR 1995, 216 = VersR 1994, 1457, 1458; OLG Frankfurt/M., Urt. v. 10. 5. 2000 – 7 U 157/99, NVersZ 2000, 514, 515 = VersR 2001, 1097 = r+s 2003, 165, 166; BGH, Urt. v. 19. 3. 2003 – IV ZR 67/02, NJW-RR 2003, 1106, 1107 = r+s 2003, 336, 337; KG, Beschl. v. 8. 4. 2005 – 6 U 5/05, NJW-RR 2005, 1614, 1616 = VersR 2006, 1393 = r+s 2006, 250.
[148] OLG Düsseldorf v. 10. 2. 1948, VW 1949, 40; OLG Frankfurt/M. v. 13. 10. 1966, NJW 1967, 680 = VersR 1967, 552; OLG Hamm v. 30. 11. 1977, VersR 1978, 815 = VerBAV 1978, 314.
[149] BGH, Urt. v. 8. 2. 1989 – IVa ZR 197/87, NJW-RR 1989, 1183, 1184 = VersR 1989, 466 = MDR 1989, 616.
[150] OLG Düsseldorf v. 15. 12. 1987, VersR 1988, 1019.
[151] OLG Saarbrücken, Urt. v. 1. 2. 2006 – 5 U 207/05 – 17, VersR 2006, 1482, 1485 = r+s 2006, 510, 512; OLG Saarbrücken, Urt. v. 29. 11. 2006 – 5 U 105/06 – 24, r+s 2007, 294.
[152] OLG Schleswig, Beschl. v. 18. 9. 1996 – 16 W 233/96, r+s 1999, 523.
[153] OLG Hamm, Urt. v. 4. 12. 1992 – 20 U 141/92, VersR 1993, 999, 1000 (Ls.) = r+s 1993, 315, 316.

fache Arbeitsunfähigkeitszeiten und häufige ärztliche Behandlungen;[154] Arztbesuche;[155] Behandlung durch einen medizinischen Sachverständigen (hier: Sportarzt und Orthopäde);[156] arterielle Verschlusserkrankung;[157] Bandscheibenprotrusion und beginnende degenerative Veränderungen im Bereich der IS-Gelenke;[158] Bandscheibenoperation;[159] Bestehen weiterer Unfallversicherungen;[160] Bewegungseinschränkung der Schulter mit Versteifung des linken Handgelenks;[161] Bluthochdruck;[162] chronisches Cervikalsyndrom und Osteochondrose;[163] Coloskopie wegen Colitis ulcerosa;[164] Depression;[165] Diabetes mellitus;[166] jahrelange Einnahme von Diuretika;[167] Drogenkonsum;[168] Drohungen Dritter;[169] Eisenmangel;[170] Epilepsie-Erkrankung;[171] Fettleber;[172] Fußpilzerkrankung;[173] Fußwarze;[174] chronische Gastritis;[175] rezidivierende Gastroenteritis;[176] Gehirnerschütterung;[177] Gelenkbeschwer-

---

[154] LG Berlin, Urt. v. 23. 10. 2001 – 7 O 362/00, VersR 2004, 1303, 1305 (11 Behandlungen).
[155] OLG Köln, Urt. v. 4. 3. 1993 – 5 U 169/92, r+s 1994, 315.
[156] LG Göttingen, Urt. v. 22. 8. 2002 – 2 O 346/02, SpV 2002, 64, betreffend den Abschluss einer Risikolebensversicherung mit Berufsunfähigkeits-Zusatzversicherung. Das Gericht betont, dass gerade Erkrankungen, die in das Fachgebiet von Orthopäden – oder auch Sportärzten und Chirotherapeuten – fallen, häufige Ursache von Berufsunfähigkeit sind.
[157] LG Darmstadt, Urt. v. 16. 1. 1997, VersR 1997, 1218.
[158] LG Saarbrücken, Urt. v. 11. 5. 1994 – 14 O 342/92, S. 9 f.
[159] OLG Hamm, Urt. v. 8. 3. 1989 – 20 U 224/88, VersR 1990, 76 (Ls.).
[160] BGH VersR 1982, 182 f.; OLG Köln VersR 1986, 544; OLG Saarbrücken VersR 1987, 98; OLG Saarbrücken VersR 1990, 1142 = r+s 1990, 140; OLG Hamm r+s 1992, 361; OLG Frankfurt/M. NJW-RR 1992, 1250; OLG Frankfurt/M. VersR 1993, 345; LG Stuttgart, Urt. v. 30. 12. 1998, r+s 1999, 298.
[161] OLG Koblenz, Urt. v. 3. 6. 2005 – 10 U 939/04, Vers R 2005, 1671, 1672.
[162] OLG Hamm, Urt. v. 19. 6. 1991 – 20 U 13/91, NJW-RR 1991, 1184 = MDR 1991, 946; OLG Karlsruhe, Urt. v. 1. 4. 1993 – 12 U 188/92, r+s 1994, 234; LG Chemnitz, Urt. v. 5. 8. 1999, r+s 2000, 225; OLG Köln, Urt. v. 28. 4. 2004 – 5 U 153/03, NJW-RR 2004, 1170 = VersR 2004, 1253; OLG Saarbrücken, Urt. v. 14. 6. 2006 – 5 U 697/05 – 103, r+s 2007, 464, 466.
[163] LG Köln, Urt. v. 19. 2. 2003 – 23 O 1978/02, r+s 2003, 513.
[164] LG Osnabrück, Urt. v. 11. 12. 2002 – 9 O 1978/02, r+s 2003, 375.
[165] OLG Karlsruhe VersR 1992, 1250; BGH, Urt. v. 9. 12. 1992 – IV ZR 232/91, BGHZ 121, 6 = NJW 1993, 596, 597 = VersR 1993, 213, 215 = VerBAV 1993, 166, 168 = r+s 1993, 88; OLG Köln, Urt. v. 4. 3. 1993 – 5 U 169/92, r+s 1994, 315; OLG Köln VersR 1998, 85; OLG Saarbrücken, Urt. v. 15. 4. 1998 – 5 U 928/97 – 75, NVersZ 1999, 420, 421 = r+s 2000, 432, 433; LG Berlin, Urt. v. 23. 7. 2002, NJW-RR 2003, 246.
[166] OLG Karlsruhe, Urt. v. 15. 12. 1988 – 12 U 66/88, VersR 1990, 76 (Ls.); OLG Karlsruhe, Urt. v. 1. 4. 1993 – 12 U 188/92, r+s 1994, 234.
[167] AG Warendorf, Urt. v. 6. 1. 1984 – 5 b C 412/83, VersR 1984, 839.
[168] OLG Karlsruhe, Urt. v. 19. 3. 1992 – 12 U 229/91, VersR 1993, 1220 = r+s 1993, 166 (Konsum von Haschisch); LG Duisburg, Urt. v. 6. 5. 1999, VersR 2000, 834, 835.
[169] *J. Prölss* NVersZ 2000, 153, 154.
[170] OLG Hamm, Urt. v. 21. 11. 2007 – 20 U 64/07, NJW-RR 2008, 702, 703 = VersR 2008, 773.
[171] OLG Karlsruhe, Urt. v. 2. 5. 1991 – 12 U 6/91, VersR 1992, 687 (Ls.) = r+s 1995, 196; LG Köln, Urt. v. 19. 5. 1999, r+s 2000, 392.
[172] OLG Karlsruhe, Urt. v. 1. 4. 1993 – 12 U 188/92, r+s 1994, 234; LG Krefeld, Urt. v. 26. 10. 1996, r+s 1996, 506; OLG Düsseldorf, Urt. v. 19. 11. 2002 – 4 U 81/02, VersR 2003, 987 (Ls.).
[173] OLG Karlsruhe, Urt. v. 19. 3. 1992 – 12 U 219/91, VersR 1993, 174.
[174] LG Limburg, Urt. v. 6. 2. 1991, VersR 1992, 345.
[175] KG, Beschl. v. 14. 5. 2004 – 6 W 8/04, VersR 2004, 1298, 1299.
[176] KG, Beschl. v. 2. 2. 2007 – 6 W 6/07, VersR 2008, 382.
[177] OLG Frankfurt/M. NJW 1967, 680.

den und Meniskusoperation;[178] Gemütsstörungen und psychiatrische Beschwerden;[179] Gicht;[180] Helicobacter pylore und chronische Gastritis;[181] Herzinfarkt;[182] HIV-Infektion;[183] Hüftgelenksbeschwerden;[184] arterielle Hypertonie (Bluthochdruckleiden);[185] alkoholabhängige Leberschädigung;[186] erhöhte Leberwerte;[187] überhöhte Cholesterin-, Triglyzerid- und Gamma-GT-Werte;[188] Ischialgien;[189] Wurzelischias, Bandscheibenprolaps,[190] BWS- sowie LWS-Syndrom;[191] Rückenbeschwerden;[192] Lumbalgien;[193] lumbale und zervikale Beschwerden;[194] Lumbagoanfall (Hexenschuss);[195] Magenbeschwerden;[196] Magen- und Darmleiden;[197] viraler Magen-Darm-Infekt;[198] Makrohämaturie (Blutbeimischung im Urin);[199] Medikation zur Aufrechterhaltung eines weiblichen Hormons nach Geschlechtsumwandlung;[200] Nierenbeschwerden;[201] migräneartige Kopfschmerzen seit 20 Jahren;[202] Ödembildung;[203] Polyarthritis;[204] psychotherapeutische Behandlung;[205] psychovegetativer Erschöpfungszustand, der einen dreiwöchigen Kuraufenthalt zur Folge

---

[178] OLG Hamm, Urt. v. 14. 7. 2004 – 20 U 20/04, VersR 2005, 773, 774.
[179] OLG Koblenz, Urt. v. 17. 11. 2000 – 10 U 1979/99, NVersZ 2001, 161, 162 = VersR 2001, 887, 888.
[180] OLG Dresden, Urt. v. 4. 5. 1999 – 3 U 3562/98, r+s 2000, 432.
[181] OLG Düsseldorf, Urt. v. 14. 5. 2002 – 4 U 181/01, NVersZ 2002, 554, 555 = r+s 2003, 252.
[182] OLG Stuttgart, Beschl. v. 30. 11. 1988 – 9 W 56/88, VersR 1990, 76.
[183] LG Frankfurt/M., Urt. v. 4. 2. 1991 – 2/24 S 219/90, NJW-RR 1991, 607 = VersR 1992, 563.
[184] LG Kleve, Urt. v. 26. 2. 1992 – 2 O 15/91, r+s 1993, 317.
[185] OLG Düsseldorf, Urt. v. 27. 8. 2002 – 4 U 32/01, VersR 2004, 988 (Ls.) = r+s 2005, 164, 165 = SpV 2003, 60.
[186] BGH, Urt. v. 25. 10. 1989 – IVa ZR 141/88, VersR 1990, 297, 298.
[187] OLG Saarbrücken, Urt. v. 17. 6. 1992 – 5 U 85/91, VersR 1993, 341, 343; LG Frankfurt/M., Beschl. v. 4. 1. 1996 – 2/5 O 311/95, S. 2.
[188] OLG Saarbrücken, Urt. v. 8. 9. 2004 – 5 U 25/04 – 2, VersR 2005, 1572 (Ls.).
[189] LG Göttingen, Urt. v. 10. 3. 1994 – 2 O 508/91, S. 9.
[190] OLG Karlsruhe, Urt. v. 8. 4. 2004 – 19 U 85/03.
[191] OLG Karlsruhe, Urt. v. 8. 4. 2004 – 19 U 85/03; OLG Koblenz, Hinweisbeschl. v. 8. 7. 2004 – 10 U 157/03, r+s 2007, 163 (Ls.).
[192] BGH, Urt. v. 2. 11. 1994 – IV ZR 201/93, NJW 1995, 401 = VersR 1995, 80; BGH, Urt. v. 5. 3. 2008 – IV ZR 119/06, NJW-RR 2008, 979, 980 = VersR 2008, 668, 669 = r+s 2008, 249.
[193] OLG Schleswig VersR 1985, 634; OLG Hamburg VersR 1988, 396, 397; OLG Köln VersR 1989, 505, 506 = r+s 1989, 205; BGH, Urt. v. 20. 2. 1991 – IV ZR 77/90, VersR 1991, 578 = VerBAV 1991, 403; OLG Frankfurt/M., Urt. v. 12. 3. 1992 – 16 U 52/91, S. 16; LG Karlsruhe, Urt. v. 19. 10. 1994, r+s 1996, 503, 504; LG Verden, Urt. v. 12. 5. 1998 – 5 O 48/95, r+s 1998, 391; OLG Koblenz, Urt. v. 19. 6. 1998 – 10 U 640/97, NVersZ 1999, 125, 126 = r+s 1998, 522, 523.
[194] OLG Saarbrücken, Urt. v. 25. 11. 1992 – 5 U 22/92, VersR 1994, 847, 848.
[195] OLG Frankfurt/M. VersR 1975, 632, 633; OLG Hamburg VersR 1988, 396; OLG Naumburg, Urt. v. 4. 6. 1999 – 6 U 131/98, VersR 2001, 222.
[196] OLG Hamm, Urt. v. 12. 1. 1996 – 20 U 162/95, r+s 1996, 506.
[197] OLG Köln v. 19. 5. 1988, VersR 1988, 904.
[198] OLG Zweibrücken, Beschl. v. 21. 9. 2007 – 1 U 103/07, VersR 2008, 624, 625 = r+s 2008, 340.
[199] KG, Beschl. v. 27. 7. 2004 – 6 W 101/04, VersR 2005, 1068 (Ls.) = r+s 2005, 254.
[200] OLG Frankfurt/M., Urt. v. 5. 12. 2001 – 7 U 40/01, r+s 2002, 211.
[201] LG Duisburg, Urt. v. 7. 9. 1990, VersR 1991, 759, 760.
[202] OLG Hamm, Urt. v. 9. 2. 1996 – 20 U 256/95, r+s 1997, 34, 35.
[203] AG Warendorf v. 6. 1. 1984 – 5 b C 412/83, VersR 1984, 839.
[204] LG Frankfurt/M., Urt. v. 6. 5. 1993 – 2 /5 O 80/93, S. 5.
[205] OLG Koblenz, Urt. v. 28. 1. 2000 – 10 U 369/99, VersR 2001, 46 (Ls.).

hat;[206] Psychoneurose;[207] Überweisung an psychiatrische Universitätsklinik wegen physischer oder psychischer Gesundheitsstörungen;[208] schwere depressive Störung;[209] Verdickungen, Stränge und Knoten unter der Haut an der linken Hand sowie eine Versteifung des Ringfingers;[210] Nebenhodenentzündungen drei Monate vor Antragstellung;[211] Sehstörungen;[212] Stauchung der Wirbelsäule;[213] Tumorerkrankungen;[214] Wirbelsäulenleiden;[215] Vorhof-Flimmern.[216]

c) Darlegungs- und Beweislast. Nach § 16 Abs. 1 Satz 2 VVG erstreckt sich die Anzeigepflicht auf alle dem Versicherungsnehmer bekannten Umstände, die geeignet sind, auf den Entschluss des Versicherers, den Vertrag überhaupt oder zu dem vereinbarten Inhalt abzuschließen, einen Einfluss auszuüben.[217] Zwar gilt ein Umstand, nach welchem der Versicherer ausdrücklich und schriftlich gefragt hat, im Zweifel als erheblich (§ 16 Abs. 1 Satz 3 VVG). Den Versicherungsnehmer trifft dann die Darlegungs- und Beweislast für die Unerheblichkeit der Umstände, nach denen der Versicherer ausdrücklich gefragt hat.[218] Der BGH hat allerdings dem Versicherungsnehmer Erleichterungen in der Darlegungslast zugebilligt.[219] Danach genügt der Versicherungsnehmer seiner Darlegungslast, wenn er pauschal behauptet, dass der betreffende Umstand nicht gefahrerheblich sei.[220] Um diesen Vortrag prozessual wirksam zu bestreiten, muss der Versicherer sich substantiiert darüber äußern, von welchen Grundsätzen er bei der dem Vertragsschluss vorausgehenden Risikoprüfung ausgeht.[221] Soweit sich solche Grundsätze im konkreten

---

[206] BGH, Urt. v. 11. 2. 2009 – IV ZR 26/06, NJW-RR 2009, 606 = VersR 2009, 529, 530 = r+s 2009, 361, 362.
[207] OLG Stuttgart, Urt. v. 18. 12. 2003 – 7 U 157/03, r+s 2004, 294, 295.
[208] OLG Karlsruhe, Urt. v. 11. 5. 2006 – 19 U 208/04, VersR 2007, 385, 386 = r+s 2007, 466 = SpV 2006, 54, 55 = MDR 2006, 1288, 1289.
[209] OLG Celle, Urt. v. 15. 3. 2007 – 8 U 196/06, VersR 2007, 1355, 1356.
[210] OLG Celle VersR 1988, 396.
[211] OLG Düsseldorf v. 4. 2. 1986, VersR 1987, 581.
[212] LG Traunstein, Beschl. v. 20. 2. 2003 – 1 O 605/03, SpV 2003, 42, 43.
[213] OLG Jena, Urt. v. 7. 3. 2001 – 4 U 945/00, r+s 2002, 32.
[214] OLG Köln, Urt. v. 11. 4. 1994 – 5 U 32/93, VersR 1994, 1413 = r+s 1994, 202.
[215] OLG Düsseldorf, Urt. v. 29. 2. 2000 – 4 U 47/99, NVersZ 2001, 544, 546 = VersR 2001, 1408, 1410.
[216] OLG Hamm, Urt. v. 21. 2. 2001 – 20 U 114/00, NVersZ 2001, 406, 407 = VersR 2001, 1503, 1504 = r+s 2002, 126, 127.
[217] BGH VersR 1984, 855; OLG Köln, VerBAV 1985, 445 und VersR 1986, 1187.
[218] LG Köln v. 11. 12. 1953, VersR 1954, 73; BGH, Urt. v. 28. 3. 1984 – IV a ZR 75/82, VersR 1984, 629, 630; OLG Hamm r+s 1994, 281; OLG Saarbrücken, Urt. v. 17. 6. 1992 – 5 U 85/91, VersR 1993, 341, 342; BGH, Urt. v. 20. 9. 2000 – IV ZR 203/99, NJW-RR 2001, 234 = NVersZ 2001, 69, 70 = VersR 2000, 1486; OLG Jena, Urt. v. 7. 3. 2001 – 4 U 945/00, r+s 2002, 32; LG Bielefeld, Urt. v. 14. 2. 2007 – 25 O 105/06, VersR 2007, 636, 637.
[219] BGH, Urt. v. 28. 3. 1984 – IV a ZR 75/82, VersR 1984, 629 = r+s 1984, 173.
[220] BGH, Urt. v. 20. 9. 2000 – IV ZR 203/99, NJW-RR 2001, 234 = NVersZ 2001, 69, 70 = VersR 2000, 1486 = r+s 2003, 118; LG Bielefeld, Urt. v. 14. 2. 2007 – 25 O 105/06, VersR 2007, 636, 637; BGH, Urt. v. 11. 2. 2009 – IV ZR 26/06, NJW-RR 2009, 606 = VersR 2009, 529, 530 = r+s 2009, 361, 362.
[221] BGH, Urt. v. 28. 3. 1984 – IV a ZR 75/82, VersR 1984, 629, 630 = r+s 1984, 173; BGH NJW-RR 1988, 1049, 1050; BGH, Urt. v. 20. 2. 1991 – IV ZR 77/90, VersR 1991, 578, 579 = VerBAV 1991, 403, 404 = r+s 1991, 326; OLG Saarbrücken, Urt. v. 17. 6. 1992 – 5 U 85/91, VersR 1993, 341, 342; OLG Düsseldorf, Urt. v. 30. 11. 1993 – 4 U 216/92, VersR 1994, 844, 845 = r+s 1994, 81; OLG Hamm, r+s 1994, 281; OLG Frankfurt/M., Urt. v. 9. 5. 1996 – 3 U 25/95, NJW-RR 1997, 1458; OLG Düsseldorf, Urt. v. 29. 2. 2000 – 4 U 47/99, NVersZ 2001, 544, 546 = VersR 2001, 1408, 1410; BGH, Urt. v. 20. 9. 2000 – IV ZR 203/99, NJW-RR 2001, 234, 235 = NVersZ 2001, 69, 70 = VersR 2000, 1486 = r+s 2003, 118; LG Bielefeld, Urt. v. 14. 2. 2007 – 25 O 105/06, VersR 2007, 636, 637.

ALB 1986 § 6   53

Fall nicht feststellen lassen, wird man annehmen können, dass sich das Versicherungsunternehmen an die allgemein anerkannten Regeln einer vernünftigen Versicherungstechnik hält, wobei es insoweit auf den Standpunkt des einzelnen Versicherers ankommt, der entscheidet, welches Risiko er annehmen oder ablehnen will.[222] Es würde einen Verstoß gegen den Grundsatz der Vertragsfreiheit darstellen, wenn man das LVU zwingen wollte, bestimmte Risiken zu versichern, die es nach seinen internen Richtlinien nicht übernehmen will.[223] Der Versicherungsnehmer muss daher den Nachweis führen, dass der Versicherer nach seinen Risikoprüfungsgrundsätzen keine Veranlassung gehabt hätte, den Vertragsabschluss abzulehnen oder den Vertrag zumindest zu anderen Bedingungen abzuschließen.[224]

53   Auf die Darlegung der für die Risikoprüfung maßgeblichen Grundsätze kann allerdings verzichtet werden, wenn die Gefahrerheblichkeit des verschwiegenen Umstands auf der Hand liegt[225] oder wenn die Vermutungswirkung des § 16 Abs. 1 Satz 3 VVG eingreift, wonach ein Umstand, nach welchem der Versicherer gefragt hat, im Zweifel als erheblich gilt.[226] Der Versicherer ist also nur dann gehalten seine Risikoprüfungsgrundsätze offen zu legen, wenn es sich um eine Gesundheitsstörung handelt, die offenkundig als leicht einzuordnen, nicht wiederholt aufgetreten ist und deshalb von vornherein keinen Anhalt dafür bietet, dass sie für die Risikoeinschätzung des Versicherers hinsichtlich des auf Dauer angelegten Versicherungsvertrags von Bedeutung sein könnte.[227] Hat der Versicherer insoweit seiner Substantiierungspflicht genügt, dann gehen Zweifel darüber, ob der Umstand, nach dem schriftlich gefragt war, gefahrerheblich ist, nach der gesetzli-

---

[222] Vgl. OLG Düsseldorf v. 5. 6. 1951, VersR 1951, 201; BGH VersR 1984, 630; BGH v. 11. 5. 1988, NJW-RR 1988, 1049; BGH v. 8. 3. 1989, VersR 1989, 677.

[223] Vgl. AG Hamburg VersR 1982, 744, 745.

[224] BGH r+s 1993, 393, 394; OLG Jena, Urt. v. 7. 3. 2001 – 4 U 945/00, r+s 2002, 32.

[225] BGH, Urt. v. 28. 3. 1984 – IV a ZR 75/82, VersR 1984, 629, 630 = r+s 1984, 173; BGH NJW-RR 1989, 675 = VersR 1989, 689 = r+s 1989, 201; BGH, Urt. v. 17. 10. 1990 – IV ZR 181/89, NJW 1991, 358, 359 = r+s 1991, 34; OLG Köln r+s 1991, 6; OLG Saarbrücken, Urt. v. 17. 6. 1992 – 5 U 85/91, VersR 1993, 341, 343; OLG Köln, Urt. v. 14. 1. 1993 – 5 U 54/92, VersR 1993, 1261 = r+s 1993, 167; OLG Hamm, Urt. v. 12. 1. 1994 – 20 U 210/93, r+s 1994, 281; BGH, Urt. v. 2. 3. 1994 – IV ZR 99/93, NJW-RR 1994, 666, 667 = VersR 1994, 711, 712 = r+s 1995, 324, 325; OLG Köln, Urt. v. 22. 8. 1994 – 5 U 237/93, r+s 1995, 242, 243; BGH, Urt. v. 26. 10. 1994 – IV ZR 151/93, NJW-RR 1995, 216, 218; KG Berlin, Urt. v. 23. 2. 1996 – 6 U 3719/94, VersR 1997, 94, 95 = r+s 1997, 346, 347; OLG Düsseldorf, Urt. v. 29. 2. 2000 – 4 U 47/99, NVersZ 2001, 544, 546 = VersR 2001, 1408, 1410 = r+s 2002, 388, 390; BGH, Urt. v. 20. 9. 2000 – IV ZR 203/99, NJW-RR 2001, 234 = NVersZ 2001, 69, 70 = VersR 2000, 1486 = r+s 2003, 118; OLG Zweibrücken, Urt. v. 26. 9. 2001 – 1 U 69/01, VersR 2002, 1017; OLG Karlsruhe, Urt. v. 18. 7. 2002 – 12 U 47/02, NVersZ 2002, 499 = r+s 2003, 516; BGH, Urt. v. 11. 2. 2009 – IV ZR 26/06, NJW-RR 2009, 606 = VersR 2009, 529, 530 = r+s 2009, 361, 362; *Langheid* in: Römer/Langheid, VVG, 2. Aufl., 2003, §§ 16, 17 Rdn. 17.

[226] BGH NVersZ 2001, 69 = VersR 2000, 1486; OLG Zweibrücken, Urt. v. 26. 9. 2001 – 1 U 69/01, VersR 2002, 1017.

[227] BGH, Urt. v. 20. 9. 2000 – IV ZR 203/99, NJW-RR 2001, 234 = NVersZ 2001, 69, 70 = VersR 2000, 1486 = r+s 2003, 118; BGH, Urt. v. 11. 2. 2009 – IV ZR 26/06, NJW-RR 2009, 606 = VersR 2009, 529, 530 = r+s 2009, 361, 362. Der BGH hat die Offenlegung der Risikoprüfungsgrundsätze des Versicherers in Fällen für geboten erachtet, die Beurteilung der Gefahrerheblichkeit einer erstmals infolge einer Sportverletzung aufgetretenen Lumbalgie (BGH, Urt. v. 20. 2. 1991 – IV ZR 77/90, NJW-RR 1991, 735 = VersR 1991, 578) oder des erstmaligen Auftretens von Beschwerden im Gesäß betrafen, die nach Massagen keine weitere ärztliche Behandlung geboten haben (BGH, Urt. v. 7. 7. 1993 – IV ZR 119/92, VVGE § 16 VVG Nr. 23).

chen Beweislastverteilung zu Lasten des Versicherungsnehmers.[228] Im Einzelfall ist zu prüfen, inwieweit ein schriftlich nachgefragter Umstand geeignet ist, einen Versicherer zu veranlassen, den Abschluss eines Versicherungsvertrages abzulehnen oder sich nur auf einen Vertrag mit einem vom üblichen abweichenden Inhalt (z. B. mit erhöhter Prämie, bestimmten Versicherungsausschlüssen) einzulassen.[229] Die Gefahrerheblichkeit wird nicht schon bei jeder früheren Erkrankung und jedem früheren Krankenhausaufenthalt ohne weiteres bejaht.[230] Der Versicherungsnehmer braucht nicht anzunehmen, dass der Versicherer auch alle kleinen, vorübergehenden Beschwerden oder Beeinträchtigungen erfahren will, wenn sie erkennbar für die Beurteilung des Gesundheitszustandes des Versicherungsnehmers keine Bedeutung haben können.[231]

6. Kenntnis des gefahrerheblichen Umstandes

a) **Kenntnis des Anzeigepflichtigen.** Das Rücktrittsrecht des Versicherers 54 gemäß § 16 Abs. 2 Satz 1 VVG setzt eine Verletzung der Anzeigeobliegenheit nach § 16 Abs. 1 VVG voraus. Nach dieser Vorschrift hat der Versicherungsnehmer bei Schließung des Vertrages „alle ihm bekannten Umstände" die für die Übernahme der Gefahr erheblich sind, dem Versicherer anzuzeigen. Unerlässliche Wirksamkeitsvoraussetzung des Rücktrittsrechts des Versicherers ist mithin, dass der Versicherungsnehmer vor und zwischen Antragstellung und Antragsannahme positive Kenntnis von einem gefahrerheblichen Umstand im Sinne der §§ 16ff. VVG, 6 ALB erhalten hat.[232] Unter Kenntnis in diesem Sinne wird das bei gehöriger Gedächtnisanstrengung jederzeit aktualisierte Wissen des Versicherungsnehmers verstanden.[233] Was dem Versicherungsnehmer nicht bekannt ist, muss er nicht angeben.[234] Fragen, die nicht zur Kenntnis des Versicherungsnehmers gelangt sind, kann er nicht unrichtig beantwortet haben.[235] Keine Kenntnis von den Fragen hat der Versicherungsnehmer erhalten, wenn ein Versicherungsagent die Gesundheitsfragen aufgrund der Angaben Dritter ausfüllt und der ausgefüllte Antrag dem Versicherungsnehmer nur zur Unterschrift vorgelegt wird.[236] Die Kenntnis setzt voraus, dass der fragliche Umstand dem Versicherungsnehmer zum

---

[228] So BGH VersR 1984, 630.
[229] BGH, Urt. v. 28. 3. 1984 – IV a ZR 75/82, VersR 1984, 629, 630; BGH, Urt. v. 11. 7. 1984 – IV a ZR 157/82, VersR 1984, 855; OLG Saarbrücken, Urt. v. 9. 7. 1997 – 5 U 180/97 – 17, VersR 1998, 444; OLG Naumburg, Urt. v. 4. 6. 1999 – 6 U 131/98, VersR 2001, 222.
[230] Vgl. BGH VersR 1984, 630.
[231] OLG Düsseldorf, 3. 11. 1981 – 4 U 32/81.
[232] BGH, Urt. v. 13. 10. 1982 – IV a ZR 67/81, VersR 1983, 25, 26 = r+s 1982, 243; BGH, Urt. v. 27. 6. 1984 – IV a ZR 1/83, VersR 1984, 884; OLG München VersR 1988, 33; BGH v. 8. 3. 1989, VersR 1989, 689; BGH, Urt. v. 2. 3. 1994 – IV ZR 99/93, NJW-RR 1994, 666 = VersR 1994, 711, 712; OLG Saarbrücken, Urt. v. 14. 6. 2006 – 5 U 697/05 – 103, VersR 2007, 193, 194 = MDR 2007, 339; OLG Saarbrücken, Urt. v. 13. 8. 2008 – 5 U 27/07-3, VersR 2009, 99, 100.
[233] OLG Oldenburg, Urt. v. 16. 1. 1991 – 2 U 162/90, NJW-RR 1991, 1185, 1186 = VersR 1992, 434, 435; LG Köln, Urt. v. 19. 5. 1999, r+s 2000, 392; LG Bielefeld, Urt. v. 14. 2. 2007 – 25 O 105/06, VersR 2007, 636, 638; BGH, Urt. v. 11. 2. 2009 – IV ZR 26/06, NJW-RR 2009, 606, 607 = VersR 2009, 529, 530 = r+s 2009, 361, 362.
[234] LG Berlin, Urt. v. 14. 8. 2001, NVersZ 2002, 360, 361 = r+s 2002, 78, 79.
[235] OLG Hamm VersR 1991, 212 = r+s 1990, 146; BGH VersR 1990, 1002 = r+s 1990, 320; BGH NJW 1991, 1891 = VersR 1991, 575 = r+s 1991, 248; BGH NJW-RR 1997, 154 = VersR 1996, 1529 = r+s 1996, 469; OLG Hamburg, Urt. v. 18. 3. 1998 – 5 U 130/97, NVersZ 1998, 467 = r+s 2000, 520, 521; OLG Hamm, Urt. v. 24. 7. 1998 – 20 U 53/98, NJW-RR 1999, 391, 392 = NVersZ 1999, 74 = r+s 1999, 10, 11.
[236] OLG Hamm, Urt. v. 24. 7. 1998 – 20 U 53/98, VersR 1999, 1226 (Ls.).

Bewusstsein gekommen ist, dass der Versicherungsnehmer sich also seines Leidens bewusst war.[237] Vielfach geht es darum, ob dem Versicherungsnehmer Symptome bewusst waren, die auf eine Krankheit hindeuten können und damit offenbarungspflichtig sind.[238] Liegen Beeinträchtigungen vor, muss der Versicherungsnehmer auch ohne Vorliegen einer ärztlichen Diagnose diese als Störung seiner Gesundheit und nicht nur als bloße Befindlichkeitsstörungen qualifizieren können, sich also bei Ausfüllen des Antragsformulars des Krankheitswerts der Beschwerden bewusst gewesen sein.[239] Wenn und solange der Versicherungsnehmer nicht weiß, dass er krank ist und woran er leidet, kann er hierüber auch keine falschen Angaben machen.[240] Selbst wenn der Versicherungsnehmer in der Befürchtung, er könne krank sein, einen Arzt aufsucht, hat er noch keine Kenntnis, solange der Arzt seine Befürchtung nicht bestätigt.[241] Fahrlässige Unkenntnis des Versicherungsnehmers von für die Übernahme der versicherten Gefahr erheblichen Umständen begründet keine Anzeigepflicht nach § 16 Abs. 1 VVG; es genügt nicht, dass der Versicherungsnehmer solche Umstände zwar nicht kennt, aber kennen müsste.[242] Ein Verdacht soll daher für eine die Anzeigeobliegenheit auslösende Kenntnis nicht ausreichen.[243] Andererseits muss der Versicherungsnehmer nicht auch die Ursache seiner Gesundheitsstörungen kennen, sondern nur die Beschwerden.[244] Ein Umstand, den der Versicherungsnehmer nie erfahren hat oder der seinem Gedächtnis entfallen ist, ist dem Versicherungsnehmer nicht bekannt.[245] Meistens wird sich aus der Schwere und Dauer der Erkrankung, der Intensität der Behandlung oder der Eindringlichkeit der vom Arzt gegebenen Hinweise ohne weiteres nach der Lebenserfahrung der Schluss ergeben, dass der Versicherungsnehmer die frühere Erkrankung nicht vergessen hat.[246] Häufig spricht gegen eine Gedächtnisschwäche, dass der Anzeigepflichtige sich an eine andere geringfügigere Erkrankung erinnern konnte, so dass zumindest schuldhaftes Verschweigen vorliegt.[247] Befand sich die versicherte Person in ärztlicher Behandlung, ist nach der Lebenserfahrung davon auszugehen, dass der behandelnde Arzt ihr sein Untersuchungsergebnis mitgeteilt hat.[248]

55 **b) Beweislast.** Behauptet der Versicherungsnehmer substantiiert, er habe die aufklärungsbedürftigen Tatsachen nicht gekannt, trägt der Versicherer die Darlegungs- und Beweislast dafür, dass der Versicherungsnehmer (oder die versicherte

---

[237] LG Stuttgart v. 23. 10. 1954, VersR 1954, 553; OLG Hamm v. 5. 4. 1966, VersR 1966, 391; BGH v. 2. 11. 1967, VersR 1968, 41 = VerBAV 1969, 100; OLG Hamm v. 30. 11. 1977, VerBAV 1978, 315 = VersR 1978, 815; BGH, Urt. v. 30. 1. 1980 – IV ZR 73/78, VersR 1980, 667, 668.
[238] OLG Koblenz, Urt. v. 18. 1. 2002 – 10 U 374/01, NVersZ 2002, 260 = VersR 2002, 1091, 1092 (Ls.).
[239] OLG Brandenburg, Beschl. v. 17. 12. 2009 – 12 W 57/09, NJW-RR 2010, 385, 386.
[240] OLG Brandenburg, Beschl. v. 17. 12. 2009 – 12 W 57/09, NJW-RR 2010, 385, 386.
[241] OLG Brandenburg, Beschl. v. 17. 12. 2009 – 12 W 57/09, NJW-RR 2010, 385, 386.
[242] BGH, Urt. v. 13. 10. 1982 – IV a ZR 67/81, VersR 1983, 25, 26 = r+s 1982, 243; BGH, Urt. v. 27. 6. 1984 – IV a ZR 1/83, VersR 1984, 884 = VerBAV 1984, 462; OLG München VersR 1988, 33; BGH, Urt. v. 11. 2. 2009 – IV ZR 26/06, NJW-RR 2009, 606, 607 = VersR 2009, 529, 530 = r+s 2009, 361, 362.
[243] BGH v. 27. 6. 1984, VersR 1984, 885; OLG München VersR 1988, 33.
[244] OLG Frankfurt/M. v. 11. 3. 1983, VersR 1983, 1126; OLG Hamm v. 28. 11. 1984, VersR 1985, 958; a. A. OLG Bremen v. 8. 5. 1953, VersR 1953, 361.
[245] OLG Hamm v. 30. 11. 1977, VerBAV 1978, 315.
[246] OLG Hamm v. 30. 11. 1977, VerBAV 1978, 316.
[247] OLG Hamburg VersR 1988, 397. Siehe auch OLG Celle v. 13. 4. 1953, VersR 1953, 235.
[248] LG Göttingen, Urt. v. 22. 8. 2002 – 2 O 346/02, SpV 2002, 64.

Person) die anzuzeigenden Umstände kennt.[249] Diese Beweislastverteilung beruht auf der Überlegung, dass der Versicherungsnehmer nicht wegen eines nicht ausgeräumten Verdachts mit der Verwirkung seiner Rechte aus dem Versicherungsvertrag bestraft werden darf.[250]

Die Kenntnis des Versicherungsnehmers muss sich nicht nur auf den Gefahrumstand als solchen, sondern auch auf dessen Gefahrerheblichkeit beziehen. Ist nach einem Gefahrumstand ausdrücklich und schriftlich gefragt, so ist in analoger Anwendung des § 16 Abs. 1 Satz 3 VVG anzunehmen, dass dem Versicherungsnehmer die Gefahrerheblichkeit bekannt ist.[251] Der Versicherungsnehmer muss dann beweisen, dass er von der Gefahrerheblichkeit seines Krankenzustands keine Kenntnis hatte.[252] In den übrigen Fällen ist die Kenntnis des Versicherungsnehmers der gefahrerheblichen Umstände vom Versicherer zu beweisen.[253] Sie ist scharf zu unterscheiden vom Verschulden an der unterbliebenen Anzeige, bei dessen Fehlen, das vom Versicherungsnehmer zu beweisen ist, der Rücktritt ausgeschlossen ist.[254] Bei Krankheiten, die keine Beschwerden verursachen, kann für den Versicherer der Nachweis, dass der Versicherungsnehmer im Versicherungsantrag nicht angezeigte Krankheiten kannte, schwierig werden.[255]

III. Kenntnis des Dritten (§ 6 Abs. 2 ALB 1986)

Soweit nach dem VVG die Kenntnis und das Verhalten des Versicherungsnehmers von rechtlicher Bedeutung ist, kommt bei der Versicherung auf die Person eines anderen als des Versicherungsnehmers auch die Kenntnis und das Verhalten des anderen in Betracht (§ 161 VVG). § 161 VVG überträgt insoweit die für die Fremdversicherung geltenden Vorschriften (§ 79 Abs. 1 VVG) auf die Lebensversicherung auf fremdes Leben. § 6 Abs. 2 ALB trägt dieser Folge Rechnung.[256]

Der Versicherungsnehmer muss sich das Verhalten der Person zurechnen lassen, die mit Willen des Versicherungsnehmers in die Verhandlungen eingeschaltet wird und an dem Zustandekommen des Versicherungsvertrages nicht unmaßgeblich beteiligt ist.[257] Eine Zurechnung ist dann nicht gerechtfertigt, wenn sich die Schädigungsabsicht des Vertragsgehilfen in erster Linie gegen den Versicherungsnehmer richtet und sogar zur Planung und Durchführung von dessen Ermordung führt.[258]

---

[249] OLG Hamm, Urt. v. 26. 11. 1993 – 20 U 214/93, NJW-RR 1995, 286, 287 = VersR 1994, 1333 = r+s 1994, 42, 43; BGH r+s 1993, 392; LG Berlin, Urt. v. 14. 8. 2001, NVersZ 2002, 360, 361 = r+s 2002, 78, 79; *Langheid* r+s 1994, 43.
[250] OLG Hamm NJW-RR 1990, 1310 = NVersZ 1990, 434; OLG Hamm VersR 1993, 348 (Ls.) = r+s 1993, 207; OLG Hamm, Urt. v. 2. 12. 1992 – 20 U 151/92, VersR 1993, 956, 957; OLG Hamm r+s 1993, 390; OLG Hamm, Urt. v. 26. 11. 1993 – 20 U 214/93, NJW-RR 1995, 286, 287 = VersR 1994, 1333 = r+s 1994, 42, 43.
[251] LG Hagen, Urt. v. 2. 7. 1952 – 3 O 166/51, VersR 1952, 346; LG Freiburg v. 24. 2. 1953, VerBAV 1953, 194 = VersR 1953, 426; OLG Frankfurt/M. v. 14. 5. 1974, VersR 1975, 632, 634.
[252] BGH, Urt. v. 27. 6. 1984 – IV a ZR 1/83, VersR 1984, 884; OLG München VersR 1988, 33.
[253] OLG Hamm v. 30. 11. 1977, VerBAV 1978, 315; LG Berlin VersR 1984, 730; OLG Hamm VersR 1986, 865; OLG München VersR 1988, 33.
[254] OLG Hamm VerBAV 1978, 315.
[255] OLG Hamm VersR 1986, 865 – Krampfanfall, Leberschaden, Alkoholismus. Siehe auch LG Landau v. 9. 4. 1964, VersR 1964, 1228.
[256] BGH v. 30. 1. 1980, VerBAV 1980, 159.
[257] OLG Hamm v. 27. 5. 1987, VersR 1988, 459.
[258] OLG Hamm v. 27. 5. 1987, VersR 1988, 459.

IV. Rücktritt vom Versicherungsvertrag (§ 6 Abs. 3 ALB 1986)

1. Rücktrittsfrist

59 **a) Zehn- bzw. Dreijahresfrist.** Wegen einer Verletzung der dem Versicherungsnehmer bei der Schließung des Vertrags obliegenden Anzeigepflicht kann der Versicherer von dem Vertrag nicht mehr zurücktreten, wenn seit der Schließung des Versicherungsvertrages zehn Jahre verstrichen sind (§ 163 Satz 1 VVG). Ist diese Frist bedingungsgemäß gekürzt, was zu Gunsten des Versicherungsnehmers zulässig ist (§ 178 Abs. 1 Satz 1 VVG), ist dies vom Gericht von Amts wegen zu beachten, wenn die maßgeblichen AVB, aus denen sich eine Verkürzung der Ausschlussfrist ergibt, in den Rechtsstreit eingeführt worden sind.[259] Die Beweislast dafür, dass der Rücktritt verfristet ist, trägt der Versicherungsnehmer.[260]

60 Im Interesse der Erlangung baldiger Vertragssicherheit ist in § 6 Abs. 3 Satz 1 ALB 1986 bestimmt, dass der Versicherer nur binnen drei Jahren seit Vertragsabschluss vom Vertrag zurücktreten kann, wenn Umstände, die für die Übernahme des Versicherungsschutzes Bedeutung haben, vom Versicherungsnehmer oder der versicherten Person nicht oder nicht richtig angegeben worden sind. Die Dreijahresfrist beginnt mit dem Abschluss des Versicherungsvertrags zu laufen.[261] Bei Änderung eines bestehenden oder der Wiederherstellung einer erloschenen Versicherung beginnt die Frist nur dann neu, wenn der Anzeigepflichtige neue Erklärungen im Rahmen seiner vorvertraglichen Anzeigepflicht abgegeben hat.[262] Die Befristung der Möglichkeit, sich vom Vertrag zu lösen, gilt nicht für Fälle arglistiger Täuschung.[263]

61 § 6 Abs. 3 Satz 1 ALB 1986 gewährt ferner die Möglichkeit des Rücktritts vom Versicherungsvertrag bei Eintritt des Versicherungsfalls während der ersten drei Jahre auch nach Ablauf dieser Frist, wenn Umstände, die für die Übernahme des Versicherungsschutzes Bedeutung haben, nicht oder nicht richtig angegeben worden sind. Auf die BUZ ist diese Bestimmung mit der Maßgabe anzuwenden, dass nach Vertragsabschluss innerhalb der ersten drei Jahre eine bedingungsgemäße Berufsunfähigkeit eintritt, der Versicherer aktuell, d. h. innerhalb dieses Zeitraums, Kenntnis davon hat, dass ein Gesundheitszustand des Versicherten vorliegt, der in die Berufsunfähigkeit führt, der Versicherer durch entsprechende Anzeigen des Versicherten, Beauftragung von Gutachtern etc. sich mit dem Vorgang befasst, indes lediglich die formelle Rücktrittserklärung bei Eintritt des Versicherungsfalles nach Ablauf der Dreijahresfrist nach Vertragsschluss erfolgt.[264]

62 **b) Monatsfrist.** Darüber hinaus gibt § 6 Abs. 3 Satz 2 ALB 1986 die durch § 20 Abs. 1 Satz 1 und Satz 2 VVG vorgegebene Einschränkung des Rücktrittsrechts wieder, wonach der Rücktritt nur innerhalb eines Monats nach Erlangung der Kenntnis von der Verletzung der Anzeigepflicht erfolgen kann. Für den Beginn der Frist gilt § 187 Abs. 1 BGB (Ereignis, das in den Lauf des Tages fällt), für

---

[259] BGH, Urt. v. 20. 4. 1994 – IV ZR 232/92, VersR 1994, 1054 = r+s 1994, 401; OLG Hamm, Urt. v. 21. 2. 2001 – 20 U 114/00, NVersZ 2001, 406, 407.
[260] RGZ 128, 117, 120; BGH, Urt. v. 20. 4. 1994 – IV ZR 232/92, VersR 1994, 1054 = r+s 1994, 401.
[261] OLG Stuttgart VersR 1982, 798; LG Rottweil, Urt. v. 30. 7. 1990, VersR 1991, 169.
[262] Vgl. RGZ 154, 155; OLG Hamm, 28. 4. 1978, VersR 1978, 1063.
[263] BGH, Urt. v. 13. 3. 1991 – IV ZR 218/90, VersR 1991, 575 = VerBAV 1991, 427, 428.
[264] OLG Koblenz, Urt. v. 24. 11. 2000 – 10 U 1220/99, NVersZ 2001, 355, 356 = r+s 2003, 376.

deren Ende § 188 Abs. 2 BGB.[265] Hingegen ist § 7 VVG nicht anwendbar.[266] Mit der Beschränkung des Rücktrittsrechts des Versicherers durch die Frist des § 20 Abs. 1 VVG soll erreicht werden, dass zwischen den Vertragsparteien alsbald Klarheit darüber besteht, ob ein durch eine Obliegenheitsverletzung des Versicherungsnehmers belastetes Versicherungsverhältnis weiter aufrechterhalten wird oder nicht.[267] Insbesondere soll dem Versicherungsnehmer anhand des fristgerechten Rücktritts umgehend Klarheit verschafft werden, ob er Versicherungsschutz bei seinem bisherigen Versicherer behält oder ob er sich anderweitig darum bemühen muss.[268] Bei einem Vorliegen mehrerer Rücktrittsgründe läuft die Frist des § 20 VVG für jeden Rücktrittsgrund gesondert.[269] Ist allerdings eine Rücktrittserklärung fristgerecht erfolgt, können vom Versicherer neue Rücktrittsgründe zur Stützung der rechtzeitig ausgesprochenen Rücktrittserklärung nachgeschoben werden.[270] Dies gilt insbesondere dann, wenn der Versicherer ausdrücklich darauf hinweist, er müsse den Rücktritt zur Fristwahrung erklären, und damit gegenüber dem Versicherungsnehmer deutlich macht, dass ergänzende Erklärungen zu der dem Versicherungsnehmer zur Last gelegten Obliegenheitsverletzung nachfolgen können.[271]

2. Zeitpunkt der Kenntniserlangung

a) Positive Kenntnis. Die Rücktrittsfrist beginnt nach § 20 VVG erst in dem Zeitpunkt, in dem der Versicherer von der Verletzung der Anzeigepflicht positive Kenntnis erlangt; eine bloße Vermutung genügt somit ebenso wenig wie Kennen müssen.[272] Ein Rücktritt aufgrund ungenauer, unvollständiger oder gar unrichtiger Informationen ist dem Versicherer nicht zuzumuten und würde auch nicht im

---

[265] OLG Stuttgart, Urt. v. 28. 9. 2006 – 7 U 111/06, NJW-RR 2007, 178 = VersR 2007, 340.
[266] BGH, Urt. v. 13. 12. 1989 – IV a ZR 177/88, NJW-RR 1990, 285 = VersR 1990, 258 = VerBAV 1990, 251 = MDR 1990, 523.
[267] BGH, Urt. v. 20. 9. 1989 – IV a ZR 107/88, BGHZ 108, 326, 328 = NJW 1990, 47 = VersR 1989, 1249, 1250 = r+s 1989, 412 = MDR 1990, 139; BGH, Urt. v. 17. 4. 1996 – IV ZR 202/95, NJW 1996, 1967, 1968 = VersR 1996, 742 = r+s 1996, 252, 253 = VerBAV 1996, 214, 215 = ZIP 1996, 878, 879 = MDR 1996, 797.
[268] BGH, Urt. v. 20. 9. 1989 – IV a ZR 107/88, BGHZ 108, 326, 328 = NJW 1990, 47 = VersR 1989, 1249, 1250 = r+s 1989, 412; OLG Oldenburg VersR 1994, 968, 969 = r+s 1994, 122; OLG Nürnberg, Urt. v. 22. 10. 1998 – 8 U 1610/98, NJW-RR 1999, 676, 677 = NVersZ 1999, 68, 69 = VersR 1999, 609, 610 = r+s 1999, 92 = MDR 1999, 358, 359.
[269] LG Landau VersR 1964, 1228; OLG Saarbrücken, Urt. v. 25. 11. 1992 – 5 U 22/92, VersR 1994, 847, 848 = r+s 1994, 162; OLG Nürnberg, Urt. v. 22. 10. 1998 – 8 U 1610/98, NJW-RR 1999, 676, 678 = NVersZ 1999, 68, 69 = VersR 1999, 609, 610 = r+s 1999, 92 = MDR 1999, 358, 359; *Prölss/Martin*, § 20 VVG Rdn. 2; *Langheid* in: *Römer/Langheid*, VVG, 2. Aufl., 2003, § 20 VVG Rdn. 6.
[270] OLG Köln VersR 1973, 1017; OLG Hamm r+s 1987, 113, 114; BGH, Urt. v. 30. 9. 1998 – IV ZR 248/97, NJW-RR 1999, 173, 175 = NVersZ 1999, 70, 72 = VersR 1999, 217, 219 = r+s 1999, 85, 86; *Prölss/Martin*, § 20 VVG Rdn. 9; a. A. OLG Nürnberg, Urt. v. 22. 10. 1998 – 8 U 1610/98, NJW-RR 1999, 676, 677 f. = NVersZ 1999, 68, 69 = VersR 1999, 609, 610 = r+s 1999, 92, 93 = MDR 1999, 358, 359; m. abl. Anm. *Münstermann* r+s 2000, 1. Siehe auch OLG Hamm VersR 1988, 458.
[271] BGH, Urt. v. 30. 9. 1998 – IV ZR 248/97, NJW-RR 1999, 173, 175 = NVersZ 1999, 70, 72 = VersR 1999, 217, 219 = r+s 1999, 85, 86.
[272] LG Frankenthal VersR 1968, 566, 567; LG Kiel v. 9. 5. 1972, VersR 1973, 757; OLG Köln VersR 1973, 1035, 1036; OLG Köln VersR 1974, 849, 851; LG Düsseldorf VersR 1978, 914; BGH v. 29. 5. 1980, VersR 1980, 762; OLG Köln VersR 1982, 1093; BGH, Urt. v. 28. 3. 1984 – IV a ZR 75/82, VersR 1984, 629, 630; OLG Hamm VersR 1987, 151.

Interesse des Versicherungsnehmers liegen.[273] Der Versicherer ist daher nicht gehalten, seinen Rücktritt auf einen bloßen Verdacht hin auszuüben.[274] Die Kenntnis muss sich auf die Umstände erstrecken, für die der Versicherer die Beweislast trägt, d. h. auf die objektive Nicht- oder Falschanzeige eines Gefahrumstandes sowie darauf, dass der Versicherungsnehmer den nicht oder falsch angezeigten Umstand kannte, nicht jedoch das Verschulden der Anzeigepflichtverletzung.[275] Hinzu kommt die Kenntnis derjenigen Tatsachen, aus denen sich ergibt, dass der verschwiegene Umstand gefahrerheblich war.[276] Die Kenntnis des Versicherers von gefahrerheblichen Umständen kann sich aus von ihm aufgrund einer Ermächtigung des Versicherungsnehmers in Datenbanken gesammelten Daten über den Versicherungsnehmer ergeben, wenn für den Versicherer aufgrund eines Hinweises des Versicherungsnehmers im Antrag auf Abschluss oder Änderung des Versicherungsvertrages Anlass besteht, diese Daten abzurufen.[277] Ein Datenabruf kommt ferner in Betracht, wenn der Versicherer mehrere Verträge im Bestand hat, in denen dieselbe Person versichert ist und es auf deren Gesundheitsverhältnisse für Rücktritt und Arglistanfechtung ankommt.[278] Eine Kenntniszurechnung kommt ferner in Betracht, wenn der Versicherer die bei einem anderen Versicherer gespeicherten Daten routinemäßig abfragen würde.[279] Sonderdateien hingegen, die dem Versicherer ermöglichen, Erkenntnisse über vom Versicherungsnehmer aufzuklärende Umstände zu erhalten, lassen die Aufklärungsobliegenheit des Versicherungsnehmers in der Regel unberührt, wenn diese Dateien dazu dienen, die vorsätzliche Verletzung der Aufklärungsobliegenheit durch den Versicherungsnehmer aufzudecken.[280]

64 **b) Ermittlung der Tatsachen.** Der Versicherer ist berechtigt, die entscheidenden Tatsachen gewissenhaft zu ermitteln und alle ihm bekannten Erkenntnisquellen auszuschöpfen.[281] Er darf sich insbesondere zunächst vergewissern, ob

---

[273] OLG Köln VersR 1982, 1092, 1093; OLG Köln, Urt. v. 15. 11. 1984 – 5 U 164/84; OLG München v. 1. 3. 1984, VersR 1986, 156.
[274] BGH, Urt. v. 20. 9. 1989 – IV a ZR 107/88, BGHZ 108, 326, 328 = NJW 1990, 47, 48 = VersR 1989, 1249, 1250 = r+s 1989, 412; BGH, Urt. v. 28. 11. 1990 – IV ZR 219/89, NJW-RR 1991, 348, 350 = VersR 1991, 170, 172 = r+s 1991, 76; OLG Koblenz, Urt. v. 19. 6. 1998 – 10 U 640/97, NVersZ 1999, 125, 126 = r+s 1998, 522, 523; BGH, Urt. v. 30. 9. 1998 – IV ZR 248/97, NJW-RR 1999, 173, 174 = NVersZ 1999, 70, 71 = VersR 1999, 217, 218 f. = r+s 1999, 85, 86; BGH, Urt. v. 20. 9. 2000 – IV ZR 203/99, NVersZ 2001, 69, 71 = VersR 2000, 1486 = r+s 2003, 118, 119; OLG Stuttgart, Urt. v. 1. 7. 2004 – 7 U 18/04, VersR 2005, 819, 820; OLG Saarbrücken, Beschl. v. 25. 1. 2007 – 5 W 310/06 – 92, VersR 2007, 1684, 1685.
[275] RGZ 128, 119; OLG Celle v. 13. 4. 1953, VersR 1953, 234; LG Frankenthal v. 2. 10. 1967, VersR 1968, 566, 567; OLG Köln v. 15. 2. 1973, VersR 1973, 1035, 1036; OLG Hamm VerBAV 1978, 314; OLG Köln VersR 1982, 1092, 1093; OLG München v. 1. 3. 1984, VersR 1986, 156.
[276] BGH, Urt. v. 28. 3. 1984 – IV a ZR 75/82, VersR 1984, 629, 630.
[277] BGH, Urt. v. 14. 7. 1993 – IV ZR 153/92, BGHZ 123, 224 = NJW 1993, 2807 = NJW-RR 1994, 286 (Ls.) = VersR 1993, 1089, 1090 = VerBAV 1993, 350, 351 = BB 1993, 1834 = MDR 1993, 1062; BGH, Urt. v. 20. 9. 2000 – IV ZR 203/99, NJW-RR 2001, 234, 235 = NVersZ 2001, 69, 71 = VersR 2000, 1486 = r+s 2003, 118, 119; *Schultz* NJW 1996, 1392, 1393; *derselbe* NJW 1997, 2093, 2094; vgl. auch *Langheid/Müller-Frank* NJW 1994, 2652, 2655.
[278] BGH, Beschl. v. 10. 9. 2003 – IV ZR 198/02, NJW-RR 2003, 1603 = r+s 2003, 468.
[279] BGH, Urt. v. 13. 12. 1989 – IV a ZR 177/88, NJW-RR 1990, 285, 286 = VersR 1990, 258, 259; OLG Köln, Urt. v. 4. 6. 1992 – 5 U 161/91, r+s 1994, 75.
[280] BGH, Urt. v. 17. 1. 2007 – IV ZR 106/06, VersR 2007, 481 = MDR 2007, 778 (Uni-Wagnis-Datei in der Sachversicherung); *Klinkhammer*, Aufklärungsobliegenheit des VN trotz Eintrag in Uni-Wagnis-Datei, VP 2007, 191.
[281] OLG Köln VersR 1973, 1035, 1036; OLG Köln VersR 1982, 1092, 1093.

dem Versicherungsnehmer angelastet werden kann, erfragte, ihm bei Antragstellung bekannte oder vor Vertragsabschluss bekanntgewordene Gefahrumstände nicht oder nicht zutreffend angegeben zu haben.[282] Erst nach Abschluss der Ermittlungen beginnt die Monatsfrist.[283] Der Versicherer kann allerdings den Fristbeginn nicht dadurch hinausschieben, dass er noch weitere Ermittlungen anstellt, die lediglich die Frage betreffen, ob es zweckmäßig ist, von dem bereits bekannten Rücktrittsrecht Gebrauch zu machen.[284] Wenn der Versicherer ein ärztliches Gutachten erhält, das eindeutig eine vom Anzeigepflichtigen verschwiegene Krankheit bestätigt, ist sichere Kenntnis zu bejahen.[285]

c) **Angemessener Zeitraum.** Im Versicherungsrecht besteht der Grundsatz, dass zwischen den Parteien alsbald Klarheit bestehen soll, ob ein durch eine Obliegenheitsverletzung belastetes Versicherungsverhältnis vom Versicherer weiter aufrechterhalten wird oder nicht.[286] Der Versicherer darf deshalb die verhältnismäßig kurze Rücktrittsfrist des § 20 Abs. 1 VVG nicht dadurch unterlaufen, dass er gebotene Rückfragen unterlässt oder verzögert; er hat sie vielmehr in angemessener Zeit durchzuführen.[287] In angemessener Zeit ist daher die Prüfung durchzuführen, ob dem Versicherungsnehmer bei Antragstellung oder vor Vertragsabschluss Gefahrumstände tatsächlich bekannt waren, auch wenn dem Versicherer diese Prüfung häufig nur durch Rückfragen bei Ärzten ermöglicht wird, die den Versicherungsnehmer behandelt haben.[288] Was als angemessene Zeit anzusehen ist, lässt sich nicht allgemein, sondern nur unter Berücksichtigung der Umstände des Einzelfalles, insbesondere aber auch im Lichte der vorstehend genannten Grundsätze bestimmen.[289] Danach darf der Versicherer kein Verhalten offenbaren, das durch Nachlässigkeit oder von Missbrauchsabsicht gekennzeichnet ist.[290] Hat der Versicherer auf Grund ihm bekannter Verdachtsgründe eine Rückfrage bei einem behandelnden Arzt veranlasst, ist der Versicherer in der Regel gehalten, innerhalb von einem Monat nachzuhaken, falls die erbetene Auskunft unterbleibt.[291]

---

[282] BGH, Urt. v. 28. 11. 1990 – IV ZR 219/89, NJW-RR 1991, 348, 350 = VersR 1991, 170, 172; OLG Saarbrücken, Beschl. v. 25. 1. 2007 – 5 W 310/06 – 92, VersR 2007, 1684, 1685.
[283] KG v. 28. 11. 1967, VersR 1968, 546, 547; LG Frankenthal v. 2. 10. 1967, VersR 1968, 566; OLG München v. 1. 3. 1984, VersR 1986, 156.
[284] BGH VersR 1984, 630.
[285] LG Kiel v. 9. 5. 1972, VersR 1973, 757.
[286] BGH, Urt. v. 20. 9. 1989 – IVa ZR 107/88, BGHZ 108, 326, 328 = NJW 1990, 47 = VersR 1989, 1249, 1250 = r+s 1989, 412.
[287] OLG Koblenz, Urt. v. 19. 6. 1998 – 10 U 640/97, NVersZ 1999, 125, 126 = r+s 1998, 522, 523; BGH, Urt. v. 30. 9. 1998 – IV ZR 248/97, NJW-RR 1999, 173, 174 = NVersZ 1999, 70, 71 = VersR 1999, 217, 219 = r+s 1999, 85, 86; BGH, Urt. v. 20. 9. 2000 – IV ZR 203/99, NJW-RR 2001, 234, 236 = NVersZ 2001, 69, 71 = VersR 2000, 1486, 1487; OLG Köln, Urt. v. 28. 4. 2004 – 5 U 153/03, NJW-RR 2004, 1170, 1171 = VersR 2004, 1253, 1254; *Müller* r+s 2000, 485, 487.
[288] BGH, Urt. v. 28. 11. 1990 – IV ZR 219/89, NJW-RR 1991, 348, 350 = VersR 1991, 170, 172 = r+s 1991, 76; OLG Saarbrücken, Beschl. v. 25. 1. 2007 – 5 W 310/06 – 92, VersR 2007, 1684, 1685.
[289] BGH, Urt. v. 30. 9. 1998 – IV ZR 248/97, NJW-RR 1999, 173, 174 = NVersZ 1999, 70, 71 = VersR 1999, 217, 219 = r+s 1999, 85, 86.
[290] BGH, Urt. v. 30. 9. 1998 – IV ZR 248/97, NJW-RR 1999, 173, 174 = NVersZ 1999, 70, 71 = VersR 1999, 217, 219 = r+s 1999, 85, 86; BGH, Urt. v. 20. 9. 2000 – IV ZR 203/99, NJW-RR 2001, 234, 236 = NVersZ 2001, 69, 71 = VersR 2000, 1486, 1488.
[291] OLG Köln, Urt. v. 28. 4. 2004 – 5 U 153/03, NJW-RR 2004, 1170, 1171 = VersR 2004, 1253, 1254.

66 d) **Beweislast.** Der Versicherungsnehmer ist für die Kenntnis des Versicherers und für den Zeitpunkt der Kenntniserlangung des Versicherers von der Verletzung einer vorvertraglichen Anzeigepflicht des Versicherungsnehmers und damit hinsichtlich der Überschreitung der Rücktrittsfrist darlegungs- und beweispflichtig.[292] Dies bedeutet, dass der Versicherungsnehmer zu beweisen hat, wann die Rücktrittsfrist in Lauf gesetzt worden ist.[293] Der Versicherungsnehmer kann jedoch dabei nach den Grundsätzen einer fairen Prozessführung verlangen, dass der Versicherer die Vorgänge offenlegt, die in seinem Hause zur Kenntniserlangung geführt haben.[294]

3. Kenntnis des Versicherers

67 a) **Ausgangslage.** Das Rücktrittsrecht des Versicherers setzt eine Verletzung der vorvertraglichen Anzeigeobliegenheit durch den Versicherungsnehmer voraus (§§ 16 Abs. 2, 17 Abs. 1 VVG).[295] Hat der Versicherer nach gefahrerheblichen Umständen schriftlich gefragt, konkretisiert sich die Obliegenheitsverletzung grundsätzlich in der unrichtigen oder unvollständigen Beantwortung einer Antragsfrage.[296] Demgemäß verlangt ausreichende Kenntnis des Versicherers vom Rücktrittsgrund ausreichende Kenntnis von einer solchen Obliegenheitsverletzung.[297] Seinen Rücktritt auf einen bloßen Verdacht hin auszuüben, ist der Versicherer nicht gehalten.[298] Die nach § 20 VVG maßgebliche Kenntnis muss der gesetzliche Vertreter, der Abschlussagent oder ein besonderer Beauftragter des Versicherers haben.[299]

68 b) **Risikoprüfungsobliegenheit des Versicherers.** Es kommt vor, dass der Versicherungsnehmer bei der Antragsaufnahme beiläufig Beschwerden erwähnt, denen er selbst erkennbar aber kein Gewicht beimessen will und sie somit falsch, weil bagatellisierend, darstellt oder zumindest andeutet. Der Versicherer ist deshalb bei Vertragsabschluss verpflichtet, die Angaben des Versicherungsnehmers zu den Gesundheitsfragen vor Antragsannahme sorgfältig zu prüfen, bei bestehenden Unklarheiten oder unvollständigen Angaben nachzufragen und sich aufdrängen-

---

[292] LG Landau v. 9. 4. 1964, VersR 1974, 1228; OLG Hamm v. 16. 3. 1973, VersR 1973, 834; OLG Köln v. 13. 2. 1973, VersR 1973, 1017; OLG Frankfurt/M. v. 14. 5. 1974, VersR 1975, 632, 634; BGH, Urt. v. 29. 5. 1980 – IV a ZR 6/80, VersR 1980, 762; OLG Celle VersR 1983, 825, 826; OLG Schleswig, Urt. v. 28. 2. 1985 – 2 U 56/84 – teilweise veröffentlicht in VersR 1985, 634; OLG Köln, Urt. v. 21. 2. 1985 – 5 U 194/84; BGH, Urt. v. 16. 10. 1990 – VI ZR 275/89, NJW-RR 1991, 470 = VersR 1991, 179 = MDR 1991, 521; OLG Stuttgart, Urt. v. 28. 9. 2006 – 7 U 111/06, NJW-RR 2007, 178 = VersR 2007, 340 = MDR 2007, 657, 658; *Langheid* in: Römer/Langheid, VVG, 2. Aufl., 2003, § 20 VVG Rdn. 7.
[293] BGH, Urt. v. 28. 11. 1990 – IV ZR 219/89, NJW-RR 1991, 348, 349 = VersR 1991, 170, 171 = r+s 1991, 76; BGH, Urt. v. 30. 1. 2002 – IV ZR 23/01, NJW 2002, 1497 = NVersZ 2002, 254 = VersR 2002, 425, 426 = r+s 2002, 140.
[294] OLG Köln VersR 1982, 1092, 1093.
[295] BGH, Urt. v. 30. 9. 1998 – IV ZR 248/97, VersR 1999, 217, 218; BGH, Urt. v. 20. 9. 2000 – IV ZR 203/99, NJW-RR 2001, 234, 235 = NVersZ 2001, 69, 71 = VersR 2000, 1486, 1487.
[296] BGH, Urt. v. 30. 9. 1998 – IV ZR 248/97, VersR 1999, 217, 218.
[297] BGH, Urt. v. 30. 9. 1998 – IV ZR 248/97, VersR 1999, 217, 218.
[298] BGH, Urt. v. 20. 9. 1989 – IV a ZR 107/88, BGHZ 108, 326, 328 = VersR 1989, 1249, 1250 = MDR 1990, 139; BGH, Urt. v. 28. 11. 1990 – IV ZR 219/89, NJW-RR 1991, 348 = VersR 1991, 170 = MDR 1991, 732; BGH, Urt. v. 30. 9. 1998 – IV ZR 248/97, VersR 1999, 217, 218; BGH, Urt. v. 20. 9. 2000 – IV ZR 203/99, NJW-RR 2001, 234, 235 = NVersZ 2001, 69, 71 = VersR 2000, 1486, 1487; *Römer* r+s 1998, 45, 47.
[299] OLG Köln v. 31. 2. 1974, VersR 1974, 849; OLG Köln, Urt. v. 15. 11. 1984 – 5 U 164/84.

den Verdachtsmomenten und Hinweisen nachzugehen.[300] Dadurch, dass der Versicherer Rückfragen, die zur Vervollständigung und Abrundung des bereits vor Vertragsabschluss gegebenen Kenntnisstandes geboten erscheinen, zunächst unterlässt und erst beim Geltendmachen eines Versicherungsfalls nachholt, kann sich der Versicherer eine Rücktrittsmöglichkeit bezüglich dieses Sachverhalts für die Zeit nach Vertragsabschluss nicht sichern.[301] Die durch die gesetzlichen Anzeigeobliegenheiten des Versicherungsnehmers dem Versicherer vor Vertragsabschluss eingeräumte Risikoprüfungsmöglichkeit soll klare Verhältnisse vor Vertragsschluss schaffen und darf deshalb vom Versicherer nicht nach Belieben verschoben werden.[302] Kommt der Versicherer seinen Nachfrageobliegenheiten nicht nach, kann der Versicherer nach Treu und Glauben (§ 242 BGB) seinen Rücktritt nicht auf Umstände stützen, die er bei ordnungsgemäßem Risikoprüfungsverfahren erfahren hätte.[303] Die Auge-und-Ohr-Rechtsprechung gilt insoweit uneingeschränkt, so dass es grundsätzlich ausreicht, dass der Versicherungsagent von derartigen Umständen bei der Antragsaufnahme erfahren hat, auch wenn er sie nicht an den Versicherer weitergeleitet hat.[304] Füllt der Versicherungsagent das Antragsformular

---

[300] OLG Oldenburg, Urt. v. 16. 3. 1994 – 2 U 203/93, VersR 1995, 157, 158 = r+s 1994, 445, 446; OLG Nürnberg, Urt. v. 22. 10. 1998 – 8 U 1610/98, NJW-RR 1999, 676 = NVersZ 1999, 68 = VersR 1999, 609 = r+s 1999, 92; BGH, Urt. v. 11. 11. 1992 – IV ZR 271/91, VersR 1993, 871 = r+s 1993, 154; BGH, Urt. v. 2. 11. 1994 – IV ZR 201/93, NJW 1995, 401 = VersR 1995, 80 = r+s 1995, 82; BGH, Urt. v. 5. 3. 2008 – IV ZR 119/06, NJW-RR 2008, 979, 980 = VersR 2008, 668, 669 = r+s 2008, 249; *Rixecker* in: Festschrift für Helmut Schirmer, 2005, S. 517, 520.
[301] BGHZ 108, 326 = NJW 1990, 47 = VersR 1989, 1249; BGH, Urt. v. 28. 11. 1990 – IV ZR 219/89, NJW-RR 1991, 348, 350 = VersR 1991, 170, 171 = r+s 1991, 76 = MDR 1991, 732; OLG Düsseldorf, Urt. v. 9. 6. 1998 – 4 U 141/97, VersR 2000, 1227, 1228; OLG Saarbrücken, Urt. v. 13. 8. 2008 – 5 U 27/07-3, VersR 2009, 99, 100.
[302] BGH, Urt. v. 25. 3. 1992 – IV ZR 55/91, BGHZ 117, 385, 388 = NJW 1992, 1506, 1507 = VersR 1992, 603, 604 = r+s 1992, 213 = VerBAV 1992, 254, 255 = JZ 1992, 925, 926 = MDR 1992, 561, 562; BGH, Urt. v. 11. 11. 1992 – IV ZR 271/91, VersR 1993, 871, 872 = r+s 1993, 154, 155 = VerBAV 1993, 165, 166; BGH, Urt. v. 5. 3. 2008 – IV ZR 119/06, NJW-RR 2008, 979, 980 = VersR 2008, 668, 669 = r+s 2008, 249.
[303] BGH, Urt. v. 25. 3. 1992 – IV ZR 55/91, BGHZ 117, 385 = NJW 1992, 1506, 1507 = VersR 1992, 603, 604 = r+s 1992, 213 = MDR 1992, 561; BGH, Urt. v. 11. 11. 1992, VersR 1993, 871, 872 = r+s 1993, 165; OLG Saarbrücken, Urt. v. 17. 6. 1992 – 5 U 85/91, NJW-RR 1993, 38, 39 = VersR 1993, 341, 343 = r+s 1993, 358; OLG Saarbrücken, Urt. v. 25. 11. 1992 – 5 U 22/92, VersR 1994, 847, 848; OLG Saarbrücken VersR 1993, 341 = r+s 1993, 358; OLG Hamm, Beschl. v. 2. 2. 1993 – 20 W 47/92, NJW-RR 1993, 1311 = VersR 1994, 294 = r+s 1993, 356, 357; OLG Köln, Urt. v. 11. 4. 1994 – 5 U 32/93, VersR 1994, 1413, 1414 = r+s 1994, 202/203; BGH, Urt. v. 2. 11. 1994 – IV ZR 201/93, NJW 1995, 401, 402 = VersR 1995, 80, 81 = r+s 1995, 82, 83 = MDR 1995, 266; BGH, Urt. v. 3. 5. 1995 – IV ZR 165/94, NJW-RR 1995, 982, 983 = VersR 1995, 901 = r+s 1995, 354, 355 = VerBAV 1995, 348, 349; BGH NJW-RR 1997, 277 = VersR 1997, 442 = r+s 1997, 84; KG, Urt. v. 30. 9. 1997 – 6 U 8007/95, VersR 1998, 1362; OLG Frankfurt/M., Urt. v. 28. 1. 1998 – 7 U 33/97, NVersZ 2000, 130, 132 = r+s 2000, 477, 478; OLG Nürnberg, Urt. v. 22. 10. 1998 – 8 U 1610/98, NJW-RR 1999, 676 = NVersZ 1999, 68 = VersR 1999, 609 = r+s 1999, 92; OLG Saarbrücken, Urt. v. 3. 7. 1999 – 20 U 162/98, NVersZ 2000, 166, 167 = VersR 2000, 878, 880 = r+s 2001, 39, 40; OLG Hamm, Urt. v. 21. 6. 2000 – 20 U 196/99, r+s 2001, 354, 356; OLG Hamm, Urt. v. 30. 5. 2001 – 20 U 231/98, NJW-RR 2002, 316, 317 = NVersZ 2002, 16, 17 = VersR 2002, 342, 343 = r+s 2002, 50, 51; BGH, Urt. v. 5. 3. 2008 – IV ZR 119/06, NJW-RR 2008, 979, 980 = VersR 2008, 668, 669 = r+s 2008, 249; *Dehner* NJW 1992, 3007; *Prölss/Martin*, 26. Aufl., § 16 VVG Rdn. 25.
[304] OLG Hamm, Urt. v. 23. 7. 1999 – 20 U 162/98, NVersZ 2000, 166, 167 = VersR 2000, 878, 880 = r+s 2001, 39, 41; OLG Hamm, Urt. v. 21. 6. 2000 – 20 U 196/99, r+s 2001, 354, 356; OLG Hamm, Urt. v. 30. 5. 2001 – 20 U 231/98, NJW-RR 2002, 316,

nach den Angaben des Antragstellers aus, so muss sich der Versicherer die dem Agenten zur Kenntnis gebrachten Umstände als bekannt zurechnen lassen.[305] Es geht daher zu Lasten des Versicherers, wenn der Agent nicht für die nach Sachlage gebotene Rückfrage sorgt,[306] sei es, dass er selbst sofort auf der Präzisierung der bisherigen Antworten besteht, sei es, dass er den von ihm vertretenen Versicherer veranlasst, bei dem im Formular vermerkten Arzt rückzufragen.[307] Eine unterlassene Risikoprüfung vor Annahme des Versicherungsvertrags schließt den Rücktritt allerdings nur aus, wenn Antworten des Versicherungsnehmers dem Versicherer vor Augen führen, dass der Antragsteller offensichtlich seiner Anzeigeobliegenheit nicht – oder nicht vollständig – nachgekommen ist, so dass dem Versicherer ohne ergänzende Rückfragen eine sachgerechte Risikoprüfung nicht möglich ist.[308] Die Angaben des Versicherungsnehmers müssen ersichtlich lückenhaft, unzureichend oder widersprüchlich sein.[309] Bei Fehlen von jeglichen Anhaltspunkten hierfür ist eine Risikoprüfung nicht geboten.[310] Denn allein der Prüfung der Wahrheitsliebe des Versicherungsnehmers oder des Versicherten dient die Risikoprüfungspflicht des Versicherers nicht.[311] Hat der Versicherungsnehmer auf klare Fragen des Versicherers klare Antworten gegeben, besteht keine Nachfragepflicht des Versicherers, es sei denn, dass dem Versicherer die Unrichtigkeit der Antwort des Versicherungsnehmers aus anderen Quellen bekannt ist.[312]

69 Eine Risikoprüfung ist daher nicht erforderlich, wenn sich der Antragsteller gegenüber den Versicherungsagenten ausdrücklich als gesund bezeichnet und nach deren glaubhaften Bekundungen keine Vorerkrankungen angegeben hat und

---

[317] = NVersZ 2002, 16, 17 = VersR 2002, 342, 343 = r+s 2002, 50, 51; *Prölss/Martin*, 26. Aufl., § 16 VVG Rdn. 25.

[305] BGHZ 102, 194 = NJW 1988, 973 = VersR 1988, 234 = r+s 1988, 973; BGH, Urt. v. 28. 11. 1990 – IV ZR 219/89, NJW-RR 1991, 348 = VersR 1991, 170 = r+s 1991, 76; BGH, Urt. v. 11. 11. 1992 – IV ZR 201/91, VersR 1993, 871; BGH, Urt. v. 5. 3. 2008 – IV ZR 119/06, NJW-RR 2008, 979, 980 = VersR 2008, 668, 669 = r+s 2008, 249.

[306] BGH, Urt. v. 5. 3. 2008 – IV ZR 119/06, NJW-RR 2008, 979, 980 = VersR 2008, 668, 669 = r+s 2008, 249; OLG Hamm, Urt. v. 9. 7. 2008 – 20 U 195/07, VersR 2009, 1649, 1650 = r+s 2010, 124, 125.

[307] BGH, Urt. v. 11. 11. 1992 – IV ZR 271/91, VersR 1993, 871, 872 = r+s 1993, 154, 155 = VerBAV 1993, 165, 166. Dieses BGH-Urteil stellt beinahe modellhaft die maßgebenden Grundsätze und den Untersuchungsgang zur Beurteilung des Rücktritts eines Versicherers dar. So zutreffend und eingehend hierzu *Lorenz* VersR 1993, 872.

[308] BGH, Urt. v. 25. 3. 1992 – IV ZR 55/91, VersR 1992, 603 = r+s 1992, 213; OLG Koblenz r+s 1998, 51; OLG Dresden, Urt. v. 4. 5. 1999 – 3 U 3562/98, r+s 2000, 432; OLG Nürnberg, Urt. v. 23. 12. 1999 – 8 U 3364/99, VersR 2000, 437, 438; OLG Zweibrücken, Urt. v. 26. 9. 2001 – 1 U 69/01, VersR 2002, 1017, 1018; *Römer* r+s 1998, 45, 48; *Knappmann* r+s 1996, 81.

[309] OLG Köln, Urt. v. 20. 3. 1996 – 5 U 84/95, VersR 1996, 831, 832 = r+s 1997, 81, 82; OLG Dresden, Urt. v. 4. 5. 1999 – 3 U 3562/98, r+s 2000, 432.

[310] BGH VersR 1994, 711, 712 = r+s 1995, 324; BGH VersR 1995, 901 = r+s 1995, 354; LG Kempten, Urt. v. 12. 7. 1995, VersR 1996, 830 (Ls.); OLG München, Urt. v. 7. 7. 1997 – 31 U 1545/97, VersR 1998, 1361, 1362 = r+s 1999, 389, 390; BGH NVersZ 2001, 69 = VersR 2000, 1486; OLG Düsseldorf, Urt. v. 29. 2. 2000 – U 47/99, NVersZ 2001, 544, 547 = VersR 2001, 1408, 1410; OLG Frankfurt/M. NVersZ 2001, 115; OLG Zweibrücken, Urt. v. 26. 9. 2001 – 1 U 69/01, VersR 2002, 1017, 1018; OLG Oldenburg, Beschl. v. 14. 7. 2008 – 5 U 96/08, VersR 2008, 1341.

[311] BGH, Urt. v. 3. 5. 1995 – IV ZR 165/94, NJW-RR 1995, 982, 983 = VersR 1995, 901, 902 = r+s 1995, 354, 355 = VerBAV 1995, 348, 349; OLG Dresden, Urt. v. 4. 5. 1999 – 3 U 3562/98, r+s 2000, 432; OLG Stuttgart, Urt. v. 1. 7. 2004 – 7 U 18/04, VersR 2005, 819, 820.

[312] OLG München VersR 1998, 1361, 1362; OLG Oldenburg, Urt. v. 2. 2. 2005 – 3 U 109/04, VersR 2005, 921, 922 = r+s 2005, 321, 322.

dementsprechend auch keinen Hausarzt.³¹³ Hat der Antragsteller zwar einen Hausarzt angegeben, löst dies keine Obliegenheit des Versicherers zur Nachprüfung aus, wenn der Antragsteller die Frage nach Krankheiten, Störungen und Beschwerden sowie die Frage nach ärztlichen Behandlungen, Beratungen, Untersuchungen und Operationen verneint hat.³¹⁴ Der Versicherer darf die Benennung eines Hausarztes dahin verstehen, dass dieser Auskunft über Bagatellerkrankungen oder eine uneingeschränkte Gesundheit des Versicherungsnehmers erteilen kann, wenn der Versicherungsnehmer die Fragen, die sich auf wesentliche gesundheitliche Beeinträchtigungen bezogen haben, verneint hat.³¹⁵

Umstritten ist, ob dem Versicherer dann, wenn er Anzeigeobliegenheitsverletzungen des Versicherungsnehmers schon vor Antragsaufnahme hätte aufdecken können, bei arglistigem Verhalten des Antragstellers das Recht zur Vertragsanfechtung genommen ist. Im Gegensatz zur bisherigen Rechtsprechung,³¹⁶ die dem Versicherer das Recht zur Täuschungsanfechtung aufgrund unscharfer oder unvollständiger Angaben trotz unterlassener Rückfragen ausdrücklich beließ, entschied der BGH überraschend im Jahre 1992, dass dem Versicherer nach Treu und Glauben die Anfechtungsrecht selbst dann zu versagen sei, wenn der Versicherungsnehmer als Antragsteller erhebliche Erkrankungen „schuldhaft oder gar arglistig" verschweigt, sofern der Versicherer derartige Anzeigeobliegenheitsverletzungen des Versicherungsnehmers schon vor Antragsaufnahme hätte aufdecken können und müssen.³¹⁷ Die Entscheidung des BGH, das Risiko des arglistigen Verschweigens eines Gefahrumstandes zu Lasten des Versicherers gehen zu lassen, fand im Schrifttum zu Recht keine Zustimmung.³¹⁸ Mit seiner Ansicht setzt sich der BGH in Widerspruch zum gesetzlichen Wertungsmodell der §§ 16 ff. VVG.³¹⁹ Der Versicherungsnehmer ist im Falle der arglistigen Täuschung nicht schutzwürdig und dem Versicherer deshalb die Anfechtung nicht verwehrt.³²⁰ Auch wenn der Versicherer die gebotene Prüfung des Antrags unterlassen hat, rechtfertigt dies gegenüber dem Versicherungsnehmer, der arglistig sich den Ver-

---

³¹³ KG, Urt. v. 12. 10. 1993 – 6 U 3704/92, VersR 1994, 922, 923 = r+s 1994, 41, 42; OLG Oldenburg, Hinweisbeschl. v. 11. 4. 2008 – 5 U 96/08, r+s 2009, 473.
³¹⁴ OLG Saarbrücken, Urt. v. 5. 12. 2001 – 5 U 568/01 – 39, VersR 2003, 890, 891 = r+s 2004, 206.
³¹⁵ OLG Saarbrücken, Urt. v. 22. 2. 1995 – 5 U 913/93 – 60; OLG Saarbrücken, Urt. v. 5. 12. 2001 – 5 U 568/01 – 39, VersR 2003, 890, 891/892 = r+s 2004, 206/207.
³¹⁶ OLG Hamm VersR 1982, 85, 86; BGH VersR 1985, 154, 155 f.
³¹⁷ Vgl. BGH, Urt. v. 25. 3. 1992 – IV ZR 55/91, BGHZ 117, 385 = NJW 1992, 1506, 1507 = VersR 1992, 603, 604 = r+s 1992, 213 = VerBAV 1992, 254, 255 = JZ 1992, 925/926 = MDR 1992, 561/562; BGH r+s 1995, 82; ebenso OLG Koblenz, Urt. v. 29. 11. 1996 – 10 U 568/96, r+s 1998, 50, 51 f.; dazu BGH, Nichtannahmebeschl. v. 15. 10. 1997 – IV ZR 351/96, r+s 1998, 346; KG, Urt. v. 30. 9. 1997 – 6 U 8007/95, VersR 1998, 1362; noch nicht lassend OLG Hamm, Urt. v. 23. 7. 1999 – 20 U 162/98, NVersZ 2000, 166 = VersR 2000, 878. In der Rechtsprechung des BGH wurde das Thema zunächst nicht mehr aufgegriffen, vgl. BGH, Urt. v. 11. 11. 1992, VersR 1993, 871 = r+s 1993, 165; BGH, Urt. v. 3. 5. 1995, NJW-RR 1995, 982 = VersR 1995, 901 = r+s 1995, 354; BGH, Urt. v. 2. 11. 1994, NJW 1995, 401 = VersR 1995, 80, 81 = r+s 1995, 82, 83.
³¹⁸ Siehe hierzu eingehend und überzeugend *Dreher* JZ 1992, 926 ff.; *Lorenz* VersR 1993, 513 ff.; *derselbe* VersR 1993, 872; *Lücke* VersR 1994, 128, 129; *Medicus*, Probleme der Wissenszurechnung, in: Karlsruher Forum 1994 – Sonderheft zum Versicherungsrecht, S. 4, 7 Fn. 11; *Knappmann* r+s 1996, 81, 83; *Langheid* in: Römer/Langheid, VVG, 2. Aufl., 2003, § 22 VVG Rdn. 8; *Müller-Frank/Scherff* VersR 1998, 1362, 1364; a.A. *Dehner* NJW 1992, 3007.
³¹⁹ *Hübner/Matusche* LM VVG § 16 Nr. 18.
³²⁰ OLG Hamm, Urt. v. 30. 5. 2001 – 20 U 231/98, NJW-RR 2002, 316, 317 = NVersZ 2002, 16, 17 = VersR 2002, 342, 343 = r+s 2002, 50, 51; *Dreher* JZ 1992, 926, 927; *Knappmann* r+s 1996, 81, 83.

trag erschlichen hat, nicht die Wertung, dass sich der Versicherer nicht auf sein Anfechtungsrecht berufen dürfe.[321] Ein etwaiges Mitverschulden des Versicherers steht einer Vertragsanfechtung wegen arglistiger Täuschung nicht entgegen.[322] Der BGH hat sich dieser Auffassung geöffnet und in seinem Beschluss vom 15. März 2006 zum Ausdruck gebracht, dass der BGH an der Rechtsprechung, nach der sich ein Versicherungsnehmer auch bei arglistiger Verletzung seiner Anzeigeobliegenheit auf die Verletzung einer Nachfrageobliegenheit durch den Versicherer berufen kann, nicht mehr festgehalten wird.[323] Wenn der Versicherungsnehmer seine Anzeigeobliegenheit arglistig verletzt hat, verliert daher der Versicherer sein Recht auf Rücktritt und Anfechtung wegen arglistiger Täuschung nicht schon deshalb, weil er eine Nachfrageobliegenheit verletzt hat.[324]

4. Zurechnungstatbestände

71 a) **Kenntnis des zuständigen Mitarbeiters.** Auf der Grundlage des § 166 BGB wird als „Wissensvertreter" jeder angesehen, der nach der Arbeitsorganisation des Geschäftsherrn dazu berufen ist, im Rechtsverkehr als dessen Repräsentant bestimmte Aufgaben in eigener Verantwortung zu erledigen und die dabei angefallenen Informationen zur Kenntnis zu nehmen sowie gegebenenfalls weiterzuleiten.[325] Bei der Arbeitsteilung innerhalb einer Versicherungsgesellschaft reicht die Kenntnis des mit der Bearbeitung der betreffenden Versicherung befassten Mitarbeiters als sogenanntem Wissensvertreters aus, auch wenn er zur rechtsgeschäftlichen Vertretung nicht befugt ist.[326] Zu seinen Aufgaben muss es gehören, den Tatbestand der Verletzung vorvertraglicher Anzeigeobliegenheiten festzustellen.[327] Denn er ist außer die Prüfung des Versicherungsantrags zuständige Bearbeiter die erheblichen Umstände kennt.[328] Für den Zeitpunkt der Kenntniserlangung kommt es nicht darauf an, wann eingehende Post in den zentralen Posteinlauf des Versicherers gelangt,[329] sondern wann die Mitteilung des Versicherungsnehmers den zuständigen Mitarbeiter normalerweise

---

[321] OLG Hamm, Urt. v. 30. 5. 2001 – 20 U 231/98, NJW-RR 2002, 316, 317 = NVersZ 2002, 16, 17 = VersR 2002, 342, 343 = r+s 2002, 50, 51; OLG Saarbrücken, Urt. v. 12. 10. 2005 – 5 U 31/05 – 4, VersR 2007, 93, 95 = r+s 2007, 113, 114.
[322] LG Konstanz, Urt. v. 15. 3. 1996, VersR 1997, 1082.
[323] BGH, Beschl. v. 15. 3. 2006 – IV ZA 26/05, VersR 2007, 96 = r+s 2008, 234.
[324] BGH, Beschl. v. 4. 7. 2007 – IV ZR 170/04, NJW-RR 2007, 1519 = VersR 2007, 1256 = r+s 2008, 234, 235; BGH, Urt. v. 5. 3. 2008 – IV ZR 119/06, NJW-RR 2008, 979, 980 = VersR 2008, 668, 669 = r+s 2008, 249; *Lorenz* VersR 2007, 96.
[325] BGH, Urt. v. 24. 1. 1992, BGHZ 117, 104 = NJW 1992, 1099 = BB 1992, 456 = MDR 1992, 480; BGH, Urt. v. 18. 1. 1994 – VI ZR 190/93, NJW 1994, 1150, 1151 = VersR 1994, 491 = WM 1994, 750, 751 = DB 1994, 1234, 1235 = AG 1994, 224; BGH, Urt. v. 2. 2. 1996 – V ZR 239/94, NJW 1996, 1339, 1340 f. = VersR 1996, 628, 630 f. = ZIP 1996, 548, 550 f. = BB 1996, 924, 925 f. = MDR 1996, 1003 f. = JZ 1996, 731, 732 f.; *Waltermann* NJW 1993, 889, 891; *Schimikowski* VW 1996, 626; *Taupitz* JZ 1996, 734 ff.; *Drexl* ZHR 16 (1997), 491, 497; *Knappmann* VersR 1997, 261, 266; *Buck-Heeb* WM 2008, 281.
[326] BGH VersR 1970, 660, 661; OLG Köln VersR 1974, 849, 850; OLG Köln, Urt. v. 13. 11. 1996 – 5 U 6/96, VersR 1998, 351, 352 = r+s 1998, 96, 97.
[327] OLG Stuttgart, Beschl. v. 30. 11. 1988 – 9 W 56/88, VersR 1990, 76; BGH, Urt. v. 17. 4. 1996 – IV ZR 202/95, NJW 1996, 1967 = VersR 1996, 742 = r+s 1996, 252; BGH, Urt. v. 30. 1. 2002 – IV ZR 23/01, NJW 2002, 1497 = NVersZ 2002, 254 = VersR 2002, 425, 426 = r+s 2002, 140; OLG Stuttgart, Urt. v. 28. 9. 2006 – 7 U 111/06, NJW-RR 2007, 178 = VersR 2007, 340 = MDR 2007, 657, 658.
[328] LG Landshut v. 5. 5. 1953, VersR 1953, 393; OLG Köln, Urt. v. 15. 11. 1984 – 5 U 164/84.
[329] So aber OLG Nürnberg, Urt. v. 15. 3. 1990 – 8 U 4288/89, VersR 1990, 1337 (Ls.).

erreicht.³³⁰ Da dies dem Versicherungsnehmer nicht bekannt ist, obliegt dem Versicherer insoweit eine sekundäre Darlegungslast.³³¹ Bei der Frage, ob auch die Geschäftsstellen des Versicherungsunternehmens bzw. deren Mitarbeiter als Wissensvertreter eingestuft werden können, wird vielfach auf die Aufgaben und Befugnisse der jeweiligen Geschäftsstelle (z. B. Bezirksdirektion, Filialdirektion, Niederlassung) abgestellt. Die Kenntnisse einer Geschäftsstelle, der hinsichtlich der betroffenen Versicherung die Vertrags- und Erstattungssachbearbeitung übertragen ist, wird als ausreichend angesehen.³³² Anders verhält es sich bei Filialen, die nicht über diese Befugnisse verfügen.³³³ Der Versicherungsnehmer kann allerdings auch hier erwarten, dass Anzeigen und übersandte Unterlagen unverzüglich an die Hauptverwaltung des Versicherers weitergeleitet werden; unterlässt dies die Filiale des Versicherers, so kann sich der Versicherer nach Treu und Glauben nicht auf die von ihm selbst zu vertretenden Verzögerungen berufen.

b) Kenntnis des vom Versicherer beauftragten Arztes. Kommt es auf Betreiben des Versicherers im Zuge der Verhandlungen über den Abschluss einer Lebensversicherung zur Erstellung eines ärztlichen Zeugnisses auf einem vom Versicherer vorgegebenen Formblatt und hat der Antragsteller dabei im Rahmen der „Erklärung vor dem Arzt" gegenüber dem Arzt vom Versicherer vorformulierte Fragen zu beantworten, so stehen die vom Arzt in Erfüllung dieses Auftrags gestellten Fragen den Fragen des Versicherers im Sinne von § 16 Abs. 1 Satz 3 VVG, die erteilten Antworten den Erklärungen gegenüber dem Versicherer im Sinne von § 16 Abs. 1 VVG gleich.³³⁴ Der vom Versicherer eingeschaltete Arzt ist insoweit dessen passiver Stellvertreter, nämlich zur Entgegennahme der Antworten des Antragstellers beauftragt.³³⁵ Bei der Aufnahme der „Erklärung vor dem Arzt" steht der Arzt damit insoweit einem Versicherungsagenten bei Aufnahme des Versicherungsantrags gleich.³³⁶ Dies soll auch dann gelten, wenn der Arzt vom

---

³³⁰ OLG Stuttgart, Urt. v. 28. 9. 2006 – 7 U 111/06, NJW-RR 2007, 178, 179 = VersR 2007, 340, 341.

³³¹ OLG Stuttgart, Urt. v. 28. 9. 2006 – 7 U 111/06, NJW-RR 2007, 178, 179 = VersR 2007, 340, 341.

³³² BGH, Urt. v. 24. 1. 1963 – II ZR 120/60, VersR 1963, 227 = MDR 1963, 475; OLG Hamburg NJW 1963, 1406, 1408; BGH, Urt. v. 29. 5. 1970 – IV ZR 1010/68, VersR 1970, 660; BGH, Urt. v. 18. 1. 1994 – VI ZR 190/93, NJW 1994, 1150 = VersR 1994, 491 = MDR 1994, 452; BGH, Urt. v. 17. 4. 1996 – IV ZR 202/95, NJW 1996, 1967, 1968 = VersR 1996, 742, 743 = r+s 1996, 252, 253 = VerBAV 1996, 214, 215 = ZIP 1996, 878, 879 = MDR 1996, 797 f.; OLG Hamm, Hinweisbeschl. v. 19. 7. 2006 – 20 U 69/96, r+s 2007, 50, 51.

³³³ OLG Köln VersR 1974, 849, 850.

³³⁴ BGH, Urt. v. 29. 5. 1980 – IV a ZR 6/80, VersR 1980, 762 = VerBAV 1980, 279 = MDR 1981, 33; BGH, Urt. v. 7. 3. 2001 – IV ZR 254/00, NJW-RR 2001, 889 = NVersZ 2001, 306, 307 = VersR 2001, 620, 621 = r+s 2001, 261 f. = VerBAV 2002, 19, 20 = MDR 2001, 809, 810; BGH, Urt. v. 11. 2. 2009 – IV ZR 26/06, NJW-RR 2009, 606, 607 = VersR 2009, 529, 530 = r+s 2009, 361, 363.

³³⁵ BGH, Urt. v. 21. 11. 1989 – IV a ZR 269/88, NJW 1990, 767 = VersR 1990, 77, 78 = r+s 1990, 101 = VerBAV 1990, 230, 231 = MDR 1990, 523; BGH, Urt. v. 7. 3. 2001 – IV ZR 254/00, NJW-RR 2001, 889 = NVersZ 2001, 306, 307 = VersR 2001, 620, 621 = r+s 2001, 261, 262 = VerBAV 2002, 19, 20 = MDR 2001, 809, 810; OLG Saarbrücken, Urt. v. 1. 2. 2006 – 5 U 207/05 – 17, VersR 2006, 1482, 1485 = r+s 2006, 510, 511; BGH, Urt. v. 11. 2. 2009 – IV ZR 26/06, NJW-RR 2009, 606, 607 = VersR 2009, 529, 530 = r+s 2009, 361, 363.

³³⁶ BGH, Urt. v. 7. 3. 2001 – IV ZR 254/00, NJW-RR 2001, 889 = NVersZ 2001, 306, 307 = VersR 2001, 620, 621 = r+s 2001, 261, 262 = VerBAV 2002, 19, 20 = MDR 2001, 809, 810; OLG Hamm, Hinweisbeschl. v. 3. 8. 2005 – 20 U 106/05, VersR 2005, 1572, 1573 = r+s 2005, 453, 454; OLG Saarbrücken, Urt. v. 1. 2. 2006 – 5 U 207/05 – 17, VersR 2006, 1482, 1485 = r+s 2006, 510, 511; BGH, Urt. v. 11. 2. 2009 –

Antragsteller ausgewählt worden ist.[337] Was dem Arzt zur Beantwortung der vom Versicherer vorformulierten Fragen gesagt ist, ist dem Versicherer gesagt, selbst wenn der Arzt die ihm erteilten Antworten nicht in die Erklärung aufnimmt.[338] Eine andere Frage ist es, ob sich der Versicherer auch solche Kenntnis zurechnen lassen muss, die der mit der Erstellung des „Ärztlichen Zeugnisses" betraute Arzt zwar nicht vom Antragsteller im Rahmen der „Erklärung vor dem Arzt" erlangt hat, die sich für ihn aber aus früheren Behandlungen des Antragstellers ergeben haben.[339] Eine solche Wissenszurechnung scheidet jedenfalls dann aus, wenn den Antragsteller der Vorwurf trifft, den Versicherer mit seinen Erklärungen vor Abschluss des Vertrages arglistig getäuscht zu haben.[340] Andernfalls würde die Wissenszurechnung letztlich zum Schutz des arglistig täuschenden Antragstellers führen, der die Täuschung über die unrichtigen Angaben im Versicherungsantrag hinaus noch in der „Erklärung vor dem Arzt" fortsetzt und dabei zudem erkennt, dass der Arzt – aus welchen Gründen auch immer – die unrichtige Angabe hinnimmt.[341] Über diese Fallgestaltung hinaus kommt eine solche umfassende Wissenszurechnung nicht in Betracht, da der vom Versicherer dem Arzt erteilte und von diesem angenommene Auftrag dafür keine Grundlage schafft.[342] Die Erfüllung des dem Arzt vom Versicherer erteilten Auftrags beschränkt sich auf die bloße Untersuchung des zukünftigen Versicherungsnehmers sowie die Mitteilung der dabei gewonnenen Befunde.[343] Eine weitergehende umfassende Informationspflicht des Arztes gegenüber dem Versicherer besteht nicht.[344] Insofern steht der vom Versicherer beauftragte Arzt dem Versicherungsagenten gleich. So wie das Wissen des Versicherungsagenten, das dieser nicht im Zusammenhang mit dem betroffenen Vertrag und mit der Antragstellung bzw. der Aufnahme des Antrags

---

IV ZR 26/06, NJW-RR 2009, 606, 607 = VersR 2009, 529, 530 = r+s 2009, 361, 363; *Wendt/Jularic* VersR 2008, 41, 42.

[337] OLG Saarbrücken, Urt. v. 1. 2. 2006 – 5 U 207/05 – 17, VersR 2006, 1482, 1485 = r+s 2006, 510, 511.

[338] BGH, Urt. v. 11. 11. 1987 – IVa ZR 240/86, BGHZ 102, 194, 197 = NJW 1988, 973 = VersR 1988, 234, 237 = MDR 1988, 387; dazu *Gröning* VersR 1990, 710 ff.; BGH, Urt. v. 21. 11. 1989 – IVa ZR 269/88, NJW 1990, 767 = VersR 1990, 77, 78 = MDR 1990, 523; BGH, Urt. v. 7. 10. 1992 – IV ZR 224/91, VersR 1993, 170; BGH, Urt. v. 14. 7. 1993 – IV ZR 153/92, NJW 1993, 2807, 2808 = VersR 1993, 1089, 1090 = r+s 1993, 361 = VerBAV 1993, 350, 352; BGH, Urt. v. 7. 3. 2001 – IV ZR 254/00, NJW-RR 2001, 889 = NVersZ 2001, 306, 307 = VersR 2001, 620, 621 = r+s 2001, 261, 262 = VerBAV 2002, 19, 20 = MDR 2001, 809, 810; BGH, Urt. v. 11. 2. 2009 – IV ZR 26/06, NJW-RR 2009, 606, 607 = VersR 2009, 529, 530 = r+s 2009, 361, 363; *Römer* VersR 1998, 1313, 1315.

[339] Offen lassend BGH, Urt. v. 7. 3. 2001 – IV ZR 254/00, NJW-RR 2001, 889, 890 = NVersZ 2001, 306, 307 = VersR 2001, 620, 621 = r+s 2001, 261, 262 = VerBAV 2002, 19, 21 = MDR 2001, 809, 810; siehe dazu *Knappmann* r+s 1996, 81, 84; *Prölss* in: Prölss/Martin, VVG, 26. Aufl., § 16 VVG Rdn. 27; *Voit* in Berliner Komm. z. VVG, 1999, § 16 VVG Rdn. 89.

[340] BGH, Urt. v. 7. 3. 2001 – IV ZR 254/00, NJW-RR 2001, 889, 890 = NVersZ 2001, 306, 307 = VersR 2001, 620, 622 = r+s 2001, 261, 262 = VerBAV 2002, 19, 21 = MDR 2001, 809, 810; *Knappmann* VersR 2005, 199, 200.

[341] BGH, Urt. v. 7. 3. 2001 – IV ZR 254/00, NJW-RR 2001, 889, 890 = NVersZ 2001, 306, 307 = VersR 2001, 620, 622 = r+s 2001, 261, 262 = VerBAV 2002, 19, 21 = MDR 2001, 809, 810; zust. *Müller-Frank* NVersZ 2001, 447, 448.

[342] BGH, Urt. v. 11. 2. 2009 – IV ZR 26/06, NJW-RR 2009, 606, 607 = VersR 2009, 529, 531 = r+s 2009, 361, 363 m. zust. Anm. *Wendt/Jularic* r+s 2009, 363.

[343] BGH, Urt. v. 11. 2. 2009 – IV ZR 26/06, NJW-RR 2009, 606, 607 = VersR 2009, 529, 531 = r+s 2009, 361, 363.

[344] BGH, Urt. v. 11. 2. 2009 – IV ZR 26/06, NJW-RR 2009, 606, 607 = VersR 2009, 529, 531 = r+s 2009, 361, 363.

erlangt hat, dem Versicherer nicht zugerechnet werden kann,[345] können dem Versicherer nicht die Kenntnisse zugerechnet werden, die der im Auftrag des Versicherers tätige Arzt aus früheren Behandlungen des Versicherungsnehmers erlangt hat.[346]

Behauptet der Versicherungsnehmer, er habe den den Gesundheitsfragebogen 73 des Versicherers ausfüllenden Arzt mündlich zutreffend informiert, muss der Versicherer beweisen, dass diese Behauptung nicht zutrifft.[347]

c) Kenntnis des Versicherungsagenten. Mit Blick auf die hohe Bedeutung 74 der Ausschließlichkeitsorganisationen beim Vertrieb von Lebensversicherungsprodukten spielen Versicherungsagenten eine große Rolle bei der Anbahnung von Lebensversicherungen. In der Regel unterstützen und beraten sie den Antragsteller bei der Aufnahme des Versicherungsantrags und erreichen, dass der Versicherungsantrag vollständig die Antworten des Antragstellers zu den gestellten Antragsfragen enthält. In Einzelfällen wird allerdings immer wieder behauptet, dass gegenüber dem Versicherungsagenten Anzeigen erfolgt seien, die der Versicherer nach dem Inhalt des Versicherungsantrags nicht nachvollziehen kann. Lange Zeit begründeten die behaupteten mündlichen Anzeigen gegenüber dem Antragsvermittler anlässlich der Antragstellung keine Kenntnis des Versicherers. Denn aus dem Versicherungsantrag kann der Versicherungsnehmer ersehen, dass die Empfangsvollmacht des Agenten durch die Worte:

„Der Vermittler darf über die Erheblichkeit von Antragsfragen oder Erkrankungen keine verbindlichen Erklärungen abgeben."

auf den Empfang schriftlicher Erklärungen beschränkt ist.[348] Eine derartige Be- 75 schränkung der Vertretungsmacht ist gemäß § 47 VVG als zulässig anzusehen.[349] Aus dem an ihn gerichteten Hinweis im Versicherungsantrag auf die Vollständigkeit der Angaben sowie die alleinige Verantwortlichkeit für den Antragsinhalt trotz Niederschrift durch den Antragsvermittler kann der Versicherungsnehmer ohne weiteres erkennen, dass der Versicherer für die Anzeige nach § 16 Abs. 1 VVG gemäß § 34 a VVG zulässigerweise die Schriftform fordert.[350] Die Kenntnis des Antragsvermittlers begründete somit im Hinblick auf § 44 VVG keine Kenntnis des Versicherers im Sinne der §§ 16 Abs. 3, 17 Abs. 2 VVG.[351] Bei falschen

---

[345] Vgl. BGHZ 102, 194, 195 = NJW 1988, 973 = VersR 1988, 234, 236; BGH, Urt. v. 29. 11. 1989 – IV a ZR 273/88, NJW-RR 1990, 220 = VersR 1990, 150, 151.
[346] BGH, Urt. v. 11. 2. 2009 – IV ZR 26/06, NJW-RR 2009, 606, 608 = VersR 2009, 529, 531 = r+s 2009, 361, 363.
[347] BGHZ 107, 322 = NJW 1989, 2060 = VersR 1989, 833; BGH NJW 1990, 767 = VersR 1990, 77; OLG Frankfurt/M., Urt. v. 17. 8. 1992 – 27 U 48/91, NJW-RR 1993, 676, 677.
[348] LG Hamburg, Urt. v. 21. 9. 1989, VersR 1990, 259.
[349] LG Nürnberg-Fürth, Urt. v. 30. 9. 1988, VersR 1989, 391, 392; LG Köln, Urt. v. 6. 7. 1989, VersR 1990, 261; LG Hamburg, Urt. v. 21. 9. 1989, VersR 1990, 259.
[350] KG v. 28. 11. 1967, VersR 1968, 546, 547; OLG Nürnberg VersR 1980, 36, 37; LG Frankfurt/M. VersR 1983, 773; LG Saarbrücken VersR 1983, 1049; OLG Köln VersR 1983, 1049; OLG Düsseldorf, Urt. v. 14. 8. 1984 – 4 U 224/83; OLG Frankfurt/M., Urt. v. 13. 10. 1983 – 16 U 25/83, auszugsweise veröffentlicht in VersR 1984, 1061.
[351] KG VersR 1968, 546, 547; OLG Stuttgart VersR 1979, 859, 860; OLG Nürnberg VersR 1980, 36, 37; BGH v. 1. 12. 1982, VersR 1983, 237; LG Frankfurt VersR 1983, 773; LG Saarbrücken VersR 1983, 1049; OLG Köln VersR 1983, 1125; OLG Frankfurt/M. v. 11. 3. 1983, VersR 1983, 1052, 1053; OLG Köln VersR 1983, 1125; OLG Frankfurt/M. v. 11. 3. 1983, VersR 1983, 1126; BGH v. 22. 2. 1984, VersR 1984, 631; OLG Köln, Urt. v. 15. 11. 1984 – 5 U 164/84; OLG München v. 13. 3. 1985, VersR 1985, 1177; OLG Köln VersR 1988, 904; OLG Bamberg, Urt. v. 12. 1. 1989 – 1 U 75/88, VersR 1990, 260. So auch der OGH VersR 1989, 768.

Angaben im Antrag konnte sich der Versicherungsnehmer nicht dadurch entlasten, dass er auf eine unzureichende Belehrung oder Befragung bzw. Antragsausfüllung durch den Vermittlungsagenten verwies.[352]

76 Seit der grundlegenden Entscheidung des BGH aus dem Jahre 1987[353], die der BGH[354] in weiteren Entscheidungen stets bestätigt hat und der auch die Instanzgerichte[355] immer wieder gefolgt sind, ist mit überwiegender Zustimmung im Schrifttum[356] anerkannt, dass bei der Entgegennahme des Antrags auf Abschluss eines Versicherungsvertrages der empfangsbevollmächtigte Versicherungsagent, der auf alleinige Veranlassung des Versicherers dem Antragsteller gegenübertritt, bildlich gesprochen, das „Auge und Ohr" des Versicherers ist.[357] In einer Entscheidung des BGH vom 14. Juli 1993[358] heißt es hierzu unter Berufung auf die ständige Rechtsprechung:[359]

„Bei der Entgegennahme des Antrags auf Abschluss eines Versicherungsvertrages ist der empfangsbevollmächtigte Versicherungsagent, der auf alleinige Veranlassung des Versicherers dem Antragsteller gegenübertritt, bildlich gesprochen das Auge und Ohr des Versicherers. Was ihm mit Bezug auf die Antragstellung gesagt und vorgelegt wird, ist dem Versicherer gesagt und vorgelegt worden. Berät der Agent den Antragsteller unrichtig, liegt ein Verschulden bei Vertragsschluss vor mit der Folge, dass sich der Versicherer nicht auf die Verletzung der Anzeigeobliegenheit des Antragstellers berufen kann. Hat nicht der Versicherungsnehmer persönlich ein Fragenformular des Versicherers ausgefüllt, sondern eine für den Versicherer tätige Person anhand der Informationen, die der Versicherungsnehmer ihr mündlich gegeben hat, so kann der Versicherer den ihm obliegenden Beweis des objektiven Tatbe-

---

[352] OLG Frankfurt/M., Urt. v. 7. 11. 1990 – 23 U 55/90, VersR 1991, 450 (Ls.); a. A. OLG Frankfurt/M. VersR 1990, 1103.

[353] BGH, Urt. v. 11. 11. 1987 – IV a ZR 240/86, BGHZ 102, 194, 197 = NJW 1988, 973, 974 f. = VersR 1988, 234, 236 f. = r+s 1988, 123 = MDR 1988, 387.

[354] BGH, Urt. v. 25. 1. 1989, NJW-RR 1989, 609 = VersR 1989, 398 = r+s 1989, 103; BGH, Urt. v. 13. 12. 1989 – IV a ZR 177/88, NJW-RR 1990, 285, 286; BGH, Urt. v. 28. 11. 1990 – IV ZR 219/89, NJW-RR 1991, 348, 350 = VersR 1991, 170, 171; BGH, Urt. v. 11. 11. 1992 – IV ZR 271/91, VersR 1993, 871 = r+s 1993, 165, 166 = VerBAV 1993, 165; BGH, Urt. v. 17. 4. 1996 – IV ZR 202/95, NJW 1996, 1967, 1968 = VersR 1996, 742 = r+s 1996, 252, 253 = VerBAV 1996, 214 = ZIP 1996, 878, 879 = MDR 1996, 797; BGH, Urt. v. 10. 10. 2001 – IV ZR 6/01, NJW-RR 2002, 89/90 = NVersZ 2002, 60, 61 = VersR 2001, 1541, 1542 = r+s 2002, 98/99 = VerBAV 2002, 268, 269 = MDR 2002, 90.

[355] Vgl. nur OLG Karlsruhe, Urt. v. 24. 8. 1989 – 12 U 153/89, VersR 1990, 1142 (Ls.); OLG Saarbrücken, Beschl. v. 15. 5. 1990 – 5 W 77/90, VersR 1991, 1280, 1281; OLG Hamm, Urt. v. 16. 11. 1990 – 20 U 70/90, NJW-RR 1991, 609 = VersR 1991, 915; OLG Karlsruhe, Urt. v. 19. 12. 1990 – 12 U 171/90, VersR 1991, 988, 989; LG Düsseldorf, Urt. v. 2. 12. 1994 – 11 O 261/94, r+s 1995, 271, 272 m. Anm. *Schirmer* VersR 1995, 273; LG Stuttgart, Urt. v. 27. 7. 1995 – 6 S 591/94, r+s 1996, 34; OLG Karlsruhe, Urt. v. 25. 7. 1996 – 12 U 70/96, VersR 1997, 861, 862 = r+s 1997, 38, 39; OLG Oldenburg, Urt. v. 16. 4. 1997 – 2 U 35/97, VersR 1997, 1082; OLG Frankfurt/M., Urt. v. 28. 1. 1998 – 7 U 33/97, NVersZ 2000, 130, 131 = r+s 2000, 477; OLG Naumburg, Urt. v. 4. 6. 1999 – 6 U 131/98, VersR 2001, 222; OLG Koblenz, Urt. v. 31. 3. 2000 – 10 U 1097/99, VersR 2001, 45/46 = r+s 2000, 226, 227; OLG Zweibrücken, Urt. v. 26. 9. 2001 – 1 U 69/01, VersR 2002, 1017, 1018.

[356] Vgl. *Koller* JZ 1998, 75, 82.

[357] Für eine Aufnahme in das VVG *Reiff* ZVersWiss 2002, Heft 2; *Teichler* VersR 2002, 385. Der österreichische Gesetzgeber hat die „Auge und Ohr"-Rechtsprechung durch eine Novellierung des § 44 VersVG umgesetzt, vgl. *Reiff* VersR 2002, 597, 599.

[358] BGH, Urt. v. 14. 7. 1993 – IV ZR 153/92, NJW 1993, 2807, 2808 = VersR 1993, 1089, 1090 = r+s 1993, 361 = VerBAV 1993, 350, 352.

[359] Der BGH verweist in seiner Entscheidung vom 14. 7. 1993 auf BGH NJW 1989, 2060 = VersR 1989, 833; BGH NJW 1990, 767 = VersR 1990, 77; BGH, Urt. v. 22. 11. 1991 – V ZR 299/90, BGHZ 116, 387, 389 = NJW 1992, 828 = VersR 1992, 217 = r+s 1992, 76.

stands einer Anzeigeobliegenheitsverletzung nicht mehr allein mit der Vorlage des unzutreffend ausgefüllten Formulars führen, soweit der Versicherungsnehmer auch hier substantiiert geltend macht, er habe den Agenten mündlich zutreffend informiert."

Der Versicherer muss sich daher bis zum Beweis des Gegenteils als zu seiner Kenntnis gelangt zurechnen lassen, was dem Agenten im Gespräch mit dem Antragsteller über dessen Gesundheitszustand bekanntgeworden sein soll, insbesondere der Antragsteller dem Vermittlungsagenten zu früher beantragten Vorversicherungen und zu Vorerkrankungen mündlich mitgeteilt haben soll, auch wenn es im schriftlichen, vom Agenten ausgefüllten Antrag keinen Ausdruck gefunden hat.[360] Denn mit der bloßen Verwendung eines Antragsformulars erfolgt keine erkennbare Beschränkung der Empfangsvollmacht auf schriftliche Erklärungen, die der Versicherer gemäß §§ 34a Satz 2, 47 VVG Dritten entgegenhalten kann.[361] Der Versicherer kann auch nicht rechtswirksam die Vollmacht seiner Vermittlungsagenten zur Entgegennahme von Wissenserklärungen des Antragstellers mit folgender Klausel im Antragsformular einschränken:[362]

„Schlusserklärung des Antragstellers und der zu versichernden Person – Bitte besonders beachten!
1. ...
2. ...
3. Die Antragsfragen sind nach bestem Wissen und Gewissen richtig und vollständig beantwortet ... Ich weiß, dass die X.-Leben und die X.-Sach bei Verletzung dieser Pflichten vom Vertrag zurücktreten bzw. die Leistung verweigern können; für die Richtigkeit der Angaben bin ich allein verantwortlich, auch wenn ich den Antrag nicht selbst ausgefüllt habe.
Der Vermittler darf über die Erheblichkeit von Antragsfragen oder Erkrankungen keine verbindlichen Erklärungen abgeben."

Den Lebensversicherern wurde ausdrücklich von der Aufsichtsbehörde aufgegeben, die vom BGH für unwirksam erklärte Klausel oder eine inhaltsgleiche Erklärung künftig nicht mehr in den Antragsformularen zu verwenden.[363]

Ob der Versicherer die Empfangsvollmacht des Versicherungsagenten durch eine Vollmachtsbeschränkungsklausel rechtswirksam einschränken kann, ist im Schrifttum vereinzelt bejaht[364] und gerichtlich bisher nicht entschieden worden.

---

[360] BGH, Urt. v. 11. 11. 1987, BGHZ 102, 193, 195 = NJW 1988, 973, 974 = VersR 1988, 234, 236; BGH, Urt. v. 23. 5. 1989 – IVa ZR 72/88, S. 8 = BGHZ 107, 322, 323 = NJW 1989, 2060 = VersR 1989, 833, 834; BGH, Urt. v. 22. 11. 1991 – V ZR 299/90, BGHZ 116, 387, 389 = NJW 1992, 828 = VersR 1992, 217 = r+s 1992, 76; BGH, Urt. v. 14. 7. 1993 – IV ZR 153/92, NJW 1993, 2807, 2808 = VersR 1993, 1089, 1090 = r+s 1993, 361 = VerBAV 1993, 350, 352; OLG Frankfurt/M., Urt. v. 10. 5. 2000 – 7 U 157/99, NVersZ 2000, 514, 515 = VersR 2001, 1097 = r+s 2003, 165, 166; BGH, Urt. v. 30. 1. 2002 – IV ZR 23/01, NJW 2002, 1497, 1498 = NVersZ 2002, 254 = VersR 2002, 425, 426 = r+s 2002, 140, 141 = MDR 2002, 760; BGH, Urt. v. 27. 2. 2008 – IV ZR 270/06, NJW-RR 2008, 977, 978 = VersR 2008, 765, 766 = r+s 2008, 284, 285.
[361] BGH, Urt. v. 11. 11. 1987, NJW 1988, 973, 975 = VersR 1988, 234, 237; LG Rottweil, Urt. v. 30. 7. 1990, VersR 1991, 169, 170; a. A. LG Hamburg VersR 1990, 259; OLG Bamberg VersR 1990, 260; LG Köln VersR 1990, 261.
[362] OLG Hamm VersR 1990, 1105; OLG Hamm r+s 1989, 347; OLG Hamm, Urt. v. 16. 11. 1990 – 20 U 70/90, NJW-RR 1991, 609 = VersR 1991, 915; OLG Karlsruhe, Urt. v. 19. 12. 1990 – 12 U 171/90, VersR 1991, 988, 989; OLG Oldenburg, Urt. v. 19. 12. 1990 – 2 U 180/90, NJW-RR 1991, 857 = VersR 1991, 758, 759; BGH, Urt. v. 18. 12. 1991 – IV ZR 299/90, BGHZ 116, 387 = NJW 1992, 828, 829 = VersR 1992, 217, 218 = VerBAV 1992, 175; BGH, Urt. v. 11. 11. 1992 – IV ZR 271/91, VersR 1993, 871 = VerBAV 1993, 165.
[363] BAV VerBAV 1992, 298.
[364] OLG Hamm VersR 1990, 1105, 1106; *Büsken*, Aktuelle Fragen zur Stellung und Vertretungsvollmacht der Vermittlungsagenten bei Antragstellung, Karlsruhe, VVW, 1991, S. 7;

Mit Blick auf die Haltung der Aufsichtsbehörde[365] und die der Ansicht der Aufsichtsbehörde folgenden ablehnenden Stimmen im Schrifttum[366] konnte sich die folgende Klausel in der Praxis nicht durchsetzen, die im Versicherungsantrag in der Nähe der Unterschrift des Antragstellers plaziert werden sollte:

> „Der Vermittler berät Sie bei Abschluss des Vertrages. Er ist zur Entgegennahme mündlicher Erklärungen und Angaben nicht bevollmächtigt, und zwar weder vor noch bei Vertragsschluss. Sämtliche Erklärungen und Angaben sind daher schriftlich niederzulegen. Dies gilt auch, wenn Erklärungen und Angaben dem Vermittler gegenüber, bereits bevor Sie diese Klausel gelesen haben, gesprächsweise geäußert wurden. Bitte prüfen Sie die Angaben und Erklärungen, die Sie oder der Vermittler für Sie in diesen Antrag oder in andere Schriftstücke geschrieben haben, auf Richtigkeit und Vollständigkeit; sonst gefährden Sie Ihren Versicherungsschutz!"

80 Insgesamt betrachtet kann der Versicherer die Empfangs- bzw. Vertretungsvollmacht des Versicherungsagenten weder ausschließen oder beschränken noch sich für vorvertragliche Anzeigen die Schriftform ausbedingen.[367] Ausschlaggebend hierfür ist die Überlegung, dass die Empfangsvollmacht des § 43 Nr. 1 VVG als unteilbar angesehen werden muss, weil es sich bei der Entgegennahme des Antrags und der Kenntnisnahme von den vorvertraglichen Gefahranzeigen um einen einheitlichen Lebensvorgang handelt.[368] Es ist dem Versicherer verwehrt, seinen Vertrieb so zu organisieren, dass seine Vermittler dem Versicherungsnehmer zwar bei dem für den Vertragsabschluss erforderlichen Ausfüllen des Antragsformulars mit Rat und Tat zur Seite stehen und ihm die im Formular aufgeführten Fragen mündlich erläutern, dass aber die Erklärungen und Anzeigen, die der Versicherungsnehmer gegenüber dem Vermittler macht, für den Versicherer keine Bedeutung haben.[369]

81 Von daher ist es folgerichtig, wenn auch nicht überzeugend, dass der BGH eine Verletzung der vorvertraglichen Anzeigepflicht verneint, wenn der Versicherungsnehmer behauptet, dass der Versicherungsagent ihn nur nach Größe und Gewicht befragt, weitere Gesundheitsfragen nicht gestellt und insoweit das Antragsformular eigenmächtig ausgefüllt und ihn nur zur Unterzeichnung des Versicherungsantrages veranlasst habe.[370] Zwar setzt die Verletzung der vorvertraglichen Anzeigepflicht voraus, dass der Versicherer die Frage nach gefahrerheblichen Umständen überhaupt und ordnungsgemäß gestellt hat.[371] Die Entscheidung des BGH vermag aber gleichwohl nicht zu überzeugen, weil es Sache des Antragstellers gewesen sein wäre, sich mit den Antragsfragen zu befassen und nicht den Versicherungsan-

---

Büsken VW 1991, 282, 283; *Wriede* in: Bruck/Möller, VVG, 8. Aufl., 6. Bd. 2 Halbbd. – Krankenversicherung – Anm. F 24; *Fricke* VersR 1993, 399, 402.

[365] BAV VerBAV 1993, 342; *Hohlfeld* VW 1994, 430.

[366] *Bundschuh* in: Karlsruher Forum 1993, S. 28; *Glauber* VersR 1992, 937; *Luckey* VersR 1993, 151; *Präve* ZfV 1993, 130; *Römer*, Höchstrichterliche Rechtsprechung zur Personenversicherung, 1993, S. 5.

[367] Unentschieden OLG Karlsruhe, Urt. v. 25. 7. 1996 – 12 U 70/96, VersR 1997, 861, 862 = r+s 1997, 38, 39; zu Vollmachts- und Schriftformklauseln BVerwG VersR 1998, 1137 m. Anm. von *Präve* und *E. Lorenz* sowie Anm. von *Reiff* EWiR 1998, 961; zur abweichenden Ansicht von *Reiff* in Bezug auf Schriftformklauseln vgl. *Reiff* r+s 1998, 133, 134 ff.; *derselbe* VersR 1998, 976. Siehe ferner *Schirmer* r+s 1995, 273; *Beckmann* NJW 1996, 1378.

[368] BGHZ 102, 194, 197 = VersR 1988, 234, 237; BGHZ 116, 387, 389 = VersR 1992, 217; *Römer*, Höchstrichterliche Rechtsprechung zur Personenversicherung, Karlsruhe, VVW, 1993, S. 6.

[369] *Präve* ZfV 1993, 130, 135; *Reiff* VersR 2002, 597.

[370] BGH, Urt. v. 16. 10. 1996 – IV ZR 218/95, NJW-RR 1997, 154, 155 = VersR 1996, 1529, 1530 = r+s 1996, 469, 470 = VerBAV 1997, 131, 132 = MDR 1997, 144.

[371] OLG Köln, Urt. v. 16. 9. 1993 – 5 U 145/92, r+s 1993, 444.

trag mit seinen Gesundheitsfragen „ins Blaue hinein" zu unterschreiben.[372] Dies gilt auch für einen vom OLG Hamm entschiedenen Fall. Hier hat das Gericht dem Versicherer das bei Antragstellung erlangte Wissen des Agenten von beidseitigen Oberschenkelamputationen des Versicherungsnehmers zugerechnet, der die sicherlich gebotene Frage nach dem Anlass der Amputationen unterlassen hat.[373] Auch in diesem Fall lag kollusives Zusammenwirken auf der Hand.

Die Beweislast dafür, dass der Versicherungsnehmer etwas anderes gesagt hat, als der Versicherungsnehmer behauptet, trifft den Versicherer.[374] Nach der Auge- und Ohr-Rechtsprechung des BGH, die nunmehr auch Eingang in das 1. Januar 2008 in Kraft getretene Versicherungsvertragsgesetz gefunden hat (vgl. § 70 VVG 2008), lässt sich, wenn der Versicherungsagent das Formular ausgefüllt hat, allein mit dem Antragsformular nicht beweisen, dass der Versicherungsnehmer falsche Angaben gemacht hat, sofern dieser substantiiert behauptet, den Versicherungsagenten mündlich zutreffend unterrichtet zu haben.[375] Dann muss vielmehr der Versicherer beweisen, dass der Versicherungsnehmer den Versicherungsagenten mündlich nicht zutreffend über seinen Gesundheitszustand unterrichtet hat.[376] Der Versicherer trägt damit auch die Beweislast dafür, dass der Versicherungsnehmer überhaupt Kenntnis von den im Versicherungsantrag enthaltenen Gesundheitsfragen hatte, sei es, dass der Versicherungsnehmer die Fragen selbst gelesen hat oder diese ihm von dem Versicherungsagenten vorgelesen worden sind.[377] Bei komplizierten Fragekatalogen steht es zur Beweislast des Versiche-

82

---

[372] *Littbarski* EWiR 1996, 1149, 1150.
[373] OLG Hamm, Beschl. v. 2. 2. 1993 – 20 W 47/92, NJW-RR 1993, 1311, 1312 = VersR 1994, 294, 295 = r+s 1993, 356, 357.
[374] BGH, Urt. v. 10. 10. 2001 – IV ZR 6/01, NJW-RR 2002, 89, 90 = NVersZ 2002, 60, 61 = VersR 2001, 1541, 1542 = r+s 2002, 98, 99 = VerBAV 2002, 268, 269 = MDR 2002, 90.
[375] BGH, Urt. v. 23. 5. 1989 – IVa ZR 72/88, S. 11 = BGHZ 107, 322 = NJW 1989, 2060 = VersR 1989, 833, 834 = r+s 1989, 242; BGH, Urt. v. 21. 11. 1989 – IVa ZR 269/88, NJW 1990, 767 = VersR 1990, 77, 78; LG Berlin, Urt. v. 6. 3. 1990, VersR 1992, 304 (Ls.); LG Rottweil, Urt. v. 30. 7. 1990, VersR 1991, 169; BGH, Urt. v. 25. 5. 1994 – IV ZR 215/93, NJW-RR 1994, 1049 = r+s 1994, 444, 445; OLG Köln, Urt. v. 22. 8. 1994 – 5 U 265/92, r+s 1995, 204; OLG Frankfurt/M., Urt. v. 1. 9. 2000 – 7 U 130/99, NVersZ 2002, 114; BGH, Urt. v. 10. 10. 2001 – IV ZR 6/01, NJW-RR 2002, 89, 90 = NVersZ 2002, 60, 61 = VersR 2001, 1541, 1542 = r+s 2002, 98, 99 = VerBAV 2002, 268, 269 = MDR 2002, 90; BGH, Urt. v. 14. 7. 2004 – IV ZR 161/03, NJW 2004, 3427, 3428 = VersR 2004, 1297, 1298 = r+s 2005, 10, 11 = MDR 2005, 91 = SpV 2004, 69, 70; BGH, Urt. v. 27. 2. 2008 – IV ZR 270/06, NJW-RR 2008, 977 = VersR 2008, 765, 766 = r+s 2008, 284, 285; OLG Hamm, Urt. v. 9. 7. 2008 – 20 U 195/07, VersR 2009, 1649, 1650 = r+s 2010, 124.
[376] BGH, Urt. v. 23. 5. 1989 – IVa ZR 72/88, S. 11 = BGHZ 107, 322 = NJW 1989, 2060 = VersR 1989, 833, 834 = r+s 1989, 242; BGH, Urt. v. 21. 11. 1989 – IVa ZR 269/88, NJW 1990, 767 = VersR 1990, 77, 78; BGHZ 116, 387 = NJW 1992, 828 = VersR 1992, 217 = r+s 1992, 76; OLG Köln r+s 1995, 204; OLG Hamm, Urt. v. 9. 2. 1996 – 20 U 256/95, r+s 1997, 34, 35; LG Freiburg, Urt. v. 11. 3. 1997, r+s 1998, 524; OLG Frankfurt/M., Urt. v. 28. 1. 1998 – 7 U 33/97, NVersZ 2000, 130, 131 = r+s 2000, 477; BGH, Urt. v. 10. 10. 2001 – IV ZR 6/01, NJW-RR 2002, 89, 90 = NVersZ 2002, 60, 61 = VersR 2001, 1541, 1542 = r+s 2002, 98/99 = VerBAV 2002, 268, 269 = MDR 2002, 90/91; BGH, Urt. v. 14. 7. 2004 – IV ZR 161/03, NJW 2004, 3427, 3428 = VersR 2004, 1297, 1298 = r+s 2005, 10, 11 = MDR 2005, 91 = SpV 2004, 69, 70; BGH, Urt. v. 27. 2. 2008 – IV ZR 270/06, NJW-RR 2008, 977, 978 = VersR 2008, 765, 766 = r+s 2008, 284, 285; BGH, Urt. v. 5. 3. 2008 – IV ZR 119/06, NJW-RR 2008, 979, 980 = VersR 2008, 668, 669 = r+s 2008, 249; OLG Hamm, Urt. v. 9. 7. 2008 – 20 U 195/07, VersR 2009, 1649, 1650 = r+s 2010, 124.
[377] OLG Hamm, Urt. v. 17. 1. 1990 – 20 U 61/89, VersR 1991, 212, 213; BGH, Urt. v. 13. 3. 1991 – IV ZR 218/90, NJW 1991, 1891 = VersR 1991, 575, 576 = VerBAV 1991, 427,

rers, dass die betreffenden Fragen in einer Art und Weise mit dem Antragsteller durchgegangen worden sind, die es erlaubt, dieses Vorgehen des Versicherungsagenten einer sorgsamen, nicht unter Zeitdruck stehenden und gegebenenfalls durch klärende Rückfragen ergänzten Lektüre des Fragentextes gleichzusetzen.[378] Dieser Beweis ist regelmäßig nur durch die Aussage des Versicherungsagenten zu führen.[379] Im Beweisfall läuft dies darauf hinaus, dass der Versicherer beweisen muss, dass das Antragsformular das Ergebnis der mündlichen Befragung zutreffend wiedergibt.[380] Privates Wissen des Versicherungsagenten, dass dieser außerhalb des Kundengesprächs erlangt hat, ist dem Versicherer in der Regel nicht zuzurechnen (vgl. auch § 70 VVG 2008).[381] Die „Auge- und Ohr"-Rechtsprechung gilt auch für Erklärungen im Rahmen der Nachmeldeobliegenheit.[382] Zur Erfüllung der Nachmeldeobliegenheit genügt nach Antragstellung bis zum Vertragsabschluss eine mündliche Anzeige der gefahrerheblichen Umstände gegenüber dem Agenten.[383] Der Versicherer muss beweisen, dass der Agent nicht mündlich unterrichtet worden ist.[384]

83   d) **Kenntnis des Maklers.** Die Wissenszurechnung nach den Grundsätzen der „Auge- und Ohr"-Rechtsprechung des BGH ist nicht auf Versicherungsagenten beschränkt.[385] Sie ist grundsätzlich auch auf andere Dritte anwendbar.[386] Die Kenntnis eines Versicherungsmaklers muss sich der Versicherer allerdings nicht zurechnen lassen, wenn der Versicherungsnehmer bei der Anbahnung der Versicherung von sich aus einen Versicherungsmakler eingeschaltet und ihm Maklervollmacht erteilt hat.[387] Denn der vom Versicherungsnehmer beauftragte Versi-

---

428 = MDR 1991, 732; OLG Karlsruhe VersR 1991, 988; OLG Karlsruhe, Urt. v. 17. 9. 1992 – 9 U 109/91, NJW-RR 1993, 489, 490 = VersR 1993, 865, 866 = BB 1993, 610, 611.
  [378] BGH, Urt. v. 11. 7. 1990 – IV ZR 156/89, NJW-RR 1990, 1359, 1360 = VersR 1990, 1002, 1003; OLG Hamburg, Urt. v. 18. 3. 1998 – 5 U 130/97, NVersZ 1999, 467.
  [379] BGH, Urt. v. 23. 5. 1989 – IVa ZR 72/88, BGHZ 107, 322, 325 = NJW 1989, 2060 = VersR 1989, 833, 834 = r+s 1989, 242 = MDR 1989, 800; BGH, Urt. v. 10. 10. 2001 – IV ZR 6/01, NJW-RR 2002, 89, 90 = NVersZ 2002, 60, 61 = VersR 2001, 1541, 1542 = r+s 2002, 98, 99 = VerBAV 2002, 268, 269 = MDR 2002, 90, 91; OLG Jena, Beschl. v. 16. 6. 2006 – 4 U 163/06, MDR 2007, 33, 34 (Ls.); *Münstermann* r+s 2000, 226.
  [380] Siehe hierzu *Lücke* VersR 1994, 128 ff.; *derselbe* VersR 1996, 785 ff.
  [381] BGHZ 102, 194 = VersR 1988, 294; BGH VersR 1990, 150, 151 = r+s 1990, 109; AG Mannheim, Urt. v. 3. 12. 1996, VersR 1997, 1131, 1132; OLG Hamm, Urt. v. 20. 3. 1998 – 20 U 230/97, VersR 1999, 435 (Ls.) = r+s 1999, 11; OLG Koblenz, Urt. v. 31. 3. 2000 – 10 U 1097/99, NVersR 2001, 45, 46 = r+s 2000, 226, 227; OLG München, Urt. v. 30. 9. 2003 – 25 U 2913/03, VersR 2004, 181; OLG Celle, Urt. v. 28. 10. 2004 – 8 U 98/04, VersR 2005, 1381, 1382; BGH, Urt. v. 11. 2. 2009 – IV ZR 26/06, NJW-RR 2009, 606, 607 = VersR 2009, 529, 531 = r+s 2009, 361, 363; *Langheid* in: Römer/Langheid, VVG, 2. Aufl., 2003, §§ 16, 17 VVG Rdn. 21. Ebenso im österreichischen Recht für den Vermittlungsagenten, vgl. OGH, Beschl. v. 19. 3. 2003 – 7 Ob 266/02 x, VersR 2004, 538, 539.
  [382] OLG Saarbrücken, Urt. v. 13. 12. 2006 – 5 U 137/06 – 28, VersR 2007, 675, 676 = r+s 2008, 207, 208 = SpV 2007, 45, 47.
  [383] OLG Saarbrücken, Urt. v. 13. 12. 2006 – 5 U 137/06 – 28, VersR 2007, 675, 676 = r+s 2008, 207, 208 = SpV 2007, 45, 47.
  [384] OLG Saarbrücken, Urt. v. 13. 12. 2006 – 5 U 137/06 – 28, VersR 2007, 675, 676 = r+s 2008, 207, 208 = SpV 2007, 45, 47.
  [385] OLG Hamm, Urt. v. 8. 3. 1996 – 20 U 229/95, VersR 1996, 697, 700; *Taupitz* in: Festschrift für Egon Lorenz, 1994, S. 673, 678.
  [386] OLG Hamm NVersZ 1992, 491 = VersR 1992, 1462; OLG Hamm, Urt. v. 8. 3. 1996 – 20 U 229/95, VersR 1996, 697, 700; *Lücke* VersR 1994, 128.
  [387] OLG Köln, Urt. v. 1. 6. 1995 – 5 U 249/93, NJW-RR 1996, 544 = r+s 1995, 285; OLG Karlsruhe, Urt. v. 23. 10. 2001 – 12 U 179/00, NJW-RR 2002, 239, 240 =

cherungsmakler wird nicht dem „Lager des Versicherers", sondern dem „Lager des Versicherungsnehmers" zugerechnet.[388] Demgemäß wird das Wissen eines Versicherungsmaklers nach § 166 BGB dem Versicherungsnehmer und nicht etwa dem Versicherer zugerechnet.[389] Allerdings muss der Versicherungsnehmer gerade das besondere Vertrauen des Versicherungsmaklers in Anspruch nehmen wollen, also erkennen, dass dieser in seinem Interesse tätig wird und somit in seinem eigenen Lager steht und nicht in dem des Versicherers.[390]

Die Zurechnungsentscheidung ist erschwert, wenn ein Untervermittler den Versicherungsnehmer akquiriert und den Antrag beim Versicherer über einen Versicherungsmakler einreicht, der ohne Auftrag des Versicherungsnehmers tätig ist. Voraussetzung für eine Wissenszurechnung beim Versicherer wäre, dass der Versicherer den Vermittler zur Entgegennahme von Erklärungen bevollmächtigt, zumindest ihn damit im Sinne von § 43 Nr. 1 VVG betraut hat.[391] Bei einem Versicherungsmakler ergibt sich ein Handeln für den Versicherer nicht bereits aus der Tatsache, dass der Vermittler Antragsformulare des Versicherers zur Verfügung hat und davon bei der Vermittlung des Vertrags Gebrauch macht.[392] Auch ein späterer Vermerk im Versicherungsschein, wonach der Versicherungsnehmer vom Versicherungsmakler betreut werde, lässt nicht den Schluss zu, dass der Versicherungsmakler im Auftrag des Versicherers tätig wird.[393] Es bedarf daher der Darlegung weiterer Umstände, damit dem Versicherer die Kenntnis eines Versicherungsmaklers zugerechnet werden kann, dessen selbstständige Stellung als Makler einer Einordnung als Erfüllungsgehilfe des Versicherers grundsätzlich nicht entgegensteht.[394]

e) Zurechnung der Kenntnis in besonderen Fällen. An sich verlangen die Wettbewerbsrichtlinien der Versicherungswirtschaft, dass jeder Vermittler gegenüber einem Kunden so auftritt, dass der künftige Versicherungsnehmer erkennt, wer ihm gegenübertritt. In der Praxis ist die Unterscheidung zwischen einem Versicherungsagenten und einem Versicherungsmakler aber nicht immer einfach, weil es sowohl auf der Seite der Versicherungsagenten als auch auf der Seite der Versicherungsmakler vielerlei Abweichungen vom „Normalfall" gibt, die der Versicherungskunde nicht ohne weiteres zuordnen kann.[395] Nur wenige Versicherungskunden werden wissen, was unter einem Mehrfachagenten oder Pseudomakler zu verstehen ist. Denn nur weil ein Vermittler die Produkte mehrerer Versi-

---

NVersZ 2002, 551, 552 = VersR 2002, 737, 738 = r+s 2002, 444, 445; BGH, Beschl. v. 30. 1. 2008 – IV ZR 9/06, NJW-RR 2008, 696; *Sauer* in: Bach/Moser, Private Krankenversicherung, 4. Aufl., München, Beck, 2009, § 2 MB/KK Rdn. 45; *Knappmann* r+s 1996, 81, 82.

[388] BGH NJW-RR 2000, 316 = NVersZ 2000, 124 = VersR 1999, 1481 = r+s 1999, 491; OLG Karlsruhe, Urt. v. 23. 10. 2001 – 12 U 179/00, NJW-RR 2002, 239, 240 = NVersZ 2002, 551, 552 = VersR 2002, 737, 738 = r+s 2002, 444, 445; *Heinemann* VersR 1992, 1319, 1323; *Meyer-Reim/Testorf* VersR 1994, 1137, 1140.

[389] OLG Köln NJW-RR 1996, 544 = VersR 1995, 946; *Reusch* NVersZ 2000, 120.

[390] OLG Hamm, Urt. v. 8. 3. 1996 – 20 U 229/95, VersR 1996, 697, 699; LG Köln, Urt. v. 22. 4. 1998, VersR 1999, 573.

[391] OLG Karlsruhe, Urt. v. 23. 10. 2001 – 12 U 179/00, NJW-RR 2002, 239, 240 = NVersZ 2002, 551, 552 = VersR 2002, 737, 738 = r+s 2002, 444, 445.

[392] OLG Karlsruhe, Urt. v. 23. 10. 2001 – 12 U 179/00, NJW-RR 2002, 239, 240 = NVersZ 2002, 551, 552 = VersR 2002, 737, 738 = r+s 2002, 444, 445.

[393] OLG Karlsruhe, Urt. v. 23. 10. 2001 – 12 U 179/00, NJW-RR 2002, 239, 240 = NVersZ 2002, 551, 552 = VersR 2002, 737, 738 = r+s 2002, 444, 445.

[394] BGH, Urt. v. 24. 11. 1995 – V ZR 40/94, VersR 1996, 324, 325 = WM 1996, 315, 316; BGH, Urt. v. 24. 9. 1996 – XI ZR 318/95, VersR 1997, 877, 878.

[395] OLG Karlsruhe, Urt. v. 23. 10. 2001 – 12 U 179/00, NJW-RR 2002, 239, 240 = NVersZ 2002, 551, 552 = VersR 2002, 737, 738 = r+s 2002, 444, 445.

cherer anbietet, ist er nicht schon als Versicherungsmakler anzusehen.[396] Er kann sehr wohl je nach den Umständen des Einzelfalls den rechtlichen Status eines Mehrfachagenten innehaben. Da die Vertragsbeziehungen zwischen Vermittler und Versicherer für den Versicherungsnehmer häufig nicht erkennbar sind, wird er kaum zwischen Versicherungsagenten, die vertraglich nur an einen Versicherer gebunden sind oder die wegen Aufhebung der Ausschließlichkeitsklausel sich an mehrere Versicherer binden dürfen, und den sonstigen Vermittlern von Versicherungsverträgen unterscheiden können.[397] Von daher muss es für die Zurechnung der Kenntnis des Vermittlers darauf ankommen, ob der Vermittler als auf der Seite des Kunden stehend anzusehen ist. Dies ist in der Regel nur dann der Fall, wenn der Versicherungsschutz suchende Kunde den ihm gegenüber als Versicherungsmakler auftretenden Vermittler mit der Wahrnehmung seiner Interessen bei der sachgerechten Abdeckung der in Frage stehenden Versicherungsrisiken und mit der Auswahl eines geeigneten Versicherers beauftragt.[398] Hierbei sind die für Maklervollmachten geltenden Grundsätze zu beachten. Erfolgt die Anbahnung des Versicherungsabschlusses nicht im Auftrag des Kunden, kommt es für die Zurechnung der Kenntnis des nicht im Auftrag des Kunden tätigen Vermittlers darauf an, ob dieser Vermittler mit Wissen und Wollen des Versicherers Versicherungsverträge mit eben diesem Versicherer vermittelt.[399] Die Kenntnis dieses Vermittlers muss sich der Versicherer zurechnen lassen, wenn sich aus der Gesamtheit der Umstände des Einzelfalls ergibt, dass der Vermittler und ggf. sein Untervermittler in die Vertriebsorganisation des Versicherers eingegliedert sind.[400]

86 f) **Ausschluss der Zurechnung.** Der Versicherer muss sich die Kenntnis seines Vermittlungsagenten nicht zurechnen lassen, wenn der Versicherungsnehmer und der Versicherungsagent zu Lasten des Versicherers im Sinne des § 138 BGB kollusiv zusammengewirkt haben.[401] Dies gilt auch, wenn ein Dritter für den Versicherungsnehmer aufgetreten ist.[402] Eine solche Kollusion liegt vor, wenn Agent und Versicherungsnehmer arglistig zum Nachteil des Versicherers zusammenwirken, was voraussetzt, dass der Versicherungsnehmer von dem treuwidrigen Verhalten des Versicherungsagenten gegenüber dem von ihm vertretenen Versi-

---

[396] OLG Karlsruhe, Urt. v. 23. 10. 2001 – 12 U 179/00, NJW-RR 2002, 239, 240 = NVersZ 2002, 551, 552 = VersR 2002, 737, 738 = r+s 2002, 444, 445; *Baumann* NVersZ 2000, 116, 117.
[397] Vgl. OLG Karlsruhe, Urt. v. 23. 10. 2001 – 12 U 179/00, NJW-RR 2002, 239, 240 = NVersZ 2002, 551, 552 = VersR 2002, 737, 738 = r+s 2002, 444, 445.
[398] OLG Hamm, Urt. v. 8. 3. 1996 – 20 U 229/95, VersR 1996, 697, 699; OLG Karlsruhe, Urt. v. 23. 10. 2001 – 12 U 179/00, NJW-RR 2002, 239, 240 = NVersZ 2002, 551, 552 = VersR 2002, 737, 738 = r+s 2002, 444, 445.
[399] OLG Hamm, Urt. v. 8. 3. 1996 – 20 U 229/95, VersR 1996, 697, 700; OLG Hamm, Urt. v. 10. 7. 1996 – 20 U 21/96, NJW-RR 1997, 220, 221; OLG Karlsruhe, Urt. v. 23. 10. 2001 – 12 U 179/00, NJW-RR 2002, 239, 240 = NVersZ 2002, 551, 552 = VersR 2002, 737, 738 = r+s 2002, 444, 445; *Spieß* in: Festschrift für Egon Lorenz, 1994, S. 657, 665.
[400] OLG Hamm, Urt. v. 8. 3. 1996 – 20 U 229/95, VersR 1996, 697, 700; OLG Hamm, Urt. v. 10. 7. 1996 – 20 U 21/96, NJW-RR 1997, 220, 221; OLG Karlsruhe, Urt. v. 23. 10. 2001 – 12 U 179/00, NJW-RR 2002, 239, 240 = NVersZ 2002, 551, 552 = VersR 2002, 737, 738 = r+s 2002, 444, 445; OLG Hamm, Urt. v. 18. 12. 2002 – 20 U 28/02, NJW-RR 2003, 608, 609 = r+s 2003, 493, 494.
[401] OLG Karlsruhe, Urt. v. 19. 3. 1992 – 12 U 247/91, NJW-RR 1993, 163/164 = VersR 1992, 1208; OLG Schleswig, Urt. v. 7. 7. 1994 – 16 U 150/93, VersR 1995, 406, 407; *Büsken* VersR 1992, 272, 278.
[402] OLG Hamm NJW-RR 1996, 406; OLG Karlsruhe VersR 1997, 861 = r+s 1997, 38; AG Mannheim, Urt. v. 3. 12. 1996, VersR 1997, 1131,1132: Ehemann der Versicherungsnehmerin; OLG Frankfurt/M., Urt. v. 1. 9. 2000 – 24 U 150/99, NVersZ 2002, 114 = r+s 2003, 29: Mutter des Versicherungsnehmers.

cherer weiß.[403] Ein weiterer Fall der Kollision – als besonders schwerer Fall des Vollmachtsmissbrauchs[404] – setzt voraus, dass der Versicherungsnehmer auf die Auskunft des Agenten, eine erhebliche Vorerkrankung sei nicht anzeigepflichtig, nicht vertraut, sondern im Bewusstsein der Anzeigeobliegenheit erkennt und billigt, dass der Versicherer durch das Vorgehen des Agenten über seinen Gesundheitszustand getäuscht und dadurch in der Entscheidung über den Abschluss des Versicherungsvertrags beeinflusst wird und er deshalb – im Einvernehmen mit dem Versicherungsagenten – will, dass die betreffende Erkrankung im Antragsformular unerwähnt bleibt.[405]

Als besondere Ausgestaltung des § 242 BGB kann ein weiterer Fall des Missbrauchs der Vertretungsmacht gegeben sein, wenn der Versicherungsagent als Vertreter des Versicherers von seiner Vertretungsmacht in ersichtlich verdächtiger Weise Gebrauch macht, so dass beim Versicherungsnehmer als Vertragspartner begründete Zweifel entstehen müssen, ob nicht ein Treueverstoß des Vertreters gegenüber dem Vertretenen vorliegt.[406] Der Vertretene ist auch in diesem Fall im Verhältnis zu seinem Vertragspartner vor den Folgen des Vollmachtsmissbrauchs geschützt.[407] Der Versicherer muss sich das Wissen seines Versicherungsagenten nicht zurechnen lassen. An die für § 242 BGB geforderte Evidenz des Vollmachtsmissbrauchs ist allerdings ein strenger Maßstab anzulegen, der der besonderen Stellung des Versicherungsagenten Rechnung trägt.[408] Wer aber mit Wissen und Billigung des Versicherungsnehmers dem Versicherer gefahrerhebliche Umstände vorenthält, kann nicht mehr als „Auge und Ohr" des Versicherer ange-

---

[403] BGH, Urt. v. 17. 5. 1988 – VI ZR 233/87, NJW 1989, 26 = MDR 1988, 947; BGH, Urt. v. 14. 7. 1993 – IV ZR 153/92, NJW 1993, 2807, 2808 = VersR 1993, 1089, 1090 = r+s 1993, 361 = VerBAV 1993, 350, 352; OLG Schleswig r+s 1994, 322; OLG Köln, Urt. v. 13. 11. 1996 – 5 U 6/96, VersR 1998, 351, 352; OLG Naumburg, Urt. v. 4. 6. 1999 – 6 U 131/98, VersR 2001, 222, 223; LG Berlin, Urt. v. 29. 2. 2000, VersR 2001, 177; OLG Brandenburg VersR 2000, 354; BGH VersR 2001, 1541; BGH, Urt. v. 30. 1. 2002 – IV ZR 23/01, NJW 2002, 1497, 1498 = NVersZ 2002, 254, 255 = VersR 2002, 425, 426 = r+s 2002, 140, 141 = MDR 2002, 760; OLG Saarbrücken, Urt. v. 3. 11. 2004 – 5 U 279/04 – 39, VersR 2005, 675; OLG Jena, Urt. v. 5. 10. 2005 – 4 U 120/04, r+s 2006, 10, 11; *Kollhosser* in: Prölss/Martin, VVG, § 43 VVG Rdn. 27.
[404] *Fricke* VersR 2007, 1614, 1615.
[405] BGH, Urt. v. 14. 7. 2004 – IV ZR 161/03, NJW 2004, 3427 = VersR 2004, 1297 = r+s 2005, 10; BGH, Urt. v. 27. 2. 2008 – IV ZR 270/06, NJW-RR 2008, 977, 978 = VersR 2008, 765, 766 = r+s 2008, 284, 285.
[406] BGHZ 113, 315, 320; BGH, Urt. v. 19. 4. 1994 – XI ZR 18/93, NJW 1994, 2082, 2084; BGHZ 127, 239, 241 f. = VersR 1995, 174; OLG Karlsruhe VersR 1996, 45 = r+s 1995, 320; OLG Karlsruhe, Urt. v. 25. 7. 1996 – 12 U 70/96, VersR 1997, 861, 862 = r+s 1997, 38, 40; BGH, Urt. v. 29. 6. 1999 – XI ZR 277/98, NJW 1999, 2883 = WM 1999, 1617 = ZIP 1999, 1301, 1304; BGH, Urt. v. 30. 1. 2002 – IV ZR 23/01, NJW 2002, 1497, 1498 = NVersZ 2002, 254, 255 = VersR 2002, 425, 426 = r+s 2002, 140, 141 = MDR 2002, 760; OLG Hamm, Urt. v. 26. 11. 2004 – 20 U 152/04, r+s 2005, 236; BGH, Urt. v. 27. 2. 2008 – IV ZR 270/06, VersR 2008, 765, 766 = r+s 2008, 284, 286.
[407] BGH, Urt. v. 19. 4. 1994 – XI ZR 18/93, NJW 1994, 2082 = MDR 1994, 1195; BGH, Urt. v. 29. 6. 1999 – XI ZR 277/98, NJW 1999, 2883 = WM 1999, 1617 = MDR 1999, 1279; BGH, Urt. v. 30. 1. 2002 – IV ZR 23/01, NJW 2002, 1497, 1498 = NVersZ 2002, 254, 255 = VersR 2002, 425, 426 = r+s 2002, 140, 141 = MDR 2002, 760; OLG Hamm, Urt. v. 26. 11. 2004 – 20 U 152/04, r+s 2005, 236.
[408] BGH, Urt. v. 30. 1. 2002 – IV ZR 23/01, NJW 2002, 1497, 1498 = NVersZ 2002, 254, 255 = VersR 2002, 425, 426 = r+s 2002, 140, 141 = MDR 2002, 760, 761; krit. dazu *Reiff* VersR 2002, 597, 599; OLG Hamm, Urt. v. 26. 11. 2004 – 20 U 152/04, r+s 2005, 236; BGH, Urt. v. 27. 2. 2008 – IV ZR 270/06, NJW-RR 2008, 977, 979 = VersR 2008, 765, 766 = r+s 2008, 284, 286.

sehen werden und verdient nicht den Schutz der §§ 43 Nr. 1 VVG, 166 BGB.[409] Rechnet der Versicherungsnehmer damit, dass der Versicherungsagent seine Angaben nicht weiterleiten wird, weil sonst der Versicherer den Vertrag nicht oder nur zu ungünstigen Bedingungen abschließen wird, und damit den Versicherer die Angaben des Versicherungsnehmers nicht erreichen werden, kann der Versicherungsnehmer sich nicht darauf berufen, dass er den Versicherungsagenten unterrichtet habe.[410]

88 Dem Versicherungsnehmer wurde die Berufung auf die Kenntnis des Versicherungsagenten z. B. in nachstehenden Fällen versagt:
- OLG Schleswig, VersR 1995, 406, 407: Versicherungsnehmer informierte den Versicherungsagenten mündlich umfassend und zutreffend, entnahm aber dem Versicherungsantragsformular, dass der Versicherungsagent schwerste Erkrankungen nicht aufgenommen hatte, wohl aber eine leichte Grippe;
- OLG Karlsruhe, VersR 1997, 861, 862 = r+s 1997, 38, 39: Versicherungsagent antwortet auf die Mitteilung des Versicherungsnehmers, er habe einen Herzinfarkt hinter sich, dass wolle er gar nicht wissen;
- OLG Saarbrücken, Urt. vom 9. 7. 1997 – 5 U 180/97–17, VersR 1998, 444: Versicherungsagent nimmt eine ihm angezeigte Operation mit der Begründung nicht in das Antragsformular auf, dass anderenfalls der Versicherer den Antrag ablehnen werde;
- OLG Düsseldorf, Urt. vom 12. 12. 2000 – 4 U 60/00, VersR 2001, 881:[411] Versicherungsnehmer gibt sich mit der Erklärung des Versicherungsagenten zufrieden, die angezeigten psychischen und psychosomatischen Beschwerden müssten nicht im Antragsformular vermerkt werden;
- OLG Hamm, Urt. vom 12. 9. 2001 – 20 U 29/01, r+s 2002, 215: Versicherungsnehmer unterschreibt Versicherungsantrag und billigt mit seiner Unterschrift, dass der Versicherungsagent ihm mitgeteilte Vorerkrankungen und Beschwerden nicht im Antragsformular aufgeführt hat;
- OLG Zweibrücken, Urt. vom 26. 9. 2001 – 1 U 69/01, VersR 2002, 1017: Versicherungsvertreter nimmt langjährige chronische Leiden trotz ausführlicher Schilderung des Versicherungsnehmers nicht in den Versicherungsantrag auf.

---

[409] OLG Köln, Urt. v. 6. 6. 1991 – 5 U 64/90, r+s 1991, 320; BGH VersR 1993, 1089, 1090 = r+s 1993, 361; OLG Schleswig r+s 1994, 322; OLG Hamm NJW-RR 1996, 406; OLG Karlsruhe VersR 1997, 861 = r+s 1997, 38; OLG Saarbrücken, Urt. v. 9. 7. 1997 – 5 U 180/97 – 17, VersR 1998, 444; OLG Köln, Urt. v. 13. 11. 1996 – 5 U 6/96, VersR 1998, 351, 352 = r+s 1998, 96, 97; OLG Hamm, Urt. v. 20. 3. 1998 – 20 U 230/97, NJWE-VHR 1998, 217 = VersR 1999, 435 (Ls.) = r+s 1999, 11, 12; OLG Naumburg, Urt. v. 4. 6. 1999 – 6 U 131/98, VersR 2001, 222, 223; OLG Koblenz VersR 2001, 45; OLG Zweibrücken, Urt. v. 26. 9. 2001 – 1 U 69/01, VersR 2002, 1017, 1018; OLG Hamm, Urt. v. 26. 11. 2004 – 20 U 152/04, r+s 2005, 236; *Prölss/Martin*, Rdn. 27; *Langheid* in: Römer/Langheid, VVG, 2. Aufl., 2003, §§ 16, 17 Rdn. 22; *Voit* in: Berliner Komm. z. VVG, 1999, § 16 VVG Rdn. 81.

[410] Vgl. OLG Köln r+s 1991, 320; OLG Frankfurt/M. VersR 1984, 1061; OLG Schleswig r+s 1994, 322; BGH NJW 1994, 2082, 2083; OLG Hamm, Urt. v. 7. 7. 1995 – 20 U 378/94, NJW-RR 1996, 406, 407; OLG Saarbrücken, Urt. v. 9. 7. 1997 – 5 U 180/97 – 17, VersR 1998, 444; OLG Karlsruhe VersR 1997, 861 = r+s 1997, 38; OLG Hamm, Urt. v. 20. 3. 1998 – 20 U 230/97, r+s 1999, 11, 12; LG Zweibrücken, Urt. v. 18. 11. 1998, r+s 1999, 86, 87; OLG Naumburg, Urt. v. 4. 6. 1999 – 6 U 131/98, VersR 2001, 222, 223; LG Duisburg, Urt. v. 18. 11. 1999, VersR 2000, 1399, 1400; OLG Zweibrücken, Urt. v. 26. 9. 2001 – 1 U 69/01, VersR 2002, 1017, 1018; OLG Koblenz, Beschl. v. 24. 10. 2002 – 10 U 338/02, NJW-RR 2003, 315, 316 = VersR 2003, 494 (Ls.) = r+s 2003, 427; *Büsken* VersR 1992, 272, 278; *Prölss/Martin*, 26. Aufl., §§ 16, 17 VVG Rdn. 27; *Prölss*, in: Festgabe 50 Jahre BGH, Band II, 2000, S. 551, 572 f.; *Jürgen Prölss* VersR 2002, 961, 962; *Voit* in: Berliner Komm. z. VVG, 1999, § 16 VVG Rdn. 81.

[411] Zustimmend *Reiff* VersR 2001, 882.

5. Ausschluss des Rücktritts bei mangelndem Verschulden des Anzeigepflichtigen (§ 6 Abs. 3 Satz 3 ALB 1986)

a) **Grundsatz.** Der Rücktritt des Versicherers setzt nach §§ 16 Abs. 3, 17 Abs. 2 VVG Verschulden des Anzeigepflichtigen voraus. Darauf, ob die Anzeige ohne Verschulden des Versicherungsnehmers unterblieben ist (§ 16 Abs. 3 VVG), kommt es nur hinsichtlich einer Verletzung der Pflicht zur Anzeige eines positiv bekannten oder arglistig nicht zur Kenntnis genommenen Umstands an.[412] Wenn den Anzeigepflichtigen an der Verletzung der vorvertraglichen Anzeigepflicht kein Verschulden trifft, kann der Versicherer nicht zurücktreten.[413] Für den Rücktritt muss daher wenigstens leichte Fahrlässigkeit des Versicherungsnehmers bei der unrichtigen Beantwortung der im Versicherungsantrag angesprochenen gefahrerheblichen Umstände gegeben sein,[414] die anzunehmen ist, wenn der Versicherungsnehmer ausdrücklich gestellte klare und eindeutige Fragen, über die er aus eigenem Wissen eine Auskunft geben kann, unrichtig und unvollständig beantwortet[415] oder wenn gefahrerhebliche Umstände stark verharmlosend angegeben werden.[416]

Der Anzeigepflichtige kann sich nicht damit entschuldigen, dass er einen Umstand für unerheblich hielt, wenn der Versicherer im Fragekatalog zum Versicherungsantrag oder der im Auftrage des Versicherers tätige Vertrauensarzt danach ausdrücklich gefragt hat.[417] Gleichwohl lässt die Rechtsprechung den Entlastungsbeweis zu, wenn der Anzeigepflichtige die vom Versicherer ausdrücklich gestellten Fragen nicht, unzureichend oder falsch beantwortet hat. Dabei wird allerdings betont, dass die an den Versicherungsnehmer hinsichtlich seiner Entlastung zu stellenden Ansprüche nicht zu gering veranschlagt werden dürfen.[418] Ausreichend soll sein, dass der Versicherungsnehmer ohne Fahrlässigkeit der Ansicht ist, den ihm bekannten Gefahrenumstand nicht anzeigen zu müssen.[419] Die Rechtsprechung prüft hierzu im Einzelfall, inwieweit der Anzeigepflichtige erkennen konnte und musste, dass er nachgefragte Gesundheitsstörungen oder sonstige Beschwerden nicht verheimlichen durfte.[420] Soweit es um die Nachmeldepflicht des Versicherers geht, gefahrerhebliche Umstände anzeigen zu müssen, die erst zwischen Antragstellung und Vertragsschluss auftreten oder bekannt wer-

---

[412] BGH v. 13. 10. 1982, VersR 1983, 26.
[413] OLG Düsseldorf v. 5. 6. 1951, VersR 1951, 202; BGH v. 3. 11. 1955, VersR 1955, 731; OLG Düsseldorf v. 28. 10. 1969, VersR 1970, 739; OLG Hamm v. 22. 12. 1976, VersR 1978, 31; BGH v. 30. 1. 1980, VerBAV 1980, 668; BGH v. 29. 5. 1980, VersR 1980, 762; OLG Hamburg v. 15. 12. 1982, VersR 1983, 1052; OLG Köln v. 30. 8. 1984, VersR 1984, 1166; OLG München v. 13. 3. 1985, VersR 1985, 1177; BGH, Urt. v. 26. 10. 1994 – IV ZR 151/93, NJW-RR 1995, 216 = VersR 1994, 1457, 1458; BGH, Urt. v. 7. 3. 2007 – IV ZR 133/06, NJW-RR 2007, 979, 980 = VersR 2007, 821, 822.
[414] BGH v. 3. 11. 1955, VersR 1955, 731; OLG Köln VersR 1973, 1017, 1018; OLG Hamm v. 16. 3. 1973, VersR 1973, 834; OLG Stuttgart VersR 1979, 859, 861; LG Berlin VersR 1984, 730; OLG Jena, Urt. v. 7. 3. 2001 – 4 U 945/00, r+s 2002, 32.
[415] KG VersR 1968, 546; OLG Hamburg VersR 1970, 1147; OLG Frankfurt/M. VersR 1975, 633; OLG Hamburg VersR 1977, 1151, 1152; LG Köln VersR 1983, 29; OLG Hamburg, Urt. v. 18. 10. 1989 – 5 U 42/89, VersR 1990, 610.
[416] OLG Hamm r+s 1991, 402; OLG Karlsruhe r+s 1995, 196; OLG Köln, Urt. v. 26. 5. 2004 – 5 U 53/03, NJW-RR 2004, 1169, 1170 = VersR 2004, 1255.
[417] LG Köln v. 11. 12. 1953, VersR 1954, 73; LG Frankfurt/M. v. 26. 5. 1954, VersR 1954, 483; LG Berlin v. 25. 9. 1967, VersR 1967, 1944; KG v. 28. 11. 1967, VersR 1968, 546; LG Frankfurt/M. v. 18. 6. 1969, VersR 1969, 1089; OLG Frankfurt/M. v. 14. 5. 1974, VersR 1975, 634.
[418] LG Duisburg v. 23. 10. 1952, VersR 1953, 490; LG Wiesbaden v. 23. 4. 1954, VersR 1954, 350; LG Köln VersR 1983, 29, 30.
[419] OLG Hamm VerBAV 1978, 315.
[420] OLG Hamm VersR 1985, 31, 32.

den,[421] ist – je nach Lage des Einzelfalls ein unverschuldeter Rechtsirrtum anzunehmen, wenn der Versicherer den Versicherungsnehmer im Antragsverfahren auf diese Pflicht nicht deutlich hingewiesen hat.[422]

91 Ist ein sprachunkundiger Ausländer bei Abschluss des Versicherungsvertrages nicht in der Lage, die Gesundheitsfragen im Antragsformular sprachlich zu erfassen, so muss er sich diese übersetzen lassen, bevor er den Antrag unterschreibt.[423] Andernfalls handelt er auf eigenes Risiko und muss die sich daraus ergebenden nachteiligen Konsequenzen in Kauf nehmen.[424] Ist dem Ausländer der Begriff „Beschwerde" im Unterschied zu dem der Krankheit nicht geläufig, erfordert es die im Verkehr erforderliche Sorgfalt, sich durch Rückfrage bei einer geeigneten Auskunftsperson – etwa bei dem Bediensteten der Bank, welcher den Antrag entgegengenommen hat – sich Gewissheit über die Bedeutung des Begriffs zu verschaffen.[425] Diese Ausführungen gelten sinngemäß auch für Personen, die nicht lesen und sich deshalb nicht selbst Kenntnis vom Inhalt des Versicherungsantrages verschaffen können.[426]

92 Entschuldigt ist der Versicherungsnehmer, wenn er die nicht angezeigte Krankheit für unerheblich halten durfte, weil sie nach der allgemeinen Lebenserfahrung bedeutungslos und ohne Folgen und Nebenwirkungen bleibt und geblieben ist.[427] In der Regel wird es sich hierbei um sog. Bagatellerkrankungen handeln, unter denen nach landläufiger Auffassung vor allem Husten, Schnupfen, Grippe, Unwohlsein, kleine Schnittverletzungen, Verstauchungen und Ähnliches zu verstehen sein wird.[428] Entschuldigt ist der Anzeigepflichtige insbesondere dann, wenn er vom Arzt nicht über den Ernst einer als bedeutungslos angesehenen Krankheit unterrichtet worden ist, und glauben durfte, es handele sich lediglich um bedeutungslose und vorübergehende Störungen.[429] Oder wenn der Arzt gegenüber dem Versicherungsnehmer erklärt hat, bei seiner Beschwerde habe es sich nur um ein vorübergehendes Unwohlsein ohne weitere Auswirkungen gehandelt.[430] Entschuldbar ist die Nichtanzeige auch in den Fällen, in denen der Versicherungsnehmer nachweisen kann, dass nur eine Routine- oder Vorsorgeuntersuchung stattgefunden hat, die keinen krankhaften Befund ergeben hat.[431]

93 Im Hinblick auf die klaren und eindeutigen Fragen im Versicherungsantrag handelt der Versicherungsnehmer in der Regel fahrlässig, wenn er seiner Anzeigepflicht deshalb nicht nachkommt, weil er unterstellt, die geforderten Angaben seien unwesentlich[432] oder dürften aus Rücksichtnahme auf nahe Angehörige

---

[421] RGZ 134, 148; BGH VersR 1980, 667; OLG Düsseldorf NVersZ 1999, 217; OLG Frankfurt/M. VersR 2003, 357; OLG Köln, Hinweisbeschl. v. 29. 5. 2007 – 5 U 44/07, VersR 2007, 1502.
[422] OLG Oldenburg NVersZ 2001, 409; OLG Köln, Hinweisbeschl. v. 29. 5. 2007 – 5 U 44/07, VersR 2007, 1502.
[423] OLG Frankfurt/M. VersR 1988, 714 (Ls.).
[424] LG Berlin v. 20. 2. 1969, VersR 1969, 845, 846; OLG Stuttgart VersR 1972, 824, 825; BGH BB 1983, 1053, 1054; OLG Frankfurt/M., Beschl. v. 14. 5. 1984 – 15 W 16/84; OLG Hamburg, Urt. v. 22. 12. 1983 – 6 U 1445/83.
[425] OLG Celle VersR 1985, 1059, 1060.
[426] OLG Karlsruhe VersR 1983, 169, 170.
[427] LG Berlin VersR 1984, 731; OLG Jena, Urt. v. 7. 3. 2001 – 4 U 945/00, r+s 2002, 32; OLG Hamm, Urt. v. 21. 11. 2007 – 20 U 64/07, NJW-RR 2008, 702, 703.
[428] OLG Hamm, Urt. v. 4. 12. 2002 – 20 U 102/02, NJW-RR 2003, 465 = VersR 2003, 758, 759 = r+s 2003, 338, 339.
[429] OLG Hamm v. 30. 11. 1977, VerBAV 1978, 314 = VersR 1978, 815.
[430] OLG Hamburg, Urt. v. 18. 10. 1989 – 5 U 42/89, VersR 1990, 610, 611.
[431] OLG Köln v. 30. 8. 1984, 1167 – Nichtanzeige eines routinemäßig erstellten EKG.
[432] LG Berlin v. 25. 9. 1967, VersR 1967, 144; KG v. 28. 9. 1967, VersR 1968, 546; OLG Köln v. 30. 8. 1984, VersR 1984, 1166.

nicht mitgeteilt werden, obwohl eine gesonderte Anzeige an den Versicherer möglich ist,[433] aufgetretene Krankheiten bzw. Beschwerden seien abgeklungen, überholt oder zu unerheblich, um die Risikoprüfung des Versicherers beeinflussen zu können.[434] Nicht entschuldigt ist die Anzeigepflichtverletzung, wenn der Anzeigepflichtige die einzelnen Symptome einer Krankheit kannte und aus ihrem Vorliegen auf die Erheblichkeit der Erkrankung schließen musste.[435] Ein Verschulden trifft den Versicherungsnehmer auch dann, wenn die Anzeige von Erkrankungen oder Beschwerden deshalb unterbleibt, weil er die genauen Diagnosen nicht kennt, die Beschwerden für die Folgeerscheinungen eines anderen Leidens hält oder weil die Beschwerden keiner bestimmten Krankheit zugeordnet werden können.[436] Ebenso wenig kann sich der Versicherungsnehmer durch die Behauptung entlasten, er habe die bei Antragstellung schon lange zurückliegenden Beschwerden und deren ärztliche Untersuchung deshalb für unerheblich gehalten, weil ihm bei Abschluss der Verhandlung mitgeteilt worden wäre, er sei organisch gesund.[437]

Eine Entlastung vom gesetzlich vermuteten Verschulden wurde z. B. versagt, weil dem Versicherungsnehmer als Arzt bekannt war, dass ein von ihm nicht angezeigtes Vorhof-Flimmern ein ernstzunehmender gesundheitlicher Risikofaktor ist und so auch von Lebens- und Berufsunfähigkeitsversicherern gesehen und behandelt wird.[438] 94

b) Mitverschulden mitversicherter Personen. Unrichtige Angaben durch 95
den Mitversicherten bei Antragstellung muss sich der Versicherungsnehmer zurechnen lassen. Bei einer Lebensversicherung mit Unfallzusatzversicherung auf die verbundenen Leben von Ehepartnern vermag das Verschweigen von Vorerkrankungen eines Ehegatten den Rücktritt des Versicherers vom gesamten Versicherungsvertrag nur unter den Voraussetzungen des § 30 Abs. 1 VVG zu begründen.[439]

c) Mitwirkung des Versicherungsagenten. Das Rücktrittsrecht des Versi- 96
cherers kann ausgeschlossen sein, wenn der Versicherungsvermittler, der den Vertrag vermittelt hat, für die unterlassene oder nicht richtige Angabe verantwortlich ist und der Versicherer sich dies zurechnen lassen muss.

Wenn der Versicherungsnehmer den vom Versicherungsagenten ausgefüllten 97
Antragsvordruck in positiver Kenntnis des eindeutigen Inhalts der Gesundheitsfragen und im Wissen um die Unrichtigkeit der Beantwortung unterzeichnet, kann sich der Versicherungsnehmer nicht auf mangelndes Verschulden berufen.[440] Grundsätzlich bleibt nämlich der Anzeigepflichtige für die unrichtige Beantwortung zweifelsfreier Fragen des Antragsformulars verantwortlich, wenn er ein Antragsformular in blanko unterschreibt und dem Antragsvermittler zur Ausfüllung und Weiterleitung überlässt oder wenn er nach Ausfüllung des Antrags unterschreibt, ohne nachzuprüfen, ob der Antragsvermittler den Antrag vollstän-

---

[433] LG Freiburg v. 24. 2. 1953, VerBAV 1953, 195.
[434] OLG Köln VersR 1974, 849; OLG Frankfurt/M. VersR 1975, 632, 634; OLG Hamburg VersR 1977, 1151, 1152; OLG Düsseldorf VersR 1979, 928, 929.
[435] OLG Hamburg v. 15. 12. 1982, VersR 1983, 1052; OLG Köln, Urt. v. 26. 5. 2004 – 5 U 53/03, NJW-RR 2004, 1169, 1170 = VersR 2004, 1255 (Verschweigen des ärztlichen Hinweises auf neurologische Symptome).
[436] OLG Bamberg VersR 1967, 51, 53; LG Düsseldorf VersR 1978, 914, 915; OLG Hamm VersR 1984, 728, 729.
[437] OLG Celle VersR 1985, 1059.
[438] OLG Hamm, Urt. v. 21. 2. 2001 – 20 U 114/00, NVersZ 2001, 406, 407 = VersR 2001, 1503, 1504 = r+s 2002, 126.
[439] BGH v. 10. 12. 1986, VersR 1987, 177.
[440] OLG Bamberg, Urt. v. 12. 1. 1989 – 1 U 75/88, VersR 1990, 260.

dig und richtig entsprechend den ihm gegenüber gemachten Angaben ausgefüllt hat.[441] Denn für die Beantwortung der Fragen im Versicherungsantrag ist zunächst einmal der Versicherungsnehmer allein verantwortlich und darf der Aufklärung oder Belehrung durch den Agenten nicht vertrauen.[442] Es ist daher Aufgabe des Versicherungsnehmers sich anhand des Versicherungsantrags über den Umfang der vom Versicherer gewünschten Auskünfte zu unterrichten, so dass es nicht darauf ankommt, ob der Antragsvermittler die in dem Fragebogen enthaltenen Fragen und Hinweise nicht deutlich vorgelesen hat.[443]

98 Ein Verschulden entfällt nur dann, wenn die im Antragsformular gestellten Fragen unklar sind oder sich im Einzelfall Beantwortungszweifel ergeben und der Versicherungsagent zu einer solchen Sachlage auf Befragen des Versicherten falsche Erläuterungen oder Belehrungen gibt, die die Verletzung der vorvertraglichen Anzeigepflicht verursacht haben.[444] So wird ein Verschulden fehlen, wenn der Versicherungsagent die Beantwortung der Gesundheitsfragen als reine Formsache deklariert[445] oder die bei der Antragstellung erwähnten Krankheiten und Beschwerden als bedeutungslos abgetan hat.[446] Ein Verschulden wird ferner nicht gegeben sein, wenn nach Erörterung mit dem Vermittler ein Beobachtungsaufenthalt im Krankenhaus nicht angezeigt wird, bei dem eine Erkrankung nicht festgestellt worden ist.[447] Voraussetzung ist aber in allen Fällen, dass sich der Antragsteller aufgrund besonderer Umstände, z. B. aufgrund einer jahrelangen vertrauensvollen und stets problemlosen Zusammenarbeit mit dem Vermittlungsagenten zu Recht auf dessen Auskünfte verlassen konnte.[448]

99 Unrichtige Auskünfte des Antragsvermittlers über den Umfang der vorvertraglichen Anzeigepflicht sind daher nicht geeignet, den Versicherungsnehmer vom Fahrlässigkeitsvorwurf zu entlasten, wenn sie im Widerspruch zu zweifelsfreien

---

[441] RGZ 39, 177; RGZ 46, 188; RGZ 66, 276; LG Köln v. 4. 7. 1950, VersR 1950, 179; LG Hamburg, Beschl. v. 12. 11. 1951 – 9 T 462/51, VersR 1952, 10; LG Oldenburg, Urt. v. 22. 2. 1952 – 2 O 91/51, VersR 1952, 268; OLG Hamburg v. 23. 2. 1953, VersR 1953, 190; LG Landshut v. 5. 5. 1952, VersR 1953, 393; LG Göttingen v. 16. 6. 1955, VersR 1955, 578; OLG Frankfurt/M. VersR 1962, 821; LG Flensburg v. 27. 8. 1963, VersR 1963, 1213, 1214; LG Kaiserslautern VersR 1964, 1285, 1286; OLG Köln v. 11. 4. 1967, VersBAV 1968, 13; OLG Bamberg VersR 1967, 51; OLG Hamburg VersR 1971, 903; BGH v. 1. 3. 1972, VerBAV 1972, 203 = VersR 1972, 530, 531 = NJW 1972, 822, 823; OLG Hamm VersR 1973, 834, 836; OLG Hamburg VersR 1975, 562; OLG Frankfurt/M. VersR 1975, 632, 634; LG Düsseldorf VersR 1978, 914; OLG Hamburg VersR 1979, 1122, 1123; OLG Hamm VersR 1980, 36, 37; OLG Nürnberg NJW 1980, 647; LG Köln VersR 1983, 124; KG VersR 1983, 381, 382; LG Saarbrücken VersR 1983, 1049; OLG Düsseldorf, Urt. v. 19. 10. 1982 – 4 U 81/82, VersR 1984, 1034; OLG Frankfurt/M. VersR 1984, 1061; OLG Köln VersR 1985, 633; OLG Hamm VersR 1985, 828; OLG Hamm VersR 1985, 1032; BGH VersR 1985, 756, 758; OLG Hamburg, Urt. v. 2. 7. 1993 – 1 U 28/93, r+s 1994, 151, 152.
[442] LG Ravensburg VersR 1960, 300; LG Kaiserslautern VersR 1964, 1285; OLG Bamberg VersR 1967, 51, 53; KG VersR 1968, 547; OLG Hamburg VersR 1970, 1147; OLG Köln VersR 1973, 1017; OLG Stuttgart VersR 1979, 859; LG Saarbrücken VersR 1983, 1049.
[443] OLG Frankfurt/M., VersR 1975, 632, 634; a. A. OLG München VersR 1985, 1177 m. abl. Anm. *Wilmes*.
[444] RGZ 147, 186; OLG Hamm v. 22. 12. 1976, VersR 1978, 31; OLG Hamburg v. 15. 12. 1982, VersR 1983, 1053.
[445] OLG Köln VersR 1973, 1017; LG Arnsberg VersR 1985, 233.
[446] OLG Saarbrücken, Urt. v. 29. 11. 2006 – 5 U 105/06 – 24, VersR 2007, 826, 828 = SpV 2007, 51, 53.
[447] OLG Hamm v. 22. 12. 1976, VersR 1978, 31.
[448] OLG Köln v. 19. 5. 1988, VersR 1988, 906. Siehe auch OLG Hamm VersR 1984, 231 und LG Bielefeld VersR 1984, 256.

Fragen und eindeutigen Hinweisen im Versicherungsantrag stehen.[449] Diese Voraussetzungen sind zumindest dann gegeben, wenn der Versicherungsantrag den deutlichen Hinweis enthält, dass auch die subjektiv für unwesentlich gehaltenen Krankheiten und Beschwerden anzuzeigen sind und dass der Antragsvermittler nicht berechtigt ist, über die Bedeutung oder Erheblichkeit der in dem Antrag gestellten Fragen verbindliche Erklärungen namens des Versicherers abzugeben.[450] Üblich ist im Versicherungsantrag auch der Hinweis, dass der Vermittler nicht zur Entgegennahme von Anzeigen bevollmächtigt ist. Der Versicherungsagent muss den Antragsteller nur dann aufklären, wenn er den Eindruck hat, der Antragsteller sei der Meinung, er habe seiner vorvertraglichen Anzeigepflicht dadurch genügt, dass er dem Agent die Anzeige gemacht hat.[451]

Nach Auffassung des BGH soll es hingegen reichen, dass der Versicherungsnehmer die Gesundheitsfragen gegenüber dem Agenten zutreffend beantwortet hat, der den Versicherungsantrag ausgefüllt hat.[452] Der Versicherungsagent, so der BGH,[453] sei als „Auge und Ohr" des Versicherers zur Entgegennahme auch mündlicher vorvertraglicher Anzeigen des Versicherungsnehmers bevollmächtigt. Der Versicherer sei auf Grund des Vertrauensverhältnisses während der Vertragsverhandlungen dem Antragsteller gegenüber zur Auskunft und Beratung verpflichtet, soweit sie dieser benötige. Er erfülle diese Pflicht durch Auskünfte seines Agenten. Der künftige Versicherungsnehmer dürfe davon ausgehen, dass der Agent zur Erteilung solcher Auskünfte regelmäßig auch befugt sei. Diese Umstände bestimmten zugleich die Erwartungen des künftigen Versicherungsnehmers an den ihm bei Antragstellung gegenübertretenden Agenten. Gebe der Agent dem Antragsteller unzutreffende Auskünfte und falsche Ratschläge im Zusammenhang mit der Beantwortung von Formularfragen im Antrag, greife demgemäß der Vorwurf, der Antragsteller habe insoweit seine Anzeigeobliegenheit verletzt, nicht durch. 100

Nichts anderes gelte, so der BGH, wenn der Agent die zutreffende Beantwortung der vom Versicherer gestellten Formularfragen dadurch unterlaufe, dass er durch einschränkende Bemerkungen verdecke, was auf die jeweilige Frage anzugeben und in das Formular aufzunehmen sei.[454] Es sei nicht Sache des künftigen 101

---

[449] RGZ 147, 189; BGH v. 9. 5. 1951, BGHZ 2, 92; OLG Düsseldorf v. 5. 6. 1951, VersR 1951, 201; OLG Celle v. 24. 5. 1954, VersR 1954, 453; KG VersR 1968, 546, 547; OLG Hamburg VersR 1970, 1147, 1148; LG Köln VersR 1973, 124; OLG Köln VersR 1973, 1017, 1018; OLG Hamm v. 22. 12. 1976, VersR 1978, 31; OLG Stuttgart VersR 1979, 859, 861; OLG Düsseldorf VersR 1979, 928, 929; OLG Nürnberg VersR 1980, 36, 37; LG Itzehoe VersR 1981, 1069, 1070; AG Landshut VersR 1983, 51, 52; AG Hamburg VersR 1982, 744, 745.
[450] OLG Köln, Urt. v. 15. 11. 1984 – 5 U 164/84; LG Darmstadt, Urt. v. 28. 3. 1990, VersR 1991, 451.
[451] BGH v. 9. 5. 1951, BGHZ 2, 92 = VersR 1951, 166; OLG Düsseldorf v. 5. 6. 1951, VersR 1951, 201; LG Göttingen v. 16. 6. 1955, VersR 1955, 578.
[452] BGH, Urt. v. 23. 5. 1989 – IVa ZR 72/88, BGHZ 107, 322 = NJW 1989, 2060 = VersR 1989, 833. Siehe auch OLG Hamm VersR 1977, 1151 und VersR 1975, 248; OLG Saarbrücken, Urt. v. 13. 8. 2008 – 5 U 27/07-3, VersR 2009, 99, 100.
[453] BGH, Urt. v. 22. 11. 1991 – V ZR 299/90, BGHZ 116, 387, 391 = NJW 1992, 828 = VersR 1992, 217, 218 = r+s 1992, 76; BGH, Urt. v. 30. 1. 2002 – IV ZR 23/01, NJW 2002, 1497, 1498 = NVersZ 2002, 254, 255 = VersR 2002, 425, 426 = r+s 2002, 140, 141 = MDR 2002, 760/761.
[454] BGH, Urt. v. 10. 10. 2001 – IV ZR 6/01, NJW-RR 2002, 89, 90 = NVersZ 2002, 60, 61 = VersR 2001, 1541, 1542 = r+s 2002, 98, 99 = VerBAV 2002, 268, 270 = MDR 2002, 90; BGH, Urt. v. 30. 1. 2002 – IV ZR 23/01, NJW 2002, 1497, 1498 = NVersZ 2002, 254, 255 = VersR 2002, 425, 426 = r+s 2002, 140, 141 = MDR 2002, 760, 761; ebenso OLG Saarbrücken, Urt. v. 29. 11. 2006 – 5 U 105/06 – 24, VersR 2007, 826, 828 = SpV 2007, 51, 53.

Versicherungsnehmers, den Agenten hinsichtlich seiner Auskünfte, was von den offenbarten Umständen in das Formular aufzunehmen sei, zu kontrollieren.[455] Eine Zurechnung der Kenntnis des Versicherungsagenten an den Versicherer nach der Auge-und-Ohr-Rechtsprechung des BGH scheidet allerdings aus, wenn der Versicherungsagent zugleich als Wissenserklärungsvertreter des Antragstellers tätig wird.[456] Denn nach der Rechtsprechung des BGH setzt die Zurechnung der Kenntnis des Versicherungsagenten voraus, dass dieser bei der Entgegennahme des Antrags in Ausübung der Stellvertretung für den Versicherer tätig geworden ist.[457] Daran fehlt es aber, wenn der Versicherungsagent dem Versicherer bei Antragstellung als rechtsgeschäftlicher Vertreter des Versicherungsinteressenten gegenübertritt.[458]

102 Fahrlässig handelt der Versicherungsnehmer auch dann, wenn er bei Antragstellung davon ausgeht, dass die verschwiegenen Vorerkrankungen bei einer später vorgesehenen ärztlichen Untersuchung festgestellt würden.[459] Da in dem Versicherungsantrag – unabhängig von der späteren ärztlichen Untersuchung – nach allen in den letzten fünf Jahren vor Antragstellung aufgetretenen Krankheiten und Beschwerden gefragt wird, kommt es dem Versicherer erkennbar nicht allein darauf an, welche Krankheiten oder Beschwerden beim Versicherungsnehmer im Zeitpunkt der ärztlichen Untersuchung bestehen.[460]

103 **d) Mitwirkung des untersuchenden Arztes.** Der Versicherer schaltet für die Gesundheitsprüfung entweder Vertrauensärzte ein oder überträgt dem Hausarzt die Durchführung der ärztlichen Untersuchung. Der Versicherte hat dann gegenüber diesen Hilfspersonen des Versicherers seiner vorvertraglichen Anzeigepflicht nachzukommen. Diese Hilfspersonen übernehmen häufig das Ausfüllen des Fragebogens für den Anzeigepflichtigen, soweit sie es nicht schon selbst aus eigenem Wissen, z. B. aufgrund der ärztlichen Untersuchung, tun.[461] Ferner wird von diesen Beauftragten des Versicherers der Anzeigepflichtige bei der Auslegung von Fragen und bei Zweifeln über die Beantwortung gestellter Fragen beraten.[462]

104 Ist der Versicherte für die Beantwortung einer Frage des Versicherers auf die Beurteilung des ihn behandelnden oder beratenden Arztes angewiesen, so erstattet er keine unrichtige Anzeige, soweit er sich an die ihm bekannte Beurteilung des Arztes hält.[463] Das gilt entsprechend auch für die unterbliebene Anzeige von Beschwerden.[464] Macht der Antragsteller gegenüber dem mit seiner Untersuchung beauftragten Arzt wahre und vollständige Angaben, erklärt dieser sie jedoch für unwesentlich oder hält er sie nicht schriftlich fest, so ist der Versicherungsnehmer in der Regel entschuldigt, wenn die ärztliche Untersuchung der Beantwortung der Gesundheitsfragen vorausgeht oder aber an die Stelle der Beantwortung der Ge-

---

[455] BGH, Urt. v. 10. 10. 2001 – IV ZR 6/01, NJW-RR 2002, 89, 90 = NVersZ 2002, 60, 61 = VersR 2001, 1541, 1542 = r+s 2002, 98, 99 = VerBAV 2002, 268, 270 = MDR 2002, 90; BGH, Urt. v. 30. 1. 2002 – IV ZR 23/01, NJW 2002, 1497, 1498 = NVersZ 2002, 254, 255 = VersR 2002, 425, 426 = r+s 2002, 140, 141 = MDR 2002, 760, 761.
[456] OLG Dresden, Beschl. v. 31. 1. 2006 – 4 U 2298/05, VersR 2006, 1526.
[457] OLG Dresden, Beschl. v. 31. 1. 2006 – 4 U 2298/05, VersR 2006, 1526.
[458] BGH VersR 2001, 1498; OLG Dresden, Beschl. v. 31. 1. 2006 – 4 U 2298/05, VersR 2006, 1526.
[459] OLG Köln v. 19. 5. 1988, VersR 1988, 906.
[460] OLG Düsseldorf, Urt. v. 19. 10. 1983 – 4 U 81/82, VersR 1984, 1034; LG Verden VersR 1983, 923.
[461] Siehe OLG München, 13. 3. 1985, VersR 1985, 1177.
[462] OLG Hamm v. 22. 12. 1976, VersR 1978, 31.
[463] BGH v. 2. 11. 1967, VersR 1968, 41, 42 = VerBAV 1969, 100; OLG Hamm v. 6. 2. 1985, VersR 1985, 1033; LG Mainz, Urt. v. 12. 3. 2003 – 9 O 114/01, Info-Letter 2003, 164.
[464] BGH VersR 1968, 41; OLG Hamburg VersR 1977, 1152.

sundheitsfragen tritt.⁴⁶⁵ Dagegen bleibt der Fahrlässigkeitsvorwurf bestehen, wenn der Arzt nach Antragstellung im Rahmen einer ärztlichen Untersuchung die im Versicherungsantrag verschwiegenen Erkrankungen als unwesentlich bezeichnet.⁴⁶⁶

e) Mitwirkung eines Maklers. Bedient sich der Versicherungsnehmer eines Versicherungsmaklers bei der Antragsaufnahme als Erfüllungsgehilfen, muss sich der Versicherungsnehmer ein Verschulden des Versicherungsmaklers wie eigenes Verschulden nach § 278 BGB zurechnen lassen.⁴⁶⁷ In der Regel ist dies der Fall, wenn ein Versicherungsmakler die Versicherungsvertragsangelegenheiten des Versicherungsnehmers betreut. Ein Verschulden des Maklers entlastet den Versicherungsnehmer nicht, es sei denn, es handelt sich um einen Pseudomakler.⁴⁶⁸ 105

f) Vertretung durch Bevollmächtigten. Lässt sich der Versicherungsnehmer z. B. durch seine Ehefrau bei der Antragsaufnahme vertreten, muss sich der Versicherungsnehmer ein Verschulden der Ehefrau wie eigenes Verschulden nach § 278 BGB zurechnen lassen.⁴⁶⁹ 106

g) Beweislast. Die Darlegungs- und Beweislast für die fehlende Schuld an unterlassenen, unrichtigen oder unvollständigen Angaben trägt der Versicherungsnehmer⁴⁷⁰ bzw. derjenige, der, wie der Bezugsberechtigte, Ansprüche aus dem Versicherungsvertrag herleiten will.⁴⁷¹ Danach muss der Versicherungsnehmer bei objektiver Falschbeantwortung mangelndes Verschulden oder einen geringeren Verschuldensgrad als grobe Fahrlässigkeit oder Vorsatz beweisen.⁴⁷² Diese Beweislastverteilung greift allerdings dann nicht, wenn unter den Parteien streitig ist, ob der Versicherungsnehmer oder die versicherte Person die aufklärungsbedürftigen Tatsachen überhaupt gekannt haben.⁴⁷³ 107

Behauptet der Versicherungsnehmer, dem Versicherungsagenten seine Vorerkrankungen offenbart zu haben, soll den Versicherer die Beweislast dafür treffen, dass der Versicherungsnehmer etwas anderes gesagt hat, als der Versicherungsnehmer behauptet.⁴⁷⁴ Hat nicht der Versicherungsnehmer, sondern der Versiche- 108

---

⁴⁶⁵ BGH v. 29. 5. 1980, VersR 1980, 762, 763; BGH NJW-RR 1989, 675, 676; OLG Saarbrücken, Urt. v. 17. 6. 1992 – 5 U 85/91, VersR 1993, 341, 342.

⁴⁶⁶ OLG Düsseldorf, Urt. v. 19. 10. 1982 – 4 U 81/82 – auszugsweise veröffentlicht in VersR 1983, 1034.

⁴⁶⁷ BGH VersR 1989, 465 = r+s 1989, 379; LG Stuttgart, Urt. v. 30. 12. 1998, r+s 1999, 298, 299.

⁴⁶⁸ *Sieg* ZVersWiss 1982, 161, 169.

⁴⁶⁹ BGH VersR 1989, 465 = r+s 1989, 379; LG Stuttgart, Urt. v. 30. 12. 1998, r+s 1999, 298, 299.

⁴⁷⁰ OLG Düsseldorf v. 28. 10. 1969, VersR 1970, 738; OLG Hamburg VersR 1970, 1147; OLG Köln v. 13. 2. 1973, VersR 1973, 1017, 1018; OLG Hamm v. 30. 11. 1977, VerBAV 1978, 314 = VersR 1978, 815; BGH v. 29. 5. 1980, VersR 1980, 762; OLG Hamburg v. 15. 12. 1982, VersR 1983, 1053; OLG Celle VersR 1983, 825, 826; OLG Frankfurt/M. v. 11. 3. 1983, VersR 1983, 1126; OLG Köln v. 30. 8. 1984, VersR 1984, 1167; OLG Hamm VersR 1985, 31, 32; OLG Celle VersR 1985, 1059; OLG Hamm VersR 1987, 150; AG Stuttgart VersR 1988, 398; OLG Karlsruhe, Urt. v. 9. 7. 2003 – 12 U 40/03, r+s 2004, 247, 248.

⁴⁷¹ OLG Hamm VersR 1987, 150; BGH, Urt. v. 26. 10. 1994 – IV ZR 151/93, NJW-RR 1995, 216 = VersR 1994, 1457, 1458.

⁴⁷² BGH VersR 1993, 828 = r+s 1993, 321; BGH NJW 1993, 2112 = VersR 1993, 960 = r+s 1993, 281; OLG Celle, Urt. v. 15. 3. 2007 – 8 U 196/06, VersR 2007, 1355, 1356; *Langheid* r+s 1994, 43.

⁴⁷³ OLG Hamm, Urt. v. 26. 11. 1993 – 20 U 214/93 = NJW-RR 1995, 286, 287 = VersR 1994, 1333, 1334 = r+s 1994, 42, 43.

⁴⁷⁴ BGH, Urt. v. 30. 1. 2002 – IV ZR 23/01, NJW 2002, 1497, 1498 = NVersZ 2002, 254, 255 = VersR 2002, 425, 426 = r+s 2002, 140, 141.

rungsagent das Antragsformular ausgefüllt, soll der Versicherer allein mit dem Formular nicht beweisen können, dass der Versicherungsnehmer falsche Angaben gemacht hat, sofern sich der Versicherungsnehmer substantiiert dahingehend einlässt, den Versicherungsagenten mündlich zutreffend unterrichtet zu haben.[475] Dies soll auch für den Fall gelten, dass der Versicherungsnehmer substantiiert behauptet, der Versicherungsagent sei zutreffend anderweitig informiert worden.[476]

6. Ausschluss des Rücktritts wegen mangelnder Kausalität (§ 6 Abs. 3 Satz 4 ALB 1986)

109 a) **Begrenzung der Rechtsfolgen.** Trotz wirksamen Rücktritts bleibt der Versicherer gemäß § 21 VVG ausnahmsweise dann zur Leistung verpflichtet, wenn der Umstand, in Ansehung dessen die Anzeigepflicht verletzt ist, keinen Einfluss auf den Eintritt des Versicherungsfalls und den Umfang der Leistungen haben konnte, was kraft Gesetzes zu Lasten des Versicherungsnehmers vermutet wird.[477] Zur Leistungsfreiheit gemäß §§ 16 ff. VVG kann auch eine mittelbare Verursachung führen.[478]

110 Die Ausnahmeregelung ist auf vor dem Rücktritt eingetretene Versicherungsfälle beschränkt, da durch den Rücktritt das Versicherungsverhältnis beendet wird.[479] Für nach dem Wirksamwerden der Rücktrittserklärung eintretende Versicherungsfälle ist der Versicherer in jedem Fall leistungsfrei, unabhängig davon, ob diese auf dem nicht angezeigten Umstand beruhen oder nicht.[480]

111 Maßgeblich ist allein der objektive Zusammenhang zwischen den nicht oder falsch angezeigten Gefahrumständen einerseits und dem Eintritt des Versicherungsfalles bzw. dem Leistungsumfang andererseits.[481] Werden falsch diagnostizierte Krankheiten verschwiegen, kommt es nur auf den tatsächlichen medizinischen Sachverhalt an. Aus einer Fehldiagnose des behandelnden Arztes kann der Versicherungsnehmer keine Vorteile herleiten.[482] Unerheblich ist, ob der Versicherer bei richtiger Anzeige den Versicherungsvertrag überhaupt nicht oder nur mit Einschränkungen (Leistungsausschluss, Risikozuschlag) abgeschlossen hätte.[483]

---

[475] BGHZ 107, 322, 325 = NJW 1989, 2060 = VersR 1989, 833, 834 = r+s 1989, 242; BGH VersR 1990, 77, 78 = r+s 1990, 101; BGH, Urt. v. 30. 1. 2002 – IV ZR 23/01, NJW 2002, 1497, 1498 = NVersZ 2002, 254, 255 = VersR 2002, 425, 426 = r+s 2002, 140, 141; BGH, Urt. v. 14. 7. 2004 – IV ZR 161/03, NJW 2004, 3427, 3428 = VersR 2004, 1297, 1298 = r+s 2005, 10, 11 = MDR 2005, 91 = SpV 2004, 69, 70.

[476] OLG Frankfurt/M., Urt. v. 1. 9. 2000 – 24 U 150/99, r+s 2003, 29.

[477] § 21 VVG; LG Flensburg v. 27. 8. 1963, VersR 1963, 1213, 1214; OLG Hamburg VersR 1971, 903; OLG Düsseldorf VersR 1977, 1095; BGH VersR 1977, 660; OLG Hamm VersR v. 22. 12. 1976, VersR 1978, 31; LG Düsseldorf VersR 1978, 914; OLG Hamburg VersR 1980, 376; OLG Köln VerBAV 1985, 447; OLG Celle VersR 1985, 1059; OLG Frankfurt/M. v. 6. 11. 1985, VerBAV 1986, 191.

[478] LG Berlin VersR 1967, 1144; OLG Köln VersR 1973, 1017; BGH VersR 1990, 297 = r+s 1990, 102; LG Köln, Urt. v. 22. 6. 1994, NJW-RR 1995, 1496 = r+s 1996, 287.

[479] BGH, Urt. v. 23. 5. 2001 – IV ZR 94/00, NVersZ 2001, 400 = VersR 2001, 1014, 1015 = r+s 2001, 402.

[480] BGH, Urt. v. 23. 5. 2001 – IV ZR 94/00, NVersZ 2001, 400 = VersR 2001, 1014, 1015 = r+s 2001, 402; *Voit* in: Berliner Komm. zu. VVG, 1999, § 21 VVG Rdn. 2.

[481] RGZ 118, 57; BGH VersR 1955, 731 = NJW 1956, 20; OLG München VersR 1957, 241; OLG Nürnberg VersR 1967, 1044, 1045; OLG Schleswig VersR 1972, 433; OLG Frankfurt/M. VersR 1980, 449; BGH VersR 1985, 154.

[482] LG Köln VersR 1981, 670.

[483] Vgl. LG Berlin VersR 1953, 445; BGH, 29. 5. 1980, VersR 1980, 763. Siehe auch BGH VersR 1971, 662 und LG Frankfurt/M. VersR 1978, 1012; BGH, Urt. v. 27. 6. 1984 – IV a ZR 1/83, VersR 1984, 884.

b) Indizierende Umstände. Umstritten ist, ob indizierende Umstände überhaupt für den Eintritt des Versicherungsfalls ursächlich sein können, da ein ursächlicher Zusammenhang zwischen einem indizierenden Umstand und dem Eintritt des Versicherungsfalls begrifflich ausgeschlossen ist.[484] Denn ein Krankheitssymptom kann für sich betrachtet niemals zum Tode führen, da ein Krankheitssymptom wie auch der spätere Tod Folge einer Krankheit ist. Die strittige Frage hat der BGH im Urteil vom 29. 5. 1980 aber nicht entschieden.[485] Grundsätzlich ist Kausalität zwischen dem verschwiegenen oder falsch angezeigten Umstand und dem Eintritt des Versicherungsfalls anzunehmen, wenn der Umstand als sog „indizierender" Umstand zur Feststellung des für den Versicherungsfall ursächlichen Gefahrenumstandes geführt haben würde.[486] Um solche indizierenden Umstände handelt es sich z. B. bei verschwiegenen Krankheitssymptomen oder der Tatsache stattgefundener ärztlicher Untersuchungen,[487] die der Anzeigepflicht unterliegen.[488] Das Verschweigen der Symptome bzw. der ärztlichen Untersuchung steht in diesen Fällen dem Verschweigen der Krankheit selbst gleich.[489] Bei der Abgrenzung ist zu beachten, dass eine vor Abschluss eines Lebensversicherungsvertrags eingetretene schwere Erkrankung des Versicherten, die noch nicht richtig diagnostiziert war, aber zum Tode geführt hat, nicht bloß ein Indiz für einen gefahrerheblichen Umstand ist, sondern selbst bereits ein unmittelbar gefahrerheblicher und deshalb anzeigepflichtiger Umstand ist.[490]

c) Beweislast. Der Versicherungsnehmer bzw. der Bezugsberechtigte muss beweisen, dass die Umstände, in Ansehung derer der Versicherungsnehmer die Anzeigepflicht verletzt hat, ohne Einfluss auf den Eintritt des Versicherungsfalles oder den Leistungsumfang des Versicherers geblieben sind, was gemäß § 21 VVG zur Folge hat, dass der Versicherer gleichwohl zur Leistung verpflichtet ist.[491] Das

---

[484] BGH v. 29. 5. 1980, VersR 1980, 763 m. w. Nachw.
[485] Ebenso unentschieden OLG Celle VersR 1958, 618; OLG Hamm VersR 1980, 714. Siehe auch AG Tübingen VersR 1958, 718; LG Köln VersR 1959, 557; KG VersR 1968, 546; KG VersR 1980, 839.
[486] LG Flensburg v. 27. 8. 1963, VersR 1963, 1213, 1214; OLG Köln v. 23. 2. 1989, VersR 1989, 506; OLG Köln r+s 1994, 315; OLG Düsseldorf, Urt. v. 17. 6. 1997 – 4 U 93/96, VersR 1998, 349, 350; OLG Koblenz, Urt. v. 19. 6. 1998 – 10 U 640/97, NVersZ 1999, 125, 126 = r+s 1998, 522, 523; LG Duisburg, Urt. v. 6. 5. 1999, VersR 2000, 834, 835; *Prölss/Martin*, § 21 VVG Rdn. 5.
[487] LG Flensburg v. 27. 8. 1963, VersR 1963, 1213, 1214.
[488] OLG Hamm VersR 1980, 714.
[489] AG Bottrop VersR 1953, 75; LG Lübeck VersR 1953, 395; LG Flensburg v. 27. 8. 1963, VersR 1963, 1213, 1214; LG Landau VersR 1964, 1228; LG Kiel VersR 1973, 757; OLG Frankfurt/M. VersR 1975, 632, 634; AG Hamburg VersR 1982, 744; OLG Schleswig VersR 1985, 634; AG Stuttgart VersR 1985, 776; OLG Frankfurt/M. VersR 1988, 714 (Ls.); OLG Hamburg VersR 1988, 396, 397; OLG Hamm, Urt. v. 29. 1. 1992 – 20 U 57/89, VersR 1992, 1206, 1207.
[490] BGH v. 3. 11. 1955, VersR 1955, 731 = NJW 1956, 20 = VerBAV 1956, 4.
[491] OLG Celle v. 14. 11. 1957, VersR 1958, 618; LG Flensburg v. 27. 8. 1963, VersR 1963, 1213, 1214; OLG Düsseldorf v. 28. 10. 1969, VersR 1970, 739; OLG Köln v. 13. 2. 1973, VersR 1973, 1017; OLG Frankfurt/M. v. 14. 5. 1974, VersR 1975, 635; OLG Hamm VerBAV 1978, 316; OLG Frankfurt/M. v. 6. 11. 1985, VerBAV 1986, 191; OLG Hamburg VersR 1988, 397; OLG Köln v. 23. 2. 1989, VersR 1989, 506; BGH, Urt. v. 23. 5. 1989 – IV a ZR 72/88, BGHZ 107, 322 = NJW 1989, 2060 = VersR 1989, 833; OLG Karlsruhe VersR 1990, 781; BGH, Urt. v. 25. 10. 1989 – IV a ZR 141/88, VersR 1990, 297 = r+s 1990, 102; BGH, Urt. v. 11. 7. 1990 – IV ZR 156/89, NJW-RR 1990, 1359, 1360 = VersR 1990, 1002, 1003; OLG Koblenz, Urt. v. 19. 6. 1998 – 10 U 640/97, NVersZ 1999, 125, 126 = r+s 1998, 522, 523; OLG Naumburg, Urt. v. 4. 6. 1999 – 6 U 131/98, VersR 2001, 222, 223; OLG Jena, Urt. v. 28. 7. 1999 – 4 U 1208/97, NVersZ 2000, 19, 20 = VersR 1999, 1526, 1529 = r+s 2000, 524, 525; OLG Saarbrücken, Urt. v. 2. 5. 2001 – 5 U

beurteilt sich, genauso wie der Eintritt eines Versicherungsfalls, nach den auch sonst im Zivilrecht maßgeblichen Kausalitätsgrundsätzen.[492]

114 Umstände, die wie symptomatische Beschwerden oder Krankenhausaufenthalte lediglich auf eine tatsächliche Erkrankung hinweisen, gelten jedenfalls dann als ursächlich für den Eintritt des Versicherungsfalls, wenn sie eindeutig zur Feststellung eines vertragserheblichen Zustands geführt haben würden und letzterer für den Versicherungsfall ursächlich war.[493] Der Versicherungsnehmer behält daher seinen Anspruch auf die Versicherungsleistungen nur, wenn er darlegt und gegebenenfalls beweist, dass die verschwiegenen Krankheitssymptome nicht auf eine bestimmte Krankheit zurückzuführen sind. Ist dies doch der Fall oder kann man es zumindest nicht ausschließen, so muss der Versicherungsnehmer den Nachweis führen, dass die Krankheit nicht ursächlich war für den Eintritt des Versicherungsfalles.[494] Dass der Versicherungsfall auch auf anderen Ursachen beruhen kann, reicht nicht aus. Der Versicherungsnehmer kommt seiner Beweislast grundsätzlich nur nach, wenn er dartut und beweist, dass der Versicherungsfall auf jeden Fall und aufgrund eines anderen als dem falsch angezeigten oder verschwiegenen Gefahrumstand eingetreten wäre.[495] Dies ist eine normgerechte Regelung im Sinne von § 21 VVG, die der Rechtsklarheit und der Rechtssicherheit dient. Dies vermag eine unter Berufung auf den BGH[496] gefundene Kausalitätsformel nicht zu leisten, die darauf abstellt, ob die verschwiegenen Umstände die objektive Möglichkeit des Eintritts des Versicherungsfalls nicht unerheblich erhöht haben.[497] Die hier vertretene Beweislastregelung gilt auch dann, wenn der Versicherer erst zurücktritt, nachdem er bereits geleistet hat und dann die erbrachten Versicherungsleistungen zurückfordert.

7. Ausübung des Rücktritts

115 a) **Erklärungsempfänger.** Der Rücktritt erfolgt nach § 20 Abs. 2 Satz 1 VVG durch Erklärung gegenüber dem Versicherungsnehmer. Bei mehreren Versicherungsnehmern muss jedem der Rücktritt erklärt werden. Dies gilt auch dann, wenn der Versicherungsnehmer die Rechte aus dem Vertrag abgetreten oder einen Dritten als Bezugsberechtigten bezeichnet hat; Rücktrittsgegner ist immer der Versicherungsnehmer, nicht der Zessionar oder der Bezugsberechtigte[498] und nicht der Versicherte.[499] In der Gruppenversicherung kommt dem Versicherten

---

766/98, r+s 2003, 3, 5; BGH, Urt. v. 30. 1. 2002 – IV ZR 23/01, NJW 2002, 1497 = NVersZ 2002, 254 = VersR 2002, 425, 426 = r+s 2002, 140 = MDR 2002, 760; OLG Karlsruhe, Urt. v. 18. 7. 2002 – 12 U 47/02, NVersZ 2002, 499 = r+s 2003, 516; *Prölss/Martin* § 21 VVG Rdn. 8.

[492] BGH, Urt. v. 11. 7. 1990 – IV ZR 156/89, NJW-RR 1990, 1359, 1360 = VersR 1990, 1002, 1003.

[493] OLG Hamburg VersR 1988, 396; OLG Köln r+s 1991, 354; OLG Hamm VersR 1992, 1206 = r+s 1993, 114; OLG Karlsruhe, Urt. v. 18. 7. 2002 – 12 U 47/02, NVersZ 2002, 499 = r+s 2003, 516; *Prölss/Martin*, VVG, 26. Aufl., § 21 VVG Rdn. 5, 8; *Langheid* in: Römer/Langheid, VVG, 2. Aufl., 2003, § 21 VVG Rdn. 11; *Knappmann* r+s 1996, 81.

[494] OLG Frankfurt/M. VersR 1975, 632, 635; OLG Schleswig VersR 1985, 634.

[495] KG VersR 1969, 53, 54; OLG Köln VersR 1973, 1017, 1018; LG Dortmund, Urt. v. 28. 9. 1984 – 3 O 68/84; OLG Hamburg VersR 1988, 397; *Prölss/Martin* § 21 VVG Anm. 4.

[496] BGHZ 25, 86, 88 f. = VersR 1957, 535 f.

[497] OLG Hamm, Urt. v. 29. 1. 1992 – 20 U 57/89, VersR 1992, 1206, 1207.

[498] OLG Stuttgart, Urt. v. 20. 5. 1981 – 1 U 4/81, VersR 1982, 797; OLG München, Urt. v. 27. 10. 1994 – 19 U 3605/94, VersR 1995, 902.

[499] OLG Hamburg VersR 1980, 376; OLG München, Urt. v. 27. 10. 1994 – 19 U 3605/94, VersR 1995, 902.

dann eine Empfangsberechtigung für vertragsgestaltende Willenserklärungen zu, wenn der Versicherte den Versicherungsschein im Besitz hat.[500]
Der Rücktritt des Versicherers muss nach dem Tode des Versicherungsnehmers gemäß § 20 Abs. 2 Satz 1 VVG i. V. m. § 1922 BGB (ebenso die Anfechtung) dem Erben erklärt werden.[501] Sind mehrere Erben oder Bezugsberechtigte vorhanden, muss die Erklärung jedem einzelnen von ihnen zugehen.[502] Dass der Bezugsberechtigte nach dem Ableben des Versicherungsnehmers der richtige Adressat für die Rücktrittserklärung ist, hat der BGH ausdrücklich bestätigt.[503] Ist ein Testamentsvollstrecker, Nachlasspfleger,[504] Nachlassverwalter oder Insolvenzverwalter für den Nachlass bestellt, ist die Rücktrittserklärung an diese Personen zu richten.[505]   116

Ist ein Empfangsbevollmächtigter bestellt, schließt die gemäß § 34 a VVG zugunsten des Versicherungsnehmers zwingende Bestimmung des § 20 Abs. 2 VVG, nach welcher der Rücktritt durch Erklärung dem Versicherungsnehmer erfolgt, nicht aus, die Rücktrittserklärung dem Empfangsbevollmächtigten zuzustellen.[506] Gemäß § 6 Abs. 6 ALB 1986 kann die Rücktrittserklärung rechtswirksam dem Bezugsberechtigten zugestellt werden,[507] wenn der Versicherungsnehmer keinen Bevollmächtigten bestellt hat.   117

Der Versicherer kann den Rücktritt gegenüber dem Inhaber des Versicherungsscheins erklären, wenn kein Bezugsberechtigter benannt und auch kein Zustellungsbevollmächtigter bestellt war[508] oder der Aufenthalt des Bezugsberechtigten nicht feststellbar ist.[509] Dem Fehlen des Bezugsberechtigten steht es gleich, wenn der Inhaber des Versicherungsscheins, an den die Rechte aus dem Versicherungsvertrag sicherheitshalber abgetreten sind, die bestehenden Bezugsrechte – vorbehaltlich ihres Wiederauflebens nach Freigabe der Versicherungsansprüche – widerrufen hat.[510] Die Wirksamkeit des Rücktritts durch Erklärung gegenüber dem Inhaber des Versicherungsscheins ist nicht auf die Fälle zu beschränken, in denen Nachforschungen des Versicherers nach den Erben des Versicherungsnehmers innerhalb der für den Rücktritt vorgesehenen Frist ohne Erfolg geblieben sind.[511] Wenn der Versicherer berechtigte Zweifel über die Person der Erben hat, ist die öffentliche Zustellung einer Rücktrittserklärung vom Versicherungsvertrage zulässig.[512] Ist die Bank als Zessionarin zugleich Inhaberin des Versicherungsscheins, ist sie zum Empfang der Rücktrittserklärung legitimiert.[513]   118

Den Versicherer trifft die Beweislast dafür, dass die Rücktrittserklärung fristgerecht dem Versicherungsnehmer zugegangen ist.[514] Die Unkenntnis über die Per-   119

---

[500] OLG München, Urt. v. 27. 10. 1994 – 19 U 3605/94, VersR 1995, 902.
[501] OLG Stuttgart, Urt. v. 20. 5. 1981 – 1 U 4/81, VersR 1982, 797.
[502] LG Braunschweig VersR 1958, 281; LG Flensburg v. 27. 8. 1963, VersR 1963, 1213, 1214; OLG Düsseldorf v. 24. 6. 1975, VersR 1975, 1020 = MDR 1976, 49; OLG Hamm VerBAV 1978, 315.
[503] BGH, Urt. v. 13. 3. 1991 – IV ZR 218/90, VersR 1991, 575.
[504] Unentschieden OLG Oldenburg, Urt. v. 22. 12. 1993 – 2 U 201/93, VersR 1994, 968 = r+s 1994, 122, 123.
[505] RGZ 86, 305; LG Braunschweig VersR 1958, 281.
[506] OLG Köln v. 26. 9. 1985, VerBAV 1985, 445; OLG Köln VersR 1986, 1187.
[507] LG Dortmund, Urt. v. 28. 9. 1984 – 3 O 68/84; OLG Hamm VersR 1987, 151.
[508] OLG Düsseldorf VersR 1971, 75; OLG Düsseldorf MDR 1976, 49 = VersR 1976, 1020; BGH, Urt. v. 5. 5. 1982 – IV a ZR 264/80, VersR 1982, 746; OLG Stuttgart, Urt. v. 20. 5. 1981 – 1 U 4/81, VersR 1982, 797.
[509] OLG Düsseldorf v. 24. 6. 1975, MDR 1976, 49 = VersR 1975, 1020.
[510] OLG Stuttgart VersR 1982, 797.
[511] OLG Düsseldorf VersR 1971, 75.
[512] LG Braunschweig VersR 1958, 281.
[513] BGH v. 5. 5. 1982, VersR 1982, 748. Siehe auch OLG Düsseldorf VersR 1961, 878.
[514] OLG Hamm VersR 1984, 730.

son des Erklärungsempfängers hemmt den Lauf der Rücktrittsfrist nicht.[515] Ein unverschuldeter Irrtum über die Person der Erben lässt das nach Ablauf der Frist erloschene Rücktrittsrecht nicht wieder aufleben.[516] Bei mehreren Anzeigepflichtverletzungen läuft für jeden einzelnen Fall eine gesonderte Frist.[517]

120 **b) Inhalt der Rücktrittserklärung.** Der Rücktritt ist eine einseitige, empfangsbedürftige rechtsgestaltende Willenserklärung des Versicherers. Zwar kann der Rücktritt formlos, d. h. auch mündlich, ausgesprochen werden. Im Hinblick auf § 12 ALB 1986 ist aber Schriftform zu fordern.

121 Der Rücktritt muss weder nach dem Wortlaut des § 16 Abs. 2 VVG noch des § 20 VVG begründet werden.[518] Es reicht aus, wenn der Versicherungsnehmer erkennen kann, dass der Rücktritt wegen Verletzung der Anzeigepflicht erfolgt.[519] Den gefahrerheblichen Umstand, auf dessen schuldhafte Nicht- oder Falschanzeige der Versicherer den Rücktritt stützt, muss der Versicherer nicht angeben.[520] Mangels gesetzlicher Vorgaben gibt es auch keinen Anlass danach zu differenzieren, ob die Rücktrittserklärung gegenüber einem Rechtsnachfolger des Versicherungsnehmers abgegeben wird. Abzulehnen ist daher die Auffassung des OLG Oldenburg,[521] das die Angabe konkreter Gründe verlangt, wenn der Rücktritt gegenüber dem Nachlasspfleger erklärt wird.

122 Wenn eine Rücktrittsbegründung nicht erforderlich ist, vermag eine falsche Begründung die Wirksamkeit eines Rücktritts nicht zu berühren.[522] Erforderlich für die Wirksamkeit eines Rücktritts ist, dass der Rücktritt unbedingt und für den Versicherungsnehmer erkennbar wegen Verletzung der Anzeigepflicht erklärt wird und dass er sich als begründet erweist.[523] Aus der Rücktrittserklärung muss deutlich erkennbar sein, dass der Vertrag mit seinen bisherigen Wirkungen aufgelöst werden soll.[524] Allein die Ablehnung des vom Anspruchsberechtigten geltend gemachten Anspruchs kann nicht als Rücktritt angesehen werden, da der Versicherer damit nicht zu erkennen gibt, dass er sich vom Vertrag lösen will.[525] Der Versicherer ist lediglich schadensersatzpflichtig, wenn er die zutreffenden Rücktrittsgründe treuwidrig zurückhält.[526] Geschieht dies doch, so ist der Versicherer berechtigt, neue Rücktrittsgründe nachzuschieben, wenn sich die ursprünglich gegebene Begründung als nicht stichhaltig erweist.[527]

123 Gemäß Ziffer 1.3.4 des Allgemeinen Geschäftsplans für die Lebensversicherung[528] ist vorgesehen, dass die Gesellschaft den Versicherungsnehmer mit der Rücktritts- oder Anfechtungserklärung über alle sich aus §§ 16ff. VVG ergebenden Rechte und Pflichten schriftlich aufklären wird. Wird die Rücktrittserklärung

---

[515] LG Braunschweig VersR 1958, 281.
[516] LG Braunschweig VersR 1958, 281.
[517] LG Landau v. 9. 4. 1964, VersR 1964, 1228.
[518] OLG Saarbrücken, Urt. v. 17. 6. 1992 – 5 U 85/91, VersR 1993, 341, 342.
[519] OLG Hamm r+s 1987, 113; OLG Köln, Urt. v. 19. 9. 1991 – 5 U 33/91, VersR 1992, 303 (Ls.); *Bruck/Möller*, § 20 VVG Anm. 12; *Prölss/Martin*, § 20 VVG Anm. 4.
[520] A. A. *Röhrs*, Die vorvertragliche Anzeigepflicht, S. 226 ff.
[521] OLG Oldenburg, Urt. v. 22. 12. 1993 – 2 U 201/93, VersR 1994, 968 f. = r+s 1994, 122, 123.
[522] OLG Nürnberg, Urt. v. 10. 7. 1986 – 8 U 3938/84, S. 15; OLG Köln VersR 1973, 1017.
[523] OLG Nürnberg, Urt. v. 10. 7. 1986 – 8 U 3938/84, S. 15.
[524] OLG Düsseldorf v. 5. 6. 1951, VersR 1951, 201.
[525] OLG Düsseldorf v. 5. 6. 1951, VersR 1951, 201; BGH v. 22. 2. 1985, VersR 1984, 631.
[526] OLG Nürnberg, Urt. v. 10. 7. 1986 – 8 U 3938/84, S. 15; *Schulz* VersR 1968, 332, 335.
[527] OLG Köln VersR 1973, 1017, 1018.
[528] VerBAV 1986, 153.

nicht mit einer Rechtsbelehrung verbunden, so ist der Rücktritt gleichwohl wirksam erklärt, da weder das Gesetz noch die ALB die Rechtsbelehrung zum Erfordernis der Wirksamkeit der Rücktrittserklärung machen.[529] Das Fehlen der Rechtsbelehrung kann lediglich eine Schadensersatzpflicht des Versicherers begründen,[530] z. B. wenn der Versicherungsnehmer bei einem anderen Versicherer zu ungünstigeren Bedingungen abgeschlossen hat, bei zutreffender Rechtsbelehrung aber eine Fortsetzung des aufgehobenen Vertrages durchgesetzt haben würde.

Werden mehrere Gefahrumstände verschwiegen, die nacheinander aufgedeckt werden, kann der Rücktritt mehrfach erklärt werden. Der Rücktritt und die Anfechtung wegen arglistiger Täuschung können nebeneinander erklärt werden.[531] Der Rücktritt kann auch dann erklärt werden, wenn der Versicherungsvertrag aus anderen Gründen bereits geendet hat.[532] **124**

c) **Wirkung des Rücktritts.** Der Rücktritt des Versicherers wegen Verletzung der Anzeigepflicht des Versicherungsnehmers gemäß § 16 Abs. 2 VVG führt dazu, dass grundsätzlich der Versicherer nicht nur für alle zukünftigen, sondern auch für alle in der Vergangenheit eingetretenen Versicherungsfälle leistungsfrei wird.[533] Der Rücktritt lässt für die Zukunft den Versicherungsvertrag wie eine Kündigung erlöschen.[534] Die Leistungspflicht endet mit dem Zugang der Rücktrittserklärung.[535] Die Vertragspartner sind darüber hinaus gemäß § 20 Abs. 2 VVG verpflichtet, die einander gewährten Leistungen zurückzugewähren, soweit das Gesetz hinsichtlich der Prämie nicht anderes bestimmt (siehe § 176 Abs. 4 VVG). Ein Anspruch auf Erstattung der Prämienreserve gemäß § 176 Abs. 1 VVG besteht nur dann, wenn Prämien für mindestens drei Jahre eingezahlt sind.[536] Der Rücktritt hebt das Vertragsverhältnis nicht als Ganzes auf, sondern wandelt es in ein Abwicklungsverhältnis um. Das Abwicklungsverhältnis ist kein Bereicherungsverhältnis, sondern das durch einseitiges Rechtsgeschäft (Rücktritt) umgestaltete ursprüngliche Vertragsverhältnis. Die §§ 812 ff. BGB finden keine Anwendung. Somit muss der Versicherungsnehmer bereits empfangene Leistungen zurückerstatten, ohne sich auf den Wegfall der Bereicherung gemäß § 818 Abs. 3 BGB berufen zu können.[537] Die Rückgewährverpflichtung aus § 20 VVG trifft sowohl den Vertragspartner als auch den Bezugsberechtigten, der die Versicherungsleistung erhalten hat.[538] Der in § 20 Abs. 2 Satz 2 VVG enthaltene Grundsatz, dass die Vertragspartner einander empfangene Leistungen zurückgewähren müssen, erfährt indes zwei wesentliche Durchbrechungen. **125**

Gemäß § 40 Abs. 1 Satz 1 VVG behält der Versicherer im Falle des Rücktritts wegen Anzeigepflichtverletzung seinen Prämienanspruch bis zum Schluss der Versicherungsperiode, in der er von dem Rücktrittsgrund Kenntnis erlangt hat.[539] Umgekehrt bleibt der Versicherer für bereits eingetretene Versicherungsfäl- **126**

---

[529] BGH v. 29. 5. 1980, VersR 1980, 762 = VerBAV 1980, 271; OLG Saarbrücken, Urt. v. 17. 6. 1992 – 5 U 85/91, VersR 1993, 341, 342.
[530] BGH v. 29. 5. 1980, VersR 1980, 762 = VerBAV 1980, 271.
[531] OLG Köln, Urt. v. 9. 1. 1992 – 5 U 12/91, VersR 1992, 1252; *Prölss/Martin*, § 22 VVG Anm. 4.
[532] OLG Nürnberg VersR 1967, 1044.
[533] BGH, Urt. v. 23. 5. 2001 – IV ZR 94/00, NVersZ 2001, 400 = VersR 2001, 1014, 1015 = r+s 2001, 402.
[534] *Bruck/Möller*, § 20 VVG Anm. 15; siehe aber RGZ 130, 271.
[535] LG Augsburg VersR 1969, 1089.
[536] LG Dortmund, Urt. v. 28. 9. 1984 – 3 O 68/84.
[537] OLG Düsseldorf VersR 1971, 76.
[538] OLG Düsseldorf v. 28. 10. 1969, VersR 1970, 739.
[539] OLG Koblenz, Urt. v. 19. 6. 1998 – 10 U 640/97, NVersZ 1999, 125, 126; OLG Karlsruhe, Urt. v. 17. 10. 2002 – 12 U 177/01, VersR 2003, 1381.

le leistungspflichtig, wenn der Versicherungsnehmer die Voraussetzungen des § 21 VVG nachweisen kann. Kommt es zum Rücktritt, ist eine Wiederherstellung ausgeschlossen nach § 39 VVG.[540]

127 Das Rücktrittsrecht bleibt bestehen, wenn die Anzeigepflicht arglistig verletzt worden ist (§ 163 Satz 2 VVG). Im Gegensatz zum Rücktrittsrecht unterliegt das Anfechtungsrecht keiner zeitlichen Beschränkung durch die ALB. Der Rücktritt wird hinfällig, wenn einvernehmlich der Versicherungsvertrag fortgeführt wird,[541] nicht aber wenn Beiträge weiter abgebucht werden.[542]

128 **d) Umdeutung des Rücktritts.** Erstreckt sich die Rücktrittserklärung des Versicherers sowohl auf den Lebensversicherungsvertrag als auch auf die mit dem Lebensversicherungsvertrag abgeschlossene Berufsunfähigkeits-Zusatzversicherung, kann die Rücktrittserklärung des Versicherers in einen Teilrücktritt von der Berufsunfähigkeits-Zusatzversicherung umgedeutet werden, wenn der Versicherer zum Rücktritt vom Lebensversicherungsvertrag nicht berechtigt ist.[543] Ein solcher Teilrücktritt ist auch nach § 30 Abs. 1 VVG rechtlich möglich.[544]

129 Durch den Rücktritt bringt der Versicherer ebenso wie durch die Kündigung gemäß § 41 Abs. 2 VVG zum Ausdruck, dass er ein unter falschen Voraussetzungen übernommenes Risiko nicht weiter tragen will. Die Umdeutung des Rücktritts in eine Kündigung ist deshalb immer möglich, wenn der Versicherer den Versicherungsantrag in Kenntnis der verschwiegenen Vorerkrankungen nicht oder nur mit einem Leistungsausschluss angenommen hätte.[545] Maßgebend sind insoweit versicherungsmedizinische Richtlinien, die das betroffene Versicherungsunternehmen bei der Risikoprüfung generell anwendet.[546] Kann der Versicherungsantrag nach den vorhandenen Richtlinien auch mit einem Risikozuschlag angenommen werden, scheidet eine Umdeutung in eine Kündigung aus. Vielmehr ist dann der unwirksame Rücktritt in ein Verlangen nach Prämienverbesserung umzudeuten. Andernfalls wäre, wenn der Rücktritt für unbegründet erklärt wird, eine Prämienverbesserung grundsätzlich ausgeschlossen, weil die Rücktrittsfrist und die Frist für das Verlangen der Prämienverbesserung zugleich ablaufen. Somit kann der Versicherer im Falle der Umdeutung eines unwirksamen Rücktritts in ein Verlangen auf Prämienverbesserung nach Ablauf der in § 41 Abs. 2 VVG genannten Frist anstelle der vereinbarten eine höhere Prämie beanspruchen.

130 Anfechtung und Rücktritt sind von ihren Voraussetzungen und ihren Folgen unterschiedlich, so dass eine Anfechtungserklärung nicht in eine Rücktrittserklärung umgedeutet werden kann.[547]

131 **e) Zusatzversicherung.** Der Versicherer kann von der in einen Lebensversicherungsvertrag eingeschlossenen Zusatzversicherung, z.B. einer Berufsunfähigkeitszusatzversicherung, gesondert zurücktreten, ohne dass dies die Lebensversicherung als Hauptversicherung berührt.[548] Er kann also den Rücktritt auf die

---

[540] RGZ 154, 158.
[541] OLG Hamm VersR 1978, 834.
[542] Vgl. OLG Hamm VersR 1973, 834; LG Kaiserslautern r+s 1977, 67; OLG Köln VersR 1983, 527; OLG Hamburg VersR 1988, 396.
[543] OLG Düsseldorf, Urt. v. 29. 2. 2000 – 4 U 47/99, NVersZ 2001, 544, 546 = VersR 2001, 1408, 1410 = r+s 2002, 388, 390.
[544] OLG Düsseldorf, Urt. v. 29. 2. 2000 – 4 U 47/99, NVersZ 2001, 544, 546 = VersR 2001, 1408, 1410 = r+s 2002, 388, 390; *Voit* in: Prölss/Martin, VVG, 26. Aufl., § 9 BUZ Rdn. 1.
[545] A. A. OLG Hamm VersR 1985, 1033.
[546] LG Deggendorf VersR 1978, 753.
[547] OLG Hamm, Urt. v. 27. 5. 1987 – 20 U 335/86.
[548] OLG Hamm, Beschl. v. 29. 5. 1990 – 20 W 8/90, r+s 1990, 357; OLG Koblenz, Urt. v. 17. 11. 2000 – 10 U 1979/99, NVersZ 2001, 161 = VersR 2001, 887 = r+s 2002, 258;

Berufsunfähigkeits-Zusatzversicherung beschränken, wenn nur in Ansehung dieser Zusatzversicherung die Voraussetzungen für den Rücktritt vorliegen.[549] Erklärt der Versicherer den Rücktritt vom Lebensversicherungsvertrag, also der Hauptversicherung, kann die Berufsunfähigkeitszusatzversicherung nicht fortbestehen.[550] Dies gilt auch für eine zusammen mit der Berufsunfähigkeitszusatzversicherung zu einer Lebensversicherung abgeschlossene Unfallzusatzversicherung.[551] Tritt der Versicherer von der Hauptversicherung zurück, ohne vorsorglich auch den Rücktritt von der Zusatzversicherung zu erklären, kommt es nur auf die Gefahrerheblichkeit in Bezug auf die abgeschlossene Lebensversicherung an.[552] Denn verschwiegene Umstände können für den Abschluss einer in die Lebensversicherung eingeschlossenen Berufsunfähigkeitszusatzversicherung erheblich sein, müssen dies aber nicht für die Lebensversicherung.[553] Von daher besteht im Falle eines vom Versicherer erklärten Rücktritts sowohl von der Lebensversicherung als auch der Berufsunfähigkeits-Zusatzversicherung die Lebensversicherung fort, wenn sich die Gefahrerheblichkeit der verschwiegenen Umstände nur auf das Berufsunfähigkeitsrisiko bezieht.[554]

V. Anfechtung des Versicherungsvertrages wegen arglistiger Täuschung (§ 6 Abs. 4 ALB 1986)

1. Allgemeines

a) VVG. Gemäß § 22 VVG bleibt das Recht des Versicherers zur Anfechtung des Vertrags in Fällen der arglistigen Täuschung über anzeigepflichtige Gefahrumstände trotz des bestehenden Rücktrittsrechts unberührt, d. h., die Anfechtung des Vertrags kann auch dann erklärt werden, wenn der Versicherer auch vom Vertrag zurücktritt, und zwar gleichzeitig mit dem Rücktritt.[555] § 6 Abs. 4 ALB 1986 sieht deshalb vor, dass der Versicherer den Versicherungsvertrag anfechten kann, falls durch unrichtige oder unvollständige Angaben bewusst und gewollt auf seine Annahmeentscheidung Einfluss genommen worden ist. Das Anfechtungsrecht ist auch dann gegeben, wenn der Rücktritt z. B. wegen § 21 VVG unwirksam ist.[556]

b) Anspruchskonkurrenz. Auch nach Ablauf der einjährigen Anfechtungsfrist gemäß § 124 Abs. 1 BGB kann der getäuschte Versicherer Schadenersatz wegen Verhandlungsverschuldens (culpa in contrahendo) und ein daraus abgelei-

---

OLG Koblenz, Beschl. v. 8. 9. 2003 − 10 U 1649/02, VersR 2004, 228, 229; *Voit* in: Prölss/Martin, VVG, 26. Aufl., 1998, § 9 BUZ 90 Rdn. 1.
[549] BGH v. 13. 10. 1982, VersR 1983, 25; BGH v. 10. 12. 1986, VersR 1987, 177; BGH, Urt. v. 20. 9. 1989 − IV a ZR 107/88, NJW 1990, 47 = VersR 1989, 1249, 1250; BGH, Beschl. v. 6. 12. 2006 − IV ZR 302/05, VersR 2007, 484, 485.
[550] OLG Koblenz, Urt. v. 17. 11. 2000 − 10 U 1979/99, NVersZ 2001, 161 = VersR 2001, 887, 888 = r+s 2002, 258.
[551] OLG Koblenz, Urt. v. 27. 10. 1995 − 10 U 1490/94, VersR 1996, 1222, 1223.
[552] OLG Hamm, Beschl. v. 29. 5. 1990 − 20 W 8/90, r+s 1990, 357.
[553] OLG Hamm, Beschl. v. 29. 5. 1990 − 20 W 8/90, r+s 1990, 357; BGH, Urt. v. 20. 9. 1989 − IV a ZR 107/88, NJW 1990, 47 = VersR 1989, 1249, 1250; OLG Koblenz, Urt. v. 17. 11. 2000 − 10 U 1979/99, NVersZ 2001, 161 = VersR 2001, 887, 888 = r+s 2002, 258, 259.
[554] OLG Hamm, Beschl. v. 29. 5. 1990 − 20 W 8/90, r+s 1990, 357; OLG Hamm, Urt. v. 12. 1. 1996 − 20 O 162/95, r+s 1996, 506.
[555] LG Regensburg, Urt. v. 24. 9. 1951 − 1 O 42/51, VersR 1952, 48, 49; OLG Köln, Urt. v. 9. 1. 1992 − 5 U 12/91, VersR 1992, 1252; *Prölss/Martin*, § 22 VVG Anm. 4.
[556] BGH NJW 1957, 988 = VersR 1957, 351.

tetes Recht zur Erfüllungsverweigerung geltend machen.[557] Soweit die Nicht- oder Falschanzeige gefahrerhebliche Umstände betrifft, sind jedoch die allgemeinen Grundsätze des Verschuldens beim Vertragsschluss durch die §§ 16 ff. VVG besonders geregelt, so dass hinsichtlich des geltend gemachten Anfechtungsgrunds Rechte aus culpa in contrahendo nicht in Betracht kommen.[558] Bei Versäumung der Anfechtungsfrist kann daher nur auf diese besondere gesetzliche Regelung zurückgegriffen werden, die nur unter den dort normierten Voraussetzungen zur Leistungsfreiheit führt.[559] Es besteht kein Anlass, dem Versicherer darüber hinaus ohne das Hinzutreten besonderer Umstände eine allgemeine Arglisteinrede zuzubilligen, die auch noch nach Ablauf der Anfechtungsfrist geltend gemacht werden könnte.[560]

134 Ein von den Fristen des § 124 BGB unberührtes Leistungsverweigerungsrecht kommt nur dort in Betracht, wo die Regelung der §§ 16 ff VVG nicht eingreift, z. B. bei Täuschung über andere als gefahrerhebliche Umstände, oder wo sie andere geschützte Interessen des Versicherers nicht abschließend behandelt.[561] Letzteres ist der Fall bei Ansprüchen aus unerlaubten Handlungen, insbesondere bei den Tatbeständen der §§ 826, 823 Abs. 2 BGB, welche neben den §§ 16 ff. VVG anzuwenden sind.[562] Ein Leistungsverweigerungsrecht ist zu bejahen, wenn der als Verhandlungsgehilfe tätige bezugsberechtigte Ehemann seine Ehefrau veranlasst hat, ihr Leben als Versicherungsnehmerin zu versichern, um sie dann zu ermorden, da sich die Versicherungsnehmerin das in hohem Maße vertragswidrige Verhalten ihres Ehemannes nach § 278 BGB zurechnen lassen muss.[563]

2. Arglistige Täuschung

135 **a) Unrichtige oder unvollständige Angaben.** Eine Anfechtung wegen arglistiger Täuschung setzt gemäß § 6 Abs. 4 ALB 1986 in Verbindung mit § 22 VVG voraus, dass der Versicherungsnehmer gegenüber dem Versicherer unrichtige oder unvollständige Angaben gemacht hat. Bestehen mehrere Verträge, ist für jeden Vertrag gesondert zu prüfen, ob dem Versicherungsnehmer eine arglistige Täuschung anzulasten ist.[564] Wie beim Rücktritt wegen Verletzung der vorvertraglichen Anzeigepflicht kommt es darauf an, ob der Versicherungsnehmer gefahrerhebliche Umstände verschwiegen hat, obwohl er gemäß § 16 Abs. 1 VVG zur Anzeige dieser Umstände gegenüber dem Versicherer verpflichtet war.[565] Als gefahrerheblich gelten alle Umstände, nach denen der Versicherer ausdrücklich und schriftlich gefragt hat.[566] Die Kenntnis von der Gefahrerheblichkeit des nicht oder unrichtig angezeigten Umstandes muss dem Anzeigepflichtigen nachgewie-

---

[557] RGZ 84, 131; BGH, Urt. v. 11. 5. 1979 – V ZR 75/78, NJW 1979, 83; BGH, Urt. v. 22. 2. 1984 – IV a ZR 63/82, VersR 1984, 630, 631.
[558] BGH, Urt. v. 22. 2. 1984 – IV a ZR 63/82, VersR 1984, 630, 631; OLG Hamm v. 27. 5. 1987, VersR 1988, 460.
[559] OLG Hamm v. 27. 5. 1987, VersR 1988, 460.
[560] BGH, Urt. v. 29. 1. 1969 – IV ZR 518/68, VersR 1969, 318; BGH VersR 1984, 631.
[561] BGH, Urt. v. 22. 2. 1984 – IV a ZR 63/82, NJW 1984, 2814 = VersR 1984, 630, 631; BGH, Urt. v. 8. 2. 1989 – IV a ZR 197/87, NJW-RR 1989, 1183, 1184 = VersR 1989, 465, 466.
[562] BGH VersR 1969, 318; BGH, Urt. v. 22. 2. 1984 – IV a ZR 63/82, VersR 1984, 630, 631; BGH, Urt. v. 8. 2. 1989 – IV a ZR 197/87, NJW-RR 1989, 1183, 1184 = VersR 1989, 465, 466.
[563] BGH, Urt. v. 8. 2. 1989 – IV a ZR 197/87, NJW-RR 1989, 1183, 1184 = VersR 1989, 465, 466.
[564] BGH, Urt. v. 7. 10. 1992 – IV ZR 224/91, VersR 1993, 170.
[565] AG Nürnberg VersR 1982, 1163; LG Dortmund, Urt. v. 28. 9. 1984 – 3 O 68/84.
[566] LG Berlin VersR 1979, 1145.

Vorvertragliche Anzeigepflicht 135a § 6 ALB 1986

sen werden.[567] Nur wenn festgestellt wird, dass der Versicherungsnehmer positive Kenntnis von der anzeigepflichtigen Tatsache hatte, kann eine arglistige Täuschung durch Verschweigen solcher Tatsachen angenommen werden.[568] Die Anfechtung ist auch wegen anderer als gefahrerheblicher Umstände zulässig.[569] Deswegen müssen aber nicht ungefragt Vorversicherungen und eine schlechte wirtschaftliche Lage vom Versicherungsnehmer offenbart werden.[570] Bei mehrdeutigen Fragen kann die Verantwortlichkeit und Arglist des Versicherungsnehmers unter Umständen entfallen,[571] insbesondere ist bei zweifelhafter Fragestellung ein Irrtum des Versicherungsnehmers über die Gefahrerheblichkeit des objektiv anzeigepflichtigen Umstandes in der Regel zu entschuldigen, so dass es erst recht an einer Arglist hinsichtlich der Nichtanzeige fehlt.[572]

b) Bewusste und gewollte Einflussnahme auf die Annahmeentscheidung. aa) Voraussetzungen. Eine arglistige Täuschung liegt vor, wenn der Versicherungsnehmer mit der wissentlich falschen Angabe von Tatsachen bzw. dem Verschweigen anzeige- und offenbarungspflichtiger Umstände auf die Entschließung des Versicherers, seinen Versicherungsantrag anzunehmen, Einfluss nehmen will und sich bewusst ist, dass der Versicherer möglicherweise seinen Antrag nicht oder nur unter erschwerten Bedingungen annehmen werde, wenn er wahrheitsgemäße Angaben mache.[573] Das ergibt sich aus dem Wortlaut und dem 135a

---

[567] Vgl. OLG Hamm v. 30. 11. 1977, VerBAV 1978, 314 = VersR 1978, 815.
[568] BGH v. 13. 10. 1982, VersR 1983, 25, 26; OLG Hamm, Urt. v. 26. 11. 1993 – 20 U 214/93, NJW-RR 1995, 286, 287 = VersR 1994, 1333 = r+s 1994, 42, 43.
[569] OLG Düsseldorf v. 20. 11. 1962, VersR 1963, 229; BGH VersR 1964, 1189, 1190 = VerBAV 1965, 28; *Knappmann* VersR 2006, 51.
[570] OLG Hamm VersR 1988, 174.
[571] OLG Frankfurt/M. VersR 1962, 821.
[572] OLG Frankfurt/M. NJW 1967, 682; BGH VersR 1971, 142 = NJW 1971, 192.
[573] OLG Hamburg VersR 1954, 250; OLG Hamburg VerBAV 1954, 84; BGH, Urt. v. 13. 5. 1957 – II ZR 56/56, NJW 1957, 988 = VersR 1957, 351 m. Anm. *Böhmer* VersR 1957, 457; OLG Hamburg MDR 1971, 848; OLG Hamburg VersR 1971, 902; OLG Köln VersR 1973, 1034; OLG Hamburg VersR 1975, 562; OLG Hamm VersR 1978, 1137, 1138; OLG Hamburg VersR 1980, 375; OLG Hamm VersR 1982, 86; BGH, Urt. v. 22. 2. 1984 – IV a ZR 63/82, NJW 1984, 2814 = VersR 1984, 630 = MDR 1984, 1008; BGH, Urt. v. 28. 11. 1984 – IV a ZR 81/83, VersR 1985, 156, 157; BGH, Urt. v. 12. 11. 1986 – IV a ZR 186/85, VersR 1987, 91 = r+s 1987, 32; BGH, Urt. v. 11. 2. 1987 – IV a ZR 201/85, r+s 1987, 172; OLG Oldenburg r+s 1988, 31, 32; OLG Hamm r+s 1989, 1; BGH, Urt. v. 20. 11. 1990 – IV ZR 113/89, NJW 1991, 411, 412; OLG Köln r+s 1991, 320; BGH, Urt. v. 18. 9. 1991 – IV ZR 189/90, NJW-RR 1992, 161 = VersR 1991, 1404; OLG Köln VersR 1992, 231, 232; OLG Hamm, Urt. v. 16. 1. 1991 – 20 U 111/90, r+s 1992, 358, 359; OLG Frankfurt/M., Urt. v. 29. 1. 1991 – 8 U 244/89, NJW-RR 1992, 1248 = VersR 1992, 41, 42 = MDR 1991, 1146; OLG Frankfurt/M., Urt. v. 10. 6. 1992 – 19 U 168/91, NJW-RR 1992, 1250 = VersR 1993, 568 = r+s 1992, 357; OLG Hamm, Urt. v. 23. 9. 1992 – 20 U 281/91, r+s 1993, 351; OLG Hamm, Urt. v. 25. 11. 1992 – 20 U 48/92, r+s 1994, 76, 77; OLG Koblenz VersR 1992, 229; OLG Saarbrücken, Urt. v. 19. 5. 1993 – 5 U 56/92, VersR 1996, 488, 489 = r+s 1997, 303, 304; OLG Hamm, Urt. v. 26. 11. 1993 – 20 U 214/93, NJW-RR 1995, 286, 287 = VersR 1994, 1333, 1334 = r+s 1994, 42, 43; OLG Düsseldorf, Urt. v. 4. 5. 1994 – 4 U 163/93, VersR 1995, 35, 36; OLG Hamm, Urt. v. 7. 7. 1995 – 20 U 378/94, NJW-RR 1996, 406, 407; OLG Köln, Urt. v. 20. 3. 1996 – 5 U 84/95, VersR 1996, 831 = r+s 1997, 81; KG Berlin, Urt. v. 23. 2. 1996 – 6 U 3719/94, VersR 1997, 94, 95 = r+s 1997, 346; OLG Hamm r+s 1996, 199, 200; OLG Saarbrücken, Urt. v. 19. 5. 1993 – 5 U 56/92, VersR 1996, 488, 489; KG VersR 1999, 577 = r+s 1998, 471; OLG München, Urt. v. 15. 11. 1998 – 30 U 129/98, VersR 2000, 711, 712 = r+s 2001, 84, 85; OLG Koblenz NVersR 1999, 72; OLG Koblenz NVersZ 1999, 472; OLG Jena, Urt. v. 28. 7. 1999 – 4 U 1208/97, NVersZ 2000, 19 = VersR 1999, 1526, 1527; OLG Düsseldorf, Urt. v. 29. 2. 2000 – 4 U 47/99, NVersZ 2001, 544 = VersR 2001, 1408 = r+s 2002, 388; OLG Frankfurt/M., Urt. v. 10. 5. 2000 – 7 U

Sinn des § 123 Abs. 1 BGB: Es genügt für die Anfechtung wegen arglistiger Täuschung eben nicht allein die unrichtige Angabe, sondern es muss die Täuschung in Bezug auf die Abgabe einer Willenserklärung verübt worden sein, und die Arglist ist gerade darin zu sehen, dass der Täuschende diese Bestimmung der Willensentscheidung des anderen beabsichtigt.[574] Arglist des Versicherungsnehmers kann weiterhin auch dann vorliegen, wenn der Versicherungsnehmer sich den ihm bekannten und für den Versicherer relevanten Umständen verschließt und Angaben ins „Blaue hinein" tätigt.[575] Arglistig handelt auch, wer durch eine Täuschung keinen Vermögensvorteil erstrebt.[576] Ferner erfordert der Begriff der Arglist nicht, dass der Versicherungsnehmer in Bereicherungs- oder gar Schädigungsabsicht gehandelt haben muss.[577] Es reicht vielmehr aus, dass der Versicherungsnehmer einen gegen die Interessen des Versicherers gerichteten Zweck verfolgt hat, z. B. um Schwierigkeiten beim Zustandekommen des Vertrages oder bei der Regulierung zu vermeiden.[578]

136   bb) **Kenntnis des Wissens- und Erklärungsvertreters.** Die Erklärungen und Erkenntnisse des Wissens- und Erklärungsvertreters muss sich der Antragsteller zurechnen lassen.[579] Dies gilt auch für das Unterlassen einer erforderlichen Wissenserklärung.[580] Auf das Vorstellungsbild des Antragstellers kommt es hierbei nicht an, weil der Antragsteller sich bei der Beantwortung der Fragen des Versicherers eines Dritten bedient hat, dessen Wissen er sich zurechnen lassen muss.[581] Ist der Antragsteller minderjährig und liegt eine an sich erforderliche Genehmi-

---

157/99, NVersZ 2000, 514, 515 = VersR 2001, 1097, 1098 = r+s 2003, 165, 166; OLG Frankfurt/M., Urt. v. 7. 6. 2000 – 7 U 249/98, NVersZ 2001, 115 = r+s 2003, 208; OLG Hamm, Urt. v. 29. 9. 2000 – 20 U 189/99, r+s 2002, 35; OLG Saarbrücken, Urt. v. 13. 12. 2000 – 5 U 624/00 – 50, NVersZ 2001, 350, 351 = VersR 2001, 751, 752; OLG Koblenz, Urt. v. 20. 4. 2001 – 10 U 1003/00, NVersZ 2001, 503 = VersR 2002, 222 (Ls.); OLG Frankfurt/M., Urt. v. 2. 5. 2001 – 7 U 58/00, NVersZ 2002, 401 = r+s 2001, 401; OLG Saarbrücken, Urt. v. 2. 5. 2001 – 5 U 766/98, r+s 2003, 3, 5; LG Berlin, Urt. v. 14. 8. 2001, NVersZ 2002, 360, 361 = r+s 2002, 78, 79; OLG Koblenz, Urt. v. 14. 6. 2002 – 10 U 1733/01, NVersZ 2002, 498/499 = r+s 2003, 254; BGH, Urt. v. 14. 7. 2004 – IV ZR 161/03, NJW 2004, 3427, 3429 = VersR 2004, 1297, 1298 = r+s 2005, 10, 12; OLG Karlsruhe, Urt. v. 7. 4. 2005 – 12 U 391/04, NJW-RR 2005, 463 f. = VersR 2006, 205, 206 = MDR 2005, 1410; OLG Saarbrücken, Urt. v. 12. 10. 2005 – 5 U 82/05 – 9, NJW-RR 2006, 607 = VersR 2006, 824; OLG Saarbrücken, Urt. v. 9. 11. 2005 – 5 U 50/05 – 6, VersR 2006, 681, 682; OLG Dresden, Beschl. v. 31. 1. 2006 – 4 U 2298/05, VersR 2006, 1526; KG, Beschl. v. 18. 7. 2006 – 6 W 37/06, VersR 2007, 973; BGH, Urt. v. 28. 2. 2007 – IV ZR 331/05, NJW 2007, 2041, 2042 = VersR 2007, 785, 786 = r+s 2007, 234, 235; BGH, Beschl. v. 12. 3. 2008 – IV ZR 330/06, VersR 2008, 809, 810; *Bruck/Möller*, VVG, 8. Aufl., § 22 Anm. 14; *Prölss/Martin*, VVG, 26. Aufl., 1998, § 22 VVG Rdn. 4, 8, 9; *Langheid* in: Römer/Langheid, VVG, 2. Aufl., 2003, § 22 VVG Rdn. 3.
[574] KG VersR 1953, 421; OLG Hamburg VersR 1971, 902.
[575] OLG Hamm VersR 1990, 765; BGH VersR 1993, 170; OLG München, Urt. v. 30. 11. 1998 – 30 U 129/98, VersR 2000, 711, 712 = r+s 2001, 84, 85; OLG Jena, Urt. v. 28. 7. 1999 – 4 U 1208/97, NVersZ 2000, 19 = VersR 1999, 1526, 1527; KG, Beschl. v. 10. 1. 2006 – 6 U 122/05, VersR 2007, 381, 382 = r+s 2007, 333, 334.
[576] OLG Hamm NVersZ 1997, 1049; LG Kleve VersR 1984, 253; OLG Hamm, Urt. v. 29. 9. 2000 – 20 U 189/99, r+s 2002, 35.
[577] OLG Nürnberg, Urt. v. 23. 12. 1999 – 8 U 3364/99, VersR 2000, 437, 438; OLG Frankfurt/M., Urt. v. 22. 7. 2004 – 3 U 219/03, VersR 2005, 1136, 1137 = r+s 2005, 474; KG, Beschl. v. 11. 3. 2005 – 6 U 233/04, NJW-RR 2005, 1616, 1617; KG, Hinweisbeschl. v. 27. 1. 2005 – 6 U 233/04, r+s 2006, 463, 464.
[578] BGH VersR 1991, 1129; OLG Stuttgart, Urt. v. 21. 12. 1995 – 7 U 168/95, S. 9.
[579] OLG Dresden, Beschl. v. 31. 1. 2006 – 4 U 2298/05, VersR 2006, 1526.
[580] OLG Dresden, Beschl. v. 31. 1. 2006 – 4 U 2298/05, VersR 2006, 1526.
[581] OLG Dresden, Beschl. v. 31. 1. 2006 – 4 U 2298/05, VersR 2006, 1526.

gung des Familiengerichts⁵⁸² nicht vor, hat der Antragsteller für das Verhalten des Wissens- und Erklärungsvertreters spätestens dann einzustehen, sobald er mit der Geltendmachung von Ansprüchen aus dem Vertrag den Schwebezustand des zunächst unwirksamen Vertrags durch eigene Genehmigung beendet hat.⁵⁸³

cc) Kenntnis des Versicherungsagenten. Nach den Grundsätzen der Auge- und-Ohr-Rechtsprechung gelten Angaben des Antragstellers gegenüber dem Versicherer auch dann als abgegeben, wenn sie der Versicherungsagent falsch, unvollständig oder gar nicht an den Versicherer weiterleitet.⁵⁸⁴ Hat der Versicherungsnehmer dem Agenten seine Kenntnis von Art und Ausmaß der Erkrankung vermittelt, spricht dies daher gegen die Annahme eines arglistigen Verhaltens des Versicherungsnehmers.⁵⁸⁵ Dieser Grundsatz gilt allerdings nicht bei kollusivem Handeln. Wenn der Versicherungsagent beim Ausfüllen des Antragsformulars unkorrekt zum Nachteil des Versicherers handelt und Fragen zu gefahrerheblichen Umständen falsch beantwortet, trifft den Versicherungsnehmer der Vorwurf arglistigen Verhaltens, wenn er weiß oder erkennt und billigt, wobei insoweit bedingter Vorsatz ausreicht, dass der Versicherungsagent dem Versicherer erhebliche Umstände nicht mitteilt, um diesen zur ggf. uneingeschränkten Annahme des Antrags zu bewegen.⁵⁸⁶ Ferner scheidet eine Zurechnung der Kenntnis des Versicherungsagenten an den Versicherer nach der Auge-und-Ohr-Rechtsprechung des BGH aus, wenn der Versicherungsagent zugleich als Wissenserklärungsvertreter des Antragstellers tätig wird.⁵⁸⁷ Denn nach der Rechtsprechung des BGH setzt die Zurechnung der Kenntnis des Versicherungsagenten voraus, dass dieser bei der Entgegennahme des Antrags in Ausübung der Stellvertretung für den Versicherer tätig geworden ist.⁵⁸⁸ Daran fehlt es aber, wenn der Versicherungsagent dem Versicherer bei Antragstellung als rechtsgeschäftlicher Vertreter des Versicherungsinteressen gegenübertritt.⁵⁸⁹

dd) Kenntnis des Versicherungsmaklers. Wenn der Versicherungsmakler dem Versicherungsnehmer bei der Beantwortung der Gesundheitsfragen behilflich ist, wird er in dessen Interesse tätig und übernimmt damit eine Aufgabe, die dem Versicherungsnehmer selbst obliegen hätte.⁵⁹⁰ Instruiert der Versicherungsmakler seinen Auftraggeber nicht ordnungsgemäß über seine Anzeigepflichten, scheidet eine Wissenszurechnung beim Versicherer aus, da es nicht zu Lasten des Versicherers gehen kann, wenn der Versicherungsmakler seine Beratungsaufgabe nicht

---

⁵⁸² §§ 1643 Abs. 1, 1822 Nr. 5 BGB.
⁵⁸³ OLG Dresden, Beschl. v. 31. 1. 2006 – 4 U 2298/05, VersR 2006, 1526.
⁵⁸⁴ BGHZ 102, 194 = NJW 1988, 973 = VersR 1988, 234 = r+s 1988, 123; OLG Hamm VersR 1992, 1642; BGHZ 116, 387 = NJW 1992, 828; OLG Köln, Urt. v. 4. 6. 1992 – 5 U 161/91, r+s 1994, 75; BGHZ 123, 225 = NJW 1993, 2807 = VersR 1993, 1089; OLG Hamm NJWE-VHR 1996, 105 = VersR 1996, 697, 700; OLG Koblenz, Urt. v. 20. 4. 2001 – 10 U 1003/00, NVersZ 2001, 503 = VersR 2002, 222 (Ls.); OLG Frankfurt/M., Urt. v. 2. 5. 2001 – 7 U 58/00, NVersZ 2002, 401 = r+s 2001, 401.
⁵⁸⁵ BGH VersR 1984, 630; BGH, Urt. v. 20. 11. 1990 – IV ZR 113/89, NJW-RR 1991, 411, 412; OLG Saarbrücken, Urt. v. 13. 8. 2008 – 5 U 27/07-3, VersR 2009, 99, 100.
⁵⁸⁶ OLG Köln r+s 1991, 320; BGHZ 123, 225 = NJW 1993, 2807 = VersR 1993, 1089 = r+s 1993, 361; OLG Hamm NJW-RR 1996, 406; OLG Karlsruhe r+s 1997, 38; OLG Hamm, Urt. v. 6. 7. 2001 – 20 U 200/00, NVersZ 2002, 108, 109 = r+s 2002, 316, 317/318; OLG Zweibrücken, Urt. v. 31. 10. 2002 – 1 U 66/02, VersR 2004, 630 = r+s 2004, 364, 365; OLG Frankfurt/M., Urt. v. 10. 6. 2005 – 25 U 115/04, VersR 2005, 1429, 1430; *Kollhosser* in: *Prölss/Martin*, VVG, § 43 VVG Rdn. 27; *Langheid* in: Römer/Langheid, VVG, 2. Aufl., 2003, § 22 VVG Rdn. 16.
⁵⁸⁷ OLG Dresden, Beschl. v. 31. 1. 2006 – 4 U 2298/05, VersR 2006, 1526.
⁵⁸⁸ OLG Dresden, Beschl. v. 31. 1. 2006 – 4 U 2298/05, VersR 2006, 1526.
⁵⁸⁹ OLG Dresden, Beschl. v. 31. 1. 2006 – 4 U 2298/05, VersR 2006, 1526.
⁵⁹⁰ OLG Köln, Hinweisbeschl. v. 25. 4. 2007 – 5 U 242/06, VersR 2008, 810 (Ls.).

sachgerecht erfüllt.[591] Täuscht der Versicherungsmakler den Versicherer arglistig bei der Beantwortung der Gesundheitsfragen, wird dieses Fehlverhalten dem Versicherungsnehmer gemäß § 166 Abs. 1 BGB zugerechnet, weil der Versicherungsmakler nicht als Dritter iSv § 123 Abs. 2 Satz 1 BGB angesehen ist.[592]

139   ee) Kenntnis des Hausarztes. Der mit der Erstellung des ärztlichen Zeugnisses vom Versicherer betraute Arzt ist als beauftragter und passiver Stellvertreter des Versicherers anzusehen.[593] Seine Kenntnis vom jeweiligen Gesundheitszustand des Versicherungsnehmers muss sich der Versicherer zurechnen lassen.[594] Füllt der vom Versicherer eingeschaltete Arzt den Fragenkatalog aus und hält er es nicht für erforderlich, ihm bei Antragstellung mitgeteilte Umstände in den Antrag aufzunehmen oder erklärt er sie für unerheblich, so muss der Versicherer dies entsprechend der Auge-und-Ohr-Rechtsprechung des BGH, die für Versicherungsagenten gilt, gegen sich gelten lassen.[595] Gleichermaßen gilt dies für Formularfragen, die der Arzt dem Versicherungsnehmer gar nicht erst vorgelesen hat.[596] Darüber hinaus wird die Auffassung vertreten, dass sich der Versicherer, der den Hausarzt des Antragstellers mit einem ärztlichen Gutachten betraut, dessen Kenntnis über Vorerkrankungen des Antragstellers sämtlich gemäß § 166 BGB zurechnen lassen muss, auch wenn dieser sie nicht im Zusammenhang mit der Antragstellung erlangt hat.[597] Dies gilt aber dann nicht, wenn der Versicherungsnehmer es im Bewusstsein der Anzeigepflicht gewollt und gebilligt hat, dass der Arzt die Gefahrumstände nicht erwähnt[598] oder beide kollusiv zusammengewirkt haben. Weiß der Geschäftsgegner oder rechnet er zumindest damit, dass der Vollmachtgeber bei Kenntnis der Tatsache nicht abgeschlossen hätte, und rechnet er zugleich damit, dass jener die Kenntnis seines Bevollmächtigten nicht erlangen würde, so würde es Treu und Glauben widersprechen, wenn er sich später auf die Kenntnis des Bevollmächtigten berufen könnte.[599] Wenn hingegen der Versicherungsnehmer davon ausgehen kann, dass der dem Versicherer benannte und von der Schweigepflicht entbundene Hausarzt die an sich vom Versicherungsnehmer anzuzeigende gefahrerhebliche Gesundheitsstörung dem Versicherer mitteilen wird, ist davon auszugehen, dass der Versicherungsnehmer die Anzeige nicht arglistig unterlassen hat.[600] Eine Wissenszurechnung entfällt mithin generell, wenn dem Versicherungsnehmer, der dem Arzt unvollständige oder unrichtige Angaben machte, eine arglistige Täuschung des Versicherers vorzuwerfen ist.[601]

140   ff) Kenntnis des Versicherers. Der Versicherer verliert das Recht zur Arglistanfechtung nicht schon deshalb, weil er seine Nachfrageobliegenheit verletzt

---

[591] BGH NJW-RR 2000, 316 = VersR 1999, 1481, 1482 = r+s 1999, 491; OLG Düsseldorf, Urt. v. 19. 11. 2002 – 4 U 81/02, NJW-RR 2003, 466, 467 = r+s 2003, 205, 206.
[592] OLG Köln, Hinweisbeschl. v. 25. 4. 2007 – 5 U 242/06, VersR 2008, 810 (Ls.); BGH, Beschl. v. 12. 3. 2008 – IV ZR 330/06, VersR 2008, 809, 810.
[593] OLG Frankfurt/M., Urt. v. 17. 8. 1992 – 27 U 48/91, NJW-RR 1993, 676/677; OLG Saarbrücken, Urt. v. 1. 2. 2006 – 5 U 207/05 – 17, VersR 2006, 1482, 1485 = r+s 2006, 510, 511.
[594] BGH, Urt. v. 29. 5. 1980 – IVa ZR 6/80, VersR 1980, 762; BGH, Urt. v. 21. 11. 1989 – IVa ZR 62/88, VersR 1990, 77 = r+s 1990, 101; OLG Köln, Urt. v. 4. 6. 1992 – 5 U 161/91, r+s 1994, 75; BGH, Urt. v. 7. 10. 1992 – IV ZR 224/91, VersR 1993, 170.
[595] BGH NJW 1990, 767.
[596] BGH, Urt. v. 7. 10. 1992 – IV ZR 224/91, VersR 1993, 170.
[597] OLG Frankfurt/M. NJW-RR 1993, 676 f.
[598] OLG Köln r+s 1991, 320.
[599] RGZ 134, 67 ff.
[600] OLG Frankfurt/M., Urt. v. 15. 5. 2002 – 7 U 134/01, NJW-RR 2003, 1115, 1116 = VersR 2003, 357 = r+s 2004, 207.
[601] BGH, Urt. v. 7. 3. 2001 – IV ZR 254/00, VersR 2001, 620 = r+s 2001, 261, 262; *Knappmann* VersR 2005, 199, 200.

hat.[602] Nach dem zunächst für das Rücktrittsrecht entwickelten Institut der Nachfrageobliegenheit des Versicherers ist es als Verstoß gegen Treu und Glauben anzusehen, wenn der Versicherer in Kenntnis oder in vorwerfbarer Unkenntnis einer lückenhaften oder unrichtigen Beantwortung von Antragsfragen im Anbahnungsbereich des Versicherungsvertrags diesen möglichen Rücktrittsgrund sozusagen auf Vorrat für den Eintritt des Versicherungsfalls aufbewahrt, um bei Hinweis hierauf eine Leistung zu verweigern.[603] Der Versicherer, der trotz erkennbarer Unsicherheit in diesem Falle einen Vertrag abschließt, darf sich nicht auf seine Unkenntnis hinsichtlich eines Gefahrumstands berufen.[604] Daraus ergibt sich, dass eine solche Risikoprüfungsobliegenheit nur dann besteht, wenn der Versicherer auf Grund der Angaben des Versicherungsnehmers das Risiko nicht sachgerecht einschätzen kann, und er deshalb nachzufragen hat.[605] Damit setzt die Notwendigkeit einer Nachfrage eine Unklarheit voraus, die es durch die Nachfrage zu beheben gilt.[606] Nicht Aufgabe der Nachfrageobliegenheit ist es, den Versicherer zur Nachprüfung der Angaben des Versicherungsnehmers anzuhalten, sondern es ist lediglich Aufgabe dieser Obliegenheit, widersprüchliche oder lückenhafte Angaben einer Klärung zuzuführen.[607] Die Risikoprüfung dient mithin nicht dazu, die Wahrheitsliebe des Versicherungsnehmers zu prüfen.[608] Die Bejahung einer Nachfrageobliegenheit im Falle des Vorliegens einer arglistigen Täuschung würde dazu führen, dass etwa versteckte Hinweise des Versicherungsnehmers, denen nachzugehen wäre, dazu führen, dass sich ein solcher arglistig täuschender Versicherungsnehmer die „Früchte seiner unerkennbaren arglistigen Täuschung" erhalten könnte.[609] In solchen Fallgruppen, in denen ein versteckter Hinweis auf weitere Gefahrumstände enthalten sein mag, liegt eine „besonders subtile Täuschung" vor,[610] die keinen Schutz verdient.[611] Die Bejahung einer solchen Entschuldigungsmöglichkeit stünde auch im Wertungswiderspruch zu dem Umstand, dass den Versicherten in einem solchen Falle allenfalls Fahrlässigkeit im Gegensatz zur Arglist des Versicherungsnehmers träfe, die Arglist damit durch Zuerkennung einer die Folgen der arglistigen Täuschung rückgängig machende Verletzung der Nachfrageobliegenheit nicht einsichtig erscheint.[612] Damit ist ein Anfechtungs-

---

[602] LG Berlin, Urt. v. 15. 10. 2002 – 7 O 142/02, r+s 2002, 490, 492; BGH, Beschl. v. 4. 7. 2007 – IV ZR 170/04, NJW-RR 2007, 1519 = VersR 2007, 1256; a. A. BGHZ 117, 385, 387f. = NJW 1992, 1506 = VersR 1992, 603, 604 = r+s 1992, 213.
[603] OLG Frankfurt/M., Urt. v. 7. 6. 2000 – 7 U 249/98, NVersZ 2001, 115, 116 = r+s 2003, 208, 209.
[604] BGHZ 117, 385 = NJW 1992, 1506 = VersR 1992, 603, 604; OLG Frankfurt/M., Urt. v. 7. 6. 2000 – 7 U 249/98, NVersZ 2001, 115, 116 = r+s 2003, 208, 209.
[605] OLG Frankfurt/M., Urt. v. 7.6.2000 – 7 U 249/98, NVersZ 2001, 115, 116 = r+s 2003, 208, 209; *Honsell/Voit* in: Berliner Komm. z. VVG, 1999, § 16 VVG Rdn. 91.
[606] OLG Frankfurt/M., Urt. v. 7. 6. 2000 – 7 U 249/98, NVersZ 2001, 115, 116 = r+s 2003, 208, 209.
[607] BGH NJW-RR 1995, 982 = VersR 1995, 901, 902; OLG München VersR 1998, 1361, 1362; OLG Frankfurt/M., Urt. v. 7. 6. 2000 – 7 U 249/98, NVersZ 2001, 115, 116/117 = r+s 2003, 208, 209; *Lücke* VersR 1996, 785, 790.
[608] BGH VersR 1995, 901 = r+s 1995, 354; KG, Urt. v. 28. 5. 2002 – 6 U 144/01, r+s 2005, 256.
[609] OLG Frankfurt/M., Urt. v. 7. 6. 2000 – 7 U 249/98, NVersZ 2001, 115, 117 = r+s 2003, 208, 209; *Langheid* in: Römer/Langheid, VVG, 2. Aufl., 2003, § 22 Rdn. 8.
[610] *Langheid* in: Römer/Langheid, VVG, 2. Aufl., 2003, § 22 VVG Rdn. 8.
[611] OLG Frankfurt/M., Urt. v. 7. 6. 2000 – 7 U 249/98, NVersZ 2001, 115, 117 = r+s 2003, 208, 209.
[612] OLG Frankfurt/M., Urt. v. 7. 6. 2000 – 7 U 249/98, NVersZ 2001, 115, 117 = r+s 2003, 208, 209; *Lorenz* VersR 1993, 513, 517; *Voit* BUZ Rdn. 193.

recht wegen arglistiger Täuschung bei einer etwaigen Verletzung der Nachfrageobliegenheit nicht ausgeschlossen.⁶¹³

141   gg) Beweislast. Beweispflichtig für das Vorliegen einer arglistigen Täuschung ist der Versicherer als Anfechtender des Versicherungsvertrages.⁶¹⁴ Der Versicherer ist berechtigt, in Verdachtsfällen die zum Nachweis der arglistigen Täuschung ohne Schweigepflichtentbindungserklärung eingeholten Beweismittel zu verwerten.⁶¹⁵ Grundsätzlich weist die wissentlich falsche Beantwortung prima facie darauf hin, dass auch die für die Anfechtung gemäß § 123 Abs. 1 BGB erforderlichen subjektiven Voraussetzungen beim Versicherungsnehmer vorhanden waren.⁶¹⁶ Allerdings gibt es keinen allgemeinen Satz der Lebenserfahrung des Inhalts, dass eine bewusst unrichtige Beantwortung von Fragen nach dem Gesundheitszustand oder früheren Behandlungen immer oder nur in der Absicht gemacht zu werden pflegt, auf den Willen des Versicherers einzuwirken.⁶¹⁷ Denn häufig werden unrichtige Angaben über den Gesundheitszustand auch aus falsch verstandener Scham, aus Gleichgültigkeit, aus Trägheit oder einfach in der Annahme gemacht, dass die erlittenen Krankheiten bedeutungslos seien.⁶¹⁸ Der Versicherer muss deshalb entsprechend den allgemeinen Beweislastregeln nachweisen, dass der Versicherungsnehmer mit Hilfe der Abgabe einer falschen Erklärung auf den Willen des Versicherers einwirken wollte, also sich bewusst war, der Versicherer werde seinen Antrag nicht oder möglicherweise nicht (dolus eventualis genügt) oder möglicherweise nur mit erschwerten Bedingungen annehmen, wenn der Versicherungsnehmer die Fragen wahrheitsgemäß beantworten würde.⁶¹⁹ Da es sich

---

⁶¹³ LG Konstanz VersR 1997, 1082, 1083; OLG Frankfurt/M., Urt. v. 7. 6. 2000 – 7 U 249/98, NVersZ 2001, 115, 117 = r+s 2003, 208, 209; OLG Saarbrücken, Urt. v. 12. 10. 2005 – 5 U 82/05 – 9, NJW-RR 2006, 607, 609 = VersR 2006, 824, 826; BGH, Beschl. v. 15. 3. 2006 – IV ZA 26/05, VersR 2007, 96 m. Anm. *Lorenz* VersR 2007, 96; BGH, Beschl. v. 4. 7. 2007 – IV ZR 170/04, NJW-RR 2007, 1519 = VersR 2007, 1256; BGH, Urt. 5. 3. 2008 – IV ZR 119/06, NJW-RR 2008, 979, 980 = VersR 2008, 668, 669 = r+s 2008, 249; *Dreher* JZ 1992, 926; *Knappmann* r+s 1996, 81, 83; *Lücke* VersR 1996, 785, 790; *Müller-Frank/Scherff* VersR 1998, 1362, 1364; *Römer* r+s 1998, 45, 48; *Hübner* in: Festschrift für Egon Lorenz, 2004, S. 355, 374 ff.
⁶¹⁴ BGH NJW 1984, 2814 = VersR 1984, 630; BGHZ 102, 194 = NJW 1988, 973; BGH NJW 1989, 2060; BGH NJW 1990, 767; BGH NJW-RR 1992, 161 = VersR 1991, 1404 = r+s 1991, 423; OLG Jena, Urt. v. 28. 7. 1999 – 4 U 1208/97, NVersZ 2000, 19, 20 = VersR 1999, 1526, 1528; OLG Düsseldorf, Urt. v. 29. 2. 2000 – 4 U 47/99, NVersZ 2001, 544 = VersR 2001, 1408 = r+s 2002, 388; OLG Koblenz, Urt. v. 20. 4. 2001 – 10 U 1003/00, NVersZ 2001, 503 = VersR 2002, 222 (Ls.); *Prölss* in: Prölss/Martin, VVG, 26. Aufl., 1998, § 22 VVG Rdn. 5.
⁶¹⁵ OLG Nürnberg, Urt. v. 7. 12. 2000 – 8 U 1307/00, VersR 2002, 179.
⁶¹⁶ LG Berlin VersR 1953, 73; LG Frankfurt/M. VersR 1954, 484; OLG Frankfurt/M. VersR 1962, 821.
⁶¹⁷ OLG Hamburg VersR 1971, 902; OLG Saarbrücken, Urt. v. 19. 5. 1993 – 5 U 56/92, VersR 1996, 488, 489 = r+s 1997, 303, 304; OLG Koblenz, Urt. v. 20. 4. 2001 – 10 U 1003/00, NVersZ 2001, 503 = VersR 2002, 222 (Ls.); OLG Saarbrücken, Urt. v. 12. 10. 2005 – 5 U 82/05, NJW-RR 2006, 607 = VersR 2006, 824.
⁶¹⁸ OLG Koblenz, Urt. v. 20. 4. 2001 – 10 U 1003/00, NVersZ 2001, 503 = VersR 2002, 222 (Ls.); OLG Koblenz, Urt. v. 14. 6. 2002 – 10 U 1733/01, NVersZ 2002, 498, 499 = r+s 2003, 254.
⁶¹⁹ RGZ 81, 14; RGZ 96, 345; KG VersR 1953, 421; LG Frankfurt/M VersR 1954, 484; OLG München VersR 1957, 241; BGH NJW 1957, 988 = VersR 1957, 351, 357; BGH VersR 1959, 13; OLG Celle VersR 1964, 461; BGH VersR 1964, 1189; OLG Düsseldorf VersR 1962, 344; OLG Düsseldorf v. 20. 11. 1962, VersR 1963, 229, 230; BGH VersR 1969, 435; OLG Köln VersR 1973, 1034; BGH Hamburg v. 23. 10. 1974, VersR 1975, 562; OLG Karlsruhe VersR 1977, 635; OLG Hamburg VersR 1980, 375; OLG Frankfurt/M. VersR 1980, 449; LG Köln VersR 1980, 1141; OLG Hamburg VersR 1971,

Vorvertragliche Anzeigepflicht 141 § 6 ALB 1986

bei diesem Bewusstsein des Versicherungsnehmers um eine sogenannte innere Tatsache handelt und er seine arglistige Absicht wohl nur selten selbst eingestehen wird, kann in der Praxis der Beweis, dass dieses Bewusstsein beim Versicherungsnehmer vorgelegen hat, meist nur durch einen Indizienbeweis geführt werden.[620] Dabei reicht die Tatsache der objektiven Falsch- oder Nichtbeantwortung für den Indizienbeweis allein nicht aus.[621] Der Versicherungsnehmer muss aber die Umstände dartun, die seiner Sphäre angehören, also z. B. die Gründe für die Falschangabe nennen und sie der Nachprüfung eröffnen (sog. sekundäre Darlegungslast).[622] Der sekundären Darlegungslast des Versicherungsnehmers liegt zu

---

902/903; OLG Koblenz VersR 1981, 31 und 188; OLG Hamm VersR 1982, 86, 1161; KG VersR 1983, 381; OLG Hamm v. 12. 8. 1983, VersR 1984, 231; OLG Hamm v. 11. 11. 1983, VersR 1984, 232; BGH v. 28. 11. 1984, VersR 1985, 156, 157; BGH v. 26. 3. 1986, VersR 1986, 674; BGH v. 12. 11. 1986, VersR 1987, 91; LG Wuppertal v. 22. 8. 1985, VersR 1987, 374; LG Darmstadt VersR 1987, 1208; BGH, Urt. v. 20. 11. 1990 – IV ZR 113/89, NJW-RR 1991, 411, 412; OLG Hamm v. 19. 5. 1993 – 5 U 56/92, VersR 1996, 488, 489 = r+s 1997, 303, 304; OLG Koblenz VersR 1995, 689; OLG Koblenz, Urt. v. 28. 11. 1997 – 10 U 714/96, NVersZ 1999, 72, 73 = r+s 1998, 258; OLG Nürnberg, Urt. v. 23. 12. 1999 – 8 U 3364/99, VersR 2000, 437, 438; OLG Frankfurt/M., Urt. v. 7. 6. 2000 – 7 U 249/98, NVersZ 2001, 115, 116 = r+s 2003, 208, 209; OLG Koblenz, Urt. v. 20. 4. 2001 – 10 U 1003/00, NVersZ 2001, 503 = VersR 2002, 222 (Ls.); OLG Koblenz, Urt. v. 14. 6. 2002 – 10 U 1733/01, NVersZ 2002, 498, 499 = r+s 2003, 254; OLG Koblenz, Urt. v. 11. 4. 2003 – 10 U 400/97, NJW-RR 2003, 1114; OLG Saarbrücken, Urt. v. 9. 11. 2005 – 5 U 50/05 – 6, VersR 2006, 681, 683.
[620] OLG Hamburg VersR 1971, 902, 903; OLG Hamburg VersR 1975, 562; LG Darmstadt VersR 1987, 1208; BGH VersR 1984, 630, 631; OLG Saarbrücken, Urt. v. 19. 5. 1993 – 5 U 56/92, VersR 1996, 488, 489 = r+s 1997, 303, 304; OLG Koblenz, Urt. v. 20. 4. 2001 – 10 U 1003/00, NVersZ 2001, 503 = VersR 2002, 222 (Ls.); OLG Saarbrücken, Urt. v. 2. 5. 2001 – 5 U 766/98, r+s 2003, 3, 5; OLG Koblenz, Urt. v. 14. 6. 2002 – 10 U 1733/01, NVersZ 2002, 498, 499 = r+s 2003, 254; OLG Koblenz, Urt. v. 11. 4. 2003 – 10 U 400/97, NJW-RR 2003, 1114; OLG Karlsruhe, Urt. v. 7. 4. 2005 – 12 U 391/04, NJW-RR 2006, 463 f. = VersR 2006, 205, 206; OLG Saarbrücken, Urt. v. 12. 10. 2005 – 5 U 82/05 – 9, NJW-RR 2006, 607 = VersR 2006, 824; OLG Saarbrücken, Urt. v. 9. 11. 2005 – 5 U 50/05 – 6, VersR 2006, 681, 683; OLG Nürnberg, Hinweisbeschl. v. 2. 5. 2006 – 8 U 597/05, VersR 2006, 1627 = r+s 2006, 409; KG, Beschl. v. 20. 6. 2006 – 6 U 46/06, VersR 2006, 1628 = r+s 2007, 162, 163 = MDR 2007, 274.
[621] OLG Frankfurt/M. VersR 1980, 449; BGH VersR 1984, 453, 454; BGH, Urt. v. 28. 3. 1984 – IV a ZR 75/82, VersR 1984, 629, 630 = r+s 1984, 173; LG Wuppertal VersR 1987, 374; BGH, Urt. v. 20. 11. 1990 – IV ZR 113/89, NJW-RR 1991, 411, 412; OLG Hamm, Urt. v. 16. 1. 1991 – 20 U 111/90, r+s 1992, 358, 359; KG Berlin, Urt. v. 23. 2. 1996 – 6 U 3719/94, VersR 1997, 94, 95 = r+s 1997, 346, 347; AG Mannheim, Urt. v. 3. 12. 1996, VersR 1997, 1131, 1132; OLG München, Urt. v. 30. 11. 1998 – 30 U 129/98, VersR 2000, 711, 712 = r+s 2001, 84, 85; OLG Jena, Urt. v. 28. 7. 1999 – 4 U 1208/97, NVersZ 2000, 19, 20 = VersR 1999, 1526, 1528; OLG Frankfurt/M., Urt. v. 7. 2. 2002 – 15 U 138/01, NVersZ 2002, 500, 501 = VersR 2002, 1134, 1135 = r+s 2004, 296; Prölss/Martin, § 22 VVG Rdn. 5.
[622] BGH, Urt. v. 20. 11. 1970 – IV ZR 1074/68, NJW 1971, 192, 194 = VersR 1971, 142, 143; BGH VersR 1981, 446 = r+s 1981, 129; LG Aachen, Urt. v. 25. 2. 1986 – 10 O 658/85; BGH v. 26. 3. 1986, VersR 1986, 674; OLG Oldenburg r+s 1988, 31, 32; OLG Hamm, Beschl. v. 20. 2. 1990 – 20 W 6/90, VersR 1990, 765; OLG Hamm r+s 1990, 170; OLG Hamm r+s 1992, 358; OLG Frankfurt/M. VersR 1993, 568, 569; AG Mannheim, Urt. v. 3. 12. 1996, VersR 1997, 1131, 1132; KG Berlin, Urt. v. 23. 2. 1996 – 6 U 3719/94, VersR 1997, 94, 95 = r+s 1997, 346, 347; OLG München, Urt. v. 30. 11. 1998 – 30 U 129/98, VersR 2000, 711, 712 = r+s 2001, 84, 85; OLG Frankfurt/M., Urt. v. 10. 5. 2000 – 7 U 157/99, NVersZ 2000, 514, 515 = VersR 2001, 1097, 1098 = r+s 2003, 165, 166; OLG Frankfurt/M., Urt. v. 7. 6. 2000 – 7 U 249/98, NVersZ 2001, 115, 116 = r+s 2003, 208; OLG Frankfurt/M. NVersZ 2002, 401 = r+s 2001, 401; OLG Saarbrücken VersR 2003, 890, 891; BGH, Beschl. v. 7. 11. 2007 – IV ZR 103/06, NJW-RR 2008, 343

Grunde, dass er die Umstände offenlegen muss, die sich in seiner Sphäre abgespielt haben, so dass der Versicherer sie nicht kennen und vortragen kann;[623] denn substanziierter Vortrag kann von einer Partei nicht gefordert werden, wenn nur der Gegner die wesentlichen Tatsachen kennt und es ihm zumutbar ist, dazu nähere Angaben zu machen.[624] Die sekundäre Darlegungslast erstreckt sich auf Dritte, wenn die Umstände des Einzelfalls es rechtfertigen, den Dritten der Sphäre des Versicherungsnehmers zuzurechnen.[625] Hat die Ehefrau allein die Vertragsverhandlungen im Auftrag ihres Ehemannes, des späteren Versicherungsnehmers, geführt und selbst die Gesundheitsfragen im Antragsformular nach Rücksprache mit ihrem Ehemann für diesen beantwortet, begegnet es keinen rechtlichen Bedenken, sie mit Blick auf die sekundäre Darlegungslast des Versicherungsnehmers dessen Sphäre zuzuordnen.[626]

142 Wesentliche Indizien für die Täuschungsabsicht des Versicherungsnehmers können sich ergeben aus Art, Umfang und Bedeutung der unrichtigen und unvollständigen Angaben, aus dem Persönlichkeitsbild des Versicherungsnehmers,[627] dem jeweiligen Bildungsstand des Versicherungsnehmers,[628] den besonderen Umständen bei der Ausfüllung des Versicherungsantrags und der Art der genommenen Versicherung,[629] ferner der deutlichen Verharmlosung des angegebenen Krankheitsbilds[630] oder dem Verschweigen einer Vielzahl von Vorerkrankungen und falschen Angaben über ärztliche Behandlungen.[631] Aus dem Verschweigen einer gravierenden Vorerkrankung ist regelmäßig auf die Täuschungsabsicht des Versicherungsnehmers zu schließen.[632] Gleichermaßen indiziert die Einschaltung eines dem Versicherungsnehmer unbekannten Arztes statt des Hausarztes für die vor Annahme seines Antrags auf Abschluss einer Versicherung durchzuführende

---

= VersR 2008, 242 = r+s 2008, 62; BGH, Beschl. v. 12. 3. 2008 – IV ZR 330/06, VersR 2008, 809, 810.
[623] BGH NJW 1971, 192 = VersR 1971, 142; BGH, Beschl. v. 7. 11. 2007 – IV ZR 103/06, NJW-RR 2008, 343 = VersR 2008, 242 = r+s 2008, 62.
[624] BGH, Beschl. v. 7. 11. 2007 – IV ZR 103/06, NJW-RR 2008, 343 = VersR 2008, 242 = r+s 2008, 62.
[625] BGH, Beschl. v. 7. 11. 2007 – IV ZR 103/06, NJW-RR 2008, 343/344 = VersR 2008, 242 = r+s 2008, 62.
[626] BGH, Beschl. v. 7. 11. 2007 – IV ZR 103/06, NJW-RR 2008, 343, 344 = VersR 2008, 242 = r+s 2008, 62.
[627] OLG Hamburg, Urt. v. 28. 12. 1982 – 9 U 40/82; KG, Beschl. v. 18. 7. 2006 – 6 W 37/06, VersR 2007, 973, 974.
[628] LG Frankfurt/M. VersR 1953, 73 – Diplomkaufmann; LG Freiburg VersR 1953, 426 – durchschnittlich gebildeter Versicherungsnehmer; OLG Braunschweig VersR 1959, 821 – Versicherungsnehmer mit einfacher Bildung und mangelnder Geschäftserfahrung; OLG Hamburg VersR 1971, 903; OLG Hamburg VersR 1975, 562; KG, Beschl. v. 18. 7. 2006 – 6 W 37/06, VersR 2007, 973, 974.
[629] KG VersR 1953, 421; LG Stuttgart VersR 1957, 13; OLG Hamburg VersR 1971, 903; OLG Saarbrücken, Urt. v. 12. 3. 2003 – 5 U 460/01 – 33, NJW-RR 2003, 814, 815 = VersR 2004, 50, 51; OLG Saarbrücken, Urt. v. 12. 10. 2005 – 5 U 82/05 – 9, NJW-RR 2006, 607 = VersR 2006, 824; KG, Beschl. v. 18. 7. 2006 – 6 W 37/06, VersR 2007, 973, 974.
[630] OLG Köln VersR 1992, 1252; OLG Hamburg, Beschl. v. 18. 1. 2007 – 9 U 41/06, VersR 2008, 770, 772.
[631] LG Berlin VersR 1978, 273.
[632] KG VersR 1985, 331; LG Hamburg VersR 1991, 986 (Ls.); OLG Karlsruhe VersR 1992, 1250; BGH VersR 1993, 170 = r+s 1993, 33; OLG Saarbrücken, Urt. v. 19. 5. 1993 – 5 U 56/92, VersR 1996, 488, 489 = r+s 1997, 303, 304; OLG Köln VersR 1996, 831 = r+s 1997, 81; KG VersR 1997, 94 = r+s 1997, 346; OLG Jena, Urt. v. 28. 7. 1999 – 4 U 1208/97, NVersZ 2000, 19, 20 = VersR 1999, 1526, 1528; OLG Düsseldorf, Urt. v. 29. 2. 2000 – 4 U 47/99, NVersZ 2001, 544, 545 = VersR 2001, 1408, 1409 = r+s 2002, 388.

ärztliche Untersuchung[633] oder die deutliche Verharmlosung eines Krankheitsbildes eine arglistige Täuschung.[634] Das läuft darauf hinaus, dass in der Regel dann, wenn schwere Erkrankungen oder erkennbar chronische Erkrankungen oder Krankenhausaufenthalte verschwiegen worden sind, ein auf eine Täuschung des Versicherers gerichtetes Bewusstsein anzunehmen ist, dagegen beim Verschweigen leichterer Erkrankungen oder solcher Erkrankungen, die vom Versicherungsnehmer als leichte Erkrankungen angesehen worden sind, der Beweis als nicht geführt angesehen werden muss.[635] Der Beweis der Arglist kann sich mitunter daraus ergeben, dass der Antragsteller leichte Krankheiten angegeben, schwerwiegende aber verschwiegen hat, oder dem Umstand, dass er zeitlich weiter zurückliegende Krankheiten oder Untersuchungen, die seinem Bewusstsein schon weiter entrückt waren, angab, während er näher in der Vergangenheit liegende verschwieg.[636] Eine Arglist ist ferner bewiesen, wenn die Frage des Versicherers nach abgelehnten, aufgehobenen, gekündigten oder bestehenden anderen Vorversicherungen bewusst unrichtig beantworten wird,[637] um ggf. eine Überversicherung zu erreichen.[638]

Der Nachweis wird aufgrund der Gesamtumstände des Falls geführt. Nach 143 § 286 ZPO ist eine Tatsachenbehauptung bewiesen, wenn das Gericht sie nach seiner Überzeugung für wahr erachtet. Es kommt nur darauf an, ob der Richter selbst die Überzeugung von der Wahrheit gewonnen hat. Diese persönliche Gewissheit ist für die Entscheidung notwendig. Eine von allen Zweifeln freie Überzeugung setzt das Gesetz nicht voraus. Der Richter muss sich vielmehr in tatsächlich zweifelhaften Fällen mit einem für das praktische Leben brauchbaren Grad von Gewissheit begnügen, der den Zweifeln Schweigen gebietet, ohne sie völlig auszuschließen.[639]

hh) Einzelfälle. α) Arglistige Täuschung bejaht. Eine arglistige Täuschung 144 wurde in Entscheidungen zu den nachfolgenden verschwiegenen Gefahrumstän-

---

[633] OLG Frankfurt/M., Urt. v. 24. 7. 1996 – 19 U 20/94, VersR 1997, 347 (Ls.).

[634] OLG Hamm r+s 1990, 170, 171; OLG Hamm VersR 1990, 765 = r+s 1990, 319; OLG Köln VersR 1992, 1252, 1253; OLG Frankfurt/M., Urt. v. 10. 5. 2000 – 7 U 157/99, NVersZ 2000, 514, 515 = VersR 2001, 1097, 1098 = r+s 2003, 165, 166.

[635] OLG Hamburg VersR 1971, 902, 903; OLG Hamburg VersR 1975, 563; BGH VersR 1985, 156, 157; BGH VersR 1987, 91; OLG Koblenz VersR 1995, 689; OLG Koblenz VersR 1998, 1226; OLG Koblenz NVersZ 1999, 72; OLG Koblenz NVersZ 1999, 472; OLG Koblenz, Urt. v. 20. 4. 2001 – 10 U 1003/00, NVersZ 2001, 503 = VersR 2002, 222 (Ls.); OLG Koblenz, Urt. v. 19. 5. 2000 – 10 U 824/99, VersR 2001, 74 = r+s 2001, 437; OLG Koblenz VersR 2001, 503; OLG Koblenz, Urt. v. 31. 5. 2002 – 10 U 1039/01, r+s 2004, 208; OLG Koblenz, Urt. v. 14. 6. 2002 – 10 U 1733/01, NVersZ 2002, 498, 499 = r+s 2003, 254; OLG Koblenz, Urt. v. 20. 9. 2002 – 10 U 333/02, VersR 2004, 849, 850; OLG Koblenz, Urt. v. 11. 4. 2003 – 10 U 400/97, NJW-RR 2003, 1114; LG München, Urt. v. 18. 3. 2004 – 26 O 23 911/03, Info-Letter 2004, 234, 235; OLG Saarbrücken, Urt. v. 3. 11. 2004 – 5 U 190/04 – 26, VersR 2005, 929, 932; OLG Saarbrücken, Urt. v. 12. 10. 2005 – 5 U 82/05 – 9, NJW-RR 2006, 607 = VersR 2006, 824; OLG Nürnberg, Urt. v. 2. 5. 2006 – 8 U 597/06, VersR 2006, 1627 = r+s 2006, 409.

[636] LG Hannover VersR 1975, 798; AG Altötting VersR 1979, 1024.

[637] OLG Düsseldorf VersR 1975, 847; siehe auch OLG Karlsruhe VersR 1979, 153 – selbständige Gewerbetätigkeit; OLG Hamburg VersR 1982, 85 – Zugehörigkeit zum öffentlichen Dienst; OLG Karlsruhe v. 21. 2. 1985, VersR 1986, 1179.

[638] LG Köln VersR 1978, 957; OLG Hamburg VersR 1980, 375; LG Dortmund VersR 1980, 963; OLG Koblenz VersR 1981, 31, 188; LG Darmstadt VersR 1982, 64; KG VersR 1983, 381; OLG Saarbrücken v. 18. 6. 1985, VersR 1987, 98, 99; OLG Hamburg v. 28. 11. 1988, VersR 1989, 945.

[639] Vgl. BGHZ 51, 245, 255 ff.; LG Berlin VersR 1979, 1146; BGH VersR 1982, 182; OLG Saarbrücken, Urt. v. 19. 5. 1993 – 5 U 56/92, VersR 1996, 488, 489 = r+s 1997, 303, 304.

den bejaht, die vor allem für die kapitalbildende Lebensversicherung sowie die Berufsunfähigkeits- und Unfall-Zusatzversicherung bedeutsam sind: mehrjähriger Alkoholmissbrauch;[640] Alkoholabhängigkeit, Fettleber[641] und dieserhalb erfolgte Krankenhausbehandlung;[642] Anämie;[643] Aortenklappeninsuffizienz;[644] Arbeitsunfähigkeit und Arbeitslosigkeit bei Antragstellung;[645] Arbeitsunfähigkeit aus psychischer Ursache;[646] mehrmonatige Arbeitsunfähigkeit;[647] Asthma;[648] Arthrose in der Hand mit zeitweiliger Arbeitslosigkeit;[649] Bandscheibenbeschwerden;[650] Bandscheibenvorfall;[651] Bauchoperationen;[652] Bandscheibenoperation;[653] Befindlichkeitsstörungen;[654] Gallenblasenentzündung und Gallenblasenoperation;[655] Bluthochdruck;[656] Bluthochdruck bis Herzbeklemmungen;[657] bei einem anderen Versicherer abgeschlossene weitere BUZ;[658] bestehende oder beantragte Versicherungen bei anderen Versicherern;[659] Bypass-Operation;[660] chronische Darmerkrankung;[661] Colitis ulcerosa in Form einer in Schüben verlaufenden und mit erheblichen Beschwerden verbundenen Entzündung der Dickdarmschleimhaut;[662] Depressionen;[663] mehrfache ärztliche Behandlung u. a. wegen reaktiver Depres-

---

[640] OLG Frankfurt/M. VersR 1962, 821; OLG München, Urt. v. 7. 7. 1997 – 31 U 1545/97, VersR 1998, 1361; OLG Koblenz, Urt. v. 28. 11. 1997 – 10 U 714/96, NVersZ 1999, 72 = VersR 1998, 1094 (Ls.) = r+s 1998, 258; OLG Celle, Urt. v. 3. 2. 2000 – 8 U 263/98, VersR 2001, 357 = r+s 2000, 390; OLG Braunschweig, Beschl. v. 22. 12. 2003 – 3 U 119/03, SpV 2004, 20, 21; KG Berlin, Hinweisbeschl. v. 28. 4. 2006 – 6 U 41/06, r+s 2007, 386 (Ls.).
[641] KG, Beschl. v. 18. 7. 2006/29. 9. 2006 – 6 U 18/06, VersR 2007, 933, 934 = r+s 2008, 209.
[642] OLG Hamm, Urt. v. 17. 8. 2007 – 20 U 26/07, VersR 2008, 477, 478 = r+s 2008, 340, 341.
[643] OLG Nürnberg, Urt. v. 23. 12. 1999 – 8 U 3364/99, NVersZ 2000, 264 = VersR 2000, 437 = r+s 2000, 397.
[644] OLG Karlsruhe, Urt. v. 7. 4. 2005 – 12 U 391/04, NJW-RR 2006, 463 = VersR 2006, 205, 206.
[645] KG, Beschl. v. 18. 7. 2006 – 6 W 37/06, VersR 2007, 973, 974 = r+s 2008, 209 (Ls.).
[646] KG, Urt. v. 28. 5. 2002 – 6 U 144/01, r+s 2005, 256.
[647] OLG Saarbrücken, Urt. v. 30. 6. 2004 – 5 U 656/03, Info-Letter 2004, 201.
[648] AG Aschaffenburg, Urt. v. 20. 6. 1952 – C 1349/51, VersR 1952, 365; LG Freiburg VersR 1968, 39; OLG Köln, Urt. v. 9. 1. 1992 – 5 U 12/91, VersR 1992, 1252.
[649] OLG Hamm, Urt. v. 12. 9. 2001 – 20 U 29/01, r+s 2002, 215, 216.
[650] KG, Beschl. v. 18. 7. 2006 – 6 W 37/06, VersR 2007, 973, 974 = r+s 2008, 209 (Ls.).
[651] OLG Saarbrücken, Urt. v. 9. 11. 2005 – 5 U 50/05 – 6, VersR 2006, 681, 683.
[652] LG Dortmund v. 31. 10. 1955, VersR 1956, 82.
[653] LG Darmstadt, Urt. v. 28. 5. 2004 – 10 O 151/04, Info-Letter 2004, 210 (Ls.).
[654] OLG Saarbrücken, Urt. v. 15. 4. 1998 – 5 U 928/97 – 75, NVersZ 1999, 420 = r+s 2000, 432.
[655] LG Münster, Urt. v. 29. 9. 1951 – 1 a S 220/51, VersR 1952, 115.
[656] OLG Nürnberg, Hinweisbeschl. v. 2. 5. 2006 – 8 U 597/06, VersR 2006, 1627 = r+s 2006, 409.
[657] LG Berlin VersR 1979, 1146; LG Hamburg, Urt. v. 4. 10. 1990, VersR 1991, 986; OLG Karlsruhe, Urt. v. 29. 8. 1991 – 12 U 93/91, VersR 1992, 1250; OLG Saarbrücken, Urt. v. 13. 12. 2000 – 5 U 624/00 – 50, NVersZ 2001, 350 = VersR 2001, 751.
[658] KG Berlin, Hinweisbeschl. v. 28. 4. 2006 – 6 U 41/06, r+s 2007, 386.
[659] BGH, Urt. v. 14. 8. 2009 – 3 StR 552/08, NJW 2009, 3448, 3463.
[660] OLG Düsseldorf, Urt. v. 4. 12. 2001 – 4 U 76/01, NVersZ 2002, 500 = VersR 2002, 1362 (Ls.) = r+s 2002, 479.
[661] OLG Hamm, Beschl. v. 20. 2. 1990 – 20 W 6/90, VersR 1990, 765.
[662] OLG Saarbrücken, Urt. v. 12. 10. 2005 – 5 U 82/05 – 9, NJW-RR 2006, 607 = VersR 2006, 824 = r+s 2006, 251, 252 (Ls.).
[663] AG Mannheim, Urt. v. 3. 12. 1996, VersR 1997, 1131.

Vorvertragliche Anzeigepflicht　　144　§ 6 ALB 1986

sion/depressiven Syndroms und depressiver Neurose;[664] Diabetes-mellitus-Erkrankung mit Insulinpflichtigkeit;[665] Doppelbildsehen und Entzündungsherde der Nervenbahnen;[666] zahlreiche Erkrankungen und Beschwerden;[667] ärztliche Hilfe wegen unterschiedlichen, vor allem die Wirbelsäule, Herz- und Kreislauf, aber auch die Atemwege betreffenden Leiden;[668] Fettstoffwechselstörungen;[669] chronisch rezidivierende und entzündliche Erkrankung der Gallenwege mit begleitender Erkrankung der Bauchspeicheldrüse;[670] wiederkehrende Fieberschübe, die stationär abgeklärt werden sollten;[671] Gallenblasenerkrankung;[672] arbeitsloser Häftling wird als Hausmann bezeichnet;[673] arbeitsloser Eisenflechter gibt sich als Krankenpfleger aus;[674] seborrhoische Dermatitis, atopische Dermatitis (Neurodermitis) und Schuppenflechte;[675] Hautekzeme, die bereits in Kindestagen behandelt werden mussten;[676] Halswirbelsäulentrauma;[677] Herzbeschwerden und Cervical-Schulter-Syndrom;[678] Herzkranzverengung und eine Kur wegen Herzerkrankungen;[679] Herz-Kreislauf-Probleme;[680] Hirnatrophie;[681] HIV-Infektion;[682] Hörsturz;[683] Kniebeschwerden;[684] Knieoperation;[685] Vielzahl stationärer Krankenhausaufenthalte und ambulanter Behandlungen;[686] Krankenhausaufenthalte wegen nächtlichen Schnarchens und Tagesmüdigkeit sowie stationäre Untersuchung im Schlaflabor;[687] Krankheitsbeschwerden bei der vertrauensärztlichen Untersuchung;[688] Leben ausschließlich von Schwarzarbeiten;[689] Leberzellenschäden;[690] äthyltoxi-

---

[664] LG Berlin, Urt. v. 23. 7. 2002 – 7 O 134/02, NJW-RR 2003, 246 = r+s 2003, 253.
[665] OLG Koblenz, Urt. v. 14. 6. 2002 – 10 U 1733/01, NVersZ 2002, 498 = r+s 2003, 254.
[666] OLG Frankfurt/M., Urt. v. 14. 6. 2006 – 7 U 81/05, VersR 2006, 1629, 1630 = r+s 2007, 66, 68.
[667] OLG Frankfurt/M., Urt. v. 2. 5. 2001 – 7 U 58/00, NVersZ 2002, 401 = r+s 2001, 401.
[668] OLG Saarbrücken, Urt. v. 5. 12. 2001 – 5 U 568/01 – 39, VersR 2003, 890, 891 = r+s 2004, 206.
[669] OLG Nürnberg, Hinweisbeschl. v. 2. 5. 2006 – 8 U 597/06, VersR 2006, 1627 = r+s 2006, 409.
[670] LG Hannover VersR 1975, 798; OLG Düsseldorf VersR 1975, 847; LG Berlin VersR 1978, 273; LG Frankfurt/M. VersR 1978, 861.
[671] OLG Frankfurt/M., Beschl. v. 11. 10. 1989 – 19 W 31/89, S. 2.
[672] LG Frankfurt/M. VersR 1954, 483; LG Wiesbaden VersR 1954, 578.
[673] OLG Hamm, Urt. v. 1. 12. 2006 – 20 U 138/06, VersR 2008, 106, 107 = r+s 2008, 122.
[674] KG, Beschl. v. 18. 7. 2006 – 6 W 37/06, VersR 2007, 973, 974 = r+s 2008, 209 (Ls.).
[675] OLG Hamburg, Beschl. v. 18. 1. 2007 – 9 U 41/06, VersR 2008, 770, 772.
[676] OLG Dresden, Beschl. v. 31. 1. 2006 – 4 U 2298/05, VersR 2006, 1526.
[677] OLG Saarbrücken, Urt. v. 12. 3. 2003 – 5 U 460/01 – 33, NJW-RR 2003, 814, 815 = VersR 2004, 50, 51.
[678] OLG Hamburg VersR 1975, 561.
[679] LG München VersR 1956, 110.
[680] OLG Koblenz, Urt. v. 9. 10. 1998 – 10 U 1133/97, NVersZ 1999, 472, 473.
[681] OLG Koblenz, Urt. v. 31. 5. 2002 – 10 U 1039/01, r+s 2004, 208, 209.
[682] LG Karlsruhe, Urt. v. 7. 11. 2008 – 5 O 242/08, NJW-RR 2009, 1118, 1119.
[683] OLG Saarbrücken, Urt. v. 19. 5. 1993 – 5 U 56/92, VersR 1996, 488 = r+s 1997, 303, 304.
[684] OLG Hamm, Urt. v. 5. 1. 1996 – 20 U 308/94, r+s 1997, 215.
[685] OLG Köln, Urt. v. 4. 6. 1992 – 5 U 161/91, r+s 1994, 75.
[686] LG Arnsberg VersR 1985, 231; LG Münster v. 14. 10. 1987, VersR 1988, 904.
[687] KG, Beschl. v. 11. 3. 2005 – 6 U 233/04, NJW-RR 2005, 1616, 1617 = KG, Hinweisbeschl. v. 27. 1. 2005 – 6 U 233/04, r+s 2006, 463, 464.
[688] OLG Celle VersR 1959, 461.
[689] LG Bonn, Urt. v. 6. 2. 1995 – 10 O 310/94, VersR 1997, 439 (Ls.) = r+s 1996, 461, 462.
[690] LG Freiburg VersR 1968, 39; KG, Beschl. v. 18. 7. 2006/29. 9. 2006 – 6 U 18/06, VersR 2007, 933, 934 = r+s 2008, 209.

scher Leberschaden;[691] Magenbeschwerden, die zu Krankenhausaufenthalten geführt haben;[692] Magenkrebs, subjektiv als Magengeschwür empfunden, aber Krankenhausaufenthalt deswegen;[693] malignes Melanom;[694] Moya-Moya-Syndrom, verbunden mit Aspirineinnahme;[695] chronische Sinusitis (Nasennebenhölenentzündung);[696] Morbus Crohn;[697] unzutreffendes Nettoeinkommen;[698] ärztliche Behandlung wegen Neurosen und Depressionen;[699] Nierenbeschwerden; Nierenerkrankung seit 24 Jahren;[700] Nieren- und Steinleiden;[701] schizoaffektive Psychose;[702] psychische Beschwerden;[703] Raucherbronchitis;[704] Rheuma;[705] Rückenbeschwerden;[706] Rückenschmerzen;[707] langjähriges Rückenleiden mit wiederholten Zeiten der Arbeitsunfähigkeit;[708] stationärer Aufenthalt und Arztbehandlung;[709] Suizidversuch mit nachfolgender ärztlicher Behandlung und einem notwendigen Kuraufenthalt;[710] Suizidversuch mittels Insulininjektion;[711] Unfälle;[712] Unfallversicherungen;[713] Unterleibsoperationen;[714] Verletzung, die Minderung der Erwerbsfähigkeit zur Folge hat;[715] Vorerkrankungen[716] und Arbeitsunfähigkeitszeiten;[717] Vorlage einer ärztlichen Bescheinigung über Beschwerdefrei-

---

[691] OLG Saarbrücken, Beschl. v. 19. 7. 2006 – 5 W 138/06, NJW-RR 2006, 1467.
[692] LG Frankfurt/M. VersR 1953, 73.
[693] LG Landshut VersR 1953, 393.
[694] OLG Koblenz, Urt. v. 14. 11. 1997 – 10 U 1100/96, VersR 1998, 1226 = r+s 1999, 389.
[695] OLG Frankfurt/M., Urt. v. 6. 7. 2005 – 7 U 182/04, SpV 2005, 85.
[696] OLG Oldenburg, Urt. v. 2. 2. 2005 – 3 U 109/04, VersR 2005, 921, 922 = r+s 2005, 321.
[697] OLG Saarbrücken, Urt. v. 9. 9. 2009 – 5 U 26/09-9, VersR 2009, 1522, 1524 = r+s 2009, 453, 455.
[698] OLG Köln, Urt. v. 31. 3. 2004 – 5 U 64/03, VersR 2004, 1587, 1588; KG Berlin, Hinweisbeschl. v. 28. 4. 2006 – 6 U 41/06, VersR 2007, 234, 235 = r+s 2007, 386 (Ls.) = MDR 2007, 274.
[699] OLG Hamm, Urt. v. 6. 7. 2001 – 20 U 200/00, NVersZ 2002, 108 = r+s 2002, 316.
[700] OLG Köln, Beschl. v. 5. 10. 1995 – 5 U 53/95, VersR 1996, 1094 (Ls.).
[701] OLG Stuttgart, Beschl. v. 5. 2. 1952 – 1 W 20/52, VersR 1952, 348.
[702] LG Konstanz, Urt. v. 15. 3. 1996, VersR 1997, 1082; OLG München, Urt. v. 30. 11. 1998 – 30 U 129/04, VersR 2000, 711 = r+s 2001, 84.
[703] KG Berlin, Beschl. v. 19. 5. 2006 – 6 W 14/06, r+s 2007, 112, 113.
[704] OLG Frankfurt/M., Urt. v. 10. 5. 2000 – 7 U 157/99, NVersZ 2000, 514 = VersR 2001, 1097 = r+s 2003, 165, 166.
[705] LG Frankfurt/M., VersR 1954, 483.
[706] OLG Köln, Urt. v. 20. 3. 1996 – 5 U 84/95, VersR 1996, 831 = r+s 1997, 81; OLG Koblenz, Urt. v. 9. 4. 1999 – 10 U 605/98, VersR 2000, 174.
[707] OLG Köln, Urt. v. 20. 1. 1997 – 5 U 27/96, VersR 1998, 224 (Ls.).
[708] OLG Saarbrücken, Urt. v. 12. 10. 2005 – 5 U 31/05 – 4, VersR 2007, 93, 95 = r+s 2006, 207.
[709] OLG Nürnberg, Urt. v. 26. 10. 2000 – 8 U 282/00, VersR 2001, 1368.
[710] OLG Frankfurt/M., Urt. v. 7. 2. 2002 – 15 U 138/01, NVersZ 2002, 500 = VersR 2002, 1134 = r+s 2004, 296.
[711] OLG Saarbrücken, Urt. v. 9. 9. 2009 – 5 U 510/08-93, VersR 2009, 1478, 1479.
[712] LG Mannheim, Urt. v. 21. 6. 1990, VersR 1992, 1458.
[713] OLG Koblenz, Urt. v. 21. 9. 1990 – 10 U 940/89, VersR 1992, 229.
[714] AG Hamburg VersR 1954, 350.
[715] LG Frankfurt/M. VersR 1978, 861.
[716] BGH, Urt. v. 7. 3. 2001 – IV ZR 254/00, NJW-RR 2001, 889 = NVersZ 2001, 306 = VersR 2001, 620 = r+s 2001, 261, 262 = VerBAV 2002, 19 = MDR 2001, 809; LG Köln, Urt. v. 17. 9. 2003 – 23 O 370/02, SpV 2004, 21, 22.
[717] OLG Köln, Urt. v. 13. 11. 1996 – 5 U 6/96, VersR 1998, 351 = r+s 1998, 96.

Vorvertragliche Anzeigepflicht   145, 146 § 6 ALB 1986

heit;[718] Wirbelsäulensyndrom;[719] Wirbelsäulen- und Praecordialschmerzsyndrome;[720] Zucker- und Magenerkrankung;[721] Zuckerkrankheit.[722]

β) Arglistige Täuschung verneint. Ein Täuschungsvorsatz wurde hingegen als 145 nicht bewiesen angesehen, wenn der Versicherungsnehmer
– sich nach Abschluss einer fachärztlichen Behandlung voll gesund fühlen konnte,[723]
– Versicherungsangelegenheiten stets nachlässig behandelt hat,[724]
– seine Hirnleistungsschwäche nicht kannte,[725]
– einen gewissen Verdacht gegen den Bezugsberechtigten, er könne Mordabsichten gegen ihn hegen, dem Versicherer nicht anzeigte,[726]
– einer Allergieaustestung im Asthma-Krankenhaus mangels erheblichem Befund keine Bedeutung beimessen durfte,[727]
– Heuschnupfenbeschwerden dem Agenten des LVU berichtete, aber Atembeschwerden nicht erwähnte, weil er keine ärztliche Hilfe in Anspruch nahm,[728]
– seiner Diabetes wegen guter medikamentöser Einstellung und Einhaltung der Diät keine Bedeutung beigemessen hat,[729]
– nach Beantragung einer Berufsunfähigkeitsversicherung bestehende Berufsunfähigkeitsversicherungen nicht nachgemeldet hat,[730]
– eine mehrwöchige Arbeitsunfähigkeit wegen Erschöpfung lediglich als einmalige Unpässlichkeit ansah,[731]
– aufgrund eingehender diagnostischer Maßnahmen von der Richtigkeit ärztlicher Befunde ausgehen konnte, die eine (erneute) Morbus Crohn Erkrankung ausschließen,[732]
– nach der Art der Fragestellung hinsichtlich Drogenkonsums den Eindruck hatte und auch haben konnte, der Versicherungsvertreter habe ihn nur nach aktuellen Problemen und nicht nach seit fünf Jahren schon überwundenen Problemen gefragt.[733]

c) Kausalität. Der Versicherer muss ferner beweisen, dass die täuschenden 146 Angaben des Versicherungsnehmers im Versicherungsantrag für den erstrebten Vertragsabschluss ursächlich gewesen sind.[734] Der Versicherer kann sich je nach

---

[718] OLG Hamm, Urt. v. 29. 9. 2000 – 20 U 189/99, r+s 2002, 35.
[719] OLG Saarbrücken, Urt. v. 19. 5. 1993 – 5 U 56/92, VersR 1996, 488 = r+s 1997, 303, 304; OLG Koblenz, Urt. v. 9. 10. 1998 – 10 U 1133/97, NVersZ 1999, 472, 473.
[720] KG Berlin, Urt. v. 23. 2. 1996 – 6 U 3719/94, VersR 1997, 94 = r+s 1997, 346.
[721] LG Wiesbaden VersR 1954, 578.
[722] OLG Nürnberg, Hinweisbeschl. v. 2. 5. 2006 – 8 U 597/06, VersR 2006, 1627 = r+s 2006, 409.
[723] OLG Hamburg VersR 1971, 903.
[724] OLG München VersR 1957, 241.
[725] OLG Oldenburg, Urt. v. 14. 1. 1998 – 2 U 233/97, NVersZ 1998, 80, 81 = VersR 1999, 437 f.
[726] BGH, Urt. v. 8. 2. 1989 – IVa ZR 197/87, NJW-RR 1989, 1183, 1184 = VersR 1989, 466.
[727] OLG Hamm, Urt. v. 25. 11. 1992 – 20 U 48/92, r+s 1994, 76.
[728] OLG Frankfurt/M., Urt. v. 20. 7. 2005 – 7 U 220/04, r+s 2006, 463.
[729] LG Düsseldorf, Urt. v. 15. 2. 1995 – 11 O 497/91, r+s 1996, 462.
[730] OLG Hamm, Urt. v. 29. 1. 1993 – 20 U 174/91, VersR 1993, 1135.
[731] OLG Saarbrücken, Urt. v. 8. 10. 2004 – 5 U 736/03, NJW-RR 2005, 334.
[732] OLG Frankfurt/M., Urt. v. 19. 10. 1993 – 8 U 60/93, S. 11.
[733] OLG Stuttgart, Urt. v. 15. 2. 2007 – 10 U 168/06, VersR 2008, 197, 198 = r+s 2008, 343, 344.
[734] OLG Hamm VersR 1953, 426; OLG Hamburg VersR 1975, 563.

den Umständen des Einzelfalls auf den Beweis des ersten Anscheins berufen.[735] Bei der Beurteilung des Einzelfalls ist die geschäftliche Übung der Versicherer zu berücksichtigen, dass Versicherer außergewöhnlich hohe Risiken nicht oder nur zu erschwerten Bedingungen übernehmen.[736] Bei einer Lebensversicherung ist daher nach der Lebenserfahrung davon auszugehen, dass sie einen Mann von 67 Jahren, der seit 6 Jahren herzkrank ist, nicht oder nur mit ganz erheblichem Risikozuschlag versichert.[737] Eine lang dauernde unfallbedingte Wirbelsäulenverletzung gibt Anlass dafür, hierin ein Anzeichen für das in von der Norm abweichendes erhöhtes Risiko des Eintritts einer Berufsunfähigkeit zu sehen, so dass ein Risikozuschlag, eine Staffelung der Beiträge oder eine Abkürzung der Versicherungsdauer sowie Leistungsausschlüsse oder die Ablehnung von Versicherungsschutz als mögliche Reaktion in Frage kommen.[738] Verschweigt der Versicherungsnehmer, dass er an Morbus Crohn leidet, genügt es, wenn der Versicherer anhand der Annahmegrundsätze darlegt, dass die Anzeige der Erkrankung einen Risikoaufschlag von 100% zur Folge gehabt hätte.[739]

147 Nach der spezialgesetzlichen Regelung des § 21 VVG kommt es im Falle der Anfechtung anders als im Falle des Rücktritts nicht darauf an, ob die Umstände, über die der Versicherungsnehmer den Versicherer arglistig getäuscht hat, für den Eintritt des Versicherungsfalls ursächlich gewesen sind.[740]

148 **d) Mitwirkung des Vermittlers. aa) Ausfüllen des Antrags.** Eine Täuschung kann auch dann gegeben sein, wenn ein Dritter (z.B. der Vermittler) den Antrag ausfüllt und der Versicherungsnehmer den Antrag nur unterschreibt.[741] Die Tätigkeit des Dritten ist in einem solchen Fall nur als Schreibhilfe anzusehen und dem Fall gleichzusetzen, in welchem der Versicherungsnehmer den Antrag selbst in allen Teilen ausfüllt.[742] Der Vermittler kann nämlich lediglich auf Anweisung des Antragstellers handeln. Nur der Antragsteller selbst kennt seine Vorerkrankungen und ist deshalb für die Angaben verantwortlich.[743]

---

[735] BGH NJW 1958, 177 = VersR 1958, 108; OLG Frankfurt/M., VersR 1962, 821; OLG Hamburg VersR 1975, 563; LG Dortmund VersR 1980, 963 – Nichtangabe von Vorversicherungen; LG Dortmund, Urt. v. 28. 9. 1984 – 3 O 68/84; OLG München, Urt. v. 30. 11. 1998 – 30 U 129/98, VersR 2000, 711, 713 = r+s 2001, 84, 85; a. A. BGH NJW 1968, 2139.
[736] OLG Koblenz VersR 1981, 189.
[737] OLG Hamburg VersR 1975, 563. Siehe auch BGH VersR 1977, 660 und OLG Hamburg VersR 1980, 376.
[738] OLG Frankfurt/M., Urt. v. 7. 6. 2000 – 7 U 249/98, NVersZ 2001, 115, 116 = r+s 2003, 208, 209.
[739] OLG Saarbrücken, Urt. v. 9. 9. 2009 – 5 U 26/09-9, VersR 2009, 1522, 1524 = r+s 2009, 453, 457.
[740] OLG Hamburg VersR 1975, 563; OLG Köln VersR 1996, 831, 832; LG Berlin, Urt. v. 29. 2. 2000 – 7 U 210/99, VersR 2001, 177, 178; OLG Saarbrücken, Urt. v. 13. 12. 2000 – 5 U 624/00 – 50, VersR 2001, 751, 752; OLG Nürnberg, Hinweisbeschl. v. 2. 5. 2006 – 8 U 597/06, VersR 2006, 1627, 1628 = r+s 2006, 409, 410 (Aufgabe der bisherigen Rechtsprechung); *Dreher* VersR 1998, 539, 541; *Langheid/Müller-Frank* NJW 1998, 3680, 3682; *Tecklenburg* VersR 2001, 1369; a. A. OLG Nürnberg, Urt. v. 21. 8. 1997 – 8 U 1297/96, NJW-RR 1998, 535, 536 f. = VersR 1998, 217, 218 = r+s 1998, 307, 308 = MDR 1997, 1027, 1028; OLG Nürnberg, Urt. v. 23. 12. 1999 – 8 U 3364/99, NVersZ 2000, 264, 267 = VersR 2000, 437, 441 m. Ber. S. 1357 = r+s 2000, 397, 400; OLG Nürnberg, Urt. v. 26. 10. 2000 – 8 U 282/00, VersR 2001, 1368, 1369.
[741] OLG Hamburg VersR 1975, 561, 562; OLG Hamburg VersR 1980, 375.
[742] LG Oldenburg, Urt. v. 22. 2. 1952 – 2 O 91/51, VersR 1952, 268; OLG Frankfurt/M. VersR 1962, 821; OLG Hamburg VersR 1975, 562.
[743] OLG Frankfurt/M. VersR 1975, 631; AG Altötting VersR 1979, 1024.

bb) Anzeige an den Vermittler. In der Praxis wird vom Versicherungsnehmer mitunter behauptet, der Antragsvermittler habe eine Anzeige rüge los entgegengenommen und das Antragsformular nach Beantwortung der gestellten Fragen durch den Versicherungsnehmer selbst ausgefüllt und dabei aus eigenem Entschluss den angezeigten gefahrerheblichen Umstand nicht im Fragebogen angegeben. In diesem Fall fehlt es dem Versicherungsnehmer grundsätzlich am Vorsatz, mit dem auf diese Weise objektiv unrichtig ausgefüllten Fragebogen auf den Willensentschluss des Versicherers zu seinen Gunsten Einfluss zu nehmen, so dass ihm Arglist nicht vorgeworfen werden kann.[744] 149

cc) Unrichtige Auskünfte des Vermittlers. Ist nicht auszuschließen, dass ein Vermittler unrichtige Auskünfte über die Pflicht zur Anzeige früherer und beantragter Versicherungen erteilt hat[745] oder gewinnt der Versicherungsnehmer durch Äußerungen des Versicherungsvertreters den Eindruck, bestimmte Umstände brauchten nicht angezeigt zu werden oder seien für die Entschließung des Versicherers ohne Bedeutung, wird dem Versicherungsnehmer ein arglistiges Verhalten nicht nachzuweisen sein.[746] Dies kommt jedoch nur dann in Betracht, wenn der Versicherungsnehmer sich auf Erklärungen des Vermittlers deshalb verlassen muss, weil es sich um die Beantwortung komplizierter und damit nicht ohne weiteres verständlicher Fragen handelt.[747] Unter Umständen kann sich der Versicherungsnehmer darauf berufen – ohne dass § 44 VVG entgegenstünde – er habe dem Versicherungsagenten, mit dem er vor Erstellung des großen ärztlichen Zeugnisses gesprochen hatte, gutgläubig vertraut,[748] ohne vom untersuchenden Arzt eines Besseren belehrt worden zu sein.[749] Arglist ist aber zu bejahen, wenn der Vermittler über Zweifelsfragen belehrt hat.[750] Bei unzweideutigen Fragen bleibt die Arglist auch bei einem anderen Rat des Vertreters bestehen.[751] 150

3. Anfechtung des Versicherungsvertrags (§ 6 Abs. 4 ALB 1986)

a) Erklärungsempfänger. Der Versicherer kann die Anfechtung gegenüber dem Versicherungsnehmer bzw. seinem Gesamtrechtsnachfolger, z.B. dem Insolvenzverwalter, erklären. Gegenüber dem Versicherten kann die Anfechtung nicht ausgesprochen werden.[752] 151

Hat der Versicherungsnehmer einen Bezugsberechtigten eingesetzt, fallen die Ansprüche aus der Lebensversicherung nicht in den Nachlass, wenn der Versicherungsnehmer verstirbt.[753] Die Anfechtung ist deshalb nicht gegenüber sämtlichen Miterben, sondern nur gegenüber dem Bezugsberechtigten zu erklären.[754] Gemäß § 6 Abs. 6 ALB 1986 können vom Versicherer nach dem Tod des Versicherungsnehmers Anfechtungserklärungen gegenüber dem Bezugsberechtigten abgegeben 152

---

[744] OLG Düsseldorf, Urt. v. 4. 3. 1952 – 4 U 286/51, VersR 1952, 258; OLG Frankfurt/M. NJW 1967, 681.
[745] OLG Hamm VersR 1982, 86.
[746] OLG Düsseldorf VersR 1962, 821; LG Köln VersR 1978, 957; LG Wuppertal VersR 1987, 374; OLG Hamm VersR 1984, 231.
[747] LG Köln VersR 1978, 957; LG Regensburg VersR 1978, 415; LG Darmstadt VersR 1982, 65.
[748] BGH VersR 1983, 237; BGH VersR 1984, 631.
[749] BGH VersR 1985, 157.
[750] OLG Hamm VerBAV 1953, 268.
[751] OLG Frankfurt/M. VersR 1962, 821.
[752] OLG Hamburg VersR 1980, 376.
[753] OLG Jena, Urt. v. 28. 7. 1999 – 4 U 1208/97, NVersZ 2000, 19 = VersR 1999, 1526, 1527.
[754] OLG Jena, Urt. v. 28. 7. 1999 – 4 U 1208/97, NVersZ 2000, 19 = VersR 1999, 1526, 1527.

werden, falls kein besonderer Zustellungsbevollmächtigter vorhanden ist.[755] Die Regelung des § 6 Abs. 6 ALB 1986 verstößt nicht gegen § 34a VVG, denn sie ändert § 22 VVG nicht zu Lasten des Versicherungsnehmers ab.[756]

153 Die Anfechtung kann ferner wirksam gegenüber der Erbengemeinschaft als Gesamtrechtsnachfolger des Erblassers (Versicherungsnehmers) erfolgen. Auf die Voraussetzungen des § 123 Abs. 2 BGB kommt es nicht an, weil die Erbengemeinschaft als Gesamtrechtsnachfolger des Erblassers diesem gegenüber nicht Dritter ist.[757] Die Anfechtungserklärung muss jedem einzelnen Miterben zugehen.[758]

154 b) **Anfechtungsfrist.** Zur Anfechtung steht dem Versicherer gemäß § 124 Abs. 2 BGB ein Zeitraum von einem Jahr zur Verfügung, der ab sicherer Kenntnis von der Täuschung läuft.[759] Der Versicherungsvertrag kann auch noch nach einem ausgesprochenen Rücktritt angefochten werden,[760] zumal der Anfechtungstatbestand zu einem Wegfall der Leistungspflichten ohne die Einschränkungen des § 21 VVG führt, der allein für den Rücktritt gilt.[761] Es ist nicht zulässig, nach Ablauf der Frist des § 124 BGB weitere Anfechtungsgründe nachzuschieben.[762] Nach Ablauf der Frist erhält sich das Anfechtungsrecht als Einrede der Arglist gegenüber dem Entschädigungsanspruch des Versicherungsnehmers,[763] sofern besondere Umstände, z. B. aus unerlaubter Handlung, gegeben sind.[764] Die Beweislast dafür, dass die Jahresfrist für die Anfechtung gemäß § 124 BGB nicht eingehalten ist, trägt der Anfechtungsgegner.[765]

155 c) **Inhalt der Anfechtungserklärung.** Die Anfechtungserklärung ist eine empfangsbedürftige Willenserklärung. In der Anfechtungserklärung müssen keine Gründe angegeben werden.[766] In der Regel wird allerdings für den Anfechtungsgegner erkennbar sein müssen, auf welche tatsächlichen Gründe die Anfechtung gestützt wird.[767] Wenn die Anfechtung im Einzelnen begründet wird, ist das Vorbringen neuer Tatsachen, die mit den zuerst dargelegten Tatsachen nicht im Zusammenhang stehen, als neue Anfechtungserklärung zu werten, deren Rechtzeitigkeit neu zu prüfen ist.[768] Sie kann auch noch im Rechtsstreit erklärt werden. In der Anfechtungserklärung müssen keine Gründe angegeben werden, die unabhängig vom Lauf der Anfechtungsfristen nachgeschoben werden können.

---

[755] Vgl. OLG Hamburg VersR 1975, 562.
[756] OLG Hamburg VersR 1975, 562.
[757] LG Braunschweig, Urt. v. 15. 7. 1983 – 1 O 590/82.
[758] OLG Düsseldorf MDR 1976, 49.
[759] OLG Frankfurt/M., Urt. v. 7. 6. 2000 – 7 U 249/98, NVersZ 2001, 115, 117.
[760] OLG Hamm ZfV 1952, 234; OLG München NJW 1953, 424; OLG Düsseldorf v. 20. 11. 1962, VersR 1963, 229; OLG Köln, Urt. v. 22. 5. 2001 – 9 U 7/00, NVersZ 2001, 500, 502; *Prölss* in: Prölss/Martin, VVG, 26. Aufl., § 22 VVG Rdn.12.
[761] OLG Frankfurt/M., Urt. v. 7. 6. 2000 – 7 U 249/98, NVersZ 2001, 115, 117 = r+s 2003, 208, 209.
[762] BGH v. 11. 10. 1965, NJW 1966, 39; BGH, Urt. v. 8. 2. 1989 – IVa ZR 197/87, NJW-RR 1989, 1183, 1184 = VersR 1989, 466.
[763] RGZ 79, 197; RGZ 130, 215; BGH VersR 1959, 13.
[764] BGH VersR 1969, 319 = NJW 1969, 604 = MDR 1969, 376.
[765] OLG Nürnberg, Urt. v. 26. 10. 2000 – 8 U 282/00, VersR 2001, 1368, 1369; *Heinrichs* in: Palandt, § 124 BGB Rdn. 5.
[766] RGZ 65, 88.
[767] OLG Hamm v. 27. 5. 1987, VersR 1988, 459; OLG Hamburg v. 27. 5. 1987, NJW-RR 1987, 1170; *Soergel/Hefermehl*, BGB, 12. Aufl., § 143 BGB Rdn. 3; *Palandt/Heinrichs*, § 143 BGB Anm. 2. Der BGH hat bisher offen gelassen, ob der Anfechtungsgrund anzugeben ist (vgl. NJW 1966, 39; WM 1980, 984, 985).
[768] OLG Hamm v. 27. 5. 1987, VersR 1988, 459; OLG Hamburg v. 27 5.1987, NJW-RR 1987, 1170.

Vorvertragliche Anzeigepflicht 156–159 § 6 ALB 1986

d) Umdeutung der Anfechtungserklärung. Einseitige, empfangsbedürftige, 156
rechtsgestaltende Willenserklärungen sind der Umdeutung zugänglich. Voraussetzung ist gemäß § 140 BGB, dass das nichtige Rechtsgeschäft den Erfordernissen eines anderen Rechtsgeschäfts entspricht und dass anzunehmen ist, dass der Erklärende bei Kenntnis der Nichtigkeit das Ersatzgeschäft gewollt hätte.[769] Außerdem darf das Ersatzgeschäft in seinen Wirkungen nicht weiter gehen als das ursprünglich erklärte.[770]

Hat der Versicherungsnehmer durch arglistige Täuschung den Versicherer veranlasst, in einem Nachtrag einen ursprünglich vereinbarten Risikoausschluss zu einer Kapitalversicherung mit Unfallzusatzversicherung und Berufsunfähigkeitszusatzversicherung aufzuheben und ficht der Versicherer daraufhin den gesamten Versicherungsvertrag und nicht nur den Nachtrag zum Versicherungsvertrag an, ist die an sich unwirksame Anfechtung des gesamten Versicherungsvertrags in eine Anfechtung des Nachtrages umzudeuten.[771] Der Versicherungsvertrag besteht dann in der ursprünglichen Fassung mit dem vereinbarten Risikoausschluss fort.[772] 157

Eine Anfechtung kann grundsätzlich nicht in eine Rücktrittserklärung umgedeutet werden.[773] Denn Anfechtung und Rücktritt sind von ihren Voraussetzungen und ihren Folgen unterschiedlich.[774] Sie kann auch dann nicht in einen Rücktritt umgedeutet werden, wenn sie noch innerhalb der Rücktrittsfrist erklärt wurde.[775] Ein wirksamer Rücktritt wird nur erklärt, sobald der Versicherer sich auf die Möglichkeit des Rücktritts beruft und wenn zu dieser Zeit die Monatsfrist für den Rücktritt noch nicht abgelaufen ist.[776] Insofern muss sich der Versicherer aus Gründen der Rechtssicherheit und der Rechtsklarheit an seiner Wortwahl festhalten lassen, wenn er in seinem Anfechtungsschreiben nicht hilfsweise den Rücktritt erklärt.[777] 158

e) Wirkung der Anfechtungserklärung. Die rechtswirksam erklärte Anfechtung führt gemäß § 142 Abs. 1 BGB dazu, dass die Annahmeerklärung zum Versicherungsvertrag, auch wenn es sich um einen abgeänderten oder wiederhergestellten Vertrag handelt, von Anfang an als nichtig anzusehen ist.[778] Eine Be- 159

---

[769] OLG Hamm, Urt. v. 29. 9. 2000 – 20 U 189/99, r+s 2002, 35, 36; *Palandt/Heinrichs*, § 140 BGB Rdn. 2 und 6.
[770] OLG Hamm, Urt. v. 29. 9. 2000 – 20 U 189/99, r+s 2002, 35, 36.
[771] OLG Hamm, Urt. v. 29. 9. 2000 – 20 U 189/99, r+s 2002, 35, 36.
[772] OLG Hamm, Urt. v. 29. 9. 2000 – 20 U 189/99, r+s 2002, 35, 36.
[773] OLG Oldenburg VersR 1979, 269; OLG Köln VersR 1990, 769 = r+s 1989, 410; *Bruck/Möller*, VVG, 8. Aufl., Bd. I, Anm. 12 zu § 20; *Bruck/Möller/Wriede*, VVG, 8. Aufl., Halbbd. VI 2, Anm. D 47 S. K 129; a. A. LG Kiel VersR 1951, 196; *Prölss/Martin*, VVG, 24. Aufl., Anm. 3 zu § 20; *Palandt/Heinrichs*, BGB, 51. Aufl., Rdn. 6 zu § 140; *Bach* VersR 1977, 881, 885; *Martin* VersR 1979, 269.
[774] OLG Düsseldorf VersR 1961, 1014; OLG Düsseldorf VersR 1988, 460; eingehend hierzu OLG Köln, Beschl. v. 16. 9. 1992 – 5 W 34/92, VersR 1993, 297 = r+s 1992, 390.
[775] OLG Oldenburg VersR 1979, 269.
[776] OLG Oldenburg VersR 1979, 269.
[777] OLG Köln, Beschl. v. 16. 9. 1992 – 5 W 34/92, VersR 1993, 297 = r+s 1992, 390 unter Hinweis auf seine Urteile v. 25. 6. 1981 – 5 U 3/81 und v. 14. 5. 1987 – 5 U 177/86; OLG Frankfurt/M., Urt. v. 15. 5. 2002 – 7 U 134/01, NJW-RR 2003, 1115, 1116 = VersR 2003, 357, 358 = r+s 2004, 207, 208; *Langheid* in: Römer/Langheid, VVG, 2. Aufl., 2003, § 22 VVG Rdn. 17.
[778] RGZ 141, 82; LG Freiburg v. 24. 2. 1953, VerBAV 1953, 194 = VersR 1953, 426; LG Dortmund, Urt. v. 28. 3. 1984 – 3 O 68/84; OLG Saarbrücken, Urt. v. 19. 5. 1993 – 5 U 56/92, VersR 1996, 488 = r+s 1997, 303, 304; OLG München, Urt. v. 30. 11. 1998 – 30 U 129/98, VersR 2000, 711, 712; LG Berlin, Urt. v. 29. 2. 2000, VersR 2001, 177; OLG Köln, Urt. v. 22. 5. 2001 – 9 U 7/00, NVersZ 2001, 500, 502; OLG Hamm, Urt. v. 6. 7. 2001 – 20 U 200/00, NVersZ 2002, 108 = r+s 2002, 316, 317; LG Berlin, Urt. v.

schränkung der Anfechtungswirkung kommt nicht in Betracht, da ansonsten dem Täuschenden selbst im Falle der Aufdeckung seines arglistigen Verhaltens immer noch ein Vertrag erhalten bliebe, zu dessen Abschluss der Versicherer nur bei ordnungsgemäßen Angaben bereit gewesen wäre.[779] Hierdurch würde die Versuchung eines Antragstellers, Vorerkrankungen zu verschweigen, in nicht hinnehmbarer Weise gesteigert.[780] Das vom arglistig täuschenden Antragsteller zu tragende Aufdeckungsrisiko würde sachwidrig auf den Versicherer verlagert werden.[781] Der Versicherer kann gemäß § 40 Abs. 1 Satz 1 VVG die Prämie bis zum Schluss der Versicherungsperiode, in der er von dem Anfechtungsgrund Kenntnis erlangt hat, verlangen.[782] Diese Vorschrift ist nach ihrem eindeutigen Wortlaut dahingehend auszulegen, dass dem Versicherer die gesamte Prämie bis zum Ende der genannten Versicherungsperiode auch dann gebührt, wenn der Versicherungsvertrag erst in einem späteren als dem ersten Versicherungsjahr endet.[783] Es gibt keinen Anlass, diese Rechtslage auf Grund der Überlegungen des OLG Nürnberg,[784] die zu Recht im Schrifttum Ablehnung erfahren haben,[785] in Abweichung von der gesetzlichen Regelung anders zu beurteilen.[786] Seinem unmissverständlichen Wortlaut nach bezieht sich § 21 VVG ausschließlich auf den Rücktritt des Versicherers nach §§ 16 ff. VVG, nicht aber auch in § 22 VVG geregelten Fall der Arglistanfechtung.[787] Der BGH hat denn auch zu Recht § 40 Abs. 1 VVG in der hier in Rede stehenden Alternative nicht für verfassungswidrig gehalten.[788]

160 Den Betrag der auf die Versicherung entfallenden Prämienreserve hat der Versicherer gemäß § 176 Abs. 1 VVG zu erstatten, ggf. an den unwiderruflich Bezugsberechtigten.

161 Auf die Anfechtung kann sich die Gesellschaft jedem Dritten gegenüber berufen, insbesondere dem Zessionar, Pfändungsgläubiger, Bezugsberechtigten.[789]

---

23. 7. 2002 – 7 O 134/02, NJW-RR 2003, 246, 247 = r+s 2003, 253, 254; BGHZ 163, 148 = NJW 2005, 2549; OLG Nürnberg, Hinweisbeschl. v. 2. 5. 2006 – 8 U 597/06, VersR 2006, 1627, 1628 = r+s 2006, 409, 410; BGH, Urt. v. 28. 10. 2009 – IV ZR 140/08, NJW 2010, 289, 290 = VersR 2010, 97 = r+s 2010, 55.

[779] BGH, Urt. v. 28. 10. 2009 – IV ZR 140/08, NJW 2010, 289, 290 = VersR 2010, 97 = r+s 2010, 55.

[780] BGH, Urt. v. 28. 10. 2009 – IV ZR 140/08, NJW 2010, 289, 290 = VersR 2010, 97 = r+s 2010, 55.

[781] BGH, Urt. v. 28. 10. 2009 – IV ZR 140/08, NJW 2010, 289, 290 = VersR 2010, 97 = r+s 2010, 55.

[782] LG Darmstadt VersR 1987, 1208; LG Berlin, Urt. v. 29. 2. 2000, VersR 2001, 177; OLG Köln, Urt. v. 22. 5. 2001 – 9 U 7/00, NVersZ 2001, 500, 502; OLG München, Urt. v. 8. 7. 2003 – 25 U 2063/03, VersR 2004, 721; BGH, Urt. v. 28. 10. 2009 – IV ZR 140/08, NJW 2010, 289, 290 = VersR 2010, 97 = r+s 2010, 55.

[783] Vgl. Sieg VersR 1987, 2249, 2251; *Bruck/Möller*, VVG I, 8. Aufl., § 20 VVG Rdn. 16.

[784] OLG Nürnberg, Urt. v. 21. 8. 1997 – 8 U 1297/96, NJW-RR 1998, 535, 536 f. = VersR 1998, 217, 218 = r+s 1998, 307, 308 = MDR 1997, 1027, 1028; OLG Nürnberg, Urt. v. 23. 12. 1999 – 8 U 3364/99, NVersZ 2000, 264 = VersR 2000, 437 = r+s 2000, 397.

[785] *Dreher* VersR 1998, 539; *Langheid/Müller-Frank* NJW 1998, 3680, 3682.

[786] LG Berlin, Urt. v. 29. 2. 2000, VersR 2001, 177; OLG Köln, Urt. v. 22. 5. 2001 – 9 U 7/00, NVersZ 2001, 500, 502/503; *Tecklenburg* VersR 2001, 1369.

[787] LG Berlin, Urt. v. 29. 2. 2000, VersR 2001, 177; *Langheid* in: Römer/Langheid, VVG, 2. Aufl., 2003, § 22 VVG Rdn. 19; *Prölss/Martin*, § 22 VVG Rdn. 1.

[788] BGH, Urt. v. 1. 6. 2005 – IV ZR 46/04, NJW 2005, 2549 = VersR 2005, 1065, 1066 = r+s 2005, 368, 369 = MDR 2005, 1351; abl. *van Bühren* EWiR 2005, 807, 808; ebenso wie der BGH: OLG München, Urt. v. 8. 7. 2003 – 25 U 2063/03, VersR 2004, 721, 722; zust. *Prahl* VersR 2007, 459, 461.

[789] LG Freiburg VerBAV 1953, 194.

f) Verzicht auf die Anfechtung. Auf das Anfechtungsrecht kann der Versicherer verzichten. Ein Verzicht auf die Anfechtung liegt nicht vor, wenn die Gesellschaft, weil sie rücktrittsberechtigt zu sein glaubt, den Vorwurf arglistiger Täuschung zunächst nicht erhoben hat.[790] Einem Verzicht auf die Anfechtung kommt in seinen Wirkungen die Entscheidung des Versicherers gleich, von der Anfechtung des Versicherungsvertrags Abstand zu nehmen. Bucht der Versicherer die Vertragsprämie ab und stellt er einen Nachtrag über die Dynamisierung der Versicherungsleistung aus, ist hierin keine Bestätigung des vom Versicherer zuvor wegen arglistiger Täuschung angefochtenen Vertrages zu sehen, da es sich hierbei um automatisierte Vorgänge handelt.[791]

g) Teilanfechtung der Zusatzversicherung. Der Wirkung einer Anfechtung wegen arglistiger Täuschung steht nicht entgegen, wenn nur die zusammen mit einer kapitalbildenden Lebensversicherung oder einer anderen Hauptversicherung abgeschlossene Zusatzversicherung angefochten wird, also nur eine Teilanfechtung erfolgt. Zwar stellt eine Lebensversicherung mit eingeschlossener Zusatzversicherung (z. B. Berufsunfähigkeits- oder Unfallzusatzversicherung) ein einheitliches Rechtsgeschäft dar, was auch in den AVB zum Ausdruck kommt, die bestimmen, dass die Zusatzversicherung mit der Hauptversicherung, zu der sie abgeschlossen ist, eine Einheit bildet. Sie kann deshalb bedingungsgemäß nicht ohne die Hauptversicherung fortgesetzt werden. Die Teilanfechtung eines einheitlichen Rechtsgeschäfts ist aber möglich, wenn der nach Wegfall des angefochtenen Teils verbleibende Rest bei objektiver und vom Parteiwillen unabhängiger Betrachtungsweise als selbständiges und unabhängig von dem angefochtenen Teil bestehendes Rechtsgeschäft denkbar ist, was sich nach § 139 BGB beurteilt.[792] Da eine kapitalbildende Lebensversicherung als Hauptversicherung selbständig und unabhängig von den mit ihr abgeschlossenen Zusatzversicherungen Bestand haben kann, ist es rechtlich möglich, die mit der Lebensversicherung abgeschlossene Berufsunfähigkeitszusatzversicherung selbständig anzufechten.[793]

h) Unzulässige Rechtsausübung. Hat sich der Versicherer Gesundheitsdaten entsprechend einer langjährigen, bis zur Entscheidung des BVerfG vom 23. Oktober 2006[794] auch vom BGH gebilligten Praxis offen und im Vertrauen auf die Wirksamkeit der erteilten Einwilligungserklärung verschafft, ist der Versicherer nach den Grundsätzen von Treu und Glauben (§ 242 BGB) nicht daran gehindert, sich im Rahmen der Anfechtung wegen arglistiger Täuschung auf die mittels der zu weit gefassten Schweigepflichtentbindung gewonnenen Erkenntnisse zu berufen.[795] Wurde der Hausarzt befragt, kann dem Versicherer nicht vorgeworfen werden, den Hausarzt zum Bruch der Schweigepflicht verleitet zu haben.[796] Prozessual ist der Versicherer weder daran gehindert, die Informationen zu Vorerkrankungen unter Berufung auf das Zeugnis des Hausarztes in das Verfahren

---

[790] Siehe auch OLG Hamm VersR 1982, 85.
[791] OLG Saarbrücken, Urt. v. 5. 12. 2001 – 5 U 568/01 – 39, VersR 2003, 890, 892 = r+s 2004, 206, 207.
[792] OLG Saarbrücken, Urt. v. 19. 5. 1993 – 5 U 56/92, VersR 1996, 488, 489 = r+s 1997, 303, 305.
[793] BGH r+s 1989, 412; OLG Saarbrücken, Urt. v. 19. 5. 1993 – 5 U 56/92, VersR 1996, 488, 489f. = r+s 1997, 303, 305; OLG Hamm, Urt. v. 17. 5. 1995 – 20 U 44/95, r+s 1996, 199, 200.
[794] BVerfG, Beschl. v. 23. 10. 2006 – 1 BvR 2027/02, VersR 2006, 1669 = r+s 2007, 29 = WM 2006, 2270 = JZ 2007, 576, 577. Einzelheiten bei § 4 BUZ 2008 Rdn. 6 ff.
[795] BGH, Urt. v. 28. 10. 2009 – IV ZR 140/08, NJW 2010, 289, 290 u. 291 = VersR 2010, 97 = r+s 2010, 55.
[796] BGH, Urt. v. 28. 10. 2009 – IV ZR 140/08, NJW 2010, 289, 291 = VersR 2010, 97 = r+s 2010, 55.

einzuführen, noch ist es dem Gericht verwehrt, den Hausarzt als Zeugen zu vernehmen und seine Angaben zu verwerten.[797] Erfolgte die Erhebung der Gesundheitsdaten unter Verstoß gegen eine zeitlich begrenzte Schweigepflichtentbindung, sind die Gesundheitsdaten verwertbar, wenn der Versicherungsnehmer Vorerkrankungen arglistig verschwiegen hat.[798] Denn in den Fällen, in denen arglistiges Verhalten aufgedeckt wurde, ist das Schutzbedürfnis des Versicherungsnehmers an der Geheimhaltung seiner Daten regelmäßig aufgehoben.[799]

164 **i) Vorläufiger Versicherungsschutz.** Hat der Versicherer vorläufigen Versicherungsschutz ab Antragseingang gewährt, entsteht insoweit ein selbständiger Versicherungsvertrag, der auf Grund einer vom Versicherer erklärten Anfechtung nach § 142 Abs. 1, 123 Abs. 2 BGB nur dann nichtig ist, wenn der Versicherer durch die arglistige Täuschung des Versicherungsnehmers zum Abschluss dieses Versicherungsvertrages veranlasst worden ist.[800] Das ist aber bei Gewährung sofortigen Versicherungsschutzes ab Antragseingang regelmäßig nicht der Fall, da der Versicherer im Falle der vorläufigen Deckung das versicherte Risiko insoweit ohne jedwede Prüfung der Antworten des Versicherungsnehmers auf die im Versicherungsantrag gestellten Fragen übernimmt.[801]

VI. Änderung oder Wiederherstellung der Versicherung (§ 6 Abs. 5 ALB 1986)

1. Allgemeines

165 Gemäß § 6 Abs. 5 Satz 1 ALB 1986 besteht eine Verpflichtung zur Anzeige gefahrerheblicher Umstände nicht nur bei Abschluss der Versicherung, sondern auch bei ihrer Änderung oder Wiederherstellung. Nach allgemeiner Meinung kommt es dabei darauf an, ob der Versicherungsnehmer einen Anspruch auf Änderung oder Wiederherstellung der Versicherung hat oder nicht.[802] Ist der Versicherer hierzu nicht verpflichtet und hängt die Änderung oder Wiederherstellung von seinem Willen ab, ist er auch befugt, erneut die Anzeige gefahrerheblicher Umstände zu verlangen, und der Versicherungsnehmer dann auch gehalten, alle anzeigepflichtigen Umstände, die zwischen dem Abschluss des alten Vertrags und dem formellen Beginn des wiederhergestellten Vertrags eingetreten und ihm bekanntgeworden sind, anzuzeigen.[803]

2. Änderung der Versicherung

166 Die gesetzliche Anzeigeobliegenheit des Versicherungsnehmers gemäß §§ 16 ff. VVG entsteht erneut, wenn auf Antrag des Versicherungsnehmers oder aufgrund eines Angebots des Versicherers Vereinbarungen zu bestehenden Lebensversicherungsverträgen getroffen werden, mit denen die bisherige Leistungspflicht des

---

[797] BGH, Urt. v. 28. 10. 2009 – IV ZR 140/08, NJW 2010, 289, 292 = VersR 2010, 97 = r+s 2010, 55.
[798] OLG Saarbrücken, Urt. v. 9. 9. 2009 – 5 U 510/08-93, VersR 2009, 1478, 1481.
[799] OLG Saarbrücken, Urt. v. 9. 9. 2009 – 5 U 510/08-93, VersR 2009, 1478, 1481.
[800] OLG Saarbrücken, Urt. v. 12. 3. 2003 – 5 U 460/01 – 33, NJW-RR 2003, 814, 815 = VersR 2004, 50, 51.
[801] OLG Saarbrücken, Urt. v. 12. 3. 2003 – 5 U 460/01 – 33, NJW-RR 2003, 814, 815 = VersR 2004, 50, 51.
[802] OLG Köln, Urt. v. 9. 1. 1992 – 5 U 12/91, VersR 1992, 1252 = r+s 1992, 355.
[803] OLG Köln, Urt. v. 9. 1. 1992 – 5 U 12/91, VersR 1992, 1252 = r+s 1992, 355; *Prölss/Martin*, § 8 ALB Anm. 2; *Winter* in: Bruck/Möller, VVG, 8. Aufl., 1988, §§ 159–178 VVG Anm. F 26.

Versicherers inhaltlich oder zeitlich erweitert wird.[804] Denn in all diesen Fällen hat der Versicherer grundsätzlich ein erkennbares und anerkennenswertes Interesse an einer Prüfung der aktuellen Gefahrenlage, weil ihm angesonnen wird, seine Leistungszusage zu erweitern.[805] Die Abänderung eines bestehenden Versicherungsvertrages wurde deshalb bedingungsgemäß schon immer dem Neuabschluss eines Versicherungsvertrags gleichgestellt.[806] Die §§ 16 ff. VVG sind danach nicht nur auf eine vertraglich zu vereinbarende Einbeziehung neuer oder erhöhter Gefahren in den bisherigen Versicherungsvertrag anwendbar, sondern auch dann, wenn nur die bisherige Versicherungssumme erhöht oder die Vertragsdauer verlängert wird[807] oder der Versicherungsbeginn und die Dauer des Vertrages geändert werden.[808] Hingegen sind die Vorschriften der §§ 16 ff. VVG nicht anwendbar, wenn es um die Vereinbarung einer Herabsetzung der bisherigen Leistungspflicht des Versicherers geht, etwa durch Verkürzung der vertraglichen Laufzeit oder eine Verminderung der bisherigen Versicherungssumme. Dies kann auch eine Beginnverlegung und eine geringfügige Verkürzung der vertraglichen Laufzeit sein.[809] Dies ergibt sich auch aus § 6 Abs. 5 ALB 1986. Zu dieser Bestimmung besteht das Auslegungsverständnis, dass sie sich nur auf Änderungsverträge beziehen soll, mit denen die Leistungspflicht des Versicherers erweitert wird, nicht aber auf solche, die sie einschränken.[810]

3. Wiederherstellung

Ein Antrag auf Wiederherstellung der Versicherung kommt in Betracht, wenn sich die Versicherung gemäß § 175 VVG auf Grund einer Kündigung in eine prämienfreie Versicherung umgewandelt hat. In diesem Fall vermindert sich die Gefahrtragung des Versicherers und damit der Versicherungsschutz des Berechtigten um einen Betrag, der in Anwendung von § 174 Abs. 2 VVG zu bestimmen ist.[811] Nur in Höhe des darüber hinausgehenden Betrages erlischt die Versicherung.[812] Nach Umwandlung des ursprünglich abgeschlossenen Lebensversicherungsvertrages in eine beitragsfreie Versicherung ist der Versicherer nicht verpflichtet, die ursprünglich abgeschlossene Versicherung wieder in Kraft zu setzen.[813] Der

---

[804] BGH, Urt. v. 3. 6. 1992 – IV ZR 127/91, NJW 1992, 2631 = VersR 1992, 1089 = MDR 1992, 946; BGH, Urt. v. 9. 12. 1992 – IV ZR 232/91, NJW 1993, 596 = VersR 1993, 213, 214 = VerBAV 1993, 166, 167 = MDR 1993, 424, 425; BGH, Urt. v. 23. 6. 1993 – IV ZR 37/92, NJW-RR 1993, 1177, 1178 = VersR 1994, 39, 40 = r+s 1993, 475, 477; BGH, Urt. v. 14. 7. 1993 – IV ZR 153/92, NJW 1993, 2807, 2808.
[805] BGH, Urt. v. 9. 12. 1992 – IV ZR 232/91, NJW 1993, 596 = VersR 1993, 213, 214 = VerBAV 1993, 166, 167 = MDR 1993, 424, 425; BGH, Urt. v. 23. 6. 1993 – IV ZR 37/92, NJW-RR 1993, 1177, 1178 = VersR 1994, 39, 40 = r+s 1993, 475, 477.
[806] Vgl. RGZ 154, 157.
[807] LG Freiburg v. 24. 2. 1953, VerBAV 1953, 194; OLG Hamm v. 28. 4. 1978, VersR 1978, 1063; BGH, Urt. v. 9. 12. 1992 – IV ZR 232/91, NJW 1993, 596 = VersR 1993, 213, 214 = VerBAV 1993, 166, 167 = MDR 1993, 424, 425.
[808] BGH, Urt. v. 14. 7. 1993 – IV ZR 153/92, NJW 1993, 2807, 2808.
[809] BGH, Urt. v. 23. 6. 1993 – IV ZR 37/92, NJW-RR 1993, 1177, 1178 = VersR 1994, 39, 40 = r+s 1993, 475, 477.
[810] BGH, Urt. v. 9. 12. 1992 – IV ZR 232/91, NJW 1993, 596, 597 = VersR 1993, 213, 214 = r+s 1993, 88; BGH, Urt. v. 23. 6. 1993 – IV ZR 37/92, NJW-RR 1993, 1177, 1178 = VersR 1994, 39, 40 = r+s 1993, 475, 477.
[811] BGH, Urt. v. 23. 6. 1993 – IV ZR 37/92, NJW-RR 1993, 1177, 1178 = VersR 1994, 39, 40 = r+s 1993, 475, 476.
[812] BGHZ 13, 226, 234 f. = NJW 1954, 1115 = VersR 1954, 281, 282; BGH, Urt. v. 23. 6. 1993 – IV ZR 37/92, NJW-RR 1993, 1177, 1178 = VersR 1994, 39, 40 = r+s 1993, 475, 476.
[813] OLG Nürnberg VersR 1973, 413, 414; OLG Karlsruhe, Urt. v. 29. 8. 1991 – 12 U 93/91, VersR 1992, 1250, 1251; *Prölss/Martin*, VVG, 24. Aufl., § 174 VVG Anm. 4.

Abschluss eines Vertrages auf Rückumwandlung und Wiederinkraftsetzung des ursprünglichen Versicherungsvertrags steht vielmehr im Belieben und der alleinigen Entscheidung des Versicherers.[814] Sollen Gefahrtragung und Versicherungsschutz auf Antrag des Versicherungsnehmers wieder erhöht werden, ohne dass darauf ein Anspruch des Versicherungsnehmers besteht, ist diese Art der Wiederherstellung der Versicherung, auch wenn der wiederhergestellte Vertrag nicht den vollen Umfang des ursprünglichen Vertrages erlangen soll, insoweit wie ein Neuabschluss anzusehen.[815] Deshalb obliegt es dem Versicherungsnehmer gemäß § 16 VVG erneut, dem Versicherer zwischenzeitlich eingetretene gefahrerhöhende Umstände anzuzeigen.[816] Der Versicherer ist berechtigt, die Wiederinkraftsetzung vom Gesundheitszustand des Versicherungsnehmers abhängig zu machen und diesem Gesundheitsfragen zu stellen.[817]

168 § 6 Abs. 5 ALB 1986 stellt deshalb ausdrücklich klar, dass auch bei einer Wiederherstellung der Versicherung seitens des Versicherungsnehmers die Pflicht zu Auskünften über Umstände besteht, die für die erneute Übernahme des Versicherungsschutzes durch den Versicherer Bedeutung haben.[818] Von daher kann es als selbstverständlich angesehen werden, dass zumindest eine erhebliche und nicht vorhersehbare Verschlechterung des Gesundheitszustandes eines Versicherungsnehmers den Versicherer von einer Wiedereinsetzung in das frühere Versicherungsverhältnis abhalten wird.[819]

169 Zur Wiederherstellung der Versicherung in Anwendung von Nr. 3.2 S. 2 der geschäftsplanmäßigen Erklärung zu den Allgemeinen Versicherungsbedingungen siehe VerBAV 1984, 380.

VII. Folgen der Aufhebung der Versicherung (§ 6 Abs. 6 ALB 1986)

170 Wenn die Versicherung durch Rücktritt oder Anfechtung aufgehoben wird, erhält der Anspruchsteller den Rückkaufswert. Die Rückzahlung der Beiträge kann nicht verlangt werden.

VIII. Adressat der Rücktritts- und Anfechtungserklärung (§ 6 Abs. 7 ALB 1986)

1. Grundsatz

171 Nach dem Tod des Versicherungsnehmers muss der Versicherer eine Rücktritts- oder Anfechtungserklärung gegenüber den Personen abgeben, die in § 6 ALB 1986 als zur Entgegennahme von Willenserklärungen bevollmächtigt gelten. Es stellt einen Verstoß gegen Treu und Glauben dar, wenn sich der Versicherer nicht an diese von ihm selbst dem Versicherungsnehmer vorgegebene Regelung

---

[814] OLG Karlsruhe, Urt. v. 29. 8. 1991 – 12 U 93/91, VersR 1992, 1250, 1251.
[815] BGH, Urt. v. 23. 6. 1993 – IV ZR 37/92, NJW-RR 1993, 1177, 1178 = VersR 1994, 39, 40 = r+s 1993, 475, 476; *Winter* in: Bruck/Möller, VVG, 8. Aufl., 1988, §§ 159–178 VVG Anm. F 24.
[816] BGH, Urt. v. 23. 6. 1993 – IV ZR 37/92, NJW-RR 1993, 1177, 1178 = VersR 1994, 39, 40 = r+s 1993, 475, 476.
[817] BGHZ 13, 226, 237 = VersR 1954, 281, 282; OLG Karlsruhe, Urt. v. 29. 8. 1991 – 12 U 93/91, VersR 1992, 1250, 1251.
[818] OLG Karlsruhe, Urt. v. 19. 10. 1995 – 12 U 147/95, r+s 1996, 286, 287.
[819] OLG Karlsruhe, Urt. v. 19. 10. 1995 – 12 U 147/95, r+s 1996, 286, 287.

hält.[820] Er kann sich deshalb in derartigen Fällen nicht auf ihm günstige Rechtsfolgen von Willenserklärungen berufen, die er eigenmächtig gegenüber anderen Personen als den in seiner Klausel bezeichneten abgegeben hat.[821]

2. Empfangsbevollmächtigte

Nach den vorstehenden Grundsätzen ist eine Rücktritts- oder Anfechtungserklärung vom Versicherer gegenüber dem Kreditinstitut als Bezugsberechtigtem zu erklären, wenn die Lebensversicherung als Kreditsicherheit dient und deshalb an die finanzierende Bank zusammen mit dem Bezugsrecht abgetreten und dem Versicherer die Abtretung angezeigt worden ist.[822] Ist die Bezugsberechtigte zugleich die Erbin des Versicherungsnehmers, ist die Rücktritts- oder Anfechtungserklärung gegenüber dem richtigen Adressaten erfolgt.[823] 172

Bestehen bei Sammelversicherungsverträgen Vertretungsvollmachten, kommt die Abgabe der Rücktritts- oder Anfechtungserklärung gegenüber dem den Versicherer benannten Bevollmächtigten in Betracht.[824] 173

Die Vollmacht ist auf die Empfangnahme von Willenserklärungen des Versicherers beschränkt, ohne dass der Versicherungsnehmer gehindert ist, einen anderen Empfangsbevollmächtigten zu bestellen oder dem Bezugsberechtigten weitergehende Vollmacht zu erteilen.[825] Sie wirkt nach dem Tod des Vollmachtgebers als Vollmacht sämtlicher Erben.[826] Die Vollmacht muss der Erbe gegen sich gelten lassen, solange er die Vollmacht nicht als Rechtsnachfolger widerruft.[827] Soweit der Bezugsberechtigte oder der Inhaber des Versicherungsscheins Willenserklärungen des Versicherers nach dem Tod des Versicherungsnehmers nicht als Rechtsinhaber, sondern als Empfangsbevollmächtigter des Erben entgegennimmt, hat er dem Erben gemäß §§ 681, 666 BGB Auskunft zu erteilen und diesem insbesondere von dem Empfang der Willenserklärung Kenntnis zu geben.[828] 174

3. Rangfolge

Ist ein namentlich benannter Empfangsbevollmächtigter vorhanden, so hat der Versicherer nach Treu und Glauben die Rücktritts- und/oder Anfechtungserklärung diesem Bevollmächtigten zu übermitteln und darf einer lediglich auf den AVB beruhenden Empfangsvollmacht nicht den Vorrang einräumen.[829] Der Versicherer würde ferner gegen Treu und Glauben verstoßen und sich dann auf die 175

---

[820] BGH, Urt. v. 5. 5. 1982 – IV a ZR 264/80, NJW 1982, 2314 = VersR 1982, 746 = r+s 1982, 113; BGH, Urt. v. 24. 3. 1993 – IV ZR 36/92, NJW-RR 1993, 794, 795 = VersR 1993, 868, 869 = VerBAV 1993, 311, 312 = r+s 1993, 436.
[821] BGH, Urt. v. 5. 5. 1982 – IV a ZR 264/80, NJW 1982, 2314 = VersR 1982, 746 = r+s 1982, 113; BGH, Urt. v. 24. 3. 1993 – IV ZR 36/92, NJW-RR 1993, 794, 795 = VersR 1993, 868, 869 = VerBAV 1993, 311, 312 = r+s 1993, 436.
[822] BGH, Urt. v. 24. 3. 1993 – IV ZR 36/92, NJW-RR 1993, 794 = VersR 1993, 868, 869 = VerBAV 1993, 311, 312 = r+s 1993, 436.
[823] OLG Düsseldorf, Urt. v. 14. 5. 2002 – 4 U 181/01, NVersZ 2002, 554.
[824] BGH, Urt. v. 24. 3. 1993 – IV ZR 36/92, NJW-RR 1993, 794, 795 = VersR 1993, 868, 869 = r+s 1993, 436.
[825] BGH VersR 1982, 747.
[826] Vgl. RGZ 106, 185; BGH, Urt. v. 18. 4. 1969, NJW 1969, 1245; BGH, Urt. v. 5. 5. 1982 – IV a ZR 264/80, NJW 1982, 2314 = VersR 1982, 746, 748 = r+s 1982, 113; OLG Köln VerBAV 1985, 446.
[827] BGH, Urt. v. 5. 5. 1982 – IV a ZR 264/80, NJW 1982, 2314 = VersR 1982, 746, 748 = r+s 1982, 113; OLG Köln VerBAV 1985, 447.
[828] BGH, Urt. v. 5. 5. 1982 – IV a ZR 264/80, NJW 1982, 2314 = VersR 1982, 746, 748 = r+s 1982, 113; OLG Köln VerBAV 1985, 447.
[829] BGH, Urt. v. 5. 5. 1982 – IV a ZR 264/80, NJW 1982, 2314 = VersR 1982, 746, 748 = r+s 1982, 113.

für ihn günstigen Rechtsfolgen seiner Willenserklärung nicht gemäß § 242 BGB berufen können, wenn er sich nicht an die in § 6 Abs. 6 ALB 1986 bestimmte Reihenfolge hält, da dem Versicherer insoweit kein freies Wahlrecht zusteht.[830]

§ 7 Was gilt bei Wehrdienst, Unruhen oder Krieg?

(1) Grundsätzlich besteht unsere Leistungspflicht unabhängig davon, auf welcher Ursache der Versicherungsfall beruht. Wir gewähren Versicherungsschutz insbesondere auch dann, wenn der Versicherte in Ausübung des Wehr- oder Polizeidienstes oder bei inneren Unruhen den Tod gefunden hat.

(2) Bei Ableben des Versicherten im unmittelbaren oder mittelbaren Zusammenhang mit kriegerischen Ereignissen beschränkt sich unsere Leistungspflicht allerdings auf die Auszahlung des für den Todestag berechneten Deckungskapitals,[1] es sei denn, Gesetze oder Anordnungen der Aufsichtsbehörde sehen eine höhere Leistung vor.

Anmerkung
Die Klausel ist in die Kommentierung des § 4 ALB 2008 einbezogen.

§ 8 Was gilt bei Selbsttötung des Versicherten?

(1) Bei Selbsttötung vor Ablauf von drei Jahren seit Zahlung des Einlösungsbeitrages oder seit Wiederherstellung der Versicherung besteht Versicherungsschutz nur dann, wenn uns nachgewiesen wird, dass die Tat in einem die freie Willensbestimmung ausschließenden Zustand krankhafter Störung der Geistestätigkeit begangen worden ist. Anderenfalls zahlen wir ein etwa vorhandenes Deckungskapital[1] aus.

(2) Bei Selbsttötung nach Ablauf der Dreijahresfrist bleiben wir zur Leistung verpflichtet.

Übersicht

	Rdn.
I. Allgemeines	1–6
1. Fassung	1
2. Verhältnis zu § 169 VVG, jetzt § 161 VVG 2008	2–4
3. AGBG	5
4. Andere AVB	6
II. Selbsttötung des Versicherten vor Ablauf der Wartezeit aus freier Willensbestimmung	7–14
1. Ausschlusstatbestand	7, 8
2. Darlegungs- und Beweislast	9–12
3. Einzelfälle	13, 14
a) Selbsttötung bejaht	13
b) Selbsttötung verneint	14
III. Selbsttötung des Versicherten im Zustand krankhafter Störung der Geistestätigkeit vor Ablauf der Wartezeit	15–29
1. Ausnahmetatbestand	15, 16
2. Freie Willensbestimmung	17
3. Krankhafte Störung der Geistestätigkeit	18

[830] BGH, Urt. v. 5. 5. 1982 – IVa ZR 264/80, NJW 1982, 2314 = VersR 1982, 746, 748 = r+s 1982, 113.
[1] Begriffsbestimmung siehe die dem Versicherungsschein beigefügte Übersicht über die Rückvergütungen und beitragsfreien Versicherungssummen.

Selbsttötung des Versicherten § 8 ALB 1986

	Rdn.
4. Maßgeblicher Zeitpunkt	19
5. Beweislast	20–22
6. Verfahren	23
7. Einzelfälle	24–29
a) Psychopathie und Sucht	24
b) Gemütserkrankung	25, 26
c) Alkoholeinwirkung	27, 28
d) Sonderklausel	29
IV. Selbsttötung nach Ablauf der Dreijahresfrist	30–34
1. Karenzzeit	30, 31
2. Zahlung des Einlösungsbeitrags	32, 33
a) Begriff des Einlösungsbeitrags	32
b) Neuabschluss	32a
c) Vertragsänderung	33
3. Wiederherstellung der Versicherung	34
V. Tötung des Versicherten durch den Versicherungsnehmer oder den Bezugsberechtigten	35–40
1. Tötung durch den Versicherungsnehmer	35–37
2. Tötung durch den Bezugsberechtigten	38, 39
3. Beweislast	40
VI. Unfall-Zusatzversicherung	41–43
1. Allgemeines	41
2. Einzelfälle	42, 43
a) Freiwilligkeit bejaht	42
b) Freiwilligkeit verneint	43

Schrifttum: *Amery,* Hand an sich legen, Diskurs über den Freitod, 3. Aufl., 1988; *Bender,* Die Rechtsproblematik der Wartezeiten in der Privatversicherung unter besonderer Berücksichtigung der Rechtsschutzversicherung, Diss. Hamburg 1988; *Bentlage,* Rallye-Fahrten und Ausschlussklausel, VersR 1976, 1118; *Bennewitz,* Die Selbstmordsterblichkeit deutscher Lebensversicherter, ZVersWiss 1931, 68; *derselbe,* Neuere Ergebnisse über die Selbsttötung Lebensversicherter, ZVersWiss 1934, 71; *Bischoff,* Versichertes Risiko und materielle Obliegenheiten, VersR 1972, 799; *Bresser,* Die Problematik des Selbstmordes, ZVersWiss 1979, 409; *derselbe,* Ist Spielsucht eine Erkrankung im Sinne des § 169 VVG?; Versicherungsmedizin 1989, 186; *Budenbender,* Zur Auslegung des Unfallbegriffes in § 2 AUB 1974, 211; *Dölling,* Suizid und unterlassene Hilfeleistung, NJW 1986, 1011; *Dörstling,* Selbstmordwartezeit nach Wiederherstellung der erloschenen Lebensversicherung, VersR 1953, 99; *Dreger,* Nochmals: Versicherungsschutz bei motorsportlichen Veranstaltungen, ZfV 1958, 66; *Eberhardt,* Bei fehlendem Führerschein unterschiedliche Beurteilung, ZfV 1961, 429; *Emminghaus,* Die Behandlung des Selbstmordes in der Lebensversicherung, Leipzig, 1875; *Fernkorn,* Willensfreiheit und Verantwortlichkeit, Greifswald 1927; *Fleck,* Der Beweis des ersten Anscheins in der Rechtsprechung des BGH, VersR 1956, 329; *Flore,* Zur Geltung der Schuld- oder Vorsatztheorie im Versicherungsrecht, VersR 1989, 131; *Fritze,* Zum Ausschluss des Versicherungsschutzes bei Rallyes und Zuverlässigkeitsfahrten (§ 2 Abs. 3 b AKB), VersR 1968, 726; *Gerchow,* Zur Problematik alkoholbedingter Bewusstseinsstörungen im Sinne des § 3 Abs. 4 AUB, ZVersWiss 1970, 407; *Fuchs,* Die Gefahrperson im Versicherungsrecht, Diss. 1974; *Ghysbrecht,* Der Doppelselbstmord, München–Basel 1967; *Greger,* Praxis und Dogmatik des Anscheinsbeweises, VersR 1980, 1091; *Gubalke,* Wann zahlt die Versicherung für Selbstmord?, ZFV 1964, 772; *Güllemann,* Der Selbstmord im Sozial- und Privatversicherungsrecht, ZVersWiss 1972, 625; *Guyer,* Die Wirkungen der Selbsttötung auf den Lebensversicherungsvertrag, Diss. Zürich 1890; *Haasen,* Zum Begriff der Wiederherstellung einer erloschenen Versicherung, VersR 1953, 174; *Händel,* Anm. zum Urteil des BGH vom 19. 12. 1981 VersR 1981, 452, VersR 1981, 875; *Hansen,* Anscheins- und Indizienbeweis bei § 180a Abs. 1 VVG – Stellungnahme zum Aufsatz von *Zeiler* VersR 90, 461 –, VersR 1991, 282; *Harbort,* Bemerkungen zur versicherungsrechtlichen Beurteilung des Autofahrer-Suizides aus kriminalistischer Sicht, VersR 1994, 1400; *Harrer/Mitterauer,* Der Selbstmord in der Lebensversicherung im Lichte neuerer neuropsychiatrischer Forschungen, VersR 2007, 579; *Helmers,* Braucht die Lebensversicherung einen neuen Selbstmordparagraphen?, VersR 1967, 1018; *Henke,* Die Ausschlüsse und Grenzfälle in der Unfallversicherung, Hamburg, 1959; *derselbe,* Individualität und Anscheinsbeweis, JR 1961, 48; *Herold,* Selbstmord und Lebensversicherung, VersR 1965, 49 und ZfV 1963, 480; *Hiestand,* Schadensersatzanspruch des Versicherers gegen den Urheber der Körperverletzung oder Tötung des Versicherten, Stuttgart, 1896; *Humbert/Hartmann,* Lebensversicherung und Suizid (Schweizerische Vergleichsstudie von Einzelkapitalversicherten und Gesamtbevölkerung, ZVersWiss 1979, 399; *Krebs,* Ausstrahlungen des Strafrechts in die Unfallversicherung – Insbesondere zur Auslegung des § 3 Ziff 3 AUB –, VersR 1960, 289; *Kuhr,* Das Selbstmordproblem in der Lebensversicherung, ZVersWiss 1931, 49; *Lange,* Der misslungene erweiterte Suizid, Jena 1964; *Kummer,* Die Rechtsprechung des Bundesgerichtshofs zur Personenversicherung, r+s 1998, 265 (I), 309 (II); *Mallach,* Wann sind Alkoholvergiftungen eine krankhafte Störung der Geistestätigkeit im Sinne des § 169 VVG?, ZVersWiss 1980, 357; *Manthey,* Kann ein Versicherungsnehmer dem „Dritten" im Sinne des § 181 Abs. 2 VVG im Wege der analogen Anwendung dieser Vorschrift gleichgestellt werden?, VersR 1973, 803; *derselbe,* Versicherungsschutz in der privaten Unfallversicherung bei fehlgeschlagenen oder missglückten Selbstverletzungen, NVersZ 2000, 161; *Martin,* Anm. zum Urteil des LG Bochum vom 26. 11. 1975, VersR 1976, 950; *Masaryk,* Der Selbstmord als sociale Massenerscheinung der modernen Civilisation, Wien 1988; *Mohr,* Selbstmordklausel bei Wiederherstellung von Lebensversicherungen, VersR 1952, 111; *Moser/Sanders,* Selbstmord am Steuer aus juristischer und psychologischer Sicht, VersR 1976, 418; *Neeße,* Verrenkungen, Zerrungen und Zerreißungen infolge plötzlicher Kraftanstrengung – Zur Anwendung des § 2 II 1 a AUB in der Praxis der Unfallversicherung, VersR 1959, 773; *Pürckhauer,* Nochmals: zum Ausschluss der Leistung aus der Unfall-Zusatzversicherung eines Versicherungsnehmers, der sich einem alkoholbedingt fahruntüchtigen Kraftfahrer anvertraut, VersR 1967, 542; *v. Rabenau,* Die vorsätzliche Herbeiführung des Versicherungsfalles in der Lebensversicherung, Diss. Straßburg 1911; *Raestrup,* Selbstmord und Lebensversicherung, LebVersMed 1958, 6; *derselbe,* Versicherungsmedizinische Beurteilung einer angeblich krankhaften Störung der Geistestätigkeit bei Selbstmord, VW 1962, 948; *derselbe,* Zur versicherungsmedizinischen Problematik des Selbstmordes, ZVersWiss 1966, 201; *Rasch,* Erscheinungsbild, Dynamik und Beurteilung des erweiterten Selbstmords, ZVersWiss 1979, 417; *Richter,* Zur Frage des Selbstmordes unter Alkoholeinfluss, ZfV 1960, 873; *Ringel,* Der Selbstmord – Abschluss einer krankhaften psychischen Entwicklung, Wien–Düsseldorf, 1953; *derselbe,* Neue Untersuchungen zum Selbstmordproblem, Wien 1961; *Römer,* Zur Beweislastverteilung bei Ansprüchen aus dem Ver-sicherungsvertrag, r+s 2001, 45; *Schau,* Die Leistungspflicht des Lebensversicherers bei Selbstmord unter Alkoholeinfluss, ZfV 1961, 120; *van Schevichaven,* Eine Frage der Unanfechtbarkeit, in: Assecuranz-Jahrbuch, hrsg. v. A. Ehrenzweig, 1892, S. 102; *Sowade,* Steht der Lebensversicherungs-Gesellschaft ein selbständiger Schadensersatzanspruch gegen denjenigen zu, welcher den Tod des Versicherten schuldhaft verursacht hat?, Diss. Rostock 1902; *Stadthagen,* Stellung der Versicherungsgesellschaft gegenüber demjenigen, der den Tod des Versicherten schuldhaft verursacht hat unter bes. Berücksichtigung des Duells, Diss. Heidelberg 1912; *Steffani,* Ausschluss der Leistung aus der Unfallzusatz-Versicherung eines Versicherungsnehmers, der sich einem alkoholbedingt fahruntüchtigen Kraftfahrer anvertraut, VersR 1967, 18; *Tiefenthal,* Besteht nach geltendem Reichsrechte ein selbständiger Schadensersatzanspruch der Lebensversicherungsgesellschaft gegen den Urheber der schuldhaften Tötung des Versicherten?, Diss. Leipzig 1905; *Trompetter,* Die Prüfung der Leistungspflicht in der Lebens- und Unfallversicherung bei unnatürlichen Todesfällen, Karlsruhe, VVW, 1996; *derselbe,* Der Unfall im Rahmen einer (auto)erotischen Handlung, VersR 1998, 685; *Unger,* Der Selbstmord, Diss. Berlin 1913; *Vivante,* Der Selbstmord in der Lebensversicherung, in: Assecuranz-Jahrbuch, hrsg. v. A. Ehrenzweig, 1892, S. 3; *Wagner,* Grenzfälle und Ausschlüsse in der privaten Unfallversicherung, ZVersWiss 1975, 619; *Walter,* Der Anwendungsbereich des Anscheinsbeweises, ZZP 90, 270; *Wegmann,* Die Deckung des Selbstmordrisikos in der Lebensversicherung, Schweizerische VersZeitschrift 1956, 397; *Wille,* Selbstmord als Unfallfolge – Zur Frage des adäquaten Kausalzusammenhanges –, VersR 1956, 146; *Zehner,* Zur Anwendbarkeit des § 170 Abs. 1 VVG bei Selbstmord des Versicherungsnehmers nach Tötung des Versicherten, VersR 1984, 1119; *Zeiler,* Beweisfragen im Rahmen des § 180a Abs. 1 VVG – Zugleich ein Beitrag zur Abgrenzung von Indizienbeweis und Anscheinsbeweis, VersR 1990, 461; *Zopfs,* Der Beweis des Versicherungsfalls, VersR 1993, 140.

I. Allgemeines

1. Fassung

Die ALB 1932 sahen eine Wartezeit von fünf Jahren vor. Dies bedeutete eine 1
ganz beträchtliche Einschränkung des Selbstmordrisikos.[1] Seit den ALB 1957
bleibt der Versicherer zur Leistung verpflichtet, wenn die Selbsttötung nach Ablauf von drei Jahren erfolgt ist. Die ALB 1932 sprachen von der Wiederherstellung einer erloschenen Versicherung. Ab den ALB 1957 wird auf die Wiederherstellung der Versicherung abgestellt. Zur Wahrung der Belange von Versicherten genehmigte, die Aufsichtsbehörde nur noch Bedingungen, die nach einer Wartezeit von höchstens drei Jahren in jedem Fall eine Leistungspflicht vorsehen.[2]

2. Verhältnis zu § 169 VVG, jetzt § 161 VVG 2008

Nach § 169 Satz 1 VVG ist der Versicherer bei einer Versicherung für den Todesfall von der Verpflichtung zur Leistung frei, wenn derjenige, auf dessen Person die Versicherung genommen ist, Selbstmord begangen hat. § 161 Abs. 1 Satz 1 VVG 2008 bestimmt nunmehr, dass bei einer Versicherung für den Todesfall der Versicherer nicht zur Leistung verpflichtet ist, wenn die versicherte Person sich vor Ablauf von drei Jahren nach Abschluss des Versicherungsvertrags vorsätzlich selbst getötet hat. Hierbei handelt es sich um einen zulässigen objektiven Risikoausschluss.[3] Die Verpflichtung des Versicherers bleibt gemäß § 169 Satz 2 VVG, nunmehr § 161 Abs. 1 Satz 2 VVG 2008, bestehen, wenn die Tat in einem die freie Willensbestimmung ausschließenden Zustand krankhafter Störung der Geistestätigkeit begangen worden ist.

Auf eine Vereinbarung, durch welche von der Vorschrift des § 169 VVG zum 3
Nachteil des Versicherungsnehmers abgewichen wird, kann sich der Versicherer nicht berufen (§ 178 Abs. 1 VVG). Die Vorschrift gilt nur für den Fall, dass der Versicherungsnehmer zugleich der Versicherte oder dass bei der Fremdversicherung der Versicherte sich selbst tötet.[4]

In betrieblichen Versorgungsordnungen sind Freitodklauseln beschränkt durch 4
§ 169 Satz 2 VVG zulässig.[5]

3. AGBG

Der Wortlaut des § 8 ALB legt für einen verständigen Versicherungsnehmer 5
keine besonderen Auslegungszweifel nahe.[6] Der Vorwurf der mangelnden Ausgewogenheit kann nicht erhoben werden.[7] Wenn die Versicherer auf den ihnen durch § 169 VVG gewährten Schutz im Wesentlichen verzichten und, wenn zu vermuten ist, die Versicherung sei nicht in der Absicht einer geplanten Selbsttötung genommen, so darf diese Frist nicht entgegen dem Wortlaut des § 8 ALB verkürzt

---

[1] *Bennewitz* ZVersWiss 1934, 71, 79.
[2] BeschlKE VerBAV 1987, 257.
[3] *Schwintowski* in: Berliner Komm. z. VVG, 1999, § 169 VVG Rdn. 2; *Teslau* in: Handbuch Versicherungsrecht, 2001, § 13 Rdn. 143.
[4] BGH, Urt. v. 5. 12. 1990 – IV ZR 13/90, NJW 1991, 1357, 1358 = VersR 1991, 289, 291; *Kollhosser* in: Prölss/Martin, VVG, § 169 VVG Rdn. 1; *Römer* in: Römer/Langheid, VVG, 2. Aufl., 2003, § 169 VVG Rdn. 1.
[5] LAG Baden-Württemberg, Urt. v. 22. 12. 1988 – 11 Sa 47/88, VersR 1989, 1177.
[6] BGH, Urt. v. 13. 3. 1991 – IV ZR 37/90, NJW-RR 1991, 797, 798 = VersR 1991, 574 = MDR 1991, 604.
[7] BGH, Urt. v. 19. 11. 1985 – IVa ZR 40/84, VersR 1986, 231, 232.

werden.⁸ Die Bestimmung ist für Versicherte immer noch günstiger als die gesetzliche Regelung, die in § 169 VVG einen generellen Ausschluss ohne Befristung bei Selbstmord vorsieht.⁹

4. Andere AVB

6   Die Selbsttötungsklausel des § 8 ALB 1986 findet sich in weiteren AVB.

II. Selbsttötung des Versicherten vor Ablauf der Wartezeit aus freier Willensbestimmung

1. Ausschlusstatbestand

7   Bei Selbsttötung aus freier Willensbestimmung vor Ablauf von drei Jahren seit Zahlung des Einlösungsbeitrages oder seit Wiederherstellung der Versicherung ist der Versicherer von der Leistung frei. Gegebenenfalls zahlt er ein etwa vorhandenes Deckungskapital als Rückvergütung aus.

8   Für den Ausschlusstatbestand ist nicht entscheidend, ob der Versicherte selbst Hand an sich legt. Da es auf die freie Willensbestimmung ankommt, liegt eine Selbsttötung auch dann vor, wenn die versicherte Person darin einwilligt, dass sie von einem anderen getötet wird.¹⁰ Nichts anderes kann gelten, wenn mehrere Personen, darunter die versicherte Person, beschließen, sich umbringen zu lassen, selbst wenn es nur einen Täter gibt und dieser nicht die versicherte Person ist.¹¹

2. Darlegungs- und Beweislast

9   Die Beweislast dafür, dass es sich bei dem Tode des Versicherten um einen Fall der Selbsttötung handelt, trifft den Versicherer.¹²

10   Ob ein Beweis des ersten Anscheins für einen Freitod möglich ist, ist in der Rechtsprechung des BGH nicht ganz einheitlich beurteilt worden. Der BGH hat in seinem Urteil vom 10. Januar 1955¹³ beim Schuss mit einem auf die Stirn aufgesetzten Bolzenschussapparat einen Anscheinsbeweis für möglich gehalten, weil ein derartiger Schuss nach der Lebenserfahrung in der Absicht abgegeben zu

---

⁸ BGH, Urt. v. 13. 3. 1991 – IV ZR 37/90, NJW-RR 1991, 797, 798 = VersR 1991, 574, 575 = VerBAV 1991, 428 = MDR 1991, 604.
⁹ LG Heidelberg, Urt. v. 6. 10. 1988 – 7 O 176/88, VersR 1989, 1033.
¹⁰ *Kollhosser* in: Prölss/Martin, § 169 VVG Rdn. 2; a. A. *Schwintowski* in: Berliner Komm. z. VVG, 1999, § 169 VVG Rdn. 5
¹¹ *Kollhosser* in: Prölss/Martin, § 169 VVG Rdn. 2; a. A. *Schwintowski* in: Berliner Komm. z. VVG, 1999, § 169 VVG Rdn. 5.
¹² LG Mönchengladbach v. 28. 10. 1952, VersR 1953, 22; BGH v. 28. 3. 1955, VersR 1955, 265; LG Kassel v. 4. 5. 1955, VersR 1955, 545; OLG München v. 16. 6. 1955, VersR 1955, 610; BGH v. 19. 2. 1981, VersR 1981, 452; BGH v. 7. 7. 1984 – 8 U 97/83, VersR 1985, 347, 348; BGHZ 100, 214 = VersR 1987, 503; OLG Hamm v. 9. 12. 1988, NJW-RR 1989, 493; BGH v. 10. 4. 1991, NJW-RR 1991, 982 = VersR 1991, 870 = VerBAV 1991, 449 = MDR 1991, 1140; BGH, Urt. v. 6. 5. 1992 – IV ZR 99/91, NJW-RR 1992, 982, 983 = VersR 1992, 861 = r+s 1992, 286; OLG Düsseldorf, Urt. v. 22. 9. 1998 – 4 U 155/97, NVersZ 1999, 321, 322 = VersR 1999, 1007 = r+s 1999, 344, 345; OLG Köln, Urt. v. 21. 2. 2001 – 5 U 127/00, VersR 2002, 341 = r+s 2002, 345; *Schwintowski* in: Berliner Komm. z. VVG, 1999, § 169 VVG Rdn. 6; *Teslau* in: Handbuch Versicherungsrecht, 2001, § 13 Rdn. 148; *Römer* in: Römer/Langheid, VVG, 2. Aufl., 2003, § 169 VVG Rdn. 5; *Goll/Gilbert/Steinhaus*, Hdb. Lebensversicherung, 11. Aufl., 1992, S. 67; *Kummer* r+s 1998, 265, 269; *Kurzendörfer*, Lebensversicherung, 3. Aufl., 2000, S. 344.
¹³ BGH VersR 1955, 99 = VerBAV 1955, 171.

werden pflege, sich selbst zu töten.[14] In späteren Entscheidungen des BGH ist entweder ein Anscheinsbeweis abgelehnt[15] oder die Möglichkeit eines Anscheinsbeweises offen gelassen worden.[16] Die Anwendung der Grundsätze über den Anscheinsbeweis ist deshalb problematisch, weil es sich um die Feststellung eines individuellen Willensentschlusses handelt.[17] Die höchstrichterliche Rechtsprechung geht grundsätzlich davon aus, dass es keinen Anscheinsbeweis für individuelle Verhaltensweisen von Menschen in bestimmten Lebenslagen gibt.[18] Ein Anscheinsbeweis für eine vorsätzliche Selbsttötung komme nicht in Betracht.[19]

Ein Beweis des ersten Anscheins ist allerdings dann möglich, wenn im Einzelfall ein typischer Geschehensablauf vorliegt, der nach der Lebenserfahrung auf eine bestimmte Ursache hinweist und so sehr das Gepräge des Gewöhnlichen und Üblichen trägt, dass die besonderen individuellen Umstände in ihrer Bedeutung zurücktreten.[20] Der die Beweisführung erleichternde Anscheinsbeweis (Primafacie-Beweis) beruht mithin auf einem typischen Geschehensablauf, der infolge seiner Häufigkeit und Gleichartigkeit nach der Lebenserfahrung einen sicheren Schluss auf eine bestimmte Ursache oder eine bestimmte Folge bedingt.[21] Der Freitod eines Menschen ist meist so sehr von seinen besonderen Lebensumständen, seiner Persönlichkeitsstruktur und seiner augenblicklichen Gemütslage, insbesondere aber auch von seiner subjektiven Sicht seiner Situation, die wiederum von irrationalen Momenten beeinflusst sein kann, abhängig, dass von einem typischen Geschehensablauf nicht gesprochen werden kann.[22] Es kann allerdings so eindeutige Todesumstände geben, etwa das Erhängen ohne Fremdeinwirkung oder Harakiri, dass der Schluss von diesen Todesumständen auf einen Freitod nahe

---

[14] Ebenso für Anscheinsbeweis: OLG München v. 16. 6. 1955, VersR 1955, 610; LG Detmold v. 21. 10. 1966, VersR 1968, 1136; OLG Karlsruhe VersR 1976, 184; OLG Frankfurt/M. VersR 1978, 1110.

[15] BGH v. 8. 7. 1965, VersR 1965, 797 sowie BGH v. 19. 1. 1967, VersR 1967, 269 und 700.

[16] BGH VersR 1978, 74, 75; BGH v. 19. 2. 1981, VersR 1981, 452 = MDR 1981, 738.

[17] BGH v. 18. 3. 1987, NJW 1987, 1944 = VersR 1987, 503.

[18] BGH VersR 1965, 489 und 797; BGH VersR 1966, 29; BGH v. 7. 10. 1980, VersR 1981, 1153; OLG München, Urt. v. 5. 2. 1982 – 23 U 3516/81; BGH v. 26. 1. 1983, NJW 1983, 1548, 1551; OLG Frankfurt/M. VersR 1984, 757; BGH v. 18. 3. 1987, VersR 1987, 503; BGH v. 4. 5. 1988, NJW 1988, 2040 = VersR 1988, 684.

[19] BGH v. 18. 3. 1987, BGHZ 100, 214 = NJW 1987, 1944 = VersR 1987, 503 = r+s 1987, 173; OLG Hamm v. 9. 6. 1986, NJW-RR 1987, 15; OLG Köln VersR 1987, 1026 = r+s 1989, 235; OLG Hamm v. 9. 12. 1988, NJW-RR 1989, 493 = VersR 1989, 690, 691; BGH, Urt. v. 26. 4. 1989 – IV a ZR 43/88, VersR 1989, 729 = r+s 1993, 36, 37; OLG Köln r+s 1990, 68; BGH v. 10. 4. 1991, NJW-RR 1991, 982 = VersR 1991, 870 = VerBAV 1991, 449 = MDR 1991, 1140; OLG Köln, Urt. v. 2. 5. 1991 – 5 U 148/90, VersR 1992, 562 = r+s 1992, 33; BGH, Urt. v. 6. 5. 1992 – IV ZR 99/91, NJW-RR 1992, 982, 983 = VersR 1992, 861 = r+s 1992, 286; OLG Düsseldorf, Urt. v. 22. 9. 1998 – 4 U 155/97, NVersZ 1999, 321, 322 = VersR 1999, 1007 = r+s 1999, 344, 345; *Zopfs* VersR 1993, 140; a. A. OLG Frankfurt/M. VersR 1987, 759.

[20] BGH VersR 1956, 84; BGH v. 9. 11. 1977, VersR 1978, 74, 75 m. w. Nachw.; BGH v. 18. 3. 1987, VersR 1987, 503; OLG Köln, Urt. v. 2. 5. 1991 – 5 U 148/90, VersR 1992, 562 = r+s 1992, 33.

[21] BGH v. 18. 3. 1987 VersR 1987, 503.

[22] OLG Oldenburg v. 9. 7. 1952, VersR 1953, 57 = VerBAV 1952, 142; BGH VersR 1967, 269; OLG Köln VersR 1987, 1026 = r+s 1989, 235; BGH v. 18. 3. 1987, VersR 1987, 503; OLG Hamm VersR 1989, 690, 691; OLG Oldenburg v. 28. 11. 1990 – 2 U 149/90, VersR 1991, 985; OLG Köln, Urt. v. 2. 5. 1991 – 5 U 148/90, VersR 1992, 562; OLG Koblenz, Urt. v. 20. 3. 1992 – 10 U 1172/90, VersR 1993, 874/875 = r+s 1992, 431; OLG Koblenz, Beschl. v. 30. 5. 1996 – 10 W 255/96, VersR 1998, 215; *Römer* r+s 2001, 45, 49.

liegend oder gar zwingend ist.[23] Hiermit wird die typische Selbstmordsituation angesprochen, die bei der Beweiswürdigung schon immer eine Rolle gespielt hat.[24] Liegen daher ausreichende Indizien für die Feststellung einer Selbsttötung vor, bedarf es der Heranziehung der Grundsätze über den Anscheinsbeweis nicht.[25] Das Gericht hat nach § 286 ZPO unter Berücksichtigung des gesamten Inhalts der Verhandlungen und des Ergebnisses einer etwaigen Beweisaufnahme nach freier Überzeugung zu entscheiden, ob eine tatsächliche Behauptung für wahr oder nicht für wahr zu erachten ist.[26] Erforderlich ist dabei nicht die unumstößliche Gewissheit, dass ein Freitod vorliegt, sondern ein für das praktische Leben brauchbarer Grad von Gewissheit, der den Zweifeln Schweigen gebietet, ohne sie völlig auszuschließen.[27] Kommt das Gericht in Anwendung der dargestellten Grundsätze zu der Überzeugung, dass Selbsttötung vorliegt, so wird dieses Ergebnis nicht dadurch in Frage gestellt, dass rein theoretisch noch die Möglichkeit der Drittverletzung bestehen bleibt.[28]

12 Im Rahmen der Beweisführung kann der Versicherer auf eine Obduktion oder Exhumierung angewiesen sein. Dies ist dann der Fall, wenn die begehrte Maßnahme zu einem entscheidungserheblichen Beweisergebnis führen kann und mit ihr das letzte noch fehlende Glied in einem vom Versicherer zu führenden Beweis geliefert werden soll.[29] Der Einsatz dieser Beweismittel ist jedoch von der Zustimmung der zur Totensorge berechtigten Angehörigen abhängig.[30]

3. Einzelfälle

13 **a) Selbsttötung bejaht.** Selbsttötung wurde als bewiesen angesehen bei einem im Umgang mit Elektroanlagen und mit Strom versierten Handwerker, der einen 10 m hohen Mast der Hochspannungsleitung erklettert und mit beiden Händen die Hochspannungsleitung berührt hat,[31] einem Berufskraftfahrer, der in

---

[23] BGH v. 18. 3. 1987, BGHZ 100, 214 = NJW 1987, 1944 = VersR 1987, 503, 504; OLG Oldenburg, Urt. v. 28. 11. 1990 – 2 U 149/90, VersR 1991, 985; OLG Koblenz, Urt. v. 20. 3. 1992 – 10 U 1172/90, VersR 1993, 874, 875; OLG Düsseldorf, Urt. v. 22. 9. 1998 – 4 U 155/97, NVersZ 1999, 321, 322 = VersR 1999, 1007, 1008 = r+s 1999, 344, 345.

[24] Vgl. BGH v. 28. 3. 1955, VersR 1955, 265; LG Lübeck, Urt. v. 11. 6. 1969 – 5 O 171/68, VersR 1971, 710, 711.

[25] OLG München v. 16. 6. 1955 VersR 1955, 610; OLG Hamburg, Urt. v. 13. 4. 1984 – 11 U 231/83, VersR 1986, 378; OLG Hamburg v. 19. 6. 1986, VersR 1986, 1202.

[26] OLG Hamburg v. 19. 6. 1986, VersR 1986, 1202.

[27] BGHZ 53, 245, 256; BGH v. 18. 3. 1987, BGHZ 100, 214 = NJW 1987, 1944 = VersR 1987, 503, 504 = r+s 1987, 173; OLG Köln, VersR 1987, 1026 = r+s 1989, 235; LG Heidelberg, Urt. v. 6. 10. 1988 – 7 O 176/88, VersR 1989, 1033; OLG Hamm v. 7. 12. 1988, VersR 1989, 695, 696; BGH VersR 1989, 758, 759; OLG Köln r+s 1989, 235; OLG Köln r+s 1990, 60; OLG Oldenburg, Urt. v. 28. 11. 1990 – 2 U 149/90, VersR 1991, 985, 986; OLG Köln, Urt. v. 2. 5. 1991 – 5 U 148/90, VersR 1992, 562 = r+s 1992, 33; OLG Hamm, Urt. v. 27. 4. 1994 – 20 U 394/93, NJW-RR 1994, 1445 = VersR 1995, 33 = r+s 1994, 435; OLG Düsseldorf, Urt. v. 22. 9. 1998 – 4 U 155/97, NVersZ 1999, 321, 322 = VersR 1999, 1007, 1008 = r+s 1999, 344, 345; *Kollhosser* in Prölss/Martin, VVG, § 169 VVG Rdn. 5; *Schwintowski* in: Berliner Komm. z. VVG, 1999, § 169 VVG Rdn. 6.

[28] OLG Karlsruhe VersR 1986, 183, 185; OLG Frankfurt/M. ZfS 1986, 122; OLG Oldenburg, Urt. v. 28. 11. 1990 – 2 U 149/90, VersR 1991, 985; *Römer* in: Römer/Langheid, VVG, 2. Aufl., 2003, § 169 VVG Rdn. 12.

[29] BGH v. 6. 5. 1992 – IV ZR 99/91, NJW-RR 1992, 982 = VersR 1992, 861, 862 = r+s 1992, 286.

[30] *Römer*, Versicherungsvertragsrecht: neue höchstrichterliche Rechtsprechung, 7. Aufl., Köln, RWS, 1997, S. 166 (Rdn. 319).

[31] OLG Hamburg v. 19. 6. 1986, VersR 1986, 1201, 1202.

einer verschlossenen Garage durch Autoabgase vergiftet aufgefunden wurde und zehn Wochen vor seinem Tod eine hohe Lebensversicherung abgeschlossen hatte;[32] ebenso bei Umkommen durch Autoabgase in der Garage;[33] Sprung und Stehen bleiben vor einem herannahenden LKW;[34] Verbrennung im Auto nach Selbstmordversuch;[35] Selbstverbrennung mit Benzin;[36] Aufprall mit PKW gegen Stützmauer;[37] Aufprall mit dem PKW auf einen Baum;[38] aufgesetzter Kopfschuss;[39] Gewehrschuss aus nächster Nähe;[40] einem erfahrenen Jäger, der durch Kopfschuss aus seiner Bockbüchsflinte getötet wurde und sich kurz vor seinem Tode in erheblichen Umfange lebens- und unfallversicherte und über dessen Nachlass der Konkurs eröffnet wurde;[41] im Ergebnis tödliche Mundverletzung mit einer Gaspistole;[42] Kopfschuss durch leichtsinniges Hantieren mit einer Schusswaffe;[43] Kopfschuss durch Schusswechsel mit Polizei;[44] Schuss aus einem auf der Stirn aufgesetzten Bolzenschussapparat;[45] Schuss aus einem aufgesetzten Gewehr ins Herz;[46] Schuss aus einer aufgesetzten Pistole;[47] Schuss aus einem aufgesetzten, selbst ausgelösten Gewehr;[48] kombiniertem Selbstmord durch eine Schusswaffe bei umgelegter Halsschlinge;[49] Schuss in den Kehlkopf;[50] mehreren geöffneten Gashähnen;[51] Einnahme von 10 Evipantabletten auf einmal;[52] tödliche Dosis von Schlafmitteln, die niemand aus Irrtum oder Versehen einnimmt;[53] Einnahme von 70 Tabletten mit dem Wirkstoff Levomepromazin in Verbindung mit hochprozentigem Schnaps;[54] Strangulationstod;[55] Erhängen ohne Fremdeinwirkung;[56] Überfahrenlassen durch Zug;[57] Suizid durch Erfrieren im Hochgebir-

---

[32] OLG Hamburg, Urt. v. 13. 4. 1984 – 11 U 231/83 – Leitsatz VersR 1986, 378/379.
[33] OLG Frankfurt/M. v. 2. 12. 1977, VersR 1978, 1110.
[34] LG Köln v. 20. 4. 1988, VersR 1989, 1039.
[35] LG Köln, Urt. v. 3. 3. 1993 – 24 O 299/92, VersR 1993, 869, 870.
[36] KG, Urt. v. 13. 2. 1998 – 6 U 3104/98, NVersZ 1999, 317 = VersR 2000, 86, 87.
[37] OLG Köln, Urt. v. 2. 5. 1991 – 5 U 148/90, VersR 1992, 562, 563 = r+s 1992, 33.
[38] OLG Hamm v. 7. 12. 1988, VersR 1989, 695.
[39] OLG Hamm, Urt. v. 22. 9. 1995 – 20 U 77/95, VersR 1996, 1134 (Ls.) = r+s 1996, 117.
[40] OLG Oldenburg, Urt. v. 28. 11. 1990 – 2 U 149/90, VersR 1991, 985.
[41] OLG Celle v. 8. 6. 1984, VersR 1985, 1134.
[42] LG Hamburg v. 15. 5. 1984, VersR 1984, 1167.
[43] OLG Frankfurt/M. VersR 1984, 757.
[44] LG Osnabrück v. 19. 12. 1979, VersR 1980, 474.
[45] BGH v. 10. 1. 1955, VersR 1955, 99 = VerBAV 1955, 171.
[46] LG Detmold v. 21. 10. 1966, VersR 1968, 1136.
[47] LG Saarbrücken, Urt. v. 19. 10. 1994 – 14 O 144/94.
[48] OLG München v. 4. 3. 1988, VersR 1988, 1020.
[49] LG Flensburg v. 27. 8. 1963, VersR 1963, 1214.
[50] OLG Saarbrücken, Urt. v. 30. 5. 2007 – 5 U 704/06 – 89, VersR 2008, 57.
[51] LG Mönchengladbach v. 28. 10. 1952, VersR 1953, 22; OLG Düsseldorf v. 3. 1. 1953, VersR 1953, 58; LG Kassel v. 4. 5. 1955, VersR 1955, 545.
[52] LG Memmingen v. 27. 5. 1953, VersR 1953, 364.
[53] LG München v. 16. 6. 1955, VersR 1955, 610.
[54] OLG Düsseldorf, Urt. v. 22. 9. 1998 – 4 U 155/97, NVersZ 1999, 321, 322 = VersR 1999, 1007, 1008 = r+s 1999, 344, 345.
[55] AG Hamburg, Urt. v. 19. 6. 1998 – 4 C 148/98, r+s 1999, 167, 168.
[56] LG Heidelberg, Urt. v. 6. 10. 1988 – 7 O 176/88, VersR 1989, 1033; OLG Hamm, Beschl. v. 17. 7. 1992 – 20 W 4/92, r+s 1993, 75; OLG Hamm, Urt. v. 15. 9. 1999 – 20 U 64/99, NJW-RR 2000, 405 = NVersZ 2000, 325 = r+s 2000, 435; OLG Düsseldorf, Urt. v. 27. 8. 2002 – 4 U 223/01, NJW-RR 2003, 530.
[57] OLG Hamm, Urt. v. 27. 4. 1994 – 20 U 394/93, NJW-RR 1994, 1445 = VersR 1995, 33, 34 = r+s 1994, 435.

ge;⁵⁸ Fenstersturz aus großer Höhe;⁵⁹ Sturz von einer 130 m hohen Autobahnbrücke;⁶⁰ Überrollen durch einen Zug an abgelegener Stelle auf den Gleisen, an denen sich kein Weg befindet, der die Gleise kreuzt.⁶¹

14 **b) Selbsttötung verneint.** Selbsttötung wurde als nicht bewiesen angesehen bei einem Schuss aus einem aufgesetzten Gewehr;⁶² Schuss in die Stirn mit einem selbstgebauten Schussapparat;⁶³ einer Kopfschussverletzung;⁶⁴ wenn sich aus einer am Kopf aufgesetzten Pistole mehrere Male kein Schuss gelöst hatte und der Versicherungsnehmer alkoholisiert war;⁶⁵ einem geöffneten Gashahn;⁶⁶ Vergiftung mit Rattengift, wenn Tötung durch einen Dritten nicht auszuschließen ist;⁶⁷ Fahren mit dem Pkw gegen den Betonmittelpfeiler einer Autobahnbrücke;⁶⁸ ungebremster Aufprall mit Motorrad auf ein Hindernis trotz technisch einwandfreier Bremsen;⁶⁹ Unfalltod infolge Aquaplaning;⁷⁰ Tod durch Autoabgase in der Garage;⁷¹ Tod durch Erhängen, wenn eine fehlgeschlagene Selbstmorddemonstration möglich erscheint;⁷² bei einem autoerotischen Erstickungstod.⁷³

III. Selbsttötung des Versicherten im Zustand krankhafter Störung der Geistestätigkeit vor Ablauf der Wartezeit

1. Ausnahmetatbestand

15 Bei Selbsttötung vor Ablauf von drei Jahren (früher fünf Jahren) ist der Versicherer zur Leistung verpflichtet, wenn die Tat in einem die freie Willensbestimmung ausschließenden Zustand krankhafter Störung der Geistestätigkeit begangen worden ist (§ 169 Satz 2 VVG, § 8 Abs. 1 ALB 1986). Als eine krankhafte Störung der Geistestätigkeit kommen alle Störungen der Verstandestätigkeit sowie des Willens-, Gefühls- oder Trieblebens in Betracht.⁷⁴ Erforderlich ist allerdings der Nachweis einer solchen krankhaften Störung der Geistestätigkeit, die die freie Willensbestimmung des Versicherten zur Zeit der Selbsttötung ausgeschlossen hat.⁷⁵

---

⁵⁸ LG Saarbrücken, Beschl. v. 3. 8. 2001 – 14 O 127/01, Spektrum für Versicherungsrecht 2002, 60, 61.
⁵⁹ OLG Koblenz, Urt. v. 20. 3. 1992 – 10 U 1172/90, VersR 1993, 874, 875 = r+s 1992, 430.
⁶⁰ OLG Saarbrücken, Urt. v. 26. 3. 2003 – 5 U 615/02 – 69, r+s 2005, 120.
⁶¹ OLG Koblenz, Beschl. v. 31. 8. 2006 – 10 U 1763/05, VersR 2008, 67 = r+s 2009, 290.
⁶² BGH v. 18. 3. 1987, VersR 1987, 503 = NJW 1987, 1944.
⁶³ BGH, Urt. v. 6. 5. 1992 – IV ZR 99/91, NJW-RR 1992, 982 = VersR 1992, 861 = r+s 1992, 286.
⁶⁴ OLG Düsseldorf VersR 1985, 347.
⁶⁵ BGH v. 19. 2. 1981, VersR 1981, 4452 = MDR 1981, 738.
⁶⁶ OLG Oldenburg v. 9. 7. 1952, VerBAV 1952, 142; OLG Düsseldorf v. 3. 1. 1953, VersR 1953, 58.
⁶⁷ LG Lübeck, Urt. v. 11. 6. 1969 – 5 O 171/68, VersR 1971, 710, 711.
⁶⁸ BGH v. 12. 7. 1965, VersR 1965, 947.
⁶⁹ Versicherungsombudsmann, Entsch. v. 14. 8. 2003 – 3744/2002-M, r+s 2004, 515.
⁷⁰ OLG Saarbrücken, Urt. v. 9. 11. 2005 – 5 U 286/05, NJW-RR 2006, 462, 463.
⁷¹ BGH, Urt. v. 26. 4. 1989 – IVa ZR 43/88, VersR 1989, 729 = r+s 1993, 36.
⁷² OLG Hamm v. 9. 12. 1988, VersR 1989, 690, 691 = r+s 1989, 132.
⁷³ OLG Oldenburg, Urt. v. 25. 6. 1997 – 2 U 108/97, VersR 1997, 1128, 1129 = r+s 1998, 40; dazu *Trompetter* VersR 1998, 685.
⁷⁴ BGH NJW 1960, 1393; OLG Stuttgart, Urt. v. 27. 6. 1988 – 5 U 259/87, VersR 1989, 794, 795; OLG Karlsruhe, Urt. v. 20. 2. 2003 – 12 U 205/02, VersR 2003, 977, 978.
⁷⁵ BGH, Urt. v. 6. 5. 1965 – III ZR 229/64, WM 1965, 895, 896; LG Saarbrücken v. 17. 9. 1982, VersR 1983, 723; BGH, Urt. v. 13. 10. 1993 – IV ZR 220/92, NJW-RR 1994, 219, 220 = VersR 1994, 162, 163; *Raestrup* ZVersWiss 1966, 201, 203.

Die Annahme des Vorliegens einer „echten" Geisteskrankheit ist nicht erforderlich.[76]

Liegt der Tatbestand des § 169 Satz 2 VVG vor, so kann bei Selbsttötung kurz nach Vertragsabschluss der Versicherungsvertrag gemäß § 104 Nr. 2 BGB unwirksam sein.[77] In diesem Fall muss der Versicherer die gezahlten Beiträge zurückgeben, ist aber andererseits nicht zur Leistung verpflichtet.[78]   16

2. Freie Willensbestimmung

Ein die freie Willensbestimmung ausschließender Zustand krankhafter Störung der Geistestätigkeit liegt vor, wenn der Betreffende sein Handeln nicht mehr von vernünftigen Erwägungen abhängig machen kann.[79] Der Betroffene muss von seinen unkontrollierbaren Trieben und Vorstellungen so beherrscht werden, dass eine freie Entscheidung auf Grund einer Abwägung des Für und Wider ausgeschlossen ist.[80] Es soll nicht darauf ankommen, ob eine Krankheit im medizinischen Sinn besteht.[81] Jedoch muss eine unausweichliche und krankhaft bedingte Zwangslage bestanden haben.[82] Eine bloße Willensschwäche, Erschöpfungszustände oder depressive Zustände schließen die Möglichkeit freier Willensbestimmung nicht aus, solange der von Motiven gelenkte Wille noch Einfluss auf die Entscheidung des Versicherten hat und sie insoweit verständlich macht.[83]   17

---

[76] RGZ 103, 400; 130, 70; 162, 228; OLG Hamm VersR 1977, 928; BGH, Urt. v. 13. 10. 1993 – IV ZR 220/92, NJW-RR 1994, 219, 220 = VersR 1994, 162, 163; OLG Stuttgart, Urt. v. 27. 6. 1988 – 5 U 259/87, VersR 1989, 794, 795; BGH NJW-RR 1994, 219 = VersR 1994, 162, 163; OLG Düsseldorf, Urt. v. 14. 5. 2002 – 4 U 171/01, NJW-RR 2003, 1468, 1469; OLG Karlsruhe, Urt. v. 20. 2. 2003 – 12 U 205/02, VersR 2003, 977, 978; LG Bonn, Beschl. v. 12. 11. 2004 – 9 O 447/04, VersR 2005, 965 = r+s 2006, 121, 122; *Teslau* in: Handbuch Versicherungsrecht, 2001, § 13 Rdn. 151.
[77] Vgl. *Kollhosser* in: Prölss/Martin, VVG, § 169 VVG Rdn. 4 a. E.; *Trompeter*, aaO, S. 7.
[78] Vgl. *Goll/Gilbert/Steinhaus*, Hdb. Lebensversicherung, 11. Aufl., 1992, S. 69.
[79] OLG Hamm v. 27. 4. 1977, VersR 1977, 928, 929; OLG Hamm, Beschl. v. 17. 7. 1992 – 20 W 4/92, r+s 1993, 75; OLG Nürnberg, Urt. v. 25. 3. 1993 – 8 U 2000/92, VersR 1994, 295 = r+s 1994, 316; LG Hamburg, Urt. v. 27. 8. 1996 – 322 O 334/95, r+s 1998, 259; OLG Düsseldorf, Urt. v. 14. 5. 2002 – 4 U 171/01, NJW-RR 2003, 1468, 1469.
[80] BGH, Urt. v. 14. 7. 1953 – V ZR 97/52, BGHZ 10, 266 = NJW 1953, 1342; OLG Frankfurt/M. v. 15. 6. 1962, VersR 1962, 821, 822; BGH, Urt. v. 20. 6. 1984 – IVa ZR 206/82, FamRZ 1984, 1003; OLG Stuttgart, Urt. v. 27. 6. 1988 – 5 U 259/87, VersR 1989, 794, 795; BayObLG NJW 1992, 2100; OLG Nürnberg, Urt. v. 25. 3. 1993 – 8 U 2000/92, VersR 1994, 295, 296 = r+s 1994, 316; BGH, Urt. v. 13. 10. 1993 – IV ZR 220/92, NJW-RR 1994, 219, 220 = VersR 1994, 162, 163; LG Hamburg, Urt. v. 27. 8. 1996 – 322 O 334/95, r+s 1998, 259; KG, Urt. v. 13. 2. 1998 – 6 U 3104/96, NVersZ 1999, 317, 318 = VersR 2000, 86, 87; OLG Düsseldorf, Urt. v. 22. 5. 1998 – 4 U 155/97, NVersZ 1999, 321, 322 = VersR 1999, 1007, 1008 = r+s 1999, 344, 345; OLG Stuttgart, Urt. v. 22. 7. 1999 – 7 U 28/99, NVersZ 2000, 22 = VersR 2000, 170 = r+s 2000, 521, 522; OLG Düsseldorf, Urt. v. 14. 5. 2002 – 4 U 171/01, NJW-RR 2003, 1468, 1469; OLG Karlsruhe, Urt. v. 20. 2. 2003 – 12 U 205/02, VersR 2003, 977, 978; OLG Koblenz, Urt. v. 24. 3. 2006 – 10 U 433/05, VersR 2007, 783, 784.
[81] OLG Hamm v. 27. 4. 1977, VersR 1977, 928.
[82] OLG Nürnberg v. 25. 9. 1968, VersR 1969, 150.
[83] OLG München v. 16. 6. 1955, VersR 1955, 610; LG Hechingen v. 19. 7. 1955, VersR 1956, 282; LG Köln v. 6. 4. 1956, VersR 1956, 653; OLG Frankfurt/M. v. 15. 6. 1962, VersR 1962, 821, 822; LG Wiesbaden, Urt. v. 9. 1. 1963 – 5 O 153/62, VersR 1963, 865; OLG Hamm v. 27. 4. 1977, VersR 1977, 930; LG Wiesbaden v. 22. 3. 1984, VersR 1985, 233; OLG Nürnberg, Urt. v. 25. 3. 1993 – 8 U 2000/92, VersR 1994, 295, 296 = r+s 1994, 316; LG Hamburg, Urt. v. 27. 8. 1996 – 322 O 334/95, r+s 1998, 259; *Karl Wahle* VersR 1964, 762, 763.

3. Krankhafte Störung der Geistestätigkeit

18 Ein Zustand krankhafter Störung der Geistestätigkeit bedingt, dass die Geistesgestörtheit nicht nur für eine kurze vorübergehende Zeit vorliegt, wie es bei sog. Kurzschlusshandlungen der Fall ist,[84] z. B. bei einer Selbsttötung während der Flucht vor der Polizei.[85] Auch ein kurzfristiges, äußerst intensives Schmerzerlebnis des Versicherten, das weder krankhaft ist noch auf eine gewisse Dauer angelegt ist, führt nicht zur Annahme eines die freie Willensbestimmung ausschließenden Zustandes krankhafter Störung der Geistestätigkeit.[86] Bei einer krankheitsbedingten deutlichen Einschränkung der freien Willensbildung entfällt der Leistungsausschluss nicht, da eine sehr hohe Wahrscheinlichkeit für den völligen Ausschluss der freien Willensbetätigung bestehen muss.[87] Bei bloß verminderter Zurechnungsfähigkeit greift der Leistungsausschluss.[88]

4. Maßgeblicher Zeitpunkt

19 Die krankhafte Störung der Geistestätigkeit muss zur Zeit der Selbsttötung vorliegen und der Selbstmord darauf zurückzuführen sein,[89] was sich aus sinnlosem Verhalten kurz vor der Tat ergeben kann,[90] nicht aber aus einer allgemeinen „emotionalen Psychose", wie sie bei jedem Selbstmörder vorliegt.[91]

5. Beweislast

20 Die Beweislast dafür, dass der Selbstmord in einem die freie Willensbestimmung ausschließenden Zustand krankhafter Störung der Geistestätigkeit verübt worden ist, trägt der Versicherungsnehmer bzw. der nach dem Vertrag Berechtigte.[92] Insoweit ist es erforderlich, dass ein Tatsachenkomplex bewiesen wird, der

---

[84] LG Köln v. 22. 6. 1956, VersR 1956, 569; *Goll/Gilbert/Steinhaus*, Hdb. Lebensversicherung, 11. Aufl., 1992, S. 68.
[85] LG Osnabrück v. 19. 12. 1979, VersR 1980, 474.
[86] LG Saarbrücken v. 17. 9. 1982, VersR 1983, 723.
[87] LG Hamburg, Urt. v. 27. 8. 1996 – 322 O 334/95, r+s 1998, 259, 260.
[88] LG Hamburg, Urt. v. 27. 8. 1996 – 322 O 334/95, r+s 1998, 259, 260.
[89] LG Wiesbaden v. 9. 1. 1963, VersR 1963, 866; BGH VersR 1965, 656; LG Wiesbaden v. 22. 3. 1984, VersR 1985, 233; BGH v. 13. 10. 1993, NJW-RR 1994, 219 = VersR 1994, 162, 163.
[90] OLG Hamm v. 27. 4. 1977, VersR 1977, 928.
[91] OLG Karlsruhe v. 9. 3. 1977, VersR 1978, 657; OLG Stuttgart VersR 1989, 794, 795; OLG Stuttgart, Urt. v. 22. 7. 1999 – 7 U 28/99, NVersZ 2000, 22 = VersR 2000, 170 = r+s 2000, 521, 522; OLG Hamm r+s 1993, 75; OLG Düsseldorf, Urt. v. 14. 5. 2002 – 4 U 171/01, NJW-RR 2003, 1468, 1469; OLG Karlsruhe, Urt. v. 20. 2. 2003 – 12 U 205/02, VersR 2003, 977, 978.
[92] LG Memmingen v. 27. 5. 1953, VersR 1953, 364; LG Braunschweig, Urt. v. 8. 7. 1960 – 3 O 149/56, VersR 1961, 169; LG Bielefeld, Urt. v. 9. 10. 1962 – 4 O 106/62, VersR 1963, 153; OLG Frankfurt/M. v. 15. 6. 1962, VersR 1962, 822; OLG Nürnberg v. 25. 9. 1968, VersR 1969, 149; LG Saarbrücken v. 7. 11. 1978, VersR 1979, 1050; LG Köln v. 26. 9. 1989, VersR 1990, 34, 35 f; OLG Nürnberg, Urt. v. 25. 3. 1993 – 8 U 2000/92, VersR 1994, 295 = r+s 1994, 316; BGH, Urt. v. 13. 10. 1993 – IV ZR 220/92, NJW-RR 1994, 219 = VersR 1994, 162, 163; OLG Karlsruhe, Urt. v. 16. 12. 1993 – 12 U 24/93, VersR 1995, 521 = r+s 1995, 79; LG Hamburg, Urt. v. 27. 8. 1996 – 322 O 334/95, r+s 1998, 259; OLG Düsseldorf VersR 1998, 422. 9. 1998 – 4 U 155/97, NVersZ 1999, 322 = VersR 1999, 1007, 1008 = r+s 1999, 344, 345; OLG Köln, Urt. v. 21. 2. 2001 – 5 U 127/00, VersR 2002, 341 = r+s 2002, 345; OLG Karlsruhe, Urt. v. 20. 2. 2003 – 12 U 205/02, VersR 2003, 977, 978; *Güllemann* ZVersWiss 1972, 55, 59/60; *Römer* in: Römer/Langheid, VVG, 2. Aufl., 2003, § 169 VVG Rdn. 10; *Schwintowski* in: Berliner Komm. z. VVG, 1999, § 169 VVG Rdn. 19; *Terlau* Handbuch Versicherungsrecht, 2001, § 13

nach menschlicher und ärztlicher Erfahrung den Schluss rechtfertigt, dass die Tat mit höchster oder an Gewissheit grenzender Wahrscheinlichkeit in einem die freie Willensbestimmung ausschließenden Zustand krankhafter Störung der Geistestätigkeit begangen worden ist.[93] Hierzu müssen Tatsachen vorgetragen und bewiesen sein, die einen Sachverständigen in die Lage versetzen, die Frage der Unzurechnungsfähigkeit anhand dieser Tatsachen zu beurteilen.[94] Die Anforderungen an die Substantiierungslast eines Anspruchstellers dürfen allerdings nicht überspannt werden. Zur Substantiierung genügt die Bezugnahme auf das in einem Privatgutachten festgehaltene Explorationsgespräch, das der Privatgutachter seiner Beurteilung zugrunde gelegt hat. Im Falle des Bestreitens ist über den Inhalt des Explorationsgesprächs durch Vernehmung der an der Exploration beteiligten Personen – ggf. in Gegenwart eines kompetenten Sachverständigen – Beweis zu erheben und dann ein auf dem Ergebnis der Beweisaufnahme beruhendes Sachverständigengutachten einzuholen.[95]

21 Für die Entscheidung des Gerichts ist ausreichend, dass es aufgrund der vorgetragenen Tatsachen und Zeugenaussagen in Verbindung mit einer Würdigung durch den Sachverständigen und dessen Gutachten die volle Überzeugung erlangt, dass die Tat in einem die freie Willensbestimmung ausschließenden Zustand begangen worden ist.[96] Im Rahmen der Beweiswürdigung kann das Gericht von den Feststellungen des Sachverständigen abweichen, wenn das Ergebnis des Gutachtens im Widerspruch zur Unbestimmtheit des Krankheitsbildes steht[97] oder auf Rückschlüsse und Vermutungen aufgebaut ist.[98]

22 Der Nachweis dafür, dass der Versicherungsnehmer sich in einem die freie Willensbestimmung ausschließenden Zustand krankhafter Störung der Geistestätigkeit das Leben genommen hat, kann nicht schon mit dem Hinweis auf eine bei Selbstmördern allgemein vorhandene „emotionale Psychose" geführt werden.[99] Es reicht für den Nachweis, dass die Tat unter Ausschluss der freien Willensbestimmung begangen wurde, nicht die Schlussfolgerung aus, dass der Versicherte den Selbstmord in einem Zustand geistiger Umnachtung begangen haben müsse, weil ein bestimmter und ausreichender Beweggrund für den Selbstmord nicht dargetan wurde.[100] Liegt auch nur die Möglichkeit eines „vernünftigen" Beweg-

---

Rdn. 155; für Zuweisung der Beweislast an den Versicherer *Harrer/Mitterauer* VersR 2007, 579, 582.

[93] OLG München VersR 1955, 610; LG Wiesbaden, Urt. v. 9. 1. 1963 – 5 O 153/62, VersR 1963, 865, 866; LG Flensburg v. 27. 8. 1963, VersR 1963, 1214; LG Saarbrücken v. 7. 11. 1978, VersR 1979, 1050; LAG Baden-Württemberg, Urt. v. 22. 12. 1988 – 11 Sa 47/88, VersR 1989, 1177; LG Hamburg, Urt. v. 27. 8. 1996 – 322 O 334/95, r+s 1998, 259, 260.

[94] OLG Düsseldorf v. 12. 5. 1975, VersR 1975, 896; LG Saarbrücken v. 7. 11. 1978, VersR 1979, 1050; OLG Stuttgart v. 27. 6. 1988, VersR 1989, 794, 795; LG Hildesheim, Urt. v. 24. 6. 2003 – 3 O 116/03, Spektrum für Versicherungsrecht 2004, 17, 18.

[95] BGH, Urt. v. 5. 2. 1997 – IV ZR 79/96, VersR 1997, 687; BGH, Urt. v. 5. 2. 1997 – IV ZR 80/96, NJW-RR 1997, 664, 665.

[96] LG Ulm v. 26. 11. 1952, VersR 1953, 22.

[97] LG Braunschweig v. 8. 7. 1960, VersR 1961, 169.

[98] LG Bielefeld, Urt. v. 9. 10. 1962 – 4 O 106/62, VersR 1963, 153; OLG Düsseldorf, Urt. v. 14. 5. 2002 – 4 U 171/01, NJW-RR 2003, 1468, 1470.

[99] OLG Karlsruhe v. 9. 3. 1977, VersR 1978, 658; OLG Stuttgart v. 27. 6. 1988, VersR 1989, 794, 795.

[100] OLG München v. 16. 6. 1955, VersR 1955, 610; LG Braunschweig v. 8. 7. 1960, VersR 1961, 169; LG Flensburg v. 27. 8. 1963, VersR 1963, 214; LG Wiesbaden, Urt. v. 9. 1. 1963 – 5 O 153/62, VersR 1963, 865; OLG Köln, Urt. v. 21. 2. 2001 – 5 U 127/00, VersR 2002, 341, 342 = r+s 2002, 345 = OLGR 2002, 25; OLG Karlsruhe, Urt. v. 20. 2. 2003 – 12 U 205/02, VersR 2003, 977, 978; KG, Urt. v. 13. 1. 1998 – 6 U 3104/96,

grundes für den Selbstmord vor, so kann der erforderliche Gegenbeweis nicht als geführt angesehen werden.[101] Deshalb ist der erforderliche Nachweis nicht erbracht, wenn ein sog. „Bilanzselbstmord" nicht auszuschließen ist.[102]

6. Verfahren

23 Dem Zivilgericht sind im Rahmen der §§ 402 ff. ZPO eigene Befugnisse zur Prüfung übertragen, ob das Beweismittel „Sachverständigenbeweis" prozessual geeignet ist, tragfähige Grundlage für die letztlich für die Streitentscheidung ausschlaggebende richterliche Überzeugungsbildung nach § 286 ZPO zu sein.[103] Eine im Sinne von § 286 ZPO erfolgreiche Beweisführung durch Einholung eines Sachverständigengutachtens setzt in jedem Fall voraus, dass für die Beurteilung durch den Sachverständigen ein ausreichendes Maß gesicherter Anknüpfungstatsachen feststellbar ist, die es insbesondere auch dem Sachverständigen erlauben, zu eindeutigen Schlussfolgerungen zu kommen und mögliche abweichende Ergebnisse zuverlässig auszuschließen.[104] Trägt der Anspruchsteller zur Begründung seines Antrags auf Auszahlung der Versicherungssumme im Zusammenhang mit dem Selbstmord des Versicherungsnehmers eine Reihe von Einzelumständen vor, die auf eine Selbsttötung im Zustand einer die freie Willensbestimmung ausschließenden krankhaften Störung der Geistestätigkeit deuten können (langjähriger Alkoholmissbrauch, Bedrohung von Familienangehörigen, möglicherweise nur scheinbar zielgerichtetes Vorgehen bei der Vorbereitung des Selbstmords), so kann die Frage, ob der Versicherungsnehmer die Tat im Zustand krankhafter Störung der Geistestätigkeit begangen hat, nicht ohne Einholung eines Sachverständigengutachtens beurteilt und demgemäß vorher die Erfolgsaussicht[105] der Klage nicht verneint werden.[106] Erstatten mehrere Sachverständige einander widersprechende Gutachten, ist die mündliche Anhörung des gerichtlichen Sachverständigen gemäß § 411 Abs. 3 ZPO geboten.[107] Vorhandene Aufklärungsmöglichkeiten dürfen nicht ungenutzt bleiben.[108] Unabhängig von der nach § 411 Abs. 3 ZPO im pflichtgemäßen Ermessen des Gerichts stehenden Möglichkeit, das Erscheinen des Sachverständigen zum Termin von Amts wegen anzuordnen, steht jeder Prozesspartei gemäß §§ 397, 402 ZPO zur Gewährleistung des rechtlichen Gehörs das Recht zu, den Sachverständigen zu seinem schriftlichen

---

NVersZ 1999, 317, 318 = VersR 2000, 86, 87; LG Bonn, Beschl. v. 12. 11. 2004 – 9 O 447/04, VersR 2005, 965 = r+s 2006, 121, 122.
[101] LG Flensburg v. 27. 8. 1963, VersR 1963, 1213, 1214; KG, Urt. v. 13. 2. 1998 – 6 U 3104/96, NVersZ 1999, 317, 318 = VersR 2000, 86, 87; KG Berlin, Urt. v. 13. 2. 1998 – 6 U 3104/96, r+s 2000, 475.
[102] OLG Stuttgart, Urt. v. 27. 6. 1988 – 5 U 259/87, VersR 1989, 794, 796; OLG Nürnberg, Urt. v. 25. 3. 1993 – 8 U 2000/92, VersR 1994, 295, 296 = r+s 1994, 316; OLG Köln, Urt. v. 21. 2. 2001 – 5 U 127/00, VersR 2002, 341, 342 = r+s 2002, 345; OLG Karlsruhe, Urt. v. 20. 2. 2003 – U 205/02, VersR 2003, 977, 978; *Raestrup* ZVersWiss 1966, 201, 206 f.; *Mallach* ZVersWiss 1980, 357, 371.
[103] OLG Koblenz, Urt. v. 5. 3. 1999 – 10 U 371/98, NVersZ 2000, 422, 423 = r+s 2001, 521, 522; BGH, Nichtannahmebeschl. v. 12. 4. 2000 – IV ZR 67/99, r+s 2001, 521.
[104] OLG Koblenz, Urt. v. 5. 3. 1999 – 10 U 371/98, NVersZ 2000, 422, 423 = r+s 2001, 521, 522; BGH, Nichtannahmebeschl. v. 12. 4. 2000 – IV ZR 67/99, r+s 2001, 521.
[105] Siehe auch OLG Düsseldorf v. 12. 5. 1975, VersR 1975, 896.
[106] OLG Hamm v. 26. 9. 1984 – 20 W 23/84, VersR 1985, 752 (Ls.).
[107] Siehe hierzu BGH, Urt. v. 13. 10. 1993 – IV ZR 220/92, NJW-RR 1994, 219, 220 = VersR 1994, 162, 163.
[108] BGH, Urt. v. 13. 10. 1993 – IV ZR 220/92, NJW-RR 1994, 219, 220 = VersR 1994, 162, 163; BGH v. 15. 6. 1994, VersR 1994, 1054, 1055; OLG Düsseldorf, Urt. v. 14. 5. 2002 – 4 U 171/01, NJW-RR 2003, 1468, 1470; *Römer* in: Römer/Langheid, VVG, 2. Aufl., 2003, § 169 VVG Rdn. 14.

Selbsttötung des Versicherten   24, 25   § 8 ALB 1986

Gutachten mündlich befragen zu können.[109] Dementsprechend ist dem von einer Partei rechtzeitig gestellten Antrag, den gerichtlichen Sachverständigen nach Erstattung des schriftlichen Gutachtens zu dessen mündlicher Erläuterung zu laden, auch dann stattzugeben, wenn die schriftliche Begutachtung aus der Sicht des Gerichts ausreichend und überzeugend ist.[110]

7. Einzelfälle

a) Psychopathie und Sucht. Nicht jede Persönlichkeitsstörung reicht aus, um den Nachweis gemäß § 169 Satz 2 VVG zu erbringen.[111] Der in § 169 VVG niedergelegte Bewusstseinsausschluss ist mit der Annahme einer Zwangshaftigkeit und Unentrinnbarkeit im Vollzug der Selbstzerstörung gleichgesetzt.[112] Bei den Formen der Psychopathie und Rauschgiftsucht ist daher ein Ausschluss der freien Willensbestimmung nicht anzunehmen, da die Betätigung des Selbstmordwillens regelmäßig noch durch vorliegende Motive gelenkt ist.[113] Dies gilt regelmäßig auch für die Spielsucht.[114] Psychopathen sind daher selbst in schweren Fällen nicht als krank anzusehen. Versicherungsschutz nach § 169 Satz 2 VVG für Psychopathen gibt es nur, wenn der Selbstmord auch im Rahmen ihrer Persönlichkeit nicht mehr motivierbar ist.[115] War der Versicherte lediglich ein zu Erregungszuständen neigender Psychopath, ohne jedoch geisteskrank gewesen zu sein, so stellt jene psychische Abartigkeit keinen die freie Willensbestimmung ausschließenden Zustand krankhafter Störung der Geistestätigkeit dar.[116]   24

b) Gemütserkrankung. Zahlreiche Selbsttötungen sind durch psychische Störungen des Suizidenten geprägt.[117] Als Krankheitsbilder, die die freie Willensbestimmung im Zeitpunkt der Selbsttötung ausgeschlossen haben können, kommen die endogene Psychose und die exogene Psychose in Betracht.[118] Der Ausnahmetatbestand ist gegeben, wenn bei dem Versicherten eine endogene, d. h. anlagebedingte Depression vorgelegen und er sich in einer endogen-depressiven Phase das Leben genommen hat.[119] Personen, die an endogener Depression leiden, sind regelmäßig vollkommen machtlos ihrem Zustand ausgeliefert und nicht in der Lage, gegen ihre Insuffizienz anzugehen.[120] Ihre freie Willensbestimmung wird dadurch ausgeschlossen, dass sie von ihren depressiven Gedankengängen ganz durchdrungen sind und sich ihrer nicht mehr erwehren können.[121] Versicherungs-   25

---

[109] BGHZ 6, 398, 400 f.; BGHZ 24, 9, 14; BGH, Urt. v. 21. 9. 1982 – VI ZR 130/81, NJW 1983, 340, 341 = VersR 1982, 1141, 1142; BGH, Urt. v. 24. 10. 1995 – VI ZR 13/95, VersR 1996, 211, 212; BGH, Urt. v. 7. 10. 1997 – VI ZR 252/96, VersR 1998, 342, 343.
[110] BGH, Urt. v. 17. 12. 1996 – VI ZR 50/96, VersR 1997, 509 m. w. Nachw.; BGH, Urt. v. 7. 10. 1997 – VI ZR 252/96, VersR 1998, 342, 343.
[111] KG Berlin, Urt. v. 13. 2. 1998 – 5 U 3104/96, r+s 2000, 475, 476.
[112] LG Hamburg v. 9. 7. 1954, VerBAV 1955, 139.
[113] *Raestrup* LebVersMed 1958, 6; *Teslau* in: Handbuch Versicherungsrecht, 2001, § 13 Rdn. 154.
[114] OLG Stuttgart, Urt. v. 27. 6. 1988 – 5 U 259/87, VersR 1989, 794; *Bresser*, Versicherungsmedizin 1989, 186; *Teslau* in, Handbuch Versicherungsrecht, 2001, § 13 Rdn. 154.
[115] OLG München v. 16. 6. 1955, VersR 1955, 610; OLG Nürnberg v. 25. 9. 1968, VersR 1969, 149; *Kurzendörfer*, Lebensversicherung, 3. Aufl., 2000, S. 346.
[116] AG Wetter v. 10. 4. 1957, VersR 1957, 729; OLG Nürnberg v. 25. 9. 1968, VersR 1969, 149.
[117] *Dölling* NJW 1986, 1011, 1014.
[118] LG Saarbrücken, Urt. v. 7. 11. 1978 – 4 O 256/75, VersR 1979, 1050.
[119] LG Mönchengladbach, Urt. v. 14. 6. 1973 – 2 O 257/71, VersR 1974, 795, 796; LG Wiesbaden v. 22. 3. 1984, VersR 1985, 233.
[120] LG Mönchengladbach, Urt. v. 14. 6. 1973 – 2 O 257/71, VersR 1974, 795, 796.
[121] LG Mönchengladbach, Urt. v. 14. 6. 1973 – 2 O 257/71, VersR 1974, 796, 796.

schutz besteht daher bei schweren – endogenen oder psychogenen – Depressionen[122] oder wenn die akute Phase einer endogenen Psychose[123] oder einer fortschreitenden endogenen Depression[124] nachgewiesen ist. Dass der Versicherte seine Selbsttötung genau geplant und vorbereitet hat, schließt die Annahme einer endogenen Depression nicht aus, da die Fähigkeit zur Planung und zum logischen Denken bei endogenen-depressiven Kranken nicht aufgehoben ist.[125] Hat sich der Verstorbene gegenüber seiner Umgebung normal verhalten, so steht dies nicht im Widerspruch zu einer schweren, die Geschäftsunfähigkeit im Augenblick der Tat begründenden Gemütserkrankung.[126] Die exogene Psychose kann sowohl im Verlauf eines Alkoholabusus als auch bei einem Medikamentenmissbrauch auftreten und dann eine nicht bloß vorübergehende Geisteskrankheit begründen.[127] Voraussetzung hierfür ist aber, dass die psychopathologischen Erscheinungsweisen dieser Krankheit als Ergebnis des Verlusts des Realitätskontakts dauerhaft manifestiert worden sind.[128]

26   Neurotische Depressionen oder zyklothyme bzw. thymopathische Persönlichkeitsstörungen rechtfertigen nicht die Feststellung, dass die Selbsttötung auf einen die freie Willensbestimmung ausschließenden krankhaften Zustand der Geistestätigkeit zurückzuführen ist.[129] Ebenso beweist eine narzisstische Persönlichkeitsstörung von erheblichem Ausmaß noch nicht einen die freie Willensbestimmung ausschließenden Zustand krankhafter Störung der Geistestätigkeit bei einem Suizid, wenn ein intentionaler Einsatz der Suizidalität (Drohungen) und konsistente Handlungsabläufe zeigen, dass die Bedeutung von Handlungen und Willenserklärungen erkannt wurde und nachvollziehbare Gründe für einen Suizid (Schulden in unübersehbarer Höhe, Übernahme eines Berufs, für den die Qualifikation fehlte) vorlagen.[130]

27   c) **Alkoholeinwirkung.** Allein durch Alkoholeinwirkung ist ein die freie Willensbestimmung ausschließender Zustand krankhafter Störung der Geistestätigkeit nur dann herbeigeführt, wenn der Täter sich im Vollrausch befindet und damit im strafrechtlichen Sinne schuldunfähig ist.[131] Als Faustregel gilt hierfür, dass von einem Blutalkoholgehalt im Zeitpunkt der Selbsttötung von 3,0‰ an aufwärts Vollrausch und Schuldunfähigkeit anzunehmen sind,[132] mitunter schon bei einem

---

[122] LG Hamburg v. 27. 10. 1955, VersR 1957, 78 = VerBAV 1956, 240; LG Hechingen v. 19. 7. 1955, VersR 1956, 282 = VerBAV 1955, 343; LAG Baden-Württemberg v. 22. 12. 1988, VersR 1989, 1177; OLG Nürnberg, Urt. v. 25. 3. 1993 – 8 U 2000/92, VersR 1994, 295, 296 = r+s 1994, 316; OLG Köln, Urt. v. 21. 2. 2001 – 5 U 127/00, VersR 2002, 341, 342 = r+s 2002, 345.
[123] LG Weiden v. 4. 1. 1984 – 1 O 483/83.
[124] LG Ulm v. 26. 11. 1952, VersR 1953, 22.
[125] LG Mönchengladbach, Urt. v. 14. 6. 1973 – 2 O 257/71, VersR 1974, 795, 796.
[126] LG Hamburg VerBAV 1956, 240 = VersR 1957, 78.
[127] LG Saarbrücken, Urt. v. 7. 11. 1978 – 4 O 256/75, VersR 1979, 1050.
[128] LG Saarbrücken, Urt. v. 7. 11. 1978 – 4 O 256/75, VersR 1979, 1050.
[129] OLG Karlsruhe, Urt. v. 16. 12. 1993 – 12 U 24/93, VersR 1995, 521 = r+s 1995, 79.
[130] OLG Jena, Urt. v. 3. 3. 1999 – 4 U 1417/97, NVersZ 2000, 513 = VersR 2001, 358 = r+s 2002, 169.
[131] OLG Hamburg, Urt. v. 13. 4. 1984 – 11 U 231/83, VersR 1986, 378; *Teslau* in: Handbuch Versicherungsrecht, 2001, § 13 Rdn. 154; *Kurzendörfer*, Lebensversicherung, 3. Aufl., 2000, S. 347.
[132] OLG Hamm NJW 1960, 397; LG Detmold v. 21. 10. 1966, VersR 1968, 1136; OLG Frankfurt/M. VersR 1978, 1110; BGH v. 19. 2. 1981, VersR 1981, 452; OLG Hamm v. 26. 9. 1984, VersR 1985, 752; OLG Hamburg v. 13. 4. 1984 – 11 U 231/83, VersR 1986, 378 m. w. Nachw.; LG Frankfurt/M., Urt. v. 8. 12. 1988 – 2/5 O 214/87.

geringeren Blutalkoholgehalt wie zum Beispiel 2,94‰[133] bzw. 2,26 oder 2,5‰,[134] wobei es auf die Umstände des einzelnen Falls ankommt.[135] Bei 2,5‰ ist in der Regel nur von einer Verminderung der Schuldfähigkeit auszugehen, was nicht einem Zustand entspricht, der die freie Willensbestimmung ausschließt.[136] Ebenso nicht bei 2,2‰[137] oder unter 2,0‰.[138] 1,18‰ reichen daher für die Annahme einer krankhaften Störung der Geistestätigkeit nicht aus,[139] auch nicht ein vorübergehender Alkoholvollrausch.[140]

Ein Selbstmord nach Alkoholgenuss erfolgt nicht unter Ausschluss der freien 28 Willensbestimmung, wenn der Selbstmord bereits vorher beabsichtigt war.[141] Beweist daher beim Vollrausch der Versicherer, dass der Versicherungsnehmer sich gerade deshalb in einen Rausch versetzt hatte, um sich in diesem Zustand zu töten, so schließt diese „actio libera in causa" den Versicherungsschutz aus,[142] falls man nicht annimmt, der Begriff „Selbstmord" verlange Tötungsabsicht bei freier Willensbestimmung noch im Augenblick, in dem die letzte, nicht mehr rückgängig zu machende Todesursache gesetzt wird.[143] Der Tatbestand des § 169 Satz 2 VVG ist bei höheren Alkoholwerten jedoch dann zu verneinen, wenn ein Motiv für die Selbsttötung erkennbar ist und man davon ausgehen kann, dass der Wille zur Tat an vernunftsgemäße Überlegungen noch gebunden ist, das Bewusstsein damit vielleicht gestört oder getrübt, aber nicht ausgeschlossen ist.[144]

d) Sonderklausel. Ist nach seinen Versicherungsbedingungen der Lebensversi- 29 cherer bei einem Selbstmord des Versicherten dann zur Leistung verpflichtet, wenn die Tat unter dem Druck schwerer körperlicher Leiden begangen worden ist, so ist die Anwendung dieser Klausel nicht deshalb ausgeschlossen, weil der Selbstmord neben einem schweren körperlichen Leiden auch auf andere Gründe zurückzuführen ist; das Leiden des Versicherten braucht nur einen entscheidenden Anstoß, einen wesentlichen Impuls zum Freitod gegeben zu haben.[145] Ebenso ist zu entscheiden, wenn der Beweis zu führen ist, dass der Selbstmord unter dem Druck unheilbarer körperlicher Leiden begangen worden ist.[146] Bei einem schweren körperlichen Leiden muss es sich um eine physische Anomalie handeln, die entweder ohnehin zum Tode oder zu langem Siechtum oder zu einer Arbeitsunfähigkeit oder die Lebensfreude sehr beträchtlich einschränkenden Invalidität geführt haben würde; noch so intensive Schmerzen erfüllen den Tatbestand des § 169 VVG nicht, wenn sie nicht auf eine Krankheit zurückgehen, die diese Fol-

---

[133] OLG Düsseldorf, Urt. v. 31. 8. 1999 – 4 U 168/98, VersR 2000, 833, 834 = r+s 2001, 520.
[134] BGH VersR 1967, 82, 83; BGH VersR 1967, 126.
[135] BGH VRS 62, 209.
[136] OLG Hamburg v. 13. 4. 1984 – 11 U 231/83, VersR 1986, 378.
[137] OLG Köln, Urt. v. 21. 2. 2001 – 5 U 127/00, VersR 2002, 341 = r+s 2002, 345.
[138] BGH VersR 1967, 342; LG Köln, Urt. v. 26. 9. 1989 – 25 O 79/89, VersR 1990, 34, 36.
[139] LG Saarbrücken, Urt. v. 7. 11. 1978 – 4 O 256/75, VersR 1979, 1050.
[140] LG Düsseldorf VersR 1954, 73.
[141] OLG Düsseldorf v. 12. 3. 1954, VersR 1954, 426.
[142] BGH NJW 1955, 1037; *Teslau* in: Handbuch Versicherungsrecht, 2001, § 13 Rdn. 154.
[143] OLG Celle VersR 1961, 684; vgl. auch LG Hamburg v. 9. 7. 1954, VerBAV 1955, 139.
[144] *Schau* ZfV 1961, 123.
[145] BGH v. 1. 7. 1970, VersR 1970, 947; *Schwintowski* in: Berliner Komm. z. VVG, 1999, § 169 VVG Rdn. 10.
[146] OLG Celle v. 20. 6. 1955, VersR 1957, 772; LG Hannover v. 12. 4. 1956, VersR 1957, 772.

gen gehabt hätte.[147] Es genügt nicht, dass eine schon vorhandene Situation, die als solche einen Selbstmord zu motivieren geeignet ist, durch das Leiden besonders verschärft wird.[148] Ausreichend ist auch nicht eine seelische Störung für die Annahme eines schweren körperlichen Leidens.[149]

IV. Selbsttötung nach Ablauf der Dreijahresfrist

1. Karenzzeit

30   Gemäß § 8 Abs. 2 ALB 1986 bleibt im Gegensatz zu § 169 VVG der Versicherer zur Leistung bei Selbsttötung verpflichtet, wenn die Dreijahresfrist des § 8 Abs. 1 ALB 1986 abgelaufen ist. Die Dreijahresfrist soll den Versicherer davor schützen, dass ein Versicherungsnehmer einen Versicherungsvertrag in der Absicht schließt, alsbald sich vorsätzlich selbst zu töten und dadurch seinen Erben bzw. Hinterbliebenen den Anspruch auf die Versicherungsleistung zu verschaffen.[150] Der Regelung liegt die Annahme zugrunde, dass nach Ablauf der Karenzzeit von drei Jahren seit der Zahlung der Einlösungsprämie zu vermuten ist, dass die Versicherung nicht in der Absicht einer geplanten Selbsttötung abgeschlossen worden ist.[151]

31   Die Dreijahresfrist beginnt mit der Zahlung des Einlösungsbeitrags oder seit der Wiederherstellung der Versicherung, d. h., sie rechnet in der Regel ab dem Beginn des materiellen Versicherungsschutzes.[152] Bei der Berechnung der Wartefrist, die für die Erhaltung des Versicherungsanspruchs bei Selbsttötung des Versicherungsnehmers maßgebend ist, kommt es entscheidend darauf an, ob während der betreffenden Zeit ununterbrochen ein Versicherungsschutz für eine bestimmte Person unter gleichbleibenden Bedingungen bestanden hat.[153]

2. Zahlung des Einlösungsbeitrags

32   a) **Begriff des Einlösungsbeitrags.** Die Klausel des § 8 Abs. 1 Satz 1 ALB 1986 enthält keine Differenzierung dahin gehend, dass es sich um die Zahlung einer Erstprämie aufgrund eines neu abgeschlossenen Vertrags handeln muss.[154] Die zweite Alternative, nämlich das Wiederaufleben des Versicherungsvertrags,

---

[147] LG Memmingen v. 14. 4. 1958, VersR 1958, 557.
[148] LG Köln v. 4. 4. 1956, VersR 1956, 653.
[149] LG Memmingen v. 27. 5. 1953, VersR 1953, 364.
[150] BGH, Urt. v. 8. 5. 1954 – II ZR 20/53, BGHZ 13, 226, 227 = NJW 1954, 1115 = VersR 1954, 281, 282 = VerBAV 1955, 136; OLG Hamm, Beschl. v. 28. 4. 1978 – 20 W 10/78, VersR 1978, 1063; OLG Saarbrücken, Urt. v. 22. 6. 1988 – 5 U 7/88, VersR 1989, 390, 391; BGH, Urt. v. 5. 12. 1990 – IV ZR 13/90, NJW 1991, 1357, 1358 = VersR 1991, 289, 291; BGH, Urt. v. 13. 3. 1991 – IV ZR 37/90, NJW-RR 1991, 797, 798 = VersR 1991, 574, 575 = VerBAV 1991, 428, 429 = MDR 1991, 604; OLG Saarbrücken, Urt. v. 2. 9. 1998 – 5 U 261/93 – 13, NJW-RR 1999, 678, 679 = NVersZ 1999, 31, 32 = VersR 1999, 85, 86 = r+s 1999, 294, 295; OLG Karlsruhe, Urt. v. 20. 2. 2003 – 12 U 205/02, VersR 2003, 977, 978; OLG Saarbrücken, Urt. v. 30. 5. 2007 – 5 U 704/06-89, VersR 2008, 57, 59 = r+s 2009, 26, 27.
[151] OLG Saarbrücken, Urt. v. 22. 6. 1988 – 5 U 7/88, VersR 1989, 390, 391; BGH, Urt. v. 13. 3. 1991 – IV ZR 37/90, NJW-RR 1991, 797, 798 = VersR 1991, 574, 575; OLG Saarbrücken, Urt. v. 2. 9. 1998 – 5 U 261/93 – 13, NJW-RR 1999, 678, 679 = NVersZ 1999, 31, 32 = VersR 1999, 85, 86 = r+s 1999, 294, 295; OLG Saarbrücken, Urt. v. 30. 5. 2007 – 5 U 704/06-89, VersR 2008, 57, 59 = r+s 2009, 26, 27; *Bennewitz* ZVersWiss 1931, 68, 82.
[152] OLG Saarbrücken, Urt. v. 22. 6. 1988 – 5 U 7/88, VersR 1989, 390, 391; BGH, Urt. v. 13. 3. 1991 – IV ZR 37/90, NJW-RR 1991, 797, 798 = VersR 1991, 574, 575 = VerBAV 1991, 428, 429 = MDR 1991, 604.
[153] OLG Düsseldorf v. 23. 4. 1963, VersR 1963, 1041.
[154] OLG Saarbrücken, Urt. v. 30. 5. 2007 – 5 U 704/06-89, VersR 2008, 57, 59 = r+s 2009, 26, 27.

Selbsttötung des Versicherten　　　　　　　　32a, 33　§ 8 ALB 1986

belegt vielmehr, dass auch Fälle von der Klausel umfasst sind, bei denen es sich um ein identisch weiterbestehendes Versicherungsverhältnis handelt, das lediglich im Zeitablauf rechtlich modifiziert wurde.[155] Im konkreten Fall betrifft dies die Wiederherstellung eines prämienfrei gewordenen, aber als solches weiterbestehenden Versicherungsverhältnisses.[156] Einlösungsbeitrag ist nach alledem nicht nur die Erstprämie aufgrund des Abschlusses eines neuen Vertrags, sondern auch die aufgrund einer Vertragsverlängerung oder Vertragsfortsetzung im Zuge der Neuordnung des Vertrags fällige erste Prämie.[157]

b) Neuabschluss. Bei einem Neuabschluss beginnt bedingungsgemäß die Dreijahresfrist mit der Zahlung des Einlösungsbeitrags.[158] Das Erfordernis der Zahlung des Einlösungsbeitrages setzt zugleich voraus, dass der Versicherungsvertrag durch Aushändigung des Versicherungsscheins zustande gekommen und dadurch die Erstprämie fällig geworden ist.[159] Insoweit ist der Eingang der Zahlung beim Versicherer für den Fristbeginn entscheidend. Auch wenn der Einlösungsbeitrag aufgrund einer Einzugsermächtigung vom Konto des Versicherungsnehmers abgebucht wird, kommt es nur darauf an, wann der Einlösungsbeitrag dem Konto des Versicherers gutgeschrieben wurde,[160] nicht aber wann der Versicherer erstmals von der Bankeinzugsermächtigung Gebrauch machen durfte.[161] Unerheblich ist, wann die Versicherung, d. h. die Prämienzahlungspflicht beginnt.[162] Die Wartezeit wird nicht verkürzt, wenn der Versicherungsvertrag rückdatiert wird, um dem Versicherungsnehmer ein günstigeres Einstiegsalter für die Prämienberechnung zu verschaffen und nun in seinem Interesse die Laufzeit der Versicherung zu verkürzen.[163] 32a

c) Vertragsänderung. Bei einer wesentlichen Änderung des Vertrages (z. B. aufgrund einer Erhöhung der Versicherungssumme) beginnt mit Zahlung des auf diesen Änderungsvertrag bezogenen Einlösungsbeitrages eine neue Wartefrist, soweit es um die Ansprüche aus der Vertragsänderung (z. B. erhöhte Versicherungssumme) geht.[164] Der Versicherer ist bei einer wesentlichen Vertragsänderung wie bei einem Neuabschluss zu schützen.[165] Eine wesentliche Vertragsänderung ist bei 33

---

[155] OLG Saarbrücken, Urt. v. 30. 5. 2007 – 5 U 704/06-89, VersR 2008, 57, 59 = r+s 2009, 26, 27.
[156] OLG Saarbrücken, Urt. v. 30. 5. 2007 – 5 U 704/06-89, VersR 2008, 57, 59 = r+s 2009, 26, 27.
[157] OLG Saarbrücken, Urt. v. 30. 5. 2007 – 5 U 704/06-89, VersR 2008, 57, 59 = r+s 2009, 26, 27.
[158] BGH, Urt. v. 13. 3. 1991 – IV ZR 37/90, NJW-RR 1991, 797, 798 = VersR 1991, 574, 575 = VerBAV 1991, 428, 429 = MDR 1991, 604; OLG Saarbrücken, Urt. v. 2. 9. 1998 – 5 U 261/93 – 13, NJW-RR 1999, 678 = NVersZ 1999, 31 = VersR 1999, 85 = r+s 1999, 294, 295.
[159] Ebenso *Winter* in: Bruck/Möller VVG, 8. Aufl., 1988, §§ 159–178 VVG Anm. G 132; a. A. OLG Saarbrücken, Urt. v. 2. 9. 1998 – 5 U 261/93 – 13, NJW-RR 1999, 678, 679 = NVersZ 1999, 31, 32 = VersR 1999, 85, 86 = r+s 1999, 294, 295.
[160] Vgl. BGH v. 13. 3. 1991, VersR 1991, 574, 575 = VerBAV 1991, 428 = MDR 1991, 604.
[161] So aber OLG Saarbrücken, Urt. v. 15. 9. 1999 – 20 U 64/99, r+s 2000, 435, 436.
[162] OLG Hamm v. 28. 4. 1978, VersR 1978, 1063, 1064.
[163] OLG Düsseldorf v. 23. 4. 1963, VersR 1963, 1041; OLG Hamm v. 28. 4. 1978, VersR 1978, 1063, 1064; OLG Saarbrücken v. 22. 6. 1988, VersR 1989, 391; a. A. OLG Saarbrücken v. 18. 6. 1971, VersR 1973, 461.
[164] OLG Hamm, Beschl. v. 28. 4. 1978 – 20 W 10/78, VersR 1978, 1063, 1064 OLG Saarbrücken, Urt. v. 22. 6. 1988 – 5 U 7/88, VersR 1989, 390, 391; *Kurzendörfer,* Lebensversicherung, 3. Aufl., 2000, S. 343.
[165] BGH VersR 1954, 281, 282; OLG Düsseldorf v. 23. 4. 1963, VersR 1963, 1041; OLG Hamm, Beschl. v. 28. 4. 1978 – 20 W 10/78, VersR 1978, 1063, 1064; OLG Saarbrücken, Urt. v. 22. 6. 1988 – 5 U 7/88, VersR 1989, 391.

einer Heraufsetzung der Versicherungssumme um das Dreifache[166] und das Vierzehnfache bejaht worden.[167] Als wesentliche Vertragsänderung ist auch eine Laufzeitverlängerung mit Anpassung der Versicherungssumme anzusehen.[168] Zur Einlösung des Versicherungsscheins im Sinne des § 8 ALB gehört vorher dessen Aushändigung an den Versicherungsnehmer durch das LVU.[169] Die Umstellung des Versicherungsvertrages durch Einbeziehung einer weiteren Person setzt keine neue Frist in Lauf.[170] Bei mehreren Versicherungen desselben Versicherungsnehmers erfolgt eine gesonderte Berechnung der Frist.

3. Wiederherstellung der Versicherung

34 Wird eine Lebensversicherung, die beitragsfrei geworden ist und nur mit Zustimmung des Versicherers wieder hergestellt werden kann, wieder hergestellt, wird mit der Wiederherstellung für den erloschen gewesenen und nun wieder in Kraft gesetzten Teil der Versicherung, also in Höhe der Differenz zwischen der wieder erhöhten vollen Versicherungssumme und der beitragsfreien Summe, eine neue Wartefrist für die Selbsttötung in Lauf gesetzt;[171] begeht der Versicherte innerhalb dieser Frist Selbstmord, so beschränkt sich die Leistungspflicht des Versicherers für diesen Teil der Versicherung auf die Rückvergütung, die beitragsfreie Summe ist voll zu zahlen.[172] Die Wartezeit beginnt dann nicht erneut zu laufen, wenn die Versicherung aufgrund eines Anspruchs des Versicherungsnehmers wieder in Kraft gesetzt wird, z. B. nach § 39 Abs. 3 VVG[173] oder nach Ziffer 3.2 Satz 2 des Allgemeinen Geschäftsplans für die Lebensversicherung, wonach der Versicherer verpflichtet ist, im Mahn- und Kündigungsschreiben im Sinne von § 39 VVG dem Versicherungsnehmer das Recht einzuräumen, nach Beendigung der gesetzlichen Wiederherstellungsfrist innerhalb von sechs Monaten nach Nachzahlung der rückständigen Beiträge die Versicherung wieder in Kraft zu setzen.

V. Tötung des Versicherten durch den Versicherungsnehmer oder den Bezugsberechtigten

1. Tötung durch den Versicherungsnehmer

35 § 170 Abs. 1 VVG regelt den Fall, dass der Versicherungsfall durch den Versicherungsnehmer dadurch herbeigeführt wird, dass jener die versicherte Person vorsätzlich und rechtswidrig tötet.[174] In dieser Vorschrift kommt ein allgemeines Prinzip zur Geltung, wonach zu Lasten des Versicherers keine Pflichten aus dem Versicherungsverhältnis erwachsen sollen, wenn der Vertragspartner selbst den Versicherungsfall vorsätzlich herbeiführt.[175] Zur Erstattung der Prämienreserve ist der Versicherer gemäß § 176 Abs. 2 Satz 2 VVG nicht verpflichtet.

---

[166] OLG Saarbrücken, Urt. v. 22. 6. 1988 – 5 U 7/88, VersR 1989, 390, 391.
[167] OLG Hamm, Beschl. v. 28. 4. 1978 – 20 W 10/78, VersR 1978, 1063, 1064.
[168] Im Ergebnis ebenso OLG Saarbrücken, Urt. v. 30. 5. 2007 – 5 U 704/06-89, VersR 2008, 57, 60 = r+s 2009, 26, 27.
[169] OLG Hamm, Beschl. v. 28. 4. 1978 – 20 W 10/78, VersR 1978, 1063, 1064.
[170] OLG Düsseldorf v. 23. 4. 1963, VersR 1963, 1041.
[171] OLG Saarbrücken, Urt. v. 30. 5. 2007 – 5 U 704/06-89, VersR 2008, 57, 59 = r+s 2009, 26, 27.
[172] BGH v. 8. 5. 1954, BGHZ 13, 226 = NJW 1954, 1115 = VersR 1954, 281 = VerBAV 1955, 136; a. A. Vorinstanz OLG Schleswig v. 3. 10. 1952, VersR 1953, 19; OLG Schleswig v. 3. 10. 1951, VersR 1952, 32.
[173] OLG Schleswig v. 3. 10. 1952, VersR 1953, 19.
[174] OLG Köln, Urt. v. 12. 1. 1998 – 5 U 148/97, VersR 1999, 1529, 1530.
[175] OLG Köln, Urt. v. 12. 1. 1998 – 5 U 148/97, VersR 1999, 1529, 1530.

Für die Anwendbarkeit des § 170 Abs. 1 VVG macht es keinen Unterschied, ob 36
der Versicherungsnehmer auch versicherte Person ist oder nicht.[176] § 170 Abs. 1
VVG findet daher Anwendung, wenn einer von mehreren versicherten Versicherungsnehmern den anderen mitversicherten Versicherungsnehmer tötet.[177]

Tötet der mitversicherte Versicherungsnehmer zunächst die mitversicherte Person und dann sich selbst, ist der in § 170 Abs. 1 VVG geregelte Fall gegeben, weil 37
der Erstversterbende die andere Person ist, der Versicherungsfall also nicht durch
die Selbsttötung, sondern durch die Tötung des anderen eintritt.[178] Erfolgen die
Tötung der anderen mitversicherten Person durch den Versicherungsnehmer und
der Selbstmord des Versicherungsnehmers gleichzeitig, ist ebenfalls Leistungsfreiheit gemäß § 170 Abs. 1 VVG gegeben.[179] Für die Anwendbarkeit des § 170
Abs. 1 VVG reicht nämlich aus, dass der Versicherungsnehmer durch Tötung der
anderen mitversicherten Person den Versicherungsfall vorsätzlich zu Lasten des
Versicherers herbeigeführt hat. Zwar führt nach § 8 Abs. 2 ALB 1986 ein Selbstmord nach Ablauf der Karenzzeit nicht mehr zur Leistungsfreiheit des Versicherers. Diese Vorschrift bedingt aber explizit § 169 VVG nur für den Fall des
Selbstmordes ab. Schon vom Wortlaut her ist § 8 Abs. 2 ALB 1986 nicht darauf
angelegt, zu Gunsten des Versicherungsnehmers den Schutz des § 170 Abs. 1
VVG aufzugeben und Leistung zu erbringen, wenn der Versicherungsnehmer die
mitversicherte Person nach Ablauf der Karenzzeit tötet. Von daher kann der Auffassung des OLG Köln[180] nicht gefolgt werden, das § 170 Abs. 1 VVG dann nicht
anwenden will, wenn der Versicherer vertraglich zugesagt hat, von der Vorschrift
des § 169 VVG nach Ablauf einer Karenzzeit keinen Gebrauch zu machen.

2. Tötung durch den Bezugsberechtigten

Führt der Bezugsberechtigte vorsätzlich durch eine widerrechtliche Handlung 38
den Tod des Versicherten herbei, so gilt die Bezeichnung als Bezugsberechtigter
als nicht erfolgt (§ 170 Abs. 2 VVG). Die Leistungspflicht des Versicherers entfällt,[181] insbesondere gegenüber dem Bezugsberechtigten.[182] § 170 Abs. 2 VVG
findet entsprechende Anwendung mit der Folge der Leistungsfreiheit des Versicherers, wenn der versicherte Versicherungsnehmer vom Abtretungs-, Pfand-
oder Pfändungsgläubiger getötet worden ist.[183]

Durch den Wegfall des Bezugsberechtigten wird der Anspruch auf die Versicherungsleistung allerdings nicht berührt, sondern fällt in den Nachlass.[184] Dass 39
der Mörder des versicherten Erblassers selbst Erbe ist, lässt die Leistungsverpflich-

---

[176] OLG Hamm VersR 1988, 32, 33; OLG Köln, Urt. v. 12. 1. 1998 – 5 U 148/97,
VersR 1999, 1529, 1530.
[177] LG Berlin VersR 1986, 282; OLG Hamm v. 11. 3. 1987, NJW-RR 1987, 1173 =
VersR 1988, 32, 33 = r+s 1987, 173; OLG Köln, Urt. v. 12. 1. 1998 – 5 U 148/97, VersR
1999, 1529, 1530 = r+s 1998, 301; *Kollhosser* in: Prölss/Martin, § 170 VVG Rdn. 3; *Römer*
in: Römer/Langheid, VVG, 2. Aufl., 2003, § 170 VVG Rdn. 1; *Schwintowski* in: Berliner
Komm. z. VVG, 1999, § 170 VVG Rdn. 5; *Teslau*, Handbuch Versicherungsrecht, 2001,
§ 13 Rdn. 157.
[178] LG Berlin VersR 1986, 282, 283.
[179] LG Berlin VersR 1986, 282, 283.
[180] OLG Köln, Urt. v. 12. 1. 1998 – 5 U 148/97, VersR 1999, 1529, 1530 = r+s 1998, 301.
[181] OLG Düsseldorf VersR 1985, 347, 348.
[182] *Römer* in: Römer/Langheid, VVG, 2. Aufl., 2003, § 170 VVG Rdn. 2.
[183] Vgl. *Kollhosser* in: Prölss/Martin, VVG, § 170 VVG Rdn. 4; *Winter* in: Bruck/Möller,
VVG, 8. Aufl., 1988, §§ 159–178 VVG Anm. G 147; *Schwintowski* in: Berliner Komm. z.
VVG, 1999, § 170 VVG Rdn. 13; *Goll/Gilbert/Steinhaus*, Hdb. Lebensversicherung,
11. Aufl., 1992, S. 70.
[184] OLG Hamm v. 27. 5. 1987, NJW-RR 1987, 1170; *Schwintowski* in: Berliner Komm.
z. VVG, 1999, § 170 VVG Rdn. 11.

tung des Versicherers gegenüber den Erben unberührt.[185] Nur die Miterben oder die an ihre Stelle tretenden Berechtigten können nach §§ 2339 Abs. 1 Nr. 1, 2341 BGB die Erbunwürdigkeit des Mörders geltend machen.[186] Unberührt bleibt das Recht des Versicherers, die Freistellung von der zugesagten Versicherungsleistung durch den Nachweis vertragswidrigen Verhaltens des Mörders zu erreichen, das sich der ermordete Erblasser als Versicherungsnehmer nach § 278 BGB zurechnen lassen muss.[187]

3. Beweislast

40 Die Beweislast dafür, dass der Versicherungsfall durch Selbsttötung des Versicherungsnehmers eingetreten ist, liegt beim Anspruchsteller.[188] Die Voraussetzungen der Leistungsfreiheit nach § 170 Abs. 1 VVG sind hingegen vom Versicherer zu beweisen.[189]

VI. Unfall-Zusatzversicherung

1. Allgemeines

41 Aus der Unfall-Zusatzversicherung kann der Anspruchsteller die vertraglich vereinbarte Versicherungssumme beanspruchen, wenn der Tod des Versicherten auf einem Unfall, also auf einer unfreiwillig erlittenen Gesundheitsbeschädigung, beruht.[190] Der Anspruchsteller muss insoweit beweisen, dass ein Unfallereignis stattgefunden hat, dass der Tod des Versicherten eingetreten ist und dass das Unfallereignis für den Tod kausal war.[191] Nach der Beweiserleichterung des § 180a Abs. 2 VVG, der auch für die Unfall-Zusatzversicherung bei der Lebensversicherung gilt, wird die Unfreiwilligkeit der Gesundheitsbeschädigung mit Todesfolge bis zum Beweis des Gegenteils durch den Versicherer vermutet.[192] Der Versicherer muss daher beweisen, dass sich der Versicherte die Verletzungen, die zu seinem Tod geführt haben, freiwillig beigebracht hat.[193] Denn bei Selbsttötung gibt es keinen Versicherungsschutz aus der Unfall-Zusatzversicherung.[194] Die Selbsttötung fällt auch dann nicht unter den Versicherungsschutz, wenn der Versicherte

---

[185] OLG Hamm v. 27. 5. 1987, NJW-RR 1987, 1170; *Römer* in: Römer/Langheid, VVG, 2. Aufl., 2003, § 170 VVG Rdn. 2.

[186] OLG Hamm v. 27. 5. 1987, NJW-RR 1987, 1170; *Römer* in: Römer/Langheid, VVG, 2. Aufl., 2003, § 170 VVG Rdn. 2; *Schwintowski* in: Berliner Komm. z. VVG, 1999, § 170 VVG Rdn. 12.

[187] Vgl. BGH v. 8. 2. 1989, VersR 1989, 465, 466 f.

[188] LG Berlin VersR 1986, 282, 283.

[189] LG Berlin VersR 1986, 282, 283.

[190] OLG Frankfurt/M. VersR 1987, 759; OLG Hamm v. 18. 5. 1988, VersR 1989, 242, 243; OLG Karlsruhe v. 30. 4. 1993, VersR 1994, 81 = r+s 1994, 440; LG Bautzen v. 20. 10. 1994, VersR 1996, 366, 367; AG Lübeck v. 9. 8. 1995, VersR 1996, 745; LG Heidelberg v. 14. 12. 1995, r+s 1998, 41; OLG Oldenburg v. 25. 6. 1997, r+s 1998, 40, 41.

[191] LG Mönchengladbach VersR 1953, 22; OLG Stuttgart VersR 1978, 225; OLG Koblenz r+s 1983, 115; BGH v. 18. 2. 1987, VersR 1987, 1007.

[192] OLG Frankfurt/M. VersR 1987, 759; BGH v. 18. 2. 1987, VersR 1987, 1007; OLG Celle v. 22. 6. 1988, VersR 1989, 944, 945; OLG Saarbrücken, Urt. v. 18. 12. 1996 – 5 U 421/94 – 36, VersR 1997, 949, 950; BGH, Urt. v. 29. 4. 1998 – IV ZR 118/97, NVersZ 1999, 35, 36.

[193] OLG Frankfurt/M. VersR 1978, 1110; OLG Hamm VersR 1982, 64; OLG Frankfurt/M. VersR 1987, 759; OLG Hamburg v. 28. 11. 1988, VersR 1989, 945; BGH v. 7. 6. 1989, VersR 1989, 902, 903; OLG Köln v. 3. 5. 1990, VersR 1990, 1346, 1347; OLG Hamm v. 22. 9. 1995, VersR 1996, 1134 = r+s 1996, 17.

[194] OLG Frankfurt/M. VersR 1984, 757.

die Tat in einem die freie Willensbestimmung ausschließenden Zustand krankhafter Störung der Geistestätigkeit begangen hat.[195] Bei Selbstmord liegt mithin kein Unfall im versicherungsrechtlichen Sinne vor.[196] Besteht der begründete Verdacht für einen Selbstmord, so kann der Versicherer den Beweis der Freiwilligkeit nur nach den gewöhnlichen Regeln über die Beweisführung erbringen, nicht nach den Regeln über den Anscheinsbeweis.[197] Der Versicherer hat den Beweis der Freiwilligkeit geführt, wenn er nachweist, dass die Unfallschilderung des Anspruchstellers nicht zutreffen kann. Denn steht fest, dass die Unfallschilderung in einem wesentlichen Punkt unrichtig ist, muss zwingend nicht nur darauf geschlossen werden, dass der Geschehensablauf anders war, sondern auch darauf, dass dem anderen Geschehensablauf die Unfreiwilligkeit fehlte.[198] Das Gericht kann im Rahmen der Beweiswürdigung nach § 286 ZPO auch mit Hilfe von Erfahrungssätzen aus Indizien auf Selbstmord schließen.[199]

2. Einzelfälle

a) Freiwilligkeit bejaht. In der Rechtsprechung wurde auf Freiwilligkeit geschlossen bei Tod durch einen aufgesetzten Schuss;[200] Sprung vor einen PKW;[201] Fenstersturz;[202] Berühren eines Transformators;[203] Erhängen;[204] autoerotische Strangulierung;[205] autoerotischer Erstickungstod;[206] Mischintoxikation durch Heroin und Alkohol;[207] Einnahme einer Überdosis von Schlafmitteln.[208] 42

b) Freiwilligkeit verneint. Hingegen wurde Freiwilligkeit verneint bei durch Videoaufnahme belegtem autoerotischem Erstickungstod;[209] autoerotischer Strangulierung;[210] Tötung im Rahmen sadomasochistischer sexueller Betätigung;[211] Ertrinken in der Ostsee.[212] 43

---

[195] § 2 Nr. 2 d UZV; OLG Hamburg v. 13. 4. 1984 – 11 U 231/83; LG Koblenz VersR 1983, 1055.
[196] BGH VersR 1965, 797; BGH VersR 1965, 946.
[197] BGH VersR 1965, 797; OLG Schleswig VersR 1972, 433.
[198] OLG Hamm VersR 1973, 416; LG Lüneburg VersR 1973, 180; LG Dortmund r+s 1978, 248; LG Paderborn r+s 1979, 116; OLG Koblenz VersR 1980, 819; LG München VersR 1982, 466; LG Tübingen r+s 1986, 242 = ZfS 1986, 347.
[199] OLG Hamm VersR 1982, 64; LG Offenburg VersR 1982, 946; OLG Hamm v. 7. 12. 1988, VersR 1989, 695, 696; OLG Koblenz, Urt. v. 20. 3. 1992 – 10 U 1172/90, VersR 1993, 874, 875 = r+s 1992, 430, 431; *Hansen* VersR 1991, 282; a. A. *Zeiler* VersR 1990, 461, 462 f.
[200] OLG Hamm, Urt. v. 22. 9. 1995 – 20 U 77/95, VersR 1996, 1134 (Ls.) = r+s 1996, 117.
[201] OLG Köln, Urt. v. 11. 6. 1997 – 5 U 155/96, r+s 1998, 81.
[202] OLG Koblenz, Urt. v. 20. 3. 1992 – 10 U 1172/90, VersR 1993, 874, 875 = r+s 1992, 430, 431.
[203] OLG Koblenz, Beschl. v. 30. 5. 1996 – 10 W 255/96 , r+s 1998, 215.
[204] AG Hamburg v. 19. 6. 1998, r+s 1999, 167, 168; OLG Düsseldorf, Urt. v. 27. 8. 2002 – 4 U 223/01, NJW-RR 2003, 530 = VersR 2003, 1388 = r+s 2003, 517.
[205] LG Heidelberg, Urt. v. 14. 12. 1995 – 1 O 187/95, VersR 1997, 99 = r+s 1998, 41, 42.
[206] LG Köln VersR 1988, 1285.
[207] AG Lübeck, Urt. v. 9. 8. 1995 – 21 C 1260/95, VersR 1996, 745.
[208] OLG Karlsruhe, Beschl. v. 30. 4. 1993 – 12 W 21/93, VersR 1994, 81 = r+s 1994, 440.
[209] OLG Oldenburg, Urt. v. 25. 6. 1997 – 2 U 108/97, NJW-RR 1997, 1248 = VersR 1997, 1128, 1129 = r+s 1998, 40; zust. *Trompetter* VersR 1998, 685, 686; krit. *Manthey* NVersZ 2000, 161, 163.
[210] OLG Zweibrücken VersR 1988, 287; LG Hamburg NJW-RR 1986, 910.
[211] OLG Saarbrücken, Urt. v. 18. 12. 1996 – 5 U 421/94 – 36, VersR 1997, 949, 950.
[212] LG Köln, Urt. v. 25. 2. 1998 – 23 O 192/97, r+s 1998, 348, 349.

ALB 1986 § 9

§ 9 Was ist bei Fälligkeit der Versicherungsleistung zu beachten?

(1) Leistungen aus dem Versicherungsvertrag erbringen wir gegen Vorlage des Versicherungsscheins. Zusätzlich können wir auch den Nachweis der letzten Beitragszahlung verlangen.

(2) Der Tod des Versicherten ist uns unverzüglich anzuzeigen. Außer den in Abs. 1 genannten Unterlagen sind uns einzureichen
- eine amtliche, Alter und Geburtsort enthaltende Sterbeurkunde,
- ein ausführliches ärztliches oder amtliches Zeugnis über die Todesursache sowie über Beginn und Verlauf der Krankheit, die zum Tode des Versicherten geführt hat.

(3) Zur Klärung unserer Leistungspflicht können wir notwendige weitere Nachweise verlangen und erforderliche Erhebungen selbst anstellen. Wir werden die erforderlichen Erhebungen nur auf die Zeit vor der Antragsannahme, die nächsten drei Jahre danach und das Jahr vor dem Tode des Versicherten erstrecken.

(4) Die mit den Nachweisen verbundenen Kosten trägt derjenige, der die Versicherungsleistung beansprucht.

Übersicht

	Rdn.
I. Allgemeines	1–3
1. Fassung	1
2. § 81 a VAG	2
3. VVG 2008	3
II. Anzeige des Versicherungsfalls (§ 9 Abs. 2 ALB)	4–11
1. Versicherungsfall	4
2. Anzeigepflichtiger	5
3. Frist	6, 7
4. Form	8
5. Inhalt der Anzeige	9
6. Verspätete Anzeige	10
7. Beweislast	11
III. Nachweis des Ablebens und der Todesursache (§ 9 Abs. 2 Satz 2 ALB)	12, 13
1. Nachweis des Ablebens	12
2. Nachweis der Todesursache	13
IV. Vorlage des Versicherungsscheins und Nachweis der letzten Beitragszahlung (§ 9 Abs. 1 ALB)	14–18
1. Vorlage des Versicherungsscheins	14–17
2. Nachweis der letzten Beitragszahlung	18
V. Klärung der Leistungspflicht durch den Versicherer (§ 9 Abs. 3 ALB)	19–27
1. Prüfung der Anspruchsberechtigung	19
2. Verlangen nach weiteren Nachweisen	20, 21
3. Anstellen von Erhebungen	22, 23
4. Leichenöffnung und Exhumierung	24, 25
a) Obduktion und Exhumierung	24
b) Einwilligung	25
5. Verbleib der Nachweise	26, 27
VI. Kostentragungspflicht (§ 9 Abs. 4 ALB)	28, 29
VII. Erbringung der Versicherungsleistung	30–42
1. Grundsatz	30
2. Fälligkeit	31–36
a) Allgemeines	31, 32
b) Nötige Erhebungen	33
c) Beschleunigungspflicht	34, 35
d) Verzug des Versicherers	36

Fälligkeit der Versicherungsleistung   § 9 ALB 1986

	Rdn.
3. Abschlagszahlung gemäß § 11 Abs. 2 VVG	37–39
4. Zahlungsanweisung des Versicherungsnehmers	40
5. Hinterlegung	41
6. Meldepflichten nach der Außenwirtschaftsverordnung	42
VIII. Anzeigepflichten gemäß EStG	43, 44
1. § 22 a EStG	43
2. § 29 EStDV	44
IX. Erbschaftsteuer	45–50
1. § 3 Abs. 1 Nr. 4 ErbStG	45, 46
2. § 33 Abs. 3 ErbStG	47, 48
3. Haftung des Versicherers gemäß § 20 Abs. 6 ErbStG	49, 50
X. Kapitalertragsteuer	51–66
1. Entwicklung der Kapitalertragsteuer	51–64
a) Regelung bis 31. Dezember 1988	51–53
b) Regelung ab 1. Januar 1989	54
c) Regelung ab 1. Juli 1989	55
d) Regelung ab 13. Februar 1992	56–60
e) Regelung ab 1. April 1996	61, 62
f) Regelung ab 1. Januar 1997	63
g) Regelung ab 1. Januar 2005	64
2. Zeitpunkt der Erhebung der Kapitalertragsteuer	65
3. Kapitalertragsteuer-Bescheinigung gemäß § 45 a Abs. 2 EStG	66
XI. Prämienbesteuerung	67

AuVdBAV: GB BAV 1957/58, 29 (Auszahlung von Versicherungsleistungen an Kriegsvermisste); VerBAV 1974, 106 (Verzugszinsen); GB BAV 1974, 47 (Die Anwendbarkeit von § 9 Abs. 1 a) der AVB bei Beitragszahlung im Lastschriftverfahren); GB BAV 1974, 48 (Verwirkung von Versicherungsansprüchen durch Zeitablauf); GB BAV 1979, 34 (Kulanzzahlungen); GB BAV 1980, 56 (Versicherungsleistungen; VerBAV 1990, 219 (Private Ermittlungen); VerBAV 1999, 111 (R 1/99 vom 17. 1. 1999 – Lebensversicherungsverträge jüdischer und anderer von der Verfolgung des NS-Regimes betroffener Personen).

Schrifttum: *Arnold,* Todeserklärung nach der Konvention der Vereinten Nationen vom 6. 4. 1950, Der Rechtspfleger 1955, 342; *Arnold,* Zur Auslegung des Gesetzes zur Regelung von Ansprüchen aus Lebens- und Rentenversicherungen vom 5. August 1955, VerBAV 1955, 361; *Asmus,* Erheblichkeit der Erhebungen in § 11 I VVG, NVersZ 2000, 361; *Bellstedt,* Änderungen der Kapitalertragsteuer, Übernahme des Bankenerlasses in die AO und Steueramnestie nach dem Steuerreformgesetz 1990, DB 1988, 2119; *Botur,* Privatversicherung im Dritten Reich: zur Schadensabwicklung nach der Reichskristallnacht unter dem Einfluss nationalsozialistischer Rassen- und Versicherungspolitik, Diss. Berlin 1994/95, Berlin, Spitz, 1995; *Brandt,* Die Abwicklung der deutschen Kriegsversicherungs-Gemeinschaft und des ausgegliederten Reichsgeschäfts der Hermes Kreditversicherungs-AG., Die VersPraxis 1956, 17; *Firsching,* Internationale Zuständigkeit in Todeserklärungsverfahren – Mehrfache Todeserklärung, JR 55, 449; *Frels,* Lebensversicherungsschutz bei Prämienrückstand, VW 1948, 33; *Frels,* Wiedergutmachung nationalsozialistischen Unrechts in der Lebensversicherung, VersR 1950, 1 (I), 60 (II); *Fricke, Hans-Joachim,* Der Detektiv als Informant des Versicherers – Zulässigkeit und Grenzen, VersR 2010, 308; *v. Fürstenwerth,* Die Regulierung von Sperrkontenfällen – Ein unbekanntes Kapitel deutscher Versicherungsgeschichte, in: Liber amicorum für Gerrit Winter, Karlsruhe, VVW, 2007; *Gaul,* Zur Fälligkeit der Versicherungsleistung, NVersZ 1999, 458; *Frisius,* Zur Erbfolge nach einem Verschollenen, NJW 1956, 499; *Hartmann/Starke,* Probleme der Lebensversicherung auf Grund der Todeserklärung Vermisster, VersR 1950, 13, 31; *Hasse,* Gesetz zur Beschleunigung des Zahlungsverkehrs – Auswirkungen auf den Versicherungsvertrag, NVersZ 2000, 497; *Knappmann,* Verpflichtung zur Befreiung von der ärztlichen Schweigepflicht nach dem Tod des Versicherten, NVersZ 1999, 511; *Kreussler/Nörig,* Die Lebensversicherung im Steuerreformgesetz 1990, VW 1988, 1080; *Martin,* Wegfall der Fälligkeit des Entschädigungsanspruchs, insbesondere bei (Wieder-)Aufnahme behördlicher Untersuchungen, VersR 1978, 392; *Meiendresch/Heinke,* Der Abfindungsvergleich mit einem Betreuten, r+s 1998, 485; *Merkel,*

ALB 1986 § 9 1, 2

Die Anordnung der Testamentsvollstreckung – Auswirkungen auf eine postmortale Bankvollmacht, WPM 1987, 1001; *Merkt*, Zur Behandlung der Todeserklärung Verschollener in der Lebensversicherung, VersR 1950, 91; *Metzing*, Der Leistungsverzug des Versicherers, Diss. Hamburg 1950; *Nixdorf*, Zur ärztlichen Haftung hinsichtlich entnommener Körpersubstanzen: Körper, Persönlichkeit, Totenfürsorge, VersR 1995, 740; *Oswald*, Wann haftet ein Versicherungsunternehmen für die Erbschaftsteuer eines Versicherungsnehmers, VersR 1982, 328; *Pagenkopf*, Die Todeserklärung Verschollener im Lebensversicherungsvertrag, VersR 1950, 44, 61; *Reuter*, Lebensversicherung und Erbschaftsteuer, BB Beilage 7/1988, 5; *Riepl*, Lebens- und Rentenversicherungen im Lastenausgleich, VP 1954, 129; *Roth*, Die Todeserklärung Kriegsgefangener, NJW 1951, 14; *Sackhoff*, Die Anzeige-, Auskunfts- und Belegpflicht des Versicherungsnehmers nach Eintritt des Versicherungsfalles: Eine rechtsvergleichende Untersuchung unter besonderer Berücksichtigung des Richtlinienentwurfes zur Harmonisierung des Versicherungsvertragsrechts; zugleich ein Beitrag zur Relevanzrechtsprechung des Bundesgerichtshofes, Diss. Hamburg 1993, Frankfurt am Main u. a., *Lang*, 1994; *Schababerle*, Wiederanlage-Management von ablaufenden Kapitallebensversicherungen, Karlsruhe, VVW, 2007; *Schmidt*, Verschollenheit, Todeserklärung und Privatversicherung, MDR 1950, 16; *derselbe*, Einfluss der Verschollenheit und gerichtlichen Todeserklärung auf die Leistungspflicht der LebensVU, VersR 1951, 29, 63; *Schoeneich*, Sowjetzonale Todeserklärungen ?, NJW 1956, 579; *Schoor*, Abschaffung der Quellensteuer und sonstige Korrekturen des Steuerreformgesetzes 1990, VW 1989, 834; *derselbe*, Anzeigepflicht der Geldinstitute und Versicherungsunternehmen für Erbschaftsteuerzwecke, VW 1990, 238; *derselbe*, Erbschaftsteuer bei Zurückweisung der Bezugsrechte aus einer Lebensversicherung, VW 1991, 386; *Schorcht*, Leistungen aus Lebensversicherungsverträgen Kriegsgefangener, Internierter und Kriegsverschollener, VW 1951, 397; *Schulz*, Die rechtliche Bedeutung des Versicherungsscheins, ZfV 1963, 433; *derselbe,* Die rechtliche Tragweite der Inhaberklausel, ZfV 1963, 521; *Schwartze*, Wann verjähren Nachforderungsansprüche aus Lebensversicherungsverträgen?, VersR 2006, 1331; *Silber*, Verschollenheit und Lebensversicherung, Ergebnisse einer versicherungsrechtlichen Untersuchung, ZVersWiss 1926, 425; *Skoufis*, Die Bedeutung des Versicherungsscheins für die Einziehung der Versicherungsforderung, VersArch 1958, 317; *Spickhoff*, Postmortaler Persönlichkeitsschutz und ärztliche Schweigepflicht, NJW 2005, 1982; *Strebel*, Die Verschollenheit als Rechtsproblem, Frankfurt/M., 1954; *Surminski*, Versicherung unterm Hakenkreuz (X.), ZfV 1999, 77; *Trompetter*, Prüfung der Leistungspflicht in der Lebens- und Unfallversicherung bei unnatürlichen Todesfällen, Karlsruhe, VVW, 1996.

I. Allgemeines

1. Fassung

1 Gegenüber den ALB 1932 ist die Vorlage eines amtlichen Zeugnisses über den Tag der Geburt des Versicherten nicht mehr vorgesehen. Diesen Nachweis kann der Versicherer nach § 34 Abs. 1 VVG i. V. m. § 9 Abs. 3 ALB 1986 weiterhin verlangen, da der Versicherungsnehmer nach dieser Vorschrift jede Auskunft zu erteilen hat, die zur Feststellung des Umfangs der Leistungspflicht des Versicherers erforderlich ist. Da dem Versicherer bei unrichtiger Altersangabe ein Recht auf versicherungstechnische Leistungskorrektur zusteht (§ 162 VVG), das den Umfang der Leistungspflicht des Versicherers berührt, muss dem Versicherer auch das Recht zugebilligt werden, vom Anspruchsteller die Geburtsurkunde des Versicherten verlangen zu können.[1]

2. § 81 a VAG

2 Mit Rundschreiben vom 29. Juli 1942[2] ordnete die Aufsichtsbehörde gemäß § 81 a VAG für von der 11. Verordnung zum Reichsbürgergesetz vom 25. November 1941[3] betroffene Versicherungsverhältnisse an, dass Kapitalversicherungen

---

[1] A. A. *Winter* in: Bruck/Möller, VVG, 8. Aufl., 1988, §§ 159–178 VVG Anm. F 196.
[2] R 53/42.
[3] RGBl. I S. 722.

jeglicher Art mit laufender Beitragszahlung als zum 31. Dezember 1941 gekündigt gelten und dem Reich der auf diesen Zeitpunkt berechnete geschäftsplanmäßige Rückkaufswert abzüglich der bis dahin rückständigen Beiträge zusteht.[4] Mit der Überweisung des entsprechenden Betrags erlosch der Versicherungsvertrag.[5] Die Entschädigung von Ansprüchen aus diesen Versicherungsverträgen erfolgt seit April 2003 in Umsetzung eines auf der Grundlage eines Regierungsabkommens,[6] den zustimmenden Erklärungen von mehreren Staaten über ihr künftiges Verhalten zu den getroffenen Entschädigungsvereinbarungen[7] und dem Gesetz zur Errichtung einer Stiftung „Erinnerung, Verantwortung und Zukunft" vom 12. August 2000[8] getroffenen Abkommens über Versicherungspolicen aus der Holocaust-Zeit zwischen ICHEIC,[9] Stiftung und GDV.[10]

3. VVG 2008

Das neue VVG trat zum 1. Januar 2008 in Kraft und ist auf ab diesem Zeitpunkt abgeschlossene Verträge anwendbar. Auf Altverträge findet das neue Recht grundsätzlich erst ein Jahr später, also ab dem 1. Januar 2009 Anwendung. Bei Eintritt eines Versicherungsfalles bis zum 31. Dezember 2008 bestimmen sich die daraus ergebenden Rechte und Pflichten allerdings weiterhin nach dem VVG 1908/2007. Die Vorschriften über die Vertretungsmacht des Versicherungsvertreters (§§ 69 bis 73 VVG 2008) finden auf Altverträge bereits ab dem 1. Januar 2008 Anwendung.

II. Anzeige des Versicherungsfalls (§ 9 Abs. 2 ALB)

1. Versicherungsfall

Gemäß § 33 Abs. 1 VVG i.V.m. § 171 VVG hat der Versicherungsnehmer nach dem Eintritt des Versicherungsfalls dem Versicherer unverzüglich Anzeige zu machen, sobald er vom Eintritt des Versicherungsfalls Kenntnis erlangt hat. Versicherungsfall ist auch der Tod des Versicherten, der gemäß § 9 Abs. 2 Satz 1 ALB 1986 unverzüglich anzuzeigen ist.

2. Anzeigepflichtiger

Die Anzeigepflicht obliegt bei der Versicherung auf die Person eines anderen gemäß § 33 Abs. 1 VVG dem Versicherungsnehmer. Steht das Recht auf die Leis-

---

[4] *Surminski* ZfV 1999, 77, 80.
[5] *Stiefel*, Die österreichischen Lebensversicherungen und die NS-Zeit, Wien/Köln/Weimar, Böhlau, 2001, S. 130.
[6] Abkommen zwischen der Regierung der Bundesrepublik Deutschland und der Regierung der Vereinigten Staaten von Amerika über die Stiftung „Erinnerung, Verantwortung und Zukunft", BGBl. 2000 II S. 1373.
[7] Gemeinsame Erklärung anlässlich des abschließenden Plenums zur Beendigung der internationalen Gespräche über die Vorbereitung der Stiftung „Erinnerung, Verantwortung und Zukunft", BGBl. 2000 II S. 1383.
[8] BGBl. I S. 1263.
[9] ICHEIC ist eine 1998 gegründete Vereinigung von US-Versicherungsaufsichtsbehörden, jüdischen Verbänden, dem Staat Israel und fünf europäischen Versicherungsunternehmen, m.w. Nachw. hierzu *Tim W. Dornis*, Europäische Versicherer im Visier US-amerikanischer Bundesgerichte, VersR 2003, 570 (Fn. 5).
[10] Ausführlich hierzu *von Fürstenwerth/Gütersloh*, Gerechtigkeit und Rechtsfrieden – Zur Entschädigung von Versicherungsverträgen der Opfer des Holocaust, in: Recht und Risiko, Festschrift für Helmut Kollhosser zum 70. Geburtstag, hrsg. v. Reinhard Bork, Thomas Hoeren, Petra Pohlmann, Karlsruhe, VVW, 2004, S. 113 ff.

tung einem anderen als dem Versicherungsnehmer zu, so liegt die Anzeigepflicht dem anderen ob (§ 171 Abs. 2 VVG). Anzeigepflichtig ist jeder Erbe des Versicherungsnehmers und jeder Anspruchserhebende, also der Zessionar, Pfandgläubiger, Pfändungsgläubiger, der Bezugsberechtigte, und zwar statt des Versicherungsnehmers oder seiner Gesamtrechtsnachfolger, nicht neben ihnen.[11]

3. Frist

6   Der Anzeigepflicht wird gemäß § 171 Abs. 1 Satz 2 VVG genügt, wenn die Anzeige binnen drei Tagen nach dem Eintritt des Versicherungsfalls erfolgt; durch die Absendung der Anzeige wird die Frist gewahrt.[12] Die Frist beginnt folglich mit dem Eintritt des Versicherungsfalls. Da der Anspruchsberechtigte diesen Termin des Fristbeginns nicht kennt oder sofort wissen kann, bestimmt § 33 Abs. 1 VVG, dass der Versicherungsnehmer dem Versicherer unverzüglich Anzeige zu machen hat, sobald er vom Eintritt des Versicherungsfalls Kenntnis erlangt hat. Dies setzt voraus, dass der Anspruchsberechtigte, z. B. der Versicherungsnehmer oder der Bezugsberechtigte, Kenntnis von der Versicherung hat.[13] § 9 Abs. 2 Satz 1 ALB sieht deshalb vor, dass der Tod des Versicherten unverzüglich anzuzeigen ist. Unverzüglich ist der Todesfall nicht angezeigt, wenn er dem LVU erst nach der Beerdigung des Versicherten gemeldet wird und dadurch Feststellungen erheblich erschwert und teilweise auch vereitelt werden.[14]

7   Die Pflicht zur unverzüglichen Anzeige in § 9 Abs. 2 ALB 1986 enthält eine verbotene Abweichung von § 171 Abs. 1 Satz 2 VVG, da diese Vorschrift gemäß § 178 Abs. 1 VVG halbzwingend ist. Die Abweichung ist aber unschädlich, weil keine Rechtsfolgen daran geknüpft werden.[15]

4. Form

8   Für die Anzeige des Todes des Versicherten ist gemäß § 12 ALB 1986 eine schriftliche Mitteilung vorgesehen, die die Frist wahren muss. § 33 Abs. 2 VVG gilt auch hier. Die besondere Form und Frist sind damit zu erklären, dass wegen der alsbaldigen Bestattung die Beweissicherung des Versicherers erschwert oder verhindert wird, was im Fall der Selbsttötung von Bedeutung sein kann.[16]

5. Inhalt der Anzeige

9   Durch die Anzeige soll gewährleistet sein, dass der Versicherer vom Eintritt des Versicherungsfalls alsbald Kenntnis erhält und in die Lage versetzt wird, die zur Prüfung und Feststellung seiner Leistungspflicht erforderlichen Maßnahmen zu ergreifen,[17] also insbesondere weitere Auskünfte einzuholen oder eine Untersuchung zu veranlassen.[18]

---

[11] Ebenso *Kollhosser* in: Prölss/Martin, § 171 VVG Rdn. 1; *Schwintowski* in: Berliner Komm. z. VVG, 1999, § 171 VVG Rdn. 3; a. A. *Winter* in: Bruck/Möller, VVG, 8. Aufl., 1988, §§ 159–178 VVG Anm. F 207.
[12] *Sackhoff*, Die Anzeige-, Auskunfts- und Belegpflicht des Versicherungsnehmers nach Eintritt des Versicherungsfalles, 1994, S. 35.
[13] Vgl. OLG Hamm v. 19. 2. 1997, VersR 1997, 1341.
[14] OLG Celle v. 22. 6. 1988, VersR 1989, 944: Selbstmord.
[15] Ebenso *Kollhosser* in: Prölss/Martin, § 9 ALB Rdn. 2; *Römer* in: Römer/Langheid, VVG, 2. Aufl., 2003, § 171 VVG Rdn. 2; *Kurzendörfer*, Lebensversicherung, 3. Aufl., 2000, S. 337.
[16] Siehe hierzu OLG Celle v. 22. 6. 1988, VersR 1988, 944.
[17] OLG Hamm VersR 1982, 182, 183.
[18] BGH VersR 1979, 176, 178.

6. Verspätete Anzeige

Eine verspätete Anzeige bedeutet für den Anspruchsberechtigten einen Rechtsverlust grundsätzlich nur dann, wenn ausdrücklich vereinbart worden ist, dass der Versicherer in diesem Fall von der Leistungspflicht frei sein soll (§ 33 Abs. 2 VVG). Solche Vereinbarungen sind jedoch in der Lebensversicherung nicht üblich. Eine vorsätzliche oder grob fahrlässige Verletzung der Anzeigepflicht kann aber Schadenersatzansprüche des Versicherers auslösen, die mit der Leistung verrechnet werden können, so z.B., wenn dem Versicherer durch das Verhalten des Anzeigepflichtigen Beweismöglichkeiten abgeschnitten werden.[19]   **10**

7. Beweislast

Wer die im Versicherungsvertrag versprochene Leistung fordert, muss darlegen und beweisen, dass im versicherten Zeitraum der Versicherungsfall eingetreten ist.[20] Hierzu ist der Zeitpunkt des Beginns des Versicherungsschutzes dem Zeitpunkt des Eintritts des Versicherungsfalls gegenüberzustellen.[21]   **11**

III. Nachweis des Ablebens und der Todesursache (§ 9 Abs. 2 Satz 2 ALB)

1. Nachweis des Ablebens

Der Tod des Versicherten ist gemäß § 9 Abs. 2 Satz 2 ALB durch eine amtliche, Alter und Geburtsort enthaltende Sterbeurkunde nachzuweisen. Den Nachweis kann der Anspruchsteller durch das Familienbuch (§ 14 Abs. 1 Nr. 1 PStG), das Sterbebuch (§ 37 Abs. 1 PStG) und die Sterbeurkunde (§ 64 PStG) führen. Bei Verschollenheit genügt die Todeserklärung gemäß § 9 VerschG, da die Todeserklärung dem Todesfall gleichzusetzen ist und mit der Todeserklärung zugleich der Tod des Versicherten nachgewiesen wird.[22] Ein anderweitiges „Zeugnis" muss der Versicherer grundsätzlich nicht akzeptieren.[23] Wird der Beschluss über die Todeserklärung aufgehoben, weil der Versicherte noch lebt, und hat der Versicherer geleistet, so ist der Bezugsberechtigte ungerechtfertigt bereichert und muss die Versicherungssumme herausgeben.[24]   **12**

2. Nachweis der Todesursache

Der Anspruchsteller hat dem Versicherer gemäß § 9 Abs. 2 Satz 2 ALB 1986 ein ausführliches ärztliches oder amtliches Zeugnis über die Todesursache sowie über Beginn und Verlauf der Krankheit, die zum Tode des Versicherten geführt hat, einzureichen. Auf das ärztliche Zeugnis haben die Erben Anspruch.[25] Sie sind berechtigt, den betreffenden Arzt von seiner Schweigepflicht zu entbinden.[26] Für ein unrichtiges Zeugnis haftet der Arzt, wenn er erkennen musste, dass der Versi-   **13**

---

[19] OLG Hamburg VersR 1952, 112.
[20] BGH v. 18. 2. 1987, VersR 1987, 1007.
[21] Vgl. BGH VersR 1978, 362, 364.
[22] LG Köln VersR 1951, 113; LG Köln, Urt. v. 25. 2. 1998 – 23 O 192/97, r+s 1998, 348; OLG Köln, Urt. v. 22. 12. 1999 – 5 U 106/99, NVersZ 2000, 375, 376 = r+s 2002, 171, 172; *Winter* in: Bruck/Möller, VVG, 8. Aufl., 1988, §§ 159–178 VVG Anm. G 6.
[23] A. A. *Winter* in: Bruck/Möller, VVG, 8. Aufl., 1988, §§ 159–178 VVG Anm. F 223.
[24] AG Oldenburg v. 4. 6. 1952, VersR 1952, 425 = VerBAV 1953, 180 = MDR 1953, 368.
[25] Vgl. LG Trier v. 23. 12. 1958, VersR 1959, 281.
[26] OLG Naumburg, Beschl. v. 9. 12. 2004 – 4 W 43/04, NJW 2005, 2017; *Spickhoff* NJW 2005, 1982, 1984.

cherer hierauf seinen Leistungsbescheid stützt.[27] Der Nachweis der Todesursache lässt sich auch durch Vorlage der amtlichen Todesbescheinigung führen. In die amtliche Todesbescheinigung ist Einsicht zu geben, wenn ein berechtigtes Interesse dargelegt werden kann.[28] Ein berechtigtes Interesse des Anspruchstellers ist mit Blick auf seine gegenüber dem LVU bestehende Nachweispflicht zu bejahen.

IV. Vorlage des Versicherungsscheins und Nachweis der letzten Beitragszahlung (§ 9 Abs. 1 ALB)

1. Vorlage des Versicherungsscheins

14   Der Versicherungsschein ist Schuldschein i. S. v. § 371 BGB, da er eine die Schuldverpflichtung bestätigende Urkunde ist, die vom Versicherer zum Zwecke der Beweissicherung für das Bestehen der Schuld ausgestellt ist.[29] Dies hat zur Folge, dass der Versicherer gemäß § 371 Abs. 1 Satz 1 BGB die Rückgabe des Versicherungsscheins verlangen kann, und zwar auch noch nach Zahlung der Versicherungsleistung.

15   § 9 Abs. 1 Satz 1 ALB 1986 bestimmt darüber hinaus gemäß § 4 Abs. 2 Satz 1 VVG, dass der Versicherer nur gegen Rückgabe des Versicherungsscheins zu leisten hat. Hierbei ist zu berücksichtigen, dass gemäß § 4 Abs. 1 VVG die im § 808 BGB bestimmten Wirkungen zu beachten sind, da der Versicherungsschein auf den Inhaber ausgestellt ist. Die Ausstellung auf den Inhaber folgt aus § 11 Abs. 1 ALB 1986, wonach der Versicherer den Inhaber des Versicherungsscheins als berechtigt ansehen kann, über die Rechte aus dem Versicherungsvertrag zu verfügen, insbesondere Leistungen in Empfang zu nehmen, aber verlangen kann, dass der Inhaber des Versicherungsscheins seine Berechtigung nachweist. § 9 Abs. 1 Satz 1 ALB 1986 hält sich damit im Bestimmungsrahmen des § 808 Abs. 2 Satz 1 BGB, der den Versicherer nur gegen Aushändigung des Versicherungsscheins zur Leistung verpflichtet.

16   Anerkannt ist daher das Recht des Versicherers, die Erbringung von Leistungen aus dem Versicherungsvertrag zu verweigern, solange ihm der Versicherungsschein vom Anspruchsteller nicht vorgelegt wird.[30] Insbesondere wenn der Versicherer aufgrund einer Sicherungsabtretung ein berechtigtes Interesse daran hat sicherzustellen, dass er mit befreiender Wirkung zahlt, ist er zur Auszahlung des Rückkaufswerts nur verpflichtet, wenn ihm der Versicherungsschein übergeben wird.[31]

17   Nach § 4 VVG, § 808 Abs. 2 Satz 1 BGB, § 9 Abs. 1 Satz 1 ALB 1986 ist der Versicherer zwar nur gegen Aushändigung des Versicherungsscheins zur Leistung verpflichtet. Das bedeutet jedoch nicht, dass der Versicherer die Leistungen nur auszahlen darf, wenn ihm der Versicherungsschein vorgelegt wird. Die ALB enthalten keine Vorschriften, nach denen die Leistungen aus dem Versicherungsvertrag ausschließlich gegen Vorlage des Versicherungsscheins ausgezahlt werden dürfen.[32] § 9 ALB dient dem Schutz des Versicherers, so dass die Nichtvorlage des Versicherungsscheins einer Auszahlung der Versicherungsleistung nicht entgegen-

---

[27] Vgl. hierzu LG Mannheim v. 19. 1. 1971, VersR 1971, 873; OLG Karlsruhe v. 3. 11. 1971, VersR 1972, 203.
[28] Siehe hierzu OVG Lüneburg, Urt. v. 18. 7. 1996 – 7 A 9/96, NJW 1997, 2468 ff.
[29] Vgl. RGZ 51, 83; 66, 158; 116, 173.
[30] Vgl. LG Göttingen v. 25. 1. 1951, VersR 1952, 313 = VP 1952, 47; BGH v. 7. 10. 1965, VersR 1965, 1143; LG Köln v. 30. 6. 1976, r+s 1977, 45 – Rückkaufwert; OLG Hamm VersR 1980, 135, 136.
[31] BGH, Beschl. v. 11. 1. 2006 – IV ZR 52/04, VersR 2006, 394.
[32] OLG Hamburg v. 16. 1. 1952, VersR 1952, 112.

Fälligkeit der Versicherungsleistung 18–21 § 9 ALB 1986

steht.[33] Der Versicherer ist grundsätzlich nicht gehalten, den Versicherungsschein anzufordern.[34]

2. Nachweis der letzten Beitragszahlung

Gemäß § 9 Abs. 1 Satz 2 ALB 1986 ist dem Versicherer zusätzlich das Recht eingeräumt, den Nachweis der letzten Beitragszahlung verlangen zu können. Dem Versicherer soll hierdurch ermöglicht werden, sein Abzugsrecht gemäß § 35 b VVG wirksam auszuüben. Dies kann der Versicherer nur, wenn ihm ein Zurückbehaltungsrecht zugebilligt wird, solange die letzte Beitragszahlung bei ihm nicht eingegangen ist und bei Zahlungen per Scheck oder im Lastschriftverfahren der Rückruf des zunächst gutgeschriebenen Beitrags droht.[35] 18

V. Klärung der Leistungspflicht durch den Versicherer (§ 9 Abs. 3 ALB)

1. Prüfung der Anspruchsberechtigung

Im Zusammenhang mit der Vorlage des Versicherungsscheins und des Nachweises der Beitragszahlung prüft der Versicherer die Anspruchsberechtigung des Anspruchstellers. Zu beachten sind insbesondere Abtretungen, Pfändungen, Verpfändungen, vorläufige Zahlungsverbote, die vormundschaftsgerichtliche Genehmigung bei Auszahlung an den Vormund.[36] Aufgrund der Prüfung ist vom LVU zu entscheiden, welche weiteren Nachweise zu verlangen und welche Erhebungen anzustellen sind. 19

2. Verlangen nach weiteren Nachweisen

Zur Klärung seiner Leistungspflicht kann der Versicherer weitere Nachweise verlangen, soweit es notwendig ist. Inwieweit die Vorlage von Unterlagen notwendig ist, bestimmt sich nach § 34 VVG. § 34 Abs. 2 VVG ist vom LVU zu beachten, wenn nicht die Gesamtrechtsnachfolger des Versicherungsnehmers anspruchsberechtigt sind, sondern z.B. ein Pfändungsgläubiger oder Zessionar, dem die Beschaffung geforderter Urkunden mitunter unmöglich ist. Verlangen kann das LVU die Unterlagen, die als Nachweis dafür notwendig sind, dass der Anspruchsteller auch der Berechtigte ist, z.B. die Bestallungsurkunden für Testamentsvollstrecker, Vormünder, Pfleger, Insolvenzverwalter, ferner Vollmachten, Erbscheine,[37] Testamentsabschriften mit Eröffnungsprotokollen, Erbverträge, Todeserklärungen mit Rechtskraftbescheinigung, vormundschaftsgerichtliche Genehmigungen. 20

Die Nachweisungen können sich ferner auf alle für den Anspruch gegen die Gesellschaft rechtserheblichen Tatsachen beziehen, also nicht nur auf die Todesursache, sondern z.B. auch auf Erkrankungen in den letzten Jahren (wegen Anfechtung und Rücktritt), Zurechnungsfähigkeit – wegen § 171 Satz 2 VVG – (daher auch Vorlegung von Privatbriefen). Auf Verlangen des LVU hat der Anspruchsteller Auskunft auf der Grundlage eines Fragenformulars zu erteilen. Erkennt 21

---

[33] OLG Stuttgart v. 25. 7. 1985 – 7 U 88/85; AG Osnabrück v. 28. 11. 1989 – 42 C 554/89.
[34] LG Berlin v. 5. 6. 1947, VW 1947, 271; OLG Hamburg v. 16. 1. 1952, VersR 1952, 112.
[35] A. A. *Winter* in: Bruck/Möller, VVG, 8. Aufl., 1988, §§ 159–178 VVG Anm. F 195; GB BAV 1974, 47.
[36] Siehe hierzu OLG Karlsruhe v. 3. 9. 1998, NVersZ 1999, 67.
[37] Vgl. AG Mannheim, Urt. v. 2. 2. 2007 – 3 C 196/06, WM 2007, 2240, 2241; OLG Saarbrücken, Urt. v. 9. 11. 2005 – 5 U 286/05, NJW-RR 2006, 462.

der Versicherer, dass dem Anspruchsteller beim Ausfüllen des Fragenformulars offensichtlich ein Irrtum unterlaufen ist, muss er rückfragen, widrigenfalls er sich auf eine Verletzung der Auskunftspflicht nicht berufen kann.[38] Bei vorsätzlicher oder grob fahrlässiger Beweisvereitelung kann der Versicherer leistungsfrei werden.[39]

3. Anstellen von Erhebungen

22 § 9 Abs. 3 ALB 1986 räumt dem LVU ausdrücklich das Recht ein, erforderliche Erhebungen selbst anzustellen. Allerdings unterliegt dieses Recht einer zeitlichen Schranke. Die erforderlichen Erhebungen erstrecken sich nur auf die Zeit vor der Annahme des Versicherungsantrags und die nächsten drei Jahre danach sowie auf das Jahr vor dem Tode des Versicherten.

23 Danach ist der Versicherer berechtigt, Feststellungen darüber zu treffen, ob möglicherweise ein Tatbestand gegeben ist, der nach den AVB eine Leistungspflicht ausschließt,[40] z. B. eine Verletzung der vorvertraglichen Anzeigepflicht vorliegt oder sich der Versicherte innerhalb der Wartefrist selbst freiwillig getötet hat. Er darf Rechtsfragen unter Berücksichtigung seines Sicherheitsbedürfnisses, insbesondere bei der Auszahlung hoher Summen, prüfen.[41] Das kann auch evtl. erforderliche Rückfragen bei anderen Versicherern einschließen.[42] Gegenstand der notwendigen Erhebungen ist auch die Prüfung, ob der Anspruchsteller berechtigt und legitimiert ist und ob eine Verwirkungsfolge eingetreten ist.[43]

4. Leichenöffnung und Exhumierung

24 **a) Obduktion und Exhumierung.** Der Versicherer kann in Ausnahmefällen, z. B. bei Selbstmord oder Einschluss der UZV gemäß § 34 VVG verlangen, dass eine Leichenöffnung und Exhumierung erfolgt. Das Recht auf Obduktion beinhaltet gegebenenfalls auch das Recht auf Exhumierung, wenn der Versicherer ohne Verschulden eine Leichenöffnung vor der Bestattung nicht herbeiführen konnte.[44] Auch dann, wenn eine sanktionsbewehrte Obliegenheit eines Bezugsberechtigten begründet worden ist, als Totensorgeberechtigter einer Obduktion zuzustimmen, steht es nicht im Belieben des Lebens- und Unfallversicherers, aus ihrer Verweigerung seine Leistungsfreiheit herzuleiten.[45] Im Rahmen der Erforderlichkeitsprüfung muss festgestellt werden, ob die Exhumierung, Obduktion oder die Entnahme von Leichenblut zu einem entscheidungserheblichen Beweisergebnis führen kann und ob die begehrte Maßnahme das letzte noch fehlende Glied in der Beweiskette des Versicherers darstellt.[46] Wenn sich die verweigerte

---

[38] BGH VersR 1980, 159.
[39] BGH v. 27. 1. 1951, BGHZ 3, 176; BGH v. 5. 6. 1952, BGHZ 6, 227; BGH v. 7. 1. 1975, NJW 1976, 1316.
[40] LG Offenburg VersR 1979, 1100.
[41] OLG Koblenz VersR 1974, 1215; OLG Karlsruhe VersR 1979, 564.
[42] AG Karlsruhe VersR 1972, 873.
[43] OLG Bremen v. 16. 3. 1965, VersR 1965, 653.
[44] Vgl. RGZ 54, 119.
[45] BGH, Urt. v. 25. 3. 1992 – IV ZR 153/91, NJW-RR 1992, 853 = VersR 1992, 730 = r+s 1992, 287.
[46] BGH, Urt. v. 10. 4. 1991 – IV ZR 105/90, NJW-RR 1991, 982 f. = VersR 1991, 870 f. = VerBAV 1991, 449, 450 = r+s 1991, 321 = MDR 1991, 1140, 1141; BGH, Urt. v. 25. 3. 1992 – IV ZR 153/91, NJW-RR 1992, 853 = VersR 1992, 730 = r+s 1992, 287; BGH, Urt. v. 6. 5. 1992 – IV ZR 99/91, NJW-RR 1992, 982, 983 = VersR 1992, 861, 862 = r+s 1992, 286, 287; *Römer* in: Römer/Langheid, VVG, 2. Aufl., 2003, § 169 VVG Rdn. 15; *Schwintowski* in: Berliner Komm. z. VVG, 1999, § 169 VVG Rdn. 9 u. Rdn. 19.

Zustimmung zur Obduktion bzw. ihr Unterbleiben nicht zum Nachteil des Versicherers auswirken kann, weil es möglich ist, den erforderlichen Beweis auf anderem Wege zu führen, kann der Versicherer nicht mit Erfolg geltend machen, die Verweigerung der Obduktion bzw. ihr Unterbleiben habe die Feststellungen beeinflusst, ob ein Versicherungsfall eingetreten ist.[47]

b) Einwilligung. In den ALB ist im Gegensatz zu den AUB[48] nicht ausdrücklich geregelt, dass der Versicherer berechtigt ist, durch einen von ihm beauftragten Arzt die Leiche besichtigen und öffnen zu lassen. § 9 Abs. 3 ALB 1986 lässt auch nicht die Deutung zu, der Versicherungsnehmer habe schon mit Abschluss des Versicherungsvertrages unter Einbeziehung des § 9 Abs. 3 ALB 1986 in die Exhumierung seiner Leiche eingewilligt.[49] Hat der Verstorbene keine Einwilligung erteilt, ist die Zustimmung zur Exhumierung von dem nächsten Angehörigen, der zur Totensorge berufen ist, zu erteilen, wobei die in § 2 Abs. 2 und 3 des Gesetzes über die Feuerbestattung vom 15. Mai 1934[50] festgelegte Reihenfolge der zu befragenden Angehörigen entsprechend gilt.[51] Hat der Verstorbene das Totensorgerecht den Angehörigen entzogen und einem Dritten, z. B. einem Testamentsvollstrecker, übertragen, so kommt es auf die Zustimmung des Dritten an.[52] Ist der Anspruchsberechtigte nicht derjenige, der auch die Zustimmung zur Obduktion zu erteilen hat, besteht eine vertragliche Obliegenheit des Anspruchsberechtigten, an der Beschaffung der Zustimmung mitzuwirken, nur, wenn und soweit der Versicherer sich die Zustimmung nicht allein beschaffen kann, weil er weder die Angehörigen kennt noch sie ohne weiteres ermitteln kann.[53]

5. Verbleib der Nachweise

Die vom Anspruchsteller oder vom Versicherer beigebrachten Unterlagen werden Bestandteil der Versicherungsakte und Eigentum des Versicherers.[54] Abschriften vom ärztlichen Zeugnis, das gemäß § 9 Abs. 2 ALB 1986 dem Versicherer eingereicht wurde, müssen vom Versicherer gemäß § 3 VVG nicht erteilt werden.[55] Ein Einsichtsrecht in das vom LVU gewonnene Beweismaterial steht dem Anspruchsteller nicht zu, insbesondere wenn hierdurch Beweismaterial gegen das LVU erlangt werden soll.[56]

Gegen den Arzt, der den Todesfallbericht für den Versicherer erstattet hat, sind Ansprüche unter dem rechtlichen Gesichtspunkt der Verletzung eines Vertrages mit Schutzwirkung für Dritte denkbar, wenn das eingeholte Gutachten Rechtsgüter des Versicherten berührt, deren Wahrung und Schutz dieser von seinem Ver-

---

[47] BGH, Urt. v. 9. 10. 1991 – IV ZR 212/90, NJW-RR 1992, 219, 220 = VersR 1991, 1365 = r+s 1992, 68.
[48] Vgl. dort § 15 Nr. II 2 AUB 61; zu einer entspr. Sonderklausel siehe LG Bautzen, Urt. v. 20. 10. 1994 – 3 O 392/94, VersR 1996, 366, 367.
[49] BGH, Urt. v. 10. 4. 1991 – IV ZR 105/90, NJW-RR 1991, 982 f. = VersR 1991, 870 f. = VerBAV 1991, 449, 450 = MDR 1991, 1140, 1141.
[50] RGBl. I S. 380.
[51] OLG Hamm VersR 1983, 1131; BGH, Urt. v. 10. 4. 1991 – IV ZR 105/90, NJW-RR 1991, 982 f., 870 f. = VerBAV 1991, 449, 450 = MDR 1991, 1140, 1141; *Römer* in: Römer/Langheid, VVG, 2. Aufl., 2003, § 169 VVG Rdn. 16; *Kurzendörfer*, Lebensversicherung, 3. Aufl., 2000, S. 340.
[52] Siehe hierzu BGH, Urt. v. 26. 2. 1992 – XII ZR 58/91, NJW-RR 1992, 834.
[53] OLG Hamm VersR 1983, 1131.
[54] Vgl. LG Stade v. 23. 1. 1953, VersR 1953, 154; BGH v. 7. 10. 1965, VersR 1965, 1141; GB BAV 1977, 56.
[55] Vgl. LG Stade v. 23. 1. 1953, VersR 1953, 154.
[56] LG Stade v. 23. 1. 1953, VersR 1953, 154.

tragspartner in besonderem Maße erwarten darf.[57] Auf Versicherungen, die lediglich eine Geldzahlung betreffen, trifft dies nicht zu.[58]

VI. Kostentragungspflicht (§ 9 Abs. 4 ALB)

28   Die Kosten für die Beschaffung der notwendigen Unterlagen hat der Anspruchserhebende zu tragen. Soweit sie der Versicherer verauslagt hat, was häufig bei Kosten für die ärztlichen Berichte, die er einholen musste, der Fall sein wird, kann er sie gegen die Versicherungsleistung aufrechnen, d. h. von ihr abziehen. Hat der Versicherungsnehmer den Versicherer getäuscht, kann der Versicherer die Erstattung außerordentlicher Aufwendungen vom Versicherungsnehmer verlangen, z. B. die zusätzlichen Aufwendungen für die Ermittlungen eines Detektivs.[59]

29   Versicherungsleistungen sind auch auszahlbare Rückkaufswerte und Kapitalvorauszahlungen (Policendarlehen), bei Rentenversicherungen auch die Kapitalabfindungen statt der Renten. Während das Recht auf einen Rückkauf einer Versicherung, das Kündigungsrecht des Versicherungsnehmers zum Zwecke der Auszahlung der Beitragsreserve, vom Versicherer nicht eingeschränkt oder ausgeschlossen werden kann (§§ 176 und 178 VVG), kann er aber in den AVB einen Rechtsanspruch des Versicherungsnehmers auf eine Vorauszahlung ausbedingen.

VII. Erbringung der Versicherungsleistung

1. Grundsatz

30   Während die Hauptleistung des Versicherungsnehmers aus dem Versicherungsvertrag darin besteht, die Beiträge zu entrichten, ist der Versicherer nach § 1 VVG verpflichtet, nach dem Eintritt des Versicherungsfalls den vereinbarten Betrag an Kapital oder Rente zu zahlen oder die sonst vereinbarte Leistung zu bewirken.

2. Fälligkeit

31   a) **Allgemeines.** Gemäß § 11 VVG, jetzt § 14 VVG 2008, sind Geldleistungen des Versicherers mit Beendigung der zur Feststellung des Versicherungsfalls und des Umfangs der Leistung des Versicherers nötigen Erhebungen fällig, wobei dem Versicherer eine angemessene Frist zur Würdigung des Tatsachenmaterials zuzubilligen ist.[60] Dabei sind die Belange der Gefahrengemeinschaft und des Versicherungsnehmers gerecht abzuwägen.[61] In der Regel wird eine zwei- bis dreiwöchige Überlegungsfrist angemessen sein.[62]

32   Im Hinblick auf § 284 Abs. 2 BGB werden bei Erlebensfallleistungen, bei denen die Leistungspflicht des Versicherers zu einem bestimmten Ablauftermin gewiss ist, schon vor Ablauf der Versicherung die möglichen Erhebungen durchgeführt (z. B. Anforderung des Versicherungsscheins und des Zahlungsauftrags) und die Leistungsabrechnung erstellt. Werden vom Versicherungsnehmer die für die Auszahlung notwendigen Unterlagen nicht rechtzeitig vor dem Ablauftermin

---

[57] BGH, Urt. v. 17. 9. 2002 – X ZR 237/01, WM 2003, 546, 548.
[58] BGH, Urt. v. 17. 9. 2002 – X ZR 237/01, WM 2003, 546, 548.
[59] OLG Hamburg VersR 1988, 482; OLG Oldenburg VersR 1992, 1150; OLG Saarbrücken VersR 2006, 644, 647; *H.-J. Fricke* VersR 2010, 308, 317.
[60] AG München VersR 1978, 240.
[61] OLG Köln VersR 1983, 923.
[62] OLG Bamberg, Beschl. v. 28. 12. 1998 – 1 W 28/98; AG Coburg, Beschl. v. 30. 4. 2009 – 12 C 1226/08, r+s 2010, 60.

vorgelegt, dann kann das LVU die entsprechenden Feststellungen erst nach Vertragsablauf durchführen und somit nicht in Verzug kommen.

b) Nötige Erhebungen. Zu den nötigen Erhebungen im Sinne von § 11 VVG gehört u.a. die Beschaffung der Unterlagen, die ein durchschnittlich sorgfältiger Versicherer dieses Zweigs braucht, um den Versicherungsfall festzustellen und abschließend auch rechtlich zu prüfen.[63] Zu diesen Unterlagen zählt auch der Obduktionsbericht, da sich aus ihm Anhaltspunkte für eine Ablehnung der Leistungspflicht ergeben können.[64] Die Fälligkeit der Versicherungsleistung tritt daher regelmäßig nicht ein, bevor der Versicherer Gelegenheit hatte, sich von dem Vorliegen eines die Leistungspflicht auslösenden Ereignisses durch Einsicht in das Ergebnis eingeleiteter polizeilicher oder staatsanwaltschaftlicher Ermittlungen zu überzeugen,[65] insbesondere wenn sie gegen den Versicherungsnehmer gerichtet sind.[66] Er darf den Ausgang eines Ermittlungsverfahrens bzw. Strafverfahrens abwarten, auch wenn es nicht gegen den Versicherungsnehmer gerichtet ist, aber Feststellungen zu den für die Leistungspflicht des Versicherers bedeutsamen Fragen erwartet werden können.[67] Ein Einsichtsrecht des Versicherers in Ermittlungsakten scheitert nicht unter datenschutzrechtlichen Gesichtspunkten.[68]

c) Beschleunigungspflicht. Dem Versicherer obliegt eine Beschleunigungspflicht hinsichtlich der Ermittlungen im Interesse des Versicherten.[69] Das bloße Ersuchen um Akteneinsicht reicht daher nicht aus, wenn erkennbar ist, dass die Akten nicht in absehbarer Zeit zur Verfügung stehen.[70] Eine Überlegungs- und Prüfzeit von zwei bis drei Wochen ist angemessen, wenn auch die Prüfung einer Ermittlungsakte zu erfolgen hat.[71]

Stellt der Versicherer unnötige oder überhaupt keine Erhebungen an oder trifft ihn an der Nichtbeendigung der Erhebungen ein Verschulden, so tritt die Fälligkeit auch ohne förmliche Feststellung des Versicherers ein.[72] Für die Fälligkeit ist der Zeitpunkt maßgebend, an dem die Erhebungen bei korrektem

---

[63] BGH v. 1. 2. 1974, VersR 1974, 639; OLG Karlsruhe, Urt. v. 3. 12. 1992 – 12 U 115/92, r+s 1993, 443; OLG Saarbrücken, Urt. v. 9. 11. 2005 – 5 U 286/05, NJW-RR 2006, 462 = r+s 2006, 385, 386; *Gaul* NVersZ 1999, 458, 459; *Hasse* NVersZ 2000, 497, 500; *Schwartze* VersR 2006, 1331, 1333.
[64] OLG Hamm, Urt. v. 23. 8. 2000 – 20 U 45/00, NVersZ 2001, 163, 164.
[65] LG Nürnberg-Fürth, VersR 1971, 248 und VersR 1983, 1069; OLG Hamm v. 17. 11. 1987, VersR 1988, 1038; OLG Köln, Beschl. v. 17. 4. 2007 – 9 U 210/06, r+s 2007, 458; *Günther* r+s 2007, 458.
[66] OLG Frankfurt/M. VersR 1980, 682.
[67] BGH v. 1. 2. 1974, VersR 1974, 639; LG Münster VersR 1977, 658; LG Köln VersR 1983, 385; OLG Saarbrücken, Urt. v. 9. 11. 2005 – 5 U 286/05, NJW-RR 2006, 462 = r+s 2006, 386; *Martin* VersR 1978, 392, 395; a. A. *Magnussen*, Fälligkeitsklauseln in AGB – verzögerte Entschädigung bei strafrechtlichen Ermittlungen gegen Versicherungsnehmer, MDR 1994, 1160/1161.
[68] OLG Hamm MDR 1986, 516; LG Regensburg NJW 1986, 816; OLG Koblenz NJW 1986, 3093.
[69] OLG Frankfurt/M. v. 25. 4. 1986, NJW-RR 1987, 666 = VersR 1986, 1009; OLG Saarbrücken, Urt. v. 9. 11. 2005 – 5 U 286/05, NJW-RR 2006, 462 = r+s 2006, 385, 386.
[70] OLG München VersR 1965, 173; OLG Hamm VersR 1974, 329; OLG Hamburg VersR 1982, 543; OLG Frankfurt/M. VersR 1986, 1009 – vier Monate erfolgloses Warten auf Akteneinsicht.
[71] LG Berlin VersR 1950, 177; OLG Hamm VersR 1961, 118; OLG Hamburg VersR 1967, 392; LG Köln VersR 1983, 385; OLG Saarbrücken, Urt. v. 9. 11. 2005 – 5 U 286/05, NJW-RR 2006, 462 = r+s 2006, 385, 386; *Asmus* NVersZ 2000, 361: zwei Wochen.
[72] OLG München VersR 1965, 173; OLG Hamburg VersR 1982, 542.

Vorgehen beendet gewesen wären.[73] Auf fehlende Fälligkeit der Leistung kann sich der Versicherer unbeschadet der Regelung des § 11 VVG auch dann nicht mehr berufen, wenn er die Leistung endgültig abgelehnt hat.[74] Mit der Leistungsablehnung stellt der Versicherer klar, dass keine weiteren Feststellungen zur Entschließung über den erhobenen Anspruch erforderlich sind; dann besteht auch kein Grund, die Fälligkeit weiter hinauszuschieben.[75] Hat der Versicherer den Rücktritt erklärt, tritt gleichwohl Fälligkeit nicht ein, solange noch weitere Erhebungen zur Prüfung der Leistungspflicht nach § 21 VVG erforderlich sind.[76]

36 **d) Verzug des Versicherers.** Der Versicherer hat alle zur Aufklärung des Versicherungsfalls erforderlichen Schritte mit tunlicher Beschleunigung zu unternehmen und Schadenersatz zu leisten, wenn er die Aufklärung und damit die rechtzeitige Zahlung der Versicherungssumme schuldhaft verzögert.[77] Wird der Verzug des Versicherers erst durch ein anwaltliches Mahnschreiben herbeigeführt, so sind die dabei angefallenen Anwaltskosten kein durch Verzug entstandener Schaden.[78] Sind Rechtsanwaltskosten schon vor Verzugseintritt entstanden, besteht kein Anspruch, da sie nicht verzugsbedingt sind.[79] Hat der Versicherer die Leistung ernstlich und endgültig abgelehnt, können nach der Ablehnung entstehende vorprozessuale anwaltliche Kosten für ein Mahnschreiben nicht zusätzlich vom LVU verlangt werden.[80] Für die Erfüllung einer Zahlungsverpflichtung aufgrund eines rechtskräftigen Vergleichs ist dem LVU eine Frist von einem Monat ab Ablauf der Widerrufsfrist für den Vergleich zuzubilligen.[81] Zum Verzug bei unberechtigter, vom Versicherer anschließend zurückgenommener Rücktrittserklärung gemäß §§ 16 ff VVG siehe LG Köln VersR 1983, 387; wegen unterlassener Klarstellung der Bezugsberechtigung siehe LG Frankfurt/M. VersR 1984, 733.

3. Abschlagszahlung gemäß § 11 Abs. 2 VVG

37 Nach § 11 Abs. 2 VVG steht dem Versicherungsnehmer nach dem Ablauf eines Monats seit der Anzeige des Versicherungsfalls ein Anspruch auf eine Abschlagszahlung in Höhe des Betrags zu, den der Versicherer nach Lage der Sache mindestens zu zahlen hat. Bei einer Lebensversicherung mit einer eingeschlossenen Unfall-Zusatzversicherung muss als Abschlagszahlung die einfache Versicherungssumme ausgezahlt werden, wenn über eine Leistungspflicht aus der Unfall-Zusatzversicherung nur deshalb nicht entschieden werden kann, weil noch die Ermittlungsakten der Polizei eingesehen werden müssen.[82]

38 Steht im Falle einer Selbsttötung des Versicherten innerhalb der Karenzzeit noch nicht fest, ob die Tat in einem die freie Willensbestimmung ausschließenden

---

[73] OLG Saarbrücken VersR 1996, 1494, 1495; OLG Hamm, Urt. v. 23. 8. 2000 – 20 U 45/00, NVersZ 2001, 163, 164; OLG Saarbrücken, ZfS 2002, 80; OLG Saarbrücken, Urt. v. 9. 11. 2005 – 5 U 286/05, NJW-RR 2006, 462 = r+s 2006, 385, 386.
[74] BGH v. 23. 6. 1954, VersR 1954, 388; BGH v. 21. 4. 1955, VersR 1955, 305; BGH VersR 1966, 627; BGH VersR 1971, 433; BGH v. 1. 2. 1974, VersR 1974, 639; OLG Hamm VersR 1981, 727 und VersR 1982, 1091; LG Köln VersR 1983, 387, 388; OLG Oldenburg ZfS 1986, 219.
[75] BGH, Urt. v. 22. 3. 2000 – IV ZR 233/99, VersR 2000, 753 = r+s 2000, 348; BGH, Urt. v. 27. 2. 2002 – IV ZR 238/00, r+s 2002, 216.
[76] AG Heinsberg VersR 1983, 431.
[77] BGH VerBAV 1953, 53
[78] LG Nürnberg-Fürth VersR 1971, 248.
[79] OLG Köln VersR 1983, 923.
[80] BGH v. 1. 2. 1974, VersR 1974, 639, 642.
[81] Vgl. OLG Frankfurt/M. v. 19. 11. 1991, VersR 1993, 901.
[82] Ebenso *Goll/Gilbert/Steinhaus*, Hdb. Lebensversicherung, 11. Aufl., 1992, S. 113.

Zustand krankhafter Störung der Geistestätigkeit begangen worden ist, kann der Anspruchsberechtigte die Zahlung des Deckungskapitals als Abschlagszahlung verlangen.[83]

Dieses Verlangen ist ebenfalls begründet, wenn der Versicherer den begründe- 39 ten Verdacht hat, dass die vorvertragliche Anzeigepflicht beim Abschluss der Versicherung verletzt worden ist, er aber die nötigen Erhebungen für den von ihm beabsichtigten Rücktritt vom Vertrag noch nicht abschließen konnte. Auch hier kann der Anspruchsberechtigte nach dem Ablauf eines Monats seit der Anzeige des Versicherungsfalls das Deckungskapital als Abschlagszahlung einfordern.[84]

4. Zahlungsanweisung des Versicherungsnehmers

Erfüllung tritt durch Banküberweisung nur ein, wenn der Gläubiger (Versiche- 40 rungsnehmer) sein Einverständnis mit dieser Art der Erfüllung erklärt hat.[85] Zahlt das LVU entgegen der Weisung des Versicherungsnehmers die Versicherungsleistung nicht per Scheck aus, sondern durch Überweisung auf ein im Debet geführtes Konto des Versicherungsnehmers tritt keine Erfüllungswirkung ein.[86] Wird der Versicherer auf erneute Zahlung verklagt, kann er seinen Bereicherungsanspruch im Wege der Widerklage geltend machen.[87]

5. Hinterlegung

Das LVU kann die fällige Versicherungsleistung hinterlegen, wenn es in Folge 41 einer nicht auf Fahrlässigkeit beruhenden Ungewissheit über die Person des Gläubigers seine Verbindlichkeit nicht oder nicht mit Sicherheit erfüllen kann. Dass zwei Prätendenten die Leistungen aus der Versicherung beanspruchen, reicht hierfür nicht aus.[88]

6. Meldepflichten nach der Außenwirtschaftsverordnung

Versicherungsunternehmen unterliegen insbesondere Meldepflichten im all- 42 gemeinen Zahlungsverkehr für Dienstleistungen, bei Übertragungen, im Kapitalverkehr, sowie bei Beschränkungen im Waren-, Kapital- und Zahlungsverkehr bzw. bei besonderen Beschränkungen im Außenhandel mit einigen Staaten.[89] Meldepflichtig ist das LVU, wenn es z.B. eine Zahlung an einen Gebietsfremden leistet oder von ihm empfängt.[90] Gemäß § 59 Abs. 2 AWV besteht für LVU keine Meldepflicht bei Zahlungen, die den Betrag von 12 500,00 € nicht übersteigen.[91]

---

[83] Ebenso *Goll/Gilbert/Steinhaus*, Hdb. Lebensversicherung, 11. Aufl., 1992, S. 113; *Kurzendörfer*, Lebensversicherung, 3. Aufl., 2000, S. 391.
[84] Ebenso *Goll/Gilbert/Steinhaus*, Hdb. Lebensversicherung, 11. Aufl., 1992, S. 113.
[85] OLG Hamm, Urt. v. 5. 7. 2006 – 20 U 17/06, VersR 2007, 485.
[86] BGH VersR 1995, 302 = ZIP 1995, 109; OLG Köln, Urt. v. 30. 5. 1995 – 9 U 346/94, r+s 1995, 359, 360; OLG Frankfurt/M., Urt. v. 10. 12. 2003 – 7 U 44/03, VersR 2005, 673; Canaris, Bankvertragsrecht, Rdn. 470.
[87] OLG Frankfurt/M., Urt. v. 10. 12. 2003 – 7 U 44/03, VersR 2005, 673, 674.
[88] OLG Frankfurt/M., Urt. v. 28. 7. 2004 – 7 U 11/04, Info-Letter Versicherungs- und Haftungsrecht 2004, 246, 247.
[89] GDV (Hrsg.), Meldepflichten nach der Außenwirtschaftsverordnung für Versicherungsunternehmen, 2007, S. 8.
[90] GDV (Hrsg.), Meldepflichten nach der Außenwirtschaftsverordnung für Versicherungsunternehmen, 2007, S. 9.
[91] GDV (Hrsg.), Meldepflichten nach der Außenwirtschaftsverordnung für Versicherungsunternehmen, 2007, S. 14.

VIII. Anzeigepflichten gemäß EStG

1. § 22a EStG

43 Gemäß § 22a EStG müssen LVU, Pensionskassen und Pensionsfonds die beim Empfänger als sonstige Einkünfte steuerpflichtigen Rentenzahlungen der zentralen Stelle bei der BfA unter Angabe der sog. Identifikationsnummer, die die bisherige Steuernummer ablösen soll, mitteilen. Die Mitteilungspflicht gilt erstmalig für Rentenleistungen, die im Jahr 2005 ausgezahlt werden, auch wenn der Beginn der Rentenauszahlungen bereits in einem vorhergehenden Jahr erfolgte.

2. § 29 EStDV

44 Anzeigen nach § 29 EStDV sind in der Regel vom Sicherungsnehmer nach amtlich vorgeschriebenem Muster zu erstellen und dem für die Veranlagung des Versicherungsnehmers zuständigen Finanzamt zu übermitteln, wenn die Ansprüche aus Versicherungsverträgen zur Tilgung oder Sicherung von Darlehen eingesetzt werden. Versicherer sind anzeigepflichtig, wenn sie selbst Darlehen begeben haben (z.B. Policendarlehen) oder der Darlehensgeber seinen Sitz im Ausland hat. Derartige Anzeigen sind nur bei solchen Versicherungsverträgen zu erstellen und zu versenden, bei denen die entsprechenden Voraussetzungen vorliegen und deren Laufzeit vor dem 1. Januar 2005 begonnen hat (§ 29 Abs. 1 EStDV). Bei Versicherungsverträgen, deren Laufzeit nach dem 31. Dezember 2004 begonnen hat, sind Anzeigen nach § 29 EStDV grundsätzlich nicht erforderlich und können unterbleiben.[92]

IX. Erbschaftsteuer

1. § 3 Abs. 1 Nr. 4 ErbStG

45 Der Erbschaftsteuer unterliegt gemäß § 3 Abs. 1 Nr. 4 ErbStG der Erwerb von Todes wegen. Als Erwerb von Todes wegen gilt jeder Vermögensvorteil, der auf Grund eines vom Erblasser geschlossenen Vertrages bei dessen Tode von einem Dritten unmittelbar erworben wird. Unter die Vorschrift des § 3 Abs. 1 Nr. 4 ErbStG fällt dem Grunde nach auch der Anspruch auf Leistungen aus einem vom Erblasser abgeschlossenen Lebensversicherungsvertrag, die der Bezugsberechtigte unmittelbar mit dem Tode des Versicherungsnehmers erwirbt.[93] Hat der Bezugsberechtigte die Prämien zu diesem Lebensversicherungsvertrag anstelle des Versicherungsnehmers ganz oder teilweise gezahlt, ist die Versicherungsleistung nach dem Verhältnis der vom Versicherungsnehmer/Erblasser gezahlten Versicherungsbeiträge zu den insgesamt gezahlten Versicherungsbeiträgen aufzuteilen; nur dieser Teil unterliegt der Erbschaftsteuer.[94] Der Bezugsberechtigte trägt die Beweislast für die von ihm gezahlten Versicherungsbeiträge.[95]

Die Erbschaftsteuer entsteht im Zeitpunkt des Todes des Erblassers.[96] Zu diesem Zeitpunkt entsteht auch die Erbschaftsteuer bei Termfix-Versicherungen.[97]

---

[92] BMF-Schreiben v. 21. 12. 2006 – IV C 8 – S 2221 – 102/06; GDV-Rundschreiben 0103/2007 v. 16. 1. 2007.
[93] BFH, Urt. v. 12. 3. 2009 – II R 51/07, NJW-RR 2010, 479, 480 = WM 2009, 1790, 1791.
[94] FinMin. Baden-Württemberg, Erl. v. 1. 3. 2010 – 3 – S 3802/20, DB 2010, 646.
[95] FinMin. Baden-Württemberg, Erl. v. 1. 3. 2010 – 3 – S 3802/20, DB 2010, 646.
[96] BFH, Urt. v. 27. 8. 2003 – II R 58/01, BStBl. II 2003, 921 = DB 2004, 966.
[97] FinMin. Baden-Württemberg, Erl. v. 22. 12. 2009 – 3 – S 3844/36, DB 2010, 249.

Erfolgt eine Auszahlung an einen Bezugsberechtigten noch zu Lebzeiten des Versicherungsnehmers, ist sie nach § 7 Abs. 1 Nr. 1 ErbStG steuerpflichtig.[98] Ein der Erbschaftsteuer unterliegender Vermögensvorteil wird nicht erworben, wenn der Bezugsberechtigte von seinem Recht nach § 333 BGB Gebrauch macht, dem Lebensversicherer gegenüber sein Bezugsrechts zurückzuweisen.[99]

Eine vom Erblasser zur Befreiung von der Pflichtversicherung in der gesetzlichen Rentenversicherung abgeschlossene Lebensversicherung unterliegt der Besteuerung gemäß § 3 Abs. 1 Nr. 4 ErbStG.[100] Zwar unterfallen aus dem Bereich der betrieblichen Altersversorgung einzelvertraglich vereinbarte, auf arbeits- oder dienstvertraglicher Regelung beruhende Versorgungsansprüche bis zur Angemessenheitsgrenze aus Gleichbehandlungsgründen nicht dem Tatbestand des § 3 Abs. 1 Nr. 4 ErbStG.[101] Leistungen aus einer befreienden Lebensversicherung unterfallen aber nicht dem Bereich der betrieblichen, d.h. in einem Arbeits- oder Dienstverhältnis erdienten Altersversorgung, selbst wenn üblicherweise vom Arbeitgeber Zuschüsse zum Beitragsaufwand gezahlt werden.[102] Die vom Arbeitnehmer in eigener Verantwortung als Versicherungsnehmer abgeschlossene Versicherung wird nämlich durch die Arbeitgeberzuschüsse nicht zu einer betrieblichen Altersversorgung.[103] Dies resultiert aus der uneingeschränkten Dispositionsbefugnis des Arbeitnehmers als Versicherungsnehmer einer befreienden Lebensversicherung. Er unterliegt – anders als der in der Rentenversicherung versicherte Arbeitnehmer – keinen gesetzlichen Beschränkungen, sondern kann den Versicherungsvertrag nach § 165 Abs. 1 VVG kündigen, den Rückkaufswert beanspruchen, die Ansprüche beleihen, die Einsetzung der Hinterbliebenen als Bezugsberechtigte ändern oder den Versicherungsschutz durch Nichterfüllung der Pflichten aus dem Vertrag aufs Spiel setzen,[104] ohne dass dies im Hinblick auf die einmal erfolgte Befreiung von der Mitgliedschaft in der gesetzlichen Rentenversicherung Folgen hätte.[105]

2. § 33 Abs. 3 ErbStG

Nach § 33 Abs. 3 ErbStG i.V.m. § 3 ErbStDV sind alle Versicherungssummen oder Leibrenten, die einem anderen als dem Versicherungsnehmer auszuzahlen oder zur Verfügung zu stellen sind, vom LVU dem zuständigen Finanzamt anzuzeigen.[106] Von dieser Regelung sind jedoch nach § 7 Abs. 2 ErbStDV Versiche-

---

[98] FinMin. Mecklenburg-Vorpommern, Erlass v. 27. 9. 1993 – IV 330 – S 3844 – 12/93, DB 1993, 2362, zugleich Bestimmungen zum Erwerb aus Versicherungen auf verbundene Leben.
[99] BFH, Urt. v. 17. 1. 1990 – II R 122/86, BStBl. II 1990, 467 = VersR 1990, 884 (Ls.) = DB 1990, 1269; *Schoor* VW 1991, 386.
[100] BFH, Urt. v. 24. 10. 2001 – II R 10/00, BB 2002, 445; noch zweifelnd BFH, Beschl. v. 25. 8. 1998 – II B 25/98, DB 1998, 2148 = BB 1999, 357, 358.
[101] BFH, Urt. v. 27. 11. 1974 – II R 175/64, BStBl. II 1975, 539 = DB 1975, 1635; BFH, Urt. v. 20. 5. 1981 – II R 11/81, BFHE 133, 426 = BStBl. 1981 II S. 715 = BB 1981, 1509 = DB 1982, 682; BFH, Urt. v. 20. 5. 1981 – II R 33/78, BFHE 134, 156 = BStBl.1982 II S. 27 = BB 1982, 912; BFH, Urt. v. 13. 12. 1989 – II R 23/85, BFHE 159, 228 = BStBl. 1990 II S. 322 = BB 1990, 770 = DB 1990, 718; BFH, Urt. v. 24. 10. 2001 – II R 10/00, BB 2002, 445, 446.
[102] BFH, Urt. v. 24. 10. 2001 – II R 10/00, BB 2002, 445, 446.
[103] BAG, Urt. v. 10. 3. 1992 – 3 AZR 153/91, DB 1993, 490 = BB 1992, 2008 (Ls.); BFH, Urt. v. 24. 10. 2001 – II R 10/00, BB 2002, 445, 446; Schaub, Arbeitsrechts-Handb., 9. Aufl., 2000, § 81 Rdn. 404.
[104] BGH, Urt. v. 27. 10. 1976 – IV ZR 136/75, BGHZ 67, 262 = BB 1977, 69.
[105] BFH, Urt. v. 24. 10. 2001 – II R 10/00, BB 2002, 445.
[106] Das zuständige Erbschaftsteuer-Finanzamt kann über die Internetseite des Bundesamtes für Finanzen ermittelt werden (www.bff-online.de).

rungssummen ausgenommen, die aufgrund eines von einem Arbeitgeber für seine Arbeitnehmer abgeschlossenen Versicherungsvertrags bereits zu Lebzeiten des Versicherten (Arbeitnehmer) fällig und an diesen ausgezahlt werden. Direktversicherungen unterliegen insoweit nicht der Erbschaftsteuer.[107] Bei Auszahlungen bis 600 Euro aus einer Kapitalversicherung kann generell eine Anzeige unterbleiben.[108] Bei Versicherungsverträgen mit mehreren Versicherungsnehmern ist die Anzeige nach § 33 Abs. 3 ErbStG zu erstatten, wenn das LVU die Auszahlung nicht an alle Versicherungsnehmer zugleich vornimmt.[109]

48 Nach § 1 Abs. 1 Satz 2 ErbStDV haben die Banken und anderen Geschäftsinstitute in der Anzeige nach § 33 ErbStG auch die für das Jahr des Todes bis zum Todestag errechneten Zinsen für Guthaben, Forderungen und Wertpapiere (Stückzinsen) anzugeben. Von der Angabe der bis zum Todestag errechneten Zinsen in der Anzeige können die Banken und anderen Geldinstitute künftig nur noch dann absehen, wenn es sich um Zinsen für Giroguthaben handelt, bei denen der Zinssatz nicht höher als 1% ist.[110]

3. Haftung des Versicherers gemäß § 20 Abs. 6 ErbStG

49 Zu beachten ist schließlich, dass Versicherungsunternehmen, die vor Entrichtung oder Sicherstellung der Steuer die von ihnen zu zahlende Versicherungssumme oder Leibrente in das Ausland zahlen oder im Ausland wohnhaften Berechtigten zur Verfügung stellen, nach § 20 Abs. 6 ErbStG in Höhe des ausgeantworteten Betrages für die Steuer haften. Diese Haftung ist aber von der Finanzverwaltung nach § 20 Abs. 7 ErbStG nicht geltend zu machen, wenn der ausgezahlte Betrag insgesamt 600 Euro nicht übersteigt. In diesem Rahmen können deshalb die Versicherungsunternehmen die entsprechenden Zahlungen vornehmen, ohne befürchten zu müssen, aufgrund der Vorschrift des § 20 Abs. 6 ErbStG haften zu müssen.

50 Die Haftung nach § 20 Abs. 6 ErbStG setzt eine Erbschaftsteuerpflicht nach dem Versicherungsnehmer voraus. Versicherungssummen, die an ihn selbst ausgezahlt werden, stellen somit einen erbschaftsteuerpflichtigen Vorgang nicht dar. An den Versicherungsnehmer selbst kann der Versicherer Zahlungen also vornehmen. Das gilt sowohl hinsichtlich der Versicherungssumme, die vertragsgemäß zu seinen Lebzeiten an ihn ausgezahlt wird, als auch für alle sonstigen Zahlungen, wie z. B. die Auszahlung von Vorauszahlungen, Gewinnguthaben, Rückkaufswerten oder im Wege eines Vergleichs vereinbarten Beträgen. Wenn dagegen solche Zahlungen an einen anderen als den Versicherungsnehmer geleistet werden, kann insoweit eine Schenkung bzw. freigiebige Zuwendung des Versicherungsnehmers vorliegen und damit eine Schenkungsteuerpflicht gegeben sein. In Fällen dieser Art werden deshalb die Versicherer vor der Zahlung eine Unbedenklichkeitsbescheinigung des zuständigen Finanzamts einholen müssen.

---

[107] BFH v. 27. 11. 1974, BB 1975, 1380; BFH v. 20. 5. 1981, BB 1981, 1509; *Kreußler/Nörig* S. 209 f.; *Kurzendörfer*, Lebensversicherung, 3. Aufl., 2000, S. 429; *Lührs*, Lebensversicherung, 1997, S. 247.

[108] Koord. Ländererlass v. 20. 12. 1974/10. 3. 1976, BStBl. I S. 145.

[109] FinMin. Mecklenburg-Vorpommern, Erlass v. 27. 9. 1993 – IV 330 – S 3844 – 12/93, DB 1993, 2362.

[110] BMF-Schreiben v. 24. 2. 2000 – IV C 7 – S 3844 – 12/00, DB 2000, 748.

X. Kapitalertragsteuer

Schrifttum: *Broudré,* Sonderausgaben-Abzugsverbot für Beiträge zu bestimmten Lebensversicherungen bei Einsatz zu Finanzierungszwecken, NJW 1993, 1311; *dieselbe,* Auswirkungen der Steuerreform 1999 in der vorgesehenen Neuregelung der Besteuerung von Kapitallebensversicherungen auf Finanzierungen unter Einsatz von Ansprüchen aus solchen Lebensversicherungen, DB 1997, 948; *Dahm,* Änderung der Besteuerung von Lebensversicherungsverträgen durch das Steueränderungsgesetz 1992 – endlich Klarheit?, DStZ 1993, 385; *dieselbe,* Besteuerung von Lebensversicherungsverträgen nach dem Steueränderungsgesetz 1992 – eine unendliche Geschichte –, WM 1995, Sonderbeil. Nr. 2 zu Heft Nr. 5 v. 4. 2. 1995; *Dollinger/Skopp,* Die Besteuerung bislang unbesteuerter Lebensversicherungsverträge durch die Quellensteuer. Stellungnahme zu § 20 Abs. 1 Nr. 6 EStG a. F. und n. F., DB 1988, 2381; *Ehlers,* Steuerverschärfung bei Finanzierungen über Lebensversicherungen nach dem Steueränderungsgesetz 1992 – unter besonderer Berücksichtigung des Erlasses des Bundesministers der Finanzen vom 21. 12. 1992 – IV B 1 – S 2221 – 210/92, IV B 2 – S 2134 – 90/92, BStBl. I 1993, 10 –, BB 1993, Beil. Nr. 4 zu Heft Nr. 6 v. 28. 2. 1993; *Horlemann,* Die Kapitallebensversicherung und ihre Erträge im deutschen Einkommensteuersystem, BB 1993, 2129 (1. Teil), 2201 (2. Teil), 2273 (3. Teil); *derselbe,* Ertragsteuerliche Behandlung von Lebensversicherungsverträgen unter dem Eindruck des Europäischen Binnenmarktes, DStZ 1994, 481; *derselbe,* Umschuldung von Annuitätendarlehen unter Verwendung von Lebensversicherungen zur Darlehensabsicherung oder Darlehenstilgung, BB 1994, 2321; *derselbe,* Der Vorsorgegedanke bei der Beurteilung von Lebensversicherungsverträgen, DStZ 1995, 745; *derselbe,* Die Kapitallebensversicherung und ihre Erträge im deutschen Einkommensteuersystem: Verwendung von Lebensversicherungen zur Darlehenssicherung; die aktuelle Rechtslage seit dem Steueränderungsgesetz und der VAG-Novelle, Karlsruhe, VVW, 1995; *derselbe,* Lebensversicherungsverträge als Betriebsvermögen?, VersR 1996, 1475; *derselbe,* Besteuerung von Renten- und Lebensversicherungen nach den Vorschlägen zur Steuerreform 1999, BB 1997, 1609; *derselbe,* Ertragsteuerliche Behandlung von Dread-Disease-Versicherungen, BB 1998, 1816; *Kalwar,* Steuern und Versicherungsnehmer, Handwörterbuch der Versicherung HdV, Karlsruhe, VVW, 1988, S. 827; *Kottke,* Zur Steuerfreiheit von Zinsen aus Lebensversicherungen in Schweizer Franken, BB 1988, 2293; *derselbe,* Erbschaftsteuerliche Gestaltung der Lebensversicherung von Ehegatten, DB 1990, 2446; *Krawitz,* Die einkommensteuerliche Behandlung von beliehenen oder abgetretenen Kapitallebensversicherungen, FR 1991, 548; *Kemsat/Wichmann,* Gebrauchte Lebensversicherungen und Rückdeckungsversicherungen im handelsrechtlichen Jahresabschluss, BB 2004, 2287; *Kreußler/Nörig,* Lebensversicherungen und Steuer: Leitfaden für den Versicherungsaußendienst, 4. Aufl., Karlsruhe, VVW, 1998; *Loy,* Finanzierungen unter Einsatz von Lebens- und Rentenversicherungen, 3. Aufl., Köln, Deubner, 1996; *Lübbert,* Die Abhängigkeit der Lebensversicherung als Finanzierungsinstrument vom Investitionsobjekt, BB 1996, 2273; *Maier,* Die ertragsteuerliche Behandlung von Versicherungsverträgen, Wien, Orac, 1995; *Mauch,* Lebensversicherung und Steuerrecht: eine ökonomische Analyse, Diss. Bayreuth 1993, Bayreuth, 1994; *Meyer-Scharenberg/Fleischmann,* Neue gesetzliche Rahmenbedingungen für den Einsatz von Lebensversicherungen bei Finanzierungen, DStR 1992, 309; *Meyer-Scharenberg,* Überarbeiteter Erlass des Bundesfinanzministeriums zum Einsatz von Lebensversicherungen zur Finanzierung, DStR 1993, 825; *derselbe,* Neuer Erlass zur Lebensversicherung – neue Verschärfungen – Anm. zum BMF-Schreiben v. 2. 11. 1993, IV B 2 – S 2134 – 290/93, DStR 1993, 1768; *derselbe,* Finanzierung mit Lebensversicherungen: Strategien zur steueroptimalen Gestaltung, 2. Aufl., München, Beck, 1996; *Paus,* Schädliche Beleihung von Lebensversicherungen (I und II), StW 1993, 101, 335; *Pfalzgraf/Meyer,* Ist die kapitalbildende Lebensversicherung als Finanzierungsinstrument noch zu retten?, DB 1993, 2353; *dieselben,* Abtretung von Ansprüchen aus kapitalbildenden Lebensversicherungen – Steuerschädlichkeit trotz Begrenzung auf die Todesfallleistung?, DStR 1994, 964; *Plassmann,* Die Kapitalertragsteuer (KESt) in der Lebensversicherung – Zur Besteuerung rechnungsmäßiger und außerrechnungsmäßiger Zinsen aus Sparanteilen –, VW 1997, 1502 (I), 1605 (II), u. 1676 (III); *Rengier,* Besteuerung von Kapitalversicherungen nach der Unternehmensteuerreform 2008, DB 2007, 1771; *Reuter,* Die Besteuerung der Leistungen aus einer Kapital-Lebensversicherung, NWB 1991, 681 = Fach 3, 7711 u. NWB 1996, 2269 = Fach 3, 9731; *derselbe,* Die Lebensversicherung im Steuerrecht, 9. Aufl., Herne/Berlin, nwb, 1997; *Richter,* Die neue Abgeltungsteuer bei Erträgen aus Lebensversicherungen, DStR 1989, 63; *Rödder,*

Sind Lebensversicherungen erbschaft- und schenkungsteuerlich vorteilhaft?, DStR 1993, 781; *Röhring,* Lebensversicherung und Steuerrecht: das BMF-Schreiben zu § 10 Abs. 2 Satz 2 EStG aus der Sicht des Beraters, Bonn, Stollfuß, 1996; *Scheurmann-Kettner/Broudré,* Einschränkungen beim Sonderausgabenabzug von Versicherungsbeiträgen, insbesondere Policendarlehen – Anmerkungen zum BMF-Schreiben vom 21. 12. 1992 –, DB 1993, 343; *Schoor,* Erbschaftsteuer bei Zurückweisung der Bezugsrechte aus einer Lebensversicherung, VW 1991, 386; *v. d. Thüsen,* Der Versorgungs- und Versicherungsbereich in der Erbschaftsteuer, VW 1989, 986; *derselbe,* Substanzwerte in der Erbschaft- und Schenkungsteuer. Zur Praxis von Bezugsrechten in der Lebensversicherung, VW 1990, 461; *Uhrmann,* Die ertragsteuerliche Behandlung von Beitragsrückerstattungen in der Lebens- und Krankenversicherung, StBp 1992, 111; *Wacker,* Zur einkommensteuerrechtlichen Behandlung der für Finanzierungszwecke eingesetzten Lebensversicherungen nach dem Steueränderungsgesetz 1992 – Zugleich eine Anmerkung zum BMF-Schreiben vom 21. 12. 1992, DB 1993, Beil. Nr. 4 zu Heft Nr. 10 v. 12. 3. 1993; *derselbe,* Nochmals: Zu Finanzierungszwecken eingesetzte Lebensversicherungen – BMF-Schreiben vom 19. 5. 1993 (BStBl. I S. 406) –, NWB 1993, 3197 = Fach 3, 8723.

1. Entwicklung der Kapitalertragsteuer

51 **a) Regelung bis 31. Dezember 1988.** Bei Lebensversicherungsverträgen, die vor dem 1. Januar 1974 abgeschlossen wurden, waren bis zum In-Kraft-Treten des Gesetzes zur Reform der Einkommensteuer, des Familienlastenausgleichs und der Sparförderung (EStRG) vom 5. August 1974[111] grundsätzlich alle rechnungsmäßigen und außerrechnungsmäßigen Zinsen steuerfrei.[112] Die bis 1974 geltende Regelung beruhte auf der Überlegung, dass es sich bei Zinsen aus Lebensversicherungsverträgen nicht um Erträge aus Kapitalnutzungsüberlassung handele.[113]

52 Leistungen aus Lebensversicherungsverträgen, die nach dem 31. Dezember 1973 abgeschlossen wurden und bei denen der Versicherungsfall vor dem 1. Januar 1989 eingetreten ist oder bei denen z. B. aus technischen Gründen eine Auszahlung der Leistung erst nach dem 31. Dezember 1988 erfolgte, waren steuerlich nach § 20 Abs. 1 Nr. 6 EStG in der bis einschließlich 1988 geltenden Fassung zu behandeln.[114]

53 Erst mit dem Regierungsentwurf eines Dritten Steuerreformgesetzes hat der Gesetzgeber in § 55 Abs. 1 Nr. 8 Satz 3 des Entwurfs, der § 20 Abs. 1 Nr. 6 EStG entspricht, deutlich gemacht, dass die steuerliche Nichterfassung der Zinserträge bei Lebensversicherungen, bei denen der Vorsorgezweck nicht im Vordergrund stehe und bei denen sich ohne wesentliches Risiko ein beachtlicher Vermögenszuwachs erzielen lasse, nicht gerechtfertigt sei.[115] Im Entwurf des Jahressteuergesetzes (JStG) 1996 heißt es denn auch in der Begründung zur Neufassung des § 20 Abs. 1 Nr. 6 EStG, dass die Steuerbefreiung für Zinserträge aus Lebensversicherungen auf Verträge zu beschränken sei, die der Risikovorsorge und der Altersversorgung dienen.[116] Auch im Schrifttum wird hervorgehoben, dass mit der steuerlichen Begünstigung der Zinsen nach Maßgabe des § 20 Abs. 1 Nr. 6 EStG vor allem die private Altersvorsorge und die Versorgung der Hinterbliebe-

---

[111] BStBl. I S. 530.
[112] Vgl. BFH, Urt. v. 12. 10. 2005 – VIII R 87/03, VersR 2006, 1098 = BetrAV 2006, 186, 187 = BB 2006, 648, 649 = DB 2006, 365, 366; *Ehlers* BB 1993, Beil. 4 zu Heft 6, S. 2; *Kurzendörfer,* Lebensversicherung, 3. Aufl., 2000, S. 404; *Lührs,* Lebensversicherung, 1997, S. 242; *Reuter* Rz. 186, S. 93; *Goll/Gilbert/Steinhaus,* Hdb. Lebensversicherung, 11. Aufl., 1992, S. 250; *Horlemann* BB 1998, 1816, 1820.
[113] BFH, Urt. v. 27. 2. 1970 – VI R 314/67, BStBl 1970 II S. 422 = BB 1970, 790; *Ehlers* BB 1993, Beil. 4 zu Heft 6, S. 2; *Meyer-Scharenberg,* Rdn. 1, S. 1; *Schmidt/Heinicke* § 20 EStG Rz. 152.
[114] BMF-Schreiben v. 8. 12. 1988 – IV B 4 – S 2252 – 452/88.
[115] BT-Drucks. 7/1470, S. 273.
[116] BT-Drucks. 13/1686, S. 26.

nen[117] sowie das Versicherungssparen, das wegen der langfristigen Bindung der Mittel erhebliche Bedeutung für den Kapitalmarkt besitzt, gefördert werden sollen.[118] Den Vorsorgezweck sieht der Gesetzgeber nach dem Wortlaut des § 20 Abs. 1 Nr. 6 Satz 2 EStG als gewahrt an, wenn die Zinsen aus Versicherungen im Sinne des § 10 Abs. 1 Nr. 2 lit. b) EStG mit Beiträgen verrechnet werden oder der Vorsorgefall, d. h. der Versicherungsfall eingetreten ist, oder wenn die Zinsen im Fall des Rückkaufs des Vertrags nach Ablauf von zwölf Jahren seit dem Vertragsabschluss ausgezahlt werden.[119] Bei der letzten Alternative ist zu berücksichtigen, dass die Steuerfreiheit der Zinsen aus Lebensversicherungen nach dem Wortlaut des Gesetzes weder an ein bestimmtes Lebensalter des Bezugsberechtigten noch an das Erreichen des Rentenalters oder an das Ausscheiden aus dem Berufsleben bei Fälligkeit der Versicherung gebunden ist, sondern allein an eine Mindestlaufzeit des Vertrags von zwölf Jahren im Zeitpunkt des Rückkaufs.[120] Sieht der Gesetzgeber aber den Vorsorgezweck im Fall des Rückkaufs des Vertrags als erfüllt an, wenn der Vertrag mindestens zwölf Jahre bestanden hat, kann es nach Ablauf des Zwölfjahreszeitraums keine Rolle spielen, ob es wegen Rückkaufs des Vertrags zu einer Vertragsbeendigung und damit zu einer vollständigen Auszahlung der außerrechnungsmäßigen und rechnungsmäßigen Zinsen aus den Sparanteilen kommt, oder ob es zwar zu einer Zinsauszahlung kommt, der Vertrag aber weitergeführt wird.[121] Kann der Versicherungsnehmer nach Ablauf von zwölf Jahren sogar den gesamten Vertrag steuerunschädlich zurückkaufen, ist es nicht einsichtig, weshalb nach Ablauf von zwölf Jahren nach Vertragsabschluss die Auszahlung von Zinsen bei Weiterlaufen des Vertrags steuerpflichtig sein soll.[122] Denn gerade dem Vorsorgegedanken wird mehr Rechnung getragen, wenn nach Ablauf des Zwölfjahreszeitraums der Vertrag trotz Auszahlung von Zinsen weitergeführt wird, so dass er weiterhin Vorsorgezwecken dient, als wenn der gesamte Vertrag nach Ablauf von zwölf Jahren durch Rückkauf aufgelöst wird.[123]

b) Regelung ab 1. Januar 1989. Mit dem Steuerreformgesetz 1990 wurde die Besteuerung der außerrechnungsmäßigen und rechnungsmäßigen Zinsen neu geregelt. Danach wurden die bisher steuerfreien außerrechnungsmäßigen Zinsen mit einer 10%igen Kapitalertragsteuer belegt. Wurde allerdings die kapitalbildende Lebensversicherung während der ersten 12 Jahre gekündigt, waren die im Auszahlungsbetrag enthaltenen, noch nicht mit der 10%igen Kapitalertragsteuer belasteten Zinsen einkommensteuerpflichtig. Der Kapitalertragsteuersatz betrug insoweit 25%.

c) Regelung ab 1. Juli 1989. Durch das Gesetz zur Änderung des Steuerreformgesetzes 1990 vom 30. Juni 1989[124] wurde die Steuerfreiheit wiederherge-

---

[117] Vgl. *Broudré* NJW 1993, 1311; *Dahm* WM 1995, Sonderbeil. Nr. 2 zu Heft Nr. 5, S. 4; *Ehlers* BB 1993, Beil. 4 zu Heft 6, S. 2; *Horlemann* BB 1994, 2321; *Pfalzgraf/Meyer* DB 1993, 2353; *Scheurmann-Kettner/Broudré* DB 1993, 343; *Wacker* DB 1993, Beil. Nr. 4 zu Heft Nr. 10, S. 2.
[118] *Kalwar* in: Handb. der Versicherung, 1988, S. 827, 831.
[119] BFH, Urt. v. 12. 10. 2005 – VIII R 87/03, VersR 2006, 1098 = BetrAV 2006, 186, 187 = BB 2006, 648, 649 = DB 2006, 365, 367.
[120] BFH, Urt. v. 6. 7. 2005 – VIII R 71/04, BFH/NV 2005, 2108 = BB 2005, 2225; BFH, Urt. v. 12. 10. 2005 – VIII R 87/03, VersR 2006, 1098 = BetrAV 2006, 186, 187 = BB 2006, 648, 649 = DB 2006, 365, 367.
[121] BFH, Urt. v. 12. 10. 2005 – VIII R 87/03, VersR 2006, 1098 = BetrAV 2006, 186, 187 = BB 2006, 648, 649 = DB 2006, 365, 367.
[122] BFH, Urt. v. 12. 10. 2005 – VIII R 87/03, VersR 2006, 1098 = BetrAV 2006, 186, 187 = BB 2006, 648, 649 = DB 2006, 365, 367.
[123] BFH, Urt. v. 12. 10. 2005 – VIII R 87/03, VersR 2006, 1098 = BetrAV 2006, 186, 187 f. = BB 2006, 648, 649 = DB 2006, 365, 367.
[124] BGBl. I 1267.

stellt und die Aufhebung der kleinen Kapitalertragsteuer bei Erträgen aus lang laufenden Lebensversicherungsverträgen mit einer Vertragsdauer von mindestens 12 Jahren rückwirkend zum 1. Januar 1989 beschlossen. Danach sind auch weiterhin nur außerrechnungsmäßige und rechnungsmäßige Zinsen steuerpflichtig, wenn sie nicht zu den begünstigten Verträgen im Sinne von § 10 Abs. 1 Nr. 2 b EStG gehören oder wenn die Versicherung vorzeitig, das heißt vor Ablauf von 12 Jahren zurückgezahlt wird. Gleiches gilt für die Barauszahlung von rechnungsmäßigen und außerrechnungsmäßigen Zinsen während der Laufzeit des Vertrages. In allen Fällen wird der Steuertatbestand erst bei Auszahlung der Zinsen verwirklicht und nicht schon bei Gutschrift. Über die abgeführte 25%ige Kapitalertragsteuer, die bei der Einkommensteuerveranlagung des VN zu berücksichtigen ist, stellt das LVU sofort eine Bescheinigung aus. Die Finanzämter, an die die 10%ige Kapitalertragsteuer auf Erträge aus Lebensversicherungsverträgen ab 1. Januar 1989 abgeführt wurde, haben nach Inkrafttreten des Änderungsgesetzes vom 30. Juni 1989 die Kapitalertragsteuerfestsetzungen für die Zeit ab 1. Januar 1989 von Amts wegen zu berichtigen und die Steuern an die LVU zurückzuerstatten (§ 52 Abs. 20 EStG n. F.). Die LVU werden die erstatteten Beträge dann den Verträgen gutschreiben, bei denen Quellensteuer einbehalten wurde.

56 **d) Regelung ab 13. Februar 1992.** Im Rahmen des Steueränderungsgesetzes 1992[125] wurde die Besteuerung der Zinserträge aus Lebensversicherungsverträgen erneut geändert. Die Neufassung der §§ 10 Abs. 2 und 20 Abs. 1 Nr. 6 EStG durch das Steueränderungsgesetz 1992 war der dritte Einstieg des Staates in die Besteuerung von Zinsen aus Sparanteilen einer Lebensversicherung.[126] Zur Finanzierung von Steuerentlastungen wurden bestimmte Gestaltungsmöglichkeiten bei der Verwendung von Lebensversicherungen zur Absicherung von Krediten mit der Folge des Verlustes der Steuervorteile eingeschränkt.[127] Aus wirtschafts-, wohnungsbau- und mittelstandspolitischen Erwägungen blieben jedoch die Steuervorteile gemäß § 20 Abs. 1 Nr. 6 EStG erhalten, wenn eine Direktversicherung beliehen wird, ein zeitlich befristeter Einsatz der Lebensversicherung zur Besicherung von Betriebsmittelkrediten erfolgt oder die Lebensversicherungsansprüche zur Finanzierung eines Investitionsgutes verwendet werden.[128] Wird ein durch eine Kapitallebensversicherung abgesichertes Darlehen teilweise steuerschädlich verwendet, sind die Zinsen aus der Lebensversicherung in vollem Umfang nach § 20 Abs. 1 Nr. 6 EStG steuerpflichtig.[129]

57 Die Steuerbefreiung in § 20 Abs. 1 Nr. 6 Satz 2 EStG für Zinsen aus Lebensversicherungen ist nicht an die Voraussetzungen des Sonderausgabenabzugs für die Versicherungsbeiträge geknüpft.[130] Für die Anwendung des § 20 Abs. 1 Nr. 6 Satz 2 EStG kommt es lediglich darauf an, ob der betreffende Versicherungsvertrag generell zu den nach § 10 Abs. 1 Nr. 2 lit. b) EStG begünstigten Vertragsty-

---

[125] BGBl. I S. 297 = BStBl. I S. 146.
[126] *Ehlers* BB 1993, Beil. Nr. 4 zu Heft Nr. 6, S. 2.
[127] *Horlemann* BB 1994, 2321; siehe hierzu ferner BT-Drucks. 12/1108; BT-Drucks. 12/1506; BMF, Erlass v. 21. 12. 1992, BStBl. 1993 I S. 10 = NJW 1993, 1312 = DB 1993, 199; *Broudré* NJW 1993, 1311 f; *Dahm* WM 1995, Sonderbeil. Nr. 2 zu Heft Nr. 5, S. 4; *Ehlers* BB 1993, Beil. Nr. 4 zu Heft Nr. 6, S. 2; *Horlemann* BB 1993, 2129 ff., 2201 ff., 2273 ff.; *Meyer-Scharenberg* Rdn. 1, S. 1; *Pfalzgraf/Meyer* DB 1993, 2353 ff.; *Scheurmann-Kettner/Broudré* DB 1993, 343 ff.; *Wacker* DB 1993, Beil. Nr. 4 zu Heft Nr. 10, S. 2.
[128] BFH, Urt. v. 19. 1. 2010 – VIII R 40/06, DB 2010, 758, 759; BFH, Urt. v. 6. 10. 2009 – VIII R 7/08, DB 2010, 141 f.; *Dahm* WM 1995, Sonderbeil. Nr. 2 zu Heft Nr. 5, S. 4.
[129] BFH, Urt. v. 4. 7. 2007 – VIII R 46/06, WPg 2008, 42, 44; BFH, Urt. v. 24. 11. 2009 – VIII R 29/07, DB 2010, 647.
[130] BFH, Urt. v. 1. 3. 2005 – VIII R 47/01, NJW 2006, 1167 = VersR 2006, 1096 = BB 2006, 529 = DB 2006, 426.

Fälligkeit der Versicherungsleistung 58–61 § 9 ALB 1986

pen gehört.[131] Unschädlich ist es, wenn die Zinsen aus einem Versicherungsvertrag stammen, der mit einer in der Schweiz ansässigen Versicherungsgesellschaft abgeschlossen worden ist, die keine Erlaubnis zum Betrieb eines nach § 10 Abs. 2 Satz 1 Nr. 2 lit. a) EStG begünstigten Versicherungszweigs im Inland hat.[132]

Die Zinsen aus der Lebensversicherung sind in vollem Umfang nach § 20 Abs. 1 Nr. 6 EStG steuerpflichtig, wenn ein durch eine Kapitallebensversicherung abgesichertes Darlehen teilweise steuerschädlich verwendet wird, da eine Aufteilung in einen steuerschädlichen und einen steuerunschädlichen Teil nicht in Betracht kommt.[133] Wird ein Avalkredit durch Ansprüche aus einer Kapitallebensversicherung besichert, so führt dies nicht zur Steuerpflicht der Zinsen aus der Lebensversicherung nach § 20 Abs. 1 Nr. 6 EStG.[134] 58

Im Rahmen der Änderung des Umwandlungssteuerrechts wurde eine Bagatellgrenze eingefügt.[135] Danach entfallen bei Überschreiten der Grenzen des § 10 Abs. 2 Satz 2a EStG die Steuervorteile dann nicht, wenn das mit Ansprüchen aus einer Lebensversicherung besicherte Darlehen lediglich in Höhe eines Teilbetrages von höchstens 5000 DM nicht unmittelbar und ausschließlich zur Finanzierung eines begünstigten Zweckes dient.[136] Dabei ist für die Frage der Steuerschädlichkeit wegen Übersicherung nicht auf den Rückkaufswert der abgetretenen Kapitallebensversicherung abzustellen, sondern auf die in den Anzeigen nach § 29 Abs. 1 EStDV „eingesetzten Versicherungsansprüche", d. h. auf den Nominalbetrag der Kapitallebensversicherung.[137] 59

Zur Anwendung der durch das Steueränderungsgesetz 1992 geänderten Vorschriften über die Besteuerung von Lebensversicherungsverträgen sind mehrere Verwaltungserlasse zur Klärung von Detailfragen ergangen.[138] Liegt eine steuerschädliche Verwendung der Lebensversicherungsansprüche vor, so wird dies vom Finanzamt dem LVU mitgeteilt, das dann bei Eintritt des Versicherungsfalls bzw. der Fälligkeit der Versicherung gemäß §§ 43 Abs. 1 Nr. 4, 44 Abs. 1 Satz 3 EStG Kapitalertragsteuer auf die rechnungsmäßigen und außerrechnungsmäßigen Zinsen einzubehalten und an den Fiskus abzuführen hat.[139] Der Steuerpflichtige ist von der Finanzverwaltung über die steuerliche Beurteilung der zur Tilgung/Sicherung eines Darlehens eingesetzten Lebensversicherung zu unterrichten und kann ggf. Rechtsschutz in Anspruch nehmen.[140] 60

e) Regelung ab 1. April 1996. Die steuerliche Behandlung der rechnungsmäßigen und außerrechnungsmäßigen Zinsen aus Lebensversicherungsverträgen 61

---

[131] BFH, Urt. v. 1. 3. 2005 – VIII R 47/01, NJW 2006, 1167 = VersR 2006, 1096 = BB 2006, 529 = DB 2006, 426.
[132] BFH, Urt. v. 1. 3. 2005 – VIII R 47/01, NJW 2006, 1167 = VersR 2006, 1096 = BB 2006, 529 = DB 2006, 426.
[133] BFH, Urt. v. 13. 7. 2004 – VIII R 48/02, BFHE 207, 136 = BStBl. II 2004, 1060; BFH, Urt. v. 13. 7. 2004 – VIII R 52/03, BFH/NV 2005, 181; BFH, Urt. v. 13. 7. 2004 – VIII R 61/03, BFH/NV 2005, 184; BFH, Urt. v. 4. 7. 2007 – VIII R 46/06, ZIP 2007, 2255, 2258 = GmbHR 2007, 1281, 1283 = DB 2007, 2403, 2406.
[134] BFH, Urt. v. 27. 3. 2007 – VIII R 17/05, NJW 2007, 2207 = ZIP 2007, 1300 = BB 2007, 2722, 2724 = DB 2007, 1224 = WPg 2007, 712.
[135] BGBl. 1994 I S. 3267, 3277; BT-Drucks. 12/7945.
[136] *Dahm* WM 1995, Sonderbeil. Nr. 2 zu Heft Nr. 5, S. 4.
[137] BFH, Urt. v. 12. 9. 2007 – VIII R 12/07, DB 2008, 497, 498 = WPg 2008, 1046, 1047.
[138] Siehe hierzu *Dahm* WM 1995, Sonderbeil. Nr. 2 zu Heft Nr. 5, S. 4.
[139] *Dahm* WM 1995, Sonderbeil. Nr. 2 zu Heft Nr. 5, S. 21; *Meyer-Scharenberg* Rdn. 144, S. 46.
[140] *Dahm* WM 1995, Sonderbeil. Nr. 2 zu Heft Nr. 5, S. 21; siehe ferner BMF-Schreiben v. 27. 7. 1995, BB 1995, 1945 f; *Meyer-Scharenberg* Rdn. 145, S. 46; *Schmidt/Heinicke*, § 20 EStG Rz. 157.

wurde mit BMF-Schreiben vom 22. Januar 1996, 26. Februar 1996 und 6. März 1996 mit Wirkung ab 1. April 1996 neu geregelt.[141] Nach Auffassung der Finanzverwaltung ist für nach dem 31. März 1996 neu abgeschlossene Lebensversicherungsverträge die Steuerfreiheit der Kapitalerträge aus privaten Lebensversicherungsverträgen nur noch nach § 20 Abs. 1 Nr. 6 EStG gegeben, wenn der Todesfallschutz während der gesamten Laufzeit mindestens 60 v. H. der Beitragssumme beträgt.[142] Seit dem Erlass des BMF vom 6. Dezember 1996 ist bei Verträgen, die in den ersten drei Jahren keinen Todesfallschutz vorsehen oder bei denen der Todesfallschutz in diesem Zeitraum stufenweise ansteigt, das Erfordernis des Mindesttodesfallschutzes erfüllt, wenn bei Ablauf des Dreijahreszeitraumes der Todesfallschutz mindestens 60 v. H. der Beitragssumme beträgt.[143]

62 Für den Bereich der Direktversicherung wird bei vor dem 1. August 1994 abgeschlossenen Kapitallebensversicherungen von der Finanzverwaltung die Auffassung vertreten, dass die Todesfallleistung zu Beginn mindestens 10% der Kapitalleistung im Erlebensfall betragen und anschließend ansteigen muss und dass sie nach dem 31. Juli 1994 abgeschlossenen Kapitallebensversicherungen nur dann als pauschalierungsfähige betriebliche Direktversicherung im Sinne von § 40 b EStG anerkannt werden können, wenn die Todesfallleistung während der gesamten Versicherungsvertragsdauer mindestens 50 v. H. der für den Erlebensfall vereinbarten Kapitalleistung beträgt.[144] Für Direktversicherungen, die nach dem 31. Dezember 1996 abgeschlossen werden, gelten die oben aufgezeigten Regelungen für die privaten Kapitallebensversicherungen, die u. a. einen Mindesttodesfallschutz von 60 v. H. der Beitragssumme vorsehen.[145]

63 **f) Regelung ab 1. Januar 1997.** Seit dem Jahressteuergesetz 1997 sind die rechnungsmäßigen und außerrechnungsmäßigen Zinsen aus nach dem 31. Dezember 1996 entgeltlich erworbenen, von Dritten auf ihren Namen abgeschlossenen sog. gebrauchten Lebensversicherungen nach Maßgabe der §§ 20 Abs. 1 Nr. 6, 10 Abs. 1 Nr. 2b Satz 5 EStG zu versteuern.[146]

64 **g) Regelung ab 1. Januar 2005.** Durch das Alterseinkünftegesetz ist § 20 Abs. 1 Nr. 6 EStG neu gefasst worden. Nach § 52 Abs. 36 EStG ist für vor dem 1. Januar 2005 abgeschlossene Versicherungsverträge § 20 Abs. 1 Nr. 6 EStG in der am 31. Dezember 2004 geltenden Fassung weiter anzuwenden.[147] Für das Vorliegen einer kapitalbildenden Lebensversicherung im Sinne des § 20 Abs. 1 Nr. 6 EStG n. F. ist abweichend vom bisherigen Recht weder ein Mindesttodesfallschutz noch eine laufende Beitragszahlung für mindestens fünf Jahre ab dem Zeitpunkt des Vertragsabschlusses erforderlich, sofern es sich um eine Lebensversicherung im Sinne des Versicherungsaufsichtsrechts handelt.[148] Für Neuverträge ab 2005 entfällt bei Kapitallebensversicherungen die Steuerfreiheit der Erträge. Steuerpflichtig wird dann die Leistung als Differenz zwischen der Versicherungsleistung, also der Kapitalauszahlung, und der Summe der gezahlten Versicherungsbeiträge gemäß § 20 Abs. 1 Nr. 6 EStG. Dieser Betrag ist nur zur Hälfte zu versteuern, falls die Auszahlung der Lebensversicherung nach einer Mindestlauf-

---

[141] BStBl. I S. 36, 123 und 124.
[142] Siehe hierzu *Loy* S. 11 ff.
[143] BStBl. I S. 1438 = DStR 1997, 29; *Kreußler/Nörig* S. 46.
[144] Abschn. 129 Abs. 3 a LStR 1996; Erlass des Niedersächsischen Finanzministeriums v. 17. 3. 1994, DB 1994, 756; siehe hierzu *Blomeyer/Otto* StR A Rdn. 1; *Loy* S. 11 f., 19.
[145] Vgl. BMF-Schreiben v. 6. 12. 1996, BStBl. I 1996, 1438; *Kreußler/Nörig* S. 46.
[146] *Schmidt/Heinicke* § 20 EStG Rz. 156; siehe ferner *Reuter* Rz. 119, S. 61.
[147] *Rengier* DB 2007, 1771.
[148] BMF-Schreiben v. 25. 11. 2004 – IV C 1 – S 2252 – 405/04, BStBl. I S. 1096 = DB 2004, 2610 = BetrAV 2005, 63.

zeit von 12 Jahren und nach Vollendung des 60. Lebensjahres erfolgt. Ansonsten ist sie in voller Höhe steuerpflichtig.

2. Zeitpunkt der Erhebung der Kapitalertragsteuer

Der Zeitpunkt der Erhebung der Kapitalertragsteuer und des Solidaritätszuschlages zur Kapitalertragsteuer richtet sich gemäß Schreiben des BMF vom 4. September 1995[149] nicht nach der Fälligkeit der Zinsen, sondern nach deren Zufluss beim Versicherungsnehmer gemäß Tz. 13.1 und 6 des Schreibens des BMF vom 31. August 1979.[150] Die Zinsen aus Lebensversicherungen fließen bei Auszahlung zu.[151] 65

3. Kapitalertragsteuer-Bescheinigung gemäß § 45a Abs. 2 EStG

Werden Lebensversicherungsansprüche an Gewerbebetriebe, z.B. cash.life AG, mit allen Rechten und Pflichten abgetreten, steht die Kapitalertragsteuer-Bescheinigung gemäß § 45a Abs. 2 EStG dem Zessionar als Gläubiger der Kapitalerträge zu.[152] Im Falle der Sicherungsabtretung von Lebensversicherungsansprüchen sind die Kapitalerträge hingegen dem Versicherungsnehmer mit der Folge zuzuordnen, dass die Kapitalertragsteuer-Bescheinigung gemäß § 45a Abs. 2 EStG an ihn geht.[153] 66

XI. Prämienbesteuerung

Nach schwedischem Steuerrecht müssen natürliche oder juristische Personen, die bei nicht in Schweden niedergelassenen Gesellschaften eine Lebensversicherung abgeschlossen haben, für die gezahlten Prämien eine Steuer von regelmäßig 15% der Prämie an den Staat entrichten. Diese Regelung soll einen Ausgleich dafür darstellen, dass die in Schweden ansässigen Versicherungsgesellschaften pauschal eine Steuer auf den Ertrag aus dem Versicherungskapital zahlen müssen, die von ausländischen Gesellschaften nicht erhoben werden kann. Durch Urteil vom 28. April 1998 hat der EuGH die schwedischen Regelungen über die Besteuerung von Prämien zu kapitalbildenden Lebensversicherungen, die Versicherte mit Wohnsitz in Schweden bei im Ausland niedergelassenen Gesellschaften abschließen, als mit Art. 59 EG-Vertrag unvereinbar angesehen.[154] Nach Ansicht des EuGH stellt die Prämiensteuer für nur mit ausländischen Gesellschaften abgeschlossene Lebensversicherungen ein Hindernis für den freien Dienstleistungsverkehr dar, das auch nicht durch besondere Gründe gerechtfertigt werden kann. 67

---

§ 10 Wo sind die vertraglichen Verpflichtungen zu erfüllen?

(1) Unsere Leistungen überweisen wir dem Empfangsberechtigten auf seine Kosten. Bei Überweisungen in das Ausland trägt der Empfangsberechtigte auch die damit verbundene Gefahr.

(2) Die Übermittlung Ihrer Beiträge erfolgt auf Ihre Gefahr und Ihre Kosten. Für die Rechtzeitigkeit der Beitragszahlung genügt es, wenn Sie fristgerecht (vgl. §§ 2 Abs. 4 und 3 Abs. 2) alles getan haben, damit der Beitrag bei uns eingeht.

---

[149] BMF-Schreiben v. 4. 9. 1995 – IV B 4 – S 2400 – 43/95.
[150] BStBl. I S. 592.
[151] OFD Frankfurt/M., Vfg. v. 14. 6. 1995 – S 2407 A – 7 – St II 11, DB 1995, 1539.
[152] *Kemsat/Wichmann* BB 2004, 2287, 2294.
[153] BMF-Schreiben v. 22. 4. 1996 – IV B 4 – S 2401 – 5/96, DB 1996, 912; krit. dazu *Kemsat/Wichmann* BB 2004, 2287, 2293.
[154] Rechtssache C-118/96 („Jessica Safir").

ALB 1986 § 10 1–4

Bemerkung
Bei Tarifen, bei denen die Versicherungsperiode mit dem Beitragszahlungsabschnitt übereinstimmt, ist in Absatz 2 Satz 2 auf §§ 2 Abs. 3 und 3 Abs. 2 zu verweisen.

Übersicht

	Rdn.
I. Fassung	1–3
II. Leistungsübermittlung durch den Versicherer (§ 10 Abs. 1 ALB 1986)	4–10
1. Leistungsort	4
2. Gefahrtragung	5
3. Leistungspflicht	6
4. Leistungszeit	7
5. Leistungsempfänger	8
6. Kosten	9
7. Meldepflichten nach der Außenwirtschaftsverordnung	10
III. Übermittlung der Beiträge (§ 10 Abs. 2 ALB 1986)	11

Schrifttum: *Canaris*, Kreditkündigung und Kreditverweigerung, ZHR 143 (1979), 113; *Frels*, Zur Rechtzeitigkeit der Prämienzahlung, VersR 1971, 591; *Hadding*, Zivilrechtliche Beurteilung des Lastschriftverfahrens, FS Bärmann 1975, S. 375; *Hadding*, Das Lastschriftverfahren in der Rechtsprechung, WM 1978, 1379; *Knöpper*, Rechtzeitigkeit der Leistung bei Geldschulden? – Prämienzahlung, NJW-Spezial 2009, 105; *Kümpel*, Bank- und Kapitalmarktrecht, Köln, O. Schmidt, 1995; *Löwe*, Zur richterlichen Kontrolle von Gerichtsstandsklauseln im AGB, NJW 1971, 1342; *Schnepp*, Der Bereicherungsanspruch einer Bank bei irrtümlicher Durchführung eines widerrufenen Auftrages, WM 1985, 1249; *Stathopoulos*, Die Einziehungsermächtigung, VVW, Karlsruhe, 1968.

I. Fassung

1 Die ALB 1932 sahen in § 12 Nr. 1 vor, dass Erfüllungsort für beide Teile die Geschäftsräume des Vorstands der Gesellschaft sind. Diese Bestimmung ist nicht mehr wirksam.[1]

2 In § 10 Nr. 1 ALB 1981 wurde infolgedessen bestimmt, dass Leistungsort für die Entrichtung des Beitrages der jeweilige Wohnsitz des Versicherungsnehmers ist. Ferner stellte § 10 Nr. 2 ALB 1981 klar, dass der Ort der Niederlassung an die Stelle des Wohnsitzes tritt, wenn der Versicherungsnehmer die Versicherung in seinem Gewerbebetrieb genommen hat und seine gewerbliche Niederlassung an einem anderen Ort hat.

3 Die ALB 1986 erwähnen den Leistungsort nicht mehr. Es gilt als Leistungsort gemäß § 36 VVG der Wohnsitz des Versicherungsnehmers (siehe auch § 269 Abs. 1 BGB).

II. Leistungsübermittlung durch den Versicherer (§ 10 Abs. 1 ALB 1986)

1. Leistungsort

4 Der Leistungsort des Versicherers ist in § 10 ALB nicht angesprochen, so dass § 270 BGB maßgebend ist. Leistungshandlungsort ist für den Versicherer der Ort der gewerblichen Niederlassung (vgl. §§ 270 Abs. 4, 269 Abs. 2 BGB). Die Versicherungsleistung hat der Versicherer dem Versicherungsnehmer (Gläubiger) an

---

[1] AG München v. 3. 2. 1971 – 1 C 1718/70; *Löwe* NJW 1971, 1343; anders noch BGH v. 20. 11. 1970, DB 1971, 143.

dessen Wohnort zu übermitteln. Bei Versicherungsforderungen im Zusammenhang mit dem Gewerbebetrieb des Gläubigers tritt die gewerbliche Niederlassung an die Stelle des Wohnsitzes des Gläubigers (vgl. § 270 Abs. 1 BGB). Hieraus folgt, dass der Leistungshandlungsort und der Leistungserfolgsort, der beim Gläubiger liegt, auseinanderfallen, so dass eine Schickschuld gegeben ist.

2. Gefahrtragung

Die Gefahr der Übersendung der Versicherungsleistungen trägt gemäß § 270 Abs. 1 i.V.m. Abs. 4 BGB und § 10 Abs. 1 Satz 1 ALB der Versicherer.[2] Ein Fall des § 270 Abs. 3 BGB: AG Berlin-Neukölln VersR 1967, 176. Die Gefahr bei Überweisungen ins Ausland liegt jedoch beim Empfangsberechtigten. Im Hinblick auf § 270 Abs. 3 BGB, wonach der Gläubiger u.a. die Gefahr der Übersendung zu tragen hat, wenn sich wegen einer nach der Entstehung des Schuldverhältnisses eintretenden Änderung des Wohnsitzes die Gefahr der Übermittlung erhöht, hat § 10 Abs. 1 Satz 2 ALB nur Bedeutung, wenn der Empfangsberechtigte bereits bei Abschluss des Versicherungsvertrages seinen Wohnsitz im Ausland hat.[3]

3. Leistungspflicht

Die Leistungen des Versicherers bestehen im Versicherungsfall aus der vereinbarten Kapitalversicherungssumme, die im Versicherungsschein dokumentiert ist. Ferner werden die aus der Überschussbeteiligung zur Verfügung stehenden Überschussanteile erbracht. Zu berücksichtigen sind ferner die Leistungen aus Zusatzversicherungen, die auch schon vor Eintritt des Versicherungsfalls in der Hauptversicherung fällig werden können. Mitunter besteht ein Beitragsdepot, aus dem ein Guthaben zur Auszahlung kommen kann, wenn es nicht für die laufende Beitragszahlung verbraucht worden ist. Fällige Prämienforderungen kann der Versicherer von geschuldeten Versicherungsleistungen in Abzug bringen, auch wenn er sich vorher geweigert hat, Prämienzahlungen anzunehmen.[4]

4. Leistungszeit

Für die Rechtzeitigkeit der Leistung kommt es darauf an, ob der Versicherer die Leistungshandlung rechtzeitig vollzieht.

5. Leistungsempfänger

Leistungsempfänger ist bei Erlebensfallleistungen regelmäßig der Versicherungsnehmer, bei Todesfallleistungen der Bezugsberechtigte oder die Erben. Als weitere Leistungsempfänger kommen der Zessionar, Pfandgläubiger, Pfändungspfandgläubiger, Insolvenzverwalter etc. in Betracht. Bei Gläubigerungewissheit kann der Versicherer gemäß § 372 BGB hinterlegen. Wird die Versicherungsleistung in Unkenntnis eines leistungsbefreienden Tatbestandes an den Sicherungszessionar ausgezahlt, kann das LVU die Rückzahlung gemäß § 812 BGB in der Regel nur vom Versicherungsnehmer verlangen.[5]

---

[2] Vgl. OLG Braunschweig VW 1949, 98, 230; OLG Düsseldorf VW 1959, 434; LG Berlin v. 5. 6. 1950, VersR 1950, 177; LG Hamburg VerBAV 1950, 78; KG v. 18. 12. 1950, VersR 1951, 73; unzutreffend LG Bonn VerBAV 1947, 16; LG Kassel VerBAV 1948, 7.
[3] *Gerlach* VerBAV 1976, 97.
[4] LG Köln VersR 1983, 1023.
[5] BGH v. 2. 11. 1988, VersR 1989, 74 = NJW 1989, 900.

ALB 1986 §§ 11, 12

6. Kosten

9 § 10 Abs. 1 ALB 1986 sieht vor, dass der Empfangsberechtigte die Kosten der Überweisung der Versicherungsleistung trägt. Von dieser Regelung wird aber von den LVU nicht immer in vollem Umfang Gebrauch gemacht.

7. Meldepflichten nach der Außenwirtschaftsverordnung

10 Gemäß § 59 Abs. 1 Nr. 1 und Nr. 2 AWV haben Versicherer eingehende und ausgehende Zahlungen zu melden, die sie von Gebietsfremden entgegennehmen oder an Gebietsfremde leisten oder für deren Rechnung von Gebietsansässigen entgegennehmen oder für deren Rechnung an Gebietsansässige leisten. Die Meldepflicht besteht allerdings dann nicht, wenn Zahlungen den Betrag von 12.500 EUR oder den Gegenwert in anderer Währung nicht übersteigen.[6]

III. Übermittlung der Beiträge (§ 10 Abs. 2 ALB 1986)

11 Nach § 36 Abs. 1 VVG ist Leistungsort für die Entrichtung der Prämie der jeweilige Wohnsitz des Versicherungsnehmers; der Versicherungsnehmer hat jedoch auf seine Gefahr und seine Kosten die Prämie dem Versicherer zu übermitteln (sog. „qualifizierte Schickschuld").[7] Hiernach kommt es für die Rechtzeitigkeit der Zahlung darauf an, ob der Versicherungsnehmer an seinem Wohnsitz (Leistungsort) alles getan hat, was erforderlich war, um dem Versicherer die Prämie zu übermitteln.[8] Bei der Überweisung im Postscheckverkehr ist die Prämie spätestens in dem Zeitpunkt gezahlt, in dem der Überweisungsbetrag auf dem Konto des Schuldners abgebucht worden ist.[9]

§ 11 Welche Bedeutung hat der Versicherungsschein?

(1) Den Inhaber des Versicherungsscheins können wir als berechtigt ansehen, über die Rechte aus dem Versicherungsvertrag zu verfügen, insbesondere Leistungen in Empfang zu nehmen. Wir können aber verlangen, dass uns der Inhaber des Versicherungsscheins seine Berechtigung nachweist.

(2) In den Fällen des § 13 Abs. 4 brauchen wir den Nachweis der Berechtigung nur dann anzuerkennen, wenn uns die schriftliche Anzeige des bisherigen Berechtigten vorliegt.

Anmerkung
Die Klausel ist in die Kommentierung des § 12 ALB 2008 einbezogen.

§ 12 Was gilt für Mitteilungen, die sich auf das Versicherungsverhältnis beziehen?

(1) Mitteilungen, die das Versicherungsverhältnis betreffen, müssen stets schriftlich erfolgen. Für uns bestimmte Mitteilungen werden wirksam, sobald sie uns zugegangen sind. Versicherungsvertreter sind zu ihrer Entgegennahme nicht bevollmächtigt.

---

[6] Zur Form der Meldungen siehe GDV (Hrsg.), Meldepflichten nach der Außenwirtschaftsverordnung für Versicherungsunternehmen, Januar 2008, S. 14.
[7] BGH, Urt. v. 20. 11. 1970 – IV ZR 58/69, DB 1971, 142; *Bruck/Möller*, 8. Aufl., § 36 VVG Anm. 7; *Knöpper* NJW-Spezial 2009, 105.
[8] BGH VersR 1964, 129, 130; BGH VersR 1969, 368, 369; BGH, Urt. v. 20. 11. 1970 – IV ZR 58/69, DB 1971, 142; OLG Frankfurt/M., Urt. v. 22. 4. 1998 – 7 U 32/97, NVersZ 2000, 479, 480.
[9] BGH NJW 1964, 499; BGH, Urt. v. 20. 11. 1970 – IV ZR 58/69, DB 1971, 142.

Willenserklärungen und Anschriftenänderungen § 12 ALB 1986

(2) **Eine Änderung Ihrer Postanschrift müssen Sie uns unverzüglich mitteilen. Andernfalls können für Sie Nachteile entstehen, da Sie ggf. von wichtigen Mitteilungen nicht rechtzeitig Kenntnis erhalten.**

(3) **Wenn Sie sich für längere Zeit außerhalb der Bundesrepublik Deutschland einschließlich des Landes Berlin aufhalten, sollten Sie uns, auch in Ihrem Interesse, eine im Inland ansässige Person benennen, die bevollmächtigt ist, unsere Mitteilungen für Sie entgegenzunehmen (Zustellungsbevollmächtigter).**

Übersicht

	Rdn.
I. Allgemeines	1–9
1. Fassung	1–5
2. Inhaltskontrolle	6–9
a) Schriftform	6
b) Einschränkung der Empfangsvollmacht	7
c) Abgrenzung	8, 9
II. Mitteilungen des Versicherungsnehmers	10–25
1. Begriff	10–12
a) Willenserklärungen	11
b) Anzeigen	12
2. Vertretung des Versicherungsnehmers	13–17
a) Vertretung durch Makler	13–16
b) Vertretung durch Ehefrau	17
3. Form	18–23
a) Ausgangslage	18
b) E-Mail	19
c) Fernschreibnetz	20
d) Telefax	21
e) Rechtswirksamkeit	22, 23
4. Zugang beim Versicherer	24, 25
a) Vorstand	24
b) Vermittler	24 a, 25
III. Mitteilungen des Versicherers	26–49
1. Willenserklärungen i. S. v. § 12 ALB 1986	26
2. Vertretung des LVU	27
3. Form	28–33
a) Schriftform	28
b) § 80 AktG	29
c) Unterzeichnung der Mitteilung	30–33
aa) Eigenhändige Unterzeichnung	30
bb) Faksimile	31–33
4. Zugang beim Versicherungsnehmer	34–49
a) Zugangserleichterungen	34
aa) § 10 VVG	34
α) Anzeigepflicht des Versicherungsnehmers (§ 12 Abs. 2)	34
β) Inhalt der Vorschrift	35
γ) Anwendung des § 10 VVG	36
δ) Zustellung an GmbH i. L.	37
bb) Zustellungsbevollmächtigter (§ 12 Abs. 3)	38
b) Beweislast	39–48
aa) Allgemeines	39
bb) Anscheinsbeweis	40
cc) Einschreibebrief als Zugangsbeweis	41
dd) Übergabe-Einschreiben	42
ee) Einwurf-Einschreiben	43, 44
ff) Postschließfach	45
gg) Briefkasten	46

817

	Rdn.
hh) Zustellung durch Gerichtsvollzieher	47
ii) Auslandszustellung	48
c) Zugangsvereitelung	49

AuVdBAV: VerBAV 1969, 166 (Verwendung gemeinsamer Formulare durch die Unternehmen einer Versicherungsgruppe); VerBAV 1969, 328 (Angaben auf Geschäftsbriefen); GB BAV 1971, 35 (Bezeichnung des Risikoträgers); VerBAV 1972, 162 und GB BAV 1972, 32 (R 3/72 vom 25. 4. 1972 – Angaben auf Geschäftsbriefen); GB BAV 1976, 25 und Ver-BAV 1979, 45 (Zeichnung von Schreiben der VU); VerBAV 1979, 46 (Versicherungsabschlüsse mit Versicherungsvermittlern, die als Bevollmächtigte von Versicherungsnehmern auftreten); GB BAV 1980, 42 und GB BAV 1982, 43 (Geschäftsbesorgungsverträge); GB BAV 1981, 38 (Kündigungen durch Sachbearbeiter); GB BAV 1985, 45 (Anerkennung von Maklervollmachten); VerBAV 1993, 342 (Empfangsvollmacht des Vermittlungsagenten).

Schrifttum: *Abram,* Schriftprobleme im Internet – Eine Bestandsaufnahme, NVersZ 2002, 202; *Allgaier,* Zur Anwendbarkeit des Prima-facie-Beweises beim bestrittenen Zugang oder Nichtzugang einer Briefsendung, VersR 1992, 1070; *Asmus,* Eigenhändige oder faksimilierte Unterschrift in der Versicherungspraxis, VersR 1966, 1006; *Basedow,* Risikobeschreibung und Beschränkung der Empfangsvollmacht in der AGB-Kontrolle privater Arbeitslosigkeitsversicherungen, NVersZ 1999, 349; *Bauer/Diller,* Kündigung durch Einwurf-Einschreiben – ein Kunstfehler!, NJW 1998, 2795; *Brockmann,* Die Faksimile-Unterschrift, VersR 1963, 1110; *Buckenberger,* Fernschreiben und Fernkopien – Formerfordernisse, Absendung und Zugang, DB 1980, 289; *Büsken,* Die passive Vertretungsmacht des Vermittlungsagenten bei Antragstellung – Eine Bestandsaufnahme –, VersR 1992, 272; *Büsken/Dreyer,* Die Beschränkbarkeit der Empfangsvollmacht des Versicherungsagenten – Neue Perspektiven, NVersZ 1999, 455; *Daumke,* Rechtsprobleme der Telefaxübermittlung, ZIP 1995, 722; *Deggau,* § 174 BGB – eine ungenutzte Vorschrift, JZ 1982, 796; *Dörstling,* Die Unterzeichnung der Erklärungen des Versicherers, Hamburg, 1948; *Dübbers,* Das neue „Einwurf-Einschreiben" der Deutschen Post AG und seine juristische Einordnung, NJW 1997, 2503; *Dürr,* Thesen zu Schriftform und Zugangserfordernissen i. S. von § 11 Nr. 16 AGBG, BB 1978, 1546; *Düwell,* Computerfax richterrechtlich zugelassen, NJW 2000, 3334; *Ebnet,* Rechtsprobleme bei der Verwendung von Telefax, NJW 1992, 2985; *derselbe,* Die Entwicklung des Telefax-Rechts seit 1992, JZ 1996, 507; *Eyinck,* Entwicklung des Zustellungsrechts nach der Zustellungsreform 2002, MDR 2006, 785; *Elzer/Jacoby,* Durch Fax übermittelte Willenserklärungen und Prozesshandlungen, ZIP 1997, 1821; *Evers,* Vertretungsmacht bei Versicherungs-AG, VW 1959, 394; *Faulhaber/Riesenkampff,* Die Beweiskraft des OK-Vermerks des Telefax-Sendeberichts, DB 2006, 376; *Fischer-Dieskau/Hornung,* Erste höchstrichterliche Entscheidung zur elektronischen Signatur, NJW 2007, 2897; *Fricke,* Die Empfangsvollmacht des Vermittlungsagenten bei der Antragsaufnahme und die vergessene Risikoanzeige – Zugleich Anmerkung zum Urteil des BGH vom 18. 12. 1991 (IV ZR 299/90) BGHZ 116, 387 = VersR 92, 217 –, VersR 1993, 399; *Friedrich,* Der Beweiswert des Einwurfeinschreibens der Deutschen Post AG, VersR 2001, 1090; *Gößmann,* Der Zugang der elektronischen Willenserklärung, in: Festschrift für Walther Hadding, Berlin, De Gruyter, 2004, S. 819; *Gregor,* Der OK-Vermerk des Telefaxsendeprotokolls als Zugangsnachweis, NJW 2005, 2885; *Habermayr,* Pflicht für Versicherungsunternehmen zur Zusammenarbeit mit einem Makler und Recht auf außerordentliche Kündigung des Versicherungsvertrages bei Weigerung des Versicherungsunternehmens?, ZfV 1987, 113, Anmerkungen von Wegscheider ZfV 1987, 253; *Hähnchen,* Das Gesetz zur Anpassung der Formvorschriften des Privatrechts, und anderer Vorschriften an den modernen Rechtsgeschäftsverkehr, NJW 2001, 2831; *Heinrichs,* Die Entwicklung des Rechts der Allgemeinen Geschäftsbedingungen im Jahre 1998, NJW 1999, 1596; *Henneke,* Form- und Fristfragen beim Telefax, NJW 1998, 2194; *Heuer,* Beweiswert von Mikrokopien bei vernichteten Originalunterlagen, NJW 1982, 1505; *Hilgard,* Archivierung und Löschung von E-Mails im Unternehmen, ZIP 2007, 985; *Hirschberg,* Rechtsprechung zur Einhaltung der Schriftform bis zum Inkrafttreten des Formvorschriftenanpassungsgesetzes und dessen Auswirkung auf Mitteilungen im Lebensversicherungsbereich, VersR 2002, 1083; *Hoffmann,* Die Entwicklung des Internet-Rechts, NJW 2001, Beilage zu Heft 14; *Hunke,* Das Einschreiben im Versicherungsrecht – Zugleich Anmerkung zum Urteil des LG Potsdam vom 27. 7. 2000 (11 S 233/99) VersR 2001, 995 –, VersR 2002, 660; *Jänich,* Übermittlung empfangsbedürftiger Willenserklärungen im Versicherungsvertragsrecht – Übergabe-Einschreiben contra Einwurf-Einschreiben, VersR 1999, 535; *Janal*, Die Errichtung und der Zugang einer Erklärung in Textform gem. § 126 b BGB, MDR 2006, 368; *Kaiser*, Beweis von Zugang und Inhalt vorprozessualer Schreiben, NJW 2009, 2187; *Kieninger*, Inhaltskontrolle der AVB einer Arbeitslosigkeitsversicherung – Zugleich Anmerkung zum Urteil des OLG Hamburg vom 11. 3. 1998 (5 U 211/96) VersR 98, 627 –, VersR 1998, 1071; *Kilian*, EG-Richtlinie über digitale Signaturen in Kraft, BB 2000, 733; *Klingmüller*, Zugang von Willenserklärungen bei verwaister Wohnung, VersR 1967, 1109; *Knappmann*, Der Eintritt des Versicherungsfalls und die Rechte und Pflichten der Vertragsbeteiligten, r+s 2002, 485; *Kutzer*, Prozesspfleger statt Notgeschäftsführer – ein praktikabler Ausweg in Verfahren gegen organlose Kapitalgesellschaften, ZIP 2000, 654; *Langheid/Müller-Frank*, Rechtsprechungsübersicht zum Versicherungsvertragsrecht 1998/99, NJW 1999, 3454; *Leverenz*, Auswirkungen des „Gesetzes zur Anpassung der Formvorschriften des Privatrechts und anderer Vorschriften an den modernen Rechtsgeschäftsverkehr" auf die Versicherungswirtschaft – Eine Zwischenbilanz zu den Formhindernissen im Versicherungsrecht –, VersR 2002, 1318; *Looschelders*, Das Wirksamwerden empfangsbedürftiger Willenserklärungen bei Übermittlung per Einschreiben – Zugleich Anmerkung zum Urteil des BGH vom 26. 11. 1997 (VIII ZR 22/97) VersR 98, 472 –, VersR 1998, 1198; *Magnusson*, Willenserklärungen nach dem Tode des VN (insb. Lebensversicherung), VersR 1954, 331; *Möller*, Auslandszustellung durch den Gerichtsvollzieher, NJW 2003, 1571; *Münkel*, Die gesetzliche Empfangsvollmacht des Versicherungsvertreters und ihre Beschränkung, Karlsruhe, VVW, 2003; *Neuvians/Mensler*, Die Kündigung durch Einschreiben bei Einführung der neuen Briefzusatzleistungen, BB 1998, 1206; *Niewerth/Vespermann*, Beweislastverteilung bei der Verletzung von Anzeigeobliegenheiten, VersR 1995, 1290; *Nowak*, Der elektronische Vertrag – Zustandekommen und Wirksamkeit unter Berücksichtigung des neuen „Formvorschriftenanpassungsgesetzes", MDR 2001, 841; *Pape/Notthoff*, Prozessrechtliche Probleme bei der Verwendung von Telefax, NJW 1996, 417; *Präve*, Versicherungsbedingungen: Grundsätze zur Reform (II), VW 2000, 450; *Putz*, Beweisfragen bei Einschreibesendungen, NJW 2007, 2450; *Reichert*, Der Zugangsnachweis beim Einwurf-Einschreiben, NJW 2001, 2523; *Riesenkampff*, Beweisbarkeit der form- und fristgemäßen Übermittlung durch Telefaxgeräte, NJW 2004, 3296; *Römermann/van der Moolen*, Schriftsätze per Computerfax: Willkommen im 21. Jahrhundert – Zugleich Anmerkung zum Beschluss des Gemeinsamen Senats der Obersten Gerichtshöfe des Bundes – GmS-OBG 1/98 vom 5. 4. 2000, BB 2000, 1645 –, BB 2000, 1640; *Roßnagel*, Das Signaturgesetz nach zwei Jahren, NJW 1999, 1591; *derselbe*, Das neue Recht elektronischer Signaturen, NJW 2001, 1817; *derselbe*, Die neue Signaturverordnung, BB 2002, 261; *Roßnagel/Pfitzmann*, Der Beweiswert von E-Mail, NJW 2003, 1209; *Roßnagel/Fischer-Dieskau*, Elektronische Dokumente als Beweismittel, NJW 2006, 806; *Schimikowski*, Probleme des konventionellen Vertragsabschlusses und des Electronic Commerce in der Versicherungswirtschaft, r+s 1999, 485; *Rüther*, Schriftformklauseln und Ausschluss der Agentenvollmacht nach § 43 Nr. 2 VVG – Anspruch und Wirklichkeit, NVersZ 2001, 241; *Scherer/Butt*, Rechtsprobleme bei Vertragsschluss via Internet – Unter Berücksichtigung der EG-Fernabsatzrichtlinie, der Signaturrichtlinie und der geplanten E-Commerce-Richtlinie –, DB 2000, 1009; *Schirmer*, Die Rechtsprechung des Bundesgerichtshofs zum allgemeinen Versicherungsvertragsrecht – Ein Überblick, ZVersWiss 1992, 381; *Schlösser*, Verwendung eines Faksimile bei Unterschriften, BB 1956, 1086; *Schmidt*, Löschungsgesetz und GmbH & Co, BB 1980, 1497; *Schneider*, Problemfälle aus der Prozesspraxis: „Der Zugang wird bestritten", MDR 1984, 281; *Schnepp*, Nochmals: Zur Wirkung der nicht angezeigten Abtretung von Lebensversicherungsforderungen, VersR 1991, 949; *Schröter*, Rechtssicherheit im elektronischen Geschäftsverkehr – Zur Notwendigkeit einer gesetzlichen Zurechnungsregelung beim Einsatz elektronischer Signaturen, WM 2000, 2134; *Schürmann*, Wohnraumkündigung per Telefax – formungültig und dennoch fristwahrend, NJW 1992, 3005; *Spielberger*, Versicherungsmakler und Rechtsberatungsgesetz, VersR 1984, 1013; *Spindler*, Das Gesetz zum elektronischen Geschäftsverkehr – Verantwortlichkeit der Diensteanbieter und Herkunftslandprinzip, NJW 2002, 921; *Surminski*, Beweislast für den Zugang der Mahnung nach § 39 VVG, VersR 1970, 603; *Trapp*, Zivilrechtliche Sicherheitsanforderungen an eCommerce, WM 2001, 1192; *Ultsch*, Zugangsprobleme bei elektronischen Willenserklärungen: Dargestellt am Beispiel der Electronic Mail, NJW 1997, 3007; *Vehslage*, Das geplante Gesetz zur Anpassung der Formvorschriften des Privatrechts und anderer Vorschriften an den modernen Rechtsverkehr, DB 2000, 1801; *Voosen*, Zulässigkeit einer Beweislastumkehr in den AVB bei vertragswidrigem Verhalten des Versicherungsnehmers, VersR 1977, 897; *Wedler,* Kenntnis und gesetzliche Vertretungsmacht des Versicherungsagenten oder: Wie die Versicherer aus dem Schlaf gerissen wurden – Eine Tragödie in einem Prolog und fünf Akten –, ZfV 1992, 418; *Westphal,* Noch einmal: Gemeinschaftsbriefkasten bei Ersatzzustellung durch Niederlegung, NJW 1998, 2413; *Wilting,* Nochmals: Pflicht für Versicherungsunternehmen zur Zusammenarbeit mit einem Makler, ZfV 1987, 271; *Wolters,* Anwaltshaftung und Kommunikationstechnik, VersR 2007, 738; *Zierke,* Anm. zum Urteil des OLG Bremen vom 12. 2. 1970 in VersR 1970, 126, VersR 1971, 126; VW 1981, 195 (Punktekatalog zur Vermeidung einer missbräuchlichen Ausgestaltung von Maklerverträgen); VW 1987, 658 (Pflicht des Versicherungsunternehmens zur Korrespondenz mit Maklern?).

I. Allgemeines

1. Fassung

1   Die Klausel ist mehrfach neu gefasst worden. Die ALB 1932 enthielten folgende Klausel:

„**§ 14 Willenserklärung**

1. Eine Willenserklärung, welche die Gesellschaft in eingeschriebenem Brief an den Versicherungsnehmer unter seiner letzten ihrem Vorstand bekannten Anschrift abgesandt hat, gilt als in dem Zeitpunkt zugegangen, in welchem der Versicherungsnehmer im Falle seiner Anwesenheit am Orte der Anschrift von dem Inhalte der Erklärung hätte Kenntnis nehmen können.
2. Nimmt der Versicherungsnehmer seinen Aufenthalt außerhalb Europas, so hat er der Gesellschaft einen Zustellungsbevollmächtigten innerhalb des Deutschen Reiches zu benennen. Solange ein solcher nicht vorhanden ist, kann die Gesellschaft nach Abs. 1 Erklärungen an die letzte ihrem Vorstand bekannte Anschrift innerhalb Europas rechtswirksam abgeben.
3. Alle Willenserklärungen und Anzeigen, die bei Abschluss des Vertrags oder später der Gesellschaft gegenüber abgegeben werden, brauchen von ihr nur dann als rechtswirksam angesehen zu werden, wenn sie dem Vorstand der Gesellschaft schriftlich zugegangen sind."

2   Diese Klausel wurde im Zuge der Verlautbarung der ALB 1957 wie folgt neu gefasst:

„**§ 12 Willenserklärungen**

(1) Eine Willenserklärung, welche die Gesellschaft an den Versicherungsnehmer unter seiner letzten, ihrem Vorstand bekannten Anschrift abgesandt hat, gilt als in dem Zeitpunkt zugegangen, in welchem der Versicherungsnehmer im Falle seiner Anwesenheit am Ort der Anschrift von dem Inhalt der Erklärung hätte Kenntnis nehmen können. Die Absendung wird vermutet, wenn sich ein Abdruck oder Durchschlag des betreffenden Briefes in den Akten der Gesellschaft befindet.
(2) Nimmt der Versicherungsnehmer seinen Aufenthalt außerhalb ..., so hat er der Gesellschaft einen Zustellungsbevollmächtigten innerhalb ihres Geschäftsgebietes zu benennen; ist ein solcher nicht bekannt, dann sind Erklärungen der Gesellschaft an die letzte, ihr bekannte Anschrift innerhalb ihres Geschäftsgebietes rechtswirksam.
(3) Willenserklärungen und Anzeigen gegenüber der Gesellschaft bedürfen der Schriftform. Sie brauchen von ihr nur dann als rechtswirksam angesehen zu werden, wenn sie dem Vorstand der Gesellschaft zugegangen sind."

3   Eine Neufassung erfuhr die Klausel durch die ALB 1975 wie folgt:

„**§ 12 Willenserklärungen**

1. Eine Willenserklärung, welche der Versicherer an den Versicherungsnehmer unter seiner letzten, ihm bekannten Anschrift abgesandt hat, gilt als in dem Zeitpunkt zugegangen, in welchem der Versicherungsnehmer im Falle seiner Anwesenheit am Ort der Anschrift von dem Inhalt der Erklärung hätte Kenntnis nehmen können.

2. Nimmt der Versicherungsnehmer seinen Aufenthalt außerhalb des Geschäftsgebietes des Versicherers, so hat er dem Versicherer einen Zustellungsbevollmächtigten innerhalb seines Geschäftsgebietes zu benennen; ist ein solcher nicht benannt, dann sind Erklärungen des Versicherers an die letzte, ihm bekannte Anschrift innerhalb des Geschäftsgebietes rechtswirksam.
3. Willenserklärungen und Anzeigen gegenüber dem Versicherer bedürfen der Schriftform, auch soweit dies nicht ausdrücklich bestimmt ist. Sie brauchen von ihm nur dann als rechtswirksam angesehen zu werden, wenn sie dem Vorstand des Versicherers zugegangen sind."

Soweit die ALB 1932, 1957 und 1975 Zugangsfiktionen vorsehen, halten diese einer Inhaltskontrolle nicht stand. Das Zugangserfordernis, das die Wirksamkeit von Erklärungen des Versicherungsnehmers vom Zugang bei einer bestimmten Stelle des Versicherers (Vorstand) abhängig macht, wurde zunächst als wirksam angesehen. Die Bestimmung diene allein zum Schutz des Versicherers und überlasse es ihm, ob er sich hierauf berufen will.[1] Mit dem Inkrafttreten des AGB-Gesetzes wurde dieses Zugangserfordernis jedoch wegen Verstoßes gegen § 11 Nr. 16 AGBG unzulässig.[2] Gegen § 10 Nr. 6 AGBG verstößt § 12 Abs. 1 ALB 1957, der in Abweichung von § 10 VVG die Absendung eines einfachen Briefes für die Zugangsfiktion ausreichen lässt,[3] oder eine Klausel, die z. B. für den Nachweis der Mahnung und Kündigung einen Aktenvermerk genügen lassen will.[4]

Die ALB 1981 führten deshalb zu folgender Neufassung der Schriftform- und Vollmachtsbeschränkungsklausel:

„§ 12 Willenserklärungen und Anschriftenänderungen
1. Willenserklärungen und Anzeigen, die das Versicherungsverhältnis betreffen, bedürfen der Schriftform, auch soweit dies nicht ausdrücklich bestimmt ist. Sie werden wirksam, sobald sie dem Versicherer zugegangen sind. Versicherungsvertreter sind zu ihrer Entgegennahme nicht bevollmächtigt.
2. Der Versicherungsnehmer hat zur Vermeidung von Rechtsnachteilen eine Änderung seiner Postanschrift oder Verlegung seiner gewerblichen Niederlassung dem Versicherer unverzüglich anzuzeigen. Nimmt der Versicherungsnehmer seinen Aufenthalt außerhalb des Gebietes der Bundesrepublik Deutschland einschließlich des Landes Berlin, soll er dem Versicherer zugleich einen in diesem Gebiet ansässigen Zustellungsbevollmächtigten benennen."

2. Inhaltskontrolle

a) **Schriftform.** § 12 Abs. 1 ALB 1986 spricht das Versicherungsverhältnis betreffende Mitteilungen an und macht damit deutlich, dass es bei dieser Bestimmung um Mitteilungen geht, die dem Versicherungsunternehmen nach Abschluss des Lebensversicherungsvertrages zu übermitteln sind.[5] Die Klausel erfasst nicht solche Mitteilungen oder Erklärungen, die der Versicherungsnehmer dem Versicherer oder dessen Agenten bei der Entgegennahme des Antrags auf Abschluss der Versicherung abgibt.[6] Die in § 12 Abs. 1 Satz 1 ALB 1986 vorgeschriebene

---

[1] BGH VersR 1967, 795; OLG Hamm, Urt. v. 14. 11. 1979 – 20 U 7/79, VersR 1980, 739, 740.
[2] *Schnepp* VersR 1991, 949, 952.
[3] OLG Hamburg, Urt. v. 11. 7. 1979 – 4 U 88/79, VersR 1980, 38, 39; a. A. KG JR 1939, 172; LG Dortmund VersR 1950, 145, 146; *Voosen* VersR 1977, 897 ff.; *Surminski* VersR 1970, 603, 604/605.
[4] OLG Hamburg, Urt. v. 27. 6. 1980 – 11 U 14/80, VersR 1981, 125, 126.
[5] BGH, Urt. v. 10. 2. 1999 – IV ZR 324/97, NJW 1999, 1633, 1634 = NVersZ 1999, 261, 262 = VersR 1999, 565, 566 = VerBAV 1999, 190 = ZIP 1999, 1008, 1009 = MDR 1999, 740; *van Bühren* EWiR 1999, 481, 482.
[6] BGH, Urt. v. 10. 2. 1999 – IV ZR 324/97, NJW 1999, 1633, 1634 = NVersZ 1999, 261, 262 = VersR 1999, 565, 566 = VerBAV 1999, 190 = ZIP 1999, 1008, 1009 = MDR 1999, 740.

Schriftform verstößt weder gegen Vorschriften des AGB-Gesetzes noch wird hiermit von Vorschriften des VVG abgewichen.[7] Die Vereinbarung, Anzeigen und Erklärungen schriftlich abgeben zu müssen, ist nach § 309 Nr. 13 BGB erlaubt.[8]

7   b) **Einschränkung der Empfangsvollmacht.** Die nach Abschluss des Lebensversicherungsvertrages die Empfangsvollmacht des Versicherungsvertreters einschränkende Regelung des § 12 Abs. 1 Satz 3 ALB 1986 ist wirksam.[9] Die Klausel verstößt weder gegen § 11 Nr. 16 AGBG[10] noch gegen § 9 Abs. 1 AGBG.[11] Unberührt bleibt, dass der Versicherungsagent als Empfangsbote fungieren kann.[12] Nach der Verkehrsanschauung ist er berechtigt, Erklärungen für den Versicherer entgegenzunehmen und weiterzuleiten.[13] Die Erklärungen gelten als

---

[7] BGH, Urt. v. 10. 2. 1999 – IV ZR 324/97, NJW 1999, 1633, 1634 = NVersZ 1999, 261, 262 = VersR 1999, 565, 566 = VerBAV 1999, 190 = ZIP 1999, 1008, 1009 = MDR 1999, 740, 741.

[8] *Knappmann* r+s 2002, 485, 487.

[9] Vgl. OLG Frankfurt/M. v. 22. 5. 1992, VersR 1993, 171; OLG Koblenz v. 18. 12. 1992, VersR 1993, 1262; OLG Karlsruhe v. 20. 6. 1991, VersR 1992, 863, 864 zu § 16 MBKT 78; OLG Karlsruhe r+s 1995, 430; BGH, Urt. v. 10. 2. 1999 – IV ZR 324/97, NJW 1999, 1633, 1635 = NVersZ 1999, 261, 262 = VersR 1999, 565, 567 = VerBAV 1999, 190 = ZIP 1999, 1008, 1009 = MDR 1999, 740, 741; OLG Hamm, Urt. v. 25. 1. 2008 – 20 U 89/07, NJW 2008, 2660 (Ls.) = NJW-RR 2008, 982, 983 = VersR 2008, 908 = r+s 2009, 204; *Gruber* in: Berliner Komm. z. VVG, 1999, § 47 VVG Rdn. 3 (anders aber Rdn. 7); *Kollhosser* in: Prölss/Martin, § 47 VVG Rdn. 10; Bach/Moser, § 16 MB/KK Rdn. 5 f.; *Langheid* in: Römer/Langheid, VVG, 2. Aufl., 2003, § 47 VVG Rdn. 3 u. 9; *van Bühren* MDR 1999, 870; *Langheid/Müller-Frank* NJW 1999, 3454, 3457; *Schimikowski* r+s 1999, 485, 487; *Präve,* Versicherungsbedingungen: Grundsätze zur Reform (II), VW 2000, 450, 456; *Werber,* Abänderung von Versicherungsanträgen durch Vermittler, VersR 2000, 393, 396; a. A. *Beckmann,* Die Empfangsvollmacht des Versicherungsagenten – ein Beispiel für den Reformbedarf des Versicherungsvertragsgesetzes, in: Verantwortlichkeit im Wirtschaftsrecht, Beiträge zum Versicherungs- und Wirtschaftsrecht der Schüler von Ulrich Hübner, hrsg. v. Annemarie Matusche-Beckmann und Roland Michael Beckmann, Karlsruhe, VVW, 2002, S. 29, 42; *Hensen* in: Ulmer/Brandner/Hensen, AGB-Recht, 10. Aufl., 2006, Anh. § 310 BGB Rdn. 1021.

[10] BGH, Urt. v. 10. 2. 1999 – IV ZR 324/97, NJW 1999, 1633, 1635 = NVersZ 1999, 261, 262 = VersR 1999, 565, 567 = VerBAV 1999, 190 = ZIP 1999, 1008, 1010 = MDR 1999, 740, 741; BGH, Urt. v. 24. 3. 1999 – IV ZR 90/98 – NJW 1999, 2279, 2283 = NVersZ 1999, 360, 364 = VersR 1999, 710, 714 = r+s 1999, 301, 304 = VerBAV 2000, 75, 80 (Revisionsentscheidung zur OLG Hamburg, Urt. v. 11. 3. 1998 – 5 U 211/96, VersR 1998, 627); *Büsken* VersR 1992, 272, 277; *Fricke* VersR 1999, 399, 405; a. A. LG Wuppertal, Urt. v. 10. 10. 1991, VersR 1992, 174, 175 zu § 16 MBKK; *Hensen* in: Ulmer/Brandner/Hensen, 9. Aufl., 2001, § 11 Nr. 16 AGBG Rdn. 9; *Schnepp* VersR 1991, 949, 953; *Beckmann* NJW 1996, 1378, 1380; *Kieninger* VersR 1998, 1071, 1075; *Basedow* NVersZ 1999, 349, 351.

[11] BGH, Urt. v. 10. 2. 1999 – IV ZR 324/97, NJW 1999, 1633, 1635 f. = NVersZ 1999, 261, 262 = VersR 1999, 565, 567 f. = VerBAV 1999, 190 = ZIP 1999, 1008, 1011 = MDR 1999, 740, 741; BGH, Urt. v. 24. 3. 1999 – IV ZR 90/98, NJW 1999, 2279, 2283 = NVersZ 1999, 360, 364 = VersR 1999, 710, 714 = VerBAV 2000, 75, 81; *Fricke* VersR 1993, 399, 403; *Reiff* VersR 1998, 976 f.; *Büsken/Dreyer* NVersZ 1999, 455, 457; a. A. OLG Hamburg v. 11. 3. 1998, VersR 1998, 627, 629 f.; *Beckmann* NJW 1996, 1378, 1380; *Präve,* Aktuelle Fragen zum Recht der privaten Krankenversicherung, ZfV 1997, 354, 356; *Kieninger* VersR 1998, 1071, 1075; unentschieden OLG Karlsruhe v. 25. 7. 1996, VersR 1997, 861.

[12] OLG Hamm, Urt. v. 25. 1. 2008 – 20 U 89/07, NJW 2008, 2660 (Ls.) = NJW-RR 2008, 982, 983 = VersR 2008, 908 = r+s 2009, 204; *Münkel,* Die gesetzliche Empfangsvollmacht des Versicherungsvertreters und ihre Beschränkung, Karlsruhe, VVW, 2003, S. 216.

[13] OLG Hamm, Urt. v. 25. 1. 2008 – 20 U 89/07, NJW 2008, 2660 (Ls.) = NJW-RR 2008, 982, 983 = VersR 2008, 908 = r+s 2009, 204.

beim Versicherer zu dem Zeitpunkt zugegangen, zu welchem nach dem regelmäßigen Gang der Dinge mit dem Eingang beim Versicherer zu rechnen ist.[14]

c) Abgrenzung. Das BVerwG hat in Bestätigung der Auffassung des BAV[15] gemäß § 81 Abs. 2 Satz 1 VAG i. V. m. § 9 Abs. 2 Nr. 1 AGBG, § 43 Nr. 1 VVG einem LVU die Verwendung folgender Klauseln untersagt:[16] **8**

„Der Vermittler berät Sie bei Abschluss des Vertrages. Er ist zur Entgegennahme mündlicher Erklärungen und Angaben nicht bevollmächtigt. Sämtliche Erklärungen und Angaben sind daher schriftlich niederzulegen. Bitte prüfen Sie deshalb Ihre schriftlichen Angaben sowohl in diesem Antrag als auch in eventuellen anderen Schriftstücken auf deren Richtigkeit und Vollständigkeit; sonst gefährden Sie Ihren Versicherungsschutz."

„Schriftform/Vollständigkeit des Antrags. Grundlage für Inhalt und Umfang des Versicherungsschutzes ist allein der schriftlich beantragte Vertragsinhalt. Ihre mündlichen Erklärungen hierzu sind nur wirksam, wenn sie von uns schriftlich bestätigt werden. <Zusatz: Leben/Unfall: Ihre Erklärungen zum Bezugsrecht sind nur schriftlich wirksam.>

Bitte achten Sie auch auf vollständige und richtige Beantwortung der sonstigen Antragsfragen entweder gegenüber unserem Vertreter oder schriftlich an uns. Sie gefährden sonst Ihren Versicherungsschutz."

Durch die Entscheidung des BVerwG vom 25. Juni 1998 wird die Rechtswirksamkeit des § 12 Abs. 1 ALB 1986 nicht in Frage gestellt. Die untersagten Klauseln beziehen sich auf das Schriftformerfordernis und die Empfangsvollmacht des Versicherungsvertreters bei Abschluss des Versicherungsvertrages. § 12 Abs. 1 ALB 1986 regelt hingegen das Schriftformerfordernis und die Empfangsvollmacht des Versicherungsvertreters nach Abschluss des Versicherungsvertrages, also während der Vertragslaufzeit.[17] Die Beschränkung der Vollmacht des Versicherungsvertreters, die in § 12 Abs. 1 1986 geregelt ist, gilt demzufolge erst für Mitteilungen, die das Versicherungsverhältnis betreffen, mithin für Erklärungen nach Abschluss des Versicherungsvertrages.[18] Eine Neufassung der Schriftform- und Vollmachtsbeschränkungsklausel ist daher nicht erforderlich.[19] **9**

II. Mitteilungen des Versicherungsnehmers

1. Begriff

Unter Mitteilungen, die das Versicherungsverhältnis betreffen, sind Willenserklärungen und Anzeigen zu verstehen.[20] **10**

a) Willenserklärungen. Willenserklärungen sind z. B. die Kündigung des Versicherungsverhältnisses, die Einräumung, Aufhebung oder Änderung eines Bezugsrechts,[21] der Widerspruch gemäß § 5 Abs. 1 VVG. **11**

b) Anzeigen. Anzeigen sind Wissenserklärungen. Anzeigepflichten ergeben sich aus dem Gesetz und den ALB (z. B. §§ 16 ff. VVG; §§ 9 Abs. 2 Satz 1, 12 Abs. 2 ALB 1986). **12**

---

[14] OLG Hamm, Urt. v. 25. 1. 2008 – 20 U 89/07, NJW 2008, 2660 (Ls.) = NJW-RR 2008, 982, 983 = VersR 2008, 908, 909 = r+s 2009, 204, 205.
[15] VerBAV 1993, 342; *Hohlfeld* VerBAV 1994, 430, 431.
[16] BVerwG, Urt. v. 25. 6. 1998 – 1 A 6.96, NJW 1998, 3216, 3219 = VersR 1998, 1137, 1139 ff. = r+s 1998, 447, 449 ff.; zust. *Präve* VersR 1998, 1141 ff.; *Heinrichs* NJW 1999, 1596, 1597; krit. dazu *Lorenz* VersR 1998, 1144 ff.; *Reiff* EWiR 1998, 961, 962.
[17] *Römer,* Reformbedarf des Versicherungsvertragsrechts aus höchstrichterlicher Sicht, VersR 2000, 661, 664.
[18] OLG Saarbrücken, Urt. v. 13. 12. 2006 – 5 U 137/06 – 28, VersR 2007, 675, 676 = r+s 2008, 207, 208 = SpV 2007, 45, 47.
[19] *Präve* VersR 1999, 755, 756.
[20] So noch ausdrücklich § 12 Nr. 1 ALB 1981.
[21] LG Essen, Urt. v. 22. 11. 2006 – 1 O 270/06, r+s 2007, 406.

2. Vertretung des Versicherungsnehmers

13 **a) Vertretung durch Makler.** Der Versicherungsnehmer ist grundsätzlich befugt, sich bei der Abgabe von Erklärungen einem Versicherer gegenüber vertreten zu lassen.[22] Da es sich in der Regel bei den Erklärungen, die ein Versicherungsnehmer im Zusammenhang mit seinem Versicherungsvertrag abgibt, nicht um solche höchstpersönlicher Art handelt (Ausnahme: Schweigepflichtentbindungserklärung), ist nach allgemeinen zivilrechtlichen Grundsätzen eine Vertretung zulässig und kann von dem Vertragspartner nicht von vornherein ausgeschlossen werden.[23] Der Versicherungsnehmer muss allerdings dafür Sorge tragen, dass dem Versicherer die Vertretungsvollmacht ordnungsgemäß nachgewiesen wird.[24] Dieser Nachweis wird durch Vorlage der Vollmachtsurkunde im Original geführt. Die Vorlage einer beglaubigten Abschrift oder gar einer Ablichtung genügt nicht.[25]

14 Wenn eine Beschränkung der Vertretungsmöglichkeit erfolgen soll, darf sie weder gemäß § 138 BGB gegen die guten Sitten noch gemäß § 242 BGB gegen Treu und Glauben verstoßen und muss das Ergebnis einer vertretbaren Interessenabwägung sein.[26] Schon früher ist es als noch im erlaubten Rahmen liegend angesehen worden, dass dem Versicherungsmakler zur Erleichterung einer evtl. Umdeckung vom Versicherungsnehmer eine Kündigungsvollmacht erteilt wird und der Versicherungsmakler zu gegebener Zeit von ihr Gebrauch macht.[27] Diese Maklertätigkeit ist wettbewerbskonform und verstößt nicht gegen das Rechtsberatungsgesetz.[28]

15 Bevollmächtigt der Versicherungsnehmer einen Makler, für ihn Erklärungen im Zusammenhang mit dem Versicherungsvertrag abzugeben und entgegenzunehmen, ist der Versicherer verpflichtet, diesen Wunsch zu respektieren.[29] Dem Versicherer ist es daher verwehrt, mit den Kunden unmittelbar zu korrespondieren,[30] es sei denn der Versicherer kann durch Vortrag sachlicher Gründe nachweisen, dass es für ihn unzumutbar ist, mit der vom Versicherungsnehmer benannten Mittelsperson zu korrespondieren.[31] Solange der Versicherungsnehmer keine entspre-

---

[22] BGHZ 99, 94; BAV in: GB BAV 1985, 45; BAV in: GB BAV 1987, 44.
[23] BAV in: GB BAV 1985, 45.
[24] LG Bielefeld, Urt. v. 4. 4. 1990 – 21 O 17/90, VersR 1990, 1238.
[25] OLG Hamm, Urt. v. 26. 10. 1990 – 20 U 71/90, NJW 1991, 1185 = VersR 1991, 663, 664 = WM 1991, 1715, 1717.
[26] Vgl. BGHZ 99, 95.
[27] OLG Frankfurt/M. NJW 1960, 1064; BGH VersR 1966, 823.
[28] OLG Hamm, Urt. v. 16. 8. 1984 – 4 U 189/84, VersR 1985, 59. Siehe hierzu auch BGHZ 70, 12, 15; a. A. LG München I, Urt. v. 5. 9. 1980 – 21 O 11405/80, VersR 1982, 753.
[29] BAV in GB BAV 1985, 45; ebenso *Prölss/Martin,* Anhang zu §§ 43–48 VVG Anm. 1; *Wilting* ZfV 1987, 271, 274; AG Lemgo v. 7. 7. 1987 – 20 C 103/87; LG Bielefeld v. 4. 4. 1990, VersR 1990, 1238; OLG Koblenz, Urt. v. 21. 10. 2003 – 4 U 531/03, NJW-RR 2004, 23, 24 = VersR 2004, 1555, 1556 = r+s 2005, 179 m. Anm. *Zinnert* VersR 2005, 359; OLG Hamm, Urt. v. 24. 11. 2004 – 35 U 17/04; LG Hamburg, Urt. v. 5. 9. 2005 – 415 O 53/05; *Doth,* Korrespondenzpflicht des Versicherers bei Vermittlerwechsel, ZfV 2009, 277, 278; a. A. *Evers/Friele,* Beratungspflichten des Versicherers und Korrespondenzpflicht, VW 2009, 199, 200.
[30] A. A. LG München I, Urt. v. 5. 9. 1980 – 21 O 11 405/80, VersR 1982, 753; *Bruck-Möller,* vor §§ 43–48 VVG Anm. 1; *Habermayr* ZfV 1987, 117; GDV VW 1987, 658; siehe hierzu noch OLG Hamm, Urt. v. 16. 8. 1984 – 4 U 189/84, VersR 1985, 59 und BGH v. 22. 5. 1985 – IVa ZR 190/83; BGHZ 70, 12, 15.
[31] AG Lemgo, Urt. v. 7. 7. 1987 – 20 C 103/87; LG Bielefeld, Urt. v. 4. 4. 1990 – 21 O 17/90, VersR 1990, 1238; OLG Koblenz, Urt. v. 21. 10. 2003 – 4 U 531/03, r+s 2005, 179.

chende Anweisung gegeben hat, ist das LVU allerdings befugt, dem Versicherungsnehmer z. B. durch Werbeschreiben Versicherungen anzubieten, die der Versicherungsnehmer noch nicht abgeschlossen hat und für die kein Maklerauftrag erteilt ist.[32] Unabhängig hiervon ist ein Boykott nicht gegeben, wenn ein Versicherer die Zusammenarbeit mit einem Makler ablehnt und den Versicherungsnehmer hierüber unterrichtet.[33]

Das Versicherungsunternehmen ist nicht verpflichtet, dem vom Versicherungsnehmer beauftragten Makler die Verwaltung der Versicherungsverträge zu übertragen bzw. ihm Courtage zu zahlen.[34] **16**

b) Vertretung durch Ehefrau. Werden Willenserklärungen auf einem Briefbogen des Versicherungsnehmers unter Angabe der richtigen Versicherungsnummer des Versicherungsvertrages des Versicherungsnehmers von der Ehefrau abgegeben, die mit ihrem eigenen Namen unterzeichnet, so handelt es sich dann um Erklärungen im Namen des Versicherungsnehmers. Der Versicherer muss eine so ausgesprochene Kündigung unverzüglich gemäß § 174 BGB zurückweisen, wenn er die Kündigung mangels Vorlage einer Vollmacht nicht akzeptieren will.[35] **17**

3. Form

a) Ausgangslage. Die Schriftform ergibt sich aus den ausdrücklichen Bestimmungen des Gesetzes[36] und den ALB. Die in den ALB vereinbarte Schriftform verlangt eine eigenhändige Unterschrift im Sinne der §§ 127, 126 BGB.[37] Elektronische oder elektronisch übermittelte Willenserklärungen genügen nicht dem Schriftformerfordernis des § 126 BGB, weil sie keine Urkunden im Sinne dieser Vorschrift darstellen und dem Erfordernis der eigenhändigen Unterzeichnung nicht nachgekommen werden kann.[38] Eine eigenhändige Unterschrift liegt auch dann nicht vor, wenn sie von Papier eingescannt wird[39] oder mittels eines Notepads in die Textdatei übertragen wird.[40] Bei Formmangel ist eine entsprechende Willenserklärung im Zweifel unwirksam.[41] **18**

b) E-Mail. Die E-Mail ist ein elektronisches Dokument, das aus der in einer elektronischen Datei enthaltenen Datenfolge besteht.[42] Sie kann ausgedruckt, aber auch am Bildschirm gelesen, gespeichert, verändert oder gelöscht werden, dient folglich nicht nur der Übermittlung eines bereits vorhandenen schriftlichen Dokuments und ist nicht notwendig dazu bestimmt, in ein solches „zurückverwandelt" zu werden.[43] Wegen der „Flüchtigkeit" und spurenlos möglichen Manipulierbarkeit eines elektronischen Dokuments hat der Gesetzgeber die qualifizierte elektronische Signatur des Absenders vorgeschrieben, um so dem Dokument **19**

---

[32] OLG Koblenz, Urt. v. 21. 10. 2003 – 4 U 531/03, r+s 2005, 179, 180.
[33] LG Freiburg, Urt. v. 26. 5. 1986 – 11 O 56/86, VW 1986, 1482. Ebenso OLG Bamberg, Urt. v. 4. 11. 1992 – 3 U 77/92, VersR 1993, 1146, 1147.
[34] BAV in: GB BAV 1985, 45.
[35] OLG Hamm v. 9. 9. 1987, VersR 1988, 514 (Ls.); OLG Hamm, Urt. v. 26. 10. 1990 – 20 U 71/90, NJW 1991, 1185 = VersR 1991, 663 = WM 1991, 1715 – Maklerkündigung.
[36] §§ 3 Abs. 1 Satz 1, 5 Abs. 1, 5 Abs. 2 Satz 2, 10, 12 Abs. 2, 12 Abs. 5, 16 Abs. 1 Satz 3, 18, 34a Satz 2, 37, 39 Abs. 1, 43 Nr. 4, 159 Abs. 2 Satz 1, 178 Abs. 1 Satz 2 VVG.
[37] LG Essen, Urt. v. 22. 11. 2006 – 1 O 270/06, r+s 2007, 406.
[38] BGHZ 121, 224 = DB 1993, 975; *Scherer/Butt* DB 2000, 1009, 1013.
[39] OLG Karlsruhe NJW 1998, 1650; *Hoffmann* NJW 2001, Beilage zu Heft 14, S. 11.
[40] *Scherer/Butt* DB 2000, 1009, 1013.
[41] LG Essen, Urt. v. 22. 11. 2006 – 1 O 270/06, r+s 2007, 406.
[42] BGH, Beschl. v. 15. 7. 2008, NJW 2008, 2649, 2650; BGH, Beschl. v. 4. 12. 2008 – IX ZB 41/08, NJW-RR 2009, 357 = WM 2009, 331.
[43] BGH, Beschl. v. 4. 12. 2008 – IX ZB 41/08, NJW-RR 2009, 357, 358 = WM 2009, 331, 332.

eine dem Papierdokument vergleichbare dauerhafte Fassung zu verleihen („Perpetuierungsfunktion", vgl. BT-Drucks. 14/4987, S. 24).[44] Wenn aber der Versicherer durch Bekanntgabe seiner Email Anschrift dem Versicherungsnehmer die Möglichkeit eröffnet, mit ihm elektronisch zu kommunizieren, hat er die Pflicht, Empfangsvorkehrungen für zugehende Emails zu treffen, diese zu pflegen und sich um evtl. zugegangene elektronische Willenserklärungen des Versicherungsnehmers zu kümmern.[45] Eine elektronische Willenserklärung ist jedenfalls dann nicht wegen fehlender Einhaltung einer vertraglich vereinbarten strengeren Schriftform unwirksam, wenn der Versicherer unter Würdigung seines Gesamtauftretens im Geschäftsverkehr mit dem Versicherungsnehmer ausdrücklich oder konkludent zu verstehen gibt, dass er elektronische Korrespondenz akzeptiert und auf die Einhaltung der Schriftform verzichtet.[46] Die Beweislast für den Zugang seiner elektronisch versandten Nachricht trägt der Absender gemäß § 130 Abs. 1 BGB.[47] E-Mails dürfen nicht gelöscht werden, solange sie aus handels- oder steuerrechtlichen oder spezialgesetzlichen Gründen aufbewahrt werden müssen.[48] Eine Löschung der E-Mails ist zulässig, wenn sie als Papierausdruck archiviert werden.

20 c) **Fernschreibnetz.** Bei Benutzung des Fernschreibnetzes ist das Schriftformerfordernis erfüllt. Der Absender legitimiert sich durch seine Telex-Nummer, weshalb auf die Übermittlung der eigenhändig vollzogenen Unterschrift verzichtet werden kann.[49] Die Benutzung eines fremden Telex-Anschlusses ist nur zugelassen worden, wenn es sich um einen behördlichen Anschluss handelte, sei es auf der Absenderseite[50] oder sei es auf der Empfängerseite.[51]

21 d) **Telefax.** Die Übermittlung eines Telefaxes genügt zur Wahrung der gesetzlichen Schriftform nicht, weil sich die eigenhändige Unterschrift nur auf dem Original, also der Kopiervorlage, befindet.[52] Bei empfangsbedürftigen Willenserklärungen kommt es nicht nur auf die formgerechte Abgabe, sondern auch auf den formgerechten Zugang an. Die vorgeschriebene Schriftform ist bei Fernkopien gewahrt, wenn der Versicherungsnehmer die Kopiervorlage bei der Telefax-Stelle des Absenderpostamts abgeliefert und dem LVU entweder unmittelbar bei vorhandenem Telefax-Anschluss oder durch Vermittlung des Empfängerpostamts per Telebrief die Mitteilung zugeht.[53] Die Telekopie genügt nicht dem Schriftformerfordernis, wenn sie einem privaten Empfänger übermittelt wird, der die Weiterleitung an den Adressaten per Boten übernommen hat.[54] Auf der Absenderseite kann die Inanspruchnahme des privaten Telefax-Anschlusses eines Dritten

---

[44] BGH, Beschl. v. 4. 12. 2008 – IX ZB 41/08, NJW-RR 2009, 357, 358 = WM 2009, 331, 332.
[45] *Nowak* MDR 2001, 841, 842; *Gößmann* in: Festschrift für Walther Hadding, 2004, S. 819, 832; *Wolters* VersR 2007, 738, 743.
[46] *Leverenz* VersR 2002, 1318, 1329.
[47] *Trapp* WM 2001, 1192, 1195.
[48] *Hilgard* ZIP 2007, 985, 987.
[49] OLG Hamm v. 24. 7. 1961, NJW 1961, 2225; BGH v. 25. 3. 1986, BGHZ 97, 283 = NJW 1986, 1759 = DB 1986, 1223.
[50] BayObLG v. 11. 4. 1967, MDR 1967, 689.
[51] BayObLG v. 29. 5. 1981, NJW 1981, 2591.
[52] BGHZ 24, 297, 298 = NJW 1957, 1275; BGHZ 121, 224 = NJW 1993, 1126; OLG Düsseldorf NJW-RR 1995, 93; BGH NJW-RR 1997, 685; BGH, NJW 1997, 3169; *Ebnet* NJW 1992, 2985, 2990; *Schürmann* NJW 1992, 3005, 3006; *Daumke* ZIP 1995, 722, 724; *Ebnet* JZ 1996, 507, 512; *Elzer/Jacoby* ZIP 1997, 1821, 1826; *Henneke* NJW 1998, 2194; a. A. OLG Düsseldorf, Urt. v. 30. 1. 1992 – 5 U 133/91, NJW 1992, 1050.
[53] BGH v. 28. 2. 1983, ZIP 1983, 740; LAG Hamm v. 10. 6. 1988, DB 1988, 2572.
[54] BGH v. 5. 2. 1981, BGHZ 79, 314; BFH v. 10. 3. 1982, NJW 1982, 2520 = DB 1982, 1856; BAG v. 24. 9. 1986, DB 1986, 183.

ebenso wenig zugelassen werden.[55] Wie beim Telex-Verkehr ist die Benutzung fremder Telefaxanschlüsse nur dann zur Wahrung der Schriftform geeignet, wenn es sich sowohl auf der Absender- als auch auf der Empfängerseite um einen behördlichen Anschluss handelt.[56] Die Schriftform wird erfüllt, wenn der Versicherungsnehmer über seinen eigenen Telefaxanschluss die Mitteilung dem LVU über dessen Telefaxanschluss übermittelt und sich über seine Telefaxnummer legitimiert und dadurch dem LVU die Überprüfung der Benutzerlegitimation ermöglicht.[57] Mit dem „O.K.-Vermerk" auf dem Faxjournal kann der Anscheinsbeweis für den Zugang des Fax erbracht werden,[58] ggf. nach sachverständiger Beratung.[59]

e) **Rechtswirksamkeit.** Willenserklärungen, die der Form entbehren, sind im Zweifel unwirksam.[60] Sie sind jedoch dann wirksam, wenn der Versicherer auf die Einhaltung der Schriftform verzichtet[61] und sich mündliche Erklärungen genügen lässt, z.B. die mündliche Bestimmung eines Bezugsberechtigten gegenüber dem Agenten akzeptiert.[62] Entscheidend ist, dass die Maßgeblichkeit der mündlichen Vereinbarung übereinstimmend gewollt ist.[63]

Wissenserklärungen (Anzeigen usw.), die der Form entbehren, wirken gleichwohl gegen den Versicherer, wenn er durch sie oder auf andere Weise fristgemäß und zuverlässig Kenntnis erhalten hat.[64] So ist die mündliche Anzeige gegenüber dem Agenten, der sie an das LVU weiterleitet, als formgerecht anzusehen, wenn die formlose Mitteilung des Versicherungsnehmers vom LVU nicht sofort zurückgewiesen wird.

4. Zugang beim Versicherer

a) **Vorstand.** Gemäß § 11 Nr. 16 AGBG kann der Versicherer nicht mehr wie in den ALB 1932 den Vorstand der Gesellschaft als maßgebliche Zugangsstelle vorschreiben. Nach § 11 Nr. 16 AGBG genügt es, wenn die Erklärung in den Machtbereich des Versicherers gelangt; die Beschränkung auf einen bestimmten Sektor aus diesem Bereich ist nicht statthaft.[65] Mitteilungen (Willenserklärungen, Anzeigen) werden daher wirksam, sobald dem LVU zugegangen sind.[66] Dies gilt auch, wenn die Erklärungen an den Vorstand zu richten sind.[67] Insoweit genügt der Eingang der Mitteilung bei den Geschäftsstellen.[68] Nicht aber bei ande-

---

[55] LAG Hamm v. 10.6.1988, DB 1988, 2572; a.A. BAG v. 14.3.1989, DB 1989, 1144.
[56] LAG Hamm v. 10.6.1988, DB 1988, 2572.
[57] LAG Hamm v. 10.6.1988, DB 1988, 2572; OLG Karlsruhe, Urt. v. 30.9.2008 – 12 U 65/08, VersR 2009, 245, 246 = r+s 2008, 505, 506 = DB 2008, 2479, 2480.
[58] OLG München NJW 1994, 527; OLG München OLGR 1999, 10; OLG Karlsruhe, Urt. v. 30.9.2008 – 12 U 65/08, VersR 2009, 245, 246; a.A. BGH NJW 1995, 665 = VersR 1995, 312; BFH BB 1999, 303; BAG KGR 2002, 27; BAG MDR 2003, 91; BGH NJW 2004, 1320; *Kaiser* NJW 2009, 2187.
[59] OLG Celle, Urt. v. 19.6.2008 – 8 U 80/07, VersR 2008, 1477, 1480; OLG Karlsruhe, Urt. v. 30.9.2008 – 12 U 65/08, VersR 2009, 245, 246.
[60] § 125 Satz 2 BGB; LG Köln VersR 1953, 130; OLG Nürnberg VersR 1966, 1070.
[61] OLG Düsseldorf VersR 1962, 80.
[62] BGH VersR 1967, 795.
[63] BAG v. 10.1.1989, DB 1989, 1628 m.w.Nw.
[64] LG Hannover v. 24.2.1954, VersR 1954, 233; AG Hamburg VersR 1956, 342; OLG Neustadt VersR 1963, 151; LG Köln VersR 1965, 685; BGH VersR 1966, 153.
[65] *Hensen* in: Ulmer-Brandner-Hensen, 9. Aufl., 2001, § 11 Nr. 16 AGBG Rdn. 8 m.w. Nachw.
[66] § 12 Abs. 1 Satz 2 ALB 1986; BGH VersR 1963, 179.
[67] BGH VersR 1970, 660; OLG Hamm, Urt. v. 22.12.2000 – 20 W 16/00, r+s 2001, 399, 400.
[68] BGH v. 10.2.1994, VersR 1994, 586; *Schnepp* VersR 1991, 949, 952.

ren Gesellschaften, auch wenn diese mit dem LVU verbunden sind.[69] Zum Nachweis des Zugangs einer Mitteilung kann unter Umständen eine Einschreibsendung genügen. Weist der Versicherungsnehmer den Zugang der Einschreibsendung beim LVU nach, soll vermutet werden können, dass es sich nicht um ein leeres Kuvert oder um ein Schriftstück ohne Unterschrift handelte.[70]

24a b) **Vermittler.** Gemäß § 12 Abs. 1 Satz 3 ALB 1986 sind Versicherungsvertreter zur Entgegennahme von Mitteilungen des Versicherungsnehmers oder anderer Berechtigter aus dem Versicherungsvertrag nicht bevollmächtigt.[71] Beruft sich das LVU auf das Fehlen der Empfangsvollmacht, entfaltet die dem Versicherungsvertreter zugegangene Mitteilung keine Wirksamkeit gegenüber dem LVU. Es ist dann dem Versicherer überlassen, ob er sich auf die Unwirksamkeit beruft oder sich den Zugang der Mitteilung beim Versicherungsvertreter zurechnen lässt.[72] Ist jedoch der Versicherungsvertreter Empfangsbote des LVU, geht die Erklärung des Versicherungsnehmers in dem Zeitpunkt zu, in dem nach dem regelmäßigen Verlauf der Dinge die Weiterleitung der Erklärung an das LVU zu erwarten ist.[73]

25 Der Zugang beim selbständigen, den Vertrag ständig betreuenden Versicherungsmakler genügt nicht.[74] Der Makler betreut den Vertrag im Auftrag des Versicherungsnehmers und ist der Sphäre des Kunden zuzurechnen.[75] Demzufolge verbietet sich die Annahme einer Empfangsvollmacht für das LVU.[76]

III. Mitteilungen des Versicherers

1. Willenserklärungen i. S. von § 12 ALB 1986

26 Mitteilungen des Versicherers gemäß § 12 ALB 1986 sind im wesentlichen Willenserklärungen nach Vertragsabschluss wie z.B. die qualifizierte Mahnung nach § 39 Abs. 1 VVG, die Belehrung über die Klagefrist des § 12 Abs. 3 Satz 1 VVG, die Kündigung des Versicherungsverhältnisses, der Rücktritt gemäß § 20 VVG,[77] die Anfechtung. Willenserklärung im Sinne von § 12 Abs. 1 ALB 1986 ist auch das Ablehnungsschreiben gemäß § 12 Abs. 3 VVG.[78] Leistungshandlungen, mit denen rechtsgestaltend in den Versicherungsvertrag eingegriffen wird, rechnen hierzu nicht. Als Beispiele sind zu nennen die Zahlung der Versicherungssumme oder die Aushändigung des Versicherungs- oder Nachtragsscheins.[79]

2. Vertretung des LVU

27 Einseitige empfangsbedürftige Willenserklärungen, wie z.B. die Kündigung, Rücktritt, Anfechtung, Ablehnung der Versicherungsleistung mit Rechtsmittelbelehrung sind rechtswirksam, wenn sie von den Geschäftsleitern im Sinne von § 8

---

[69] Siehe hierzu OLG Nürnberg VerBAV 1969, 180; krit. *Schnepp* VersR 1991, 949, 952.
[70] OLG Hamm VersR 1987, 480.
[71] OLG Frankfurt/M. v. 22. 5. 1992, VersR 1993, 171.
[72] BGH VersR 1967, 795.
[73] OLG Hamm, Urt. v. 22. 12. 2000 – 20 W 16/00, r+s 2001, 399, 400; *Rüther* NVersZ 2001, 241, 243.
[74] BGH NJW 1988, 60, 61 = VersR 1987, 663, 664; *Schnepp* VersR 1991, 949, 952; a. A. *Hensen* in: Ulmer-Brandner-Hensen, 6. Aufl., 1990, § 11 Nr. 16 AGBG Rdn. 8.
[75] BGHZ 94, 356, 359 = NJW 1985, 2595 = VersR 1985, 930.
[76] OLG Köln v. 1. 6. 1995, VersR 1995, 946.
[77] Vgl. LG Saarbrücken, Urt. v. 28. 10. 1993, r+s 1994, 83 (Ls.); OLG Oldenburg, Urt. v. 16. 3. 1994 – 2 U 203/93, VersR 1995, 157, 158 = r+s 1994, 445, 446 (zu § 12 ALB 1986).
[78] OLG Koblenz VersR 1968, 1053; BGH, Urt. v. 18. 12. 1970 – IV ZR 52/69, VersR 1971, 262, 263; BGH VersR 1975, 365; s. a. OLG Düsseldorf VersR 1973, 533; offen lassend OLG Hamm VersR 1974, 258.
[79] OLG Hamm VersR 1978, 1107.

Abs. 1 Nr. 1 VAG erklärt werden. Sofern sich die gesetzlichen Vertreter des Versicherungsunternehmens vertreten lassen (z. B. durch Sachbearbeiter, Handlungsbevollmächtigter, Prokurist, ausgeschiedenes Vorstandsmitglied, Mitarbeiter einer anderen Konzerngesellschaft), ist nach § 174 Satz 1 BGB ein einseitiges Rechtsgeschäft, das ein Bevollmächtigter einem anderen gegenüber vornimmt, unwirksam, wenn der Bevollmächtigte eine Vollmachtsurkunde nicht vorlegt und der andere das Rechtsgeschäft aus diesem Grunde unverzüglich, also gemäß § 121 Abs. 1 Satz 1 BGB ohne schuldhaftes Zögern, zurückweist.[80] Die Vorschrift des § 174 BGB ist auf geschäftsähnliche Handlungen, zu denen die Mahnung gehört, entsprechend anzuwenden.[81] Die Zurückweisung ist jedoch dann nicht möglich, wenn für den Versicherungsnehmer aus der Tätigkeit und der Funktion des Bevollmächtigten die Vollmacht für das vorgenommene einseitige Rechtsgeschäft erkennbar ist.[82] Diese Vollmacht ist für den Versicherungsnehmer offenkundig, wenn ein Prokurist, der gemäß § 49 HGB zur Abgabe z. B. einer Rücktrittserklärung bevollmächtigt ist,[83] der Leiter einer den Vertrag verwaltenden Geschäftsstelle oder der zuständige Abteilungsleiter in der Direktion tätig wird.[84] Die Zurückweisung ist verspätet, wenn sie erst nach mehr als drei Monaten[85] oder erst 17 Tage nach Eingang erfolgt.[86]

3. Form

a) Schriftform. Mitteilungen des Versicherers bedürfen ebenfalls gemäß § 12 Abs. 1 Satz 1 ALB 1986 der einfachen Schriftform.   28

b) § 80 AktG. Mitteilungen des LVU müssen gemäß § 80 Abs. 1 Satz 1 und Satz 2 AktG auf einem Geschäftsbogen abgegeben werden, auf dem alle Vorstandsmitglieder mit einem ausgeschriebenen Vornamen angegeben sind. Eine Verletzung der Angabepflicht hat allerdings keine Unwirksamkeit der Erklärung des Versicherers zur Folge.   29

c) Unterzeichnung der Mitteilung. aa) Eigenhändige Unterzeichnung. Erklärungen des Versicherers, für die die Schriftform vorgesehen ist, müssen gemäß §§ 127, 126 BGB eigenhändig unterzeichnet sein, es sei denn, das Gesetz lässt ausdrücklich eine mechanische Nachbildung der Unterschrift des LVU zu.[87] Leserlich braucht die Unterschrift nicht zu sein.[88] Zu den Erklärungen des Versicherers, die nach § 127 BGB[89] eigenhändig unterzeichnet sein müssen, gehört die Anzeige gemäß § 37 VVG, mit der auf die Umstellung des Inkassos vom LVU nachdrücklich hingewiesen werden muss,[90] ferner die Anspruchsablehnung gemäß   30

---

[80] LG München I r+s 1977, 23; LG Aachen NJW 1978, 1387; OLG Hamm v. 26. 10. 1990, NJW 1991, 1185 = VersR 1991, 663 = WM 1991, 1715.
[81] BGH NJW 1983, 1542; *Deggau* JZ 1982, 796.
[82] BAG DB 1972, 1680 und NJW 1979, 447; Leiter einer Personalabteilung ist berechtigt, Kündigungen auszusprechen.
[83] OLG Karlsruhe, Urt. v. 23. 10. 2001 – 12 U 179/00, NJW-RR 2002, 239 = NVersZ 2002, 551.
[84] Vgl. OLG Köln, Beschl. v. 12. 3. 1953 – 5 W 4/53, VersR 1953, 233; OLG Hamburg VersR 1961, 1010; LG Duisburg, Beschl. v. 30. 6. 1989 – 4 T 155/89, VersR 1989, 1255 – Prokurist/stellvertretender Gruppenleiter.
[85] OLG Köln, Urt. v. 15. 11. 1984 – 5 U 164/84.
[86] OLG Hamm v. 9. 9. 1987, VersR 1988, 511 (Ls.).
[87] OLG Hamm, Urt. v. 9. 5. 1979 – 20 U 43/79, VersR 1979, 1047, 1048.
[88] BGH v. 7. 1. 1959, NJW 1959, 734; OLG Düsseldorf BB 1959, 1186; BGH v. 2. 1. 1960, BB 1960, 305; BGH v. 14. 5. 1964, VersR 1964, 846; OLG Nürnberg VersR 1965, 150.
[89] Nicht § 126 BGB, siehe RGZ 125, 68.
[90] OLG Hamm, Urt. v. 9. 5. 1979 – 20 U 43/79, VersR 1979, 1047, 1048.

§ 12 Abs. 3 VVG mit Blick auf den Schutzzweck des § 12 Abs. 3 VVG, der die Übertragung der Rechtsprechung zur Wahrung von Rechtsmittel- und Rechtsmittelbegründungsfristen durch Einsatz fernmeldetechnischer Übertragungsmittel – u.a. Telekopien – auf die Erklärung des Versicherers nach § 12 Abs. 3 Satz 2 VVG verbietet,[91] Rücktrittserklärung gemäß § 20 VVG.[92]

31 **bb) Faksimile.** Der Gesetzgeber hat in den in § 3 Abs. 1 VVG (Versicherungsschein), § 39 Abs. 1 VVG (Mahnung), § 43 Nr. 4 VVG (Beitragsrechnung) geregelten Fällen eine mechanische Nachbildung der Unterschrift des Versicherers ausdrücklich zugelassen.[93] Hierzu genügt nach der Verkehrsanschauung die Nachbildung der eigenhändigen Unterschrift der gesetzlichen Vertreter des LVU durch Faksimilestempel oder gedruckten Namenszug.[94] Die Beweislast dafür, dass die Mitteilungen des Versicherers in den gesetzlich zulässigen Fällen eine Faksimileunterschrift trugen, liegt beim Versicherer.[95]

32 Nicht zu den zulässigen mechanischen Nachbildungen der Unterschriften zählen normale Druckbuchstaben.[96] Die Nachbildung der eigenhändigen Unterschriften der vertretungsberechtigten Organmitglieder des Versicherungsunternehmens auf der mit „Versicherungsschein" gekennzeichneten Urkunde genügt der Wahrung der für den Vermerk in dem Versicherungsschein gemäß § 3 Abs. 1 VVG, § 126 BGB erforderlichen Schriftform.[97] Die Unterzeichnung mittels faksimilierter Unterschrift ist ausreichend für die qualifizierte Mahnung[98] und zwar auch dann, wenn im Mahnschreiben gleichzeitig mit der qualifizierten Mahnung vorsorglich die Kündigung für den Fall erklärt wird, dass die Nachfrist für die Beitragszahlung fruchtlos abläuft.[99] Unzureichend wäre ein Mahn- und Kündigungsschreiben, das nur den gedruckten Firmennamen enthält.[100]

33 Unwirksam ist die Faksimileunterschrift, wenn der betreffende Unterzeichner verstorben ist oder seine Vertretungsmacht, z.B. wegen Ausscheidens aus dem Vorstand, verloren hat. Unberührt bleibt die Haftung des Versicherers aus culpa in contrahendo, positiver Forderungsverletzung oder kraft Rechtsscheins.[101]

4. Zugang beim Versicherungsnehmer

34 a) **Zugangserleichterungen. aa) § 10 VVG.** α) Anzeigepflicht des Versicherungsnehmers (§ 12 Abs. 2). § 12 Abs. 2 ALB 1986 verpflichtet den Versicherungsnehmer, dem Versicherer unverzüglich und ausdrücklich eine Änderung seiner Postanschrift mitzuteilen.[102] Der Versicherer kann nämlich gemäß § 10 VVG Willenserklärungen an die letzte dem Versicherer bekannte Wohnung mit

---

[91] OLG Koblenz, Urt. v. 16. 6. 1995 – 10 U 1453/94, VersR 1996, 700, 701 = r+s 1995, 367, 368.
[92] OLG Oldenburg v. 16. 3. 1994, VersR 1995, 157; a.A. LG Dortmund r+s 1991, 38; LG Saarbrücken, Urt. v. 28. 10. 1993, r+s 1994, 83.
[93] OLG Hamm, Urt. v. 9. 5. 1979 – 20 U 43/79, VersR 1979, 1047, 1048.
[94] Vgl. RGZ 106, 330 – Kündigung eines Versicherungsvertrages; RGZ 125, 68, 72, 73; zu § 3 Abs. 1 VVG: OLG Saarbrücken, Urt. v. 13. 11. 1991 – 5 U 35/91, VersR 1992, 687 (Ls.); *Asmus* VersR 1966, 1006; siehe auch GB BAV 1981, 38.
[95] LG Aachen, Urt. v. 13. 6. 1997 – 5 S 41/97, VersR 1998, 835 – Mahnung gemäß § 39 Abs. 1 VVG.
[96] LG Aachen, Urt. v. 13. 6. 1997 – 5 S 41/97, NJW-RR 1998, 603; *Prölss/Martin*, § 39 VVG Anm. 2 d; *Bruck/Möller*, 8. Aufl., § 39 VVG Rdn. 24.
[97] OLG Saarbrücken v. 13. 11. 1991, VersR 1992, 687.
[98] Vgl. LG Aachen v. 13. 6. 1997, NJW-RR 1998, 603 = VersR 1998, 835 (Ls.).
[99] OLG Frankfurt/M., Urt. v. 14. 12. 1961 – 2 U 104/61, VersR 1962, 777.
[100] OLG Koblenz, Urt. v. 20. 9. 1967 – 1 a U 303/66, VersR 1967, 1061.
[101] Vgl. RGZ 106, 333; RGZ 125, 74; BGH v. 25. 11. 1963, VersR 1964, 133.
[102] LG Karlsruhe, Urt. v. 27. 11. 1990 – 7 O 469/90.

eingeschriebenem Brief zustellen, worauf noch § 14 Ziffer 1 ALB 1932 hinwies.

β) Inhalt der Vorschrift. § 10 VVG begründet für Willenserklärungen jeder Art eine Zugangsfiktion.[103] Die Vorschrift kann sich für den Versicherungsnehmer nachteilig auswirken, weil sie auch Mitteilungen des Versicherers betrifft, die erhebliche Rechtsfolgen auslösen, z. B. Rücktrittserklärungen gemäß § 20 VVG, Prämienmahnungen gemäß § 39 Abs. 1 VVG.[104] Auch auf die Fristsetzung gemäß § 12 Abs. 3 VVG findet § 10 VVG Anwendung.[105] Die Zugangsfiktion kann gemäß § 10 Nr. 6 AGBG nicht auf die Übersendung einfacher Briefe erstreckt werden.[106] Sie scheidet ebenfalls aus, wenn ein Versicherungsschein zu übermitteln ist.[107] 35

γ) Anwendung des § 10 VVG. § 10 Abs. 1 VVG lässt bei einer dem Versicherer nicht mitgeteilten Wohnungsänderung des Versicherungsnehmers für eine diesem gegenüber abzugebende Willenserklärung die Absendung eines eingeschriebenen Briefes an die letzte dem Versicherer bekannte Wohnung genügen. Der Zweck dieser für alle Versicherungszweige geltenden gesetzlichen Regelung liegt darin, für die Durchführung von Versicherungsgeschäften als Massengeschäften einen rationellen Betrieb zu ermöglichen.[108] Die Anwendung des § 10 VVG setzt voraus, dass der Versicherungsnehmer seine Wohnung aufgegeben und in eine andere Wohnung verzogen ist.[109] Die Verlegung des Wohnsitzes ist nicht erforderlich.[110] Auf andere Fälle als die Wohnungsänderung, z. B. auf den Tod des Versicherungsnehmers, vorübergehende – wenn auch häufige – Abwesenheit von der Wohnung ist § 10 VVG nicht anwendbar.[111] Die durch § 10 VVG gebotene Beweiserleichterung entfällt daher, wenn der Versicherungsnehmer postalisch unbekannt verzogen, aber laut Auskunft des Einwohnermeldeamtes noch unter der alten postalischen Anschrift gemeldet ist und nur durch längere Abwesenheit seine Erreichbarkeit und Empfangsfähigkeit in Frage gestellt ist.[112] Das LVU kann sich nicht auf § 10 VVG berufen, wenn ihm die neue Anschrift zuverlässig bekannt ist[113] oder die neue Anschrift des Versicherungsnehmers ohne größere Schwierigkeiten hätte in Erfahrung bringen können.[114] Maßgeblich für das LVU ist die letzte Mitteilung des Versicherungsnehmers z. B. aufgrund der Anzeige eines Versicherungsfalls.[115] Auskünfte, die von dritter Seite erteilt werden, sind für § 10 VVG unbeachtlich.[116] 36

δ) Zustellung an GmbH i. L. Bei einer im Handelsregister gelöschten GmbH (Versicherungsnehmerin) kann eine Zustellung gemäß § 10 VVG nicht bewirkt werden, wenn die Versicherungsnehmerin nicht mehr als Rechtsperson existent ist und keine Anschrift mehr hat. Nach Amtslöschung kann auch an den früheren 37

---

[103] H. Schmidt in: Ulmer/Brandner/Hensen, AGB-Recht, 10. Aufl., 2006, § 308 Nr. 6 BGB Rdn. 3.
[104] Vgl. BayObLG BB 1980, 283.
[105] A. A. OLG Düsseldorf v. 13. 2. 1973, VersR 1973, 533; unentschieden OLG Hamm v. 22. 6. 1973, VersR 1974, 258.
[106] OLG Hamburg, Urt. v. 11. 7. 1979 – 4 U 88/79, VersR 1980, 38, 39.
[107] OLG Hamm VersR 1978, 1107.
[108] OLG Hamburg, Urt. v. 11. 7. 1979 – 4 U 88/79, VersR 1980, 38, 39; OLG Karlsruhe, Urt. v. 20. 6. 1991 – 12 U 40/91, S. 4.
[109] BGH, Urt. v. 18. 12. 1970 – IV ZR 52/69, VersR 1971, 262; BGH VersR 1975, 365.
[110] OLG Nürnberg VersR 1958, 677.
[111] LG Berlin ZfV 1959, 769; BGH, Urt. v. 18. 12. 1970 – IV ZR 52/69, VersR 1971, 262.
[112] OLG Koblenz, Urt. v. 20. 9. 1967 – 1 a U 303/66, VersR 1967, 1061, 1062.
[113] OLG Hamm VersR 1974, 258.
[114] OLG Düsseldorf VersR 1978, 912.
[115] OLG Düsseldorf v. 13. 2. 1973, VersR 1973, 534.
[116] OLG Düsseldorf VersR 1973, 534.

gesetzlichen Vertreter der Versicherungsnehmerin nicht mehr wirksam zugestellt werden, sondern es muss ein neuer Liquidator bestellt werden,[117] es sei denn, einem Prozessbevollmächtigten ist vor der Löschung der Gesellschaft rechtswirksam Prozessvollmacht erteilt worden, die dazu führt, dass die Gesellschaft wegen der in § 86 ZPO angeordneten Fortwirkung der Bevollmächtigung nach wie vor als prozessfähig anzusehen ist.[118] Der BGH hat für den Fall, dass eine GmbH aufgrund einer Beendigungsanzeige der Abwickler gelöscht worden ist und sich nachträglich weitere Abwicklungsmaßnahmen als notwendig erwiesen haben, wiederholt ausgesprochen, dass die Vertretungsbefugnis der früheren Abwickler nicht ohne weiteres wieder auflebt, sondern dass das Gericht in entsprechender Anwendung des § 273 Abs. 4 AktG auf Antrag eines Beteiligten[119] die bisherigen oder andere Abwickler neu zu bestellen hat, wobei die Auswahl seinem pflichtgemäßen Ermessen unterliegt.[120] Alternativ kommt in entsprechender Anwendung von § 57 ZPO die Bestellung eines Prozesspflegers in Betracht.[121]

38   **bb) Zustellungsbevollmächtigter (§ 12 Abs. 3).** Gemäß § 12 Abs. 3 ALB 1986 ist der Versicherungsnehmer gehalten, einen Zustellungsbevollmächtigten zu benennen. Die Bestellung eines Empfangsbevollmächtigten des Versicherungsnehmers ist weder nach § 34a VVG noch nach den Bestimmungen des AGBG zu beanstanden.[122] Ohne Verstoß gegen § 20 Abs. 2 Satz 1 VVG kann in den AVB die Bestellung des Bezugsberechtigten als Empfangsbevollmächtigter des Versicherungsnehmers vorgesehen werden.[123] Es bestehen keine rechtlichen Hindernisse gegenüber der Erteilung einer über den Tod des Versicherungsnehmers hinauswirkenden, auf das Versicherungsverhältnis beschränkten Empfangsvollmacht im Rahmen einer individuellen vertraglichen Vereinbarung.[124]

39   **b) Beweislast. aa) Allgemeines.** Soweit § 10 VVG nicht anwendbar ist, trägt der Versicherer die volle Beweislast sowohl für die Absendung als auch für den Zugang seiner Mitteilung. Er trägt daher die Beweislast für den Zugang einer Kündigung,[125] den Zugang eines Ablehnungsschreibens i.S. von § 12 Abs. 3 VVG[126] oder eines Versicherungsscheins.[127]

40   **bb) Anscheinsbeweis.** Beweiserleichterungen kommen dem Versicherer nicht zugute.[128] Insbesondere kann er sich nicht auf einen Anscheinsbeweis stützen, dass Postsendungen nach einer bestimmten Frist den Empfänger zu erreichen pfle-

---

[117] OLG Frankfurt/M. MDR 1983, 135.
[118] BayObLG, Beschl. v. 21. 7. 2004 – 3Z BR 130/04, BB 2004, 2097.
[119] OLG Koblenz, Urt. v. 9. 3. 2007 – 8 U 228/06, ZIP 2007, 2166; BAG, Beschl. v. 19. 9. 2007 – 3 AZB 11/07, NJW 2008, 603, 604 = DB 2008, 416.
[120] BGH, Urt. v. 23. 2. 1970, BGHZ 53, 264 = WM 1970, 520 = BB 1970, 560; BGH, Urt. v. 18. 4. 1985 – IX ZR 75/84, WM 1985, 870, 871 = BB 1985, 1148; BGH, Urt. v. 2. 12. 2009 – IV ZR 65/09, VersR 2010, 517, 519.
[121] BAG, Beschl. v. 19. 9. 2007 – 3 AZB 11/07, NJW 2008, 603, 604 = DB 2008, 416; *Kutzer* ZIP 2000, 654, 655 f.
[122] OLG Düsseldorf VersR 1971, 75; BGH, VersR 1982, 746 = NJW 1982, 2314; OLG Köln VerBAV 1985, 446; OLG Köln VerBAV 1986, 1187.
[123] OLG Karlsruhe v. 2. 5. 1991, VersR 1992, 687.
[124] OLG Köln VerBAV 1985, 446.
[125] BGH, Urt. v. 27. 5. 1981 – IVa ZR 52/80, VersR 1981, 921 (Revisionsentscheidung zu OLG Karlsruhe, Urt. v. 15. 2. 1979 – 12 U 73/78, VersR 1980, 227); OLG Hamm v. 18. 12. 1991, VersR 1992, 1205.
[126] OLG Düsseldorf, Urt. v. 18. 12. 2001 – 4 U 78/01, NVersZ 2002, 357 = VersR 2002, 1364 = r+s 2002, 274; *Römer* in: Römer/Langheid, 2. Aufl., 2003, § 12 VVG Rdn. 51.
[127] OLG Köln, Urt. v. 19. 8. 1997 – 9 U 222/96, VersR 1998, 1104, 1106.
[128] OLG Köln, Urt. v. 23. 10. 2001 – 9 U 226/00, NVersZ 2002, 109, 110; *Allgaier* VersR 1992, 1070, 1071.

Willenserklärungen und Anschriftenänderungen 41 § 12 ALB 1986

gen.[129] Den Beweis für den Zugang seiner Mitteilung innerhalb gewöhnlicher Postlaufzeiten kann der Versicherer nach den Grundsätzen des Beweises des ersten Anscheins daher nicht schon dadurch erbringen, dass die Mitteilung als Einschreiben abgesandt worden ist und zum Nachweis hierfür z. B. der Einlieferungsbeleg für ein Einwurfeinschreiben vorgelegt wird[130] oder dass die Mitteilung als Briefsendung bei der Post eingeliefert worden ist.[131] Zwar gelten Mitteilungen dem Versicherungsnehmer als zugegangen, wenn sie derart in seinen Machtbereich gelangt sind, dass der Versicherungsnehmer unter gewöhnlichen Umständen von ihnen Kenntnis nehmen kann.[132] Dies ist der Fall, wenn ein Bote die Briefsendung in den Briefschlitz der Haustür eines Mehrparteienhauses einwirft.[133] Es besteht aber nach der bisherigen ständigen höchstrichterlicher Rechtsprechung weder für normale Postsendungen noch für Einschreiben ein Anscheinsbeweis dafür, dass eine an einem bestimmten Tag zur Post gegebene Sendung den Empfänger überhaupt[134] oder, wenn der Zugang unstreitig ist, ihn innerhalb einer bestimmten Zeit erreicht.[135]

cc) **Einschreibebrief als Zugangsbeweis.** Für den Zugangsbeweis genügt es 41 nicht, dass die Post den Benachrichtigungsschein für den Einschreibebrief dem Empfänger der Sendung in sein Postfach oder seinen Wohnungsbriefkasten eingelegt hat.[136] Der Zugangsbeweis ist jedoch geführt, wenn die Auslieferung des Einschreibebriefes vom Versicherer zur Überzeugung des Gerichts nachgewiesen werden kann.[137] Hat der Versicherungsnehmer in einem engen zeitlichen Zu-

---

[129] BGH VersR 1996, 445 = r+s 1996, 87; OLG Hamm VersR 1996, 1408 (Ls.) = r+s 1996, 164; OLG Köln, Urt. v. 19. 8. 1997 – 9 U 222/96, VersR 1998, 1104, 1106; OLG München, Urt. v. 21. 4. 2004 – 7 U 5648/03, VersR 2005, 674.
[130] BGHZ 24, 308 = VersR 1957, 442; BGH VerBAV 1966, 97; BGH NJW 1964, 1176; OLG Hamm VersR 1976, 1033; OLG Köln v. 12. 12. 1986, MDR 1987, 405; LG Frankfurt/M. MDR 1987, 582; OLG Nürnberg v. 11. 7. 1991, VersR 1992, 602; zur Haftung der Post siehe OLG Köln v. 14. 3. 1991, VersR 1992, 1516; OLG Düsseldorf, Urt. v. 18. 12. 2001 – 4 U 78/01, NVersZ 2002, 357 = VersR 2002, 1364 = r+s 2002, 274.
[131] BGH NJW 1964, 1176 = VersR 1964, 375, 376; LG Rottweil, Urt. v. 6. 2. 1991 – 1 S 277/90, VersR 1991, 1278; OLG Frankfurt/M. v. 3. 2. 1995, VersR 1996, 90, 91.
[132] OLG Karlsruhe VersR 1977, 902; BGHZ 67, 271, 275 = NJW 1977, 194; BGH NJW 1980, 990; BGH NJW 1983, 929, 930; BAG NJW 1984, 1651; BGH v. 15. 3. 1989, VersR 1989, 807; Jänich VersR 1999, 535.
[133] LAG Düsseldorf, Urt. v. 19. 9. 2000 – 16 Sa 925/00, NZA 2001, 408 (Ls.).
[134] BGH NJW 1996, 2033, 2035; *Palandt/Heinrichs*, BGB, 60. Aufl., § 130 BGB Rdn. 21.
[135] OLG Hamm VersR 1973, 147; OLG Hamm VersR 1975, 246; OLG Hamm VersR 1982, 1045; OLG Hamm, Urt. v. 16. 8. 1984 – 4 U 189/84, VersR 1984, 730; OLG Düsseldorf, Urt. v. 18. 12. 2001 – 4 U 78/01, NVersZ 2002, 357 = VersR 2002, 1364 = r+s 2002, 274.
[136] BAG NJW 1963, 554, 555 = DB 1963, 176; BGH, Urt. v. 18. 12. 1970 – IV ZR 52/69, VersR 1971, 262, 263; OLG Celle WM 1975, 550; BGHZ 67, 271, 275 = NJW 1977, 194 = WM 1977, 19 = DB 1977, 204 = BB 1977, 204 f.= MDR 1977, 389; BGH NJW 1983, 929; BGH, Beschl. v. 20. 10. 1983 – III ZR 42/83, VersR 1984, 45; BAG NJW 1984, 687; OLG Köln, Urt. v. 20. 6. 1991 – 5 U 183/90, VersR 1992, 85; BGH, Urt. v. 17. 4. 1996 – IV ZR 202/95, NJW 1996, 1967, 1968 = VersR 1996, 742, 743 = r+s 1996, 252, 253 = VerBAV 1996, 214, 215 = ZIP 1996, 878, 879; BGH, Urt. v. 26. 11. 1997 – VIII ZR 22/97, NJW 1998, 976, 977 = VersR 1998, 472, 473 = WM 1998, 459, 460 = BB 1998, 289 = MDR 1998, 337; BGHZ 137, 205, 208 = NJW 1998, 986; KG, Beschl. v. 14. 5. 2004 – 6 W 8/04, VersR 2004, 1298, 1299; OLG Brandenburg, Beschl. v. 3. 11. 2004 – 9 UF 177/04, NJW 2005, 1585, 1586; *Bauer/Diller* NJW 1998, 2795; *Looschelders* VersR 1998, 1198, 1199; Wendtland in: Bamberger/Roth, BGB, 2003, § 130 BGB Rdn. 13.
[137] OLG Köln v. 7. 12. 1989, VersR 1990, 1261 – Mahn- und Kündigungsschreiben i. S. von § 39 VVG.

sammenhang eine Reihe von Schreiben erhalten, die sich aufeinander beziehen, so kann der Beweis des Zugangs des streitbefangenen Schreibens als geführt angesehen werden, wenn der Versicherungsnehmer den Zugang dieses Schreibens erst sehr viel später bestreitet.[138] Der Nachweis der Aushändigung des Rücktritts-Einschreibens an die Putzfrau des Versicherungsnehmers genügt für den Nachweis des Zugangs beim Versicherungsnehmer.[139]

42 dd) **Übergabe-Einschreiben.** Seit dem 1. September 1997 gibt es das Übergabe-Einschreiben. Das Übergabe-Einschreiben wird dem Empfänger von der Deutsche Post AG gegen Empfangsbescheinigung ausgehändigt. Diese Versendungsform kann gegen Aufpreis mit einem Rückschein kombiniert werden. Auf das Übergabe-Einschreiben finden die für das Einschreiben alter Form entwickelten Grundsätze Anwendung.[140] Beim Einschreiben mit Rückschein sind in der Regel keine Beweisschwierigkeiten zu befürchten.[141]

43 ee) **Einwurf-Einschreiben.** Die Deutsche Post AG stellt seit dem 1. September 1997 das „Einwurf-Einschreiben" zur Verfügung, das als normale Briefpost mit der Tagespost in den Hausbriefkasten des Empfängers eingeworfen wird, wobei der Postbote den Einwurf auf dem Auslieferungsbeleg dokumentiert.[142] Drei Tage nach Einlieferung kann der Absender bei einem sogenannten „Call-Center" der Deutschen Post AG telefonisch erfragen, ob die Sendung beim Empfänger eingetroffen ist. Gegen ein weiteres Entgelt ist ein schriftlicher Datenauszug erhältlich.

44 Das Einwurf-Einschreiben geht dem Empfänger in dem Zeitpunkt zu, in welchem üblicherweise mit der Leerung des Briefkastens zu rechnen ist.[143] Mit dem schriftlichen Datenauszug über den eingescannten Auslieferungsbeleg, den der Versicherer gegen Zahlung einer Gebühr erhalten kann, kann er in der Regel den Anscheinsbeweis für die Zustellung des Einwurf-Einschreibens zu dem im Datenauszug dokumentierten Zeitpunkt begründen.[144]

45 ff) **Postschließfach.** Bei der Einlegung von Post in ein Postschließfach geht der Brief dem Inhaber an dem Tage zu, an dem nach der Verkehrsanschauung mit einer Abholung zu rechnen ist.[145] Auf eine verspätete Kenntnis wegen verzögerter Leerung kann er sich nicht berufen.[146] Unter gewöhnlichen Umständen wird ein Postfach täglich oder doch jedenfalls in kurzen zeitlichen Abständen geleert.[147]

---

[138] LG Hamburg v. 27. 6. 1991, VersR 1992, 85 m. zust. Anm. *Laumen* VersR 1992, 86.
[139] OLG Karlsruhe, Urt. v. 15. 12. 1988 – 12 U 66/88, VersR 1990, 76.
[140] *Dübbers* NJW 1997, 2503; *Neuvians/Mensler* BB 1998, 1206; *Looschelders* VersR 1998, 1198, 1203.
[141] OLG Hamm r+s 1992, 258; *Klimke*, Die Hinweispflicht des Versicherers bei Einführung neuer AVB, NVersZ 1999, 449, 452.
[142] *Dübbers* NJW 1997, 2503; *Neuvians/Mensler* BB 1998, 1206; *Looschelders* VersR 1998, 1198, 1204; *Fabian* VersR 2001, 1090.
[143] *Dübbers* NJW 1997, 2503, 2504; *Looschelders* VersR 1998, 1198, 1200.
[144] AG Paderborn, Urt. v. 3. 8. 2000 – 51 C 76/00, NJW 2000, 3722, 3723 = VersR 2001, 996; AG Hannover, Urt. v. 4. 2. 2003 – 543 C 16 601/02, VersR 2004, 317; best. durch LG Hannover, Beschl. v. 22. 7. 2003 – 7 S 21/03; AG Erfurt, Urt. v. 20. 6. 2007 – 5 C 1734/06, MDR 2007, 1338, 1340; *Jänich* VersR 1999, 535, 537; *Reichert* NJW 2001, 2523, 2524; *Putz* NJW 2007, 2450; a. A. LG Potsdam, Urt. v. 27. 7. 2000 – 11 S 233/99, NJW 2000, 3722 f. = VersR 2001, 995, 996; dazu *Hunke* VersR 2002, 660; AG Kempen, Urt. v. 22. 8. 2006 – 11 C 432/05, NJW 2007, 1215; *Bauer/Diller* NJW 1998, 2795, 2796; *Friedrich* VersR 2001, 1090 f.; unentschieden OLG Düsseldorf, Urt. v. 18. 12. 2001 – 4 U 78/01, NVersZ 2002, 357 = VersR 2002, 1364 = r+s 2002, 274.
[145] BGH, Urt. v. 19. 1. 1955, WM 1955, 416; BGH, Beschl. v. 31. 7. 2003 – III ZR 353/02, WM 2003, 1820, 1821.
[146] BGH, Beschl. v. 31. 7. 2003 – III ZR 353/02, WM 2003, 1820, 1821.
[147] BGH, Beschl. v. 31. 7. 2003 – III ZR 353/02, WM 2003, 1820, 1821.

gg) **Briefkasten.** Es kommt darauf an, ob im Zeitpunkt des Einwurfs des **46** Briefes in den Briefkasten nach der Verkehrsanschauung, ohne Berücksichtigung der individuellen Verhältnisse des Empfängers, noch mit einer Leerung am selben Tag zu rechnen war.[148]

hh) **Zustellung durch Gerichtsvollzieher.** § 132 Abs. 1 BGB eröffnet die **47** Zustellung empfangsbedürftiger Willenserklärungen durch den Gerichtsvollzieher gemäß §§ 166 ff. ZPO. Für das tägliche Massengeschäft der Versicherer ist diese Versendungsform in der Regel ungeeignet.[149] Nur wenn aufgrund besonderer Umstände zu erwarten ist, dass der Versicherungsnehmer den Zugang der Erklärung vereiteln wird, sollte ein Zustellungsauftrag an den Gerichtsvollzieher in Erwägung gezogen werden.[150] Förmliche Zustellungen sind von der Deutsche Post AG gemäß § 19 PKV nach den Vorschriften der ZPO auszuführen.[151]

ii) **Auslandszustellung.** Das am 1. Juli 2002 in Kraft getretene Gesetz zur Re- **48** form des Verfahrens bei Zustellungen im gerichtlichen Verfahren vom 25. Juni 2001[152] hat für Zustellungen im Ausland eine wesentliche Erleichterung gebracht. Nach § 183 Abs. 1 Nr. 1 ZPO kann eine Zustellung im Ausland durch Einschreiben mit Rückschein erfolgen, soweit auf Grund völkerrechtlicher Vereinbarungen Schriftstücke unmittelbar durch die Post übersandt werden dürfen.[153]

c) **Zugangsvereitelung.** Dem Versicherungsnehmer ist es gemäß § 242 BGB **49** verwehrt, sich auf einen nicht fristgerechten Zugang einer Mitteilung des Versicherers, zu berufen, wenn er den Zugang bewusst vereitelt oder verzögert hat oder wenn er mit dem Eingang rechtsgeschäftlicher Erklärungen rechnen muss und nicht dafür sorgt, dass diese Mitteilungen ihn erreichen.[154] Ergeben sich Anhaltspunkte dafür, dass eine vorhandene Hausbriefkastenanlage („englischer Briefkasten") nicht ausreicht, um den Zugang von Postsendungen sicher zu stellen, so muss der Betroffene ausreichende Maßnahmen treffen, um diesem Zustand abzuhelfen.[155] Verlässt der Versicherungsnehmer seine Wohnung für längere Zeit, ohne zu verhindern, dass Einschreibebriefe des Versicherers, mit denen er durch ein Dauerschuldverhältnis in einem ständigen Kommunikationsverhältnis steht, wieder mit dem postalischen Vermerk „unbekannt verzogen" zurückgesandt werden, obwohl er unter der Zusteladresse gemeldet ist, so sind ihm diese als zugegangen zuzurechnen,[156] insbesondere wenn der Versicherungsnehmer die Anschrift in einer Mitteilung an den Versicherer genannt hat.[157] Wer mit dem Eingang rechtsgeschäftlicher Erklärungen ständig rechnen muss, insbesondere im Hinblick auf bestehende Rechtsverhältnisse, muss in der Regel Vorsorge dafür treffen, dass ihn die Erklärungen auch erreichen können.[158] Dies gilt insbesondere dann, wenn

---

[148] BGH, Urt. v. 21. 1. 2004, NJW 2004, 1320, 1321 = WM 2004, 639; BGH, Urt. 5. 12. 2007 – XII ZR 148/05, WM 2008, 562, 563.
[149] *Jänich* VersR 1999, 535, 538.
[150] OLG Nürnberg NJW-RR 1991, 414.
[151] *Westphal* NJW 1998, 2413.
[152] BGBl. 2001 I S. 1206; dazu *Heß* NJW 2002, 2417.
[153] *Möller* NJW 2003, 1571.
[154] BGH, Urt. v. 13. 6. 1952 – I ZR 158/51, LM Nr. 1 zu § 130 BGB; BGH, Urt. v. 18. 12. 1970 – IV ZR 52/69, VersR 1971, 262; BGHZ 67, 271, 277 ff. = NJW 1977, 194; BAG NJW 1993, 1093; BGH, Urt. v. 17. 4. 1996 – IV ZR 202/95, NJW 1996, 1967, 1968 = VersR 1996, 742, 743 = r+s 1996, 252, 253 = VerBAV 1996, 214, 215 = ZIP 1996, 878, 879.
[155] OLG Köln, Beschl. v. 5. 2. 2001 – 11 W 93/00, NJW-RR 2001, 1221, 1222.
[156] OLG Koblenz, Urt. v. 20. 9. 1967 – 1 a U 303/66, VersR 1967, 1061, 1062.
[157] BGH, Urt. v. 18. 12. 1970 – IV ZR 52/69, VersR 1971, 263.
[158] RGZ 110, 34, 36; BGH NJW 1963, 554, 555; BGH, Urt. v. 18. 12. 1970 – IV ZR 52/69, VersR 1971, 262, 263; BGHZ 67, 271, 278 = NJW 1977, 194 = WM 1977, 19 =

gegenüber dem Versicherungsnehmer die Mitteilung angekündigt worden ist, worauf aber nicht generell abzustellen ist.[159] Ist der Versicherungsnehmer lediglich eine Woche abwesend, so muss er nur bei Vorliegen besonderer Umstände den möglichen Zugang von Erklärungen des Versicherers sicherstellen.[160]

§ 13 Wer erhält die Versicherungsleistung?

(1) **Die Leistung aus dem Versicherungsvertrag erbringen wir an Sie als unseren Versicherungsnehmer oder an Ihre Erben, falls Sie uns keine andere Person benannt haben, die bei Eintritt des Versicherungsfalls die Ansprüche aus dem Versicherungsvertrag erwerben soll (Bezugsberechtigter). Bis zum Eintritt des Versicherungsfalls können Sie das Bezugsrecht jederzeit widerrufen.**

(2) **Wenn Sie ausdrücklich bestimmen, dass der Bezugsberechtigte die Ansprüche aus dem Versicherungsvertrag unwiderruflich und damit sofort erwerben soll, werden wir Ihnen schriftlich bestätigen, dass der Widerruf des Bezugsrechts ausgeschlossen ist. Sobald Ihnen unsere Bestätigung zugegangen ist, kann das bis zu diesem Zeitpunkt noch widerrufliche Bezugsrecht nur noch mit Zustimmung des von Ihnen Benannten aufgehoben werden.**

(3) **Sie können Ihre Rechte aus dem Versicherungsvertrag auch abtreten oder verpfänden.**

(4) **Die Einräumung und der Widerruf eines widerruflichen Bezugsrechts (vgl. Absatz 1) sowie eine Abtretung oder Verpfändung von Ansprüchen aus dem Versicherungsvertrag sind uns gegenüber nur und erst dann wirksam, wenn sie uns vom bisherigen Berechtigten schriftlich angezeigt worden sind. Der bisherige Berechtigte sind im Regelfall Sie; es können aber auch andere Personen sein, sofern Sie bereits vorher Verfügungen vorgenommen haben.**

Anmerkung
Die Klausel ist in die Kommentierung des § 13 ALB 2008 einbezogen.

§ 14 Welche Kosten und Gebühren dürfen Ihnen in Rechnung gestellt werden?

Über die vereinbarten Beiträge hinaus dürfen wir Ihnen Kosten und Gebühren nur in den von der Aufsichtsbehörde genehmigten Fällen in Rechnung stellen.

Übersicht

	Rdn.
I. Allgemeines	1–5
1. Fassung	1–3
2. Verhältnis zum VAG	4
3. PAngV	5
II. In Rechnung Stellung von Kosten und Gebühren	6–8

AuVdBAV: VerBAV 1974, 34 (Verlautbarung zur Verordnung über Preisangaben vom 10. Mai 1973); GB BAV 1979, 34 (Hebegebühren); GB BAV 1981, 38 (Nebengebühren).

DB 1977, 204 = BB 1977, 67 f.; BGH, Urt. v. 27. 10. 1982 – V ZR 24/82, NJW 1983, 929, 930 = WM 1982, 1408 = DB 1983, 40 = BB 1983, 796; BAG v. 3. 4. 1986, NJW 1987, 1508 (Ls.) = DB 1986, 2336; BGH, Urt. v. 26. 11. 1997 – VIII ZR 22/97, BGHZ 137, 205, 209 ff. = NJW 1998, 976, 977 = VersR 1998, 472, 473 = WM 1998, 459, 460 = DB 1998, 618, 619 = BB 1998, 289.
[159] So aber OLG Brandenburg, Beschl. v. 3. 11. 2004 – 9 UF 177/04, NJW 2005, 1585, 1586; *Wendtland* in: Bamberger/Roth, BGB, 2003, § 130 BGB Rdn. 13.
[160] OLG Köln, Urt. v. 20. 6. 1991 – 5 U 183/90, VersR 1992, 85.

I. Allgemeines

1. Fassung

Die ALB 1932 sahen in § 16 Nr. 1 vor, dass der Gesellschaft alle öffentlichen Abgaben, die für die Versicherung erhoben werden, zu erstatten sind. In § 16 Nr. 2 wurde im Einzelnen aufgeführt, für welche Bemühungen die Gesellschaft berechtigt ist, ein Entgelt zu verlangen.

Die ALB 1957 bestimmten in § 14, dass die Gesellschaft für besondere Bemühungen neben den Postgebühren die geschäftsplanmäßigen Gebühren, für Abschriften die ortsüblichen Sätze, erheben und Zahlung im voraus verlangt werden kann. Der Gebührenkatalog wurde in die geschäftsplanmäßige Erklärung übernommen.[1]

Die ALB 1975 und ALB 1981 sprachen sodann in § 14 davon, dass Kosten und Gebühren nur mit Genehmigung der Aufsichtsbehörde in Rechnung gestellt werden dürfen. Die verbraucherfreundlichen Fassungen der ALB 1984 und jetzt der ALB 1986 brachten keine Änderung.

2. Verhältnis zum VAG

Nach § 10 Abs. 1 Nr. 1 VAG a. F. sollen die allgemeinen Versicherungsbedingungen Bestimmungen über die Feststellung und Leistung des Entgelts enthalten, das der Versicherte an den Versicherer zu entrichten hat und über die Rechtsfolgen, die eintreten, wenn er damit in Verzug ist. Unter Entgelt sind auch Kosten und Gebühren zu verstehen, die in § 14 ALB 1986 angesprochen sind. Gebühren jeder Art können nur erhoben werden, wenn eine Grundlage dafür in den AVB gegeben ist und die Höhe der Gebühren in geschäftsplanmäßigen Erklärungen festgelegt wird.[2]

3. PAngV

Nebengebühren für besondere einmalige Leistungen sind im Preisangebot nur in der bisher üblichen Staffel anzugeben.[3] Zum Preis gehören dagegen alle laufend erhobenen Nebengebühren, wie z. B. die Hebe- und Inkassogebühren, soweit sie noch zulässig sind.[4] Solche Gebühren dürfen zwar als Preisbestandteil gesondert angegeben werden, notwendig bleibt aber stets nach § 1 Abs. 7 PAngV die Angabe des Endpreises (Beitrag zuzüglich Nebengebühr). Zu den anzugebenden Nebengebühren gehört auch die Ausfertigungsgebühr.

II. In Rechnung Stellung von Kosten und Gebühren

Mangels einer konkreten Festlegung in den seit den ALB 1957 verlautbarten Musterbedingungen kommt es darauf an, welche Regelungen der Allgemeine Geschäftsplan für die Lebensversicherung,[5] den sich das einzelne LVU zu genehmigen lassen hat, enthält. Ziffer 3 des Allgemeinen Geschäftsplans für die Lebensversicherung schreibt dem LVU vor, anzugeben, in welchen Fällen Gebühren erhoben werden und bis zu welcher Höhe. Ziffer 3.2 des Allgemeinen Geschäftsplans für die Lebensversicherung sieht beispielhaft die Erhebung von Gebühren

---

[1] VerBAV 1957, 60.
[2] GB BAV 1965, 33.
[3] VerBAV 1974, 34.
[4] VerBAV 1974, 34.
[5] VerBAV 1986, 150, 154 – siehe Anhang.

für die nachträgliche Eintragung oder Änderung von Begünstigungsvermerken, Verpfändungsvormerkungen, Abtretungserklärungen, Änderungen des Inhalts des Versicherungsscheins, Ausstellung von Ersatzurkunden vor und lässt auch die Einforderung von Vorauszahlungen auf die Gebühren zu.[6] In der Praxis sind insbesondere die Rücklastschriftgebühren von Bedeutung, da hier den Versicherungsunternehmen direkte Kosten entstehen, zu denen noch die eigenen Bankspesen kommen. Auch hier kann sich das LVU die Kostenerstattung gemäß Ziffer 3.3 des Allgemeinen Geschäftsplans für die Lebensversicherung genehmigen lassen.

7   Hat sich das LVU im Allgemeinen Geschäftsplan für die Lebensversicherung Kosten und Gebühren für den Altbestand für bestimmte Geschäftsvorfälle bewilligen lassen, steht es im Ermessen des LVU, ob es von der geschäftsplanmäßigen Genehmigung Gebrauch macht und sofort die Kosten und Gebühren bei Fälligkeit einfordert oder hiermit das Konto des Versicherungsnehmers belastet, um eine Verrechnung mit der Versicherungsleistung zu gegebener Zeit vorzunehmen. Im Gegensatz zur Praxis der Geschäftsbanken und Bausparkassen wird in der Versicherungswirtschaft von der Möglichkeit, Gebühren und Kosten zur Deckung der vergleichsweise hohen Verwaltungskosten für die angesprochenen Geschäftsvorfälle zu erheben, häufig aus traditionell geübter Kulanz kein Gebrauch gemacht. Nur bei Vorauszahlungen (Policendarlehen) wird in der Regel eine Gebühr bei Auszahlung der Vorauszahlung einbehalten. Werden Kosten und Gebühren erhoben, müssen die geschäftsplanmäßige Regelung und die tatsächliche Handhabung übereinstimmen.[7]

8   Genehmigt die Aufsichtsbehörde die Erhebung von Kosten und Gebühren, sind die entsprechenden Forderungen des LVU versicherungsvertragsrechtlich wie Prämien zu behandeln,[8] insbesondere soweit es sich um mit der Versicherungsprämie zusammenhängende Kosten handelt.[9]

§ 15 Wo ist der Gerichtsstand?

Ansprüche aus Ihrem Versicherungsvertrag können gegen uns bei dem für unseren Geschäftssitz örtlich zuständigen Gericht geltend gemacht werden. Ist Ihre Versicherung durch Vermittlung eines Versicherungsvertreters zustandegekommen, kann auch das Gericht des Ortes angerufen werden, an dem der Vertreter zur Zeit der Vermittlung seine gewerbliche Niederlassung oder, wenn er eine solche nicht unterhält, seinen Wohnsitz hatte.

Anmerkung
Die Klausel ist in die Kommentierung des § 17 ALB 2008 einbezogen.

§ 16 Wie sind Sie an unseren Überschüssen beteiligt?

**(1) Um die zugesagten Versicherungsleistungen über die in der Regel lange Versicherungsdauer hinweg sicherzustellen, sind die vereinbarten Lebensversicherungsbeiträge besonders vorsichtig kalkuliert. An dem erwirtschafteten Überschuss sind unsere Versicherungsnehmer entsprechend unserem jeweiligen von der Aufsichtsbehörde genehmigten Geschäftsplan beteiligt.
(2) Ihre Versicherung gehört zum Abrechnungsverband ...**

---

[6] Zu einer Hebegebühr von 0,50 DM im Zusammenhang mit der Prämienforderung siehe LG Köln, Urt. v. 24. 10. 1994 – 24 O 56/93, r+s 1995, 110.
[7] GB BAV 1982, 58.
[8] Ebenso *Winter* in: Bruck/Möller, VVG, 8. Aufl., §§ 159–178 VVG Anm. E 5.
[9] Vgl. BGH, Urt. v. 27. 1. 1999, NJW 1999, 1335, 1336 = NVersZ 1999, 212, 213 = VersR 1999, 433, 434 = ZIP 1999, 582, 584.

Beteiligung am Überschuss § 16 ALB 1986

Bemerkung

§ 16 ist nach Maßgabe des Geschäftsplanes durch folgende Angaben zu ergänzen:
a) Voraussetzungen für die Fälligkeit der Überschussanteile (Wartezeit, Stichtag für die Zuteilung u. ä.).
b) Form und Verwendung der Überschussanteile (laufende Überschussanteile, Schlussüberschussanteile, Bonus, Ansammlung, Verrechnung, Barauszahlung).

Übersicht

	Rdn.
I. Allgemeines	1–6
1. Fassung	1
2. Anforderungen des § 10 Abs. 1 Nr. 7 VAG	2, 3
3. § 38 Abs. 1 VAG/§ 56 a VAG	4
4. § 81 a VAG	5
5. VVG 2008	6
II. Geltungsbereich	7–9
III. Rechtsnatur und Kontrollfähigkeit der Überschussbeteiligungsklausel	10–60
1. Ausgangslage	10
2. Rechtsnatur des Lebensversicherungsvertrages mit Überschussbeteiligungsklausel	11–53
a) Treuhandverhältnis	11–22
b) Partiarisches Rechtsverhältnis	23–36
c) Geschäftsplanmäßige Erklärung	37–43
d) Versicherungsvertrag gemäß § 1 VVG	44–53
aa) Inhalt des Vertrages	44
bb) Umfang des Leistungsversprechens	45, 46
cc) Geschäftsplan als Entscheidungsgrundlage	47, 48
dd) Fälligwerden der Überschussanteile	49
ee) Kontrolle und Sicherstellung einer angemessenen Überschussbeteiligung	50–52
ff) Rechtsmissbräuchliches Verhalten	53
3. Kontrollfähigkeit der Überschussbeteiligungsklausel	54–60
a) Ausgangslage	54
b) AVB in Satzungen von VVaG	55
c) Verweisung auf den Geschäftsplan	56–58
4. Reformbestrebungen	59, 60
IV. Rechnungsgrundlagen der Lebensversicherung	61–69
1. Kalkulationsgrundsatz	61, 62
2. Sterbetafel	63–65
3. Rechnungszins	66–68
4. Kostenzuschläge	69
V. Überschussbeteiligung gemäß Geschäftsplan	70–102
1. Allgemeines	70–73
a) Verteilungsverfahren	70
b) Geschäftsplan	71, 72
c) Bestandsübertragung	73
2. Pflicht zur zeitnahen und angemessenen Beteiligung der Versicherungsnehmer am Überschuss	74–89 b
a) Begrenzung der Rückstellung für Beitragsrückerstattung	74–83
b) Direktgutschrift	83 a–87
c) Sicherstellung angemessener Zuführungen zur RfB	88–90
aa) Rückgewährquote-Berechnungsverordnung	88 a
bb) ZRQuotenV	89 a
cc) Mindestzuführungsverordnung	89 b
3. Zuteilung und Ausschüttung der Überschussanteile über die Abrechnungsverbände/Gewinnverbände an die Versicherungsnehmer	90–102

	Rdn.
a) Verteilungsgrundsätze	90
b) Sofortüberschussbeteiligung	92
c) Verwendung der jährlichen Überschussanteile	92a–102
aa) Barauszahlung	92a
bb) Beitragsverrechnung	93
cc) Verzinsliche Ansammlung	94
dd) Bonus	95–97
ee) Abbruchsklauseln	98–101
α) Uneingeschränkte Abbruchsklausel	98
β) Eingeschränkte Abbruchsklausel	99–101
ff) Schlussüberschussanteil	102
VI. Darstellung und Erläuterung der Überschussbeteiligung	103–107
1. Beispielrechnungen	103–105
2. Genehmigungspflicht	106
3. Prognose	107
VII. Unterrichtung über die Überschussbeteiligung	108
VIII. Anspruch des Versicherungsnehmers auf Auskunftserteilung über Grund und Höhe der Überschussbeteiligung	109–111

AuVdBAV: GB BAV 1939/45, 12 (Verzinsung der angesammelten Gewinnanteile); GB BAV 1939/45, 12 (Schätzungsweise Ermittlung der Deckungsrückstellung); GB BAV 1939/45, 12 (Senkung des Rechnungszinsfußes); GB BAV 1953/54, 20 (Überschussverteilung und Überschusssysteme); GB BAV 1953/54, 21 (Neue Versicherungsformen); GB BAV 1954/55, 21 (Überschussverteilung, Überschusssysteme, besondere Abrechnungsverbände); VerBAV 1956, 99 (Gewinnbeteiligung beitragsfreier Versicherungen); GB BAV 1955/56, 22 (Sterbetafel und Rechnungszinsfuß als Rechnungsgrundlagen); GB BAV 1955/56, 24 (Nettokostenrechnung bei Bardividenden); GB BAV 1955/56, 24 (Überschussverteilung); GB BAV 1957/58, 34 (Überschussverteilung); GB BAV 1957/58, 35 (Sonder-Gewinnzuteilungen); GB BAV 1959/59, 36 (Beitragskalkulation für Zusatzversicherungen; Lebensversicherungsbeiträge für Frauen); GB BAV 1958/59, 37 (Darstellung und Erläuterung künftiger Überschussanteile in der Lebensversicherung); VerBAV 1959, 93 (Lebensversicherungsbeiträge für Frauen); VerBAV 1960, 230 (Schätzung künftiger Überschussanteile bei der Werbung für die Lebensversicherung); VerBAV 1960, 259 (R 6/60 vom 28. 11. 1960 – Stille Rücklagen der Lebensversicherungsunternehmen); GB BAV 1961, 34 (Wirkungsbereich der mit R 4/59 ergangenen Anordnung über die Darstellung und Erläuterung künftiger Überschussanteile der VN aus Lebensversicherungsverträgen); GB BAV 1962, 27 (Rechnungszinsfuß); GB BAV 1963, 35 (Summenrabatte in der großen Lebensversicherung); GB BAV 1963, 36 (Überschussanteile in Lebensversicherungsverträgen); GB BAV 1963, 36 (Darstellung und Erläuterung künftiger Überschussanteile als Gegenstand der Schulung des Außendienstes); GB BAV 1964, 41 (Darstellung und Erläuterung künftiger Überschussanteile aus Lebensversicherungen); GB BAV 1965, 32 (Unzulässige Angaben bei der Werbung mit der zukünftigen Überschussbeteiligung); VerBAV 1967, 166 (Einführung einer neuen Sterbetafel für Versicherungen mit Todesfallcharakter); GB BAV 1967, 47 (Neue Sterbetafel für die Todesfallversicherung); GB BAV 1967, 50 (Schlussgewinnanteile); GB BAV 1967, 50 (Bemessung des Ansammlungszinssatzes für gutgeschriebene Überschussanteile); GB BAV 1967, 51 (Überzahlungen der Versicherungssumme); VerBAV 1968, 207 (Körperschaftsteuerliche Behandlung der Lebensversicherungsunternehmen; Mindestbesteuerung nach § 6 Abs. 4 KStG und Verlustabzug); GB BAV 1968, 45 (Neue Sterbetafel für die Todesfallversicherung); GB BAV 1968, 47 (Anforderungen an die Beitragsbemessung in der Lebensversicherung); VerBAV 1969, 334 (Steuerliche Anerkennung der Rücklagen für Beitragsrückerstattungen gem. § 6 Abs. 3 KStG); GB BAV 1969, 54 (Anteil für Schlussgewinnanteile in der RfB); VerBAV 1970, 267 (Rückstellungen für Beitragsrückerstattung im Lebensversicherungsgeschäft); GB BAV 1970, 57 (Zur Frage der Verwendung von Gewinnanteilen für die Abkürzung der Versicherungsdauer); VerBAV 1971, 196 (Abweichung vom Geschäftsplan bei hohen Versicherungssummen); GB BAV 1971, 39 (Beitragsrückerstattung in der Lebensversicherung); GB BAV 1971, 49 (Darstellung und Erläuterung der Überschussbeteiligung); GB BAV 1971, 50 (Gewährung eines geschäftsplanmäßig nicht festgelegten Summenrabattes bei Verträgen mit hoher Versicherungssumme); VerBAV 1972, 2, 30 (R 1/72

Beteiligung am Überschuss § **16 ALB 1986**

v. 3. 1. 1972 – Darstellung und Erläuterung der Überschussbeteiligung der Versicherungsnehmer in der Lebensversicherung); VerBAV 1972, 211 (Körperschaftsteuerliche Behandlung der Beitragsrückerstattung in der Lebensversicherung); GB BAV 1972, 38 (Rückstellung für Beitragsrückerstattung); GB BAV 1972, 45 (Vorzeitige Auflösung von Lebensversicherungsverträgen im Zusammenhang mit der flexiblen Altersgrenze); VerBAV 1974, 82 (R 3/74 v. 26. 3. 1974 – Darstellung und Erläuterung der Überschussbeteiligung der Versicherungsnehmer in der Lebensversicherung); GB BAV 1974, 46 (Rechnungsmäßige Abschlusskosten bei kapitalbildenden Versicherungen mit erhöhter Todesfallleistung); GB BAV 1974, 46 (Darstellung und Erläuterung der künftigen Überschussbeteiligung); GB BAV 1974, 47 (Rückversicherung von Gruppenversicherungsverträgen); VerBAV 1975, 267 (R 5/75 v. 15. 5. 1975 – Darstellung und Erläuterung der Überschussbeteiligung der Versicherungsnehmer in der Lebensversicherung); VerBAV 1975, 322 (Bemessung der Summenrabatte bei sog. Mehrfachversicherungen); GB BAV 1975, 40 (Sicherstellung einer angemessenen Beitragsrückerstattung an die Versicherungsnehmer); GB BAV 1975, 41 (Darstellung und Erläuterung der Überschussbeteiligung); GB BAV 1975, 41 (Summenrabatte und Kleinsummenzuschläge); VerBAV 1976, 383 (R 12/76 v. 8. 9. 1976 – Darstellung und Erläuterung der Überschussbeteiligung der Versicherungsnehmer in der Lebensversicherung); GB BAV 1976, 44 (Rückrüstungsquoten); GB BAV 1976, 44 (Finanzierung von Schlussüberschussanteilen); GB BAV 1976, 46 (Werbung mit künftiger Überschussbeteiligung); VerBAV 1977, 3 (Darstellung und Erläuterung der Überschussbeteiligung der Versicherungsnehmer – Beispielrechnungen für Anpassungsversicherungen); VerBAV 1977, 4, 106 (Besondere Tarife für Frauen in der Einzelkapitalversicherung); VerBAV 1977, 248 (Finanzierung von Schlussüberschussanteilen); GB BAV 1977, 46 (Rückerstattungsquoten); GB BAV 1977, 46 (Überschussbeteiligung der VN); GB BAV 1977, 47 (Ansammlungszinssatz für gutgeschriebene Überschussanteile); GB BAV 1977, 51 (Summenrabatte für Mehrfachversicherungen); VerBAV 1978, 105 (Abtretung von Überschussanteilen in der Vereinsgruppenversicherung); VerBAV 1978, 142 (Beitragsrückerstattungen gem. § 21 KStG); VerBAV 1978, 205 (Mitversicherungsverträge in der Lebensversicherung); GB BAV 1978, 36 (Rechnungsmäßige und außerrechnungsmäßige Zinsen aus Lebensversicherungen); GB BAV 1978, 46 (Rückerstattungsquoten); GB BAV 1978, 46 (Überschussbeteiligung der VN); GB BAV 1978, 48 (Abtretung der Überschussanteile in der Vereinsgruppenversicherung); VerBAV 1979, 45 (R 1/79 v. 19. 1. 1979 – Überschussbeteiligung in der Lebensversicherung); VerBAV 1979, 188 (R 4/79 v. 10. 5. 1979 – Darstellung und Erläuterung der Überschussbeteiligung in der Lebensversicherung); VerBAV 1979, 346 (Überschussbeteiligung ohne Wartezeit); VerBAV 1979, 354 (Einkommensteuerrechtliche Behandlung der rechnungsmäßigen und außerrechnungsmäßigen Zinsen aus Lebensversicherungen); GB BAV 1979, 36 (Rechnungsmäßige und außerrechnungsmäßige Zinsen aus Lebensversicherungen; verdeckte Gewinnausschüttung bei VVaG); GB BAV 1979, 51 (Rückerstattungsquoten); GB BAV 1979, 51 (Darstellung und Erläuterung der Überschussbeteiligung in der Lebensversicherung); GB BAV 1979, 52 (Überschussbeteiligung ohne Wartezeit); GB BAV 1979, 54 (Aufteilung der Zuweisung zur RfB auf die Abrechnungsverbände); VerBAV 1980, 59 (Finanzierung von Schlussüberschussanteilen); VerBAV 1980, 163 (Finanzierbarkeit der Überschussbeteiligung); VerBAV 1980, 298 (Die Rückgewährquote (R-Quote) in der Lebensversicherung); GB BAV 1980, 39 (Verdeckte Gewinnausschüttung bei VVaG); GB BAV 1980, 40 (Berechnung der abzugsfähigen Beitragsrückerstattungen nach § 21 Abs. 1 Ziff. 2 KStG); GB BAV 1980, 52 (Zinsen auf angesammelte Überschussanteile); GB BAV 1980, 53 (Rückgewährquote); GB BAV 1980, 53 (Finanzierbarkeit der Überschussbeteiligung); GB BAV 1980, 54 (Rechnungsmäßige Abschlusskosten bei Tarifen mit vereinbarter Abkürzung der Versicherungsdauer); GB BAV 1980, 55 (Nicht überschussberechtigte Versicherungen); GB BAV 1980, 56 (Technische Vertragsänderungen); VerBAV 1981, 299 (Abtretung von Überschussanteilen in der Vereinsgruppenversicherung); GB BAV 1981, 40 (Verdeckte Gewinnausschüttung bei VVaG); GB BAV 1981, 51 (Umstellung von Lebensversicherungsverträgen mit verzinslicher Ansammlung der Überschussanteile auf Summenerhöhung); GB BAV 1981, 52 (Rückgewährquote); GB BAV 1981, 53 (Frauensterbetafel bei Tarifen mit Todesfallgrundlagen); GB BAV 1981, 54 (Finanzierbarkeit der Überschussbeteiligung); GB BAV 1981, 56 (Unterrichtung der Versicherungsnehmer bei Änderung des Überschussbeteiligungssystems); GB BAV 1981, 57 (Ansammlungsüberschussanteil; Organisationszuschüsse bei neu zugelassenen LVU); VerBAV 1982, 3 (Laufende Unterrichtung der Versicherungsnehmer über den Stand ihrer Überschussbeteiligung); VerBAV 1982, 317 (Frauen-Sterbetafeln bei Tarifen mit To-

ALB 1986 § 16
Teil 4. ALB 1986

desfallgrundlagen); GB BAV 1982, 42 (Berechnung der abzugsfähigen Beitragsrückerstattungen nach § 21 Abs. 1 Nr. 2 KStG); GB BAV 1982, 53 (Rückgewährquote); GB BAV 1982, 54 (Direktgutschrift); GB BAV 1982, 56 (Begrenzung der Abschlusskosten, insbesondere bei Verwendung der Überschussanteile zur vorzeitigen Beendigung der Versicherung); GB BAV 1982, 56 (Bemessungsgröße für den Zinsüberschussanteil); VerBAV 1983, 119 (Behandlung der Todesfallleistung aus der Überschussbeteiligung im Jahresabschluss); VerBAV 1983, 162 (Überschussbeteiligung ohne Wartezeit); GB BAV 1983, 51 (Direktgutschrift und zeitnahe Überschussbeteiligung); GB BAV 1983, 52 (Todesfallbonus ab Versicherungsbeginn); GB BAV 1983, 53 (Angaben zur Überschussbeteiligung im Versicherungsschein); GB BAV 1983, 53 (Staffelung von Überschussanteilsätzen in Abhängigkeit von der Versicherungssumme); VerBAV 1984, 195 (Zulässigkeit von Haustarifen in der Versicherungswirtschaft); VerBAV 1984, 195 (Behandlung der Direktgutschrift von Überschussanteilen zu Lasten der Zuführung zur RfB in der Rechnungslegung der LVU); VerBAV 1984, 197 (Rückgewährquote – Berechnungsverordnung vom 20. 3. 1984); GB BAV 1984, 52 (Schlussüberschussbeteiligung in der Lebensversicherung); GB BAV 1984, 53 (Verfügbare Rückstellung für Beitragsrückerstattung); GB BAV 1984, 56 (Überschussbeteiligung bei Risiko- und Berufsunfähigkeits(Zusatz)Versicherung); VerBAV 1985, 110 (R 1/85 v. 25. 1. 1985 – Schlussüberschussanteile in der Lebensversicherung); GB BAV 1985, 55 (Neue Tarife: Sterbetafel, Rechnungszins, Kostenzuschläge, verbesserte Garantiewerte); GB BAV 1985, 57 (Begrenzung der Rückstellung für Beitragsrückerstattung); GB BAV 1985, 57 (Darstellung und Erläuterung der Überschussbeteiligung); VerBAV 1986, 159 (Behandlung der Direktgutschrift von Überschussanteilen zu Lasten der Zuführung zur Rückstellung für Beitragsrückerstattung in der Rechnungslegung der Lebensversicherungsunternehmen); VerBAV 1986, 200 (Einführung neuer Tarife in der Lebensversicherung: Rechnungsgrundlagen, Rückvergütungen, RfB und Überschussbeteiligung); VerBAV 1986, 264 (R 3/86 v. 22. 4. 1986 – Darstellung und Erläuterung der Überschussbeteiligung in der Lebensversicherung); VerBAV 1986, 306 (Berichtigung der Sterbetafel 1986 F); VerBAV 1986, 399 (Gesamtgeschäftsplan für die Überschussbeteiligung); GB BAV 1986, 51 (Neue Tarife in der Kapitalversicherung); GB BAV 1986, 52 (Begrenzung der Rückstellung für Beitragsrückerstattung); GB BAV 1986, 52 (Erfahrungen mit der Rückgewährquote); VerBAV 1987, 436 (Behandlung der Todesfallleistung aus der Überschussbeteiligung im Jahresabschluss); VerBAV 1987, 513 (Darstellung und Erläuterung der künftigen Überschussbeteiligung - Quellensteuer); GB BAV 1987, 55 (Änderung der Rückgewährquote-Berechnungsverordnung); GB BAV 1987, 55 (Überschussverwendung für vertraglich an sich nicht vorgesehene Zusatzleistungen (hier: Unfalltodbonus)); GB BAV 1987, 55 (Begrenzung der Rückstellung für Beitragsrückerstattung); VerBAV 1988, 3 (Einführung neuer Tarife in der Rentenversicherung); VerBAV 1988, 16 (Verordnung über die Berechnung und Höhe des Rückgewährrichtsatzes, des Normrisikoüberschusses und des Normzinsertrages in der Lebensversicherung [Rückgewährquote-Berechnungsverordnung – RQV]; VerBAV 1988, 267 (R 4/88 v. 2. 6. 1988 betr. Hinweise zur Unterrichtung der Aufsichtsbehörde über die Werte zur Berechnung der Rückgewährquote); VerBAV 1988, 382 (Angaben über den Zinsverlauf im Lagebericht der Lebensversicherungsunternehmen); VerBAV 1988, 411 (R 5/88 v. 6. 10. 1988 – Darstellung und Erläuterung der Überschussbeteiligung in der Lebensversicherung); VerBAV 1988, 424 (Gesamtgeschäftsplan für die Überschussbeteiligung); VerBAV 1989, 187 (Darstellung und Erläuterung der Überschussbeteiligung in der Lebensversicherung); VerBAV 1989, 207 (Aufhebung von Verlautbarungen, insbesondere zur Direktgutschrift in VerBAV 1984, 195 und VerBAV 1986, 159); VerBAV 1989, 242 (Laufende Unterrichtung der Versicherungsnehmer über den Stand ihrer Überschussbeteiligung; GB BAV 1989, 57 (Begrenzung der Rückstellung für Beitragsrückerstattung); VerBAV 1991, 371 (Organisationszuschüsse bei neu zugelassenen LVU); VerBAV 1994, 3 (Gesamtgeschäftsplan für die Überschussbeteiligung); VerBAV 1994, 114 (Rechnungslegung); VerBAV 1994, 234 (Biometrische Rechnungsgrundlagen in der Lebensversicherung); VerBAV 1994, 356 (Bedeutung der Geschäftsplanmäßigen Erklärungen nach Änderung des Versicherungsaufsichtsgesetzes durch das Dritte Durchführungsgesetz/EWG); VerBAV 1994, 410 (Drittes Durchführungsgesetz/EWG zum VAG); VerBAV 1995, 79 (Neue Rechnungsgrundlagen in der Lebensversicherung mit Erlebensfallcharakter); VerBAV 1995, 234 (Gesamtgeschäftsplan für die Überschussbeteiligung); VerBAV 1995, 283 (Grundsätze des Bundesaufsichtsamtes für das Versicherungswesen zur Anwendung des § 10a VAG – Verbraucherinformation); VerBAV 1996, 222 (R 2/96 v. 5. 9. 1996 – Hinweise zur Unterrich-

Beteiligung am Überschuss　　　　　　　　　　　　　　　§ 16 ALB 1986

tung der Aufsichtsbehörde über die Werte zur Berechnung der Z- und R-Quote); VerBAV 1996, 230 (Verordnung über die Mindestbeitragsrückerstattung in der Lebensversicherung [ZRQuotenV]); VerBAV 1997, 119 (Hinweise zum Rundschreiben R 2/96); VerBAV 1997, 167 (Berichtigung der Hinweise zum Rundschreiben R 2/96); VerBAV 1999, 46 (Berücksichtigung der Kosten bei der Deckungsrückstellung von Lebensversicherungsunternehmen); VerBAV 1999, 199 (Darstellung der künftigen Überschussbeteiligung in der Lebensversicherung); VerBAV 2002, 167 (Hinweis zur Verordnung über die Berichterstattung von Versicherungsunternehmen gegenüber dem Bundesaufsichtsamt für das Versicherungswesen; VerBAV 2002, 219 (Gesamtgeschäftsplan für die Überschussbeteiligung).

AuVdBaFin (abrufbar über www.bafin.de): Rundschreiben 10/2008 (VA) – Neufassung des Musters eines Gesamtgeschäftsplans für die Überschussbeteiligung des Altbestands in der Lebensversicherung v. 25. 9. 2008.

Schrifttum bis 31. 12. 1989: *Abel,* Mechanische Gewinnbeteiligungssysteme in der Lebensversicherung, ZVersWiss 1913, 319; *Angerer,* Information durch Rechnungslegung, Festschrift für H. Gehrhardt, 1975, S. 5; *Angerer,* Erfahrung mit Versicherungsaufsicht, ZVersWiss 1989, 107; *Arnold,* Die Rechtspflicht zur Gleichbehandlung der Versicherten, VerBAV 1954, 146; *von Bargen u. a.,* Die Versicherung und die Währungsschwankungen (insbesondere Anpassung an den Lebenshaltungsindex und Gewinnbeteiligung), ZVersWiss 1970, 63, 73; *Baehring,* Zur Rentabilität der Lebensversicherung, DVZ 1967, 43; *Baer,* Die Rückstellungen und die Beitragsrückerstattung in der Lebensversicherung, in: Prölss/v. d. Thüsen/Ziegler, Die versicherungstechnischen Rückstellungen im Steuerrecht, 3. Auflage, Karlsruhe, 1973, S. 162; *Berger,* Allerlei Gewinnverbände in Lebensversicherungsbeständen, FS Georg Höckner, 1935; *Böhme,* Lebensversicherer nehmen Gewinnbeteiligung wieder auf, VP 1955, 52; *Bohlmann,* Zur Analyse der Gewinnquellen in der Lebensversicherung, ZVersWiss 1910, 547; *Deck,* Gewinn- und Verlustquellen der Lebensversicherung, Diss. Zürich 1938; *Droste,* Wertsicherungsklauseln in der Lebensversicherung? VP 1955, 129; *Farny,* Gewinn und Sicherheit als Ziele von Versicherungsunternehmen, ZVersWiss 1967, 49; *Farny,* Zur Rentabilität langfristiger gemischter Lebensversicherungen (Stand 1983), ZVersWiss 1983, 363; *Fischer,* Mathematisch-technische Fragen der Lebensversicherung, VW 1967, 888; *Flick,* Beitragsrückgewähr und Dauerschulden im Gewerbesteuerrecht, VersR 1951, 252; *Freytag,* Kollektivverträge in der Lebensversicherung, ZfV 1963, 682; *derselbe,* Die Prämienreserve in der Lebensversicherung, Der Junior 1967, 48; *Gramberg,* Sterbetafel und Dividendensystem in der Lebensversicherung, ZVersWiss 1927, 299; *Guski,* Die Gewinnbeteiligung in der Lebensversicherung, VP 1954, 40; *Hoepfner,* Die Gewinnbeteiligung des Versicherungsnehmers bei der Personenversicherung; Diss. Königsberg 1928; *Kaulbach,* Holdingbildung in der Versicherungswirtschaft, ZfV 1989, 178; *Lauinger,* Index-Gewinnplan in der Lebensversicherung, VP 1952, 42; *Laux,* Lebensversicherung und Quellensteuer, BB Beilage 7/1988, S. 2; *Lorenz,* Die Auskunftsansprüche des Versicherten zur Überschussbeteiligung in der Lebensversicherung, Karlsruhe, VVW, 1983; *Mehring,* Substanzerhaltung von Versicherungsunternehmen, Diss. Köln 1987, Berlin, Duncker & Humblot, 1989; *Meyer,* Der Rückkaufswert in der Lebensversicherung. Eine Untersuchung aktueller Kritik an dem Recht des Lebensversicherungsvertrages unter Berücksichtigung des AGB-Gesetzes und des Aufsichtsrechts, Diss. Hamburg 1988, Frankfurt am Main u. a, Lang, 1989; *Moser,* Der Versicherungsvertrag mit Gewinnbeteiligung, ZVersWiss 1928, 400; *Neubeck,* Kapitalertragsteuerpflicht von rechnungsmäßigen und außerrechnungsmäßigen Zinsen aus Lebensversicherungen, WPg 1980, 469; *Oswald,* Überschussanteile bei Lebensversicherungen – einkommensteuerliche Behandlung, JR 1960, 375; *derselbe,* Einkommensteuerliche Behandlung der Dividenden bei Lebensversicherungen, VP 1978, 42; *Parthier,* Der Zins in der Lebensversicherung. Ein Überblick, in: Entwicklungslinien und Grundgedanken deutscher Versicherungswissenschaft, Veröffentlichung des Deutschen Vereins für Versicherungswissenschaft, Heft 68, Berlin, Mittler & Sohn, 1941, S. 197; *Patzig,* Prinzipien der Gewinnbeteiligung in der Lebensversicherung, Frankfurt, 1914; *derselbe,* Die Gewinnbeteiligung im Versicherungsgeschäft, Neumann's Zeitschrift für Versicherungswesen 1931, 97; *Pfeiffer,* Die Belange der Versicherer als Kriterium bei der Auslegung von AVB, FS Schweiker, Karlsruhe, VVW, 1986, S. 399; *Reichel,* Grundlagen der Lebensversicherungstechnik, Wiesbaden, 1987; *Rohde,* Gewinnberechnung bei den Lebensversicherungsgesellschaften, ZVersWiss 1921, 318; *Schäfer,* Inhaltskontrolle nach dem AGB-Gesetz bei Allgemeinen Versicherungsbedingungen, VersR 1978, 7; *Schirmer,* Die Kontrolle Allgemeiner Versicherungsbedingungen durch die Rechtsprechung, FS Concordia, Karlsruhe, VVW, 1989, S. 35; *Schneider,* Gegenauslese bei Kündigung von Lebensversicherungen, Blätter der DGVM Band XVII Heft 1, S. 51, April 1985; *Sieg,* Entstehungsgeschichte der AVB, privatrechtliche Ordnungskriterien, wesentlicher Inhalt und Verhältnis zum Versicherungsvertragsgesetz, ZVersWiss 1975, 161; *derselbe,* Rechtsfragen zur Überschussverwendung beim VVaG, Festschrift für Reimer Schmidt, Karlsruhe, 1976, S. 593; *derselbe,* Materiellrechtliche und prozessuale Wirkungen der Bestandsübertragung, VersR 1979, 485; *derselbe,* Übergang der Versicherungsverhältnisse bei der Bestandsübertragung, ZVersWiss 1980, 1; *Steinhaus,* Rechtsgrundsätze der privaten Personenversicherung, ZVersWiss 1983, 41; *Stöffler,* Markttransparenz in der Lebensversicherung, Karlsruhe, 1984; *Strunz,* Zur Deckungsrückstellung in der Lebensversicherung, VP 1981, 267; *Tönnies,* Inhaltskontrolle nach AGBG und Richterrecht – Eine Gegenüberstellung gesetzlicher Tatbestandsmerkmale und richterlich angewandter Kriterien –, VersR 1989, 1023; *Tröbliger,* Die Aktualisierung der Überschussverteilung in der Lebensversicherung, ZfV 1983, 374, 410; *derselbe, Nochmals:* „Die Direktgutschrift in der Lebensversicherung als besondere Form der Gewinnbeteiligung", ZfV 1988, 412; *derselbe,* Ermittlung einer verbesserten Rückgewährsquote aus dem Geschäftsbericht, ZfV 1988, 440; *derselbe,* Die Wirtschaftlichkeitsquote, ZfV 1989, 118; *Vogel,* Die Darstellung und Erläuterung der Überschussbeteiligung in der Lebensversicherung, VerBAV 1979, 248, 304; *Zillmer,* Mathematische Rechnungen bei der Lebens- und Rentenversicherung, 2. Auflage, Berlin, 1887; *Zinnert,* Gewinnverteilung an Versicherungsnehmer von Versicherungs-Aktiengesellschaften, Diss. Hamburg 1982; *Zöllner,* Der Große Versicherungsverein auf Gegenseitigkeit und die Aktienrechtsreform, ZVersWiss 1964, 295; VP 1982, 44 – Überschussbeteiligung; ZfV 1979, 518 – Milliarden für Millionen-Überschussbeteiligung in der Lebensversicherung; ZfV 1988, 239 – Die Direktgutschrift in der Lebensversicherung als besondere Form der Gewinnbeteiligung; *Zollikofer,* Die Systeme der Gewinnbeteiligung in der schweizerischen Lebensversicherung, Diss. Zürich 1931.

Schrifttum ab 1. 1. 1990: *Baumann,* Allgemeine Versicherungsbedingungen und Deregulierung im Rahmen der EG-Dienstleistungsfreiheit, in: Versicherungen in Europa heute und morgen, Geburtstags-Schrift für Georg Büchner, herausgegeben von Franz Wilhelm Hopp und Georg Mehl, Karlsruhe, VVW, 1991, S. 271; *Benkel,* Die Verwendung des Überschusses in der Lebensversicherung, VersR 1994, 509; *derselbe,* Das Gesellschaftsrecht der großen konzernfreien Versicherungsvereine auf Gegenseitigkeit, Diss. TU Darmstadt, München, 1994; *derselbe,* Der Versicherungsverein auf Gegenseitigkeit, Das Gesellschaftsrecht der großen konzernfreien VVaG, Handbuch, 2. Aufl., München, Beck, 2002; *Bernreuther,* Zum Maßstab der Auslegung von AGB und dem Transparenzgebot, BB 1993, 1823; *Brieger-Lutter,* Urheberrechtsschutz für Versicherungsbedingungen? Betrachtungen zur künftigen Rolle der Produktinnovation in der Versicherungswirtschaft, ZfV 1992, 604; ZfV 1993, 8; ZfV 1993, 36; *Bundschuh,* Tendenzen der Rechtsprechung in Bank- und Versicherungssachen, Münsteraner Reihe, Heft 11, Karlsruhe, VVW, 1992; *Donath,* Der Streit um die stillen Reserven der Lebensversicherungsgesellschaften – Bestandsaufnahme und Ausblick, VuR 1997, 339; *Dreher,* Inhalt und Grenzen einer künftigen Missstandsaufsicht des VAG – Überlegungen zu einem neuen § 81 VAG –, VersR 1993, 1443; *Ebers,* Reduzierung der Überschussbeteiligung bei Veränderung der Sterbewahrscheinlichkeit, VuR 1997, 379; *derselbe,* Die Überschussbeteiligung in der Lebensversicherung, Baden-Baden, Nomos, VersWissStud. 18 (2001); *Eifert,* Kapital-Lebensversicherungen aus Verbrauchersicht, Berlin, Duncker & Humblot, 1997; *Ellenbürger,* Die versicherungstechnische Erfolgsrechnung. Eine Untersuchung zur Aussagefähigkeit der versicherungstechnischen Erfolgsrechnung im Jahresabschluss der Schaden- und Unfallversicherungsunternehmen, Bergisch Gladbach u. a., 1990; *Entzian/Schleifenbaum,* Bestandsübertragung und neues Umwandlungsgesetz, ZVersWiss 1996, 521; *Eszler,* Die Prämie als Preis der Leistung des Versicherers – Produktions- und kostentheoretische Aspekte der Kontroverse „Einheitsprämientheorie versus Prämientrennungstheorie", VW 1997, 150; *Fahr,* Die Umsetzung der Versicherungsrichtlinien der dritten Generation in deutsches Recht, VersR 1992, 1033; *Gebhard,* Gefahren für die finanzielle Stabilität der auf dem deutschen Markt vertretenen Lebensversicherer im Zuge des europäischen Binnenmarktes, Diss. FU Berlin 1995, Karlsruhe, VVW, 1995; *Gründl,* Anwendungsgebiete und Grenzen eines marktzinsorientierten Ergebnisrechnung in der Lebensversicherung, ZVersWiss 1995, 229; *Günther,* Optionen in der Lebensversicherung, IFA, Institut für Finanz- und Aktuarwissenschaften, Diss. Ulm 1995, Ulm, 1995; *Häffner-Schroeder,* Ratgeber Lebensversicherung: Formen, Tarife und Renditen von Kapitallebensversicherungen, München, dtv, 1995; *Haudenschild,* Die Erfolgsrechnung des Lebensversicherers und das Nutzenkonzept:

Eine praxisbezogene wissenschaftliche Synthese von kaufmännischer Buchführung und Lebensversicherungsmathematik, Diss. Zürich 1991, Zürich, Schulthess, 1991; *Heilmann,* Die Rolle des Mathematikers in der Versicherungswirtschaft, VW 1993, 239; *Heinen/Storck* (Hrsg.), Kollektive Personenversicherung in Europa, Schriftenreihe Angewandte Versicherungsmathematik, Heft 26, Karlsruhe, VVW, 1995; *Hohlfeld,* Wie schützt sich der Versicherungskunde im europäischen Binnenmarkt?, Symposion AGBG u. AVB, Schriftenreihe Versicherungsforum, Heft 12, Karlsruhe, VVW, 1993, S. 47; *Hölscher,* Marktzinsorientierte Ergebnisrechnung in der Lebensversicherung, Stuttgart, Schäffer-Poeschel, 1994; *derselbe,* Die „gerechte" Beteiligung der Versicherungsnehmer an den Überschüssen in der Lebensversicherung, ZVersWiss 1996, 41; *Honsel,* Besonderheiten der AGB-Kontrolle bei Versicherungen aus der Sicht des Praktikers, Symposion AGBG u. AVB, Schriftenreihe Versicherungsforum, Heft 12, Karlsruhe, VVW, 1993, S. 115; *König,* Ansätze zur Risikoanalyse und Risikobewältigung in der Lebensversicherung. Eine Untersuchung vor dem Hintergrund der Umsetzung der Dritten Lebensversicherungsrichtlinie der Europäischen Union, Diss. Mannheim 1997, Karlsruhe, VVW, 1997; *Koller,* Das Transparenzgebot als Kontrollmaßstab Allgemeiner Geschäftsbedingungen, FS Steindorff, 1990, S. 667; *Kürble,* Analyse von Gewinn und Wachstum deutscher Lebensversicherungsunternehmen. Ein Beitrag zur empirischen Theorie der Versicherung, Wiesbaden, 1991; *Langheid,* Die Reform des Versicherungsvertragsgesetzes, NJW 2007, 3665 (1. Teil: Allgemeine Vorschriften), 3745 (2. Teil: Die einzelnen Versicherungssparten); *Lehmann/Kirchgesser/Rückle,* Versicherungsvertrag und Versicherungs-Treuhand, Ertragsbesteuerung, Überschussermittlung und -verwendung: Betriebswirtschaftliche Beiträge zum Versicherungsrecht, Baden-Baden, Nomos, 1997; *Maaß,* Der deutsche Aktuar im deregulierten Lebensversicherungsmarkt, IFA, Institut für Finanz- und Aktuarwissenschaften, Ulm, 1995; *Präve,* Verbraucherschutz und Versicherung – Zur Kritik von Hans Dieter Meyer –, ZVersWiss 1991, 383; *derselbe,* Die AGB-Banken als Vorbild für eine Einführung geänderter AVB in bestehende Verträge?, ZfV 1993, 214; *derselbe,* Einführung eines versicherungsaufsichtsbehördlichen Klagerechts in das AGB-Gesetz?, NJW 1993, 970; *Raczinski/Rademacher,* Rechtsgrundlagen von Leistungsversprechen in der privaten Krankenversicherung unter besonderer Berücksichtigung der Geschäftsplanmäßigen Erklärungen, VersR 1990, 814; *Rappich,* Der Verantwortliche Aktuar in der Lebensversicherung – Bemerkungen zu seiner Qualifikation und Stellung im deutschen und englischen Recht –, VersR 1996, 413; *Reichert-Facilides,* Gesetzesvorschlag zur Neuregelung des deutschen internationalen Versicherungsvertragsrechts, VersR 1993, 1177; *Renger,* Die Lebens- und Krankenversicherung im Spannungsfeld zwischen Versicherungsvertragsrecht und Versicherungsaufsichtsrecht, VersR 1995, 866; *Römer,* Was bringt das neue VVG Neues zur Lebensversicherung?, r+s 2008, 405, 406; *Roth,* Die Vollendung des europäischen Binnenmarktes für Versicherungen, NJW 1993, 3028; *Schimikowski,* Das rechtliche Gebot zu transparenter und inhaltlich angemessener Gestaltung von AVB, r+s 1998, 353; *Schirmer,* Aktuelle Fragen bei der Anwendung des AGB-Gesetzes auf AVB, in: Symposion AGBG und AVB, Schriftenreihe Versicherungsforum, Heft 12, Karlsruhe, VVW, 1993, S. 61; *Schmidt,* Zur Entwicklung des Verbraucherschutzes im Umgang mit Versicherungsprodukten, in: Symposion AGBG und AVB, Schriftenreihe Versicherungsforum, Heft 12, Karlsruhe, VVW, 1993, S. 27; *Scholl,* Transparenzregeln für europäische Versicherungsprodukte, Zentrum für europäische Rechtspolitik an der Universität Bremen, 1994; *Schucht,* Die Aussagefähigkeit der Gewinn- und Verlustrechnung von Lebensversicherungsunternehmen. Überschneidungsprobleme aus versicherungsmathematischer und betriebswirtschaftlicher Sicht, Bergisch-Gladbach/Köln, 1991; *Schüler,* Sparen in der Lebensversicherung? Terminologische Anmerkungen zu Leistung und Erfolg von Lebensversicherungsunternehmen, ZVersWiss 1992, 235; *Schwintowski,* Schutzlücken durch Koppelung und Intransparenz in der Kapitallebensversicherung, VuR 1998, 219; *Sieg,* Die Bedeutung der EG-Richtlinie über missbräuchliche Klauseln in Verbraucherverträgen für die AVB, VersR 1995, 1305; *Tölsch,* Lebensversicherungsaufsicht nach der Dritten EG-Richtlinie, VW 1993, 1464; *Wagner,* Solvabilitätspolitik als Unternehmenspolitik von Kompositversicherungsunternehmen, Berlin, Duncker & Humblot, 1992; *Weber,* Die Rechtsstellung des Versicherten bei der Bestandsübertragung, Diss. Berlin 1996; *Westermann,* Das Transparenzgebot – ein neuer Überbegriff der AGB-Inhaltskontrolle, FS Steindorff, 1990, S. 817; *derselbe,* Zwecke der AGB-Kontrolle im Bankvertragsrecht, FS Heinsius, 1991, S. 931; *Winter,* Die Geschäftsbesorgungskomponente im Versicherungsvertrag – Überlegungen insbesondere zur Schadensversicherung, in: Festschrift für Horst Baumann, Karlsruhe, VVW, 1999, S. 379; *Zimmermann,* Zur Eignung der Marktzinsmethode der versicherungstechnischen Erfolgsrechnung von Lebensversicherungsunternehmen aus systematischer Sicht, ZVersWiss 1996, 619; *Zimmermann/Chevtchenko/Schweinberger,* Der Einfluss des Versicherungskapitalanlagen-Bewertungsgesetzes (VersKapAG) auf Überschüsse und Überschussbeteiligung in der Lebensversicherung – Eine empirische Untersuchung, ZVersWiss 2006, 91; *Zwiesler,* Der Profit-Test in der Lebensversicherung: eine Einführung, IFA, Institut für Finanz- und Aktuarwissenschaft, Ulm, 1996.

I. Allgemeines

1. Fassung

1 Die Nachkriegsfassungen sind in ihren Aussagen nicht verändert worden. Entscheidend ist die Bezugnahme auf den jeweils genehmigten Geschäftsplan.

2. Anforderungen des § 10 Abs. 1 Nr. 7 VAG

2 § 16 ALB 1986 sieht in Übereinstimmung mit § 10 Abs. 1 Nr. 7 VAG vor, dass die Musterfassung von den LVU um die in der Bemerkung genannten Angaben ergänzt wird. § 10 Abs. 1 Nr. 7 VAG verlangt als Sollvorschrift, dass die Allgemeinen Versicherungsbedingungen Bestimmungen über die Grundsätze und Maßstäbe über die Teilnahme der Versicherten an den Überschüssen enthalten.

3 Die Vorschrift verlangt jedoch nicht, dass eine eingehende versicherungstechnische Regelung in den Versicherungsbedingungen erfolgen soll. Andererseits müssen auf Grund des Wortlauts des § 10 Abs. 1 Nr. 7 die Grundsätze und Maßstäbe für die Beitragsrückerstattung in den Versicherungsbedingungen möglichst klar zum Ausdruck gebracht werden.[1] Bei der Kompliziertheit der modernen Gewinnsysteme können jedoch nicht so klare Bestimmungen gefordert werden, die es den Versicherten ermöglichen, aus dem Geschäftsbericht des Versicherungsunternehmens den auf jede Versicherung entfallenden Anteil rechnerisch nachzuprüfen. Es muss eine Regelung ausreichen, die nur mit Genehmigung der Aufsichtsbehörde abänderbar ist und ihr eine Nachprüfung der Beitragsrückerstattung ermöglicht.[2] Eine ständige Bindung der LVU an Grundsätze, die sich später als unzweckmäßig oder verbesserungsbedürftig herausstellen, wird durch die ausdrückliche Bestimmung in § 17 ALB 1986 vermieden, wonach die Grundsätze über die Überschussbeteiligung ohne Zustimmung der Versicherungsnehmer mit Genehmigung der Aufsichtsbehörde abgeändert werden können.[3]

3. § 38 Abs. 1 VAG/§ 56a VAG

Die Beteiligung der Versicherten an den Überschüssen eines VVaG ist im § 38 Abs. 1 VAG geregelt.[4] Die Versicherten sind hier die Mitglieder; die Beitragsrückerstattung ist die Folge aus der Gegenseitigkeit.

4 Bei den Aktiengesellschaften haben die Aktionäre Anspruch auf Dividende, andererseits tragen sie die Verluste der Gesellschaft. Der Wettbewerb mit den VVaG hat die Aktiengesellschaften dazu veranlasst, die Versicherten gleichfalls am Überschuss zu beteiligen. Nach § 56a VAG dürfen jedoch Beträge, die nicht auf Grund eines Rechtsanspruchs der Versicherten zurückzustellen sind, für die Überschussbeteiligung nur bestimmt werden, wenn aus dem verbleibenden Bilanzgewinn noch ein Gewinn in Höhe von mindestens 4 v. H. des Grundkapitals verteilt wer-

---

[1] Vgl. bereits VerAfP 1904, 109; 1907, 120.
[2] VerAfP 1904, 109; 1907, 36, 147; 1908, 110.
[3] VerAfP 1924, 23 Nr. 6.
[4] Siehe dazu *Sasse,* Überlegungen zur Überschussverteilung beim Versicherungsverein auf Gegenseitigkeit, ZVersWiss 64 (1975), 565 ff.

den kann, mit anderen Worten, wenn die Gewinnansprüche der Aktionäre mindestens 4 v. H. des Grundkapitals betragen.[5]

4. § 81 a VAG

In der Zeit vom 1. Januar 1945 bis 20. Juni 1948 durften aufgrund eines Verbotes des Zonenaufsichtsamtes vom 23. Dezember 1947[6] keine Gewinne an Versicherungsnehmer ausgeschüttet werden. Die Rechtsgrundlage für dieses Verbot bildet § 81 a Satz 2 VAG, der die Aufsichtsbehörde ermächtigt, in bestehende Versicherungsverträge auch unmittelbar gestaltend einzugreifen, wenn dies zur Wahrung der Belange der Versicherten notwendig erscheint.[7]

5. VVG 2008

Die neue Vorschrift des § 153 VVG 2008 ist ab dem 1. Januar 2008 auch auf Altverträge anwendbar, d. h. für Verträge, die vor Inkrafttreten des Gesetzes am 1. Januar 2008 abgeschlossen wurden.[8] Endet ein solcher Vertrag ausweislich des Versicherungsscheins am 1. Januar 2008 oder später, ist der zu diesem Zeitpunkt festzustellende Überschuss einschl. etwa vorhandener Bewertungsreserven anteilig dem jeweiligen Versicherungsnehmer auszukehren.[9] Für Lebensversicherungsverträge, die vor dem 1. Januar 2008 beendet wurden und deren Versicherungsscheine auch kein späteres Datum aufweisen, steht dem Versicherungsnehmer keine Beteiligung an den stillen Reserven zu.[10]

II. Geltungsbereich

Seit Inkrafttreten des 3. Durchführungsgesetz/EWG zum VAG vom 21. Juli 1994[11] am 29. Juli 1994 gilt § 16 ALB 1986 mit seiner auf den Geschäftsplan verweisenden Regelung für den sog. Altbestand weiter, d. h. für die kapitalbildenden Lebensversicherungsverträge, die vor dem Inkrafttreten des 3. Durchführungsgesetz/EWG zum VAG abgeschlossen worden sind und die noch einen Geschäftsplan voraussetzen, der vom BAV nach § 5 VAG a. F. genehmigt worden ist und nach § 11 c VAG n. F. weiter gilt.[12] Etwaige spätere Änderungen des Geschäftsplans bedürfen weiterhin der vorherigen aufsichtsbehördlichen Genehmigung.[13]

---

[5] Siehe hierzu *Gruschinske,* Der Überschuss und seine Verwendung bei Lebensversicherungsunternehmen, VerBAV 1970, 260, 261 f.
[6] VA 1947, 33.
[7] BGHZ 2, 55 = VersR 1951, 165; BGHZ 6, 373, 376 = VersR 1952, 277; BGH VersR 1952, 52; BGH, Urt. v. 14. 4. 1958 – II ZR 193/56, VersR 1958, 335, 336. Zum Einbecker Plan siehe LG Ellwangen VW 1947, 151, und Geschäftsbericht 1938-48 des Verbandes der Lebensversicherungsunternehmen, II. Teil, S. 26.
[8] *Langheid* NJW 2007, 3745, 3751.
[9] *Römer* r+s 2008, 405, 406.
[10] *Römer* r+s 2008, 405, 406.
[11] BGBl. I S. 1630.
[12] OLG Karlsruhe, Urt. v. 17. 12. 1998 – 12 U 183/98, NVersZ 2000, 220, 221 = r+s 1999, 522; BGH, Beschl. v. 7. 11. 2007 – IV ZR 116/04, NJW-RR 2008, 193, 194 = VersR 2008, 338 = r+s 2008, 158; *Schwintowski* in: Berliner Komm. z. VVG, 1999, § 172 VVG Rdn. 21; *Kollhosser* in: *Prölss/Martin,* § 16 ALB 86 Rdn. 1; *Reimer Schmidt* in: Prölss/Martin, 1997, § 11 c VAG Rdn. 1; *Kaulbach* in: Fahr/Kaulbach, § 11 c VAG Rdn. 1; *Präve,* Das neue Aufsichtsrecht, VW 1994, 800; *derselbe,* Versicherungsaufsicht, Treuhänder und Verantwortlicher Aktuar, VersR 1995, 733, 737; *derselbe,* Beaufsichtigung von Lebensversicherern nach neuem Recht, ZfV 1997, 5, 6.
[13] OLG Karlsruhe, Urt. v. 17. 12. 1998 – 12 U 183/98, NVersZ 2000, 220, 221 = r+s 1999, 522; *Bode,* Der Verantwortliche Aktuar nach neuem Versicherungsaufsichtsgesetz,

Im Rahmen der Genehmigungsverfahren werden sich die LVU an dem Gesamtgeschäftsplan für die Überschussbeteiligung orientieren, der vom BAV als Mustergeschäftsplan in VerBAV 1988, 424 veröffentlicht worden ist und durch Rundschreiben 10/2008 der BaFin vom 25. September 2008 aktualisiert wurde.

8   Gemäß Art. 16 § 2 des 3. Durchführungsgesetz/EWG zum VAG gilt § 16 ALB 1986 ferner für kapitalbildende Lebensversicherungsverträge, die nach dem 28. Juli 1994 und vor dem 1. Januar 1995 abgeschlossen worden sind (sog. Zwischenbestand), sofern LVU diesen Versicherungsverträgen noch AVB zugrunde gelegt haben, die vom BAV vor dem 29. Juli 1994 genehmigt worden sind.[14] Änderungen des Geschäftsplans und damit der AVB können auch für diese Lebensversicherungsverträge nur mit Genehmigung des BAV vorgenommen werden.[15]

9   Die durch das 3. Durchführungsgesetz/EWG zum VAG vom 21. Juli 1994 eingeführte Treuhänderregelung gemäß § 172 VVG greift nicht für den vorstehend definierten Alt- und Zwischenbestand, da § 172 Abs. 1 Satz 3 VVG ausdrücklich bestimmt, dass die Mitwirkung des Treuhänders immer dort entfällt, wenn Änderungen der Genehmigung der Aufsichtsbehörde bedürfen. Ob ein Genehmigungsvorbehalt des BAV für den Zwischenbestand über den 1. Juli 1994 hinaus mit Art. 5 und Art. 51 der 3. EG-Lebensversicherungs-Richtlinie vom 10. November 1992[16] im Einklang steht, wird im Schrifttum mit Blick darauf bezweifelt, dass die EG-Lebensversicherungsrichtlinien Übergangsregelungen für die Zeit nach dem 1. Juli 1994 nicht ausdrücklich vorsehen.[17]

III. Rechtsnatur und Kontrollfähigkeit der Überschussbeteiligungsklausel

1. Ausgangslage

10   Die Rechtsnatur des Lebensversicherungsvertrages wird vor allem in der kapitalbildenden Lebensversicherung von einem Teil des Schrifttums wegen eines vermeintlichen Anspruchs des Versicherungsnehmers auf eine höhere Gewinnbeteiligung problematisiert.[18] In diesem Zusammenhang wird auch die Frage nach

---

BetrAV 1993, 269, 271; *Claus*, Lebensversicherungsaufsicht nach der Dritten EG-Richtlinie: Was bleibt? Was ändert sich?, ZfV 1994, 110, 112.

[14] *Schwintowski* in: Berliner Komm. z. VVG, 1999, § 172 VVG Rdn. 21; *Claus*, Lebensversicherungsaufsicht nach der Dritten EG-Richtlinie, ZfV 1994, 658.

[15] *Schwintowski* in: Berliner Komm. z. VVG, 1999, § 172 VVG Rdn. 21; *Claus*, Lebensversicherungsaufsicht nach der Dritten EG-Richtlinie, ZfV 1994, 658; *Präve*, a.a.O. (Fn. 12), VW 1994, 800; *derselbe*, a.a.O. (Fn. 12), VersR 1995, 733, 737; *derselbe*, a.a.O. (Fn. 12), ZfV 1997, 5, 6.

[16] ABl.EG Nr. L 360/1 v. 9. 12. 1992.

[17] *Schwintowski* in: Berliner Komm. z. VVG, 1999, § 172 VVG Rdn. 21; *Römer* in: Römer/Langheid, VVG, 2. Aufl., 2003, § 172 VVG Rdn. 8; *Präve*, Das Dritte Durchführungsgesetz/EWG zum VAG – Ausgewählte Fragen des neuen Aufsichts- und Vertragsrechts, ZfV 1994, 168, 172.

[18] Vgl. *Basedow*, Die Kapitallebensversicherung als partiarisches Rechtsverhältnis – Eine zivilistische Konstruktion der Überschussbeteiligung, ZVersWiss 81 (1992), 419 ff.; *Donath*, Der Anspruch auf Überschussbeteiligung – Eine bürgerlichrechtliche Untersuchung zur Kapitallebensversicherung, AcP 193 (1993), 279 ff.; *von Hippel*, Gewinnbeteiligung und Verbraucherschutz in der Lebensversicherung, JZ 1989, 663 ff.; *derselbe*, Fortschritte beim Verbraucherschutz im Versicherungswesen, JZ 1990, 730 ff.; *Meyer*, Wem gehören 800 Milliarden Mark? Eine Kritik an den rechtlichen und wirtschaftlichen Grundlagen des Versicherungswesens, ZRP 1990, 424 ff.

der Kontrollfähigkeit der Überschussbeteiligungsklausel nach dem AGB-Gesetz kontrovers erörtert.[19]

2. Rechtsnatur des Lebensversicherungsvertrages mit Überschussbeteiligungsklausel

a) **Treuhandverhältnis.** Der Lebensversicherungsvertrag mit seinen ihm zugrunde liegenden Allgemeinen Versicherungsbedingungen ist zwar zu keinem Zeitpunkt rechtlich als Treuhandverhältnis ausgestaltet worden. Gleichwohl kam vor 1945 in der Literatur der Gedanke auf, dass zwischen der Versichertengemeinschaft und dem Versicherer eine Art Treuhandverhältnis bestehe. So will *Gottschalk*[20] den Unterschied der Versicherungsaktiengesellschaft zu anderen Aktiengesellschaften darin erkennen, dass bei ihr die Stellung eines Unternehmens, dem von den Versicherungsnehmern Gelder anvertraut werden würde, als eines Treuhänders im besonderen Maße hervortrete. Auch *von der Thüsen*[21] griff in einem Beitrag aus dem Jahre 1937 den Treuhandgedanken auf und betont, dass die Vermögensverwaltung des Versicherers im Wesentlichen eine treuhänderische für fremde Rechnung sei. Ganz auf dieser Linie liegt eine Verlautbarung der Aufsichtsbehörde aus dem Jahre 1938, in der es heißt, dass „die Versicherungsunternehmung – gleich, in welcher Rechtsform – nur Treuhänder der ihr von der Versicherungsgemeinschaft anvertrauten Mittel" sei.[22]

Der Treuhandgedanke wurde nach 1945 von *Vetter* und von *Krumbholz* aufgegriffen. *Vetter*[23] spricht von einer treuhänderischen Bindung im Zusammenhang mit dem Versicherungsgeschäft. Aus dem Versicherungsgeschäft ergäben sich besonders geartete Treueverpflichtungen zwischen beiden Parteien, weil die Unternehmung den größten Teil ihres Vermögens für ihre Versicherungsnehmer, also im fremden Interesse zu verwalten habe. Und nach *Krumbholz*[24] ist der Versicherer letzten Endes nichts anderes „als ein Treuhänder der ihm vertrauensvoll überlassenen Prämien, welche zwar in sein Eigentum übergehen, jedoch schuldrechtlich weitgehend gebunden bleiben und welche er im Interesse der von allen Versicherungsnehmern gebildeten Gemeinschaft zu verwalten hat".

Auch in der Folgezeit wurde – wohl mehr im Sinne einer Idee gemeint – vom Versicherer als dem „Sachwalter der Versichertengemeinschaft"[25] oder dem „Verwalter der Gefahrengemeinschaften"[26] gesprochen. Und wenn *Reimer*

---

[19] *Basedow*, Die Kapitallebensversicherung als partiarisches Rechtsverhältnis – Eine zivilistische Konstruktion der Überschussbeteiligung –, ZVersWiss 81 (1992), 419 ff.; *Lorenz*, Rechtsfragen zur Überschussbeteiligung in der Kapitallebensversicherung, ZVersWiss 82 (1993), 283 ff.; *Winter*, Ausgewählte Rechtsfragen der Lebensversicherung, ZVersWiss 80 (1991), 203 ff.

[20] *Gottschalk*, Bedeutung der deutschen Aktienrechtsreform für die Versicherung, ZVersWiss 31 (1931), 14, 15.

[21] *von der Thüsen*, Aktienrechtsreform und Versicherungsaktiengesellschaften, ZVersWiss 37 (1937), 234, 235.

[22] RAA VA 1938, 44.

[23] *Vetter*, Der Grundsatz der Gleichbehandlung in den privaten Versicherungsunternehmungen, Diss. Hamburg, 1947, S. 11.

[24] *Krumbholz*, Der Dividendenanspruch des Versicherungsnehmers in der privaten Lebensversicherung, Diss. Hamburg, 1950, S. 41.

[25] *Bühler*, Der Grundsatz der gleichmäßigen Behandlung der Versicherten – Seine Bedeutung für die Prämienpolitik und die Prämienkalkulation in der modernen Individualversicherung, Diss. Tübingen, 1959, S. 34, 53.

[26] *Möller*, Allgemeine Grundlagen, Versicherungsaufsichts- und Versicherungsvertragsrecht, ZVersWiss 63 (1974), 9, 21; *Müller*, Verwalter oder Unternehmer? – Thesen zur Entwicklung der Versicherungswirtschaft, VW 1989, 1348.

Schmidt[27] die Lebensversicherer „in erster Linie eine Rolle als Treuhänder des angesparten Vermögens ihrer Kunden" spielen sieht oder *Braeß*[28] meint, dass die Leistung des Versicherers deutlich in Richtung auf eine „treuhänderisch verwaltende Tätigkeit" tendiere, so haben beide Autoren sicherlich mehr eine Idee vor Augen als einen Treuhandvertrag (Geschäftsbesorgungsvertrag) im zivilrechtlichen Sinne zwischen Versicherungsnehmer und Versicherer. *Schmidt-Rimpler*[29] bringt es auf den Punkt, wenn er es als Frage des „unternehmerischen Ethos" ansieht, ob sich der „Unternehmer als Treuhänder der Versicherten fühlt und sein Unternehmen als Hilfe für die vom Schicksal bedrohten Versicherten auffasst". Andere Autoren haben diese Ideen als sog. Treuhandmodell aufgegriffen und versucht, den Lebensversicherungsvertrag in ein Treuhandverhältnis im zivilrechtlichen Sinne umzudeuten.[30] Hervorzuheben ist in diesem Zusammenhang die Sichtweise von *Starke*, nach dessen Auffassung die Ware „Versicherungsschutz" des Dienstleistungsgewerbes Versicherungswesen aus einem Gefüge von Rechten und Pflichten besteht, durch die in dem rechtlichen Gewande eines speziellen Geschäftsbesorgungsvertrages die für die Versicherung essentielle Gefahrtragung des Versicherers zu Gunsten des Versicherungsnehmers im einzelnen bestimmt wird.[31]

15 Sowohl die Idee vom Treuhänder, Sachwalter oder Organisator und Geschäftsführer einer Gefahrengemeinschaft als auch vor allem die Umdeutung des Lebensversicherungsvertrages in ein Treuhandverhältnis haben im Schrifttum überwiegend Ablehnung erfahren.[32] Denn die Versicherer haben durch ihr

---

[27] *Schmidt*, Zur Niederlassungsfreiheit der Lebensversicherer im Gemeinsamen Markt, ZVersWiss 55 (1966), 219, 250.
[28] *Braeß*, Über die Wettbewerbskonzeption der Versicherungswirtschaft, Die Versicherungsrundschau 1968, 29, 36.
[29] *Schmidt-Rimpler*, Zum Begriff der Versicherung, VersR 1963, 493, 504 f.
[30] *von Hippel*, Gewinnbeteiligung und Verbraucherschutz in der Lebensversicherung, JZ 1989, 663, 664 f.; *derselbe* JZ 1990, 730 ff.
[31] *Starke*, Die AVB in unserem Rechtssystem – Möglichkeiten und Grenzen der Rechtsprechung –, VersR 1966, 889, 891.
[32] *Frey*, Gibt es eine Rechtspflicht zur Gleichbehandlung der bei einer Versicherungsaktiengesellschaft Versicherten, Diss. Heidelberg 1958, Stuttgart, 1959, S. 30; *Stelkens*, 1965, S. 42; *Kühlmann*, Die Beteiligung der Versicherungsnehmer an der Ertrags- und Wertentwicklung der Vermögensanlagen in der gemischten Lebensversicherung, Diss. Hohenheim, 1975, S. 7; *Lothar Meyer*, 1975, S. 132; *Gärtner*, Privatversicherungsrecht, 2. Auflage, Darmstadt, 1980, S. 331 f.; *Karten*, Versicherung – Gefahrengemeinschaft Mehrleistung?, VW 1981, 1604, 1605; *Lorenz*, Gefahrengemeinschaft und Beitragsgerechtigkeit aus rechtlicher Sicht, in: 25 Jahre Karlsruher Forum, Jubiläumsausgabe 1983, Beiträge zum Haftungs- und Versicherungsrecht, hrsg. v. Fritz Hauß, Wolfgang Freiherr Marschall von Bieberstein, Karlsruhe, VVW, 1983, S. 162, 166; *Prölss*, Der Versicherer als „Treuhänder der Gefahrengemeinschaft" – Zur Wahrnehmung kollektiver Belange der Versicherungsnehmer durch den Privatversicherer, in: Festschrift für Karl Larenz zum 80. Geburtstag am 23. April 1983, hrsg. von Claus-Wilhelm Canaris und Uwe Diederichsen, München, Beck, 1983, S. 487, 534; *Scholz*, Verfassungsrechtliche Strukturfragen der Versicherungsaufsicht, ZVersWiss 73 (1984), 1, 16; *Sieg*, Bemerkungen zur „Gefahrengemeinschaft", ZVersWiss 74 (1985), 321, 324; *Winter* in: Bruck/Möller, VVG, 8. Aufl., 1988, §§ 159–178 VVG Anm. G 345 ff; *Dreher*, Die Versicherung als Rechtsprodukt. Die Privatversicherung und ihre rechtliche Gestaltung, Tübingen, Mohr, 1991, S. 133 ff.; *Winter* ZVersWiss 80 (1991), 218 ff.; *Prölss* in: Prölss/Martin, VVG, 1992, Vorbem. 111; *Nicolaysen*, Die Veräußerung der Hamburger Feuerkasse und die Verwendung des Erlöses, VersR 1994, 633, 645; ausdrücklich inzwischen auch *Reimer Schmidt*, Gedanken zu einer Reform des Versicherungsvertragsgesetzes, NVersZ 1999, 401, 406: „Der Lebensversicherungsvertrag ist nach geltendem deutschen Recht auch kein rechtsgeschäftliches Treuhandverhältnis oder ein Treuhandverhältnis kraft Gesetzes."; *Hennrichs*, Stille Reserven und Lebensversicherung, NVersZ 2002, 5, 8; *Jung*, Privatversicherungsrechtliche Gefahrengemeinschaft und Treuepflicht des Versicherers, VersR 2003, 282, 283; *Präve*, Lebensversicherung im Umbruch, in: Kontinuität und Wandel

Verhalten niemals den Rechtsschein einer treuhänderischen Bindung aufkommen lassen.[33] Entscheidend ist, dass der Treuhandgedanke zu keinem Zeitpunkt Eingang in die rechtliche Ausgestaltung der Lebensversicherungsverträge, insbesondere der ihnen zugrunde liegenden Allgemeinen Versicherungsbedingungen, gefunden hat. Schon der Wortlaut der Überschussbeteiligungsklausel zeigt, dass Rechtsmerkmale, die auf ein Treuhandverhältnis[34] hindeuten könnten, nicht vorhanden sind.[35]

Von daher ist nur zu verständlich, dass der Bundesgerichtshof[36] schon in seinem Urteil vom 8. Juni 1983 die Frage „ob im Rahmen einer Lebensversicherung mit Gewinnbeteiligung des Versicherungsnehmers der Versicherer hinsichtlich der Nutzung der aus Sicherheitsgründen vorsorglich hoch bemessenen, später voraussichtlich über die Gewinnbeteiligung zurück zu gewährenden Prämienanteile eine Stellung hat, die dem Beauftragten eines Geschäftsbesorgungsvertrags oder einem Geschäftsführer ohne Auftrag zumindest rechtlich ähnlich ist", nicht problematisiert hat. Allerdings konnte der Bundesgerichtshof die Entscheidung der Frage dahingestellt sein lassen, da er Auskunfts- und Rechnungslegungsansprüche des Versicherungsnehmers schon aus anderen Gründen verneinen konnte. **16**

Zu einer weiteren Klärung der Rechtslage hat aber das Urteil des Oberlandesgerichts Hamburg vom 2. März 1990 geführt, das zutreffend das Treuhandmodell mit folgenden Erwägungen verworfen hat:[37] **17**

„Der Versicherungsvertrag mag Elemente der entgeltlichen Geschäftsbesorgung aufweisen. Er ist jedoch ein Vertrag eigener Art, der weder mit dem zwischen einer Kapitalanlagegesellschaft und ihren Anlegern bestehenden Verhältnis noch mit dem Verhältnis zwischen Sparkasse oder Bank und Sparern vergleichbar ist. Insbesondere können die Pflichten des Versicherers bezüglich der Überschussbeteiligung der Versicherten schon angesichts des unstreitig durch versicherungsaufsichtsrechtliche Gründe bedingten Entstehens der Überschüsse nicht einfach nach den für die entgeltliche Geschäftsführung geltenden Grundsätzen oder jedenfalls entsprechend diesen Grundsätzen beurteilt werden. Anderenfalls würde außer acht gelassen, dass nach dem geltenden Recht die Kapitallebensversicherung eine einheitliche Figur ist, die eben nicht, wie dies die Kläger für wünschenswert halten, rechtlich unterschiedlich zu bewerten ist, je nachdem, welches ihrer Elemente gerade betrachtet wird."

In einem Urteil vom 23. Mai 1991 hat demgegenüber das Oberlandesgericht Nürnberg zur Unfallversicherung mit Prämienrückgewähr die Auffassung vertreten, dass hinsichtlich erzielter Prämienüberschüsse die Anwendung des Treuhandmodells in Betracht komme. Der Versicherungsnehmer dürfe bei Abschluss des Versicherungsvertrages davon ausgehen, dass die von ihm mit der Prämie bezahlten Risikoanteile zunächst nur der Sicherheit dienen und deshalb vom Lebensversicherer treuhänderisch zu verwalten und nach Erreichen des Sicherungszwecks in Gestalt der Überschüsse zurückzuzahlen seien. Aufgrund des Sicherungscharakters dieser Prämienanteile sei deshalb zwischen den Vertragsparteien von einem Treu- **18**

---

des Versicherungsrechts, Festschrift für Egon Lorenz zum 70. Geburtstag, hrsg. v. Manfred Wandt, Peter Reiff, Dirk Looschelders u. Walter Bayer, Karlsruhe, VVW, 2004, S. 517, 520; *Fricke,* Kollisionsrecht im Umbruch – Perspektiven für die Versicherungswirtschaft –, VersR 2005, 726, 734.

[33] Vgl. *Lorenz* in: 25 Jahre Karlsruher Forum, 1983, S. 162, 166.
[34] Zu den Voraussetzungen der Verwaltungstreuhand bzw. der Sicherungstreuhand siehe statt vieler *Soergel-Leptien,* 1988, Rz. 58 ff. vor § 164 BGB.
[35] Siehe hierzu ausführlich *Winter* ZVersWiss 80 (1991), 221.
[36] BGH, Urt. v. 8. 6. 1983 – IV a ZR 150/81, BGHZ 87, 346 = NJW 1984, 55 = VersR 1983, 746, 747 = r+s 1983, 199 = DB 1983, 2448 = MDR 1983, 917; ebenfalls unentschieden LG Köln VersR 1994, 296 f.
[37] OLG Hamburg, Urt. v. 2. 3. 1990 – 11 U 160/88, VersR 1990, 475, 477 = JZ 1990, 442, 444.

handverhältnis in Form der sog. Sicherungstreuhand auszugehen.[38] *Bundschuh*[39] hat die Anwendung des Treuhandmodells als nicht unproblematisch bezeichnet. In der Tat wird vom OLG Nürnberg übersehen, dass der Versicherer die Prämienzahlungen der Versicherungsnehmer nur zum eigenverantwortlichen Betrieb der Versicherung nach Maßgabe der Gesetze erhält.[40]

19 Der Kapitallebensversicherungsvertrag ist schon seinem Wortlaut nach nicht als Treuhandvertrag konzipiert und es sind keine Anhaltspunkte vorhanden, die auf den Versicherungsnehmer als Treugeber und den Versicherer als Treunehmer hindeuten könnten. Abgesehen davon fehlt es sowohl auf Seiten des Versicherers als auch des Versicherungsnehmers am rechtsgeschäftlichen Willen, einen Treuhandvertrag abschließen zu wollen. Soweit der Versicherungsnehmer Zahlungen leistet, erfüllt er seine Verpflichtungen aus dem Versicherungsvertrag als Schuldner der Prämie. Diese geht uneingeschränkt in das Eigentum des Versicherers über.[41] Die herrschende Meinung sieht deshalb von daher zu Recht den Versicherungsvertrag nicht als Geschäftsbesorgungsvertrag an.[42]

20 Die Verfechter des Treuhandmodells übersehen ferner, dass der Gesetzgeber die Lebensversicherung, insbesondere die kapitalbildende Lebensversicherung, nicht ähnlich den für Kapitalanlagegesellschaften geltenden Vorschriften in der Weise geregelt hat, dass der Versicherer für Rechnung und Risiko der Versicherungsnehmer die nicht ge- und verbrauchten Beiträge als Sondervermögen anlegt und verwaltet und er selbst nur einen Anspruch auf bestimmte Vergütungen für die Anlage- und Verwaltungstätigkeit hat.[43]

21 Abweichendes gilt auch nicht in der Fondsgebundenen Lebensversicherung. Zwar sieht z.B. § 2 Absatz 1 der von der Aufsichtsbehörde verlautbarten Allgemeinen Bedingungen für die Fondsgebundene Lebensversicherung[44] vor, dass Versicherungsschutz unter unmittelbarer Beteiligung an der Wertentwicklung eines Sondervermögens (Anlagestock) geboten wird. Des Weiteren, dass der Anlagestock gesondert vom übrigen Vermögen überwiegend in Wertpapieren angelegt und in Anteileinheiten aufgeteilt wird. Vor allem aus § 3 der vorgenannten Musterbedingungen wird aber deutlich, dass auch in der Fondsgebundenen Lebensversicherung der Versicherer uneingeschränkter Eigentümer des gezahlten Beitrags wird. § 3 Absatz 1 dieser Musterbedingungen bestimmt ausdrücklich, dass der

---

[38] OLG Nürnberg, Urt. v. 23. 5. 1991 – 8 U 1687/90, VuR 1991, 274, 277 ff.; dazu *Bundschuh/Estel,* Die Überprüfung von Allgemeinen Versicherungsbedingungen durch die höchstrichterliche Rechtsprechung, in: Symposion AGBG und AVB, Schriftenreihe Versicherungsforum, Heft 12, Karlsruhe, 1993, S. 3, 22 f.

[39] *Bundschuh,* Versicherung im Wandel, ZVersWiss 82 (1993), 39, 54; siehe ferner bei *Bundschuh/Estel,* Die Überprüfung von Allgemeinen Versicherungsbedingungen durch die höchstrichterliche Rechtsprechung, in: Symposion AGBG und AVB, Schriftenreihe Versicherungsforum, Heft 12, Karlsruhe, 1993, S. 3, 23.

[40] Vgl. *Dreher,* Die Versicherung als Rechtsprodukt: Die Privatversicherung und ihre rechtliche Gestaltung, Tübingen, Mohr, 1991, S. 135.

[41] BeschlKE BAV v. 22. 2. und 11. 5. 1989, VerBAV 1989, 235, 239; *Gruschinske,* Überschussbeteiligung der Lebensversicherung in Diskussion, ZfV 1989, 642.

[42] Vgl. statt vieler *Kaulbach* VersR 1990, 257, 258; *Hicks,* Die Bewertung von Lebensversicherungen, DB 1992, 1374, 1375; *Voit,* Die Bewertung der Kapitallebensversicherung im Zugewinnausgleich, Berlin, Duncker & Humblot, 1992, S. 61; *Winter* in: Festschrift für Horst Baumann, 1999, S. 379, 392; ebenso nunmehr auch *R. Schmidt,* Gedanken zu einer Reform des Versicherungsvertragsgesetzes, Baden-Baden, Nomos, VersWissStud. 15 (2000), S. 261, 273.

[43] Ausführlich dazu *Winter* ZVersWiss 80 (1991), 203, 219 ff., siehe hierzu ferner *von Hippel* JZ 1990, 445, 446; *derselbe,* Fortschritte beim Verbraucherschutz im Versicherungswesen, JZ 1990, 730, 733.

[44] VerBAV 1988, 147 ff.

Beitrag, soweit er nicht zur Deckung des Todesfallrisikos und der Kosten bestimmt ist, nach dem aufsichtsbehördlich genehmigten Geschäftsplan dem Anlagestock zugeführt wird und in Anteileinheiten umgerechnet wird.[45] Ferner sieht § 20 der Musterbedingungen für die fondsgebundene Lebensversicherung vor, dass die Versicherungsnehmer an den Überschüssen entsprechend dem jeweiligen von der Aufsichtsbehörde genehmigten Geschäftsplan beteiligt sind.[46] Wir haben damit auch hier eine Bedingungssituation wie bei anderen Tarifen in der Lebensversicherung, insbesondere in der Kapitallebensversicherung.

Festgestellt werden kann nach alledem mit der herrschenden Meinung in 22
Schrifttum und Rechtsprechung, dass Lebensversicherungsverträge, insbesondere Kapitallebensversicherungsverträge, im rechtlichen Sinne keine Treuhandverträge (Geschäftsbesorgungsverträge) sind.[47]

b) Partiarisches Rechtsverhältnis. Während das Treuhandmodell im Schrift- 23
tum und in der Rechtsprechung zu Recht als überwunden angesehen werden kann, vorbehaltlich der noch ausstehenden ausdrücklichen Verwerfung durch den Bundesgerichtshof, ist die Diskussion noch nicht zu der Frage beendet, ob der Kapitallebensversicherungsvertrag mit Rücksicht auf die Überschussbeteiligungsklausel als partiarisches Rechtsverhältnis zu qualifizieren ist.

Die Zuordnung des Kapitallebensversicherungsvertrages zu den partiarischen 24
Rechtsverhältnissen wurde von einem Teil des älteren Schrifttums mit dem Bemerken in den Raum gestellt, aber nicht weiter problematisiert, dass im Hinblick auf die Überschussbeteiligungsklausel dem Lebensversicherungsvertrag ein „partiarisches Element" anhafte.[48] Eine andere ältere Meinung[49] meint aufgrund der Überschussbeteiligungsklausel eine „gesellschaftstypische Erscheinung" zu erkennen. Sie kommt zu dem Ergebnis, dass man dem „gesellschaftlichen Einschlag" nur dadurch Rechnung tragen könne, „dass man in dem Versicherungsvertrag mit Überschussbeteiligung ein partiarisches Rechtsverhältnis sieht". Diese Auffassung konnte sich auch auf *Moser*[50] abstützen, der die Ansicht vertritt, dass beim System der Altersrente die Versicherung mit Gewinnbeteiligung als partiarisches Rechtsgeschäft anzusehen sei.

Die angedachte Zuordnung der Versicherungsverträge mit Überschussbeteili- 25
gung zu den partiarischen Rechtsverhältnissen blieb schon seinerzeit nicht ohne Widerspruch und stieß auf Ablehnung.[51] Soweit sich das übrige Schrifttum mit

---

[45] VerBAV 1988, 147 ff.
[46] VerBAV 1988, 147 ff.
[47] Ebenso jetzt auch *R. Schmidt*, Weitere Überlegungen aus Anlass einer Reform des Versicherungsvertragsgesetzes, Karlsruhe, VVW, 1999, S. 17.
[48] *Riesenfeld*, Das Problem des gemischten Rechtsverhältnisses im Körperschaftsrecht unter besonderer Berücksichtigung der Versicherungsvereine auf Gegenseitigkeit, Berlin, 1932, S. 135; für die AG: *Alther*, Die Überschussbeteiligung im Versicherungsvertrag – Unter besonderer Berücksichtigung der schweizerischen Lebensversicherung –, Diss. Zürich 1946, Aarau, 1947, S. 61; *Frey*, Der Stand der Angleichung der Unternehmensformen in der deutschen Versicherungswirtschaft, VersArch 1957, 21, 37; *Köbele*, Die Versicherungsaktiengesellschaft zwischen Aktiengesellschaft und Versicherungsverein auf Gegenseitigkeit, Diss. Freiburg, 1965, S. 106.
[49] Vgl. für die AG: *Haasen*, Das Recht auf den Überschuss bei den privaten Versicherungsgesellschaften, Stuttgart, 1955, S. 65 f.; ebenso *Köbele*, a.a.O. (Fn. 48), 1965, S. 106.
[50] *Moser*, Der Versicherungsvertrag mit Gewinnbeteiligung, Diss. Bern, Berlin, 1928, S. 19.
[51] Vgl. *Schloeßmann*, Die Rechtsform in der deutschen Lebensversicherung, Aktiengesellschaft und Gegenseitigkeitsverein, Diss. Erlangen, 1936, S. 75; *Stelkens*, Rechtsgrundlagen der Überschussbeteiligung in der privaten Lebensversicherung, Diss. Köln, 1965, S. 69; *Winter* in: Bruck/Möller, VVG, 8. Aufl., 1988, §§ 159–178 VVG Anm. G 359: Kein partiarisches Darlehen; ebenso *Präve*, Die Bedeutung der Überschussbeteiligung des Versiche-

Begriff und Wesen der partiarischen Verträge befasste, blieb unerörtert, ob Lebensversicherungsverträge mit Überschussbeteiligungsklausel den partiarischen Rechtsverhältnissen zuzurechnen sind.[52] Auch in der bisher zur Lebensversicherung bekannten Rechtsprechung findet sich der Gedanke vom partiarischen Rechtsverhältnis nicht, insbesondere auch nicht im schon erwähnten Urteil des Bundesgerichtshofs vom 8. Juni 1983.[53]

26 *Baumann*[54] hat die Diskussion im Schrifttum mit der Fragestellung wiederbelebt, ob der Lebensversicherungsvertrag als partiarisches Rechtsverhältnis mit Geschäftsbesorgungselementen unter prinzipieller Heranziehung der §§ 315 ff. BGB zu qualifizieren sei. *Basedow*[55] hat sich der Fragestellung angenommen und den Kapitallebensversicherungsvertrag den partiarischen Rechtsverhältnissen zugeordnet.[56] Auch *Lorenz*[57] kommt zu dem Ergebnis, dass der Kapitallebensversicherungsvertrag ein partiarisches Rechtsverhältnis sei.

27 Welche Rechtsansprüche den Versicherungsnehmern aufgrund der Qualifizierung des Kapitallebensversicherungsvertrages als partiarisches Rechtsverhältnis erwachsen oder erwachsen können, ist höchst umstritten. *Basedow*[58] sieht einen versicherungsvertraglichen Anspruch auf Auskunft und Rechnungslegung. Ferner hält er den Versicherer für verpflichtet, „sich um die Steigerung des Geschäftserfolges zu bemühen, also das gemeinsame Interesse an einem möglichst hohen Ertrag oder Gewinn zu fördern". *Lorenz*[59] ist dieser Auffassung zu Recht entgegengetreten.

28 Zu bezweifeln ist aber, ob der Kapitallebensversicherungsvertrag überhaupt ein partiarisches Rechtsverhältnis ist. Als partiarische Rechtsverhältnisse werden solche Austauschverträge angesehen, die nicht auf die Errichtung einer Gesellschaft gerichtet sind und bei denen für die Leistung des einen als Gegenleistung auch ein Anteil am Gewinn versprochen wird.[60] Die partiarisch Beteiligten haben keinen Anteil am Unternehmen, sondern sind nur Teilhaber am Gewinn.[61] Einfluss auf die Herbeiführung des erstrebten wirtschaftlichen Erfolgs hat der Partiar nicht.[62]

---

rungsnehmers bei der Lebensversicherungs-AG für die Umbildung von Versicherungsgruppen, ZfV 1992, 334, 338.
[52] Vgl. beispielhaft *Paulick/Blaurock*, 1988, § 8 III, S. 110 ff.
[53] BGH, Urt. v. 8. 6. 1983 – IV a ZR 150/81, BGHZ 87, 346 = NJW 1984, 55 = VersR 1983, 746 = r+s 1983, 199 = DB 1983, 2448 = MDR 1983, 917.
[54] *Baumann*, in: Handwörterbuch der Versicherung, 1988, S. 895, 897; *derselbe*, Rechtliche Grundprobleme der Umstrukturierung von Versicherungsvereinen auf Gegenseitigkeit in Versicherungs-Aktiengesellschaften, VersR 1992, 905, 906 (Fn. 20); *derselbe*, Lebensversicherung, stille Reserven und Gesamtrechtsordnung, JZ 1995, 446, 448.
[55] *Basedow*, Die Kapitallebensversicherung als partiarisches Rechtsverhältnis – Eine zivilistische Konstruktion der Überschussbeteiligung –, ZVersWiss 81 (1992), 419, 437 ff.
[56] Ebenso *Sieben*, Zur Ermittlung des Gesamtwertes von Lebensversicherungsgesellschaften – eine Analyse aus Sicht der Unternehmensbewertungstheorie, in: Dieter Farny und die Versicherungswissenschaft, hrsg. v. Robert Schwebler und den Mitgliedern des Vorstands des Deutschen Vereins für Versicherungswissenschaft, Karlsruhe, VVW, 1994, S. 479, 499.
[57] *Lorenz*, Rechtsfragen zur Überschussbeteiligung in der Kapitallebensversicherung, ZVersWiss 82 (1993), 283, 296 f.
[58] *Basedow*, Die Kapitallebensversicherung als partiarisches Rechtsverhältnis – Eine zivilistische Konstruktion der Überschussbeteiligung –, ZVersWiss 81 (1992), 419, 437.
[59] *Lorenz*, Rechtsfragen zur Überschussbeteiligung in der Kapitallebensversicherung, ZVersWiss 82 (1993), 283, 297 ff; ebenso *Präve*, Die Bedeutung der Überschussbeteiligung des Versicherungsnehmers bei der Lebensversicherungs-AG für die Umbildung von Versicherungsgruppen, ZfV 1992, 334, 339.
[60] Siehe hierzu *Paulick/Blaurock*, 1988, § 8 III, S. 110 ff; *Schlegelberger/Karsten Schmidt*, § 335 HGB (§ 230 n. F.), Anm. 48.
[61] Vgl. *Ernst*, Der Genussschein als Kapitalbeschaffungsmittel, AG 1967, 75, 78.
[62] *Paulick/Blaurock*, 1988, § 8 III, S. 111.

Dem Partiar wird aber zugebilligt, „sich durch Ausübung gewisser Kontrollbefugnisse über die bestimmungsgemäße Verwendung seiner Leistung und über die Umstände zu informieren, die für die Feststellung seines Gewinnanteils maßgeblich sind".[63] Von daher soll er sogar das Überwachungsrecht nach § 233 HGB (früher § 338 HGB) ausüben dürfen.[64] Hervorgehoben wird, dass eine partiarische Beteiligung nur anzuerkennen sei, wenn zu selbständigen Verträgen – wie z.B. Darlehens-, Miet-, Pacht- und Dienstverträgen – das Merkmal der Gewinnbeteiligung trete.[65]

Ob diese Beschreibung von Begriff und Wesen des partiarischen Rechtsverhältnisses Zustimmung verdient, soll an dieser Stelle nicht betrachtet werden. Entscheidend ist, dass sich zum partiarischen Rechtsverhältnis keine allgemein gültigen Regeln aufstellen lassen, sondern es auf den im Wege der Auslegung zu ermittelnden Willen der Vertragsschließenden, die wirtschaftlichen Ziele und auf das Gesamtbild aller Umstände im Einzelfall ankommt.[66] Insoweit ist für die Frage, ob ein partiarisches Rechtsverhältnis vorliegt oder nicht, von entscheidender Bedeutung, dass die Überschussbeteiligungsklausel eine Beteiligung der Versicherungsnehmer am erwirtschafteten Überschuss entsprechend dem jeweiligen von der Aufsichtsbehörde genehmigten Geschäftsplan vorsieht.[67]

Mit der Verweisung in der Überschussbeteiligungsklausel auf den Geschäftsplan ist der Geschäftsplan im Sinne von § 5 VAG angesprochen. Der Geschäftsplan im Sinne von § 5 VAG umfasst die „Geschäftsgrundlagen eines Versicherungsunternehmens in rechtlicher, versicherungstechnischer und finanzieller Hinsicht".[68] Schon von daher ist verständlich, dass es vor allem auf den dem einzelnen Tarif jeweils zugrunde liegenden gültigen Geschäftsplan und den jeweils gültigen Gesamtgeschäftsplan für die Überschussbeteiligung ankommt.[69]

Auch der übrige Inhalt der Überschussbeteiligungsklausel gibt nur wieder, was der Versicherer aufsichtsrechtlich gesehen zu befolgen hat und in allen Einzelheiten in dem von der Aufsichtsbehörde zu genehmigenden Geschäftsplan geregelt ist. Dort ist bestimmt, ob, wie und in welchem Umfang die Versicherungsnehmer am Überschuss beteiligt sind. Der einzelne Versicherungsnehmer hat keinerlei Möglichkeit, auf den Inhalt des Geschäftsplans und die einzelnen Bestandteile, wie z.B. den Gesamtgeschäftsplan für die Überschussbeteiligung Einfluss zu nehmen. Der Versicherer ist wiederum davon abhängig, ob die Aufsichtsbehörde seinen Vorstellungen zur Produktgestaltung folgt und die Genehmigung erteilt.

Bei der Erteilung der Genehmigung hat allerdings die Aufsichtsbehörde nicht darüber zu wachen, dass – positiv – die Interessen der Versicherten die denkbar beste oder auch nur eine möglichst gute Berücksichtigung erfahren. Sie hat – negativ – eine unangemessene Beeinträchtigung der Belange der Versicherten zu verhüten.[70]

---

[63] *Huffer*, Das partiarische Geschäft als Rechtstypus, Diss. München, 1970, S. 81.
[64] *Huffer*, aaO (Fn. 63), 1970, S. 81; *Schön* ZGR 1993, 232 f.; zu Recht ablehnend *Paulick/Blaurock*, 1988, § 8 III 1, S. 111 f.
[65] Vgl. *Crome*, Die partiarischen Rechtsgeschäfte nach römischem und heutigem Reichsrecht nebst Beiträgen zur Lehre der verschiedenen Arbeitsverträge, Freiburg/Leipzig/Tübingen, Mohr, 1897, S. 25; *Ernst*, Der Genussschein als Kapitalbeschaffungsmittel, AG 1967, 75, 78; *Huffer*, a.a.O. (Fn. 63), 1970, S. 3 ff.
[66] Vgl. *Paulick/Blaurock*, 1988, § 8 III 2, S. 113.
[67] Vgl. z.B. § 16 ALB.
[68] *Michaels*, Staatsaufsicht über Versicherungsunternehmen und Kreditinstitute: Vergleichende juristische Überlegungen, Diss. Hamburg, 1967, S. 116.
[69] GB BAV 1984, 56.
[70] Vgl. BVerwG v. 14. 10. 1980, VersR 1981, 221, 223; *Jung*, Privatversicherungsrechtliche Gefahrengemeinschaft und Treuepflicht des Versicherers, VersR 2003, 282, 283.

33 Die Überschussbeteiligungsklausel macht insoweit deutlich, dass die Beteiligung der Versicherungsnehmer am Überschuss nicht alleiniger Gegenstand privatautonomer Vereinbarungen der Parteien des Kapitallebensversicherungsvertrages ist, sondern aufgrund des Geschäftsplans hoheitlich, also öffentlichrechtlich, geregelt ist. Der Geschäftsplan entfaltet aber Rechtswirkungen nur in der durch Verwaltungsakt vermittelten individuellen Rechtsbindung von Versicherungsunternehmen und Aufsichtsbehörde.[71] Dritte, vor allem die Versicherungsnehmer werden in das vom Geschäftsplan geprägte, aufsichtsrechtliche Verhältnis nicht einbezogen.[72]

34 Von daher regelt die Überschussbeteiligungsklausel im Verhältnis zwischen Versicherungsnehmer und Versicherer keine privatrechtlichen Rechte und Pflichten bezüglich der Beteiligung der Versicherungsnehmer am Überschuss, soweit der Geschäftsplan betroffen ist. Die Überschussbeteiligungsklausel erschöpft sich in der Darlegung der aufsichtsrechtlich geregelten Überschussbeteiligung. Ihr kommt hinsichtlich des Geschäftsplans nur deklaratorische Bedeutung zu und bewirkt keine private Rechtsetzung. Enthält die Überschussbeteiligungsklausel, wie aufgezeigt, keine privatrechtliche Abrede über den die Beteiligung der Versicherungsnehmer am Überschuss regelnden Geschäftsplan, sondern weist sie in erster Linie auf die Tatsache hin, dass die Überschussbeteiligung der Versicherungsnehmer hoheitlich geregelt ist, dann fehlt es an einem wesentlichen Merkmal für die Annahme eines partiarischen Rechtsverhältnisses, nämlich einer privatrechtlichen Abrede über Grund und Höhe der Beteiligung am Überschuss, so wie sie durch den Geschäftsplan öffentlichrechtlich festgelegt ist.

35 Von daher ist auch verständlich, dass das OLG Düsseldorf in seiner Entscheidung vom 9. Februar 1993 im Zusammenhang mit der Überschussbeteiligungsklausel das Vorliegen einer privatrechtlichen Abrede verneint und von einer „offenen" Regelung spricht[73] und das OLG Hamburg darauf hinweist, dass es „keine direkte Verknüpfung zwischen den einzelnen Versicherungsverträgen und ihnen zuzuordnenden Anteilen am Überschuss" gibt.[74]

36 Aus diesen Erwägungen ist eine Qualifizierung des Lebensversicherungsvertrages als partiarisches Rechtsverhältnis in Frage zu stellen und die weitere Entwicklung in der Rechtsprechung und der Literatur abzuwarten.[75] Mit der Infragestellung des partiarischen Rechtsverhältnisses ist nicht die Aussage verbunden, dass der Versicherungsnehmer keine Rechtsansprüche im Zusammenhang mit der öffentlichrechtlich geregelten und kontrollierten Überschussbeteiligung hätte. Es wird im Gegenteil noch aufgezeigt, dass die Ansprüche des Versicherungsnehmers auf Beteiligung am Überschuss sich aus dem Kapitallebensversicherungsvertrag als eigenständiger Rechtsfigur selbst ergeben, so dass es der Rechtsfigur des partiarischen Rechtsverhältnisses nicht bedarf.

---

[71] *Kirchhof,* Private Rechtsetzung, Berlin, Duncker & Humblot, 1987, S. 329.
[72] *Kirchhof,* a. a. O. (Fn. 71), S. 329; *Manssen,* Privatrechtsgestaltung durch Hoheitsakt: Verfassungsrechtliche und verwaltungsrechtliche Grundfragen, Tübingen, Mohr, 1994, S. 42.
[73] OLG Düsseldorf, Urt. v. 9. 2. 1993 – 4 U 2/92, NJW-RR 1993, 801 = VersR 1993, 556 = r+s 1994, 232; ebenso *Präve,* Lebensversicherung im Umbruch, in: Kontinuität und Wandel des Versicherungsrechts, Festschrift für Egon Lorenz zum 70. Geburtstag, hrsg. v. Manfred Wandt, Peter Reiff, Dirk Looschelders u. Walter Bayer, Karlsruhe, VVW, 2004, S. 517, 520.
[74] OLG Hamburg, Urt. v. 2. 3. 1990 – 11 U 160/88, VersR 1990, 475, 477 = JZ 1990, 442, 444.
[75] Unentschieden BGH, Urt. v. 23. 11. 1994 – IV ZR 124/93, BGHZ 128, 54 = NJW 1995, 589, 592 = VersR 1995, 77, 80 = VerBAV 1995, 223, 227 = r+s 1997, 169, 172 = WM 1995, 27, 32 = ZIP 1995, 33, 37 = BB 1995, 423, 426 = DB 1995, 265, 266 = JZ 1995, 458, 461.

Beteiligung am Überschuss　　　　　　　　　37–42　§ 16 ALB 1986

c) **Geschäftsplanmäßige Erklärung.** Ob die Überschussbeteiligungsklausel 37
als solche als geschäftsplanmäßige Erklärung zu qualifizieren ist, der Drittwirkung
zukommt, ist vom BGH in seiner Entscheidung vom 23. November 1994 aufgrund eines Hinweises im Schrifttum erörtert worden.

Geschäftsplanmäßige Erklärungen sind einseitige, verpflichtende Erklärungen 38
des Unternehmens an die Aufsichtsbehörde und gehören inhaltlich-materiell zum
Geschäftsplan.[76] Von daher begründen geschäftsplanmäßige Erklärungen für Dritte grundsätzlich keine Rechte und Pflichten.[77] Sie sind kein Bestandteil der Allgemeinen Versicherungsbedingungen und werden daher grundsätzlich nicht wie
die Allgemeinen Versicherungsbedingungen in den Versicherungsvertrag einbezogen.[78]

Bei veröffentlichten geschäftsplanmäßigen Erklärungen hat der Bundesgerichts- 39
hof geprüft, ob sie Rückwirkungen auf das private Versicherungsverhältnis haben.
Er hat dies für den in der geschäftsplanmäßigen Erklärung der Kfz-Haftpflichtversicherer ausgesprochenen Rückgriffsverzicht bejaht. Nach dieser Erklärung
verzichtet der Versicherer auf den 5000,– DM übersteigenden Regressanspruch
gegen den Versicherungsnehmer und mitversicherte Personen.[79] Der Bundesgerichtshof hat es genügen lassen, dass diese geschäftsplanmäßige Erklärung im
Amtsblatt der Aufsichtsbehörde (VerBAV) veröffentlicht worden war.[80]

Der vom Bundesgerichtshof entschiedene Fall zeigt, dass Gegenstand der ge- 40
schäftsplanmäßigen Erklärung eine Verpflichtung des Versicherers war, die die Erhebung konkreter Einwendungen des Versicherungsnehmers ermöglichte.

Nun gibt es keine die Überschussbeteiligungsklausel betreffenden Veröffentli- 41
chungen von geschäftsplanmäßigen Erklärungen der Lebensversicherer, die mit
dem vom BGH entschiedenen Fall vergleichbar wären. Der BGH hat deshalb
zu Recht festgestellt, dass die Regelungen des Geschäftsplans nicht das Versicherungsverhältnis zwischen LVU und dem einzelnen Versicherungsnehmer berühren.[81] Die Überschussbeteiligungsklausel als solche kann auch deshalb keine
geschäftsplanmäßige Erklärung in dem aufgezeigten Sinn darstellen, da die Allgemeinen Versicherungsbedingungen und damit auch die Überschussbeteiligungsklausel schon in ihrer Gesamtheit Bestandteil des genehmigten Geschäftsplans für
den jeweiligen Tarif sind.

Eine andere Frage ist, ob die Deklaration der Überschussanteilsätze als veröf- 42
fentlichte geschäftsplanmäßige Erklärung anzusehen ist.[82] Dafür könnte sprechen,
dass die Überschussanteilsätze für die in einem Kalenderjahr fälligen Überschuss-

---

[76] Vgl. BGH, Urt. v. 13. 7. 1988 – IV a ZR 55/87, VersR 1988, 1062, 1065 = VerBAV
1990, 161, 165; OLG Hamm, Urt. v. 17. 3. 1993, VersR 1994, 37, 38; *Kirchhof,* Private
Rechtsetzung, Berlin, Duncker & Humblot, 1987, S. 331; *Glauber,* Wandlungen im Recht
der geschäftsplanmäßigen Erklärung, VersR 1993, 12, 13.
[77] *Kirchhof,* a. a. O. (Fn. 76), S. 331.
[78] BGHZ 105, 140, 151 = NJW 1988, 2734 = NZV 1989, 66 = VersR 1988, 1062,
1065 = r+s 1988, 284 = JZ 1985, 145 m. Anm. *Prölss;* BGH, Urt. v. 23. 11. 1994 – IV ZR
124/93, BGHZ 128, 54 = NJW 1995, 589, 591 = VersR 1995, 77, 79 = VerBAV 1995,
223, 226 = r+s 1997, 169, 171 = WM 1995, 27, 30 = ZIP 1995, 33, 36 = BB 1995, 423,
425 = MDR 1995, 910, 911 = JZ 1995, 458, 460; BGH, Urt. v. 7. 2. 1996 – IV ZR
155/95, r+s 1996, 161, 162; vgl. für die Rentenversicherung AG Schwalbach, Urt. v. 24. 9.
1996, VersR 1997, 606, 607.
[79] Vgl. VerBAV 1975, 157.
[80] BGH VerBAV 1990, 161, 165.
[81] BGH, Urt. v. 23. 11. 1994 – IV ZR 124/93, BGHZ 128, 54 = NJW 1995, 589,
591 = VersR 1995, 77, 79 = VerBAV 1995, 223, 226 = r+s 1997, 169, 171 = WM 1995,
27, 30 = ZIP 1995, 33, 36 = BB 1995, 423, 425 = MDR 1995, 910, 911 = JZ 1995, 458,
460.
[82] Unklar *Prölss/Schmidt/Frey,* 1989, § 56 a VAG Rdn. 6.

anteile rechtzeitig vor Beginn dieses Kalenderjahres durch Vorstandsbeschluss festzusetzen und im nächstfolgenden Druckbericht zu veröffentlichen sind.[83]

43 Selbst wenn man in der Deklaration der Überschussanteile nicht eine veröffentlichte geschäftsplanmäßigen Erklärung erblickt, kommt der Deklaration der Überschussanteilsätze anspruchsbegründende und leistungsausfüllende Wirkung im Rahmen des Kapitallebensversicherungsvertrages selbst zu.

44 **d) Versicherungsvertrag gemäß § 1 VVG. aa) Inhalt des Vertrages.** Der Lebensversicherungsvertrag ist ein gegenseitiger Vertrag, der ein Austauschverhältnis begründet.[84] Das Oberlandesgericht Hamburg bezeichnet ihn als einen Vertrag eigener Art.[85] Der Lebensversicherer ist verpflichtet, nach Eintritt des Versicherungsfalls den vereinbarten Betrag an Kapital oder Rente zu zahlen (§ 1 Absatz 1 VVG). Der Versicherungsnehmer hat die vereinbarte Prämie zu entrichten (§ 1 Abs. 2 VVG). Die Prämie geht mit der Zahlung in das uneingeschränkte Eigentum des Lebensversicherers über.[86] Eine Aufschlüsselung der Prämie kann der Versicherungsnehmer nicht verlangen.[87] Den Versicherungsunternehmen wird bei dieser Konstellation durch die Prämienzahlungen Vermögen anvertraut, das in ihr Eigentum übergeht und über dessen Nutzung sie in eigener unternehmerischer Verantwortung zu entscheiden haben, dessen Erträge aber größtenteils zur Absicherung der wirtschaftlichen Existenz der Versicherten gedacht sind.[88] Die Konzeption des Gesetzes ist mithin die eines einheitlichen Lebensversicherungsvertrags, für den insgesamt das Versicherungsvertragsgesetz, das Versicherungsaufsichtsgesetz und die besonderen Vorschriften des Handelsgesetzbuches über die Rechnungslegung für Versicherungsunternehmen (§§ 341 ff. HGB) und nicht etwa stattdessen teilweise die Vorschriften des Kapitalanlagerechts gelten.[89] Das

---

[83] Vgl. Abschnitt 3.1 des Muster-Gesamtgeschäftsplans für die Überschussbeteiligung in der Fassung VerBAV 1988, 424 ff.
[84] BeschlKE BAV v. 22. 2. und 11. 5. 1989, VerBAV 1989, 235, 239; *Hartwig*, Die Geltung des Gleichbehandlungsgrundsatzes für Versicherungs-Aktiengesellschaften als Ausfluss verfassungsrechtlicher Grundsätze, Karlsruhe, VVW, 2002, S. 46; *Präve*, Lebensversicherung im Umbruch, in: Kontinuität und Wandel des Versicherungsrechts, Festschrift für Egon Lorenz zum 70. Geburtstag, hrsg. v. Manfred Wandt, Peter Reiff, Dirk Looschelders u. Walter Bayer, Karlsruhe, VVW, 2004, S. 517, 521; *Winter*, Zielsetzungen der Versicherungsaufsicht, ZVersWiss 2005, 105, 129; *derselbe*, Versicherungsaufsichtsrecht, Karlsruhe, VVW, 2007, S. 72 u. S. 126.
[85] OLG Hamburg, Urt. v. 2. 3. 1990 – 11 U 160/88, VersR 1990, 475, 477 = JZ 1990, 442, 444; *van Schevichaven*, Die rechtliche Natur des Lebensversicherungs-Vertrages, in: Assecuranz-Jahrbuch, hrsg. v. A. Ehrenzweig, Wien, Manz, 1894, S. 81, 92: „contractus aleatorius sui generis"; *Reimer Schmidt,* Gedanken zu einer Reform des Versicherungsvertragsgesetzes, NVersZ 1999, 401, 406; *Eppe*, § 153 VVG 2008: Neues zur Rechtsnatur des Versicherungsvertrags?, VersR 2008, 1316, 1317.
[86] Vgl. BeschlKE BAV v. 22. 2. und 11. 5. 1989, VerBAV 1989, 235, 239; *Frels,* Mitgliedschaftliche Versicherung gegen festen Beitrag bei Versicherungsvereinen auf Gegenseitigkeit, VersR 1965, 202, 204; *Angerer,* Geld der Versicherten, ZfV 1983, 353; *Winter* in: Bruck/ Möller, VVG, 8. Aufl., 1988, §§ 159–178 VVG Anm. G 344; vgl. für die Unfallversicherung AG Hamburg, Urt. v. 7. 8. 1996 – 21 a C 653/96, S. 6.
[87] Vgl. für die Unfallversicherung AG Hamburg, Urt. v. 7. 8. 1996 – 21 a C 653/96, S. 7. Ebenso für die kapitalbildende Lebensversicherung *H. Müller,* Konzept der transparenten Bedingungsgestaltung bei Versicherungen aus aufsichtsbehördlicher Sicht, Baden-Baden, Nomos, VersWissStud. 15 (2000), S. 185, 191.
[88] BVerfG NJW 2005, 2363 = VersR 2005, 1109, 1118; BGH, Urt. v. 12. 10. 2005 – IV ZR 162/03 (Revisionsentscheidung LG Hannover, Urt. v. 12. 6. 2003 – 19 S 108/02, VersR 2003, 1289), NJW 2005, 3566 = VersR 2005, 1565, 1571 = BetrAV 2005, 788, 791 = r+s 2005, 519, 525 = WM 2005, 2279, 2286 = ZIP 2005, 2109, 2117 = DB 2005, 2686, 2688.
[89] BGH, Urt. v. 12. 10. 2005 – IV ZR 162/03 (Revisionsentscheidung LG Hannover, Urt. v. 12. 6. 2003 – 19 S 108/02, VersR 2003, 1289), NJW 2005, 3559, 3562 = VersR 2005, 1565, 1568 = r+s 2005, 519, 521 = WM 2005, 2279, 2282 = ZIP 2005, 2109, 2112.

Beteiligung am Überschuss　　　　　　　　　45–47　§ 16 ALB 1986

gesetzliche Modell der kapitalbildenden Lebensversicherung ist durch die Urteile des BVerfG vom 26. Juli 2005[90] bestätigt worden.[91]

bb) Umfang des Leistungsversprechens. Die Überschussbeteiligungsklausel 45 ist ein besonderes Merkmal des Lebensversicherungsvertrages. Sie verdeutlicht dem Versicherungsnehmer, dass er am erwirtschafteten Überschuss entsprechend dem jeweiligen von der Aufsichtsbehörde genehmigten Geschäftsplan beteiligt ist. Insoweit wird über die Überschussbeteiligungsklausel der Anspruch des Versicherungsnehmers auf die vereinbarte und garantierte Versicherungssumme um einen Anspruch auf Überschussanteile ergänzt.[92] Der Überschuss ist Teil des Austauschverhältnisses und in seiner Entstehung und seinem Umfang selbst ungewiss, da er von der tatsächlichen Laufzeit des Lebensversicherungsvertrages, der während dieser Zeit nicht vorhersehbaren Kapitalmarktentwicklung, den Kosten und der allgemeinen Entwicklung des Lebensversicherungsunternehmens abhängt. Von daher ist der Feststellung des Bundesgerichtshofs zuzustimmen, dass der Lebensversicherungsvertrag die Höhe der Ansprüche der Versicherungsnehmer auf Überschussbeteiligung nicht festlege. Eine solche Festlegung, so der Bundesgerichtshof, wäre auch nicht möglich, ohne den Zweck der vorsorglich hohen Bemessung der Prämien zu gefährden. Der Versicherungsnehmer müsse vielmehr im ungünstigsten Fall mit der Möglichkeit rechnen, nur die fest vereinbarte Versicherungsleistung, aber keine Gewinnbeteiligung zu erhalten, wenn der Versicherer keine verteilungsfähigen Gewinne erziele.[93] Die Rechtsprechung hat daher ein der Höhe nach unbestimmtes Leistungsversprechen[94] im Rahmen einer offenen Regelung angenommen.[95]

Anerkannt hat der Bundesgerichtshof des Weiteren, dass für die Beteiligung der 46 einzelnen Versicherungsnehmer am Überschuss die Festlegungen des von der Aufsichtsbehörde genehmigten Geschäftsplans maßgeblich sind und dieser auch die interne Verteilung des ausgeschütteten Überschusses regelt.[96] Der Bundesgerichtshof hat weiterhin bestätigt, dass über die Höhe der Ausschüttungen und ihre interne Verteilung der jeweilige Vorstand des Lebensversicherungsunternehmens auf der Grundlage des genehmigten Geschäftsplans entscheidet und der Versicherungsnehmer diese unternehmerische Entscheidung grundsätzlich hinnehmen muss.[97]

cc) Geschäftsplan als Entscheidungsgrundlage. Entsprechend der aus 47 dem Muster-Gesamtgeschäftsplan für die Überschussbeteiligung zu ersehenden Genehmigungspraxis der Aufsichtsbehörde bestimmen die Geschäftspläne der

---

[90] BVerfG, Urt. v. 26. 7. 2005, NJW 2005, 2363 = VersR 2005, 1109; BVerfG, Urt. v. 26. 7. 2005, NJW 2005, 2376 = VersR 2005, 1127.
[91] BGH, Urt. v. 12. 10. 2005 – IV ZR 162/03 (Revisionsentscheidung LG Hannover, Urt. v. 12. 6. 2003 – 19 S 108/02, VersR 2003, 1289), NJW 2005, 3559, 3562 = VersR 2005, 1565, 1568 = r+s 2005, 519, 521 = WM 2005, 2279, 2282 = ZIP 2005, 2109, 2112 f.; *Winter*, Versicherungsaufsichtsrecht, Karlsruhe, VVW, 2007, S. 126.
[92] *Winter* in: Bruck/Möller, VVG, 8. Aufl., 1988, §§ 159–178 VVG Anm. G 361; vgl. ferner *Schulz*, Der Dividendenanspruch bei Bezugsberechtigung, ZfV 1963, 843.
[93] BGH, Urt. v. 8. 6. 1983 – IV a ZR 150/81, BGHZ 87, 346 = NJW 1984, 55 = VersR 1983, 746, 747 = r+s 1983, 199 = DB 1983, 2448 = MDR 1983, 917; BeschlKE BAV v. 22. 2. und 11. 5. 1989, VerBAV 1989, 235, 239.
[94] BeschlKE BAV v. 22. 2. und 11. 5. 1989, VerBAV 1989, 235, 239.
[95] OLG Düsseldorf, Urt. v. 9. 3. 1993 – 4 U 2/92, NJW-RR 1993, 801 = VersR 1993, 556 = r+s 1994, 232.
[96] BGH, Urt. v. 8. 6. 1983 – IV a ZR 150/81, BGHZ 87, 346 = NJW 1984, 55 = VersR 1983, 746, 747 = r+s 1983, 199 = DB 1983, 2448 = MDR 1983, 917.
[97] BGH, Urt. v. 8. 6. 1983 – IV a ZR 150/81, VersR 1983, 746, 747; BeschlKE BAV v. 22. 2. und 11. 5. 1989, VerBAV 1989, 235, 239.

Versicherer insoweit, dass mindestens 90% des Rohüberschusses für die Überschussbeteiligung unter Beachtung der geschäftsplanmäßigen Überschussverteilungssysteme einzusetzen sind.[98] Damit soll dem Umstand Rechnung getragen werden, dass in der Lebensversicherung aus Sicherheitsgründen im Interesse der dauernden Erfüllbarkeit der Lebensversicherungsverträge Prämien erhoben werden, die von ihren Rechnungsgrundlagen her so vorsichtig kalkuliert sind, dass es zwangsläufig zu Überschüssen kommt.[99] Die 90%-Regelung kann auf eine Praxis der Gesellschaften aus den Anfängen der Lebensversicherung zurückgeführt werden, 50–90% des Rohüberschusses den Versicherungsnehmern zu überlassen.[100] Die 90%-Regelung belässt den Lebensversicherern noch einen Spielraum, in dem sie frei darüber entscheiden können, welche Beträge für die anderen Gewinnrücklagen oder – bei Versicherungsvereinen auf Gegenseitigkeit und Aktiengesellschaften – zur Ausschüttung an die Mitglieder oder die Aktionäre verwendet werden sollen, vgl. § 38 VAG bzw. § 56 a VAG.[101]

48   Die Geschäftstätigkeit als solche ist nicht Gegenstand von Regelungen des Geschäftsplans. Insoweit hat der Versicherer bei der Ausübung seiner Geschäftstätigkeit die gesetzlichen Vorschriften zu beachten.[102] Diese überlassen die alleinige Kompetenz für die Entscheidung über die Realisierung stiller Reserven dem pflichtgemäßen Ermessen des Vorstands des Versicherers.[103] So liegt z. B. „beim Grundbesitz eine Realisierung ganz im Ermessen des Versicherungsunternehmens".[104] Dabei ist

---

[98] Vgl. Abschnitt 2.3.1 des Muster-Geschäftsplans für die Überschussbeteiligung in der Fassung VerBAV 1988, 424 ff.; BeschlKE BAV v. 22. 2. und 11. 5. 1989, VerBAV 1989, 235, 239; BVerwG, Urt. v. 12. 9. 1989 – 1 A 32/87, NJW 1990, 1003 = VersR 1990, 73, 74 = BB 1990, 177; *Bergsträßer*, Zur Überschussbeteiligung der Versicherten bei Lebensversicherungsunternehmen, VerBAV 1957, 211, 212 f.

[99] Vgl. BeschlKE BAV v. 22. 2. und 11. 5. 1989, VerBAV 1989, 235, 239; BVerwG, Urt. v. 12. 9. 1989 – 1 A 32/87, NJW 1990, 1003 = VersR 1990, 73, 74 = BB 1990, 177; OLG Hamburg, Urt. v. 2. 3. 1990 – 11 U 160/88, VersR 1990, 475, 476 = JZ 1990, 442, 443; *Bergsträßer*, Zur Überschussbeteiligung der Versicherten bei Lebensversicherungsunternehmen, VerBAV 1957, 211; *Freytag* ZfV 1964, 324; *Janotta-Simons*, Neue Grundsätze zur Schlussüberschussbeteiligung in der Lebensversicherung, VerBAV 1985, 427; *Doherty*, Rückwirkende Preisregulierung: Vorgeschriebene Überschussausschüttung und angemessene Eigenkapitalrendite, ZVersWiss 74 (1985), 21 f.; *Sax*, Die Darstellung und Erläuterung der Überschussbeteiligung in der Lebensversicherung, VerBAV 1987, 531; *Claus*, Die Mindestbeteiligung der Versicherten am Überschuss in der Lebensversicherung, VerBAV 1989, 225; *Kaulbach* VersR 1990, 257; *Mühlenharz/Schuster*, Kritisches zu einem „Verbraucherschutzbuch", ZfV 1992, 442.

[100] *Krüger*, Die Gewinnverteilung in der Lebensversicherung, Frankfurt a. Main, 1904, S. 44 unter Berufung auf die Verfahrensweise der Victoria zu Berlin; *Goldberg/Müller*, 1980, § 10 VAG Rdn. 57: 75–90%.

[101] *Blaesius*, Die Bewertung von Lebensversicherungsverträgen aus der Sicht des Nachfragers – Ein Beitrag zum Leistungsvergleich von Lebensversicherungen, Berlin, Duncker & Humblot, 1988, S. 150.

[102] Beispielhaft seien die §§ 53 d ff. VAG erwähnt.

[103] R 6/60, VerBAV 1960, 259; BeschlKE BAV v. 22. 2. und 11. 5. 1989, VerBAV 1989, 235, 240; *Surminski*, Wem gehören die stillen Reserven, ZfV 1980, 117; *Stuirbrink/Geib/Axer*, Die Abfindung der Mitglieder eines Lebens-VVaG – bei Beendigung der Mitgliedschaft durch Umstrukturierung – (Teil I), WPg 1991, 29, 31; *Präve*, Die Bedeutung der Überschussbeteiligung des Versicherungsnehmers bei der Lebensversicherungs-AG für die Umbildung von Versicherungsgruppen, ZfV 1992, 334, 341; *Hübner*, Zum interdisziplinären Charakter der Versicherungswissenschaften – Wirtschaftliche Folgefragen der Mitgliedschaftsbeendigung bei Lebensversicherungsvereinen auf Gegenseitigkeit durch Bestandsübertragung, in: Dieter Farny und die Versicherungswissenschaft, hrsg. v. Robert Schwebler und den Mitgliedern des Vorstands des Deutschen Vereins für Versicherungswissenschaft, Karlsruhe, VVW, 1994, S. 239, 245.

[104] Vgl. *Weiler*, Grundprobleme einer Finanzierungstheorie der Versicherungsaktiengesellschaft, Diss. Köln, 1980, S. 62; *Kühlmann*, Die Beteiligung der Versicherungsnehmer an der

zu berücksichtigen, dass stille Reserven die „Unternehmenssicherheit" erhöhen und „die Wahrscheinlichkeit für das Eintreten der in Aussicht gestellten Gewinnbeteiligungen" stärken.[105] Auch hat der Bundesgerichtshof dem Versicherer ausdrücklich zugestanden, auf eine gewisse Stetigkeit der Höhe der Ausschüttungen an die Versicherungsnehmer über mehrere Geschäftsjahre hinweg achten zu können.[106]

dd) Fälligwerden der Überschussanteile. Ansprüche der Versicherungsnehmer auf bestimmte Überschussanteile entstehen mit der sog. Deklaration der Überschussanteile durch den Vorstand, mit der die Höhe der in einem bestimmten Geschäftsjahr fällig werdenden Überschussanteile festgelegt wird.[107] Solche Überschussanteile werden Bestandteil der vom Versicherer versprochenen Versicherungsleistung, die sich aus der eigentlichen Versicherungssumme und der im Voraus nicht bestimmbaren Überschussbeteiligung zusammensetzt.[108] Hieraus folgt, dass der Versicherungsnehmer mit der Zuteilung der Überschussanteile einen unmittelbaren unwiderruflichen Vermögenszuwachs erwirbt und eine unwiderrufliche Erhöhung seines Versicherungsguthabens erfolgt.[109] Auskunft über die Deklaration der Überschussanteile gibt der Geschäftsbericht des Versicherers, der gemäß § 55 Abs. 7 Satz 1 VAG jedem Versicherten auf Verlangen zu übersenden ist. 49

ee) Kontrolle und Sicherstellung einer angemessenen Überschussbeteiligung. Von besonderer Bedeutung ist, dass der Bundesgerichtshof aufgrund der von ihm vorgenommenen Auslegung des Lebensversicherungsvertrags und der Überschussklausel die Aufsichtsbehörde als die vertraglich bestimmte Kontrollinstanz und den vertraglich bestimmten Auskunftsempfänger zugunsten der Versicherungsnehmer gegenüber den Versicherern ansieht, soweit es um die Frage geht, ob der einzelne Versicherer den ihm genehmigten Geschäftsplan eingehalten und auf dieser Grundlage die Ausschüttungen an die Versicherungsnehmer vorgenommen hat.[110] Mit Rücksicht auf die Kontrollaufgabe der Aufsichtsbehörde verneint der Bundesgerichtshof Auskunfts- und Rechnungslegungsansprüche des Versicherungsnehmers und bestätigt nur den Anspruch auf Übersendung des Geschäftsberichts.[111] 50

Ertrags- und Wertentwicklung der Vermögensanlagen in der gemischten Lebensversicherung, Diss. Hohenheim 1975, S. 90.
[105] Vgl. *Weiler,* a. a. O. (Fn. 104), 1980, S. 63; ähnlich *Winter* ZVersWiss 80 (1991), S. 226 f.
[106] BGH, Urt. v. 8. 6. 1983 – IV a ZR 150/81, BGHZ 87, 346 = NJW 1985, 55 = VersR 1983, 746, 747 = r+s 1983, 199 = DB 1983, 2448 = MDR 1983, 917.
[107] BeschlKE BAV v. 4. 3. 1987, VerBAV 1987, 255, 257; *Süchting,* Zur Risikoposition von Banken und Versicherungen – auch ein Beitrag zur Diskussion ihrer Aufsichtssysteme, in: Dieter Farny und die Versicherungswissenschaft, hrsg. v. Robert Schwebler und den Mitgliedern des Vorstands des Deutschen Vereins für Versicherungswissenschaft, Karlsruhe, VVW, 1994, S. 537, 546.
[108] Vgl. *Dieckmann,* Der Anspruch auf die Gewinnanteile in der Lebensversicherung, VersR 1963, 1005, 1006.
[109] Vgl. BVerwG, Urt. v. 12. 9. 1989 – 1 A 32/87, NJW 1990, 1003 = VersR 1990, 73, 74 = BB 1990, 177.
[110] BGH, Urt. v. 8. 6. 1983 – IV a ZR 150/81, BGHZ 87, 346 = NJW 1984, 55 = VersR 1983, 746, 748 = r+s 1983, 199 = DB 1983, 2448 = MDR 1983, 917; OLG Hamburg, Urt. v. 2. 3. 1990 – 11 U 160/88, VersR 1990, 475, 476 = JZ 1990, 442, 443; OLG Celle, Urt. v. 19. 7. 2007 – 8 U 8/07, VersR 2007, 1501, 1502. Siehe hierzu auch § 8 a MB/KK und die Kommentierung bei *Bach/Moser,* Private Krankenversicherung, 2. Auflage, 1993, § 8 a MB/KK Rdn. 5.
[111] BGH, Urt. v. 8. 6. 1983 – IV a ZR 150/81, BGHZ 87, 346 = NJW 1984, 55 = VersR 1983, 746, 748 = r+s 1983, 199 = DB 1983, 2448 = MDR 1983, 917; LG Ham-

51 Dieses Ergebnis findet seine Rechtfertigung auch in der Vorschrift des § 81 c VAG, die die Ansprüche der Versicherungsnehmer auf Beteiligung am Überschuss über den der Genehmigung der Aufsichtsbehörde unterliegenden Geschäftsplan hinaus schützt. Diese Vorschrift gibt der Aufsichtsbehörde die Möglichkeit des Einschreitens, wenn die Rückgewährquote eines Lebensversicherungsunternehmens im Durchschnitt der letzten drei Geschäftsjahre nicht dem anhand des Durchschnitts aller Lebensversicherungsunternehmen festgelegten Rückgewährrichtsatz entspricht.[112] Hieraus wird deutlich, dass die Aufsichtsbehörde „auf eine größenordnungsmäßig und zeitlich angemessene Überschussbeteiligung der Versicherten in ihrer Gesamtheit" hinzuwirken hat, nicht aber auf Einzelfallgerechtigkeit.[113]

52 Für eine angemessene Überschussbeteiligung sorgt des Weiteren der Wettbewerb, dem dem Spielraum der Versicherer enge Grenzen zieht.[114] Viele Versicherer werben mit der Höhe ihrer Überschussbeteiligung und mit der in den Geschäftsberichten veröffentlichten Durchschnittsverzinsung ihrer Kapitalanlagen.[115] Bei ihrer Werbung haben die Lebensversicherer die aufsichtsrechtlichen Vorgaben zu beachten. Danach müssen schriftliche und bildliche Zahlenangaben zur künftigen Überschussbeteiligung z. B. bei kapitalbildenden Versicherungen den Hinweis enthalten, dass die angegebenen Leistungen aus der Überschussbeteiligung nicht garantiert werden können.[116] Der Wettbewerb hat dazu geführt, dass in der Vergangenheit in einzelnen Geschäftsjahren immerhin bis zu 100% der Überschüsse den Versicherten zuflossen.[117] Hierin liegt die Bestätigung, dass die Versicherer im

burg JZ 1989, 689, 690; OLG Hamburg, Urt. v. 2. 3. 1990 – 11 U 160/88, VersR 1990, 475, 476 = JZ 1990, 442, 443.

[112] Dazu *Claus,* Aktuelle Probleme der Lebensversicherung, VerBAV 1980, 22 ff.; *derselbe,* Die Beitragsrückerstattung in der Lebensversicherung unter dem Gesichtspunkt der Wahrung der Belange der Versicherten, VerBAV 1980, 111 ff.; *Braa,* Die Rückgewährquote (R-Quote) in der Lebensversicherung, VerBAV 1980, 298 ff.; *Ackermann,* Die Rückgewährquote der Lebensversicherungsunternehmen, Berlin, Duncker & Humblot, 1985, S. 102 ff.; *Claus* VerBAV 1986, 239 ff., 283 ff.; *derselbe,* Die Direktgutschrift in der Lebensversicherung, VerBAV 1988, 259 ff.; *derselbe,* VerBAV 1989, 225 ff., 262 ff.

[113] OLG Hamburg, Urt. v. 2. 3. 1990 – 11 U 160/88, VersR 1990, 475, 477 = JZ 1990, 442, 444.

[114] Vgl. BGH, Urt. v. 8. 6. 1983 – IV a ZR 150/81, BGHZ 87, 346 = NJW 1984, 55 = VersR 1983, 746, 747 = r+s 1983, 199 = DB 1983, 2448 = MDR 1983, 917; *Lothar Meyer,* 1975, S. 133 f., 294; kritisch dazu *Finsinger* ZfB 1982, 186, 188.

[115] Siehe hierzu *Tröbliger,* Der Leistungsvergleich in der Lebensversicherung, ZfV 1983, 658, 659; *Schwebler,* in: Geburtstags-Schrift für Georg Büchner, 1991, S. 533 ff.; *Weigel* in: Geburtstags-Schrift für Georg Büchner, 1991, S. 539 ff.; zum Beispiel eines Ratings von Versicherungsunternehmen in den USA siehe Sönnichsen, 1992, S. 284 ff.; ferner *Schedlbauer/Scully,* Ein Vergleich von Versicherungs-Ratingagenturen und -verfahren in den USA, VW 1997, 664 ff.; zum Rating in Deutschland siehe *Finsinger* VW 1997, 208 ff.; *derselbe* VW 1998, 1042 ff.; *Kakies* VW 1978, 598 ff.; *ZfV* 2000, 506 f.: Gütesiegel für Beispielrechnungen? Assekurata-Studie zu Renditeprognosen für Lebensversicherer; *Kasten,* Rating von Lebensversicherungsunternehmen, VW 1995, 701, 702. *Schütt,* in: Festschrift 100 Jahre materielle Versicherungsaufsicht in Deutschland, 2001, S. 813 ff.; *Görg* VW 2001, 1733 spricht von einer weltweit operierenden Maklerschaft, deren Vermittlungsentscheidung sich heute ganz überwiegend an einer durch Rating dokumentierten Performance des Versicherungsunternehmens orientiere. Zutreffend wird die Prüfungspflicht der Makler hervorgehoben, vgl. *Fiala/Kohrs/Leuschner,* Die Haftung des „Experten" für anlagebeeinflussende Äußerungen am Beispiel der Haftung für Versicherungsratings, VersR 2005, 742, 748.

[116] Vgl. beispielhaft Ziffer 3.4 des R 5/88 v. 6. 10. 1988 – Darstellung und Erläuterung der Überschussbeteiligung in der Lebensversicherung – in der Fassung VerBAV 1988, 411 ff.; siehe hierzu ferner *Storck,* Beurteilungskriterien zur Gewinnbeteiligung in der Lebensversicherung, VW 1978, 598 ff.; *Storck,* VW 1978, 912 ff.; *ZfV* 2000, 506 f.: Gütesiegel für Beispielrechnungen? Assekurata-Studie zu Renditeprognosen für Lebensversicherer; *Kasten,* Rating von Lebensversicherungsunternehmen, VW 1995, 701, 702.

[117] Vgl. *von Denffer* ZVersWiss 62 (1973), 195, 201; *Balleer/Claaßen,* Analytische Betrachtungen zur Gewinnbeteiligung in der Lebensversicherung, Schriftenreihe Angewandte Versi-

Beteiligung am Überschuss 53, 54 § 16 ALB 1986

Rahmen ihrer Geschäftspolitik die Überschussbeteiligung verantwortungsvoll gestalten.[118] Zutreffend weisen daher *Balleer/Claaßen*[119] darauf hin, „dass die Mitglieder eines Gegenseitigkeitsvereins ihre Anteile am Gewinn des Unternehmens in ihrer Eigenschaft als Policeninhaber und nicht als Mitglieder des Vereins erhalten".

ff) Rechtsmissbräuchliches Verhalten. Für den Fall eines Missbrauchs des 53 unternehmerischen Entscheidungsrechts des Vorstandes zu Lasten der Versicherungsnehmer stellt der Bundesgerichtshof einen Anspruch auf Ausschüttung eines höheren Gewinnanteils in den Raum, ohne jedoch die Anspruchsgrundlage zu erörtern.[120] Dass ein derartiges Verhalten nicht anzunehmen ist, wenn die Zahlung zu hoher Provisionen behauptet wird, hat inzwischen das OLG Düsseldorf entschieden. Die Wahl der Geschäftsstrategie – Umsatzsteigerungen durch hohe Erfolgsprovision – sei eine unternehmerische Entscheidung, die der Versicherungsnehmer hinzunehmen habe.[121]

3. Kontrollfähigkeit der Überschussbeteiligungsklausel

a) **Ausgangslage.** Im Hinblick auf den gesetzlichen Auftrag der Aufsichtsbe- 54 hörde, eine unangemessene Benachteiligung der Belange der Versicherungsnehmer zu verhüten, hat der Bundesgerichtshof in seiner Entscheidung vom 8. Juni 1983 den Lebensversicherungsvertrag und insbesondere die Überschussbeteiligungsklausel nicht ausdrücklich der Kontrolle nach dem AGB-Gesetz unterwor-

---

cherungsmathematik, Heft 10, Karlsruhe, VVW, 1979, S. 5; *Gessner*, Überschusskraft und Gewinnbeteiligung in der Lebensversicherung, Schriftenreihe Angewandte Versicherungsmathematik, Heft 7, Karlsruhe, VVW, 1978, S. 5: etwa 97% der Überschüsse; ebenso *Berzel/Gugumus*, Zur Angemessenheit der Beitragsrückerstattung in der Lebensversicherung, ZfV 1981, 34; *Meyer* in: Festschrift 100 Jahre materielle Versicherungsaufsicht in Deutschland, 2001, S. 827, 847: etwa 98% der Überschüsse; *Ebers*, 2001, S. 70: Seit 1971 wurden im Branchendurchschnitt zwischen 97 bis 98% der Rohüberschüsse an die Versicherungsnehmer ausgeschüttet.
[118] Vgl. *Arps*, Die Prämienrückgewähr in versicherungspolitischer und versicherungsgeschichtlicher Sicht, VW 1966, 569, 576; siehe ferner *Rauhut*, Theorie und Empirie auf Versicherungsmärkten. Besprechung, Anmerkungen und Ergänzungen zum Buch „Versicherungsmärkte" von Jörg Finsinger, ZfB 1984, 894 ff.; *Breith*, Der Grundsatzgeschäftsplan für die Überschussbeteiligung, VW 1978, 928.
[119] Vgl. *Martin Balleer/Jürgen Claaßen*, Analytische Betrachtungen zur Gewinnbeteiligung in der Lebensversicherung, Schriftenreihe Angewandte Versicherungsmathematik, Heft 10, Karlsruhe, VVW, 1979, S. 5; *Brenzel*, Frankfurter Vorträge zum Versicherungswesen, Heft 13, 1986, S. 33; zur seinerzeit geplanten Quellensteuer siehe *Dollinger/Skopp*, Die Besteuerung bislang unbesteuerter Lebensversicherungserträge durch die Quellensteuer – Stellungnahme zu § 20 Abs. 1 Nr. 6 EStG a. F. und n. F. – DB 1988, 2381 ff.; *Neubeck*, Neue Besteuerung der Altersversorgung durch Versicherungen im Rahmen der geplanten Quellensteuer, BB 1988, 455 ff.; *Sax*, Die Darstellung und Erläuterung der Überschussbeteiligung in der Lebensversicherung, VerBAV 1989, 47 ff.; zur steuerlichen Behandlung von Gewinnanteilen siehe *Ament* ZfV 1960, 56; *Geilhardt*, Steuerliche Beurteilung von Gewinnanteilen aus Lebensversicherungsverträgen, BB 1960, 583 ff.; *Hicks*, Die Bewertung von Lebensversicherungen, DB 1992, 1374 ff.; *Horlemann*, Lebensversicherungen als Betriebs- oder Privatvermögen, DB 1993, 2096 ff.; *derselbe*, Die Kapitallebensversicherung und ihre Erträge im deutschen Einkommensteuersystem, BB 1993, 2129 ff., 2201 ff., 2273 ff.; *Pfalzgraf/Meyer*, Ist die kapitalbildende Lebensversicherung als Finanzierungsinstrument noch zu retten?, DB 1993, 2353 ff.
[120] Vgl. BGH, Urt. v. 8. 6. 1983 – IV a ZR 150/81, BGHZ 87, 346 = NJW 1984, 55 = VersR 1983, 746, 747 = r+s 1983, 199 = DB 1983, 2448 = MDR 1983, 917; siehe hierzu aber *von Hippel* JZ 1990, 445 f.
[121] OLG Düsseldorf, Urt. v. 9. 2. 1993 – 4 U 2/92, NJW-RR 1993, 801, 802 = VersR 1993, 556, 557 = r+s 1994, 232.

fen.¹²² Ob und in welchem Umfang Allgemeine Versicherungsbedingungen der Kontrolle nach dem AGB-Gesetz, jetzt §§ 305 ff. BGB, unterliegen, wird im Schrifttum intensiv erörtert.¹²³

55 **b) AVB in Satzungen von VVaG.** Geklärt ist, dass in Satzungen von Versicherungsvereinen auf Gegenseitigkeit enthaltene Allgemeine Versicherungsbedingungen der richterlichen Inhaltskontrolle nach dem AGB-Gesetz, jetzt §§ 305 ff. BGB, unterworfen sind,¹²⁴ da § 23 Abs. 1 AGBG, jetzt § 310 Abs. 4 BGB, nur körperschaftsrechtliche, also die Mitgliedschaftsstellung betreffende Vorschriften der Satzung von der Anwendung des AGB-Gesetzes ausnimmt, nicht aber die das Versicherungsvertragsverhältnis betreffenden Bestimmungen.¹²⁵ Es wäre im Übrigen als eine rechtlich unzulässige Umgehung des AGB-Gesetzes anzusehen, wenn sich Versicherungsvereine auf Gegenseitigkeit dem AGB-Gesetz dadurch entziehen könnten, dass sie die Allgemeinen Versicherungsbedingungen in die Satzung integrieren.¹²⁶

56 **c) Verweisung auf den Geschäftsplan.** Die Kontrollfähigkeit der Überschussbeteiligungsklausel nach dem AGB-Gesetz ist wegen des in dieser Klausel

---

[122] Vgl. BGH, Urt. v. 8. 6. 1983 – IVa ZR 150/81, BGHZ 87, 346 = NJW 1984, 55 = VersR 1983, 746 = r+s 1983, 199 = DB 1983, 2448 = MDR 1983, 917.

[123] Siehe *Bach/Geiger*, Die Entwicklung der Rechtsprechung bei der Anwendung des AGBG auf AVB, VersR 1993, 659 ff; *Baumann*, Zur Inhaltskontrolle von Produktbestimmungen in AGB und Versicherungsbedingungen, VersR 1991, 490 f.; *Dehner*, Inhaltskontrolle allgemeiner Versicherungsbedingungen, NJW 1993, 2961 ff.

[124] Vgl. für AVB in Satzungen von Zusatzversorgungskassen OLG Hamm, Urt. v. 17. 6. 1994, NJW-RR 1995, 1527, 1528 = VersR 1996, 392 = r+s 1995, 155; siehe für AVB in Satzungen von VVaG BGH, Urt. v. 23. 11. 1994 – IV ZR 124/93, NJW 1995, 589, 590 = VersR 1995, 77, 78 = VerBAV 1995, 223, 224 = r+s 1997, 169, 170 = WM 1995, 27, 29 = ZIP 1995, 33, 34 = BB 1995, 423, 424 = JZ 1995, 458; BGH v. 8. 10. 1997, NJW 1998, 454 = VersR 1997, 1517 = VerBAV 1998, 103 = r+s 1998, 4; OLG Celle VersR 1996, 1133; LG Hannover VersR 1996, 314; LG Saarbrücken, Urt. v. 13. 3. 2003 – 2 S 432/96, VersR 2003, 1115, 1116; *Sieg* VersR 1977, 489; *Helm*, AGB-Gesetz und Allgemeine Versicherungsbedingungen, NJW 1978, 129; *Roth*, Internationales Versicherungsvertragsrecht, Tübingen, Mohr, 1985, S. 217; *Fastrich*, Richterliche Inhaltskontrolle im Privatrecht, München, Beck, 1992, S. 152; *Präve*, Das Dritte Durchführungsgesetz/EWG zum VAG – Ausgewählte Fragen des neuen Aufsichts- und Vertragsrechts, ZfV 1994, 255, 260; *Hoeren*, Selbstregulierung im Banken- und Versicherungsrecht, Karlsruhe, VVW, 1995, S. 105; *Fricke*, Gesetzgeberischer und autonomer Verbraucherschutz im Widerstreit, VersR 1996, 1449, 1450; *Lorenz*, Vorbehalt zur Änderung der AVB für bestehende Verträge in der Satzung eines VVaG, VersR 1996, 1206, 1207; *Weigel* in: Prölss/Schmidt, 1997, § 17 VAG Rdn. 14; *Freund*, Die Änderung Allgemeiner Geschäftsbedingungen in bestehenden Verträgen, Frankfurt am Main u. a., Lang, 1998, S. 222; *Hensen* EWiR 1998, 1; *Kollhosser* in: Prölss/Martin, 1998, § 17 ALB 86 Rdn. 5; *Präve*, Versicherungsbedingungen und AGB-Gesetz, Diss. Mannheim, München, Beck, 1998, Rdn. 124, S. 50; *Horn* in: Wolf/Horn/Lindacher, AGB-Gesetz, 4. Aufl., 1999, § 23 AGBG Rdn. 79; *Basedow* in: Münchener Kommentar, 2001, § 23 AGBG Rdn. 13; *Ulmer* in: Ulmer/Brandner/Hensen, AGB-Recht, 10. Aufl., 2006, § 310 BGB Rdn. 125; a. A. *Löwe/Graf von Westphalen/Trinkner*, § 23 AGBG Rdn. 15; *Reichert* Rdn. 300.

[125] *Roth*, a. a. O. (Fn. 124), 1985, S. 216 f.; *Ulmer* in Ulmer/Brandner/Hensen, AGB-Recht, 10. Aufl., 2006, § 310 BGB Rdn. 125. Bei der Genossenschaft bejaht der BGH die Unanwendbarkeit des AGBG nur für solche Rechtsverhältnisse zwischen der Genossenschaft und den Genossen, die unmittelbar auf der Satzung beruhen, mitgliedschaftlicher Natur sind und der Verwirklichung des Förderzwecks dienen, vgl. BGHZ 103, 219, 224 ff. = NJW 1988, 1729; siehe auch BGH WM 1992, 99, 100.

[126] Vgl. *Präve*, AVB-Änderungsvorbehalte in Satzungen von Versicherungsvereinen auf Gegenseitigkeit, r+s 1996, 249, 251; *Horn* in: Wolf/Horn/Lindacher, AGB-Gesetz, 4. Aufl., 1999, § 23 AGBG Rdn. 79; *Präve*, Versicherungsbedingungen und AGB-Gesetz, Diss. Mannheim, München, Beck, 1998, Rdn. 125, S. 50.

Beteiligung am Überschuss　　　　　　　　　　57, 58　§ 16 ALB 1986

angesprochenen aufsichtsbehördlich genehmigten Geschäftsplans problematisch. Denn der Geschäftsplan eines Versicherungsunternehmens – und damit auch die in ihm enthaltenen geschäftsplanmäßigen Erklärungen – beruhen auf öffentlichem Recht.[127] Dies wirft die Frage auf, ob unter diesen Umständen der Geschäftsplan im Sinne des AGB-Gesetzes als in den Versicherungsvertrag einbezogen angesehen werden kann und mit welcher Wirkung.

Das OLG Düsseldorf verneint in seinem Urteil vom 9. Februar 1993 eine Einbeziehung des Geschäftsplans in den Versicherungsvertrag und rechnet den Geschäftsplan nicht zu den Geschäftsbedingungen.[128] In der Begründung heißt es, dass die Einbeziehung schon deshalb ausscheide, weil der Geschäftsplan als Unternehmensinternum der Geheimhaltung unterliege und nicht dazu bestimmt sei, dem Versicherungsnehmer zur Kenntnis gebracht zu werden, zumal der Versicherungsnehmer selbst auf sein Verlangen keinen Einblick in den Geschäftsplan erhalte. Regelungen, in die der Versicherungsnehmer planmäßig keinen Einblick haben solle, könnten schlechterdings nicht als Gegenstand der wechselseitigen Vereinbarungen betrachtet werden. Unter diesen Umständen komme eine privatrechtliche Abrede über die Höhe der Überschussbeteiligung nicht zustande. Dieser Auffassung ist zu folgen.

Die Überschussbeteiligungsklausel beinhaltet ein der Höhe nach unbestimmtes Leistungsversprechen.[129] Dieses Leistungsversprechen wird durch die Verweisung auf den von der Aufsichtsbehörde genehmigten Geschäftsplan näher ausgestaltet. Die Regelung in § 16 ALB 1986 ist von daher nicht als eine Leistungsbeschreibung anzusehen, die schon nach Inhalt und Zweck des § 8 AGBG der gerichtlichen Kontrolle nach dem AGBG entzogen ist.[130] Gleichwohl unterliegt die Überschussbeteiligungsklausel nicht der Kontrolle nach dem AGBG, da der Geschäftsplan öffentlich-rechtlicher Natur ist und der Lebensversicherer demzufolge keine einseitige Gestaltungsmacht ausüben kann.[131] Ein Geschäftsplan entfaltet Rechtswirkungen nur in der durch Verwaltungsakt vermittelten individuellen Rechtsbindung von Versicherungsunternehmen und Aufsichtsbehörde, wobei Dritte, vor allem die Versicherungsnehmer, in das vom Geschäftsplan geprägte,

57

58

---

[127] BGH, Urteil v. 13. 7. 1988 – IV a ZR 55/87, VersR 1988, 1062, 1065 = VerBAV 1990, 161, 165; OLG Düsseldorf, Urt. v. 9. 2. 1993 – 4 U 2/92, NJW-RR 1993, 801 = VersR 1993, 556 = r+s 1994, 232; BGH, Urt. v. 23. 11. 1994 – IV ZR 124/93, BGHZ 128, 54 = NJW 1995, 589, 590 = VersR 1995, 77, 79 = VerBAV 1995, 223, 225 = r+s 1997, 169, 171 = WM 1995, 27, 30 = ZIP 1995, 33, 36 = BB 1995, 423, 425 = DB 1995, 265, 266 = MDR 1995, 910, 911 = JZ 1995, 458, 459; OLG Karlsruhe, Urt. v. 17. 12. 1998 – 12 U 183/98, NVersZ 2000, 220 = r+s 1999, 522; *Langheid/Müller-Frank*, Rechtsprechungsübersicht zum Versicherungsvertragsrecht 2001, NJW 2002, 403, 413.
[128] OLG Düsseldorf, Urt. v. 9. 2. 1993 – 4 U 2/92, NJW-RR 1993, 801 = VersR 1993, 556 = r+s 1994, 232 unter Berufung auf BGHZ 105, 140 = NJW 1988, 2734 = NVZ 1989, 66 = VersR 1988, 1062, 1065 = r+s 1988, 284. Ebenso OLG Köln, Urt. v. 19. 12. 2001 – 5 U 142/01, NJW-RR 2002, 599, 600 = NVersZ 2002, 163, 164 = VersR 2002, 600, 601 = r+s 2003, 514.
[129] BeschlKE BAV v. 22. 2. und 11. 5. 1989, VerBAV 1989, 235, 239; *Präve*, Die Bedeutung der Überschussbeteiligung des Versicherungsnehmers bei der Lebensversicherungs-AG für die Umbildung von Versicherungsgruppen, ZfV 1992, 334, 336.
[130] OLG Hamburg, Urt. v. 16. 2. 1993 – 7 U 113/91, VersR 1993, 1344, 1345; BGH, Urt. v. 23. 11. 1994 – IV ZR 124/93, BGHZ 128, 54 = NJW 1995, 589, 590 = VersR 1995, 77, 78 = VerBAV 1995, 223, 225 = r+s 1997, 169, 170 = WM 1995, 27, 29 = ZIP 1995, 33, 35 = BB 1995, 423, 424 = JZ 1995, 458, 459; *Präve*, Versicherungsbedingungen und AGB-Gesetz, 1998, Rdn. 386, S. 130/131.
[131] *Lorenz*, Rechtsfragen zur Überschussbeteiligung in der Kapitallebensversicherung, ZVersWiss 82 (1993), 283, 308; *Benkel* VersR 1994, 509, 517; BAV VerBAV 2001, 251 = NVersZ 2002, 9.

865

aufsichtsrechtliche Verhältnis nicht einbezogen werden.[132] Hieraus folgt, dass der Geschäftsplan[133] durch die Verweisung nicht Bestandteil des Versicherungsvertrages wird und seine Regelungen nicht als Geschäftsbedingungen anzusehen sind.[134] Die Verweisung in § 16 ALB 1986 auf den Geschäftsplan verstößt auch nicht gegen das Transparenzgebot, da eine Verweisung in AGB auf ein anderes Regelungswerk grundsätzlich zulässig ist.[135] Soweit der Versicherungsnehmer wegen der Verweisung auf den Geschäftsplan den Allgemeinen Versicherungsbedingungen keine Regelungen über die Feststellung des Überschusses entnehmen kann, ist er nicht unangemessen im Sinne des § 9 AGBG benachteiligt, da der Versicherer an gesetzliche und aufsichtsrechtliche Vorgaben gebunden ist und den Überschuss nicht willkürlich festsetzen kann.[136]

4. Reformbestrebungen

59   Ein Gesetzentwurf der SPD zur Reform des VVG[137] bezweckte schwerwiegende Eingriffe in das Versicherungsaufsichts- und -vertragsrecht sowie das Un-

---

[132] OLG Frankfurt/M., Urt. v. 14. 10. 1998 – 7 U 99/97, NVersZ 1999, 469, 470 = VersR 1999, 1097, 1098 = r+s 2000, 256, 257; *Kirchhof*, Private Rechtsetzung, Berlin, Duncker & Humblot, 1987, S. 329; *Benkel* VersR 1994, 509, 514 m. w. Nachw.
[133] Ebenso im Regelfall die geschäftsplanmäßige Erklärung gegenüber dem BAV, vgl. BGH v. 13. 7. 1988 – IV a ZR 55/87, VersR 1988, 1062, 1065 = VerBAV 1990, 161, 165; *Duge/Berg*, Ansprüche des Versicherungsnehmers gegen das Versicherungsunternehmen aus dessen geschäftsplanmäßigen Erklärungen, ZfV 1990, 440, 445; *Prölss*, in: Prölss/Martin, 1998, Vorbem. I, Rdn. 119.
[134] OLG Düsseldorf, Urt. v. 9. 2. 1993 – 4 U 2/92, NJW-RR 1993, 801 = VersR 1993, 556 = r+s 1994, 232; BGH, Urt. v. 23. 11. 1994 – IV ZR 124/93, BGHZ 128, 54 = NJW 1995, 589, 591 = VersR 1995, 77, 79 = VerBAV 1995, 223, 226 = r+s 1997, 169, 171; *Lorenz*, Rechtsfragen zur Überschussbeteiligung in der Kapitallebensversicherung, ZVersWiss 82 (1993), 283, 308 ff.; *Benkel* VersR 1994, 509, 517; *Kollhosser* in: Prölss/Martin, 1998, § 16 ALB 86 Rdn. 3; *Castellvi* NVersZ 2001, 529, 532; a. A. OLG Nürnberg, Urt. v. 23. 5. 1991 – 8 U 1687/90 – VuR 1991, 274, 276; *Sieg* ZVersWiss 1975, 161, 166; *Basedow*, Die Kapitallebensversicherung als partiarisches Rechtsverhältnis – Eine zivilistische Konstruktion der Überschussbeteiligung –, ZVersWiss 81 (1992), 419, 442; *Baumann*, Die Kapitallebensversicherung mit partiarischer Versicherungsbeteiligung und ihre Bedeutung bei der Umstrukturierung von Versicherungsgruppen, Karlsruhe, VVW, 1993, S. 22, 24.
[135] BGH, Urt. v. 21. 6. 1990 – VII ZR 308/89, BGHZ 111, 388, 390 = NJW 1990, 3197, 3198 = NJW-RR 1991, 372 (Ls.) = ZIP 1990, 1204 = DB 1990, 2214 = MDR 1991, 40; dazu *Brandner* EWiR 1990, 1147; BGH v. 15. 10. 1991 – XI ZR 192/90, NJW 1992, 179, 180; BGH, Urt. v. 5. 11. 1991 – XI ZR 246/90, NJW 1992, 180, 181; BGH, Urt. v. 23. 11. 1994 – IV ZR 124/93, BGHZ 128, 54 = NJW 1995, 589, 590 = VersR 1995, 77, 79 = VerBAV 1995, 223, 225 = r+s 1997, 169, 170 f. = WM 1995, 27, 30 = ZIP 1995, 33, 35 = BB 1995, 423, 424 = DB 1995, 265, 266 = MDR 1995, 910 = JZ 1995, 458, 459; AG Bad Schwalbach v. 24. 9. 1996, VersR 1997, 606; LG Hamburg v. 5. 11. 1998, VersR 1998, 877, 879; OLG Stuttgart v. 28. 5. 1999 – 2 U 219/98, NVersZ 1999, 366, 367; OLG Köln, Urt. v. 19. 12. 2001 – 5 U 142/01, NJW-RR 2002, 599, 600 = NVersZ 2002, 163, 164 = VersR 2002, 600, 601 = r+s 2003, 514.
[136] OLG Hamburg, Urt. v. 2. 3. 1990 – U 160/88, VersR 1990, 475, 476 = JZ 1990, 442, 443; BGH, Urt. v. 23. 11. 1994 – IV ZR 124/93, NJW 1995, 589, 591 = VersR 1995, 77, 80 = VerBAV 1995, 223, 226 = r+s 1997, 169, 172 = WM 1995, 27, 31 = ZIP 1995, 33, 37 = BB 1995, 423, 426 = DB 1995, 265, 266 = MDR 1995, 910, 912 = JZ 1995, 458, 460; AG Bad Schwalbach v. 24. 9. 1996, VersR 1997, 606, 607; *Präve*, Die Bedeutung der Überschussbeteiligung des Versicherungsnehmers bei der Lebensversicherungs-AG unter der Umbildung von Versicherungsgruppen, ZfV 1992, 334, 341; krit. dazu *H. D. Meyer*, Verbraucherpolitische Informationen und Forderungen, Baden-Baden, Nomos, VersWissStud. 13 (1995), S. 203, 231 ff.
[137] BT-Drucks. 13/8163 v. 2. 7. 1997, auszugsw. abgedr. in NVersZ 1999, 23 = VersR 1997, 945 = ZIP 1997, 1258; zust. *Adams*, Gesetzentwurf der SPD-Fraktion zur Reform

ternehmens- und Rechnungslegungsrecht der LVU und damit auch in die Regelung der Überschussbeteiligung der Versicherungsnehmer gemäß § 16 ALB 1986, die europarechtlich fragwürdig und verfassungsrechtlich bedenklich sind.[138] Der Gesetzentwurf greift Gedanken aus einem Teil des Schrifttums[139] auf, das den kapitalbildenden Lebensversicherungsvertrag als Geschäftsbesorgungsvertrag mit Treuhandcharakter,[140] dem Hedge-Geschäft nahe stehenden Sicherungsvertrag mit Geschäftsbesorgungselementen,[141] partiarisches Rechtsverhältnis mit der Folge von Optimierungspflichten des Versicherers[142] oder als partiarisches Rechtsver-

---

des VVG, Baden-Baden, Nomos, VersWissStud. 13 (1999), S. 107; ebenfalls zust. *Rückle*, Zentrale Aspekte des SPD-Entwurfes zur Reform des Versicherungsvertragsgesetzes in der Diskussion, Baden-Baden, Nomos, VersWissStud. 13 (1999), S. 123; krit. hierzu *Lorenz*, Entwurf eines Gesetzes zur Reform des Versicherungsvertragsgesetzes, VersR 1997, 945 ff.; ferner *Schlechtriem*, Zur Reform der Kapitallebensversicherung, BB 1999, 593 ff.; *Rehberg*, Der Versicherungsabschluss als Informationsproblem, Baden-Baden, Nomos, VersWissStud. 23 (2003), S. 418 ff.

[138] Siehe dazu eingehend *Winter*, Geschäftsbesorgung, Treuhandverhältnis und Lebensversicherung – Vertragsrechtliche Erwägungen, in: Lebensversicherung und Geschäftsbesorgung, Kolloquium in memoriam Karl Sieg, Hamburg, 30. September 1998, hrsg. v. Walter Karten, Manfred Werber, Gerrit Winter, Karlsruhe, VVW, 1998, S. 58, 87 ff.

[139] Siehe hierzu *Adams*, Beseitigung der steuerlich bedingten Machtzentralisierung bei Versicherungen durch das „qualifizierte Konto", ZIP 1994, 1434 ff.; *derselbe*, Revolution im Versicherungsgewerbe, ZIP 1997, 1224 ff.; *derselbe*, Die Kapitallebensversicherung als Anlegerschädigung, ZIP 1997, 1857 ff.; *derselbe*, Nochmals: Die Kapitallebensversicherung als Anlegerschädigung!, ZIP 1999, 1386 ff.; *Donath*, Der Anspruch auf Überschussbeteiligung – Eine bürgerlichrechtliche Untersuchung zur Kapitallebensversicherung –, AcP 1993, 279 ff.; *derselbe*, Erbschaftsteuer und bilanzielle stille Reserven der Lebensversicherungsunternehmen, BB 1993, 1839 ff.; *von Hippel*, Gewinnbeteiligung und Verbraucherschutz in der Lebensversicherung, JZ 1989, 663 ff.; *derselbe*, Fortschritte beim Verbraucherschutz im Versicherungswesen, JZ 1990, 730 ff.; *derselbe*, Rechtlose Versicherungsnehmer? Zur Überschussbeteiligung in der Lebensversicherung, NJW 1995, 566 ff.; *derselbe*, Kein Schutz des Versicherungsnehmers vor Wucher?, BB 1997, 218 ff.; *derselbe* JZ 1990, 445 f.; *Schwintowski*, Transparenz und Verständlichkeit von Allgemeinen Versicherungsbedingungen und Prämien, NVersZ 1998, 97, 99 f.

[140] *Meyer*, Wem gehören 800 Milliarden Mark? Eine Kritik an den rechtlichen und wirtschaftlichen Grundlagen des Versicherungswesens, ZRP 1990, 424, 425 ff.; *Schünemann*, Überschussbeteiligung und Synallagma in der Kapitallebensversicherung – Zugleich Besprechung von BGH, BB 1995 S. 423, BB 1995, 417, 418 f.; *derselbe*, Rechtsnatur und Pflichtenstruktur des Versicherungsvertrages, JZ 1995, 430, 432 ff.; *derselbe*, Der Versicherungsvertrag das unbekannte Wesen – BGHZ 128, 54, JuS 1995, 1062, 1065 f.; *derselbe*, Die Überschussbeteiligung in der Kapitallebensversicherung – Rückblick und Ausblick, VersWissStud. Bd. 4, 1996, S. 43 ff.; *derselbe*, Geschäftsbesorgung in der Lebensversicherung und der Gesetzentwurf vom 2. Juli 1997 – Perspektiven eines Befürworters des Entwurfs, in: Lebensversicherung und Geschäftsbesorgung, Kolloquium in memoriam Karl Sieg, Hamburg, 30. September 1998, hrsg. von Walter Karten, Manfred Werber, Gerrit Winter, Karlsruhe, VVW, 1998, S. 26, 33 ff.; *derselbe*, Die versicherungsrechtliche Reformdiskussion – Ein Angriff fundamentalistischer Dogmatik auf Markt und Wettbewerb?, NVersZ 1999, 345, 346; *derselbe*, Allgemeine Versicherungsbedingungen – „Leistungsbeschreibungen" oder inhaltskontrollierte Vertragskonditionen?, VersR 2000, 144, 147; Modellvergleich siehe bei *Eszler*, Die Prämie als Preis der Leistung des Versicherers, VW 1997, 150 ff.

[141] *Schwintowski*, Die Rechtsnatur des Versicherungsvertrages, JZ 1996, 702, 704 ff.; *derselbe*, Rechtsnatur und ökonomische Funktionen des Versicherungsvertrages, in: Erneuerung des Versicherungsvertragsgesetzes, Versichertenschutz in den USA, Rechnungslegung von Versicherungsunternehmen, VersWissStud. Bd. 6, 1997, S. 27, 53.

[142] *Basedow*, Die Kapitallebensversicherung als partiarisches Rechtsverhältnis – Eine zivilistische Konstruktion der Überschussbeteiligung –, ZVersWiss 1992, 419, 439 f., 450; zu Recht eine Optimierungspflicht des Versicherers verneinend *Baumann*, Die Kapitallebensversicherung mit Überschussbeteiligung als partiarisches Versicherungsverhältnis und ihre

hältnis mit einer gewissen Ähnlichkeit mit der stillen Gesellschaft im Sinne der §§ 230 ff. HGB[143] oder als Austauschvertrag mit Optimierungspflichten[144] begreift oder einen bereicherungsrechtlichen Anspruch auf Rückerstattung überhobener Prämienteile konstruiert,[145] um dem Versicherungsnehmer insbesondere einen rechtlichen Anspruch auf die stillen Reserven des Lebensversicherungsunternehmens zu eröffnen.[146] Im Ergebnis erhob der Gesetzentwurf der SPD-Fraktion die fondsgebundene Lebensversicherung zum einzig möglichen Produkt und beabsichtigte damit eine unzulässige Inländerdiskriminierung.[147]

60   Die Gesetzesinitiative der SPD warf die Frage nach der Rechtsnatur des kapitalbildenden Lebensversicherungsvertrages erneut auf,[148] zumal der BGH diese Frage ausdrücklich offen gelassen hatte.[149] Die dem Gesetzentwurf der SPD zugrunde liegenden Auffassungen, insbesondere auch zur Rechtsnatur der kapitalbildenden Lebensversicherung, fanden im Schrifttum aus zivil-, versicherungs- und aufsichtsrechtlicher Sicht keine Zustimmung[150] und wurden zu Recht auch aus wirtschaftswissenschaftlicher und ordnungspolitischer Sicht als mit dem geltenden Recht nicht vereinbar angesehen.[151] Die kapitalbildende Lebensversiche-

---

Bedeutung bei der Umstrukturierung von Versicherungsgruppen: zivil-, aufsichts- und kartellrechtliche Studien, Karlsruhe, VVW, 1993, S. 11; *derselbe*, Lebensversicherung, stille Reserven und Gesamtrechtsordnung, JZ 1995, 446 f.

[143] *Baumann*, a. a. O. (Fn. 142), S. 11.

[144] *Prölss*, Der Versicherer als „Treuhänder der Gefahrengemeinschaft" – Zur Wahrnehmung kollektiver Belange der Versicherungsnehmer durch den Privatversicherer, in: Festschrift für Karl Larenz zum 80. Geburtstag am 23. April 1983, hrsg. v. Claus-Wilhelm Canaris u. Uwe Diederichsen, München, Beck, 1983, S. 487 ff.; *Prölss*, in: Prölss/Martin, 1998, § 1 VVG, Rdn. 22 ff.; krit. u. ablehnend *Winter*, Versicherungsaufsichtsrecht, Karlsruhe, VVW, 2007, S. 213.

[145] *Donath*, Der Anspruch auf Überschussbeteiligung – Eine bürgerlichrechtliche Untersuchung zur Kapitallebensversicherung –, AcP 1993, 279, 303 f.

[146] Siehe *Donath*, Erbschaftsteuer und bilanzielle stille Reserven der Lebensversicherungsunternehmen, BB 1993, 1839 ff.; *Adams*, Vorschläge zu einer Reform der kapitalbildenden Lebensversicherungen, NVersZ 2000, 49, 59 ff.

[147] *Farny*, zitiert in NVersZ 1999, 63.

[148] Zum Meinungsstand siehe *Dörner* in: Berliner Komm. z. VVG, 1999, Einleitung Rdn. 48 ff., insb. Rdn. 49–59; *Prölss* in: Prölss/Martin, 1998, § 1 VVG, Rdn. 20 ff., insb. Rdn. 23–24.

[149] BGHZ 128, 54, 66.

[150] Vgl. *Präve*, Die Bedeutung der Überschussbeteiligung des Versicherungsnehmers bei der Lebensversicherungs-AG für die Umbildung von Versicherungsgruppen, ZfV 1992, 334, 338; *Benkel*, Die Verwendung des Überschusses in der Lebensversicherung, VersR 1994, 509, 511 ff.; *Leverenz*, Zu den Einwänden gegen die Prämiengestaltung in der Unfallversicherung, VersR 1997, 652, 655 ff.; *Ebers*, Die Überschussbeteiligung in der Lebensversicherung, Baden-Baden, Nomos, 2001, S. 289.

[151] Siehe dazu *Karten*, Versicherung – Gefahrengemeinschaft oder Marktleistung?, VW 1981, 1604 ff.; *Kaulbach* VersR 1990, 645 f.; *Sieg*, Private Unfallversicherung im Visier des Verbraucherschutzes, VersR 1990, 1215 ff.; *Hesberg*, Zur Zweckmäßigkeit der Vertragsaufspaltung im Rechnungswesen aus ökonomischer Sicht, in: Lebensversicherung und Geschäftsbesorgung, Kolloquium in memoriam Karl Sieg, Hamburg, 30. September 1998, hrsg. von Walter Karten, Manfred Werber, Gerrit Winter, Karlsruhe, VVW, 1998, S. 122 ff.; *Karten*, Ökonomische Grundlagen und Konsequenzen des Gesetzentwurfs, in: Lebensversicherung und Geschäftsbesorgung, 1998, S. 44 ff.; *Kaulbach*, Der Gesetzentwurf aus aufsichtsrechtlicher Sicht, in: Lebensversicherung und Geschäftsbesorgung, 1998, S. 112 ff.; *Schneider*, Nochmals: Die Kapitallebensversicherung als Anlegerschädigung?, VW 1998, 246 ff.; *Hesberg/Karten*, Der Gesetzentwurf zur Reform des deutschen Versicherungsvertragsgesetzes – Die Abspaltung der Kapitalanlage und des Risikogeschäfts, NVersZ 1999, 1 ff.; *Albrecht/Maurer/Schradin*, Die Kapitallebensversicherung als Anlegerschädigung? Anmerkungen zu dem Beitrag von M. Adams, ZIP 1997, 1857, unter aktuariellen und ökonomischen Ge-

Beteiligung am Überschuss 60 § 16 ALB 1986

rung ist gemäß § 1 VVG ein synallagmatischer Vertrag sui generis.[152] Weder obliegen dem Lebensversicherungsunternehmen gegenüber dem Versicherungsnehmer Optimierungspflichten,[153] noch liegt ein partiarisches Rechtsverhältnis oder ein Geschäftsbesorgungs- bzw. Treuhandverhältnis oder gar ein Hedge-ähnliches Geschäft vor.[154] Im Gegensatz zu anderen Vertragstypen des Zivilrechts ist die vom Lebensversicherungsunternehmen als Vertragspartner zu erbringende Leistung durch spezielle und umfassende Regelungen des VAG und den hierauf fußenden Verordnungen (z. B. ZRQuotenV), des HGB und des VVG geregelt und damit auch als Altersvorsorgeprodukt langfristig für den Versicherungskunden vor allem über das Aufsichtsrecht mit Blick auf Sicherheit, Stetigkeit und Rentabilität geschützt.[155] Dieses gesetzliche Modell der kapitalbildenden Lebensversicherung ist

---

sichtspunkten, ZIP 1999, 1381 ff.; *Schimikowski,* Überlegungen zu einer Reform des Versicherungsvertragsgesetzes, r+s 2000, 353, 354; *Schulz,* Die Kapitallebensversicherung als Anlegerschädigung?, VW 1997, 1771 ff.

[152] *Schulze,* Wem gehören 800 Milliarden Mark? (zu Meyer, ZRP 1990, 424), ZRP 1991, 311, 312; *Benkel,* Die Verwendung des Überschusses in der Lebensversicherung, VersR 1994, 509, 515; *Leverenz,* Zu den Einwänden gegen die Prämiengestaltung in der Unfallversicherung, VersR 1997, 652, 655; *Michaels,* Geschäftsbesorgung und Lebensversicherung aus Sicht der Versicherungswirtschaft, in: Lebensversicherung und Geschäftsbesorgung, Kolloquium in memoriam Karl Sieg, Hamburg, 30. September 1998, hrsg. von Walter Karten, Manfred Werber, Gerrit Winter, Karlsruhe, VVW, 1998, S. 93, 94 f.; *Pataki,* Der Geschäftsbesorgungsgedanke im Versicherungsvertragsrecht, Diss. Hamburg 1998, Karlsruhe, VVW, 1998, S. 213 ff.; *Dörner* in: Berliner Komm. z. VVG, 1999, Einleitung Rdn. 49; *Hartwig/Möhrle,* Der Versicherungsvertrag als Geschäftsbesorgungsvertrag mit Treuhandcharakter auf dienstvertraglicher Grundlage?, VersR 2001, 35, 37.

[153] Vgl. BGH, Urt. v. 23. 11. 1994 – IV ZR 124/93, NJW 1995, 589, 591 = VersR 1995, 77, 80 = VerBAV 1995, 223, 226 = r+s 1997, 169, 172 = WM 1995, 27, 31 = ZIP 1995, 33, 37 = BB 1995, 423, 426 = DB 1995, 265, 266 = MDR 1995, 910, 912 = JZ 1995, 458, 460; *Kagelmacher,* Begrenzung der Rückstellung für Beitragsrückerstattung – Zugleich Anmerkung zum Urteil des BVerwG v. 12. 9. 1989 (1 A 32/87) VersR 90, 73 –, VersR 1990, 805, 806; *Baumann,* a. a. O. (Fn. 142), S. 11; *Lorenz,* Rechtsfragen zur Überschussbeteiligung in der Kapitallebensversicherung, ZVersWiss 82 (1993), 283, 320; *Präve,* Verbraucherschutz und Reformbedarf, NVersZ 2000, 201, 203; *derselbe,* Lebensversicherung im Umbruch. Kontinuität und Wandel des Versicherungsrechts, Festschrift für Egon Lorenz zum 70. Geburtstag, hrsg. v. Manfred Wandt, Peter Reiff, Dirk Looschelders u. Walter Bayer, Karlsruhe, VVW, 2004, S. 517, 521.

[154] Siehe hierzu im einzelnen *Dreher,* Die Versicherung als Rechtsprodukt. Die Privatversicherung und ihre rechtliche Gestaltung, Tübingen, Mohr, 1991, S. 75; *Winter,* Ausgewählte Rechtsfragen der Lebensversicherung, ZVersWiss 1993, 216 ff.; *Hicks,* Die Bewertung von Lebensversicherungen, DB 1992, 1374, 1375; *Präve,* Die Bedeutung der Überschussbeteiligung des Versicherungsnehmers bei der Lebensversicherungs-AG für die Umbildung von Versicherungsgruppen, ZfV 1992, 334, 338; *Benkel,* Die Verwendung des Überschusses in der Lebensversicherung, VersR 1994, 509, 511 ff.; *Leverenz,* Zu den Einwänden gegen die Prämiengestaltung der Unfallversicherung, VersR 1997, 652, 655 f.; *Pataki,* Geschäftsbesorgung im Versicherungsvertragsrecht allgemein; in: Lebensversicherung und Geschäftsbesorgung, Kolloquium in memoriam Karl Sieg, Hamburg, 30. September 1998, hrsg. von Walter Karten, Manfred Werber, Gerrit Winter, Karlsruhe, VVW, 1998, S. 145 ff.; *Pataki,* Der Geschäftsbesorgungsgedanke im Versicherungsvertragsrecht, Karlsruhe, VVW, 1998, S. 223 ff.; *Winter,* Geschäftsbesorgung, Treuhandverhältnis und Lebensversicherung – Vertragsrechtliche Erwägungen, in: Lebensversicherung und Geschäftsbesorgung, Kolloquium in memoriam Karl Sieg, Hamburg, 30. September 1998, hrsg. von Walter Karten, Manfred Werber, Gerrit Winter, Karlsruhe, VVW, 1998, S. 58 ff.; *Brömmelmeyer,* Der Verantwortliche Aktuar in der Lebensversicherung, Baden-Baden, Nomos, VersWissStud. 14 (2000), S. 228.

[155] Siehe dazu *Holzwarth,* Langfristig erzielbare Leistungen aus der Lebensversicherung in einzelwirtschaftlicher Betrachtung, ZVersWiss 1989, 613, 615 f.; *Müller,* Versicherungsbinnenmarkt: Die europäische Integration im Versicherungswesen, Diss. Münster 1995, Mün-

durch die Urteile des BVerfG vom 26. Juli 2005[156] bestätigt worden.[157] Für eine angemessene Überschussbeteiligung sorgt des Weiteren der Wettbewerb, der dem Spielraum der Versicherer enge Grenzen zieht[158] und der in der Vergangenheit dazu geführt hat, dass in einzelnen Geschäftsjahren immerhin bis zu 100% der Überschüsse den Versicherungsnehmern zuflossen.[159] In der Praxis war eine Quote von 97% des Rohüberschusses üblich.[160]

IV. Rechnungsgrundlagen der Lebensversicherung

1. Kalkulationsgrundsatz

61   Um die zugesagten Versicherungsleistungen über die in der Regel lange Versicherungsdauer hinweg sicherzustellen, sind die vereinbarten Lebensversicherungsbeiträge besonders vorsichtig kalkuliert (§ 16 Abs. 1 Satz 1 ALB 1986). Die vorsichtigen Rechnungsgrundlagen sollen sicherstellen, dass der gesetzlichen Forde-

---

chen, Beck, 1995, Rdn. 815, S. 294/295; *Kollhosser* in: Prölss/Schmidt, 1997, § 81c VAG, Rdn. 1 ff.

[156] BVerfG, Urt. v. 26. 7. 2005, NJW 2005, 2363 = VersR 2005, 1109; BVerfG, Urt. v. 26. 7. 2005, NJW 2005, 2376 = VersR 2005, 1127.

[157] BGH, Urt. v. 12. 10. 2005 – IV ZR 162/03 (Revisionsentscheidung LG Hannover, Urt. v. 12. 6. 2003 – 19 S 108/02, VersR 2003, 1289), NJW 2005, 3559, 3562 = VersR 2005, 1565, 1568 = r+s 2005, 519, 521 = WM 2005, 2279, 2282 = ZIP 2005, 2109, 2112/2113.

[158] Vgl. BGH VersR 1983, 746, 747; *Meyer*, Die Gesamtbewertung von Versicherungsunternehmen – Ein Beitrag zur Theorie der Gesamtbewertung, Karlsruhe, VVW, 1975, S. 133 f., 294; zum Gütezeichen für Versicherungsprodukte siehe *Präve*, Das Dritte Durchführungsgesetz/EWG zum VAG – Ausgewählte Fragen des neuen Aufsichts- und Vertragsrechts, ZfV 1994, 168, 173; *Zischka*, Bundesversicherungsaufsichtsamt (BAV) Aufgaben und Kompetenzen – unter besonderer Berücksichtigung der Lebensversicherung, Diss. München 1996/1997, München, Beck, 1997, Rdn. 279, S. 128/129; zum Rating von LVU siehe *Sönnichsen*, Rating-Systeme am Beispiel der Versicherungswirtschaft, Diss. Köln 1991, Berlin, Duncker & Humblot, 1992, S. 103 ff., der die Errichtung einer unabhängigen Rating-Agentur vorschlägt, vgl. S. 184 ff.

[159] *Schmidt*, Rechtliche Aspekte der Investment-Lebensversicherung, in: Wirtschaft und Recht der Versicherung, Paul Braess zum 66. Geburtstag, hrsg. v. Dieter Farny, Karlsruhe, VVW, 1969, S. 239, 241: 95% des Gesamtgewinns; *von Denffer*, Lebensversicherung und Inflation – international gesehen, ZVersWiss 1973, 195, 201; *Balleer/Claaßen*, Analytische Betrachtungen zur Gewinnbeteiligung in der Lebensversicherung, Schriftenreihe Angewandte Versicherungsmathematik, Heft 10, Karlsruhe, VVW, 1979, S. 16; *Gessner*, Überschusskraft und Gewinnbeteiligung in der Lebensversicherung, Schriftenreihe Angewandte Versicherungsmathematik, Heft 7, Karlsruhe, VVW, 1978, S. 5: etwa 97% der Überschüsse; ebenso *Berzel/Gugumus*, Zur Angemessenheit der Beitragsrückerstattung in der Lebensversicherung, ZfV 1981, 34; *Michaels*, Geschäftsbesorgung und Lebensversicherung aus Sicht der Versicherungswirtschaft, in: Lebensversicherung und Geschäftsbesorgung, Kolloquium in memoriam Karl Sieg, Hamburg, 30. September 1998, hrsg. v. Walter Karten, Manfred Werber, Gerrit Winter, Karlsruhe, VVW, 1998, S. 93, 101: 96–98%; *Ebers*, Die Überschussbeteiligung in der Lebensversicherung, Baden-Baden, Nomos, 2001, S. 70: Seit 1971 wurden im Branchendurchschnitt zwischen 97 bis 98% der Rohüberschüsse an die Versicherungsnehmer ausgeschüttet; *Meyer*, Schutz der Privatautonomie der Verbraucher durch Beseitigung ihrer Informationsunterlegenheit als Aufgabe des Gesetzgebers und der staatlichen Versicherungsaufsicht in: 100 Jahre materielle Versicherungsaufsicht in Deutschland, hrsg. v. Helmut Müller, Joachim-Friedrich Golz, Elke Washausen-Richter, Michael Trommeshauser, Bonn, BAV, 2001, S. 827, 847: etwa 98% der Überschüsse; ebenso *Becker*, Die Sicherung der Gewinnbeteiligung in der Lebensversicherung, VW 1989, 1572.

[160] BVerfG NJW 2005, 2363 = VersR 2005, 1109, 1121; BGH, Urt. v. 12. 10. 2005 – IV ZR 162/03, NJW 2005, 3559, 3566 = VersR 2005, 1565, 1571 = r+s 2005, 519, 525 = BetrAV 2005, 788, 791 = WM 2005, 2279, 2287 = ZIP 2005, 2109, 2117.

rung nach dauernder Erfüllbarkeit der Lebensversicherungsverträge Rechnung getragen wird.[161] Denn die Versicherungsverträge werden in der Regel über Jahrzehnte abgeschlossen und die Beiträge können – falls sie unzureichend werden sollten – während der Laufzeit der Verträge nicht erhöht werden. Die aufgrund der vorsichtigen Beitragskalkulation entstehenden Überschüsse werden den Versicherungsnehmern aufgrund des Einwirkens der Aufsichtsbehörde[162] nach Maßgabe der aufsichtsbehördlich genehmigten Geschäftspläne in Höhe von mindestens 90% aus den vom Versicherer jährlich ausgewiesenen bilanziellen Rohüberschüssen zurückgewährt, was seit Einführung der Direktgutschrift durch die Erteilung der Direktgutschrift und die Zuführung zur Rückstellung für Beitragsrückerstattung sowie die – zeitnahe[163] – Zuteilung hieraus zu entnehmender Beträge an die Versicherten geschieht.[164] Hierbei handelt es sich um eine Beitragsrückerstattung, die an sich nicht der Einkommensbesteuerung unterliegen kann,[165] zumal die Überschüsse im Wesentlichen aus Sicherheitsgründen erhobene Beitragsteile sind.[166] Mit der Beitragsrückerstattung soll vielmehr die Leistungsäquivalenz wieder hergestellt werden.[167]

Zu den wesentlichen Rechnungsgrundlagen der Lebensversicherung zählen die Sterbetafeln, der Rechnungszins und die Kostenzuschläge. 62

2. Sterbetafel

In der Kapitalversicherung mit Todesfallcharakter wurde für bis 1986 genehmigte Tarife die sog. Sterbetafel 1967 (Männer) verwendet. Die Sterbetafel 1967 ging aus der Bevölkerungs-Sterbetafel 1960/62 hervor, die auf einer Volkszählung beruhte. Für die Sterbetafel 1967 wurden die Sterbenswahrscheinlichkeiten der Bevölkerungs-Sterbetafel 1960/62 durch bestimmte Sicherheitszuschläge erhöht.[168] Später wurde auf die vom Statistischen Bundesamt erstellte abgekürzte Sterbetafel 1981/83 zurückgegriffen, die auf der Fortschreibung der Bevölkerung beruht. Die abgekürzte Sterbetafel wird nach bestimmten Methoden verlängert und ausgeglichen. Ferner werden ausreichend erscheinende Sicherheitszuschläge eingerechnet.[169] 63

---

[161] Vgl. *Gessner,* Finanzierung der Gewinnbeteiligung in der Lebensversicherung, VW 1978, 479; *Schulz,* Wie sicher sind Ablaufleistungen? Zur Beurteilung von Gewinnaussagen in der Lebensversicherung, VW 1996, 1710.
[162] Vgl. VerAfP 1939, 30.
[163] Vgl. BVerwG, Urt. v. 12. 9. 1989 – 1 A 32/87, NJW 1990, 1003 = VersR 1990, 73, 74 = BB 1990, 177 m. Anm. *Kaulbach* VersR 1990, 257.
[164] BVerwG, Urt. v. 11. 1. 1994 – 1 A 72/89, NJW 1994, 2561 = VersR 1994, 541, 542 = VerBAV 1994, 178 = ZIP 1994, 705, 706 = MDR 1994, 671 = JZ 1995, 455; BVerwG, Urt. v. 12. 12. 1995 – 1 A 2/92, NJW 1996, 2521, 2522 = VersR 1996, 569, 571 = Ver-BAV 1996, 141, 144; GB BAV 1985, 55; *Claus,* Lebensversicherungsaufsicht nach der Dritten EG-Richtlinie: Was bleibt? Was ändert sich?, ZfV 1994, 139, 143.
[165] *Neubeck,* Neue Besteuerung der Altersversorgung durch Lebensversicherungen im Rahmen der geplanten Quellensteuer, BB 1988, 455, 458; *derselbe,* Zur Rechtsgrundlage der Zinsen aus Lebensversicherungen, VW 1993, 433, 434.
[166] LG München I, Urt. v. 18. 1. 1962, VersR 1963, 965; OLG Nürnberg v. 27. 9. 1968, VersR 1969, 608; BeschlKE BAV v. 22. 2. u. 11. 5. 1989, VerBAV 1989, 235, 239; LAG Hamm v. 20. 1. 1998, BB 1998, 542 = DB 1998, 631; BFH, Beschl. v. 7. 3. 2007 – I R 61/05, DB 2007, 1448, 1449 = WPg 2007, 663, 664; *Bergsträßer,* Zur Überschussbeteiligung der Versicherten bei Lebensversicherungsunternehmen, VerBAV 1957, 211; *Gärtner,* Der Prämienzahlungsverzug, 4. Aufl., Neuwied, Luchterhand, 1977, S. 11.
[167] *Boetius,* Handbuch der versicherungstechnischen Rückstellungen: Handels- und Steuerbilanzrecht der Versicherungsunternehmen, Köln, O. Schmidt, 1996, Rdn. 596, S. 205.
[168] Vgl. GB BAV 1967, 47.
[169] GB BAV 1985, 55.

64 Bei Rentenversicherungen wurde von allen LVU durch getrennte Sterbetafeln für Männer und Frauen berücksichtigt, dass die Sterblichkeit bei Frauen günstiger als bei Männern verläuft.[170] Bei Kapitalversicherungen war es dagegen den LVU überlassen, eine gesonderte Sterbetafel zu verwenden. Verschiedene LVU machten von dieser Möglichkeit Gebrauch und führten die sog. modifizierte Frauensterbetafel 1960/62 ein.[171] Andere LVU setzten die Beiträge für Frauen bereits früher nach einem bestimmten Verfahren der Altersverschiebung niedriger fest.[172]

65 In den letzten 20 Jahren vor 1986 wurde, wie auch in den Jahren davor, eine stärkere Verbesserung beim Sterblichkeitsverlauf der Frauen im Vergleich zu demjenigen der Männer beobachtet. Das BAV führte deshalb beim allgemeinen Übergang auf aktuellere Rechnungsgrundlagen getrennte Sterbetafeln für Männer und Frauen in der Kapitalversicherung ein.[173] Das BAV genehmigte daher neue Tarife für Lebensversicherungen mit Todesfallcharakter nur noch auf der Grundlage der Sterbetafeln 1986 für Männer und Frauen.[174]

3. Rechnungszins

66 Der Rechnungszins ist die von der Versicherung garantierte Verzinsung des Sparanteils; bei dieser Verzinsung ergibt sich bei Vertragsablauf genau die Versicherungssumme.[175] Bei der Berechnung der Deckungsrückstellung ist der Rechnungszins der wesentliche Parameter.[176] Der Versicherer muss daher aus dem Deckungsstockvermögen mindestens den Zins erwirtschaften, den er für die Vertragsdauer garantiert hat.[177]

67 Der Rechnungszins war vor dem Jahre 1942 für eine längere Zeit auf 3,5% festgesetzt und betrug zeitweise sogar 4%.[178] In den Jahren nach 1942 wurde ein Rechnungszins von 3% angewendet und aus Sicherheitsgründen durchgehalten.[179] Dieser Rechnungszins war damit erheblich niedriger als die Durchschnittsverzinsung der Kapitalanlagen, die in einigen Jahren im Branchendurchschnitt rund 7,5% erreichte.[180] Die sich beim Rechnungszins ergebende größere Sicherheitsspanne als bei der Sterbetafel beruhte auf dem Umstand, dass die langfristige Entwicklung des Kapitalmarktzinses und damit die Durchschnittsverzinsung der LVU viel schwerer einzuschätzen ist als die Entwicklung der Sterblichkeit, die sich regelmäßig in Richtung einer Verbesserung der Ergebnisse bewegte.[181] Da die Sicherheitsspanne bei einem Rechnungszins von 3% zu hoch erschien, genehmigte das BAV Tarife mit einem Rechnungszins von 3,5%.[182]

---

[170] Vgl. GB BAV 1955/56, 22.
[171] Vgl. GB BAV 1981, 53; VerBAV 1982, 317.
[172] VerBAV 1977, 4.
[173] GB BAV 1985, 55.
[174] VerBAV 1986, 200.
[175] *Finsinger/Wieser*, Die Lebensversicherung, in: Langfristige Versicherungsverhältnisse: Ökonomie, Technik, Institutionen, hrsg. v. Leonhard Männer, Karlsruhe, VVW, 1997, S. 133, 137/138.
[176] *Janotta-Simons*, Der Rechnungszinssatz für die Deckungsrückstellung im deutschen Aufsichtsrecht, ZfV 1996, 635, 636.
[177] Vgl. *Hax*, Kapitalanlage-Politik der Lebensversicherungs-Unternehmungen im Hinblick auf das Problem der wertbeständigen Versicherung, in: Beiträge zur Versicherungswissenschaft, Festgabe für Walter Rohrbeck zum 70. Geburtstage, hrsg. v. Hans Möller, Berlin, Duncker & Humblot, S. 146, 149.
[178] VerBAV 1955, 13.
[179] GB BAV 1962, 27.
[180] GB BAV 1982, 54.
[181] VerBAV 1986, 200.
[182] VerBAV 1986, 200.

Ein Rechnungszins von 3,5% wurde auch bei den Pensions- und Sterbekassen, **68** bei den Krankenversicherern und in der Unfallversicherung mit Prämienrückgewähr angewendet, wo ebenfalls langfristige Verträge abgeschlossen werden.[183] In den genannten Versicherungszweigen gab es keine größeren Schwierigkeiten, solange Grundstücke im gebundenen Vermögen grundsätzlich eine Verzinsung in Höhe des jeweiligen Rechnungszinses erbringen mussten.[184]

4. Kostenzuschläge

Auch die Kostenzuschläge als dritte Komponente der Rechnungsgrundlagen **69** müssen ausreichend bemessen sein, um die dauernde Erfüllbarkeit der langfristigen Versicherungsverträge zu gewährleisten.[185] Deshalb hält das BAV gewisse Mindestwerte für erforderlich, deren Unterschreitung nicht zugelassen werden kann. Danach kann es nicht auf die heutige Kostenlage eines LVU ankommen, welche Kostenzuschläge in die Beiträge einzurechnen sind. Denn es gibt keine Gewähr dafür, dass eine derzeit günstige Kostenlage auch über Jahrzehnte aufrechterhalten werden kann. Lediglich bei den Abschlusskosten kommt es nur auf die Kostenlage zum Zeitpunkt des Abschlusses an. Hier können die Besonderheiten eines LVU bei den Abschlusskosten für die Beitragskalkulation angemessen berücksichtigt werden.[186] Die seinerzeit eingerechneten Kostenzuschläge waren nach Auffassung des BAV ausreichend bemessen, so dass das bisherige Niveau der Kostenzuschläge bei der Neukalkulation der Tarife beibehalten werden konnte.[187]

V. Überschussbeteiligung gemäß Geschäftsplan

1. Allgemeines

a) **Verteilungsverfahren.** Die Überschussbeteiligung der Versicherten ist **70** weitgehend eine Rückerstattung erhobener Beiträge und verlangt daher im Interesse der Wahrung der Belange der Versicherten möglichst gerechte Verteilungsverfahren.[188] Anerkannt ist, dass die Verteilung der Überschüsse im Rahmen des Möglichen eine gerechte sein soll, d.h. so vorzunehmen ist, dass die einzelne Versicherung möglichst bald und möglichst genau der Höhe am Überschuss beteiligt wird, wie sie zu dessen Entstehen beigetragen hat.[189] Diesem Grundsatz entspricht weitgehend das natürliche System der Überschussverteilung, das bei der Zuteilung der Überschussanteile die Ertragskraft der einzelnen Gewinnquellen Risiko, Zins, Kosten und sonstige im Lauf eines Vertrages angemessen berücksichtigt.[190] Infolgedessen gibt es heute auch keine im Gegensatz zum natürlichen System stehenden rein mechanischen Verteilungssysteme mit einem für sämtliche

---

[183] GB BAV 1985, 56.
[184] VerBAV 1981, 300.
[185] GB BAV 1968, 47.
[186] GB BAV 1985, 56.
[187] GB BAV 1985, 56.
[188] VerAfP 1907, 120; 1927, 127.
[189] VerAfP 1927, 127; GB BAV 1957/58, 34; GB BAV 1966, 36; VerBAV 1983, 99, 124 und 213; GB BAV 1984, 56; BVerwG, Urt. v. 12. 9. 1989 – 1 A 32/87, NJW 1990, 1003 = VersR 1990, 73, 74 = BB 1990, 177 m. Anm. *Kaulbach* VersR 1990, 257; vgl. für die Krankenversicherung *Bohn*, Gibt es die gerechte Beitragsrückerstattung wirklich nicht?, VW 1986, 151.
[190] *Freytag*, Gewinnbeteiligungssysteme in der Lebensversicherung, VW 1972, 450, 451; *Janotta-Simons*, Neue Grundsätze zur Schlussüberschussbeteiligung in der Lebensversicherung, VerBAV 1985, 427; krit. dazu schon vor dem Zweiten Weltkrieg *Malchow*, Zum natürlichen Dividendensystem in der Lebensversicherung, ZVersWiss 1926, 476, 477 ff.

Versicherungen einheitlichen Überschusssatz, z. B. in v. H. des Versicherungsbeitrags oder in v. T. der Versicherungssumme, mehr.[191]

71 **b) Geschäftsplan.** An dem vom LVU erwirtschafteten Überschuss sind die Versicherungsnehmer entsprechend dem jeweiligen von der Aufsichtsbehörde genehmigten Geschäftsplan beteiligt.[192] Diese konkrete Leistungsbestimmung schließt aus, dass der Versicherer die Leistung einseitig nach billigem Ermessen bestimmen kann, sondern sich bei der Ermittlung und Verteilung des Überschusses an den gesetzlichen, insbesondere aufsichtsrechtlichen Bestimmungen zu orientieren hat.[193] Soweit dem Versicherer nach den Vorschriften des VAG, HGB, AktG und nach dem vom BAV genehmigten Geschäftsplan[194] bei der Ermittlung des Überschusses Ermessensspielräume verbleiben, entspricht dies der gesetzlichen Vorgabe.[195] Die Festlegung dieses Maßstabes schließt eine Beteiligung nach billigem Ermessen und damit die Anwendung des § 315 Abs. 3 BGB aus.[196] Die an die Versicherten auszuschüttenden Gewinnanteile werden im Rahmen der bestehenden Geschäftspläne nach eigenem Ermessen des Vorstands festgesetzt, wobei den Belangen aller Versicherten in gerechter Weise Rechnung zu tragen ist.[197]

72 Die jährlich entstehenden Überschüsse werden nach bestimmten geschäftsplanmäßig festgelegten Maßstäben auf die einzelnen Verträge verteilt.[198] Beispielsweise werden häufig ein Grundüberschussanteil in Promille der Versicherungssumme und ein Zinsüberschussanteil in Prozent des Deckungskapitals der einzelnen Versicherung festgesetzt. Auf diese Weise soll erreicht werden, dass die einzelnen Verträge entsprechend ihrem Anteil an der Überschussbildung am Überschuss beteiligt werden.[199] Eine mit Wirkung für bestehende Versicherungen erfolgende Abstufung der Überschussbeteiligung nach der Versicherungssumme ist in der Lebensversicherung grundsätzlich ausgeschlossen.[200] Damit die aufgrund der vorsichtigen Beitragskalkulation in der Lebensversicherung entstehenden Überschüsse möglichst bald und vollständig und so gerecht wie möglich an die Versicherten zurückgewährt werden, gelten Einschränkungen bei der Festsetzung

---

[191] *Claus* VerBAV 1986, 288.
[192] § 16 Abs. 1 Satz 2 ALB 86; BeschlKE BAV v. 22. 2. und 11. 5. 1989, VerBAV 1989, 237.
[193] LG Hamburg, Urt. v. 15. 5. 1998 – 324 O 637/96, VersR 1998, 877, 881 u. 882; OLG Karlsruhe, Urt. v. 1. 2. 2007 – 12 U 192/06, VersR 2007, 1256, 1257.
[194] Siehe hierzu *Vogel/Lehmann*, Der Gesamtgeschäftsplan für die Überschussbeteiligung, VerBAV 1983, 99 ff., 124 ff. und 213 ff.
[195] BGH, Urt. v. 23. 11. 1994 – IV ZR 124/93, NJW 1995, 589, 591 = VersR 1995, 77, 80 = VerBAV 1995, 223, 227 = r+s 1997, 169, 172; vgl. für die Rentenversicherung AG Bad Schwalbach, Urt. v. 24. 9. 1996, VersR 1997, 606; OLG Frankfurt am Main v. 14. 10. 1998 – 7 U 99/97; OLG Karlsruhe, Urt. v. 1. 2. 2007 – 12 U 192/06, VersR 2007, 1256, 1257; *Hennrichs*, Stille Reserven und Lebensversicherung, NVersZ 2002, 5, 8.
[196] LG Hamburg, Urt. v. 15. 7. 1988 – 13 O 475/87, JZ 1989, 689, 690; OLG Hamburg, Urt. v. 2. 3. 1990 – 11 U 160/88, VersR 1990, 475, 476 = JZ 1990, 442, 443; BGH, Urt. v. 23. 11. 1994 – IV ZR 124/93, NJW 1995, 589 = VersR 1995, 77, 78 = VerBAV 1995, 223, 224 = r+s 1997, 169, 170 = WM 1995, 27, 28 = ZIP 1995, 33, 34 = BB 1995, 423 = DB 1995, 265 = MDR 1995, 910 = JZ 1995, 458; OLG Karlsruhe, Urt. v. 17. 12. 1998 – 12 U 183/98, NVersZ 2000, 220 = r+s 1999, 522; BGH, Beschl. v. 7. 11. 2007 – IV ZR 116/04, NJW-RR 2008, 193, 194 = VersR 2008, 338 = r+s 2008, 158; vgl. ferner für die Rentenversicherung AG Bad Schwalbach, Urt. v. 24. 9. 1996, VersR 1997, 606; OLG Karlsruhe, Urt. v. 1. 2. 2007 – 12 U 192/06, VersR 2007, 1256, 1257.
[197] Vgl. auch BAV GB BAV 1967, 46; *Lührs*, Lebensversicherung, 1997, S. 222.
[198] Siehe hierzu *Albers/Sönnichsen*, Die Gewinnzerlegung der Lebensversicherungsunternehmen 1996: Eine Skizze der Änderungen auf Basis der neuen Verordnung, VW 1995, 1082 ff.
[199] GB BAV 1983, 53/54.
[200] GB BAV 1983, 54.

Beteiligung am Überschuss

von Schlussüberschussanteilen gemäß BaFin-Rundschreiben 10/2008 VA vom 25. September 2008.[201] Das Rundschreiben R 1/79[202] ist außer Kraft getreten. Beim Tode des Versicherten sind angemessene Schlussüberschussanteile zu zahlen.[203]

c) **Bestandsübertragung.** Die aus Art. 14 Abs. 1 GG folgende Schutzpflicht   73
erfordert insbesondere Schutzvorkehrungen dafür, dass die durch Prämienzahlungen der Versicherungsnehmer beim Versicherer geschaffenen Vermögenswerte als Quellen für die Erwirtschaftung von Überschüssen erhalten bleiben und den Versicherten im Fall von Bestandsübertragungen in gleichem Umfang zugute kommen wie ohne Austausch des Schuldners.[204] Bei Bestandsübertragungen[205] sind die Versicherungsnehmer an den stillen Reserven angemessen zu beteiligen,[206] wobei am freien Vermögen des VU und seinen Erträgen kein allgemeines Teilhabe- oder Anwartschaftsrecht des Versicherungsnehmers besteht.[207] Die Belange der Versicherungsnehmer sind als gewahrt anzusehen, wenn sich die den Versicherungsbestand übertragende Gesellschaft gegenüber dem BAV verpflichtet, bei einer Veräußerung zurückbehaltenen Vermögens die überschussberechtigten Versicherungsnehmer zu mindestens 90% anteilig an dem Gewinn aus der Realisierung stiller Reserven zu beteiligen, sofern und soweit ihr überschussberechtigter Versicherungsvertrag im Zeitpunkt der Veräußerung noch besteht.[208] Die Aufsichtsbehörde war nicht verpflichtet, anlässlich einer Bestandsübertragung aufsichtsrechtlich die Realisierung der stillen Reserven und die Übertragung auf die übernehmende Gesellschaft oder die Verwendung für die Überschussbeteiligung zu veranlassen.[209]

---

[201] Abrufbar über www.bafin.de.
[202] GB BAV 1984, 52.
[203] GB BAV 1984, 53.
[204] BVerfG NJW 2005, 2376, 2378 = VersR 2005, 1127, 1131; BVerfG, Beschl. v. 15. 2. 2006 – 1 BvR 1317/96, VersR 2006, 489, 493.
[205] Siehe dazu BVerfG, Beschl. v. 11. 7. 1990 – 1 BvR 570/90, NJW 1991, 1167; *Mudrack,* Zur Behandlung stiller Reserven bei Bestandsübertragungen von Lebensversicherern, BB 1989 Supplement Finanz-Berater, S. 26 ff.; *derselbe,* Ein Milliardengeschäft? Die Übertragung des Bestands eines Lebensversicherungsvereins a. G. auf eine Aktiengesellschaft, BB 1991 Supplement Finanzberater, S. 10 ff.; *Stuirbrink/Geib/Axer,* Die Abfindung der Mitglieder eines Lebens-VVaG – bei Beendigung der Mitgliedschaft durch Umstrukturierung –, WPg 1991, 29 ff. (Teil I) und 68 ff. (Teil II); *Ketzscher,* Berücksichtigung der Körperschaftsteuer bei der Abfindung der Mitglieder eines VVaG – Stellungnahme zum Beitrag von Stuirbrink, Geib und Axer –, WPg 1991, 241 f.; *Stuirbrink/Geib/Axer,* Fehlendes Anrechnungsverfahren beim VVaG und Abfindungsbemessung – Erwiderung zur Stellungnahme von Ketzscher –, WPg 1991, 242 f.; *Dageförde,* Umstrukturierung von Versicherungskonzernen durch Übertragung von Lebensversicherungsbeständen, NJW 1994, 2528 ff.; *Müller-Magdeburg,* Die Bestandsübertragung nach § 14 VAG, Diss. FU Berlin 1996, Aachen, Shaker, 1998; *Scholz,* Bestandsübertragung nach dem VAG, VersR 1997, 1070; *Diehl,* Übertragung von Versicherungsbeständen im Konzern unter Beteiligung von VVaG, VersR 2000, 268 ff.; *Benkel,* Der Versicherungsverein auf Gegenseitigkeit, 2002, S. 307 ff.
[206] Siehe BeschlKE BAV v. 22. 2. und 11. 5. 1989, VerBAV 1989, 238.
[207] Vgl. BVerwG, Urt. v. 30. 1. 1990 – 1 A 36/86, VersR 1990, 473, 474 m. Anm. *Kaulbach* VersR 1990, 645.
[208] Vgl. BVerwG, Urt. v. 11. 1. 1994 – 1 A 72/89, NJW 1994, 2561, 2563 = VersR 1994, 541 = VerBAV 1994, 178, 181 = MDR 1994, 671 = JZ 1995, 455, 456 = ZIP 1994, 705, 707; m. krit. Anm. *Donath* VersR 1994, 965; hiergegen *Lorenz* VersR 1994, 967; BVerwG, Urt. v. 13. 12. 2006 – 6 A 3/05, NJW 2007, 2199, 2203.
[209] BVerwG, Urt. v. 11. 1. 1994, a. a. O. (Fn. 208); krit. dazu *Mudrack,* Die Auswirkungen der Übertragung des Versicherungsbestandes eines Lebensversicherungsunternehmens ohne Übertragung aller Vermögenswerte auf die Überschussbeteiligung der Versicherten, Baden-Baden, Nomos, VersWissStud. 2 (1995), 241.

2. Pflicht zur zeitnahen und angemessenen Beteiligung der Versicherungsnehmer am Überschuss

74 **a) Begrenzung der Rückstellung für Beitragsrückerstattung.** Die aufgrund der vorsichtigen Beitragskalkulation in der Lebensversicherung zwangsläufig entstehenden relativ hohen Überschüsse werden zum überwiegenden Teil zunächst der Rückstellung für Beitragsrückerstattung (RfB) gemäß § 56a VAG zugewiesen, bevor sie mit der dadurch bedingten zeitlichen Verzögerung über geschäftsplanmäßig festgelegte Überschussbeteiligungssysteme wieder an die Versicherungsnehmer ausgeschüttet werden.[210] Mit der Zuführung der Überschüsse zur RfB stehen die zugeführten Beträge der Versichertengemeinschaft zur Verfügung.[211] Der einzelne Versicherungsnehmer erlangt aber mit der Zuweisung zur RfB noch keinen Rechtsanspruch auf bestimmte Überschussanteile.[212]

75 Sinn und Zweck der RfB ist es, Schwankungen bei der Überschusserzeugung auszugleichen, nicht jedoch Überschussanteilsätze langfristig aufrechtzuerhalten.[213] Es soll vermieden werden, dass die Überschussanteile der Versicherungsnehmer laufend geändert werden müssen. Die RfB hat daher eine Pufferfunktion.[214] Andererseits dürfen die Überschüsse auch nicht thesauriert werden.[215] Hierauf ist bei der Festsetzung der Überschussanteilsätze besonders zu achten.[216]

76 Die RfB setzt sich im Wesentlichen zusammen aus dem festgelegten Teil, dem darüber hinaus gebundenen Teil (Schlussüberschussanteilfonds) und dem freien, ungebundenen Teil. Als festgelegt gelten die aufgrund der Deklaration im Druckbericht den einzelnen Versicherungsnehmern verbindlich zugesagten, aber noch nicht gut gebrachten Überschussanteile. Da etwa die Hälfte der Lebensversicherungsunternehmen für ein Jahr und die andere Hälfte für zwei Jahre im voraus Überschussanteile deklariert (einige Lebensversicherungsunternehmen deklarieren auch eineinhalb Jahre im voraus), sind entsprechende Mittel in der RfB entweder für das folgende Kalenderjahr oder für die nächsten beiden Kalenderjahre festgelegt. Dabei ist es nach neuerer Auffassung des BAV nicht notwendig, mehr als die für das Folgejahr benötigten Mittel in der RfB festzulegen.[217]

77 Die in der RfB für den Schlussüberschussanteilfonds gebundenen Mittel werden aufgrund einer geschäftsplanmäßigen Erklärung derjenigen Lebensversicherungsunternehmen, die in ihrem Überschussbeteiligungssystem Schlussüberschussanteile vorsehen, berechnet. Der freie, ungebundene Teil ergibt sich, indem von der Gesamt-RfB am Ende eines Jahres die festgelegten Teile und der Schlussüberschussanteilfonds abgesetzt werden.[218]

---

[210] GB BAV 1984, 53; *Gessner*, Die Finanzierung der Gewinnbeteiligung in der Lebensversicherung, WPg 1978, 474, 475; *Vogel/Lehmann*, Die Überschussbeteiligung in der Lebensversicherung, VerBAV 1982, 328, 332.
[211] BeschlKE BAV v. 4. 3. 1987, VerBAV 1987, 255, 258.
[212] BeschlKE BAV v. 4. 3. 1987, VerBAV 1987, 255, 257; BVerwG, Urt. v. 12. 9. 1989 – 1 A 32/87, NJW 1990, 1003 = VersR 1990, 73, 74 = BB 1990, 177 m. Anm. *Kaulbach* VersR 1990, 257; *Kurzendörfer*, Lebensversicherung, 3. Aufl., 2000, S. 157.
[213] BeschlKE BAV v. 4. 3. 1987, VerBAV 1987, 255, 258.
[214] *Gessner*, Analyse der Gewinnreserve eines Lebensversicherungsunternehmens, VW 1977, 20; *Lück*, Gewinnbeteiligung in der Lebensversicherung, DB 1981, 1049, 1053; *Vogel/Lehmann*, Die Überschussbeteiligung in der Lebensversicherung, VerBAV 1982, 328, 332; *Gießmann*, Funktionen der RfB, VW 1989, 1574; *Weber*, Evaluation von Rentenversicherungen und Fondsentnahmeplänen, Karlsruhe, VVW, 2006, S. 39.
[215] *Vogel/Lehmann*, Die Überschussbeteiligung in der Lebensversicherung, VerBAV 1982, 328, 332.
[216] VerBAV 1983, 219/220 und GB BAV 1984, 53.
[217] GB BAV 1984, 53.
[218] GB BAV 1984, 53.

Wegen des starken Anstiegs der Zinsüberschüsse und damit der Zuweisungen 78
zur RfB achtete das BAV verstärkt darauf, dass die Lebensversicherungsunternehmen die Ausschüttungen aus der RfB erhöhen, um das weitere Anwachsen der freien Mittel in der RfB zu bremsen.[219] Das BAV hat sich zur Untersuchung der Verhältnisse bei den einzelnen Lebensversicherungsunternehmen des Begriffs „verfügbare RfB" bedient. Darunter sind die Mittel der RfB zu verstehen, die nicht für die laufende Ausschüttung im Folgejahr oder für künftige Schlussüberschussanteile gebunden bzw. reserviert sind. Der so ermittelte Betrag wurde zur Ausschüttung des betreffenden Jahres ins Verhältnis gesetzt. Lebensversicherungsunternehmen, deren so bestimmte Kennquote weit über dem Durchschnitt lag, wurden vom BAV aufgefordert, zur Wahrung der Belange der Versicherten die Ausschüttungen aus der RfB zu verstärken.[220]

Nach § 21 Abs. 2 KStG sind Zuführungen zur RfB steuerlich nur insoweit 79
abziehbar, als die ausschließliche Verwendung der RfB für diesen Zweck durch die Satzung oder geschäftsplanmäßige Erklärung bestimmt ist.[221] Ferner darf die RfB in der Lebensversicherung die Summe folgender Beträge nicht überschreiten:
– der Zuführungen innerhalb des am Bilanzstichtag endenden Wirtschaftsjahres und der zwei vorangegangenen Wirtschaftsjahre,
– des Betrages, dessen Ausschüttung als Beitragsrückerstattung vom Versicherungsunternehmen vor dem Bilanzstichtag verbindlich festgelegt worden ist,
– der für die Finanzierung der auf die abgelaufenen Versicherungsjahre entfallenden Schlussgewinnanteile erforderliche Betrag.

Im Jahre 1985 hat das BAV eine von § 21 Abs. 2 KStG abweichende Grenze 80
für die RfB festgelegt.[222] Danach darf die RfB eines Lebensversicherungsunternehmens nicht höher sein als die Summe aus folgenden Beträgen:
– gebundene Mittel der RfB für die Zuteilung im Folgejahr,
– Schlussüberschussanteilfonds,
– Zuweisung zur RfB des laufenden Geschäftsjahres,
– 50% der Zuweisung zur RfB des Vorjahres.

Aufgrund der vom BAV gezogenen Grenze darf die verfügbare RfB demzufol- 81
ge künftig nicht höher sein als die Zuweisung des laufenden Geschäftsjahres zuzüglich 50% der Zuweisung des Vorjahres. Die Höchstgrenze darf auch im Einzelfall nicht überschritten werden. Sie gilt im Grundsatz auch für die einzelnen Abrechnungsverbände, es sei denn, dass bei einem Abrechnungsverband Besonderheiten vorliegen, die eine Überschreitung der Höchstgrenze vertretbar erscheinen lassen.[223] Der Teil der verfügbaren RfB eines LVU, der über die neue Höchstgrenze hinausgeht, war innerhalb von drei Jahren, beginnend mit dem Jahr 1986, möglichst in drei gleichen Schritten oder schneller abzubauen, damit spätestens 1988 die oben definierte Grenze eingehalten wurde.[224]

Seit dem Jahre 1988 gilt damit die aufsichtsrechtliche Regelung, dass die Überschussanteilsätze so festgelegt werden, dass die RfB nicht mehr Mittel enthält, als die Summe aus folgenden Posten:

---

[219] GB BAV 1982, 54; 1984, 54; 1985, 57.
[220] Vgl. auch GB BAV 1984, 53.
[221] BFH, Urt. v. 21. 10. 1999 – I R 36/95, VersR 2000, 744, 745; *Müllereisert*, Steuerliche Abzugsfähigkeit von Beitragsrückerstattungen bei Lebensversicherungsunternehmen, DB 2000, 2038, 2039.
[222] GB BAV 1985, 57; krit. dazu *Kagelmacher*, Begrenzung der Rückstellung für Beitragsrückerstattung – Zugleich Anmerkung zum Urteil des BVerwG v. 12. 9. 1989 (1 A 32/87) VersR 90, 73 –, VersR 1990, 805, 807.
[223] GB BAV 1985, 57.
[224] GB BAV 1985, 57.

- gebundene Mittel der RfB,
- Zuweisung zur RfB des Geschäftsjahres und des Vorjahres.[225]

82 Die Begrenzung der freien Mittel in der RfB ist erforderlich, um zu verhindern, dass diese Mittel in einer Weise verwendet werden, die nicht einer zeitnahen und gerechten Beteiligung der Versicherten an den Überschüssen entspricht und damit deren Belange nicht ausreichend wahren würde.[226] Geschäftsplangenehmigungen können versagt werden, wenn ein LVU die Begrenzung der verfügbaren RfB nicht vornehmen will.[227]

83 In Ausnahmefällen ist das LVU gemäß § 56a Abs. 3 Satz 2 VAG berechtigt, mit Zustimmung der Aufsichtsbehörde die RfB, soweit sie nicht auf bereits festgelegte Überschussanteile entfällt, im Interesse der Versicherten zur Abwendung eines Notstandes heranzuziehen. Ein Notstand ist schon dann anzunehmen, wenn nur die Gefahr einer Insolvenz besteht.[228]

83a **b) Direktgutschrift.** Das überproportionale Anwachsen der RfB und das Anliegen des BAV, die hohen Zinsüberschüsse möglichst bald und vollständig und so gerecht wie möglich an die Versicherten zurückzugewähren, waren Anlass dafür, einen großen Teil dieser Überschüsse nicht mehr den Umweg über die RfB nehmen zu lassen, sondern ab 1984 als so genannte Direktgutschrift zu Lasten des Jahresergebnisses den Versicherten unmittelbar gutzuschreiben.[229]

84 Die Anwendung der Direktgutschrift führt dazu, dass ein Teil des dem einzelnen Vertrag zuzurechnenden Überschusses bereits im Geschäftsjahr des Entstehens „direkt" und zu Lasten des Jahresergebnisses gutgeschrieben wird, der Rechtsanspruch des Versicherungsnehmers also eher entsteht, praktisch in gleicher Form und zu gleicher Zeit wie der Rechnungszins.[230] Aus diesem Grund ist die Direktgutschrift als Aufwand zu Lasten des Jahresergebnisses zu verbuchen.[231]

85 Durchgesetzt hat sich das Modell A, bei dem die Direktgutschrift bei den alten Tarifen in Höhe von 2 v. H. auf das maßgebende VN-Guthaben gewährt wird;[232] bei den neuen Tarifen beträgt die Direktgutschrift 1,5 v. H.[233] Andere LVU konnten am Anfang das Modell B zugrunde legen, bei dem sich durch die direkt gutgeschriebenen Beträge der gesamte den Versicherten gut zubringende Teil des Überschusses um mindestens 35% vermindert.[234] Das Modell B gibt es nicht mehr, da das BAV auf eine Einheitlichkeit der Verfahren hingewirkt hat.[235]

86 Die Direktgutschrift gewährleistet eine zeitnahe und damit gerechte Überschussbeteiligung.[236] Sie sicherte dem Versicherungsnehmer zusammen mit dem

---

[225] BAV VerBAV 1988, 426; BAV VerBAV 1994, 5; Ziffer 2.3.2 des Gesamtgeschäftsplans für die Überschussbeteiligung des Altbestands in der Lebensversicherung gemäß Rundschreiben 10/2008 (VA) vom 25. 9. 2008, abrufbar über www.bafin.de.
[226] BeschlKE BAV v. 4. 3. 1987, VerBAV 1987, 255, 258; a. A. *Winter* in: Bruck/Möller, VVG, 8. Aufl., 1988, §§ 159–178 VVG Anm. G 326.
[227] BeschlKE BAV v. 4. 3. 1987, VerBAV 1987, 255, 256.
[228] *Varain/Faigle/Engeländer*, In der Notlage steht auch die freie RfB mit ein – Zur Ermittlung des Überschuldungsstatus bei Versicherungsunternehmen, VW 2004, 482, 484.
[229] GB BAV 1982, 54; GB BAV 1984, 54; *Gustin*, EDV-Unterstützung der Überschussbeteiligung in der Lebensversicherung, Ulm, IFA Ulm, 1998, S. 28.
[230] BeschlKE BAV v. 4. 3. 1987, VerBAV 1987, 255, 257; ähnlich *Zimmermann/Chevtchenko/Schweinberger* ZVersWiss 2006, 91, 95.
[231] *Claus*, Die Direktgutschrift in der Lebensversicherung, VerBAV 1988, 259, 260.
[232] GB BAV 1983, 51; ZfV 1988, 239 ff.: Die Direktgutschrift in der Lebensversicherung als besondere Form der Gewinnbeteiligung.
[233] *Claus*, Die Direktgutschrift in der Lebensversicherung, VerBAV 1988, 259, 260.
[234] GB BAV 1983, 51; *Vogel*, Der Gesamtgeschäftsplan für die Überschussbeteiligung, VerBAV 1986, 450, 451.
[235] *Claus*, Die Direktgutschrift in der Lebensversicherung, VerBAV 1988, 259, 260/261.
[236] BeschlKE BAV v. 4. 3. 1987, VerBAV 1987, 255, 257.

garantierten Rechnungszins eine Gesamtverzinsung des Versicherungsnehmerguthabens in Höhe von 5 Prozent.[237]

Wenngleich die Direktgutschrift aus der Sicht der Rechnungslegung keine Beitragsrückerstattung im Sinne der über die RfB fließenden Überschüsse ist, so ist sie doch ein Teil der Überschußbeteiligung und bei der Erfüllung des Rückgewährrichtsatzes zu berücksichtigen.[238] Eine Geschäftsplangenehmigung war zu versagen, wenn ein Lebensversicherungsunternehmen die Einführung der Direktgutschrift nicht vornehmen wollte.[239] 87

c) Sicherstellung angemessener Zuführungen zur RfB. In der Lebensversicherung liegt ein die Belange der Versicherten gefährdender Missstand vor, wenn bei überschussberechtigten Versicherungen keine angemessene Zuführung zur Rückstellung für Beitragsrückerstattung erfolgt (§ 81 c Abs. 1 Satz 1 VAG). Die Aufsichtsbehörde hat im Rahmen ihrer Rechts- und Finanzaufsicht jedoch nicht darüber zu wachen, dass die Interessen der Versicherungsnehmer die denkbar beste oder auch nur eine möglichst gute Berücksichtigung erfahren.[240] § 81 c VAG regelt die Zuführung zur RfB, nicht die Verwendung der in der RfB enthaltenen Mittel.[241] 88

aa) Rückgewährquote-Berechnungsverordnung. Für die vor dem 29. Juli 1994 abgeschlossenen Lebensversicherungsverträge (Altbestand) war gemäß § 81 c Abs. 2 Satz 1 VAG ein die Belange der Versicherten gefährdender Missstand insbesondere dann anzunehmen, wenn die Rückgewährquote eines LVU im Durchschnitt der letzten drei Geschäftsjahre nicht dem anhand des Durchschnitts aller LVU festgelegten Rückgewährrichtsatz entsprach. Die Aufsichtsbehörde konnte in diesem Fall vom LVU verlangen, dass ihr ein Plan zur Sicherstellung angemessener Zuführungen zur Rückstellung für Beitragsrückerstattung (Rückgewährplan) zur Genehmigung vorgelegt wird (§ 81 c Abs. 2 Satz 2 VAG). Die Rückgewährquote entspricht gemäß § 81 c Abs. 2 Satz 3 VAG dem in vom Hundert ausgedrückten Verhältnis der Summe aus rechnungsmäßigen Zinsen, der Direktgutschrift von Überschussanteilen und der Zuführung zur Rückstellung für Beitragsrückerstattung zu der Summe aus Normrisikoüberschuss und Normzinsertrag. 88a

Im Rahmen der speziellen Missstandsaufsicht war die Aufsichtsbehörde gemäß § 81 c Abs. 2 VAG befugt, aufsichtsrechtliche Maßnahmen zu ergreifen, wenn ein LVU nicht seiner aufsichtsrechtlichen Pflicht gemäß § 81 c Abs. 1 Satz 1 VAG nachkam, die Versicherungsnehmer über angemessene Zuführungen zur Rück- 89

---

[237] *Claus,* Die Direktgutschrift in der Lebensversicherung, VerBAV 1988, 259, 260; *Klein,* Gewinn- und Wachstumssituation der großen deutschen Lebensversicherer im Fünfjahreszeitraum 1988/1992, VW 1993, 1565, 1566.
[238] *Ackermann,* Überschussbeteiligung auf einen Blick: Zum Ausweis der Direktgutschrift in der Gewinn- und Verlustrechnung der Lebensversicherungsunternehmen, VW 1983, 1344, 1345; offen lassend *Claus,* Die Direktgutschrift in der Lebensversicherung, VerBAV 1988, 259, 261.
[239] BeschlKE BAV v. 4. 3. 1987, VerBAV 1987, 255, 256.
[240] BVerwG, Urt. v. 14. 10. 1980, BVerwGE 61, 59, 64 = VersR 1981, 221, 223 = VerBAV 1981, 80, 87; *Winter* in: Bruck/Möller, VVG, 8. Aufl., 1988, §§ 159–178 VVG Anm. G 322; *Scholz,* Verfassungsrechtliche Strukturfragen der Versicherungsaufsicht, ZVersWiss 73 (1984), 1, 19; *Kagelmacher,* Begrenzung der Rückstellung für Beitragsrückerstattung – Zugleich Anmerkung zum Urteil des BVerwG v. 12. 9. 1989 (1 A 32/87) VersR 90, 73 –, VersR 1990, 805, 806; *Groepper,* Die Rechtsprechung des Bundesverwaltungsgerichts zum Versicherungsaufsichtsrecht, NVersZ 1998, 103, 106; a. A. *Prölss,* Der Versicherer als „Treuhänder der Gefahrengemeinschaft" – Zur Wahrnehmung kollektiver Belange der Versicherungsnehmer durch den Privatversicherer, in: Festschrift für Karl Larenz zum 80. Geburtstag am 23. April 1983, hrsg. von Claus-Wilhelm Canaris und Uwe Diederichsen, München, Beck, 1983, S. 487, 522.
[241] BeschlKE BAV v. 4. 3. 1987, VerBAV 1987, 255, 258.

stellung für Beitragsrückerstattung an den wegen der vorsichtigen Beitragskalkulation anfallenden Überschüssen zu beteiligen.[242] Gemäß § 1 RQV betrug der Rückgewährrichtsatz 90 vom Hundert.[243]

89a bb) ZRQuotenV. Die Rückgewährquote-Berechnungsverordnung vom 28. März 1984, geändert durch die Verordnung vom 15. Dezember 1987, wurde durch die Verordnung über die Mindestbeitragsrückerstattung in der Lebensversicherung (ZRQuotenV) vom 23. Juli 1996 abgelöst.[244] Die Festlegung von Mindestzuführungsquoten zur RfB soll zum Schutz der Verbraucher sicherstellen, dass die aus den mit versicherungsmathematischen Annahmen kalkulierten Prämien (vgl. § 11 VAG) erzielten Überschüsse in einem angemessenen Umfange wieder an die Versicherungsnehmer zurückfließen.[245] Für den Altbestand beträgt der Rückgewährrichtsatz gemäß § 4 ZRQuotenV unverändert 90 vom Hundert.

89b cc) Mindestzuführungsverordnung. Für nach dem 31. Dezember 2007 beginnende Geschäftsjahre gelten gemäß § 6 der Verordnung über die Mindestbeitragsrückerstattung in der Lebensversicherung (Mindestzuführungsverordnung) vom 4. April 2008[246] die Vorschriften dieser Verordnung. Mit Inkrafttreten der Mindestzuführungsverordnung ist die ZRQuotenV außer Kraft getreten (§ 7 Mindestzuführungsverordnung). Mit der Mindestzuführungsverordnung vom 4. April 2008 werden die Anforderungen an die Zuführung zur RfB für den Alt- und den Neubestand vereinheitlicht und der Begriff einer angemessenen Beteiligung der Versicherungsnehmer am Risiko-, Kosten- und Sonstigen Ergebnis durch Festlegung von Mindestquoten konkretisiert. Die Verordnung berücksichtigt darüber hinaus die Beteiligung an den Bewertungsreserven gemäß § 153 VVG 2008. Außerdem wurden die Möglichkeiten für eine Reduzierung der Mindestzuführung erweitert. Zur Berechnung der neuen Mindestzuführung hat die BaFin das bisherige Formblatt Nachweisung 611 als Formblatt Nachweisung 612 nebst Anmerkungen neu gefasst und mit Rundschreiben vom 29. Mai 2009 verlautbart.[247]

3. Zuteilung und Ausschüttung der Überschussanteile über die Abrechnungsverbände/Gewinnverbände an die Versicherungsnehmer

90 a) Verteilungsgrundsätze. § 16 Abs. 2 ALB sieht die Angabe des Abrechnungsverbands vor, zu dem die Versicherung gehört. Anstelle des Abrechnungs-

---

[242] Siehe dazu BVerwG, Urt. v. 12. 9. 1989 – 1 A 32/87, NJW 1990, 1003 = VersR 1990, 73, 74 = BB 1990, 177 m. Anm. *Kaulbach* VersR 1990, 257; OLG Düsseldorf, Urt. v. 9. 2. 1993 – 4 U 2/92, NJW-RR 1993, 801 = VersR 1993, 556 = r+s 1994, 232; BGH, Urt. v. 23. 11. 1994 – IV ZR 124/93, NJW 1995, 589, 591 f. = VersR 1995, 77, 80 = VerBAV 1995, 223, 227 = r+s 1997, 169, 172 = BB 1995, 423; *Kollhosser* in: Prölss, § 81 c VAG Rdn. 1 ff. mit 5 mit Abdruck der Begründung zum Regierungsentwurf BT-Drucks. 9/1493 S. 27 f. sowie Rdn. 6 mit Abdruck der Begründung zum Regierungsentwurf BT-Drucks. 12/6959 S. 84 f; *Kaulbach* in: Fahr/Kaulbach, § 81 c VAG Rdn. 1 ff.; *Dreher*, Die Missstandsaufsicht über Versicherungsunternehmen nach dem Versicherungsaufsichtsgesetz 1994, WM 1995, 509, 518 f.; *Präve*, Die Bedeutung der Überschussbeteiligung des Versicherungsnehmers für die Lebensversicherungs-AG für die Umbildung von Versicherungsgruppen, ZfV 1992, 334, 339, 341.
[243] Verordnung über die Berechnung und Höhe des Rückgewährrichtsatzes, des Normrisikoüberschusses und des Normzinsertrages in der Lebensversicherung (Rückgewährquote-Berechnungsverordnung – RQV) v. 28. 3. 1984, BGBl. I 1984, 496 = VerBAV 1984, 197; geändert durch die Erste Verordnung zur Änderung der Rückgewährquote-Berechnungsverordnung v. 15. 12. 1987, BGBl. I 1987, 2676 = VerBAV 1988, 15.
[244] BGBl. I 1996, 1190 = VerBAV 1996, 230.
[245] BR-Drucks. 328/96 v. 3. 5. 1996, S. 1.
[246] BGBl. I 2008, 690.
[247] R 12/2009 (VA).

Beteiligung am Überschuss   91–93 § 16 ALB 1986

verbands kann auch der in Betracht kommende Gewinnverband angegeben werden.[248] § 16 ALB ist entsprechend der Anmerkung zur Musterfassung so zu ergänzen, dass sich der Versicherungsnehmer ein Bild über den wesentlichen Inhalt des Überschussverteilungssystems machen kann. Insoweit ergänzt § 16 ALB den Anspruch des Versicherungsnehmers auf die vereinbarte und garantierte Versicherungssumme um einen Anspruch auf Überschussanteile.[249]

Die Regelungen, nach denen Überschüsse an die Versicherungsnehmer verteilt   91
werden, sind geschäftsplanmäßig festzulegen und vom BAV zu genehmigen.[250] Die grundsätzlichen Bestimmungen sind in den AVB, nähere Einzelheiten sind im Gesamtgeschäftsplan für die Überschussbeteiligung, ggf. auch im jeweiligen Tarifgeschäftsplan enthalten.[251] Einen Rechtsanspruch auf bestimmte Überschussanteile erhält der einzelne Versicherungsnehmer durch eine „Deklaration", mit der die Höhe der in einem bestimmten Geschäftsjahr fällig werdenden Überschussanteile im Voraus festgelegt wird.[252]

b) Sofortüberschussbeteiligung. Viele Lebensversicherungsunternehmen   92
haben die Überschussbeteiligung ohne Wartezeit (Sofortüberschussbeteiligung) eingeführt.[253] Die Aufwendungen für die Sofortüberschussbeteiligung können zu Lasten des Geschäftsjahres verbucht werden, in dem sie entstehen.[254]

c) Verwendung der jährlichen Überschussanteile. aa) Barauszahlung.   92a
Bei Vereinbarung der Barauszahlung wird der jährliche Überschussanteil zum Fälligkeitstermin durch den Versicherer an den Versicherungsnehmer automatisch überwiesen.[255] Die Beitragsaufwendungen, die vom Versicherungsnehmer ggf. steuermindernd geltend gemacht werden, sind jedoch um die ausgezahlten Überschussanteile zu kürzen. Darüber hinaus unterliegen ausgezahlte Überschussanteile zu ab 1974 abgeschlossenen Versicherungen der Kapitalertragsteuer.

bb) Beitragsverrechnung. Beim Überschussbeteiligungssystem der Beitrags-   93
verrechnung werden die jährlich anfallenden Überschussanteile, die in der Höhe variieren können, mit den zu zahlenden Beiträgen verrechnet.[256] Die angerechneten Überschussanteile mindern auch die Beitragsaufwendungen, die steuermindernd geltend gemacht werden können. Im Gegensatz zur Barauszahlung unterliegen angerechnete Überschussanteile in der Regel jedoch nicht der Kapitalertragsteuer.

---

[248] Vgl. *Gerlach* VerBAV 1976, 97.
[249] Ebenso *Winter* in: Bruck/Möller, VVG, 8. Aufl., 1988, §§ 159–178 VVG Anm. G 361.
[250] GB BAV 1984, 56.
[251] GB BAV 1984, 56; *Freytag*, Gewinnbeteiligung bei Kollektivverträgen in der Lebensversicherung, ZfV 1964, 324.
[252] BVerwG, Urt. v. 12. 9. 1989 – 1 A 32/87, NJW 1990, 1003 = VersR 1990, 73, 74 = BB 1990, 177 m. Anm. *Kaulbach* VersR 1990, 257; BeschlKE BAV v. 4. 3. 1987, VerBAV 1987, 255, 257; *Winter* in: Bruck/Möller, VVG, 8. Aufl., 1988, §§ 159–178 VVG Anm. G 367; *Goll/Gilbert/Steinhaus*, Hdb. Lebensversicherung, 11. Aufl., 1992, S. 101; *Lorenz*, aaO, S. 41; *Lührs*, Lebensversicherung, 1997, S. 222; *H. Müller* aaO, Rdn. 716; *Präve*, Die Bedeutung der Überschussbeteiligung des Versicherungsnehmers bei der Lebensversicherungs-AG für die Umbildung von Versicherungsgruppen, ZfV 1992, 334, 335; *Stelkens*, Rechtsgrundlagen der Überschussbeteiligung in der privaten Lebensversicherung, Diss. Köln, 1965, S. 93; *Weber*, Evaluation von Rentenversicherungen und Fondsentnahmeplänen, Karlsruhe, VVW, 2006, S. 39.
[253] GB BAV 1979, 52; GB BAV 1983, 32.
[254] VerBAV 1983, 162; GB BAV 1983, 52.
[255] *Schierenbeck/Hölscher*, BankAssurance, 2. Aufl., Stuttgart, Schäffer-Poeschel, 1992, S. 520.
[256] GB BAV 1984, 56.

94 **cc) Verzinsliche Ansammlung.** Der Versicherungsnehmer kann – so die Regel – die Ansammlung und Verzinsung der Überschussanteile wählen.

95 **dd) Bonus.** Häufig wird der jährliche Überschussanteil auch als Einmalbeitrag für eine zusätzliche beitragsfreie Versicherung, den sogenannten Bonus, verwendet. In diesem Fall kann die vom Versicherer in einem Nachtrag zum Versicherungsschein genannte Versicherungssumme die bis zu diesem Zeitpunkt angefallene Überschussbeteiligung enthalten.[257]

96 Einige Lebensversicherungsunternehmen gewähren im Rahmen der laufenden Überschussbeteiligung ab Versicherungsbeginn[258] eine zusätzliche Überschussleistung, die nur im Todesfall fällig wird und bei kapitalbildenden Versicherungen das erreichte Überschussguthaben oder die erreichte Bonussumme auf eine bestimmte Höhe ergänzt.[259] Diese Leistung, die eine besondere Schlussüberschussbeteiligung darstellt und jeweils im Voraus für den Deklarationszeitraum festgelegt ist, wird häufig als Todesfallbonus bezeichnet,[260] wobei jedoch auch andere Bezeichnungen gebräuchlich sind.[261] Die erhöhte Leistung ist nicht für die gesamte Vertragsdauer garantiert.[262] Vielmehr wird beim Todesfallbonus die Leistung im Todesfall um einen gewissen Prozentsatz der garantierten Todesfallleistung für den jeweiligen Deklarationszeitraum, also für die nächsten ein oder zwei Jahre, erhöht.[263] Da der Todesfallbonus nur für den jeweiligen Deklarationszeitraum garantiert werden kann, besteht die Möglichkeit, dass sich während der Vertragslaufzeit der anfängliche Versicherungsschutz, bestehend aus garantierter Todesfallleistung und Todesfallbonus, vermindert.[264] In der Regel wird daher dem Versicherungsnehmer bei Vertragsabschluss das Recht auf Erhöhung der garantierten Versicherungssumme ohne erneute Gesundheitsprüfung eingeräumt, falls der Todesfallbonus herabgesetzt werden muss, so dass er seinen anfänglichen Versicherungsschutz wiederherstellen kann.[265]

97 Die Höhe des Todesfallbonus ist auf die nach aktuellen Überschussanteilsätzen hochgerechnete Ablaufleistung aus der übrigen Überschussbeteiligung begrenzt worden.[266] Dadurch soll vermieden werden, dass die Erlebensfallsumme bei Ablauf der Versicherung niedriger ist als der Todesfallbonus.[267] Soll der Todesfallbonus ab Versicherungsbeginn auch bei sog. Kindertodesfallversicherungen eingeführt werden, so ist ggf. durch entsprechende geschäftsplanmäßige Herabsetzung der Versicherungssumme sicherzustellen, dass das gesamte riskierte Kapital ab Versicherungsbeginn die Höchstsumme der Rundschreiben R 1/76 und R 4/82[268] nicht überschreitet.[269]

98 **ee) Abbruchsklauseln.** α) Uneingeschränkte Abbruchsklausel. Bei der uneingeschränkten Abbruchsklausel endet die Versicherung auf jeden Fall zu einem bei Vertragsabschluss fest vereinbarten Termin, unabhängig davon, wie hoch Deckungskapital und Überschussguthaben zu diesem Zeitpunkt sind. Der Abbruchs-

---

[257] OLG Hamm, Urt. v. 26. 6. 2009 – 20 U 210/08, VersR 2010, 239, 240 = r+s 2010, 27, 28.
[258] Vgl. GB BAV 1979, 52; VerBAV 1979, 346 und VerBAV 1983, 162.
[259] GB BAV 1983, 53.
[260] GB BAV 1983, 53.
[261] VerBAV 1983, 119.
[262] GB BAV 1984, 56.
[263] GB BAV 1984, 56.
[264] GB BAV 1984, 56.
[265] GB BAV 1984, 56.
[266] GB BAV 1983, 53.
[267] GB BAV 1983, 52.
[268] VerBAV 1976, 46 und 1982, 398.
[269] GB BAV 1983, 53.

termin muss im Versicherungsschein angegeben werden. Denn dieser Zeitpunkt der Beendigung der Versicherung ist vertraglich vereinbart und damit unabhängig vom künftigen Überschussverlauf. Anzugeben ist ferner die am Abbruchstermin fällige Versicherungsleistung, nämlich das garantierte Deckungskapital der Versicherung. Sollte der Abbruchszeitpunkt unter der Annahme ermittelt worden sein, dass nach den bei Vertragsabschluss geltenden Überschussanteilsätzen Deckungskapital und Überschussguthaben die Versicherungssumme erreichen, so kann dieser Sachverhalt aus den schon genannten Gründen nicht im Versicherungsschein, sondern allenfalls in einem Begleitschreiben unter Beachtung der erforderlichen Einschränkung dargelegt werden.

β) **Eingeschränkte Abbruchsklausel.** Bei Lebensversicherungen auf den Todes- und Erlebensfall mit hohem Endalter wird häufig zwischen dem Lebensversicherungsunternehmen und dem Versicherungsnehmer bei Abschluss im Weg der sog. eingeschränkten Abbruchsklausel vertraglich vereinbart, dass die Versicherung dann vorzeitig endet, wenn die Summe aus Deckungskapital und vorhandenem Überschussguthaben die Versicherungssumme erreicht bzw. überschreitet. Der Zeitpunkt, zu dem die Versicherung endet, ist nicht von vornherein bestimmt. Zwar ist der Verlauf des Deckungskapitals geschäftsplanmäßig festgelegt und bekannt, nicht aber der künftige Verlauf des Überschussguthabens, der von den in der Zukunft noch zu deklarierenden Überschussanteilsätzen abhängig ist. Der voraussichtliche Zeitpunkt des Abbruchs kann unverbindlich dadurch ermittelt werden, dass die Entwicklung des Überschussguthabens auf der Basis der bei Vertragsabschluss deklarierten Überschussanteile hochgerechnet wird.

Der voraussichtliche Zeitpunkt des Abbruchs der Versicherung, also der Zeitpunkt, zu dem das Deckungskapital und die Überschussguthaben die Versicherungssumme erreichen bzw. überschreiten, darf nicht in den Versicherungsschein aufgenommen werden. Dies ist auch dann nicht möglich, wenn die Einschränkung gemacht wird, dass die Überschussanteilsätze und damit das zum vorgezogenen Ablauf fällige Überschussguthaben nicht garantiert werden können, weil sie vor allem von den Kapitalerträgen, aber auch vom Verlauf der Sterblichkeit und von der Kostenentwicklung abhängen. Dieser Hinweis schließt nicht aus, dass der durchschnittlich verständige Versicherungsnehmer den angegebenen Zeitpunkt für feststehend und sicher ansieht.

Der voraussichtliche Abbruchzeitpunkt der Versicherung darf daher dem Versicherungsnehmer nur in einem Begleitschreiben zum Versicherungsschein mitgeteilt und erläutert werden. Für die dabei erforderlichen Einschränkungen sind die Grundsätze für die Darstellung und Erläuterung der Überschussbeteiligung in der Lebensversicherung zu berücksichtigen.[270]

ff) **Schlussüberschussanteil.** Das System der Schlusszahlung sieht vor, dass bei Beendigung der Versicherung ein Überschussanteil in Prozent der Beitragssumme gewährt wird.[271] Diese Form der Überschussbeteiligung lässt sich ohne großen technischen Aufwand handhaben und war in der Vergangenheit bei den Risikoversicherungen auf den Todesfall und bei den Berufsunfähigkeitsversicherungen weit verbreitet.[272] Nicht zuletzt im Hinblick auf die Beispielsrechnungen, bei denen die Ablaufleistung im Vordergrund steht, haben Schlussüberschussanteile eine zunehmende Bedeutung erlangt.[273] Eine Verlagerung des Gewichts der

---

[270] Anlage zum Rundschreiben R 5/88 v. 6. 10. 1988, VerBAV 1988, 411; VerBAV 1989, 187; dazu *Sax*, Die Darstellung und Erläuterung der Überschussbeteiligung in der Lebensversicherung, VerBAV 1989, 47 ff.
[271] GB BAV 1984, 56.
[272] GB BAV 1984, 56.
[273] VerBAV 1977, 248.

Überschussbeteiligung auf die Schlussüberschussanteile zu Lasten der laufenden Überschussanteile ist aus Sicht der Aufsichtsbehörde nicht unbedenklich.[274] Die Bedenken werden damit begründet, dass Versicherte, die vor dem vertraglichen Ablauf die Versicherung aufgeben oder sterben, vielfach keine oder keine ausreichende Leistung aus dem Schlussüberschussanteil erhalten.[275] Mit Rundschreiben R 1/85[276] hat das BAV Grundsätze bekannt gegeben, nach denen die Begrenzung der Schlussüberschussanteile weiter herabgesetzt und die Gewährung der Schlussüberschussanteile auch auf den Rückkaufsfall ausgedehnt wurde.[277]

VI. Darstellung und Erläuterung der Überschussbeteiligung

1. Beispielrechnungen

103   Die Aufsichtsbehörde hat von den LVU gegebene Darstellungen und Erläuterungen künftiger Überschussanteile zugelassen, damit für die Versicherungsunternehmen die Möglichkeit bestehen sollte, bei der Werbung dem Versicherungspublikum einen Überblick über Art und Auswirkung der gewährten Überschussbeteiligung zu geben.[278] Zugleich sollten sie dem Vergleich der Leistungsfähigkeit der Lebensversicherungsunternehmen, somit der Markttransparenz, dienen,[279] denn der Darstellung der Überschussbeteiligung liegen komplizierte Sachverhalte zugrunde, die sich nur Fachleuten voll und ganz erschließen.[280] Schon früher waren die Versicherungsunternehmen gehalten, sich auf den Gebrauch der Beispielrechnungen im Sinne der Richtlinien zu beschränken, wenn in der Werbung auf die Überschussanteile eingegangen werden sollte.[281] Die Anordnung galt unbeschränkt, also nicht nur für neue Lebensversicherungen.[282] In den Beispielrechnungen zur Gewinnbeteiligung wird dem Kunden bei Vertragsabschluss erläutert, welche Zahlungen er aus der Gewinnbeteiligung bei Vertragsende, also evtl. in 20 bis 30 Jahren zu erwarten hat, wenn die jetzt erklärten Gewinnanteilsätze aufrechterhalten bleiben.[283] Das BAV verlangte allerdings, dass den zur Kundenwerbung benutzten Beispielsrechnungen die zuletzt im Geschäftsbericht veröffentlichten Überschussanteilsätze zugrunde zu legen sind, wobei vorausgesetzt wurde, dass die Überschussbeteiligung des LVU finanzierbar erscheint.[284]

104   Ab 1. Januar 1989 waren für die Darstellung und Erläuterung der Überschussbeteiligung in der Lebensversicherung die in der Anlage zum Rundschreiben R 5/88 niedergelegten Richtlinien in der Werbung, in Abschlussgesprächen und in Schulungsmaterialien für Außendienstmitarbeiter zu beachten.[285] Nach Nr. 1.2.3

---

[274] VerBAV 1977, 248.
[275] VerBAV 1977, 248.
[276] VerBAV 1985, 110.
[277] Siehe hierzu auch GB BAV 1984, 52; *Gebhard,* Gefahren für die finanzielle Stabilität der auf dem deutschen Markt vertretenen Lebensversicherer im Zuge des europäischen Binnenmarktes, Karlsruhe, VVW, 1995, S. 168 ff.
[278] Vgl. VerBAV 1959, 66; *Claus,* Die Darstellung und Erläuterung der Überschussbeteiligung in der Lebensversicherung, VerBAV 1972, 19.
[279] GB BAV 1969, 46.
[280] *Knospe,* Klimmzüge bei der Überschussbeteiligung, ZfV 2003, 16.
[281] GB BAV 1964, 41.
[282] GB BAV 1961, 34.
[283] Vgl. *Gose,* Deckungsmittel für die Gewinnbeteiligung in der Lebensversicherung, VW 1978, 660.
[284] R 4/79 v. 10. 5. 1979, VerBAV 1979, 188, 189; krit. dazu *Schneider,* Amtlich gebilligte Gewinnversprechungen entgegen den Grundsätzen ordnungsmäßiger Buchführung, WPg 1981, 134 ff.
[285] VerBAV 1988, 411.

Beteiligung am Überschuss 105–109 § 16 ALB 1986

der Richtlinien setzt die Verwendung von Beispielrechnungen für die Darstellung und Erläuterung der künftigen Überschussbeteiligung voraus, dass dem BAV jährlich ein Nachweis über die Finanzierbarkeit der zukünftigen Überschussbeteiligung vorgelegt worden ist. Der Nachweis der Finanzierbarkeit ist dann gegeben, wenn die mit zeitnahen Rechnungsgrundlagen zweiter Ordnung berechneten erforderlichen Mittel für die in Aussicht gestellten Leistungen zuzüglich der abzuführenden Quellensteuer (inzwischen abgeschafft) nicht höher sind als die vorhandenen Mittel (so Nr. 1.2.3 der Richtlinien). Hierdurch ist die notwendige Transparenz gewährleistet.[286]

Das Rundschreiben R 5/88 betreffend die Darstellung und Erläuterung der Überschussbeteiligung in der Lebensversicherung ist mit Blick auf das Dritte Durchführungsgesetz/EWG zum VAG gegenstandslos geworden.[287] Das BAV hat sich aber vorbehalten, ggf. selbst Richtlinien für die Leistungsdarstellung der erwarteten Überschussbeteiligung in der Lebensversicherung zu veröffentlichen.[288] 105

2. Genehmigungspflicht

Die Grundsätze für die Darstellung und Erläuterung der künftigen Überschussbeteiligung gehören nicht zu den im Geschäftsplan zu regelnden Grundlagen des Geschäftsbetriebs und sind damit nicht genehmigungspflichtig nach § 13 VAG.[289] 106

3. Prognose

Die bei Vertragsabschluss angegebene Ablaufleistung ist wegen der darin enthaltenen Überschussbeteiligung nicht garantiert, wenn nicht besondere Anhaltspunkte für ein verbindliches Vertragsversprechen gegeben sind.[290] 107

VII. Unterrichtung über die Überschussbeteiligung

Die Aufsichtsbehörde hält es zur ausreichenden Wahrung der Belange der Versicherten für erforderlich, die Versicherungsnehmer laufend schriftlich über den Stand ihrer Überschussbeteiligung in der Lebensversicherung zu unterrichten und Änderungen der Überschussbeteiligung bei bestehenden Versicherungen deutlich darzustellen.[291] Nach Auffassung der Aufsichtsbehörde soll der Versicherungsnehmer spätestens dann erstmals unterrichtet werden, wenn das Überschussguthaben oder die Bonussumme 500 DM erreicht hat.[292] Mitteilungen sollen im Abstand von drei Jahren erfolgen,[293] seit 1989 im Abstand von zwei Jahren[294] und seit der VAG/VVG-Novelle jährlich. 108

VIII. Anspruch des Versicherungsnehmers auf Auskunftserteilung über Grund und Höhe der Überschussbeteiligung

Gegen den Lebensversicherer hat der Versicherungsnehmer keinen Anspruch auf Einzelauskünfte über Höhe, Art der Ermittlung oder Verteilung des Gewinns, 109

---

[286] BGH, Urt. v. 8. 6. 1983 – IVa ZR 150/81, NJW 1984, 55 = BGHZ 87, 346 = VersR 1983, 746 = VerBAV 1983, 298 = DB 1983, 2448 = MDR 1983, 917.
[287] BAV VerBAV 1994, 410.
[288] BAV VerBAV 1994, 410.
[289] VerBAV 1982, 4; *Sax*, Die Darstellung und Erläuterung der Überschussbeteiligung in der Lebensversicherung, VerBAV 1987, 531, 538.
[290] Versicherungsombudsmann, Entsch. v. 25. 8. 2003 – 1720/03-K, r+s 2004, 470.
[291] R 1/79, VerBAV 1979, 46; VerBAV 1982, 4.
[292] VerBAV 1982, 4
[293] VerBAV 1982, 4.
[294] VerBAV 1989, 242.

insbesondere keinen individuellen Anspruch gegen den Versicherer auf Auskunft über die Zuteilung ausgeschütteter Gewinnbeteiligungen auf den einzelnen Gewinnverband und den eigenen Versicherungsvertrag.[295] Der Versicherer ist daher verfahrensrechtlich nicht unter dem Gesichtspunkt der sekundären Darlegungslast verpflichtet, zur Höhe und zur Art der Ermittlung des Gewinns vorzutragen.[296]

110   Aus Wettbewerbsgründen hat der Versicherer ein schützenswertes Interesse, seine sich aus dem von ihm lediglich der Aufsichtsbehörde gegenüber offen zu legenden Geschäftsplan ergebende Kalkulation ausnahmslos nicht auch gegenüber Dritten preisgeben zu müssen.[297] Es liegt auf der Hand, dass dieses Geheimhaltungsinteresse vollständig konterkariert würde, sofern der Versicherer zwar nicht aufgrund seiner weitergehenden öffentlich-rechtlichen Gebundenheit, wohl aber aufgrund der einzelvertraglichen Bindung an seine Versicherungsnehmer gezwungen wäre, diesen gegenüber die Eckwerte für die Berechnung der Rückkaufswerte von Kapitallebensversicherungen preiszugeben.[298] Die verantwortliche Kontrolle des Versicherers im Interesse des Versicherten ist der Aufsichtsbehörde übertragen, die vom Versicherer auch Auskünfte über solche wirtschaftlichen Daten verlangen kann, die der Versicherer aus Gründen des Wettbewerbs nicht offen legen will.[299] Diese Kontrolle muss sich der Versicherungsnehmer genügen lassen, zumal die Anbindung der Überschussbeteiligung an den Geschäftsplan bedingungsgemäß vorgesehen ist und der Versicherungsnehmer diese Regelung freiwillig und ohne Zwang bei Abschluss des Versicherungsvertrages akzeptiert.[300]

111   Ein Anspruch auf Zuweisung eines bestimmten Überschussanteils, den das Gericht nach § 315 Abs. 3 Satz 2 BGB festlegt, besteht nicht.[301] Der Versicherungs-

---

[295] BGH, Urt. v. 8. 6. 1983 – IV a ZR 150/81, BGHZ 87, 346 = NJW 1984, 55 = VersR 1983, 746 = VerBAV 1983, 298 = DB 1983, 2448 = MDR 1983, 917; LG Kiel v. 25. 1. 1985 – 8 S 199/84; BGH, Urt. v. 23. 11. 1994 – IV ZR 124/93, BGZ 128, 54 = NJW 1995, 589 = VersR 1995, 77, 78 = VerBAV 1995, 223, 224 = r+s 1997, 169, 170 = WM 1995, 27, 28 = ZIP 1995, 33, 34 = BB 1995, 423 = DB 1995, 265 = MDR 1995, 910 = JZ 1995, 458; OLG Stuttgart, Urt. v. 29. 4. 1999 – 7 U 228/98, NVersZ 2000, 21 = VersR 1999, 1223, 1224 = r+s 2000, 255, 256; OLG Celle, Urt. v. 9. 3. 2006 – 8 U 181/05, VersR 2007, 930, 932; LG Köln, Urt. v. 18. 10. 2006 – 26 S 24/05, VersR 2007, 343; LG Aachen, Urt. v. 7. 12. 2006 – 2 S 367/02, VersR 2007, 525; LG Nürnberg-Fürth, Vfg. v. 22. 3. 2007 – 11 S 9843/06, VersR 2007, 1260; OLG Celle, Urt. v. 19. 7. 2007 – 8 U 8/07, VersR 2007, 1501; BGH, Beschl. v. 7. 11. 2007 – IV ZR 116/04, NJW-RR 2008, 193, 194 = VersR 2008, 338 = r+s 2008, 158; *Angerer*, Neuere Entwicklungen in der deutschen Versicherungsaufsicht, Die Versicherungsrundschau 1984, 313, 324. Ebenso für die Unfallversicherung AG Hamburg, Urt. v. 7. 8. 1996 – 21 a C 653/96, S. 6. Zur vergleichbaren Rechtslage in Österreich siehe OGH, Urt. v. 29. 4. 2009 – 7 Ob 59/09 s, VersR 2010, 650, 652.

[296] OLG Celle, Urt. v. 9. 3. 2006 – 8 U 181/05, VersR 2007, 930, 932; OLG Celle, Urt. v. 19. 7. 2007 – 8 U 8/07, VersR 2007, 1501; BGH, Beschl. v. 7. 11. 2007 – IV ZR 116/04, NJW-RR 2008, 193, 194 = VersR 2008, 338 = r+s 2008, 158.

[297] OLG Hamburg, Urt. v. 2. 3. 1990 – 11 U 160/88, VersR 1990, 475, 476; OLG Düsseldorf, Urt. v. 9. 3. 1993 – 4 U 2/92, VersR 1993, 556; BGH, Urt. v. 23. 11. 1994 – IV ZR 124/93, VersR 1995, 77 = MDR 1995, 910; LG Hamburg, Urt. v. 23. 11. 2000 – 332 S 18/00, VersR 2002, 221.

[298] LG Hamburg, Urt. v. 23. 11. 2000 – 332 S 18/00, VersR 2002, 221.

[299] BGH, Urt. v. 8. 6. 1983, a.a.O. (Fn. 295); OLG Karlsruhe VersR 1988, 129; LG Karlsruhe, Urt. v. 13. 2. 1992 – 8 O 390/91, VersR 1993, 869 (Ls.); OLG Düsseldorf, Urt. v. 9. 2. 1993 – 4 U 2/92, NJW-RR 1993, 801 = VersR 1993, 556 = r+s 1994, 232.

[300] LG Hamburg, Urt. v. 15. 7. 1988 – 13 O 457/88, VersR 1989, 689, 690; AG Köln v. 30. 11. 1992, VersR 1993, 215, 216; hierzu krit. *von Hippel*, Gewinnbeteiligung und Verbraucherschutz in der Lebensversicherung, JZ 1989, 663; *derselbe* JZ 1990, 445.

[301] BGH, Urt. v. 8. 6. 1983 – IV a ZR 150/81, BGHZ 87, 346 = NJW 1984, 55 = VersR 1983, 746 = VerBAV 1983, 298 = DB 1983, 2448 = MDR 1983, 917; OLG Hamburg, Urt. v. 2. 3. 1990 – 11 U 160/88, VersR 1990, 475, 476 = JZ 1990, 442, 443; OLG

Änderungsvorbehaltsklausel § 17 ALB 1986

nehmer kann aber verlangen, dass ihm die Höhe der jährlichen Gewinne durch Übermittlung der Geschäftsberichte gemäß § 55 Abs. 3 VAG mitgeteilt wird.[302] Etwaige Ansprüche auf Beteiligung an den vom Lebensversicherer erzielten Überschüssen verjähren innerhalb der fünfjährigen Frist des § 12 Abs. 1 VVG.[303]

§ 17 Welche der vorstehenden Bestimmungen können geändert werden?
Die Bestimmungen über die Rückvergütung und die beitragsfreie Versicherung (vgl. § 4), den Wehrdienst, die Unruhen oder den Krieg (vgl. § 7), die Selbsttötung (vgl. § 8) und die Überschussbeteiligung (vgl. § 16) können mit Zustimmung der Aufsichtsbehörde auch für bestehende Versicherungen geändert werden.

Übersicht

	Rdn.
I. Fassung	1–4
1. ALB 1957	1
2. ALB 1975	2
3. ALB 1983	3
4. ALB 1986	4
II. Zweck der Änderungsvorbehaltsklausel	5, 6
III. Änderungsvorbehalt der Aufsichtsbehörde	7–11
1. AVB-VO	7
2. § 81 a VAG	8–11
IV. Änderungsvorbehalt des LVU	12–17
1. Änderungsvorbehalte in Satzungen	12
2. Änderungsvorbehalte in AVB	13, 14
a) Ausgangslage	13
b) Anpassungsrecht des LVU	14
3. Verfahren bei VVaG	15, 16
a) Mitwirkung der Aufsichtsbehörde	15
b) Zustimmung der Organe	16
4. Benachrichtigung des Versicherungsnehmers	17
V. Abweichungen von den AVB	18–21
1. Einhaltung des Geschäftsplans	18
2. Abweichungen im Einzelfall	19
a) Abweichungen zugunsten des Versicherungsnehmers	19
b) Ungünstige Abweichung	20
aa) Ausdrückliche Vereinbarung	20
bb) Rechtswirksamkeit von Abweichungen	21
VI. Einführung neuer AVB mit Zustimmung des Versicherungsnehmers	22–24
VII. Aufklärungs- und Hinweispflichten des LVU bei neuen AVB	25, 26
1. Unterrichtung der Bestandskunden	25
2. Aufklärungs- und Hinweispflicht	26

Karlsruhe, Urt. v. 4. 10. 1990 – 12 U 93/90, VersR 1992, 219 = r+s 1992, 354; BGH, Urt. v. 23. 11. 1994 – IV ZR 124/93, BGHZ 128, 54 = NJW 1995, 589 = VersR 1995, 77, 78 = VerBAV 1995, 223, 224 = r+s 1997, 169, 170 = WM 1995, 27, 28 = ZIP 1995, 33, 34 = BB 1995, 423 = DB 1995, 265 = MDR 1995, 910 = JZ 1995, 458; OLG Karlsruhe, Urt. v. 17. 12. 1998 – 12 U 183/98, NVersZ 2000, 220 = r+s 1999, 522; OLG Stuttgart, Urt. v. 27. 5. 1999 – 7 U 228/98, r+s 2000, 255, 256; OLG Celle, Urt. v. 9. 3. 2006 – 8 U 181/05, VersR 2007, 930, 932; BGH, Beschl. v. 7. 11. 2007 – IV ZR 116/04, NJW-RR 2008, 193, 194 = VersR 2008, 338 = r+s 2008, 158.

[302] BGH, Urt. v. 8. 6. 1983 – IVa ZR 150/81, BGHZ 87, 346 = NJW 1984, 55 = VersR 1983, 746 = VerBAV 1983, 298 = DB 1983, 2448 = MDR 1983, 917.
[303] LG Köln, Urt. v. 8. 9. 1993 – 24 S 45/92, VersR 1994, 296, 297.

ALB 1986 § 17

Teil 4. ALB 1986

AuVdBAV: GB BAV 1976, 74 (Beitragserhöhung mit Wirkung für laufende Verträge bei Versicherungsvereinen auf Gegenseitigkeit); GB BAV 1978, 35 (Beitragsänderungen bei VVaG); GB BAV 1981, 30 (Einführung neuer AVB); GB BAV 1981, 56 (Unterrichtung der Versicherungsnehmer bei Änderung des Überschussbeteiligungssystems); VerBAV 1988, 411 (Geschäftsplanänderung bei Versicherungsvereinen auf Gegenseitigkeit); GB BAV 1994, 20 (Bedingungsänderung); VerBAV 1994, 58 (Bedingungsanpassungsklausel).

Schrifttum: *Abram,* Die Bedingungsanpassungsklausel – Eine Möglichkeit zur Einbeziehung von geänderten Versicherungsbedingungen in laufende Versicherungsverträge?, NVersZ 2000, 249; *Arnold,* Die Rechtspflicht zur Gleichbehandlung der Versicherten, VerBAV 1954, 146; *derselbe,* Zur Bearbeitung von Geschäftsplanänderungen von Lebensversicherungsunternehmen, VerBAV 1955, 79; *Bartmuß,* Lückenfüllung im Versicherungsvertrag, Baden-Baden, Nomos, VersWissStud. 17 (2001); *Basedow,* Transparenz als Prinzip des (Versicherungs-)Vertragsrechts, VersR 1999, 1045; *Baumann,* Bedingungsanpassungsklauseln bei Versicherungs-Aktiengesellschaften und -Gegenseitigkeitsvereinen, JZ 1999, 881; *Becker,* Vertragsfreiheit, Vertragsgerechtigkeit und Inhaltskontrolle, WM 1999, 709; *Beckmann,* Auswirkungen des § 31 VVG auf die Zulässigkeitsvoraussetzungen von Prämienanpassungsklauseln in Versicherungsverträgen, VersR 1996, 540; *Benkel,* Das Gesellschaftsrecht der großen konzernfreien Versicherungsvereine auf Gegenseitigkeit, Diss. TU Darmstadt 1994, München, 1994; *Bischoff,* Die Grenzen der Versicherungsaufsicht in § 81 und im Gleichheitsgrundsatz des § 21 VAG, VerBAV 1957, 284; *Böhm,* Rückwirkung von Satzungs-, Bedingungs- und Tarifänderungen in rechtstheoretischer Sicht, VersR 1954, 473; *Buchholz-Schuster,* Die Konsequenzen des BGH-Urteils zur Bedingungsanpassungsklausel des § 10 A ARB 94 für bestehende Versicherungsverträge, NVersZ 2000, 207; *Büchner,* Allgemeine Versicherungsbedingungen und Einzelklauseln, VW 1948, 91; *Bühler,* Der Grundsatz der gleichmäßigen Behandlung der Versicherten, Diss. Tübingen 1959; *Deisenhofer,* Erfordert beim Gegenseitigkeitsverein (VVaG) die Einführung neuer, nur ein Teil der AVB bildender Tarife einen Beschluss der obersten Vertretung?, VersR 1969, 1059; *Dreher,* Die Versicherung als Rechtsprodukt. Die Privatversicherung und ihre rechtliche Gestaltung, Tübingen, Mohr, 1991; *Entzian,* Zulässigkeit von Bedingungsanpassungsklauseln in Allgemeinen Versicherungsbedingungen, NVersZ 1998, 65; *Fastrich,* Richterliche Inhaltskontrolle im Privatrecht, München, Beck, 1992; *Freund,* Die Änderung Allgemeiner Geschäftsbedingungen in bestehenden Verträgen, Diss. Köln 1997, Frankfurt am Main u. a., Lang, 1998; *Frey,* Gibt es eine Rechtspflicht zur Gleichbehandlung der bei einer Versicherungsaktiengesellschaft Versicherten?, Stuttgart, 1959; *Frey,* Gleichbehandlung im Privatrecht und besonders im Versicherungsrecht, VersR 1959, 88; *Fricke,* Gesetzgeberischer und autonomer Verbraucherschutz im Widerstreit – Zugleich Anmerkung zum Urteil des OLG Celle vom 20. 6. 1996 (8 U 93/95) VersR 96, 1133 –, VersR 1996, 1449; *derselbe,* Quomodo pacta sunt servanda?, VersR 2000, 257; *Geithe,* Zur Reform des Versicherungsvereins auf Gegenseitigkeit, VW 1971, 454; *Gerwins,* Zur Rechtsgrundlage einer Beitragsanpassung in der privaten Krankenversicherung, NVersZ 1999, 53; *Helm,* AGB-Gesetz und Allgemeine Versicherungsbedingungen, NJW 1978, 129; *Hohlfeld,* Die deutsche Lebensversicherung im EG-Binnenmarkt unter aufsichtsrechtlichen Gesichtspunkten, FS Lorenz, Karlsruhe, VVW, 1994, S. 295; *Hueck,* Der Grundsatz der gleichmäßigen Behandlung im Privatrecht, München, 1958; *Klimke,* Die Hinweispflicht des Versicherers bei Einführung neuer AVB, NVersZ 1999, 449; *Köppen,* Müssen neue Tarife eines Versicherungsvereins auf Gegenseitigkeit (VVaG) der obersten Vertretung zur Genehmigung vorgelegt werden, VersR 1970, 292; *van Look,* Vereinsstrafen als Vertragsstrafen. Ein Beitrag zum inneren Vereinsrecht, Diss. Mainz 1988/1989, Berlin, Duncker & Humblot, 1990; *Lorenz,* Vorbehalt zur Änderung der AVB für bestehende Verträge in der Satzung eines VVaG – Anmerkung zu den Urteilen des LG Hannover vom 23. 5. 1995 (14 O 12/95) VersR 96, 314 und des OLG Celle vom 20. 6. 1996 (8 U 93/95) VersR 96, 1133 –, VersR 1996, 1206; *Marlow,* Neuere Aspekte zur Zulässigkeit von Beitragsanpassungsklauseln in Versicherungsverträgen – Beliebigkeit durch Lösungsrecht?, in: Festschrift für Horst Baumann, Karlsruhe, VVW, 1999, S. 209; *Matusche-Beckmann,* Die Bedingungsanpassungsklausel – Zulässiges Instrument für den Fall der Unwirksamkeit Allgemeiner Versicherungsbedingungen?, NJW 1998, 112; *Mohr,* Festsetzung und Änderung von AVB durch die Gesellschaftsorgane bei Versicherungsvereinen auf Gegenseitigkeit, VersR 1961, 964; *Müller,* Produktkontrolle gestern, heute, morgen, ZfV 1991, 625; *Nicklisch,* Inhaltskontrolle von Verbandsnormen, Heidelberg, Müller, 1982; *Pauly,* Zur „Lückenfüllung" bei unwirksamen AVB, VersR 1996, 287; *Präve,* Änderung von allgemei-

Änderungsvorbehaltsklausel 1, 2 § 17 ALB 1986

nen Versicherungsbedingungen in bestehenden Verträgen, ZfV 1992, 221; *derselbe,* Die AGB-Banken als Vorbild für eine Einführung geänderter AVB in bestehende Verträge?, ZfV 1993, 214; *derselbe,* Das neue Aufsichtsrecht, VW 1994, 800; *derselbe,* Versicherungsaufsicht, Treuhänder und Verantwortlicher Aktuar, VersR 1995, 733; *derselbe,* AVB-Änderungsvorbehalte in Satzungen von Versicherungsvereinen auf Gegenseitigkeit, r+s 1996, 249; *derselbe,* Versicherungsbedingungen und AGB-Gesetz, München, Beck, 1998; *derselbe,* Versicherungsbedingungen: Grundsätze zur Reform, VW 2000, 450; *Prölss,* Vertragsänderungsklauseln in AVB und § 10 Nr. 5 AGBG – Zugleich Anmerkung zum Urteil des BGH vom 28. 6. 1995 (IV ZR 19/94) VersR 95, 1185 –, VersR 1996, 145; *derselbe,* 50 Jahre BGH: ein Streifzug durch die höchstrichterliche Rechtsprechung zu den AVB, VersR 2000, 1441; *Raiser,* Rechtsfragen der Umstellung von Versicherungsbeständen, ZVersWiss 1967, 201; *Reichert,* Handbuch des Vereins- und Verbandsrechts, 7. Aufl., Neuwied/Kriftel, Luchterhand, 1999; *Reimann,* Bedingungsanpassungsklauseln in Versicherungsverträgen, Baden-Baden, Nomos, 2007; *Renger,* Die Lebens- und Krankenversicherung im Spannungsfeld zwischen Versicherungsvertragsrecht und Versicherungsaufsichtsrecht, VersR 1995, 866; *Römer,* Für eine gesetzliche Regelung zur Anpassung Allgemeiner Versicherungsbedingungen, VersR 1994, 125; *Roth,* Internationales Versicherungsvertragsrecht, Tübingen, Mohr, 1985; *Säcker,* Probleme der Repräsentation von Großvereinen, München, Beck, 1986; *Schirmer,* Allgemeine Versicherungsbedingungen im Spannungsfeld zwischen Aufsicht und AGB-Gesetz, ZVersWiss 1986, 509; *Seybold,* Der Austausch einzelner Versicherungsbedingungen im Rahmen des laufenden Vertrages, VersR 1989, 1231; *Sommer,* Neue Fragen zu Beitragsanpassungen und zur Kalkulation der Beiträge in der privaten Krankenversicherung, ZfV 1999, 319; *Staudinger,* Das Transparenzgebot im AGB-Gesetz: Klar und verständlich? – Zu den Grundsätzen der Richtlinientransformation, WM 1999, 1546; *Vetter,* Der Grundsatz der Gleichbehandlung in den privaten Versicherungsunternehmen, Diss. Hamburg 1947; *Weber,* Die Frage der Fortgeltung der Verordnung über die Anwendung allgemeiner Versicherungsbedingungen vom 29. November 1940, ZVersWiss 1963, 79; *Weber,* Zur Abgrenzung von Zusatzbedingungen, Klauseln und Sicherheitsvorschriften, VersR 1950, 108; *Werber,* Zur Begründung und aktuellen Tragweite eines Gleichbehandlungsgebots im Versicherungswesen, VW 1981, 1378; *Wriede,* Zur Frage der gerichtlichen Nachprüfbarkeit einseitiger Änderungen der AVB durch den Versicherer, VersR 1969, 195; *derselbe,* Teilweise Unwirksamkeit der Anpassungsklauseln in der privaten Krankenversicherung, VersR 1992, 420; *Zischka,* Bundesversicherungsaufsichtsamt (BAV) Aufgaben und Kompetenzen – unter besonderer Berücksichtigung der laufenden Aufsicht, München, Beck, 1997.

I. Fassung

1. ALB 1957

§ 17 ALB 1957 (Sonstige Rechtsvorschriften) sah vor, dass die am inländischen 1 Sitz der Gesellschaft geltenden Gesetzesvorschriften Anwendung finden, soweit in den Bedingungen nichts Abweichendes vereinbart ist. Diese Bestimmung wurde anlässlich der Neufassung der ALB nicht aufrechterhalten, da die Anwendung deutschen Rechts als nicht zweifelhaft angesehen wurde.[1]

2. ALB 1975

Die neuen ALB 1975 sahen stattdessen in § 17 Bestimmungen über die Ände- 2 rung der Versicherungsbedingungen vor. Sie sehen erstmals vor, dass die Bestimmungen über den Rückkaufswert und die beitragsfreie Versicherung (§ 4), die Kriegsgefahr (§ 7), die Selbsttötung (§ 8) und die Überschussbeteiligung (§ 16) mit Zustimmung der Aufsichtsbehörde auch für bestehende Versicherungen geändert werden können.[2]

---

[1] *Gerlach* VerBAV 1976, 97.
[2] Vgl. VerBAV 1975, 437.

3. ALB 1983

3 Durch die ALB 1983 wurde § 7 ALB 1975 neu gefasst und demzufolge auch § 17 ALB 1975 dieser Bedingungsänderung angepasst. Die ALB 1983 sahen mit Rücksicht auf die Neufassung des § 7 ALB 1975 in § 17 ALB 1983 nunmehr vor, dass die Bestimmungen über den Wehrdienst, die Unruhen oder den Krieg (vgl. § 7) mit Zustimmung der Aufsichtsbehörde auch für bestehende Versicherungen geändert werden können.

4. ALB 1986

4 Anlässlich der Neufassung der ALB und deren Ersetzung durch die ALB 1986 wurde in § 4 der Begriff „Rückkaufswert" durch den Begriff „Rückvergütung" ersetzt. Diese Änderung erforderte die Anpassung des § 17 ALB an den neuen Begriff und führte zu § 17 ALB in seiner jetzigen Fassung.

II. Zweck der Änderungsvorbehaltsklausel

5 Bei Abschluss des jeweiligen Versicherungsvertrags wird die zu diesem Zeitpunkt gültige Fassung der AVB Bestandteil des Versicherungsvertrags.[3] Ergibt sich nach Vertragsabschluss die Notwendigkeit, die AVB zu ändern, setzt die Einbeziehung seitens des Versicherers geänderter Versicherungsbedingungen in die laufenden Versicherungsverträge als Vertragsänderung eine vertragliche Vereinbarung (§ 305 BGB) und damit die Zustimmung des Versicherungsnehmers voraus.[4] Von daher führt eine geschäftsplanmäßige Erklärung des Versicherers gegenüber dem BAV, bei bestehenden Verträgen nur mit Zustimmung der Versicherungsnehmer und bei sich bietender Gelegenheit neu gefasste AVB in die Verträge einzubeziehen, nicht zu einer Automatik und Zwangsläufigkeit in der Einbeziehung von Versicherungsbedingungen in die Altverträge.[5]

6 Das danach gebotene Vorgehen im Wege der individuellen Änderungsverträge entspricht aber nicht der Interessenlage bei Massenverträgen wie den Lebensversicherungsverträgen, bei denen sich wegen ihrer in der Regel langen Laufzeit die Notwendigkeit der einheitlichen Änderung einzelner Klauseln für alle Versicherungsverträge des Altbestandes ergeben kann.[6] Der Gesetzgeber trug dieser Interessenlage dadurch Rechnung, dass die Aufsichtsbehörde auf hoheitlichem Wege einseitig Vertragsänderungen herbeiführen konnte.[7] Den VVaG ist die organisationsrechtliche Befugnis eingeräumt, durch Satzungsrecht zu bestimmen, dass

---

[3] Vgl. LG Landshut, Beschl. v. 17. 1. 1951, VersR 1951, 74; OLG München, Beschl. v. 23. 4. 1951 – 4 W 138/51, VersR 1951, 145; BGH, Urt. v. 7. 7. 1955 – II ZR 341/53, VersR 1955, 481, 482; OLG Saarbrücken, Urt. v. 25. 11. 1987 – 5 U 35/87, NJW-RR 1989, 92 = VersR 1989, 245; OLG Celle v. 9. 1. 1991, VersR 1991, 1165, 1166; OLG Hamm, Urt. v. 17. 3. 1993 – 20 U 360/90, NJW-RR 1993, 1247 = VersR 1994, 37 = r+s 1993, 441; OLG Bamberg, Urt. v. 13. 3. 1997 – 1 U 160/96, VersR 1998, 833; *Prölss/Martin* Vorbem I Rdn. 22.

[4] BGH v. 19. 12. 1953, VersR 1954, 33; OLG Saarbrücken, Urt. v. 25. 11. 1987 – 5 U 35/87, NJW-RR 1989, 92 = VersR 1989, 245; OLG Hamm, Urt. v. 17. 3. 1993 – 20 U 360/90, NJW-RR 1993, 1247 = VersR 1994, 37 = r+s 1993, 441; OLG Düsseldorf, Urt. v. 2. 7. 1996 – 4 U 108/95, NJW-RR 1997, 979, 980 = VersR 1997, 1134; OLG Bamberg, Urt. v. 13. 3. 1997 – 1 U 160/96, VersR 1998, 833; LG München I, Urt. v. 26. 10. 1998, NVersZ 1999, 74, 75.

[5] Vgl. OLG Hamburg, Urt. v. 24. 4. 1987 – 5 U 143/86, VersR 1988, 620; OLG Bamberg, Urt. v. 13. 3. 1997 – 1 U 160/96, VersR 1998, 833, 834.

[6] Vgl. *Prölss/Martin* § 17 ALB 86 Rdn. 3.

[7] Zum Änderungsvorbehalt der Aufsichtsbehörde siehe Rdn. 7 ff.

Änderungsvorbehaltsklausel 7, 8 § 17 ALB 1986

Versicherungsbedingungen auch mit Wirkung für die bestehenden Versicherungsverhältnisse geändert werden können.[8] Das BAV hat vor diesem gesetzlichen Hintergrund versicherungsvertragliche Änderungsvorbehaltsklauseln in der Lebensversicherung als mit der Wahrung der Belange der Versicherten vereinbar angesehen.[9] Zu diesen Änderungsvorbehaltsklauseln gehört § 17 ALB 1986. Diese Bestimmung berechtigt den Lebensversicherer im Wege der antizipierten Einigung der Vertragsparteien bei Vertragsabschluss, mit Zustimmung des BAV einseitig Änderungen von bestimmten Klauseln auch mit Wirkung für bestehende Versicherungen vorzunehmen.[10]

III. Änderungsvorbehalt der Aufsichtsbehörde

1. AVB-VO

Die Verordnung über die Anwendung Allgemeiner Versicherungsbedingungen 7 vom 29. November 1940[11] gab der Aufsichtsbehörde die Befugnis, Allgemeine Versicherungsbedingungen (Zusatzbedingungen, Sonderbedingungen) mit Wirkung für bestehende Versicherungsverhältnisse bei inländischen Versicherungsunternehmen an die Stelle der bisher geltenden Versicherungsbedingungen zu setzen.[12] Von dieser Befugnis machte das BAV keinen Gebrauch, wenn es die Neufassung von Musterbedingungen veröffentlichte. Eine derartige Veröffentlichung hat keine unmittelbaren Auswirkungen auf die Versicherungsverhältnisse.[13] Inzwischen wurde die AVB-VO durch Art. 4 Abs. 2 des Gesetzes zur Änderung versicherungsrechtlicher Vorschriften vom 17. Dezember 1990[14] aufgehoben.[15]

2. § 81a VAG

§ 81a VAG wurde durch die am 5. März 1937 verkündete VAG-Novelle ein- 8 gefügt.[16] Gemäß § 81a Satz 1 VAG kann die Aufsichtsbehörde verlangen, dass ein Geschäftsplan vor Abschluss neuer Versicherungsverträge geändert wird. Wenn es zur Wahrung der Belange der Versicherten notwendig erscheint, kann die Aufsichtsbehörde einen Geschäftsplan mit Wirkung für bestehende oder noch nicht

---

[8] Satzungsrechtlicher Änderungsvorbehalt gemäß § 41 Abs. 3 Satz 2 VAG und dazu Rdn. 12.
[9] Vgl. *Goll/Gilbert/Steinhaus*, Hdb. Lebensversicherung, 11. Aufl., 1992, S. 181/182.
[10] Vgl. *Prölss/Martin* Vorbem I Rdn. 28; *Winter* in: Bruck/Möller, VVG, 8. Aufl., 1988, §§ 159–178 VVG Anm. C 208; *Prölss/Martin* § 17 ALB 86 Rdn. 6; krit *Goll/Gilbert/Steinhaus*, Hdb. Lebensversicherung, 11. Aufl., 1992, S. 182. Siehe ferner zu einer vergleichbaren Bedingungsanpassungsklausel in den AGB der Bausparkassen BGH NJW 1991, 2559, 2563 f.; dazu und zur Bedingungsanpassungsklausel in den AGB der Banken *Matusche-Beckmann* NJW 1998, 112, 114.
[11] RGBl. I S. 398 u. 1543; abgedr. bei *Prölss/Schmidt/Frey*, VAG, 10. Aufl., Zusatz zu § 81a VAG.
[12] Dazu *Böhm* VersR 1954, 473, 474; *Dreher* S. 204; *Freund* S. 229; *Seybold* VersR 1989, 1231, 1232; *Präve* ZfV 1992, 221; *Zischka* Rdn. 325–328; *Bartmuß*, Lückenfüllung im Versicherungsvertrag, VersWissStud. 17 (2001), S. 98 f.
[13] Vgl. OLG Saarbrücken v. 25. 11. 1987 – 5 U 35/87, NJW-RR 1989, 92, 93 = VersR 1989, 245, 246; OLG Hamm, Urt. v. 17. 3. 1993 – 20 U 360/92, VersR 1994, 37; OLG Düsseldorf, Urt. v. 2. 7. 1996 – 4 U 108/95, NJW-RR 1997, 979, 980 = VersR 1997, 1134; OLG Bamberg, Urt. v. 13. 3. 1997 – 1 U 160/96, VersR 1998, 833, 834.
[14] BGBl. I S. 2864, 2866.
[15] Dazu *Dreher* S. 204; *Freund* S. 229; *Müller* ZfV 1991, 625, 626.
[16] RGBl. I 1937, 269; dazu *Botur*, Privatversicherung im Dritten Reich: Zur Schadensabwicklung nach der Reichskristallnacht unter dem Einfluss nationalsozialistischer Rassen- und Versicherungspolitik, Baden-Baden, Nomos, 1995, S. 71.

abgewickelte Versicherungsverhältnisse ändern oder aufheben (§ 81a Satz 2 VAG). Diese Vorschriften haben aber nur noch Bedeutung für die AVB, die noch Bestandteil eines genehmigungspflichtigen Geschäftsplans sind, mithin für die AVB der Sterbe- und der meisten Pensionskassen (vgl. § 5 Abs. 3 Nr. 2 Halbsatz 2 i. V. m. § 156a Abs. 3 Satz 1 VAG sowie für die AVB der vor dem 29. Juli 1994 abgeschlossenen Lebensversicherungsverträge.[17]

9 Rechtskräftige Anordnungen der Aufsichtsbehörde gemäß § 81a VAG haben zur Folge, dass AVB in der neuen Fassung auch für später abgeschlossene Versicherungsverträge gelten.[18] Zulässig sind auch Maßnahmen, die die Stellung der einzelnen Versicherten verschlechtern oder belasten.[19]

10 Ein außerordentliches Kündigungsrecht hat der Versicherungsnehmer bei einer für ihn ungünstigen Änderung des Vertrages nicht.[20] Dem Versicherungsnehmer steht auch kein Schadensersatzanspruch zu.[21] Er kann aber den von der Aufsichtsbehörde erlassenen Verwaltungsakt anfechten.[22]

11 Seit Inkrafttreten des 3. DurchfG/EWG zum VAG vom 21. Juli 1994[23] am 29. Juli 1994 ist das BAV im Rahmen der Missstandsaufsicht gemäß § 81 VAG befugt, für den Neubestand die Verwendung rechtlich nicht zulässiger Versicherungsbedingungen in der Lebensversicherung (und weiteren Sparten) zu untersagen und auf eine Änderung hinzuwirken.[24] Die Aufsichtsbehörde hat aber den Grundsatz der Verhältnismäßigkeit zu beachten und wird von daher die Kontrolle nach dem AGB-Gesetz in der Regel den Zivilgerichten überantworten.[25]

IV. Änderungsvorbehalt des LVU

1. Änderungsvorbehalte in Satzungen

12 Versicherungsvereinen auf Gegenseitigkeit und öffentlich-rechtlichen Versicherungsunternehmen ist es gemäß § 10 Abs. 2 VAG gestattet, allgemeine Versicherungsbedingungen in die Satzung aufzunehmen.[26] Die Satzung enthält in diesem Fall nicht nur organisationsrechtliche Bestimmungen,[27] sondern auch versicherungsvertragliche Regelungen, die das vertragliche Austauschverhältnis zwischen dem VVaG als Versicherer und dem Mitglied des VVaG als Versicherungsnehmer betreffen.[28] Während die organisationsrechtlichen Regelungen grundsätzlich nur der eingeschränkten Inhaltskontrolle gemäß §§ 242, 315 BGB unterliegen,[29] sind

---

[17] Sog. Altbestand gemäß § 11c VAG; dazu *Prölss/Martin* § 17 ALB 86 Rdn. 4; *Prölss/Schmidt* § 81a VAG Rdn. 8; *Präve* Rdn. 474.
[18] OLG Hamburg VerAfP 1948, 88; BGHZ 2, 55; BGHZ 6, 373; BGH VersR 1952, 52; BGH VersR 1958, 335.
[19] BGH VersR 1953, 249 = BB 1953, 488; BGH VersR 1958, 335.
[20] AG Düsseldorf VersR 1952, 15; a. A. LG Düsseldorf VersR 1952, 10.
[21] BGH VersR 1976, 1077.
[22] *Honsel* in: Symposion AGBG und AVB, Heft 12 der Schriftenreihe Versicherungsforum, S. 134; *Römer* VersR 1994, 125, 126.
[23] BGBl. I S. 1630.
[24] Vgl. BVerwG, Urt. v. 25. 6. 1998 – 1 A 6/96, NVersZ 1998, 24 = VersR 1998, 1137, 1138; *Prölss/Martin*, Vorbem. 1 Rdn. 18; *Freund* S. 236f.; *Hohlfeld* in: Festschrift für Lorenz, 1994, S. 295, 298; *Präve* VW 1994, 800, 806; *Römer*, Der Prüfungsmaßstab bei der Mißstandsaufsicht nach § 81 VAG und der AVB-Kontrolle nach § 9 AGBG, 1996; *Entzian* NVersZ 1998, 65, 66.
[25] Siehe dazu ausführlich *Prölss/Schmidt* § 81 VAG Rdn. 49–51.
[26] Dazu *Prölss/Schmidt*, § 10 VAG Rdn. 30.
[27] Siehe hierzu für den VVaG *Benkel* S. 209f., S. 433ff.
[28] Dazu für den VVaG *Benkel* S. 210ff.
[29] Vgl. für den VVaG *Prölss/Schmidt* § 17 VAG Rdn. 11; *Benkel*, S. 443ff.; siehe ferner zum Vereinsrecht *Palandt/Heinrichs* § 25 BGB Rdn. 9; *Ulmer* in: Ulmer/Brandner/Hensen,

die in der Satzung enthaltenen Versicherungsbedingungen der richterlichen Inhaltskontrolle nach dem AGB-Gesetz unterworfen,[30] da § 23 Abs. 1 AGBG, jetzt § 310 Abs. 4 BGB, nur körperschaftsrechtliche, also die Mitgliedschaftsstellung betreffende Vorschriften der Satzung von der Anwendung des AGB-Gesetzes ausnimmt, nicht aber die das Versicherungsvertragsverhältnis betreffenden Bestimmungen. Es wäre im Übrigen als eine rechtlich unzulässige Umgehung des AGB-Gesetzes anzusehen, wenn sich VVaG dem AGB-Gesetz dadurch entziehen könnten, dass sie die AVB in die Satzung integrieren. Von der Inhaltskontrolle nach dem AGB-Gesetz werden allerdings nach Auffassung des BGH bei VVaG auch solche Satzungsbestimmungen unmittelbar erfasst, die den Organen des VVaG das uneingeschränkte Recht einräumen, Tarifbestimmungen, Beiträge oder sonstige versicherungsvertragliche Rechte oder Pflichten anzupassen, sog. Änderungsvorbehalte.[31] Hiergegen ist einzuwenden, dass satzungsrechtlich verankerte Änderungsvorbehalte stets dem Bereich der Satzungsautonomie zuzurechnen sind[32] und als organisationsrechtliche Regelungen nur der eingeschränkten Inhaltskontrolle gemäß §§ 138, 242, 315 BGB unterliegen.[33] Dies hat zur Folge, dass nur das einzelne Mitglied des VVaG die richterliche Satzungskontrolle zu Bedingungs- und Beitragsanpassungsklauseln in Gang setzen kann, nicht aber Verbände im Verbandsverfahren nach § 13 AGBG.[34] Im Rahmen der Satzungskontrolle ist zu

---

AGB-Recht, 10. Aufl., 2006, § 310 BGB Rdn. 136; *Horn* in: Wolf/Horn/Lindacher, AGB-Gesetz, 4. Aufl., 1999, § 23 AGBG Rdn. 88; *van Look* S. 181; *Nicklisch* S. 35, 47; *Säcker* S. 72; *Becker* WM 1999, 709, 713.
[30] Siehe für AVB in Satzungen von Zusatzversorgungskassen OLG Hamm, Urt. v. 17. 6. 1994 – 20 U 407/93, NJW-RR 1995, 1527 = VersR 1996, 392 = r+s 1995, 155; vgl. für AVB in Satzungen von VVaG BGH v. 23. 11. 1994, VersR 1995, 77, 78; BGH, Urt. v. 8. 10. 1997 – IV ZR 220/96, BGHZ 136, 394 = NJW 1998, 454 = NJW-RR 1998, 1322 = NVersZ 1998, 29, 30 = VersR 1997, 1517 = VerBAV 1998, 103 = r+s 1998, 4 = ZIP 1997, 2123 = WM 1998, 558 = BB 1997, 2551 = DB 1998, 466 = MDR 1998, 90 = JZ 1999, 902; dazu zust. *Hensen* EWiR 1998, 1 (Revisionsentscheidung zu OLG Celle, Urt. v. 20. 6. 1996 – 8 U 93/95, VersR 1996, 1133 = VerBAV 1996, 254); LG Hannover VersR 1996, 314; LG Saarbrücken, Urt. v. 13. 3. 2003 – 2 S 432/96, VersR 2003, 1115, 1116; *Sieg* VersR 1977, 489; *Helm* NJW 1978, 129; *Schirmer*, Aktuelle Fragen bei der Anwendung des AGB-Gesetzes auf AVB, in: Die Entwicklung des Verbraucherschutzes bei Versicherungsverträgen, Karlsruhe, VVW, 1993, S. 61, 65; *Prölss/Martin*, § 17 ALB 86 Rdn. 5; *Prölss/Schmidt*, § 17 VAG Rdn. 14; *Basedow* in: Münchener Kommentar, § 23 AGBG Rdn. 13; *Horn* in: Wolf/Horn/Lindacher, AGB-Gesetz, 4. Aufl., 1999, § 23 AGBG Rdn. 79; *Benkel* S. 446; *Fastrich* S. 152; *Freund* S. 222; *Fricke* VersR 1996, 1449, 1450; *Lorenz* VersR 1996, 1206, 1207; *Präve* Rdn. 124; *Roth* S. 217; *Fricke* VersR 2000, 257, 258; *Ulmer* in: Ulmer/Brandner/Hensen, AGB-Recht, 10. Aufl., § 310 BGB Rdn. 125; a. A. *Löwe/Graf von Westphalen/Trinkner*, § 23 AGBG Rdn. 15; *Reichert* Rdn. 300.
[31] BGH, Urt. v. 8. 10. 1997 – IV ZR 220/96, NJW 1998, 454 = NJW-RR 1998, 1322 = VersR 1997, 1517 = VerBAV 1998, 103 = r+s 1998, 4 = ZIP 1997, 2123 = WM 1998, 558 = BB 1997, 2551 = DB 1998, 466 = MDR 1998, 90 = JZ 1999, 902 (Revisionsentscheidung zu OLG Celle, Urt. v. 20. 6. 1996 – 8 U 93/95, VersR 1996, 1133 = VerBAV 1996, 254); krit. *Marlow* in: Festschrift für Horst Baumann, 1999, S. 209, 219; ebenso wie der BGH: BAV GB BAV 1994, 20; *Fahr/Kaulbach* § 41 VAG Rdn. 4; *Prölss/Martin* § 17 ALB 86 Rdn. 5; *Freund* S. 223 f.; *Präve* 1999, 249, 250; *Präve* Rdn. 126; *Rohde-Liebenau*, Kein Ermächtigungsgesetz bei den Versicherern, ZfV 1997, 685; *Hensen* EWiR 1998, 1; a. A. *Lorenz* VersR 1996, 1206, 1207.
[32] Vgl. § 41 VAG; dazu im einzelnen *Lorenz* VersR 1996, 1206 ff.
[33] Vgl. BGH, Urt. v. 22. 9. 1971 – IV ZR 15/70, VersR 1971, 1116, 1118; OLG Hamm, Beschl. v. 12. 3. 1980 – 20 W 69/81, VersR 1982, 989, 990; *Benkel* S. 443 ff.; *Reichert* Rdn. 300; *Römer* VersR 1994, 125, 127.
[34] A. A. BGH, Urt. v. 8. 10. 1997 – IV ZR 220/96, NJW 1998, 454 = NJW-RR 1998, 1322 = NVersZ 1998, 29 = VersR 1997, 1517 = VerBAV 1998, 103 = r+s 1998, 4 = ZIP

prüfen, ob durch eine Regelung in der Satzung das einzelne Mitglied unangemessen benachteiligt wird, d. h., ob die Regelung bei Abwägung des Interesses des VVaG gegen das der Mitglieder unbillig ist.[35] Änderungsvorbehalte in Satzungen eines VVaG sind mit Blick auf die gesellschaftsrechtliche Organisation der VVaG grundsätzlich nicht unbillig (vgl. § 41 Abs. 3 Satz 2 VAG). Sie wurden seinerzeit im Rahmen der vom BAV ausgeübten Satzungskontrolle als genehmigungsfähig angesehen, wenn die Belange der Versicherten ausreichend gewahrt sind.[36] Änderungsvorbehalte müssen danach eindeutig erkennen lassen, unter welchen Voraussetzungen und in welchem Umfang die Organe des VVaG befugt sein sollen, in die Rechte und Pflichten des Mitglieds aus dem Versicherungsverhältnis einzugreifen.[37] Die Anforderungen an Satzungsvorbehalte dürfen dabei aber nicht überspannt werden.[38] Enthalten satzungsmäßige Änderungsvorbehalte keinerlei Grenzen für die Anpassung von Tarifbestimmungen, Beiträgen und sonstigen versicherungsvertraglichen Rechten und Pflichten, ist nach Auffassung des BGH ein so weitgehendes Bestimmungsrecht der zuständigen Organe des VVaG unbillig und auch nicht wegen etwaiger Besonderheiten eines VVaG gerechtfertigt.[39] Der richterlichen Billigkeitskontrolle hält auch eine Satzungsbestimmung nicht Stand, die vorsieht, dass Leistungen mit Wirkung für bestehende Versicherungsverhältnisse in Zukunft wegfallen können.[40] Wirksam ist dagegen ein Änderungsvorbehalt, der hinsichtlich der Änderungsmöglichkeiten auf die AVB verweist, wenn der Versicherungsnehmer aus den AVB eindeutig erkennen kann, bei welchen Vertragsbestimmungen er mit einer Änderung rechnen muss.[41] Unabhängig von der Satzungskontrolle kann das Mitglied des VVaG auch bei Wirksamkeit des satzungsmäßigen Änderungsvorbehaltes die von den Organen des VVaG getroffene Änderung seiner versicherungsvertraglichen Rechte und Pflichten im Wege der Beschlusskontrolle auf Billigkeit analog § 315 BGB und bei Prämienanpassungen unmittelbar gemäß § 315 BGB gerichtlich überprüfen lassen.[42]

1997, 2123 = WM 1998, 558 = BB 1997, 2551 = DB 1998, 466 = MDR 1998, 90 = JZ 1999, 902; dazu zust. *Hensen* EWiR 1998, 1 (Revisionsentscheidung zu OLG Celle, Urt. v. 20. 6. 1996 – 8 U 93/95, VersR 1996, 1133 = VerBAV 1996, 254).
[35] *Benkel* S. 445; *van Look* S. 183.
[36] Vgl. BeschlKE BAV v. 16. 8. 1978, VerBAV 1978, 305, 306; BAV GB BAV 1976, 74 und GB BAV 1978, 35.
[37] Vgl. hierzu OLG Hamm, Beschl. v. 11. 7. 1986 – 20 W 15/86, VersR 1987, 145, 146; OLG Hamm, Urt. v. 25. 6. 1993 – 20 U 342/92, NJW-RR 1993, 1501 = VersR 1993, 1342 = r+s 1994, 270.
[38] Dazu im Einzelnen *Prölss/Schmidt* § 41 VAG Rdn. 16ff.; *Fricke* VersR 1996, 1449, 1454ff.
[39] BGH, Urt. v. 8. 10. 1997 – IV ZR 220/96, BGHZ 136, 394 = NJW 1998, 454 = NJW-RR 1998, 1322 = NVersZ 1998, 29, 30 = VersR 1997, 1517 = VerBAV 1998, 103 = r+s 1998, 4 = ZIP 1997, 2123 = WM 1998, 558 = BB 1997, 2551 = DB 1998, 466 = MDR 1998, 90 = JZ 1999, 902 (Revisionsentscheidung zu OLG Celle, Urt. v. 20. 6. 1996 – 8 U 93/95, VersR 1996, 1133 = VerBAV 1996, 254); zust. *Hensen* EWiR 1998, 1; *Basedow* VersR 1999, 1045, 1050.
[40] Vgl. OLG Nürnberg, Urt. v. 27. 3. 1980 – 8 U 81/78, VersR 1980, 1137.
[41] KG, Urt. v. 7. 1. 1957 – 4 U 1594/56, VersR 1958, 242; OLG Hamm, Urt. v. 25. 6. 1993 – 20 U 342/92, NJW-RR 1993, 1501 = VersR 1993, 1342 = r+s 1994, 270 = BB 1993, 1911(Beitragsanpassungsklausel in der Krankenversicherung); LG Saarbrücken, Urt. v. 13. 3. 2003 – 2 S 432/96, VersR 2003, 1115, 1116 Beitragsanpassungsklausel in der Krankenversicherung).
[42] Vgl. OLG Hamm, Urt. v. 25. 6. 1993 – 20 U 342/92, NJW-RR 1993, 1501 = VersR 1993, 1342 = r+s 1994, 270 = BB 1993, 1911(Beitragsanpassungsklausel in der Krankenversicherung); *Prölss/Martin*, § 17 ALB 86 Rdn. 7; *Wriede* VersR 1969, 195; *Fricke* VersR 1996, 1449, 1456.

2. Änderungsvorbehalte in AVB

a) Ausgangslage. Allgemeine Versicherungsbedingungen können in einem vertretbaren Umfang vorsehen, dass die Änderung von Bestimmungen Wirkung auch für bestehende Versicherungsverhältnisse haben soll.[43] Ein Änderungsvorbehalt muss jedoch, um wirksam zu sein, eindeutig für den Versicherungsnehmer erkennen lassen, bei welchen Vertragsbestimmungen er mit einer möglichen Änderung zu rechnen hat.[44] Europarechtlich betrachtet muss die Klausel „klar und verständlich abgefasst" sein.[45] Ein genereller Vorbehalt, durch den der Versicherungsnehmer jeder einseitigen Umgestaltung des gesamten Vertragsverhältnisses durch den Versicherer unterworfen würde, kann mangels Bestimmtheit nicht als Gegenstand eines vorweg erklärten Einverständnisses aufgefasst werden.[46] Änderungsvorbehalte müssen nicht nur dem in den vorgenannten Entscheidungen angesprochenen Bestimmtheitsgebot entsprechen. Sie müssen in den tatbestandlichen Voraussetzungen und den Rechtsfolgen für den Versicherungsnehmer aus der Sicht eines durchschnittlichen Betrachters nachprüfbar sein und dürfen ihn nicht irreführen.[47] Unwirksam ist nach § 307 Abs. 2 Nr. 1 BGB folgende in der Krankenversicherung verwendete Klausel, soweit es um deren Absatz 1 Satz 1 lit. d) und Absatz 4 geht:[48]

13

---

[43] BGH, Urt. v. 22. 9. 1971 – IV ZR 15/70, VersR 1971, 1116, 1117; BGH, Urt. v. 23. 2. 1977 – IV ZR 75/76, VersR 1977, 446.

[44] BGH, Urt. v. 22. 9. 1971 – IV ZR 15/70, VersR 1971, 1116, 1117; BGH, Urt. v. 23. 2. 1977 – IV ZR 75/76, VersR 1977, 446; OLG Hamm VersR 1987, 145, 146; LG München I, Urt. v. 26. 10. 1998, NVersZ 1999, 74, 75; BGH, Urt. v. 28. 6. 1995 – IV ZR 19/94, VersR 1995, 1185; BGH, Urt. v. 17. 3. 1999 – IV ZR 218/97, NJW 1999, 1865 = NVersZ 1999, 396, 397 = VersR 1999, 697, 698 = BB 1999, 1183; *Schirmer* ZVersWiss 1986, 509, 540; *Seybold* VersR 1989, 1231, 1237; *Präve* ZfV 1992, 221; *derselbe* ZfV 1993, 214; *derselbe* VersR 1995, 733, 736; *Prölss* VersR 1996, 145, 146.

[45] Vgl. *Staudinger* WM 1999, 1546, 1549.

[46] BGH, Urt. v. 22. 9. 1971 – IV ZR 15/70, VersR 1971, 1117, 1118; LG Nürnberg-Fürth, Urt. v. 2. 3. 1990 – 9 O 9608/89.

[47] Vgl. OLG Düsseldorf, Urt. v. 4. 9. 1997 – 6 U 143/96, NVersZ 1998, 69 = VersR 1997, 1272 = r+s 1998, 25 m. Anm. *Schimikowski* = ZIP 1997, 1845 = BB 1997, 2185; dazu ferner *Reiff* EWiR 1997, 961; *Schwintowski* VuR 1998, 125; siehe ferner die Revisionsentscheidung BGH, Urt. v. 17. 3. 1999 – IV ZR 218/97, BGHZ 141, 153 = NJW 1999, 1865 = NVersZ 1999, 396 = VersR 1999, 697 = VerBAV 1999, 213 = r+s 1999, 283 = ZIP 1999, 804 = BB 1999, 1183 = MDR 1999, 933 = JZ 1999, 900 m. Anm. *Präve* VersR 1999, 699 u. *Terbille* = JZ 1999, 900 (Bedingungsanpassungsklausel in der Rechtsschutzversicherung gemäß Muster BAV, VerBAV 1994, 39, 58); dazu *Abram* NVersZ 2000, 249 ff.; *Baumann* JZ 1999, 881 ff.; von *Bühren* EWiR 1999, 723; *Buchholz-Schuster* NVersZ 2000, 207 f.; vgl. ferner zu einer Beitragsanpassungsklausel in der Krankenversicherung BGH, Urt. v. 1. 7. 1992 – IV ZR 191/91, NJW 1992, 2356 = VersR 1992, 1211; OLG Hamm, Urt. v. 25. 6. 1993 – 20 U 342/92, NJW-RR 1993, 1501 = VersR 1993, 1342 = r+s 1994, 270; OLG Köln, Urt. v. 27. 5. 1998 – 5 U 222/97, NVersZ 1999, 167 = VersR 1999, 87 = r+s 1999, 164; dazu *Beckmann* VersR 1996, 540, 542; siehe ferner zu § 8 b MB/KK 94 *Sommer* ZfV 1999, 319 ff.; zu einer Beitragsanpassungsklausel in der Rechtsschutzversicherung siehe LG Lüneburg v. 14. 3. 1997, VersR 1998, 449; BGH, Urt. v. 26. 3. 1997 – IV ZR 71/96, NJW 1997, 1849 = VersR 1997, 685 = VerBAV 1997, 331 = ZIP 1997, 1343 = MDR 1997, 641; dazu *Littbarski* EWiR 1997, 481; zu einer Tarifänderungsklausel in der Kraftfahrzeug-Haftpflichtversicherung siehe AG Hannover, Urt. v. 8. 8. 1997, VersR 1997, 1219; LG Hannover, Urt. v. 17. 2. 1998, NJW-RR 1998, 847; AG Langen, Urt. v. 29. 5. 1998, r+s 1998, 316; BGH, Urt. v. 31. 1. 2001 – IV ZR 185/99, NVersZ 2001, 284 = NJW-RR 2001, 743 = VersR 2001, 493 m. Anm. *Feyock* und Anm. *Wandt* = r+s 2001, 230 = MDR 2001, 805 (Revisionsentscheidung zu OLG Celle, Urt. v. 22. 7. 1999 – 8 U 82/98, NVersZ 2000, 43 = VersR 2000, 47); zu einer Prämienanpassungsklausel in der Tierlebensversicherung siehe LG Lüneburg, Urt. v. 14. 3. 1997, VersR 1998, 449.

[48] BGH, Urt. v. 23. 1. 2008 – IV ZR 169/06, NJW-RR 2008, 834, 835 = VersR 2008, 482, 483 = r+s 2008, 157, 158.

„(1) Die Allgemeinen Versicherungsbedingungen können unter hinreichender Wahrung der Belange der Versicherten vom Versicherer mit Zustimmung eines unabhängigen Treuhänders mit Wirkung für bestehende Versicherungsverhältnisse, auch für den noch nicht abgelaufenen Teil des Versicherungsjahres, geändert werden
a) bei einer nicht nur vorübergehenden Veränderung der Verhältnisse des Gesundheitswesens,
b) im Fall der Unwirksamkeit von Bedingungen,
c) bei Änderungen von Gesetzen, auf denen die Bestimmungen des Versicherungsvertrages beruhen,
d) bei unmittelbar den Versicherungsvertrag betreffenden Änderungen der höchstrichterlichen Rechtsprechung, der Verwaltungspraxis des Bundesaufsichtsamtes für das Versicherungswesen oder der Kartellbehörden.
Im Fall der Buchstaben c und d ist eine Änderung nur zulässig, soweit sie Bestimmungen über Versicherungsschutz, Pflichten des Versicherungsnehmers, Sonstige Beendigungsgründe, Willenserklärungen und Anzeigen sowie Gerichtsstand betrifft.
(2) Die neuen Bedingungen sollen den ersetzten rechtlich und wirtschaftlich weitestgehend entsprechen. Sie dürfen die Versicherten auch unter Berücksichtigung der bisherigen Auslegung in rechtlicher und wirtschaftlicher Hinsicht nicht unzumutbar benachteiligen.
...
(4) Zur Beseitigung von Auslegungszweifeln kann der Versicherer mit Zustimmung des Treuhänders den Wortlaut von Bedingungen ändern, wenn diese Anpassung vom bisherigen Bedingungstext gedeckt ist und den objektiven Willen sowie die Interessen beider Parteien berücksichtigt. Absatz 2 gilt entsprechend."

14 b) **Anpassungsrecht des LVU.** In Übereinstimmung mit diesen Rechtsgrundsätzen enthält § 17 ALB 1986 eine im voraus erteilte zulässige Ermächtigung an den Versicherer, die Bestimmungen über die Rückvergütung und die beitragsfreie Versicherung (vgl. § 4 ALB 1986), den Wehrdienst, die Unruhen oder den Krieg (vgl. § 7 ALB 1986); die Selbsttötung (vgl. § 8 ALB 1986) und die Überschußbeteiligung (vgl § 16 ALB 1986) auch für bestehende Versicherungen zu ändern.[49] Allerdings setzt eine Änderung dieser Bestimmungen bedingungsgemäß die Zustimmung der Aufsichtsbehörde voraus, um Wirksamkeit für den Bestand zu erlangen.[50] Die Genehmigung darf die BaFin erteilen, wenn sich die BaFin als Aufsichtsbehörde davon überzeugt hat, dass bei der Änderung der AVB für den Bestand der Altverträge die Belange der Gesamtheit der Versicherten ausreichend gewahrt bleiben und die Versicherungsnehmer nicht unangemessen benachteiligt werden.[51] Eine Anfechtung der Genehmigung durch den Versicherungsnehmer ist nicht zulässig.[52] Der Versicherungsnehmer kann jedoch die einseitige Änderung der AVB in analoger Anwendung des § 315 BGB auf dem Klagewege zur Überprüfung stellen.[53] Für den Nachweis der Billigkeit reicht dabei die Genehmigung der BaFin nicht aus.[54]

---

[49] Vgl. *Prölss/Martin*, § 17 ALB 86 Rdn. 6; *Böhm* VersR 1954, 473, 474.
[50] *Präve* ZfV 1992, 221.
[51] Vgl. BVerwG, Urt. v. 14. 10. 1980 – 1 A 12/78, VersR 1981, 221, 223; BGH VersR 1992, 1211, 1212; OLG Hamm, Urt. v. 25. 6. 1993 – 20 U 342/92, NJW-RR 1993, 1501 = VersR 1993, 1342, 1343 = r+s 1994, 270; *Prölss/Martin*, § 17 ALB 86 Rdn. 6.
[52] Vgl. BGH, Urt. v. 15. 12. 1955 – II ZR 55/55, VersR 1956, 89; BVerwG, Urt. v. 21. 12. 1961 – I C 210/58, VersR 1962, 437; BVerwG, Urt. v. 16. 7. 1968 – I A 5.67, DB 1968, 1902; BVerwG, Urt. v. 14. 12. 1995 – 1 A 4/95, VersR 1996, 1133.
[53] Vgl. OLG Hamburg, Urt. v. 16. 2. 1993 – 7 U 113/91, VersR 1993, 1344 = VerBAV 1993, 286; OLG Hamm, Urt. v. 25. 6. 1993 – 20 U 342/92, NJW-RR 1993, 1501 = VersR 1993, 1342, 1343 = r+s 1994, 270; AG Hannover, Urt. v. 8. 8. 1997, VersR 1997, 1219 m. Anm. *Wandt; Prölss/Martin*, § 17 ALB 86 Rdn. 7; *Wriede* VersR 1969, 195; *Wriede* VersR 1992, 420, 422; *Renger* VersR 1995, 866, 875; a. A. OLG Köln, Urt. v. 27. 5. 1998 – 5 U 222/97, NVersZ 1999, 167 = VersR 1999, 87, 88 = r+s 1999, 164.
[54] OLG Hamm, Urt. v. 25. 6. 1993 – 20 U 342/92, NJW-RR 1993, 1501 = VersR 1993, 1342, 1343 = r+s 1994, 270; *Prölss/Martin*, § 17 ALB 86 Rdn. 7; *Wriede* VersR 1992, 420, 422.

3. Verfahren bei VVaG

a) Mitwirkung der Aufsichtsbehörde. Änderungen der ALB des Altbestandes bedurften zu ihrer Wirksamkeit der Genehmigung des BAV gemäß § 13 VAG a. F. i. V. m. § 5 Abs. 3 Nr. 2 VAG a. F. In der Praxis wurde zunächst eine Voranfrage an das BAV gestellt und – ggf. unter Beachtung der Hinweise des BAV – erst dann der Antrag auf Genehmigung der Bedingungsänderung gestellt.[55] Im Zuge der Deregulierung ist die Genehmigung durch das BAV entfallen.[56] Damit unterliegt auch eine satzungsmäßige Bedingungsanpassungsklausel nicht mehr der aufsichtsrechtlichen Genehmigungspflicht.[57]

b) Zustimmung der Organe. Bei VVaG konnte der Genehmigungsantrag beim BAV erst gestellt werden, wenn der Vorstand mit Zustimmung des Aufsichtsrats auf der Grundlage einer entsprechenden satzungsmäßigen Ermächtigung die Allgemeinen Versicherungsbedingungen geändert hat (§ 41 Abs. 2 Satz 1 VAG) oder die Änderung von der obersten Vertretung beschlossen worden ist (§ 41 Abs. 1 VAG i. V. m. § 39 Abs. 1 VAG). Ist nach der Satzung die Einführungs- und Änderungskompetenz für AVB nicht dem Vorstand im Zusammenwirken mit dem Aufsichtsrat übertragen, kann die oberste Vertretung den Aufsichtsrat ermächtigen, bei dringendem Bedürfnis die Allgemeinen Versicherungsbedingungen vorläufig zu ändern (§ 41 Abs. 2 Satz 2 VAG). In diesem Fall sind die Änderungen der obersten Vertretung bei ihrem nächsten Zusammentritt vorzulegen und außer Kraft zu setzen, wenn es diese verlangt (§ 41 Abs. 2 Satz 2 VAG). In der Tagesordnung für die Einberufung der Mitglieder der obersten Vertretung ist genau anzugeben, welche AVB geändert oder beibehalten werden sollen (§ 36 VAG i. V. m. §§ 121, 124 AktG). Dieses Verfahren gilt auch bei der Neueinführung von AVB.

4. Benachrichtigung des Versicherungsnehmers

Ziffer 1.3.6 des Allgemeinen Geschäftsplans für die Lebensversicherung[58] sieht die Verpflichtung des Versicherers gegenüber dem BAV vor, bei einer Änderung der AVB gemäß § 17 ALB 1986 die Versicherungsnehmer zu benachrichtigen.[59] Eine Verletzung kann einen Schadensersatzanspruch auslösen, wenn der Versicherungsnehmer versäumt hat, eine Zusatzversicherung abzuschließen.[60] Bei Änderungen, die den Versicherungsnehmer nicht unerheblich belasten, muss ein Kündigungsrecht eingeräumt werden.[61]

V. Abweichungen von den AVB

1. Einhaltung des Geschäftsplans

Geschäftsplanmäßig sind die von der Aufsichtsbehörde genehmigten Allgemeinen Versicherungsbedingungen den Versicherungsverträgen zugrunde zulegen. Im Einzelfall können durch besondere Vereinbarungen Abänderungen vorgenommen werden, z.B. durch Vereinbarung eines Risikoausschlusses, wenn die Einzelfallregelung im Rahmen der Grundsätze des genehmigten Geschäftsplans erfolgt.[62] Häufig oder sogar planmäßig wiederkehrende Abweichungen stellen eine

---

[55] VerAfP 1937, 41; GB BAV 1968, 53; GB BAV 1973, 48; VerBAV 1988, 411.
[56] Vgl. § 5 Abs. 3 Nr. 1 VAG i. v. m. §§ 8, 13 Abs. 1 VAG.
[57] BAV in: GB BAV, Teil A, 1994, S. 20, u. 1998, 55; *Baumann* JZ 1999, 881, 885.
[58] VerBAV 1986, 153.
[59] Siehe aber BGH NJW 1973, 284 = VersR 1973, 176.
[60] LG Mannheim VersR 1985, 633.
[61] Vgl. BVerwG, Urt. v. 14. 10. 1980 – 1 A 12/78, VersR 1981, 221, 226; BGHZ 82, 24.
[62] GB BAV 1971, 51; VerBAV 1971, 196.

Geschäftsplanänderung dar, die nur mit Genehmigung der Aufsichtsbehörde zulässig ist (§ 13 VAG a. F.). Als Geschäftsplanänderungen gelten insbesondere Abweichungen von den Allgemeinen Versicherungsbedingungen, die für eine Gruppe von Versicherten zum regelmäßig wiederkehrenden Vertragsinhalt werden sollen.[63] Ebenso stellt die planmäßige Vereinbarung von Sonderklauseln eine Änderung des Geschäftsplans dar.[64]

2. Abweichungen im Einzelfall

19 **a) Abweichungen zugunsten des Versicherungsnehmers.** Abweichungen von den allgemeinen Versicherungsbedingungen zugunsten eines Versicherungsnehmers, mithin Sondervergünstigungen, sind zulässig.[65] Zu beachten ist aber, dass das Begünstigungsverbot einschließlich seiner Ausnahmen Ausdruck des Gleichbehandlungsgebots ist.[66]

20 **b) Ungünstige Abweichung. aa) Ausdrückliche Vereinbarung.** Nach § 10 Abs. 3 VAG a. F. darf zu ungunsten des Versicherten von den Allgemeinen Versicherungsbedingungen nur aus besonderen Gründen und nur dann abgewichen werden, wenn der Versicherungsnehmer vor dem Vertragsabschluss darauf ausdrücklich hingewiesen worden ist und sich danach schriftlich damit einverstanden erklärt hat. Liegt eine der Voraussetzungen nicht vor, ist die Abweichung aufsichtsrechtlich unstatthaft. Über die besonderen Gründe der Abweichung muss das LVU den Versicherungsnehmer nur dann aufklären, wenn dies die Geschäftsplangenehmigung zur Wahrung der Belange der Versicherten vorsieht oder nach § 81 Abs. 2 VAG a. F. angeordnet ist. Ist z. B. in den Allgemeinen Versicherungsbedingungen für die Kündigung nur die schriftliche Form vorgeschrieben, so darf diese Form nur dann abgeändert werden, wenn sämtliche Voraussetzungen des § 10 Abs. 3 VAG a. F. vorliegen.[67]

21 **bb) Rechtswirksamkeit von Abweichungen.** Ein Versicherungsvertrag, der entgegen § 10 Abs. 3 VAG a. F. zu ungunsten des Versicherungsnehmers von den Allgemeinen Versicherungsbedingungen abweicht, ist nicht gemäß § 134 BGB nichtig, denn bei § 10 Abs. 3 VAG a. F. handelt es sich um eine rein aufsichtsrechtliche Bestimmung.[68] Die zivilrechtliche Wirksamkeit der allgemeinen Versicherungsbedingungen ist nicht von der Genehmigung der Aufsichtsbehörde abhängig.[69] Aufsichtsrechtliche Regelungen haben mithin keinen unmittelbaren Einfluss über § 134 BGB auf das Verhältnis des Versicherers zum Versicherungsnehmer.[70]

VI. Einführung neuer AVB mit Zustimmung des Versicherungsnehmers

22 Außerhalb des Anwendungsbereiches des § 17 ALB 1986 berührt beim VVaG eine Änderung der Allgemeinen Versicherungsbedingungen ein bestehendes Versicherungsverhältnis nur dann, wenn der Versicherungsnehmer der Änderung

---

[63] Vgl. VerAfP 1933, 224; VerBAV 1953, 152; VerBAV 1966, 159; VerBAV 1967, 24.
[64] VerVW 1947, 4; VerBAV 1951, 162.
[65] OLG Köln, Urt. v. 1. 6. 1966 – 2 U 125/65, VersR 1967, 247, 248.
[66] BGH v. 24. 10. 1951, BGHZ 3, 248; *Gerlach* VerBAV 1972, 149; VerBAV 1980, 312.
[67] VerAfP 1914, 126.
[68] OLG Köln, Urt. v. 1. 6. 1966 – 2 U 125/65, VersR 1967, 247, 248.
[69] BGH, Urt. v. 7. 7. 1955 – II ZR 341/53, VersR 1955, 481, 483.
[70] Siehe hierzu BGH v. 5. 10. 1989, NJW 1990, 1356 = WM 1990, 54 zu § 46 Abs. 1 KWG und andererseits aber BGHZ 64, 278 = WM 1975, 733 zu § 22 Abs. 1 KWG.

Änderungsvorbehaltsklausel   23–26 § 17 ALB 1986

ausdrücklich zustimmt (§ 41 Abs. 3 Satz 1 VAG). Die in § 41 Abs. 3 Satz 1 VAG geforderte Zustimmung kann auch durch schlüssige Handlung erklärt werden.[71] Eine schlüssige Zustimmungserklärung des Versicherungsnehmers ist anzunehmen, wenn beim Abschluss eines Umgestaltungsvertrages, durch den ein schon bestehendes Versicherungsverhältnis auf eine neue vertragliche Grundlage gestellt wird, auf die für die Weiterversicherung geltenden AVB verwiesen wird.[72]

Für die Versicherungsnehmer einer Versicherungsaktiengesellschaft ergibt sich 23 das Zustimmungserfordernis aus der privatrechtlichen Natur des Versicherungsverhältnisses.[73]

Wird daher im Zuge der Neufassung von AVB eine neue Bestimmung aufge- 24 nommen, so gilt sie nur dann auch für die laufenden Versicherungsverhältnisse, wenn die Aufsichtsbehörde dies anordnet oder die Parteien es vereinbaren.[74]

VII. Aufklärungs- und Hinweispflichten des LVU bei neuen AVB

1. Unterrichtung der Bestandskunden

In der Lebensversicherung zeichnen sich die ALB durch ein hohes Maß von 25 Kontinuität aus. Ergibt sich die Notwendigkeit während der Laufzeit eines Vertrages neue AVB einzuführen, ist der Versicherer grundsätzlich nicht verpflichtet, den Versicherungsnehmer auf die Änderung der AVB hinzuweisen,[75] eine entsprechende Antragstellung zu veranlassen und sich auf Antrag des Versicherungsnehmers hin auf die Einbeziehung der neuen AVB in den Vertrag einzulassen.[76] Dies gilt auch für den Fall, dass die nunmehr mögliche Vertragsänderung für die Versicherten nicht ausschließlich, sondern je nach Abwägung nur per Saldo günstiger ist, weil die neuen AVB auch Verschlechterungen, nicht zuletzt z. B. in der Prämienbemessung, enthalten.[77] Der Versicherer kann aber mit stillschweigendem Einverständnis des Versicherers einseitig neue AVB einführen, wenn diese neuen AVB günstiger sind als die im bestehenden Versicherungsvertrag vereinbarten AVB.[78]

2. Aufklärungs- und Hinweispflicht

Eine Aufklärungs- und Hinweispflicht des Versicherers kommt in Betracht, 26 wenn bei der Verhandlung über die Wiederherstellung eines Vertrags, eine Vertragsverlängerung oder eine Vertragsumgestaltung neue, für den Versicherungsnehmer günstigere Versicherungsbedingungen, die jedoch keine Erhöhung des

---

[71] BGH, Urt. v. 7. 7. 1955 – II ZR 341/53, VersR 1955, 481, 482/483.
[72] BGH, Urt. v. 7. 7. 1955 – II ZR 341/53, VersR 1955, 481, 483.
[73] BGH VersR 1972, 827; BGH VersR 1977, 446.
[74] LG Landshut VersR 1951, 74; OLG München VersR 1951, 145; BGH v. 19. 12. 1953, VersR 1954, 33; BGH VersR 1958, 335; OLG Saarbrücken, Urt. v. 25. 11. 1987 – 5 U 35/87, NJW-RR 1989, 92 = VersR 1989, 245.
[75] A. A. *Klimke* NVersZ 1999, 449, 455, für den Fall der Einführung eines völlig neuen Klauselwerkes.
[76] Vgl. OLG Saarbrücken, Urt. v. 25. 11. 1987 – 5 U 35/87, NJW-RR 1989, 92, 93 = VersR 1989, 245; OLG Saarbrücken, Urt. v. 27. 1. 1993 – 5 U 41/92, VersR 1993, 1386, 1387; OLG Hamm, Urt. v. 17. 3. 1993 – 20 U 360/92, VersR 1994, 37, 38; OLG Düsseldorf, Urt. v. 2. 7. 1996 – 4 U 108/95, NJW-RR 1997, 979, 980 = VersR 1997, 1134, 1135; *Prölss/Martin,* Vorbem. I Rdn. 36.
[77] Vgl. OLG Hamburg, Urt. v. 24. 4. 1987 – 5 U 143/86, VersR 1988, 620; OLG Hamm, Urt. v. 17. 3. 1993 – 20 U 360/92, VersR 1994, 37, 38; OLG Bamberg, Urt. v. 13. 3. 1997 – 1 U 160/96, VersR 1998, 833, 834; *Prölss/Martin,* Vorbem. I Rdn. 36.
[78] *Präve,* Schweigen als Zustimmung?, r+s 1998, 441, 446.

Risikos des Versicherers bewirken, in Frage stehen.[79] Dass der Versicherer seinen Versicherungsnehmer aufklären muss, wenn er im Zuge einer Ausweitung des Versicherungsschutzes neue AVB mit wesentlich geänderten Bedingungen dem Versicherungsvertrag zugrunde legen will, die gegenüber dem bisherigen Rechtszustand für den Versicherungsnehmer nachteilige Klauseln enthalten, ergibt sich aus dem Grundsatz von Treu und Glauben.[80] Im Falle einer Pflichtverletzung ist der Versicherer nach den Grundsätzen der positiven Vertragsverletzung verpflichtet, den Versicherungsnehmer so zu stellen, als ob die neuen günstigeren Versicherungsbedingungen Vertragsinhalt geworden wären.[81]

---

[79] Vgl. BGH, Urt. v. 23. 9. 1981 – IVa ZR 160/80, BGHZ 81, 345, 347 f. = NJW 1982, 926 = VersR 1982, 37, 38; OLG Hamburg, Urt. v. 24. 4. 1987 – 5 U 143/86, VersR 1988, 620; OLG Saarbrücken, Urt. v. 25. 11. 1987 – 5 U 35/87, NJW-RR 1989, 92, 93 = VersR 1989, 245, 246; OLG Saarbrücken, Urt. v. 27. 1. 1993 – 5 U 41/92, VersR 1993, 1386; OLG Bamberg, Urt. v. 13. 3. 1997 – 1 U 160/96, VersR 1998, 833, 834; *Prölss/Martin*, Vorbem. I Rdn. 36 u § 17 ALB 86 Rdn. 2; krit. *Voit* VersR 1989, 834, 835.

[80] BGH, Urt. v. 24. 11. 1972 – IV ZR 149/71, NJW 1973, 284 = VersR 1973, 176, 177.

[81] Vgl. BGH, Urt. vom 23. 9. 1981 – IVa ZR 160/80, BGHZ 81, 345, 347 f. = NJW 1982, 926 = VersR 1982, 37, 38; OLG Saarbrücken, Urt. v. 25. 11. 1987 – 5 U 35/87, NJW-RR 1989, 92, 93 = VersR 1989, 245, 246.

Teil 5. Allgemeine Bedingungen für die kapitalbildende Lebensversicherung (ALB 2006)[1]

A. Vorbemerkung

I. ALB 1994

Für die Zeit nach Abschaffung der Genehmigungspflicht für Allgemeine Versicherungsbedingungen durch das 3. DurchführungsG/EWG zum VAG hat der Verband der Lebensversicherungsunternehmen durch Rundschreiben vom 30. Mai 1994 unverbindliche neue Musterbedingungen für die wesentlichen Tarife an seine Mitgliedsunternehmen verschickt.[2] Die bisherige Struktur wurde verlassen und die ALB wurden 1994 wie folgt strukturiert: 1

Inhaltsverzeichnis

§ 1 Was ist versichert?
§ 2 Wann beginnt Ihr Versicherungsschutz?
§ 3 Können Sie vom Versicherungsvertrag zurücktreten?
§ 4 Was haben Sie bei der Beitragszahlung zu beachten?
§ 5 Was geschieht, wenn Sie einen Beitrag nicht rechtzeitig zahlen?
§ 6 Wann können Sie die Versicherung kündigen oder beitragsfrei stellen?
§ 7 Was bedeutet die vorvertragliche Anzeigepflicht?
§ 8 Was gilt bei Wehrdienst, Unruhe oder Krieg?
§ 9 Was gilt bei Selbsttötung des Versicherten?
§ 10 Was ist bei Fälligkeit der Versicherungsleistung zu beachten?
§ 11 Wo sind die vertraglichen Verpflichtungen zu erfüllen?
§ 12 Welche Bedeutung hat der Versicherungsschein?
§ 13 Was gilt für Mitteilungen, die sich auf das Versicherungsverhältnis beziehen?
§ 14 Wer erhält die Versicherungsleistung?
§ 15 Wie werden Abschlusskosten erhoben und ausgeglichen?
§ 16 Welche Kosten stellen wir Ihnen gesondert in Rechnung?
§ 17 Wie sind Sie an den Überschüssen beteiligt?
§ 18 Welches Recht findet auf Ihren Vertrag Anwendung?
§ 19 Wo ist der Gerichtsstand?

II. ALB 2001

Im Jahre 2000 wurden im Rahmen einer unverbindlichen Verbandsempfehlung den Versicherern überarbeitete Bedingungen zu den Abschlusskosten und zur Überschussbeteiligung zur Verfügung gestellt.[3] Die Musterbedingungen für die Lebensversicherung wurden aber in ihrer Gesamtheit umfassend überarbeitet und dem geänderten tatsächlichen und rechtlichen Umfeld angepasst. Den Versicherern wurde die Neufassung mit Verbandsrundschreiben vom 30. Januar 2001 2

---

[1] Mit GDV-Rundschreiben 1319/2006 vom 5. 5. 2006 verlautbarte Fassung mit Stand: 4. 5. 2006. Diese Bedingungen sind für die Versicherer unverbindlich; ihre Verwendung ist rein fakultativ. Abweichende Bedingungen können vereinbart werden.
[2] *Kollhosser* in: Prölss/Martin, VVG, 27. Aufl., 2004, Vorbem. ALB 1986 Rdn. 3.
[3] GDV-Rundschreiben 521/2000 v. 30. 3. 2000.

ALB 2006 Vorb. 3, 4

übermittelt.[4] Unter anderem wurden zusammengehörende Bedingungen zusammengefasst, was sich in folgender Abfolge der einzelnen Bestimmungen niederschlägt:

Inhaltsverzeichnis

§ 1 Welche Leistungen erbringen wir?
§ 2 Wie sind Sie an unseren Überschüssen beteiligt?
§ 3 Wann beginnt Ihr Versicherungsschutz?
§ 4 Was gilt bei Wehrdienst, Unruhen oder Krieg?
§ 5 Was gilt bei Selbsttötung der versicherten Person?
§ 6 Was bedeutet die vorvertragliche Anzeigepflicht?
§ 7 Was haben Sie bei der Beitragszahlung zu beachten?
§ 8 Was geschieht, wenn Sie einen Beitrag nicht rechtzeitig zahlen?
§ 9 Wann können Sie Ihre Versicherung kündigen oder beitragsfrei stellen?
§ 10 Was bedeutet die Verrechnung von Abschlusskosten nach dem Zillmerverfahren?
§ 11 Was ist zu beachten, wenn eine Versicherungsleistung verlangt wird?
§ 12 Welche Bedeutung hat der Versicherungsschein?
§ 13 Wer erhält die Versicherungsleistung?
§ 14 Was gilt für Mitteilungen, die sich auf das Versicherungsverhältnis beziehen?
§ 15 Welche Kosten stellen wir Ihnen gesondert in Rechnung?
§ 16 Welches Recht findet auf Ihren Vertrag Anwendung?
§ 17 Wo ist der Gerichtsstand?

3   Vornehmlich mit Blick auf die Urteile des BGH vom 9. Mai 2001 (IV ZR 138/99 und IV ZR 121/00) wurden die ALB 2001 noch einmal im Jahre 2001 überarbeitet und mit Verbandsrundschreiben vom 5. Juli 2001 den Lebensversicherungsunternehmen zur Verfügung gestellt.[5] Die Bezeichnung und Abfolge der Bestimmungen blieb unverändert.
Eine weitere Änderung der ALB wurde durch eine Änderung des § 341 b HGB ausgelöst. Die Vorschrift des geänderten § 341 b HGB sieht vor, dass Lebensversicherungsunternehmen bei Wertpapieren des Anlagevermögens nur noch bei voraussichtlich dauernden Wertminderungen verpflichtet sind, entsprechende Abschreibungen vorzunehmen. Bei nur vorübergehenden Wertminderungen kann das Lebensversicherungsunternehmen auf Grund des eingeräumten Wahlrechts auf eine Abschreibung verzichten oder auf den niedrigeren Wert abschreiben. Infolgedessen war der Anhang der AVB zur Überschussbeteiligung anzupassen. Die neue Fassung wurde den Lebensversicherungsunternehmen mit Verbandsrundschreiben vom 5. März 2002 übermittelt.[6]

III. ALB 2006

4   Im Jahre 2006 wurde die Stornoabzugsklausel überarbeitet. § 9 ALB 2006 sieht nunmehr ausdrücklich die Gegenbeweismöglichkeit vor. Die Kriegsklausel erhielt eine neue Bezeichnung. § 4 ALB 2006 heißt nunmehr wie folgt: „Was gilt bei Wehrdienst, Unruhen, Krieg oder Einsatz bzw. Freisetzen von ABC-Waffen/-Stoffen". Die neu gefassten ALB wurden den Lebensversicherungsunternehmen mit Verbandsrundschreiben vom 4. Mai 2006 zur Verfügung gestellt.[7]
Im Interesse einer konzentrierten Betrachtung der Bedingungsgenerationen seit der Deregulierung werden die ALB 1994 und die Bedingungsänderungen seit den

---

[4] GDV-Rundschreiben 0007/2001 v. 30. 1. 2001. Verlautbarte Fassung mit Stand: 30. 1. 2001.
[5] GDV-Rundschreiben 1358/2001 v. 5. 7. 2001.
[6] GDV-Rundschreiben 0502/2002 v. 5. 3. 2002.
[7] GDV-Rundschreiben 1319/2006 v. 4. 5. 2006. Verlautbarte Fassung mit Stand: 4. 5. 2006.

Vorbemerkung 5 **Vorb. ALB 2006**

ALB 1994 bei den inhaltlich zuzuordnenden Bestimmungen der ALB 2006 angesprochen. Mit Blick auf das VVG 2008 verlautbarte der GDV neue ALB, auf die in Teil. 6 eingegangen wird.

IV. Umsetzung der Musterbedingungen

Die unverbindlichen Musterbedingungen des GDV sind in der Regel von den Lebensversicherungsunternehmen modifiziert worden, insbesondere in den Teilen der AVB, in denen ohnehin von Verbandsseite entsprechende Modifizierungen angeregt worden sind. Es ist daher – wie von *Kollhosser*[8] vorausgesagt – zu einer größeren Bedingungsvielfalt gekommen. Werden Unternehmensklauseln von einer zivilgerichtlichen Inhaltskontrolle erfasst, muss das Ergebnis nicht zwingend auf die Verbandsmusterbedingungen und Bedingungen anderer Lebensversicherungsunternehmen durchschlagen. Nicht übertragbare Einzelfallentscheidungen werden die Praxis kennzeichnen.

5

---
[8] *Kollhosser* in: Prölss/Martin, VVG, 27. Aufl., 2004, Vorbem. ALB 1986 Rdn. 3.

B. Kommentierung der §§ 1–17 ALB 2006

Sehr geehrte Kundin, sehr geehrter Kunde,
als Versicherungsnehmer sind Sie unser Vertragspartner; für unser Vertragsverhältnis gelten die nachfolgenden Bedingungen.

Inhaltsverzeichnis

§ 1 Welche Leistungen erbringen wir?
§ 2 Wie sind Sie an unseren Überschüssen beteiligt?
§ 3 Wann beginnt Ihr Versicherungsschutz?
§ 4 Was gilt bei Wehrdienst, Unruhen, Krieg oder Einsatz bzw. Freisetzen von ABC-Waffen/-Stoffen?
§ 5 Was gilt bei Selbsttötung der versicherten Person?
§ 6 Was bedeutet die vorvertragliche Anzeigepflicht?
§ 7 Was haben Sie bei der Beitragszahlung zu beachten?
§ 8 Was geschieht, wenn Sie einen Beitrag nicht rechtzeitig zahlen?
§ 9 Wann können Sie Ihre Versicherung kündigen oder beitragsfrei stellen?
§ 10 Was bedeutet die Verrechnung von Abschlusskosten nach dem Zillmerverfahren?
§ 11 Was ist zu beachten, wenn eine Versicherungsleistung verlangt wird?
§ 12 Welche Bedeutung hat der Versicherungsschein?
§ 13 Wer erhält die Versicherungsleistung?
§ 14 Was gilt für Mitteilungen, die sich auf das Versicherungsverhältnis beziehen?
§ 15 Welche Kosten stellen wir Ihnen gesondert in Rechnung?
§ 16 Welches Recht findet auf Ihren Vertrag Anwendung?
§ 17 Wo ist der Gerichtsstand?

§ 1 Welche Leistungen erbringen wir?

(1) **Wir zahlen die vereinbarte Versicherungssumme, wenn die versicherte Person den im Versicherungsschein genannten Ablauftermin erlebt oder wenn sie vor diesem Termin stirbt.**

Bemerkung

§ 1 Abs. 1 ist bei anderer Leistungsbeschreibung entsprechend zu ändern, z. B. wie folgt:

Kapitalversicherung auf den Todes- und Erlebensfall mit Teilauszahlung

(1) Wir erbringen die vereinbarten Teilauszahlungen, wenn die versicherte Person die im Versicherungsschein genannten Auszahlungstermine erlebt. Bei Tod der versicherten Person vor dem letzten Auszahlungstermin zahlen wir die vereinbarte Versicherungssumme.

Kapitalversicherung auf den Todes- und Erlebensfall von zwei Personen

(1) Wir zahlen die vereinbarte Versicherungssumme, wenn beide versicherten Personen den im Versicherungsschein genannten Ablauftermin erleben oder wenn eine der versicherten Personen vor diesem Termin stirbt. Auch bei gleichzeitigem Tod beider versicherten Personen wird die vereinbarte Versicherungssumme nur einmal fällig.

Kapitalversicherung mit festem Auszahlungszeitpunkt, Termfixversicherung

(1) Wir zahlen die vereinbarte Versicherungssumme zu dem im Versicherungsschein genannten Ablauftermin, unabhängig davon, ob die versicherte Person diesen Zeitpunkt erlebt. Die Beitragszahlung endet bei Tod der versicherten Person, spätestens mit Ablauf der vereinbarten Versicherungsdauer.

Überschussbeteiligung § 2 ALB 2006

Familienversorgungstarif

(1) Wir zahlen die vereinbarte Versicherungssumme zu dem im Versicherungsschein genannten Ablauftermin, unabhängig davon, ob die versicherte Person diesen Zeitpunkt erlebt. Stirbt die versicherte Person vor diesem Zeitpunkt, zahlen wir ein Sterbegeld von ... % der vereinbarten Versicherungssumme und zusätzlich eine monatliche Rente von ... % der Versicherungssumme von dem auf den Tod folgenden Monatsersten an bis zum Ablauf der vereinbarten Versicherungsdauer. Die Beitragszahlung endet bei Tod des Versicherten, spätestens mit Ablauf der vereinbarten Versicherungsdauer.

Kapitalversicherung auf den Heiratsfall, Aussteuerversicherung

(1) Versichert sind der Versorger und das zu versorgende Kind. Wir zahlen die vereinbarte Versicherungssumme bei Heirat des zu versorgenden Kindes, spätestens zu dem im Versicherungsschein genannten Ablauftermin. Die Beitragszahlung endet bei Tod einer der versicherten Personen, bei Heirat des zu versorgenden Kindes, spätestens mit Ablauf der vereinbarten Versicherungsdauer. Stirbt das zu versorgende Kind vor Fälligkeit der Versicherungssumme, so erstatten wir die gezahlten Beiträge höchstens bis zum Betrag der Versicherungssumme. War die Versicherung durch den Tod des Versorgers oder durch vorzeitige Einstellung der Beitragszahlung beitragsfrei gestellt, zahlen wir den Zeitwert der Versicherung (§ 9 Abs. 3).

Kapitalversicherung auf den Todesfall

(1) Wir zahlen die vereinbarte Versicherungssumme bei Tod des Versicherten.

(2) **Außer den im Versicherungsschein ausgewiesenen garantierten Leistungen erhalten Sie weitere Leistungen aus der Überschussbeteiligung (siehe § 2).**

Anmerkung

§ 1 ALB 1994 wurde vom GDV im Rahmen der Überarbeitung der Musterbedingungswerke für die Lebensversicherung im Jahre 2001 geändert und die neue Fassung als § 1 ALB 2001 gemäß Verbandsrundschreiben vom 30. Januar 2001 verlautbart.[1] § 1 ALB 1994 wurde dahin geändert, dass nicht mehr vom Versicherten, sondern von der versicherten Person gesprochen wird. § 1 Abs. 2 ALB 2001 wurde neu eingefügt. Die Musterbedingungswerke wurden im Jahre 2001 erneut überarbeitet, wobei § 1 ALB 2001 unverändert blieb.[2] Im Zuge einer weiteren Überarbeitung der Musterbedingungswerke wurde § 1 ALB 2001 unverändert als § 1 ALB 2006 fortgeführt.[3] Im Übrigen wird auf die Kommentierung bei § 1 ALB 2008 verwiesen.

§ 2 Wie sind Sie an unseren Überschüssen beteiligt?

Wir beteiligen Sie und die anderen Versicherungsnehmer an den Überschüssen, die jährlich bei unserem Jahresabschluss festgestellt werden.

(1) Grundsätze und Maßstäbe für die Überschussbeteiligung der Versicherungsnehmer
(a) Die Überschüsse stammen im Wesentlichen aus den Erträgen der Kapitalanlagen. Von den Nettoerträgen derjenigen Kapitalanlagen, die für künftige Versicherungsleistungen vorgesehen sind (§ 3 der Verordnung über die Mindestbeitragsrückerstattung in der Lebensversicherung), erhalten die Versicherungsnehmer insgesamt mindestens den in dieser Verordnung genannten Prozentsatz. In der derzeitigen Fassung der Verordnung sind 90% vorgeschrieben. Aus diesem Betrag werden zunächst die Zinsen gedeckt, die zur Finanzierung der garantierten Versicherungsleistungen benötigt werden (§ 1 Abs. 2 der Verordnung). Die

---

[1] GDV-Rundschreiben 0007/2001 v. 30. 1. 2001.
[2] GDV-Rundschreiben 1358/2001 v. 5. 7. 2001.
[3] GDV-Rundschreiben 1319/2006 v. 4. 5. 2006.

verbleibenden Mittel verwenden wir für die Überschussbeteiligung der Versicherungsnehmer.
Weitere Überschüsse entstehen dann, wenn Sterblichkeit und Kosten niedriger sind, als bei der Tarifkalkulation angenommen. Auch an diesen Überschüssen werden die Versicherungsnehmer nach der genannten Verordnung angemessen beteiligt.
(b) Die verschiedenen Versicherungsarten tragen unterschiedlich zum Überschuss bei. Wir haben deshalb gleichartige Versicherungen zu Gruppen zusammengefasst. Gewinngruppen bilden wir, beispielsweise, um das versicherte Risiko wie das Todesfall- oder Berufsunfähigkeitsrisiko zu berücksichtigen.[1] Die Verteilung des Überschusses für die Versicherungsnehmer auf die einzelnen Gruppen orientiert sich daran, in welchem Umfang sie zu seiner Entstehung beigetragen haben.

(2) Grundsätze und Maßstäbe für die Überschussbeteiligung Ihres Vertrages
(a) Zu welcher Gruppe Ihre Versicherung gehört, können Sie dem Versicherungsschein entnehmen. In Abhängigkeit von dieser Zuordnung erhält Ihre Versicherung jährlich Überschussanteile. Wir veröffentlichen die Überschussanteilsätze in unserem Geschäftsbericht, den Sie bei uns anfordern können.
(b) ...[2]
Weitere Erläuterungen sowie versicherungsmathematische Hinweise finden Sie im Anhang zu den Versicherungsbedingungen.[3]

Übersicht

	Rdn.
I. Geltung des VVG 2008	1
II. Fortentwicklung der Überschussbeteiligungsklausel	2–6
1. § 17 ALB 1994	2–5
a) Fassung	2
b) Inhaltskontrolle	3–5
2. Überarbeitung der Überschussbeteiligungsklausel	6
III. Überschussbeteiligung der Versicherungsnehmer	7–22
1. Überschussergebnisquellen	7
2. Begriff des Überschusses	8
3. Aufteilung des Überschusses zwischen LVU und dem Kollektiv der Versicherungsnehmer	9–15a
a) Aufsichtsrechtliche Vorgaben	9
b) Mindestüberschussbeteiligung	10
c) Mindestdividende der Aktionäre	11
d) Vorschlag des Verantwortlichen Aktuars	12–15a
aa) Bestellung	12
bb) Unabhängigkeit	13
cc) Vorschlagspflicht	14
dd) Berichtspflicht	15
ee) Haftung	15a
4. Aufteilung des Überschusses bei Teilkollektiven	16

---

[1] Ggf. weitere unternehmensindividuelle Information über Gewinngruppen bzw. Untergruppen und deren Modalitäten; die Begriffe sind an die unternehmensindividuellen Gegebenheiten anzupassen.

[2] Hier sind folgende unternehmensindividuelle Angaben zu machen:
a) Voraussetzung für die Fälligkeit der Überschussanteile (Wartezeit, Stichtag für die Zuteilung u. ä.),
b) Form und Verwendung der Überschussanteile (laufende Überschussanteile, Schlussüberschussanteile, Bonus, Ansammlung, Verrechnung, Barauszahlung u. ä.),
c) Bemessungsgrößen für die Überschussanteile.

[3] Ggf. unternehmensindividuell abzuändern, wenn die Erläuterungen auf andere Weise, etwa separat, gegeben werden.

§ 2 ALB 2006

	Rdn.
5. Festsetzung der individuellen Überschussanteile	17, 18
a) Deklaration	17
b) Verlustabdeckung	18
6. Verwendung der Überschussanteile	19
7. Veröffentlichung der Überschussanteilsätze	20
8. Information des Versicherungsnehmers	21
9. Leistungsdarstellung in der Lebensversicherung	22
IV. Hochrechnung der Ablaufleistung	23
V. Wahrung des Gleichbehandlungsgrundsatzes bei der Verteilung der Überschüsse	24
VI. Besteuerung von Kapitalleistungen	25, 26
1. Altverträge	25
2. Neuverträge	26

AuVdBAV: VerBAV 2000, 252 (R 2/2000 v. 23. 10. 2000 – Hinweise zur Darstellung der Überschussbeteiligung).

Schrifttum: *Allerdissen/Markwort/Pannenberg/Schmithals,* Vorfinanzierung von Leistungen aus der Gewinnbeteiligung in der Lebensversicherung, BDGVM XXII (1996), 563; *Baumgärtner/Aschenbrenner,* Assets und Liabilities: Überlegungen zum Auftreten und Ausgleichen von Schwankungen bei Lebensversicherern, VW 2002, 1945; *Boetius,* Prämienkalkulation und Alterungsrückstellung – Konsequenzen für Aktuare und Prämientreuhänder nach der Gesundheits- und VVG-Reform, VersR 2007, 1589; *Engeländer,* Die Überschussbeteiligung in der Lebensversicherung, NVersZ 2000, 401; *derselbe,* Probleme und Lösungen bei der Überschussbeteiligung in der Lebensversicherung, NVersZ 2000, 545; *derselbe,* Die Bedeutung der Bestandsgruppe 140 nach Anlage 1 Abschnitt D BerVersV, Der Aktuar 2001, 14; *Geib/Engeländer,* Mehr oder weniger nach Ermessen? BVerfG: Das letzte Wort im Rechtsstreit um die Überschussbeteiligung (I), VW 2006, 541; *dieselben,* Die Überschussbeteiligung und das Handelsrecht. Wirtschaftliche Aspekte des BVerfG-Urteils – Letztes Wort im Rechtsstreit um die Überschussbeteiligung (II), VW 2006, 620; *Gustin,* EDV Unterstützung der Überschussbeteiligung, Ulm, IFA Ulm, 1998; *Heidemann,* Neuerungen bei der Lebensversicherung, in der Rentenversicherung und der betrieblichen Altersversorgung, VP 2004, 138; *Kling,* Modellierung, Bewertung und Risikoanalyse von Zinsgarantien in konventionellen deutschen Lebensversicherungsverträgen, Ulm, IFA Ulm, 2008; *Krömmelbein,* Der versicherungsrechtliche Gleichbehandlungsgrundsatz zwischen Deregulierung und Diskriminierung, Karlsruhe, VVW, 2007; *Kunkel,* Schlussüberschussanteil und natürliches Überschusssystem, Der Aktuar 1999, 20; *Langheid,* Die Reform des Versicherungsvertragsgesetzes, NJW 2007, 3665 (1. Teil: Allgemeine Vorschriften), 3745 (2. Teil: Die einzelnen Versicherungssparten); *List/Speicher-Utsch,* Bei Lebensversicherungen müssen Kunden noch genauer hinschauen, Börsen-Zeitung Nr. 89/2008, S. 2; *Nitschke,* Maßstäbe für die Transparenz Allgemeiner Versicherungsbedingungen unter Berücksichtigung des englischen Rechts, Baden-Baden, Nomos, VersWissStud. 22 (2002); *Schwintowski,* Der Verantwortliche Aktuar im (Lebens-)Versicherungsrecht, in: Lebensversicherung, Internationale Versicherungsverträge und Verbraucherschutz, Versicherungsvertrieb, VersWissStud Bd. 4, Baden-Baden, Nomos, 1996; *derselbe,* Das Transparenzgebot im Privatversicherungsrecht – Kriterien und Beispiele für verständliche und transparente Verbraucherinformationen und Allgemeine Versicherungsbedingungen, Baden-Baden, Nomos, VersWissStud. 15 (2000), S. 87; *Thole,* Vertragshaftung des Verantwortlichen Aktuars gegenüber den Versicherten?, VersR 2010, 447; *Werber,* Transparenzgebot und Verbraucherinformation, VersR 2003, 148; *Zielke/Bräutigam,* Betrifft Solvency II: Erweiterung des Durationskonzepts um Aktien und Immobilien, VW 2007, 398; *Zielke,* Versicherungsvertragsgesetz: Jetzt wird es konkret. Stagnierendes Neugeschäft verschärft Wettbewerbsverhalten, VW 2008, 99; *Zimmermann/Chevtchenko/Schweinberger,* Der Einfluss des Versicherungskapitalanlagen-Bewertungsgesetzes (VersKapAG) auf Überschüsse und Überschussbeteiligung in der Lebensversicherung – Eine empirische Untersuchung, ZVersWiss 2006, 91; *ohne Autorenangabe,* Der Zeitwert eines Lebensversicherungsvertrags mit natürlichem Überschusssystem, Der Aktuar 1999, 18.

I. Geltung des VVG 2008

1   Die neue Vorschrift des § 153 VVG 2008 ist ab dem 1. Januar 2008 auch auf Altverträge anwendbar.[4]

II. Fortentwicklung der Überschussbeteiligungsklausel

1. § 17 ALB 1994

2   a) **Fassung.** Nach dem Inkrafttreten des 3. Durchführungsgesetzes/EWG zum VAG vom 21. Juli 1994 konnte die für den Alt- und Zwischenbestand in der Vertragspraxis anzutreffende Überschussbeteiligungsklausel in der Fassung des § 16 ALB 1986 für den Neubestand, also für die seit dem 29. Juli 1994 abgeschlossenen Lebensversicherungsverträge, denen nicht mehr von der Aufsichtsbehörde genehmigte AVB zugrunde liegen, nicht mehr verwendet werden. Die LVU gingen daher auf Überschussbeteiligungsklauseln über, die sich an § 17 ALB 1994 ausrichten. Diese Bestimmung hat folgenden Wortlaut:

> **„§ 17 Wie sind Sie an den Überschüssen beteiligt?**
> (Musterbedingungen des GDV – ALB 1994)
> **Überschussermittlung**
>
> (1) Um zu jedem Zeitpunkt der Versicherungsdauer den vereinbarten Versicherungsschutz zu gewährleisten, bilden wir Rückstellungen. Die zur Bedeckung dieser Rückstellungen erforderlichen Mittel werden angelegt und erbringen Kapitalerträge. Aus diesen Kapitalerträgen, den Beiträgen und den angelegten Mitteln werden die zugesagten Versicherungsleistungen erbracht sowie die Kosten für Abschluss und Verwaltung des Vertrages gedeckt. Je größer die Erträge aus den Kapitalanlagen sind, je weniger vorzeitige Versicherungsfälle eintreten und je kostengünstiger wir arbeiten, um so größer ist dann entstehende Überschuss, an denen wir Sie und die anderen Versicherungsnehmer beteiligen. Die Überschussermittlung erfolgt nach den Vorschriften des Versicherungsaufsichtsgesetzes und des Handelsgesetzbuches und den dazu erlassenen Rechtsverordnungen.
>
> **Überschussbeteiligung**
>
> (2) Die Überschussbeteiligung nehmen wir nach Grundsätzen vor, die § 81 c VAG und der dazu erlassenen Rechtsverordnung entsprechen und deren Einhaltung die Aufsichtsbehörde überwacht.
>
> (3) Nach diesen Grundsätzen haben wir gleichartige Versicherungen in Bestandsgruppen zusammengefasst und teilweise nach engeren Gleichartigkeitskriterien innerhalb der Bestandsgruppen Untergruppen gebildet; diese werden Gewinnverbände genannt. Von den Kapitalerträgen kommt den Versicherungsnehmern als Überschussbeteiligung mindestens der in der Rechtsverordnung zu § 81 c VAG jeweils festgelegte Anteil zugute, abzüglich der Beträge, die für die zugesagten Versicherungsleistungen benötigt werden. Bei günstiger Sterblichkeitsentwicklung und Kostensituation können weitere Überschüsse hinzukommen. Den so ermittelten Überschuss für die Versicherungsnehmer ordnen wir den einzelnen Bestandsgruppen zu und stellen ihn – soweit er den Verträgen nicht direkt gutgeschrieben wird – in die Rückstellung für Beitragsrückerstattung (RfB) ein. Die in die RfB eingestellten Mittel dürfen wir grundsätzlich nur für die Überschussbeteiligung der Versicherungsnehmer verwenden. Mit Zustimmung der Aufsichtsbehörde können wir die RfB ausnahmsweise zur Abwendung eines Notstandes (z. B. Verlustabdeckung) heranziehen (§ 56 a VAG) oder bei ungünstigem Risikoverlauf bzw. bei einem eventuellen Solvabilitätsbedarf den in Satz 3 dieses Absatzes genannten Anteil unterschreiten (Rechtsverordnung zu § 81 c VAG).
>
> (4) Ihre Versicherung gehört zum Gewinnverband XX in der Bestandsgruppe YY. Jede einzelne Versicherung innerhalb dieses Gewinnverbandes erhält Anteile an den Überschüssen der Bestandsgruppe YY. Die Höhe dieser Anteile wird vom Vorstand unseres Unternehmens auf Vorschlag des Verantwortlichen Aktuars unter Beachtung der maßgebenden aufsichtsrechtlichen Bestimmungen jährlich festgelegt und im Geschäftsbericht veröffentlicht. Die Mittel für diese Überschussanteile werden den Überschüssen des Geschäftsjahres oder der

---

[4] *Langheid* NJW 2007, 3745, 3751.

Rückstellung für Beitragsrückerstattung entnommen. In einzelnen Versicherungsjahren, insbesondere etwa im ersten Versicherungsjahr, kann eine Zuteilung von Überschüssen entfallen, sofern dies sachlich gerechtfertigt ist.

Bemerkung
§ 17 Abs. 2 ist durch folgende unternehmensindividuelle Angaben zu ergänzen:
a) Voraussetzungen für die Fälligkeit der Überschussanteile (Wartezeit, Stichtag für die Zuteilung u. ä.),
b) Form und Verwendung der Überschussanteile (laufende Überschussanteile, Schlussüberschussanteile, Bonus, Ansammlung, Verrechnung, Barauszahlung u. ä.)."

b) Inhaltskontrolle. Überschussbeteiligungsklauseln der LVU, die mit der Musterfassung des § 17 ALB 1994 vergleichbar sind, halten einer gerichtlichen Kontrolle stand. Der BGH[5] hat in seiner Entscheidung vom 9. Mai 2001 eine Überschussbeteiligungsklausel nicht beanstandet, die folgenden Wortlaut hat:

„**§ 17 Wie sind Sie an den Überschüssen beteiligt?**
Überschussermittlung
(1) Um zu jedem Zeitpunkt der Versicherungsdauer den vereinbarten Versicherungsschutz zu gewährleisten, bilden wir Rückstellungen. Die für Deckung dieser Rückstellungen erforderlichen Mittel werden angelegt und erbringen Kapitalerträge. Aus diesen Kapitalerträgen, den Beiträgen und den angelegten Mitteln werden die zugesagten Versicherungsleistungen erbracht sowie die Kosten für Abschluss und Verwaltung des Vertrags gedeckt. Je größer die Erträge aus den Kapitalanlagen sind, je weniger vorzeitige Versicherungsfälle eintreten und je kostengünstiger wir arbeiten, umso größer sind dann entstehende Überschüsse, an denen wir Sie und die anderen Versicherungsnehmer beteiligen. Die Überschussermittlung erfolgt nach den Vorschriften des Versicherungsaufsichtsgesetzes (VAG) und des Handelsgesetzbuches (HGB) und den zu diesen Gesetzen erlassenen Rechtsverordnungen.

Überschussbeteiligung
(2) Die Überschussbeteiligung nehmen wir nach Grundsätzen vor, die § 81 c VAG und der dazu erlassenen Rechtsverordnung entsprechen und deren Einhaltung die Aufsichtsbehörde überwacht.
(3) Nach diesen Grundsätzen sind von uns gleichartige Versicherungen in einem Abrechnungsverband und zum Teil innerhalb eines Abrechnungsverbands nach zusätzlichen Kriterien in einem Gewinnverband zusammengefasst worden. Von den Kapitalerträgen kommt den Versicherungsnehmern als Überschussbeteiligung mindestens der in der Rechtsverordnung zu § 81 c VAG festgelegte Anteil zu Gute, abzüglich der Beträge, die für die zugesagten Versicherungsleistungen benötigt werden. Bei günstiger Sterblichkeitsentwicklung und Kostensituation können weitere Überschüsse hinzukommen. Der so ermittelte Überschuss wird – soweit er den Verträgen nicht direkt gutgeschrieben wird – in die Rückstellung für Beitragsrückerstattung (RfB) eingestellt. Die in die RfB eingestellten Mittel dürfen wir grundsätzlich nur für die Überschussbeteiligung der Versicherungsnehmer verwenden. Mit Zustimmung der Aufsichtsbehörde können wir die RfB ausnahmsweise zur Abwendung eines Notstands (z. B. Verlustabdeckung) heranziehen (§ 56 a VAG) oder bei sehr ungünstigem Risikoverlauf bzw. bei einem eventuellen Solvabilitätsbedarf den in der Rechtsverordnung zu § 81 c VAG genannten Prozentsatz der für die Überschussbeteiligung zu verwendenden Erträge unterschreiten.
(4) Ihre Versicherung gehört zum Gewinnverband N-Tarife (bei Einmalbeitragsversicherungen zum Gewinnverband Kapitalbildende N-Tarife gegen Einmalbeitrag) im Abrechnungsverband Einzel-Kapitalversicherung. Jede einzelne Versicherung innerhalb dieses Gewinnverbands Einzel-Kapitalversicherung erhält Anteile an den Überschüssen des Abrechnungsverbands Einzel-Kapitalversicherung. Die Höhe dieser Anteile wird vom Vorstand unseres Unternehmens auf Vorschlag des verantwortlichen Aktuars unter Beachtung der gesetzlichen und aufsichtsrechtlichen Bestimmungen jährlich festgelegt und im Geschäftsbericht veröffentlicht. Die Mittel für diese Überschussanteile werden den Überschüssen des Geschäftsjahrs oder der Rückstellung für Beitragsrückerstattung entnommen. In einzelnen Versicherungsjahren, insbesondere etwa im ersten Versicherungsjahr, kann eine Zuteilung von Überschüssen entfallen, sofern dies sachlich gerechtfertigt ist.

---

[5] BGH, Urt. v. 9. 5. 2001 – IV ZR 121/00, NJW 2001, 2014, 2015 = NVersZ 2001, 308, 309 = VersR 2001, 841, 842 = ZIP 2001, 1052/1053 (Revisionsentscheidung zum Urteil des OLG Nürnberg v. 29. 2. 2000 – 3 U 3127/99, NVersZ 2000, 320 = VersR 2000, 713); zust. *Littbarski* EWiR 2000, 1173.

Vorausberechnungen

(5) Die Überschussanteile, die sich für den Anspruchsberechtigten ergeben, hängen in ihrer Höhe vor allem von den Kapitalerträgen, aber auch vom Verlauf der Sterblichkeit und von der Entwicklung der Kosten ab. Die Höhe der Überschussanteile, die von Jahr zu Jahr ermittelt und zugesagt werden, kann sich daher ändern. Verbindliche Angaben über die Höhe der künftigen Überschussbeteiligung sind nicht möglich.

(6) Über den Verlauf der Überschussbeteiligung unter der Voraussetzung, dass die heute gültigen Überschussanteile unverändert bleiben, können Sie sich anhand unserer Beispielsrechnungen informieren, die wir Ihnen auf Wunsch zur Verfügung stellen."

4   In den Gründen hat der BGH ausgeführt, dass die Anwendung der in § 17 Abs. 1 ALB genannten Vorschriften des VAG und des HGB und den zu diesen Gesetzen erlassenen Rechtsverordnungen den Versicherungsnehmer nicht unangemessen benachteilige. Der Revision sei zuzugeben, dass dem LVU mit der Anwendung dieser Gesetze ein gewisser Spielraum für unternehmerische Entscheidungen bei der Bilanzierung zur Verfügung stehe. Die Nutzung dieses Spielraums könne die Feststellung des Überschusses unmittelbar beeinflussen. Das Unternehmen könne zum Beispiel in einem gewissen, vom Gesetz zugelassenen Rahmen stille Reserven bilden, die zu Lasten des Überschusses gehen. Die Nutzung dieser Möglichkeit könne aber nicht als eine unangemessene und damit unzulässige Benachteiligung angesehen werden. Aus dem Gesetz ergebe sich nicht, dass ein Versicherungsunternehmen gegenüber dem Versicherungsnehmer gegen Treu und Glauben verstoße, wenn es die ihm vom Gesetz eingeräumten Bilanzierungsspielräume nutze.[6] In einer weiteren Entscheidung vom 9. Mai 2001 hat der BGH[7] eine Überschussbeteiligungsklausel nicht beanstandet, die folgenden Wortlaut hat:

„**§ 17 Wie sind Sie an unseren Überschüssen beteiligt?**

(1) Überschussermittlung
Um zu jedem Zeitpunkt der Versicherungsdauer den vereinbarten Versicherungsschutz zu gewährleisten, bilden wir Deckungsrückstellungen. Die zur Bedeckung dieser Rückstellungen erforderlichen Mittel werden rentabel angelegt. Aus den Erträgen der Kapitalanlagen, den Beiträgen und den angelegten Mitteln werden die zugesagten Versicherungsleistungen erbracht sowie die Kosten von Abschluss und Verwaltung des Vertrags gedeckt. Je höher die Kapitalerträge sind, je weniger vorzeitige Versicherungsfälle eintreten und je kostengünstiger wir arbeiten, um so größer sind die Überschüsse, an denen wir Sie und die anderen Versicherungsnehmer beteiligen. Die Überschussermittlung erfolgt nach den Vorschriften des Versicherungsaufsichtsgesetzes (VAG) und des Handelsgesetzbuches (HGB) und den zu diesen Gesetzen erlassenen Rechtsverordnungen.

(2) Gewinnbeteiligung
(a) Die Gewinnbeteiligung nehmen wir nach Grundsätzen vor, die im Einklang mit § 81 c VAG stehen.
(b) Von den Überschüssen kommt den Versicherungsnehmern ein angemessener Anteil als Gewinnbeteiligung zugute. Die Frage der Angemessenheit unterliegt nach § 81 c VAG der Prüfung durch die Aufsichtsbehörde. Der Anteil ist insbesondere dann als nicht angemessen anzusehen, wenn er den in der Rechtsverordnung zu § 81 c VAG jeweils festgelegten Umfang nicht erreicht (§ 81 c Abs. 1 Satz 2 VAG)."

5   In den Gründen hat der BGH[8] ausgeführt, dass es dahinstehen möge, ob es richtig sei, dass das Berufungsgericht Klauselteile des § 17 AVB wegen der Sperr-

---

[6] BGH, Urt. v. 9. 5. 2001 – IV ZR 121/00, NJW 2001, 2014, 2018 = NVersZ 2001, 308, 312 = VersR 2001, 841, 845 = r+s 2001, 386, 389 f. = ZIP 2001, 1052, 1057 = BB 2001, 1427, 1430 = MDR 2001, 1055, 1056/1057; ebenso LG Hannover, Urt. v. 12. 2. 2003 – 7 S 71/02, S. 5.

[7] BGH, Urt. v. 9. 5. 2001 – IV ZR 138/99 (Revisionsentscheidung zum Urt. des OLG Stuttgart v. 28. 5. 1999 – 2 U 219/98, VersR 1999, 832 = ZIP 1999, 1970; krit. hierzu *Peter Präve* VersR 1999, 837, 838), VersR 2001, 839, 841.

[8] BGH, Urt. v. 9. 5. 2001 – IV ZR 138/99 (Revisionsentscheidung zum Urt. des OLG Stuttgart v. 28. 5. 1999 – 2 U 219/98, VersR 1999, 832 = ZIP 1999, 1970), VersR 2001, 839, 841.

wirkung des § 8 AGBG als der gerichtlichen Kontrolle entzogen angesehen habe. Denn jedenfalls benachteilige § 17 AVB in diesen Teilen den Versicherungsnehmer nicht unangemessen, sodass es bei dem Ergebnis des Berufungsgerichts verbleibe, dass die Verwendung dieser Klauselteile nicht untersagt habe. Mit Blick auf die BGH-Entscheidungen vom 9. Mai 2001 steht fest, dass gegen die Überschussbeteiligungsklausel in der konkret behandelten Form weder inhaltlich noch unter Transparenzgesichtspunkten Bedenken bestehen.[9]

2. Überarbeitung der Überschussbeteiligungsklausel

Die Überschussbeteiligungsklausel des § 2 ALB 2006 geht auf eine Neufassung des § 17 ALB 1994 im Jahre 2000 zurück.[10] Im Jahre 2001 wurde das Bedingungswerk neu strukturiert und § 17 ALB 2000 inhaltlich unverändert als § 2 ALB 2001 weitergeführt.[11] Im Zuge der Überarbeitung der Musterbedingungen im Jahre 2006 wurde die Klausel nicht geändert und als § 2 ALB 2006 fortgeführt.[12] Der Wortlaut der Klausel des § 2 ALB 2006 entspricht dem Wortlaut des § 17 ALB 2000.

6

III. Überschussbeteiligung der Versicherungsnehmer

1. Überschussergebnisquellen

Als Überschussergebnisquellen für den vom LVU erzielten Rohüberschuss sind das Kapitalanlageergebnis,[13] das Risikoergebnis, das Kostenergebnis, das Rückversicherungsergebnis und das sonstige Ergebnis zu nennen, wobei dem Kapitalanlageergebnis die größte Bedeutung zukommt.[14] Über die Überschussergebnisquellen haben die LVU gemäß § 9 Nr. 4 BerVersV dem BAV im Rahmen der sog. „Zerlegung des Rohergebnisses nach Ergebnisquellen" Bericht zu erstatten.[15] Die Ergebnisse der Zerlegung des Rohergebnisses dienen als Anhaltspunkt für eine angemessene Überschussbeteiligung, die der Verantwortliche Aktuar gemäß § 11 a Abs. 3 Nr. 4 VAG dem Vorstand vorzuschlagen hat.[16]

7

2. Begriff des Überschusses

Unter Überschuss wird der handelsrechtliche Überschuss verstanden.[17] Er entspricht der Summe des Gewinns („Jahresüberschuss"), der Aufwendungen für die erfolgsabhängige Beitragsrückerstattung und der Direktgutschrift.[18] Auf handelsrechtlich nicht erfasste unrealisierte Gewinne hat der Versicherungsnehmer keinen Anspruch.[19]

8

---

[9] Littbarski EWiR 2000, 1173, 1174; Werber VersR 2003, 148; a. A. Schwintowski, Das Transparenzgebot im Privatversicherungsrecht, VersWissStud. 15 (2000), S. 87, 133; Nitschke, Maßstäbe für die Transparenz Allgemeiner Versicherungsbedingungen, VersWissStud. 22 (2002), S. 193.
[10] GDV-Rundschreiben 521/2000 v. 20. 3. 2000.
[11] GDV-Rundschreiben 1358/2001 v. 5. 7. 2001.
[12] GDV-Rundschreiben 1319/2006 v. 5. 5. 2006.
[13] Siehe dazu Zielke/Bräutigam VW 2007, 398 ff.
[14] Baumgärtner/Aschenbrenner VW 2002,1945, 1946.
[15] Siehe hierzu Engeländer Der Aktuar 2001, 14 ff.
[16] Engeländer NVersZ 2000, 401, 409.
[17] Engeländer NVersZ 2000, 401, 404.
[18] Engeländer NVersZ 2000, 401, 406.
[19] Geib/Engeländer VW 2006, 620, 622.

3. Aufteilung des Überschusses zwischen LVU und dem Kollektiv der Versicherungsnehmer

9 **a) Aufsichtsrechtliche Vorgaben.** Bei der Aufteilung des Überschusses sind zahlreiche aufsichtsrechtliche Vorschriften zu beachten, die sich insbesondere aus den §§ 11 ff., 81 c VAG und den einschlägigen Rechtsverordnungen ergeben, auf die noch näher eingegangen wird. Unter Beachtung der Regeln zur Mindestüberschussbeteiligung ist der Überschuss zwischen dem LVU und dem Kollektiv der Versicherungsnehmer aufzuteilen.[20] Bei der Aufteilung des Überschusses zwischen dem LVU und dem Kollektiv der Versicherungsnehmer kommt dem Verantwortlichen Aktuar eine zentrale Rolle zu.

10 **b) Mindestüberschussbeteiligung.** In der deutschen Lebensversicherung gilt der Grundsatz der Mindestüberschussbeteiligung, sofern ein Anspruch auf Überschussbeteiligung eingeräumt ist.[21] Die Mindestüberschussbeteiligung in der Lebensversicherung ist insbesondere im § 81 c VAG bzw. in der Verordnung über die Mindestbeitragsrückerstattung in der Lebensversicherung (ZRQuotenV) vom 23. Juli 1996 geregelt,[22] die für nach dem 31. Dezember 2007 beginnende Geschäftsjahre von der Verordnung über die Mindestbeitragsrückerstattung in der Lebensversicherung (Mindestzuführungsverordnung) vom 4. April 2008[23] abgelöst worden ist. Den Versicherungsnehmern stehen nach der ZRQuotenV nach Abzug der rechnungsmäßigen Zinsen und der Direktgutschrift mindestens 90% der verbleibenden Kapitalertragsüberschüsse bzw. 90% der gesamten Kapitalerträge zu.[24] Mit dieser hochkomplizierten, aber ausgesprochen eleganten Lösung ist es der Aufsichtsbehörde gelungen, in Deutschland einen mit marktwirtschaftlichen Methoden zu vereinbarenden Effizienzdruck auf die LVU auszuüben, der weit über dem liegt, was ein Markt hier oder anderswo allein je zu leisten vermöchte.[25] Die gemeinsame Beteiligung von LVU und Versicherungsnehmer an den Erträgen aller Kapitalanlagen stellt sicher, dass die Anlage der Versicherungsbeiträge der Versicherungsnehmer mit der gleichen Vorsicht und Verlässlichkeit erfolgt, wie sie das LVU für sich selbst vorsieht.[26] Die Regelung steht anderseits aber nicht nur einer angemessenen Eigenkapitalrendite entgegen, sondern erschwert auch die Zuführung von neuem Kapital und die Stärkung der Eigenkapitalbasis im Wege der Innenfinanzierung.[27]

11 **c) Mindestdividende der Aktionäre.** Bei Versicherungs-Aktiengesellschaften ist der Anspruch der Aktionäre zu berücksichtigen. Sie können verlangen, dass das Grundkapital mit einer Mindestdividende in Höhe von 4% auf das dividendenberechtigte Grundkapital bedient wird.[28]

---

[20] *Engeländer* NVersZ 2000, 401, 406.
[21] Siehe hierzu *Lorenz*, Rechtsfragen zur Überschussbeteiligung in der Kapitallebensversicherung, ZVersWiss 1993, 283 ff.
[22] BGBl. I S. 1190 = VerBAV 1996, 230. Siehe hierzu *Lorenz*, Rechtsfragen zur Überschussbeteiligung in der Kapitallebensversicherung, ZVersWiss 1993, 283 ff.
[23] BGBl. I 2008, 690.
[24] § 1 Abs. 1 u. 2 ZRQuotenV; BGH, Urt. v. 12. 10. 2005 – IV ZR 162/03, NJW 2005, 3559, 3566 = VersR 2005, 1565, 1571 = r+s 2005, 519, 525 = BetrAV 2005, 788, 791 = WM 2005, 2279, 2287 = ZIP 2005, 2109, 2117 = DB 2005, 2686, 2688.
[25] *Engeländer* NVersZ 2000, 401, 407.
[26] *Geib/Engeländer* VW 2006, 541, 542.
[27] *Schareck*, Die ökonomische Bedeutung des Rechtsrahmens für die Versicherungswirtschaft, in: Kontinuität und Wandel des Versicherungsrechts, Festschrift für Egon Lorenz zum 70. Geburtstag, hrsg. v. Manfred Wandt, Peter Reiff, Dirk Looschelders u. Walter Bayer, Karlsruhe, VVW, 2004, S. 687, 699.
[28] *Kölschbach* in: Prölss, VAG, 12. Aufl., 2005, § 56 a VAG Anm. 15.

d) **Vorschlag des Verantwortlichen Aktuars. aa) Bestellung.** Der verant- 12
wortliche Aktuar wird gemäß § 11 a Abs. 2 a Satz 1 VAG mit Zustimmung des
Aufsichtsrats bestellt oder entlassen.[29] Hat ein kleiner Versicherungsverein auf
Gegenseitigkeit (§ 53 VAG) keinen Aufsichtsrat, bestellt der Vorstand den Verantwortlichen Aktuar, soweit die Satzung nicht bestimmt, dass dieser von der obersten Vertretung bestellt wird (§ 11 a Abs. 2 a Satz 2 VAG). Die Rechtsstellung des
Verantwortlichen Aktuars ist damit an die des Wirtschaftsprüfers angeglichen.[30]
Der Vorstand der DAV tritt daher für eine gesetzliche Haftungsbegrenzung für
Verantwortliche Aktuare nach dem Vorbild des § 323 Abs. 2 HGB für die Wirtschaftsprüfer ein.[31]

bb) **Unabhängigkeit.** Die Funktion des Verantwortlichen Aktuars lehnt sich 13
an den durch das britische Aufsichtssystem geprägten „Appointed Actuary an, der
berufsständischen Regeln unterworfen ist."[32] Die fachliche Unabhängigkeit des
Verantwortlichen Aktuars sichert vor allem seine unbedingte Bindung an die aktuariellen Grundsätze, über die „der einflussreiche Berufsstand der Aktuare mit
seinen Berufsrichtlinien wacht".[33]

cc) **Vorschlagspflicht.** Für Versicherungsverträge mit Anspruch auf Über- 14
schussbeteiligung hat der verantwortliche Aktuar dem Vorstand Vorschläge für
eine angemessene Beteiligung am Überschuss vorzulegen (§ 11 a Abs. 3 Nr. 4
VAG). Basis des Vorschlages ist in der Regel das erwartete Jahresergebnis.[34] Bei
seinem Vorschlag hat der Verantwortliche Aktuar die Risikolage[35] und den Mindestsolvabilitätsbedarf[36] zu berücksichtigen. Ferner hat der Verantwortliche Aktuar
darauf zu achten, dass grundsätzlich alle durch kurzfristige Schwankungen entstandenen Überschüsse nur verzögert zugeteilt werden, um eine Spekulation gegen das Kollektiv zu vermeiden.[37]

dd) **Berichtpflicht.** Bei der Erfüllung seiner Aufgaben hat der Verantwortli- 15
che Aktuar die Verordnung über die versicherungsmathematische Bestätigung und
den Erläuterungsbericht des Verantwortlichen Aktuars (AktuarV) vom 6. November 1996[38] in der Fassung der Ersten Verordnung zur Änderung der Verordnung über die versicherungsmathematische Bestätigung und den Erläuterungsbericht des Verantwortlichen Aktuars vom 12. Oktober 2005[39] zu beachten. Seit
dem 8. VAGÄndG v. 28. Mai 2007[40] ist der Verantwortliche Aktuar darüber hinaus verpflichtet, dem Aufsichtsrat zu berichten. Der verantwortliche Aktuar hat in
seinem Erläuterungsbericht zu analysieren, ob mittelfristig eine ausreichende Sicherheit sowohl im Hinblick auf die Finanzierbarkeit des Rechnungszinses als
auch bezüglich der Bedeckung der Solvabilitätsspanne vorhanden ist. Darüber
hinaus hat der Verantwortliche Aktuar zu analysieren, ob die langfristige wirt-

---

[29] Siehe hierzu R 3/95 v. 1. 8. 1995 – Voraussetzungen für die Bestellung eines Verantwortlichen Aktuars gemäß §§ 11a, 11d, 11e, 12 Abs. 2 und 5 des Dritten Durchführungsgesetzes/EWG zum VAG, VerBAV 1995, 311.
[30] Begründung zu Art. 1 Nr. 8 (§ 11a VAG) RegE 8. VAGÄndG BT-Drucks. 16/1937 S. 22.
[31] Vgl. Rechtsgutachten zur Haftung des Verantwortlichen Aktuars, Der Aktuar 2009, 6, 8.
[32] *Schwintowski* VersWissStud Bd. 4, 1996, S. 11.
[33] *Boetius* VersR 2007, 1589, 1590.
[34] Hinweis des Vorstandes der DAV an alle Verantwortlichen Aktuare der Lebensversicherungen, Der Aktuar 2001, 147.
[35] *Engeländer* NVersZ 2000, 401, 406.
[36] *Engeländer* NVersZ 2000, 545, 546.
[37] Vgl. *Kunkel* Der Aktuar 1999, 20, 21.
[38] BGBl. I S. 1681 = VerBAV 1996, 296.
[39] BGBl. I S. 3015.
[40] BGBl. I S. 923.

schaftliche Erfüllbarkeit der eingegangenen Verpflichtungen und hierbei insbesondere die aus dem Rechnungszins resultierende Garantiezusage jederzeit gewährleistet sind.

15a **ee) Haftung.** Der Verantwortliche Aktuar haftet gegenüber den Versicherungsnehmern aus unerlaubter Handlung gemäß § 823 Abs. 2 BGB i. V. m. § 11 a Abs. 3 VAG und aus § 826 BGB.[41] Eine Haftung aus § 823 Abs. 2 BGB setzt Vorsatz voraus.[42]

4. Aufteilung des Überschusses bei Teilkollektiven

16 Teilkollektive sind meist vertraglich festgelegte Unterteilungen von Teilbeständen, die früher Abrechnungsverbände, heute Bestandsgruppen, Überschussgruppen, aber auch noch Abrechnungsverbände o. ä. genannt werden.[43] Wie früher werden die Teilkollektive hiervon häufig Gewinnverbände genannt.[44] Diese Gewinnverbände enthalten üblicherweise Verträge mit gleichen oder nur auf Grund von Vertragsgestaltungsunterschieden leicht unterschiedlichen Rechnungsgrundlagen, so dass hier einheitliche Überschussanteilsätze, evtl. weiter nach der Vertragsgestaltung differenziert, festgelegt werden können.[45] In diesem Fall sind die einzelnen Versicherungsnehmer nicht entsprechend der Verursachung am Gesamtüberschuss des LVU beteiligt, sondern nur an dem für die Teilbestände festgestellten Überschuss.[46]

5. Festsetzung der individuellen Überschussanteile

17 **a) Deklaration.** Die Höhe der Überschussanteilsätze wird jedes Jahr vom Vorstand des LVU auf Vorschlag des Verantwortlichen Aktuars festgelegt. In der Regel erfolgt die Deklaration der Überschussanteilsätze vor dem Bilanzstichtag für das folgende Geschäftsjahr.[47] Die Überschussanteile werden dabei für Teilkollektive in Form von Überschussanteilsätzen, bezogen auf meist vertraglich festgelegte Bezugsgrößen wie dem individuellen Beitrag, des individuellen Bilanzdeckungskapitals, des riskierten Kapitals oder der Versicherungssumme, bestimmt.[48] Zu einem gewissen Teil erfolgen die Überschusszuteilungen vorläufig in Form von Schlussüberschussanteilen.[49] Diese werden erst bei Fälligkeit der Versicherungsleistung mit der tatsächlichen Auszahlung verbindlich.[50] Die Schlussüberschussanteile werden während der Laufzeit durch das LVU angespart.[51] Eine attraktive Gesamtverzinsung ist notwendig, um zum einen für den Kunden wettbewerbsfähig zu bleiben und zum anderen eine kapitalmarktgerechte Eigenkapitalrendite zu erwirtschaften.[52] Bei den unternehmensindividuell zu treffenden Regelungen muss allerdings berücksichtigt werden, dass die Gewährung von Rechtsansprüchen auf den Schluss-

---

[41] *Brömmelmeyer,* Der Verantwortliche Aktuar in der Lebensversicherung, Baden-Baden, Nomos, VersWissStud. 14 (2000), S. 269; *Thole* VersR 2010, 447, 450.
[42] *Brömmelmeyer* a. a.O (Fn. 41); *Thole* VersR 2010, 447, 450.
[43] *Engeländer* NVersZ 2000, 401, 408.
[44] *Engeländer* NVersZ 2000, 401, 408.
[45] *Engeländer* NVersZ 2000, 401, 408 f.
[46] *Engeländer* NVersZ 2000, 401, 407; *Zimmermann/Chevtchenko/Schweinberger* ZVersWiss 2006, 91, 94.
[47] *Engeländer* NVersZ 2000, 401, 408.
[48] *Engeländer* NVersZ 2000, 401, 408.
[49] *Geib/Engeländer* VW 2006, 541, 543.
[50] *Geib/Engeländer* VW 2006, 541, 543.
[51] *Geib/Engeländer* VW 2006, 541, 543.
[52] *Zielke* VW 2008, 99, 103.

überschussanteil zu einer Gefährdung des Schlussüberschussanteilsfonds als Eigenmittelersatz führen könnte.

b) Verlustabdeckung. Die Schlussüberschussanteile können gemäß § 28 Abs. 6 RechVersV i.V.m. § 56a Abs. 3 Satz 2 VAG für die Verlustabdeckung herangezogen werden.[53] Hierdurch werden die garantierten Leistungen und laufenden Zuteilungen zusätzlich abgesichert und durch einen Puffer die Verlässlichkeit weiter gesichert.[54] 18

6. Verwendung der Überschussanteile

Die Überschussanteile sind vom LVU der vertraglich vorgesehenen Verwendung zuzuführen. Danach werden sie entweder in bar ausgeschüttet, mit Beiträgen verrechnet, verzinslich angesammelt oder in Form zusätzlich temporärer oder dauernder Leistungsversprechen zugeteilt.[55] 19

7. Veröffentlichung der Überschussanteilsätze

Die Überschussanteilsätze hat das LVU im Geschäftsbericht zu veröffentlichen. 20

8. Information des Versicherungsnehmers

Einmal jährlich ist der Versicherungsnehmer über den Stand der Überschussbeteiligung zu informieren. 21

9. Leistungsdarstellung in der Lebensversicherung

Bis zum 1. Januar 2008 war das Rundschreiben R 2/2000 des BAV vom 23. 10. 2000, das Hinweise zur Darstellung der Überschussbeteiligung und zur Darstellung der Leistungen einer Fondsgebundenen Lebensversicherung enthielt, zu beachten.[56] Dieses Rundschreiben wurde am 29. November 2007 von der BaFin aufgehoben, weil sich die dem Rundschreiben R 2/2000 zugrunde liegende Rechtslage von 2009 an geändert hat.[57] 22

IV. Hochrechnung der Ablaufleistung

Im Schrifttum wird von *Niedworok/Zwielser*[58] empfohlen, dem Verbraucher mindestens drei Hochrechnungen der Ablaufleistungen an die Hand zu geben. Die eine mit der realistisch erwarteten Verzinsung in %, die beiden anderen mit je einem Prozentpunkt niedriger bzw. höher. Ebenso soll der verwendete Zins in % explizit angegeben werden, wie auch der sich daraus ergebende Überschusszins (Gesamtzins in % abzüglich Rechnungszins). Zur richtigen Beurteilung des Zinsgewinnanteils sei es unerlässlich, die Bezugsgröße der Verzinsung eindeutig anzugeben (i.a. Guthaben des einzelnen Vertrags nach Kontoauszug). Diese Bezugsgröße müsse eine fest definierte Größe sein, die ohne weiteres für den Verbraucher nachvollziehbar ist. Sollte sie von bilanziellen Wahlrechten abhängen, so müsse dies zumindest kenntlich gemacht werden. Weiter sei es wichtig anzugeben, wo sich der Betrag wieder finden lässt (zum Beispiel auf dem jährlichen Kontoauszug). Mit 23

---

[53] *Geib/Engeländer* VW 2006, 541, 543.
[54] *Geib/Engeländer* VW 2006, 541, 543.
[55] *Engeländer* NVersZ 2000, 401, 409.
[56] VerBAV 2000, 252.
[57] BaFin in: BaFinJournal 02/08, S. 4.
[58] *Niedworok/Zwiesler,* Wie sollten Lebensversicherer ihre Kunden vor Vertragsabschluss informieren?, VW 1996, 582, 583.

diesen Hochrechnungen könne der Hinweis verbunden werden, dass es sich keinesfalls um Ober- bzw. Untergrenzen der Ablaufleistungen handelt.

V. Wahrung des Gleichbehandlungsgrundsatzes bei der Verteilung der Überschüsse

24   Die Deckungsrückstellungen für die Lebensversicherungsverträge werden mit dem bei Vertragsabschluss geltenden Rechnungszins verzinst. Je nach Zeitpunkt des Vertragsabschlusses kann der Rechnungszins unterschiedlich hoch ausfallen. Die einzelnen Rechnungszinsgenerationen liegen bei 3,00% (vor Juli 1986), 3,50% (bis Juli 1994), 4,00% (bis Juli 2000), 3,25% (bis Januar 2004), 2,75% ab 1. Januar 2004 und 2,25% seit 1. Januar 2007.[59] Die Gesamtverzinsung (d. h. Rechnungszins zuzüglich Zinsüberschussbeteiligung) war für die Kunden in der Vergangenheit grundsätzlich gleich, unabhängig davon, welcher Rechnungszins dem Vertrag zugrunde lag.[60] Einige Lebensversicherer wichen von der einheitlichen Gesamtverzinsung ab und berechneten die Gesamtverzinsung in Abhängigkeit vom jeweiligen Rechnungszins.[61] Nach dieser „risikoadjustierten Gesamtverzinsung" erhalten Versicherungsnehmer mit höherem Rechnungszins eine insgesamt niedrigere Gesamtverzinsung als Kunden mit niedrigerem Rechnungszins. Die LVU begründeten dies damit, dass die Absicherung höherer Rechnungszinsen gerade in Zeiten sinkender Marktzinsen Geld kostet.[62] Die BaFin hält dieses Vorgehen für unzulässig[63] und hat deshalb folgende Hinweise zur Wahrung des Gleichbehandlungsgrundsatzes gemäß § 11 Abs. 2 VAG bei der Verteilung der Überschüsse an die Versicherungsnehmer gegeben:[64]

„I. Einleitung
Die wirtschaftliche Entwicklung an den Kapitalmärkten wurde in den letzten Jahren von langfristig sinkenden Zinssätzen bestimmt. Zeitweise traten noch ungünstige Entwicklungen der Aktienmärkte hinzu und belasteten zusätzlich die Ertragskraft und Reservesituation der Lebensversicherungsunternehmen.
Der Verordnungsgeber hat dem Trend zu langfristig sinkenden Zinsen zuletzt durch die Anpassung des Höchstrechnungszinses zum 1. Januar 2004 entsprochen. Der nach § 2 Abs. 2 der Verordnung über Rechnungsgrundlagen für die Deckungsrückstellungen maßgebende Höchstrechnungszins gilt jedoch für die gesamte Laufzeit der einzelnen Verträge. Die Unternehmen haben dementsprechend noch beachtliche Bestände von Verträgen, denen ein Rechnungszins von bis zu 4,0% zugrunde liegt. Die Deckungsrückstellungen dieser Verträge müssen – unabhängig von der derzeitigen Ertragssituation – bis zum Vertragsende mit dem bei Vertragsabschluss geltenden Rechnungszins verzinst werden.
Diese Einflüsse haben in der wissenschaftlichen Diskussion zu der Entwicklung von Modellen geführt, die den Zeitwert einer Zinsgarantie durch stochastische Szenarien objektiv zu bemessen suchen. Vergleichsmaßstab sind dabei die erwarteten Ablaufleistungen. Der Wert der Zinsgarantie drückt sich dann in Abhängigkeit vom garantierten Rechnungszins in einer differenzierten Überschussbeteiligung aus. Reale Absicherungsmaßnahmen zur Sicherung einer bestimmten Garantieverzinsung, etwa der Kauf entsprechender Finanzinstrumente, werden allerdings nicht vorgenommen.

---

[59] *List/Speicher-Utsch*, Börsen-Zeitung Nr. 89/2008, S. 2 unter Hinweis auf Quelle: GDV; *Heidemann* VP 2004, 138, 140.
[60] Pressemitteilung der BaFin v. 1. 4. 2004, NZG 2004, XII.
[61] *Albrecht*, Eine Frage der Gerechtigkeit? Differenzierung der Überschussbeteiligung nach Rechnungszins, VW 2004, 659.
[62] Pressemitteilung der BaFin v. 1. 4. 2004, VW 2004, 552.
[63] A. A. *Albrecht* VW 2004, 659.
[64] VerBaFin Juli 2004, 3 ff. = BetrAV 2004, 534; dazu *Pirner*, Differenzierte Überschussbeteiligung als Klagegrund? Zur Zulässigkeit risikoadjustierter Gesamtverzinsung aus zivilrechtlicher Sicht, VW 2004, 656 f.

Einige wenige Unternehmen haben unter Berufung auf die genannten risikotheoretischen Modelle bereits Ende 2003 Überschussdeklarationen vorgenommen, die die Höhe der gesamten Überschussbeteiligung am Zinsüberschuss (durch Zinsüberschuss- oder Schlussüberschussanteile) von der Höhe des Garantiezinses abhängig machten. Verträge mit höheren Verzinsungsverpflichtungen wurden in geringerem Maße am Zinsüberschuss beteiligt als Verträge mit niedrigem Rechnungszins.

II. Zweck und Inhalt des Gleichbehandlungsgrundsatzes

Sinn des in der Lebensversicherung geltenden Gleichbehandlungsgrundsatzes ist es, zu verhindern, dass einzelne Versicherungsnehmer oder Gruppen von Versicherungsnehmern zu Lasten anderer Versicherungsnehmer oder Gruppen von Versicherungsnehmern benachteiligt oder bevorzugt werden. Demgemäß sind die Überschussanteile – Leistungen im Sinne von § 11 Abs. 2 VAG – so zu verteilen, dass eine solche Benachteiligung möglichst ausgeschlossen wird. Jede Deklaration der Überschüsse muss daher berücksichtigen, dass die Verteilung nur anhand von Kriterien erfolgt, die objektiv und nachvollziehbar sind und die realen Verhältnisse in angemessener Weise widerspiegeln.

III. Auswirkung der Zinsspreizung

Die realen Verhältnisse spiegelten Modelle dann wieder, wenn sie eine Entsprechung in der Kapitalanlagestrategie der Unternehmen fänden. Eine solche Entsprechung in der Kapitalanlagestrategie der Unternehmen wäre etwa bei einer Aufteilung des Sicherungsvermögens auf die einzelnen Zinsgenerationen vorstellbar. Das heutige Modell der Lebensversicherung in Deutschland sieht jedoch eine solche Aufteilung derzeit nicht vor. Sie wäre aber auch für die Unternehmen mit erheblichen finanziellen Risiken (Wiederanlagerisiko) verbunden.

Die derzeit diskutierten Modelle zur Deklaration einer vom Garantiezins abhängigen Überschussbeteiligung tragen den realen Verhältnissen nur unzureichend Rechnung. Die Höhe der Überschussdifferenzierung bleibt fiktiv in dem Sinne, dass eine Überprüfung der den einzelnen Rechnungszinsgenerationen gewährten Zinsüberschussbeteiligung im Rahmen einer aktuariellen Gewinnzerlegung nicht stattfindet.

Dadurch kommt es gleichsam zwangsläufig zu einer Schlechterstellung oder Begünstigung einzelner Gruppen von Versicherungsnehmern. Eine solche Behandlung der Versicherungsnehmer stünde im Widerspruch zum Gleichbehandlungsgrundsatz des § 11 Abs. 2 VAG. Die BaFin sähe hierin einen Missstand (§ 81 Abs. 2 VAG).

IV. Folgen des Gleichbehandlungsgrundsatzes

Mit Abschluss eines Vertrages mit Überschussberechtigung geben Lebensversicherungsunternehmen gegenüber dem Versicherungsnehmer das Versprechen ab, ihn an den Überschüssen zu beteiligen. Dieses dem Grunde nach einheitliche Gewinnversprechen erlaubt es auch, die Kapitalanlagen aller Bestände in nur einem Sicherungsvermögen zusammenzufassen. Andererseits folgt aus ihm die grundsätzliche Pflicht, für eine gleiche Gesamtverzinsung der Versicherungsnehmer zu sorgen.

Kommt es zu einer Situation, in der die Kapitalerträge aktuell nicht mehr ausreichen, alle Rechnungszinsgenerationen mit derselben Gesamtverzinsung zu bedienen, gilt folgendes:

Die garantierte Verzinsung ist immer entsprechend den vertraglichen Vereinbarungen zu bedienen.

Reichen die Mittel nicht aus, um allen Versicherungsnehmern eine gleiche Gesamtverzinsung zu gewähren, kommt es zwangsläufig zu einer Quersubventionierung der Bestände mit höherem Rechnungszins durch die Bestände mit niedrigerem Rechnungszins. Zur Wahrung des Gleichbehandlungsgrundsatzes sind daher diejenigen Mittel, die an die Bestände mit höheren Rechnungszinsen ausgeliehen wurden, sobald wie möglich wieder an die Bestände niedrigerer Rechnungszinsgenerationen zurückzuführen („internes Darlehen"). Um eine ungerechtfertigte Schlechterstellung der ausleihenden Bestände zu vermeiden, ist eine angemessene Verzinsung vorzusehen. Dieses Verfahren entspricht dem üblichen Vorgehen bei Auftreten vorübergehender Verluste in Teilbeständen.

Während der Laufzeit dieses internen Darlehens kann die zeitnahe und verursachungsgerechte Beteiligung der Versicherungsnehmer an den Überschüssen vorübergehend beeinträchtigt werden. Die zeitnahe und verursachungsgerechte Überschussbeteiligung ist zwar ein wichtiges Ziel aufsichtsrechtlicher Tätigkeit, ist jedoch von vornherein nicht uneingeschränkt gewährleistet.

Zunächst besteht ein Zielkonflikt zu der gesetzlich vorgesehenen und aufsichtsrechtlich erwünschten, zeitlich begrenzten Ansammlung von Mitteln in der Rückstellung für Beitragsrückerstattung. Außerdem kommt es durch die Einheitlichkeit der Kapitalanlage zwangsläufig dazu, dass eine Gruppe Versicherter die Erträge aus solchen Kapitalanlagen vereinnahmt, die aus den Beiträgen anderer Versicherter angeschafft wurden.

Dieser Zielkonflikt ist durch Betrachtung der widerstreitenden Interessen zu lösen. In aller Regel wird dabei dem Gleichbehandlungsgrundsatz, der gesetzlich verankert ist, der Vorzug einzuräumen sein."

VI. Besteuerung von Kapitalleistungen

1. Altverträge

25 Nach § 20 Abs. 1 Nr. 6 EStG a. F. sind die Gewinnanteile aus kapitalbildenden Lebens- und Rentenversicherungen mit Kapitalwahlrecht steuerfrei. Dabei bleibt es bei Altverträgen (Abschluss vor dem 1. Januar 2005).[65]

2. Neuverträge

26 Bei Neuverträgen (Abschluss nach dem 31. Dezember 2004) ist gemäß § 20 Abs. 1 Nr. 6 EStG n. F. der Differenzbetrag zwischen Versicherungsleistung und der Summe der Beitragszahlungen steuerpflichtiger Ertrag. Bei Versicherungsauszahlung nach Vollendung des 60. Lebensjahres und (kumulativ) nach Ablauf von mindestens 12 Jahren seit Vertragsabschluss wird nur die Hälfte des Differenzbetrages der Besteuerung unterworfen.

§ 3 Wann beginnt Ihr Versicherungsschutz?

(1) Ihr Versicherungsschutz beginnt, wenn Sie den ersten oder einmaligen Beitrag (Einlösungsbeitrag) gezahlt und wir die Annahme Ihres Antrages schriftlich oder durch Aushändigung des Versicherungsscheins erklärt haben. Vor dem im Versicherungsschein angegebenen Beginn der Versicherung besteht jedoch noch kein Versicherungsschutz.

(2) Ein bei Antragstellung ggf. vereinbarter vorläufiger Versicherungsschutz wird hierdurch nicht berührt.

Übersicht

	Rdn.
I. Fassung	1–3
1. Vorfassung	1, 2
2. § 3 ALB 1994	3, 4
II. Regelungsgegenstand der Vorschrift	5
III. Besondere Pflichten des Versicherers bei Abschluss des Versicherungsvertrages	6–23
1. Informationspflichten gemäß VAG	6–17
a) Ausgangslage	6–8
b) Informationsberechtigter	9, 10
c) Form	11–13
d) Rechtsfolgen der Verletzung von Informationspflichten	14–17
aa) Sittenwidrigkeit	14
bb) culpa in contrahendo	15–17
2. Identifizierung des Kunden gemäß GeldwG	18–23

---

[65] BMF-Schreiben v. 25. 11. 2004, BStBl. I S. 1096; § 52 Abs. 36 Satz 5 EStG.

	Rdn.
IV. Abschluss des Versicherungsvertrages	24–77
1. Rechtsgrundlagen	24
a) Vertragsabschlussverfahren	24
b) Grenzüberschreitende Geschäfte	25
2. Rahmenvereinbarung	26, 27
3. Policenmodell	28–75
a) Ausgangslage	28–30
b) Rechtswirksamkeit des § 5a VVG	31–40
aa) Verfassungswidrigkeit	31
bb) Europarechtswidrigkeit	32–40
c) Antrag und Annahme	41–43
d) Antragsbindefrist	44, 45
e) Widerspruchsrecht	46–65
aa) Zweck	46
bb) Form	47
cc) Inhalt	48
dd) Belehrung	49–53
ee) Verbraucherinformation	54–56
ff) Widerspruchsfrist	57–60
gg) Ausübung des Widerspruchsrechts	61–65
f) Zeitpunkt des Vertragsabschlusses	66, 67
g) Rücktrittsrecht	68–73
h) Kündigungsrecht	74, 75
4. Antragsmodell	76
5. Besondere Vereinbarungen	77
V. Beginn des Versicherungsschutzes	78–82
1. Annahme des Antrags	78–80
2. Zahlung des Einlösungsbeitrags	81, 82
VI. Besondere Pflichten des Versicherers nach Abschluss des Versicherungsvertrages	83

AuVdBAV: VerBAV 1992, 199; VerBAV 1993, 103; VerBAV 1994, 286; VerBAV 1994, 410; VerBAV 1995, 283 (Grundsätze des Bundesaufsichtsamtes für das Versicherungswesen zur Anwendung des § 10a VAG – Verbraucherinformation); VerBAV 1995, 311.

Schrifttum: *Abram,* Schriftformprobleme im Internet – Eine Bestandsaufnahme, NVersZ 2002, 202; *Bach,* Vorvertragliche Informationspflichten des Versicherers nach der VAG-Novelle, Festschrift für Egon Lorenz, Karlsruhe, VVW, 1994, S. 45; *Basedow/Drasch* NJW 1991, 785; *Basedow* u. a. (Hrsg.), Informationspflichten, Europäisierung des Versicherungswesens. Anerkannte Grundsätze der Versicherungsmathematik, Beiträge der Vierten Wissenschaftstagung des Bundes der Versicherten, Baden-Baden, Nomos, 1995; *Baumann,* Versicherungsrecht nach der Deregulierung, Frankfurter Vorträge zum Versicherungswesen, Heft 27, Karlsruhe, VVW, 1995; *derselbe,* Versicherungsrecht nach der Deregulierung, VersR 1996, 1; *Biagosch/Scherer,* Die Verbraucherinformation des § 10a VAG bei kapitalbildenden Lebensversicherungen, VW 1995, 370 (Teil I), 429 (Teil II); *Döhmer,* Die Fiktionen des § 5a VVG, ZfS 1997, 281; *Dörner/Hoffmann,* Der Abschluss von Versicherungsverträgen nach § 5a VVG, NJW 1996, 153; *Fenyves,* Deutsches und österreichisches Versicherungsvertragsrecht – Gemeinsamkeiten und Unterschiede, ZVersWiss 1997, 295; *Fricke,* Der Widerruf des Widerspruchs – Noch ein Problem des § 5a VVG –, VersR 1999, 521; *Heiss,* Die Institutionalisierung der deutschen Lebensversicherung, Berlin, D&H, 2006; *Hemmer,* Die Einbeziehung von AVB in den Versicherungsvertrag nach neuem Recht, Schriftenreihe des Fachbereichs Versicherungswesen der Fachhochschule Köln, Heft 7, Karlsruhe, VVW, 1996; *Herrmann,* Customer Relations Center und Verbraucherschutz im Versicherungsprivatrecht, VersR 1998, 931; *Heß, Rainer/Burmann, Michael,* Die VVG-Reform: Beratung, Information, Widerruf und Kündigung, NJW-Spezial 2007, 111; *Honsel,* Veröffentlichungen der Münsterischen Forschungsstelle für Versicherungswesen, Heft 33, Karlsruhe, VVW, 1995; *Hoppmann/Moos,* Rechtsfragen des Internet-Vertriebs von Versicherungsdienstleistungen, NVersZ 1999, 197; *dieselben,* Der allgemeine Rechtsrahmen des Online-Auftritts von Versicherungsunternehmen, ZfV 1999, 194; *Johannsen* VersR 1991, 500; *Kieninger,* Informations-, Aufklärungs- und

Beratungspflichten beim Abschluss von Versicherungsverträgen: zur Gesetzesinitiative der Bundesländer vom 7. 7. 1997, VersR 1998, 5; *Kurzendörfer,* Einführung in die Lebensversicherung, 3. Auflage, Karlsruhe, VVW, 2000; *Lange,* Das Policenmodell und § 5a VVG: Schwebend unwirksamer Versicherungsvertrag oder „Rumpfvertrag"? – Zugleich Anmerkung zum Urteil des OLG Frankfurt/M. vom 10. 12. 2003 (7 U 15/03) VersR 2005, 631 –, VersR 2006, 313; *Leverenz,* Auswirkungen des § 312e BGB auf das Versicherungsgeschäft im Internet, VersR 2003, 698; *Lorenz, Egon,* Zu den Informationspflichten des Versicherers und zum Abschluss von Versicherungsverträgen nach neuem Recht, ZVersWiss 1995, 103; *derselbe,* Zum Abschluss eines Versicherungsvertrags nach § 5a VVG, VersR 1995, 616; *derselbe,* Neue Aspekte zum Abschluss eines Versicherungsvertrags nach § 5a VVG, VersR 1997, 773; *derselbe,* Neues zur Diskussion um § 5a VVG, in: Die rechtliche und versicherungstechnische Handhabung von Versicherungsprodukten nach der Deregulierung, Karlsruhe, VVW, 1997, S. 13; *Marlow,* Zur Beweislastverteilung im Prämienrückforderungsprozess des VN bei Widerspruch nach § 5a VVG, VersR 2003, 1506; *Matusche,* Verbraucherschutz durch aufsichtsrechtlich normierte Informations- und Beratungspflichten, VW 1994, 1298; *Mehrings,* Verbraucherschutz im Cyberlaw: Zur Einbeziehung von AGB im Internet, BB 1998, 2373; *Meyer,* in: Versicherungswissenschaftliche Studien, Bd. 4, 1996, 157, 182; *Micklitz/Ebers,* Der Abschluss von privaten Versicherungsverträgen im Internet, VersR 2002, 641; *Müller,* Vorvertragliche und vertragliche Informationspflichten nach englischem und deutschem Recht, Heidelberg, Verlag Recht und Wirtschaft, 1994; *Osing,* Informationspflichten des Versicherers und Abschluss des Versicherungsvertrages, Diss. Köln 1995, Karlsruhe, VVW, 1996; *Präve,* Das Kündigungs- und Widerrufsrecht des Versicherungsnehmers bei Neuverträgen, VW 1991, 488; *derselbe,* Zur Umsetzung der Disclosure-Regelungen in deutsches Recht, VW 1993, 181; *derselbe,* Die Disclosure-Regelungen des VAG, VW 1994, 556; *derselbe,* Das Widerspruchsrecht des Versicherungsnehmers, ZfV 1994, 374; *derselbe,* Das Dritte Durchführungsgesetz/EWG zum VAG – Ausgewählte Fragen des neuen Aufsichts- und Vertragsrechts, ZfV 1994, 168 (I), 199 (II), 227 (III), 255 (IV); *derselbe,* Das neue Widerrufs- und Rücktrittsrecht, VW 1994, 676; *derselbe,* BuW 1995, 130; *derselbe,* Die Informationspflichten des Versicherers gemäß § 10a VAG, VW 1995, 90; *Rehberg,* Der Versicherungsabschluss als Informationsproblem – Die Gewährleistung freier Produktwahl in der Privatversicherung, Baden-Baden, Nomos, 2003; *Reich,* EG-rechtliche Anforderungen an die Reform des deutschen Versicherungsrechts, in: Deregulierung, Private Krankenversicherung, Kfz-Haftpflichtversicherung, Beiträge der Dritten Wissenschaftstagung des Bundes der Versicherten, hrsg. von Schwintowski, Baden-Baden, 1994, S. 35; *Reiff,* Die Auswirkungen des Gemeinschaftsrechts auf das deutsche Versicherungsvertragsrecht, VersR 1997, 267; *Reichert-Facilides,* Informations- und Beratungspflichten des Versicherers: Privat- oder aufsichtsrechtliche Zuordnung?, VW 1994, 561; *Renger,* Stand, Inhalt und Probleme des neuen Versicherungsrechts – Bemerkungen zum Dritten Gesetz zur Durchführung versicherungsrechtlicher Richtlinien des Rates der Europäischen Gemeinschaften –, VersR 1994, 753; *Reusch,* Schriftformerfordernisse beim Abschluss von Versicherungsverträgen über das Internet, NVersZ 1999, 110; *derselbe,* Das Multimedia-Gesetz beim Internetauftritt von Versicherungsunternehmen, NVersZ 2000, 1; *Schimikowski,* Die Neuregelungen zum Widerrufs- und Rücktrittsrecht des Versicherungsnehmers, r+s 1994, 441; *derselbe,* Verbraucherinformation – Einbeziehung von AVB und Abschluss des Versicherungsvertrags, r+s 1996, 1; *derselbe,* Rechtsprobleme bei papierarmem Vertrieb und neuen Formen des Abschlusses des Versicherungsvertrags, r+s 1997, 89; *Schirmer,* Vertragsabschluss und AVB Geltung nach dereguliertem VVG, Frankfurter Vorträge zum Versicherungswesen, Heft 28, Karlsruhe, VVW, 1996; *derselbe,* Änderungen des VVG nach der Deregulierung mit den Schwerpunkten: Abschluss des Versicherungsvertrages und Einbeziehung von AVB, VersR 1996, 1045; *Schreiber,* Zur Anwendung der „Billigungsklausel" des § 5 VVG, VersR 1994, 760; *Schwintowski,* VuR 1996, 223; *Seiffert,* Die Rechtsprechung des BGH zum Versicherungsrecht – Neuere Entscheidungen des IV. Zivilsenats des BGH zur Lebensversicherung und Anmerkungen zu „Nichtentscheidungen", r+s 2010, 177; *Teske,* Neue Widerrufsrechte beim Abschluss von Versicherungs- und Verbraucherkreditverträgen, NJW 1991, 2793; *Wandt,* Verbraucherinformation und Vertragsschluss nach neuem Recht – Dogmatische Einordnung und praktische Handhabung, Veröffentlichungen der Münsterischen Forschungsstelle für Versicherungswesen, Heft 24, Karlsruhe, VVW, 1995; *Werber,* Alte und neue Informations- und Beratungspflichten des Versicherers und des Vermittlers, ZVersWiss 1994, 321; *derselbe,* Differenzierung nach Schutzbedürftigkeit des Versicherungsnehmers im Versicherungsrecht, in: Festschrift für Horst Baumann, Karlsruhe, VVW, 1999, S. 359.

Beginn des Versicherungsschutzes 1–6 § 3 ALB 2006

I. Fassung

1. Vorfassung

In den ALB 1994 lautete die Klausel wie folgt: 1

„**§ 2 Wann beginnt Ihr Versicherungsschutz?**
(Musterbedingungen des GDV – ALB 1994)
Ihr Versicherungsschutz beginnt, wenn Sie den ersten oder einmaligen Beitrag (Einlösungsbeitrag) gezahlt und wir die Annahme Ihres Antrages schriftlich oder durch Aushändigung des Versicherungsscheins erklärt haben. Vor dem im Versicherungsschein angegebenen Beginn der Versicherung besteht jedoch noch kein Versicherungsschutz."

Das Wort „bestätigt" in § 1 Satz 1 ALB 1986 wurde in § 2 Satz 1 ALB 1994 2
durch das Wort „erklärt" ersetzt. Im Zuge der Überarbeitung der Musterbedingungswerke wurde § 2 ALB 1994 um eine Aussage zum vorläufigen Versicherungsschutz ergänzt und im Jahre 2001 als § 3 ALB 2001 fortgeführt.[1] § 3 ALB 2001 stimmt mit § 3 ALB 2006 überein.[2]

2. § 3 ALB 1994

Die ALB 1994 enthielten noch folgende, erstmals eingefügte Bestimmung: 3

„**§ 3 Können Sie vom Versicherungsvertrag zurücktreten?**
(Musterbedingungen des GDV – ALB 1994)
Sie können innerhalb einer Frist von 14 Tagen nach Abschluss vom Versicherungsvertrag zurücktreten. Zur Wahrung der Frist genügt die rechtzeitige Absendung der Rücktrittserklärung.
Die Frist beginnt erst zu laufen, wenn wir Sie über Ihr Rücktrittsrecht belehrt und Sie dies mit Ihrer Unterschrift bestätigt haben. Wenn wir die Belehrung unterlassen haben, erlischt Ihr Rücktrittsrecht einen Monat nach Zahlung des ersten oder einmaligen Beitrags."

Die Regelung gab die Rechtslage aufgrund des zu dieser Zeit geltenden § 8 4
VVG wieder.

II. Regelungsgegenstand der Vorschrift

Die Vorschrift regelt die materielle Deckung und den Zeitpunkt des Vertrags- 5
abschlusses.

III. Besondere Pflichten des Versicherers bei Abschluss des Versicherungsvertrages

1. Informationspflichten gemäß VAG

a) **Ausgangslage.** Durch das am 29. Juli 1994 in Kraft getretene Dritte Gesetz 6
zur Durchführung versicherungsrechtlicher Richtlinien des Rates der Europäischen Gemeinschaften vom 21. Juli 1994 (Drittes Durchführungsgesetz/EWG zum VAG)[3] haben umfassende Informationspflichten der Versicherer in das VAG Aufnahme gefunden.[4] Die neuen Informationspflichten sind in § 10a VAG und

---

[1] GDV-Rundschreiben 0007/2001 v. 30. 1. 2001; GDV-Rundschreiben 1358/2001 v. 5. 7. 2001.
[2] GDV-Rundschreiben 1319/2006 v. 4. 5. 2006.
[3] BGBl. I S. 1630, ber. S. 3134.
[4] Dazu *Schwintowski*, Informationspflichten in der Lebensversicherung, Baden-Baden, Nomos, VersWissStud, 2 (1995), S. 11.

im Anhang D zum VAG geregelt. Sie ergänzen die sonstigen Anforderungen an die Information und Aufklärung des Versicherungsnehmers, wie sie sich bereits bisher namentlich in § 10 VAG, in der Preisangabenverordnung und im VVG (z. B. §§ 5 Abs. 2, 8 Abs. 4 Satz 4, 12 Abs. 3, 39 Abs. 1 Satz 2) fanden und wie sie von der Rechtsprechung entwickelt worden sind. Die gesetzlichen Regelungen finden sich in § 10 VAG für die allgemeinen Versicherungsbedingungen und in § 10 a VAG sowie im Anhang Teil D des VAG für die Verbraucherinformationen. Diese Vorschriften haben folgenden Wortlaut:

§ 10 VAG
1) Die allgemeinen Versicherungsbedingungen müssen vollständige Angaben enthalten:
1. über die Ereignisse, bei deren Eintritt der Versicherer zu einer Leistung verpflichtet ist, und über die Fälle, wo aus besonderen Gründen diese Pflicht ausgeschlossen oder aufgehoben sein soll;
2. über die Art, den Umfang und die Fälligkeiten der Leistungen des Versicherers;
3. über die Fälligkeit der Prämie und die Rechtsfolgen eines Verzugs;
4. über die vertraglichen Gestaltungsrechte des Versicherungsnehmers und des Versicherers sowie die Obliegenheiten und Anzeigepflichten vor und nach Eintritt des Versicherungsfalls;
5. über den Verlust des Anspruchs aus dem Versicherungsvertrag, wenn Fristen versäumt werden;
6. über die inländischen Gerichtsstände;
7. über Grundsätze und Maßstäbe, wonach die Versicherten an den Überschüssen teilnehmen.

2) Bei Versicherungsvereinen auf Gegenseitigkeit und öffentlich-rechtlichen Versicherungsunternehmen können die Bestimmungen des Absatzes 1 statt in den allgemeinen Versicherungsbedingungen in der Satzung enthalten sein.

3) Absatz 1 findet keine Anwendung auf die Rückversicherung und auf die in Artikel 10 Absatz 1 des Einführungsgesetzes zu dem Gesetz über den Versicherungsvertrag genannten Großrisiken.

§ 10 a VAG
(1) Die Versicherungsunternehmen haben zu gewährleisten, dass der Versicherungsnehmer, wenn er eine natürliche Person ist, in einer Verbraucherinformation über die für das Versicherungsverhältnis maßgeblichen Tatsachen und Rechte vor Abschluss und während der Laufzeit des Vertrages nach Maßgabe der Anlage Teil D unterrichtet wird. Bei den in Artikel 10 Absatz 1 des Einführungsgesetzes zu dem Gesetz über den Versicherungsvertrag genannten Großrisiken genügt die Angabe des anwendbaren Rechts und der zuständigen Aufsichtsbehörde.

(2) Die Verbraucherinformation hat schriftlich zu erfolgen. Sie muss eindeutig formuliert, übersichtlich gegliedert und verständlich in deutscher Sprache oder der Muttersprache des Versicherungsnehmers abgefasst sein.

(3) Antragsvordrucke dürfen nur so viele Anträge auf Abschluss rechtlich selbständiger Versicherungsverträge enthalten, dass die Übersichtlichkeit, Lesbarkeit und Verständlichkeit nicht beeinträchtigt werden. Der Antragsteller ist schriftlich und unter besonderer Hervorhebung auf die rechtliche Selbständigkeit der beantragten Verträge einschließlich der für sie vorgesehenen Versicherungsbedingungen sowie auf die jeweils geltenden Antragsbindungsfristen und Vertragslaufzeiten hinzuweisen.

Anlage
D. Verbraucherinformation
Vor Abschluss von Versicherungsverträgen nach § 10 a Abs. 1 vom Versicherungsunternehmen zu erteilende Verbraucherinformation
1. Für alle Versicherungssparten notwendige Verbraucherinformation
   a) Name, Anschrift, Rechtsform und Sitz des Versicherers und der etwaigen Niederlassung, über die der Vertrag abgeschlossen werden soll;
   b) die für das Versicherungsverhältnis geltenden allgemeinen Versicherungsbedingungen einschließlich der Tarifbestimmungen sowie die Angabe des auf den Vertrag anwendbaren Rechts;

c) Angaben über Art, Umfang und Fälligkeit der Leistung des Versicherers, sofern keine allgemeine Versicherungsbedingungen oder Tarifbestimmungen verwendet werden;
d) Angaben zur Laufzeit des Versicherungsverhältnisses;
e) Angaben über Prämienhöhe, wobei die Prämien einzeln auszuweisen sind, wenn das Versicherungsverhältnis mehrere selbständige Versicherungsverträge umfassen soll, und über die Prämienzahlungsweise sowie Angaben über etwaige Nebengebühren und -kosten und Angabe des insgesamt zu zahlenden Betrages;
f) Angaben über die Frist, während der der Antragsteller an den Antrag gebunden ist;
g) Belehrung über das Recht zum Widerruf oder zum Rücktritt;
h) die Anschrift der zuständigen Aufsichtsbehörde, an die sich der Versicherungsnehmer wenden kann.
2. Bei Lebensversicherungen und Unfallversicherungen mit Prämienrückgewähr zusätzlich notwendige Verbraucherinformation
a) Angaben über die für die Überschussermittlung und Überschussbeteiligung geltenden Berechnungsgrundsätze und Maßstäbe;
b) Angabe der Rückkaufswerte;
c) Angaben über den Mindestversicherungsbetrag für eine Umwandlung in eine prämienfreie Versicherung und über die Leistungen aus prämienfreier Versicherung;
d) Angaben über das Ausmaß, in dem die Leistungen nach den Buchstaben b und c garantiert sind;
e) Bei fondsgebundenen Versicherungen Angaben über bei der Versicherung zugrunde liegenden Fonds und die Art der darin enthaltenen Vermögenswerte;
f) Allgemeine Angaben über die für diese Versicherungsart geltende Steuerregelung.

Die in § 10a VAG verankerten Informations- und Beratungspflichten betreffen das Rechtsverhältnis zwischen dem Versicherer und dem Versicherungsnehmer. Sie könnten von daher dem Privatrecht zugeordnet werden[5] und gehörten demzufolge im VVG geregelt.[6] Nach der vom Gesetzgeber getroffenen Entscheidung handelt es sich aber bei der Verpflichtung zur Verbraucherinformation im Kern um eine gewerberechtliche Verpflichtung der Versicherer, deren Erfüllung verwaltungsrechtlich durchzusetzen ist.[7] Bei § 10 VAG handelt es sich daher um eine rein aufsichtsrechtliche Bestimmung.[8] Sie soll gewährleisten, dass der Versicherungsnehmer seine Rechte und Pflichten selbständig aus den AVB ersehen kann.[9] Verstöße gegen die Mindestinhaltsvorschriften des § 10 VAG zu ahnden, ist allein Sache des BAV.[10] Für diese seinerzeit von der Bundesregierung[11] vertretene Auffassung spricht, dass die umgesetzten einschlägigen gemeinschaftsrechtlichen Bestimmungen nur aufsichtsrechtlich gemeint sein können, zumal schon die Erwägungsgründe zur Dritten Richtlinie Schadenversicherung klar stellen, dass mit dieser Richtlinie keine Vertragsrechtsharmonisierung verfolgt wird.[12]

Soweit die Verbraucherinformation die Rechtslage zwischen Versicherer und Versicherungsnehmer erläutert und dabei die vertraglichen Rechte und Pflichten konkretisiert oder soweit sie der Erfüllung von Aufklärungspflichten dient, deren

---

[5] *Reichert-Facilides* VW 1994, 561, 562; *Kieninger* VersR 1998, 5, 7.
[6] *Präve* VW 1993, 181; *derselbe* ZfV 1994, 255; *derselbe* VW 1994, 556; *Reich* in: Deregulierung, Private Krankenversicherung, Kfz-Haftpflichtversicherung, 1994, S. 35 ff.
[7] *Renger* VersR 1994, 753, 754; *Werber* in: Festschrift für Horst Baumann, 1999, S. 359, 364.
[8] Vgl. *Schimikowski* r+s 1996, 1; *Römer*, Zu den Informationspflichten der Versicherer und ihrer Vermittler, VersR 1998, 1313, 1318; a. A. *Dörner/Hoffmann* NJW 1996, 153, 157; *Kieninger* VersR 1998, 5, 7; zweifelnd *Osing*, Informationspflichten des Versicherers und Abschluss des Versicherungsvertrages, Karlsruhe, VVW, 1996, S. 108 f., der aber mit Spannung auf die Entscheidung der Gerichte wartet.
[9] *Schimikowski*, Das restliche Gebot zu transparenter und inhaltlich angemessener Gestaltung von AVB, r+s 1998, 353, 354.
[10] *Schimikowski* r+s 1996, 1.
[11] BT-Drucks. 12/6959, S. 134.
[12] *Renger* VersR 1994, 753, 756.

Erfüllung Einfluss auf die Wirksamkeit des Vertrages hat, ist sie als Allgemeine Geschäftsbedingung im Sinne des AGBG zu qualifizieren.[13]

9 **b) Informationsberechtigter.** Die Informationspflicht besteht nur gegenüber natürlichen Personen. Bedient sich der Versicherungsnehmer eines Bevollmächtigten, insbesondere eines Maklers, und besitzt der Makler Empfangsvollmacht, genügt die Bekanntgabe an diesen.[14] Den versicherten Personen müssen keine Informationen gemäß § 10a VAG gegeben werden.[15] Dies gilt auch für die Gruppenversicherung, soweit nicht andere gesetzliche Vorschriften oder vertragliche Abreden eine Information gebieten.[16]

10 Nach seiner Wahl kann der Versicherer, die Verbraucherinformation dem Versicherungsnehmer schon bei Antragstellung aushändigen (§ 10a VAG) oder erst mit dem Versicherungsschein zusenden (§ 5a VVG).

11 **c) Form.** Die Verbraucherinformation muss schriftlich in deutscher Sprache oder der Muttersprache des Versicherungsnehmers erfolgen. Sie muss eindeutig formuliert, übersichtlich gegliedert und verständlich sein (§ 10a Abs. 2 VAG). Die Information soll es dem an einem Vertragsschluss Interessierten ermöglichen, seine Entscheidung zu treffen. Dazu muss die Information so abgefasst sein, dass sich ein durchschnittlich gebildeter Versicherungsnehmer ohne anwaltliche Hilfe ein zutreffendes Bild vom Vertragsinhalt machen kann.[17]

12 Die Belehrung über das Widerrufs- und Rücktrittsrecht ist in die Antragsformulare aufzunehmen und unmittelbar vor der Unterschriftsleiste zu platzieren. Eine gesonderte Unterschrift für die Widerrufs- bzw. Rücktrittsbelehrung wird empfohlen.

13 Wenn ein Versicherer dem Versicherungsnehmer den Beweis für die Echtheit seiner Unterschrift auf dem Versicherungsantrag dadurch unmöglich macht, dass er die Originale der Versicherungsanträge nach Mikroverfilmung vernichtet, so trifft den Versicherer die Beweislast für die Fälschung der Unterschrift.[18]

14 **d) Rechtsfolgen der Verletzung von Informationspflichten. aa) Sittenwidrigkeit.** Im Falle der Vorenthaltung der gesetzlich vorgesehenen Verbraucherinformationen kann sich der Versicherungsnehmer nicht auf Sittenwidrigkeit nach § 138 BGB berufen.[19] Die Folgen dieses Vorenthaltens sind in § 5a VVG abschließend geregelt.[20]

15 **bb) Culpa in contrahendo.** Wegen Verletzung der Verpflichtung zur Überlassung der Verbraucherinformationen ist grundsätzlich ein Schadensersatzanspruch des Versicherungsnehmers gegen den Versicherer nach den Grundsätzen des Verschuldens bei Vertragsverhandlungen (culpa in contrahendo) nicht aus-

---

[13] *Biagosch/Scherer* VW 1995, 370.
[14] *Präve* VW 1994, 556; *derselbe* VW 1995, 90, 91; *Schimikowski* r+s 1996, 1, 2.
[15] *Präve* VW 1995, 90, 91; *Schirmer* VersR 1996, 1045, 1046.
[16] *Präve* VW 1995, 90, 91.
[17] OLG Oldenburg, Urt. v. 31. 1. 2001 – 2 U 265/00, NVersZ 2002, 255, 256 = VersR 2002, 1133, 1134; *Biagosch/Scherer* VW 1995, 429; *Schwintowski* in: Berliner Komm. z. VVG, 1999, § 5a VVG Rdn. 76.
[18] BGH, Urt. v. 21. 6. 2000 – IV ZR 157/99, NVersZ 2000, 510 = VersR 2000, 1133, 1134 = VerBAV 2000, 25, 26 = r+s 2000, 489, 490 = ZIP 2000, 2329, 2330 = BB 2000, 2124 = MDR 2000, 1247; dazu *Haertlein* EWiR 2001, 193 f.
[19] OLG Düsseldorf, Urt. v. 5. 12. 2000 – 4 U 32/00, NVersZ 2001, 156, 157 = VersR 2001, 837, 838 = r+s 2001, 269, 270.
[20] OLG Düsseldorf, Urt. v. 5. 12. 2000 – 4 U 32/00, NVersZ 2001, 156, 157 = VersR 2001, 837, 838 = r+s 2001, 269, 270.

geschlossen.²¹ Hat der Versicherungsnehmer einen Makler eingeschaltet, muss er sich das Verschulden des Maklers anspruchsmindernd zurechnen lassen.²²

Eine Beseitigung des Versicherungsvertrags im Wege des Schadensersatzes ist aber nicht möglich.²³ Soweit es den Bestand des Versicherungsvertrages betrifft, hat der Gesetzgeber mit § 5a VVG die Folgen einer Pflichtverletzung abschließend geregelt, so dass die subsidiäre Haftung aus culpa in contrahendo nicht eingreifen kann.²⁴

Teilweise wird in der Literatur wegen der Verletzung der Verpflichtung zur Überlassung der Verbraucherinformationen eine Rückgängigmachung des Vertrags im Wege des Schadensersatzes angenommen.²⁵ Der Anspruch soll nach Treu und Glauben aber nur zeitlich begrenzt geltend gemacht werden können, da der Versicherungsnehmer ansonsten die Wahl hätte, sich nach Wegfalls des Sicherungsbedürfnisses auf culpa in contrahendo zu berufen und die Rückzahlung der geleisteten Prämien zu verlangen oder aber nach Eintritt eines Schadensfalls die Versicherungsleistung in Anspruch zu nehmen.²⁶ Diese zeitliche Begrenzung des Schadensersatzes nach Treu und Glauben hat seine gesetzliche Ausprägung in § 5a Abs. 2 Satz 4 VVG gefunden.²⁷ Dort ist festgelegt, dass sich der Versicherungsnehmer längstens ein Jahr nach Zahlung der Prämie auf die Nichtüberlassung der Verbraucherinformationen stützen kann.²⁸ Diese gesetzgeberische Entscheidung ist auch im Rahmen der Anwendung der Grundsätze der culpa in contrahendo zu beachten.²⁹

2. Identifizierung des Kunden gemäß GwG

Nach dem Gesetz über das Aufspüren von Gewinnen aus schweren Straftaten (Geldwäschegesetz – GwG) vom 25. Oktober 1993,³⁰ das der Umsetzung der Richtlinie 91/398/EWG des Rates vom 10. Juni 1991³¹ zur Verhinderung der Nutzung des Finanzsystems zum Zwecke der Geldwäsche dient, treffen ein Versicherungsunternehmen, das Lebensversicherungsverträge anbietet, Identifizierungspflichten.

Gemäß § 4 Abs. 1 GwG hat das LVU vor Abschluss eines Lebensversicherungsvertrages den Vertragspartner zu identifizieren, wenn die Höhe der im Laufe des Jahres zu zahlenden periodischen Prämien 2000 Deutsche Mark übersteigt, wenn bei Zahlung einer einmaligen Prämie diese mehr als 5000 Deutsche Mark beträgt oder wenn mehr als 5000 Deutsche Mark auf ein Beitragsdepot gezahlt werden. Dies gilt auch, wenn der Betrag der im Laufe des Jahres zu zahlenden periodischen Prämien auf 2000 Deutsche Mark oder mehr angehoben wird.

---

[21] OLG Düsseldorf, Urt. v. 5. 12. 2000 – 4 U 32/00, NVersZ 2001, 156, 157 = VersR 2001, 837, 838 = r+s 2001, 269, 270; *Schimikowski* r+s 1996, 1.
[22] *Schimikowski* r+s 1996, 1, 3.
[23] OLG Düsseldorf, Urt. v. 5. 12. 2000 – 4 U 32/00, NVersZ 2001, 156, 157 = VersR 2001, 837, 838 = r+s 2001, 269, 270; *Prölss/Martin*, § 5a VVG Rdn. 73.
[24] OLG Düsseldorf, Urt. v. 5. 12. 2000 – 4 U 32/00, NVersZ 2001, 156, 157 = VersR 2001, 837, 838 = r+s 2001, 269, 270.
[25] *Dörner/Hoffmann* NJW 1996, 153, 159.
[26] *Dörner/Hoffmann* NJW 1996, 153, 160.
[27] OLG Düsseldorf, Urt. v. 5. 12. 2000 – 4 U 32/00, NVersZ 2001, 156, 157 = VersR 2001, 837, 838 = r+s 2001, 269, 270.
[28] OLG Düsseldorf, Urt. v. 5. 12. 2000 – 4 U 32/00, NVersZ 2001, 156, 157 = VersR 2001, 837, 838 = r+s 2001, 269, 270.
[29] OLG Düsseldorf, Urt. v. 5. 12. 2000 – 4 U 32/00, NVersZ 2001, 156, 157 = VersR 2001, 837, 838 = r+s 2001, 269, 270.
[30] BGBl. I S. 1770.
[31] ABlEG Nr. L 166, S. 77.

20 Das LVU muss Vorkehrungen dagegen treffen, dass es zur Geldwäsche missbraucht werden kann (§ 14 Abs. 1 Nr. 2 GwG). Zu den Vorkehrungen gehört die Bestimmung einer leitenden Person, die Ansprechpartner für die Strafverfolgungsbehörden bei der Verfolgung der Geldwäsche nach § 261 StGB ist (§ 14 Abs. 2 Nr. 1 GwG), und die Entwicklung interner Grundsätze, Verfahren und Kontrollen zur Verhinderung der Geldwäsche (§ 14 Abs. 2 Nr. 2 GwG). Gegen die Bestellung eines Konzerngeldwäschebeauftragten bei LVU bestehen grundsätzlich keine Einwände.[32]

21 Die Aufsichtsbehörde hat zur Anwendung und Erläuterung des Gesetzes für den Bereich der Lebensversicherung das Rundschreiben R 1/93 vom 8. November 1993[33] herausgegeben und mit Verlautbarungen[34] zum Geldwäschegesetz Hinweise und Erläuterungen zur Anwendung des Geldwäschegesetzes durch die Lebensversicherer gegeben, auf die verwiesen wird.[35]

22 Durch das Gesetz zur Verbesserung der Bekämpfung der Geldwäsche und der Bekämpfung der Finanzierung des Terrorismus vom 8. August 2002 (Geldwäschebekämpfungsgesetz)[36] wurde die Richtlinie 2001/97/EG des Europäischen Parlaments und des Rates vom 4. Dezember 2001[37] zur Änderung der Geldwäsche-Richtlinie 91/398/EWG[38] umgesetzt.[39] Ein Schwerpunkt der Novelle liegt darin, die Identifizierungs- und Anzeigepflichten bei verdächtigen Transaktionen zu verschärfen und damit die Gesetzeslage der verstärkten Nutzung elektronischer Medien anzupassen.[40]

23 Am 15. Dezember 2005 ist die Richtlinie 2005/60/EG des Europäischen Parlaments und des Rates vom 26. Oktober 2005 in Kraft getreten.[41] Zur Festlegung von Durchführungsmaßnahmen wurde die Richtlinie der Kommission 2006/70/EC erlassen.[42] Der Umfang der Sorgfaltspflichten wurde durch die Richtlinie 2005/60/EG erweitert. Gemäß Art. 8 Abs. 1 c der Richtlinie 2005/60/EG müssen Informationen über Zweck und Art der Geschäftsbeziehung erhoben werden. Neu aufgenommen wurde in den Katalog der Sorgfaltspflichten die kontinuierliche Überwachung der Geschäftsbeziehungen (Art. 8 Abs. 1 d der Richtlinie 2005/60/EG).

IV. Abschluss des Versicherungsvertrages

1. Rechtsgrundlagen

24 a) **Vertragsabschlussverfahren.** Durch das Dritte Gesetz zur Durchführung versicherungsrechtlicher Richtlinien des Rates der Europäischen Gemeinschaften

---

[32] BAV VerBAV 1998, 135; *Findeisen,* Outsourcing der Funktion des Geldwäschebeauftragten und anderer wesentlicher Pflichten des Geldwäschegesetzes, WM 2000, 1234, 1238.
[33] VerBAV 1993, 355.
[34] VerBAV 1994, 408; VerBAV 1996, 3; VerBAV 1997, 243; VerBAV 1998, 135.
[35] Zu den Einzelheiten siehe auch *Kurzendörfer,* Einführung in die Lebensversicherung, 3. Aufl., 2000, S. 200 ff.
[36] BGBl. I S. 3105; krit. dazu *Herzog/Christmann,* Geldwäsche und „Bekämpfungsgesetzgebung" – Ein Plädoyer für rechtsstaatliche Sensibilität –, WM 2003, 6 ff.
[37] Abl.EG Nr. L 344 v. 28. 12. 2001, S. 76 = NJW 2002, 804; dazu *Wegner* NJW 2002, 794.
[38] Abl.EG Nr. L 166 v. 28. 6. 1991. S. 77.
[39] BR-Drucks. 492/02.
[40] *Wegner,* Das Geldwäschebekämpfungsgesetz – Neue Pflichten für rechtsberatende Berufe und verfahrensrechtliche Besonderheiten, NJW 2002, 2276.
[41] Abl.EG L 309/15 v. 25. 11. 2005; dazu *Forster,* Die dritte europäische Geldwäscherichtlinie – Auswirkungen auf die Versicherungswirtschaft, VersR 2007, 181.
[42] Abl.EG L 214/29 v. 1. 8. 2006.

(Drittes Durchführungsgesetz/EWG zum VAG) vom 21. Juli 1994[43] hat der Gesetzgeber die EU-Versicherungsrichtlinien 92/49/EWG[44] und 92/96/EWG[45] sowie teilweise die Ersten und Zweiten EU-Versicherungsrichtlinien in deutsches Recht umgesetzt. Die Umsetzung erfolgte in erster Linie durch Änderungen des VAG und des VVG. Neben das Antragsverfahren, das in den Grundzügen durch § 10a VAG und § 8 Abs. 4 und 5 VVG geregelt wird (sog. Antragsmodell), ist das Verfahren nach § 5a VVG getreten (sog. Policenmodell).[46] Mit der Einführung des § 5a VVG wollte der Gesetzgeber den Versicherern die Möglichkeit einräumen, ihre bisherige Abschlusskonzeption „Antrag durch den Versicherungsnehmer, Annahme durch den Versicherer" wenn auch mit den durch § 10a VAG und § 2 AGBG veranlassten Modifikationen des Vertragsabschlussverfahrens beizubehalten.[47] Die Versicherer konnten wählen, ob sie die Verbraucherinformation dem Versicherungsnehmer schon bei Antragstellung aushändigen oder erst mit dem Versicherungsschein zusenden.[48] Mit dem Policenmodell stand daher ein dem Antragsmodell gleichwertiges und gleichberechtigtes Vertragsabschlussverfahren zur Verfügung.[49] Mit Recht ist die Ansicht,[50] beim Policenmodell handele es sich um eine Ausnahmeregelung, weil der Versicherer grundsätzlich gehalten sei, dem Versicherungsnehmer die Verbraucherinformation einschließlich der AVB vor Antragstellung auszuhändigen, abgelehnt worden.[51] Diese Ansicht ist nach den Gesetzesmaterialien, die bei der Auslegung neuer Gesetze besonderes Gewicht haben, nicht begründet.[52] Nach den Materialien[53] wollte der Finanzausschuss des Bundestages die in der Anhörung von der Versicherungswirtschaft geltend gemachten Schwierigkeiten einer Verbraucherinformation schon bei Antragstellung berücksichtigen und eine generelle verbraucherfreundliche Lösung schaffen.[54]

b) Grenzüberschreitende Geschäfte. In Deutschland ansässige LVU werden im Wege des Dienstleistungsverkehrs tätig, wenn sie z.B. einen Lebensversicherungsvertrag mit einem in Österreich ansässigen Versicherungsnehmer abschließen (§ 13a Abs. 2 Ziff. 4a VAG). Die Aufnahme des Dienstleistungsverkehrs ist der Aufsichtsbehörde anzuzeigen (§ 13c VAG). Das LVU kann seine Tätigkeit im

---

[43] BGBl. I 1994, 1630.
[44] Richtlinie 92/49/EWG des Rates v. 18. 6. 1992, Abl.EG Nr. L 228/1 v. 11. 8. 1992 (Dritte Richtlinie Schadenversicherung).
[45] Richtlinie 92/96/EWG des Rates v. 10. 11. 1992, Abl.EG Nr. L 360/1 v. 9. 12. 1992 (Dritte Richtlinie Lebensversicherung).
[46] Die Vorschrift wurde auf Empfehlung des Finanzausschusses des Bundestages vom 18. 5. 1994 geschaffen, vgl. BT-Drucks. 12/7595, S. 116f. Im Regierungsentwurf war eine dem § 5a VVG entsprechende Regelung noch nicht enthalten, vgl. BT-Drucks. 12/6959 v. 4. 3. 1994, S. 1.
[47] *Lorenz* VersR 1997, 773, 777.
[48] OLG Karlsruhe, Urt. v. 27. 7. 2006 – 12 U 34/06, VersR 2006, 1625, 1626.
[49] OLG Hamm, Urt. v. 31. 5. 2000 – 20 U 222/99, NVersR 2002, 312 = VersR 2001, 709 = r+s 2001, 310; *Schirmer* VersR 1996, 1045, 1046.
[50] *Präve* ZfV 1994, 374, 379; *derselbe* VW 1995, 90, 92; *derselbe* BuW 1995, 130, 133f.; *Werber* ZVersWiss 1994, 321, 339; *Dörner/Hoffmann* NJW 1996, 153, 154; *Müller*, Versicherungsbinnenmarkt, 1995, Rdn. 868.
[51] *Bach* in: Festschrift für Lorenz, 1994, S. 45, 58f; *Wandt*, Verbraucherinformation und Vertragsschutz nach neuem Recht, S. 34f.; *Lorenz* VersR 1995, 616, 619; *Baumann* VersR 1996, 1, 3; *Schimikowski* r+s 1996, 1, 3, 5; *Stiefel/Hofmann*, Kraftfahrtversicherung, 16. Aufl., § 1 AKB Rdn. 3a; *Schirmer* VersR 1996, 1045, 1046; *Reiff* VersR 1997, 267, 269. Ebenso das BAV, vgl. VerBAV 1995, 311, 313.
[52] *Lorenz* VersR 1997, 773, 776.
[53] BT-Drucks. 12/7595, S. 102.
[54] *Renger* VersR 1994, 753, 754; *Lorenz* VersR 1997, 773, 776.

freien Dienstleistungsverkehr aufnehmen, sobald es über die Übermittlung der Unterlagen an die Aufsichtsbehörde des Mitgliedsstaats der Dienstleistung unterrichtet worden ist.

2. Rahmenvereinbarung

26 Zur Erleichterung von Vertragsabschlüssen über das Internet[55] ist vorgeschlagen worden, zu Beginn des Kundenkontakts einen schriftlichen Rahmenvertrag mit Formverzichten für alle weiteren Einzelverträge abzuschließen.[56] Entsprechende Rahmenvereinbarungen waren bereits im Bankgewerbe üblich.[57] Dieser Weg ist jedoch als nicht gangbar angesehen worden.[58] Ausschlaggebend hierfür war, dass ein allgemeiner Verzicht dem Bestimmtheitsgebot widerspricht und die Schriftgebote durchweg nicht verzichtbar, sondern wegen Schutzes öffentlicher Interessen zwingend sind.[59]

27 Nicht durchgesetzt hat sich auch das Vertragsabschlussmodell.[60] Bei dieser Lösung stellt der Versicherungsnehmer lediglich eine Aufforderung zur Abgabe eines Angebots, während der Versicherer den Vertragsabschluss beantragt, indem er die Police ausfertigt und sie dem Kunden zusendet.[61] Der Vertrag soll dann als abgeschlossen gelten, wenn der Kunde nicht innerhalb einer vom Versicherer gesetzten Frist widerspricht.[62]

3. Policenmodell

28 **a) Ausgangslage.** Das in Deutschland vor der Umsetzung der Dritten Richtlinien übliche Vertragsabschlussverfahren lief so ab, dass der Versicherungsnehmer zunächst einen bindenden Versicherungsantrag abgab, aber die AVB – wegen der Sondervorschrift des § 23 AGBG über die Einbeziehung behördlich genehmigter AGB – erst mit der die Annahme des Versicherers enthaltenden Police erhielt.[63] Um ein Vertragsabschlussverfahren beibehalten zu können, das dem früheren im Grundsatz entspricht, aber die durch § 10a VAG umgesetzten gemeinschaftsrechtlichen Vorgaben einhält, schaffte der Gesetzgeber die Vorschrift des § 5a VVG.[64]

---

[55] Siehe hierzu *Mehrings* BB 1998, 2373 ff.; *Hoppmann/Moos* ZfV 1999, 194 ff.; *Reusch* NVersZ 1999, 110 ff.; *Micklitz/Ebers* VersR 2002, 641 ff.; *Leverenz* VersR 2003, 698 ff.; *C. Schneider*, Der Vertrieb von Versicherungen über das Internet nach Inkrafttreten der EG-Richtlinie über den Fernabsatz von Finanzdienstleistungen, Berlin, D&H, 2004. Zum Schutz bekannter Marken und Unternehmenskennzeichen siehe *Wagner*, Zeichenkollisionen im Internet, ZHR 162 (1998), 701, 705 ff. Zur Richtlinie 2002/65/EG vom 23. 9. 2002 über den Fernabsatz von Finanzdienstleistungen (AblEG 2002 L 271/16) siehe *Hoppmann*, Der Vorschlag für eine Fernabsatzrichtlinie für Finanzdienstleistungen, VersR 1999, 673 ff.; *Schneider*, Umsetzung der Fernabsatzrichtlinie 2002/65/EG im VVG – Anmerkungen zum Regierungsentwurf und zur VVG-Reform, VersR 2004, 696 ff. Zu den §§ 312b ff. BGB (Fernabsatzverträge) siehe *Meyer*, Elektronischer Geschäftsverkehr des Unternehmers mit Verbrauchern und Unternehmen: Anforderungen gemäß § 312e BGB und Rechtsfolgen bei Pflichtverstößen, DB 2004, 2739 ff.; *Hoffmann*, Spezielle Informationspflichten im BGB und ihre Sanktionierung, ZIP 2005, 829 ff.
[56] *Honsel* 1995, S. 54.
[57] Vgl. BGH ZIP 1986, 1126, 1127; *Müller* MDR 1997, 608, 609.
[58] *Herrmann* VersR 1998, 931, 942.
[59] Siehe die Diskussionsbeiträge von *Präve* und *Dörner* auf dem 13. Münsterischen Versicherungstag, zitiert im Tagungsbericht VersR 1996, 171, 172.
[60] Grundlegend *Schimikowski* r+s 1997, 89 ff.
[61] *Schimikowski* r+s 1997, 89.
[62] *Schimikowski* r+s 1997, 89.
[63] *Lorenz* VersR 1997, 773, 774.
[64] Vgl. Beschlussempfehlungen und Bericht des Finanzausschusses gemäß BT-Drucks. 12/7595, S. 102; OLG Düsseldorf VersR 2001, 837, 838; OLG Hamm VersR 2001, 709;

Die Vorschrift löste vereinzelt die Befürchtung aus, dass die Abschlussfreiheit des Vertragspartners in gravierender Weise ausgehöhlt werden könne.[65] Die Vorschrift hat folgenden Wortlaut:

„§ 5a VVG **Widerspruchsrecht**

1) Hat der Versicherer dem Versicherungsnehmer bei Antragstellung die Versicherungsbedingungen nicht übergeben oder eine Verbraucherinformation nach § 10a des Versicherungsaufsichtsgesetzes unterlassen, so gilt der Vertrag auf der Grundlage des Versicherungsscheins, der Versicherungsbedingungen und der weiteren für den Vertragsinhalt maßgeblichen Verbraucherinformation als abgeschlossen, wenn der Versicherungsnehmer nicht innerhalb von vierzehn Tagen nach Überlassung der Unterlagen in Textform widerspricht. Satz 1 ist nicht auf Versicherungsverträge bei Pensionskassen anzuwenden, die auf arbeitsvertraglichen Regelungen beruhen. § 5 bleibt unberührt.

2) Der Lauf der Frist beginnt erst, wenn dem Versicherungsnehmer der Versicherungsschein und die Unterlagen nach Absatz 1 vollständig vorliegen und der Versicherungsnehmer bei Aushändigung des Versicherungsscheins in drucktechnisch deutlicher Form über das Widerspruchsrecht, den Fristbeginn und die Dauer belehrt worden ist. Der Nachweis über den Zugang der Unterlagen obliegt dem Versicherer. Zur Wahrung der Frist genügt die rechtzeitige Absendung des Widerspruchs. Abweichend von Satz 1 erlischt das Recht zum Widerspruch jedoch ein Jahr nach Zahlung der ersten Prämie.

3) Gewährt der Versicherer auf besonderen Antrag des Versicherungsnehmers sofortigen Versicherungsschutz, so kann der Verzicht auf Überlassung der Versicherungsbedingungen und der Verbraucherinformation bei Vertragsschluss vereinbart werden. Die Unterlagen sind dem Versicherungsnehmer auf Anforderung, spätestens mit dem Versicherungsschein zu überlassen. Wenn der Versicherungsvertrag sofortigen Versicherungsschutz gewährt, hat der Versicherungsnehmer insoweit kein Widerspruchsrecht nach Absatz 1."

Zugleich besteht der Zweck des § 5a VVG darin, mit dem Policenmodell ein Vertragsabschlussverfahren zu schaffen, das neben den Anforderungen des § 10a VAG auch die Anforderungen des § 2 Abs. 1 Nr. 1 und Nr. 2 AGBG einhalten soll.[66]

Die Vertragsanbahnung kann ebenfalls nach dem Policenmodell erfolgen, wenn der Versicherungsnehmer keine Verbraucherinformation aber die AVB verlangen kann.[67] Nach § 10a VAG sind dies natürliche Personen, die ein Großrisiko versichern, juristische Personen mit und ohne Kaufmannseigenschaft und kaufmännische und nicht kaufmännische Personengesellschaften.

b) Rechtswirksamkeit des § 5a VVG. aa) Verfassungswidrigkeit. Nach einer Mindermeinung im Schrifttum verstößt die Vorschrift gegen Art. 3 Abs. 1 GG.[68] Diese nicht näher begründete Auffassung hat zu Recht Ablehnung erfahren.[69]

OLG Frankfurt/M., Urt. v. 10. 12. 2003 – 7 U 15/03, VersR 2005, 631, 633; *Loren* VersR 1995, 616, 619; *Schimikowski* r+s 1996, 1, 3; *Schirmer* VersR 1996, 1045, 1046; *Lorenz* VersR 1997, 773, 775.
[65] *Derleder/Pallas,* Vertragsschluss und AGB-Einbeziehung im kreditwirtschaftlichen Distanzgeschäft, ZIP 1999, 1285, 1293.
[66] *Lorenz* VersR 1997, 773, 775.
[67] *Lorenz* VersR 1997, 773, 776.
[68] Vgl. *Dörner/Hoffmann* NJW 1996, 153, 159; *Schwintowski* VuR 1996, 223, 228; *H. D. Meyer,* in: Versicherungswissenschaftliche Studien, Bd. 4, 1996, S. 157, 206f.
[69] LG Nürnberg-Fürth, Urt. v. 28. 7. 1999 – 3 O 10 662/96, VersR 1999, 1092, 1095; *Schirmer* VersR 1996, 1045, 1056; eingehend *Lorenz* VersR 1997, 773, 779f.; *derselbe,* Neues zur Diskussion um § 5a VVG, 1997, S. 13, 32.

32 bb) Europarechtswidrigkeit. § 5a VVG steht im Gegensatz zu einer von einer Mindermeinung[70] vertretenen Ansicht auch in Übereinstimmung mit den europäischen Richtlinien.[71]

33 Nach Art. 31 Abs. 1 der 3. Richtlinie Lebensversicherung[72] sind dem Versicherungsnehmer „vor Abschluss des Versicherungsvertrages" mindestens die in Anhang II Buchstabe A aufgeführten Angaben mitzuteilen. Erwägungsgrund 23 erläutert hierzu, dass der Versicherungsnehmer im Besitz der notwendigen Informationen sein muss, um aus der Vielfalt der im Rahmen des einheitlichen Versicherungsmarktes angebotenen Verträge den seinen Bedürfnissen am ehesten entsprechenden Vertrag auswählen zu können.[73] Der Versicherungsnehmer soll also diese Informationen erhalten, bevor er sich endgültig rechtlich bindet. Die sich aus der Richtlinie ergebende Verpflichtung ist in § 10a VAG nahezu wortgleich umgesetzt, wenn es dort in Absatz 1 heißt:[74]

„Die Versicherungsunternehmen haben zu gewährleisten, dass der Versicherungsnehmer, wenn er eine natürliche Person ist, in einer Verbraucherinformation über die für das Versicherungsverhältnis maßgeblichen Tatsachen und Rechte vor Abschluss und während der Laufzeit des Vertrags nach Maßgabe der Anl. Teil D unterrichtet wird."

34 Die in der Anl. D erwähnten Informationen gehen über die nach der Richtlinie 92/96/EWG geforderten sogar noch hinaus.[75]

35 Wann genau der Zeitpunkt der rechtlichen Bindung eintritt, ist in der Richtlinie nicht definiert. Das Ratsprotokoll zu Art. 31 der 3. Richtlinie Leben bezeichnet es ausdrücklich als Aufgabe der jeweiligen Mitgliedstaates, eigenständig im nationalen Recht festzulegen, wann genau ein Vertrag als abgeschlossen gilt und wann genau die vorgeschriebenen Angaben dem Versicherungsnehmer mitzuteilen sind.[76]

36 Der deutsche Gesetzgeber hat hierzu in § 5a VVG die Regelung getroffen, dass bei Überlassung der Versicherungsbedingungen oder Verbraucherinformation nach Antragstellung der Vertrag erst dann auf der Grundlage der Unterlagen als abgeschlossen gilt, wenn der Versicherungsnehmer nicht innerhalb von 14 Tagen nach Überlassung der Unterlagen widerspricht. Dies bedeutet, dass der Versicherungsvertrag bis zum Ablauf der Widerspruchsfrist schwebend unwirksam ist.[77]

---

[70] *Schwintowski* VuR 1996, 223, 238; *Meyer* in: Versicherungswissenschaftliche Studien, Bd. 4, 1996, S. 157, 206ff.; *Osing* 1996, S. 93; *Schünemann* JZ 2002, 462; vgl. auch *Präve* BuW 1995, 130, 134.

[71] AG Karlsruhe, Urt. v. 30. 10. 1998 – 4 C 232/98, NVersZ 1999, 373; LG Nürnberg-Fürth, Urt. v. 28. 7. 1999 – 3 O 10662/96, VersR 1999, 1092, 1095; OLG Nürnberg, Urt. v. 29. 2. 2000 – 3 U 3127/99, NVersZ 2000, 320, 322 = VersR 2000, 713, 716; OLG Düsseldorf, Urt. v. 5. 12. 2000 – 4 U 32/00, NVersZ 2001, 156, 157 = VersR 2001, 837, 838 = r+s 2001, 269, 270; LG Kassel, Hinweisbeschl. v. 18. 12. 2009 – 1 S 334/09, r+s 2010, 339; *Lorenz* VersR 1995, 616, 625f.; *Wandt* VersR 1995, S. 31ff.; *Baumann* VersR 1996, 1, 3; *Schirmer* VersR 1996, 1045, 1056; *Lorenz* VersR 1997, 773, 780ff.; *Reiff* VersR 1997, 267, 271; *Schimikowski* r+s 2000, 355; *Prölss/Martin*, § 5a Rdn. 8; ebenso die Aufsichtsbehörde siehe VerBAV 1995, 311, 313.

[72] Richtlinie 92/96/EWG.

[73] *Präve* VW 1994, 556, 559; *Lorenz* VersR 1995, 616, 625.

[74] OLG Düsseldorf, Urt. v. 5. 12. 2000 – 4 U 32/00, NVersZ 2001, 156, 157 = VersR 2001, 837, 838 = r+s 2001, 269, 270; *Lorenz* VersR 1997, 773, 774.

[75] OLG Düsseldorf, Urt. v. 5. 12. 2000 – 4 U 32/00, NVersZ 2001, 156, 157 = VersR 2001, 837, 838 = r+s 2001, 269, 270.

[76] Nr. 2 zu Art. 31 Dok. 7307/92. Vgl. dazu *Lorenz* VersR 1995, 616, 625; *derselbe* VersR 1997, 773, 781.

[77] AG Münster, Urt. v. 25. 5. 1999 – 52 C 598/99, r+s 2000, 1, 2; OLG Düsseldorf, Urt. v. 5. 12. 2000 – 4 U 32/00, NVersZ 2001, 156, 158 = VersR 2001, 837, 839 = r+s 2001, 269, 271; *Schünemann* JZ 2002, 462; *Renger* VersR 1994, 753, 758 (Antrag als unverbindliche invitatio ad offerendum, Vertragsschluss erst mit Ablauf der Widerspruchsfrist); *Präve*

Mit dieser Regelung wird sichergestellt, dass der Versicherungsnehmer gerade keine endgültige rechtliche Bindung eingeht, bevor er die erforderlichen Informationen erhalten hat. Der Versicherungsnehmer hat vielmehr 14 Tage Zeit, sich die Unterlagen in Ruhe anzusehen und zu entscheiden, ob der Vertrag tatsächlich seinen Bedürfnissen entspricht. Damit ist dem Zweck der Richtlinie 92/96/EWG hinreichend Rechnung getragen.[78]

Eine andere rechtliche Beurteilung ist nicht deshalb geboten, weil der Versicherungsnehmer nur noch durch den Widerspruch das Zustandekommen des Vertrages verhindern kann. Regelungen, die ein aktives Handeln des Verbrauchers verlangen, um eine vertragliche Bindung zu verhindern, sind im deutschen Recht (gerade in Verbraucherschutzgesetzen) üblich. Erwähnt seien nur das Verbraucherkreditgesetz vom 17. Dezember 1990, das durch dieses Gesetz abgelöste Abzahlungsgesetz vom 16. Mai 1894 i.d.F. seit 15. Mai 1974 und das Haustürwiderrufsgesetz vom 16. Januar 1986. Überall dort findet sich ein entsprechendes Widerrufsrecht des Verbrauchers. Diese Rechtskonstruktion wird eingesetzt, wenn der Verbraucher die Gelegenheit haben soll, seine Entscheidung für einen Vertrag zu überdenken, andererseits aber die Sicherheit haben soll, dass der Vertragspartner bereits gebunden ist. Hinzuweisen ist ferner auf § 5 VVG. Nach dieser Regelung, die seit langem fester Bestandteil des Versicherungsrechts ist, gelten selbst erhebliche Abweichungen von dem Antrag kraft Gesetzes als vereinbart, wenn der Versicherungsnehmer nicht innerhalb der vorgegebenen Frist nach Zugang des von dem Antrag abweichenden Versicherungsscheins widerspricht.

Dass die Richtlinien den Mitgliedstaaten nicht bestimmte Regelungen über die Art und Weise des Vertragsschlusses vorschreiben wollten, ergibt sich neben dem oben zitierten Ratsprotokoll auch aus Erwägungsgrund 18 der 3. Richtlinie Schaden. Danach ist die Harmonisierung des für den Versicherungsvertrag geltenden Rechts keine Vorbedingung für die Verwirklichung des Binnenmarkts im Versicherungssektor. Die für das deutsche Vertragsrecht typische Widerspruchslösung ist daher zulässig.

Die Widerspruchsfrist ist auch nicht zu kurz bemessen. Die 3. Richtlinie Leben enthält im Hinblick auf die Zeit, die dem Versicherungsinteressenten für die Prüfung der Verbraucherinformationen zur Verfügung stehen muss, keine Vorgaben. Es ist einem Versicherungsnehmer, der bereits die grundsätzliche Entscheidung getroffen hat, ein bestimmtes Risiko zu versichern, zumutbar, sich innerhalb von 14 Tagen ein Bild von dem Versicherungsvertrag zu machen. So ist z.B. in § 7 Verbraucherkreditgesetz für komplizierte Kreditverträge vom deutsche Gesetzgeber eine einwöchige Widerspruchsfrist für ausreichend angesehen worden. Es kann nicht recht einleuchten, dass die 14tägige Widerspruchsfrist, die dem Versicherungsnehmer Zeit lässt, den Vertrag noch einmal zu überdenken, nicht richtlinienkonform sein soll, während es im Einklang mit der Richtlinie steht, wenn der Versicherungsinteressent die Verbraucherinformationen direkt vor Antragstellung erhält und sich dann sogleich unwiderruflich bindet.

Soweit es in den Fällen des § 5a Abs. 2 Satz 4 VVG überhaupt nicht zu einer Erfüllung der Informationspflichten durch den Versicherer kommt, vielmehr das Widerspruchsrecht ein Jahr nach Zahlung der ersten Prämie erlischt, verstößt

---

ZfV 1994, 374, 382 (schwebende Unwirksamkeit des Vertrages); *Wandt*, Verbraucherinformation und Vertragsschluss nach neuem Recht, 1995, S. 22 (schwebende Unwirksamkeit des Antrags); *Römer* in: Römer/Langheid, VVG, 1997, § 5a VVG Rdn. 25; *Leverenz* VersR 2003, 698, 706; a.A. LG Essen, Urt. v. 26.2.1997 – 2 S 139/96, VersR 1997, 993, 994 m. abl. Anm. von *Lorenz* VersR 1997, 994 ff. und zust. Anm. von *Hofmann* VersR 1997, 1257 f., der sich als Vertreter der Theorie vom sog. Rumpfvertrag zu erkennen gibt.
[78] OLG Düsseldorf, Urt. v. 5.12.2000 – 4 U 32/00, NVersZ 2001, 156, 158 = VersR 2001, 837, 839 = r+s 2001, 269, 271.

auch diese Regelung nicht gegen die europäischen Richtlinien. Diese Richtlinien besagen nur, dass dem Verbraucher vor Abschluss des Vertrages bestimmte Informationen zu erteilen sind, besagen aber nichts darüber, welche Folgen eine Unterlassung dieser Verpflichtung hat.[79] Zutreffend hat dies das OLG Düsseldorf[80] wie folgt begründet:

„Der Bundesgesetzgeber musste nämlich zum Schutz der Versicherungsnehmer eine Regelung für die Fälle treffen, in denen die notwendigen Verbraucherinformationen nicht oder nicht beweisbar übergeben wurden. Ein vorsätzliches Unterlassen seitens der Versicherer dürfte in der Regel ausscheiden, da sie grundsätzlich daran interessiert sind, nach einer gewissen Zeit Klarheit über den Vertragsbestand zu haben. In den Fällen der vergessenen oder nicht beweisbaren Übergabe der Unterlagen gibt es irgendwann einen Zeitpunkt, zu dem der Versicherungsnehmer sein Informationsbedürfnis offenbar verloren hat, weil er die Prämien beglichen hat und danach auf seinen vertraglichen Versicherungsschutz vertraut. Diese Frist hat der Bundesgesetzgeber mit einem Jahr großzügig bemessen. Nach Ablauf dieser Zeit ist der Schutz, den die europäischen Richtlinien vorsehen, nicht mehr notwendig."

41 c) **Antrag und Annahme.** Der Antrag zum Abschluss eines Versicherungsvertrages geht in der Regel vom Versicherungsnehmer aus. Für die Antragstellung verwendet der Versicherungsnehmer meist Formularvordrucke, die ihm entweder der Versicherer oder der Vermittler ausgehändigt hat. Wird in dem Antrag eine Frist genannt, innerhalb der der Versicherungsnehmer an seinen Antrag gebunden ist, ist streitig, ob eine derartige Antragsbindung wirksam ist. Im Falle der Unwirksamkeit der Antragsbindung gelten die allgemeinen Vorschriften über die Annahme von Willenserklärungen unter Abwesenden.[81]

42 Nach § 147 Abs. 2 BGB kann ein Antrag nur solange angenommen werden, wie der Antragende den Eingang der Antwort unter regelmäßigen Umständen erwarten kann.[82] Hierbei ist zu berücksichtigen, dass die Annahme eines Lebensversicherungsantrags insbesondere von der Überprüfung des zu versichernden Risikos abhängt, für das eine Vielzahl von Faktoren, u. a. die Gesundheit des Versicherten, bedeutsam ist.[83] Dem Versicherer muss deshalb ausreichend Zeit bleiben, das Risiko etwa durch Rückfragen bei den Ärzten des Versicherten abzuklären.[84] Angesichts dessen kann ein Versicherungsnehmer nicht erwarten, dass sein Antrag innerhalb weniger Tage angenommen wird.[85] Ein Zeitraum von ca. vier Wochen erscheint angemessen.[86]

43 In den Anfängen steht die Antragstellung über das Internet.[87] Bieten Versicherer ihre Produkte über das Internet an, sind sie Telediensteanbieter im Sinne des

---

[79] OLG Düsseldorf, Urt. v. 5. 12. 2000 – 4 U 32/00, NVersZ 2001, 156, 158 = VersR 2001, 837, 839 = r+s 2001, 269, 271; Dörner/Hoffmann, NJW 1996, 153, 156.

[80] OLG Düsseldorf, Urt. v. 5. 12. 2000 – 4 U 32/00, NVersZ 2001, 156, 158 = VersR 2001, 837, 839 = r+s 2001, 269, 271; ebenso OLG Frankfurt/M., Urt. v. 10. 12. 2003 – 7 U 15/03, VersR 2005, 631, 633.

[81] OLG Düsseldorf, Urt. v. 5. 12. 2000 – 4 U 32/00, NVersZ 2001, 156 = VersR 2001, 837, 838 = r+s 2001, 269.

[82] OLG Düsseldorf, Urt. v. 5. 12. 2000 – 4 U 32/00, NVersZ 2001, 156 = VersR 2001, 837, 838 = r+s 2001, 269.

[83] OLG Düsseldorf, Urt. v. 5. 12. 2000 – 4 U 32/00, NVersZ 2001, 156 = VersR 2001, 837, 838 = r+s 2001, 269.

[84] OLG Düsseldorf, Urt. v. 5. 12. 2000 – 4 U 32/00, NVersZ 2001, 156 = VersR 2001, 837, 838 = r+s 2001, 269.

[85] OLG Düsseldorf, Urt. v. 5. 12. 2000 – 4 U 32/00, NVersZ 2001, 156 = VersR 2001, 837, 838 = r+s 2001, 269.

[86] OLG Düsseldorf, Urt. v. 5. 12. 2000 – 4 U 32/00, NVersZ 2001, 156 = VersR 2001, 837, 838 = r+s 2001, 269.

[87] Siehe hierzu *Schöffski/Samusch* ZVersWiss 1997, 171; *Borges,* Weltweite Geschäfte per Internet und deutscher Verbraucherschutz, ZIP 1999, 565 ff.; *Hoppmann/Moos* NVersZ 1999, 197 ff.

§ 2 TDG.[88] Wird das Internet zum Zwecke des Vertragsabschlusses eingesetzt, kann man in der Regel davon ausgehen, dass der Lebensversicherer den Besucher seiner Internetseite zur Abgabe eines elektronisch gestellten Antrags einlädt, selbst aber kein verbindliches Angebot abgeben will.[89] Dies verbietet sich schon vor dem Hintergrund der in der Lebensversicherung durchzuführenden Gesundheitsprüfung. Auch für den Fall der vorläufigen Deckung liegt normalerweise kein verbindliches Vertragsangebot des Versicherers vor, sondern lediglich eine bloße Aufforderung zur Abgabe von (elektronischen) Willenserklärungen.[90]

d) Antragsbindungsfrist. Der Gesetzgeber lässt zwar gemäß Ziffer I.1 lit. f **44** der Anlage D zum VAG die Möglichkeit einer Antragsbindung ausdrücklich zu. Beim Policenmodell kann von dieser Möglichkeit im Antrag kein Gebrauch gemacht werden. Da beim Policenmodell der Vertragsabschluss und damit auch der Antrag mit seinem ganzen Inhalt, also auch mit einer in ihm enthaltenen Bindungsfrist erst wirksam wird, wenn der Versicherungsnehmer die in § 5a VVG geforderten Unterlagen erhalten und keinen Widerspruch vor oder während der 14-Tages-Frist eingelegt hat, kann vorher auch keine wirksame Bindung des Antragstellers entstehen.[91] Möglich ist dagegen die Vereinbarung einer Annahmefrist. Sie hat die Wirkung, dass der Antrag des Versicherungsnehmers nach § 5a VVG nicht zu einem wirksamen Vertrag führen kann, wenn die als Annahme zu deutende Übersendung der Police erst nach Ablauf der Annahmefrist beim Versicherungsnehmer eintrifft.[92] Die verspätete Annahme ist dann nach § 150 Abs. 2 BGB nicht als Annahme des Verwenders, sondern als ein an den Versicherungsnehmer gerichtetes Angebot des Versicherers anzusehen.[93]

Gegenüber dem früheren Rechtszustand kommt der Antragsbindungsfrist aber **45** heute keine Bedeutung mehr zu. Der Kunde kann sich jetzt in der Lebensversicherung trotz einer Antragsbindung immer durch Rücktritt gemäß § 8 Abs. 5 VVG oder Widerspruch gemäß § 5a VVG vom Vertrag willkürlich lösen.

e) Widerspruchsrecht. aa) Zweck. Das Widerspruchsrecht soll dem Versi- **46** cherungsnehmer die Möglichkeit geben, das wirksame Zustandekommen des Vertrages zu verhindern, wenn ihm bei Antragstellung keine vollständigen Informationen gegeben worden sind, insbesondere die Versicherungsbedingungen nicht erhalten hat.[94] Soweit vertreten wird, § 5a Abs. 1 VVG greife bei lediglich unvollständigen oder unrichtigen Verbraucherinformationen nicht ein,[95] ist dem zu folgen.[96] Der wirksame Widerspruch nach § 5a VVG führt dazu, das der Vertrag zwischen den Parteien – von Anfang an – nicht besteht.[97] Insbesondere entsteht bei einem ausdrücklichen Hinweis des Versicherers auf die Geltung seiner AVB kein sog. Rumpfvertrag und damit ein Versicherungsverhältnis ohne Geltung der AVB des LVU, wenn der Versicherungsnehmer nur den AVB oder ein-

---

[88] *Reusch* NVersZ 2000, 1, 2.
[89] Vgl. *Herrmann* VersR 1998, 931, 934.
[90] *Herrmann* VersR 1998, 931, 942.
[91] *Wandt* S. 22; *Lorenz* VersR 1997, 773, 775. Ebenso das BAV, vgl. VerBAV 1995, 311, 313.
[92] *Lorenz* VersR 1997, 773, 775.
[93] *Lorenz* VersR 1997, 773, 775.
[94] *Präve* ZfV 1994, 374.
[95] So *Lorenz* VersR 1995, 616, 618; *Schirmer* VersR 1996, 1045, 1047; *Römer* in: Römer/Langheid, VVG, 1997, § 5a VVG Rdn. 16.
[96] A. A. AG Berlin-Lichtenberg, Urt. v. 30. 10. 2002 – 7 C 153/02, VersR 2003, 451, 452.
[97] AG Münster, Urt. v. 25. 5. 1999 – 52 C 598/99, r+s 2000, 1, 2; LG Berlin, Urt. v. 9. 8. 2001 – 7 O 176/01, NVersZ 2002, 161, 162 = VersR 2002, 695 = r+s 2002, 141, 142; *Fricke* VersR 1999, 521, 522.

zelnen Klauseln im Sinne eines Teilwiderspruchs widerspricht.[98] Hingegen eröffnet § 5a VVG dem Versicherungsnehmer kein Recht zum Widerspruch, wenn die dem Versicherungsnehmer übermittelten AVB nicht transparente und deshalb unwirksame Klauseln enthalten.[99] Sollten einzelne Klauseln unwirksam sein, ist mit Hilfe der gesetzlichen Bestimmungen zu den Allgemeinen Geschäftsbedingungen eine Korrektur möglich.[100] Die Umsetzung der nach den gesetzlichen Bestimmungen herbeizuführenden Rechtsfolge wird ggf. auch durch das Treuhänderverfahren gemäß § 172 Abs. 2 VVG gewährleistet.[101] Ein Anspruch auf Vertragsaufhebung nach den Grundsätzen eines Verschuldens bei Vertragsschluss besteht in den Fällen der Verwendung unwirksamer Klauseln in der Regel nicht, da bei einer Vertragsanpassung auf das rechtlich gebotene Maß ein Schaden nicht entsteht.[102]

47 **bb) Form.** § 5a Abs. 1 Satz 1 VVG fordert für den Widerspruch ausdrücklich Schriftlichkeit und macht die Einhaltung dieser Form damit zur Voraussetzung für die Wirksamkeit des Widerspruchs.[103] Allerdings ist seit Gesetz vom 13. Juli 2001 für den Widerspruch des Versicherungsnehmers ab 1. August 2001 die Textform des § 126b BGB vorgesehen. Die Textform nach § 126 BGB umfasst neben der Schriftform auch andere Formen der Erklärung.[104]

48 **cc) Inhalt.** Widerspruch im Sinne des § 5a VVG ist eine schriftlich abgegebene Willenserklärung, die erkennen lässt, dass der Versicherungsnehmer den Vertrag nicht zustande kommen lassen will, ohne dass es darauf ankommt, ob der Versicherungsnehmer ausdrücklich von „Rücktritt", „Widerruf" oder „Kündigung" spricht.[105] Es genügt, wenn der Widersprechende hinreichend deutlich zum Ausdruck bringt, dass er den Vertrag nicht (mehr) gegen sich gelten lassen will.[106]

---

[98] AG Münster, Urt. v. 25. 5. 1999 – 52 C 598/99, r+s 2000, 1, 2; *Prölss/Martin*, VVG, 26. Aufl., § 5a Rdn. 9–11; *Lorenz* VersR 1997, 994, 995.
[99] LG Hildesheim, Urt. v. 4. 6. 2002 – 3 O 53/02, S. 4; OLG Celle, Urt. v. 20. 6. 2003 – 8 U 170/02, VersR 2003, 1113; OLG Nürnberg, Urt. v. 22. 9. 2003 – 8 U 632/03, VersR 2004, 182; AG Dresden, Urt. v. 4. 11. 2003 – 108 C 2047/03, S. 7; LG Berlin, Urt. v. 1. 6. 2004 – 7 S 75/03, r+s 2004, 315, 316; BGH, Urt. v. 26. 9. 2007 – IV ZR 321/05, NJW-RR 2008, 187, 188 = VersR 2007, 1547, 1548 = r+s 2008, 29 = WM 2007, 2164, 2165 = DB 2007, 2767, 2768 = MDR 2007, 1423; BGH, Urt. v. 24. 10. 2007 – IV ZR 94/05, VersR 2008, 337; *Lorenz* VersR 1995, 616, 618; *Schirmer* VersR 1996, 1045, 1047; *Wandt*, Ersetzung unwirksamer AVB, Frankfurter Vorträge zum Versicherungswesen, Heft 33, 2001, S. 47, Fn. 46; *Wandt* VersR 2001, 1449, 1455; *Römer* in: Römer/Langheid, VVG, 2003, § 5a VVG Rdn. 16, 41 a.E.; *Werber* VersR 2003, 148; *van Bühren*, Handb. Versicherungsrecht, 2. Aufl., § 13 Rdn. 45; nicht eindeutig *Prölss/Martin*, 26. Aufl., 1998, § 5a VVG Rdn. 20, 38 und Vorbem. I Rdn. 80; anderer Ansicht wohl AG Pankow/Weißensee, Urt. v. 2. 9. 2003 – 101 C 127/03, S. 2; *Schimikowski* r+s 1996, 1, 5 f.
[100] AG Hannover, Urt. v. 27. 5. 2002 – 508 C 3106/02, S. 6; LG Hildesheim, Urt. v. 4. 6. 2002 – 3 O 53/02, S. 4; *Lorenz* VersR 1995, 616, 618; *Schirmer* VersR 1996, 1045, 1047; Römer/Langheid, VVG, § 5a VVG Rdn. 16; *Prölss/Martin*, VVG, 26. Aufl., § 5a VVG Rdn. 20.
[101] LG Hildesheim, Urt. v. 4. 6. 2002 – 3 O 53/02, S. 4.
[102] OLG Düsseldorf VersR 2001, 837; OLG Celle, Urt. v. 20. 6. 2003 – 8 U 170/02, VersR 2003, 1113, 1114; *Prölss/Martin*, 26. Aufl., 1998, § 5a VVG Rdn. 73 f. und Vorbem. I Rdn. 85, 103.
[103] BGH, Urt. v. 28. 1. 2004 – IV ZR 58/03, NJW-RR 2004, 751, 752 = VersR 2004, 497, 498 = r+s 2004, 271, 272 = MDR 2004, 686.
[104] *Seiffert* r+s 2010, 177, 179.
[105] OLG Düsseldorf, Urt. v. 16. 7. 2002 – 4 U 192/01, VersR 2004, 853, 854 = r+s 2004, 9, 10; *Römer/Langheid*, VVG, § 5a Rdn. 35.
[106] BGH NJW 1996, 1954, 1965; OLG Düsseldorf, Urt. v. 16. 7. 2002 – 4 U 192/01, VersR 2004, 853, 854 = r+s 2004, 9, 10; *Palandt*, BGB, 61. Aufl., § 361a Rdn. 16.

dd) Belehrung. Gemäß § 5a Abs. 2 Satz 1 VVG obliegt es dem Versicherer, 49 die Versicherungsnehmer über ihr Widerspruchsrecht zu belehren. Die in § 5a Abs. 2 Satz 1 VVG geforderte Belehrung über das Widerspruchsrecht schließt nach dem Sinnzusammenhang mit § 5a Abs. 1 Satz 1 VVG eine Belehrung über die zur Wirksamkeit des Widerspruchs erforderliche Schriftform ein.[107] Allerdings muss bei der Belehrung beachtet werden, dass seit 1. August 2001 die Textform gemäß § 126 BGB ausreicht.[108]

Eine ausreichende Belehrung im Antrag kann die vom Gesetz vorgeschriebene 50 Belehrung im Zusammenhang mit der Übersendung des Versicherungsscheins nicht ersetzen.[109] Erlangt der Versicherungsnehmer die Versicherungsbedingungen erst nach der Übersendung des Versicherungsscheins, reicht eine Widerspruchsbelehrung anlässlich der Übersendung des Versicherungsscheins nicht aus.[110] Der Versicherer muss vielmehr den Versicherungsnehmer mit der Überlassung der Versicherungsbedingungen noch einmal über sein Widerspruchsrecht belehren.[111]

Erfolgt die Belehrung im Versicherungsschein, muss die Belehrung räumlich 51 getrennt und in nicht zu übersehender Weise drucktechnisch herausgehoben werden.[112] Die Belehrung muss so gestaltet sein, dass sie geeignet ist, den Versicherungsnehmer auf seine Rechte aufmerksam zu machen.[113] Sie darf nicht in dem übrigen Klauselwerk des Versicherungsvertrags untergehen.[114] Insoweit kann auf die Rechtsprechung[115] zu den annähernd gleich lautenden Formulierungen von der „drucktechnisch deutlich gestalteten Weise" der Belehrung in § 1b II 2 AbzG bzw. der „drucktechnisch deutlich gestalteten schriftlichen Belehrung" in § 2 I 2 a. F. HWiG zurückgegriffen werden.[116]

Der Versicherer hat gemäß § 5a Absatz 2 Satz 1 VVG über den Beginn und die 52 Dauer der Widerspruchsfrist zu belehren. Damit der Verbraucher die Frist ausschöpfen kann, muss sich die Belehrung auch darauf erstrecken, dass die rechtzeitige Absendung des Widerspruchs nach § 5a Absatz 2 Satz 3 VVG genügt.[117]

---

[107] OLG Oldenburg NVersZ 2002, 255, 256 = VersR 2002, 1133, 1134; OLG Braunschweig, Urt. v. 29. 12. 1999 – 3 U 51/99, WM 2000, 814, 815; OLG Celle, Urt. v. 24. 11. 1999 – 3 U 7/99, WM 2000, 816, 817 f.; BGH, Urt. v. 28. 1. 2004 – IV ZR 58/03, NJW-RR 2004, 751, 752 = VersR 2004, 497, 498 = r+s 2004, 271, 272.
[108] Siehe hierzu *Seiffert* r+s 2010, 177, 179.
[109] BGH, Urt. v. 28. 1. 2004 – IV ZR 58/03, NJW-RR 2004, 751, 752 = VersR 2004, 497, 498 = r+s 2004, 271, 272; Lorenz VersR 1995, 616, 622; a. A. OLG Hamm, Urt. v. 31. 5. 2000 – 20 U 222/99, NVersZ 2002, 312 = VersR 2001, 709 = r+s 2001, 310.
[110] AG Münster, Urt. v. 25. 5. 1999 – 52 C 598/99, r+s 2000, 1, 2.
[111] AG Münster, Urt. v. 25. 5. 1999 – 52 C 598/99, r+s 2000, 1, 2; *Prölss/Martin*, VVG, 26. Aufl., § 5a VVG Rdn. 54.
[112] OLG Oldenburg, Urt. v. 31. 1. 2001 – 2 U 265/00, NVersZ 2002, 255, 256 = VersR 2002, 1133, 1134; OLG Düsseldorf, Urt. v. 16. 7. 2002 – 4 U 192/01, VersR 2004, 853, 854 = r+s 2004, 9, 10; *Schwintowski,* in: Berliner Kommentar z. VVG, § 5a VVG Rdn. 80.
[113] BGH VersR 1996, 313, 314 = r+s 1996, 121; OLG Düsseldorf, Urt. v. 16. 7. 2002 – 4 U 192/01, VersR 2004, 853, 854 = r+s 2004, 9, 10.
[114] OLG Stuttgart NJW-RR 1994, 487, 488 = VersR 1995, 202, 203 f.; OLG Düsseldorf, Urt. v. 16. 7. 2002 – 4 U 192/01, VersR 2004, 853, 854 = r+s 2004, 9, 10.
[115] OLG Köln NJW 1987, 1207; BGH NJW-RR 1990, 368, 370; OLG Stuttgart NJW-RR 1990, 1273.
[116] OLG Oldenburg, Urt. v. 31. 1. 2001 – 2 U 265/00, NVersZ 2002, 255, 256 = VersR 2002, 1133, 1134; *Schwintowski* in: Berliner Kommentar z. VVG, § 5a VVG Rdn. 80.
[117] BGH, Urt. v. 28. 1. 2004 – IV ZR 58/03, NJW-RR 2004, 751, 752 = VersR 2004, 497, 498 = r+s 2004, 271, 272 = MDR 2004, 686; *Prölss* in: Prölss/Martin, VVG, 26. Aufl., § 8 VVG Rdn. 46; *Römer* in: Römer/Langheid, VVG, 2. Aufl., § 8 VVG Rdn. 61; *Stiefel/Hofmann*, Kraftfahrtversicherung, 17. Aufl., § 5a VVG Rdn. 21.

53 Die Widerspruchsbelehrung ist unwirksam, wenn es an der von § 5a Abs. 2 Satz 1 VVG geforderten Deutlichkeit fehlt.[118] Der BGH hat in einem von ihm entschiedenen Fall die von § 5a Abs. 2 Satz 1 VVG geforderte drucktechnisch deutliche Form der Belehrung mit folgender Begründung als nicht erfüllt angesehen:[119]

„Was die von § 5a Abs. 2 Satz 1 VVG geforderte drucktechnisch deutliche Form der Belehrung angeht, ist die Würdigung des Tatrichters unvollständig. Er lässt unberücksichtigt, dass die Belehrung hier im Konvolut der übersandten Vertragsunterlagen nahezu untergeht. Sie wird dem Verbraucher weder gesondert präsentiert noch drucktechnisch so stark hervorgehoben, dass sie ihm beim Durchblättern der acht Seiten, aus denen allein der Versicherungsschein und seine Anlage bestehen, nicht entgehen könnte, selbst wenn er nicht nach einer Widerspruchsmöglichkeit sucht. Der für diese Belehrung benutzte Fettdruck wird auch für die Überschriften der anderen Unterschnitte der Erläuterungen zum Versicherungsvertrag verwendet (wie „Vertragsunterlagen", „Versicherungsdauer", „Beitragszahlung" etc.) und hebt sich nicht wesentlich vom übrigen Text ab. Die Belehrung ist weder durch eine andere Farbe, Schriftart oder -größe noch durch Einrücken, Einrahmen oder in anderer Weise hervorgehoben. Die mit übersandten, anschließenden siebzehn Seiten mit Allgemeinen Versicherungsbedingungen und weiteren Hinweisen unterscheiden sich drucktechnisch ebenfalls nicht hinreichend von den vorangegangenen acht Seiten Vertragsunterlagen; damit werden die Möglichkeiten eines Verbrauchers, das Widerspruchsrecht und seine Voraussetzungen zu entdecken, noch weiter eingeschränkt, wenn er die ihm zugesandten Papiere nicht im Einzelnen liest und zu verstehen versucht. Das wird der Bedeutung des Widerspruchsrechts nicht gerecht, mit dem der Verbraucher den Vertrag insgesamt und ungeachtet seiner zahlreichen Einzelheiten ablehnen kann."

54 ee) **Verbraucherinformation.** Der Versicherungsnehmer hat in der Regel ein Recht zum Widerspruch, wenn der Versicherer dem Versicherungsnehmer keine dem § 10a VAG entsprechende produktrelevante Verbraucherinformation gegeben hat. Ein Widerspruchsrecht besteht deshalb, wenn das LVU die Rückkaufswerte nur für einzelne Versicherungsjahre angibt, nicht aber für die gesamte Vertragslaufzeit.[120] Bei fondsgebundenen Rentenversicherungen ist hingegen die Erstellung einer Tabelle zum Rückkaufswert nicht möglich, da bei derartigen Lebensversicherungen wegen des täglich wechselnden Kurswertes der Fondsanteile eine genaue Festlegung des Wertes der Anteile und damit des Rückkaufswerts nicht möglich ist.[121]

55 Das LVU hat den Versicherungsnehmer, sofern er eine natürliche Person ist, vor Vertragsabschluss über seine Zugehörigkeit zum Sicherungsfonds zu informieren.[122] Wenn das LVU dieser Informationspflicht nicht genügt hat, berechtigt das Unterlassen dieser nicht produktrelevanten Information den Versicherungsnehmer nicht zum Widerspruch nach § 5a VAG.[123] Entsprechendes gilt für die Angabe der zuständigen Aufsichtsbehörde.[124]

---

[118] BGH, Urt. v. 25. 4. 1996 – X ZR 139/94, NJW 1996, 1964 = VersR 1996, 1015; BGH, Urt. v. 28. 1. 2004 – IV ZR 58/03, NJW-RR 2004, 751, 753 = VersR 2004, 497, 498 = r+s 2004, 271, 272.

[119] BGH, Urt. v. 28. 1. 2004 – IV ZR 58/03, NJW-RR 2004, 751, 752/753 = VersR 2004, 497, 498 = r+s 2004, 271, 272/273.

[120] AG Berlin-Lichtenberg, Urt. v. 30. 10. 2002 – 7 C 153/02, VersR 2003, 451, 452; AG Pankow/Weißensee, Urt. v. 2. 9. 2003 – 101 C 127/03, S. 3 (Rentenversicherung).

[121] OLG Nürnberg, Urt. v. 22. 9. 2003 – 8 U 632/03, VersR 2004, 182, 183.

[122] Vgl. § 10a Abs. 1 VAG i. V. m. Anl. Teil D Abschn. I Nr. 1 h); § 48b Abs. 2 VVG i. V. m. Anl. zu § 48b Nr. 2 h).

[123] *Präve*, Der Sicherungsfonds für die Lebensversicherung, VersR 2005, 1023, 1027.

[124] Vgl. *Wandt*, Verbraucherinformation und Vertragsschluss nach neuem Recht, Karlsruhe, 1995, S. 10 f.; *Prölss* in: Prölss/Martin, VVG, 27. Aufl., München, 2004, § 5a VVG Rdn. 21; *Präve* VersR 2005, 1023, 1027 (Fn. 70); a. A. *Schwintowski* in: Berliner Kommentar zum VVG, 1999, § 5a VVG Rdn. 75.

Soweit gemäß Anlage D I 2a zu § 10a VAG „Angaben über die für die Überschussermittlung und Überschussbeteiligung geltenden Berechnungsgrundsätze und Maßstäbe" notwendig sind, reicht ein Hinweis auf die Vorschriften des VAG und des HGB sowie der dazu erlassenen Rechtsverordnungen nicht aus.[125] Die Verbraucherinformation muss Angaben über die Quellen des Überschusses enthalten[126] und der Versicherungsnehmer ist auf den Anteil des Überschusses hinzuweisen, der ihm nach § 81c Abs. 1 VAG in Verbindung mit der dazu erlassenen Verordnung mindestens zu Gute kommen muss.[127] Nicht gehalten ist der Versicherer angesichts der Ungewissheit, ob überhaupt Überschüsse erzielt werden, bei Vertragsschluss hinsichtlich der Überschussermittlung und Überschussbeteiligung konkrete Zahlen- bzw. Prozentangaben für die Zukunft zu machen.[128] Auch besteht keine Pflicht darüber zu informieren, dass das LVU die vom Versicherungsnehmer gezahlten Prämien nicht treuhänderisch verwaltet.[129] Vor Augen zu führen ist jedoch die Entscheidungsbefugnis des Vorstands bei der Festlegung der für die Überschussbeteiligung bestimmten Beträge.[130] Hingegen erscheint es geboten, auf die Möglichkeit der Ausübung von Bilanzierungswahlrechten, der Bildung und Auflösung von freien Rücklagen und stillen Reserven sowie der Möglichkeit der Bildung versicherungstechnischer Rückstellungen in ausreichender Deutlichkeit hinzuweisen.[131]

56

ff) **Widerspruchsfrist.** Die Widerspruchsfrist des § 5a Abs. 1 VVG beginnt mit dem Eingang der Versicherungsunterlagen beim Versicherungsnehmer.[132] Der Nachweis des Zugangs der Versicherungsunterlagen im Sinne von § 5a Abs. 2 Satz 2 VVG kann das LVU durch Indizien beweisen.[133] Als Indiz für die rechtzeitige Übersendung der Unterlagen kann die mehrfache Prämienzahlung herangezogen werden.[134] Nicht berufen kann sich der Versicherer auf Bestimmungen in den Vertragsformularen, mit denen der Kunde den Erhalt der Versicherungsunterlagen bestätigt. Folgende Klauseln sind gemäß § 11 Nr. 15 Satz 1 b) AGBG unwirksam:[135]

57

„Hiermit bestätige ich, dass mir die für die beantragten Versicherungen maßgebenden Verbraucherinformationen einschließlich der Versicherungsbedingungen vor Antragstellung ausgehändigt wurden."

---

[125] OLG Stuttgart, Urt. v. 28. 5. 1999, NVersZ 1999, 366 = VersR 1999, 832, 838; AG Hamburg, Urt. v. 7. 8. 2001 – 12 C 68/01, NVersZ 2002, 553, 554 = VersR 2002, 874, 875 = JZ 2002, 460, 461 m. Anm. *Schünemann* JZ 2002, 462f.; LG Hamburg, Urt. v. 5. 6. 2003 – 302 S 13/02, NJW-RR 2003, 1191, 1192.
[126] AG Karlsruhe, Urt. v. 30. 10. 1998 – 4 C 232/98, NVersZ 1999, 373 = VersR 1999, 435.
[127] AG Osterode (Harz), Urt. v. 18. 2. 2000 – 2 C 419/99, NVersZ 2000, 326; *Prölss/Martin*, VVG, § 5a VVG Rdn. 39.
[128] AG Hamburg, Urt. v. 7. 8. 2001 – 12 C 68/01, NVersZ 2002, 553, 554 = VersR 2002, 874, 875 = JZ 2002, 460, 416 m. Hinw. auf BGH, Urt. v. 9. 5. 2001 – IV ZR 121/00, BGHZ 147, 354 = NJW 2001, 2014 = VersR 2001, 308 = VersR 2001, 841, 846; LG Hamburg, Urt. v. 5. 6. 2003 – 302 S 13/02, NJW-RR 2003, 1191, 1192; a. A. OLG Nürnberg, Urt. v. 29. 2. 2000 – 3 U 3127/99, NVersZ 2000, 320 = VersR 2000, 713, 715; *Schmidt* in: Prölss, VAG, 11. Aufl., 1997, § 10a VAG Rdn. 23.
[129] LG München I, Urt. v. 9. 1. 2001 – 34 O 19 267/00, VersR 2001, 970.
[130] AG Köln, Urt. v. 6. 11. 1998 – 111 C 10/98, VersR 1999, 435, 436.
[131] *Biagosch/Scherer* VW 1995, 429, 433.
[132] LG Aurich, Urt. v. 9. 3. 2001 – 1 S 520/00, VersR 2001, 1225.
[133] AG Bonn, Urt. v. 24. 2. 1999 – 9 C 357/98, VersR 1999, 1096 m. Anm. *Eberhardt* (widersprüchlicher Vortrag); LG Aurich, Urt. v. 9. 3. 2001 – 1 S 520/00, VersR 2001, 1225; *Marlow* VersR 2003, 1506, 1509.
[134] LG Aurich, Urt. v. 9. 3. 2001 – 1 S 520/00, VersR 2001, 1225.
[135] OLG Köln, Urt. v. 22. 10. 1999 – 6 U 35/99, NVersZ 2000, 512 = VersR 2000, 169 = r+s 2000, 137, 138.

„Erhalt von Vertragsunterlagen und Informationen:
Hiermit bestätige ich, das mir die für die folgenden beantragten Versicherungen maßgebenden Verbraucherinformationen einschließlich Versicherungsbedingungen vor Antragstellung ausgehändigt wurden."

58 Die vierzehntägige Widerspruchsfrist des § 5 a Abs. 1 Satz 1 VVG wird nur dann wirksam in Lauf gesetzt, wenn die Widerspruchsbelehrung den gesetzlichen Anforderungen genügt. Ist die Widerspruchsbelehrung unwirksam, weil es an der von § 5 a Abs. 2 Satz 1 VVG geforderten Deutlichkeit fehlt, ist die 14-tägige Widerspruchsfrist des § 5 a Abs. 1 Satz 1 VVG nicht wirksam in Lauf gesetzt worden.[136] Der Versicherungsnehmer kann in diesem Fall innerhalb der Jahresfrist des § 5 a Abs. 2 Satz 4 VVG schriftlich widersprechen.[137] Ein Versicherungsvertrag ist dann trotz der bereits gezahlten Prämien nicht zustande gekommen.[138] Da für die geleisteten Beitragszahlungen ein Rechtsgrund fehlt, kann der Versicherungsnehmer sie nach § 812 Abs. 1 BGB herausverlangen.[139] Ferner kann der Versicherungsnehmer die Herausgabe der gezogenen Nutzungen nach § 818 Abs. 1 BGB verlangen.[140] Ist Geld Gegenstand des Bereicherungsanspruchs, so sind die tatsächlich erlangten Zinsen herauszugeben, die vom Gläubiger grundsätzlich darzutun und zu beweisen sind.[141] Etwas anderes gilt jedoch, wenn nach der Lebenserfahrung bestimmte wirtschaftliche Vorteile zu erwarten sind, so bei Bereicherungsansprüchen auf eine Geldsumme gegenüber einer Bank.[142] Nichts anderes gilt, hat der Bereicherungsschuldner ihm überlassene Geldmittel in Investmentfonds angelegt.[143] Auch insoweit ist nach der Lebenserfahrung davon auszugehen, dass die Anlage in Investmentfonds zu wirtschaftlichen Vorteilen in Form von Ausschüttungen geführt hat.[144] Der durch die Anlage in Investmentfonds geschätzte Ertrag kann nach § 287 ZPO auf 4% im Jahr geschätzt werden.[145]

59 Die Widerspruchsfrist beträgt gemäß § 5 a Abs. 1 Satz 1 VVG vierzehn Tage. Sie beginnt erst zu laufen, wenn der Versicherungsnehmer die Verbraucherinformation mit den AVB erhalten hat. Daraus würde an sich folgen, dass der Versicherungsvertrag nie wirksam werden könnte, wenn der Versicherungsnehmer die Verbraucherinformation zu keinem Zeitpunkt erhalten hat. Aus Gründen der Rechtssicherheit darf der Versicherungsvertrag aber nur für eine begrenzte Zeit in der Schwebe bleiben. Deshalb bestimmt § 5 a Abs. 2 Satz 4 VVG, dass das Widerspruchsrecht spätestens ein Jahr nach Zahlung der ersten Prämie erlischt. In diesem

---

[136] Vgl. BGH, Urt. v. 28. 1. 2004 – IV ZR 58/03, NJW-RR 2004, 751, 753 = VersR 2004, 497, 498 = r+s 2004, 217, 273 = MDR 2004, 686.
[137] Vgl. BGH, Urt. v. 28. 1. 2004 – IV ZR 58/03, NJW-RR 2004, 751, 753 = VersR 2004, 497, 498 = r+s 2004, 271, 273.
[138] Vgl. BGH, Urt. v. 28. 1. 2004 – IV ZR 58/03, NJW-RR 2004, 751, 753 = VersR 2004, 497, 498 = r+s 2004, 271, 273.
[139] Vgl. BGH, Urt. v. 28. 1. 2004 – IV ZR 58/03, NJW-RR 2004, 751, 753 = VersR 2004, 497, 498 = r+s 2004, 271, 273.
[140] Vgl. OLG Düsseldorf, Urt. v. 16. 7. 2002 – 4 U 192/01, VersR 2004, 853, 854 = r+s 2004, 9, 10; BGH, Urt. v. 28. 1. 2004 – IV ZR 58/03, NJW-RR 2004, 751, 753 = VersR 2004, 497, 498 = r+s 2004, 271, 273.
[141] OLG Düsseldorf, Urt. v. 16. 7. 2002 – 4 U 192/01, VersR 2004, 853, 854 = r+s 2004, 9, 10; *Palandt*, § 818 BGB Rdn. 55.
[142] BGH NJW 1998, 2529, 2530; OLG Düsseldorf, Urt. v. 16. 7. 2002 – U 192/01, VersR 2004, 853, 854 = r+s 2004, 9, 10.
[143] OLG Düsseldorf, Urt. v. 16. 7. 2002 – 4 U 192/01, VersR 2004, 853, 854 = r+s 2004, 9, 10.
[144] OLG Düsseldorf, Urt. v. 16. 7. 2002 – 4 U 192/01, VersR 2004, 853, 854 = r+s 2004, 9, 10.
[145] OLG Düsseldorf, Urt. v. 16. 7. 2002 – 4 U 192/01, VersR 2004, 853, 854 = r+s 2004, 9, 10.

Fall gilt der Vertrag unter Einbeziehung der nicht übersandten AVB als abgeschlossen.[146] Sofern der Versicherer gleichzeitig verschiedene Fassungen seiner AVB verwendet, gelten nicht die „jeweils günstigsten", sondern die AVB, auf die im Antrag verwiesen wird.

Ein nach § 5a VVG verspäteter und damit unwirksamer Widerspruch lässt den Vertrag unberührt, kann jedoch gemäß § 140 BGB unter Umständen in eine ordentliche Kündigung des Vertrags umzudeuten sein.[147] Eine derartige Umdeutung ist bei einer unzulässigen außerordentlichen Kündigung möglich[148] und hier ebenso zulässig.[149] **60**

gg) Ausübung des Widerspruchsrechts. Das Gesetz regelt zwar Beginn und Dauer der Widerspruchsfrist, trifft aber keine Aussage zum Zeitpunkt, in dem das Widerspruchsrecht erstmals geltend gemacht werden kann. Nach Sinn und Zweck der Vorschrift kann der Versicherungsnehmer sein in § 5a Abs. 1 VVG vorgesehenes Widerspruchsrecht gegen das Zustandekommen des Versicherungsvertrags nicht erst nach Zugang der Police und der AVB und der weiteren für den Vertragsinhalt maßgeblichen Verbraucherinformation ausüben, sondern sogleich nach Abgabe des Versicherungsantrags.[150] Das ergibt sich auch aus der Gesetzesbegründung zu § 5a VVG, wo es heißt:[151] **61**

„Der Versicherungskunde muss in zumutbarer Weise vom Inhalt der Versicherungsbedingungen Kenntnis nehmen können. Es ist deshalb folgerichtig, dass der Versicherungsnehmer nicht an seinen Versicherungsantrag gebunden sein kann, wenn er bei Antragstellung nicht vollständig über Inhalt und Umfang des Versicherungsschutzes und die sonstigen das Vertragsverhältnis bestimmenden Umstände unterrichtet ist. Deshalb wird dem Versicherungsnehmer ein vierzehntägiges Widerspruchsrecht eingeräumt ...".

Es wäre daher nicht hinnehmbar, den Versicherungsnehmer an dem Antrag festzuhalten, obwohl er dem Vertrag letztlich doch widersprechen kann, und ihm vor Zugang des Versicherungsscheines kein Widerspruchsrecht zuzugestehen oder von ihm nach Erhalt des Versicherungsscheins erneut einen Widerspruch zu verlangen. Es kann nicht angenommen werden, dass der Gesetzgeber dieser verbraucherschützenden Norm eine solch widersinnige Bedeutung geben wollte. Da der Versicherungsnehmer bereits vor Zusendung des Versicherungsscheins dem beantragten Vertrag widersprechen darf, kann der Antrag des Versicherungsnehmers bis zum Ablauf der Widerspruchsfrist keine Rechtswirkung entfalten, also auch keine Bindungswirkung für den Versicherungsnehmer. Da die Bindungswirkung des Antrags kraft Gesetzes ausgeschlossen ist, kann sie nicht rechtsgeschäftlich vereinbart werden. Eine Bindefrist im Antragsformular widerspricht der zwingenden gesetzlichen Regelung, dass der Antrag des Versicherungsnehmers bis zum Ablauf der Widerspruchsfrist keine Rechtswirkung entfaltet; sie ist deshalb unwirksam. **62**

Diese Wertung wird auch weitgehend von der gesetzlichen Ausgestaltung anderer verbraucherschützender Widerrufsrechte bestätigt: Sowohl nach § 7 Ver- **63**

---

[146] OLG Hamm VersR 1999, 478; OLG Köln VersR 1999, 425, 426; OLG Düsseldorf VersR 2001, 837, 838f.; OLG Frankfurt/M., Urt. v. 10. 12. 2003 – 7 U 15/03, VersR 2005, 631, 633; *Römer* in: Römer/Langheid, VVG, 2. Aufl., § 5a VVG Rdn. 46; *Lorenz* VersR 1995, 616, 623; *Schirmer* VersR 1996, 1045, 1053; *Lorenz* VersR 1997, 773, 780.
[147] LG Berlin, Urt. v. 9. 8. 2001 – 7 O 176/01, NVersZ 2002, 161 = VersR 2002, 695 = r+s 2002, 141; OLG Nürnberg, Urt. v. 22. 9. 2003 – 8 U 632/03, VersR 2004, 182, 183.
[148] OLG Hamm VersR 1986, 759; OLG Düsseldorf NVersZ 2001, 571 = VersR 2001, 1551; *Prölss/Martin*, 26. Aufl., § 8 Rdn. 8ff.
[149] OLG Nürnberg, Urt. v. 22. 9. 2003 – 8 U 632/03, VersR 2004, 182, 183.
[150] *Lorenz* VersR 1995, 616, 621; *Dörner/Hoffmann* NJW 1996, 153, 156 (Fn. 45); *Wandt* S. 22f.; *Lorenz* VersR 1997, 773, 774; ebenso die Aufsichtsbehörde siehe VerBAV 1995, 311, 313.
[151] BT-Drucks. 12/7595, S. 111.

braucherkreditgesetz als auch nach § 1 Haustürwiderrufsgesetz kommt der Vertrag erst nach Ablauf der Widerrufsfrist zustande; bis dahin ist die Willenserklärung des Kunden schwebend unwirksam. In diesen Fällen scheidet eine rechtliche Bindung des Verbrauchers vor Ablauf der Widerrufsfrist ebenfalls aus.

64 Zudem fügt sich die hier vorgestellte Konzeption nahtlos in die Vorschriften des § 10 a VAG und die Vorgaben des Artikel 31 der Dritten EG-Versicherungsrichtlinien ein, wonach die Verbraucherinformation „vor Abschluss des Vertrages" bzw. „vor Vertragsschluss" übergeben werden muss. Dem Erwägungsgrund 23 der Dritten EG-Richtlinie Lebensversicherung ist zu entnehmen, dass der Versicherungsnehmer im Besitz der Verbraucherinformation sein soll, damit er den Vertrag auswählen kann, der seinen Bedürfnissen am ehesten entspricht. Daraus lässt sich ableiten, dass die Verbraucherinformation spätestens zu dem Zeitpunkt zu übergeben ist, in dem sich der Versicherungsnehmer bindet. Somit ist es nicht zulässig, dem Versicherungsnehmer bei Antragstellung die Verbraucherinformation vorzuenthalten, ihm aber gleichwohl eine Bindung aufzugeben.

65 Die Antragsformulare müssen daher so gestaltet sein, dass der Anschein einer rechtlichen Bindung vermieden wird. Die Versicherer sollten deshalb die Bindung ausdrücklich ausschließen oder auf das Widerspruchsrecht nach § 5 a VVG hinweisen. Das BAV empfiehlt folgende Formulierung: „Ich kann diesem Antrag bis zum Ablauf von vierzehn Tagen nach Zugang des Versicherungsscheins und der Verbraucherinformation widersprechen."

66 **f) Zeitpunkt des Vertragsabschlusses.** Nach dem Wortlaut des § 5 a VVG sowie dem Sinn und Zweck der gesetzlichen Regelung kommt der Versicherungsvertrag erst nach Ablauf der Widerspruchsfrist zustande, rückwirkend auf den Zeitpunkt des Zugangs des Versicherungsscheins.[152] § 5 a Abs. 1 Satz 1 VVG enthält mit der Formulierung: „gilt der Vertrag als abgeschlossen" eine gesetzliche Fiktion des Vertragsschlusses (erst) mit Ablauf der Widerspruchsfrist.[153] Nach Sinn und Zweck der Vorschrift soll der Versicherungsnehmer nicht an seinen Antrag gebunden sein, solange er nicht vollständig über Inhalt und Umfang des Versicherungsschutzes und die sonstigen das Vertragsverhältnis bestimmenden Umstände unterrichtet worden ist.[154] Die Frist zur Kenntnisnahme und Prüfung der erst nach Antragstellung mit dem Versicherungsschein übersandten Verbraucherinformation und Versicherungsbedingungen beträgt 14 Tage; vor Fristablauf kann ein den Versicherungsnehmer bindender Vertrag nicht zustande kommen.[155] Ein zunächst noch schwebend unwirksamer Vertrag kommt mithin dann rückwirkend zustande, wenn der Versicherungsnehmer nicht fristgerecht widerspricht.[156]

67 Daraus folgt, dass von diesem Zeitpunkt an sowohl Versicherungsschutz als auch Beitragspflicht besteht. Die Prämie wird allerdings erst nach Ablauf der

---

[152] LG Berlin, Urt. v. 9. 8. 2001 – 7 O 176/01, NVersZ 2002, 161, 162 = VersR 2002, 695 = r+s 2002, 141, 142; a. A. LG Essen, Urt. v. 26. 2. 1997 – 2 S 139/96, VersR 1997, 993, 994 m. abl. Anm. von *Lorenz* VersR 1997, 994 ff.

[153] LG Berlin, Urt. v. 9. 8. 2001 – 7 O 176/01, NVersZ 2002, 161, 162 = VersR 2002, 695 = r+s 2002, 141, 142.

[154] BT-Drucks. 12/7595, S. 111; OLG Hamm, Urt. v. 29. 1. 1999 – 20 U 159/98, NVersZ 1999, 489 = NJW-RR 1999, 1331 = VersR 1999, 1229, 1230 = r+s 1999, 357; LG Berlin, Urt. v. 9. 8. 2001 – 7 O 176/01, NVersZ 2002, 161, 162 = VersR 2002, 695 = r+s 2002, 141, 142.

[155] OLG Hamm, Urt. v. 29. 1. 1999 – 20 U 159/98, NVersZ 1999, 489 = NJW-RR 1999, 1331 = VersR 1999, 1229, 1230 = r+s 1999, 357; LG Berlin, Urt. v. 9. 8. 2001 – 7 O 176/01, NVersZ 2002, 161, 162 = VersR 2002, 695 = r+s 2002, 141, 142; *Prölss* in: Prölss/Martin, VVG, 26, Aufl., 1998, § 5 a VVG Rdn. 9 ff. m. w. Nachw.

[156] Vgl. *Heß/Höke* in: Beckmann/Matusche-Beckmann, Versicherungsrechts-Hdb., 2004, § 29 Rdn. 77; *Heß/Burmann* NJW-Spezial 2007, 111.

Widerspruchsfrist fällig, da für den Versicherungsnehmer noch keine rechtliche Verpflichtung entstehen kann, solange der Vertrag nicht wirksam geworden ist.

g) Rücktrittsrecht. In § 8 Abs. 4 Satz 1 VVG ist festgelegt, dass der Versicherungsnehmer innerhalb einer Frist von zehn Tagen ab Unterzeichnung des Versicherungsantrags seine auf den Vertragsabschluss gerichtete Willenserklärung schriftlich widerrufen kann, wenn die Laufzeit des Versicherungsvertrages mehr als ein Jahr betragen soll. Mit dieser zum Nachteil des Versicherungsnehmers gemäß § 15a VVG nicht abänderbaren Neuregelung wollte der Gesetzgeber den Verbraucherschutz beim Abschluss von Versicherungsverträgen verbessern und den Besonderheiten dieses Wirtschaftszweiges Rechnung tragen.[157] 68

Das Widerrufsrecht des Versicherungsnehmers gemäß § 8 Abs. 4 Satz 1 VVG gilt seit dem Dritten Durchführungsgesetz/EWG zum VAG nur noch für den Bereich der Nichtlebensversicherung. Für die Lebensversicherung besteht anstelle des Widerrufsrechts ein Rücktrittsrecht gemäß § 8 Abs. 5 VVG. Allerdings besteht weder ein Widerrufs- noch ein Rücktrittsrecht, wenn der Versicherungsnehmer ein sog. Widerspruchsrecht nach § 5a VVG hat (§ 8 Abs. 6 VVG). Diese Vorschriften haben folgenden Wortlaut: 69

„5) Bei der Lebensversicherung kann der Versicherungsnehmer innerhalb einer Frist von vierzehn Tagen nach Abschluss des Vertrages vom Vertrag zurücktreten. Zur Wahrung der Frist genügt die rechtzeitige Absendung der Rücktrittserklärung. Die Frist beginnt erst zu laufen, wenn der Versicherer den Versicherungsnehmer über sein Rücktrittsrecht belehrt und der Versicherungsnehmer die Belehrung durch Unterschrift bestätigt hat. Unterbleibt die Belehrung, so erlischt das Rücktrittsrecht einen Monat nach Zahlung der ersten Prämie. Die Sätze 1 bis 4 finden keine Anwendung auf Versicherungsverhältnisse bei Pensionskassen, die auf arbeitsvertraglichen Regelungen beruhen.

6) Die Absätze 4 und 5 finden keine Anwendung, soweit der Versicherungsnehmer ein Widerspruchsrecht nach § 5a hat."

Mit dieser neuen Vorschrift wurde Art. 15 der 2. EG-Lebensversicherungsrichtlinie in der Fassung von Art. 30 der 3. Lebensversicherungsrichtlinie umgesetzt, der für die Lösungsmöglichkeit ausdrücklich auf den Zeitpunkt des Vertragsschlusses und nicht den der Antragstellung abstellt.[158] 70

Nach Ansicht des BAV ist die Belehrung in die Antragsformulare aufzunehmen. Die Belehrung dürfe dabei nicht im übrigen Text der Formulare untergehen, sondern müsse deutlich hervorgehoben werden. Sie sei unmittelbar vor der Unterschriftenleiste zu platzieren. Eine gesonderte Unterschrift für die Rücktrittsbelehrung ist nicht erforderlich.[159] 71

Durch die Neuregelung zur Fristwahrung wird die Rechtsstellung des Versicherungsnehmers verbessert. Bisher musste die Widerrufserklärung innerhalb der Widerrufsfrist beim Versicherer eingehen; künftig genügt die rechtzeitige Absendung der Erklärung. Damit hängt die Rechtzeitigkeit des Widerrufs nicht mehr von den Postlaufzeiten und anderen Umständen ab, auf die der Versicherungsnehmer keinen Einfluss hat.[160] 72

Die Frist beginnt erst zu laufen, wenn der Versicherungsnehmer über sein Widerrufs- bzw. Rücktrittsrecht belehrt worden ist. Sollte die Belehrung versehentlich unterblieben sein, erlischt das Widerrufs- bzw. Rücktrittsrecht einen Monat nach Zahlung der ersten Prämie. Das BAV wird es als Missstand ansehen, wenn Versicherer die Belehrung regelmäßig unterlassen. Das Gesetz enthält zwar keine 73

---

[157] BT-Drucks. 11/8321, S. 10, 12; *Teske* NJW 1991, 2793, 2795.
[158] *Präve* VW 1994, 676.
[159] *Koch* VersR 1991, 725, 729; *Präve* VW 1994, 676, 677; BAV VerBAV 1991, 271.
[160] *Präve* VW 1994, 676.

Regelung zur Beweislast hinsichtlich der Belehrung. Entsprechend der Regelung in § 2 Abs. 2 Haustürwiderrufsgesetz dürfte der Versicherer die Beweislast tragen, wenn streitig ist, ob und zu welchem Zeitpunkt die Belehrung erfolgt ist.

74 h) **Kündigungsrecht.** Das ordentliche Kündigungsrecht des Versicherungsnehmers gemäß § 8 Abs. 3 VVG ist geändert worden. Soweit die AVB Regelungen über die ordentliche Kündigung enthalten, sind diese an die Vorschrift des § 8 Abs. 3 VVG anzupassen. Es reicht aus, wenn die AVB einen Hinweis auf das Kündigungsrecht gemäß § 8 Abs. 3 VVG enthalten; der Wortlaut des Gesetzes ist dann im Anschluss an die AVB abzudrucken. Die neue Regelung gilt für alle Versicherungsverträge, die nach dem 24. Juni 1994 abgeschlossen worden sind. Für Altverträge bleibt es bei der bisherigen Rechtslage.[161]

75 Das für alle Versicherungssparten geltende Kündigungsrecht bei Prämienerhöhungen gemäß § 31 VVG ist ebenfalls geändert worden; auch hier sind die betreffenden AVB insoweit anzupassen. Die neue Regelung gilt für Versicherungsverträge, die seit dem 29. Juli 1994 abgeschlossen worden sind. Für die zu diesem Zeitpunkt bestehenden Verträge findet sie nur in der Lebens-, Kranken- und Kraftfahrzeug-Haftpflicht-Versicherung Anwendung. Für die übrigen Altverträge bleibt es bei der bisherigen Rechtslage.

4. Antragsmodell

76 Das Antragsmodell wurde in Deutschland grundsätzlich nicht praktiziert. Kennzeichnend für das Antragsmodell ist, dass der Versicherer dem Versicherungsnehmer bereits vor Unterzeichnung des Antrags auf Abschluss der Lebensversicherung die allgemeinen Versicherungsbedingungen und die Verbraucherinformationen gemäß § 10a VAG überreicht hat und ihm darüber hinaus die gemäß § 10a Abs. 3 VAG gebotene schriftliche Belehrung hat zukommen lassen. Sind diese Voraussetzungen erfüllt, kommt der Versicherungsvertrag mit der Übersendung der Versicherungspolice zustande.

5. Besondere Vereinbarungen

77 Besondere Vereinbarungen werden vor allem zum Beitragsdepot getroffen, die seit der Deregulierung unternehmensindividuell gestaltet werden können, ohne dass eine Genehmigung der Aufsichtsbehörde eingeholt werden muss oder diese Vereinbarungen angezeigt werden müssen.[162] Zu beachten ist allerdings § 7 Abs. 2 VAG, wonach Versicherungsunternehmen neben Versicherungsgeschäften nur solche Geschäfte betreiben dürfen, die hierzu in unmittelbarem Zusammenhang stehen. Dieser Zusammenhang besteht nicht mehr, wenn ein Versicherer für Einzahlungen auf ein Beitragsdepot eine höhere Verzinsung garantiert als für die eigentliche Prämienzahlung.[163] Darüber hinaus gefährdet die langfristige Garantie von Zinsen für das Beitragsdepot, die deutlich über den aktuellen Kapitalmarktzinsen liegen, die Überschussbeteiligung der übrigen Versicherungsnehmer.[164]

---

[161] VerBAV 1991, 271.
[162] Vgl. BAV in: GB BAV 1996 Teil A, S. 44.
[163] Vgl. BAV in: GB BAV 1996 Teil A, S. 44.
[164] Vgl. BAV in: GB BAV 1996 Teil A, S. 44.

V. Beginn des Versicherungsschutzes

1. Annahme des Antrags

Der Versicherungsvertrag kommt nicht schon mit der Übersendung des Versicherungsscheins endgültig zu Stande, sondern erst mit Ablauf der Widerspruchsfrist des § 5a Abs. 2 Satz 4 VVG.[165]
§ 5a VVG bestimmt in Verbindung mit § 10a VAG, dass dem Versicherungsnehmer bei Antragstellung die Versicherungsbedingungen und bestimmte Verbraucherinformationen zu übergeben sind. Die Erfüllung dieser Pflicht hat der Versicherer gemäß § 5a Abs. 2 Satz 2 VVG zu beweisen.[166] Kann der Versicherer diesen Beweis nicht führen, ergeben sich die Folgen aus § 5a VVG. Nach § 5a Abs. 1 Satz 1 VVG gilt der Vertrag auf Grund einer gesetzlichen Fiktion erst dann als geschlossen, wenn dem Versicherungsnehmer die erforderlichen Unterlagen überlassen wurden und er nicht binnen einer Frist von vierzehn Tagen nach Überlassung dem Vertragsschluss widerspricht. Bis zum Ablauf der Widerspruchsfrist ist der Versicherungsvertrag schwebend unwirksam.[167] Ist die Überlassung der notwendigen Verbraucherinformationen nicht bewiesen, beginnt allerdings die zweiwöchige Widerspruchsfrist nicht zu laufen, so dass der Vertrag zunächst weiterhin schwebend unwirksam ist.[168] Nach § 5a Abs. 2 Satz 4 VVG erlischt aber das Recht zum Widerspruch spätestens und unabhängig von der Überlassung der notwendigen Unterlagen ein Jahr nach Zahlung der Prämie. Damit endet der Zustand der schwebenden Unwirksamkeit rückwirkend.[169] Hat der Versicherungsnehmer z.B. die erste Jahresprämie bereits einige Tage nach dem Versicherungsantrag noch im Mai 1995 gezahlt, hat er spätestens mit Ablauf des Monats Mai 1996 sein Widerspruchsrecht verloren und ist der Versicherungsvertrag endgültig wirksam geworden.[170]

Einigkeit besteht darüber, dass ein Versicherungsfall, der vor Ablauf der Widerspruchsfrist eintritt, zu einem Deckungsanspruch des Versicherungsnehmers führt, wenn der Widerspruch unterbleibt.[171]

2. Zahlung des Einlösungsbeitrags

Nach der dispositiven Vorschrift des § 35 VVG ist die Erstprämie sofort nach Abschluss des Vertrages und Aushändigung des Versicherungsscheins zu zahlen,

---

[165] OLG Düsseldorf, Urt. v. 5. 12. 2000 – 4 U 32/00, NVersZ 2001, 156 = VersR 2001, 837, 838 = r+s 2001, 269.
[166] OLG Düsseldorf, Urt. v. 5. 12. 2000 – 4 U 32/00, NVersZ 2001, 156 = VersR 2001, 837, 838 = r+s 2001, 269.
[167] OLG Düsseldorf, Urt. v. 5. 12. 2000 – 4 U 32/00, NVersZ 2001, 156 = VersR 2001, 837, 838 = r+s 2001, 269, 270; OLG Frankfurt/M., Urt. v. 10. 12. 2003 – 7 U 15/03, VersR 2005, 631, 632; *Römer* in: Römer/Langheid, VVG, 2. Aufl., § 5a VVG Rdn. 25; *Lorenz* VersR 1995, 616, 620; *Schirmer* VersR 1996, 1045, 1051; *Lorenz* VersR 1997, 773; *Hoppmann/Moos* NVersZ 1999, 197, 200; *Schimikowski* r+s 2000, 353, 355; a.A. *Lange* VersR 2006, 313, 316.
[168] OLG Düsseldorf, Urt. v. 5. 12. 2000 – 4 U 32/00, NVersZ 2001, 156/157 = VersR 2001, 837, 838 = r+s 2001, 269, 270.
[169] OLG Düsseldorf, Urt. v. 5. 12. 2000 – 4 U 32/00, NVersZ 2001, 156, 157 = VersR 2001, 837, 838 = r+s 2001, 269, 270; *Lorenz* VersR 1995, 616, 622; *Prölss/Martin*, § 5a VVG Rdn. 56.
[170] OLG Düsseldorf, Urt. v. 5. 12. 2000 – 4 U 32/00, NVersZ 2001, 156, 157 = VersR 2001, 837, 838 = r+s 2001, 269, 270.
[171] *Lorenz* VersR 1995, 616, 622; *Wandt*, 1995, S. 20 f.; *Schimikowski* r+s 1996, 1, 4; *Dörner/Hoffmann* NJW 1996, 153, 156; *Schirmer* VersR 1996, 1045, 1052; *Reiff* VersR 1997, 267, 270; *Lorenz* VersR 1997, 773, 774.

soweit die Erteilung eines Versicherungsscheins nach dem Versicherungsvertrag nicht ausgeschlossen ist. Viele AVB enthalten die gesetzliche Regelung, so dass man annehmen sollte, es ergebe sich kein Änderungsbedarf.

82 Der Versicherungsnehmer schuldet vor Ablauf eines Jahres keine Prämie, wenn ihm die in § 5a Abs. 1 VVG genannten Unterlagen nicht zugegangen sind.[172]

VI. Besondere Pflichten des Versicherers nach Abschluss des Versicherungsvertrages

83 Das LVU hat dem Versicherungsnehmer während der Vertragsdauer gemäß § 10a Abs. 1 VAG i. V. m. der Anlage D Abschnitt II bestimmte Veränderungen zum Versicherungsvertrag mitzuteilen, die sich aus Änderungen von Rechtsvorschriften ergeben. Im Zuge der Umstellung auf die Euro-Einheit war das LVU daher verpflichtet, seine Versicherungsnehmer über die Höhe der in Gemeinschaftswährung umgerechneten individuellen vertragsrelevanten Beträge zu unterrichten.[173]

§ 4 Was gilt bei Wehrdienst, Unruhen, Krieg oder Einsatz bzw. Freisetzen von ABC-Waffen/-Stoffen?

(1) **Grundsätzlich besteht unsere Leistungspflicht unabhängig davon, auf welcher Ursache der Versicherungsfall beruht. Wir gewähren Versicherungsschutz insbesondere auch dann, wenn die versicherte Person in Ausübung des Wehr- oder Polizeidienstes oder bei inneren Unruhen den Tod gefunden hat.**

(2) **Bei Ableben der versicherten Person in unmittelbarem oder mittelbarem Zusammenhang mit kriegerischen Ereignissen beschränkt sich unsere Leistungspflicht allerdings auf die Auszahlung des für den Todestag berechneten Zeitwertes der Versicherung (§ 176 Abs. 3 VVG). Diese Einschränkung unserer Leistungspflicht entfällt, wenn die versicherte Person in unmittelbarem oder mittelbarem Zusammenhang mit kriegerischen Ereignissen stirbt, denen sie während eines Aufenthaltes außerhalb der Bundesrepublik Deutschland ausgesetzt und an denen sie nicht aktiv beteiligt war.**

(3) **Bei Ableben der versicherten Person in unmittelbarem oder mittelbarem Zusammenhang mit dem vorsätzlichen Einsatz von atomaren, biologischen oder chemischen Waffen oder dem vorsätzlichen Einsatz oder der vorsätzlichen Freisetzung von radioaktiven, biologischen oder chemischen Stoffen beschränkt sich unsere Leistungspflicht auf die Auszahlung des für den Todestag berechneten Zeitwertes der Versicherung (§ 176 Abs. 3 VVG), sofern der Einsatz oder das Freisetzen darauf gerichtet sind, das Leben einer Vielzahl von Personen zu gefährden. Absatz 2 bleibt unberührt.**

Anmerkung

1 Im Jahre 1994 wurde § 7 ALB 1986 neu gefasst. Die Kriegsklausel erhielt folgende Fassung:

„§ 8 Was gilt bei Wehrdienst, Unruhen oder Krieg?
(Musterbedingungen des GDV – ALB 1994)
(1) Grundsätzlich besteht unsere Leistungspflicht unabhängig davon, auf welcher Ursache der Versicherungsfall beruht. Wir gewähren Versicherungsschutz insbesondere auch dann, wenn der Versicherte in Ausübung des Wehr- oder Polizeidienstes oder bei inneren Unruhen den Tod gefunden hat.

---

[172] *Lorenz* VersR 1997, 773, 777.
[173] BAV VerBAV 1998, 111, 116.

Selbsttötung der versicherte Person   § 5 ALB 2006

(2) Bei Ableben des Versicherten in unmittelbarem oder mittelbarem Zusammenhang mit kriegerischen Ereignissen beschränkt sich unsere Leistungspflicht allerdings auf die Auszahlung des für den Todestag berechneten Zeitwertes der Versicherung (§ 176 Abs. 3 VVG).[1] Diese Einschränkung unserer Leistungspflicht entfällt, wenn der Versicherte in unmittelbarem oder mittelbarem Zusammenhang mit kriegerischen Ereignissen stirbt, denen er während eines Aufenthaltes außerhalb der Bundesrepublik Deutschland ausgesetzt und an denen er nicht aktiv beteiligt war."

§ 8 Abs. 1 ALB 1994 ist wortgleich mit § 7 Abs. 1 ALB 1986. Dagegen trägt 2 § 8 Abs. 2 Satz 1 ALB 1994 der Vorschrift des § 176 Abs. 3 VVG Rechnung. Beschränkte sich die Leistungspflicht des Versicherers nach § 7 Abs. 2 ALB 1986 bei Ableben der versicherten Person in unmittelbarem oder mittelbarem Zusammenhang mit kriegerischen Ereignissen auf die Auszahlung des für den Todestag berechneten Deckungskapitals, sieht § 8 Abs. 2 Satz 1 ALB 1994 in Entsprechung des § 176 Abs. 3 VVG vor, dass der Versicherer bei Ableben der versicherten Person unter den aufgezeigten Voraussetzungen den Zeitwert der Versicherung schuldet. Im Zuge der Reform der Kriegsklausel wurde mit der Einfügung des § 8 Abs. 2 Satz 2 ALB 1994 der Versicherungsschutz erweitert und zum Bedingungsstandard erhoben. Die unverbindliche Bedingungsempfehlung integriert damit eine Erweitung des Versicherungsschutzes, die die Aufsichtsbehörde vor Verlautbarung der ALB 1994 den LVU auf Antrag genehmigt hat.

Die Kriegsklausel wurde im Jahre 2000 geringfügig verändert[2] und als § 4 ALB 2001 wie folgt fortgeführt:[3]

„§ 4 Was gilt bei Wehrdienst, Unruhen oder Krieg?
(Musterbedingungen des GDV – ALB 2001)
(1) Grundsätzlich besteht unsere Leistungspflicht unabhängig davon, auf welcher Ursache der Versicherungsfall beruht. Wir gewähren Versicherungsschutz insbesondere auch dann, wenn die versicherte Person in Ausübung des Wehr- oder Polizeidienstes oder bei inneren Unruhen den Tod gefunden hat.
(2) Bei Ableben der versicherten Person in unmittelbarem oder mittelbarem Zusammenhang mit kriegerischen Ereignissen beschränkt sich unsere Leistungspflicht allerdings auf die Auszahlung des für den Todestag berechneten Zeitwertes der Versicherung (§ 176 Abs. 3 VVG)[4]. Diese Einschränkung unserer Leistungspflicht entfällt, wenn die versicherte Person in unmittelbarem oder mittelbarem Zusammenhang mit kriegerischen Ereignissen stirbt, denen sie während eines Aufenthaltes außerhalb der Bundesrepublik Deutschland ausgesetzt und an denen sie nicht aktiv beteiligt war."

Im Jahre 2003 wurde § 4 ALB 2001 optional modifiziert.[5] Die Optionsfassung, die auch auf den Einsatz bzw. Freisetzen von ABC-Waffen/-Stoffen abstellt, wurde im Jahre 2006 als § 4 ALB 2006 vom GDV verlautbart.[6] Im Übrigen siehe die Kommentierung bei § 4 ALB 2008.

§ 5 Was gilt bei Selbsttötung der versicherten Person?

(1) Bei Selbsttötung leisten wir, wenn seit Zahlung des Einlösungsbeitrages bzw. seit Wiederherstellung der Versicherung drei Jahre vergangen sind.
(2) Bei Selbsttötung vor Ablauf der Dreijahresfrist besteht Versicherungsschutz nur dann, wenn uns nachgewiesen wird, dass die Tat in einem die freie Willens-

---

[1] Der Versicherer kann auf diese Einschränkung verzichten.
[2] GDV-Rundschreiben 521/2000 v. 20. 3. 2000.
[3] GDV-Rundschreiben 0007/2001 v. 30. 1. 2001; GDV-Rundschreiben 1358/2001 v. 5. 7. 2001.
[4] Der Versicherer kann auf diese Einschränkung verzichten.
[5] GDV-Rundschreiben 913/2003 v. 23. 7. 2003.
[6] GDV-Rundschreiben 1319/2006 v. 4. 5. 2006.

bestimmung ausschließenden Zustand krankhafter Störung der Geistestätigkeit begangen worden ist. Anderenfalls zahlen wir den für den Todestag berechneten Zeitwert Ihrer Versicherung (§ 176 Abs. 3 VVG).

Anmerkung

1 In den ALB 1994 ist die Selbsttötung des Versicherten in § 9 geregelt, der folgenden Wortlaut hat:

„**§ 9 Was gilt bei Selbsttötung des Versicherten?**

(Musterbedingungen des GDV – ALB 1994)
(1) Bei Selbsttötung vor Ablauf von drei Jahren seit Zahlung des Einlösungsbeitrages oder seit Wiederherstellung der Versicherung besteht Versicherungsschutz nur dann, wenn uns nachgewiesen wird, dass die Tat in einem die freie Willensbestimmung ausschließenden Zustand krankhafter Störung der Geistestätigkeit begangen worden ist. Andernfalls zahlen wir den für den Todestag berechneten Zeitwert Ihrer Versicherung (§ 176 Abs. 3 VVG). (Der Versicherer kann auf diese Einschränkung des Versicherungsschutzes verzichten.)
(2) Bei Selbsttötung nach Ablauf der Dreijahresfrist bleiben wir zur Leistung verpflichtet."

2 Die Fassung des § 9 ALB 1994 lehnt sich eng an die Fassung des § 8 ALB 1986 an. Mit Blick auf den durch das 3. Durchführungsgesetz/EWG zum VAG vom 21. Juli 1994 reformierten § 176 VVG wurde allerdings § 8 Abs. 1 Satz 2 ALB 1986 neu gefasst. Die bisherige Formulierung: „Andernfalls zahlen wir ein etwa vorhandenes Deckungskapital aus." wurde in § 9 Abs. 1 Satz 2 ALB 1994 durch die Formulierung: „Andernfalls zahlen wir den für den Todestag berechneten Zeitwert Ihrer Versicherung (§ 176 Abs. 3 VVG)." ersetzt.
Im Zuge der Bedingungsreform 2001 wurde die Vorschrift neu gefasst und als § 5 ALB 2001 fortgeführt.[1] Sie findet sich unverändert in den ALB 2006 wieder.[2]

3 Materiell wurde die Klausel gegenüber den ALB 1986 nicht geändert. Wenn in den ALB 1986 vom „etwa vorhandenen Deckungskapital" gesprochen wird, so entspricht dies leistungsmäßig dem für den Todestag berechneten Zeitwert der Versicherung. Im Übrigen siehe die Kommentierung bei § 8 ALB 1986.

§ 6 Was bedeutet die vorvertragliche Anzeigepflicht?

(1) **Wir übernehmen den Versicherungsschutz im Vertrauen darauf, dass Sie alle in Verbindung mit dem Versicherungsantrag gestellten Fragen wahrheitsgemäß und vollständig beantwortet haben (vorvertragliche Anzeigepflicht). Das gilt insbesondere für die Fragen nach gegenwärtigen oder früheren Erkrankungen, gesundheitlichen Störungen und Beschwerden.**

(2) **Soll das Leben einer anderen Person versichert werden, ist auch diese – neben Ihnen – für die wahrheitsgemäße und vollständige Beantwortung der Fragen verantwortlich.**

(3) **Wenn Umstände, die für die Übernahme des Versicherungsschutzes Bedeutung haben, von Ihnen oder der versicherten Person (vgl. Abs. 2) nicht oder nicht richtig angegeben worden sind, können wir binnen drei Jahren seit Vertragsabschluss vom Vertrag zurücktreten. Den Rücktritt können wir aber nur innerhalb eines Monats erklären, nachdem wir von der Verletzung der Anzeigepflicht Kennt-**

---

[1] GDV-Rundschreiben 0007/2001 v. 30. 1. 2001; GDV-Rundschreiben 1358/2001 v. 5. 7. 2001.
[2] GDV-Rundschreiben 1319/2006 v. 4. 5. 2006.

Vorvertragliche Anzeigepflicht § 6 ALB 2006

nis erhalten haben; *die*[1] Kenntnis eines Vermittlers steht *hinsichtlich des Fristbeginns*[2] unserer Kenntnis nicht gleich. Wenn uns nachgewiesen wird, dass die falschen oder unvollständigen Angaben nicht schuldhaft gemacht worden sind, wird unser Rücktritt gegenstandslos. Haben wir den Rücktritt nach Eintritt des Versicherungsfalles erklärt, bleibt unsere Leistungspflicht bestehen, wenn *uns nachgewiesen wird,*[3] dass die nicht oder nicht richtig angegebenen Umstände keinen Einfluss auf den Eintritt des Versicherungsfalles oder den Umfang unserer Leistung gehabt haben.

(4) Wir können den Versicherungsvertrag auch anfechten, falls durch unrichtige oder unvollständige Angaben bewusst und gewollt auf unsere Annahmeentscheidung Einfluss genommen worden ist. Handelt es sich um Angaben der versicherten Person, können wir Ihnen gegenüber die Anfechtung erklären, auch wenn Sie von der Verletzung der vorvertraglichen Anzeigepflicht keine Kenntnis hatten.

(5) Die Absätze 1 bis 4 gelten bei einer *unsere Leistungspflicht erweiternden*[4] Änderung oder *bei einer*[5] Wiederherstellung der Versicherung entsprechend. Die Dreijahresfrist beginnt mit der Änderung oder Wiederherstellung der Versicherung bezüglich des geänderten oder wiederhergestellten Teils neu zu laufen.

(6) Wenn die Versicherung durch Rücktritt oder Anfechtung aufgehoben wird, zahlen wir den Rückkaufswert; § 9 Abs. 3 gilt entsprechend. Die Rückzahlung der Beiträge können Sie nicht verlangen.

(7) Sofern Sie uns keine andere Person als Bevollmächtigten benannt haben, gilt nach Ihrem Ableben ein Bezugsberechtigter als bevollmächtigt, eine Rücktritts- oder Anfechtungserklärung entgegenzunehmen. Ist auch ein Bezugsberechtigter nicht vorhanden oder kann sein Aufenthalt nicht ermittelt werden, können wir den Inhaber des Versicherungsscheins zur Entgegennahme der Erklärung als bevollmächtigt ansehen.

Anmerkung

§ 6 ALB 1986 wurde im Zuge der Bedingungsreform 1994 modifiziert und als 1
§ 7 ALB 1994 wie folgt fortgeführt:

§ 7 Was bedeutet die vorvertragliche Anzeigepflicht?
(Musterbedingungen des GDV – ALB 1994)
(1) Wir übernehmen den Versicherungsschutz im Vertrauen darauf, dass Sie alle in Verbindung mit dem Versicherungsantrag gestellten Fragen wahrheitsgemäß und vollständig beantwortet haben (vorvertragliche Anzeigepflicht). Das gilt insbesondere für die Fragen nach gegenwärtigen oder früheren Erkrankungen, gesundheitlichen Störungen und Beschwerden.
(2) Soll das Leben einer anderen Person versichert werden, ist auch diese – neben Ihnen – für die wahrheitsgemäße und vollständige Beantwortung der Fragen verantwortlich.
(3) Wenn Umstände, die für die Übernahme des Versicherungsschutzes Bedeutung haben, von Ihnen oder der versicherten Person (vgl. Abs. 2) nicht oder nicht richtig angegeben worden sind, können wir binnen drei Jahren seit Vertragsabschluss vom Vertrag zurücktreten. Den Rücktritt können wir aber nur innerhalb eines Monats erklären, nachdem wir von der Verletzung der Anzeigepflicht Kenntnis erhalten haben. Die Kenntnis eines Vermittlers steht unserer Kenntnis nicht gleich. Wenn uns nachgewiesen wird, dass die falschen oder unvollständigen Angaben nicht schuldhaft gemacht worden sind, wird unser Rücktritt gegenstandslos. Haben wir den Rücktritt nach Eintritt des Versicherungsfalles erklärt, bleibt unsere Leistungspflicht bestehen, wenn Sie nachweisen, dass die nicht oder nicht richtig angegebenen Umstände keinen Einfluss auf den Eintritt des Versicherungsfalles oder den Umfang unserer Leistung gehabt haben.
(4) Wir können den Versicherungsvertrag auch anfechten, falls durch unrichtige oder unvollständige Angaben bewusst und gewollt auf unsere Annahmeentscheidung Einfluss genommen worden ist. Handelt es sich um Angaben der versicherten Person, so können wir Ihnen

---

[1] Änderung gemäß GDV-Rundschreiben 0007/2001 v. 30. 1. 2001.
[2] Ergänzung gemäß GDV-Rundschreiben 0007/2001 v. 30. 1. 2001.
[3] Änderung gemäß GDV-Rundschreiben 0007/2001 v. 30. 1. 2001.
[4] Ergänzung gemäß GDV-Rundschreiben 0007/2001 v. 30. 1. 2001.
[5] Ergänzung gemäß GDV-Rundschreiben 0007/2001 v. 30. 1. 2001.

ALB 2006 § 7

gegenüber die Anfechtung erklären, auch wenn Sie von der Verletzung der vorvertraglichen Anzeigepflicht keine Kenntnis hatten.

(5) Die Absätze 1 bis 4 gelten bei einer Änderung oder Wiederherstellung der Versicherung entsprechend. Die Dreijahresfrist beginnt mit der Änderung oder Wiederherstellung der Versicherung bezüglich des geänderten oder wiederhergestellten Teils neu zu laufen.

(6) Wenn die Versicherung durch Rücktritt oder Anfechtung aufgehoben wird, zahlen wir den Rückkaufswert; § 6 Abs. 3 gilt entsprechend. Die Rückzahlung der Beiträge können Sie nicht verlangen.

(7) Sofern Sie uns keine andere Person als Bevollmächtigten benannt haben, gilt nach Ihrem Ableben ein Bezugsberechtigter als bevollmächtigt, eine Rücktritts- oder Anfechtungserklärung entgegenzunehmen. Ist auch ein Bezugsberechtigter nicht vorhanden oder kann sein Aufenthalt nicht ermittelt werden, so können wir den Inhaber des Versicherungsscheins zur Entgegennahme der Erklärung als bevollmächtigt ansehen.

2   Im Rahmen der Überarbeitung der Musterbedingungswerke für die Lebensversicherung im Jahre 2001 wurde die Klausel wie gekennzeichnet überarbeitet und als § 6 ALB 2001 verlautbart.[6] Die Anzeigepflichtklausel gemäß § 6 ALB 2001 wurde im Jahre 2006 vom GDV unverändert an die LVU übermittelt.[7] Soweit die Klausel den Vorgaben des VVG 2008 nicht mehr entspricht, entfaltet sie nach dem 1. Januar 2009 keine Wirksamkeit mehr. Im Übrigen wird auf die Kommentierung zu § 6 ALB 1986 verwiesen.

§ 7 Was haben Sie bei der Beitragszahlung zu beachten?

(1) **Die Beiträge zu Ihrer Lebensversicherung können Sie je nach Vereinbarung in einem einzigen Betrag (Einmalbeitrag), durch Monats-, Vierteljahres-, Halbjahres- oder Jahresbeiträge (laufende Beiträge) entrichten.** Die Versicherungsperiode umfasst bei Einmalbeitrags- und Jahreszahlung ein Jahr, bei unterjähriger Beitragszahlung entsprechend der Zahlungsweise einen Monat, ein Vierteljahr bzw. ein halbes Jahr.

(2) **Der erste oder einmalige Beitrag wird sofort nach Abschluss des Versicherungsvertrages fällig, jedoch nicht vor dem im Versicherungsschein angegebenen Versicherungsbeginn. Alle weiteren Beiträge (Folgebeiträge) werden zu Beginn der vereinbarten Versicherungsperiode fällig.**

(3) **Die Übermittlung Ihrer Beiträge erfolgt auf Ihre Gefahr und Ihre Kosten.**

(4) **Die Zahlung der Beiträge kann nur dann an unseren Vertreter erfolgen, sofern dieser Ihnen eine von uns ausgestellte Beitragsrechnung vorlegt.**

(5) **Für eine Stundung der Beiträge ist eine schriftliche Vereinbarung mit uns erforderlich.**

(6) **Bei Fälligkeit einer Versicherungsleistung werden wir etwaige Beitragsrückstände verrechnen.**

Bemerkung

Bei Tarifen, bei denen die Versicherungsperiode nicht mit dem Beitragszahlungsabschnitt (unechte unterjährige Beiträge) übereinstimmt, lautet § 7 wie folgt:

„Was haben Sie bei der Beitragszahlung zu beachten?

(1) Die Beiträge zu Ihrer Lebensversicherung können Sie je nach Vereinbarung in einem einzigen Betrag (Einmalbeitrag) oder durch jährliche Beitragszahlungen (Jahresbeiträge) entrichten. Die Jahresbeiträge werden zu Beginn eines jeden Versicherungsjahres fällig.

(2) Nach Vereinbarung können Sie Jahresbeiträge auch in halbjährlichen, vierteljährlichen oder monatlichen Raten zahlen; hierfür werden Ratenzuschläge erhoben.

(3) Der erste oder einmalige Beitrag wird sofort nach Abschluss des Versicherungsvertrages fällig, jedoch nicht vor dem im Versicherungsschein vereinbarten Versicherungsbeginn. Alle weiteren Beiträge (Folgebeiträge) sind jeweils zum vereinbarten Fälligkeitstag an uns zu zahlen.

---

[6] GDV-Rundschreiben 0007/2001 v. 30. 1. 2001; GDV-Rundschreiben 1358/2001 v. 5. 7. 2001.

[7] GDV-Rundschreiben 1319/2006 v. 4. 5. 2006.

Beitragszahlungsverzug　　　　　　　　　　　　§ 8 ALB 2006

(4) Die Übermittlung Ihrer Beiträge erfolgt auf Ihre Gefahr und Ihre Kosten.
(5) Die Zahlung der Beiträge kann nur dann an unseren Vertreter erfolgen, sofern dieser Ihnen eine von uns ausgestellte Beitragsrechnung vorlegt.
(6) Für eine Stundung der Beiträge ist eine schriftliche Vereinbarung mit uns erforderlich.
(7) Im Versicherungsfall (bei Tod der versicherten Person. bzw. im Erlebensfall) werden wir alle noch nicht gezahlten Raten des laufenden Versicherungsjahres und etwaige Beitragsrückstände mit der Versicherungsleistung verrechnen."

Anmerkung

In den ALB 1994 lautete die Vorfassung der Beitragszahlungsklausel wie folgt: 1

„**§ 4 Was haben Sie bei der Beitragszahlung zu beachten?**
(Musterbedingungen des GDV – ALB 1994)
(1) Die Beiträge zu Ihrer Lebensversicherung können Sie je nach Vereinbarung in einem einzigen Betrag (Einmalbeitrag) oder durch jährliche Beitragszahlungen (Jahresbeiträge) entrichten. Die Jahresbeiträge werden zu Beginn eines jeden Versicherungsjahres fällig.
(2) Nach Vereinbarung können Sie Jahresbeiträge auch in halbjährlichen, vierteljährlichen oder monatlichen Raten zahlen; hierfür werden Ratenzuschläge erhoben.
(3) Bei Fälligkeit einer Versicherungsleistung werden wir alle noch nicht gezahlten Raten des laufenden Versicherungsjahres und etwaige Beitragsrückstände verrechnen.
(4) Der erste oder einmalige Beitrag wird sofort nach Abschluß des Versicherungsvertrages fällig. Alle weiteren Beiträge (Folgebeiträge) sind jeweils zum vereinbarten Fälligkeitstag an uns zu zahlen. Die Zahlung kann auch an unseren Vertreter erfolgen, sofern dieser Ihnen eine von uns ausgestellte Beitragsrechnung vorlegt.
(5) Für eine Stundung der Beiträge ist eine schriftliche Vereinbarung mit uns erforderlich.

Bemerkungen:
1) Wenn die Beiträge tariflich nur bis zum Ende des am Todestag laufenden Beitragszahlungsabschnitts zu zahlen sind, lautet Abs. 3 wie folgt: „Bei Fälligkeit einer Versicherungsleistung werden wir etwaige Beitragsrückstände verrechnen."
2) Bei Tarifen, bei denen die Versicherungsperiode mit dem Beitragszahlungsabschnitt übereinstimmt, lautet § 4 wie folgt:

„**Was haben Sie bei der Beitragszahlung zu beachten?**
(1) Die Beiträge zu Ihrer Lebensversicherung können Sie je nach Vereinbarung in einem einzigen Betrag (Einmalbeitrag) oder durch laufende Beiträge für jede Versicherungsperiode entrichten. Versicherungsperiode kann nach Vereinbarung ein Monat, ein Vierteljahr, ein halbes oder ein Jahr sein. Die laufenden Beiträge werden zu Beginn der vereinbarten Versicherungsperiode fällig.
(2) Bei Fälligkeit einer Versicherungsleistung werden wir etwaige Beitragsrückstände verrechnen.
(3) Der erste oder einmalige Beitrag wird sofort nach Abschluß des Versicherungsvertrages fällig. Alle weiteren Beiträge (Folgebeiträge) sind jeweils zum vereinbarten Fälligkeitstag an uns zu zahlen. Die Zahlung kann auch an unseren Vertreter erfolgen, sofern dieser Ihnen eine von uns ausgestellte Beitragsrechnung vorlegt.
(4) Für eine Stundung der Beiträge ist eine schriftliche Vereinbarung mit uns erforderlich."

Im Zuge der Überarbeitung der Musterbedingungswerke der Lebensversicherung wurde auch § 4 ALB 1994 überarbeitet und erhielt im Jahre 2001 eine neue Fassung,[1] die mit § 7 ALB 2006 übereinstimmt.[2] Im Übrigen siehe die Kommentierung bei § 2 ALB 1986. 2

§ 8 Was geschieht, wenn Sie einen Beitrag nicht rechtzeitig zahlen?

(1) **Für die Rechtzeitigkeit der Beitragszahlung genügt es, wenn Sie fristgerecht alles getan haben, damit der Beitrag bei uns eingeht. Ist die Einziehung des Beitrags von einem Konto vereinbart, gilt die Zahlung als rechtzeitig, wenn der Bei-**

---
[1] GDV-Rundschreiben 0007/2001 v. 30. 1. 2001; GDV-Rundschreiben 1358/2001 v. 5. 7. 2001.
[2] GDV-Rundschreiben 1319/2006 v. 4. 5. 2006.

ALB 2006 § 8 1

trag zu dem im Versicherungsschein angegebenen Fälligkeitstag eingezogen werden kann und Sie einer berechtigten Einziehung nicht widersprechen. Konnte der fällige Beitrag ohne Ihr Verschulden von uns nicht eingezogen werden, ist die Zahlung auch dann noch rechtzeitig, wenn sie unverzüglich nach unserer schriftlichen Zahlungsaufforderung erfolgt. Haben Sie zu vertreten, dass der Beitrag wiederholt nicht eingezogen werden kann, sind wir berechtigt, künftig die Zahlung außerhalb des Lastschriftverfahrens zu verlangen.

(2) Wenn Sie den Einlösungsbeitrag nicht rechtzeitig zahlen, können wir – solange die Zahlung nicht bewirkt ist – vom Vertrag zurücktreten. Es gilt als Rücktritt, wenn wir unseren Anspruch auf den Einlösungsbeitrag nicht innerhalb von drei Monaten vom Fälligkeitstag an gerichtlich geltend machen. Bei einem Rücktritt können wir von Ihnen die Kosten der zur Gesundheitsprüfung durchgeführten ärztlichen Untersuchungen verlangen.

(3) Wenn Sie einen Folgebeitrag oder einen sonstigen Betrag, den Sie aus dem Versicherungsverhältnis schulden, nicht rechtzeitig zahlen, erhalten Sie von uns auf Ihre Kosten eine schriftliche Mahnung. Darin setzen wir Ihnen eine Zahlungsfrist von mindestens zwei Wochen. Begleichen Sie den Rückstand nicht innerhalb der gesetzten Frist, entfällt oder vermindert sich Ihr Versicherungsschutz. Auf diese Rechtsfolgen werden wir Sie in der Mahnung ausdrücklich hinweisen.

Bemerkung

Bei Tarifen, bei denen die Versicherungsperiode mit dem Beitragszahlungsabschnitt (unechte unterjährige Beiträge) nicht übereinstimmt, lautet § 8 wie folgt:

„**Was geschieht, wenn Sie einen Beitrag nicht rechtzeitig zahlen?**
(1) Für die Rechtzeitigkeit der Beitragszahlung genügt es, wenn Sie fristgerecht alles getan haben, damit der Beitrag bei uns eingeht. Ist die Einziehung des Beitrags von einem Konto vereinbart, gilt die Zahlung als rechtzeitig, wenn der Beitrag zu dem im Versicherungsschein angegebenen Fälligkeitstag eingezogen werden kann und Sie einer berechtigten Einziehung nicht widersprechen. Konnte der fällige Beitrag ohne Ihr Verschulden von uns nicht eingezogen werden, ist die Zahlung auch dann noch rechtzeitig, wenn sie unverzüglich nach unserer schriftlichen Zahlungsaufforderung erfolgt. Haben Sie zu vertreten, dass der Beitrag wiederholt nicht eingezogen werden kann, sind wir berechtigt, künftig die Zahlung außerhalb des Lastschriftverfahrens zu verlangen.
(2) Wenn Sie den Einlösungsbeitrag nicht rechtzeitig zahlen, können wir – solange die Zahlung nicht bewirkt ist – vom Versicherungsvertrag zurücktreten. Es gilt als Rücktritt, wenn wir unseren Anspruch auf den Einlösungsbeitrag nicht innerhalb von drei Monaten vom Fälligkeitstag an gerichtlich geltend machen. Bei einem Rücktritt können wir von Ihnen die Kosten der zur Gesundheitsprüfung durchgeführten ärztlichen Untersuchungen verlangen.
(3) Anstelle des Rücktritts können wir, wenn Sie den Einlösungsbeitrag schuldhaft nicht rechtzeitig zahlen, die Beiträge des ersten Versicherungsjahres – auch bei Vereinbarung von Ratenzahlungen – sofort verlangen.
(4) Wenn Sie einen Folgebeitrag oder einen sonstigen Betrag, den Sie aus dem Versicherungsverhältnis schulden, nicht rechtzeitig zahlen, erhalten Sie von uns auf Ihre Kosten eine schriftliche Mahnung. Darin setzen wir Ihnen eine Zahlungsfrist von mindestens zwei Wochen. Begleichen Sie den Rückstand nicht innerhalb der gesetzten Frist, entfällt oder vermindert sich Ihr Versicherungsschutz. Auf diese Rechtsfolgen werden wir Sie in der Mahnung ausdrücklich hinweisen.
(5) Zahlen Sie im ersten Versicherungsjahr einen Folgebeitrag schuldhaft nicht rechtzeitig, werden außerdem die noch ausstehenden Raten des ersten Jahresbeitrages sofort fällig."

Anmerkung

1 Die Vorfassung lautete in den ALB 1994 wie folgt:

„**§ 5 Was geschieht, wenn Sie einen Beitrag nicht rechtzeitig zahlen?**
(Musterbedingungen des GDV – ALB 1994)

Einlösungsbeitrag
(1) Wenn Sie den Einlösungsbeitrag nicht rechtzeitig zahlen, so können wir die Beiträge des ersten Versicherungsjahres auch bei Vereinbarung von Ratenzahlungen sofort verlangen.

Kündigung § 9 ALB 2006

Stattdessen können wir – solange die Zahlung nicht bewirkt ist – auch vom Versicherungsvertrag zurücktreten. Es gilt als Rücktritt, wenn wir unseren Anspruch auf den Einlösungsbeitrag nicht innerhalb von drei Monaten vom Fälligkeitstag an gerichtlich geltend machen. (Auf dieses Rücktrittsrecht kann verzichtet werden.) Bei einem Rücktritt können wir von Ihnen neben den Kosten einer ärztlichen Untersuchung eine besondere Gebühr für die Bearbeitung Ihres Vertrages verlangen. Diese Gebühr, die unserem durchschnittlichen Aufwand entspricht, beträgt ...

Folgebeitrag

(2) Wenn Sie einen Folgebeitrag oder einen sonstigen Betrag, den Sie aus dem Versicherungsverhältnis schulden, nicht rechtzeitig zahlen, so erhalten Sie von uns auf Ihre Kosten eine schriftliche Mahnung. Darin setzen wir Ihnen eine Zahlungsfrist von mindestens zwei Wochen. Begleichen Sie den Rückstand nicht innerhalb der gesetzten Frist, so entfällt oder vermindert sich Ihr Versicherungsschutz. (Der Versicherer kann hierauf verzichten.) Auf diese Rechtsfolgen werden wir Sie in der Mahnung ausdrücklich hinweisen.

(3) Zahlen Sie schon im ersten Versicherungsjahr einen Folgebeitrag nicht rechtzeitig, so werden außerdem die noch ausstehenden Raten des ersten Jahresbeitrags sofort fällig."

Bemerkung

Bei Tarifen, bei denen die Versicherungsperiode mit dem Beitragszahlungsabschnitt übereinstimmt, lautet § 5 wie folgt:

„**Was geschieht, wenn Sie einen Beitrag nicht rechtzeitig zahlen?**

Einlösungsbeitrag

(1) Wenn Sie den Einlösungsbeitrag nicht rechtzeitig zahlen, so können wir – solange die Zahlung nicht bewirkt ist – vom Vertrag zurücktreten. Es gilt als Rücktritt, wenn wir unseren Anspruch auf den Einlösungsbeitrag nicht innerhalb von drei Monaten vom Fälligkeitstag an gerichtlich geltend machen. (Auf dieses Rücktrittsrecht kann verzichtet werden.) Bei einem Rücktritt können wir von Ihnen neben den Kosten einer ärztlichen Untersuchung eine besondere Gebühr für die Bearbeitung Ihres Vertrages verlangen. Diese Gebühr, die unserem durchschnittlichen Aufwand entspricht, beträgt ...

Folgebeitrag

(2) Wenn Sie einen Folgebeitrag oder einen sonstigen Betrag, den Sie aus dem Versicherungsverhältnis schulden, nicht rechtzeitig zahlen, so erhalten Sie von uns auf Ihre Kosten eine schriftliche Mahnung. Darin setzen wir Ihnen eine Zahlungsfrist von mindestens zwei Wochen. Begleichen Sie den Rückstand nicht innerhalb der gesetzten Frist, so entfällt oder vermindert sich Ihr Versicherungsschutz. (Der Versicherer kann hierauf verzichten.) Auf diese Rechtsfolgen werden wir Sie in der Mahnung ausdrücklich hinweisen."

§ 5 ALB 1994 wurde im Zuge der Überarbeitung der Musterbedingungswerke der Lebensversicherung im Jahre 2001 neu gefasst.[1] Die neue Fassung ist mit § 8 ALB 2006 identisch.[2] Die Beitragszahlungsverzugsklausel des § 8 ALB 2006 entspricht im Wesentlichen wie schon § 5 ALB 1994 dem § 3 ALB 1986. Die Änderungen beruhen auf einer noch stärkeren Anlehnung an den Regelungsgehalt und Wortlaut der halbzwingenden Vorschriften des VVG über die verspätete Zahlung der Erst- oder Folgeprämie.[3] Weitere Einzelheiten siehe bei der Kommentierung des § 3 ALB 1986.

§ 9 Wann können Sie Ihre Versicherung kündigen oder beitragsfrei stellen?

Kündigung und Auszahlung des Rückkaufswertes

(1) **Sie können Ihre Versicherung jederzeit zum Schluss der Versicherungsperiode ganz oder teilweise schriftlich kündigen.**

(2) **Kündigen Sie Ihre Versicherung nur teilweise, ist die Kündigung unwirksam, wenn die verbleibende beitragspflichtige Versicherungssumme unter einen Min-**

---

[1] GDV-Rundschreiben 0007/2001 v. 30. 1. 2001; GDV-Rundschreiben 1358/2001 v. 5. 7. 2001.
[2] GDV-Rundschreiben 1319/2006 v. 4. 5. 2006.
[3] *Kollhosser* in: Prölss/Martin, VVG, 27. Aufl., 2004, § 5 ALB 94 Anm. 1.

destbetrag von ... sinkt. Wenn Sie in diesem Fall Ihre Versicherung beenden wollen, müssen Sie also ganz kündigen.

(3) Nach § 176 VVG haben wir – soweit bereits entstanden – den Rückkaufswert zu erstatten. Er wird nach den anerkannten Regeln der Versicherungsmathematik für den Schluss der laufenden Versicherungsperiode als Zeitwert Ihrer Versicherung berechnet, wobei ein Abzug von ... erfolgt.[1] Mit dem Abzug wird die Veränderung der Risiko- und Ertragslage des verbleibenden Versichertenbestandes[2] ausgeglichen; zudem werden noch nicht getilgte Abschlusskosten abgegolten. Darüber hinaus wird mit dem Abzug ein Ausgleich für kollektiv gestelltes Risikokapital sowie für verminderte Kapitalerträge aufgrund vorzeitiger Fälligkeit vorgenommen.[3] Weitere Erläuterungen sowie versicherungsmathematische Hinweise zum Abzug und seiner Höhe finden Sie im Anhang zu den Versicherungsbedingungen. Sofern Sie uns nachweisen, dass die dem Abzug zugrunde liegenden Annahmen in Ihrem Fall entweder dem Grunde nach nicht zutreffen oder der Abzug wesentlich niedriger zu beziffern ist, entfällt der Abzug bzw. wird – im letzteren Falle – entsprechend herabgesetzt.

Beitragsrückstände werden von dem Rückkaufswert abgesetzt.

Die Kündigung Ihrer Versicherung ist mit Nachteilen verbunden. In der Anfangszeit Ihrer Versicherung ist wegen der Verrechnung von Abschlusskosten nach dem Zillmerverfahren (vgl. § 10) kein Rückkaufswert vorhanden. Der Rückkaufswert erreicht auch in den Folgejahren nicht unbedingt die Summe der eingezahlten Beiträge. Nähere Informationen zum Rückkaufswert und seiner Höhe können Sie Ihrem Versicherungsschein entnehmen.

Bemerkung

Bei Tarifen, bei denen Garantiewerte für den Rückkaufswert vorgesehen sind, lautet § 9 Abs. 3 wie folgt:

„Nach § 176 VVG haben wir – soweit bereits entstanden – den Rückkaufswert zu erstatten. Er wird nach den anerkannten Regeln der Versicherungsmathematik für den Schluss der laufenden Versicherungsperiode als Zeitwert Ihrer Versicherung berechnet, wobei ein Abzug von ... erfolgt.[4] Mit dem Abzug wird die Veränderung der Risiko- und Ertragslage des verbleibenden Versichertenbestandes[5] ausgeglichen; zudem werden noch nicht getilgte Abschlusskosten abgegolten. Darüber hinaus wird mit dem Abzug ein Ausgleich für kollektiv gestelltes Risikokapital sowie für verminderte Kapitalerträge aufgrund vorzeitiger Fälligkeit vorgenommen.[6] Weitere Erläuterungen sowie versicherungsmathematische Hinweise zum Abzug und seiner Höhe finden Sie im Anhang zu den Versicherungsbedingungen. Sofern Sie uns nachweisen, dass die dem Abzug zugrunde liegenden Annahmen in Ihrem Fall entweder dem Grunde nach nicht zutreffen oder der Abzug wesentlich niedriger zu beziffern ist, entfällt der Abzug bzw. wird – im letzteren Falle – entsprechend herabgesetzt.
Beitragsrückstände werden von dem Rückkaufswert abgesetzt.
Die Kündigung Ihrer Versicherung ist mit Nachteilen verbunden. In der Anfangszeit Ihrer Versicherung ist wegen der Verrechnung von Abschlusskosten nach dem Zillmerverfahren

---

[1] Ggf. sind die Bezugsgröße und die Auswirkungen des Abzugs etwa in einer schriftlichen Erläuterung bzw. in einer Tabelle darzustellen, sofern der in Satz 2 definierte Abzug hierfür Anlass bietet.

[2] Ggf. unternehmensindividuell anpassen, wenn im Bedingungswerk eine andere Diktion veranlasst ist.

[3] Ggf. unternehmensindividuell anpassen, wenn auch aus anderen Gründen oder nur in eingeschränktem Umfang, also nicht aus allen oben genannten Gründen, ein Abzug erfolgen soll.

[4] Ggf. sind die Bezugsgröße und die Auswirkungen des Abzugs etwa in einer schriftlichen Erläuterung bzw. in einer Tabelle darzustellen, sofern der in Satz 2 definierte Abzug hierfür Anlass bietet.

[5] Ggf. unternehmensindividuell anpassen, wenn im Bedingungswerk eine andere Diktion veranlasst ist.

[6] Ggf. unternehmensindividuell anpassen, wenn nur im eingeschränkten Umfang, also nicht aus allen oben genannten Gründen, ein Abzug erfolgen soll.

Kündigung § 9 ALB 2006

(vgl. § 10) kein Rückkaufswert vorhanden. Der Rückkaufswert erreicht auch in den Folgejahren nicht unbedingt die Summe der eingezahlten Beiträge. Der Rückkaufswert entspricht jedoch mindestens einem bei Vertragsabschluss vereinbarten Garantiebetrag, dessen Höhe vom Zeitpunkt der Beendigung des Vertrages abhängt. Nähere Informationen zum Rückkaufswert und seiner Höhe können Sie Ihrem Versicherungsschein entnehmen."

Umwandlung in eine beitragsfreie Versicherung

(4) Anstelle einer Kündigung nach Absatz 1 können Sie zu dem dort genannten Termin verlangen, ganz oder teilweise von der Beitragszahlungspflicht befreit zu werden. In diesem Fall setzen wir die Versicherungssumme ganz oder teilweise auf eine beitragsfreie Summe herab, die nach den anerkannten Regeln der Versicherungsmathematik für den Schluss der laufenden Versicherungsperiode errechnet wird. Der aus Ihrer Versicherung für die Bildung der beitragsfreien Summe zur Verfügung stehende Betrag mindert sich um einen Abzug in Höhe von ... sowie um rückständige Beiträge.[7] Mit dem Abzug wird die Veränderung der Risiko- und Ertragslage des verbleibenden Versichertenbestandes[8] ausgeglichen; zudem werden noch nicht getilgte Abschlusskosten abgegolten. Darüber hinaus wird mit dem Abzug ein Ausgleich für kollektiv gestelltes Risikokapital vorgenommen.[9] Weitere Erläuterungen sowie versicherungsmathematische Hinweise zum Abzug und seiner Höhe finden Sie im Anhang zu den Versicherungsbedingungen. Sofern Sie uns nachweisen, dass die dem Abzug zugrunde liegenden Annahmen in Ihrem Fall entweder dem Grunde nach nicht zutreffen oder der Abzug wesentlich niedriger zu beziffern ist, entfällt der Abzug bzw. wird – im letzteren Falle – entsprechend herabgesetzt.

Die Beitragsfreistellung Ihrer Versicherung ist mit Nachteilen verbunden. In der Anfangszeit Ihrer Versicherung ist wegen der Verrechnung von Abschlusskosten nach dem Zillmerverfahren (vgl. § 10) keine beitragsfreie Versicherungssumme vorhanden. Auch in den Folgejahren stehen nicht unbedingt Mittel in Höhe der eingezahlten Beiträge für die Bildung einer beitragsfreien Versicherungssumme zur Verfügung. Nähere Informationen zur beitragsfreien Versicherungssumme und ihrer Höhe können Sie Ihrem Versicherungsschein entnehmen.

(5) Haben Sie die vollständige Befreiung von der Beitragszahlungspflicht beantragt und erreicht die nach Absatz 4 zu berechnende beitragsfreie Versicherungssumme den Mindestbetrag von ... nicht, erhalten Sie den Rückkaufswert nach Absatz 3. Eine teilweise Befreiung von der Beitragszahlungspflicht können Sie nur verlangen, wenn die verbleibende beitragspflichtige Versicherungssumme mindestens ... beträgt.

Beitragsrückzahlung

(6) Die Rückzahlung der Beiträge können Sie nicht verlangen.

Bemerkung

Bei Tarifen, bei denen die Versicherungsperiode nicht mit dem Beitragszahlungsabschnitt (unechte unterjährige Beiträge) übereinstimmt, lautet § 9 wie folgt:

„Wann können Sie Ihre Versicherung kündigen oder beitragsfrei stellen?"
Kündigung und Auszahlung des Rückkaufswertes
(1) Sie können Ihre Versicherung ganz oder teilweise schriftlich kündigen
– jederzeit zum Schluss des laufenden Versicherungsjahres
– bei Vereinbarung von Ratenzahlungen auch innerhalb des Versicherungsjahres mit Frist von einem Monat zum Schluss eines jeden Ratenzahlungsabschnitts, frühestens jedoch zum Schluss des ersten Versicherungsjahres.
(2) Kündigen Sie Ihre Versicherung nur teilweise, ist diese Kündigung unwirksam, wenn die verbleibende beitragspflichtige Versicherungssumme unter einen Mindestbetrag von ... sinkt.

---

[7] Soweit bei Beitragsfreistellung ein Wechsel der Tarifform erfolgt, ist § 9 Abs. 4 entsprechend zu ergänzen.
[8] Ggf. unternehmensindividuell anpassen, wenn im Bedingungswerk eine andere Diktion veranlasst ist.
[9] Ggf. unternehmensindividuell anpassen, wenn nur im eingeschränkten Umfang, also nicht aus allen oben genannten Gründen, ein Abzug erfolgen soll.

Wenn Sie in diesem Falle Ihre Versicherung beenden wollen, müssen Sie also ganz kündigen.
(3) Nach § 176 VVG haben wir – soweit bereits entstanden – den Rückkaufswert zu erstatten. Er wird nach den anerkannten Regeln der Versicherungsmathematik für den Schluss des laufenden Ratenzahlungsabschnitts als Zeitwert Ihrer Versicherung berechnet, wobei ein Abzug in Höhe von ... erfolgt.[10] Mit dem Abzug wird die Veränderung der Risiko- und Ertragslage des verbleibenden Versichertenbestandes[11] ausgeglichen; zudem werden noch nicht getilgte Abschlusskosten abgegolten. Darüber hinaus wird mit dem Abzug ein Ausgleich für kollektiv gestelltes Risikokapital sowie für verminderte Kapitalerträge aufgrund vorzeitiger Fälligkeit vorgenommen.[12] Weitere Erläuterungen sowie versicherungsmathematische Hinweise zum Abzug und seiner Höhe finden Sie im Anhang zu den Versicherungsbedingungen. Sofern Sie uns nachweisen, dass die dem Abzug zugrunde liegenden Annahmen in Ihrem Fall entweder dem Grunde nach nicht zutreffen oder der Abzug wesentlich niedriger zu beziffern ist, entfällt der Abzug bzw. wird – im letzteren Falle – entsprechend herabgesetzt.
Beitragsrückstände werden von dem Rückkaufswert abgesetzt.
Die Kündigung Ihrer Versicherung ist mit Nachteilen verbunden. In der Anfangszeit Ihrer Versicherung ist wegen der Verrechnung von Abschlusskosten nach dem Zillmerverfahren (vgl. § 10) kein Rückkaufswert vorhanden. Der Rückkaufswert erreicht auch in den Folgejahren nicht unbedingt die Summe der eingezahlten Beiträge. Nähere Informationen zum Rückkaufswert und seiner Höhe können Sie Ihrem Versicherungsschein entnehmen."

Bemerkung
Bei Tarifen, bei denen Garantiewerte für den Rückkaufswert vorgesehen sind, lautet § 9 Abs. 3 wie folgt:

„Nach § 176 VVG haben wir nach Kündigung – soweit bereits entstanden – den Rückkaufswert zu erstatten. Er wird nach den anerkannten Regeln der Versicherungsmathematik für den Schluss des laufenden Ratenzahlungsabschnitts als Zeitwert Ihrer Versicherung berechnet, wobei ein Abzug in Höhe von ... erfolgt.[13] Mit dem Abzug wird die Veränderung der Risiko- und Ertragslage des verbleibenden Versichertenbestandes[14] ausgeglichen; zudem werden noch nicht getilgte Abschlusskosten abgegolten. Darüber hinaus wird mit dem Abzug ein Ausgleich für kollektiv gestelltes Risikokapital sowie für verminderte Kapitalerträge aufgrund vorzeitiger Fälligkeit vorgenommen.[15] Weitere Erläuterungen sowie versicherungsmathematische Hinweise zum Abzug und seiner Höhe finden Sie im Anhang zu den Versicherungsbedingungen. Sofern Sie uns nachweisen, dass die dem Abzug zugrunde liegenden Annahmen in Ihrem Fall entweder dem Grunde nach nicht zutreffen oder der Abzug wesentlich niedriger zu beziffern ist, entfällt der Abzug bzw. wird – im letzteren Falle – entsprechend herabgesetzt.
Beitragsrückstände werden von dem Rückkaufswert abgesetzt.
Die Kündigung Ihrer Versicherung ist mit Nachteilen verbunden. In der Anfangszeit Ihrer Versicherung ist wegen der Verrechnung von Abschlusskosten nach dem Zillmerverfahren (vgl. § 10) kein Rückkaufswert vorhanden. Der Rückkaufswert erreicht auch in den Folgejahren nicht unbedingt die Summe der eingezahlten Beiträge. Der Rückkaufswert entspricht jedoch mindestens einem bei Vertragsabschluss vereinbarten Garantiebetrag, dessen Höhe vom Zeitpunkt der Beendigung des Vertrages abhängt. Nähere Informationen zum Rückkaufswert und seiner Höhe können Sie Ihrem Versicherungsschein entnehmen."

---

[10] Ggf. sind die Bezugsgröße und die Auswirkungen des Abzugs etwa in einer schriftlichen Erläuterung bzw. in einer Tabelle darzustellen, sofern der in Satz 2 definierte Abzug hierfür Anlass bietet.

[11] Ggf. unternehmensindividuell anpassen, wenn im Bedingungswerk eine andere Diktion veranlasst ist.

[12] Ggf. unternehmensindividuell anpassen, wenn auch aus anderen Gründen oder nur in eingeschränktem Umfang, also nicht aus allen oben genannten Gründen, ein Abzug erfolgen soll.

[13] Ggf. sind die Bezugsgröße und die Auswirkungen des Abzugs etwa in einer schriftlichen Erläuterung bzw. in einer Tabelle darzustellen, sofern der in Satz 2 definierte Abzug hierfür Anlass bietet.

[14] Ggf. unternehmensindividuell anpassen, wenn im Bedingungswerk eine andere Diktion veranlasst ist.

[15] Ggf. unternehmensindividuell anpassen, wenn auch aus anderen Gründen oder nur in eingeschränktem Umfang, also nicht aus allen oben genannten Gründen, ein Abzug erfolgen soll.

Kündigung   § 9 ALB 2006

Umwandlung in eine beitragsfreie Versicherung

(4) Anstelle einer Kündigung nach Absatz 1 können Sie unter Beachtung der dort genannten Termine und Fristen verlangen, ganz oder teilweise von der Beitragszahlungspflicht befreit zu werden. In diesem Fall setzen wir die Versicherungssumme ganz oder teilweise auf eine beitragsfreie Summe herab, die nach den anerkannten Regeln der Versicherungsmathematik für den Schluss des laufenden Ratenzahlungsabschnitts errechnet wird. Der aus Ihrer Versicherung für die Bildung der beitragsfreien Summe zur Verfügung stehende Betrag mindert sich um einen Abzug in Höhe von ... sowie um rückständige Beiträge.[16] Mit dem Abzug wird die Veränderung der Risiko- und Ertragslage des verbleibenden Versichertenbestandes[17] ausgeglichen; zudem werden noch nicht getilgte Abschlusskosten abgegolten. Darüber hinaus wird mit dem Abzug ein Ausgleich für kollektiv gestelltes Risikokapital vorgenommen.[18] Weitere Erläuterungen sowie versicherungsmathematische Hinweise zum Abzug und seiner Höhe finden Sie im Anhang zu den Versicherungsbedingungen. Sofern Sie uns nachweisen, dass die dem Abzug zugrunde liegenden Annahmen in Ihrem Fall entweder dem Grunde nach nicht zutreffen oder der Abzug wesentlich niedriger zu beziffern ist, entfällt der Abzug bzw. wird – im letzteren Falle – entsprechend herabgesetzt.

Die Beitragsfreistellung Ihrer Versicherung ist mit Nachteilen verbunden. In der Anfangszeit Ihrer Versicherung ist wegen der Verrechnung von Abschlusskosten nach dem Zillmerverfahren (vgl. § 10) keine beitragsfreie Versicherungssumme vorhanden. Auch in den Folgejahren stehen nicht unbedingt Mittel in Höhe der eingezahlten Beiträge für die Bildung einer beitragsfreien Versicherungssumme zur Verfügung. Nähere Informationen zur beitragsfreien Versicherungssumme und ihrer Höhe können Sie Ihrem Versicherungsschein entnehmen.

(5) Haben Sie die vollständige Befreiung von der Beitragszahlungspflicht beantragt und erreicht die nach Absatz 4 zu berechnende beitragsfreie Versicherungssumme den Mindestbetrag von ... nicht, erhalten Sie den Rückkaufswert nach Absatz 3. Eine teilweise Befreiung von der Beitragszahlungspflicht können Sie nur verlangen, wenn die verbleibende beitragspflichtige Versicherungssumme mindestens ... beträgt.

Beitragsrückzahlung

(6) Die Rückzahlung der Beiträge können Sie nicht verlangen."

Übersicht

	Rdn.
I. Allgemeines	1–3
1. EG-Recht	1
2. Vorteil der Regelung	2
3. VVG 2008	3
II. ALB 1994	4–22
1. Fassung	4
2. Inhaltskontrolle	5–11
a) Kündigungs- und Beitragsfreistellungsklausel	5–10
b) Stornoklausel als Teil der Kündigungs- und Beitragsfreistellungsklausel	11
3. Anwendung des § 172 Abs. 2 VVG	12–17
a) Ausgangslage	12–14
b) Ersetzung der Stornoklausel	15
c) Ersetzung der Kündigungs- und Beitragsfreistellungsklausel	16, 17
4. Richterliche ergänzende Vertragsauslegung	18–20
a) Mindestrückkaufswert	18, 19
b) Geltung für VVaG	20
5. Heilung des Transparenzmangels	21
6. Auskunftsanspruch	22

---

[16] Soweit bei Beitragsfreistellung ein Wechsel der Tarifform erfolgt, ist § 9 Abs. 4 entsprechend zu ergänzen.

[17] Ggf. unternehmensindividuell anpassen, wenn im Bedingungswerk eine andere Diktion veranlasst ist.

[18] Ggf. unternehmensindividuell anpassen, wenn nur im eingeschränkten Umfang, also nicht aus allen oben genannten Gründen, ein Abzug erfolgen soll.

	Rdn.
III. ALB 2001	23–38
1. Fassung vom 30. Januar 2001	23
2. Fassung vom 5. Juli 2001	24
3. Inhaltskontrolle	25–38
a) LG Hamburg – 324 O 1136/07	25, 26
b) LG Hamburg – 324 O 1116/07	27–30
c) LG Hamburg – 324 O 1153/07	31–34
d) Stellungnahme	35–38
IV. ALB 2006	39, 40

AuVdBAV: VerBAV 2001, 251 (R 1/2001 v. 10. 10. 2001 – Hinweise zur Unwirksamkeit von Allgemeinen Versicherungsbedingungen in der Lebensversicherung).

Schrifttum: *Disch,* Über die Erzeugung von Stornoverteilungen, BDGVM XXIII (1997), 121; *Elfring,* Die Ersetzung intransparenter Klauseln in den Allgemeinen Bedingungen der kapitalbildenden Lebensversicherung im Rahmen des Treuhänderverfahrens nach § 172 II VVG, NJW 2005, 3677; *Engeländer,* Nochmals: „Zillmerung" ohne Kostenverrechnungsklausel? – Eine Erwiderung auf den Aufsatz von Schünemann VersR 2005, 323 –, VersR 2005, 1031; *Herr/Kreer,* Zur Bewertung von Optionen und Garantien bei Lebensversicherungen, BDGVM XXIV (1999), 179; *Holzwarth/Schmidt/Timmerscheidt,* Selektionsabschläge bei Kündigung oder Beitragsfreistellung von Lebensversicherungen, BDGVM XXII (1995), 113; *Langheid,* Die Reform des Versicherungsvertragsgesetzes, NJW 2007, 3665 (1. Teil: Allgemeine Vorschriften), 3745 (2. Teil: Die einzelnen Versicherungssparten); *Schmidt,* Zur aktuariellen Ermittlung angemessener Stornoabzüge in der Lebensversicherung, Der Aktuar 1999, 24; *Schneider,* Gegenauslese bei Kündigung von Lebensversicherungen, BDGVM XVII (1985), 51; *Sijanski,* Ersetzung unwirksamer Klauseln und Mindestrückkaufswert in der kapitalbildenden Lebensversicherung, VersR 2006, 469.

I. Allgemeines

1. EG-Recht

1 Art. 31 Abs. 3 der Richtlinie 92/96/EWG des Rates vom 10. November 1992 zur Koordinierung der Rechts- und Verwaltungsvorschriften für die Direktversicherung (Lebensversicherung) sowie zur Änderung der Richtlinien 79/267/EWG und 90/619/EWG (Dritte Richtlinie Lebensversicherung) steht einer nationalen Regelung entgegen, nach der das Angebot einer Lebensversicherung oder mangels eines Angebots die Versicherungspolice den Versicherungsnehmer darüber aufklären muss, dass die Kündigung, die Herabsetzung oder der Rückkauf eines laufenden Lebensversicherungsvertrags zu dem Zweck, einen anderen Lebensversicherungsvertrag abzuschließen, im Allgemeinen für den Versicherungsnehmer nachteilig ist.[19]

2. Vorteil der Regelung

2 Die kapitalbildende Lebensversicherung hat für den Versicherungsnehmer den Vorteil, dass er seine Versicherung zu Konditionen kündigen oder beitragsfrei stellen kann, die bis auf die Überschussbeteiligung vor Vertragsabschluss insbesondere durch den garantierten Rechnungszins festgelegt sind.[20]

---

[19] EuGH, Urt. v. 5. 3. 2002 – C-386/00, S. 7 (Axa Royale Belge SA ./. Ochoa u. Stratégie Finance SPRL), NVersZ 2002, 210 = VersR 2002, 1011 = EuZW 2002, 377; *Langheid/Müller-Frank,* Rechtsprechungsübersicht zum Versicherungsvertragsrecht 2002, NJW 2003, 399.
[20] *Herr/Kreer* BDGVM XXIV (1999), 179.

3. VVG 2008

Die Neuregelung des Rückkaufswertes in § 169 VVG 2008 ist von der Rückwirkung ausgenommen, das heißt auf Altverträge ist auch nach dem 1. Januar 2009 weiterhin § 176 VVG 1908/2007 anzuwenden.[21]

II. ALB 1994

1. Fassung

In den ALB 1994 lautete die Kündigungs- und Beitragsfreistellungsklausel wie folgt:

„**§ 6 Wann können Sie Ihre Versicherung kündigen oder beitragsfrei stellen?**
Kündigung und Auszahlung des Rückkaufswertes
(1) Sie können Ihre Versicherung ganz oder teilweise schriftlich kündigen
– jederzeit zum Schluss des laufenden Versicherungsjahres
– bei Vereinbarung von Ratenzahlungen auch innerhalb des Versicherungsjahres mit Frist von einem Monat zum Schluss eines jeden Ratenzahlungsabschnitts, frühestens jedoch zum Schluss des ersten Versicherungsjahres.
(2) Kündigen Sie Ihre Versicherung nur teilweise, so ist diese Kündigung unwirksam, wenn die verbleibende beitragspflichtige Versicherungssumme unter einen Mindestbetrag von … DM sinkt. Wenn Sie in diesem Falle Ihre Versicherung beenden wollen, müssen Sie also ganz kündigen.
(3) Nach § 176 VVG haben wir nach Kündigung – soweit bereits entstanden – den Rückkaufswert zu erstatten. Er wird nach den anerkannten Regeln der Versicherungsmathematik für den Schluss der laufenden Versicherungsperiode als Zeitwert Ihrer Versicherung berechnet, wobei ein als angemessen angesehener Abzug in Höhe von … erfolgt. Beitragsrückstände werden von dem Rückkaufswert abgesetzt.

Umwandlung in eine beitragsfreie Versicherung
(4) Anstelle einer Kündigung nach Absatz 1 können Sie unter Beachtung der dort genannten Termine und Fristen schriftlich verlangen, ganz oder teilweise von der Beitragszahlungspflicht befreit zu werden. In diesem Fall setzen wir die Versicherungssumme ganz oder teilweise auf eine beitragsfreie Summe herab, die nach den anerkannten Regeln der Versicherungsmathematik für den Schluss der laufenden Versicherungsperiode errechnet wird. Der aus Ihrer Versicherung für die Bildung der beitragsfreien Summe zur Verfügung stehende Betrag mindert sich um einen als angemessen angesehenen Abzug in Höhe von … sowie um rückständige Beiträge.
(5) Haben Sie die vollständige Befreiung von der Beitragszahlungspflicht beantragt und erreicht die nach Absatz 4 zu berechnende beitragsfreie Versicherungssumme den Mindestbetrag von … DM nicht, so erhalten Sie den Rückkaufswert (§ 6 Abs. 3). Haben Sie nur eine teilweise Befreiung von der Beitragszahlungspflicht beantragt, so ist der Antrag nur wirksam, wenn die beitragsfreie Versicherungssumme einen Mindestbetrag von … DM und die beitragspflichtige Versicherungssumme einen Mindestbetrag von … DM erreicht. Anderenfalls können Sie die vollständige Befreiung von der Beitragszahlungspflicht beantragen. Dieser Antrag führt zur beitragsfreien Fortsetzung der Versicherung, wenn die nach Absatz 4 zu berechnende beitragsfreie Versicherungssumme den Mindestbetrag von … DM erreicht. Ist das nicht der Fall, so erhalten Sie den Rückkaufswert.

Beitragsrückzahlung
(6) Die Rückzahlung der Beiträge können Sie nicht verlangen."

Bemerkung

Bei Tarifen, bei denen die Versicherungsperiode mit dem Beitragszahlungsabschnitt übereinstimmt, lautet § 6 wie folgt:

---

[21] *Langheid* NJW 2007, 3745, 3751.

„Wann können Sie Ihre Versicherung kündigen oder beitragsfrei stellen?

Kündigung und Auszahlung des Rückkaufswertes

(1) Sie können Ihre Versicherung jederzeit zum Schluss der Versicherungsperiode ganz oder teilweise schriftlich kündigen.

(2) Kündigen Sie Ihre Versicherung nur teilweise, so ist die Kündigung unwirksam, wenn die verbleibende beitragspflichtige Versicherungssumme unter einen Mindestbetrag von ... DM sinkt. Wenn Sie in diesem Falle Ihre Versicherung beenden wollen, müssen Sie also ganz kündigen.

(3) Nach § 176 VVG haben wir – soweit bereits entstanden – den Rückkaufswert zu erstatten. Er wird nach den anerkannten Regeln der Versicherungsmathematik für den Schluss der laufenden Versicherungsperiode als Zeitwert Ihrer Versicherung berechnet, wobei ein als angemessen angesehener Abzug von ... erfolgt. Beitragsrückstände werden von dem Rückkaufswert abgesetzt.

Bemerkung

Bei Tarifen, bei denen Garantiewerte für den Rückkaufswert vorgesehen sind, kann § 6 Abs. 3 wie folgt ergänzt werden:

„Der Rückkaufswert erreicht jedoch mindestens einen bei Vertragsschluss vereinbarten Garantiebetrag, dessen Höhe vom Zeitpunkt der Beendigung des Vertrags abhängt. Vgl. die auf dem Versicherungsschein abgedruckte Übersicht der garantierten Rückkaufswerte."

Umwandlung in eine beitragsfreie Versicherung

(4) Anstelle einer Kündigung nach Absatz 1 können Sie unter Beachtung der dort genannten Termine und Fristen schriftlich verlangen, ganz oder teilweise von der Beitragszahlungspflicht befreit zu werden. In diesem Fall setzen wir die Versicherungssumme ganz oder teilweise auf eine beitragsfreie Summe herab, die nach den anerkannten Regeln der Versicherungsmathematik für den Schluss der laufenden Versicherungsperiode errechnet wird. Der aus Ihrer Versicherung für die Bildung der beitragsfreien Summe zur Verfügung stehende Betrag mindert sich um einen als angemessen angesehenen Abzug in Höhe von ... sowie um rückständige Beiträge.

Bemerkung

Bei Tarifen, bei denen eine beitragsfreie Versicherungssumme garantiert wird, die über die gesetzlich vorgesehene beitragsfreie Versicherungssumme hinausgeht, können § 6 Abs. 4 Satz 2 und 3 wie folgt gefasst werden:

„In diesem Fall setzen wir die Versicherungssumme auf eine beitragsfreie Summe herab, die nach den anerkannten Regeln der Versicherungsmathematik für den Schluss der laufenden Versicherungsperiode errechnet wird, mindestens aber eine bei Vertragsschluss vereinbarte Garantiesumme erreicht (vgl. die auf dem Versicherungsschein abgedruckte Übersicht der garantierten beitragsfreien Versicherungssummen). Der aus Ihrer Versicherung für die Bildung der beitragsfreien Summe zur Verfügung stehende Betrag mindert sich um rückständige Beiträge."

(5) Haben Sie die vollständige Befreiung von der Beitragszahlungspflicht beantragt und erreicht die nach Absatz 4 zu berechnende beitragsfreie Versicherungssumme den Mindestbetrag von ... DM nicht, so erhalten Sie den Rückkaufswert (§ 6 Abs. 3). Haben Sie nur eine teilweise Befreiung von der Beitragszahlungspflicht beantragt, so ist der Antrag nur wirksam, wenn die beitragspflichtige Versicherungssumme einen Mindestbetrag von ... DM und die beitragspflichtige Versicherungssumme einen Mindestbetrag von ... DM erreicht. Anderenfalls können Sie die vollständige Befreiung von der Beitragszahlungspflicht beantragen. Dieser Antrag führt zur beitragsfreien Fortsetzung der Versicherung, wenn die nach Absatz 4 zu berechnende beitragsfreie Versicherungssumme den Mindestbetrag von ... DM erreicht. Ist das nicht der Fall, so erhalten Sie den Rückkaufswert.

Beitragsrückzahlung

(6) Die Rückzahlung der Beiträge können Sie nicht verlangen."

2. Inhaltskontrolle

a) **Kündigungs- und Beitragsfreistellungsklausel.** Kündigungs- und Beitragsfreistellungsklauseln, die mit der Musterfassung des § 6 ALB 1994 vergleichbar sind, halten einer gerichtlichen Kontrolle nicht allenthalben stand.[22] Der BGH[23] hat in seiner Entscheidung vom 9. Mai 2001 eine Kündigungs- und Beitragsfreistellungsklausel für unwirksam erklärt, die folgenden Wortlaut hat:

„§ 4 Wann können Sie die Versicherung kündigen oder beitragsfrei stellen?
Kündigung und Auszahlung des Rückkaufswerts
(3) Nach Kündigung erhalten Sie einen vertraglich festgelegten Rückkaufswert vermindert um eventuell rückständige Beiträge. Der Rückkaufswert entspricht nicht der Summe der von Ihnen eingezahlten Beiträge, sondern dem nach anerkannten Regeln der Versicherungsmathematik berechneten Deckungskapital zum Kündigungszeitpunkt, vermindert um einen als angemessen angesehenen Abzug.
(4) Eine Übersicht über die Garantiewerte (Rückkaufswerte und beitragsfreie Versicherungssummen) ist im Versicherungsschein abgedruckt. Dort werden Sie auch über die Höhe des Rückkaufswertabzugs informiert.
(5) Zusätzlich erhalten Sie bei Kündigung die aus der Überschussbeteiligung vorhandenen Werte (s. Tarifbedingungen).

Umwandlung in eine beitragsfreie Versicherung
(6) An Stelle einer Kündigung nach Absatz 1 können Sie unter Beachtung der dort genannten Termine und Fristen schriftlich verlangen, von der Beitragszahlungspflicht befreit zu werden. In diesem Fall setzen wir die Versicherungssumme auf eine beitragsfreie Summe herab, die gemäß § 174 Absatz 2 des Versicherungsvertragsgesetzes (VVG) nach den anerkannten Regeln der Versicherungsmathematik errechnet wird. Der aus Ihrer Versicherung für die Bildung der beitragsfreien Summe zur Verfügung stehende Betrag ist der Rückkaufswert, vermindert um eventuell rückständige Beiträge."

In den Entscheidungsgründen hat der BGH ausgeführt, dass die Klausel für den Versicherungsnehmer nicht hinreichend durchschaubar sei. Darin liege ein Verstoß gegen das Transparenzgebot und somit eine unangemessene Benachteiligung des Versicherungsnehmers im Sinne des § 9 AGBG. Der BGH hat beanstandet, dass der Versicherungsnehmer der Klausel nicht ausreichend die wirtschaftlichen Nachteile entnehmen könne, die er bei einer Kündigung des Versicherungsvertrages oder einer Beitragsfreistellung in Kauf nehmen müsse. Zwar hätte er Versicherungsnehmer der zur Verfügung gestellten Tabelle mit Schwierigkeiten entnehmen können, dass er z. B. bei einer Kündigung in den ersten beiden Jahren nichts ausgezahlt bekommt, seine Beiträge also in vollem Umfang verloren seien. Dies genüge aber den Anforderungen nicht, die an die Klarheit Allgemeiner Versicherungsbedingungen zu stellen seien.[24]

In einer weiteren Entscheidung vom 9. Mai 2001 hat der BGH[25] eine Kündigungs- und Beitragsfreistellungsklausel für unwirksam erklärt, die folgenden Wortlaut hat:

„§ 6 Wann können Sie die Versicherung beitragsfrei stellen oder kündigen?
(1) Umwandlung in eine beitragsfreie Versicherung
a) Zu beitragspflichtigen Versicherungen können Sie jederzeit schriftlich verlangen, zum Schluss einer Versicherungsperiode von der Beitragszahlungspflicht befreit zu werden. In

---

[22] A. A. LG Hamburg, Urt. v. 15. 5. 1998 – 324 O 637/96, VersR 1998, 877, 878 ff.
[23] BGH, Urt. v. 9. 5. 2001 – IV ZR 121/00 (Revisionsentscheidung z. Urt. des OLG Nürnberg v. 29. 2. 2000 – 3 U 3127/99, NVersZ 2000, 320 = VersR 2000, 713), BGHZ 147, 354 = NJW 2001, 2014/2015 = NVersZ 2001, 308 = VersR 2001, 841, 842 = ZIP 2001, 1052 (m. Anm. *Reiff*, S. 1058 u. Bespr. *Rosenow/Schaffhuber*, S. 2211); dazu *Schwintowski* EWiR 2001, 649.
[24] BGH, Urt. v. 9. 5. 2001 – IV ZR 121/00, BGHZ 147, 354 = NJW 2001, 2014, 2016 f. = NVersZ 2001, 308, 310 f. = VersR 2001, 841, 843 f. = r+s 2001, 386 f. = ZIP 2001, 1052, 1054 f. = BB 2001, 1427, 1429 f. = MDR 2001, 1055 f.
[25] BGH, Urt. v. 9. 5. 2001 – IV ZR 138/99 (Revisionsentscheidung z. Urt. des OLG Stuttgart v. 28. 5. 1999 – 3 U 219/98, NVersZ 1999, 366 = VersR 1999, 832 = ZIP 1999, 1970), BGHZ 147, 373 = NJW 2001, 2012 = NVersZ 2001, 313/314 = VersR 2001, 839, 840 = ZIP 2001, 1061 m. Bespr. *Rosenow/Schaffhuber*, S. 2211; dazu *Derleder* EWiR 2001, 1025.

diesem Fall setzen wir die Versicherungssumme nach den anerkannten Regeln der Versicherungsmathematik herab. Der aus Ihrer Versicherung für die Bildung der beitragsfreien Versicherungssumme zur Verfügung stehende Betrag wird dabei um einen als angemessen angesehenen Abzug gekürzt (§ 174 VVG). Der Abzug beträgt bei Beitragsfreistellung bis zum Ende des 3. Versicherungsjahres 5%. Er sinkt mit jedem weiteren Jahr, in dem die Versicherung nicht beitragsfrei gestellt wird, um 0,2%-Punkte und beträgt bei Beitragsfreistellung ab dem 19. Versicherungsjahr 2%.

(2) Kündigung und Auszahlung des Rückkaufswerts
a) Sie können Ihre Versicherung jederzeit zum Schluss einer Versicherungsperiode schriftlich kündigen.
Nach Kündigung erhalten Sie – soweit vorhanden – den Rückkaufswert. Er wird nach den anerkannten Regeln der Versicherungsmathematik für den Schluss der laufenden Versicherungsperiode als Zeitwert Ihrer Versicherung berechnet (§ 176 VVG).
b) Ist die Versicherung zum Zeitpunkt der Kündigung beitragspflichtig, so wird bei der Berechnung des Zeitwerts ein als angemessen angesehener Abzug vorgenommen (§ 176 VVG). Der Abzug stimmt der Höhe nach mit dem Abzug überein, der bei Umwandlung in eine beitragfreie Versicherung zum selben Zeitpunkt angesetzt würde (Ziffer 1 a)."

8   Die dem § 6 ALB 1994 nachgebildete Klausel unterscheidet sich im Wortlaut etwas von der oben erwähnten Klausel des anderen Falls. Sie ist nach Ansicht des BGH[26] ebenfalls intransparent und deshalb nach § 9 AGBG unwirksam.

9   In seiner Entscheidung vom 12. Oktober 2005 hat der BGH[27] hervorgehoben, dass er die den Urteilen vom 9. Mai 2001 zugrunde liegenden Bestimmungen über die Berechnung der beitragsfreien Versicherungssumme und des Rückkaufswerts sowie über einen Stornoabzug in beiden Fällen wegen Verstoßes gegen das Transparenzgebot des § 9 AGBG für unwirksam erklärt habe. Der BGH[28] führt hierzu aus:

„Der Senat hat die im Transparenzmangel liegende unangemessene Benachteiligung der Versicherungsnehmer durch beide Klauseln darin gesehen, dass dem Versicherungsnehmer die mit der Beitragsfreistellung und der Kündigung insbesondere in den ersten Jahren verbundenen erheblichen wirtschaftlichen Nachteile nicht deutlich gemacht werden. Sie liegen darin, dass wegen der zunächst vollen Verrechnung der Sparanteile mit den im Wesentlichen aus der Vermittlungsprovision bestehenden einmaligen Abschlusskosten bis zum Höchstzillmersatz (sog. Zillmerung, § 25 Abs. 1 Satz 2 Versicherungsunternehmens-Rechnungslegungsverordnung (RechVersV), § 4 Deckungsrückstellungsverordnung (DeckRV) in den ersten Jahren keine oder allenfalls geringe Beträge zur Bildung einer beitragsfreien Versicherungssumme oder eines Rückkaufswerts vorhanden sind."

10 In einer weiteren Entscheidung vom 24. Oktober 2007 hat der BGH zu einer Klausel über den Rückkaufswert bei Kündigung und einer Klausel über die Verrechnung der Abschlusskosten nach dem Zillmerungsverfahren ausgeführt, dass diese Klauseln in gleicher Weise intransparent seien, wie die vom BGH durch die Urteile vom 9. Mai 2001 für unwirksam erklärten Klauseln anderer Lebensversicherer.[29] Daran ändere auch der Hinweis in der Verbraucherinformation, in den ersten Jahren sei der Rückkaufswert deutlich geringer als die Summe der eingezahlten Beiträge, und die Bezugnahme auf die im Versicherungsschein abgedruckte vollständige Tabelle der Garantiewerte nichts, weil in den Klauseln selbst kein

---

[26] BGH, Urt. v. 9. 5. 2001 – IV ZR 138/99, BGHZ 147, 373 = NJW 2001, 2012, 2013 f. = NVersZ 2001, 313, 314 f. = VersR 2001, 839, 841 = ZIP 2001, 1061, 1062 f. = MDR 2001, 1057 f.

[27] BGH, Urt. v. 12. 10. 2005 – IV ZR 162/03 (Revisionsentscheidung z. Urt. des LG Hannover, Urt. v. 12. 6. 2003 – 19 S 108/02, VersR 2003, 1289), NJW 2005, 3559 = VersR 2005, 1565 = ZIP 2005, 2109, 2110.

[28] BGH, Urt. v. 12. 10. 2005 – IV ZR 162/03, NJW 2005, 3559/3560 = VersR 2005, 1565/1566 = ZIP 2005, 2109, 2110.

[29] BGH, Urt. v. 24. 10. 2007 – IV ZR 94/05, r+s 2008, 159.

Kündigung 11–13 § 9 ALB 2006

Hinweis auf die für den Versicherungsnehmer mit der vorzeitigen Beendigung der Beitragszahlung verbundenen wirtschaftlichen Nachteile enthalten sei.[30]

b) Stornoklausel als Teil der Kündigungs- und Beitragsfreistellungs- 11
klausel. Mit den Klauselteilen in § 6 ALB 1994 zum Stornoabzug füllt der Versicherer die gesetzliche Regelung der §§ 174 Abs. 4 VVG und § 176 Abs. 4 VVG aus, wonach der Versicherer bei Umwandlung in eine prämienfreie Versicherung und bei Kündigung zu einem Abzug berechtigt ist, wenn dieser vereinbart und angemessen ist.[31] Der BGH[32] sieht diese Klauselteile grundsätzlich als transparent an, meint aber, dass diese Klauselteile ohne den übrigen Wortlaut des § 6 ALB 1994 keinen Bestand haben, und führt zur Begründung aus, dass ein durchschnittlicher Versicherungsnehmer die Regelung über den Abzug von einem Rückkaufswert oder einer beitragfreien Versicherungssumme nicht verstehen könne, wenn ihm die Regelung dieser Ausgangswerte selbst unverständlich sei. Deshalb erfasse die Unwirksamkeit des § 6 ALB 1994 im Übrigen auch die Regelungen zum Stornoabzug. Den Ausführungen des BGH zur Stornoklausel im Urteil vom 9. Mai 2001 kann nicht entnommen werden, dass der BGH die Stornoabzugsklausel umfassend auf ihre Wirksamkeit im Hinblick auf § 10 Nr. 7 AGBG, § 11 Nr. 5 AGBG, jetzt § 308 Nr. 7 BGB, § 309 Nr. 5 b BGB, geprüft hat. Dies hat der BGH in seiner Entscheidung vom 12. Oktober 2005 zutreffend hervorgehoben, aber selbst auch nicht diese Prüfung vorgenommen.[33]

3. Anwendung des § 172 Abs. 2 VVG

a) Ausgangslage. Gemäß § 172 Abs. 2 VVG konnten unwirksame Bestim- 12
mungen in den Versicherungsbedingungen der Lebensversicherung ersetzt werden, wenn zur Fortführung des Vertrags dessen Ergänzung notwendig ist und ein unabhängiger Treuhänder die Voraussetzungen für die Änderung überprüft und deren Angemessenheit bestätigt hat. Derartige Änderungen wurden nach § 172 Abs. 3 Satz 2 VVG innerhalb von zwei Wochen nach Benachrichtigung des Versicherungsnehmers wirksam. Unter dem Begriff der Ergänzung im Sinne von § 172 Abs. 2 VVG sind alle nach § 306 Abs. 2 BGB, § 6 Abs. 2 AGBG in Betracht kommenden Möglichkeiten der Lückenfüllung zu verstehen.[34] Wenn es darum geht, ob die vom Versicherer mit Zustimmung des Treuhänders vorgenommene Ergänzung den gesetzlichen Anforderungen entspricht, ist deshalb vorrangig zu prüfen, ob die Ergänzung durch dispositives Gesetzesrecht im Sinne einer konkreten materiellrechtlichen Regelung vorzunehmen ist, ob ein ersatzloser Wegfall der unwirksamen Klausel eine sachgerechte Lösung darstellt, wenn gesetzliche Vorschriften nicht zur Verfügung stehen und ob eine Ersatzregelung nach den anerkannten Grundsätzen der ergänzenden Vertragsauslegung zulässiger Inhalt einer richterlichen ergänzenden Vertragsauslegung wäre, wenn die beiden anderen Möglichkeiten ausscheiden.[35]

Mit den anerkannten Grundsätzen der ergänzenden Vertragsauslegung ist es 13
nicht zu vereinbaren, wenn im Wege des Treuhänderverfahrens unwirksame Klau-

---

[30] BGH, Urt. v. 24. 10. 2007 – IV ZR 94/05, r+s 2008, 159.
[31] BGH, Urt. v. 9. 5. 2001 – IV ZR 138/99, NJW 2001, 2012, 2014.
[32] BGH, Urt. v. 9. 5. 2001 – IV ZR 138/99, NJW 2001, 2012, 2014.
[33] Siehe BGH, Urt. v. 12. 10. 2005 – IV ZR 162/03 (Revisionsentscheidung z. Urt. des LG Hannover, Urt. v. 12. 6. 2003 – 19 S 108/02, VersR 2003, 1289), NJW 2005, 3559, 3564 = VersR 2005, 1565, 1569 = ZIP 2005, 2109, 2115.
[34] BGH, Urt. v. 12. 10. 2005 – IV ZR 162/03, NJW 2005, 3559, 3563 = VersR 2005, 1565, 1568 = ZIP 2005, 2109, 2114.
[35] BGH, Urt. v. 12. 10. 2005 – IV ZR 162/03, NJW 2005, 3559, 3564 = VersR 2005, 1565, 1569 = ZIP 2005, 2109, 2114/2115; *Wandt* in: Beckmann/Matusche-Beckmann, Versicherungsrechts-Hdb., 2004, § 11 Rdn. 135.

seln durch inhaltsgleiche Klauseln ersetzt werden, da hierdurch die gesetzliche Sanktion der Unwirksamkeit nach § 307 Abs. 1 BGB (früher § 9 Abs. 1 AGBG) unterlaufen wird.[36] Dies gilt auch, wenn die Unwirksamkeit auf einem Verstoß gegen das Transparenzgebot beruht, da hierin eine unangemessene Benachteiligung des Kunden im Sinne von § 9 AGBG, jetzt ausdrücklich § 307 Abs. 1 Satz 2 BGB, und ein Verstoß gegen Art. 6 der Richtlinie 93/13/EWG des Rates vom 5. April 1993 über missbräuchliche Klauseln in Verbraucherverträgen zu sehen ist.[37] Im Anschluss führt der BGH zum Transparenzgebot folgendes ergänzend aus:[38]

„… Wenn Allgemeine Versicherungsbedingungen Rechte und Pflichten des Vertragspartners – des VN – nicht klar und durchschaubar darstellen, insbesondere die wirtschaftlichen Nachteile nicht so weit erkennen lassen, wie dies nach den Umständen gefordert werden kann, wird er unangemessen benachteiligt. Dass dies gerade dann gilt, wenn durch die Intransparenz ein – wie der Senat ausgeführt hat – wirtschaftlicher Nachteil des VN von erheblichem Gewicht verdeckt wird, versteht sich von selbst. Der VN wird durch die fehlende Transparenz gehindert, seine Entschließungsfreiheit bei Eingehung des Vertrags in voller Kenntnis des Inhalts des Vertrags, insbesondere der wirtschaftlichen Nachteile, auszuüben; er wird gehindert, schon die Produktwahl auf der Grundlage der wirklichen, mit dem Versicherungsvertrag bei frühzeitiger Beendigung verbundenen Nachteile zu treffen. Diese Folgen des Transparenzmangels lassen sich nicht rückwirkend damit beseitigen, dass die unwirksame intransparente Klausel durch eine materiell inhaltsgleiche transparente Klausel ersetzt wird (so im Ansatz auch *Wandt* VersR 2001, 1455)."

14 In einer weiteren Entscheidung vom 18. Juli 2007 hat der BGH daran festgehalten, dass die §§ 174 Abs. 2, 176 Abs. 3 VVG über die beitragsfreie Versicherungssumme und den Rückkaufswert keine konkrete und sachgerechte Lückenfüllung im Sinne von §§ 306 Abs. 2 BGB, 6 Abs. 2 AGBG ermöglichen und die Klausel über den Stornoabzug, die im konkreten Fall noch nicht einmal die Größenordnung für den Versicherungsnehmer erkennbar mache und ohne versicherungsmathematische Kenntnisse nicht verständlich sei, ersatzlos entfällt.[39]

15 **b) Ersetzung der Stornoklausel.** Die Stornoklausel des § 6 ALB 1994 und die dieser Vorschrift nachgebildeten Stornoklauseln, die auf Grund der Urteile des BGH vom 9. Mai 2001 als unwirksam anzusehen sind, können im Wege eines Treuhänderverfahrens nicht rechtswirksam geändert werden. Dies liegt daran, dass es für die unwirksame Vereinbarung von Abzügen bei Beitragsfreistellung und Kündigung (Stornoabzug) im Gesetz bereits eine Regelung gibt.[40] Nach den §§ 174 Abs. 4, 176 Abs. 4 VVG ist der Versicherer zu einem Abzug nur berechtigt, wenn er vereinbart ist. Ist die Vereinbarung unwirksam, besteht kein Anspruch auf einen Abzug.[41] Die bestehende gesetzliche Regelung schließt eine Befugnis des Versicherers aus, die nur mittelbar intransparente Stornoklausel im

---

[36] BGH, Urt. v. 12. 10. 2005 – IV ZR 162/03, NJW 2005, 3559, 3564 = VersR 2005, 1565, 1570 = ZIP 2005, 2109, 2115.
[37] BGH, Urt. v. 12. 10. 2005 – IV ZR 162/03, NJW 2005, 3559, 3564 = VersR 2005, 1565, 1570 = ZIP 2005, 2109, 2115.
[38] BGH, Urt. v. 12. 10. 2005 – IV ZR 162/03, NJW 2005, 3559, 3564/3565 = VersR 2005, 1565, 1570 = ZIP 2005, 2109, 2115/2116.
[39] BGH, Urt. v. 18. 7. 2007 – IV ZR 258/03, NJW-RR 2007, 1628, 1629 = VersR 2007, 1211, 1212 = r+s 2007, 427 = MDR 2007, 1311, 1312.
[40] Für eine vergleichbare Klausel BGH, Urt. v. 12. 10. 2005 – IV ZR 162/03, NJW 2005, 3559, 3564 = VersR 2005, 1565, 1569 = ZIP 2005, 2109, 2115.
[41] BGH, Urt. v. 12. 10. 2005 – IV ZR 162/03, NJW 2005, 3559, 3564 = VersR 2005, 1565, 1569 = ZIP 2005, 2109, 2115; BGH, Urt. v. 26. 9. 2007 – IV ZR 20/04, NJW-RR 2008, 188, 189; *Wandt* VersR 2001, 1458 f.

Zuge eines wegen Intransparenz der Kündigungs- und Beitragsfreistellungsklausel durchgeführten Treuhandverfahrens zu ändern.[42]

c) Ersetzung der Kündigungs- und Beitragsfreistellungsklausel. Soweit 16 die Kündigungs- und Beitragsfreistellungsklausel des § 6 ALB 1994 und die dieser Vorschrift nachgebildeten Kündigungs- und Beitragsfreistellungsklauseln, die auf Grund der Urteile des BGH vom 9. Mai 2001 wegen Transparenzmangels als unwirksam anzusehen sind, im Wege eines Treuhänderverfahrens durch Klauseln ersetzt worden sind, die mit den Klauseln vergleichbar sind, die den Entscheidungen des BGH vom 12. Oktober 2005 zugrunde liegen, also inhaltsgleich mit § 6 ALB 1994 und den ihnen nachgebildeten Klauseln sind, ist die mit Zustimmung des Treuhänders vorgenommene Vertragsergänzung durch materiell inhaltsgleiche Klauseln unwirksam.[43] Zur Begründung hat der BGH folgendes ausgeführt:[44]

„Diese Folgen des Transparenzmangels lassen sich nicht rückwirkend damit beseitigen, dass die unwirksame intransparente Klausel durch eine materiell inhaltsgleiche transparente Klausel ersetzt wird (so im Ansatz auch Wandt VersR 2001, 1455). Soweit Letzterer (ebenso Kirscht VersR 2003, 1075 f.) dennoch die inhaltsgleiche Ersetzung damit rechtfertigt, die Klauseln seien lediglich wegen formeller Intransparenz für unwirksam erklärt worden, inhaltlich aber angemessen, greift das zu kurz. Der Senat hat die in Rede stehende Verrechnung der einmaligen Abschlusskosten nach dem Verfahren der Zillmerung zwar nicht im Sinne von §§ 9 AGBG, 307 BGB als materiell unangemessene Benachteiligung der Versicherungsnehmer angesehen, er hat aber betont, sie schaffe bei Kündigung und Beitragsfreistellung einen wirtschaftlichen Nachteil des Versicherungsnehmers von erheblichem Gewicht. Bei der inhaltsgleichen Ersetzung der Klausel hätte dieser Nachteil Bestand, obwohl der Vertrag durch den Transparenzmangel unter Verdeckung dieses Nachteils zustande gekommen ist. Der Eingriff in die Entschließungs- und Auswahlfreiheit bliebe unbeseitigt und bestünde – bei Einstellung der Prämienzahlung – in seinen Auswirkungen fort. Das führte im Ergebnis dazu, dass die wegen Intransparenz unwirksame Klausel mit den verdeckten Nachteilen letztlich doch verbindlich bliebe. Ein solches Ergebnis liefe § 9 AGBG, § 307 BGB zuwider und kann deshalb auch nicht Ergebnis einer ergänzenden Vertragsauslegung sein."

Zutreffend wird im Schrifttum hervorgehoben, dass der für das Versicherungs- 17 recht zuständige IV. Zivilsenat des BGH mit einem Paukenschlag die Praxis (zweier Lebensversicherer) für unwirksam erklärt habe, intransparent formulierte Bestimmungen in den Allgemeinen Bedingungen der kapitalbildenden Lebensversicherung im Rahmen des Treuhänderverfahrens nach § 172 Abs. 2 VVG durch inhaltlich gleiche, nunmehr transparent formulierte Klauseln zu ersetzen.[45]

4. Richterliche ergänzende Vertragsauslegung

a) Mindestrückkaufwert. Das Scheitern der Ersetzung der Kündigungs- 18 und Beitragsfreistellungsklausel im Wege der Vertragsergänzung nach § 172 Abs. 2 VVG bedeutet nicht, dass dem Versicherer Gelegenheit gegeben werden muss, erneut ein solches Verfahren durchzuführen.[46] Vielmehr ist im Wege der richter-

---

[42] BGH, Urt. v. 12. 10. 2005 – IV ZR 162/03 (Revisionsentscheidung z. Urt. des LG Hannover, Urt. v. 12. 6. 2003 – 19 S 108/02, VersR 2003, 1289), NJW 2005, 3559, 3564 = VersR 2005, 1565, 1569 = ZIP 2005, 2109, 2115.
[43] Vgl. BGH, Urt. v. 12. 10. 2005 – IV ZR 162/03, NJW 2005, 3559, 3564 = VersR 2005, 1565, 1569 = ZIP 2005, 2109, 2114; BGH, Urt. v. 26. 9. 2007 – IV ZR 321/05, NJW-RR 2008, 187, 188 = VersR 2007, 1547, 1548 = r+s 2008, 29 = WM 2007, 2164, 2165 = DB 2007, 2767, 2768 = MDR 2007, 1423.
[44] BGH, Urt. v. 12. 10. 2005 – IV ZR 162/03, NJW 2005, 3559, 3565 = VersR 2005, 1565, 1570 = ZIP 2005, 2109, 2116.
[45] *Elfring* NJW 2005, 3677.
[46] BGH, Urt. v. 12. 10. 2005 – IV ZR 162/03, NJW 2005, 3559, 3565 = VersR 2005, 1565, 1570 = r+s 2005, 519, 524 = BetrAV 2005, 788, 790 = WM 2005, 2279, 2285 = ZIP 2005, 2109, 2116 = DB 2005, 2686, 2687.

lichen ergänzenden Vertragsauslegung zu entscheiden, wie die Regelungslücke zu schließen ist,[47] wenn dispositives Gesetzesrecht im Sinne konkreter materiellrechtlicher Regelungen nicht zur Verfügung steht und die ersatzlose Streichung der unwirksamen Klausel keine angemessene, den typischen Interessen des AGB-Verwenders und des Kunden Rechnung tragende Lösung bietet.[48] Die Regelungslücke ist in der Weise zu schließen, dass es grundsätzlich bei der Verrechnung der geleisteten, einmaligen Abschlusskosten nach dem Zillmerungsverfahren bleibt.[49] Für den Fall der vorzeitigen Beendigung der Beitragszahlung bleibt jedenfalls die versprochene Leistung geschuldet; der vereinbarte Betrag der beitragsfreien Versicherungssumme und des Rückkaufswerts darf aber einen Mindestbetrag nicht unterschreiten.[50] Dieser Mindestbetrag wird bestimmt durch die Hälfte des mit den Rechnungsgrundlagen der Prämienkalkulation berechneten ungezillmerten Deckungskapitals.[51] Bereits erworbene Ansprüche aus einer vereinbarten Überschussbeteiligung werden dadurch nicht erhöht.[52] Zur Höhe der Mindestleistung bei Einstellung der Beitragszahlung hat der BGH den Vorschlag der Kommission zur Reform des Versicherungsvertragsrechts übernommen (Abschlussbericht Nr. 1.3.2.1.4 und Begründung zu §§ 158, 161 des Entwurfs eines neuen VVG) und hierzu folgendes ausgeführt:[53]

„Der Senat hat andere Möglichkeiten für die Festlegung eines Mindestrückkaufswerts erwogen (dazu *Claus*, VerBAV 1986, 239, 253, 283 ff.) und auch die Verteilung der Abschlusskosten auf einen längeren Zeitraum wie bei der „Riester-Rente" in seine Überlegungen einbezogen (nach § 1 I 1 Nr. 8 Altersvorsorgeverträge-Zertifizierungsgesetz früher mindestens zehn Jahre, ab 1. 1. 2005 mindestens fünf Jahre; so LG Hildesheim, VersR 2003, 1290; vgl. dazu *Wandt*, VersR 2001, 1460). Er hält den Vorschlag der Reformkommission jedoch aus mehreren Gründen für vorzugswürdig. Der Vorschlag stammt von einem sachkundigen Gremium, dem Vertreter der Verbraucher, der Versicherungswirtschaft und der Wissenschaft angehörten, beruht auf aktuellen Erkenntnissen und erscheint ohne größere Schwierigkeiten durchführbar. Danach soll der Rückkaufswert abweichend von § 176 III 1 VVG nicht mehr der Zeitwert der Versicherung, sondern das nach anerkannten Regeln der Versicherungsmathematik mit den Rechnungsgrundlagen der Prämienkalkulation zum Schluss der laufenden

---

[47] BGH, Urt. v. 12. 10. 2005 – IV ZR 162/03, NJW 2005, 3559, 3565 = VersR 2005, 1565, 1570 = r+s 2005, 519, 524 = BetrAV 2005, 788, 790 = WM 2005, 2279, 2285 = ZIP 2005, 2109, 2116 = DB 2005, 2686, 2687 = MDR 2006, 204, 205.
[48] BGH, Urt. v. 1. 2. 1984 – VIII ZR 54/83, NJW 1984, 1177, 1178.
[49] BGH, Urt. v. 12. 10. 2005 – IV ZR 162/03, NJW 2005, 3559, 3565 = VersR 2005, 1565, 1570 = r+s 2005, 519, 524 = BetrAV 2005, 788, 790 = WM 2005, 2279, 2286 = ZIP 2005, 2109, 2116 f. = DB 2005, 2686, 2687 = MDR 2006, 204, 205 f.; OLG Stuttgart, Urt. v. 27. 9. 2007 – 7 U 64/07, r+s 2009, 474.
[50] BGH, Urt. v. 12. 10. 2005 – IV ZR 162/03, NJW 2005, 3559, 3565 = VersR 2005, 1565, 1570 = r+s 2005, 519, 524 = BetrAV 2005, 788, 790 = WM 2005, 2279, 2285 = ZIP 2005, 2109, 2116 = DB 2005, 2686, 2687 = MDR 2006, 204, 206; OLG Stuttgart, Urt. v. 27. 9. 2007 – 7 U 64/07, r+s 2009, 474.
[51] BGH, Urt. v. 12. 10. 2005 – IV ZR 162/03, NJW 2005, 3559, 3565 = VersR 2005, 1565, 1570 = r+s 2005, 519, 524 = BetrAV 2005, 788, 790 = WM 2005, 2279, 2285 = ZIP 2005, 2109, 2116 = DB 2005, 2686, 2687 = MDR 2006, 204, 206; BGH, Urt. v. 18. 7. 2007 – IV ZR 254/03, NJW-RR 2007, 1629, 1630; BGH, Urt. v. 26. 9. 2007 – IV ZR 321/05, NJW-RR 2008, 187, 188 = VersR 2007, 1547, 1548 = r+s 2008, 29 = WM 2007, 2164, 2165 = DB 2007, 2767, 2768 = MDR 2007, 1423; BGH, Urt. v. 26. 9. 2007 – IV ZR 20/04, NJW-RR 2008, 188, 189; OLG Stuttgart, Urt. v. 27. 9. 2007 – 7 U 64/07, r+s 2009, 474.
[52] BGH, Urt. v. 12. 10. 2005 – IV ZR 162/03, NJW 2005, 3559, 3565 = VersR 2005, 1565, 1570 = r+s 2005, 519, 524 = BetrAV 2005, 788, 790 = WM 2005, 2279, 2285 = ZIP 2005, 2109, 2116 = DB 2005, 2686, 2687 = MDR 2006, 204, 206.
[53] BGH, Urt. v. 12. 10. 2005 – IV ZR 162/03, NJW 2005, 3559, 3567 = VersR 2005, 1565, 1571 f. = r+s 2005, 519, 525 f. = BetrAV 2005, 788, 791 f. = WM 2005, 2279, 2287 = ZIP 2005, 2109, 2118 = DB 2005, 2686, 2688.

Versicherungsperiode berechnete Deckungskapital der Versicherung sein, bei einer Kündigung mindestens jedoch die Hälfte des ungezillmerten Deckungskapitals. Entsprechendes soll für die Ermittlung der prämienfreien Versicherungsleistung gelten, für die schon bisher nach § 174 II VVG die Rechnungsgrundlagen der Prämienkalkulation maßgebend sind. Dies führt auch nach Ansicht des Senats zu einer klaren und möglichst einfachen Berechnung des Rückkaufswerts nach bewährten versicherungsmathematischen Regeln. Der danach berechnete Mindestrückkaufswert führt allerdings dazu, dass für die Verträge, die davon betroffen sein können, eine erhöhte Deckungsrückstellung zu bilden ist (vgl. *Engeländer*, VersR 2005, 1031, 1036; *Schroer*, Der verantwortliche Aktuar in der Lebensversicherung, S. 104). Dieser Eingriff in die Rechnungsgrundlagen erscheint hinnehmbar, weil die Verrechnung der einmaligen Abschlusskosten im Wege der Zillmerung als solche bestehen bleiben kann."

Zu der vom BGH im Wege der richterlichen ergänzenden Vertragsauslegung gefundenen Lösung hat das BVerfG ausdrücklich bestätigt, dass sie verfassungsrechtlichen Vorgaben nicht widerspricht.[54] Die vom BGH gewählte Berechnungsmethode stützt sich auf eine Abwägung der verschiedenen betroffenen Interessen.[55] Dabei wird berücksichtigt, dass der sein Vertragsverhältnis frühzeitig beendende Versicherungsnehmer durch privatautonomes Handeln keine hinreichenden Möglichkeiten hat, seine Vermögensinteressen auf andere Weise effektiv zu verfolgen.[56] Dem Anliegen, die in die Verrechnung eingehenden Abschlusskosten bei der Verrechnung nach der Zillmermethode zu begrenzen und zugleich einen angemessenen Anteil der von den Versicherungsnehmers gezahlten Prämien in die Bestimmung des Rückkaufswerts einfließen zu lassen, wird durch die ergänzende Vertragsauslegung Rechnung getragen.[57] Der BGH hat damit eine zivilrechtliche Lösung beigestellt, die auch Rechtsschutz im Rahmen der Zivilgerichtsbarkeit ermöglicht.[58] Es ist nicht Aufgabe des BVerfG zu prüfen, ob auch eine andere Lösung möglich wäre.[59] Letztlich hat der Gesetzgeber zu entscheiden, welche Lösung er wählen möchte.[60] 19

b) Geltung für VVaG. Dem Anspruch auf einen Mindestrückkaufswert steht nicht entgegen, dass der Versicherer keine Aktiengesellschaft, sondern ein Versicherungsverein auf Gegenseitigkeit ist.[61] Der Rückkaufswert betrifft das Austauschverhältnis der Partner des Versicherungsvertrages, das in den AVB des VVaG – offenbar für Mitglieder wie für Nichtmitglieder – in gleicher Weise geregelt ist wie bei Versicherungsaktiengesellschaften.[62] AVB eines VVaG, die das Versicherungsver- 20

---

[54] BVerfG, Beschl. v. 15. 2. 2006 – 1 BvR 1317/96, NJW 2006, 1783, 1786 = VersR 2006, 489, 494 = r+s 2006, 161 = WM 2006, 633, 635.
[55] BVerfG, Beschl. v. 15. 2. 2006 – 1 BvR 1317/96, NJW 2006, 1783, 1786 = VersR 2006, 489, 494 = r+s 2006, 161 = WM 2006, 633, 635.
[56] BVerfG, Beschl. v. 15. 2. 2006 – 1 BvR 1317/96, NJW 2006, 1783, 1786 = VersR 2006, 489, 494 = r+s 2006, 161 = WM 2006, 633, 635.
[57] BVerfG, Beschl. v. 15. 2. 2006 – 1 BvR 1317/96, NJW 2006, 1783, 1786 = VersR 2006, 489, 494 f. = r+s 2006, 161 = WM 2006, 633, 635.
[58] BVerfG, Beschl. v. 15. 2. 2006 – 1 BvR 1317/96, NJW 2006, 1783, 1786 = VersR 2006, 489, 494 = r+s 2006, 161 = WM 2006, 633, 635.
[59] BVerfG, Beschl. v. 15. 2. 2006 – 1 BvR 1317/96, NJW 2006, 1783, 1786 = VersR 2006, 489, 494 = r+s 2006, 161 = WM 2006, 633, 635.
[60] BVerfG, Beschl. v. 15. 2. 2006 – 1 BvR 1317/96, NJW 2006, 1783, 1786 = VersR 2006, 489, 494 = r+s 2006, 161 = WM 2006, 633, 635.
[61] BGH, Urt. v. 18. 7. 2007 – IV ZR 258/03, NJW-RR 2007, 1628, 1629 = VersR 2007, 1211, 1212 = r+s 2007, 427, 428 = MDR 2007, 1311, 1312; BGH, Urt. v. 24. 10. 2007 – IV ZR 94/05, VersR 2008, 337, 338 = r+s 2008, 159.
[62] BGH, Urt. v. 18. 7. 2007 – IV ZR 258/03, NJW-RR 2007, 1628, 1629 = VersR 2007, 1211, 1212 = r+s 2007, 427, 428 = MDR 2007, 1311, 1312; BGH, Urt. v. 24. 10. 2007 – IV ZR 94/05, VersR 2008, 337, 338 = r+s 2008, 159.

hältnis betreffen, sind vom Anwendungsbereich des AGB-Gesetzes und der §§ 305 ff. BGB nicht ausgenommen.[63] Für das Versicherungsverhältnis trifft die im Urteil des BGH vom 12. Oktober 2005[64] nach objektiv-generalisierenden Gesichtspunkten vorgenommene Interessenabwägung auch für den VVaG zu, selbst wenn die Versicherungsnehmer zugleich Mitglieder sind.[65] Soweit Verschiebungen im Wert der Mitgliedschaft eintreten sollten, gelten für die Abwägung der jeweiligen Interessen der Versicherungsnehmer die gleichen Erwägungen, zumal der wirtschaftliche Wert, den der Versicherungsnehmer während der laufenden Vereinsmitgliedschaft bezieht, eher gering ist.[66]

5. Heilung des Transparenzmangels

21   Die Intransparenz der vom BGH mit Urteil vom 9. Mai 2001 beanstandeten Klauseln kann durch eine individuelle Aufklärung des Versicherungsnehmers geheilt werden.[67] Denn grundsätzlich kann das auf einer unklaren Klausel beruhende Informationsdefizit durch eine geeignete individuelle Aufklärung vor oder bei Vertragsschluss behoben werden.[68] Eine Heilung der Intransparenz ist anzunehmen, wenn dem Versicherungsnehmer bei Antragstellung ein Versicherungsverlauf vorgelegt wurde, dem die Rückkaufswerte für sämtliche Versicherungsjahre zu entnehmen sind, und wenn der Tabelle zum Versicherungsverlauf mit hinreichender Deutlichkeit zu entnehmen ist, dass in den ersten vier Versicherungsjahren nahezu kein Rückkaufswert zu erwarten ist.[69] Dadurch wird das durch die beanstandeten Klauseln und durch die dem Versicherungsschein beigefügte Garantiewerttabelle entstandene Informationsdefizit in Bezug auf die durch die Konsequenzen des Zillmerverfahrens entstandenen wirtschaftlichen Nachteile bei frühzeitiger Kündigung ausgeglichen.[70] Einer Heilung der Intransparenz steht nicht entgegen, dass in den Versicherungsbedingungen nicht auf den Versicherungsverlauf hingewiesen worden ist.[71] Der Versicherungsverlauf ist nämlich eine für den Versicherungsnehmer individuell erstellte Zusatzinformation und nicht Bestandteil des Antrags oder der Versicherungsbedingungen.[72] Die Kenntnisnahme des Versicherungsverlaufs sollte sich der Versicherer durch Unterschrift des Versicherungsnehmers bestätigen lassen.[73]

---

[63] BGHZ 136, 394, 396 ff. = NJW 1998, 454 = r+s 1998, 4; BGH, Urt. v. 18. 7. 2007 – IV ZR 258/03, NJW-RR 2007, 1628, 1629 = VersR 2007, 1211, 1212 = r+s 2007, 427, 428 = MDR 2007, 1311, 1312; BGH, Urt. v. 24. 10. 2007 – IV ZR 94/05, VersR 2008, 337, 338 = r+s 2008, 159.

[64] BGH, Urt. v. 12. 10. 2005, BGHZ 164, 297, 320 ff. = NJW 2005, 3559 = VersR 2005, 1565, 1571 = r+s 2005, 519.

[65] BGH, Urt. v. 18. 7. 2007 – IV ZR 258/03, NJW-RR 2007, 1628, 1629 = VersR 2007, 1211, 1212 = r+s 2007, 427, 428 = MDR 2007, 1311, 1312; BGH, Urt. v. 24. 10. 2007 – IV ZR 94/05, VersR 2008, 337, 338 = r+s 2008, 159.

[66] BGH, Urt. v. 18. 7. 2007 – IV ZR 258/03, NJW-RR 2007, 1628, 1629 = VersR 2007, 1211, 1212 = r+s 2007, 427, 428 = MDR 2007, 1311, 1312; BGH, Urt. v. 24. 10. 2007 – IV ZR 94/05, VersR 2008, 337, 338 = r+s 2008, 159.

[67] Vgl. OLG Stuttgart, Urt. v. 27. 9. 2007 – 7 U 64/07, VersR 2008, 909 = r+s 2009, 474.

[68] OLG Stuttgart, Urt. v. 27. 9. 2007 – 7 U 64/07, VersR 2008, 909 = r+s 2009, 474; *Fuchs* in: Ulmer/Brandner/Hensen, AGB-Recht, 10. Aufl., 2006, § 307 BGB Rdn. 346.

[69] OLG Stuttgart, Urt. v. 27. 9. 2007 – 7 U 64/07, VersR 2008, 909, 910 = r+s 2009, 474.

[70] OLG Stuttgart, Urt. v. 27. 9. 2007 – 7 U 64/07, VersR 2008, 909, 910 = r+s 2009, 474; *Römer* in Römer/Langheid, VVG, 2. Aufl., § 176 VVG Rdn. 11.

[71] OLG Stuttgart, Urt. v. 27. 9. 2007 – 7 U 64/07, VersR 2008, 909, 910 = r+s 2009, 474.

[72] OLG Stuttgart, Urt. v. 27. 9. 2007 – 7 U 64/07, VersR 2008, 909, 910 = r+s 2009, 474.

[73] So im entschiedenen Fall des OLG Stuttgart erfolgt, vgl. OLG Stuttgart, Urt. v. 27. 9. 2007 – 7 U 64/07, VersR 2008, 909, 910 = r+s 2009, 474.

6. Auskunftsanspruch

Ein Anspruch auf Offenlegung der Berechnungsgrundlagen für den Rückkaufswert steht dem Versicherungsnehmer nicht zu. Ein solcher Anspruch auf Offenlegung der Berechnungsgrundlagen ergäbe sich nur dann aus § 242 BGB, wenn der Versicherungsnehmer anderenfalls Ansprüche auf Zahlung des Rückkaufswerts nicht oder nur unzumutbar schwer durchsetzen könnte, weil er in entschuldbarer Weise über Bestehen oder Umfang seines Rechts im Ungewissen, der Versicherer aber in der Lage wäre, die verlangte Auskunft unschwer zu erteilen.[74] Wird das Ergebnis der Berechnung des Zeitwerts in Form einer Tabelle garantierter Rückkaufswerte, wenn auch ohne garantierte Überschussbeteiligung, genau dargestellt, genügt dies dem Informationsbedürfnis des Versicherungsnehmers.[75] Es widerspräche auch Treu und Glauben, die Offenlegung der Berechnungsgrundlagen zu verlangen.[76] Das BVerfG[77] hat in seiner Entscheidung vom 15. Februar 2006, in der es die vom BGH[78] entwickelte Lösung eines Mindestrückkaufswerts bestätigt hat, ausdrücklich auch die beschränkte Auskunftspflicht der Versicherer berücksichtigt.[79] Daraus ergibt sich, dass es zur Wahrung der Interessen der Versicherungsnehmer angemessen ist, dass ihnen hinsichtlich der Berechnung der Rückkaufswerte kein Anspruch auf Auskunft eingeräumt, sondern im Wege der ergänzenden Vertragsauslegung ein Mindestrückkaufswert garantiert wird.[80] Die Offenlegung der Berechnungsgrundlagen und damit insbesondere auch der Kostenstruktur kann vom Versicherer angesichts dieses Gesamtkonzepts grundsätzlich nicht verlangt werden.[81]

III. ALB 2001

1. Fassung vom 30. Januar 2001

Mit Schreiben vom 30. Januar 2001 übermittelte der GDV den Mitgliedsunternehmen neue Musterbedingungen auf Grund einer Überarbeitung im Jahre 2000.[82] Die neue Fassung von § 9 ALB 2001 lautet wie folgt:

„§ 9 Wann können Sie Ihre Versicherung kündigen oder beitragsfrei stellen?
Kündigung und Auszahlung des Rückkaufswertes
(1) Sie können Ihre Versicherung jederzeit zum Schluss der Versicherungsperiode ganz oder teilweise schriftlich kündigen.
(2) Kündigen Sie Ihre Versicherung nur teilweise, ist die Kündigung unwirksam, wenn die verbleibende beitragspflichtige Versicherungssumme unter einen Mindestbetrag von ... sinkt. Wenn Sie in diesem Fall Ihre Versicherung beenden wollen, müssen Sie also ganz kündigen.

---

[74] OLG München, Urt. v. 17. 2. 2009 – 25 U 3975/08, VersR 2009, 770, 771 = r+s 2010, 207, 208.
[75] BGH, Urt. v. 9. 5. 2001 – IV ZR 138/99, NJW 2001, 2012, 2014 = VersR 2001, 839, 841; OLG München, Urt. v. 17. 2. 2009 – 25 U 3975/08, VersR 2009, 770, 771 = r+s 2010, 207, 208.
[76] OLG München, Urt. v. 17. 2. 2009 – 25 U 3975/08, VersR 2009, 770, 771 = r+s 2010, 207, 208.
[77] BVerfG, Beschl. v. 15. 2. 2006 – 1 BvR 1317/96, NJW 2006, 1783 = VersR 2006, 489.
[78] BGH NJW 2005, 3559 = VersR 2005, 1565.
[79] OLG München, Urt. v. 17. 2. 2009 – 25 U 3975/08, VersR 2009, 770, 771 = r+s 2010, 207, 208.
[80] OLG München, Urt. v. 17. 2. 2009 – 25 U 3975/08, VersR 2009, 770, 771 = r+s 2010, 207, 208.
[81] OLG München, Urt. v. 17. 2. 2009 – 25 U 3975/08, VersR 2009, 770, 771 = r+s 2010, 207, 208.
[82] GDV-Rundschreiben 0007/2001 v. 30. 1. 2001.

(3) Nach § 176 VVG haben wir – soweit bereits entstanden – den Rückkaufswert zu erstatten. Er wird nach den anerkannten Regeln der Versicherungsmathematik für den Schluss der laufenden Versicherungsperiode als Zeitwert Ihrer Versicherung berechnet, wobei ein als angemessen angesehener Abzug[83] von ... erfolgt. Beitragsrückstände werden von dem Rückkaufswert abgesetzt.

Bemerkung
Bei Tarifen, bei denen Garantiewerte für den Rückkaufswert vorgesehen sind, lautet § 9 Abs. 3 wie folgt:

„Nach § 176 VVG haben wir – soweit bereits entstanden – den Rückkaufswert zu erstatten. Er wird nach den anerkannten Regeln der Versicherungsmathematik für den Schluss der laufenden Versicherungsperiode als Zeitwert Ihrer Versicherung berechnet, wobei ein als angemessen angesehener Abzug[84] von ... erfolgt. Der Rückkaufswert erreicht jedoch mindestens einen bei Vertragsabschluss vereinbarten Garantiebetrag, dessen Höhe vom Zeitpunkt der Beendigung des Vertrages abhängt. Vgl. die auf dem Versicherungsschein abgedruckte Übersicht der garantierten Rückkaufswerte.
Beitragsrückstände werden von dem Rückkaufswert abgesetzt."

Umwandlung in eine beitragsfreie Versicherung
(4) Anstelle einer Kündigung nach Absatz 1 können Sie zu dem dort genannten Termin ... verlangen, ganz oder teilweise von der Beitragszahlungspflicht befreit zu werden. In diesem Fall setzen wir die Versicherungssumme ganz oder teilweise auf eine beitragsfreie Summe herab, die nach den anerkannten Regeln der Versicherungsmathematik für den Schluss der laufenden Versicherungsperiode errechnet wird (vgl. die im Versicherungsschein abgedruckte Übersicht der garantierten beitragsfreien Versicherungssummen). Der aus Ihrer Versicherung für die Bildung der beitragsfreien Summe zur Verfügung stehende Betrag mindert sich um einen als angemessen angesehenen Abzug in Höhe von ... sowie um rückständige Beiträge[85].
(5) Haben Sie die vollständige Befreiung von der Beitragszahlungspflicht beantragt und erreicht die nach Absatz 4 zu berechnende beitragsfreie Versicherungssumme den Mindestbetrag von ... nicht, erhalten Sie den Rückkaufswert nach Absatz 3. Eine teilweise Befreiung von der Beitragszahlungspflicht können Sie nur verlangen, wenn die verbleibende beitragspflichtige Versicherungssumme mindestens ... beträgt.

Beitragsrückzahlung
(6) Die Rückzahlung der Beiträge können Sie nicht verlangen."

Bemerkung
Bei Tarifen, bei denen die Versicherungsperiode nicht mit dem Beitragszahlungsabschnitt (unechte unterjährige Beiträge) übereinstimmt, lautet § 9 wie folgt:

„**Wann können Sie Ihre Versicherung kündigen oder beitragsfrei stellen?**
Kündigung und Auszahlung des Rückkaufswertes
(1) Sie können Ihre Versicherung ganz oder teilweise schriftlich kündigen
– jederzeit zum Schluss des laufenden Versicherungsjahres
– bei Vereinbarung von Ratenzahlungen auch innerhalb des Versicherungsjahres mit Frist von einem Monat zum Schluss eines jeden Ratenzahlungsabschnitts, frühestens jedoch zum Schluss des ersten Versicherungsjahres.
(2) Kündigen Sie Ihre Versicherung nur teilweise, ist diese Kündigung unwirksam, wenn die verbleibende beitragspflichtige Versicherungssumme unter einen Mindestbetrag von ... sinkt. Wenn Sie in diesem Falle Ihre Versicherung beenden wollen, müssen Sie also ganz kündigen.
(3) Nach § 176 VVG haben wir – soweit bereits entstanden – den Rückkaufswert zu erstatten. Er wird nach den anerkannten Regeln der Versicherungsmathematik für den Schluss des

---

[83] Soweit bei Stornierung oder Beitragsfreistellung die gleichen Gründe zur Rechtfertigung eines Stornoabzuges herangezogen werden, sollte die Regelung zum Stornoabzug wie folgt ergänzt werden: „Dieser Abzug entfällt bei einer beitragsfreien Versicherung, wenn bei dieser bereits anlässlich der Umwandlung in eine beitragsfreie Versicherung ein Abzug vorgenommen wurde."

[84] Siehe Fußnote 83.

[85] Soweit bei Beitragsfreistellung ein Wechsel der Tarifform erfolgt, ist § 9 Abs. 4 entsprechend zu ergänzen.

Kündigung   24   § 9 ALB 2006

laufenden Ratenzahlungsabschnitts als Zeitwert Ihrer Versicherung berechnet, wobei ein als angemessen angesehener Abzug[86] in Höhe von ... erfolgt.
Beitragsrückstände werden von dem Rückkaufswert abgesetzt.

Bemerkung
Bei Tarifen, bei denen Garantiewerte für den Rückkaufswert vorgesehen sind, lautet § 9 Abs. 3 wie folgt:

„Nach § 176 VVG haben wir nach Kündigung – soweit bereits entstanden – den Rückkaufswert zu erstatten. Er wird nach den anerkannten Regeln der Versicherungsmathematik für den Schluss des laufenden Ratenzahlungsabschnitts als Zeitwert Ihrer Versicherung berechnet, wobei ein als angemessen angesehener Abzug[87] in Höhe von ... erfolgt. Der Rückkaufswert erreicht jedoch mindestens einen bei Vertragsabschluss vereinbarten Garantiebetrag, dessen Höhe vom Zeitpunkt der Beendigung des Vertrages abhängt. Vgl. die im Versicherungsschein abgedruckte Übersicht der garantierten Rückkaufswerte.
Beitragsrückstände werden von dem Rückkaufswert abgesetzt.

Umwandlung in eine beitragsfreie Versicherung
(4) Anstelle einer Kündigung nach Absatz 1 können Sie unter Beachtung der dort genannten Termine und Fristen verlangen, ganz oder teilweise von der Beitragszahlungspflicht befreit zu werden. In diesem Fall setzen wir die Versicherungssumme ganz oder teilweise auf eine beitragsfreie Summe herab, die nach den anerkannten Regeln der Versicherungsmathematik für den Schluss des laufenden Ratenzahlungsabschnitts errechnet wird (vgl. die im Versicherungsschein abgedruckte Übersicht der garantierten beitragsfreien Versicherungssummen). Der aus Ihrer Versicherung für die Bildung der beitragsfreien Summe zur Verfügung stehende Betrag mindert sich um einen als angemessen angesehenen Abzug in Höhe von ... sowie um rückständige Beiträge.[88]
(5) Haben Sie die vollständige Befreiung von der Beitragszahlungspflicht beantragt und erreicht die nach Absatz 4 zu berechnende beitragsfreie Versicherungssumme den Mindestbetrag von ... nicht, erhalten Sie den Rückkaufswert nach Absatz 3. Eine teilweise Befreiung von der Beitragszahlungspflicht können Sie nur verlangen, wenn die verbleibende beitragspflichtige Versicherungssumme mindestens ... beträgt.

Beitragsrückzahlung
(6) Die Rückzahlung der Beiträge können Sie nicht verlangen."

2. Fassung vom 5. Juli 2001

Auf Grund der Urteile des BGH vom 9. Mai 2001 (IV ZR 138/99 und IV ZR 121/00) wurde § 9 ALB 2001 überarbeitet und die neue Fassung mit Verbandsrundschreiben vom 5. Juli 2001 den Lebensversicherungsunternehmen wie folgt mitgeteilt:[89]

„**§ 9 Wann können Sie Ihre Versicherung kündigen oder beitragsfrei stellen?**
Kündigung und Auszahlung des Rückkaufswertes
(1) Sie können Ihre Versicherung jederzeit zum Schluss der Versicherungsperiode ganz oder teilweise schriftlich kündigen.
(2) Kündigen Sie Ihre Versicherung nur teilweise, ist die Kündigung unwirksam, wenn die verbleibende beitragspflichtige Versicherungssumme unter einen Mindestbetrag von ... sinkt. Wenn Sie in diesem Fall Ihre Versicherung beenden wollen, müssen Sie also ganz kündigen.
(3) Nach § 176 VVG haben wir – soweit bereits entstanden – den Rückkaufswert zu erstatten. Er wird nach den anerkannten Regeln der Versicherungsmathematik für den Schluss der

---

[86] Soweit bei Stornierung oder Beitragsfreistellung die gleichen Gründe zur Rechtfertigung eines Stornoabzuges herangezogen werden, sollte die Regelung zum Stornoabzug wie folgt ergänzt werden: „Dieser Abzug entfällt bei einer beitragsfreien Versicherung, wenn bei dieser bereits anlässlich der Umwandlung in eine beitragsfreie Versicherung ein Abzug vorgenommen wurde."
[87] Siehe Fußnote 86.
[88] Soweit bei Beitragsfreistellung ein Wechsel der Tarifform erfolgt, ist § 9 Abs. 4 entsprechend zu ergänzen.
[89] GDV-Rundschreiben 1358/2001 v. 5. 7. 2001.

laufenden Versicherungsperiode als Zeitwert Ihrer Versicherung berechnet, wobei ein als angemessen angesehener Abzug[90] von ... erfolgt.
Die Kündigung Ihrer Versicherung ist mit Nachteilen verbunden. In der Anfangszeit Ihrer Versicherung ist wegen der Verrechnung von Abschlusskosten nach dem Zillmerverfahren (vgl. § 10) kein Rückkaufswert vorhanden. Der Rückkaufswert erreicht auch in den Folgejahren nicht unbedingt die Summe der eingezahlten Beiträge. Nähere Informationen zum Rückkaufswert und seiner Höhe können Sie Ihrem Versicherungsschein entnehmen.
Beitragsrückstände werden von dem Rückkaufswert abgesetzt.

Bemerkung

Bei Tarifen, bei denen Garantiewerte für den Rückkaufswert vorgesehen sind, lautet § 9 Abs. 3 wie folgt:

„Nach § 176 VVG haben wir – soweit bereits entstanden – den Rückkaufswert zu erstatten. Er wird nach den anerkannten Regeln der Versicherungsmathematik für den Schluss der laufenden Versicherungsperiode als Zeitwert Ihrer Versicherung berechnet, wobei ein als angemessen angesehener Abzug[91] von ... erfolgt.
Die Kündigung Ihrer Versicherung ist mit Nachteilen verbunden. In der Anfangszeit Ihrer Versicherung ist wegen der Verrechnung von Abschlusskosten nach dem Zillmerverfahren (vgl. § 10) kein Rückkaufswert vorhanden. Der Rückkaufswert erreicht auch in den Folgejahren nicht unbedingt die Summe der eingezahlten Beiträge. Der Rückkaufswert entspricht jedoch mindestens einem bei Vertragsabschluss vereinbarten Garantiebetrag, dessen Höhe vom Zeitpunkt der Beendigung des Vertrages abhängt. Nähere Informationen zum Rückkaufswert und seiner Höhe können Sie Ihrem Versicherungsschein entnehmen.
Beitragsrückstände werden von dem Rückkaufswert abgesetzt."

Umwandlung in eine beitragsfreie Versicherung

(4) Anstelle einer Kündigung nach Absatz 1 können Sie zu dem dort genannten Termin verlangen, ganz oder teilweise von der Beitragszahlungspflicht befreit zu werden. In diesem Fall setzen wir die Versicherungssumme ganz oder teilweise auf eine beitragsfreie Summe herab, die nach den anerkannten Regeln der Versicherungsmathematik für den Schluss der laufenden Versicherungsperiode errechnet wird. Der aus Ihrer Versicherung für die Bildung der beitragsfreien Summe zur Verfügung stehende Betrag mindert sich um einen als angemessen angesehenen Abzug in Höhe von ... sowie um rückständige Beiträge[92].
Die Beitragsfreistellung Ihrer Versicherung ist mit Nachteilen verbunden. In der Anfangszeit Ihrer Versicherung ist wegen der Verrechnung von Abschlusskosten nach dem Zillmerverfahren (vgl. § 10) keine beitragsfreie Versicherungssumme vorhanden. Auch in den Folgejahren stehen nicht unbedingt Mittel in Höhe der eingezahlten Beiträge für die Bildung einer beitragsfreien Versicherungssumme zur Verfügung. Nähere Informationen zur beitragsfreien Versicherungssumme und ihrer Höhe können Sie Ihrem Versicherungsschein entnehmen.
(5) Haben Sie die vollständige Befreiung von der Beitragszahlungspflicht beantragt und erreicht die nach Absatz 4 zu berechnende beitragsfreie Versicherungssumme den Mindestbetrag von ... nicht, erhalten Sie den Rückkaufswert nach Absatz 3. Eine teilweise Befreiung von der Beitragszahlungspflicht können Sie nur verlangen, wenn die verbleibende beitragspflichtige Versicherungssumme mindestens ... beträgt.

Beitragsrückzahlung

(6) Die Rückzahlung der Beiträge können Sie nicht verlangen."

Bemerkung

Bei Tarifen, bei denen die Versicherungsperiode nicht mit dem Beitragszahlungsabschnitt (unechte unterjährige Beiträge) übereinstimmt, lautet § 9 wie folgt:

---

[90] Soweit bei Stornierung oder Beitragsfreistellung die gleichen Gründe zur Rechtfertigung eines Stornoabzuges herangezogen werden, sollte die Regelung im Stornoabzug wie folgt ergänzt werden: „Dieser Abzug entfällt bei einer beitragsfreien Versicherung, wenn bei dieser bereits anlässlich der Umwandlung in eine beitragsfreie Versicherung ein Abzug vorgenommen wurde."

[91] Siehe Fußnote 90.

[92] Soweit bei Beitragsfreistellung ein Wechsel der Tarifform erfolgt, ist § 9 Abs. 4 entsprechend zu ergänzen.

Kündigung

"Wann können Sie Ihre Versicherung kündigen oder beitragsfrei stellen?
Kündigung und Auszahlung des Rückkaufswertes
(1) Sie können Ihre Versicherung ganz oder teilweise schriftlich kündigen
– jederzeit zum Schluss des laufenden Versicherungsjahres
– bei Vereinbarung von Ratenzahlungen auch innerhalb des Versicherungsjahres mit Frist von einem Monat zum Schluss eines jeden Ratenzahlungsabschnitts, frühestens jedoch zum Schluss des ersten Versicherungsjahres.
(2) Kündigen Sie Ihre Versicherung nur teilweise, ist diese Kündigung unwirksam, wenn die verbleibende beitragspflichtige Versicherungssumme unter einen Mindestbetrag von ... sinkt. Wenn Sie in diesem Falle Ihre Versicherung beenden wollen, müssen Sie also ganz kündigen.
(3) Nach § 176 VVG haben wir – soweit bereits entstanden – den Rückkaufswert zu erstatten. Er wird nach den anerkannten Regeln der Versicherungsmathematik für den Schluss des laufenden Ratenzahlungsabschnitts als Zeitwert Ihrer Versicherung berechnet, wobei ein als angemessen angesehener Abzug[93] in Höhe von ... erfolgt.
Die Kündigung Ihrer Versicherung ist mit Nachteilen verbunden. In der Anfangszeit Ihrer Versicherung ist wegen der Verrechnung von Abschlusskosten nach dem Zillmerverfahren (vgl. § 10) kein Rückkaufswert vorhanden. Der Rückkaufswert erreicht auch in den Folgejahren nicht unbedingt die Summe der eingezahlten Beiträge. Nähere Informationen zum Rückkaufswert und seiner Höhe können Sie Ihrem Versicherungsschein entnehmen."
Beitragsrückstände werden von dem Rückkaufswert abgesetzt.

Bemerkung
Bei Tarifen, bei denen Garantiewerte für den Rückkaufswert vorgesehen sind, lautet § 9 Abs. 3 wie folgt:

„Nach § 176 VVG haben wir nach Kündigung – soweit bereits entstanden – den Rückkaufswert zu erstatten. Er wird nach den anerkannten Regeln der Versicherungsmathematik für den Schluss des laufenden Ratenzahlungsabschnitts als Zeitwert Ihrer Versicherung berechnet, wobei ein als angemessen angesehener Abzug[94] in Höhe von ... erfolgt.
Die Kündigung Ihrer Versicherung ist mit Nachteilen verbunden. In der Anfangszeit Ihrer Versicherung ist wegen der Verrechnung von Abschlusskosten nach dem Zillmerverfahren (vgl. § 10) kein Rückkaufswert vorhanden. Der Rückkaufswert erreicht auch in den Folgejahren nicht unbedingt die Summe der eingezahlten Beiträge. Der Rückkaufswert entspricht jedoch mindestens einem bei Vertragsabschluss vereinbarten Garantiebetrag, dessen Höhe vom Zeitpunkt der Beendigung des Vertrages abhängt. Nähere Informationen zum Rückkaufswert und seiner Höhe können Sie Ihrem Versicherungsschein entnehmen."
Beitragsrückstände werden von dem Rückkaufswert abgesetzt."

Umwandlung in eine beitragsfreie Versicherung
(4) Anstelle einer Kündigung nach Absatz 1 können Sie unter Beachtung der dort genannten Termine und Fristen verlangen, ganz oder teilweise von der Beitragszahlungspflicht befreit zu werden. In diesem Fall setzen wir die Versicherungssumme ganz oder teilweise auf eine beitragsfreie Summe herab, die nach den anerkannten Regeln der Versicherungsmathematik für den Schluss des laufenden Ratenzahlungsabschnitts errechnet wird. Der aus Ihrer Versicherung für die Bildung der beitragsfreien Summe zur Verfügung stehende Betrag mindert sich um einen als angemessen angesehenen Abzug in Höhe von ... sowie um rückständige Beiträge.[95]
Die Beitragsfreistellung Ihrer Versicherung ist mit Nachteilen verbunden. In der Anfangszeit Ihrer Versicherung ist wegen der Verrechnung von Abschlusskosten nach dem Zillmerverfahren (vgl. § 10) keine beitragsfreie Versicherungssumme vorhanden. Auch in den Folgejahren stehen nicht unbedingt Mittel in Höhe der eingezahlten Beiträge für die Bildung einer beitragsfreien Versicherungssumme zur Verfügung. Nähere Informationen zur beitragsfreien Versicherungssumme und ihrer Höhe können Sie Ihrem Versicherungsschein entnehmen.

---

[93] Soweit bei Stornierung oder Beitragsfreistellung die gleichen Gründe zur Rechtfertigung eines Stornoabzuges herangezogen werden, sollte die Regelung zum Stornoabzug wie folgt ergänzt werden: „Dieser Abzug entfällt bei einer beitragsfreien Versicherung, wenn bei dieser bereits anlässlich der Umwandlung in eine beitragsfreie Versicherung ein Abzug vorgenommen wurde."

[94] Siehe Fußnote 93.

[95] Soweit bei Beitragsfreistellung ein Wechsel der Tarifform erfolgt, ist § 9 Abs. 4 entsprechend zu ergänzen.

(5) Haben Sie die vollständige Befreiung von der Beitragszahlungspflicht beantragt und erreicht die nach Absatz 4 zu berechnende beitragsfreie Versicherungssumme den Mindestbetrag von ... nicht, erhalten Sie den Rückkaufswert nach Absatz 3. Eine teilweise Befreiung von der Beitragszahlungspflicht können Sie nur verlangen, wenn die verbleibende beitragspflichtige Versicherungssumme mindestens ... beträgt.

Beitragsrückzahlung
(6) Die Rückzahlung der Beiträge können Sie nicht verlangen."

3. Inhaltskontrolle

25 a) **LG Hamburg – 324 O 1136/07.** Folgende Klausel hat einer Inhaltskontrolle gemäß § 307 Abs. 1 Satz 2 BGB durch das LG Hamburg nicht standgehalten, die nachstehenden Wortlaut hat:[96]

„§ 6 Wann können Sie Ihre Versicherung kündigen oder beitragsfrei stellen?
Kündigung
(1) Sie können Ihre Versicherung jederzeit (...) ganz oder teilweise schriftlich kündigen (...).
(3) Nach Kündigung erhalten Sie den Rückkaufswert, soweit ein solcher bereits entstanden ist (vgl. § 176 VVG). Er wird nach den anerkannten Regeln der Versicherungsmathematik als Zeitwert Ihrer Versicherung berechnet, wobei wir einen Abzug vornehmen. In welcher Höhe wir diesen Abzug für angemessen halten, können Sie der Versicherungsurkunde unter „Erläuterungen zur Berechnung von beitragsfreien Versicherungssummen und Rückkaufswerten" entnehmen.
(...)
(4) Die Kündigung Ihrer Versicherung ist mit Nachteilen verbunden. In der Anfangszeit Ihrer Versicherung ist wegen der Verrechnung von Abschlusskosten nach dem Zillmerverfahren (vgl. § 14) kein Rückkaufswert vorhanden. (...) Nähere Informationen zum Rückkaufswert und seiner Höhe können Sie der in Ihrer Versicherungsurkunde abgedruckten Tabelle und den Erläuterungen zu dieser Tabelle entnehmen.

Umwandlung in eine beitragsfreie Versicherung
(5) Anstelle einer Kündigung nach Absatz 1 können Sie (...) verlangen, ganz oder teilweise von Ihrer Beitragszahlungspflicht befreit zu werden. In diesem Fall setzen wir (...) die Versicherungssumme ganz oder teilweise auf eine beitragsfreie Summe herab, die nach den anerkannten Regeln der Versicherungsmathematik errechnet wird.
(6) Der aus Ihrer Versicherung für die Bildung der beitragsfreien Versicherungssumme zur Verfügung stehende Betrag mindert sich um einen Abzug (vgl. Absatz 3) (...) Sofern Sie nicht mit Beiträgen oder sonstigen Beträgen in Rückstand sind, erreicht die beitragsfreie Versicherungssumme jedoch mindestens einen bei Vertragsabschluss vereinbarten Garantiebetrag. Die Übersicht über die garantierten beitragsfreien Versicherungssummen ist in der Versicherungsurkunde abgedruckt. (...).
(7) Die Beitragsfreistellung Ihrer Versicherung ist mit Nachteilen verbunden. In der Anfangszeit Ihrer Versicherung ist wegen der Verrechnung von Abschlusskosten nach dem Zillmerverfahren (vgl. § 14) keine beitragsfreie Versicherungssumme vorhanden. (...) Nähere Informationen zur beitragsfreien Versicherungssumme und ihrer Höhe können Sie der in Ihrer Versicherungsurkunde abgedruckten Tabelle und den Erläuterungen zu dieser Tabelle entnehmen."

26 Nach den Feststellungen des Landgerichts Hamburg kann der Versicherungsnehmer den zur Angabe der Rückkaufswerte bzw. der beitragsfreien Versicherungsleistung verwendeten Tabellen nicht entnehmen, ob sich die in der Tabelle angegebenen Werte mit oder ohne Stornoabzug errechnen.[97] Es sei erforderlich, den Versicherungsnehmer nicht nur über den jeweiligen Auszahlungsbetrag, sondern auch über die Höhe der jeweiligen Abzüge zu informieren, also über den Rückkaufswert bzw. die beitragsfreie Versicherungssumme einerseits und den Stornoabzug andererseits.[98] Zum Stornoabzug führte das Landgericht Hamburg

---
[96] LG Hamburg, Urt. v. 20. 11. 2009 – 324 O 1136/07, S. 2.
[97] LG Hamburg, Urt. v. 20. 11. 2009 – 324 O 1136/07, S. 20 = VersR 2010, 329, 330.
[98] LG Hamburg, Urt. v. 20. 11. 2009 – 324 O 1136/07, S. 22 = VersR 2010, 329, 331.

aus, dass der Versicherungsnehmer erfahren müsse, in welcher Höhe der Abzug vom Versicherer vorgenommen werde.[99]

b) LG Hamburg – 324 O 1116/07. In einem weiteren Urteil des LG Hamburg vom 20. November 2009 hielt folgende Klausel einer Inhaltskontrolle nicht Stand:[100]

> „8 Wann können Sie Ihre Versicherung kündigen oder beitragsfrei stellen?
> 8.1 Kündigung und Auszahlung des Rückkaufswertes
> 8.1.2 Nach einer Kündigung erhalten Sie – soweit vorhanden – den Rückkaufwert. Dieser (...) wird (...) nach den anerkannten Regeln der Versicherungsmathematik als Zeitwert Ihrer Versicherung berechnet.
> Bei der Berechnung des Rückkaufswertes wird ein als angemessen angesehener Abzug vorgenommen (§ 176 VVG).
> Sie haben das Recht, den Nachweis zu erbringen, dass ein Abzug in Ihrem Fall überhaupt nicht oder nur in wesentlich geringerer Höhe angemessen ist.
> (...)
> 8.1.4 Nach allen Abzügen verbleibende Beträge unter 10 EUR werden nicht erstattet.
> 8.1.5 Die Kündigung Ihrer Versicherung ist immer mit Nachteilen verbunden. In der Anfangszeit Ihrer Versicherung ist wegen der Verrechnung von Abschlusskosten nach dem Zillmerverfahren (...) kein Rückkaufswert vorhanden.
> Der Rückkaufwert entspricht jedoch mindestens einem bei Vertragsschluss vereinbarten Garantiebetrag, dessen Höhe vom Zeitpunkt der Beendigung des Vertrages abhängt. Nähere Informationen zum Rückkaufswert und seiner Höhe können Sie der Ihrem Versicherungsschein beigefügten Garantiewerttabelle entnehmen.
> 8.2 Umwandlung in eine beitragsfreie Versicherung
> 8.2.1 (...) Die beitragsfreie Versicherungssumme errechnet sich ebenfalls nach den anerkannten Regeln der Versicherungsmathematik.
> Der aus Ihrer Versicherung für die Bildung einer beitragsfreien Summe zur Verfügung stehende Betrag mindert sich um einen als angemessen angesehenen Abzug (§ 174 VVG).
> (...)
> Sie haben das Recht, den Nachweis zu erbringen, dass ein Abzug in Ihrem Fall überhaupt nicht oder nur in wesentlich geringerer Höhe angemessen ist.
> (...)
> 8.2.3 Die Umwandlung in eine beitragsfreie Versicherung ist mit Nachteilen verbunden. In der Anfangszeit Ihrer Versicherung ist wegen der Verrechnung von Abschlusskosten nach dem Zillmerverfahren gem. Ziffer 11 keine beitragsfreie Versicherungssumme vorhanden.
> (...)
> Die beitragsfreie Versicherungssumme entspricht jedoch mindestens einem bei Vertragsschluss vereinbarten Garantiebetrag, dessen Höhe vom Zeitpunkt der Beitragsfreistellung abhängt. Nähere Informationen zu den beitragsfreien Versicherungssummen und deren Höhe können Sie der Ihrem Versicherungsschein beigefügten Garantiewerttabelle entnehmen."

Die Bestimmungen zur Kündigung gemäß Ziffer 8.1 bzw. die Regelungen zur Umwandlung in eine beitragsfreie Versicherung gemäß Ziffer 8.2 stehen nach Auffassung des LG Hamburg nicht mit dem Transparenzgebot (§ 307 Abs. 1 Satz 2 BGB) im Einklang, weil die Klauseln bzw. die in Bezug genommenen Tabellen nicht hinreichend deutlich zwischen dem Rückkaufswert gemäß § 176 Abs. 3 VVG und dem Stornoabzug, der zusätzlich gemäß § 176 Abs. 4 VVG vereinbart werden konnte, differenzieren.[101] Aus den Klauseln bzw. den Tabellen gehe nicht deutlich genug hervor, dass sie dem Versicherungsnehmer als Rückkaufswerte bzw. beitragsfreie Versicherungssummen Beträge nennen, bei denen faktisch die Stornoabzüge bereits enthalten sind.[102] Auf diese Weise führten die Klauseln dem Versicherungsnehmer weder das volle Ausmaß seiner wirtschaftlichen Nachteile bei einer Kündigung oder Beitragsfreistellung vor Augen, noch

---
[99] LG Hamburg, Urt. v. 20. 11. 2009 – 324 O 1136/07, S. 22 = VersR 2010, 329, 331.
[100] LG Hamburg, Urt. v. 20. 11. 2009 – 324 O 1116/07, S. 2 f.
[101] LG Hamburg, Urt. v. 20. 11. 2009 – 324 O 1116/07, S. 21.
[102] LG Hamburg, Urt. v. 20. 11. 2009 – 324 O 1116/07, S. 22.

werde eine Vergleichbarkeit mit anderen Angeboten, auch anderen Kapitalanlagen, erreicht.[103]

29 Die Regelungen zum Abzug in Ziffer 8.1.2 bei der Berechnung des Rückkaufswertes bzw. in Ziffer 8.2.1 bei der beitragsfreien Versicherung verstoßen nach Auffassung des LG Hamburg gegen § 307 Abs. 1 Satz 2 BGB und § 309 Nr. 12 a) BGB.[104] Der Versicherungsnehmer müsse erfahren, in welcher Höhe der Abzug vom Versicherer vorgenommen werde.[105] Wenn dem Versicherungsnehmer in *Ziffer 8.1.2 bzw. 8.2.1*[106] lediglich mitgeteilt werde, dass der Abzug 2% der Differenz der Versicherungssumme im Erlebensfall und der vorhandenen Deckungsrückstellung betrage, werde der Versicherungsnehmer nicht in die Lage versetzt, sich einen Überblick über die wirtschaftlichen Nachteile einer Kündigung oder Beitragsfreistellung zu verschaffen, da dem Versicherungsnehmer die Höhe der Deckungsrückstellung nicht bekannt sei.[107] Die Klausel erwecke – auch unter Berücksichtigung ihres Kontextes – den Eindruck, dass es dem Versicherungsnehmer ohne vorherige Darlegung oder Beweisführung seitens des Versicherers obliege, die dem Abzug zugrunde liegenden Annahmen zu erschüttern.[108] Die Bestimmung sei insoweit geeignet, den Versicherungsnehmer davon abzuhalten, die Angemessenheit des Abzuges zu bestreiten.[109]

30 Die in Ziffer 8.1.4 vorgesehene Regelung, dass nach allen Abzügen verbleibende Beträge unter 10 EUR nicht ausgezahlt werden, ist nach Ansicht des LG Hamburg mit § 307 Abs. 1 u. Abs. 2 Nr. 1 BGB nicht zu vereinbaren.[110] Der Versicherer sei gemäß § 362 BGB verpflichtet, die geschuldete Leistung, nämlich die Auszahlung des Rückkaufswerts, vollständig zu bewirken, und könne sich neben dem Stornoabzug nicht noch einen weiteren Abzug bewilligen.[111]

31 c) **LG Hamburg – 324 O 1153/07.** Schlussendlich hat folgende Klausel einer Inhaltskontrolle durch das LG Hamburg gemäß Urteil vom 20. November 2009 nicht standgehalten:[112]

„**§ 4 Wann können Sie die Versicherung kündigen oder beitragsfrei stellen?**
Kündigung und Auszahlung des Rückkaufswertes
(1) Sie können Ihre Versicherung ganz oder teilweise kündigen. (...)
(3) Nach Kündigung erhalten Sie – soweit bereits entstanden – einen nach § 176 Abs. 3 VVG zu dem nach Absatz 1 maßgeblichen Kündigungstermin berechneten Rückkaufswert. Die Kündigung Ihrer Versicherung ist mit Nachteilen verbunden. In der Anfangszeit Ihrer Versicherung ist wegen der Verrechnung von Abschlusskosten nach dem Zillmerverfahren (vgl. § 13) kein Rückkaufswert vorhanden. (...)
Nähere Informationen zum Rückkaufswert und seiner Höhe können Sie Ihrem Versicherungsschein und den Tarifbestimmungen entnehmen.
(4) Wir sind berechtigt, bei der Berechnung des Rückkaufswertes die in den Tarifbestimmungen bezeichneten Abzüge vorzunehmen.

Umwandlung in eine beitragsfreie Versicherung anstelle einer Kündigung
(5) Anstelle einer Kündigung nach Absatz 1 können Sie (...) schriftlich verlangen, ganz oder teilweise von Ihrer Beitragszahlungspflicht befreit zu werden. In diesem Fall wird die Versicherungssumme entsprechend unseren Tarifbestimmungen herabgesetzt. (...)

---

[103] LG Hamburg, Urt. v. 20. 11. 2009 – 324 O 1116/07, S. 21.
[104] LG Hamburg, Urt. v. 20. 11. 2009 – 324 O 1116/07, S. 24.
[105] LG Hamburg, Urt. v. 20. 11. 2009 – 324 O 1116/07, S. 24.
[106] Diese Fundstelle ergibt sich nicht aus der im Streit befangenen Klausel auf S. 2 und 3 des Urteils.
[107] LG Hamburg, Urt. v. 20. 11. 2009 – 324 O 1116/07, S. 24.
[108] LG Hamburg, Urt. v. 20. 11. 2009 – 324 O 1116/07, S. 25.
[109] LG Hamburg, Urt. v. 20. 11. 2009 – 324 O 1116/07, S. 26.
[110] LG Hamburg, Urt. v. 20. 11. 2009 – 324 O 1116/07, S. 26.
[111] LG Hamburg, Urt. v. 20. 11. 2009 – 324 O 1116/07, S. 26.
[112] LG Hamburg, Urt. v. 20. 11. 2009 – 324 O 1153/07, S. 2 f. = r+s 2010, 120.

Die Beitragsfreistellung Ihrer Versicherung ist mit Nachteilen verbunden. In der Anfangszeit Ihrer Versicherung ist wegen der Verrechnung von Abschlusskosten nach dem Zillmerverfahren (vgl. § 13) keine beitragsfreie Versicherungssumme vorhanden. (...)
Nähere Informationen zur beitragsfreien Versicherungssumme und ihrer Höhe können Sie Ihrem Versicherungsschein und den Tarifbestimmungen entnehmen.

Tarifbestimmungen
Rückkaufswert, beitragsfreie Versicherungssumme bei Versicherungen der Tarifgruppe KA (...)
Die mit dem Abschluss Ihrer Versicherung verbundenen und auf Sie entfallenden Kosten, etwa die Kosten für Beratung, Anforderung von Gesundheitsauskünften und Ausstellung des Versicherungsscheines, werden Ihnen nicht gesondert in Rechnung gestellt. (...)
Wir sind darüber hinaus berechtigt, von dem so ermittelten Zeitwert der Versicherung zur Berechnung des Rückkaufswertes und der beitragsfreien Versicherungssummen einen Abzug vorzunehmen, der 2,5% der Summe der zum Zeitpunkt der Kündigung ausstehenden Beiträge, jedoch mindestens 2,0% der Differenz aus der Versicherungssumme im Erlebensfall und der Deckungsrückstellung* beträgt. (...)
Beträgt die Summe aus dem Rückkaufswert und aus den vorhandenen Werten aus der Überschussbeteiligung weniger als 10 Euro, werden der Rückkaufswert und/oder die Überschussanteile nicht ausgezahlt, sofern kein weiterer Zahlungsvorgang (z. B. eine Beitragsrückzahlung) erfolgt. (...)
*) Eine Deckungsrückstellung müssen wir für jeden Versicherungsvertrag bilden, um zu jedem Zeitpunkt den Versicherungsschutz gewährleisten zu können. Die Berechnung der Deckungsrückstellung unter Berücksichtigung der hierbei angesetzten Abschlusskosten erfolgt nach § 65 des Versicherungsaufsichtsgesetzes (VAG) und den §§ 341 e, 341 f des Handelsgesetzbuches (HGB) sowie den dazu erlassenen Rechtsverordnungen."

Die Regelungen in § 4 Abs. 3 und Abs. 5 zur Kündigung und Auszahlung des Rückkaufswertes sowie zur Umwandlung in eine beitragsfreie Versicherung anstelle einer Kündigung sieht das LG Hamburg wegen Verstoßes gegen das Transparenzgebot als unwirksam gemäß § 307 Abs. 1 Satz 2 BGB an.[113] Die Bestimmungen zur Kündigung und Auszahlung des Rückkaufswertes gemäß § 4 Abs. 3 bzw. die Regelungen zur Umwandlung in eine beitragsfreie Versicherung gemäß § 4 Abs. 5 stehen nach Auffassung des LG Hamburg nicht mit dem Transparenzgebot (§ 307 Abs. 1 Satz 2 BGB) im Einklang, weil die Klauseln bzw. die in Bezug genommenen Tabellen nicht hinreichend deutlich zwischen dem Rückkaufswert gemäß § 176 Abs. 3 VVG und dem Stornoabzug, der zusätzlich gemäß § 176 Abs. 4 VVG vereinbart werden konnte, differenzieren.[114] Aus den Klauseln bzw. den Tabellen gehe nicht deutlich genug hervor, dass sie dem Versicherungsnehmer als Rückkaufswerte bzw. beitragsfreie Versicherungssummen Beträge nennen, bei denen faktisch die Stornoabzüge bereits enthalten sind.[115] Auf diese Weise führten die Klauseln dem Versicherungsnehmer weder das volle Ausmaß seiner wirtschaftlichen Nachteile bei einer Kündigung oder Beitragsfreistellung vor Augen, noch werde die Vergleichbarkeit mit anderen Angeboten, auch anderen Kapitalanlagen, erreicht.[116]

Die Regelungen zum Abzug in § 4 Abs. 4 in Verbindung mit den Tarifbestimmungen verstoßen nach Auffassung des LG Hamburg gegen § 307 Abs. 1 Satz 2 BGB.[117] Der Versicherungsnehmer müsse erfahren, in welcher Höhe der Abzug vom Versicherer vorgenommen werde.[118] Wenn dem Versicherungsnehmer lediglich mitgeteilt werde, dass der Abzug 2,5 % der Summe der zum Zeitpunkt der Kündigung ausstehenden Beträge, jedoch mindestens 2% der Differenz

---

[113] LG Hamburg, Urt. v. 20. 11. 2009 – 324 O 1153/07, S. 2 f. = r+s 2010, 120.
[114] LG Hamburg, Urt. v. 20. 11. 2009 – 324 O 1153/07, S. 20 = r+s 2010, 120, 121.
[115] LG Hamburg, Urt. v. 20. 11. 2009 – 324 O 1153/07, S. 20 = r+s 2010, 120, 121.
[116] LG Hamburg, Urt. v. 20. 11. 2009 – 324 O 1153/07, S. 21 = r+s 2010, 120, 121.
[117] LG Hamburg, Urt. v. 20. 11. 2009 – 324 O 1153/07, S. 23 = r+s 2010, 120, 122.
[118] LG Hamburg, Urt. v. 20. 11. 2009 – 324 O 1153/07, S. 23 = r+s 2010, 120, 122.

aus der Versicherungssumme im Erlebensfall und der Deckungsrückstellung betrage, werde der Versicherungsnehmer nicht in die Lage versetzt, sich einen Überblick über die wirtschaftlichen Nachteile einer Kündigung oder Beitragsfreistellung zu verschaffen, da dem Versicherungsnehmer die Höhe der Deckungsrückstellung nicht bekannt sei.[119]

34 Die in den Tarifbestimmungen vorgesehene Regelung, dass der Rückkaufwert und/oder die Überschussbeteiligungen nicht ausgezahlt werden, wenn die Summe aus dem Rückkaufwert und aus den vorhandenen Werten aus der Überschussbeteiligung weniger als zehn Euro beträgt und kein weiterer Zahlungsvorgang erfolgt, ist nach Ansicht des LG Hamburg mit § 307 Abs. 1 u. Abs. 2 Nr. 1 BGB nicht zu vereinbaren.[120] Der Versicherer sei gemäß § 362 BGB verpflichtet, die geschuldete Leistung vollständig zu bewirken, und könne sich neben dem Stornoabzug nicht noch einen weiteren Abzug bewilligen.[121]

35 **d) Stellungnahme.** Die Urteile des LG Hamburg vom 20. November 2010 beruhen auf unternehmensspezifischen Sachverhalten und können von daher keine allgemeine Geltung beanspruchen.

36 In der Sache selbst kommt es zunächst einmal darauf an, ob sich die streitbefangenen Klauseln zu den Rückkaufswerten und zur beitragsfreien Versicherungssumme nebst zugehörigen Unterlagen mit den Anforderungen des BGH in Einklang bringen lassen. Danach ist es zwar nicht erforderlich, dass der Versicherer im Einzelnen mitteilt, welche Methode er zur Ermittlung des Zeitwerts anwendet, wenn er das Ergebnis der Berechnung in Form einer Tabelle garantierter Rückkaufswerte, wenn auch ohne garantierte Überschussbeteiligung, genau darstellt.[122] Allerdings muss der Versicherer in der Tabelle mit hinreichender Deutlichkeit darstellen, dass der garantierte Rückkaufswert in den ersten beiden Jahren gleich Null ist, wenn der Versicherer das Konto des Versicherungsnehmers sofort bei Vertragsbeginn mit sämtlichen Abschlusskosten mit der Folge belastet, dass der Versicherungsnehmer bei einer Kündigung oder Beitragsfreistellung innerhalb der ersten zwei Jahre überhaupt keine Leistungen des Versicherers erhält, weil nach der vom Versicherer gewählten Berechnungsmethode der Zeitwert gleich Null ist.[123] Wenn in den weiteren Vertragsjahren die Leistungen des Versicherers im Falle der Kündigung oder Beitragsfreistellung nicht die eingezahlten Beiträge erreichen, muss der Versicherungsnehmer dies der Rückkaufswerttabelle entnehmen können.[124] Dabei dürfen aber die Anforderungen an den Versicherer nicht überspannt werden. Bei den mehr als zwölf Jahre laufenden Versicherungsverträgen ist dem Informationsbedürfnis des Versicherungsnehmers genügt, wenn der Rückkaufwert in den späteren Jahren nicht mehr für jedes Vertragsjahr aufgezeigt wird. Als ausreichend sind Drei- oder Fünfjahresabschnitte anzusehen.[125] Diesen Anforderungen entsprechen die Rückkaufswerttabellen der verklagten Versicherer nicht, da sie nicht die Rückkaufswerte, sondern nur die tatsächlichen Auszah-

---

[119] LG Hamburg, Urt. v. 20. 11. 2009 – 324 O 1153/07, S. 23 = r+s 2010, 120, 122.
[120] LG Hamburg, Urt. v. 20. 11. 2009 – 324 O 1153/07, S. 25.
[121] LG Hamburg, Urt. v. 20. 11. 2009 – 324 O 1153/07, S. 25.
[122] BGH, Urt. v. 9. 5. 2001 – IV ZR 121/00, NJW 2001, 2014, 2016 = NVersZ 2001, 308, 310 = VersR 2001, 841, 844 = ZIP 2001, 1052, 1054 = BB 2001, 1427, 1429 = MDR 2001, 1055, 1056.
[123] BGH, Urt. v. 9. 5. 2001 – IV ZR 121/00, NJW 2001, 2014, 2017 = NVersZ 2001, 308, 311 = VersR 2001, 841, 844 = ZIP 2001, 1052, 1055 = BB 2001, 1427, 1429 = MDR 2001, 1055, 1056.
[124] BGH, Urt. v. 9. 5. 2001 – IV ZR 121/00, NJW 2001, 2014, 2017 = NVersZ 2001, 308, 311 = VersR 2001, 841, 844 = ZIP 2001, 1052, 1055 = BB 2001, 1427, 1430 = MDR 2001, 1055, 1056.
[125] *Römer* in: Römer/Langheid, VVG, 2. Aufl., § 176 VVG Rdn. 11.

lungsbeträge enthalten, die sich aus dem jeweiligen Rückkaufswert abzüglich eines Abzugs errechnen. Der Kunde wird folglich nicht entsprechend den Anforderungen des BGH informiert. Ob sich insoweit die Auffassung durchsetzt, dass der Kunde hierdurch nicht unangemessen benachteiligt werde,[126] bleibt abzuwarten.

Soweit sich das LG Hamburg in den Entscheidungen vom 20. November 2009 mit dem in den streitbefangenen Klauseln und den zugehörigen Unterlagen vereinbarten Abzug befasst hat, ist zunächst hervorzuheben, dass den Ausführungen des BGH zur Stornoabzugsklausel im Urteil vom 9. Mai 2001 nicht entnommen werden kann, dass der BGH die Stornoabzugsklausel umfassend auf ihre Wirksamkeit geprüft hat. Dies hat der BGH in seiner Entscheidung vom 12. Oktober 2005 hervorgehoben, aber eine Prüfung nicht vorgenommen.[127] Legt man die Anforderungen des BGH gemäß seinem Urteil vom 9. Mai 2001 zugrunde, muss der Versicherer zwar nicht im Einzelnen mitteilen, welche Methode er zur Ermittlung des Abzugs verwendet, muss aber mit hinreichender Deutlichkeit darstellen, in welcher Höhe der Abzug vom Versicherer vorgenommen wird. Der Versicherer muss letztlich entweder wie beim Rückkaufswert die Abzugsbeträge in einer nachvollziehbaren Tabelle darstellen oder Berechnungskomponenten mitteilen, die eine Eigenberechnung durch den Versicherungsnehmer ermöglichen. Diesen Anforderungen genügen die streitbefangenen Klauseln nebst zugehörigen Unterlagen nicht. 37

Das LG Hamburg hat dem Versicherer die Berechtigung abgesprochen, mit dem Versicherungsnehmer einen Verzicht auf Einzelauszahlung geschuldeter Beträge unter 10 Euro vereinbaren zu können. Für jeden Kunden ist erkennbar und nachvollziehbar, dass der Kostenaufwand für die Auszahlung eines derart geringfügigen Betrages höher ist. Die Wertung des LG Hamburg erscheint unverhältnismäßig. 38

IV. ALB 2006

Im Jahre 2006 wurde § 9 ALB 2001 hinsichtlich des Stornoabzuges überarbeitet und in § 9 Abs. 3 ALB 2001 insbesondere folgende Ergänzung vorgenommen:[128] 39

> „Mit dem Abzug wird die Veränderung der Risiko- und Ertragslage des verbleibenden Versichertenbestandes[129] ausgeglichen; zudem werden noch nicht getilgte Abschlusskosten abgegolten. Darüber hinaus wird mit dem Abzug ein Ausgleich für kollektiv gestelltes Risikokapital sowie für verminderte Kapitalerträge aufgrund vorzeitiger Fälligkeit vorgenommen[130]. Weitere Erläuterungen sowie versicherungsmathematische Hinweise zum Abzug und seiner Höhe finden Sie im Anhang zu den Versicherungsbedingungen. Sofern Sie uns nachweisen, dass die dem Abzug zugrunde liegenden Annahmen in Ihrem Fall entweder dem Grunde nach nicht zutreffen oder der Abzug wesentlich niedriger zu beziffern ist, entfällt der Abzug bzw. wird – im letzteren Falle – entsprechend herabgesetzt."

Schlussendlich erhielt § 9 ALB 2001 die als § 9 ALB 2006 vorangestellte Fassung.[131] 40

---

[126] Vgl. *Jacob* r+s 2010, 122, 124.
[127] Siehe BGH, Urt. v. 12. 10. 2005 – IV ZR 162/03 (Revisionsentscheidung z. Urt. des LG Hannover, Urt. v. 12. 6. 2003 – 19 S 108/02, VersR 2003, 1289), NJW 2005, 3559, 3564 = VersR 2005, 1565, 1569 = ZIP 2005, 2109, 2115.
[128] GDV-Rundschreiben 1319/2006 v. 4. 5. 2006.
[129] Ggf. unternehmensindividuell anpassen, wenn im Bedingungswerk eine andere Diktion veranlasst ist.
[130] Ggf. unternehmensindividuell anpassen, wenn auch aus anderen Gründen oder nur in eingeschränktem Umfang, also nicht aus allen oben genannten Gründen, ein Abzug erfolgen soll.
[131] GDV-Rundschreiben 1319/2006 v. 4. 5. 2006.

§ 10 Was bedeutet die Verrechnung von Abschlusskosten nach dem Zillmerverfahren?[1]

(1) Durch den Abschluss von Versicherungsverträgen entstehen Kosten. Diese sog. Abschlusskosten (§ 43 Abs. 2 der Verordnung über die Rechnungslegung von Versicherungsunternehmen) sind bereits pauschal bei der Tarifkalkulation berücksichtigt und werden daher nicht gesondert in Rechnung gestellt.

(2) Für Ihren Versicherungsvertrag ist das Verrechnungsverfahren nach § 4 der Deckungsrückstellungsverordnung (Zillmerverfahren) maßgebend. Hierbei werden die ersten Beiträge zur Tilgung eines Teils der Abschlusskosten herangezogen, soweit die Beiträge nicht für Leistungen im Versicherungsfall und Kosten des Versicherungsbetriebs in der jeweiligen Versicherungsperiode bestimmt sind. Der auf diese Weise zu tilgende Betrag ist nach der Deckungsrückstellungsverordnung auf 4% der von Ihnen während der Laufzeit des Vertrages zu zahlenden Beiträge beschränkt.

(3) Die restlichen Abschlusskosten werden während der vertraglich vereinbarten Beitragszahlungsdauer aus den laufenden Beiträgen getilgt. Im Falle einer Kündigung oder Beitragsfreistellung werden die dann noch nicht getilgten Abschlusskosten mit dem Abzug nach § 9 Abs. 3 bzw. § 9 Abs. 4 ausgeglichen.

(4) Die beschriebene Abschlusskostenverrechnung hat wirtschaftlich zur Folge, dass in der Anfangszeit Ihrer Versicherung kein Rückkaufswert und keine beitragsfreie Versicherungssumme vorhanden sind. Nähere Informationen können Sie der Ihrem Versicherungsschein beigefügten Tabelle und dem Anhang[2] entnehmen.

Übersicht

	Rdn.
I. Fassung	1–5
II. Zweck der Abschlusskostenverrechnungsklausel	6, 7
1. Vorgeschichte	6
2. Zweck der Klausel	7
III. Verrechnung der Abschlusskosten	8–28
1. Allgemeines	8–12
2. Zillmerungsverfahren	13–23
a) Zillmerung	13–15
b) Zillmersatz	16, 17
c) Zeitraum	18, 19
d) Bilanzierung	20–22
e) Kritik	23
3. Vereinbarung der Abschlusskostenverrechnung	24–26
4. Berechnung der Deckungsrückstellung	27, 28
IV. Begrenzung der Abschlusskosten	29
V. Inhaltskontrolle der Abschlusskostenverrechnungsklausel	30–38
1. Verstoß gegen das Transparenzgebot	30–35
a) Urteil des BGH vom 9. Mai 2001	30
b) Instanzgerichte	31–35
2. Stellungnahme	36
3. Auswirkungen	37, 38
a) Altbestand	37
b) Neubestand	38
VI. Klauselersetzungsverfahren gemäß § 172 Abs. 2 VVG	39–61
1. Ausgangslage	39
2. Notwendige Ergänzung	40–43
a) Grundsatz	40
b) Notwendigkeit der Ergänzung	41–43

---

[1] Diese Bestimmung ist nur bei Verwendung des Zillmerverfahrens aufzunehmen.
[2] Unternehmensindividuell anzupassen.

	Rdn.
3. Ergänzung durch den Versicherer	44
4. Wirksamkeit der Ergänzung	45–61
a) Richterliche Kontrolle	45
b) Gesetzliche Vorschriften	46
c) Wegfall der Abschlusskostenverrechnungsklausel	47
d) Ergänzende Vertragsauslegung	48–61
VII. Richterliche ergänzende Vertragsauslegung	62–67
1. Wegen Unwirksamkeit der Vertragsergänzung nach § 172 Abs. 2 VVG	62, 63
2. Ergänzende Vertragsauslegung außerhalb des Treuhänderverfahrens	64–67
VIII. Nachforderungsanspruch des Versicherungsnehmers	68–72
1. Unterrichtung des Versicherungsnehmers	68
2. Verjährung	69, 70
a) Rückkaufwertanspruch	69
b) Schadensersatzanspruch	70
3. Versteuerung der Nachzahlung	71, 72

AuVdBAV: GB 1992, 57; VerBAV 1994, 3 (R 2/1993 v. 16. 12. 1993 – Begrenzung der Abschlusskosten in der Lebensversicherung); GB BAV 1993, 57 (Begrenzung der Abschlusskosten); VerBAV 1995, 366 (R 5/95 v. 31. 10. 1995 – Begrenzung der Abschlusskosten in der Lebensversicherung); VerBAV 2001, 251 (R 1/2001 v. 10. 10. 2001 – Hinweise zur Unwirksamkeit von Allgemeinen Versicherungsbedingungen in der Lebensversicherung).

VO: Verordnung über Rechnungsgrundlagen für die Deckungsrückstellungen (Deckungsrückstellungsverordnung – DeckRV) v. 6. 5. 1996, BGBl. I 1996, 670 = VerBAV 1996, 139, zuletzt geändert durch die Vierte Verordnung zur Änderung der Deckungsrückstellung vom 11. 12. 2007, BGBl. I 2007, 2879.

Schrifttum: *Allerdissen/Gebhardt/Schulz,* Angemessene Reservierung in der Lebensversicherung nach Änderung der biometrischen Rechnungsgrundlagen, BDGVM XXII (1996), 543; *Baroch Castellví,* Unwirksamkeit der Regelungen zu Abschlusskosten, Rückkaufwert und Beitragsfreistellung – Ende der Unklarheiten?, NVersZ 2001, 529; Beck'scher Versicherungsbilanz-Kommentar, Handels- und Steuerrecht – §§ 341 bis 341o HGB –, hrsg. v. Wolfgang Dieter Budde, Christian Schnicke, Michael Stöffler, Wolfgang Stuirbrink, München, Beck, 1998; *Bergmann,* Muss die Zillmerung in den allgemeinen Versicherungsbedingungen vereinbart werden?, VersR 2004, 549; *Boetius,* Handbuch der versicherungstechnischen Rückstellungen, Handels- und Steuerbilanzrecht der Versicherungsunternehmen, Köln, O. Schmidt, 1996; *Elfring,* Die Ersetzung intransparenter Klauseln in den Allgemeinen Bedingungen der kapitalbildenden Lebensversicherung im Rahmen des Treuhänderverfahrens nach § 172 II VVG, NJW 2005, 3677; *Engeländer,* Das Zillmerverfahren in der Lebensversicherung, VersR 1999, 1325; *derselbe,* Der Zeitwert einer Lebensversicherung, NVersZ 2002, 436; *derselbe,* Nochmals: „Zillmerung" ohne Kostenverrechnungsklausel? – Eine Erwiderung auf den Aufsatz von Schünemann VersR 2005, 323 –, VersR 2005, 1031; *derselbe,* Der Nichtannahmebeschluss des BVerfG zu Rückkaufswerten, VersR 2009, 1308; *Faigle/Engeländer,* Die Zillmerung in der Lebensversicherung, VW 2001, 1570; *Heinen,* Zillmerung, Stille Reserven, Intransparenz der Vertragsabwicklung – die Todsünden der Lebensversicherung?, ZVersWiss 91 (2002), 155; *Höckner,* Änderung der Rechnungsgrundlagen sowie Aufstellung einer Sterblichkeitstafel, eines Prämien- und Dividendensystems für die Lebensversicherungs-Gesellschaft zu Leipzig, Leipzig, J. B. Hirschfeld, 1907; *Jaeger,* Von der Schwierigkeit die Deckungsrückstellung zu programmieren, BDGVM XXIII (1997), 65; *derselbe,* Der Zeitwert eines Lebensversicherungsvertrags, VersR 2002, 133, 143; *Katz,* Zinsfuß und Überschussbildung in der Lebensversicherung, ZVersWiss 1926, 320 (I), 481 (II); *Milbrodt,* Wie nennen Versicherungsprodukte zu ihrem Preis? Aufgaben und Probleme der Personenversicherungsmathematik, Der Aktuar 2002, 91; *Nöbel,* Das Deckungskapital in der Lebensversicherung insbesondere sein Rechtsverhältnis zum Versicherungsnehmer, Leipzig, Verlag Theodor Weicher, 1930; *Präve,* Transparenz und Verbraucherschutz in der Lebensversicherung, ZfV 1999, 731; *derselbe,* Neue Bedingungen für die Lebensversicherung, VersR 2000, 694; *derselbe,* Verbraucherschutz und Reformbedarf, NVersZ 2000, 201; *derselbe,* Neue Versicherungsbedingungen in der Lebensversicherung: Abschlusskosten und

Überschussbeteiligung im Blickpunkt, VW 2001, 232; *derselbe*, Lebensversicherung im Umbruch, in: Kontinuität und Wandel des Versicherungsrechts, Festschrift für Egon Lorenz zum 70. Geburtstag, hrsg. v. Manfred Wandt, Peter Reiff, Dirk Looschelders u. Walter Bayer, Karlsruhe, VVW, 2004, S. 517; *derselbe*, Rückkaufswert und Bestandsübertragung in der Lebensversicherung, VW 2005, 566; *Römer*, Reformbedarf des Versicherungsvertragsrechts aus höchstrichterlicher Sicht, VersR 2000, 661; *Rückle/Karst*, Internationalisierung der Rechnungslegung von Versicherungsunternehmen – Kurzbericht über Entwicklungstendenzen, Baden-Baden, Nomos, VersWissStud. 15 (2000), S. 159, 180; *Schünemann*, Rechtsgutachten zu den tatbestandlichen Voraussetzungen, dem Inhalt und den Rechtsfolgen des § 172 Abs. 2 VVG (einseitiges Klauselersetzungsverfahren unter Treuhändervorbehalt), in: Ersetzung unwirksamer Klauseln in der kapitalbildenden Lebensversicherung aus verfassungs- und zivilrechtlicher Sicht, VersWissStud. 20 (2002), S. 63; *derselbe*, „Zillmerung" ohne Kostenverrechnungsklausel?, VersR 2005, 323; *Schwartze*, Wann verjähren Nachforderungsansprüche aus Lebensversicherungsverträgen?, VersR 2006, 1331; *Schwintowski*, Der Verantwortliche Aktuar im (Lebens-)Versicherungsrecht, in: Lebensversicherung, Internationale Versicherungsverträge und Verbraucherschutz, Versicherungsvertrieb, Baden-Baden, Nomos, VersWissStud. 4 (1996), S. 11; *derselbe*, Recht und Institutionen langfristiger privater Versicherungsverhältnisse, in: Langfristige Versicherungsverhältnisse: Ökonomie, Technik, Institutionen, hrsg. v. Leonhard Männer, Karlsruhe, VVW, 1997, S. 77; *derselbe*, Anleger- und objektgerechte Beratung in der Lebensversicherung, in: Allokation der Ressourcen bei Sicherheit und Unsicherheit, Festschrift für Leonhard Männer, Baden-Baden, Nomos, 1997, S. 377; *derselbe*, Schutzlücken durch Koppelung und Intransparenz in der Kapitallebensversicherung, VuR 1998, 219; *derselbe*, Alternative Finanzierungsmöglichkeiten der Abschlusskosten in der Lebensversicherung, ZfV 2005, 783; *derselbe*, Lebensversicherung, quo vadis? – Konsequenzen aus den Urteilen des BGH vom 12. 10. 2005, DStR 2006, 473; *Seiffert*, Die Rechtsprechung des BGH zum Versicherungsrecht – Neuere Entscheidungen des IV. Zivilsenats des BGH zur Lebensversicherung und Anmerkungen zu „Nichtentscheidungen", r+s 2010, 177; *Sijanski*, Ersetzung unwirksamer Klauseln und Mindestrückkaufwert in der kapitalbildenden Lebensversicherung, VersR 2006, 469; *Weigel*, Rechtliche, finanzmathematische und bilanzrechtliche Grundlagen von Lebensversicherungsdienstleistungen mit Zinsgarantie, in: Festschrift für Helmut Kollhosser zum 70. Geburtstag, hrsg. v. Reinhard Bork, Thomas Hoeren u. Petra Pohlmann, Bd. I Versicherungsrecht, Karlsruhe, VVW, 2004, S. 391; *Zimmermann*, Abschlusskosten in der deutschen und internationalen Rechnungslegung, Göttingen, 2002.

I. Fassung

1   Eine Abschlusskostenverrechnungsklausel ist erstmals 1994 wie folgt in die ALB eingefügt worden:

> „**§ 15 Wie werden die Abschlusskosten erhoben und ausgeglichen?**
> (Musterbedingungen des GDV – ALB 1994)
> Die mit dem Abschluss Ihrer Versicherung verbundenen und auf Sie entfallenden Kosten, etwa die Kosten für Beratung, Anforderung von Gesundheitsauskünften und Ausstellung des Versicherungsscheines, werden Ihnen nicht gesondert in Rechnung gestellt. Auf den Teil dieser Kosten, der bei der Berechnung der Deckungsrückstellung[1] angesetzt wird, verrechnen wir nach einem aufsichtsrechtlich geregelten Verfahren Ihre ab Versicherungsbeginn eingehenden Beiträge, soweit diese nicht für Versicherungsleistungen und Verwaltungskosten vorgesehen sind."

2   Der erste Satz der Abschlusskostenverrechnungsklausel orientiert sich an der DAV-Mitteilung Nr. 5,[2] in der es heißt:

---

[1] Eine Deckungsrückstellung müssen wir für jeden Versicherungsvertrag bilden, um zu jedem Zeitpunkt den Versicherungsschutz gewährleisten zu können. Deren Berechnung wird nach § 65 des Versicherungsaufsichtsgesetzes (VAG) und §§ 341 e, 341 f des Handelsgesetzbuches (HGB) sowie den dazu erlassenen Rechtsverordnungen geregelt.

[2] DAV-Mitteilung Nr. 5, S. 5.

Abschlusskostenverrechnung   3–6 § 10 ALB 2006

„Mit dem Abschluss eines Versicherungsvertrages entstehen dem Lebensversicherungsunternehmen Kosten, etwa für Beratung, Gesundheitsauskünfte und Ausstellung von Versicherungsscheinen. Diese sofort anfallenden Kosten werden dem Versicherungsnehmer nicht gesondert in Rechnung gestellt. Vielmehr werden in der Regel zur Deckung der Abschlusskosten Zuschläge in die Beiträge eingerechnet: die rechnungsmäßigen Abschlusskostenzuschläge."

Die „Kosten für Beratung" sind identisch mit „Kosten für die Vermittlung", 3 was auch dadurch bestätigt wird, dass viele LVU in ihren Klauseln statt von Beratungskosten von Vermittlungskosten sprechen.[3]

Die Klausel wurde im Wege einer unverbindlichen Verbandsempfehlung des 4 GDV durch folgende Klausel im Jahre 2000 ersetzt:[4]

„§ 15 Was bedeutet die Verrechnung von Abschlusskosten nach dem Zillmerverfahren?[5]
(Musterbedingungen des GDV – ALB 2000)
(1) Durch den Abschluss von Versicherungsverträgen entstehen Kosten. Diese sog. Abschlusskosten (§ 43 Abs. 2 der Verordnung über die Rechnungslegung von Versicherungsunternehmen) sind bereits pauschal bei der Tarifkalkulation berücksichtigt und werden daher nicht gesondert in Rechnung gestellt.
(2) Für Ihren Versicherungsvertrag ist das Verrechnungsverfahren nach § 4 der Deckungsrückstellungsverordnung (Zillmerverfahren) maßgebend. Hierbei werden die ersten Beiträge zur Tilgung von Abschlusskosten herangezogen, soweit sie nicht für Leistungen im Versicherungsfall und Kosten des Versicherungsbetriebs in der jeweiligen Versicherungsperiode bestimmt sind. Der zu tilgende Betrag ist nach der Deckungsrückstellungsverordnung auf 4% der von Ihnen während der Laufzeit des Vertrages zu zahlenden Beiträge beschränkt.
(3) Das beschriebene Verrechnungsverfahren hat wirtschaftlich zur Folge, dass in der Anfangszeit Ihrer Versicherung kein Rückkaufswert und keine beitragsfreie Versicherungssumme vorhanden sind. Nähere Informationen können Sie der Ihrem Versicherungsschein beigefügten Tabelle entnehmen."

Die neue Klausel wurde im Jahre 2001 in das überarbeitete Musterbedingungswerk des GDV als § 10 ALB 2001 übernommen[6] und überstand auch eine 5 weitere Überarbeitung im Jahre 2001 unverändert.[7] Im Jahre 2006 wurde § 10 ALB 2001 überarbeitet und erhielt die als § 10 ALB 2006 vorangestellte Fassung.[8]

II. Zweck der Abschlusskostenverrechnungsklausel

1. Vorgeschichte

Ursprünglich ging die Übung der Versicherungswirtschaft dahin, die Ab- 6 schlusskosten für mehrjährige Verträge dem Jahr des Aufwands voll zu belasten.[9] Diese Übung stand im Einklang mit der Auffassung der Aufsichtsbehörde, die ein Aktivierungsverbot ausgesprochen hatte.[10] Die Finanzverwaltung hatte sich demgegenüber auf den Standpunkt gestellt, dass in solchen Fällen bedeutende Teile der Abschlusskosten aktiviert werden müssen und erst über eine Reihe von Jahren abgeschrieben werden dürfen.[11] Der BFH bestätigte die Aktivierungspflicht für unmittelbare Abschlusskosten, z. B. Provisionen und Kosten der ärztlichen Untersuchung.[12] Der Gesetzgeber übernahm darauf hin mit der Schaffung des § 56

---

[3] Vgl. LG Hamburg VersR 1998, 877; *Reiff* ZIP 2001, 1058, 1060.
[4] GDV-Rundschreiben 521/2000 v. 30. 3. 2000.
[5] Diese Bestimmung ist nur bei der Verwendung des Zillmerverfahrens aufzunehmen.
[6] GDV-Rundschreiben 0007/2001 v. 30. 1. 2001.
[7] GDV-Rundschreiben 1358/2001 v. 5. 7. 2001.
[8] GDV-Rundschreiben 1319/2006 v. 4. 5. 2006.
[9] *Prölss*, Aktuelle Fragen des Versicherungsaufsichtsrechts (II), VW 1966, 459, 460.
[10] BAV in: VerBAV 1960, 258 u. VerBAV 1962, 26.
[11] BMF-Erlass v. 3. 1. 1962, BStBl. II 1964, 31 = DB 1964, 315.
[12] BFH 70, 508 = BStBl. II 1960, 191 = VersR 1960, 619.

Abs. 2 VAG die Auffassung der Aufsichtsbehörde. Zweck des neuen § 56 Abs. 2 VAG war es, die von der Finanzverwaltung „angestrebte Aktivierung handelsrechtlich zu verbieten und für den Bereich des Handelsrechts die langjährige bewährte ja zum Gewohnheitsrecht gewordene Übung im Versicherungswesen zu einer Gesetzesnorm zu verfestigen".[13] § 56 VAG wurde allerdings durch Art. 4 Nr. 6 des Gesetzes zur Durchführung der Richtlinie des Rates der Europäischen Gemeinschaften über den Jahresabschluss und den konsolidierten Abschluss von Versicherungsunternehmen (Versicherungsbilanzrichtlinie-Gesetz – VersRiLiG) vom 24. Juni 1994[14] aufgehoben. § 56 Abs. 2 VAG, der bestimmte, dass Aufwendungen für den Abschluss von Versicherungsverträgen nicht aktiviert werden dürfen, wurde aufgehoben, da die Bestimmungen des § 56 VAG sämtlich in die Rechnungslegungsvorschriften des HGB übernommen wurden.[15] Nach der Gesetzesbegründung entsprach § 56 Abs. 2 VAG dem § 341a Abs. 2 Satz 4 HGB.[16]

2. Zweck der Klausel

7 Zweck der Klausel ist es, dem LVU im Falle der Anwendung des Zillmerungsverfahrens die Aktivierung von Forderungen auf Ersatz der Abschlusskosten zu ermöglichen[17]. Dies kommt in der nachstehenden Ansicht von *Claus*[18] zum Ausdruck, der zuletzt als Abteilungspräsident des BAV über viele Jahre die Entwicklung der deutschen Lebensversicherung maßgeblich beeinflusst hat:

„In diesem Zusammenhang ist darauf hinzuweisen, dass nach dem Fortfall des Geschäftsplans auch keine Rechtsgrundlage für die Geltendmachung von Forderungen auf Ersatz geleisteter einmaliger Abschlusskosten mehr vorhanden ist. Wenn entsprechende Forderungen weiterhin aktiviert werden sollen, muss im Vertrag erst die Basis für eine solche Forderung geschaffen werden. D. h. mit anderen Worten, im Vertrag muss vereinbart sein, dass der Kunde verpflichtet ist, dem LVU einmalige Abschlusskosten in Höhe des Zillmersatzes zu erstatten bzw. dass das LVU berechtigt ist, die nicht für Risikotragung und laufende Verwaltungskosten benötigten kalkulatorischen Prämienanteile zunächst für die Deckung der rechnungsmäßigen Abschlusskosten zu verwenden, ehe ein Rückkaufswert zu entstehen beginnt. Die bisherigen 35 Promille der Versicherungssumme müssten dann eigentlich im Vertrag genannt werden."

Mit der Klausel wird zugleich der Auffassung Rechnung getragen, dass es über die Rechnungsgrundlagen in der Lebensversicherung, und damit auch über die Kosten, in Zukunft für den Neubestand Parteivereinbarungen geben muss.[19]

---

[13] *Prölss*, Aktuelle Fragen des Versicherungsaufsichtsrechts (II), VW 1966, 459, 460; *Rückle/Karst*, Internationalisierung der Rechnungslegung von Versicherungsunternehmen, VersWissStud. 15 (2000), S. 159, 180.
[14] BT-Drucks. 12/7586 u. 12/7646; BGBl. I 1994, 1377.
[15] BT-Drucks. 12/5587, S. 33.
[16] BT-Drucks. 12/5587, S. 33.
[17] *Claus* Der Aktuar 1996, 76; *Engeländer* VersR 1999, 1325; *Baroch Castellví* NVersZ 2001, 529, 530; *Engeländer* NVersZ 2001, 436, 446; *Faigle/Engeländer* VW 2001, 1570; *Engeländer* NVersZ 2002, 436, 446; *Jaeger* VersR 2002, 133, 143; *Engeländer* VersR 2003, 1159, 1160; *Bergmann* VersR 2004, 549; *Engeländer* VersR 2005, 1031, 1033.
[18] *Claus*, Lebensversicherungsaufsicht nach der Dritten EG-Richtlinie: Was bleibt? Was ändert sich?, ZfV 1994, 110, 116.
[19] *Schwintowski*, Probleme langfristiger Versicherungsverhältnisse, Baden-Baden, Nomos, VersWissStud. 13 (1999), S. 29, 37.

III. Verrechnung der Abschlusskosten

1. Allgemeines

Für den Abschluss und die Verwaltung von Versicherungsverträgen fallen wie für jedes andere Finanzprodukt Kosten an.[20] Die Kosten betreffen die Abschlusskosten und die laufenden Kosten des Versicherungsbetriebs.[21] Die Abschlusskosten gliedern sich in rechnungsmäßige und überrechnungsmäßige Abschlusskosten.[22] 8

Die rechnungsmäßigen Abschlusskosten waren früher aufsichtsbehördlich auf höchstens 35 v. T. der Versicherungssumme begrenzt und werden durch das nach dem Mathematiker Zillmer benannte Verfahren der „Zillmerung" häufig innerhalb der ersten drei Versicherungsjahre, was aber nicht begriffsnotwendig ist, dadurch getilgt, dass der Aufbau der Deckungsrückstellung entsprechend verzögert wird.[23] 9

Die überrechnungsmäßigen Abschlusskosten sind in vollem Umfang Aufwand des ersten Versicherungsjahres.[24] In der internen Rechnungslegung werden die überrechnungsmäßigen Abschlusskosten auf Altbestand und Neubestand im Verhältnis der jeweiligen Summen aus laufenden Kapitalerträgen und verdienten Bruttobeiträgen zur entsprechenden Summe des Gesamtbestandes verteilt, soweit die überrechnungsmäßigen Abschlusskosten nicht höher sind als 50% der rechnungsmäßig gedeckten Abschlusskosten. 10

Die Verrechnung der Abschlusskosten ist tragender Bestandteil der gesamten Kalkulation der Versicherung und bildet eine maßgebliche Grundlage für die Berechnung der beitragsfreien Versicherungssummen und der Rückkaufswerte und hat mittelbaren Einfluss auf die Prämienkalkulation, die Verprovisionierung und die Bilanzierung.[25] Erfolgt die Verrechnung der Abschlusskosten nach dem Zillmerungsverfahren, ist die Verminderung des Rückkaufswertes – und damit auch der vom Versicherer garantierten Beträge – durch quotenmäßige Tilgung der einmaligen Abschlusskosten die notwendige Konsequenz des Zillmerungsverfahrens.[26] 11

Die Abschlusskostenquote ist Gegenstand von Veröffentlichungen der Aufsichtsbehörde. Sie wird auch für Vergleichstests, z. B. der Stiftung Warentest, herangezogen. Die LVU können unter Berufung auf das Recht am eingerichteten und ausgeübten Gewerbebetrieb analog §§ 823 Abs. 1, 1004 BGB die Veröffentlichung von Testergebnissen untersagen lassen, wenn es sich hierbei um bewusste Fehlurteile und bewusste Verzerrungen handelt und/oder die Art des Vorgehens bei der Prüfung und die sich aus den durchgeführten Untersuchungen gezogenen Schlüsse als sachlich nicht mehr vertretbar erscheinen.[27] 12

---

[20] LG Köln, Urt. vom 24. 9. 2003 – 23 S 44/03, S. 10; LG Köln, Urt. vom 15. 10. 2003 – 23 S 61/03, S. 8.
[21] *Boetius*, Handb. der versicherungstechnischen Rückstellungen, 1996, Rdn. 597, S. 205.
[22] *Boetius*, Handb. der versicherungstechnischen Rückstellungen, 1996, Rdn. 597, S. 205.
[23] Gutachten des BFH v. 26. 1. 1960 – I D 1/58 S, BStBl. III 1960, 191 = NJW 1960, 1591 (Ls.) = VersR 1960, 619, 624; *Boetius*, Handb. der versicherungstechnischen Rückstellungen, 1996, Rdn. 597, S. 205. Zur Kalkulation vor dem Zweiten Weltkrieg siehe *Katz* ZVersWiss 1926, 320, 324.
[24] *Boetius*, Handb. der versicherungstechnischen Rückstellungen, 1996, Rdn. 597, S. 205.
[25] LG Hildesheim, Urt. v. 5. 12. 2003 – 7 S 169/03, S. 9; *Wandt* VersR 2001, 1449, 1458.
[26] OLG Brandenburg, Urt. v. 25. 9. 2002 – 7 U 39/02, NJW-RR 2003, 991, 994 = VersR 2003, 1155, 1158; *Winter* in: Bruck/Möller, VVG, 8. Aufl., 1988, §§ 159–178 VVG Anm. G 399; *Schwintowski* in: Berliner Komm. z. VVG, 1999, § 176 VVG Rdn. 23.
[27] BGH NJW 1987, 2222, 2223 m. w. Nachw.; LG Hamburg, Urt. v. 8. 1. 1999 – 324 O 424/98, S. 20/21.

2. Zillmerungsverfahren

13 **a) Zillmerung.** Mit dem in § 15 ALB 1994 angesprochenen „aufsichtsrechtlich geregelten Verfahren" ist das Zillmerungsverfahren gemeint. Im Jahre 1861 veröffentlichte August Zillmer (1831–1893) unter dem Titel „Die mathematischen Rechnungen bei Lebens- und Rentenversicherungen" die erste umfassende Darstellung der technischen Rechnungsmethoden zur Ermittlung von Rentenwerten, Nettoprämien und Prämienreserven in deutscher Sprache.[28] Nach ihm ist die Verrechnungsmethode der Abschlusskosten mit den ersten Prämien in der Lebensversicherung benannt (sog. Zillmerung).[29] Mit der Zillmerung wird dem Grundsatz Geltung verschafft, „dass kein Versicherter durch freiwilligen Rücktritt ausscheiden darf, ohne vorher die Akquisitionskosten seiner Versicherung gedeckt zu haben".[30] Für den vertragstreuen Versicherungsnehmer stellt sich die Zillmerung als die kostengünstigste Berechnungsmethode dar, weil dadurch die Abschlusskosten am schnellsten getilgt werden und die bei längerfristiger Tilgung entstehenden höheren Finanzierungskosten für eine Vorfinanzierung durch den Versicherer nicht anfallen.[31] Die Zillmerung belohnt bestandstreue Kunden und schafft damit Anreize für langfristiges Sparen.[32] Das Zillmerungsverfahren wird wie folgt beschrieben:[33]

„Mit dem Zillmerungsverfahren werden die von dem Versicherungsunternehmen rechnungsmäßig kalkulierten, einmaligen Abschlusskosten eines Versicherungsvertrages bis zur Höhe des Zillmersatzes (Zillmerkosten) versicherungsmathematisch in einen Prämienzuschlag umgerechnet, den der Versicherungsnehmer während der vereinbarten Beitragszahlungsdauer zusätzlich zu entrichten hat. Der Barwert dieser Prämienzuschläge entspricht bei Versicherungsbeginn dem Absolutbetrag der eingerechneten Zillmerkosten. Dieser wird zu Beginn des Versicherungsvertrages als Forderung an den Versicherungsnehmer auf Ersatz der geleisteten, einmaligen Abschlusskosten aktiviert. Die im weiteren Verlauf des Versicherungsvertrages fälligen Beiträge werden, soweit sie aufgrund der kalkulatorischen Ansätze weder für Leistungen im Versicherungsfall (Risikobeitrag) noch zur Deckung von Kosten für den Versicherungsbetrieb bestimmt sind, zur Tilgung des Anspruchs auf Abschlusskostenerstattung herangezogen. Entsprechend wird im Rahmen der prospektiven Berechnung der Deckungsrückstellung der von dem Leistungsbarwert abzuziehende Barwert der künftigen Beiträge um den Barwert derjenigen Teile der künftigen Beiträge gekürzt, die im weiteren Verlauf zur Tilgung der noch bestehenden Restforderung verwendet werden.

---

[28] *Schwintowski* VuR 1998, 219, 221.

[29] BVerfG, Urt. v. 15. 2. 2006 – 1 BvR 1317/96, VersR 2006, 489, 490; *Schwintowski* VuR 1998, 219, 221.

[30] *Höckner*, Änderung der Rechnungsgrundlagen, 1907, S. 88/89; ähnlich *Nöbel*, Das Deckungskapital, 1930, S. 23/24: „In der Versicherungsmathematik ist man sich heute darüber einig, dass die Zillmersche Methode und darüber hinaus die Methode der ausreichenden Prämie nicht nur eine zulässige, sondern vielmehr die gerechteste, der geschichtlichen Entwicklung der Lebensversicherung am meisten angepasste Methode der Prämien- und Deckungskapitalberechnung darstellt. Sie trägt zur Verwirklichung des im Wettbewerb der Gesellschaften herausgebildeten Grundsatzes bei, dass jede Versicherung die durch sie verursachten Aufwendungen, aber auch nur diese, selbst decken und damit auch die Abschlusskosten, die sich seit der Mitte des vorherigen Jahrhunderts herausgebildet haben und immer mehr angewachsen sind, selbst tragen soll."

[31] LG Köln, Urt. v. 15. 10. 2003 – 23 S 61/03, S. 8; BGH, Urt. v. 12. 10. 2005 – IV ZR 162/03 (Revisionsentscheidung z. Urt. des LG Hannover, Urt. v. 12. 6. 2003 – 19 S 108/02, VersR 2003, 1289), NJW 2005, 3559, 3566 = VersR 2005, 1565, 1571 = ZIP 2005, 2109, 2117; *Engeländer* VersR 1999, 1325 ff.; *Heinen* ZVersWiss 91 (2002), 155, 158; *Engeländer* NVersZ 2002, 436, 438, 444; *Jaeger* VersR 2002, 133, 140; *Bergmann* VersR 2004, 549 ff.

[32] *Präve* in: Festschrift für Egon Lorenz, 2004, S. 517, 527; *derselbe* VW 2005, 566, 567.

[33] *Stuirbrink/Johannleweling/Faigle/Reich,* in: Beck'scher Versicherungsbilanz-Komm., 1998, § 341 f HGB Rdn. 31.

Nach der Tilgung der Abschlusskostenforderung findet diese Kürzung nicht mehr statt, d. h. bei der Berechnung der Deckungsrückstellung ist von dem Leistungsbarwert der Barwert der künftigen gezillmerten Prämien abzusetzen (gezillmerte Deckungsrückstellung). Das Zillmerungsverfahren und die Aktivierung von Forderungen an die Versicherungsnehmer auf Ersatz von Abschlussaufwendungen stellt keine Aktivierung von Abschlussaufwendungen dar und steht demzufolge nicht in Widerspruch zu § 248 Abs. 3 HGB, wonach Aufwendungen für den Abschluss von Versicherungsverträgen nicht aktiviert werden dürfen (s. Budde/Karig Beck Bil-Komm. § 248 HGB, Anm. 16)."

Das Zillmerungsverfahren ist die „allgemein anerkannte und in Deutschland regelmäßig verwendete versicherungsmathematische Methode".[34] Es wird unter Berufung auf „die Aktuare" als günstigste Form der Neugeschäftsfinanzierung und als unerlässlich insbesondere für junge Unternehmen gelobt.[35]

Das EG-Recht lässt die Zillmerung zu, wie Art. 18 Nr. 3 b) der 1. Richtlinie zur Lebensversicherung zeigt. Dass das Zillmerungsverfahren die absolute Regel ist, lässt sich auch verschiedenen Gesetzesbegründungen entnehmen.[36] Gefördert wurde die Praxis der LVU, das Zillmerungsverfahren zu verwenden, auch durch die Haltung des BFH,[37] der die Verrechnung der rechnungsmäßigen, geschäftsplanmäßig festgelegten Abschlusskosten in voller Höhe beim Sparvorgang fordert und es steuerlich für unzulässig erklärt, die negative Deckungsrückstellung „auf Null" zu stellen.[38] Der BFH ist der Ansicht, dass der Anspruch auf Deckung der rechnungsmäßigen Abschlusskosten seiner Natur nach auf die Aktivseite der Bilanz gehört.[39] Der 4. Senat des BGH hat die grundsätzliche Zulässigkeit des Zillmerungsverfahrens in seinem Urteil vom 9. Mai 2001[40] betont[41] und in seinem Urteil vom 12. Oktober 2005[42] ausdrücklich bestätigt, dass die Verrechnung entstandener Abschlusskosten mit den Prämien grundsätzlich den Interessen aller am Vertrag Beteiligten entspricht.[43]

b) Zillmersatz. Gemäß § 65 Abs. 1 Nr. 2 VAG ist das Bundesministerium der Finanzen ermächtigt, zur Berechnung der Deckungsrückstellung unter Beachtung der Grundsätze ordnungsmäßiger Buchführung durch Rechtsverordnung die Höchstbeträge für das Zillmern festzusetzen. Die Vorschrift geht von der allge-

---

[34] *Renger* VersR 1995, 866.
[35] So *Tremmel*, Was ist Zillmerung? Die Behandlung der Abschlusskosten nach der VVG-Reform – Der Vorschlag des GDV zur Änderung der Deckungsrückstellungsverordnung, VW 2007, 778.
[36] Vgl. nur die amtl. Begr. zur RechVersV in BR-Drucks. 823/94, S. 124: „entspricht ... der bisherigen Bilanzierungspraxis in Deutschland, insbesondere der Anwendung des Zillmerverfahrens"; ferner die amtl. Begr. zur DeckRV in BR-Drucks. 114/96, S. 11: „das klassische Zillmerverfahren".
[37] Gutachten des BFH v. 26. 1. 1960, BStBl. III 1960, 191 = NJW 1960, 1591 (Ls.) = VersR 1960, 619, 624.
[38] Ebenso *Bergmann* VersR 2004, 549, 556.
[39] Gutachten des BFH v. 26. 1. 1960, BStBl. III 1960, 191 = NJW 1960, 1591 (Ls.) = VersR 1960, 619, 624.
[40] BGH, Urt. v. 9. 5. 2001 – IV ZR 121/00 (Revisionsentscheidung z. Urt. des OLG Nürnberg, NVersZ 2000, 320), NJW 2001, 2014, 2017; *Präve* VersR 2001, 846, 847.
[41] Vgl. auch OLG Düsseldorf VersR 1993, 556 zur Rechtslage vor der VVG-Novelle von 1994.
[42] BGH, Urt. v. 12. 10. 2005 – IV ZR 162/03 (Revisionsentscheidung z. Urt. des LG Hannover, Urt. v. 12. 6. 2003 – 19 S 108/02, VersR 2003, 1289), NJW 2005, 3559, 3565/3566 = VersR 2005, 1565, 1570 = ZIP 2005, 2109, 2117.
[43] Zutreffend *Baumann*, Plädoyer für einen gespaltenen Rückkaufswert in der Lebensversicherung, in: Ein Leben mit der Versicherungswissenschaft, Festschrift für Helmut Schirmer, hrsg. v. Thomas Bielefeld u. Sven Marlow, Karlsruhe, VVW, 2005, S. 15, 17.

meinen Zulässigkeit der Zillmerung in der Lebensversicherung aus.[44] Bilanzrechtlich wirkt die Zillmerung wie eine Durchbrechung des Verbots der Aktivierung von Abschlusskosten (§ 248 Abs. 3 HGB), die in der Lebensversicherung auch dann zulässig ist, wenn keine Rechtsverordnung gemäß § 65 Abs. 1 Nr. 2 VAG besteht.[45]

17   In § 4 Abs. 1 DeckRV ist geregelt, wie hoch der Zillmersatz bei der Berechnung der Deckungsrückstellung eines Lebensversicherungsvertrages maximal sein darf. De facto haben jedoch die meisten LVU höhere einmalige Abschlusskosten. Diese werden in der Regel bei der Beitragskalkulation berücksichtigt, häufig durch einen besonderen Zuschlag, der zur Deckung der über die Zillmerkosten hinausgehenden Abschlusskosten dient.[46]

18   c) **Zeitraum.** Die Verrechnung der Abschlusskosten erstreckt sich beim Zillmerungsverfahren in der Regel auf die ersten drei Jahre der Vertragslaufzeit.[47]

19   Vorgaben des Gesetzgebers zur Verrechnung von Abschlusskosten gibt es für staatlich geförderte Anlageprodukte. Eine spezielle Regelung findet sich in § 9 Abs. 4 Fünftes Vermögensbildungsgesetz, der am 3. August 1988 in Kraft getreten ist. Danach muss ein sog. Kapitalversicherungsvertrag als Anlageform für staatlich geförderte vermögenswirksame Leistungen schon im ersten Jahr zu einem nicht kürzbaren Sparanteil von mindestens 50% des gezahlten Beitrags führen. Eine weitere spezielle Regelung ist der § 1 Abs. 1 Satz 1 Nr. 8 AltZertG, der nach der Gesetzesfassung vom 26. Juni 2001[48] für die sog. Riester-Produkte zunächst einen Mindestzeitraum von zehn Jahren für die Verrechnung von Abschlusskosten vorsah, der dann aber durch das Alterseinkünftegesetz vom 9. Juli 2004[49] auf fünf Jahre verkürzt wurde.[50] Diese Regelung ist Teil der Gesamtregelung zum Aufbau einer kapitalgedeckten Altersversorgung. Sie zielt darauf ab, auch Arbeitnehmern mit niedrigem und mittlerem Einkommen die Aufwendungen für eine zusätzliche kapitalgedeckte Altersversorgung zu ermöglichen.[51] Der Staat fördert deshalb die Altersvorsorgeverträge über Zulagen und steuerliche Entlastungen. Aus diesem Grunde nimmt er auch Einfluss auf die Mindestvoraussetzungen hinsichtlich der Anbieter und der Produkte. Die Regelungen des § 1 Abs. 1 Satz 1 Nr. 8 AltZertG und des § 9 Abs. 4 Fünftes Vermögensbildungsgesetz sind nach alledem Teile von Regelungskomplexen, die an speziellen Zielen ausgerichtet sind und daher einen begrenzten sachlichen und persönlichen Anwendungsbereich haben.[52]

20   d) **Bilanzierung.** Gemäß § 15 Abs. 1 der Verordnung über die Rechnungslegung von Versicherungsunternehmen (Versicherungsunternehmens-Rechnungslegungsverordnung – RechVersV) vom 8. November 1994,[53] zuletzt geändert

---

[44] BGH, Urt. v. 9. 5. 2001 – IV ZR 121/00 (Revisionsentscheidung z. Urt. des OLG Nürnberg, NVersZ 2000, 320), NJW 2001, 2014, 2017 = r+s 2001, 433; OLG Düsseldorf, Urt. v. 3. 12. 2002 – 4 U 106/02, r+s 2004, 75; LG Köln, Urt. v. 15. 10. 2003 – 23 S 61/03, S. 8; OLG Nürnberg, Urt. v. 11. 7. 2005 – 8 U 3187/04, VersR 2005, 1375, 1376; *Mayer* in: Prölss, VAG, 11. Aufl., 1997, § 65 VAG Rdn. 15; *Kaulbach* in: Fahr/Kaulbach, VAG, 3. Aufl., 2003, § 65 VAG Rdn. 6.
[45] *Kaulbach* in: Fahr/Kaulbach, VAG, 3. Aufl., 2003, § 65 VAG Rdn. 6.
[46] DAV-Mitteilung Nr. 5, S. 5/6
[47] *Boetius,* Handb. der versicherungstechnischen Rückstellungen, 1996, Rdn. 597, S. 205.
[48] BGBl. I S. 1310, 1322.
[49] BGBl. I S. 1427, 1443.
[50] Vgl. § 1 Abs. 1 Satz 1 Nr. 8 AltZertG n. F.
[51] Siehe BT-Drucks. 14/4595, S. 37 f., S. 38 ff.
[52] LG Hildesheim, Urt. v. 5. 12. 2003 – 7 S 169/03, S. 9/10; *Präve,* VW 2001, 796 ff.; *Wandt* VersR 2001, 1449, 1460.
[53] BGBl. I S. 3378.

durch Art. 1 der Verordnung vom 18. Dezember 2009,[54] sind von den Lebensversicherungsunternehmen und von den Pensions- und Sterbekassen, die die Deckungsrückstellung zillmern, aus dem selbst abgeschlossenen Versicherungsgeschäft die noch nicht fälligen Ansprüche der Versicherungsunternehmen auf Beiträge der Versicherungsnehmer sowie der Mitglieds- und Trägerunternehmen im Unterposten „noch nicht fällige Ansprüche" auszuweisen, soweit diese geleistete, rechnungsmäßig gedeckte Abschlussaufwendungen betreffen. § 25 Abs. 1 Satz 2 RechVersV bestimmt hierzu ausdrücklich, dass einmalige Abschlusskosten nach einem angemessenen versicherungsmathematischen Verfahren, insbesondere dem Zillmerungsverfahren, berücksichtigt werden dürfen. Unberührt bleibt, dass neben dem Zillmerungsverfahren auch andere Verfahren zur Verrechnung einmaliger Abschlusskosten möglich sind.[55]

§ 4 Abs. 2 DeckRV stellt klar, dass der im Rahmen der prospektiven Berechnung der Deckungsrückstellung anzusetzende Barwert der künftigen Beiträge um den Barwert derjenigen Prämienteile gekürzt werden muss, die noch zur Deckung der im Zillmersatz kalkulierten Abschlusskosten benötigt werden.[56] Nach § 4 Abs. 1 DeckRV sind die Forderungen auf die im Zillmerverfahren berücksichtigten einmaligen Abschlussaufwendungen nur dann aktivierungsfähig, wenn gegenüber den Versicherungsnehmern aufgrund des Versicherungsvertrages entsprechende Forderungen bestehen.[57] Das Bestehen solcher Forderungen war vor der Deregulierung im Wesentlichen damit begründet worden, dass der Versicherer in Höhe der Abschlusskosten, wie sie von der Aufsichtsbehörde in den Geschäftsplänen genehmigt wurden, eine selbständige Forderung gegen den Versicherungsnehmer hat,[58] der aus den Tabellen über die Rückkaufwerte und beitragsfreien Versicherungssummen die durch das Zillmerverfahren verzögerte Bildung von Deckungskapitalien erkennen kann.[59] Als Bestandteil des Versicherungsvertrages wurden die in den Tabellen dokumentierten Garantiewerte gemäß den §§ 174 und 176 VVG (alt) unter Zugrundelegung der in den genehmigten technischen Geschäftsplänen festgelegten Rechnungsgrundlagen und Formeln ermittelt.[60] Nach neuem Recht entfällt die Genehmigungspflicht für die technischen Geschäftspläne und die den Versicherungsnehmern gemäß den §§ 174 und 176 VVG gesetzlich zustehenden beitragsfreien Versicherungssummen und Rückkaufwerte orientieren sich nicht mehr an den für die Verträge gebildeten Deckungsrückstellungen.[61] Die bestehenden rechtlichen Regelungen in § 15 RechVersV und § 4 DeckRV reichen daher nicht aus, um eine Aktivierung von Forderungen auf Ersatz der Abschlusskosten zu rechtfertigen.[62] Um die Aktivierung von Forderungen auf Ersatz der Abschlusskosten in der Bilanz des LVU weiterhin aufrechtzuerhalten, ist, sofern

---

[54] BGBl. I 2009, 3934.
[55] OLG Brandenburg, Urt. v. 25. 9. 2002 – 7 U 39/02, NJW-RR 2003, 991, 993 = VersR 2003, 1155, 1157; *Kurzendörfer,* Einführung in die Lebensversicherung, 3. Aufl., 2000, S. 68 (Fn. 49); *Engeländer* NVersZ 2002, 436, 445.
[56] *Stuirbrink/Johanneweling/Faigle/Reich,* in: Beck'scher Versicherungsbilanz-Komm., 1998, § 341 f HGB Rdn. 32.
[57] Vgl. Begr. zur DeckRV in BR-Drucks. 114/96, S. 10.
[58] *Bender,* Deckungsrückstellung, Schriftenreihe Angewandte Versicherungsmathematik, Heft 1, Karlsruhe, VVW, S. 38.
[59] *Stuirbrink/Johanneweling/Faigle/Reich* in: Beck'scher Versicherungsbilanz-Komm., 1998, § 341 f HGB Rdn. 33.
[60] Siehe hierzu LG Hamburg NVersZ 1998, 33 = VersR 1998, 877, 880; *Stuirbrink/Johanneweling/Faigle/Reich* in: Beck'scher Versicherungsbilanz-Komm., 1998, § 341 f HGB Rdn. 33.
[61] *Stuirbrink/Johanneweling/Faigle/Reich* in: Beck'scher Versicherungsbilanz-Komm., 1998, § 341 f HGB Rdn. 33.
[62] *Präve* ZfV 1999, 731, 734; *derselbe* VersR 2000, 694, 695; *derselbe* VW 2001, 232.

eine Zillmerung erfolgt, in die dem Versicherungsvertrag zugrunde liegenden Bedingungen ein entsprechender Anspruch aufzunehmen.[63] Hierbei sind die Vorschriften des AGB-Gesetzes zu beachten.[64]

22 Mit § 15 ALB 1994 wurde dementsprechend eine Regelung geschaffen, mit der das Bestehen einer Forderung auf Ersatz von Abschlussaufwendungen handelsrechtlich begründet wird. Die im Rahmen der Zillmerung entstehenden Forderungen auf Ersatz einmaliger Abschlussaufwendungen sind in dem Umfang zu aktivieren, wie sie die geleisteten, einmaligen Abschlusskosten in Höhe des Zillmersatzes nicht übersteigen und noch nicht aus den bereits gezahlten Beiträgen getilgt wurden[65]. Die Tilgung der Forderungen erfolgt gemäß § 4 Abs. 2 DeckRV im Wege der sogenannten Vollzillmerung. Dabei sind sämtliche Prämienteile zur Tilgung heranzuziehen, die nach den verwendeten Berechnungsgrundsätzen nicht für Leistungen im Versicherungsfall oder zur Deckung von Kosten für den Versicherungsbetrieb bestimmt sind[66].

23 e) *Kritik.* Gegen das Zillmern hat sich *Schwintowski* ausgesprochen. Nach seiner Auffassung wirkt das Zillmern wie eine mehrjährige Kündigungssperre.[67] Es sei sinnvoller, in Zukunft bei Abschluss von Verbraucherlebensversicherungen die entstehenden Vermittlungskosten gleichmäßig über die Laufzeit des Vertrages zu verteilen.[68] Bei vorzeitiger Vertragsauflösung müssten die Agenten verpflichtet werden, einen Teil der bereits empfangenen Abschlussprovision zurückzuerstatten.[69] Vernünftiger wäre aber wohl eine generelle Änderung des Provisionszahlungssystems.[70] *Schwintowski* schwebt ein Factoring-Modell vor, das – mit gewissen Modifikationen zu Beginn des Vertrages – mit dem System der laufenden Provision, das die Vermittler aus der Sachversicherung kennen, verbunden wird.[71] *Römer* erscheint es aus dem Schutzgedanken des Verbrauchers heraus erforderlich, das Zillmern abzustellen. Es gehe nicht an, dass ein Versicherungsnehmer, der nach zwei oder drei Jahren den Vertrag – aus welchen Gründen auch immer – kündigen muss, nicht eine Mark – oder einen Euro – seiner eingezahlten Prämien mehr erhält.[72] Gegen diese Auffassung spricht, dass eine Erhöhung der Rückkaufswerte zu Gunsten der vorzeitig kündigenden Versicherungsnehmer zu Lasten der Kunden geht, die ihren Vertrag bis zum Ende durchhalten.[73]

---

[63] *Claus* ZfV 1994, 110, 116; *derselbe* ZfV 1994, 658, 660; *Präve* ZfV 1999, 731, 734; *Boetius,* Handb. der versicherungstechnischen Rückstellungen, 1996, Rdn. 597, S. 205; *Mayer* in: Prölss, VAG, 11. Aufl., 1997, § 65 VAG Rdn. 15; *Stuirbrink/Johannleweling/Faigle/Reich* in: Beck'scher Versicherungsbilanz-Komm., 1998, § 341f HGB Rdn. 33; *Präve* VersR 2000, 694, 695; *derselbe* NVersZ 2000, 201, 203; a. A. *Engeländer* VersR 1999, 1325, 1332 f.

[64] *Stuirbrink/Johannleweling/Faigle/Reich* in: Beck'scher Versicherungsbilanz-Komm., 1998, § 341 f HGB Rdn. 33; *Baroch Castellví* NVersZ 2001, 529, 532.

[65] *Stuirbrink/Johannleweling/Faigle/Reich* in: Beck'scher Versicherungsbilanz-Komm., 1998, § 341 f HGB Rdn. 34.

[66] *Stuirbrink/Johannleweling/Faigle/Reich* in: Beck'scher Versicherungsbilanz-Komm., 1998, § 341 f HGB Rdn. 35.

[67] *Schwintowski,* Der Verantwortliche Aktuar im (Lebens-)Versicherungsrecht, VersWissStud. 4 (1996), S. 11, 27; *derselbe* in: Männer (Hrsg.), Langfristige Versicherungsverhältnisse, 1997, S. 77, 97.

[68] *Schwintowski* in: Männer (Hrsg.), Langfristige Versicherungsverhältnisse, 1997, S. 77, 97.

[69] *Schwintowski* Der Verantwortliche Aktuar im (Lebens-)Versicherungsrecht, VersWissStud. 4 (1996), S. 11, 28; *derselbe* in: Männer (Hrsg.), Langfristige Versicherungsverhältnisse, 1997, S. 77, 97.

[70] *Schwintowski* in: Männer (Hrsg.), Langfristige Versicherungsverhältnisse, 1997, S. 77, 97.

[71] *Schwintowski* ZfV 2005, 783, 786.

[72] *Römer* VersR 2000, 661, 665.

[73] Näher *Heinen* ZVersWiss 2002, 155, 159 ff.; *Präve* VW 2005, 566, 567.

3. Vereinbarung der Abschlusskostenverrechnung

Die bilanzrechtlichen Vorschriften, die von der grundsätzlichen Zulässigkeit der **24**
Zillmerung ausgehen, lassen noch nicht den Schluss zu, dass das LVU im Verhältnis zu seinem Vertragspartner, dem Versicherungsnehmer, von der Möglichkeit dieser Art der Verrechnung von Abschlusskosten Gebrauch machen darf.[74] Die bilanzrechtlichen Vorschriften verlangen im Gegenteil, dass die LVU im Versicherungsvertrag die Zillmerung abbilden, wenn sie die Aktivierung der einmaligen Abschlussaufwendungen erreichen wollen. Ausgenommen hiervon ist die in der Bilanz gemäß § 341 f HGB zu bildende Deckungsrückstellung, für deren Zillmerung es einer wie auch immer gearteten versicherungsvertraglichen Gestaltung nicht bedarf.[75]

Wie schon aufgezeigt, ist im Gegensatz z. B. zu Fonds-Produkten in der kapi- **25**
talbildenden Lebensversicherung nicht vorgesehen, dass die einmaligen Abschlusskosten vom Kunden in einem Betrag sofort bei Abschluss des Vertrages zu zahlen sind. Vielmehr werden diese Aufwendungen vom Versicherer vorfinanziert und wird die Vorfinanzierung der Aufwendungen aus den eingehenden Beiträgen (Einmalbeitrag oder laufende Beiträge) abgetragen. Damit der Versicherer diesen Vorgang bilanztechnisch mit der Folge der Aktivierung des Anspruchs auf noch nicht getilgte Abschlusskosten abbilden kann, ist er gehalten, den Verrechnungsvorgang im Lebensversicherungsvertrag zu verankern. Deshalb bedarf es einer Vereinbarung, wie sie mit § 15 ALB 1994 angestrebt wird.[76] Das BAV[77] hat sich hierzu wie folgt geäußert:

Die Zillmerung der Deckungsrückstellung ist nur zulässig, wenn das Verfahren der Zillmerung einzelvertraglich mit dem Versicherungsnehmer (VN) in den AVB vereinbart ist. Diese Vereinbarung entfällt mit der Unwirksamkeit der Bestimmung über die Verrechnung der Abschlusskosten. Auch die Aktivierung der im Rahmen der Zillmerung noch nicht getilgten Abschlusskosten ist nur zulässig, wenn gegenüber dem VN aufgrund des Versicherungsvertrages entsprechende Forderungen bestehen (Begründung zu § 4 Abs. 1 DeckRV in BR-Drucks. 114/96, S. 10).

Infolgedessen muss das LVU dem Versicherungsnehmer zum einen mitteilen, **26**
dass es die Abschlusskosten vorfinanziert und nach dem Zillmerungsverfahren diese Aufwendungen aus den eingehenden Beiträgen in der Weise tilgt, dass die Prämien der ersten Jahre zur Abschlusskostendeckung verwendet werden, soweit sie nicht für Versicherungsleistungen oder Verwaltungskosten benötigt werden. Zum anderen muss der Versicherer dem Versicherungsnehmer mitteilen, dass die Verrechnung der Abschlusskosten zur Folge hat, dass das Recht des Versicherers, die ersten Jahresprämien zur Kostendeckung statt zur Kapitalbildung zu verwenden, zu einer zeitlich verzögerten Ansammlung des Deckungskapitals führt, das für die Bereitstellung eines Rückkaufswerts zur Verfügung stehen kann. Die zeitliche Verzögerung in der Ansammlung des Deckungskapitals muss der Versiche-

---

[74] BGH, Urt. v. 9. 5. 2001 – IV ZR 121/00 (Revisionsentscheidung z. Urt. des OLG Nürnberg, NVersZ 2000, 320), NJW 2001, 2014, 2017; LG Hannover, Urt. v. 12. 6. 2003 – 19 S 108/02, VersR 2003, 1289.
[75] *Faigle/Engeländer* VW 2001, 1570.
[76] OLG Stuttgart, Urt. v. 28. 5. 1999 – 2 U 219/98, ZIP 1999, 1970, 1974; BGH, Urt. v. 9. 5. 2001 – IV ZR 121/00 (Revisionsentscheidung z. Urt. des OLG Nürnberg NVersZ 2000, 320), NJW 2001, 2014, 2017; LG Hannover, Urt. v. 12. 6. 2003 – 19 S 108/02, VersR 2003, 1289; OLG Düsseldorf, Urt. v. 13. 5. 2005 – I-4 U 146/04, Spektrum für Versicherungsrecht 2005, 51, 52; *Faigle/Engeländer* VW 2001, 1570; *Präve* ZfV 1999, 731, 734; *derselbe* VW 2001, 232; *Schünemann* VersWissStud. 20 (2002), 63, 101; *Kollhosser* in: Prölss/Martin, 27. Aufl., 2004, § 15 ALB 94 Rdn. 3; *Schünemann* VersR 2005, 323, 328; *Elfring* NJW 2005, 3677, 3678.
[77] R 1/2001 des BAV v. 10. 10. 2001, VerBAV 2001, 251, 252.

rungskunde aus den Rückkaufswerttabellen ersehen können, die Gegenstand der Beitragsfreistellungs- und Kündigungsklausel sind, die in einem inneren Zusammenhang zur Abschlusskostenverrechnungsklausel steht. Der bilanzrechtliche Zwang zur Offenlegung der Abschlusskostenverrechnung bewirkt mithin, dass der Versicherer die Abschlusskostenverrechnung klar und verständlich dem Versicherungsnehmer darlegen muss, damit dem Transparenzgebot des § 307 Abs. 1 Satz 2 BGB Rechnung getragen wird. Weitere Anforderungen ergeben sich ggf. hinsichtlich der Verrechnung überrechnungsmäßiger Abschlusskosten. Das Transparenzgebot erfordert allerdings nicht, dass der Versicherer dem Versicherungsnehmer bereits bei Vertragsabschluss die Abschluss- und Verwaltungskosten detailliert und betragsmäßig mitteilt.[78]

4. Berechnung der Deckungsrückstellung

27 Die Bilanzdeckungsrückstellung ist so zu bilden, dass die dauernde Erfüllbarkeit des Versicherungsvertrages gesichert ist,[79] und sie mindestens dem Rückkaufswert bzw. dem Wert bei Beitragsfreistellung entspricht.[80] Vom Entstehungstatbestand her sind Beitrags-Deckungsrückstellungen und Renten-Deckungsrückstellungen zu unterscheiden.[81] Allen Deckungsrückstellungen liegt der Gedanke zugrunde, Beträge zur Deckung eines Rechtsanspruchs auf eine künftige Geldleistung versicherungsmathematisch berechnet verzinslich anzusammeln.[82] Primäres Ziel eines Lebensversicherungsvertrages ist daher die versicherungsmathematisch berechnete Kapitalansammlung.[83]

28 Die Deckungsrückstellung ist gemäß § 341f Abs. 1 Satz 1 HGB nach prospektiven mathematischen Methoden zu berechnen.[84] Hierfür ist von Bedeutung, dass der Rechnungszins, der zum Zeitpunkt des jeweiligen Vertragsabschlusses Anwendung findet, grundsätzlich für die gesamte Vertragslaufzeit gültig bleibt.[85] In bestimmten Fällen, wie z. B. bei der fondsgebundenen Lebensversicherung, ist die prospektive Methode nicht anwendbar, so dass nach § 341f Abs. 1 Satz 2 HGB die retrospektive Methode zulässig ist, bei der die Rückstellung als Differenz der aufgezinsten (rechnungsmäßigen) Einnahmen und Ausgaben der Vergangenheit definiert wird.[86]

IV. Begrenzung der Abschlusskosten

29 In verschiedenen Rundschreiben verlautbarte die Aufsichtsbehörde Anordnungen zur Begrenzung der Abschlusskosten in der Lebensversicherung,[87] die durch die Anordnung der Aufsichtsbehörde vom 31. Oktober 1995 abgelöst wurden.[88]

---

[78] LG Köln, Urt. v. 15. 10. 2003 – 23 S 61/03, S. 9; OLG Nürnberg, Urt. v. 11. 7. 2005 – 8 U 3187/04, VersR 2005, 1375, 1376.
[79] *Schneider* BDGVM XXII (1995), 443.
[80] *Jaeger* BDGVM XXIII (1997), 65.
[81] *Boetius*, Handb. der versicherungstechnischen Rückstellungen, 1996, Rdn. 591, S. 203.
[82] *Boetius*, Handb. der versicherungstechnischen Rückstellungen, 1996, Rdn. 591, S. 203.
[83] *Boetius*, Handb. der versicherungstechnischen Rückstellungen, 1996, Rdn. 592, S. 203.
[84] *Boetius*, Handb. der versicherungstechnischen Rückstellungen, 1996, Rdn. 611, S. 206; *Engeländer* VersR 2009, 1308, 1312.
[85] *Allerdissen/Gebhardt/Schulz*, BDGVM XXII (1996), 543; *Weigel* in: Festschrift für Kollhosser, Bd. I, 2004, S. 391, 399/400.
[86] *Boetius*, Handb. der versicherungstechnischen Rückstellungen, 1996, Rdn. 611, S. 206.
[87] R 5/1974 v. 27. 8. 1994, VerBAV 1974, 206; R 3/1985 v. 21. 8. 1985, VerBAV 1985, 344; R 4/1986 v. 29. 5. 1986, VerBAV 1986, 267; R 2/1993 v. 16. 12. 1993, VerBAV 1994, 3.
[88] R 5/1995 v. 31. 10. 1995 – Begrenzung der Abschlusskosten in der Lebensversicherung, VerBAV 1995, 366.

Ziel der Anordnungen war es, durch Begrenzung der Abschlussvergütungen ein angemessenes Verhältnis zwischen den Abschlusskosten, den Versicherungsleistungen und den Beiträgen sicherzustellen, damit vor allem die Überschussbeteiligung der Versicherten nicht durch Abschlusskostenverluste geschmälert wird.[89] Ausdrücklich hebt das BAV in seinem Rundschreiben vom 31. Oktober 1995 hervor, dass das BAV davon ausgehe, dass die Abschlussprovisionen und sonstigen Vergütungen, die im Zusammenhang mit der Vermittlung von Lebensversicherungsverträgen gewährt werden, so bemessen sind, dass sie zusammen mit den sonstigen aus Anlass des Abschlusses entstehenden Kosten den Anforderungen des § 11 Abs. 1 VAG entsprechen.[90] Zur Vermeidung eines Missstands hat das BAV aufgrund von § 81 Abs. 2 Satz 1 VAG zur Wahrung eines angemessenen Verhältnisses zwischen den Abschlusskosten, den Versicherungsleistungen und den Beiträgen u. a. angeordnet, dass die den Vermittlern für den Abschluss von Lebensversicherungen insgesamt gewährten Abschlussprovisionen und sonstigen Vergütungen vier Prozent der Summe aller Beiträge des Neuzugangs nicht übersteigen dürfen.[91] Inzwischen hat die BaFin das Rundschreiben vom 31. Oktober 1995 aufgehoben.[92] Die Aufhebung hat die BaFin damit begründet, dass es zu einem guten Risikomanagement gehöre, dass das Versicherungsunternehmen und damit auch seine Versicherungsnehmer vor Ausfallschäden durch geeignete Kontrollinstrumente bezüglich des Außendienstbereiches, der eine entscheidende Bedeutung für den wirtschaftlichen Erfolg des Unternehmens habe, geschützt werde.[93]

V. Inhaltskontrolle der Abschlusskostenverrechnungsklausel

1. Verstoß gegen das Transparenzgebot

a) **Urteil des BGH vom 9. Mai 2001.** § 15 ALB 1994 genügt nach Auffassung des BGH[94] nicht den Anforderungen des Transparenzgebots.[95] Dies hat der BGH für eine Abschlusskostenverrechnungsklausel entschieden, die mit der Musterfassung des § 15 ALB 1994 vergleichbar ist und folgenden Wortlaut hat:[96]

30

> „§ 15 Wie werden die Abschlusskosten erhoben und ausgeglichen?
> Die mit dem Abschluss Ihrer Versicherung verbundenen und auf Sie entfallenden Kosten, etwa die Kosten für Beratung, Anforderung von Gesundheitsauskünften und Ausstellung des Versicherungsscheins, werden Ihnen nicht gesondert in Rechnung gestellt. Den Teil dieser Kosten, der bei der Berechnung des Deckungskapitals* angesetzt wird, verrechnen wir nach einem aufsichtsrechtlich geregelten Verfahren mit Ihren ab Versicherungsbeginn eingehenden Beiträgen, soweit diese nicht für Versicherungsleistungen und Verwaltungskosten vorgesehen sind.

---

[89] BAV gemäß R 5/1995 v. 31. 10. 1995, VerBAV 1995, 366.
[90] R 5/1995 v. 31. 10. 1995, VerBAV 1995, 366.
[91] R 5/1995 v. 31. 10. 1995, VerBAV 1995, 366.
[92] BaFin v. 22. 2. 2008 – VA 21 – A 2007/0107, abrufbar über www.bafin.de.
[93] BaFin v. 22. 2. 2008, a. a. O. (Fn. 92).
[94] BGH, Urt. v. 9. 5. 2001 – IV ZR 121/00 (Revisionsentscheidung zum Urt. des OLG Nürnberg v. 29. 2. 2000 – 3 U 3127/99, NVersZ 2000, 320 = VersR 2000, 713), BGHZ 147, 354, 365 ff. = NJW 2001, 2014, 2017 = NVersZ 2001, 308, 311 = VersR 2001, 841, 845 = r+s 2001, 386, 388 = ZIP 2001, 1052, 1055 f. = BB 2001, 1427, 1430 = MDR 2001, 1055, 1056; *Schünemann* VersWissStud. 20 (2002), 63, 101; ebenso *Kollhosser* in: Prölss/Martin, VVG, 27. Aufl., 2004, § 15 ALB 94 Rdn. 3 (26. Aufl., 1998, ohne Bedenken).
[95] A. A. LG Hamburg, Urt. v. 15. 5. 1998 – 324 O 637/96, VersR 1998, 877, 880 ff.
[96] BGH, Urt. v. 9. 5. 2001 – IV ZR 121/00, BGHZ 147, 354 = NJW 2001, 2014, 2015 = NVersZ 2001, 308/309 = VersR 2001, 841, 842 = ZIP 2001, 1052 = BB 2001, 1427, 1428.

* Ein Deckungskapital müssen wir für jeden Versicherungsvertrag bilden, um zu jedem Zeitpunkt den Versicherungsschutz gewährleisten zu können. Dessen Berechnung wird nach § 65 des Versicherungsaufsichtsgesetzes (VAG) und §§ 341 e, 341 f des Handelsgesetzbuches (HGB) sowie den dazu erlassenen Rechtsverordnungen geregelt."

Der BGH[97] hat zur Begründung folgendes ausgeführt:

„§ 15 ALB genügt aber den Anforderungen des Transparenzgebots nicht. Den ersten Satz der Klausel, dass die mit dem Abschluss der Versicherung verbundenen Kosten nicht gesondert in Rechnung gestellt werden, versteht der Versicherungsnehmer als ihm günstig. Umso mehr muss dem Versicherungsnehmer an derselben Stelle in den Allgemeinen Versicherungsbedingungen verdeutlicht werden, dass die nachfolgende Regelung der Verrechnung für ihn einen erheblichen wirtschaftlichen Nachteil für den Fall bedeutet, dass er von seinem gesetzlichen Recht (§§ 176, 174 VVG) Gebrauch macht, den Vertrag in den ersten Jahren zu kündigen oder beitragsfrei zu stellen. Der wirtschaftliche Nachteil eines erheblichen Verlusts seiner eingezahlten Prämien wird dem Versicherungsnehmer mit der im zweiten Satz des § 15 ALB beschriebenen Regelung nicht hinreichend verdeutlicht. Zwar kann – ... – eine Tabelle zur Verdeutlichung der wirtschaftlichen Folgen hilfreich sein, wenn sie garantierte Rückkaufswerte so darstellt, dass der Versicherungsnehmer leicht erkennen kann, in welcher Weise das Anwachsen des Kapitals durch die Verrechnung mit den Abschlusskosten belastet wird. Die notwendige Durchschaubarkeit für den Versicherungsnehmer wird aber erst dann erreicht, wenn in der Klausel auf die Tabelle hingewiesen wird und im Wortlaut der Klausel im Ansatz auf die wirtschaftlichen Folgen der Verrechnung deutlich genug aufmerksam gemacht wird. Dies gilt umso mehr, als die Bekl. im ersten Satz des § 15 ALB einige Beispiele anfallender Kosten nennt, gerade aber die besonders ins Gewicht fallende Vermittlungsprovision unerwähnt lässt."

31 **b) Instanzgerichte.** Bereits vorher ist eine gleichartige Klausel eines anderen Versicherers durch rechtskräftig[98] gewordenes Urteil des OLG Stuttgart wegen Verstoßes gegen das Transparenzgebot für unwirksam erklärt worden,[99] die wie folgt lautet:[100]

„§ 15 Wie werden die Abschlusskosten erhoben und ausgeglichen?
Die mit dem Abschluss Ihrer Versicherung verbundenen und auf Sie entfallenden Kosten, etwa die Kosten für Beratung, Anforderung von Gesundheitsauskünften und Ausstellung des Versicherungsscheins, werden Ihnen nicht gesondert in Rechnung gestellt. Auf den Teil dieser Kosten, der bei der Berechnung der Deckungsrückstellung* angesetzt wird, verrechnen wir nach einem aufsichtsrechtlich geregelten Verfahren Ihre ab dem vereinbarten Beginn der Versicherung eingehenden Beiträge, soweit diese nicht für Versicherungsleistungen und Verwaltungskosten vorgesehen sind.
* Eine Deckungsrückstellung müssen wir für jeden Versicherungsvertrag bilden, um zu jedem Zeitpunkt den vereinbarten Versicherungsschutz gewährleisten zu können. Deren Berechnung wird durch § 65 des Versicherungsaufsichtsgesetzes (VAG) und § 341 e, § 341 f des Handelsgesetzbuches (HGB) sowie den dazu erlassenen Rechtsverordnungen geregelt."

Eine mit der Musterklausel vergleichbare Abschlusskostenklausel hat das LG Stuttgart[101] als unwirksam angesehen. Demgegenüber hat das LG Stuttgart folgende Klausel als rechtswirksam angesehen[102]:

---

[97] BGH, Urt. v. 9.5. 2001 – IV ZR 121/00 (Revisionsentscheidung zum Urt. des OLG Nürnberg v. 29. 2. 2000 – 3 U 3127/99, NVersZ 2000, 320 = VersR 2000, 713), BGHZ 147, 354 = NJW 2001, 2014, 2017 f. = NVersZ 2001, 308, 311 = VersR 2001, 841, 844 f. = r+s 2001, 386, 388 = ZIP 2001, 1052, 1055 f. = BB 2001, 1427, 1430 = MDR 2001, 1055, 1056.
[98] Revisionsrücknahme BGH IV ZR 138/99.
[99] OLG Stuttgart, Urt. v. 28. 5. 1999 – 2 U 219/98, NVersZ 1999, 366 = VersR 1999, 832, 834 = ZIP 1999, 1970, 1973.
[100] OLG Stuttgart, Urt. v. 28. 5. 1999 – 2 U 219/98, NVersZ 1999, 366 = VersR 1999, 832 = ZIP 1999, 1970, 1971.
[101] LG Stuttgart, Urt. v. 22. 3. 2005 – 20 O 541/04, BetrAV 2005, 792, 794.
[102] LG Stuttgart, Urt. v. 21. 12. 2005 – 13 S 305/05, S. 3 f.

„Die Tilgung der Kosten für den Abschluss Ihres Vertrages hat jedoch zur Folge, dass zunächst keine Beiträge zur Bildung des beitragsfreien Garantiekapitals oder des Rückkaufswertes zur Verfügung stehen. Die Entwicklung des beitragsfreien Garantiekapitals und des Rückkaufswertes Ihrer Versicherung ist im Versicherungsschein dargestellt."

Unter Berufung auf die Entscheidung des BGH vom 9. Mai 2001[103] hat das HansOLG[104] die Verwendung folgender Klausel untersagt:

„§ 14 Wie werden die Abschlusskosten erhoben und ausgeglichen?

(1) Die mit dem Abschluss Ihrer Versicherung verbundenen und auf Sie entfallenden Kosten, wie die Kosten für die Vermittlung, Anforderung von Gesundheitsauskünften und Ausstellung der Versicherungsurkunde, werden Ihnen nicht gesondert in Rechnung gestellt. Den Teil dieser Kosten, der bei der Berechnung der Deckungsrückstellung (vgl. Absatz 2) angesetzt wird, verrechnen wir nach einem aufsichtsrechtlich geregelten Verfahren mit Ihren ab Versicherungsbeginn eingehenden Beiträgen, soweit sie nicht für Versicherungsleistungen und Verwaltungskosten vorgesehen sind.

(2) Eine Deckungsrückstellung müssen wir für jeden Vertrag bilden, um die vertraglichen Leistungen erfüllen zu können. Wir ermitteln sie gemäß § 65 des Versicherungsaufsichtsgesetzes (VAG) und §§ 341 e, 341 f des Handelsgesetzbuches (HGB) sowie den dazu erlassenen Rechtsverordnungen."

Inzwischen hat das LG Hamburg[105] durch Urteil vom 20. November 2009 (324 O 1153/07) folgende Abschlusskostenklausel für unwirksam erklärt:

„§ 13 Wie werden die Abschlusskosten erhoben und ausgeglichen?

(1) Wir sind berechtigt, die mit dem Abschluss Ihrer Versicherung verbundenen und auf Sie entfallenden Kosten, etwa Kosten für Beratung, Anforderung von Gesundheitsauskünften und Ausstellung des Versicherungsscheins, zu erheben. Diese sogenannten Abschlusskosten (§ 43 Abs. 2 der Verordnung über die Rechnungslegung von Versicherungsunternehmen) sind bereits pauschal bei der Tarifkalkulation berücksichtigt und werden daher nicht gesondert in Rechnung gestellt. Sie werden nach den Tarifbestimmungen zu § 4 Abs. 4 bei der Ermittlung der Deckungsrückstellung*) und bei der Bildung von Rückkaufswerten verrechnet. Einzelheiten hierzu sind in den Tarifbestimmungen geregelt.

(2) Für Ihren Versicherungsvertrag ist das Verrechnungsverfahren nach § 4 der Deckungsrückstellungsverordnung (Zillmerverfahren) maßgebend. Hierbei werden die ersten Beiträge zur Tilgung von Abschlusskosten herangezogen, soweit sie nicht für Leistungen im Versicherungsfall und Kosten des Versicherungsbetriebs in der jeweiligen Versicherungsperiode bestimmt sind. (...)

(3) (...) Nähere Informationen können Sie Ihrem Versicherungsschein und den Tarifbestimmungen entnehmen.

*) Eine Deckungsrückstellung müssen wir für jeden Versicherungsvertrag bilden, um zu jedem Zeitpunkt den Versicherungsschutz gewährleisten zu können. Die Berechnung der Deckungsrückstellung unter Berücksichtigung der hierbei angesetzten Abschlusskosten erfolgt nach § 65 des Versicherungsaufsichtsgesetzes (VAG) und den §§ 341 e, 341 f des Handelsgesetzbuches (HGB) sowie den dazu erlassenen Rechtsverordnungen."

Die Regelung über die Erhebung und den Ausgleich von Abschlusskosten in § 13 ist nach Ansicht des LG Hamburg wegen Verstoßes gegen das Transparenzgebot gemäß § 307 Abs. 1 Satz 2 BGB unwirksam. Das LG Hamburg ließ in seiner Begründung dahinstehen, ob im Klauseltext selbst ausreichend auf die wirtschaftlichen Konsequenzen der Verrechnung der Abschlusskosten hingewiesen werde.[106] Jedenfalls genüge die Tabelle nicht den Anforderungen, die erforderlich sind, damit der Versicherungsnehmer leicht erkennen könne, in welcher Weise das Anwachsen des Kapitals durch die Verrechnung mit den Abschlusskosten be-

---

[103] BGH, a. a. O. (Fn. 97).
[104] HansOLG, Urt. v. 13. 11. 2001 – 9 U 12/99 (Berufungsentscheidung zum Urt. des LG Hamburg v. 15. 5. 1998 – 324 O 637/96, VersR 1998, 877).
[105] LG Hamburg, Urt. v. 20. 11. 2009 – 324 O 1153/07, S. 3f. = r+s 2010, 120.
[106] LG Hamburg, Urt. v. 20. 11. 2009 – 324 O 1153/07, S. 24 = r+s 2010, 122.

lastet werde.[107] Wenn in der Tabelle nur die tatsächlichen Auszahlungsbeträge angegeben werden, werde der Versicherungsnehmer anhand der angegebenen Beträge nicht in die Lage versetzt, zu erkennen, wie sich das Zillmerverfahren auf das Anwachsen des Kapitals auswirke, da zwischen der Verrechnung nach dem Zillmerverfahren einerseits und dem zusätzlichen Abzug andererseits nicht in einer nachvollziehbaren Weise differenziert werde.[108]

Ferner hat das LG Hamburg[109] durch weiteres Urteil vom 20. November 2009 (324 O 1136/07) die folgende Abschlusskostenklausel verworfen:

„§ 14 Was bedeutet die Verrechnung von Abschlusskosten nach dem Zillmerverfahren?
(1) Durch den Abschluss von Versicherungsverträgen entstehen Kosten. Diese so genannten Abschlusskosten (§ 43 Abs. 2 der Verordnung über die Rechnungslegung von Versicherungsunternehmen) sind bereits pauschal bei der Tarifkalkulation berücksichtigt und werden daher nicht gesondert in Rechnung gestellt.
(2) Für Ihren Versicherungsvertrag ist das Verrechnungsverfahren nach § 4 der Deckungsrückstellungsverordnung (Zillmerverfahren) maßgebend. Hierbei werden die ersten Beiträge zur Tilgung eines Teils der Abschlusskosten herangezogen, soweit sie nicht für Leistungen im Versicherungsfall und Kosten des Versicherungsbetriebs in der jeweiligen Versicherungsperiode bestimmt sind.
(...)
(3) Nähere Informationen können Sie den in Ihrer Versicherungsurkunde abgedruckten Tabellen und den Erläuterungen zu diesen Tabellen entnehmen."

Die Abschlusskostenklausel in § 14 hat das LG Hamburg wegen Verstoßes gegen das Transparenzgebot für unwirksam erklärt.[110] In der Begründung hat das LG Hamburg ausgeführt, dass es schon fraglich sei, ob im Klauseltext ausreichend auf die wirtschaftlichen Konsequenzen der Verrechnung der Abschlusskosten hingewiesen werde.[111] Auf jeden Fall würden die Tabellen nicht den Anforderungen genügen, die erforderlich sein sollten, damit der Versicherungsnehmer leicht erkennen könne, in welcher Weise das Anwachsen des Kapitals durch die Verrechnung mit den Abschlusskosten belastet werde.[112] Im Weiteren entspricht die Begründung dem Urteil 324 O 1153/07.

Schließlich sieht das LG Hamburg[113] gemäß Urteil vom 20. November 2009 (324 O 1116/07) folgende Abschlusskostenklausel gemäß § 307 Abs. 1 Satz 2 BGB als unwirksam an:

„§ 11 Was bedeutet die Verrechnung von Abschlusskosten nach dem Zillmerverfahren?
Durch den Abschluss von Versicherungsverträgen entstehen Kosten. Diese sog. Abschlusskosten (§ 43 Abs. 2 der Verordnung über die Rechnungslegung von Versicherungsunternehmen) sind bereits pauschal bei der Tarifkalkulation berücksichtigt und werden daher nicht gesondert in Rechnung gestellt.
Für Ihren Versicherungsvertrag ist das Verrechnungsverfahren nach § 4 der Verordnung über Rechnungsgrundlagen für die Deckungsrückstellung (DeckRV), das sog. Zillmerverfahren maßgebend. Hierbei werden die ersten Beiträge zur Tilgung von Abschlusskosten herangezogen, soweit sie nicht für Leistungen im Versicherungsfall und Kosten des Versicherungsbetriebs in der jeweiligen Versicherungsperiode bestimmt sind.
Nähere Informationen können Sie der Ihrem Versicherungsschein beigefügten Garantiewerttabelle entnehmen."

---

[107] LG Hamburg, Urt. v. 20. 11. 2009 – 324 O 1153/07, S. 24 = r+s 2010, 122.
[108] LG Hamburg, Urt. v. 20. 11. 2009 – 324 O 1153/07, S. 24 f. = r+s 2010, 122.
[109] LG Hamburg, Urt. v. 20. 11. 2009 – 324 O 1136/07, S. 3.
[110] LG Hamburg, Urt. v. 20. 11. 2009 – 324 O 1136/07, S. 23 = VersR 2010, 329, 331.
[111] LG Hamburg, Urt. v. 20. 11. 2009 – 324 O 1136/07, S. 23 = VersR 2010, 329, 331.
[112] LG Hamburg, Urt. v. 20. 11. 2009 – 324 O 1136/07, S. 23 f. = VersR 2010, 329, 331.
[113] LG Hamburg, Urt. v. 20. 11. 2009 – 324 O 1116/07, S. 3 f.

Auch bei dieser Abschlusskostenklausel ist es aus Sicht des LG Hamburg fraglich, ob im Klauseltext ausreichend auf die wirtschaftlichen Konsequenzen der Verrechnung der Abschlusskosten hingewiesen wird.[114] Auf jeden Fall genüge die Garantiewerttabelle nicht den Anforderungen, die erforderlich seien, damit der Versicherungsnehmer leicht erkennen könne, in welcher Weise das Anwachsen des Kapitals durch die Verrechnung mit den Abschlusskosten belastet werde.[115] Im Weiteren entspricht die Begründung dem Urteil 324 O 1153/07.

Nach Auffassung des OLG Brandenburg[116] verstößt folgende Abschlusskosten- 33 verrechnungsklausel gegen das Transparenzgebot:

„**§ 14 Wie werden die Abschlusskosten erhoben und ausgeglichen?**
Die mit Abschluss Ihrer Versicherung verbundenen und auf Sie entfallenden Kosten, etwa die Kosten für Beratung, Anforderung von Gesundheitsauskünften und Ausstellung des Versicherungsscheins, werden Ihnen nicht gesondert in Rechnung gestellt. Auf den Teil dieser Kosten, der bei der Berechnung der Deckungsrückstellung (1) angesetzt wird, verrechnen wir nach einem aufsichtsrechtlich geregelten Verfahren Ihre ab Versicherungsbeginn eingehenden Beiträge, soweit diese nicht für Versicherungsleistungen und Verwaltungskosten vorgesehen sind.
(1) Eine Deckungsrückstellung müssen wir für jeden Versicherungsvertrag bilden, um zu jedem Zeitpunkt den Versicherungsschutz gewährleisten zu können. Deren Berechnung wird nach § 65 des Versicherungsaufsichtsgesetzes (VAG) und § 341 e und § 341 f des Handelsgesetzbuches (HGB) sowie den dazu erlassenen Rechtsverordnungen geregelt."

Zur Begründung führt das OLG Brandenburg aus, dass sich dem Kunden anhand 34 der Regelung des § 14 AVB nicht erschließe, dass gerade die in dieser Regelung der Sache nach enthaltene Zillmerung der Abschlusskosten dazu führt, dass der Versicherer im Falle einer vorzeitigen Vertragskündigung bzw. Beitragsfreistellung in den ersten Jahren der Vertragslaufzeit im Verhältnis zu den gezahlten Versicherungsbeiträgen nur geringe Rückkaufswerte bzw. beitragsfreie Versicherungssummen garantiert. Dieser Zusammenhang sei dem Kunden aber im Hinblick auf das Transparenzgebot auch hier – und nicht nur in der die Folgen der Kündigung bzw. Beitragsfreistellung betreffenden Klausel – vor Augen zu führen.[117]

Eine vergleichbare Klausel in Rentenversicherungsverträgen ist vom OLG Köln 35 für unwirksam erklärt worden.[118]

2. Stellungnahme

Mit der Abschlusskostenverrechnungsklausel des § 15 ALB 1994 hat die Versi- 36 cherungswirtschaft Neuland betreten. In den bis 1994 mit Genehmigung der Aufsichtsbehörde eingeführten Bedingungswerken lag der Fokus auf den Bestimmungen zum Rückkaufswert. Eine Regelung zur Abschlusskostenverrechnung wurde auch von der Aufsichtsbehörde als nicht notwendig angesehen. Vor diesem Hintergrund beschreibt § 15 ALB 1994 die die Abschlusskostenverrechnung betreffenden Fakten sehr konkret und umfassend, insbesondere wenn man berücksichtigt, dass bis zur Deregulierung das Fehlen einer Abschlusskostenverrechnungsklausel in den ALB gerichtlich nicht beanstandet worden ist. Bei Millionen von Kunden und den sie betreuenden Vermittlern – und dazu gehören auch Makler, die die Kundeninteressen vertreten – hat die 1994 eingefügte Abschlusskostenverrechnungsklausel Akzeptanz gefunden. Mit seiner Entscheidung vom

---

[114] LG Hamburg, Urt. v. 20. 11. 2009 – 324 O 1116/07, S. 27.
[115] LG Hamburg, Urt. v. 20. 11. 2009 – 324 O 1116/07, S. 27.
[116] OLG Brandenburg, Urt. v. 25. 9. 2002 – 7 U 39/02, NJW-RR 2003, 991, 994 = VersR 2003, 1155, 1158.
[117] OLG Brandenburg, Urt. v. 25. 9. 2002 – 7 U 39/02, NJW-RR 2003, 991, 994 = VersR 2003, 1155, 1158.
[118] Vgl. OLG Köln, Urt. v. 18. 9. 2002 – 5 U 74/02, S. 7.

9. Mai 2001 hat der BGH die Anforderungen an die Transparenz von Klauseln, die das Gesetz wiederholen oder ergänzen in einer Weise erhöht, die sich bei Vertragsabschluss nicht abzeichnete. Anhaltspunkte dafür, dass der BGH die Transparenzanforderungen erhöht habe, weil er die Zillmerung für „unbillig" halte,[119] lassen sich dem Urteil vom 9. Mai 2001 nicht entnehmen. Der BGH hat vielmehr nachhaltig der Forderung Ausdruck verliehen, dass den Versicherungsnehmern die Konsequenzen der Zillmerung vor Augen zu führen sind, weil als Folge dieses Verfahrens in den ersten zwei bis drei Jahren nichts angespart wird.[120] Die Urteile der Instanzgerichte können keine allgemeine Geltung beanspruchen, da sie auf unternehmensspezifischen Sachverhalten beruhen. Die streitbefangenen Klauseln insbesondere in den Urteilen des LG Hamburg vom 20. November 2009 zu den Abschlusskosten nebst zugehörigen Unterlagen müssen den Anforderungen des BGH genügen. Der BGH sieht eine Tabelle zur Darstellung der wirtschaftlichen Folgen als hilfreich an, wenn sie garantierte Rückkaufswerte so darstellt, dass der Versicherungsnehmer leicht erkennen kann, in welcher Weise das Anwachsen des Kapitals durch die Verrechnung mit den Abschlusskosten belastet wird.[121] Die notwendige Durchschaubarkeit für den Versicherungsnehmer wird aber nach Auffassung des BGH erst dann erreicht, wenn in der Klausel auf die Tabelle hingewiesen und im Wortlaut der Klausel im Ansatz auf die wirtschaftlichen Folgen der Verrechnung deutlich genug aufmerksam gemacht wird.[122] Da der BGH in seinem Urteil vom 9. Mai 2001 kritisiert hat, dass zwar im ersten Satz des § 15 ALB 1994 einige Beispiele anfallender Kosten genannt worden seien, die aber besonders ins Gewicht fallende Vermittlungsprovision unerwähnt gelassen worden sei,[123] lässt sich hieraus schließen, dass gegenüber dem Versicherungsnehmer eine Aussage zur Höhe der Abschlusskosten zu treffen ist. Legt man diese Anforderungen zugrunde, genügen die vorgelegten Tabellen, wie vom LG Hamburg festgestellt, diesen Anforderungen nicht, da sie nur die tatsächlichen Auszahlungsbeträge enthalten.

3. Auswirkungen

37   a) **Altbestand.** Die ALB 1986 enthalten keine Abschlusskostenverrechnungsklausel, die unwirksam sein könnte. Auch im Übrigen hat das Urteil des BGH vom 9. Mai 2001 keine Auswirkungen auf Versicherungsverträge aufgrund genehmigter AVB und Tarife (sog. Altbestand).[124] Die AVB verweisen auf den genehmigten Geschäftsplan, der aber durch die Verweisung nicht Vertragsbestandteil wird.[125] Die Regelungen des Geschäftsplans beruhen auf öffentlichem Recht und sind der zivilgerichtlichen Kontrollkompetenz entzogen.[126] Die zulässige Verweisung verstößt nach der Rechtsprechung des BGH[127] nicht gegen das Transparenzgebot.[128]

---

[119] So aber *Reiff* ZIP 2001, 1058, 1059.
[120] *Schwintowski* in: Festschrift für Männer, 1997, S. 377, 399.
[121] BGH, Urt. v. 9. 5. 2001 – IV ZR 121/00 (Revisionsentscheidung zum Urt. des OLG Nürnberg v. 29. 2. 2000 – 3 U 3127/99, NVersZ 2000, 320 = VersR 2000, 713), BGHZ 147, 354 = NJW 2001, 2014, 2017 f. = NVersZ 2001, 308, 311 = VersR 2001, 841, 844 f. = r+s 2001, 386, 388 = ZIP 2001, 1052, 1055 f. = BB 2001, 1427, 1430 = MDR 2001, 1055, 1056.
[122] BGH, a. a. O. (Fn. 121).
[123] BGH, a. a. O. (Fn. 121).
[124] R 1/2001 des BAV v. 10. 10. 2001, VerBAV 2001, 251.
[125] OLG Düsseldorf VersR 1993, 556; R 1/2001 des BAV v. 10. 10. 2001, VerBAV 2001, 251.
[126] R 1/2001 des BAV v. 10. 10. 2001, VerBAV 2001, 251.
[127] BGH, Urt. v. 23. 11. 1994 – IV ZR 124/93; BGHZ 128, 54 = NJW 1995, 589 = VersR 1995, 77.
[128] R 1/2001 des BAV v. 10. 10. 2001, VerBAV 2001, 251.

b) Neubestand. Hinsichtlich des Neubestands (Verträge nach der Deregulierung) hat das BAV[129] mitgeteilt, dass die weitere Verwendung von Bestimmungen beim Neugeschäft, die den beanstandeten Bestimmungen wortgleich bzw. vergleichbar sind, oder von Bestimmungen, die den Anforderungen der Rechtsprechung an Transparenz nicht gerecht werden, einen Missstand darstelle, gegen den das BAV im Einzelfall vorgehen werde. Bei den laufenden beitragspflichtigen sowie tarifgemäß beitragsfreien und beitragsfrei gestellten Verträgen sowie den gekündigten Verträgen sieht das BAV[130] einen Ersetzungsbedarf hinsichtlich der unwirksamen Klauseln. Mit der Maßgabe, dass die Entwicklung der Rechtsprechung zum Anwendungsbereich des § 172 Abs. 2 VVG zu beobachten ist, sah das BAV[131] es als erforderlich an, dass die vom BGH für unwirksam erklärten Klauseln im Wege des Treuhänderverfahrens ersetzt werden, „da nur so eine gleichmäßige Anpassung des Bestandes mit einheitlichen AVB gewährleistet ist und eine richterliche ergänzende Vertragsauslegung in ggf. massenhaft geführten Individualverfahren mit Risiken für die langfristige Erfüllbarkeit der Verträge verbunden wäre." Wird eine Ergänzung der AVB im Wege des Treuhänderverfahrens nicht durchgeführt, ist, so das BAV,[132] dies geeignet, einen Missstand zu begründen.

38

VI. Klauselersetzungsverfahren gemäß § 172 Abs. 2 VVG

1. Ausgangslage

Gemäß § 172 Abs. 2 VVG können unwirksame Bestimmungen in den Versicherungsbedingungen der Lebensversicherung ersetzt werden, wenn zur Fortführung des Vertrags dessen Ergänzung notwendig ist und ein unabhängiger Treuhänder die Voraussetzungen für die Änderung überprüft und deren Angemessenheit bestätigt hat.[133] Das Treuhänderverfahren zur Ersetzung des § 15 ALB 1994 ist zulässig. § 172 Abs. 2 VVG findet nicht nur auf Risikoversicherungen[134] im Sinne von § 172 Abs. 1 VVG Anwendung, sondern auch auf kapitalbildende Lebensversicherungen.[135] Mit Zustimmung des Treuhänders vorgenommene Änderungen werden nach § 172 Abs. 3 Satz 2 VVG innerhalb von zwei Wochen nach Benachrichtigung des Versicherungsnehmers wirksam.

39

2. Notwendige Ergänzung

a) Grundsatz. Notwendig ist die Ergänzung zur Fortführung des Vertrages, wenn durch die Unwirksamkeit der Bestimmung eine Regelungslücke im Vertrag entsteht.[136] Das wird im Allgemeinen anzunehmen sein, wenn die Unwirksamkeit durch eine höchstrichterliche Entscheidung oder einen bestandskräftigen Verwal-

40

---

[129] R 1/2001 des BAV v. 10. 10. 2001, VerBAV 2001, 251, 252.
[130] R 1/2001 des BAV v. 10. 10. 2001, VerBAV 2001, 251, 252.
[131] R 1/2001 des BAV v. 10. 10. 2001, VerBAV 2001, 251, 252.
[132] R 1/2001 des BAV v. 10. 10. 2001, VerBAV 2001, 251, 252.
[133] *Claus* ZfV 1994, 139, 145; *Fricke* NVersZ 2000, 310 ff.; *Kollhosser* in: Prölss/Martin, § 172 VVG Rdn. 8.
[134] So aber *Römer* in: Römer/Langheid, VVG, 1997, § 172 VVG Rdn. 9; ebenso unter Berufung auf Römer und ohne weitergehende Begründung *Buchholz-Schuster* NVersZ 2000, 207.
[135] BGH, Urt. v. 12. 10. 2005 – IV ZR 162/03 (Revisionsentscheidung z. Urt. des LG Hannover, Urt. v. 12. 6. 2003 – 19 S 108/02, VersR 2003, 1289), NJW 2005, 3559, 3560 = VersR 2005, 1566 = ZIP 2005, 2109, 2110.
[136] BGH, Urt. v. 12. 10. 2005 – IV ZR 162/03 (Revisionsentscheidung z. Urt. des LG Hannover, Urt. v. 12. 6. 2003 – 19 S 108/02, VersR 2003, 1289), NJW 2005, 3559, 3563 = VersR 2005, 1565, 1568 = ZIP 2005, 2109, 2113; *Lorenz* VersR 2001, 1147.

tungsakt festgestellt wird.[137] Es gilt jedenfalls dann, wenn dadurch die Leistungspflichten und Ansprüche der Parteien betroffen sind.[138] In einem solchen Fall ist die Ergänzung unverzichtbar.[139] Ob die Unwirksamkeit auf einer inhaltlich unangemessenen Benachteiligung des Kunden oder einem Transparenzmangel beruht, ändert nichts am Vorhandensein der dadurch entstandenen Vertragslücke.[140]

41   b) **Notwendigkeit der Ergänzung.** § 15 ALB 1994 betrifft die Leistungspflicht gegenüber den Versicherungsnehmern und damit verbunden auch die Rechnungslegung.[141] Es ist daher notwendig, die entstandene Vertragslücke im Verfahren nach § 172 Abs. 2 VVG zu schließen.[142] Die Abschlusskostenverrechnungsklausel des § 15 ALB 1994 und die dieser Vorschrift nachgebildeten Abschlusskostenverrechnungsklauseln, die auf Grund des Urteils des BGH vom 9. Mai 2001 als unwirksam anzusehen sind, sind deshalb von den LVU im Wege von Treuhänderverfahren durch Abschlusskostenverrechnungsklauseln ersetzt worden, die § 15 ALB 2000 nachgebildet sind, der wie folgt lautet:

„§ 15 Was bedeutet die Verrechnung von Abschlusskosten nach dem Zillmerverfahren?[143]
(Musterbedingungen des GDV – ALB 2000)
(1) Durch den Abschluss von Versicherungsverträgen entstehen Kosten. Diese sog. Abschlusskosten (§ 43 Abs. 2 der Verordnung über die Rechnungslegung von Versicherungsunternehmen) sind bereits pauschal bei der Tarifkalkulation berücksichtigt und werden daher nicht gesondert in Rechnung gestellt.
(2) Für Ihren Versicherungsvertrag ist das Verrechnungsverfahren nach § 4 der Deckungsrückstellungsverordnung (Zillmerverfahren) maßgebend. Hierbei werden die ersten Beiträge zur Tilgung von Abschlusskosten herangezogen, soweit sie nicht für Leistungen im Versicherungsfall und Kosten des Versicherungsbetriebs in der jeweiligen Versicherungsperiode bestimmt sind. Der zu tilgende Betrag ist nach der Deckungsrückstellungsverordnung auf 4% der von Ihnen während der Laufzeit des Vertrages zu zahlenden Beiträge beschränkt.
(3) Das beschriebene Verrechnungsverfahren hat wirtschaftlich zur Folge, dass in der Anfangszeit Ihrer Versicherung kein Rückkaufswert und keine beitragsfreie Versicherungssumme vorhanden sind. Nähere Informationen können Sie der Ihrem Versicherungsschein beigefügten Tabelle entnehmen."

42   Ein Vergleich der alten Abschlusskostenverrechnungsklausel des § 15 ALB 1994 mit der neuen Abschlusskostenverrechnungsklausel des § 15 ALB 2000 zeigt, dass den in den Urteilen des BGH vom 9. Mai 2001 formulierten Transparenzanforderungen Rechnung getragen worden ist. Hervorzuheben ist, dass im Rahmen der Treuhänderverfahren keine Veranlassung bestand, die Abschlusskostenverrechnung zu ändern. Der BGH[144] stellte im Urteil vom 9. Mai 2001 ausdrücklich fest, dass § 15 ALB 1994 nicht gemäß § 9 Abs. 2 Nr. 2 AGBG unwirksam ist, und führte hierzu aus:

---

[137] BGH, Urt. v. 12. 10. 2005 – IV ZR 162/03, NJW 2005, 3559, 3563 = VersR 2005, 1565, 1568 = ZIP 2005, 2109, 2113.
[138] BGH, Urt. v. 12. 10. 2005 – IV ZR 162/03, NJW 2005, 3559, 3563 = VersR 2005, 1565, 1568 = ZIP 2005, 2109, 2113.
[139] BGH, Urt. v. 12. 10. 2005 – IV ZR 162/03, NJW 2005, 3559, 3563 = VersR 2005, 1565, 1568 = ZIP 2005, 2109, 2113.
[140] BGH, Urt. v. 12. 10. 2005 – IV ZR 162/03, NJW 2005, 3559, 3563 = VersR 2005, 1565, 1568 = ZIP 2005, 2109, 2113.
[141] BGH, Urt. v. 12. 10. 2005 – IV ZR 162/03, NJW 2005, 3559, 3563 = VersR 2005, 1565, 1569 = ZIP 2005, 2109, 2114.
[142] BGH, Urt. v. 12. 10. 2005 – IV ZR 162/03, NJW 2005, 3559, 3563 = VersR 2005, 1565, 1569 = ZIP 2005, 2109, 2114.
[143] Diese Bestimmung ist nur bei Verwendung des Zillmerverfahrens aufzunehmen.
[144] BGH, Urt. v. 9. 5. 2001 – IV ZR 121/00 (Revisionsentscheidung z. Urt. des OLG Nürnberg, NVersZ 2000, 320), NJW 2001, 2014, 2017.

„Die in der Klausel geregelte Verrechnung der Abschlusskosten mit den Beiträgen bei Beginn der Vertragslaufzeit weicht nicht, wie die Revision zu meinen scheint, von wesentlichen Grundgedanken einer gesetzlichen Regelung in unangemessener Weise ab. Die Verrechnung einmaliger Abschlusskosten ab Beginn des Vertragsverhältnisses mit Ansprüchen auf künftige Beiträge (sog. Zillmern) ist gesetzlich nicht untersagt. Im Gegenteil setzt § 65 Abs. 1 Nr. 2 VAG, wonach Höchstbeträge für das Zillmern durch Rechtsverordnung festgesetzt werden sollen, das Zillmern als grundsätzlich zulässig voraus."

Darüber hinaus stellte der BGH im Urteil vom 9. Mai 2001 nicht die Befugnis **43** der Versicherer in Frage, im Wege des § 172 Abs. 2 VVG die vom BGH für intransparent erklärte Abschlusskostenverrechnungsklausel des § 15 ALB 1994 durch eine neue Klausel zu ersetzen, bei der es sich denklogisch um eine transparente Klausel handeln muss, wenn man den vom BGH im Urteil vom 9. Mai 2001 aufgezeigten Anforderungen an eine transparente Abschlusskostenverrechnungsklausel entspricht.

3. Ergänzung durch den Versicherer

§ 172 Abs. 2 VVG trifft keine Aussage dazu, nach welchen Maßstäben und mit **44** welchem Inhalt die Ergänzung des Vertrages durch den Versicherer mit Zustimmung des Treuhänders zu erfolgen hat. Nahe liegt es, sich an § 306 Abs. 2 BGB (früher § 6 Abs. 2 AGBG) zu orientieren, der bestimmt, dass sich der Inhalt des Vertrages nach den gesetzlichen Bestimmungen richtet, wenn Bestimmungen unwirksam sind.[145] Zu den gesetzlichen Bestimmungen im Sinne des § 306 Abs. 2 BGB gehören auch die §§ 157, 133 BGB, in denen die ergänzende Vertragsauslegung ihre Grundlage hat.[146] Zwar gehen die Normen des dispositiven Gesetzesrechtes der ergänzenden Vertragsauslegung vor.[147] Wenn aber dispositives Gesetzesrecht im Sinne konkreter materiellrechtlicher Regelungen nicht zur Verfügung steht und die ersatzlose Streichung der unwirksamen Klausel keine angemessene, den typischen Interessen des AGB-Verwenders und des Kunden Rechnung tragende Lösung bietet, tritt diejenige Gestaltungsmöglichkeit ein, die die Parteien bei sachgerechter Abwägung ihrer beiderseitigen Interessen nach Treu und Glauben redlicherweise vereinbart hätten, wenn ihnen die Unwirksamkeit der Klausel bekannt gewesen wäre.[148] Dies kann im Einzelfall bedeuten, dass eine Klausel, die AGB-rechtlich zulässig ist und daher im Neugeschäft verwendet werden darf, nicht über § 172 Abs. 2 VVG in bestehende Verträge eingefügt werden darf, weil sie nicht die Regelung darstellt, welche die Parteien bei sachgerechter Abwägung der beiderseitigen Interessen nach Treu und Glauben redlicherweise vereinbart hätten, wenn ihnen die Unwirksamkeit der Klausel bekannt gewesen wäre. Zu prüfen ist daher, ob die vom Versicherer mit Zustimmung des Treuhänders getroffene Entscheidung den gesetzlichen Anforderungen entspricht.[149]

4. Wirksamkeit der Ergänzung

a) Richterliche Kontrolle. Die vom Versicherer mit Zustimmung des Treu- **45** händers neu in den Vertrag aufgenommene Abschlusskostenverrechnungsklausel

---

[145] BGH, Urt. v. 12. 10. 2005 – IV ZR 162/03 (Revisionsentscheidung z. Urt. des LG Hannover, Urt. v. 12. 6. 2003 – 19 S 108/02, VersR 2003, 1289), NJW 2005, 3559, 3563 = VersR 2005, 1565, 1568 = ZIP 2005, 2109, 2113.
[146] BGH, Urt. v. 1. 2. 1984 – VIII ZR 54/83, NJW 1984, 1177, 1178.
[147] BGHZ 87, 309, 321 = NJW 1983, 2817; BGH, Urt. v. 1. 2. 1984 – VIII ZR 54/83, NJW 1984, 1177, 1178.
[148] BGH, Urt. v. 1. 2. 1984 – VIII ZR 54/83, NJW 1984, 1177, 1178.
[149] BGH, Urt. v. 12. 10. 2005 – IV ZR 162/03, NJW 2005, 3559, 3563 = VersR 2005, 1565, 1568 = ZIP 2005, 2109, 2114.

unterliegt in vollem Umfang der zivilgerichtlichen Kontrolle.[150] Die Zivilgerichte haben im ersten Schritt zu prüfen, ob gesetzliche Vorschriften im Sinne einer konkreten Ersatzregelung in Betracht zu ziehen sind.[151] Stehen solche Vorschriften nicht zur Verfügung, ist zu fragen, ob ein ersatzloser Wegfall der unwirksamen Klausel eine sachgerechte Lösung darstellt.[152] Scheiden beide Möglichkeiten aus, ist zu prüfen, ob die Ersatzregelung nach den anerkannten Grundsätzen der ergänzenden Vertragsauslegung zulässiger Inhalt einer richterlichen ergänzenden Vertragsauslegung wäre.[153]

46 **b) Gesetzliche Vorschriften.** Sind AGB unwirksam, richtet sich der Vertrag nach den gesetzlichen Vorschriften (§ 306 Abs. 2 BGB). Das bedeutet in der Regel, dass anstelle der unwirksamen Klausel das dispositive Recht tritt, vielfach in der Weise, dass die Klausel ersatzlos entfällt.[154] Ob und wie entstandene Abschlusskosten zu verrechnen sind, ist zwar in den §§ 159 ff. VVG im Gegensatz zum Stornoabzug nicht ausdrücklich geregelt.[155] Gesetzliche Regelungen zu den Abschlusskosten finden sich aber in § 65 VAG, §§ 341 e, 341 f HGB und den dazu erlassenen Rechtsverordnungen, die durch die Abschlusskostenverrechnungsklausel ergänzt werden.[156] Hierbei handelt es sich um gesetzliche Vorschriften deren Anwendung unternehmerische Entscheidungen voraussetzt und die dem Versicherer innerhalb eines vorgegebenen Rahmens einen Spielraum lassen.[157] Zutreffend hat der BGH hierzu an anderer Stelle festgestellt, dass der Gesetzgeber die kapitalbildende Lebensversicherung als einheitlichen Lebensversicherungsvertrag konzipiert hat, für den insgesamt das Versicherungsvertragsgesetz, das Versicherungsaufsichtsgesetz und die besonderen Vorschriften des Handelsgesetzbuchs über die Rechnungslegung für Versicherungsunternehmen (§§ 341 ff. HGB) und nicht etwa stattdessen teilweise die Vorschriften des Kapitalanlagerechts gelten.[158] Allerdings enthalten auch die gesetzlichen Vorschriften außerhalb des VVG mit Blick auf § 15 ALB 1994 keine konkrete zivilrechtliche Ersatzregelung für das Vertragsverhältnis zwischen LVU und Versicherungsnehmer. § 65 VAG als Ermächtigungsnorm zum Erlass von Rechtsverordnungen bewirkt zum Beispiel im Ergebnis nur, dass den Versicherer im Rahmen der durch Rechtsverordnung festgelegten Höchstbeträge das Zillmern aufsichtsrechtlich erlaubt ist, lässt aber nicht die Aussage zu, dass diese Berechnungsmethode im Verhältnis zwischen LVU und Versicherungsnehmer gilt. Von daher steht keine gesetzliche Vorschrift

---

[150] *Römer* in: Römer/Langheid, VVG, 2. Aufl., 2003, § 172 VVG Rdn. 15.
[151] BGH, Urt. v. 12. 10. 2005 – IV ZR 162/03, NJW 2005, 3559, 3564 = VersR 2005, 1565, 1569 = ZIP 2005, 2109, 2114.
[152] BGH, Urt. v. 12. 10. 2005 – IV ZR 162/03, NJW 2005, 3559, 3564 = VersR 2005, 1565, 1569 = ZIP 2005, 2109, 2114.
[153] BGH, Urt. v. 12. 10. 2005 – IV ZR 162/03, NJW 2005, 3559, 3564 = VersR 2005, 1565, 1569 = ZIP 2005, 2109, 2114/2115; *Wandt* in: Beckmann/Matusche-Beckmann, Versicherungsrechts-Hdb., 2004, § 11 Rdn. 135.
[154] BGH NJW 1985, 852; BGH NJW 1996,1408; *Heinrichs* in: Palandt, BGB, 64. Aufl., 2005, § 306 BGB Rdn. 6.
[155] Zutreffend BGH, Urt. v. 12. 10. 2005 – IV ZR 162/03, NJW 2005, 3559, 3564 = VersR 2005, 1565, 1569 = ZIP 2005, 2109, 2115.
[156] BGH, Urt. v. 9. 5. 2001 – IV ZR 121/00 (Revisionsentscheidung z. Urt. des OLG Nürnberg, NVersZ 2000, 320), BGHZ 147, 354 = NJW 2001, 2014, 2017 = NVersZ 2001, 308 = VersR 2001, 841, 844; OLG Brandenburg, Urt. v. 25. 9. 2002 – 7 U 39/02, NJW-RR 2003, 991, 993 = VersR 2003, 1155, 1157.
[157] BGH, Urt. v. 9. 5. 2001 – IV ZR 121/00 – BGHZ 147, 354 = NJW 2001, 2014, 2017 = NVersZ 2001, 308 = VersR 2001, 841, 844; OLG Brandenburg, Urt. v. 25. 9. 2002 – 7 U 39/02, NJW-RR 2003, 991, 993 = VersR 2003, 1155, 1157.
[158] BGH, Urt. v. 12. 10. 2005 – IV ZR 162/03, NJW 2005, 3559, 3562 = VersR 2005, 1565, 1568 = ZIP 2005, 2109, 2112.

zur Verfügung, um die Vertragslücke zu schließen, die durch die für unwirksam erklärte Vorschrift des § 15 ALB 1994 entstanden ist.[159]

c) Wegfall der Abschlusskostenverrechnungsklausel. Dem Schweigen des 47 Versicherungsvertragsgesetzes kann auf jeden Fall nicht entnommen werden,[160] dass die Abschlusskosten allein der Versicherer zu tragen hat.[161] Da die Prämien in der Lebensversicherung nicht nur aus betriebswirtschaftlicher Vernunft, sondern aufsichtsrechtlich nach § 11 VAG zwingend so kalkuliert werden müssen, dass das LVU allen seinen Verpflichtungen nachkommen und insbesondere eine ausreichende Deckungsrückstellung bilden kann, ist es in der Tat so, wie der BGH[162] feststellt, dass den vertragsrechtlichen Vorschriften eher die Vorstellung zugrunde liegt, dass die Abschlusskosten in die Prämienkalkulation einfließen.[163] Ihm ist auch darin zuzustimmen, dass ein ersatzloser Wegfall der Abschlusskostenverrechnungsklausel ungeeignet ist, die Vertragslücke zu schließen. Eine solche Lösung, die sich vorwiegend am Interesse der Versicherungsnehmer orientiert, die den Vertrag nach kurzer Laufzeit kündigen oder beitragsfrei stellen, widerspräche dem für das Versicherungsrecht typischen Grundgedanken einer Risikogemeinschaft[164] und ist deshalb nicht sachgerecht.[165]

d) Ergänzende Vertragsausregelung. Fehlen für eine Vertragsergänzung geeignete Vorschriften und ist die ersatzlose Streichung der Klausel keine interessengerechte Lösung, ist die Lücke durch ergänzende Vertragsauslegung zu schließen.[166] 48 Diese richtet sich danach, was redliche und verständige Parteien bei Kenntnis der planwidrigen Regelungslücke nach dem Vertragszweck und sachgemäßer Abwägung ihrer beiderseitigen Interessen nach Treu und Glauben (§ 242 BGB) vereinbart hätten.[167] Dabei ist zu beachten, dass es nicht Sinn und Zweck des § 306 BGB und des Verbots der geltungserhaltenden Reduktion ist, dem Kunden durch den ersatzlosen Wegfall von Klauseln Vorteile zu verschaffen, die das Vertragsgefüge völlig einseitig zu seinen Gunsten verschieben.[168] Die Grundsätze zur ergänzenden Vertragsauslegung gelten auch für das Versicherungsrecht.[169] Jedoch ist nach An-

---

[159] BGH, Urt. v. 12. 10. 2005 – IV ZR 162/03 (Revisionsentscheidung z. Urt. des LG Hannover, Urt. v. 12. 6. 2003 – 19 S 108/02, VersR 2003, 1289), NJW 2005, 3559, 3564 = VersR 2005, 1565, 1569 = ZIP 2005, 2109, 2115; LG Hamburg, Urt. v. 28. 12. 2001 – 324 O 474/01, VersR 2002, 738, 740; *Wandt* VersR 2001, 1456 ff.

[160] So aber *Schünemann* VersR 2005, 323, 326.

[161] BGH, Urt. v. 12. 10. 2005 – IV ZR 162/03 (Revisionsentscheidung z. Urt. des LG Hannover, Urt. v. 12. 6. 2003 – 19 S 108/02, VersR 2003, 1289), NJW 2005, 3559, 3564 = VersR 2005, 1565, 1569 = ZIP 2005, 2109, 2115.

[162] BGH, Urt. v. 12. 10. 2005 – IV ZR 162/03, NJW 2005, 3559, 3564 = VersR 2005, 1565, 1569 = ZIP 2005, 2109, 2115.

[163] Vgl. *Engeländer* VersR 1999, 1325, 1327.

[164] Vgl. BVerfG VersR 2005, 1127, 1134.

[165] BGH, Urt. v. 12. 10. 2005 – IV ZR 162/03, NJW 2005, 3559, 3564 = VersR 2005, 1565, 1569 = ZIP 2005, 2109, 2115.

[166] BGHZ 90, 69, 75; BGHZ 117, 92, 98; BGHZ 137, 153, 157; BGH NJW 2000, 1110; *Heinrichs* in: Palandt, BGB, 64. Aufl., 2005, § 306 BGB Rdn. 7.

[167] BGHZ 9, 273, 278 f. = NJW 1953, 937; BGHZ 90, 69, 75 = NJW 1984, 1177 = ZIP 1984, 330; BGHZ 117, 92, 98; BGHZ 127, 138, 142 = WM 1994, 2207; BGHZ 137, 153, 157; BGH NJW 2000, 1110; BGHZ 158, 201, 207 = WM 2004, 1104; BGH, Urt. v. 11. 10. 2005 – XI ZR 395/04, WM 2005, 2403, 2405; *Heinrichs* in: Palandt, BGB, 64. Aufl., 2005, § 306 BGB Rdn. 7.

[168] BGH, Urt. v. 1. 2. 1984 – VIII ZR 54/83, NJW 1984, 1177, 1178; BGHZ 137, 153, 157; *Ulmer* NJW 1981, 2031; *derselbe* BB 1982, 1125; *Bunte* ZIP 1983, 767; *Heinrichs* in: Palandt, BGB, 64. Aufl., 2005, § 306 BGB Rdn. 7.

[169] BGH VersR 1983, 848; BGH VersR 1992, 477; BGH VersR 1992, 479; OLG Hamm VersR 1995, 649; OLG Köln VersR 1995, 796; OLG Köln VersR 1996, 1399; OLG Karlsruhe VersR 1998, 479; BGH VersR 1999, 210; OLG Karlsruhe VersR 2000, 624.

sicht des BGH darauf zu achten, dass die ergänzende Vertragsauslegung nicht zu einer Erweiterung des Vertragsgegenstandes führt.[170] Auch müsse der ergänzte Vertrag für den Versicherungsnehmer typischerweise von Interesse sein.[171]

49 In der Regel sind LVU mit Zustimmung ihrer Treuhänder zu dem Ergebnis gekommen, dass die dem § 15 ALB 1994 nachgebildete und vom BGH für unwirksam erklärte Abschlusskostenverrechnungsklausel durch eine Klausel ersetzt werden kann, die sich an § 10 ALB 2001 ausrichtet. Die neue Klausel entspricht zwar den vom BGH in seinem Urteil vom 9. Mai 2001 aufgezeigten Transparenzanforderungen, hält aber am Zillmerungsverfahren unverändert fest.

50 In seinem Urteil vom 12. Oktober 2005 vertritt der 4. Senat des BGH unter Berufung auf eine Entscheidung des 8. Senats des BGH[172] die Auffassung, dass es nicht angängig sei, „an die Stelle der unwirksamen, weil den Vertragspartner des Klauselverwenders unangemessen benachteiligenden Klausel im Wege der ergänzenden Vertragsauslegung eine inhaltsgleiche Bestimmung zu setzen".[173] Die inhaltsgleiche Ersetzung einer unwirksamen Klausel unterlaufe die gesetzliche Sanktion der Unwirksamkeit nach § 9 Abs. 1 AGBG, jetzt § 307 Abs. 1 BGB, und sei schon deshalb mit den Grundsätzen der ergänzenden Vertragsauslegung nicht zu vereinbaren.[174] Dies gelte auch, wenn die Unwirksamkeit auf einem Verstoß gegen das Transparenzgebot beruhe, da hierin eine unangemessene Benachteiligung des Kunden im Sinne von § 9 AGBG, jetzt ausdrücklich § 307 Abs. 1 Satz 2 BGB, und ein Verstoß gegen Art. 6 der Richtlinie 93/13/EWG des Rates vom 5. April 1993 über missbräuchliche Klauseln in Verbraucherverträgen liege.[175] Bei der inhaltsgleichen Ersetzung einer vom BGH wegen eines wirtschaftlichen Nachteils von erheblichem Gewicht für unwirksam erklärten Klausel hätte dieser Nachteil Bestand, obwohl der Vertrag durch den Transparenzmangel unter Verdeckung dieses Nachteils zustande gekommen sei.[176] Der BGH unterstreicht dies wie folgt:[177]

„Der Senat hat die in Rede stehende Verrechnung der einmaligen Abschlusskosten nach dem Verfahren der Zillmerung zwar nicht im Sinne von § 9 AGBG, § 307 BGB als materiell unangemessene Benachteiligung der Versicherungsnehmer angesehen, er hat aber betont, sie schaffe bei Kündigung und Beitragsfreistellung einen wirtschaftlichen Nachteil des Versicherungsnehmers von erheblichem Gewicht. Bei der inhaltsgleichen Ersetzung der Klausel hätte dieser Nachteil Bestand, obwohl der Vertrag durch den Transparenzmangel unter Verdeckung dieses Nachteils zu Stande gekommen ist. Der Eingriff in die Entschließungs- und Auswahlfreiheit bliebe unbeseitigt und bestünde – bei Einstellung der Prämienzahlung – in seinen Auswirkungen fort. Das führte im Ergebnis dazu, dass die wegen Intransparenz unwirksame Klausel mit den verdeckten Nachteilen für den Versicherungsnehmer letztlich doch verbindlich bliebe. Ein solches Ergebnis liefe § 9 AGBG, § 307

---

[170] BGH, Urt. v. 22. 1. 1992, VersR 1992, 477.
[171] BGH, Urt. v. 22. 1. 1992, VersR 1992, 477.
[172] BGH, Urt. v. 1. 2. 1984 – VIII ZR 54/83, BGHZ 90, 69, 78 = NJW 1984, 1177, 1179 = ZIP 1984, 330, 333.
[173] BGH, Urt. v. 12. 10. 2005 – IV ZR 162/03 (Revisionsentscheidung z. Urt. des LG Hannover, Urt. v. 12. 6. 2003 – 19 S 108/02, VersR 2003, 1289), NJW 2005, 3559, 3565 = VersR 2005, 1565, 1570 = ZIP 2005, 2109, 2115; Brömmelmeyer in: Beckmann/Matusche-Beckmann, Versicherungsrechts-Hdb., 2004, § 42 Rdn. 82; krit. dazu Merschmeyer/Präve VersR 2005, 1670 f.
[174] BGH, Urt. v. 12. 10. 2005 – IV ZR 162/03, NJW 2005, 3559, 3564 = VersR 2005, 1565, 1570 = ZIP 2005, 2109, 2115.
[175] BGH, Urt. v. 12. 10. 2005 – IV ZR 162/03, NJW 2005, 3559, 3564 = VersR 2005, 1565, 1570 = ZIP 2005, 2109, 2115.
[176] BGH, Urt. v. 12. 10. 2005 – IV ZR 162/03, NJW 2005, 3559, 3565 = VersR 2005, 1565, 1570 = ZIP 2005, 2109, 2116.
[177] BGH, Urt. v. 12. 10. 2005 – IV ZR 162/03, NJW 2005, 3559, 3565 = VersR 2005, 1565, 1570 = ZIP 2005, 2109, 2116.

BGB zuwider und kann deshalb auch nicht Ergebnis einer ergänzenden Vertragsauslegung sein."

Abschließend hebt der BGH[178] hervor, dass die Verrechnung der Abschlusskos- **51** ten im Wege der Zillmerung hinsichtlich der Versicherungsnehmer, die den Vertrag bis zum Ende beitragspflichtig führen, zwar unbedenklich sei. Da die Klauseln aber nicht teilbar seien, sei die Vertragsergänzung insgesamt unwirksam.

In der Tat hat bereits der 8. Senats des BGH die Auffassung vertreten, dass es **52** nicht angängig sei, an die Stelle der unwirksamen, weil den Vertragspartner des Klauselverwenders unangemessen benachteiligenden Klausel im Wege der ergänzenden Vertragsauslegung eine inhaltsgleiche, gewissermaßen individualvertraglich vereinbarte Bestimmung zu setzen.[179] Diese Auffassung ist aber mit der nach Erlass dieser Entscheidung vom Gesetzgeber geschaffenen Vorschrift des § 172 Abs. 2 VVG nicht in Einklang zu bringen. Die Vorschrift ist ausdrücklich mit folgender Begründung geschaffen worden:[180]

„Absatz 2 trägt der geltend gemachten Forderung Rechnung nach einer gesetzlichen Anpassungsmöglichkeit für Lebensversicherungsverträge, die in der Regel für den Versicherer unkündbar sind und bei denen sich unabweisbarer Anpassungsbedarf ergibt, wenn etwa durch die Rechtsprechung eine leistungsbeschreibende AVB-Klausel für unwirksam erklärt worden ist, weil insoweit zur Fortführung des Vertragsverhältnisses nicht auf die gesetzliche Regelung verwiesen werden kann."

Die Vorschrift räumt dem Versicherer die uneingeschränkte Kompetenz ein, **53** mit Zustimmung des Treuhänders eine notwendige Vertragsergänzung vorzunehmen. Der Treuhänder übernimmt dabei Funktionen, die bislang im Rahmen der Bedingungs- und Tarifgenehmigung der Aufsichtsbehörde oblagen.[181] Von daher kann dem Versicherer der Weg der ergänzenden Vertragsauslegung nicht schon mit der Begründung verwehrt werden, dieser Weg stehe nicht zur Verfügung, wenn eine intransparente Klausel lediglich durch eine transparente Klausel ersetzt werde, sich materiellrechtlich aber nichts ändere. Das Treuhänderverfahren wäre sinnlos, wenn die neu gefasste Klausel anschließend nicht anwendbar wäre.[182] Entscheidend kann nach dem Maßstab des § 172 Abs. 2 VVG nur sein, ob die mit Zustimmung des Treuhänders vom Versicherer im Wege der ergänzenden Vertragsauslegung geschaffene Klausel angemessen ist. Dies ist letztlich der Fall, wenn die neue Klausel der Inhaltskontrolle nach § 307 BGB standhält.

Zunächst ist im ersten Schritt zu prüfen, ob der Versicherer mit Zustimmung **54** des Treuhänders die durch die Unwirksamkeit des § 15 ALB 1994 und der ihm nachgebildeten Klausel entstandene Vertragslücke zutreffend im Wege der ergänzenden Vertragsauslegung geschlossen hat. Dies hängt davon ab, wie die Parteien unter Anlegung des in § 157 BGB vorgegebenen Auslegungsmaßstabes – Treu und Glauben mit Rücksicht auf die Verkehrssitte – den Vertrag gestaltet hätten, wenn ihnen die nicht bedachte Unwirksamkeit der Abschlusskostenverrechnungsklausel bewusst gewesen wäre.[183] Dabei kann der tatsächliche Wille der Parteien,

---

[178] BGH, Urt. v. 12. 10. 2005 – IV ZR 162/03 (Revisionsentscheidung z. Urt. des LG Hannover, Urt. v. 12. 6. 2003 – 19 S 108/02, VersR 2003, 1289), NJW 2005, 3559, 3565 = VersR 2005, 1565, 1570 = ZIP 2005, 2109, 2116.
[179] BGH, Urt. v. 1. 2. 1984 – VIII ZR 54/83, NJW 1984, 1177, 1179.
[180] Beschlussempfehlung und Bericht des Finanzausschusses v. 18. 5. 1994, BT-Drucks. 12/7595, S. 112.
[181] BAV in: GB BAV Teil A 1994, S. 13.
[182] AG Kiel VersR 2003, 317; LG Gießen, Urt. v. 23. 6. 2005 – 4 O 100/05, VersR 2005, 1377, 1378.
[183] BGH, Urt. v. 1. 2. 1984 – VIII ZR 54/83, NJW 1984, 1177, 1178.

soweit er feststellbar ist, nicht außer Betracht bleiben.[184] Denn da eine inhaltliche Abänderung des Vertrages im Wege der ergänzenden Vertragsauslegung nicht erfolgen darf, kann das, was dem tatsächlichen Willen der Vertragsparteien widerspricht, nicht als Inhalt ihres hypothetischen Willens gelten.[185] In Anwendung dieser Grundsätze durfte der Versicherer mit Zustimmung des Treuhänders § 15 ALB 1994 durch eine Abschlusskostenverrechnungsklausel nach dem Vorbild des § 10 ALB 2001 im Wege der Vertragsergänzung ersetzen.[186] Inhaltlich hat dies zur Folge, dass bei einer Gesamtabwägung der typischen Parteiinteressen anzunehmen ist, dass die Vertragsparteien die Durchführung des Vertrages als gezillmerten Vertrag nicht nur für den Fall vereinbart hätten, dass der Vertrag noch beitragspflichtig ist, sondern auch für den Fall, dass der Vertrag bereits vor Kenntnis von der Intransparenz der Klausel über die Abschlusskosten gekündigt oder beitragsfrei gestellt worden ist. Dies ergibt sich aus folgenden Erwägungen:

55 Erstens gibt das Zillmerungsverfahren als bei den Lebensversicherern allgemein übliches Verfahren die Verkehrssitte wieder, die bei der Bestimmung des hypothetischen Parteiwillens als objektiver Maßstab zu berücksichtigen ist.[187] Dies zeigen schon die 10 bis 15 Millionen Verträge, die laut Mitteilung des BGH von Ende Juli 1994 bis Mitte 2001 abgeschlossen worden sind.

56 Zweitens ist zu berücksichtigen, dass das aufsichtsrechtlich ausgeformte Zillmerungsverfahren den typischen Interessen der Beteiligten hinsichtlich einer vorzeitigen Beendigung der Verträge durch die Festsetzung eines Höchstzillmersatzes Rechnung trägt.

57 Drittens spricht gegen eine hypothetische Vereinbarung der Vertragsparteien, dass diejenigen Verträge, die im Zeitpunkt der Lückenfüllung wegen Unwirksamkeit der Klausel bereits gekündigt oder beitragsfrei gestellt sein sollten, nachträglich als irgendwie ungezillmerte Verträge behandelt sein sollten, dass – abgesehen von Deckungsrückstellung, Rechnungslegung und Kapitalausstattung der Versicherer – die Prämienkalkulation, die Festlegung eines bestimmten Mindestbetrages für die Beitragsfreistellung, die Berechnung der beitragsfreien Versicherungssummen und der Rückkaufswerte aufeinander abgestimmt sind. Eine nachträgliche Sonderbehandlung eines Teils des Bestandes hätte erhebliche bilanzielle Folgewirkungen und wäre mit hohen Zusatzkosten verbunden. Eine solche Sonderbehandlung ginge vollständig zu Lasten der vertragstreuen Versicherungsnehmer.[188] Denn bei einer Behandlung als ungezillmerter Vertrag wäre ein großer Teil der durch den individuellen Vertragsabschluss entstandenen Abschlusskosten noch nicht gedeckt. Diese Kosten müssten von den verbleibenden Versicherungsnehmern getragen werden, indem ihre Überschussbeteiligung geringer ausfiele.

---

[184] BGH, Urt. v. 1. 2. 1984 – VIII ZR 54/83, NJW 1984, 1177, 1178.
[185] BGH, Urt. v. 1. 2. 1984 – VIII ZR 54/83, NJW 1984, 1177, 1178.
[186] LG Leipzig, Urt. v. 17. 1. 2005 – 9 O 245/04, VersR 2005, 1378, 1379.
[187] LG München I, Urt. v. 22. 8. 2003 – 34 S 21 024/02, S. 6; LG Köln, Urt. v. 24. 9. 2003 – 23 S 44/03, S. 11; LG Berlin, Urt. v. 25. 11. 2003 – 7 S 45/03, S. 4; LG Hildesheim, Urt. v. 5. 12. 2003 – 7 S 169/03, S. 8/9; LG Berlin, Urt. v. 1. 6. 2004 – 7 S 75/03, r+s 2004, 315, 316; OLG München VersR 2003, 1024, 1026; OLG Braunschweig VersR 2003, 1520, 1522 f.; LG Stuttgart VersR 2003, 313; LG Saarbrücken VersR 2003, 1291, 1292; LG Aachen VersR 2003, 1022, 1024; *Wandt* VersR 2001, 1449, 1454 f.; *Kollhosser* VersR 2003, 807, 810; a. A. OLG Düsseldorf, Urt. v. 13. 5. 2005 – I-4 U 146/04, Spektrum für Versicherungsrecht 2005, 51, 54; *Schwintowski*, Transparenz in der Lebensversicherung, NVersZ 2001, 337, 339; *derselbe* EWiR 2001, 649, 650: „Versicherer müssen sich ... so behandeln lassen, als hätten sie einen ungezillmerten Vertrag geschlossen, bei dem die Abschlusskosten kontinuierlich über die gesamte Vertragslaufzeit verteilt werden."
[188] *Wandt* VersR 2001, 1449, 1460.

Viertens ist unter Berücksichtigung von Treu und Glauben nicht anzunehmen, **58**
dass ein und derselbe Versicherungsnehmer bei Vertragsabschluss einerseits für den
Fall, dass sein Vertrag im Zeitpunkt der Lückenfüllung noch beitragspflichtig sein
sollte, die Zillmerung vereinbart hätte, andererseits für den Fall, dass sein Vertrag
bereits beitragsfrei oder gekündigt sein sollte, eine irgendwie ungezillmerte Verrechnung der Abschlusskosten vereinbart hätte. Im Zeitpunkt des Vertragsabschlusses besteht vielmehr ein Interesse an einem Vertrag und der Versicherungsnehmer geht nicht davon aus, dass er diesen Vertrag vor Ablauf der vereinbarten Frist kündigen werde.[189] Eine redliche Partei will den Versicherungsvertrag erfüllen und hätte den Vertrag auch als von Anfang an transparenten, mithin als gezillmerten Vertrag abgeschlossen.[190]

Fünftens ist zu berücksichtigen, dass die Behandlung als ungezillmerter Vertrag **59**
eine Ungleichbehandlung innerhalb der Gruppe von Versicherungsnehmern zur
Folge hätte, die ihre Verträge bereits zurückgekauft oder beitragsfrei gestellt haben. Denn die Vergünstigung der Sonderbehandlung käme nur denjenigen Versicherungsnehmern zugute, deren Ansprüche auf eine Erhöhung des Rückkaufswertes noch nicht verjährt wären, wenn die Intransparenz der Klausel über die
Abschlusskosten erkannt würde.

Im zweiten Prüfschritt ist zu klären, ob § 10 ALB 2001 und die ihm nachgebil- **60**
deten Abschlusskostenverrechnungsklauseln, die Gegenstand der Urteile des BGH
vom 12. Oktober 2005 waren, gegen § 307 BGB verstoßen. Dass dies hinsichtlich
§ 307 Abs. 2 BGB nicht der Fall ist, hat der BGH schon für die von ihm für unwirksam erachtete Klausel des § 15 ALB 1994 festgestellt. Er hat selbst im Urteil
vom 9. Mai 2001 betont, dass die Zillmerung nicht von wesentlichen Grundgedanken einer gesetzlichen Regelung in unangemessener Weise abweicht.[191] Zu
Recht geht deshalb der BGH in seinem Urteil vom 12. Oktober 2005 nicht auf
§ 307 Abs. 2 BGB ein. Der BGH spricht auch nicht explizit § 307 Abs. 1 Satz 2
BGB an. Dies ist verständlich, verstoßen doch § 10 ALB 2001 und die ihm nachgebildeten Abschlusskostenverrechnungsklauseln nicht gegen das Transparenzgebot des § 307 Abs. 1 Satz 2 BGB. Die neuen Klauseln tragen allen mit Urteil vom
9. Mai 2001 verfügten Anforderungen zur Transparenz Rechnung. Damit bleibt
nur noch zu prüfen, ob die neue Abschlusskostenverrechnungsklausel die Versicherungsnehmer entgegen den Geboten von Treu und Glauben unangemessen
benachteiligt (§ 307 Abs. 1 BGB). Dies ist nicht der Fall, weil der Gesetzgeber
und die Aufsichtsbehörde das Zillmerungsverfahren als zulässig ansehen und die
Versicherungsbestände entsprechend geführt werden. Die vorgenommene Vertragsergänzung trägt zudem dem Gedanken der Gleichbehandlung aller Versicherten Rechnung und verhindert, dass die Vertragsbestände trotz gleicher Versicherungstechnik unterschiedlich behandelt werden.

Auch wenn dem Urteil des BGH vom 12. Oktober 2005 nicht zugestimmt **61**
werden kann, wird die Kautelarpraxis zur Kenntnis zu nehmen haben, dass die
Vertragsergänzung nach § 172 Abs. 2 VVG gescheitert ist. Soweit die Abschlusskostenklausel des § 15 ALB 1994 und die dieser Vorschrift nachgebildeten Abschlusskostenklauseln, die auf Grund der Urteile des BGH vom 9. Mai 2001
wegen Transparenzmangels als unwirksam anzusehen sind, im Wege von Treuhänderverfahren durch Klauseln ersetzt worden sind, die mit den Klauseln vergleichbar sind, die den Entscheidungen des BGH vom 12. Oktober 2005 zugrun-

---

[189] LG Berlin, Urt. v. 21. 10. 2003 – 7 S 22/03, Info-Letter 2004, 5, 6.
[190] AG Stuttgart, VersR 2003, 317; LG Stuttgart VersR 2003, 313; LG Saarbrücken VersR 2003, 1292; LG Gießen, Urt. v. 23. 6. 2005 – 4 O 100/05, VersR 2005, 1377, 1378.
[191] BGH, Urt. v. 9. 5. 2001 – IV ZR 121/00 (Revisionsentscheidung z. Urt. des OLG Nürnberg, NVersZ 2000, 320), NJW 2001, 2014, 2017.

de liegen, also inhaltsgleich mit § 10 ALB 2001 und den ihnen nachgebildeten Klauseln sind, ist die mit Zustimmung des Treuhänders vorgenommene Vertragsergänzung unwirksam. Hiervon sind alle seit Ende 1994 bis Mitte 2001 mit § 15 ALB 1994 als Abschlusskostenverrechnungsklausel abgeschlossenen Verträge betroffen,[192] die über das Treuhänderverfahren die § 10 ALB 2001 nachgebildete Abschlusskostenverrechnungsklausel erhalten sollten. Nicht betroffen sind die seit 2001 abgeschlossenen Verträge, die von Anfang an die neue transparente Abschlusskostenverrechnungsklausel des § 10 ALB 2001 enthalten.

VII. Richterliche ergänzende Vertragsauslegung

1. Wegen Unwirksamkeit der Vertragsergänzung nach § 172 Abs. 2 VVG

62 Ein Scheitern der Vertragsergänzung nach § 172 Abs. 2 VVG hat zur Folge, dass im Wege der richterlichen ergänzenden Vertragsauslegung zu entscheiden ist, ob und auf welche Art die einmaligen Abschlusskosten mit den Beiträgen zu verrechnen sind.[193] Maßgeblicher Zeitpunkt für die Feststellung und Bewertung des mutmaßlichen typisierten Parteiwillens und der Interessenlage ist der Zeitpunkt des Vertragsschlusses, da die ergänzende Vertragsauslegung eine anfängliche Regelungslücke rückwirkend schließt.[194] Nach Auffassung des 4. Senats des BGH ist die Regelungslücke im Wege einer objektiv-generalisierenden Interessenabwägung[195] in der Weise zu schließen, dass es grundsätzlich bei der Verrechnung der geleisteten, einmaligen Abschlusskosten nach dem Zillmerungsverfahren bleibt.[196] Der BGH[197] kommt allerdings für den Fall der vorzeitigen Beendigung der Beitragszahlung zu folgender richterlichen ergänzenden Vertragsauslegung:

> „Für den Fall der vorzeitigen Beendigung der Beitragszahlung bleibt jedenfalls die versprochene Leistung geschuldet; der vereinbarte Betrag der beitragsfreien Versicherungssumme und des Rückkaufswerts darf aber einen Mindestbetrag nicht unterschreiten. Dieser Mindestbetrag wird bestimmt durch die Hälfte des mit den Rechnungsgrundlagen der Prämienkalkulation berechneten ungezillmerten Deckungskapitals. Bereits erworbene Ansprüche aus einer vereinbarten Überschussbeteiligung werden dadurch nicht erhöht."

63 Gegen die vom BGH vorgenommene Auslegung spricht, dass im Zeitpunkt des Vertragsabschlusses der Versicherungsnehmer gerade kein Interesse hat, den Vertrag vorzeitig aufzugeben. Versicherer und Versicherungsnehmer schließen mit dem Willen ab, den Versicherungsvertrag entsprechend der vereinbarten Laufzeit zu erfüllen. Keine der Vertragsparteien möchte zum Zeitpunkt des Vertragsabschlusses, dass das Kollektiv mit ungetilgten Abschlusskosten belastet wird.

---

[192] Der BGH geht in seiner Pressemitteilung Nr. 138/2005 v. 12. 10. 2005 von 10 bis 15 Millionen Verträgen aus.
[193] BGH, Urt. v. 12. 10. 2005 – IV ZR 162/03 (Revisionsentscheidung z. Urt. des LG Hannover, Urt. v. 12. 6. 2003 – 19 S 108/02, VersR 2003, 1289), NJW 2005, 3559, 3565 = VersR 2005, 1565, 1570 = ZIP 2005, 2109, 2116; *Wandt*, Versicherungsrechts-Hdb., § 11 Rdn. 141; anders, jedenfalls unklar *Kollhosser* in Prölss/Martin, VVG, 27. Aufl., 2004, § 172 VVG Rdn. 36.
[194] BGH, Urt. v. 12. 10. 2005 – IV ZR 162/03 (Revisionsentscheidung z. Urt. des LG Hannover, Urt. v. 12. 6. 2003 – 19 S 108/02, VersR 2003, 1289), NJW 2005, 3559, 3565 = VersR 2005, 1565, 1570 = ZIP 2005, 2109, 2116.
[195] Vgl. BGH NJW 1990, 115.
[196] BGH, Urt. v. 12. 10. 2005 – IV ZR 162/03, NJW 2005, 3559, 3565 = VersR 2005, 1565, 1570 = ZIP 2005, 2109, 2116/2117; BGH, Urt. v. 12. 10. 2007 – IV ZR 209/03, NJW-RR 2008, 192, 193 = VersR 2008, 244 = r+s 2008, 28 f.
[197] BGH, Urt. v. 12. 10. 2005 – IV ZR 162/03, NJW 2005, 3559, 3565 = VersR 2005, 1565, 1570 = ZIP 2005, 2109, 2117; BGH, Urt. v. 12. 10. 2005 – IV ZR 177/03 (Revisionsentscheidung z. Urt. des LG Aachen, Urt. v. 10. 7. 2003 – 2 S 367/02), S. 29.

2. Ergänzende Vertragsauslegung außerhalb des Treuhänderverfahrens

Ist eine Abschlusskostenverrechnungsklausel in Anlehnung an die Entscheidung des BGH vom 9. Mai 2001[198] wegen Verstoßes gegen das Transparenzgebot für unwirksam erklärt worden, kann das Gericht im Individualprozess die dadurch entstehende Vertragslücke im Wege der ergänzenden Vertragsauslegung schließen. 64

Nach einer Entscheidung des LG Hildesheim ist so zu verfahren, als ob eine Verteilung der Abschlusskosten auf zehn Jahre vereinbart worden wäre.[199] 65

Vereinzelt wird die Rechtsprechung des BGH über die Transparenzanforderungen bei kapitalbildenden Lebensversicherungen auch auf die fondsgebundene Lebensversicherung übertragen,[200] was zu Recht Ablehnung erfahren hat.[201] Für die fondsgebundene Lebensversicherung hat das LG Düsseldorf[202] im Wege der ergänzenden Vertragsauslegung entschieden, dass die Abschlusskosten in Anlehnung an § 1 Abs. 1 Satz 1 Nr. 8 AltZertG auf einen Zeitraum von 10 Jahren zu verteilen sind.[203] 66

Ab 1. Januar 2005 sieht das AltZertG eine Verteilung der Abschlusskosten auf einen Zeitraum von fünf Jahren vor. 67

VIII. Nachforderungsanspruch des Versicherungsnehmers
1. Unterrichtung des Versicherungsnehmers

Die Aufsichtsbehörde ist nicht verpflichtet, auf die Lebensversicherungsunternehmen mit dem Ziel einzuwirken, ehemalige Kunden auf eventuell bestehende Nachforderungsansprüche und deren drohende Verjährung hinzuweisen.[204] Auch die Lebensversicherer sind hierzu nicht verpflichtet.[205] Die Versicherer können abwarten, bis ein betroffener Versicherungsnehmer sich meldet und um Neuabrechnung bittet.[206] 68

2. Verjährung

a) **Rückkaufswertanspruch.** Nach § 12 Abs. 1 Satz 1 Halbsatz 2 VVG verjähren Ansprüche aus einem Lebensversicherungsvertrag innerhalb von fünf Jahren. Die Verjährung beginnt nach § 12 Abs. 1 Satz 2 VVG mit dem Schluss des Jahres, in dem die Leistung verlangt werden kann. Unter diese Verjährungsregelungen fallen insbesondere Ansprüche auf Erstattung des Rückkaufswertes nach § 176 VVG.[207] Im Schrifttum wird die Auffassung vertreten, das die Fälligkeit der Nachforderungsansprüche gemäß § 12 Abs. 1 Satz 2 VVG i.V.m. § 11 Abs. 1 VVG auf den Tag der Verkündung der Urteile des BGH vom 12. Oktober 2005 hinausgeschoben sei, weil erst ab diesem Zeitpunkt der Versicherer eine Neu- 69

---

[198] BGHZ 147, 354 = NJW 2001, 2014 = NVersZ 2001, 308.
[199] LG Hildesheim, Urt. v. 15. 5. 2003 – 1 S 3/03, NJW-RR 2003, 1473 (Ls).
[200] LG Aachen, Urt. v. 15. 10. 2002 – 9 O 355/01, VersR 2003, 716; LG Düsseldorf, Urt. v. 30. 7. 2003 – 23 S 8/03, NJW-RR 2003, 1472.
[201] OLG Nürnberg, Urt. v. 22. 9. 1993 – 8 U 632/03, r+s 2005, 210, 211.
[202] LG Düsseldorf, Urt. v. 30. 7. 2003 – 23 S 8/03, NJW-RR 2003, 1472, 1473.
[203] Vgl. für die kapitalbildende Lebensversicherung LG Hildesheim, Urt. v. 15. 5. 2003 – 1 S 3/03, NJW-RR 2003, 1473 = NJOZ 2003, 2245 = VersR 2003, 1290.
[204] Bürkle DStR 2006, 910, 911; Schwartze VersR 2006, 1331.
[205] Schwartze VersR 2006, 1331, 1332; a. A. Schwintowski DStR 2006, 429, 432.
[206] A. A. Schwintowski EWiR 2005, 875, 876.
[207] AG Nürnberg, Urt. v. 29. 12. 2005 – 35 C 1617/05, VersR 2006, 1392; AG Hagen, Urt. v. 10. 8. 2006 – 14 C 104/06, VersR 2007, 526; AG Kenzingen, Urt. v. 26. 9. 2006 – 1 C 77/06, VersR 2007, 526; BGH, Urt. v. 14. 7. 2010 – IV ZR 208/09, VersR 2010, 1067, 1068; Römer in: Römer/Langheid, 2. Aufl., 2003, § 12 VVG Rdn. 17; Prölss in: Prölss/Martin, VVG, 27. Aufl., 2004, § 12 VVG Rdn. 6; Elfring NJW 2005, 3677, 3678; Seiffert r+s 2010, 177, 178.

berechnung des vertraglich geschuldeten Mindestrückkaufswertes vornehmen und der Versicherungsnehmer mit Aussicht auf Erfolg Klage auf sofortige Leistung erheben könne.[208] Die Verjährungsfrist beginne mithin erst dann zu laufen, wenn der Anspruch nicht nur dem Grunde, sondern auch der Höhe nach feststehe.[209] Dieser Auffassung ist nicht zu folgen.[210] § 11 Abs. 1 VVG schiebt die Fälligkeit hinaus, um dem Versicherer die Möglichkeit zu geben, nach Eintritt des Versicherungsfalls seine Leistungspflicht zu prüfen.[211] Eine solche Prüfung ist aber im Falle der vorzeitigen Kündigung nicht notwendig, da der Rückvergütungsanspruch unabhängig vom Eintritt des Versicherungsfalls entsteht.[212] Auf die Kenntnis der Höhe des Anspruchs kommt es nach § 12 Abs. 1 VVG nicht an.[213] Bei Ansprüchen auf Erstattung des Rückkaufswerts beginnt die Verjährungsfrist mit dem Zeitpunkt des Wirksamwerdens der Kündigung des Versicherungsvertrages,[214] also zum Schluss des laufenden Versicherungsjahres oder innerhalb des Versicherungsjahres mit Frist von einem Monat auf den Schluss eines jeden Ratenzahlungsabschnitts (§ 6 Nr. 1 ALB 1994).[215]

70   b) **Schadensersatzanspruch.** Gemäß § 199 Abs. 3 Nr. 1 BGB verjähren sonstige Schadensersatzansprüche ohne Rücksicht auf die Kenntnis oder grob fahrlässige Unkenntnis in zehn Jahren von ihrer Entstehung an. Als denkbar angesehen wird ein Schadensersatzanspruch unter dem Gesichtspunkt der culpa in contrahendo mit der Begründung, dass der Versicherer eine ihm gegenüber dem Versicherungsnehmer obliegende vorvertragliche Aufklärungspflicht schuldhaft verletzt habe (§§ 280 Abs. 1, 311 Abs. 2 i.V.m. § 241 Abs. 2 BGB).[216] Das OLG Nürnberg hat einen entsprechenden Anspruch mit der Begründung verneint, dass dem Versicherer jedenfalls kein Verschulden angelastet werden könne, da dieser keine Pflicht gehabt habe, sorgfältiger als die damals mit der Rechtsfrage befassten Gerichte die Transparenz der streitigen Klauseln zu prüfen.[217] Das LG Gießen hat demgegenüber entschieden, dass der Versicherer dem Versicherungsnehmer schadensersatzpflichtig sein kann, wenn er ihn bei Abschluss des Vertrages nicht hinreichend über das Risiko eines niedrigen Rückkaufswertes im Falle einer frühen Vertragskündigung belehrt hat und der Versicherungsnehmer den Vertrag bei hinreichender Belehrung nicht geschlossen hätte.[218] Die Streitfrage bedarf jedoch keiner Entscheidung, denn Ansprüche aus culpa in contrahendo verjähren bei der Lebensversicherung ebenfalls nach § 12 Abs. 1 Satz 1 2. Halbsatz VVG innerhalb von fünf Jahren.[219] Tatsächlich macht der Versicherungsnehmer mit der Nachfor-

---

[208] *Elfring* NJW 2005, 3677, 3679.
[209] *Schwintowski* EWiR 2005, 875, 876.
[210] *Seiffert* r+s 2010, 177, 178.
[211] Römer in: Römer/Langheid, VVG, 2. Aufl., § 11 VVG Rdn. 1.
[212] *Schwartze* VersR 2006, 1331, 1333.
[213] *Schwartze* VersR 2006, 1331, 1333.
[214] BGH, Urt. v. 14. 7. 2010 – IV ZR 208/09, VersR 2010, 1067, 1069; *Schwartze* VersR 2006, 1331, 1333; *Winkens/Abel* VersR 2007, 527, 528; *Kirscht* in: Halm/Engelbrecht/Krahe, Handbuch FA VersR, 3. Aufl., 2008, S. 1274 (Rdn. 54).
[215] LG Köln VersR 1994, 296; AG Nürnberg, Urt. v. 29. 12. 2005 – 35 C 1617/05; OLG München, Urt. v. 17. 2. 2009 – 25 U 3974/08, VersR 2009, 666, 667; *Winter* in: Bruck/Möller, VVG, 8. Aufl., 1988, §§ 159–178 VVG Anm. G 441; *Schwintowski* in: Berliner Komm. z. VVG, 1999, § 176 VVG Rdn. 29; *Kollhosser* in: Prölss/Martin, VVG, 27. Aufl., 2004, § 4 ALB 86 Rdn. 10.
[216] *Elfring* NJW 2005, 3677, 3678.
[217] OLG Nürnberg VersR 2005, 1375, 1377; ebenso OLG München, Urt. v. 17. 2. 2009 – 25 U 3974/08, VersR 2009, 666, 667.
[218] LG Gießen VersR 2005, 1377, 1378.
[219] *Römer* in: Römer/Langheid, 2. Aufl., 2003, § 12 VVG Rdn. 4; *Prölss* in: Prölss/Martin, VVG, 27. Aufl., 2004, § 12 VVG Rdn. 6; *Elfring* NJW 2005, 3677, 3679.

derung eines Mindestrückkaufswertes auch gar keinen Schadensersatzanspruch geltend, sondern einen Anspruch auf Vertragserfüllung, da der Anspruch auf den Rückkaufswert lediglich eine andere Erscheinungsform des Anspruchs auf die Versicherungssumme ist.[220] Ansprüche auf Gewährung einer höheren Versicherungsleistung bei Lebensversicherungen, die vor dem 31. Dezember 1999 abgewickelt wurden, sind demzufolge mit Ablauf des 31. Dezember 2004 verjährt.

3. Versteuerung der Nachzahlung

Gemäß § 20 Abs. 1 Nr. 6 EStG 2004 (vgl. § 52 Abs. 36 Satz 5 EStG) unterliegen außerrechnungsmäßige und rechnungsmäßige Zinsen aus Sparanteilen der Versteuerung. Soweit es nach den Entscheidungen des BGH vom 12. Oktober 2005 bei zwischen Mitte 1994 und Mitte 2001 geschlossenen Versicherungsverträgen zu Nachzahlungen kommt, weil die vertraglich vereinbarte Leistung in Fällen der Kündigung und Beitragsfreistellung einen Mindestbetrag von 50% des mit den Rechnungsgrundlagen der Prämienkalkulation berechneten ungezillmerten Deckungskapitals erreichen muss, sind bei bereits beendeten Verträgen in den Nachzahlungen zum bereits ausgezahlten Rückkaufswert steuerpflichtige Zinsen nicht enthalten, die dem Kapitalertragsteuerabzug unterliegen. Dies liegt daran, dass für die Erbringung der Nachzahlungen auf verzinsliches Deckungskapital nicht zurückgegriffen werden kann. Der BGH hat ausdrücklich hervorgehoben, dass bei der Ermittlung des Mindestbetrags die versprochene Leistung geschuldet bleibt und dass es grundsätzlich bei der Verrechnung der geleisteten, einmaligen Abschlusskosten nach dem Zillmerungsverfahren bleibt. Insoweit hat er den LVU nicht aufgegeben, ihre Kalkulationsgrundlagen für den betroffenen Bestand derart anzupassen, dass die Abschlusskosten für einen längeren Zeitraum mit der Folge zu verteilen wären, dass für die Ermittlung des Mindestbetrags ein von Beginn an vorhandenes zusätzliches – und damit verzinsliches – Deckungskapital zur Verfügung stünde, das zu weiteren im Mindestbetrag enthaltenen rechnungsmäßigen Zinsen führen könnte. Zudem hat der BGH ausdrücklich klargestellt, dass bereits erworbene Ansprüche aus einer vereinbarten Überschussbeteiligung bei der Ermittlung des Mindestbetrags nicht erhöht werden. 71

Bei Verträgen, die beitragsfrei gestellt wurden, bei denen bislang aber mangels Kündigung noch keine Auszahlung eines Rückkaufswerts erfolgt ist, können weitere – ggf. steuerpflichtige – Zinsen ab dem Zeitpunkt entstehen, ab dem unter Anwendung des Urteils des BGH vom 12. Oktober 2005 die Deckungsrückstellung angehoben wird. Die Steuerpflicht tritt aber regelmäßig erst dann ein, wenn eine Auszahlung aufgrund eines Rückkaufs vor Ablauf von 12 Jahren seit Vertragsabschluss erfolgt. 72

§ 11 Was ist zu beachten, wenn eine Versicherungsleistung verlangt wird?

(1) Leistungen aus dem Versicherungsvertrag erbringen wir gegen Vorlage des Versicherungsscheins.

(2) Der Tod der versicherten Person ist uns unverzüglich anzuzeigen. Außer dem Versicherungsschein sind uns einzureichen
– eine amtliche, Alter und Geburtsort enthaltende Sterbeurkunde,
– ein ausführliches, ärztliches oder amtliches Zeugnis über die Todesursache sowie über Beginn und Verlauf der Krankheit, die zum Tode der versicherten Person geführt hat.

---

[220] Vgl. *Elfring*, Drittwirkungen der Lebensversicherung, 2003, S. 105 m. w. Nachw.; *derselbe* NJW 2005, 3677, 3679.

ALB 2006 § 12

(3) Zur Klärung unserer Leistungspflicht können wir notwendige weitere Nachweise verlangen und erforderliche Erhebungen selbst anstellen. Die mit den Nachweisen verbundenen Kosten trägt derjenige, der die Versicherungsleistung beansprucht.

(4) Unsere Leistungen überweisen wir dem Empfangsberechtigten auf seine Kosten. Bei Überweisungen in Länder außerhalb des Europäischen Wirtschaftsraumes trägt der Empfangsberechtigte auch die damit verbundene Gefahr.

Anmerkung

1 In den ALB 1994 lautete die § 11 ALB 2006 entsprechende Klausel wie folgt:

„§ 10 Was ist bei Fälligkeit der Versicherungsleistung zu beachten?

(Musterbedingungen des GDV – ALB 1994)

(1) Leistungen aus dem Versicherungsvertrag erbringen wir gegen Vorlage des Versicherungsscheins. Zusätzlich können wir auch den Nachweis der letzten Beitragszahlung verlangen.

(2) Der Tod des Versicherten ist uns unverzüglich anzuzeigen. Außer den in Absatz 1 genannten Unterlagen sind uns einzureichen
– eine amtliche, Alter und Geburtsort enthaltende Sterbeurkunde,
– ein ausführliches ärztliches oder amtliches Zeugnis über die Todesursache sowie über Beginn und Verlauf der Krankheit, die zum Tode des Versicherten geführt hat.

(3) Zur Klärung unserer Leistungspflicht können wir notwendige weitere Nachweise verlangen und erforderliche Erhebungen selbst anstellen. (Der Versicherer kann auf die obigen Voraussetzungen verzichten.)

(4) Die mit den Nachweisen verbundenen Kosten trägt derjenige, der die Versicherungsleistung beansprucht."

2 Die ALB 1994 enthielten noch folgende Klausel:

„§ 11 Wo sind die vertraglichen Verpflichtungen zu erfüllen?

(Musterbedingungen des GDV – ALB 1994)

(1) Unsere Leistungen überweisen wir dem Empfangsberechtigten auf seine Kosten. Bei Überweisungen in das Ausland trägt der Empfangsberechtigte auch die damit verbundene Gefahr.

(2) Die Übermittlung Ihrer Beiträge erfolgt auf Ihre Gefahr und Ihre Kosten. Für die Rechtzeitigkeit der Beitragszahlung genügt es, wenn sie fristgerecht (vgl. §§ 4 Abs. 4 und 5 Abs. 2) alles getan haben, damit der Beitrag bei uns eingeht.

Bemerkung
Bei Tarifen, bei denen die Versicherungsperiode mit dem Beitragszahlungsabschnitt übereinstimmt, ist in Abs. 2 Satz 2 auf §§ 4 Abs. 3 und 5 Abs. 2 zu verweisen.

Die §§ 10 und 11 ALB 1994 wurden im Zuge der Überarbeitung der Musterbedingungswerke der Lebensversicherung im Jahre 2001 zusammengefasst.[1] Die neue Fassung des § 11 ALB 2001 ist mit § 11 ALB 2006 identisch.[2] Im Übrigen siehe die Kommentierung bei den §§ 9 und 10 ALB 1986.

§ 12 Welche Bedeutung hat der Versicherungsschein?

(1) Den Inhaber des Versicherungsscheins können wir als berechtigt ansehen, über die Rechte aus dem Versicherungsvertrag zu verfügen, insbesondere Leistungen in Empfang zu nehmen. Wir können aber verlangen, dass uns der Inhaber des Versicherungsscheins seine Berechtigung nachweist.

(2) In den Fällen des § 13 Abs. 4 brauchen wir den Nachweis der Berechtigung nur dann anzuerkennen, wenn uns die schriftliche Anzeige des bisherigen Berechtigten vorliegt.

---

[1] GDV-Rundschreiben 0007/2001 v. 30. 1. 2001; GDV-Rundschreiben 1358/2001 v. 5. 7. 2001.
[2] GDV-Rundschreiben 1319/2006 v. 4. 5. 2006.

Empfänger der Versicherungsleistung §§ 13, 14 ALB 2006

Anmerkung

Die Vorschrift stimmt mit § 11 ALB 1986 überein. Sie wurde in den ALB 1994 als § 12 ALB 1994 fortgeführt. § 12 Abs. 2 ALB 1994 verweist allerdings wegen der Neustrukturierung auf § 14 Abs. 4 ALB 1994. Im Rahmen der Überarbeitung der Musterbedingungswerke der Lebensversicherung erhielt § 12 ALB 1994 im Jahre 2001 wieder die Fassung von § 11 ALB 1986 und wurde als § 12 ALB 2001 fortgeführt[1] und stimmt mit § 12 ALB 2006 überein.[2] Die Vorschrift entspricht § 12 ALB 2008. Siehe die dortige Kommentierung.

§ 13 Wer erhält die Versicherungsleistung?

(1) **Die Leistung aus dem Versicherungsvertrag erbringen wir an Sie als unseren Versicherungsnehmer oder an Ihre Erben, falls Sie uns keine andere Person benannt haben, die bei Eintritt des Versicherungsfalls die Ansprüche aus dem Versicherungsvertrag erwerben soll (Bezugsberechtigter). Bis zum Eintritt des Versicherungsfalls können Sie das Bezugsrecht jederzeit widerrufen.**

(2) **Sie können ausdrücklich bestimmen, dass der Bezugsberechtigte sofort und unwiderruflich die Ansprüche aus dem Versicherungsvertrag erwerben soll. Sobald wir Ihre Erklärung erhalten haben, kann dieses Bezugsrecht nur noch mit Zustimmung des von Ihnen Benannten aufgehoben werden.**

(3) **Sie können Ihre Rechte aus dem Versicherungsvertrag auch abtreten oder verpfänden.**

(4) **Die Einräumung und der Widerruf eines Bezugsrechts sowie eine Abtretung oder Verpfändung von Ansprüchen aus dem Versicherungsvertrag sind uns gegenüber nur und erst dann wirksam, wenn sie uns vom bisherigen Berechtigten schriftlich angezeigt worden sind.**

Anmerkung

Siehe die Kommentierung bei § 13 ALB 2008.

§ 14 Was gilt für Mitteilungen, die sich auf das Versicherungsverhältnis beziehen?

(1) **Mitteilungen, die das bestehende Versicherungsverhältnis betreffen, müssen stets schriftlich erfolgen. Für uns bestimmte Mitteilungen werden wirksam, sobald sie uns zugegangen sind. Vermittler sind zu ihrer Entgegennahme nicht bevollmächtigt.**

(2) **Eine Änderung Ihrer Postanschrift müssen Sie uns unverzüglich mitteilen. Anderenfalls können für Sie Nachteile entstehen, da wir eine an Sie zu richtende Willenserklärung mit eingeschriebenem Brief an Ihre uns zuletzt bekannte Anschrift senden können. In diesem Fall wird unsere Erklärung zu dem Zeitpunkt wirksam, in dem sie Ihnen ohne die Änderung der Anschrift bei regelmäßiger Beförderung zugegangen wäre. Dies gilt auch, wenn Sie die Versicherung in Ihrem Gewerbebetrieb genommen und Ihre gewerbliche Niederlassung verlegt haben.**

(3) **Bei Änderung Ihres Namens gilt Absatz 2 entsprechend.**

I. Fassung

Der GDV hat den LVU diese Klausel im Jahre 1994 als § 13 ALB 1994 in folgender Fassung verlautbart: 1

---

[1] GDV-Rundschreiben 0007/2001 v. 30. 1. 2001; GDV-Rundschreiben 1358/2001 v. 5. 7. 2001.
[2] GDV-Rundschreiben 1319/2006 v. 4. 5. 2006.

> "§ 13 Was gilt für Mitteilungen, die sich auf das Versicherungsverhältnis beziehen?
> (1) Mitteilungen, die das Versicherungsverhältnis betreffen, müssen stets schriftlich erfolgen. Für uns bestimmte Mitteilungen werden wirksam, sobald sie uns zugegangen sind. Versicherungsvertreter sind zu ihrer Entgegennahme nicht bevollmächtigt.
> (2) Eine Änderung Ihrer Postanschrift müssen Sie uns unverzüglich mitteilen. Anderenfalls können für Sie Nachteile entstehen, da eine an Sie zu richtende Willenserklärung mit eingeschriebenem Brief an Ihre uns zuletzt bekannte Wohnung abgesandt werden kann; unsere Erklärung wird in dem Zeitpunkt wirksam, in welchem sie Ihnen ohne die Wohnungsänderung bei regelmäßiger Beförderung zugegangen sein würde. Dies gilt auch, wenn Sie die Versicherung in Ihrem Gewerbebetrieb genommen und Ihre gewerbliche Niederlassung verlegt haben.
> (3) Bei Änderung Ihres Namens gilt Abs. 2 entsprechend.
> (4) Wenn Sie sich für längere Zeit außerhalb der Bundesrepublik Deutschland aufhalten, sollten Sie uns auch in Ihrem Interesse eine im Inland ansässige Person benennen, die bevollmächtigt ist, unsere Mitteilungen für Sie entgegenzunehmen (Zustellungsbevollmächtigter)."

Im Zuge der Überarbeitung der Bedingungswerke wurde die Klausel im Jahre 2001 modifiziert[1]. Die neue Fassung aus dem Jahre 2001 stimmt mit § 14 ALB 2006 überein und wurde infolgedessen bis dahin nicht verändert.

II. Vergleich § 13 ALB 1994 mit § 12 ALB 1986

2 § 13 Abs. 1 ALB 1994 entspricht § 12 Abs. 1 ALB 1986.
3 § 13 Abs. 2 ALB 1994 enthält die Pflicht zur Mitteilung von Änderungen der Postanschrift. Während sich die bisherigen ALB lediglich darauf beschränkten, auf die „Nachteile" bei der Nichtbefolgung zu verweisen (vgl. § 12 Abs. 2 ALB 1986), werden diese Folgen, die sich aus § 10 VVG ergeben, nunmehr im Einzelnen dargestellt.
4 § 13 Abs. 3 ALB 1994 regelt die entsprechende Anwendung von § 13 Abs. 2 ALB 1994 bei Namensänderungen. Diese Zugangsfiktion geht über § 10 VVG hinaus.[2] Dies ist zwar grundsätzlich möglich, weil § 10 VVG abänderlich ist, trifft bei Erklärungen von besonderer Bedeutung aber auf Bedenken hinsichtlich der Vereinbarkeit mit § 10 Nr. 6 AGBG.[3]
In § 13 Abs. 4 ALB 1994 ist der bisherige Zusatz „einschließlich des Landes Berlin" nicht mehr enthalten. Im Übrigen siehe die Kommentierung bei § 12 ALB 1986.

> § 15 Welche Kosten stellen wir Ihnen gesondert in Rechnung?
> (1) Falls aus besonderen, von Ihnen veranlassten Gründen ein zusätzlicher Verwaltungsaufwand verursacht wird, können wir die in solchen Fällen durchschnittlich entstehenden Kosten als pauschalen Abgeltungsbetrag gesondert in Rechnung stellen. Dies gilt bei
> – Erteilung einer Ersatzurkunde für den Versicherungsschein
> – schriftlicher Fristsetzung bei Nichtzahlung von Folgebeiträgen
> – Verzug mit Beiträgen
> – Rückläufern im Lastschriftverfahren
> – Durchführung von Vertragsänderungen
> – Bearbeitung von Abtretungen oder Verpfändungen
> – ...[1]

---

[1] GDV-Rundschreiben 0007/2001 v. 30. 1. 2001.
[2] *Kollhosser* in: Prölss/Martin, VVG, 26. Aufl., 1998, § 13 ALB 1994 Anm. 3.
[3] *Kollhosser* in: Prölss/Martin, VVG, 26. Aufl., 1998, § 13 ALB 1994 Anm. 3.
[1] Unternehmensindividuell auszufüllen.

Gerichtsstand §§ 16, 17 ALB 2006

(2) Sofern Sie uns nachweisen, dass die dem pauschalen Abgeltungsbetrag zugrunde liegenden Annahmen in Ihrem Fall entweder dem Grunde nach nicht zutreffen oder der Höhe nach wesentlich niedriger zu beziffern sind, entfällt der Abgeltungsbetrag bzw. wird – im letzteren Falle – entsprechend herabgesetzt.

Anmerkung

Siehe die Kommentierung bei § 15 ALB 2008.

§ 16 Welches Recht findet auf Ihren Vertrag Anwendung?

Auf Ihren Vertrag findet das Recht der Bundesrepublik Deutschland Anwendung.

Anmerkung

Die Regelung findet sich erstmals in § 18 ALB 1994 und wird seit der Überarbeitung der Bedingungswerke als § 16 ALB 2006, aber in unveränderter Fassung fortgeführt. Im Übrigen siehe die Kommentierung bei § 16 ALB 2008.

§ 17 Wo ist der Gerichtsstand?

Ansprüche aus Ihrem Versicherungsvertrag können gegen uns bei dem für unseren Geschäftssitz oder für unsere Niederlassung örtlich zuständigen Gericht geltend gemacht werden. Ist Ihre Versicherung durch Vermittlung eines Versicherungsvertreters zustande gekommen, kann auch das Gericht des Ortes angerufen werden, an dem der Vertreter zur Zeit der Vermittlung seine gewerbliche Niederlassung oder, wenn er eine solche nicht unterhielt, seinen Wohnsitz hatte.
Wir können Ansprüche aus dem Versicherungsvertrag an dem für Ihren Wohnsitz zuständigen Gericht geltend machen. Weitere gesetzliche Gerichtsstände können sich an dem für den Sitz oder die Niederlassung Ihres Geschäfts- oder Gewerbebetriebs örtlich zuständigen Gericht ergeben.

Bemerkung

Die Versicherungsunternehmen können die AVB um Bedingungsänderungs- und salvatorische Klauseln ergänzen.

Anmerkung

Die Fassung des § 17 ALB 2006 ist seit den ALB 1994 unverändert und entspricht wörtlich der Fassung des § 19 ALB 1994. § 19 ALB 1994 ist allerdings eine Neufassung des § 15 ALB 1986. § 15 Satz 1 ALB 1986 wurde um die Wörter „oder für unsere Niederlassung" ergänzt. Ferner wurde „unterhält" in § 15 Satz 2 ALB 1986 zu „unterhielt". Schlussendlich wurde § 15 ALB 1986 um einen weiteren Absatz ergänzt, der die Gerichtsstände des Versicherers behandelt. Im Übrigen wird auf die Kommentierung bei § 17 ALB 2008 verwiesen.

Anhang der AVB zur Kündigung und Beitragsfreistellung Ihrer Versicherung[1]

– Bei Ihrer Versicherung handelt es sich um ein langfristig kalkuliertes Produkt, bei dem schon bei Vertragsschluss eine Garantieleistung – Kapital im Todes- und im Erlebensfall – fest zugesagt wird. Daneben übernehmen wir – je nach Vereinbarung – weitere Risiken. Wir dürfen diese Leistungsversprechen nur unter Berücksichtigung angemessener versicherungsmathematischer Annahmen abgeben.

Beiträge und Leistungen werden unter der Annahme berechnet, dass der Vertrag nicht vorzeitig beendet wird. Die durch eine Kündigung entstehenden Belastungen für den Bestand müssen daher von den kündigenden Versicherungsnehmern getragen werden. Würden diese Kosten dagegen allen Versicherungsnehmern in Rechnung gestellt, könnte der Versicherungsschutz nur ungleich teurer angeboten werden.

Wesentliches Kriterium ist schließlich der Gedanke der Risikogemeinschaft. Dies bedeutet, dass wir sowohl bei der Produktkalkulation als auch bei Gestaltung und Durchführung des Vertrages stets darauf achten, dass die Belange der Gesamtheit der Versicherungsnehmer gewahrt werden.

– Die Kündigung oder Beitragsfreistellung Ihrer Versicherung ist mit Nachteilen verbunden.
– In der Anfangszeit Ihrer Versicherung ist kein Rückkaufswert vorhanden. Der Rückkaufswert erreicht auch in den Folgejahren nicht unbedingt die Summe der eingezahlten Beiträge. Er wird nach den anerkannten Regeln der Versicherungsmathematik für den Schluss der laufenden Versicherungsperiode als Zeitwert Ihrer Versicherung berechnet, wobei der in den Versicherungsbedingungen vereinbarte Abzug erfolgt.[2] Bei seiner Kalkulation werden folgende Umstände berücksichtigt:[3]

Veränderungen der Risiko- und Ertragslage

Die Kalkulation von Versicherungsprodukten basiert darauf, dass die Risikogemeinschaft sich gleichmäßig aus Versicherungsnehmern mit einem hohen und einem geringeren Risiko zusammensetzt. Da Personen mit einem geringen Risiko die Risikogemeinschaft eher verlassen als Personen mit einem hohen Risiko, wird in Form eines kalkulatorischen Ausgleichs sichergestellt, dass der Risikogemeinschaft durch die vorzeitige Vertragskündigung kein Nachteil entsteht.

Wir kalkulieren im Übrigen so, dass alle Verträge über ihre Laufzeit hinweg zu den Erträgen beitragen. Diese Erträge fallen i. d. R. erst in späteren Versicherungsjahren an. Vorzeitige Vertragsauflösungen schmälern daher den tariflich kalkulierten Ertrag.

Noch nicht getilgte Abschlusskosten

Ein Teil der für den Abschluss von Versicherungen kalkulierten Kosten wird bereits mit den ersten Beiträgen Ihrer Versicherung verrechnet. Hierdurch werden Vorfinanzierungskosten vermieden und es wird ein günstigerer Versicherungsschutz ermöglicht. Die verbleibenden Abschlusskosten werden von den laufenden Beiträgen einbehalten bzw. bei beitragsfreien Verträgen von künftigen Erträgen Ihrer Versicherung finanziert. Kündigen Sie Ihre Versicherung, hätte dies zur Folge, dass der noch nicht getilgte Teil dieser Kosten von der verbleibenden Risikogemeinschaft getragen werden müsste. Diese Kosten werden daher im Rahmen des Abzugs berücksichtigt.

Ausgleich für kollektiv gestelltes Risikokapital

Wir bieten Ihnen im Rahmen des vereinbarten Versicherungsschutzes Garantien und Optionen. Dies ist möglich, weil ein Teil des dafür erforderlichen Risikokapitals (Solvenzmittel) durch den Versichertenbestand zur Verfügung gestellt wird. Bei Neuab-

---

[1] Fassung v. 4. 5. 2006. Dieser Anhang ist für die Versicherer unverbindlich; seine Verwendung ist rein fakultativ. Abweichende Formulierungen können verwendet werden.

[2] Ggf. unternehmensindividuell zu modifizieren.

[3] Die folgenden Ausführungen sind unternehmensindividuell anzupassen, sofern ein Abzug auch aus anderen Gründen oder aus nicht allen dort genannten Gründen erfolgt.

schluss eines Vertrages partizipiert dieser an bereits vorhandenen Solvenzmitteln. Während der Laufzeit muss der Vertrag daher Solvenzmittel zur Verfügung stellen. Bei Vertragskündigung gehen diese Solvenzmittel dem verbleibenden Bestand verloren und müssen deshalb im Rahmen des Abzugs ausgeglichen werden. Der interne Aufbau von Risikokapital ist regelmäßig für alle Versicherungsnehmer die günstigste Finanzierungsmöglichkeit von Optionen und Garantien, da eine Finanzierung über externes Kapital wesentlich teurer wäre.

Verminderte Kapitalerträge

Die Möglichkeit der Kündigung von Verträgen erfordert das Vorhalten erhöhter liquider Mittel und ist ggf. mit der vorzeitigen Liquidierung von Kapitalanlagen verbunden. Unabhängig von Wertschwankungen verursacht dies Aufwände und Ertragsverluste.[4]
– Im Falle der Beitragsfreistellung gelten vorstehende Ausführungen entsprechend. Ein Abzug wegen verminderter Kapitalerträge kommt hier allerdings nicht zum Zuge.[5]
– Sofern Sie uns nachweisen, dass die dem Abzug zugrunde liegenden Annahmen in Ihrem Fall entweder dem Grunde nach nicht zutreffen oder der Abzug wesentlich niedriger zu beziffern ist, entfällt der Abzug bzw. wird – im letzteren Falle – entsprechend herabgesetzt.
– Nähere Informationen zum Rückkaufswert und zur beitragsfreien Versicherungsleistung sowie zu deren jeweiliger Höhe können Sie Ihrem Versicherungsschein entnehmen.

---

[4] Ggf. unternehmensindividuell modifizieren.
[5] Ggf. unternehmensindividuell modifizieren.

Anhang der AVB zur Überschussbeteiligung für die kapitalbildende Lebensversicherung[1]

Informationen zur Überschussermittlung und -beteiligung

Charakteristisch für die Lebensversicherung sind die langfristigen Garantien. Garantiert wird über eine lange Vertragslaufzeit hinweg die vereinbarte Versicherungsleistung bei gleichbleibenden Beiträgen.[2] Unabhängig von dem jeweiligen Verlauf der Kapitalmärkte haben Sie damit in jeder Lebensphase die Planungssicherheit, die Sie für die Altersvorsorge brauchen.

Die Ihnen gegebenen Garantien erfordern von uns eine vorsichtige Tarifkalkulation. Wir müssen ausreichend Vorsorge treffen für Veränderungen der Kapitalmärkte, eine ungünstige Entwicklung der versicherten Risiken und der Kosten. Unsere vorsichtigen Annahmen bezüglich der Kapitalanlagenverzinsung und der Entwicklung der versicherten Risiken und der Kosten führen zu Überschüssen, an denen wir Sie beteiligen. Durch die jährliche Überschussbeteiligung erhöht sich die Ihnen garantierte Versicherungsleistung.[3]

Im Folgenden möchten wir Ihnen die wichtigsten Schritte von der Entstehung der Überschüsse bis zu deren Verteilung auf die einzelnen Versicherungen etwas ausführlicher erläutern.

Wie entstehen die Überschüsse?

Überschüsse erzielen wir in der Regel aus dem Kapitalanlage-, dem Risiko- und dem Kostenergebnis. Die Überschüsse sind umso größer, je erfolgreicher unsere Kapitalanlagepolitik ist, je weniger Versicherungsfälle eintreten und je sparsamer wir wirtschaften.

– Kapitalanlageergebnis

Der größte Teil des Überschusses stammt aus den Erträgen der Kapitalanlagen. Damit wir unsere Verpflichtungen aus den Versicherungsverträgen jederzeit erfüllen können, müssen wir eine Deckungsrückstellung bilden und Mittel in entsprechender Höhe anlegen (z. B. in festverzinslichen Wertpapieren, Hypotheken, Darlehen, Aktien und Immobilien). Dies überwachen unser Verantwortlicher Aktuar und unser Treuhänder für das Sicherungsvermögen. Bei der Berechnung der Deckungsrückstellung wird ein Zinssatz von …% zugrunde gelegt. Dies bedeutet, dass sich die Vermögenswerte mindestens in dieser Höhe verzinsen müssen. In der Regel übersteigen die Kapitalerträge diesen Mindestzins, da wir das Vermögen nach den Prinzipien möglichst großer Rentabilität und Sicherheit anlegen. Außerdem beachten wir den wichtigen Grundsatz der Mischung und Streuung. Dadurch lassen sich bei gleichem Risiko höhere Renditen erzielen, weil sich Ertragsschwankungen teilweise untereinander ausgleichen.

Auf das Kapitalanlageergebnis wirken sich natürlich auch die Aufwendungen für das Management der Kapitalanlagen, Abschreibungen, Zuschreibungen und die Realisierung von Bewertungsreserven aus. Kapitalanlagen des Sicherungsvermögens dürfen höchstens mit ihren Anschaffungs- oder Herstellungskosten bewertet werden. Einen Einfluss auf die Bewertung hat auch, ob wir die Kapitalanlagen dauerhaft halten wollen (Anlagevermögen) oder nur vorübergehend (Umlaufvermögen). Bei Kapitalanlagen des Umlaufvermögens ist im Falle einer Wertminderung überschussmindernd auf den Wert

---

[1] Fassung vom 4. 5. 2006. Dieser Anhang der AVB zur Überschussbeteiligung ist für die Versicherer unverbindlich; seine Verwendung ist rein fakultativ. Abweichende Formulierungen können verwendet werden.

[2] Ggf. unternehmensindividuelle Änderung, wenn sich der Versicherer bei der BUZ (und/oder PRZ) das Recht zur Beitragserhöhung vorbehält oder der Anhang auch bei Einschluss der Dynamik verwendet wird.

[3] Unternehmensindividuelle Anpassung erforderlich, wenn diese Aussage für eingeschlossene Zusatzversicherungen nicht zutrifft.

zum Bilanzstichtag abzuschreiben. Bei Kapitalanlagen des Anlagevermögens muss dagegen nur bei einer voraussichtlich dauerhaften Wertminderung abgeschrieben werden. Wurden in der Vergangenheit Abschreibungen vorgenommen und steigt der Wert der Kapitalanlagen wieder, dann ist der Wertansatz in der Bilanz entsprechend zu erhöhen (sog. Wertaufholungsgebot). Dieses führt zu einem höheren Überschuss. Obergrenze für diese Zuschreibung sind bei beiden Vermögensarten die Anschaffungs- oder Herstellungskosten. Auch dies ist eine Ausprägung des Vorsichtsprinzips.

Wir möchten dies an einem Beispiel verdeutlichen:
Wenn wir für 100 000 Euro Aktien einer Gesellschaft gekauft haben, sind diese in der Bilanz auch dann mit 100 000 Euro anzusetzen, wenn sie zum Bilanzstichtag einen Wert von 150 000 Euro haben, unabhängig davon, ob es sich um Anlage- oder Umlaufvermögen handelt. Beträgt der Wert der Aktien zum Bilanzstichtag dagegen nur noch 80 000 Euro, dann ist bei Aktien des Umlaufvermögens dieser Betrag für den Wertansatz in der Bilanz maßgeblich. Bei Aktien des Anlagevermögens besteht dagegen nur dann eine Verpflichtung zur Abschreibung auf 80 000 Euro, wenn eine voraussichtlich dauerhafte Wertminderung vorliegt. Bei vorübergehender Wertminderung können die Aktien weiterhin mit 100 000 Euro in der Bilanz ausgewiesen werden. Wurde eine Abschreibung im Umlauf- oder Anlagevermögen auf 80 000 Euro vorgenommen und steigt der Kurwert der Aktien bis zum nächsten Bilanzstichtag wieder auf z. B. 120 000 Euro an, dann ist eine Zuschreibung von 20 000 Euro vorzunehmen und in der Bilanz sind wieder die ursprünglichen Anschaffungskosten von 100 000 Euro auszuweisen.

Steigt der Wert der Kapitalanlagen über die Anschaffungskosten hinaus, entstehen Bewertungsreserven. Diese bilden einen Puffer, mit dem die Überschussbeteiligung für die Kunden auch in Zeiten schwacher Kapitalmärkte eine Zeitlang stabil gehalten werden kann. Bewertungsreserven sorgen für Sicherheit, weil beispielsweise Kursrückgänge an den Aktienmärkten nicht sofort auf das Anlageergebnis durchschlagen. Sie können aber auch genutzt werden, indem etwa bei niedrigen Kapitalmarktzinsen Bewertungsreserven aufgelöst und Aktien mit Kursgewinn verkauft werden. Hierbei orientieren wir uns an den Erwartungen über die künftige Kapitalmarktentwicklung und dem Ziel, die Überschussbeteiligung unserer Kunden möglichst unabhängig von kurzfristigen Ausschlägen an den Kapitalmärkten zu halten.

– Risikoergebnis
Bei der Tarifkalkulation haben wir vorsichtige Annahmen über den Eintritt von Versicherungsfällen zugrunde gelegt. Dadurch wird sichergestellt, dass die vertraglichen Leistungen langfristig auch dann noch erfüllt werden können, wenn sich die versicherten Risiken ungünstig entwickeln. Ist der Risikoverlauf dagegen in der Realität günstiger als kalkuliert, entstehen Risikoüberschüsse.

– Kostenergebnis
Ebenso haben wir auch Annahmen über die zukünftige Kostenentwicklung getroffen. Wirtschaften wir sparsamer als kalkuliert, entstehen Kostenüberschüsse.

Wie werden die Überschüsse ermittelt und festgestellt?
Die Überschüsse werden nach den Vorschriften des Handelsgesetzbuches ermittelt und jährlich im Rahmen unseres Jahresabschlusses festgestellt. Der Jahresabschluss wird von einem unabhängigen Wirtschaftsprüfer geprüft und ist unserer Aufsichtsbehörde einzureichen.

Wie erfolgt die Überschussbeteiligung der Versicherungsnehmer?
Die von uns erwirtschafteten Überschüsse kommen zum ganz überwiegenden Teil den Versicherungsnehmern zugute. Der übrige Teil wird an die Aktionäre ausgeschüttet bzw. den Rücklagen des Unternehmens zugeführt. Eine Rechtsverordnung zu § 81c des Versicherungsaufsichtsgesetzes legt die Beteiligung der Versicherungsnehmer an den Überschüssen fest. Nach der derzeitigen Fassung der Verordnung steht den Versicherungsnehmern mindestens 90% der Nettoerträge (Bruttoerträge abzüglich Aufwendungen) aus denjenigen Kapitalanlagen zu, die für künftige Versicherungsleistungen

vorgesehen sind. Soweit die Versicherungsnehmer diese Erträge nicht über die oben erwähnte Mindestverzinsung erhalten, werden die Erträge für die Überschussbeteiligung verwendet. In der Vergangenheit haben wir regelmäßig einen deutlich höheren Anteil als 90% der Nettokapitalerträge an unsere Kunden weitergegeben. Auch an den Überschüssen aus dem Risiko- und dem Kostenergebnis beteiligen wir die Versicherungsnehmer nach der genannten Verordnung in angemessener Weise.

Da die verschiedenen Versicherungsarten in unterschiedlichem Umfang zum Überschuss beitragen, fassen wir gleichartige Versicherungen zu Gruppen zusammen. Kriterium für die Bildung einer solchen Gruppe ist vor allem das versicherte Risiko. Danach werden z. B. Kapital-Lebensversicherungen, Rentenversicherungen und Risikoversicherungen jeweils eigenen Gruppen zugeordnet.[4] Die Verteilung des Überschusses auf die einzelnen Gruppen orientiert sich daran, wie sie zu seiner Entstehung beigetragen haben.

Den Überschuss führen wir der Rückstellung für Beitragsrückerstattung zu, soweit er nicht in Form der sog. Direktgutschrift bereits unmittelbar den überschussberechtigten Versicherungen gutgeschrieben wird. Die Rückstellung darf grundsätzlich nur für die Überschussbeteiligung der Versicherungsnehmer verwendet werden. Nur ausnahmsweise können wir die Rückstellung im Interesse der Versicherungsnehmer auch zur Abwendung eines Notstandes (z. B. Verlustabdeckung) heranziehen. Hierfür benötigen wir die Zustimmung der Aufsichtsbehörde. Wie die Bewertungsreserven dient auch diese Rückstellung dazu, Ergebnisschwankungen im Zeitablauf zu glätten, d. h. auch in Zeiten schwacher Kapitalmärkte die Überschussbeteiligung für die Kunden stabil zu halten.

Wie erfolgt die Überschussbeteiligung Ihres Vertrages?

Ihre Versicherung erhält Anteile an den Überschüssen derjenigen Gruppe, die in Ihrem Versicherungsschein genannt ist. Die Mittel für die Überschussanteile werden bei der Direktgutschrift zu Lasten des Ergebnisses des Geschäftsjahres finanziert, ansonsten der Rückstellung für Beitragsrückerstattung entnommen. Die Höhe der Überschussanteilsätze wird jedes Jahr vom Vorstand unseres Unternehmens auf Vorschlag des Verantwortlichen Aktuars festgelegt. Wir veröffentlichen die Überschussanteilsätze in unserem Geschäftsbericht. Den Geschäftsbericht können Sie bei uns jederzeit anfordern.[5]

Nähere Informationen zu den Bemessungsgrößen der einzelnen Überschussanteile finden Sie in den versicherungsmathematischen Hinweisen.

Die Höhe der künftigen Überschussbeteiligung kann nicht garantiert werden!

Die Höhe der Überschussbeteiligung hängt von vielen Einflüssen ab. Diese sind – allein schon wegen der langen Vertragslaufzeit – nicht vorhersehbar und von uns nur begrenzt beeinflussbar. Wichtigster Einflussfaktor ist dabei die Zinsentwicklung des Kapitalmarkts. Aber auch die Entwicklung des versicherten Risikos und der Kosten sind von Bedeutung. Die absolute Höhe der künftigen Überschussbeteiligung kann also nicht garantiert werden. Aus den Modellrechnungen können Sie den möglichen Verlauf der Überschussbeteiligung entnehmen.[6]

---

[4] Hier ggf. unternehmensindividuelle Hinweise zu Untergruppen etc. einfügen.

[5] Allgemeine unternehmensindividuelle Hinweise zu Komponenten der Überschussanteile, zum Zuteilungszeitpunkt und zur Verwendung der Überschussanteile.

[6] Unternehmensindividuell ist darauf hinzuweisen, welche Angaben aus der Modellrechnung zu entnehmen sind (s. dazu V-Rundschreiben Nr. 0456/2000 vom 25. 2. 2000, Nr. 0346/2001 vom 12. 2. 2001, Nr. 2055/2001 vom 26. 9. 2001) und wo die Modellrechnungen zu finden sind (z. B. im Anhang zum Versicherungsschein oder zur Verbraucherinformation).

Anhang Nach § 17 ALB 2006

Versicherungsmathematische Hinweise:[7]
Die Bemessungsgrößen für die Überschussanteile werden nach versicherungsmathematischen Regeln mit den Rechnungsgrundlagen der Tarifkalkulation ermittelt. Bei der Tarifkalkulation haben wir die Sterbetafel ...[8] und die Wahrscheinlichkeitstafeln ...[9] verwendet und als Rechnungszins ...[10] angesetzt.
Bemessungsgrundlage für die jährlichen Überschussanteile
...[11]
Bemessungsgrundlage für den Schlussgewinnanteil
...[12]

---

[7] Diese Hinweise können ggf. in die jeweiligen Bestimmungen zur Überschussbeteiligung integriert werden. Dies empfiehlt sich insbesondere, wenn der Anhang für mehrere Tarife verwendet wird.
[8] Unternehmensindividuell zu ergänzen.
[9] Unternehmensindividuell zu ergänzen.
[10] Unternehmensindividuell zu ergänzen.
[11] Unternehmensindividuell zu ergänzen.
[12] Unternehmensindividuell zu ergänzen.

Teil 6. Musterbedingungen des GDV 2008

Übersicht

	Seite
A. Allgemeine Bedingungen für die kapitalbildende Lebensversicherung (ALB 2008)	1021
B. Allgemeine Bedingungen für die Berufsunfähigkeits-Zusatzversicherung (BUZ 2008)	1382
C. Allgemeine Bedingungen für die Unfall-Zusatzversicherung (UZV 2008)	1659
D. Allgemeine Bedingungen für die Berufsunfähigkeits-Versicherung (BV 2008)	1688
E. Allgemeine Bedingungen für die Pflegerenten-Zusatzversicherung (PRZ 2008)	1707
F. Allgemeine Bedingungen für die Rentenversicherung (RV 2008)..	1716
G. Allgemeine Bedingungen für die Rentenversicherung gemäß § 10 Abs. 1 Nr. 2 Buchstabe b) EStG/Basisversorgung (BasisRV 2008)	1794
H. Allgemeine Bedingungen für die Rentenversicherung und die Fondsgebundene Rentenversicherung als Altersvorsorgevertrag im Sinne des Altersvorsorgeverträge-Zertifizierungsgesetzes (RVAltZertG 2008/FRVAltZertG 2008)	1823
I. Allgemeine Bedingungen für die Fondsgebundene Lebens- und Rentenversicherung (FLV 2008 und FRV 2008)	1847
J. Allgemeine Bedingungen für die Risikoversicherung (RiV 2008)	1882
K. Allgemeine Bedingungen für die Vermögensbildungsversicherung (VML 2008)	1899
L. Allgemeine Bedingungen für die Restschuldlebensversicherung (RLV 2008)	1912
M. Allgemeine Bedingungen für die Arbeitsunfähigkeits-Zusatzversicherung (AUZ 2008)	1925
N. Allgemeine Bedingungen für den vorläufigen Versicherungsschutz in der Lebensversicherung (VVSL 2008)	1934
O. Besondere Bedingungen für die Lebensversicherung mit planmäßiger Erhöhung der Beiträge und Leistungen ohne erneute Gesundheitsprüfung (PLV 2008)	1942
P. Anhang: Aktienindexgebundene Lebensversicherung (AILV)	1947

A. Allgemeine Bedingungen für die kapitalbildende Lebensversicherung (ALB 2008)[1]

Sehr geehrte Kundin, sehr geehrter Kunde,
als Versicherungsnehmer sind Sie unser Vertragspartner; für unser Vertragsverhältnis gelten die nachfolgenden Bedingungen.

---

[1] Stand: 2. 5. 2008. GDV-Rundschreiben 850/2008 v. 7. 5. 2008: Diese Bedingungen sind für die Versicherer unverbindlich; ihre Verwendung ist rein fakultativ. Abweichende Bedingungen können vereinbart werden.

ALB 2008 § 1 Teil 6. Musterbedingungen des GDV 2008

Inhaltsverzeichnis

§ 1 Welche Leistungen erbringen wir?
§ 2 Wie erfolgt die Überschussbeteiligung?
§ 3 Wann beginnt Ihr Versicherungsschutz?
§ 4 Was gilt bei Wehrdienst, Unruhen, Krieg oder Einsatz bzw. Freisetzen von ABC-Waffen/-Stoffen?
§ 5 Was gilt bei Selbsttötung der versicherten Person?
§ 6 Was bedeutet die vorvertragliche Anzeigepflicht?
§ 7 Was haben Sie bei der Beitragszahlung zu beachten?
§ 8 Was geschieht, wenn Sie einen Beitrag nicht rechtzeitig zahlen?
§ 9 Wann können Sie Ihre Versicherung kündigen oder beitragsfrei stellen?
§ 10 Wie werden die Abschluss- und Vertriebskosten verrechnet?
§ 11 Was ist zu beachten, wenn eine Versicherungsleistung verlangt wird?
§ 12 Welche Bedeutung hat der Versicherungsschein?
§ 13 Wer erhält die Versicherungsleistung?
§ 14 Was gilt bei Änderung Ihrer Postanschrift und Ihres Namens?
§ 15 Welche Kosten stellen wir Ihnen gesondert in Rechnung?
§ 16 Welches Recht findet auf Ihren Vertrag Anwendung?
§ 17 Wo ist der Gerichtsstand?
Anhang der AVB zur Kündigung und Beitragsfreistellung Ihrer Versicherung

§ 1 Welche Leistungen erbringen wir?

(1) **Wir zahlen die vereinbarte Versicherungssumme, wenn die versicherte Person den im Versicherungsschein genannten Ablauftermin erlebt oder wenn sie vor diesem Termin stirbt.**

Bemerkung

§ 1 Abs. 1 ist bei anderer Leistungsbeschreibung entsprechend zu ändern, z.B. wie folgt:

Kapitalversicherung auf den Todes- und Erlebensfall mit Teilauszahlung

(1) Wir erbringen die vereinbarten Teilauszahlungen, wenn die versicherte Person die im Versicherungsschein genannten Auszahlungstermine erlebt. Bei Tod der versicherten Person vor dem letzten Auszahlungstermin zahlen wir die vereinbarte Versicherungssumme.

Kapitalversicherung auf den Todes- und Erlebensfall von zwei Personen

(1) Wir zahlen die vereinbarte Versicherungssumme, wenn beide versicherten Personen den im Versicherungsschein genannten Ablauftermin erleben oder wenn eine der versicherten Personen vor diesem Termin stirbt. Auch bei gleichzeitigem Tod beider versicherten Personen wird die vereinbarte Versicherungssumme nur einmal fällig.

Kapitalversicherung mit festem Auszahlungszeitpunkt, Termfixversicherung

(1) Wir zahlen die vereinbarte Versicherungssumme zu dem im Versicherungsschein genannten Ablauftermin, unabhängig davon, ob die versicherte Person diesen Zeitpunkt erlebt. Die Beitragszahlung endet bei Tod der versicherten Person, spätestens mit Ablauf der vereinbarten Versicherungsdauer.

Familienversorgungstarif

(1) Wir zahlen die vereinbarte Versicherungssumme zu dem im Versicherungsschein genannten Ablauftermin, unabhängig davon, ob die versicherte Person diesen Zeitpunkt erlebt. Stirbt die versicherte Person vor diesem Zeitpunkt, zahlen wir ein Sterbegeld von ...% der vereinbarten Versicherungssumme und zusätzlich eine monatliche Rente von ...% der Versicherungssumme von dem auf den Tod folgenden Monatsersten bis zum Ablauf der vereinbarten Versicherungsdauer. Die Beitragszahlung endet bei Tod des Versicherten, spätestens mit Ablauf der vereinbarten Versicherungsdauer.

Kapitalversicherung auf den Heiratsfall, Aussteuerversicherung

(1) Versichert sind der Versorger und das zu versorgende Kind. Wir zahlen die vereinbarte Versicherungssumme bei Heirat des zu versorgenden Kindes, spätestens zu dem im Versicherungsschein genannten Ablauftermin. Die Beitragszahlung endet bei Tod einer der versicherten

A. Allg. Bed. für die kapitalbildende LV 1 § 1 ALB 2008

Personen, bei Heirat des zu versorgenden Kindes, spätestens mit Ablauf der vereinbarten Versicherungsdauer. Stirbt das zu versorgende Kind vor Fälligkeit der Versicherungssumme, so erstatten wir die gezahlten Beiträge höchstens bis zum Betrag der Versicherungssumme. War die Versicherung durch den Tod des Versorgers oder durch vorzeitigte Einstellung der Beitragszahlung beitragsfrei gestellt, zahlen wir den Rückkaufswert der Versicherung (§ 9 Abs. 3).

Kapitalversicherung auf den Todesfall
(1) Wir zahlen die vereinbarte Versicherungssumme bei Tod des Versicherten.
(2) **Außer den im Versicherungsschein ausgewiesenen garantierten Leistungen erhalten Sie weitere Leistungen aus der Überschussbeteiligung (siehe § 2).**

Übersicht

	Rdn.
I. Fassung	1
II. Kapitalversicherung auf den Todes- und Erlebensfall	2–23
1. Zweck der Versicherung	2
2. Kreditsicherung	3
3. Kredittilgung	4
4. Kombination Kapitalversicherung mit Festdarlehen	5–22
a) Koppelung	5
b) Aufsichtsrechtliche Vorgaben	6–8
c) Aufklärungspflichten gegenüber dem Kreditnehmer	9–18
aa) Aufklärungspflicht des Kreditinstituts	9–14
bb) Aufklärungspflicht des Versicherers	15–18
d) Preisangaben im Darlehensvertrag	19–22
aa) Angabe der Kosten für die Kapitallebensversicherung	19
bb) Effektivzinsberechnung	20–22
5. Verkauf von Krediten	23
III. Kapitalversicherung auf den Todes- und Erlebensfall mit Teilauszahlung	24
IV. Kapitalversicherung auf den Todes- und Erlebensfall von zwei Personen	25, 26
V. Kapitalversicherung mit festem Auszahlungszeitpunkt, Termfixversicherung	27
VI. Kapitalversicherung auf den Heiratsfall, Aussteuerversicherung	28–35
1. Tarif Altbestand	28
2. Beitragszahlungspflicht	29
3. Fälligkeit	30
4. Kündigung	31
5. Ausstattungsversprechen	32, 33
a) Inhalt	32
b) Absicherung	33
6. Auskunftsanspruch	34
7. Rechtsmissbrauch	35
VII. Garantierte Leistungen	36–36b
1. Mindestverzinsung	36
2. Sicherstellung der dauerhaften Erfüllbarkeit der Versicherungsverträge	36a
3. Sicherungsvermögen	36b

I. Fassung

Im Zuge der Neufassung der ALB 1994 im Jahre 2001 wurde der Begriff „Versicherter" durch den Begriff „versicherte Person" ersetzt. Ferner wurde ein neuer Absatz angefügt, in dem der Kunde auf § 2 hingewiesen wird. In dieser Bestimmung wird zum Ausdruck gebracht, dass der Kunde außer den im Versicherungs-

1

schein ausgewiesenen garantierten Leistungen weitere Leistungen aus der Überschussbeteiligung erhält. Solange die Zeitwertregelung bestand, stellten die Vorfassungen bei der Aussteuerversicherung auf den Zeitwert ab. Seit der Geltung des VVG 2008 wird der Rückkaufswert der Versicherung gezahlt.

II. Kapitalversicherung auf den Todes- und Erlebensfall

AuVdBAV: GB BAV 1966, 41 und GB BAV 1967, 52 (Hypothekendarlehen in Verbindung mit Lebensversicherungsverträgen); GB BAV 1967, 52 (Sondervergünstigungen im Zusammenhang mit Hypothekendarlehen); GB BAV 1968, 50 (Rechtsverbindliche Erklärung eines VN gegenüber dem Hypothekenantragsvermittler eines LVU); GB BAV 1972, 32 (Verordnung über Preisangaben); GB BAV 1972, 32 (Vermittlungstätigkeit von Versicherungsunternehmen); GB BAV 1972, 48 (Hypothekenanrecht und Schicksal des Lebensversicherungsvertrages); VerBAV 1974, 34 (Verlautbarung zur Verordnung über Preisangaben vom 10. 5. 1973); GB BAV 1979, 27 (Anwendung der Gewerbeordnung auf Versicherungsunternehmen); GB BAV 1980, 46 (Marktgerechte Verzinsung von Hypothekendarlehen); GB BAV 1984, 44 und GB BAV 1986, 46 (Zur Vergabe von Hypothekendarlehen); GB BAV 1985, 54 (Provisionsabgabe an darlehensgebende Bank); GB BAV 1987, 44 (Provisionsabgabe = Verbot – Rückerstattung Disagio).

Schrifttum: *Ady/Paetz,* Die Umsetzung der Verbraucherkreditlinie in deutsches Recht und besondere verbraucherpolitische Aspekte, WM 2009, 1061; *Dahm,* Finanzierungsinstrument Lebensversicherung, Köln, Bank-Verlag, 1996; *Dommermuth,* Unternehmensfinanzierung durch Tilgungsversicherung, Diss. Regensburg 1990, Wiesbaden, 1991; *Feilmeier,* Finanzierungsmodelle – Fragen bei der praktischen Verwirklichung, VW 1979, 1193; *Fleischmann,* Darlehnshingabe mit Sachversicherungsforderungen, VersR 1955, 129; *Freytag,* Lebensversicherung als Kreditgrundlage, VW 1968, 1102; *Früh,* Der Anspruch des Darlehensnehmers auf Einwilligung in die vorzeitige Darlehensrückzahlung, NJW 1999, 2623; *Geßner,* Aufklärungspflichten über Kick-Backs bei der Distribution von Restschuldversicherungsverträgen, VuR 2009, 243; *Heinrichs,* Der Gewerbesteuer-Einfluss bei den Finanzierungskosten: Berücksichtigung beim Vergleich der Netto-Belastung von Annuitäten-/Tilgungsdarlehen und Festdarlehen mit Tilgungs-Lebensversicherung, VW 1993, 1557; *Horlemann,* Die Kapitallebensversicherung und ihre Erträge im deutschen Einkommensteuersystem: Verwendung von Lebensversicherungen zur Darlehenssicherung; die aktuelle Rechtslage seit dem Steueränderungsgesetz und der VAG-Novelle, Karlsruhe, VVW, 1995; *Jaeger,* Die Finanzierung und Kreditsicherung mit Lebensversicherungen: Hinweise für die Praxis, Karlsruhe, VVW, 1994; *Jehl,* Die allgemeine vertrauensrechtliche und deliktsrechtliche Prospekthaftung der Banken und Versicherungen unter dem Blickwinkel des neuen § 264a StGB, DB 1987, 1772; *Kieninger,* Aufklärungspflichten bei fremdfinanzierter Lebensversicherung als Kapitalanlage, NVersZ 1999, 118; *Klinkmann,* Zurechnung von Lebensversicherungen zum Betriebs- oder Privatvermögen bei Absicherung betrieblicher Darlehen, BB 1998, 1233; *Loy,* Finanzierungen unter Einsatz von Lebensversicherungen, 2. Aufl., Köln, Deubner, 1995; *Lübbert,* Die Abhängigkeit der Lebensversicherung als Finanzierungsinstrument vom Investitionsobjekt, BB 1996, 2273; *Mauer,* Kreditsicherung mit Versicherungspolice, ZK 1954, 678; *Meyer-Scharenberg,* Finanzierung mit Lebensversicherungen: Strategien zur steueroptimalen Gestaltung, 2. Aufl., München, Beck, 1996; *Mohr,* Verbindung von Darlehensgewährungen mit Lebensversicherungsabschlüssen, VersR 1956, 671; *Nittel/Knöpfel,* Die Haftung des Anlageberaters wegen Nichtaufklärung über Zuwendungen – die gar nicht so neue Rechtsprechung des BGH, BKR 2009, 411; *Präve,* Die selbständige Dread-Disease-Versicherung, ZVersWiss 98, 355; *Reifner,* Rechtsprobleme des Lebensversicherungskredits, ZIP 1988, 817; *Rösler,* Alternativ oder kumulativ: Die Vorfälligkeitsschädigung als unendliche Geschichte? – Zugleich eine Entgegnung zu *Grönwoldt/Bleuel,* DB 1997, 2062ff –, DB 1998, 248; *Schnauder,* Sorgfalts- und Aufklärungspflichten im Kreditgeschäft, JZ 2007, 1009; *Schwab,* Globalsicherheiten und Freigabeklauseln vor dem Großen Senat, WM 1997, 1883; *Schwintowski/Ortmann,* Kostentransparenz in der Lebensversicherung – eine empirisch-normative Analyse, VersR 2009, 728; *Serick,* Das normative Leitbild der gewohnheitsrechtlichen Sicherungstreuhand und ihrer Haftobergrenze auf der Waage des Großen Senats für Zivilsachen, WM 1997, 2053; *Taupitz,* Zinsberechnungsklauseln – dritter Akt, NJW 1989, 2242; ZfV 1989, 433 (Kreditvertrag und Lebensversicherung); *Waldow,* Die Bewertung der gemischten Kapitallebensversicherung, Karlsruhe, VVW, 2003.

1. Zweck der Versicherung

Viele Bundesbürger nutzen die Kapitalversicherung auf den Todes- und Erlebensfall für den langfristigen und sicheren Aufbau von Kapital für ihr Alter und um die Familie für den Fall ihres vorzeitigen Ablebens zu schützen. Die kapitalbildende Lebensversicherung ist von daher für die Existenzsicherung der Bürger von Bedeutung[2] und sichert als Hypothekentilgungsversicherung die Familie im Falle des vorzeitigen Ablebens des versicherten Kreditnehmers und bezweckt im Erlebensfall die Tilgung des aufgenommenen Kredits.[3] Haben Eheleute den Kredit gemeinsam aufgenommen und soll der Kredit durch eine Lebensversicherung abgelöst werden, steht das angesparte Versicherungsguthaben ungeachtet der formalen Zuordnung der Versicherung beiden Eheleuten zu gleichen Anteilen zu, und zwar unabhängig vom Verhältnis der geleisteten Einzahlungen.[4]

2. Kreditsicherung

Bei der Aufnahme von Krediten wird vom Kreditnehmer häufig der Kredit mit einer Kapitalversicherung auf den Todes- und Erlebensfall als (weitere) Sicherheit unterlegt. In der Praxis kommt auch die Kombination von Konsumentenkredit und Kapitalversicherung vor.[5] Bekannt ist der Einsatz der Kapitalversicherung ferner bei den sog. Berlin-Darlehen,[6] beim Immobilienleasing,[7] bei Avalkrediten[8] oder bei Zinsdifferenzgeschäften.[9] Bei den Zinsdifferenzgeschäften wird ein Kredit im Ausland aufgenommen, um hiermit einen Einmalbeitrag für ein Beitragsdepot zu finanzieren, aus dem die Beiträge für eine Kapitalversicherung gezahlt werden, die der finanzierenden Bank als Sicherheit dient. Häufiger ist die Kombination von Realkredit und Kapitalversicherung beim Objekterwerb (Haus, Eigentumswohnung, Grundstück) anzutreffen,[10] wobei es im Einzelfall auf die Einkünfteerzielungsabsicht ankommt.[11] Dient eine Kapitallebensversicherung der Rückzahlung von Darlehen, die zum Erwerb von Mietgrundstücken aufgenommen worden sind, so sind die Zinsen für ein zur Finanzierung der Versicherungs-

---

[2] BVerfG, Beschl. v. 29. 5. 2006 – 1 BvR 240/98, VersR 2006, 961, 963.
[3] Vgl. LG Würzburg v. 15. 12. 1950, MDR 1951, 426; LG Braunschweig v. 5. 10. 1965, VersR 1966, 534; OLG München v. 19. 4. 1966, VersR 1966, 121.
[4] OLG Bremen, Beschl. v. 23. 9. 2008 – 4 W 6/08, NJW 2008, 3648, 3649.
[5] Typisch hierfür BGH, Urt. v. 3. 4. 1990 – XI ZR 261/89, MDR 1990, 1001 = JZ 1991, 147 m. Anm. *Kohte* JZ 1991, 149 ff.
[6] Siehe hierzu BFH, Urt. v. 1. 10. 1996 – VIII R 88/94, WPg 1997, 636; BGH, Urt. v. 13. 12. 2005 – XI ZR 82/05, WM 2006, 374.
[7] Einzelheiten bei *Schulz,* Immobilienleasing und Lebensversicherung aus steuerlicher Sicht, Supplement Leasing-Berater, S. 19 ff.
[8] BFH, Urt. v. 27. 3. 2007 – VIII R 27/05, NJW 2007, 2207 = ZIP 2007, 1300 = BB 2007, 2722 = DB 2007, 1224 = WPg 2007, 712.
[9] Siehe hierzu BGH, Urt. v. 9. 7. 1998 – III ZR 158/97, NJW 1998, 2898 = NVersZ 1998, 32 = VersR 1998, 1093 = r+s 1999, 33 = ZIP 1998, 1389 = WM 1998, 1673 = BB 1998, 1763 = DB 1998, 1857 = MDR 1998, 1099; zust. *Schwark* EWiR 1998, 775, 776; OLG München, Urt. v. 5. 3. 1999 – 19 U 2610/04, ZIP 2005, 1676.
[10] Vgl. für den Erwerb von Eigentumswohnungen: OLG Stuttgart, Urt. v. 29. 6. 1999 – 6 U 169/98, ZIP 1999, 2005; OLG München, Urt. v. 16. 10. 2000 – 31 U 3100/00, WM 2001, 680; OLG Dresden, Urt. v. 6. 6. 2001 – 8 U 2694/00, WM 2003, 1802, 1803; BGH, Beschl. v. 5. 2. 2002 – XI ZR 327/01, NJW 2002, 3103; OLG Düsseldorf, Urt. v. 16. 12. 2004 – I-6 U 44/04, WM 2005, 881, 884; BGH, Urt. v. 12. 11. 2002 – XI ZR 3/01, BB 2003, 221, 222 = NJW 2003, 424 = DB 2003, 201, 202.
[11] Vgl. BFH, Urt. v. 19. 4. 2005 – IX R 15/04, BB 2005, 1998.

beiträge aufgenommenes Darlehen als Werbungskosten bei den Einkünften aus Vermietung und Verpachtung abziehbar.[12] Sind in diesen Fällen die Finanzierungskosten als Werbungskosten im Sinne des § 9 Abs. 1 Satz 3 Nr. 1 EStG bei den Einkünften aus Kapitalvermögen gemäß § 20 Abs. 1 Nr. 1 EStG abziehbar, ist der Sonderausgabenabzug gemäß § 10 Abs. 2 Satz 2 EStG ausgeschlossen.[13]

Die Kapitalversicherung ist aber auch als Sicherheit für Darlehen anzutreffen, die zur Finanzierung von Fondsanteilen an geschlossenen Immobilien-Fonds[14] oder zum Erwerb von Anteilen an offenen Aktienfonds[15] aufgenommen werden, wobei eine beratende Bank, die Fondsanteile empfiehlt, aber darauf hinweisen muss, dass und in welcher Höhe sie Rückvergütungen aus Ausgabeaufschlägen und Verwaltungskosten von der Fondsgesellschaft erhält.[16] Aufklärungspflichtige Rückvergütungen liegen insbesondere dann vor, wenn Teile der Ausgabeaufschläge oder Verwaltungsgebühren, die der Kunde über die Bank zahlt, hinter seinem Rücken an die beratende Bank umsatzabhängig zurückfließen, so dass diese ein

---

[12] BFH, Urt. v. 25. 2. 2009 – IX R 62/07, DB 2009, 1048 = WPg 2009, 653.

[13] BFH, Urt. v. 7. 11. 2006 – VIII R 1/06, ZIP 2007, 1101, 1102.

[14] Vgl. OLG Karlsruhe, Urt. v. 31. 5. 2001 – 9 U 173/00, ZIP 2001, 1914 = EWiR 2002, 511 m. Anm. *Knops;* BGH, Urt. v. 18. 12. 2001 – XI ZR 156/01, NJW 2002, 957 = WM 2002, 380 = BB 2002, 480 = DB 2002, 733; hierzu *Saenger/Bertram* EWiR 2002, 237 f.; OLG Stuttgart, Urt. v. 30. 9. 2003 – 6 U 102/03, ZIP 2003, 1975 = WM 2003, 2234, 2235; BGH, Urt. v. 8. 6. 2004 – XI ZR 150/03, DB 2004, 2260; BGH, Urt. v. 14. 6. 2004 – II ZR 393/02, NJW 2004, 2736; BGH, Urt. v. 15. 11. 2004 – II ZR 375/02, NJW-RR 2005, 635 = ZIP 2005, 67, 68 = WM 2005, 124 = BB 2005, 178, 179 = DB 2005, 103; OLG Stuttgart, Urt. v. 23. 11. 2004 – 6 U 76/04, WM 2005, 981, 982; BGH, Urt. v. 6. 12. 2004 – II ZR 394/02, ZIP 2005, 567, 568; BGH, Urt. v. 21. 3. 2005 – II ZR 411/02, ZIP 2005, 750; BGH, Urt. v. 30. 5. 2005 – II ZR 319/04, WM 2005, 1314; OLG Schleswig, Urt. v. 2. 6. 2005 – 5 U 162/01, WM 2005, 1173; KG, Urt. v. 28. 6. 2005 – 4 U 77/03, WM 2005, 2218; BGH, Urt. v. 12. 12. 2005 – II ZR 327/04, NJW 2006, 497 = VersR 2006, 518 = ZIP 2006, 221 = BB 2006, 346 = DB 2006, 331; OLG Karlsruhe, Urt. v. 6. 12. 2005 – 17 U 169/05, WM 2006, 396, 397; BGH, Urt. v. 24. 4. 2007 – XI ZR 17/06, WM 2007, 1173 = BB 2007, 1464; OLG Frankfurt/M., Urt. v. 22. 5. 2007 – 9 U 51/06, ZIP 2007, 1745; OLG Schleswig, Urt. v. 24. 5. 2007 – 5 U 38/06, WM 2007, 1516; BGH, Urt. v. 11. 3. 2008 – XI ZR 317/06, WM 2008, 828; BGH, Urt. v. 1. 7. 2008 – XI ZR 411/06, WM 2008, 1596; OLG Oldenburg, Urt. v. 28. 5. 2009 – 14 U 60/08, WM 2009, 1835; BGH, Urt. v. 23. 6. 2009 – XI ZR 156/08, NJW 2009, 3020; siehe ferner zur „Vermittlungslücke" *Möller*, Das Recht der Stellvertretung und der Verbraucherschutz, ZIP 2002, 333.

[15] BFH, Urt. v. 7. 11. 2006 – VIII R 1/06, ZIP 2007, 1101.

[16] BGH, Urt. v. 19. 12. 2006 – XI ZR 56/05, BGHZ 170, 226, 234 f. = NJW 2007, 1876, 1878 = VersR 2007, 953, 954 f. = WM 2007, 487 = MDR 2007, 596, 597; BGH, Beschl. v. 20. 1. 2009 – XI ZR 510/07, NJW 2009, 1416 = VersR 2009, 690, 691 = WM 2009, 405, 406 = BB 2009, 459, 460 m. Anm. *Lamberti/Stumpf*; OLG Celle, Urt. v. 1. 7. 2009 – 3 U 257/08, WM 2009, 1794, 1796; LG Frankfurt/M., Urt. v. 25. 9. 2009 – 2-27 O 455/08, WM 2010, 75, 77. Siehe hierzu ferner Ziff. 2.2 Abs. 2 der im BAnz. Nr. 98 v. 3. 6. 1997, S. 6586, veröffentlichten Richtlinie des Bundesaufsichtsamtes für den Wertpapierhandel zur Konkretisierung der §§ 31 und 32 WpHG für das Kommissions-, Festpreis- und Vermittlungsgeschäft der Kreditinstitute v. 26. 5. 1997, nach der eine zivilrechtliche Aufklärungspflicht über die kommissionsrechtliche Verpflichtung zur Herausgabe von Rückvergütungen vorausgesetzt wird. Zur vorsätzlichen Aufklärungspflichtverletzung wegen Verschweigens von Rückvergütungen siehe OLG München, Urt. v. 19. 12. 2007 – 7 U 3009/04, BB 2008, 133 m. Anm. *Bausch*; BGH, Urt. v. 12. 5. 2009 – XI ZR 586/07, WM 2009, 1274, 1275 = BB 2009, 1718, 1719 m. Anm. *Edelmann* BB 2009, 1720 = DB 2009, 1529, 1530. Siehe ferner *Mülbert*, Behaltensklauseln für Vertriebsvergütungen in der institutsinternen Vermögensverwaltung – mit einem Seitenblick auf die orderbegleitende Anlageberatung –, WM 2009, 481; *Jäger/Rößner*, BGH: Die Annahme von Kickbacks im Zusammenhang mit Kapitalanlagen ist Untreue, AG 2009, R 396, mit Hinweis auf zwei Strafurteile des BGH v. 9. 7. 2009 (5 StR 263/08 und 5 StR 600/07).

für den Kunden nicht erkennbares besonderes Interesse hat, gerade diese Kapitalanlage zu empfehlen.[17] Entsprechendes gilt für den Vertrieb von Lehman-Zertifikaten,[18] jedoch nicht für die Gewinnmarge beim Eigenvertrieb von Finanzmarktprodukten.[19]

Die Vermutung aufklärungsrichtigen Verhaltens greift auch im Falle der unterlassenen Aufklärung über Rückvergütungen.[20] Ein etwaiger Rechtsirrtum des Anlageberaters über das Bestehen der Pflicht zur Aufklärung über Rückvergütungen bzw. den Erhalt von Innenprovisionen ist vor Bekanntwerden der Entscheidung des BGH vom 19. Dezember 2006[21] als unverschuldet anzusehen.[22] Kapitalanlagen, die die Bank im Rahmen ihres Anlageprogramms empfehlen will, ist sie verpflichtet, mit banküblichem kritischen Sachverstand zu prüfen.[23] Der Erlaubnis nach Art. 1 § 1 RBerG bedarf derjenige, der ausschließlich oder hauptsächlich die rechtliche Abwicklung eines Fondsbeitritts oder Erwerbs eines Anlageobjekts z. B. Eigentumswohnung im Rahmen eines Steuersparmodells für den Auftraggeber besorgt.[24] Ein ohne diese Erlaubnis abgeschlossener Treuhand- oder sonstiger Geschäftsbesorgungsvertrag und eine umfassende Vollmacht zum Abschluss aller mit dem Erwerb oder der Finanzierung des Anlageobjekts zusammenhängenden Verträge bzw. Rechtshandlungen sind nichtig.[25]

---

[17] BGH, Urt. v. 27. 10. 2009 – XI ZR 337/08, WM 2009, 2303; BGH, Urt. v. 27. 10. 2009 – XI ZR 338/08, WM 2009, 2306, 2307.
[18] LG Hamburg, Urt. v. 23. 6. 2009 – 310 O 4/09, WM 2009, 1282, 1286 = BB 2009, 1828, 1830; LG Hamburg, Urt. v. 10. 7. 2009 – 329 O 44/09, WM 2009, 1511, 1512 f.; LG Heidelberg, Urt. v. 15. 12. 2009 – 2 O 141/09, WM 2010, 505, 509; krit. dazu *Veil*, Aufklärung und Beratung über die fehlende Einlagensicherung von Lehman-Zertifikaten? – eine Analyse der zivil- und aufsichtsrechtlichen Pflichten bei der Anlageberatung –, WM 2009, 1585.
[19] OLG Celle, Urt. v. 30. 9. 2009 – 3 U 45/09, DB 2009, 2707, 2709; LG Landshut, Urt. v. 8. 1. 2010 – 21 O 2252/09, WM 2010, 513, 514; *Langen* DB 2009, 2710; *Spindler*, Aufklärungspflichten eines Finanzdienstleisters über eigene Gewinnmargen? – Ein „Kick-Back" zu viel, WM 2009, 1821, 1827.
[20] BGH, Urt. v. 12. 5. 2009 – XI ZR 586/07, VersR 2009, 1370, 1372 = BB 2009, 1718 m. Anm. *Edelmann*; OLG Oldenburg, Urt. v. 11. 9. 2009 – 11 U 75/08, BB 2009, 2390, 2391 m. Anm. *Langen*; a. A. LG Stuttgart, Urt. v. 17. 7. 2009 – 8 O 129/09, WM 2009, 1697, 1699; LG Potsdam, Urt. v. 29. 7. 2009 – 8 O 427/08, WM 2009, 2043, 2045; LG Schweinfurt, Urt. v. 5. 8. 2009 – 14 O 192/09, WM 2009, 1696, 1697.
[21] BGH, Urt. v. 19. 12. 2006 – XI ZR 56/05, BGHZ 170, 226 = NJW 2007, 1876 = VersR 2007, 953, 955 = WM 2007, 487, 490 = ZIP 2007, 518, 520 = BB 2007, 627 = DB 2007, 683.
[22] Vgl. OLG Dresden, Urt. v. 24. 7. 2009 – 8 U 1240/08, WM 2009, 1689, 1694 (Revision zugelassen); OLG Oldenburg, Urt. v. 11. 9. 2009 – 11 U 75/08, WM 2009, 1274 = BB 2009, 2390, 2392 m. Anm. *Langen*; *Herdegen*, Vertrauensschutz gegenüber rückwirkender Rechtsprechung im Zivilrecht, WM 2009, 2202, 2210; *Veil*, Aufklärungspflichten über Rückvergütungen – Zur Beachtlichkeit von Rechtsirrtümern im Bankvertragsrecht, WM 2009, 2193, 2201; **a. A.** OLG Karlsruhe, Urt. v. 3. 5. 2009 – 17 U 371/08 u. OLG Stuttgart, Urt. v. 6. 10. 2009 – 6 U 126/09, WM 2009, 2312, 2316, die ein Verschulden bereits für Beratungen in 2003 annehmen; zust. *Lederer*, Bahnbrechende Entscheidung des OLG Karlsruhe zu Rückvergütungen, AG 2009, R 501, R 502.
[23] BGH, Urt. v. 7. 10. 2008 – XI ZR 89/07, DB 2008, 2590, 2591; OLG Düsseldorf, Urt. v. 29. 6. 2009 – I-9 U 187/08, WM 2009, 1410, 1411; BGH, Urt. v. 27. 10. 2009 – XI ZR 337/08, NJW-RR 2010, 115, 116 = WM 2009, 2303, 2304.
[24] BGH, Urt. v. 11. 1. 2005 – XI ZR 272/03, NJW 2005, 1190; BGH, Urt. v. 29. 7. 2008 – XI ZR 387/06, NJW 2008, 3357.
[25] BGH, Urt. v. 28. 9. 2000, BGHZ 145, 265, 269 ff. = NJW 2001, 70; dazu *Nittel*, Nichtigkeit von Geschäftsbesorgungsvollmachten und ihre Auswirkungen auf Kreditverträge, NJW 2002, 2599; BGHZ 159, 294, 299 = NJW 2004, 2736; BGH, Urt. v. 11. 1. 2005 – XI ZR 272/03, NJW 2005, 1190 = WM 2005, 327, 328 = ZIP 2005, 521; dazu *Madaus*

3. Kredittilgung

4 Der Kreditnehmer kann wählen, ob er die Kapitalversicherung bedient, um Versicherungskapital aufzubauen, das bei Fälligkeit der Kapitalversicherung z. B. für die Endfinanzierung eines Objektes eingesetzt wird.[26] Er kann sich aber auch dafür entscheiden, dass die Kapitalversicherung mit dem Kredit verknüpft wird. In diesem Fall ist die Tilgung des Kredits ausgesetzt, solange der Kreditnehmer laufend die Beiträge zur Kapitalversicherung erbringt.[27] Entscheidet sich der Kreditnehmer für die Koppelung von Kredit und Kapitalversicherung, wird im Idealfall das Darlehen mit einer Kapitalversicherung unterlegt, deren garantierte Versicherungssumme so gewählt ist, dass im Todes- und Erlebensfall das Darlehen sofort in voller Höhe getilgt werden kann. Ist auf die prognostizierte Ablaufleistung abgestellt worden, kann es ggf. zu Deckungslücken kommen.[28] Ein zur Tilgung des Darlehens nicht benötigter Teil aus der Kapitalversicherung wird an die für diesen Fall bezugsberechtigten Personen ausgezahlt. Gibt den Kredit der Versicherer, ist es zulässig, dass zur Kreditsicherung alle Ansprüche aus der Kapitalversicherung an den Versicherer verpfändet werden.[29] Wird rechtsirrig die Versicherung an den Versicherer abgetreten, ist die Abtretung als Verpfändung gemäß § 140 BGB aufrechtzuerhalten.[30] Ist ein Kreditinstitut der Kreditgeber, werden alle Ansprüche aus der Lebensversicherung an das Kreditinstitut abgetreten. Im Einzelfall kommt die Vereinbarung eines Abtretungsverbots zwischen dem Versicherungsnehmer und dem Versicherer in Frage, um die Bank vor „stillen" Vorabtretungen des Versicherungsnehmers zu schützen.[31] Die dingliche Absicherung des Darlehens erfolgt entweder durch Bestellung einer Hypothek (deswegen wird oft von einer Hypothekentilgungsversicherung gesprochen) oder einer Grundschuld neben der Verpfändung bzw. Abtretung der Kapitalversicherung.[32] Die Tilgung des Darlehens erfolgt im Falle einer entsprechenden Abrede spätestens, sobald die Versicherungsleistung aus der Kapitalversicherung zur Auszahlung fällig ist.[33] Bleibt die

---

EWiR 2005, 365; BGH Urt. v. 22. 2. 2005 – XI ZR 41/04, WM 2005, 786, 787; BGH, Urt. v. 25. 4. 2006 – XI ZR 29/05, BGHZ 167, 223, 227 = NJW 2006, 1952 Rdn. 12 = WM 2006, 1008, 1010 = ZIP 2006, 987, 988 = DB 2006, 1210; BGH NJW-RR 2007, 1202 = WM 2007, 440, 441 Rdn. 14; BGH NJW 2007, 3127 = WM 2007, 731, 732 Rdn. 15; BGH, Urt. v. 4. 12. 2007 – XI ZR 227/06, BGHZ 174, 334 = NJW 2008, 845 = VersR 2008, 653, 654 = WM 2008, 244, 245 Rdn. 15; BGH NJW 2008, 1585 = WM 2008, 683, 686 Rdn. 26; BGH, Urt. v. 29. 7. 2008 – XI ZR 387/06, NJW 2008, 3357; OLG Stuttgart, Urt. v. 31. 3. 2009 – 6 U 156/08, WM 2009, 1840, 1841; *Armbrüster*, Haftung des Treugebers für Gesellschaftsschulden bei fehlerhaftem Fondbeitritt, NJW 2009, 2167, 2173; a. A. OLG München, Urt. v. 17. 8. 2001 – 21 U 1791/01, NJW-RR 2002, 925, 926.

[26] OLG Köln, Urt. v. 16. 1. 2002 – 13 U 161/00, ZIP 2002, 563, 566.

[27] OLG Köln, Beschl. v. 10. 12. 1999, NJW-RR 2001, 260 = WM 2000, 1577 = ZIP 2000, 308, 309; OLG Köln, Urt. v. 16. 1. 2002, ZIP 2002, 563, 566.

[28] Die Aufsichtsbehörde (BAFin VerBAFin 2002, 183) sieht es deshalb als erforderlich an, dass die Versicherungsunternehmen betroffene Kunden frühzeitig informieren und ihnen Handlungsmöglichkeiten, wie beispielsweise Summenerhöhungen, Sondertilgungen oder Vertragsverlängerungen aufzeigen, wenn mit Deckungslücken gerechnet werden muss, weil eine nachhaltige Senkung der Überschussbeteiligung bei Kapitalversicherungen, die zur Tilgung eines grundpfandrechtlich gesicherten Kredits vorgesehen sind, dazu führen kann, dass die Ablaufleistung nicht zur vollständigen Tilgung des Kredits ausreicht.

[29] RGZ 57, 358, 363; RGZ 58, 105, 109; RGZ 116, 207; BGH, Beschl. v. 2. 10. 1953 – IV ZB 66/53, VersR 1953, 469, 470.

[30] BGH, Beschl. v. 2. 10. 1953 – IV ZB 66/53, VersR 1953, 469, 470.

[31] Zum Abtretungsverbot in AVB: LG Köln VersR 1983, 1176.

[32] Typisch hierfür OLG Hamburg, Urt. v. 3. 11. 1998, NJW-RR 1999, 1568.

[33] Vgl. LG Würzburg, Urt. v. 15. 12. 1950, MDR 1951, 426; LG Braunschweig, Urt. v. 5. 10. 1965, VersR 1966, 534; OLG München, Urt. v. 19. 4. 1966, VersR 1966, 921; OLG

Auszahlungssumme der Lebensversicherung hinter dem Darlehensbetrag zurück, kann die Bank die verbleibende Differenz zum Darlehensvertrag von ihrem Kunden verlangen, wenn sich dies aus den Regelungen des Darlehensvertrages ergibt.[34] Nach Auffassung des OLG Karlsruhe kann die Bank den verbleibenden Differenzbetrag nicht verlangen, wenn im Darlehensvertrag folgende Abrede getroffen:[35]

„Die Tilgung erfolgt durch eine Lebensversicherung bei der Ö. M. lt. bes. Anlage. Ablauf: 31. 5. 2000."

Die in Bezug genommene Anlage lautet wie folgt:

„Das Darlehen wird getilgt durch eine bei der Ö. M. abzuschließende bzw. bereits bestehende Lebensversicherung als Tilgungslebensversicherung. Während der Dauer des Schuldverhältnisses werden die Rechte und Ansprüche aus dieser Lebensversicherung mit besonderer Erklärung, die einen wesentlichen Bestandteil dieses Darlehensvertrages bildet, an die Sparkasse abgetreten.

Das Darlehen kann von Seiten der Stadt+Kreis-Sparkasse P. zu sofortiger Rückzahlung gekündigt werden, wenn der Schuldner mit fälligen Beitragsleistungen zur Tilgungslebensversicherung länger als drei Monate im Rückstand bleibt und wenn die als Tilgung dienende Lebensversicherung gekündigt oder in eine beitragsfreie umgewandelt oder wenn irgendeine Zahlung daraus fällig wird.

Außerdem ist die Sparkasse ermächtigt, bei Bedarf auch schon vor Eintritt des Versicherungsfalles die Rechte aus dem Versicherungsvertrag geltend zu machen. Die der Sparkasse aus ihrer Abtretung zufließenden Versicherungsleistungen werden mit dem Darlehen verrechnet.

Diese Anlage ist wesentlicher Bestandteil des Darlehensvertrages vom 10. 5. 1980."

und irrtümlich im Formular die Regelung „Festdarlehen" gestrichen ist.[36] Diese Entscheidung hat Einzelfallcharakter und entspricht nicht der üblichen Bankenpraxis.[37] Soll bei endfälligen Krediten mit Tilgungsaussetzung die Tilgung aus einer Kapitallebensversicherung erfolgen, so geschieht dies im Zweifel entsprechend § 364 Abs. 2 BGB erfüllungshalber und nicht an Erfüllungs statt.[38] Die Tilgung erfolgt daher nur in Höhe der tatsächlich ausgezahlten Lebensversicherungsleistungen.[39] Das Risiko, dass die Versicherungsleistungen zur vollständigen Tilgung des Darlehens nicht ausreichen, hat grundsätzlich der Darlehensnehmer zu tragen.[40] Auf das Risiko der Unterdeckung muss die Bank den Kreditbewerber

---

Frankfurt/M., Urt. v. 23. 8. 2001 – 16 U 190/00, WM 2002, 549, 553; OLG Karlsruhe, Urt. v. 16. 3. 2000 – 12 U 299/99, WM 2001, 1561, 1562.

[34] OLG Karlsruhe, Urt. v. 4. 4. 2003 – 15 U 8/02, NJW 2003, 2322 = WM 2003, 2412 = ZIP 2004, 67; OLG Karlsruhe, Urt. v. 21. 2. 2006 – 17 U 151/05, WM 2006, 1810, 1811 f. = ZIP 2007, 1103 (Ls.).

[35] OLG Karlsruhe, Urt. v. 4. 4. 2003 – 15 U 8/02, NJW 2003, 2322 = WM 2003, 2412 = ZIP 2004, 67.

[36] OLG Karlsruhe, Urt. v. 4. 4. 2003 – 15 U 8/02, NJW 2003, 2322 = WM 2003, 2412, 2413 = ZIP 2004, 67, 68.

[37] BGH, Beschl. v. 20. 11. 2007 – XI ZR 259/06, VersR 2008, 540 = WM 2008, 121.

[38] LG Mainz, Beschl. v. 20. 5. 2005 – 6 S 30/05, WM 2005, 2093; LG Göttingen, Beschl. v. 8. 6. 2005 – 2 O 422/05, WM 2005, 2092; LG Freiburg, Urt. v. 28. 7. 2005 – 1 O 232/05, WM 2005, 2090, 2091; LG Oldenburg, Urt. v. 15. 2. 2006 – 9 O 3868/05, WM 2006, 1250, 1251; LG Hannover, Urt. v. 4. 8. 2005 – 3 O 455/04, WM 2006, 89, 90; OLG Karlsruhe, Beschl. v. 9. 2. 2006 – 9 U 154/05, WM 2006, 1247; OLG Karlsruhe, Urt. v. 21. 2. 2006 – 17 U 151/05, WM 2006, 1810, 1813; LG Koblenz, Urt. v. 7. 12. 2006 – 5 U 735/06, WM 2007, 497, 498 = ZIP 2007, 1259, 1260; BGH, Beschl. v. 20. 11. 2007 – XI ZR 259/06, VersR 2008, 540 = WM 2008, 121 f. = DB 2008, 236 (Ls.); OLG Nürnberg, Beschl. v. 25. 4. 2007 – 6 U 2558/06, WM 2007, 1787, 1789.

[39] LG Weiden, Urt. v. 26. 9. 2006 – 1 O 227/06, WM 2007, 20; BGH, Beschl. v. 20. 11. 2007 – XI ZR 259/06, VersR 2008, 540 = WM 2008, 121, 122 = DB 2008, 236 (Ls.); OLG Nürnberg, Beschl. v. 25. 4. 2007 – 6 U 2558/06, WM 2007, 1787, 1789.

[40] Versicherungsombudsmann, Entsch. v. 11. 12. 2003 – 6172/03-R, r+s 2004, 297; OLG Karlsruhe, Urt. v. 21. 2. 2006 – 17 U 151/05, WM 2006, 1810, 1813; BGH, Beschl.

in der Regel nicht hinweisen,[41] insbesondere, wenn es sich um einen geschäftserfahrenen Kunden handelt, so dass sich der Antragsteller auf mangelnde Aufklärung durch die Bank nicht berufen kann.[42] Es ist allerdings als eine unangemessene Benachteiligung des Darlehensnehmers im Sinne des § 307 Abs. 1 BGB anzusehen, wenn der von dem Darlehensnehmer nach einem Widerruf der vereinbarten Tilgungsaussetzung nachzuzahlende Betrag nicht auf die rückständigen Lebensversicherungsbeiträge beschränkt ist, sondern eine Gesamtfälligkeit der ausgesetzten Tilgungsraten vorgesehen ist.[43]

4. Kombination Kapitalversicherung mit Festdarlehen

5   a) **Koppelung.** Die Koppelung von Darlehensgewährungen mit Lebensversicherungsabschlüssen ist grundsätzlich nicht sittenwidrig und führt nicht zur Nichtigkeit des jeweiligen Vertrags.[44] Die Verknüpfung von Darlehensverträgen mit entsprechenden Lebensversicherungsverträgen bedeutet ferner nicht, dass das ordentliche Kündigungsrecht des LVU für die Laufzeit der Lebensversicherungen ausgeschlossen ist.[45] Allerdings muss der Versicherer bei der Ausübung seines Darlehenskündigungsrechts dieser Verknüpfung beider Verträge in besonderer Weise, durch erhöhte Rücksichtnahme auf die Interessen des Darlehensnehmers/Versicherungsnehmers, Rechnung tragen.[46] Wenn der Darlehensvertrag und die Kapitalversicherung durch eine Bedingung miteinander verkoppelt werden, kann dies bedeuten, dass die Wirkung z. B. des Versicherungsvertrages von der Gewährung eines Darlehens abhängig ist und sich nach den §§ 158–163 BGB richtet, wobei es sich um eine aufschiebende oder auflösende Bedingung je nach Abrede handeln kann.[47] Werden die vertraglichen Abreden nicht eingehalten, können eine Anfechtung nach §§ 119 Abs. 2, 123 BGB[48] oder eine Lösung vom Vertrag wegen Fehlens oder Fortfalls der Geschäftsgrundlage[49] in Frage kommen. Der Versicherungsnehmer kann vom Lebensversicherungsvertrag, der die Zusage einer erststelligen Hypothek einschließt, unter Umständen dann in entsprechender Anwendung von § 325 Abs. 1 BGB zurücktreten, wenn der Versicherer nachträglich die Vertragserfüllung davon abhängig macht, dass mit einem anderen Versicherer bestimmte weitere Versicherungsverträge geschlossen werden.[50] Im Übrigen kann der Versicherungsnehmer stets auf das unabdingbare Kündigungsrecht nach § 165 VVG zurückgreifen. Ein Anspruch aus ungerechtfertigter Bereicherung ist zu prüfen, wenn für den Versicherungsnehmer angesichts der Nichtgewährung des

---

v. 20. 11. 2007 – XI ZR 259/06, VersR 2008, 540 = WM 2008, 121, 122 = DB 2008, 236 (Ls.); *Wagner* EWiR 2003, 1179, 1180; *Artzt/Weber* BKR 2006, 264, 265; OLG Nürnberg, Beschl. v. 25. 4. 2007 – 6 U 2558/06, WM 2007, 1787, 1789.

[41] KG, Urt. v. 19. 3. 2008 – 24 U 91/07, WM 2008, 1123, 1126; OLG Nürnberg, Beschl. v. 25. 4. 2007 – 6 U 2558/06, WM 2007, 1787, 1789.

[42] OLG Koblenz, Urt. v. 7. 12. 2006 – 5 U 735/06, WM 2007, 497, 499 = ZIP 2007, 1259, 1260 f. (Inhaber eines mittleren Hotelbetriebs); zust. *Schelske* EWiR 2007, 327.

[43] OLG Jena, Urt. v. 7. 10. 2008 – 5 U 755/07, WM 2009, 1134.

[44] LG Hamburg v. 24. 3. 1954, VersR 1954, 426; OLG Düsseldorf v. 16. 8. 1955, VersR 1955, 577; *Mohr* VersR 1956, 671, 672.

[45] BGH, Urt. v. 21. 5. 1987 – III ZR 38/86, WM 1987, 921 = DB 1987, 1931.

[46] BGH, Urt. v. 21. 5. 1987 – III ZR 38/86, VersR 1987, 1114 = WM 1987, 921 = BB 1987, 1701 = DB 1987, 1931.

[47] Vgl. hierzu AG Rendsburg v. 18. 12. 1951, VersR 1952, 169 m. Anm. *Bronisch;* OLG Düsseldorf v. 10. 8. 1951, VersR 1952, 393; OLG Hamm v. 7. 4. 1952, VersR 1952, 393; LG Braunschweig v. 5. 10. 1966, VersR 1966, 534; OLG München v. 19. 4. 1966, VersR 1966, 921 = ZfV 1968, 153; a. A. KG VerAfP 1937, 226, das § 320 BGB anwenden will.

[48] LG Köln v. 12. 6. 1951, VersR 1951, 294.

[49] LG Köln VersR 1951, 294 m. Anm. *Bronisch* und Anm. *v. d. Thüsen* VersR 1952, 69.

[50] OLG Stuttgart v. 30. 12. 1966, VersR 1968, 465.

Darlehens der Erfolg ausgeblieben ist, der mit dem Abschluss des Lebensversicherungsvertrages bezweckt war.[51]

b) Aufsichtsrechtliche Vorgaben. Gemäß § 81 Abs. 2 Satz 3 VAG kann die 6 Aufsichtsbehörde untersagen, dass Darlehensgeschäfte und Versicherungsabschlüsse verbunden werden, soweit die Versicherungssumme das Darlehen übersteigt. Eine Sammelverfügung der Aufsichtsbehörde bestimmt hierzu, dass die Versicherungssumme das Darlehen nebst Zinsen für ein Jahr nicht übersteigen darf.[52] Darüber hinaus hat die Aufsichtsbehörde einen Versicherungsabschluss dann beanstandet, wenn der Versicherungsnehmer bereits in einer Höhe auf sein Leben versichert ist, die seinem wirtschaftlichen Bedürfnis nach Versicherungsschutz auch angesichts der Darlehensaufnahme voll entspricht, oder der Darlehensnehmer eine neue Lebensversicherung eingeht, obwohl die Höhe der Lebensversicherungsbeiträge, die er insgesamt zu erbringen hat, nicht mehr in Relation zu seinen Einkommensverhältnissen steht.[53]

Versicherungsvertreter sind gehalten, dem Versicherungsnehmer genügend 7 deutlich zu machen, dass er zwar an seinen Versicherungsantrag gebunden ist, der Versicherer aber keine Verpflichtung zur Hypothekengewährung eingegangen ist.[54] Bei der Antragstellung ist Klarheit darüber zu schaffen, ob der Antragsteller die Versicherung auch für den Fall abschließen will, dass es nicht zur Hypothekengewährung kommt.[55]

Eine verbotene Begünstigung des Versicherungsnehmers liegt vor, wenn ein 8 Versicherungsvermittler bei dem Abschluss einer Lebensversicherung, die im Zusammenhang mit einem Hypothekendarlehen steht, einen seine Provision noch übersteigenden Betrag an die darlehensgebende Bank gezahlt hat, damit die Bank dem Versicherungsnehmer verbesserte Darlehenskonditionen gewährt.[56]

c) Aufklärungspflichten gegenüber dem Kreditnehmer. aa) Aufklä- 9 **rungspflicht des Kreditinstituts.** Grundsätzlich obliegt der finanzierenden Bank keine allgemeine Aufklärungspflicht über die Zweckmäßigkeit eines Kredits und über die mit der Kreditaufnahme verbundenen Risiken und Folgen.[57] Auf-

---

[51] OLG Nürnberg v. 26. 9. 1974, VersR 1975, 128.
[52] VerAfP 1934, 125; bestätigt GB BAV 1957/58, 24.
[53] GB BAV 1953/54, 16.
[54] GB BAV 1966, 41 und 1967, 52.
[55] BAV VerBAV 1967, 52.
[56] GB BAV 1985, 54.
[57] Vgl. LG Stuttgart, Beschl. v. 24. 3. 1999, WM 1999, 1822, 1824; OLG München, Urt. v. 20. 4. 1999 – 25 U 4876/98, WM 1999, 1818, 1820; OLG Köln, Beschl. v. 23. 6. 1999 – 13 W 32/99, ZIP 1999, 1794 = WM 1999, 1817; dazu *Mues* EWiR 2000, 161, 162; BGH NJW-RR 1999, 876; BGH WM 2000, 1245; LG Ulm, Urt. v. 11. 2. 2000 – 3 O 346/99, WM 2000, 825, 826; OLG Schleswig, Urt. v. 30. 3. 2000, WM 2000, 1381, 1385; OLG Köln, Urt. v. 20. 6. 2000 – 22 U 215/99, WM 2000, 2139, 2141; BGH, Urt. v. 27. 6. 2000 – XI ZR 174/99, WM 2000, 1685 = ZIP 2000, 1430, 1431 = BB 2000, 1853, 1854 = MDR 2000, 1201, 1202; LG Nürnberg-Fürth, Urt. v. 17. 8. 2000, WM 2000, 2153, 2154; OLG Stuttgart, Urt. v. 8. 1. 2001 – 6 U 57/2000, ZIP 2001, 692, 693/694; OLG Stuttgart, Urt. v. 21. 3. 2001 – 9 U 204/00, EWiR 2001, 907 m. Anm. *Metz*; OLG Frankfurt/M., Urt. v. 8. 8. 2001 – 16 U 109/00, WM 2002, 549, 550; Hans. OLG Hamburg, Urteil v. 12. 9. 2001 – 8 U 168/00, WM 2002, 1289, 1292; OLG Frankfurt/M., Urt. v. 20. 2. 2002 – 9 U 187/01, WM 2003, 332, 334; OLG München, Urt. v. 12. 6. 2002 – 27 U 939/01, ZIP 2003, 338, 341; OLG Karlsruhe, Urt. v. 29. 10. 2002 – 17 U 140/01, NJW-RR 2003, 185, 189 = ZIP 2003, 109; dazu *Lange* EWiR 2003, 529 f.; BGH NJW 2003, 2091; BGH, Urt. v. 3. 6. 2003 – XI ZR 289/02, NJW 2003, 1803, 1205; OLG Köln, Urt. v. 3. 8. 2004 – 13 U 123/03, WM 2005, 557, 558; OLG München, Urt. v. 3. 8. 2004 – 18 U 4178/02, WM 2005, 800, 802; OLG Köln, Urt. v. 15. 12. 2004 – 13 U 103/03, WM 2005, 792, 796; LG Hamburg, Urt. v. 23. 1. 2006 – 331 O 52/04, VersR 2006, 1103; BGH, Urt.

klärungs- und Hinweispflichten bezüglich des finanzierten Geschäfts können sich daher nur aus den besonderen Umständen des konkreten Einzelfalls ergeben.[58] Insbesondere ist über solche Umstände aufzuklären, die den Vertragszweck vereiteln können und daher für den anderen Teil von wesentlicher Bedeutung sind, so dass er nach der Verkehrsauffassung eine Mitteilung erwarten darf.[59] Führt das Kreditinstitut eine Finanzierungsberatung durch, hat es den Kunden vollständig und richtig zu beraten.[60]

10 Bei steuersparenden Investitionen in Immobilienprojekte hat sich der Kreditnehmer grundsätzlich selbst – gegebenenfalls unter Hinzuziehung von Fachberatern – darüber zu unterrichten, ob die aufzuwendenden Gesamtkosten in einem angemessenen Verhältnis zum Wert der zu erwerbenden Immobilie bzw. des in Aussicht genommenen Erwerbs eines Anteils an einem Immobilienfonds stehen.[61] Der Erwerber hat grundsätzlich keinen Anspruch darauf, ein Objekt zum Verkehrswert zu erwerben.[62] Wenn Anleger davon absehen, das Anlageobjekt sorgfältig zu prüfen, und sich dieses nicht rechnet, etwa weil Steuervorteile oder Mieten aus welchen Gründen auch immer nicht in dem prognostizierten Umfang zu erzielen sind, das Anlageobjekt (z. B. Eigentumswohnung) überteuert ist oder der erhoffte Wertzuwachs nicht eintritt, so kann dies nicht zu Lasten der kreditgebenden Bank gehen.[63] Allerdings muss die Bank über ihr bekannte versteckte Innenprovisionen informieren, wenn diese mehr als 15 v.H. des Gesamtaufwands des Anlageobjekts betragen[64] oder wenn eine versteckte Provision mitsächlich dafür

---

v. 20. 3. 2007 – XI ZR 414/04, VersR 2007, 1518, 1519; OLG Saarbrücken, Urt. v. 14. 6. 2007 – 8 U 333/06 – 87, WM 2007, 1924, 1926 f.; *Edelmann*, Bankenhaftung – Aufklärungs- und Hinweispflichten bei der Finanzierung von Bauherren- und Erwerbermodellen, MDR 2000, 1172; *Norbert Horn/Peter Balzer*, Zur Anwendbarkeit des Verbraucherkreditgesetzes auf Kreditvollmachten im Rahmen des Anlegerschutzrechts, WM 2000, 333, 335; *Herresthal*, Die Verpflichtung zur Bewertung der Kreditwürdigkeit und zur angemessenen Erläuterung nach der neuen Verbraucherkreditrichtlinie 2008/48/EG, WM 2009, 1174.

[58] KG, Urt. v. 19. 3. 2008 – 24 U 91/07, WM 2008, 1123, 1126; BGH, Urt. v. 29. 4. 2008 – XI ZR 221/07, VersR 2009, 115 = WM 2008, 1121, 1122 = BB 2008, 2591, 2592 m. Anm. *B. Schneider*; BGH, Urt. v. 3. 6. 2008 – XI ZR 319/06, VersR 2009, 1630, 1631 = WM 2008, 1346, 1347; OLG München, Urt. v. 7. 8. 2008 – 19 U 5775/07, WM 2008, 1969.

[59] BGH NJW 1993, 2107 = WM 1993, 1277; KG, Urt. v. 25. 11. 1999 – 2 U 5227/98, WM 2000, 1329, 1331; OLG Koblenz, Urt. v. 5. 9. 2002 – 5 U 1886/01, BB 2002, 1981, 1982.

[60] OLG Düsseldorf WM 1986, 253; OLG Celle NJW-RR 1990, 878; OLG Karlsruhe, Urt. v. 11. 1. 1995 – 3 U 2/94, VersR 1996, 108, 109.

[61] BGH WM 1992, 901, 902; OLG München, Urt. v. 20. 4. 1999 – 25 U 4876/98, WM 1999, 1818, 1820; LG Stuttgart, Urt. v. 16. 3. 2000 – 7 O 315/99, WM 2000, 1492, 1495; OLG Karlsruhe, Urt. v. 21. 7. 2000 – 10 U 118/99, WM 2001, 245, 247; *Lang*, Institutionelles Zusammenwirken zwischen Bank und Vermittler/Verkäufer bei finanzierten Immobilienanlagen – Konkretisierung der Aufklärungspflicht – Eine Analyse der Folgerechtsprechung zu BGH WM 2006, 1194 –, WM 2007, 1728, 1730.

[62] OLG Düsseldorf, Urt. v. 15. 7. 2004 – I-6 U 158/03, ZIP 2004, 1745, 1749.

[63] BGH, Urt. v. 9. 11. 2004 – XI ZR 315/03, ZIP 2005, 110, 113.

[64] BGH, Urt. v. 12. 2. 2004 – III ZR 359/02, BGHZ 158, 110, 121 = NJW 2004, 1732, 1735 = VersR 2004, 601, 603 = WM 2004, 631, 635 = ZIP 2004, 1055, 1059 = MDR 2004, 801; zust. *Frisch* EWiR 2004, 541, 542; BGH, Urt. v. 23. 3. 2004 – XI ZR 194/02, WM 2004, 1221, 1225 = ZIP 2004, 1188, 1192 = DB 2004, 1362, 1363 = MDR 2004, 1129; BGH, Urt. v. 25. 7. 2005 – III ZR 290/04, NJW 2005, 3208, 3210 = WM 2005, 1998 = ZIP 2005, 1599, 1602 = MDR 2005, 1424; OLG Stuttgart, Urt. v. 26. 9. 2005 – 6 U 92/05, ZIP 2005, 2152, 2154 f.; BGH, Urt. v. 9. 2. 2006 – III ZR 20/05, NJW-RR 2006, 685 = WM 2006, 668 = ZIP 2006, 568; dazu *Frisch* EWiR 2006, 555; BGH, Urt. v. 22. 3. 2007 – III ZR 218/06, NJW-RR 2007, 925, 926 = VersR 2007, 944, 945 = WM 2007, 873, 874 = ZIP 2007, 871, 872 = MDR 2007, 895, 896; KG, Urt. v. 3. 3. 2008 – 20

ist, dass der Erwerbspreis knapp doppelt so hoch ist wie der Wert eines Fondsanteils, so dass die Bank von einer sittenwidrigen Übervorteilung des Käufers durch den Verkäufer ausgehen muss.[65]

Werden Verbraucherkredite in Verbindung mit dem Abschluss einer Kapitalversicherung vergeben, darf bei einer Überprüfung des Kreditvertrags gemäß § 138 BGB in die notwendige Gesamtwürdigung auch die vereinbarte Verbindung des Kreditvertrags mit einem Lebensversicherungsvertrag einbezogen werden.[66] Ist der vom Kreditnehmer mit dem Vertragsabschluss verfolgte wirtschaftliche Zweck ebenso gut mit der Aufnahme eines marktüblichen Ratenkredits mit Restschuldversicherung[67] zu erreichen, so bedarf es der Rechtfertigung, weshalb die Bank seinen Kreditwunsch zum Anlass nimmt, die Kreditvergabe mit dem Abschluss eines Kapitallebensversicherungsvertrages zu verknüpfen, wenn ein Versicherungsbedürfnis nicht besteht.[68] Stimmt die Laufzeit der Lebensversicherung mit der Laufzeit des Kredits oder den Zinsfestschreibungsfristen nicht überein und war die Lebensversicherung als Tilgungsersatz abgeschlossen, muss die Bank den Darlehensnehmer auf die Konsequenzen dieser Vertragsgestaltung hinweisen.[69]

U 46/06, WM 2008, 1445, 1447; OLG Celle, Urt. v. 11. 6. 2009 – 11 U 140/08, NZG 2010, 73, 74; LG Hamburg, Urt. v. 1. 7. 2009 – 325 O 22/09, NJW-RR 2009, 1549, 1552 = WM 2009, 1363, 1365 f. (Handelsspanne); zur Offenlegung von Kickback-Vereinbarungen zwischen Bank und Vermögensverwalter siehe BGH, Urt. v. 19. 12. 2000 – XI ZR 349/99, BGHZ 146, 235, 239 = VersR 2001, 1517, 1518 = WM 2001, 297 = ZIP 2001, 230, 231 = BB 2007, 627, 629; dazu *Tilp* EWiR 2001, 255; OLG Köln, Urt. v. 20. 2. 2002 – 13 U 28/01, 140/00, EWiR 2002, 893; krit. dazu *Schwennicke* EWiR 2002, 893 f.; zur Offenlegung von Rückvergütungen aus Ausgabeaufschlägen und Verwaltungskosten einer Fondsgesellschaft siehe BGH, Urt. v. 19. 12. 2006 – XI ZR 56/05, BGHZ 170, 226 = NJW 2007, 1876 = VersR 2007, 953, 955 = WM 2007, 487, 490 = ZIP 2007, 518, 520 = BB 2007, 627 = DB 2007, 683; krit. dazu *Lang/Balzer* ZIP 2007, 521, 522 ff.; *Nikolaus/d'Oleire*, Aufklärung über „Kick-backs" in der Anlageberatung: Anmerkungen zum BGH-Urteil v. 19. 12. 2006 = WM 2007, 487, WM 2007, 2129; *Rößler*, „Kick back" – quo vadis?, NJW 2008, 554. Zur Offenlegung von „Kick-backs" durch Versicherer siehe *Schwintowski/Ortmann* VersR 2009, 728, 732 f.; Offenlegung für Versicherungsverträge zu Recht verneint: OLG Stuttgart, Urt. v. 26. 5. 2009 – 6 U 21/09, WM 2009, 1361, 1363.
[65] BGH, Urt. v. 20. 1. 2004 – XI ZR 460/02, WM 2004, 521, 524; BGH, Urt. v. 23. 3. 2004 – XI ZR 194/02, WM 2004, 1221, 1225; BGH, Urt. v. 10. 7. 2007 – XI ZR 243/05, NJW 2007, 3272, 3273 = VersR 2008, 260, 261 = WM 2007, 1831, 1833 = ZIP 2007, 1852, 1854; OLG Hamm, Urt. v. 7. 10. 2008 – I-34 U 89/07, WM 2008, 2363, 2364; *Fischer*, Entwicklung der Rechtsprechung bei kreditfinanzierten Immobiliengeschäften (Teil II) – Anmerkungen zur Judikatur des XI. BGH-Senats seit dem Jahr 2006 –, DB 2009, 1859.
[66] BGH, Urt. v. 2. 12. 1982 – III ZR 90/81, NJW 1983, 1420, 1421; BGH, Urt. v. 14. 1. 1988 – III ZR 249/86, NJW 1988, 1318 = VersR 1988, 349 f. = WM 1988, 364 = ZIP 1988, 422 = BB 1988, 582 = DB 1988, 1316 = MDR 1988, 565 = VuR 1988, 138 m. Anm. *Reifner*; dazu ferner *Vortmann* EWiR 1988, 333; OLG Celle, Urt. v. 5. 4. 1989, NJW-RR 1989, 1134; BGH, Urt. v. 3. 4. 1990 – XI ZR 261/89, BGHZ 111, 117, 120 = NJW 1990, 1844 = VersR 1990, 744, 746 = ZIP 1990, 854, 855 = WM 1990, 918 = MDR 1990, 1001, 1002 = JZ 1991, 147, dazu *Reifner* EWiR 1990, 555, ferner *Kohte* JZ 1991, 149 ff.; *Schmelz/Klute*, Konsumentenkredit und Kapitallebensversicherung, NJW 1988, 3113, 3114.
[67] Zur Warnpflicht des Kreditinstituts, wenn das Darlehen nur teilweise durch die Restschuldversicherung gedeckt ist, siehe LG Köln, Urt. v. 12. 12. 1988, NJW-RR 1989, 816, 817; OLG Nürnberg, Urt. v. 26. 1. 1989 – 8 U 2313/88, NJW-RR 1989, 815, 816.
[68] BGH, Urt. v. 9. 3. 1989, NJW 1989, 1667 = VersR 1989, 596, 597 = BB 1989, 938, 939 = WM 1989, 665, 666 = MDR 1989, 718; LG Frankfurt/M., Urt. v. 8. 6. 2000 – 2-19 O 131/99, WM 2001, 257, 260; OLG Frankfurt/M., Urt. v. 23. 8. 2001 – 16 U 190/00, WM 2002, 549, 553; *Schnauder* JZ 2007, 1009, 1013.
[69] Vgl. von *Heymann/Rösler*, Berechnung von Vorfälligkeits- und Nichtabnahmeentschädigung, ZIP 2001, 441, 444. Das LG Hanau v. 16. 2. 1989, WM 1989, 778, nimmt sogar

12 Wenn sich die Vertragskombination aus Festkredit und Kapitalversicherung für den Kreditbewerber wirtschaftlich ungünstiger darstellt als ein marktüblicher Ratenkredit, ist die Bank nach Treu und Glauben gehalten, den Kreditbewerber im Rahmen der Vertragsverhandlungen von sich aus darüber aufzuklären, in welchen wesentlichen Punkten sich der mit einer Kapitalversicherung verbundene Kredit vom üblichen Ratenkredit unterscheidet, welche spezifischen Vor- und Nachteile sich aus einer derartigen Vertragskombination für ihn ergeben können und was ihn der Kredit unter Berücksichtigung aller Vor- und Nachteile der Lebensversicherung voraussichtlich kosten wird.[70] Dabei sind Steuervorteile einzubeziehen.[71]

13 In der Regel wird die Bank ihrer Verpflichtung zur Aufklärung über die spezifischen Nachteile und Risiken der Verbindung einer Kapitallebensversicherung mit einem hiermit endfällig zu tilgenden Darlehen genügen, wenn alle erforderlichen Informationen über die vertragsspezifischen Besonderheiten eines mit einer Kapitallebensversicherung kombinierten Festdarlehens gegeben werden. Das gilt insbesondere für die Verpflichtung zur Zahlung von Zinsen für die gesamte Laufzeit auf die volle Darlehensvaluta, das Risiko der Zinserhöhung nach Ablauf der Zinsbindungsfrist, die Höhe der monatlichen Gesamtbelastung, die höhere Vorfälligkeitsentschädigung bei vorzeitiger Beendigung des Darlehensvertrages infolge Kündigung, den in den ersten Jahren die Summe der eingezahlten Beiträge unterschreitenden Rückkaufswert der Lebensversicherung und den Umstand, dass für einen Festkredit insgesamt mehr Zinsen zu zahlen sind als für ein Annuitätendarlehen.[72]

14 Das Verhalten von externen Vermittlungspersonen muss sich die Bank im Falle schuldhafter Pflichtverletzungen nur zurechnen lassen, soweit diese Vermittler mit Wissen und Wollen der Bank im Bereich der Anbahnung des Kreditvertrages und damit im Pflichtenkreis der Bank tätig geworden sind.[73] Haben die Bank als Darle-

---

Sittenwidrigkeit an, wenn die Laufzeit des Kreditvertrages mit der des Versicherungsvertrages nicht übereinstimmt.

[70] BGH, Urt. v. 9. 3. 1989 – III ZR 269/87, NJW 1989, 1667 = VersR 1989, 596 = ZIP 1989, 558, 560 = WM 1989, 665, 666 = MDR 1989, 718, dazu *Reifner* EWiR 1989, 449; BGH, Urt. v. 3. 4. 1990 – XI ZR 261/89, BGHZ 111, 117, 120 = NJW 1990, 1844 = VersR 1990, 744, 746 = ZIP 1990, 854, 855 = WM 1990, 918 = MDR 1990, 1001, 1002 = JZ 1991, 147, dazu *Reifner* EWiR 1990, 555, ferner *Kohte* JZ 1991, 149 ff.; OLG München, Urt. v. 19. 4. 2000 – 15 U 5324/99, WM 2002, 1297, 1299; OLG Frankfurt/M., Urt. v. 23. 8. 2001 – 16 U 190/00, WM 2002, 549, 553; OLG Koblenz, Urt. v. 7. 2. 2002 – 5 U 662/00, WM 2003, 1228, 1231 = ZIP 2002, 702 = EWiR 2002, 689; BGH, Urt. v. 20. 5. 2003 – XI ZR 248/02, NJW 2003, 2529 = VersR 2003, 1396, 1398 = ZIP 2003, 1240, 1243 = WM 2003, 1370, 1373 = DB 2003, 1841 = MDR 2003, 1190, 1191, dazu *Wagner* EWiR 2003, 899 f.; BGH, Urt. v. 18. 11. 2003 – XI ZR 322/01, ZIP 2004, 209, 212 = WM 2004, 172, 174; dazu *Kulke* EWiR 2004, 481; BGH, Urt. v. 15. 10. 2004 – V ZR 223/03, NJW 2005, 983, 985; OLG Nürnberg, Beschl. v. 25. 4. 2007 – 6 U 2558/06, WM 2007, 1787, 1789 f.; *Barnert,* Die kreditgebende Bank in der Rechtsprechung des BGH zur Projektbeteiligungs- und Immobilienfinanzierung, WM 2004, 2002, 2005; *Hofmann,* Die Belehrungspflichten bei kreditfinanzierten Anlagemodellen: Die neue BGH-Rechtsprechung zu institutionalisiertem Zusammenwirken – Zugleich Besprechungsaufsatz zum Urteil des BGH v. 16. 5. 2006 = WM 2006, 1194 –, WM 2006, 1847, 1852.

[71] Vgl. OLG Hamburg, Beschl. v. 22. 10. 1986 – 14 W 72/86, NJW 1987, 962, 963.

[72] BGH, Urt. v. 18. 1. 2005 – XI ZR 17/04, NJW 2005, 985, 988 = VersR 2005, 658, 660 = WM 2005, 415, 418 = ZIP 2005, 339, 342.

[73] BGH, Urt. v. 24. 9. 1996, NJW-RR 1997, 116 = ZIP 1996, 1950 = WM 1996, 2105, 2106; dazu *Reiff* EWiR 1997, 13; BGH, Urt. v. 9. 7. 1998, WM 1998, 2898 = ZIP 1998, 1389 = WM 1998, 1673; dazu *Schwark* EWiR 1998, 775; OLG Stuttgart, Urt. v. 25. 8. 1998 – 6 U 52/98, NJW-RR 1999, 1726; OLG München, Urt. v. 20. 4. 1999 – 25 U 4876/98, WM 1999, 1818, 1821; OLG Köln, Beschl. v. 23. 6. 1999, WM 1999, 1817; BGH, Urt. v. 3. 4. 1990 – XI ZR 261/89, MDR 1990, 1001 = JZ 1991, 147, 149; LG

hensgeber und der Immobilienverkäufer institutionalisiert zusammengewirkt und wurde der Kunde „durch unrichtige Angaben der Vermittler, Verkäufer oder Fondsinitiatoren bzw. des Fondsprospekts über das Anlageobjekt" arglistig getäuscht, steht dem Kunden gegen die Bank als Darlehensgeber ein Schadensersatzanspruch aus Verschulden bei Vertragsschluss (§§ 280 Abs. 1 Satz 1, 311 Abs. 2, 241 Abs. 2 BGB) wegen Verletzung einer Aufklärungspflicht zu.[74]

bb) Aufklärungspflicht des Versicherers. Ist der Lebensversicherer selbst als Kreditgeber tätig, ist zweifelhaft, ob die für Banken geltenden Grundsätze zur Aufklärungspflicht ohne weiteres auf Lebensversicherer übertragen werden können.[75] Aufklärungspflichten werden den Lebensversicherer nur aus besonderen Gründen treffen. Diese Pflichten werden nicht weiterreichen als die Aufklärungspflichten einer Bank.

Eigenständige Aufklärungspflichten des Versicherers sind zu bejahen, wenn dem Versicherungskunden Geschäfte in Verbindung mit einer Kapitalversicherung offeriert werden, die mit besonderen Risiken verbunden sind. Hierzu gehören die Zinsdifferenzgeschäfte. Bei diesen Abschlüssen geht es um Kreditaufnahmen im

---

Stuttgart, Urt. v. 13. 1. 2000, WM 2000, 1388, 1391; LG München I, Urt. v. 20. 1. 2000, WM 2000, 820, 824; OLG Stuttgart, Urt. v. 9. 2. 2000 – 9 U 143/99, WM 2000, 1942, 1947; OLG Stuttgart, Urt. v. 16. 2. 2000 – 9 U 172/99, WM 2000, 2146, 2149; LG München II, Urt. v. 22. 2. 2000, WM 2000, 1101, 1105; OLG München, Urt. v. 19. 4. 2000 – 15 U 5324/99, WM 2002, 1297; BGH, Urt. v. 27. 6. 2000 – XI ZR 174/99, NJW 2000, 3558 = WM 2000, 1685, 1686 = ZIP 2000, 1430, 1431; BGH, Urt. v. 27. 6. 2000 – XI ZR 210/99, NJW-RR 2000, 1576 = WM 2000, 1687; OLG Stuttgart WM 2001, 1667; OLG München WM 2001, 1216; OLG Frankfurt/M., Urt. v. 19. 7. 2000 – 19 U 190/99, WM 2000, 2135, 2138; OLG Frankfurt/M., Urt. v. 25. 10. 2000 – 9 U 59/00, WM 2002, 545, 548; BGH, Urt. v. 14. 11. 2000, NJW 2001, 358 = ZIP 2000, 2291 = WM 2000, 2539; dazu *Frisch* EWiR 2001, 151; OLG Köln, Urt. v. 21. 3. 2001 – 13 U 124/00, VersR 2002, 990, 992 = ZIP 2001, 1808, 1810/1811 = WM 2002, 118, 122; krit. dazu *Kulke* EWiR 2001, 903, 904; Hans. OLG Hamburg, Urteil v. 12. 9. 2001, WM 2002, 1289, 1293; OLG Koblenz, Urt. v. 7. 2. 2002 – 5 U 662/00, ZIP 2002, 702, 707; BGH, Urt. v. 12. 11. 2002 – XI ZR 47/01, BGHZ 152, 331, 333 = NJW 2003, 424 = WM 2002, 2501 = BB 2003, 224, 225; BGH, Urt. v. 18. 3. 2003, NJW 2003, 2088 = WM 2003, 918, 922; BGH, Urt. v. 29. 4. 2003 – XI ZR 201/02, ZIP 2003, 1692, 1693 f.; BGH, Urt. v. 3. 6. 2003 – XI ZR 289/02, NJW-RR 2003, 1203 = WM 2003, 1710, 1713; BGH, Urt. v. 14. 10. 2003 – XI ZR 134/02, NJW 2004, 154, 157 = WM 2003, 2328, 2333; BGH, Urt. v. 27. 1. 2004 – XI ZR 37/03, NJW 2004, 1376, 1377; BGH, Urt. v. 23. 3. 2004 – XI ZR 194/02, NJW 2004, 2378, 2380; BGH, Urt. v. 18. 1. 2005 – XI ZR 201/03, NJW-RR 2005, 634, 635 = WM 2005, 375, 377 = ZIP 2005, 481, 483 f. = MDR 2005, 764 f.; *Martis*, Aufklärungspflichten der Banken im Rechtsprechungsüberblick, MDR 2005, 788/789.

[74] BGH, Urt. v. 16. 5. 2006 – XI ZR 6/04, NJW 2006, 2099 = WM 2006, 1194 = ZIP 2006, 1187, 1189, 1202 = DB 2006, 1424, 1428; dazu *Oechsler*, Schadensersatzspruch des Immobilienanlegers wegen „institutionalisierten Zusammenwirkens" von Bank und Verkäufer beim Vertrieb, NJW 2006, 2451; BGH, Urt. v. 18. 3. 2008 – XI ZR 246/06, VersR 2008, 1398, 1402; BGH, Urt. v. 27. 5. 2008 – XI ZR 132/07, VersR 2009, 685, 686; BGH, Urt. v. 1. 7. 2008 – XI ZR 411/06, NJW 2008, 2912 = VersR 2009, 1368, 1369 = WM 2008, 1596, 1596; BGH, Urt. v. 24. 3. 2009 – XI ZR 456/07, NJW-RR 2009, 1275, 1278 = VersR 2010, 400, 403 = WM 2009, 1028, 1032; OLG Stuttgart, Urt. v. 31. 3. 2009 – 6 U 156/08, WM 2009, 1840, 1843; OLG Celle, Beschl. v. 30. 9. 2009 – 5 U 52/09, WM 2010, 258, 259/260; BGH, Urt. v. 24. 11. 2009 – XI ZR 260/08, WM 2010, 34, 37; siehe ferner *Fischer*, Entwicklung der Rechtsprechung bei kreditfinanzierten Immobiliengeschäften (Teil I) – Anmerkungen zur Judikatur des XI. BGH-Senats seit dem Jahr 2006 –, DB 2009, 1802, 1803.

[75] Dafür bei Verbraucherkrediten: *Reifner* ZIP 1988, 817, 825; unentschieden OLG Koblenz, Urt. v. 16. 6. 2000 – 10 U 1483/99, NVersZ 2001, 16 = VersR 2000, 1268, 1269 = r+s 1999, 170 = ZIP 2000, 1436, 1437 = WM 2000, 2006, 2007.

Ausland, um damit eine Kapitalversicherung über Beitragsdepot zu finanzieren. Die zum Zeitpunkt des Abschlusses vergleichsweise niedrigen Kreditzinsen im Ausland sollen durch die erwartete höhere Rendite aus der Lebensversicherung kompensiert werden und zu einem steuerfreien Überschuss führen. Bei solchen Geschäften muss darüber aufgeklärt werden, bei welchem Kreditzinssatz das Geschäft gewinnträchtig und ab welchem Kreditzinssatz Verlust erzeugend.[76]

17 Wird der Kunde bei der Anbahnung des mit einer Kapitalversicherung verbundenen Kredits von einem Finanz- und Vermögensberater betreut, der die Abschlüsse als Makler tätigt, kann dem Versicherer ein Fehlverhalten dieses Vermittlers nicht zugerechnet werden. Der Makler haftet unmittelbar für die Empfehlung einer ungünstigeren Kreditfinanzierung.[77] Eine eigenständige Aufklärungspflicht des Versicherers ist auf jeden Fall dann zu verneinen, wenn nach den Umständen des Einzelfalls objektiv kein Anlass für eine erneute oder ergänzende Beratung bestanden hat.[78]

18 Erteilt ein Lebensversicherungsunternehmen grob fahrlässig eine unrichtige, zur irreführenden Werbung gegenüber einem begrenzten Kreis möglicher Darlehensgeber bestimmte Bestätigung über das Bestehen von als Sicherheiten geeigneten Versicherungsverträgen, so haftet es geschädigten Darlehensgebern in gleicher Weise wie eine Bank für eine unrichtige Kreditauskunft.[79]

19 **d) Preisangaben im Darlehensvertrag. aa) Angabe der Kosten für die Kapitallebensversicherung.** § 492 Abs. 1 Satz 5 Nr. 6 BGB bestimmt, dass in Verbraucherdarlehensverträgen die Kosten einer Restschuld- oder sonstigen Versicherung, die im Zusammenhang mit dem Verbraucherdarlehensvertrag abgeschlossen wird, anzugeben ist. Diese Regelung geht auf § 4 Abs. 1 Satz 4 Nr. 1 lit. f VerbrKrG zurück, worin bestimmt war, dass die Kosten einer Restschuld- oder sonstigen Versicherung gesondert ausgewiesen werden müssen. Die für eine Kapitallebensversicherung zu zahlenden Prämien sind als Kosten einer „sonstigen Versicherung" gemäß § 4 Abs. 1 Satz 4 Nr. 1 lit. f VerbrKrG a. F. im Darlehensvertrag anzugeben.[80] Bei der Angabe des Gesamtbetrages aller vom Verbraucher für einen durch eine Kapitallebensversicherung zu tilgenden Kredit zu entrichtenden Teilzahlungen sind Lebensversicherungsbeiträge nach § 4 Abs. 1 Satz 4 Nr. 1 lit. b VerbrKrG a. F. zu berücksichtigen.[81] Wenn die Höhe der Prämien für die

---

[76] BGH, Urt. v. 9. 7. 1998 – III ZR 158/97, NJW 1998, 2898, 2899 = NVersZ 1998, 32 = VersR 1998, 1093 = r+s 1999, 33, 34 = WM 1998, 1673 = ZIP 1998, 1389 = DB 1998, 1857 = BB 1998, 1763 = MDR 1998, 1099; zust. *Schwark* EWiR 1998, 775 f.; *Schwintowski* VuR 1998, 415; *Kieninger* NVersZ 1999, 118, 120.

[77] OLG Karlsruhe, Urt. v. 3. 7. 1997 – 19 U 150/96, r+s 1999, 44.

[78] OLG Koblenz, Urt. v. 16. 6. 2000 – 10 U 1483/99, NVersZ 2001, 16, 17 = VersR 2000, 1268, 1269 = r+s 1999, 170, 171 = ZIP 2000, 1436, 1438 = WM 2000, 2006, 2008. Ebenso im Verhältnis Bank/Kunde: BGH NJW 1996, 1744 = VersR 1996, 758 = ZIP 1996, 872 = WM 1996, 664; dazu *Zeller* EWiR 1996, 641.

[79] BGH v. 22. 9. 1982, NJW 1983, 276 = VerBAV 1983, 37 = DB 1983, 1197 = MDR 1983, 115.

[80] Vgl. OLG Düsseldorf, Urt. v. 16. 12. 2004 – I-6 U 44/04, WM 2005, 881, 884; siehe ferner die Nachweise im Urt. des BGH v. 18. 1. 2005 – XI ZR 17/04, NJW 2005, 985, 987 = VersR 2005, 658, 659 = WM 2005, 415 = ZIP 2005, 339, 342; BGH, Urt. v. 25. 4. 2006 – XI ZR 106/05, NJW 2006, 1955, 1956 = DB 2006, 1268, 1269; BGH, Urt. v. 25. 4. 2006 – XI ZR 219/04, NJW 2006, 1957, 1959; a. A. *Bohner,* Kapitallebensversicherung als Kosten einer Versicherung im Sinne von § 4 Abs. 1 Satz 4 Nr. 1 f VerbrKrG?, WM 2001, 2227, 2229.

[81] BGH, Urt. v. 18. 12. 2001, BGHZ 149, 302, 306 = NJW 2002, 957 = WM 2002, 380 = ZIP 2002, 391, 392 f., dazu *Saenger/Bertram* EWiR 2002, 237; OLG Karlsruhe, Urt. v. 9. 9. 2003 – 8 U 72/03, ZIP 2004, 946, 947/948; BGH, Urt. v. 8. 6. 2004 – XI ZR 150/03, BGHZ 159, 270 = NJW 2004, 2820 = ZIP 2004, 1445 = WM 2004, 1542,

Kapitallebensversicherung nicht als Kosten einer sonstigen Versicherung im Darlehensvertrag angegeben ist, hat der Darlehensnehmer aus § 6 Abs. 2 Satz 3 VerbrKrG a. F. gegen den Darlehensgeber weder einen Anspruch auf Erstattung der von ihm bereits gezahlten Kapitallebensversicherungsprämien noch einen Freistellungsanspruch bezüglich der künftig fällig werdenden Lebensversicherungsprämien.[82]

bb) Effektivzinsberechnung. Gemäß § 492 Abs. 1 Satz 5 Nr. 5 BGB ist in Verbraucherdarlehensverträgen der (anfängliche) effektive Jahreszins anzugeben. In § 492 Abs. 2 BGB wird hinsichtlich der Berechnung des effektiven Jahreszinses auf § 6 der Preisangabenverordnung (PAngV) verwiesen. Gemäß § 6 Abs. 3 Nr. 5 PAngV sind die Kosten für Versicherungen oder Sicherheiten in die Berechnung des effektiven Jahreszinses eines Kredits nicht mit einzubeziehen. In einem Nebensatz des § 6 Abs. 3 Nr. 5 PAngV heißt es jedoch, dass die Kosten einer Versicherung einbezogen werden, die die Rückzahlung an den Darlehensgeber bei Tod, Invalidität, Krankheit, oder Arbeitslosigkeit des Kreditnehmers zum Ziel haben, und die (die Versicherung) der Darlehensgeber zwingend als Bedingung für die Gewährung des Kredits vorschreibt. Die Kosten für die zur Absicherung biometrischer Risiken des Kreditnehmers abgeschlossene Restschuldversicherung sind mithin in den Effektivzins nach PAngV einzurechnen, wenn die Bank selbst die Restschuldversicherung mit dem Versicherer abschließt und Vertragspartner der Versicherung bleibt.[83] Diese Rechtslage unterscheidet sich nicht von der früheren Rechtslage. Die Einbeziehung von Kosten einer Restschuldversicherung in die Berechnung des Vertragszinses nach § 6 Abs. 3 Nr. 5 PAngV kommt nur in Betracht, wenn der Darlehensgeber den Abschluss der Restschuldversicherung zwingend als Bedingung für die Gewährung des Kredits vorschreibt.[84] 20

Nach § 4 Abs. 2 Satz 1 VerbrKrG a. F. war der effektive Jahreszins die in einem Vomhundertsatz des Nettokreditbetrages anzugebende Gesamtbelastung pro Jahr. § 4 Abs. 2 Satz 2 VerbrKrG a. F. sah vor, dass sich die Berechnung des effektiven Jahreszinses nach § 4 der Verordnung zur Regelung der Preisangaben richtet. § 4 Abs. 3 Nr. 5 Halbsatz 1 PAngV in der Fassung der Ersten Verordnung zur Änderung der Preisangabenverordnung vom 3. April 1992[85] ordnete an, dass in die Berechnung des anzugebenden Vomhundertsatzes die Gesamtkosten des Kredits 21

1543 f., dazu *Medicus* EWiR 2004, 1055; BGH, Urt. v. 14. 9. 2004 – XI ZR 11/04, NJW-RR 2005, 483 = ZIP 2004, 2180, 2181 = WM 2004, 2306, 2307 f. = DB 2004, 2807, 2808, dazu *Steiner* EWiR 2005, 47; BGH, Urt. v. 14. 9. 2004, WM 2004, 2306; BGH, Urt. v. 19. 10. 2004 – XI ZR 337/03, NJW-RR 2005, 354 = ZIP 2004, 2373, 2374 = WM 2004, 2436, 2437 f.; BGH, Urt. v. 18. 1. 2005 – XI ZR 17/04, NJW 2005, 985, 986 = VersR 2005, 658, 659 = WM 2005, 415 = ZIP 2005, 339, 341; KG, Urt. v. 22. 9. 2009 – 13 U 17/08, WM 2010, 253, 257; *Habersack,* Effektiver Jahreszins und Prämien für eine Kapitallebensversicherung – Überlegungen im Anschluss an BGH WM 2005, 415 –, WM 2006, 353.

[82] BGH, Urt. v. 18. 1. 2005 – XI ZR 17/04, NJW 2005, 985, 987 = VersR 2005, 658, 660 = WM 2005, 415 = ZIP 2005, 339, 342 = BKR 2005, 153 = MDR 2005, 642; BGH, Urt. v. 25. 4. 2006 – XI ZR 219/04, NJW 2006, 1957, 1959; *Edelmann/Suchowerskyj,* Festkredit mit Tilgungsaussetzung bei Kombi-Verträgen: Erfordernis der Gesamtbetragsangabe, DB 2003, 2475, 2480.

[83] *Laars,* Restschuldversicherung und Preisangabenverordnung, VersR 2008, 1577, 1580.

[84] OLG Oldenburg, Urt. v. 15. 1. 2009 – 8 U 122/08, WM 2009, 796, 799; BGH, Urt. v. 15. 12. 2009 – XI ZR 45/09, NJW 2010, 531, 532 = VersR 2010, 469, 470 = r+s 2010, 186, 188 = WM 2010, 166, 168 = ZIP 2010, 220, 222 – BB 2010, 462, 463; *Ady/Paetz* WM 2009, 1061, 1068.

[85] BGBl. I S. 846.

für den Kreditnehmer mit Ausnahme der Kosten unter anderem für Versicherungen einzubeziehen sind. Nach dem Halbsatz 2 dieser Vorschrift wurden lediglich die Kosten einer Versicherung einbezogen, die die Rückzahlung an den Darlehensgeber bei Tod, Invalidität, Krankheit oder Arbeitslosigkeit des Kreditnehmers zum Ziel hat und die der Darlehensgeber zwingend als Bedingung für die Gewährung des Kredits vorschreibt.

22 Bei einer Kapitallebensversicherung handelt es sich nicht um eine solche Restschuldversicherung, auch wenn eine Risikolebensversicherung als in einer Kapitallebensversicherung mit enthalten gedacht werden kann.[86] Eine Kapitallebensversicherung stellt vielmehr im Wesentlichen einen Ansparvorgang dar, der im Erlebensfall zur Tilgung des zugleich aufgenommenen Darlehens dienen soll.[87] Solche Ansparleistungen sind jedoch preisangaberechtlich nicht von Bedeutung, wenn sie die Voraussetzung für die Kreditgewährung bilden, die Abwicklung des eigentlichen Kredits aber nicht unmittelbar beeinflussen.[88] Zahlungen für eine Kapitallebensversicherung sind daher bei der Berechnung des effektiven Jahreszinses nicht zu berücksichtigen.[89] Die von einer Mindermeinung[90] befürwortete Berücksichtigung des in den Versicherungsprämien enthaltenen Kostenanteils für die Vermittlung der Kapitallebensversicherung sowie des Risikoanteils kommt nicht in Betracht, da dieser Kostenanteil von den LVU nicht getrennt ausgewiesen wird und den Kreditinstituten, die bei Abschluss des Darlehensvertrages häufig nicht einmal das LVU kennen, unbekannt ist.[91]

5. Verkauf von Krediten

23 In Deutschland hat sich seit 2003 ein liquider Markt für den Verkauf notleidender Kredite mit einem jährlichen Handelsvolumen zwischen 7 bis 21 Milliarden Euro entwickelt.[92] Banken und damit auch Landesbanken und Sparkassen sollen in der Regel Kredite, bei denen keine relevante Leistungsstörung eingetreten ist, nur verkaufen dürfen, wenn dies vertraglich vereinbart wurde bzw. der Schuldner dem Verkauf zugestimmt hat.[93] Durch das Risikobegrenzungsgesetz[94] ist die Zulässigkeit des Verkaufs und der Abtretung von Darlehensforderungen bestätigt worden, wobei der Schutz der Darlehensnehmer durch ein Maßnah-

---

[86] BGH, Urt. v. 18. 1. 2005 – XI ZR 17/04, NJW 2005, 985, 986 = VersR 2005, 658, 659 = WM 2005, 415 = ZIP 2005, 339, 340.
[87] BGH, Urt. v. 18. 1. 2005 – XI ZR 17/04, NJW 2005, 985, 986 = VersR 2005, 658, 659 = WM 2005, 415 = ZIP 2005, 339, 340/341.
[88] BGH, Urt. v. 18. 1. 2005 – XI ZR 17/04, NJW 2005, 985, 987 = VersR 2005, 658, 659 = WM 2005, 415 = ZIP 2005, 339, 341.
[89] BGH, Urt. v. 18. 1. 2005 – XI ZR 17/04, NJW 2005, 985, 986 = VersR 2005, 658, 659 = WM 2005, 415 = ZIP 2005, 339, 341 m. w. Nachw.; *Weitmann*, Einbeziehung der Prämien zur Kapitallebensversicherung in die Berechnung des effektiven Jahreszinses eines Realkredits?, VersR 2005, 53, 54; *Nobbe*, Rechtsprechung des Bundesgerichtshofs zu fehlgeschlagenen Immobilienfinanzierungen, WM Sonderbeil. Nr. 1/2007, S. 23.
[90] Vgl. *Boest* NJW 1993, 40, 41; *Reifner* ZBB 1999, 349, 356 f.; *derselbe*, Die Restschuldversicherung im Ratenkredit, WM 2008, 2329, 2331.
[91] BGH, Urt. v. 18. 1. 2005 – XI ZR 17/04, NJW 2005, 985, 986 = VersR 2005, 658, 659 = WM 2005, 415 = ZIP 2005, 339, 341; krit. *Metz* EWiR 2006, 31, 32.
[92] *Paetzmann*, Neuausrichtung des Hypothekenkreditgeschäfts in der Lebensversicherung durch Kreditverkäufe, ZVersWiss 2007, 575, 579; *Schalast/Safran/Sassenberg*, Bankgeheimnis und Notwehrrecht bei unrichtiger Medienberichterstattung über Kreditverkäufe, BB 2008, 1126.
[93] Vgl. *Schalast/Safran/Sassenberg*, Strafbarkeit von Sparkassenvorständen beim Verkauf notleidender Kredite, NJW 2008, 1486.
[94] BGBl. 2008 I S. 1666.

menpaket verbessert wurde.⁹⁵ Der wirksamen Abtretung von Darlehensforderungen stehen weder das Bankgeheimnis⁹⁶ noch das Bundesdatenschutzgesetz entgegen.⁹⁷ Das Recht auf informationelle Selbstbestimmung wird durch eine Forderungsabtretung nicht verletzt.⁹⁸ Die Abtretung ist selbst dann nach Art. 56 Abs. 1 EG wirksam, wenn ein Verstoß gegen § 203 Abs. 2 Nr. 1 StGB unterstellt wird.⁹⁹ Die formularmäßige Unterwerfung unter die sofortige Zwangsvollstreckung ist nicht als unangemessene Benachteiligung des Kreditnehmers im Sinne des § 307 Abs. 1 Satz 1 BGB zu qualifizieren, wenn die Bank die Kreditforderung frei an beliebige Dritte abtreten kann.¹⁰⁰ Das berechtigte Interesse des Kreditnehmers, dass ihm der Darlehensgeber seines Vertrauens für die Laufzeit des Kredits erhalten bleibt, ist von daher im Allgemeinen rechtlich nicht geschützt.¹⁰¹ Dem Darlehensnehmer kann jedoch ein Schadensersatzanspruch wegen Verletzung des Bankgeheimnisses zustehen.¹⁰²

---

⁹⁵ Siehe zugleich zu den Einzelheiten *Langenbucher*, Kredithandel nach dem Risikobegrenzungsgesetz, NJW 2008, 3169, 3170.
⁹⁶ LG Stuttgart, Urt. v. 13. 9. 2005 – 12 O 682/04, WM 2006, 127, 129; BGH, Urt. v. 3. 6. 2008 – XI ZR 353/07, NJW 2008, 2842, 2843; BGH, Urt. v. 27. 10. 2009 – XI ZR 225/08, WM 2009, 2307, 2308 = DB 2009, 2780; *Wech*, Das Bankgeheimnis – Struktur, Inhalt und Grenzen einer zivilrechtlichen Schutzpflicht, D&H, Berlin, 2008, S. 441 ff.
⁹⁷ Vgl. OLG Celle, Urt. v. 10. 9. 2003 – 3 U 137/03, WM 2004, 1384; dazu zust. *Büchler* EWiR 2004, 1115 f.; LG Koblenz, Urt. v. 25. 11. 2004 – 3 O 496/03, ZIP 2005, 21 = WM 2005, 30; LG Frankfurt/M., Urt. v. 17. 12. 2004 – 2/21 O 96/02, ZIP 2005, 115 = BB 2005, 125; OLG Stuttgart, Urt. v. 6. 4. 2005 – 9 U 188/04, ZIP 2005, 1777, 1778; dazu *Bütter/Aigner* EWiR 2005, 783 f.; OLG Köln, Urt. v. 15. 9. 2005 – 8 U 21/05, NJW-RR 2006, 263 = WM 2005, 2385 = ZIP 2005, 1773; dazu *Büchler* EWiR 2006, 41 f.; BGH, Urt. v. 27. 2. 2007 – XI ZR 195/05, BGHZ 171, 180, 183 ff. = NJW 2007, 2106 = WM 2007, 643, 644 = ZIP 2007, 619 = BB 2007, 793 m. Anm. *Weber/Bulach* EWiR 2007, 267; LG München I, Urt. v. 29. 3. 2007 – 5 HK O 11176/06, ZIP 2007, 2170; BVerfG, Nichtannahmebeschl. 1 BvR 1025/07, NJW 2007, 3707, 3708 = WM 2007, 1694; OLG München, Urt. v. 24. 10. 2007 – 7 U 1707/07, WM 2008, 1151, 1153; LG Nürnberg-Fürth, Beschl. v. 25. 2. 2008 – 10 O 11030/06, WM 2008, 2015, 2016; BGH, Urt. v. 3. 6. 2008 – XI ZR 353/07, NJW 2008, 2842, 2843 = WM 2008, 1298, 1299; *Cahn*, Bankgeheimnis und Forderungsverwertung, WM 2004, 2041 ff.; *Jobe*, Verkauf und Abtretung von Kreditforderungen und das Bankgeheimnis, ZIP 2004, 2415 ff.; *Arne Klüwer/Matthias Meister*, Forderungsabtretung und Bankgeheimnis, WM 2004, 1157 ff.; *Rögner*, Bankgeheimnis im Spannungsverhältnis mit dem Kapitalmarktrecht, NJW 2004, 3230 ff.; *Stiller*, Asset-Backed-Securities und das Bankgeheimnis, ZIP 2004, 2027 ff.; *Bütter/Aigner* EWiR 2005, 161 f. m. w. Nachw.; *dieselben*, Sieg der Vernunft: Notleidende Darlehensforderungen sind abtretbar, BB 2005, 119 ff.; *Nobbe*, Bankgeheimnis, Datenschutz und Abtretung von Darlehensforderungen, WM 2005, 1537, 1548; *Langenbucher*, Kredithandel nach dem Risikobegrenzungsgesetz, NJW 2008, 3169, 3171; a. A. OLG Frankfurt/M., Urt. v. 25. 5. 2004 – 8 U 84/04, NJW 2004, 3266 = WM 2004, 1386 = ZIP 2004, 1449; krit. dazu *Böhm*, Asset Backed Securities und die Wahrung des Bankgeheimnisses, BB 2004, 1641 ff. Zur Datenübermittelung im Konzern siehe *Mackenthun*, Datenschutzrechtliche Voraussetzungen der Verarbeitung von Kundendaten beim zentralen Rating und Scoring im Bank-Konzern, WM 2004, 1713 ff.
⁹⁸ BVerfG, Beschl. v. 11. 7. 2007 – 1 BvR 1025/07, NJW 2007, 3707, 3708 = WM 2007, 1694 = ZIP 2007, 2348.
⁹⁹ OLG Schleswig, Urt. v. 18. 10. 2007 – 5 U 19/07, WM 2007, 2103 = ZIP 2007, 2308; zust. *Schulz* EWiR 2007, 731.
¹⁰⁰ A. A. LG Hamburg, Beschl. v. 9. 7. 2008 – 318 T 183/07, WM 2008, 1450, 1451.
¹⁰¹ *Schimansky*, Verkauf von Kreditforderungen und Unterwerfung unter die sofortige Zwangsvollstreckung, WM 2008, 1049.
¹⁰² BGH, Urt. v. 27. 10. 2009 – XI ZR 225/08, WM 2009, 2307, 2309; hierzu näher *Möhlenkamp*, Besteht ein ersatzfähiger Schaden durch Verletzung des Bankgeheimnisses?, BB 2007, 1126.

III. Kapitalversicherung auf den Todes- und Erlebensfall mit Teilauszahlung

24 Eine Variante der gewünschten Versicherung ist die Kapitalversicherung auf den Todes- und Erlebensfall mit Teilauszahlungen. Der Versicherungsschutz im Todesfall bleibt auch nach einer Teilauszahlung unverändert oder vermindert sich um den Betrag der jeweiligen Teilauszahlung. Die vorgezogenen Kapitalzahlungen werden bei Erleben bestimmter Zeitpunkte ausgezahlt. Aus steuerlichen Gründen findet die erste Teilauszahlung regelmäßig nicht vor Ablauf von 12 Jahren statt.[103]

IV. Kapitalversicherung auf den Todes- und Erlebensfall von zwei Personen

Schrifttum: *Borchert*, Die steuerliche Anerkennung von Teilhaberversicherungen bei Anwaltsgemeinschaften, NJW 1952, 207; *Brieger*, Zur Rechtsnatur des Versicherungsvertrages auf verbundene Leben, ZfV 1962, 70; *Herold*, Die Lebensversicherung als Liquiditätshilfe beim Tod des Geschäftsinhabers, ZfV 1966, 474; *Strünz*, Die Teilhaberversicherung – Voraussetzung und Arten –, VP 1981, 257.

25 Beim Lebensversicherungsvertrag auf verbundene Leben handelt es sich um einen einheitlichen Versicherungsvertrag, dessen Kennzeichen es ist, dass jeder Beteiligte zugleich Versicherungsnehmer und Versicherter ist.[104] Das Ableben des zuerst versterbenden Versicherten stellt den Versicherungsfall dar.[105] Der Versicherungsbetrag wird bei Tod eines Beteiligten an den Überlebenden und im Erlebensfall an beide gemeinsam ausgezahlt.[106] Eheleute sind zu gleichen Teilen berechtigt.[107] Dies wirkt sich auch auf die Erbschaftsteuer aus.[108] Ist antragsgemäß der Versicherungsschein auf das Leben von zwei Personen als Versicherten ausgestellt, von denen nur eine Person als Versicherungsnehmer eingesetzt ist, liegt keine Versicherung auf verbundene Leben vor, sondern die Versicherung zweier Leben.[109]

26 Die verbundene Lebensversicherung kann als sogenannte Teilhaberversicherung zum Betriebsvermögen einer Personengesellschaft gehören, wenn der Versicherungsvertrag von der Gesellschaft selbst abgeschlossen wird und diese dem Versicherer gegenüber allein bezugsberechtigt ist.[110] Der BFH hat es deshalb abgelehnt, eine von einem Rechtsanwalt als Versicherungsnehmer auf sein Leben und auf das Leben seines Sozius abgeschlossene Lebensversicherung, bei der der Versicherungsempfänger im Erlebensfalle der Versicherungsnehmer und im Falle des Todes eines der Versicherten der überlebende Versicherte ist, zum notwendigen Betriebsvermögen der Sozietät oder zum notwendigen Sonderbetriebsvermögen des Versicherungsnehmers zu rechnen.[111] Es gilt der Grundsatz, dass Prämien für

---

[103] *Claus* VerBAV 1986, 242; GB BAV 1959/60, 37 und 1965, 28.
[104] OLG Hamm v. 11. 3. 1987, NJW-RR 1987, 1173 = VersR 1988, 32.
[105] LG Berlin VersR 1986, 282.
[106] AG München v. 4. 9. 1956, VersR 1956, 751 m. Anm. *Sasse* VersR 1956, 752; OLG Hamm v. 11. 3. 1987, NJW-RR 1987, 1173 = VersR 1988, 32.
[107] AG München v. 4. 9. 1956, VersR 1956, 751.
[108] Siehe hierzu FinMin. Mecklenburg-Vorpommern, Erlass v. 27. 9. 1993 – IV 330 – S 3844 – 12/93, DB 1993, 2362.
[109] Vgl. OLG Köln, Urt. v. 4. 6. 1992 – 5 U 168/91, r+s 1992, 392.
[110] BFH v. 21. 5. 1987, NJW 1988, 846 = DB 1987, 2019; BFH, Urt. v. 14. 3. 1996 – IV R 14/95, WPg 1996, 561.
[111] BFH v. 21. 5. 1987, NJW 1988, 846 = DB 1987, 2019. Siehe auch BFH v. 11. 5. 1989, DB 1989, 1902.

Versicherungen, die ein privates Risiko eines Gesellschafters abdecken, nicht als Betriebsausgaben der Personengesellschaft abgezogen werden können.[112]

V. Kapitalversicherung mit festem Auszahlungszeitpunkt, Termfixversicherung

Schrifttum: *Härlen,* Nochmals: Zum Versicherungscharakter der Versicherung mit festem Auszahlungstermin, VersR 1964, 1008; *Gärtner,* Das Merkmal der Ungewissheit in der Versicherung mit festem Auszahlungstermin, VersR 1963, 895; *Schmidt-Rimpler,* Zum Versicherungscharakter der Versicherung mit festem Auszahlungstermin, Vers 1964, 792.

Die Termfixversicherung wird häufig als Ausbildungsversicherung abgeschlossen, um das notwendige Kapital für eine Berufsausbildung mit Fälligkeit zu einem bestimmten Zeitpunkt anzusparen.[113] Versicherungsfall ist der Tod des Versicherten.[114] Die Besonderheit der Versicherung mit festem Auszahlungspunkt besteht daher darin, dass die Versicherungssumme stets erst bei Ablauf des festgelegten Zeitpunkts fällig wird, und nicht schon, wenn der Versicherte vorher stirbt.[115] Die Ungewissheit besteht in der Lebensdauer des Versicherten, da von ihr die Beitragszahlung abhängt.[116] Beim Tode des Versicherten endet die Verpflichtung zur Beitragszahlung und läuft die Versicherung bis zu ihrem festgelegten Ablauf beitragsfrei in voller Höhe weiter. Zum festen Auszahlungszeitpunkt wird die Versicherungssumme in voller Höhe fällig, auch wenn der Versicherte vor Ablauf der Versicherung verstorben ist. Ungewiss bei dieser Versicherungsform ist folglich nur die Beitragszahlungsdauer, nicht aber der Zeitpunkt der Fälligkeit der vollen Versicherungssumme.

VI. Kapitalversicherung auf den Heiratsfall, Aussteuerversicherung

AuVdBAV: GB BAV 1965, 29 (Aussteuerversicherung); GB BAV 1968, 46/47 (Neue Rechnungsgrundlagen für Töchteraussteuerversicherungen); GB BAV 1971, 52 (Bemessung von Rückkaufswerten bei Aussteuerversicherungen).

1. Tarif Altbestand

Aus der Aussteuerversicherung hat sich die Heiratsversicherung entwickelt.[117] In ihr können Mädchen bis zu zehn und Jungen bis zu zwölf Jahren bis zu einer Höchstversicherungssumme von 150 000 DM[118] versichert werden. Das Höchsteintrittsalter in der Aussteuerversicherung kann von bisher 10 auf 12 Jahre angehoben werden, falls die Versicherungssumme bei Mädchen für die Eintrittsalter 11

---

[112] BFHE 157, 152 = BStBl. II 1989, 657; BFHE 167, 366 = BStBl. II 1992, 653; BFH, Urt. v. 28. 6. 2001 – IV R 41/00, NZG 2002, 935, 936.
[113] *Schmidt-Rimpler* VersR 1964, 792.
[114] OLG Nürnberg, Urt. v. 21. 12. 1951 – 3 U 111/51, VersR 1952, 121, 122; OLG Hamburg, Urt. v. 23. 10. 1974 – 5 U 29/74, VersR 1975, 561, 562; BGH, Urt. v. 3. 6. 1992 – IV ZR 217/91, VersR 1992, 990, 991; *Härlen* VersR 1964, 1008.
[115] OLG Hamburg, Urt. v. 23. 10. 1974 – 5 U 29/74, VersR 1975, 561, 562; BGH, Urt. v. 3. 6. 1992 – IV ZR 217/91, VersR 1992, 990, 991; LG Berlin, Urt. v. 14. 8. 2001 – 7 O 144/01, NVersZ 2002, 304, 305 = VersR 2002, 1227, 1228; *Kracke,* Lebensversicherungstechnik, Berlin, D&H 1955, S. 119.
[116] OLG Nürnberg, Urt. v. 21. 12. 1951 – 3 U 111/51, VersR 1952, 121, 122; BGH v. 11. 2. 1953, VersR 1953, 106 m. Anm. *Prölss* VersR 1953, 109.
[117] Siehe LG Berlin VersR 1963, 817.
[118] GB BAV 1980, 53 noch 100 000 DM.

und 12 Jahre z. B. auf 50 000 DM begrenzt wird. Als Endalter wird normalerweise das 25. Lebensjahr des zu versorgenden Kindes vereinbart.

2. Beitragszahlungspflicht

29   Die Beitragszahlungspflicht endet mit dem vorzeitigen Tod des versicherten Versorgers; die Versicherung wird beitragsfrei gestellt. Stirbt das zu versorgende Kind vor Beendigung der Versicherung durch Heirat oder Ablauf, so werden in der Regel die gezahlten Beiträge erstattet. Im Falle der Beitragsfreistellung wegen Ablebens des versicherten Versorgers umfasst die Erstattung auch die Beiträge, die aufgrund der Beitragsfreistellung nicht mehr zu zahlen waren.

3. Fälligkeit

30   Die Versicherungssumme wird fällig bei Heirat des zu versorgenden Kindes (Mädchen oder Junge), spätestens beim Ablauf der Versicherungsdauer, meistens bei Vollendung des 25. Lebensjahres der begünstigten Person.

4. Kündigung

31   Das LVU ist berechtigt, die Aussteuerversicherung außerordentlich zu kündigen, wenn der Versicherungsnehmer ein falsches Heiratsdatum vorträgt und zum Nachweis eine Heiratsurkunde mit einem falschen Datum vorlegt.[119]

5. Ausstattungsversprechen

32   **a) Inhalt.** Haben sich die Eltern bei Abschluss des Versicherungsvertrages darauf geeinigt, dass die Versicherungssumme bei Fälligkeit ihrer Tochter als Aussteuer oder Ausbildungsfinanzierung zur Verfügung stehen soll, liegt hierin ein Ausstattungsversprechen im Sinne von § 1624 Abs. 1 BGB, das die Tochter vertreten durch die Eltern annimmt.[120] Der notariellen Form bedarf ein solches Versprechen nicht.[121] Wurde die Prämie aus einem Kindergeld gezahlt, das den Eltern gemeinsam zustand, kann der Vater als Versicherungsnehmer über eine etwaige Änderung der Bezugsberechtigung für die Tochter nicht allein entscheiden.[122] Liegt die Zustimmung der Mutter nicht vor, bleibt die Tochter aus dem Ausstattungsversprechen berechtigt und steht die Ablaufleistung aus der Versicherung der Tochter zu und kann die Versicherungsleistung vom Vater herausverlangen.[123]

33   **b) Absicherung.** Versicherungsvertragsrechtlich ist ein Ausstattungsversprechen abgesichert, wenn für den Begünstigten ein widerrufliches oder unwiderrufliches Bezugsrecht eingeräumt worden ist. Erst mit der Einräumung eines Bezugsrechts wird dem Ausstattungsversprechen gegenüber dem Versicherer Geltung verschafft. Zugleich wird mit der Einräumung des Bezugsrechts der Rechtsbindungswillen des Verpflichteten aus dem Ausstattungsversprechen unterstrichen.[124]

6. Auskunftsanspruch

34   Der Begünstigte aus der Heiratsversicherung hat keinen Auskunftsanspruch gegen den Versicherer, wenn sich die Versicherungsunterlagen, die geeignet sind,

---

[119] OLG Hamm, Urt. v. 1. 10. 1999 – 20 U 213/98, r+s 2000, 478.
[120] OLG Düsseldorf, Urt. v. 13. 1. 2004 – 4 U 104/03, NJW-RR 2004, 1082 = VersR 2004, 1401 (Ls.).
[121] OLG Düsseldorf, Urt. v. 13. 1. 2004 – 4 U 104/03, NJW-RR 2004, 1082.
[122] OLG Düsseldorf, Urt. v. 13. 1. 2004 – 4 U 104/03, NJW-RR 2004, 1082, 1083.
[123] OLG Düsseldorf, Urt. v. 13. 1. 2004 – 4 U 104/03, NJW-RR 2004, 1082, 1083.
[124] Vgl. OLG Koblenz, Beschl. v. 28. 12. 2007 – 2 U 1557/06, VersR 2008, 1098 (Ls.).

über den Versicherungsanspruch den nötigen Aufschluss zu geben, in der Hand eines Elternteils befinden.[125]

7. Rechtsmissbrauch

Im Falle einer Scheinehe steht dem Versicherungsnehmer nur der Rückkaufswert der Aussteuerversicherung zu.[126]   35

VII. Garantierte Leistungen

1. Mindestverzinsung

Kennzeichnend für die Kapitalversicherung ist die garantierte Versicherungsleistung für den Todesfall und die garantierte Mindestverzinsung.[127] Die Verzinsung des Versichertenguthabens muss mindestens dem bei Vertragsabschluss festgelegten Garantiezins entsprechen, der seit dem 1. 1. 2007 2,25% beträgt.[128] Als weitere sog. implizite Optionen kommen neben der garantierten Überschussbeteiligung noch des Weiteren ein garantierter Verrentungsfaktor hinzu, wenn der Versicherungsnehmer bei Vertragsende das Recht hat, das angesammelte Guthaben auf Basis des bereits bei Vertragsabschluss garantierten Verrentungsfaktors in eine lebenslange Rente umzuwandeln.[129] Die Zinsgarantien stellen den Kern des Geschäftsmodells der Lebensversicherer dar.[130] Die Kapitalversicherung ist deshalb bestens geeignet für den langfristigen und sicheren Aufbau von Kapital für das Alter bei gleichzeitiger Absicherung der Familie.[131] Auf vielfältige Weise ist für eine Sicherung der dem Kunden garantierten Leistungen gesorgt. Ein professionelles Asset-Liability-Management[132] gewährleistet die Erwirtschaftung der Garantieverzinsung und einer darüber hinausgehenden Überschussbeteiligung unter Beachtung der Vorgaben der Finanzaufsicht.   36

2. Sicherstellung der dauerhaften Erfüllbarkeit der Versicherungsverträge

In jedem Unternehmen überprüft der Verantwortliche Aktuar ggf. unter Anwendung von Richtlinien der Deutschen Aktuarvereinigung die Finanzlage des Un-   36a

---

[125] AG Karlsruhe VersR 1959, 884.
[126] OLG Düsseldorf, Urt. v. 21. 3. 2000 – 4 U 63/99, NVersZ 2000, 541, 542; OLG Düsseldorf, Urt. v. 13. 11. 2001 – 4 U 184/00, VersR 2002, 1092.
[127] *Albrecht*, Zur systematischen Leistungsbeurteilung von Kapitallebensversicherungsverträgen unter Performance- und Risikoaspekten, Der Aktuar 2002, 61, 66; *Siegmund*, Lebensversicherung auch ohne Zinsgarantien?, ZfV 2006, 383; *Goecke*, Lebensversicherung: Sind Zinsgarantien zeitgemäß? Klassische Garantieverzinsung nicht mehr sinnvoll – Der Entwurf eines Alternativmodells für die Lebensversicherung, VW 2007, 157.
[128] Vgl. § 2 Abs. 1 der Verordnung über Rechnungsgrundlagen für die Deckungsrückstellungen (Deckungsrückstellungsverordnung – DeckRV) vom 6. Mai 1996, BGBl. I 996, 670, geändert durch die Verordnung vom 11. Oktober 2006, BGBl. I 2006, 2261.
[129] Vgl. *Dillmann*, Optionen in Lebensversicherungsverträgen, in: Beiträge zur 13. Wissenschaftstagung des BdV, Baden-Baden, Nomos, VersWissStud. 26 (2004), S. 51, 53; *Gatzert/Schmeiser*, Bewertung und Risikomanagement von impliziten Optionen in Lebensversicherungspolicen, VW 2007, 769.
[130] Zutreffend *Heidemann*, Entwicklungstendenzen im Lebensversicherungsmarkt, VersicherungsPraxis 2007, 81.
[131] *Albrecht/Maurer/Schradin*, Die Kapitalanlageperformance der Lebensversicherer im Vergleich zur Fondsanlage unter Rendite- und Risikoaspekten: Eine empirische Studie mit Folgerungen für Alterssicherung und Vorsorgebedarf, Karlsruhe, VVW, 1999, S. 92.
[132] Eingehend hierzu *Andres/Bol*, Mit Asset-Liability-Management durch schwierige Kapitalmarktzeiten: An der wertorientierten Unternehmenssteuerung führt kein Weg vorbei, VW 2002, 1076 ff.; *Binder/Gerken/Rödter*, Risiko- und wertorientiertes Management – Überlebensgrundlage für deutsche Lebensversicherer?, ZfV 2003, 280 ff.

ternehmens darauf, ob die dauernde Erfüllbarkeit der sich aus den Versicherungsverträgen ergebenden Verpflichtungen jederzeit gewährleistet ist (§ 11 a VAG). Der Aktuar hat über das Ergebnis seiner Prüfung einen Bestätigungsvermerk abzugeben und in einem Erläuterungsbericht darzulegen, welche Kalkulationsansätze und weitere Annahmen der Bestätigung oder Nichtbestätigung zugrunde liegen.[133]

3. Sicherungsvermögen

36 b Für die Verpflichtungen aus den Versicherungsverträgen ist ein Sicherungsvermögen zu bilden. Der Treuhänder für das Sicherungsvermögen verwahrt die Bestände des Sicherungsvermögens unter Mitverschluss des LVU (§ 72 Abs. 2 Satz 1 VAG) und hat unter der Bilanz des LVU zu bestätigen, dass das Sicherungsvermögen vorschriftsmäßig angelegt und aufbewahrt ist (§ 73 VAG).[134] Er ist eine aufsichtsrechtlich vorgeschriebene Kontrollinstanz mit eingeschränktem Prüfauftrag[135] und wird mitunter als Hilfsorgan der Aufsichtsbehörde angesehen.[136] Gegenüber den Versicherten haftet der Treuhänder für das Sicherungsvermögen nach den Vorschriften über unerlaubte Handlungen gemäß §§ 823 ff. BGB.[137] Sowohl der Treuhänder für das Sicherungsvermögen als auch der Verantwortliche Aktuar unterliegen der staatlichen Versicherungsaufsicht, der die Gewährleistungsaufsicht zufällt und die deshalb unter gewissen Voraussetzungen ihre Abberufung verlangen kann.[138]

---

§ 2 Wie erfolgt die Überschussbeteiligung?

Wir beteiligen Sie und die anderen Versicherungsnehmer gemäß § 153 des Versicherungsvertragsgesetzes (VVG) an den Überschüssen und Bewertungsreserven (Überschussbeteiligung). Die Überschüsse werden nach den Vorschriften des Handelsgesetzbuches ermittelt und jährlich im Rahmen unseres Jahresabschlusses festgestellt. Die Bewertungsreserven werden dabei im Anhang des Geschäftsberichtes ausgewiesen. Der Jahresabschluss wird von einem unabhängigen Wirtschaftsprüfer geprüft und ist unserer Aufsichtsbehörde einzureichen.

(1) **Grundsätze und Maßstäbe für die Überschussbeteiligung der Versicherungsnehmer**

(a) Die Überschüsse stammen im Wesentlichen aus den Erträgen der Kapitalanlagen. Von den Nettoerträgen derjenigen Kapitalanlagen, die für künftige Versicherungsleistungen vorgesehen sind (§ 3 der Verordnung über die Mindestbeitragsrückerstattung in der Lebensversicherung, Mindestzuführungsverordnung), erhalten die Versicherungsnehmer insgesamt mindestens den in dieser Verordnung genannten Prozentsatz. In der derzeitigen Fassung der Verordnung sind grundsätz-

---

[133] BR-Drucks. 413/96 v. 31. 5. 1996, S. 1.
[134] Zur Bestellung und zu den Aufgaben und Befugnissen des Treuhänders siehe Rundschreiben 13/2005 (VA) v. 8. 8. 2005 – GZ: VA 14 – O 1000 – 2005/141, ferner das Rundschreiben 12/2005 (VA) v. 23. 8. 2005 – GZ: VA 14 – O 1000 – 2005/257 betreffend die Aufstellung und Führung des Vermögensverzeichnisses sowie die Aufbewahrung des Sicherungsvermögens.
[135] *Benkel,* Der Versicherungsverein auf Gegenseitigkeit, 2. Aufl., München, Beck, 2002, S. 188.
[136] *Gause* in: Langheid/Wandt, Münchener Komm. VVG, Bd. 1, 1. Aufl., 2010, AufsichtsR, Rdn. 316.
[137] *Knauth,* Deckungsstock und Treuhänder, in: Vermögensanlagepraxis in der Versicherungswirtschaft, hrsg. v. Robert Schwebler, 2. Aufl., 1991, S. 357, 378; *Benkel,* Der Versicherungsverein auf Gegenseitigkeit, 2. Aufl., München, Beck, 2002, S. 189.
[138] *Fehling,* Versicherungsaufsicht im Spiegel der verwaltungsrechtlichen Regulierungsdebatte, in: Liber amicorum für Gerrit Winter, hrsg. v. Bergeest u. Labes, Karlsruhe, VVW, 2007, S. 171, 181.

A. Allg. Bed. für die kapitalbildende LV § 2 ALB 2008

lich 90% vorgeschrieben (§ 4 Abs. 3, § 5 Mindestzuführungsverordnung). Aus diesem Betrag werden zunächst die Beträge finanziert, die für die garantierten Versicherungsleistungen benötigt werden. Die verbleibenden Mittel verwenden wir für die Überschussbeteiligung der Versicherungsnehmer.

Weitere Überschüsse entstehen insbesondere dann, wenn Sterblichkeit und Kosten niedriger sind, als bei der Tarifkalkulation angenommen. Auch an diesen Überschüssen werden die Versicherungsnehmer angemessen beteiligt und zwar nach derzeitiger Rechtslage am Risikoergebnis (Sterblichkeit) grundsätzlich zu mindestens 75% und am übrigen Ergebnis (einschließlich Kosten) grundsätzlich zu mindestens 50% (§ 4 Abs. 4 u. 5, § 5 Mindestzuführungsverordnung).

Die verschiedenen Versicherungsarten tragen unterschiedlich zum Überschuss bei. Wir haben deshalb gleichartige Versicherungen zu Gruppen zusammengefasst. Gewinngruppen bilden wir beispielsweise, um das versicherte Risiko wie das Todesfall- oder Berufsunfähigkeitsrisiko zu berücksichtigen.[1] Die Verteilung des Überschusses für die Versicherungsnehmer auf die einzelnen Gruppen orientiert sich daran, in welchem Umfang sie zu seiner Entstehung beigetragen haben. Den Überschuss führen wir der Rückstellung für Beitragsrückerstattung zu, soweit er nicht in Form der sog. Direktgutschrift bereits unmittelbar den überschussberechtigten Versicherungen gutgeschrieben wird. Diese Rückstellung dient dazu, Ergebnisschwankungen im Zeitablauf zu glätten. Sie darf grundsätzlich nur für die Überschussbeteiligung der Versicherungsnehmer verwendet werden. Nur in Ausnahmefällen und mit Zustimmung der Aufsichtsbehörde können wir hiervon nach § 56 a des Versicherungsaufsichtsgesetzes (VAG) abweichen, soweit die Rückstellung nicht auf bereits festgelegte Überschussanteile entfällt. Nach der derzeitigen Fassung des § 56 a VAG können wir die Rückstellung, im Interesse der Versicherungsnehmer auch zur Abwendung eines drohenden Notstandes, zum Ausgleich unvorhersehbarer Verluste aus den überschussberechtigten Versicherungsverträgen, die auf allgemeine Änderungen der Verhältnisse zurückzuführen sind, oder – sofern die Rechnungsgrundlagen aufgrund einer unvorhersehbaren und nicht nur vorübergehenden Änderung der Verhältnisse angepasst werden müssen – zur Erhöhung der Deckungsrückstellung heranziehen.

(b) Bewertungsreserven entstehen, wenn der Marktwert der Kapitalanlagen über dem Wert liegt, mit dem die Kapitalanlagen in der Bilanz ausgewiesen sind. Die Bewertungsreserven sorgen für Sicherheit und dienen dazu, kurzfristige Ausschläge an den Kapitalmärkten auszugleichen. Ein Teil der Bewertungsreserven fließt den Versicherungsnehmern gemäß § 153 Abs. 3 VVG unmittelbar zu. Hierzu wird die Höhe der Bewertungsreserven jährlich neu ermittelt. Der so ermittelte Wert wird den Verträgen nach dem in Absatz 2 beschriebenen Verfahren zugeordnet (§ 153 Abs. 3 VVG). Bei Beendigung eines Vertrages[2] wird der für diesen Zeitpunkt aktuell ermittelte Betrag zur Hälfte zugeteilt und ausgezahlt. Aufsichtsrechtliche Regelungen zur Kapitalausstattung bleiben unberührt.

(2) Grundsätze und Maßstäbe für die Überschussbeteiligung Ihres Vertrages
(a) Ihre Versicherung erhält Anteile an den Überschüssen derjenigen Gruppe, die in Ihrem Versicherungsschein genannt ist. Die Mittel für die Überschussanteile werden bei der Direktgutschrift zu Lasten des Ergebnisses des Geschäftsjahres finanziert, ansonsten der Rückstellung für Beitragsrückerstattung entnommen. Die Höhe der Überschussanteilsätze wird jedes Jahr vom Vorstand unseres Unternehmens auf Vorschlag des Verantwortlichen Aktuars festgelegt. Wir veröffentlichen die Überschussanteilsätze in unserem Geschäftsbericht. Den Geschäftsbericht können Sie bei uns jederzeit anfordern.
(b) ...[3]

---

[1] Ggf. weitere unternehmensindividuelle Information über Gewinngruppen bzw. Untergruppen und deren Modalitäten; die Begriffe sind an die unternehmensindividuellen Gegebenheiten anzupassen.
[2] Ggf. unternehmensindividuellen früheren Zuteilungszeitpunkt verwenden.
[3] Hier sind folgende unternehmensindividuelle Angaben zu machen:
a) Voraussetzung für die Fälligkeit der Überschussanteile (Wartezeit, Stichtag für die Zuteilung u. Ä.)

(c) ...[4]

(3) Information über die Höhe der Überschussbeteiligung
Die Höhe der Überschussbeteiligung hängt von vielen Einflüssen ab. Diese sind nicht vorhersehbar und von uns nur begrenzt beeinflussbar. Wichtigster Einflussfaktor ist dabei die Zinsentwicklung des Kapitalmarkts. Aber auch die Entwicklung des versicherten Risikos und der Kosten sind von Bedeutung. Die Höhe der künftigen Überschussbeteiligung kann also nicht garantiert werden.

Übersicht

	Rdn.
I. Fassung	1
II. Überschussbeteiligungszusage	2, 3
1. Inhalt der Vereinbarung	2
2. Angaben zur Überschussbeteiligung	3
III. Grundsätze und Maßstäbe für die Beteiligung der Versicherungsnehmer am Überschuss	4–7
1. Grundsatz	4
2. Verursachungsorientiertes Verfahren	5
3. Vergleichbare angemessene Verteilungsgrundsätze	6
4. Zeitpunkt der Verteilung	7
IV. Grundsätze und Maßstäbe für die Beteiligung der Versicherungsnehmer an den Bewertungsreserven	8–13
1. Grundsatz	8
2. Verursachungsorientiertes Verfahren	9
3. Jährliche Ermittlung und Zuordnung	10
4. Frühere Zuteilung	11
5. Endgültige Zuteilung	12
6. Aufsichtsrechtliche Regelungen zur Kapitalausstattung	13
V. Jährliche Unterrichtung	14
VI. Angemessene Zuführung zur Rückstellung für Beitragsrückerstattung	15–17
1. Mindestzuführung	15, 16
a) Ausgangslage	15
b) § 81 c VAG	16
2. Mindestzuführungsverordnung	17
VII. Dotierung und Verwendung der Rückstellung für Beitragsrückerstattung	18, 19
1. Dotierung	18
2. Verwendung	19
Anhang zu § 2 ALB 2008	
I. Grundzüge zur Leistungsdarstellung in der Lebensversicherung	20, 21
1. Allgemeine Grundsätze	20
2. Mindestanforderungen	21
II. Beispielrechnung für eine Kapitalversicherung auf den Todes- und Erlebensfall	22
III. Jährliche Mitteilung über den Stand der Überschussbeteiligung zur Kapitalversicherung auf den Todes- und Erlebensfall und Aktualisierung der Beispielrechnung	23

---

b) Form und Verwendung der Überschussanteile
(laufende Überschussanteile, Schlussüberschussanteile, Bonus, Ansammlung, Verrechnung, Barauszahlung u. Ä.)
c) Bemessungsgrößen für die Überschussanteile.

[4] Hier sind der Verteilungsmechanismus, d. h. die Schlüsselung der ermittelten, verteilungsfähigen Bewertungsreserven auf den einzelnen Vertrag und die Bewertungsstichtage anzugeben.

A. Allg. Bed. für die kapitalbildende LV 1 § 2 ALB 2008

AuVdBAV: VerBAV 2000, 252 (R 2/2000 v. 23. 10. 2000 – Hinweise zur Darstellung der Überschussbeteiligung); BaFinJournal Juni 2008, 3 (Mindestzuführungsverordnung gibt erstmals quantitative Vorgaben für die RfB).

Schrifttum: *Brömmelmeyer,* Vorvertragliche Informationspflichten des Versicherers – insbesondere in der Lebensversicherung, VersR 2009, 584; *Cottin/Heinke/Homann/Sander,* Empirische Analyse des Einflusses der Überschussbeteiligung auf Neugeschäft und Storno, ZVersWiss 2007, 339; *Engeländer,* Überschussbeteiligung nach dem Regierungsentwurf zum VVG, VersR 2007, 155; *derselbe,* Der Nichtannahmebeschluss des BVerfG zu Rückkaufswerten, VersR 2009, 1308; *Franz,* Das Versicherungsvertragsrecht im neuen Gewand – Die Neuregelungen und ausgewählte Probleme –, VersR 2008, 298; *Friesenhahn,* Die ertragsteuerliche Behandlung von Beitragsrückerstattungen bei Lebens- und Krankenversicherungsunternehmen gemäß § 21 KStG, Aachen, Shaker, 2009; *Goecke,* Über das Wesen der Lebensversicherung – ein Diskussionsbeitrag, in: Versicherung, Recht und Schaden, Festschrift für Johannes Wälder, München, Beck, 2009, S. 291; *v. Hinüber,* Der (stille) Kampf um die stillen Reserven: Zur Ausweitung des Adressatenkreises von § 153 VVG und zeitlichen Geltung einer Ausnahmegenehmigung nach § 211 Abs. 2 Nr. 2 VVG, BetrAV 2008, 776; *Hövelmann,* Anpassung der AVB von Altverträgen nach Art. 1 Abs. 3 EGVVG – Option oder Zwang?, VersR 2008, 612; *Langheid,* Die Reform des Versicherungsvertragsgesetzes, NJW 2007, 3665 (1. Teil: Allgemeine Vorschriften), 3745 (2. Teil: Die einzelnen Versicherungssparten); *Ludwig/Reiss/Werner,* Rückstellung für latente Beitragsrückerstattung im Financial Statement der Versicherungskonzerne nach IFRS, WPg 2007, 607; *Ott,* Entscheidungsstrategien zur Überschussbeteiligung nach dem neuen VVG, VW 2007, 771; *Mudrack,* Zum Anspruch der Lebensversicherten auf Auszahlung von Bewertungsreserven, die vor dem 1. Januar 2008 entstanden sind, ZfV 2008, 542; *derselbe,* § 153 Absatz 3 Satz 3 VVG, Bewertungsreserven als Eigenmittel und negative Ergebnisse der Stresstests, ZfV 2009, 212; *Perlet,* Notwendigkeit, Probleme und Konsequenzen der Offenlegung stiller Reserven, in: Aktuelle Fragen in der Versicherungswirtschaft, Karlsruhe, VVW, 1999, S. 149; *Pfleiderer,* Die Überschussbeteiligung in der Lebensversicherung, Basel, H&L, 2006; *Rief/Bender,* Standard & Poor's: Verfassungsgerichtsurteil neben Solvency II ein weiterer Treiber zur Verstärkung der Polarisierung bei den Lebensversicherern, AssCompact 10/2005, 166; *Rockel/Sauer,* Bilanzierung von Versicherungsverträgen – IASB Discussion Paper „Preliminary Views on Insurance Contracts", WPg 2007, 741; *Römer,* Die kapitalbildende Lebensversicherung nach dem neuen Versicherungsvertragsgesetz, DB 2007, 2523; *derselbe,* Was bringt das neue VVG Neues zur Lebensversicherung?, r+s 2008, 405; *Schubach,* Die Reform des Versicherungsvertragsgesetzes (VVG) – Verbraucherschutz, Einzelfallgerechtigkeit und offene Fragen, AnwBl. 2008, 27; *Schwintowski,* Das Spannungsverhältnis zwischen Individuum und Kollektiv – aus juristischer Sicht, ZVersWiss 2007, 449; *Stindt,* Die Überschussbeteiligung in der kapitalbildenden Lebensversicherung im bilanziellen Spannungsfeld zwischen HGB und IAS/IFRS, Düsseldorf, IDW, 2009; *Tekülve,* Die Bedeutung der Überschussbeteiligung für die Neuentwicklung des Lebensversicherungsgeschäfts: Ansätze einer empirischen Analyse am Beispiel des deutschen Lebensversicherungsmarktes, Frankfurt/M., Knapp, 2007; *Wandt,* Thesen zur Transparenz des Rechts der Überschussbeteiligung, VW 2006, 1966; *Weigel,* Die demographische Entwicklung in Deutschland und ihre Bedeutung für das Kapitaldeckungsverfahren von Lebensversicherern, privaten Krankenversicherern und Pensionsfonds, ZVersWiss 2006, 685; *Wimmer,* Erfolgsdeterminanten deutscher Lebensversicherungsunternehmen. Eine empirische Analyse, Hamburg, Kovac, 2004; *Zimmermann/Chevtchenko/Schweinberger,* Der Einfluss des Versicherungskapitalanlagen-Bewertungsgesetzes (VersKapAG) auf Überschüsse und Überschussbeteiligung in der Lebensversicherung – Eine empirische Untersuchung, ZVersWiss 2006, 91.

I. Fassung

Die Überschussbeteiligungsklausel war mit Blick auf die Bestimmungen des 1
§ 153 VVG 2008, § 56a VAG und § 4 Abs. 4 u. 5, § 5 Mindestzuführungsverordnung zu überarbeiten.

II. Überschussbeteiligungszusage

1. Inhalt der Vereinbarung

2   Dem Versicherungsnehmer steht eine Beteiligung an dem Überschuss und an den Bewertungsreserven (Überschussbeteiligung) zu, es sei denn, die Überschussbeteiligung ist durch ausdrückliche Vereinbarung ausgeschlossen; die Überschussbeteiligung kann nur insgesamt ausgeschlossen werden (§ 153 Abs. 1 VVG 2008). Damit ist klargestellt, dass auch Versicherungen ohne Überschussbeteiligung angeboten werden können, die aber angesichts des Konkurrenzdrucks praktisch keine Bedeutung haben.[5] Lebensversicherungen mit Gewinnbeteiligung sind auch heute noch das Kerngeschäft der Lebensversicherer.[6] An die Transparenz eines Ausschlusses von der Überschussbeteiligung sind schon wegen des Ausnahmecharakters hohe Anforderungen zu stellen.[7] Ob es mit dem geltenden EU-Recht vereinbar ist, wenn der Gesetzgeber in die Produktgestaltung dadurch eingreift, dass er den Ausschluss der Überschussbeteiligung nur insgesamt zulässt, erscheint zweifelhaft.[8]

2. Angaben zur Überschussbeteiligung

3   Gemäß § 10 Abs. 1 Nr. 7 VAG und § 10a Abs. 1 VAG i. V. mit Anlage D Abschnitt I Nr. 2 lit. a muss der Versicherer Angaben über die für die Überschussermittlung und Überschussbeteiligung geltenden Berechnungsgrundsätze und Maßstäbe machen. Ob und inwieweit diesen Vorschriften Wertungen des Gesetzgebers zu entnehmen sind, die auch Einfluss auf den Inhalt privatrechtlicher Vertragsgestaltung haben, hat der BGH[9] in seiner Entscheidung vom 9. Mai 2001 nicht beantwortet. Mit dem BGH[10] kann auf jeden Fall davon ausgegangen werden, dass diese Vorschriften dem LVU nicht auferlegen, sich auf genauere Maßstäbe zur Überschussbeteiligung schon bei Vertragsschluss festzulegen. Der Versicherer muss die Beteiligungsverfahren nur im Prinzip, nicht aber im Einzelnen erläutern.[11] Der BGH hat daher zutreffend festgestellt, dass es keinen Rechtsgrund gibt, aus dem eine Verpflichtung des LVU abzuleiten wäre, sich auf genauere Maßstäbe zur Überschussbeteiligung schon bei Vertragsschluss festzulegen, etwa durch Nennung bestimmter Prozentsätze.[12] Eine Festlegung auf feste Maßstäbe zur Überschussbeteiligung verbietet sich auch mit Blick auf die dem LVU durch § 56a Satz 5 VAG eingeräumte Berechtigung, mit Zustimmung der Aufsichtsbehörde in Ausnahmefällen die Rückstellung für Beitragsrückerstattung, soweit sie nicht auf bereits festgelegte Überschussanteile entfällt, im Interesse der Versicherten zur Abwendung eines Notstands heranzuziehen, und für den Fall eines vertraglichen Vorbehalt, bei einem etwaigen Solvabilitätsbedarf den in der Verord-

---

[5] *Franz* VersR 2008, 298, 309.
[6] *Rief/Bender* AssCompact 10/2005, 166, 167.
[7] *Römer* r+s 2008, 405, 406; *Engeländer* VersR 2009, 1308, 1314.
[8] *Schubach* AnwBl. 2008, 27, 30.
[9] BGH, Urt. v. 9. 5. 2001 – IV ZR 121/00, NJW 2001, 2014, 2019 = NVersZ 2001, 308, 313 = VersR 2001, 841, 846 = ZIP 2001, 1052, 1058.
[10] BGH, Urt. v. 9. 5. 2001 – IV ZR 121/00, NJW 2001, 2014, 2019 = NVersZ 2001, 308, 313 = VersR 2001, 841, 846 = ZIP 2001, 1052, 1058.
[11] *Brömmelmeyer* VersR 2009, 584, 591.
[12] BGH, Urt. v. 9. 5. 2001 – IV ZR 121/00, NJW 2001, 2014, 2019 = NVersZ 2001, 308, 313 = VersR 2001, 841, 846 = ZIP 2001, 1052, 1058 = BB 2001, 1427, 1431; LG Hamburg, Urt. v. 5. 6. 2003 – 302 S 13/02, S. 6; *Backes*, Die Insolvenz des Versicherungsunternehmens, Karlsruhe, VVW, 2003, S. 133; a. A. *Schwintowski* in: Berliner Komm. z. VVG, 1999, Vorbem. §§ 159–178 VVG Rdn. 64.

nung über die Mindestbeitragsrückerstattung in der Lebensversicherung genannten Prozentsatz für die Überschussbeteiligung unterschreiten zu können.[13]

III. Grundsätze und Maßstäbe für die Beteiligung der Versicherungsnehmer am Überschuss

1. Grundsatz

Gemäß § 153 Abs. 2 VVG 2008 hat der Versicherer die Beteiligung an dem Überschuss nach einem verursachungsorientierten Verfahren durchzuführen; andere vergleichbare angemessene Verteilungsgrundsätze können vereinbart werden. Für die Feststellung des Anspruchs auf Überschussbeteiligung bleiben die handelsrechtlichen und aufsichtsrechtlichen Vorschriften, insbesondere deren tatsächliche Umsetzung im Jahresabschluss, unmittelbar und ohne einzelvertraglichen Anspruch auf Kontrolle oder gar Einflussnahme maßgeblich.[14] Dadurch, dass sich die Überschussbeteiligung der Versicherungsnehmer am handelsrechtlichen Jahresabschluss orientiert und – wie der Wortlaut der Überschussbeteiligungsklausel zeigt – die jeweils beschriebenen Überschussbeteiligungssysteme Anwendung finden, „partizipiert jeder Versicherungsnehmer fortlaufend an den hohen und stabilisierten Renditen, die weitgehend unabhängig von Kapitalmarktschwankungen sind".[15]

2. Verursachungsorientiertes Verfahren

§ 153 Abs. 2 Alt. 1 VVG 2008 bestimmt, dass der Versicherer die Beteiligung an dem Überschuss nach einem verursachungsorientierten Verfahren durchzuführen hat. Der Versicherer erfüllt seine Verpflichtung jedenfalls schon dann, wenn er ein Verteilungssystem entwickelt und widerspruchsfrei praktiziert, das die Verträge unter dem Gesichtspunkt der Überschussbeteiligung sachgerecht zu Gruppen zusammenfasst, den zur Verteilung bestimmten Betrag nach den Kriterien der Überschussverursachung einer Gruppe zuordnet und dem einzelnen Vertrag dessen rechnerischen Anteil an dem Betrag der Gruppe zuschreibt.[16] Vom einzelnen Versicherungsnehmer kann im Klagewege überprüft werden, ob das vom LVU praktizierte Verfahren die von § 153 Abs. 2 VVG 2008 geforderte Qualität der „Verursachungsorientierung" besitzt.[17]

3. Vergleichbare angemessene Verteilungsgrundsätze

§ 153 Abs. 2 Alt. 2 VVG 2008 lässt andere vergleichbare Verteilungsgrundsätze ausdrücklich zu, soweit sie angemessen sind. Sie müssen aber vereinbart sein und werden sich deshalb in den AVB finden.[18] Wird so verfahren, muss die entsprechende Regelung den Erfordernissen der Transparenz und den übrigen Kriterien der Inhaltskontrolle nach den §§ 305 ff. BGB genügen.[19]

4. Zeitpunkt der Verteilung

§ 2 Satz 2 ALB 2008 bestimmt, dass die Überschüsse nach den Vorschriften des HGB ermittelt und jährlich im Rahmen des Jahresabschlusses festgestellt wer-

---

[13] BGH, Urt. v. 9. 5. 2001 – IV ZR 121/00, NJW 2001, 2014, 2019 = NVersZ 2001, 308, 313 = VersR 2001, 841, 846 = ZIP 2001, 1052, 1058 = BB 2001, 1427, 1431.
[14] *Engeländer* VersR 2007, 155, 156.
[15] *Albrecht/Maurer/Schradin* ZIP 1999, 1381, 1384; hierzu *Adams* ZIP 1999, 1386 ff.
[16] *Römer* DB 2007, 2523, 2526 f.; *derselbe* r+s 2008, 405, 406.
[17] *Engeländer* VersR 2007, 155, 160; *Hövelmann* VersR 2008, 612, 616.
[18] *Römer* r+s 2008, 405, 406.
[19] *Römer* r+s 2008, 405, 406.

den.²⁰ Hieraus folgt, dass der Bilanzstichtag für den Zeitpunkt der Verteilung des Überschusses maßgebend ist.

IV. Grundsätze und Maßstäbe für die Beteiligung der Versicherungsnehmer an den Bewertungsreserven

1. Grundsatz

8   Das BVerfG hat im Bereich der kapitalbildenden Lebensversicherung mit Überschussbeteiligung eine Pflicht des Gesetzgebers festgestellt, dafür Sorge zu tragen, dass die durch die Prämienzahlungen im Rahmen der unternehmerischen Entscheidungen des Versicherers geschaffenen Vermögenswerte als Grundlage einer Schlussüberschussbeteiligung einsetzbar sind, soweit sie nicht durch vertragsgemäße Dispositionen, etwa für die Verrechnung mit laufenden Verwaltungskosten und die Erbringung der vereinbarten Versicherungsleistungen, verbraucht worden sind.²¹ Mit diesem Votum gibt das BVerfG zu erkennen, dass es ausreicht, wenn die Versicherten an denjenigen Bewertungsreserven beteiligt werden, die nach dem Zeitpunkt entstehen, zu dem eine gesetzliche Neuregelung in Kraft tritt.²² Hieran orientiert sich die gesetzliche Regelung des § 153 VVG 2008. Erfasst wird nach dieser Vorschrift nur der Zuwachs an Bewertungsreserven, der ab 1. Januar 2008 eintritt.²³ Gemäß § 153 Abs. 3 Satz 1 VVG 2008 hat der Versicherer die Bewertungsreserven jährlich neu zu ermitteln und nach einem verursachungsorientierten Verfahren rechnerisch zuzuordnen. Bei der Beendigung des Vertrags wird der für diesen Zeitpunkt zu ermittelnde Betrag zur Hälfte zugeteilt und an den Versicherungsnehmer ausgezahlt; eine frühere Zuteilung kann vereinbart werden (§ 153 Abs. 3 Satz 2 VVG 2008).²⁴ Aufsichtsrechtliche Regelungen zur Kapitalausstattung bleiben unberührt (§ 153 Abs. 3 Satz 3 VVG 2008). Nicht gefolgt ist der Gesetzgeber der Forderung nach einer expliziten Ausklammerung von Bewertungsreserven aus festverzinslichen Kapitalanlagen.²⁵

2. Verursachungsorientiertes Verfahren

9   Für die verursachungsorientierte Beteiligung an den Bewertungsreserven gibt es eine ganze Reihe von möglichen Modellen.²⁶ Mitglieder des Ausschusses Lebensversicherung der Deutschen Aktuarvereinigung haben inzwischen gemeinsam mit Vertretern von GDV und BaFin einen Vorschlag für ein verursachungsorientiertes Verfahren zur Beteiligung der Versicherungsnehmer an Bewertungsreserven gemäß § 153 VVG 2008 neu erarbeitet.²⁷ Für den vorliegenden Bericht wurde das Verfahren für Fachgrundsätze (Hinweis) eingeleitet.²⁸

---

[20] Zur Entwicklung der Erträge aus Kapitalanlagen in den Jahren 1993 bis 2004 siehe *Weigel* ZVersWiss 2006, 685, 687.
[21] BVerfG, Urt. v. 26. 7. 2005 – 1 BvR 80/95, NJW 2005, 2376, 2378 = VersR 2005, 1127, 1131; BVerfG, Beschl. v. 15. 2. 2006 – 1 BVR 1317/96, VersR 2006, 489, 493.
[22] *Mudrack* ZfV 2008, 542, 544.
[23] *Mudrack* ZfV 2008, 542, 544.
[24] Bei Rentenversicherungen ist die Beendigung der Ansparphase der nach § 153 Abs. 3 Satz 2 VVG 2008 maßgebliche Zeitpunkt (vgl. § 153 Abs. 4 VVG 2008). Die Bezieher laufender Renten sind ebenfalls an den Bewertungsreserven zu beteiligen, a. A. *v. Hinüber* BetrAV 2008, 776, 778 ff.
[25] *Langheid* NJW 2007, 3745, 3748.
[26] Zur Diskussion und den Einzelheiten dieser Modelle siehe *Ott* VW 2007, 771.
[27] Der Aktuar 2007, 187.
[28] Der Aktuar 2007, 187.

3. Jährliche Ermittlung und Zuordnung

Die Bewertungsreserven sind nach einem verursachungsorientierten Verfahren rechnerisch zuzuordnen. „Rechnerisch" bedeutet, dass der Versicherungsnehmer keinen Anspruch darauf hat, dass die einmal zugeordnete stille Reserve jährlich unwiderruflich gutgeschrieben wird.[29] Einen Anspruch auf Beteiligung an den zugeordneten Reserven im Rechtssinne erwirbt der Versicherungsnehmer erst bei Beendigung des Vertrages durch Zeitablauf oder Kündigung.[30] Bis dahin behält der Versicherer die Verfügungsgewalt über die Bewertungsreserven.[31] Sollten Verluste im Sinne von stillen Lasten entstehen, kann das Unternehmen diese gegen die stillen Reserven aufrechnen.[32] Der Gesetzgeber hat über das Verfahren der lediglich rechnerischen Mitteilung sichergestellt, dass die Bewertungsreserven ihre Funktion als Risikopuffer in großen Teilen weiter behalten.[33] Damit wird eine Verstetigung des Überschusses erreicht.[34]

4. Frühere Zuteilung

Eine frühere Zuteilung der Bewertungsreserven kann nach § 153 Abs. 3 Satz 2 Alt. 2 VVG 2008 vereinbart werden.

5. Endgültige Zuteilung

Bei der Beendigung des Vertrags wird der für diesen Zeitpunkt zu ermittelnde Betrag zur Hälfte zugeteilt und an den Versicherungsnehmer ausgezahlt (§ 153 Abs. 3 Satz 2 VVG 2008). Die Quote von 50% muss einerseits die Risikotragfähigkeit des Versicherers und andererseits die verfassungsrechtlich gebotene gerechte Beteiligung der Versicherten an den durch ihre Prämie mit geschaffenen Vermögenswerten gewährleisten.[35] Stille Lasten kann das LVU dem Versicherungsnehmer nicht zuteilen.[36] Das LVU kann sie nur mit stillen Reserven verrechnen.[37] Ist der Saldo negativ, bleiben also noch stille Lasten übrig, können diese dem Versicherungsnehmer nicht belastet werden.[38] Mit Blick hierauf erscheint die Zuteilungsquote von 50% aus dem Blickwinkel des Versicherungsnehmers als nicht zu niedrig.[39]

6. Aufsichtsrechtliche Regelungen zur Kapitalausstattung

Nach § 153 Abs. 3 Satz 3 VVG 2008 bleiben die aufsichtsrechtlichen Regelungen zur Kapitalausstattung unberührt. Auf einzelne Bestimmungen verweist weder das Gesetz noch § 2 ALB 2008. Damit ist offen, welche Regelungen im Einzelnen gemeint sind.[40] Inhaltlich betrachtet schränkt § 153 Abs. 3 Satz 3 VVG

---

[29] *Römer* r+s 2008, 405, 407.
[30] BT-Drucks. 16/3945, S. 97; *Römer* r+s 2008, 405, 407; *v. Hinüber* BetrAV 2008, 776, 778.
[31] *Römer* r+s 2008, 405, 407.
[32] *Römer* r+s 2008, 405, 407.
[33] *Römer* r+s 2008, 405, 407; *Meixner/Steinbeck,* Das neue Versicherungsvertragsrecht, München, Beck, 2008, § 7 Rdn. 4.
[34] *Römer* r+s 2008, 405, 407.
[35] *Wandt* VW 2006, 1966.
[36] *Römer* r+s 2008, 405, 407.
[37] *Römer* r+s 2008, 405, 407; *Franz* VersR 2008, 298, 309.
[38] *Römer* r+s 2008, 405, 407; *Franz* VersR 2008, 298, 309.
[39] A. A. *Schwintowski* ZVersWiss 2007, 449, 460.
[40] *Römer* r+s 2008, 405, 407.

2008 den Anspruch der Versicherungsnehmer auf Beteiligung am Überschuss ein.[41] Die Solvabilität des LVU soll nicht durch Ausschüttungen an Versicherungsnehmer gefährdet werden.[42] Die Bewertungsreserven sind vor dem Hintergrund zu sehen, dass die Verträge auf Dauer erfüllbar bleiben müssen.[43] Das angesparte Kapital darf den Versicherungsnehmern nicht verloren gehen.[44] § 153 Abs. 3 Satz 3 VVG 2008 ist daher so zu verstehen, dass die zivilrechtliche Verpflichtung zur Auszahlung von Bewertungsreserven ein Unternehmen nicht von der aufsichtsrechtlichen Verpflichtung befreit, die Anforderungen an die Kapitalausstattung zu erfüllen.[45]

V. Jährliche Unterrichtung

14   Gemäß § 155 Satz 1 VVG 2008 hat der Versicherer bei Versicherungen mit Überschussbeteiligung den Versicherungsnehmer jährlich in Textform über die Entwicklung seiner Ansprüche unter Einbeziehung der Überschussbeteiligung zu unterrichten. Ferner hat der Versicherer, wenn er bezifferte Angaben zur möglichen zukünftigen Entwicklung der Überschussbeteiligung gemacht hat, den Versicherungsnehmer auf Abweichungen der tatsächlichen Entwicklung von den anfänglichen Angaben hinzuweisen (§ 155 Satz 2 VVG 2008).

VI. Angemessene Zuführung zur Rückstellung für Beitragsrückerstattung

1. Mindestzuführung

15   a) **Ausgangslage.** § 81 c VAG regelt die Mindestüberschussbeteiligung von Versicherten in der Lebensversicherung.[46] Die bis zur 9. VAG-Novelle geltende Fassung des § 81 c VAG schrieb unterschiedliche Regelungen für die Berechnung der Mindestüberschussbeteiligung von „regulierten" und „deregulierten" Verträgen vor. Mit der 9. VAG-Novelle wurden die bis zur 9. VAG-Novelle geltenden unterschiedlichen Verfahren zur Berechnung der Mindestüberschussbeteiligung durch ein einheitliches Verfahren im Zuge des Erlasses der Mindestzuführungsverordnung ersetzt und hierfür § 81 c VAG, insbesondere durch Streichung des bisherigen § 81 c Abs. 2 VAG, geändert. In der Regierungsbegründung zur 9. VAG-Novelle heißt es hierzu:[47]

„Durch den Zeitablauf und das sich dadurch ändernde Verhältnis von „regulierten" und „deregulierten" Verträgen sowie durch die sich ändernden Anforderungen an die Kapitalausstattung der Versicherungsunternehmen ist die bestehende Regelung nicht mehr sachgerecht. Insbesondere führt die unterschiedliche Berechnung der Mindestüberschussbeteiligung („R-Quote" für „regulierte" Verträge, „Z-Quote" für deregulierte Verträge) mittlerweile dazu, dass einzelne Verträge zulasten anderer systematisch und einseitig mit Risiken anderer Verträge belastet werden. Daher sollen die bisherigen Verträge durch ein einheitliches Verfahren ersetzt werden."

---

[41] *Engeländer* VersR 2007, 155, 161.
[42] *Engeländer* VersR 2007, 155, 161.
[43] *Römer* DB 2007, 2523, 2527.
[44] *Römer* DB 2007, 2523, 2527.
[45] *Mudrack* ZfV 2009, 212, 214.
[46] BT-Drucks. 16/6518, S. 18.
[47] BT-Drucks. 16/6518, S. 18.

b) § 81 c VAG. § 81 c Abs. 1 Satz 1 VAG spricht von einem Missstand, wenn 16
bei überschussberechtigten Versicherungen keine angemessene Zuführung zur
Rückstellung für Beitragsrückerstattung erfolgt. Das ist nach § 81 c Abs. 1 Satz 2
VAG insbesondere dann anzunehmen, wenn die Zuführung zur Rückstellung für
Beitragsrückerstattung eines LVU unter Berücksichtigung der Direktgutschrift
und der rechnungsmäßigen Zinsen nicht der gemäß § 81 c Abs. 3 VAG durch
Rechtsverordnung festgelegten Mindestführung entspricht. Da die in der Verordnung nach § 81 c Abs. 3 VAG festgelegte Mindestzuführung nicht nur von den
Kapitalerträgen abhängt, sondern auch von anderen Ergebnissen, wurden in der
bis zur 9. VAG-Novelle geltenden Fassung des § 81 c Abs. 1 Satz 2 VAG die Wörter
„in Abhängigkeit von den Kapitalerträgen" gestrichen.[48]

2. Mindestzuführungsverordnung

Das Bundesministerium der Finanzen ist gemäß § 81 c Abs. 3 Satz 1 VAG er- 17
mächtigt, durch Rechtsverordnung zur Wahrung der Belange der Versicherten
unter Berücksichtigung der Marktverhältnisse und des Solvabilitätsbedarfs der Lebensversicherungsunternehmen zu § 81 c Abs. 1 VAG Vorschriften über die Zuführung zur Rückstellung für Beitragsrückerstattung, insbesondere über die Mindestzuführung in Abhängigkeit von den Kapitalerträgen, dem Risikoergebnis und den
übrigen Ergebnissen, zu erlassen. Die auf der Grundlage der Ermächtigung des
§ 81 c Abs. 3 VAG erlassene Verordnung bestimmt keine eindeutigen Maßstäbe zur
Überschussbeteiligung.[49] Sie regelt lediglich die Mindestzuführung zur Rückstellung für Beitragsrückerstattung.[50] Mit der neuen Mindestzuführungsverordnung
vom 4. April 2008[51] wurden die Anforderungen an die Zuführung zur RfB für den
Alt- und den Neubestand vereinheitlicht und der Begriff einer angemessenen Beteiligung der Versicherungsnehmer am Risiko-, Kosten- und Sonstigen Ergebnis
durch Festlegung von Mindestquoten konkretisiert. Die Verordnung berücksichtigt
darüber hinaus die Beteiligung an den Bewertungsreserven gemäß § 153 VVG
2008. Außerdem wurden die Möglichkeiten für eine Reduzierung der Mindestzuführung erweitert. Zur Berechnung der neuen Mindestzuführung hat die
BaFin das bisherige Formblatt Nachweisung 611 als Formblatt Nachweisung 612
nebst Anmerkungen neu gefasst und mit Rundschreiben vom 29. Mai 2009 verlautbart.[52]

VII. Dotierung und Verwendung der Rückstellung für Beitragsrückerstattung

1. Dotierung

Die Rückstellung für Beitragsrückerstattung bildet neben den Bewertungs- 18
reserven in den Kapitalanlagen den zentralen Puffer eines Lebensversicherungsunternehmens zum Ausgleich kurzfristiger Schwankungen in den Ergebnisquellen
Zins, Risiko und Kosten.[53] Nach der aktuellen Regelung des § 21 Abs. 2 Nr. 1

---
[48] BT-Drucks. 16/6518, S. 18.
[49] BGH, Urt. v. 9. 5. 2001 – IV ZR 121/00, NJW 2001, 2014, 2019 = NVersZ 2001, 308, 313 = VersR 2001, 841, 846 = ZIP 2001, 1052, 1058 = BB 2001, 1427, 1431; *Kollhosser* in: Prölss, VAG, 12. Aufl., 2005, § 81 c VAG Rdn. 12.
[50] BGH, Urt. v. 9. 5. 2001 – IV ZR 121/00, NJW 2001, 2014, 2019 = NVersZ 2001, 308, 313 = VersR 2001, 841, 846 = ZIP 2001, 1052, 1058 = BB 2001, 1427, 1431.
[51] BGBl. I S. 690; siehe dazu die Hinweise der BaFin in BaFinJournal Juni 2008, 3.
[52] R 12/2009 (VA).
[53] Presseinformation der Deutschen Aktuarvereinigung zur Jahrestagung 2005, Der Aktuar 2005, 86, 87.

KStG ist die RfB aus steuerlicher Sicht bereits als überdotiert anzusehen und aufzulösen, sobald sie die festgelegten Teile einschließlich des Schlussüberschussanteilfonds sowie die Zuführungen des Geschäftsjahres und der beiden vorangegangenen Jahre überschreitet.

2. Verwendung

19   Die Verwendungssicherung der Rückstellung für Beitragsrückerstattung regelt das BMF-Schreiben vom 7. März 1978.[54] In Ergänzung des Wortlauts der Tz. 4.1 des vorgenannten BMF-Schreibens liegt eine Verwendungssicherung nach § 21 Abs. 2 KStG auch dann vor, wenn Beträge der Rückstellung für Beitragsrückerstattungen in Ausnahmefällen mit Zustimmung der Aufsichtsbehörde im Interesse der Versicherten zur Abwendung eines bereits drohenden Notstandes verwendet werden dürfen.[55]

Anhang zu § 2 ALB 2008

I. Grundzüge zur Leistungsdarstellung in der Lebensversicherung[56]

20   **1. Allgemeine Grundsätze**

– Lebensversicherungen sind auf Langfristigkeit und Vertrauen zwischen Kunden und Versicherer angelegte Verträge. Leistungsdarstellungen unter Einbeziehung der Überschussbeteiligung sind hier ein unverzichtbares Mittel zur Beratung des Kunden. Diese sogenannten Beispielrechnungen müssen klar, verständlich und übersichtlich abgefasst werden.
– Die Gesamtleistung eines Lebensversicherungsproduktes besteht aus vertraglich garantierten Leistungen und der Höhe nach nicht garantierten Leistungen: Hierzu gehören die Überschussanteile. In der Leistungsdarstellung muss eindeutig zwischen garantierten und nicht garantierten Leistungen unterschieden werden. Darüber hinaus sollten Erläuterungen zur speziellen Vertragsform und insbesondere zur Überschussbeteiligung enthalten sein.
– Auch bei den garantierten Leistungen ist auf eine präzise Darstellung zu achten. In der Leistungsdarstellung muss auch deutlich gemacht werden, in welchem Umfang die angegebenen Werte garantiert sind.
– Auch die unterschiedlichen Qualitäten der Überschusskomponenten sollen deutlich werden. Beispielsweise sollen laufende Überschusszuteilungen (die z. B. bei Bonuszuteilungen garantierte zusätzliche Todes-/Erlebensfallleistungen beinhalten können) von Leistungen aus Schlussüberschussanteilen getrennt dargestellt werden, da diese auch für die Vergangenheit geändert werden können. Auch auf den volatilen Charakter von Bewertungsreserven ist hinzuweisen. Falls quantitative Angaben zur Bewertungsreservenbeteiligung erfolgen, so sind diese ebenfalls getrennt darzustellen.
– Bei Beispielrechnungen ist zu vermeiden, dass überzogene Erwartungen geweckt werden. Für eine zutreffende Einschätzung des Charakters der Beispielrechnung durch den Kunden ist es notwendig, dass die Unverbindlichkeit der nur beispielhaft dargestellten nicht garantierten Leistungen und der Überschussbeteiligung klar zum Ausdruck kommt. Die entsprechenden Erläuterungen dürfen im Vergleich zu den Zahlenangaben nicht weniger deutlich sein.
– Mit dem Ziel der Transparenz wird eine durchgängige Information des Kunden empfohlen. Zum Beispiel kann der Kunde bei Vertragsabschluss eine (ggf. verkürzte) Beispielrechnung auf Basis seiner individuellen Vertragsdaten erhalten; während der Vertragslaufzeit erhält er jährlich eine Information über die aktuell erreichten Leistungen und eine aktualisierte unverbindliche Hochrechnung der Gesamtleistung bei Ablauf der Versicherung. Das VVG enthält darüber hinaus die Vorgabe, auf Abweichungen zu den anfänglichen Angaben hinzuweisen (§ 155 VVG 2008).
– Die Verwendung von Vergangenheitsrechnungen, z. B. in Werbedruckstücken, ist grundsätzlich zulässig. Mit Vergangenheitsrechnungen soll allerdings keine Aussage über zukünftige

---

[54] BStBl. I S. 160.
[55] BMF-Schreiben v. 15. 5. 2008 – IV B 7 – S 2775/07/0003 – 2008/0 253 341.
[56] Unverbindliche Verbandsempfehlung des GDV gemäß Rundschreiben 1020/2008 v. 4. 6. 2008.

Leistungen verbunden werden. Insbesondere wird empfohlen, keine Vergangenheitsrechnungen auf Grundlage individueller Kundendaten durchzuführen.
– Bestehen vertragliche Vorbehalte bezüglich der Änderung von Kalkulationsgrundlagen bei späterer Leistungsberechung, so ist ein entsprechender Hinweis in die Beispielrechnung zu integrieren.

Im Folgenden werden nähere Hinweise gegeben, wie die allgemeinen Grundsätze zur Darstellung der Überschussbeteiligung verwirklicht werden können. Die Hinweise sind als unverbindliche Empfehlung des Gesamtverbandes der Deutschen Versicherungswirtschaft e. V. anzusehen.

2. Mindestanforderungen

Als Anlage sind Beispiele für mögliche Gestaltungsvarianten vollständiger Leistungsdarstellungen zur Rentenversicherung (Anlage 1), Kapitallebensversicherung (Anlage 2) sowie aktualisierte Beispielrechnungen zur Renten- und Kapitallebensversicherung (Anlagen 3 und 4) beigefügt. Solche Darstellungen sollen unter Beachtung der allgemeinen Grundsätze gemäß Ziff. 1 und der folgenden Mindestanforderungen abgefasst werden.

a) für Beispielrechnungen zur Kapitallebens- und Rentenversicherung
– Grundsätzlich ist die Darstellung aller Jahreswerte sinnvoll. Mindestens sind die Gesamtleistungen im Todes- und Rückaufsfall für jedes 5. Versicherungsjahr, in den ersten 5 Jahren für jedes Versicherungsjahr, sowie bei Ablauf darzustellen. Bei den Werten für den Rückkaufsfall ist darauf hinzuweisen, inwieweit diese garantiert sind.
– Um die Auswirkungen der Überschussbeteiligung darzustellen, werden für Kapitallebens- und Rentenversicherungen unternehmensindividuell Überschussanteilsätze verwendet, auf deren Basis dann beispielhaft die künftigen Leistungen aus der Überschussbeteiligung bestimmt werden. Diese Überschussanteilsätze werden also in der Beispielrechnung für die gesamte Laufzeit verwendet.
– Diese unternehmensindividuell verwendeten Überschussanteilsätze müssen aus der jeweiligen Unternehmenssituation begründbar sein. Eine zu diesem Zweck durchzuführende interne Prüfung kann jedoch nicht bedeuten, dass die in den Beispielrechnungen angegebenen Werte für mögliche Gesamtleistungen damit „realistischer" im Sinne einer höheren Eintrittswahrscheinlichkeit wären.
– Obergrenze für diese Überschussanteilsätze sind in jedem Fall die aktuell deklarierten Werte, unabhängig davon, ob mit Hilfe des erwähnten internen Nachweises auch höhere Werte zu rechtfertigen wären.
– Gemäß § 154 VVG 2008 hat die Angabe von über die garantierten Leistungen hinausgehenden Werten zur Folge, dass auch eine normierte Modellrechnung vorzulegen ist. Hier sind allerdings nur die Werte zum Ablauf/Rentenbeginn anzugeben.
– Um die Auswirkungen unterschiedlicher Überschussanteilsätze zu vermitteln, sollen die Ablaufleistungen bei abweichenden Überschussanteilsätzen angegeben werden. Hierzu wird empfohlen, zusätzlich die Ablaufleistung bei um einen Prozentpunkt geringerer bzw. höherer Zinsüberschussbeteiligung anzugeben. In der Darstellung muss allerdings der Eindruck eines „Korridors" vermieden werden, dessen Werte weder über- noch unterschritten werden können. Werden Abstände von weniger oder mehr als einem Prozentpunkt gewählt, so sollen diese nach oben und unten gleich groß sein.
– Falls in den Beispielrechnungen niedrigere Überschussanteilsätze als aktuell deklariert verwendet werden, sind in den beigefügten Beispieltexten die Bezugnahmen auf die aktuelle Deklaration entsprechend zu ersetzen. Dies kann mit Verweis auf die Gründe hierfür geschehen.
– Bei Rentenversicherungen kann unternehmensindividuell über die anfängliche Rente hinaus deren Entwicklung nach Rentenbeginn angegeben werden. Falls kein Verrentungsfaktor für die Rente aus der Überschussbeteiligung garantiert wird, sollte darauf hingewiesen werden, dass auch dieser Teil der Gesamtrente mit dem aktuellen Verrentungsfaktor ermittelt wurde.
– Auf die zusätzliche Beteiligung an Bewertungsreserven kann hingewiesen werden. Wenn die Gesamtleistungen bei Ablauf einschließlich der Beteiligung an den Bewertungsreseren angegeben werden, ist folgendes zu beachten:
– Der Wert ist bspw. als „Davon-Position" getrennt anzugeben. Ein ggf. deklarierter Sockelbetrag ist hierin enthalten. Bei der Darstellung ist der Eindruck zu vermeiden, dass es sich um einen prospektiv bestimmten Wert handelt.
– Zur Ermittlung des einzelvertraglichen Wertes muss die Höhe der gesamten Bewertungsreserven und der vertragsindividuelle Anteil bestimmt werden. Das gewählte Verfahren zur Bestimmung dieser beiden Werte muss begründbar sein und wird gegenüber dem Kunden

dargestellt. Insbesondere ist auf Kompatibilität zu dem (verursachungsorientierten) Verfahren zu achten, mit dem die tatsächliche Bewertungsreservenbeteiligung der anspruchsberechtigten Verträge bestimmt wird. Ebenso sind die konkreten Annahmen anzugeben, die der Berechnung dieses Werts zugrunde liegen.
- Zur Bestimmung der Höhe der angesetzten Bewertungsreserven kann z. b. der Wert der Bewertungsreserven zu einem festen zeitnahen Termin oder ein gleitender Durchschnittswert (z. B. der letzten 12 Monate) zugrunde gelegt werden. Falls der aktuelle Wert der Bewertungsreserven unter dem bei der Berechnung der Gesamtleistungen verwendeten Wert liegt, ist zu prüfen, ob eine unverzügliche Anpassung der Angebote erforderlich ist, um eine Irreführung der Kunden zu vermeiden.
- Da dieser Wert sich anders als die i. d. R. für ein Jahr deklarierten Überschusse in deutlich kürzerem Rhythmus verändern kann (je nach den vom Unternehmen verwendeten vereinbarten Stichtagen), ist ein entsprechender Änderungsvorbehalt aufzunehmen.
- Bei vergleichsweise stabilen Beständen ist es für die Bestimmung des vertragsin-dividuellen Anteils möglich, die aktuelle Bestandszusammensetzung heranzuziehen. Bei sich stark ändernden Beständen sind ggf. andere Verfahren notwendig.

b) für verkürzte Darstellungsformen
- In verkürzten Darstellungsformen werden nur solche Werte verwendet, die der vollständigen Leistungsdarstellung entnommen sind. Auch in verkürzten Darstellungen muss die Unverbindlichkeit der nur beispielhaft dargestellten Überschussleistungen klar zum Ausdruck kommen. Wenn Angaben zur Bewertungsreservenbeteiligung erfolgen, gelten ebenfalls die die in 2. a) gegebenen Hinweise.
- Kurzangebote auf Grundlage individueller Kundendaten sollten ebenfalls die Ablaufleistung bei abweichenden Überschussanteilsätzen enthalten (vgl. 2. a). Auf die Möglichkeit der Aushändigung einer vollständigen Leistungsdarstellung vor Vertragsabschluss sollte hingewiesen werden.
- Auch in Werbedruckstücken muss die Unverbindlichkeit der angegebenen Überschussbeteiligung angemessen zum Ausdruck kommen.

c) für die durchgängige Information des Versicherungsnehmers
Die jährliche Mitteilung über den Stand der Überschussbeteiligung wird um eine Beispielrechnung ergänzt, bei der die dann garantierten Leistungen sowie beispielhafte Ablaufleistungen auf der Grundlage der dann aktuell in den Beispielrechnungen verwendeten Überschussanteilsätze und der alternativen Zinsszenarien genannt werden.

d) für Beispielrechnungen der FLV
- Es ist darauf hinzuweisen, dass der Versicherungsnehmer das Kapitalanlagerisiko trägt.
- Bei der FLV wird neben den technischen Daten der Versicherung angegeben, in welche Investmentfonds die Anlage der hierfür bestimmten Beitragsteile erfolgt.
- Grundsätzlich ist die Darstellung aller Jahreswerte sinnvoll. Mindestens sind die Gesamtleistungen im Todes- und Rückkaufsfall für jedes 5. Versicherungsjahr, in den ersten 5 Jahren für jedes Versicherungsjahr, sowie bei Ablauf darzustellen.
- Für die Anteileinheiten wird eine gleichbleibende Wertsteigerung z. B. von 0%, 3%, 6% und 9% oder 2%, 4%, 6%, 8% zugrunde gelegt. Dabei sollte auch die Zusammensetzung der Investmentfonds berücksichtigt werden. Es ist darüber hinaus auf die Auswirkungen von Kursschwankungen, insbesondere in den letzten Jahren vor Vertragsablauf, hinzuweisen. Für etwaige Überschussanteile insbesondere aus dem Kosten- oder Risikoverlauf wird ebenfalls höchstens die aktuelle Überschussdeklaration des Unternehmens herangezogen (vgl. 2 a).

e) für Vergangenheitsrechnungen
- Falls wesentliche, der Vergangenheitsrechnung zugrundeliegende Merkmale der Versicherung für den Neuzugang nicht mehr zutreffen, ist auf die Abweichungen besonders hinzuweisen.
- Die Vergangenheitsrechnung muss so gewählt sein, dass sie im betreffenden Zeitraum im Versicherungsbestand des Unternehmens vorgekommen sein könnte, der Ablauf darf nicht länger als zwei Jahre zurückliegen.
- Es muss ein deutlicher Hinweis erfolgen, dass aus Vergangenheitswerten keine Aussage über zukünftige Ablaufleistungen abgeleitet werden kann.
- Für Vergangenheitsrechnungen der FLV werden die tatsächlich in der Vergangenheit realisierten Kursverläufe verwendet.

II. Beispielrechnung für eine Kapitalversicherung auf den Todes- und Erlebensfall[57]

Vertragsdaten

Tarif:			
Versicherungsbeginn:	...	Garantierte Versorgungsleistungen:	
Versicherungsdauer:	Jahre	Versicherungssumme:	€
Eintrittsalter:	Jahre	Beitrag:	€
Geschlecht:	...	Überschussverwendung:	...

Die angegebenen Werte für den **Beitrag** und die **Versicherungssumme** sind **von Beginn an** für die gesamte Versicherungsdauer **garantiert**.

Um diese Leistungsverpflichtung Ihnen gegenüber erfüllen zu können, müssen wir vorsichtig kalkulieren. Dadurch entstehen im Allgemeinen Überschüsse, an denen Sie im Rahmen der Überschussbeteiligung teilhaben. Die Höhe dieser Überschüsse hängt von der Entwicklung der Kapitalerträge, dem Verlauf der Sterblichkeit und von der Entwicklung der Kosten ab. Die daraus resultierenden Ergebnisse unterliegen jedoch Schwankungen. Diese Ergebnisse werden jährlich festgestellt und bilden mit der wirtschaftlichen Gesamtsituation unseres Unternehmens die Grundlage für die jährliche Deklaration der Überschussanteilsätze Ihres Vertrages. Zusätzlich erfolgt bei Vertragsbeendigung eine Beteiligung an den Bewertungsreserven. Gemäß der Vorgaben aus dem Versicherungsvertragsgesetz hat die Überschussbeteiligung nach einem verursachungsorientierten Verfahren zu erfolgen.

Bei der Überschussbeteiligung wird zwischen laufenden Überschussanteilen, den Schlussüberschussanteilen und der Bewertungsreservenbeteiligung unterschieden.

– Mit der **laufenden Überschussbeteiligung** werden den Verträgen regelmäßig Überschüsse zugeteilt, **die die garantierte Versorgungsleistung im Vertragsverlauf erhöhen oder mit fälligen Beiträgen verrechnet werden**. Diese Zuteilung ist unwiderruflich. Eine spätere Änderung der deklarierten Überschussanteile während der Vertragslaufzeit wirkt sich nicht auf die bereits zugeteilten Überschüsse aus.

– Die **Schlussüberschussanteile** sind dagegen nur für das laufende Jahr festgesetzt und gelten nur für Verträge, die in diesem Jahr zur Auszahlung kommen. Sie können in späteren Jahren insgesamt neu festgesetzt werden und damit teilweise oder auch ganz entfallen. **Die endgültige Höhe der Schlussüberschussanteile steht daher erst nach der Deklaration für das Jahr der Vertragsbeendigung fest**. Insbesondere in einem schwankenden Kapitalmarktumfeld sind stärkere Veränderungen der Schlussüberschussanteile zu erwarten.

– Bei Vertragsbeendigung erfolgt zusätzlich eine Beteiligung an den dann vorhandenen Bewertungsreserven nach einem verursachungsorientierten Verfahren entsprechend § 153 Abs. 3 des Versicherungsvertragsgesetzes. Bewertungsreserven entstehen, wenn der Marktwert der Kapitalanlagen über dem Wert liegt, mit dem die Kapitalanlagen in der Bilanz ausgewiesen sind. Die Bewertungsreserven schwanken deutlich stärker als die zugrunde liegende Kapitalanlage. Beispiel: Eine Aktie wird für 100 € gekauft und wird aktuell mit 110 € gehandelt, d. h. die Bewertungsreserven betragen 10 €. Wenn die Aktie um weitere 10% steigt (von 110 € auf 121 €), steigen die Bewertungsreserven um über 100% (von 10 € auf 21 €). Der Wert der Bewertungsreserven kann aber auch negativ sein. Der Wert der Bewertungsreserven wird ...[58] neu festgestellt. **Die endgültige Höhe der Beteiligung an Bewertungsreserven steht daher erst bei Beendigung des Vertrages fest**.[59]

Über die Höhe der künftigen Überschussanteilsätze können wir keine verbindlichen Aussagen machen. Auch die Höhe der Bewertungsreserven zum Zeitpunkt der Vertragsbeendi-

---

[57] Unverbindliche Verbandsempfehlung des GDV gemäß Rundschreiben 1020/2008 v. 4. 6. 2008.
[58] Zeitraum unternehmensindividuell ergänzen.
[59] Bei Verwendung einer Sockelbeteiligung kann folgendes ergänzt werden: „Um bei Vertragsbeendigung die Auswirkungen von plötzlichen und kurzfristigen Schwankungen auf dem Kapitalmarkt abzufedern, deklarieren wir jährlich eine Sockelbeteiligung, die unabhängig von der tatsächlichen Höhe der Bewertungsreserven bei Vertragsbeendigung mindestens gezahlt wird."

gung ist unbestimmt. Die Höhe Ihrer **Überschussbeteiligung** kann also **nicht garantiert** werden. **Beachten Sie bitte hierzu unbedingt unsere Erläuterungen zu den Auswirkungen unterschiedlicher Verzinsung und zur Überschussbeteiligung.**

Um Ihnen dennoch einen Eindruck zu vermitteln, wie sich die zukünftigen Gesamtleistungen einschließlich der Überschussbeteiligung entwickeln können, haben wir im nachfolgenden **unverbindlichen Beispiel** rechnerisch angenommen, dass die für das Jahr ... deklarierten Überschussanteilsätze während der gesamten Versicherungsdauer unverändert bleiben. Für die Annahmen zu den Bewertungsreserven beachten Sie bitte unsere „Erläuterungen zur Beteiligung an Bewertungsreserven".

Die tatsächlich auszuzahlenden Gesamtleistungen werden voraussichtlich höher oder niedriger sein. Die unten angegebenen „unverbindlichen Gesamtleistungen" sind somit nur modellhafte Hochrechnungen. Auf die angegebenen Gesamtleistungen kann kein Anspruch erhoben werden, wenn und soweit die vertragsgemäß berechnete Überschussbeteiligung oder andere nicht garantierte Leistungen geringer ausfallen. Aufgrund der dargestellten Besonderheit der Schlussüberschussbeteiligung und der Bewertungsreservenbeteiligung gegenüber der laufenden Überschussbeteiligung sind diese in der Beispielrechnung getrennt ausgewiesen.

Beispielrechnung mit den derzeit gültigen Überschussanteilsätzen[60]

Nach Jahren	Garantierte Leistungen		Unverbindliche Gesamtleistungen*	
	im Todesfall	bei Rückkauf**	im Todesfall	bei Rückkauf
1	...... €	...... €	...... €	...... €
2	...... €	...... €	...... €	...... €
3	...... €	...... €	...... €	...... €
4	...... €	...... €	...... €	...... €
5	...... €	...... €	...... €	...... €
10	...... €	...... €	...... €	...... €
15	...... €	...... €	...... €	...... €
20	...... €	...... €	...... €	...... €
25	...... €	...... €	...... €	...... €

bei Ablauf nach 30 Jahren	... €
Diese mögliche Ablaufleistung setzt sich zusammen aus	
– **garantierter Ablaufleistung (Versicherungssumme)**	... €
– laufender Überschussbeteiligung	... €
– Schlussüberschussbeteiligung	... €
– Beteiligung an Bewertungsreserven[61]	... €

* Diese auf Basis der derzeit festgelegten Überschussanteilsätze und vorhandenen Bewertungsreserven hochgerechneten Werte sind trotz der auf € exakten Darstellung nur als unverbindliches Beispiel anzusehen.
** Diese Werte sind im Sinne von § 169 VVG 2008 garantiert.

Erläuterungen zur Beteiligung an Bewertungsreserven

Den angegebenen Betrag zur Beteiligung an Bewertungsreserven haben wir wie folgt ermittelt:
...

Auswirkungen unterschiedlicher Verzinsung

Ganz besonderen Einfluss auf die Wertentwicklung von kapitalbildenden Versicherungen hat die von uns erzielte Verzinsung der Kapitalanlagen. Um Ihnen diese Auswirkungen zu verdeutlichen, nennen wir Ihnen beispielhaft die Gesamtleistungen bei Vertragsablauf, wenn die in die Festlegung für das Jahr ... einfließende Verzinsung für die gesamte Ver-

---

[60] Die Werte „bei Rückkauf" sind inkl. Stornoabzug anzugeben.
[61] Inklusive einer ggf. verwendeten Sockelbeteiligung.

tragsdauer um einen Prozentpunkt niedriger bzw. höher ausfällt. **Die angegebenen Beträge stellen keine Ober- bzw. Untergrenze dar; die tatsächlich auszuzahlenden Leistungen würden bei größeren Änderungen der Verzinsung unter bzw. über diesen Beträgen liegen.** Auf keinen Fall unterschritten wird jedoch die garantierte Ablaufleistung von ... €, sofern der Vertrag unverändert bis zum Ablauf fortgeführt wird.

	Mögliche Gesamtleistung bei Ablauf (einschließlich Schlussüberschuss- und Bewertungsreservenbeteiligung)*	
bei einer um einen %-Punkt niedrigeren Verzinsung	bei den derzeit gültigen Überschussanteilsätzen und der angenommenen Beteiligung an Bewertungsreserven	bei einer um einen %-Punkt höheren Verzinsung
... €	... €	... €

* Diese auf Basis der derzeit festgelegten Überschussanteilsätze und vorhandenen Bewertungsreserven hochgerechneten Werte sind trotz der auf € exakten Darstellung nur als unverbindliches Beispiel anzusehen.

Erläuterungen zur Überschussbeteiligung
Wie entstehen Überschüsse?
Wie werden die Überschüsse ermittelt und festgelegt?
Wie erfolgt die Überschussbeteiligung der Versicherungsnehmer?
Zu welcher Bestandsgruppe gehört meine Versicherung?
Was bedeutet die Überschussverwendungsart ...?[62]
In dieser Beispielrechnung werden folgende Überschussanteilsätze und Bemessungsgrößen verwendet ...

Normierte Modellrechnung
Wir sind gemäß § 154 VVG 2008 verpflichtet, Ihnen **zusätzlich** zu den Leistungen auf Grundlage der aktuellen Überschussanteilsätze und Bemessungsgrößen eine **normierte Modellrechnung** zu überreichen.
Bei der normierten Modellrechnung handelt es sich um ein Rechenmodell, dem fiktive Annahmen zu Grunde liegen. Aus der normierten Modellrechnung können keine vertraglichen Ansprüche gegen uns abgeleitet werden.

	Ablaufleistung
Bei einem angenommenen Zinssatz von 2,76%	xx €
Bei einem angenommenen Zinssatz von 3,76%	xx €
Bei einem angenommenen Zinssatz von 4,76%	xx €

Die in der normierten Modellrechnung genannten Werte ergeben sich wie folgt: Die laufende Verzinsung wird in der normierten Modellrechnung durch die in der Informationspflichtenverordnung zum VVG **einheitlich für alle Unternehmen vorgegebenen Zinssätze** ersetzt. Schlussüberschussanteile, soweit sie nicht explizit aus Risiko- und Kostenüberschussanteilen bestehen, und die Beteiligung an Bewertungsreserven sind in der normierten Modellrechnung nicht zusätzlich anzusetzen.
Die Leistungen auf Grundlage unserer aktuellen Deklaration können zusätzlich eine Schlussüberschussbeteiligung und eine Beteiligung an den Bewertungsreserven enthalten. Entsprechende Darstellungen können Sie der Beispielrechnung entnehmen.

---

[62] Ergänzung gemäß Angabe bei den Vertragsdaten.

III. Jährliche Mitteilung über den Stand der Überschussbeteiligung zur Kapitalversicherung auf den Todes- und Erlebensfall und Aktualisierung der Beispielrechnung[63]

23 Wie in jedem Jahr teilen wir Ihnen mit, wie sich Ihre Versicherung entwickelt hat. Mit dieser Standmitteilung erhalten Sie wichtige Informationen über den Umfang Ihres Versicherungsschutzes und den Wert Ihrer Versicherung aus Garantieleistungen und Überschussbeteiligung. Alle Angaben setzen voraus, dass die bis zu dem jeweiligen Termin fälligen Beiträge gezahlt sind.[64]

– **Leistung zum Ablauf am xx. xx.xxxx:**

Garantierte Ablaufleistung	xxx €
Zusätzlich: bisher erreichte garantierte Überschussbeteiligung	xxx €
Bisher erreichte garantierte Leistung	xxx €
Mögliche künftige Überschussbeteiligung	xxx €
Mögliche Gesamtleistung	xxx €

Die erreichte Leistung aus laufenden Überschussanteilen in Höhe von xxx € können wir Ihnen für den Ablauf bereits heute garantieren. Auch in Zukunft werden Sie an den von uns erwirtschafteten Überschüssen beteiligt. Die Höhe der **künftigen Überschussbeteiligung** können wir Ihnen allerdings **nicht garantieren**. Bei der Berechnung der Leistung aus der künftigen Überschussbeteiligung haben wir angenommen, dass die für das Jahr xxxx festgelegten Sätze für die jährliche Überschussbeteiligung und die Schlussüberschussbeteiligung bis zum Ablauf unverändert bleiben.

In der künftigen Überschussbeteiligung sind Schlussüberschüsse in Höhe von xxx € enthalten. Die Schlussüberschüsse sind nur für das laufende Jahr deklariert und können in späteren Jahren insgesamt neu festgesetzt werden und damit teilweise oder auch vollständig entfallen. Außerdem ist eine Beteiligung an den Bewertungsreserven von xxx € enthalten. Der genannte Betrag wurde auf Grundlage der Höhe der Bewertungsreserven zum xx. xx.xxxx berechnet. Außerdem sind wir von der aktuellen Zusammensetzung des Versicherungsbestandes ausgegangen. Die endgültige Höhe der Beteiligung an den Bewertungsreserven steht erst bei der tatsächlichen Beendigung des Vertrages fest.

Erläuterungen zur Leistung bei Ablauf

Die Höhe der künftigen Überschussbeteiligung können wir nicht garantieren. Aus diesem Wert können keine vertraglichen Ansprüche abgeleitet werden. Dennoch möchten wir Ihnen – wie bereits zu Vertragsabschluss – mögliche Auswirkungen der Überschussbeteiligung auf Ihren Vertrag darstellen. Hierzu sind untenstehend **beispielhaft** die Gesamtleistungen bei Vertragsablauf bei den derzeitigen Überschussanteilsätzen sowie bei einer um einen Prozentpunkt niedrigeren bzw. bei einer um einen Prozentpunkt höheren Verzinsung angeführt. **Die angegebenen Beträge stellen keine Ober- bzw. Untergrenze dar; die tatsächlich auszuzahlenden Leistungen würden bei größeren Änderungen der Verzinsung unter bzw. über diesen Beträgen liegen.**

Mögliche Gesamtleistung bei Ablauf (einschließlich Schlussüberschuss- und Bewertungsreservenbeteiligung)*		
bei einer um einen %-Punkt niedrigeren Verzinsung	bei den derzeit gültigen Überschussanteilsätzen	bei einer um einen %-Punkt höheren Verzinsung
… €	… €	… €

* Diese auf Basis der derzeit festgelegten Überschussanteilsätze hochgerechneten Werte sind trotz der auf € exakten Darstellung nur als unverbindliches Beispiel anzusehen.

---

[63] Unverbindliche Verbandsempfehlung des GDV gemäß Rundschreiben 1020/2008 v. 4. 6. 2008.

[64] Wenn sich Abweichungen gegenüber dem bei Vertragsabschluss genannten Angaben ergeben haben, ist darauf gemäß § 155 VVG 2008 hinzuweisen. Formulierungsvorschlag: „Die Werte zur Überschussbeteiligung haben sich gegenüber dem Ihnen bei Vertragsabschluss genannten Betrag geändert."

A. Allg. Bed. für die kapitalbildende LV   § 3 ALB 2008

- **Leistung bei Tod zum xx. xx.xxxx:**
  Garantierte Todesfallleistung   xxx €
  Zusätzlich: bisher erreichte garantierte Überschussbeteiligung   xxx €

  Bisher erreichte garantierte Leistung   xxx €
  Weitere, nicht garantierte Überschussbeteiligung   xxx €

  Mögliche Gesamtleistung   xxx €

  In der weiteren Überschussbeteiligung sind Schlussüberschussanteile von xxx € enthalten, die wir für das Jahr xxxx garantieren, die aber in späteren Jahren insgesamt neu festgesetzt werden und damit teilweise oder auch vollständig entfallen können. Darüber hinaus ist eine Beteiligung an den Bewertungsreserven von xxx € berücksichtigt. Der genannte Betrag wurde auf Grundlage der Höhe der Bewertungsreserven zum xx. xx.xxxx und der aktuellen Zusammensetzung des Versicherungsbestandes ermittelt. [falls zutreffend: Der Wert der Bewertungsreserven wird ... neu festgestellt.] Die endgültige Höhe der Beteiligung an Bewertungsreserven steht daher erst bei der tatsächlichen Beendigung des Vertrages fest.

- **Leistung bei Rückkauf zum xx. xx.xxxx:**[65]
  Garantierter Rückkaufswert (im Sinne von § 169 VVG 2008)   xxx €
  Zusätzlich: bisher erreichte garantierte Überschussbeteiligung   xxx €

  Bisher erreichte garantierte Leistung   xxx €
  Weitere, nicht garantierte Überschussbeteiligung   xxx €

  Mögliche Gesamtleistung   xxx €

  In der weiteren Überschussbeteiligung sind Schlussüberschussanteile von xxx € enthalten, die wir für das Jahr xxxx garantieren, die aber in späteren Jahren insgesamt neu festgesetzt werden und damit teilweise oder auch vollständig entfallen können. Darüber hinaus ist eine Beteiligung an den Bewertungsreserven von xxx € berücksichtigt. Der genannte Betrag wurde auf Grundlage der Höhe der Bewertungsreserven zum xx. xx.xxxx und der aktuellen Zusammensetzung des Versicherungsbestandes ermittelt. [falls zutreffend: Der Wert der Bewertungsreserven wird ... neu festgestellt.] Die endgültige Höhe der Beteiligung an Bewertungsreserven steht daher erst bei der tatsächlichen Beendigung des Vertrages fest.
  Wir werden Sie auch in Zukunft jährlich über den bereits erreichten Stand und die mögliche zukünftige Entwicklung Ihrer Überschussbeteiligung informieren.

§ 3 Wann beginnt Ihr Versicherungsschutz?

Ihr Versicherungsschutz beginnt, wenn der Vertrag abgeschlossen worden ist, jedoch nicht vor dem mit Ihnen vereinbarten, im Versicherungsschein angegebenen Versicherungsbeginn. Allerdings entfällt unsere Leistungspflicht bei nicht rechtzeitiger Beitragszahlung (vgl. § 7 Abs. 2 und 3 und § 8).

Bemerkung
Bei unechter, unterjähriger Beitragszahlung ist auf § 7 Abs. 3 und 4 und § 8 der Bemerkungsfassung zu verweisen.

Übersicht

	Rdn.
I. Fassung	1
II. Pflichten des LVU vor Vertragsabschluss	2–23
1. Befragung und Beratung des Versicherungsnehmers	2–13
a) Pflichten	2–6
aa) Ausgangslage	2
bb) Befragung	3
cc) Angemessenheit des Beratungsaufwands	4

---

[65] Die Werte bei Rückkauf sind inkl. Stornoabzug anzugeben.

	Rdn.
dd) Grundsätze	5
ee) Einzelfälle	6
b) Form	7
c) Dokumentation	8
d) Verzicht auf Beratung	9
e) Schadensersatzpflicht	10–12
aa) Haftung	10
bb) Ausschluss der Haftung	11
cc) Verletzung der Beratungspflicht	12
f) Geltungsbereich	13
2. Information des Versicherungsnehmers	14–23
a) Pflichten	14–16
aa) Informationserteilung	14
bb) Textform	15
cc) Verzicht	16
b) Produktinformationsblatt	17, 18
c) Modellrechnung	19
d) Rechtzeitige Mitteilung im Sinne von § 7 Abs. 1 VVG 2008	20–23
aa) Regierungsbegründung	20, 21
bb) Rechtsvergleichung	22
cc) Auslegung der Vorschrift	23
III. Abschluss des Versicherungsvertrages	24–81
1. Allgemeines	24
2. Vertragsmodelle	25–27
a) Policenmodell	25
b) Antragsmodell	26
c) Invitatiomodell	27
3. Besondere Vereinbarungen	28–40
a) Einrichtung eines Beitragsdepots	28–34
aa) Ausgangslage	28
bb) Aufsichtsrechtliche Grundsätze	29–31
cc) Steuerpflichten	32, 33
dd) Hinweispflicht	34
b) Telefonklausel	35–37
c) Datenschutzeinwilligungserklärung	38
d) Einwilligungs- und Schweigepflichtentbindungsklausel	39–39 b
aa) § 203 Abs. 1 Ziff. 6 StGB	39
bb) § 203 Abs. 1 Ziff. 1 StGB	39 a
cc) § 213 Abs. 1 VVG 2008	39 b
e) Vorläufiger Versicherungsschutz	40
4. Antragsprüfung	41–67 a
a) Verhandlungsergebnis	41
b Eintrittsalter	42
c) Risikoprüfung	43–61
aa) Ausgangslage	43
bb) Umfang der Risikoprüfung	44, 45
cc) Versicherung ohne ärztliche Untersuchung	46
dd) Ärztliche Untersuchung	47–52
α) Auftrag	47
β) Durchführung	48
γ) Honoraranspruch	49
δ) Einsichtnahme in den ärztlichen Bericht	50–52
ee) Genomanalyse	53–55
αα) Zulässigkeit	53
ββ) Bioethik-Konvention	54
γγ) Gendiagnostikgesetz	55
ff) Selbstverpflichtungserklärung	56–59

	Rdn.
αα) Fassung	56, 57
ββ) Zweck der Selbstverpflichtungserklärung	58
γγ) Dauer	59
d) Risikoeinschätzung	60, 61
e) Identifizierungs- und Anzeigepflichten des GWG	62–67
aa) Ausgangslage	62
bb) Ziel und Neuerungen	63
cc) Allgemeine Sorgfaltspflichten	64, 65
dd) Geldwäschebeauftragter	66
ee) Sanktionen	67
f) Bonitätsprüfung	67a
5. Annahme des Versicherungsantrags	68–70
a) Annahmefrist	68
b) Annahme des Antrags	69
c) Beweislage	70
6. Beginn des Versicherungsschutzes	71, 72
a) § 3 Satz 1 ALB 2008	71
b) Mitternachtsregelung	72
7. Widerrufsrecht des Versicherungsnehmers	73–81
a) Frist	73
b) Form	74
c) Beginn der Frist	75–79
aa) Ausgangslage	75
bb) Textform	76
cc) Zugang der Vertragsunterlagen	77
dd) Widerrufsbelehrung	78
ee) Verzicht	79
d) Nichtbestehen des Widerrufsrechts	80
e) Rechtsfolgen des Widerrufs	81
IV. Wegfall des Versicherungsschutzes	82–89
1. Nichtzahlung	82
2. Vertretenmüssen der Nichtzahlung	83–88
a) Grundsatz	83
b) Zeitpunkt	84–87
c) Beweislast	88
3. Warnhinweis	89
V. Pflichten des LVU nach Vertragsabschluss	90–93
1. Frage-, Beratungs- und Begründungspflicht	90
2. Verzicht des Versicherungsnehmers	91
3. Schadensersatzpflicht	92
4. Geltungsbereich	93
VI. Änderung, Aufhebung oder Abschluss eines neuen Versicherungsvertrags	94–96
1. Neuabschluss	94
2. Änderungsvertrag	95, 96
VII. Vertragsübernahme	97
VIII. Bestandsübertragung	98

Schrifttum: *Ackmann/Reder,* Geldwäscheprävention in Kreditinstituten nach Umsetzung der Dritten EG-Geldwäscherichtlinie, WM 2009, 158 (Teil I), 200 (Teil II); *Altenhofen/Brömmelmeyer/Knuf,* Über digitale Unternehmen aus rechtlicher Sicht. Noch fehlen Gesamtkonzepte: Risiken bei der Digitalisierung von Dokumenten, VW 2009, 1603; *Armbrüster,* Informations- und Beratungspflichten des Versicherers bei bestehendem Versicherungsverhältnis, in: Ein Leben mit der Versicherungswissenschaft, Festschrift für Helmut Schirmer, Karlsruhe, VVW, 2005, S. 1; *derselbe,* Das allgemeine Widerrufsrecht im neuen VVG, r+s 2008, 493; *Asam,* Warn- und Hinweisdateien im Versicherungswesen und Datenschutz: eine Untersuchung am Beispiel der AUDATEX-Hinweisdatei, Diss. München 1997; *Bach,* VVG-Reform und Informationspflichtenverordnung, BetrAV 2008, 64; *Barnikel,* Zum Einsichtsrecht in die Krankenunterlagen in der höchstrichterlichen Rechtsprechung, VersR 1989, 23; *Basedow,* Gentests in der Lebens- und Krankenversicherung – die juristische Perspektive, in: Lebensversicherung, Altersvorsorge, Private Krankenversicherung, Versicherung als Geschäftsbesorgung, Gentests, der Ombudsmann im Privatversicherungsrecht, Beiträge zur 12. Wissenschaftstagung des Bundes der Versicherten, Baden-Baden, Nomos, 2004, S. 139; *Baumann, Horst,* Es gibt den dritten Weg: Ein zusätzliches Vertragsmodell für das neue VVG, VW 2007, 1955; *derselbe,* Ein zusätzliches Vertragsabschlussmodell für das neue VVG, in: Gegen den Strich, Festschrift für Klaus Adomeit, Köln, Luchterhand, 2008, S. 41; *Baumann, Frank,* Vertragsschlussmodelle und Haftung des Versicherungsmaklers, AssCompact 2008, 134; *derselbe,* Vermittler und Internet – Besteht eine Regelungslücke?, AssCompact 2009, 144; *Becher,* Wirbelsäulenerkrankungen – Praxisfälle aus der Versicherungsmedizin, ZVersWiss 2006, 311; *Beenken,* Kann man ethisch korrekt Versicherungen verkaufen?, VW 2008, 8; *Bender,* Der Umfang der ärztlichen Dokumentationspflicht – Ein weiterer Schritt der Verrechtlichung –, VersR 1997, 918; *Blankenburg,* Verzicht auf Beratung und Informationsrechte nach dem neuen VVG, VersR 2008, 1446; *Bomsdorf/Trimborn,* Sterbetafel 2000. Modellrechnungen der Sterbetafel, ZVersWiss 1992, 457; *Bomsdorf,* Alternative Modellrechnungen der älteren Bevölkerung Deutschlands bis zum Jahr 2050, Bergisch Gladbach u. a., Eul, 1994; *Boslak,* Die Pflichten des Versicherungsvermittlers im Internet- und Telefonvertrieb, VW 2008, 636; *Brand,* Grenzen der vorvertraglichen Anzeigepflichten des Versicherungsnehmers, VersR 2009, 715; *Brandauer,* Antrags- contra Invitatiomodell aus der Sicht des Vermittlers, ZfV 2008, 85; *Brandes,* Aids-Tests ohne ausdrückliche Einwilligung des Patienten, VersR 1987, 747; *Brinkmann,* Die Zulässigkeit der Verwertung von genetischen Informationen im deutschen und amerikanischen Versicherungsrecht, Karlsruhe, VVW, 2006; *Brömmelmeyer,* Vorvertragliche Informationspflichten des Versicherers – insbesondere in der Lebensversicherung, VersR 2009, 584; *Brünner,* Risikoprüfung bei Lebensversicherungen ohne ärztliche Untersuchung, ZfV 1964, 966; *Bruns,* Aids, Alltag und Recht, MDR 1987, 353; *derselbe,* AIDS, Prostitution und das Strafrecht, NJW 1987, 693; *Bütter/Aigner,* Ausschluss des Urkundenprozesses für Banken und Versicherungen? – Zur Urkunden- und Beweisqualität von Reproduktionen mikroverfilmter Dokumente im Rahmen der Urkundenprozesses –, WM 2005, 1729; *Christlieb,* Die berufsassoziierten Risiken in der Berufsunfähigkeits-Zusatzversicherung, ZVersWiss 1991, 329; *Claus,* Die Höchstsumme für Versicherungen ohne ärztliche Untersuchung in der Lebensversicherung, VerBAV 1971, 260; *Deutsch,* Rechtsprobleme von AIDS: HIV-Test-Infektion-Behandlung – Versicherung, VersR 1988, 533; *derselbe,* Medizinische Genetik und Genomanalyse – Rechtliche Probleme –, VersR 1994, 1; *Dörner/Staudinger,* Kritische Bemerkungen zum Referentenentwurf eines Gesetzes zur Reform des Versicherungsvertragsrechts, WM 2006, 1710; *Dohmen,* Informations- und Beratungspflichten vor Abschluss des Versicherungsvertrags: die Auswirkungen der Vermittlerrichtlinie, Frankfurt/M. u. a., Lang, 2007; *Donath/Mehle,* Anwaltliche Pflichten nach dem Geldwäschebekämpfungsergänzungsgesetz, NJW 2009, 650; *Eberbach,* Heimliche Aids-Tests, NJW 1987, 1470; *Eberhardt/Castellví,* Rechtsfragen zum Beitragsdepot in der Lebensversicherung, VersR 2002, 261; *Eilert,* Die Zwecke des VAG im Lichte der Urteile des BVerfG zur Lebensversicherung, VersR 2009, 709; *Evers,* Novelle bringt Licht und Schatten: Zum Ergänzungsgesetz zur Geldwäschebekämpfung, VW 2009, 699; *Franz,* Das Versicherungsvertragsrecht im neuen Gewand – Die Neuregelungen und ausgewählte Probleme –, VersR 2008, 298; *derselbe,* Informationspflichten gegenüber Versicherten bei Gruppenversicherungsverträgen – ein weißer Fleck auf der Landkarte des VVG?, VersR 2008, 1565; *Freudenberg,* Die ärztliche Untersuchung bei Lebensversicherungen, VW 1950, 378; *Freytag,* Erleichterungen bei dem Abschluss höherer Lebensversicherungssummen, ZfV 1964, 770; *Fricke,* Die Erhebung personenbezogener Gesundheitsdaten bei Dritten – Anmerkungen zu § 213 VVG –, VersR 2009, 297; *Funck,* Ausgewählte Fragen aus dem Allgemeinen Teil zum neuen VVG aus der Sicht einer Rechtsabteilung, VersR 2008, 163; *Gaul,* Zum Abschluss des Versicherungsvertrags – Alternativen zum Antragsmodell? –, VersR 2007, 21; *GDV,* (Hrsg.), Auslegungs- und Anwendungshinweise der GDV zum Geldwäschebekämpfungsergänzungsgesetz 2008 – GwBekErgG – 18. 2. 2009; *Gebhardt,* Zur Frage der Lebensversicherung ohne ärztliche Untersuchung, VW 1965, 397; *Gille,* Die ärztliche Untersuchung in Leben, VW 1950, 464; *Goecke,* Beispielrechnungen für Altersvorsorgeverträge. Rendite-Risiko-Profil langfristiger Sparprozesse, Reihe: Transparenz im Versicherungsmarkt, Bd. 5, Lohmar, Eul, 2006; *Grevemeyer,* Noch einmal: Deklarationsuntreue in der Lebensversicherung, VW 1965, 339; *Groß,* Ärztlicher Standard – Sorgfaltspflichten, Befundsicherung, Dokumentation und Beweislast, Veröffentlichungen der Münsterische Forschungsstelle für Versicherungswesen, Karlsruhe, VVW, 1997; *Grote/Schneider,* VVG 2008: Das neue Versicherungsvertragsrecht. Auswirkungen für gewerbliche Versicherungen, BB 2007, 2689; *Härlen,* Die ärztliche Untersuchung in Leben, VB 1950, 439; *derselbe,* Noch einmal: Deklarationsuntreue in der Lebensversicherung, VW 1965, 494; *derselbe,* Die Grenzen der Versicherbarkeit, zum Beispiel in der Lebensversicherung stark erhöhter Risiken, ZVersWiss 1972, 271; *Herde,* Die Höchstsumme für Versicherungen ohne ärztliche Untersuchung, VerBAV 1980, 225; *Herzberg,* Die Strafdrohung als Waffe im Kampf gegen Aids?, NJW 1987, 1461; *Herzog,* Strafrechtliche Folgen von Informations- und Beratungsfehlern bei Abschluss von Lebensversicherungsverträgen, in: Beiträge zur 13. Wissenschaftstagung des BdV, Baden-Baden, Nomos, VersWissStud. 26 (2004), S. 65; *v. Hippel,* Aids als rechtspolitische Herausforderung, ZRP 1987, 123; *Hoeren,* Risikoprüfung in der Versicherungswirtschaft – Datenschutz und wettbewerbsrechtliche Fragen beim Aufbau zentraler Hinweissysteme, VersR 2005, 1014; *Honsel,* Vertreterdirekteingabe nach Abschaffung des Policenmodells, VW 2007, 359; *Honsell,* Der rechtliche Schutz der Privatversicherer vor dem sogenannten subjektiven Risiko, VersR 1982, 112; *Ihle,* Der Informationsschutz des Versicherungsnehmers, Hamburg, Kovac, 2006; *Janker,* Heimliche HIV-Antikörpertests – strafbare Körperverletzung?, NJW 1987, 2897; *Just,* VVG-Reform: Beratungspflichten des Versicherers, VersicherungsPraxis 2007, 221; *Karten,* Zum Problem der Versicherbarkeit und zur Risikopolitik des Versicherungsunternehmens – betriebswirtschaftliche Aspekte, ZVersWiss 1972, 280; *Kins,* Der Abschluss des Versicherungsvertrags: Eine Untersuchung des Zusammenspiels von vorvertraglicher Informationspflicht und Abschlussmodell, Karlsruhe, VVW, 2010; *Korinek,* Umsetzung der Vermittlerrichtlinie in Österreich – Erste Erfahrungen mit dem Beratungsprotokoll, ZfV 2006, 534; *Kraus,* Die Verwendung genetischer Daten in privaten Versicherungsverträgen in Italien und Deutschland, Hamburg, Verlag Dr. Kovac, 2008; *Langheid,* Die Reform des Versicherungsvertragsgesetzes, NJW 2007, 3665 (1. Teil: Allgemeine Vorschriften), 3745 (2. Teil: Die einzelnen Versicherungssparten); *Laufs,* Die Entwicklung des Arztrechts 1986/87, NJW 1987, 1449; *Leverenz,* Wann ist die Vertragsinformation „rechtzeitig"?, VW 2008, 392; *derselbe,* Vertragsschluss nach der VVG-Reform, Karlsruhe, VVW, 2008; *Loschelder,* Gesundheitsrechtliche Aspekte des Aids-Problems, NJW 1987, 1467; *Mauntel,* Bedarfs- und produktbezogene Beratung beim Abschluss von Lebensversicherungsverträgen, Karlsruhe, VVW, 2004; *Miettinen,* Die vorvertraglichen Pflichten des Versicherers: Wege zu einer bedarfsgerechten Versicherung durch eine rechtsvergleichende Arbeit im finnischen und deutschen Recht, Karlsruhe, VVW, 2005; *Mund,* Grundrechtsschutz und genetische Information: Postnatale genetische Untersuchungen im Lichte des Grundrechtsschutzes unter besonderer Berücksichtigung genetischer Untersuchungen im Arbeits- und Versicherungsbereich, Basel, Helbig & Lichtenhahn, 2005; *Neuhaus,* Die Berufsunfähigkeitsversicherung – Neues VVG, Perspektiven, Prognosen, r+s 2008, 449; *Neuroth,* Erste Erfahrungen mit der VVG-Reform, BetrAV 2008, 747; *Nugel,* Rechtliche Konsequenzen der Vernichtung von Anträgen der VN – Zur Beweiskraft eingescannter Dokumente, zu einer Beweislastumkehr und Sekundäransprüchen des VN –, VersR 2005, 1211; *Nüssgens,* Zur ärztlichen Dokumentationspflicht und zum Recht auf Einsicht in die Krankenunterlagen, in: Verantwortung und Gestaltung, Festschrift für Karlheinz Boujong, hrsg. v. Ebenroth, Hesselberger u. Rinne, München, Beck, 1996, S. 831; *Paefgen/Reimann,* Grenzen der Vertrauenshaftung im Dreiecksverhältnis – Anmerkungen zu BGH, Urteil vom 6. 12. 2000 = WM 2001, 243 ff., WM 2001, 2367; *Pohlmann,* Viel Lärm um nichts – Beratungspflichten nach § 6 VVG und das Verhältnis zwischen Beratungsaufwand und Prämie, VersR 2009, 327; *Präve,* Das Gendiagnostikgesetz aus versicherungsrechtlicher Sicht, VersR 2009, 857; *Raestrup,* Deklarationsbetrug bei Lebensversicherungen ohne ärztliche Untersuchung, VW 1965, 231; *derselbe,* Laboratoriumsdiagnostik und Risikobeurteilung in der Lebensversicherungsmedizin, ZVersWiss 1964, 311; *derselbe,* Entwicklungslinien der Versicherungsmedizin, ZVersWiss 1991, 319; *Regenauer,* Medizinische Risikoprüfung vor der Jahrtausendwende, ZfV 1997, 629; *derselbe,* Die Auswirkungen der genetischen Revolution auf Lebens- und Kranken(rück-)Versicherer, ZfV 2002, 660; *Ressos,* Prospekthaftung von Lebensversicherungsunternehmen. Grundlagen und Reichweite einer Haftung für prospektartige Verbraucherinformationen bei dem Vertrieb privater Altersvorsorgeprodukte, Frankfurt/M. u. a., Lang, 2004; *Römer,* Die Entwicklung der BGH-Rechtsprechung zum Versicherungsvertragsrecht seit der Deregulierung und künftige Tendenzen, NVersZ 2002, 532; *derselbe,* Zu ausgewählten Problemen der VVG-Reform nach dem Referentenentwurf vom 13. März 2006 (Teil I), VersR 2006, 740; *derselbe,* Zu den Informationspflichten nach dem neuen VVG – Ein Vorblatt zu den AVB oder: weniger ist mehr –, VersR

2007, 618; *derselbe,* Was bringt das neue VVG Neues zur Lebensversicherung?, r+s 2008, 405; *Roßnagel/Wilke,* Die rechtliche Bedeutung gescannter Dokumente, NJW 2006, 2145; *Sandkühler,* Die Dokumentationspflicht für Versicherungsvermittler kommt – der Standard auch? Aktuelles vom Arbeitskreis Dokumentationspflicht EU-Vermittlerrichtlinie, AssCompact 2004, 40; *Schiefeling,* Geschlechtsbezogene Prognosefaktoren in der Versicherungsmedizin, ZVersWiss 1994, 231; *Schimikowski,* Abschluss des Versicherungsvertrags nach neuem Recht, r+s 2006, 441; *derselbe,* VVG-Reform: Die vorvertraglichen Informationspflichten des Versicherers und das Rechtzeitigkeitserfordernis, r+s 2007, 133; *derselbe,* Einbeziehung von Allgemeinen Versicherungsbedingungen in den Vertrag, r+s 2007, 309; *derselbe,* Vertragsabschluss nach der Invitatio-Lösung und das neue VVG, VW 2007, 715; *Schirmer/Sandkühler,* VVG-Reform: Vertragsschlussmodelle und ihre Bedeutung für das Maklergeschäft, ZfV 2007, 771; *Schmalzhaf,* Normative Analyse des Einflusses von Gentests auf Kranken- und Lebensversicherungsverträge, Baden-Baden, Nomos, 2009; *Schneider,* Keine Musterbelehrungen in Sicht: Hinweise zu vermeidbaren Fehlern bei der Widerrufsbelehrung, VW 2008, 1168; *Schöffski,* Genomanalyse: Fluch oder Segen für die Versicherungswirtschaft?, ZVersWiss 1999, 265; *Schröder/Rosch,* Möglichkeiten und Grenzen des Verzichts auf Vorabinformation beim Abschluss von Versicherungsverträgen, AssCompact 2007, 134; *Schulz,* Die Schweigepflicht in der Versicherungspraxis, ZfV 1960, 317; *Schwartz/Seidler,* Zur Prognostik der zukünftigen Entwicklung der Lebenserwartung in Deutschland, ZVersWiss 1995, 565; *Schwintowski,* Anleger- und objektgerechte Beratung in der Lebensversicherung, ZfV 1997, 223; *Schwintowski/Ortmann,* Kostentransparenz in der Lebensversicherung – eine empirisch-normative Analyse, VersR 2009, 728; *Seiffert,* Die Rechtsprechung des BGH zum Versicherungsrecht – Neuere Entscheidungen des IV. Zivilsenats des BGH zur Lebensversicherung und Anmerkungen zu „Nichtentscheidungen", r+s 2010, 177; *Stockmeier,* Das Vertragsabschlussverfahren nach neuem VVG, VersR 2008, 717; *Stöbener,* Informations- und Beratungspflichten des Versicherers nach der VVG-Reform, ZVersWiss 2007, 465; *Teichner,* Zur Frage der Zulässigkeit einer routinemäßigen HIV-Serologie, Deutsche Medizinische Wochenschrift 1987, 113; *Thaden,* Fragen der versicherungsmedizinischen Antragsprüfung in der Berufsunfähigkeitsversicherung, ZVersWiss 1978, 477; *Thies,* Die Auswirkungen von AIDS im Privatversicherungsrecht: Eine Untersuchung über AIDS-spezifische Probleme im Kranken-, Lebens- und Haftpflichtversicherungsrecht, Diss. Hamburg 1991, Frankfurt am Main u. a., Lang, 1991; *von Wallenberg,* Ist das Telefonmarketing gegenüber Verbrauchern tot?, BB 2009, 1768; *Walther,* Die medizinische Risikoprüfung in der Lebensversicherung, SVZ 1997, 223; *Wandt/Ganster,* Zur Harmonisierung von Versicherungsbeginn und Prämienfälligkeit nach AVB im Rahmen des VVG 2008, VersR 2007, 1034; *dieselben,* Die Rechtsfolgen des Widerrufs eines Versicherungsvertrags gem. § 9 VVG 2008, VersR 2008, 425; *Weidner,* Nachfrage- und Beratungspflichten des Versicherers nach Abschluss des Versicherungsvertrages (§ 6 Abs. 4 VVG), in: Versicherung, Recht und Schaden, Festschrift für Johannes Wälder, München, Beck, 2009, S. 83; *Werber,* Versicherungsrechtliche Fragen um AIDS, ZVersWiss 1991, 187; *derselbe,* Information und Beratung des Versicherungsnehmers vor und nach Abschluss des Versicherungsvertrags, VersR 2007, 1153; *derselbe,* § 6 VVG 2008 und die Haftung des Versicherers für Fehlberatung durch Vermittler, VersR 2008, 285; *Witt,* Widerrufsbelehrung inklusive Information über Verbraucherrechte – Nichts neues zur Musterbelehrung, NJW 2007, 3759; *Wolf,* Das Genehmigungserfordernis nach § 14a VAG für Umwandlungen von Versicherern, VersR 2008, 1441; *Wussow,* Versicherungsrechtliche Fragen im Zusammenhang mit Aids, VersR 1988, 660; *Ziegenhagen,* Versicherungsmedizinische Risikobeurteilung von pathologischen Leberwerten und aktuellen Entwicklungen bei der chronischen Hepatitis, ZVersWiss 2006, 319; Einschätzungshandbuch der Kölnischen Rück für Berufsrisiken.

I. Fassung

1 Unter der Geltung des VVG begann der Versicherungsschutz, wenn der Versicherungsnehmer den ersten oder einmaligen Beitrag (Einlösungsbeitrag) gezahlt und der Versicherer die Annahme des Antrags schriftlich oder durch Aushändigung des Versicherungsscheins erklärt hatte. Nach dem VVG 2008 beginnt der Versicherungsschutz, wenn der Vertrag abgeschlossen worden ist, jedoch nicht vor dem mit dem Versicherungsnehmer vereinbarten, im Versicherungsschein angegebenen Versicherungsbeginn. Die neue Klausel trägt dem Tatbestand Rechnung, dass es für die Erhaltung des Versicherungsschutzes auf die rechtzeitige Beitragszahlung ankommt.

II. Pflichten des LVU vor Vertragsabschluss

1. Befragung und Beratung des Versicherungsnehmers

a) Pflichten. aa) Ausgangslage. Gemäß § 6 Abs. 1 Satz 1 VVG 2008 hat der Versicherer den Versicherungsnehmer, soweit nach der Schwierigkeit, die angebotene Versicherung zu beurteilen, oder der Person des Versicherungsnehmers und dessen Situation hierfür Anlass besteht, nach seinen Wünschen und Bedürfnissen zu befragen und, auch unter Berücksichtigung eines angemessenen Verhältnisses zwischen Beratungsaufwand und der vom Versicherungsnehmer zu zahlenden Prämien, zu beraten sowie die Gründe für jeden zu einer bestimmten Versicherung erteilten Rat anzugeben. In § 61 Abs. 1 Satz 1 VVG 2008 gelten gleichlautende Pflichten für die Versicherungsvermittler. Sie haben nach § 11 VersVermV die Pflicht, dem Kunden beim ersten Geschäftskontakt bestimmte – insbesondere statusbezogene – Informationen klar und verständlich in Textform zu geben.[1]

bb) Befragung. Gemäß § 6 Abs. 1 Satz 1 VVG 2008 hat der Versicherer den Versicherungsnehmer, soweit nach der Schwierigkeit, die angebotene Versicherung zu beurteilen, oder der Person des Versicherungsnehmers und dessen Situation hierfür Anlass besteht, nach seinen Wünschen und Bedürfnissen zu befragen.[2] Bei überlegenen Kenntnissen des Beraters in Rechts-, Tatsachen- oder versicherungstechnischen Fragen – was im Durchschnitt der Fälle anzunehmen ist –, besteht gegenüber dem Versicherungsnehmer die Verpflichtung, das Kenntnisgefälle durch entsprechende Unterrichtung auszugleichen.[3]

cc) Angemessenheit des Beratungsaufwands. Der Versicherer hat den Versicherungsnehmer gemäß § 6 Abs. 1 Satz 1 VVG 2008 unter Berücksichtigung eines angemessenen Verhältnisses zwischen Beratungsaufwand und der vom Versicherungsnehmer zu zahlenden Prämien zu beraten. Ob die Einschränkung der Beratungspflicht durch das Angemessenheitskriterium mit EG-Recht im Einklang steht, wird mit Blick auf die Vermittlerrichtlinie[4] bezweifelt.[5] Angemessen ist das Verhältnis von Beratungsaufwand und der vom Versicherungsnehmer zu zahlenden Prämien, wenn die konkrete Beratung in diesem Umfang vom Versicherer einkalkuliert und vom Versicherungsnehmer bezahlt wird.[6] Einzelheiten hierzu darzulegen, ist im Einzelfall Aufgabe des Versicherers, wenn er sich auf den Einwand des unangemessenen Verhältnisses von Beratungsaufwand und zu zahlender Prämie berufen will. Ob das Angemessenheitskriterium in der Praxis überhaupt Bedeutung erlangen wird,[7] bleibt abzuwarten.

dd) Grundsätze. Bei der Anwendung des § 6 VVG 2008 ist zu berücksichtigen, dass das Versicherungsverhältnis von gegenseitigem Vertrauen und in besonderer Weise vom Grundsatz von Treu und Glauben bestimmt ist und dass daraus

---

[1] Einzelheiten Merkblatt DIHK.
[2] Zur Bedarfsermittlung siehe *Miettinen*, Die vorvertraglichen Pflichten des Versicherers, 2005, S. 231 ff.; *Schwintowski* ZfV 1997, 223 ff.
[3] *Herzog* VersWissStud. 26 (2004), S. 65, 69.
[4] Richtlinie 2002/92/EG des Europäischen Parlamentes und des Rates vom 9. 12. 2002, Abl.EG 2003, L 9, S. 3.
[5] *Schwintowski* ZRP 2006, 139, 141; Stellungnahme des Bundesrates, BT-Drucks. 16/3945, S. 125; *Pohlmann* VersR 2009, 327, 330.
[6] *Pohlmann* VersR 2009, 327, 329.
[7] *Pohlmann* VersR 2009, 327, 330: „Viel Lärm um nichts".

eine Verpflichtung des in Versicherungsfragen überlegenen Versicherers resultiert, den Kunden vor ihn finanziell schädigenden Verhaltensweisen zu bewahren, indem ggf. die Konsequenzen und Gefahren einer bestimmten Entscheidung aufgezeigt und vor den Gefahren gewarnt wird, soweit der Kunde beratungsbedürftig ist.[8] Eine spontane Aufklärungs- und Beratungspflicht besteht, wenn ein durchschnittlicher Versicherungsnehmer aufgrund schwieriger Sachverhalte und komplizierter Versicherungsbedingungen erkennbar überfordert ist, den Umfang seines Versicherungsschutzes zu erkennen, oder wenn sich der Versicherungsnehmer für den Vermittler erkennbar falsche Vorstellungen über ihn macht.[9] Es ist aber nicht Sache des Versicherers und der für ihn handelnden oder verhandelnden Personen, umfangreiche Befragungen durchzuführen, um festzustellen, ob für den Versicherungsnehmer möglicherweise eine andere als die beantragte Versicherungsart vorteilhafter ist; er wird vielmehr nur dann aufklären müssen, wenn er erkennen oder mit der naheliegenden Möglichkeit rechnen muss, dass der Antragsteller aus mangelnden versicherungsrechtlichen oder versicherungstechnischen Kenntnissen nicht die für ihn zweckmäßigste Vertragsgestaltung gewählt hat.[10] Der Umfang der vorvertraglichen Aufklärungspflicht ergibt sich aus der für den Versicherer erkennbaren Interessenlage.[11] Der Versicherungsnehmer muss nicht über jeden Umstand und jedes Risiko informiert werden.[12] Im Normalfall besteht keine Pflicht des Versicherers, den Versicherungsnehmer über Einzelheiten des Versicherungsprodukts bzw. den Inhalt der Versicherungsbedingungen zu beraten.[13] Es obliegt vielmehr dem Versicherungsnehmer selbst, sich insoweit Klarheit zu verschaffen oder ausdrücklich Rat bei einem Vermittler oder andernorts einzuholen.[14] Namentlich bedarf es keiner Belehrung darüber, dass einzelne Risiken vom Versicherungsschutz ausgeschlossen sind, soweit der Versicherungsnehmer hiernach nicht fragt.[15] Dies gilt grundsätzlich auch für Wartefristen wie diejenige gemäß § 5 ALB 2008 (§ 8 ALB 1986 bzw. § 5 ALB 2006).[16] Mit Blick auf die nicht bestehende allgemeine Beratungs- und Belehrungspflicht trifft den Versicherer insbesondere auch keine Pflicht zu umfassender Vermögens- und Anlageberatung.[17] Es ist vielmehr allein Sache des Versicherungsnehmers zu beurteilen, ob der abzuschließende Vertrag seinen Bedürfnissen und finanziellen Fähigkeiten entspricht.[18] Dies ist nur dann anders, wenn der Versiche-

---

[8] BGHZ 40, 22 = VersR 1963, 768; BGHZ 47, 101 = VersR 1967, 441; OLG Köln, Hinweisbeschl. v. 4. 6. 2007 – 5 U 21/07, VersR 2007, 1683, 1684; *Paefgen/Reimann* WM 2001, 2367.
[9] OLG Köln, Urt. v. 19. 9. 1995 – 9 U 50/94, VersR 1996, 1265; BGH, Urt. v. 13. 4. 2005 – IV ZR 86/04, VersR 2005, 824, 825; OLG Saarbrücken, Urt. v. 30. 5. 2007 – 5 U 704/06 – 89, NJW-RR 2008, 275 = VersR 2008, 57, 60 = r+s 2009, 26, 28.
[10] BGH, Urt. v. 5. 2. 1981 – IV a ZR 42/80, VersR 1981, 621, 623.
[11] BGH, Urt. v. 5. 2. 1981 – IV a ZR 42/80, VersR 1981, 621, 623.
[12] *Neuhaus* r+s 2008, 449, 456.
[13] OLG Saarbrücken, Urt. v. 30. 5. 2007 – 5 U 704/06 – 89, NJW-RR 2008, 275 = VersR 2008, 57, 60 = r+s 2009, 26, 27 f.
[14] OLG Düsseldorf VersR 1992, 948, 949; OLG Köln, Urt. v. 19. 9. 1995 – 9 U 50/94, VersR 1996, 1265; OLG Hamm r+s 2001, 303, 304; OLG Saarbrücken, Urt. v. 30. 5. 2007 – 5 U 704/06 – 89, NJW-RR 2008, 275 = VersR 2008, 57, 60 = r+s 2009, 26, 28; *Armbrüster* in: Festschrift für Helmut Schirmer, 2005, S. 1, 3.
[15] OLG Saarbrücken, Urt. v. 30. 5. 2007 – 5 U 704/06 – 89, NJW-RR 2008, 275 = VersR 2008, 57, 60 = r+s 2009, 26, 28.
[16] OLG Hamm VersR 1988, 51; OLG Saarbrücken, Urt. v. 30. 5. 2007 – 5 U 704/06 – 89, NJW-RR 2008, 275 = VersR 2008, 57, 60 = r+s 2009, 26, 28.
[17] OLG Köln, Hinweisbeschl. v. 4. 6. 2007 – 5 U 21/07, VersR 2007, 1683, 1684.
[18] OLG Frankfurt/M., Urt. v. 30. 1. 2002 – 7 U 108/01, NVersZ 2002, 400 = VersR 2002, 1011 (Ls.); OLG Köln, Hinweisbeschl. v. 4. 6. 2007 – 5 U 21/07, VersR 2007, 1683, 1684.

rungsnehmer konkrete Fragen stellt oder erkennbar falsche Vorstellungen hat.[19] Die Beratungs- und Informationspflicht divergiert je nach Versicherungsart und ist bei einer Kapitallebensversicherung generell etwas höher anzusetzen als bei anderen Versicherungen. Auch hier gilt aber grundsätzlich, dass Beratungspflichten über den aufgezeigten Umfang hinaus nicht bestehen.[20] Erst recht gilt, dass die Beratungspflicht vom Beratungsbedürfnis des Versicherungsnehmers abhängt und umso geringer ist, je sachkundiger der Versicherungsnehmer dem Versicherer gegenübertritt.[21]

ee) Einzelfälle. Von sich aus muss das LVU nicht darüber aufklären, dass Prämien in ein Beitragsdepot eingezahlt werden können.[22] Gehört das LVU einem Bankkonzern an, muss der Versicherungsnehmer nicht über die Möglichkeit des Verkaufs des LVU aufgeklärt werden, wenn zur Zeit des Lebensversicherungsabschlusses Verhandlungen über den Verkauf des LVU geführt werden.[23]   6

b) Form. Der Versicherer hat dem Versicherungsnehmer den erteilten Rat und die Gründe hierfür klar und verständlich vor dem Abschluss des Vertrags in Textform zu übermitteln (§ 6 Abs. 2 Satz 1 VVG 2008). Die Angaben dürfen mündlich übermittelt werden, wenn der Versicherungsnehmer dies wünscht oder wenn und soweit der Versicherer vorläufige Deckung gewährt (§ 6 Abs. 2 Satz 2 VVG 2008). In diesen Fällen sind die Angaben unverzüglich nach Vertragsschluss dem Versicherungsnehmer in Textform zu übermitteln; dies gilt nicht, wenn ein Vertrag nicht zustande kommt (§ 6 Abs. 2 Satz 3 VVG 2008). Der vom Gesetz geforderten Textform (§ 126 b BGB) entspricht auch das Übermitteln der Informationen per E-Mail.[24]   7

c) Dokumentation. Der Versicherer hat den von ihm gemäß § 6 Abs. 1 Satz 1 VVG 2008 erteilten Rat unter Berücksichtigung der Komplexität des angebotenen Versicherungsvertrags zu dokumentieren (§ 6 Abs. 1 Satz 2 VVG 2008).[25] Erfolgt die Dokumentation durch Scannen des Dokuments, ist es erforderlich, die Urschrift aufzubewahren, wenn sich das LVU die Beweiswirkungen des § 416 ZPO erhalten will.[26]   8

d) Verzicht auf Beratung. Gemäß § 6 Abs. 3 VVG 2008 kann der Versicherungsnehmer auf die Beratung und Dokumentation nach § 6 Abs. 1 und 2 VVG 2008 durch eine gesonderte schriftliche Erklärung verzichten, in der er vom Versicherer ausdrücklich darauf hingewiesen wird, dass sich ein Verzicht nachteilig auf seine Möglichkeit auswirken kann, gegen den Versicherer einen Schadensersatzanspruch nach § 6 Abs. 5 VVG 2008 geltend zu machen. Ungeklärt ist, ob ein eigenständiges Dokument erforderlich ist.[27] Den Vorgaben der gesetzlichen Vorschriften ist genügt, wenn der Versicherungsnehmer die „gesonderte schriftliche Erklärung" auf einem „Extrablatt" abgibt[28] und die Verzichtserklärung mithin   9

---

[19] OLG Köln, Hinweisbeschl. v. 4. 6. 2007 – 5 U 21/07, VersR 2007, 1683, 1684; OLG Saarbrücken, Urt. v. 30. 9. 2008 – 5 U 156/08-16, VersR 2009, 917, 919.
[20] OLG Köln, Hinweisbeschl. v. 4. 6. 2007 – 5 U 21/07, VersR 2007, 1683, 1684.
[21] BGH VersR 1992, 217; OLG Oldenburg VersR 1998, 220, 222; OLG Köln, Hinweisbeschl. v. 4. 6. 2007 – 5 U 21/07, VersR 2007, 1683, 1684.
[22] OLG Köln, Hinweisbeschl. v. 4. 6. 2007 – 5 U 21/07, VersR 2007, 1683 f.
[23] OLG Düsseldorf, Urt. v. 15. 7. 2005 – 4 U 114/04, NZG 2006, 758 (Ls.) = NJOZ 2005, 3430.
[24] *Boslak* VW 2008, 638.
[25] Vgl. für Österreich *Korinek* ZfV 2006, 534, 536.
[26] *Roßnagel/Wilke* NJW 2006, 2145, 2150.
[27] Vgl. hierzu *Gaul* VersR 2007, 21, 23.
[28] *Grote/Schneider* BB 2007, 2689, 2691; *Funck* VersR 2008, 163, 166; *Blankenburg* VersR 2008, 1446, 1447.

nicht in anderen Bedingungen enthalten ist.[29] Die Verzichtserklärung darf der Versicherer formularmäßig vorformulieren.[30] Sie darf aber nicht zum Regelfall werden.[31]

10   e) **Schadensersatzpflicht. aa) Haftung.** Verletzt der Versicherer eine Verpflichtung nach § 6 Abs. 1, 2 oder 4 VVG 2008, ist er dem Versicherungsnehmer zum Ersatz des hierdurch entstehenden Schadens verpflichtet (§ 6 Abs. 5 Satz 1 VVG 2008). Für das Verhältnis der Pflichten des Versicherers zu den gleichlautenden Beratungs- und Dokumentationspflichten des Versicherungsvermittlers nach § 61 Abs. 1 VVG 2008 gilt, dass bei einer Vermittlung sowohl § 61 Abs. 1 VVG 2008 als auch § 6 Abs. 1 VVG 2008 zur Anwendung kommen, d. h., Versicherer und Vertreter haften als Gesamtschuldner.[32]

11   **bb) Ausschluss der Haftung.** Die Haftung des Versicherer ist ausgeschlossen, wenn er die Pflichtverletzung nicht zu vertreten hat (§ 6 Abs. 5 Satz 2 VVG 2008).

12   **cc) Verletzung der Beratungspflicht.** Wie bei der Verletzung anderer Beratungspflichten besteht auch im Rahmen von Versicherungsverhältnissen eine tatsächliche Vermutung dahin gehend, dass sich der Versicherungsnehmer beratungsgerecht verhalten hätte, d. h., bei einer Verletzung von Beratungs- und Aufklärungspflichten wird vermutet, dass sich der Auftraggeber bei korrekter Beratung entsprechend dieser verhalten hätte, so dass der Schaden nicht entstanden wäre.[33] Der Versicherer muss sich entlasten, d. h., ihn trifft die Darlegungs- und Beweislast dafür, dass sich der Versicherungsnehmer auch bei korrekter Beratung nicht anders verhalten hätte und daher auch in diesem Fall der Schaden eingetreten wäre.[34]

13   **f) Geltungsbereich.** § 6 Abs. 1 bis 5 VVG 2008 sind nicht anzuwenden, wenn der Vertrag mit dem Versicherungsnehmer von einem Versicherungsmakler vermittelt wird oder wenn es sich um einen Vertrag im Fernabsatz im Sinne des § 312b Abs. 1 und 2 BGB handelt (§ 6 Abs. 6 VVG 2008). Der Grund für diese Differenzierung ist darin zu sehen, dass der Makler seinen Kunden als Sachverwalter in allen Phasen des Versicherungsvertragsverhältnisses umfassend zu beraten hat.[35] Die Frage-, Beratungs- und Dokumentationspflicht trifft demzufolge allein den Makler, wenn dieser den Vertrag vermittelt.[36] Für die Tagesarbeit stehen Dokumentationsmuster des Arbeitskreises Dokumentationspflicht zur Verfügung.[37] Wenn ein Versicherungsvermittler Versicherungsverträge über das Internet vermittelt, ist § 6 Abs. 6 VVG 2008 mit der Folge analog anzuwenden, dass auch der Vermittler weder Beratung noch Dokumentation schuldet.[38]

---

[29] *Stöbener* ZVersWiss 2007, 465, 476; *Blankenburg* VersR 2008, 1446, 1447.
[30] *Stöbener* ZVersWiss 2007, 465, 476; *Brömmelmeyer* VersR 2009, 584, 588; *Blankenburg* VersR 2008, 1446, 1447.
[31] *Franz* VersR 2008, 298, 300.
[32] *Langheid* NJW 2007, 3665, 3666.
[33] BGH, Urt. v. 5. 7. 1973 – VII ZR 12/73, BGHZ 61, 118, 120; BGH, Urt. v. 8. 6. 1978 – III ZR 136/76, BGHZ 72, 92, 106; OLG Frankfurt/M., Urt. v. 28. 3. 2007 – 4 U 190/06, juris Rdn. 18; OLG Saarbrücken, Urt. v. 30. 5. 2007 – 5 U 704/06 – 89, NJW-RR 2008, 275 = VersR 2008, 57, 60 = r+s 2009, 26, 28.
[34] OLG Saarbrücken, Urt. v. 30. 5. 2007 – 5 U 704/06 – 89, NJW-RR 2008, 275 = VersR 2008, 57, 60 = r+s 2009, 26, 28.
[35] *Werber* VersR 2008, 285.
[36] *Werber* VersR 2007, 1153, 1154; *Langheid* NJW 2007, 3665, 3666.
[37] Vgl. *Sandkühler* AssCompact 2004, 40, 41.
[38] *Boslak* VW 2008, 636, 638; *Funck* VersR 2008, 163, 165; *Baumann* AssCompact 2009, 144, 145; *Franz* VersR 2008, 298, 299.

2. Information des Versicherungsnehmers

a) Pflichten. aa) Informationserteilung. Der Versicherer hat dem Versicherungsnehmer rechtzeitig vor Abgabe von dessen Vertragserklärung seine Vertragsbestimmungen einschließlich der Allgemeinen Versicherungsbedingungen sowie die in der Verordnung über Informationspflichten bei Versicherungsverträgen (VVG-Informationspflichtenverordnung – VVG-InfoV) vom 18. Dezember 2007[39] bestimmten Informationen in Textform mitzuteilen (§ 7 Abs. 1 Satz 1 VVG 2008). Im Vergleich zu § 305 Abs. 2 BGB wird der für die Unterrichtung des Versicherungsnehmers maßgebliche Zeitpunkt damit vorverlagert.[40] Die Mitteilungen sind in einer dem eingesetzten Kommunikationsmittel entsprechenden Weise klar und verständlich zu übermitteln (§ 7 Abs. 1 Satz 2 VVG 2008). Wird der Vertrag auf Verlangen des Versicherungsnehmers telefonisch[41] oder unter Verwendung eines anderen Kommunikationsmittels geschlossen, das die Information in Textform vor der Vertragserklärung des Versicherungsnehmers nicht gestattet, muss die Information unverzüglich nach Vertragsschluss nachgeholt werden; dies gilt auch, wenn der Versicherungsnehmer durch eine gesonderte schriftliche Erklärung auf eine Information vor Abgabe seiner Vertragserklärung ausdrücklich verzichtet (§ 7 Abs. 1 Satz 3 VVG 2008). Der Versicherer hat, gleich welche Art der Vertragskonstruktion er wählt, in jedem Falle den Versicherungsnehmer vor dessen rechtlicher Bindung über die Rückkaufswerte und die Abschlusskosten zu unterrichten.[42] Die in die Bruttobeiträge einkalkulierten Abschlusskosten sind als einheitlicher Gesamtbetrag gemäß § 2 Abs. 1 Nr. 1 VVG-InfoV anzugeben, weil sie bei gezillmerten Tarifen ungleichmäßig auf die Beiträge verteilt werden.[43] Die Provision muss als unselbständiger Bestandteil der Abschlusskosten nicht gesondert beziffert werden.[44] Alle anderen in die Prämie einkalkulierten Kosten, d. h. vor allem die Verwaltungskosten, sind als Anteil der Jahresprämie unter Angabe der jeweiligen Laufzeit gemäß § 2 Abs. 1 Nr. 1 Halbsatz 2 VVG-InfoV auszuweisen.[45]

bb) Textform. Nach § 7 Abs. 1 Satz 1 VVG 2008 hat der Versicherer den Versicherungsnehmer in Textform zu informieren. Ist durch Gesetz Textform vorgeschrieben, so muss die Erklärung in einer Urkunde oder auf andere zur dauerhaften Wiedergabe in Schriftzeichen geeignete Weise abgegeben, die Person des Erklärenden genannt und der Abschluss der Erklärung durch Nachbildung der Namensunterschrift oder anders erkennbar gemacht werden (§ 126 b BGB). Die Informationserteilung darf daher nicht mündlich oder fernmündlich erfolgen.[46] Die Textform ist eingehalten, wenn die Informationsunterlagen in Papierform übergeben werden.[47] Die Informationsunterlagen können aber z. B. auch elektronisch übermittelt bzw. zur Verfügung gestellt werden, wenn der Empfänger sie speichern und ausdrucken kann (vgl. § 126 b BGB).[48] Der Absender muss allerdings erkenn-

---

[39] Verordnung über Informationspflichten bei Versicherungsverträgen (VVG-Informationspflichtenverordnung – VVG-InfoV) v. 18. 12. 2007, BGBl. I S. 3004.
[40] *Staudinger* in: Bach/Moser, Private Krankenversicherung, 4. Aufl., München, Beck, 2009, Einl. Rdn. 73.
[41] Internetversicherer muss seine Telefonnummer vor Abschluss eines Vertrages nur mitteilen, wenn der Kunde keinen Zugang zum elektronischen Netz des Versicherers hat, vgl. EuGH, Urt. v. 16. 10. 2008 – Rs C-298/07, VersR 2009, 485, 488.
[42] *Römer* r+s 2008, 405, 409.
[43] *Brömmelmeyer* VersR 2009, 584, 588 f.
[44] *Brömmelmeyer* VersR 2009, 584, 589.
[45] *Brömmelmeyer* VersR 2009, 584, 589.
[46] *Stockmeier* VersR 2008, 717, 718.
[47] *Stockmeier* VersR 2008, 717, 718.
[48] *Brömmelmeyer* VersR 2009, 584, 585; krit. *Stockmeier* VersR 2008, 717, 718.

bar sein. Ferner muss es tatsächlich zum Download kommen, da allein die Möglichkeit des Herunterladens von einem Online-Portal nicht ausreicht.[49]

16   cc) **Verzicht.** Für einen rechtswirksamen Verzicht bedarf es gemäß § 7 Abs. 1 Satz 3 VVG 2008 der Unterzeichnung einer gesonderten schriftlichen Erklärung. Hierunter ist nicht grundsätzlich ein eigenes Schriftstück zu verstehen.[50] Die Verzichtserklärung kann vielmehr auch in andere Dokumente integriert werden, soweit sie besonders deutlich hervorgehoben wird und separat unterschrieben wird.[51] Auf diese Weise wird die vom Gesetz geforderte Warnfunktion erfüllt.[52] Der Verzicht darf wegen § 307 BGB nicht durch formularmäßige Vereinbarung zum Regelfall werden.[53] Er ist vielmehr nur einzelfallbezogen möglich, d. h. systematisch darf die Verzichtserklärung nicht eingesetzt werden.[54] Wenn Versicherer die Verzichtserklärung zum Standard machen würden, könnte ein Missstand im Sinne des § 81 VAG angenommen werden, der ein Einschreiten der Aufsichtsbehörde zur Folge haben würde.[55] Hat der Versicherungsnehmer einen „Informationsverzicht" unterschrieben, kann er später trotzdem darauf bestehen, dass ihm der Versicherer die Informationsunterlagen im Sinne des § 7 Abs. 1 VVG 2008 aushändigt, bevor er unterschreibt.[56]

17   b) **Produktinformationsblatt.** Ist der Versicherungsnehmer ein Verbraucher, so hat der Versicherer ihm ein Produktinformationsblatt zur Verfügung zu stellen, das diejenigen Informationen enthält, die für den Abschluss oder die Erfüllung des Versicherungsvertrages von besonderer Bedeutung sind (§ 4 Abs. 1 VVG-InfoV). Andere als die in § 4 Abs. 2 VVG-InfoV enumerativ aufgeführten Informationen dürfen allerdings in das Produktinformationsblatt nicht aufgenommen werden.[57] Das Produktinformationsblatt ist als solches zu bezeichnen und den anderen zu erteilenden Informationen voranzustellen (§ 4 Abs. 5 Satz 1 VVG-InfoV). Die Bundesregierung hat zu § 4 VVG-InfoV folgendes ausgeführt:[58]

„Mit § 4 wird Vorschlägen[59] entsprochen, wonach dem Versicherungsnehmer die wichtigsten Informationen zu dem von ihm in Aussicht genommenen Vertrag in gesondert her-

---

[49] *Franz* VersR 2008, 298, 301.
[50] *Franz* VersR 2008, 298, 301; *derselbe* VersR 2008, 1565, 1569; a. A. *Schröder/Rosch* AssCompact 2007, 134, 135; *Stockmeier* VersR 2008, 717, 723.
[51] *Franz* VersR 2008, 1565, 1569.
[52] *Franz* DStR 2008, 303, 304, 305; *derselbe* VersR 2008, 298, 301; *derselbe* VersR 2008, 1565, 1569; a. A. *Stockmeier* VersR 2008, 717, 723; *Leverenz* VersR 2008, 709.
[53] BGH, Urt. v. 20. 1. 2005 – III ZR 251/04, BGHZ 162, 67, 77 f. = VersR 2005, 406; *Schimikowski* r+s 2007, 133, 136; *Franz* VersR 2008, 298, 301 f.; *derselbe* VersR 2008, 1565, 1569.
[54] *Römer* VersR 2006, 740, 742; *Gaul* VersR 2007, 21, 24; *Langheid* NJW 2007, 3665, 3666; *Franz* VersR 2008, 298, 301 f.; *derselbe* VersR 2008, 1565, 1569; *Stockmeier* VersR 2008, 717, 723; a. A. *Schröder/Rosch* AssCompact 2007, 134, 135.
[55] *Römer* VersR 2006, 740, 742; *Schimikowski* r+s 2007, 133, 136.
[56] *Brömmelmeyer* VersR 2009, 584, 587.
[57] *Brömmelmeyer* VersR 2009, 584, 592.
[58] BGBl. 2007 I S. 3004 = VersR 2008, 183, 189 f.
[59] Anm. des Verfassers: Siehe hierzu z. B. den Vorschlag von *Römer* NVersZ 2002, 532, 536: „Dem einzelnen Versicherungsnehmer wäre deshalb schon sehr geholfen, wenn er sich wegen der wenigen, was für ihn jeweils von Bedeutung ist, nicht durch das gesamte Kompendium von Bedingungen und Verbraucherinformationen durcharbeiten müsste. Dazu könnte ein den Bedingungen vorgeheftetes Blatt dienen, das etwa in zehn Punkten dem Versicherungsnehmer das Wichtigste in einfachen Worten mitteilt. Wenn dann noch hinzugefügt wird, an welcher Stelle des Bedingungswerkes er Näheres findet, falls es ihn interessiert, wäre auch dies ein Schritt zur Verbesserung der Transparenz." *Römer* hat diese Ansicht zu einem späteren Zeitpunkt noch einmal wie folgt dargelegt (vgl. VersR 2006, 740, 741): „Eine nicht nur scheinbare, sondern reale Hilfe für den Verbraucher wäre es, wenn den

vorgehobener Form mitgeteilt werden müssen. Das sogenannte „Produktinformationsblatt" soll es dem Antragsteller ermöglichen, sich anhand einer knappen, verständlichen und daher auch keinesfalls abschließend gewollten Darstellung einen Überblick über die wesentlichen Merkmale des Vertrages zu verschaffen. Deshalb soll es auch nur solche Informationen enthalten, die aus Sicht des Verbrauchers für die Auswahl des geeigneten Produktes im Zeitpunkt der Entscheidungsfindung von Bedeutung sind. Das Produktinformationsblatt soll dem Versicherungsnehmer eine erste Orientierungshilfe bieten, sich rasch mit den wesentlichen Rechten und Pflichten des Vertrages vertraut zu machen; durch die in Absatz 5 Satz 4 vorgesehene Bezugnahme auf die jeweilige Vertragsbestimmung kann es für den an Einzelheiten interessierten Leser zugleich den Ausgangspunkt einer vertieften Befassung mit dem dem Vertrag zugrundeliegenden Bedingungswerken bilden."

Das Produktinformationsblatt kann bei der Inhaltskontrolle der AVB gemäß **18** § 310 Abs. 3 Nr. 3 BGB mit herangezogen werden.[60] Soweit der Lebensversicherer gemäß § 2 Abs. 1 Nr. 1 VVG-InfoV Angaben zur Höhe der in die Prämie einkalkulierten Kosten und darüber hinaus gemäß § 2 Abs. 1 Nr. 2 VVG-InfoV Angaben zu möglichen sonstigen Kosten, insbesondere zu Kosten, die einmalig oder aus besonderem Anlass entstehen können, zu machen hat, geht es darum, dem Kunden eine informierte Entscheidung aus der Perspektive der Kostenbelastung zu ermöglichen.[61]

c) Modellrechnung. Obwohl sich die künftige Entwicklung des Kosten-, des **19** Risiko- und des Kapitalanlageergebnisses nicht vorhersagen lässt, werben die Lebensversicherer mit konkreten Erwartungsszenarien, in denen künftige mögliche Leistungen einschließlich der Überschussbeteiligung bereits beziffert werden.[62] Da man diese Modellrechnungen als verbindliche Leistungsversprechen missverstehen kann, wenn sie nicht in aller Klarheit als unverbindliche Beispiels- oder Modellrechnungen bezeichnet werden, hat der Reformgesetzgeber das Thema aufgegriffen.[63] Macht der Versicherer im Zusammenhang mit dem Angebot oder dem Abschluss einer Lebensversicherung bezifferte Angaben zur Höhe von möglichen Leistungen über die vertraglich garantierten Leistungen hinaus, hat er dem Versicherungsnehmer eine Modellrechnung zu übermitteln, bei der die mögliche Ablaufleistung unter Zugrundelegung der Rechnungsgrundlagen für die Prämienkalkulation mit drei verschiedenen Zinssätzen dargestellt wird (§ 154 Abs. 1 Satz 1 VVG 2008).[64] Der Versicherer hat den Versicherungsnehmer klar und verständlich darauf hinzuweisen, dass es sich bei der Modellrechnung nur um ein Rechenmodell handelt, dem fiktive Annahmen zugrunde liegen, und dass der Versicherungsnehmer aus der Modellrechnung keine vertraglichen Ansprüche gegen den Versicherer ableiten kann (§ 154 Abs. 2 VVG 2008).

d) Rechtzeitige Mitteilung im Sinne von § 7 Abs. 1 VVG 2008. aa) Re- 20 gierungsbegründung. Die Bundesregierung hat zu § 7 VVG 2008 u. a. folgendes ausgeführt:[65]

AVB ein Blatt vorgeheftet wäre, mit dem er in klarer, unkomplizierter Sprache über die etwa zehn wichtigsten Punkte unterrichtet wird, jeweils mit dem Hinweis versehen, wo er in den Bedingungen Genaueres finden kann. Hier gilt der Satz: weniger ist mehr. Dies wäre ein praktischer Beitrag zur Transparenz."

[60] *Römer* VersR 2007, 618, 619.
[61] *Schwintowski/Ortmann* VersR 2009, 728.
[62] *Brömmelmeyer* VersR 2009, 584, 591.
[63] *Brömmelmeyer* VersR 2009, 584, 591.
[64] Gemäß § 154 Abs. 1 Satz 2 VVG 2008 gilt dies nicht für Risikoversicherungen und Verträge, die Leistungen der in § 54b Abs. 1 und 2 des Versicherungsaufsichtsgesetzes bezeichneten Art vorsehen.
[65] BT-Drucks. 16/3945, S. 48.

„Der Entwurf sieht ausdrückliche Pflichten des Versicherers zur Aufklärung und Beratung (§ 6 VVG-E) vor, außerdem Pflichten zur Information (§ 7 Abs. 1 VVG-E), die zu erfüllen sind, bevor der Versicherungsnehmer seine Vertragserklärung, an die er nach § 145 BGB gebunden ist, abgibt (abweichend vom Vorschlag der VVG-Kommission, die auf die Bindung an die Vertragserklärung abgestellt hat). Dies geschieht zur Verbesserung des Verbraucherschutzes; dem Verbraucher wird Gelegenheit gegeben, sich vor Abgabe einer Vertragserklärung mit den Einzelheiten des Vertrags vertraut zu machen. Gleichzeitig wird aber vorgesehen, dass die Vertragsparteien eine abweichende Vereinbarung hinsichtlich des Zeitpunktes der Information treffen können, insbesondere dann, wenn der Versicherungsnehmer sofortigen Versicherungsschutz benötigt oder den Vertrag auf der Grundlage ihm bereits vorliegender Informationen schließen möchte. Der Gesetzentwurf geht insoweit davon aus, dass der „mündige Verbraucher" in der Lage ist, zu entscheiden, ob er die ihm regelmäßig vor seiner Vertragserklärung zu überlassenden Informationen zunächst durchsehen möchte, um danach zu entscheiden, welchen Versicherungsvertrag er schließen möchte, oder ob er sofortigen Versicherungsschutz haben möchte und die Details des Vertrags erst nach seiner Vertragserklärung erhalten und zur Kenntnis nehmen will. Dabei wird nicht verkannt, dass viele Verbraucher die ihnen überlassenen Informationen aus unterschiedlichen Gründen nicht vollständig zur Kenntnis nehmen. Diese Entscheidung muss jedoch jedem Verbraucher überlassen bleiben. Eine gesetzliche Regelung, nach der ein Verbraucher einen Vertrag erst schließen darf, wenn eine bestimmte Frist zwischen Informationserteilung und Vertragserklärung verstrichen ist, kommt nicht in Betracht; dies würde – um den Begriff des „mündigen Verbrauchers" erneut aufzugreifen – eine Entmündigung des Verbrauchers bedeuten und dem Ziel, den Verbraucher in seiner Eigenverantwortung zu stärken, widersprechen."

21 Ferner hat die Bundesregierung zu § 7 VVG 2008 Folgendes dargelegt:[66]

„Maßgeblicher Zeitpunkt, zu dem die Informationen nach Satz 1 spätestens erteilt werden müssen, ist die Abgabe der Vertragserklärung des Versicherungsnehmers, in der Regel sein Vertragsantrag. Diese Regelung übernimmt den Wortlaut des § 312c Abs. 1 BGB, mit dem Artikel 3 Abs. 1 und Artikel 5 Abs. 1 der Fernabsatzrichtlinie II umgesetzt worden sind. Er ist der Formulierung in § 48b Abs. 1 VVG vorzuziehen, da nach dieser Formulierung („rechtzeitig vor dessen Bindung") für die Information des Versicherungsnehmers maßgebliche Zeitpunkt nicht eindeutig bestimmt wird. Nunmehr ist klargestellt, dass die vorgeschriebenen Informationen nicht erst bei Vertragsschluss, in der Regel mit der Übersendung des Versicherungsscheins, erteilt werden dürfen, wie dies bisher nach § 5a VVG zulässig war. Dieses sog. Policenmodell trägt dem berechtigten Interesse des Versicherungsnehmers an einer möglichst frühzeitigen Information über den Inhalt des angestrebten Vertrags nicht hinreichend Rechnung; zudem ist seine Vereinbarkeit mit den EU-rechtlichen Vorgaben, insbesondere der Fernabsatzrichtlinie II, nicht zweifelsfrei (vgl. Allgemeiner Teil Abschnitt II Nr. 2)."

22 **bb) Rechtsvergleichung.** Die Regelung, dass der Kunde rechtzeitig vor Abgabe seiner Vertragserklärung die Vertragsbestimmungen einschließlich der Allgemeinen Versicherungsbedingungen sowie die in der VVG-InfoV bestimmten Informationen zu erhalten hat, ist, wie auch die Bundesregierung ausführt, in vergleichbarer Form in § 312c BGB, der die Unterrichtung des Verbrauchers bei Fernabsatzverträgen regelt, und in der zu dieser Vorschrift erlassenen BGB-InfoV zu finden. Zweck des § 312c BGB ist es, den Verbraucher vor einem übereilten Vertragsschluss zu bewahren.[67] Der Kunde soll die übermittelten Informationen zur Kenntnis nehmen und eine informierte Entscheidung treffen können.[68] Diese Rechtslage ist bei der Auslegung des § 7 VVG 2008 zu berücksichtigen.

23 **cc) Auslegung der Vorschrift.** Was unter „rechtzeitig vor Abgabe" zu verstehen ist, ist nach dem Zweck des § 7 VVG 2008 zu bestimmen[69] und richtet

---

[66] BT-Drucks. 16/3945, S. 60.
[67] *Schmidt-Räntsch* in: Bamberger/Roth, BGB, 2. Aufl., 2007, § 312c BGB Rn. 1.
[68] *Schmidt-Räntsch* in: Bamberger/Roth, BGB, 2. Aufl., 2007, § 312c BGB Rn. 19; Schimikowski r+s 2007, 133, 135.
[69] So wohl auch *Römer* VersR 2007, 618.

sich nach den Umständen des Einzelfalls.⁷⁰ Zweck der Vorschrift ist es, eine Vergleichs- und Wahlmöglichkeit des Verbrauchers in der entscheidenden Phase vor dem Vertragsabschluss sicherzustellen.⁷¹ Der Kunde soll vor kurzfristigem Entscheidungszwang ohne hinreichende Information geschützt werden.⁷² Grundsätzlich verlangt das Rechtzeitigkeitserfordernis keine Mindestbedenkfrist, also keinen bestimmten Zeitraum, der zwingend zwischen der Übermittlung der Information und dem Abschluss des Vertrages liegen muss.⁷³ Eine Mindestfrist von z. B. drei Tagen zu verlangen, findet im Wortlaut der gesetzlichen Bestimmung keine Stütze.⁷⁴ Den Zeitraum, den der Kunde für die Prüfung der ihm erteilten Informationen benötigt, bestimmt vielmehr der Kunde selbst.⁷⁵ Es reicht aus, dass der Kunde die Möglichkeit hat, den Prozess des Vertragsschlusses selbst zu steuern, z. B. ihn nach Erhalt der Informationen zunächst nicht fortzuführen, um die ihm erteilten Informationen zu prüfen.⁷⁶ Der Kunde kann sich jederzeit eine Bedenkzeit nehmen.⁷⁷

III. Abschluss des Versicherungsvertrages

1. Allgemeines

Für den Abschluss von Versicherungsverträgen gelten die §§ 116 ff. BGB über die Willenserklärung und die §§ 145 ff. BGB über den Vertrag.⁷⁸ In der Begründung zum Gesetzentwurf der Bundesregierung zur Reform des Versicherungsvertragsrechts heißt es weiter:⁷⁹

„Gründe für eine abweichende Regelung bestehen nicht. Demnach kann der Versicherungsvertrag in der Weise geschlossen werden, dass der Versicherungsnehmer einen Antrag im Sinne des § 145 BGB erklärt, den der Versicherer anschließend innerhalb der regelmäßig nach § 148 BGB bestimmten Frist annimmt oder ablehnt. Diese Vorgehensweise wird von den deutschen Versicherern insbesondere bei Standardverträgen weitgehend praktiziert. Wenn in dem Antrag des Versicherungsnehmers alle für die Annahmeentscheidung des Versicherers notwendigen Angaben enthalten sind und der Versicherungsnehmer vorher bereits alle vorgeschriebenen Informationen erhalten hat, kommt der Vertrag auf diese Weise relativ einfach und möglicherweise auch schnell zu Stande; üblicherweise wird dies als Vertragsschluss nach dem „Antragsmodell" bezeichnet.
Allerdings erhält der Versicherungsnehmer für ihn wichtige Informationen und Versicherungsbedingungen in der Praxis meist erst mit der Annahmeerklärung des Versicherers, d. h. regelmäßig mit dem Versicherungsschein; unter dieser Voraussetzung wird das als Vertragsschluss nach dem „Policenmodell" bezeichnet.
Der Entwurf sieht ausdrückliche Pflichten des Versicherers zur Aufklärung und Beratung (§ 6 VVG-E) vor, außerdem Pflichten zur Information (§ 7 Abs. 1 VVG-E), die zu erfüllen

---

⁷⁰ *Schimikowski* r+s 2006, 441, 442; ähnlich *Langheid* NJW 2007, 3665, 3666; *Franz* VersR 2008, 298, 303; *Leverenz* VW 2008, 392; *Brömmelmeyer* VersR 2009, 584, 587.
⁷¹ *Dörner/Staudinger* WM 2006, 1710, 1712.
⁷² *Schirmer/Sandkühler* ZfV 2007, 771; *Schimikowski* r+s 2007, 133, 135.
⁷³ Ebenso *Gaul* VersR 2007, 21, 22; *Grote/Schneider* BB 2007, 2689, 2691; *Schimikowski* r+s 2007, 133, 134.
⁷⁴ Zutreffend *Schimikowski* r+s 2006, 441, 442; *Franz* VersR 2008, 298, 303; *Wandt* in: Halm/Engelbrecht/Krahe, Handbuch FA VersR, 3. Aufl., 2008, S. 84 (Rdn. 290); a. A. *Neuhaus* r+s 2008, 449, 457: Mindestens ein Tag zwischen Übergabe und Antragstellung bei komplexen Produkten wie der BV oder der BUZ, zwei bis drei Tage bei einem Versicherungsnehmer der „null Ahnung" hat.
⁷⁵ *Bach* BetrAV 2008, 64, 66.
⁷⁶ Vgl. *Römer* VersR 2006, 740, 741; *Grote/Schneider* BB 2007, 2689, 2691.
⁷⁷ *Brömmelmeyer* VersR 2009, 584, 587.
⁷⁸ BT-Drucks. 16/3945, S. 48; *Baumann* VW 2007, 1955.
⁷⁹ BT-Drucks. 16/3945, S. 48.

sind, bevor der Versicherungsnehmer seine Vertragserklärung, an die er nach § 145 BGB gebunden ist, abgibt (abweichend vom Vorschlag der VVG-Kommission, die auf die Bindung an die Vertragserklärung abgestellt hat). Dies geschieht zur Verbesserung des Verbraucherschutzes; dem Verbraucher wird Gelegenheit gegeben, sich vor Abgabe einer Vertragserklärung mit den Einzelheiten des Vertrags vertraut zu machen. Gleichzeitig wird aber vorgesehen, dass die Vertragsparteien eine abweichende Vereinbarung hinsichtlich des Zeitpunktes der Information treffen können, insbesondere dann, wenn der Versicherungsnehmer sofortigen Versicherungsschutz benötigt oder den Vertrag auf der Grundlage ihm bereits vorliegender Informationen schließen möchte.

Der Gesetzentwurf geht insoweit davon aus, dass der „mündige Verbraucher" in der Lage ist, zu entscheiden, ob er die ihm regelmäßig vor seiner Vertragserklärung zu überlassenen Informationen zunächst durchsehen möchte, um danach zu entscheiden, welchen Versicherungsvertrag er schließen möchte, oder ob er sofortigen Versicherungsschutz haben möchte und die Details des Vertrags erst nach seiner Vertragserklärung erhalten und zur Kenntnis nehmen will. Dabei wird nicht verkannt, dass viele Verbraucher die ihnen überlassenen Informationen aus unterschiedlichen Gründen nicht vollständig zur Kenntnis nehmen. Diese Entscheidung muss jedoch jedem Verbraucher überlassen bleiben. Eine gesetzliche Regelung, nach der ein Verbraucher einen Vertrag erst schließen darf, wenn eine bestimmte Frist zwischen Informationserteilung und Vertragserklärung verstrichen ist, kommt nicht in Betracht; dies würde – um den Begriff des „mündigen Verbrauchers" erneut aufzugreifen – eine Entmündigung des Verbrauchers bedeuten und dem Ziel, den Verbraucher in seiner Eigenverantwortung zu stärken, widersprechen."

2. Vertragsmodelle

25   a) **Policenmodell.** Die frühere Praxis, dem Versicherungsnehmer die verpflichtenden Informationen erst zusammen mit dem Versicherungsschein zu übersenden, ist mit dem VVG 2008 nicht mehr zu vereinbaren, da der Versicherer dem Versicherungsnehmer die Vertragsbestimmungen einschließlich AVB und die Informationen nach der Informationspflichtenverordnung rechtzeitig vor Abgabe von dessen Vertragserklärung zur Verfügung zu stellen hat.[80] Die neue gesetzliche Regelung im VVG 2008 soll sicherstellen, dass der Kunde in dem Moment, in dem er die ihn bindende Entscheidung abgibt, eine informierte Entscheidung trifft.[81] Das so genannte Policenmodell ist damit abgeschafft.[82]

26   b) **Antragsmodell.** Das Antragsmodell ist das Vertragsabschlussmodell, das dem gesetzgeberischen Leitbild entspricht und vor allem von Versicherungsmaklern praktiziert wird.[83] Kennzeichnend für das Antragsmodell ist die Abgabe eines Vertragsangebots durch den Versicherungsnehmer.[84] Der Vertrag kommt mit der Policierung und Zusendung der Urkunde zustande.[85]

27   c) **Invitatiomodell.** Beim Invitatiomodell teilt der Kunde dem Versicherer bzw. dem Vermittler seine Wünsche und Bedürfnisse mit, ohne sich verbindlich zu erklären.[86] Er stellt hierzu dem Versicherer zunächst auf einem Fragebogen Daten zur Verfügung und stellt eine Angebotsanfrage (invitatio ad offerendum).[87] Da es sich hierbei nicht um eine auf Abschluss des Vertrags gerichtete Willenserklärung des Versicherungsnehmers handelt, muss er zu diesem Zeitpunkt noch nicht mit den Informationen nach § 7 VVG 2008 versorgt sein. Der Versicherer

---

[80] *Langheid* NJW 2007, 3665, 3666.
[81] *Schimikowski* r+s 2007, 309, 310.
[82] *Langheid* NJW 2007, 3665, 3666; *Franz* VersR 2008, 298, 301.
[83] *Baumann* AssCompact 2008, 134.
[84] *Brand* VersR 2009, 715, 719.
[85] *Neuroth* BetrAV 2008, 747.
[86] *Schimikowski* VW 2007, 715.
[87] *Hütt* in Bach/Moser, Private Krankenversicherung, 4. Aufl., München, Beck, 2009, § 2 MB/KK Rdn. 8; *Brand* VersR 2009, 715, 719.

als nun Antragender kann anhand der Risikoangaben die Prämie kalkulieren und die AVB und sonstigen Informationen dann – wie bisher – mit der Police als Angebot versenden. Die Versicherungspolice bleibt bei dieser Konstellation eine Urkunde über den Vertragsabschluss, auch wenn zum Zeitpunkt des Zugangs noch nicht sicher ist, ob der Versicherungsvertrag tatsächlich zustande kommt.[88] Die Annahme des Angebotes sowie die Bestätigung des vollständigen Erhalts der Unterlagen erfolgt in der Regel mit den Unterschriften des Kunden auf einem bzw. mehreren Zusatzblättern, die er wiederum an den Versicherer senden muss.[89] Die Annahme des Angebots des Versicherers durch den Versicherungsnehmer kann auch konkludent erfolgen, z.B. durch Überweisung der ersten Prämie[90] und eines Lastschriftauftrages für die Folgeprämien.[91] Der ergebnislose Ablauf der Bindungsfrist allein führt dagegen nicht zur Annahme des Angebots des Versicherers, selbst wenn diese Rechtsfolge in der Invitatio des Versicherungsnehmers vorgesehen ist oder der Versicherer sie im Anschreiben an den Versicherungsnehmer mitteilt.[92]

3. Besondere Vereinbarungen

a) Einrichtung eines Beitragsdepots. aa) Ausgangslage. Bankgeschäfte 28 dürfen vom LVU nicht unmittelbar betrieben werden.[93] Zulässig sind aber sogenannte Beitragsdepots.[94] Einige LVU werben gezielt für den Abschluss von Lebensversicherungen mit dem Angebot der Einräumung von Beitragsdepots, wobei steuerliche Vorteile und der Gesichtspunkt der Geldanlage in den Vordergrund gestellt werden.[95] Nach diesem Angebot können Versicherungsnehmer bei Lebensversicherungsverträgen gegen laufenden Beitrag die Beiträge im Voraus auf ein sog. Beitragsdepot zahlen, von dem sie bei Fälligkeit jeweils abgebucht werden.[96] Die Einrichtung eines solchen Depots erfolgt aufgrund einer besonderen Vereinbarung und regelt, zu welchem Zinssatz das Guthaben des Versicherungsnehmers verzinst wird.[97] Die LVU zahlen den Versicherungsnehmern für das Beitragsdepot vereinbarungsgemäß Zinsen, deren Höhe je nach Kapitalmarktsituation der Höhe der Zinsen für gutgeschriebene Überschussanteile entsprechen kann.[98]

bb) Aufsichtsrechtliche Grundsätze. Nach einer in 1979 veröffentlichten 29 Verlautbarung der Aufsichtsbehörde ist die Einrichtung von Beitragsdepots unter folgenden Voraussetzungen zulässig:[99]

---

[88] *Schimikowski* VW 2007, 715.
[89] *Brandauer* ZfV 2008, 85.
[90] *Franz* VersR 2008, 298, 302.
[91] Versicherungsmagazin 2008, 58.
[92] *Franz* VersR 2008, 298, 302.
[93] *Kaulbach*, Patronatserklärungen in der Versicherungsaufsicht, VersR 1997, 286; *Bähr* in: Fahr/Kaulbach, VAG, 3. Aufl., München, Beck, 2003, § 7 VAG Rdn. 9.
[94] *Entzian*, Versicherungsfremde Geschäfte: Die Geschäftskreisbeschränkung der Versicherungsunternehmen, Karlsruhe, VVW, 1999, S. 139; *Präve*, Das Verbot versicherungsfremder Geschäfte, in: Ein Leben mit der Versicherungswissenschaft, Festschrift für Helmut Schirmer, hrsg. v. Thomas Bielefeld u. Sven Marlow, Karlsruhe, VVW, 2005, S. 489, 493.
[95] Vgl. BAV VerBAV 1979, 47, 48.
[96] BFH, Urt. v. 30. 7. 1997 – I R 55/96, DB 1997, 2308 = WPg 1998, 111, 112.
[97] Vgl. BAV VerBAV 1979, 47, 48; *Kurzendörfer*, Einführung in die Lebensversicherung, 3. Aufl., Karlsruhe, VVW, 2000, S. 348; *Wittmann*, Geplante Änderungen bei Lebensversicherungen, BB 1999, 2590, 2591.
[98] BAV VerBAV 1979, 47, 48; *Winter* in: Bruck/Möller, VVG, 8. Aufl., 1988, §§ 159 – 178 VVG Anm. E 8; *Goll/Gilbert/Steinhaus*, Hdb. Lebensversicherung, 11. Aufl., Karlsruhe, VVW, 1992, S. 38.
[99] Vgl. BAV VerBAV 1979, 47, 48.

„1. Sofern ein LVU die Einrichtung von Beitragsdepots planmäßig betreiben will, sind mindestens folgende Grundsätze geschäftsplanmäßig festzulegen:
a) dass Beitragsdepots überhaupt eingerichtet werden,
b) dass eine Kündigung des Depots ohne gleichzeitige Kündigung der Versicherung oder sonstige Beendigung der Beitragszahlung der Versicherung nicht möglich ist,
c) dass eine Zinsgarantie nicht oder höchstens in Höhe des Rechnungszinsfußes von 3% erfolgt.
2. Die Belange der übrigen Versicherten dürfen nicht durch einen überhöhten Zinssatz für die Beitragsdepots beeinträchtigt werden. Dieser Zinssatz darf deshalb nicht höher sein als derjenige für verzinslich angesammelte Überschussanteile bzw. die entsprechende Verzinsung für Bonusguthaben. Auch muss sichergestellt sein, dass im Falle einer Verminderung des Kapitalmarktzinses der Zinssatz für die Beitragsdepots letzteren nicht übersteigt. Insofern empfiehlt sich die Festlegung einer Obergrenze im Geschäftsplan. Der Zinssatz selbst braucht nicht geschäftsplanmäßig festgelegt zu werden. Es genügt eine Anzeige wie z. B. beim Zinssatz für Vorauszahlungen (Darlehen) gemäß Ziffer 3.7 der geschäftsplanmäßigen Erklärungen zu den entsprechenden AVB.
3. Die Beitragsvorauszahlung hat mindestens in Höhe eines Jahresbeitrags und mindestens ein Jahr vor dessen Fälligkeit zu erfolgen. Sie darf jedoch nicht höher sein als der Barwert der künftigen Beiträge, berechnet mit dem bei Zahlung geltenden Zinsfuß für die Vorauszahlung.
4. Das Bundesaufsichtsamt wird keine Einwendungen erheben, wenn ein LVU die Beitragsdepots durch geschäftsplanmäßige Erklärungen in das Deckungsstock-Soll einbeziehen will, auch wenn dadurch keine Sicherung der Beitragsdepots im Konkursfall erreicht wird."

30 Die vorstehenden Grundsätze waren früher Bestandteil des Allgemeinen Geschäftsplans für die Lebensversicherung.[100] Für Versicherungsverträge, die vor dem 29. Juli 1994 abgeschlossen wurden (bzw. bis zum 31. Dezember 1994, wenn ihnen vor dem 29. Juli 1994 genehmigte Allgemeine Versicherungsbedingungen zugrunde lagen), gelten die bis zu diesem Zeitpunkt genehmigten Geschäftspläne in vollem Umfang weiter.[101] Sofern bei solchen Verträgen Beitragsdepots eingerichtet wurden, müssen diese Depots weiterhin den für sie geltenden geschäftsplanmäßigen Festlegungen entsprechen.[102] Soweit die Zinssätze der Beitragsdepots für den Altbestand anzuzeigen waren,[103] wird eine Aufrechterhaltung dieser Anzeigepflicht von der Aufsichtsbehörde nicht für erforderlich gehalten.[104] Die Grundsätze für Beitragsdepots[105] sind weiterhin zu beachten.[106]

31 Bei später abgeschlossenen Lebensversicherungsverträgen können die Versicherer die Vereinbarungen über die Beitragsdepots unternehmensindividuell gestalten, ohne eine Genehmigung der Aufsichtsbehörde einzuholen oder diese Vereinbarungen anzeigen zu müssen.[107] Wenn LVU allerdings in der Werbung herausstellen, dass im Rahmen kontingentierter Angebote Zinsgarantien gegeben werden, um einen schnellen Vertragsabschluss zu erreichen, sieht das BAV dieses Vorgehen als Missstand an und gibt hierzu folgende Begründung:[108]

„Versicherungsunternehmen dürfen gem. § 7 Abs. 2 Versicherungsaufsichtsgesetz neben Versicherungsgeschäften nur solche Geschäfte betreiben, die hierzu in unmittelbarem Zusammenhang stehen. Dieser Zusammenhang besteht nach Auffassung des BAV nicht mehr, wenn ein Versicherer für Einzahlungen auf ein Beitragsdepot eine höhere Verzinsung garantiert als für die eigentliche Prämienzahlung. Darüber hinaus gefährdet die langfristige Garantie von

---

[100] Vgl. VerBAV 1993, 103, 109.
[101] BAV GB BAV 1996, Teil A, S. 44.
[102] BAV GB BAV 1996, Teil A, S. 44.
[103] VerBAV 1979, 48; VerBAV 1984, 382; VerBAV 1993, 106, 109.
[104] VerBaFin Februar 2004, S. 3.
[105] GB BAV 1996, 44; GB BAV 1999, 45.
[106] VerBaFin Februar 2004, S. 3.
[107] BAV GB BAV 1996, Teil A, S. 44.
[108] BAV GB BAV 1997, 156.

Zinsen, die deutlich über den aktuellen Kapitalmarktzinsen liegen, die Überschussbeteiligung der übrigen Versicherungsnehmer. Das Amt hat daher diese Angebote beanstandet und eine Herabsetzung der Zinsgarantien verlangt."

cc) Steuerpflichten. Nach Auffassung der Finanzverwaltung[109] bieten LVU 32 mit der Verzinsung des Beitragsdepots eine Geldanlagemöglichkeit, die mit dem Bankgeschäft eines Kreditinstituts gleichzustellen ist. Erträge aus der Verzinsung von Beitragsdepots werden gemäß § 20 Abs. 1 Nr. 7 EStG als Einkünfte aus Kapitalvermögen angesehen.[110] Aus Vertrauensschutzgründen sah die Finanzverwaltung allerdings davon ab, für vor dem 1. Januar 2006 abgeschlossene Verträge eine Kapitalertragsteuerabzugspflicht der LVU anzunehmen.[111] Der Gesetzgeber folgte der Auffassung der Finanzverwaltung im Zuge der Vorlage des Jahressteuergesetzes 2007.[112] Seit dem Jahressteuergesetz 2007 sind LVU nach § 43 Abs. 1 Nr. 7 b) Satz 2 EStG verpflichtet, Kapitalertragsteuer abzuführen. Die Neufassung des § 43 Abs. 1 Nr. 7 b) Satz 2 EStG ist anwendbar auf Verträge, die nach dem 31. Dezember 2006 abgeschlossen worden sind (vgl. § 52 Abs. 53 a EStG). Für vor dem 1. Januar 2007 abgeschlossene Verträge ist die Neuregelung generell nicht anzuwenden.[113] Maßgeblich ist der Zeitpunkt des Abschlusses der Zinsvereinbarung für das Beitragsdepot.[114]

Die verzinslichen Vorauszahlungen von Versicherungsbeiträgen für Lebensver- 33 sicherungsverträge, die von den LVU auf sog. Beitragsdepots für die Versicherungsnehmer gehalten werden, sind keine Dauerschulden und die darauf gezahlten Zinsen sind keine Dauerschuldzinsen im Sinne der §§ 8 Nr. 1, 12 Abs. 2 Nr. 1 GewStG.[115]

dd) Hinweispflicht. Die Pflicht des Versicherers, den Versicherungsnehmer 34 zu betreuen und zu beraten, geht grundsätzlich nicht so weit, ihm außerhalb des eigenen Vertrags liegende Optionen aufzuzeigen.[116] Es besteht daher keine Pflicht des Versicherers, den Versicherungsnehmer darüber aufzuklären, dass die Versicherungsbeiträge in ein Beitragsdepot eingezahlt werden können.[117]

b) Telefonklausel. Im Ausgangspunkt ist höchstrichterlich geklärt, dass das 35 Eindringen in die Privat- oder Geschäftssphäre durch Direktwerbung im Falle unzumutbarer Belästigung des Empfängers eine Verletzung des allgemeinen Persönlichkeitsrechts darstellt.[118] Ein Telefonanruf im Privatbereich zu Werbezwecken verstößt zugleich grundsätzlich gegen die guten Sitten des Wettbewerbs und ist nur dann ausnahmsweise zulässig, wenn der Angerufene zuvor ausdrücklich oder konkludent sein Einverständnis mit einem solchen Anruf erklärt hat.[119] Dies gilt

---
[109] BMF-Schreiben v. 18. 1. 2005 – IV C 1 – S 2400 – 1/05, DStR 2005, 248.
[110] *Eberhardt/Castellví* VersR 2002, 261.
[111] BMF-Schreiben v. 28. 4. 2005 – IV C 1 – S 2400 – 10/05, BStBl. I 2005, 669 = DB 2005, 1028 = WPg 2005, 798.
[112] BT-Drucks. 16/2712, S. 58.
[113] *Schick/Franz*, Kapitalertragsteuerabzugspflicht von Versicherungsunternehmen nach Jahressteuergesetz 2007 und Unternehmenssteuerreform 2008, BB 2007, 1981, 1985.
[114] *Schick/Franz* BB 2007, 1981, 1985.
[115] BFH, Urt. v. 30. 7. 1997 – I R 55/96, DB 1997, 2308 = WPg 1998, 111; *Krämer*, Gewerbesteuerliche Dauerschulden und Verbindlichkeiten des laufenden Geschäftsbetriebs bei Versicherungsunternehmen, BB 1994, 1323, 1329.
[116] OLG Köln, Hinweisbeschl. v. 4. 6. 2007 – 5 U 21/07, VersR 2007, 1683, 1684.
[117] OLG Köln, Hinweisbeschl. v. 4. 6. 2007 – 5 U 21/07, VersR 2007, 1683 f.
[118] BGHZ 54, 188, 191 = NJW 1970, 1738 = MDR 1970, 826; BGHZ 60, 296, 300 = NJW 1973, 1119, 1120 = MDR 1973, 648; LG Berlin, Urt. v. 14. 11. 2000 – 15 O 210/00, MDR 2001, 391.
[119] BGH, Urt. v. 8. 12. 1994 – I ZR 189/92, NJW-RR 1995, 613 = VersR 1995, 1095 = JZ 2001, 101 = MDR 1995, 379 = GRUR 1995, 220; dazu *Gilles* EWiR 1995,

auch für Anrufe, die der Vorbereitung eines häuslichen Vertreterbesuchs dienen.[120] Ein mutmaßliches Einverständnis des Angerufenen kann eine Telefonwerbung im geschäftlichen Bereich, nicht aber im privaten Bereich rechtfertigen.[121] Es ist demnach grundsätzlich wettbewerbswidrig, den Inhaber eines Fernsprechanschlusses in dessen privatem Bereich ohne dessen zuvor ausdrücklich oder konkludent erklärtes Einverständnis anzurufen, um einen Besuchstermin zu vereinbaren, der dem Neuabschluss eines Versicherungsvertrags dienen soll.[122] Ebenfalls ist Werbung mittels E-Mail ohne Zustimmung des Empfängers verboten,[123] falls das Einverständnis des Empfängers nicht ausnahmsweise vermutet werden kann.[124] Mit der Vereinbarung von sog. Telefonklauseln im Zuge der Antragstellung lässt sich ein wirksames Einverständnis des Versicherungskunden in der Regel nicht erreichen.[125] Die Klausel:

„Telefonische Information
Der Versicherungsnehmer ist bis auf Widerruf damit einverstanden, dass er künftig im Rahmen des Versicherungsverhältnisses sowie im Hinblick auf weitere Versicherungs- und Finanzdienstleistungen der Versicherungsgruppe auch telefonisch informiert und beraten wird."

enthält bei einer auch im Verbandsklageverfahren gebotenen generalisierenden und die beiderseitigen Interessen abwägenden Betrachtung eine unangemessene Benachteiligung des Versicherungsnehmers im Sinne des § 9 AGBG.[126] Dies gilt auch für folgende Klausel:[127]

503; BGH, Urt. v. 16. 3. 1999 – XI ZR 76/98, BGHZ 141, 124 = NJW 1999, 1864 = VersR 1999, 971 = ZIP 1999, 846 = MDR 1999, 856; dazu *Ulrich* EWiR 1999, 433; BGH, Urt. v. 24. 3. 1999 – IV ZR 90/98, BGHZ 141, 137 = NJW 1999, 2279 = VersR 1999, 710; BGH, Urt. v. 27. 1. 2000 – I ZR 241/97, NJW 2000, 2677 = VersR 2000, 864, 865 = WM 2000, 1264 , 1265 = ZIP 2000, 1113, 1114 = MDR 2000, 962; BGH, Urt. v. 2. 11. 2000 – I ZR 154/98, VersR 2001, 315, 316; OLG Frankfurt/M., Urt. v. 21. 7. 2005 – 6 U 175/04, S. 5 = MDR 2006, 41.

[120] BGH, Urt. v. 16. 12. 1993 – I ZR 285/91, NJW 1994, 1071 = WM 1994, 708 = JZ 2001, 101 = MDR 1994, 786 = GRUR 1994, 380, 381 f. = WRP 1994, 262; dazu *Paefgen* EWiR 1994, 389; BGH, Urt. v. 27. 1. 2000 – I ZR 241/97, NJW 2000, 2677 = VersR 2000, 864, 865 = WM 2000, 1264, 1265 = ZIP 2000, 1113, 1114 = MDR 2000, 962; BGH, Urt. v. 2. 11. 2000 – I ZR 154/98, VersR 2001, 315, 316.

[121] BGH, Urt. v. 24. 1. 1991 – I ZR 133/89, BGHZ 113, 282, 284 f. = NJW 1991, 2087 = WM 1991, 1056 = ZIP 1991, 751, 752 = JZ 2001, 101 = MDR 1991, 957; dazu *Raeschke-Kessler* EWiR 1991, 615; BGH, Urt. v. 16. 12. 1993 – I ZR 285/91, NJW 1994, 1071 = MDR 1994, 786 = GRUR 1994, 380, 382; BGH, Urt. v. 27. 1. 2000 – I ZR 241/97, NJW 2000, 2677 = VersR 2000, 864, 865 = WM 2000, 1264, 1265 = ZIP 2000, 1113, 1114 = MDR 2000, 962.

[122] BGH, Urt. v. 27. 1. 2000 – I ZR 241/97, NJW 2000, 2677 = VersR 2000, 864, 865 = WM 2000, 1264, 1265 = ZIP 2000, 1113, 1114 = JZ 2001, 101 = MDR 2000, 962; BGH, Urt. v. 2. 11. 2000 – I ZR 154/98, VersR 2001, 315, 316; *Habermeier* in: Martinek/Semler/Habermeier, Vertriebsrecht, 2. Aufl., München, Beck, 2003, § 36 Rdn. 7.

[123] BGH, Beschl. v. 20. 5. 2009 – I ZR 218/07, VersR 2009, 1633, 1634; *Plath/Frey*, Direktmarketing nach der BDSG-Novelle: Grenzen erkennen, Spielräume optimal nutzen, BB 2009, 1762, 1765.

[124] LG Berlin, Urt. v. 14. 11. 2000 – 15 O 210/00, MDR 2001, 391.

[125] *Ernst*, Missbräuchliche Vertragsklauseln im Internet, Baden-Baden, Nomos, VersWissStud. 24 (2003), S. 111, 119.

[126] BGH, Urt. v. 24. 3. 1999 – IV ZR 90/98, VersR 1999, 710, 713 (Revisionsentscheidung zu OLG Hamburg, Urt. v. 11. 3. 1998 – 5 U 211/96, VersR 1998, 627); krit. dazu *Präve* VersR 1999, 755, 756 f.

[127] BGH, Urt. v. 16. 3. 1999 – XI ZR 76/98, NVersZ 1999, 445, 446 = VersR 1999, 971, 972 = JZ 1999, 1120, 1121 = MDR 1999, 856, 857; dazu *Imping* MDR 1999, 857; *Möllers* JZ 1999, 1122.

„Telefonwerbung. Ich erkläre mich damit einverstanden, dass die C-AG oder eine von ihr beauftragte Stelle mich telefonisch zum Zwecke der Beratung anspricht. Dieses Einverständnis umfasst über die bestehende Geschäftsverbindung hinaus die Werbung für Produkte der Bank und ihrer Kooperationspartner ... Dieses Einverständnis ist jederzeit widerrufbar."

Ebenfalls verstößt folgende Klausel gegen § 9 AGBG:[128]   **36**

„Der Konto-/Depotinhaber ist mit der persönlichen und telefonischen Beratung in Geldangelegenheiten durch die Bank ☐ einverstanden ☐ nicht einverstanden."

Da sich unerwünschte Telefonwerbung zu einem die Verbraucherinnen und Verbraucher erheblich belästigenden Problem entwickelt hat, hat die Bundesregierung den Entwurf eines Gesetzes zur Bekämpfung unerlaubter Telefonwerbung und zur Verbesserung des Verbraucherschutzes bei besonderen Vertriebsformen vorgelegt.[129] Der Bundestag hat dieses Gesetz am 26. März 2009 beschlossen und der Bundesrat hat das Gesetz am 15. Mai 2009 passieren lassen.[130] Das Gesetz wurde am 29. Juli 2009 ausgefertigt und am 3. August 2009 verkündet.[131] Danach ist Telefonwerbung gegenüber einem Verbraucher nur noch nach dessen vorheriger ausdrücklicher Einwilligung zulässig (§ 7 Abs. 2 Nr. 2 UWG). Verstöße gegen das bestehende Verbot der unerlaubten Telefonwerbung können künftig mit einer Geldbuße in Höhe von bis zu 50 000,00 € geahndet werden (§ 20 Abs. 2 UWG).[132] Zukünftig müssen Unternehmen durch attraktive Angebote versuchen zu erreichen, dass Kunden telefonisch auf sie zukommen.[133]   **37**

c) Datenschutzeinwilligungserklärung. Um die Datenverarbeitung in der Versicherungswirtschaft dauerhaft auf eine tragfähige rechtliche Grundlage zu stellen, hat der GDV einen „Code of Conduct" für alle angeschlossenen Versicherungsunternehmen konzipiert und zur Abstimmung gestellt. Hierbei handelt es sich um Verhaltensregeln zur Förderung der Durchführung datenschutzrechtlicher Regelungen im Sinne von § 38 a BDSG.[134] Die Verhaltensregeln können zwar eine umfassende Unterrichtung des Betroffenen nach § 4 Absatz 3 BDSG über die Zweckbestimmung der Erhebung, Verarbeitung oder Nutzung und die Kategorien von Empfängern nicht ersetzen, bieten jedoch eine gute Möglichkeit, zusätzlich zur neuen Einwilligungsklausel und zum Merkblatt die erforderliche Transparenz der Datenverarbeitung zu erhöhen.[135]   **38**

d) Einwilligungs- und Schweigepflichtentbindungsklausel. aa) § 203 Abs. 1 Ziff. 6 StGB. Nach § 203 Abs. 1 Ziff. 6 StGB macht sich derjenige strafbar, der unbefugt ein fremdes Geheimnis, namentlich ein zum persönlichen Lebensbereich gehörendes Geheimnis, offenbart, das ihm als Angehöriger eines Lebensversicherungsunternehmens anvertraut wurde oder sonst bekannt geworden ist. Geheimnis in diesem Sinne ist bereits die Tatsache, dass eine Person bei   **39**

---

[128] BGH, Urt. v. 27. 1. 2000 – I ZR 241/97, NJW 2000, 2677, 2678 = NJW-RR 2000, 1712 (Ls.) = VersR 2000, 864, 865 = WM 2000, 1264, 1266 = ZIP 2000, 1113, 1115 = JZ 2001, 101, 102 = BB 2000, 1540, 1541 = MDR 2000, 962, 963; dazu *Schmittmann* BB 2000, 1541; *Vehslage* MDR 2000, 963; *Möllers* JZ 2001, 102; BGH, Urt. v. 2. 11. 2000 – I ZR 154/98, VersR 2001, 315, 316.
[129] BT-Drucks. 16/10734.
[130] BR-Drucks. 353/09.
[131] BGBl. I 2009, 2413; dazu *Köhler*, Neue Regelungen zum Verbraucherschutz bei Telefonwerbung und Fernabsatzverträgen, NJW 2009, 2567; *Boslak/Kreth*, Bei Anruf Werbung? Rechtliche Erläuterungen zur Telefon-Akquise, VW 2010, 441.
[132] BT-Drucks. 16/10734, S. 5.
[133] *v. Wallenberg* BB 2009, 1768, 1773.
[134] Vgl. 22. Tätigkeitsbericht des Bundesbeauftragten für den Datenschutz und die Informationsfreiheit, BT-Drucks. 16/12600, S. 44.
[135] Vgl. 22. Tätigkeitsbericht des Bundesbeauftragten für den Datenschutz und die Informationsfreiheit, BT-Drucks. 16/12600, S. 44.

einem bestimmten Unternehmen versichert ist. Strafbar ist aber nur die unbefugte Tathandlung. Die Befugnis kann sich aus einer Rechtsvorschrift, einer Einwilligung oder aus sozial adäquatem Verhalten ergeben.

39a **bb) § 203 Abs. 1 Ziff. 1 StGB.** Nach § 203 Abs. 1 Ziff. 1 StGB macht sich der Arzt strafbar, der unbefugt ein fremdes Geheimnis offenbart, das ihm als Arzt anvertraut ist. Die Befugnis ist als Rechtfertigungsgrund anzusehen. Befugt handelt derjenige, dessen Handeln gerechtfertigt ist durch eine besondere gesetzliche Regelung, sozial adäquates Verhalten oder allgemeine Rechtfertigungsgründe, insbesondere Einwilligung. Für Versicherungsunternehmen bedeutet dies, dass sie Informationen von einem Arzt nur erhalten können, wenn er dazu befugt ist. Dies ist immer dann anzunehmen, wenn er von den Betroffenen von seiner Schweigepflicht entbunden worden ist.

39b **cc) § 213 Abs. 1 VVG 2008.** Das Interesse des Versicherungsnehmers an der Geheimhaltung seiner Gesundheitsdaten und die Kontrolle des Umgangs damit ist ein Schutzgut von hohem Rang, das verfassungsrechtlich durch das Recht auf informationelle Selbstbestimmung[136] gewährleistet und auf der Ebene des einfachen Rechts insbesondere durch die §§ 3 Abs. 9, 4 Abs. 1, 28 Abs. 6 BDSG sowie durch den neu geschaffenen § 213 VVG 2008 geschützt ist.[137] Die Erhebung personenbezogener Gesundheitsdaten durch den Versicherer ist nur zulässig, soweit die Kenntnis der Daten für die Beurteilung des zu versichernden Risikos erforderlich ist und die betroffene Person eine Einwilligung erteilt hat (§ 213 Abs. 1 VVG 2008). Die Einwilligung kann gemäß § 213 Abs. 2 Satz 1 VVG 2008 vor Abgabe der Vertragserklärung erteilt werden. Der GDV hat eine Einwilligungs- und Schweigepflichtentbindungsklausel entwickelt, die den Anforderungen des § 213 VVG 2008 Rechnung tragen soll. Für die Einwilligung ist gemäß § 4a BDSG Schriftform erforderlich.[138] Weil die Schriftform eine eigenhändige Unterschrift und die elektronische Form eine qualifizierte elektronische Signatur gemäß § 126a Abs. 1 BGB voraussetzen, erfüllt ein Telefax das Formerfordernis nicht.[139] Eine nicht schriftlich erteilte Einwilligung ist analog § 125 BGB nichtig.[140]

Im Rechtsstreit ist es nicht die Aufgabe des Gerichts von Amts wegen zu prüfen, inwieweit im Einzelnen die Erhebung oder Verwertung von Gesundheitsfragen durch den Versicherer zulässig war.[141] Jede Partei muss ihre persönlichkeitsrechtlichen Interessen selbst wahren und kann in eigener Verantwortung darauf verzichten, eine fehlende Ermächtigung zur Erhebung personenbezogener Gesundheitsdaten und die sich aus ihrer rechtswidrigen aber faktisch erfolgreichen Vornahme für Versicherer ergebenden Möglichkeiten zur Lösung vom Vertrag zu beanstanden.[142]

40 **e) Vorläufiger Versicherungsschutz.** Bei der vorläufigen Deckung handelt es sich in der Lebensversicherung um einen auf kurze Zeit angelegten Vertrag, bei dem für eine vorherige umfassende Risikoprüfung kaum Zeit ist.[143] Seit dem

---

[136] Art. 1, 2 GG; vgl. z. B. BVerfGE 84, 192, 194 f. = NJW 1991, 2411.
[137] BGH, Urt. v. 28. 10. 2009 – IV ZR 140/08, NJW 2010, 289, 291 = VersR 2010, 97, 99 = r+s 2010, 55, 57.
[138] *Fricke* VersR 2009, 297, 299.
[139] *Fricke* VersR 2009, 297, 299.
[140] *Fricke* VersR 2009, 297, 299.
[141] OLG Saarbrücken, Urt. v. 9. 9. 2009 – 5 U 26/09-9, VersR 2009, 1522, 1524 = r+s 2009, 453, 455.
[142] OLG Saarbrücken, Urt. v. 9. 9. 2009 – 5 U 26/09-9, VersR 2009, 1522, 1524 = r+s 2009, 453, 455.
[143] OLG Saarbrücken, Urt. v. 11. 7. 2007 – 5 U 643/06 – 81, NJW-RR 2008, 280, 283 = VersR 2008, 621, 623 = r+s 2008, 478, 479.

VVG 2008 ist der Versicherungsvertrag, dessen wesentlicher Inhalt die Gewährung einer vorläufigen Deckung durch den Versicherer ist, in den §§ 49–52 VVG 2008 geregelt. Gemäß § 49 Abs. 1 Satz 1 VVG 2008 kann – sogar stillschweigend[144] – vereinbart werden, dass dem Versicherungsnehmer die Vertragsbestimmungen und die Informationen nach § 7 Abs. 1 VVG 2008 in Verbindung mit einer Rechtsverordnung nach § 7 Abs. 2 VVG 2008 nur auf Anforderung und spätestens mit dem Versicherungsschein vom Versicherer zu übermitteln sind.

4. Antragsprüfung

a) Verhandlungsergebnis. Im Rahmen der rechtlichen Prüfung des Antrags 41 sind die Ergebnisse der Verhandlungen zwischen dem Antragsteller und dem Versicherungsvertreter zu berücksichtigen.[145] Dabei ist darauf zu achten, dass die beantragte Versicherungssumme auch der tariflichen Leistung entspricht.[146]

b) Eintrittsalter. In den Anträgen wird nach dem Alter gefragt. Ist das Alter 42 desjenigen, auf dessen Person die Versicherung genommen werden soll, unrichtig angegeben worden und infolge der unrichtigen Angabe die Prämie zu niedrig bestimmt, so mindert sich die Leistung des Versicherers nach dem Verhältnis, in welchem die dem wirklichen Alter entsprechende Prämie zu der vereinbarten Prämie steht (§ 162 Satz 1 VVG, jetzt § 157 VVG 2008). Maßgebend sind die Tarife zur Zeit des Vertragsbeginns. Das Recht, wegen Verletzung der Anzeigepflicht von dem Vertrag zurückzutreten, steht dem Versicherer nur zu, wenn das wirkliche Alter außerhalb der Grenzen liegt, welche durch den Geschäftsplan für den Abschluss von Verträgen festgesetzt sind (§ 162 Satz 2 VVG). Richtigerweise hat im Falle des einseitigen Irrtums der Versicherer ein Anfechtungsrecht nach § 119 Abs. 2 BGB oder nach §§ 22 VVG, 123, 142 BGB.[147]

c) Risikoprüfung. aa) Ausgangslage. In der Lebensversicherung ist ohne 43 Kenntnis des gegenwärtigen Gesundheitszustandes und ebenso der durchgemachten Vorerkrankungen und ihrer Folgezustände eine einigermaßen zuverlässige Abschätzung des zu übernehmenden Wagnisses und seiner Abweichung von der Norm kaum möglich.[148] Die Risikoprüfung ist eines der unverzichtbaren Elemente des Versicherungsgeschäfts.[149] Sie erfordert deshalb auch ein Hinweis- und Informationssystem (HIS) der Versicherungswirtschaft, dessen Funktionsweise in einer Gesamtdarstellung vom 3. Juli 2007 beschrieben ist, die im Internet verfügbar ist.[150] Um eine differenzierte, qualitativ hochwertige Risikoprüfung durchführen zu können, ist die Zugänglichkeit zu medizinischen Informationen für das LVU conditio sine qua non.[151]

bb) Umfang der Risikoprüfung. Der Umfang der Risikoprüfung im Ein- 44 zelnen ist von verschiedenen Faktoren (z.B. Eintrittsalter, Versicherungsform, Versicherungssumme) abhängig und wird letztlich vom Versicherungsunterneh-

---

[144] BT-Drucks. 16/3945, S. 73; *Franz* VersR 2008, 298, 302.
[145] OLG Hamburg v. 17. 9. 1964, VersR 1965, 276; OLG Frankfurt/M. v. 8. 7. 1971, VersR 1972, 727.
[146] Siehe hierzu LG Augsburg v. 4. 11. 1985, r+s 1994, 116; LG Nürnberg-Fürth v. 1. 7. 1987, r+s 1994, 116; LG Bielefeld v. 17. 12. 1992, r+s 1994, 115.
[147] Vgl. OLG Nürnberg VersR 1966, 532.
[148] Vgl. *Göbbels*, Zur Problematik der ärztlichen Schweigepflicht in der Personenversicherung, in: Beiträge zur Versicherungswissenschaft, Festgabe für Walter Rohrbeck zum 70. Geburtstage, hrsg. v. Hans Möller, Berlin, Duncker & Humblot, S. 111, 120.
[149] *Hoeren* VersR 2005, 1014.
[150] Siehe unter www.datenschutzzentrum.de/wirtschaft/20070703-his.htm. Siehe ferner die Systembeschreibung von HIS unter www.gdv.de.
[151] *Regenauer* ZfV 1997, 629, 634.

men für den jeweiligen Einzelfall individuell festgelegt, wobei die genannten Rahmenbedingungen berücksichtigt werden. Die Risikoprüfung erfasst das objektive und subjektive Risiko. Das objektive Risiko wird von äußeren Faktoren (z. B. Geschlecht, Alter, Beruf, Familienstand, Wohnort, Klima) wie inneren Faktoren (z. B. Körperbau, körperliche Konstitution, Anlage, Gesundheitszustand und -vorgeschichte) bestimmt, von denen Alter und Geschlecht wichtig sind. Das subjektive Risiko fasst dagegen alle individuellen Gefahrenmerkmale zusammen, die von der psychologischen Einstellung, geistigen Haltung und Charaktereigenschaften des Antragstellers abhängen.[152]

45   Für die Durchführung der Risikoprüfung erscheint es nach heutigen Erkenntnissen nicht ausreichend, nur auf den Gesundheitszustand der zu versichernden Person zur Zeit der Antragstellung abzustellen.[153] Es besteht vielmehr ein berechtigtes Interesse des Versicherers an der Abfrage von Bonitätsdaten sowie Scorewerten bei Auskunfteien. Auch müssen die Lebensversicherer die Möglichkeit haben, die Bonität von Kunden auf der Grundlage eigener Scoringverfahren einzuschätzen.

46   cc) **Versicherung ohne ärztliche Untersuchung.** Es besteht die Möglichkeit, Verträge bis zu bestimmten Summengrenzen für die Lebensversicherung (bzw. bis zu bestimmten Grenzen für die jährliche Rente bei Berufsunfähigkeits- und Pflegerentenversicherungen) ohne gesonderte ärztliche Untersuchung abzuschließen. Hierbei hat der zu Versichernde beim Vertragsabschluss ohne Untersuchung einen Fragebogen zu beantworten, welcher Fragen nach seinen Gesundheitsverhältnissen, nach Beschwerden, Vorerkrankungen, Operationen, ärztlichen Behandlungen und Krankenhausaufenthalten enthält. Es kann vereinbart werden, dass die Versicherung ohne ärztliche Untersuchung gilt.[154]

47   dd) **Ärztliche Untersuchung.** α) Auftrag. Gutachten und Zeugnisse, zu deren Ausstellung der Arzt verpflichtet ist oder die er auszustellen übernommen hat, sind innerhalb einer angemessenen Frist abzugeben.[155] Welche Frist angemessen ist, kann dabei nicht generell, sondern nur nach den jeweiligen Umständen des Einzelfalls beantwortet werden.[156] In der Regel wird eine Übersendung des Berichts innerhalb von 8 bis 10 Tagen als angemessen angesehen werden können.[157] Wird ein ärztliches Zeugnis zum Abschluss einer Lebensversicherung benötigt, die der Absicherung eines Kredits oder eines anderen konkreten wirtschaftlichen Risikos dienen soll, ist nicht ausgeschlossen, dass eine Haftung des Arztes besteht, wenn es auf Grund der verzögerten Erstellung des ärztlichen Zeugnisses nicht mehr zum Abschluss einer Lebensversicherung kommt, weil die zu versichernde Person inzwischen gestorben ist und die Angehörigen deshalb keine Versicherungsleistungen erhalten.[158] Ein Schadensersatzanspruch setzt aber voraus, dass sich der beauftragte Arzt im Verzug befindet und der Verzug durch eine Mahnung des

---

[152] *Raestrup*, Prüfung des objektiven und subjektiven Risikos in der Lebensversicherung, VW 1992, 746, 748.
[153] So aber BAV GB BAV 1981, 52.
[154] VerAfP 1929, 160; LG Hamburg v. 23. 5. 1952, VersR 1952, 419.
[155] BGH, Urt. v. 22. 11. 2005 – VI ZR 126/04, VersR 2006, 363, 364 = r+s 2006, 126 = MDR 2006, 620, 621.
[156] BGH, Urt. v. 22. 11. 2005 – VI ZR 126/04, VersR 2006, 363, 364 = r+s 2006, 126 = MDR 2006, 620, 621.
[157] BGH, Urt. v. 22. 11. 2005 – VI ZR 126/04, VersR 2006, 363, 364 = r+s 2006, 126 = MDR 2006, 620, 621.
[158] BGH, Urt. v. 19. 2. 1981 – IVa ZR 98/80, VersR 1981, 452, 453 = MDR 1981, 738; BGH, Urt. v. 22. 11. 2005 – VI ZR 126/04, VersR 2006, 363, 364 = r+s 2006, 126 = MDR 2006, 620, 621.

Gläubigers des konkreten Anspruchs ausgelöst worden ist.[159] Mahnte der Versicherer das ärztliche Zeugnis an, muss der Anspruchsteller nachweisen, dass der Versicherer bevollmächtigt war, Schadensersatzansprüche gegen den mit der Zeugniserstellung beauftragten Arzt durchzusetzen.[160]

β) Durchführung. Üblicherweise werden im Rahmen einer ärztlichen Untersuchung Harnuntersuchungen durchgeführt. Ob Blutuntersuchungen durchgeführt werden und welche Laborwerte aufgrund der Untersuchungen erhoben werden, hängt von den unternehmensindividuellen Regelungen und verschiedenen Faktoren im Einzelfall ab. Der Versicherer kann nicht verlangen, dass sich der Versicherte einem Aids-Test unterzieht. Der untersuchende Arzt hat den Versicherten umfassend aufzuklären und seine Einwilligung zur Blutentnahme, Durchführung des Aids-Tests und Weitergabe des Testergebnisses einzuholen.[161] 48

γ) Honoraranspruch. Einen Honoraranspruch hat der Arzt nur gegen den Versicherer und nicht gegen den untersuchten Antragsteller.[162] Der Arztbericht über die Untersuchung steht dem Versicherer zu. Bei verzögerlicher Weitergabe des Gesundheitsberichts kann der untersuchende Arzt zum Schadensersatz verpflichtet sein.[163] Zur Offenlegung des Arztberichts gegenüber dem Untersuchten ist der Versicherer nur mit Zustimmung des Arztes berechtigt.[164] 49

δ) Einsichtnahme in den ärztlichen Bericht. In der Krankenversicherung ist der Versicherer gemäß § 178 m VVG verpflichtet, auf Verlangen des Versicherungsnehmers oder jeder versicherten Person einem von ihnen benannten Arzt Auskunft über und Einsicht in Gutachten zu geben, die er bei der Prüfung seiner Leistungspflicht über die Notwendigkeit einer medizinischen Behandlung eingeholt hat. Daraus ist zu entnehmen, dass der Anspruch auch dann gegeben ist, wenn der Gutachter den Versicherten nicht körperlich untersucht hat.[165] 50

In der Lebensversicherung haben demgegenüber der Antragsteller bzw. der Versicherte gegen den untersuchenden Arzt keinen Anspruch auf Herausgabe oder Einsicht in den vom Arzt erstellten ärztlichen Bericht.[166] Auf sein Selbstbestimmungsrecht kann sich der Versicherte nicht berufen, da dies voraussetzt, dass sich der Versicherte als Patient hat untersuchen lassen.[167] Eine Kopie des Arztberichts kann der Antragsteller daher nicht verlangen, nur eine Kopie seiner Erklärungen vor dem Arzt.[168] In besonderen Fällen ist dem Versicherungsnehmer ein Einsichtsrecht nach Treu und Glauben zuzubilligen.[169] Voraussetzung für eine Auskunftspflicht nach Treu und Glauben ist aber, dass der Versicherungsnehmer 51

---

[159] BGH, Urt. v. 22. 11. 2005 – VI ZR 126/04, VersR 2006, 363, 364 = r+s 2006, 126 = MDR 2006, 620, 621.
[160] BGH, Urt. v. 22. 11. 2005 – VI ZR 126/04, VersR 2006, 363, 364 = r+s 2006, 126 = MDR 2006, 620, 621.
[161] StA beim KG, Einstellungsvfg. v. 25. 2. 1987 – Zs 117/87, NJW 1987, 1495, 1496; a. A. *Janker* NJW 1987, 2897.
[162] Vgl. AG Hamburg v. 22. 1. 1953, VersR 1953, 235. Siehe auch OLG Köln VersR 1980, 619.
[163] BGH v. 19. 2. 1981, VersR 1981, 452.
[164] A. A. LG Göttingen v. 28. 11. 1957, VersR 1958, 553, 554.
[165] BGH, Urt. v. 11. 6. 2003 – IV ZR 418/02, NJW-RR 2003, 1249, 1250 = MDR 2003, 1111.
[166] OLG Köln v. 25. 11. 1982, NJW 1983, 2641; anders in der Krankenversicherung, vgl. § 178 m VVG und dazu BGH, Urt. v. 11. 6. 2003 – IV ZR 418/02, r+s 2003, 465.
[167] Vgl. BGH v. 6. 12. 1988, VersR 1989, 252.
[168] LG Hamburg v. 6. 1. 1951, VersR 1951, 47.
[169] OLG Frankfurt/M., Urt. v. 28. 5. 1991 – 8 U 158/90, VersR 1992, 224 = VerBAV 1992, 178, 179 zum Einsichtsrecht in ein psychiatrisches Gutachten über den VN; AG Köln, Urt. v. 24. 9. 1999 – 112 C 283/99, r+s 2000, 258.

ohne Mitwirkung des Versicherers nicht in der Lage ist, sich die erforderliche Information zu beschaffen.[170]

52 Besteht zwischen dem Arzt und dem Untersuchten ein Behandlungsvertrag, obliegt dem Arzt gegenüber dem Patienten die Pflicht zur Führung ordnungsgemäßer Krankenunterlagen.[171] Der Untersuchte hat auch außerhalb eines Rechtsstreits Anspruch auf Einsicht in die ihn betreffenden Krankenunterlagen,[172] soweit sie Aufzeichnungen über objektive physische Befunde und Berichte über Behandlungsmaßnahmen wie Medikation und Operation betreffen.[173]

53 ee) Genomanalyse. α) Zulässigkeit. Im Rahmen der Risikoprüfung ist das LVU berechtigt, Tests auf gefahrerhebliche genetische Dispositionen zu gefahrerheblichen Krankheiten durchzuführen.[174] Die Genomanalyse ermöglicht dem Versicherer, Informationen über die genetische Veranlagung des Versicherten zu erhalten[175] und dem Antragsteller eine genetische Durchleuchtung – ein sog. Screening – anzubieten.[176] Das Sammeln, die Verarbeitung und das Aufbewahren genetischer Daten ist allerdings auf das unbedingt Erforderliche zu begrenzen.[177]

54 β) Bioethik-Konvention. Gegen die Zulässigkeit der Genomanalyse spricht nicht die „Convention for the Protection of Human Rights and Dignity of the Human Being with Regard to the Application of Biology and Medicine: Convention on Human Rights and Biomedicine", sog. Bioethik-Konvention, die am 19. November 1996 vom Ministerkomitee des Europarates mit Mehrheit – bei Stimmenthaltung der Bundesrepublik Deutschland – gebilligt und am 4. April 1997 zur Beitrittszeichnung aufgelegt wurde.[178] Zwar erlaubt Art. 12 des Übereinkommens prädiktive genetische Tests nur für Gesundheitszwecke oder für gesundheitsbezogene wissenschaftliche Forschung und nur unter der Voraussetzung einer angemessenen genetischen Beratung.[179] Diese Vorschrift findet jedoch keine Beachtung, da die Bundesrepublik Deutschland der Bioethik-Konvention nicht beigetreten ist.[180] Gesehen wird in erster Linie die Gefahr des Datenmissbrauchs angesichts der technisch

---

[170] LG Berlin, Beschl. v. 13. 3. 2001 – 7 O 76/00, NVersZ 2002, 63 = VersR 2003, 94 = r+s 2002, 220.

[171] BGHZ 72, 132, 137 = NJW 1978, 2337 = VersR 1978, 1022, 1023; zust. BVerfGE 52, 131, 149; BGHZ 85, 327, 329 = NJW 1983, 328 = VersR 1983, 264; *Bender*, Der Umfang der ärztlichen Dokumentationspflicht – Ein weiterer Schritt der Verrechtlichung –, VersR 1997, 918.

[172] AG Essen, Beschl. v. 21. 4. 1997 – 12 C 13/97, NJW-RR 1998, 262; LG Dortmund, Urt. v. 3. 7. 1997 – 17 S 76/97, NJW-RR 1998, 261; AG Hagen, Beschl. v. 25. 8. 1997 – 10 C 33/97, NJW-RR 1998, 262; BVerfG, Beschl. v. 16. 9. 1998 – 1 BvR 1130/98, NJW 1999, 1777; BVerfG, Beschl. v. 9. 1. 2006 – 2 BvR 443/02, NJW 2006, 1116, 1117 = JZ 2007, 91, 92 m. Anm. *Klatt* JZ 2007, 95; LG Duisburg, Urt. v. 31. 1. 2008 – 5 S 77/07, NJW-RR 2008, 1502; LG Bonn, Urt. v. 2. 9. 2009 – 5 S 19/09, VersR 2010, 358.

[173] Vgl. BGH, Urt. v. 23. 11. 1982 – VI ZR 222/79, VersR 1983, 264; *Nüssgens* in: Festschrift für Karlheinz Boujong, 1996, S. 831, 841; *Gehrlein*, Kein Anspruch des Patienten auf Ablichtung seiner Krankenunterlagen, NJW 2001, 2773.

[174] *Berberich*, Zur aktuellen Bedeutung genetischer Tests in der Privatversicherung, VW 1998, 1190, 1192; *Lorenz*, Zur Berücksichtigung genetischer Tests und ihrer Ergebnisse beim Abschluss von Personenversicherungsverträgen, VersR 1999, 1309, 1313.

[175] Ausführlich hierzu *Fenger/Schöffski*, Gentests und Lebensversicherung: Juristische und ökonomische Aspekte, NVersZ 2000, 449 ff.

[176] *Alexander/Fischer*, Die neue Genetik und mögliche Auswirkungen auf die Risikoprüfung in der Lebensversicherung, VW 1991, 494, 499.

[177] *Ronellenfitsch*, Genanalysen und Datenschutz, NJW 2006, 321, 325.

[178] Im Einzelnen hierzu *Taupitz*, Die Menschenrechtskonvention zur Biomedizin – akzeptabel, notwendig oder unannehmbar für die Bundesrepublik Deutschland?, VersR 1998, 542 ff.

[179] *Spranger*, Prädiktive genetische Tests und genetische Diskriminierung im Versicherungswesen, VersR 2000, 815, 819.

[180] *Spranger* VersR 2000, 815, 820.

möglichen vollständigen Erfassung der aus der Genomanalyse gewonnenen Daten. Vor allem diese Gefahr hat den Ruf nach dem Gesetzgeber ausgelöst.[181] Hervorgehoben wird aber auch, dass es gegen das allgemeine Persönlichkeitsrecht des Antragstellers verstoße, wenn der einzelne Antragsteller gegen seinen Willen über seine genetische Veranlagung aufgeklärt werde.[182]

γ) Gendiagnostikgesetz. Der Bundestag hat am 24. April 2009 den Entwurf eines Gesetzes über genetische Untersuchungen bei Menschen (Gendiagnostikgesetz – GenDG) der Bundesregierung vom 28. August 2008[183] unter Berücksichtigung von Änderungsanträgen des federführenden Gesundheitsausschusses verabschiedet.[184] Das Gendiagnostikgesetz wurde am 31. Juli 2009 ausgefertigt und am 4. August 2009 verkündet.[185] Gemäß § 27 Abs. 1 GenDG tritt das Gesetz am 1. Februar 2010 in Kraft, soweit in § 27 Abs. 2 bis 4 GenDG nichts Abweichendes bestimmt ist. Zweck dieses Gesetzes ist es gemäß § 1 GenDG, die Voraussetzungen für genetische Untersuchungen und im Rahmen genetischer Untersuchungen durchgeführte genetische Analysen sowie die Verwendung genetischer Proben und Daten zu bestimmen und eine Benachteiligung auf Grund genetischer Eigenschaften zu verhindern, um insbesondere die staatliche Verpflichtung zur Achtung und zum Schutz der Würde des Menschen und des Rechts auf informationelle Selbstbestimmung zu wahren.[186] Gemäß § 18 Abs. 1 Satz 1 GenDG darf der Versicherer von Versicherten weder vor noch nach Abschluss des Versicherungsvertrages

1. die Vornahme genetischer Untersuchungen oder Analysen verlangen oder
2. die Mitteilung von Ergebnissen oder Daten aus bereits vorgenommenen genetischen Untersuchungen oder Analysen verlangen oder solche Ergebnisse oder Daten entgegennehmen oder verwenden. Für die Lebensversicherung, die Berufsunfähigkeitsversicherung, die Erwerbsunfähigkeitsversicherung und die Pflegerentenversicherung gilt § 18 Abs. 1 Satz 1 Nr. 2 GenDG nicht, wenn eine Leistung von mehr als 300 000 Euro oder mehr als 30 000 Euro Jahresrente vereinbart wird. Abzustellen ist auf den Zeitpunkt des Vertragsabschlusses.[187] Mögliche Dynamisierungen bleiben unberücksichtigt.[188] Vorerkrankungen und Erkrankungen sind anzuzeigen; insoweit sind die §§ 19 bis 22 und 47 VVG 2008 anzuwenden (§ 18 Abs. 2 GenDG).

ff) Selbstverpflichtungserklärung. α) Fassung. Lange vor Erlass des GenDG hat sich die Versicherungswirtschaft verpflichtet, keine Frage nach diagnostischen

---

[181] *Müller,* Reformbedarf im Versicherungsrecht aus der Sicht der Versicherungsaufsicht, Vortrag auf dem 16. Münsterischen Versicherungstag am 21. 11. 1998, S. 18; *Präve,* Genomanalyse und Lebensversicherung, ZfV 1991, 82; *derselbe,* Das Recht des Versicherungsnehmers auf geninformationelle Selbstbestimmung, VersR 1992, 279, 280 ff.; *derselbe,* Das Allgemeine Versicherungsvertragsrecht in Deutschland im Zeichen der europäischen Einigung (II), VW 1992, 656, 660.
[182] Vgl. *Buyten/Simon,* Gendiagnostik beim Abschluss privater Kranken- und Lebensversicherungsverträge – Ein Überblick über die internationale Lage im Vergleich –, VersR 2003, 813, 814.
[183] BT-Drucks. 16/10 532 u. 16/10 582.
[184] BT-Drucks. 16/12713; dazu *Kubiak,* Gendiagnostik bei Abschluss von Privatversicherungen unter besonderer Berücksichtigung der VVG- und Gesundheitsreform sowie des in Aussicht stehenden Gendiagnostikgesetzes, Baden-Baden, Nomos, 2008; *Präve* VersR 2009, 857.
[185] BGBl. I 2009, 2529; dazu *Genenger,* Das neue Gendiagnostikgesetz, NJW 2010, 113.
[186] *Wiese,* Gendiagnostikgesetz und Arbeitsleben, BB 2009, 2198.
[187] *Präve* VersR 2009, 857, 860.
[188] *Präve* VersR 2009, 857, 860.

Gentests im Antragsformular zu stellen. Dies erfolgte mit folgendem Hinweis auf die Selbstverpflichtung im Antrag:[189]

„Wir haben uns im Rahmen einer freiwilligen Selbstverpflichtung verpflichtet, den Vertragsabschluss nicht von der Durchführung eines prädiktiven Gentests abhängig zu machen. Auch bereits vorliegende Befunde aus prädiktiven Gentests müssen bei allen Arten von Lebensversicherungen erst ab einer Versicherungssumme von 250 000,00 € bzw. Jahresrente von 30 000,00 € offen gelegt werden. Unter einem „prädiktiven Gentest" verstehen wir dabei die Untersuchung des Erbmaterials eines Gesunden auf die Veranlagung für eine bestimmte Krankheit. Sämtliche beantragten und bestehenden Versicherungen bei privaten Versicherungsunternehmen werden bei den genannten Summengrenzen berücksichtigt. Die vollständige Selbstverpflichtungserklärung ist als Anlage beigefügt."

57   Diese Selbstverpflichtungserklärung hat folgenden Wortlaut:[190]

„**Freiwillige Selbstverpflichtungserklärung zur Verwendung prädiktiver Gentests**

I.

Die Versicherungsunternehmen erklären sich bereit, die Durchführung von prädiktiven Gentests nicht zur Voraussetzung eines Vertragsabschlusses zu machen.

Sie erklären weiter, für private Krankenversicherungen und für alle Arten von Lebensversicherungen einschließlich Berufsunfähigkeits-, Erwerbsunfähigkeits-, Unfall- und Pflegerentenversicherungen bis zu einer Versicherungssumme von weniger als 250 000 EURO bzw. einer Jahresrente von weniger als 30 000 EURO auch nicht von ihren Kunden zu verlangen, aus anderen Gründen freiwillig durchgeführte prädiktive Gentests dem Versicherungsunternehmen vor dem Vertragsabschluss vorzulegen. In diesen Grenzen verzichten die Versicherer auf die im Versicherungsvertragsgesetz verankerte vorvertragliche Anzeigepflicht gefahrerheblicher Umstände (§ 16 VVG).

Die Versicherungsunternehmen werden in diesen Fällen von den Kunden dennoch vorgelegte Befunde nicht verwerten.

II.

Die molekulargenetische Diagnostik zur Abklärung bestehender Krankheiten ist bereits heute aus dem klinischen Alltag nicht mehr hinweg zu denken. Demgegenüber sind der Umgang und die Nutzung prädiktiver Gentests im Bereich der Medizin noch unklar. Bei einem prädiktiven Gentest wird das Erbmaterial eines Gesunden daraufhin untersucht, ob er die Veranlagung für eine bestimmte Krankheit schon in sich trägt und daran später erkranken kann. Zu diesen prädiktiven Gentests zählen beispielsweise Tests auf Chorea Huntington, die erbliche Form des Brustkrebs (BRCA 1 und 2) und die erbliche Form von Morbus Alzheimer.

Die Versicherer erkennen an, dass ein prädiktiver genetischer Test tief in die Lebensplanung des Einzelnen eingreift, insbesondere dann, wenn keine Heilungschancen bestehen. Andererseits haben die Versicherungsunternehmen die Gemeinschaft der Versicherten davor zu schützen, dass bei einseitigem Wissen ihrer Kunden um die Wahrscheinlichkeit eines Krankheitsausbruchs keine Missbräuche beim Erwerb eines privaten Versicherungsschutzes entstehen.

Die Gefahr des Missbrauches besteht besonders bei hohen Versicherungssummen oder hohen Renten. Deshalb müssen die Versicherungsunternehmen bei Verträgen, in denen der Versicherungsschutz die in dieser Erklärung genannten Grenzen übersteigt, den gleichen Wissensstand wie ihre Kunden über das Ergebnis vorhandener prädiktiver Gentests erhalten, damit dem übernommenen Risiko entsprechende gerechte Beiträge berechnet werden können.

---

[189] Vgl. GDV-Rundschreiben 0018/2004 v. 12. 1. 2004. Siehe hierzu auch die Stellungnahme des Nationalen Ethikrates v. 1. 2. 2007 zur Nutzung prädiktiver Gesundheitsinformationen beim Abschluss von Versicherungen, http://www.ethikrat.org. Dazu *Lorenz* VersR 2007, 471 f.

[190] Vgl. GDV-Rundschreiben 0631/2004 v. 24. 5. 2004.

III.

Die Versicherer verpflichten sich für den Fall, dass vorhandene prädiktive Gentests von Kunden dem Unternehmen vorgelegt werden müssen, weil sie eine sehr hohe Absicherung wünschen, folgende Regeln einzuhalten:
– Die Gentests werden getrennt von den Antragsunterlagen direkt an den Versicherungsmediziner versandt. Die Bewertung erfolgt ausschließlich durch diesen Versicherungsmediziner. Aufbewahrt werden lediglich diejenigen Tests, deren Befunde für den Vertragsabschluss relevant sind, und zwar in einem besonders gesicherten Archiv. Durch diese Vorgehensweise wird dem notwendigen Datenschutz höchste Priorität eingeräumt. Damit wird auch sichergestellt, dass Ergebnisse eines Gentests einem nur sehr kleinen und kontrollierbaren Personenkreis zur Kenntnis gelangen.
– Die Ergebnisse eingereichter Gentests werden ausschließlich für die Risikobeurteilung des Kunden verwendet, der versichert werden will. Damit wird ausgeschlossen, dass die Auswertung auch für die Risikobeurteilung von Verwandten herangezogen werden könnte.
– Beitragsnachlässe auf der Grundlage von Befunden aus Gentests werden nicht eingeräumt.

IV.

Diese Erklärung gilt zunächst bis zum 31. Dezember 2011."

β) **Zweck der Selbstverpflichtungserklärung.** Sinn und Zweck der Selbstverpflichtungserklärung ist es ausschließlich, Gendefekte, die durch prädiktive Tests (Gen- oder Bluttests) festgestellt worden sind, beim Abschluss bestimmter Versicherungen unberücksichtigt zu lassen.[191] Unter prädiktiven Gentests sind voraussagende Tests zu verstehen, mit denen genetische Abweichungen erkannt werden sollen, die später zum Ausbruch einer Krankheit führen können.[192] Hierunter fallen nicht genetische Defekte, die auch anders als durch einen Gentest, etwa durch eine Blutuntersuchung, feststellbar oder festgestellt worden sind.[193] Nicht Sinn und Zweck der Selbstverpflichtungserklärung ist es, auf die Offenlegung bereits bestehender Erkrankungen seitens der Versicherer zu verzichten.[194]

γ) **Dauer.** Die Selbstverpflichtungserklärung gilt zunächst bis zum 31. Dezember 2011. So weit wie die Selbstverpflichtungserklärung reicht, ist § 19 VVG 2008 zu Gunsten des Versicherungsnehmers abbedungen.[195] Mit dem Inkrafttreten des GenDG gelten vorrangig die gesetzlichen Regelungen, die die Selbstverpflichtungserklärung der Versicherungswirtschaft überlagern.

d) **Risikoeinschätzung.** Der Versicherer entscheidet im Rahmen der Risikoprüfung, ob er einen Versicherungsantrag annimmt oder ablehnt, und wenn er ihn annimmt, ob zu normalen oder zu erschwerten Bedingungen.[196] Stellt der Versicherer bei der Risikoprüfung fest, dass der Antragsteller ein erhöhtes gesundheitliches Risiko darstellt, so ist der Versicherer aufgrund des Gleichheitsgrundsatzes bzw. des Grundsatzes einer risikogerechten Prämie gehalten, den Antrag nur zu erschwerten Bedingungen anzunehmen.[197] Hierzu vereinbart der Versicherer mit dem Versicherungsnehmer einen Risikozuschlag[198] oder eine sog. Risikoein-

---
[191] OLG Hamm, Urt. v. 21. 11. 2007 – 20 U 64/07, NJW-RR 2008, 702, 703 = VersR 2008, 773, 774 = r+s 2008, 116, 118.
[192] *Kubiak* VersR 2007, 638, 639.
[193] *Kubiak* VersR 2007, 638, 639; a. A. LG Bielefeld, Urt. v. 14. 2. 2007 – 25 O 105/06, VersR 2007, 636, 637.
[194] OLG Hamm, Urt. v. 21. 11. 2007 – 20 U 64/07, NJW-RR 2008, 702, 704 = VersR 2008, 773, 774 = r+s 2008, 116, 118.
[195] *Brand,* Grenzen der vorvertraglichen Anzeigepflichten des Versicherungsnehmers, VersR 2009, 715, 719.
[196] OLG Saarbrücken, Urt. v. 9. 9. 2009 – 5 U 26/09-9, VersR 2009, 1522, 1525.
[197] GB BAV 1962, 28; *Gerlach* VerBAV 1984, 126; *Claus* VerBAV 1986, 246.
[198] Siehe hierzu OLG Hamm, Urt. v. 14. 10. 1994 – 20 U 69/94, VersR 1995, 773.

schätzungsklausel, mit der bestimmte Vorerkrankungen oder sonstige Leiden vom Versicherungsschutz ausgeschlossen werden.[199] Aufgrund dieser Risikoprüfung ist anerkannt, dass der Versicherer häufig eine längere Zeit zur Prüfung des Antrags und zur eigenen Willensäußerung benötigt.[200] Dieses Verfahren gewährleistet zugleich, dass den Vorschriften des AGG genügt wird. Ungeachtet dessen ist § 19 Abs. 1 AGG vom Grundsatz her nicht geeignet, einen Kontrahierungszwang zu begründen.[201]

61   Die Abgrenzung des Risikos erfolgt insbesondere durch die Bezeichnung der versicherten Gefahren und versicherten Personen sowie der Versicherungsdauer, da es ohne diese Abgrenzung nicht möglich wäre, ein Risiko versicherungstechnisch zu erfassen und zu kalkulieren.[202] Die Risikobegrenzung besteht zum einen in der primären Risikobeschränkung in Form der vertraglichen Beschreibung der übernommenen Gefahr und den sogenannten sekundären Risikobeschränkungen, mit denen im Ergebnis die Gefahrtragung des Versicherers im Wege von Risikoausschluss- oder Gefahrumstandsausschlussklauseln eingeschränkt wird.[203]

62   **e) Identifizierungs- und Anzeigepflichten des GWG. aa) Ausgangslage.** Das LVU hat in der täglichen Arbeit die Vorschriften des Gesetzes zur Ergänzung der Bekämpfung der Geldwäsche und der Terrorismusfinanzierung (Geldwäschebekämpfungsergänzungsgesetz – GwBekErgG) vom 13. August 2008 zu beachten, das am 21. August 2008 in Kraft getreten ist.[204] Durch das GwBekErgG wurde das Gesetz über das Aufspüren von Gewinnen aus schweren Straftaten (Geldwäschegesetz – GwG) gemäß den Vorgaben der am 15. Dezember 2005 in Kraft gesetzten Dritten EG-Geldwäscherichtlinie[205] und der Durchführungsbestimmungen der Richtlinie 2006/70/EG vom 1. August 2006[206] vollständig neu gefasst. Mit Inkrafttreten der Dritten EG-Geldwäscherichtlinie ist die Erste EG-Geldwäscherichtlinie vom 10. Juni 1991[207] in der durch die Zweite EG-Geldwäscherichtlinie geänderten Fassung vom 4. Dezember 2001[208] entfallen.[209] Zu erwäh-

---

[199] Vgl. *Gerlach* VerBAV 1984, 126.
[200] BGH VersR 1975, 1092 = NJW 1976, 290.
[201] *Armbrüster* VersR 2006, 1297, 1304; a. A. *Thüsing/v. Hoff* VersR 2007, 1, 9; offen gelassen OLG Saarbrücken, Urt. v. 9. 9. 2009 – 5 U 26/09-9, VersR 2009, 1522, 1525 = r+s 2009, 453, 457.
[202] BGH VersR 1975, 1093, 1094.
[203] BGH v. 21. 2. 1957, VersR 1957, 212, 213.
[204] BGBl. I S. 1690.
[205] Richtlinie 2005/60/EG des Europäischen Parlaments und des Rates vom 26. 10. 2005 zur Verhinderung der Nutzung des Finanzsystems zum Zwecke der Geldwäsche und der Terrorismusfinanzierung, Abl.EG Nr. L 309 v. 25. 11. 2005, S. 15, die zuletzt durch die Richtlinie 2007/64/EG des Europäischen Parlaments und des Rates vom 13. November 2007 geändert worden ist, Abl.EG Nr. L 319, S. 1.
[206] Richtlinie 2006/70/EG der Kommission vom 1. 8. 2006 mit Durchführungsbestimmungen für die Richtlinie 2005/60/EG des Europäischen Parlaments und des Rates hinsichtlich der Begriffsbestimmung von „politisch exponierten Personen" und der Festlegung der technischen Kriterien für vereinfachte Sorgfaltspflichten sowie für die Befreiung in Fällen, in denen nur gelegentlich oder in sehr eingeschränktem Umfang Finanzgeschäfte getätigt werden, Abl.EG Nr. L 214 v. 4. 8. 2006, S. 29.
[207] Richtlinie 91/308/EWG des Rates vom 10. 6. 1991 zur Verhinderung der Nutzung des Finanzsystems zum Zwecke der Geldwäsche, Abl.EG Nr. L 166 v. 28. 6. 1991, S. 77.
[208] Richtlinie 2001/97/EG des Europäischen Parlaments und des Rates vom 4. 12. 2001 zur Änderung der Richtlinie 91/308/EWG des Rates zur Verhinderung der Nutzung des Finanzsystems zum Zwecke der Geldwäsche, Abl.EG Nr. L 344 v. 28. 12. 2001, S. 76.
[209] *Ackmann/Reder* WM 2009, 158, 159.

nen ist in diesem Zusammenhang auch die Verordnung (EG) Nr. 1781/2006 des Europäischen Parlaments und des Rates vom 15. November 2006 über die Übermittlung von Angaben zum Auftraggeber bei Geldtransfers.[210] Da die Dritte EG-Geldwäscherichtlinie keine Übergangsvorschriften vorsieht, hat der Gesetzgeber zur Vermeidung eines Vertragsverletzungsverfahrens gegen die Bundesrepublik Deutschland keine Übergangsfristen zur Umsetzung der neuen Regelungen einräumen können.[211] Allerdings haben sich das BMF, die BaFin und der ZKA über eine angemessene Aufsichtspraxis für einen Übergangszeitraum geeinigt.[212]

bb) Ziel und Neuerungen. Ziel des GWG ist es, die Weiterverwendung von Gewinnen aus Straftaten, insbesondere aus organisierter Kriminalität zu unterbinden.[213] Eine bedeutsame Neuerung der Dritten EG-Geldwäscherichtlinie ist der risikoorientierte Ansatz, der dem Verpflichteten grundsätzlich die Möglichkeit einräumt, die konkrete Risikosituation selbst einzuschätzen und in eigenem Ermessen zu bestimmen, in welchem Umfang er die Sorgfaltspflichten erfüllt, statt in jeder Situation einen starren Pflichtenkatalog abarbeiten zu müssen,[214] wobei die Gefährdungsanalyse das zentrale Fundament des risikoorientierten Ansatzes ist.[215] Die Dritte EG-Geldwäscherichtlinie folgt damit dem Ansatz, dass die Gefahr der Geldwäsche und der Terrorismusfinanzierung nicht bei allen Transaktionen oder Geschäften gleich hoch ist.[216] Aus diesem Grund lässt die Dritte EG-Geldwäscherichtlinie in anerkannten Fällen geringen Risikos der Geldwäsche und Terrorismusfinanzierung vereinfachte Sorgfaltspflichten zu.[217] Die Richtlinie legt aber auch mittels detaillierter Bestimmungen erhöhte Sorgfaltspflichten fest, soweit es um Situationen oder Kunden mit hohem Risiko geht.[218] Zu den Verpflichteten des GWG zählen nun nicht mehr nur Versicherungsmakler, sondern auch Mehrfachvertreter und Ausschließlichkeitsvertreter mit einer Erlaubnis nach § 34d Abs. 1 GewO.[219]

cc) Allgemeine Sorgfaltspflichten. Welche allgemeinen Sorgfaltspflichten das LVU treffen, ergibt sich aus § 3 Abs. 1 Nr. 1 bis 4 GwG. Während es bislang verdachtsunabhängig nur die Identifizierungspflicht und die Pflicht zur Erkundigung nach dem wirtschaftlich Berechtigten und zur Feststellung dessen persönlicher Daten gab, sieht § 3 Abs. 1 GwG zwei zusätzliche Pflichten vor und erweitert insoweit den Katalog verdachtsunabhängiger Pflichten. Die in § 3 Abs. 1 GwG als „allgemeine Sorgfaltspflichten" bezeichneten verdachtsunabhängigen Pflichten sind:
– die Identifizierung des Vertragspartners (§ 3 Abs. 1 Nr. 1 GwG),
– die Einholung von Informationen über den Zweck und die angestrebte Art der Geschäftsbeziehung, soweit sich diese nicht bereits zweifelsfrei aus der Geschäftsbeziehung ergeben (§ 3 Abs. 1 Nr. 2 GwG),

---

[210] Abl.EG Nr. L 345, S. 1.
[211] *Ackmann/Reder* WM 2009, 158, 159.
[212] Zutreffender Hinweis von *Ackmann/Reder* WM 2009, 158, 159 (Fn. 11) auf die Gegenäußerung der Bundesregierung zur Stellungnahme des Bundesrates zum Regierungsentwurf des GwBekErgG, BT-Drucks. 16/9080, S. 4 a. E.
[213] BT-Drucks. 12/2704, S. 1, 10; BGH, Urt. v. 6. 5. 2008 – XI ZR 56/07, VersR 2008, 1540, 1544.
[214] BT-Drucks. 16/9038, S. 35 f.; *Ackmann/Reder* WM 2009, 158, 160 (Fn. 13).
[215] *Ackmann/Reder* WM 2009, 200, 211.
[216] *Ackmann/Reder* WM 2009, 158, 160.
[217] *Ackmann/Reder* WM 2009, 158, 160.
[218] *Ackmann/Reder* WM 2009, 158, 160.
[219] *Evers* VW 2009, 699.

– die Abklärung, ob der Vertragspartner für einen wirtschaftlich Berechtigten handelt, und dessen Identifizierung (§ 3 Abs. 1 Nr. 3 GwG)[220] sowie
– die kontinuierliche Überwachung der Geschäftsbeziehung – Monitoring[221] (§ 3 Abs. 1 Nr. 4 GwG).

65 Der konkrete Umfang der Maßnahmen bei der Anwendung der allgemeinen Sorgfaltspflichten ist in Abhängigkeit von dem Risiko des Vertragspartners, der Geschäftsbeziehung, des Produkts oder der Transaktion zu bestimmen.[222] Kann der Verpflichtete die Sorgfaltspflichten nach § 3 Abs. 1 Nr. 1 bis 3 GwG nicht erfüllen, darf die Geschäftsbeziehung nach den neuen gesetzlichen Vorgaben nicht begründet oder fortgesetzt und keine Transaktion durchgeführt werden.[223] Insoweit ist § 80 e VAG von Bedeutung, der für Versicherer in den in diesem Gesetz genannten Fällen Erleichterungen vorsieht. Kapitalisierungsgeschäfte, die wirtschaftlich Bankeinlagen entsprechen, bedürfen allerdings aus geldwäschepräventiver Sicht besonderer Beachtung.

66 **dd) Geldwäschebeauftragter.** Gemäß § 9 Abs. 2 Nr. 1 GwG haben die LVU unverändert einen Geldwäschebeauftragten zu bestellen sowie Mittel und Verfahren in dem Umfang vorzuhalten und einzusetzen, die für eine ordnungsgemäße Durchführung der Aufgaben des Geldwäschebeauftragten notwendig sind. Der Geldwäschebeauftragte soll nach dem Zweck der Vorschrift innerhalb der Organisation des Unternehmens über eine Position verfügen, die es ihm erlaubt, die Belange der Geldwäsche- und Terrorismusfinanzierungsbekämpfung gegenüber den Mitarbeitern und auch gegenüber der ihm übergeordneten Geschäftsleitung unabhängig und mit gebotenem Nachdruck vertreten zu können.[224] Unentschieden ist, ob die vom Gesetzgeber geforderte Mittelausstattung auch zu einer eigenen Budgetverantwortung des Geldwäschebeauftragten führen muss.[225] Zwingend ist die Übertragung einer eigenen Budgetverantwortung derzeit nicht.

67 **ee) Sanktionen.** Bußgeldvorschriften sollen für die Einhaltung der gesetzlichen Pflichten sorgen. Nach § 17 Abs. 1 GwG handelt ordnungswidrig, wer vorsätzlich oder leichtfertig (also grob fahrlässig) seinen Vertragspartner nicht identifiziert, Feststellungen nicht, nicht richtig oder nicht vollständig aufzeichnet oder Aufzeichnungen nicht aufbewahrt. Neu eingeführt wurde, dass eine Ordnungswidrigkeit auch vorliegt, wenn der Verpflichtete einen Verdachtsfall vorsätzlich oder leichtfertig nicht anzeigt (§ 17 Abs. 1 Nr. 4 GwG). Für jede dieser Ordnungswidrigkeiten kann gemäß § 17 Abs. 3 GwG eine Geldbuße von bis zu 100 000,00 Euro verhängt werden. Ferner handelt nach § 17 Abs. 2 GwG ordnungswidrig, wer vorsätzlich das Vorhandensein eines wirtschaftlich Berechtigten nicht abklärt, dessen Namen nicht erhebt oder unbefugterweise Informationen weitergibt. Ein solcher Verstoß kann nach § 17 Abs. 3 GwG mit einer Geldbuße von bis zu 50 000,00 Euro geahndet werden. Verstöße gegen die Pflicht zur Vornahme interner Sicherungsmaßnahmen nach § 9 GwG sind nicht als Ordnungswidrigkeiten nach § 17 GwG sanktionierbar. Zu beachten ist jedoch, dass (bedingt) vorsätzliche Verletzungen

---

[220] Auch in Fällen eines normalen Risikos müssen stets Maßnahmen zur Überprüfung der Identität des wirtschaftlich Berechtigten ergriffen werden, vgl. BaFin-Rundschreiben 14/2009 (GW) v. 29. 7. 2009 – GW 1-GW 2001-2008/0003, S. 4.
[221] Siehe dazu Begründung zum GwBekErgG, BT-Drucks. 16/9038, S. 50.
[222] Vgl. Auslegungs- und Anwendungshinweise des GDV zum GwBekErgG – 18. 2. 2009, S. 7. Siehe auch die Auslegungs- und Anwendungshinweise des Zentralen Kreditausschusses zum Geldwäschebekämpfungsergänzungsgesetz v. 17. 12. 2008 und die Anwendungshinweise des Vorstands der Wirtschaftsprüferkammer, abrufbar unter www.wpk.de.
[223] *Ackmann/Reder* WM 2009, 158, 167; *Donath/Mehle* NJW 2009, 650, 651.
[224] Begründung zum GwBekErgG, BT-Drucks. 16/9038, S. 43.
[225] *Ackmann/Reder* WM 2009, 200, 206.

der Sorgfaltspflichten des Geldwäschegesetzes je nach Fallkonstellation auch die Gefahr einer Strafbarkeit wegen Beihilfe zur Geldwäsche (§§ 261, 27 StGB), Begünstigung (§ 257 StGB) oder Strafvereitelung (§ 258 StGB) begründen können.

f) Bonitätsprüfung. Versicherungsunternehmen haben ein berechtigtes Interesse an der Einholung von Bonitätsauskünften und der Abfrage von Scorewerten bei Auskunfteien. Durch die Abfragen wird verhindert, dass auf Dauer angelegte Versicherungsverträge eingegangen werden, die von den Kunden nicht erfüllt werden können. Um die Bonität eines Kunden zu beurteilen, müssen Versicherungsunternehmen auch eigene Scoringverfahren verwenden können. § 28 b BDSG in der Fassung des Gesetzes zur Änderung des Bundesdatenschutzgesetzes vom 29. Juli 2009[226] bestimmt insoweit, dass zum Zweck der Entscheidung über die Begründung, Durchführung oder Beendigung eines Vertragsverhältnisses mit dem Betroffenen ein Wahrscheinlichkeitswert für ein bestimmtes künftiges Verhalten des Betroffenen erhoben oder verwendet werden darf, wenn   67a

1. die zur Berechnung des Wahrscheinlichkeitswerts genutzten Daten unter Zugrundelegung eines wissenschaftlich anerkannten mathematisch-statistischen Verfahrens nachweisbar für die Berechnung der Wahrscheinlichkeit des bestimmten Verhaltens erheblich sind,
2. im Fall der Berechnung des Wahrscheinlichkeitswerts durch eine Auskunftei die Voraussetzungen für eine Übermittlung der genutzten Daten nach § 29 BDSG und in allen anderen Fällen die Voraussetzungen einer zulässigen Nutzung der Daten nach § 28 BDSG vorliegen,
3. für die Berechnung des Wahrscheinlichkeitswerts nicht ausschließlich Anschriftendaten genutzt werden,
4. im Fall der Nutzung von Anschriftendaten der Betroffene vor Berechnung des Wahrscheinlichkeitswerts über die vorgesehene Nutzung dieser Daten unterrichtet worden ist; die Unterrichtung ist zu dokumentieren.

5. Annahme des Versicherungsantrags

a) Annahmefrist. Geht der Versicherungsantrag beim Agenten ein, beginnt die Annahmefrist mit dem Eingang des Antrags beim Agenten.[227] War der Antrag unvollständig, beginnt die Annahmefrist erst ab Zugang des ergänzten Antrags.[228]   68

b) Annahme des Antrags. Der Antrag des Antragstellers kann gemäß § 147 Abs. 2 BGB nur bis zu dem Zeitpunkt vom Versicherer angenommen werden, zu dem der Antragsteller den Eingang der Antwort unter regelmäßigen Umständen erwarten darf.[229] Die Bemessung einer angemessenen Annahmefrist hängt von den tatsächlichen Umständen ab.[230] Zu berücksichtigen sind dabei der Zeitablauf zwischen Abgabe des Antrags und Eingang des Antrags, eine Überlegungs- und Bearbeitungsfrist sowie der erforderliche Zeitraum für die Übermittlung der Annahme.[231] Ein Zeitraum von mehr als sechs Wochen zwischen Eingang des Antrags und Annahme des Antrags ist aus Sicht des Antragstellers als nicht mehr den regelmäßigen Umständen entsprechend anzusehen.[232] Der Antragsteller darf erwarten, dass eine Bearbeitung des Antrags innerhalb eines Zeitraums von vier   69

---

[226] BGBl. I 2009, 2254; dazu *Roßnagel*, Die Novellen zum Datenschutzrecht – Scoring und Adresshandel, NJW 2009, 2716.
[227] AG Pfaffenhofen, Urt. v. 16. 2. 2007 – 2 C 756/06, VersR 2007, 1113, 1114.
[228] AG Pfaffenhofen, Urt. v. 16. 2. 2007 – 2 C 756/06, VersR 2007, 1113, 1114.
[229] AG Pfaffenhofen, Urt. v. 16. 2. 2007 – 2 C 756/06, VersR 2007, 1113, 1114.
[230] AG Pfaffenhofen, Urt. v. 16. 2. 2007 – 2 C 756/06, VersR 2007, 1113, 1114.
[231] AG Pfaffenhofen, Urt. v. 16. 2. 2007 – 2 C 756/06, VersR 2007, 1113, 1114.
[232] AG Pfaffenhofen, Urt. v. 16. 2. 2007 – 2 C 756/06, VersR 2007, 1113, 1114.

Wochen erfolgt und die erklärte Annahme des Antrags innerhalb eines Zeitraums von höchstens sechs Wochen beim Antragsteller eingeht.[233] Die Pflicht des Versicherers, innerhalb angemessener Zeit zu entscheiden, hat den Zweck den Versicherungsnehmer davor zu bewahren, dass dieser es durch zu langes Warten versäumt, bei einem anderen Versicherer Versicherungsschutz zu erlangen, und deshalb gewisse Schäden ungedeckt bleiben.[234] Ein berechtigtes Vertrauen in eine alsbaldige Entscheidung des Versicherers setzt indes voraus, dass der Antragsteller, der eine positive Entscheidung des Versicherers herbeiführen will und auch erwartet, seinerseits alles getan hat, um den Versicherer in die Lage zu versetzen, eine Entscheidung zu treffen, und dass der Antragsteller aufgrund des Verhaltens des Versicherers die berechtigte Erwartung haben durfte, über seinen Antrag werde alsbald entschieden.[235]

70   c) **Beweislage.** In der Versicherungsbranche sind viele Gesellschaften aus Kapazitäts- und Kostengründen dazu übergegangen, die Anträge ihrer Versicherungsnehmen über Mikrofilmaufnahmen bzw. durch ein so genanntes Einscannen des Dokuments zu archivieren und anschließend die Anträge im Original zu vernichten.[236] Gleiches gilt für die weiteren im Verlauf des Vertragsverhältnisses durch den Versicherungsnehmer verfassten Schreiben wie z. B. eine Kündigung oder einen Widerruf.[237] Dies wirft in der Praxis Fragen auf.[238] Es fehlt nämlich eine gesetzliche Vorschrift, die den Reproduktionen aus Mikrofichesystemen ausdrücklich Original ersetzende und damit urkundliche Qualität zuspricht.[239] Vernichtet der Versicherer das Original des Antrags des Versicherungsnehmers im Zuge der Mikrofischeverfilmung, sind zwar Materialuntersuchungen und Farbvergleiche ausgeschlossen, nicht aber Feststellungen zu der Behauptung, das Schriftbild in den beiden Antragsexemplaren sei unterschiedlich.[240] Auf Beweisschwierigkeiten, die aus dem Fehlen des Originals des Versicherungsantrags herrühren, darf sich der Versicherer aber nicht berufen.[241] Der Versicherungsnehmer ist dann so zu stellen, als sei ihm der Beweis gelungen.[242] Mit der physischen Vernichtung der Originalanträge besteht mithin das Risiko, dass sich der Versicherer der Möglichkeit einer erfolgreichen Verteidigung in den Fällen beraubt, wo die Urheberschaft einer Unterschrift oder des darüber befindlichen Textes streitig ist.[243] Hat der Versicherer das Original einer Abtretungsanzeige vernichtet, soll es ihm dagegen nicht verwehrt sein, sich auf Beweisschwierigkeiten zu berufen.[244] Mit Blick auf diese Rechtslage sollten z. B. Schriftstücke, die nur im Original als Beweismit-

---

[233] AG Pfaffenhofen, Urt. v. 16. 2. 2007 – 2 C 756/06, VersR 2007, 1113, 1114.
[234] OLG Saarbrücken, Urt. v. 11. 1. 2006 – 5 U 584/04 – 62, VersR 2006, 1345, 1346.
[235] OLG Saarbrücken, Urt. v. 11. 1. 2006 – 5 U 584/04 – 62, VersR 2006, 1345, 1346.
[236] *Nugel* VersR 2005, 1211.
[237] *Nugel* VersR 2005, 1211.
[238] Siehe hierzu *Altenhofen/Brömmelmeyer/Knuf* VW 2009, 1603.
[239] *Bütter/Aigner* WM 2005, 1729.
[240] BGH, Beschl. v. 30. 1. 2008 – IV ZR 9/06, NJW-RR 2008, 696 = VersR 2008, 659 = r+s 2008, 431.
[241] BGH v. 21. 6. 2000 – IV ZR 157/99, NJW-RR 2000, 1471 = NVersZ 2000, 510 = VersR 2000, 1133, 1134 = r+s 2000, 489 = ZIP 2000, 2329, 2330; BGH, Beschl. v. 30. 1. 2008 – IV ZR 9/06, NJW-RR 2008, 696 = VersR 2008, 659 = r+s 2008, 431; *Seiffert* r+s 2010, 177, 183.
[242] BGH v. 21. 6. 2000 – IV ZR 157/99, NJW-RR 2000, 1471 = NVersZ 2000, 510 = VersR 2000, 1133, 1134 = r+s 2000, 489 = ZIP 2000, 2329, 2330; BGH, Beschl. v. 30. 1. 2008 – IV ZR 9/06, NJW-RR 2008, 696 = VersR 2008, 659 = r+s 2008, 431.
[243] *Nugel* VersR 2005, 1211, 1213.
[244] OLG München, Urt. v. 14. 8. 2008 – 25 U 2326/08, VersR 2008, 1521, 1522 = r+s 2009, 159.

tel anerkannt werden oder die ihre Funktion nur erfüllen können, wenn sie im Original vorgelegt werden, im Original aufbewahrt werden.[245]

6. Beginn des Versicherungsschutzes

a) § 3 Satz 1 ALB 2008. Gemäß § 3 ALB 2008 beginnt der Versicherungsschutz, wenn der Vertrag abgeschlossen worden ist, jedoch nicht vor dem mit dem Versicherungsnehmer vereinbarten, im Versicherungsschein angegebenen Versicherungsbeginn. 71

b) Mitternachtsregelung. § 10 VVG 2008 enthält eine allgemeine Regelung zum Beginn des Versicherungsschutzes.[246] Nach dieser Vorschrift beginnt die Versicherung, wenn die Dauer der Versicherung nach Tagen, Wochen, Monaten oder einem mehrere Monate umfassenden Zeitraum bestimmt ist, mit Beginn des Tages, an dem der Vertrag geschlossen wird. Enthalten Versicherungsverträge keine Uhrzeit für Beginn und Ende des Versicherungsschutzes, gilt die Mitternachtsregelung, d. h. die Versicherung beginnt mit dem Beginn des vereinbarten Tages und endet um 24 Uhr des letzten Tages der Vertragszeit.[247] 72

7. Widerrufsrecht des Versicherungsnehmers

a) Frist. Gemäß § 8 Abs. 1 Satz 1 VVG 2008 kann der Versicherungsnehmer seine Vertragserklärung innerhalb von zwei Wochen widerrufen.[248] In der Lebensversicherung beträgt die Widerrufsfrist abweichend von § 8 Abs. 1 Satz 1 VVG 2008 30 Tage (§ 152 Abs. 1 VVG 2008). Eine individualvertragliche Verkürzung der Fristen ist grundsätzlich unzulässig.[249] 73

b) Form. Der Widerruf ist in Textform gegenüber dem Versicherer zu erklären und muss keine Begründung enthalten; zur Fristwahrung genügt die rechtzeitige Absendung (§ 8 Abs. 1 Satz 2 VVG 2008). Nach § 126b BGB ist keine eigenhändige Unterschrift erforderlich.[250] Es genügt, wenn ein Speichermedium, eine E-Mail oder ein Computerfax übermittelt wird.[251] Eine Begründung ist nicht erforderlich.[252] Der Versicherungsnehmer muss lediglich erkennen lassen, dass er an dem geschlossenen Vertrag nicht mehr festhalten will.[253] 74

c) Beginn der Frist. aa) Ausgangslage. Die Widerrufsfrist beginnt gemäß § 8 Abs. 2 Satz 1 VVG 2008 zu dem Zeitpunkt, zu dem folgende Unterlagen dem Versicherungsnehmer in Textform zugegangen sind: 75
1. der Versicherungsschein und die Vertragsbestimmungen einschließlich der Allgemeinen Versicherungsbedingungen sowie die weiteren Informationen nach § 7 Abs. 1 und 2 VVG 2008 und
2. eine deutlich gestaltete Belehrung über das Widerrufsrecht und über die Rechtsfolgen des Widerrufs, die dem Versicherungsnehmer seine Rechte ent-

---

[245] GDV (Hrsg.), Aufbewahrungspflichten und Aufbewahrungsgrundsätze für Geschäftsunterlagen von Versicherungsunternehmen, 4. Aufl., 2006, S. 56 m. weiteren Beispielen.
[246] *Wandt/Ganster* VersR 2007, 1034, 1037.
[247] BT-Drucks. 16/3945, S. 63.
[248] Mit Wirkung ab 11. 6. 2010 werden die Wörter „zwei Wochen" durch die Angabe „14 Tage" ersetzt, vgl. Art. 10, 11 des Gesetzes zur Umsetzung der Verbraucherkreditrichtlinie, des zivilrechtlichen Teils der Zahlungsdiensterichtlinie sowie zur Neuordnung der Vorschriften über das Widerrufs- und Rückgaberecht vom 29. 7. 2009, BGBl. I 2009, 2355, 2387, 2388.
[249] *Franz* VersR 2008, 298, 304.
[250] *Armbrüster* r+s 2008, 493, 494.
[251] *Armbrüster* r+s 2008, 493, 494.
[252] *Armbrüster* r+s 2008, 493, 494.
[253] *Armbrüster* r+s 2008, 493, 494.

sprechend den Erfordernissen des eingesetzten Kommunikationsmittels deutlich macht und die den Namen und die Anschrift desjenigen, gegenüber dem der Widerruf zu erklären ist, sowie einen Hinweis auf den Fristbeginn und auf die Regelungen des § 8 Absatz 1 Satz 2 VVG 2008 enthält. Die Widerrufsfrist beginnt frühestens ab Vertragsschluss.[254]

76   bb) **Textform.** Ist durch Gesetz Textform vorgeschrieben, und dies ist in § 8 Abs. 1 und Abs. 2 VVG 2008 der Fall, so muss gemäß § 126b BGB die Erklärung in einer Urkunde oder auf andere zur dauerhaften Wiedergabe in Schriftzeichen geeignete Weise abgegeben, die Person des Erklärenden genannt und der Abschluss der Erklärung durch Nachbildung der Namensunterschrift oder anders erkennbar gemacht werden. Wenn sich die Widerrufsbelehrung lediglich auf der Internetseite des Anbieters befindet, ist den Anforderungen des § 126b BGB nicht entsprochen.[255] Die Möglichkeit, die im Internet veröffentlichte Widerrufsbelehrung zu speichern und zu reproduzieren, reicht nicht aus, um die Textform des § 126b BGB zu wahren.[256]

77   cc) **Zugang der Vertragsunterlagen.** Der Nachweis über den Zugang der Unterlagen nach § 8 Abs. 2 Satz 1 VVG 2008 obliegt dem Versicherer (§ 8 Abs. 2 Satz 3 VVG 2008). Wenn der Versicherer nicht nachweisen kann, dass die Informationspflichten vor Abgabe der Vertragserklärung des Kunden erfüllt wurden, beginnt das Widerrufsrecht des § 8 VVG 2008 nicht zu laufen und der Versicherungsnehmer bleibt dauerhaft zum Widerruf berechtigt.[257] Sind die vom Versicherer erteilten Informationen unvollständig oder inhaltlich unrichtig, kommt es für den Beginn der Widerrufsfrist darauf an, ob die Fehlinformationen aus Sicht eines verständigen Versicherungsnehmers für seine Entschließung über die vertragliche Bindung bedeutsam sein können.[258] Sind die Fehlinformationen für die Entscheidung über den Vertragsschluss unwesentlich, hindert dies nicht den Beginn der Widerrufsfrist.[259] Gleichzeitig kann fraglich sein, ob AVB überhaupt Vertragsbestandteil geworden sind.[260] Einzelne intransparente oder sonst AGB-rechtlich unwirksame Klauseln begründen kein Widerspruchsrecht, da der Versicherungsnehmer durch die Wirksamkeitskontrolle hinreichend geschützt ist.[261]

78   dd) **Widerrufsbelehrung.** Die Belehrung genügt gemäß § 8 Abs. 2 Satz 2 VVG 2008 den Anforderungen des § 8 Abs. 2 Satz 1 Nr. 2 VVG 2008, wenn das vom Bundesministerium der Justiz auf Grund einer Rechtsverordnung nach § 8 Abs. 5 VVG 2008 veröffentlichte Muster verwendet wird.[262] Ist die Belehrung

---

[254] *Armbrüster* r+s 2008, 493, 498.
[255] OLG Naumburg, Urt. v. 13. 7. 2007 – U 14/07, NJW-RR 2008, 776, 777.
[256] OLG Naumburg, Urt. v. 13. 7. 2007 – U 14/07, NJW-RR 2008, 776, 777.
[257] *Langheid* NJW 2006, 3317, 3318; *Schimikowski* r+s 2007, 309, 311 f.; *Wandt/Ganster* VersR 2008, 425.
[258] *Armbrüster* r+s 2008, 493, 495.
[259] *Armbrüster* r+s 2008, 493, 495.
[260] *Schimikowski* r+s 2007, 309, 312.
[261] *Armbrüster* r+s 2008, 493, 495.
[262] Mit Wirkung ab 11. 6. 2010 wird § 8 Abs. 5 VVG 2008 wie folgt gefasst: „(5) Die nach Absatz 2 Satz 1 Nr. 2 zu erteilende Belehrung genügt den dort genannten Anforderungen, wenn das Muster der Anlage zu diesem Gesetz in Textform verwendet wird. Der Versicherer darf unter Beachtung von Absatz 2 Satz 1 Nr. 2 in Format und Schriftgröße von dem Muster abweichen und Zusätze wie die Firma oder ein Kennzeichen des Versicherers anbringen.", vgl. Art. 10, 11 des Gesetzes zur Umsetzung der Verbraucherkreditrichtlinie, des zivilrechtlichen Teils der Zahlungsdiensterichtlinie sowie zur Neuordnung der Vorschriften über das Widerrufs- und Rückgaberecht vom 29. 7. 2009, BGBl. I 2009, 2355, 2387, 2388.

unvollständig oder inhaltlich unrichtig, steht dies dem Fall gleich, dass sie gänzlich unterbleibt.[263] In beiden Fällen wird der Versicherungsnehmer im Hinblick auf sein Widerrufsrecht irregeführt.[264] Folge der unzureichenden Belehrung ist, dass das Widerrufsrecht bestehen bleibt.[265]

ee) Verzicht. Ein Verzicht des Versicherungsnehmers auf das Widerrufsrecht ist gesetzlich nicht vorgesehen.[266] Auch auf die Widerrufsbelehrung kann der Versicherungsnehmer nicht rechtswirksam verzichten.[267]

d) Nichtbestehen des Widerrufsrechts. Gemäß § 8 Abs. 3 Nr. 2 VVG 2008 besteht das Widerrufsrecht nicht bei Versicherungsverträgen über vorläufige Deckung, es sei denn, es handelt sich um einen Fernabsatzvertrag im Sinne des § 312b Abs. 1 und 2 BGB. Das ist in der Belehrung zu berücksichtigen, sofern die Belehrung gleichermaßen im Fernabsatz wie im herkömmlichen Vertrieb verwendet werden soll.[268]

e) Rechtsfolgen des Widerrufs. Übt der Versicherungsnehmer das Widerrufsrecht nach § 8 Abs. 1 VVG 2008 aus, hat der Versicherer nur den auf die Zeit nach Zugang des Widerrufs entfallenden Teil der Prämien zu erstatten, wenn der Versicherungsnehmer in der Belehrung nach § 8 Abs. 2 Satz 1 Nr. 2 VVG 2008 auf sein Widerrufsrecht, die Rechtsfolgen des Widerrufs und den zu zahlenden Betrag hingewiesen worden ist und zugestimmt hat, dass der Versicherungsschutz vor Ende der Widerrufsfrist beginnt; die Erstattungspflicht ist unverzüglich, spätestens 30 Tage nach Zugang des Widerrufs zu erfüllen (§ 9 Satz 1 VVG 2008). Ist der in § 9 Satz 1 VVG 2008 genannte Hinweis unterblieben, hat der Versicherer zusätzlich die für das erste Jahr des Versicherungsschutzes gezahlten Prämien zu erstatten; dies gilt nicht, wenn der Versicherungsnehmer Leistungen aus dem Versicherungsvertrag in Anspruch genommen hat (§ 9 Satz 2 VVG 2008). Für die Belehrung nach § 9 Satz 1 VVG 2008 ist es nicht erforderlich, dass der zu zahlende Betrag beziffert wird.[269] Bei einer Lebensversicherung hat der Versicherer abweichend von § 9 Satz 1 VVG 2008 auch den Rückkaufswert einschließlich der Überschussanteile nach § 169 VVG 2008 zu zahlen (§ 152 Abs. 2 Satz 1 VVG 2008). Im Falle des § 9 Satz 2 VVG 2008 hat der Versicherer den Rückkaufswert einschließlich der Überschussanteile oder, wenn dies für den Versicherungsnehmer günstiger ist, die für das erste Jahr gezahlten Prämien zu erstatten (§ 152 Abs. 2 Satz 2 VVG 2008).

IV. Wegfall des Versicherungsschutzes

1. Nichtzahlung

Gemäß § 37 Abs. 2 Satz 1 Halbsatz 1 VVG 2008 ist der Versicherer nicht zur Leistung verpflichtet, wenn die einmalige oder die erste Prämie bei Eintritt der Versicherungsfalles nicht gezahlt ist. Die Bestimmung „übernimmt den Grundsatz des geltenden Rechts, dass der Versicherer bei Eintritt des Versicherungsfalles vor Zahlung der Prämie nicht zur Leistung verpflichtet ist".[270] § 3 Satz 2 ALB 2008 ist § 37 Abs. 2 Satz 1 Halbsatz 1 VVG 2008 nachgebildet, heißt es doch in § 3

---

[263] *Armbrüster* r+s 2008, 493, 497.
[264] EuGH NJW 2008, 1865, 1867 Rdn. 35 („Hamilton"); *Armbrüster* r+s 2008, 493, 497.
[265] *Armbrüster* r+s 2008, 493, 499.
[266] *Armbrüster* r+s 2008, 493, 500.
[267] *Armbrüster* r+s 2008, 493, 499.
[268] *Schneider* VW 2008, 1168, 1170.
[269] *Armbrüster* r+s 2008, 493, 502.
[270] BT-Drucks. 16/3945, S. 71.

Satz 2 ALB 2008, dass die Leistungspflicht des LVU bei nicht rechtzeitiger Beitragszahlung (vgl. § 7 Abs. 2 und 3 und § 8) entfällt.

2. Vertretenmüssen der Nichtzahlung

83 a) **Grundsatz.** Der Versicherer ist trotz Nichtzahlung der Prämie leistungspflichtig, wenn der Versicherungsnehmer die Nichtzahlung nicht zu vertreten hat (§ 37 Abs. 2 Satz 1 Halbsatz 2 VVG 2008).

84 b) **Zeitpunkt.** Für die Frage, ob der Versicherungsnehmer die Nichtzahlung der Prämie zu vertreten hat, kommt es auf den Fälligkeitszeitpunkt der Prämie an.[271]

85 Nach § 33 Abs. 1 VVG 2008 hat der Versicherungsnehmer eine einmalige Prämie oder, wenn laufende Prämien vereinbart sind, die erste Prämie unverzüglich nach Ablauf von zwei Wochen nach Zugang des Versicherungsscheins zu zahlen. Zum Verständnis dieser Regelung ist die Begründung zum Gesetzentwurf der Bundesregierung zur Reform des Versicherungsvertragsrechts heranzuziehen:[272]

„Der bisherige § 35 VVG sieht als dispositive Regelung vor, dass die Prämie sofort nach dem Abschluss des Vertrags zu zahlen ist. Eine sofortige Fälligkeit des Prämienanspruchs widerspricht aber dem Widerrufsrecht, das künftig dem neuen § 8 VVG-E grundsätzlich jedem Versicherungsnehmer zusteht. Der Versicherungsnehmer ist an seine Vertragserklärung endgültig erst gebunden, wenn die Widerrufsfrist abgelaufen ist.
Daher wird nach dem neuen § 33 Abs. 1 VVG-E die Fälligkeit der Prämie auf den Zeitpunkt verschoben, zu dem im Normalfall die Widerrufsfrist abläuft. In aller Regel wird die Frist von zwei Wochen nach § 8 Abs. 1 VVG-E mit dem Zugang des Versicherungsscheins zu laufen beginnen. Weicht der Versicherungsschein vom Antrag des Versicherungsnehmers ab, ist die Monatsfrist nach § 5 Abs. 2 VVG-E maßgeblich. Eine Ausnahmeregelung für die Fälle, in denen kein Widerrufsrecht besteht (vgl. § 8 Abs. 3 VVG-E), erscheint entbehrlich, da es sich bei § 33 Abs. 1 VVG-E um eine abdingbare Vorschrift handelt (vgl. § 42 VVG-E). Für die Lebensversicherung enthält § 152 Abs. 3 VVG-E wegen der Widerrufsfrist von 30 Tagen eine Sonderregelung."

86 Nach der Sonderregelung für die Lebensversicherung gemäß § 152 Abs. 3 VVG 2008 ist die einmalige oder die erste Prämie abweichend von § 33 Abs. 1 VVG 2008 unverzüglich nach Ablauf von 30 Tagen nach Zugang des Versicherungsscheins zu zahlen. Im Gesetzentwurf der Bundesregierung zur Reform des Versicherungsvertragsrechts heißt es hierzu:[273]

„Der neue § 33 Abs. 1 VVG-E knüpft für die Fälligkeit der vom Versicherungsnehmer zu zahlenden Prämie an den Ablauf der Widerrufsfrist an. Da nach § 152 Abs. 1 VVG-E diese Frist 30 Tage beträgt, wird für die Lebensversicherung der Zeitpunkt der Prämienfälligkeit entsprechend verlängert. Die Regelung ist, wie auch § 33 Abs. 1 VVG-E, abdingbar (vgl. § 171 VVG-E)."

87 Im Normalfall ist im Kontext mit der Regierungsbegründung die Lebensversicherungsprämie gemäß § 152 Abs. 3 VVG 2008 zu dem Zeitpunkt fällig, in dem die Widerrufsfrist von 30 Tagen abläuft. In aller Regel wird die Frist von 30 Tagen mit dem Zugang des Versicherungsscheins zu laufen beginnen. Diese Frist ist aber unabhängig von der Widerrufsfrist zu sehen. Die Zahlungspflicht des Versicherungsnehmers entsteht nicht erst nach Ablauf der Widerrufsfrist.[274]

88 c) **Beweislast.** Die Beweislast für das Nichtvertretenmüssen der Nichtzahlung liegt beim Versicherungsnehmer.[275]

---

[271] *Wandt/Ganster* VersR 2007, 1034, 1036.
[272] BT-Drucks. 16/3945, S. 70.
[273] BT-Drucks. 16/3945, S. 95.
[274] *Wandt/Ganster* VersR 2007, 1034, 1038.
[275] BT-Drucks. 16/3945, S. 71.

3. Warnhinweis

Das LVU ist ferner zur Leistung verpflichtet, wenn es den Versicherungsnehmer nicht durch gesonderte Mitteilung in Textform oder durch einen auffälligen Hinweis im Versicherungsschein auf diese Rechtsfolge der Nichtzahlung der Prämie aufmerksam gemacht hat (§ 37 Abs. 2 Satz 2 VVG 2008).

V. Pflichten des LVU nach Vertragsabschluss

1. Frage-, Beratungs- und Begründungspflicht

Im Versicherungswesen besteht ein besonderer Anlass zur Aufklärung, weil der Versicherer in der Regel dem Versicherungsnehmer geschäftlich, insbesondere auch in der Kenntnis des Versicherungsrechts, überlegen ist und daher auf dessen Belange immer dort soweit wie möglich Rücksicht nehmen muss, wo der Versicherungsnehmer Gefahr läuft, wegen seiner mangelnden Vertrautheit mit den Besonderheiten des Versicherungswesens den – mitunter für ihn lebenswichtigen – Versicherungsschutz einzubüßen oder sonstige schwere Nachteile zu erleiden.[276] Der Umfang der Aufklärungspflicht ergibt sich aus der für den Versicherer erkennbaren Interessenlage des Versicherungsnehmers.[277] Konkretisiert wird die Aufklärungspflicht des Versicherers durch § 6 Abs. 4 VVG 2008. Die Frage-, Beratungs- und Begründungspflicht des Versicherers nach § 6 Abs. 1 Satz 1 VVG 2008 besteht auch nach Vertragsschluss während der Dauer des Versicherungsverhältnisses, soweit für den Versicherer ein Anlass für eine Nachfrage und Beratung des Versicherungsnehmers erkennbar ist (§ 6 Abs. 4 Satz 1 VVG 2008). § 6 Abs. 4 VVG 2008 ist geschaffen worden, weil der Versicherungsnehmer im Einzelfall ein erhebliches Interesse daran haben kann, während der Laufzeit des mit dem Versicherer abgeschlossenen Vertrags durch eine Nachfrage und Beratung des Versicherers auf Umstände hingewiesen zu werden, die Anlass zu einer Vertragsänderung bzw. zum Abschluss eines neuen Versicherungsvertrags sein können.[278]

2. Verzicht des Versicherungsnehmers

Der Versicherungsnehmer kann im Einzelfall auf eine Beratung durch schriftliche Erklärung verzichten (§ 6 Abs. 4 Satz 2 VVG 2008).

3. Schadensersatzpflicht

Verletzt der Versicherer eine Verpflichtung nach § 6 Abs. 4 VVG 2008, ist er dem Versicherungsnehmer zum Ersatz des hierdurch entstehenden Schadens verpflichtet (§ 6 Abs. 5 Satz 1 VVG 2008). Dies gilt nicht, wenn der Versicherer die Pflichtverletzung nicht zu vertreten hat (§ 6 Abs. 5 Satz 2 VVG 2008).

4. Geltungsbereich

Die anlassbezogene Frage-, Beratungs- und Begründungspflicht des Versicherers nach § 6 Abs. 1 Satz 1 VVG 2008 besteht dann nicht nach Vertragsschluss während der Dauer des Versicherungsverhältnisses, wenn der Vertrag mit dem Versicherungsnehmer von einem Versicherungsmakler vermittelt wird oder wenn es sich um einen Vertrag im Fernabsatz im Sinne des § 312b Abs. 1 und 2 BGB handelt (§ 6 Abs. 6 VVG 2008).

---

[276] BGH, Urt. v. 8. 5. 1967 – II ZR 17/65, NJW 1967, 1756, 1758 = VersR 1967, 593, 594; BGH, Urt. v. 5. 2. 1981 – IV a ZR 42/80, VersR 1981, 621, 623.
[277] BGH, Urt. v. 5. 2. 1981 – IV a ZR 42/80, VersR 1981, 621, 623.
[278] *Just* VersicherungsPraxis 2007, 221, 228.

VI. Änderung, Aufhebung oder Abschluss eines neuen Versicherungsvertrags

1. Neuabschluss

94 Für Vertragsänderungen und Vertragsumstellungen gilt ebenso wie für den eigentlichen Vertragsschluss, dass diese Maßnahmen nur mit ausdrücklich oder konkludent erklärter Zustimmung des Versicherungsnehmers erfolgen können.[279] Treffen Parteien eines Versicherungsvertrags von ihm abweichende Vereinbarungen, so kann es sich um eine Abänderung des bestehenden Vertrags oder aber um dessen Aufhebung und/oder den Abschluss eines neuen Vertrages handeln.[280] Entscheidend für die Frage, ob das eine oder das andere anzunehmen ist, ist der Wille der Parteien, insbesondere der im Versicherungsantrag zum Ausdruck gekommene Wille des Versicherungsnehmers.[281] Die auf den Vertragsabschluss gerichteten Erklärungen der Parteien sind daher gemäß §§ 133, 157 BGB unter Berücksichtigung des objektiven Empfängerhorizonts auszulegen.[282] Dabei kann von dem Abschluss eines neuen Versicherungsvertrags nicht schon deshalb ausgegangen werden, weil ein neuer Versicherungsschein ausgestellt worden ist.[283] Allerdings kann je nach den Umständen des Einzelfalls dafür sprechen, dass ein vollständig neuer Versicherungsantrag gestellt worden ist oder in ihrer Gesamtheit erhebliche Neuregelungen des versicherten Interesses, der Versicherungssumme, der Prämienhöhe und der Versicherungsdauer vereinbart worden sind.[284] Allerdings muss wegen der weit reichenden Folgen der Ersetzung bestehenden Versicherungsschutzes durch einen neuen, eigenen Versicherungsvertrag ein dahingehender Vertragswille deutlich erkennbar zum Ausdruck kommen.[285] Daher genügt es für die Annahme des Abschlusses eines neuen Vertrags regelmäßig nicht, wenn unter Wahrung der Vertragsidentität lediglich die bisherige Leistungspflicht des Versicherers inhaltlich oder zeitlich erweitert wird.[286] Auch kann nicht von der Auflösung des bestehenden und dem Abschluss eines neuen Versicherungsvertra-

---

[279] *Präve*, Schweigen als Zustimmung?, r+s 1998, 441, 445.
[280] OLG Saarbrücken, Urt. v. 16. 5. 2007 – 5 U 590/06 – 74, NJW-RR 2007, 1398 = VersR 2007, 1681, 1682 = r+s 2008, 76, 77; OLG Saarbrücken, Urt. v. 30. 5. 2007 – 5 U 704/06 – 89, NJW-RR 2008, 275 = VersR 2008, 57, 58.
[281] OLG Saarbrücken, Urt. v. 16. 5. 2007 – 5 U 590/06 – 74, NJW-RR 2007, 1398 = VersR 2007, 1681, 1682 = r+s 2008, 76, 77; OLG Saarbrücken, Urt. v. 30. 5. 2007 – 5 U 704/06 – 89, NJW-RR 2008, 275 = VersR 2008, 57, 58.
[282] OLG Köln, Urt. v. 16. 7. 2002 – 9 U 48/01, NVersZ 2002, 469 = VersR 2002, 1225, 1226; OLG Saarbrücken, Urt. v. 16. 5. 2007 – 5 U 590/06 – 74, NJW-RR 2007, 1398 = VersR 2007, 1681, 1682 = r+s 2008, 76; OLG Saarbrücken, Urt. v. 30. 5. 2007 – 5 U 704/06 – 89, NJW-RR 2008, 275 = VersR 2008, 57, 58.
[283] OLG Köln VersR 1990, 1004; OLG Saarbrücken, Urt. v. 16. 5. 2007 – 5 U 590/06 – 74, NJW-RR 2007, 1398 = VersR 2007, 1681, 1682 = r+s 2008, 76, 77; OLG Saarbrücken, Urt. v. 30. 5. 2007 – 5 U 704/06 – 89, NJW-RR 2008, 275 = VersR 2008, 57, 58.
[284] OLG Saarbrücken, Urt. v. 16. 5. 2007 – 5 U 590/06 – 74, NJW-RR 2007, 1398 = VersR 2007, 1681, 1682 = r+s 2008, 76, 77; OLG Saarbrücken, Urt. v. 30. 5. 2007 – 5 U 704/06 – 89, NJW-RR 2008, 275 = VersR 2008, 57, 58.
[285] OLG Hamm VersR 1979, 413; OLG Köln, Urt. v. 16. 7. 2002 – 9 U 48/01, NVersZ 2002, 469 = VersR 2002, 1225, 1226; OLG Saarbrücken, Urt. v. 16. 5. 2007 – 5 U 590/06 – 74, NJW-RR 2007, 1398 = VersR 2007, 1681, 1682 = r+s 2008, 76, 77; OLG Saarbrücken, Urt. v. 30. 5. 2007 – 5 U 704/06 – 89, NJW-RR 2008, 275 = VersR 2008, 57, 58.
[286] BGH, Urt. v. 9. 12. 1992 – IV ZR 232/91, VersR 1993, 213, 214 = r+s 1993, 88; OLG Saarbrücken, Urt. v. 16. 5. 2007 – 5 U 590/06 – 74, NJW-RR 2007, 1398 = VersR 2007, 1681, 1682 = r+s 2008, 76, 77; OLG Saarbrücken, Urt. v. 30. 5. 2007 – 5 U 704/06 – 89, NJW-RR 2008, 275 = VersR 2008, 57, 58.

ges ausgegangen werden, nur weil der Versicherer einen Vertragsverlängerungsantrag durch Übersendung eines Versicherungsscheins annimmt, in dem ein fälliger Einlösungsbeitrag ausgewiesen ist.[287] Handelt es sich um einen Neuabschluss, treffen den Versicherungsnehmer Anzeigeobliegenheiten gemäß §§ 16, 17 VVG,[288] jetzt nach § 19 VVG 2008.

2. Änderungsvertrag

Ergeben sich bei der Auslegung der auf den Vertragsschluss gerichteten Willenserklärungen der Parteien gemäß §§ 133, 157 BGB unter Berücksichtigung des Empfängerhorizonts beachtliche Gründe, die für den Abschluss eines Änderungsvertrages sprechen, hat der Versicherungsnehmer auch in diesem Fall Anzeigeobliegenheiten gemäß §§ 16, 17 VVG,[289] jetzt § 19 VVG 2008. Regelmäßig hat nämlich der Versicherer auch in Fällen, in denen kein neuer Vertrag abgeschlossen, sondern lediglich seine bisherige Leistungspflicht inhaltlich oder zeitlich erweitert wird, also bei Änderungsverträgen, ein erkennbares und anerkennenswertes Interesse an der Prüfung der aktuellen Gefahrenlage.[290] 95

Wird der Abänderungsvertrag vom Versicherer angefochten, bleiben die Leistungspflichten aus dem ursprünglichen Versicherungsvertrag unberührt.[291] 96

VII. Vertragsübernahme

Bei einer Vertragsübernahme handelt es sich um das Auswechseln einer Vertragspartei durch Rechtsgeschäft.[292] Sie setzt die Mitwirkung von drei Parteien voraus und kann in der Form eines „dreiseitigen Vertrages" oder durch Vertrag zwischen ausscheidendem und eintretendem Vertragspartner unter Zustimmung der verbleibenden Vertragspartei vorgenommen werden.[293] Wird der Vertragsübergang als dreiseitiger Vertrag ausgestaltet, ist der Übergang erst mit der Vertragserklärung des Versicherers als verbleibendem Vertragspartner wirksam geworden.[294] Anders verhält es sich jedoch, wenn von einem Vertrag zwischen ausscheidendem und eintretendem Vertragspartner unter Zustimmung der verbleibenden Vertragspartei ausgegangen werden muss.[295] In diesem Fall wirkt die Zustimmung gemäß § 184 Abs. 1 BGB auf den Zeitpunkt der Vornahme des Rechtsgeschäfts zurück.[296] 97

---

[287] OLG Saarbrücken, Urt. v. 30. 5. 2007 – 5 U 704/06 – 89, NJW-RR 2008, 275 = VersR 2008, 57, 58.
[288] OLG Saarbrücken, Urt. v. 30. 5. 2007 – 5 U 704/06 – 89, NJW-RR 2008, 275 = VersR 2008, 57, 58.
[289] BGH, Urt. v. 3. 6. 1992 – IV ZR 127/91, VersR 1992, 1089; BGH, Urt. v. 9. 12. 1992 – IV ZR 232/91, BGHZ 120, 290 = NJW 1993, 590 = VersR 1993, 213, 214; OLG Saarbrücken, Urt. v. 30. 5. 2007 – 5 U 704/06 – 89, NJW-RR 2008, 275 = VersR 2008, 57, 59.
[290] OLG Saarbrücken, Urt. v. 30. 5. 2007 – 5 U 704/06 – 89, NJW-RR 2008, 275 = VersR 2008, 57, 59.
[291] OLG Saarbrücken, Urt. v. 16. 5. 2007 – 5 U 590/06 – 74, NJW-RR 2007, 1398, 1400 = VersR 2007, 1681, 1683 = r+s 2008, 76, 78.
[292] OLG Karlsruhe, Beschl. v. 10. 5. 2007 – 12 W 15/07, r+s 2008, 79.
[293] BGH NJW 1985, 2528, 2530; BGH NJW-RR 2005, 958, 959; OLG Karlsruhe, Beschl. v. 10. 5. 2007 – 12 W 15/07, r+s 2008, 79; OLG München, Urt. v. 14. 8. 2008 – 25 U 2326/08, VersR 2008, 1521, 1522.
[294] OLG Karlsruhe, Beschl. v. 10. 5. 2007 – 12 W 15/07, r+s 2008, 79.
[295] OLG Karlsruhe, Beschl. v. 10. 5. 2007 – 12 W 15/07, r+s 2008, 79.
[296] OLG Karlsruhe, Beschl. v. 10. 5. 2007 – 12 W 15/07, r+s 2008, 79.

VIII. Bestandsübertragung

98 Jeder Vertrag, durch den der Versicherungsbestand eines Versicherungsunternehmens ganz oder teilweise auf ein anderes Versicherungsunternehmen übertragen werden soll, bedarf der Genehmigung der Aufsichtsbehörden, die für die beteiligten Unternehmen zuständig sind (§ 14 Abs. 1 Satz 1 VAG).[297] Durch das Genehmigungserfordernis übernimmt der Staat eine besondere Verantwortung für die Wahrung der Belange der Versicherten, die über die Verantwortung hinausgeht, die der Versicherungsaufsicht nach dem System des Versicherungsaufsichtsrechts allgemein zukommt, nämlich die Belange der Gesamtheit der Versicherten und der Versicherungsunternehmen im Rahmen der Missstandsaufsicht zu wahren.[298] Die Genehmigung ist zu erteilen, wenn die Belange der Versicherten gewahrt sind und die Verpflichtungen aus den Versicherungen als dauernd erfüllbar dargetan sind (§ 14 Abs. 1 Satz 2 Erster Halbsatz VAG). Der Aufsichtsmaßstab gilt für Bestandsübertragungen in allen Zweigen, also nicht nur in der Lebensversicherung.[299] Verlieren durch die Bestandsübertragung Mitglieder eines Versicherungsvereins auf Gegenseitigkeit ganz oder zum Teil ihre Rechte als Vereinsmitglied, darf die Genehmigung nur erteilt werden, wenn der Bestandsübertragungsvertrag ein angemessenes Entgelt vorsieht, es sei denn, das übernehmende Versicherungsunternehmen ist ebenfalls ein Versicherungsverein auf Gegenseitigkeit und die von der Bestandsübertragung betroffenen Mitglieder des übertragenden Vereins werden Mitglieder des übernehmenden Vereins (§ 14 Abs. 3 VAG). Das Entgelt muss einen vollen Ausgleich für den Verlust der Mitgliedschaft bieten.[300] Für die Übertragung von Versicherungsverhältnissen mit Überschussbeteiligung erweitert § 14 Abs. 4 VAG den Prüfmaßstab.[301] Sind Versicherungsverhältnisse mit Überschussbeteiligung betroffen, darf die Übertragung nur genehmigt werden, wenn der Wert der Überschussbeteiligung der Versicherten des übertragenden und des übernehmenden Versicherungsunternehmens nach der Übertragung nicht niedriger ist als vorher (§ 14 Abs. 4 Satz 1 VAG). Mit der Bestandsübertragung gehen die Rechte und Pflichten des übertragenden Versicherungsunternehmens aus den Versicherungsverträgen auch im Verhältnis zu den Versicherungsnehmern auf das übernehmende Versicherungsunternehmen über; § 415 BGB ist nicht anzuwenden(§ 14 Abs. 5 VAG). Sobald die Bestandsübertragung wirksam geworden ist, hat das übernehmende Versicherungsunternehmen die Versicherungsnehmer über Anlass, Ausgestaltung und Folgen der Bestandsübertragung zu informieren (§ 14 Abs. 7 Satz 2 VAG). Umsatzsteuerrechtlich ist zu beachten, dass die Übertragung von Lebensrückversicherungsverträgen eine umsatzsteuerpflichtige Dienstleistung darstellen kann.[302]

---

[297] Siehe hierzu *Hasselbach,* Der Übergang von Bedeckungswerten im Rahmen der Bestandsübertragung nach § 14 VAG, VersR 2010, 429.

[298] BVerfG, Urt. v. 26. 7. 2005 – 1 BvR 782/94 u. 1 BvR 957/96, NJW 2005, 2363, 2368 = VersR 2005, 1109, 1120 = WM 2005, 1505, 1508; *Eberhardt,* Die Missbrauchsaufsicht des Bundesaufsichtsamtes für das Versicherungswesen, 1997, S. 34 ff.

[299] *Eilert* VersR 2009, 709, 710.

[300] BVerfG, Urt. v. 26. 7. 2005 – 1 BvR 782/94 u. 1 BvR 957/96, NJW 2005, 2363, 2371 = VersR 2005, 1109, 1123 = WM 2005, 1505, 1511.

[301] *Wolf* VersR 2008, 1441, 1442.

[302] Vgl. EuGH, Urt. v. 22. 10. 2009 – Rs C-242/08, VersR 2010, 135 = BB 2010, 165 m. Anm. *Besson/Kunz* = DB 2010, 93 („Swiss Re"); *Franz,* Die umsatzsteuerliche Behandlung der Übertragung von Vertragsportfolios bzw. einzelner Verträge, BB 2010, 536; krit. *Thomas,* Windfallprofits für den Fiskus, VW 2009, 1748.

A. Allg. Bed. für die kapitalbildende LV   § 4 ALB 2008

§ 4 Was gilt bei Wehrdienst, Unruhen, Krieg oder Einsatz bzw. Freisetzen von ABC-Waffen/-Stoffen?

(1) Grundsätzlich besteht unsere Leistungspflicht unabhängig davon, auf welcher Ursache der Versicherungsfall beruht. Wir gewähren Versicherungsschutz insbesondere auch dann, wenn die versicherte Person in Ausübung des Wehr- oder Polizeidienstes oder bei inneren Unruhen den Tod gefunden hat.

(2) Bei Ableben der versicherten Person in unmittelbarem oder mittelbarem Zusammenhang mit kriegerischen Ereignissen beschränkt sich unsere Leistungspflicht allerdings auf die Auszahlung des für den Todestag berechneten Rückkaufswertes der Versicherung (§ 9 Abs. 3 bis 5). Diese Einschränkung unserer Leistungspflicht entfällt, wenn die versicherte Person in unmittelbarem oder mittelbarem Zusammenhang mit kriegerischen Ereignissen stirbt, denen sie während eines Aufenthaltes außerhalb der Bundesrepublik Deutschland ausgesetzt und an denen sie nicht aktiv beteiligt war.

(3) Bei Ableben der versicherten Person in unmittelbarem oder mittelbarem Zusammenhang mit dem vorsätzlichen Einsatz von atomaren, biologischen oder chemischen Waffen oder dem vorsätzlichen Einsatz oder der vorsätzlichen Freisetzung von radioaktiven, biologischen oder chemischen Stoffen beschränkt sich unsere Leistungspflicht auf die Auszahlung des für den Todestag berechneten Rückkaufswertes der Versicherung (§ 9 Abs. 3 bis 5), sofern der Einsatz oder das Freisetzen darauf gerichtet sind, das Leben einer Vielzahl von Personen zu gefährden. Absatz 2 Satz 2 bleibt unberührt.

Übersicht

	Rdn.
I. Fassung	1–12
1. Historie	1–6
2. Ausschluss von Terrorrisiken	7
3. Ausschlussklausel für den vorsätzlichen Einsatz von ABC-Waffen/-Stoffen	8–11
4. Bedingungsvergleich	12
II. Regelungsgegenstand und -zweck	13–18
1. Leistungsbeschreibung	13
2. Ausschluss des Kriegsrisikos	14–18
a) Grundgedanke	14
b) Entwicklung der Kriegsversicherung	15
c) Versicherbarkeit politischer Gefahren	16–18
III. Leistungspflicht des Versicherers	19–25
1. Todesursache	19
2. Ausübung der Wehr- oder Polizeidienstes	20, 21
3. Innere Unruhen	22–25
IV. Beschränkung der Leistungspflicht bei kriegerischen Ereignissen	26–30
1. Kriegerische Ereignisse	26–29
2. Leistungspflicht des Versicherers	30, 31
V. Versicherungsschutz für Auslandsaufenthalte	32–39
1. Auslandsklausel in der Fassung VerBAV 1991, 142	33, 34
2. Auslandsklausel in der Fassung VerBAV 1993, 109	35–39

AuVdRAA: R 39/1939 vom 1. 9. 1939 – Deckung der Kriegsgefahr beim Neugeschäft; R 44/1939 vom 7.10.1939 – Einführung einheitlicher Kriegsversicherungsbedingungen, Neumanns Zeitschrift für Versicherungswesen 1939, 921; R 38/1940 vom 7. 6. 1940 – Deckung der Kriegsgefahr beim Altgeschäft; Neumanns Zeitschrift für Versicherungswesen 1940, 351; R 57/1942 vom 26. 8. 1942 – Deckung der Kriegsgefahr beim Neugeschäft; R 39/1943 vom 5. 7. 1943 – Zuführung des Überschusses zur Kriegsrückstellung; R 44/1943 vom 26. 7. 1943 – Deckung der Kriegsgefahr in der Lebensversicherung; R 1/1944 vom 3. 2. 1944; R 23/1944 vom 18. 8. 1944; R 26/1944 vom 25. 9. 1944; R 6/1945 vom 18. 4. 1945; GB BAV 1939/45 – Kriegsgefahr in der Todesfallversicherung.

ALB 2008 § 4 Teil 6. Musterbedingungen des GDV 2008

AuVdBAV: VerBAV 1989, 242 (Besondere Bedingungen für die Mitversicherung des passiven Kriegsrisikos in der Unfallversicherung); GB BAV 1989, 60 (Tod im Zusammenhang mit kriegerischen Ereignissen; Ergänzung der Kriegsklausel für den Fall des Ablebens des Versicherten im Zusammenhang mit kriegerischen Ereignissen); VerBAV 1991, 142 (Ergänzung der Allgemeinen Bedingungen für die kapitalbildende Lebensversicherung); VerBAV 1993, 109 (Änderung der Versicherungsbedingungen bezüglich der Kriegsklausel).

Schrifttum: *Apel,* Über die versicherungstechnischen Grundlagen der Kriegslebensversicherung, in: Entwicklungslinien und Grundgedanken deutscher Versicherung, Heft 68 der Veröffentlichungen des Deutschen Vereins für Versicherungswissenschaft, Berlin, Mittler & Sohn, 1941, S. 239; *Benzin,* Versicherungstechnische Bewertung unterschiedlicher Deckungskonzepte für Terrorismusrisiken, Karlsruhe, VVW, 2005; *derselbe,* Versicherbarkeit von Terrorismusrisiken, ZVersWiss 2005, 709; *Berliner,* Einige Gedanken zur Versicherbarkeit und Rückversicherbarkeit von Kriegsrisiken aufgestellt anhand von Erfahrungen aus dem Golf-Krieg im Januar/Februar 1991, ZfV 1991, 549; *Beume,* Der Einfluss des Krieges auf den Privatversicherungsvertrag, ZVersWiss 1917, 155, 297; *Botur,* Privatversicherung im Dritten Reich: zur Schadensabwicklung nach der Reichskristallnacht unter dem Einfluss nationalsozialistischer Rassen- und Versicherungspolitik, Diss. Berlin 1994/95, Berlin/Baden-Baden, BERLIN VERLAG/Nomos, 1995; *Bruck,* Lebensversicherung und Krieg, in: Versicherung und Krieg, Heft XXVI der Veröffentlichungen des Deutschen Vereins für Versicherungswissenschaft, Berlin, 1914, S. 13; *Brüders,* Das Kriegsrisiko in der Lebensversicherung (sog. Kriegsversicherung), Diss. Würzburg, Straßburg, 1898; *Bruns,* Das Terrorismusrisiko im Privatversicherungsrecht in Europa und den USA, JZ 2005, 13; *Dahlke,* Terror als Schadensursache – Erfassung und Definition des Begriffs aus versicherungsrechtlicher Sicht –, VersR 2003, 25; *Dederer,* Krieg gegen Terror, JZ 2004, 421; *Dimski,* Wer haftet für Tumultschäden?, VersR 1999, 804; *Ehlers,* Krieg, Kriegsereignisse, terroristische und politische Gewalthandlungen, Beschlagnahme, Eingriffe von hoher Hand, r+s 2002, 133; *Franke,* Ausschlussklauseln in der Diskussion, VW 2004, 393; *Frey,* Möglichkeiten und Grenzen der Versicherung von Katastrophen, ZVersWiss 1965, 241; *Fricke,* Rechtliche Probleme des Ausschlusses von Kriegsrisiken in AVB, VersR 1991, 1098 u. VersR 2002, 6 (II. Folge); *v. Fürstenwerth,* Versicherung des Kriegsrisikos im deutschen Versicherungsrecht, in: Versicherung des Kriegsrisikos, Heft 12 der Veröffentlichungen des Hamburger Gesellschaft zur Förderung des Versicherungswesens, Hamburg, 1992, S. 7; *Gas,* Deckung von Terrorrisiken im Zusammenspiel von Staat und privater Versicherungswirtschaft, in: Aktuelle Fragen der Versicherungswirtschaft, Heft 5, Karlsruhe, VVW, 2003, S. 195; *Geitner,* Versicherungsrechtliche Probleme bei Tumultschäden, VersR 1983, 5; *Gerathewohl/Nierhaus,* Grenzen der Versicherbarkeit von Katastrophenrisiken, ZfV 1980, 535; *Gimkiewicz,* Die künftige Behandlung der Kriegsgefahr in der deutschen Lebensversicherung, ZVersWiss 1917, 121; *derselbe,* Die Einwände gegen den künftigen Einschluss der Kriegsgefahr in die Lebensversicherung, ZVersWiss 1917, 335; *Glotzmann,* Fragen zur Versicherbarkeit politischer Risiken im Zusammenhang mit der Reform des Staatshaftungsrechts, VersR 1975, 784; *Graf,* Versicherungsschutz für Kriegsschäden ein Problem?, ZfV 1992, 93, 124; *derselbe,* Als das Kriegsrisiko noch kalkulierbar war, VW 1992, 390; *derselbe,* In Bosnien 1995 geringeres Risiko als im Krieg 1870/71 – Lebensversicherung und Kriegsrisiko im Wandel, VW 1996, 43; *Haidinger,* Die Kriegsklausel in der Sachversicherung, VW 1947, 93; *Hailbronner,* Krieg und bewaffneter Konflikt im Völkerrecht, in: Versicherung des Kriegsrisikos, Heft 12 der Veröffentlichungen der Hamburger Gesellschaft zur Förderung des Versicherungswesens, Hamburg, 1992, S. 53; *Henke,* Die Ausschlüsse und Grenzfälle in der Unfallversicherung, Hamburg, 1950; *Höckner,* Gegen die „Musterbestimmungen" beim Einschluss der Kriegsgefahr in die Lebensversicherung, ZVersWiss 1917, 399; *Huber,* Was ist Terror? Terrorismusdefinitionen nach dem 11. September 2001, ZfV 2002, 664; *Hübner,* Rechtsprobleme der Deckung politischer Risiken, ZVersWiss 1981, 1; *Hübner,* Gestaltungsmöglichkeiten einer Versicherung gegen Tumultschäden – dargestellt am Beispiel der schweizerischen Unruhenversicherung 1982 –, VersR 1982, 1013; *derselbe,* Terrorrisiken und Versicherung, in: Recht und Risiko, Festschrift für Helmut Kollhosser zum 70. Geburtstag, hrsg. v. Reinhard Bork, Thomas Hoeren, Petra Pohlmann, Bd. I Versicherungsrecht, Karlsruhe, VVW, 2004, S. 179; *Jannott/Glotzmann,* Fragen im Zusammenhang mit der Rückversicherung politischer Risiken, in: Festschrift für Karl Sieg, Karlsruhe, VVW, 1976, S. 211; *dieselben,* Ersatzleistungen durch Versicherung und Staat für Schäden aus politischen Risiken, in: Festschrift für Fritz Hauß zum 70. Geburtstag, hrsg. v. Ernst von Caemmerer, Robert Fischer, Karl Nüßgens, Reimer Schmidt, Karlsruhe, VVW, 1978, S. 121; *Kersten,* Die politischen Gefahren im Versicherungsrecht mit Ausnahme der Kriegsgefahr, Diss. Hamburg,

1950; *Kirchmann,* „Teilnahme an Kriegsereignissen" in der Lebensversicherung, ZVersWiss 1917, 365; *Koch,* Auswirkungen von Katastrophen und Großschäden in historischer Sicht, ZVersWiss 1969, 137; *Krahe,* Der Begriff "Kriegsereignis" in der Sachversicherung, VersR 1991, 634; *Kretschmar,* Werden Zivilisationsrisiken zu Elementarrisiken, VW 1979, 1198; *Langheid/Rupietta,* Versicherung gegen Terrorschäden, NJW 2005, 3233; *Linsmayer,* Die Kriegsgefahr in der Lebensversicherung mit besonderer Berücksichtigung schweizerischer Verhältnisse, Bern, 1914; *Lubarsch,* Zur Rückversicherung der Kriegsgefahr in der Lebensversicherung, ZVersWiss 1917, 91; *Luttmer,* Einige Gedanken zur Versicherung politischer Risiken, VW 1971, 145 (I) und 208 (II); *Möller,* Der Gemeinschaftsplan der Lebensversicherer, in: Ein Arbeitsleben für die Assekuranz, Karlsruhe, VVW, 1973, S. 69; *Nickusch,* Demonstrationsschäden und Versicherungsschutz, NJW 1969, 20; *Nöbel,* Die Versicherung der Kriegsgefahr in der Lebensversicherung während des Weltkrieges und ihre weitere Entwicklung, in: Festschrift zu Ehren von Georg Höckner, Berlin, Mittler & Sohn, 1935, S. 126; *Nguyen,* Grenzen der Versicherbarkeit von Katastrophenrisiken: Erweiterungsmöglichkeiten durch Rückversicherung, Katastrophenanleihen und Versicherungsderivate, Wiesbaden, Dt. Univ.-Verl., 2007; *Präve,* Das Kriegsrisiko in der Lebensversicherung, ZfV 1991, 107; *Prölss, Erich R.,* „Kriegsereignisse" im Versicherungsrecht, DRZ 1946, 48; *Rieve,* Kollektive Sicherungssysteme bei Tumultschäden, 1997; *Rohde-Liebenau,* Terror ist keine Privat-Sache, ZfV 2002, 71; *Sachs,* Das Kriegsrisiko in der Lebensversicherung, VW 1947, 312; *Scherzberg,* Die Kriegsklausel in der Seeversicherung unter Mitberücksichtigung des englischen und französischen Rechts, Diss. Hamburg, 1952; *Schmidt/Gerathewohl,* Die Versicherung bei Gewalttätigkeiten gegen eine Gemeinschaft, wobei Personen- oder Sachschäden entstehen, ZVersWiss 1973, 277; *Schroeder,* Die Kriegsgefahr im deutschen Versicherungsrecht, Diss. Hamburg 1996, Frankfurt am Main u. a., Lang, 1996; *Schubach,* Politische Risiken und Krieg in der Personenversicherung, r+s 2002, 177; *Surminski,* Versicherung unterm Hakenkreuz, Berlin, Ullstein, 1999; *von der Thüsen,* Die deutsche Kriegslebensversicherung im Wandel der Zeiten, in: Entwicklungslinien und Grundgedanken deutscher Versicherung, Heft 68 der Veröffentlichungen des Deutschen Vereins für Versicherungswissenschaft, Berlin, Mittler & Sohn, 1941, S. 252; *Thomann,* Pool Re: Versicherung von Terrorrisiken in Großbritannien, Karlsruhe, VVW, 2004; *derselbe,* Terrorversicherung, Risikomanagement und Regulierung, Veröffentlichungen der Hamburger Gesellschaft zur Förderung des Versicherungswesens mbH, Bd. 33, Karlsruhe, VVW, 2007; *Thomann/Graf von der Schulenburg,* Management von Terrorrisiken in Deutschland – eine empirische Analyse, Supplement Jahrestagung 2007, ZVersWiss 2007, 271; *Tita,* Zum Terrorrisiko in der IT-Versicherung, VW 2001, 1779; *Trepte,* Deckung der Kriegsgefahr in der Lebensversicherung, Neumanns Zeitschrift für Versicherungswesen 1939, 921; *Waechter,* Polizeirecht und Kriegsrecht, JZ 2007, 61; *Zimmermann,* Kriegsschäden und Versicherung, Diss. Hamburg 1950.

I. Fassung

1. Historie

Die vom Verband deutscher Lebensversicherungs-Gesellschaften im Jahre 1910 aufgestellten Normativbedingungen enthielten folgende Kriegsklausel:[1] **1**

„Stirbt der Versicherte während seiner Teilnahme an Kriegsereignissen oder infolge seiner Teilnahme an denselben innerhalb Jahresfrist nach Beendigung des Krieges, ohne dass die Übernahme der Kriegsgefahr von der Gesellschaft mit dem Versicherungsnehmer vereinbart und auf dem Versicherungsschein vermerkt worden ist, so ist die Gesellschaft nur zur Zahlung des am Todestage vorhandenen Deckungskapitals verpflichtet. Als Beginn des Krieges gilt der Tag, an dem die Kriegserklärung erfolgt oder ohne eine solche die Feindseligkeiten eröffnet werden."

Demgegenüber sahen die 1932 verlautbarten Musterbedingungen in § 9 ALB 1932 die Deckung des aktiven und passiven Kriegsrisikos wie folgt vor:[2] **2**

„§ 9 Kriegsversicherung
1. Jede Versicherung deckt die Kriegsgefahr in vollem Umfang, sofern sie mindestens 1 Monat vor dem Tage der Kriegserklärung oder Eröffnung der Feindseligkeiten eingelöst war.

---
[1] Zitiert bei *Kirchmann* ZVersWiss 1917, 365.
[2] VerAfP 1932, 115.

2. Als Kriegssterbefälle gelten alle Sterbefälle von Kriegsteilnehmern und Sterbefälle von Nichtkriegsteilnehmern, die infolge von Kampfhandlungen einer der Krieg führenden Parteien eintreten. Tritt ein solcher Sterbefall später als 6 Monate nach Friedensschluss oder, wenn ein Friedensvertrag nicht geschlossen wird, später als 1 Jahr nach Beendigung der Feindseligkeiten ein, so gilt er nicht mehr als Kriegssterbefall.
3. Reichen infolge eingetretener Kriegssterbefälle die auf ein Geschäftsjahr entfallenden Gefahrbeiträge einschließlich des Kriegsfonds zur Deckung der Sterbefälle nicht aus, so wird der verbleibende Sterblichkeitsverlust durch eine Umlage gedeckt. Die Umlage wird von allen Versicherungen erhoben, welche in dem Zeitpunkt in Kraft stehen, wo die Umlage beschlossen wird. Versicherungen, welche gemäß Ziffer 1 keine Deckung gegen Kriegsgefahr gewähren, nehmen an der Umlage nicht teil. Der Anteil der einzelnen Versicherung an der Umlage bemisst sich nach dem Verhältnis der Versicherungssummen im Zeitpunkt des Umlagebeschlusses; die Umlage darf für das einzelne Geschäftsjahr 1½% der zur Umlage verpflichteten Versicherungssummen nicht überschreiten; sie kann solange wiederholt werden, bis der ganze Verlust aus Kriegssterbefällen gedeckt ist. Der Umlagebetrag ist binnen eines Monats nach Absendung der Aufforderung bar zu begleichen; erfolgt die Bezahlung nicht binnen der Frist, so wird der Betrag dem Versicherungsnehmer belastet und als Darlehen (§ 7) behandelt.
4. Die aus den gezahlten Beiträgen geschäftsplanmäßig an den Kriegsstock abgeführten Beträge werden im Erlebensfall bei Erreichung des Endpunktes der Versicherung oder im Todesfall nach Erreichung des Endpunktes der vertragsmäßigen Beitragszahlung mit der Versicherungssumme ohne Zinsen rückvergütet, sofern der Kriegsstock während der Dauer der Versicherung nicht für Kriegsschäden in Anspruch genommen wurde.
5. Die Bestimmungen dieses Paragraphen können mit Genehmigung des Reichsaufsichtsamtes für Privatversicherung auch für bestehende Versicherungen geändert werden."

3   Die in den Allgemeinen Versicherungsbedingungen für Versicherungen auf den Todesfall vorgesehenen Bestimmungen über die Deckung der Kriegsgefahr wurden durch Rundschreiben R 44 mit Wirkung vom 1. September 1939 für die bestehenden und neu abzuschließenden Versicherungen aufgehoben und durch neue Bestimmungen ersetzt.[3] Hervorzuheben ist, dass für den 100 000 RM übersteigenden Teil der Versicherungssumme die Deckung der Kriegsgefahr nicht übernommen wurde.[4]

4   Mit den ALB 1957 wurde das aktive und passive Kriegsrisiko wie folgt neu geregelt:[5]

„§ 7 Kriegsgefahr

Beim Ableben des Versicherten im unmittelbaren oder mittelbaren Zusammenhang mit kriegerischen Ereignissen wird nur die für den Todestag berechnete Deckungsrückstellung gezahlt, es sei denn, dass durch Gesetz oder Anordnung der Aufsichtsbehörde eine höhere Leistung vorgeschrieben ist."

5   Die Leistungspflicht des Versicherers wurde auf die Deckungsrückstellung begrenzt. Diese Regelung findet sich in den ALB 1975 in ähnlicher Form wie folgt wieder:[6]

„§ 7 Kriegsgefahr

Beim Ableben des Versicherten im unmittelbaren oder mittelbaren Zusammenhang mit kriegerischen Ereignissen wird nur das vorhandene Deckungskapital gezahlt, es sei denn, dass durch Gesetz oder Anordnung der Aufsichtsbehörde eine höhere Leistung vorgeschrieben ist."

---

[3] Neumanns Zeitschrift für Versicherungswesen 1939, 921 – Geschäftsbericht 1938–48 des Verbandes der Lebensversicherungsunternehmen, I. Teil, S. 29; dazu *Trepte* Neumanns Zeitschrift für Versicherungswesen 1939, 921; *Möller* in: Ein Arbeitsleben für die Assekuranz, 1973, S. 69, 71 ff.

[4] Neumanns Zeitschrift für Versicherungswesen 1939, 921 – Geschäftsbericht 1938–48 des Verbandes der Lebensversicherungsunternehmen, I. Teil, S. 29.

[5] VerBAV 1957, 58; krit. zum Umfang des Ausschlusses *Goll/Gilbert/Steinhaus*, Handb. Lebensversicherung, 11. Aufl., 1992, S. 70 f.

[6] VerBAV 1975, 434.

Diese Regelung ist in die ALB 1981 übernommen worden.[7] Mit den ALB 1984 erfolgte eine Neuregelung der Kriegsklausel, die sich unverändert in den ALB 1986 wieder findet und wie folgt lautet:

§ 7 Was gilt bei Wehrdienst, Unruhen oder Krieg?
(Musterbedingungen des BAV – ALB 1986)
(1) Grundsätzlich besteht unsere Leistungspflicht unabhängig davon, auf welcher Ursache der Versicherungsfall beruht. Wir gewähren Versicherungsschutz insbesondere auch dann, wenn der Versicherte in Ausübung des Wehr- oder Polizeidienstes oder bei inneren Unruhen den Tod gefunden hat.
(2) Bei Ableben des Versicherten im unmittelbaren oder mittelbaren Zusammenhang mit kriegerischen Ereignissen beschränkt sich unsere Leistungspflicht allerdings auf die Auszahlung des für den Todestag berechneten Deckungskapitals,[8] es sei denn, Gesetze oder Anordnungen der Aufsichtsbehörde sehen eine höhere Leistung vor.

2. Ausschluss von Terrorrisiken

Terrorismus ist zu einer der wichtigsten Formen der Kriegsführung geworden.[9] Die schwierige oder sogar unmögliche Kalkulierbarkeit von Terrorrisiken führt dazu, dass Versicherer die Notwendigkeit sehen, das Terrorrisiko aus dem Versicherungsschutz herauszunehmen.[10] Ersatzleistungen der öffentlichen Hand für Terrorrisiken sind vor diesem Hintergrund schon lange in der Diskussion.[11] Seit dem Angriff auf das World Trade Center (WTC) in New York sowie das Pentagon in Washington am 11. September 2001 ist es zunehmend schwierig, für Schäden dieser Art Versicherungsschutz in vielen Zweigen der Sachversicherung zu erlangen, weil die Rückversicherer klargestellt haben, dass sie derartige Terrorschäden nicht mehr ohne weiteres übernehmen können.[12] In der Bundesrepublik Deutschland besteht über die im Jahre 2002 gegründete Extremus Versicherungs-AG die Möglichkeit, Versicherungsschutz gegen Terrorakte für versicherte Objekte in der Gebäude-, Maschinen- und BU-Versicherung zu erlangen.[13] Von dieser Möglichkeit wird insbesondere dann Gebrauch gemacht, wenn anderweit keine passenden Zeichnungskapazitäten zur Verfügung stehen. In den Allgemeinen Bedingungen für die Terrorversicherung definiert die Extremus Versicherungs-AG Terrorakte wie folgt:[14]

„Terrorakte sind jegliche Handlungen von Personen oder Personengruppen zur Erreichung politischer, religiöser, ethnischer, ideologischer oder ähnlicher Ziele, die geeignet sind, Angst oder Schrecken in der Bevölkerung oder in Teilen der Bevölkerung zu verbreiten und dadurch auf eine Regierung oder staatliche Einrichtungen Einfluss zu nehmen."

---

[7] VerBAV 1981, 118.
[8] Begriffsbestimmung siehe die dem Versicherungsschein beigefügte Übersicht über die Rückvergütungen und beitragsfreien Versicherungssummen.
[9] *Waechter* JZ 2007, 61, 62 unter Berufung auf *Münkler* in: Kemmesies (Hrsg.), Terrorismus und Extremismus – der Zukunft auf der Spur, 2006, S. 179 f. (Polizei und Forschung, Bd. 33, hrsg. v. BKA).
[10] *Bruns* JZ 2005, 13, 18.
[11] Siehe hierzu *Jannott/Glotzmann* in: Festschrift für Fritz Hauß, 1978, S. 121 ff.
[12] *Rohde-Liebenau* ZfV 2002, 71, 72; *Gas*, Deckung von Terrorrisiken im Zusammenspiel von Staat und privater Versicherungswirtschaft, 2003, S. 195, 198.
[13] *Huber* ZfV 2002, 664 (Fn. 3). Zur Großrisikorückstellung für Terrorrisiken mit Wirkung für die Handels- und Steuerbilanz siehe den neu eingeführten § 30 Abs. 2a RechVersV und hierzu die BR-Drucks. 293/03 v. 30. 4. 2003 u. die IDW-Stellungnahme v. 31. 3. 2003, WPg 2003, 426.
[14] *Huber* ZfV 2002, 666; *Bruns* JZ 2005, 13, 18; *Langheid/Rupietta* NJW 2005, 3233, 3234.

3. Ausschlussklausel für den vorsätzlichen Einsatz von ABC-Waffen/ -Stoffen

8   Im Hinblick darauf, dass Terrorakte unter Einsatz von ABC-Stoffen, insbesondere von ABC-Waffen, nicht kalkulierbar und für Lebensversicherungsunternehmen letztlich existenzgefährdend sein können, hat der GDV im Jahre 2003 als unverbindliche Verbandsempfehlung eine Ausschlussklausel für den vorsätzlichen Einsatz von ABC-Waffen/-Stoffen erarbeitet.[15] Die sog. ABC-Klausel lautet wie folgt:[16]

> „§ ... Was gilt bei Wehrdienst, Unruhen, Krieg oder Einsatz bzw. Freisetzen von ABC-Waffen/-Stoffen?
>
> ...
>
> (3) Bei Ableben der versicherten Person in unmittelbarem oder mittelbarem Zusammenhang mit dem vorsätzlichen Einsatz von atomaren, biologischen oder chemischen Waffen oder dem vorsätzlichen Einsatz oder der vorsätzlichen Freisetzung von radioaktiven, biologischen oder chemischen Stoffen beschränkt sich unsere Leistungspflicht auf die Auszahlung des für den Todestag berechneten Zeitwertes der Versicherung (§ 176 Abs. 3 VVG), sofern der Einsatz oder das Freisetzen darauf gerichtet sind, das Leben einer Vielzahl von Personen zu gefährden. Absatz 2 bleibt unberührt."

9   Nach dem Inhalt der Ausschlussklausel ist der räumliche Geltungsbereich nicht auf die Bundesrepublik Deutschland beschränkt. Sie kommt deshalb zum Tragen, wenn z. B. im grenznahen Ausland ein Anschlag mit atomaren, biologischen oder chemischen Waffen/Stoffen unternommen wird, bei dem Versicherte im Inland zu Schaden kommen.

10 Voraussetzung für die Anwendung der Klausel ist, dass eine Gefährdung des Lebens einer Vielzahl von Personen vorliegt. Hierbei muss es sich um Größenordnungen handeln, die nicht mehr kalkulierbar und deren Deckung für die Lebensversicherer letztlich existenzgefährdend ist.

11 Mit der ABC-Ausschlussklausel wird nicht der völlige Ausschluss aller denkbaren Terrorrisiken erreicht. Unzulässig wäre nach § 307 Abs. 2 Nr. 2 BGB allerdings der völlige Ausschluss des Terrorrisikos, weil im Totalausschluss im Privatkundenbereich den Vertragszweck gefährden würde.[17]

Die ABC-Ausschlussklausel ist seit einer Bedingungsneufassung im Jahre 2006 Bestandteil der Kriegsklausel und findet sich nach Anpassung an die VVG-Reform in entsprechend modifizierter Form in § 4 Abs. 3 VVG 2008 wieder.

4. Bedingungsvergleich

12 Die Katastrophengefahr ist in den Personenversicherungszweigen gleich groß und wird demzufolge einheitlich geregelt. In der Krankenversicherung werden Schäden infolge von Kriegsereignissen durch § 5 Abs. 1 a MBKK und in der Unfallversicherung durch § 3 Abs. 1 AUB ausgeschlossen.

II. Regelungsgegenstand und -zweck

1. Leistungsbeschreibung

13 Seit den ALB 1984 ist klargestellt, dass der Versicherer insbesondere auch dann leistet, wenn der Versicherte in Ausübung des Wehr- oder Polizeidienstes oder bei inneren Unruhen getötet wird. Die Klausel dient der Leistungsbeschreibung und

---

[15] Dazu *Franke* VW 2004, 393 f.
[16] Rundschreiben 913/2003 des GDV v. 23. 7. 2003.
[17] *Bruns* JZ 2005, 13, 19.

A. Allg. Bed. für die kapitalbildende LV   14, 15   § 4 ALB 2008

Klarstellung, da in anderen Versicherungssparten bzw. Versicherungszweigen regelmäßig im Falle innerer Unruhen kein Versicherungsschutz besteht.[18]

2. Ausschluss des Kriegsrisikos

a) Grundgedanke. Im Mittelpunkt der Betrachtung steht die sog. Kriegsausschlussklausel des § 7 Abs. 2 ALB 1986, jetzt § 4 Abs. 2 ALB 2008. Sie hat ihren Ausgangspunkt in der nicht in allen Jahrzehnten konsequent durchgehaltenen Erkenntnis, dass das aktive und passive Kriegsrisiko aus versicherungstechnischer Sicht grundsätzlich nicht versicherbar ist und deshalb nur eine eingeschränkte Leistungspflicht des Versicherers vereinbart werden kann.[19] Die Kriegsgefahr bezieht sich auf die unter Risiko stehende Summe, d. h. auf die Differenz zwischen Versicherungssumme und Deckungskapital. Um das Kriegsrisiko einzuschränken, ist die Leistung des Versicherers auf das Deckungskapital beschränkt.

b) Entwicklung der Kriegsversicherung. Vor dem ersten Weltkrieg lehnten alle Gesellschaften die bedingungslose Übernahme der Kriegsgefahr ab und verpflichteten sich im Kriegssterbefall meist nur zur Zahlung des Deckungskapitals.[20] Lediglich die „Gothaer" erklärte im Jahre 1888, jedes Kriegsrisiko grundsätzlich und ohne Extraprämie voll zu versichern, sofern die Versicherung vor der Mobilmachung abgeschlossen ist.[21] Allerdings konnte das Kriegsrisiko im Einzelfall gegen einen angemessen Risikozuschlag gedeckt werden.[22] Unter Kriegsgefahr wurde nur die dem Versicherten durch die Kriegsteilnahme erwachsende Sterbensgefahr verstanden.[23] Für die Nichtkriegsteilnehmer war mithin die Kriegsgefahr bei allen deutschen Lebensversicherungsgesellschaften eingeschlossen.[24] Während des ersten Weltkrieges musste das Kriegsrisiko sogar allgemein übernommen werden.[25] Im Jahre 1922 führten die LVU Kriegsklauseln ein, nach denen für die bei Ausbruch eines Krieges bestehenden Lebensversicherungen das Kriegsrisiko eingeschlossen sein sollte.[26] Nach Ausbruch des Zweiten Weltkrieges wurden von der Aufsichtsbehörde einheitliche Bestimmungen für die Deckung der Kriegsgefahr, auch mit Wirkung auf bestehende Verträge, erlassen.[27] Nach der Beendigung des zweiten Weltkriegs wurde die Deckung des Kriegsrisikos in Frage gestellt. Zunächst konnten sich die Befürworter für die Beibehaltung der Deckung durchsetzen.[28]

14

15

---

[18] *Kollhosser* in: Prölss/Martin, VVG, 27. Aufl., 2004, § 7 ALB 86 Rdn. 1; *Teslau* in: van Bühren, Handb. Versicherungsrecht, 2001, S. 1239.
[19] Vgl. hierzu *Luttmer* VW 1971, 208, 213: „Schäden durch Verfügung von hoher Hand und Kriegsereignisse jeder Art sind generell unversicherbar, da sie nicht überschaubar sind und die Finanzkraft der Versicherungswirtschaft übersteigen können. Es liegt in der Hand des Staates durch Garantien, Bürgschaften oder gesetzliche Regelungen zu helfen." Ebenso für Kriegsrisiken in den Sachbranchen *Berliner* ZfV 1991, 549, 556 und für das Kriegsrisiko in der PKV siehe *Kalis* in: Bach/Moser, Private Krankenversicherung, 4. Aufl., München, Beck, 2009, § 5 MB/KK Rdn. 2.
[20] *Kirchmann* ZVersWiss 1917, 365.
[21] *Bruck* in: Versicherung und Krieg, Heft XXVI der Veröffentlichungen des Deutschen Vereins für Versicherungswissenschaft, Berlin, 1914, S. 13 ff.; *Kirchmann*, ZVersWiss 1917, 365.
[22] *Koch* ZVersWiss 1969, 137, 159; *Präve* ZfV 1991, 107, 108; *Graf* ZfV 1992, 93, 95 ff.; derselbe VW 1992, 390; derselbe VW 1996, 43 f.
[23] *Beume* ZVersWiss 1917, 155, 186.
[24] *Beume* ZVersWiss 1917, 155, 186.
[25] *Koch* ZVersWiss 1969, 137, 159.
[26] *Sachs*, Erfahrung und Erwartung, Versicherungstechnische Umweltprobleme, Karlsruhe, 1967, S. 80.
[27] Einzelheiten siehe bei *Schmidt/Gerathewohl* ZVersWiss 1973, 277, 316; *Präve* ZfV 1991, 107, 108; *Graf* ZfV 1992, 124, 125 f.
[28] Dafür *Sachs* VW 1947, 312 ff.

16 **c) Versicherbarkeit politischer Gefahren.** Solange es eine Versicherungswirtschaft gibt, hat man die wesentlichsten politischen Risiken von der Gefahrtragung ausgenommen, weil ihre Entwicklung unvorhersehbar ist.[29] Schon bei *Beume* ist daher nachzulesen, dass die außerordentliche Schwierigkeit besteht, die Kriegsgefahr versicherungstechnisch zu erfassen.[30] Dass während des ersten Weltkrieges nicht mehr zwischen Kriegsteilnehmern und Nichtkriegsteilnehmern unterschieden wurde, lag daran, dass der Kriegsversicherungsausschuss des Verbandes deutscher Lebensversicherungs-Gesellschaften im Jahre 1916 die der Versicherung der Kriegsteilnehmer entgegenstehenden „bekannten technischen Bedenken gegen den allgemeinen und unbedingten Einschluss der Kriegsgefahr kurz entschlossen über Bord geworfen" hatte.[31]

17 Nach dem zweiten Weltkrieg vergegenwärtigte man sich intensiv die versicherungstechnische Grundproblematik politischer Gefahren. Es setzte sich die Erkenntnis durch, dass ein Versicherer bei Beachtung korrekter kaufmännischer Grundsätze gegen eine vorauskalkulierte Prämie die Deckung für solche Gefahren nicht übernehmen kann, für die sich die Prämie aufgrund von Wahrscheinlichkeitsrechnungen nicht bestimmen lässt.[32] Für eine Kalkulation der Kriegsgefahr fehlen versicherungstechnisch verwertbare Grundlagen.[33] Das Ausmaß der möglichen Schadensfälle ist schlechthin unbegrenzt und kann jederzeit Katastrophencharakter annehmen[34] und damit die Finanzkraft der Versicherungswirtschaft übersteigen.[35] Mit dem Ausschluss des Kriegsrisikos wird daher der Einschätzung Rechnung getragen, dass das Kriegsrisiko in seinem Umfang weder übersehbar noch kalkulierbar ist.[36] Es entspricht der allgemeinen Ansicht in der deutschen Versicherungswissenschaft, dass das Kriegsrisiko grundsätzlich unversicherbar ist.[37]

18 Von daher kam es auch nie zur Einführung einer allgemeinen Katastrophenklausel. Danach sollte eine Katastrophe immer dann vorliegen, „wenn und solange im Zusammenhang mit einem außergewöhnlichen Ereignis der Betrag der von der Gesellschaft in einem Geschäftsjahr insgesamt zu erbringenden Todesfall-Leistungen voraussichtlich die in dem von der Aufsichtsbehörde genehmigten Geschäftsplan festgelegte Höchstgrenze übersteigt".[38]

---

[29] *Schmidt/Gerathewohl* ZVersWiss 1973, 277, 279; *Dimski* VersR 1999, 804, 807; *Dahlke* VersR 2003, 25, 27. Zur Rückversicherung politischer Risiken siehe *Jannott/Glotzmann* ZVersWiss 1976, 211 ff.

[30] *Beume* ZVersWiss 1917, 155, 177.

[31] So der Bericht des Ausschussmitglieds *Gimkiewicz* ZVersWiss 1917, 121, 127, mit dem die „Musterbedingungen für Übernahme und Deckung der Kriegsgefahr für Kapitalversicherungen auf den Todesfall" vorgestellt werden, die der Verband deutscher Lebensversicherungs-Gesellschaften am 27. 10. 1916 beschlossen hatte. Ablehnend *Höckner* ZVersWiss 1917, 399 ff.

[32] *Schmidt/Gerathewohl* ZVersWiss 1973, 277, 279.

[33] *Schmidt/Gerathewohl* ZVersWiss 1973, 277, 281.

[34] *Koch* ZVersWiss 1969, 137 ff.; *Schmidt/Gerathewohl* ZVersWiss 1973, 277, 281.

[35] *Luttmer* VW 1971, 208, 213; *Präve* ZfV 1991, 107.

[36] *Nöbel* in: Festschrift Georg Höckner, 1935, S. 126, 131; *Haidinger* VW 1947, 93; *Glotzmann* VersR 1975, 784, 786; *Krahe* VersR 1991, 634; *Präve* ZfV 1991, 107; *von Fürstenwerth*, Versicherung des Kriegsrisikos im deutschen Versicherungsrecht, 1992, S. 21; *Dimski* VersR 1999, 804, 807 f.; *Fricke* VersR 2002, 6, 7; *Ehlers* r+s 2002, 133, 134; *Dahlke* VersR 2003, 25, 27; *Hübner* in: Festschrift für Helmut Kollhosser, 2004, S. 179, 184.

[37] *Schroeder*, Die Kriegsgefahr im deutschen Versicherungsrecht, 1996, S. 137; *Kurzendörfer*, Lebensversicherung. 3. Aufl., 2000, S. 342; *Ulrich Hübner*, Terrorrisiken und Versicherung, in: Recht und Risiko, Festschrift für Helmut Kollhosser zum 70. Geburtstag, hrsg. v. Reinhard Bork, Thomas Hoeren, Petra Pohlmann, Karlsruhe, VVW, 2004, S. 179, 184.

[38] *von Behr*, Das Katastrophenrisiko in der Lebensversicherung (unter Zugrundelegung der vom Verband der Deutschen Lebensversicherungsunternehmen ausgearbeiteten Katastro-

III. Leistungspflicht des Versicherers

1. Todesursache

Dass im Todesfall unabhängig von der Ursache grundsätzlich Deckung besteht, wird in Absatz 1 Satz 1 herausgestellt. Da es Todesfallursachen gibt, die hinsichtlich ihres Ausmaßes und ihrer Eintrittshäufigkeit nicht kalkulierbar sind, ist bei bestimmten Todesursachen die Leistungspflicht des Versicherers nach Maßgabe des Absatzes 2 eingeschränkt.

2. Ausübung des Wehr- oder Polizeidienstes

Die Vorschrift hebt in Absatz 1 Satz 2 hervor, dass versicherten Angehörigen des Wehr- oder Polizeidienstes grundsätzlich Versicherungsschutz gewährt wird, wenn sie bei der Dienstausübung den Tod finden. Unter diese Bestimmung fallen auch die Angehörigen von Verbänden, die im Rahmen ihrer gesetzlich zulässigen Einsätze im In- oder Ausland besonderen Gefährdungslagen ausgesetzt sind. Beispielhaft zu nennen sind die Soldaten der KSG (Kommando Spezialkräfte) und die Polizeivollzugsbeamten, die in einem Verband des Bundesgrenzschutzes (GSG 9) oder der Länder für besondere Einsätze zur Verfügung stehen. Allerdings greift auch bei diesem Personenkreis die Risikoausschlussklausel des § 4 Absatz 2 ALB 2008, wenn der Versicherte im unmittelbaren oder mittelbaren Zusammenhang mit kriegerischen Ereignissen den Tod gefunden hat.

Mit Blick auf das erhöhte Todes-, Unfall- und Berufsunfähigkeitsrisiko dieses Personenkreises sieht der Berufsrisikenkatalog der LVU in der Regel die Erhebung eines Risikozuschlages vor und enthält ferner Regelungen dazu, ob das Unfall- und/oder Berufsunfähigkeitsrisiko gezeichnet werden kann.

3. Innere Unruhen

Versicherungsschutz besteht gemäß Absatz 1 Satz 2, wenn der Versicherte bei inneren Unruhen den Tod gefunden hat.[39] Solange die „inneren Unruhen" sich nicht als „kriegerische Ereignisse" im Sinne des Absatzes 2 Satz 1 darstellen, besteht uneingeschränkter Versicherungsschutz.

Der Begriff der „inneren Unruhen" hat sich aus dem Begriff des „Aufruhrs" entwickelt. Der Begriff des „Aufruhrs" umschließt als allgemeiner Begriff des Versicherungsrechts in sich alles das, was der Sprachgebrauch, teilweise im Anschluss an das Strafgesetzbuch, als Aufruhr, Landfriedensbruch, Tumult, Plünderung, Aufstand oder bürgerliche Unruhen bezeichnet.[40] Er ist nicht nur im engeren Sinn des ehemaligen § 115 StGB als der bei einer öffentlichen Zusammenrottung mit vereinten Kräften in den Formen der §§ 113, 114 StGB begangene Widerstand gegen Staatsorgane zu verstehen, sondern umfasst in jedem Fall auch den Tatbestand des Landfriedensbruchs des § 125 StGB, ergreift also auch die Fälle, in denen bei der öffentlichen Zusammenrottung einer Menschenmenge mit vereinten Kräften Gewalttätigkeiten gegen Personen oder Sachen verübt werden.[41]

---

phenklausel), in: Veröffentlichungen des XVI. Internationalen Kongresses der Versicherungsmathematiker, Brüssel, 1960; *Frey* ZVersWiss 1965, 241, 244.

[39] Siehe hierzu *Wälder* in: Halm/Engelbrecht/Krahe, Handbuch FA VersR, 3. Aufl., 2008, S. 751 ff. (Rdn. 759 ff.).

[40] RGZ 97, 206, 209; OLG Düsseldorf, Urt. v. 24. 7. 1951 – 4 U 303/50, VersR 1951, 244; unentschieden BGH, Urt. v. 23. 4. 1952 – II ZR 262/51, BGHZ 6, 28, 30 ff. = VersR 1952, 177.

[41] RGZ 97, 206; RGZ 108, 190; OLG Kassel, Urt. v. 19. 7. 1950 – 2 U 102/50, VersR 1950, 181 = VW 1950, 506; BGH, Urt. v. 23. 4. 1952 – II ZR 262/51, BGHZ 6, 28, 30 ff.

24 Im Zuge der Fortentwicklung der Versicherungsbedingungen wurde als Oberbegriff der Begriff der „inneren Unruhen" gewählt.[42] Auf diesen Begriff treffen die Feststellungen zum Aufruhrbegriff zu.[43] Er schließt deshalb vor allem die vorstehend genannten Tatbestände des Aufruhrs und Landfriedensbruchs ein.[44] Von daher sind Demonstrationen und Protestversammlungen, aus denen heraus mit vereinten Kräften von einer zusammengerotteten, größeren Menschenmenge Gewalttätigkeiten gegen Personen und Sachen begangen werden, als innere Unruhen zu bewerten.[45] Wenn einzelne Teilnehmer sich im Rahmen einer Demonstration zu Gewalttaten hinreißen lassen, so erfüllt dies noch nicht den Tatbestand der „inneren Unruhen".[46]

25 Ob Terror- oder Sabotageakte unter den Begriff der „inneren Unruhen" fallen, hängt von deren Häufigkeit, dem zeitlichen und räumlichen Zusammenhang, der Art der verwendeten Waffen und vor allem der Höhe des angerichteten Personen- und Sachschadens ab.[47] Voraussetzung ist, dass es zu einem Zustand kommt, der die Rechtsordnung und das Rechtsbewusstsein der Bevölkerung erschüttert.[48] Als Folgeerscheinung muss eine starke Beeinträchtigung der Lebensverhältnisse des betroffenen Gemeinwesens vorliegen.[49] Wird ein Land von einer Welle von Terror- oder Sabotageakten erschüttert, wird in der Regel der Tatbestand der „inneren Unruhen" erfüllt und der Tatbestand der „kriegerischen Ereignisse" nicht weit sein.

IV. Beschränkung der Leistungspflicht bei kriegerischen Ereignissen

1. Kriegerische Ereignisse

26 Unter den Begriff der „kriegerischen Ereignisse" fallen der Krieg im Sinne des Völkerrechts,[50] d. h. der mit Waffengewalt geführte Kampf zweier oder mehrerer Staaten, sowie dem Kriege ähnliche Gewaltzustände wie Bürgerkrieg, revolutionäre Erhebungen oder andere gegen die Staatsgewalt gerichtete Aufstände sowie feindselige Handlungen zwischen verschiedenen Staaten ohne bewaffnete Ausei-

---

= NJW 1952, 783 = VersR 1952, 177; *Nickusch* NJW 1969, 20; *Dörner/Staudinger* in: Berliner Kommentar VVG, 1999, § 84 VVG Rdn. 9; *Kurzendörfer*, Lebensversicherung, 3. Aufl., 2000, S. 354.

[42] *Luttmer* VW 1971, 208, 209; *Botur*, Privatversicherung im Dritten Reich, 1995, S. 172; *Dahlke* VersR 2003, 25, 29.

[43] LG Koblenz, Beschl. v. 2. 6. 1950 – 1 OH 52/49, VersR 1951, 19; OLG Koblenz, Beschl. v. 26. 10. 1950 – 1 W 205/50, VersR 1951, 19; BGH, Urt. v. 13. 11. 1974 – IV ZR 178/73, NJW 1975, 308 = VersR 1975, 126, 127; *Geitner* VersR 1983, 5, 6.

[44] *von Fürstenwerth*, Versicherung des Kriegsrisikos im deutschen Versicherungsrecht, 1992, S. 23; *Dahlke* VersR 2003, 25, 29.

[45] BGH, Urt. v. 13. 11. 1974 – IV ZR 178/73, NJW 1975, 308, 309 = VersR 1975, 126, 127. Aus den Gründen geht hervor, dass sich ca. 700 Personen an einer Demonstration „gegen die US-Aggression in Kambodscha" beteiligten, von denen ca. 300 Teilnehmer Schäden in einer Größenordnung von ca. 100 000,00 DM verursachten.

[46] BGH, Urt. v. 13. 11. 1974 – IV ZR 178/73, NJW 1975, 308, 309 = VersR 1975, 126, 127.

[47] Für eine Orientierung an objektiven Kriterien *Hübner* ZVersWiss 1981, 1, 37; *derselbe* VersR 1982, 1013, 1017.

[48] *Tita* VW 2001, 1779, 1780; *Dahlke* VersR 2003, 25, 30.

[49] *Glotzmann* VersR 1975, 784, 785; *Dahlke* VersR 2003, 25, 30.

[50] Vgl. *Langheid* in: Römer/Langheid, VVG, 2. Aufl., 2003, § 84 VVG Rdn. 3. Nach seiner Ansicht, die schon das RG als zu eng verworfen hat (RGZ 90, 378, 380), ist der Krieg als sog. politisches Risiko völkerrechtlich zu verstehen und stellt die militärische Auseinandersetzung zwischen zwei Staaten dar, die sich miteinander im Kriegszustand befinden. Allerdings will *Langheid* die AVB anders auslegen als die gesetzliche Vorschrift des § 84 VVG.

nandersetzung".[51] Den Bürgerkrieg nur als einen Extremfall der inneren Unruhen anzusehen,[52] heißt übersehen, dass ein Bürgerkrieg sich nicht als eine Abfolge von Polizeieinsätzen darstellt, sondern sein Gepräge durch die gegenseitige Bekämpfung durch kriegsmäßige Maßnahmen erhält.[53]

Terrorakte – auch solche außerhalb des eigentlichen Operationsgebietes – fallen unter den Ausschlusstatbestand, wenn die Kriegsparteien sie in Umsetzung ihrer militärischen Strategie verüben oder fördern.[54] 27

Zu den dem Krieg ähnlichen Gewaltzuständen ist der „bewaffnete Angriff" im Sinne des Art. 51 Satz 1 UN-Charta zu rechnen.[55] Als „bewaffneter Angriff" im Sinne des Art. 51 Satz 1 UN-Charta sind die vom internationalen Terrornetzwerk der Taliban, Al-Qaida und Bin Laden angekündigten und bereits ausgeübten Terrorakte anzusehen.[56] Zu den durchgeführten Terrorakten, die als „bewaffneter Angriff" zu werten sind, gehören die Terroranschläge auf das World Trade Center und das Pentagon vom 11. September 2001.[57] Sie stellen „kriegerische Ereignisse" im Sinne des § 7 Absatz 2 Satz 1 ALB 1986, jetzt § 4 Abs. 2 Satz 1 ALB 2008, dar.[58] 28

Beweispflichtig für den ursächlichen Zusammenhang des Ablebens des Versicherten mit einem kriegerischen Ereignis ist der Versicherer.[59] Er trägt damit auch die Beweislast für das Vorliegen eines „kriegerischen Ereignisses" im Sinne der Bedingungen.[60] Diesen Beweis kann der Versicherer in Anwendung der Grundsätze über den Beweis des ersten Anscheins führen.[61] Für den Ausschluss genügt ein mittelbarer adäquater Kausalzusammenhang.[62] Dieser Zusammenhang ist zu verneinen, wenn sich der Tod in gleicher Weise auch in Friedenszeiten hätte ereignen können und sich das kriegerische Ereignis nur als ein zufälliges Moment darstellt.[63] 29

---

[51] Vgl. *Ritter/Abraham,* Das Recht der Seeversicherung, 2. Aufl., Hamburg, 1967, § 35 Anm. 8; *Luttmer* VW 1971, 208; *Präve* ZfV 1991, 107; *Teslau* in: van Bühren, Handb. Versicherungsrecht, 2001, S. 1239/1240.

[52] So aber *Ehlers* r+s 2002, 133, 135 und *Schubach* r+s 2002, 177, 179/180. Nach ihrer Ansicht ist der Bürgerkrieg kein Kriegsereignis im Sinne der Bedingungen, solange sich an ihm keine ausländischen Staaten oder im Inland stationierte fremde Truppen beteiligen.

[53] *Winter* in: Bruck/Möller VVG, 8. Aufl., 1988, §§ 159 – 178 VVG Anm. G 119.

[54] *Dörner/Staudinger* in: Berliner Kommentar VVG, 1999, § 84 VVG Rdn. 8; *Kurzendörfer,* Lebensversicherung, 3. Aufl., 2000, S. 342; *Ehlers* r+s 2002, 133, 135.

[55] Zu Art. 51 Satz 1 UN-Charta siehe *Hailbronner,* Krieg und bewaffneter Konflikt im Völkerrecht, 1992, S. 53, 57 f.; ausführlich, insbesondere zu den Kriterien, *Dederer* JZ 2004, 421, 424 ff.

[56] Vgl. *Dederer* JZ 2004, 421, 429.

[57] Zur Begründung siehe *Dederer* JZ 2004, 421, 424.

[58] A. A. *Ehlers* r+s 2002, 133, 138; *Fricke* VersR 2002, 6, 8; *Dahlke* VersR 2003, 25, 28; *Wälder* in: Halm/Engelbrecht/Krahe, Handbuch FA VersR, 3. Aufl., 2008, S. 751 (Rdn. 757).

[59] BGH, Urt. v. 2. 5. 1951 – II ZR 110/50, BGHZ 2, 55 = NJW 1951, 884 = VersR 1951, 165; *von Fürstenwerth,* Versicherung des Kriegsrisikos im deutschen Versicherungsrecht, 1992, S. 27; *Dahlke* VersR 2003, 25, 29. Zur Kausalität im Versicherungsrecht siehe *Argyriadis,* ZVersWiss 1965, 1, 6 ff.

[60] *Hübner* ZVersWiss 1981, 1, 36; *Krahe* VersR 1991, 634, 636.

[61] BGH, Urt. v. 2. 5. 1951 – II ZR 110/50, BGHZ 2, 55 = NJW 1951, 884 = VersR 1951, 165; *Fricke,* VersR 1991, 1098, 1101; *Krahe* VersR 1991, 634, 636.

[62] *Kurzendörfer,* Lebensversicherung, 3. Aufl., 2000, S. 342; *Ehlers* r+s 2002, 133, 136; *Weyers/Wandt,* Versicherungsvertragsrecht, 2003, Rdn. 674; *Langheid* in: Römer/Langheid, VVG, 2. Aufl., 2003, § 84 VVG Rdn. 5.

[63] *Kurzendörfer,* Lebensversicherung, 3. Aufl., 2000, S. 342; *Teslau* in: van Bühren, Handb. Versicherungsrecht, 2001, S. 1240; *Ehlers* r+s 2002, 133, 136.

2. Leistungspflicht des Versicherers

30, 31   Seit der Verlautbarung und Vereinbarung der ALB 1957 zahlt der Versicherer beim Ableben des Versicherten im Zusammenhang mit kriegerischen Ereignissen nur die für den Todestag berechnete Deckungsrückstellung. Die ALB 1986 stellen auf das Deckungskapital, die ALB 1994 bis ALB 2006 auf den Zeitwert und die ALB 2008 auf den Rückkaufswert ab.

V. Versicherungsschutz für Auslandsaufenthalte

32   Für das passive Kriegsrisiko besteht Versicherungsschutz, wenn die sog. modifizierte Kriegsausschlussklausel vereinbart ist, die sich in zwei Stufen entwickelt hat und die seit 1994 auch Eingang in die Musterbedingungen des GDV gefunden hat.

1. Auslandsklausel in der Fassung VerBAV 1991, 142

33   Ab dem Jahre 1990 genehmigte das BAV interessierten LVU Anträge auf Modifizierung der Kriegsklausel, wenn § 7 Abs. 2 ALB 1986 um folgenden Satz 2 ergänzt werden sollte:[64]

> „Diese Einschränkung unserer Leistungspflicht gilt nicht, wenn der Versicherte während eines beruflich bedingten Aufenthalts im Ausland stirbt und er an den kriegerischen Ereignissen nicht aktiv beteiligt war".

34   Nach dieser Fassung hatten allerdings Touristen, die im Ausland in unmittelbarem oder mittelbarem Zusammenhang mit kriegerischen Ereignissen zu Tode kamen, keinen Versicherungsschutz. Diese Einschränkung wurde mit der 1993 verlautbarten Klausel aufgegeben.

2. Auslandsklausel in der Fassung VerBAV 1993, 109

35   Seit dem Jahre 1993 ist es den LVU gestattet, mit Genehmigung des BAV in § 7 Abs. 2 ALB 1986 folgenden Bedingungstext als Satz 2 anzufügen und zu verwenden:[65]

> „Diese Einschränkung unserer Leistungspflicht gilt nicht, wenn der Versicherte in unmittelbarem oder mittelbarem Zusammenhang mit kriegerischen Ereignissen stirbt, denen er während eines Aufenthalts außerhalb der Bundesrepublik Deutschland ausgesetzt und an denen er nicht aktiv beteiligt war".

36   Im Zuge der Neufassung der Kriegsklausel erklärte sich das BAV damit einverstanden, dass LVU die Modifizierung der Kriegsausschlussklausel auch auf die entsprechenden Bestimmungen in den anderen einschlägigen Bedingungswerken einschließlich der Bedingungen für Zusatzversicherungen erstrecken[66] und sie bei der Anpassung der Kriegsausschlussklausel den jeweils versicherten Leistungsfall berücksichtigen.[67]

37   Wie schon die im Jahre 1991 verlautbarte modifizierte Kriegsausschlussklausel stellt die im Jahre 1993 von der Aufsichtsbehörde verlautbarte Fassung für den uneingeschränkten Versicherungsschutz darauf ab, ob der Versicherte an den kriegerischen Ereignissen aktiv beteiligt war. Die Klausel bietet auch Bundeswehrangehörigen im Rahmen einer UN-Friedensmission, d.h. bei humanitären und

---

[64] BAV VerBAV 1991, 142.
[65] BAV VerBAV 1993, 109; siehe hierzu *Präve* ZfV 1991, 107, 109.
[66] BAV VerBAV 1991, 142 und VerBAV 1993, 109.
[67] BAV VerBAV 1993, 109.

friedenssichernden Einsätzen, Versicherungsschutz, da Bundeswehrangehörige bei derartigen Missionen grundsätzlich nicht aktiv an kriegerischen Ereignissen beteiligt sind. Als klassischer Fall einer aktiven Beteiligung ist die Teilnahme des Versicherten an Kampfhandlungen anzusehen. Dagegen fällt nicht unter die aktive Teilnahme an Kampfhandlungen die Abwehr von Angriffen mit Waffengewalt, um Gefahr für Leib und Leben abzuwenden, oder z.B. das Betreiben eines Feldlazaretts. Der Versicherungsschutz findet dort seine Grenze, wo ein Einsatz von Bundeswehrangehörigen eine aktive Beteiligung an kriegerischen Ereignissen mit sich bringen kann. Unabhängig hiervon gilt die Erklärung des Bundesministers der Verteidigung vom 17. September 1992, dass die Bundesrepublik Deutschland in den Fällen voll dafür einsteht, in denen Versicherer Bundeswehrangehörigen die Leistung unter Berufung auf die Kriegsklausel verweigern.[68] Mit der Neufassung der Klausel wurde zugleich erreicht, dass auch demjenigen Versicherungsschutz gewährt wird, der als Tourist im Ausland verletzt wird und nach seiner Verlegung in das Inland an den Verletzungsfolgen verstirbt.

Um den Versicherungsschutz für Bundeswehrangehörige zu konkretisieren, wird von LVU ggf. mit Zuschlag bzw. Summenbegrenzung folgende Klausel angeboten:[69]

„Versicherungsschutz besteht, wenn der Leistungsfall eintritt während der Teilnahme des Versicherten als Angehöriger der Bundeswehr an einem Einsatz mit Mandat der UNO (oder Nato) an deren humanitären Hilfeleistungen oder friedenssichernden Maßnahmen außerhalb der territorialen Grenzen der NATO-Mitgliedsstaaten."

Nach dieser Klausel besteht Versicherungsschutz, wenn sich Bundeswehrangehörige während der UNO- bzw. NATO-Einsätze verteidigen müssen.[70]

§ 5 Was gilt bei Selbsttötung der versicherten Person?

(1) Bei vorsätzlicher Selbsttötung leisten wir, wenn seit Abschluss des Versicherungsvertrags drei Jahre vergangen sind.

(2) Bei vorsätzlicher Selbsttötung vor Ablauf der Dreijahresfrist besteht Versicherungsschutz nur dann, wenn uns nachgewiesen wird, dass die Tat in einem die freie Willensbestimmung ausschließenden Zustand krankhafter Störung der Geistestätigkeit begangen worden ist. Anderenfalls zahlen wir den für den Todestag berechneten Rückkaufswert Ihrer Versicherung (§ 9 Abs. 3 bis 5).

(3) Die Absätze 1 und 2 gelten entsprechend bei einer unsere Leistungspflicht erweiternden Änderung oder bei einer Wiederherstellung der Versicherung. Die Frist nach Absatz 1 beginnt mit der Änderung oder Wiederherstellung der Versicherung bezüglich des geänderten oder wiederhergestellten Teils neu zu laufen.

I. Fassung

§ 5 ALB 2008 ist insgesamt neu gefasst worden, wie ein Textvergleich zeigt. § 8 Abs. 1 ALB 1986 lautet wie folgt:

„**§ 8 Was gilt bei Selbsttötung des Versicherten?**
(1) Bei Selbsttötung vor Ablauf von drei Jahren seit Zahlung des Einlösungsbeitrages oder seit Wiederherstellung der Versicherung besteht Versicherungsschutz nur dann, wenn uns nachgewiesen wird, dass die Tat in einem die freie Willensbestimmung ausschließenden Zustand krankhafter Störung der Geistestätigkeit begangen worden ist. Andernfalls zahlen wir ein etwa vorhandenes Deckungskapital aus.
(2) Bei Selbsttötung nach Ablauf der Dreijahresfrist bleiben wir zur Leistung verpflichtet."

---

[68] BT-Drucks. 12/3558, S. 4, 8.
[69] *Kurzendörfer*, Lebensversicherung, 3. Aufl., 2000, S. 343.
[70] *Kurzendörfer*, Lebensversicherung, 3. Aufl., 2000, S. 343.

2   Die Bestimmungen über die Selbsttötung gehen auf die Annahme zurück, dass kaum jemand einen Selbsttötungsplan über Jahre hinweg systematisch verfolgen wird.[1] Bei einer Selbsttötung, die später als drei Jahre nach Vertragsabschluss geschieht, erscheint der Verdacht unbegründet, dass die Versicherung planmäßig zur Versorgung der Angehörigen genommen wurde.[2]

II. Gesetzliche Regelung der Selbsttötung

3   Der Selbstmord der versicherten Person war bisher in § 169 VVG 1908/2007 geregelt, der wie folgt lautet:

„Bei einer Versicherung für den Todesfall ist der Versicherer von der Verpflichtung zur Leistung frei, wenn derjenige, auf dessen Person die Versicherung genommen ist, Selbstmord begangen hat. Die Verpflichtung des Versicherers bleibt bestehen, wenn die Tat in einem die freie Willensbestimmung ausschließenden Zustand krankhafter Störung der Geistestätigkeit begangen worden ist."

4   Die Reformkommission schlug vor, § 169 VVG 1908/2007 wie folgt neu zu regeln:[3]

„§ 154 E-VVG Selbsttötung
(1) Bei einer Versicherung für den Todesfall ist der Versicherer nicht zur Leistung verpflichtet, wenn die versicherte Person sich innerhalb von drei Jahren nach Abschluss des Versicherungsvertrags vorsätzlich selbst getötet hat. Dies gilt nicht, wenn die Tat in einem die freie Willensbestimmung ausschließenden Zustand krankhafter Störung der Geistestätigkeit begangen worden ist.
(2) Die Frist nach Absatz 1 Satz 1 kann durch Einzelvereinbarung geändert werden.
(3) Ist der Versicherer nicht zur Leistung verpflichtet, so hat er den Rückkaufwert nach § 161 zu zahlen."

5   Maßgebend ist nunmehr § 161 VVG 2008, der wie folgt lautet:

„(1) Bei einer Versicherung für den Todesfall ist der Versicherer nicht zur Leistung verpflichtet, wenn die versicherte Person sich vor Ablauf von drei Jahren nach Abschluss des Versicherungsvertrags vorsätzlich selbst getötet hat. Dies gilt nicht, wenn die Tat in einem die freie Willensbestimmung ausschließenden Zustand krankhafter Störung der Geistestätigkeit begangen worden ist.
(2) Die Frist nach Absatz 1 Satz 1 kann durch Einzelvereinbarung erhöht werden.
(3) Ist der Versicherer nicht zur Leistung verpflichtet, hat er den Rückkaufwert einschließlich der Überschussanteile nach § 169 zu zahlen."

6   Die Bundesregierung begründet die Vorschrift wie folgt:[4]

„Zu § 161 Selbsttötung
Zu den Absätzen 1 und 2
Im Interesse der hinterbliebenen Angehörigen wird die Ausschlussfrist nach § 169 Satz 1 VVG auf drei Jahre verkürzt. Dies entspricht einer verbreiteten Praxis der Lebensversicherer in ihren AVB. Allerdings soll es zulässig bleiben, durch Einzelvereinbarung, also nicht durch AVB, die Ausschlussfrist über drei Jahre hinaus zu verlängern. Damit soll dem Versicherer ein Handlungsspielraum in Sonderfällen mit sehr hohen Versicherungssummen erhalten bleiben. Eine Verkürzung der Ausschlussfrist oder der Verzicht hierauf wird durch § 171

---

[1] *Weyers/Wandt*, Versicherungsvertragsrecht, 3. Aufl., 2003, S. 222, Rdn. 824; *Wandt*, Versicherungsrecht, 4. Aufl., Köln/München, Heymanns, 2009, S. 406, Rd. 1190.
[2] *Weyers/Wandt*, Versicherungsvertragsrecht, 3. Aufl., 2003, S. 222, Rdn. 824; *Wandt*, Versicherungsrecht, 4. Aufl., Köln/München, Heymanns, 2009, S. 406, Rd. 1190.
[3] Abschlussbericht der Kommission zur Reform des Versicherungsvertragsrechts v. 19. 4. 2004, Karlsruhe, VVW, 2004, S. 255 f.
[4] BT-Drucks. 16/3945, S. 99.

VVG-E nicht ausgeschlossen, da es sich um eine Vereinbarung zugunsten des Versicherungsnehmers handelt.
Die Vorschrift ist auch anwendbar, wenn der Vertrag nicht nur für den Todesfall Versicherungsleistungen vorsieht.
Zu Absatz 3
Die Vorschrift stimmt inhaltlich mit § 176 Abs. 2 Satz 1 VVG überein. Zusätzlich wird klargestellt, dass dem Versicherungsnehmer neben dem Rückkaufswert auch etwaige Ansprüche auf Überschussbeteiligung nach § 169 Abs. 7 VVG-E zustehen. Die Vorschrift ist wie bisher halbzwingend (vgl. § 171 VVG-E)."

Nach dem VVG 1908/2007 war der Versicherer jederzeit bei Selbsttötung des Versicherungsnehmers leistungsfrei.[5] Die nunmehr erfolgte Einführung der Ausschlussfrist von drei Jahren verbessert den Schutz der Hinterbliebenen.[6] Die Verkürzung der Ausschlussfrist auf drei Jahre entspricht der weit verbreiteten Praxis der Lebensversicherer wie ein Vergleich der ALB 1986 und der ALB 2008 zeigt. Da die inhaltlichen Neuerungen redaktioneller Natur sind, wird auf die Kommentierung zu § 8 ALB 1986 verwiesen. 7

III. Beratungspflicht des LVU

Wird ein Versicherungsvertrag vor seinem Ablauf entweder im Wege der Vertragsänderung oder des Abschlusses eines neuen Vertrags verlängert und dadurch auf eine neue Rechtsgrundlage gestellt, ist der Versicherer verpflichtet, den Versicherungsnehmer über die hoch komplizierten Zusammenhänge bezüglich der Leistungsfreiheit im Falles des Selbstmords und den Beginn des Fristablaufs zu belehren und umfassend zu beraten.[7] Insbesondere hat der Versicherer, der davon ausgeht, dass es sich um den Abschluss eines neuen Vertrags handelt und dass deshalb schon die Ausschlussfrist wegen Selbsttötung neu zu laufen beginnt, dies dem Versicherungsnehmer gegenüber unmissverständlich zum Ausdruck zu bringen und ihn auf die hierdurch für ihn gegebenenfalls eintretenden Nachteile hinzuweisen.[8] 8

§ 6 Was bedeutet die vorvertragliche Anzeigepflicht?

Vorvertragliche Anzeigepflicht
(1) Wir übernehmen den Versicherungsschutz im Vertrauen darauf, dass Sie alle vor Vertragsabschluss in Textform gestellten Fragen wahrheitsgemäß und vollständig beantwortet haben (vorvertragliche Anzeigepflicht). Das gilt insbesondere für die Fragen nach gegenwärtigen oder früheren Erkrankungen, gesundheitlichen Störungen und Beschwerden.

(2) Soll das Leben einer anderen Person versichert werden, ist auch diese – neben Ihnen – für die wahrheitsgemäße und vollständige Beantwortung der Fragen verantwortlich.

Rücktritt
(3) Wenn Umstände, die für die Übernahme des Versicherungsschutzes Bedeutung haben, von Ihnen oder der versicherten Person (vgl. Abs. 2) nicht oder nicht richtig angegeben worden sind, können wir vom Vertrag zurücktreten. Dies gilt nicht, wenn uns nachgewiesen wird, dass die vorvertragliche Anzeigepflicht weder vorsätzlich noch grob fahrlässig verletzt worden ist. Bei grob fahrlässiger Verletzung der vorvertraglichen Anzeigepflicht haben wir kein Rücktrittsrecht,

---

[5] *Ortmann* in: Schwintowski/Brömmelmeyer, VVG, 2008, § 161 VVG Rdn. 2.
[6] *Ortmann* in: Schwintowski/Brömmelmeyer, VVG, 2008, § 161 VVG Rdn. 2.
[7] OLG Saarbrücken, Urt. v. 30. 5. 2007 – 5 U 704/06 – 89, VersR 2008, 57, 60.
[8] OLG Saarbrücken, Urt. v. 30. 5. 2007 – 5 U 704/06 – 89, VersR 2008, 57, 60.

wenn uns nachgewiesen wird, dass wir den Vertrag auch bei Kenntnis der nicht angezeigten Umstände, wenn auch zu anderen Bedingungen, geschlossen hätten.

(4) Im Fall des Rücktritts besteht kein Versicherungsschutz. Haben wir den Rücktritt nach Eintritt des Versicherungsfalles erklärt, bleibt unsere Leistungspflicht jedoch bestehen, wenn uns nachgewiesen wird, dass der nicht oder nicht richtig angegebene Umstand weder für den Eintritt oder die Feststellung des Versicherungsfalles noch für die Feststellung oder den Umfang unserer Leistungspflicht ursächlich war. Haben Sie oder die versicherte Person die Anzeigepflicht arglistig verletzt, sind wir nicht zur Leistung verpflichtet.

(5) Wenn die Versicherung durch Rücktritt aufgehoben wird, zahlen wir den Rückkaufswert (§ 9). Die Regelung des § 9 Abs. 3 Satz 3 gilt nicht. Die Rückzahlung der Beiträge können Sie nicht verlangen.

Kündigung

(6) Ist unser Rücktrittsrecht ausgeschlossen, weil die Verletzung der vorvertraglichen Anzeigepflicht weder auf Vorsatz noch auf grober Fahrlässigkeit beruhte, können wir den Vertrag unter Einhaltung einer Frist von einem Monat kündigen.

(7) Wir haben kein Kündigungsrecht, wenn uns nachgewiesen wird, dass wir den Vertrag auch bei Kenntnis der nicht angezeigten Umstände, wenn auch zu anderen Bedingungen, geschlossen hätten.

(8) Kündigen wir die Versicherung, wandelt sie sich mit der Kündigung in eine beitragsfreie Versicherung um (§ 9 Abs. 7 bis 9).

Vertragsanpassung

(9) Können wir nicht zurücktreten oder kündigen, weil wir den Vertrag auch bei Kenntnis der nicht angezeigten Umstände, aber zu anderen Bedingungen, geschlossen hätten, werden die anderen Bedingungen auf unser Verlangen rückwirkend Vertragsbestandteil. Haben Sie die Anzeigepflichtverletzung nicht zu vertreten, werden die anderen Bedingungen ab der laufenden Versicherungsperiode Vertragsbestandteil.

(10) Erhöht sich durch die Vertragsanpassung der Beitrag um mehr als 10% oder schließen wir die Versicherungsschutz für den nicht angezeigten Umstand aus, können Sie den Vertrag innerhalb eines Monats nach Zugang unserer Mitteilung fristlos kündigen. In der Mitteilung werden wir Sie auf das Kündigungsrecht hinweisen.

Ausübung unserer Rechte

(11) Wir können uns auf die Rechte zum Rücktritt, zur Kündigung und zur Vertragsanpassung nur berufen, wenn wir Sie durch gesonderte Mitteilung in Textform auf die Folgen einer Anzeigepflichtverletzung hingewiesen haben. Wir müssen unsere Rechte innerhalb eines Monats schriftlich geltend machen. Die Frist beginnt mit dem Zeitpunkt, zu dem wir von der Verletzung der Anzeigepflicht, die das von uns geltend gemachte Recht begründet, Kenntnis erlangen. Bei Ausübung unserer Rechte müssen wir die Umstände angeben, auf die wir unsere Erklärung stützen. Zur Begründung können wir nachträglich weitere Umstände innerhalb eines Monats nach deren Kenntniserlangung angeben.

(12) Unsere Rechte auf Rücktritt, Kündigung und Vertragsanpassung sind ausgeschlossen, wenn wir den nicht angezeigten Umstand oder die Unrichtigkeit der Anzeige kannten.

(13) Die genannten Rechte können wir nur innerhalb von fünf Jahren seit Vertragsabschluss ausüben. Ist der Versicherungsfall vor Ablauf dieser Frist eingetreten, können wir die Rechte auch nach Ablauf der Frist geltend machen. Haben Sie oder die versicherte Person die Anzeigepflicht vorsätzlich oder arglistig verletzt, beträgt die Frist zehn Jahre.

Anfechtung

(14) Wir können den Versicherungsvertrag auch anfechten, falls durch unrichtige oder unvollständige Angaben bewusst und gewollt auf unsere Annahmeentscheidung Einfluss genommen worden ist. Handelt es sich um Angaben der ver-

sicherten Person, können wir Ihnen gegenüber die Anfechtung erklären, auch wenn Sie von der Verletzung der vorvertraglichen Anzeigepflicht keine Kenntnis hatten. Absatz 5 gilt entsprechend.

Leistungserweiterung/Wiederherstellung der Versicherung
(15) Die Absätze 1 bis 14 gelten bei einer unsere Leistungspflicht erweiternden Änderung oder bei einer Wiederherstellung der Versicherung entsprechend. Die Fristen nach Absatz 13 beginnen mit der Änderung oder Wiederherstellung der Versicherung bezüglich des geänderten oder wiederhergestellten Teils neu zu laufen.

Erklärungsempfänger
(16) Die Ausübung unserer Rechte erfolgt durch schriftliche Erklärung, die Ihnen gegenüber abzugeben ist. Sofern Sie uns keine andere Person als Bevollmächtigten benannt haben, gilt nach Ihrem Ableben ein Bezugsberechtigter als bevollmächtigt, diese Erklärung entgegenzunehmen. Ist auch ein Bezugsberechtigter nicht vorhanden oder kann sein Aufenthalt nicht ermittelt werden, können wir den Inhaber des Versicherungsscheins zur Entgegennahme der Erklärung als bevollmächtigt ansehen.

Übersicht

	Rdn.
I. Allgemeines	1
II. Anzeigepflicht des Versicherungsnehmers (§ 6 Abs. 1 ALB 2008)	2–5
1. Ausgangslage	2
2. Fragepflicht des Versicherers	3
3. Nachmelden von Gefahrumständen	4
4. Spontane Anzeigepflicht des Versicherungsnehmers	5
III. Kenntnis und Verhalten der versicherten Person (§ 6 Abs. 2 ALB 2008)	6
IV. Rücktrittsrecht des Versicherers wegen Verletzung der Anzeigepflicht (§ 6 Abs. 3 ALB 2008)	7–9
1. Rücktrittsrecht	7
2. Beweislast	8
3. Rücktritt bei Altvertrag	9
V. Ausschluss des Rücktrittsrechts, aber Kündigungsrecht des Versicherers bei fahrlässiger Verletzung der Anzeigepflicht (§ 6 Abs. 6 ALB 2008)	10–15
1. Ausgangslage	10
2. Ausschluss des Rücktrittsrechts	11–15
a) Vorsatz	11
b) Grobe Fahrlässigkeit	12, 13
aa) Voraussetzungen	12
bb) Feststellung	13
c) Beweislast	14
3. Kündigungsrecht	15
VI. Ausschluss des Rücktrittsrechts und des besonderen Kündigungsrechts des Versicherers gemäß § 19 Abs. 4 VVG 2008 (§ 6 Abs. 3 u. Abs. 7 ALB 2008)	16–20
1. Ausgangslage	16, 17
2. Beweislast des Versicherungsnehmers	18
3. Vertragsänderung	19, 20
a) Zeitpunkt	19
b) Andere Bedingungen	20
VII. Hinweispflicht des Versicherers und Ausschluss der Rechte (§ 6 Abs. 11 u. 12 ALB 2008)	21–24
1. Ausgangslage	21
2. Gesonderte Mitteilung	22

	Rdn.
3. Kenntnis des Versicherers	23, 24
a) Sachbearbeiter	23
b) Versicherungsvertreter	24
VIII. Kündigungsrecht des Versicherungsnehmers (§ 6 Abs. 10 ALB 2008)	25
IX. Vertreter des Versicherungsnehmers	26
X. Ausübung der Rechte durch den Versicherer (§ 6 Abs. 13 ALB 2008)	27–34
1. Erklärung	27–30
a) Ausgangslage	27
b) Frist	28
c) Inhalt	29
d) Nachschieben von Gründen	30
2. Leistungsfreiheit des Versicherers	31, 32
3. Ausschlussfrist	33, 34
XI. Arglistige Täuschung (§ 6 Abs. 14 ALB 2008)	35–41
1. Ausgangslage	35, 36
2. Anfechtung	37–39a
a) Allgemeines	37, 38
b) Arglistige Täuschung	39
c) Einzelfälle	39a
3. Leistungsfreiheit	40
4. Schicksal der Prämie	41
XII. Gefahrerhöhung	42–44
1. Allgemeines	42
2. Geltendmachung der Gefahrerhöhung	43
3. Herabsetzung der Prämie	44

Schrifttum: *Brand,* Grenzen der vorvertraglichen Anzeigepflichten des Versicherungsnehmers, VersR 2009, 715; *Dickstein,* Das verschuldensabhängige Leistungskürzungsrecht des Versicherers nach dem künftigen VVG entsprechend dem Referentenentwurf, in: Liber amicorum für Gerrit Winter, hrsg. v. Bergeest u. Labes, Karlsruhe, VVW, 2007, S. 309; *Felsch,* Neuregelung von Obliegenheiten und Gefahrerhöhung, SpV 2007, 65; *Fricke, H. J.,* Beweislast und Beweisführung bei Verletzung der vorvertraglichen Anzeigepflicht – eine kritische Würdigung der Rechtsprechung des BGH, VersR 2007, 1614; *Grote/Schneider,* VVG 2008: Das neue Versicherungsvertragsrecht. Auswirkungen für gewerbliche Versicherungen, BB 2007, 2689; *Grote/Finkel,* Der Rücktritt von einem Altvertrag – altes oder neues Recht?, VersR 2009, 312; *Günther/Spielmann,* Vollständige und teilweise Leistungsfreiheit nach dem VVG 2008 am Beispiel der Sachversicherung r+s 2008, 133 (Teil 1), 177 (Teil 2); *Harke,* Versicherungsvertragliche Anzeigepflicht und Garantiehaftung für culpa in contrahendo, ZVersWiss 2006, 391; *Hövel,* Ab wann gilt etwas zur Kenntnis eines Unternehmens gelangt? – Eine Überlegung zu § 21 Abs. 1 VVG 2008 (§ 20 Abs. 1 VVG a. F.) –, VersR 2008, 315; *Kutschera,* Quotelung bei der grob fahrlässigen Herbeiführung des Versicherungsfalles nach neuem Recht, VuR 2008, 409; *Lange,* Die vorvertragliche Anzeigepflicht nach der VVG-Reform, r+s 2008, 56; *Langheid,* Die Reform des Versicherungsvertragsgesetzes, NJW 2007, 3665 (1. Teil: Allgemeine Vorschriften), 3745 (2. Teil: Die einzelnen Versicherungssparten); *Leverenz,* Anforderungen an eine „gesonderte Mitteilung" nach dem VVG 2008, VersR 2008, 709; *Loacker,* Die Gefahrerhöhung nach der VVG-Reform – Überlegungen zur Anpassung des Versicherungsvertrags gem. § 25 VVG 2008 –, VersR 2008, 1285; *Marlow/Spuhl,* Das Neue VVG kompakt, Ein Handbuch für die Rechtspraxis, 3. Aufl., 2008; *Neuhaus,* Die vorvertragliche Anzeigepflichtverletzung im neuen VVG, r+s 2008, 45; *Nugel,* Die Quotenbildung bei einer Leistungskürzung nach dem „neuen" VVG – eine Übersicht zu den aktuellen Streitständen, MDR 2008, 1320; *derselbe,* Die Anzeigepflicht des Versicherungsnehmers im Hinblick auf gefahrerhebliche Umstände nach der VVG-Reform, MDR 2009, 186; *Pohlmann,* Beweislast für das Verschulden des Versicherungsnehmers bei Obliegenheitsverletzungen, VersR 2008, 437; *Reusch,* Die vorvertraglichen Anzeigepflichten im neuen VVG 2008, VersR 2007, 1313; *derselbe,* Hat der Versicherungsnehmer trotz des Wegfalls der Nachmeldeobliegenheit wegen der Möglichkeit der

Arglistanfechtung durch den Versicherer auch nach dem VVG 2008 eine spontane Anzeigepflicht vor und nach Abgabe seiner Vertragserklärung?, VersR 2008, 1179; *Rokas,* Die schuldhafte Herbeiführung des Versicherungsfalls nach altem und neuem VVG, VersR 2008, 1457; *Saremba,* Die Gefahrerhöhung im deutschen und US-amerikanischen Versicherungsvertragsrecht, Karlsruhe, VVW, 2010; *Schäfers,* Das Verhältnis der vorvertraglichen Anzeigepflicht (§§ 19 ff. VVG) zur Culpa in contrahendo, VersR 2010, 301; *Schimikowski,* Die vorvertragliche Anzeigepflicht – Ausgewählte Themen –, r+s 2009, 353; *Veith,* Das quotale Leistungskürzungsrecht des Versicherers gem. §§ 26 Abs. 1 S. 2, 28 Abs. 2 S. 2, 81 Abs. 2 VVG 2008, VersR 2008, 1580; *Warstat,* Risikomanagement in der Lebensversicherung, VW 2008, 1206; *Weiberle,* Änderung der Antragsfragenpraxis der Versicherer in Folge der Reform des VVG, VuR 2008, 170.

I. Allgemeines

Die Neuregelung der vorvertraglichen Anzeigepflicht des Versicherungsnehmers und der Rechtsfolgen ihrer Verletzung in den §§ 19 ff. VVG 2008 ist eine der grundlegenden Änderungen der VVG-Reform.[1] Die Bundesregierung führt zur Reform des § 16 VVG 1908/2007 folgendes aus.[2]   1

„§ 19 VVG-E regelt die vorvertragliche Anzeigepflicht des künftigen Versicherungsnehmers, durch die dem Versicherer eine zutreffende Risikoeinschätzung ermöglicht werden soll. Die derzeitige Regelung des § 16 VVG berücksichtigt nicht hinreichend die berechtigten Interessen des Versicherungsnehmers. Insbesondere seine Verpflichtung nach § 16 Abs. 1 VVG, alle ihm bekannten Umstände, die für die Gefahrübernahme erheblich sind, dem Versicherer anzuzeigen, bürdet ihm ein unangemessenes Risiko auf; die Beurteilung, ob ein Umstand gefahrerheblich ist, ist für den Versicherungsnehmer unter Umständen sehr schwierig.

Die Voraussetzungen und Rechtsfolgen der Verletzung vorvertraglicher Anzeigepflichten sind im Übrigen bisher in den §§ 16 bis 22 VVG nicht sehr übersichtlich geregelt. Daher wird entsprechend den von der VVG-Kommission entwickelten allgemeinen Grundsätzen (vgl. Allgemeiner Teil Abschnitt II Nr. 4) in den §§ 19 bis 22 VVG-E eine Neuregelung der Anzeigepflichten des Versicherungsnehmers vorgeschlagen.

Wie im geltenden Recht allgemein anerkannt ist, handelt es sich bei der Anzeigepflicht um eine besondere Obliegenheit des Versicherungsnehmers; die Rechtsfolgen ihrer Verletzung sind in den §§ 19 bis 22 VVG-E abschließend geregelt."

II. Anzeigepflicht des Versicherungsnehmers (§ 6 Abs. 1 ALB 2008)

1. Ausgangslage

Gemäß § 19 Abs. 1 Satz 1 VVG 2008 hat der Versicherungsnehmer bis zur Abgabe seiner Vertragserklärung die ihm bekannten Gefahrumstände, die für den Entschluss des Versicherers, den Vertrag mit dem vereinbarten Inhalt zu schließen, erheblich sind und nach denen der Versicherer in Textform gefragt hat, dem Versicherer anzuzeigen. Damit hat sich die Pflicht des Versicherungsnehmers von einer Aufklärungspflicht gemäß § 16 VVG zu einer Pflicht zur vollständigen und wahrheitsgemäßen Beantwortung von formgerechten Fragen des Versicherers gemäß § 19 VVG 2008 gewandelt.[3] Stellt der Versicherer nach der Vertragserklärung des Versicherungsnehmers, aber vor Vertragsannahme Fragen im Sinne des Satzes 1, ist der Versicherungsnehmer auch insoweit zur Anzeige verpflichtet (§ 19 Abs. 1 Satz 2 VVG 2008). Die Bundesregierung gibt zu § 19 Abs. 1 VVG 2008 folgende Begründung:[4]   2

---

[1] *Lange* r+s 2008, 56.
[2] BT-Drucks. 16/3945, S. 64.
[3] *Brand* VersR 2009, 715, 721.
[4] BT-Drucks. 16/3945, S. 64 f.

„Die wichtigste Neuerung ist darin zu sehen, dass der Versicherungsnehmer grundsätzlich nur solche ihm bekannten Umstände anzeigen muss, nach denen der Versicherer in Textform gefragt hat. Das Risiko einer Fehleinschätzung, ob ein Umstand gefahrrelevant ist, liegt also nicht mehr beim Versicherungsnehmer. Die Nachfrage nach einem bestimmten Umstand spricht dafür, dass dieser Umstand für den Entschluss des Versicherers, den Vertrag mit dem vereinbarten Inhalt zu schließen, erheblich ist. Er muss aber auch objektiv erheblich sein; dies wird z. B. bei Nachfragen, die sich auf einen sehr lange zurückliegenden Zeitraum beziehen, in der Regel zu verneinen sein. Das Verschweigen eines gefahrerheblichen Umstands, den der Versicherer nicht oder nur mündlich nachgefragt hat, kann bei Arglist des Versicherungsnehmers ein Anfechtungsrecht des Versicherers nach § 123 BGB begründen (vgl. § 22 VVG-E). Das Erfordernis der Textform für die Nachfrage dient der Rechtssicherheit.

Bezüglich des Zeitpunktes für die Erfüllung der Anzeigepflicht stellt Absatz 1 Satz 1 nicht mehr auf den Vertragsschluss, sondern auf die auf den Vertragsschluss gerichtete Willenserklärung des Versicherungsnehmers ab. Dies ist der Antrag des Versicherungsnehmers, im bisher seltenen Fall der Antragstellung durch den Versicherer die Annahmeerklärung des Versicherungsnehmers. Der durchschnittliche Versicherungsnehmer wird davon ausgehen, dass er seiner Pflicht gegenüber dem Versicherer nachgekommen ist, wenn er die ihm vorgelegten Fragen zum Zeitpunkt seiner Antragstellung zutreffend beantwortet hat. Eine bloße Belehrung durch den Versicherer, dass er auch solche nachgefragten Umstände anzuzeigen hat, die erst nach der Antragstellung entstanden oder ihm bekannt geworden sind, erscheint angesichts des Umfanges der vom Versicherungsnehmer vor Vertragsschluss zur Kenntnis zu nehmenden Informationen des Versicherers nicht ausreichend. Daher ist diese erweiterte Anzeigepflicht nach Absatz 1 Satz 2 davon abhängig, dass der Versicherer vor Vertragsannahme die in Satz 1 umschriebenen Fragen in Textform wiederholt oder auch erstmalig stellt."

2. Fragepflicht des Versicherers

3   Die neue Vorschrift des § 19 Abs. 1 VVG 2008 verlangt dem Versicherer ab, die für seine Risikoeinschätzung relevanten Fragen umfassend und abschließend bis zu seiner Vertragsannahme zu stellen. Denn der Versicherer kann in den meisten Fällen besser abschätzen, ob ein Umstand für ihn gefahrrelevant ist oder nicht.[5] Hieraus folgt, dass der Versicherer seine Fragen möglichst weit fassen muss,[6] um dem Einwand vorzubeugen, dass er nach einem vertragserheblichen Umstand nicht gefragt habe.[7] Eine Reihe von Unternehmen ist daher dazu übergegangen, den Fragenteil vom Antrag mit seinen technischen Daten zu trennen und dem Kunden gesondert vorzulegen.[8] Da der Versicherer den Kreis der gefahrerheblichen Umstände überblicken kann, wird man dem Versicherer zumuten können, seinen Fragenkatalog abschließend zu formulieren.[9]

3. Nachmelden von Gefahrumständen

4   Im Gegensatz zum VVG 2008 bestand nach § 16 Abs. 1 Satz 1 VVG die Anzeigepflicht des Versicherungsnehmers bei Schließung des Vertrages. Der Versicherungsnehmer musste deshalb nicht nur gefahrerhebliche Umstände bis zur Abgabe seines Versicherungsantrags anzeigen, sondern auch wesentliche Gefahrumstände, die zwischen der Antragstellung und der Annahme des Versicherungsantrags durch den Versicherer auftraten, nachmelden.[10] Hierzu war der Versicherungsnehmer aber nur dann verpflichtet, wenn er positive Kenntnis von den

---

[5] *Brand* VersR 2009, 715, 716.
[6] *Langheid* NJW 2007, 3665, 3668.
[7] *Lange* r+s 2008, 56, 57.
[8] *Warstat* VW 2008, 1206.
[9] *Brand* VersR 2009, 715, 721.
[10] *Reusch* VersR 2008, 1179.

gefahrerheblichen und nachgefragten Gefahrumständen hatte.[11] Diese so genannte Nachmeldeobliegenheit ist mit dem VVG 2008 entfallen.[12] Denn nach dem VVG 2008 ist der Versicherungsnehmer zur Anzeige von Gefahrumständen nach Maßgabe des § 19 Abs. 1 VVG 2008 nur verpflichtet, wenn ihn der Versicherer bis zur Annahme des Vertrags danach gefragt hat (§ 19 Abs. 1 Satz 2 VVG 2008). Der Versicherer muss folglich regelmäßig konkret fragen, wenn er Gefahrumstände erfahren will, die sich zwischen Antragstellung und Vertragsabschluss geändert haben.[13]

4. Spontane Anzeigepflicht des Versicherungsnehmers

Ohne Nachfrage des Versicherers muss der Versicherungsnehmer solche Gefahrumstände anzeigen, deren Verschweigen als treuwidrig anzusehen ist, wobei dem Versicherungsnehmer nur Arglist schadet.[14] Die so genannte spontane Anzeigepflicht besteht gemäß § 22 VVG 2008 i. V. m. §§ 123, 242 BGB.[15]

III. Kenntnis und Verhalten der versicherten Person (§ 6 Abs. 2 ALB 2008)

Gemäß § 156 VVG 2008 ist bei der Versicherung auf die Person eines anderen auch deren Kenntnis und Verhalten zu berücksichtigen, soweit nach diesem Gesetz die Kenntnis und das Verhalten des Versicherungsnehmers von rechtlicher Bedeutung sind. Diese Vorschrift gehört gemäß § 171 VVG 2008 nicht zu den Bestimmungen, von denen nicht zum Nachteil des Versicherungsnehmers, der versicherten Person oder des Eintrittsberechtigten abgewichen werden kann. Bei dieser Ausgangslage ist es zulässig, wenn § 6 Abs. 2 ALB 2008 die versicherte Person neben dem Versicherungsnehmer für die wahrheitsgemäße und vollständige Beantwortung der Fragen des Versicherers für verantwortlich erklärt.

IV. Rücktrittsrecht des Versicherers wegen Verletzung der Anzeigepflicht (§ 6 Abs. 3 ALB 2008)

1. Rücktrittsrecht

Verletzt der Versicherungsnehmer seine Anzeigepflicht nach § 19 Abs. 1 VVG 2008, kann der Versicherer vom Vertrag zurücktreten (§ 19 Abs. 2 VVG 2008). Die Bundesregierung begründet § 19 Abs. 2 VVG 2008 wie folgt:[16]

„Dem Versicherer steht im Fall der Verletzung der Anzeigepflicht nach Absatz 1 ein Rücktrittsrecht zu; Ausnahmen hiervon enthalten die Absätze 3 und 4. Die Anzeigepflicht ist auch dann verletzt, wenn der Versicherungsnehmer eine Frage des Versicherers unrichtig beantwortet, da er in diesem Fall einen für den Versicherer erheblichen Umstand nicht anzeigt. Einer ausdrücklichen Klarstellung im Gesetz entsprechend § 17 VVG bedarf es im Hinblick auf den neuen Wortlaut des Absatzes 1 hier – anders als bei Absatz 5 Satz 2 – nicht.

Durch den Rücktritt, der gegenüber dem Versicherungsnehmer zu erklären ist (vgl. § 349 BGB), wird der Vertrag ex tunc beseitigt. Die Bedingungen für die Ausübung des Rück-

---

[11] *Reusch* VersR 2008, 1179, 1180.
[12] *Langheid* NJW 2007, 3665, 3668; *Marlow/Spuhl*, Das neue VVG kompakt, 3. Aufl., 2008, S. 47.
[13] *Reusch* VersR 2008, 1179, 1182.
[14] *Reusch* VersR 2008, 1179, 1183.
[15] *Reusch* VersR 2008, 1179, 1184.
[16] BT-Drucks. 16/3945, S. 65.

trittsrechts sind in § 21 VVG-E sowie in § 39 Abs. 1 Satz 2 VVG-E bezüglich der Prämie geregelt. Im Übrigen bestimmen sich die Wirkungen des Rücktrittes nach § 346 BGB."

2. Beweislast

8   Die Beweislast für die Verletzung der Anzeigepflicht oder einer Obliegenheit durch den Versicherungsnehmer trägt der Versicherer (§ 69 Abs. 3 Satz 2 VVG 2008). Im Streitfall über die Zurechnung der Kenntnis trifft den Versicherer auch die Beweislast dafür, dass der Vermittler bei der Antragsaufnahme nicht als Versicherungsvertreter, sondern als Versicherungsmakler tätig wurde.[17]

3. Rücktritt bei Altvertrag

9   Erfolgt der Rücktritt im Zusammenhang mit einem Versicherungsfall aus einem sog. Altvertrag, d.h. einem Versicherungsvertrag, der bis zum 1. Januar 2008 abgeschlossen wurde, bleibt das alte Recht über den 31. Dezember 2008 hinaus anwendbar, wenn der Versicherungsfall bis zum 31. Dezember 2008 eingetreten ist.[18]

V. Ausschluss des Rücktrittsrechts, aber Kündigungsrecht des Versicherers bei fahrlässiger Verletzung der Anzeigepflicht (§ 6 Abs. 6 ALB 2008)

1. Ausgangslage

10   Das Rücktrittsrecht des Versicherers ist ausgeschlossen, wenn der Versicherungsnehmer die Anzeigepflicht weder vorsätzlich noch grob fahrlässig verletzt hat (§ 19 Abs. 3 Satz 1 VVG 2008). In diesem Fall hat der Versicherer das Recht, den Vertrag unter Einhaltung einer Frist von einem Monat zu kündigen (§ 19 Abs. 3 Satz 2 VVG 2008). Die Bundesregierung gibt zu § 19 Abs. 3 VVG 2008 folgende Begründung:[19]

„Während nach § 16 Abs. 3 VVG ein Rücktritt des Versicherers nur bei fehlendem Verschulden des Versicherungsnehmers ausgeschlossen ist, soll künftig das Rücktrittsrecht auch bei einfacher Fahrlässigkeit des Versicherungsnehmers entfallen, da in diesem Fall eine so weit reichende Sanktion, wie sie das Rücktrittsrecht darstellt, nicht gerechtfertigt erscheint. Die Beweislast für das Nichtvorliegen von Vorsatz oder grober Fahrlässigkeit liegt beim Versicherungsnehmer.
Ist das Rücktrittsrecht ausgeschlossen, weil der Versicherungsnehmer die Anzeigepflicht weder vorsätzlich noch grob fahrlässig verletzt hat, kann der Versicherer nach Satz 2 den Vertrag unter Einhaltung einer Kündigungsfrist von einem Monat für die Zukunft beenden. Die Monatsfrist ist notwendig, um dem Versicherungsnehmer die Möglichkeit zu geben, sich anderweitig Versicherungsschutz zu verschaffen. Das Kündigungsrecht besteht jedoch dann nicht, wenn der Versicherer nach Absatz 4 den Vertrag anpassen kann."

2. Ausschluss des Rücktrittsrechts

11   a) **Vorsatz.** Vorsatz liegt vor, wenn der Versicherungsnehmer den tatbestandsmäßigen Erfolg mit Wissen und Wollen verwirklicht hat.[20] Wissen bedeutet positive Kenntnis.[21] Der Versicherungsnehmer, dem der Vorwurf gemacht werden soll, vorsätzlich gehandelt zu haben, muss die maßgeblichen Tatsachen gekannt haben, aus denen sich der Verstoß gegen die ihn treffende Verhaltensnorm er-

---

[17] OLG Saarbrücken NJW-RR 2006, 1467; *H.-J. Fricke* VersR 2007, 1614, 1616.
[18] *Grote/Finkel* VersR 2009, 312, 315; *Neuhaus* r+s 2008, 45, 46.
[19] BT-Drucks. 16/3945, S. 65.
[20] *Palandt/Heinrichs*, BGB, 67. Aufl., 2008, § 276 BGB Rdn. 10.
[21] *Veith* VersR 2008, 1580, 1582.

gibt.²² Kann dem Versicherungsnehmer nur der Vorwurf gemacht werden, dass er die maßgeblichen Tatsachen hätte kennen müssen, reicht dies für die Annahme vorsätzlichen Verhaltens nicht aus.²³ Neben dem Vorwurf, wissentlich gehandelt zu haben, muss dem Versicherungsnehmer im Weiteren vorgehalten werden können, den tatbestandsmäßigen Erfolg willentlich verwirklicht zu haben, wobei es genügt, dass der Versicherungsnehmer den Eintritt dieses Erfolgs für möglich gehalten und für diesen Fall billigend in Kauf genommen hat (dolus eventualis).²⁴

b) Grobe Fahrlässigkeit. aa) Voraussetzungen. Im Ausgangspunkt ist der Begriff der groben Fahrlässigkeit wie im übrigen Zivilrecht zu definieren.²⁵ Grob fahrlässig ist ein Handeln, bei dem die erforderliche Sorgfalt nach den gesamten Umständen in ungewöhnlich grobem Maß verletzt worden ist und bei dem dasjenige unbeachtet geblieben ist, was im gegebenen Fall jedem hätte einleuchten müssen, wobei auch subjektive, in der Person des Handelnden begründete Umstände zu berücksichtigen sind.²⁶ Grobe Fahrlässigkeit liegt danach vor, wenn in besonders vorwerfbarem Maße selbst einfachste, ganz naheliegende Überlegungen nicht angestellt oder beiseite geschoben werden, die sich im gegebenen Fall jedem aufdrängen mussten.²⁷ Dabei sind jedoch strenge Anforderungen zu stellen.²⁸ Das gewöhnliche Maß an Fahrlässigkeit muss in objektiver Hinsicht erheblich überschritten sein, wobei sich dies aus einem Vergleich mit dem objektiven Durchschnittsverhalten ergibt.²⁹ Auf der subjektiven Seite setzt die Annahme grober Fahrlässigkeit voraus, dass die erforderliche Sorgfalt durch ein auch subjektiv unentschuldbares Verhalten in hohem Maße außer acht gelassen worden ist.³⁰ Dabei ist auch in subjektiver Hinsicht ein gegenüber einfacher Fahrlässigkeit erheblich gesteigertes Verschulden nötig.³¹ Dafür ist eine Würdigung aller Umstände des Einzelfalles unerlässlich.³² Ob die Fahrlässigkeit im Einzelfall als einfach oder grob zu werten ist, lässt sich nur nach der jeweiligen Gesamtlage beurteilen, wobei auch subjektive, in der Individualität des Handelnden begründete Umstände zu berücksichtigen sind.³³ Zu denken ist an seelische und physische Umstände, persönliche Fähigkeiten, die berufliche Stellung, die Lebenserfahrung usw.³⁴

---

[22] BGH, Urt. v. 30. 4. 2008 – IV ZR 227/06, VersR 2008, 905, 906; *Veith* VersR 2008, 1580, 1582.
[23] BGH, Urt. v. 30. 4. 2008 – IV ZR 227/06, VersR 2008, 905, 906; *Veith* VersR 2008, 1580, 1582.
[24] BGH, Urt. v. 20. 11. 1979 – VI ZR 238/78, BGHZ 75, 328, 332 f. = VersR 1980, 164, 165; BGH, Urt. v. 17. 6. 1998 – IV ZR 163/97, VersR 1998, 1011; *Veith* VersR 2008, 1580, 1582.
[25] *Rokas* VersR 2008, 1457, 1461.
[26] BGH, Urt. v. 5. 12. 1983 – II ZR 252/82, BGHZ 89, 153, 161 = VersR 1984, 281, 283; BGH, Urt. v. 13. 12. 2004 – II ZR 17/03, NJW 2005, 981 = VersR 2005, 1088, 1090; *Dickstein* in: Liber amicorum für Gerrit Winter, 2007, S. 309, 321.
[27] BGH, Urt. v. 23. 6. 1964 – VI ZR 99/63, VersR 1964, 1024, 1025.
[28] *Veith* VersR 2008, 1580, 1582.
[29] *Veith* VersR 2008, 1580, 1582.
[30] BGH, Urt. v. 19. 12. 1979 – IV ZR 91/78, NJW 1980, 887, 888 = VersR 1980, 180, 181; BGH, Urt. v. 23. 1. 1985 – IVa ZR 128/83, VersR 1985, 440, 441; OLG Hamm, Urt. v. 7. 2. 2007 – 20 U 134/06, VersR 2007, 1553; *Looschelders* VersR 2008, 1, 5; *Veith* VersR 2008, 1580, 1582.
[31] BGH, Urt. v. 22. 2. 1984 – IVa ZR 145/82, VersR 1984, 480; BGH, Urt. v. 23. 1. 1985 – IVa ZR 128/83, VersR 1985, 440, 441; *Rokas* VersR 2008, 1457, 1459.
[32] BGH, Urt. v. 11. 7. 1967 – VI ZR 14/66, VersR 1967, 909, 910; BGH, Urt. v. 23. 1. 1985 – IVa ZR 128/83, VersR 1985, 440, 441.
[33] BGH, Urt. v. 5. 12. 1966 – II ZR 174/65, VersR 1967, 127.
[34] *Rokas* VersR 2008, 1457, 1459.

13 **bb) Feststellung.** Die Entscheidung, ob ein vorwerfbares Verhalten als grob fahrlässig zu bewerten ist, ist nach ständiger Rechtsprechung dem Tatrichter vorbehalten, der im Einzelfall unter Würdigung aller Umstände nach seinem pflichtgemäßen Ermessen darüber zu befinden hat.[35] Seine Wertung ist daher der Nachprüfung durch das Revisionsgericht entzogen, sofern er nicht den Begriff der groben Fahrlässigkeit verkannt hat oder ihm fehlerhaft gewonnene Feststellungen zugrunde gelegt hat.[36] Im Rahmen seiner Wertung kann und darf der Tatrichter aus dem äußeren Verhalten des Versicherungsnehmers unter Umständen auf innere Vorgänge und Vorstellungen des Versicherungsnehmers schließen.[37]

14 **c) Beweislast.** Der Versicherungsnehmer trägt die Beweislast für das Nichtvorliegen von Vorsatz und grober Fahrlässigkeit.[38]

3. Kündigungsrecht

15 Tritt der Versicherer wegen vorsätzlicher oder grob fahrlässiger Verletzung der Anzeigepflicht vom Vertrag zurück, wird aber im nachfolgenden Rechtsstreit nur einfache Fahrlässigkeit bejaht, kann die Rücktrittserklärung in eine Kündigungserklärung umgedeutet werden.[39]

VI. Ausschluss des Rücktrittsrechts und des besonderen Kündigungsrechts des Versicherers gemäß § 19 Abs. 4 VVG 2008 (§ 6 Abs. 3 u. Abs. 7 ALB 2008)

1. Ausgangslage

16 Das Rücktrittsrecht des Versicherers wegen grob fahrlässiger Verletzung der Anzeigepflicht und sein Kündigungsrecht nach § 19 Absatz 3 Satz 2 VVG 2008 sind ausgeschlossen, wenn er den Vertrag auch bei Kenntnis der nicht angezeigten Umstände, wenn auch zu anderen Bedingungen geschlossen hätte (§ 19 Abs. 4 Satz 1 VVG 2008). Die anderen Bedingungen werden auf Verlangen des Versicherers rückwirkend, bei einer vom Versicherungsnehmer nicht zu vertretenden Pflichtverletzung ab der laufenden Versicherungsperiode Vertragsbestandteil (§ 19 Abs. 4 Satz 2 VVG 2008). Die Bundesregierung gibt zu dieser Vorschrift folgende Begründung:[40]

„Die Vorschrift enthält einen weiteren Ausschlussgrund für das Rücktrittsrecht des Versicherers nach Absatz 2. Ein Rücktritt erscheint dann nicht gerechtfertigt, wenn der Versicherer den Vertrag auch bei Kenntnis der nicht angezeigten Umstände, wenn auch zu anderen Bedingungen, geschlossen hätte. Dies gilt auch für das besondere Kündigungsrecht des Versicherers nach Absatz 3 Satz 2, da auch eine Kündigung des Vertragsverhältnisses für den Versicherungsnehmer insbesondere bei einer Personenversicherung zu gravierenden Nachteilen führen kann. Der Versicherungsnehmer hat darzulegen und erforderlichenfalls zu beweisen, dass der nicht angezeigte Umstand nach den AVB und allgemeinen Geschäftsgrundsätzen des Versicherers nicht zu einer Versagung des Versicherungsschutzes geführt hätte.

Der Ausschluss des Rücktrittsrechts des Versicherers ist allerdings dann unbillig, wenn der Versicherungsnehmer seine Anzeigepflicht vorsätzlich verletzt hat. Dem Versicherer kann nicht zugemutet werden, an einem Vertrag mit einem Versicherungsnehmer festgehalten zu

---

[35] BGH, Urt. v. 5. 12. 1983 – II ZR 252/82, BGHZ 89, 153, 161 = VersR 1984, 281, 283.
[36] BGH, Urt. v. 21. 10. 1980 – VI ZR 265/79, VersR 1981, 75; BGH, Urt. v. 5. 12. 1983 – II ZR 252/82, BGHZ 89, 153, 161 = VersR 1984, 281, 283.
[37] BGH, Urt. v. 22. 2. 1984 – IV a ZR 145/82, VersR 1984, 480.
[38] *Pohlmann* VersR 2008, 437, 438.
[39] *Neuhaus* r+s 2008, 45, 51.
[40] BT-Drucks. 16/3945, S. 65.

werden, der seine Pflicht nach Absatz 1, die für den Versicherer erheblichen Umstände anzuzeigen, bewusst verletzt.

Sind Rücktritt und Kündigung nach Satz 1 ausgeschlossen, werden die Bedingungen, zu denen der Versicherer in Kenntnis der nicht angezeigten Umstände den Vertrag geschlossen hätte, rückwirkend Vertragsbestandteil, sobald der Versicherer dem Versicherungsnehmer eine entsprechende Erklärung zugehen lässt. Die notwendige Feststellung, zu welchen Bedingungen, insbesondere zu welcher Prämie der Vertrag mit dem nicht angezeigten Umstand geschlossen worden wäre, kann zwar im Einzelfall zu praktischen Schwierigkeiten führen; sie dürften aber in aller Regel ebenso überwindbar sein, wie dies bei der bisherigen Regelung des § 41 VVG der Fall war.

Die Rückwirkung einer Erhöhung der Prämie würde allerdings im Fall einer unverschuldeten Verletzung der Anzeigepflicht zu einer Schlechterstellung des Versicherungsnehmers gegenüber § 41 Abs. 1 VVG führen. Diese Abweichung vom geltenden Recht zu Ungunsten des Versicherungsnehmers erscheint auch unter Berücksichtigung der berechtigten Interessen des Versicherers unbillig, zumal es sich eher um seltene Ausnahmefälle handeln dürfte. Daher übernimmt Satz 2 für den Fall einer Anzeigepflichtverletzung ohne Verschulden des Versicherungsnehmers die Bestimmung des § 41 Abs. 1 Satz 1 VVG, wonach die bei richtiger und vollständiger Anzeige maßgeblichen Bedingungen des Versicherers, insbesondere eine erhöhte Prämie, ab Beginn der laufenden Versicherungsperiode Vertragsbestandteil werden."

Das Rücktritts- und das Kündigungsrecht des Versicherers sind mithin nach der gesetzlichen Regelung ausgeschlossen, wenn der Versicherer bei Kenntnis der nicht angezeigten Gefahrumstände den Versicherungsvertrag zu gleichen Bedingungen abgeschlossen hätte.[41]

2. Beweislast des Versicherungsnehmers

Ob der beweisbelastete Versicherungsnehmer immer darlegen und beweisen muss, dass ein nicht angezeigter Umstand nach den AVB und den allgemeinen Geschäftsgrundsätzen des Versicherers nicht zu einer Versagung des Versicherungsschutzes geführt hätte, ist zweifelhaft. Wenn der für ihn tätige Makler das erforderliche Wissen, insbesondere über die Zeichnungsrichtlinien des Versicherers, besitzt, mag die Erfüllung der Darlegungs- und Beweislast möglich sein. Hat der Versicherungsnehmer aber keine Kenntnis von den Annahmegrundsätzen des Versicherers und kann er dies nachvollziehbar darlegen, genügt er seiner Darlegungs- und Beweislast, wenn er zumindest Anhaltspunkte darlegt, die es als plausibel erscheinen lassen, dass der Versicherer den Vertrag auch bei Kenntnis der nicht angezeigten Umstände, wenn auch zu anderen Bedingungen, geschlossen hätte. Hierfür kann der Vortrag des Versicherungsnehmers genügen, dass beispielsweise eine Rückfrage bei einem anderen Versicherer ergeben habe, dass das den verschwiegenen Umstand auslösende Risiko gegen Beitragszuschlag versicherbar sei. Im Ergebnis wird es die Aufgabe des Versicherers sein, im Streitfall seine Zeichnungspolitik darzulegen und hierfür Beweis antreten zu müssen. Den Versicherungsnehmer trifft damit letztlich nur die Substanziierungslast. Im Schrifttum wird bereits erwartet, dass die Rechtsprechung zur bloßen Substanziierungslast des Versicherungsnehmers[42] Anwendung finden wird.[43]

3. Vertragsänderung

a) Zeitpunkt. Ist der Versicherer wegen Verletzung der vorvertraglichen Anzeigepflicht durch den Versicherungsnehmer zur Vertragsänderung berechtigt,

---
[41] *Reusch* VersR 2007, 1313, 1316.
[42] Vgl. dazu BGH NJW-RR 2001, 234 = NVersZ 2001, 69; *Römer/Langheid*, VVG, 2. Aufl., 2003, §§ 16, 17 VVG Rdn. 23.
[43] Vgl. *Langheid* NJW 2007, 3665, 3667; *Reusch* VersR 2007, 1313, 1319.

werden die von ihm verlangten Bedingungsänderungen gemäß § 19 Abs. 4 Satz 2 VVG 2008 bei einer vom Versicherungsnehmer nicht zu vertretenden Pflichtverletzung ab der laufenden Versicherungsperiode Vertragsinhalt. Bei einer vom Versicherungsnehmer zu vertretenden Verletzung der vorvertraglichen Anzeigepflicht werden die Bedingungen gemäß § 19 Abs. 4 Satz 2 VVG 2008 hingegen ab Vertragsbeginn Vertragsbestandteil.

20 **b) Andere Bedingungen.** Der Versicherer, der eine andere Bedingung durch Vertragsänderung implementieren möchte, muss darlegen, dass er den Versicherungsvertrag bei Kenntnis des vom Versicherungsnehmer nicht angezeigten Umstands nur mit dieser anderen Bedingung abgeschlossen hätte.[44] Dies setzt voraus, dass der Versicherer bereits vor Abschluss des streitgegenständlichen Versicherungsvertrages über Geschäftsgrundsätze verfügte, die noch im Zeitpunkt der gerichtlichen Entscheidung über die Wirksamkeit einer Vertragsänderung deutlich erkennen lassen, wie der Versicherer früher auf von ihm erfragte und ihm angezeigte Umstände vertraglich reagiert hat.[45]

VII. Hinweispflicht des Versicherers und Ausschluss der Rechte (§ 6 Abs. 11 u. 12 ALB 2008)

1. Ausgangslage

21 Dem Versicherer stehen die Rechte nach § 19 Abs. 2 bis 4 VVG 2008 nur zu, wenn er den Versicherungsnehmer durch gesonderte Mitteilung in Textform auf die Folgen einer Anzeigepflichtverletzung hingewiesen hat (§ 19 Abs. 5 Satz 1 VVG 2008). Die Rechte sind ausgeschlossen, wenn der Versicherer den nicht angezeigten Gefahrumstand oder die Unrichtigkeit der Anzeige kannte (§ 19 Abs. 5 Satz 1 VVG 2008). Zu dieser Vorschrift führt die Bundesregierung aus:[46]

„Zum Schutz des Versicherungsnehmers wird in Satz 1 der Versicherer verpflichtet, den Versicherungsnehmer über die Folgen einer Verletzung seiner Anzeigepflicht nach Absatz 1 durch eine gesonderte Mitteilung in Textform zu belehren. Die Belehrung muss so rechtzeitig vor Vertragsschluss erfolgen, dass der Versicherungsnehmer seine Anzeigepflicht noch erfüllen kann. Unterlässt der Versicherer diese Belehrung, kann er sich auf die Pflichtverletzung des Versicherungsnehmers nicht berufen.
Der Ausschluss der in den Absätzen 2 bis 4 geregelten Rechte des Versicherers nach Satz 2, wenn der Versicherer den nicht angezeigten Gefahrumstand oder die Unrichtigkeit der Anzeige kannte, entspricht § 16 Abs. 3 und § 17 Abs. 2 VVG. Die ausdrückliche Erfassung der Kenntnis des Versicherers von der Unrichtigkeit der Anzeige erscheint hier aus Gründen der Klarstellung notwendig."

Unter die Hinweispflicht fällt nicht die Anfechtungsmöglichkeit im Falle arglistiger Täuschung, weil § 19 Abs. 5 Satz 1 VVG 2008 nur die in § 19 Abs. 2 bis 4 VVG 2008 eingeräumten Rechte erwähnt, nicht aber die in § 22 VVG 2008 geregelte Arglistanfechtung.[47] Der arglistig Handelnde ist nicht schutzwürdig und kann deshalb keine Warnung durch den Versicherer erwarten.[48]

---

[44] *Marlow/Spuhl*, Das neue VVG kompakt, 2. Aufl., 2007, S. 44; *Lange* r+s 2008, 56, 60.
[45] *Reusch* VersR 2007, 1313, 1319; *Lange* r+s 2008, 56, 60.
[46] BT-Drucks. 16/3945, S. 65 f.
[47] LG Dortmund, Urt. v. 17. 12. 2009 – 2 O 399/09, VersR 2010, 465, 467 = r+s 2010, 101, 103; *Schimikowski* r+s 2009, 353, 356; *Marlow* VersR 2010, 468.
[48] LG Dortmund, Urt. v. 17. 12. 2009 – 2 O 399/09, VersR 2010, 465, 467 = r+s 2010, 101, 103; *Marlow* VersR 2010, 468.

2. Gesonderte Mitteilung

§ 19 Abs. 5 Satz 1 VVG 2008 verlangt inhaltlich eine umfassende, unmissverständliche und aus Sicht des Versicherungsnehmers eindeutige Belehrung.[49] Gesetzeskonform ist eine Belehrung des Versicherungsnehmers durch den Versicherer, die vom übrigen Antragstext räumlich getrennt und in besonderer Form, regelmäßig also drucktechnisch hervorgehoben, erfolgt.[50] Ein getrenntes Blatt oder Schriftstück ist nicht erforderlich.[51] Notwendig ist allerdings, dass dem Antragsteller die Belehrung im räumlichen Zusammenhang mit den Antragsfragen in einer hervorstechenden Art und Weise so zur Kenntnis gebracht wird, dass er die Belehrung bei der Beantwortung der Gesundheitsfragen und/oder der Unterzeichnung des Versicherungsantrags nicht übersieht.[52] Dass die Belehrung den Antragsteller vor der Beantwortung der Gefahrfragen erreichen muss, mithin im Text vor den Gesundheitsfragen stehen muss,[53] erscheint nicht zwingend.[54] Der Versicherer kann sich auch dafür entscheiden, dass sich die Belehrung vor der Unterschriftsleiste befindet, weil dies der Bereich des Antragsformulars ist, den der Antragsteller bei der notwendigen Unterzeichnung des Antrags nicht übersehen kann.[55] Der vom Gesetz vorgesehene Schutzzweck wird erreicht, da der Antragsteller vor der Unterzeichnung des Antrags noch die Möglichkeit hat, seine Angaben zu kontrollieren und ggf. zu korrigieren.[56] Die Belehrung unmittelbar unter der Antragsunterschriftenleiste zu platzieren,[57] kommt nur in Betracht, wenn der Antragsteller erneut durch Unterzeichnung die Kenntnisnahme bestätigt. Hierdurch würde zugleich der Intention des Gesetzgebers Rechnung getragen werden, der von einer gesonderten Mitteilung in Textform spricht.

3. Kenntnis des Versicherers

a) Sachbearbeiter. Kenntnis des Versicherers liegt frühestens vor, wenn die maßgeblichen Tatsachen so in den Bereich des entscheidungsbefugten Sachbearbeiters gelangt sind, dass dieser unter normalen Umständen die Möglichkeit hat, davon Kenntnis zu nehmen.[58] Um ein hohes Maß an Rechtssicherheit zu erreichen, ist zur Vermeidung von Ermittlungen und Beweisschwierigkeiten Kenntnis des Versicherers spätestens eine Woche nach Eingang einer maßgeblichen Information unwiderlegbar zu vermuten.[59]

---

[49] OLG Brandenburg, Beschl. v. 17. 12. 2009 – 12 W 57/09, NJW-RR 2010, 385; *Rolfs* in: Bruck/Möller, 9. Aufl., 2008, § 19 VVG 2008 Rdn. 116.
[50] *Rixecker* zfs 2007, 370; *Marlow/Spuhl*, Das Neue VVG kompakt, 2. Aufl., 2007, S. 40; *Leverenz* VersR 2008, 709, 712.
[51] LG Dortmund, Urt. v. 17. 12. 2009 – 2 O 399/09, VersR 2010, 465, 466 = r+s 2010, 101, 102; *Grote/Schneider* BB 2007, 2689, 2693; *Müller-Frank*, ZuRecht – Jetzt geht's los: VVG-2008, BUZaktuell 2007, 1; *Leverenz* VersR 2008, 709, 712; *Marlow* VersR 2010, 468; a. A. *Reusch* VersR 2007, 1313, 1320; *Neuhaus* r+s 2008, 45, 52.
[52] LG Dortmund, Urt. v. 17. 12. 2009 – 2 O 399/09, VersR 2010, 465, 466 = r+s 2010, 101, 102.
[53] Dafür *Marlow* VersR 2010, 468.
[54] Ebenso LG Dortmund, Urt. v. 17. 12. 2009 – 2 O 399/09, VersR 2010, 465, 467 = r+s 2010, 101, 102.
[55] LG Dortmund, Urt. v. 17. 12. 2009 – 2 O 399/09, VersR 2010, 465, 466 = r+s 2010, 101, 102.
[56] *Schimikowski* r+s 2009, 353, 356.
[57] Diese Alternative hält das LG Dortmund für möglich, vgl. LG Dortmund, Urt. v. 17. 12. 2009 – 2 O 399/09, VersR 2010, 465, 467 = r+s 2010, 101, 102.
[58] *Neuhaus* r+s 2008, 45, 52/53.
[59] *Hövel* VersR 2008, 315, 316.

24 **b) Versicherungsvertreter.** Soweit nach dem VVG 2008 die Kenntnis des Versicherers erheblich ist, steht die Kenntnis des Versicherungsvertreters der Kenntnis des Versicherers gleich (§ 70 Satz 1 VVG 2008).

VIII. Kündigungsrecht des Versicherungsnehmers (§ 6 Abs. 10 ALB 2008)

25 Erhöht sich im Fall des § 19 Abs. 4 Satz 2 VVG 2008 durch eine Vertragsänderung die Prämie um mehr als zehn Prozent oder schließt der Versicherer die Gefahrabsicherung für den nicht angezeigten Umstand aus, kann der Versicherungsnehmer den Vertrag innerhalb eines Monats nach Zugang der Mitteilung des Versicherers ohne Einhaltung einer Frist kündigen (§ 19 Abs. 6 Satz 1 VVG 2008). Der Versicherer hat den Versicherungsnehmer in der Mitteilung auf dieses Recht hinzuweisen (§ 19 Abs. 6 Satz 2 VVG 2008). Die Bundesregierung führt zur Begründung dieser Vorschrift aus:[60]

„Macht der Versicherer von seinem Recht nach Absatz 4 Satz 2 zur Vertragsänderung Gebrauch, können sich hieraus für den Versicherungsnehmer Verschlechterungen ergeben, die sein Festhalten an dem geänderten Vertrag als nicht zumutbar erscheinen lassen. Dies ist der Fall, wenn er zur Zahlung einer um mehr als zehn Prozent höheren Prämie als zunächst vorgesehen verpflichtet ist oder wenn die Gefahrabsicherung für den nicht angezeigten Umstand vom Versicherer ausgeschlossen wird. Nach Satz 1 hat der Versicherungsnehmer unter diesen Voraussetzungen das Recht, den geänderten Vertrag durch fristlose Kündigung zu beenden; für den Fall der Prämienerhöhung entspricht dies der Regelung des § 31 VVG, der als § 40 VVG-E beibehalten wird. Die Kündigung lässt allerdings die sich aus dem geänderten Vertrag ergebenden Verpflichtungen des Versicherungsnehmers bei schuldhafter Anzeigepflichtverletzung für die Vergangenheit unberührt, da die Anpassung mit Ex-tunc-Wirkung erfolgt. Liegt kein Verschulden des Versicherungsnehmers vor, ist die Rückwirkung auf den Beginn der laufenden Versicherungsperiode begrenzt. Über das Kündigungsrecht nach Satz 1 hat der Versicherer den Versicherungsnehmer zu belehren; die Belehrung ist mit der Mitteilung der Vertragsänderung zu verbinden."

IX. Vertreter des Versicherungsnehmers

26 Wird der Vertrag von einem Vertreter des Versicherungsnehmers geschlossen, sind bei der Anwendung des § 19 Abs. 1 bis 4 VVG 2008 und des § 21 Abs. 2 Satz 2 sowie Abs. 3 Satz 2 VVG 2008 sowohl die Kenntnis und die Arglist des Vertreters als auch die Kenntnis und die Arglist des Versicherungsnehmers zu berücksichtigen (§ 20 Satz 1 VVG 2008). Der Versicherungsnehmer kann sich darauf, dass die Anzeigepflicht nicht vorsätzlich oder grob fahrlässig verletzt worden ist, nur berufen, wenn weder dem Vertreter noch dem Versicherungsnehmer Vorsatz oder grobe Fahrlässigkeit zur Last fällt (§ 20 Satz 2 VVG 2008). Die Bundesregierung begründet § 20 VVG 2008 wie folgt:

„Die Vorschrift stimmt in der Sache mit § 19 VVG überein. Die dortige Unterscheidung von Bevollmächtigtem und Vertreter ohne Vertretungsmacht ist entbehrlich; der neue Text verwendet daher nur den Begriff des Vertreters.
Die sonstigen redaktionellen Abweichungen berücksichtigen die Änderungen des bisherigen § 16 VVG in § 19 VVG-E. Der Fall der Arglist wird nur noch in § 21 Abs. 2 Satz 2, Abs. 3 Satz 2 VVG-E erfasst. Auf die Anfechtung wegen arglistiger Täuschung (§ 22 VVG-E) ist § 20 VVG-E nicht anzuwenden."

---

[60] BT-Drucks. 16/3945, S. 66.

X. Ausübung der Rechte durch den Versicherer (§ 6 Abs. 13 ALB 2008)

1. Erklärung

a) Ausgangslage. Der Versicherer muss die ihm nach § 19 Abs. 2 bis 4 VVG 2008 zustehenden Rechte innerhalb eines Monats schriftlich geltend machen (§ 21 Abs. 1 Satz 1 VVG 2008). Die Frist beginnt mit dem Zeitpunkt, zu dem der Versicherer von der Verletzung der Anzeigepflicht, die das von ihm geltend gemachte Recht begründet, Kenntnis erlangt (§ 21 Abs. 1 Satz 2 VVG 2008). Der Versicherer hat bei der Ausübung seiner Rechte die Umstände anzugeben, auf die er seine Erklärung stützt; er darf nachträglich weitere Umstände zur Begründung seiner Erklärung angeben, wenn für diese die Frist nach § 21 Abs. 1 Satz 1 VVG 2008 nicht verstrichen ist (§ 21 Abs. 1 Satz 3 VVG 2008). Die Bundesregierung führt zur Begründung des § 21 Abs. 1 VVG 2008 folgendes aus:[61]   27

„Die Vorschrift übernimmt in den Sätzen 1 und 2 die bisherige Regelung des § 20 Abs. 1 VVG für den Rücktritt auch bezüglich der weiteren Rechte des Versicherers nach § 19 Abs. 3 Satz 2 und Abs. 4 VVG-E. Im Interesse der Rechtsklarheit für den Versicherungsnehmer schreibt Satz 1 für die Ausübung dieser Rechte die Schriftform vor; dies entspricht auch der bisherigen Praxis bei Rücktrittserklärungen. Ferner wird in Satz 3 bestimmt, dass der Versicherer die Gründe anzugeben hat, auf die er das von ihm erklärte Recht stützt; dies entspricht ebenfalls einem berechtigten Interesse des Versicherungsnehmers. Um eine „Überfrachtung" der schriftlichen Erklärung des Versicherers zu vermeiden und ihm die Möglichkeit zu geben, zusätzliche Erkenntnisse, die für das von ihm geltend gemachte Recht relevant sind, geltend zu machen, wird ihm ein fristgerechtes Nachschieben von Gründen gestattet.
Die bisherige Regelung des § 20 Abs. 2 VVG über den Rücktritt und dessen Wirkungen ist entbehrlich, da sie auch für das VVG geltenden allgemeinen Schuldrecht (vgl. §§ 346, 349 BGB) entspricht; hinsichtlich der gezahlten Prämie sieht § 39 Abs. 1 Satz 2 VVG-E eine Sonderregelung vor."

b) Frist. Die Ausübungsfrist beginnt zu laufen, sobald der Versicherer alle   28
Umstände kennt, die für die Verschuldensbeurteilung relevant sind. Nicht erforderlich ist, dass zuvor rechtskräftig festgestellt ist, mit welchem Verschuldensgrad der Versicherungsnehmer die vorvertragliche Anzeigepflicht verletzt hat.[62] Die Einhaltung der Frist des § 21 Abs. 1 VVG 2008, also den rechtzeitigen Zugang des Schreibens, muss der Versicherer beweisen.[63]

c) Inhalt. An die Eindeutigkeit der Rücktrittserklärung sind strenge Anforde-   29
rungen zu stellen.[64] Kann z. B. eine Lebensversicherung unabhängig von einer Berufsunfähigkeitsversicherung fortbestehen, muss in der Rücktrittserklärung eindeutig klargestellt werden, ob sie sich auf beide Versicherungen beziehen soll oder nur auf eine von beiden.[65]

d) Nachschieben von Gründen. Zur Begründung seiner Rechtsausübungs-   30
erklärung darf der Versicherer nachträglich weitere Umstände angeben, wenn für diese die Frist nach § 21 Abs. 1 Satz 1 VVG 2008 nicht verstrichen ist (§ 21 Abs. 1 Satz 3 VVG 2008). Ein Nachschieben von Gründen ist nach dieser Vorschrift nur innerhalb eines Monats ab dem Zeitpunkt möglich, in welchem der Versicherer Kenntnis von der Verletzung der Anzeigepflicht, die das von ihm gel-

---

[61] BT-Drucks. 16/3945, S. 66.
[62] A. A. *Lange* r+s 2008, 56, 59.
[63] *Neuhaus* r+s 2008, 45, 54.
[64] *Neuhaus* r+s 2008, 45, 53.
[65] OLG Köln, Urt. v. 21. 5. 2003 – 5 U 51/00, www.lexisnexis.de; *Neuhaus* r+s 2008, 45, 53.

tend gemachte Recht begründet, erlangt und nicht etwa innerhalb eines Monats ab Kenntniserlangung von einem neuen Umstand.[66] Schiebt der Versicherer Tatsachen zu spät nach, können diese Umstände bei der prozessualen Beurteilung der Wirksamkeit der Rechtsausübung nicht mehr berücksichtigt werden.[67] Sie können allenfalls die Grundlage einer erneuten Rechtsausübung bilden, wenn ihre Kenntnis eine neue Ausschlussfrist gemäß § 21 Abs. 1 VVG 2008 in Gang setzt.[68]

2. Leistungsfreiheit des Versicherers

31   Im Fall eines Rücktritts nach § 19 Abs. 2 VVG 2008 nach Eintritt des Versicherungsfalles ist der Versicherer nicht zur Leistung verpflichtet, es sei denn, die Verletzung der Anzeigepflicht bezieht sich auf einen Umstand, der weder für den Eintritt oder die Feststellung des Versicherungsfalles noch für die Feststellung oder den Umfang der Leistungspflicht des Versicherers ursächlich ist (§ 21 Abs. 2 Satz 1 VVG 2008). Hat der Versicherungsnehmer die Anzeigepflicht arglistig verletzt, ist der Versicherer nicht zur Leistung verpflichtet (§ 21 Abs. 2 Satz 2 VVG 2008). Die Bundesregierung führt zur Begründung des § 21 Abs. 2 VVG 2008 Folgendes aus:[69]

„Die Vorschrift, nach der die Leistungsfreiheit des Versicherers im Fall des Rücktrittes von der Kausalität der Anzeigepflichtverletzung für den Eintritt des Versicherungsfalles und den Umfang der Leistungspflicht des Versicherers abhängt, stimmt in der Sache mit § 21 VVG überein. Den Beweis fehlender Kausalität hat – wie nach den Parallelvorschriften des § 26 Abs. 3 Nr. 1 und des § 28 Abs. 3 Satz 1 VVG-E – der Versicherungsnehmer zu führen. Das Kausalitätserfordernis entfällt – entsprechend § 28 Abs. 3 Satz 2 VVG-E – aus Gründen der Generalprävention im Fall der Arglist.

Die redaktionellen Abweichungen vom derzeitig geltenden Text sind zur Anpassung an die Parallelregelung des § 28 Abs. 3 VVG-E erforderlich."

32   Den Beweis fehlender Kausalität gemäß § 21 Abs. 3 Satz 1 VVG hat der Versicherungsnehmer zu führen.[70]

3. Ausschlussfrist

33   Die Rechte des Versicherers nach § 19 Abs. 2 bis 4 VVG 2008 erlöschen nach Ablauf von fünf Jahren nach Vertragsschluss (§ 21 Abs. 3 Satz 2 VVG 2008). Hat der Versicherungsnehmer die Anzeigepflicht vorsätzlich oder arglistig verletzt, beläuft sich die Frist auf zehn Jahre (§ 21 Abs. 3 Satz 2 VVG 2008). Die Bundesregierung führt zur Begründung des § 21 Abs. 3 VVG 2008 Folgendes aus:[71]

„Die allgemeine Ausschlussfrist von fünf Jahren nach Satz 1 für die Geltendmachung der Rechte nach § 19 Abs. 2 bis 4 VVG-E durch den Versicherer ist neu. Sie trägt dem Interesse des Versicherungsnehmers Rechnung, in einem angemessenen Zeitraum Sicherheit darüber zu erlangen, dass der Vertrag mit dem vereinbarten Inhalt Bestand hat. Eine Rückabwicklung bzw. rückwirkende Anpassung des Vertrags nach vielen Jahren kann zu unzumutbaren Belastungen des Versicherungsnehmers führen, denen keine hinreichenden schutzwürdigen Interessen des Versicherers gegenüberstehen.

Die vorgesehene Ausschlussfrist weicht zwar von dem Vorschlag der VVG-Kommission ab, in Anlehnung an § 178k Satz 1 VVG (Krankenversicherung) eine Ausschlussfrist von lediglich drei Jahren zu bestimmen und nur für die Lebensversicherung und die Berufsunfä-

---

[66] *Grote/Schneider* BB 2007, 2689, 2692; *Reusch* VersR 2007, 1313, 1321; *Lange* r+s 2008, 56, 60.
[67] *Reusch* VersR 2007, 1313, 1321; *Lange* r+s 2008, 56, 60; *Neuhaus* r+s 2008, 45, 53.
[68] *Reusch* VersR 2007, 1313, 1321; *Lange* r+s 2008, 56, 60.
[69] BT-Drucks. 16/3945, S. 66.
[70] *Neuhaus* r+s 2008, 45, 54.
[71] BT-Drucks. 16/3945, S. 66 f.

higkeitsversicherung eine Frist von fünf Jahren vorzusehen. Eine einheitliche Frist von fünf Jahren außerhalb der Krankenversicherung erscheint aber im Hinblick auf die Neugestaltung der vorvertraglichen Anzeigepflicht nach § 19 VVG-E angemessen. Mit der neuen Regelung wird die Rechtsstellung des Versicherungsnehmers gegenüber dem geltenden Recht nicht unerheblich verbessert. Dies darf nicht dazu führen, dass solche Versicherungsnehmer begünstigt werden, die ihre Anzeigepflicht gröblich verletzen und sich dadurch auf Kosten der Versichertengemeinschaft dauerhaft ungerechtfertigte Vorteile verschaffen. Eine relativ kurz bemessene Ausschlussfrist für die Rechte des Versicherers könnte einen Anreiz für diese Versicherungsnehmer bieten, eine gefahrrelevante Tatsache in der Erwartung zu verschweigen oder unrichtig anzuzeigen, dass sie dem Versicherer innerhalb dieser Frist nicht zur Kenntnis kommen wird.

Bei der Krankenversicherung muss es wegen ihrer besonderen sozialen Bedeutung bei der bisherigen Frist von drei Jahren verbleiben (§ 194 Abs. 1 Satz 4 VVG-E).

Die Ausschlussfrist verlängert sich im Fall einer vorsätzlichen oder arglistigen Pflichtverletzung des Versicherungsnehmers nach Satz 2 auf zehn Jahre. Die unbefristete Beibehaltung des Rücktrittsrechts, wie sie § 178k Satz 2 VVG vorsieht, ist auch bei Arglist zu weitgehend; andererseits soll ein Versicherungsnehmer, der mit Vorsatz handelt, nicht von der kürzeren Ausschlussfrist profitieren können. Die vorgeschlagene Bestimmung entspricht hinsichtlich der Arglist der Regelung des § 124 Abs. 3 BGB für die Anfechtung wegen arglistiger Täuschung."

Bei der Ausschlussfrist handelt es sich um eine von Amts wegen zu beachtende Frist.[72] Sie greift nicht bei Versicherungsfällen, die vor Fristablauf eingetreten sind.[73] Die Beweislast dafür, dass ein vom Versicherer ausgesprochener Rücktritt tatsächlich verfristet ist, trägt der Versicherungsnehmer.[74] Er muss beweisen, dass der Versicherungsfall außerhalb der Ausschlussfrist eingetreten ist.[75] **34**

XI. Arglistige Täuschung (§ 6 Abs. 14 ALB 2008)

1. Ausgangslage

Das Recht des Versicherers, den Vertrag wegen arglistiger Täuschung anzufechten, bleibt unberührt (§ 22 VVG 2008). Die Bundesregierung führt zur Begründung des § 22 VVG 2008 Folgendes aus:[76] **35**

„Die Vorschrift stimmt sachlich mit § 22 VVG überein. Die Klarstellung, dass die Vorschriften der §§ 19 bis 21 VVG-E das Recht des Versicherers unberührt lassen, den Vertrag wegen arglistiger Täuschung gemäß § 123 BGB anzufechten, ist auch für die Neuregelung der Anzeigepflichtverletzung erforderlich. Die bisherige Beschränkung des § 22 VVG auf eine Täuschung über Gefahrumstände entspricht nicht dem Sinn und Zweck der Regelung."

§ 22 VVG 2008 erfasst jede arglistige Täuschung vor und nach Vertragsabschluss.[77] Einigkeit besteht aber darüber, dass der Wegfall der bisherigen Beschränkung des § 22 VVG auf eine Täuschung über Gefahrumstände keine Ausweitung der Anfechtungsmöglichkeiten für den Versicherer mit sich bringen wird.[78] **36**

---

[72] BGH, Urt. v. 20. 4. 1994 – IV ZR 232/92, VersR 1994, 1054; *Neuhaus* r+s 2008, 45, 54.
[73] BGH, Urt. v. 20. 4. 1994 – IV ZR 232/92, VersR 1994, 1054; *Neuhaus* r+s 2008, 45, 54.
[74] RGZ 128, 117, 120; BGH, Urt. v. 20. 4. 1994 – IV ZR 232/92, VersR 1994, 1054.
[75] *Neuhaus* r+s 2008, 45, 54.
[76] BT-Drucks. 16/3945, S. 67.
[77] *Neuhaus* r+s 2008, 45, 54.
[78] *Günther*, Betrug in der Sachversicherung, Karlsruhe, 2006, S. 12; *Reusch* VersR 2007, 1313, 1321; *Günther/Spielmann* r+s 2008, 133, 134.

2. Anfechtung

37 **a) Allgemeines.** Der Versicherer kann gemäß § 6 Abs. 14 ALB 2008 den Versicherungsvertrag auch anfechten, falls durch unrichtige oder unvollständige Angaben bewusst und gewollt auf seine Annahmeentscheidung Einfluss genommen worden ist. Voraussetzung für die Ausübung des Anfechtungsrechts ist nicht, dass der Versicherer nach den verschwiegenen oder unzutreffend mitgeteilten Angaben in Textform nachgefragt hat.[79]

38 Der Anfechtungsgrund muss in der Anfechtungserklärung nicht angegeben werden.[80] Erforderlich ist aber, dass für den Anfechtungsgegner erkennbar ist, auf welchen tatsächlichen Grund die Anfechtung gestützt wird.[81] Nach Ablauf der Jahresfrist des § 124 BGB kann der Versicherer keine neuen Anfechtungsgründe nachschieben.[82]

39 **b) Arglistige Täuschung.** Die Annahme einer arglistigen Täuschung setzt voraus, dass der Versicherungsnehmer mit wissentlich falschen Angaben zu Tatsachen oder dem Verschweigen anzeige- und offenbarungspflichtiger Umstände auf die Entschließung des Versicherers, seinen Versicherungsantrag anzunehmen, Einfluss nehmen will und sich bewusst ist, dass der Versicherer möglicherweise seinen Antrag nicht oder nur unter erschwerten Bedingungen annehmen werde, wenn er wahrheitsgemäße Angaben mache.[83] Es gibt aber keinen allgemeinen Erfahrungssatz des Inhalts, dass eine bewusst unrichtige Beantwortung einer vom Versicherer gestellten Frage immer und nur in der Absicht erfolgt, auf den Willen des Versicherers einzuwirken.[84]

39 a **c) Einzelfälle.** Für ein arglistiges Verhalten des Versicherungsnehmers spricht, wenn er schwere, chronische oder schadengeneigte oder immer wieder aufgetretene, zahlreiche oder dauerhafte Erkrankungen oder gesundheitliche Beeinträchtigungen verschwiegen hat, die zu erheblichen Einschränkungen seines Alltags geführt haben oder die ihm offensichtlich erheblich für das versicherte Risiko erscheinen mussten.[85] Liegen objektive Falschangaben vor, ist es Sache des Versicherungsnehmers substantiiert plausibel zu machen, warum und wie es zu diesen objektiven falschen Angaben gekommen ist.[86] Das Streichen aller Antwortmöglichkeiten im Antragsformular auf die Frage des Versicherers, ob der Versicherungsnehmer in den letzten fünf Jahren anderweitig Lebens- und Berufsunfähigkeitszusatzversicherungen beantragt oder abgeschlossen hat, ist jedenfalls als arglistiges Verschweigen des bei einem anderen Versicherer gestellten und von

---

[79] Ebenso *Grote/Schneider* BB 2007, 2689, 2693; *Neuhaus* r+s 2008, 45, 54; *Günther/Spielmann* r+s 2008, 133, 134; a. A. *Marlow/Spuhl*, Das Neue VVG kompakt, 3. Aufl., 2008, S. 46 f.; *Schäfers* VersR 2010, 301, 303 f.
[80] RGZ 65, 88; *Palandt/Heinrichs*, BGB, 67. Aufl., 2008, § 143 Rdn. 3; a. A. *Neuhaus* r+s 2008, 45, 54.
[81] BGH, Urt. v. 18. 9. 1991 – IV ZR 189/90, VersR 1991, 1404, 1405; *Palandt/Heinrichs*, BGB, 67. Aufl., 2008, § 143 Rdn. 3.
[82] BGH, Urt. v. 29. 1. 1969 – IV ZR 518/68, VersR 1969, 319; BGH, Urt. v. 18. 9. 1991 – IV ZR 189/90, VersR 1991, 1404, 1405; *Palandt/Heinrichs*, BGB, 67. Aufl., 2008, § 143 Rdn. 3; *Neuhaus* r+s 2008, 45, 54.
[83] OLG Koblenz, Beschl. v. 28. 4. 2008 – 10 U 1262/07, VersR 2009, 53 = r+s 2009, 160; OLG Saarbrücken, Urt. v. 13. 8. 2008 – 5 U 27/07-3, VersR 2009, 99; OLG Karlsruhe, Urt. v. 3. 4. 2008 – 12 U 151/07, r+s 2009, 120, 121.
[84] OLG Saarbrücken, Beschl. v. 19. 7. 2006 – 5 W 138/06, NJW-RR 2006, 1467; BGH, Urt. v. 28. 2. 2007 – IV ZR 152/05, VersR 2007, 683; OLG Karlsruhe, Urt. v. 3. 4. 2008 – 12 U 151/07, r+s 2009, 120, 121; BGH, Beschl. v. 4. 5. 2009 – IV ZR 62/07, r+s 2009, 295.
[85] OLG Saarbrücken, Beschl. v. 19. 7. 2006 – 5 W 138/06, NJW-RR 2006, 1467.
[86] OLG Saarbrücken, Beschl. v. 19. 7. 2006 – 5 W 138/06, NJW-RR 2006, 1467.

diesem abgelehnten Antrags auf Abschluss einer Lebens- und Berufsunfähigkeitsversicherung zu werten.[87] Falsche Angaben durch den Versicherungsmakler muss sich der Versicherungsnehmer zurechnen lassen, wenn er den Versicherungsantrag „blanko" unterschreibt und sich nach dem Ausfüllen nicht mehr ansieht.[88]

3. Leistungsfreiheit

Hat der Versicherungsnehmer die Anzeigepflicht arglistig verletzt, ist der Versicherer nicht zur Leistung verpflichtet (§ 21 Abs. 2 Satz 2 VVG 2008). Bereits erbrachte Versicherungsleistungen kann der Versicherer zurückfordern.[89] **40**

4. Schicksal der Prämie

Wird das Versicherungsverhältnis durch Anfechtung des Versicherers wegen arglistiger Täuschung beendet, steht dem Versicherer die Prämie bis zum Wirksamwerden der Anfechtungserklärung zu (§ 39 Abs. 1 Satz 2 VVG 2008). **41**

XII. Gefahrerhöhung

1. Allgemeines

Der Versicherungsnehmer darf nach Abgabe seiner Vertragserklärung ohne Einwilligung des Versicherers keine Gefahrerhöhung vornehmen oder deren Vornahme durch einen Dritten gestatten (§ 23 Abs. 1 VVG 2008). Als Erhöhung der Gefahr gilt nur eine solche Änderung der Gefahrumstände, die nach ausdrücklicher Vereinbarung als Gefahrerhöhung angesehen werden soll; die Vereinbarung bedarf der Textform (§ 158 Abs. 1 VVG 2008). Erkennt der Versicherungsnehmer nachträglich, dass er ohne Einwilligung des Versicherers eine Gefahrerhöhung vorgenommen oder gestattet hat, hat er die Gefahrerhöhung dem Versicherer unverzüglich anzuzeigen (§ 23 Abs. 2 VVG 2008). Tritt nach Abgabe der Vertragserklärung des Versicherungsnehmers eine Gefahrerhöhung unabhängig von seinem Willen ein, hat er die Gefahrerhöhung, nachdem er von ihr Kenntnis erlangt hat, dem Versicherer unverzüglich anzuzeigen (§ 23 Abs. 3 VVG 2008). Wenn nur eine unerhebliche Erhöhung der Gefahr vorliegt oder wenn nach den Umständen als vereinbart anzusehen ist, dass die Gefahrerhöhung mitversichert sein soll, finden die Vorschriften des § 23 VVG 2008 und die §§ 24 bis 26 VVG 2008[90] keine Anwendung (§ 27 VVG 2008). **42**

2. Geltendmachung der Gefahrerhöhung

Eine Erhöhung der Gefahr kann der Versicherer nicht mehr geltend machen, wenn seit der Erhöhung fünf Jahre verstrichen sind (§ 158 Abs. 2 Satz 1 VVG 2008). Hat der Versicherungsnehmer seine Verpflichtung nach § 23 VVG 2008 vorsätzlich oder arglistig verletzt, beläuft sich die Frist auf zehn Jahre (§ 158 Abs. 2 Satz 2 VVG 2008). **43**

---

[87] OLG Koblenz, Beschl. v. 3. 7. 2008 – 10 U 1262/07, VersR 2009, 53, 54 = r+s 2009, 160, 161.
[88] OLG Zweibrücken, Urt. v. 9. 3. 2005 – 1 U 100/04, VersR 2005, 1373, 1374.
[89] BGH, Urt. v. 1. 6. 2005 – IV ZR 46/04, BGHZ 163, 148 = r+s 2005, 368; *Neuhaus* r+s 2008, 45, 54.
[90] Zur Anwendung dieser Vorschriften, insbesondere zur Ausübung des Wahlrechts gemäß § 25 VVG 2008, siehe *Loacker* VersR 2008, 1285, 1289 ff.

3. Herabsetzung der Prämie

44 Ist wegen bestimmter gefahrerhöhender Umstände eine höhere Prämie vereinbart und sind diese Umstände nach Antragstellung des Versicherungsnehmers oder nach Vertragsschluss weggefallen oder bedeutungslos geworden, kann der Versicherungsnehmer verlangen, dass die Prämie ab Zugang des Verlangens beim Versicherer angemessen herabgesetzt wird (§ 41 Satz 1 VVG 2008). Dies gilt auch, wenn die Bemessung der höheren Prämie durch unrichtige, auf einem Irrtum des Versicherungsnehmers beruhende Angaben über einen solchen Umstand veranlasst worden ist (§ 41 Satz 2 VVG 2008). Eine Herabsetzung der Prämie kann aber nur wegen einer solchen Minderung der Gefahrumstände verlangt werden, die nach ausdrücklicher Vereinbarung als Gefahrminderung angesehen werden soll (§ 158 Abs. 3 VVG 2008).

§ 7 Was haben Sie bei der Beitragszahlung zu beachten?

(1) **Die Beiträge zu Ihrer Lebensversicherung können Sie je nach Vereinbarung in einem einzigen Betrag (Einmalbeitrag), durch Monats-, Vierteljahres-, Halbjahres- oder Jahresbeiträge (laufende Beiträge) entrichten. Die Versicherungsperiode umfasst bei Einmalbeitrags- und Jahreszahlung ein Jahr, bei unterjähriger Beitragszahlung entsprechend der Zahlungsweise einen Monat, ein Vierteljahr bzw. ein halbes Jahr.**

(2) **Der erste oder einmalige Beitrag (Einlösungsbeitrag) ist unverzüglich nach Abschluss des Vertrages zu zahlen, jedoch nicht vor dem mit Ihnen vereinbarten, im Versicherungsschein angegebenen Versicherungsbeginn. Alle weiteren Beiträge (Folgebeiträge) werden zu Beginn der vereinbarten Versicherungsperiode fällig.**

(3) **Für die Rechtzeitigkeit der Beitragszahlung genügt es, wenn Sie fristgerecht alles getan haben, damit der Beitrag bei uns eingeht. Ist die Einziehung des Beitrags von einem Konto vereinbart, gilt die Zahlung als rechtzeitig, wenn der Beitrag zu dem in Absatz 2 genannten Termin eingezogen werden kann und Sie einer berechtigten Einziehung nicht widersprechen. Konnte der fällige Beitrag ohne Ihr Verschulden von uns nicht eingezogen werden, ist die Zahlung auch dann noch rechtzeitig, wenn sie unverzüglich nach unserer schriftlichen Zahlungsaufforderung erfolgt. Haben Sie zu vertreten, dass der Beitrag wiederholt nicht eingezogen werden kann, sind wir berechtigt, künftig die Zahlung außerhalb des Lastschriftverfahrens zu verlangen.**

(4) **Die Übermittlung Ihrer Beiträge erfolgt auf Ihre Gefahr und Ihre Kosten.**

(5) **Für eine Stundung der Beiträge ist eine schriftliche Vereinbarung mit uns erforderlich.**

(6) **Bei Fälligkeit einer Versicherungsleistung werden wir etwaige Beitragsrückstände verrechnen.**

Bemerkung

Bei Tarifen, bei denen die Versicherungsperiode nicht mit dem Beitragszahlungsabschnitt (unechte unterjährige Beiträge) übereinstimmt, lautet § 7 wie folgt:

„Was haben Sie bei der Beitragszahlung zu beachten?

(1) Die Beiträge zu Ihrer Lebensversicherung können Sie je nach Vereinbarung in einem einzigen Betrag (Einmalbeitrag) oder durch jährliche Beitragszahlungen (Jahresbeiträge) entrichten. Die Jahresbeiträge werden zu Beginn eines jeden Versicherungsjahres fällig.
(2) Nach Vereinbarung können Sie Jahresbeiträge auch in halbjährlichen, vierteljährlichen oder monatlichen Raten zahlen; hierfür werden Ratenzuschläge erhoben.
(3) Der erste oder einmalige Beitrag (Einlösungsbeitrag) ist unverzüglich nach Abschluss des Vertrages zu zahlen, jedoch nicht vor dem mit Ihnen vereinbarten, im Versicherungsschein angegebenen Versicherungsbeginn. Alle weiteren Beiträge sind jeweils zum vereinbarten Fälligkeitstag an uns zu zahlen.

(4) Für die Rechtzeitigkeit der Beitragszahlung genügt es, wenn Sie fristgerecht alles getan haben, damit der Beitrag bei uns eingeht. Ist die Einziehung des Beitrags von einem Konto vereinbart, gilt die Zahlung als rechtzeitig, wenn der Beitrag zu dem in Absatz 3 genannten Termin eingezogen werden kann und Sie einer berechtigten Einziehung nicht widersprechen. Konnte der fällige Beitrag ohne Ihr Verschulden von uns nicht eingezogen werden, ist die Zahlung auch dann noch rechtzeitig, wenn sie unverzüglich nach unserer schriftlichen Zahlungsaufforderung erfolgt. Haben Sie zu vertreten, dass der Beitrag wiederholt nicht eingezogen werden kann, sind wir berechtigt, künftig die Zahlung außerhalb des Lastschriftverfahrens zu verlangen.
(5) Die Übermittlung Ihrer Beiträge erfolgt auf Ihre Gefahr und Ihre Kosten.
(6) Für eine Stundung der Beiträge ist eine schriftliche Vereinbarung mit uns erforderlich.
(7) Im Versicherungsfall (bei Tod der versicherten Person, bzw. im Erlebensfall) werden wir alle noch nicht gezahlten Raten des laufenden Versicherungsjahres und etwaige Beitragsrückstände mit der Versicherungsleistung verrechnen."

Übersicht

	Rdn.
I. Allgemeines	1–5
1. Zusammensetzung des Beitrags	1
2. Kalkulation des Beitrags	2, 3
a) Grundsätze	2
b) Sterbetafel	3
c) Mitteilungspflichten	4
3. Eigentum am Beitrag	4
4. Aufrechnungsverbot des § 26 VAG	5
II. Inhaltskontrolle	6, 7
III. Beitragszahlung	8
IV. Bargeldloser Zahlungsverkehr	9–14
1. Ausgangslage	9, 10
a) Rahmenabkommen der Banken	9
b) EG-Zahlungsdienste-Richtlinie	10
2. Lastschriftverfahren	11–14
a) Varianten	11
b) Einzugsermächtigung	12
c) Widerspruch	13, 14
aa) Versicherungsnehmer	13
bb) Insolvenzverwalter	14
V. Stundung der Beiträge	15–17

Schrifttum: *d'Avoine,* Haftung des schwachen vorläufigen Insolvenzverwalters als faktischer Geschäftsführer für Lohnsteuern nach Lastschriftwiderspruch?, ZIP 2006, 1433; *Berger,* Das Lastschriftverfahren im Spannungsverhältnis zwischen Bank- und Insolvenzrecht, NJW 2009, 473; *Burghardt,* Einzugsermächtigungsverfahren – Notwendigkeit eines Paradigmenwechsels?, WM 2006, 1892; *Castelló,* Teilzahlungszuschlag bei Versicherungen: Jüngstes Beispiel für Preisverschleierungen, VuR 2010, 121; *Feuerborn,* Der Widerspruch gegen Lastschriften durch den (vorläufigen) Insolvenzverwalter, ZIP 2005, 604; *Fischer,* Die Genehmigung der Lastschrift im Einzugsermächtigungsverfahren, WM 2009, 629; *Franz,* Das Versicherungsvertragsrecht im neuen Gewand – Die Neuregelungen und ausgewählte Probleme –, VersR 2008, 298; *Ganster,* Die Prämienzahlung im Versicherungsrecht, Grundlagen und ausgewählte Problemfelder vor dem Hintergrund der VVG-Reform 2008, Karlsruhe, VVW, 2008; *Ganter,* Die Rückbuchung von Lastschriften auf Betreiben des vorläufigen Insolvenzverwalters – Bestandsaufnahme nach dem Urteil des BGH vom 4. November 2004 und Ausblick, WM 2005, 1557; *Grundmann,* Das neue Recht des Zahlungsverkehrs – Teil II – Lastschrift, Kartenzahlung und Ausblick, WM 2009, 1157; *Hadding,* Zur zivilrechtlichen Beurteilung des Lastschriftverfahrens, in: Recht und Wirtschaft in Geschichte und Gegenwart, Festschrift für Johannes Bärmann zum 70. Geburtstag, hrsg. v. Marcus Lutter, Helmut Kollhosser und Winfried Trusen, München, Beck, 1975, S. 375; *derselbe,* Kann der Insolvenzverwalter ohne „anerkennenswerte Gründe" Kontobelastungen wegen eingelöster

Einzugsermächtigungslastschriften widersprechen?, WM 2005, 1549; *derselbe*, Ergibt die unterjährige Zahlung von Versicherungsprämien einen entgeltlichen Zahlungsaufschub?, VersR 2010, 697; *Haertlein/Thümmler*, Die Abtretung von Forderungen, für die eine Einzugsermächtigung erteilt ist, WM 2008, 2137; *Hülk/Timme*, Unbefristete Widerspruchsmöglichkeit des Schuldners im Einzugsermächtigungslastschriftverfahren, NJW 2002, 1243; *Keilmann*, Im Dschungel der Rechtsprechung zum Lastschriftwiderruf den Insolvenzverwalter: Wege zur Genehmigung einer Lastschrift, BB 2010, 519; *Kirchhof*, Die Rechtsstellung vorläufiger Insolvenzverwalter im Lastschriftverfahren, WM 2009, 337; *Knierim*, Neue strafrechtlich begründete Informationspflichten des Gläubigers beim Lastschriftauftrag?, NJW 2006, 1093; *Laitenberger*, Das Einzugsermächtigungslastschriftverfahren nach Umsetzung der Richtlinie über Zahlungsdienste im Binnenmarkt, NJW 2010, 192; *Meder*, Die Erfüllung einer Geldschuld im Einzugsermächtigungsverfahren, JZ 2005, 1089; *Nobbe/Ellenberger*, Unberechtigte Widersprüche des Schuldners im Lastschriftverkehr, „sittliche Läuterung" durch den vorläufigen Insolvenzverwalter?, WM 2006, 1885; *Nobbe*, Probleme des Lastschriftverfahrens, insbesondere in der Insolvenz des Zahlungspflichtigen, WM 2009, 1537; *Richter/Chiachiarella/Lohmann*, Versicherer kritisieren vorschnelle Umstellung auf die Sepa-Lastschrift, VW 2010, 404; *Scheibengruber/Breidenstein*, SEPA – Eine Zumutung für Verbraucher? – Ein Beitrag zur Analyse der Veränderung der Verteilung des Rückerlangungsrisikos bei fehlgeleiteten Überweisungen durch die Zahlungsdiensterichtlinie –, WM 2009, 1393; *Seibert*, Die Haftung der Empfängerbank im Überweisungsverkehr für unterlassene Warnhinweise und Geldwäsche-Verdachtsanzeigen: Risiken und Vorbeugungsmaßnahmen, WM 2008, 2006; *Seiffert*, Die Rechtsprechung des BGH zum Versicherungsrecht – Neuere Entscheidungen des IV. Zivilsenats des BGH zur Lebensversicherung und Anmerkungen zu „Nichtentscheidungen", r+s 2007; *Spliedt*, Lastschriftwiderspruch: Masse und Insolvenzverwalterhaftung aus dem „Nichts"?, ZIP 2005, 1260; *Stapper/Jacobi*, Die Insolvenzanfechtung der Verrechnung im Kontokorrent, BB 2007, 2017; *Stindt*, Die Überschussbeteiligung in der kapitalbildenden Lebensversicherung im bilanziellen Spannungsfeld zwischen HGB und IAS/IFRS, Düsseldorf, IDW, 2009; *Wolff*, Zahlungsverkehrsabkommen im Kreditgewerbe, in: Recht und Wirtschaft in Geschichte und Gegenwart, Festschrift für Johannes Bärmann zum 70. Geburtstag, hrsg. v. Marcus Lutter, Helmut Kollhosser und Winfried Trusen, München, Beck, 1975, S. 1057.

I. Allgemeines

1. Zusammensetzung des Beitrags

1 Bei kapitalbildenden Lebensversicherungen mit unbedingter Leistungspflicht setzt sich im Hinblick auf den kombinierten Versicherungs- und Sparvorgang die Nettoprämie aus einem Kosten-, Risiko- und einem Sparanteil zusammen.[1] Der Sparanteil dient der Ansammlung des Kapitalbetrages, der bei Fälligkeit der Versicherung ausgezahlt wird.[2] Die Summe der während der Vertragsdauer verzinslich angesammelten Sparanteile ist das Deckungskapital des jeweiligen Vertrags.[3] Dieses Deckungskapital wird mit einem geschäftsplanmäßig festgelegten Zinssatz verzinst.[4] Zu den Einnahmen aus Kapitalvermögen gehören nur die Zinsen aus den Sparanteilen, nicht hingegen Gewinne aus dem Kosten- oder dem Risikoanteil sowie Erträge aus der Anlage des Eigenkapitals des Versicherungsunternehmens.[5]

2. Kalkulation des Beitrags

2 **a) Grundsätze.** Die Prämien in der Lebensversicherung müssen unter Zugrundelegung angemessener versicherungsmathematischer Annahmen kalkuliert werden und so hoch sein, dass das Versicherungsunternehmen allen seinen Ver-

---

[1] BFH, Urt. v. 15. 6. 2005 – X R 64/01, WPg 2005, 1219, 1220.
[2] BFH, Urt. v. 15. 6. 2005 – X R 64/01, WPg 2005, 1219, 1220.
[3] BFH, Urt. v. 15. 6. 2005 – X R 64/01, WPg 2005, 1219, 1220.
[4] BFH, Urt. v. 15. 6. 2005 – X R 64/01, WPg 2005, 1219, 1220.
[5] BFH, Urt. v. 15. 6. 2005 – X R 64/01, WPg 2005, 1219, 1220.

pflichtungen nachkommen, insbesondere für die einzelnen Verträge ausreichende Deckungsrückstellungen bilden kann (§ 11 Abs. 1 Satz 1 VAG). Hierbei kann der Finanzlage des Versicherungsunternehmens Rechnung getragen werden, ohne dass planmäßig und auf Dauer Mittel eingesetzt werden dürfen, die nicht aus Prämienzahlungen stammen (§ 11 Abs. 1 Satz 2 VAG). Bei gleichen Voraussetzungen dürfen Prämien und Leistungen nur nach gleichen Grundsätzen bemessen werden (§ 11 Abs. 2 VAG).

b) Sterbetafel. Da die Lebenserwartung der deutschen Bevölkerung weiter steigt, hat die Deutsche Aktuarvereinigung (DAV) neue Sterbetafeln für Lebensversicherungen mit Todesfallcharakter veröffentlicht. Die neuen Sterbetafeln 2008 T, die nach Einschätzung der DAV ab dem 1. Januar 2009 verwendet werden sollten, werden nur für die Kalkulation neuer Verträge verwendet.[6]

c) Mitteilungspflichten. Nach § 13 d Nr. 6 VAG sind neue oder geänderte Grundsätze für die Berechnung der Prämien und Deckungsrückstellungen einschließlich der verwendeten Rechnungsgrundlagen und Formeln unverzüglich bei der Aufsichtsbehörde einzureichen. Die BaFin geht jedenfalls dann von einer unverzüglichen Einreichung aus, wenn die Mitteilung spätestens zum Zeitpunkt des erstmaligen Angebots neuer Tarife vorliegt. Für diese Mitteilungen hat das BAV 1994 ein Beispielformular veröffentlicht.[7] Dieses Formular hat sich in der praktischen Prüfung in einigen Punkten als änderungsbedürftig gezeigt. Die BaFin hat deshalb am 30. November 2009 ein neues Musterformular für die Mitteilung an die BaFin gemäß § 13 d Nr. 6 VAG veröffentlicht.[8]

§ 13 d VAG enthält in Nr. 10 eine weitere Anzeigepflicht bei der Einführung neuer Tarife und zwar bei der Verwendung von Tarifen, bei denen Prämien oder Leistungen für Männer und Frauen unterschiedlich sind. Aus Sicht der BaFin bestehen keine Bedenken, wenn beide Anzeigen in der gleichen Mitteilung erfolgen.

3. Eigentum am Beitrag

Den Versicherungsunternehmen wird durch die Prämienzahlungen Vermögen anvertraut, das in ihr Eigentum übergeht und über dessen Nutzung sie in eigener unternehmerischer Verantwortung zu entscheiden haben, dessen Erträge aber größtenteils zur Absicherung der wirtschaftlichen Existenz der Versicherten gedacht sind.[9] Im Rahmen der gesetzlichen Vorgaben sind die Versicherungsunternehmen in der Anlage der Vermögenswerte grundsätzlich frei.[10]

4. Aufrechnungsverbot des § 26 VAG

Als Mitglied eines VVaG ist der Versicherungsnehmer gemäß § 26 VAG nicht berechtigt, gegen eine Forderung des VVaG aus der Beitragspflicht aufzurechnen. § 26 VAG liegt der Gedanke zugrunde, dass ein ordnungsgemäßer Geschäftsbetrieb eines VVaG nur möglich ist, wenn die schnelle Einziehung der Mitglieder-

---

[6] Presseinformation der DAV, Der Aktuar 2008, 126, 127.
[7] VerBAV 1994, 191.
[8] Abrufbar unter www.bafin.de.
[9] BVerfG, Urt. v. 26. 7. 2005 – 1 BvR 782/94 u. 1 BvR 957/96, NJW 2005, 2363 = VersR 2005, 1109, 1118 = WM 2005, 1505, 1507; BGH, Urt. v. 12. 10. 2005 – IV ZR 162/03, NJW 2005, 3559, 3566 = VersR 2005, 1571 = r+s 2005, 519, 525 = BetrAV 2005, 788, 791 = WM 2005, 2279, 2286 = ZIP 2005, 2109, 2117 = DB 2005, 2686, 2688; *Stindt*, Die Überschussbeteiligung in der kapitalbildenden Lebensversicherung, 2009, S. 9.
[10] BVerfG, Urt. v. 26. 7. 2005 – 1 BvR 80/95, NJW 2005, 2376, 2379 = VersR 2005, 1127, 1132 = r+s 2005, 429, 431 = WM 2005, 1515, 1516.

beiträge gewährleistet ist.[11] Deshalb soll verhindert werden, dass die Zahlung der Prämie bis zur rechtskräftigen Entscheidung oder sonstigen Klärung von Gegenansprüchen hinausgezogen werden kann.[12] Dieser Zweck greift auch gegenüber Ansprüchen auf Beitragsrückerstattungen bzw. Überschussbeteiligungen durch.[13] Sinn und Zweck des § 26 VAG lässt es auch nicht zu, auf Grund von Gegenansprüchen ein Zurückbehaltungsrecht an den fälligen Prämien geltend zu machen.[14]

II. Inhaltskontrolle

6   Eine echte unterjährige Prämienzahlung liegt vor, wenn der Vertrag von Anfang an eine halbjährliche, vierteljährliche oder monatliche Beitragszahlung vorsieht. Eine so genannte unechte unterjährige Beitragszahlung ist vereinbart, wenn der Beitrag jährlich im Voraus zu zahlen ist, dem Versicherungsnehmer jedoch abweichend hiervon folgende Möglichkeit eingeräumt wird:[15]

"Nach Vereinbarung können Sie Jahresbeiträge auch in halbjährlichen, vierteljährlichen oder monatlichen Raten zahlen. Für die Zahlung des Beitrages in unterjährigen Raten werden Ratenzahlungszuschläge von 2% bei halbjährlicher, 3% bei vierteljährlicher und 5% bei monatlicher Zahlungsweise erhoben."

7   Über diese Regelung bietet der Versicherer dem Versicherungsnehmer die Gewährung eines Zahlungsaufschubs gegen Zuschläge an.[16] Die Gewährung eines Zahlungsaufschubs ist als Kreditierung im Sinne des § 6 Abs. 1 Satz 1 PAngV aufzufassen.[17] Dies hat zur Folge, dass gemäß § 6 Abs. 1 Satz 2 PAngV der effektive Jahreszins im Falle einer unterjährigen Prämienzahlung anzugeben ist.[18] Fehlt die Angabe des effektiven Jahreszinses, ist die Klausel gemäß § 307 Abs. 2 Nr. 1 BGB unwirksam, da es sich bei § 6 Abs. 1 PAngV um zwingendes Recht handelt.[19] Die Unwirksamkeit der Klausel ergibt sich im Falle der Nichtangabe des effektiven Jahreszinses zugleich aus §§ 499, 502 Abs. 1 Satz 1 Nr. 4 BGB.[20] Eine abschließende höchstrichterliche Entscheidung zu dieser Thematik fehlt, da das Anerkenntnisurteil vom 29. Juli 2009 Geltung nur für den streitbefangenen Fall beanspruchen kann. Wie der angerufene Senat des BGH entschieden hätte, bleibt zunächst offen, lässt sich aber mit Blick auf das Anerkenntnisurteil vermuten.[21] Der GDV hat inzwischen die Alternativfassung zu § 7 ALB 2008 für den Fall unechter unterjähriger

---

[11] LG Gießen, Urt. v. 5. 10. 2005 – 1 S 111/05, SpV 2006, 49, 50.
[12] BGH, Urt. v. 18. 12. 1954 – II ZR 206/53, BGHZ 16, 37; LG Gießen, Urt. v. 5. 10. 2005 – 1 S 111/05, SpV 2006, 49, 50.
[13] LG Gießen, Urt. v. 5. 10. 2005 – 1 S 111/05, SpV 2006, 49, 50.
[14] LG Gießen, Urt. v. 5. 10. 2005 – 1 S 111/05, SpV 2006, 49, 50.
[15] LG Bamberg, Urt. v. 8. 2. 2006 – 2 O 764/04, S. 4.
[16] LG Bamberg, Urt. v. 8. 2. 2006 – 2 O 764/04, S. 10; BGH, Anerkenntnisurt. v. 29. 7. 2009 – I ZR 22/07; a. A. OLG Bamberg, Urt. v. 24. 1. 2007 – 3 U 35/06, S. 9 = VersR 2007, 529; *Hadding* VersR 2010, 697, 706.
[17] LG Bamberg, Urt. v. 8. 2. 2006 – 2 O 764/04, S. 10; BGH, Anerkenntnisurt. v. 29. 7. 2009 – I ZR 22/07.
[18] LG Bamberg, Urt. v. 8. 2. 2006 – 2 O 764/04, S. 12; BGH, Anerkenntnisurt. v. 29. 7. 2009 – I ZR 22/07.
[19] LG Bamberg, Urt. v. 8. 2. 2006 – 2 O 764/04, S. 13; BGH, Anerkenntnisurt. v. 29. 7. 2009 – I ZR 22/07.
[20] LG Bamberg, Urt. v. 8. 2. 2006 – 2 O 764/04, S. 14; BGH, Anerkenntnisurt. v. 29. 7. 2009 – I ZR 22/07; a. A. OLG Bamberg, Urt. v. 24. 1. 2007 – 3 U 35/06, S. 12 = VersR 2007, 529; *Hadding* VersR 2010, 697, 706.
[21] Siehe hierzu *Castelló* VuR 2010, 121, 122; *Seiffert* r+s 2010, 177, 178.

Beiträge aus dem Musterbedingungswerk entfernt und eine entsprechend geänderte Fassung der Musterbedingungen mit Stand vom 14. Oktober 2009 verlautbart.[22]

III. Beitragszahlung

Gemäß § 33 Abs. 1 VVG 2008 hat der Versicherungsnehmer eine einmalige Prämie oder, wenn laufende Prämien vereinbart sind, die erste Prämie unverzüglich nach Ablauf von zwei Wochen nach Zugang des Versicherungsscheins zu zahlen. Abweichend von § 33 Abs. 1 VVG 2008 ist bei einer Lebensversicherung die einmalige oder die erste Prämie unverzüglich nach Ablauf von 30 Tagen nach Zugang des Versicherungsscheins zu zahlen (§ 152 Abs. 3 VVG 2008). Da die Regelung dispositiv ist, können die Parteien in AVB vereinbaren, dass die beiderseitigen Leistungspflichten auch schon während der Widerruflichkeit des Versicherungsvertrages gleichzeitig fällig werden.[23] Ist die Prämie zuletzt vom Versicherer eingezogen worden, ist der Versicherungsnehmer zur Übermittlung der Prämie erst verpflichtet, wenn er vom Versicherer hierzu in Textform aufgefordert worden ist (§ 33 Abs. 2 VVG 2008).

8

IV. Bargeldloser Zahlungsverkehr

1. Ausgangslage

a) Rahmenabkommen der Banken. Im allgemeinen Überweisungs-, Scheck- oder Lastschriftverkehr werden Banken nur zur technisch einwandfreien, einfachen und schnellen Abwicklung des Zahlungsverkehrs tätig und müssen sich grundsätzlich nicht um die Interessen ihrer beteiligten Kunden kümmern.[24] Die Rahmenabkommen der Banken über die Abwicklung des bargeldlosen Zahlungsverkehrs bestimmen ausdrücklich, dass die Abkommen Rechte und Pflichten nur zwischen den beteiligten Kreditinstituten begründen.[25] Die Einbeziehung ihrer Kunden in diese Abkommen widerspricht erkennbar dem Interesse und Willen der beteiligten Kreditinstitute.[26] Das Giroverhältnis zwischen den beteiligten Banken entfaltet demzufolge im bargeldlosen Zahlungsverkehr, sowohl im Überweisungs- als auch im Lastschrift und Scheckverkehr, keine Schutzwirkung für Dritte.[27] Allerdings ergibt sich aus dem Girovertrag mit dem Kunden für ein Kreditinstitut die Schutzpflicht, die Interessen seines Kunden zu wahren.[28] In besonderen Fällen können

9

---

[22] Vgl. www.gdv.de.
[23] *Franz* VersR 2008, 298, 306.
[24] BGH, Urt. v. 29. 5. 1978 – II ZR 89/76, WM 1978, 588, 589; BGH, Urt. v. 22. 6. 2004 – XI ZR 90/03, WM 2004, 1625, 1626; BGH, Urt. v. 6. 5. 2008 – XI ZR 56/07, VersR 2008, 1540, 1542.
[25] Siehe Nr. 6 des Überweisungsabkommens; Abschn. IV Nr. 1 des Lastschriftabkommens u. Abschn. VII Nr. 1 Abs. 1 des Scheckabkommens; abgedr. bei *Schimansky/Bunte/Lwowski*, Bankrechtshandbuch., 3. Aufl., Anhänge zu §§ 52–55, §§ 56–59 und §§ 60–63; BGH, Urt. v. 6. 5. 2008 – XI ZR 56/07, VersR 2008, 1540, 1542; OLG Celle, Urt. v. 21. 10. 2009 – 3 U 78/09, WM 2010, 352, 353.
[26] BGH, Urt. v. 6. 5. 2008 – XI ZR 56/07, VersR 2008, 1540, 1542.
[27] BGH, Urt. v. 6. 5. 2008 – XI ZR 56/07, VersR 2008, 1540, 1542; *Seibert* WM 2008, 2006, 2007; a. A. grundsätzlich bejahend für das Lastschrift- und Scheckeinzugsverfahren BGHZ 69, 82, 85 ff.; BGHZ 96, 9, 17; BGH, Urt. v. 21. 12. 1987 – II ZR 177/87, WM 1988, 246, 247; OLG Rostock, Urt. v. 15. 2. 1996 – 1 U 21/95, NJW-RR 1996, 882 = WM 1996, 2011, 2012.
[28] BGH, Urt. v. 17. 11. 1975 – II ZR 70/74, WM 1976, 474; BGH, Urt. v. 6. 5. 2008 – XI ZR 56/07, VersR 2008, 1540.

Warn- und Hinweispflichten der Kreditinstitute zum Schutz ihrer Kunden vor drohenden Schäden bestehen.[29] Eine solche Pflicht ist im Überweisungsverkehr anzunehmen, wenn der Überweisungsbank der ersichtlich unmittelbar bevorstehende wirtschaftliche Zusammenbruch des Überweisungsempfängers oder der Empfängerbank bekannt ist,[30] wenn unklar ist, ob die erteilte Weisung fortbesteht[31] oder wenn sich der Verdacht des Missbrauchs der Vertretungsmacht aufdrängen muss.[32] Im Lastschriftverkehr bestehen entsprechende Warnpflichten.[33] Auch im Scheckverkehr werden, jedenfalls bei erkennbar strafbaren Handlungen des Scheckeinreichers gegenüber dem Aussteller, Warnpflichten angenommen.[34]

10 **b) EG-Zahlungsdienste-Richtlinie.** Die Richtlinie 2007/64/EG des Europäischen Parlaments und des Rates vom 13. November 2007 über Zahlungsdienste im Binnenmarkt, zur Änderung der Richtlinien 97/7/EG, 2002/65/EG, 2005/60/EG und 2006/48/EG sowie zur Aufhebung der Richtlinie 97/5/EG (Zahlungsdiensterichtlinie – Abl.EU Nr. L 319 S. 1) war bis zum 31. Oktober 2009 in deutsches Recht umzusetzen.[35] Mit der Richtlinie 2007/64/EG soll ein harmonisierter Rechtsrahmen für unbare Zahlungen im europäischen Binnenmarkt geschaffen werden.[36] Sie schließt den Fortbestand nationaler Zahlungsverkehrsprodukte nicht aus, da sich die Mitgliedstaaten nicht auf ein Enddatum für nationale Zahlungsverkehrsprodukte verständigen konnten.[37] Diese müssen sich aber nach den neuen Regeln richten.[38] Die Umsetzung der Richtlinie 2007/64/EG erfolgte durch das Gesetz zur Umsetzung der Verbraucherkreditrichtlinie, des zivilrechtlichen Teils der Zahlungsdiensterichtlinie sowie zur Neuordnung der Vorschriften über das Widerrufs- und Rückgaberecht vom 29. Juli 2009, das 3. August 2009 verkündet wurde.[39] Die Richtlinie 2007/64/EG bringt die rechtliche Implementierung des Einheitlichen Euro-Zahlungsverkehrsraumes (Single Euro Payments Area, abgekürzt SEPA).[40] Mit der Umsetzung der Richtlinie wird erstmals auch für die Lastschrift ein gesetzliches Rahmenregelwerk existieren.[41] Die Umstellung auf die SEPA-Lastschrift setzt voraus, dass die betreffenden Kundenkonten von den kontoführenden Banken für die Teilnahme am SEPA-Lastschriftverfahren zugelassen worden sind.[42] Dies wird regelmäßig nur dann geschehen, wenn zwischen Bank und Kunde die neuen „Bedingungen für Zahlungen mittels Lastschrift im SEPA-Basis-Lastschriftverfahren" bzw. die „Bedingungen für Zahlungen mittels Lastschrift im SEPA-Firmen-Lastschriftverfahren" wirksam vereinbart worden sind.[43]

---

[29] BGH, Urt. v. 22. 6. 2004 – XI ZR 90/03, WM 2004, 1625, 1626; BGH, Urt. v. 6. 5. 2008 – XI ZR 56/07, VersR 2008, 1540 f.
[30] BGH, Urt. v. 20. 10. 1960 – II ZR 141/59, WM 1960, 1321, 1322; BGH, Urt. v. 9. 3. 1961 – II ZR 105/60, WM 1961, 510, 511; BGH, Urt. v. 20. 6. 1963 – II ZR 185/61, WM 1963, 829, 830 = VersR 1963, 1014 (Ls.); BGH, Urt. v. 29. 5. 1978 – II ZR 89/76, WM 1978, 588, 589; BGH, Urt. v. 29. 9. 1986 – II ZR 283/85, WM 1986, 1409.
[31] BGH, Urt. v. 20. 11. 1990 – XI ZR 107/89, VersR 1991, 312 = WM 1991, 57, 59.
[32] BGH, Urt. v. 17. 11. 1975 – II ZR 70/74, WM 1976, 474; BGH, Urt. v. 6. 5. 2008 – XI ZR 56/07, VersR 2008, 1540, 1541.
[33] BGH, Urt. v. 6. 5. 2008 – XI ZR 56/07, VersR 2008, 1540, 1541.
[34] BGH, Urt. v. 6. 5. 2008 – XI ZR 56/07, VersR 2008, 1540, 1541.
[35] Art. 94 Abs. 1 der Richtlinie 2007/64/EG v. 13. 11. 2007, Abl.EG 2007 L 319, S. 1.
[36] BT-Drucks. 16/11643, S. 94.
[37] *Laitenberger* NJW 2010, 192, 196.
[38] *Laitenberger* NJW 2010, 192.
[39] BGBl. I 2009, 2355.
[40] *Scheingruber/Breidenstein* WM 2009, 1393, 1397.
[41] Dazu *Grundmann* WM 2009, 1157; *Laitenberger* NJW 2010, 192.
[42] *Richter/Chiachiarella/Lohmann* VW 2010, 404.
[43] *Richter/Chiachiarella/Lohmann* VW 2010, 404.

2. Lastschriftverfahren

a) Varianten. Das Lastschriftverfahren bietet in erster Linie Vorteile für den **11** Gläubiger und die Gläubigerbank.[44] Seine Ausgestaltung darf aber nicht dazu genutzt werden, das Risiko der Zahlungsunfähigkeit des Gläubigers auf dessen Bank zu verlagern.[45] Das Lastschriftverfahren kann als Einzugsermächtigungsverfahren oder als Abbuchungsauftragsverfahren ausgestaltet werden.[46] Im Gegensatz zum Einzugsermächtigungsverfahren kann das Abbuchungsauftragsverfahren in AGB nicht rechtswirksam vereinbart werden.[47] Der Anteil des Lastschriftverfahrens am bargeldlosen Zahlungsverkehr beläuft sich auf ca. 40 bis 50%[48] und hat sich neben der Überweisung zum dominierenden Instrument des Zahlungsverkehrs entwickelt.[49] In der Praxis ist das Einzugsermächtigungsverfahren vorherrschend.[50] Es ist für den Verbraucher risikolos, weil er der Belastung seines Kontos durch Widerruf entgegentreten kann und das Insolvenzrisiko bei unberechtigtem Einzug bei der Gläubiger- bzw. der Schuldnerbank verbleibt.[51]

b) Einzugsermächtigung. Der Versicherer (Gläubiger) kann seine Beitrags- **12** forderungen im Wege des Lastschriftverfahrens einziehen, wenn ihm diese Befugnis im Rahmen des Versicherungsverhältnisses (Valutaverhältnis) durch den Versicherungsnehmer (Schuldner) eingeräumt worden ist.[52] Reicht der Versicherer bei seiner Bank als erster Inkassostelle eine Lastschrift ein, wird der Lastschriftbetrag seinem Konto unter dem Vorbehalt des Eingangs gutgeschrieben.[53] Die Bank des Versicherungsnehmers belastet nach Erhalt der Lastschrift als Zahlstelle ohne nähere Prüfung das Konto des Versicherungsnehmers, sofern es eine ausreichende Deckung aufweist.[54] Rechtlich wirksam wird die Belastungsbuchung erst mit der Genehmigung durch den Versicherungsnehmer bzw. den Insolvenzverwalter.[55]

c) Widerspruch. aa) Versicherungsnehmer. Der Versicherungsnehmer **13** (Schuldner und Kontoinhaber) kann der Belastungsbuchung aufgrund einer Einzugsermächtigungs-Lastschrift zeitlich unbegrenzt widersprechen, da er in den Verfügungen über sein Konto frei ist und im Verhältnis zu seiner Bank keiner Beschränkung bei der Entscheidung unterliegt, ob und warum er einer Einzugsermächtigungs-Lastschrift widerspricht.[56] Das Widerspruchsrecht verliert der Versicherungsnehmer erst, wenn er die Abbuchung entweder ausdrücklich oder konkludent genehmigt.[57] In den regelmäßigen Quartalsabschlüssen der Banken liegt,

---

[44] *Hadding* in: Festschrift für Johannes Bärmann, 1975, S. 375, 379.
[45] BGH, Urt. v. 21. 4. 2009 – VI ZR 304/07, NJW-RR 2009, 1207, 1208 = VersR 2009, 942, 944.
[46] *Haertlein/Thümmler* WM 2008, 2137.
[47] BGH NJW 1996, 988, 989; OLG Brandenburg NJW-RR 2002, 1640, 1641; BGH, Urt. v. 29. 5. 2008 – III ZR 330/07, VersR 2009, 1409, 1410.
[48] *Haertlein/Thümmler* WM 2008, 2137.
[49] *Wolff* in: Festschrift für Johannes Bärmann, 1975, S. 1057, 1071.
[50] *Burghardt* WM 2006, 1892, 1893; *Haertlein/Thümmler* WM 2008, 2137.
[51] BGH NJW 1996, 988, 989; BGH, Urt. v. 29. 5. 2008 – III ZR 330/07, VersR 2009, 1409, 1410.
[52] BGH, Urt. v. 29. 5. 2008 – IX ZR 42/07, NJW-RR 2008, 1500, 1501.
[53] BGH, Urt. v. 29. 5. 2008 – IX ZR 42/07, NJW-RR 2008, 1500, 1501.
[54] BGH, Urt. v. 29. 5. 2008 – IX ZR 42/07, NJW-RR 2008, 1500, 1501.
[55] BGHZ 161, 49, 53 = NJW 2005, 675 = NZI 2005, 99; BGH, Urt. v. 29. 5. 2008 – IX ZR 42/07, NJW-RR 2008, 1500, 1501.
[56] BGH, Urt. v. 6. 6. 2000 – XI ZR 258/99, BGHZ 144, 349 = NJW 2000, 2667 = DB 2000, 1812; dazu *Hülk/Timme* NJW 2002, 1243; *Knierim* NJW 2006, 1093, 1094.
[57] BGH, Urt. v. 6. 6. 2000 – XI ZR 258/99, BGHZ 144, 349 = NJW 2000, 2667 = WM 2000, 1577 = ZIP 2000, 1379 = DB 2000, 1812; dazu *Koller* EWiR 2000, 959; OLG München, Urt. v. 23. 6. 2005 – 23 U 5681/04, ZIP 2005, 2102.

auch wenn sie unwidersprochen bleiben, keine Genehmigung von Belastungsbuchungen aufgrund einer Einzugsermächtigungs-Lastschrift.[58] Wenn der Versicherungsnehmer der Belastung seines Kontos grundlos widerspricht, kann er sich wegen positiver Verletzung der Lastschriftabrede schadensersatzpflichtig machen.[59] Hat der Schuldner anerkennenswerte Gründe für den Widerspruch, etwa weil er überhaupt keine Einziehungsermächtigung erteilt hat oder den Gläubiger zwar generell ermächtigt hat, aber den im Einzelfall zum Einzug gegebenen Lastschriftbetrag nicht schuldet, nutzt er seine Widerspruchsmöglichkeit nicht in sittenwidriger Weise aus.[60] Denn der Inhaber eines Kontos, das von seiner Bank wegen einer Lastschrift belastet worden ist, muss sich vor einem Missbrauch des Verfahrens durch den Auftraggeber schützen können.[61]

14   bb) **Insolvenzverwalter.** Der vorläufige Insolvenzverwalter hat seine Entscheidung, die Zustimmung zur Belastungsbuchung zu erteilen oder zu verweigern, allein danach auszurichten, wie er am besten das Schuldnervermögen bewahrt und die Gleichbehandlung aller Gläubiger fördert.[62] Er kann und muss zur Sicherung der künftigen Insolvenzmasse regelmäßig Belastungsbuchungen im Einzugsermächtigungsverfahren durch Widerruf der Lastschrift verhindern.[63] Die am Lastschriftverfahren Beteiligten werden hierdurch nicht benachteiligt, denn sie haben mit der Entscheidung für das Lastschriftverfahren bewusst das Risiko des Widerrufs anstelle der Zahlung durch Überweisung gewählt.[64] Aber nicht nur der vorläufige,[65] sondern vor allem auch der endgültige Insolvenzverwalter oder der mit Zustimmungsvorbehalt ausgestattete Insolvenzverwalter[66] kann die Genehmigung von Belastungsbuchungen im Einzugsermächtigungsverfahren verweigern, unabhängig davon, ob dem Schuldner eine sachliche Einwendung gegen den Anspruch zusteht oder dieser die Genehmigung verweigern will.[67] Auch wenn

---

[58] BGH, Urt. v. 6. 6. 2000 – XI ZR 258/99, BGHZ 144, 349, 355 f. = NJW 2000, 2667, 2668 = WM 2000, 1577 = DB 2000, 1812; *Fischer* WM 2009, 629, 634; a. A. LG Hannover, Urt. v. 29. 12. 2004 – 23 O 77/04, WM 2005, 1319, 1320.

[59] *Meder* JZ 2005, 1089; *Nobbe* WM 2009, 1537, 1543.

[60] BGH, Urt. v. 21. 4. 2009 – VI ZR 304/07, WM 2009, 1073, 1075 = DB 2009, 1291, 1292; OLG Köln, Beschl. v. 26. 10. 2009 – 13 U 132/09, WM 2010, 652, 653.

[61] BGHZ 74, 300, 305 f. = WM 1979, 689; BGHZ 101, 153, 156 f. = WM 1987, 895; BGH, Urt. v. 27. 11. 1984, NJW 1985, 847 = WM 1985, 82; BGH, Urt. v. 21. 4. 2009 – VI ZR 304/07, WM 2009, 1073, 1075 = DB 2009, 1291, 1292; OLG Köln, Beschl. v. 26. 10. 2009 – 13 U 132/09, WM 2010, 652, 653; *Spliedt* ZIP 2005, 1260.

[62] *Kirchhof* WM 2009, 337, 339.

[63] BGH, Urt. v. 4. 11. 2004 – IX ZR 22/03, NJW 2005, 675 = NZI 2006, 697; OLG München ZIP 2006, 2122, 2123; BGH, Urt. v. 29. 5. 2008 – IX ZR 42/07, BB 2008, 1755, 1756; a. A. *Ganter* WM 2005, 1557, 1563.

[64] OLG München, Urt. v. 29. 3. 2007 – 19 U 4837/06, NZI 2007, 351 = WM 2007, 883, 885 = ZIP 2007, 807, 809 = BB 2007, 1133, 1135; *Stapper/Jacobi* BB 2007, 2017, 2024.

[65] OLG Koblenz, Urt. v. 26. 11. 2009 – 2 U 1497/08, ZIP 2010, 344 = NZI 2010, 18 = ZVI 2010, 64; LG Ulm, Urt. v. 14. 12. 2009 – 2 O 293/09, WM 2010, 461, 465.

[66] BGH, Urt. v. 5. 2. 2009 – IX ZR 78/07, NJW-RR 2009, 981, 983 = WM 2009, 662, 664; OLG Düsseldorf, Urt. v. 23. 4. 2009 – I-6 U 65/08, WM 2009, 1468, 1469; FG Münster, Urt. v. 2. 7. 2009 – 10 K 1549/08 L, ZIP 2010, 233, 235; OLG München, Urt. v. 15. 9. 2009 – 5 U 1721/09, WM 2010, 552, 553; LG Ulm, Urt. v. 14. 12. 2009 – 2 O 293/09, WM 2010, 461, 465.

[67] BGH, Urt. v. 25. 10. 2007 – IX ZR 217/06, NJW 2008, 63, 64 = WM 2007, 2246, 2247 = ZIP 2007, 2273, 2274 = BB 2008, 13, 14 = DB 2007, 2643; BGH, Urt. v. 2. 4. 2009 – IX ZR 171/07, WM 2009, 958 f.; OLG Köln, Urt. v. 5. 11. 2008 – 2 U 78/08, WM 2009, 889, 892; OLG Celle, Urt. v. 21. 10. 2009 – 3 U 78/09, WM 2010, 352, 354; *Feuerborn* ZIP 2005, 604, 605; *d'Avoine* ZIP 2006, 1433, 1434; *Berger* NJW 2009, 473, 475; a. A. BGH, Urt. v. 10. 6. 2008 – XI ZR 283/07, NJW 2008, 3348, 3352 = WM 2008,

A. Allg. Bed. für die kapitalbildende LV § 8 ALB 2008

man wie der Bankrechtssenat die Auffassung vertritt, dass dem (vorläufigen) Insolvenzverwalter nicht mehr und keine anderen Rechte zustünden als dem Schuldner, so dass er Lastschriften nicht ohne sachlichen Grund widerrufen dürfe,[68] ergibt sich keine abweichende Bewertung. Es ist anerkannt, dass Belastungsbuchungen widersprochen werden kann, wenn sich vor ihrer Genehmigung ein sachlicher Grund für die Zahlungsverweigerung ergibt.[69] Die Krise des Schuldners und erst recht die Anordnung von Verfügungsbeschränkungen im Rahmen eines Insolvenzverfahrens lassen sich als sachlicher Grund einordnen.[70]

V. Stundung der Beiträge

Gemäß § 7 Abs. 5 ALB 2008 setzt die Stundung der Beiträge eine schriftliche 15
Vereinbarung mit dem Versicherer voraus. Alternativ kommt eine Stundungsklausel in den AVB in Betracht. Aus dem Markt ist folgende Stundungsklausel bekannt:

> „Sie haben die Möglichkeit, eine Stundung oder Teilstundung der Beiträge gegen Zahlung von Stundungszinsen für maximal 24 Monate zu verlangen. Hierfür ist eine schriftliche Vereinbarung mit uns erforderlich. Voraussetzungen für eine Stundung oder Teilstundung sind, dass die Beiträge für das erste Versicherungsjahr vollständig gezahlt wurden und ein Deckungskapital in Höhe von mindestens 1000 Euro zur Verfügung steht.
> Die Stundung ist zinslos, wenn Sie uns anhand eines Bescheids oder Leistungsnachweises eines gesetzlichen Sozialversicherungsträgers oder Versorgungswerks nachweisen, dass Sie
> – arbeitslos sind,
> – sich in der gesetzlichen Elternzeit befinden,
> – erwerbsgemindert oder pflegebedürftig sind.

Wenn die genannten Anlässe enden, müssen Sie uns dies anzeigen. Eine weitere 16
Stundung ist wieder zinspflichtig.

Die Nachzahlung der gestundeten Beiträge und ggf. nicht gezahlter Stundungs- 17
zinsen erfolgt in einem Betrag am Ende des vereinbarten Stundungszeitraums. Sie haben aber auch die Möglichkeit, innerhalb eines Zeitraums von 24 Monaten die gestundeten Beiträge zuzüglich Zinsen in halbjährlichen, vierteljährlichen oder monatlichen Raten zu entrichten. Wir setzen die Versicherungsleistungen nach den anerkannten Regeln der Versicherungsmathematik herab, wenn Sie nicht innerhalb eines Monats nach Erhalt unserer Mitteilung mit der vereinbarten Rückzahlung der gestundeten Beiträge beginnen. Die genauen Regelungen für die Rückzahlung ergeben sich aus dem individuellen Stundungsangebot, welches wir Ihnen unterbreiten. Eine erneute Stundung ist frühestens nach vollständigem Ausgleich der gestundeten Beiträge und ggf. nicht gezahlter Stundungszinsen möglich."

---

§ 8 Was geschieht, wenn Sie einen Beitrag nicht rechtzeitig zahlen?

(1) Wenn Sie den Einlösungsbeitrag nicht rechtzeitig zahlen, können wir – solange die Zahlung nicht bewirkt ist – vom Vertrag zurücktreten. Dies gilt nicht, wenn uns nachgewiesen wird, dass Sie die nicht rechtzeitige Zahlung nicht zu vertreten haben. Bei einem Rücktritt können wir von Ihnen die Kosten der zur Gesundheitsprüfung durchgeführten ärztlichen Untersuchungen verlangen.

1963, 1967 = BB 2008, 2312, 2315 = DB 2008, 2354, 2358; LG Bonn, Urt. v. 7. 11. 2008 – 2 O 216/08, WM 2009, 1280, 1282; KG, Urt. v. 2. 12. 2008 – 13 U 8/08, WM 2009, 545; AG Hannover, Urt. v. 6. 11. 2009 – 568 C 9396/09, WM 2010, 555, 556; OLG Koblenz, Urt. v. 26. 11. 2009 – 2 U 1497/09, WM 2010, 450, 453; *Hadding* WM 2005, 1549, 1556 f.; *Nobbe/Ellenberger* WM 2006, 1885, 1892; *Nobbe* WM 2009, 1537, 1547.

[68] BGH, Urt. v. 10. 6. 2008 – XI ZR 283/07, a.a.O. (Fn. 67).
[69] *Keilmann* BB 2010, 519, 523.
[70] OLG München, Urt. v. 29. 3. 2007 – 19 U 4837/06, NZI 2007, 351, 353; *Keilmann* BB 2010, 519, 523.

(2) **Ist der Einlösungsbeitrag bei Eintritt des Versicherungsfalles noch nicht gezahlt, sind wir nicht zur Leistung verpflichtet, sofern wir Sie durch gesonderte Mitteilung in Textform oder durch einen auffälligen Hinweis im Versicherungsschein auf diese Rechtsfolge aufmerksam gemacht haben. Unsere Leistungspflicht besteht jedoch, wenn uns nachgewiesen wird, dass Sie die Nicht-Zahlung nicht zu vertreten haben.**

(3) **Wenn ein Folgebeitrag oder ein sonstiger Betrag, den Sie aus dem Versicherungsverhältnis schulden, nicht rechtzeitig gezahlt worden ist oder eingezogen werden konnte, erhalten Sie von uns auf Ihre Kosten eine Mahnung in Textform. Darin setzen wir Ihnen eine Zahlungsfrist von mindestens zwei Wochen. Begleichen Sie den Rückstand nicht innerhalb der gesetzten Frist, entfällt oder vermindert sich Ihr Versicherungsschutz. Auf die Rechtsfolgen werden wir Sie in der Mahnung ausdrücklich hinweisen.**

Schrifttum: *Langheid*, Die Reform des Versicherungsvertragsgesetzes, NJW 2007, 3665 (1. Teil: Allgemeine Vorschriften), 3745 (2. Teil: Die einzelnen Versicherungssparten).

I. Zahlungsverzug bei Erstprämie

1   Wird die einmalige oder die erste Prämie nicht rechtzeitig gezahlt, ist der Versicherer, solange die Zahlung nicht bewirkt ist, zum Rücktritt vom Vertrag berechtigt, es sei denn, der Versicherungsnehmer hat die Nichtzahlung nicht zu vertreten (§ 37 Abs. 1 VVG 2008). Ist die einmalige oder die erste Prämie bei Eintritt des Versicherungsfalles nicht gezahlt, ist der Versicherer nicht zur Leistung verpflichtet, es sei denn, der Versicherungsnehmer hat die Nichtzahlung nicht zu vertreten (§ 37 Abs. 2 Satz 1 VVG 2008). Der Versicherer ist nur leistungsfrei, wenn er den Versicherungsnehmer durch gesonderte Mitteilung in Textform oder durch einen auffälligen Hinweis im Versicherungsschein auf diese Rechtsfolge der Nichtzahlung der Prämie aufmerksam gemacht hat (§ 37 Abs. 2 Satz 2 VVG 2008). Schon nach bisherigem Recht bestand ein Rechtsbelehrungserfordernis für die Fälle, in denen der Versicherungsschutz vereinbarungsgemäß bereits vor Zahlung der Erstprämie begonnen hat.[1] Zukünftig ist ein Rechtsfolgenhinweis auch in den Fällen einer so genannten erweiterten Einlösungsklausel, das heißt wenn bei rechtzeitiger Zahlung der Erstprämie rückwirkend Versicherungsschutz gewährt wird, notwendig.[2]

II. Zahlungsverzug bei Folgeprämie

2   Wird eine Folgeprämie nicht rechtzeitig gezahlt, kann der Versicherer dem Versicherungsnehmer auf dessen Kosten in Textform eine Zahlungsfrist bestimmen, die mindestens zwei Wochen betragen muss (§ 38 Abs. 1 Satz 1 VVG 2008). Die Bestimmung ist nur wirksam, wenn sie die rückständigen Beträge der Prämie, Zinsen und Kosten im Einzelnen beziffert und die Rechtsfolgen angibt, die nach den Absätzen 2 und 3 des § 38 VVG 2008 mit dem Fristablauf verbunden sind; bei zusammengefassten Verträgen sind die Beträge jeweils getrennt anzugeben (§ 38 Abs. 1 Satz 2 VVG 2008). Tritt der Versicherungsfall nach Fristablauf ein und ist der Versicherungsnehmer bei Eintritt mit der Zahlung der Prämie oder der Zinsen oder Kosten in Verzug, ist der Versicherer nicht zur Leistung verpflichtet (§ 38 Abs. 2 VVG 2008). Der Versicherer kann nach Fristablauf den Vertrag ohne Einhaltung einer Frist kündigen, sofern der Versicherungsnehmer mit

---
[1] *Langheid* NJW 2007, 3665, 3670.
[2] *Langheid* NJW 2007, 3665, 3670.

A. Allg. Bed. für die kapitalbildende LV § 9 ALB 2008

der Zahlung der geschuldeten Beträge in Verzug ist (§ 38 Abs. 3 Satz 1 VVG 2008). Die Kündigung kann mit der Bestimmung der Zahlungsfrist so verbunden werden, dass sie mit Fristablauf wirksam wird, wenn der Versicherungsnehmer zu diesem Zeitpunkt mit der Zahlung in Verzug ist; hierauf ist der Versicherungsnehmer bei der Kündigung ausdrücklich hinzuweisen (§ 38 Abs. 3 Satz 2 VVG 2008). Die Kündigung wird unwirksam, wenn der Versicherungsnehmer innerhalb eines Monats nach der Kündigung oder, wenn sie mit der Fristbestimmung verbunden worden ist, innerhalb eines Monats nach Fristablauf die Zahlung leistet; § 38 Abs. 2 VVG 2008 bleibt unberührt (§ 38 Abs. 3 Satz 3 VVG 2008). § 8 ALB 2008 zeichnet die Gesetzeslage nach, enthält aber eine besondere Kostenregelung für den Fall des Rücktritts.

III. Unterrichtung Dritter über Beitragsrückstand

Der Versicherer ist nicht verpflichtet, den Bezugsberechtigten oder Abtretungsempfänger von einem Beitragsrückstand des Versicherungsnehmers zu unterrichten.[3] Will der Versicherer diesen Personenkreis über den Beitragsrückstand unterrichten, muss er zuvor die Einwilligung des Versicherungsnehmers einholen.[4] In der in der betrieblichen Altersvorsorge vorherrschenden Kollektivlebensversicherung gelten andere Rechtsgrundsätze (siehe hierzu Teil 7.C.III.3). Bei einer Lebensversicherung, die vom Arbeitgeber zugunsten seiner Arbeitnehmerinnen und Arbeitnehmer abgeschlossen worden ist, hat der Versicherer die versicherte Person über die Bestimmung der Zahlungsfrist nach § 38 Abs. 1 VVG 2008 und die eintretende Umwandlung der Versicherung in Textform zu informieren und ihnen eine Zahlungsfrist von mindestens zwei Monaten einzuräumen (§ 166 Abs. 4 VVG 2008).

3

IV. Vorläufige Deckung

Bei einem Vertrag über vorläufige Deckung ist das Rücktrittsrecht wegen Prämienzahlungsverzugs nicht ausgeschlossen.[5] Das ursprünglich von der VVG-Reformkommission vorgeschlagene Verbot des rückwirkenden Wegfalls vorläufiger Deckung bei Prämienzahlungsverzug verbunden mit dem Ausschluss des Rücktrittsrechts fand nicht die Zustimmung des Gesetzgebers.[6] Ein Versicherungsnehmer, der seine Zahlungspflicht trotz Belehrung schuldhaft verletzt, sei nicht schutzwürdig.[7]

4

§ 9 Wann können Sie Ihre Versicherung kündigen oder beitragsfrei stellen?
Kündigung und Auszahlung des Rückkaufswertes
(1) Sie können Ihre Versicherung jederzeit zum Schluss der Versicherungsperiode ganz oder teilweise schriftlich kündigen.

(2) Kündigen Sie Ihre Versicherung nur teilweise, ist die Kündigung unwirksam, wenn die verbleibende beitragspflichtige Versicherungssumme unter einen Min-

---
[3] BVerfG, Beschl. v. 14. 12. 2001 – 2 BvR 152/01, WM 2003, 1023, 1025.
[4] BVerfG, Beschl. v. 14. 12. 2001 – 2 BvR 152/01, WM 2003, 1023, 1025.
[5] *Gitzel* VersR 2007, 322; *Langheid* NJW 2007, 3665, 3670.
[6] *Langheid* NJW 2007, 3665, 3670.
[7] BT-Drucks. 16/3945, S. 74.

destbetrag von ...¹ sinkt. Wenn Sie in diesem Fall Ihre Versicherung beenden wollen, müssen Sie diese also ganz kündigen.

(3) Nach § 169 VVG haben wir den Rückkaufswert zu erstatten. Er ist das nach anerkannten Regeln der Versicherungsmathematik mit den Rechnungsgrundlagen der Prämienkalkulation zum Schluss der laufenden Versicherungsperiode berechnete Deckungskapital der Versicherung. Mindestens erstatten wir jedoch den Betrag des Deckungskapitals, das sich bei gleichmäßiger Verteilung der unter Beachtung der aufsichtsrechtlichen Höchstzillmersätze (vgl. § 10 Abs. 2 S. 3) angesetzten Abschluss- und Vertriebskosten auf die ersten fünf Vertragsjahre ergibt. Von dem so ermittelten Wert erfolgt ein Abzug von ...². Mit dem Abzug wird die Veränderung der Risikolage des verbleibenden Versichertenbestandes³ ausgeglichen; zudem wird damit ein Ausgleich für kollektiv gestelltes Risikokapital vorgenommen.⁴ Weitere Erläuterungen sowie versicherungsmathematische Hinweise zum Abzug finden Sie im Anhang zu den Versicherungsbedingungen. Sofern Sie uns nachweisen, dass die dem Abzug zugrunde liegenden Annahmen in Ihrem Fall entweder dem Grunde nach nicht zutreffen oder der Abzug wesentlich niedriger zu beziffern ist, entfällt der Abzug bzw. wird – im letzteren Falle – entsprechend herabgesetzt.

Beitragsrückstände werden von dem Rückkaufswert abgezogen.

(4) Wir sind nach § 169 Abs. 6 VVG berechtigt, den nach Absatz 3 Satz 1 bis 3 errechneten Betrag angemessen herabzusetzen, soweit dies erforderlich ist, um eine Gefährdung der Belange der Versicherungsnehmer, insbesondere durch eine Gefährdung der dauernden Erfüllbarkeit der sich aus den Versicherungsverträgen ergebenden Verpflichtungen, auszuschließen. Die Herabsetzung ist jeweils auf ein Jahr befristet.

(5) Zusätzlich zahlen wir die Ihrem Vertrag bereits zugeteilten Überschussanteile aus, soweit sie nicht bereits in dem nach den Absätzen 3 und 4 berechneten Rückkaufswert enthalten sind, sowie einen Schlussüberschussanteil, soweit ein solcher nach § 2 Abs. ...⁵ für den Fall einer Kündigung vorgesehen ist. Außerdem erhöht sich der Auszahlungsbetrag ggf. um die Ihrer Versicherung gemäß § 2 Abs. 1 b zugeteilten Bewertungsreserven.

(6) Die Kündigung Ihrer Versicherung ist mit Nachteilen verbunden. In der Anfangszeit Ihrer Versicherung ist wegen der Verrechnung von Abschluss- und Vertriebskosten (vgl. § 10) nur ein geringer Rückkaufswert vorhanden. Der Rückkaufswert erreicht auch in den Folgejahren nicht unbedingt die Summe der eingezahlten Beiträge. Nähere Informationen zum Rückkaufswert, seiner Höhe und darüber, in welchem Ausmaß er garantiert ist, können Sie der beigefügten Tabelle entnehmen.

Umwandlung in eine beitragsfreie Versicherung

(7) Anstelle einer Kündigung nach Absatz 1 können Sie zu dem dort genannten Termin schriftlich verlangen, ganz oder teilweise von der Beitragszahlungspflicht befreit zu werden. In diesem Fall setzen wir die Versicherungssumme ganz oder teilweise auf die beitragsfreie Summe herab, die nach anerkannten Regeln der Versicherungsmathematik für den Schluss der laufenden Versicherungsperiode unter Zugrundelegung des Rückkaufswertes nach Absatz 3 Satz 1 bis 3 errechnet wird. Der aus Ihrer Versicherung für die Bildung der beitragsfreien Summe zur Verfügung stehende Betrag mindert sich um einen Abzug in Höhe von ... sowie

---

¹ Unternehmensindividuell zu ergänzen.
² Ggf. sind die Bezugsgröße und die Auswirkungen des Abzugs etwa in einer schriftlichen Erläuterung bzw. in einer Tabelle darzustellen, sofern der in Satz 3 definierte Abzug hierfür Anlass bietet.
³ Ggf. unternehmensindividuell anpassen, wenn im Bedingungswerk eine andere Diktion veranlasst ist.
⁴ Ggf. unternehmensindividuell anpassen, wenn auch aus anderen Gründen oder nur in eingeschränktem Umfang, also nicht aus allen oben genannten Gründen, ein Abzug erfolgen soll.
⁵ Unternehmensindividuell anzupassen.

um rückständige Beiträge.⁶ Mit dem Abzug wird die Veränderung der Risikolage des verbleibenden Versichertenbestandes⁷ ausgeglichen; zudem wird damit ein Ausgleich für kollektiv gestelltes Risikokapital vorgenommen.⁸ Weitere Erläuterungen sowie versicherungsmathematische Hinweise zum Abzug finden Sie im Anhang zu den Versicherungsbedingungen. Sofern Sie uns nachweisen, dass die dem Abzug zugrunde liegenden Annahmen in Ihrem Fall entweder dem Grunde nach nicht zutreffen oder der Abzug wesentlich niedriger zu beziffern ist, entfällt der Abzug bzw. wird – im letzteren Falle – entsprechend herabgesetzt.

(8) Die Beitragsfreistellung Ihrer Versicherung ist mit Nachteilen verbunden. In der Anfangszeit Ihrer Versicherung sind wegen der Verrechnung von Abschluss- und Vertriebskosten (vgl. § 10) nur geringe Beträge zur Bildung einer beitragsfreien Versicherungssumme vorhanden. Auch in den Folgejahren stehen nicht unbedingt Mittel in Höhe der eingezahlten Beiträge für die Bildung einer beitragsfreien Versicherungssumme zur Verfügung. Nähere Informationen zur beitragsfreien Versicherungssumme und ihrer Höhe können Sie der beigefügten Tabelle entnehmen.

(9) Haben Sie die vollständige Befreiung von der Beitragszahlungspflicht verlangt und erreicht die nach Absatz 7 zu berechnende beitragsfreie Versicherungssumme den Mindestbetrag von ...⁹ nicht, erhalten Sie den Rückkaufswert nach Absatz 3 bis 5. Eine teilweise Befreiung von der Beitragszahlungspflicht können Sie nur verlangen, wenn die verbleibende beitragspflichtige Versicherungssumme mindestens ...¹⁰ beträgt.

Beitragsrückzahlung

(10) **Die Rückzahlung der Beiträge können Sie nicht verlangen.**

Bemerkung

Bei Tarifen, bei denen die Versicherungsperiode nicht mit dem Beitragszahlungsabschnitt (unechte unterjährige Beiträge) übereinstimmt, lautet § 9 wie folgt:

„Wann können Sie Ihre Versicherung kündigen oder beitragsfrei stellen?
Kündigung und Auszahlung des Rückkaufswertes

(1) Sie können Ihre Versicherung ganz oder teilweise schriftlich kündigen
– jederzeit zum Schluss des laufenden Versicherungsjahres
– bei Vereinbarung von Ratenzahlungen auch innerhalb des Versicherungsjahres mit Frist von einem Monat zum Schluss eines jeden Ratenzahlungsabschnitts, frühestens jedoch zum Schluss des ersten Versicherungsjahres.

(2) Kündigen Sie Ihre Versicherung nur teilweise, ist diese Kündigung unwirksam, wenn die verbleibende beitragspflichtige Versicherungssumme unter einen Mindestbetrag von ...¹¹ sinkt. Wenn Sie in diesem Falle Ihre Versicherung beenden wollen, müssen Sie diese also ganz kündigen.

(3) Nach § 169 VVG haben wir den Rückkaufswert zu erstatten. Er ist das nach anerkannten Regeln der Versicherungsmathematik mit den Rechnungsgrundlagen der Prämienkalkulation zum Schluss des laufenden Ratenzahlungsabschnitts berechnete Deckungskapital der Versicherung. Mindestens erstatten wir jedoch den Betrag des Deckungskapitals, das sich bei gleichmäßiger Verteilung der unter Beachtung der aufsichtsrechtlichen Höchstzillmersätze (vgl. § 10 Abs. 2 S. 3) angesetzten Abschluss- und Vertriebskosten auf die ersten fünf Vertragsjahre ergibt. Von dem so ermittelten Wert erfolgt ein Abzug von ...¹² Mit dem Abzug wird

---

⁶ Soweit bei Beitragsfreistellung ein Wechsel der Tarifform erfolgt, ist § 9 Abs. 4 entsprechend zu ergänzen.
⁷ Ggf. unternehmensindividuell anpassen, wenn im Bedingungswerk eine andere Diktion veranlasst ist.
⁸ Ggf. unternehmensindividuell anpassen, wenn nur im eingeschränkten Umfang, also nicht aus allen oben genannten Gründen, ein Abzug erfolgen soll.
⁹ Unternehmensindividuell zu ergänzen.
¹⁰ Unternehmensindividuell zu ergänzen.
¹¹ Unternehmensindividuell zu ergänzen.
¹² Ggf. sind die Bezugsgröße und die Auswirkungen des Abzugs etwa in einer schriftlichen Erläuterung bzw. in einer Tabelle darzustellen, sofern der in Satz 3 definierte Abzug hierfür Anlass bietet.

die Veränderung der Risikolage des verbleibenden Versichertenbestandes[13] ausgeglichen; zudem wird damit ein Ausgleich für kollektiv gestelltes Risikokapital vorgenommen.[14] Weitere Erläuterungen sowie versicherungsmathematische Hinweise zum Abzug finden Sie im Anhang zu den Versicherungsbedingungen. Sofern Sie uns nachweisen, dass die dem Abzug zugrunde liegenden Annahmen in Ihrem Fall entweder dem Grunde nach nicht zutreffen oder der Abzug wesentlich niedriger zu beziffern ist, entfällt der Abzug bzw. wird – im letzteren Falle – entsprechend herabgesetzt.

Beitragsrückstände werden von dem Rückkaufswert abgezogen.

(4) Wir sind nach § 169 Abs. 6 VVG berechtigt, den nach Absatz 3 Satz 1 bis 3 errechneten Betrag angemessen herabzusetzen, soweit dies erforderlich ist, um eine Gefährdung der Belange der Versicherungsnehmer, insbesondere durch eine dauernde Erfüllbarkeit der sich aus den Versicherungsverträgen ergebenden Verpflichtungen, auszuschließen. Die Herabsetzung ist jeweils auf ein Jahr befristet.

(5) Zusätzlich zahlen wir die Ihrem Vertrag bereits zugeteilten Überschussanteile aus, soweit sie nicht bereits in dem nach den Absätzen 3 und 4 berechneten Rückkaufswert enthalten sind, sowie einen Schlussüberschussanteil, soweit ein solcher nach § 2 Abs. ...[15] für den Fall einer Kündigung vorgesehen ist. Außerdem erhöht sich der Auszahlungsbetrag ggf. um die Ihrer Versicherung gemäß § 2 Abs. 1 b zugeteilten Bewertungsreserven.

(6) Die Kündigung Ihrer Versicherung ist mit Nachteilen verbunden. In der Anfangszeit Ihrer Versicherung ist wegen der Verrechnung von Abschluss- und Vertriebskosten (vgl. § 10) nur ein geringer Rückkaufswert vorhanden. Der Rückkaufswert erreicht auch in den Folgejahren nicht unbedingt die Summe der eingezahlten Beiträge. Nähere Informationen zum Rückkaufswert, seiner Höhe und darüber, in welchem Ausmaß er garantiert ist, können Sie der beigefügten Tabelle entnehmen.

Umwandlung in eine beitragsfreie Versicherung

(7) Anstelle einer Kündigung nach Absatz 1 können Sie zu dem dort genannten Termin schriftlich verlangen, ganz oder teilweise von der Beitragszahlungspflicht befreit zu werden. In diesem Fall setzen wir die Versicherungssumme ganz oder teilweise auf eine beitragsfreie Summe herab, die nach anerkannten Regeln der Versicherungsmathematik für den Schluss des laufenden Ratenzahlungsabschnitts unter Zugrundelegung des Rückkaufswertes nach Absatz 3 Satz 1 bis 3 errechnet wird. Der aus Ihrer Versicherung für die Bildung der beitragsfreien Summe zur Verfügung stehende Betrag mindert sich um einen Abzug in Höhe von ... sowie um rückständige Beiträge.[16] Mit dem Abzug wird die Veränderung der Risikolage des verbleibenden Versichertenbestandes[17] ausgeglichen; zudem wird damit ein Ausgleich für kollektiv gestelltes Risikokapital vorgenommen.[18] Weitere Erläuterungen sowie versicherungsmathematische Hinweise zum Abzug finden Sie im Anhang zu den Versicherungsbedingungen. Sofern Sie uns nachweisen, dass die dem Abzug zugrunde liegenden Annahmen in Ihrem Fall entweder dem Grunde nach nicht zutreffen oder der Abzug wesentlich niedriger zu beziffern ist, entfällt der Abzug bzw. wird – im letzteren Falle – entsprechend herabgesetzt.

(8) Die Beitragsfreistellung Ihrer Versicherung ist mit Nachteilen verbunden. In der Anfangszeit Ihrer Versicherung sind wegen der Verrechnung von Abschluss- und Vertriebskosten (vgl. § 10) nur geringe Beträge zur Bildung einer beitragsfreien Versicherungssumme vorhanden. Auch in den Folgejahren stehen nicht unbedingt Mittel in Höhe der eingezahlten Beiträge für die Bildung einer beitragsfreien Versicherungssumme zur Verfügung. Nähere Informationen zur beitragsfreien Versicherungssumme und ihrer Höhe können Sie der beigefügten Tabelle entnehmen.

(9) Haben Sie die vollständige Befreiung von der Beitragszahlungspflicht verlangt und erreicht die nach Absatz 7 zu berechnende beitragsfreie Versicherungssumme den Mindestbe-

---

[13] Ggf. unternehmensindividuell anpassen, wenn im Bedingungswerk eine andere Diktion veranlasst ist.

[14] Ggf. unternehmensindividuell anpassen, wenn auch aus anderen Gründen oder nur in eingeschränktem Umfang, also nicht aus allen oben genannten Gründen, ein Abzug erfolgen soll.

[15] Unternehmensindividuell anzupassen.

[16] Soweit bei Beitragsfreistellung ein Wechsel der Tarifform erfolgt, ist § 9 Abs. 4 entsprechend zu ergänzen.

[17] Ggf. unternehmensindividuell anpassen, wenn im Bedingungswerk eine andere Diktion veranlasst ist.

[18] Ggf. unternehmensindividuell anpassen, wenn nur im eingeschränkten Umfang, also nicht aus allen oben genannten Gründen, ein Abzug erfolgen soll.

A. Allg. Bed. für die kapitalbildende LV   1   § 9 ALB 2008

trag von ...[19] nicht, erhalten Sie den Rückkaufswert nach Absatz 3 bis 5. Eine teilweise Befreiung von der Beitragszahlungspflicht können Sie nur verlangen, wenn die verbleibende beitragspflichtige Versicherungssumme mindestens ...[20] beträgt.

Beitragsrückzahlung
(10) Die Rückzahlung der Beiträge können Sie nicht verlangen."

Übersicht

	Rdn.
I. Inhaltskontrolle	1
II. Kündigung des Versicherungsnehmers	2
III. Erstattung des Rückkaufswerts	3
1. Zahlungsanspruch	3–9
2. Berücksichtigung von Abschluss- und Vertriebskosten	4
3. Stornokosten	5–7
a) Darstellung des Abzugs	5
b) Grenzen des Abzugs	6
c) Darlegungs- und Beweislast	7
4. Herabsetzung des Rückkaufswerts	8
5. Anspruch auf Überschussbeteiligung	9

Schrifttum: *Engeländer,* Die Neuregelung des Rückkaufs durch das VVG 2008, VersR 2007, 1297; *Gatschke,* Die Neuregelungen zu den Rückkaufswerten in der Lebensversicherung – Eine interdisziplinäre Diskussion unter Betrachtung des Status quo –, VuR 2007, 447; *Kleinlein,* Die Neuregelung zu den Rückkaufswerten in der Lebensversicherung, VuR 2008, 13; *Klinge,* Rückkaufswerte und Transparenz, VW 2008, 821; *Römer,* Was bringt das neue VVG Neues zur Lebensversicherung?, r+s 2008, 405; *Schünemann,* Der Auskunftsanspruch des Kunden in der kapitalbildenden Lebensversicherung, VuR 2008, 8; *Schwintowski,* Der Rückkaufswert als Zeitwert – eine (scheinbar) überwundene Debatte, VersR 2008, 1425.

I. Inhaltskontrolle

Die in Art. 2 Abs. 1 und Art. 14 Abs. 1 GG enthaltenen objektivrechtlichen   1
Schutzaufträge erfordern Vorkehrungen dafür, dass die Versicherungsnehmer einer kapitalbildenden Lebensversicherung erkennen können, in welcher Höhe Abschlusskosten mit der Prämie verrechnet werden dürfen, und dass sie bei einer vorzeitigen Beendigung des Lebensversicherungsverhältnisses eine Rückvergütung erhalten, deren Wert auch unter Berücksichtigung in Rechnung gestellter Abschlusskosten sowie des Risiko- und Verwaltungskostenanteils in einem angemessenen Verhältnis zu den bis zu diesem Zeitpunkt gezahlten Versicherungsprämien steht.[1] Die Vereinbarung gezillmerter Prämien entspricht nur dann dem Gebot eines gerechten Ausgleichs der Interessen aller Betroffenen, wenn gesichert ist, dass die den Versicherungsnehmern angelasteten Abschlusskosten im Verhältnis zu den vom Versicherer erbrachten Leistungen auch mit Blick auf eine mögliche vorzeitige Beendigung des Vertrags und damit die Verkürzung seiner Laufzeit angemessen sind.[2] Bei der Art ihrer Verrechnung muss berücksichtigt werden, dass der Versicherungsvertrag vom Beginn an nicht nur auf die Abdeckung des Versicherungsrisikos, sondern auch auf die Bildung von Vermögenswerten gerichtet

---
[19] Unternehmensindividuell zu ergänzen.
[20] Unternehmensindividuell zu ergänzen.
[1] BVerfG, Beschl. v. 15. 2. 2006 – 1 BVR 1317/96, VersR 2006, 489, 493.
[2] BVerfG, Beschl. v. 15. 2. 2006 – 1 BVR 1317/96, VersR 2006, 489, 494.

ist.³ Diese Zielsetzung darf nicht dadurch teilweise vereitelt werden, dass hohe Abschlusskosten, deren konkrete Berechnung zudem den Versicherungsnehmern nicht bekannt ist und deren Höhe von ihnen auch nicht beeinflusst werden kann, in den ersten Jahren mit der Prämie so verrechnet werden, dass der Rückkaufswert in dieser Zeit unverhältnismäßig gering ist oder gar gegen Null tendiert.⁴ Diesen Vorgaben trägt § 169 VVG 2008 Rechnung, der auf der Bedingungsebene in § 9 ALB 2008 umgesetzt worden ist.

II. Kündigung des Versicherungsnehmers

2   Sind laufende Prämien zu zahlen, kann der Versicherungsnehmer das Versicherungsverhältnis jederzeit für den Schluss der laufenden Versicherungsperiode kündigen (§ 168 Abs. 1 VVG 2008). Bei einer Versicherung, die Versicherungsschutz für ein Risiko bietet, bei dem der Eintritt der Verpflichtung des Versicherers gewiss ist, steht das Kündigungsrecht dem Versicherungsnehmer auch dann zu, wenn die Prämie in einer einmaligen Zahlung besteht (§ 168 Abs. 2 VVG 2008). Die Bestimmungen des § 168 Abs. 1 und 2 VVG 2008 sind nicht auf einen für die Altersvorsorge bestimmten Versicherungsvertrag anzuwenden, bei dem der Versicherungsnehmer mit dem Versicherer eine Verwertung vor dem Eintritt in den Ruhestand unwiderruflich ausgeschlossen hat; der Wert der vom Ausschluss der Verwertbarkeit betroffenen Ansprüche darf die in § 12 Abs. 2 Nr. 3 des SGB II bestimmten Beträge nicht übersteigen (§ 168 Abs. 3 Satz 1 VVG 2008). Entsprechendes gilt, soweit die Ansprüche nach § 851 c oder § 851 d ZPO nicht gepfändet werden dürfen (§ 168 Abs. 3 Satz 2 VVG 2008).

III. Erstattung des Rückkaufswerts

1. Zahlungsanspruch

3   Im Falle der Kündigung hat der Versicherer nach § 169 VVG 2008 den Rückkaufswert zu erstatten. Der Rückkaufswert ist das nach anerkannten Regeln der Versicherungsmathematik mit den Rechnungsgrundlagen der Prämienkalkulation zum Schluss der laufenden Versicherungsperiode berechnete Deckungskapital der Versicherung, mindestens jedoch der Betrag des Deckungskapitals, das sich bei gleichmäßiger Verteilung der unter Beachtung der aufsichtsrechtlichen Höchstzillmersätze angesetzten Abschluss- und Vertriebskosten auf die ersten fünf Vertragsjahre ergibt.⁵

2. Berücksichtigung von Abschluss- und Vertriebskosten

4   § 9 Abs. 3 ALB 2008 bildet teilweise § 169 Abs. 3 VVG 2008 ab. Mit dem Halbsatz in § 169 Abs. 3 VVG 2008 „... die aufsichtsrechtlichen Regelungen über Höchstzillmersätze bleiben unberührt", stellt der Gesetzgeber klar, dass Abschluss- und Vertriebskosten nur im Rahmen des jeweils geltenden Höchstzillmersatzes angesetzt werden dürfen.⁶ Auch darf der Versicherungsnehmer nicht mit dem Teil der Abschlusskosten belastet werden, der nach geltendem Aufsichtsrecht nicht gezillmert werden darf.⁷

---

³ BVerfG, Beschl. v. 15. 2. 2006 – 1 BVR 1317/96, VersR 2006, 489, 494.
⁴ BVerfG, Beschl. v. 15. 2. 2006 – 1 BVR 1317/96, VersR 2006, 489, 494.
⁵ *Schwintowski* VersR 2008, 1425; krit. dazu *Engeländer* VersR 2007, 1297, 1302 ff.
⁶ *Römer* r+s 2008, 405, 409.
⁷ Vgl. § 4 DeckRVO i. V. m. § 65 Abs. 1 Satz 1 Nr. 2 VAG.

3. Stornokosten

a) Darstellung des Abzugs. Der Versicherer ist zu einem Abzug von dem 5
nach § 169 Abs. 3 und 4 VVG 2008 ermittelten Rückkaufswert berechtigt, wenn
er vereinbart, beziffert und angemessen ist (§ 169 Abs. 5 Satz 1 VVG 2008). Hierfür reicht aus, wenn die Bezugsgröße und die Auswirkungen des Abzugs in einer
schriftlichen Erläuterung bzw. in einer Tabelle dargestellt werden. Dass der Abzug
regelmäßig in absoluten Eurobeträgen angegeben werden muss,[8] lässt sich dem
Gesetz nicht entnehmen.

b) Grenzen des Abzugs. Die Vereinbarung eines Abzugs für noch nicht getilgte Abschluss- und Vertriebskosten ist unwirksam (§ 169 Abs. 5 Satz 2 VVG 6
2008).

c) Darlegungs- und Beweislast. Macht der Versicherer Stornokosten gel- 7
tend, trägt er die Darlegungs- und Beweislast dafür, dass die Voraussetzungen des
§ 169 Abs. 5 VVG 2008 vorliegen.[9] Er hat insbesondere auch darzulegen, warum
diese Kosten „angemessen" sein sollen.[10]

4. Herabsetzung des Rückkaufswerts

Der Versicherer kann den nach § 169 Abs. 3 VVG 2008 berechneten Rück- 8
kaufswertbetrag angemessen herabsetzen, soweit dies erforderlich ist, um eine
Gefährdung der Belange der Versicherungsnehmer, insbesondere durch eine Gefährdung der dauernden Erfüllbarkeit der sich aus den Versicherungsverträgen
ergebenden Verpflichtungen, auszuschließen (§ 169 Abs. 6 Satz 1 VVG 2008).
Die Herabsetzung ist jeweils auf ein Jahr befristet (§ 169 Abs. 6 Satz 2 VVG
2008).

5. Anspruch auf Überschussbeteiligung

Gemäß § 169 Abs. 7 1. Halbsatz VVG 2008 hat der Versicherer dem Versiche- 9
rungsnehmer zusätzlich zu dem nach § 169 Abs. 3 bis 6 VVG 2008 berechneten
Rückkaufswertbetrag die diesem bereits zugeteilten Überschussanteile, soweit sie
nicht bereits in dem Rückkaufswertbetrag nach § 169 Abs. 3 bis 6 VVG 2008
enthalten sind, sowie den jeweils in den Allgemeinen Versicherungsbedingungen für den Fall der Kündigung vorgesehenen Schlussüberschussanteil zu zahlen. § 153 Abs. 3 Satz 2 VVG 2008 bleibt unberührt (§ 169 Abs. 7 2. Halbsatz
VVG 2008). Erfolgt lediglich ein Teilrückkauf, sind die Bewertungsreserven
– ebenso wie bei der Auszahlung von Gewinnguthaben – anteilig zu erstatten.[11]

§ 10 Wie werden die Abschluss- und Vertriebskosten verrechnet?[1]

(1) **Durch den Abschluss von Versicherungsverträgen entstehen Kosten. Diese sog. Abschluss- und Vertriebskosten (§ 43 Abs. 2 der Verordnung über die Rechnungslegung von Versicherungsunternehmen) sind bereits pauschal bei der Tarifkalkulation berücksichtigt und werden daher nicht gesondert in Rechnung gestellt.**

(2) **Für Ihren Versicherungsvertrag ist das Verrechnungsverfahren nach § 4 der Deckungsrückstellungsverordnung maßgebend. Hierbei werden die ersten Beiträge zur Tilgung eines Teils der Abschluss- und Vertriebskosten herangezogen,**

---

[8] So aber *Franz* DStR 2008, 303, 308; *derselbe,* VersR 2008, 298, 310.
[9] *Römer* r+s 2008, 405, 409.
[10] *Römer* r+s 2008, 405, 409.
[11] *Franz* VersR 2008, 298, 310.
[1] Diese Bestimmung ist nur bei Verwendung des Zillmerverfahrens aufzunehmen.

ALB 2008 § 11 1   Teil 6. Musterbedingungen des GDV 2008

soweit die Beiträge nicht für Leistungen im Versicherungsfall, Kosten des Versicherungsbetriebs in der jeweiligen Versicherungsperiode und für die Bildung der Deckungsrückstellung aufgrund von § 25 Abs. 2 RechVersV i. V. m. § 169 Abs. 3 VVG bestimmt sind. Der auf diese Weise zu tilgende Betrag ist nach der Deckungsrückstellungsverordnung auf 4% der von Ihnen während der Laufzeit des Vertrages zu zahlenden Beiträge beschränkt.

(3) Die restlichen Abschluss- und Vertriebskosten werden während der vertraglich vereinbarten Beitragszahlungsdauer aus den laufenden Beiträgen getilgt.

(4) Die beschriebene Kostenverrechnung hat wirtschaftlich zur Folge, dass in der Anfangszeit Ihrer Versicherung nur geringe Beträge zur Bildung der beitragsfreien Versicherungssumme oder für einen Rückkaufswert vorhanden sind, mindestens jedoch die in § 9 genannten Beträge. Nähere Informationen können Sie der beigefügten Tabelle[1] entnehmen.

Anmerkung

Die Abschluss- und Vertriebskostenklausel ist zwar gegenüber § 10 ALB 2006 modifiziert, aber inhaltlich unverändert. Auf die Kommentierung zu § 10 ALB 2006 kann daher verwiesen werden.

§ 11 Was ist zu beachten, wenn eine Versicherungsleistung verlangt wird?

(1) Leistungen aus dem Versicherungsvertrag erbringen wir gegen Vorlage des Versicherungsscheins.

(2) Der Tod der versicherten Person ist uns unverzüglich anzuzeigen. Außer dem Versicherungsschein sind uns einzureichen
– eine amtliche, Alter und Geburtsort enthaltende Sterbeurkunde,
– ein ausführliches, ärztliches oder amtliches Zeugnis über die Todesursache sowie über Beginn und Verlauf der Krankheit, die zum Tode der versicherten Person geführt hat.

(3) Zur Klärung unserer Leistungspflicht können wir notwendige weitere Nachweise und Auskünfte verlangen. Die mit den Nachweisen verbundenen Kosten trägt derjenige, der die Versicherungsleistung beansprucht.

(4) Unsere Leistungen überweisen wir dem Empfangsberechtigten auf seine Kosten. Bei Überweisungen in Länder außerhalb des Europäischen Wirtschaftsraumes trägt der Empfangsberechtigte auch die damit verbundene Gefahr.

Übersicht

	Rdn.
I. Fälligkeit und Erbringung der Versicherungsleistung	1
II. Abschlagszahlungen	2
III. Verzug des Versicherers	3, 4
IV. Überweisung an den Empfangsberechtigten	5
V. Hinterlegung	6

I. Fälligkeit und Erbringung der Versicherungsleistung

1   Geldleistungen des Versicherers sind fällig mit der Beendigung der zur Feststellung des Versicherungsfalles und des Umfanges der Leistung des Versicherers notwendigen Erhebungen (§ 14 Abs. 1 VVG 2008). Der wahre Versicherungsnehmer ist als materiell Berechtigter nicht auf die Legitimationswirkung des Versicherungsscheins angewiesen, muss aber den Versicherungsschein bei Fälligkeit vorle-

---
[1] Unternehmensindividuell anzupassen.

gen, weil der Versicherer Leistungen aus dem Versicherungsvertrag nur gegen Vorlage des Versicherungsscheins erbringt.[1]

II. Abschlagszahlungen

Sind die Erhebungen des Versicherers nicht bis zum Ablauf eines Monats seit der Anzeige des Versicherungsfalles beendet, kann der Versicherungsnehmer Abschlagszahlungen in Höhe des Betrags verlangen, den der Versicherer voraussichtlich mindestens zu zahlen hat (§ 14 Abs. 2 Satz 1 VVG 2008). Der Lauf der Frist ist gehemmt, solange die Erhebungen infolge eines Verschuldens des Versicherungsnehmers nicht beendet werden können (§ 14 Abs. 2 Satz 2 VVG 2008). 2

III. Verzug des Versicherers

Verzug des Versicherers tritt mit der Ablehnung der Versicherungsleistung ein (§ 286 Abs. 2 Nr. 3 BGB). Zinsen schuldet der Versicherer der Höhe nach gemäß § 288 Abs. 1 Satz 2 BGB.[2] Der Versicherer kommt nicht in Verzug, solange die Leistung infolge eines Umstands unterbleibt, den er nicht zu vertreten hat (§ 286 Abs. 4 BGB). Unwirksam ist eine Vereinbarung, durch die der Versicherer von der Verpflichtung zur Zahlung von Verzugszinsen befreit wird (§ 14 Abs. 3 VVG 2008). 3

Im Falle des Rechtsirrtums ist ein solcher Irrtum nur unverschuldet, wenn der Versicherer nach sorgfältiger Prüfung der Sach- und Rechtslage mit einem Unterliegen im Rechtsstreit nicht zu rechnen braucht.[3] Das kann vor allem bei höchstrichterlich ungeklärten Rechtsfragen anzunehmen sein.[4] Ein nur „normales Prozessrisiko" entlastet das LVU nicht.[5] Das allgemeine Risiko, die Rechtslage unzutreffend zu beurteilen, trägt grundsätzlich das LVU als Schuldner.[6] Ein Irrtum des LVU über seine Leistungspflicht, insbesondere eine falsche Einschätzung der Sach- und Rechtslage, steht daher der Annahme des Verzugs nur ganz ausnahmsweise entgegen, etwa bei einer unerwarteten Änderung der Rechtsprechung oder vergleichbaren Sachverhalten.[7] 4

IV. Überweisung an den Empfangsberechtigten

Bestätigt der Versicherungsnehmer im Versicherungsantrag durch gesonderte Unterzeichnung, dass vom Konto einer dritten Person Beiträge abzubuchen und auf dieses Konto Versicherungsleistungen zu überweisen sind, ist der Versicherungsnehmer Empfänger der Versicherungsleistungen, wenn der Versicherer dem Versicherungsnehmer die Überweisung von Versicherungsleistungen auf das Konto des Dritten ankündigt und nach dort überweist.[8] Gegen den Dritten hat der Versicherer keinen Anspruch aus ungerechtfertigter Bereicherung im Wege der 5

---

[1] BGH, Urt. v. 20. 5. 2009 – IV ZR 16/08, VersR 2009, 1061, 1062 = WM 2009, 1458, 1459.
[2] BGH, Urt. v. 16. 7. 2009 – IX ZR 118/08, WM 2009, 1704, 1706.
[3] OLG Saarbrücken, Urt. v. 16. 5. 2007 – 5 U 590/06, NJW-RR 2007, 1398, 1401.
[4] OLG Saarbrücken, Urt. v. 16. 5. 2007 – 5 U 590/06, NJW-RR 2007, 1398, 1401.
[5] BGH, Urt. v. 6. 12. 2006 – IV ZR 34/05, NJW-RR 2007, 382 = VersR 2007, 537, 538; OLG Saarbrücken, Urt. v. 16. 5. 2007 – 5 U 590/06, NJW-RR 2007, 1398, 1401.
[6] OLG Saarbrücken, Urt. v. 16. 5. 2007 – 5 U 590/06, NJW-RR 2007, 1398, 1401.
[7] BGH, Urt. v. 27. 9. 1989 – IVa ZR 156/88, NJW-RR 1990, 160 = VersR 1990, 153; OLG Saarbrücken, Urt. v. 16. 5. 2007 – 5 U 590/06, NJW-RR 2007, 1398, 1401.
[8] KG, Urt. v. 10. 10. 2008 – 6 U 72/08, VersR 2009, 246, 247 = r+s 2010, 161.

Leistungskondiktion nach § 812 Abs. 1 BGB, wobei es nicht darauf ankommt, ob der Versicherungsnehmer den an den Dritten überwiesenen Betrag erhalten hat oder nicht.[9]

V. Hinterlegung

6 Hat der Versicherer die Versicherungsleistung gemäß § 372 BGB zu Gunsten unbekannter Erben hinterlegt, ist die Vorlage des Erbscheins für die Herausgabe des hinterlegten Betrages erforderlich.[10]

§ 12 Welche Bedeutung hat der Versicherungsschein?

(1) Den Inhaber des Versicherungsscheins können wir als berechtigt ansehen, über die Rechte aus dem Versicherungsvertrag zu verfügen, insbesondere Leistungen in Empfang zu nehmen. Wir können aber verlangen, dass uns der Inhaber des Versicherungsscheins seine Berechtigung nachweist.

(2) In den Fällen des § 13 Abs. 4 brauchen wir den Nachweis der Berechtigung nur dann anzuerkennen, wenn uns die schriftliche Anzeige des bisherigen Berechtigten vorliegt.

Übersicht

	Rdn.
I. Fassung	1–4
II. Inhaltskontrolle	5
III. Inhalt der Inhaberklausel	6–8
1. Befreiungs- oder Liberationswirkung	6
2. Nichtinanspruchnahme der Inhaberklausel	7
3. Befugnis des Inhabers des Versicherungsscheins	8
IV. Inhaber des Versicherungsscheins	9–11
V. Verfügungsbefugnis des Inhabers des Versicherungsscheins	12–15
VI. Nachweis der Verfügungsberechtigung	16, 17
VII. Leistungsbefreiung des Versicherers	18–27
1. Grundsatz	18, 19
2. Vorrang des § 1812 BGB	20
3. Positive Kenntnis des LVU	21
4. Grobe Fahrlässigkeit	22, 23
5. Rechtsmissbrauch	24
6. Einfache Fahrlässigkeit	25
7. Abgrenzung	26
8. Beweislast	27
VIII. Verlust des Versicherungsscheins	28–30

Schrifttum: *Adam,* Die Rechtsnatur des Versicherungsscheins mit Inhaberklausel, ZfV 1961, 96; *Bendix,* Die juristische Natur der Lebensversicherungspolice auf den Inhaber, ZVersWiss 1903, 204; *Dörstling,* Der Lebensversicherungsschein als hinkendes Inhaberpapier, ZVersWiss 1921, 232; *Groh,* Nebenabreden bei Versicherungsverträgen, 1965; *Kisch,* Der Versicherungsschein, 1952; *Langenberg,* Die Versicherungspolice, 1970; *Langenberg,* Die Verbriefung des Versicherungsvertrages im belgischen, deutschen, englischen, französischen, italienischen und niederländischen Recht, Diss. Hamburg, 1971; *Magnusson,* Willenserklärungen des Versicherungsnehmers nach dem Tode des Versicherungsnehmers (insb. Lebensversicherung), VersR 1954, 331; *Mampel,* Die Leistung an den Inhaber eines qualifizierten Legitimationspapiers, insbesondere eines Lebensversicherungsscheins, JR 1950, 713; *Schultz,* Die

---
[9] KG, Urt. v. 10. 10. 2008 – 6 U 72/08, VersR 2009, 246, 247 = r+s 2010, 161.
[10] KG, Beschl. v. 22. 4. 2008 – 1 VA 16/06, NJW-RR 2008, 1540, 1541.

Rechtsnatur des Versicherungsscheines, ZfV 1956, 561; *Schulz,* Die rechtliche Tragweite der Inhaberklausel, ZfV 1963, 521; *Seiffert,* Die Rechtsprechung des BGH zum Versicherungsrecht – Neuere Entscheidungen des IV. Zivilsenats des BGH zur Lebensversicherung und Anmerkungen zu „Nichtentscheidungen", r+s 2010, 177; *Sieg,* Der Versicherungsschein in wertpapierrechtlicher Sicht und seine Bedeutung bei der Veräußerung der versicherten Sache, VersR 1977, 213; *Wrabetz,* Die Rechtsnatur des Versicherungsscheins, ZfV 1978, 415.

I. Fassung

Bereits in den § 13 ALB 1932 findet sich eine Inhaberklausel mit folgender Fassung:[1]   1

„Die Gesellschaft darf den Inhaber des Versicherungsscheins (oder des von ihr erteilten Hinterlegungsscheins) als berechtigt ansehen, über alle Ansprüche aus dem Versicherungsvertrage zu verfügen, insbesondere die Leistung der Gesellschaft in Empfang zu nehmen; sie kann aber den Nachweis der Verfügungs- und Empfangsberechtigung verlangen."

Die Inhaberklausel wurde in § 11 ALB 1957 um eine Zugangserleichterung für das LVU erweitert und erhielt folgende Fassung:[2]   2

„(1) Die Gesellschaft kann den Inhaber des Versicherungsscheines oder Hinterlegungsscheines als verfügungs- insbesondere empfangsberechtigt ansehen. Sie hat das Recht, den Nachweis der Berechtigung zu verlangen. Nach dem Tode des Versicherungsnehmers kann die Gesellschaft, sofern nicht ein vom Versicherungsnehmer namentlich bezeichneter Zustellungsbevollmächtigter vorhanden ist, den Bezugsberechtigten und, falls ein solcher nicht vorhanden oder sein Aufenthalt nicht feststellbar ist, den Inhaber des Versicherungsscheines oder Hinterlegungsscheines als bevollmächtigt zur Empfangnahme von Willenserklärungen, welche die Gültigkeit des Vertrages zum Gegenstand haben, ansehen.
(2) § 13 Abs. 3 bleibt unberührt."

Mit Verlautbarung der ALB 1975[3] wurde die Inhaberklausel modifiziert und § 11 ALB 1975 wie folgt neu gefasst und unverändert auch in den ALB 1981[4] beibehalten: 3

„1. Der Versicherer kann den Inhaber des Versicherungsscheines als verfügungs- insbesondere empfangsberechtigt ansehen. Er hat das Recht, den Nachweis der Berechtigung zu verlangen. Nach dem Tode des Versicherungsnehmers kann der Versicherer, sofern nicht ein vom Versicherungsnehmer namentlich bezeichneter Zustellungsbevollmächtigter vorhanden ist, den Bezugsberechtigten und, falls ein solcher nicht vorhanden oder sein Aufenthalt nicht feststellbar ist, den Inhaber des Versicherungsscheines als bevollmächtigt zum Empfang von Willenserklärungen, welche die Gültigkeit des Vertrages zum Gegenstand haben, ansehen.
2. § 13 Ziff. 3 bleibt unberührt."

Mit Verlautbarung der ALB 1984[5] wurde die Inhaberklausel geändert und als § 11 ALB 1984 in einer Fassung verlautbart, die mit § 11 ALB 1986[6] wörtlich übereinstimmt. § 12 ALB 2008 ist wortgleich mit § 11 ALB 1986.   4

II. Inhaltskontrolle

§ 11 Abs. 1 Satz 1 ALB 1986 (jetzt § 12 Abs. 1 Satz 1 ALB 2008) verstößt nicht gegen § 307 BGB bzw. § 9 AGBG.[7] Das LVU ist als Bedingungsgeber nicht   5

---
[1] VerAfP 1932, 115.
[2] VerBAV 1957, 58.
[3] VerBAV 1975, 434.
[4] VerBAV 1981, 118.
[5] VerBAV 1984, 435.
[6] VerBAV 1986, 209.
[7] BGH, Urt. v. 22. 3. 2000 – IV ZR 23/99, NJW 2000, 2103 = NVersZ 2001, 259 = VersR 2000, 709 = VerBAV 2000, 198 = MDR 2000, 831 (Revisionsentscheidung zu OLG

gehalten, die Wirkungen der Inhaberklausel weitergehend zu erläutern, als dies der Gesetzgeber mit § 808 BGB für geboten erachtet hat.[8]

III. Inhalt der Inhaberklausel

1. Befreiungs- oder Liberationswirkung

6   Gemäß § 12 Abs. 1 Satz 1 ALB kann der Versicherer den Inhaber des Versicherungsscheins als berechtigt ansehen, über die Rechte aus dem Versicherungsvertrag zu verfügen, insbesondere Leistungen in Empfang zu nehmen. Durch die Inhaberklausel erhält der Versicherungsschein die Rechtsnatur eines qualifizierten Legitimationspapiers im Sinne der §§ 4 Abs. 1 VVG, 808 BGB.[9] Die Legitimationswirkung des § 808 Abs. 1 Satz 1 BGB erstreckt sich auf die vertraglich versprochenen Leistungen.[10] Der Versicherer kann aufgrund der Inhaberklausel an den Inhaber des Versicherungsscheins die in dieser Urkunde genannten Leistungen auszahlen und wird dadurch auch dann befreit, wenn der Inhaber nicht der wahre Berechtigte ist (§ 808 Abs. 1 Satz 1 BGB, sog. Befreiungs- oder Liberationswirkung).[11] Das Legitimationspapier dient folglich der Vereinfachung von

---

München, Urt. v. 19. 11. 1998 – 29 U 3536/98, OLGR München 1999, 173 = VersR 1999, 1222 = r+s 1999, 258); OLG Koblenz, Urt. v. 4. 1. 2002 – 10 U 595/01, VersR 2002, 873, 874 = r+s 2004, 94, 95; OLG Bremen, Urt. v. 19. 2. 2008 – 3 U 45/07, VersR 2008, 1056, 1057; a. A. OLG München, Urt. v. 19. 11. 1998 – 29 U 3536/98, OLGR München 1999, 173 = VersR 1999, 1222 = r+s 1999, 258; OLG Nürnberg, Beschl. v. 1. 3. 2000 – 8 W 661/00, NJW-RR 2000, 909 = NVersZ 2000, 515 = MDR 2000, 833, 834.

[8] BGH, Urt. v. 22. 3. 2000 – IV ZR 23/99, NJW 2000, 2103, 2106 = NVersZ 2001, 259, 262 = VersR 2000, 709, 711 = VerBAV 2000, 198, 20.

[9] OLG Karlsruhe, Beschl. v. 4. 1. 1956 – 1 W 140/55, VersR 1956, 217; BGH, Urt. v. 7. 10. 1965 – II ZR 120/63, NJW 1966, 46 = VersR 1965, 1141; BGH v. 5. 5. 1982, VerBAV 1982, 429; OLG Saarbrücken, Urt. v. 25. 3. 1992 – 5 U 73/91, VersR 1992, 1209, 1210 = r+s 1993, 77; BGH, Urt. v. 14. 7. 1993 – IV ZR 153/92, NJW 1993, 2807 = VersR 1993, 1089; OLG Hamm, Urt. v. 24. 2. 1995 – 20 U 319/94, NJW-RR 1995, 1434 = VersR 1996, 615 = r+s 1996, 286; OLG Karlsruhe, Urt. v. 3. 9. 1998 – 9 U 177/97, VersR 1999, 1529 = r+s 2000, 257, 258; BGH, Urt. v. 24. 2. 1999 – IV ZR 122/98, NJW-RR 1999, 898, 899 = NVersZ 1999, 365 = VersR 1999, 700, 701 = VerBAV 1999, 229, 230; BGH, Urt. v. 22. 3. 2000 – IV ZR 23/99, NJW 2000, 2103, 2104 = NVersZ 2001, 259, 260 = VersR 2000, 709 = VerBAV 2000, 198, 199 = MDR 2000, 831; OLG Hamm, Urt. v. 20. 9. 2001 – 27 U 54/01, NVersZ 2002, 94, 95 = VersR 2002, 1121, 1122; OLG Koblenz, Urt. v. 4. 1. 2002 – 10 U 595/01, NVersZ 2002, 212 = VersR 2002, 873 = r+s 2004, 94, 95; OLG Koblenz, Urt. v. 29. 2. 2008 – 10 U 229/07, VersR 2008, 1338; BGH, Urt. v. 20. 5. 2009 – IV ZR 16/08, NJW-RR 2009, 1327, 1328 = VersR 2009, 1061 = r+s 2009, 342 = WM 2009, 1458, 1459; *Bruck/Dörstling*, Das Recht des Lebensversicherungs-Vertrages, Ein Kommentar zu den Allgemeinen Todesfallversicherungs-Bedingungen, Mannheim u. a., Bensheimer, 1924, § 17 Bem. 1; *Marburger:* in: J. v. Staudingers Kommentar BGB, 12. Aufl., 1986, § 808 BGB Rdn. 4; *Hüffer* in: Münchener Kommentar BGB, 4. Aufl., 2004, § 808 BGB Rdn. 10; *Stadler* in: Jauernig, 11. Aufl., 2004, § 808 BGB Rdn. 6; *Sprau* in: Palandt, 67. Aufl., 2008 § 808 BGB Anm. C 318; *Kollhosser* in: Prölss/Martin, VVG, VVG, 8. Aufl., 1988, §§ 159–178 VVG Anm. C 318; *Kollhosser* in: Prölss/Martin, VVG, § 13 ALB 86 Anm. 1; *Goll/Gilbert/Steinhaus,* Handb. Lebensversicherung, 11. Aufl., 1992, S. 35; *Kurzendörfer,* Lebensversicherung, 3. Aufl., 2000, S. 181.

[10] BGH, Urt. v. 20. 5. 2009 – IV ZR 16/08, NJW-RR 2009, 1327, 1328 = VersR 2009, 1061 = r+s 2009, 342 = WM 2009, 1458, 1459.

[11] OLG Saarbrücken, Urt. v. 25. 3. 1992 – 5 U 73/91, r+s 1993, 77; BGH, Urt. v. 24. 2. 1999 – IV ZR 122/98, NJW-RR 1999, 898, 899 = VersR 1999, 700, 701; BGH, Urt. v. 22. 3. 2000 – IV ZR 23/99, NJW 2000, 2103 = NVersZ 2001, 259 = VersR 2000, 709 = VerBAV 2000, 198 = MDR 2000, 831; OLG Hamm, Urt. v. 20. 9. 2001 – 27 U 54/01,

Auszahlungsvorgängen mit der Wirkung, dass der Versicherer auf Vorlage des Versicherungsscheins zahlen kann und von seiner Leistungspflicht befreit wird, ohne dass er verpflichtet ist, besondere Prüfungen über die materielle Inhaberschaft des Anspruchs und die Verfügungsmacht des Inhabers des Versicherungsscheins anzustellen.[12] Damit nimmt die Inhaberklausel dem Versicherer das Risiko der Doppelzahlung und der Uneinbringlichkeit seiner Kondiktion gegen den vermeintlichen Gläubiger ab.[13]

2. Nichtinanspruchnahme der Inhaberklausel

Da § 808 BGB dem Schutz des Schuldners dient, steht dem LVU als Schuldner der Versicherungsleistung grundsätzlich das Recht zu, diesen Schutz nicht in Anspruch zu nehmen.[14] Dem Versicherer steht es jedoch nicht frei, seine Entscheidung, ob er die Befugnisse des § 12 ALB in Anspruch nehmen will oder nicht, beliebig umzustoßen.[15] Von daher kann das LVU nach Eintritt der Erfüllungswirkung seiner Zahlung an den Inhaber des Versicherungsscheins auf den Schutz des § 808 Abs. 1 Satz 1 BGB nicht nachträglich mit der Folge verzichten, dass sich der Inhaber des Versicherungsscheins, an den Zahlung geleistet wurde, nunmehr einem Rückforderungsanspruch ausgesetzt sieht.[16] Erkennt der Versicherer allerdings im Nachhinein, dass er zwar an einen formal legitimierten Empfänger gezahlt hat, dieser aber nicht der wahre Gläubiger war, dann kann er auf den Schutz des § 808 Abs. 1 Satz 1 BGB auch nachträglich verzichten und seine Leistung unter dem Blickwinkel der ungerechtfertigten Bereicherung zurückfordern.[17] Insoweit ist die Sach- und Rechtslage mit § 407 BGB vergleichbar.[18] Nach dieser Bestimmung muss der Neugläubiger, wenn der Schuldner in Unkenntnis der Abtretung an den Altgläubiger leistet, diese Leistung, obwohl an einen Nichtmehrberechtigten erbracht, als Erfüllung gegen sich gelten lassen.[19] Anerkanntermaßen muss sich der Schuldner jedoch nicht auf die Befreiungswirkung des § 407

NVersZ 2002, 94, 95 = VersR 2002, 1121, 1122; OLG Koblenz, Urt. v. 4. 1. 2002 – 10 U 595/01, NVersZ 2002, 212 = VersR 2002, 873 = r+s 2004, 94, 95; OLG Koblenz, Urt. v. 29. 2. 2008 – 10 U 229/07, VersR 2008, 1338; OLG München, Urt. v. 14. 8. 2008 – 25 U 2326/08, VersR 2008, 1521 = r+s 2009, 159; BGH, Urt. v. 18. 11. 2009 – IV ZR 134/08, VersR 2010, 375, 376 = r+s 2010, 74.
[12] Vgl. OLG Köln, Urt. v. 29. 3. 1990 – 5 U 151/89, VersR 1990, 1338, 1339; OLG Saarbrücken, Urt. v. 25. 3. 1992 – 5 U 73/91, VersR 1992, 1209, 1210 = r+s 1993, 77; OLG Hamm, Urt. v. 24. 2. 1995 – 20 U 319/94, NJW-RR 1995, 1434 = VersR 1996, 615 = r+s 1996, 286; *Römer* in: Römer/Langheid, § 4 VVG Rdn. 2; *Kurzendörfer*, Lebensversicherung, 3. Aufl., 2000, S. 181.
[13] BGH, Urt. v. 20. 5. 2009 – IV ZR 16/08, NJW-RR 2009, 1327, 1328 = VersR 2009, 1061, 1062 = r+s 2009, 342 = WM 2009, 1458, 1459.
[14] Vgl. BGHZ 102, 68, 71 = NJW 1988, 700, 702; BGHZ 52, 150, 153 = NJW 1969, 1479; OLG Hamm, Urt. v. 24. 2. 1995 – 20 U 319/94, NJW-RR 1995, 1434 = VersR 1996, 615 = r+s 1996, 286; OLG München, Urt. v. 14. 8. 2008 – 25 U 2326/08, VersR 2008, 1521, 1522 = r+s 2009, 159.
[15] OLG Düsseldorf, Urt. v. 14. 6. 2005 – I-4 U 109/04, NJW-RR 2006, 1470 = VersR 2006, 1391, 1392 = r+s 2006, 466.
[16] OLG Hamm, Urt. v. 24. 2. 1995 – 20 U 319/94, NJW-RR 1995, 1434 = VersR 1996, 615 = r+s 1996, 286.
[17] OLG Düsseldorf, Urt. v. 14. 6. 2005 – I-4 U 109/04, NJW-RR 2006, 1470 = VersR 2006, 1391, 1392 = r+s 2006, 466.
[18] OLG Düsseldorf, Urt. v. 14. 6. 2005 – I-4 U 109/04, NJW-RR 2006, 1470 = VersR 2006, 1391, 1392 = r+s 2006, 466.
[19] OLG Düsseldorf, Urt. v. 14. 6. 2005 – I-4 U 109/04, NJW-RR 2006, 1470 = VersR 2006, 1391, 1392 = r+s 2006, 466.

BGB berufen, er kann sich auch dafür entscheiden, die an den Altgläubiger geleistete Zahlung gemäß § 812 BGB zurückzufordern.[20]

3. Befugnis des Inhabers des Versicherungsscheins

8   Der Inhaber des Versicherungsscheins ist dagegen nicht berechtigt, die Leistung zu verlangen (§ 808 Abs. 1 Satz 2 BGB).[21] Er ist aber befugt, sowohl den Zahlungsanspruch als auch die Feststellung der Wirksamkeit des Versicherungsvertrages sowie der Leistungspflicht des Versicherers im Klagewege geltend zu machen.[22]

IV. Inhaber des Versicherungsscheins

9   Inhaber des Versicherungsscheins ist, wer ihn unmittelbar in seiner Gewalt hat und ihn jederzeit vorlegen kann.[23] Dies kann auch eine Personenmehrheit sein, z.B. eine Erbengemeinschaft gemäß § 2039 BGB, da eine Inhaberpolice in den Händen des Versicherungsnehmers zunächst einmal in den Nachlass fällt. Übergibt der Versicherungsnehmer den Versicherungsschein seinem Makler, ist der Makler der Inhaber des Versicherungsscheins.[24] Inhaber ist auch, wer den Versicherungsschein entwendet hat und dem Versicherer vorlegen kann.[25] Zur Abgrenzung könnte es zweckmäßig sein, für die Feststellung der Inhaberschaft zu verlangen, dass Inhaber nur ist, wer ein eigenes Recht zu besitzen erklärt.[26] Die Abgrenzungsproblematik wird hierdurch in der Praxis nicht befriedigend gelöst, da auch der den Versicherungsschein vorlegende Versicherungsmakler[27] oder Versicherungsagent dem LVU gegenüber ein eigenes Besitzrecht schon dadurch konkludent behauptet, dass er Zahlung der Versicherungssumme zu seinen Händen verlangt. Als Inhaber des Versicherungsscheins ist daher anzusehen, wer unter Vorlage des eigenen Personalausweises und des Personalausweises des Versicherungsnehmers den Versicherungsschein zusammen mit einem Kündigungs- und Zahlungsanweisungsschreiben vorlegt, auch wenn später gutachterlich festgestellt wird, dass dieses Schreiben gefälscht ist.[28]

10   Ist der Versicherungsschein verloren gegangen oder vernichtet worden, so gibt es keinen Inhaber. Insbesondere ist es auch derjenige nicht, der ihn nachweislich vor seinem Verlust in Verwahrung hatte. Erst die Übergabe einer Ersatzurkunde nach § 3 Abs. 2 VVG begründet eine erneute Inhaberschaft. Stellt der Versicherer keine Ersatzurkunde aus, sondern begnügt er sich mit der Abgabe einer Verlusterklärung, dann kann er den Aussteller dieser Erklärung nicht als berechtigt ansehen, über die Ansprüche aus dem Versicherungsvertrag zu verfügen (vgl. § 3 Abs. 2 VVG).

---

[20] OLG Düsseldorf, Urt. v. 14. 6. 2005 – I-4 U 109/04, NJW-RR 2006, 1470 = VersR 2006, 1391, 1392 = r+s 2006, 466.

[21] OLG München, Urt. v. 14. 8. 2008 – 25 U 2326/08, VersR 2008, 1521, 1522 = r+s 2009, 159.

[22] BGH, Urt. v. 14. 7. 1993 – IV ZR 153/92, NJW 1993, 2807 = VersR 1993, 1089.

[23] OLG Saarbrücken, Urt. v. 25. 3. 1992 – 5 U 73/91, VersR 1992, 1209, 1210 = r+s 1993, 77.

[24] Vgl. OLG Koblenz, Urt. v. 4. 1. 2002 – 10 U 595/01, VersR 2002, 873 = r+s 2004, 94, 95.

[25] OLG Karlsruhe, Urt. v. 18. 1. 1979 – 12 U 143/78, VersR 1979, 929, 930.

[26] So Prölss/Martin, VVG, § 13 ALB a. F. Anm. 1.

[27] Vgl. OLG Koblenz, Urt. v. 4. 1. 2002 – 10 U 595/01, NVersZ 2002, 212, 213 = VersR 2002, 873 = r+s 2004, 94, 95.

[28] Unentschieden KG, Hinweisbeschl. v. 23. 3. 2007 – 6 U 3/07, NJW-RR 2007, 1175 = r+s 2008, 253 = MDR 2007, 1193.

Eigentümer des Versicherungsscheins ist gemäß § 952 BGB, wem der Anspruch 11
aus dem Versicherungsvertrag zusteht.[29]

V. Verfügungsbefugnis des Inhabers des Versicherungsscheins

§ 12 Abs. 1 Satz 1 ALB räumt dem Versicherer das Recht ein, den Inhaber des 12
Versicherungsscheins als berechtigt anzusehen, über die Rechte aus dem Versicherungsvertrag zu verfügen. Die Vorschrift des § 12 Abs. 1 Satz 1 ALB geht über § 808 BGB hinaus, wird aber nicht durch § 4 Abs. 1 VVG eingeengt, weil dessen Tatbestand nicht vorliegt.[30]

Nach dem Wortlaut des § 12 Abs. 1 Satz 1 ALB kann es sich nur um die 13
Rechte handeln, die dem Versicherungsnehmer zustehen und von ihm als Rechtsinhaber im Zeitpunkt der Inhaberschaft ausgeübt werden können. Entsprechend der materiellen Berechtigung des Versicherungsnehmers kann der Inhaber des Versicherungsscheins kündigen und die Auszahlung des Rückkaufswerts bzw. der Rückvergütung verlangen,[31] gemäß § 174 VVG die Versicherung umwandeln,[32] die Versicherung abtreten und verpfänden,[33] Bezugsrechte bestellen und ändern,[34] eine Vorauszahlung entnehmen, die Auszahlung der Versicherungsleistung verlangen und einen Vergleich über die Versicherungsansprüche schließen.

§ 12 Abs. 1 Satz 1 ALB sieht hingegen nicht die Entgegennahme von einseitigen 14
Erklärungen des Versicherers vor, sondern umfasst nur aktive Rechtshandlungen des Inhabers des Versicherungsscheins.[35] Kündigung, Anfechtung, Rücktritt, Mahnung nach § 39 VVG sind daher zu Lebzeiten des Versicherungsnehmers nicht gegenüber dem Inhaber des Versicherungsscheins möglich.

Nach dem Tode des Versicherungsnehmers ist der Inhaber des Versicherungs- 15
scheins nicht berechtigt, Erklärungen des Versicherers entgegenzunehmen. Sofern allerdings die in § 6 Abs. 6 ALB 1986 genannten Voraussetzungen gegeben sind, kann das LVU eine Rücktritts- und Anfechtungserklärung auch gegenüber dem Inhaber des Versicherungsscheins abgeben.

---

[29] OLG Hamburg, Urt. v. 16. 1. 1952 – 4 U 235/51, VersR 1952, 112, 113; OLG Bamberg, Urt. v. 3. 12. 1958 – 1 U 106/58, VersR 1961, 25, 26; OLG Hamburg, Urt. v. 27. 6. 1962 – 4 U 32/62, VersR 1962, 1169; *Sieg*, Allgemeines Versicherungsvertragsrecht, Wiesbaden, Gabler, 1984, S. 72.

[30] BGH, Urt. v. 22. 3. 2000 – IV ZR 23/99, NJW 2000, 2103, 2105 = NVersZ 2001, 259, 261 = VersR 2000, 709, 710 = VerBAV 2000, 198, 200.

[31] OLG Karlsruhe, Urt. v. 18. 1. 1979 – 12 U 143/78, VersR 1979, 929, 930; BGH, Urt. v. 22. 3. 2000 – IV ZR 23/99, NJW 2000, 2103, 2104 = NVersZ 2001, 259, 260 = VersR 2000, 709 = VerBAV 2000, 198, 199 = r+s 2000, 345; OLG Koblenz, Urt. v. 4. 1. 2002 – 10 U 595/01, NVersR 2002, 212 = VersR 2002, 873, 874 = r+s 2004, 94, 95; OLG Bremen, Urt. v. 19. 2. 2008 – 3 U 45/07, VersR 2008, 1056, 1057; BGH, Urt. v. 20. 5. 2009 – IV ZR 16/08, NJW-RR 2009, 1327, 1328 = VersR 2009, 1061 = r+s 2009, 342 = WM 2009, 1458, 1459; BGH, Urt. v. 18. 11. 2009 – IV ZR 134/08, VersR 2010, 375, 376 = r+s 2010, 74.

[32] BGH, Urt. v. 22. 3. 2000 – IV ZR 23/99, NJW 2000, 2103, 2104 = NVersZ 2001, 259, 260 = VersR 2000, 709 = VerBAV 2000, 198, 199.

[33] BGH, Urt. v. 22. 3. 2000 – IV ZR 23/99, NJW 2000, 2103, 2104 = NVersZ 2001, 259, 260 = VersR 2000, 709 = VerBAV 2000, 198, 199.

[34] BGH, Urt. v. 28. 9. 1988 – IVa ZR 126/87, NJW-RR 1989, 21 = VersR 1988, 1236; BGH, Urt. v. 22. 3. 2000 – IV ZR 23/99, NJW 2000, 2103, 2104 = NVersZ 2001, 259, 260 = VersR 2000, 709 = VerBAV 2000, 198, 199.

[35] OLG Celle, Urt. v. 19. 1. 1956 – 1 U 144/55, VersR 1956, 389, 390; *Magnusson* VersR 1954, 331.

VI. Nachweis der Verfügungsberechtigung

16 Der Versicherer kann gemäß § 12 Abs. 1 Satz 2 ALB verlangen, dass der Inhaber des Versicherungsscheins seine Berechtigung nachweist. Die Vorschrift bestimmt im Interesse des Versicherers, nicht aber im Interesse des Versicherungsnehmers oder des Versicherten, die Vorlegung des Versicherungsscheins.[36] Der Versicherer ist nicht gehindert, auch ohne Vorlage des Versicherungsscheins Leistungen zu erbringen, wenn ihm die materielle Berechtigung vom Ansprucherhebenden nachgewiesen wird.[37] Diese Bestimmung trägt dem Interesse des LVU Rechnung, seine Leistung an den richtigen Empfänger zu bewirken und dadurch das Vertrauen der Beteiligten auf eine dem materiellen Recht entsprechende Abwicklung des Lebensversicherungsvertrags zu rechtfertigen.[38] Hieraus folgt das Recht des Versicherers, die Leistung zu verweigern, bis der Ansprucherhebende sein materielles Verfügungs- und Empfangsrecht dargelegt und bewiesen hat, um den Versicherer zur Leistung zu zwingen.[39]

17 Die Kraftloserklärung ersetzt die Vorlage der Urkunde, enthebt jedoch denjenigen, der eine Kraftloserklärung erreicht hat, nicht von der Verpflichtung, ggf. seine materielle Berechtigung nachzuweisen.[40] Es ist daher unschädlich, wenn in Fällen des behaupteten Verlustes des Versicherungsscheins, aber bei Nachweis der materiellen Berechtigung, auch ohne Vorlage des Versicherungsscheins bzw. ohne Durchführung des aufwendigen Verfahrens der Kraftloserklärung die Versicherungsleistung erbracht wird, da nur derjenige einen Anspruch gegen den Versicherer hat, der seine materielle Berechtigung nachweist.

VII. Leistungsbefreiung des Versicherers

1. Grundsatz

18 Der Versicherer kann aufgrund der Inhaberklausel an den Inhaber des Versicherungsscheins die in dieser Urkunde genannten Leistungen auszahlen und wird dadurch auch dann befreit, wenn der Inhaber nicht der wahre Berechtigte ist.[41] Dabei ist der Versicherer nicht verpflichtet, die materielle Inhaberschaft des Anspruchs noch die Verfügungsmacht des Inhabers des Versicherungsscheins bei Erbringung der vertraglichen Leistungen zu prüfen.[42]

19 Wird mit der Kündigung des Versicherungsvertrags ein Versicherungsschein vorgelegt, der den Kündigenden als Versicherungsnehmer ausweist, und ist die Kündigung mit dem Namen des Versicherungsnehmers unterzeichnet, hat der

---

[36] OLG Hamburg, Urt. v. 16. 1. 1952 – 4 U 235/51, VersR 1952, 112, 113.
[37] OLG Hamburg, Urt. v. 16. 1. 1952 – 4 U 235/51, VersR 1952, 112, 113.
[38] RGZ 136, 52; BGH, Urt. v. 25. 3. 1953 – II ZR 115/52, VersR 1953, 179.
[39] RGZ 145, 322.
[40] Vgl. *Baumbach/Lauterbach/Albers/Hartmann*, 67. Aufl., 2009, § 483 FamFG Anm. 1; *Baumbach/Lauterbach/Albers/Hartmann*, Ergänzungsband zur 67. Aufl., 2009, § 1023 ZPO Anm. 1.
[41] RGZ 94, 28; RG JW 1936, 2537; OLG Dresden JW 1938, 1660; OLG Karlsruhe, Beschl. v. 4. 1. 1956 – 1 W 140/55, VersR 1956, 217; OLG Saarbrücken, Urt. v. 25. 3. 1992 – 5 U 73/91, VersR 1992, 1209, 1210 = r+s 1993, 77.
[42] RGZ 94, 28; RG JW 1936, 2537; OLG Dresden JW 1938, 1660; AG Bremen, Urt. v. 10. 5. 1949 – C 1891/49, VersR 1950, 49; OLG Karlsruhe, Beschl. v. 4. 1. 1956 – 1 W 140/55, VersR 1956, 217; OLG Düsseldorf WM 1971, 231; OLG Köln, Urt. v. 29. 3. 1990 – 5 U 151/89, VersR 1990, 1338; OLG Saarbrücken, Urt. v. 25. 3. 1992 – 5 U 73/91, VersR 1992, 1209, 1210 = r+s 1993, 77; OLG Hamm, Urt. v. 24. 2. 1995 – 20 U 319/94, NJW-RR 1995, 1434 = VersR 1996, 615 = r+s 1996, 286.

Versicherer grundsätzlich keinen Anlass, daran zu zweifeln, dass die Kündigungserklärung vom Versicherungsnehmer selbst herrührt.[43] Anderenfalls wäre der Versicherer gerade auch in Fällen, in denen der Versicherungsnehmer selbst unter Vorlage des Versicherungsscheins kündigt, stets gezwungen, sich der Echtheit der Unterschrift des Kündigenden zu vergewissern, um die befreiende Wirkung seiner Leistung abzusichern.[44] Damit aber würde die Legitimationswirkung des Versicherungsscheins, die gerade den Schutz des Schuldners bezweckt und bewirken soll, entscheidend eingeschränkt, letztlich sogar ausgehöhlt.[45] Das Risiko, dass die Leistung in die Hände eines nach dem Versicherungsvertrag materiell Nichtberechtigten gelangt, besteht in solchen Fällen nicht anders als bei Kündigung einer Person, die nicht als Versicherungsnehmer auftritt.[46] Deshalb darf der Versicherer den Inhaber des Versicherungsscheins nicht nur als kündigungsberechtigt ansehen, sondern darf grundsätzlich auch darauf vertrauen, dass die Kündigung auch von diesem selbst erklärt worden ist.[47] Darin liegt auch keine Überdehnung des Schuldnerschutzes.[48] Denn zur Leistung an den materiell Nichtberechtigten kann es – selbst wenn dieser die Unterschrift unter die Kündigungserklärung unter Verwendung des Namens des Versicherungsnehmers gefälscht hat – nur dann kommen, wenn sich der Versicherungsnehmer selbst der Kontrolle über den Versicherungsschein – ob freiwillig oder unfreiwillig – begeben hat[49] und dieser in die Hand des Dritten gelangt ist.[50]

2. Vorrang des § 1812 BGB

Die einem Mündel zustehende Versicherungsleistung kann ein LVU an den gegenüber dem LVU auftretenden Vormund eines Mündels nur dann mit befreiender Wirkung auszahlen, wenn dem Vormund die gemäß § 1812 Abs. 1 BGB erforderliche vormundschaftsgerichtliche Genehmigung für die Annahme der Versicherungsleistung erteilt ist.[51] Die Vorlage nur des Versicherungsscheins reicht nicht aus, wenn dem LVU die Vormundschaft bekannt ist.[52] Der Schutzvorschrift des § 1812 BGB zu Gunsten des Mündels gebührt in diesem Fall der Vorrang vor

---

[43] BGH, Urt. v. 20. 5. 2009 – IV ZR 16/08, NJW-RR 2009, 1327, 1328 = VersR 2009, 1061, 1062 = r+s 2009, 342 = WM 2009, 1458, 1459.
[44] BGH, Urt. v. 20. 5. 2009 – IV ZR 16/08, NJW-RR 2009, 1327, 1328 = VersR 2009, 1061, 1062 = r+s 2009, 342 = WM 2009, 1458, 1459.
[45] BGH, Urt. v. 20. 5. 2009 – IV ZR 16/08, NJW-RR 2009, 1327, 1328 = VersR 2009, 1061, 1062 = r+s 2009, 342 = WM 2009, 1458, 1459.
[46] BGH, Urt. v. 20. 5. 2009 – IV ZR 16/08, NJW-RR 2009, 1327, 1328 = VersR 2009, 1061, 1062 = r+s 2009, 342 = WM 2009, 1458, 1459.
[47] OLG Bremen, Urt. v. 19. 2. 2008 – 3 U 45/07, VersR 2008, 1056, 1057; BGH, Urt. v. 20. 5. 2009 – IV ZR 16/08, NJW-RR 2009, 1327, 1328 = VersR 2009, 1061, 1062 = r+s 2009, 342 = WM 2009, 1458, 1459; a. A. KG, Hinweisbeschl. v. 23. 3. 2007 – 6 U 3/07, NJW-RR 2008, 1175 = r+s 2008, 253 = MDR 2007, 1193.
[48] BGH, Urt. v. 20. 5. 2009 – IV ZR 16/08, NJW-RR 2009, 1327, 1328 = VersR 2009, 1061, 1062 = r+s 2009, 342 = WM 2009, 1458, 1459.
[49] BGH, Urt. v. 22. 3. 2000 – IV ZR 23/99, NJW 2000, 2103, 2105 = NVersZ 2001, 259, 261 = VersR 2000, 709, 710 = VerBAV 2000, 198, 200 = MDR 2000, 831, 832; *Seiffert* r+s 2010, 177, 183.
[50] BGH, Urt. v. 20. 5. 2009 – IV ZR 16/08, NJW-RR 2009, 1327, 1328 = VersR 2009, 1061, 1062 = r+s 2009, 342 = WM 2009, 1458, 1459/1460.
[51] RGZ 85, 416, 422; OLG Karlsruhe, Urt. v. 3. 9. 1998 – 9 U 177/97, NVersZ 1999, 67 = VersR 1999, 1529 = r+s 2000, 257, 258; *Marburger* in: J. v. Staudingers Kommentar BGB, 12. Aufl., 1986, § 808 BGB Rdn. 29.
[52] OLG Karlsruhe, Urt. v. 3. 9. 1998 – 9 U 177/97, NVersZ 1999, 67 = VersR 1999, 1529 = r+s 2000, 257, 258.

der Schutzvorschrift des § 808 BGB zu Gunsten des LVU.[53] Es ist für das LVU nicht unzumutbar, sich die vormundschaftsgerichtliche Genehmigung nachweisen zu lassen und die Regulierungspraxis hierauf auszurichten.

3. Positive Kenntnis des LVU

21 Wenn der Versicherer die Nichtberechtigung des Inhabers des Versicherungsscheins positiv kennt, wird er von seiner Leistungspflicht nicht frei.[54]

4. Grobe Fahrlässigkeit

22 Die Befreiungswirkung ist ferner zu versagen, wenn der Versicherer grob fahrlässig handelt,[55] insbesondere wenn sich dem Versicherer der Verdacht des Missbrauchs geradezu aufdrängen muss.[56] Grob fahrlässig handelt, wer das außer Acht lässt, was jedem einleuchtet und/oder einfache, ganz nahe liegende Überlegungen nicht anstellt.[57] Insofern trifft den Versicherer eine eingeschränkte Prüfungspflicht; bei Kenntnis oder grob fahrlässiger Unkenntnis von der mangelnden Berechtigung des Inhabers kann der Versicherer sich nicht auf den durch den Besitz des Versicherungsscheins begründeten Rechtschein berufen.[58]

23 Zu eng ist die vom OLG Köln vertretene Ansicht, dass die Vorschrift des § 12 Abs. 1 Satz 1 ALB über die Regelung in § 808 BGB hinausgehe und von daher grobe Fahrlässigkeit nicht ausreiche.[59] Dieser Auffassung hat sich das OLG Saar-

---

[53] OLG Karlsruhe, Urt. v. 3. 9. 1998 – 9 U 177/97, NVersZ 1999, 67 = VersR 1999, 1529 = r+s 2000, 257, 258.

[54] RGZ 86, 86 und 89, 401; OLG Karlsruhe, Beschl. v. 4. 1. 1956 – 1 W 140/55, VersR 1956, 217; LG Stade v. 11. 11. 1959, VersR 1960, 25; OLG Köln, Urt. v. 29. 3. 1990 – 5 U 151/89, VersR 1990, 1338, 1339 = r+s 1990, 174; OLG Saarbrücken, VersR v. 25. 3. 1992 – 5 U 73/91, VersR 1992, 1209, 1210 = r+s 1993, 77; OLG Hamm, Urt. v. 24. 2. 1995 – 20 U 319/94, NJW-RR 1995, 1434 = VersR 1996, 615 = r+s 1996, 286; BGH NJW-RR 1989, 21; OLG Frankfurt/M., Urt. v. 16. 4. 1998 – 3 U 29/97, S. 4; OLG Karlsruhe, Urt. v. 3. 9. 1998 – 9 U 177/97, NVersZ 1999, 67 = VersR 1999, 1529 = r+s 2000, 257, 258; BGH, Urt. v. 24. 2. 1999 – IV ZR 122/98, NJW-RR 1999, 898, 899 = NVersZ 1999, 365 = VersR 1999, 700, 701; BGH, Urt. v. 22. 3. 2000 – IV ZR 23/99, NJW 2000, 2103, 2105 = NVersZ 2001, 259, 261 = VersR 2000, 709, 710 = VerBAV 2000, 198, 200 = MDR 2000, 831, 832; OLG Koblenz, Urt. v. 4. 1. 2002 – 10 U 595/01, NVersZ 2002, 212 = VersR 2002, 873, 874 = r+s 2004, 94, 95; OLG Koblenz, v. 29. 2. 2008 – 10 U 229/07, VersR 2008, 1338; BGH, Urt. v. 20. 5. 2009 – IV ZR 16/08, NJW-RR 2009, 1327, 1328 = VersR 2009, 1061, 1062 = r+s 2009, 342 = WM 2009, 1458, 1460; *Gottschalk* VersR 1950, 49; *Marburger* in: J. v. Staudingers Kommentar BGB, 12. Aufl., 1986, § 808 BGB Rdn. 24; *Kollhosser* in: Prölss/Martin, VVG, 26. Aufl., § 11 ALB 86 Rdn. 5; *Schwintowski* in: Berliner Kommentar VVG, § 4 VVG Rdn. 4; *Römer* in: Römer/Langheid, § 4 VVG Rdn. 2; *Sprau* in: Palandt, 67. Aufl., 2008, § 808 BGB Rdn. 4.

[55] *Baumbach-Hopt* (7) Bankgeschäfte B/4; *Hüffer* in: Münchener Kommentar BGB, 4. Aufl., 2004, § 808 BGB Rdn. 15; *Marburger,* in: J. v. Staudingers Kommentar BGB, 12. Aufl., 1986, § 808 BGB Rdn. 24 in analoger Anwendung des Art. 40 Abs. 3 WG; *Sprau* in: Palandt, 67. Aufl., 2008, § 808 BGB Rdn. 4; nicht grundsätzlich ablehnend OLG Karlsruhe, Beschl. v. 4. 1. 1956 – 1 W 140/55, VersR 1956, 217; OLG Düsseldorf NJW 1987, 654; LG Osnabrück WM 1987, 1160; OLG Karlsruhe, Urt. v. 3. 9. 1998 – 9 U 177/97, NVersZ 1999, 67 = VersR 1999, 1529 = r+s 2000, 257, 258; *Goll/Gilbert/Steinhaus,* Handb. Lebensversicherung, S. 114; *Schwintowski* in: Berliner Komm. z. VVG, 1999, § 4 VVG Rdn. 4; ablehnend wegen der besonderen Interessenlage *Winter* in: Bruck/Möller, VVG, 8. Aufl., 1988, §§ 159–178 VVG Anm. C 320.

[56] LG Stuttgart, Urt. v. 29. 9. 1978 – 6 S 39/78, VersR 1978, 1132.

[57] AG Nürnberg, Urt. v. 21. 5. 2001 – 20 C 384/01, VersR 2002, 875, 876.

[58] AG Nürnberg, Urt. v. 21. 5. 2001 – 20 C 384/01, VersR 2002, 875, 876.

[59] OLG Köln, Urt. v. 29. 3. 1990 – 5 U 151/89, VersR 1990, 1338, 1339 = r+s 1990, 174; zust. *Kurzendörfer,* S. 181; OLG Hamm VersR 1996, 615; OLG Frankfurt/M., Urt. v. 16. 4. 1998 – 3 U 29/97, S. 4.

brücken mit der Begründung angeschlossen, dass Ausnahmen von der Legitimationswirkung der unter § 808 BGB fallenden Inhaberpapiere in der gesetzlichen Regelung des § 808 BGB nicht vorgesehen und von daher nur in Grenzen zulässig seien.[60] Eine lediglich grob fahrlässige Unkenntnis der Nichtberechtigung rechtfertige noch nicht den Vorwurf eines rechtsmissbräuchlichen Verhaltens des Leistenden.[61]

5. Rechtsmissbrauch

Eine Leistungsbefreiung tritt ferner nicht ein, wenn der Versicherer sonst gegen Treu und Glauben die Leistung bewirkt hat,[62] d.h. rechtsmissbräuchlich Zahlung an den Inhaber des Versicherungsscheins als Nichtberechtigten leistet.[63] Übergibt der Versicherungsnehmer den Versicherungsschein seinem Versicherungsmakler, bestehen keine Anzeichen für eine missbräuchliche Verwendung des Versicherungsscheins, wenn der Versicherungsmakler dem LVU neben dem Versicherungsschein auch sein Maklermandat vorlegt.[64]

6. Einfache Fahrlässigkeit

Einfache Fahrlässigkeit genügt dagegen nicht zum Ausschluss der Befreiungswirkung gemäß § 808 Abs. 1 Satz 1 BGB.[65]

7. Abgrenzung

Ob die befreiende Wirkung auch dann entfällt, wenn der Aussteller des Legitimationspapiers grob fahrlässig keine Kenntnis von der Nichtberechtigung hatte, ist bisher offengeblieben.[66] In der Praxis wird grob fahrlässiges und rechtsmissbräuchliches Handeln im Ergebnis nicht unterschiedlich gewertet werden, so dass es nicht darauf ankommt, ob grob fahrlässige Unkenntnis des Versicherers ausreicht, um die Legitimationswirkung des § 808 BGB entfallen zu lassen. Die Be-

---

[60] OLG Saarbrücken, Urt. v. 25. 3. 1992 – 5 U 73/91, VersR 1992, 1209, 1210 = r+s 1993, 77.
[61] OLG Saarbrücken, Urt. v. 25. 3. 1992 – 5 U 73/91, VersR 1992, 1209, 1210 = r+s 1993, 77.
[62] BGH, Urt. v. 24. 2. 1999 – IV ZR 122/98, VersR 1999, 700, 701; OLG Koblenz, Urt. v. 29. 2. 2008 – 10 U 229/07, VersR 2008, 1338; BGH, Urt. v. 20. 5. 2009 – IV ZR 16/08, NJW-RR 2009, 1327, 1328 = VersR 2009, 1061, 1062 = r+s 2009, 342 = WM 2009, 1458, 1460.
[63] Vgl. RGZ 89, 401; OLG Karlsruhe, Beschl. v. 4. 1. 1956 – 1 W 140/55, VersR 1956, 217; BGHZ 28, 368, 371 = WM 1959, 198; OLG Saarbrücken, Urt. v. 25. 3. 1992 – 5 U 73/91, VersR 1992, 1209, 1210 = r+s 1993, 77; BGH NJW-RR 1989, 21; OLG Karlsruhe, Urt. v. 3. 9. 1998 – 9 U 177/97, NVersZ 1999, 67 = VersR 1999, 1529 = r+s 2000, 257, 258; BGH, Urt. v. 24. 2. 1999 – IV ZR 122/98, NJW-RR 1999, 898, 899 = NVersZ 1999, 365 = VersR 1999, 700, 701 = VerBAV 1999, 229, 230; BGH, Urt. v. 22. 3. 2000 – IV ZR 23/99, NJW 2000, 2103, 2105 = NVersZ 2001, 259, 261 = VersR 2000, 709, 710 = VerBAV 2000, 198, 200 = MDR 2000, 831, 832; OLG Koblenz, Urt. v. 4. 1. 2002 – 10 U 595/01, NVersZ 2002, 212 = VersR 2002, 873, 874 = r+s 2004, 94, 95; *Marburger* in: J. v. Staudingers Kommentar BGB, 12. Aufl., 1986, § 808 BGB Rdn. 24; *Winter* in: Bruck/Möller, VVG, 8. Aufl., 1988, §§ 159 – 178 VVG Anm. C 320; *Kollhosser* in: Prölss/Martin, VVG, 26. Aufl., § 13 ALB 86 Anm. 2; *Sprau* in: Palandt, 67. Aufl., 2008, § 808 BGB Rdn. 4.
[64] OLG Koblenz, Urt. v. 4. 1. 2002 – 10 U 595/01, VersR 2002, 873, 874 = r+s 2004, 94, 95.
[65] *Marburger* in: J. v. Staudingers Kommentar BGB, 12. Aufl., 1986, § 808 BGB Rdn. 24.
[66] So der BGH, Urt. v. 20. 5. 2009 – IV ZR 16/08, NJW-RR 2009, 1327, 1328 = VersR 2009, 1061, 1062 = r+s 2009, 342 = WM 2009, 1458, 1460.

freiungswirkung wird regelmäßig trotz Vorlage des Versicherungsscheins nicht eintreten, wenn dem LVU vor Einreichung des Versicherungsscheins die Mitteilung des Versicherungsnehmers zugegangen ist, dass der Versicherungsschein abhanden gekommen, d. h. gestohlen worden, verloren gegangen oder vernichtet worden ist. Hat der Versicherer eine Abtretung, Verpfändung, Pfändung oder ein Bezugsrecht für eine andere Person als den Inhaber des Versicherungsscheins vermerkt, kann er sich auf die Inhaberklausel berufen, wenn er keinen Anlass für die Annahme hat, der Inhaber des Versicherungsscheins könnte nicht von dem wahren Forderungsberechtigten mit dem Einzug der Leistung aus dem Versicherungsvertrag beauftragt sein. Die Empfangsberechtigung des Inhabers des Versicherungsscheins muss der Versicherer nicht schon dann in Frage stellen, wenn der Widerruf des Bezugsrechts des Inhabers des Versicherungsscheins erfolgt ist oder eine Abtretung oder Verpfändung zu seinen Gunsten aufgehoben worden ist. Ist ein Insolvenzverfahren eröffnet worden, kommt es für die Legitimationswirkung des § 808 Abs. 1 Satz 1 BGB darauf an, ob der Versicherer die im Zeitpunkt der Leistung angeordnete Eröffnung des Insolvenzverfahrens kannte oder ob sie ihm grob fahrlässig unbekannt geblieben war.[67] Dabei wird der Maßstab für die grobe Fahrlässigkeit nicht durch interne Hausanweisungen des Versicherers zu Lasten des Versicherers verschärft.[68] Die Anwendung der Inhaberklausel ist ausgeschlossen, wenn dem LVU der Versicherungsschein schon aufgrund der Verpfändung der kapitalbildenden Lebensversicherung im Zusammenhang mit der Gewährung eines Hypothekardarlehens vorliegt oder wenn der Versicherungsschein notariell hinterlegt worden ist.[69]

8. Beweislast

27 Der Anspruchsteller ist darlegungs- und beweispflichtig für die Kenntnis des LVU von der Nichtberechtigung des Inhabers des Versicherungsscheins.[70]

VIII. Verlust des Versicherungsscheins

28 Die ALB 1932 enthielten in § 17 noch Bestimmungen für den Fall des Verlusts des Versicherungsscheins. Seit Verlautbarung der ALB 1957 ist ausschließlich auf die gesetzliche Regelung abzustellen. Danach kann der Versicherungsnehmer vom Versicherer die Ausstellung einer Ersatzurkunde verlangen, wenn ein Versicherungsschein abhanden gekommen[71] oder vernichtet ist (§ 3 Abs. 2 Satz 1 VVG).[72] Unterliegt der Versicherungsschein der Kraftloserklärung, so ist der Versicherer erst nach der Kraftloserklärung zur Ausstellung verpflichtet (§ 3 Abs. 2 Satz 2 VVG). Die Kraftloserklärung ist gemäß § 808 Abs. 2 Satz 1 BGB vorgesehen. Diese Vorschrift findet aufgrund der Verweisung in § 4 Abs. 1 VVG Anwendung auf den Lebensversicherungsschein. In der Praxis verlangt der Versicherer nur in Ausnahmefällen im Falle des Verlustes die gerichtliche Kraftloserklärung im Wege des Aufgebotsverfahrens gemäß §§ 799, 800, 808 BGB, 1023 ZPO, 102

---

[67] BGH, Urt. v. 10. 5. 2010 – IV ZR 207/08; Seiffert r+s 2010, 177, 183.
[68] BGH, Urt. v. 10. 5. 2010 – IV ZR 207/08; Seiffert r+s 2010, 177, 183.
[69] BGH, Urt. v. 26. 10. 1965 – VI ZR 119/64, VersR 1966, 140, 142.
[70] OLG Köln, Urt. v. 29. 3. 1990 – 5 U 151/89, VersR 1990, 1338, 1339 = r+s 1990, 174; OLG Saarbrücken, Urt. v. 25. 3. 1992 – 5 U 73/91, VersR 1992, 1209, 1210 = r+s 1993, 77, 78.
[71] RGZ 101, 224 – Abhandenkommen: Wenn der unmittelbare Besitzer ohne seinen Willen (oder ohne sein Zutun) den Besitz verloren hat.
[72] OLG Bamberg, Urt. v. 3. 12. 1958 – 1 U 106/58, VersR 1961, 25/26.

A. Allg. Bed. für die kapitalbildende LV   § 13 ALB 2008

EGBGB. Eine Ersatzurkunde muss nicht mehr ausgestellt werden, wenn die Versicherungsleistung bereits fällig ist.[73]

Während der Versicherer beim Aufgebotsverfahren durch § 1018 ZPO geschützt ist, wenn das Verfahren von einem materiell nicht Berechtigten beantragt worden ist, fehlt ihm dieser Schutz, wenn er aufgrund einer Verlusterklärung ohne Aufgebot an einen Nichtberechtigten zahlt. Falls nicht der Versicherungsnehmer als Vertragsgegner den Antrag gestellt und die Erklärungen abgegeben hat, muss der Versicherer an den materiell Berechtigten noch einmal leisten. Eine analoge Anwendung der §§ 407, 408 BGB ist nicht zulässig. 29

Während des Verfahrens kann der Versicherungsnehmer alle Rechte ausüben, die ihm ohne den Versicherungsschein überhaupt zustehen. 30

§ 13 Wer erhält die Versicherungsleistung?

(1) Die Leistung aus dem Versicherungsvertrag erbringen wir an Sie als unseren Versicherungsnehmer oder an Ihre Erben, falls Sie uns keine andere Person benannt haben, die bei Eintritt des Versicherungsfalls die Ansprüche aus dem Versicherungsvertrag erwerben soll (Bezugsberechtigter). Bis zum Eintritt des Versicherungsfalls können Sie das Bezugsrecht jederzeit widerrufen.

(2) Sie können ausdrücklich bestimmen, dass der Bezugsberechtigte sofort und unwiderruflich die Ansprüche aus dem Versicherungsvertrag erwerben soll. Sobald wir Ihre Erklärung erhalten haben, kann dieses Bezugsrecht nur noch mit Zustimmung des von Ihnen Benannten aufgehoben werden.

(3) Sie können Ihre Rechte aus dem Versicherungsvertrag auch abtreten oder verpfänden.

(4) Die Einräumung und der Widerruf eines Bezugsrechts sowie eine Abtretung oder Verpfändung von Ansprüchen aus dem Versicherungsvertrag sind uns gegenüber nur und erst dann wirksam, wenn sie uns vom bisherigen Berechtigten schriftlich angezeigt worden sind.

Übersicht

	Rdn.
I. Allgemeines	1–12
1. Fassung	1–7
a) ALB 1932 bis ALB 1984	1
b) ALB 1986	2
c) ALB 1994	3, 4
d) ALB 2001 bis ALB 2006	5–7
2. BGB/VVG	8, 9
3. AGBG/BGB	10–12
a) Inhaltskontrolle des § 13 Abs. 1 Satz 2 ALB 1986	10
b) Inhaltskontrolle des § 13 Abs. 2 ALB 1986	11
c) Inhaltskontrolle des § 13 Abs. 4 ALB 1986	12
II. Erbringung der Versicherungsleistung an den Bezugsberechtigten	13–112
1. Einräumung des Bezugsrechts	13–40
a) Befugnis	13, 14
b) Rechtscharakter der Begünstigungserklärung	15
c) Auslegung der Begünstigungserklärung	16, 17
d) Inhalt und Umfang der Begünstigungserklärung	18, 19
aa) Inhalt	18
bb) Umfang	19
e) Unwiderrufliches Bezugsrecht	20–22

---

[73] LG Göttingen, Urt. v. 25. 1. 1951 – 1 S 701/50, VersR 1952, 313, 315.

	Rdn.
f) Ersatzbezugsberechtigter	23, 24
g) Auflagen	25
h) Weitergeltung des Bezugsrechts nach Wiederherstellung einer erloschenen Versicherung	26
i) Beweislast	27
j) Einzelfälle	28–40
aa) Firma (Arbeitgeber)	28
bb) Arbeitnehmer	29
cc) Ehegatte	30–34
dd) Kinder	35
ee) Erben	36
ff) Hinterbliebene	37, 38
gg) Inhaber des Versicherungsscheins	39
hh) Mehrere Bezugsberechtigte	40
2. Widerruf oder Änderung der Bezugsberechtigung	41–59
a) Berechtigter	41
b) Rechtsnatur	42
c) Ausübung	43
d) Rechtswirksamkeit	44
e) Einzelfälle	45–59
aa) Widerruf des widerruflichen Bezugsrechts durch Abtretung	45–54
bb) Widerruf durch Verfügung von Todes wegen	55, 56
cc) Verpfändung	57
dd) Pfändung	58
ee) Insolvenz	59
3. Form für Einräumung und Widerruf des Bezugsrechts	60
4. Frist für Einräumung und Widerruf des Bezugsrechts	61–63
a) Frist	61
b) Anwendbarkeit des § 130 Abs. 2 BGB	62, 63
5. Anzeige der Einräumung und des Widerrufs des Bezugsrechts	64–66
a) Anzeige	64, 65
b) Zugang der Anzeige	66
6. Besondere Beendigungsgründe	67–74
a) Wegfall des Bezugsrechts	67–69
aa) Nichterwerb des Bezugsrechts	67
bb) Zurückweisung gemäß § 333 BGB	68
cc) Tod des Bezugsberechtigten	69
b) Ausschluss des Bezugsrechts gemäß § 170 Abs. 2 VVG	70
c) Nichtigkeit des Bezugsrechts gemäß § 138 BGB	71–74
7. Rechtsstellung des widerruflich Bezugsberechtigten	75–84
a) Rechtslage vor Eintritt des Versicherungsfalls	75–80
aa) Anwartschaft des Bezugsberechtigten	75
bb) Rechte und Pflichten des Versicherungsnehmers	76
cc) Befugnisse des Bezugsberechtigten	77–79
dd) Zwangsvollstreckung	80
b) Rechtslage nach Eintritt des Versicherungsfalls	81–84
aa) Rechtserwerb	81
bb) Befugnisse des Bezugsberechtigten	82
cc) Zwangsvollstreckung	83, 84
8. Rechtsstellung des unwiderruflich Bezugsberechtigten	85–97
a) Rechtserwerb	85–93
aa) Grundsatz	85, 86
bb) Todes- und Erlebensfallbezugsrecht	87
cc) Erlebensfallbezugsrecht	88
dd) Todesfallbezugsrecht	89
ee) Teilung der Begünstigung	90

	Rdn.
ff) Aufeinandertreffen der Begünstigung	91
gg) Leistungen aus der Lebensversicherung	92
hh) Schenkungssteuer	93
b) Befugnisse	94, 95
c) Zwangsvollstreckung	96
d) Ableben	97
9. Rechtsstellung des Versicherungsnehmers bei Einräumung eines unwiderruflichen Bezugsrechts	98–106
a) Verlust der Vermögensrechte	98
b) Gestaltungsrechte	99
c) Vertragspflichten	100, 101
d) Zwangsvollstreckung	102–106
10. Rechtsstellung des Versicherers	107–112
a) Pflichten bei Einräumung und Widerruf von Bezugsrechten	107
b) Auskunftspflichten gegenüber Bezugsberechtigten	108
c) Erbringung der Versicherungsleistung	109–112
III. Erbringung der Versicherungsleistung an den Versicherungsnehmer oder seine Erben	113–121a
1. Allgemeines	113
2. Rechtsstellung der Erben	114–120
a) Rechtsgrund für die Zuwendung der Bezugsberechtigung durch den Erblasser	114–117
aa) Zuwendung außerhalb des Nachlasses	114
bb) Rechtsgrund	115–117
b) Wegfall des Rechtsgrunds	118
c) Herausgabe der Versicherungsleistung	119
d) Pflichtteilsergänzungsanspruch	120
3. Rechtsstellung des Begünstigten	121
4. Rechtsstellung des Nachlassinsolvenzverwalters	121a
IV. Abtretung	122–196
1. Fassung	122–126
2. Rechtsgrund der Abtretung	127
3. Zulässigkeit der Abtretung	128–134
a) Gesetzliches Abtretungsverbot	128–132
aa) Handwerkerversorgungsgesetz	129
bb) § 850b Abs. 1 Ziff. 4 ZPO	130
cc) § 850b Abs. 1 Nr. 1 ZPO	131, 132
b) Vertragliches Abtretungsverbot	133
c) Belastung mit einem Pfandrecht	134
4. Abtretung der Rechte aus dem Versicherungsvertrag	135–150
a) Formlose Abtretung	135
b) Inhalt und Umfang der Abtretung	136–142
aa) Voll- und Teilabtretung	136–139
bb) Zusatzversicherungen	140, 141
cc) Beitragsdepot	142
c) Nachweis der Abtretung	143–145
d) Mehrfachabtretung	146
e) Prioritätsgrundsatz	147
f) Aufhebung der Abtretung	148, 149
g) Rechtsgrundlose Zahlung	150
5. Anzeige der Abtretung an das LVU	151–163
a) Inhalt der Vorschrift	151, 152
b) Zweck des Anzeigeerfordernisses	153, 154
c) Anzeigeberechtigter	155–157
d) Form	158
e) Zugang und Kenntnis des LVU von der Abtretung	159–161
f) Rechtswirksamkeit	162
g) Rechtswirkung der Anzeige	163

	Rdn.
6. Rechtsfolgen der Abtretung	164–168
a) Pflichten aus dem Versicherungsvertrag	164
b) Rechte aus dem Versicherungsvertrag	165–168
aa) Allgemeines	165
bb) Kündigungsrecht	166
cc) Widerruf des Bezugsrechts	167
dd) Unterrichtung über Zahlungsverzug	168
7. Sicherungsabtretung	169–189
a) Ausgangslage	169
b) Umfang des Sicherungszwecks	170
c) Abtretung der Todesfallansprüche	171–176
aa) Kautelarpraxis	171–173
bb) Umfang der Abtretungserklärung	174
cc) Kollision mit unwiderruflichem Bezugsrecht	175, 176
d) Widerruf des widerruflichen Bezugsrechts	177
e) Verwertung der Sicherheit	178–189
aa) Ausgangslage	178, 179
bb) Rückgabe	180
cc) Verwertung	181–186
α) Rücksichtnahmepflicht	181
β) Verwertungsbeschränkung	182, 183
γ) Anwendbarkeit des § 1234 BGB	184
δ) Tilgungsbestimmungsrecht	185
εε) Anwendung des § 366 Abs. 2 BGB	186
dd) Auszahlung	187, 188
ee) Ausgleichsansprüche nach § 426 BGB	189
8. Einwendungen des Versicherers	190–196
a) Erfüllung durch Zahlung	190, 191
aa) § 407 BGB	190
bb) Hinterlegung	191
b) Geltendmachung von Vertragsrechten	192
c) Einwendungen aus dem Abtretungsgeschäft	193
d) Zulässigkeit der Aufrechnung gegen die abgetretene Forderung	194, 195
aa) Ausgangslage	194
bb) Aufrechnung durch den Versicherer	195
e) Abzugsrecht	196
V. Verpfändung	197–219
1. Rechtsgrund der Verpfändung	197, 198
a) Verpfändung der Rückdeckungsversicherung	197
b) Verpfändung der Hypothekentilgungsversicherung	198
2. Verpfändungsvereinbarung	199–205
a) Zulässigkeit	199
b) Form	200
c) Inhalt und Umfang der Verpfändung	201
d) Anzeige der Verpfändung an das LVU	202–205
aa) Mitteilung der Verpfändung	202
bb) Anzeigeberechtigter	203
cc) Form	204
dd) Rechtswirkung der Anzeige	205
3. Pfandrecht	206–209
a) Mehrheit von Pfandrechten	206
b) Aufhebung und Änderung der verpfändeten Lebensversicherung	207
c) Erlöschen des Pfandrechts	208
d) Übergang des Pfandrechts auf den PSV	209
4. Verwertung des Pfandrechts	210–219
a) Prioritätsgrundsatz	210

		Rdn.
b) Einziehung der Forderung		211, 212
aa) Vor der Pfandreife		211
bb) Nach der Pfandreife		212
c) Leistungen aus der Versicherung		213–218
aa) Vor Pfandreife		213, 214
bb) Nach Pfandreife		215
cc) Insolvenzfall		216–218
d) Steuerliche Aspekte		219
VI. Pfändung von Versicherungsleistungen		220–324
1. Allgemeines		220
2. Pfändungs- und Überweisungsbeschluss		221–251
a) Antrag		222
b) Genaue Bezeichnung des Gläubigers und des Schuldners		223, 224
c) Genaue Bezeichnung des Drittschuldners		225, 226
d) Genaue Bezeichnung der Forderung		227–242
aa) Bestimmtheit der gepfändeten Ansprüche		227–238
α) Grundsätze		227, 228
β) Zugriff und Umfang der Pfändung		229–238
(1) Angabe der Versicherungsnummer und der Verträge		229–232
(2) Mindestinhalt		233
(3) Umfang der Pfändung		234–238
bb) Vermögen des Schuldners		239–242
e) Überweisung der Forderung		243
f) Entscheidung über den Pfändungs- und Überweisungsbeschluss		244–247
aa) Entscheidung		244
bb) Beschlagnahme der Forderung		245
cc) Bedeutung des Pfändungspfandrechts		246
dd) Mehrfachpfändung		247
g) Zustellung des Pfändungs- und Überweisungsbeschlusses		248–251
aa) Zustellung an den Drittschuldner		248–250
α) Auftrag		248
β) Zustellung		249, 250
(1) Unmittelbare Zustellung		249
(2) Ersatzzustellung		250
bb) Zustellung an den Schuldner		251
3. Vorpfändung		252–255
4. Rechtsstellung des Gläubigers		256–263
5. Rechtsstellung des Schuldners		264–276
a) Befugnisse des Schuldners		264
b) Pflicht zur Auskunft und Herausgabe des Versicherungsscheins		265–268
c) Verteidigung gegen die vollstreckte Forderung		269–273
d) Verteidigung gegen den Pfändungs- und Überweisungsbeschluss		274–276
aa) §§ 766, 793 ZPO		274
bb) § 850 f ZPO		275
cc) § 765 a ZPO		276
6. Rechtsstellung des Drittschuldners (LVU)		277–311
a) Ausgangslage		277
b) Prüfpflicht		278
c) Erklärungspflicht		279–283
aa) Voraussetzung		279
bb) Inhalt der Erklärungspflicht		280
cc) Umfang der Auskunft		281

	Rdn.
dd) Frist	282
ee) Kostenerstattung	283
d) Zahlungsverbot	284
e) Gutglaubensschutz	285–290
aa) Unkenntnis vom Pfändungs- und Überweisungsbeschluss	285, 286
bb) Wirksamkeit des Pfändungs- und Überweisungsbeschlusses	287–290
f) Einwendungen des Drittschuldners	291–303
aa) Allgemeines	291–293
bb) Unwirksamkeit des Pfändungs- und Überweisungsbeschlusses	294, 295
cc) Nichtbestehen der Forderung	296
dd) Unpfändbarkeit von Lebensversicherungen	297–300
α) Kapitalbildende Lebensversicherungen	298
β) Todesfallversicherungen	299, 300
ee) Aufrechnung	301, 302
ff) Pfandrecht	303
g) Mehrfache Pfändung	304
h) Hinterlegung	305–310
aa) Hinterlegung durch Drittschuldner	305
bb) Hinterlegung durch Schuldner	306
cc) Verfahren	307–310
i) Überzahlung	311
7. Rechtsstellung Dritter	312–323
a) Stellung des widerruflich Bezugsberechtigten	312, 313
b) Stellung des unwiderruflich Bezugsberechtigten	314, 315
c) Stellung des Zessionars	316–321
aa) Abtretung	316
bb) Wirkung	317, 318
cc) Stille Abtretung	319–321
d) Stellung anderer Pfändungsgläubiger	322
e) Stellung des Pfandgläubigers	323
8. Rechtsbehelfe	324
VII. Insolvenzverfahren über das Vermögen des Versicherungsnehmers	325–399
1. Rechte des Insolvenzverwalters	325–334
a) Insolvenzmasse	325, 326
b) Verwaltungs- und Verfügungsrecht	327, 328
c) Abwicklungsverhältnis	329
d) Vergütungsanspruch	330–334
aa) Ausgangslage	330
bb) Verwertung Rückkaufswert	331, 332
cc) Verwertungskostenpauschale	333
dd) Bemessungsgrundlage	334
2. Pflichten des Versicherers vor und nach Eröffnung des Insolvenzverfahrens	335–340
a) Beobachtungspflicht des LVU	335, 336
b) Leistungen an den Schuldner	337–339
aa) Ausgangslage	337
bb) Leistungen vor der amtlichen Bekanntmachung	338
cc) Leistungen nach der amtlichen Bekanntmachung	339
c) Beachtung des Verwaltungs- und Verfügungsrechts des Insolvenzverwalters	340
3. Rechte des widerruflich Bezugsberechtigten	341, 342
4. Rechte des unwiderruflich Bezugsberechtigten	343–345
5. Rechte des Pfandgläubigers	346

A. Allg. Bed. für die kapitalbildende LV § 13 ALB 2008

	Rdn.
6. Rechte des Zessionars	347–351
a) Vollzession	347
b) Sicherungsabtretung	348–350
aa) Allgemeines	348
bb) Abtretung der Todesfallansprüche	349
cc) Absonderungsrecht	350
c) Aufschiebend bedingte Abtretung	351
7. Rechte des Pfändungsgläubigers	352–354
a) Ausgangslage	352
b) Insolvenzrechtliche Wirksamkeit der Sicherung	353
c) Abgesonderte Befriedigung	354
8. Rechtslage bei Direktversicherungen	355–372
a) Widerrufliches Bezugsrecht	355–360
aa) Eintritt der Unverfallbarkeit	355
bb) Anwendbarkeit des § 1 Abs. 2 Satz 1 BetrAVG	356
cc) Anwendbarkeit des § 2 Abs. 2 Satz 4 bis 6 BetrAVG	357
dd) Widerruf	358
ee) Aussonderungsrecht	359, 360
b) Unwiderrufliches Bezugsrecht	361–363
aa) Aussonderungsrecht	361
bb) Kündigung	362
cc) Anwendbarkeit des § 2 Abs. 2 Satz 4 bis 6 BetrAVG	363
c) Eingeschränkt unwiderrufliches Bezugsrecht	364–372
aa) Ausgangslage	364, 365
bb) Inhalt des Bezugsrechts	366
cc) Versprochene Versicherungsleistungen	367
dd) Entzug des Bezugsrechts	368
ee) Aussonderungsrecht des Arbeitnehmers	369
ff) Verfügungsbeschränkungen	370–372
9. Rechtslage bei Rückdeckungsversicherungen	373, 374
a) Unbelastete Rückdeckungsversicherung	373
b) Verpfändete Rückdeckungsversicherung	374
10. Insolvenzanfechtung	375–399
a) Grundsatz	375
b) Rechtshandlungen	376–378
aa) Anfechtbare Rechtshandlung	376
bb) Vornahme der Rechtshandlung	377
cc) Selbstständige Rechtshandlung	378
c) Gläubigerbenachteiligung	379
d) Kongruente Deckung	380–382
aa) Ausgangslage	380, 381
bb) Einzelheiten	382
e) Inkongruente Deckung	383–387
aa) Ausgangslage	383
bb) Anfechtbare Rechtshandlung	384
cc) Zahlungsunfähigkeit	385
dd) Kenntnis des Gläubigers	386
ee) Beweislast	387
f) Vorsätzliche Benachteiligung	388–393
aa) Ausgangslage	388
bb) Anfechtbare Rechtshandlung	389
cc) Vorsatz des Schuldners	390, 391
dd) Kenntnis des Gläubigers	392
ee) Beweislast	393
g) Unentgeltliche Leistung	394–399
aa) Ausgangslage	394

	Rdn.
bb) Begriff	395
cc) Gegenstand des Anfechtungsanspruchs	396
dd) Zeitpunkt der Vornahme der Rechtshandlung ...	397, 398
ee) Aussonderungsrecht gemäß § 47 InsO	399
VIII. Eintrittsrecht Dritter	400–404
1. Ausgangslage	400
2. Eintrittsrecht des Bezugsberechtigten	401
3. Weitere Eintrittsberechtigte	402
4. Ausübung des Eintrittsrechts	403, 404
a) Anzeige	403
b) Befriedigung des Gläubigers bzw. der Insolvenzmasse	404
IX. Zugewinn- und Versorgungsausgleich	405–413a
1. Zugewinnausgleich	405–407
a) Anfangsvermögen	405
b) Endvermögen	406, 407
2. Versorgungsausgleich	408–413a
a) Kapitalbildende Lebensversicherung	408, 409
aa) Versorgungskapital	408
bb) Lebensversicherungskapital	409
b) Berufsunfähigkeitsversicherung	410
c) Rentenversicherung	411
d) Direktversicherung	412
e) Vereinbarung nach § 1587o BGB	413
f) Reform des Versorgungsausgleichs	413a
X. Verkauf der Lebensversicherung	414–417
1. Handel mit Kapitallebensversicherungspolicen	414
2. Sittenwidrigkeit	415
3. Zustimmung zum Versicherungsnehmerwechsel	416
3. Ertragsteuerliche Behandlung des Erwerbs „gebrauchter Lebensversicherungen"	417

AuVdBAV: GB BAV 1972, 48 (Beurkundung der Bezugsberechtigung im Versicherungsschein); VerBAV 1978, 80 (Unterrichtung von uneingeschränkt unwiderruflich bezugsberechtigten Versicherten bei Direktversicherungsverträgen).

Schrifttum: *Adam,* Rechtslage bei widerruflicher Begünstigung, ZfV 1962, 103; *Armbrüster,* Die Lebensversicherung in der zivilrechtlichen Nachfolgeplanung, in: Liber amicorum für Gerrit Winter, Karlsruhe, VVW, 2007, S. 519; *Asmus-Bühnemann-Gärtner-Möller-Sieg-Winter,* Die Rechte Dritter gegen den Versicherer, ZVersWiss 1970, 17; *Bartezko,* Die rechtliche Beurteilung des Lebensversicherungsvertrages zugunsten eines Dritten im Verhältnis zwischen dem Versicherungsnehmer und dem Dritten, Borna–Leipzig 1906; *Bartholomeyczik,* Die Verfügung von Todes wegen zur Bestimmung, zur Änderung und zum Widerruf der Bezugsberechtigung aus einem Lebensversicherungsvertrag, Festgabe für Ulrich von Lübtow, 1970, S. 729; *Bauer,* Das Bezugsrecht in der Lebensversicherung, ZfV 1952, 117; *Bayer,* Die Sicherungszession der Rechte aus einer Lebensversicherung und ihre Auswirkungen auf die Bezugsberechtigung, VersR 1989, 17; *derselbe,* Bereicherungsausgleich nach Zession einer unwirksamen Forderung – BGHZ 105, 365, JuS 1990, 883; *derselbe,* Lebensversicherung, Minderjährigenschutz und Bereicherungsausgleich, VersR 1991, 129; *derselbe,* Der Vertrag zugunsten Dritter, Tübingen, Mohr, 1995; *Beck,* Die Versicherung zu Gunsten Dritter, Diss. Bern 1910; *Borgmann,* Die Lebensversicherung zu Gunsten Dritter als Kreditmittel, insbesondere der Widerruf der Bezugsberechtigung, Diss. Köln 1935; *Borla,* Die Errichtung von Konten- und Depotsperren, NJW 1981, 905; *Bossard,* Die Rechtsnatur der Begünstigungsklausel nach schweizerischem Versicherungsvertragsrecht, Bern, 1940; *Brilling,* Das Bezugsrecht in der Lebensversicherung, DB 1969, Beilage Nr. 12 S. 6; *Bühler,* Die Rechtsprechung des BGH zur Drittbegünstigung auf den Todesfall, NJW 1976, 1727; *derselbe,* Zur Drittbegünstigung im Todesfall, BWNotZ 1977, 84; *Bürkner,* Die Versicherung auf das Leben eines Dritten, ZVersWiss 1911, 808; *Castellví,* Zuordnung des Anspruchs auf den Rückkaufswert bei geteiltem Bezugsrecht in der gemischten Lebensversicherung, VersR 1998, 410; *Constam,* Die rechtliche Stellung der Gläubiger des Versicherten im Lebensversicherungsverträge zugunsten Dritter, Diss. Zürich 1909; *Damrau,* Neuere Probleme zu § 167 II VVG, FamRZ 1984, 443; *Dieckmann,* Der Anspruch auf die Gewinnanteile in der Lebensversicherung, VersR 1963, 1005; *Dobmaier,* Lebensversicherung und letztwillige Verfügung, AnwBl. 1999, 692; *Dörstling,* Anwartschaft oder Recht des Begünstigten, ZVersWiss 1917, 172; *Dorow,* Letztwillige Zuwendungen durch Rechtsgeschäfte unter Lebenden (§ 2301 und § 331 BGB), Diss. Marburg 1939; *Eberhardt,* Begünstigung der Ehefrau in Lebensversicherungsverträgen, VersR 1963, 20; *Eberhardt/Castellví,* Rechtsfragen zum Beitragsdepot in der Lebensversicherung, VersR 2002, 261; *Ebmeyer,* Liegt bei der Lebensversicherung zugunsten eines Dritten eine Verfügung von Todes wegen oder eine Schenkung unter Lebenden vor?, Diss. Leipzig 1908; *Eitelberg,* Lebensversicherung und Drittrechte, Diss. Köln 2002, Köln, Eul, 2002; *Elfring,* Die Lebensversicherung im Erbrecht, ZEV 2004, 305; *Finger,* Der Vertrag zugunsten Dritter auf den Todesfall, Diss. Frankfurt/M. 1968 und Jus 1969, 301; *derselbe,* Die Formfrage beim Vertrag zugunsten Dritter auf den Todesfall, WPM 1970, 374; *derselbe,* Vollmacht auf den Todesfall über den Tod hinaus und Vertrag zugunsten Dritter auf den Todesfall, WRP 1979, 9; *derselbe,* Der Vertrag zugunsten Dritter auf den Todesfall – eine Umfrage bei den deutschen Lebensversicherungsgesellschaften, VersR 1986, 508; *derselbe,* Lebensversicherung, Scheidung oder Aufhebung der Ehe und § 2077 BGB, VersR 1990, 229; *Franke,* Anmerkung zum Urteil des LG Freiburg vom 20. 5. 1952, VersR 1952, 313; *Frels,* Zur Auslegung des § 167 Abs. 1 VVG, VersR 1968, 524; *derselbe,* Mitteilungspflichten des Lebensversicherers gegenüber dem Begünstigten oder einem Zessionar, Pfandgläubiger oder Pfändungsgläubiger des VN?, VersR 1970, 984; *Fricke,* Das Verhältnis der Verträge nach § 331 BGB zu den Verfügungen von Todes wegen unter besonderer Berücksichtigung des Lebensversicherungsvertrags und des Depotvertrags zugunsten Dritter, Leipzig 1934; *Fröhlich,* Widerruf der Begünstigung in der Lebens- und Unfallversicherung, ZfV 1961, 63; *Gediga,* Die Bezugsberechtigung in der Lebensversicherung, DB 1986, Beil. Nr. 14, S. 7; *v. Gierke,* Der Lebensversicherungsvertrag zugunsten Dritter nach deutschem und ausländischem Recht, Stuttgart, Ferdinand Enke Verlag, 1936; *Gilbert,* Zur Zwangsvollstreckung in den Lebensversicherungsanspruch, DR 1941, 2356; *Glauber,* Widerruf der Bezugsberechtigung und § 130 Abs. 2 BGB – ein Scheinproblem, VersR 1993, 938; *Gößmann,* Die Bezeichnung des Bezugsberechtigten bei der Lebensversicherung auf den Todesfall, ZVersWiss 1909, 139, 331; *Görtz,* Die unwiderrufliche Bezugsberechtigung in der Sicht der Konkursordnung, ZfV 1954, 240; *Gottschalk,* Zum Wesen des Rechtserwerbs beim Vertrag zugunsten Dritter, VersR 1976, 797; *Gutdeutsch,* Die Begünstigten einer befreienden Lebensversicherung bei Bezugnahme auf die §§ 40 bis 44 AVG, VersR 1992, 1444; *Haasen,* Anmerkung zum Beschluss des OLG Stuttgart vom 3. 12. 1953, VersR 1954, 233; *Hadding,* Zur Auslegung des § 335 BGB, AcP 171, 403; *derselbe,* Zur Theorie des Vertrags zu Rechten Dritter im deutschen Recht, FS Zajtay, 1982, S. 185; *Haegele,* Zur Bezugsberechtigung bei der Lebensversicherung, JurBüro 1969, 907; *derselbe,* Lebensversicherung im Konkurs, Vergleich und Anfechtung außerhalb des Konkursverfahrens, Rpfleger 1969, 156; *derselbe,* Zur Bezugsberechtigung aus einer Lebensversicherung in rechtlicher und steuerlicher Sicht, BWNotZ 1973, 110; *Hagen,* Lebensversicherungsfragen im Lichte neuerer Gesetzgebungen. Eine rechtsvergleichende Betrachtung, ZVersWiss 1933, 325; *Hager,* Neuere Tendenzen beim Vertrag zugunsten Dritter auf den Todesfall, Festschrift für Caemmerer 1978, S. 127; *Haidinger,* VersR 1959, 690; *Hamelbeck,* Schenkungsanfechtung in der Lebensversicherung, NJW 1965, 955; *Harder,* Zuwendungen unter Lebenden auf den Todesfall, Berliner Juristische Abhandlungen, Berlin, 1968; *Harder,* Das Valutaverhältnis beim Vertrag zugunsten Dritter auf den Todesfall, FamRZ 1976, 418; *Harder/Welter,* Drittbegünstigung im Todesfall durch Insichgeschäfte, NJW 1977, 1139; *Hasse,* Interessenkonflikte bei der Lebensversicherung zugunsten Dritter – Rechtsvergleichend nach deutschem, schweizerischem und französischem Recht –, Karlsruhe, 1981; *derselbe,* Lebensversicherung und erbrechtliche Ausgleichsansprüche. Abhandlung unter kritischer Würdigung der Rechtsprechung des Bundesgerichtshofs, Karlsruhe, VVW, 2005; *derselbe,* Zur „konditionsfesten" Anspruchszuwendung bei der Todesfalllebensversicherung zugunsten Dritter durch eine sachgerechte Konstruktion des Valutaverhältnisses, VersR 2008, 590; *Hassold,* Zur Leistung im Dreipersonenverhältnis, 1981; *Heck,* Die Lebensversicherung zugunsten Dritter; *Heilmann,* Widerruflichkeit und Unwiderruflichkeit der Rechtsstellung des Begünstigten in der Kapitallebensversicherung unter besonderer Berücksichtigung des § 166 Satz 1 VVG, ZVersWiss 1936, 71; *derselbe,* Kann der Gläubiger bei der Arrestpfändung des Anspruchs auf die Lebensversicherungssumme die Begünstigung widerrufen?, ZVersWiss 1938, 164; *der-*

selbe, Die Zwangsvollstreckung in den Anspruch auf die Lebensversicherungssumme, NJW 1950, 135; *derselbe,* Der Vertrag zugunsten Dritter – ein schuldrechtliches Verfügungsgeschäft, NJW 1968, 1853; *derselbe,* Die Begünstigung in der Kapitallebensversicherung, VersR 1972, 997; *derselbe,* Zur Rechtslage des schenkungshalber Begünstigten bei dem Vertrage zugunsten Dritter, insbesondere bei der Kapitallebensversicherung, VersR 1980, 516; *Helmers,* Zur Frage, ob die Bezugsberechtigung in der Lebensversicherung in einer letztwilligen Verfügung begründet und abgeändert werden kann, VersR 1965, 534; *derselbe,* Sittenwidrige Begünstigungen in der Lebensversicherung, VersR 1967, 1123; *derselbe,* Nochmals: Die rechtliche Bedeutung der widerruflichen und unwiderruflichen Bezugsberechtigung, VP 1968, 180; *Herold,* Die Bezugsberechtigung bei Lebens- und Unfall-Versicherungen, VersR 1966, 85; ZfV 1962, 14; VN 1960, 112; *Hinze,* Lebensversicherungssumme und Nachlassgläubiger, ZfV 1956, 630; *Hoffmann,* Auslegung der Bezugsberechtigung zugunsten eines Ehegatten in der Lebensversicherung bei späterer Scheidung der Ehe, FamRZ 1977, 222; *Hoffmann,* Der Vertrag zugunsten Dritter von Todes wegen. Eine Erbeinsetzung im Valutaverhältnis, AcP 158, 178; *Hörstmann,* Der echte Vertrag zugunsten Dritter als Rechtsgeschäft zur Übertragung einer Forderung, Diss. Münster 1983; *Huber,* Begünstigung und Verfügungen von Todes wegen über Versicherungsansprüche, Diss. Bern 1963; *Hülsmann,* Befreiende Lebensversicherung: eine Begünstigung nach Kopfteilen oder analog der gesetzlichen Rentenversicherung? – Zugleich eine kritische Erwiderung auf den Beitrag von Gutdeutsch VersR 92, 1444 –, VersR 1993, 1188; *derselbe,* Zur Abtretung aller Ansprüche aus einer Lebensversicherung mit eingeschlossener Berufsunfähigkeitszusatzversicherung, VersR 1996, 308, 310; *Johannsen,* Der Schutz der durch gemeinschaftliches Testament oder Erbvertrag berufenen Erben, DNotZ 1977, 69, 79; *Kaduk,* Fragen zur Zulässigkeit von Verfügungen zugunsten eines Dritten, in: Festschrift für Karl Larenz zum 80. Geburtstag am 23. April 1983, hrsg. v. Claus-Wilhelm Canaris u. Uwe Diederichsen, München, Beck, 1983, S. 303; *Kalischko,* Das Schriftformerfordernis des § 13 Abs. 3 ALB, VersR 1988, 118; *Kayser,* Die Lebensversicherung im Spannungsfeld der Interessen von Insolvenzmasse, Bezugsberechtigtem und Sicherungsnehmer – eine Zwischenbilanz, ZInsO 2004, 1321; *Keltenich,* Die rechtliche Bedeutung und Tragweite der Abtretungsanzeige in der Lebensversicherung nach § 13 Abs. 3 ALB, VersR 1965, 412; *Koerner,* Grundfragen der Bezugsberechtigung Dritter bei der Kapitallebensversicherung auf den Todesfall, Diss. Marburg 1957; *Kirchmann,* Wesen und Wirkung der unwiderruflichen Bezugsberechtigung beim Lebensversicherungsvertrag, ZVersWiss 1913, 449; *König,* Zur Bezugsberechtigung in der Lebensversicherung, in: Aktuelle Probleme des Versicherungsrechts, Beilage 3 zu BB 11/72, S. 22; *Kühlmorgen,* Die Lebensversicherungsverträge zugunsten Dritter, Dresden, 1927; *Küry,* Lebensversicherung und Vertrag zugunsten Dritter, Basel, 1932; *Kümpel,* Konto und Depot zugunsten Dritter auf den Todesfall, WM 1977, 1186; *derselbe,* Konto/Depot zugunsten Dritter auf den Todesfall und das Widerrufsrecht der Erben – Zugleich Besprechung der Entscheidung des OLG Celle vom 22. Dezember 1992 –, WM 1993, 825; *Kuchinke,* Das versprochene Bankguthaben auf den Todesfall und die zur Erfüllung des Versprechens erteilte Verfügungsvollmacht über den Tod hinaus, FamRZ 1984, 109; *Kummer,* Die Rechtsprechung des Bundesgerichtshofs zur Personenversicherung (I), r+s 1998, 265; *Lange,* Zur Änderung der Bezugsberechtigung einer Angestellten-Befreiungsversicherung, VersR 1961, 495; *Liebl-Wachsmuth,* Das Schicksal der Ehegatten-Bezugsberechtigung gemäß § 166 VVG nach Ehescheidung, VersR 1983, 1004; *derselbe,* Zur erbrechtsanalogen Behandlung von Willenserklärungen gemäß § 166 VVG, Diss. Osnabrück 1988; *Lorenz,* Zur Kapitallebensversicherung für den Todesfall – Umfang und Art des Rechtserwerbs durch den bei Vertragsschluss ohne besondere Abreden bezeichneten Bezugsberechtigten, in: Festschrift für Robert Schwebler, v. Rudolf Henn u. Walter F. Schickinger, Karlsruhe, VVW, 1986, S. 349; *derselbe,* Zur Anwendbarkeit erbrechtlicher Vorschriften auf Drittbegünstigungen durch eine Kapitallebensversicherung auf den Todesfall, in: Dieter Farny und die Versicherungswissenschaft, hrsg. v. Robert Schwebler und den Mitgliedern des Vorstands des Deutschen Vereins für Versicherungswissenschaft, Karlsruhe, VVW, 1994, S. 335; *Möller,* Die Lebensversicherung eines Dritten im Konkurse des Versicherungsnehmers, Deutsche Landesreferate zum III. Internationalen Kongress für Rechtsvergleichung in London, 1950, S. 580; *Müller,* Die Begünstigtenbezeichnung bei der Lebensversicherung als Verfügungsgeschäft, Diss. Frankfurt am Main 1934; *Muscheler,* Vertrag zugunsten Dritter auf den Todesfall und Erbenwiderruf, WM 1994, 921; *Niepel,* Steuerliche Zurechnung von Sparkonten auf den Namen Minderjähriger, BB 1975, 1157; *Oswald,* Pfändung, Verpfändung und Abtretung von Ansprüchen aus Le-

A. Allg. Bed. für die kapitalbildende LV　　　　　　**§ 13 ALB 2008**

bensversicherungen, ZfV 1951, 442, 464; *derselbe,* Die Pfändung von Lebensversicherungsansprüchen, ZfV 1958, 456, *derselbe,* Zuwendung des Anspruchs aus einer Lebensversicherung an die Ehefrau und Ehescheidung, DVersZ 1960, 10; *derselbe,* Die Begünstigung der Ehefrau im Scheidungsfall ZfV 1963, 217; *derselbe,* Auswirkung der Ehescheidung auf Bezugsberechtigung im Lebensversicherungsvertrag, WPM 1969, 906; *derselbe,* Lebensversicherung und Ehescheidung, VP 1964, 97 und 186; VP 1971, 143; FamRZ 1971, 618; WPM 1972, 1376; BWNotZ 1969, 300; *derselbe,* Zum Fragenbereich Lebensversicherung und Ehescheidung, VP 1977, 50; *derselbe,* Wem steht bei einer Lebensversicherung mit geteilter Begünstigung der Rückkaufswert zu?, VP 1980, 9; *derselbe,* Hat die Witwe oder die geschiedene Frau nach dem Tode des Mannes Anspruch auf die Lebensversicherung?, VP 1980, 113; *derselbe,* Zum Problem Lebensversicherung und Ehescheidung, BWNotZ 1980, 135; *Peters,* Die Lebensversicherung als echter Vertrag zugunsten Dritter, MDR 1995, 659; *Petersen,* Die Lebensversicherung im Bürgerlichen Recht, AcP 2004, 832; *Prahl,* Der Anspruch auf den Rückkaufswert einer gemischten Kapitallebensversicherung – Rechtliche Zuordnung und selbständige Abtretbarkeit, NVersZ 2000, 502; *derselbe,* Zur Bezugsberechtigung am Überschuss in der Kapitallebensversicherung, NVersZ 2002, 53; *derselbe,* Zum Soforterwerb des Rückkaufswerts durch den unwiderruflich Bezugsberechtigten in der gemischten Kapitallebensversicherung, NJW 2003, 3743; *Prölss,* Probleme der Bezugsberechtigung in der Lebensversicherung, entwickelt an einem praktischen Fall, ZVersWiss 1936, 274; *Rech,* Der Gegenstand der Schenkung bei einer schenkungshalber zugunsten eines Dritten abgeschlossenen Lebensversicherung, ZVersWiss 1934, 339; *Reinicke,* Lebensversicherung und Nachlassgläubiger, NJW 1956, 1053; *derselbe,* Anmerkung zum Urteil des BGH vom 17. 3. 1969 (Erbeinsetzung der Geliebten), NJW 1969, 1343; *Robrecht,* Unwiderrufliche Begünstigung des Ehegatten aus Lebensversicherungsverträgen, insbesondere im Konkurs des anderen Ehegatten, DB 1967, 453; *Roesch,* Die Rechte des Versicherungsnehmers und Dritter aus dem Lebensversicherungsvertrag, VN 1952, 73; *Roth,* Probleme des postmortalen Zugangs von Willenserklärungen – Ein Beitrag zum Anwendungsbereich des § 130 II BGB, NJW 1992, 791; *Rüdiger,* Die Lebensversicherung zu Gunsten Dritter nach dem Entwurf eines bürgerlichen Gesetzbuches für das Deutsche Reich, in: Assecuranz-Jahrbuch, hrsg. v. A. Ehrenzweig, Wien, Manz, 1994, S. 93; *Schindel,* Die erbrechtliche Stellung des durch Lebensversicherung Begünstigten, Diss. Würzburg 1968; *Schoor,* Erbschaftsteuer bei Zurückweisung der Erbrechte aus einer Lebensversicherung, VW 1991, 386; *Schultz,* Widerruf und Missbrauch der postmortalen Vollmacht bei der Schenkung unter Lebenden, NJW 1995, 3345; *Schulz,* Rechtsbeziehungen zwischen Versicherungsnehmer und Bezugsberechtigten, ZfV 1962, 255; *derselbe,* Ist der Versicherungsnehmer dem Bezugsberechtigten zur fortlaufenden Prämienzahlung verpflichtet?, VP 1961, 211; *derselbe,* Der Dividendenanspruch bei Bezugsberechtigung, ZfV 1963, 843; *derselbe,* Zeitpunkt des Rechtserwerbs bei unwiderruflicher Bezugsberechtigung in der Lebensversicherung, VW 1966, 1436; *derselbe,* Die Bezugsberechtigung eines Ehegatten im Falle einer Scheidung, DB 1967, 1307; *Sieg,* Kritische Betrachtungen zum Recht der Zwangsvollstreckung in Lebensversicherungsforderungen, Festschrift für Ernst Klingmüller, hrsg. v. Fritz Hauß u. Reimer Schmidt, Karlsruhe, VVW, 1974, S. 447; *derselbe,* Der Versicherungsvertrag als Vertrag zugunsten Dritter, ZVersWiss 1995, 697; *Tappmeier,* Erbeinsetzung und Bezugsberechtigung des Ehegatten aus einer Kapitallebensversicherung nach Scheidung der Ehe, DNotZ 1987, 715; *Theda,* Die rechtliche Bedeutung der widerruflichen und unwiderruflichen Bezugsberechtigung, VP 1968, 151; *derselbe,* Das Bezugsrecht der Ehefrau in der Lebensversicherung, VW 1970, 260; *derselbe,* Zustimmung des Arbeitgebers bei Einsetzung eines Bezugsberechtigten, VP 1976, 42; *Thiele,* Lebensversicherung und Nachlassgläubiger, Diss. Hamburg 1968; *von der Thüsen,* Substanzwerte in der Erbschaft- und Schenkungssteuer. Zur Praxis von Bezugsrechten in der Lebensversicherung, VW 1990, 461; *Unterberg,* Die Anwartschaft des Dritten in der Lebensversicherung, VersR 1953, 461; VP 1961, 9 – Bezugsberechtigung der Ehefrau; *Völkel,* Bereicherungsanspruch gegen einen bezugsberechtigten Ehegatten aus einer Kapitallebensversicherung nach Scheidung und Tod des Versicherungsnehmers unter Berücksichtigung der Probleme des Widerrufs durch Testament und der Wirkung der §§ 12, 13 ALB 81, VersR 1992, 539; *Weimar,* Haben Nachlassgläubiger eine Zugriffsmöglichkeit auf die Lebensversicherungssumme, VP 1961, 133; *Welz,* Anmerkung zum Urteil LG Frankfurt 7. 11. 1956, VersR 1957, 211; *Wesenberg,* Verträge zugunsten Dritter, 1949; *Winter,* Rechte Dritter gegen den Versicherer (Lebensvers) ZVersWiss 1970, 39; *derselbe,* Ausgewählte Rechtsfragen der Lebensversicherung, ZVersWiss 1991, 203; *derselbe,* Interessenkonflikte bei der Lebensversicherung zugunsten Angehöriger, Mannheimer Vorträge zur Versicherungswissenschaft, Heft 45, Karlsruhe, VVW, 1989; *Wrabetz,* Auslegungsbedürftige Bezugsrechtsregelungen in der Lebensversicherung bei Auflösung der Ehe, in: Tradition und Fortentwicklung im Recht, Festschrift zum 90. Geburtstag von Ulrich v. Lübtow, Rheinfelden, Schäuble Verlag, 1991, S. 239; *Wussow,* Schenkungsanfechtung in der Lebensversicherung, NJW 1964, 1259; *Zehner,* Versicherungssumme und Nachlassinteressenten, AcP 153, 424; *Zeitlmann,* Wem gehört die Versicherungssumme aus der Lebens-, Unfall- und Insassenversicherung?, DVersZ 1960, 122.

I. Allgemeines

1. Fassung

1 a) **ALB 1932 bis ALB 1984.** Die ALB 1932 sahen gemäß § 15 Nr. 1 i. V. m. § 14 Nr. 3 vor, dass sowohl für die Bestellung eines widerruflichen als auch unwiderruflichen Bezugsrechts der Zugang der entsprechenden Erklärung beim Versicherer genügt. § 13 Abs. 2 ALB 1957 bestimmte neu für das unwiderrufliche Bezugsrecht, dass der Bezugsberechtigte ein sofortiges und unwiderrufliches Recht auf die Leistung aus dem Versicherungsvertrag erwirbt, wenn die Gesellschaft den dahingehenden Antrag des Versicherers angenommen und ihm schriftlich bestätigt hat, dass der Widerruf ausgeschlossen ist. Zusätzlich wurde in § 13 Abs. 3 ALB 1957 vorgesehen, dass die Einräumung und der Widerruf eines widerruflichen Bezugsrechts gegenüber der Gesellschaft nur und erst dann wirksam sind, wenn sie der bisherige Verfügungsberechtigte dem Vorstand schriftlich angezeigt hat. Die ALB 1975 und ALB 1981 brachten keine Änderung der Bezugsrechtsvorschriften. Mit Verlautbarung der verbraucherfreundlichen Fassung wurde in § 13 ALB 1984 und ALB 1986 unverändert geregelt, dass der Rechtsanspruch aus einer unwiderruflichen Bezugsberechtigung nur erworben werden kann, wenn der Versicherer schriftlich bestätigt hat, dass der Widerruf des Bezugsrechts ausgeschlossen ist.

2 b) **ALB 1986.** Seit den ALB 1986 lautet die Bezugsrechtsklausel wie folgt:

„**§ 13 Wer erhält die Versicherungsleistung?**
(Musterbedingungen des BAV – ALB 1986)

(1) Die Leistung aus dem Versicherungsvertrag erbringen wir an Sie als unseren Versicherungsnehmer oder an Ihre Erben, falls Sie uns keine andere Person benannt haben, die bei Eintritt des Versicherungsfalls die Ansprüche aus dem Versicherungsvertrag erwerben soll (Bezugsberechtigter). Bis zum Eintritt des Versicherungsfalls können Sie das Bezugsrecht jederzeit widerrufen.

(2) Wenn Sie ausdrücklich bestimmen, dass der Bezugsberechtigte die Ansprüche aus dem Versicherungsvertrag unwiderruflich und damit sofort erwerben soll, werden wir Ihnen schriftlich bestätigen, dass der Widerruf des Bezugsrechts ausgeschlossen ist. Sobald Ihnen unsere Bestätigung zugegangen ist, kann das bis zu diesem Zeitpunkt noch widerrufliche Bezugsrecht nur noch mit Zustimmung des von Ihnen Benannten aufgehoben werden.

(3) Sie können Ihre Rechte aus dem Versicherungsvertrag auch abtreten oder verpfänden.

(4) Die Einräumung und der Widerruf eines widerruflichen Bezugsrechts (vgl. Absatz 1) sowie eine Abtretung oder Verpfändung von Ansprüchen aus dem Versicherungsvertrag sind uns gegenüber nur und erst dann wirksam, wenn sie uns vom bisherigen Berechtigten schriftlich angezeigt worden sind. Der bisherige Berechtigte sind im Regelfall Sie; es können aber auch andere Personen sein, sofern Sie bereits vorher Verfügungen vorgenommen haben."

3 c) **ALB 1994.** Mit den ALB 1994 erhielt die Bezugsrechtsklausel folgende Fassung:

„**§ 13 Wer erhält die Versicherungsleistung?**
(Musterbedingungen des GDV – ALB 1994)

(1) Die Leistung aus dem Versicherungsvertrag erbringen wir an Sie als unseren Versicherungsnehmer oder an Ihre Erben, falls Sie uns keine andere Person benannt haben, die bei

A. Allg. Bed. für die kapitalbildende LV   4–7 § 13 ALB 2008

Eintritt des Versicherungsfalls die Ansprüche aus dem Versicherungsvertrag erwerben soll (Bezugsberechtigter). Bis zum Eintritt des Versicherungsfalls können Sie das Bezugsrecht jederzeit widerrufen.
(2) Sie können ausdrücklich bestimmen, dass der Bezugsberechtigte sofort und unwiderruflich die Ansprüche aus dem Versicherungsvertrag erwerben soll. Sobald wir Ihre Erklärung erhalten haben, kann dieses Bezugsrecht nur noch mit Zustimmung des von Ihnen Benannten aufgehoben werden.
(3) Sie können Ihre Rechte aus dem Versicherungsvertrag auch abtreten oder verpfänden.
(4) Die Einräumung und der Widerruf eines widerruflichen Bezugsrechts (vgl. Absatz 1) sowie eine Abtretung oder Verpfändung von Ansprüchen aus dem Versicherungsvertrag sind uns gegenüber nur dann wirksam, wenn sie uns vom bisherigen Berechtigten schriftlich angezeigt worden sind. Der bisherige Berechtigte sind im Regelfall Sie; es können aber auch andere Personen sein, sofern Sie bereits vorher Verfügungen vorgenommen haben."

§ 13 Abs. 1 ALB 1994 ist wörtlich § 13 Abs. 1 ALB 1986 entnommen. § 13 **4** Abs. 2 ALB 1994 weicht hingegen von § 13 Abs. 2 ALB 1986 ab. § 13 Abs. 3 ALB 1994 stimmt mit § 13 Abs. 3 ALB 1986 wörtlich überein. § 13 Abs. 4 ALB 1994 weicht von § 13 Abs. 4 ALB 1986 ab. Hierin kommt zum Ausdruck, dass die Bezugsrechtsklausel gegenüber den ALB 1986 eine Änderung erfahren hat. Die Änderung besteht darin, dass nunmehr sowohl für die Einräumung eines widerruflichen als auch eines unwiderruflichen Bezugsrechts der Zugang der schriftlichen Anzeige beim Versicherer genügt. Dass der Versicherer die Einräumung des unwiderruflichen Bezugsrechts bestätigt und hiervon die Wirksamkeit der Einräumung des unwiderruflichen Bezugsrechts abhängt, ist nicht mehr vorgesehen. Die Bestimmung auch der unwiderruflichen Bezugsberechtigung erfolgt seit Einführung der geänderten Bezugsrechtsklausel durch eine einseitige empfangsbedürftige rechtsgestaltende Willenserklärung.[1]

d) ALB 2001 bis ALB 2006. Die Bezugsrechtsklausel wurde im Rahmen der **5** Neufassung der ALB im Jahre 2001 geändert. Seit den ALB 2001, die vom GDV den LVU unter dem 30. Januar 2001[2] und in noch einmal geänderter Form am 5. Juli 2001[3] mitgeteilt wurden, lautet die Bezugsrechtsklausel wie folgt:

„**§ 13 Wer erhält die Versicherungsleistung?**
(Musterbedingungen des GDV – ALB 2001)
(1) Die Leistung aus dem Versicherungsvertrag erbringen wir an Sie als unseren Versicherungsnehmer oder an Ihre Erben, falls Sie uns keine andere Person benannt haben, die bei Eintritt des Versicherungsfalls die Ansprüche aus dem Versicherungsvertrag erwerben soll (Bezugsberechtigter). Bis zum Eintritt des Versicherungsfalls können Sie das Bezugsrecht jederzeit widerrufen.
(2) Sie können ausdrücklich bestimmen, dass der Bezugsberechtigte sofort und unwiderruflich die Ansprüche aus dem Versicherungsvertrag erwerben soll. Sobald wir Ihre Erklärung erhalten haben, kann dieses Bezugsrecht nur noch mit Zustimmung des von Ihnen Benannten aufgehoben werden.
(3) Sie können Ihre Rechte aus dem Versicherungsvertrag auch abtreten oder verpfänden.
(4) Die Einräumung und der Widerruf eines Bezugsrechts sowie eine Abtretung oder Verpfändung von Ansprüchen aus dem Versicherungsvertrag sind uns gegenüber nur und erst dann wirksam, wenn sie uns vom bisherigen Berechtigten schriftlich angezeigt worden sind."

Ein Vergleich der Klauseln zeigt, dass der Absatz 4 der Bezugsrechtsklausel neu **6** gefasst worden ist. Hierbei handelt es sich aber um keine materiellrechtlich erhebliche Änderung.

Mit Rundschreiben vom 5. Mai 2006[4] wurden den LVU vom GDV überarbei- **7** tete Musterbedingungen zur Verfügung gestellt. § 13 ALB 2006 stimmt wörtlich mit § 13 ALB 2001 überein. Im Zuge der VVG-Reform wurden vom GDV neue

---
[1] *Kollhosser* in: Prölss/Martin, VVG, 27. Aufl., 2004, § 14 ALB 1994 Rdn. 2.
[2] Rundschreiben 0007/2001.
[3] Rundschreiben 1358/2001.
[4] Rundschreiben 1319/2006.

ALB 2008 mit Stand: 28. Dezember 2007 veröffentlicht.[5] § 13 ALB 2008 stimmt wörtlich mit § 13 ALB 2006 überein.

2. BGB/VVG

8   Die Bezugsberechtigung war bislang in § 166 VVG geregelt. Die Zweifelsregelung des § 166 VVG ergänzt § 328 Abs. 1 BGB und § 330 Satz 1 BGB.

9   Im VVG 2008 ist die Bezugsberechtigung nunmehr in § 159 VVG 2008 geregelt. Der Versicherungsnehmer ist im Zweifel berechtigt, ohne Zustimmung des Versicherers einen Dritten als Bezugsberechtigten zu bezeichnen sowie an die Stelle des so bezeichneten Dritten einen anderen zu setzen (§ 159 Abs. 1 VVG 2008). Ein widerruflich als bezugsberechtigt bezeichneter Dritter erwirbt das Recht auf die Leistung des Versicherers erst mit dem Eintritt des Versicherungsfalls (§ 159 Abs. 2 VVG 2008). Ein unwiderruflich als bezugsberechtigt bezeichneter Dritter erwirbt das Recht auf die Leistung des Versicherers bereits mit der Bezeichnung als Bezugsberechtigter (§ 159 Abs. 3 VVG 2008).

3. AGBG/BGB

10 **a) Inhaltskontrolle des § 13 Abs. 1 Satz 2 ALB 1986.** Schon früher wurde in der Rechtsprechung zutreffend angemerkt, dass keine rechtlichen Bedenken gegen die Wirksamkeit der Bezugsrechtsregelungen bestehen.[6] § 13 Abs. 1 Satz 2 ALB 1986 hält einer Inhaltskontrolle nach §§ 307, 308 BGB stand.[7]

11 **b) Inhaltskontrolle des § 13 Abs. 2 ALB 1986.** Im Schrifttum wird die Auffassung vertreten, dass die Regelung in § 13 Abs. 2 ALB 1986, wonach für die Begründung eines unwiderruflichen Bezugsrechts die schriftliche Bestätigung des Versicherers über den Ausschluss des Widerrufs des Bezugsrechts erforderlich ist, gegen § 9 AGBG bzw. § 307 BGB verstoße,[8] zumindest aber als zweifelhaft angesehen werden müsse.[9] Bei dieser Bewertung wird allerdings der Sinn dieser Regelung nicht beachtet. Mit dem Bestätigungserfordernis wird der Zweck verfolgt, die Rechtssicherheit für alle Beteiligten zu erhöhen.[10] Das Bestätigungserfordernis soll dem Versicherer kein Mitentscheidungsrecht einräumen, sondern ihm nur ein Prüfungsrecht geben und ihm damit zugleich eine Prüfungspflicht zur Vermeidung von Zweifelsfällen auferlegen.[11] Vertraglich ist der Versicherer verpflichtet, unverzüglich nach Zugang der Bezugsrechtserklärung den Inhalt der Erklärung zu prüfen, in Zweifelsfällen unverzüglich zur Klärung zurückzufragen und in eindeutigen Fällen unverzüglich schriftlich zu bestätigen, dass der Widerruf des Bezugsrechts ausgeschlossen ist.[12] Dazu haben sich die Versicherer auch durch geschäftsplanmäßige Erklärung öffentlichrechtlich gegenüber der Aufsichtsbehörde, seinerzeit dem BAV, verpflichtet.[13] Verletzt der Versicherer seine aufgezeigten

---

[5] Siehe www.gdv.de.
[6] OLG Köln VersR 1983, 1182.
[7] OLG Zweibrücken, Beschl. v. 31. 5. 2006 – 1 U 4/06, NJW-RR 2007, 1039, 1040 = VersR 2007, 195, 196 = r+s 2007, 114 (Ls.).
[8] *Schwintowski* in: Berliner Komm. z. VVG, 1999, § 166 VVG Rdn. 51.
[9] Vgl. *Römer*, Der Prüfungsmaßstab bei der Missstandsaufsicht nach § 81 VAG und der AVB-Kontrolle nach § 9 AGBG, Münsteraner Reihe, Bd. 32, 1996, S. 28; *derselbe* in: Römer/Langheid, VVG, 2. Aufl., 2003, § 166 VVG Rdn. 30.
[10] OLG Koblenz, Beschl. v. 1. 2. 2007 – 2 U 898/05, VersR 2007, 1257, 1260; *Kollhosser* in: Prölss/Martin, VVG, 27. Aufl., 2004, § 13 ALB 1986 Rdn. 19.
[11] OLG Koblenz, Beschl. v. 1. 2. 2007 – 2 U 898/05, VersR 2007, 1257, 1260.
[12] OLG Koblenz, Beschl. v. 1. 2. 2007 – 2 U 898/05, VersR 2007, 1257, 1260.
[13] OLG Koblenz, Beschl. v. 1. 2. 2007 – 2 U 898/05, VersR 2007, 1257, 1260.

Pflichten, haftet er ggf. aus positiver Vertragsverletzung auf Schadensersatz.[14] Mit Blick hierauf ist die Regelung in § 13 Abs. 2 ALB 1986 rechtswirksam.[15]

c) Inhaltskontrolle des § 13 Abs. 4 ALB 1986. Die Abtretungsausschlussklausel des § 13 Abs. 4 ALB 1986 hält der Inhaltskontrolle stand. Es ist anerkannt, dass sogar ausdrückliche Abtretungsverbote grundsätzlich keine unangemessene Benachteiligung mit sich bringen.[16] Das gilt umso mehr bei einem abgeschwächten Abtretungsausschluss der hier in § 13 Abs. 4 ALB 1986 vorliegenden Art.[17] Mit dem Zusatz „nur und erst dann" wird gegenüber der Vorgängerklausel die Rechtsfolge der absoluten Unwirksamkeit hervorgehoben und für den durchschnittlichen Versicherungsnehmer unübersehbar gemacht.[18] Aus § 13 Abs. 4 ALB 1986 kann ein durchschnittlicher, juristisch nicht vorgebildeter Versicherungsnehmer ohne vernünftigen Zweifel entnehmen, dass Änderungen der Bezugsberechtigung für ihre Wirksamkeit ausnahmslos der schriftlichen Anzeige beim Versicherer bedürfen.[19] An der Zulässigkeit dieser Regelung bestehen keine Bedenken.[20] Das Schriftform- und Zugangserfordernis des § 13 Abs. 4 Satz 1 ALB 1986 ist weder unklar noch überraschend und benachteiligt den Versicherungsnehmer nicht entgegen Treu und Glauben unangemessen.[21]

II. Erbringung der Versicherungsleistung an den Bezugsberechtigten

1. Einräumung des Bezugsrechts

a) Befugnis. Zur Benennung eines Bezugsberechtigten ist der Inhaber der Vertragsrechte berechtigt. Die Benennung eines Bezugsberechtigten ist kein höchstpersönliches Recht.[22] Im Regelfall hat der Versicherungsnehmer das Recht, durch einseitige Erklärung gegenüber dem Versicherer Dritte als Bezugsberechtigte zu bezeichnen; die Benennung eines Bezugsberechtigten ist nicht an die Zustimmung des Versicherers gebunden und bedarf auch nicht der Annahme

---

[14] OLG Koblenz, Beschl. v. 1. 2. 2007 – 2 U 898/05, VersR 2007, 1257, 1260; *Kollhosser* in: Prölss/Martin, VVG, 27. Aufl., 2004, § 13 ALB 1986 Rdn. 19.
[15] OLG Koblenz, Beschl. v. 1. 2. 2007 – 2 U 898/05, VersR 2007, 1257, 1260; *Kollhosser* in: Prölss/Martin, VVG, 27. Aufl., 2004, § 13 ALB 1986 Rdn. 19; *Kühl*, Der Einsatz von Lebensversicherungen als Kreditsicherungsmittel in Deutschland und Frankreich, Karlsruhe, VVW, 2005, S. 52.
[16] LG München I, Urt. v. 16. 10. 1986 – 4 O 23 492/85, VersR 1988, 511; BGH, Urt. v. 31. 10. 1990 – IV ZR 24/90, BGHZ 112, 387 = NJW 1991, 559 = VersR 1991, 89 = VerBAV 1991, 289, 291 = r+s 1991, 104 = WM 1991, 693, 695; OLG Koblenz, Urt. v. 23. 5. 1991 – 5 U 1492/90, WM 1992, 73, 74; OLG Düsseldorf, Urt. v. 10. 9. 1996 – 4 U 42/95, NJW-RR 1997, 1526 (zu § 7 Abs. 3 AHB).
[17] BGH, Urt. v. 31. 10. 1990 – IV ZR 24/90, BGHZ 112, 387 = NJW 1991, 559 = VersR 1991, 89 = VerBAV 1991, 289, 291 = r+s 1991, 104 = WM 1991, 693, 695 = ZIP 1991, 33; OLG Karlsruhe, Urt. v. 7. 8. 1997 – 12 U 49/97, S. 4.
[18] BGH, Urt. v. 31. 10. 1990 – IV ZR 24/90, BGHZ 112, 387 = NJW 1991, 559 = VersR 1991, 89 = VerBAV 1991, 289, 290 = r+s 1991, 104 = WM 1991, 693, 695.
[19] BGH, Urt. v. 14. 7. 1993 – IV ZR 242/92, NJW 1993, 3133, 3134 = VersR 1993, 1219 = VerBAV 1993, 361/362 = r+s 1993, 477, 478 = WM 1993, 1900, 1901 = MDR 1993, 1181, 1182.
[20] BGH, Urt. v. 10. 2. 1999 – IV ZR 324/97, NJW 1999, 1633 = NVersZ 1999, 261 = VersR 1999, 565, 566 m. Anm. *Lorenz*.
[21] BGH, Urt. v. 14. 7. 1993 – IV ZR 242/92, NJW 1993, 3133, 3134 = VersR 1993, 1219, 1220 = VerBAV 1993, 361, 362 = r+s 1993, 477, 478 = WM 1993, 1900, 1902 = MDR 1993, 1181, 1182; OLG Hamm, Urt. v. 31. 5. 1996 – 20 U 34/96, VersR 1997, 729 = r+s 1997, 84; OLG Zweibrücken, Beschl. v. 31. 5. 2006 – 1 U 4/06, NJW-RR 2007, 1039, 1040 = VersR 2007, 195, 196 = r+s 2007, 114 (Ls.).
[22] RGZ 127, 269.

durch den Begünstigten.²³ Einer vertraglichen Zustimmung des LVU zu einer Benennung oder Änderung der Person des Bezugsberechtigten bedarf es abweichend von § 328 BGB nicht, weil § 166 VVG eine Mitwirkung des Versicherers bei der Bestimmung oder der Änderung der Bezugsberechtigung nicht vorsieht.²⁴

14 Voraussetzung für die Einräumung eines Bezugsrechts durch den Versicherungsnehmer ist, dass der Versicherungsnehmer nicht bereits vorher Verfügungen (Abtretung, Verpfändung, Einräumung eines unwiderruflichen Bezugsrechts) vorgenommen hat oder dass der Versicherungsnehmer aufgrund einer Pfändung oder wegen Eröffnung des Insolvenzverfahrens die Verfügungsbefugnis verloren hat. Stehen die Vertragsrechte und insbesondere der Anspruch auf die Versicherungsleistung dem Zessionar oder dem Pfändungspfandgläubiger zu, so können diese ein Bezugsrecht begründen, ändern oder widerrufen.²⁵ Bei der Verpfändung der Versicherungsforderung kann der Versicherungsnehmer eine Bezugsberechtigung nur begründen, soweit hierdurch das Pfandrecht nicht beeinträchtigt wird. Ist ein Vermögenspfleger bestellt, so darf dieser ein Bezugsrecht nur mit Genehmigung des Vormundschaftsgerichts einräumen.²⁶ § 110 BGB deckt die Begünstigungserklärung ab.²⁷

15 **b) Rechtscharakter der Begünstigungserklärung.** Die Benennung eines Bezugsberechtigten erfordert die Abgabe einer Begünstigungserklärung gegenüber dem Versicherer. Aus ihr muss sich ergeben, welche Person bei Eintritt des Versicherungsfalls die Ansprüche aus dem Versicherungsvertrag erwerben soll. Rechtsanalytisch betrachtet setzt die Begünstigungserklärung einen rechtswirksamen Versicherungsvertrag zwischen Versicherer und Versicherungsnehmer voraus, ist das sich aufgrund der Begünstigungserklärung ergebende Bezugsrecht kein vertraglicher Anspruch aus dem Versicherungsverhältnis,²⁸ sondern steht selbständig neben dem Versicherungsvertrag und ist einer eigenen Beurteilung der Rechtswirksamkeit zugänglich und bedürftig.²⁹ Die Begünstigungserklärung stellt sich als Rechtsgeschäft unter Lebenden dar und nicht als Verfügung von Todes wegen.³⁰ Bei der Bestimmung des Bezugsberechtigten handelt es sich vielmehr

---

²³ § 166 Abs. 1 VVG; RGZ 71, 326; RGZ 140, 30; RGZ 153, 226; RGZ 154, 99; RGZ 168, 177; OLG Hamm v. 11. 10. 1951, VersR 1952, 41; BGH v. 25. 3. 1953, VersR 1953, 179; LG Karlsruhe v. 16. 2. 1956, VersR 1956, 313; LG Berlin v. 30. 10. 1958, VersR 1959, 329; OLG Bremen v. 11. 11. 1958, VersR 1959, 689; OLG Hamburg v. 10. 2. 1961, DB 1961, 501; LG Hildesheim v. 5. 5. 1964, VersR 1964, 138; OLG Hamm v. 29. 1. 1975, VersR 1976, 143; BGH, Urt. v. 4. 12. 1980 – IV a ZR 59/80, VersR 1981, 371, 372; BGH, Urt. v. 1. 7. 1981 – IV a ZR 201/80, VersR 1981, 926, 927; LG Saarbrücken v. 30. 4. 1982, NJW 1983, 181; *Lorenz* in: Festschrift für Robert Schwebler, 1986, S. 349, 364.
²⁴ OLG Frankfurt/M., Beschl. v. 31. 3. 1999 – 7 W 59/98, NVersZ 1999, 468, 469 = r+s 2000, 171; *Lorenz* in: Festschrift für Robert Schwebler, 1986, S. 349, 357.
²⁵ Zur Abtretung vgl. OLG Hamm v. 6. 1. 1971, VersR 1971, 246.
²⁶ BGH, Urt. v. 28. 9. 1988 – IV a ZR 126/87, NJW-RR 1989, 21 = VersR 1988, 1236, 1237; *Kummer* r+s 1998, 265, 267.
²⁷ RGZ 76, 91; LG Bochum VerBAV 1969, 345.
²⁸ So aber BGH VersR 1986, 805.
²⁹ RGZ 136, 49; RGZ 140, 30, 33; RGZ 153, 220, 225; RGZ 154, 99, 104, 106; RGZ 168, 177; OLG Hamm v. 11. 10. 1951, VersR 1952, 41; BGH v. 25. 3. 1953, VersR 1953, 179 = BB 1953, 39; OLG Bremen v. 11. 11. 1958, VersR 1959, 689; BGH, Urt. v. 8. 6. 1967 – II ZR 248/64, VersR 1967, 793, 796 = VerBAV 1968, 45; BGH, Urt. v. 28. 9. 1988 – IV a ZR 126/87, NJW-RR 1989, 21 = VersR 1988, 1236; KG Berlin, Urt. v. 3. 6. 2005 – 6 U 12/04, r+s 2005, 341; zust. *Lorenz* in: Festschrift für Robert Schwebler, 1986, S. 349, 358; zweifelnd LG Bochum v. 5. 5. 1969, VerBAV 1969, 345 = VersR 1970, 25.
³⁰ LG Saarbrücken NJW 1983, 181.

um die Ausübung eines rechtsändernden Gestaltungsrechts,[31] die mit der Erbeinsetzung vergleichbar ist,[32] also eine rechtsgestaltende Erklärung ist,[33] die auch mit der Ausübung eines Wahlrechts bei einer Wahlschuld verglichen werden kann.[34] Eine Qualifikation der Begünstigungserklärung als Verfügung wurde zunächst mit der Begründung verneint, dass das deutsche Recht Verfügungen zugunsten Dritter nicht kennt.[35] Inzwischen ist heute anerkannt, dass der Versicherungsnehmer durch eine einseitige, empfangsbedürftige schriftliche Willenserklärung,[36] die Verfügungscharakter hat,[37] gegenüber dem Versicherer bestimmt, wem in welchem Umfang ein Bezugsrecht und die daraus folgenden Ansprüche auf die Versicherungsleistungen zustehen.[38] Dieser Auffassung ist zu folgen, da die Begünstigungserklärung als Verfügung des Versicherungsnehmers über das zunächst ihm zustehende und zu seinen Lebzeiten betagte Recht auf die Versicherungsleistung zu qualifizieren ist.[39] Entscheidend für die Zuordnung der Ansprüche ist nicht eine theoretische rechtliche Konstruktion, sondern der im rechtlich möglichen Rahmen geäußerte Gestaltungswille des Versicherungsnehmers.[40]

c) Auslegung der Begünstigungserklärung. Das Bezugsrecht bestimmt sich allein nach den dafür im Versicherungsvertrag vereinbarten Bedingungen.[41] Wie jede Willenserklärung ist die Bezugsrechtsbenennung der Auslegung gemäß §§ 133, 157 BGB zugänglich.[42] Entscheidend ist der bei der Festlegung des

---

[31] RGZ 154, 102; BGH v. 25. 3. 1953, VersR 1953, 179; BGH, Urt. v. 8. 6. 1967 – II ZR 248/64, VersR 1967, 795; BGH, Urt. v. 28. 9. 1988 – IV a ZR 126/87, NJW-RR 1989, 21 = VersR 1988, 1236.
[32] RGZ 154, 99, 102; OLG Köln, Urt. v. 20. 1. 1999 – 5 U 221/97, NVersZ 1999, 320 = r+s 1999, 295, 296.
[33] RGZ 168, 177, 186.
[34] BGH v. 25. 3. 1953, VersR 1953, 179.
[35] BGH NJW 1964, 1124, 1125.
[36] BGH, Beschl. v. 17. 9. 1975 – IV ZA 8/75, NJW 1976, 290 = VersR 1975, 1020; BGH, Urt. v. 1. 4. 1987 – IV a ZR 26/86, NJW 1987, 3131 = VersR 1987, 659; BGH, Urt. v. 18. 6. 2003 – IV ZR 59/02, NJW 2003, 2679 = VersR 2003, 1021 = r+s 2003, 424 = WM 2003, 2247, 2248; *Glauber* VersR 1993, 938, 939.
[37] BGH, Urt. v. 28. 9. 1988 – IV a ZR 126/87, NJW-RR 1989, 21 = VersR 1988, 1236, 1237 = r+s 1988, 381; OLG Köln, Urt. v. 20. 1. 1999 – 5 U 221/97, NVersZ 1999, 320; BGH, Urt. v. 25. 4. 2001 – IV ZR 305/00, NJW-RR 2001, 1105 = NVersZ 2001, 352 = VersR 2001, 883 = r+s 2001, 342 = WM 2001, 1513 = ZIP 2001, 1776; BGH, Urt. v. 18. 6. 2003 – IV ZR 59/02, NJW 2003, 2679 = VersR 2003, 1021 = r+s 2003, 424 = WM 2003, 2247, 2248; *Heilmann* VersR 1972, 998, 1000; *Hassold*, Zur Leistung im Dreipersonenverhältnis, 1981, S. 246 ff., 327; *Hörstmann*, Der echte Vertrag zugunsten Dritter als Rechtsgeschäft zur Übertragung einer Forderung, 1983, S. 35 ff.
[38] BGH, Urt. v. 12. 12. 2001 – IV ZR 124/00, NJW-RR 2002, 955 = NVersZ 2002, 306 = VersR 2002, 218, 219 = r+s 2002, 168 = WM 2002, 335, 336 = ZIP 2002, 857, 858 = MDR 2002, 579 = SpV 2002, 58; zust. *van Bühren* EWiR 2002, 731, 732; BGH, Urt. v. 18. 6. 2003 – IV ZR 59/02, NJW 2003, 2679 = VersR 2003, 1021 = r+s 2003, 424 = WM 2003, 2247, 2248; BGH, Urt. v. 14. 2. 2007 – IV ZR 150/05, NJW-RR 2007, 976 = VersR 2007, 784 = r+s 2007, 332, 333 = MDR 2007, 952, 953.
[39] *Lorenz* in: Festschrift für Robert Schwebler, 1986, S. 339, 363.
[40] BGH, Urt. v. 18. 6. 2003 – IV ZR 59/02, NJW 2003, 2679 = VersR 2003, 1021 = r+s 2003, 424 = WM 2003, 2247, 2248; BGH, Urt. v. 13. 6. 2007 – IV ZR 330/05, NJW 2007, 2320, 2321 f. = VersR 2007, 1065, 1066 = r+s 2007, 384, 385 = WM 2007, 1510, 1512 = ZIP 2007, 1375, 1376 = DB 2007, 1862, 1863 = MDR 2007, 1070, 1071.
[41] BGH, Urt. v. 30. 11. 1994 – IV ZR 290/93, NJW 1995, 1082, 1084 = VersR 1995, 282, 284 = r+s 1995, 116 = MDR 1995, 824; OLG Frankfurt/M., Urt. v. 21. 11. 1996 – 15 U 23/96, VersR 1997, 1216 = r+s 1998, 389; OLG Koblenz, Urt. v. 15. 1. 1998 – 11 U 28/97, VersR 1999, 830, 831.
[42] RGZ 62, 259; BGH, Urt. v. 1. 4. 1987 – IV ZR 26/86, NJW 1987, 3131 = VersR 1987, 659, 660 = r+s 1988, 90; OLG Karlsruhe, Urt. v. 20. 3. 1997 – 12 U 299/96, VersR 1998, 219.

Bezugsberechtigten vorhandene und der Versicherung gegenüber zum Ausdruck gekommene Wille des Versicherungsnehmers.[43] Im Interesse einer schnellen und reibungslosen Abwicklung der in ihrer Mehrzahl unproblematischen Fälle muss weitgehend auf den Wortlaut und darauf abgestellt werden, wie die Erklärung zum Zeitpunkt der Abgabe aus der Sicht des Versicherers zu verstehen ist,[44] damit der Bezugsberechtigte rasch und unzweifelhaft festgestellt werden kann.[45]

17   Die Auslegung kann im Einzelfall für den Versicherer schwierig sein, da eine namentliche Bezeichnung des Bezugsberechtigten nicht erforderlich ist[46] und nur verlangt wird, dass der Empfänger der Versicherungsleistungen bestimmbar ist (z. B. aufgrund der Verwandtschaftsverhältnisse zum Versicherungsnehmer). Von daher genügt die Einsetzung des Namens des gewünschten Bezugsberechtigten im Versicherungsantrag.[47] Ist die Ehefrau – auch ohne Angabe des Namens – als Bezugsberechtigte bei einer Einzelversicherung benannt, soll die Auflösung der Ehe vor Eintritt des Versicherungsfalls die Bezugsberechtigung nicht gegenstandslos machen.[48] Der Versicherer kann in diesem Fall mit befreiender Wirkung an die „erste" Ehefrau auszahlen, die aber wegen Wegfalls der Geschäftsgrundlage einem Bereicherungsanspruch der Berechtigten ausgesetzt sein kann.[49] Ist hingegen die Ehefrau – sogar unwiderruflich – bei einer zum Zwecke der Alters- und Hinterbliebenenversorgung abgeschlossenen Versicherung bezugsberechtigt, so ist die bei Eintritt des Versicherungsfalls mit dem versicherten Versicherungsnehmer (oder versicherten Arbeitnehmer) verheiratete Ehefrau begünstigt,[50] was insbesondere für den Bereich der Gruppenversicherung von Bedeutung ist. In der Einzelversicherung ist daher vom Versicherungsnehmer zu erwägen, ob er nicht einfach die „Ehefrau" begünstigt, sondern den mit ihm „in gültiger Ehe lebenden Ehegatten". Wird das „Rote Kreuz" oder der „Tierschutzverein" als begünstigt bezeichnet, wird der Versicherer schon bei Antragstellung auf eine Klarstellung hinwirken.

18   **d) Inhalt und Umfang der Begünstigungserklärung. aa) Inhalt.** Der Versicherungsnehmer kann über die Ansprüche aus dem Versicherungsvertrag im Rahmen seiner Gestaltungsfreiheit unterschiedlich verfügen, insbesondere auch

---

[43] BGH, Beschl. v. 17. 9. 1975 – IV ZA 8/75, NJW 1976, 290 = VersR 1975, 1020; BGH, Urt. v. 4. 12. 1980 – IVa ZR 59/80, VersR 1981, 371, 372; BGH, Urt. v. 29. 1. 1981 – IVa ZR 80/80, VersR 1981, 326, 327; LG Saarbrücken NJW 1983, 180; LG Dortmund, Urt. v. 13. 7. 1989 – 2 O 149/89, S. 7; OLG Karlsruhe, Urt. v. 20. 3. 1997 – 12 U 299/96, VersR 1998, 219; BGH, Urt. v. 25. 4. 2001 – IV ZR 305/00, NJW-RR 2001, 1105 = VersR 2001, 883 = r+s 2001, 342 = WM 2001, 1513 = ZIP 2001, 1776; BGH, Urt. v. 18. 6. 2003 – IV ZR 59/02, NJW 2003, 2679 = VersR 2003, 1021 = r+s 2003, 424 = WM 2003, 2247, 2248; BGH, Urt. v. 14. 2. 2007 – IV ZR 150/05, NJW-RR 2007, 976 = VersR 2007, 784, 785 = r+s 2007, 332 f.

[44] BGH, Urt. v. 1. 4. 1987 – IVa ZR 26/86, NJW 1987, 3131 = VersR 1987, 659 = r+s 1988, 90; OLG Frankfurt/M., Urt. v. 21. 11. 1996 – 15 U 23/96, VersR 1997, 1216 = r+s 1998, 389; BGH, Urt. v. 14. 2. 2007 – IV ZR 150/05, NJW-RR 2007, 976 = VersR 2007, 784, 785 = r+s 2007, 332, 333.

[45] BGH, Urt. v. 29. 1. 1981 – IVa ZR 80/80, VersR 1981, 326, 327.

[46] BGH, Beschl. v. 17. 9. 1975 – IV ZA 8/75, NJW 1976, 290 = VersR 1975, 1020; BGH, Urt. v. 14. 2. 2007 – IV ZR 150/05, NJW-RR 2007, 976 = VersR 2007, 784, 785 = r+s 2007, 332, 333.

[47] OLG Köln, Urt. v. 20. 1. 1999 – 5 U 221/97, NVersZ 1999, 320.

[48] BGH, Urt. v. 1. 4. 1987 – IVa ZR 26/86, NJW 1987, 3131 = VersR 1987, 659, 660 = r+s 1988, 90.

[49] Vgl. BGH, Urt. v. 1. 4. 1987 – IVa ZR 26/86, NJW 1987, 3131 = VersR 1987, 659, 660 = r+s 1988, 90.

[50] BGH, Urt. v. 29. 1. 1981 – IVa ZR 80/80, VersR 1981, 326, 327.

das unwiderrufliche Bezugsrecht gegenständlich und zeitlich einschränken.[51] Das Bezugsrecht kann widerruflich oder unwiderruflich eingeräumt werden. Es kann unterschiedlich für den Erlebens- und den Todesfall geregelt werden.[52] Der Versicherungsnehmer kann den Rückkaufwert vom unwiderruflichen Bezugsrecht auf den Erlebensfall ausnehmen und bestimmen, dass der Rückkaufwert nach Kündigung vor Ablauf der Versicherung ihm verbleibt oder dem für den Todesfall eingesetzten Bezugsberechtigten oder einem beliebigen Dritten zustehen soll.[53] In der Regel ist vorgesehen, dass der Versicherungsnehmer die Versicherungsleistung im Erlebensfall erhält und eine andere Person im Todesfall.[54]

bb) Umfang. Die Begünstigungserklärung ist in der Regel so zu verstehen, dass das Recht der Bezugsberechtigung sämtliche aus dem Versicherungsvertrag fällig werdenden Ansprüche umfassen soll, also auch die Überschussbeteiligung, sofern die Parteien eine andere Regelung nicht getroffen haben.[55] Bis zum Eintritt des Versicherungsfalls bar ausgezahlte oder mit den laufenden Beiträgen verrechnete Gewinnanteile dienen wirtschaftlich der Korrektur zu viel gezahlter Beiträge. Mangels einer anderweitigen Verfügung des Versicherungsnehmers hat deshalb der widerruflich Bezugsberechtigte auf sie in der Regel keinen unmittelbar in seiner Person entstehenden Anspruch.[56] Werden dagegen die Gewinnanteile verzinslich angesammelt, dann sollen sie nach dem Willen des Versicherungsnehmers wie die Versicherungssumme dem widerruflichen Bezugsberechtigten unmittelbar zufallen.[57] Dies gilt auch dann, wenn die Gewinnanteile dazu verwendet werden, die Versicherungssumme zu erhöhen. Nicht anders ist die dargelegte Rechtslage, wenn ein unwiderrufliches Bezugsrecht eingeräumt ist. Auch hier stehen die jährlich in bar auszuzahlenden Gewinnanteile dem Versicherungsnehmer zu.[58] 19

e) Unwiderrufliches Bezugsrecht. Ein unwiderrufliches Bezugsrecht wird begründet durch eine einseitige empfangsbedürftige Willenserklärung des Versicherungsnehmers, die weder Vertragsbestandteil ist noch der Mitwirkung des Versicherers für die Entstehung des Rechts des Dritten bedarf, auch nicht da, wo die AVB verlangen, dass die Begünstigung auf dem Versicherungsschein zu vermerken ist.[59] Die Begünstigung muss ausdrücklich als endgültig, unwiderruflich 20

---

[51] BGH, Urt. v. 19. 6. 1996 – IV ZR 243/95, NJW 1996, 2731 = VersR 1996, 1089 = r+s 1996, 419; BGH, Urt. v. 25. 4. 2001 – IV ZR 305/00, NJW-RR 2001, 1105 = NVersZ 2001, 352 = VersR 2001, 883 = r+s 2001, 342 = WM 2001, 1513 = ZIP 2001, 1776; BGH, Urt. v. 18. 6. 2003 – IV ZR 59/02, NJW 2003, 2679, 2680 = VersR 2003, 1021, 1022 = r+s 2003, 424, 425 = WM 2003, 2247, 2248.
[52] Vgl. AG Hechingen, Urt. v. 8. 5. 1998 – 6 C 176/98, NVersZ 2000, 518 = VersR 1999, 569; OLG Frankfurt/M., Urt. v. 14. 9. 2000 – 3 U 139/99, NJW-RR 2001, 676 = NJW-RR 2001, 676 = NVersZ 2001, 159, 160 = VersR 2002, 219, 220 = r+s 2001, 478.
[53] BGH, Urt. v. 18. 6. 2003 – IV ZR 59/02, NJW 2003, 2679, 2680 = VersR 2003, 1021, 1022 = r+s 2003, 424, 425 = WM 2003, 2247, 2249; OLG Hamburg, Urt. v. 8. 11. 2007 – 9 U 123/07, VersR 2008, 767, 768 = WM 2008, 248.
[54] BGH, Urt. v. 17. 2. 1966 – II ZR 286/63, BGHZ 45, 162, 165 = NJW 1966, 1071 = VersR 1966, 359; BGH VersR 1986, 231.
[55] LG München I v. 18. 1. 1962, VersR 1963, 965; LG Nürnberg – Fürth v. 3. 4. 1968, VersR 1969, 33; OLG Nürnberg v. 27. 9. 1968, VersR 1969, 608; OLG Frankfurt/M., Urt. v. 14. 9. 2000 – 3 U 139/99, NJW-RR 2001, 676 = NVersZ 2001, 159, 160 = VersR 2002, 219, 220 = r+s 2001, 478.
[56] LG München I v. 18. 1. 1962, VersR 1963, 965.
[57] OLG Nürnberg v. 27. 9. 1968, VersR 1969, 608.
[58] A. A. *Winter* in: Bruck/Möller, VVG, 8. Aufl., 1988, §§ 159–178 VVG Anm. H 42.
[59] RGZ 154, 99; BGH VersR 1960, 932.

oder in ähnlicher Weise bezeichnet werden.[60] Bei einer Pensionsversicherung entspricht es dem Wesen des Vertrages, dass der Bezugsberechtigte (Pensionsberechtigte) unwiderruflich begünstigt sein soll.[61] Eine unwiderrufliche Bezugsberechtigung kann auch dadurch begründet werden, dass nachträglich auf das Recht zum Widerruf einer einfachen Bezugsberechtigung durch einseitige empfangsbedürftige Willenserklärung verzichtet wird.[62] Wird der Verzicht auf den Widerruf nur gegenüber dem widerruflich Bezugsberechtigten ausgesprochen, so erwirbt dieser keine unwiderrufliche Bezugsberechtigung, sondern lediglich einen schuldrechtlichen Anspruch gegen den Versicherungsnehmer, den Widerruf zu unterlassen.[63] § 850b Abs. 2 Nr. 4 ZPO steht der Einräumung eines unwiderruflichen Bezugsrechts nicht entgegen.[64]

21 Hat der Versicherungsnehmer ein unwiderrufliches Bezugsrecht für den Erlebensfall eingeräumt, geht dieses Bezugsrecht einem aus einer späteren Abtretung folgenden etwaigen unwiderruflichen Bezugsrecht auf den Todesfall gemäß dem Prioritätsgrundsatz vor.[65]

22 In zulässiger Abänderung von § 166 VVG sehen die ALB in den bisherigen Fassungen vor, dass ein unwiderrufliches Bezugsrecht erst entsteht, auch durch Verzicht auf Widerruf, wenn der Versicherer den Antrag auf Begründung einer unwiderruflichen Bezugsberechtigung im Wege der schriftlichen Bestätigung angenommen hat.[66] Aufsichtsrechtlich ist der Versicherer verpflichtet, die Einräumung eines unwiderruflichen Bezugsrechts unverzüglich zu bestätigen, falls keine Anhaltspunkte bestehen, dass sich der Versicherungsnehmer über den Inhalt des unwiderruflichen Bezugsrechts im unklaren ist, anderenfalls hat er den Versicherungsnehmer unverzüglich aufzuklären.[67] Bis zum Eingang der Bestätigung hat der Bezugsberechtigte lediglich ein widerrufliches Recht auf die Leistung aus dem Versicherungsvertrag.[68] Eine schuldhafte Verzögerung der Antragsbearbeitung kann eine Schadenersatzpflicht des Versicherers auslösen.[69] Dies ist z.B. der Fall, wenn Agenten des Versicherers sich nicht wie versprochen um eine Bezugsrechtsbestellung oder Bezugsrechtsänderung kümmern.[70] Aktivlegitimiert ist der Bezugsberechtigte, der unwiderruflich (oder widerruflich) benannt wurde, nach den Grundsätzen der Drittschadensliquidation.[71]

---

[60] BAG, Urt. v. 17. 10. 1995 – 3 AZR 622/94, BetrAV 1996, 288; OLG Frankfurt/M., Urt. v. 14. 9. 2000 – 3 U 139/99, NJW-RR 2001, 676 = NVersZ 2001, 159, 160 = VersR 2002, 219, 220 = r+s 2001, 478.
[61] BGH v. 12. 3. 1964, VersR 1964, 497; KG, Urt. v. 10. 2. 2006 – 6 U 139/05, VersR 2006, 1349, 1350 = r+s 2007, 254; *Schwintowski* in: Berliner Komm. z. VVG, 1999, § 166 VVG Rdn. 145.
[62] RGZ 154, 99, 105; BGH, Urt. v. 17. 2. 1966 – II ZR 286/63, BGHZ 45, 162, 165 = VersR 1966, 359, 360.
[63] RGZ 136, 49, 50; RGZ 142, 410, 416.
[64] BJM VerBAV 1954, 154.
[65] OLG Frankfurt/M., Urt. v. 14. 9. 2000 – 3 U 139/99, NJW-RR 2001, 676, 677 = NVersZ 2001, 159, 160 = VersR 2002, 219, 220 = r+s 2001, 478.
[66] OLG Koblenz, Beschl. v. 1. 2. 2007 – 2 U 898/05, VersR 2007, 1257, 1259.
[67] Ziffer 1.3.5 des Allgemeinen Geschäftsplans für die Lebensversicherung, VerBAV 1986, 150.
[68] BAG, Urt. v. 17. 10. 1995 – 3 AZR 622/94, BetrAV 1996, 288.
[69] OLG Koblenz, Beschl. v. 1. 2. 2007 – 2 U 898/05, VersR 2007, 1257, 1260; *Kollhosser* in: Prölss/Martin, VVG, 27. Aufl., 2004, § 166 VVG Rdn. 4.
[70] OLG Hamm, Urt. v. 14. 1. 2009 – 20 U 40/08, NJW-RR 2009, 1409.
[71] BGH v. 1. 10. 1975, VersR 1975, 1092; BAG v. 5. 3. 1981, VerBAV 1982, 274; LG Mönchengladbach v. 18. 3. 1982, VersR 1983, 50.

A. Allg. Bed. für die kapitalbildende LV 23–29 § 13 ALB 2008

f) Ersatzbezugsberechtigter. Die Benennung von Ersatzbezugsberechtigten 23 ist zulässig.[72] Dies geschieht in der Regel in einer Rangfolge mit dem Ergebnis, dass z. B. der an der zweiten Rangstelle genannte Bezugsberechtigte nur bezugsberechtigt ist, wenn der an der ersten Rangstelle genannte Bezugsberechtigte wegfällt.[73] In der Kautelarpraxis trifft man z. B. folgende Bezugsrechtsbenennung an:[74]

„Beim Tode des Ehemannes sind bezugsberechtigt in der Reihenfolge der Ziffern unter Ausschluss der jeweils nachfolgenden Berechtigten:
1. der überlebende Ehegatte, mit dem der Versicherte im Zeitpunkt seines Ablebens verheiratet war,
2. die ehelichen und ihnen gleichgestellten Kinder,
3. die Eltern,
4. die Erben."

Die Bestimmung „Ehefrau oder Kinder" begünstigt allein die Ehefrau und erst 24 nach deren Tod die Kinder.[75] Der Versicherungsnehmer kann die Scheidung der Ehe als auflösende Bedingung der Bezeichnung des Bezugsberechtigten ausdrücklich vereinbaren oder ggf. das Bezugsrecht gemäß § 166 Abs. 1 VVG einseitig aufheben.

g) Auflagen. Der Versicherungsnehmer kann die Zuwendung der Versicherungsleistung 25 an die Erfüllung von Auflagen knüpfen.[76] Bei Minderjährigen kann z. B. bestimmt werden, dass sie bis zur Vollendung des 25. Lebensjahres über die Versicherungsleistung nicht verfügen dürfen, sondern diese von einem namentlich bezeichneten Treuhänder zu verwalten ist[77] oder das Recht nicht vor Vollendung des 25. Lebensjahres erhalten sollen.[78] Der Treuhänder fungiert dann als Zahlstelle, an den der Versicherer ohne weitere Prüfungen zahlen kann, ohne eine doppelte Inanspruchnahme befürchten zu müssen.

h) Weitergeltung des Bezugsrechts nach Wiederherstellung einer erloschenen Versicherung. 26 Ein Bezugsrecht erlischt, wenn der Versicherungsvertrag mangels Rückkaufswert bedingungsgemäß erloschen ist und wirkt nicht fort, wenn der Versicherungsvertrag wiederhergestellt wird. Die Wiederherstellung einer erloschenen Lebensversicherung ist wie ein Neuabschluss zu behandeln. Entscheidend kommt es auf den Antrag des Versicherungsnehmers an.

i) Beweislast. Die Begebung einer vom Versicherungsnehmer unterzeichneten 27 Bezugsrechtsänderungserklärung muss der begünstigte Bezugsberechtigte nicht beweisen. Die formelle Beweiskraft einer Privaturkunde gemäß § 416 ZPO erstreckt sich auch auf deren Abgabe.[79]

j) Einzelfälle. aa) Firma (Arbeitgeber). Dieses Bezugsrecht ist bei Rückde- 28 ckungsversicherungen anzutreffen.

bb) Arbeitnehmer. Der Arbeitnehmer ist als Bezugsberechtigter bei Direktver- 29 sicherungen vorgesehen. Macht der Arbeitgeber von der versicherungsvertraglich fortbestehenden Möglichkeit, das Bezugsrecht des begünstigten Arbeitnehmers zu widerrufen, entgegen dem Verbot des § 1 Abs. 1 Satz 1 BetrAVG Gebrauch, so ist er

---

[72] Vgl. den Fall BGH, Urt. v. 29. 1. 1981 – IV a ZR 80/80, VersR 1981, 326.
[73] Vgl. KG, Urt. v. 3. 6. 2005 – 6 U 12/04, SpV 2005, 87.
[74] BGH, Urt. v. 30. 11. 1994 – IV ZR 290/93, NJW 1995, 1082 = VersR 1995, 282, 283 = MDR 1995, 824.
[75] LG Saarbrücken NJW 1983, 180.
[76] Vgl. OLG Frankfurt/M. WM 1987, 1248, 1249.
[77] Siehe hierzu RGZ 105, 305, 308.
[78] Vgl. OLG Hamburg v. 23. 10. 1974, VersR 1975, 561; OLG Düsseldorf, Beschl. v. 3. 6. 2002 – 4 W 11/02, VersR 2003, 49.
[79] BGH, Urt. v. 18. 12. 2002 – IV ZR 39/02, NJW-RR 2003, 384 = VersR 2003, 229.

schadensersatzpflichtig.⁸⁰ Dabei ist er – soweit möglich – zur Naturalrestitution verpflichtet (§ 249 Satz 1 BGB), die dadurch geschehen kann, dass entweder die Rechte aus dem ursprünglichen Versicherungsvertrag erneut auf den Arbeitnehmer übertragen werden oder dass ein neuer Versicherungsvertrag mit einem gleichartigen Bezugsrecht abgeschlossen wird.⁸¹ Er kann einen Schadensersatzanspruch haben, wenn die Verpflichtung zur Einräumung eines Bezugsrechts verletzt wird.⁸²

30   cc) **Ehegatte.** Die im Versicherungsschein als „Ehefrau" begünstigte Verlobte ist auch dann bezugsberechtigt, wenn der Versicherungsnehmer vor der Eheschließung stirbt.⁸³ Enthält ein Lebensversicherungsvertrag hinsichtlich der Bezugsberechtigung die Klausel „Ehefrau oder Kinder", ist allein die Ehefrau begünstigt; eine Bezugsberechtigung der Kinder erfolgt erst nach dem Tod der Ehefrau.⁸⁴

31   Ein Bezugsrecht für die „Ehefrau" kann regelmäßig nicht in dem Sinne ausgelegt werden, es sei die jeweilige, d. h. diejenige mit der der Versicherungsnehmer im Zeitpunkt seines Todes verheiratet war, bezugsberechtigt.⁸⁵ Die Benennung des Ehegatten des Versicherungsnehmers – auch ohne Angabe des Namens – als Bezugsberechtigten einer Versicherungsleistung ist nämlich nicht ohne weiteres auflösend bedingt durch eine Scheidung der Ehe vor Eintritt des Versicherungsfalls.⁸⁶ Selbst wenn die Ehefrau als Bezugsberechtigte namentlich benannt ist und sei es sogar unter ausdrücklicher Hinzufügung des Zusatzes „Ehefrau", ist die Benennung im Zweifel, nämlich wenn keine weiteren Umstände hinzutreten, aus der Sicht des Versicherers dahin zu verstehen, dass die Bezugsberechtigung bei einer Scheidung der Ehe nicht automatisch unwirksam wird.⁸⁷ Nach der Lebenserfahrung ist bei der Verwendung des Begriffs „Ehegatte" bzw. „Ehefrau" – ohne Rücksicht auf einen den bezugsberechtigten Ehegatten näher kennzeichnenden Namenszusatz⁸⁸ – regelmäßig nicht anzunehmen, dass das Bezugsrecht nur für

---

⁸⁰ BGH, Urt. v. 15. 1. 1992 – XII ZR 247/90, NJW 1992, 1103, 1104 = VersR 1992, 558, 560 = DB 1992, 951 = MDR 1992, 488.
⁸¹ BAG, Urt. v. 28. 7. 1987 – 3 AZR 694/85, VersR 1988, 255; BGH, Urt. v. 15. 1. 1992 – XII ZR 247/90, NJW 1992, 1103, 1104/1105 = VersR 1992, 558, 560 = DB 1992, 951 = MDR 1992, 488.
⁸² OLG München VersR 1963, 1189.
⁸³ LG Bremen v. 19. 1. 1962, VersR 1962, 413.
⁸⁴ LG Saarbrücken, Urt. v. 30. 4. 1982 – 10 O 656/81, NJW 1983, 180.
⁸⁵ LG Giessen, Urt. v. 25. 5. 1992 – 2 O 735/91, S. 2; OLG Köln VersR 1983, 1182; OLG Köln, Urt. v. 14. 6. 1993 – 5 U 13/93, VersR 1993, 1133 = r+s 1993, 318.
⁸⁶ OLG Bremen v. 11. 11. 1958, VersR 1959, 689; BGH v. 12. 3. 1959, VersR 1959, 691; LG Berlin v. 11. 12. 1962, VersR 1963, 570; LG Itzehoe v. 22. 11. 1963, VersR 1964, 581; LG Hildesheim v. 5. 5. 1964, VersR 1964, 938; OLG Frankfurt/M. v. 16. 9. 1971, VersR 1973, 413; OLG Düsseldorf v. 13. 5. 1975, VersR 1975, 918; OLG Hamm v. 29. 1. 1975, VersR 1976, 142; BGH, Beschl. v. 17. 9. 1975 – IV ZA 8/75, NJW 1976, 290 = VersR 1975, 1020 = MDR 1976, 33; BGH, Urt. v. 29. 1. 1981 – IV a ZR 80/80, BGHZ 79, 295, 298 = NJW 1981, 984 = VersR 1981, 326, 327 = MDR 1981, 476; OLG Köln, Urt. v. 17. 2. 1983 – 5 U 190/82, VersR 1983, 1181, 1182; LG Saarbrücken v. 30. 4. 1982, NJW 1983, 181; BGH, Urt. v. 1. 4. 1987 – IV a ZR 26/86, NJW 1987, 3131 = VersR 1987, 659, 660 = r+s 1988, 90 = MDR 1987, 914; BGH, Urt. v. 20. 5. 1992 – XII ZR 255/90, NJW 1992, 2154, 2155 = VersR 1992, 1382, 1384; OLG Frankfurt/M., Urt. v. 12. 10. 1994 – 23 U 38/94, VersR 1996, 358, 359 = r+s 1996, 326, 327; BGH, Urt. v. 14. 2. 2007 – IV ZR 150/05, NJW-RR 2007, 976, 977 = VersR 2007, 784, 785 = r+s 2007, 332, 333 = MDR 2007, 952, 953; a. A. LG Düsseldorf v. 18. 5. 1965, NJW 1966, 205, OLG Stuttgart, Urt. v. 29. 5. 1987 – 2 U 271/86, VersR 1987, 1130 (Ls.) = MDR 1987, 849 (Unfallversicherung).
⁸⁷ BGH, Urt. v. 1. 4. 1987 – IV a ZR 26/86, NJW 1987, 3131 = VersR 1987, 659, 660; OLG Karlsruhe, Urt. v. 20. 3. 1997 – 12 U 299/96, VersR 1998, 219.
⁸⁸ A. A. OLG Frankfurt/M. VersR 1997, 1216.

den Fall eingeräumt sein soll, dass die Ehe zum Zeitpunkt des Versicherungsfalls noch besteht.[89]

§ 2077 Abs. 3 BGB, wonach eine letztwillige Verfügung, durch die der Erblasser seinen Ehegatten bedacht hat, im Falle der Auflösung der Ehe vor dem Tode des Erblassers dann nicht unwirksam ist, wenn anzunehmen ist, dass der Erblasser sie auch für einen solchen Fall getroffen haben würde, ist weder unmittelbar noch dem Rechtsgedanken nach auf die Einsetzung eines Bezugsberechtigten anwendbar.[90] Denn die für die Auslegung einer letztwilligen Verfügung gebotene Prüfung des hypothetischen Erblasserwillens nach § 2077 Abs. 3 BGB widerspricht der Rechtsnatur der Bezugsrechtsbenennung als einseitiger, empfangsbedürftiger Willenserklärung.[91] Auch sind bei Eheleuten die Grundsätze des Wegfalls der Geschäftsgrundlage in der Regel nicht anwendbar, wenn das Bezugsrecht nach Scheidung der Ehe über längere Zeit nicht widerrufen worden ist.[92] Dies gilt gleichermaßen im Falle des Scheiterns einer nichtehelichen Lebensgemeinschaft.[93]

In einer überzeugend begründeten Einzelfallentscheidung ist das OLG Frankfurt/M. allerdings zu dem Ergebnis gelangt, dass die Benennung des „Ehegatten der versicherten Person" als Bezugsberechtigten im Todesfall in dem Sinne auszulegen ist, dass der im Zeitpunkt des Todes des Versicherungsnehmers lebende Ehegatte begünstigt sein soll.[94] Diese Auslegung greift auf jeden Fall Platz, wenn im Rahmen einer Alters- und Hinterbliebenenversorgung u. a. die „Ehefrau" in den Bestimmungen über die Bezugsberechtigung als unwiderruflich bezugsberechtigt bezeichnet ist. In diesem Fall ist die bei Eintritt des Versicherungsfalls mit

---

[89] OLG Hamm, Urt. v. 24. 9. 1980 – 20 U 120/80, VersR 1981, 228; OLG Köln, Urt. v. 14. 6. 1993 – 5 U 13/93, VersR 1993, 1133 = r+s 1993, 318; OLG Karlsruhe, Urt. v. 20. 3. 1997 – 12 U 299/96, VersR 1998, 219 = r+s 1998, 126 f. (Ls.); BGH, Urt. v. 14. 2. 2007 – IV ZR 150/05, NJW-RR 2007, 976, 977 = VersR 2007, 784, 785 = r+s 2007, 332, 333 = MDR 2007, 952, 953; a. A. *Robrecht* DB 1967, 453.

[90] OLG Bremen v. 11. 11. 1958, VersR 1959, 689, 690; LG Itzehoe v. 22. 11. 1963, VersR 1964, 581; LG Hildesheim v. 5. 5. 1964, VersR 1964, 937, 938; OLG Hamm v. 29. 1. 1975, VersR 1976, 142, 143; OLG Düsseldorf v. 13. 5. 1975, VersR 1975, 918, 919 = DB 1975, 1503; BGH, Beschl. v. 17. 9. 1975 – IV ZA 8/75, NJW 1976, 290, 291 = VersR 1975, 1020; OLG Hamm, Urt. v. 24. 9. 1980 – 20 U 120/80, VersR 1981, 228, 229; OLG Köln, Urt. v. 17. 2. 1983 – 5 U 190/82, VersR 1983, 1181, 1182; LG Saarbrücken, Urt. v. 30. 4. 1982 – 10 O 656/81, NJW 1983, 180, 181; BGH, Urt. v. 1. 4. 1987 – IV a ZR 26/86, NJW 1987, 3131 = VersR 1987, 659, 660 = r+s 1988, 90 = DNotZ 1987, 771; OLG Köln, Urt. v. 14. 6. 1993 – 5 U 13/93, VersR 1993, 1133 = r+s 1993, 318; *Haidinger* VersR 1959, 690, 691; BGH, Urt. v. 14. 2. 2007 – IV ZR 150/05, NJW-RR 2007, 976, 977 = VersR 2007, 784, 785 = r+s 2007, 332, 333 = MDR 2007, 952, 953; *Schulz* DB 1967, 307 f.; *Oswald* FamRZ 1971, 662; *derselbe* WM 1969, 906; *Hoffmann* FamRZ 1977, 222, 227; *Tappmeier* DNotZ 1987, 715, 724 ff.; *Völkel* VersR 1992, 539, 541; *Lorenz* in: Dieter Farny und die Versicherungswissenschaft, 1994, S. 335, 353; a. A. RGZ 142, 414; OLG Celle JW 1935, 716; *Robrecht* DB 1967, 453, 455; *Finger* VersR 1990, 229, 235; *Liebl-Wachsmuth* VersR 1983, 1004; *Armbrüster* in: Liber amicorum für Gerrit Winter, 2007, S. 519, 541.

[91] BGH NJW 1976, 290 = VersR 1975, 1020; BGH NJW 1987, 3131 = VersR 1987, 659; BGH, Urt. v. 14. 2. 2007 – IV ZR 150/05, NJW-RR VersR 2007, 976, 977 = VersR 2007, 784, 785 = r+s 2007, 332, 333; *Kollhosser* in: Prölss/Martin, VVG, 27. Aufl., 2004, § 167 VVG Rdn. 4; *Schwintowski* in: Berliner Komm. z. VVG, 1999, § 166 VVG Rdn. 21; *Palandt/Edenhofer*, BGB, 67. Aufl., 2008, § 2077 BGB Rdn. 2; a. A. *Winter* in: Bruck/Möller, VVG, 8. Aufl., 1988, §§ 159–178 VVG Anm. H 71.

[92] OLG Hamm, Urt. v. 13. 3. 2002 – 20 U 6/01, NJW-RR 2002, 1605 (rkr. vgl. NJW-RR 2003, 288) = VersR 2002, 1409 = r+s 2002, 390 = MDR 2002, 1253, 1254.

[93] BGH, Urt. v. 8. 7. 1996 – II ZR 340/95, NJW 1996, 2727 = DB 1996, 2606 = MDR 1996, 1035.

[94] OLG Frankfurt/M., Urt. v. 21. 11. 1996 – 15 U 23/96, VersR 1997, 1216, 1218 = r+s 1998, 389, 391.

dem Versicherungsnehmer (oder dem versicherten Arbeitnehmer) verheiratete Ehefrau bezugsberechtigt.[95] Ausschlaggebend hierfür ist die Überlegung, dass die Bezugsrechtsbestimmung nicht vom Ehepartner herrührt, vielmehr dieser sich der vom Arbeitgeber vorgegebenen Bezugsrechtsregelung unterworfen hat.

34 Für eine wirksame Änderung der ursprünglich eingeräumten Bezugsberechtigung zu Gunsten des neuen Ehegatten ist mithin in der Regel eine entsprechende rechtzeitige Erklärung gegenüber dem Versicherer erforderlich.[96]

35 **dd) Kinder.** Die Auslegung der Bezugsrechtsbestimmung: „die ehelichen und die ihnen gleichgestellten Kinder" ergibt, dass damit nicht auch die nichtehelichen Kinder gemeint sind.[97] Den ehelichen Kindern rechtlich gleichgestellte Kinder im Sinne dieser Bezugsrechtsbestimmung sind nur die für ehelich erklärten (§ 1736 BGB) und die adoptierten (§ 1754 BGB) Kinder.[98]

36 **ee) Erben.** Die Bezeichnung der Bezugsberechtigung „gesetzliche Erbfolge" ist, wenn andere Anhaltspunkte nicht bestehen, dahin auszulegen, dass damit die gesetzlichen Erben gemeint sind.[99] Soll bei einer Kapitalversicherung die Leistung des Versicherers nach dem Tode des Versicherungsnehmers erfolgen und ist die Zahlung an die Erben ohne nähere Bestimmung bedungen, so sind im Zweifel diejenigen, welche zur Zeit des Todes als Erben berufen sind, nach dem Verhältnis ihrer Erbteile bezugsberechtigt.[100] Eine Ausschlagung der Erbschaft hat auf die Berechtigung keinen Einfluss.[101] § 167 Abs. 2 VVG enthält eine Auslegungsregel dahin, dass die Zahlung an die Erben nicht aus dem Nachlass, sondern als Bezugsberechtigte erfolgen soll.[102] Der Versicherungsnehmer kann bestimmen, dass nur die Begünstigten die Versicherungsleistung erhalten sollen, die die Erbschaft annehmen.[103] Ein gesetzliches Bezugsrecht erwerben die Erben aufgrund § 167 Abs. 2 VVG nicht, wenn Bezugsberechtigte nicht eingesetzt sind.[104] Sind im Versicherungsantrag als Bezugsberechtigte die gesetzlichen Erben angegeben, während im Versicherungsschein nur noch die Erben genannt werden, sind nur die gesetzlichen Erben bezugsberechtigt.[105] Sind für den Todesfall im Versicherungsschein „Die Erben" als bezugsberechtigt bezeichnet, regelt der Erblasser aber später die Erbfolge testamentarisch durch Anordnung einer Vor- und Nacherbschaft, ist bei Tod des Vorerben vor Auszahlung der Versicherungssumme der Nacherbe bezugsberechtigt.[106] Die Versicherungssumme gehört mithin nicht zum Nachlass, wenn der Versicherungsnehmer bestimmt, dass zunächst der Vorerbe und sodann

---

[95] BGH, Urt. v. 29. 1. 1981 – IV a ZR 80/80, BGHZ 79, 295 = NJW 1981, 985 = VersR 1981, 326, 327.
[96] G. *Klinkhammer* VP 2007, 232.
[97] OLG Hamm, Beschl. v. 18. 3. 1983 – 20 W 92/82, NJW 1983, 1567 = VersR 1983, 1181.
[98] OLG Hamm, Beschl. v. 18. 3. 1983 – 20 W 92/82, NJW 1983, 1567 = VersR 1983, 1181. Siehe ferner LG Berlin v. 30. 10. 1958, VersR 1959, 329 (Einsetzung waisenrentenberechtigter Kinder) und BGH v. 8. 5. 1954, VerBAV 1955, 136; LG Saarbrücken v. 30. 4. 1982, NJW 1983, 180 (Kinder als Ersatzbezugsberechtigte).
[99] OLG Köln, Urt. v. 16. 6. 2004 – 5 U 208/03, VersR 2004, 1032 = r+s 2005, 340.
[100] § 167 Abs. 2 Satz 1 VVG; LG Freiburg v. 20. 5. 1952, VersR 1952, 256 m. Anm. *Dörstling* und Anm. *Franke* VersR 1952, 313; LG Karlsruhe v. 16. 2. 1956, VersR 1956, 313.
[101] § 167 Abs. 2 Satz 2 VVG; LG Hamburg v. 5. 8. 1957, VersR 1957, 678; BGH, Urt. v. 4. 12. 1980 – IV a ZR 59/80, VersR 1981, 371, 372.
[102] LG Karlsruhe v. 16. 2. 1956, VersR 1956, 313; BGHZ 32, 44, 47 = NJW 1960, 912; LG Koblenz VersR 1975, 221.
[103] Vgl. OLG Düsseldorf v. 23. 6. 1965, VersR 1965, 869.
[104] BGH v. 8. 2. 1960, VersR 1960, 339 mit zust. Anm. von *Prölss* VersR 1960, 341.
[105] OLG Frankfurt/M., Beschl. v. 31. 3. 1999 – 7 W 59/98, NVersZ 1999, 468, 469 = VersR 1999, 1353, 1354 = r+s 2000, 171.
[106] LG Hagen v. 14. 6. 1947, VerBAV 1947, 24.

der Nacherbe bezugsberechtigt sein sollen.[107] Die „nächsten Erben" sind die Witwe und die Kinder des Erblassers. Wenn die „gesetzlichen Erben" begünstigt werden, ist gemeint, wer ohne Testament Erbe geworden wäre.[108] Ein uneheliches Kind ist in den Kreis der gesetzlichen Erben gemäß § 167 Abs. 2 VVG einzubeziehen. Die Erben sind Einzelgläubiger nach Kopfteilen, nicht Gesamtgläubiger.[109] Ist im Versicherungsantrag als Bezugsberechtigter im Todesfall der „Erbe laut Testament" genannt, erwirbt dieser Erbe mit dem Tod des Versicherten gegen den Versicherer einen eigenen, nicht zum Nachlass gehörenden Anspruch auf die Versicherungsleistungen.[110]

ff) Hinterbliebene. Das Bezugsrecht Hinterbliebene im Sinne von §§ 40–44 37 AVG findet sich in den Befreiungsversicherungen.[111] Mit „Hinterbliebene", „Angehörige" oder „Familie" sind grundsätzlich der Ehegatte und die Kinder des Versicherungsnehmers gemeint.[112] Hinterlässt der Versicherungsnehmer Ehefrau und Kind, sind diese zu gleichen Teilen als Einzelgläubiger nach Kopfteilen bezugsberechtigt, wenn Anteile nicht festgelegt sind.[113] Unter die Bezugsrechtsklausel fallen die Kinder des verstorbenen Versicherungsnehmers allerdings nur, solange sie rentenbezugsberechtigt wären; denn durch die ausdrückliche Inbezugnahme der genannten Bestimmungen des AVG wird die Klausel inhaltlich in einer für jedermann verständlichen Weise entsprechend dem Sinn und Zweck der rentenversicherungsbefreienden Privatversicherung, den bei Aufrechterhaltung der gesetzlichen Rentenversicherung rentenberechtigten Hinterbliebenen einen Ersatz für den Wegfall ihrer Witwen- und Waisenrenten zu gewährleisten, näher festgelegt.[114]

Ist die Lebensversicherung als Direktversicherung abgeschlossen und können 38 nach den für die Direktversicherung geltenden Bedingungen nur Hinterbliebene als Bezugsberechtigte benannt werden, kann der versicherte Arbeitnehmer seine Freundin für den Todesfall als bezugsberechtigt bestimmen.[115]

gg) Inhaber des Versicherungsscheins. Bezeichnet der Versicherungsneh- 39 mer den Inhaber des Versicherungsscheins als bezugsberechtigt, so wird damit in der Regel ein Bezugsrecht nicht eingeräumt.[116] Anderenfalls würde der Versicherungsschein zu einem echten Inhaberpapier im Sinne des § 793 BGB.[117] § 4

---

[107] BGH, Urt. v. 4. 12. 1980 – IV a ZR 59/80, VersR 1981, 371, 372.
[108] LG Waldshut v. 24. 12. 1953, VersR 1954, 76.
[109] RGZ 130, 115, 118; BGHZ 13, 226, 240 f. = NJW 1954, 1115 = VersR 1954, 281, 283; BGH v. 10. 1. 1955, VersR 1955, 99, 100; LG Karlsruhe v. 16. 2. 1956, VersR 1956, 313; BGH, Urt. v. 4. 12. 1980 – IV a ZR 59/80, VersR 1981, 371, 372.
[110] BayObLG, Beschl. v. 2. 11. 1994 – 3 Z BR 274/94, VersR 1995, 649.
[111] LG Berlin v. 30. 10. 1958, VersR 1959, 329; BGH v. 24. 9. 1959, VersR 1959, 845; LG Mainz v. 9. 11. 1978, VersR 1979, 662; BGH, Urt. v. 4. 12. 1980 – IV a ZR 59/80, VersR 1981, 371.
[112] OLG Düsseldorf v. 24. 6. 1975, VersR 1975, 1020; LG Mainz VersR 1979, 662, 663; OLG Frankfurt/M., Urt. v. 12. 10. 1994 – 23 U 38/94, VersR 1996, 358, 359 = r+s 1996, 326, 327.
[113] BGH v. 8. 5. 1954, BGHZ 13, 226, 240 = VersR 1954, 281, 283; OLG Düsseldorf v. 24. 6. 1975, VersR 1975, 1020; LG Mainz VersR 1979, 662, 663; BGH, Urt. v. 4. 12. 1980 – IV a ZR 59/80, VersR 1981, 371, 372.
[114] LG Mainz VersR 1979, 662, 663; OLG Frankfurt/M., Urt. v. 12. 10. 1994 – 23 U 38/94, VersR 1996, 358, 359 = r+s 1996, 326, 327.
[115] LG Mönchengladbach, Urt. v. 15. 2. 1996 – 10 O 407/95, VersR 1997, 478, 479 = r+s 1997, 128.
[116] OLG Hamm, Beschl. v. 28. 7. 1992 – 20 W 51/91, NJW-RR 1993, 296 = VersR 1993, 173 (Ls.) = r+s 1992, 392.
[117] OLG Hamm, Beschl. v. 28. 7. 1992 – 20 W 51/91, NJW-RR 1993, 296 = VersR 1993, 173 (Ls.) = r+s 1992, 392.

Abs. 1 VVG beabsichtigt aber gerade, die Gestaltung des Versicherungsscheins zum reinen Inhaberpapier zu unterbinden, indem er einem auf den Inhaber ausgestellten Versicherungsschein lediglich die Wirkung des § 808 BGB beilegt.[118] Wenn der Versicherer aber an den Inhaber der Police leisten kann, wie in § 12 ALB 2008 vorgesehen, so ist nur derjenige Inhaber bezugsberechtigt, der den Besitz des Versicherungsscheins mit Wissen und Wollen des Versicherungsnehmers erlangt hat.[119] Ansonsten steht der Anspruch auf die Leistung des Versicherers dem Versicherungsnehmer zu oder ist Bestandteil seines Nachlasses.[120]

40 **hh) Mehrere Bezugsberechtigte.** Sind bei einer Kapitalversicherung mehrere Personen ohne Bestimmung ihrer Anteile als Bezugsberechtigte bezeichnet, so sind sie zu gleichen Teilen bezugsberechtigt; der von einem Bezugsberechtigten nicht erworbene Anteil wächst den übrigen Bezugsberechtigten zu (§ 167 Abs. 1 VVG). Die mehreren Bezugsberechtigten sind jeweils nur Einzelgläubiger in Höhe ihres Anteils, nicht aber Gesamtgläubiger.[121] Wenn der Versicherungsnehmer zwei oder mehrere Bezugsberechtigte „zu gleichen Teilen" benannt hat, wächst der von einem Bezugsberechtigten nicht erworbene Anteil den übrigen Bezugsberechtigten zu.[122]

2. Widerruf oder Änderung der Bezugsberechtigung

41 **a) Berechtigter.** Der Widerruf muss durch den Berechtigten erfolgen und setzt Verfügungsbefugnis über den Versicherungsanspruch voraus. Der Vorlage des Versicherungsscheins bedarf es zur Ausübung des Widerrufsrechts nicht.[123] Berechtigter ist im Regelfall der Versicherungsnehmer. Eine widerrufliche Bezugsberechtigung kann der Versicherungsnehmer bis zum Eintritt des Versicherungsfalls widerrufen.[124] Er ist zum Widerruf berechtigt, wenn das Bezugsrecht nicht unwiderruflich ist.[125] Da der Versicherungsnehmer die Bezugsberechtigung des Dritten grundsätzlich ohne Zustimmung des Versicherers widerrufen kann und da der Dritte die Bezugsberechtigung erst mit dem Tode des Versicherungsnehmers erwirbt, ist davon auszugehen, dass dem Versicherungsnehmer die Befugnis vorbehalten ist, die Bezugsberechtigung des Dritten ohne dessen Zustimmung zu widerrufen.[126] Über den Wortlaut des § 166 Abs. 1 VVG hinaus kann der Versicherungsnehmer die Bezugsberechtigung auch widerrufen, ohne einen anderen Berechtigten zu bestimmen.[127] Der Widerruf ist auch dann rechtswirksam, wenn der den Widerruf erklärende Versicherungsnehmer arbeitsvertraglich versprochen

---

[118] OLG Hamm, Beschl. v. 28. 7. 1992 – 20 W 51/91, NJW-RR 1993, 296 = VersR 1993, 173 (Ls.) = r+s 1992, 392.
[119] OLG Hamm, Beschl. v. 28. 7. 1992 – 20 W 51/91, NJW-RR 1993, 296 = VersR 1993, 173 (Ls.) = r+s 1992, 392.
[120] RGZ 66, 158, 163. Siehe auch OLG Düsseldorf v. 12. 12. 1961, VersR 1962, 655.
[121] BGH v. 8. 5. 1954, BGHZ 13, 226, 240 = VersR 1954, 281, 283; BGH v. 10. 1. 1955, VersR 1955, 99; LG Karlsruhe v. 16. 2. 1956, VersR 1956, 313; OLG Köln v. 22. 10. 1974, VersR 1975, 221; OLG Düsseldorf VersR 1975, 1021; BGH, Urt. v. 4. 12. 1980 – IV a ZR 59/80, VersR 1981, 371, 372.
[122] OLG Saarbrücken, Urt. v. 7. 2. 2007 – 5 U 581/06, NJW-RR 2008, 47, 49 = VersR 2007, 1638, 1640.
[123] OLG Düsseldorf v. 12. 12. 1961, VersR 1962, 655.
[124] BGH, Urt. v. 4. 12. 1980 – IV a ZR 59/80, VersR 1981, 371, 372; BGH, Urt. v. 1. 7. 1981 – IV a ZR 201/80, VersR 1981, 926, 927.
[125] OLG Frankfurt/M., Urt. v. 21. 9. 1983 – 19 U 174/82, VersR 1984, 755.
[126] *Lorenz* in: Festschrift für Robert Schwebler, 1986, S. 349, 354.
[127] RGZ 136, 49, 52; *Bartholomeyczik* in: Festschrift für von Lübtow, 1970, S. 734; *Muscheler* WM 1994, 921, 923.

hatte, das widerrufliche Bezugsrecht nicht zu widerrufen.[128] Sind bei einer Versicherung auf verbundene Leben beide Ehegatten Versicherungsnehmer, ist das Widerrufsrecht gemeinsam auszuüben.[129] Ein Widerruf nur durch einen Ehegatten ist nicht möglich.[130] Bei Eheleuten, die im Güterstand der Gütergemeinschaft mit gemeinsamer Verwaltung des Gesamtgutes leben, steht das Recht, die Bezugsberechtigung zu ändern, beiden gemeinschaftlich zu.[131] Hat der Versicherungsnehmer bereits vorher Verfügungen vorgenommen, kommen andere Personen als Berechtigte in Frage, z.B. der Zessionar, der Pfandgläubiger. Das Recht zum Widerruf einer Bezugsberechtigung geht mit der Eröffnung des Insolvenzverfahrens über das Vermögen des Versicherungsnehmers auf den Insolvenzverwalter über.[132] Besteht Vermögenspflegschaft, darf der Pfleger das Bezugsrecht nur mit Genehmigung des Vormundschaftsgerichts widerrufen.[133] Das Widerrufsrecht ist auch bei einer Befreiungsversicherung nicht eingeschränkt und kann auch für eine nachträgliche Änderung des Bezugsrechts aus einer Lebensversicherung, durch die der Versicherungsnehmer von der Angestelltenversicherungspflicht befreit worden ist, ausgeübt werden.[134]

b) Rechtsnatur. Die Widerrufserklärung ist eine empfangsbedürftige, einseitige 42 Willenserklärung gegenüber dem Versicherer.[135] Nichts anderes gilt für die Änderung der Bezugsberechtigung.[136] Bei der Erklärung des Widerrufs handelt es sich um die Ausübung eines Gestaltungsrechts, das bedingungsfeindlich ist, da dem Erklärungsempfänger keine Ungewissheit und kein Schwebezustand zugemutet werden kann.[137] Die Beifügung einer Bedingung wäre nur dann zulässig, wenn für den Erklärungsempfänger keine untragbare Ungewissheit über den neuen Rechtszustand geschaffen werden würde.[138] Der Widerruf einer einmal begründeten Bezugsberechtigung hat ebenso wie eine anschließende Benennung eines Bezugsberechtigten als Ausübung rechtsändernder Gestaltungsrechte Verfügungscharakter.[139] Ein höchstpersönliches Recht übt der Versicherungsnehmer hierbei

---

[128] BGH v. 24. 4. 1975, NJW 1975, 1360, 1361= DB 1975, 1504.
[129] Wegen der Auseinandersetzung einer solchen Versicherung siehe AG München v. 4. 9. 1956, VersR 1956, 751 und OLG Dresden JW 1938, 1660.
[130] OLG Stuttgart v. 3. 12. 1953, VersR 1954, 186.
[131] BGH NJW 1984, 2156.
[132] LG Stade v. 24. 10. 1953, VersR 1954, 457.
[133] BGH v. 28. 9. 1988, VersR 1988, 1237.
[134] BGH v. 24. 9. 1959, BGHZ 30, 239 = VersR 1959, 845 = VersR 1960, 553 (Ls.); BSG VersR 1962, 1055; OLG Frankfurt/M., Urt. v. 12. 10. 1994 – 23 U 38/94, VersR 1996, 358, 359 = r+s 1996, 326, 327.
[135] BGH, Urt. v. 28. 9. 1988 – IVa ZR 126/87, NJW 1989, 21 = VersR 1988, 1236 = r+s 1988, 381; OLG Köln, Urt. v. 20. 12. 2000 – 5 U 116/00, VersR 2002, 299, 300 = r+s 2002, 302, 303; BGH, Urt. v. 12. 12. 2001 – IV ZR 124/00, NJW-RR 2002, 955 = NVersZ 2002, 306 = VersR 2002, 218, 219 = r+s 2002, 168 = WM 2002, 335, 336 = ZIP 2002, 857, 858 = MDR 2002, 579; BGH, Urt. v. 14. 2. 2007 – IV ZR 150/05, NJW-RR 2007, 976 = VersR 2007, 784 = MDR 2007, 952, 953.
[136] BGH, Urt. v. 14. 2. 2007 – IV ZR 150/05, NJW-RR 2007, 976 = VersR 2007, 784 = MDR 2007, 952, 953.
[137] BGHZ 32, 375, 383 = NJW 1960, 1805, 1807; OLG Karlsruhe, Urt. v. 20. 10. 1983 – 12 U 33/83, VersR 1985, 958.
[138] BGH NJW 1986, 2245, 2246.
[139] BGH, Urt. v. 28. 9. 1988 – IVa ZR 126/87, NJW 1989, 21 = VersR 1988, 1236 = r+s 1988, 381 = MDR 1989, 144; BGH, Urt. v. 12. 12. 2001 – IV ZR 124/00, NJW-RR 2002, 955 = NVersZ 2002, 306 = VersR 2002, 218, 219 = r+s 2002, 168 = WM 2002, 335, 336 = ZIP 2002, 857, 858 = MDR 2002, 579; BGH, Urt. v. 14. 2. 2007 – IV ZR 150/05, NJW-RR 2007, 976 = VersR 2007, 784 = MDR 2007, 952, 953.

nicht aus.[140] Die Erklärung muss eindeutig darauf gerichtet sein, dem Begünstigten die Bezugsberechtigung zu entziehen.[141]

43 **c) Ausübung.** In der Verfügung über die Forderung kann zugleich der Widerruf des Bezugsrechts liegen,[142] so z. B. wenn der Vollstreckungsgläubiger unmissverständlich zum Ausdruck bringt, ihm die Versicherungsleistung aus einer gepfändeten Lebensversicherung zur Verfügung zu stellen,[143] oder wenn der Versicherungsnehmer trotz widerruflichem Bezugsrecht vor Ablauf der Versicherung Auszahlung an sich verlangt.[144] Da dem Insolvenzverwalter im Interesse der Insolvenzmasse daran gelegen ist, mit der Kündigung auch eine Bezugsberechtigung zu widerrufen, beinhaltet die Kündigung des Lebensversicherungsvertrages in der Regel zugleich den Widerruf der Bezugsberechtigung.[145] Im Falle einer Kündigung des Versicherungsvertrags außerhalb eines Insolvenzverfahrens beinhaltet die Kündigung nicht zugleich den Widerruf der Bezugsberechtigung.[146] Mit der Kündigung eines Lebensversicherungsvertrags bezweckt der Versicherungsnehmer in aller Regel nur, die Voraussetzungen dafür zu schaffen, dass ihm nach Ablauf der Kündigungsfrist der Rückkaufswert zukommt.[147]

44 **d) Rechtswirksamkeit.** Hat der Versicherungsnehmer die Bezugsberechtigung geändert und ist die neue Erklärung unwirksam, gilt die frühere Erklärung.[148] Der Widerruf einer Bezugsberechtigung und die Bezeichnung einer anderen Person als bezugsberechtigt, die dem Versicherer gegenüber unwirksam bleiben, lassen die Verpflichtung des Versicherers gegenüber dem alten Bezugsberechtigten unberührt und können dem neu bezeichneten Dritten kein Recht gegen den Versicherer verschaffen.[149]

45 **e) Einzelfälle. aa) Widerruf des widerruflichen Bezugsrechts durch Abtretung.** Eine Abtretung der Ansprüche des Versicherungsnehmers bringt die Begünstigung eines Dritten nicht schon zum Erlöschen und macht den Widerruf der Bezugsberechtigung nicht entbehrlich.[150] Der Widerruf des Bezugsrechts kann mit der Abtretung nur verbunden sein, wenn er vom Versicherungsnehmer beabsichtigt wird und wenn dessen darauf gerichtete Erklärung dem Versicherer zugeht.[151] Der Widerruf der widerruflichen Bezugsberechtigung wird sofort und unbedingt wirksam, wenn der Versicherungsnehmer bei der Abtretung seiner

---

[140] RGZ 127, 270; BGHZ 91, 288, 289 = VersR 1984, 845, 846.
[141] OLG München BB 1964, 990; OLG Frankfurt/M., Urt. v. 21. 9. 1983 – 19 U 174/82, VersR 1984, 755.
[142] LG Stade v. 24. 10. 1953, VersR 1954, 457; LG Frankfurt/M., Urt. v. 9. 8. 1990 – 2/5 O 174/90, S. 5.
[143] OLG Köln, Urt. v. 1. 10. 2001 – 5 U 14/01, VersR 2002, 1544, 1545 = r+s 2003, 294, 295.
[144] AG Osnabrück, Urt. v. 28. 11. 1989 – 42 C 554/89.
[145] BGH VersR 1993, 689, 690 = r+s 1993, 354; OLG Köln, Urt. v. 20. 12. 2000 – 5 U 116/00, VersR 2002, 299, 300 = r+s 2002, 302, 303; BGH, Nichtannahmebeschl. v. 14. 11. 2001 – IV ZR 41/01, VersR 2002, 299 = r+s 2002, 302.
[146] OLG Köln, Urt. v. 20. 12. 2000 – 5 U 116/00, VersR 2002, 299, 300 = r+s 2002, 302, 303; BGH, Nichtannahmebeschl. v. 14. 11. 2001 – IV ZR 41/01, VersR 2002, 299 = r+s 2002, 302.
[147] OLG Köln, Urt. v. 20. 12. 2000 – 5 U 116/00, VersR 2002, 299, 300 = r+s 2002, 302, 303; BGH, Nichtannahmebeschl. v. 14. 11. 2001 – IV ZR 41/01, VersR 2002, 299 = r+s 2002, 302.
[148] BGH, Urt. v. 4. 12. 1980 – IV a ZR 59/80, VersR 1981, 371, 372.
[149] BGH, Urt. v. 1. 7. 1981 – IV a ZR 201/80, VersR 1981, 926, 927.
[150] RGZ 127, 269, 271; RGZ 136, 49, 52; RGZ 153, 220, 226; OLG Karlsruhe, Urt. v. 20. 10. 1983 – 12 U 33/83, VersR 1985, 958; anders noch OLG Hamm v. 6. 1. 1971, VersR 1971, 246.
[151] RGZ 153, 220; OLG Karlsruhe, Urt. v. 20. 10. 1983 – 12 U 33/83, VersR 1985, 958.

Ansprüche den Widerruf des Bezugsrechts für die Dauer und Umfang der Abtretung erklärt.[152] Das Bezugsrecht lebt in diesem Fall nicht wieder auf oder entsteht neu, wenn die Rückabtretung (Freigabe der Versicherung) nach dem Eintritt des Versicherungsfalls erfolgt.[153] Das Bezugsrecht lebt nur wieder auf oder entsteht neu, wenn die Rückabtretung vor dem Eintritt des Versicherungsfalls liegt.[154] Ein Erwerb der Bezugsberechtigung nach dem Versicherungsfall ist begrifflich ausgeschlossen, da ein Bezugsrecht als Anwartschaft auf die Versicherungsansprüche voraussetzt, dass der Versicherungsfall noch nicht eingetreten ist.[155] Nach Eintritt des Versicherungsfalls kommt ein Wiederaufleben einer uneingeschränkt widerrufenen Bezugsberechtigung nicht mehr in Betracht[156] und kann ein Bezugsrecht auch nicht mehr nach § 166 Abs. 2 VVG zum Anspruch auf die Versicherungsleistung erstarken.[157]

In der Kautelarpraxis ist es üblich, dass im Zuge von Sicherungsabtretungen **46** Erklärungen zum Bezugsrecht abgegeben werden. Hierbei handelt es sich in der Regel um Einschränkungen der Bezugsberechtigung. Dies wird deutlich, wenn im Rahmen der Sicherungsabtretung erklärt wird:

„Gleichzeitig widerrufe(n) ich/wir für die Dauer der Abtretung eine etwa bestehende Bezugsberechtigung insoweit, als sie den Rechten der Bank entgegensteht".

Diese Erklärung ist gemäß §§ 133, 157 BGB dahingehend auszulegen, dass der **47** Widerruf der Bezugsberechtigung nur insoweit erklärt wird, als er den Rechten der Bank entgegensteht, d. h. gegenstandslos sein soll, sobald die Bank aus dem der Sicherungsabtretung zugrunde liegenden Rechtsverhältnis (z. B. dem Darlehensvertrag) befriedigt ist.[158]

Einer Entscheidung des BGH[159] lag folgende Widerrufsklausel zugrunde: **48**

„5. Der Versicherungsnehmer widerruft für die Dauer der Abtretung ein etwaiges Bezugsrecht, insoweit es den Rechten der Sparkasse entgegensteht ...
6. Sobald die Sparkasse wegen aller ihrer Ansprüche gegen den Kreditnehmer befriedigt ist, ist sie verpflichtet, ihre Rechte aus der Abtretung auf den Versicherungsnehmer zurück zu übertragen ..."

Zutreffend hat der BGH herausgestellt, dass die vorformulierte Widerrufsklausel dahin zu verstehen ist, dass der Versicherungsnehmer mit ihr die von ihm ausgesprochenen Bezugsrechtsbenennungen nicht vollständig widerruft, sondern nur dahin einschränkt, dass sie hinter den vereinbarten vorrangigen Sicherungszweck zugunsten der Bank zurücktreten.[160] Nicht von der Bank benötigte Teile der Ver-

---

[152] OLG Hamm v. 6. 1. 1971, VersR 1971, 246, 247; OLG Stuttgart, Urt. v. 20. 5. 1981 – 1 U 4/81, VersR 1982, 797; OLG Frankfurt/M., Urt. v. 21. 9. 1983 – 19 U 174/82, VersR 1984, 755; OLG Hamburg, Urt. v. 21. 6. 1988 – 7 U 14/88, VersR 1989, 389.
[153] OLG Hamm v. 6. 1. 1971, VersR 1971, 246, 247; OLG Frankfurt/M., Urt. v. 21. 9. 1983 – 19 U 174/82, VersR 1984, 755; BGH, Urt. v. 19. 11. 1985 – IV a ZR 40/84, VersR 1986, 231; OLG Hamburg VersR 1989, 389, 390; a. A. OLG Karlsruhe, Urt. v. 20. 10. 1983 – 12 U 33/83, VersR 1985, 958.
[154] OLG Frankfurt/M., Urt. v. 21. 9. 1983 – 19 U 174/82, VersR 1984, 755.
[155] OLG Frankfurt/M., Urt. v. 21. 9. 1983 – 19 U 174/82, VersR 1984, 755.
[156] BGH, Urt. v. 19. 11. 1985 – IV a ZR 40/84, VersR 1986, 231.
[157] OLG Frankfurt/M., Urt. v. 21. 9. 1983 – 19 U 174/82, VersR 1984, 755.
[158] OLG Köln, Urt. v. 6. 10. 1983 – 7 U 35/83, S. 8; OLG Karlsruhe, Urt. v. 20. 10. 1983 – 12 U 33/83, VersR 1985, 958; LG Essen, Urt. v. 5. 1984 – 2 O 90/84, S. 5.
[159] BGH, Urt. v. 18. 10. 1989 – IV a ZR 218/88, VersR 1989, 1289 = r+s 1990, 30.
[160] BGH, Urt. v. 18. 10. 1989 – IV a ZR 218/88, VersR 1989, 1289, 1290 = r+s 1990, 30; ebenso BGH, Urt. v. 25. 4. 2001 – IV ZR 305/00, NJW-RR 2001, 1105 = NVersZ 2001, 352 = VersR 2001, 883 = r+s 2001, 342 = WM 2001, 1513 = ZIP 2001, 1776 = MDR 2001, 988 = BGHReport 2001, 548; BGH, Urt. v. 12. 12. 2001 – IV ZR 124/00,

sicherungssumme werden vom Widerruf nicht erfasst.[161] Insoweit bleiben die (nur) zurückgesetzten Bezugsrechte voll wirksam.[162]

50   Anzuführen ist ferner eine Entscheidung des OLG Köln,[163] die sich mit folgender Erklärung befasst, die im Zuge einer Sicherungsabtretung abgegeben worden ist:

„Hiermit wird angezeigt, dass die in dem vorstehenden Abtretungsvertrag bezeichneten Rechte zum Zwecke der Kreditsicherung abgetreten worden sind. Für die Dauer dieser Abtretung wird ein Bezugsrecht insoweit widerrufen, als es den Rechten der X.-Bank entgegensteht."

51   Die vorformulierte Widerrufsklausel ist dahin zu verstehen, dass der Versicherungsnehmer mit ihr die von ihm ausgesprochenen Bezugsrechtsbenennungen nicht vollständig widerruft, sondern nur dahin einschränkt, dass sie hinter den vereinbarten vorrangigen Sicherungszweck zugunsten der X-Bank zurücktreten.[164] Nicht von der X-Bank benötigte Teile der Versicherungssumme werden von ihr nicht erfasst.[165] Insoweit bleiben die nur zurückgesetzten Bezugsrechte voll wirksam.[166]

52   Dies gilt ebenfalls, wenn folgende Widerrufsklausel vereinbart ist:[167]

„1.3. Sie dürfen ohne meine Mitwirkung jederzeit alle Ansprüche und Rechte aus den vorgenannten Lebensversicherungen geltend machen, insbesondere die Versicherungen bei Fälligkeit einziehen, das Rückkaufsrecht ausüben und die Versicherungen in prämienfreie umwandeln. Für die Dauer der Abtretung widerrufe ich etwaige Bezugsrechte, soweit sie ihren Rechten entgegenstehen.

1.4. Sind Ihre sämtlichen mit dieser Abtretung gesicherten Forderungen befriedigt, werden Sie die abgetretenen Ansprüche unter Rückgabe der Versicherungsscheine an den Sicherungsgeber und im Falle seines Ablebens an den bisherigen Bezugsberechtigten übertragen."

53   Der BGH hat zu dieser Widerrufsklausel ausgesprochen, dass im Hinblick auf die Sicherungsabtretung im Allgemeinen kein ausreichender Grund für die Annahme bestehe, der Versicherungsnehmer wolle das Bezugsrecht vollständig widerrufen. Sein Interesse beschränke sich lediglich auf den Vorrang des Sicherungsgläubigers und richte sich daher nicht auch auf die Ausräumung nachrangiger Bezugsrechte. Mithin sei von einem eingeschränkten Widerruf auszugehen, der die vom Kreditgläubiger nicht benötigten Teile der Versicherungssumme nicht erfasse. Der Widerruf setze die früher ausgesprochene Bezugsberechtigung

---

NJW-RR 2002, 955, 956 = NVersZ 2002, 306, 307 = VersR 2002, 218, 219 = r+s 2002, 168 = WM 2002, 335, 336 = ZIP 2002, 857, 858 = MDR 2002, 579, 580.

[161] BGH, Urt. v. 18. 10. 1989 – IV a ZR 218/88, VersR 1989, 1289, 1290 = r+s 1990, 30.

[162] BGH, Urt. v. 18. 10. 1989 – IV a ZR 218/88, VersR 1989, 1289, 1290 = r+s 1990, 30; BGH, Urt. v. 25. 4. 2001 – IV ZR 305/00, NJW-RR 2001, 1105 = NVersZ 2001, 352 = VersR 2001, 883 = r+s 2001, 342 = WM 2001, 1513 = ZIP 2001, 1776 = MDR 2001, 988 = BGHReport 2001, 548; BGH, Urt. v. 12. 12. 2001 – IV ZR 124/00, NJW-RR 2002, 955, 956 = NVersZ 2002, 306, 307 = VersR 2002, 218, 219 = r+s 2002, 168 = WM 2002, 335, 336 = ZIP 2002, 857, 858 = MDR 2002, 579, 580; KG, Urt. v. 12. 12. 2008 – 6 U 41/08, VersR 2009, 1206, 1207.

[163] OLG Köln, Urt. v. 29. 3. 1990 – 5 U 151/89, VersR 1990, 1338, 1339 = r+s 1990, 174.

[164] OLG Köln, Urt. v. 29. 3. 1990 – 5 U 151/89, VersR 1990, 1338, 1339 = r+s 1990, 174.

[165] OLG Köln, Urt. v. 29. 3. 1990 – 5 U 151/89, VersR 1990, 1338, 1339 = r+s 1990, 174.

[166] OLG Köln, Urt. v. 29. 3. 1990 – 5 U 151/89, VersR 1990, 1338, 1339 = r+s 1990, 174.

[167] Vgl. BGH, Urt. v. 8. 5. 1996 – IV ZR 112/95, NJW 1996, 2230 = NJW-RR 1996, 1112 (Ls.) = VersR 1996, 877 = WM 1996, 1634.

nur insoweit außer Kraft, wie es für den Sicherungszweck erforderlich sei.[168] Soweit danach der Anspruch auf die Versicherungssumme nicht von der Sicherungsabtretung erfasst wird, sondern dem Bezugsberechtigten nach Eintritt des Versicherungsfalls unmittelbar zusteht, fällt er auch nicht in den Nachlass des Versicherungsnehmers.[169] Dagegen fällt die Versicherungssumme in dem vom Sicherungszweck bestimmten Umfang im Zeitpunkt des Versicherungsfalles, der zugleich der Erbfall ist und daher gemäß § 2311 Abs. 1 Satz 1 BGB auch der für die Berechnung des Pflichtteils maßgebende Stichtag ist, in den Nachlass, soweit die Versicherungssumme aufgrund des vom Versicherungsnehmer ausgesprochenen Widerrufs und seiner Sicherungsabtretung im Zeitpunkt seines Todes seinem Kreditgeber zusteht.[170]

54 Nach alledem führt die Sicherungszession nicht zum Erlöschen der Bezugsberechtigung.[171] Dem Sicherungsgläubiger wird lediglich der Vorrang gegenüber dem zu diesem Zeitpunkt benannten Bezugsberechtigten eingeräumt.[172] Ein über die gesicherte Forderung hinausgehender Rest der Versicherungssumme steht ohne weitere Rechtshandlung des Versicherungsnehmers dem von ihm bestimmten Bezugsberechtigten zu.[173] Daher ist der Versicherungsnehmer trotz der Sicherungszession befugt, das Bezugsrecht an einen anderen zu übertragen.[174]

55 **bb) Widerruf durch Verfügung von Todes wegen.** Nach der gesetzlichen Auslegungsregel des § 332 BGB kann der Versicherungsnehmer die Bezugsbe-

---

[168] BGH, Urt. v. 18. 10. 1989 – IV a ZR 218/88, BGHZ 109, 67, 69 f., 71 f. = NJW 1990, 256 = VersR 1989, 1289, 1290 = r+s 1990, 174 = MDR 1990, 225; ebenso OLG Oldenburg, Urt. v. 24. 4. 1990 – 5 U 106/89, VersR 1990, 1378 m. Anm. *Bayer*; BGH, Urt. v. 3. 3. 1993 – IV ZR 267/91, NJW-RR 1993, 669, 670 = VersR 1993, 553, 555 = VerBAV 1993, 306, 308 = r+s 1993, 282, 283 f.; ebenso OLG Hamm, Beschl. v. 1. 7. 1994 – 29 W 4/94, VersR 1994, 1053 = r+s 1994, 473; BGH, Urt. v. 8. 5. 1996 – IV ZR 112/95, NJW 1996, 2230, 2231 = NJW-RR 1996, 1112 = VersR 1996, 877 = r+s 1996, 460, 461 = WM 1996, 1634, 1635 = MDR 1996, 818; ebenso OLG Düsseldorf, Urt. v. 3. 12. 1996 – 4 U 158/95, VersR 1997, 1215; *Bayer* VersR 1994, 1053.
[169] BGHZ 32, 44, 47 = NJW 1960, 912 = VersR 1960, 339 = MDR 1960, 381; BGH, Urt. v. 8. 5. 1996 – IV ZR 112/95, NJW 1996, 2230, 2231 = NJW-RR 1996, 1112 = VersR 1996, 877, 878 = r+s 1996, 460, 461 = WM 1996, 1634, 1635 = MDR 1996, 818; KG, Urt. v. 12. 12. 2008 – 6 U 41/08, VersR 2009, 1206, 1207.
[170] BGH, Urt. v. 8. 5. 1996 – IV ZR 112/95, NJW 1996, 2230, 2231 = NJW-RR 1996, 1112 = VersR 1996, 877, 878 = r+s 1996, 460, 461 = WM 1996, 1634, 1635 = MDR 1996, 818; OLG Nürnberg, Urt. v. 18. 1. 1999 – 5 U 2292/98, VersR 2000, 1549.
[171] BGH, Urt. v. 23. 10. 2003 – IX ZR 252/01, NJW 2004, 214 = VersR 2004, 93, 94 = WM 2003, 2479, 2480 = ZIP 2003, 2307, 2308 = DB 2004, 703.
[172] BGH, Urt. v. 25. 4. 2001 – IV ZR 305/00, NJW-RR 2001, 1105 = NVersZ 2001, 352 = VersR 2001, 883 = r+s 2001, 342 = WM 2001, 1513 = ZIP 2001, 1776 = MDR 2001, 988 = BGHReport 2001, 548; BGH, Urt. v. 12. 12. 2001 – IV ZR 124/00, VersR 2002, 218, 219; BGH, Urt. v. 12. 12. 2001 – IV ZR 124/00, NJW-RR 2002, 955, 956 = NVersZ 2002, 306, 307 = VersR 2002, 218, 219 = r+s 2002, 168 = WM 2002, 335, 336 = ZIP 2002, 857, 858 = MDR 2002, 579, 580; BGH, Urt. v. 23. 10. 2003 – IX ZR 252/01, NJW 2004, 214 = VersR 2004, 93, 94 = WM 2003, 2479, 2480 = ZIP 2003, 2307, 2308 = DB 2004, 703.
[173] BGH, Urt. v. 3. 3. 1993 – IV ZR 267/91, NJW-RR 1993, 669 = VersR 1993, 553 = r+s 1993, 282 = MDR 1993, 422; dazu *Hübner* VersR 1993, 553; BGH, Urt. v. 12. 12. 2001 – IV ZR 124/00, NJW-RR 2002, 955, 956 = NVersZ 2002, 306, 307 = VersR 2002, 218, 219 = r+s 2002, 168 = WM 2002, 335, 336 = ZIP 2002, 857, 858 = MDR 2002, 579, 580.
[174] BGHZ 109, 67, 69 f. = NJW 1990, 256 = VersR 1989, 1289 = ZIP 1989, 1531; dazu *Klingmüller* EWiR 1990, 303; BGH, Urt. v. 25. 4. 2001 – IV ZR 305/00, NJW-RR 2001, 1105 = NVersZ 2001, 352 = VersR 2001, 883 = WM 2001, 1513 = ZIP 2001, 1776; dazu *Reiff* EWiR 2001, 1167; BGH, Urt. v. 23. 10. 2003 – IX ZR 252/01, NJW 2004, 214 = VersR 2004, 93, 94 = WM 2003, 2479, 2480 = ZIP 2003, 2307, 2308 = DB 2004, 703.

rechtigung „im Zweifel" auch in einer Verfügung von Todes wegen, also durch eine nichtempfangsbedürftige Willenserklärung, widerrufen und durch eine andere ersetzen.[175] § 332 BGB kommt aber als Auslegungsregel nur zum Zuge, wenn die vertraglichen Regelungen Anlass zum Zweifeln geben.[176] Dies ist aber bei § 13 Abs. 4 ALB nicht der Fall.[177] Die Versicherungsbedingungen brauchen nicht ausdrücklich den Fall eines Widerrufs der Bezugsberechtigung durch Testament zu regeln, um keine Zweifel daran aufkommen zu lassen, dass der Widerruf der Bezugsberechtigung – gleichgültig, in welcher Erklärungsform er vorgenommen wird – nur wirksam ist, wenn er dem Versicherer schriftlich angezeigt wird.[178] Ein Widerruf durch Testament, der dem Versicherer nicht angezeigt wird, kann daher gegenüber dem Versicherer mit Rücksicht auf § 13 Abs. 4 ALB, der den Fall des § 332 BGB mitregelt, nicht wirksam werden.[179] Für den Widerruf genügt, dass dem Versicherer die Änderung des Bezugsrechts schriftlich angezeigt wird.[180] Die Vorlage des Testaments ist nicht erforderlich.[181] Eine Zahlung an den bisherigen Begünstigten, die vor der Vorlage des Testaments erfolgt, befreit den Versicherer von seiner Zahlungspflicht gegenüber dem durch Testament Begünstigten.[182] § 407 Abs. 1 BGB gilt analog.[183]

56 Ein Widerruf der Begünstigung der „gesetzlichen Erben" (§ 167 Abs. 2 VVG) liegt nicht schon darin, dass in einem Testament ein anderer als der gesetzliche Erbe zum Erben eingesetzt wird, ohne dass der Lebensversicherungsvertrag und die Begünstigung erwähnt werden.[184]

57 **cc) Verpfändung.** Wird dem Versicherer die Verpfändung der Versicherungsansprüche angezeigt (vgl. § 1280 BGB), soll hierin zugleich konkludent die Erklärung des Widerrufs einer widerruflichen Bezugsberechtigung zu sehen sein, soweit die Rechte des Pfandgläubigers durch die Bezugsberechtigung be-

---

[175] AG Bad Homburg VersR 1955, 162; BGH v. 8. 2. 1960, VersR 1960, 339; BGH VersR 1963, 917 = MDR 1963, 955; OLG Hamm, Urt. v. 14. 11. 1979 – 20 U 7/79, VersR 1980, 739; BGH, Urt. v. 1. 7. 1981 – IV a ZR 201/80, BGHZ 81, 95 = NJW 1981, 2245 = VersR 1981, 926, 927 = VerBAV 1981, 316 = DB 1981, 2378 = MDR 1981, 918.
[176] BGH, Urt. v. 14. 7. 1993 – IV ZR 242/92, NJW 1993, 3133, 3134 = VersR 1993, 1219 = VerBAV 1993, 361 = r+s 1993, 477 = WM 1993, 1900, 1901 = MDR 1993, 1181, 1182.
[177] BGH, Urt. v. 14. 7. 1993 – IV ZR 242/92, NJW 1993, 3133, 3134 = VersR 1993, 1219 = VerBAV 1993, 361 = r+s 1993, 477 = WM 1993, 1900, 1901 = MDR 1993, 1181, 1182.
[178] BGH, Urt. v. 14. 7. 1993 – IV ZR 242/92, NJW 1993, 3133, 3134 = VersR 1993, 1219 = VerBAV 1993, 361 = r+s 1993, 477 = WM 1993, 1900, 1901 = MDR 1993, 1181, 1182.
[179] BGH, Urt. v. 1. 7. 1981 – IV a ZR 201/80, BGHZ 81, 95, 98 = VersR 1981, 926, 927 = r+s 1981, 199; BGH, Urt. v. 14. 7. 1993 – IV ZR 242/92, NJW 1993, 3133, 3134 = VersR 1993, 1219 = VerBAV 1993, 361 = r+s 1993, 477 = WM 1993, 1900, 1901 = MDR 1993, 1181, 1182; OLG München, Urt. v. 11. 4. 1995 – 5 U 6664/94, S. 3; OLG Koblenz, Urt. v. 15. 1. 1998 – 11 U 28/97, VersR 1999, 830, 831; a. A. *Bartholomeyczik*, Sein und Werden im Recht, in: Festg. für Ulrich von Lübtow, 1970, S. 729 ff.; *Lorenz* in: Festschrift für Robert Schwebler, 1986, S. 349, 370; zu § 17 Abs. 3 ALB 1910, der aber keine Regelung zu § 332 BGB enthält, RGZ 136, 49; RGZ 140, 30; RGZ 168, 177, 186.
[180] BGH, Urt. v. 14. 7. 1993 – IV ZR 242/92, NJW 1993, 3133, 3134 = VersR 1993, 1219, 1220 = VerBAV 1993, 361, 362 = r+s 1993, 477 = WM 1993, 1900, 1901.
[181] BGH, Urt. v. 14. 7. 1993 – IV ZR 242/92, NJW 1993, 3133, 3134 = VersR 1993, 1219, 1220 = VerBAV 1993, 361 = r+s 1993, 477 = WM 1993, 1900, 1902.
[182] *Dobmaier* AnwBl. 1999, 692.
[183] RGZ 154, 109; RGZ 169, 177; BGH VersR 1963, 917.
[184] LG Waldshut v. 24. 12. 1953, VersR 1954, 76.

rührt werden.[185] Im Hinblick auf § 1281 BGB wird man dieser Auffassung nicht unbesorgt folgen können. In der Praxis ist daher der ausdrückliche Widerruf üblich.

dd) Pfändung. Bei einer Pfändung kann der Gläubiger das Bezugsrecht widerrufen, sobald ihm der Versicherungsanspruch zur Einziehung überwiesen worden ist. Die Pfändung und die Überweisung bewirken für sich allein noch nicht das Erlöschen des widerruflichen Bezugsrechts.[186] 58

ee) Insolvenz. Die Eröffnung des Insolvenzverfahrens über das Vermögen des Versicherungsnehmers hat nicht schon den Widerruf des widerruflichen Bezugsrechts zur Folge. Es geht lediglich das Recht zur Begründung einer Bezugsberechtigung, ihrer Änderung und ihres Widerrufs auf den Insolvenzverwalter über. Kündigt der Insolvenzverwalter die Versicherung, so liegt darin in aller Regel ein gleichzeitiger Widerruf der Bezugsberechtigung.[187] 59

3. Form für Einräumung und Widerruf des Bezugsrechts

§ 13 Abs. 4 ALB 1986 und unverändert § 13 Abs. 4 ALB 2008 verlangen ausdrücklich die Schriftform für die Anzeige des Widerrufs, die aber auch durch § 12 Abs. 1 ALB 1986 angeordnet ist.[188] Die Vorschrift dient dem Schutz des Versicherers. Er kann deshalb eine ihm nicht schriftlich zugegangene Bezugsrechtserklärung als unwirksam betrachten. Eine Pflicht, sich in diesem Fall auf die Unwirksamkeit zu berufen, besteht für ihn nicht.[189] Er kann demzufolge eine mündliche Bestimmung eines Bezugsberechtigten, die gegenüber einem nach § 43 Nr. 2 VVG zur Entgegennahme von Erklärungen als bevollmächtigt geltenden Agenten erfolgt, als wirksam betrachten.[190] Trotz der Ähnlichkeit der Begünstigungserklärung mit einer einseitigen Verfügung von Todes wegen unterliegt dieses besondere versicherungsrechtliche Rechtsgeschäft nicht der erbrechtlichen Form.[191] Es gelten die §§ 126, 127 BGB. § 127 Satz 2 BGB lässt zur Wahrung der Form telegraphische Übermittlung genügen. Ausreichend ist auch die Anzeige per Telegramm, Fernschreiben oder Telefax. Das LVU kann nachträglich eine dem § 126 BGB entsprechende Beurkundung verlangen. Die Aufhebung des Bezugsrechts eines Dritten durch den Versicherungsnehmer wird mit der schriftlichen Anzeige an das LVU wirksam (§ 13 Abs. 4 ALB 2008). 60

4. Frist für Einräumung und Widerruf des Bezugsrechts

a) Frist. Der Widerruf muss bis zum Eintritt des Versicherungsfalls erfolgen (§ 13 Abs. 1 Satz 1 ALB 2008), d. h., solange der Begünstigte den Anspruch noch nicht erworben hat.[192] Versicherungsfall ist in der Lebensversicherung auf den 61

---

[185] RGZ 127, 272; OLG München v. 28. 2. 1964, BB 1964, 990 = WM 1964, 778; OLG Hamm v. 6. 1. 1971, VersR 1971, 246.
[186] RGZ 127, 269, 271; RGZ 153, 220, 225.
[187] LG Stade v. 24. 10. 1953, VersR 1954, 457; BGH VersR 1993, 689, 690 = r+s 1993, 354.
[188] Vgl. OLG Köln, Urt. v. 17. 2. 1983 – 5 U 190/82, VersR 1983, 1181, 1182.
[189] BGH, Urt. v. 8. 6. 1967 – II ZR 248/64, VersR 1967, 795 = VerBAV 1968, 45; BGH, Urt. v. 24. 4. 1978 – II ZR 168/76, VersR 1978, 915; OLG Hamm, Urt. v. 14. 11. 1979 – 20 U 7/79, VersR 1980, 739.
[190] BGH, Urt. v. 8. 6. 1967 – II ZR 248/64, VersR 1967, 795, 796.
[191] OLG Stuttgart v. 3. 12. 1953, VersR 1954, 186; BGHZ 41, 95, 96; BGHZ 46, 198, 201; BGHZ 66, 8, 12.
[192] LG Köln v. 9. 7. 1959, VersR 1959, 797; BGH, Urt. v. 17. 2. 1966 – II ZR 286/63, BGHZ 45, 162, 165 = VersR 1966, 359, 360; BGH, Urt. v. 4. 12. 1980 – IVa ZR 59/80, VersR 1981, 371, 372.

Todes- und Erlebensfall der Tod des Versicherten.[193] Mit dem Tod des Versicherungsnehmers erwirbt der Bezugsberechtigte ein unentziehbares, selbständiges Recht auf die Versicherungssumme (§ 331 Abs. 1 BGB, § 166 Abs. 2 VVG).[194] Aufgrund seiner Verfügungsbefugnis kann daher der Versicherungsnehmer, wenn er selbst versichert ist, nur dann vor seinem Ableben ein Bezugsrecht widerrufen, wenn der Zugang beim Versicherer noch vor seinem Ableben erfolgt.[195] Eine erst nach dem Eintritt des Versicherungsfalls zugegangene Änderungsmitteilung ist unwirksam.[196] Entsprechendes gilt für die Erben. Die von einem Verstorbenen zu Lebzeiten begründete Bezugsberechtigung für die Todesfallleistung aus einer Lebensversicherung verschafft dem Begünstigten im Versicherungsfall eine im Deckungsverhältnis jedenfalls insoweit unentziehbare Rechtsstellung, als die Erben des Versicherungsnehmers die Bezugsberechtigung nicht mehr ändern oder widerrufen können.[197]

62 b) **Anwendbarkeit des § 130 Abs. 2 BGB.** Zu beachten ist allerdings § 130 Abs. 2 BGB, nach dem es auf die Wirksamkeit einer Willenserklärung ohne Einfluss ist, wenn der Erklärende nach der Abgabe stirbt.[198] Dieser Fall ist aber nicht gegeben, wenn sich die Willenserklärung beim Tod des Erklärenden nicht auf dem Weg zum Erklärungsempfänger befunden hat, weil in diesem Zeitpunkt niemand an die Zustellung der Erklärung dachte.[199]

63 Geht der von dem Versicherungsnehmer vor seinem Ableben erklärte Widerruf bzw. der von seinen Erben nach dem Ableben des Versicherungsnehmers erklärte Widerruf erst nach dem Ableben des Versicherungsnehmers dem Versicherer zu, ist der Widerruf nicht wirksam.[200] § 130 Abs. 2 BGB, nach dem es auf die Wirk-

---

[193] OLG Frankfurt/M., Urt. v. 21. 9. 1983 – 19 U 174/82, VersR 1984, 755; OLG Zweibrücken, Beschl. v. 31. 5. 2006 – 1 U 4/06, NJW-RR 2007, 1039 = VersR 2007, 195, 196.

[194] BGH, Urt. v. 17. 2. 1966 – II ZR 286/63, BGHZ 45, 162, 165 = VersR 1966, 359, 360; OLG Hamm, Urt. v. 14. 11. 1979 – 20 U 7/79, VersR 1980, 739, 740; OLG Hamm, Urt. v. 24. 9. 1980 – 20 U 120/80, VersR 1981, 228, 229; OLG Frankfurt/M., Urt. v. 22. 5. 1992 – 13 U 100/91, VersR 1993, 171 = r+s 1994, 435; BGH, Urt. v. 14. 7. 1993 – IV ZR 242/92, NJW 1993, 3133, 3135 = VersR 1993, 1219, 1220 = VerBAV 1993, 361, 362 = r+s 1993, 477, 478 = WM 1993, 1900, 1902 = MDR 1993, 1181, 1182; BGH, Beschl. v. 10. 2. 1994 – IX ZR 7/93, VersR 1994, 586 = WM 1994, 903.

[195] OLG Hamm, Urt. v. 14. 11. 1979 – 20 U 7/79, VersR 1980, 739, 740; OLG Frankfurt/M., Urt. v. 22. 5. 1992 – 13 U 100/91, VersR 1993, 171, 172 = r+s 1994, 435; LG Detmold, Urt. v. 22. 2. 1995 – 1 O 402/94, VersR 1996, 615, 616; BGH, Beschl. v. 10. 2. 1994 – IX ZR 7/93, VersR 1994, 586 = WM 1994, 903; OLG Zweibrücken, Beschl. v. 31. 5. 2006 – 1 U 4/06, NJW-RR 2007, 1039 = VersR 2007, 195, 196 = r+s 2007, 114 (Ls.); a. A. LG Freiburg v. 20. 5. 1952, VersR 1952, 256; *Roth* NJW 1992, 791, 795.

[196] BGH, Urt. v. 14. 7. 1993 – IV ZR 242/92, VersR 1993, 1219 = DNotZ 1994, 377; BGH, Beschl. v. 10. 2. 1994 – IX ZR 7/93, VersR 1994, 586; BGH, Urt. v. 24. 2. 1999 – IV ZR 122/98, NJW-RR 1999, 898 = VersR 1999, 700; OLG Zweibrücken, Beschl. v. 31. 5. 2006 – 1 U 4/06, NJW-RR 2007, 1039 = VersR 2007, 195, 196 = r+s 2007, 114.

[197] BGH, Urt. v. 14. 7. 1993 – IV ZR 242/92, NJW 1993, 3134 = VersR 1993, 1219, 1220 = r+s 1993, 477 = WM 1993, 1900; BGH, Urt. v. 21. 5. 2008 – IV ZR 238/06, NJW 2008, 2702, 2703 = VersR 2008, 1054, 1055 = r+s 2008, 384 = WM 2008, 1700, 1701.

[198] BGH, Urt. v. 14. 7. 1993 – IV ZR 242/92, NJW 1993, 3133, 3135 = VersR 1993, 1219, 1220 = VerBAV 1993, 361, 362 = r+s 1993, 477, 478 = WM 1993, 1900, 1902 = MDR 1993, 1181, 1182.

[199] BGHZ 48, 374, 380 f. = MDR 1968, 125; BGH, Urt. v. 14. 7. 1993 – IV ZR 242/92, NJW 1993, 3133, 3135 = VersR 1993, 1219, 1220 = VerBAV 1993, 361, 362 = r+s 1993, 477, 478 = WM 1993, 1900, 1902 = MDR 1993, 1181, 1182.

[200] OLG Hamm, Urt. v. 24. 9. 1980 – 20 U 120/80, VersR 1981, 228, 229.

samkeit einer Willenserklärung ohne Einfluss ist, wenn der Erklärende nach der Abgabe stirbt, ist nicht anwendbar.[201] § 130 Abs. 2 BGB enthält dispositives Recht, das durch die §§ 12 und 13 ALB 1986 ersetzt worden ist.[202] Außerdem setzt die Anwendbarkeit des § 130 Abs. 2 BGB die Verfügungsberechtigung des Erklärenden in dem Zeitpunkt voraus, in dem die Erklärung wirksam wird.[203] Mit dem Eintritt des Versicherungsfalls – dem Tod des Versicherungsnehmers – entsteht aber ein unentziehbarer Anspruch auf die Leistung aus der Lebensversicherung seitens des Bezugsberechtigten.[204] Damit fehlt es aber an der Verfügungsberechtigung des Versicherungsnehmers bzw. seiner Erben im Zeitpunkt des Zugangs der Änderungserklärung, sofern dieser nach dem Todeszeitpunkt liegt.[205] Aus § 130 Abs. 2 BGB kann nicht die Fiktion hergeleitet werden, dass die Erklärung des Versicherungsnehmers als zu Lebzeiten zugegangen gilt, wenn er nach ihrer Abgabe und vor dem Zugang verstorben ist.[206] Auch die Erben des Versicherungsnehmers müssen in dem Zeitpunkt verfügungsberechtigt sein, in dem die Erklärung wirksam wird, also mit Zugehen beim LVU.[207] Diese Voraussetzung ist aber nicht mehr gegeben, weil die Rechte aus dem Versicherungsvertrag mit dem Tod des Versicherungsnehmers allein dem Bezugsberechtigten zustehen.[208] Für die Erben des Versicherungsnehmers besteht kein Widerrufsvorbehalt.[209]

5. Anzeige der Einräumung und des Widerrufs des Bezugsrechts

a) Anzeige. Die Einräumung eines Bezugsrechts sowie die Änderung und der Widerruf eines Bezugsrechts bedürfen einer an den Versicherer gerichteten, einseitigen und empfangsbedürftigen Willenserklärung (Anzeige), die nur und erst dann wirksam ist, wenn sie dem Versicherer zugegangen ist.[210] Die Empfangsbe-

---

[201] OLG Hamm, Urt. v. 14. 11. 1979 – 20 U 7/79, VersR 1980, 739, 740; OLG Hamm, Urt. v. 24. 9. 1980 – 20 U 120/80, VersR 1981, 228, 229; BGH, Urt. v. 14. 7. 1993 – IV ZR 242/92, NJW 1993, 3133, 3135 = VersR 1993, 1219, 1220 = VerBAV 1993, 361, 362 = r+s 1993, 477, 478 = WM 1993, 1900, 1902 = MDR 1993, 1181, 1182; OLG Zweibrücken, Beschl. v. 31. 5. 2006 – 1 U 4/06, NJW-RR 2007, 1039, 1040 = VersR 2007, 195, 196; a. A. *Glauber* VersR 1993, 938.
[202] OLG Frankfurt/M., Urt. v. 22. 5. 1992 – 13 U 100/91, VersR 1993, 171; OLG Zweibrücken, Beschl. v. 31. 5. 2006 – 1 U 4/06, NJW-RR 2007, 1039 = VersR 2007, 195, 196.
[203] OLG Zweibrücken, Beschl. v. 31. 5. 2006 – 1 U 4/06, NJW-RR 2007, 1039 = VersR 2007, 195, 196.
[204] BGH, Urt. v. 14. 7. 1993 – IV ZR 242/92, VersR 1993, 1219 = DNotZ 1994, 377; OLG Zweibrücken, Beschl. v. 31. 5. 2006 – 1 U 4/06, NJW-RR 2007, 1039 = VersR 2007, 195, 196.
[205] OLG Hamm, Urt. v. 14. 11. 1979 – 20 U 7/79, VersR 1980, 739; OLG Hamm, Urt. v. 24. 9. 1980 – 20 U 120/80, VersR 1981, 228, 229; OLG Zweibrücken, Beschl. v. 31. 5. 2006 – 1 U 4/06, NJW-RR 2007, 1039 = VersR 2007, 195, 196 = r+s 2007, 114 (Ls.).
[206] BGH, Beschl. v. 10. 2. 1994 – IX ZR 7/93, VersR 1994, 586; OLG Zweibrücken, Beschl. v. 31. 5. 2006 – 1 U 4/06, NJW-RR 2007, 1039 f. = VersR 2007, 195, 196.
[207] OLG Hamm, Urt. v. 14. 11. 1979 – 20 U 7/79, VersR 1980, 739, 740; OLG Hamm, Urt. v. 24. 9. 1980 – 20 U 120/80, VersR 1981, 228, 229; OLG Frankfurt/M., Urt. v. 22. 5. 1992 – 13 U 100/91, VersR 1993, 171, 172 = r+s 1994, 435; *Roth* NJW 1992, 791.
[208] OLG Hamm, Urt. v. 14. 11. 1979 – 20 U 7/79, VersR 1980, 739, 740; OLG Hamm, Urt. v. 24. 9. 1980 – 20 U 120/80, VersR 1981, 228, 229.
[209] *Lorenz* in: Festschrift für Robert Schwebler, 1986, S. 349, 355; *derselbe* in: Dieter Farny und die Versicherungswissenschaft, 1994, S. 335, 344.
[210] BGH v. 25. 3. 1953, VersR 1953, 180 = BB 1953, 339 = DB 1953, 353; LG Waldshut v. 24. 12. 1953, VersR 1954, 76; AG Bad Homburg v. 21. 10. 1952, VersR 1955, 162; OLG Bremen v. 11. 11. 1958, VersR 1959, 689; LG Köln v. 9. 7. 1959, VersR 1959, 797; LG Stade v. 11. 11. 1959, VersR 1960, 25; BGH VersR 1963, 917; LG Hildesheim v. 5. 5. 1964, VersR 1964, 938 = ZfV 1964, 1057; OLG Frankfurt/M. v. 16. 9. 1971, VersR 1973,

dürftigkeit der Begünstigungserklärung ist schon aus dem Wortlaut des § 166 VVG zu entnehmen und stets als selbstverständlich angesehen worden.[211] Als empfangsbedürftige schriftliche Willenserklärung bedarf die Anzeige zu ihrer Wirksamkeit nicht nur der Niederschrift, sondern es muss die sog. Begebung hinzukommen, d. h., dass sie mit Willen des Erklärenden in Verkehr gebracht worden sein muss.[212] Die Beweisregel des § 416 ZPO bezieht sich dabei auch auf die Begebung einer schriftlichen Willenserklärung.[213]

65 Ein Verzicht des Versicherers auf die Empfangsbedürftigkeit liegt nicht in der Vereinbarung der Klausel, dass der Inhaber des Versicherungsscheins zur Verfügung über die Ansprüche aus der Versicherung berechtigt ist.[214] Ebenso wie die Verpfändung (vgl. § 1280 BGB), die Einräumung und der Widerruf eines Bezugsrechts unter Lebenden erlangt auch die Einräumung und der Widerruf eines Bezugsrechts durch Testament nur und erst nach der Anzeige des Verfügungsberechtigten an den Versicherer Wirksamkeit.[215] Unbeachtlich ist die Einräumung eines Bezugsrechts durch entsprechende Weisung an einen Testamentvollstrecker, wenn die Bezugsberechtigung dem Versicherer nicht angezeigt wird.[216] Ungenügend ist eine Erklärung gegenüber dem Begünstigten.[217] Die Aushändigung der schriftlichen Erklärung über die Änderung der Bezugsberechtigung an den Versicherungsvertreter des LVU reicht nicht aus, um ein Zugehen der Willenserklärung des Versicherungsnehmers (Erblassers) beim LVU zu bejahen, da in § 12 Abs. 1 Satz 2 ALB in zulässiger Weise bestimmt ist, dass Versicherungsvertreter nicht bevollmächtigt sind, eine schriftliche Erklärung über die Änderung der Bezugsberechtigung entgegenzunehmen.[218]

66 **b) Zugang der Anzeige.** Der Widerruf des Bezugsrechts wird nur und erst mit Zugang beim Versicherer rechtswirksam.[219] Dies gilt ebenso für die Einräumung oder Änderung eines Bezugsrechts. Der Zugang eines außerhalb der Geschäftsstun-

---

413; OLG Düsseldorf v. 13. 5. 1975, VersR 1975, 919; BGH, Urt. v. 4. 12. 1980 – IV a ZR 59/80, VersR 1981, 371, 372; BGH, Urt. v. 1. 7. 1981 – IV a ZR 201/80, VersR 1981, 926, 927; OLG Köln, Urt. v. 17. 2. 1983 – 5 U 190/82, VersR 1983, 1181, 1182; LG Köln, Urt. v. 27. 3. 1985 – 24 O 330/84, VersR 1986, 649; BGH, Urt. v. 28. 9. 1988 – IV a ZR 126/87, VersR 1988, 1236, 1237 = NJW-RR 1989, 21, 22; BGHZ 112, 387 = NJW 1991, 559 = VersR 1991, 89; BGH, Urt. v. 3. 3. 1993 – IV ZR 267/91, NJW-RR 1993, 669, 670 = VersR 1993, 553, 555 = VerBAV 1993, 306, 308 = r+s 1993, 282, 283; OLG Köln, Urt. v. 14. 6. 1993 – 5 U 13/93, VersR 1993, 1133 = r+s 1993, 318; BGH, Urt. v. 23. 10. 2003 – IX ZR 252/01, NJW 2004, 214 = VersR 2004, 93, 94 = WM 2003, 2479, 2480 = ZIP 2003, 2307, 2308 = DB 2004, 703, 704; *Lorenz* in: Festschrift für Robert Schwebler, 1986, S. 349, 366; *Glauber* VersR 1993, 938, 940.

[211] RGZ 127, 269; RGZ 136, 52; RGZ 140, 33; RGZ 153, 226; RGZ 154, 104; RGZ 168, 185; BGH v. 25. 3. 1953, VersR 1953, 179; LG Stade v. 11. 11. 1959, VersR 1960, 25; BGH, Urt. v. 8. 6. 1967 – II ZR 248/64, VersR 1967, 795; OLG Hamm v. 29. 1. 1975, VersR 1976, 143; BGH, Urt. v. 1. 7. 1981 – IV a ZR 201/80, BGHZ 81, 95, 98 = VersR 1981, 926, 927; LG Saarbrücken NJW 1983, 181.

[212] BGHZ 65, 13, 14 = NJW 1975, 2101; BGH, Urt. v. 18. 12. 2002 – IV ZR 39/02, NJW-RR 2003, 384 = VersR 2003, 229.

[213] BGH, Urt. v. 18. 12. 2002 – IV ZR 39/02, NJW-RR 2003, 384 = VersR 2003, 229.

[214] RGZ 94, 26; RGZ 136, 49; BGH v. 25. 3. 1953, VersR 1953, 179; LG Köln v. 9. 7. 1959, VersR 1959, 797.

[215] BGH, Urt. v. 1. 7. 1981 – IV a ZR 201/80, VersR 1981, 926, 927; *Helmers* VersR 1965, 534 f.; a. A. *Gottwald* in: Münchener Komm., § 332 BGB Rdn. 2.

[216] AG Bad Homburg v. 21. 10. 1952, VersR 1955, 162.

[217] RGZ 136, 49, 51; RGZ 140, 30, 33; RGZ 142, 410, 416.

[218] OLG Frankfurt/M., Urt. v. 22. 5. 1992 – 13 U 100/91, VersR 1993, 171, 172 = r+s 1994, 435.

[219] LG Köln v. 9. 7. 1959, VersR 1959, 797; BGH, Urt. v. 4. 12. 1980 – IV a ZR 59/80, VersR 1981, 371, 372; LG Köln, Urt. v. 27. 3. 1985 – 24 O 330/84, VersR 1986, 649.

den übermittelten Schriftstücks erfolgt grundsätzlich nicht vor Beginn der Geschäftsstunden am nächsten Arbeitstag.[220] Zugang bei der Geschäftsstelle genügt, es sei denn, alle Erklärungen und Anzeigen gegenüber dem Versicherer müssen von diesem nur dann als rechtswirksam anerkannt werden, wenn sie dem Vorstand schriftlich zugegangen sind.[221] Eine entsprechende Bestimmung dient allein dem Schutz des Versicherers und überlässt es ihm, ob er sich darauf berufen will.[222] Eine Verpflichtung dem bisherigen Bezugsberechtigten gegenüber, sich auf den Zugangsmangel zu berufen, besteht nicht.[223] Zu ihrer Wirksamkeit bedarf die Begünstigungserklärung nicht des Zugangs beim Bezugsberechtigten.[224]

6. Besondere Beendigungsgründe

a) Wegfall des Bezugsrechts. aa) Nichterwerb des Bezugsrechts. Wenn 67 der Versicherungsnehmer nur einen Bezugsberechtigten benannt hat, der das Recht auf die Leistung des Versicherers nicht erwirbt, oder mehrere Bezugsberechtigte benannt hat, die alle ihren Anteil nicht erwerben, greift die Regelung des § 168 VVG ein und steht der nicht erworbene Anteil dem Versicherungsnehmer zu bzw. fällt dieser in seinen Nachlass.[225]

bb) Zurückweisung gemäß § 333 BGB. Der Nichterwerb des Bezugsrechts 68 kann einmal darauf beruhen, dass der Begünstigte das Recht nach § 333 BGB zurückweist. Macht der bezugsberechtigte Dritte von diesem Zurückweisungsrecht Gebrauch, so gilt das Recht des Dritten rückwirkend als nicht erworben.[226] Es steht dann dem Versicherungsnehmer zu (§ 168 VVG) und fällt damit in dessen Nachlass.[227] Beim widerruflichen Bezugsrecht ist dies erst nach Eintritt des Versicherungsfalls möglich.[228] Der Begünstigte kann sich aber bereits vorher verpflichten, von dem ihm zugedachten Bezugsrecht keinen Gebrauch zu machen.[229] Der unwiderruflich Begünstigte kann das Recht bereits bei der Bestellung zurückweisen. Die zur Ausschlagung einer Erbschaft entwickelten Grundsätze sind auch bei der Auslegung der Verzichtserklärung des Bezugsberechtigten bei Versicherungen auf den Todesfall zu berücksichtigen.[230]

cc) Tod des Bezugsberechtigten. Das Recht auf die Versicherungsleistun- 69 gen wird von dem widerruflich Begünstigten nicht erworben, wenn er vor dem Eintritt des Versicherungsfalls oder gleichzeitig mit dem Versicherungsnehmer stirbt.[231] Das Bezugsrecht geht also nicht auf seine Erben über (§ 168 VVG). Der Versicherungsanspruch fällt in den Nachlass des Versicherungsnehmers, sofern

---

[220] BGH, Beschl. v. 10. 2. 1994 – IX ZR 7/93, VersR 1994, 586 = WM 1994, 903.
[221] OLG Hamm, Urt. v. 14. 11. 1979 – 20 U 7/79, VersR 1980, 739, 740; BGH, Urt. v. 1. 7. 1981 – IV a ZR 201/80, VersR 1981, 926, 927.
[222] BGH VersR 1967, 795; OLG Hamm, Urt. v. 14. 11. 1979 – 20 U 7/79, VersR 1980, 739, 740.
[223] OLG Hamm, Urt. v. 14. 11. 1979 – 20 U 7/79, VersR 1980, 739, 740.
[224] Ebenso *Lorenz* in: Festschrift für Robert Schwebler, 1986, S. 349, 365; *Winter* in: Bruck/Möller, VVG, 8. Aufl., 1988, §§ 159–178 VVG Anm. H 44.
[225] OLG Saarbrücken, Urt. v. 7. 2. 2007 – 5 U 581/06 – 76, NJW-RR 2008, 47, 49 = VersR 2007, 1638, 1640.
[226] OLG Karlsruhe, Urt. v. 20. 3. 1997 – 12 U 299/96, VersR 1998, 219, 220.
[227] BFH, Urt. v. 17. 1. 1990 – II R 122/86, BStBl. II 1990, 467; *Schoor* VW 1991, 386.
[228] RGZ 101, 306.
[229] RGZ 101, 306; *Palandt/Grüneberg*, BGB, 67. Aufl., 2008, § 333 BGB Anm. 2.
[230] BFH, Urt. v. 17. 1. 1990 – II R 122/86, BStBl. II 1990, 467 = VersR 1990, 884 = BB 1990, 1260 = DB 1990, 1269.
[231] AG Bremen v. 10. 5. 1949, VersR 1950, 49; BGH, Urt. v. 8. 6. 1967 – II ZR 248/64, VersR 1967, 795, 796 = VerBAV 1968, 45; OLG Karlsruhe, Urt. v. 20. 3. 1997 – 12 U 299/96, VersR 1998, 219.

kein neues Bezugsrecht besteht.[232] Dieser Fall liegt aber nicht vor, wenn der Versicherungsnehmer beispielsweise bestimmt, dass seine Ehefrau und im Falle ihres Vorversterbens sein Sohn bezugsberechtigt sein sollen. Das Gleiche gilt auch dann, wenn mehrere Personen ohne Bestimmung ihrer Anteile als Bezugsberechtigte bezeichnet wurden und ein Begünstigter durch Tod weggefallen ist. Sein Anteil wächst dann den anderen Bezugsberechtigten nach § 167 VVG zu. Besteht dagegen ein unwiderrufliches Bezugsrecht, so geht der Anspruch des Begünstigten mit seinem Ableben auf seine Erben über, es sei denn, es ist ausdrücklich bestimmt worden, dass es mit seinem Ableben erlöschen soll.[233]

70 **b) Ausschluss des Bezugsrechts gemäß § 170 Abs. 2 VVG.** Führt der Bezugsberechtigte vorsätzlich durch eine widerrechtliche Handlung den Tod des Versicherten herbei, so gilt nach § 170 Abs. 2 VVG die Bezeichnung als Bezugsberechtigter als nicht erfolgt.[234] Das bedeutet, dass der Versicherungsvertrag in rechtlicher Hinsicht so beurteilt werden muss, als habe ein Bezugsrecht nicht bestanden. Der Versicherer hat die Versicherungssumme an den Versicherungsnehmer, falls er und der Versicherte verschiedene Personen sind, oder an seine Erben auszuzahlen. Die Erbunwürdigkeit des Mörders (Bezugsberechtigten) können die Miterben gemäß §§ 2339 Abs. 1 Nr. 1, 2341 BGB geltend machen.[235]

71 **c) Nichtigkeit des Bezugsrechts gemäß § 138 BGB.** Das Recht auf die Leistungen wird nicht erworben, wenn das Bezugsrecht wegen Sittenwidrigkeit nach § 138 BGB nichtig ist,[236] wobei es auf die Kenntnis des Versicherers nicht ankommt und der Versicherungsvertrag weiterhin gültig bleibt.[237] Der Versicherungsvertrag bleibt mit Bezugsberechtigung des Versicherungsnehmers bzw. seiner Erben wirksam.[238]

72 Die Begründung einer Bezugsberechtigung kann gegen die guten Sitten verstoßen, wenn die Geliebte des Ehemannes bedacht wird.[239] Die Beweislast dafür, dass die Einräumung des Bezugsrechts ausschließlich zur Entlohnung des Geschlechtsverkehrs erfolgte, liegt bei den gesetzlichen Erben.[240] Schlägt der Nachweis fehl, kann die Ehefrau nicht im Wege des Schadensersatzanspruchs gegen die Geliebte vorgehen.[241]

---

[232] OLG Karlsruhe, Urt. v. 20. 3. 1997 – 12 U 299/96, VersR 1998, 219.
[233] AG Mölln VersR 1978, 131.
[234] OLG Hamm v. 27. 5. 1987, VersR 1988, 458, 460; OLG Karlsruhe, Urt. v. 20. 3. 1997 – 12 U 299/96, VersR 1998, 219.
[235] OLG Hamm v. 27. 5. 1987, VersR 1988, 458, 460; zur Beweislast siehe BGH, Urt. v. 25. 11. 1987 – IV a ZR 160/86, MDR 1988, 297.
[236] OLG Karlsruhe, Urt. v. 20. 3. 1997 – 12 U 299/96, VersR 1998, 219.
[237] RGZ 142, 410; OLG Hamm v. 11. 10. 1951, VersR 1952, 41; OLG Hamburg v. 10. 2. 1961, DB 1961, 501; OLG Düsseldorf v. 12. 12. 1961, VersR 1962, 655; BGH v. 6. 3. 1962, VersR 1962, 405 = VerBAV 1962, 138 = NJW 1962, 958.
[238] RGZ 154, 99, 108; OLG Hamm v. 11. 10. 1951, VersR 1952, 41; BGH v. 6. 3. 1962, VersR 1962, 405 = NJW 1962, 958; BGH NJW 1964, 764; BGH NJW 1968, 932.
[239] RGZ 142, 410; RGZ 154, 99; OLG Hamm v. 11. 10. 1951, VersR 1952, 41; AG Bad Homburg v. 10. 11. 1952, VersR 1955, 162; BGH NJW 1956, 865 = BGHZ 20, 71; BGH v. 10. 1. 1957, VersR 1957, 90; OLG Bremen v. 11. 11. 1958, VersR 1959, 689; BGH v. 7. 10. 1960, FamRZ 1961, 79; OLG Hamburg v. 10. 2. 1961, VersR 1961, 497 = DB 1961, 501; OLG Düsseldorf v. 12. 12. 1961, VersR 1962, 655; BGH v. 6. 3. 1962, VersR 1962, 405 = VerBAV 1962, 138 = NJW 1962, 958; BGH v. 8. 1. 1964, NJW 1964, 764 = MDR 1964, 307; KG MDR 1967, 491; BGH NJW 1968, 932; KG NJW 1968, 2032; BGH, Urt. v. 4. 12. 1980 – IV a ZR 59/80, VersR 1981, 371, 372 (unentschieden); BGH v. 12. 1. 1984, NJW 1984, 2150 = WM 1984, 558.
[240] Vgl. BGH v. 31. 3. 1970, NJW 1970, 1273; BGH v. 29. 6. 1973, NJW 1973, 1645; BGH v. 10. 11. 1982, NJW 1983, 675.
[241] BGH v. 6. 3. 1962, VersR 1962, 405.

Ein nichtiges Bezugsrecht kommt ferner bei der Handwerkerversicherung in 73
Betracht, wenn kein Angehöriger vom Versicherungsnehmer begünstigt worden
ist.²⁴²

Der Versicherungsnehmer hat kein Rückforderungsrecht, wenn das Bezugs- 74
recht nichtig ist.²⁴³ Der Versicherer kann sich gegenüber dem Versicherungsnehmer auf die angezeigte Bezugsrechtseinräumung berufen, auch wenn die Begünstigung unwirksam ist.²⁴⁴ Der Versicherer, der meist außerstande ist, zu beurteilen, ob die Begünstigung ganz oder teilweise nichtig ist, wird – wenn nicht ohnehin die Inhaberklausel (§ 12 ALB 2008) eingreift – durch die analoge Anwendung von § 409 BGB geschützt.²⁴⁵ Außerdem steht ihm der Weg der Hinterlegung unter Verzicht auf Rücknahme (§§ 372, 378 BGB) offen.

7. Rechtsstellung des widerruflich Bezugsberechtigten

a) Rechtslage vor Eintritt des Versicherungsfalls. aa) Anwartschaft des 75
Bezugsberechtigten. Durch die Erteilung einer lediglich widerruflichen Bezugsberechtigung erlangt der Begünstigte vor Eintritt des Versicherungsfalls weder einen Anspruch aus dem Versicherungsvertrag (vgl. § 166 Abs. 2 VVG, jetzt § 159 Abs. 2 VVG 2008) noch eine sonstige gesicherte Rechtsposition – etwa ein Anwartschaftsrecht –, sondern lediglich die Chance oder die „ziemlich schwache Anwartschaft", im Versicherungsfall das Recht auf die später einmal fällig werdende Leistung zu erwerben.²⁴⁶ Seine Rechtsstellung ist daher vergleichbar mit der eines in einer einseitigen Verfügung von Todes wegen bedachten Erben in Bezug auf den Erwerb des Zugewendeten.²⁴⁷ Die Verletzung der Anwartschaft kann aber schon einen Schadensersatzanspruch gemäß §§ 823 Abs. 2, 826 BGB begründen.²⁴⁸ Dieser Anspruch kommt auch gegenüber dem Versicherungsnehmer in Betracht, wenn der Versicherungsnehmer eine übernommene Verpflichtung nicht einhält, das an sich bestehende Widerrufsrecht nicht auszuüben.²⁴⁹

bb) Rechte und Pflichten des Versicherungsnehmers. Alle Rechte und 76
Pflichten verbleiben beim Versicherungsnehmer. Da der Versicherungsnehmer sich allein durch die widerrufliche Benennung eines Dritten keiner Rechte aus dem Vertrag begibt, also jederzeit die Bezugsberechtigung durch einseitige Erklä-

---

²⁴² Vgl. OLG Schleswig v. 30. 10. 1952, VersR 1953, 19.
²⁴³ RGZ 154, 102.
²⁴⁴ BGH v. 17. 5. 1955, DB 1955, 603.
²⁴⁵ RGZ 154, 109; RGZ 168, 177.
²⁴⁶ RGZ 51, 403, 404; RGZ 61, 218; BGH NJW 1982, 1808 m. w. Nachw.; BGH, Urt. v. 22. 3. 1984 – IX ZR 69/83, NJW 1984, 1611 = VersR 1984, 632, 633 = MDR 1984, 933; OLG Frankfurt/M., Urt. v. 21. 9. 1983 – 19 U 174/82, VersR 1984, 755; OLG Hamm v. 27. 5. 1987, VersR 1988, 460; LAG München v. 22. 7. 1987, VersR 1988, 1059; BGH, Urt. v. 3. 6. 1992 – IV ZR 217/91, NJW-RR 1992, 1302, 1303 = VersR 1992, 990, 991 = VerBAV 1992, 291, 292 = r+s 1992, 320; BGH, Urt. v. 4. 3. 1993 – IX ZR 169/92, NJW 1993, 1994 = VersR 1993, 689, 690 = VerBAV 1993, 193 = r+s 1993, 354 = WM 1993, 1057 = ZIP 1993, 600, 602 = BB 1993, 1911 (Ls.) = MDR 1993, 637; dazu *Blomeyer* EWiR 1993, 473; OLG Hamm, Urt. v. 24. 11. 1998 – 3 U 570/98, VersR 1999, 1026, 1027 = WM 1999, 2111, 2112; BGH, Urt. v. 18. 7. 2002 – IX ZR 264/01, NJW 2002, 3253 = NZI 2002, 604 = NZG 2002, 1015, 1016 = NVersZ 2002, 495, 496 = VersR 2003, 463 = r+s 2002, 520 = WM 2002, 1852, 1853 = ZIP 2002, 1696, 1697 = DB 2002, 2104 = MDR 2002, 1455, 1456; BGH, Urt. v. 23. 10. 2003 – IX ZR 252/01, NJW 2004, 214, 215 = VersR 2004, 93, 94 = r+s 2004, 119, 120 = WM 2003, 2479, 2481 = ZIP 2003, 2307, 2309 = DB 2004, 703, 704; OLG Koblenz, Beschl. v. 1. 2. 2007 – 2 U 898/05, VersR 2007, 1257, 1259.
²⁴⁷ *Lorenz* in: Festschrift für Robert Schwebler, 1986, S. 349, 367.
²⁴⁸ RG JW 1938, 755, 757.
²⁴⁹ OLG Düsseldorf v. 12. 12. 1961, VersR 1962, 655.

rung auf sich selbst oder eine andere Person umleiten kann, verbleiben vor dem Eintritt des Versicherungsfalls alle vertraglichen Rechte bei ihm.[250] Jeder Dritte, den er als bezugsberechtigt im Falle seines Todes bestimmt, erhält erst mit diesem Ereignis einen rechtlich gesicherten Anspruch, mag er im Versicherungsvertrag sogleich oder erst später als Bezugsberechtigter benannt worden sein.[251] Dasselbe trifft erst recht für alle Personen zu, denen der Versicherungsnehmer in Abänderung seiner ursprünglichen Verfügung die Bezugsberechtigung nachträglich zugewandt hat.[252] Der Versicherungsnehmer ist auch Inhaber des Anspruchs auf die Überschussbeteiligung bzw. den jeweiligen Überschussanteil.[253] Er ist Prämienschuldner und hat die Obliegenheiten zu erfüllen, er muss gemahnt werden, ihm gegenüber ist die Anfechtung oder der Rücktritt zu erklären, er kann die Bezugsberechtigung widerrufen, auf einen Teil beschränken oder eine andere Person benennen (§ 166 VVG). Gegen ihn können die Ansprüche gepfändet werden, er kann verpfänden, abtreten usw. Nach § 952 BGB ist er Eigentümer des Versicherungsscheins[254] und hat Anspruch auf den Versicherungsschein, insbesondere wenn ein unwiderrufliches Bezugsrecht bestellt werden soll. Wegen des Widerrufsvorbehalts zu seinen Gunsten ist der Versicherungsnehmer dem von ihm bezeichneten Bezugsberechtigten gegenüber nicht verpflichtet, die Beiträge zur Lebensversicherung zu zahlen.[255]

77 **cc) Befugnisse des Bezugsberechtigten.** Der Bezugsberechtigte hat keine Rechte und Pflichten aus dem Versicherungsverhältnis zu erfüllen. Er kann über die Forderung aus dem Versicherungsvertrag nicht verfügen.

78 Die Anwartschaft kann der Bezugsberechtigte mit der Wirkung abtreten oder verpfänden, dass der Zessionar oder Pfandgläubiger mit dem Eintritt des Versicherungsfalls die Forderung erwirbt, soweit sie dann besteht und Rechte des Versicherungsnehmers nicht berührt werden.[256]

79 Der Bezugsberechtigte kann vom Versicherer nicht verlangen, dass ihm Mitteilung gemacht wird, wenn dem Versicherungsnehmer eine Frist nach § 39 VVG gesetzt ist.[257] Er kann auch keine Auskunft über den Vertrag und die Fälligkeit verlangen.[258]

80 **dd) Zwangsvollstreckung.** Die Pfändung der Anwartschaft ist als Beschlagnahme einer künftigen Forderung möglich. Hingegen kann in die Versicherungsforderung nicht von Gläubigern des Bezugsberechtigten vollstreckt werden; diese kann nur von Gläubigern des Versicherungsnehmers gepfändet werden. Mit Pfändung der Versicherungsforderung kann zugleich die Änderungsbefugnis des Versicherungsnehmers von seinen Gläubigern gepfändet und nach Überweisung

---

[250] BGH, Urt. v. 23. 10. 2003 – IX ZR 252/01, NJW 2004, 214, 215 = VersR 2004, 93, 94 = r+s 2004, 119, 120 = WM 2003, 2479, 2481 = ZIP 2003, 2307, 2309 = DB 2004, 703, 704; OLG Koblenz, Beschl. v. 1. 2. 2007 – 2 U 898/05, VersR 2007, 1257, 1258.
[251] BGH, Urt. v. 23. 10. 2003 – IX ZR 252/01, NJW 2004, 214, 215 = VersR 2004, 93, 94 = r+s 2004, 119, 120 = WM 2003, 2479, 2481 = ZIP 2003, 2307, 2309 = DB 2004, 703, 704.
[252] BGH, Urt. v. 23. 10. 2003 – IX ZR 252/01, NJW 2004, 214, 215 = VersR 2004, 93, 94 = r+s 2004, 119, 120 = WM 2003, 2479, 2481 = ZIP 2003, 2307, 2309 = DB 2004, 703, 704.
[253] Vgl. LG München I v. 18. 1. 1962, VersR 1963, 965.
[254] Vgl. BAG DB 1966, 1613.
[255] *Lorenz* in: Festschrift für Robert Schwebler, 1986, S. 349, 355.
[256] LG Berlin v. 30. 10. 1950, VersR 1951, 157; a. A. *Winter* in: Bruck/Möller, VVG, 8. Aufl., 1988, §§ 159–178 VVG Anm. H 32 und H 102.
[257] BVerfG, Beschl. v. 14. 12. 2001 – 2 BvR 152/01, WM 2003, 1023, 1025; *Frels* VersR 1970, 984, 988.
[258] AG Karlsruhe v. 3. 1. 1959, VersR 1959, 884.

ausgeübt werden.[259] Wird über das Vermögen des Versicherungsnehmers das Insolvenzverfahren eröffnet, gehört das Bezugsrecht nicht zur Insolvenzmasse, jedoch kann der Insolvenzverwalter die Änderungsbefugnisse des Versicherungsnehmers ausüben und das Widerrufsrecht ausüben.[260] Der Insolvenzverwalter beseitigt damit das Anwartschaftsrecht des Bezugsberechtigten.[261]

b) Rechtslage nach Eintritt des Versicherungsfalls. aa) Rechtserwerb. 81
Ein widerruflich als bezugsberechtigt bezeichneter Dritter erwirbt gemäß § 159 Abs. 2 VVG 2008 (bisher § 166 Abs. 2 VVG) den Anspruch auf die Leistungen des Versicherers mit dem Eintritt des Versicherungsfalls, d.h. mit dem Tod des Versicherten[262] oder mit Ablauf der Vertragsdauer, wenn das Bezugsrecht für diesen Fall gelten soll. Wird im Versicherungsvertrag bestimmt, dass der Bezugsberechtigte nur im Todesfall des Versicherungsnehmers, der zugleich versicherte Person ist, Anspruch auf die Versicherungssumme hat, kann der Versicherer im Erlebensfall leistungsbefreiend an den Versicherungsnehmer die Versicherungsleistung auszahlen.[263] Der Anspruch auf die Versicherungsleistung stammt sowohl bei widerruflicher als auch bei unwiderruflicher Bezugsberechtigung aufgrund originärer Begründung durch Erklärung gegenüber dem Versicherer nicht aus dem Nachlass, sondern wird vom Bezugsberechtigten im Zeitpunkt des Versicherungsfalls außerhalb des Erbgangs durch Rechtsgeschäft unter Lebenden erworben.[264] Auch wenn der Versicherungsfall mit dem Tod des Versicherungsnehmers eintritt, erfolgt der Rechtserwerb nicht aufgrund einer erbrechtlichen Nachfolge in die Stellung des Erblassers als Versicherungsnehmer.[265] Der Rechtserwerb ist nicht davon abhängig, dass dem Bezugsberechtigten sein Bezugsrecht bekannt ist oder er geschäftsfähig ist. Waren die Rechte und Ansprüche des Versicherungsnehmers aus dem Versicherungsvertrag gepfändet, ohne dass beim Eintritt des Versicherungsfalls die Bezugsberechtigung vom Gläubiger oder Versicherungsnehmer widerrufen worden wäre, so erwirbt der Bezugsberechtigte den Anspruch auf die Leistungen gegen den Versicherer ohne durch das Pfändungspfandrecht beschränkt zu sein.[266] Nach dem Eintritt des Versicherungsfalls ist das widerrufliche Bezugsrecht mit dem Tode des Versicherungsnehmers unwiderruflich geworden.[267] Die Bezugsberechtigung verwandelt sich dann in einen Anspruch auf Auszahlung der Versicherungssumme, sofern die im Versicherungsvertrag vereinbarten Auszahlungsvoraussetzungen erfüllt sein sollten.[268] Zur Versicherungssumme gehören auch die Überschussanteile, soweit sie bedingungsgemäß angesammelt

---

[259] RGZ 153, 220, 225.
[260] RGZ 127, 269; LG Stade v. 16. 6. 1954, VersR 1954, 457.
[261] RGZ 153, 220, 230.
[262] RGZ WM 1970, 667, 668; BGH, Urt. v. 1. 7. 1981 – IV a ZR 201/80, VersR 1981, 926, 927; KG, Urt. v. 13. 2. 1998 – 6 U 3104/96, NVersZ 1999, 317; AG Hechingen, Urt. v. 8. 5. 1998 – 6 C 176/98, NVersZ 2000, 518 = VersR 1999, 569; OLG Köln, Urt. v. 1. 10. 2001 – 5 U 14/01, VersR 2002, 1544.
[263] OLG Koblenz, Beschl. v. 28. 12. 2007 – 2 U 1557/06, VersR 2008, 1098.
[264] RGZ 51, 403, 405; RGZ 127, 324; RGZ 128, 187; BGHZ 13, 227; BGHZ 32, 44; OLG Stuttgart v. 23. 2. 1956, NJW 1956, 1073 = VersR 1956, 536 (Ls.); LG Bonn v. 5. 5. 1959, VersR 1960, 265 m. Anm. *Krebs*; LG Frankfurt/M., Urt. v. 9. 8. 1990 – 2/5 0 174/90, S. 4.
[265] RGZ 127, 269, 271.
[266] RGZ 127, 269, 271; OLG München v. 28. 2. 1964, WM 1964, 778 = BB 1964, 990; OLG Köln, Urt. v. 1. 10. 2001 – 5 U 14/01, VersR 2002, 1544.
[267] BGH, Urt. v. 23. 10. 2003 – IX ZR 252/01, NJW 2004, 214 = VersR 2004, 93, 94 = WM 2003, 2479, 2480 = ZIP 2003, 2307, 2308 = DB 2004, 703.
[268] OLG Schleswig v. 30. 10. 1952, VersR 1953, 19; OLG Hamm VersR 1971, 246, 247; BGH VersR 1986, 231.

und nicht jährlich ausgezahlt wurden.²⁶⁹ Der Anspruch des Bezugsberechtigten auf Auszahlung der Versicherungsleistungen richtet sich unmittelbar gegen den Versicherer,²⁷⁰ d.h. die Versicherungssumme steht dem Begünstigten direkt aus dem Vermögen des Versicherers zu.²⁷¹ Die Versicherungssumme gehört nicht zum Nachlass des Versicherungsnehmers, fällt also bei dessen Insolvenz nicht in die Masse.²⁷² Das Eigentum am Versicherungsschein geht mit Eintritt des Versicherungsfalls auf den Bezugsberechtigten über.²⁷³

82   bb) **Befugnisse des Bezugsberechtigten.** Der Bezugsberechtigte kann nach Eintritt des Versicherungsfalls über die Versicherungssumme verfügen. Er kann sein Bezugsrecht abtreten oder verpfänden. Pflichten gegenüber dem Versicherer hat der widerrufliche Bezugsberechtigte nicht.

83   cc) **Zwangsvollstreckung.** Der widerrufliche Bezugsberechtigte haftet nach Eintritt des Versicherungsfalls und Erwerb des Auszahlungsanspruchs aufgrund seines Bezugsrechts nicht den Nachlassgläubigern des Versicherungsnehmers mit den Leistungen des Versicherers.²⁷⁴ Das Bezugsrecht wird auch nicht Bestandteil der Masse eines Nachlasskonkurses über das Vermögen des Versicherungsnehmers.²⁷⁵ Der Nachlasskonkursverwalter hat daher keinen unmittelbaren Zugriff auf die Versicherungssumme.²⁷⁶

84   Hingegen können die Gläubiger des widerruflichen Bezugsberechtigten nach Eintritt des Versicherungsfalls wegen einer gegen den Bezugsberechtigten gerichteten Forderung pfänden. Ein Pfändungsschutz kommt gemäß §§ 850 b Abs. 1 Nr. 4, 850 Abs. 2 und 3 sowie § 850 i ZPO in Betracht.

8. Rechtsstellung des unwiderruflich Bezugsberechtigten

85   a) **Rechtserwerb. aa) Grundsatz.** Im Ausgangspunkt ist für die Unwiderruflichkeit des Bezugsrechts maßgeblich, was im Verhältnis zwischen dem Versicherungsnehmer und dem Versicherer (sog. Deckungsverhältnis) vereinbart und bestimmt worden ist.²⁷⁷ Bei einem unwiderruflichen Bezugsrecht richtet sich der Gestaltungswille des Versicherungsnehmers regelmäßig auf einen sofortigen Rechtserwerb, weil nur so der mit dem Verzicht auf den Widerruf verfolgte Zweck erreicht werden kann, die Ansprüche auf die Versicherungsleistungen aus dem Vermögen des Versicherungsnehmers auszusondern und sie damit dem Zugriff seiner Gläubiger zu entziehen.²⁷⁸ Da unter diesem Gesichtspunkt eine bloße unwiderrufliche Anwartschaft praktisch wertlos wäre, bildet der sofortige Rechtserwerb den eigentlichen Inhalt der unwiderruflichen Bezugsberechti-

---

²⁶⁹ LG München I VersR 1963, 965; LG Nürnberg-Fürth VersR 1969, 33; OLG Nürnberg VersR 1969, 608.
²⁷⁰ BGH VersR 1987, 659.
²⁷¹ BGHZ 32, 44, 47 = NJW 1960, 912 = VersR 1960, 339 = DB 1960, 409; BGHZ 130, 377, 380 = NJW 1995, 3113 = VersR 1995, 1429 = WM 1995, 2039; BGH, Urt. v. 23. 10. 2003 – IX ZR 252/01, NJW 2004, 214 = VersR 2004, 93, 94 = WM 2003, 2479, 2480 = ZIP 2003, 2307, 2308 = DB 2004, 703, 704.
²⁷² BGH, Urt. v. 23. 10. 2003 – IX ZR 252/01, NJW 2004, 214 = VersR 2004, 93, 94 = WM 2003, 2479, 2480 = ZIP 2003, 2307, 2308 = DB 2004, 703, 704.
²⁷³ RG JR 1936, 53 = JW 1936, 1828.
²⁷⁴ RGZ 51, 403, 405; BGHZ 13, 226, 232 = NJW 1954, 1115.
²⁷⁵ RGZ 71, 324, 326; RGZ 80, 175, 177.
²⁷⁶ RGZ 51, 403, 405; LG Frankfurt/M., Urt. v. 9. 8. 1990 – 2/5 O 174/90, S. 4.
²⁷⁷ KG, Urt. v. 10. 2. 2006 – 6 U 139/05, VersR 2006, 1349, 1350.
²⁷⁸ BGHZ 45, 162, 165 f. = NJW 1966, 1071 = VersR 1966, 359, 360; BGH, Urt. v. 18. 6. 2003 – IV ZR 59/02, NJW 2003, 2679 = VersR 2003, 1021 = r+s 2003, 424, 425 = WM 2003, 2247, 2248; OLG Koblenz, Beschl. v. 1. 2. 2007 – 2 U 898/05, VersR 2007, 1257, 1259.

gung²⁷⁹ und macht gerade den Unterschied zur bloßen widerruflichen Bezugsberechtigung aus.²⁸⁰

§ 13 Abs. 2 ALB 2008 greift diese Rechtsgrundsätze auf. Der Versicherungsnehmer kann ausdrücklich bestimmen, dass der Bezugsberechtigte sofort und unwiderruflich die Ansprüche aus dem Versicherungsvertrag erwerben soll (§ 13 Abs. 2 Satz 1 ALB 2008). Sobald der Versicherer diese Erklärung erhalten hat, kann dieses Bezugsrecht nur noch mit Zustimmung des vom Versicherungsnehmer Benannten aufgehoben werden(§ 13 Abs. 2 Satz 2 ALB 2008). Der Begünstigte erwirbt demzufolge mit der Begründung des unwiderruflichen Bezugsrechts ein sofort wirksames Recht auf die Leistungen aus dem Versicherungsvertrag wie der widerrufliche Bezugsberechtigte nach dem Eintritt des Versicherungsfalls.²⁸¹ Dies gilt auch für Überschussanteile, die schon vor Beendigung des Versicherungsvertrags auszuzahlen sind.²⁸²

bb) Todes- und Erlebensfallbezugsrecht. Die Leistungsansprüche aus der Versicherung stehen dem unwiderruflich Begünstigten uneingeschränkt zu, wenn die Begünstigung auf den Todes- und Erlebensfall ausgesprochen ist.

cc) Erlebensfallbezugsrecht. Bei Einräumung eines unwiderruflichen Bezugsrechts auf den Erlebensfall in einer kapitalbildenden gemischten Lebensversicherung erwirbt der Bezugsberechtigte sämtliche Ansprüche auf die Versicherungsleistungen grundsätzlich sofort, mithin die Ansprüche auf den Rückkaufswert und die künftig entstehenden Ansprüche.²⁸³ Der sofortige Rechtserwerb durch den unwiderruflich Bezugsberechtigten ist aber auflösend bedingt durch den vorzeitigen Todesfall der versicherten Person.²⁸⁴

dd) Todesfallbezugsrecht. Im Falle einer unwiderruflichen Bezugsberechtigung für den Todesfall wird der Bezugsberechtigte sogleich Gläubiger der Versicherungsleistung oder ihrer Surrogate²⁸⁵ und erwirbt sofort den Anspruch auf den Rückkaufswert²⁸⁶ und die Überschussanteile. Im Falle der vorzeitigen Auflösung der Lebensversicherung kann der unwiderruflich Bezugsberechtigte den Rückkaufswert auch dann verlangen, wenn die Begünstigung nur für den Todesfall unwiderruflich eingeräumt ist.²⁸⁷

---

²⁷⁹ BGHZ 45, 162, 165 = NJW 1966, 1071 = VersR 1966, 359, 360; BGH, Urt. v. 19. 6. 1996 – IV ZR 243/95, NJW 1996, 2731 = VersR 1996, 1089 = r+s 1996, 419; BGH, Urt. v. 18. 6. 2003 – IV ZR 59/02, NJW 2003, 2679 = VersR 2003, 1021 = r+s 2003, 424, 425 = WM 2003, 2247, 2248; KG, Urt. v. 10. 2. 2006 – 6 U 139/05, VersR 2006, 1349, 1350 = r+s 2007, 254, 255.
²⁸⁰ OLG Frankfurt/M., Urt. v. 14. 9. 2000 – 3 U 139/99, NJW-RR 2001, 676 = NVersZ 2001, 159, 160 = VersR 2002, 219, 220 = r+s 2001, 478.
²⁸¹ BGH v. 8. 5. 1954, VerBAV 1955, 136; BGH, Urt. v. 17. 2. 1966 – II ZR 286/63, BGHZ 45, 162, 165 = NJW 1966, 1071, 1072 = VersR 1966, 359.
²⁸² OLG Frankfurt/M., Urt. v. 14. 9. 2000 – 3 U 139/99, NJW-RR 2001, 676 = NVersZ 2001, 159, 160 = VersR 2002, 219, 220 = r+s 2001, 478.
²⁸³ BGH, Urt. v. 18. 6. 2003 – IV ZR 59/02, NJW 2003, 2679, 2680 = VersR 2003, 1021, 1022 = r+s 2003, 424, 425 = WM 2003, 2247, 2249; KG, Urt. v. 10. 2. 2006 – 6 U 139/05, VersR 2006, 1349, 1350 f. = r+s 2007, 254, 255.
²⁸⁴ BGH, Urt. v. 18. 6. 2003 – IV ZR 59/02, NJW 2003, 2679, 2680 = VersR 2003, 1021, 1022 = r+s 2003, 424, 425 = WM 2003, 2247, 2249.
²⁸⁵ OLG Frankfurt/M., Urt. v. 14. 9. 2000 – 3 U 139/99, NJW-RR 2001, 676 = NVersZ 2001, 159, 160 = VersR 2002, 219, 220 = r+s 2001, 478.
²⁸⁶ BGH, Urt. v. 17. 2. 1966 – II ZR 286/63, BGHZ 45, 162, 165 = NJW 1966, 1071, 1072 = VersR 1966, 359.
²⁸⁷ BGH, Urt. v. 17. 2. 1966 – II ZR 286/63, BGHZ 45, 162, 167 = NJW 1966, 1071 = VersR 1966, 359, 360; OLG Düsseldorf, Urt. v. 3. 12. 1996 – 4 U 158/95, VersR 1997, 1215; OLG Frankfurt/M., Urt. v. 19. 12. 2001 – 7 U 64/01, VersR 2002, 963, 964 = r+s 2003, 74.

90 **ee) Teilung der Begünstigung.** Sind für den Todes- und Erlebensfall unterschiedliche unwiderrufliche Bezugsrechte eingeräumt, erwirbt nicht nur der für den Todesfall eingesetzte unwiderruflich Bezugsberechtigte sofort das Recht auf die Versicherungsleistung einschließlich Überschussbeteiligung, sondern auch der für den Erlebensfall eingesetzte unwiderruflich Bezugsberechtigte,[288] denn es gibt einen generellen Vorrang des Bezugsrechts auf den Todesfall vor dem für den Erlebensfall nicht.[289] Tritt der Erlebensfall ein, so läuft das Todesfallbezugsrecht leer.[290] Tritt jedoch der Todesfall ein, so läuft das Erlebensfallbezugsrecht leer.[291]

91 **ff) Aufeinandertreffen der Begünstigung.** Das unwiderrufliche Erlebensfallbezugsrecht und das unwiderrufliche Todesfallbezugsrecht treffen aufeinander, wenn der Versicherungsvertrag vorzeitig aufgelöst wird. Bei sukzessiver Einräumung der Bezugsrechte gilt der Prioritätsgrundsatz mit der Folge, dass der Rückkaufwert dem zuerst eingeräumten Bezugsrecht zusteht.[292] Wenn das Erlebensfallbezugsrecht und das Todesfallbezugsrecht hingegen gleichzeitig unwiderruflich eingeräumt worden sind, ist im Wege der Auslegung zu ermitteln, welche Regelung der Versicherungsnehmer für den Fall der vorzeitigen Auflösung des Versicherungsvertrags gelten lassen will.[293] Da eine Versicherungsleistung im Erlebensfall vorliegt, wenn die vorzeitige Vertragsauflösung nicht durch den Tod des Versicherten ausgelöst wird, liegt es nahe, den Anspruch auf den Rückkaufwert und die Überschussbeteiligung der Person zuzuordnen, der das unwiderrufliche Bezugsrecht für den Erlebensfall eingeräumt ist.[294]

92 **gg) Leistungen aus der Lebensversicherung.** Die Begünstigungserklärung des Versicherungsnehmers ist in der Regel so zu verstehen, dass das Recht des Bezugsberechtigten sämtliche aus dem Versicherungsvertrag fällig werdenden Ansprüche umfassen soll.[295] Der unwiderruflich Bezugsberechtigte erwirbt sofort sämtliche Ansprüche auf die Versicherungsleistungen, also auch auf den Rückkaufwert nach Kündigung des Vertrags und die künftig entstehenden Ansprüche, denn das Recht auf den Rückkaufwert ist nur eine andere Erscheinungsform des

---

[288] OLG Frankfurt/M., Urt. v. 14. 9. 2000 – 3 U 139/99, NJW-RR 2001, 676 = NVersZ 2001, 159, 160 = VersR 2002, 219, 220 = r+s 2001, 478.

[289] BGH, Urt. v. 18. 6. 2003 – IV ZR 59/02, NJW 2003, 2679, 2680 = VersR 2003, 1021, 1022 = r+s 2003, 424, 425 = WM 2003, 2247, 2248.

[290] LG Frankfurt/M. v. 7. 11. 1956, VersR 1957, 211; BGH, Urt. v. 17. 2. 1966 – II ZR 286/63, BGHZ 45, 162, 166 = NJW 1966, 1071 = VersR 1966, 359, 360; BGH, Urt. v. 20. 5. 1992 – XII ZR 255/90, NJW 1992, 2154, 2156 = VersR 1992, 1382, 1385; OLG Düsseldorf, Urt. v. 3. 12. 1996 – 4 U 158/95, VersR 1997, 1215; OLG Frankfurt/M., Urt. v. 14. 9. 2000 – 3 U 139/99, NJW-RR 2001, 676 = NVersZ 2001, 159, 160 = VersR 2002, 219, 220 = r+s 2001, 478.

[291] OLG Frankfurt/M., Urt. v. 14. 9. 2000 – 3 U 139/99, NJW-RR 2001, 676 = NVersZ 2001, 159, 160 = VersR 2002, 219, 220 = r+s 2001, 478; ebenso AG Hechingen, Urt. v. 8. 5. 1998 – 6 C 176/98, NVersZ 2000, 518 = VersR 1999, 569; *Joseph*, Lebensversicherung und Abtretung, 1990, S. 211 f.

[292] Ebenso *Castellví* VersR 1999, 570.

[293] *Prahl* NJW 2003, 3743, 3745: „Je zur Hälfte wird er dem unwiderruflich Bezugsberechtigten im Erlebensfall und dem mit diesem nicht identischen unwiderruflich Bezugsberechtigten im Todesfall bedenken, wenn er beide Bezugsberechtigungen *gleichzeitig* bestellt."

[294] Ebenso *Castellví* VersR 1998, 410, 415; *derselbe* VersR 1999, 570; a. A. OLG Frankfurt/M., Urt. v. 19. 12. 2001 – 7 U 64/01, VersR 2002, 963, 964 = r+s 2003, 74.

[295] BGH, Urt. v. 18. 6. 2003 – IV ZR 59/02, NJW 2003, 2679, 2680 = VersR 2003, 1021, 1022 = r+s 2003, 424, 425 = WM 2003, 2247, 2248; *Winter* in: Bruck/Möller, VVG, 8. Aufl., 1988, §§ 159–178 VVG Anm. H 117.

Rechts auf die Versicherungssumme.[296] Besteht ein Beitragsdepot, stehen weder dem widerruflich noch dem unwiderruflich Bezugsrechten Rechte am Beitragsdepot zu.[297]

hh) Schenkungssteuer. Die Einräumung eines unwiderruflichen Bezugsrechts führt noch nicht zu einem selbständigen schenkungssteuerpflichtigen Erwerb durch den Begünstigten.[298] Zuwendungsgegenstand ist erst die zur Auszahlung gelangende Versicherungsleistung.[299] 93

b) Befugnisse. Der unwiderruflich Bezugsberechtigte kann schon vor dem Versicherungsfall über seine Ansprüche aus der Versicherung verfügen,[300] sie insbesondere abtreten, verpfänden oder ein weiteres Bezugsrecht verfügen, da ihm die Leistungsansprüche (Vermögensrechte) zustehen. Dies gilt auch, wenn die Begünstigung nur für den Todesfall unwiderruflich ist.[301] Der unwiderrufliche Bezugsberechtigte ist aber nicht berechtigt, den Versicherungsvertrag zu kündigen, die Beitragsfreistellung zu veranlassen oder Vertragsänderungen vorzunehmen.[302] Er hat auch keinen Anspruch auf die Überschussanteile, die nicht angesammelt werden, sondern jährlich ausgezahlt werden; diese stehen dem Versicherungsnehmer zu.[303] Er kann aber den Versicherungsschein beanspruchen.[304] 94

Vom Versicherer kann der unwiderruflich Bezugsberechtigte nicht verlangen, dass ihm Mitteilung gemacht wird, wenn dem Versicherungsnehmer eine Frist nach § 39 VVG gesetzt ist.[305] Der unwiderrufliche Bezugsberechtigte ist aber gemäß § 35 a VVG berechtigt, fällige Beiträge an den Versicherer zu leisten, wenn der Versicherungsnehmer seiner Beitragszahlung nicht nachkommt.[306] Er hat ferner – wie der widerrufliche Bezugsberechtigte – das Recht, gemäß § 177 VVG mit Zustimmung des Versicherungsnehmers an dessen Stelle in das Versicherungsverhältnis einzutreten, wenn in den Versicherungsanspruch ein Arrest vollzogen oder eine Zwangsvollstreckung vorgenommen oder wenn das Insolvenzverfahren über das Vermögen des Versicherungsnehmers eröffnet wird.[307] 95

c) Zwangsvollstreckung. Die Versicherung gehört mit ihrem Wert zum Vermögen des Begünstigten, auch steuerlich.[308] Wird über das Vermögen des unwiderruflichen Bezugsberechtigten das Insolvenzverfahren eröffnet, unterliegt der Anspruch auf die Versicherungsleistung dem Zugriff seiner Gläubiger und gehört 96

---

[296] BGHZ 45, 162, 167 = NJW 1966, 1071; AG Hechingen, Urt. v. 8. 5. 1998 – 6 C 176/98, NVersZ 2000, 518, 519 = VersR 1999, 569, 570; krit. dazu *Prahl* NVersZ 2000, 502; BGH, Urt. v. 22. 3. 2000 – IV ZR 23/99, NJW 2000, 2103 = NVersZ 2000, 332 = VersR 2000, 709 = r+s 2000, 345; BGH, Urt. v. 18. 6. 2003 – IV ZR 59/02, NJW 2003, 2679, 2680 = VersR 2003, 1021, 1022 = r+s 2003, 424, 425 = WM 2003, 2247, 2248; BGH, Urt. v. 3. 5. 2006 – IV ZR 134/05, NJW-RR 2006, 1258, 1259; BGH, Urt. v. 2. 12. 2009 – IV ZR 65/09, VersR 2010, 517, 518.
[297] *Eberhardt/Castellvi* VersR 2002, 261, 262.
[298] BFH, Urt. v. 30. 6. 1999 – II R 70/97, BB 1999, 2284, 2285.
[299] BFH, Urt. v. 30. 6. 1999 – II R 70/97, BB 1999, 2284, 2285.
[300] BGH, Urt. v. 20. 5. 1992 – XII ZR 255/90, NJW 1992, 2154, 2156 = VersR 1992, 1382, 1385.
[301] LG Frankfurt/M. v. 7. 11. 1956, VersR 1957, 211 m. Anm. *Welz*; GB BAV 1957/1958, 32, 33.
[302] BGHZ 45, 162 f. = NJW 1966, 1071; BGH, Urt. v. 20. 5. 1992 – XII ZR 255/90, NJW 1992, 2154, 2156 = VersR 1992, 1382, 1385.
[303] LG München VersR 1963, 965; a. A. *Winter* in: Bruck/Möller, VVG, 8. Aufl., 1988, §§ 159–178 VVG Anm. G 373.
[304] AG Mölln v. 10. 6. 1976, VersR 1978, 131.
[305] *Frels* VersR 1970, 984, 988.
[306] *Frels* VersR 1970, 984, 985.
[307] *Frels* VersR 1970, 984, 985.
[308] BFH BStBl. III 1952, 240.

zur Insolvenzmasse.[309] Der Gläubiger des unwiderruflichen Bezugsberechtigten kann dessen Ansprüche aus dem Versicherungsvertrag pfänden lassen. Eine Befriedigung aus der Versicherungsleistung ist für die Gläubiger des unwiderruflichen Bezugsberechtigten in der Regel erst nach Eintritt des Versicherungsfalls möglich. Dem Versicherungsnehmer steht nämlich weiterhin das Rückkaufsrecht zu, das demzufolge auch vom Gläubiger des unwiderruflichen Bezugsberechtigten nicht gepfändet werden kann. Zur vorzeitigen Befriedigung der Gläubiger kann es nur kommen, wenn der Versicherungsnehmer kündigt und damit die Rückvergütung fällig wird. Der Gläubiger des Versicherungsnehmers hat keine Zugriffsmöglichkeit auf die im Versicherungsvertrag angesammelten Mittel, und zwar auch nicht über die Pfändung der Gestaltungsrechte. Im Falle der Kündigung steht nämlich die Rückvergütung dem unwiderruflich Bezugsberechtigten bzw. dessen Gläubiger zu.

97 d) **Ableben.** Beim Ableben des unwiderruflichen Bezugsberechtigten gehen die Ansprüche auf die Versicherungsleistung auf seine Erben über, wenn für diesen Fall keine andere Verfügung getroffen ist.

9. Rechtsstellung des Versicherungsnehmers bei Einräumung eines unwiderruflichen Bezugsrechts

98 a) **Verlust der Vermögensrechte.** Ist ein unwiderrufliches Bezugsrecht bestimmt, hat dies zur Folge, dass der Versicherungsnehmer nicht mehr frei über die Versicherungssumme und insbesondere nicht mehr über den Anspruch auf die Versicherungsleistung verfügen kann.[310] Da der unwiderruflich Begünstigte die Ansprüche auf die Versicherungsleistung sofort erwirbt, gebühren sie ihm nicht nur im Versicherungsfall, sondern auch schon dann, wenn sie vorzeitig fällig werden, z. B. der Anspruch auf den Rückkaufswert.[311] Der Versicherungsnehmer behält aber das Recht, vom Versicherer Leistung an den Bezugsberechtigten zu verlangen.[312] Der Versicherungsnehmer kann die Rechte aus der Versicherung nicht mehr abtreten oder verpfänden,[313] da ihm die Vermögensrechte nicht zustehen.

99 b) **Gestaltungsrechte.** Auch bei Bestellung eines unwiderruflichen Bezugsrechts behält der Versicherungsnehmer weiterhin das Dispositionsrecht über den Vertrag.[314] Die unwiderrufliche Bezugsberechtigung kann der Versicherungsnehmer allerdings nicht mehr ändern oder andere Begünstigte einsetzen, es sei denn der unwiderrufliche Bezugsberechtigte stimmt derartigen Verfügungen über seine Ansprüche zu. Der Versicherungsnehmer bleibt aber zur Kündigung berechtigt[315] und kann damit den Anspruch auf den Rückkaufswert entstehen lassen[316] oder

---

[309] *Sieg* in: Festschrift für Ernst Klingmüller, 1974, 447, 459.
[310] OLG Koblenz, Beschl. v. 1. 2. 2007 – 2 U 898/05, VersR 2007, 1257, 1259.
[311] BGH, Urt. v. 20. 5. 1992 – XII ZR 255/90, NJW 1992, 2154, 2156 = VersR 1992, 1382, 1385; OLG Koblenz, Beschl. v. 1. 2. 2007 – 2 U 898/05, VersR 2007, 1257, 1259.
[312] RGZ 66, 161.
[313] RGZ 71, 324, 329.
[314] OLG Koblenz, Beschl. v. 1. 2. 2007 – 2 U 898/05, VersR 2007, 1257, 1259.
[315] OLG Bamberg, Urt. v. 9. 2. 2006 – 1 U 175/05, VersR 2006, 1389, 1390; KG, Urt. v. 10. 2. 2006 – 6 U 139/05, VersR 2006, 1349, 1351; OLG Koblenz, Beschl. v. 1. 2. 2007 – 2 U 898/05, VersR 2007, 1257, 1259.
[316] RGZ 154, 155, 159; BGH, Urt. v. 17. 2. 1966 – II ZR 286/63, BGHZ 45, 162, 167 = NJW 1966, 1071, 1073 = VersR 1966, 359, 360; BGH, Urt. v. 20. 5. 1992 – XII ZR 255/90, NJW 1992, 2154, 2156 = VersR 1992, 1382, 1385; OLG Frankfurt/M., Urt. v. 14. 9. 2000 – 3 U 139/99, NJW-RR 2001, 676 = NVersZ 2001, 159, 160 = VersR 2002, 219, 220 = r+s 2001, 478; OLG Frankfurt/M., Urt. v. 19. 12. 2001 – 7 U 64/01, VersR 2002, 963, 964 = r+s 2003, 74.

auch die Umwandlung der Versicherung in eine beitragsfreie Versicherung verlangen.[317] Das folgt daraus, dass der Versicherungsnehmer allein dem Versicherer verpflichtet bleibt, um sich bei einem Wechsel der Verhältnisse von der Zahlung weiterer Prämien befreien zu können.[318] Das Recht des Versicherungsnehmers, das Versicherungsverhältnis zu kündigen und danach die Prämienzahlung einzustellen, gilt im Zweifel auch für das Innenverhältnis zwischen dem Versicherungsnehmer und dem Bezugsberechtigten.[319] Unbeachtlich ist im Verhältnis Versicherungsnehmer – Versicherer, ob sich der Versicherungsnehmer verpflichtet hat, nicht zu kündigen. Unberührt bleibt auch das Recht des Versicherungsnehmers, die Anfechtung des Versicherungsvertrags auszusprechen.[320]

c) **Vertragspflichten.** Der Versicherungsnehmer bleibt, wie bei der widerruflichen Bezugsberechtigung, Vertragspartner.[321] Er hat alle Vertragspflichten zu erfüllen. Die Pflicht zur Beitragszahlung ist vom Versicherungsnehmer weiterhin zu erfüllen.

Alle Willenserklärungen, die in Bezug auf den Versicherungsvertrag abzugeben sind, müssen durch den Versicherungsnehmer gegenüber dem Versicherer oder durch den Versicherer gegenüber dem Versicherungsnehmer abgegeben werden. Der Versicherer hat daher Mahnungen oder Kündigungen nur an den Versicherungsnehmer zu richten oder ihm gegenüber, falls die Voraussetzungen vorliegen, den Vertrag anzufechten oder von ihm zurückzutreten.

d) **Zwangsvollstreckung.** Gläubiger des Versicherungsnehmers können weder vor noch nach Eintritt des Versicherungsfalls die Versicherungsansprüche pfänden, da der Anspruch auf die Versicherungsleistung nicht im Vermögen des Versicherungsnehmers steht.[322] Das dem Versicherungsnehmer trotz unwiderruflicher Bezugsrechtseinräumung verbliebene Kündigungsrecht kann der Gläubiger nicht pfänden, da es nicht selbständig, sondern nur zusammen mit dem Recht auf den Rückkaufswert übertragen und gepfändet werden kann.[323] Der durch eine Kündigung des Versicherungsnehmers bedingte Anspruch auf den Rückkaufswert steht in diesem Fall nicht mehr dem Versicherungsnehmer, sondern dem unwiderruflich Bezugsberechtigten zu.[324] Eine Pfändung des Rückkaufswerts und des Kündigungsrechts geht demzufolge ins Leere.[325]

---

[317] RGZ 154, 155; BGH v. 12. 3. 1964, VersR 1964, 497, 500; BGH, Urt. v. 17. 2. 1966 – II ZR 286/63, BGHZ 45, 162, 167 = NJW 1966, 1071, 1073 = VersR 1966, 359, 360; BGH, Urt. v. 20. 5. 1992 – XII ZR 255/90, NJW 1992, 2154, 2156 = VersR 1992, 1382, 1385; OLG Frankfurt/M., Urt. v. 14. 9. 2000 – 3 U 139/99, NJW-RR 2001, 676 = NVersZ 2001, 159, 160 = VersR 2002, 219, 220 = r+s 2001, 478; OLG Koblenz, Beschl. v. 1. 2. 2007 – 2 U 898/05, VersR 2007, 1257, 1259.
[318] BGHZ 45, 162 = VersR 1966, 359; KG, Urt. v. 10. 2. 2006 – 6 U 139/05, VersR 2006, 1349, 1351.
[319] OLG Braunschweig VersR 1962, 701.
[320] RGZ 154, 155, 159; BGH, Urt. v. 17. 2. 1966 – II ZR 286/63, BGHZ 45, 162, 167 = NJW 1966, 1071, 1073 = VersR 1966, 359, 360.
[321] OLG Koblenz, Beschl. v. 1. 2. 2007 – 2 U 898/05, VersR 2007, 1257, 1259.
[322] BGH v. 8. 5. 1954, BGHZ 13, 232; BGH v. 8. 2. 1960, BGHZ 32, 47; BGH v. 17. 2. 1966, BGHZ 45, 162, 167.
[323] BGHZ 45, 162, 167 f. = VersR 1966, 359, 360; BGH, Urt. v. 18. 6. 2003 – IV ZR 59/02, NJW 2003, 2679, 2680 = VersR 2003, 1021, 1022 = r+s 2003, 424, 425 = WM 2003, 2247, 2248.
[324] BGH, Urt. v. 18. 6. 2003 – IV ZR 59/02, NJW 2003, 2679, 2680 = VersR 2003, 1021, 1022 = r+s 2003, 424, 325 = WM 2003, 2247, 2248.
[325] BGH, Urt. v. 12. 12. 2001 – IV ZR 47/01, NJW 2002, 755 = VersR 2002, 334 = WM 2002, 279; BGH, Urt. v. 18. 6. 2003 – IV ZR 59/02, NJW 2003, 2679, 2680 = VersR 2003, 1021, 1022 = r+s 2003, 424, 425 = WM 2003, 2247, 2248.

103 Wird über das Vermögen des Versicherungsnehmers das Insolvenzverfahren eröffnet, ist der Insolvenzverwalter berechtigt, das Kündigungsrecht auszuüben.[326] Kündigt der Insolvenzverwalter, ist der in der Kündigung liegende konkludente Widerruf der unwiderruflichen Bezugsberechtigung unwirksam.[327] Der Insolvenzverwalter kann durch Kündigung den Rückkaufswert nicht zur Insolvenzmasse ziehen, da das unwiderrufliche Bezugsrecht nicht zur Insolvenzmasse des Versicherungsnehmers gehört.

104 Ein Gläubiger des Versicherungsnehmers kann nur über den Weg der Gläubigeranfechtung versuchen, auf die Versicherungsforderung Zugriff zu nehmen.[328] Die unwiderrufliche Bezugsberechtigung unterliegt der Gläubigeranfechtung, die inhaltlich nach den gleichen Grundsätzen nach Eintritt des Versicherungsfalles.

105 Wurde der Bezugsberechtigte bereits bei Abschluss des Versicherungsvertrages benannt, so unterliegt das Bezugsrecht nicht der Gläubigeranfechtung nach den §§ 32 KO, 3 Abs. 1 Nr. 3, 4 AnfG, weil es nie dem Versicherungsnehmer zugestanden hat.[329] Zurückzugewähren ist gemäß den §§ 37 KO, 7 AnfG nur die Prämienzahlung der letzten ein bzw. zwei Jahre.[330] Bei Gutgläubigkeit ist nach den §§ 37 Abs. 2 KO, 7 Abs. 2 AnfG nur die Bereicherung, d. h. nur die Erhöhung des Rückkaufswerts durch die anfechtbar gezahlten Beiträge zu erstatten. Gleiches gilt bei einem Wechsel des Begünstigten, wenn das Bezugsrecht dem Versicherungsnehmer nie zugestanden hat.

106 Das gesamte Bezugsrecht unterliegt der Gläubigeranfechtung, wenn das Bezugsrecht erst später eingeräumt wurde.[331] Auch die Umwandlung einer ursprünglich widerruflichen Bezugsberechtigung in eine unwiderrufliche ist als eine dem Gläubiger nachteilige Aufopferung eines Zugriffswerts, mithin als eine Verfügung im Sinne des § 3 Abs. 1 AnfG anzusehen.[332] Wurde das Bezugsrecht vor Beginn der für die Anfechtung maßgeblichen Zeitspanne eingeräumt oder in ein unwiderrufliches Bezugsrecht verändert, können die Gläubiger wieder nur in Höhe der letzten Beitragszahlungen anfechten.

10. Rechtsstellung des Versicherers

107 **a) Pflichten bei Einräumung und Widerruf von Bezugsrechten.** Geschäftsplanmäßig hat das LVU die Einräumung usw. eines unwiderruflichen Bezugsrechts unverzüglich zu bestätigen, falls keine Anhaltspunkte bestehen, dass sich der Versicherungsnehmer über den Inhalt des unwiderruflichen Bezugsrechts im Unklaren ist, andernfalls ist der Versicherungsnehmer unverzüglich aufzuklären.[333] Verletzt der Versicherer seine Pflicht zur unverzüglichen Bearbeitung eines Bezugsrechtsantrags, kann er zum Schadensersatz verpflichtet sein.[334]

108 **b) Auskunftspflichten gegenüber Bezugsberechtigten.** Der Bezugsberechtigte hat grundsätzlich keinen Anspruch auf Auskunftserteilung gegen den Versicherer, da zwischen Versicherer und Begünstigten kein Vertragsverhältnis

---

[326] OLG Bamberg, Urt. v. 9. 2. 2006 – 1 U 175/05, VersR 2006, 1389, 1390; KG, Urt. v. 10. 2. 2006 – 6 U 139/05, VersR 2006, 1349, 1351.
[327] KG, Urt. v. 10. 2. 2006 – 6 U 139/05, VersR 2006, 1349, 1351.
[328] Vgl. RGZ 127, 269.
[329] RGZ 51, 403; RGZ 62, 46; RGZ 66, 158; RGZ 153, 220.
[330] RGZ 61, 217; RGZ 66, 158; RGZ 153, 228.
[331] RGZ 62, 46, 48; RGZ 66, 158; RGZ 153, 220, 227.
[332] FG Hamburg v. 15. 4. 1987, NJW 1988, 2063.
[333] Vgl. Nr. 1.3.5 des Allgemeinen Geschäftsplans für die Lebensversicherung, VerBAV 1986, 150, 153.
[334] OLG München VersR 1963, 1189; BGH VersR 1975, 1090; LG Mönchengladbach VersR 1983, 49.

besteht.³³⁵ Im Vertragsrecht gibt es keine allgemeine Auskunftspflicht,³³⁶ sondern nur, wenn besondere Umstände vorliegen. Der BGH hat speziell zum Versicherungsnehmer entschieden, dass den Versicherer keine allgemeine Pflicht zur umfassenden Belehrung des Versicherungsnehmers trifft.³³⁷ Wird aber die Bezugsberechtigung aus einem echten Vertrag zugunsten Dritter mit vorgesehener Leistung nach dem Tod des Versprechensempfängers (§ 331 Abs. 1 BGB) vor dem Erwerb des Rechts wieder aufgehoben, so kann sich aus den Nachwirkungen des angebahnten Rechtsverhältnisses nach Treu und Glauben ein Auskunftsanspruch über den Bestand der Bezugsberechtigung ergeben.³³⁸

c) Erbringung der Versicherungsleistung. Die Versicherungsleistung hat der Versicherer an den Anspruchsberechtigten auszuzahlen. Durch das Erfordernis der Anzeige eines Widerrufs, einer Abtretung oder einer Verpfändung der Ansprüche aus dem Versicherungsvertrag ist der Versicherer geschützt, wenn er Auszahlungen vor Eingang einer Verfügung des hierzu Berechtigten vornimmt.³³⁹ Im Übrigen gilt § 407 Abs. 1 BGB analog.³⁴⁰ **109**

Wenn der Versicherungsnehmer den Versicherer anweist, eine Zahlung an einen Dritten zu leisten, so kann er, solange die Leistung vom Versicherer noch nicht bewirkt ist, diese Anweisung dem Versicherer gegenüber jederzeit widerrufen oder eine andere Anweisung erteilen. Auch bei dem Auftrag des Versicherungsnehmers an den Versicherer, eine Zahlung oder einen Rückkaufswert auf sein Bankkonto zu überweisen, handelt es sich um eine derartige Zahlungsanweisung. In der Praxis wird der Versicherer vom Versicherungsnehmer gelegentlich unwiderruflich angewiesen, eine Leistung an eine bestimmte Person oder an ein bestimmtes Geldinstitut zu veranlassen. Eine solche unwiderrufliche Zahlungsanweisung kann rechtlich als eine Abtretung ausgelegt werden. An sich ist die Zahlungsanweisung als Auftrag des Versicherungsnehmers an den Versicherer begrifflich stets widerruflich, solange der Auftrag noch nicht durchgeführt ist. Außerdem ist zu bedenken, dass im Zeitpunkt des Zugangs der unwiderruflichen Zahlungsanweisung die Möglichkeit besteht, dass bereits ein Dritter den Anspruch auf die Leistung erworben hat. Eine Zahlungsanweisung kann dabei nur derjenige erteilen, dem der Anspruch auf die Leistung bei ihrer Fälligkeit zusteht. **110**

Ist der Versicherungsvertrag gekündigt, kann der Versicherer den Rückkaufswert mit befreiender Wirkung an den Besitzer des Versicherungsscheins auszahlen, wenn dieser eine nicht erkennbar gefälschte Vollmacht des Bezugsberechtigten vorlegt.³⁴¹ Die Leistung an den Inhaber des Versicherungsscheins befreit den Versicherer dann nicht, wenn sich die mangelnde Berechtigung des Inhabers aus dem Versicherungsantrag und den sonstigen schriftlichen Unterlagen ergibt.³⁴² **111**

Die Einwendungen, die der Versicherer gegenüber dem Versicherungsnehmer aus dem Vertrag erheben kann, kann er auch gegenüber dem Begünstigten geltend machen, z. B. die Leistungsfreiheit wegen einer Anzeigepflichtverletzung, die Aufrechnung wegen unbezahlter Beiträge, die Folgen einer Mahnung oder Kündigung nach § 39 VVG. **112**

---

³³⁵ AG Karlsruhe v. 3. 1. 1959, VersR 1959, 884.
³³⁶ RGZ 111, 234.
³³⁷ BGH VersR 1956, 789; BGH MDR 1959, 553.
³³⁸ BGH NJW 1982, 1807 = MDR 1982, 836 = DB 1982, 1400; BGH FamRZ 1982, 677 = WM 1982, 689.
³³⁹ BGH, Urt. v. 1. 7. 1981 – IV a ZR 201/80, VersR 1981, 926.
³⁴⁰ RGZ 154, 109; RGZ 168, 177; BGH VersR 1963, 917 = MDR 1963, 995.
³⁴¹ OLG Karlsruhe VersR 1979, 929.
³⁴² LG Stade v. 11. 11. 1959, VersR 1960, 25.

III. Erbringung der Versicherungsleistung an den Versicherungsnehmer oder seine Erben

Schrifttum: *Ahrens,* Prämien oder Summe bei Lebensversicherungen: was ist Gegenstand des Pflichtteilergänzungsanspruchs?, ZEP 2008, 247; *Elfring,* Das System der drittbezogenen Ansprüche bei der Lebensversicherung, NJW 2004, 483; *Eulberg/Ott-Eulberg/Halaczinsky,* Die Lebensversicherung im Erb- und Erbschaftsteuerrecht, Karlsruhe, VVW, 2005; *Frömgen,* Das Verhältnis zwischen Lebensversicherung und Pflichtteil, Berlin, D&H, 2004; *Hasse,* Lebensversicherung und erbrechtliche Ausgleichsansprüche, Karlsruhe, VVW, 2005; *derselbe,* Das Valutaverhältnis bei der Todesfalllebensversicherung zugunsten Dritter – Zugleich Anmerkung zum Urteil des BGH vom 21. 5. 2008 (IV ZR 238/06) VersR 2008, 1054 –, VersR 2009, 41; *derselbe,* Lebensversicherung und Pflichtteilsergänzung – Zur ausgleichsrechtlichen Behandlung mittelbarer Zuwendungen, VersR 2009, 733; *Klinger/Maulbetsch,* Die Lebensversicherung im Pflichtteilsrecht, NJW-Spezial 2005, 13; *Siebert,* Die Entwicklung des Erbrechts im Jahre 2007, NJW 2008, 1425.

1. Allgemeines

113 Die Leistung aus dem Versicherungsvertrag erbringt der Versicherer an den Versicherungsnehmer oder seine Erben, falls der Versicherungsnehmer keinen Bezugsberechtigten benannt hat oder Rechte Dritter zu beachten sind. Diese Regelung in § 13 Abs. 1 ALB 2008 gibt die Rechtslage wieder. Bei der Lebensversicherung (Todesfall-Versicherung), die auf das Leben des Versicherungsnehmers genommen wird, gehört die Versicherungsforderung grundsätzlich zum Vermögen des Versicherungsnehmers.[343] Über seine Ansprüche aus dem Versicherungsverhältnis kann der Versicherungsnehmer im Rahmen seiner Gestaltungsfreiheit verfügen.[344] Er kann ein Bezugsrecht einräumen, das sämtliche aus dem Versicherungsvertrag fällig werdenden Ansprüche umfasst, so auch den Anspruch auf Zahlung des Rückkaufswerts.[345] Wenn der Versicherungsnehmer für den Erlebensfall keine andere Person als bezugsberechtigt bezeichnet hat, steht ihm die Versicherungsforderung zu. Im Todesfall fällt der Versicherungsanspruch in den Nachlass, wenn der Versicherungsnehmer für diesen Fall kein Bezugsrecht verfügt hat (§ 168 VVG), da § 167 Abs. 2 VVG nicht eingreift.[346] Dies ist auch der Fall, wenn der Versicherungsnehmer seine „Erbschaft" oder seinen Nachlass als empfangs- und bezugsberechtigt bezeichnet hat.[347] Hatte der Versicherungsnehmer die Ansprüche aus dem Versicherungsvertrag an ein Kreditinstitut abgetreten, so fällt nach Befriedigung der Bank der Anspruch auf Rückübertragung des noch nicht durch Auszahlung erfüllten Anspruchs auf Leistung der Versicherungssumme in den Nachlass.[348] Bei mehreren Erben ist die Erbengemeinschaft aktivlegi-

---

[343] BGH v. 8. 2. 1960, BGHZ 32, 44, 46 = VersR 1960, 339, 340; BGH, Urt. v. 1. 7. 1981 – IV a ZR 201/80, VersR 1981, 926, 927.
[344] BGH, Urt. v. 8. 6. 2005 – IV ZR 30/04, NJW-RR 2005, 1412, 1413 = VersR 2005, 1134, 1135 = WM 2005, 2141, 2142 = ZIP 2005, 1373, 1374 = MDR 2005, 1348, 1349 = BetrAV 2005, 786.
[345] BGH, Urt. v. 18. 6. 2003 – IV ZR 59/02, NJW 2003, 2679, 2680 = VersR 2003, 1021, 1022 = r+s 2003, 424, 425 = WM 2003, 2247, 2248 f.; BGHReport 2003, 992 m. Anm. *Baroch Castellví;* BGH, Urt. v. 8. 6. 2005 – IV ZR 30/04, NJW-RR 2005, 1412, 1413 = VersR 2005, 1134, 1135 = WM 2005, 2141, 2142 = ZIP 2005, 1373, 1374 = MDR 2005, 1348, 1349 = BetrAV 2005, 786.
[346] BGHZ 32, 44, 47 = VersR 1960, 339; BGH, Urt. v. 4. 12. 1980 – IV a ZR 59/80, VersR 1981, 371, 372; BAG v. 5. 3. 1981, VersBAV 1982, 273; BFH, Urt. v. 22. 2. 1996 – III R 7/94, VersR 1996, 1569 = BB 1996, 1869; *Siebert* NJW 2008, 1428, 1429.
[347] Vgl. BGH, Urt. v. 24. 3. 1982 – IV a ZR 156/80, VersR 1982, 665.
[348] BGH VersR 1986, 231.

timiert,[349] insbesondere wenn sich der Versicherer vom Anspruch auf die Versicherungsleistung durch Hinterlegung befreit hat.[350] Auch ein Schadensersatzanspruch steht den Erben zu, es sei denn, im Versicherungsantrag war ein Bezugsberechtigter genannt. Dann kann dieser den Anspruch geltend machen.[351]

2. Rechtsstellung der Erben

a) **Rechtsgrund für die Zuwendung der Bezugsberechtigung durch den Erblasser. aa) Zuwendung außerhalb des Nachlasses.** Der echte Vertrag zugunsten Dritter gemäß §§ 328, 331 BGB steht dem Erblasser (Versicherungsnehmer oder versicherte Person) als Mittel für die gewillkürte Weitergabe von Vermögensstücken zur Verfügung.[352] Mit seiner Hilfe kann sich der Erblasser eine Leistung an den von ihm begünstigten Dritten (Bezugsberechtigter) derart versprechen lassen (Deckungsverhältnis), dass dieser nach dem Tod des Erblassers unmittelbar einen Anspruch gegen den Versprechenden (= Versicherer) auf die Leistung erlangt.[353] Die vom Erblasser zu Lebzeiten begründete Bezugsberechtigung für die Todesfallleistung aus der Lebensversicherung verschafft dem Begünstigten im Versicherungsfall eine im Deckungsverhältnis jedenfalls insoweit unentziehbare Rechtsstellung, als die Erben des Versicherungsnehmers die Bezugsberechtigung nicht mehr ändern oder widerrufen können.[354] Der durch die Begünstigungserklärung einer Kapitalversicherung für den Todesfall bewirkte Rechtserwerb durch den Bezugsberechtigten vollzieht sich damit nach ganz herrschender Meinung außerhalb des Nachlasses[355] und ist dem Zugriff der Nachlassgläubiger entzogen.[356]

114

---

[349] OLG Nürnberg VersR 1969, 149; BGH VersR 1986, 231.
[350] BGH, Urt. v. 21. 5. 2008 – IV ZR 238/06, NJW 2008, 2702, 2703 = VersR 2008, 1054, 1055 = r+s 2008, 384 = WM 2008, 1700, 1701.
[351] Vgl. BGH v. 25. 9. 1975, VersR 1975, 1090, 1092; BGH, Urt. v. 19. 2. 1981 – IV a ZR 98/80, VersR 1981, 452, 453.
[352] BGH, Urt. v. 1. 4. 1987 – IV a ZR 26/86, NJW 1987, 3131 = VersR 1987, 659, 660; siehe zur Übertragung von Konto- und Depotguthaben OLG Frankfurt/M., Urt. v. 25. 6. 1986 – 21 U 239/84, WM 1987, 1248, 1249 m. Anm. *Hammen* WM 1987, 1249 ff.; OLG Celle, Urt. v. 22. 12. 1992, WM 1993, 591; OLG Hamm, Urt. v. 7. 2. 1996 – 31 U 172/95, NJW-RR 1996, 1328; OLG Düsseldorf, Urt. v. 31. 5. 1996 – 22 U 236/95, NJW-RR 1996, 1329; *Kümpel* WM 1993, 825 ff.
[353] BGH, Urt. v. 19. 10. 1983 – IV a ZR 71/82, NJW 1984, 480; BGH, Urt. v. 1. 4. 1987 – IV a ZR 26/86, NJW 1987, 3131, 3132 = VersR 1987, 659, 660; *Kaduk* in: Festschrift für Karl Larenz, 1983, S. 303, 305.
[354] BGH, Urt. v. 14. 7. 1993 – IV ZR 242/92, NJW 1993, 3134 = VersR 1993, 1219, 1220 = r+s 1993, 477 = WM 1993, 1900; BGH, Urt. v. 21. 5. 2008 – IV ZR 238/06, NJW 2008, 2702, 2703 = VersR 2008, 1054, 1055 = r+s 2008, 384 = WM 2008, 1700, 1701.
[355] RGZ 1, 188; RGZ 16, 126; RGZ 48, 284; RGZ 51, 404; RGZ 54, 96; RGZ 61, 218; RGZ 62, 263; RGZ 80, 177; RGZ 88, 139; RGZ 127, 271; RGZ 128, 169; RGZ 153, 228; BGH v. 14. 7. 1952, BGHZ 7, 142; BGH v. 8. 5. 1954, BGHZ 13, 226, 232 = VersR 1954, 281; BGH v. 10. 1. 1955, VersR 1955, 99; BGH v. 8. 2. 1960, BGHZ 32, 44, 47 = VersR 1960, 339; BGH v. 12. 7. 1960, VersR 1960, 932; BGH v. 29. 1. 1964, BGHZ 41, 95, 96 = NJW 1964, 1124 m. Anm. *Büsselberg* NJW 1964, 1952; BGH v. 10. 6. 1965, VersR 1965, 807 = NJW 1965, 1913; BGH v. 9. 11. 1966, NJW 1967, 102; BGH VersR 1984, 845 = NJW 1984, 2156; BGH, Urt. v. 20. 9. 1995 – XII ZR 16/94, NJW 1995, 3113 = VersR 1995, 1429, 1430 = r+s 1996, 72, 74 = WM 1995, 2039, 2041 = JZ 1996, 203, 205; OLG Frankfurt/M. NJW-RR 1998, 795; OLG Naumburg, Urt. v. 15. 4. 2002 – 14 WF 227/01, WM 2004, 830, 831; *Lorenz* in: Festschrift für Robert Schwebler, 1986, S. 349, 371; *derselbe*: Dieter Farny und die Versicherungswissenschaft, 1994, S. 335, 344; *Muscheler* WM 1994, 921.
[356] RGZ 51, 404; LG Köln v. 28. 7. 1950, VersR 1951, 113; LG Hechingen v. 19. 7. 1955, VerBAV 1955, 343; OLG Düsseldorf v. 23. 6. 1965, VersR 1965, 869; OLG Stuttgart

115 bb) Rechtsgrund. Der vom Erblasser (Versicherungsnehmer) Begünstigte darf den erworbenen Anspruch gegen den Versprechenden, den Gegenstand der Zuwendung (oder die zu dessen Erfüllung bewirkte Leistung), allerdings nur behalten, wenn in seinem Verhältnis zum Erblasser (Valutaverhältnis) ein rechtlicher Grund für die Vermögensverschiebung besteht; andernfalls hat er das Erlangte den Erben gemäß § 812 Abs. 1 Satz 1 BGB als ungerechtfertigte Bereicherung herauszugeben.[357] Dies gilt bei der Direktversicherung gleichermaßen.[358] Sowohl bei einem aufhebbaren als auch bei einem unaufhebbaren Bezugsrecht ist daher der Erwerb für den Bezugsberechtigten nur rechtsbeständig, wenn für ihn im Verhältnis zu dem Versicherungsnehmer oder dessen Erbe(n), d.h. im Valutaverhältnis, ein rechtlicher Grund im Sinne des § 812 Abs. 1 Satz 1 vorhanden ist.[359] § 2301 BGB (Schenkungsversprechen von Todes wegen) ist insoweit nicht anzuwenden.[360]

116 Der ursprüngliche Rechtsgrund für die (mittelbare) Zuwendung der widerruflichen Bezugsberechtigung durch den Versicherten an den Bezugsberechtigten kann als (zu Lebzeiten des Erblassers noch formnichtige) Schenkung,[361] als Pflichtschenkung,[362] als Unterhalt[363] oder als so genannte „unbenannte Zuwendung"[364] einzuordnen sein.[365] Nach anderer Auffassung ist der Rechtsgrund für den Erwerb in die Begünstigungserklärung eingeschlossen.[366] Für die Heilung eines formnichtigen Schenkungsversprechens unter Lebenden kann es ausreichen,

---

v. 23. 2. 1956, NJW 1956, 1073; LG Bonn v. 5. 5. 1959, VersR 1960, 265; LG Nürnberg-Fürth v. 3. 4. 1968, VersR 1969, 33; OLG Nürnberg v. 27. 9. 1968, VersR 1969, 608; OLG Hamm v. 29. 1. 1975, VersR 1976, 142; OLG Köln v. 22. 10. 1974, VersR 1975, 223; LG Saarbrücken v. 30. 4. 1982, NJW 1983, 181.

[357] RGZ 128, 187, 189; BGH v. 25. 4. 1975, VersR 1975, 706 = NJW 1975, 1360; BGHZ 41, 95; BGH NJW 1975, 378; BGH VersR 1965, 807 = NJW 1965, 1913; BGHZ 66, 8, 13 = NJW 1976, 749; OLG Hamm, Urt. v. 24. 9. 1980 – 20 U 120/80, VersR 1981, 228, 229; BGH, Urt. v. 24. 3. 1982 – IV a ZR 156/80, VersR 1982, 665, 667; BGH NJW 1984, 480, 481; BGH, Urt. v. 1. 4. 1987 – IV a ZR 26/86, VersR 1987, 3131, 3132 = VersR 1987, 659, 660 = MDR 1987, 914; BGH, Urt. v. 30. 11. 1994 – IV ZR 290/93, NJW 1995, 1082, 1084 = VersR 1995, 282, 284 = r+s 1995, 116 = MDR 1995, 824, 825; BGH, Urt. v. 21. 5. 2008 – IV ZR 238/06, NJW 2008, 2702, 2703 = VersR 2008, 1054, 1055 = r+s 2008, 384 = WM 2008, 1700, 1701; *Winter* in: Bruck/Möller, VVG, 8. Aufl., 1988, §§ 159–178 VVG Anm. H 165; *Muschaler* WM 1994, 921/ 922, 931.

[358] BGH v. 25. 4. 1975, VersR 1975, 706 = NJW 1975, 1360; BGH v. 14. 7. 1976, WM 1976, 1130; BGHZ 91, 288, 290 = VersR 1984, 845, 846; BGH, Urt. v. 1. 4. 1987 – IV a ZR 26/86, NJW 1987, 3131, 3132 = VersR 1987, 659, 660.

[359] BGH, Urt. v. 25. 4. 1975 – IV ZR 63/74, NJW 1975, 1360 = VersR 1975, 706; BGH, Urt. v. 14. 7. 1976 – IV ZR 123/75, WM 1976, 1130; BGHZ 91, 288, 290 = VersR 1984, 845, 846; BGH, Urt. v. 1. 4. 1987 – IV a ZR 26/86, NJW 1987, 3131, 3132 = VersR 1987, 659, 660; OLG Hamm, Urt. v. 3. 12. 2004 – 20 U 132/04, NJW-RR 2005, 465, 466 = VersR 2005, 819 = r+s 2005, 299 = MDR 2005, 574.

[360] BGHZ 157, 79, 82 = NJW 2004, 767 = WM 2004, 271; BGH, Urt. v. 21. 5. 2008 – IV ZR 238/06, NJW 2008, 2702, 2703 = VersR 2008, 1054, 1055 = r+s 2008, 384 = WM 2008, 1700, 1701.

[361] Vgl. OLG Stuttgart, Urt. v. 23. 3. 1990 – 2 U 170/89, NJW-RR 1990, 924, 925; BGH, Urt. v. 21. 5. 2008 – IV ZR 238/06, NJW 2008, 2702, 2703 = VersR 2008, 1054, 1055 = r+s 2008, 384 = WM 2008, 1700, 1701.

[362] BGH, Urt. v. 11. 11. 1981 – IV a ZR 235/80, WM 1982, 100.

[363] BGHZ 74, 38, 46 = NJW 1979, 1289; OLG Oldenburg, Urt. v. 24. 4. 1990 – 5 U 106/89, VersR 1990, 1378, 1379 = WM 1991, 1797, 1800; dazu *Bayer* VersR 1990, 1379f.

[364] BGHZ 84, 361, 364 = NJW 1982, 2236.

[365] BGH, Urt. v. 1. 4. 1987 – IV a ZR 26/86, NJW 1987, 3131, 3132 = VersR 1987, 659, 660.

[366] *Lorenz* in: Festschrift für Robert Schwebler, 1986, S. 349, 369.

dass der Versprechensempfänger die versprochene Leistung mit Hilfe einer postmortalen Vollmacht des Schenkers nach dessen Tod bewirkt.[367] Gegenstand der Zuwendung (Schenkung) sind die Ansprüche auf Auszahlung der Versicherungssummen und nicht etwa nur die vom Erblasser gezahlten Beiträge zur Lebensversicherung.[368] Dies ist insbesondere schon dann der Fall, wenn Gegenstand der Zuwendung das Bezugsrecht ist.[369] Wenn die Schenkung mangels Einhaltung der durch § 518 Abs. 1 BGB vorgeschriebenen Form zunächst nicht wirksam ist, ist die Schenkung aber mit dem Eintritt des Versicherungsfalls vollzogen und damit gemäß § 518 Abs. 2 BGB wirksam geworden.[370] Bereicherungsansprüche der Erben des Versicherungsnehmers ergeben sich bei Fehlerhaftigkeit der Rechtsbeziehungen zwischen dem Erblasser und dem Bezugsberechtigten, wenn die beabsichtigte Schenkung nicht zustande gekommen oder wirksam widerrufen ist.[371]

Die Schenkung ist im Falle einer unwiderruflichen Bezugsberechtigung vollzogen, wenn der Versicherungsnehmer diese in einer den ALB entsprechenden Weise durch Vertrag mit dem Versicherer begründet hat oder eine widerrufliche Bezugsberechtigung nicht widerruft.[372] Haben sich Versicherungsnehmer und Begünstigter nicht zu Lebzeiten des Versicherungsnehmers über die Unentgeltlichkeit der Zuwendung geeinigt, so bedarf es einer postmortalen Einigung.[373] Diese kommt dadurch zustande, dass der Versicherungsnehmer mit der Bezugsrechtseinräumung ein Schenkungsangebot macht, das der Versicherer dem Begünstigten nach dem Tode des Versicherungsnehmers übermitteln soll.[374] Ein insoweit mit Botendiensten beauftragter Versicherer erfüllt diesen Auftrag in der Regel durch Auszahlung der Versicherungssumme an den Begünstigten, weil darin konkludent das Schenkungsangebot des verstorbenen Versicherungsnehmers zum Ausdruck kommt.[375] Kommt der Versicherer dem Auftrag nach, so kann der Begünstigte das Schenkungsangebot annehmen (§ 153 BGB), ohne dass es einer Erklärung bedarf. Durch Annahme des Geldes nimmt der Begünstigte das Schen-

---

[367] BGH, Urt. v. 11. 1. 1984 – IV a ZR 30/82, FamRZ 1985, 693, 695; BGH, Urt. v. 5. 3. 1986 – IV a ZR 141/84, ZIP 1986, 1242 = WM 1986, 584, 585 f.; BGH, Urt. v. 18. 5. 1988 – IV a ZR 36/87, WM 1988, 984, 985; BGHZ 99, 97, 100 = WM 1987, 139; BGH, Urt. v. 25. 10. 1994 – XI ZR 239/93, NJW 1995, 250 = VersR 1995, 174, 175 = ZIP 1994, 1843, 1844/1845 = WM 1994, 2190, 2191; krit. dazu *Schultz* NJW 1995, 3345, 3346.

[368] OLG Hamm, Urt. v. 3. 12. 2004 – 20 U 132/04, NJW-RR 2005, 465, 466 = VersR 2005, 819 = r+s 2005, 299 = MDR 2005, 574; a. A. RGZ 128, 187; OLG Braunschweig VersR 1962, 701; BGH v. 10. 6. 1965, VersR 1965, 807 = NJW 1965, 1913; BGH, Urt. v. 4. 2. 1976 – IV ZR 156/73, WM 1976, 532 = FamRZ 1976, 616 m. krit. Anm. *Harder*; BGH, Urt. v. 20. 9. 1995 – XII ZR 16/94, NJW 1995, 3113 = VersR 1995, 1429, 1430 = r+s 1996, 72, 73 = WM 1995, 2039, 2040 = JZ 1996, 203, 204.

[369] OLG Hamm, Urt. v. 13. 3. 2002 – 20 U 6/01, VersR 2002, 1409 = r+s 2002, 390 = MDR 2002, 1253; OLG Hamm, Urt. v. 3. 12. 2004 – 20 U 132/04, NJW-RR 2005, 465, 466 = VersR 2005, 819 = r+s 2005, 299 = MDR 2005, 574.

[370] OLG Stuttgart, Urt. v. 23. 3. 1990 – 2 U 170/89, NJW-RR 1990, 924, 925.

[371] BGH NJW 1975, 382; OLG Hamm, Urt. v. 24. 9. 1980 – 20 U 120/80, VersR 1981, 228, 229; BGH, Urt. v. 12. 11. 1986 – IV a ZR 77/85, MDR 1987, 300; OLG Hamm, Urt. v. 3. 12. 2004 – 20 U 132/04, NJW-RR 2005, 465, 466 = VersR 2005, 819 = r+s 2005, 299 = MDR 2005, 574.

[372] BGH NJW 1975, 1360 = VersR 1975, 706.

[373] BGH, Urt. v. 18. 5. 1988 – IV a ZR 36/87, WM 1988, 984, 985 = DB 1988, 1490.

[374] Vgl. § 130 Abs. 2 BGB; BGH v. 29. 1. 1964, BGHZ 41, 97; BGH v. 10. 6. 1965, NJW 1965, 1914; BGH v. 30. 10. 1974, NJW 1975, 383; BGH NJW 1975, 378; BGH WM 1976, 1130; BGH, Urt. v. 21. 5. 2008 – IV ZR 238/06, NJW 2008, 2702, 2703 = VersR 2008, 1054, 1055 = r+s 2008, 384 f. = WM 2008, 1700, 1701.

[375] BGH, Urt. v. 21. 5. 2008 – IV ZR 238/06, NJW 2008, 2702, 2703 = VersR 2008, 1054, 1055 = r+s 2008, 384, 385 = WM 2008, 1700, 1701.

kungsangebot konkludent an.³⁷⁶ Daraus folgt der BGH, dass der Erbe die Einigung durch Widerruf des dem Versprechenden erteilten Auftrags vereiteln kann (kein Zugang des Angebots oder gleichzeitiger Widerruf, § 130 Abs. 2 BGB). *Lorenz* spricht insoweit von einem würdelosen Informationswettlauf,³⁷⁷ *Finger* von einem wenig sinnvollen Wettlauf der betroffenen Gruppen.³⁷⁸ Der Bezugsberechtigte muss daher das nach dem Tode des Versicherungsnehmers erworbene Recht auf die Leistung nach den Vorschriften über die ungerechtfertigte Bereicherung an die Erben des Versicherungsnehmers herausgeben, wenn es diesen oder z. B. dem Nachlasspfleger³⁷⁹ gelingt, das Schenkungsvertragsangebot des Versicherungsnehmers vor dem Zugang bei dem Dritten gemäß § 130 Abs. 1 BGB zu widerrufen³⁸⁰ oder den Auftrag des Erblassers an den Versicherer zur Übermittelung des Schenkungsangebots zu stornieren.³⁸¹ Hat sich aber der Erblasser unter Verzicht auf ein Widerrufsrecht durch einen Vertrag zu Gunsten Dritter auf den Todesfall gebunden, steht auch den Erben kein Widerrufsrecht zu.³⁸²

118 **b) Wegfall des Rechtsgrunds.** Das Fehlen oder der nachträgliche Wegfall eines Rechtsgrunds für die Zuwendung der Versicherungsleistung im Todesfall ist nicht schon dadurch aufgezeigt, dass der Versicherungsnehmer die Absicht geäußert haben soll, die Bezugsberechtigung zu ändern, weil bestimmte Störungen im Verhältnis zwischen Versicherungsnehmer und dem Bezugsberechtigten eingetreten sein sollen.³⁸³ Hingegen liegt im Scheitern der Ehe regelmäßig ein Wegfall der Geschäftsgrundlage des Kausalgeschäfts.³⁸⁴ Dies gilt auch bei einem unwiderruflichen Bezugsrecht.³⁸⁵ Wenn aber die bezugsberechtigte Ehefrau nachweisen kann, dass im Zusammenhang mit der Auseinandersetzung bei der Scheidung vereinbart worden ist, zum Ausgleich gewisser anderer Vorteile des versicherten Ehemannes solle es bei der Bezugsberechtigung der Ehefrau verbleiben, scheidet ein Wegfall der Geschäftsgrundlage aus.³⁸⁶ Ebenso steht der unwiderruflich bezugsberechtigten Ehefrau weiterhin der Rückzahlungsanspruch gegen das LVU aufgrund einer Kündigung der Lebensversicherung durch den Arbeitgeber (Versicherungsnehmer) vor Eintritt der Unverfallbarkeit zu, wenn die Lebensversicherung vereinbarungsgemäß ein Teil des Arbeitsentgelts des Ehemannes darstellen sollte.³⁸⁷ Dient hingegen eine Bezugsberechtigung als Sicherheit für ein Darlehen oder für eine Versorgungszusage, besteht ein Anspruch auf Herausgabe erlangter Leistungen, wenn der gesicherte Anspruch bereits erloschen ist.

119 **c) Herausgabe der Versicherungsleistung.** Der Bezugsberechtigte hat bei Wegfall des Rechtsgrunds den Erben die Versicherungsleistung herauszugeben,

---

³⁷⁶ BGH, Urt. v. 21. 5. 2008 – IV ZR 238/06, NJW 2008, 2702, 2703 = VersR 2008, 1054, 1055 = r+s 2008, 384, 385 = WM 2008, 1700, 1701.
³⁷⁷ *Lorenz* in: Festschrift für Robert Schwebler, 1986, S. 349, 368.
³⁷⁸ *Finger* VersR 1986, 508.
³⁷⁹ OLG Hamm, Urt. v. 3. 12. 2004 – 20 U 132/04, NJW-RR 2005, 465, 466 = VersR 2005, 819 = r+s 2005, 299 = MDR 2005, 574.
³⁸⁰ BGH NJW 1987, 3131, 3132 = VersR 1987, 659, 660.
³⁸¹ BGH, Urt. v. 21. 5. 2008 – IV ZR 238/06, NJW 2008, 2702, 2703 = VersR 2008, 1054, 1055 = r+s 2008, 384, 385 = WM 2008, 1700, 1701.
³⁸² OLG Celle, Urt. v. 20. 12. 1995 – 3 U 275/94, WM 1996, 851, 854.
³⁸³ BGH v. 28. 9. 1988, VersR 1988, 1237.
³⁸⁴ BGHZ 84, 361, 368 = NJW 1982, 2236; BGH, Urt. v. 1. 4. 1987 – IV a ZR 26/86, NJW 1987, 3131, 3132 = VersR 1987, 659, 660.
³⁸⁵ Vgl. BGH, Urt. v. 29. 1. 1981 – IV a ZR 80/80, VersR 1981, 326, 327.
³⁸⁶ BGH, Urt. v. 1. 4. 1987 – IV a ZR 26/86, NJW 1987, 3131 = VersR 1987, 659, 660; BGH, Urt. v. 30. 11. 1994 – IV ZR 290/93, NJW 1995, 1082, 1085 = VersR 1995, 282, 284 = r+s 1995, 116 = MDR 1995, 824, 825.
³⁸⁷ OLG Frankfurt/M., Urt. v. 4. 10. 1984 – 1 U 235/83, VersR 1986, 865 (Ls.).

wenn der Versicherer im Hinblick auf das bis zum Eintritt des Versicherungsfalls nicht widerrufene Bezugsrecht mit befreiender Wirkung an den Bezugsberechtigten ausgezahlt hat.[388] Eine Begrenzung der Herausgabepflicht auf die gezahlten Beiträge ergibt im Rahmen des Bereicherungsausgleichs beim Fehlen jedes Rechtsgrunds keinen Sinn und betrifft in erster Linie Fälle, in denen das Pflichtteilsrecht durch eine Schenkung beeinträchtigt wird.[389] Ein Bereicherungsanspruch besteht ferner, wenn der Versicherer trotz Widerrufs der Bezugsberechtigung Leistungen aus dem Versicherungsvertrag an den bisherigen Bezugsberechtigten ausgezahlt hat.[390]

d) **Pflichtteilsergänzungsanspruch.** Das Pflichtteilsrecht kann dadurch beeinträchtigt sein, dass der Erblasser (Versicherungsnehmer) einen seiner Erben als bezugsberechtigt für die Lebensversicherung benannt hat. Ob im Rahmen der Pflichtteilsergänzung gemäß § 2325 BGB bei einer Lebensversicherung des Erblassers zugunsten eines Dritten nicht die gesamten Leistungen des Versicherers, insbesondere die Versicherungssumme[391] zuzüglich Überschussanteile,[392] sondern nur die gezahlten Beiträge als Gegenstand der Schenkung zu behandeln sind,[393] ist umstritten, wobei zudem die Meinungen darüber auseinander gehen, ob man jeweils den gesamten Betrag der vom Versicherungsnehmer gezahlten Prämien oder nur die innerhalb der 10-Jahres-Frist des § 2325 Abs. 3 Halbsatz 1 BGB gezahlten Prämien berücksichtigen dürfe.[394] Abzustellen ist auf den Schutzzweck des Pflichtteilsergänzungsanspruchs. Zweck der Pflichtteilsergänzungsbestimmungen ist es, eine Aushöhlung des Pflichtteilsrechts durch lebzeitige Rechtsgeschäfte des Erblassers zu verhindern.[395] Dem Schutzzweck des Pflichtteilsergänzungsanspruchs wird Genüge getan, wenn sich der Pflichtteil danach errechnet, welchen Wert die Versicherung unmittelbar vor dem Tode des Erblassers hatte.[396] Dieser Wert kann sich am Rückkaufswert orientieren.[397] Je nach Lage des Einzelfalls kann gegebenenfalls auch ein – objektiv belegter – höherer Veräußerungswert heranzuziehen sein, insbesondere wenn der Erblasser die Ansprüche aus der Lebensversicherung zu einem höheren Preis an einen gewerblichen Ankäufer hätte verkaufen können.[398] Der Anspruch auf die Versicherungssumme kommt für die

---

[388] BGH, Urt. v. 1. 4. 1987 – IV a ZR 26/86, NJW 1987, 3131 = VersR 1987, 659, 661.
[389] BGHZ 91, 288, 292 = NJW 1984, 2156 = VersR 1984, 845, 846; BGH, Urt. v. 1. 4. 1987 – IV a ZR 26/86, NJW 1987, 3131, 3132 = VersR 1987, 659, 661.
[390] OLG Düsseldorf VersR 1965, 869.
[391] Zuletzt hierfür LG Göttingen, Urt. v. 23. 3. 2007 – 4 S 6/06, NJW-RR 2008, 19, 20 f. = ZEV 2007, 386; LG Paderborn ZErb 2007, 429; OLG Düsseldorf, Urt. v. 22. 2. 2008 – I-7 U 140/07, ZEV 2008, 292 = VersR 2008, 1097; *Elfring* ZEV 2004, 305; *derselbe* NJW 2004, 483, 485; *Progl* ZErb 2004, 187.
[392] *Hasse* VersR 2009, 733, 744.
[393] Dafür RGZ 128, 187, 190; BGHZ 7, 134, 142/143 = NJW 1952, 1173; BGH v. 10. 6. 1965, NJW 1965, 1914; BGH, Urt. v. 4. 2. 1976 – IV ZR 156/73, FamRZ 1976, 616, 617 = WM 1976, 532; BGH, Urt. v. 1. 4. 1987 – IV a ZR 26/86, NJW 1987, 3131, 3132 = VersR 1987, 659, 661; OLG Stuttgart v. 13. 12. 2007, NJW-RR 2008, 389; LG Köln ZErb 2008, 31; OLG Köln, Urt. v. 26. 11. 2008 – 2 U 8/08, BeckRS 2008, 26 316 = NJW-Spezial 2009, 103; *Hilbig* ZEV 2008, 262.
[394] Zum Streitstand siehe *Elfring* ZEV 2004, 305, 309.
[395] BGH ZEV 2004, 115, 117.
[396] BGH, Urt. v. 28. 4. 2010 – IV ZR 230/08; BGH, Urt. v. 28. 4. 2010 – IV ZR 73/08.
[397] BGH, Urt. v. 28. 4. 2010 – IV ZR 230/08; BGH, Urt. v. 28. 4. 2010 – IV ZR 73/08.
[398] BGH, Urt. v. 28. 4. 2010 – IV ZR 230/08; BGH, Urt. v. 28. 4. 2010 – IV ZR 73/08.

Wertermittlung nicht in Frage,[399] da der Erblasser in der Größenordnung der Versicherungssumme unmittelbar vor seinem Tode keine Verfügungen hätte treffen können.[400]

3. Rechtsstellung des Begünstigten

121 Im Falle einer nicht rechtzeitigen Übermittelung des Schenkungsangebots des Versicherungsnehmers an den Begünstigten kann sich der Versicherer Schadensersatzansprüchen des Begünstigten aussetzen.[401] Es wird deshalb empfohlen, § 13 ALB 2008 wie folgt zu ergänzen:[402]

> „Es bedarf einer gesonderten Vereinbarung zwischen Ihnen und dem Bezugsberechtigten über den Rechtsgrund der Zuwendung, um dessen endgültigen Anspruchserwerb sicherzustellen. Mitwirkungspflichten (gleich welcher Art) werden von uns in diesem Zusammenhang nicht übernommen."

4. Rechtsstellung des Nachlassinvolvenzverwalters

121a Wird über den Nachlass das Insolvenzverfahren eröffnet, geht die Verwaltungs- und Verfügungsbefugnis über den Nachlass auf den Nachlassinsolvenzverwalter über (§ 80 Abs. 1 InsO, § 1988 Abs. 1 BGB).[403] Er tritt an die Stelle der Erben.[404] Der Versicherer ist verpflichtet, dem Nachlassinsolvenzverwalter über den Vertragsinhalt und über vom Erblasser als Versicherungsnehmer getroffene Verfügungen zu unterrichten.[405]

IV. Abtretung

Schrifttum: *Bayer,* Die Sicherungszession der Rechte aus einer Lebensversicherung und ihre Auswirkungen auf die Bezugsberechtigung, VersR 1989, 17; *Bette,* Vertraglicher Abtretungsausschluss im deutschen und grenzüberschreitenden Geschäftsverkehr, WM 1994, 1909; *Bülow,* Zu den Vorstellungen des historischen Gesetzgebers über die absolute Wirkung rechtsgeschäftlicher Abtretungsverbote, NJW 1993, 901; *Canaris,* Die Problematik der Sicherheitenfreigabeklauseln im Hinblick auf § 9 AGBG und § 138 BGB, ZIP 1996, 1109; *Denck,* Vorausabtretung und Aufrechnung, DB 1977, 1493; *Dörstling,* Sicherungsabtretung der Forderung an den Schuldner, NJW 1954, 1429; *Driessen,* Abtretung von Kapitallebensversicherungen, ZGesKredW 1992, 1029; *Eberhardt/Castellví,* Rechtsfragen zum Beitragsdepot in der Lebensversicherung, VersR 2002, 261; *Fromm,* Familienfürsorge, Kreditbeschaffung und Gläubigerbefriedigung durch die Lebensversicherung, Diss. Bonn 1939; *Ganter,* Aktuelle BGH-Rechtsprechung zum Kreditsicherungsrecht, WM 1999, 1741; *Grub,* Der neue § 354a HGB – ein Vorgriff auf die Insolvenzrechtsreform, ZIP 1994, 1649; *Hadding/van Look,* Vertraglicher Abtretungsausschluss – Überlegungen de lege lata und de lege ferenda, Sonderbeil. Nr. 7/1988 zu WM 1988 Nr. 38; *Haegele,* Abtretung, Verpfändung und Pfändung einer Lebensversicherung, BWNotZ 1974, 141; *Heilmann,* Die Begünstigung in der Kapitallebensversicherung, VersR 1972, 997; *Henseler,* Die Neuregelung des Abtretungsverbots, BB 1995, 5; *Herrmann,* Sicherungsabtretung und Verpfändung der Ansprüche aus dem Lebensversicherungsvertrag durch den Versicherungsnehmer: Ein Vergleich der Verfügungen und ihrer Wirkungen, Berlin, Tenea Verlag, 2003; *Hülsmann,* Berufsunfähigkeitszusatzversicherung: Unpfändbarkeit gemäß § 850b I Nr. 1 ZPO – Zugleich Anmerkung zu OLG Oldenburg MDR 1994, 257 –, MDR 1994, 537; *derselbe,* Zur Abtretung aller An-

---

[399] So aber *Lorenz* in: Dieter Farny und die Versicherungswissenschaft, 1994, S. 335, 358; *Elfring* ZEV 2004, 305, 309.
[400] BGH, Urt. v. 28. 4. 2010 – IV ZR 230/08; BGH, Urt. v. 28. 4. 2010 – IV ZR 73/08.
[401] *Hasse* VersR 2009, 41, 46.
[402] *Hasse* VersR 2009, 41, 45.
[403] LG Saarbrücken, Urt. v. 27. 4. 2009 – 12 O 292/08, VersR 2010, 377.
[404] LG Saarbrücken, Urt. v. 27. 4. 2009 – 12 O 292/08, VersR 2010, 377.
[405] LG Saarbrücken, Urt. v. 27. 4. 2009 – 12 O 292/08, VersR 2010, 377, 378.

sprüche aus einer Lebensversicherung mit eingeschlossener Berufsunfähigkeitszusatzversicherung – Zugleich Anmerkung zum Urteil des OLG Saarbrücken vom 9. 11. 1994 (5 U 69/94–3) VersR 95, 1227 –, VersR 1996, 308; *Joseph,* Lebensversicherung und Abtretung, Diss. Hamburg 1989, Frankfurt am Main u. a., Lang, 1990; *Karollus,* Unbeschränkter Schuldnerschutz nach § 409 BGB?, JZ 1992, 557; *Kayser,* Wirksame und unwirksame Aufrechnungen und Verrechnungen in der Insolvenz (§§ 94 bis 96 InsO), WM 2008, 1477 (Teil I), 1525 (Teil II); *Keltenich,* Die rechtliche Bedeutung und Tragweite der Abtretungsanzeige in der Lebensversicherung nach § 13 Abs. 3 ALB, VW 1965, 412; *Kessler,* Der Aufrechnungsschutz bei sicherungszedierten Forderungen, NJW 2003, 2211; *Koch,* Bereicherungsausgleich bei Forderungsabtretung, VersR 1989, 891; *Kornblum,* Schuldnerschutz bei Forderungsabtretung, BB 1981, 1296; *Kühl,* Der Einsatz von Lebensversicherungen als Kreditsicherungsmittel in Deutschland und Frankreich, Karlsruhe, VVW, 2005; *Kuhnert,* Die Funktion der Abtretungsanzeige in der Lebensversicherung gem. § 13 Abs. 4 AVB – Analyse des Urteils des OLG München vom 13. 6. 1986 (10 U 1622/86) VersR 87, 810 –, VersR 1988, 1218; *Lind/Stegmann,* Der Anspruch auf den Rückkaufswert bei Abtretung des Todesfallanspruchs einer kapitalbildenden Lebensversicherung, VersR 1998, 433; *Mueller,* Die Lebensversicherung im Konkurs des Versicherungsnehmers, VW 1971, 522; *Neef,* Zur Kollision von Vorauszessionen, WM 2005, 2365; *Neuhaus,* Aktuelle Probleme in der Personenversicherung – unter besonderer Berücksichtigung der Berufsunfähigkeitsversicherung –, r+s 2009, 309; *Prahl,* Die Abtretung des Kündigungsrechts des VN nach § 165 VVG bei der gemischten Kapitallebensversicherung, VersR 1999, 944; *Richter,* Teilabtretung von Lebensversicherungen, ZfV 1960, 363; *Saar,* Zur Rechtsstellung des Schuldners nach § 354a Satz 2 HGB, ZIP 1999, 988; *Schneider,* Die Rückdatierung von Rechtsgeschäften, AcP 175, 279; *Schnepp,* Nochmals: Zur Wirkung der nicht angezeigten Abtretung von Lebensversicherungsforderungen – Zugleich Anmerkung zum Urteil des BGH vom 31. 10. 1990 (IV ZR 24/90) VersR 91, 89 –, VersR 1991, 949; *Schwab,* Globalsicherheiten und Freigabeklauseln vor dem Großen Senat, WM 1997, 1883; *Schwahn,* Konzernverrechnungsklauseln in der Insolvenz, NJW 2005, 473; *Schwarz,* Schuldnerschutz durch § 406 BGB bei der Vorausabtretung – Zugleich Anmerkung zu OLG Köln, Urteil vom 3. 11. 2000 = WM 2001, 1431 –, WM 2001, 2185; *Seggewiße,* Das Kaufmännische Abtretungsverbot und seine Rechtsfolgen, NJW 2008, 3256; *Serick,* Das normative Leitbild der gewohnheitsrechtlichen Sicherungstreuhand und ihrer Haftobergrenze auf der Waage des Großen Senats für Zivilsachen, WM 1997, 2053; *Sieg,* Einzelrechtsnachfolge in Ansprüche aus Kapitallebensversicherungen vor deren Fälligkeit, BB Beilage 7/1988, 8; *derselbe,* Versicherungsansprüche als Surrogate von Forderungen?, ZVersWiss 1991, 373; *Skoufis,* Der Versicherungsschein und Rechtsgeschäfte über die versicherte Sache oder über die Versicherungsforderung, VersR 1962, 492; *Wagner, Eberhard,* Zur Wirkung der nicht angezeigten Abtretung von Lebensversicherungsforderungen – Zugleich Anmerkung zum Urteil des BGH vom 31. 10. 1990 (IV ZR 24/90) VersR 91, 89 –, VersR 1991, 622; *derselbe,* Absolute Wirkung vertraglicher Abtretungsverbote gleich absolute Unwirksamkeit verbotswidriger Abtretung?, JZ 1994, 227; *derselbe,* Neue Rechtslage bei vertraglichen Abtretungsverboten im kaufmännischen Geschäftsverkehr, WM 1994, 2093; *Wagner, Rüdiger,* Wem steht der Anspruch auf den Rückkaufwert einer kapitalbildenden Lebensversicherung bei Vorliegen einer Abtretung (nur) der Todesfallansprüche zu – dem Zessionar oder dem VN bzw. dessen Pfändungsgläubigern?, VersR 1998, 1083; *Winter,* Zum Schutz des unwissenden Schuldners und zum Gläubigerrecht bei der Forderungsabtretung – Einige dogmatische Bemerkungen, in: Festschrift für Karl Sieg, hrsg. v. Horst Baumann, Helmut Schirmer u. Reimer Schmidt, Karlsruhe, VVW, 1976, S. 563.

1. Fassung

Die Abtretungsklausel wurde mehrfach geändert. Als Ausgangsfassung ist § 15 Nr. 2 ALB 1932 zu nennen. Diese Bestimmung lautete wie folgt:[406]

122

„Verpfändungen und Abtretungen der Ansprüche aus der Versicherung sind der Gesellschaft gegenüber nur dann wirksam, wenn sie der bisherige Verfügungsberechtigte dem Vorstand schriftlich angezeigt hat. Bei Abtretungen kann statt der Anzeige die Abtretungsurkunde vorgelegt werden."

---

[406] VerAfP 1932, 115.

123 Die Nachfolgeklausel des § 13 Abs. 3 ALB 1957 erhielt folgende Fassung:[407]

„Verpfändung und Abtretung der Versicherungsansprüche sowie Einräumung und Widerruf eines widerruflichen Bezugsrechts sind der Gesellschaft gegenüber nur und erst dann wirksam, wenn sie der bisherige Verfügungsberechtigte dem Vorstand schriftlich angezeigt hat."

124 Im Jahre 1975 wurde § 13 Abs. 3 ALB 1975 wie folgt neu gefasst:[408]

„Verpfändung und Abtretung der Versicherungsansprüche sowie Einräumung und Widerruf eines widerruflichen Bezugsrechts sind dem Versicherer gegenüber nur und erst dann wirksam, wenn sie der bisherige Verfügungsberechtigte dem Vorstand schriftlich angezeigt hat."

125 Eine weitere Änderung erfolgte im Jahre 1981. § 13 Abs. 3 ALB 1981 lautet nunmehr wie folgt:[409]

„Verpfändung und Abtretung der Versicherungsansprüche sowie Einräumung und Widerruf eines widerruflichen Bezugsrechts sind dem Versicherer gegenüber nur und erst dann wirksam, wenn sie der bisherige Verfügungsberechtigte schriftlich angezeigt hat."

126 Die ALB 1984[410] und 1986[411] brachten keine materiellen Änderungen. Der Wortlaut des § 13 ALB hat sich mithin nicht dergestalt geändert, dass eine unterschiedliche Auslegung des § 13 ALB nach den einzelnen Fassungen geboten wäre.[412] § 13 ALB 1986 weist zutreffend darauf hin, dass der Versicherungsnehmer als der im Regelfall Berechtigte die Rechte aus dem Versicherungsvertrag abtreten kann. Berechtigte können aber auch andere Personen sein, sofern der Versicherungsnehmer bereits vorher Verfügungen vorgenommen hat. Alle Musterfassungen sehen vor, dass Abtretungen gegenüber dem LVU nur dann wirksam sind, wenn sie dem LVU schriftlich angezeigt worden sind.

2. Rechtsgrund der Abtretung

127 Rechtsgrund der Abtretung der Rechte aus der kapitalbildenden Lebensversicherung ist häufig die Kreditgewährung durch eine Bank, die im Rahmen der Sicherungsabrede verlangt, dass der Versicherungsnehmer zur Sicherung der Ansprüche der Bank aus dem Kreditvertrag die Lebensversicherung an die Bank abtritt,[413] wobei die Abtretung der Ansprüche aus der Lebensversicherung in der Regel nicht an Erfüllungs statt, sondern nur erfüllungshalber erfolgt und der Kunde das Risiko einer Unterdeckung trägt.[414] Aus steuerlichen Gründen haben sich Banken bei Sicherungsverträgen mit Blick auf den durch das Jahressteuergesetz 1992 geänderten § 10 Abs. 2 EStG allerdings nur noch die Todesfallansprüche abtreten lassen und gaben bei zuvor in vollem Umfang abgetretenen Lebens-

---

[407] VerBAV 1957, 58.
[408] VerBAV 1975, 434.
[409] VerBAV 1981, 118.
[410] VerBAV 1984, 435.
[411] VerBAV 1986, 209.
[412] LG Köln, Urt. v. 27. 3. 1985 – 24 O 330/84, VersR 1986, 649.
[413] Vgl. beispielhaft OLG Frankfurt/M., Urt. v. 15. 2. 2002 – 24 U 5/01, ZIP 2002, 1030, 1031.
[414] LG Mainz, Beschl. v. 20. 5. 2005 – 6 S 30/05, WM 2005, 2093; LG Göttingen, Beschl. v. 8. 6. 2005 – 2 O 422/05, WM 2005, 2092; LG Freiburg, Urt. v. 4. 8. 2005 – 1 O 232/05, WM 2005, 2090, 2091; LG Hannover, Urt. v. 4. 8. 2005 – 3 O 455/04, WM 2006, 89, 90; OLG Karlsruhe, Beschl. v. 9. 2. 2006 – 9 U 154/05, WM 2006, 1247; LG Oldenburg, Urt. v. 15. 2. 2006 – 9 O 3868/05, WM 2006, 1250, 1251; OLG Karlsruhe, Urt. v. 21. 2. 2006 – 17 U 151/05, WM 2006, 1810, 1813; LG Weiden, Urt. v. 26. 9. 2006 – 1 O 227/06, WM 2007, 804; OLG Koblenz, Urt. v. 7. 12. 2006 – 5 U 735/06, WM 2007, 497, 498 = ZIP 2007, 1259, 1260; zust. *Schelske* EWiR 2007, 327, 328; BGH, Beschl. v. 20. 11. 2007 – XI ZR 259/06, VersR 2008, 540 = WM 2008, 121 f. = DB 2008, 236 (Ls.).

versicherungen die Ansprüche auf den Erlebensfall frei.[415] Gewährt der Versicherer selbst Kredit und dient die Lebensversicherung wegen Tilgungsaussetzung als Sicherheit, muss die Sicherheitenbestellung durch Verpfändung, nicht durch Abtretung erfolgen. Auch eine fiduziarische Abtretung ist eine Vollabtretung. Erfolgt eine Abtretung der Ansprüche aus der Lebensversicherung seitens des Versicherungsnehmers (Gläubigers) an das LVU (Schuldner), so führt diese Abtretung grundsätzlich zum Erlöschen der Forderung.[416] Allerdings ist vom Fortbestehen der Forderung – und damit der Abtretung – auch im Falle der Konfusion auszugehen, wenn dies nach der Interessenlage der Parteien geboten erscheint.[417] Die Frage, ob eine Abtretung in eine Verpfändung umzudeuten ist, wenn sich Schuld und Forderung in einer Person vereinigen, ist damit nicht mehr von Bedeutung.[418]

3. Zulässigkeit der Abtretung

a) Gesetzliches Abtretungsverbot. Soweit eine Forderung der Pfändung nicht unterworfen ist, kann sie nicht abgetreten werden (§ 400 BGB). Die Norm bezweckt den Schutz des Existenzminimums des Schuldners in seinem eigenen Interesse und im Interesse der Allgemeinheit.[419]

aa) Handwerkerversorgungsgesetz. Nach dem Gesetz über die Versorgung für das Deutsche Handwerk vom 21. Dezember 1938[420] konnten sich die der Angestelltenversicherung angeschlossenen Handwerker versicherungsfrei stellen, wenn und solange sie für sich und ihre Hinterbliebenen Lebensversicherungen mit einem privaten oder öffentlichen Lebensversicherer unter bestimmten Bedingungen abgeschlossen hatten. Eine solche Versicherung unterlag gemäß § 22 Abs. 1 der Ersten Durchführungsverordnung vom 13. Juli 1939[421] gewissen Pfändungsbeschränkungen. Gemäß § 22 Abs. 2 der Ersten Durchführungsverordnung konnte über sie nur eingeschränkt verfügt werden. Die Möglichkeit, von der Versicherung in der gesetzlichen Rentenversicherung befreit zu werden, stand den Handwerkern jedoch nur offen, solange das Handwerkerversorgungsgesetz in Kraft war, also bis zum 31. Dezember 1961. Denn das Handwerkerversicherungsgesetz vom 8. 9. 1960,[422] durch das das Handwerkerversorgungsgesetz mit seinen Durchführungsverordnungen zum 1. Januar 1962 außer Kraft gesetzt wurde (§ 14 Nr. 1 und 2 Handwerkerversicherungsgesetz), sah den Abschluss von Befreiungsversicherungen nicht mehr vor. Nur die unter dem früheren Recht begründeten Rechtsverhältnisse unterliegen daher dem Grundsatz, dass Schuldverhältnisse in Bezug auf Inhalt und Wirkung dem zur Zeit der Verwirklichung ihres Entstehungstatbestandes geltenden Recht unterstehen, mithin nach dem 1. Januar 1962 noch den Bestimmungen des Handwerkerversorgungsgesetzes.[423] Bis zum 1. Januar 1962 waren demzufolge die Ansprüche aus Lebensversicherungen, die ein Handwerker zur Befreiung von der Angestelltenversicherungspflicht nach dem Hand-

---

[415] *Lind/Stegmann* VersR 1998, 433; *Wagner* VersR 1998, 1083.
[416] BGH, Urt. v. 2. 10. 1953 – IV ZB 66/53, NJW 1953, 1865 = VersR 1953, 469.
[417] BGH NJW 1995, 2287, 2288; OLG Düsseldorf, Urt. v. 9. 2. 1999 – 4 U 38/98, NJW-RR 1999, 1406, 1407 = NVersZ 2000, 218, 219 = VersR 1999, 1009, 1010 = r+s 2000, 36, 37.
[418] Unentschieden BGH, Urt. v. 20. 3. 1991 – IV ZR 50/90, NJW 1991, 1946 = VersR 1991, 576 = WM 1991, 846.
[419] *Scholz-Löhnig,* Der Zugriff von Kreditinstituten auf Arbeitseinkommen unterhalb der Pfändungsfreigrenze, WM 2004, 1116, 1120.
[420] RGBl. I 1938, 1900.
[421] RGBl. I 1939, 1255.
[422] BGBl. I 1960, 737.
[423] Vgl. dazu BGHZ 44, 192 ff.

werkerversorgungsgesetz abgeschlossen hatte, bis zu einer Versicherungssumme von 10 000 DM nicht abtretbar.[424]

130   bb) § 850 b Abs. 1 Ziff. 4 ZPO. Ein Abtretungsverbot besteht ferner auch für Lebensversicherungen, die nur auf den Todesfall abgeschlossen sind, sofern die Versicherungssumme den Betrag von 4140,00 DM nicht übersteigt (§ 850 b Abs. 1 Ziff. 4 ZPO).[425]

131   cc) § 850 b Abs. 1 Nr. 1 ZPO. Nach § 850 b Abs. 1 Nr. 1 ZPO besteht Pfändungsschutz für Renten, die wegen einer Körper- oder Gesundheitsverletzung zu zahlen sind. Der Pfändungsschutz bei derartigen Rentenansprüchen dient der Sicherung der Existenzgrundlage des Schuldners.[426] Dies gilt auch und insbesondere dann, wenn der Schuldner durch einen Versicherungsvertrag Vorsorge für eine von einem Dritten nicht verschuldete Invalidität getroffen hat.[427] Diese Überlegungen treffen auch auf eine vertraglich vereinbarte Rente aus einer Berufsunfähigkeits-Zusatzversicherung zu, weil sie wegen Verletzung des Körpers oder der Gesundheit des Versicherungsnehmers zu entrichten ist.[428] Ansprüche aus einer privaten Berufsunfähigkeits-Zusatzversicherung sind gemäß § 850 b Abs. 1 Nr. 1 ZPO grundsätzlich unpfändbar[429] und daher auch nicht abtretbar (§ 400 BGB).[430] Dies gilt unabhängig davon, ob der Versicherungsfall der Berufsunfähigkeit zum Zeitpunkt der Abtretung bereits eingetreten war oder nicht.[431] Denn von § 850 b Abs. 1 Nr. 1 ZPO werden nicht nur bereits fällige, sondern auch künftige Ansprüche erfasst.[432] Werden Ansprüche aus einer Berufsunfähig-

---

[424] BGH v. 8. 5. 1954, BGHZ 13, 231; LG Saarbrücken, Urt. v. 15. 12. 1993 – 14 O 32/93, S. 10.

[425] OLG Frankfurt/M., Beschl. v. 22. 2. 1995 – 23 U 158/94, VersR 1996, 614, 615; OLG Saarbrücken, Urt. v. 9. 11. 1994 – 5 U 69/94 – 3, VersR 1995, 1227, 1228; *Ganter* WM 1999,1741, 1749.

[426] OLG Oldenburg, Urt. v. 23. 6. 1993 – 2 U 84/93, NJW-RR 1994, 479 = VersR 1994, 846 = r+s 1994, 155 = MDR 1994, 257; OLG Saarbrücken, Urt. v. 9. 11. 1994 – 5 U 69/94 – 3, VersR 1995, 1227, 1228 = r+s 1996, 243, 244; OLG Jena, Beschl. v. 19. 5. 2000 – 5 W 129/00, VersR 2000, 1005, 1006; BGH, Urt. v. 18. 11. 2009 – IV ZR 39/08, NJW 2010, 374, 375 = VersR 2010, 237, 238 = r+s 2010, 71, 73 = WM 2010, 163, 165.

[427] BGHZ 70, 206, 210 = NJW 1978, 950, 951 = VersR 1978, 447, 449 = r+s 1978, 117 = WM 1978, 356 = DB 1978, 427 = MDR 1978, 839; OLG Oldenburg, Urt. v. 23. 6. 1993 – 2 U 84/93, NJW-RR 1994, 479 = VersR 1994, 846 = r+s 1994, 155 = MDR 1994, 257; OLG Saarbrücken, Urt. v. 9. 11. 1994 – 5 U 69/94 – 3, VersR 1995, 1227, 1228 = r+s 1996, 243, 244.

[428] OLG Oldenburg, Urt. v. 23. 6. 1993 – 2 U 84/93, NJW-RR 1994, 479 = VersR 1994, 846 f. = r+s 1994, 155 = MDR 1994, 257 f.; OLG Saarbrücken, Urt. v. 9. 11. 1994 – 5 U 69/94 – 3, VersR 1995, 1227, 1228 = r+s 1996, 243, 244; OLG München VersR 1997, 36; OLG Jena, Beschl. v. 19. 5. 2000 – 5 W 129/00, VersR 2000, 1005, 1006 = r+s 2001, 477; KG, Urt. v. 7. 6. 2002 – 6 U 112/01, VersR 2003, 490 = r+s 2003, 515; *Hülsmann* MDR 1994, 537.

[429] OLG Karlsruhe OLGR 2002, 114 = InVo 2002, 238; OLG Hamm, Urt. v. 16. 3. 2006 – 27 U 118/05, ZInsO 2006, 878, 879; OLG Köln, Beschl. v. 22. 4. 2008 – 20 W 8/08; OLG Köln, Beschl. v. 12. 11. 2008 – 20 W 46/08, VersR 2009, 621.

[430] OLG Köln, Beschl. v. 12. 11. 2008 – 20 W 46/08, VersR 2009, 621.

[431] BGH, Urt. v. 18. 11. 2009 – IV ZR 39/08, NJW 2010, 374, 375 = VersR 2010, 237, 238 = r+s 2010, 71, 73 = WM 2010, 163, 165.

[432] OLG Jena, Beschl. v. 19. 5. 2000 – 5 W 129/00, VersR 2000, 1005 = r+s 2001, 477; KG, Urt. v. 7. 6. 2002 – 6 U 112/01, VersR 2003, 490 = r+s 2003, 515; OLG Hamm, Urt. v. 16. 3. 2006 – 27 U 118/05, ZInsO 2006, 878; BGH, Urt. v. 18. 11. 2009 – IV ZR 39/08, NJW 2010, 374, 375 = VersR 2010, 237, 238 = r+s 2010, 71, 73 = WM 2010, 163, 165.

keits-Zusatzversicherung abgetreten, so ist diese Abtretung unwirksam.[433] Dies gilt entsprechend für den Fall, dass der Vertrag auf einen anderen Versicherungsnehmer übertragen worden ist.[434]

Mitunter werden gleichzeitig die Ansprüche aus der kapitalbildenden Lebensversicherung und der mit ihr zusammen abgeschlossenen Berufsunfähigkeits-Zusatzversicherung abgetreten. In diesem Fall erfasst die Unwirksamkeit der Abtretung der Ansprüche aus der Berufsunfähigkeits-Zusatzversicherung nicht die Abtretung der Ansprüche aus der kapitalbildenden Lebensversicherung, wenn die Vertragsparteien bei Kenntnis der Unwirksamkeit der Abtretung der Ansprüche aus der Berufsunfähigkeits-Zusatzversicherung nur die Abtretung der Ansprüche aus der kapitalbildenden Lebensversicherung vereinbart hätten.[435] Dies ist anhand der Umstände des Einzelfalls zu prüfen[436] und anzunehmen, wenn die Lebensversicherung als Kreditsicherheit dienen sollte.[437] Aber auch wenn dieser besondere Sachverhalt nicht gegeben ist, wirkt sich die Unwirksamkeit der Abtretung der Ansprüche aus der Berufsunfähigkeits-Zusatzversicherung nicht dahin aus, dass die Abtretung auch der Ansprüche aus der Lebensversicherung unwirksam ist.[438] Denn der Pfändungsschutz gilt nur für die Berufsunfähigkeits-Zusatzversicherung. Eine isolierte Abtretung allein von Ansprüchen aus der Lebensversicherung als Hauptversicherung ist daher rechtswirksam.[439] Die Wirksamkeit der Abtretung wird nicht in Frage gestellt, wenn der Zessionar berechtigt ist, „sich den abgetretenen (Teil-)Betrag im Rahmen des vereinbarten Sicherungszwecks entweder durch Kündigung des Vertrages und Erhebung des Rückkaufswerts oder durch Einziehung bei Fälligkeit zu beschaffen".[440] Diese Übertragung des Kündigungsrechts, die mit dem Recht auf den Rückkaufswert verbunden ist, ist zulässig.[441] Hierin liegt kein Verstoß gegen § 850b Abs. 1 Nr. 1 ZPO.[442]

---

[433] OLG Oldenburg, Urt. v. 23. 6. 1993 – 2 U 84/93, NJW-RR 1994, 479 = VersR 1994, 846 = r+s 1994, 155 = MDR 1994, 257; OLG Saarbrücken, Urt. v. 9. 11. 1994 – 5 U 69/94 – 3, VersR 1995, 1227, 1228 = r+s 1996, 243, 244; LG Köln, Urt. v. 8. 3. 1995 – 25 O 101/90, S. 15 f.; OLG München VersR 1997, 1520 (Ls.); KG, Urt. v. 7. 6. 2002 – 6 U 112/01, VersR 2003, 490 = r+s 2003, 515.
[434] KG, Urt. v. 7. 6. 2002 – 6 U 112/01, VersR 2003, 490, 491 = r+s 2003, 515.
[435] OLG Saarbrücken, Urt. v. 9. 11. 1994 – 5 U 69/94 – 3, VersR 1995, 1227, 1228 = r+s 1996, 243, 244; a. A. OLG Jena, Beschl. v. 19. 5. 2000 – 5 W 129/00, VersR 2000, 1005, 1006.
[436] BGH, Urt. v. 24. 4. 2008 – VII ZR 42/07, VersR 2008, 1124 = WM 2008, 1838; BGH, Urt. v. 18. 11. 2009 – IV ZR 39/08, NJW 2010, 374, 375 = VersR 2010, 237, 238 = r+s 2010, 71, 73 = WM 2010, 163, 165.
[437] OLG Saarbrücken, Urt. v. 9. 11. 1994 – 5 U 69/94 – 3, VersR 1995, 1227, 1228 = r+s 1996, 243, 244; OLG Köln, Urt. v. 25. 3. 1996 – 5 U 148/95, VersR 1998, 222, 223 = r+s 1999, 346, 347 a. A. OLG Jena, Beschl. v. 19. 5. 2000 – 5 W 129/00, VersR 2000, 1005, 1006, BGH, Urt. v. 18. 11. 2009 – IV ZR 39/08, NJW 2010, 374, 376 = VersR 2010, 237, 238 = r+s 2010, 71, 73 = WM 2010, 163, 165.
[438] OLG Saarbrücken, Urt. v. 9. 11. 1994 – 5 U 69/94 – 3, VersR 1995, 1227, 1228 = r+s 1996, 243, 244; OLG Köln, Urt. v. 25. 3. 1996 – 5 U 148/95, VersR 1998, 222, 223; Neuhaus r+s 2009, 309, 314; a. A. OLG Jena, Beschl. v. 19. 5. 2000 – 5 W 129/00, VersR 2000, 1005, 1006; OLG Hamm, Urt. v. 16. 3. 2006 – 27 U 118/05, ZInsO 2006, 878; OLG Frankfurt/M., Urt. v. 8. 5. 2008 – 12 U 104/06, r+s 2008, 386.
[439] BGH, Urt. v. 18. 11. 2009 – IV ZR 39/08, NJW 2010, 374, 375 = VersR 2010, 237, 238 = r+s 2010, 72, 73 = WM 2010, 163, 165.
[440] BGH, Urt. v. 18. 11. 2009 – IV ZR 39/08, NJW 2010, 374, 375 = VersR 2010, 237, 238 = r+s 2010, 72, 73 = WM 2010, 163, 165.
[441] BGH, Urt. v. 18. 11. 2009 – IV ZR 39/08, NJW 2010, 374, 375 = VersR 2010, 237, 238 = r+s 2010, 72, 73 = WM 2010, 163, 165.
[442] BGH, Urt. v. 18. 11. 2009 – IV ZR 39/08, NJW 2010, 374, 375 = VersR 2010, 237, 238 = r+s 2010, 72, 73 = WM 2010, 163, 165.

133 **b) Vertragliches Abtretungsverbot.** Neben den gesetzlichen Abtretungsverboten kann die Übertragbarkeit eines Anspruchs zwischen dem Versicherer und dem Versicherungsnehmer auch vertraglich ausgeschlossen werden (§ 399 BGB). Sowohl die Vereinbarung eines abgeschwächten wie auch eines uneingeschränkten Abtretungsverbots in AVB oder AGB ist rechtlich grundsätzlich zulässig.[443] Eine solche Klausel ist nur dann nach § 307 Abs. 1 Satz 1 BGB unwirksam, wenn ein schützenswertes Interesse des Verwenders an dem Abtretungsverbot nicht besteht oder die berechtigten Belange des Vertragspartners an der freien Abtretbarkeit vertraglicher Ansprüche das entgegenstehende Interesse des Verwenders überwiegen.[444] Beschränkungsabreden sind z. B. die Bindung an bestimmte Formen der Abtretungserklärung, an eine Mitteilung an den Schuldner, an dessen Zustimmung usw.,[445] auch wenn der Gläubiger dadurch die Möglichkeit verliert, die Forderung als Kreditsicherungsmittel einzusetzen.[446] Derartige Beschränkungsabreden in Gestalt eines bloßen Zustimmungs-, Form- oder Anzeigeerfordernisses haben dieselben Rechtswirkungen wie uneingeschränkte Abtretungsverbote.[447] Eine Abtretung, die ohne das vereinbarte zusätzliche Erfordernis, insbesondere ohne Zustimmung des Schuldners vorgenommen wird, ist absolut unwirksam und zeigt keinerlei Übertragungswirkung.[448] Ein derart vereinbartes Abtretungsverbot wirkt mithin nicht nur relativ zwischen dem Gläubiger und dem Schuldner, sondern auch gegenüber Dritten absolut.[449] Wenn vereinbart ist, dass die Abtretung der Forderung nicht gänzlich ausgeschlossen ist, sondern von der Zustimmung des Schuldners abhängig sein soll, so wirkt die Genehmigung des Schuldners nicht auf den Zeitpunkt der Abtretung zurück; zwischen der Abtretung und der „Genehmigung" von Gläubigern des Forderungsberechtigten ausgebrachte Pfändungen der Forderung bleiben wirksam.[450] Die Abtretung des Versicherungsnehmers an die versicherte Person kann im Einzelfall fraglich sein.[451]

---

[443] BGHZ 102, 293, 300 = DB 1988, 647; BGH, Urt. v. 15. 6. 1989 – VII ZR 205/88, BGHZ 108, 52, 54f. = MDR 1989, 1093; BGH, Urt. v. 29. 6. 1989 – VII ZR 211/88, BGHZ 108, 172, 174f. = MDR 1989, 1092; BGH, Urt. v. 30. 10. 1990 – IX ZR 239/89, NJW-RR 1991, 763; OLG Köln, Urt. v. 21. 5. 1997 – 27 U 124/96, DB 1997, 2169; BGH, Urt. v. 25. 11. 1999 – VII ZR 22/99, MDR 2000, 263; BGH, Urt. v. 13. 7. 2006 – VII ZR 51/05, NJW 2006, 3486, 3487 = WM 2006, 2142, 2143 = MDR 2007, 136f.; *Seggewiße* NJW 2008, 3256.
[444] BGH, Urt. v. 15. 6. 1989 – VII ZR 205/88, BGHZ 108, 52, 54f. = MDR 1989, 1093; BGH, Urt. v. 30. 10. 1990 – IX ZR 239/89, NJW-RR 1991, 763; BGH, Urt. v. 11. 3. 1997 – X ZR 146/94, NJW 1997, 3434, 3436 = MDR 1997, 1007; BGH, Urt. v. 13. 7. 2006 – VII ZR 51/05, WM 2006, 2142, 2143 = MDR 2007, 136, 137.
[445] BGHZ 56, 173, 176 = NJW 1971, 1311; LG Frankfurt/M. VersR 1978, 1058; BGH v. 29. 6. 1989, BB 1989, 1584; BGH, Urt. v. 11. 3. 1997 – X ZR 146/94, WM 1997, 1258, 1259 = DB 1997, 2167, 2168; *Roth* in: Münchener Kommentar, § 399 BGB Anm. 30 m. w. Nachw.
[446] OLG Hamburg v. 23. 11. 1977, MDR 1978, 313.
[447] RGZ 136, 395, 399; BGH NJW 1988, 1210, 1211; *Palandt/Grüneberg*, BGB, 67. Aufl., 2008, § 399 BGB Rdn. 8; *Wagner* WM 1994, 2093, 2094; *derselbe* JZ 1994, 227, 230; *Seggewiße* NJW 2008, 3256.
[448] Vgl. nur BGH, Urt. v. 29. 6. 1989 – VII ZR 211/88, BGHZ 108, 172, 176ff. = NJW 1990, 109, 110 = WM 1989, 1470, 1472 = ZIP 1989, 1137 = BB 1989, 1584 = JZ 1989, 807; BGH, Urt. v. 31. 10. 1990 – IV ZR 24/90, BGHZ 112, 387ff. = NJW 1991, 559 = VersR 1991, 89 = WM 1991, 693; *Bülow* NJW 1993, 901, 902; *Bette* WM 1994, 1909, 1911; *Saar* ZIP 1999, 988.
[449] BGH v. 19. 1. 1978, WM 1978, 514.
[450] BGH v. 1. 2. 1978, NJW 1978, 813 = BGHZ 70, 299; BGH v. 11. 5. 1989, WM 1989, 1227; BGH v. 29. 6. 1989, BB 1989, 1584; OLG Celle, Urt. v. 1. 12. 1998 – 16 U 13/98, NJW-RR 1999, 618, 619; *Bette* WM 1994, 1909, 1911; *Henseler* BB 1995, 5, 7.
[451] *Sieg* VersR 1956, 743, 744; LG Hamburg VersR 1971, 926, 927.

c) Belastung mit einem Pfandrecht. Mitunter sind die Ansprüche aus dem 134
Versicherungsvertrag schon an das LVU oder einen Dritten verpfändet. Diese
Belastung des Versicherungsvertrages schließt eine zeitlich spätere Abtretung der
Ansprüche nicht aus.[452] Die Abtretung enthält keine Aufhebung des verpfändeten
Rechts; sie beeinträchtigt auch die Rechtsstellung der Pfandgläubigerin nicht,
weil das Pfandrecht durch die Abtretung nicht berührt wird.[453]

4. Abtretung der Rechte aus dem Versicherungsvertrag

a) Formlose Abtretung. Die Abtretung von Versicherungsansprüchen kann 135
grundsätzlich formlos erfolgen,[454] insbesondere auch stillschweigend.[455] Maßgeblich ist, ob nach den Umständen eine Abtretung gewollt war.[456] In der Übergabe
des Versicherungsscheins kann eine Abtretung zu sehen sein, da sowohl die Übergabe eines Sparkassenbuchs[457] als auch die Übergabe des Hinterlegungsscheins für
den Versicherungsschein[458] als Abtretung gewertet werden. Eine Vollmacht zum
Vertragsabschluss umfasst nicht automatisch die Vollmacht zur Abtretung der
Rechte aus dem Versicherungsvertrag, es sei denn, dass im Wege der Auslegung
aufgrund konkreter Umstände festgestellt werden kann, dass die Vollmacht zum
Vertragsabschluss konkludent auch die Berechtigung zur Abtretung der Rechte
aus dem Vertrag umfasst.[459]

b) Inhalt und Umfang der Abtretung. aa) Voll- und Teilabtretung. Im 136
Falle einer Abtretung „der Rechte und Ansprüche" ohne weitere Zusätze ist in
der Regel davon auszugehen, dass alle Ansprüche aus der Lebensversicherung
abgetreten sind, insbesondere der Anspruch auf die Versicherungsleistung nebst
allen Vertragsrechten. Handelt es sich um eine Sicherungszession, so ist von einem
uneingeschränkten Übergang der abgetretenen Forderung auf den Zessionar auszugehen.[460] Die Abtretung erfasst auch den Anspruch auf den Rückkaufswert,
sofern Abweichendes weder ausdrücklich noch konkludent vereinbart worden
ist.[461] Der Abtretungsgläubiger erhält alle Gläubigerrechte und ist im Außenverhältnis vollwertiger Sicherungsnehmer.[462] Lediglich im Innenverhältnis zum Sicherungsgeber ist er durch die Sicherungsabrede gebunden.[463] Es bedarf daher der
Feststellung besonderer Anhaltspunkte, wenn die Abtretung unter der auflösenden
Bedingung des Eintritts der Befriedigung des Zessionars stehen soll.[464]

Sind alle Ansprüche abgetreten, stehen auch die Überschussanteile dem Zessio- 137
nar zu. Insoweit kommt es für die Inanspruchnahme darauf an, welche Form der
Überschussverwendung vertraglich vorgesehen ist. Eine laufende Ausschüttung an
den Zessionar kommt bei der Bardividende vor.

---

[452] BGH v. 29. 7. 1967, NJW 1967, 2426.
[453] BGH v. 29. 7. 1967, NJW 1967, 2426.
[454] BGH WM 1983, 411, 412; OLG Karlsruhe, Urt. v. 28. 1. 1993 – 9 U 147/91, VersR 1993, 1469, 1470.
[455] BGH WM 1957, 1574, 1575; BGH NJW 1969, 40; BGH NJW 1982, 275, 276; BGH, Urt. v. 21. 11. 1985 – VII ZR 305/84, NJW 1986, 977.
[456] OLG München v. 13. 6. 1986, VersR 1987, 810.
[457] BGH DB 1972, 1226.
[458] BAG v. 29. 7. 1967, NJW 1967, 2425 = DB 1967, 1857 = WM 1967, 1177.
[459] BGH, Urt. v. 13. 5. 1992 – IV ZR 79/91, VersR 1992, 989, 990.
[460] BGH v. 24. 9. 1975, VersR 1975, 1089, 1090.
[461] OLG Celle, Beschl. v. 23. 6. 2005 – 16 W 54/05, r+s 2007, 295.
[462] OLG Düsseldorf, Urt. v. 9. 2. 1999 – 4 U 38/98, NJW-RR 1999, 1406, 1407 = NVersZ 2000, 218 = VersR 1999, 1009 = r+s 2000, 36, 37; OLG Saarbrücken, Urt. v. 10. 4. 2008 – 8 U 613/06, NJW-RR 2009, 128, 129.
[463] OLG Düsseldorf, Urt. v. 9. 2. 1999 – 4 U 38/98, NJW-RR 1999, 1406, 1407 = NVersZ 2000, 218 = VersR 1999, 1009 f. = r+s 2000, 36, 37.
[464] BGH v. 24. 9. 1975, VersR 1975, 1089, 1090.

138 Sowohl der Anspruch auf die Versicherungsleistung als auch der Anspruch auf die Bardividende können gesondert abgetreten werden. Möglich ist eine summenmäßig beschränkte Abtretung auf die Versicherungssumme oder einen Teil der Versicherungssumme, die beitragsfreie Summe oder den Rückkaufswert.[465]

139 Nicht gesondert abtretbar, also ohne gleichzeitige Abtretung des Anspruchs auf die Versicherungsleistung, sind die Vertragsrechte. Zu den Vertragsrechten gehört das Recht, die Versicherung zu kündigen oder beitragsfrei zu stellen, ein widerrufliches Bezugsrecht zu widerrufen und ein neues widerrufliches oder unwiderrufliches Bezugsrecht einem Dritten oder sich selbst einzuräumen, die abgetretenen Ansprüche weiter abzutreten oder zu verpfänden, die Ausstellung eines Versicherungsscheins zu verlangen.

140 **bb) Zusatzversicherungen.** Bei Anpassungsversicherungen erfasst die Abtretung die sich aus den Erhöhungen der Versicherungssummen ergebenden Leistungen, da durch die Erhöhungen keine neuen Versicherungsverhältnisse begründet werden. Dies ist in vielen Anpassungsbedingungen mit dem Hinweis auf die Einheit der Versicherung nach Erhöhung klarstellend bestimmt. Eine getrennte Abtretung der Ansprüche aus der Anpassung ist ausgeschlossen.

141 Rechte aus Zusatzversicherungen wie z. B. der Unfall-Zusatzversicherung gelten als mit abgetreten, sofern die Abtretungsvereinbarung keine gegenteilige Regelung enthält. Die Abtretung der Ansprüche aus diesen Zusatzversicherungen ohne gleichzeitige Abtretung des Anspruchs aus der Kapitalversicherung ist zulässig, da es insoweit um eigene Versicherungsverhältnisse innerhalb des Versicherungsvertrages geht.

142 **cc) Beitragsdepot.** Ein Beitragsdepot wird von der Abtretung sämtlicher Ansprüche aus der Versicherung nicht erfasst, weil es sich insoweit nicht um einen Anspruch aus dem Versicherungsvertrag handelt.[466] Vielmehr geht es um einen Anspruch aus einem mit dem LVU gesondert abgeschlossenen Einlagevertrag. Daher kann der Versicherungsnehmer nach einer erfolgten Abtretung seiner Ansprüche aus der Lebensversicherung über das Beitragsdepot nach Maßgabe der mit dem LVU getroffenen Abreden weiterhin gesondert verfügen, z. B. durch Abtretung, soweit mit dem LVU kein Abtretungsverbot vereinbart ist. Gläubiger des Versicherungsnehmers können die Ansprüche des Versicherungsnehmers aus dem Beitragsdepot pfänden lassen, ohne dass der Zessionar, an den die Ansprüche aus dem Versicherungsvertrag abgetreten worden sind, der Pfändung widersprechen könnte.

143 **c) Nachweis der Abtretung.** Die Abtretung der Ansprüche aus dem Versicherungsvertrag wird regelmäßig durch Vorlage einer entsprechenden schriftlichen Erklärung dargetan, wobei zur Wirksamkeit der Abtretung der Zedent den Versicherungsschein nicht an den Zessionar übergeben muss. Der Zessionar wird sich aber im Hinblick auf § 12 Abs. 1 ALB 2008 den Versicherungsschein aushändigen lassen.

144 Zum Nachweis der Abtretung genügt – auch im Rahmen des § 410 BGB – die Vorlage einer Fotokopie; nur wenn verständliche Bedenken gegen die Zuverlässigkeit der Fotokopie erhoben werden, besteht die Verpflichtung zur Vorlage des Originals.[467] In der Praxis ist die Vorlage der Originalurkunde die Regel, damit ggf. eine Beweisführung bezüglich der Echtheit der Abtretungsurkunde möglich ist.

---

[465] Siehe hierzu VerBAV 1951, 33.
[466] *Goll/Gilbert*, Handb. Lebensversicherung, 10. Aufl., 1984, S. 93; *Eberhardt/Castellví* VersR 2002, 261, 264.
[467] BAG DB 1968, 1862; LAG Frankfurt/M., Urt. v. 11. 9. 1987 – 13 Sa 87/87, DB 1988, 612.

Dem LVU obliegt eine Legitimationsprüfung bezüglich der Abtretungsurkunde 145
bis auf einen Schriftvergleich mit vorliegenden Unterschriften nicht.[468] Wird vom
Versicherungsnehmer zur Begründung seines Anspruchs auf die Versicherungsleistung die Echtheit seiner Unterschrift auf der Abtretungsurkunde bestritten, trägt
das LVU als der Beweisführer, der sich auf die Abtretungsurkunde beruft, die
Beweislast für die Echtheit der Namensunterschrift.[469] Verlangt der Zessionar die
Versicherungsleistung und bestreiten der Versicherungsnehmer oder der Versicherer die Echtheit der Unterschrift auf der Abtretungsurkunde, so liegt die Beweislast beim Zessionar. Ließ sich der Zedent vertreten, gilt nichts anderes, wenn die
Fälschung der Vollmacht eingewendet wird.[470] Das Risiko vorhandener Vertretungsmacht trägt grundsätzlich nicht derjenige, in dessen Namen jemand als Vertreter auftritt, sondern der Geschäftsgegner.[471]

d) Mehrfachabtretung. Der Versicherungsnehmer kann seine Rechte und 146
Ansprüche aus dem Versicherungsvertrag bis zur Höhe der Versicherungssumme
in Teilabschnitten abtreten. Die Abtretungen haben dann gleichen Rang,[472] sofern
nicht der Versicherungsnehmer eine von ihnen ausdrücklich als erstrangig bezeichnet hat. Der Versicherungsnehmer kann aber auch den Anspruch auf die
gesamte Versicherungsleistung mehrfach abtreten. Die zeitlich gesehen erste Abtretung geht dann der zweiten im Range vor. Wird die erste Abtretung gegenstandslos, rückt die zweite an ihren Rang, andernfalls der zweite Abtretungsgläubiger das erhalten würde, was nach der Befriedigung des ersten noch zur
Verfügung stehen würde.[473] Bei Unkenntnis des LVU ist es bei Leistungen an den
nichtberechtigten Zweitzessionar gemäß §§ 407, 408 BGB mit der Folge geschützt, dass der Erstzessionar die Leistung gegen sich gelten lassen muss.[474]

e) Prioritätsgrundsatz. Der Prioritätsgrundsatz gilt nicht nur bei der Mehr- 147
fachabtretung der Versicherungsleistung. Wird die Forderung aus dem Versicherungsvertrag verpfändet und abgetreten, so hat das früher begründete Recht Vorrang.[475] Waren die Ansprüche aus der Lebensversicherung im Zeitpunkt der
Zustellung des Pfändungs- und Überweisungsbeschlusses bereits an einen Dritten
abgetreten, geht die Abtretung der Pfändung vor, selbst wenn die Abtretung dem
Versicherer erst nach der Pfändung angezeigt wird.[476] § 13 ALB hat nicht den
Zweck, dem Pfändungspfandgläubiger das Risiko jeder Forderungspfändung zu
nehmen, dass sie möglicherweise deshalb ins Leere geht, weil der Vollstreckungsschuldner die gepfändeten Ansprüche vorher abgetreten hat.[477]

f) Aufhebung der Abtretung. Eine Abtretung wird in der Weise aufgeho- 148
ben, dass der Gläubiger die abgetretenen Ansprüche wieder an den Versicherungsnehmer zurück überträgt. Auf den Inhalt der Erklärung, mit der diese
Rückabtretung erfolgt, kommt es im Einzelfall an. Bietet die Bank dem Versicherungsnehmer die Rückabtretung der Rechte aus dem Versicherungsvertrag unter
Übersendung der Versicherungspolice an, nimmt der Versicherungsnehmer dieses

---

[468] Zum Schriftvergleich siehe OLG Koblenz WM 1984, 206; OLG Düsseldorf WM 1987, 1215.
[469] Vgl. BGH v. 13. 4. 1988, WM 1988, 957.
[470] Vgl. OLG Düsseldorf, Urt. v. 16. 7. 1987 – 6 U 327/86, WM 1987, 1215, 1216.
[471] BGH v. 13. 7. 1977, WM 1977, 1169.
[472] RGZ 149, 98.
[473] Sog. bedingte Abtretung: OLG Frankfurt/M., Urt. v. 21. 9. 1983 – 19 U 174/82, VersR 1984, 755.
[474] BGH, Urt. v. 9. 11. 1988 – IV a ZR 122/87, NJW 1989, 899 – MDR 1989, 335, 336.
[475] OLG Köln, Urt. v. 18. 2. 1987 – 13 U 170/86, VersR 1987, 893 (Ls.).
[476] LG Köln, Urt. v. 27. 3. 1985 – 24 O 330/84, VersR 1986, 649.
[477] LG Köln, Urt. v. 27. 3. 1985 – 24 O 330/84, VersR 1986, 649.

Angebot spätestens mit der Klageerhebung gegen den Versicherer an.[478] Wenn der Abtretungsgläubiger erklärt, dass er auf seine Ansprüche aus der Abtretung verzichtet, dass er keine Ansprüche mehr stellt, dass er die Versicherung freigibt u. Ä., so ergibt sich hieraus nicht, dass die z.B. an eine Bank abgetretenen Rechte auf die Bezugsberechtigte übertragen sind, wenn der Versicherungsnehmer inzwischen verstorben ist.[479]

149 Der Sicherungszessionar ist nach Erledigung des Sicherungszwecks zur Aufgabe der Versicherung verpflichtet.[480] Über einen Überschuss aus der Verwertung der Versicherung durch Rückkauf oder im Versicherungsfall kann gemäß § 328 BGB mit Wirkung gegen den Nachlass verfügt sein, insbesondere zu Gunsten eines früher widerruflich Bezugsberechtigten.

150 **g) Rechtsgrundlose Zahlung.** Bei der Rückforderung von ungerechtfertigt gezahlten Versicherungsleistungen in Zessionsfällen richtet sich der Bereicherungsanspruch regelmäßig auch dann gegen den Versicherungsnehmer, wenn der Versicherer die Versicherungsleistung in Unkenntnis eines leistungsbefreienden Tatbestands an einen Abtretungsempfänger gezahlt hat.[481] Geht es nicht um Mängel des Versicherungsverhältnisses (Deckungsverhältnisses), sondern um solche des Valutaverhältnisses, ist für diese Fälle unwirksamer Zession bei wirksamen Deckungsverhältnis der Abtretungsempfänger aber Bereicherungsschuldner.[482] Bei irrig angenommener Zession kann die dem vermeintlichen Zessionar erbrachte Leistung bei diesem kondiziert werden.[483]

5. Anzeige der Abtretung an das LVU

151 **a) Inhalt der Vorschrift.** Die Abtretung von Ansprüchen aus dem Versicherungsvertrag ist gegenüber dem Versicherer nur und erst dann wirksam, wenn die Abtretung vom bisherigen Berechtigten dem Versicherer schriftlich angezeigt worden ist.[484] Die Klausel ist eine Bestimmung auszulegen, die als Ausnahme vom Regelfall der Abtretbarkeit gemäß § 398 BGB vereinbarungsgemäß von vornherein für die zu begründende Forderung den (eingeschränkten) Abtretungsausschluss des § 399 2. Alt. BGB festlegt.[485] Das Forderungsrecht wird schon begründet mit der Eigenschaft, nur eingeschränkt abtretbar zu sein.[486] Die Wirkung dieses Abtretungsausschlusses besteht darin, dass eine abredewidrige Abtretung gegenüber jedermann unwirksam ist.[487] Ein solcher abgeschwächter Abtretungs-

---

[478] OLG Düsseldorf, Urt. v. 5. 12. 2000 – 4 U 32/00, NVersZ 2001, 156 = VersR 2001, 837, 838 = r+s 2001, 269, 270.
[479] BGH VersR 1987, 41 = NJW 1987, 257/258.
[480] Vgl. *Neef* WM 2005, 2365, 2369.
[481] BGHZ 105, 65 = VersR 1988, 1053; BGHZ 122, 46, 50 = VersR 1994, 208, 209 = r+s 1993, 239.
[482] BGHZ 113, 62, 70 = VersR 1991, 356, 358.
[483] OLG Düsseldorf, Urt. v. 20. 4. 1999 – 4 U 105/98, VersR 2000, 1529.
[484] Vgl. OLG Köln, Urt. v. 30. 4. 2008 – 2 U 19/07, WM 2008, 1598, 1600.
[485] OLG München, Urt. v. 11. 12. 1989 – 26 U 5116/89, VersR 1990, 1141; BGH, Urt. v. 31. 10. 1990 – IV ZR 24/90, BGHZ 112, 387 = NJW 1991, 559 = VersR 1991, 89 = VerBAV 1991, 289, 290 = r+s 1991, 104 = WM 1991, 693, 694 = MDR 1991, 231; OLG Hamm, Urt. v. 31. 5. 1996 – 20 U 34/96, VersR 1997, 729 = r+s 1997, 84; OLG Karlsruhe, Urt. v. 7. 8. 1997 – 12 U 49/97, S. 3.
[486] BGH, Urt. v. 31. 10. 1990 – IV ZR 24/90, BGHZ 112, 387 = NJW 1991, 559 = VersR 1991, 89 = VerBAV 1991, 289, 290 = r+s 1991, 104 = WM 1991, 693, 694 = MDR 1991, 231.
[487] BGH, Urt. v. 31. 10. 1990 – IV ZR 24/90, BGHZ 112, 387 = NJW 1991, 559 = VersR 1991, 89 = VerBAV 1991, 289, 290 = r+s 1991, 104 = WM 1991, 693, 694 = MDR 1991, 231; zust. *Baukelmann* EWiR 1991, 133; *Weber* WuB 1991, 844; *Schnepp* VersR

ausschluss hat absolute Wirksamkeit.[488] Eine etwa erfolgte Abtretung ist daher bis zur Anzeige an den Versicherer absolut unwirksam, so dass der Versicherer bis zur schriftlichen Anzeige der Abtretung durch den Berechtigten nicht an den Zessionar leisten muss und der Zessionar bis zur Anzeige kein Forderungsrecht erlangt.[489] Die entsprechende Mitteilung muss zutreffend und unmissverständlich abgegeben werden.[490] Die Regelung ist nicht so zu verstehen, dass die Wirksamkeit einer Abtretung vom Versicherer auch durch Verzicht auf den Zugang der Abtretungserklärung vor dem Eintritt des Versicherungsfalles herbeigeführt werden könnte.[491]

In den Vorgängerklauseln des § 13 Abs. 4 Satz 1 ALB 1986 hieß es lediglich, dass Abtretungen nur dann wirksam sind, wenn sie schriftlich angezeigt werden. Es fehlte also das „nur und erst dann". Bis zur Entscheidung des BGH vom 31. Oktober 1990 wurde schon zu dieser Klausel die Auffassung vertreten, dass sie kein Abtretungsverbot im Sinne von § 399 BGB enthalte, dem eine absolute Wirkung mit der Folge der Unwirksamkeit der Abtretung zukommen könne. Vielmehr folge aus der Vorschrift, dass die Anzeige der Abtretung – anders als bei der Verpfändung – keine materielle Voraussetzung für die Wirksamkeit der Abtretung sei und eine Abtretung ohne Anzeige nicht absolut unwirksam sei; sie habe nur die Wirkungen der §§ 407 ff. BGB.[492] Die Abtretung versicherungsvertraglicher Ansprüche erlange hingegen Dritten gegenüber ohne Rücksicht auf eine Anzeige an den Versicherer sofortige Wirksamkeit.[493] Der Versicherer als Schuld-

152

1991, 949; OLG Karlsruhe, Urt. v. 1. 6. 2006 – 12 U 21/06, VersR 2007, 341, 342 = r+s 2007, 161, 162.

[488] RGZ 136, 395, 399; BGHZ 40, 156, 160 = NJW 1964, 243 = WM 1963, 1297; BGHZ 56, 173, 176 = NJW 1971, 1311 = WM 1971, 740; BGHZ 56, 228, 230 = NJW 1971, 1750 = WM 1971, 933 = MDR 1971, 743; BGHZ 70, 299, 301 = NJW 1978, 813 = WM 1978, 267; BGHZ 102, 293, 301 = NJW 1988, 1210 = WM 1988, 460 = MDR 1964, 136; BGHZ 108, 172, 176 = NJW 1990, 108 = WM 1989, 1470; BGH, Urt. v. 4. 5. 1977, WM 1977, 819; BGH, Urt. v. 11. 5. 1989, WM 1989, 1227; BGHZ 108, 172, 174 ff. = WM 1989, 1470; BGH, Urt. v. 31. 10. 1990 – IV ZR 24/90, NJW 1991, 559 = VersR 1991, 89 = r+s 1991, 104 = WM 1991, 693, 694.

[489] BGH, Urt. v. 31. 10. 1990 – IV ZR 24/90, BGHZ 112, 387 = NJW 1991, 559 = VersR 1991, 89 = r+s 1991, 104 = WM 1991, 693, 694 f. = ZIP 1991, 31; dazu *Baukelmann* EWiR 1991, 133; BGH, Urt. v. 19. 2. 1992 – IV ZR 111/91, NJW-RR 1992, 790, 791 = VersR 1992, 561, 562 = r+s 1992, 214; LG Hannover, Urt. v. 4. 10. 1991 – 9 S 173/91, WM 1992, 186 (Rentenversicherung); OLG Köln, Urt. v. 14. 6. 1993 – 5 U 13/93, VersR 1993, 1133 = r+s 1993, 318; OLG Karlsruhe, Urt. v. 7. 8. 1997 – 12 U 49/97, S. 3; BGH, Urt. v. 10. 2. 1999 – IV ZR 324/97, NJW 1999, 1633, 1634 = NVersZ 1999, 261 = VersR 1999, 565, 566 = ZIP 1999, 1008, 1009.

[490] OLG Frankfurt/M., Urt. v. 23. 5. 1989 – 5 U 160/88, WM 1989, 1002.

[491] BGH, Urt. v. 24. 2. 1999 – IV ZR 122/98, NJW-RR 1999, 898, 899 = NVersZ 1999, 365 = VersR 1999, 700, 701 = VerBAV 1999, 229, 230.

[492] RGZ 94, 26; LG Göttingen v. 25. 1. 1951, VersR 1952, 313 = VP 1952, 47; OLG Karlsruhe VersR 1956, 217; BGH, Urt. v. 26. 10. 1965 – VI ZR 119/64, NJW 1966, 156 f. = VersR 1966, 140 f. = WM 1966, 86; BAG, Urt. v. 29. 7. 1967 – 3 AZR 55/66, NJW 1967, 2425 = VersR 1967, 1100 (Ls.); OLG Hamm v. 6. 1. 1971, VersR 1971, 246; BGH, Urt. v. 24. 4. 1978 – II AZR 168/76, VersR 1978, 915 = WM 1978, 1122; LG Köln, Urt. v. 27. 3. 1985 – 24 O 330/84, VersR 1986, 649; *Wagner* NJW 1987, 928, 932, 934; *derselbe* JZ 1988, 698, 705; *derselbe* VersR 1991, 622, 623; a. A. BGH v. 4. 5. 1977, MDR 1977, 1012; OLG München v. 13. 6. 1986, VersR 1987, 810; OLG Karlsruhe, Urt. v. 16. 3. 1988 – 7 U 275/87, VersR 1989, 34 m. abl. Anm. *Kuhnert* VersR 1989, 613; OLG München v. 11. 12. 1989 – 26 U 5116/89, VersR 1990, 1141; *Winter* in: Bruck/Möller, VVG, 8. Aufl. 1988, §§ 159–178 VVG Anm. H 257 gegen C 321, 323.

[493] BGH, Urt. v. 8. 6. 1967 – II ZR 248/64, VersR 1967, 795, 796; OLG Hamm VersR 1971, 246; LG Köln VersR 1986, 649.

ner der abgetretenen Ansprüche müsse keine Kenntnis von der Abtretung haben, damit diese gegenüber dem Dritten Wirksamkeit erlange. Ob die Abtretung bei Fehlen der notwendigen Anzeige absolut unwirksam ist, war vom BGH in einer früheren Entscheidung noch offen gelassen worden,[494] ist aber vom BGH in der Entscheidung vom 31. Oktober 1990 ausdrücklich nicht nur für § 13 Abs. 4 Satz 1 ALB 86, sondern auch für die Vorgängerklauseln bejaht worden.[495] Zutreffend hat der BGH[496] hervorgehoben, dass es angesichts der Zielrichtung der abgeschwächten Abtretungsausschlussklausel des § 13 Abs. 4 Satz 1 ALB 1986 ausgeschlossen sei, dass eine solche Klausel – und damit auch das hier in Rede stehende Anzeigeerfordernis – nur als informative Klarstellung des bürgerlich-rechtlichen Schuldnerschutzes aufzufassen sei.[497] Der BGH hat diese Sicht mit Urteil vom 19. 2. 1992 noch einmal bestätigt.[498]

153 b) **Zweck des Anzeigeerfordernisses.** Der Verwender der Klausel des § 13 Abs. 4 ALB will als Schuldner der Forderung nicht nur sicherstellen, dass seine Leistung für den vertraglich vorgesehenen Zweck verwendet wird.[499] Er will insbesondere die Abrechnung übersichtlich gestalten und verhindern, dass ihm eine im Voraus nicht übersehbare Vielzahl von Gläubigern gegenübertritt.[500] Weitergehend als durch den Schuldnerschutz der §§ 406 bis 410 BGB will er so vor mehrfacher Inanspruchnahme bewahrt sein.[501] Auch verhindert die Offenlegung, dass Scheinzessionen dem Gläubiger des Versicherungsnehmers entgegengehalten werden können.[502]

154 Die Anzeige nach § 13 Abs. 4 ALB umfasst ferner die Anzeige nach § 409 BGB, die konstitutive Wirkung hat.[503] Das Anzeigeerfordernis soll den Versicherer über § 407 BGB hinaus schützen und § 409 BGB zu seinen Gunsten eingreifen lassen. § 409 Abs. 1 Satz 1 BGB bewirkt, dass der Anzeige des bisherigen Gläubigers unbedingte Geltung für das LVU zukommt, auch wenn die Abtretung materiellrechtlich unwirksam oder gar nicht erfolgt ist. Das LVU kann einer Anzeige des Altgläubigers voll und ganz vertrauen und darf an den benannten Neu-

---

[494] BGH, Urt. v. 1. 7. 1981 – IV a ZR 201/80, BGHZ 81, 95, 100 = NJW 1981, 2245 = VersR 1981, 926, 927 = MDR 1981, 918.
[495] BGH, Urt. v. 31. 10. 1990 – IV ZR 24/90, BGHZ 112, 387 = NJW 1991, 559 = VersR 1991, 89 = VerBAV 1991, 289, 290 = r+s 1991, 104 = WM 1991, 693, 695; zust. *Schnepp* VersR 1991, 949.
[496] BGH, Urt. v. 31. 10. 1990 – IV ZR 24/90, BGHZ 112, 387 = NJW 1991, 559 = VersR 1991, 89 = VerBAV 1991, 289, 290 = r+s 1991, 104 = WM 1991, 693, 694 = MDR 1991, 231.
[497] So aber *Keltenich* VersR 1965, 412, 414; *Kuhnert* VersR 1988, 1218 ff. u. VersR 1989, 613 f.; *Kalischko* VersR 1988, 118.
[498] BGH, Urt. v. 19. 2. 1992 – IV ZR 111/91, NJW-RR 1992, 790, 791 = VersR 1992, 561, 562.
[499] BGH, Urt. v. 31. 10. 1990 – IV ZR 24/90, BGHZ 112, 387 = NJW 1991, 559 = VersR 1991, 89 = VerBAV 1991, 289 = r+s 1991, 104 = WM 1991, 693, 694 = MDR 1991, 231.
[500] BGHZ 51, 113, 117 = NJW 1969, 415 = WM 1969, 114; BGHZ 56, 228, 234 = NJW 1971, 1750 = WM 1971, 933 = MDR 1969, 298; BGH, Urt. v. 31. 10. 1990 – IV ZR 24/90, BGHZ 112, 387 = NJW 1991, 559 = VersR 1991, 89 = VerBAV 1991, 289 = r+s 1991, 104 = WM 1991, 693, 694; LG Kempten, Urt. v. 7. 3. 1995 – 3 O 2207/94, r+s 2001, 129, 130.
[501] BGH, Urt. v. 31. 10. 1990 – IV ZR 24/90, BGHZ 112, 387 = NJW 1991, 559 = VersR 1991, 89 = VerBAV 1991, 289 = r+s 1991, 104 = WM 1991, 693, 694 = MDR 1991, 231.
[502] BGH, Urt. v. 19. 2. 1992 – IV ZR 111/91, NJW-RR 1992, 790, 791 = VersR 1992, 561, 562.
[503] BGH VersR 1971, 1031.

gläubiger mit befreiender Wirkung leisten.⁵⁰⁴ Das Hinterlegungsrecht bleibt dem Versicherer, wobei die Voraussetzungen für die Ausübung vorliegen müssen.⁵⁰⁵

c) Anzeigeberechtigter. § 13 Abs. 4 ALB stellt darauf ab, dass der bisherige Berechtigte die Abtretung schriftlich anzeigt. Anfangs ist der Versicherungsnehmer zur Anzeige berechtigt, wenn er vorher keine Verfügungen vorgenommen hat, worauf § 13 Abs. 4 ALB ausdrücklich hinweist. Die Anzeigeberechtigung des Versicherungsnehmers stellt sich unterschiedlich dar, wenn der Versicherungsnehmer vor der Abtretung ein widerrufliches oder ein unwiderrufliches Bezugsrecht eingeräumt hat. 155

Der Anspruch aus dem Versicherungsvertrag kann vor und nach dem Versicherungsfall ganz oder teilweise abgetreten werden, auch wenn schon eine widerrufliche oder unwiderrufliche Bezugsberechtigung besteht. Die Abtretung bewirkt, dass der Zessionar in die Rechtsstellung des Versicherungsnehmers einrückt, lässt aber die Bezugsberechtigung unberührt. Hat der Zessionar die Ansprüche aus der Lebensversicherung an einen Dritten weiter abgetreten, ist der Zessionar als bisheriger Berechtigter zur Anzeige der Abtretung gegenüber dem Versicherer berechtigt. So wie der Dritte nicht zur Anzeige der Abtretung berechtigt ist, ist der Zessionar nicht zur Anzeige der Vorabtretung befugt.⁵⁰⁶ 156

Ist über das Vermögen des Versicherungsnehmers das Insolvenzverfahren eröffnet worden, hat der Versicherungsnehmer das Verfügungsrecht über die Versicherung mit der Eröffnung des Insolvenzverfahrens verloren. Ausschließlich der Insolvenzverwalter kann nunmehr noch über die Versicherung verfügen und den Versicherungsanspruch abtreten. Nur er ist damit berechtigt, die Abtretung anzuzeigen. 157

d) Form. Für die Anzeige schreibt § 13 Abs. 4 ALB ausdrücklich Schriftform vor. Die Schriftform ist auch gemäß § 12 Abs. 1 ALB 1986 vorgesehen. Die Wirksamkeit der Anzeige der Abtretung gegenüber dem Versicherer hängt nicht von der Vorlage des Versicherungsscheins ab.⁵⁰⁷ Zur Anzeige der Abtretung genügt die Übermittlung der schriftlichen Abtretungsvereinbarung durch den Versicherungsnehmer an den Versicherer.⁵⁰⁸ Es ist nicht erforderlich, dass der Versicherungsnehmer darüber hinaus noch ein Begleitschreiben unterzeichnet und die Abtretung ausdrücklich „anzeige".⁵⁰⁹ 158

e) Zugang und Kenntnis des LVU von der Abtretung. Übergibt der Versicherungsnehmer dem Versicherungsagenten die Abtretungsvereinbarung, reicht dies für den Zugang beim Versicherer aus.⁵¹⁰ Nach der Verkehrsanschauung ist der Versicherungsagent berechtigt, für den Versicherer Erklärungen anzunehmen und weiterzuleiten.⁵¹¹ Die Abtretungserklärung geht zu dem Zeitpunkt zu, in dem nach dem regelmäßigen Verlauf der Dinge mit dem Eingang beim Versicherer zu rechnen ist.⁵¹² 159

---

⁵⁰⁴ *Karollus* JZ 1992, 557.
⁵⁰⁵ BGH VersR 1971, 1031; OLG Köln VersR 1977, 576.
⁵⁰⁶ OLG Oldenburg, Urt. v. 22. 3. 1974 – 6 U 193/73, VersR 1975, 415, 416.
⁵⁰⁷ OLG Düsseldorf VersR 1962, 655.
⁵⁰⁸ OLG Hamm, Urt. v. 25. 1. 2008 – 20 U 89/07, NJW 2008, 2660 (Ls.) = NJW-RR 2008, 982, 983 = VersR 2008, 908 = r+s 2009, 204.
⁵⁰⁹ OLG Hamm, Urt. v. 25. 1. 2008 – 20 U 89/07, NJW-RR 2008, 982, 983 = VersR 2008, 908 = r+s 2009, 204, 205.
⁵¹⁰ OLG Hamm, Urt. v. 25. 1. 2008 – 20 U 89/07, NJW 2008, 2660 (Ls.) = NJW-RR 2008, 982, 983 = VersR 2008, 908 = r+s 2009, 204.
⁵¹¹ OLG Hamm, Urt. v. 25. 1. 2008 – 20 U 89/07, NJW 2008, 2660 (Ls.) = NJW-RR 2008, 982, 983 = VersR 2008, 908 = r+s 2009, 204.
⁵¹² OLG Hamm, Urt. v. 25. 1. 2008 – 20 U 89/07, NJW 2008, 2660 (Ls.) = NJW-RR 2008, 982, 983 = VersR 2008, 908, 909 = r+s 2009, 204, 205.

160 Für die Kenntnis der Abtretung im Sinne von § 13 Abs. 4 ALB und § 407 BGB reicht der Zugang der Abtretungserklärung oder deren Kennen müssen nicht aus; es muss ihre wirkliche Kenntnis und diese bei dem Angestellten des Versicherers gegeben gewesen sein, der befugt war, den Versicherer gerade bei der Erfüllung der abgetretenen Forderung zu vertreten und Leistungen zu bewirken.[513] Auf mangelnde Kenntnis kann sich der Versicherer dann nicht berufen, wenn aufgrund von Mängeln in der Organisation die für die Bearbeitung der abgetretenen Forderung zuständige Person nicht die Möglichkeit hatte, die Abtretungsanzeige zur Kenntnis zu nehmen,[514] z. B. wenn die eingehende Post nicht unverzüglich und zuverlässig verteilt wurde[515] oder wenn die Kenntnis bei Benutzung der automatischen Informationsverarbeitung zu erlangen war.[516]

161 Zuverlässige Kenntnis im Sinne von § 13 Abs. 4 ALB und § 407 BGB von der Abtretung hat das LVU nicht, wenn ein Dritter eine Abtretung zu seinen Gunsten behauptet und sich berühmt, Gläubiger der Rechte zu sein.[517] Kenntnis des LVU im Sinne von § 407 BGB kann in einem solchen Fall allenfalls dann begründet werden, wenn der die Abtretung anzeigende, neue Gläubiger seiner Person als vertrauenswürdig ist und nach den Umständen des Einzelfalls kein Anlass besteht, den Übergang der abgetretenen Rechte auf den Zessionar zu bezweifeln.[518] Zweifel bestehen in jedem Fall, wenn vor der Anzeige der Abtretung durch den Dritten das Insolvenzverfahren über das Vermögen des Zedenten eröffnet worden ist.[519] Unabhängig hiervon ist das LVU von der Einzelfallprüfung durch das bedingungsgemäße Erfordernis der Anzeige durch den bisherigen Berechtigten grundsätzlich befreit. Das LVU ist nach dem Schutzgedanken des § 407 BGB auch nicht verpflichtet, irgendwelche Aktivitäten zur Ermittlung des wahren Gläubigers nur deswegen zu entfalten, weil durch die bloße Behauptung eines Dritten die Rechtsstellung des bisherigen Gläubigers in Zweifel gezogen worden ist.[520]

162 **f) Rechtswirksamkeit.** Hat der Versicherungsnehmer einen Bezugsberechtigten bestimmt, kann eine erst nach dem Tod des Versicherungsnehmers beim LVU eingehende Abtretungsanzeige die Wirksamkeit der Abtretung im Zeitpunkt des Versicherungsfalls nicht mehr begründen, da der Bezugsberechtigte den Leistungsanspruch mit Eintritt des Versicherungsfalls erworben hat und die Möglichkeit zur nachträglichen Änderung oder Einschränkung der Bezugsberechtigung damit entfallen ist.[521] Dementsprechend kann der Zessionar den vom Schuldner abgetretenen Anspruch auf Versicherungsleistungen nur dann unbelastet vom Pfandrecht eines Pfändungsgläubigers erwerben, wenn die Abtretung dem LVU

---

[513] RGZ 101, 402; OLG Düsseldorf v. 19. 5. 1953, VersR 1953, 315 m. Anm. *Buchner* VersR 1953, 316; OLG Hamm VerBAV 1953, 267; BGH NJW 1960, 1805 = WM 1960, 1032; BGH VersR 1963, 523; OLG Hamburg NJW 1963, 1406; OLG Schleswig VersR 1968, 487; BGH v. 8. 12. 1976 – VIII ZR 248/75, NJW 1977, 581, 582; OLG Stuttgart, Urt. v. 25. 7. 1985 – 7 U 88/85, S. 5.
[514] BGH v. 8. 12. 1976, NJW 1977, 581, 582; LG Göttingen, Urt. v. 11. 8. 1981 – 3 O 59/81, VersR 1982, 1186, 1187.
[515] LG Göttingen, Urt. v. 11. 8. 1981 – 3 O 59/81, VersR 1982, 1186, 1187.
[516] LG Frankfurt/M. v. 19. 3. 1986, VersR 1987, 1185.
[517] OLG Oldenburg, Urt. v. 22. 3. 1974 – 6 U 193/73, VersR 1975, 415 f. m. zust. Anm. *Kloth*.
[518] RGZ 74, 117, 120; RGZ 88, 4, 6; OLG Oldenburg, Urt. v. 22. 3. 1974 – 6 U 193/73, VersR 1975, 415 f.
[519] OLG Oldenburg, Urt. v. 22. 3. 1974 – 6 U 193/73, VersR 1975, 415/416.
[520] RGZ 61, 245, 249; RGZ 88, 4, 8; BGH VersR 1966, 330, 331; OLG Oldenburg, Urt. v. 22. 3. 1974 – 6 U 193/73, VersR 1975, 415 f.
[521] BGH, Urt. v. 24. 2. 1999 – IV ZR 122/98, NJW-RR 1999, 898, 899 = NVersZ 1999, 365 = VersR 1999, 700, 701 = VerBAV 1999, 229, 230.

A. Allg. Bed. für die kapitalbildende LV   163–166   § 13 ALB 2008

vor Zustellung des Pfändungs- und Überweisungsbeschlusses an das LVU angezeigt worden ist.[522]

g) Rechtswirkung der Anzeige. Nach Kenntniserlangung von der Abtretung aufgrund der Anzeige durch den bisherigen Berechtigten darf das LVU nur noch an den Zessionar leisten. Eine Nichtbeachtung der dem LVU angezeigten Abtretung hätte zur Folge, dass der Zessionar jede Leistung und jedes Rechtsgeschäft, das das LVU gegenüber dem Zedenten oder einem Dritten vornimmt, nicht gegen sich gelten lassen muss.[523]   163

6. Rechtsfolgen der Abtretung

a) Pflichten aus dem Versicherungsvertrag. Durch die Abtretung bleibt das Versicherungsverhältnis unberührt (vgl. § 15 VVG). Der Versicherungsnehmer ist gegenüber dem LVU weiterhin zur Erfüllung des Vertrages durch Zahlung der Beiträge verpflichtet und bleibt Erklärungsgegner des LVU.[524] Bei der Sicherungszession wird der Versicherungsnehmer in der Regel auch gegenüber dem Sicherungszessionar die Verpflichtung eingehen bis zur Entstehung eines Verwertungsrechts den Beitrag zu zahlen.[525] Zahlt der Versicherungsnehmer die Beiträge nicht, ist er und nicht der Zessionar nach § 39 VVG zu mahnen.[526] Der Versicherungsnehmer kann nach erfolgter Abtretung hinsichtlich des Versicherungsvertrags keine Verfügungen mehr vornehmen, die die Rechte des Zessionars einschränken oder beeinträchtigen. Deswegen darf der Versicherungsnehmer seine Versicherung nur dann technisch umstellen, wenn hierdurch die Rechtsstellung des Abtretungsgläubigers nicht berührt wird.   164

b) Rechte aus dem Versicherungsvertrag. aa) Allgemeines. Der Zessionar erlangt die Gläubigerstellung des Versicherungsnehmers, so dass ihm der Anspruch auf die durch Tod oder Ablauf fällig werdenden Leistungen einschließlich etwaiger Leistungen aus Zusatzversicherungen je nach Abrede zusteht. Über den Anspruch kann der Zessionar mit dem LVU einen Vergleich abschließen, aber auch seinen Anspruch ganz oder teilweise an einen anderen weiter abtreten[527] oder verpfänden. Die Warn- und Schutzpflichten des Versicherers – und seines Versicherungsagenten – bestehen auch gegenüber dem Abtretungsempfänger.[528] Für ein Unterlassen des Versicherungsagenten hat der Versicherer gemäß § 278 Abs. 1 BGB einzustehen, jedenfalls soweit es um Warnpflichten geht.[529]   165

bb) Kündigungsrecht. Das Kündigungsrecht ist kein höchstpersönliches Recht und kann daher auch abgetreten werden.[530] Es geht auf den Zessionar nicht bereits kraft Gesetzes analog § 404 BGB über.[531] Das Kündigungsrecht kann   166

---

[522] BGH, Urt. v. 10. 2. 1999 – IV ZR 324/97, NJW 1999, 1633, 1634 = NVersZ 1999, 261 = VersR 1999, 565, 566 = ZIP 1999, 1008, 1009.
[523] Vgl. BGH, Urt. v. 13. 11. 2008 – VII ZR 188/07, VersR 2009, 639.
[524] Vgl. BGH v. 22. 3. 1956, VersR 1956, 276; OLG Frankfurt/M., Urt. v. 3. 2. 1995 – 25 U 155/94, VersR 1996, 90.
[525] OLG Hamm VersR 1971, 246.
[526] OLG Frankfurt/M., Urt. v. 3. 2. 1995 – 25 U 155/94, VersR 1996, 90.
[527] OLG Frankfurt/M., Urt. v. 21. 9. 1983 – 19 U 174/82, VersR 1984, 755.
[528] OLG Hamm, Urt. v. 25. 1. 2008 – 20 U 89/07, NJW-RR 2008, 982, 983 = VersR 2008, 908, 909 = r+s 2009, 204, 205.
[529] OLG Hamm, Urt. v. 25. 1. 2008 – 20 U 89/07, NJW-RR 2008, 982, 983 = VersR 2008, 908, 909 = r+s 2009, 204, 205.
[530] BGH NJW 1966, 1071 = VersR 1966, 359; OLG München, Urt. v. 2. 3. 2007 – 25 U 4003/06, VersR 2007, 1637, 1638 = r+s 2008, 210, 211.
[531] OLG Köln, Urt. v. 25. 3. 1996 – 5 U 148/95, r+s 1999, 346, 347.

aber im Zuge der Abtretung auf den Zessionar mit übertragen werden.[532] Da das Kündigungsrecht für sich allein keinen Vermögenswert besitzt, sondern seine wirtschaftliche Bedeutung erst im Zusammenhang mit dem Recht auf den Rückkaufwert erhält, kann es deshalb nicht selbständig, sondern nur zusammen mit diesem Recht übertragen werden.[533] Im Rahmen der Ausübung der durch die Abtretung erlangten Vertragsrechte ist dann allein der Zessionar berechtigt, das Versicherungsverhältnis durch Kündigung zu beenden[534] und die Auszahlung des Rückkaufwerts zu seinen Händen zu verlangen[535] oder die Versicherung beitragsfrei zu stellen. Durch die Abtretung ist dem Zessionar auch die Befugnis eingeräumt, den Versicherungsvertrag einverständlich vorzeitig aufzuheben.[536] Hat der Versicherungsnehmer die Berechtigung zur Kündigung der Versicherung nicht mit an den Zessionar übertragen, hat der Versicherungsnehmer es durch Ausübung des diesbezüglichen Gestaltungsrechts in der Hand zu bestimmen, wem z. B. der Rückkaufswert zufließt.[537]

167 **cc) Widerruf des Bezugsrechts.** Der Zessionar kann ein widerrufliches Bezugsrecht widerrufen und ein neues widerrufliches Bezugsrecht einem Dritten oder sich selbst einräumen.[538] Von seiner Rechtsstellung her ist er im Verhältnis zum LVU auch berechtigt, ein unwiderrufliches Bezugsrecht zu seinen oder eines Dritten Gunsten zu verfügen. Ob der Zessionar im Fall der Sicherungsabtretung im Innenverhältnis solche Verfügungen vornehmen darf, insbesondere befugt ist ein unwiderrufliches Bezugsrecht zu begründen, ist nach der Sicherungsabrede zu beurteilen.[539]

168 **dd) Unterrichtung über Zahlungsverzug.** Bei Zahlungsverzug des Versicherungsnehmers hat der Zessionar keinen Rechtsanspruch auf Unterrichtung gegen den Versicherer. Ohne Übernahme einer Rechtspflicht oder Haftung ist jedoch das Übersenden einer Mitteilung üblich.

7. Sicherungsabtretung

169 **a) Ausgangslage.** Prämienzahlungen für Kapitallebensversicherungen mit mindestens zwölfjähriger Laufzeit konnten nach der bis zum Februar 1992 geltenden Fassung des § 10 Abs. 1 Nr. 2 b) EStG – im Rahmen von Höchstbezügen – als steuermindernde Sonderausgaben geltend gemacht werden.[540] Zinsen aus solchen privilegierten Versicherungen waren von der Steuerpflicht für Kapitalein-

---

[532] BGH NJW 1995, 2642; OLG Köln, Urt. v. 25. 3. 1996 – 5 U 148/95, r+s 1999, 346, 347; OLG Düsseldorf, Urt. v. 9. 2. 1999 – 4 U 38/98, NJW-RR 1999, 1406, 1407 = NVersZ 2000, 218, 219 = VersR 1999, 1009, 1010 = r+s 2000, 36.
[533] OLG München, Urt. v. 2. 3. 2007 – 25 U 4003/06, VersR 2007, 1637, 1638 = r+s 2008, 210, 211.
[534] BGH VersR 1953, 470; OLG Frankfurt/M., Urt. v. 21. 9. 1983 – 19 U 174/82, VersR 1984, 755; OLG Frankfurt/M., Urt. v. 18. 9. 1985 – U 165/84, NJW-RR 1986, 44 = WM 1986, 75, 76; OLG Saarbrücken, Urt. v. 9. 11. 1994 – 5 U 69/94 – 3, VersR 1995, 1227, 1228; OLG Düsseldorf, Urt. v. 9. 2. 1999 – 4 U 38/98, NJW-RR 1999, 1406, 1407 = NVersZ 2000, 218, 219 = VersR 1999, 1009, 1010 = r+s 2000, 36.
[535] OLG Saarbrücken, Urt. v. 9. 11. 1994 – 5 U 69/94 – 3, VersR 1995, 1227, 1228; OLG Celle, Beschl. v. 23. 6. 2005 – 16 W 54/05, r+s 2007, 295.
[536] OLG Frankfurt/M., Urt. v. 21. 9. 1983 – 19 U 174/82, VersR 1984, 755.
[537] OLG Frankfurt/M., Urt. v. 14. 9. 2000 – 3 U 139/99, NJW-RR 2001, 676 = NVersZ 2001, 159, 161 = VersR 2002, 219, 221 = r+s 2001, 478.
[538] OLG Hamm v. 6. 1. 1971, VersR 1971, 246; OLG Hamm, Beschl. v. 1. 7. 1994 – 29 W 4/94, VersR 1994, 1053 = r+s 1994, 473; *Bayer* VersR 1989, 17, 18.
[539] Vgl. OLG Hamm v. 6. 1. 1971, VersR 1971, 247.
[540] BGH, Urt. v. 13. 6. 2007 – IV ZR 330/05, NJW 2007, 2320, 2322 = VersR 2007, 1065, 1067 = r+s 2007, 384, 385 = WM 2007, 1510, 1512 = MDR 2007, 1070, 1071.

nahmen nach § 20 Abs. 1 Nr. 6 Satz 2 EStG ausgenommen.[541] Infolgedessen wurden Lebensversicherungen vermehrt zur Steuerersparnis im Rahmen von Finanzierungen genutzt, ohne dabei der privaten Alters- oder Hinterbliebenenversorgung zu dienen.[542] Dem ist der Gesetzgeber, der darin einen zweckwidrigen Missbrauch der steuerlichen Förderung sah, durch das Steueränderungsgesetz vom 25. Februar 1992[543] entgegengetreten.[544] Seither sind Lebensversicherungsverträge grundsätzlich nicht mehr steuerlich privilegiert, wenn sie zu Lebzeiten der Versicherung (d. h. mit der „Erlebensfallleistung") der Tilgung oder Sicherung eines Darlehens dienen, dessen Finanzierungskosten Betriebsausgaben oder Werbungskosten sind (§ 10 Abs. 2 Satz 2 EStG).[545] Liegen diese Voraussetzungen vor, sind grundsätzlich der Sonderausgabenabzug der Lebensversicherungsbeiträge nach § 10 Abs. 2 Satz 2 EStG und die Steuerfreiheit der Erträge aus der Lebensversicherung nach § 20 Abs. 1 Nr. 6 Satz 4 EStG zu versagen und gegebenenfalls eine Nachversteuerung durchzuführen (§ 10 Abs. 5 Nr. 1 EStG).[546] Wenn hingegen lediglich die Ansprüche auf den Todesfall zur Darlehenssicherung herangezogen werden, bleiben die steuerlichen Vorteile im Regelfall erhalten.[547] Umgekehrt sehen die Finanzbehörden bereits die Erstreckung der Darlehenssicherung auf den Rückkaufswert einer Lebensversicherung als „steuerschädlich" an.[548] War es bis Anfang 1992 bei Sicherungsabtretungen der Rechte aus Lebensversicherungen die Regel, dass sich die Banken und Sparkassen alle Ansprüche aus dem Versicherungsvertrag abtreten ließen, lassen es sich die Banken und Sparkassen seit der Steuerschädlichkeit der Abtretung von Erlebensfallansprüchen genügen, wenn ihnen nur die Todesfallansprüche aus der Lebensversicherung abgetreten werden und die Erlebensanfallansprüche beim Kunden verbleiben,[549] um so eine „steuerunschädliche" Verwendung der Lebensversicherungen zu gewährleisten, das heißt ihren Kunden die bisherigen Steuervorteile zu erhalten und damit deren Entscheidung für eine Sicherungsabtretung zu erleichtern.[550] Soweit den Kreditinstituten hierbei die Rechte ohne das Recht zur Kündigung, Verwertung oder Einziehung des Rückkaufswerts übertragen worden sind, haben die Kreditinstitute dann aber in einer zusätzlichen Bestimmung niedergelegt, dass das – weiterhin dem Versicherungsnehmer zustehende – Recht zur Kündigung nur mit Zustim-

---

[541] BGH, Urt. v. 13. 6. 2007 – IV ZR 330/05, NJW 2007, 2320, 2322 = VersR 2007, 1065, 1067 = r+s 2007, 384, 385 = WM 2007, 1510, 1512.
[542] Siehe dazu BT-Drucks. 12/1108, S. 55 ff.
[543] BGBl. I 1992, S. 297.
[544] Vgl. dazu auch BT-Drucks. 12/1108, S. 55 ff.
[545] OLG Dresden, Urt. v. 2. 12. 2004 – 13 U 1569/04, ZIP 2005, 631, 632; BGH, Urt. v. 13. 6. 2007 – IV ZR 330/05, NJW 2007, 2320, 2322 = VersR 2007, 1065, 1067 = r+s 2007, 384, 385 = WM 2007, 1510, 1512 = MDR 2007, 1070, 1071.
[546] OLG Dresden, Urt. v. 2. 12. 2004 – 13 U 1569/04, ZIP 2005, 631, 632.
[547] BGH, Urt. v. 13. 6. 2007 – IV ZR 330/05, NJW 2007, 2320, 2322 = VersR 2007, 1065, 1067 = r+s 2007, 384, 385 = WM 2007, 1510, 1512 = MDR 2007, 1070, 1071; LG Bonn, Urt. v. 14. 11. 2007 – 5 S 137/07, NJW-RR 2008, 475, 476 = VersR 2008, 768, 769 = WM 2008, 445, 446; *Janca* ZInsO 2003, 449, 452.
[548] Vgl. dazu Schreiben des BMF v. 6. 5. 1994 – IV B 2 – S 2134 – 56/94, NJW 1994, 1714.
[549] Vgl. dazu BGH, Urt. v. 13. 6. 2007 – IV ZR 330/05, NJW 2007, 2320, 2322 = VersR 2007, 1065, 1067 = r+s 2007, 384, 386 = WM 2007, 1510, 1512 = MDR 2007, 1070, 1071; *Meyer-Scharenberg* DStR 1993, 1768, 1774; *Wagner* VersR 1998, 1083; *Herrmann*, Sicherungsabtretung und Verpfändung der Ansprüche aus dem Lebensversicherungsvertrag durch den Versicherungsnehmer, 2003, S. 17 f.
[550] OLG Dresden, Urt. v. 2. 12. 2004 – 13 U 1569/04, ZIP 2005, 631, 632; BGH, Urt. v. 13. 6. 2007 – IV ZR 330/05, NJW 2007, 2320, 2322 = VersR 2007, 1065, 1067 = r+s 2007, 384, 386 = WM 2007, 1510, 1513 = MDR 2007, 1070, 1071.

mung des Kreditinstituts ausgeübt werden kann.⁵⁵¹ Durch die Abtretung wird der Sicherungsnehmer Inhaber des Anspruchs (§ 398 BGB) und nicht lediglich Bezugsberechtigter (§§ 166, 167 VVG, § 328, 330 Satz 1 BGB).⁵⁵²

170 **b) Umfang des Sicherungszwecks.** Es unterliegt im Rahmen des rechtlich Möglichen der freien Gestaltung der Parteien, auf welche Rechte sich die Abtretung erstreckt.⁵⁵³ Ob sie auch den Anspruch auf den Rückkaufswert erfasst, hat der Tatrichter deshalb durch Auslegung der bei der Sicherungsabtretung abgegebenen Erklärungen unter Berücksichtigung der Parteiinteressen und des Zwecks des Rechtsgeschäfts zu ermitteln.⁵⁵⁴ Der Umfang des Sicherungszwecks richtet sich nach den im Einzelfall getroffenen Vereinbarungen. Danach können die abgetretenen Lebensversicherungen auch Kontoüberziehungen im Vorfeld der beabsichtigten Kreditvergabe besichern.⁵⁵⁵ Ob eine Todesfallleistung in der Lebensversicherung bei einem im Zeitpunkt des Versicherungsfalls ungekündigten und danach weitergeführten, einem anderen als dem Versicherungsnehmer eingeräumten Kontokorrentkredit dem Bezugsberechtigten, dem Sicherungsnehmer oder den Erben des Versicherungsnehmers zusteht, ist eine schwierige durch die Rechtsprechung des BGH noch nicht geklärte Rechtsfrage.⁵⁵⁶

171 **c) Abtretung der Todesfallansprüche. aa) Kautelarpraxis.** Der Zweck der Abtretung der Ansprüche auf den Todesfall erschließt sich aus den Bestimmungen des EStG zur steuerrechtlichen Privilegierung von Kapitallebensversicherungen.⁵⁵⁷ Wegen des steuerrechtlichen Hintergrundes werden von den Kreditinstituten Lebensversicherungsverträge zu dem eingeschränkten Sicherungszweck herangezogen, gegen einen Kreditratenausfall durch Tod des Darlehensnehmers geschützt zu sein.⁵⁵⁸ Die Absicherung gegen den vorzeitigen Tod des Darlehensnehmers ist für den Kreditgeber wirtschaftlich nicht sinnlos, sondern schützt vor einem wesentlichen Kreditausfallrisiko.⁵⁵⁹ Aus der Kautelarpraxis ist hierzu folgende Regelung bekannt, die Gegenstand einer Entscheidung des LG Bonn ist:⁵⁶⁰

„Abtretung von Rechten aus Lebensversicherungen – im Falle des Todes –
...
1. Zur Sicherung aller bestehenden, künftigen und bedingten Ansprüche der Bank ... gegen Herrn H ... tritt der Sicherungsgeber hiermit die folgenden bestehenden und künftig entstehenden Forderungen im Falle des Todes gegen die M ... mit allen Rechten an die Bank ab.

---

⁵⁵¹ OLG Hamburg, Urt. v. 8. 11. 2007 – 9 U 123/07, VersR 2008, 767, 768 = WM 2008, 248, 249.
⁵⁵² BGH, Urt. v. 25. 4. 2001 – IV ZR 305/00, NJW-RR 2001, 1105 = NVersZ 2001, 352, 353 = VersR 2001, 883, 884 = r+s 2001, 342, 343 = WM 2001, 1513, 1514 = ZIP 2001, 1776 = MDR 2001, 988.
⁵⁵³ BGH, Urt. v. 13. 6. 2007 – IV ZR 330/05, NJW 2007, 2320, 2322 = VersR 2007, 1065, 1066 = r+s 2007, 384, 385 = WM 2007, 1510, 1512 = MDR 2007, 1070, 1071.
⁵⁵⁴ BGH, Urt. v. 13. 6. 2007 – IV ZR 330/05, NJW 2007, 2320, 2322 = VersR 2007, 1065, 1067 = r+s 2007, 384, 385 = WM 2007, 1510, 1512 = MDR 2007, 1070, 1071.
⁵⁵⁵ LG Oldenburg, Urt. v. 23. 4. 1993 – 6 O 4114/92, WM 1993, 1458, 1460.
⁵⁵⁶ BGH, Beschl. v. 7. 3. 2007 – IV ZB 37/06, NJW-RR 2007, 908 f. = r+s 2007, 386.
⁵⁵⁷ BGH, Urt. v. 13. 6. 2007 – IV ZR 330/05, NJW 2007, 2320, 2322 = VersR 2007, 1065, 1067 = r+s 2007, 384, 385 = WM 2007, 1510, 1512 = MDR 2007, 1070, 1071.
⁵⁵⁸ BGH, Urt. v. 13. 6. 2007 – IV ZR 330/05, NJW 2007, 2320, 2323 = VersR 2007, 1065, 1067 = r+s 2007, 384, 386 = WM 2007, 1510, 1513; *Wagner* VersR 1998, 1083; *Herrmann*, Sicherungsabtretung und Verpfändung der Ansprüche aus dem Lebensversicherungsvertrag durch den Versicherungsnehmer, 2003, S. 17 f.; *Janca* ZInsO 2003, 449, 452.
⁵⁵⁹ BGH, Urt. v. 13. 6. 2007 – IV ZR 330/05, NJW 2007, 2320, 2323 = VersR 2007, 1065, 1067 = r+s 2007, 384, 386 = WM 2007, 1510, 1513 = MDR 2007, 1070, 1071.
⁵⁶⁰ LG Bonn, Urt. v. 14. 11. 2007 – 5 S 137/07, NJW-RR 2008, 475 = VersR 2008, 768, 769 = WM 2008, 445.

2. Die Abtretung umfasst … auch die im Falle des Todes entstehenden Ansprüche aus allen damit verbundenen Zusatzversicherungen, insbesondere die Ansprüche auf Auszahlung der Versicherungssumme und der Gewinnanteile; sie umfasst ferner alle im Falle des Todes entstehenden Ansprüche aus im Zusammenhang mit dieser Versicherung abgeschlossenen oder noch abzuschließenden Folgeversicherungen …
…
4. Der Sicherungsgeber widerruft für die Dauer der Abtretung eine etwa bestehende Bezugsberechtigung für den Todesfall, soweit sie den Rechten der Bank entgegensteht. Diesem Widerruf stimmt der unwiderruflich Bezugsberechtigte durch Mitunterzeichnung zu.
…"

Aus einer Entscheidung des BGH ist bekannt, dass für die Abtretungserklärung ein Formular Verwendung fand, das unter der Nr. 1 die Möglichkeit eröffnet, die Abtretung durch Ankreuzen entsprechender Textstellen auf die Ansprüche für den Todesfall (Nr. 1 a) und/oder für den Erlebensfall (Nr. 1 b) zu erstrecken.[561] In dem vom BGH entschiedenen Fall war jeweils angekreuzt, dass die Abtretung die gegenwärtigen und zukünftigen Rechte und Ansprüche aus dem Lebensversicherungsvertrag für den Todesfall in voller Höhe erfasst.[562] Weiter hieß es unter Nr. 1 des Abtretungsformulars:[563]

„Die Abtretung für den Erlebensfall umfasst auch etwaige Rechte und Ansprüche im Fall der Verwertung vor Fälligkeit gemäß Nr. 4.1."

Durchgestrichen war in dem vom BGH entschiedenen Fall der nachfolgende Absatz:[564]

„3. Entfallen der Steuerbegünstigung

Die Sparkasse weist ausdrücklich darauf hin, dass durch diese Abtretung die steuerliche Begünstigung der Lebensversicherung (Sonderausgabenabzug für die Prämien, Steuerfreiheit der Zinsen) entfallen kann, § 10 II, 20 I Nr. 6 EStG. Dem Versicherungsnehmer wird empfohlen, diese Angelegenheit mit einem Berater in Steuerfragen zu besprechen."

Im Übrigen heißt es in dem Formular unter anderem:[565]

„4. Verwertung und Kündigung

4.1. Die Sparkasse ist berechtigt, bei Vorliegen eines wichtigen Grundes, insbesondere wenn der Kreditgeber seinen Verpflichtungen in von ihm zu vertretender Weise nicht nachkommt, sich den abgetretenen (Teil-)Betrag im Rahmen des vereinbarten Sicherungszwecks entweder durch Kündigung des Vertrags und Erhebung des Rückkaufswerts oder durch Einziehung bei Fälligkeit zu beschaffen und die sonstigen sich aus dieser Abtretung ergebenden Rechte aus der Versicherung auszuüben, insbesondere die Versicherung in eine beitragsfreie umzuwandeln, die Versicherung durch Kündigung aufzulösen, Auszahlungen auf die Versicherung oder eine etwa angesammelte Dividende zu erheben sowie die Rechte und Ansprüche beliebig, auch durch Übertragung an Dritte, zu verwerten. Das Gleiche gilt, wenn der Versicherungsnehmer seinen Verpflichtungen aus diesem Vertrag nicht nachkommt. Der Versicherungsnehmer verzichtet auf seine Mitwirkung bei diesen Rechtshandlungen. Soweit etwa eine Genehmigung erforderlich sein sollte, erteilt er sie hiermit im Voraus.
…
4.4. Soweit ausschließlich Todesfallansprüche abgetreten sind, ist die Ausübung der unter Nr. 4.1 genannten Rechte durch den Versicherungsnehmer, insbesondere die Kündigung des Lebensversicherungsvertrages, nur mit Zustimmung der Sparkasse möglich, soweit dadurch Rechte der Sparkasse aus dieser Vereinbarung beeinträchtigt werden könnten."

---

[561] BGH, Urt. v. 13. 6. 2007 – IV ZR 330/05, NJW 2007, 2320 = VersR 2007, 1065 = r+s 2007, 384 = WM 2007, 1510.
[562] BGH, Urt. v. 13. 6. 2007 – IV ZR 330/05, NJW 2007, 2320 = VersR 2007, 1065 = r+s 2007, 384 = WM 2007, 1510.
[563] BGH, Urt. v. 13. 6. 2007 – IV ZR 330/05, NJW 2007, 2320 = VersR 2007, 1065 = r+s 2007, 384 = WM 2007, 1510.
[564] BGH, Urt. v. 13. 6. 2007 – IV ZR 330/05, NJW 2007, 2320 = VersR 2007, 1065 = r+s 2007, 384 = WM 2007, 1510.
[565] BGH, Urt. v. 13. 6. 2007 – IV ZR 330/05, NJW 2007, 2320 f. = VersR 2007, 1065 f. = r+s 2007, 384 = WM 2007, 1510 f.

174 bb) **Umfang der Abtretungserklärung.** Der Umfang der Abtretungserklärung ist nicht nach der rechtlichen Konstruktion der Ansprüche eines Versicherungsnehmers aus einer kapitalbildenden Lebensversicherung zu bestimmen, sondern ist durch Auslegung der bei der Sicherungsabtretung abgegebenen Erklärungen unter Berücksichtigung der Parteiinteressen und des Zwecks des Rechtsgeschäfts zu ermitteln.[566] Werden die Ansprüche des Versicherungsnehmers aus der Lebensversicherung im Falle des Todes abgetreten und wird auf den Rückkaufswert im Vertragstext kein Bezug genommen, so wird der Anspruch auf Auszahlung des Rückkaufswerts regelmäßig nicht mit abgetreten.[567] Denn es gibt keinen generellen Vorrang für die Zuordnung des Rückkaufswertes zu den Ansprüchen auf den Todesfall.[568]

175 cc) **Kollision mit unwiderruflichem Bezugsrecht.** Bestellt der Versicherungsnehmer nach erfolgter Sicherungsabtretung ein unwiderrufliches Bezugsrecht, geht die Bestellung des unwiderruflichen Bezugsrechts ins Leere, soweit die an die Kreditgeberin abgetretenen Ansprüche vorrangig sind.[569] Die Bestellung eines unwiderruflichen Bezugsrechts kann allenfalls danach Relevanz haben, soweit nachträglich ein Sicherungsbedürfnis der Kreditgläubiger in Wegfall gerät oder der Versicherungsnehmer sich durch die Bestellung des unwiderruflichen Bezugsrechts der Möglichkeit beraubt, eine bis dahin widerrufliche Bezugsberechtigung zugunsten einer anderen Person zu ändern.[570]

176 Ist zugunsten eines Dritten mit dinglicher Wirkung ein unwiderrufliches Bezugsrecht vereinbart, muss der Dritte einer danach erfolgten Abtretung zustimmen.[571] Fehlt die Zustimmung, leistet der Versicherer, der die Versicherungssumme an den Zessionar auszahlt, nicht mit befreiender Wirkung gegenüber dem unwiderruflich Bezugsberechtigten.[572] Hat der Versicherungsnehmer ein unwiderrufliches Bezugsrecht dahin eingeschränkt, dass er sich die Beleihung der Versicherung mit Zustimmung des Bezugsberechtigten vorbehalten hat, steht dieses eingeschränkt unwiderrufliche Bezugsrecht einem uneingeschränkten rechtlich gleich, solange die Voraussetzungen des Vorbehalts nicht erfüllt sind.[573] Wird die Bezugsberechtigung vollständig widerrufen, hat der Versicherer die Versicherungsleistung in voller Höhe an den Zessionar auszuzahlen.[574] Dieser muss, falls nichts anderes vereinbart ist, den Übererlös nach den allgemeinen Regeln für die Rückgewähr nicht benötigter Kreditsicherheiten an den Zedenten bzw. dessen Erben weiterleiten.[575]

177 d) **Widerruf des widerruflichen Bezugsrechts.** Ein widerrufliches Bezugsrecht hindert den Versicherungsnehmer nicht, zur Besicherung von Kreditverbindlichkeiten seine Lebensversicherung abzutreten.[576] Tritt der Versicherungs-

---

[566] LG Bonn, Urt. v. 14. 11. 2007 – 5 S 137/07, NJW-RR 2008, 475, 476 = VersR 2008, 768, 769 = WM 2008, 445, 446.
[567] LG Bonn, Urt. v. 14. 11. 2007 – 5 S 137/07, NJW-RR 2008, 475, 476 = VersR 2008, 768, 769 = WM 2008, 445, 446; a. A. OLG Celle v. 23. 6. 2005, OLG-Report 2005, 642.
[568] BGH, Urt. v. 13. 6. 2007 – IV ZR 330/05, NJW 2007, 2320, 2321 = VersR 2007, 1065, 1066 = r+s 2007, 384, 385 = WM 2007, 1510, 1511 = MDR 2007, 1070f.; dazu *Güther/Kohly* EWiR 2007, 567f.; LG Bonn, Urt. v. 14. 11. 2007 – 5 S 137/07, NJW-RR 2008, 475, 476 = VersR 2008, 768, 769 = WM 2008, 445, 446.
[569] OLG Koblenz, Beschl. v. 1. 2. 2007 – 2 U 898/05, VersR 2007, 1257, 1259.
[570] OLG Koblenz, Beschl. v. 1. 2. 2007 – 2 U 898/05, VersR 2007, 1257, 1259.
[571] *Ganter* WM 1999, 1741, 1749.
[572] *Ganter* WM 1999, 1741, 1749.
[573] BGH WM 1996, 1634, 1635; *Ganter* WM 1999, 1741, 1749.
[574] *Ganter* WM 1999, 1741, 1749.
[575] *Ganter* WM 1999, 1741, 1749.
[576] OLG Koblenz, Beschl. v. 1. 2. 2007 – 2 U 898/05, VersR 2007, 1257, 1258.

nehmer seine Ansprüche aus einer Lebensversicherung als Sicherheit an einen Kreditgeber ab, so ist darin, soweit bereits zuvor ein widerrufliches Bezugsrecht begründet worden ist, ein Widerruf des Bezugsrechts zu sehen.[577] Dieser Widerruf führt aber nicht dazu, dass das Bezugsrecht vollständig entfällt.[578] Es tritt nur in dem durch den Sicherungszweck bestimmten Umfang im Rang hinter die Rechte des Sicherungsnehmers zurück und bleibt im Übrigen voll wirksam.[579] Der Widerruf setzt mithin die früher ausgesprochene Bezugsberechtigung nur insoweit außer Kraft, wie es für den Sicherungszweck erforderlich ist.[580] Soweit danach der Anspruch auf die Versicherungssumme nicht von der Sicherungsabtretung erfasst wird, sondern dem ursprünglichen Bezugsberechtigten nach Eintritt des Versicherungsfalls ohne weitere Rechtshandlung des Versicherungsnehmers (Zedenten) zusteht,[581] fällt der Anspruch auf die Versicherungssumme auch nicht in den Nachlass des Versicherungsnehmers.[582] Anders verhält es sich dagegen, wenn die Versicherungssumme aufgrund des vom Versicherungsnehmer ausgesprochenen Widerrufs und seiner Sicherungsabtretung im Zeitpunkt des Eintritts des Versicherungsfalls dem Kreditgeber zusteht.[583] In diesem Umfang hat der Versicherungsnehmer das Bezugsrecht außer Kraft gesetzt und den Anspruch auf die Versicherungssumme zur Deckung seiner Verbindlichkeiten im Sicherungsfall verwendet.[584] Damit ordnet er die Versicherungssumme seinem Vermögen zu.[585] Die Versicherungssumme ist insoweit dem Nachlass zuzuordnen.[586]

e) Verwertung der Sicherheit. aa) Ausgangslage. In der Kautelarpraxis **178** wird folgende Verwertungsregelung im Zusammenhang mit der Zession von Lebensversicherungen verwendet, die Gegenstand einer Entscheidung des BGH ist:[587]

„Nr. 7
Kommt der Sicherungsgeber mit der Leistung der Beiträge und sonstigen Zahlungen in Rückstand, so ist die Bank berechtigt, ohne Mitwirkung des Sicherungsgebers die abgetretenen Ansprüche beliebig zu verwerten, z. B. die Versicherung zu beleihen, den Versicherungsvertrag zu kündigen und den Rückkaufswert und sonstige Leistungen entgegenzunehmen oder die Umwandlung in eine beitragsfreie Versicherung zu beantragen.

---

[577] OLG Koblenz, Beschl. v. 1. 2. 2007 – 2 U 898/05, VersR 2007, 1257, 1258; a. A. BGHZ 109, 67, 69 = NJW 1990, 256; dazu *Klingmüller* EWiR 1990, 303; *Ganter* WM 1999, 1741, 1749.
[578] BGH, Urt. v. 25. 4. 2001 – IV ZR 305/00, NJW-RR 2001, 1105 = NVersZ 2001, 352, 353 = VersR 2001, 883, 884 = r+s 2001, 342, 343 = WM 2001, 1513, 1514 = ZIP 2001, 1776 = MDR 2001, 988; OLG Koblenz, Beschl. v. 1. 2. 2007 – 2 U 898/05, VersR 2007, 1257, 1258.
[579] BGH, Urt. v. 25. 4. 2001 – IV ZR 305/00, NJW-RR 2001, 1105 = NVersZ 2001, 352, 353 = VersR 2001, 883, 884 = r+s 2001, 342, 343 = WM 2001, 1513, 1514 = ZIP 2001, 1776 = MDR 2001, 988; OLG Koblenz, Beschl. v. 1. 2. 2007 – 2 U 898/05, VersR 2007, 1257, 1258; *Ganter* WM 1999, 1741, 1749.
[580] BGHZ 109, 67, 69 f. u. 71 f. = VersR 1989, 1289, 1290; BGH VersR 1996, 877; OLG Düsseldorf FamRZ 1998, 121; OLG Koblenz, Beschl. v. 1. 2. 2007 – 2 U 898/05, VersR 2007, 1257, 1258; *Ganter* WM 1999, 1741, 1749.
[581] BGHZ 109, 67, 71 = NJW 1990, 256; dazu *Klingmüller* EWiR 1990, 303; BGH WM 1996, 1634, 1635; OLG Hamm, Urt. v. 19. 11. 1996 – 29 U 65/96, VersR 1997, 1386; *Ganter* WM 1999, 1741, 1749.
[582] OLG Koblenz, Beschl. v. 1. 2. 2007 – 2 U 898/05, VersR 2007, 1257, 1259.
[583] OLG Koblenz, Beschl. v. 1. 2. 2007 – 2 U 898/05, VersR 2007, 1257, 1259.
[584] OLG Koblenz, Beschl. v. 1. 2. 2007 – 2 U 898/05, VersR 2007, 1257, 1259.
[585] OLG Koblenz, Beschl. v. 1. 2. 2007 – 2 U 898/05, VersR 2007, 1257, 1259.
[586] BGH VersR 1996, 877; OLG Koblenz, Beschl. v. 1. 2. 2007 – 2 U 898/05, VersR 2007, 1257, 1259.
[587] BGH, Urt. v. 30. 5. 1995 – XI ZR 78/94, NJW 1995, 2219 = VersR 1995, 970 = WM 1995, 1219 = ZIP 1995, 1071, 1072 = BB 1995, 1556, 1557 = DB 1995, 1806.

Nr. 9
Die Bank hat auf Verlangen des Sicherungsgebers ihre Rechte aus diesem Vertrag nach billigem Ermessen freizugeben, soweit sie diese nicht nur vorübergehend nicht mehr benötigt."

179   Die Wirksamkeit von Lebensversicherungszessionen scheitert nicht daran, dass die in Nr. 9 der Formularabtretungen geregelte Freigabeverpflichtung der Bank nicht an eine zahlenmäßig bestimmte Deckungsgrenze geknüpft und nicht ermessensunabhängig ausgestaltet ist.[588]

180   **bb) Rückgabe.** Die eingeräumten Sicherheiten prüft der Kreditgeber (Bank oder LVU) während des Laufs des Darlehensverhältnisses grundsätzlich nur im eigenen Interesse und im Interesse der Sicherheit des Bankensystems, nicht aber im Kundeninteresse.[589] Aus der Treuhandnatur des Sicherungsvertrags folgt auch ohne ausdrückliche Regelung die Pflicht des Sicherungsnehmers, die Sicherheit zurückzugewähren, wenn und soweit sie endgültig nicht mehr benötigt wird.[590] Übersteigt der Sicherungswert aller Sicherheiten die Deckungsgrenze (Betrag der gesicherten Forderungen zuzüglich der sogenannten Marge), entsteht die Verpflichtung der Bank zu einer auch nur teilweisen Freigabe von Sicherheiten.[591] Der Kreditgeber hat dementsprechend eine ihm von einem Dritten (nicht der Darlehensnehmer) im Wege der Sicherungsabtretung übertragene Lebensversicherung auf den Dritten zurück zu übertragen, sobald die Forderungen aus dem Darlehen vom Darlehensnehmer erfüllt worden sind. Die Rückübertragung der Lebensversicherung an den Dritten ist jedoch nicht von Dauer, wenn der Insolvenzverwalter die zur Darlehenstilgung führenden Leistungen an den Kreditgeber anficht. In diesem Fall leben die Ansprüche des Kreditgebers aus der Sicherungsabtretung wieder auf, da der Kreditgeber die durch die Sicherungsabtretung erlangte Rechtsposition durch die Rückabtretung der Lebensversicherung an den Dritten nicht verloren hat.[592] § 144 Abs. 1 InsO lässt nicht nur die akzessorischen, sondern auch die nichtakzessorischen Sicherungsrechte Dritter wiederaufleben.[593]

---

[588] BGH, Urt. v. 30. 5. 1995 – XI ZR 78/94, NJW 1995, 2219, 2220 = NJW-RR 1996, 115 = VersR 1995, 970, 971 = WM 1995, 1219, 1221 = ZIP 1995, 1071, 1073 = BB 1995, 1556, 1557 = DB 1995, 1806, 1807; BGH, Urt. v. 14. 5. 1996 – XI ZR 257/94, NJW 1996, 2092, 2093 f. = BB 1996, 1402, 1403 ff.; BGH, Beschl. v. 11. 7. 1996 – XI ZR 234/95, WM 1996, 1436, 1438; *Ganter* WM 1999, 1741.

[589] BGH, Urt. v. 7. 4. 1992 – XI ZR 200/91, NJW 1992, 1820 = VersR 1992, 1098 = WM 1992, 977 = ZIP 1992, 757 = MDR 1992, 767; dazu *Kohte* EWiR 1992, 653 f.; BGH, Urt. v. 21. 10. 1997 – XI ZR 25/97, WM 1997, 2301, 2302 = ZIP 1997, 2195, 2196 = DB 1998, 1713 = MDR 1998, 113; BGHZ 147, 343, 349 = VersR 2001, 1518, 1520; BGH, Urt. v. 11. 11. 2003 – XI ZR 21/03, VersR 2004, 1271 = WM 2004, 24, 27; BGHZ 168, 1, 20 f. = VersR 2007, 1232, 1237 f., Tz. 45; BGH, Urt. v. 18. 3. 2008 – XI ZR 241/06, VersR 2008, 1498, 1501; *Driessen* ZGesKredW 1992, 1029, 1030.

[590] BGH, Anfragebeschl. v. 23. 1. 1996 – XI ZR 257/94, WM 1996, 476, 479 = ZIP 1996, 542, 544; dazu *Canaris* ZIP 1996, 1109 ff.; BGH, Urt. v. 9. 11. 1995 – IX ZR 179/94, BB 1996, 14; BGH, Urt. v. 14. 5. 1996 – XI ZR 257/94, NJW 1996, 2092, 2093 = BB 1996, 1402, 1403; BGH, Urt. v. 27. 11. 1997 – GSZ 1 u. 2 /97, BGHZ 137, 212, 219 = NJW 1998, 671, 672 = WM 1998, 227 = ZIP 1998, 235, 237 = DB 1998, 358; BGH, Urt. v. 5. 5. 1998 – XI ZR 234/95, NJW 1998, 2206 = WM 1998, 1280, 1281 = ZIP 1998, 1066 = DB 1998, 1404; dazu *Pfeiffer* EWiR 1998, 629; BGH, Urt. v. 26. 4. 2005 – XI ZR 289/04, NJW-RR 2005, 1408 = WM 2005, 1168, 1169 = ZIP 2005, 1021, 1022 = DB 2005, 2019; *Schwab* WM 1997, 1883, 1884; *Serick* WM 1997, 2053, 2065; *Neef* WM 2005, 2365, 2369.

[591] BGH, Urt. v. 23. 11. 2006 – IX ZR 126/03, NJW-RR 2007, 1343, 1346 = WM 2007, 367, 370 = ZIP 2007, 588, 591.

[592] OLG Frankfurt/M., Urt. v. 25. 11. 2003 – 9 U 127/02, ZIP 2004, 271.

[593] OLG Frankfurt/M., Urt. v. 25. 11. 2003 – 9 U 127/02, ZIP 2004, 271.

A. Allg. Bed. für die kapitalbildende LV   181–183   § 13 ALB 2008

cc) Verwertung. α) Rücksichtnahmepflicht. Der Sicherungsnehmer (Bank **181**
oder LVU) darf seine Rechtsstellung zum Sicherungsgeber nur in den durch den
Sicherungszweck gesetzten Grenzen nutzen.[594] Betreibt der Sicherungsnehmer
die Verwertung des Sicherungsgutes, hat er die berechtigten Belange des Sicherungsgebers in angemessener und zumutbarer Weise zu berücksichtigen, soweit
nicht seine schutzwürdigen Sicherungsinteressen entgegenstehen.[595] Sind die Ansprüche der Kreditgläubigerin sowohl durch Grundschulden als auch durch eine
Lebensversicherung besichert, stellt es keinen Verstoß gegen die Rücksichtnahmepflicht dar, wenn die Kreditgläubigerin die Lebensversicherung in Anspruch
nimmt, anstatt die Immobilie aufgrund der gewährten Grundschulden zu verwerten.[596]

β) Verwertungsbeschränkung. Im Einzelfall kann es zu einer Beschränkung der **182**
Verwertung der Sicherheiten kommen.[597] Darf der Sicherungsnehmer auf die ihm
zur Sicherheit abgetretene Lebensversicherung nicht zugreifen, kann ihm die
Kündigung der Lebensversicherung im Wege der einstweiligen Verfügung untersagt werden.[598] Die Verwertungsbeschränkung gilt im Normalfall, solange der
Sicherungsgeber seinen Verpflichtungen aus dem Darlehensvertrag nachkommt.[599]
Der Sicherungsabrede würde der Sicherungsnehmer zuwiderhandeln, wenn er die
Sicherheit vorzeitig verwerten würde.[600] Eine solche Verwertung stellt jedoch den
Untergang der Forderung dar, denn sie beraubt den Sicherungsgeber seines Anspruchs auf Rückübertragung der Sicherheit und führt zu einer vorzeitigen, den
Darlehensvereinbarungen widersprechenden vorzeitigen Befriedigung des Sicherungsnehmers in Höhe des Werts der Forderung aus der Lebensversicherung.[601]

In diesem Zusammenhang ist eine weitere Verwertungsbeschränkung hervor- **183**
zuheben, die der Sicherungsnehmer zu beachten hat. Im Rahmen der Sicherungsabrede muss der Sicherungsgeber nicht hinnehmen, dass der Sicherungsnehmer die von ihm gestellten Sicherheiten dazu benutzt, um Drittinteressen
wahrzunehmen, die mit seinem Verhältnis zum Sicherungsnehmer nichts zu tun
haben.[602] Der Sicherungsnehmer handelt rechtsmissbräuchlich, wenn er in Kennt-

---

[594] *Domke/Sperlich*, Verkauf notleidender Kredite – zivilrechtliche und strafrechtliche Fragestellungen, BB 2008, 342, 344.
[595] BGH, Urt. v. 1. 3. 1962 – II ZR 70/60, WM 1962, 673, 674 = BB 1962, 663 = DB 1962, 834; BGH, Urt. v. 22. 6. 1966 – VIII ZR 50/66, NJW 1966, 2009; BGH, Urt. v. 9. 1. 1997 – IX ZR 1/96, WM 1997, 1063 = VersR 1997, 1027 = WM 1997, 432, 433 = ZIP 1997, 367, 368 = BB 1997, 539 = DB 1997, 720; dazu *Henckel* EWiR 1997, 899; BGH, Urt. v. 24. 6. 1997 – XI ZR 178/96, NJW 1997, 2672 = WM 1997, 1474, 1475 = BB 1997, 1758 = DB 1997, 2171; BGH, Urt. v. 5. 10. 1999 – XI ZR 280/98, NJW 2000, 352, 353 = VersR 2001, 769, 770 = WM 2000, 68, 69 = ZIP 2000, 69, 70 = BB 2000, 118 = DB 2000, 473; BGH, Urt. v. 20. 6. 2000 – IX ZR 81/98, ZIP 2000, 1433, 1435.
[596] OLG Koblenz, Beschl. v. 1. 2. 2007 – 2 U 898/05, VersR 2007, 1257, 1260.
[597] BGH, Urt. v. 20. 3. 1991 – IV ZR 50/90, NJW 1991, 1946 = VersR 1991, 576 = r+s 1991, 283; OLG Düsseldorf, Urt. v. 9. 2. 1999 – 4 U 38/98, NJW-RR 1999, 1406, 1407 = NVersZ 2000, 218, 219 = VersR 1999, 1009, 1010 = r+s 2000, 36.
[598] OLG Brandenburg, Beschl. v. 5. 7. 2006 – 3 W 39/06, EWiR 2007, 191; dazu *Joswig* EWiR 2007, 191.
[599] OLG Düsseldorf, Urt. v. 9. 2. 1999 – 4 U 38/98, NJW-RR 1999, 1406, 1407 = NVersZ 2000, 218, 219 = VersR 1999, 1009, 1010 = r+s 2000, 36, 37.
[600] OLG Düsseldorf, Urt. v. 9. 2. 1999 – 4 U 38/98, NJW-RR 1999, 1406, 1407 = NVersZ 2000, 218, 219 = VersR 1999, 1009, 1010 = r+s 2000, 36, 37.
[601] OLG Düsseldorf, Urt. v. 9. 2. 1999 – 4 U 38/98, NJW-RR 1999, 1406, 1407 = NVersZ 2000, 218, 219 = VersR 1999, 1009, 1010 = r+s 2000, 36, 37; *Kollhosser* JA 1988, 305, 307; *Palandt/Heinrichs*, BGB, 67. Aufl., 2008, § 398 BGB Rdn. 18b.
[602] BGH, Urt. v. 31. 1. 1983 – II ZR 24/82, NJW 1983, 1735 = WM 1983, 537 = DB 1983, 1485 = JR 1983, 460 m. Anm. *Rehbein*; BGH, Urt. v. 20. 3. 1991 – IV ZR 50/90,

nis einer wirtschaftlich schlechten Lage des Sicherungsgebers eine gegen den Sicherungsgeber gerichtete Forderung eines Dritten erwirbt, um dem Dritten Deckung aus einer vom Sicherungsnehmer nicht oder nicht voll benötigten Sicherheit zu verschaffen.[603] Der Grund für die Beschränkung bei der Verwertung von Sicherheiten besteht darin, dass es der Natur des Rechtsverhältnisses des Sicherungsnehmers zum Sicherungsgeber zuwiderlaufen würde, wenn der Sicherungsnehmer solche Sicherheiten, die er selbst nicht benötigt, allein deshalb für Dritte auszunutzen sucht, weil er als Sicherungsnehmer den Zugang zu den Sicherheiten hat.[604]

184   γ) Anwendbarkeit des § 1234 BGB. Ob der Sicherungszessionar (in der Regel eine Bank oder LVU) bei der Verwertung einer ihm zur Sicherheit abgetretenen Lebensversicherung gemäß § 1234 BGB verfahren muss, ist zweifelhaft.[605] Den berechtigten Interessen des Sicherungsgebers ist jedenfalls bei einer unangemessenen Verwertungsregelung genügt, wenn die gesetzlichen Vorschriften über die Pfandverwertung (§§ 1273 Abs. 2, 1234 BGB) entsprechend angewendet werden.[606] Zumindest ist der Sicherungszessionar verpflichtet, dem Versicherungsnehmer die Verwertung der Sicherheit rechtzeitig anzudrohen.[607] Die Interessen des Schuldners sind nur dann ausreichend gewahrt, wenn der Gläubiger grundsätzlich verpflichtet ist, eine beabsichtigte Verwertung der abgetretenen Forderung so rechtzeitig vorher anzukündigen, dass der Schuldner noch Einwendungen gegen die Verwertung (ggf. Offenlegung der Abtretung) vorbringen und sich zumindest bemühen kann, die ihm drohenden weit reichenden Folgen einer Verwertung (ggf. Offenlegung der Abtretung) abzuwenden.[608]

185   δ) Tilgungsbestimmungsrecht. Im Falle der Verwertung einer sicherheitshalber abgetretenen Forderung steht dem Schuldner (Versicherungsnehmer) ein Tilgungsbestimmungsrecht gemäß § 366 Abs. 1 BGB nicht zu.[609] Die Befugnis zur Tilgungsbestimmung nach § 366 Abs. 1 BGB stellt eine Vergünstigung für den Schuldner dar, deren Grund seine freiwillige Leistung bildet.[610] Das Tilgungsbe-

---

NJW 1991, 1946, 1947 = VersR 1991, 576, 577 = WM 1991, 846 = DB 1991, 2232 = MDR 1991, 1141.
   [603] BGH, Urt. v. 27. 2. 1981 – V ZR 48/89, WM 1981, 518 = DB 1981, 1662; BGH, Urt. v. 31. 1. 1983 – II ZR 24/82, NJW 1983, 1735 = WM 1983, 537 = DB 1983, 1485 = JR 1983, 460 m. Anm. *Rehbein*; BGH, Urt. v. 20. 3. 1991 – IV ZR 50/90, NJW 1991, 1946, 1947 = VersR 1991, 576 = WM 1991, 846 = DB 1991, 2232 = MDR 1991, 1141.
   [604] BGH, Urt. v. 28. 4. 1987 – VI ZR 1 und 43/86, NJW 1987, 2997 = WM 1987, 834 = DB 1987, 1884; BGH, Urt. v. 20. 3. 1991 – IV ZR 50/90, NJW 1991, 1946, 1947 = VersR 1991, 576, 577 = WM 1991, 846 = DB 1991, 2232 = MDR 1991, 1141.
   [605] OLG Frankfurt/M., Urt. v. 18. 9. 1985 – 17 U 165/84, NJW-RR 1986, 44 = WM 1986, 75, 76.
   [606] OLG Celle, Urt. v. 16. 2. 1994 – 3 U 116/93, NJW-RR 1994, 737, 738 = r+s 1994, 473 = WM 1994, 1519, 1520; LG Fulda, WM 1994, 1070, 1071; BGH, Urt. v. 30. 5. 1995 – XI ZR 78/94, NJW 1995, 2219, 2220 = VersR 1995, 970, 971 = WM 1995, 1219, 1220 = ZIP 1995, 1071, 1073 = BB 1995, 1556, 1557 = DB 1995, 1806.
   [607] OLG Frankfurt/M., Urt. v. 18. 9. 1985 – 17 U 165/84, NJW-RR 1986, 44 = WM 1986, 75, 76.
   [608] BGH, Urt. v. 7. 7. 1992 – XI ZR 274/91, NJW 1992, 2626 = WM 1992, 1359, 1361 = ZIP 1992, 1068 = DB 1992, 2133 = MDR 1992, 865; BGH, Urt. v. 14. 6. 1994 – XI ZR 210/93, NJW 1994, 2754 = WM 1994, 1613, 1614 = ZIP 1994, 1350 = DB 1994, 1819 = MDR 1994, 1204; BGH, Urt. v. 26. 4. 2005 – XI ZR 289/04, NJW-RR 2005, 1408 = WM 2005, 1168, 1169 = ZIP 2005, 1021, 1022 = DB 2005, 2019, 2020 = MDR 2005, 1063.
   [609] BGH, Urt. v. 3. 6. 2008 – XI ZR 353/07, NJW 2008, 2842 = WM 2008, 1298.
   [610] BGH, Urt. v. 28. 6. 2000 – XII ZR 55/98, Umdruck S. 7; BGH, Urt. v. 3. 6. 2008 – XI ZR 353/07, NJW 2008, 2842, 2843 = WM 2008, 1298.

stimmungsrecht steht deshalb nur dem Schuldner zu, der zur Erfüllung seiner Pflichten tätig wird, nicht aber dem, gegen den die Zwangsvollstreckung betrieben werden muss.[611] In Fällen der Verwertung einer sicherungshalber abgetretenen Forderung gilt grundsätzlich nichts anderes als für die Beitreibung im Wege der Zwangsvollstreckung.[612]

ε) Anwendung des § 366 Abs. 2 BGB. Grundsätzlich ist die Anrechnungsbestimmung des Gläubigers maßgeblich, wenn es darum geht, die Erlöse aus der Verwertung einer Sicherheit bzw. Sicherheitsleistung des Schuldners an den Gläubiger auf mehrere offene Forderungen zu verrechnen.[613] Über die Verrechnung von Zahlungen des Versicherers ist dann in entsprechender Anwendung des § 366 Abs. 2 BGB zu entscheiden, wenn weder der Schuldner noch der Gläubiger eine wirksame Tilgungsbestimmung getroffen haben.[614] Hierbei ist zu berücksichtigen, dass sich die größere Sicherheit einer Forderung sich auch aus der Mithaftung einer weiteren Person ergeben kann.[615] **186**

dd) Auszahlung. Da bei einer Sicherungsabtretung in Betracht kommt, dass der Rückkaufwert die gesicherte Forderung übersteigt und damit dem Sicherungszessionar nicht im vollen Umfang zusteht,[616] ist der Versicherer berechtigt, die Auszahlung von der Vorlage des Versicherungsscheins und etwaiger Nachträge oder der schriftlichen Zustimmung des Versicherungsnehmers (Darlehensnehmers) abhängig zu machen.[617] Eine im Darlehensvertrag erteilte Einziehungsermächtigung muss sich der Versicherer nicht genügen lassen.[618] Wurde im Darlehensvertrag vereinbart, dass die Tilgung durch eine abgetretene Kapitallebensversicherung erfolgt, stellt die entsprechende Bestimmung eine besondere Fälligkeitsvereinbarung, bezogen auf den Zeitpunkt der Auszahlung der Versicherungssumme, dar (Sondertilgungsrecht).[619] Dies gilt auch für den Fall, dass die Parteien des Darlehensvertrags ein Kündigungsrecht des Darlehensnehmers jeweils zum Ablauf bestimmter Festzinsperioden vereinbart haben und die betreffende Festzinsperiode über den Zeitpunkt der Auszahlung der Versicherungssumme hinaus andauert.[620] **187**

Bei der Sicherungszession ist dann, wenn nur in der Person des Sicherungsgebers ein Verzugsschaden vorhanden ist, nach den Grundsätzen der Drittschadensliquidation der „Zedentenschaden" zu ersetzen.[621] Zahlt der Versicherer die Versiche- **188**

---

[611] BGHZ 140, 391, 394 = NJW 1999, 1704 = WM 1999, 684; BGH, Urt. v. 23. 2. 1999 – XI ZR 49/98, BB 1999, 762 = DB 1999, 1059; BGH, Urt. v. 3. 6. 2008 – XI ZR 353/07, NJW 2008, 2842, 2843 = WM 2008, 1298.
[612] BGH, Urt. v. 28. 6. 2000 – XII ZR 55/98, Umdruck S. 7; BGH, Urt. v. 3. 6. 2008 – XI ZR 353/07, NJW 2008, 2842, 2843 = WM 2008, 1298 f.
[613] BGH, Urt. v. 11. 6. 1985, ZIP 1985, 996, 998; *Jacoby* AcP 2003, 664, 692; offen gelassen BGH, Urt. v. 3. 6. 2008 – XI ZR 353/07, WM 2008, 1298, 1300.
[614] BGH, Urt. v. 25. 11. 2003, WM 2004, 121, 122 f.; BGH, Urt. v. 3. 6. 2008 – XI ZR 353/07, WM 2008, 1298, 1301.
[615] BGH, Urt. v. 24. 11. 1992, WM 1992, 2129, 2131; BGHZ 146, 37, 49 = WM 2001, 402; BGH, Urt. v. 3. 6. 2008 – XI ZR 353/07, WM 2008, 1298, 1301.
[616] BGH, Urt. v. 12. 12. 2001 – IV ZR 124/00, NJW-RR 2002, 955 = NVersZ 2002, 306 = VersR 2002, 218 = r+s 2002, 168 = WM 2002, 335 = ZIP 2002, 857; BGH, Beschl. v. 11. 1. 2006 – IV ZR 52/04, VersR 2006, 394 = r+s 2006, 207.
[617] BGH, Beschl. v. 11. 1. 2006 – IV ZR 52/04, VersR 2006, 394 = r+s 2006, 207.
[618] Vgl. BGH, Beschl. v. 11. 1. 2006 – IV ZR 52/04, VersR 2006, 394 = r+s 2006, 207.
[619] OLG Karlsruhe, Urt. v. 16. 3. 2000 – 12 U 299/99, NJW-RR 2001, 836, 837 = EWiR 2001, 311; dazu *Mues* EWiR 2001, 311 f.
[620] OLG Karlsruhe, Urt. v. 16. 3. 2000 – 12 U 299/99, NJW-RR 2001, 836, 837 = EWiR 2001, 311.
[621] BGHZ 128, 371, 376 ff. = VersR 1995, 473, 475 f.; BGH, Urt. v. 22. 1. 1997 – IV ZR 332/95, NJW-RR 1997, 663, 664 = VersR 1997, 1385, 1386 = r+s 1997, 308 = WM 1997, 2171, 2172; *Ganter* WM 1999, 1741, 1749.

rungssumme verspätet aus und muss der Zedent deswegen länger Darlehenszinsen zahlen, entsteht dem Zessionar kein Schaden, wohl aber dem Zedenten.[622] Dies ist der typische Fall einer die Drittschadensliquidation rechtfertigenden Schadensverlagerung.[623]

189 ee) **Ausgleichsansprüche nach § 426 BGB.** Wenn Sicherheiten durch mehrere Sicherungsgeber bestellt werden, besteht zwischen den Sicherungsgebern, die auf gleicher Stufe stehen, eine Ausgleichsverpflichtung nach den Regeln der Gesamtschuld gemäß § 426 BGB.[624] Diese Ausgleichsverpflichtung besteht etwa zwischen Bestellern dinglicher Sicherheiten und Bürgen.[625] Dabei kann eine anteilige Haftung nach § 426 Abs. 1 BGB im Einzelfall auch zu einer vollen Haftung eines Sicherungsgebers führen, wenn durch besondere Vereinbarungen eine anderslautende Regelung getroffen wurde.[626] Die Grundsätze über Ausgleichsansprüche bei mehreren Sicherungsgebern finden auf den Inhaber eines Bezugsrechts keine Anwendung, da er im Regelfall weder Sicherungsgeber ist noch ihm die Rechtsstellung eines Bestellers dinglicher Sicherheiten oder Bürgen zukommt.[627]

8. Einwendungen des Versicherers

190 a) **Erfüllung durch Zahlung. aa) § 407 BGB.** Der Versicherer kann gegenüber dem Neugläubiger im Falle der Erbringung der Versicherungsleistung an den Altgläubiger geltend machen, die Zahlungsverpflichtung mit befreiender Wirkung erfüllt zu haben, wenn die Voraussetzungen des § 407 BGB gegeben sind. § 407 Abs. 1 BGB gewährt insoweit dem unwissenden Versicherer als Schuldner wegen seiner Leistung an den Altgläubiger und wegen eines zwischen ihm und dem Altgläubiger abgeschlossenen Rechtsgeschäfts ein Leistungsverweigerungsrecht gegenüber dem Neugläubiger.[628] Im Falle der Abtretung im Sinne von § 398 BGB muss der neue Gläubiger nach § 407 BGB eine Leistung, die der Schuldner (Versicherer) nach der Abtretung an den bisherigen Gläubiger bewirkt hat, gegen sich gelten lassen, es sei denn, dass der Schuldner (Versicherer) die Abtretung bei der Leistung kennt.[629] § 407 BGB liegt die Vorstellung zugrunde, dass der Schuldner, ohne dessen Zutun die Abtretung erfolgt ist, in seiner Rechtsstellung möglichst nicht beeinträchtigt werden soll.[630] Der Schuldner (Versicherer) ist grundsätzlich nicht verpflichtet, den Eintritt des Leistungserfolgs noch zu verhindern, wenn die Erklärung von der Abtretung nach der Leistungshandlung erfolgt.[631] Für die Kenntnis der Abtretung reicht der Zugang der Abtretungserklärung oder deren Kennen müssen nicht aus; es muss ihre wirkliche Kenntnis und diese bei dem Angestellten des Versicherers gegeben gewesen sein, der befugt war,

---

[622] BGH, Urt. v. 22. 1. 1997 – IV ZR 332/95, NJW-RR 1997, 663, 664 = VersR 1997, 1385,1386 = r+s 1997, 308 = WM 1997, 2171, 2172; *Ganter* WM 1999, 1741, 1749.
[623] BGH, Urt. v. 22. 1. 1997 – IV ZR 332/95, NJW-RR 1997, 663, 664 = VersR 1997, 1385,1386 = r+s 1997, 308 = WM 1997, 2171, 2172; *Ganter* WM 1999, 1741, 1749.
[624] OLG Koblenz, Beschl. v. 1. 2. 2007 – 2 U 898/05, VersR 2007, 1257, 1258.
[625] BGH NJW 1989, 2530; BGH NJW-RR 1991, 170; BGH NJW-RR 1991, 499; BGH NJW-RR 1991, 682; OLG Koblenz, Beschl. v. 1. 2. 2007 – 2 U 898/05, VersR 2007, 1257, 1258.
[626] OLG Koblenz, Beschl. v. 1. 2. 2007 – 2 U 898/05, VersR 2007, 1257, 1258.
[627] OLG Koblenz, Beschl. v. 1. 2. 2007 – 2 U 898/05, VersR 2007, 1257, 1258.
[628] *Winter* in: Festschrift für Karl Sieg, 1976, S. 563, 583.
[629] OLG Stuttgart, Urt. v. 25. 7. 1985 – 7 U 88/85, S. 5; OLG Dresden, Urt. v. 14. 7. 1994 – 5 U 117/94, NJW-RR 1996, 444, 446; *Schwarz* WM 2001, 2185.
[630] BGHZ 105, 358, 360 = WM 1988, 1762; BGH, Urt. v. 18. 3. 2004, WM 2004, 981, 984f.; BGH, Urt. v. 16. 7. 2009 – IX ZR 118/08, WM 2009, 1704, 1705.
[631] OLG Stuttgart, Urt. v. 25. 7. 1985 – 7 U 88/85, S. 5.

den Versicherer gerade bei der Erfüllung der abgetretenen Forderung zu vertreten.[632]

bb) Hinterlegung. Sind die Voraussetzungen der §§ 372, 376, 378 BGB erfüllt, kann sich das LVU von seiner Leistungspflicht befreien. Gemäß § 372 Satz 2 Alt. 2 BGB ist ein Schuldner zur Hinterlegung berechtigt, wenn er infolge einer nicht auf Fahrlässigkeit beruhenden Ungewissheit über die Person des Gläubigers seine Verbindlichkeit nicht oder nicht mit Sicherheit erfüllen kann.[633] Die Hinterlegung dient dazu, dem Schuldner ein Erfüllungssurrogat zu bieten, wenn ansonsten die Erfüllung auf Schwierigkeiten stößt.[634] Die Hinterlegung ist dabei nicht bereits dann zulässig, wenn das LVU als Schuldner ohne Fahrlässigkeit meint, zur Hinterlegung befugt zu sein.[635] Eine unrichtige Vorstellung von den gesetzlichen Voraussetzungen der Hinterlegung kann den objektiven Mangel dieser Voraussetzungen nicht ersetzen.[636] Die gesetzlichen Hinterlegungsvoraussetzungen müssen mithin tatsächlich vorliegen.[637] Eine Ungewissheit über die Person des Gläubigers liegt nicht schon dann vor, wenn mehrere Forderungsinhaber auftreten.[638] Vielmehr müssen Umstände hinzutreten, die beim Schuldner zu objektiv verständlichen Zweifeln über die Person des Gläubigers geführt haben.[639] Solche Zweifel können insbesondere entstehen, wenn der Anspruch vom ursprünglichen Gläubiger abgetreten wurde und in der Folge Unklarheit hinsichtlich der Wirksamkeit der Abtretung besteht.[640] Dies ist regelmäßig nach erfolgter Anfechtung einer Abtretung anzunehmen, wenn Streit darüber besteht, ob diese begründet war.[641] Dabei sind Zweifel an der Person des Gläubigers auch dann nicht ausgeschlossen, wenn dem Schuldner die Abtretung angezeigt wurde, so dass er im Fall der Leistung an den neuen Gläubiger in jedem Fall gemäß § 409 Abs. 1 BGB von seiner Leistungspflicht frei geworden wäre.[642] § 409 BGB begründet für den Schuldner nur ein Recht, aber keine Pflicht zur Leistung an den Scheinberechtigten und schließt eine Befugnis zur Hinterlegung nicht aus.[643] Im Fall eines Streits um eine Abtretung müssen sich die Zweifel auf die dingliche Wirkung der Abtretung in Gestalt des Übergangs der Gläubigerstellung beziehen.[644] Deshalb setzt die Hinterlegung nach § 372 Satz 2 BGB voraus, dass im Zeitpunkt der Leistung der gegenwärtige dinglich berechtigte Forderungsinhaber nicht hinreichend sicher

---

[632] BGH, Urt. v. 8. 12. 1976 – VIII ZR 248/75, NJW 1977, 581, 582; OLG Stuttgart, Urt. v. 25. 7. 1985 – 7 U 88/85, S. 5.
[633] *Hintzen* EWiR 1998, 877, 878.
[634] BGH NJW 2003, 1809, 1810 = OLG Köln, Urt. v. 10. 11. 2003 – 5 U 87/03, VersR 2005, 81, 82.
[635] OLG Köln, Urt. v. 10. 11. 2003 – 5 U 87/03, VersR 2005, 81, 82.
[636] BGHZ 7, 302, 305; BGH WM 1985, 912; OLG Köln, Urt. v. 10. 11. 2003 – 5 U 87/03, VersR 2005, 81, 82; *Westermann* in: Erman, BGB, 10. Aufl., 2000, § 372 BGB Rdn. 2.
[637] OLG Köln, Urt. v. 10. 11. 2003 – 5 U 87/03, VersR 2005, 81, 82.
[638] OLG Köln, Urt. v. 10. 11. 2003 – 5 U 87/03, VersR 2005, 81, 82.
[639] BGHZ 7, 302, 303; BGH WM 1985, 912; BGH NJW 1997, 1501, 1502 = VersR 1997, 1406, 1407; OLG Köln, Urt. v. 10. 11. 2003 – 5 U 87/03, VersR 2005, 81, 82.
[640] RGZ 70, 88, 90; RGZ 89, 401, 402; BGH NJW 1997, 1501, 1502; OLG Köln, Urt. v. 10. 11. 2003 – 5 U 87/03, VersR 2005, 81, 82.
[641] RGZ 89, 401, 402; OLG Köln, Urt. v. 10. 11. 2003 – 5 U 87/03, VersR 2005, 81, 82.
[642] OLG Köln, Urt. v. 10. 11. 2003 – 5 U 87/03, VersR 2005, 81, 82.
[643] BGH NJW 1997, 1501, 1502 = VersR 1997, 1406, 1407; BGH, Urt. v. 28. 1. 1997 – XI ZR 211/95, VersR 1997, 1406, 1408 = WM 1997, 515, 517 = BB 1997, 1332 = DB 1997, 2221; BGH, Urt. v. 19. 10. 2000 – IX ZR 255/99, NJW 2001, 231, 232 = DB 2001, 330; OLG Köln, Urt. v. 10. 11. 2003 – 5 U 87/03, VersR 2005, 81, 82.
[644] OLG Köln, Urt. v. 10. 11. 2003 – 5 U 87/03, VersR 2005, 81, 82.

feststellbar ist.[645] Allein ein schuldrechtlicher Anspruch auf Rückabtretung – anders als eine Unwirksamkeit der Abtretung - führt nicht zu hinreichenden Zweifeln über die Person des Gläubigers und berechtigt den Versicherer nicht zur Hinterlegung.[646] Bei verzögerter Freigabe des hinterlegten Geldbetrages hat der Gläubiger in entsprechender Anwendung von § 288 Abs. 1 Satz 1 BGB einen Anspruch auf Verzugszinsen in gesetzlicher Höhe, weil dem Gläubiger auch in dieser Fallkonstellation ein Geldbetrag, auf den er einen Anspruch hat, schuldhaft und rechtswidrig vorenthalten wird.[647]

192 **b) Geltendmachung von Vertragsrechten.** Als Rechtsnachfolger des Versicherungsnehmers muss sich der Zessionar alle Einwendungen gefallen lassen, die zur Zeit der Abtretung der Forderung gegen den Versicherungsnehmer begründet waren.[648] So entfällt der Anspruch des Abtretungsgläubigers völlig oder beschränkt sich auf die Zahlung des Deckungskapitals der Versicherung, sofern der Versicherer die Leistung wegen einer Verletzung der vorvertraglichen Anzeigepflicht oder wegen arglistiger Täuschung ablehnt. Wird die Versicherung vom Versicherer wegen rückständiger Beiträge nach § 39 VVG gemahnt und gekündigt und als Folge dieses Mahnverfahrens beitragsfrei, so steht dem Abtretungsgläubiger lediglich ein Anspruch auf Zahlung der beitragsfreien Versicherungssumme bei ihrer Fälligkeit zu. Seine Rechte werden gegenstandslos, wenn die Versicherung durch die Mahnung und Kündigung erlischt. Ein „Ablösungsrecht" steht dem Abtretungsgläubiger nicht zu. Er wird sich aber in der Abtretungserklärung vom Versicherungsnehmer regelmäßig das Recht einräumen lassen, fällige Beiträge selbst begleichen zu können.

193 **c) Einwendungen aus dem Abtretungsgeschäft.** Das der Abtretung zugrunde liegende Rechtsgeschäft ist für das LVU grundsätzlich unbeachtlich, so dass den Versicherer Mängel des Kausalverhältnisses nichts angehen und er Einwendungen aus diesem Rechtsverhältnis dem Zessionar nicht entgegenhalten darf.[649] Auch bei einer Sicherungsabtretung stehen dem Schuldner aus der zugrunde liegenden Sicherungsabrede zwischen Alt- und Neugläubiger keine Einwendungen zu.[650] Dem Versicherer obliegen deshalb hinsichtlich des Rechtsgrundes der Abtretung keine besonderen Prüfungspflichten. Vielmehr kann er auf die Rechtswirksamkeit des der Abtretung zugrunde liegenden Rechtsgeschäfts vertrauen. Auf die Nichtigkeit einer in Erfüllung eines wucherischen Kaufgeschäfts erfolgten Abtretung kann sich das LVU aber berufen.[651]

194 **d) Zulässigkeit der Aufrechnung gegen die abgetretene Forderung. aa) Ausgangslage.** Der Erwerber einer Gegenforderung, der eine Forderung nach der Zession der Hauptforderung erwirbt, kann gemäß § 406 BGB die Aufrechnung erklären. Dieses Recht bleibt ihm gemäß § 94 InsO erhalten, wenn nicht die in § 406 BGB genannten Einschränkungen greifen.[652] § 406 BGB ist Teil der Schutzvorschriften der §§ 404 ff. BGB, die dem Zweck dienen, eine Ver-

---

[645] OLG Köln, Urt. v. 10. 11. 2003 – 5 U 87/03, VersR 2005, 81, 82.
[646] OLG Köln, Urt. v. 10. 11. 2003 – 5 U 87/03, VersR 2005, 81, 82.
[647] BGH, Urt. v. 25. 4. 2006 – XI ZR 271/05, NJW 2006, 2398 = VersR 2006, 1127, 1128.
[648] Vgl. hierzu VerBAV 1951, 33.
[649] RGZ 102, 386; BGH v. 24. 9. 1975, VersR 1975, 1090; OLG Köln, Urt. v. 10. 11. 2003 – 5 U 87/03, VersR 2005, 81, 82.
[650] BGH NJW 1974, 185, 186; OLG Köln, Urt. v. 10. 11. 2003 – 5 U 87/03, VersR 2005, 81, 82/83.
[651] AG Stuttgart, Urt. v. 21. 3. 1985 – 13 C 11 991/84, VerBAV 1985, 337, 338.
[652] BGH ZIP 1990, 636 = WM 1990, 1025; dazu *Roth* EWiR 1990, 661; *v. Gleichenstein* EWiR 2003, 875, 876.

schlechterung der Verteidigungsmöglichkeiten des Schuldners infolge der Forderungsabtretung zu verhindern.[653] Die Bedeutung des § 406 BGB liegt darin, dass sie dem Schuldner nicht nur die Rechtslage zum Zeitpunkt der Abtretung erhalten soll; er soll sich vielmehr auch auf solche Umstände berufen können, die später eingetreten sind und die ihm ohne die Abtretung das Recht zur Aufrechnung gegenüber dem Gläubiger gegeben hätten.[654] § 406 BGB schließt die Aufrechnung mit solchen Forderungen aus, die erst in Kenntnis des Schuldners von der Abtretung erworben worden sind oder die nach Kenntnis und später als die abgetretene Forderung fällig geworden sind.[655] Damit soll verhindert werden, dass der Schuldner in Kenntnis der Abtretung eine Forderung erwirbt, um aufrechnen zu können.[656] Der Schuldner kann aber mit einer ihm gegen den bisherigen Gläubiger zustehenden Forderung gegenüber dem neuen Gläubiger auch dann aufrechnen, wenn er seine Forderung als Sicherheit abgetreten und bei der Rückübertragung von der Abtretung an den neuen Gläubiger Kenntnis hatte.[657] Das gilt auch dann, wenn der Sicherungsfall eingetreten und die Abtretung offengelegt worden ist.[658]

bb) Aufrechnung durch den Versicherer. Ob der Versicherer mit eigenen Forderungen aus einem mit dem Versicherungsnehmer bestehenden oder beendeten Agenturvertrag oder Arbeitsverhältnis aufrechnen kann, wenn der Versicherungsnehmer seine Ansprüche aus dem Versicherungsvertrag abgetreten hat, richtet sich nach § 406 BGB. Nach dieser Vorschrift kann der Schuldner (LVU) eine ihm gegen den bisherigen Gläubiger (Versicherungsnehmer) zustehende Forderung dem neuen Gläubiger (z.B. Bank) gegenüber dann nicht aufrechnen, wenn er bei dem Erwerb der Forderung von der Abtretung Kenntnis hatte.[659] Die Kenntnis einer Vorausabtretung steht dabei der Kenntnis der Abtretung im Sinne des § 406 BGB gleich.[660] Bestand die Gegenforderung des LVU schon im Zeitpunkt der Abtretung, steht der Aufrechnung § 406 BGB nicht entgegen.[661] Entstehen Abrechnungsguthaben zugunsten des Versicherers aus dem Agenturvertrag erst nach der Kenntnisnahme des LVU von der Abtretung der Versicherungsforderung durch den Versicherungsnehmer (Agenten), so scheitert eine Aufrechnung an § 406 BGB.[662] Sollte mit dem Agenten eine Konzernverrechnungsklausel vereinbart sein, wird sich der Versicherer auf diese Klausel nicht berufen können, da diese je nach Ausformung einer Inhaltskontrolle nicht standhalten wird (§ 9 Abs. 2 Nr. 1 AGBG, entspricht § 307 Abs. 2 Nr. 1 BGB).[663] Eine nach Eröffnung

195

---

[653] OLG Köln, Urt. v. 3. 11. 2000 – 19 U 89/00, NJW-RR 2001, 539, 541; BGH, Urt. v. 19. 10. 2005, NJW 2006, 219 = WM 2006, 977; BGH, Versäumnisurt. v. 10. 4. 2008 – VII ZR 58/07, WM 2008, 1329, 1331.
[654] BGH, Urt. v. 28. 11. 1955, BGHZ 19, 153, 156 f. = WM 1956, 59; BGH, Urt. v. 27. 4. 1972, BGHZ 58, 327, 329 = WM 1972, 773; BGH, Urt. v. 13. 2. 2003 – VII ZR 267/01, NJW 2003, 1182 = WM 2003, 578, 579.
[655] BGH, Urt. v. 13. 2. 2003 – VII ZR 267/01, NJW 2003, 1182 = WM 2003, 578, 579.
[656] BGH, Urt. v. 13. 2. 2003 – VII ZR 267/01, NJW 2003, 1182 = WM 2003, 578, 579.
[657] BGH, Urt. v. 13. 2. 2003 – VII ZR 267/01, NJW 2003, 1182 = WM 2003, 578, 579; dazu *Kohler* EWiR 2003, 401.
[658] BGH, Urt. v. 13. 2. 2003 – VII ZR 267/01, NJW 2003, 1182 = WM 2003, 578, 579; zust. *Kesseler* NJW 2003, 2211, 2213.
[659] OLG Karlsruhe, Urt. v. 5. 1. 1978 – 12 U 47/78, VersR 1979, 154.
[660] BGH v. 2. 6. 1976, BGHZ 66, 384 = NJW 1976, 1351.
[661] LG Dortmund, Urt. v. 22. 6. 1994 – 21 S 21/94, WM 1994, 2087, 2088.
[662] OLG Karlsruhe v. 15. 6. 1978, VersR 1979, 154.
[663] OLG Köln, Urt. v. 10. 11. 2004 – 2 U 168/03, NJW 2005, 1127, 1129 = WM 2005, 1798, 1800; *Rendels* EWiR 2004, 1041, 1042; offen lassend BGHZ 81, 15, 17 f. = NJW

des Insolvenzverfahrens unter Berufung auf die Konzernverrechnungsklausel erklärte Aufrechnung ist analog § 96 Abs. 1 Nr. 2 InsO unzulässig.[664]

196   **e) Abzugsrecht.** Soweit es um Beitragsforderungen, Kosten für ein ärztliches Zeugnis, Zusatzbeiträge, Auszahlungskosten etc geht, die nach der Abtretung fällig werden, ist der Versicherer durch das Abzugsrecht gemäß § 35 b VVG, jetzt § 35 VVG 2008, geschützt, das auch gegenüber dem Zessionar gilt.

V. Verpfändung

Schrifttum: *Baer*, Steuerliche Folgen der Sicherungsabtretung einer Rückdeckungsversicherung an den versorgungsberechtigten Gesellschafter-Geschäftsführer einer GmbH, BB 1981, 42; *Bauer*, Die Verpfändung von Lebensversicherungsansprüchen, Diss. Leipzig 1936; *Beinert/Hennerkes/Binz/Rauser*, Zum Insolvenzschutz betrieblicher Versorgungsansprüche von Gesellschafter-Geschäftsführern, DB 1980, 2323; *Bartmann*, Die Kündigung einer verpfändeten Lebensversicherung seitens des Versicherers, ZVersWiss 1912, 201; *Blomeyer*, Die Verpfändung von Rückdeckungsversicherungen an Versorgungsanwärter der betrieblichen Altersversorgung, VersR 1999, 653; *Hennings*, Pfändung und Verpfändung der Versicherungsforderung, Diss. Hamburg 1929; *Höfer/Abt*, Insolvenzschutz bei vom Pensions-Sicherungs-Verein nicht gesicherten Gesellschafter-Geschäftsführern, DB 1982, 1501; *Höfer/Kemper*, Insolvenzsicherung der betrieblichen Altersversorgung beherrschender Gesellschafter-Geschäftsführer von Kapitalgesellschaften, DB 1979, 2322, 2371; *Müller*, Das Pfandrecht an den Rechten aus einem Lebensversicherungsvertrag, ZVersWiss 1911, 13; 1912, 202; *Paschek, Winfried*, Insolvenzsicherung bei nicht gesetzlich geschützten betrieblichen Versorgungen, VW 1986, 1580; *derselbe*, Fragen zur Insolvenzsicherung bei nicht gesetzlich geschützten betrieblichen Versorgungen, BetrAV 1987, 10; *Sieg*, Der Versicherungsschein in wertpapierrechtlicher Sicht und seine Bedeutung bei der Veräußerung der versicherten Sache, VersR 1977, 213; *Skoufis*, Der Versicherungsschein und Rechtsgeschäfte über die versicherte Sache oder über die Versicherungsforderung, VersR 1962, 492; *Stegmann*, Lebensversicherung als Kreditsicherung im Rahmen der neuen InsO, VersR 2000, 1467; *Weimar*, Abtretung, Verpfändung und Pfändung von Versicherungsforderungen, VP 1955, 180; *derselbe*, Der Rang der Pfandrechte, MDR 1959, 819; *derselbe*, Die Verpfändung von Rechten und Forderungen, MDR 1969, 824; *Zunft*, Teilweise Verpfändung und Pfändung von Forderungen, NJW 1955, 441.

1. Rechtsgrund der Verpfändung

197   **a) Verpfändung der Rückdeckungsversicherung.** Die als Rückdeckungsversicherung abgeschlossene kapitalbildende Lebensversicherung wird häufig zur Absicherung von unmittelbaren Versorgungszusagen verpfändet. In der Praxis ist die erstrangige Verpfändung von Rückdeckungsversicherungen an Gesellschafter-Geschäftsführer oder die nachrangige Verpfändung von Rückdeckungsversiche-

---

1981, 2257 = WM 1981, 844 = ZIP 1981, 880; BGH, Urt. v. 15. 7. 2004 – IX ZR 224/03, BGHZ 160, 107 = NJW 2004, 3185, 3187 = NZG 2004, 965, 966 = WM 2004, 1876, 1877 = BB 2004, 2149, 2151; zust. *Rendels* EWiR 2004, 1041, 1042; BGH, Urt. v. 13. 7. 2006 – IX ZR 152/04, NJW 2006, 3631, 3632 = WM 2006, 1782, 1784 = ZIP 2006, 1740, 1741 = BB 2006, 2040, 2041 = DB 2006, 2007, 2008; a. A. OLG Frankfurt/M., Beschl. v. 22. 1. 2003 – 21 U 7/02, NZG 2003, 831 = NJW-RR 2004, 54 = ZIP 2003, 1408; abl. *Rendels/Tetzlaff* EWiR 2003, 773, 774.

[664] BGH, Urt. v. 15. 7. 2004 – IX ZR 224/03, BGHZ 160, 107 = NJW 2004, 3185, 3186 = NZG 2004, 965 = WM 2004, 1876 = BB 2004, 2149 = DB 2004, 2100 = MDR 2005, 115, 116; zust. *Rendels* EWiR 2004, 1041, 1042; *Schwahn* NJW 2005, 473, 474; BGH, Urt. v. 13. 7. 2006 – IX ZR 152/04, NJW 2006, 3631, 3633 = WM 2006, 1782, 1785 = ZIP 2006, 1740, 1742 = BB 2006, 2040, 2042 = DB 2006, 2007, 2009; BGH, Urt. v. 10. 12. 2009 – IX ZR 1/09, DB 2010, 156, 157; *Kayser* WM 2008, 1477, 1483; a. A. OLG Frankfurt/M., Beschl. v. 22. 1. 2003 – 21 U 7/02, NZG 2003, 831 = NJW-RR 2004, 54 = ZIP 2003, 1408; abl. *Rendels/Tetzlaff* EWiR 2003, 773, 774.

rungen an Hinterbliebene zur Sicherung der Ansprüche bzw. Anwartschaften aus Versorgungszusagen anzutreffen, wenn eine Insolvenzsicherung durch den PSVaG nicht (z. B. wegen der Höhe der Beteiligung eines Gesellschafter-Geschäftsführers) oder noch nicht in Betracht kommt. Die unbedingte Abtretung einer Rückdeckungsversicherung wird aus steuerlichen und die aufschiebend bedingte Abtretung einer Rückdeckungsversicherung[665] aus konkursrechtlichen Gründen wegen Anfechtbarkeit gemäß §§ 31 Nr. 1, 32 KO, § 3 Nr. 1 AnfG[666] nicht mehr praktiziert.[667] Steuerlich wird die Rückdeckungsversicherung wegen der Verpfändung nicht zur Direktversicherung.[668]

b) Verpfändung der Hypothekentilgungsversicherung. Die Verpfändung der kapitalbildenden Lebensversicherung erfolgt ferner häufig zur Absicherung von Krediten, die das LVU dem Versicherungsnehmer mit der Abrede gibt, dass das Darlehen nicht laufend, sondern bei Fälligkeit der verpfändeten Lebensversicherung aus der Versicherungssumme getilgt wird. In diesem Fall kommt nur eine Verpfändung in Frage, da eine Sicherungszession an den Versicherer rechtlich nicht möglich ist.[669] Möglich ist aber ein Pfandrecht, da dies auch „an eigener Schuld" eingeräumt werden kann.[670] Eine Sicherungsabtretung an das LVU ist deshalb in eine Verpfändung umzudeuten.[671] Allerdings ist vom Fortbestehen der Forderung auch im Falle der Konfusion auszugehen, wenn dies nach der Interessenlage der Parteien geboten erscheint.[672] 198

2. Verpfändungsvereinbarung

a) Zulässigkeit. Die Verpfändung der Lebensversicherung ist bei Bestehen eines widerruflichen Bezugsrechts gemäß § 1274 Abs. 2 BGB zulässig, wenn das Bezugsrecht gegenüber dem LVU widerrufen ist.[673] Die Verpfändungsanzeige enthält daher in der Regel den Widerruf eines etwa bestehenden widerruflichen Bezugsrechts.[674] Ist die Versicherung auf die Person eines anderen genommen, ist die Einwilligung der versicherten Person nicht erforderlich. 199

b) Form. Die Vereinbarung über die Bestellung eines Pfandrechts an der Lebensversicherung erfolgt in der Regel schriftlich und muss rechtsverbindlich unterzeichnet sein. Das Selbstkontrahierungsverbot (§ 181 BGB) und gesellschaftsvertragliche Beschränkungen bei Bestehen eines fakultativen Aufsichtsrats sind zu beachten, wenn die Rückdeckungsversicherung von der Firma an ihren alleinvertretungsberechtigten Geschäftsführer verpfändet wird. Die Übergabe des Versicherungsscheins ist für die Verpfändung der Lebensversicherung nicht erforderlich.[675] 200

---

[665] Siehe hierzu *Höfer/Kemper* DB 1979, 2322 und 2371; *Beinert/Hennerkes/Binz/Rauser* DB 1980, 2323.
[666] BAG v. 29. 7. 1967, NJW 1967, 2425 = DB 1967, 1857 = WM 1967, 1177; BAG v. 16. 6. 1978, DB 1978, 1843.
[667] Vgl. auch *Paschek* BetrAV 1987, 11.
[668] BMF-Schreiben v. 16. 4. 1982 – IV B 6 – S 2373 – 5/82, DB 1982, 880; *Höfer/Abt* DB 1982, 1501; *Paschek* VW 1986, 1580, 1581.
[669] RGZ 57, 363; BGH v. 2. 10. 1953, NJW 1953, 1865 = VersR 1953, 469, 470.
[670] RGZ 57, 363; RGZ 116, 207; OLG Dresden, Urt. v. 21. 11. 2008 – 8 U 1380/08, WM 2010, 212.
[671] BGH, v. 2. 10. 1953, NJW 1953, 1865 = VersR 1953, 469, 470.
[672] BGH NJW 1995, 2287, 2288; OLG Düsseldorf, Urt. v. 9. 2. 1999 – 4 U 38/98, NJW-RR 1999, 1406, 1407 = NVersZ 2000, 218, 219 = VersR 1999, 1009, 1010 = r+s 2000, 36.
[673] RGZ 127, 269.
[674] RGZ 127, 269.
[675] RGZ 79, 306.

201 **c) Inhalt und Umfang der Verpfändung.** Der Umfang der Verpfändung ergibt sich aus der Verpfändungsvereinbarung. Werden sämtliche „Rechte und Ansprüche" aus dem Versicherungsvertrag verpfändet, so wird von der Verpfändung auch das Kündigungsrecht des Versicherungsnehmers erfasst, das zusammen mit dem Anspruch auf die Versicherungsleistung verpfändbar ist. Der Versicherungsnehmer kann dann die Versicherung nicht mehr kündigen. Zulässig ist es, die Überschussanteile von der Verpfändung auszunehmen.

202 **d) Anzeige der Verpfändung an das LVU. aa) Mitteilung der Verpfändung.** Die Verpfändung einer Versicherung, z. B. Rückdeckungsversicherung oder Hypothekentilgungsversicherung, ist nur wirksam, wenn der Versicherungsnehmer (z. B. die Firma bei einer Rückdeckungsversicherung) sie dem Versicherer anzeigt.[676] Fehlt es an der schriftlichen Anzeige, so ist die Pfandrechtsbestellung absolut unwirksam.[677] Unbeachtlich ist, wenn das LVU auf anderen Wegen Kenntnis von der Verpfändung erlangt hat.[678]

203 **bb) Anzeigeberechtigter.** Die Verpfändung der Lebensversicherung kann vom Versicherungsnehmer angezeigt werden, solange die Forderung nicht auf einen anderen übergegangen (z. B. durch Abtretung der Forderung) oder der Konkurs über das Vermögen des Anzeigenden eröffnet ist.[679] Wie allgemein bei Willenserklärungen ist auch bei der Abgabe der Anzeige nach § 1280 BGB Stellvertretung möglich.[680]

204 **cc) Form.** Die ALB 1986 schreiben in § 12 für die Mitteilung der Verpfändung die Schriftform vor. Von diesem Schriftformerfordernis können die Vertragsparteien einvernehmlich absehen.[681]

205 **dd) Rechtswirkung der Anzeige.** Die Anzeige nach § 1280 BGB löst die Wirkung des § 409 BGB aus. Die Entgegennahme der Anzeige verpflichtet das LVU nicht, den Pfandgläubiger zu unterrichten, wenn der Versicherungsnehmer die laufenden Beiträge nicht zahlt.

3. Pfandrecht

206 **a) Mehrheit von Pfandrechten.** An der Lebensversicherung kann eine Mehrheit von Pfandrechten in einer bestimmten Rangfolge zur Entstehung kommen. Die Rangfolge richtet sich nach der Zeitfolge der Bestellung (§§ 1273, 1209 BGB). Daneben bleibt den Parteien die Möglichkeit, in einer einheitlichen Verpfändungsvereinbarung zu bestimmen, in welcher Rangfolge die Verpfändung erfolgt und so zu verfahren, als hätten die Pfandrechte die gewünschte Rangfolge. Dieser schuldrechtlichen Vereinbarung ist dingliche Wirkung beizumessen.[682] Es wäre eine für einen Kunden nicht nachvollziehbare juristische Förmelei, wenn man zur Erreichung der dinglichen Wirkung die Firma und den Ehemann um 10.00 Uhr auf einer Urkunde und um 10.01 Uhr die Firma und die Ehefrau des versorgungsberechtigten Ehemannes auf einer zweiten Urkunde die Verpfändung der Rückdeckungsversicherung unterzeichnen ließe. Im Übrigen haben gleichzeitig bestellte Pfandrechte gleichen Rang. Die so vereinbarten Pfandrechte erstre-

---

[676] § 1280 BGB; RGZ 51, 86; RGZ 79, 306; BGHZ 137, 267, 278 = WM 1998, 275; OLG München, Urt. v. 11. 3. 2008 – 5 U 3897/07, WM 2008, 1497, 1498.
[677] OLG München, Urt. v. 28. 2. 1964 – 8 U 1884/63, WM 1964, 778, 779 = BB 1964, 990.
[678] RGZ 89, 290.
[679] RGZ 89, 289; vgl. auch OLG München WM 1964, 778.
[680] OLG Köln v. 15. 12. 1989, NJW-RR 1990, 485.
[681] OLG Hamburg, Urt. v. 27. 8. 2002 – 9 U 265/00, VersR 2003, 630, 631.
[682] A. A. offenbar *Paschek* BetrAV 1987, 12.

cken sich auf die künftig fälligen Forderungen gegen das LVU aus der Lebensversicherung. Die Mehrfachverpfändung ist von Bedeutung, wenn die Rückdeckungsversicherung an den Versorgungsanwärter, seinen Ehegatten und seine Kinder verpfändet wird. Ist zugunsten eines versorgungsberechtigten Gesellschafter-Geschäftsführers ein erstrangiges Pfandrecht an der Lebensversicherung bestellt, kann zu seinen Lebzeiten hinsichtlich des zugunsten seiner Hinterbliebenen nachrangig bestellten Pfandrechts keine Pfandreife eintreten, da die Hinterbliebenen zu Lebzeiten des erstrangig Versorgungsberechtigten keinen fälligen eigenen Versorgungsanspruch haben.

b) Aufhebung und Änderung der verpfändeten Lebensversicherung. Ein verpfändetes Recht kann durch Rechtsgeschäft nur mit Zustimmung des Pfandgläubigers aufgehoben werden (§ 1276 Abs. 1 BGB). Durch eine Abtretung kann der Versicherungsnehmer daher ein Pfandrecht nicht beseitigen.[683] Das gleiche gilt im Falle einer Änderung des Rechts, sofern sie das Pfandrecht beeinträchtigt (§ 1276 Abs. 2 BGB). Danach ist z.B. eine Kündigung des Versicherungsvertrages nur mit Zustimmung des Pfandgläubigers möglich. Der Versicherungsnehmer bleibt – vorbehaltlich des § 1276 BGB – vor der Verpfändung verfügungsberechtigt; er bleibt auch Erklärungsempfänger. Er kann einen Umwandlungsantrag ohne Zustimmung des Pfandgläubigers stellen, wenn der Rückkaufswert bereits das Pfandrecht und die Nebenkosten deckt. 207

c) Erlöschen des Pfandrechts. Das Pfandrecht erlischt, wenn die der Verpfändung zugrunde liegende Forderung erlischt (§ 1252 BGB). Bei verpfändeten Rückdeckungsversicherungen ist dies der Fall, wenn der Versorgungsanwärter mit einer noch nicht unverfallbaren Anwartschaft aus der Firma ausscheidet, die Versorgungszusage rechtswirksam widerrufen oder einvernehmlich aufgehoben wird. Verstirbt der Versorgungsberechtigte, so geht die zu seinen Gunsten aus der Versorgungszusage bestehende Forderung für die Zukunft unter. Das Pfandrecht kann daher nur insoweit bestehen bleiben und vererbt werden, soweit bis zum Ableben des Versorgungsberechtigten fällige Ansprüche aus der Versorgungszusage nicht erfüllt sind. Mit Erfüllung und Untergang der Ansprüche des Versorgungsberechtigten aus der Versorgungszusage erlischt das Pfandrecht und unterfällt nicht der Erbmasse.[684] Sieht die Versorgungszusage eine Witwenrente für die namentlich nicht bezeichnete Ehefrau vor und wird die Ehe rechtskräftig geschieden, so erlischt das zugunsten der geschiedenen Ehefrau vereinbarte Pfandrecht. 208

d) Übergang des Pfandrechts auf den PSV. Gemäß § 9 Abs. 2 BetrAVG gehen Versorgungsanwartschaften und Ansprüche des Berechtigten gegenüber dem Arbeitgeber im Falle eines Insolvenzverfahrens mit dessen Eröffnung, in den übrigen Sicherungsfällen dann auf den PSV über, wenn der PSV gemäß § 9 Abs. 1 Satz 1 BetrAVG dem Versorgungsberechtigten die ihm zustehenden Ansprüche und Anwartschaften mitteilt. Von dem Forderungsübergang wird das Pfandrecht erfasst, wenn eine Insolvenzsicherung der Anwartschaft bzw. des Anspruchs gegeben ist. Die verpfändete Rückdeckungsversicherung darf der PSVaG nur insoweit verwerten, wie sie zur Abdeckung des von ihm gesicherten Teils benötigt wird. Im Übrigen steht die Rückdeckungsversicherung dem versorgungsberechtigten Pfandgläubiger zu. 209

4. Verwertung des Pfandrechts

a) Prioritätsgrundsatz. Bestehen mehrere Pfandrechte an einer Forderung, so ist zur Einziehung nur derjenige Pfandgläubiger berechtigt, dessen Pfandrechte 210

---

[683] BAG NJW 1967, 2425 = DB 1967, 1857 = WM 1967, 1177.
[684] A.A. anscheinend *Paschek* BetrAV 1987, 12.

den übrigen Pfandrechten vorgehen (§ 1290 BGB). Bei mehrfacher Verpfändung geht die zeitlich vorher erfolgte Verpfändung späteren Verpfändungen im Range vor.[685]

211   b) **Einziehung der Forderung. aa) Vor der Pfandreife.** Nach der gesetzlichen Regelung hat der Pfandgläubiger vor der Pfandreife (§ 1228 Abs. 2 BGB) nicht das Recht, die verpfändete Forderung allein einzuziehen. Die Leistung des Schuldners (LVU) hat an den Pfandgläubiger und den Gläubiger gemeinschaftlich zu erfolgen (vgl. §§ 1281, 1285, 1288 Abs. 1 BGB). Vor Pfandreife kann daher eine Leistung aus einem Rückdeckungsversicherungsvertrag nur gemeinschaftlich an den Pfandgläubiger (Versorgungsberechtigter) und den Gläubiger (Firma) erfolgen.

212   **bb) Nach der Pfandreife.** Nach der Pfandreife hat der Pfandgläubiger das Einziehungsrecht, aber nur insoweit, als die Einziehung zu seiner Befriedigung erforderlich ist (§§ 1282 Abs. 1 Satz 2, 1288 Abs. 2 BGB). Zum Zwecke der Einziehung steht dem Pfandgläubiger auch das Kündigungsrecht für sich allein bezüglich der Forderung zu, soweit es nicht bereits mitverpfändet wurde (§ 1283 Abs. 3 BGB). Das gilt auch nach nicht einhelliger Meinung für die Kündigung einer Lebensversicherung nach § 165 VVG.[686]

213   **c) Leistungen aus der Versicherung. aa) Vor Pfandreife.** Ist der Anspruch aus der Versorgungszusage weder ganz noch teilweise fällig, so liegt auch dann, wenn die Versicherungsleistung bereits fällig ist, keine Pfandreife im Sinne des § 1228 Abs. 2 BGB vor. Dies ist z. B. der Fall, wenn eine Rentenzusage durch eine Kapitalversicherung rückgedeckt wurde, Rentenleistungen nach der Versorgungszusage noch nicht fällig sind, demgegenüber aber die Versicherungssumme aus dem Rückdeckungsversicherungsvertrag zur Auszahlung fällig ist. In diesem Fall kann der Versicherer nur an den Versorgungsberechtigten und die Firma gemeinschaftlich leisten. Andernfalls besteht die Gefahr, dass er doppelt in Anspruch genommen wird.

214   Auf Verlangen entweder der Firma oder des Versorgungsberechtigten hinterlegt der Versicherer die fällige Versicherungsleistung für beide gemäß § 372 BGB. Gemäß § 1288 Abs. 1 BGB haben Firma und Versorgungsberechtigter daran mitzuwirken, dass die Versicherungsleistung mündelsicher angelegt und gleichzeitig dem Versorgungsberechtigten ein Pfandrecht an dem angelegten Betrag bestellt wird.

215   **bb) Nach Pfandreife.** Pfandreife im Sinne des § 1228 Abs. 2 BGB tritt ein, wenn die gesicherte Versorgungsverpflichtung ganz oder zum Teil (bei Rentenleistungen die jeweils fällige Rentenrate) fällig geworden ist. Der Versorgungsberechtigte ist berechtigt, die Versicherungsleistung einzuziehen, soweit dies zu seiner Befriedigung erforderlich ist (bei Rentenzusagen die fälligen Rentenraten). Der Versicherer kann insoweit mit befreiender Wirkung nur noch an den Versorgungsberechtigten leisten. Hat die Firma die der Verpfändung zugrunde liegende Versorgungsverpflichtung bereits erfüllt, erlischt insoweit das Pfandrecht. Eine Auszahlung an die Firma kommt in Betracht, wenn die Firma eine Bestätigung des Versorgungsberechtigten vorlegt, wonach die Versorgungsleistungen an ihn bereits erbracht wurden oder wenn die Firma eine ausdrückliche Anweisung des

---

[685] Prioritätsgrundsatz; vgl. OLG Köln, Urt. v. 18. 2. 1987 – 13 U 170/86, VersR 1987, 893 = BB 1987, 1141, 1142.
[686] Für ein Kündigungsrecht *Soergel-Augustin*, § 1283 BGB Rdn. 2; dagegen; *Palandt-Bassenge*, BGB, 67. Aufl., 2008, § 1283 BGB Anm. 1; *Staudinger-Riedel/Wiegand*, § 1283 BGB Rdn. 4; unentschieden BGH, Urt. v. 20. 3. 1991 – IV ZR 50/90, NJW 1991, 1946 = VersR 1991, 576 = WM 1991, 846; *Kollhosser* in: Prölss-Martin, VVG, 27. Aufl., 2004, § 165 VVG Anm. 1.

Versorgungsberechtigten vorlegt, wonach die Versicherungsleistungen an die Firma ausgezahlt werden sollen.

cc) Insolvenzfall. Im Insolvenzfall hat der Pfandgläubiger gemäß § 48 KO ein Absonderungsrecht.[687] Die Verwertung erfolgt gemäß § 127 KO.[688] Danach kann der Pfandgläubiger, sobald seine Forderung fällig geworden ist, die Pfandforderung einziehen, soweit es zu seiner Befriedigung erforderlich ist. Da es sich bei einer Versorgungszusage um eine befristete Forderung handelt, z. B. Fälligkeit der Leistung im Alter 65, gilt sie gemäß § 65 KO mit der Eröffnung des Insolvenzverfahrens als sofort fällig und muss der zeitanteilige Pensionsanspruch nach versicherungsmathematischen Grundsätzen in einen entsprechenden Kapitalbetrag im Zeitpunkt der Eröffnung des Insolvenzverfahrens umgerechnet werden.[689]

Auch nach dem am 1. Januar 1999 in Kraft getretenen § 50 InsO ist der Pfandgläubiger zur abgesonderten Befriedigung berechtigt. Allerdings ist nach § 50 InsO ein Gläubiger, der an einem Gegenstand der Insolvenzmasse ein rechtsgeschäftliches Pfandrecht hat, nach Maßgabe der §§ 166 bis 173 InsO zur abgesonderten Befriedigung berechtigt. Einer unmittelbaren oder analogen Anwendung dieser Vorschriften mit der Folge, dass dem Insolvenzverwalter ein Verwertungsrecht zusteht, steht aber der ausdrückliche Wille des Gesetzgebers entgegen.[690] In der Regierungsbegründung zu § 191 InsO-E heißt es ausdrücklich:[691]

... für Forderungen, die nach den Vorschriften des Bürgerlichen Gesetzbuches verpfändet worden sind, wird dagegen kein Einziehungsrecht des Verwalters vorgesehen. Die Begründung an einer Forderung setzt nach § 1280 BGB voraus, dass die Verpfändung dem Schuldner dieser Forderung angezeigt wird. Bei Fälligkeit ist der gesicherten Forderung ist der Gläubiger zur Einziehung der Forderung gegen den Drittschuldner berechtigt (§ 1282 Abs. 1 BGB). Der Drittschuldner kennt also den gesicherten Gläubiger und er muss von vornherein damit rechnen, von diesem in Anspruch genommen zu werden. Ein Einziehungsrecht des Verwalters würde hier die praktische Abwicklung nicht vereinfachen."

Der Insolvenzverwalter ist daher nur bei einer zur Sicherheit abgetretenen Forderung zur Verwertung und Einziehung berechtigt.[692] Verpfändete Forderungen verwertet der Pfandgläubiger dagegen selbst.[693]

d) Steuerliche Aspekte. Wird die Rückdeckungsversicherung in der Weise verwertet, dass sie im Insolvenzfall gekündigt oder durch den Versorgungsberechtigten weitergeführt wird, ist in diesem Zeitpunkt Zufluss von Arbeitslohn in Höhe des dem Versorgungsberechtigten zustehenden Rückkaufswertes bzw. Deckungskapitals anzunehmen, der gemäß § 19 EStG in voller Höhe zu versteuern ist.[694]

VI. Pfändung von Versicherungsleistungen

AuVdBAV: VerBAV 1954, 154 (Gutachten des Bundesministers der Justiz vom 31. Juli 1954, betreffend die Unpfändbarkeit von Ansprüchen aus Todesfallversicherungen gemäß § 850b Abs. 1 Nr. 4 ZPO).

---

[687] OLG Hamm, Urt. v. 12. 5. 1995 – 20 U 37/95, NJW-RR 1996, 1312 = VersR 1996, 878 = r+s 1995, 396 = BB 1995, 2083, 2084.
[688] *Soergel-Augustin*, vor § 1273 BGB Rdn. 4.
[689] *Paschek* BetrAV 1987, 13.
[690] *Stegmann* VersR 2000, 1467, 1470.
[691] BR-Drucks. 1/92, S. 178f.
[692] *Stegmann* VersR 2000, 1467, 1470.
[693] BT-Drucks. 12/7302, S. 176 Ziff. 106; *Blomeyer* VersR 1999, 653, 663; *Stegmann* VersR 2000, 1467, 1470.
[694] Ebenso *Paschek* VerBAV 1987, 15.

Schrifttum: *Behr,* Zusammentreffen von Abtretung und Pfändung, Rpfleger 1990, 243; *Börker,* Sicherungsabtretung und Pfändung derselben Lohnforderung zugunsten verschiedener Gläubiger, NJW 1970, 1104; *Danzer,* Nochmals: Die Pfändung künftiger Rentenansprüche, NJW 1992, 1026; *David,* Die Pfändung künftiger Rentenansprüche, NJW 1991, 2615; *derselbe,* Tips zur Pfändung von Lebensversicherungsansprüchen, MDR 1996, 24; *derselbe,* Pfändung künftiger Rentenansprüche – Neue Rechtsprechung des BGH, MDR 2003, 793; *Decker,* Der Zwangszugriff der Gläubiger des Versicherungsnehmers auf die rückkaufsfähige Lebensversicherung im Wege der Einzelvollstreckung, Diss. Leipzig 1938; *Denck,* Einwendungsverlust bei pfändungswidriger Zahlung des Drittschuldners an den Schuldner, NJW 1979, 2375; *Eberhardt/Castellví,* Rechtsfragen zum Beitragsdepot bei der Lebensversicherung, VersR 2002, 261; *Ehmann,* Das Schuldanerkenntnis, WM 2007, 329; *Eyinck,* Entwicklung des Zustellungsrechts nach der Zustellungsreform 2002, MDR 2006, 785; *Ferfer,* Ansprüche des Schuldners gegen den Treuhänder auf Auskehrung einer von einer Versicherung auf das Treuhandkonto gezahlten Rentennachzahlung betreffend eine unpfändbare Berufsunfähigkeitsrente, ZInsO 2009, 1048; *Foerste,* Die Pflicht zur Begründung der Drittschuldnererklärung, NJW 1999, 904; *Hasse,* Zur gesetzlichen Neuregelung der Zwangsvollstreckung in Kapitallebensversicherungen, VersR 2004, 958; *derselbe,* Zwangsvollstreckung in Kapitallebensversicherungen – Eine kritische Bestandsaufnahme de lege lata –, VersR 2005, 15; *Heilmann,* Kann der Gläubiger bei der Arrestpfändung des Anspruchs auf die Lebensversicherungssumme die Begünstigung widerrufen?, ZVersWiss 1938, 164; *derselbe,* Die Zwangsvollstreckung in den Anspruch auf die Lebensversicherungssumme, NJW 1950, 135; *Hess,* Effektuierung der Forderungspfändung: Der BGH erleichtert „Verdachtspfändungen", NJW 2004, 2350; *Hök,* Die grenzüberschreitende Forderungs- und Kontopfändung, MDR 2005, 306; *Hülsmann,* Berufsunfähigkeitszusatzversicherung: Unpfändbarkeit gemäß § 850 b I Nr. 1 ZPO – Zugleich Anmerkung zu OLG Oldenburg MDR 1994, 257 –, MDR 1994, 537; *Jech* VersR 1967, 122; *Joost,* Risikoträchtige Zahlungen des Drittschuldners bei der Forderungspfändung – Zur Leistungskondiktion bei mehrfacher Zweckbestimmung des Leistenden, WPM 1981, 82; *Knoche/Biersack,* Das zwangsvollstreckungsrechtliche Prioritätsprinzip und seine Vereitelung in der Praxis, NJW 2003, 476; *Kornblum,* Einzelfragen des Schuldnerschutzes bei der Forderungspfändung, BB 1981, 1296; *Krämer/Bolsinger,* Unzumutbarkeit der Verwertung einer noch nicht fälligen Lebensversicherung im Bereich der Sozialhilfe, VersR 1995, 1278; *Lieb,* Bereicherungsrechtliche Fragen bei Forderungspfändungen, ZIP 1981, 1153; *Marly,* Kostenerstattung und Tätigkeitsvergütung für Auskünfte der Drittschuldners bei Pfändungs- und Überweisungsbeschlüssen, BB 1999, 1990; *Merten,* Verwertbarkeit und Pfändbarkeit der betrieblichen Altersversorgung im Lichte von Hartz IV, BetrAV 2004, 721; *Milatz,* Die Erklärungspflicht des Drittschuldners gegenüber der Vollstreckungsbehörde nach § 316 AO, BB 1986, 572; *Mohr,* Vorpfändung von Lebensversicherungsansprüchen, VersR 1955, 376; *Niewisch,* Die Zwangsvollstreckung in die Rechte aus einem Lebensversicherungsvertrag, Hamburg 1939; *Oswald,* Die Pfändung von Lebensversicherungsansprüchen, DVersZ 1958, 118; *derselbe,* Zur Pfändung des Versicherungsanspruchs nach dem Tode des Versicherungsnehmers, DVersZ 1966, 6; *derselbe,* Zwangsvollstreckung beim Tod des Versicherungsnehmers, VP 1974, 2; *derselbe,* Die Pfändung und Überweisung von Ansprüchen aus Lebensversicherungen, VP 1984, 101; *Prahl,* Zur Pfändung des Kündigungsrechts des Versicherungsnehmers bei der gemischten Kapitallebensversicherung, NVersZ 2001, 151; *Reinicke,* Die zweckentfremdete Aufrechnung, NJW 1972, 793; *Seibert,* Bereicherungsausgleich bei kollidierender Zweckrichtung, JuS 1983, 59; *Sieg,* Soziale Einschläge in der Individualversicherung, BB 1972, Beilage Heft 3, S. 3; *derselbe,* Die Lebensversicherung als Versorgungsinstrument, kritische Betrachtungen zum juristischen Befund, ZVersWiss 1974, 97; *Steder,* Auskunftsoffenbarung im Rahmen der Forderungspfändung, MDR 2000, 438; *Steekelenburg,* Nochmals: Abtretung und Verpfändung von Ansprüchen aus Handwerkerversicherungen nach dem 1. 1. 1962, VersR 1967, 438; *Steffani,* Abtretung und Verpfändung von Ansprüchen aus Handwerkerversicherungen nach dem 1. 1. 1962, VersR 1966, 718; *Tiedtke,* Pfändungspfandrecht an einer nach Pfändung wieder erworbenen Forderung?, NJW 1972, 746; *derselbe,* Zur Pfändung sicherungshalber oder anfechtbar abgetretener Forderungen, ZIP 1993, 1452; *derselbe,* Zwangsvollstreckung in die vom Schuldner vor der Pfändung anfechtbar abgetretenen Forderung, JZ 1993, 73.

1. Allgemeines

220 Bereits in der Begründung zum Siebten Gesetz zur Änderung der Pfändungsfreigrenzen im Jahre 2001 wird darauf hingewiesen, dass weiterer legislativer

Handlungsbedarf hinsichtlich des Pfändungsschutzes für private Kapitallebens- und Rentenversicherungen von Selbständigen besteht. Pfändungsschutz wird insbesondere für Rentenversicherungen und Rentenleistungen gefordert.[695] Der im September 2004 veröffentlichte Referentenentwurf eines Gesetzes zur Änderung der Insolvenzordnung, des Kreditwesengesetzes und anderer Gesetze[696] sah lediglich eine Neufassung des § 850i ZPO vor, der den Pfändungsschutz für laufende Einkünfte regelt.[697] Erst seit der Einführung des § 851c ZPO durch das Gesetz zum Pfändungsschutz der Altersvorsorge vom 26. März 2007[698] werden Lebensversicherungen und private Rentenversicherungen und darüber hinaus sämtliche Ansprüche auf Leistungen, die der Altersvorsorge Selbständiger dienen, wie Arbeitseinkommen nach §§ 850 bis 850g ZPO geschützt.[699] Dazu müssen die entsprechenden Verträge die Voraussetzungen des § 851c Abs. 1 Nr. 1–4 ZPO kumulativ erfüllen.[700]

2. Pfändungs- und Überweisungsbeschluss

Mit dem Pfändungs- und Überweisungsbeschluss wird dem Gläubiger der Zugriff auf Versicherungsansprüche des Schuldners (Versicherungsnehmers) gegen den Drittschuldner (Lebensversicherungsunternehmen) eröffnet.

a) Antrag. Nach § 828 Abs. 2 Alt. 1 ZPO ist die deutsche internationale Zuständigkeit begründet, wenn der Vollstreckungsschuldner seinen Wohnsitz in der Bundesrepublik Deutschland hat.[701] Die Pfändung von Versicherungsleistungen setzt schriftliche Antragstellung beim Amtsgericht, in dessen Bezirk der Versicherungsnehmer seinen Wohnsitz hat (§§ 13, 828 Abs. 2 ZPO), voraus. Der Gläubiger muss dem Gericht mit dem Pfändungsantrag eine Ausfertigung des Titels (§§ 704, 794 ZPO), der mit der Vollstreckungsklausel versehen ist (§ 724 ZPO), und einen Zustellungsnachweis vorlegen (§ 750 ZPO). Einer Vollstreckungsklausel bedarf es nur in den Fällen der §§ 796 und 929 ZPO nicht.

b) Genaue Bezeichnung des Gläubigers und des Schuldners. Das Gericht muss die zu pfändende „angebliche" Forderung nach ihrem Gläubiger, dem Schuldner, dem Rechtsgrund, dem Drittschuldner und dem Betrag so genau bezeichnen, dass der Gegenstand der Zwangsvollstreckung eindeutig festliegt[702] und zwar auch für einen Dritten erkennbar.[703] Als ausreichend gilt eine ungenaue oder sogar falsche Bezeichnung des Gläubigers, wenn der Gemeinte den Beteiligten klar erkennbar ist.[704]

Der Pfändungsantrag muss die genaue Bezeichnung des Gläubigers[705] und Schuldners nach Berufsstand, Vor- und Zuname sowie Anschrift enthalten. Unwirksam sind daher Pfändungs- und Überweisungsbeschlüsse, in denen der Name

---

[695] Zobel, Pfändungsschutz für die Altersversorgung Selbständiger liegt noch im Argen, VW 2003, 1622.
[696] Abgedr. in NZI 2004, 549 ff.
[697] Krit. dazu Foerste/Ising, Reform des Pfändungsschutzes für Selbständige – wirklich durchdacht?, ZRP 2005, 129 f.
[698] BGBl. I 2007, 368.
[699] OLG Hamm, Urt. v. 20. 5. 2009 – I-20 U 135/08, VersR 2010, 100, 101.
[700] OLG Hamm, Urt. v. 20. 5. 2009 – I-20 U 135/08, VersR 2010, 100, 101.
[701] BAG, Urt. v. 19. 3. 1996 – 9 AZR 656/94, ZIP 1996, 2031, 2034.
[702] Vgl. BAG BB 1962, 615; BGHZ 93, 83; BGH Rpfleger 1980, 183; OLG Frankfurt/M. NJW 1981, 468 m. w. Nachw.; LG Frankenthal Rpfleger 1981, 445; BGH NJW 1983, 886; BFH DB 1983, 1080.
[703] BGHZ 86, 338 und 93, 83; AG Groß-Gerau MDR 1985, 681.
[704] BGHZ 13, 42; BAG NJW 1962, 1221.
[705] BGH NJW 1967, 821.

des Schuldners verwechselt,[706] ein falscher Name angegeben[707] oder eine fehlerhafte Adresse mitgeteilt ist.[708] Unschädlich ist dagegen, wenn Datum und Aktenzeichen des Vollstreckungstitels falsch angegeben sind.[709]

225 **c) Genaue Bezeichnung des Drittschuldners.** Zur Bestimmtheit der Bezeichnung des Pfändungsgegenstandes gehört auch die Benennung dessen, gegen den sich das Zahlungsverbot richtet.[710] Als Zustellungsadressat muss der Versicherer so genau bezeichnet sein wie eine Prozesspartei. Wer Partei ist, ist zwar nicht durch Ausforschung, wohl aber durch Auslegung zu ermitteln.[711] Wird zweifelsfrei ein falscher Namen angegeben, ist er zu berichtigen.[712] Maßgeblich ist die objektive Erkennbarkeit[713] zur Zeit der Zustellung. Unklarheiten in der Parteibezeichnung können jederzeit richtig gestellt werden.[714] Der Drittschuldner muss aber so bezeichnet sein, dass über seine Identität auch für Dritte keine Zweifel bestehen.[715] Dies ist bei Firmengruppen, die einen die Unternehmensgruppe kennzeichnenden gemeinsamen Namensbestandteil führen, dann der Fall, wenn der Drittschuldner aus dem Pfändungsbeschluss von Dritten, die um die Rechtsbeziehungen des Schuldners zu den Gesellschaften der Firmengruppe oder zu einer von ihnen nichts wissen, nicht zu ermitteln ist.[716] Es genügt nicht, dass ein Geschäftsführer oder ein Prokurist einer der Firmen der Unternehmensgruppe zutreffende Vorstellungen darüber hat, wer der Schuldner des Vollstreckungsschuldners sein könnte.[717]

226 Hieraus folgt, dass es unzulässig ist, als Zustellungsadressat eine Versicherungsgruppe anzusprechen, wenn Drittschuldner eine bestimmte Gesellschaft der Versicherungsgruppe ist. Diese Gesellschaft ist so genau zu bezeichnen, dass wenigstens eine Zuordnung nach dem tatsächlichen Firmennamen möglich ist, auch wenn dieser nicht entsprechend der Handelsregistereintragung zur Bezeichnung des Zustellungsadressaten aufgeführt ist. Wird eine nicht ausreichende Bezeichnung gewählt, kann und muss der Gläubiger auf eine Richtigstellung des Pfändungs- und Überweisungsbeschlusses hinwirken. Die die Zustellung annehmende Gesellschaft kann nicht gezwungen werden und ist hierzu auch gar nicht aufgrund ihrer Diskretionspflicht berechtigt, die Datenbestände der anderen Gesellschaften der Versicherungsgruppe darauf zu überprüfen, ob der Schuldner als Versicherungsnehmer im Bestand geführt wird. Dem Gläubiger muss daher zugemutet werden, die richtige Firmierung des Drittschuldners festzustellen, um einen wirksamen Pfändungs- und Überweisungsbeschluss herbeizuführen. Hat der Schuldner insoweit unzureichende Angaben im Vermögensverzeichnis gemacht, kann der Gläubiger den Schuldner zur Ergänzung laden lassen, um die Angaben zum Versiche-

---

[706] BAG AP 4 zu § 850 ZPO.
[707] OLG Hamm BB 1965, 1189; BAG AP 4 zu § 850 ZPO; BGH, Beschl. v. 26. 11. 2009 – VII ZB 42/08, WM 2010, 358, 359.
[708] LAG Mainz BB 1986, 709; OLG Stuttgart, Urt. v. 17. 3. 1993 – 1 U 116/92, WM 1993, 2020, 2022.
[709] LAG Düsseldorf DB 1968, 1456.
[710] BGH v. 25. 1. 1961, WM 1961, 348; BGH v. 9. 7. 1987, WM 1987, 1312.
[711] BGH NJW 1983, 2449 m. w. Nachw.; OLG München OLGZ 81, 90 je m. w. Nachw.
[712] OLG Frankfurt/M. MDR 1977, 410.
[713] BGH NJW 1977, 1686 und NJW 1981, 1454; OLG München OLGZ 81, 90; ArbG Hagen BB 1982, 1800 je m. w. Nachw.
[714] BGH NJW 1981, 1454 m. w. Nachw.; BAG BB 1975, 842; OLG Hamm MDR 1977, 940.
[715] BGH v. 22. 11. 1979, WM 1980, 83; BGH v. 9. 7. 1987, WM 1987, 1312; BayObLG, Beschl. v. 6. 3. 2003 – 5 St RR 18/03, NJW 2003, 2181, 2182.
[716] BGH v. 9. 7. 1987, WM 1987, 1312.
[717] BGH v. 9. 7. 1987, WM 1987, 1312.

rungsvertrag hinsichtlich Versicherer und Versicherungsnehmer zu erhalten. Im Übrigen kann der Gläubiger die erforderlichen Angaben dem Versicherungsschein entnehmen, den er ohnehin vom Schuldner herausverlangen muss, um eine Leistung vom Versicherer zu erhalten.

d) Genaue Bezeichnung der Forderung. aa) Bestimmtheit der gepfändeten Ansprüche. α) Grundsätze. Nach ständiger Rechtsprechung des Bundesgerichtshofs muss der Pfändungsbeschluss nach § 829 ZPO aus Gründen der Rechtssicherheit die gepfändete Forderung und ihren Rechtsgrund so genau bezeichnen, dass bei verständiger Auslegung unzweifelhaft feststeht, welche Forderung Gegenstand der Zwangsvollstreckung sein soll, dass die gepfändete Forderung also von anderen unterschieden werden kann und die Feststellung ihrer Identität gesichert ist. Das Rechtsverhältnis, aus dem die Forderung hergeleitet wird, muss wenigstens in allgemeinen Umrissen angegeben werden. Dabei sind Ungenauigkeiten unschädlich, sofern sie sonst keinen Zweifel setzen, welche bestimmte Forderung gemeint ist.[718] Die Auslegung ist nach objektiven Gesichtspunkten im Wesentlichen nach dem Inhalt des Pfändungsbeschlusses vorzunehmen. Die Erkennbarkeit (Bestimmbarkeit) des Pfändungsgegenstands muss sich bei einer nach § 133 BGB vorzunehmenden, nicht am buchstäblichen Sinn haftenden Auslegung des Beschlusses aus diesem selbst ergeben. Die Identität des Pfändungsgegenstandes muss sich nicht nur für die unmittelbar Beteiligten (Pfändungsgläubiger, Schuldner, Drittschuldner), sondern auch für andere Personen, insbesondere weitere Gläubiger des Schuldners, mit hinreichender Deutlichkeit ergeben. Für diese muss aus dem Pfändungsbeschluss selbst erkennbar sein, welche Forderung gepfändet worden ist, ohne dass sie auf die Möglichkeit verwiesen werden können, notwendige Angaben aus anderen Unterlagen oder Umständen außerhalb des Pfändungsbeschlusses zu ergänzen. Dabei sind allerdings übermäßige Anforderungen schon deshalb nicht zu stellen, weil der Pfändungsgläubiger in der Regel die Verhältnisse des Schuldners nur oberflächlich kennt. Ungenauigkeiten sind daher unschädlich, sofern eine sachgerechte Auslegung ergibt, was in Wahrheit gemeint ist.[719]

---

[718] RGZ 139, 97; RGZ 157, 321; BGH NJW 1954, 881; BGH NJW 1983, 886; BGH NJW-RR 1991, 1197; OLG Karlsruhe, Urt. v. 30. 1. 1997 – 4 U 154/96, NJW 1998, 549.
[719] BGHZ 13, 42, 43; BGHZ 86, 338; BGH DB 1954, 369; BGH v. 25. 1. 1961, WM 1961, 348; BAG NJW 1962, 1221; BGH v. 28. 4. 1965, WM 1965, 517; BGH, Urt. v. 28. 2. 1975 – V ZR 146/73, NJW 1975, 980, 981 = WM 1975, 385; OLG Frankfurt/M. NJW 1981, 468; BGH WM 1981, 542, 544; BGH NJW 1981, 1611; BGH, Urt. v. 26. 1. 1983 – VIII ZR 258/81, NJW 1983, 886 = WM 1983, 217 = ZIP 1983, 362 = MDR 1983, 486; BGH, Urt. v. 29. 11. 1984 – X ZR 39/83, BGHZ 93, 82, 83 = WM 1985, 397 = MDR 1985, 407; BGH, Urt. v. 21. 11. 1985 – VII ZR 305/84, NJW 1986, 977, 978; LG Berlin WM 1986, 803; OLG Frankfurt/M. WM 1987, 25; BGH v. 9. 7. 1987, WM 1987, 1312; OLG Koblenz v. 22. 12. 1987, WM 1988, 159; BGH, Urt. v. 28. 4. 1988 – IX ZR 151/87, NJW 1988, 2543, 2544 = WM 1988, 950, 951 = ZIP 1988, 871 = DB 1988, 2195 = MDR 1988, 859; dazu *Grunsky* EWiR 1988, 727; LG Frankfurt/M., Urt. v. 11. 5. 1989 – 2/5 O 300/87, NJW-RR 1989, 1466; BFH, Urt. v. 1. 6. 1989 – V R 1/84, NJW 1990, 2645, 2646; dazu *Grunsky* EWiR 1989, 1245; BGH, Urt. v. 21. 2. 1991 – IX ZR 64/90, NJW-RR 1991, 1197, 1198 = WM 1991, 779, 781 = MDR 1991, 1201; BGH, Urt. v. 14. 1. 2000 – V ZR 269/98, NJW 2000, 1268, 1269 = WM 2000, 489 = MDR 2000, 476; BGH, Urt. v. 8. 5. 2001 – IX ZR 9/99, NJW 2001, 2976 = WM 2001, 1223, 1224 = MDR 2001, 1133; BGH, Urt. v. 7. 4. 2005 – IX ZR 258/01, NJW-RR 2005, 1361, 1362 = WM 2005, 1037, 1038 = ZIP 2005, 1198, 1199 = MDR 2005, 1135, 1136; BGH, Beschl. v. 28. 3. 2007 – VII ZB 25/05, WM 2007, 949, 951.

228 Die Pfändung kann durch den Drittschuldner (Versicherer) selbst wegen eigener Ansprüche gegen den Schuldner (Versicherungsnehmer) erfolgen.[720] Auch künftige sowie aufschiebend bedingte oder befristete Forderungen können gepfändet werden, wenn sie bestimmt genau bezeichnet oder hinreichend bestimmbar sind.[721] Es muss nur bereits eine Rechtsbeziehung zwischen dem Schuldner und dem Drittschuldner bestehen, aus der man die künftige Forderung nach ihrer Art und nach der Person des Drittschuldners bestimmen kann.[722] Die Pfändung künftiger Rentenansprüche ist danach möglich.[723] Unzulässig ist eine bloße Ausforschungs- und Verdachtspfändung.[724] Eine „Forderungspfändung auf Verdacht" ist aber bis zur Grenze einer Ausforschungspfändung wegen des durch Art. 14 Abs. 1 GG garantierten Befriedigungsrechts des Gläubigers[725] in der Zwangsvollstreckung nicht rechtsmissbräuchlich.[726]

229 β) Zugriff und Umfang der Pfändung. (1) Angabe der Versicherungsnummer und der Verträge. Aufgrund vorstehender Rechtsgrundsätze reicht es für den Zugriff auf alle beim LVU bestehenden Lebensversicherungen des Versicherungsnehmers aus, wenn der Angabe der zu pfändenden Ansprüche im Pfändungs- und Überweisungsbeschluss zu entnehmen ist, dass alle im Bestand des Drittschuldners (LVU) geführten Lebensversicherungen des Versicherungsnehmers (Schuldners) der Pfändung unterworfen sein sollen. Der BGH hat es bei der Pfändung von Bankkonten genügen lassen, dass der Angabe der zu pfändenden Ansprüche im Pfändungs- und Überweisungsbeschluss zu entnehmen ist, dass die Guthaben sämtlicher von dem Drittschuldner geführten Konten des Schuldners der Pfändung unterworfen sein sollen.[727]

230 Die Pfändung erfasst auch dann alle beim LVU bestehenden Lebensversicherungsverträge, wenn der Gläubiger ausdrücklich nur eine oder mehrere Versicherungsnummern genannt hat, aber nicht die Versicherungsnummern von allen bestehenden Versicherungsverträgen. Es muss sich nur dem Pfändungs- und Überweisungsbeschluss entnehmen lassen, dass alle beim LVU im Bestand geführ-

---

[720] OLG Celle, Urt. v. 2. 4. 2009 – 8 U 206/08, VersR 2009, 1102.
[721] BGH v. 24. 11. 1988, NJW-RR 1989, 286, 290 = WM 1989, 71, 77; LG Heidelberg, Beschl. v. 28. 2. 1992 – 1 T 39/91, NJW 1992, 2774; OLG Düsseldorf, Urt. v. 9. 2. 1999 – 4 U 38/98, NJW-RR 1999, 1406, 1407 = NVersZ 2000, 218, 219 = VersR 1999, 1009, 1010 = r+s 2000, 36; BGH, Beschl. v. 21. 11. 2002 – IX ZB 85/02, NJW 2003, 1457, 1458 = VersR 2004, 220, 221.
[722] BGHZ 20, 131; BGHZ 53, 32; BGH NJW 1979, 2038; BGH v. 24. 11. 1988, NJW-RR 1989, 286, 290 = WM 1989, 71, 77; BGH, Beschl. v. 21. 11. 2002 – IX ZB 85/02, NJW 2003, 1457, 1458 = VersR 2004, 220, 221. Siehe auch §§ 89 Abs. 2, 114 Abs. 3 InsO.
[723] *David* NJW 1991, 2615 f.; *derselbe* MDR 2003, 793 f.; krit. dazu *Danzer* NJW 1992, 1026.
[724] OLG München v. 1. 8. 1990, DB 1990, 1916 (Gleichzeitige Pfändung bei 264 Kreditinstituten).
[725] Vgl. BGH, Urt. v. 25. 3. 1999 – IX ZR 223/97, BGHZ 141, 173, 177 = MDR 1999, 826; BGH, Beschl. v. 12. 12. 2003 – IX a ZB 115/03, BGHZ 157, 159 = NJW 2004, 954, 956 = MDR 2004, 535; dazu *Wolf/Müller* NJW 2004, 1775, 1779; BGH, Urt. v. 12. 12. 2003 – IX a ZB 193/03, NJW-RR 2004, 643, 644 = MDR 2004, 587; BGH, Beschl. v. 25. 8. 2004 – IX a ZB 271/03, MDR 2005, 236.
[726] Vgl. BGHZ 141, 173, 177 = WM 1999, 787; BGH, Beschl. v. 19. 3. 2004 – IX a ZB 229/03, NJW 2004, 2097 = WM 2004, 934, 935 = DB 2004, 1829 (Ls.): Gleichzeitige Pfändung bei drei Kreditinstituten am Wohnort des Schuldners nicht rechtsmissbräuchlich. *Hess* NJW 2004, 2350, hält in größeren Städten zumindest auch bis zu zehn parallele Pfändungs- und Überweisungsbeschlüsse für zulässig.
[727] BGH, Urt. v. 28. 4. 1988 – IX ZR 151/87, NJW 1988, 2543 = WM 1988, 950, 952 = MDR 1988, 859; ebenso OLG Köln, Urt. v. 1. 3. 1999 – 16 U 80/98, NJW-RR 1999, 1224 = VersR 2000, 384 = WM 1999, 2156 = MDR 1999, 1221, 1222.

ten Lebensversicherungen der Pfändung unterworfen sein sollen.[728] Der BGH hat bei der Pfändung von Bankkonten alle Konten als von der Pfändung erfasst angesehen, auch wenn der Gläubiger nur eine Kontonummer angegeben hat. Er hat entscheidend darauf abgestellt, ob – auch wenn nur eine Kontonummer genannt ist – dem Pfändungs- und Überweisungsbeschluss zu entnehmen ist, dass alle Konten gemeint sind.[729]

Der BGH ist damit wohl nicht der strengen Auffassung gefolgt, die bei einer Pfändung der „Guthaben aus Bankverbindung"[730] und der Bezeichnung „aus Kontoverbindung" die Anforderungen an die Bestimmtheit der zu pfändenden Forderung gegen ein Kreditinstitut als nicht erfüllt ansieht.[731] Das LG Berlin hatte verlangt, dass der Gläubiger das vermutete Guthaben durch Beifügung der Kontennummern, der kontoführenden Stelle und der Bezeichnung der der Pfändung unterliegenden Forderungen durch Angabe der konkreten Rechtsverhältnisse oder der einzelnen Geschäfte näher bestimmt.[732] **231**

Für den Bereich der Lebensversicherung ist daher die Angabe einer oder aller Versicherungsnummern bei der Pfändung von Lebensversicherungsverträgen nicht zu verlangen. Fehlt die Angabe der Versicherungsnummern, sind aber die übrigen Voraussetzungen gegeben, kann das LVU die Pfändung nicht wegen der fehlenden Angabe der Versicherungsnummer(n) zurückweisen. Nur wenn die Auslegung des Pfändungs- und Überweisungsbeschlusses ergibt, dass ein Anspruch gepfändet sein soll, tatsächlich aber drei Verträge bestehen, ist die Pfändung unwirksam.[733] Durch einen „klarstellenden" Beschluss kann die Wirksamkeit des ursprünglichen Beschlusses nicht herbeigeführt werden.[734] **232**

(2) Mindestinhalt. Aus dem Pfändungs- und Überweisungsbeschluss muss wenigstens hervorgehen, dass der Gläubiger alle gegenwärtigen und künftigen Rechte und Ansprüche aus den bei der Drittschuldnerin (LVU) bestehenden Lebensversicherungsverträgen pfändet. Nicht notwendig ist die Angabe der Versicherungsform (z. B. Kapitalversicherung, Rentenversicherung usw.). Werden Ansprüche auf Rückgewähr von Sicherheiten und Auskehrung eines Sicherheitenübererlöses gepfändet, ist der Überschussbetrag aus der Verwertung einer Lebensversicherung nicht erfasst, wenn es nur um Forderungen aus dem Geschäftsverkehr geht.[735] **233**

(3) Umfang der Pfändung. Der Pfändung unterliegen sämtliche auf Geld gerichteten Ansprüche gegen das LVU aus dem Versicherungsvertrag, insbesondere der Anspruch auf Auszahlung der Versicherungsleistung in Form der Ablaufleistung, Todesfallleistung, Rückvergütung.[736] Die Beschränkungen der Pfändbarkeit des Auszahlungsanspruchs gemäß den §§ 850 Abs. 3, 850b Abs. 1 Ziffer 4 ZPO sind zu beachten.[737] **234**

---

[728] Vgl. LG Frankfurt/M., Urt. v. 13. 8. 1992 – 2/5 O 419/91, S. 5; OLG Frankfurt/M., Urt. v. 22. 12. 1993 – 19 U 185/92, S. 4.
[729] Vgl. BGH, Urt. v. 28. 4. 1988 – IX ZR 151/87, NJW 1988, 2543 = WM 1988, 950, 952 = MDR 1988, 859.
[730] OLG Frankfurt/M. NJW 1981, 468.
[731] LG Berlin WM 1986, 803.
[732] LG Berlin WM 1986, 803; a. A. zur Kontonummer: LG Berlin RPfleger 1971, 262; LG Oldenburg ZIP 1982, 51.
[733] LG Frankfurt/M., Urt. v. 11. 5. 1989 – 2/5 O 300/87, NJW-RR 1989, 1466; bestätigt durch OLG Frankfurt/M., Urt. v. 7. 11. 1990 – 19 U 167/89, S. 6.
[734] LG Frankfurt/M., Urt. v. 11. 5. 1989 – 2/5 O 300/87, NJW-RR 1989, 1466; bestätigt durch OLG Frankfurt/M., Urt. v. 7. 11. 1990 – 19 U 167/89, S. 7.
[735] OLG Frankfurt/M. v. 23. 10. 1986, WM 1987, 25.
[736] Vgl. OLG Frankfurt/M. VersR 1956, 169; BGH v. 8. 2. 1960, BGHZ 32, 46; BGH, Urt. v. 17. 2. 1966 – II ZR 286/63, BGHZ 45, 162, 168 = VersR 1966, 359, 360.
[737] AG Starnberg v. 21. 3. 1956, VersR 1956, 612.

235 Gewinn- und Überschussanteile sind als solche abtretungsfähig und pfändbar.[738] Wird die Überschussbeteiligung vereinbarungsgemäß sofort ganz oder teilweise mit den Beiträgen verrechnet, wird die Überschussbeteiligung insoweit nicht von der Pfändung erfasst.[739] Ist zwischen dem Versicherer und dem Versicherungsnehmer vereinbart, dass die Gewinnanteile verzinslich angesammelt und erst zusammen mit der fälligen Versicherungssumme bzw. Leistung ausgezahlt werden, kann der Versicherer die Auszahlung der Gewinnanteile bis zur Fälligkeit der Versicherungssumme bzw. des auf eine Kündigung zu erstattenden Rückkaufswerts gegenüber dem nur die Überschussanteile pfändenden Gläubiger verweigern.[740] Die Fälligkeit der Gewinnanteile kann der Pfändungsgläubiger nicht herbeiführen, wenn das Kündigungsrecht und der Anspruch auf Auszahlung des Rückkaufswerts an einen Dritten abgetreten und insoweit von der Pfändung nicht erfasst sind.[741]

236 Deckt der Wortlaut des Pfändungsbeschlusses nur die Pfändung der Lebensversicherung ab, wird das Beitragsdepot von der Pfändung nicht erfasst.[742]

237 Die mit der Pfändung des Hauptrechts verbundene Beschlagnahme erstreckt sich ohne weiteres auf alle Nebenrechte, die im Falle einer Abtretung nach §§ 412, 401 BGB auf den Gläubiger übergehen.[743] Wenn keine Besonderheiten vorliegen, erfasst daher die Pfändung automatisch die Gestaltungsrechte als Nebenrechte mit.[744] Von den Gestaltungsrechten ist das Recht zur Kündigung der Versicherung und das Recht zum Widerruf eines eingeräumten Bezugsrechts[745] zusammen mit dem Anspruch des Schuldners auf die Versicherungsleistung pfändbar und von der Pfändung des Anspruchs auf die Versicherungsleistung mit umfasst.[746] Dies gilt unabhängig davon, ob die Vollstreckung auf der Grundlage der ZPO oder der AO erfolgt.[747]

238 Die Pfändung erfasst einen erst nach der Pfändung zurück erworbenen Anspruch auf die Versicherungsleistung nicht. Diese Fallkonstellation ist gegeben, wenn der Versicherungsnehmer vor der Pfändung alle Ansprüche abgetreten hat (z. B. an eine Bank) und die Versicherung wird nach der Pfändung freigegeben. Da es mangels einer existenten Forderung im Pfändungszeitpunkt an einer wirksamen Pfändung an sich fehlt, kann sie auch keine nachträgliche Wirkung – etwa analog § 185 Abs. 2 BGB – entfalten.[748] Eine Rückabtretung bewirkt nicht, dass

---

[738] OLG Hamburg, Urt. v. 24. 1. 2000 – 9 U 285/99, NVersZ 2001, 158, 159 = VersR 2000, 1218, 1219 = r+s 2001, 344; *Hasse* VersR 2005, 15, 17.

[739] Vgl. BGH, Urt. v. 17. 2. 1966 – II ZR 286/63, BGHZ 45, 162 168 = VersR 1966, 359, 360.

[740] OLG Hamburg, Urt. v. 24. 1. 2000 – 9 U 285/99, NVersZ 2001, 158, 159 = VersR 2000, 1218, 1219 = r+s 2001, 344.

[741] OLG Hamburg, Urt. v. 24. 1. 2000 – 9 U 285/99, NVersZ 2001, 158, 159 = VersR 2000, 1218, 1219 = r+s 2001, 344.

[742] *Eberhardt/Castellví* VersR 2002, 261, 265.

[743] LG Frankfurt/M. MDR 1986, 594; LG Aachen JurBüro 1991, 873; BGH, Urt. v. 18. 6. 1998 – IX ZR 311/95, WM 1998, 1689 = ZIP 1998, 1539 = BB 1998, 1661; dazu *Schuschke* EWiR 1998, 815; OLG Karlsruhe, NJW-RR 1998, 990, 991; BGH, Beschl. v. 16. 6. 2000 – BLw 30/99, ZIP 2000, 1444; dazu *Bayer/Rzesnitzek* EWiR 2001, 131; BGH, Beschl. v. 22. 11. 2000 – BLw 1/00, NLBzAR 2001, 119; BGH, Beschl. v. 18. 7. 2003 – IX a ZB 148/03, ZIP 2003, 1771, 1772.

[744] BGH, Urt. v. 17. 2. 1966 – II ZR 286/63, BGHZ 45, 162, 165 = VersR 1966, 359, 360; OLG Köln, Urt. v. 1. 10. 2001 – 5 U 14/01, VersR 2002, 1544 = r+s 2003, 294.

[745] OLG Köln, Urt. v. 1. 10. 2001 – 5 U 14/01, VersR 2002, 1544 = r+s 2003, 294.

[746] Vgl. RGZ 127, 269; LG Berlin v. 10. 6. 1958, VersR 1963, 569; BGH, Urt. v. 17. 2. 1966 – II ZR 286/63, BGHZ 45, 162, 168 = VersR 1966, 359, 360; OLG Celle, Urt. v. 2. 4. 2009 – 8 U 206/08, NVersZ 2009, 1102.

[747] OLG Köln, Urt. v. 1. 10. 2001 – 5 U 14/01, VersR 2002, 1544 = r+s 2003, 294.

[748] Vgl. BGHZ 56, 339, 350 f. = NJW 1971, 1938 = MDR 1971, 910; BGH, Urt. v. 5. 2. 1987 – IX ZR 161/85, BGHZ 100, 36, 42 f. = NJW 1987, 1703, 1705 = MDR

der alte Gläubiger rückwirkend auf den Zeitpunkt der Pfändung wieder Forderungsinhaber wird.[749] Der Gläubiger muss vielmehr neu pfänden oder vorher den Rückgewähranspruch gegen die Bank pfänden.[750] Drittschuldner ist dann aber die Bank.

bb) Vermögen des Schuldners. Die Forderung muss im Zeitpunkt der Pfändung, also der Zustellung des Pfändungsbeschlusses an den Drittschuldner, im Vermögen des Vollstreckungsschuldners stehen.[751] Soll daher die Pfändung eines Anspruchs Wirkung äußern, so setzt dies notwendig eine im Zeitpunkt der Pfändung bestehende Forderung des Schuldners gegen den Drittschuldner voraus, deren Erfüllung diesem verboten werden kann.[752] Wenn dem Schuldner die gepfändete Forderung nicht zusteht, geht die Pfändung dieses Anspruchs ins Leere.[753] Eine solche Pfändung ist grundsätzlich nichtig und wirkungslos.[754] Eine Forderung des Schuldners gegen den Drittschuldner besteht nicht, wenn der Schuldner die Forderung vor der Pfändungsmaßnahme wirksam abgetreten hat[755] oder die Pfändung nach einer Vertragsübernahme erfolgt.[756] Die Pfändung kann den Anspruch nicht mehr erfassen und geht daher ins Leere.[757] Eine solche Pfändung ist schlechthin nichtig.[758] Die gerichtliche Überweisung einer bereits abgetretenen Forderung führt weder zu ihrer Verstrickung noch bedarf es vollstreckungsrechtlicher Rechtsbehelfe, um die Rechtswirkungen des Beschlusses zu

239

240

1987, 494; BGH, Urt. v. 26. 5. 1987 – IX ZR 201/86, NJW 1988, 495 = WM 1987, 979 = MDR 1987, 1021; OLG Düsseldorf, Urt. v. 9. 2. 1999 – 4 U 38/98, NJW-RR 1999, 1406, 1407 = NVersZ 2000, 218, 219 = VersR 1999, 1009, 1010 = r+s 2000, 36; BGH, Urt. v. 12. 12. 2001 – IV ZR 47/01, NJW 2002, 755, 757 = VersR 2002, 334, 336 = WM 2002, 279, 281 = ZIP 2002, 226, 228 = MDR 2002, 477, 478.
[749] OLG Düsseldorf, Urt. v. 9. 2. 1999 – 4 U 38/98, NJW-RR 1999, 1406, 1407 = NVersZ 2000, 218, 219 = VersR 1999, 1009, 1010 = r+s 2000, 36; BGH, Urt. v. 12. 12. 2001 – IV ZR 47/01, NJW 2002, 755, 757 = VersR 2002, 334, 336 = WM 2002, 279, 281 = ZIP 2002, 226, 228 = MDR 2002, 477, 478.
[750] OLG Düsseldorf, Urt. v. 9. 2. 1999 – 4 U 38/98, NJW-RR 1999, 1406, 1408 = NVersZ 2000, 218, 220 = VersR 1999, 1009, 1011 = r+s 2000, 36, 37.
[751] KG MDR 1973, 233; a. A. OLG Köln WM 1978, 383.
[752] BGHZ 56, 339, 351 = NJW 1971, 1938 = VersR 1971, 1031, 1034; BGH WM 1987, 980; BGHZ 100, 36 = NJW 1987, 1703, 1705; BGH NJW 1988, 495; OLG Düsseldorf, Urt. v. 9. 2. 1999 – 4 U 38/98, NJW-RR 1999, 1406 = NVersZ 2000, 218 = VersR 1999, 1009 = r+s 2000, 36; BGH, Urt. v. 12. 12. 2001 – IV ZR 47/01, NJW 2002, 755, 757 = VersR 2002, 334, 336 = WM 2002, 279, 281 = ZIP 2002, 226, 228 = MDR 2002, 477, 478.
[753] BGH v. 26. 5. 1987, WM 1987, 980.
[754] BGH WM 1987, 434; BGH v. 26. 5. 1987, WM 1987, 980; BAG, Urt. v. 24. 3. 1993 – 1 AZR 298/92, NJW 1993, 2701, 2702; BGH, Urt. v. 12. 12. 2001 – IV ZR 47/01, NJW 2002, 755, 757 = VersR 2002, 334, 336 = WM 2002, 279, 281 = ZIP 2002, 226, 228 = MDR 2002, 477, 478; a.A. LAG Hamm, Urt. v. 15. 10. 1991 – 2 Sa 917/91, JZ 1993, 98, 99 f.
[755] OLG Düsseldorf, Urt. v. 9. 2. 1999 – 4 U 38/98, NJW-RR 1999, 1406, 1407 = NVersZ 2000, 218 = VersR 1999, 1009 = r+s 2000, 36; BGH, Urt. v. 12. 12. 2001 – IV ZR 47/01, NJW 2002, 755, 757 = VersR 2002, 334, 336 = WM 2002, 279, 281 = ZIP 2002, 226, 228 = MDR 2002, 477, 478.
[756] OLG Karlsruhe, Beschl. v. 10. 5. 2007 – 12 W 15/07, r+s 2008, 79.
[757] OLG Düsseldorf, Urt. v. 9. 2. 1999 – 4 U 38/98, NJW-RR 1999, 1406, 1407 = NVersZ 2000, 218 = VersR 1999, 1009 = r+s 2000, 36; BGH, Urt. v. 7. 4. 2005 – IX ZR 258/01, NJW-RR 2005, 1361, 1363 = WM 2005, 1037, 1038 = ZIP 2005, 1198, 1199 = MDR 2005, 1135, 1136.
[758] BGHZ 100, 36, 42 = NJW 1987, 1703; OLG Düsseldorf, Urt. v. 9. 2. 1999 – 4 U 38/98, NJW-RR 1999, 1406, 1407 = NVersZ 2000, 218 = VersR 1999, 1009 = r+s 2000, 36; BGH, Urt. v. 12. 12. 2001 – IV ZR 47/01, NJW 2002, 755, 757 = VersR 2002, 334, 336 = WM 2002, 279, 281 = ZIP 2002, 226, 228 = MDR 2002, 477, 478.

beseitigen.[759] Leistet der Drittschuldner (Versicherer) dennoch, wird er dadurch von seiner Leistungspflicht gegenüber dem wahren Gläubiger nicht frei; § 836 Abs. 2 ZPO hat keine Geltung.[760] Auch ein materiell-rechtlicher Schutz des Versicherers über § 408 Abs. 1 und 2 BGB sowie §§ 407, 409 Abs. 1 BGB besteht nicht, wenn ihm die maßgeblichen Abtretungsvorgänge angezeigt worden sind.[761]

241 Wirksam ist daher die Pfändung der Lebensversicherung, wenn der Vollstreckungsschuldner zugleich der Versicherungsnehmer ist und über die Ansprüche aus der Versicherung nicht anderweit verfügt ist (z.B. durch Abtretung, Verpfändung). Bei Einräumung eines unwiderruflichen Bezugsrechts nur für den Todesfall oder für den Erlebens- und den Todesfall steht die Lebensversicherung nicht im Vermögen des Schuldners (Versicherungsnehmers), so dass eine Vollstreckung in die Lebensversicherung ausscheidet.[762] Unschädlich ist die widerrufliche Bezugsberechtigung eines Dritten.

242 Vollstreckungsschuldner kann ferner der Zessionar, Pfandgläubiger und unwiderruflich Bezugsberechtigte sein.

243 **e) Überweisung der Forderung.** Nach § 835 ZPO ist die gepfändete Forderung dem Gläubiger nach seiner Wahl zur Einziehung oder an Zahlungsstatt zum Nennwert zu überweisen. Die Überweisung zur Einziehung ist die Regel. Die Überweisung zur Einziehung bewirkt keinen Vermögensübergang.[763] Sie ermächtigt den Gläubiger vielmehr nur dazu, das Recht des Schuldners im eigenen Namen geltend zu machen[764] und die Zahlung durch den Drittschuldner durchzusetzen.[765]

244 **f) Entscheidung über den Pfändungs- und Überweisungsbeschluss. aa) Entscheidung.** Bei der Entscheidung über einen Antrag auf Erlass eines Pfändungs- und Überweisungsbeschlusses prüft das zuständige Vollstreckungsgericht nicht, ob die zu pfändende Forderung besteht; es prüft nur, ob diese nach dem Sachvortrag des Gläubigers dem Schuldner gegen den Drittschuldner zustehen kann und ob sie nicht unpfändbar ist.[766] Das Vollstreckungsgericht entscheidet über den Antrag ohne vorherige Anhörung des Schuldners oder Drittschuldners.[767]

245 **bb) Beschlagnahme der Forderung.** Durch eine wirksame Pfändung wird die gepfändete Forderung zugunsten des Vollstreckungsgläubigers beschlagnahmt.[768] Im Zweifel ist die gesamte Forderung gepfändet.[769] Das gilt auch bei mehreren zu pfändenden Forderungen bis zur Gesamthöhe der Vollstreckungs-

---

[759] BGH, Urt. v. 12. 12. 2001 – IV ZR 47/01, NJW 2002, 755, 757 = VersR 2002, 334, 336 = WM 2002, 279, 281 = ZIP 2002, 226, 228 = MDR 2002, 477, 478.
[760] BGH, Urt. v. 26. 5. 1987 – IX ZR 201/86, NJW 1988, 495 = WM 1987, 979 = MDR 1987, 1021; BGH, Urt. v. 12. 12. 2001 – IV ZR 47/01, NJW 2002, 755, 757 = VersR 2002, 334, 336 = WM 2002, 279, 281 = ZIP 2002, 226, 228 = MDR 2002, 477, 478.
[761] BGH, Urt. v. 12. 12. 2001 – IV ZR 47/01, NJW 2002, 755, 757 = VersR 2002, 334, 336 = WM 2002, 279, 281 = ZIP 2002, 226, 228 = MDR 2002, 477, 478.
[762] LG Frankfurt/M. v. 7. 11. 1956, VersR 1957, 211 m. Anm. *Welz*.
[763] BGHZ 24, 239 und 82, 31.
[764] § 836 ZPO; BGHZ 82, 31 m. w. Nachw.; LG Frankfurt/M., Urt. v. 9. 8. 1990 – 2/5 O 174/90, S. 6.
[765] BGH, Beschl. v. 26. 2. 2009 – VII ZB 30/08, NJW-RR 2009, 997, 998.
[766] BGH, Beschl. v. 27. 6. 2003, WM 2003, 1875, 1876; BGH, Beschl. v. 19. 3. 2004 – IX a ZB 229/03, NJW 2004, 2096, 2097 = WM 2004, 934; BGH, Beschl. v. 12. 12. 2007 – VII ZB 38/07, WM 2008, 649, 650.
[767] § 834 ZPO; BAG NJW 1977, 75.
[768] BGH NJW 1987, 1705; OLG Koblenz, Urt. v. 8. 1. 2009 – 5 U 100/08, WM 2010, 475, 477.
[769] BGH NJW 1975, 738; OLG Koblenz, Urt. v. 8. 1. 2009 – 5 U 100/08, WM 2010, 475, 477.

summe.[770] Dem Drittschuldner wird durch das Gericht verboten, an den Vollstreckungsschuldner zu zahlen (§ 829 Abs. 1 Satz 1 ZPO). Zugleich wird an den Vollstreckungsschuldner das Gebot erlassen, sich jeder Verfügung über die Forderung, insbesondere ihrer Einziehung, zu enthalten (§ 829 Abs. 1 Satz 2 ZPO). Die gerichtliche Beschlagnahme der Forderung begründet ein Veräußerungsverbot im Sinne des § 136 BGB, das Verfügungen des Vollstreckungsschuldners über die gepfändete Forderung dem Vollstreckungsgläubiger gegenüber unwirksam macht.[771] Der Drittschuldner kann nach wirksamer Pfändung der Forderung nicht mehr mit befreiender Wirkung an seinen Gläubiger, den Vollstreckungsschuldner, leisten.[772] Die rechtswirksame Überweisung der Forderung begründet vielmehr nach § 836 Abs. 1 ZPO die alleinige Einziehungsbefugnis des Vollstreckungsgläubigers.[773]

cc) Bedeutung des Pfändungspfandrechtes. Das Pfändungspfandrecht gewährt dem Gläubiger wie das vertragliche Pfandrecht ein Recht an der gepfändeten Forderung, das späteren vertraglichen Pfandrechten oder späteren Pfändungen im Range vorgeht (§ 804 Abs. 2 und 3 ZPO).[774] Treffen Pfändungsgläubiger, Gläubiger und Drittschuldner eine Stundungsvereinbarung, so ist diese gegenüber einem nachrangigen Pfändungsgläubiger unwirksam. An diesen ist mithin auszuzahlen, wenn die vorrangige Forderung hätte getilgt sein können.[775] Alle Verfügungen des Schuldners über die gepfändete Forderung (Einziehung, Abtretung, Erlass, Aufrechnung) zum Nachteil des Gläubigers sind diesem gegenüber unwirksam.[776] Der Drittschuldner darf grundsätzlich nicht mehr an den Schuldner zahlen oder diesem gegenüber aufrechnen.

dd) Mehrfachpfändung. Erfolgen mehrere Pfändungen kommt dem Tag der Zustellung der Pfändungsverfügung an den Drittschuldner insofern Bedeutung zu, als Verfügungen des Vollstreckungsschuldners über die (künftige) Forderung ab diesem Zeitpunkt gegenüber dem Vollstreckungsgläubiger unwirksam sind und das später mit der Entstehung der Forderung erworbene Pfandrecht solchen Pfändungen im Rang vorgeht, bei denen die Zustellung der Pfändungsverfügung zu einem späteren Zeitpunkt erfolgt ist, denn bei mehrfacher Pfändung eines künftigen Rechts erhalten die Pfandrechte unterschiedlichen Rang nach der Reihenfolge der Pfändungsakte, obwohl die Pfandrechte alle im gleichen Zeitpunkt entstehen.[777] Erlischt das vorrangige Pfandrecht, z. B. durch Verzicht des Gläubigers, so tritt der nachrangige Gläubiger mit der zeitlich späteren Pfändung an die Stelle des bisher rangbesseren Gläubigers.[778]

g) Zustellung des Pfändungs- und Überweisungsbeschlusses. aa) Zustellung an den Drittschuldner. α) Auftrag. Gemäß §§ 829 Abs. 2, 835 Abs. 3 ZPO muss der Gläubiger den Pfändungs- und Überweisungsbeschluss dem Drittschuldner zustellen.[779] Die Zustellung an den Drittschuldner ist wesentlich für die Wirksamkeit der Pfändung (§ 829 Abs. 3 ZPO).

β) Zustellung. (1) Unmittelbare Zustellung. Zuzustellen ist dem Vorstand (§ 170 Abs. 2 und 3 ZPO) bzw. einem Generalbevollmächtigten oder einem Pro-

---

[770] BGH NJW 1975, 738.
[771] BGH NJW 1987, 1705.
[772] BGH NJW 1987, 1705.
[773] BGH NJW 1987, 1705.
[774] Dazu *Knoche/Biersack* NJW 2003, 476 ff.
[775] BAG AP 4, 6 zu § 829 ZPO.
[776] OLG Stuttgart Rpfleger 1975, 408.
[777] BFH, Urt. v. 12. 4. 2005 – VII R 7/03, ZIP 2005, 1182, 1183 = BB 2005, 1488, 1489 = WPg 2005, 891, 892.
[778] OLG Celle, Urt. v. 2. 4. 2009 – 8 U 206/08, VersR 2009, 1102, 1103.
[779] BGH NJW 1981, 2256.

kuristen (§ 171 ZPO). Ein Versicherungs-Generalagent ist kein Bevollmächtigter im Sinne von § 171 ZPO.[780]

250 (2) Ersatzzustellung. Eine Ersatzzustellung ist grundsätzlich statthaft, aber wegen der Unterschlagungsgefahr nicht an den Schuldner für den Drittschuldner.[781] Bei juristischen Personen kann die Zustellung in der Weise bewirkt werden, dass die Sendung einer in den Geschäftsräumen beschäftigten Person übergeben wird (§ 178 Abs. 1 Nr. 2 ZPO),[782] und zwar während der üblichen Bürozeiten.[783] Als Geschäftsräume sind auch die Geschäftsstellen des Versicherers anzusehen. Für die Anwendung des § 178 Abs. 1 Nr. 2 ZPO kommt es nicht auf das Bestehen eines Beschäftigungsverhältnisses an, sondern allein darauf an, ob die entsprechende Person vom Zustellungsempfänger tatsächlich damit betraut ist, in seinem Interessenkreis tätig zu sein.[784] Bediensteter des Zustellungsempfängers kann daher auch ein in der Posteingangsstelle tätiger Arbeitnehmer eines Dritten sein, wenn es zu seinen Aufgaben gehört, die für den Zustellungsempfänger bestimmte Post entgegenzunehmen.[785] Maßgeblicher Zeitpunkt für das Wirksamwerden der Ersatzzustellung ist der Eingang auf der Posteinlaufstelle, nicht der Eingang beim Sachbearbeiter.[786]

251 bb) Zustellung an den Schuldner. Der Gerichtsvollzieher hat den Pfändungs- und Überweisungsbeschluss dem Schuldner zusammen mit einer Abschrift der Urkunde über die Zustellung an den Drittschuldner sofort zuzustellen, sofern nicht eine öffentliche Zustellung erforderlich wird (§ 829 Abs. 2 Satz 2 ZPO). Zum Nachweis der Voraussetzungen für die öffentliche Zustellung genügt beim Erlass eines Pfändungs- und Überweisungsbeschlusses grundsätzlich die Vorlage aktueller Auskünfte des für den letzten bekannten Wohnort des Schuldners zuständigen Einwohnermelde- und Postamts.[787] Insbesondere ist es dem Gläubiger nicht generell zumutbar, am letzten Wohnsitz oder Arbeitsplatz des Schuldners, Nachforschungen über den derzeitigen Wohnsitz anzustellen.[788] Zur Zustellung an den Schuldner im Ausland genügt die Aufgabe zur Post (§ 829 Abs. 2 Satz 3 ZPO; § 183 ZPO). Für die Wirksamkeit der Pfändung ist, wie sich aus § 829 Abs. 3 ZPO ergibt, die Zustellung an den Schuldner nicht wesentlich.[789]

3. Vorpfändung

252 Die Vorpfändung (§ 845 ZPO) setzt das Bestehen eines vollstreckbaren Schuldtitels (vorläufig vollstreckbares Urteil, Vergleich, vollstreckbares Schuldanerkenntnis usw.) voraus. Nicht notwendig ist, dass der Vollstreckungstitel bereits mit der

---

[780] *Baumbach/Lauterbach/Albers/Hartmann*, ZPO, 67. Aufl., 2009, § 171 ZPO Anm. 4.
[781] BAG NJW 1981, 1400; *Baumbach/Lauterbach/Albers/Hartmann*, ZPO, 67. Aufl., 2009, § 178 ZPO Anm. 30.
[782] BGH, Urt. v. 19. 3. 1998 – VII ZR 172/97, ZIP 1998, 862, 863; BGH, Beschl. v. 22. 10. 2009 – IX ZB 248/08, WM 2010, 683, 684.
[783] *Heß*, Neues deutsches und europäisches Zustellungsrecht, NJW 2002, 2417, 2420.
[784] OLG Frankfurt/M., Urt. v. 26. 6. 1995 – 6 U 27/95, WM 1996, 699.
[785] BFH, Urt. v. 4. 10. 1983 – VII R 16/82, BB 1984, 459, 460; BGH, Beschl. v. 6. 5. 2004 – IX ZB 43/03, WM 2004, 1391, 1392 = MDR 2004, 1196.
[786] *Baumbach/Lauterbach/Albers/Hartmann*, ZPO, 67. Aufl., 2009, § 829 ZPO Anm. 48; a. A. LAG Hamm MDR 1983, 964.
[787] BGH, Beschl. v. 14. 2. 2003 – IXa ZB 56/03, WM 2003, 653, 655.
[788] BGH, Beschl. v. 14. 2. 2003 – IXa ZB 56/03, WM 2003, 653, 655.
[789] RGZ 153, 200, 204f.; BGH, Urt. v. 18. 11. 1999, NJW 2000, 730 = WM 2000, 189; BGH, Beschl. v. 14. 2. 2003 – IXa ZB 56/03, WM 2003, 653, 654; *Müller-Glöge*, Pfändung und Abtretung von Arbeitnehmerbezügen im Prozess, Beil. Nr. 22/87 zu BB Heft Nr. 46 v. 13. 11. 1987, S. 7; *Baumbach/Lauterbach/Albers/Hartmann*, ZPO, 67. Aufl., 2009, § 829 ZPO Anm. 52.

Vollstreckungsklausel versehen oder bereits zugestellt ist (§ 845 Abs. 1 Satz 3 ZPO). Andererseits muss die Möglichkeit sofortiger Zwangsvollstreckung bestehen; es muss daher eine Sicherheit geleistet (§ 751 Abs. 2 ZPO), bei Verurteilung Zug um Zug nach § 765 ZPO verfahren sein.

Zur Durchführung der Vorpfändung ist notwendig: 253
a) die Benachrichtigung des Drittschuldners und Schuldners, dass die Pfändung unmittelbar bevorsteht;
b) die genaue Bezeichnung des Gläubigers, Schuldners und Drittschuldners;
c) die Bezeichnung des Vollstreckungstitels und der zu pfändenden Forderung;
d) Darlegungen, dass die Vollstreckungsvoraussetzungen vorliegen;
e) die Aufforderung an den Drittschuldner, nicht mehr an den Schuldner zu zahlen;
f) die Aufforderung an den Schuldner, sich der Verfügung über die Forderung, insbesondere ihrer Einziehung zu enthalten;
g) die Zustellung der Vorpfändung durch den Gerichtsvollzieher. Der Gerichtsvollzieher hat die Benachrichtigung mit den Aufforderungen selbst anzufertigen, wenn er von dem Gläubiger hierzu beauftragt worden ist (§ 845 Abs. 1 Satz 2 ZPO). Unwirksam ist die Übersendung durch die Post. Die Vorpfändung wird wirksam mit Zustellung an den Drittschuldner. Unschädlich ist dagegen, wenn die Zustellung der Vorpfändung an den Schuldner unterbleibt.

Die der Vorpfändung dienende Benachrichtigung an den Drittschuldner (§ 845 254 Abs. 1 ZPO) muss die Forderung des Vollstreckungsschuldners gegen den Drittschuldner, deren Pfändung angekündigt wird, ebenso eindeutig bezeichnen wie die Pfändung selbst.[790] Das ergibt sich aus dem Sicherungszweck der Vorpfändung.[791] Diese wirkt wie eine Beschlagnahme der betroffenen Forderung[792] und begründet den Rang eines Pfändungspfandrechts, das durch die Pfändung innerhalb eines Monats seit Zustellung der Benachrichtigung entsteht (§ 845 Abs. 2 ZPO i. V. m. §§ 804, 930 Abs. 1 ZPO).[793]

Ab Zustellung an das LVU wirkt die Vorpfändung gemäß § 845 Abs. 2 ZPO 255 wie eine Arrestpfändung, sofern die Pfändung binnen einer Frist von drei Wochen nachgeholt wird. Nach Zugang der Vorpfändung darf das Versicherungsunternehmen nicht mehr an den Schuldner zahlen; der Schuldner nicht mehr über seine Versicherungsansprüche verfügen. Eine gleichwohl erfolgende Zahlung durch den Drittschuldner oder eine Abtretung der Forderung durch den Versicherungsnehmer ist gegenüber dem Gläubiger rechtsunwirksam.[794] Erfolgt die Pfändung innerhalb einer Frist von drei Wochen seit Zustellung der Vorpfändung, so hat sie den Rang der Vorpfändung. Unterbleibt die Pfändung, so wird die Vorpfändung unwirksam. Das durch die Vorpfändung entstehende Pfandrecht ist auflösend bedingt durch die Pfändung. Da die Vorpfändung eine Maßnahme der Zwangsvollstreckung ist, sind bereits die in der Zwangsvollstreckung bestehenden Rechtsbehelfe (§§ 766, 767 ZPO) gegeben.

---

[790] OLG Düsseldorf MDR 1974, 409; BGH, Urt. v. 8. 5. 2001 – IX ZR 9/99, NJW 2001, 2976 = WM 2001, 1223, 1224 = BB 2001, 1436, 1437; *Baumbach/Lauterbach/Albers/Hartmann*, ZPO, 67. Aufl., 2009, § 845 ZPO Rdn. 4, 12; *Zöller/Stöber*, ZPO, 27. Aufl., 2009, § 845 ZPO Rdn. 3.
[791] BGH, Urt. v. 8. 5. 2001 – IX ZR 9/99, NJW 2001, 2976 = WM 2001, 1223, 1224 = BB 2001, 1436, 1437.
[792] BGHZ 87, 166, 168 = NJW 1983, 1738.
[793] BGHZ 66, 394, 397 = NJW 1976, 1453; BGHZ 68, 289, 292 = NJW 1977, 1199; BGH, Urt. v. 8. 5. 2001 – IX ZR 9/99, NJW 2001, 2976 = WM 2001, 1223, 1224 = BB 2001, 1436, 1437.
[794] BGH v. 27. 10. 1988, WM 1988, 1762.

4. Rechtsstellung des Gläubigers

256 Ist dem Gläubiger die Forderung des Schuldners gegen den Drittschuldner zur Einziehung überwiesen worden, so erlangt er ein Pfandrecht an der Forderung des Schuldners gegen den Drittschuldner, aufgrund dessen er bei Fälligkeit seiner Forderung diese einziehen kann (§§ 829, 835, 836, 803, 804 ZPO, §§ 1273, 1279, 1282, 1228 BGB). Der Gläubiger kann sich auf alle Vorrechte der gepfändeten Forderung berufen.[795] Die Überweisung ermächtigt den Gläubiger zu allen denjenigen Maßnahmen, die im Recht des Schuldners begründet sind und der Befriedigung des Gläubigers dienen.[796] Der Gläubiger darf insbesondere folgende Maßnahmen im eigenen Namen treffen: Er darf die Leistung mit Erfüllungswirkung annehmen; er darf auf die Leistung an sich selbst klagen;[797] er darf die Lebensversicherung kündigen,[798] wenn ihm das Recht zur Kündigung der Lebensversicherung überwiesen worden ist;[799] einziehen[800] und eine Zahlstelle angeben;[801] aufrechnen,[802] er darf die ihm überwiesene Forderung zur Aufrechnung gegenüber einer Verbindlichkeit verwenden, die er gegenüber dem Drittschuldner hat.[803] Er darf mit dem Drittschuldner wegen der Forderung einen Vergleich schließen, soweit der Schuldner dadurch befriedigt würde.[804]

257 Der Gläubiger darf ferner nicht stunden oder einen Nachlass oder Raten bewilligen, es sei denn, dass er ihre finanziellen Folgen trägt;[805] erlassen; abtreten, es sei denn, dass er sich in allen diesen Fällen für befriedigt erklärt.[806]

258 Der Gläubiger ist dem Schuldner gegenüber zur unverzüglichen Einziehung der Forderung verpflichtet, um z. B. eine Verjährung zu verhindern. Rechtzeitige gerichtliche Geltendmachung durch den Pfändungspfandgläubiger unterbricht die Verjährung nach § 12 VVG.[807] Eine Verzögerung macht den Gläubiger schadensersatzpflichtig (§ 842 ZPO).

259 Wenn der Gläubiger eine Klage erhebt, muss er dem Schuldner den Streit verkünden (§ 841 ZPO), es sei denn, dass die Streitverkündung durch Zustellung im Ausland oder durch öffentliche Zustellung erfolgen müsste. Durch die Streitverkündung wird erreicht, dass ein zwischen Gläubiger und Drittschuldner ergehendes Urteil auch gegenüber dem Schuldner bindend wird (§§ 68, 74 ZPO). Unterbleibt die Streitverkündung, so kann der Gläubiger schadensersatzpflichtig werden. Er ist darlegungs- und beweispflichtig, dass der Prozess auch im Falle der Streitverkündung verloren gegangen wäre. Dem Schuldner steht es frei, auf Seiten des Gläubigers oder des Drittschuldners dem Prozess beizutreten. Er kann damit

---

[795] BAG AP 9 zu § 850d ZPO.
[796] BGHZ 82, 31 m. w. Nachw.
[797] BGH NJW 1978, 1914; BGHZ 82, 28, 31 = NJW 1982, 173 = WM 1981, 1338; OLG Düsseldorf, Urt. v. 9. 2. 1999 – 4 U 38/98, NJW-RR 1999, 1406 = NVersZ 2000, 218 = VersR 1999, 1009 = r+s 2000, 36.
[798] BGHZ 82, 28, 31 m. w. Nachw.; OLG Frankfurt/M., Urt. v. 22. 12. 1993 – 19 U 185/92, S. 5; LG Darmstadt, Urt. v. 1. 10. 1999 – 1 O 416/98, NJW-RR 2000, 329 = NVersZ 2000, 221.
[799] RGZ 153, 220; AG München v. 4. 9. 1956, VersR 1956, 751 m. Anm. *Sasse* VersR 1956, 752; LG Berlin VersR 1963, 569.
[800] BGH, Urt. v. 8. 10. 1981 – VII ZR 319/80, BGHZ 82, 28, 31 = NJW 1982, 173 = WM 1981, 1338 = ZIP 1981, 1380; dazu *Lieb* ZIP 1982, 1153; BGH, Urt. v. 8. 5. 2007 – XI ZR 278/06, NJW 2007, 2560, 2561 = WM 2007, 1241, 1242 = ZIP 2007, 1779, 1780.
[801] *Baumbach/Lauterbach/Albers/Hartmann*, ZPO, 67. Aufl., 2009, § 835 Anm. 4 A.
[802] BGHZ 82, 31.
[803] BGH NJW 1978, 1914.
[804] *Zöller/Stöber*, ZPO, 27. Aufl., 2009, § 836 ZPO Rdn. 4.
[805] BGH NJW 1978, 1914.
[806] *Baumbach/Lauterbach/Albers/Hartmann*, ZPO, 67. Aufl., 2009, § 835 ZPO Anm. 4 B.
[807] BGH VersR 1970, 731.

selbst für die ordnungsmäßige Führung des Prozesses Sorge tragen, indem er Tatsachen vorträgt und Beweisanträge stellt (§§ 66 ff. ZPO).

Der Gläubiger ist berechtigt, zur Inanspruchnahme der Versicherungsleistung ein bestehendes widerrufliches Bezugsrecht zu beseitigen, da die Pfändung des Anspruchs auf die Versicherungsleistung ohne weiteres auch das Recht auf Widerruf einer Bezugsberechtigung umfasst.[808] Enthält der Pfändungs- und Überweisungsbeschluss wörtlich oder sinngemäß den Antrag, die Versicherungsleistungen dem Gläubiger zur Verfügung zu stellen, so soll diese Erklärung als Aufhebung eines zur gepfändeten Versicherung bestehenden Bezugsrechts anzusehen sein, da es bei der Pfändung keines ausdrücklichen Widerrufs einer widerruflichen Bezugsberechtigung bedarf.[809] Ebenso ist die bloße Einziehung des Rückkaufswertes als Widerruf des widerruflichen Bezugsrechts anzusehen.[810] Die Arrestpfändung der Ansprüche aus einer Lebensversicherung führt nicht zum Widerruf, weil der Arrest nur auf Sicherung geht und deshalb eine Überweisung des Widerrufsrechts nicht zulässig ist.[811] 260

Unterlässt es der Gläubiger, ein bestehendes widerrufliches Bezugsrecht zu widerrufen, wandelt sich die Anwartschaft des Begünstigten beim Ableben des Versicherten in einen unmittelbaren Rechtsanspruch gegen den Versicherer um, der durch das Pfändungspfandrecht nicht berührt wird.[812] 261

Von seinem Kündigungsrecht muss der Gläubiger so Gebrauch machen, dass es nicht zur Einziehung eines Mehrbetrags kommt, selbst wenn dieser sofort dem Schuldner erstattet werden würde.[813] Die Zwangsvollstreckung darf nämlich gemäß § 803 Abs. 1 ZPO nicht weiter ausgedehnt werden, als dies zur Befriedigung des Gläubigers und zur Deckung der Kosten der Zwangsvollstreckung erforderlich ist. Ist die Forderung geringer als der Rückkaufswert, muss der Gläubiger die Lebensversicherung teilweise kündigen und rückkaufen. Hinsichtlich des Restbetrags bleibt die Versicherung bestehen. 262

Aus einem vorläufig vollstreckbaren Titel kann der Gläubiger vom Versicherer lediglich verlangen, dass die Leistung gerichtlich hinterlegt wird (§ 839 ZPO). 263

5. Rechtsstellung des Schuldners

a) Befugnisse des Schuldners. Die Überweisung nimmt die Forderung nicht aus dem Vermögen des Schuldners.[814] Der Schuldner bleibt mit den Einschränkungen der §§ 135, 136 BGB verfügungsberechtigt.[815] Er ist lediglich nicht mehr berechtigt Zahlungsempfänger[816] und darf nicht zum Nachteil des Gläubigers verfügen.[817] Die Forderung bleibt einem fremden Angriff ausgesetzt, namentlich einem solchen eines im Anschluss pfändenden Gläubigers.[818] Der Schuldner darf nach der Pfändung nicht aufrechnen,[819] nicht stunden, die Schuld 264

---

[808] RGZ 127, 269; RGZ 153, 220; BGH, Urt. v. 17. 2. 1966 – II ZR 286/63, BGHZ 45, 162, 167; LG Berlin VersR 1963, 569; BFH v. 12. 6. 1991, BB 1991, 2146 = MDR 1991, 1195.
[809] *Heilmann* VersR 1972, 1000.
[810] OLG Hamburg v. 16. 1. 1952, VersR 1952, 112, 113.
[811] RGZ 153, 220, 223.
[812] RGZ 127, 269; OLG München BB 1964, 990.
[813] Vgl. *Baumbach/Lauterbach/Albers/Hartmann*, ZPO, 67. Aufl., 2009, § 835 ZPO Anm. 4 B.
[814] BGHZ 82, 31 m. w. Nachw.; BGH, Urt. v. 5. 4. 2001 – IX ZR 441/99, ZIP 2001, 1217, 1219.
[815] BGHZ 82, 31.
[816] BGHZ 82, 31.
[817] Vgl. OLG München NJW 1978, 1439.
[818] *Baumbach/Lauterbach/Albers/Hartmann*, ZPO, 67. Aufl., 2009, § 835 ZPO Anm. 5 A.
[819] LG Dortmund MDR 1957, 750.

einziehen oder erlassen.[820] Als Versicherungsnehmer bleibt der Schuldner auch im Falle der Pfändung Vertragspartei des Drittschuldners (LVU). Der Schuldner kann daher, wenn sich damit die Stellung des Gläubigers nicht verschlechtert, ein Bezugsrecht widerrufen, ein Bezugsrecht vor erfolgtem Widerruf durch den Gläubiger ändern, ein neues Bezugsrecht mit dem Rang nach dem Gläubiger begründen, die Lebensversicherung kündigen und umwandeln, soweit diese Befugnisse ihm nach Pfändung verblieben und nicht vollständig auf den Gläubiger übergegangen sind.

265 **b) Pflicht zur Auskunft und Herausgabe des Versicherungsscheins.** Gemäß § 836 Abs. 3 ZPO ist der Schuldner verpflichtet, dem Gläubiger die zur Geltendmachung der Forderung nötige Auskunft zu erteilen und ihm die über die Forderung vorhandenen Urkunden herauszugeben. Diese Herausgabepflicht betrifft Urkunden, die den Gläubiger als zur Empfangnahme der Leistung berechtigt legitimieren, sowie solche, die den Bestand der Forderung beweisen oder sonst der Ermittlung oder dem Nachweis ihrer Höhe, Fälligkeit oder Einredefreiheit dienen.[821] Die vom Schuldner herauszugebenden Urkunden sind im Pfändungs- und Überweisungsbeschluss im Einzelnen zu bezeichnen.[822]

266 Die Herausgabe kann von dem Gläubiger im Wege der Zwangsvollstreckung erwirkt werden. Der Schuldner ist danach gehalten, dem betreibenden Gläubiger den Versicherungsschein auszuhändigen.

267 Der Gläubiger darf sich aufgrund einer Ausfertigung des ursprünglichen Schuldtitels und einer einfachen Ausfertigung des Überweisungsbeschlusses, in dem der Versicherungsschein bezeichnet ist, diese Urkunde im Wege der Zwangsvollstreckung beschaffen. Wenn im Überweisungsbeschluss der Versicherungsschein nicht bezeichnet wurde, muss der Gläubiger einen keiner Vollstreckungsklausel bedürfenden Ergänzungsbeschluss herbeiführen, der den Versicherungsschein genau aufführt.[823] Der Beschluss ist nach § 750 ZPO zuzustellen.[824] Anschließend sucht der Gerichtsvollzieher beim Schuldner nach der Urkunde und nimmt sie ihm im Wege der Hilfspfändung gemäß § 808 ZPO weg.[825] Nach anderer, wohl richtiger Auffassung ist § 883 ZPO anzuwenden, wenn der Schuldner eine Urkunde herausgeben soll.[826] Wird die herauszugebende Sache nicht vorgefunden, ist der Schuldner verpflichtet, auf Antrag des Gläubigers zu Protokoll an Eides Statt zu versichern, dass er die Sache nicht besitze, auch nicht wisse, wo sich die Sache befinde.[827]

268 Der Schuldner muss in der eidesstattlichen Versicherung alle diejenigen Angaben machen, die ihm möglich sind, um dem Gläubiger das Auffinden der Sache zu ermöglichen.[828] Hat der Schuldner den Versicherungsschein verloren, ist er nach § 836 Abs. 3 ZPO verpflichtet, dem Gläubiger eine Verlusterklärung zur Vorlage beim Versicherer zu geben. Dies folgt aus der Erwägung, dass der Schuldner dem Gläubiger die Auskunft geben muss, die der Gläubiger benötigt, um die Forderung geltend machen zu können.[829] Ohne Vorlage des Versicherungsscheins

---

[820] OLG Frankfurt/M. DB 1974, 84.
[821] BGH, Beschl. v. 14. 2. 2003, NJW 2003, 1256 = WM 2003, 625; BGH, Beschl. v. 28. 6. 2006 – VII ZB 142/05, WM 2006, 1684 = MDR 2007, 50.
[822] BGH, Beschl. v. 28. 6. 2006 – VII ZB 142/05, WM 2006, 1684 = MDR 2007, 50.
[823] Vgl. *Baumbach/Lauterbach/Albers/Hartmann*, ZPO, 67. Aufl., 2009, § 836 ZPO Anm. 3 B.
[824] *Zöller/Stöber*, ZPO, 27. Aufl., 2009, § 836 ZPO Rdn 9.
[825] *Baumbach/Lauterbach/Albers/Hartmann*, ZPO, 67. Aufl., 2009, § 836 ZPO Anm. 3 B.
[826] OLG Hamm NJW 1974, 653.
[827] § 883 Abs. 2 ZPO; OLG Frankfurt/M. NJW 1983, 1686 m. w. Nachw.
[828] *Baumbach/Lauterbach/Albers/Hartmann*, ZPO, 67. Aufl., 2009, § 883 ZPO Anm. 3 A.
[829] *Stöber*, Auskunftspflicht des Schuldners – Verfahren nach Forderungspfändung, MDR 2001, 301.

oder Glaubhaftmachung, dass der Versicherungsschein in Verlust geraten ist, braucht der Versicherer nach Kündigung der Versicherungsleistung durch den Gläubiger nicht zu zahlen.

c) Verteidigung gegen die vollstreckte Forderung. Dem Versicherungsnehmer (Schuldner) stehen gegen die vollstreckte Forderung folgende Verteidigungsmöglichkeiten offen: 269

aa) Erfolgt die Vollstreckung aufgrund eines vorläufig vollstreckbaren, aber noch nicht rechtskräftigen Urteils, so kann er gegen das Urteil das gegebene Rechtsmittel einlegen und bei dessen späterer Aufhebung Schadensersatz nach § 717 ZPO verlangen. 270

bb) Wird die Vollstreckung aufgrund eines rechtskräftigen Urteils betrieben, so ist der Versicherungsnehmer mit allen Einwendungen ausgeschlossen, die er im Vorverfahren hätte geltend machen können. Dies gilt nur dann nicht, wenn er die Rechtsmittelfrist versäumt hat und die Voraussetzungen der Wiedereinsetzung in den vorigen Stand vorliegen und das Urteil schließlich aufgehoben wird oder wenn die Voraussetzungen einer Nichtigkeits- (§§ 578, 579 ZPO) oder einer Restitutionsklage (§ 578 ZPO) vorliegen und das Urteil aufgehoben wird. Bis zur Aufhebung oder vorläufigen Einstellung der Zwangsvollstreckung wird jedoch die Vollstreckung weiterbetrieben. 271

cc) Ist der Versicherungsnehmer rechtskräftig zu künftig fällig werdenden, wiederkehrenden Leistungen verurteilt worden, so kann er bei wesentlicher Veränderung der Verhältnisse nach Erlass des Urteils eine Abänderungsklage nach § 323 ZPO erheben. 272

dd) Sind Einwendungen gegen die festgestellte Forderung nach Erlass des Urteils erwachsen (teilweise Abzahlung, Erlass der Schuld usw.), so kann eine Vollstreckungsabwehrklage (§ 767 ZPO) bei dem Prozessgericht des ersten Rechtszuges, von dem das Urteil erlassen ist, erhoben werden. 273

d) Verteidigung gegen den Pfändungs- und Überweisungsbeschluss. aa) §§ 766, 793 ZPO. Mit den Rechtsbehelfen des Vollstreckungsverfahrens (Erinnerung gemäß § 766 ZPO und sofortige Beschwerde gemäß § 793 ZPO) können Einwendungen gegen die prozessuale Zulässigkeit des Pfändungs- und Überweisungsbeschlusses vom Schuldner geltend gemacht werden.[830] Es kann z. B. gerügt werden, der Pfändungs- und Überweisungsbeschluss sei rechtsfehlerhaft, weil die Beteiligten nicht hinreichend bestimmt, die Pfändungsfreigrenzen unrichtig festgesetzt, unpfändbare Forderungen erfasst seien oder er nicht rechtswirksam zugestellt worden sei. 274

bb) § 850f ZPO. Will der Versicherungsnehmer eine Erhöhung der Pfändungsfreigrenzen erreichen, so kann er einen Antrag nach § 850f ZPO stellen. 275

cc) § 765a ZPO. In Ausnahmefällen kann gemäß § 765a ZPO die Aufhebung oder einstweilige Einstellung der Zwangsvollstreckung erreicht werden, wenn die Vollstreckungsmaßnahmen unter voller Würdigung des Schutzbedürfnisses des Gläubigers wegen ganz besonderer Umstände eine Härte bedeuten, die mit den guten Sitten nicht vereinbar ist. Für die Verfahren ist das Amtsgericht als Vollstreckungsgericht zuständig. 276

6. Rechtsstellung des Drittschuldners (LVU)

a) Ausgangslage. § 840 Abs. 1 ZPO begründet keine eigenständige Auskunftsverpflichtung, sondern nur eine nicht einklagbare Obliegenheit bzw. Handlungslast 277

---

[830] OLG Nürnberg, Beschl. v. 16. 1. 2002 – 5 W 4355/01, WM 2003, 243, 244.

des Drittschuldners.[831] Die von § 840 ZPO geschützten Interessen des Pfändungsgläubigers erfordern keinen im Wege der Klage durchsetzbaren Anspruch auf die im Gesetz vorgesehene Auskunft des Drittschuldners.[832] Der Gläubiger kann das LVU als Drittschuldner auch nicht im Wege der Zwangsvollstreckung zu einer Auskunft zwingen.[833] Den Interessen des Pfändungsgläubigers ist durch den Schadensersatzanspruch nach § 840 Abs. 2 Satz 2 ZPO und dem gegen den Schuldner – aufgrund der in § 836 Abs. 3 ZPO getroffenen Regelung – einklagbaren Anspruch auf Auskunft Genüge getan.[834] Allerdings haftet der Drittschuldner nur bei Verschulden[835] und auch nur, soweit ihm eine richtige Auskunft „mit Leichtigkeit" möglich war.[836] Ein Mitverschulden des Gläubigers kann die Haftung ausschließen.[837] Unterlässt der Drittschuldner die nach § 840 Abs. 1 ZPO geforderten Angaben, so kann der Gläubiger von der Beitreibbarkeit des gepfändeten Anspruchs ausgehen und diesen ohne Kostenrisiko einklagen.[838] Ergibt die Einlassung des Drittschuldners, dass die geltend gemachte Forderung nicht besteht oder nicht durchsetzbar ist, so kann der Pfändungsgläubiger im selben Prozess gemäß § 263 ZPO auf die Schadensersatzklage übergehen und erreichen, dass auf Grund des § 840 Abs. 2 Satz 2 ZPO der Drittschuldner verurteilt wird, die bisher entstandenen Kosten, insbesondere die des Erkenntnisverfahrens über die gepfändete Forderung, in vollem Umfang zu erstatten.[839] Mit Blick hierauf ist eine nochmalige Aufforderung an den schweigenden Drittschuldner, sich nach § 840 Abs. 1 ZPO zu erklären, aus Sicht der berechtigten Interessen des Pfändungsgläubigers nicht geboten.[840] Damit verbundene Anwaltskosten sind aus diesem Grunde nicht ersatzfähig.[841]

278 b) **Prüfpflicht.** Der Versicherer ist gehalten, die Interessen des Versicherungsnehmers mit Sorgfalt zu wahren und zu schützen.[842] Vom LVU kann erwartet werden, dass es einen Pfändungs- und Überweisungsbeschluss darauf überprüft, ob er nach seinen äußeren Merkmalen den gesetzlichen Anforderungen entspricht.[843] Vor allem muss der Versicherer prüfen, welche Forderungen überhaupt vom Pfändungs- und Überweisungsbeschluss erfasst sind.[844]

279 c) **Erklärungspflicht. aa) Voraussetzung.** Voraussetzung für die Erklärungspflicht des Drittschuldners ist, dass der Pfändungsbeschluss zugestellt wur-

---

[831] BGHZ 91, 126, 128 f. = WM 1984, 702 = ZIP 1984, 751; BGHZ 98, 291, 293 = WM 1986, 1392 = ZIP 1986, 1422; BGH, Urt. v. 4. 5. 2006 – IX ZR 189/04, WM 2006, 1341, 1342 = ZIP 2006, 1317, 1318.
[832] BGH, Urt. v. 4. 5. 2006 – IX ZR 189/04, WM 2006, 1341, 1342 = ZIP 2006, 1317, 1318.
[833] *Baumbach/Lauterbach/Albers/Hartmann,* ZPO, 67. Aufl., 2009, § 840 ZPO Anm. 3 A.
[834] BGH, Urt. v. 4. 5. 2006 – IX ZR 189/04, WM 2006, 1341, 1342 = ZIP 2006, 1317, 1318.
[835] § 276 BGB; BGHZ 79, 275 m. w. N.; BGH NJW 1981, 990; BGH MDR 1983, 308.
[836] *Foerste* NJW 1999, 904, 907.
[837] *Foerste* NJW 1999, 904, 907.
[838] BGHZ 91, 126, 129; BGH NJW 1987, 64; BGH, Urt. v. 4. 5. 2006 – IX ZR 189/04, NJW-RR 2006, 1566 = WM 2006, 1341, 1342 = ZIP 2006, 1317, 1318; BGH, Beschl. v. 14. 1. 2010 – VII ZB 79/09, WM 2010, 379, 380.
[839] BGHZ 79, 275, 281 = NJW 1981, 990 = WM 1981, 232 = ZIP 1981, 207; BGHZ 91, 126, 129 = WM 1984, 702 = ZIP 1984, 751; BGH NJW 1987, 64; BAG v. 16. 5. 1990, DB 1990, 1826; BSG, Beschl. v. 12. 2. 1998 – B 6 SF 1/97 R, NJW 1999, 895; BGH, Urt. v. 4. 5. 2006 – IX ZR 189/04, WM 2006, 1341, 1342 = ZIP 2006, 1317, 1318.
[840] BGH, Urt. v. 4. 5. 2006 – IX ZR 189/04, WM 2006, 1341, 1342 = ZIP 2006, 1317, 1318.
[841] BGH, Urt. v. 4. 5. 2006 – IX ZR 189/04, WM 2006, 1341, 1342 = ZIP 2006, 1317, 1318.
[842] BGH, Urt. v. 17. 12. 1992, WM 1993, 429; OLG Brandenburg, Urt. v. 8. 11. 2006 – 4 U 59/06, WM 2007, 2239, 2240.
[843] BGH, Urt. v. 17. 12. 1992, WM 1993, 429; OLG Brandenburg, Urt. v. 8. 11. 2006 – 4 U 59/06, WM 2007, 2239, 2240.
[844] OLG Brandenburg, Urt. v. 8. 11. 2006 – 4 U 59/06, WM 2007, 2239, 2240.

de,[845] und zwar dem Drittschuldner.[846] Eine Vorpfändung nach § 845 ZPO reicht nicht aus.[847] Eine Überweisung der Forderung an den Pfändungsgläubiger ist nicht erforderlich, um den Anwendungsbereich des § 840 ZPO zu eröffnen.[848] Daher genügen eine Sicherungsvollstreckung gemäß § 720a ZPO oder eine Arrestpfändung gemäß § 930 ZPO.[849]

bb) Inhalt der Erklärungspflicht. Gemäß § 840 ZPO ist der Drittschuldner **280** verpflichtet, den Gläubiger darüber zu informieren, ob die gepfändete Forderung als begründet anerkannt und erfüllt wird oder ob sie einem Dritten zusteht oder ob sie bestritten wird und deshalb dem Drittschuldner gegenüber nicht oder nur im Erkenntnis- oder Vollstreckungsverfahren durchzusetzen ist.[850] Erkennt das LVU die Forderung „als begründet" an, liegt weder ein konstitutives Schuldanerkenntnis im Sinne von § 781 BGB noch ein deklaratorisches Schuldanerkenntnis vor.[851] Es handelt sich vielmehr um eine rein tatsächliche Auskunft, eine Willenserklärung ohne einen selbständigen Verpflichtungswillen.[852] Das LVU verliert daher als Drittschuldner sein Aufrechnungsrecht nicht.[853]

cc) Umfang der Auskunft. Das LVU als Drittschuldner muss den oder die **281** weiteren Gläubiger nach Namen und Anschrift und Höhe ihrer Forderungen bezeichnen.[854] Bei der Pfändung für andere reicht die bloße Angabe der Gesamtsumme nicht aus.[855] Anzugeben sind vielmehr die anderen Pfändungsbeschlüsse nach dem Gericht, dem Aktenzeichen und dem Datum.[856] Die Auskunft ist auch bei einer Ungewissheit oder Zweifelhaftigkeit solcher weiteren Ansprüche zu geben.[857] Auch zu den Ansprüchen anderer Personen muss das LVU als Drittschuldner eine Erklärung abgeben.[858]

dd) Frist. Der Drittschuldner (LVU) muss seine Erklärung binnen zwei Wo- **282** chen seit der Zustellung des Pfändungsbeschlusses an ihn abgeben. Die Frist wird nach § 222 ZPO berechnet. Die Erklärung wird entweder dem Gläubiger gegenüber schriftlich oder dem Gerichtsvollzieher gegenüber mündlich im Zeitpunkt der Zustellung des Pfändungsbeschlusses,[859] schriftlich oder zum Protokoll des Gerichtsvollziehers nach der Zustellung abgegeben (§ 840 Abs. 3 ZPO). Für die Fristwahrung kommt es auf die mündliche Erklärung oder den Zugang der schriftlichen beim Adressaten an.[860] Nach anderer Auffassung ist die Absendung

---

[845] BGHZ 68, 291; OLG Schleswig v. 24. 11. 1989, NJW-RR 1990, 448.
[846] *Baumbach/Lauterbach/Albers/Hartmann*, ZPO, 67. Aufl., 2009, § 840 ZPO Anm. 4.
[847] BGHZ 68, 291; BGHZ 91, 129; BGH NJW 1977, 1199; a.A. *Steder* MDR 2000, 438, 439.
[848] BGHZ 68, 289, 291 = WM 1977, 537; BGH, Urt. v. 4. 5. 2006 – IX ZR 189/04, WM 2006, 1341, 1342 = ZIP 2006, 1317; a.A. *Steder* MDR 2000, 438, 439.
[849] BGH, Urt. v. 4. 5. 2006 – IX ZR 189/04, WM 2006, 1341, 1342 = ZIP 2006, 1317; a.A. *Steder* MDR 2000, 438, 439.
[850] BGHZ 91, 129; BGH NJW 1987, 64.
[851] BGHZ 69, 328, 330 = NJW 1978, 44 = WM 1977, 1298; OLG Dresden, Urt. v. 21. 2. 2001 – 18 U 1948/00, WM 2001, 1148.
[852] BGHZ 83, 308 m. w. Nachw.; BGH BB 1977, 1628; *Ehmann* WM 2007, 329, 336.
[853] *Baumbach/Lauterbach/Albers/Hartmann*, ZPO, 67. Aufl., 2009, § 840 ZPO Anm. 2 B.
[854] LAG Hannover NJW 1974, 768.
[855] LAG Hannover NJW 1974, 768.
[856] *Baumbach/Lauterbach/Albers/Hartmann*, ZPO, 67. Aufl., 2009, § 840 ZPO Anm. 2 B.
[857] *Zöller/Stöber*, ZPO, 27. Aufl., 2009, § 840 ZPO Rdn. 5.
[858] LG Memmingen, Urt. v. 6. 4. 2005 – 1 H O 2174/04, NJW-RR 2006, 998, 999.
[859] LAG Hannover NJW 1974, 768.
[860] BGHZ 79, 275; OLG Düsseldorf, WM 1980, 203.

entscheidend.[861] Der Drittschuldner muss aber in jedem Falle die Fristwahrung beweisen.[862]

283   ee) Kostenerstattung. Das LVU hat keinen Anspruch gegen den Pfändungsgläubiger auf die Erstattung derjenigen Kosten, die ihm durch die Bearbeitung der Pfändung entstehen.[863]

284   d) Zahlungsverbot. Aufgrund der Pfändung darf der Drittschuldner nicht mehr an den Schuldner zahlen.[864] Für den Drittschuldner ist nur noch der Gläubiger maßgeblich.[865] Nach der Überweisung der Forderung befreien nur die Zahlungen an den objektiv richtigen Gläubiger den Drittschuldner voll.[866] Eine bereits in die Wege geleitete Zahlung muss das LVU nicht nach Möglichkeit wieder rückgängig machen.[867] Eine Zahlung an den Schuldner kann ihn befreien, wenn er den Pfändungs- und Überweisungsbeschluss nicht kannte.[868] § 408 BGB ist anwendbar. Unkenntnis ist vor allem bei Ersatzzustellung denkbar.[869]

285   e) Gutglaubensschutz. aa) Unkenntnis vom Pfändungs- und Überweisungsbeschluss. Gemäß §§ 804 ZPO, 1275 BGB finden auf das Verhältnis zwischen Gläubiger und Drittschuldner die Vorschriften, welche im Falle der Abtretung zwischen dem Erwerber und dem Verpflichteten gelten, entsprechende Anwendung. Hieraus folgt, dass der Gläubiger eine Zahlung an den Schuldner sowie jedes Rechtsgeschäft, das nach der Pfändung zwischen dem Schuldner und dem Drittschuldner in Ansehung der Forderung erfolgt, gegen sich gelten lassen muss, es sei denn, dass der Drittschuldner die Pfändung bei der Zahlung oder der Vornahme des Rechtsgeschäftes kennt (§ 407 I BGB). Dabei schließt nur positive Kenntnis die befreiende Wirkung der Leistung aus; Kennenmüssen genügt nicht.[870] Der für die Kenntnis des Schuldners bzw. des Drittschuldners (LVU) maßgebliche Zeitpunkt ist dabei nicht der Eintritt des Leistungserfolgs beim Gläubiger, sondern die Vornahme der Leistungshandlung durch den Schuldner.[871] Wenn das LVU die Leistungshandlung in Unkenntnis des Rechtsübergangs vornimmt, ihm diese Kenntnis aber vor dem Eintritt des Leistungserfolgs vermittelt wird, dann ist es nicht verpflichtet, den Eintritt des Leistungserfolgs noch zu verhindern.[872] Das LVU ist nicht gehalten, eine einzelne Geldüberweisung nach Kenntniserlangung vor der Abbuchung zu widerrufen.[873] Dem Drittschuldner kann die Kenntnis von der Pfändung fehlen, wenn der Pfändungs- und Überweisungsbeschluss im Wege der Ersatzzustellung zugestellt worden ist und der Zustel-

---

[861] Zöller/Stöber, ZPO, 27. Aufl., 2009, § 840 ZPO Rdn. 9.
[862] Zöller/Stöber, ZPO, 27. Aufl., 2009, § 840 ZPO Rdn. 9.
[863] LG München NJW 1963, 1509; BAG NJW 1985, 1181, 1182 = BB 1985, 1199; *Marly* BB 1999, 1990, 1992.
[864] OLG Köln OLGZ 66, 559.
[865] BGHZ 82, 31.
[866] BGHZ 82, 32.
[867] BGH v. 27. 10. 1988, WM 1988, 1763 = NJW 1989, 905.
[868] § 407 BGB; BGH v. 27. 10. 1988, WM 1988, 1762.
[869] Vgl. *Baumbach/Lauterbach/Albers/Hartmann*, ZPO, 67. Aufl., 2009, § 829 ZPO Anm. 7 A.
[870] RGZ 135, 247, 251; BGH, Urt. v. 8. 12. 1976 – VIII ZR 248/75, NJW 1977, 581 = WM 1977, 51; LG Göttingen, Urt. v. 11. 8. 1981 – 3 O 59/81, VersR 1982, 1186, 1187; BGHZ 86, 337 = WM 1983, 217; BAG, Urt. v. 9. 8. 1984 – 2 AZR 400/83, DB 1984, 2703, 2704; BGH, Urt. v. 5. 3. 1997 – VIII ZR 118/96, ZIP 1997, 890, 891; LG Frankfurt/M., Urt. v. 17. 10. 2008 – 2/01 S 117/08, WM 2009, 409, 410.
[871] BGH v. 27. 10. 1988, BGHZ 105, 358 = WM 1988, 1762; LG Frankfurt/M., Urt. v. 17. 10. 2008 – 2/01 S 117/08, WM 2009, 409, 410.
[872] BGH v. 27. 10. 1988, WM 1988, 1762.
[873] BGH v. 27. 10. 1988, WM 1988, 1762: Offen für Daueraufträge.

lungsempfänger ihn nicht an den Versicherer weitergeleitet hat. Dieser trägt hierfür die Beweislast.[874]

Ist der Versicherungsanspruch des Schuldners mehrfach gepfändet worden oder hat der Schuldner seine Forderung im Wege der verdeckten Zession abgetreten und hat der Versicherer auf die nachrangige Pfändung gezahlt, so muss der vorrangige Zessionar oder Pfändungsgläubiger die Zahlung gemäß § 408 BGB gegen sich gelten lassen. **286**

bb) Wirksamkeit des Pfändungs- und Überweisungsbeschlusses. Nach § 836 Abs. 2 ZPO gilt der Überweisungsbeschluss auch dann, wenn er zu Unrecht erlassen ist, zugunsten des Drittschuldners dem Schuldner gegenüber so lange als rechtsbeständig, bis er aufgehoben wird und die Aufhebung zur Kenntnis des Drittschuldners gelangt.[875] Grob fahrlässige Unkenntnis ist unschädlich.[876] Ein sachlich-rechtlicher Verzicht auf die Rechte aus einer Pfändung ist auch durch eine einfache Erklärung des Gläubigers gegenüber dem Schuldner, die nicht förmlich zugestellt werden muss, möglich.[877] **287**

§ 836 Abs. 2 ZPO ist § 409 BGB nachgebildet. Die Vorschrift will den Versicherer von der Last befreien, die Wirksamkeit des Überweisungsbeschlusses nachzuprüfen. Er kann sich auf ihn selbst dann verlassen, wenn er z.B. gegen die Pfändungsschutzbestimmungen verstößt.[878] Der Gutglaubensschutz versagt lediglich dann, wenn dem Überweisungsbeschluss ein offensichtlicher Rechtsmangel anhaftet, z.B., wenn er von einer nicht staatlichen Stelle erlassen wurde oder wenn der Drittschuldner von seiner Aufhebung Kenntnis hat. Das hat er bereits dann, wenn ihm ein formloser Beschluss von der Einstellung der Zwangsvollstreckung vorgelegt wird.[879] Hierfür ist der Schuldner beweispflichtig.[880] Der Drittschuldner ist ferner nicht geschützt, wenn die überwiesene Forderung sich zwar gegen ihn richtet, aber sein Gläubiger nicht derjenige ist, den der Titel als Schuldner nennt.[881] **288**

Die §§ 836 Abs. 2 ZPO und 315 Abs. 1 Satz 3 AO befreien das LVU nur dann von seiner Leistungspflicht, wenn der Vollstreckungsschuldner Inhaber der Forderung ist, die als gepfändet und überwiesen werden soll, und der Pfändungsgläubiger mithin von einem Vollstreckungsschuldner seine Rechte ableitet, dem der gepfändete Anspruch auch tatsächlich zusteht.[882] Ergibt sich aus der Bezeichnung der Forderung, die gepfändet und überwiesen werden soll, nicht zweifelsfrei der Vollstreckungsschuldner als Gläubiger dieser Forderung, leistet das LVU in einem solchen Fall an einen der in Betracht kommenden Gläubiger auf eigene Gefahr.[883] **289**

Der Gutglaubensschutz gilt nur im Verhältnis zwischen Drittschuldner und Schuldner. Ist die Forderung mehrfach gepfändet worden, so trifft den Drittschuldner im Verhältnis zu den Pfändungsgläubigern die volle Prüfungspflicht. Das LVU ist mithin nicht gegen einen nachrangigen Pfändungsgläubiger geschützt. Teilweise wird aber die Auffassung vertreten, insoweit sei § 836 Abs. 2 **290**

---

[874] LAG Berlin, AP 1 zu § 407 BGB; *Baumbach/Lauterbach/Albers/Hartmann*, ZPO, 67. Aufl., 2009, § 829 ZPO Anm. 7 B.
[875] Vgl. OLG Stuttgart NJW 1961, 34; BGH, Urt. v. 17. 12. 1998 – IX ZR 1/98, NJW 1999, 953 = VersR 2000, 72, 73.
[876] OLG Stuttgart NJW 1961, 34.
[877] BGH NJW 1983, 886.
[878] BAG NJW 1966, 222; BGH NJW 1976, 1453.
[879] RGZ 128, 81.
[880] BGH NJW 1976, 1454.
[881] BGH NJW 1985, 495.
[882] BGH v. 26. 5. 1987, WM 1987, 980.
[883] BGH v. 26. 5. 1987, WM 1987, 980/981.

ZPO entsprechend anzuwenden, weil der Pfändungsgläubiger an die Stelle des Schuldners getreten sei.[884]

291 **f) Einwendungen des Drittschuldners. aa) Allgemeines.** Gegenüber der gepfändeten Forderung kann der Versicherer dieselben Einwendungen und Einreden erheben, die zur Zeit der Pfändung gegen den bisherigen Gläubiger begründet waren (§ 804 ZPO, §§ 1205, 404 BGB). Er kann also z.B. einwenden, die Forderung sei bereits vor Pfändung abgetreten, sie sei erfüllt oder sei verjährt. Der Versicherer kann sich gegenüber dem Gläubiger auf die gegenüber dem Versicherungsnehmer begründete Einwendung berufen; andererseits kann er gegenüber dem Versicherungsnehmer auf sie verzichten.[885]

292 Gegen die zu vollstreckende Forderung hat der Drittschuldner keine Einwendungen, er kann also nicht geltend machen, die Forderung sei vor Erlass des Pfändungs- und Überweisungsbeschlusses erloschen, gestundet oder gegen sie sei aufgerechnet worden.[886] Etwaige Einwendungen kann allein der Schuldner durch Wiederaufnahme des Verfahrens, Abänderungs- (§ 323 ZPO) oder Vollstreckungsgegenklage (§ 767 ZPO) geltend machen.[887] Von diesem Grundsatz bestehen jedoch zwei Ausnahmen. Der Drittschuldner kann im Einziehungserkenntnisverfahren geltend machen, dass der Titel wegen Verstoßes gegen die guten Sitten nichtig sei[888] und dass die Forderung nach Erlass des Pfändungs- und Überweisungsbeschlusses erloschen sei. Diese Einwendungen sind jedoch dann ausgeschlossen, wenn der Schuldner sie bereits erfolglos mit der Vollstreckungsgegenklage erhoben hat.

293 Auf ein Abtretungsverbot kann sich der Drittschuldner nicht berufen, da gemäß § 851 Abs. 2 ZPO ein Abtretungsverbot (§ 399 BGB) eine Forderungspfändung nicht ausschließt.[889]

294 **bb) Unwirksamkeit des Pfändungs- und Überweisungsbeschlusses.** Das LVU darf als Drittschuldner die Mangelhaftigkeit oder die Unwirksamkeit des Pfändungs- und Überweisungsbeschlusses im Prozess oder gemäß § 766 ZPO geltend machen.[890] Bereits mit Abgabe der Drittschuldnererklärung kann das LVU u.a. einwenden, dass der Gläubiger keine Sachbefugnis habe, weil eine wirksame Pfändung fehle.[891] Diese Einwendung ist zuzulassen, soweit die Pfändung völlig unwirksam ist, nicht dagegen, soweit die Pfändung auflösend bedingt wirksam ist.[892] Eine unwirksame Pfändung ist in der Praxis nur denkbar, wenn z.B. ein Vollstreckungstitel fehlt[893] oder wesentliche Formvorschriften verletzt sind.[894] Alle anderen fehlerhaften Zwangsvollstreckungsmaßnahmen sind bis zur Aufhebung voll wirksam.[895] Im Falle einer Unpfändbarkeit ist daher

---

[884] BGH NJW 1976, 1453; BAG NJW 1977, 77; *Baumbach/Lauterbach/Albers/Hartmann*, ZPO, 67. Aufl., 2009, § 836 Anm. 2 B.
[885] BGH NJW 1972, 428.
[886] Vgl. BAG v. 7. 12. 1988, DB 1989, 687.
[887] Vgl. für den Fall der Aufrechnung OLG Koblenz, Urt. v. 8. 1. 2009 – 5 U 100/08, WM 2010, 475, 477 f.
[888] BAG AP 2 zu § 829 ZPO.
[889] BGHZ 56, 228; BGH MDR 1978, 839.
[890] BGH v. 16. 2. 1976, NJW 1976, 851; BAG v. 15. 2. 1989, DB 1989, 1631.
[891] BGHZ 70, 317 m.w. Nachw.; BAG NJW 1977, 76.
[892] *Baumbach/Lauterbach/Albers/Hartmann*, ZPO, 67. Aufl., 2009, § 829 ZPO Anm. 7 B.
[893] BGHZ 70, 317 m.w. Nachw.; OLG Bremen NJW 1961, 1824; OLG Hamburg MDR 1974, 321.
[894] *Baumbach/Lauterbach/Albers/Hartmann*, ZPO, 67. Aufl., 2009, Grdz. 8 C vor § 704 ZPO.
[895] BGHZ 66, 81; OLG Hamm MDR 1979, 149; OLG Koblenz, Urt. v. 8. 1. 2009 – 5 U 100/08, WM 2010, 475, 477.

grundsätzlich nur eine Erinnerung nach § 766 ZPO zulässig,[896] denn ein Pfändungspfandrecht ist zwar entstanden, aber fehlerhaft.[897]

Die Leistung des LVU aufgrund einer unwirksamen Pfändung gibt dem LVU 295 als Drittschuldner die Möglichkeit einer Bereicherungsklage gegen einen Empfänger, der nicht der objektiv richtige Gläubiger war.[898] Ein Bereicherungsanspruch besteht aber nicht, soweit der Pfändungs- und Überweisungsbeschluss erst nach der Zahlung des Drittschuldners aufgehoben wird.[899]

cc) Nichtbestehen der Forderung. Der Drittschuldner kann ferner einwenden, die Forderung gegen ihn habe im Zeitpunkt der Zustellung des Pfändungsbeschlusses nicht bestanden.[900] In diesem Fall hat das LVU alle diejenigen Einwendungen, die ihm gegenüber dem Schuldner zustehen.[901] Hierher zählen u. a. eine Unabtretbarkeit, die Verjährung, die Tilgung, das Fehlen der Fälligkeit, eine Abhängigkeit von einer Gegenleistung.[902] Behauptet das LVU eine Abtretung vor der Pfändung, so muss es diese beweisen.[903] Eine Leistung gemäß § 409 BGB an den Zessionar bleibt trotz der Pfändung zulässig.[904] 296

dd) Unpfändbarkeit von Lebensversicherungen. Der Drittschuldner kann 297 die Unpfändbarkeit der Lebensversicherung geltend machen. Hierzu im Einzelnen:

α) **Kapitalbildende Lebensversicherungen.** Abgesehen von dem Sonderfall des 298 § 850b Abs. 1 Nr. 4 ZPO, wird die Pfändung einer kapitalbildenden Lebensversicherung, deren Versicherungssumme mit dem Tod des Versicherungsnehmers, spätestens jedoch zu einem bestimmten Zeitpunkt fällig wird, nicht durch § 54 SGB I oder durch §§ 850 ff. ZPO ausgeschlossen oder beschränkt, selbst wenn diese Versicherung eine befreiende in dem Sinne ist, dass sie Voraussetzung für die Entlassung aus der gesetzlichen Rentenversicherung ist.[905] Sie wird auch nicht deshalb unpfändbar, weil dem Versicherungsnehmer nach den Versicherungsbedingungen das Recht eingeräumt ist, statt einer fälligen Kapitalleistung eine Versorgungsrente zu wählen.[906] Wenn der Vollstreckungsschuldner wegen des durch die Pfändung bewirkten relativen Verfügungsverbots keine Verfügungen mehr vornehmen darf, die das Pfandrecht beeinträchtigen, dann kann er nach Pfändung der Kapitallebensversicherung den Pfändungsschutz nicht mehr durch Ausübung des Rentenwahlrechts herbeiführen.[907] Dieses Wahlrecht wird auch von der Pfändung erfasst.[908] Eine Kapitallebensversicherung mit Einmalzahlung ist aus dem Pfändungsschutz ausgeschlossen.[909]

---

[896] OLG Celle NJW 1962, 1731; BGHZ 69, 148 m. w. Nachw.; BGH NJW 1979, 2046.
[897] Siehe aber BAG NJW 1977, 76; offen BGHZ 66, 82.
[898] BGHZ 82, 28, 33 = WM 1981, 1338 = ZIP 1981, 1380; BGH, Urt. v. 13. 6. 2002 – IX ZR 242/01, WM 2002, 1545 = ZIP 2002, 1419.
[899] OLG Köln MDR 1983, 60.
[900] *Baumbach/Lauterbach/Albers/Hartmann,* ZPO, 67. Aufl., 2009, § 829 ZPO Anm. 7 B.
[901] BGHZ 70, 320.
[902] *Baumbach/Lauterbach/Albers/Hartmann,* ZPO, 67. Aufl., 2009, § 829 ZPO Anm. 7 B.
[903] BGH NJW 1956, 912.
[904] BGHZ 56, 348.
[905] BFH, Urt. v. 12. 6. 1991 – VII R 54/90, BFHE 164, 399 = BStBl. II 1991, 747; BFH, Urt. v. 31. 7. 2007 – VII R 60/06, VersR 2008, 1279 = WM 2007, 2332, 2333 = BB 2007, 2275, 2276.
[906] BFH, Urt. v. 31. 7. 2007 – VII R 60/06, VersR 2008, 1279 = WM 2007, 2332, 2333 = ZIP 2007, 2008 (Ls.) = BB 2007, 2275, 2276 = DB 2007, 2354 (Ls.) = DStR 2007, 1817.
[907] BFH, Urt. v. 31. 7. 2007 – VII R 60/06, VersR 2008, 1279 = WM 2007, 2332, 2333 f. = ZIP 2007, 2008 (Ls.) = BB 2007, 2275, 2276 = DB 2007, 2354 (Ls.) = DStR 2007, 1817.
[908] BFH, Urt. v. 31. 7. 2007 – VII R 60/06, VersR 2008, 1279 = WM 2007, 2332, 2334 = ZIP 2007, 2008 (Ls.) = BB 2007, 2275, 2276 = DB 2007, 2354 (Ls.) = DStR 2007, 1817.
[909] BFH, Urt. v. 31. 7. 2007 – VII R 60/06, VersR 2008, 1279 = WM 2007, 2332, 2334 = ZIP 2007, 2008 (Ls.) = BB 2007, 2275, 2276 = DB 2007, 2354 (Ls.) = DStR 2007, 1817.

299 β) Todesfallversicherungen. Gemäß § 850 b Abs. 1 Nr. 4 ZPO sind Ansprüche aus Lebensversicherungen, die nur auf den Todesfall des Versicherungsnehmers abgeschlossen sind, unpfändbar, wenn die Versicherungssumme 3579,00 € nicht übersteigt.[910] Eine von § 850 b Abs. 1 Nr. 4 ZPO erfasste Todesfallversicherung fällt daher nicht in die Insolvenzmasse.[911] Dass diese Regelung nur für reine Todesfallversicherungen gilt und nicht auch für kombinierte Lebensversicherungen, die nicht nur auf den Todesfall, sondern auch auf den Erlebensfall abgeschlossen sind, verstößt nicht gegen Art. 3 Abs. 1 GG.[912] Der Gesetzgeber will mit der Pfändungsschutzbestimmung des § 850 b Abs. 1 Nr. 4 ZPO solche Versicherungen erfassen, mit denen die beim Tode des Versicherungsnehmers anfallenden Ausgaben, vor allem die Bestattungskosten abgedeckt werden sollen.[913]

300 Umstritten ist, ob bei einer Überschreitung dieser Versicherungssumme die Ansprüche aus der Versicherung insgesamt pfändbar sind[914] oder nur die sich aus dem überschießenden Betrag ergebenden Ansprüche.[915] Mit Blick auf die Entstehungsgeschichte[916] der Vorschrift sind die Ansprüche des Schuldners aus der Lebensversicherung gemäß § 850 b Abs. 1 Nr. 4 ZPO grundsätzlich bis zur Versicherungssumme von 3579,00 € unpfändbar und damit nur in dem Umfang pfändbar, in dem diese Ansprüche über die Ansprüche hinausgehen, die sich auf der Grundlage einer den Betrag von 3579,00 € übersteigenden Versicherungssumme ergeben.[917] Die volle Pfändbarkeit der 3579,00 € übersteigenden Versicherungssumme ist auch dann gegeben, wenn die Versicherung zur Versorgung des Arbeitnehmers und seiner Hinterbliebenen eingegangen wurde.[918] Die Pfändbarkeit entfällt ferner nicht, nur weil der aktuelle Rückkaufswert und/oder der fällige Dividendenanspruch den Schwellenwert von 3579,00 € Versicherungssumme nicht übersteigt.[919] Die Bestimmung findet auch Anwendung, wenn es um die

---

[910] LG Koblenz v. 18. 10. 1968, VersR 1969, 790; LG Mainz v. 5. 11. 1971, VersR 1972, 142; OLG Saarbrücken, Urt. v. 9. 11. 1994 – 5 U 69/94 – 3, VersR 1995, 1227, 1228; BGH, Beschl. v. 12. 12. 2007 – VII ZB 47/07, NJW-RR 2008, 412, 413 = VersR 2008, 1376 = r+s 2008, 120, 121 = WM 2008, 450, 451 = DB 2008, 1040.

[911] BGH, Beschl. v. 19. 3. 2009 – IX ZA 2/09, ZInsO 2009, 915, 916; BGH, Urt. v. 3. 12. 2009 – IX ZR 189/08, NJW-RR 2010, 474, 475 = WM 2010, 271, 272 = ZIP 2010, 293, 294.

[912] BVerfG, Beschl. v. 3. 5. 2004 – 1 BvR 479/04, NJW 2004, 2585 = r+s 2004, 469 = BetrAV 2004, 788 = WM 2004, 1190, 1191.

[913] BT-Drucks. 1/4452, S. 3; OLG München NJW 1953, 107; AG Köln VersR 1967, 948; AG Fürth, Beschl. v. 9. 4. 1981 – M 166/80, VersR 1982, 59; OLG Bamberg JurBüro 1985, 1739, 1740; BVerfG, Beschl. v. 3. 5. 2004 – 1 BvR 479/04, NJW 2004, 2585 = r+s 2004, 469 = BetrAV 2004, 788, 789 = WM 2004, 1190, 1191; BGH, Beschl. v. 12. 12. 2007 – VII ZB 47/07, NJW-RR 2008, 412, 413 = VersR 2008, 1376, 1377 = r+s 2008, 120, 121 = WM 2008, 450, 451 = DB 2008, 1040, 1041; *Hasse* VersR 2004, 958, 959.

[914] Dafür AG Fürth, Beschl. v. 9. 4. 1981 – M 166/80, VersR 1982, 59; LG Bochum KKZ 2006, 128; *Berner* RPfleger 1964, 68; *Stöber*, Forderungspfändung, 14. Aufl., Rdn. 1120; *Zöller/Stöber*, ZPO, 27. Aufl., 2009, § 850 b ZPO Rdn. 10.

[915] Hierfür OLG Bamberg JurBüro 1985, 1739; *Smid* in: MünchKomm ZPO, 3. Aufl., § 850 b ZPO Rdn. 14; *Brehm* in: Stein/Jonas, ZPO, 22. Aufl., § 850 b ZPO Rdn. 21; *Lüke* in: Wieczorek/Schütze, ZPO, 2. Aufl., § 850 b ZPO Rdn. 36; *Becker* in: Musielak, ZPO, 5. Aufl., § 850 b ZPO Rdn. 8; *Walker* in: Schuschke/Walker, ZPO, 3. Aufl., § 850 b ZPO Rdn. 17.

[916] § 850 b Abs. 1 Nr. 4 ZPO ist durch das Gesetz über Maßnahmen auf dem Gebiete der Zwangsvollstreckung vom 20. 8. 1953 (BGBl. I 1953, 952) eingefügt worden. Siehe hierzu BT-Drucks. 3284, S. 20; ferner BT-Drucks. 4452, S. 20.

[917] BGH, Beschl. v. 12. 12. 2007 – VII ZB 47/07, NJW-RR 2008, 412, 414 = VersR 2008, 1376, 1377 = r+s 2008, 120, 121 = WM 2008, 450, 452 = DB 2008, 1040, 1041.

[918] OLG Brandenburg, Urt. v. 18. 7. 2002 – 8 U 124/01, WM 2003, 1643; *David* MDR 1996, 24.

[919] AG Berlin-Charlottenburg ZfV 1959, 606 für die alte Grenze von 3600,00 DM.

Rückvergütung[920] oder um die Überschussbeteiligung geht. Nicht privilegiert sind gemischte Versicherungen,[921] auch wenn die Versicherungssumme unter 3600,– DM bleibt. Mehrere Versicherungsverträge, die jeder für sich eine geringere Versicherungssumme als 3600,– DM aufweisen, werden zusammengerechnet.[922]

ee) Aufrechnung. Der Drittschuldner kann entsprechend den §§ 392, 406 BGB gegenüber dem Pfändungsgläubiger mit Forderungen aufrechnen, die ihm bereits vor der Pfändung gegen den Schuldner zustanden.[923] Steht mithin dem LVU eine Forderung gegen den Schuldner zu, so wird durch die Pfändung bei Vorliegen der Voraussetzungen von § 387 BGB die Aufrechnung gegenüber dem Gläubiger nur dann ausgeschlossen, wenn es seine Forderung erst nach der Beschlagnahme erworben hat oder wenn seine Forderung erst nach der Beschlagnahme und später als die in Beschlag genommene Forderung fällig geworden ist (§ 804 ZPO, §§ 1275, 406, 392, 387 BGB). Das LVU kann als Drittschuldner gegenüber der Forderung grundsätzlich nur insoweit aufrechnen, wie diese pfändbar ist (§ 394 BGB). Ausnahmen gelten nur für Forderungen des Drittschuldners aus vorsätzlicher Vertragsverletzung oder vorsätzlich unerlaubter Handlung. Ausgeschlossen ist die Aufrechnung, wenn das LVU bei dem Erwerb seiner Forderung von der Pfändung Kenntnis hatte. 301

Eine Aufrechnungsvereinbarung, die das LVU und der Schuldner vor der Pfändung getroffen haben, kann dem Gläubiger nur insoweit entgegengehalten werden, als sie nicht wegen § 392 BGB ausgeschlossen ist.[924] Wenn das LVU nach der Pfändung an den Schuldner gezahlt hat, kann es trotzdem gegenüber dem Gläubiger aufrechnen, soweit die Aufrechnung gemäß § 392 BGB zulässig ist.[925] 302

ff) Pfandrecht. Hat der Versicherer sich z. B. bei Vermittlern ein Pfandrecht an allen Guthabenforderungen des Schuldners gegen den Versicherer bestellen lassen, so geht dieses Pfandrecht regelmäßig der Pfändung eines Gläubigers vor (§§ 1273 Abs. 2, 1209 BGB). 303

g) Mehrfache Pfändung. Die Pfändung gepfändeter Forderungen geschieht wie die Erstpfändung.[926] Der Rang der Pfandrechte richtet sich auch hier nach dem Zeitrang der Pfändungen gemäß § 804 Abs. 3 ZPO.[927] Dies gilt aber nur im Verhältnis der Gläubiger zueinander. Eine Überweisung zur Einziehung lässt den Rang unberührt, so dass ihr Zeitpunkt unerheblich ist.[928] Leistet der Drittschuldner bei mehrfacher Forderungspfändung irrtümlich an einen nachrangigen Vollstreckungsgläubiger und muss er deshalb nochmals an den vorrangigen Gläubiger 304

---

[920] Vgl. OLG Düsseldorf v. 17. 11. 1960, VersR 1961, 111.
[921] BGH v. 3. 7. 1961, BGHZ 35, 261; KG VersR 1964, 326; LG Berlin VersR 1964, 473; AG Köln VersR 1967, 948; AG Kiel v. 1. 10. 1970, VersR 1971, 617; LG Kiel v. 19. 11. 1970, VersR 1971, 617.
[922] LG Essen VersR 1962, 245; OLG Hamm VersR 1962, 822; OLG Hamm MDR 1962, 661; OLG Hamm Rpfleger 1964, 86; AG Köln VersR 1967, 948; a. A. AG Kirchheimbolanden VersR 1970, 897; LG Kiel VersR 1971, 617; AG Fürth, Beschl. v. 9. 4. 1981 – M 166/80, VersR 1982, 59 m. w. Nachw.
[923] BGH NJW 1987, 1706.
[924] BAG MDR 1965, 944 und BAG NJW 1967, 459.
[925] BGHZ 58, 25 und BGH NJW 1980, 585 m. w. Nachw.; LAG Saarbrücken NJW 1978, 2055.
[926] *Baumbach/Lauterbach/Albers/Hartmann*, ZPO, 67. Aufl., 2009, § 829 ZPO Anm. 2 D.
[927] BGHZ 82, 32.
[928] *Baumbach/Lauterbach/Albers/Hartmann*, ZPO, 67. Aufl., 2009, § 829 ZPO Anm. 2 D.

zahlen, so kann er den an den nachrangigen Gläubiger gezahlten Betrag von diesem aus ungerechtfertigter Bereicherung zurückverlangen und muss sich insoweit nicht an den Vollstreckungsschuldner halten.[929]

305 **h) Hinterlegung. aa) Hinterlegung durch Drittschuldner.** Bei mehrfacher Pfändung läuft der Drittschuldner Gefahr, dass er an einen nicht oder schlechter Berechtigten die Pfandsumme auskehrt und damit zweimal zahlen muss. § 853 ZPO gibt ihm daher das Recht und legt ihm auf Verlangen des Gläubigers die Verpflichtung auf, bei mehrfacher Pfändung die gepfändete Summe an das Amtsgericht, dessen Beschluss ihm zuerst zugestellt wurde, zu hinterlegen. § 853 ZPO greift nicht ein, wenn teils gepfändet und teils abgetreten wurde. In diesen Fällen kann er unter den Voraussetzungen von § 372 BGB hinterlegen.

306 **bb) Hinterlegung durch Schuldner.** Da infolge der Pfändung zugunsten des Pfandgläubigers ein Pfandrecht entsteht, kann auch der Schuldner gemäß § 804 ZPO, § 1281 BGB gleichfalls die Hinterlegung der Pfandsumme verlangen.

307 **cc) Verfahren.** Die Hinterlegung erfolgt zugunsten der beteiligten Gläubiger (§§ 372, 1281 BGB) bei dem Amtsgericht, dessen Pfändungs- und Überweisungsbeschluss dem Drittschuldner zuerst zugestellt worden ist. Sind gleichzeitig Pfändungs- und Überweisungsbeschlüsse mehrerer Amtsgerichte zugestellt worden, so hat der Drittschuldner gemäß § 35 ZPO die Wahl, und zwar auch dann, wenn ein Amtsgericht, dessen Beschluss zugestellt wurde, seine Zuständigkeit zu Unrecht angenommen hat. Ist die Hinterlegung beim unzuständigen Amtsgericht erfolgt, so ist der Drittschuldner gemäß § 139 ZPO zu belehren und ihm die Gelegenheit zur Stellung eines Verweisungsantrages zu geben (§ 281 ZPO).

308 Bei der Hinterlegung hat der Drittschuldner dem Amtsgericht die Sachlage anzuzeigen, d. h. vollständige Auskunft über Schuld, Pfändungen und Hinterlegung zu geben, und die zugestellten Pfändungs- und Überweisungsbeschlüsse einzureichen. Ein Verstoß gegen die Anzeigepflicht macht die Hinterlegung unwirksam. Eine Benachrichtigung des Gläubigers ist nicht vorgeschrieben, aber zweckmäßig. § 374 Abs. 2 BGB ist nicht entsprechend anzuwenden.

309 Durch die ordnungsgemäß vorgenommene Hinterlegung wird der Drittschuldner von seiner Schuld frei. Die Pfändungspfandrechte entstehen nunmehr an dem Rückforderungsanspruch des Versicherungsnehmers gegen die Hinterlegungsstelle. Hat der Versicherer nach Maßgabe von § 372 BGB hinterlegt, so wird er von der Schuld nur dann befreit, wenn er auf das Recht der Rücknahme verzichtet hat (§ 378 BGB).[930] Verzugszinsen fallen ab diesem Zeitpunkt weg.[931]

310 Reicht der hinterlegte Betrag zur Befriedigung sämtlicher Gläubiger aus, so ordnet das Amtsgericht die Auszahlung an. Die Gläubiger können sich auch dann, wenn der hinterlegte Betrag nicht zur Befriedigung aller ausreicht, über die Art der Verteilung einigen. Der Auszahlungsberechtigte muss das Einverständnis der übrigen in den Formen von § 13 der Hinterlegungsordnung nachweisen. Nach § 13 Abs. 2 der Hinterlegungsordnung erfolgt eine Herausgabe des hinterlegten Betrags, wenn die Beteiligten die Herausgabe an den Empfänger bewilligt haben oder seine Berechtigung durch rechtskräftige Entscheidung mit Wirkung gegen

---

[929] BGH v. 8. 10. 1981, BGHZ 82, 28 = NJW 1982, 173 = WM 1981, 1338; a. A. OLG München NJW 1978, 1438.

[930] BGH, Urt. v. 7. 4. 2005 – IX ZR 258/01, NJW-RR 2005, 1361 = WM 2005, 1037, 1038 = ZIP 2005, 1198, 1199 = MDR 2005, 1135; LG Bonn, Urt. v. 14. 11. 2007 – 5 S 137/07, NJW-RR 2008, 475, 476 = VersR 2008, 768, 769 f. = WM 2008, 445, 446; BGH, Urt. v. 20. 3. 2008 – IX ZR 2/07, NJW-RR 2008, 1075, 1076.

[931] LG Bonn, Urt. v. 14. 11. 2007 – 5 S 137/07, NJW-RR 2008, 475, 476 = VersR 2008, 768, 770 = WM 2008, 445, 446.

die Beteiligten festgestellt ist.⁹³² In den übrigen Fällen tritt das Verteilungsverfahren ein (§§ 872ff. ZPO).

i) Überzahlung. Hat der Drittschuldner (LVU) sich über den Umfang des Einziehungsrechts des Vollstreckungsgläubigers im Irrtum befunden und deshalb auf den Pfändungs- und Überweisungsbeschluss zuviel gezahlt, kann das LVU den Vollstreckungsgläubiger direkt auf Rückabwicklung gemäß § 812 Abs. 1 Satz 1, 1. Alt. BGB in Anspruch nehmen.⁹³³

7. Rechtsstellung Dritter

a) Stellung des widerruflich Bezugsberechtigten. Allein durch die Pfändung der Ansprüche des Versicherungsnehmers aus dem Versicherungsvertrag verliert der widerruflich Bezugsberechtigte noch nicht die Anwartschaft auf die Versicherungsleistung, wenn ihm der Versicherungsnehmer für den Todesfall ein widerrufliches Bezugsrecht eingeräumt hat.⁹³⁴ Ist mithin der Anspruch des Versicherungsnehmers auf die Versicherungssumme gepfändet, ohne dass beim Eintritt des Versicherungsfalls die Bezugsberechtigung vom Gläubiger oder vom Versicherungsnehmer bereits widerrufen worden war, erwirbt der Bezugsberechtigte das Recht auf die Todesfallleistung, ohne durch das Pfandrecht beschränkt zu sein.⁹³⁵ Der Gläubiger muss deshalb dafür sorgen, dass er das Bezugsrecht rechtzeitig widerruft.⁹³⁶ Dies setzt allerdings voraus, dass dem Gläubiger das Recht auf Widerruf überwiesen worden ist.⁹³⁷ Erklärungen und Maßnahmen zur Realisierung von Forderungen aus Lebensversicherungen sind einer Bewertung als konkludente Widerrufserklärung zugänglich.⁹³⁸ Im Zweifel bedeutet deshalb jede Verfügung über die Forderung den Widerruf des Bezugsrechts,⁹³⁹ so z.B. bei Einziehung des Rückkaufswerts⁹⁴⁰ oder bei Kündigung durch den Insolvenzverwalter⁹⁴¹ oder wenn der Vollstreckungsgläubiger unmissverständlich zum Ausdruck bringt, ihm die Versicherungsleistung aus einer gepfändeten Lebensversicherung zur Verfügung zu stellen,⁹⁴² oder wenn der Versicherungsnehmer trotz widerruflichem Bezugsrecht vor Ablauf der Versicherung Auszahlung an sich verlangt.⁹⁴³ Eine Arrestpfändung der Ansprüche aus dem Lebensversicherungsvertrag führt nicht zum Widerruf, weil der Arrest nur auf Sicherung geht und deshalb eine Überweisung des Widerrufsrechts nicht zulässig ist.⁹⁴⁴

Eine Direktversicherung unterliegt dem Gläubigerzugriff, wenn der Arbeitgeber (Schuldner) als Versicherungsnehmer dem Arbeitnehmer (versicherte Person) bzw. seinen Hinterbliebenen nur ein widerrufliches Bezugsrecht für den Erlebens-

---

⁹³² LG Bonn, Urt. v. 14. 11. 2007 – 5 S 137/07, NJW-RR 2008, 475 = WM 2008, 445.
⁹³³ OLG Düsseldorf, Urt. v. 20. 8. 2001 – 1 U 199/00, WM 2002, 74, 75.
⁹³⁴ Vgl. RGZ 127, 269.
⁹³⁵ RGZ 127, 269; OLG München BB 1964, 990; OLG Köln, Urt. v. 1. 10. 2001 – 5 U 14/01, VersR 2002, 1544.
⁹³⁶ *David* MDR 1996, 24.
⁹³⁷ RGZ 153, 220; LG Berlin VersR 1963, 569.
⁹³⁸ OLG Köln, Urt. v. 1. 10. 2001 – 5 U 14/01, VersR 2002, 1544, 1545 = r+s 2003, 294, 295.
⁹³⁹ LG Stade v. 24. 10. 1953, VersR 1954, 457; LG Frankfurt/M., Urt. v. 9. 8. 1990 – 2/5 O 174/90, S. 5.
⁹⁴⁰ OLG Hamburg v. 16. 1. 1952, VersR 1952, 112, 113.
⁹⁴¹ LG Stade v. 24. 10. 1953, VersR 1954, 457; BGH VersR 1993, 689, 690 = r+s 1993, 354.
⁹⁴² OLG Köln, Urt. v. 1. 10. 2001 – 5 U 14/01, VersR 2002, 1544, 1545 = r+s 2003, 294, 295.
⁹⁴³ AG Osnabrück, Urt. v. 28. 11. 1989 – 42 C 554/89.
⁹⁴⁴ RGZ 153, 220.

und Todesfall eingeräumt hat. Wird vom Gläubiger des Arbeitgebers das Bezugsrecht widerrufen und kann der Arbeitgeber seiner arbeitsvertraglichen Verpflichtung auf Wiederherstellung des Bezugsrechts nicht nachkommen, trifft den Arbeitgeber eine allgemeine Schadensersatzpflicht. Sie bewirkt, dass sich die Zusage auf Direktversicherungsleistungen in eine – insolvenzgeschützte und beitragspflichtige – unmittelbare Versorgungszusage (Direktzusage) umwandelt, die auf die gleichen Leistungen gerichtet ist, die der Versicherer beim Fortbestehen des Bezugsrechts hätte erbringen müssen.[945]

314   **b) Stellung des unwiderruflich Bezugsberechtigten.** Hat der Versicherungsnehmer (Schuldner) für einen Dritten ein unwiderrufliches Bezugsrecht bestellt, das unverändert rechtlichen Bestand hat, kann der Anspruch auf die Versicherungssumme nur von Gläubigern des Bezugsberechtigten, nicht aber des Versicherungsnehmers gepfändet werden.[946] Dies gilt auch dann, wenn die Begünstigung nur für den Todesfall unwiderruflich begründet worden ist.[947] Der sofortige Rechtserwerb durch den Begünstigten ist lediglich durch den Eintritt der Fälligkeit zu Lebzeiten des Versicherungsnehmers auflösend bedingt.[948] Die Rechte aus dem Versicherungsvertrag können dann nicht mehr gegen den Bezugsberechtigten gepfändet werden.

315   Die Bestellung eines eingeschränkten unwiderruflichen Bezugsrechts ist bei der Direktversicherung üblich. Danach ist der Arbeitnehmer unter bestimmten Vorbehalten zu der auf sein Leben abgeschlossenen Versicherung sowohl für den Todes- als auch für den Erlebensfall unwiderruflich bezugsberechtigt.[949] Eine derartige Begünstigung schließt eine Pfändung durch einen Gläubiger des Versicherungsnehmers (Arbeitgebers) aus. Auch die unverfallbar gewordene Direktversicherung eines ausgeschiedenen Arbeitnehmers, der sie als Einzelversicherung mit ihm als Versicherungsnehmer fortführt, ist bis zum Eintritt des Versorgungsfalls nur pfändbar, soweit sie mit eigenen Beiträgen finanziert ist.

316   **c) Stellung des Zessionars. aa) Abtretung.** Soweit das Recht des Zessionars älter ist als das Pfändungspfandrecht, bleibt dieses Recht durch die Pfändung grundsätzlich unberührt.[950] Dies gilt auch bei einer älteren Abtretung einer künftigen Forderung[951] oder bei einer Rückabtretung an den Schuldner, der vor der Pfändung abgetreten hatte.[952] Wenn eine Anzeige an den Drittschuldner unterblieb, ändert sich nichts.[953] Hat der Gläubiger auch den Rückgewähranspruch des Schuldners gegen den Zessionar[954] gepfändet, kann gleichwohl der Zessionar sein Einziehungsrecht weiterhin ungeschmälert ausüben.[955] Die Beweislast dafür, dass die Abtretung vor der Zustellung des Pfändungs- und Überweisungsbeschlusses an den Zedenten erfolgt ist, trifft den Zessionar.[956]

317   **bb) Wirkung.** Die Pfändung einer Forderung, die der Schuldner bereits abgetreten hat, geht ins Leere; eine solche Pfändung ist grundsätzlich nichtig und wir-

---

[945] *Höfer/Abt*, § 1 Rdn. 191.
[946] *David* MDR 1996, 24.
[947] LG Frankfurt/M. v. 7. 11. 1956, VersR 1957, 211; GB BAV 1957/8, 32/33.
[948] BGHZ 45, 162.
[949] Siehe hierzu *Steinmeier* BetrAV 1978, 123; *Paulsdorff* BetrAV 1978, 126.
[950] BGH NJW 1985, 1157; KG MDR 1973, 233.
[951] BAG WM 1980, 661 – Sicherungsabtretung.
[952] BGHZ 56, 339 = NJW 1971, 1938; a. A. *Tiedtke* NJW 1972, 746; *Zöller/Stöber*, ZPO, 27. Aufl., 2009, § 829 ZPO Rdn. 4; a. A. OLG München NJW 1954, 1124; abl. *Merz* NJW 1955, 347; zur Wirksamkeit *Börker* NJW 1970, 1104.
[953] *Baumbach/Lauterbach/Albers/Hartmann*, ZPO, 67. Aufl., 2009, § 829 ZPO Anm. 8.
[954] Nur dieser ist Drittschuldner, vgl. BGH NJW 1954, 1326.
[955] *Stöber*, Forderungspfändung, 13. Aufl., 2002, Rdn. 67.
[956] LG Hanau, Urt. v. 5. 2. 1999 – 2 S 474/98, MDR 1999, 628.

kungslos.⁹⁵⁷ Wird eine Forderung gepfändet, die der Schuldner bereits abgetreten hat, sei es auch nur zur Sicherung,⁹⁵⁸ so ist die Pfändung nichtig und geht ins Leere, auch wenn die Forderung nachträglich auf den Schuldner zurück übertragen wurde.⁹⁵⁹ Wird also eine künftig fällige Versicherungsleistung gepfändet, die bereits abgetreten ist, geht die spätere Pfändung der Forderung ins Leere und ist schlechthin nichtig.⁹⁶⁰ Ist die Vorausabtretung noch nicht offen gelegt, muss der Drittschuldner indes auf die Pfändung abführen.⁹⁶¹

Wenn die schon abgetretene Forderung, deren Pfändung der Gläubiger zunächst erfolglos versucht hatte, vom Zessionar später an den Zedenten zurück übertragen wird, wird sie nunmehr nicht mehr von selbst von der alten Pfändung erfasst.⁹⁶² Der Gläubiger muss vielmehr die vom Schuldner bereits vor der Pfändung abgetretene Forderung im Fall der Rückabtretung nach Vollzug der Rückabtretung erneut pfänden oder kann sie nur durch Anfechtung gemäß § 11 AnfG erfassen.⁹⁶³ Wird die der Pfändung und Überweisung vorrangige Abtretung vom Vollstreckungsgläubiger erfolgreich wegen Gläubigerbenachteiligung angefochten, wird die Pfändung und Überweisung nachträglich nicht wirksam.⁹⁶⁴ Es bedarf vielmehr einer neuen Pfändung und Überweisung der Forderung aufgrund des im Anfechtungsprozess gegen den Abtretungsempfänger ergangenen Urteils.⁹⁶⁵ Andernfalls ist weder der Abtretungsempfänger gehindert, über die Forderung anderweitig zu verfügen noch der Drittschuldner mit befreiender Wirkung an den Abtretungsempfänger zu leisten.⁹⁶⁶ **318**

cc) **Stille Abtretung.** Häufig treffen Pfändungen mit (stillen) Abtretungen der Forderung an den Gläubiger zusammen. Die Vorausabtretung von Forderungen ist zulässig, sofern sie nur hinreichend bestimmt ist.⁹⁶⁷ Der Versicherer ist in diesem Fall gemäß §§ 408 Abs. 2 Alt. 1, 407 Abs. 1 BGB geschützt, wenn er von der ursprünglichen Abtretung nichts weiß und an einen Dritten leistet, dem die Forderung durch einen gerichtlichen Beschluss überwiesen worden ist.⁹⁶⁸ Dem gerichtlichen Pfändungs- und Überweisungsbeschluss steht das vorläufige Zahlungsverbot gemäß § 845 ZPO im Rechtsschein nicht gleich, so dass der Versicherer nicht leistungsfrei wird, wenn er zwar in Unkenntnis einer vorausgegangenen Forderungsabtretung, aber nur aufgrund eines vorläufigen Zahlungsverbotes an den Pfändungsgläubiger zahlt.⁹⁶⁹ Wird eine Abtretung erst nach der Pfändung der **319**

---

⁹⁵⁷ BGH, Urt. v. 5. 7. 1971 – II ZR 176/68, BGHZ 56, 339, 350/351 = NJW 1971, 1938 = DB 1971, 1961; BGH v. 5. 2. 1987, NJW 1987, 1705 = DB 1987, 778; BGH, Urt. v. 26. 5. 1987 – IX ZR 201/86, NJW 1988, 495 = DB 1987, 1933; BGH WM 1987, 980; LG Hildesheim, Urt. v. 8. 12. 1987 – 3 O 393/87, NJW 1988, 1916; BAG, Urt. v. 17. 2. 1993 – 4 AZR 161/92, NJW 1993, 2699, 2700 = DB 1993, 1245.
⁹⁵⁸ BAG WM 1980, 661.
⁹⁵⁹ BGH, Urt. v. 5. 7. 1971 – II ZR 176/68, BGHZ 56, 339, 350, 351 = NJW 1971, 1938 = DB 1971, 1961; BAG, Urt. v. 17. 2. 1993 – 4 AZR 161/92, NJW 1993, 2699, 2700 = ZIP 1993, 940 = DB 1993, 1245; *Baumbach/Lauterbach/Albers/Hartmann*, ZPO, 67. Aufl., 2009, § 829 ZPO Anm. 1 C; a. A. *Tiedtke* NJW 1972, 746, 748; *derselbe* JZ 1993, 73, 74; *derselbe* ZIP 1993, 1452, 1453, 1457.
⁹⁶⁰ BGHZ 56, 339, 350/351 = NJW 1971, 1938, 1941/1942.
⁹⁶¹ *Tiedtke* DB 1976, 421.
⁹⁶² BGHZ 56, 350.
⁹⁶³ BGHZ 56, 351.
⁹⁶⁴ BGH, Urt. v. 5. 2. 1987, NJW 1987, 1703.
⁹⁶⁵ BGH, Urt. v. 5. 2. 1987, NJW 1987, 1703.
⁹⁶⁶ BGH, Urt. v. 5. 2. 1987, NJW 1987, 1703.
⁹⁶⁷ BGH NJW 1965, 2197; BAG, AP 3 zu § 398 BGB; AP 26 zu § 138 BGB; AP 6 zu § 829 ZPO.
⁹⁶⁸ LG Hildesheim, Urt. v. 8. 12. 1987 – 3 O 393/87, NJW 1988, 1916, 1917.
⁹⁶⁹ LG Hildesheim, Urt. v. 8. 12. 1987 – 3 O 393/87, NJW 1988, 1916.

Forderung dem Drittschuldner bekannt, so wird durch die §§ 407, 408 BGB sein Vertrauen auf die zeitliche Priorität der Abtretung nicht geschützt.[970] Wird mithin dem Drittschuldner nach einer wirksamen Forderungspfändung eine Abtretungsurkunde des Vollstreckungsschuldners vorgelegt, die auf einen Zeitpunkt vor der Pfändung rückdatiert, tatsächlich aber erst nach der Pfändung ausgestellt ist, so wird er weder nach § 408 noch nach § 409 BGB gegenüber dem Vollstreckungsgläubiger von der Leistungspflicht frei, wenn er im Vertrauen auf die Urkunde und in Unkenntnis des zeitlichen Vorrangs der Pfändung an den in der Urkunde bezeichneten Abtretungsempfänger leistet oder mit ihm ein Rechtsgeschäft über die Forderung vornimmt.[971]

320 Das Versicherungsunternehmen hat ab dem Zeitpunkt der Offenlegung der Zession an den Zessionar zu zahlen, wenn die Zession vorrangig ist. Wegen der Offenlegung zurückliegender Zeiten ist es durch § 407 BGB geschützt. Der Zessionar hat jedoch einen Bereicherungsanspruch gegen den Pfändungsgläubiger, der aber etwaige Vollstreckungskosten abziehen darf.[972]

321 In der Praxis wird der Versicherer bis zur Aufhebung eine ausgebrachte Pfändung und Überweisung der Versicherungsansprüche schon wegen § 836 Abs. 2 ZPO vormerken, zumal nicht ausgeschlossen werden kann, dass eine Pfändung trotz vorgehender Abtretung wirksam ist, weil nämlich die Abtretung nicht wirksam ist. Um einer doppelten Inanspruchnahme zu entgehen, wird der Versicherer den Weg der Hinterlegung gehen, wenn der Pfändungsgläubiger trotz vorangehender Abtretung auf seine Rechte nicht verzichtet (§ 843 ZPO). Seine Rechte gegenüber dem Pfändungspfandgläubiger kann der Zessionar gemäß § 771 ZPO geltend machen.[973]

322 **d) Stellung anderer Pfändungsgläubiger.** Werden die Ansprüche aus einem Versicherungsvertrag mehrfach gepfändet, richtet sich der Rang der Pfandrechte gemäß § 804 Abs. 3 ZPO nach dem Zeitvorrang.[974] Das eigene Einziehungsrecht des nachrangigen Vollstreckungsgläubigers greift nur ein, soweit ihm nicht das Einziehungsrecht des vorrangigen Vollstreckungsgläubigers vorgeht.[975] Verzichtet ein Pfändungsgläubiger auf die durch die Pfändung und Überweisung zur Einziehung erworbenen Rechte (§ 843 ZPO), dann verliert dieser Gläubiger im Umfang des Verzichts seine bisherige Sachbefugnis und rücken nachrangige Gläubiger auf. Es sind auch ein Teilverzicht[976] oder eine Stundung zulässig. Diese dürfen aber nicht auf Kosten eines nachrangigen Gläubigers erklärt werden.[977] Ein nachrangig pfändender Gläubiger braucht daher eine Stundungsvereinbarung nur gegen sich gelten lassen, wenn er ihr zustimmt.[978] Ein bedingter Verzicht ist zulässig.[979]

323 **e) Stellung des Pfandgläubigers.** Das frühere Vertragspfandrecht geht dem späteren Pfändungspfandrecht vor,[980] wenn es gutgläubig erworben ist (§ 1208 BGB). Wenn die Pfändung erkennbar ist, dann ist ein guter Glauben nicht mehr vorhanden. Für den Erwerb eines Pfändungspfandrechts ist ein guter Glauben unerheblich, denn die §§ 1207 ff. BGB sind unanwendbar.[981]

---

[970] BGH, Urt. v. 5. 2. 1987, NJW 1987, 1706 = DB 1987, 778.
[971] BGH, Urt. v. 5. 2. 1987, NJW 1987, 1703 = DB 1987, 778.
[972] BGH v. 25. 3. 1976, NJW 1976, 1090.
[973] Zweifelnd KG MDR 1973, 233.
[974] BGH v. 8. 10. 1981, BGHZ 82, 32 = NJW 1982, 173.
[975] BGH v. 8. 10. 1981, BGHZ 82, 32 = NJW 1982, 173.
[976] BAG NJW 1975, 1575.
[977] *Baumbach/Lauterbach/Albers/Hartmann*, ZPO, 67. Aufl., 2009, § 843 ZPO Anm. 1 C.
[978] BAG AP 5 zu § 829 ZPO.
[979] *Zöller/Stöber*, ZPO, 27. Aufl., 2009, § 843 ZPO Rdn. 2.
[980] BGHZ 52, 99 und 93, 74.
[981] *Baumbach/Lauterbach/Albers/Hartmann*, ZPO, 67. Aufl., 2009, § 804 ZPO Anm. 4 B.

8. Rechtsbehelfe

Gegen den Pfändungs- und Überweisungsbeschluss können der Schuldner und der Drittschuldner die Erinnerung nach § 766 ZPO einlegen, die unbefristet zulässig ist.[982] Die Erinnerung steht einem nachrangig pfändenden Gläubiger zu, da er durch eine ihm im Rang vorgehende Pfändung in seiner Rechtsstellung beeinträchtigt wird und deshalb ein berechtigtes Interesse daran hat, die Rechtmäßigkeit der vorrangigen Pfändung überprüfen zu lassen.[983] Eine Erinnerung kommt ferner in Betracht, wenn unpfändbare Sachen gepfändet,[984] die Pfändungsfreigrenze unrichtig festgesetzt,[985] die Forderung nicht genügend bestimmt[986] oder der Vollstreckungstitel fehlerhaft zugestellt worden ist.[987] Die Aufhebung des Pfändungs- und Überweisungsbeschlusses beseitigt die Pfändungswirkung und führt zum Rangverlust. Der verlorene Rang kann nicht wiederhergestellt werden.[988]

324

VII. Insolvenzverfahren über das Vermögen des Versicherungsnehmers

Schrifttum: *Blomeyer*, Die Inanspruchnahme des Rückkaufswertes eines widerruflichen Direktversicherungs-Bezugsrechts im Unternehmenskonkurs, DB 1988, 962; *derselbe*, Die Verpfändung von Rückdeckungsversicherungen an Versorgungsanwärter der betrieblichen Altersversorgung, VersR 1999, 653; *Bork*, Der Lebensversicherungsvertrag in der Insolvenz des Versicherungsnehmers, in: Recht und Risiko, Festschrift für Helmut Kollhosser zum 70. Geburtstag, hrsg. v. Reinhard Bork, Thomas Hoeren, Petra Pohlmann, Karlsruhe, VVW, 2004, S. 57; *Elfring*, Das System der drittbezogenen Ansprüche bei der Lebensversicherung, NJW 2004, 483; *derselbe*, Versicherungsverträge im Insolvenzrecht, BB 2004, 617; *derselbe*, Die Verwertung verpfändeter und abgetretener Lebensversicherungsansprüche in der Insolvenz des Versicherungsnehmers, NJW 2005, 2192; *Fischer*, Der maßgebliche Zeitpunkt der anfechtbaren Rechtshandlung: Das Verständnis von § 140 Abs. 1 und 3 InsO in der höchstrichterlichen Rechtsprechung, ZIP 2004, 1679; *Flitsch/Herbst*, Lebensversicherungsverträge in der Insolvenz des Arbeitgebers – Auswirkungen des (geänderten) Gesetzes zur Verbesserung der betrieblichen Altersversorgung (BetrAVG), BB 2003, 317; *Ganter*, Vorsatzanfechtung nach fehlgeschlagener Sanierung, WM 2009, 1441; *Gehrlein*, Aktuelle Rechtsprechung zur Insolvenzanfechtung in systematischer Darstellung, WM Sonderbeil. Nr. 1/2009 zu Nr. 32 v. 8. 8. 2009 (Teil I) u. WM Sonderbeil. Nr. 1/2009 zu Nr. 33 v. 15. 8. 2009 (Teil II); *Güther/Kohly*, Typische Probleme bei der Feststellung und Verwertung von Lebensversicherungsverträgen in der Unternehmensinsolvenz, ZIP 2006, 1229; *Guski*, Rechtsprechung auf Irrwegen: Zur Funktion des § 133 Abs. 1 InsO – zugleich Anmerkung zu BGH, Urt. v. 20. 11. 2008 = WM 2009, 274 –, WM 2009, 1071; *Haas/Müller*, Der Insolvenzanfechtungsanspruch in der Insolvenz des Anfechtungsgegners, ZIP 2003, 49; *Hasse*, Zwangsvollstreckung in Kapitallebensversicherungen – Eine kritische Bestandsaufnahme de lege lata –, VersR 2005, 15; *Hölzle*, Zahlungsunfähigkeit – Nachweis und Kenntnis im Anfechtungsprozess, ZIP 2006, 101; *Jansen/Hung*, Insolvenzbekanntmachungen.de – Eine neue Haftungsfalle für den Rechtsanwalt?, NJW 2004, 3379; *Kayser*, Die Lebensversicherung im Spannungsfeld der Interessen von Insolvenzmasse, Bezugsberechtigtem und Sicherungsnehmer – eine Zwischenbilanz, ZInsO 2004, 1321; *derselbe*, Die Lebensversicherung in der Insolvenz des

---

[982] BGHZ 69, 148 m. w. Nachw.; KG NJW 1973, 289.
[983] BGH, Urt. v. 9. 2. 1989, NJW-RR 1989, 636 = WM 1989, 583; BGH, Beschl. v. 5. 4. 2005 – VII ZB 15/05, NJW-RR 2005, 869, 870 = WM 2005, 1185.
[984] BGHZ 69, 148; OLG Frankfurt/M. NJW 1981, 468 je m. w. Nachw.; *Wilke* NJW 1978, 2381.
[985] BAG MDR 1961, 799.
[986] OLG Frankfurt/M. NJW 1981, 468 m. w. Nachw. und WM 1987, 25.
[987] Offen BGHZ 66, 82.
[988] BGHZ 30, 175; KG MDR 1966, 515; OLG Köln NJW 1976, 114; BGH NJW 1976, 1453; OLG Köln v. 17. 9. 1986, NJW-RR 1987, 380.

Arbeitgebers, Köln, Heymanns, 2006; *Kirchhof,* Die Rechtsprechung des Bundesgerichtshofs zum Insolvenzrecht, WM Sonderbeil. Nr. 2/2005 zu Nr. 22 v. 4. 6. 2005 u. WM Sonderbeil. Nr. 1/2008 zu Nr. 50–52 v. 13./20./27. 12. 2008; *Kreft,* Die Wende in der Rechtsprechung zu § 17 KO, ZIP 1997, 865; *Mueller,* Die Lebensversicherung im Konkurs des Versicherungsnehmers, VW 1971, 522; *Pape,* Zahlungsunfähigkeit in der Gerichtspraxis, WM 2008, 1949; *Prahl,* Der Prämienanspruch des Lebensversicherers in der Insolvenz des Versicherungsnehmers bei beiderseits nicht erfülltem Vertrag, VersR 2006, 884; *Stegmann,* Lebensversicherung als Kreditsicherung im Rahmen der neuen InsO, VersR 2000, 1467; *Steinwachs,* Die Insolvenzfestigkeit des Sicherheitenpoolvertrags, NJW 2008, 2231; *Thiel,* Die Anfechtung der (Um-)Benennung des Bezugsberechtigten für die Todesfallversicherung gemäß § 134 Abs. 1 InsO, ZIP 2002, 1232; *Westhelle/Miksch,* Die insolvenzrechtliche Abwicklung der Direktversicherung, ZIP 2003, 2054; *Wienandts,* Die Verwertung der Lebensversicherung im Konkurs des Ehemannes, ZVersWiss 1935, 38; *Zeigner,* Der Einfluss des Konkurses über das Vermögen des Versicherungsnehmers oder des Begünstigten auf privatrechtliche Lebensversicherungsverhältnisse, ZVersWiss 1913, 480, 654; *Zenker,* Geltendmachung der Insolvenz- und der Gläubigeranfechtung, NJW 2008, 1038.

1. Rechte des Insolvenzverwalters

325 **a) Insolvenzmasse.** Nach § 35 InsO erfasst das Insolvenzverfahren das gesamte Vermögen, das dem Schuldner zur Zeit der Eröffnung des Verfahrens gehört und das er während des Verfahrens erlangt (Insolvenzmasse). Versicherungsvertragliche Ansprüche sind Rechte mit Vermögenswert und deshalb in der Insolvenz des Versicherungsnehmers grundsätzlich Bestandteil der Insolvenzmasse.[989] Welche Rechte dem Insolvenzverwalter und weiteren Personen, z.B. dem begünstigten Arbeitnehmer, aus dem Versicherungsverhältnis zustehen, hängt allein von der Ausgestaltung des Versicherungsverhältnisses ab.[990] Gehört die Forderung nicht zum Vermögen des Gemeinschuldners, sondern steht sie einem Dritten zu, kann der Forderungsinhaber die Aussonderung dieses Rechts aus der Insolvenzmasse verlangen.[991] Diese Aussonderung wird im Wege der Feststellungsklage verfolgt.[992]

326 Folgende Ansprüche des Versicherungsnehmers unterliegen, da sie nicht abtretbar und damit nicht pfändbar sind (§ 1 Abs. 4 KO, §§ 400 und 1274 Abs. 2 BGB, §§ 850 ff. ZPO), nicht dem Konkursbeschlag: Rentenzahlungen aus Rentenversicherungsverträgen im Rahmen der Pfändungsschutzvorschriften, Ansprüche aus Sterbegeldversicherungen und Ansprüche aus Todesfalllebensversicherungen bis zu einer Versicherungssumme von DM 3600,00.[993]

327 **b) Verwaltungs- und Verfügungsrecht.** Durch die Eröffnung des Insolvenzverfahrens geht die Verwaltungs- und Verfügungsbefugnis über das Vermögen des Schuldners auf den Insolvenzverwalter über (§§ 22 Abs. 1 Satz 1, 80 Abs. 1 InsO).

---

[989] *Bork* in: Festschrift für Kollhosser, 2004, S. 57, 58.
[990] BAG, Urt. v. 26. 6. 1990 – 3 AZR 2 /89, VersR 1991, 942, 943; BAG, Urt. v. 26. 6. 1990 – 3 AZR 641/88, NJW 1991, 717; BAG, Urt. v. 26. 2. 1991 – 3 AZR 213/90, VersR 1992, 341 = BetrAV 1992, 49; BAG, Urt. v. 28. 3. 1995 – 3 AZR 373/94, BAGE 79, 360, 363 = VersR 1996, 85 = BetrAV 1996, 88, 89 = ZIP 1995, 2012, 2013 = BB 1995, 2663; BAG, Urt. v. 17. 10. 1995 – 3 AZR 622/94, BetrAV 1996, 288; OLG Düsseldorf VersR 1998, 1405; BAG, Urt. v. 8. 6. 1999 – 3 AZR 136/98, BAGE 92, 1 = NZA 1999, 1103, 1104 = VersR 2000, 80, 81 = ZIP 1999, 1638 = BB 1999, 2195; dazu *Blomeyer* EWiR 2000, 111; OLG Frankfurt/M., Urt. v. 12. 5. 2005 – 3 U 21/04, ZIP 2005, 1036, 1037.
[991] BAG, Urt. v. 26. 6. 1990 – 3 AZR 2 /89, VersR 1991, 942, 943; BAG, Urt. v. 26. 6. 1990 – 3 AZR 641/88, NJW 1991, 717.
[992] BAG, Urt. v. 26. 6. 1990 – 3 AZR 2 /89, VersR 1991, 942, 943; BAG, Urt. v. 26. 6. 1990 – 3 AZR 641/88, NJW 1991, 717.
[993] § 850b Abs. 1 Ziff. 4 ZPO; LG Hamburg v. 13. 3. 1957, VersR 1957, 366; LG Hamburg VersR 1971, 926.

Während bisher der Schuldner als Unternehmer in erster Linie auf den wirtschaftlichen Erfolg seines Unternehmens bedacht ist, steht nunmehr für den Insolvenzverwalter die Befriedigung der Insolvenzgläubiger im Vordergrund, sei es durch Fortführung oder Einstellung des Betriebs (§ 1 Satz 1 InsO).[994]

Aufgrund seines Verwaltungs- und Verfügungsrechts kann der Insolvenzverwalter die Fortführung des Lebensversicherungsvertrags von sich aus oder aufgrund einer Aufforderung des LVU ablehnen. Er kann die Lebensversicherung kündigen und die Rückvergütung zur Insolvenzmasse ziehen. Die bis zum Ablauf der Kündigungsfrist fällig werdenden Beiträge sind vom Insolvenzverwalter noch zu entrichten, andernfalls kann sie der Versicherer gegen die auszahlbare Rückvergütung aufrechnen. Auch rückständige Zinsen für Vorauszahlungen, die der Versicherer aus dem Versicherungsvertrag gewährt hat, können auf diese Weise verrechnet werden, da sie wie Beitragszuschläge zu behandeln sind, gleichgültig, ob sie im einzelnen als Zinsen, Beitragszuschläge oder Zusatzbeiträge bezeichnet werden. War die Versicherungsleistung im Zeitpunkt der Eröffnung des Insolvenzverfahrens bereits fällig, muss sie der Versicherer an den Insolvenzverwalter zahlen.

c) **Abwicklungsverhältnis.** Ist ein vor Eröffnung des Insolvenzverfahrens geschlossener Vertrag weder vom Insolvenzschuldner noch von seinem Vertragspartner erfüllt, fällt mit der Eröffnung des Insolvenzverfahrens der ursprüngliche Erfüllungsanspruch weg.[995] Das Rechtsverhältnis zwischen dem Gemeinschuldner und seinem Vertragspartner wird durch die Eröffnung des Insolvenzverfahrens umgestaltet und an die Stelle der beiderseitigen Erfüllungsansprüche tritt, sofern der Insolvenzverwalter nicht die Erfüllung wählt, der einseitige Anspruch des Vertragsgegners auf Schadensersatz wegen Nichterfüllung, der nach § 26 KO nur als Konkursforderung geltend gemacht werden kann.[996] Maßgebender Zeitpunkt für die Umgestaltung des Rechtsverhältnisses in ein Abwicklungsverhältnis ist die Eröffnung des Insolvenzverfahrens, nicht dagegen erst die Erfüllungsablehnung seitens des Insolvenzverwalters.[997] Nur wenn der Insolvenzverwalter die Erfüllung

---

[994] BGH, Urt. v. 3.5. 2006 – IV ZR 134/05, NJW-RR 2006, 1258, 1260 = VersR 2006, 1059, 1061 = WM 2006, 1393, 1396 = ZIP 2006, 1309, 1311 = DB 2006, 1488, 1490.

[995] BGHZ 103, 250, 252 = NJW 1988, 1790 = WM 1988, 427 = ZIP 1988, 322 = BB 1988, 654 = MDR 1988, 491; dazu *Marotzke* EWiR 1988, 285; BGH, Urt. v. 20. 12. 1988 – IX ZR 50/88, BGHZ 106, 236, 241 = NJW 1989, 1282 = WM 1989, 229 = ZIP 1989, 171 = BB 1989, 374 = MDR 1989, 446; dazu *Pape* EWiR 1989, 283; BGH, Urt. v. 21. 11. 1991 – IX ZR 290/90, BGHZ 116, 156, 158 = NJW 1992, 507 = WM 1992, 75 = ZIP 1992, 48 = BB 1992, 172 = MDR 1992, 150; dazu *Marotzke* EWiR 1992, 71; BGH, Urt. v. 4. 3. 1993 – IX ZR 169/92, NJW 1993, 1994 = VersR 1993, 689 = VerBAV 1993, 193 = r+s 1993, 354 = WM 1993, 1057 = ZIP 1993, 600 = BB 1993, 1911 (Ls.) = MDR 1993, 637; dazu *Blomeyer* EWiR 1993, 473; OLG Hamm, Urt. v. 21. 4. 1995 – 20 U 344/94, NJW-RR 1996, 1311 = VersR 1996, 360 = r+s 1996, 242 = WM 1996, 1743 = BB 1995, 2239 = BetrAV 1996, 90.

[996] BGH, Urt. v. 20. 12. 1988 – IX ZR 50/88, BGHZ 106, 236, 242 = NJW 1989, 1282 = WM 1989, 222 = ZIP 1989, 171 = BB 1989, 374; dazu *Pape* EWiR 1989, 283; BGHZ 116, 156, 158 = NJW 1992, 507 = WM 1992, 75 = ZIP 1992, 48 = BB 1992, 172; BGH, Urt. v. 4. 3. 1993 – IX ZR 169/92, NJW 1993, 1994 = VersR 1993, 689 = VerBAV 1993, 193 = r+s 1993, 354 = WM 1993, 1057 = ZIP 1993, 600 = BB 1993, 1911 (Ls.) = MDR 1993, 637; OLG Hamm, Urt. v. 21. 4. 1995 – 20 U 344/94, NJW-RR 1996, 1311 = VersR 1996, 360 = r+s 1996, 242 = WM 1996, 1743 = BB 1995, 2239 = BetrAV 1996, 90, 91; *Kreft* ZIP 1997, 865, 867.

[997] BGH, Urt. v. 4. 3. 1993 – IX ZR 169/92, NJW 1993, 1994 = VersR 1993, 689 = VerBAV 1993, 193, 194 = r+s 1993, 354 = WM 1993, 1057 = ZIP 1993, 600, 601 = BB 1993, 1911 (Ls.) = MDR 1993, 637; OLG Düsseldorf, Urt. v. 17. 4. 1998 – 22 U 197/97, NJW 1998, 3572, 3573 = VersR 1998, 1559, 1560 = ZIP 1998, 1037; zust. *Huntemann* EWiR 1998, 953, 954.

des Vertrags wählt, wird mit dieser Erklärung der Anspruch aus dem Schuldverhältnis mit dem bisherigen Inhalt neu begründet.[998] Wählt der Insolvenzverwalter die Erfüllung, wird der Versicherungsvertrag gemäß § 105 InsO in einen auf die Zeit vor der Insolvenzeröffnung entfallenden Teil, bezüglich dessen der Prämienanspruch nur als einfache Insolvenzforderung geltend zu machen ist, und einen auf die Zeit nach Insolvenzeröffnung entfallenen Teil, der vom Insolvenzverwalter zu erfüllen ist, aufgespalten.[999] Lehnt der Insolvenzverwalter die Erfüllung ab, so besagt das nur, dass es bei der bereits mit der Eröffnung des Insolvenzverfahrens eingetretenen Rechtslage verbleibt.[1000] Handelt es sich um eine Lebensversicherung ohne oder mit widerruflichem Bezugsrecht, so ist der Insolvenzverwalter außer an der Vermeidung künftiger Prämienzahlungen insbesondere daran interessiert, gemäß § 176 VVG die Prämienreserve zur Insolvenzmasse zu ziehen, falls die Prämie für den Zeitraum von drei Jahren bezahlt ist.[1001] Um den Anspruch auf den Rückkaufswert zu erhalten, muss der Insolvenzverwalter das Versicherungsverhältnis nicht noch nach § 165 VVG kündigen.[1002] § 165 VVG trifft keine Regelung für den Konkurs des Versicherungsnehmers.[1003] Diese Vorschrift gilt für das „gesunde Versicherungsverhältnis" und gibt dem Versicherungsnehmer das Recht, den Vertrag jederzeit für den Schluss der laufenden Versicherungsperiode zu kündigen.[1004] Da die Vorschrift des § 165 VVG ein laufendes Versicherungsverhältnis voraussetzt, kommt eine Kündigung durch den Insolvenzverwalter nur in Betracht, wenn er durch sein Erfüllungsverlangen den Vertrag fortsetzt.[1005] Hat er dagegen die Erfüllung abgelehnt, ist das Versicherungsverhältnis im Zeitpunkt der Eröffnung des Insolvenzverfahrens in ein Abwicklungsverhältnis umge-

---

[998] BGH, Urt. v. 20. 12. 1988 – IX ZR 50/88, BGHZ 106, 236, 242 f. = NJW 1989, 1282 = WM 1989, 229; BGH, Urt. v. 21. 11. 1991 – IX ZR 290/90, BGHZ 116, 156, 158 = NJW 1992, 507 = WM 1992, 75; BGH, Urt. v. 4. 3. 1993 – IX ZR 169/92, NJW 1993, 1994 = VersR 1993, 689 = VerBAV 1993, 193, 194 = r+s 1993, 354 = WM 1993, 1057 = ZIP 1993, 600, 601 = BB 1993, 1911 (Ls.) = MDR 1993, 637; LG Köln, Urt. v. 17. 9. 2000 – 23 S 22/00, VersR 2001, 885; a. A. *Elfring* BB 2004, 617, 618 unter Berufung auf BGH, Urt. v. 25. 4. 2002 – IX ZR 313/99, BGHZ 150, 353 = ZIP 2002, 1093.

[999] OLG Düsseldorf, Urt. v. 5. 7. 2005 – 4 U 133/04, NJW-RR 2006, 494, 495; a. A. *Prahl* VersR 2006, 884, 885.

[1000] BGH, Urt. v. 4. 3. 1993 – IX ZR 169/92, NJW 1993, 1994 = VersR 1993, 689 = VerBAV 1993, 193, 194 = r+s 1993, 354 = WM 1993, 1057 = ZIP 1993, 600, 601 = BB 1993, 1911 (Ls.) = MDR 1993, 637.

[1001] BGH, Urt. v. 4. 3. 1993 – IX ZR 169/92, NJW 1993, 1994, 1995 = VersR 1993, 689, 690 = VerBAV 1993, 193, 194 = r+s 1993, 354 = WM 1993, 1057 = ZIP 1993, 600, 601 = MDR 1993, 637.

[1002] BGH, Urt. v. 4. 3. 1993 – IX ZR 169/92, NJW 1993, 1994, 1995 = VersR 1993, 689, 690 = VerBAV 1993, 193, 194 = r+s 1993, 354 = WM 1993, 1057 = ZIP 1993, 600, 601 = MDR 1993, 637; *Flitsch/Herbst* BB 2003, 317, 319; a. A. *Elfring* BB 2004, 617, 619.

[1003] BGH, Urt. v. 4. 3. 1993 – IX ZR 169/92, NJW 1993, 1994, 1995 = VersR 1993, 689, 690 = VerBAV 1993, 193, 194 = r+s 1993, 354 = WM 1993, 1057 = ZIP 1993, 600, 601 = MDR 1993, 637.

[1004] BGH, Urt. v. 4. 3. 1993 – IX ZR 169/92, NJW 1993, 1994, 1995 = VersR 1993, 689, 690 = VerBAV 1993, 193, 194 = r+s 1993, 354 = WM 1993, 1057 = ZIP 1993, 600, 601 = MDR 1993, 637.

[1005] BGH, Urt. v. 4. 3. 1993 – IX ZR 169/92, NJW 1993, 1994, 1995 = VersR 1993, 689, 690 = VerBAV 1993, 193, 194 = r+s 1993, 354 = WM 1993, 1057 = ZIP 1993, 600, 601 = MDR 1993, 637; OLG Hamm, Urt. v. 21. 4. 1995 – 20 U 344/94, NJW-RR 1996, 1311 = VersR 1996, 360 = r+s 1996, 242, 243 = WM 1996, 1743 = BB 1995, 2239 = BetrAV 1996, 90, 91; OLG Hamm, Urt. v. 19. 12. 1997 – 20 U 150/97, NJW-RR 1998, 1062 = VersR 1998, 1494.

wandelt worden.¹⁰⁰⁶ Für eine Kündigung des Vertrages ist danach kein Raum mehr.¹⁰⁰⁷

d) Vergütungsanspruch. aa) Ausgangslage. Die Insolvenzordnung hat das 330 Verwertungsrecht von beweglichen Sachen im Besitz des Insolvenzverwalters und von zur Sicherung abgetretenen Forderungen beim Insolvenzverwalter konzentriert.¹⁰⁰⁸ Nach Sinn und Zweck sollen hierdurch die Interessen der Beteiligten so koordiniert werden, dass der Wert des Schuldnervermögens maximiert wird.¹⁰⁰⁹ Dieses Anliegen rechtfertigt es zugleich, den Sicherungsgläubigern durch die Einbindung in das Verfahren bei der Durchführung ihrer Rechte gewisse Rücksichtnahmen abzuverlangen und Kostenbeiträge aufzuerlegen.¹⁰¹⁰

bb) Verwertung Rückkaufswert. Dem vorläufigen Insolvenzverwalter sind 331 Verwertungs- und Abwicklungsmaßnahmen aus eigenem Recht in der Regel nicht gestattet.¹⁰¹¹ Der Insolvenzverwalter hat hingegen ab dem Zeitpunkt der Insolvenzeröffnung nach § 166 Abs. 2 InsO das Recht, sämtliche zur Sicherheit abgetretenen Forderungen ohne Rücksicht darauf zu verwerten, ob und zu welchem Zeitpunkt die Abtretung angezeigt worden ist und ob die Geltendmachung der Forderung durch den Insolvenzverwalter das Insolvenzverfahren vereinfacht.¹⁰¹² Dies hat zur Folge, dass der Insolvenzverwalter die Herausgabe des Versicherungsscheins vom Zessionar verlangen kann.¹⁰¹³ Auf rechtsgeschäftlich verpfändete Forderungen fin-

---

¹⁰⁰⁶ BGH, Urt. v. 4. 3. 1993 – IX ZR 169/92, NJW 1993, 1994, 1995 = VersR 1993, 689, 690 = VerBAV 1993, 193, 194 = r+s 1993, 354 = WM 1993, 1057 = ZIP 1993, 600, 601 = MDR 1993, 637; OLG Hamm, Urt. v. 21. 4. 1995 – 20 U 344/94, NJW-RR 1996, 1311 = VersR 1996, 360 = r+s 1996, 242, 243 = WM 1996, 1743 = BB 1995, 2239 = BetrAV 1996, 90, 91; OLG Hamm, Urt. v. 19. 12. 1997 – 20 U 150/97, NJW-RR 1998, 1062 = VersR 1998, 1494; OLG Hamburg, Urt. v. 27. 8. 2002 – 9 U 265/00, VersR 2003, 630, 631.
¹⁰⁰⁷ BGH, Urt. v. 4. 3. 1993 – IX ZR 169/92, NJW 1993, 1994, 1995 = VersR 1993, 689, 690 = VerBAV 1993, 193, 194 = r+s 1993, 354 = WM 1993, 1057 = ZIP 1993, 600, 601 = MDR 1993, 637; OLG Hamm, Urt. v. 21. 4. 1995 – 20 U 344/94, NJW-RR 1996, 1311 = VersR 1996, 360 = r+s 1996, 242, 243 = WM 1996, 1743 = BB 1995, 2239 = BetrAV 1996, 90, 91; OLG Hamm, Urt. v. 19. 12. 1997 – 20 U 150/97, NJW-RR 1998, 1062 = VersR 1998, 1494; OLG Hamburg, Urt. v. 27. 8. 2002 – 9 U 265/00, VersR 2003, 630, 631.
¹⁰⁰⁸ BGH, Urt. v. 15. 5. 2003 – IX ZR 218/02, WM 2003, 1367, 1368 = ZIP 2003, 1256, 1257.
¹⁰⁰⁹ BGH, Urt. v. 15. 5. 2003 – IX ZR 218/02, WM 2003, 1367, 1368 = ZIP 2003, 1256, 1257.
¹⁰¹⁰ BT-Drucks. 12/2443, S. 86; BGH v. 11. 7. 2002 – IX ZR 262/01, WM 2002, 1797 = ZIP 2002, 1630, 1631 = ZVI 2002, 282, 283 f.; BGH, Urt. v. 15. 5. 2003 – IX ZR 218/02, WM 2003, 1367, 1368 = ZIP 2003, 1256, 1257 f.
¹⁰¹¹ BGH, Urt. v. 6. 4. 2000 – IX ZR 422/98, BGHZ 144, 192, 199 = NJW 2000, 1950 = NZI 2000, 306 = DB 2000, 1509; BGH, Beschl. v. 14. 12. 2000 – IX ZB 105/00, BGHZ 146, 165, 172 = NJW 2001, 1496 = NZI 2001, 191; BGH, Urt. v. 20. 2. 2003 – IX ZR 81/02, BGHZ 154, 72, 79 = NJW 2003, 2240 = NZI 2003, 259 = DB 2003, 1842; BGH, Urt. v. 11. 7. 2002 – IX ZR 262/01, NJW 2002, 3475 = NZI 2002, 599 = ZIP 2002, 1630, 1632; BGH, Urt. v. 15. 5. 2003 – IX ZR 218/02, NJW-RR 2003, 1490 = NZI 2003, 496 = WM 2003, 1367; Urt. v. 22. 2. 2007 – IX ZR 2/06, NJW-RR 2007, 989, 990 = DB 2007, 1079, 1080.
¹⁰¹² BGH, Urt. v. 11. 7. 2002 – IX ZR 262/01, NJW 2002, 3475 = NVersZ 2002, 493 = VersR 2002, 1292 = r+s 2003, 425 f. = WM 2002, 1797, 1798 = ZIP 2002, 1630, 1631; zust. *Gundlach/Frenzel* EWiR 2002, 921, 922; OLG Hamburg, Urt. v. 8. 11. 2007 – 9 U 123/07, VersR 2008, 767, 768 = WM 2008, 248, 249; OLG Hamm, Urt. v. 25. 1. 2008 – 20 U 89/07, NJW-RR 2008, 982, 983 = VersR 2008, 908, 909 = r+s 2009, 204, 205.
¹⁰¹³ OLG Hamburg, Urt. v. 8. 11. 2007 – 9 U 123/07, VersR 2008, 767, 768 = WM 2008, 248, 249.

det § 166 Abs. 2 InsO keine Anwendung.[1014] Verpfändete Forderungen verwertet der Pfandgläubiger selbst.[1015]

332 Aufgrund des Verwertungsrechts kann der Insolvenzverwalter den fälligen Rückkaufswert einer Lebensversicherung einziehen und muss den Erlös unter Abzug der Kosten an den Absonderungsberechtigten auszahlen (§§ 170, 171 InsO).[1016] Grundsätzlich sind dabei pauschal 9% vom Verwertungserlös anzusetzen, wobei 4% auf die Feststellung und 5% auf die Verwertung als solche entfallen (§ 171 InsO). Lassen sich die tatsächlichen Verwertungskosten feststellen und beziffern und lagen diese erheblich höher oder niedriger, ist allerdings dieser Betrag anzusetzen (§ 171 Abs. 2 Satz 2 InsO). Die Beweislast für die Feststellung, dass die Verwertungskosten erheblich niedriger als 5% des Verwertungserlöses waren, trifft den Absonderungsberechtigten.[1017] Wenn die tatsächlichen Verwertungskosten für die Realisierung des Rückkaufswerts einer Lebensversicherung die einbehaltene Verwertungspauschale erheblich unterschreiten, kann das Gericht die angemessene Höhe der Verwertungskosten mangels anderer Grundlagen nach § 287 ZPO schätzen und der so ermittelte Betrag ist von der einbehaltenen Pauschale abzuziehen und der Überschussbetrag auszukehren.[1018] Eine erhebliche Unterschreitung wird regelmäßig angenommen, wenn der Aufwand bei der Verwertung durch den Insolvenzverwalter die Verwertungskostenpauschale um mehr als 50% unterschreitet.[1019]

333 cc) **Verwertungskostenpauschale.** Im Regelfall stehen dem Insolvenzverwalter gemäß § 171 Abs. 1 InsO für die Feststellung der Rechte aus dem Versicherungsvertrag 4% des realisierten Rückkaufswerts zu.[1020] Inwieweit der Insolvenzverwalter Anspruch auf die Verwertungskostenpauschale von 5% hat, hängt von den Umständen des Einzelfalls ab. Dabei ist zu berücksichtigen, dass der Gesetzgeber mit der Einführung eines Pauschalsatzes und damit einer Vermutungsregel zu Gunsten des Insolvenzverwalters das Verfahren vereinfachen und Streitigkeiten über die konkrete Höhe der Kosten verhindern wollte.[1021] Eine erhebliche Unterschreitung der pauschalierten Verwertungskosten wurde nicht festgestellt, wenn der Insolvenzverwalter auf Veranlassung des absonderungsberechtigten Kreditinstituts umfangreiche Verhandlungen mit einem Ankäufer von Versicherungen geführt hat.[1022]

334 dd) **Bemessungsgrundlage.** In die Bemessungsgrundlage der Vergütung des vorläufigen Insolvenzverwalters sind in entsprechender Anwendung des § 1 InsVV die mit Aus- und Absonderungsrechten belasteten Vermögensgegenstände einzu-

---

[1014] LG Tübingen, Urt. v. 17. 11. 2000 – 4 O 233/00, NJW-RR 2001, 1344, 1345 = NVersZ 2001, 356, 357; a. A. OLG München, Urt. v. 22. 6. 2004 – 25 U 5618/03, Info-Letter Versicherungs- und Haftungsrecht 2004, 223; *Marotzke* ZZP 109 (1996), 447 ff.

[1015] BT Drucks. 12/7302, S. 176; BR-Drucks. 1/92, S. 178 f.; *Blomeyer* VersR 1999, 653, 663; *Stegmann* VersR 2000, 1467, 1470.

[1016] OLG Hamm, Urt. v. 25. 1. 2008 – 20 U 89/07, NJW 2008, 2660 (Ls.) = NJW-RR 2008, 982, 983 = VersR 2008, 908, 909 = r+s 2009, 204, 205; *Elfring* NJW 2005, 2192, 2194.

[1017] AG Wuppertal, Urt. v. 4. 1. 2006 – 32 C 346/04, ZIP 2006, 772, 773; *Stegmann* VersR 2000, 1467, 1470.

[1018] AG Mainz, Urt. v. 15. 9. 2004 – 81 C 254/04, ZVI 2005, 141; AG Wuppertal, Urt. v. 4. 1. 2006 – 32 C 346/04, ZIP 2006, 772, 773.

[1019] OLG Jena, Urt. v. 3. 2. 2004 – 5 U 709/03, ZIP 2004, 2107, 2110; AG Wuppertal, Urt. v. 4. 1. 2006 – 32 C 346/04, ZIP 2006, 772, 773.

[1020] Vgl. für die Sicherungsabtretung BGH, Urt. v. 11. 7. 2002 – IX ZR 262/01, NJW 2002, 3475, 3477 = ZInsO 2002, 826 = NVersZ 2002, 493,495 = VersR 2002, 1292, 1294 = r+s 2003, 425, 427 = WM 2002, 1797, 1800 = ZIP 2002, 1630, 1633.

[1021] AG Wuppertal, Urt. v. 4. 1. 2006 – 32 C 346/04, ZIP 2006, 772, 773.

[1022] AG Wuppertal, Urt. v. 4. 1. 2006 – 32 C 346/04, ZIP 2006, 772, 773. Den Berechnungen lag ein Stundensatz von 120 € zugrunde.

beziehen, soweit sich der vorläufige Insolvenzverwalter tatsächlich mit den Aus- und Absonderungsrechten befasst hat.[1023] Der Rückkaufswert einer verpfändeten Lebensversicherung ist in die Bemessungsgrundlage der Vergütung des vorläufigen Insolvenzverwalters einzubeziehen, wenn diese Forderung in die Vermögensübersicht zur Eröffnung des Insolvenzverfahrens aufgenommen, der Drittschuldner (Versicherer) über die vorläufige Verwaltung informiert und insbesondere die Realisierbarkeit der Forderung vom vorläufigen Insolvenzverwalter geprüft worden ist.[1024]

2. Pflichten des Versicherers vor und nach Eröffnung des Insolvenzverfahrens

a) **Beobachtungspflicht des LVU.** Dem Versicherer obliegt es, die Entwicklung des Wirtschaftslebens unter Einbeziehung von Insolvenzen zu beobachten, und hat sich organisatorisch darauf einzustellen, entsprechende Informationen aufzunehmen und intern weiterzugeben.[1025] Der Gesetzgeber hat insoweit Hilfestellung geleistet. § 9 Abs. 1 und 2 InsO sieht vor, dass die nach der Insolvenzordnung vorzunehmenden öffentlichen Bekanntmachungen auch mittels elektronischer Informations- und Kommunikationssysteme erfolgen können, womit das Internet gemeint gewesen ist.[1026] Von dieser Möglichkeit hat das Bundesministerium der Justiz Gebrauch gemacht und mit Zustimmung des Bundesrats die Verordnung zu öffentlichen Bekanntmachungen in Insolvenzverfahren im Internet (InsIntBekV)[1027] erlassen, die zum 21. Februar 2002 in Kraft getreten ist. Gemäß § 1 Satz 1 InsIntBekV ersetzt die Veröffentlichung im Internet diejenige im amtlichen Verkündungsblatt dann, wenn sie durch die Landesjustizverwaltung für das Gericht bestimmt ist. Nach der Gesetzesbegründung funktioniert eine Recherche über die Homepage www.insolvenzbekanntmachungen.de so einfach wie das „Aufschlagen der Tageszeitung".[1028]

Darüber hinaus kann sich eine Erkundigungspflicht des LVU ergeben, wenn aufgrund von Presseberichten eine breite Öffentlichkeit auf die Zahlungsunfähigkeit des Schuldners (Versicherungsnehmers) schließen kann.[1029] Durch das am 1. Juli 2007 in Kraft getretene Gesetz zur Vereinfachung des Insolvenzverfahrens vom 13. April 2007 ist u.a. § 9 InsO dahin geändert worden, dass nunmehr die öffentlichen Bekanntmachungen im insolvenzgerichtlichen Verfahren grundsätzlich nur noch durch eine zentrale und länderübergreifende Veröffentlichung im Internet erfolgen (§ 9 Abs. 1 Satz 1 InsO).[1030] Bekanntmachungen im Bundesanzeiger sind seit dem 1. Juli 2007 in Insolvenzverfahren, die vor diesem Tag eröffnet worden sind, gesetzlich nicht mehr vorgesehen.[1031]

b) **Leistungen an den Schuldner. aa) Ausgangslage.** Ist nach der Eröffnung des Insolvenzverfahrens zur Erfüllung einer Verbindlichkeit an den Schuldner geleistet worden, obwohl die Verbindlichkeit zur Insolvenzmasse zu erfüllen

---

[1023] BGH, Beschl. v. 14. 12. 2000 – IX ZB 105/00, NJW 2001, 1496, 1498 = ZIP 2001, 296; dazu *Keller* EWiR 2001, 281; LG Dresden, Beschl. v. 8. 2. 2002 – 7 T 1072/01, ZIP 2002, 1303, 1304.
[1024] LG Dresden, Beschl. v. 8. 2. 2002 – 7 T 1072/01, ZIP 2002, 1303, 1304.
[1025] BGH, Urt. v. 15. 12. 2005 – IX ZR 227/04, NJW-RR 2006, 771, 772 = MDR 2006, 951, 952.
[1026] BT-Drucks. 14/5680, S. 24.
[1027] BGBl. 2002 I S. 677.
[1028] BR-Drucks. 1082/01, S. 6.
[1029] BGH NJW-RR 2001, 1699 = NZI 2001, 585 = NZBau 2001, 628; vgl. krit. für den Anwalt vor Klageerhebung *Jansen/Hung* NJW 2004, 3379, 3380.
[1030] AG Duisburg, Beschl. v. 31. 7. 2007 – 62 IN 182/03, ZIP 2007, 1672.
[1031] AG Duisburg, Beschl. v. 31. 7. 2007 – 62 IN 182/03, ZIP 2007, 1672.

war, so wird der Leistende befreit, wenn er zur Zeit der Leistung die Eröffnung des Verfahrens nicht kannte (§ 82 Satz 1 InsO). Hat er vor der öffentlichen Bekanntmachung der Eröffnung geleistet, so wird vermutet, dass er die Eröffnung nicht kannte(§ 82 Satz 2 InsO). Die Vermutungswirkung nach § 82 Satz 2 InsO kommt lediglich der dem Regelfall entsprechenden öffentlichen Bekanntmachung im Amtsblatt gemäß 9 Abs. 1 InsO zu.[1032] Da die weiteren Veröffentlichungen nicht dieselbe Aufmerksamkeit des Publikums erwarten lassen wie die Regel-Veröffentlichung im Amtsblatt, haben sie nicht die Wirkung des § 9 Abs. 3 InsO.[1033] Erfolgen die weiteren Veröffentlichungen vor der Regel-Veröffentlichung, entsteht die Wirkung des § 9 Abs. 3 InsO erst durch die Regel-Veröffentlichung.[1034]

338 **bb) Leistungen vor der amtlichen Bekanntmachung.** Hat der Versicherer vor der amtlichen Bekanntmachung Leistungen an den Versicherungsnehmer (Schuldner) erbracht, trifft die Beweislast, dass der Versicherer zur Zeit der Leistung die Verfügungsbeschränkung gekannt hat, den Insolvenzverwalter.[1035]

339 **cc) Leistungen nach der amtlichen Bekanntmachung.** Hat der Versicherer nach der amtlichen Bekanntmachung Leistungen an den Versicherungsnehmer (Schuldner) erbracht, trifft die Beweislast, dass er zur Zeit der Leistung die Verfügungsbeschränkung nicht gekannt hat, den Versicherer.[1036] Kann der Versicherer nicht darlegen, welche Organisationsstrukturen er geschaffen hat, um Informationen über amtliche Bekanntmachungen betreffend die Eröffnung von Insolvenzverfahren aufzunehmen und intern weiterzugeben, ist davon auszugehen, dass Vorstandsmitglieder und andere Wissensvertreter des Versicherers von den gegen den Versicherungsnehmer verhängten Sicherungsmaßnahmen Kenntnis hatten.[1037] Dementsprechend hat ein Versicherer, der den Rückkaufwert einer Unfallversicherung nach Eröffnung des Insolvenzverfahrens an den Schuldner ausgezahlt hat, den Nachweis der Unkenntnis der Eröffnung des Insolvenzverfahrens nicht erbracht, wenn er lediglich darlegt und beweist, dass die beteiligten Sachbearbeiter die Eröffnung des Insolvenzverfahrens nicht kannten.[1038] Von der Verpflichtung zur erneuten Leistung wird der Versicherer nicht frei, wenn er nach Eingang der Anzeige des Insolvenzverfahrens nicht eingelösten Scheck über die Versicherungsleistung nicht kurzfristig sperren lässt.[1039] Der BGH war nicht bereit, dem Versicherer die hierfür beanspruchte Bearbeitungszeit von neun Arbeitstagen zuzubilligen.[1040] Der im konkreten Fall zur Verfügung stehende Zeitraum von fünf Tagen für eine rechtzeitige Schecksperre wurde als ausreichend angesehen.[1041]

340 **c) Beachtung des Verwaltungs- und Verfügungsrechts des Insolvenzverwalters.** Mit der Eröffnung des Insolvenzverfahrens geht das Verwaltungs- und Verfügungsrecht über das Vermögen des Versicherungsnehmers und eine zur

---

[1032] BGH, Urt. v. 15. 12. 2005 – IX ZR 227/04, NJW-RR 2006, 771, 773 = MDR 2006, 951, 952.
[1033] BGH, Urt. v. 15. 12. 2005 – IX ZR 227/04, NJW-RR 2006, 771, 773 = MDR 2006, 951, 952 f.
[1034] BGH, Urt. v. 15. 12. 2005 – IX ZR 227/04, NJW-RR 2006, 771, 773.
[1035] BGH, Urt. v. 15. 12. 2005 – IX ZR 227/04, NJW-RR 2006, 771, 773 = MDR 2006, 951, 952.
[1036] BGH, Urt. v. 15. 12. 2005 – IX ZR 227/04, NJW-RR 2006, 771, 772 = MDR 2006, 951, 952; BGH, Urt. v. 16. 7. 2009 – IX ZR 118/08, WM 2009, 1704, 1706.
[1037] BGH, Urt. v. 15. 12. 2005 – IX ZR 227/04, NJW-RR 2006, 771, 773 = MDR 2006, 951, 952.
[1038] LG Dortmund, Urt. v. 10. 10. 1996 – 2 O 221/96, VersR 1997, 1389 (Ls.) = ZIP 1997, 206.
[1039] BGH, Urt. v. 16. 7. 2009 – IX ZR 118/08, WM 2009, 1704, 1706.
[1040] BGH, Urt. v. 16. 7. 2009 – IX ZR 118/08, WM 2009, 1704, 1706.
[1041] BGH, Urt. v. 16. 7. 2009 – IX ZR 118/08, WM 2009, 1704, 1706.

Insolvenzmasse gehörende Lebensversicherung auf den Insolvenzverwalter über (§§ 22 Abs. 1, 80 Abs. 1 InsO).[1042] Das LVU darf dem Versicherungsnehmer keine Mitteilungen mehr zukommen lassen oder von diesem mehr annehmen. Eine gegenüber dem Versicherungsnehmer ausgesprochene Mahnung oder Kündigung nach § 39 VVG wäre den Insolvenzgläubigern gegenüber unwirksam.

3. Rechte des widerruflich Bezugsberechtigten

Bis zum Eintritt des Versicherungsfalls steht einem widerruflich Bezugsberechtigten noch kein Recht zu (§ 166 Abs. 2 VVG). Er hat nur eine ungesicherte wertlose Anwartschaft[1043] oder mit dem BGH formuliert nur eine Hoffnung auf die später einmal fällig werdende Leistung.[1044] Kündigt der Versicherungsnehmer den Versicherungsvertrag, so liegt darin regelmäßig auch der Widerruf, so dass der Anspruch auf den Rückkaufwert dem Versicherungsnehmer zusteht.[1045] Das gleiche gilt, wenn im Fall der Insolvenz des Versicherungsnehmers der Insolvenzverwalter nicht die Erfüllung des Vertrags verlangt und dieser damit ab dem Zeitpunkt der Konkurseröffnung umgestaltet bleibt.[1046] Dann steht der Anspruch auf den Rückkaufwert dem Insolvenzverwalter zu.[1047] Ein Widerruf der Bezugsberechtigung ist in diesem Fall entbehrlich.[1048]

Der widerruflich Bezugsberechtigte ist nicht nach § 43 KO zur Aussonderung dieses Vermögensgegenstandes aus der Insolvenzmasse berechtigt.[1049] Nach Eröffnung des Insolvenzverfahrens können an den zur Insolvenzmasse gehörenden Gegenständen keine Rechte mehr erworben werden, so dass sich die Rechtsstellung des widerruflich Bezugsberechtigten nicht verändert, wenn seine Bezugsberechtigung nach Eröffnung des Insolvenzverfahrens unwiderruflich geworden ist.[1050]

[1042] BGH, Urt. v. 8. 6. 2005 – IV ZR 30/04, NJW-RR 2005, 1412, 1414 = VersR 2005, 1134, 1136 = r+s 2005, 387, 389 = WM 2005, 2141, 2143 = ZIP 2005, 1373, 1376; BGH, Urt. v. 16. 7. 2009 – IX ZR 118/08, WM 2009, 1704.
[1043] BAG, Urt. v. 17. 10. 1995 – 3 AZR 622/94, BetrAV 1996, 288, 289.
[1044] BGH, Urt. v. 22. 3. 1984 – IX ZR 69/83, NJW 1984, 1611 = VersR 1984, 632, 633 = WM 1984, 817, 818 = MDR 1984, 933; BGH, Urt. v. 4. 3. 1993 – IX ZR 169/92, NJW 1993, 1994, 1995 = VersR 1993, 689, 690 = VerBAV 1993, 193, 194 = r+s 1993, 354, 355 = WM 1993, 1057, 1058 = ZIP 1993, 600, 602 = MDR 1993, 1911 = MDR 1993, 637, 638; dazu *Blomeyer* EWiR 1993, 473; BGH, Urt. v. 18. 7. 2002 – IX ZR 264/01, NJW 2002, 3253, 3254 = r+s 2002, 520 = WM 2002, 1852, 1853 = ZIP 2002, 1696, 1697 = BetrAV 2003, 475 = BB 2002, 2350.
[1045] BGH, Urt. v. 4. 3. 1993 – IX ZR 169/92, NJW 1993, 1994, 1995 = VersR 1993, 689, 690 = VerBAV 1993, 193, 194 = r+s 1993, 354, 355 = WM 1993, 1057, 1058 = ZIP 1993, 600, 602 = MDR 1993, 637, 638.
[1046] BGH, Urt. v. 4. 3. 1993 – IX ZR 169/92, NJW 1993, 1994, 1995 = VersR 1993, 689, 690 = VerBAV 1993, 193, 194 = r+s 1993, 354, 355 = WM 1993, 1057, 1058 = ZIP 1993, 600, 602 = MDR 1993, 637, 638.
[1047] BAG ZIP 1990, 1596, 1598; OLG Hamm NJW 1991, 707; BGH, Urt. v. 4. 3. 1993 – IX ZR 169/92, NJW 1993, 1994, 1995 = VersR 1993, 689, 690 = VerBAV 1993, 193, 194 = r+s 1993, 354, 355 = WM 1993, 1057, 1058 = ZIP 1993, 600, 602 = MDR 1993, 637, 638.
[1048] BGH, Urt. v. 4. 3. 1993 – IX ZR 169/92, NJW 1993, 1994, 1995 = VersR 1993, 689, 690 = VerBAV 1993, 193, 194 = r+s 1993, 354, 355 = WM 1993, 1057, 1058 = ZIP 1993, 600, 602 = MDR 1993, 637, 638; *Hasse*, Interessenkonflikte bei der Lebensversicherung zugunsten Dritter, S. 176.
[1049] BAG, Urt. v. 26. 2. 1991 – 3 AZR 213/90, ZIP 1991, 1295 = DB 1991, 2242; BAG, Urt. v. 28. 3. 1995 – 3 AZR 373/94, VersR 1996, 85, 86 = BetrAV 1996, 88, 89 = ZIP 1995, 2012, 2013 = BB 1995, 2663; BAG, Urt. v. 17. 10. 1995 – 3 AZR 622/94, BetrAV 1996, 288, 289.
[1050] BGH, Urt. v. 4. 3. 1993 – IX ZR 169/92, NJW 1993, 1994, 1995 = VersR 1993, 689, 690 = VerBAV 1993, 193, 194 = r+s 1993, 354, 355 = WM 1993, 1057, 1058 = ZIP 1993, 600, 602 = MDR 1993, 637, 638.

4. Rechte des unwiderruflich Bezugsberechtigten

343 Der unwiderruflich Bezugsberechtigte erwirbt ein sofortiges und unmittelbares Recht auf die Leistungen aus dem Versicherungsvertrag (§ 13 Abs. 2 ALB). Dieses Recht kann durch den Versicherungsnehmer nicht einseitig widerrufen oder eingeschränkt werden. Es geht bei Ableben des unwiderruflich Bezugsberechtigten auf seine Erben und nicht auf die Erben des Versicherungsnehmers über.

344 Das Recht auf die Versicherungsleistungen erwirbt der unwiderruflich Bezugsberechtigte mit Zugang der entsprechenden Erklärung beim Versicherer, früher mit dem Eingang der Bestätigung des LVU. Fällt der Versicherungsnehmer danach in Insolvenz, bleibt der Anspruch des unwiderruflich Bezugsberechtigten unberührt.[1051] Im Insolvenzfall steht dem Begünstigten das Recht auf die Todesfallleistungen, bei Rückkauf der Anspruch auf das Deckungskapital und bei Beitragsfreistellung das Recht auf die herabgesetzte Versicherungssumme zu.

345 Der unwiderruflich Bezugsberechtigte kann die Nichtzugehörigkeit der betreffenden Versicherung zur Insolvenzmasse im Wege der Aussonderung gemäß § 47 InsO geltend machen.[1052] Der Aussonderungsanspruch muss außerhalb des Insolvenzverfahrens und unabhängig von ihm gegen den Insolvenzverwalter als Zwangsverwalter des Gemeinschuldners erhoben werden. Lehnt der Insolvenzverwalter die Aussonderung ab, so kann sie von dem Berechtigten durch eine Klageerhebung vor dem ordentlichen Gericht begehrt werden.

5. Rechte des Pfandgläubigers

346 Die Verpfändung dient in der Regel der Sicherung von Forderungen eines Dritten. Bei der Verpfändung verbleibt das Recht auf die Leistung beim Versicherungsnehmer. Es wird mit der Forderung des Pfandgläubigers in der Weise belastet, dass der Gläubiger berechtigt ist, Befriedigung aus dem Recht zu suchen (§§ 1273, 1204 BGB). Wegen der Akzessorietät des Pfandrechts sinkt diese Belastung entsprechend den Forderungen, zu deren Sicherung es bestellt wurde. Da der Pfandgläubiger nicht das Recht selbst, sondern nur ein Recht am Recht erlangt, fällt das verpfändete Recht in die Insolvenzmasse. Dem Pfandgläubiger steht aber nach § 50 Abs. 1 InsO ein Recht auf Absonderung des verpfändeten Anspruchs zu.[1053] Ist bereits Pfandreife eingetreten, ist der Pfandrechtsgläubiger nach § 1282 Abs. 1 BGB i.V.m. § 173 Abs. 1 InsO selbst zur Einziehung der Versicherungsforderung berechtigt.[1054] Vor der Pfandreife darf der Insolvenzverwalter das auf ihn übergeleitete Kündigungsrecht nur mit Zustimmung des Pfandrechtsgläubigers ausüben.[1055] Ohne eine solche Zustimmung ist die Kündigung unwirksam mit der Folge, dass das Recht des Insolvenzverwalters zur Einziehung des Rückkaufswertes ins Leere läuft.[1056]

[1051] LG Frankfurt/M., Urt. v. 28. 6. 1990 – 2/5 O 97/90; OLG Hamm v. 13. 7. 1992, VersR 1993, 172; OLG Hamm, Urt. v. 13. 7. 1992 – 2 U 6/92, NJW-RR 1993, 42, 43; OLG Hamm, Urt. v. 1. 4. 2009 – I-20 U 76/08, VersR 2010, 57.
[1052] BAG, Urt. v. 26. 6. 1990 – 3 AZR 651/88, BetrAV 1991, 39; OLG Hamm, Urt. v. 24. 1. 2006 – 27 U 159/05, ZIP 2006, 719; *Blomeyer/Rolfs/Otto,* BetrAVG, 4. Aufl., 2006, Vor § 7 BetrAVG Rdn. 38; *Stegmann/Lind* NVersZ 2002, 193, 194; *Westhelle/Miksch* ZIP 2003, 2054, 2057; *Hasse* VersR 2005, 15, 27 (Fn. 144); *Güther/Kohly* ZIP 2006, 1229, 1232.
[1053] OLG Hamm, Urt. v. 12. 5. 1995 – 20 U 37/95, NJW-RR 1996, 1312 = VersR 1996, 878 = r+s 1995, 396 = BB 1995, 2083, 2084; OLG Dresden, Urt. v. 21. 11. 2008 – 8 U 1380/08, WM 2010, 212; *Flitsch/Herbst* BB 2003, 317, 320; *Elfring* NJW 2005, 2192, 2193.
[1054] *Elfring* NJW 2005, 2192, 2193.
[1055] *Elfring* NJW 2005, 2192, 2194.
[1056] *Elfring* NJW 2005, 2192, 2194.

6. Rechte des Zessionars

a) Vollzession. Welchen Umfang die Abtretung hat, ist im Einzelfall durch Auslegung zu ermitteln.[1057] Soweit nicht etwas anderes bestimmt worden ist, werden im Zweifel sämtliche Rechte des Versicherungsnehmers aus dem Versicherungsvertrag an den Zessionar abgetreten.[1058] Die Abtretung umfasst damit in der Regel auch das Kündigungsrecht nach § 165 Abs. 1 VVG (jetzt § 168 VVG 2008), damit der Zessionar Zugriff auf den Rückkaufswert erhält.[1059] Im Falle einer Vollzession hat der Insolvenzverwalter keinen Zugriff auf die Versicherungsleistung, sondern der Zessionar ist nach § 47 InsO zur Aussonderung berechtigt.[1060] 347

b) Sicherungsabtretung. aa) Allgemeines. Die Stellung des Zessionars ist ähnlich der eines Pfandgläubigers. Beide Rechtsinstitute sind aber mit Blick auf die erheblich unterschiedlichen Rechtsfolgen zu unterscheiden, wobei für eine Umdeutung kein Raum besteht.[1061] 348

bb) Abtretung der Todesfallansprüche. Hat der Insolvenzschuldner nur die Todesfallansprüche aus der Lebensversicherung an die Bank abgetreten, verbleibt der Erlebensfallanspruch auf den Rückkaufswert beim Insolvenzschuldner.[1062] Nach der Kündigung des Versicherungsvertrages durch den Insolvenzverwalter steht der Rückkaufswert aus der Lebensversicherung des Insolvenzschuldners der Insolvenzmasse zu.[1063] Unberührt bleibt ein etwaiger Schadensersatzanspruch der Bank gegen den Insolvenzverwalter.[1064] 349

cc) Absonderungsrecht. Der Inhaber einer sicherungshalber abgetretenen Forderung hat in der Insolvenz des Zedenten nur ein Recht auf abgesonderte Befriedigung gemäß § 51 Nr. 1 InsO.[1065] Dieses Absonderungsrecht[1066] entzieht die abgetretene Forderung aber ihrem Bestand nach nicht der Insolvenzmasse, wie sich aus dem Verwertungsrecht des Insolvenzverwalters gemäß §§ 166 Abs. 2, 173 Abs. 2 InsO ergibt.[1067] Gemäß § 166 Abs. 2 InsO darf der Insolvenzverwalter eine Forderung, die der Schuldner zur Sicherung eines Anspruchs abgetreten hat, ein- 350

[1057] *Elfring* NJW 2005, 2192, 2194.
[1058] *Elfring* NJW 2005, 2192, 2194.
[1059] *Elfring* NJW 2005, 2192, 2194.
[1060] *Elfring* NJW 2005, 2192, 2194.
[1061] BGH, Urt. v. 11. 7. 2002 – IX ZR 262/01, NJW 2002, 3475, 3477 = NZI 2002, 599 = NVersZ 2002, 493, 495 = VersR 2002, 1292, 1293 = r+s 2003, 425, 427 = WM 2002, 1797 = ZIP 2002, 1630, 1632 = ZVI 2002, 282 = DB 2003, 609; BGH, Urt. v. 7. 4. 2005 – IX ZR 138/04, NJW 2005, 2231, 2232 = VersR 2005, 923, 924 = r+s 2005, 389, 390 = WM 2005, 937, 939 = ZIP 2005, 909, 911 = DB 2005, 1453, 1455.
[1062] Vgl. OLG Dresden, Urt. v. 2. 12. 2004 – 13 U 1569/04, ZIP 2005, 631, 632.
[1063] Vgl. OLG Dresden, Urt. v. 2. 12. 2004 – 13 U 1569/04, ZIP 2005, 631, 632.
[1064] Vgl. OLG Dresden, Urt. v. 2. 12. 2004 – 13 U 1569/04, ZIP 2005, 631, 632.
[1065] BGH, Urt. v. 2. 6. 2005 – IX ZR 181/03, WM 2005, 1790, 1791 = BB 2005, 2148; BGH, Beschl. v. 21. 9. 2006 – IX ZB 287/05; OLG Hamburg, Urt. v. 8. 11. 2007 – 9 U 123/07, VersR 2008, 767, 768 = WM 2008, 248; BGH, Urt. v. 28. 2. 2008 – IX ZR 177/05, NJW-RR 2008, 1008, 1009; BGH, Urt. v. 26. 6. 2008 – IX ZR 47/05, DB 2008, 1792, 1794; BGH, Urt. v. 21. 1. 2010 – IX ZR 65/09, DB 2010, 779, 780 = WM 2010, 662, 664; *Elfring* NJW 2005, 2192, 2194; *Kirchhof* WM Sonderbeil. Nr. 1 /2008, S. 1, 27; *Steinwachs* NJW 2008, 2231, 2232.
[1066] OLG Celle, Beschl. v. 23. 6. 2005 – 16 W 54/05, r+s 2007, 295.
[1067] BGHZ 147, 233, 239 = WM 2001, 1041; BGH, Urt. v. 1. 10. 2002 – IX ZR 360/99, WM 2002, 2369 = ZIP 2002, 2182, 2184; BGH, Urt. v. 2. 6. 2005 – IX ZR 181/03, WM 2005, 1790, 1791 = BB 2005, 2148; BGH, Urt. v. 27. 3. 2008 – IX ZR 65/06, WM 2008, 992, 993.

1297

ziehen oder in anderer Weise verwerten.[1068] Hierunter fallen sämtliche zur Sicherheit abgetretenen Forderungen ohne Rücksicht darauf, ob und zu welchem Zeitpunkt die Abtretung angezeigt worden ist.[1069] Voraussetzung ist lediglich, dass die Forderung im Zeitpunkt der Eröffnung des Insolvenzverfahrens noch bestand.[1070] Zieht der Insolvenzverwalter die Versicherungsforderung ein, hat er den Verwertungserlös nach § 170 Abs. 1 InsO unter Abzug seiner Feststellungs- und Verwertungskosten gemäß §§ 171 Abs. 1 und 2 InsO unverzüglich an den Abtretungsgläubiger auszukehren.[1071]

351 c) **Aufschiebend bedingte Abtretung.** Die aufschiebend bedingte Abtretung wurde früher häufig vereinbart, um Ansprüche aus Versorgungszusagen abzusichern. Alle Rechte und Ansprüche aus der von der Firma abgeschlossenen Rückdeckungsversicherung wurden aufschiebend bedingt an den Versorgungsberechtigten für den Fall abgetreten, dass der Antrag auf Eröffnung des Insolvenzverfahrens über das Vermögen des Versicherungsnehmers (Firma) gestellt werden sollte. Mit Eintritt der Bedingung – Eröffnung des Insolvenzverfahrens – erlangte der Versorgungsberechtigte alle Rechte und Ansprüche aus der Rückdeckungsversicherung endgültig. Er war daher anders als der Zessionar einer Sicherungsabtretung im Konkurs des Versicherungsnehmers aussonderungsberechtigt (§ 43 KO). Da diese Abtretungsvereinbarungen aber nach den Vorschriften der §§ 29 ff. KO anfechtbar waren, werden aufschiebend bedingte Abtretungen für den Fall der Insolvenz heute nicht mehr praktiziert.

7. Rechte des Pfändungsgläubigers

352 a) **Ausgangslage.** Nach § 88 InsO wird eine Sicherung, die ein Insolvenzgläubiger im letzten Monat vor dem Antrag auf Eröffnung des Insolvenzverfahrens oder nach diesem Antrag durch Zwangsvollstreckung an dem zur (späteren) Insolvenzmasse gehörenden Vermögen des Schuldners erlangt hat, mit der Eröffnung des Insolvenzverfahrens unwirksam.[1072] Die Vorschrift erklärt durch Zwangsvollstreckung erlangte Sicherungen für unwirksam, wenn sie in einer kritischen Periode vor der Verfahrenseröffnung begründet worden sind.[1073] Sie lehnt sich an die sogenannte Rückschlagsperre der Vergleichsordnung an (§§ 28, 87, 104 VerglO), lässt aber die Unwirksamkeit schon bei Beginn des Verfahrens und unabhängig

---

[1068] BGH, Urt. v. 7. 4. 2005 – IX ZR 138/04, NJW 2005, 2231, 2232 = VersR 2005, 923, 924 = r+s 2005, 389, 390 = WM 2005, 937, 939 = ZIP 2005, 909, 911 = DB 2005, 1453, 1455; OLG Hamm, Urt. v. 25. 1. 2008 – 20 U 89/07, NJW-RR 2008, 982, 983 = VersR 2008, 908, 909 = r+s 2009, 204, 205; BGH, Beschl. v. 24. 3. 2009 – IX ZR 112/08, WM 2009, 814; BGH, Urt. v. 23. 4. 2009 – IX ZR 19/08, NJW-RR 2009, 1059, 1060 = WM 2009, 1048, 1049; *Elfring* NJW 2005, 2192, 2194.
[1069] BGH, Urt. v. 7. 7. 2002 – IX ZR 262/01, NJW 2002, 3475, 3476 = NZI 2002, 599 = NVersZ 2002, 493, 494 = VersR 2002, 1292 f. = r+s 2003, 425, 426 = WM 2002, 1797 = ZIP 2002, 1630, 1631 f. = ZVI 2002, 282 = DB 2003, 609; zust. *Gundlach/Frenzel* EWiR 2002, 921, 922; BGH, Urt. v. 7. 4. 2005 – IX ZR 138/04, NJW 2005, 2231, 2232 = VersR 2005, 923, 924 = r+s 2005, 389, 390 = WM 2005, 937, 939 = ZIP 2005, 909, 911 = DB 2005, 1453, 1455; BGH, Urt. v. 23. 4. 2009 – IX ZR 65/08, WM 2009, 1046, 1047 = DB 2009, 1699.
[1070] BGH, Urt. v. 17. 11. 2005 – IX ZR 174/04, ZIP 2006, 91; BGH, Urt. v. 23. 4. 2009 – IX ZR 19/08, NJW-RR 2009, 1059, 1060 = WM 2009, 1048, 1049 = DB 2009, 1234.
[1071] OLG Hamm, Urt. v. 25. 1. 2008 – 20 U 89/07, NJW-RR 2008, 982, 983 = VersR 2008, 908, 909 = r+s 2009, 204, 205; *Elfring* NJW 2005, 2192, 2194.
[1072] BFH, Urt. v. 12. 4. 2005 – VII R 7/03, ZIP 2005, 1182 = BB 2005, 1488 = WPg 2005, 891, 892.
[1073] BFH, Urt. v. 12. 4. 2005 – VII R 7/03, ZIP 2005, 1182 = BB 2005, 1488 = WPg 2005, 891, 892.

von dessen Ausgang eintreten.[1074] Die Unwirksamkeit tritt als verfahrensrechtliche Erleichterung ipso iure ein, so dass es einer Insolvenzanfechtung nicht bedarf.[1075] Die Norm ist Bestandteil des Schutzsystems zur Erhaltung oder Wiederherstellung der insbesondere in der kritischen Phase bereits verminderten oder auch nur durch erlangte Sicherheiten ausgehöhlten Insolvenzmasse und soll einen Schutz der gleichmäßigen Gläubigerbefriedigung wie auch eine Chance zur Erhaltung bestehender Sanierungsmöglichkeiten gewährleisten.[1076] Ein durch eine Pfändungsverfügung erlangtes Pfändungspfandrecht an einer Forderung, die zu dem zur Insolvenzmasse gehörenden Vermögen des Schuldners zählt, stellt eine solche durch Zwangsvollstreckung erlangte Sicherung dar.[1077]

b) Insolvenzrechtliche Wirksamkeit der Sicherung. Entscheidend für die Anwendung der Vorschrift des § 88 InsO ist, wann der Pfändungsgläubiger sein Pfändungspfandrecht an den gepfändeten Forderungen erlangt hat. Das Pfändungspfandrecht entsteht gemäß § 829 Abs. 3 ZPO grundsätzlich mit der Zustellung des Pfändungs- und Überweisungsbeschlusses an den Drittschuldner.[1078] Soweit sich die Pfändung jedoch auf eine künftige Forderung bezieht, die am Tag der Zustellung der Pfändungsverfügung noch nicht entstanden ist, liegt zwar ein wirksamer Pfändungsakt vor, ein Pfändungspfandrecht kann hieraus aber erst in dem Zeitpunkt wirksam werden, in dem die gepfändete Forderung tatsächlich entstanden ist.[1079] Bis zu diesem Zeitpunkt geht die Pfändung ins Leere.[1080] Bei einer Pfändung von künftigen Ansprüchen ist daher eine Sicherung im Sinne des § 88 InsO erst dann erlangt, wenn die Forderung und damit auch das Pfändungspfandrecht entsteht.[1081] Liegt dieser Zeitpunkt im letzten Monat vor dem Antrag auf Eröffnung des Insolvenzverfahrens, ist die Sicherung nicht insolvenzfest; sie wird mit der Eröffnung des Insolvenzverfahrens ipso iure unwirksam.[1082]

c) Abgesonderte Befriedigung. Ist das Pfändungspfandrecht insolvenzfest, ist der Pfändungsgläubiger zur abgesonderten Befriedigung nach Maßgabe der §§ 166 bis 173 InsO berechtigt (§ 50 Abs. 1 InsO). Absonderungskraft hat ein Pfändungspfandrecht gemäß § 50 Abs. 1 InsO nur, wenn es erstens vor der Eröffnung des Insolvenzverfahrens und zweitens ggf. vor der Anordnung von Maßnahmen gemäß § 21 Abs. 2 Satz 1 Nr. 2 und Nr. 3 InsO wirksam begründet worden ist.[1083] Bei der Pfändung einer künftigen Forderung ist das Entstehen, nicht dagegen der erst zukünftige Fälligkeitstermin der Forderung maßgeblich.[1084]

[1074] BFH, Urt. v. 12. 4. 2005 – VII R 7/03, ZIP 2005, 1182 = BB 2005, 1488 = WPg 2005, 891, 892.
[1075] BR-Drucks. 1/92, S. 137.
[1076] BFH, Urt. v. 12. 4. 2005 – VII R 7/03, ZIP 2005, 1182 = BB 2005, 1488, 1489 = WPg 2005, 891, 892.
[1077] BFH, Urt. v. 12. 4. 2005 – VII R 7/03, ZIP 2005, 1182 = BB 2005, 1488, 1489 = WPg 2005, 891, 892.
[1078] BFH, Urt. v. 12. 4. 2005 – VII R 7/03, ZIP 2005, 1182, 1183 = BB 2005, 1488, 1489 = WPg 2005, 891, 892.
[1079] BFH, Urt. v. 12. 4. 2005 – VII R 7/03, ZIP 2005, 1182, 1183 = BB 2005, 1488, 1489 = WPg 2005, 891, 892.
[1080] BFH, Urt. v. 12. 4. 2005 – VII R 7/03, ZIP 2005, 1182, 1183 = BB 2005, 1488, 1489 = WPg 2005, 891, 892.
[1081] BFH, Urt. v. 12. 4. 2005 – VII R 7/03, ZIP 2005, 1182, 1183 = BB 2005, 1488, 1490 = WPg 2005, 891, 893.
[1082] BFH, Urt. v. 12. 4. 2005 – VII R 7/03, ZIP 2005, 1182 = BB 2005, 1488 = DB 2005, 1366 (Ls.) = WPg 2005, 891, 892.
[1083] BGH, Urt. v. 20. 3. 2008 – IX ZR 2/07, NJW-RR 2008, 1075, 1076.
[1084] BGH VersR 2002, 616 = ZIP 2000, 932; OLG Celle, Urt. v. 2. 4. 2009 – 8 U 206/08, VersR 2009, 1102, 1103.

8. Rechtslage bei Direktversicherungen

355 **a) Widerrufliches Bezugsrecht. aa) Eintritt der Unverfallbarkeit.** Finanziert der Arbeitgeber die Direktversicherung, räumt der Arbeitgeber dem versicherten Arbeitnehmer in der Regel bis zum Eintritt der Unverfallbarkeit im Sinne des § 1 Abs. 1 BetrAVG nur ein widerrufliches Bezugsrecht ein. Mit dem Eintritt der Unverfallbarkeit der Versorgungsanwartschaft entsteht allerdings nicht bereits ein unwiderrufliches Bezugsrecht.[1085]

356 **bb) Anwendbarkeit des § 1 Abs. 2 Satz 1 BetrAVG.** Gemäß § 1 Abs. 2 Satz 1 BetrAVG ist der Arbeitgeber zwar verpflichtet, wegen Beendigung des Arbeitsverhältnisses nach Eintritt der Unverfallbarkeit das Bezugsrecht nicht mehr zu widerrufen. Der Gesetzgeber hat aber die Verfügungsbefugnis des Arbeitgebers nicht eingeschränkt.[1086] Ein vom Arbeitgeber entgegen § 1 Abs. 2 Satz 1 BetrAVG erklärter Widerruf ist nicht unwirksam, sondern lässt eine Schadensersatzverpflichtung des Arbeitgebers entstehen.[1087] Der sich aus dem Widerruf ergebende Schadensersatzanspruch ist zur Insolvenztabelle anzumelden. § 1 Abs. 2 Satz 1 BetrAVG, der den Widerruf des Bezugsrechts wegen Beendigung des Arbeitsverhältnisses verbietet, ist keine dem Insolvenzrecht und dem Versicherungsvertragsrecht vorgehende Sonderregelung.[1088] Die Vorschrift ist nicht anwendbar, wenn das Bezugsrecht nicht wegen der Beendigung des Arbeitsverhältnisses, sondern zur gemeinschaftlichen Befriedigung der Insolvenzgläubiger widerrufen wird.[1089] Der Insolvenzverwalter handelt auch nicht rechtsmissbräuchlich, wenn er unter Verletzung seiner Pflichten aus dem Beschäftigungsverhältnis die versicherungsrechtlichen Möglichkeiten nutzt und das Bezugsrecht des Arbeitnehmers widerruft.

357 **cc) Anwendbarkeit des § 2 Abs. 2 Satz 4 bis 6 BetrAVG.** Nach dieser Bestimmung darf der ausgeschiedene Arbeitnehmer die Ansprüche aus dem Versicherungsvertrag weder abtreten, beleihen oder durch Kündigung in Anspruch nehmen. Dem entspricht auch der Wortlaut des Satz 6 der Vorschrift, wonach § 176 Abs. 1 VVG insoweit keine Anwendung findet. Schon aus dem Wortlaut des Gesetzes ergibt sich aber, dass die Verfügungsverbote sich nur an den Arbeitnehmer und nicht an den Arbeitgeber richten.[1090] Dafür spricht auch, dass der Arbeitgeber die Ansprüche aus der Direktversicherung abtreten oder beleihen

---

[1085] BAG, Urt. v. 26. 2. 1991 – 3 AZR 213/90, VersR 1992, 341 = BetrAV 1992, 49 = ZIP 1991, 1295; BAG, Urt. v. 28. 3. 1995 – 3 AZR 373/94, VersR 1996, 85, 86 = BetrAV 1996, 88, 89 = ZIP 1995, 2012, 2013 = BB 1995, 2663; BAG, Urt. v. 17. 10. 1995 – 3 AZR 622/94, VersR 1996, 1439 (Ls.) = BetrAV 1996, 288, 289.

[1086] BGH NJW 1984, 1611 = VersR 1984, 632 = WM 1984, 817; BAG VersR 1992, 341; BGHZ 117, 70, 71 = NJW 1992, 1103 = VersR 1992, 558, 559; OLG Hamm, Urt. v. 21. 4. 1995 – 20 U 344/94, NJW-RR 1996, 1311 = VersR 1996, 360 = r+s 1996, 242, 243 = WM 1996, 1743 = BB 1995, 2239 = BetrAV 1996, 90, 91.

[1087] BGHZ 117, 70, 74 = NJW 1992, 1103 = VersR 1992, 558, 560; OLG Hamm, Urt. v. 21. 4. 1995 – 20 U 344/94, NJW-RR 1996, 1311 = VersR 1996, 360/361 = r+s 1996, 242, 243 = WM 1996, 1743 = BB 1995, 2239 = BetrAV 1996, 90, 91; OLG Frankfurt/M., Urt. v. 12. 5. 2005 – 3 U 21/04, ZIP 2005, 1036, 1037.

[1088] OLG Hamm, Urt. v. 15. 11. 1990 – 27 U 68/90, NJW 1991, 707, 708/709 = MDR 1991, 262; BAG, Urt. v. 17. 10. 1995 – 3 AZR 622/94, VersR 1996, 1439 (Ls.) = BetrAV 1996, 288, 289; BAG, Urt. v. 8. 6. 1999 – 3 AZR 136/98, NZA 1999, 1103, 1105 = VersR 2000, 80, 82.

[1089] BAG, Urt. v. 17. 10. 1995 – 3 AZR 622/94, VersR 1996, 1439 (Ls.) = BetrAV 1996, 288, 289.

[1090] OLG Hamm, Urt. v. 21. 4. 1995 – 20 U 344/94, NJW-RR 1996, 1311 = VersR 1996, 360, 361 = r+s 1996, 242, 243 = WM 1996, 1743, 1744 = BB 1995, 2239, 2240 = BetrAV 1996, 90, 91.

kann und erst bei Eintritt des Versicherungsfalls verpflichtet ist, die Rechtsfolgen der Abtretung oder Beleihung zu beseitigen.[1091]

dd) Widerruf. Im Versicherungsvertragsverhältnis ist der Widerruf des Bezugsrechts wirksam und zwar auch dann, wenn dem Arbeitnehmer bereits unverfallbare Anwartschaften zustehen. Dabei kommt es nicht darauf an, ob es sich um einen Vertrag aus Gehaltsumwandlung handelt.[1092] In der Regel handelt es sich nicht um einen ausdrücklichen Widerruf, sondern um die Anforderung des Rückkaufswerts, der bereits mit der Eröffnung des Insolvenzverfahrens fällig und im Falle der Anforderung mit einem konkludenten Widerruf gleichzusetzen ist. Ist der begünstigte Arbeitnehmer im Besitz des Versicherungsscheins, so führt ein ordnungsgemäß erklärter Widerruf des Bezugsrechts durch den Insolvenzverwalter dazu, dass der begünstigte Arbeitnehmer den Versicherungsschein gemäß §§ 985, 952 BGB an den Insolvenzverwalter herauszugeben hat.[1093] 358

ee) Aussonderungsrecht. Ein widerrufliches Bezugsrecht desjenigen, zu dessen Gunsten der Arbeitgeber (der Gemeinschuldner) eine Direktversicherung abgeschlossen hat, vermag nach allgemein anerkannter Ansicht im Insolvenzfall kein Aussonderungsrecht zu begründen.[1094] Bei lediglich widerruflichem Bezugsrecht bleibt der Rückkaufswert der Direktversicherung im Fall der Insolvenz des Arbeitgebers in dessen Insolvenzmasse.[1095] Ein Aussonderungsrecht ist ebenfalls zu verneinen, wenn sich der Arbeitgeber im Rahmen einer Gehaltsumwandlungsvereinbarung gegenüber dem Arbeitnehmer verpflichtet hat, einen Teil der dem Arbeitnehmer zustehenden Bruttobezüge für die Prämien für eine Versicherung mit unwiderruflichem Bezugsrecht des Versicherten zu verwenden und entgegen dieser Vereinbarung nur ein widerrufliches Bezugsrecht begründet hat.[1096] Dem 359

[1091] OLG Hamm, Urt. v. 21. 4. 1995 – 20 U 344/94, NJW-RR 1996, 1311 = VersR 1996, 360, 361 = r+s 1996, 242, 243 = WM 1996, 1743, 1744 = BB 1995, 2239, 2240 = BetrAV 1996, 90, 91.

[1092] BAG, Urt. v. 8. 6. 1993, BetrAV 1994, 25; BAG, Urt. v. 17. 10. 1995 – 3 AZR 622/94, VersR 1996, 1439 (Ls.) = BetrAV 1996, 288, 289.

[1093] BAG, Urt. v. 8. 6. 1999 – 3 AZR 136/98, NZA 1999, 1103, 1104 = VersR 2000, 80; OLG Köln, Urt. v. 28. 10. 1999 – 18 U 91/99, EWiR 2000, 159; dazu *Plagemann* EWiR 2000, 159 f.; LAG Köln, Urt. v. 13. 11. 2002 – 8 (3) Sa 423/02, BB 2003, 1392 (Ls.).

[1094] OLG Hamm, Urt. v. 15. 11. 1990 – 27 U 66/90, ZIP 1990, 1603 = BetrAV 1991, 47 (Ls.); BAG, Urt. v. 26. 2. 1991 – 3 AZR 213/90, NZA 1991, 845 = VersR 1992, 341 = ZIP 1991, 1295 = DB 1991, 2242; dazu *Blomeyer* EWiR 1991, 859; BGH, Urt. v. 4. 3. 1993 – IX ZR 169/92, NJW 1993, 1994 = VersR 1993, 689 = VerBAV 1993, 193 = r+s 1993, 354 = WM 1993, 1057 = ZIP 1993, 600, 602 = BB 1993, 1911 (Ls.) = MDR 1993, 637; BAG, Urt. v. 28. 3. 1995 – 3 AZR 373/94, VersR 1996, 85, 86 = BetrAV 1996, 88, 89 = ZIP 1995, 2012, 2013 = BB 1995, 2663; BGH, Urt. v. 18. 7. 2002 – IX ZR 264/01, NJW 2002, 3253, 3254 = NVersZ 2002, 495, 496 = r+s 2002, 520 = NZG 2002, 1015, 1016 = WM 2002, 1852, 1853 = ZIP 2002, 1696, 1697 = BB 2002, 2350 = BetrAV 2003, 475, 476 = MDR 2002, 1455, 1456.

[1095] OLG Hamm, Urt. v. 15. 11. 1990 – 27 U 68/90, VersR 1991, 1199 (Ls.) = MDR 1991, 262; OLG Hamm, Urt. v. 13. 7. 1992 – 2 U 6/92, VersR 1993, 172, 173; OLG Hamm, Urt. v. 19. 12. 1997 – 20 U 150/97, NJW-RR 1998, 1062 = VersR 1998, 1494, 1495; OLG Frankfurt/M., Urt. v. 12. 5. 2005 – 3 U 21/04, ZIP 2005, 1036, 1037.

[1096] BAG, Urt. v. 28. 3. 1995 – 3 AZR 373/94, VersR 1996, 85, 86 = ZIP 1995, 2012, 2013 = BetrAV 1996, 88, 89 = BB 1995, 2663; dazu *Blomeyer* EWiR 1995, 1161; BAG, Urt. v. 17. 10. 1995 – 3 AZR 622/94, VersR 1996, 1439 (Ls.) = ZIP 1996, 965 = DB 1996, 1240 = BetrAV 1996, 288; BGH, Urt. v. 18. 7. 2002 – IX ZR 264/01, NJW 2002, 3253, 3254 = NVersZ 2002, 495, 496 = NZG 2002, 1015, 1016 = r+s 2002, 520 = WM 2002, 1852, 1853 = ZIP 2002, 1696, 1697 = BB 2002, 2350 = BetrAV 2003, 475, 476 = MDR 2002, 1455, 1456; a. A. OLG Düsseldorf NJW-RR 1992, 798, 799; LG Freiburg

Arbeitnehmer steht lediglich eine schuldrechtliche Forderung gegen den Arbeitgeber (Gemeinschuldner) zu, die ein Aussonderungsrecht nicht begründen kann.[1097]

360 Der Insolvenzverwalter kann demzufolge das Arbeitsverhältnis beenden und das widerrufliche Bezugsrecht des Arbeitnehmers frei zu Gunsten der Insolvenzmasse widerrufen.[1098] Die Rückvergütung ist vom LVU an den Insolvenzverwalter auszuzahlen und wird zur Insolvenzmasse gezogen.[1099] Soll die Direktversicherung bei Beendigung des Arbeitsverhältnisses unmittelbar auf den versicherten Arbeitnehmer übergehen, gilt dies auch bei Insolvenz des Arbeitgebers.[1100]

361 **b) Unwiderrufliches Bezugsrecht. aa) Aussonderungsrecht.** In der Regel erhält der Arbeitnehmer sofort ein vorbehaltloses unwiderrufliches Bezugsrecht, wenn – wie in den Fällen der Gehaltsumwandlungsversicherung – die Beiträge zu dieser Direktversicherung stets aus dem Vermögen des Arbeitnehmers stammen.[1101] In einem solchen Fall ist das Recht auf die Versicherungsleistung, zu dem auch der Anspruch auf den Rückkaufswert gehört, aus dem Vermögen des Arbeitgebers ausgeschieden, sobald dieser durch ausdrückliche Erklärung gegenüber dem LVU dem Arbeitnehmer ein unwiderrufliches Bezugsrecht eingeräumt hat.[1102] Somit kann der Anspruch auf den Rückkaufswert in diesen Fällen bei Eröffnung des Insolvenzverfahrens über das Vermögen des Arbeitgebers nicht in die Insolvenzmasse fallen, weil er zum Vermögen des aussonderungsberechtigten Arbeitnehmers gehört.[1103]

362 **bb) Kündigung.** Bei der Direktversicherung in Form der Gehaltsumwandlungsversicherung ist der Insolvenzverwalter nicht zum Widerruf, aber zur Kündigung der Direktversicherung berechtigt. Er kann jedoch nicht die Rückvergütung zur Insolvenzmasse ziehen. Vielmehr steht der Anspruch auf den Rückkaufswert dem Arbeitnehmer zu.[1104] Der Arbeitnehmer ist darüber hinaus

---

i. Br., Urt. v. 19. 8. 1999 – 10 O 53/99, VersR 2000, 1221 f.; *Bayer*, Vertrag zu Gunsten Dritter, 1995, S. 266.
[1097] BGH, Urt. v. 15. 3. 1990 – III ZR 131/89, BGHZ 111, 14, 18 = NJW 1990, 3141 = WM 1990, 1503 = ZIP 1990, 1206, 1208 = BB 1990, 2284 ff. = MDR 1990, 989; dazu *Heinemann* EWiR 1990, 965; BGH, Urt. v. 19. 11. 1992 – IX ZR 45/92, NJW-RR 1993, 301 = WM 1993, 83 = ZIP 1993, 213, 214 = BB 1993, 96 = MDR 1993, 529; dazu *Paulus* EWiR 1993, 163; BGH, Urt. v. 18. 7. 2002 – IX ZR 264/01, NJW 2002, 3253, 3254 = NVersZ 2002, 495, 496 = NZG 2002, 1015, 1016 = r+s 2002, 520, 521 = WM 2002, 1852, 1853 = ZIP 2002, 1696, 1698 = BB 2002, 2350, 2351 = BetrAV 2003, 475, 476 = MDR 2002, 1455, 1456.
[1098] BAGE 92, 1 = ZIP 1999, 1638; dazu *Blomeyer* EWiR 2000, 111; BGH NJW 2002, 3253 = ZIP 2002, 1196; OLG Hamm, Urt. v. 24. 1. 2006 – 27 U 159/05, ZIP 2006, 719.
[1099] LAG München v. 22. 7. 1987, BB 1988, 837 = MDR 1988, 608.
[1100] KG, Urt. v. 29. 1. 1988 – 7 U 6114/87, VersR 1988, 906 (Ls.).
[1101] OLG Düsseldorf, Urt. v. 6. 3. 1992 – 17 U 201/91, NJW-RR 1992, 798, 799.
[1102] OLG Hamm, Urt. v. 15. 11. 1990 – 27 U 66/90, ZIP 1990, 1603 = BetrAV 1991, 47 (Ls.); OLG Hamm, Urt. v. 15. 11. 1990 – 27 U 68/90, NJW 1991, 707, 708 = MDR 1991, 262; OLG Düsseldorf, Urt. v. 6. 3. 1992 – 17 U 201/91, NJW-RR 1992, 798, 799.
[1103] BGH, Urt. v. 17. 2. 1966 – II ZR 286/63, BGHZ 45, 162, 165 = NJW 1966, 1071 = VersR 1966, 359, 360; BGHZ 54, 165, 167 = NJW 1970, 1877; BAG, Urt. v. 26. 6. 1990 – 3 AZR 2/89, VersR 1991, 942, 943; BAG, Urt. v. 26. 6. 1990 – 3 AZR 641/88, NJW 1991, 717; BAG, Urt. v. 26. 6. 1990 – 3 AZR 651/88, NZA 1991, 60 = ZIP 1990, 1596 = DB 1990, 2474 = BetrAV 1991, 39 (Ls.); OLG Hamm, Urt. v. 15. 11. 1990 – 27 U 68/90, NJW 1991, 707, 708 = MDR 1991, 262; OLG Karlsruhe, Urt. v. 15. 3. 2001 – 12 U 299/00, r+s 2002, 479, 480; OLG Düsseldorf, Urt. v. 6. 3. 1992 – 17 U 201/91, NJW-RR 1992, 798, 799.
[1104] OLG Düsseldorf, Urt. v. 17. 4. 1998 – 22 U 197/97, NJW 1998, 3572 = VersR 1998, 1559 = ZIP 1998, 1037; *Huntemann* EWiR 1998, 953; *Römer* in: Römer/Langheid, VVG, 1997, § 165 VVG Rdn. 10; *Stegmann/Lind* NVersZ 2002, 193, 200.

berechtigt, die Fortsetzung des Versicherungsvertrages unter Umschreibung auf ihn als Versicherungsnehmer zu verlangen.[1105] Dies gilt auch dann, wenn die Ansprüche aus dem Versorgungsverhältnis noch nicht unverfallbar sind.[1106] Denn es kann nicht im Sinne der Parteien sein, dass dem Bezugsberechtigten zwar der Rückkaufswert zusteht, ihm aber die werthaltige Weiterführung der der Altersversicherung dienenden Lebensversicherung auf eigene Kosten verwehrt ist.[1107] Der Insolvenzverwalter kann auch dann nicht den Rückkaufswert zur Masse ziehen, wenn ein unwiderrufliches Bezugsrecht zu Gunsten eines Geschäftsführers einer GmbH besteht, obwohl im Innenverhältnis die Gesellschafterversammlung, die bei Vereinbarungen über die Altersversorgung von Geschäftsführern zuständig wäre,[1108] keinen Beschluss hierzu gefasst hat.[1109]

cc) Anwendbarkeit des § 2 Abs. 2 Satz 4 bis 6 BetrAVG. Scheidet der Arbeitnehmer aus dem Arbeitsverhältnis aus und sind die Ansprüche aus dem Arbeitsverhältnis unverfallbar, so gelten die Verfügungsverbote des § 2 Abs. 2 Satz 4 bis Satz 6 BetrAVG. Danach darf der ausgeschiedene Arbeitnehmer die Ansprüche aus dem Versicherungsvertrag in Höhe des durch Beitragszahlungen des Arbeitgebers gebildeten Deckungskapitals weder abtreten noch beleihen. In dieser Höhe darf der Rückkaufswert auf Grund einer Kündigung des Versicherungsvertrages nicht in Anspruch genommen werden. Vielmehr muss der Vertrag in eine prämienfreie Versicherung nach §§ 174, 176 VVG umgewandelt werden. Sinn und Zweck dieser Verfügungsbeschränkung ist es, die bestehende Versorgungsanwartschaft im Sinne des Versorgungszweckes aufrechtzuerhalten und zu verhindern, dass der Arbeitnehmer die Anwartschaft liquidiert und für andere Zwecke verwendet.[1110] Dies bedeutet, dass der Versicherer den durch die Eröffnung des Insolvenzverfahrens eigentlich fälligen Rückkaufswert nicht an den unwiderruflich Bezugsberechtigten auskehren darf. Das Gesetz schließt zwar nur Verfügungen des Begünstigten aus, es gilt jedoch auch § 851 Abs. 1 ZPO, wonach eine Forderung in Ermangelung besonderer Vorschriften der Pfändung nicht insoweit unterworfen ist, als sie übertragbar ist. Deshalb bewirkt die Verfügungsbeschränkung, dass das Bezugsrecht des ausgeschiedenen Arbeitnehmers auch einer Pfändung nicht unterworfen ist. Dann aber kann es auch nicht zur Insolvenzmasse gehören. Insoweit handelt es sich bei § 2 Abs. 2 Satz 4 bis 6 BetrAVG um ein dem Insolvenzrecht vorgehendes Sonderrecht. Die gleichen Verfügungsverbote gelten auch im Falle einer Abtretung des Anspruchs des Arbeitnehmers an den Insolvenzverwalter. Eine solche Abtretung wäre nur wirksam, wenn die Parteien nachweisen, dass der Arbeitnehmer nicht dem Geltungsbereich des Betriebsrentengesetzes nach § 17 BetrAVG unterfällt. Dies ist z.B. bei einem beherrschenden Gesellschafter-Geschäftsführer einer GmbH der Fall.

c) Eingeschränkt unwiderrufliches Bezugsrecht. aa) Ausgangslage. Beim eingeschränkt unwiderruflichen Bezugsrecht verspricht der Arbeitgeber dem versicherten Arbeitnehmer im Arbeitsverhältnis, ihm ein unwiderrufliches Bezugsrecht auf die Versicherungsleistungen zu gewähren, behält sich aber das Recht vor, unter bestimmten Voraussetzungen den Anspruch auf die Versicherungsleistungen geltend zu machen. Dieses Versprechen wird in der Regel im Rahmen des Versicherungsvertrages umgesetzt. Über die Ansprüche aus dem Versicherungsver-

---

[1105] OLG Düsseldorf NVersZ 2001, 504, 506; *Römer* in: Römer/Langheid, VVG, 1997, § 165 VVG Rdn. 10; Stegmann/Lind NVersZ 2002, 193, 200.
[1106] OLG Düsseldorf NVersZ 2001, 504, 506.
[1107] OLG Düsseldorf NVersZ 2001, 504, 506.
[1108] BGH NJW 1991, 1680 = BB 1991, 927, 929.
[1109] OLG Karlsruhe VersR 2001, 1501.
[1110] OLG Frankfurt/M., Urt. v. 12. 8. 1998 – 7 U 191/97, r+s 1999, 126, 127.

hältnis kann der Arbeitgeber (Versicherungsnehmer) im Rahmen seiner Gestaltungsfreiheit verfügen.[1111] In der Praxis räumt der Arbeitgeber ein Bezugsrecht ein, das sich z. B. in den „Allgemeinen Bestimmungen für den Firmengruppenversicherungsvertrag" findet, die dem Versicherungsverhältnis zugrunde liegen, und das auszugsweise wie folgt lautet:[1112]

„**II. Bezugsrecht**
1. Die versicherte Person ist aus der auf Ihr Leben genommenen Versicherung sowohl für den Todes- als auch für den Erlebensfall unter den oben genannten und nachstehenden Vorbehalten unwiderruflich bezugsberechtigt.
Dem Arbeitgeber bleibt das Recht vorbehalten, alle Versicherungsleistungen für sich in Anspruch zu nehmen, wenn das Arbeitsverhältnis vor Eintritt des Versorgungsfalls endet, es sei denn,
– die versicherte Person hat das 35. Lebensjahr vollendet und die Versicherung hat zehn Jahre bestanden oder
– die versicherte Person hat das 35. Lebensjahr vollendet und das Arbeitsverhältnis hat zwölf Jahre und die Versicherung drei Jahre bestanden.

V. Vorzeitiges Ausscheiden
1. Scheidet eine versicherte Person vor Eintritt des Versicherungsfalls aus der Gruppenversicherung aus, so meldet der Arbeitgeber unverzüglich die auf das Leben dieser Person genommene Versicherung ab. Mit der Abmeldung wandelt sich die Versicherung zum Ende des Monats des Ausscheidens, frühestens aber zum Ende des bei der Abmeldung laufenden Monats in eine beitragsfreie um, sofern nach den Allgemeinen Versicherungsbedingungen die Voraussetzungen für eine solche Umwandlung gegeben sind; andernfalls erlischt die Versicherung.
2. Hat die versicherte Person keine unverfallbare Anwartschaft nach den Vorschriften des Gesetzes zur Verbesserung der betrieblichen Altersversorgung, so hat der Arbeitgeber mit der Abmeldung zu bestimmen, ob er
a) der versicherten Person
aa) den Anspruch auf die Versicherungsleistung,
bb) unter Kündigung der Versicherung den Rückkaufwert überlässt;
b) unter Kündigung der Versicherung
aa) Anspruch auf den Rückkaufwert erhebt;
bb) das frei werdende Deckungskapital in voller Höhe auf eine neue Versicherung innerhalb des Gruppenversicherungsvertrags verwenden will. ...
cc) das frei werdende Deckungskapital in voller Höhe bei der Beitragszahlung verrechnen will."

365 Als weiteres Beispiel für ein eingeschränkt unwiderrufliches Bezugsrecht wird das folgende Bezugsrecht zitiert:[1113]

„Das Bezugsrecht umfasst die Versicherungssumme und die Gewinnanteile. Die versicherte Person ist aus der auf ihr Leben genommenen Versicherung sowohl für den Todes- als auch für den Erlebensfall unter den nachstehenden Vorbehalten unwiderruflich bezugsberechtigt.
Es bleibt uns das Recht vorbehalten, die Versicherungsleistungen für uns in Anspruch zu nehmen,
– wenn das Arbeitsverhältnis vor Eintritt des Versorgungsfalles endet und die versicherte Person zu diesem Zeitpunkt noch nicht die in § 1 BetrAVG genannten Voraussetzungen für einen unverfallbaren Versorgungsanspruch erfüllt hat,
– wenn die versicherte Person Handlungen begeht, die uns das Recht geben, die Versicherungsansprüche zu mindern oder zu entziehen,

---

[1111] BGH, Urt. v. 3. 5. 2006 – IV ZR 134/05, NJW-RR 2006, 1258, 1259 = VersR 2006, 1059, 1060 = WM 2006, 1393, 1394 = ZIP 2006, 1309, 1310 = DB 2006, 1488, 1489.
[1112] BGH, Urt. v. 3. 5. 2006 – IV ZR 134/05, NJW-RR 2006, 1258, 1259 = VersR 2006, 1059 = WM 2006, 1393/1394 = ZIP 2006, 1309 = DB 2006, 1488/1489.
[1113] Vgl. OLG Düsseldorf, Urt. v. 6. 3. 1992 – 17 U 201/91, NJW-RR 1992, 798/799. Siehe zu einem vergleichbaren Bezugsrecht BAG, Urt. v. 26. 6. 1990 – 3 AZR 641/88, NJW 1991, 717; OLG Frankfurt/M., Urt. v. 12. 5. 2005 – 3 U 21/04, ZIP 2005, 1036, 1037.

– während der Dauer des Arbeitsverhältnisses aufgrund der bei Beginn der Versicherung erklärten Zustimmung der versicherten Person die Versicherung zu beleihen, wobei wir die bezugsberechtigte Person bei Eintritt des Versicherungsfalls so stellen, als ob die Beleihung nicht erfolgt wäre.
Für den Todesfall ist die Versicherungsleistung in nachstehender Reihenfolge zu zahlen an:
a) den überlebenden Ehegatten …
Für den Fall, dass die zu versichernde Person aus unseren Diensten ausscheidet, ohne dass die Ansprüche aus der Versicherung uns zustehen, erklären wir gemäß § 2 Abs. 2 Satz 3 BetrAVG schon jetzt, dass die Versorgungsansprüche auf die Leistungen begrenzt sind, die aufgrund unserer Beitragszahlung aus dem Versicherungsvertrag fällig werden. Wir werden dann innerhalb von drei Monaten eine eventuelle Beleihung rückgängig machen, etwaige Beitragsrückstände ausgleichen und die Versicherungsnehmereigenschaft auf die versicherte Person übertragen. Die versicherte Person soll dann das Recht haben, die Versicherung mit eigenen Beitragsleistungen fortzuführen."

bb) Inhalt des Bezugsrechts. Maßgeblich für den Inhalt des Bezugsrechts ist, welche konkrete Ausgestaltung es in den zwischen dem Versicherungsnehmer und dem Versicherer vereinbarten Bedingungen erfahren hat.[1114] Für die Auslegung dieser Bedingungen kommt es darauf an, wie die AVB aus der Sicht eines verständigen und durchschnittlichen Versicherungsnehmers zu verstehen sind,[1115] der als Arbeitgeber durch den Abschluss einer Direktversicherung seinen Arbeitnehmern eine betriebliche Altersversorgung verschafft.[1116] Einzubeziehen sind dabei im Besonderen auch die Interessen der auf diese Weise versicherten Arbeitnehmer, die eine grundsätzliche unwiderrufliche Bezugsberechtigung erwerben sollen und von dem einschränkenden Vorbehalt unmittelbar betroffen sind.[1117] Mit der Vereinbarung eines dem Grunde nach unwiderruflich gestalteten Bezugsrechts wird ein sofortiger Rechtserwerb des begünstigten Arbeitnehmers bewirkt und zum Ausdruck gebracht, dass der Arbeitgeber, der durch den Abschluss der Direktversicherung zugleich seine Verpflichtung zur Entrichtung eines Insolvenzsicherungsbeitrags begrenzt (§ 10 Abs. 1, 3 Nr. 2 Satz 2 BetrAVG), den durch den Versicherungsvertrag verkörperten Wert dem Vermögen des Arbeitnehmers zukommen lassen will.[1118]

cc) Versprochene Versicherungsleistungen. Zu den vertraglich versprochenen Leistungen einer Lebensversicherung gehört auch der Rückkaufswert nach

---

[1114] BGH, Urt. v. 18. 6. 2003 – IV ZR 59/02, NJW 2003, 2679 = VersR 2003, 1021 = r+s 2003, 424 = WM 2003, 2247 f.; BGH, Urt. v. 8. 6. 2005 – IV ZR 30/04, NJW-RR 2005, 1412 = NZI 2005, 555 = ZVI 2005, 480 = VersR 2005, 1134 = WM 2005, 2141 = ZIP 2005, 1373; dazu *Blank* EWiR 2005, 801; BGH, Urt. v. 3. 5. 2006 – IV ZR 134/05, NJW-RR 2006, 1258, 1259 = VersR 2006, 1059, 1060 = WM 2006, 1393, 1394 = ZIP 2006, 1309, 1310 = DB 2006, 1488, 1489.
[1115] BGH, Urt. v. 23. 6. 1993 – IV ZR 135/92, BGHZ 123, 83, 85 = VersR 1993, 957, 958; dazu *Lindacher* EWiR 1993, 833; BGH, Urt. v. 3. 5. 2006 – IV ZR 134/05, NJW-RR 2006, 1258, 1259 = VersR 2006, 1059, 1060 = WM 2006, 1393, 1395 = ZIP 2006, 1309, 1310 = DB 2006, 1488, 1489.
[1116] BGH, Urt. v. 3. 5. 2006 – IV ZR 134/05, NJW-RR 2006, 1258, 1259 = VersR 2006, 1059, 1060 = WM 2006, 1393, 1395 = ZIP 2006, 1309, 1310 = DB 2006, 1488, 1489.
[1117] Vgl. BGH, Urt. v. 16. 3. 1988 – IV ZR 154/87, BGZ 103, 370, 383 = NVwZ-RR 1988, 104 = VersR 1988, 575, 578; BGH, Urt. v. 23. 6. 1999 – IV ZR 136/98, BGHZ 142, 103, 107 = NJW 1999, 3558 = VersR 1999, 1390, 1391; BGH, Urt. v. 28. 3. 2001 – IV ZR 19/00, NVersZ 2001, 333 = VersR 2001, 714 = WM 2001, 1122 = DB 2001, 2038; BGH, Urt. v. 12. 3. 2003 – IV ZR 58/02, BGH-Report 2003, 811 (red. Ls.); BGH, Urt. v. 3. 5. 2006 – IV ZR 134/05, NJW-RR 2006, 1258, 1259 = VersR 2006, 1059, 1060 = WM 2006, 1393, 1395 = ZIP 2006, 1309, 1311 = DB 2006, 1488, 1489; BAG, Urt. v. 31. 7. 2007 – 3 AZR 446/05, DB 2008, 939, 940.
[1118] BGH, Urt. v. 3. 5. 2006 – IV ZR 134/05, NJW-RR 2006, 1258, 1259 = VersR 2006, 1059, 1061 = WM 2006, 1393, 1395 = ZIP 2006, 1309, 1310/1311 = DB 2006, 1488, 1490.

Kündigung oder sonstiger Beendigung des Versicherungsverhältnisses, denn das Recht auf den Rückkaufswert ist nur eine andere Erscheinungsform des Rechts auf die Versicherungssumme.[1119] Mit der Einräumung des Bezugsrechts erlangt der Arbeitnehmer sämtliche aus dem Versicherungsvertrag fällig werdenden Ansprüche, so auch den Anspruch auf Zahlung des Rückkaufswerts.[1120]

368 **dd) Entzug des Bezugsrechts.** Die Vorbehaltsklausel für den Fall des vorzeitigen Ausscheidens des Arbeitnehmers verdeutlicht, dass der Arbeitgeber mit der aufgrund des Vorbehalts eingeschränkten Unwiderruflichkeit des Bezugsrechts verhindern will, dass der Arbeitnehmer unter Mitnahme der erworbenen Versicherungsansprüche aus seinen Diensten ausscheidet.[1121] Die Zuweisung der versicherungsrechtlichen Ansprüche in das Vermögen des Arbeitnehmers soll diesem nicht ermöglichen, das Arbeitsverhältnis nach freiem Belieben (vorzeitig) zu beenden und dennoch die Versicherungsansprüche zu behalten.[1122] Er soll insbesondere nicht das – unter Umständen vorteilhaftere – Angebot eines anderen Arbeitgebers annehmen, den Betrieb seines bisherigen Arbeitgebers verlassen und gleichwohl noch auf die Versicherungsleistungen zugreifen können.[1123] Der Arbeitgeber will sich durch den Vorbehalt – zumindest auch – der weiteren Betriebstreue des Arbeitnehmers vergewissern.[1124] Dieses berechtigte Anliegen des Arbeitgebers erfordert indes nicht, das „vorzeitige Ausscheiden" des Arbeitnehmers auf jeden Fall der Beendigung des bestehenden Arbeitsverhältnisses zu beziehen.[1125] Es genügt, darunter solche Beendigungsgründe zu verstehen, die neben der freiwilligen Aufgabe des Arbeitsplatzes auch sonst auf die Person und das betriebliche Verhalten des Arbeitnehmers zurückzuführen sind.[1126] Insolvenzbedingte Betriebseinstellungen oder insolvenzbedingte Veräußerungen von Betriebsteilen gehören nicht dazu.[1127] Auch rechtfertigen es die Interessen eines redlichen, vertragstreuen Arbeitgebers nicht, im Falle seiner Insolvenz dem versicherten Arbeitnehmer sein Bezugsrecht allein deshalb zu entziehen, um die Zugriffsmöglichkei-

---

[1119] BGH, Urt. v. 22. 3. 2000 – IV ZR 23/99, NJW 2000, 2103 = NVersZ 2000, 332 = VersR 2000, 709 = r+s 2000, 345; BGH, Urt. v. 18. 6. 2003 – IV ZR 59/02, NJW 2003, 2679, 2680 = VersR 2003, 1021, 1022 = r+s 2003, 424, 425 = WM 2003, 2247, 2248; OLG Celle, Beschl. v. 23. 6. 2005 – 16 W 54/05, r+s 2007, 295; BGH, Urt. v. 3. 5. 2006 – IV ZR 134/05, NJW-RR 2006, 1258, 1259 = VersR 2006, 1059, 1060 = WM 2006, 1393, 1394 = ZIP 2006, 1309 f. = DB 2006, 1488, 1489.

[1120] BGH, Urt. v. 18. 6. 2003 – IV ZR 59/02, NJW 2003, 2679, 2680 = VersR 2003, 1021, 1022 = r+s 2003, 424, 425 = WM 2003, 2247, 2248; BGH, Urt. v. 3. 5. 2006 – IV ZR 134/05, VersR 2006, 1059, 1060 = WM 2006, 1393, 1394 = ZIP 2006, 1309, 1310 = DB 2006, 1488, 1489.

[1121] BGH, Urt. v. 3. 5. 2006 – IV ZR 134/05, NJW-RR 2006, 1258, 1260 = VersR 2006, 1059, 1061 = WM 2006, 1393, 1395 = ZIP 2006, 1309, 1311 = DB 2006, 1488, 1490.

[1122] BGH, Urt. v. 3. 5. 2006 – IV ZR 134/05, NJW-RR 2006, 1258, 1260 = VersR 2006, 1059, 1061 = WM 2006, 1393, 1395 = ZIP 2006, 1309, 1311 = DB 2006, 1488, 1490.

[1123] BGH, Urt. v. 3. 5. 2006 – IV ZR 134/05, NJW-RR 2006, 1258, 1260 = VersR 2006, 1059, 1061 = WM 2006, 1393, 1395 = ZIP 2006, 1309, 1311 = DB 2006, 1488, 1490.

[1124] BGH, Urt. v. 13. 12. 1999 – II ZR 152/98, NJW 2000, 1197 = NZA 2000, 318 = DB 2000, 1328; BVerfG 98, 365 = NZA 1999, 194 = VersR 1999, 600, 606; BGH, Urt. v. 3. 5. 2006 – IV ZR 134/05, NJW-RR 2006, 1258, 1260 = VersR 2006, 1059, 1061 = WM 2006, 1393, 1395 = ZIP 2006, 1309, 1311 = DB 2006, 1488, 1490.

[1125] BGH, Urt. v. 3. 5. 2006 – IV ZR 134/05, NJW-RR 2006, 1258, 1260 = VersR 2006, 1059, 1061 = WM 2006, 1393, 1395 = ZIP 2006, 1309, 1311 = DB 2006, 1488, 1490.

[1126] BGH, Urt. v. 3. 5. 2006 – IV ZR 134/05, NJW-RR 2006, 1258, 1260 = VersR 2006, 1059, 1061 = WM 2006, 1393, 1395 = ZIP 2006, 1309, 1311 = DB 2006, 1488, 1490.

[1127] BGH, Urt. v. 3. 5. 2006 – IV ZR 134/05, NJW-RR 2006, 1258, 1260 = VersR 2006, 1059, 1061 = WM 2006, 1393, 1395 = ZIP 2006, 1309, 1311 = DB 2006, 1488, 1490.

ten der Insolvenzgläubiger erweitern zu können.[1128] Der Vorbehalt, unter den das Bezugsrecht gestellt worden ist, hat daher keine Geltung für den Fall einer insolvenzbedingten Beendigung des Arbeitsverhältnisses zum Versicherungsnehmer.[1129]

ee) Aussonderungsrecht des Arbeitnehmers. Liegen die Voraussetzungen der Vorbehalte des eingeschränkten unwiderruflichen Bezugsrechts bei Eröffnung des Insolvenzverfahrens vor, hat der Arbeitnehmer keine ungesicherte, wertlose Anwartschaft, die nicht zur Aussonderung dieses Vermögensgegenstands aus der Insolvenzmasse berechtigt.[1130] Auch wenn die tatbestandlichen Voraussetzungen der vereinbarten Vorbehalte bei Eröffnung des Insolvenzverfahrens über das Vermögen des Versicherungsnehmers nicht erfüllt sind, steht das eingeschränkt unwiderrufliche Bezugsrecht im Insolvenzfall des Versicherungsnehmers in wirtschaftlicher und rechtlicher Hinsicht einem uneingeschränkt unwiderruflichen Bezugsrecht gleich.[1131] Demzufolge gehört der Anspruch auf die Versicherungsleistungen nicht zum Vermögen des Versicherungsnehmers, sondern zum Vermögen des versicherten Arbeitnehmers.[1132] Dies gilt erst recht, wenn der Zweck des Vorbehalts entfallen ist und seine Voraussetzungen künftig nicht mehr eintreten

---

[1128] BAG, Urt. v. 26. 6. 1990 – 3 AZR 651/88, NZA 1991, 60 = VersR 1991, 211, 212 = ZIP 1990, 1596; BGH, Urt. v. 8. 6. 2005 – IV ZR 30/04, NJW-RR 2005, 1412 = NZI 2005, 555 = ZVI 2005, 480 = VersR 2005, 1134 = ZIP 2005, 1373; BGH, Urt. v. 3. 5. 2006 – IV ZR 134/05, NJW-RR 2006, 1258, 1260 = VersR 2006, 1059, 1061 = WM 2006, 1393, 1396 = ZIP 2006, 1309, 1311 = DB 2006, 1488, 1490.

[1129] OLG Karlsruhe, Urt. v. 15. 3. 2001 – 12 U 299/00, r+s 2002, 479, 480; OLG Karlsruhe, Urt. v. 18. 6. 2003 – 12 U 29/03, VersR 2001, 1501; OLG Düsseldorf, Urt. v. 30. 1. 2001 – 4 U 93/00, VersR 2002, 86, 87 = r+s 2002, 214, 215; BGH, Urt. v. 8. 6. 2005 – IV ZR 30/04, ZVI 2005, 480 = VersR 2005, 1134 = ZIP 2005, 1373; BGH, Beschl. v. 22. 9. 2005 – IX ZR 85/04, ZIP 2005, 1836; BGH, Urt. v. 3. 5. 2006 – IV ZR 134/05, NJW-RR 2006, 1258, 1259 = VersR 2006, 1059, 1060 = WM 2006, 1393, 1395 = ZIP 2006, 1309, 1310 = DB 2006, 1488, 1489; *Kollhosser* in: Prölss/Martin, VVG, 27. Aufl., 2004, § 165 VVG Rdn. 6 a; *Stegmann/Lind* NVersZ 2002, 193, 201; a. A. LG Köln ZInsO 2003, 383; *Tetzlaff* EWiR 2003, 931.

[1130] So aber BAG, Urt. v. 17. 10. 1995 – 3 AZR 622/94, DB 1996, 1240; LAG Hessen, Urt. v. 22. 11. 2000 – 6 Sa 1547/99, BetrAV 2001, 290, 291.

[1131] BAG, Urt. v. 26. 6. 1990 – 3 AZR 651/88, VersR 1991, 211, 212 = r+s 1991, 142 = ZIP 1990, 1596 = BetrAV 1991, 39; dazu *Heilmann* EWiR 1991, 279; BAG, Urt. v. 26. 6. 1990 – 3 AZR 641/88, NJW 1991, 717, 718; BAG, Urt. v. 26. 6. 1990 – 3 AZR 2/89, VersR 1991, 942, 943; BGH, Urt. v. 19. 6. 1996 – IV ZR 243/95, VersR 1996, 1089, 1090 = ZIP 1996, 1356; dazu *Griebeling* EWiR 1996, 775; OLG Hamm, Urt. v. 19. 12. 1997 – 20 U 150/97, NJW-RR 1998, 1062 = VersR 1998, 1494 = r+s 1998, 168; OLG Karlsruhe, Urt. v. 15. 3. 2001 – 12 U 299/00, r+s 2002, 479, 480; LG Köln, Urt. v. 3. 2003 – 23 O 304/02, ZInsO 2003, 383; dazu *Tetzlaff* EWiR 2003, 931 f.; OLG Frankfurt/M., Urt. v. 12. 5. 2005 – 3 U 21/04, ZIP 2005, 1036, 1037; BGH, Urt. v. 3. 5. 2006 – IV ZR 134/05, NJW-RR 2006, 1258, 1259 = VersR 2006, 1059, 1060 = WM 2006, 1393, 1395 = ZIP 2006, 1309, 1310 = DB 2006, 1488, 1489; BAG, Urt. v. 31. 7. 2007 – 3 AZR 446/05, DB 2008, 939, 940.

[1132] BAG, Urt. v. 26. 6. 1990 – 3 AZR 651/88, VersR 1991, 211, 212 = ZIP 1990, 1596 = BetrAV 1991, 39; dazu *Heilmann* EWiR 1991, 279; BAG, Urt. v. 26. 6. 1990 – 3 AZR 641/88, NJW 1991, 717, 718; BAG, Urt. v. 26. 6. 1990 – 3 AZR 2/89, VersR 1991, 942, 943; BAG, Urt. v. 17. 10. 1995 – 3 AZR 622/94, VersR 1996, 1439 (Ls.); BGH, Urt. v. 19. 6. 1996 – IV ZR 243/95, VersR 1996, 1089 = ZIP 1996, 1356; dazu *Griebeling* EWiR 1996, 775; OLG Hamm VersR 1998, 1494; OLG Karlsruhe VersR 2001, 1501; OLG Frankfurt/M., Urt. v. 12. 5. 2005 – 3 U 21/04, ZIP 2005, 1036, 1037; BGH, Urt. v. 3. 5. 2006 – IV ZR 134/05, NJW-RR 2006, 1258, 1259 = VersR 2006, 1059, 1060 = WM 2006, 1393, 1395 = ZIP 2006, 1309, 1310 = DB 2006, 1488, 1489; BAG, Urt. v. 31. 7. 2007 – 3 AZR 446/05, DB 2008, 939, 940; *Blomeyer/Rolfs/Otto*, BetrAVG, 4. Aufl., 2006, Vor § 7 BetrAVG Rdn. 39; **a. A.** OLG Hamm, Urt. v. 24. 1. 2006 – 27 U 159/05, VersR 2006, 915, 916; dazu *Stahlschmidt* EWiR 2006, 275 f.

können.¹¹³³ Bei einem eingeschränkt unwiderruflichen Bezugsrecht aus einer Direktversicherung zur betrieblichen Altersversorgung ist der Arbeitnehmer in der Insolvenz des Arbeitgebers auch dann zur Aussonderung berechtigt, wenn die in den Versicherungsvertrag aufgenommenen, den §§ 30f, 1b Abs. 1 BetrAVG (§ 1 Abs. 1 Satz 1 BetrAVG a. F.) entsprechenden Fristen noch nicht abgelaufen sind.¹¹³⁴ Arbeitgeber und Insolvenzverwalter können als Versicherungsnehmer lediglich Leistung an den nunmehr unwiderruflich bezugsberechtigten Arbeitnehmer verlangen.¹¹³⁵ Dementsprechend kann der versicherte Arbeitnehmer – und im Falle seiner Insolvenz der Insolvenzverwalter des Arbeitnehmers – die Auszahlung des Rückkaufswerts vom LVU verlangen.¹¹³⁶

370   ff) **Verfügungsbeschränkungen.** Allerdings muss das LVU aufgrund der auch vom LVU zu beachten Vorschriften des § 2 Abs. 2 Satz 4 bis 6 BetrAVG die Auskehrung an den versicherten Arbeitnehmer verweigern. Bei § 2 Abs. 2 Satz 4 bis 6 BetrAVG handelt es sich um Sondervorschriften zum VVG, durch die die Rechte des Versicherungsnehmers und Versicherten insoweit begrenzt werden als eine Auskehrung der auf die Direktversicherung entfallenden Prämienreserve untersagt wird.¹¹³⁷ Die genannten Regelungen lauten wie folgt:

„Der ausgeschiedene Arbeitnehmer darf die Ansprüche aus dem Versicherungsvertrag in Höhe des durch Beitragszahlungen des Arbeitgebers gebildeten geschäftsplanmäßigen Deckungskapitals ... weder abtreten noch beleihen. In dieser Höhe darf der Rückkaufswert aufgrund einer Kündigung des Versicherungsvertrags nicht in Anspruch genommen werden; im Fall einer Kündigung wird die Versicherung in eine prämienfreie Versicherung umgewandelt. § 176 Abs. 1 des Gesetzes über den Versicherungsvertrag findet insoweit keine Anwendung."

371   Dementsprechend findet sich in den vertraglichen Vereinbarungen in der Regel der Passus, dass „nach den gesetzlichen Bestimmungen eine Abtretung, Beleihung oder ein Rückkauf insoweit unzulässig ist, als die Versicherung auf den Beiträgen des Arbeitgebers beruht".¹¹³⁸

372   Durch diese Bestimmungen soll sichergestellt werden, dass die auf Arbeitgeberbeiträgen beruhenden Deckungsmittel der Direktversicherung auch nach Beendigung des Arbeitsverhältnisses zu Versorgungszwecken verwandt werden und nicht vorzeitig dem Konsum zufließen.¹¹³⁹ Der ausgeschiedene Arbeitnehmer soll deshalb gehindert werden, die Anwartschaft zu liquidieren und für andere Zwecke zu verwenden, indem er über den wirtschaftlichen Wert der ihm überlassenen, auf Beitragszahlungen des Arbeitgebers beruhenden Direktversicherung durch Abtretung, Beleihung oder Inanspruchnahme des Rückkaufswerts verfügt.¹¹⁴⁰ Der gesetzgeberische Zweckgedanke – Sicherung der Altersversorgung der ausgeschie-

---

[1133] BGH, Urt. v. 3. 5. 2006 – IV ZR 134/05, NJW-RR 2006, 1258, 1259 = VersR 2006, 1059, 1060 = WM 2006, 1393, 1395 = ZIP 2006, 1309, 1310 = DB 2006, 1488, 1489.
[1134] BGH, Urt. v. 8. 6. 2005 – IV ZR 30/04, ZVI 2005, 480 = ZIP 2005, 1373, 1374 ff.; BGH, Beschl. v. 22. 9. 2005 – IX ZR 85/04, ZIP 2005, 1836, 1837.
[1135] BAG, Urt. v. 26. 6. 1990 – 3 AZR 641/88, NJW 1991, 717, 718.
[1136] BGH, Urt. v. 17. 2. 1996 – II ZR 286/63, BGHZ 45, 162 = VersR 1966, 359; OLG Hamm, Urt. v. 19. 12. 1997 – 20 U 150/97, NJW-RR 1998, 1062 = VersR 1998, 1494.
[1137] OLG Hamm, Urt. v. 19. 12. 1997 – 20 U 150/97, NJW-RR 1998, 1062 = VersR 1998, 1494, 1495.
[1138] So auch im Fall OLG Hamm, Urt. v. 19. 12. 1997 – 20 U 150/97, NJW-RR 1998, 1062 = VersR 1998, 1494.
[1139] BT-Drucks. 7/2843, S. 7.
[1140] BAG, Urt. v. 17. 10. 1995 – 3 AZR 622/94, VersR 1996, 1439 (Ls.) = BetrAV 1996, 288, 289; OLG Hamm, Urt. v. 19. 12. 1997 – 20 U 150/97, NJW-RR 1998, 1062 = VersR 1998, 1494.

denen Arbeitnehmer – behält Sinn und Bedeutung auch dann, wenn der Arbeitnehmer in Konkurs fällt.[1141] Das Verbot der wirtschaftlichen Nutzung einer durch Direktversicherung erworbenen Versorgungsanwartschaft durch einen Arbeitnehmer gilt daher auch dann, wenn er die Rechtsstellung eines unwiderruflich Bezugsberechtigten hat.[1142] Das gesetzliche Verfügungsverbot des § 2 Abs. 2 BetrAVG erlaubt auch keine Durchbrechung aus Gründen der Billigkeit im Einzelfall, z.B. wegen Erwerbsunfähigkeit des Bezugsberechtigten vor Eintritt des Versorgungsfalls.[1143]

9. Rechtslage bei Rückdeckungsversicherungen

a) Unbelastete Rückdeckungsversicherung. Rückdeckungsversicherungen werden auf das Leben von Arbeitnehmern abgeschlossen, um die diesem Personenkreis erteilten Versorgungszusagen ganz oder teilweise auszufinanzieren. Im Regelfall stehen nach den getroffenen Vereinbarungen alle Rechte und Ansprüche aus der Versicherung der Firma als Versicherungsnehmer zu. Dem versicherten Arbeitnehmer stehen aus der Rückdeckungsversicherung keine Ansprüche zu.[1144] Die Rückdeckungsversicherung ist rechtlich und wirtschaftlich dem Firmenvermögen zuzurechnen. Wird über das Vermögen des Arbeitgebers als Versicherungsnehmer das Insolvenzverfahren eröffnet, fällt die Rückdeckungsversicherung in die Insolvenzmasse. Der Arbeitnehmer ist nicht berechtigt, im Wege der Aussonderung zu verlangen, dass der Rückdeckungsversicherungsvertrag auf ihn übertragen wird.[1145] Dies gilt auch dann, wenn der Arbeitnehmer ohne eigenes Verschulden aus den Diensten des Arbeitgebers ausgeschieden ist und wenn er nach der Versorgungszusage für diesen Fall die Übertragung der Rückdeckungsversicherung verlangen konnte. Das BAG hat dieses Urteil zutreffend damit begründet, für ein Aussonderungsrecht genüge es nicht, dass dem Arbeitnehmer ein schuldrechtlicher Anspruch und damit ein persönliches Recht auf die Übertragung des Versicherungsvertrages zustehe. § 43 KO setze außerdem voraus, dass der auszusondernde Gegenstand oder das auszusondernde Recht dem Gemeinschuldner nicht gehöre. Daran fehle es aber im vorliegenden Fall, da die Rückdeckungsversicherung rechtlich und wirtschaftlich zum Vermögen des Gemeinschuldners gehöre.

b) Verpfändete Rückdeckungsversicherung. Nach den in der Praxis getroffenen Vereinbarungen stehen zwar alle Rechte und Ansprüche aus der Rückdeckungsversicherung der Firma als Versicherungsnehmer zu. Dies schließt aber nicht aus, dass im Einzelfall eine widerrufliche Bezugsberechtigung zugunsten des Versorgungsberechtigten für den Erlebensfall eingeräumt und an ihn die Rückdeckungsversicherung zur Pensionssicherung verpfändet wird, insbesondere wenn Rückdeckungsversicherungen vom Unternehmen als Versicherungsnehmer auf das Leben ihrer Geschäftsführer oder Vorstände abgeschlossen werden, um diesem Personenkreis erteilten Versorgungszusagen ganz oder teilweise auszufinanzieren und sie im Fall der Insolvenz der Firma abzusichern.[1146] Mit der Verpfändung der Rückdeckungsversicherung an den Versorgungsberechtigten wird

---

[1141] OLG Hamm, Urt. v. 19. 12. 1997 – 20 U 150/97, NJW-RR 1998, 1062 = VersR 1998, 1494/1495.
[1142] OLG Hamm, Urt. v. 19. 12. 1997 – 20 U 150/97, NJW-RR 1998, 1062 = VersR 1998, 1494, 1495.
[1143] OLG Düsseldorf, Urt. v. 14. 5. 2002 – 4 U 203/01, VersR 2003, 95.
[1144] *Flitsch/Herbst* BB 2003, 317.
[1145] BAG v. 29. 7. 1967, NJW 1967, 2425 = VersR 1967, 1190.
[1146] BGH, Urt. v. 7. 4. 2005 – IX ZR 138/04, NJW 2005, 2231 = VersR 2005, 923 = r+s 2005, 389 = WM 2005, 937 = ZIP 2005, 909 = DB 2005, 1453 = MDR 2005, 1075.

allerdings nicht erreicht, dass nur mit seiner Zustimmung als Pfandgläubiger die zu seinen Gunsten eingeräumte Bezugsberechtigung aufgehoben werden kann. Das widerrufliche Bezugsrecht kann vielmehr vom Insolvenzverwalter, auf den das Verwaltungs- und Verfügungsrecht im Falle der Insolvenz des Versicherungsnehmers übergeht (§ 80 Abs. 1 InsO), – ungeachtet der bestehenden Verpfändung – bis zum Eintritt des Versicherungsfalls widerrufen werden, da sich der Versicherungsnehmer allein durch die widerrufliche Benennung eines Dritten keiner Rechte aus dem Vertrag begibt, also jederzeit die Bezugsberechtigung durch einseitige Erklärung auf sich selbst oder eine andere Person umleiten kann.[1147] Für den Widerruf der Rückdeckungsversicherung genügt, dass der Ausspruch der Kündigung der Rückdeckungsversicherung mit der Aufforderung verbunden ist, den Rückkaufswert auf ein näher bezeichnetes Massekonto zu zahlen.[1148] Der Versorgungsberechtigte (Pfandgläubiger) ist erst bei Fälligkeit der gesicherten Forderung gemäß §§ 1282 Abs. 1, 1228 Abs. 2 BGB zur Einziehung des verpfändeten Rechts befugt.[1149] Sind die gesicherten Versorgungsanwartschaften noch nicht fällig, steht das Verwertungsrecht nach §§ 48, 127 Abs. 1 KO dem Insolvenzverwalter zu.[1150] Allerdings kann der versorgungsberechtigte Vorstand/Geschäftsführer vom Insolvenzverwalter die Sicherstellung seiner Versorgungsansprüche aus dem für ihn vorab zu verwendenden Erlös verlangen.[1151] Den für die Versorgungsanwartschaften nach § 69 KO zu schätzenden Betrag, für den die Umstände zur Zeit der Konkurseröffnung maßgebend sind,[1152] hat der Insolvenzverwalter vorrangig aus dem Erlös der Rückdeckungsversicherungen zu hinterlegen (vgl. jetzt §§ 191 Abs. 1, 198 InsO).[1153]

10. Insolvenzanfechtung

375 **a) Grundsatz.** Rechtshandlungen, die vor der Eröffnung des Insolvenzverfahrens vorgenommen worden sind und die Insolvenzgläubiger benachteiligen, kann der Insolvenzverwalter gemäß § 129 Abs. 1 InsO nach Maßgabe der §§ 130 bis 146 InsO anfechten. Eine Unterlassung steht einer Rechtshandlung gleich (§ 129 Abs. 2 InsO). Gegenstände, die aufgrund einer in den §§ 129 ff. InsO genannten Rechtshandlung aus dem Vermögen des Schuldners ausgeschieden sind, müssen

---

[1147] BGH, Urt. v. 7. 4. 2005 – IX ZR 138/04, NJW 2005, 2231, 2232 = VersR 2005, 923 = WM 2005, 937, 938 = ZIP 2005, 909, 910 = DB 2005, 1453, 1554 = MDR 2005, 1075, 1076.

[1148] BGH, Urt. v. 7. 4. 2005 – IX ZR 138/04, NJW 2005, 2231, 2232 = VersR 2005, 923 = r+s 2005, 389 f. = WM 2005, 937, 938 = ZIP 2005, 909, 910 = DB 2005, 1453, 1454.

[1149] BGH, Urt. v. 10. 7. 1997 – IX ZR 161/96, BB 1997, 2656, 2658; OLG Hamburg, Urt. v. 27. 8. 2002 – 9 U 265/00, VersR 2003, 630, 631; BGH, Urt. v. 7. 4. 2005 – IX ZR 138/04, NJW 2005, 2231, 2232 = VersR 2005, 923, 924 = r+s 2005, 389, 390 = WM 2005, 937, 938 = ZIP 2005, 909, 910 = DB 2005, 1453, 1454.

[1150] BGH, Urt. v. 10. 7. 1997 – IX ZR 161/96, BB 1997, 2656, 2658; OLG Hamburg, Urt. v. 27. 8. 2002 – 9 U 265/00, VersR 2003, 630, 631; BGH, Urt. v. 7. 4. 2005 – IX ZR 138/04, NJW 2005, 2231, 2232 = VersR 2005, 923, 924 = r+s 2005, 389, 390 = WM 2005, 937, 938 = ZIP 2005, 909, 910 = DB 2005, 1453, 1454.

[1151] BGH, Urt. v. 10. 7. 1997 – IX ZR 161/96, BB 1997, 2656, 2658; BGH, Urt. v. 7. 4. 2005 – IX ZR 138/04, NJW 2005, 2231, 2232 = VersR 2005, 923, 924 = r+s 2005, 389, 390 = WM 2005, 937, 938 = ZIP 2005, 909, 910 = DB 2005, 1453, 1454.

[1152] BGH, Urt. v. 6. 12. 2007 – IX ZR 284/03, VersR 2008, 803, 804.

[1153] BGH, Urt. v. 10. 7. 1997 – IX ZR 161/96, BB 1997, 2656, 2658; BGH, Urt. v. 7. 4. 2005 – IX ZR 138/04, NJW 2005, 2231, 2233 = VersR 2005, 923, 924 = r+s 2005, 389, 390 = WM 2005, 937, 939 = ZIP 2005, 909, 911 = DB 2005, 1453, 1455 = MDR 2005, 1075, 1076; OLG München, Urt. v. 22. 6. 2004 – 25 U 5618/03, Info-Letter Versicherungs- und Haftungsrecht 2004, 223; *Neumann* BB 1997, 2658, 2659.

auf die Anfechtung des Verwalters hin der den Gläubigern haftenden Masse wieder zugeführt werden.[1154] Sie werden damit als ein dem Zugriff der Gläubigergesamtheit zur Verfügung stehendes Objekt der Vermögensmasse des insolventen Schuldners behandelt, obwohl sie schuld- und sachenrechtlich wirksam in das Eigentum des Anfechtungsgegners übergegangen sind.[1155] Diese Wertung findet ihre Bestätigung auch in § 145 Abs. 1 InsO.[1156] Mit der dort vorgeschriebenen Erstreckung des Anfechtungsrechts auf Gesamtrechtsnachfolger jeglicher Art hat der Gesetzgeber ebenfalls zum Ausdruck gebracht, dass die Zuordnung zur Haftungsmasse sich im Allgemeinen unabhängig von der Wirksamkeit des Erwerbsvorgangs durchsetzen soll.[1157]

b) Rechtshandlungen. aa) Anfechtbare Rechtshandlung. Zu den anfechtbaren Rechtshandlungen gemäß § 134 Abs. 1 InsO gehören nicht nur Rechtsgeschäfte, sondern auch geschäftsähnliche Handlungen und Realakte, denen das Gesetz Rechtswirkungen beimisst.[1158] Als Gegenstand einer Schenkungsanfechtung eignen sich folgende anfechtbare Rechtshandlungen des Gemeinschuldners (Versicherungsnehmers): die Benennung eines Bezugsberechtigten, die „wissentliche und willentliche" Nichtausübung des Widerrufsrechts und die Prämienzahlungen des Schuldners an den Versicherer.[1159] Zu erwähnen sind ferner die Abtretung oder die Bestellung eines Pfandrechts. 376

bb) Vornahme der Rechtshandlung. Nach § 140 Abs. 1 InsO gilt eine Rechtshandlung als in dem Zeitpunkt vorgenommen, in dem ihre rechtlichen Wirkungen eintreten.[1160] Dies ist der Zeitpunkt, in dem die gesamten Erfordernisse vorliegen, an welche die Rechtsordnung die Entstehung, Aufhebung oder Veränderung eines Rechtsverhältnisses knüpft, mithin die Rechtshandlung die Gläubigerbenachteiligung bewirkt.[1161] Diese Wirkungen treten ein, sobald eine Rechtsposition begründet worden ist, die im Falle der Eröffnung des Insolvenzverfahrens beachtet werden müsste.[1162] 377

cc) Selbständige Rechtshandlung. Lässt ein Gläubiger eine Forderung des Schuldners pfänden und sich zur Einziehung überweisen (§§ 828, 835 ZPO) oder 378

[1154] BGH, Urt. v. 23. 10. 2003 – IX ZR 252/01, NJW 2004, 214, 216 = VersR 2004, 93, 95 = r+s 2004, 119, 121 = WM 2003, 2479, 2483 = ZIP 2003, 2307, 2311 = DB 2004, 703, 705.
[1155] BGHZ 135, 140, 149 = NJW 1997, 1857 = VersR 1997, 837, 839 = WM 1997, 831 = ZIP 1997, 737, 739 f. = DB 1997, 1970; BGH, Urt. v. 23. 10. 2003 – IX ZR 252/01, NJW 2004, 214, 216 = VersR 2004, 93, 95 = r+s 2004, 119, 121 = WM 2003, 2479, 2483 = ZIP 2003, 2307, 2311 = DB 2004, 703, 705; *Haas/Müller* ZIP 2003, 49, 57.
[1156] BGH, Urt. v. 23. 10. 2003 – IX ZR 252/01, NJW 2004, 214, 216 = VersR 2004, 93, 95 = r+s 2004, 119, 121 = WM 2003, 2479, 2483 = ZIP 2003, 2307, 2311 = DB 2004, 703, 705.
[1157] BGH, Urt. v. 23. 10. 2003 – IX ZR 252/01, NJW 2004, 214, 216 = VersR 2004, 93, 95 = r+s 2004, 119, 121 f. = WM 2003, 2479, 2483 = ZIP 2003, 2307, 2311 = DB 2004, 703, 705.
[1158] BGH, Urt. v. 29. 11. 2007 – IX ZR 165/05, WM 2008, 363, 364 = DB 2008, 523, 524.
[1159] *Thiel* ZIP 2002, 1232, 1234.
[1160] BGH, Urt. v. 9. 1. 1997 – IX ZR 47/96, ZIP 1997, 423, 424; BGH, Urt. v. 30. 1. 1997 – IX ZR 89/96, ZIP 1997, 513, 514; BGH, Urt. v. 5. 2. 1998 – IX ZR 43/97, VersR 1998, 1555.
[1161] BGH, Urt. v. 19. 12. 2002 – IX ZR 377/99, ZIP 2003, 488, 490 = DB 2003, 877; dazu *Gerhardt* EWiR 2003, 427; *Fischer* ZIP 2004, 1679, 1680; BGH, Urt. v. 23. 3. 2006 – IX ZR 116/03, WM 2006, 921, 922 = ZIP 2006, 916, 917 = DB 2006, 1108, 1109; dazu *Eckardt* EWiR 2006, 537.
[1162] BT-Drucks. 12/2443, S. 166; BGH, Urt. v. 23. 3. 2006 – IX ZR 116/03, WM 2006, 921, 922 = ZIP 2006, 916, 917; BGH, Urt. v. 24. 5. 2007 – IX ZR 105/05, NJW-RR 2007, 1275, 1277; *Fischer* ZIP 2004, 1679, 1680.

erlässt ein – hierzu befugter – Gläubiger eine Pfändungs- und Überweisungsverfügung (§§ 309 ff. AO) und zahlt der Drittschuldner hiernach auf die gepfändete Forderung an den Gläubiger, so liegt kein einheitlicher – mehraktiger – Erwerbstatbestand vor.[1163] Vielmehr sind einerseits die Pfändung und Überweisung und andererseits die Zahlung jeweils selbständige Rechtshandlungen.[1164] Bei der Vorausabtretung,[1165] der Vorausverpfändung[1166] und der Pfändung einer künftigen Forderung[1167] liegt die anfechtungsrechtlich entscheidende Wirkung nicht schon in der Verfügung, sondern erst in der Entstehung der Forderung.[1168] Denn die anfechtungsrechtlich entscheidende Gläubigerbenachteiligung kann sich nur und erst dann äußern, wenn die Forderung entstanden ist, über die der Schuldner rechtsgeschäftlich oder im Wege der Zwangsvollstreckung vorausverfügt hat.[1169] Entsteht die im Voraus abgetretene, verpfändete oder gepfändete Forderung erst nach Eröffnung des Insolvenzverfahrens, so erwirbt der Gläubiger bzw. Pfandgläubiger zu Lasten der Masse nach § 91 Abs. 1 InsO kein Forderungs- und kein Absonderungsrecht mehr.[1170] Entsteht eine Forderung in anfechtbarer Zeit vor Eröffnung des Insolvenzverfahrens, so ist die gläubigerbenachteiligende Wirkung einer Vorausverfügung nicht anfechtungsfest.[1171] Das gilt für Verfügungen im Wege der Zwangsvollstreckung nicht anders als für rechtsgeschäftliche Verfügungen.[1172] Es kommt daher darauf an, ob eine im Wege der Zwangsvollstreckung erlangte Sicherheit oder Befriedigung in den von § 131 InsO erfassten Bereich fällt. Denn eine in der „kritischen" Zeit erlangte Sicherheit oder Befriedigung ist

---

[1163] BGH, Urt. v. 21. 3. 2000 – IX ZR 138/99, VersR 2001, 1163 = WM 2000, 1071, 1072 = ZIP 2000, 898 = BB 2000, 1056 = DB 2000, 1660; dazu *Huber* EWiR 2000, 687 f.; OLG Hamm, Urt. v. 7. 6. 2001 – 27 U 224/00, VersR 2003, 1317.

[1164] BGH, Urt. v. 21. 3. 2000 – IX ZR 138/99, VersR 2001, 1163 = WM 2000, 1071, 1072 = ZIP 2000, 898 = BB 2000, 1056 = DB 2000, 1660; dazu *Huber* EWiR 2000, 687 f.; OLG Hamm, Urt. v. 7. 6. 2001 – 27 U 224/00, VersR 2003, 1317.

[1165] Vgl. BGH, Urt. v. 30. 1. 1997 – IX ZR 89/96, WM 1997, 545 = ZIP 1997, 513, 514 = DB 1997, 1024.

[1166] Vgl. BGH, Urt. v. 24. 10. 1996 – IX ZR 284/95, WM 1996, 2250 = ZIP 1996, 2080, 2082 = BB 1997, 436; dazu *Gerhardt* EWiR 1997, 33.

[1167] Vgl. BGH, Urt. v. 20. 3. 1997 – IX ZR 71/96, BGHZ 135, 140, 148 = NJW 1997, 1857 = VersR 1997, 837, 838 = WM 1997, 831 = ZIP 1997, 737, 739 = BB 1997, 1066 = DB 1997, 1970 = MDR 1997, 557; dazu *Henckel* EWiR 1997, 943.

[1168] BGH, Urt. v. 20. 3. 2003 – IX ZR 166/02, NJW 2003, 2171 = WM 2003, 896, 897 = ZIP 2003, 808, 809 = BB 2003, 1031, 1032 = DB 2003, 1676, 1677; zust. *Hölzle* EWiR 2003, 533 f.; OLG Karlsruhe NZI 2006, 103 = ZIP 2005, 1248; OLG Frankfurt/M., Urt. v. 28. 3. 2007 – 23 U 297/05, ZIP 2007, 1670.

[1169] BGH, Urt. v. 20. 3. 2003 – IX ZR 166/02, NJW 2003, 2171 = WM 2003, 896, 897 = ZIP 2003, 808, 809 = BB 2003, 1031, 1032 = DB 2003, 1676, 1677; zust. *Hölzle* EWiR 2003, 533 f.

[1170] BGH, Urt. v. 5. 1. 1955 – IV ZR 154/54, NJW 1955, 544 = WM 1955, 338; BGHZ 135, 140, 145 = NJW 1997, 1857 = WM 1997, 831 = ZIP 1997, 737, 738; BGH, Urt. v. 20. 3. 2003 – IX ZR 166/02, NJW 2003, 2171 = WM 2003, 896, 897 = ZIP 2003, 808, 809 = BB 2003, 1031, 1032 = DB 2003, 1676, 1677 = MDR 2003, 833, 834; zust. *Hölzle* EWiR 2003, 533 f.; BGHZ 162, 187, 190 = WM 2005, 850; BGH, Urt. v. 11. 5. 2006 – IX ZR 247/03, BGHZ 167, 363, 365 = WM 2006, 1343; BGH, Urt. v. 8. 1. 2009 – IX ZR 217/07, NJW 2009, 416, 417 = ZIP 2009, 380, 382 = DB 2009, 389; BGH, Urt. v. 25. 6. 2009 – IX ZR 98/08, DB 2009, 1760, 1761.

[1171] BGH, Urt. v. 20. 3. 2003 – IX ZR 166/02, NJW 2003, 2171 = WM 2003, 896, 897 = ZIP 2003, 808, 809 = BB 2003, 1031, 1032 = DB 2003, 1676, 1677; zust. *Hölzle* EWiR 2003, 533 f.

[1172] BGH, Urt. v. 20. 3. 2003 – IX ZR 166/02, NJW 2003, 2171 = WM 2003, 896, 897 = ZIP 2003, 808, 809 = BB 2003, 1031, 1032 = DB 2003, 1676, 1677; zust. *Hölzle* EWiR 2003, 533 f.

als inkongruent anzusehen.[1173] Fällt eine Hauptpfändung in den von § 131 InsO geschützten Zeitraum und ist sie nach § 131 InsO anfechtbar, verliert eine schon vor der „kritischen" Zeit ausgebrachte Vorpfändung ihre Wirkung.[1174]

c) **Gläubigerbenachteiligung.** Jeder Anfechtungstatbestand setzt eine Gläubigerbenachteiligung im Sinne des § 129 InsO voraus. Das Tatbestandsmerkmal der Gläubigerbenachteiligung ist ein Schlüsselmerkmal der Insolvenzanfechtung.[1175] Nach allgemeinen Regeln ist von einer entsprechenden Benachteiligung grundsätzlich dann auszugehen, wenn sich die Befriedigungsmöglichkeiten der Insolvenzgläubiger ohne die angefochtene Handlung bei wirtschaftlicher Betrachtungsweise günstiger gestaltet hätten.[1176] Die Benachteiligung kann dabei in der Verminderung der Aktivmasse,[1177] in einer Vermehrung der Passivmasse,[1178] in einer Erschwerung der Zugriffsmöglichkeiten[1179] oder in der Erschwerung oder Verzögerung der Verwertbarkeit liegen.[1180] Im Hinblick auf den das gesamte Anfechtungsrecht beherrschenden Gläubigergleichbehandlungsgrundsatzes ist das Tatbestandsmerkmal der Gläubigerbenachteiligung in § 129 InsO in einem umfassenderen Sinne zu verstehen und daher auch bei Rechtshandlungen gegeben, die lediglich mittelbar eine Gläubigerbenachteiligung bewirken.[1181] Unmittelbar ist eine Benachteiligung, die ohne Hinzukommen späterer Umstände schon mit der Vornahme der angefochtenen Rechtshandlung selbst eintritt.[1182] Mittelbar sind die Insolvenzgläubiger benachteiligt, wenn die Möglichkeit der Gläubiger, sich aus dem Vermögen des Schuldners zu befriedigen, durch den Hinzutritt wei-

---

[1173] BGH, Urt. v. 9. 9. 1997 – IX ZR 14/97; BGHZ 136, 309, 311 ff. = WM 1997, 2093 = ZIP 1997, 1929 f.; dazu *Gerhardt* EWiR 1998, 37; BGH, Urt. v. 22. 1. 2004 – IX ZR 39/03, BGHZ 157, 350, 353 = WM 2004, 517 = ZIP 2004, 513, 514 = ZVI 2004, 188 = MDR 2004, 775; BGH, Urt. v. 11. 4. 2002 – IX ZR 211/01, WM 2002, 1193, 1194 = ZIP 2002, 1159 = MDR 2002, 1027; BGH, Urt. v. 23. 3. 2006 – IX ZR 116/03, WM 2006, 921, 922 = ZIP 2006, 916 = MDR 2006, 1129.
[1174] BGH, Urt. v. 23. 3. 2006 – IX ZR 116/03, WM 2006, 921, 923 = ZIP 2006, 916, 917 = MDR 2006, 1129, 1130.
[1175] *Gehrlein* WM Sonderbeil. Nr. 1/2009, S. 15.
[1176] BGH WM 1981, 1206 = ZIP 1981, 1229, 1230 f.; BGHZ 105, 168, 187 = WM 1988, 1525 = ZIP 1988, 1248; dazu *Lutter* ZIP 1989, 477; *Fleck* EWiR 1988, 1095; BGH NJW 1989, 1037 = WM 1988, 952; BGHZ 124, 76, 78 f. = WM 1994, 171 = ZIP 1994, 40, 41 f.; dazu *U. Haas* EWiR 1994, 169; BGHZ 155, 75, 81 = ZIP 2003, 1506, 1508 = ZVI 2003, 410; dazu *Hölzle* EWiR 2003, 1097; OLG München, Urt. v. 22. 7. 2004 – 19 U 1867/04, ZIP 2004, 2102, 2106; BGH, Urt. v. 12. 7. 2007 – IX ZR 235/03, ZIP 2007, 2084, 2085 = WM 2007, 2071; LG Bielefeld, Urt. v. 7. 8. 2007 – 6 O 167/07, ZIP 2007, 1764, 1765; BGH, Urt. v. 20. 11. 2008 – IX ZR 130/07, WM 2009, 129.
[1177] BGH, Urt. v. 11. 5. 1989 – IX ZR 222/88, WM 1989, 965, 966 = ZIP 1989, 785; dazu *Stürner/Münch* EWiR 1989, 795; BGH, Urt. v. 11. 6. 1992 – IX ZR 147/91, NJW 1992, 2485, 2486 = WM 1992, 1334, 1336 = ZIP 1992, 1008; dazu *Häsemeyer* EWiR 1992, 907; BGH, Urt. v. 7. 2. 2002 – IX ZR 115/99, WM 2002, 561, 562 = ZIP 2002, 489; BGH, Urt. v. 12. 7. 2007 – IX ZR 235/03, WM 2007, 2071 = ZIP 2007, 2084, 2085.
[1178] OLG Dresden, Urt. v. 13. 10. 2005 – 13 U 2364/04, WM 2006, 2095, 2097; BGH, Urt. v. 6. 4. 2006 – IX ZR 185/04, ZIP 2006, 1009, 1010; BGH, Urt. v. 12. 7. 2007 – IX ZR 235/03, WM 2007, 2071 = ZIP 2007, 2084, 2085.
[1179] OLG Köln, Urt. v. 1. 3. 2004 – 2 U 189/03, WM 2005, 568, 569.
[1180] BGH, Urt. v. 11. 11. 1993 – IX ZR 257/92, BGHZ 124, 76, 78 = NJW 1994, 449; BGH, Urt. v. 22. 12. 2005 – IX ZR 190/02, BGHZ 165, 343, 350 = NJW 2006, 908 = NZI 2006, 155 = DB 2006, 326; OLG Köln, Urt. v. 1. 3. 2004 – 2 U 189/03, WM 2005, 568, 569; BGH, Urt. v. 29. 11. 2007 – IX ZR 121/06, NJW 2008, 1067, 1068 = DB 2008, 863, 865.
[1181] BGH, Urt. v. 29. 11. 2007 – IX ZR 30/07, NJW 2008, 430 = NZI 2008, 89, 92 = DB 2008, 281; BGH, Beschl. v. 27. 3. 2008 – IX ZR 210/07, NJW 2008, 1535 = DB 2008, 1096.
[1182] BGHZ 128, 184, 190 = WM 1995, 450 = ZIP 1995, 134, 136; dazu *Gerhardt* EWiR 1995, 109; BGH, Urt. v. 12. 7. 2007 – IX ZR 235/03, WM 2007, 2071 = ZIP 2007, 2084, 2085.

terer Umstände beeinträchtigt wurde.[1183] Maßgeblicher Zeitpunkt für die Beurteilung einer mittelbaren Gläubigerbenachteiligung ist der Zeitpunkt der letzten mündlichen Verhandlung, auf die in der letzten Tatsacheninstanz das Urteil im Anfechtungsprozess ergeht.[1184]

380 **d) Kongruente Deckung. aa) Ausgangslage.** Gemäß § 130 Abs. 1 InsO ist eine Rechtshandlung anfechtbar, die einem Insolvenzgläubiger eine Sicherung oder Befriedigung gewährt oder ermöglicht hat,

1. wenn sie in den letzten drei Monaten vor dem Antrag auf Eröffnung des Insolvenzverfahrens vorgenommen worden ist, wenn zur Zeit der Handlung der Schuldner zahlungsunfähig war und wenn der Gläubiger zu dieser Zeit die Zahlungsunfähigkeit kannte oder
2. wenn sie nach dem Eröffnungsantrag vorgenommen worden ist und wenn der Gläubiger zur Zeit der Handlung die Zahlungsunfähigkeit oder den Eröffnungsantrag kannte.

381 Nach § 130 Abs. 2 InsO steht der Kenntnis der Zahlungsunfähigkeit oder des Eröffnungsantrags die Kenntnis von Umständen gleich, die zwingend auf die Zahlungsunfähigkeit oder den Eröffnungsantrag schließen lassen.

382 **bb) Einzelheiten.** Bei § 130 Abs. 2 InsO handelt es sich um ein beweisrechtliches Novum, wonach Hilfstatsachen mit einer starken Indizwirkung die unwiderlegbare Vermutung der Kenntnis begründen.[1185] Im Gegensatz zum Regierungsentwurf zur Insolvenzordnung hat der Gesetzgeber den Begriff der grob fahrlässigen Unkenntnis in § 130 InsO bewusst vermieden, so dass positive Kenntnis von den die Zahlungsunfähigkeit begründenden Tatsachen nachzuweisen ist.[1186] Positive Kenntnis im Sinne von § 130 Abs. 2 InsO, die im Zeitpunkt der Vornahme des Rechtsgeschäfts vorliegen muss, bedeutet für sicher gehaltenes Wissen.[1187] Dabei ist allerdings die genaue Kenntnis der rechtlichen Zusammenhänge nicht erforderlich, sondern es ist auf die natürliche Betrachtungsweise aus der Sicht eines durchschnittlich geschäftserfahrenen, unvoreingenommenen Gläubigers abzustellen.[1188] Grobe Fahrlässigkeit ist nicht ausreichend,[1189] auch nicht einfache Fahrlässigkeit.[1190]

383 **e) Inkongruente Deckung. aa) Ausgangslage.** Gemäß § 131 Abs. 1 InsO ist eine Rechtshandlung anfechtbar, die einem Insolvenzgläubiger eine Sicherung oder Befriedigung gewährt oder ermöglicht hat, die er nicht oder nicht in der Art oder nicht zu der Zeit zu beanspruchen hatte,

1. wenn die Handlung im letzten Monat vor dem Antrag auf Eröffnung des Insolvenzverfahrens oder nach diesem Antrag vorgenommen worden ist,[1191]

[1183] BGH NJW 2000, 1259, 1261 = WM 2000, 324; OLG Köln, Urt. v. 1. 3. 2004 – 2 U 189/03, WM 2005, 568, 570.
[1184] RGZ 150, 42, 45; BGH WM 1963, 269; BGH WM 1965, 917, 918; BGH ZIP 1990, 1420, 1423; BGH NJW-RR 1993, 235, 236 = WM 1993, 265; BGH NJW 1996, 3341, 3342 = WM 1996, 2080; BGH NZI 2001, 424, 425; OLG Köln, Urt. v. 1. 3. 2004 – 2 U 189/03, WM 2005, 568, 570.
[1185] OLG Frankfurt/M., Urt. v. 16. 1. 2003 – 3 U 89/02, ZIP 2003, 1055.
[1186] OLG Frankfurt/M., Urt. v. 16. 1. 2003 – 3 U 89/02, ZIP 2003, 1055/1056.
[1187] BGH WM 1991, 150; OLG Frankfurt/M., Urt. v. 16. 1. 2003 – 3 U 89/02, ZIP 2003, 1055, 1056.
[1188] OLG Frankfurt/M., Urt. v. 16. 1. 2003 – 3 U 89/02, ZIP 2003, 1055, 1056.
[1189] OLG Frankfurt/M., Urt. v. 16. 1. 2003 – 3 U 89/02, ZIP 2003, 1055, 1056; a. A. OLG Jena, Urt. v. 3. 11. 1999 – 4 U 234/99, ZIP 1999, 2060, 2062.
[1190] So aber OLG Dresden, Urt. v. 16. 4. 1997, ZIP 1997, 1036, 1037; dazu *Haarmeyer* EWiR 1997, 519.
[1191] Siehe OLG Naumburg, Urt. v. 19. 3. 2009 – 2 U 142/08, WM 2009, 982, 983.

2. wenn die Handlung innerhalb des zweiten oder dritten Monats vor dem Eröffnungsantrag vorgenommen worden ist und der Schuldner zur Zeit der Handlung zahlungsunfähig war oder
3. wenn die Handlung innerhalb des zweiten oder dritten Monats vor dem Eröffnungsantrag vorgenommen worden ist und dem Gläubiger zur Zeit der Handlung bekannt war, dass sie die Insolvenzgläubiger benachteiligte. Für die Anwendung des Absatzes 1 Nr. 3 steht der Kenntnis der Benachteiligung der Insolvenzgläubiger die Kenntnis von Umständen gleich, die zwingend auf die Benachteiligung schließen lassen (§ 131 Abs. 2 InsO). Gegenüber einer Person, die dem Schuldner zur Zeit der Handlung nahe stand (§ 138 InsO), wird vermutet, dass sie die Benachteiligung der Insolvenzgläubiger kannte.

bb) Anfechtbare Rechtshandlung. Eine nicht zu der Zeit zu beanspruchende Sicherung liegt vor, wenn ein Anspruch beglichen wird, der noch nicht fällig ist.[1192] Leistet der Schuldner eine andere Sicherheit als geschuldet, ist die Leistung inkongruent, wenn die Abweichung nicht geringfügig ist.[1193] Dies ist der Fall, wenn der Schuldner seine sämtlichen gegenwärtigen und künftigen Rechte und Ansprüche für den Todesfall aus von ihm abgeschlossenen Kapitallebensversicherungen an den Insolvenzgläubiger zur Besicherung von Darlehen abgetreten hat, die zunächst durch die Bestellung einer Grundschuld auf einem Grundstück gesichert werden sollten, das jedoch nie in das Eigentum des Schuldners gelangt ist.[1194] 384

cc) Zahlungsunfähigkeit. Die Darlegungs- und Beweislast für die Zahlungsunfähigkeit als Anfechtungsvoraussetzung gemäß § 131 Abs. 1 Nr. 2 InsO liegt beim klagenden Insolvenzverwalter.[1195] 385

dd) Kenntnis des Gläubigers. Gemäß § 131 Abs. 1 Nr. 3 InsO hat der Gläubiger Kenntnis von einer die Insolvenzgläubiger benachteiligenden Handlung, wenn er weiß, dass der Schuldner nicht mehr in der Lage ist, sämtliche Gläubiger zu befriedigen.[1196] 386

ee) Beweislast. Rechtshandlungen, die nach dem Antrag auf Eröffnung des Insolvenzverfahrens erfolgen und dem Insolvenzgläubiger eine inkongruente Sicherung gewähren, sind anfechtbar, sofern er nicht beweist, dass ihm zur Zeit der Handlung weder die Zahlungseinstellung und der Eröffnungsantrag noch eine Absicht des Gemeinschuldners, ihn vor den übrigen Gläubigern zu begünstigen, bekannt war.[1197] 387

f) Vorsätzliche Benachteiligung. aa) Ausgangslage. Nach § 133 Abs. 1 Satz 1 InsO ist eine Rechtshandlung anfechtbar, die der Schuldner in den letzten zehn Jahren vor dem Antrag auf Eröffnung des Insolvenzverfahrens oder nach diesem Antrag mit dem Vorsatz, seine Gläubiger zu benachteiligen, vorgenommen hat, wenn der andere Teil zur Zeit der Handlung den Vorsatz des Schuldners kannte.[1198] Diese Kenntnis wird vermutet, wenn der andere Teil wusste, dass die 388

[1192] BGH, Urt. v. 7. 3. 2002 – IX ZR 223/01, NJW 2002, 1722, 1723 = ZIP 2002, 812, 813; dazu *Ringstmeier/Rigol* EWiR 2002, 685; OLG Köln, Urt. v. 29. 9. 2004 – 2 U 1/04, ZIP 2005, 222, 223.
[1193] BGH, Urt. v. 13. 6. 2007 – IV ZR 330/05, NJW 2007, 2320, 2323 = VersR 2007, 1065, 1068 = WM 2007, 1510, 1513.
[1194] BGH, Urt. v. 13. 6. 2007 – IV ZR 330/05, NJW 2007, 2320, 2323 = VersR 2007, 1065, 1068 = WM 2007, 1510, 1513.
[1195] OLG Köln, Urt. v. 29. 9. 2004 – 2 U 1/04, ZIP 2005, 222, 224.
[1196] BGH NJW 2004, 1385 = NZI 2004, 201 = ZIP 2004, 319, 322; BGH, Urt. v. 22. 7. 2004 – IX ZR 183/03, NJW-RR 2004, 1563, 1565.
[1197] BGH, Urt. v. 26. 9. 2002 – IX ZR 66/99, WM 2003, 59 = ZIP 2003, 128, 129.
[1198] Siehe dazu *Sander*, Die Beweiswirkung von Zahlungen zur Abwendung der Einzelzwangsvollstreckung im subjektiven Tatbestand der Insolvenzanfechtung nach § 133 Abs. 1

Zahlungsunfähigkeit des Schuldners drohte und dass die Handlung die Gläubiger benachteiligte (§ 133 Abs. 1 Satz 2 InsO). Die Anfechtungsnorm des § 133 Abs. 1 InsO ist Ausdruck des Gedankens, dass ein Schuldner nicht berechtigt ist, vorsätzlich einzelne Gläubiger gegenüber anderen zu bevorzugen, soweit die ihnen gegenüber bestehenden Verpflichtungen gleichrangig sind.[1199]

389   **bb) Anfechtbare Rechtshandlung.** Anfechtbar ist nach § 133 Abs. 2 Satz 1 InsO ein vom Schuldner mit einer nahe stehenden Person (§ 138 InsO) geschlossener entgeltlicher Vertrag, durch den die Insolvenzgläubiger unmittelbar benachteiligt werden. Die Anfechtung ist ausgeschlossen, wenn der Vertrag früher als zwei Jahre vor dem Eröffnungsantrag geschlossen worden ist oder wenn dem anderen Teil zur Zeit des Vertragsschlusses ein Vorsatz des Schuldners, die Gläubiger zu benachteiligen, nicht bekannt war (§ 133 Abs. 2 Satz 2 InsO). Es besteht daher die Möglichkeit der Anfechtung, wenn der Versicherungsnehmer die Abtretung, die Einräumung des unwiderruflichen Bezugsrechts[1200] oder die Verpfändung vor der Eröffnung des Insolvenzverfahrens in der Absicht vorgenommen hat, seine Gläubiger zu benachteiligen und diese Absicht auch dem Zessionar, unwiderruflich Begünstigten oder Pfandgläubiger bekannt war.

390   **cc) Vorsatz des Schuldners.** Der Schuldner handelt mit Gläubigerbenachteiligungsvorsatz, wenn er die Benachteiligung der Gläubiger im Allgemeinen als Erfolg seiner Rechtshandlung will oder als mutmaßliche Folge erkennt und billigt.[1201] Er muss also entweder wissen, dass er neben dem Antragsgegner nicht alle Gläubiger innerhalb angemessener Frist befriedigen kann, oder aber sich diese Folge als möglich vorgestellt, sie aber in Kauf genommen haben, ohne sich durch die Vorstellung dieser Möglichkeiten von seinem Handeln abhalten zu lassen.[1202] Für die Annahme des Vorsatzes im Sinne des § 133 InsO genügt daher, dass ein Schuldner, der weiß oder damit rechnet und billigend in Kauf nimmt, dass er nicht alle seine Gläubiger befriedigen kann, und dennoch die Forderungen eines einzelnen Gläubigers befriedigt oder ihm eine zusätzliche Sicherheit verschafft, mit einer dadurch eintretenden Benachteiligung der anderen Gläubiger rechnet, für die damit weniger übrig bleibt.[1203] In der Regel hat der Schuldner die angefochtenen Rechtshandlungen mit Benachteiligungsvorsatz vorgenommen, wenn er zur Zeit ihrer Wirksamkeit (§ 140 InsO) zahlungsunfähig war.[1204] Der Schuldner ist nach

---

InsO, ZIP 2003, 613 ff.; *Rendels,* Wann ist eine Vollstreckungshandlung als Rechtshandlung des Schuldners nach § 133 Abs. 1 InsO anfechtbar?, ZIP 2004, 1289 ff.; *derselbe* ZIP 2004, 2085 ff.

[1199] BGH, Urt. v. 10. 2. 2005 – IX ZR 211/02, NJW 2005, 1121 = NZI 2005, 215 = WM 2005, 564, 566 = ZIP 2005, 494 = BB 2005, 734, 736; dazu *Eckardt* EWiR 2005, 607; *Guski* WM 2009, 1071.

[1200] OLG Düsseldorf, Beschl. v. 5. 7. 1996 – 16 W 25/96, ZIP 1996, 1476, 1477 = BetrAV 1996, 286, 287.

[1201] BGHZ 155, 75, 84 = NJW 2003, 3347 = NZI 2003, 533; OLG Dresden, Urt. v. 20. 3. 2003 – 13 U 2316/02, ZIP 2003, 1052, 1053; BGHZ 162, 143, 153 = NJW 2005, 1121 = NZI 2005, 215; BGH NJW 2006, 1348 = NZI 2006, 159, 161; BGH, Urt. v. 24. 5. 2007 – IX ZR 97/06, NJW-RR 2007, 1537, 1538; BGH, Urt. v. 29. 11. 2007 – IX ZR 121/06, NJW 2008, 1067, 1069.

[1202] BGH, Urt. v. 24. 5. 2007 – IX ZR 97/06, NJW-RR 2007, 1537, 1538.

[1203] BGHZ 131, 189, 195 = NJW 1996, 461 = WM 1996, 136; BGH, Urt. v. 17. 7. 2003 – IX ZR 272/02, NJW 2003, 3560 = NZI 2003, 597 = WM 2003, 1933 = ZIP 2003, 1799; BGH, Urt. v. 11. 3. 2004 – IX ZR 160/02, NJW-RR 2004, 1130 = NZI 2004, 372 = ZIP 2004, 1060; BGHZ 167, 190, 194 f. = NJW 2006, 2701 = NZI 2006, 469 = WM 2006, 1159; BGH, Urt. v. 13. 6. 2007 – IV ZR 330/05, NJW 2007, 2320, 2323 = VersR 2007, 1065, 1068 = WM 2007, 1510, 1513.

[1204] BGHZ 155, 75, 84 = WM 2003, 1690; BGH, Urt. v. 13. 5. 2004 = WM 2004, 1587 = ZIP 2004, 1512, 1513; BGH, Urt. v. 8. 12. 2005 – IX ZR 182/01, WM 2006, 190, 193.

§ 17 Abs. 2 Satz 1 InsO zahlungsunfähig, wenn er nicht in der Lage ist, die fälligen Zahlungspflichten zu erfüllen.[1205] Zahlungsunfähigkeit ist in der Regel anzunehmen, wenn der Schuldner seine Zahlungen eingestellt hat (§ 17 Abs. 2 Satz 2 InsO).[1206] Zahlungsunfähigkeit liegt regelmäßig vor, wenn die Liquiditätslücke des Schuldners 10% oder mehr beträgt, soweit nicht ausnahmsweise mit an Sicherheit grenzender Wahrscheinlichkeit zu erwarten ist, dass diese Lücke innerhalb von drei Wochen (fast) vollständig beseitigt werden wird und den Gläubigern ein solches Zuwarten zuzumuten ist.[1207] Unter der Geltung der Konkursordnung und der Gesamtvollstreckungsordnung war der Zeitraum, innerhalb dessen eine Zahlungsstockung behoben sein musste, wenn sie nicht in die Zahlungsunfähigkeit umschlagen sollte, auf etwa einen Monat begrenzt worden.[1208] Eine einmal eingetretene Zahlungsunfähigkeit wird regelmäßig erst beseitigt, wenn die geschuldeten Zahlungen an die Gesamtheit der Gläubiger im Allgemeinen wieder aufgenommen werden können.[1209] Ist der Schuldner im Zeitpunkt der Vornahme der Rechtshandlung bereits zahlungsunfähig, handelt er folglich nur dann nicht mit dem Vorsatz, die Gesamtheit der Gläubiger zu benachteiligen, wenn er auf Grund konkreter Umstände – etwa der sicheren Aussicht, demnächst Kredit zu erhalten oder Forderungen realisieren zu können – mit einer baldigen Überwindung der Krise rechnen kann.[1210] Droht die Zahlungsunfähigkeit, bedarf es konkreter Umstände, die nahelegen, dass die Krise noch abgewendet werden kann.[1211]

Ein Gläubigerbenachteiligungsvorsatz im Sinne des § 133 InsO kann ferner angenommen werden, wenn die Unwiderruflichkeit einer Ruhegeldzusage oder die Vereinbarung über ein Pfandrecht an Ansprüchen gegen eine Versicherung im Hinblick auf eine konkret drohende Insolvenz oder etwa unter der aufschiebenden Bedingung getroffen wird, dass ein Insolvenzantrag gestellt wird.[1212]

dd) Kenntnis des Gläubigers. Nach § 133 Abs. 1 Satz 2 InsO ist diese Kenntnis zu vermuten, wenn der Anfechtungsgegner zum maßgeblichen Zeitpunkt (§ 140 InsO) wusste, dass die Zahlungsunfähigkeit des Schuldners drohte und dass die Handlung die Gläubiger benachteiligte.[1213] Allein der Umstand, dass die Einräumung unwiderruflicher Bezugsrechte bzw. die Verpfändung von Ansprüchen aus Versicherungsverträgen den Begünstigten bzw. Pfandgläubiger auch und gerade für den Fall einer Insolvenz der Schuldnerin sichern, reicht insoweit jedoch nicht

---

[1205] BGH, Urt. v. 8. 12. 2005 – IX ZR 182/01, WM 2006, 190, 193.
[1206] Zu den äußeren Anzeichen für eine Zahlungseinstellung siehe die von *Pape* WM 2008, 1949, 1956 genannten Indizien.
[1207] BGH, Urt. v. 24. 5. 2005 – IX ZR 123/04, BGHZ 163, 134 = WM 2005, 1468, 1470, 1471 = ZIP 2005, 1426; krit. dazu *Hölzle* ZIP 2006, 101, 102 f.; BGH, Urt. v. 8. 12. 2005 – IX ZR 182/01, WM 2006, 190, 193; BGH, Urt. v. 12. 10. 2006, WM 2006, 2312, 2314; BGH, Beschl. v. 19. 7. 2007 – IX ZB 36/07, WM 2007, 1796, 1799 f.
[1208] BGH, Urt. v. 3. 12. 1998, WM 1999, 12, 14; BGH, Urt. v. 4. 10. 2001, WM 2001, 2181, 2182; BGHZ 149, 100, 108 = WM 2001, 2398; BGH, Urt. v. 8. 12. 2005 – IX ZR 182/01, WM 2006, 190, 193.
[1209] BGH, Urt. v. 8. 12. 2005 – IX ZR 182/01, WM 2006, 190, 193.
[1210] BGH, Urt. v. 24. 5. 2007 – IX ZR 97/06, NJW-RR 2007, 1537, 1538.
[1211] BGH, Urt. v. 24. 5. 2007 – IX ZR 97/06, NJW-RR 2007, 1537, 1538.
[1212] OLG Brandenburg, Urt. v. 13. 2. 2002 – 7 U 152/01, NZG 2002, 969, 971 = GmbHR 2002, 432, 434.
[1213] BGHZ 155, 75, 85 = NJW 2003, 3347 = NZI 2003, 533 = WM 2003, 1690; BGH, Urt. v. 8. 12. 2005 – IX ZR 10/05, NZI 2006, 1348 = NZI 2006, 159 = WM 2006, 190; BGH, Urt. v. 13. 6. 2007 – IV ZR 330/05, NJW 2007, 2320, 2323 = VersR 2007, 1065, 1068 = WM 2007, 1510, 1513; BGH, Urt. v. 20. 11. 2008 – IX ZR 188/07, NJW-RR 2009, 395, 396 = BB 2009, 570; *Ganter* WM 2009, 1441, 1445.

aus.[1214] Die Inkongruenz einer Abtretung ist aber ein Beweisanzeichen für die Kenntnis des Gläubigers von dem Benachteiligungsvorsatz des Schuldners,[1215] wobei es genügt, dass dem Gläubiger die Tatsachen bekannt waren, die den Rechtsbegriff der Inkongruenz ausfüllen.[1216] Für das Vorliegen der Kenntnis des Gläubigers ist auf den Zeitpunkt der Vornahme der Rechtshandlung abzustellen.[1217] Ist die Sicherung erst für den Fall des Eintritts eines Eröffnungsgrundes gewollt, ist der Eintritt dieser Bedingung als Zeitpunkt maßgeblich.[1218]

393 **ee) Beweislast.** Die Darlegungs- und Beweislast für den Benachteiligungsvorsatz des Schuldners liegt beim Insolvenzverwalter.[1219] Die Inkongruenz der angefochtenen Leistung bildet aber ein Beweisanzeichen für den Benachteiligungsvorsatz.[1220] Die aus der Inkongruenz der Leistung folgende Beweiserleichterung ist bei der Vorsatzanfechtung auch außerhalb des Drei-Monats-Zeitraums des § 131 Abs. 1 Nr. 3 InsO anzuwenden.[1221] Voraussetzung ist allerdings, dass die Wirkungen der Rechtshandlung zu einem Zeitpunkt eintraten, als zumindest aus der Sicht des Anfechtungsgegners Anlass bestand, an der Liquidität des Schuldners zu zweifeln.[1222]

394 **g) Unentgeltliche Leistung. aa) Ausgangslage.** Eine unentgeltliche Leistung des Schuldners ist anfechtbar, es sei denn, sie ist früher als vier Jahre vor dem Antrag auf Eröffnung des Insolvenzverfahrens vorgenommen worden (§ 134 Abs. 1 InsO).

395 **bb) Begriff.** Eine unentgeltliche Verfügung liegt vor, wenn einer Zuwendung nach dem Inhalt des Rechtsgeschäfts keine Gegenleistung gegenübersteht, wenn also der Verfügende einen Vermögenswert zugunsten eines anderen aufgibt, ohne

---

[1214] OLG Brandenburg, Urt. v. 13. 2. 2002 – 7 U 152/01, NZG 2002, 969, 971 = GmbHR 2002, 432, 434.
[1215] BGHZ 157, 242, 250 ff. = NJW 2004, 1385 = NZI 2004, 201 = WM 2004, 299; BGH, Urt. v. 11. 3. 2004 – IX ZR 160/02, NJW-RR 2004, 1130 = NZI 2004, 372 = ZIP 2004, 1060; BGH, Urt. v. 22. 4. 2004 – IX ZR 370/00, NZI 2004, 445 = ZIP 2004, 1160; BGH, Urt. v. 13. 6. 2007 – IV ZR 330/05, NJW 2007, 2320, 2324 = VersR 2007, 1065, 1068 = WM 2007, 1510, 1514.
[1216] BGH, Urt. v. 11. 3. 2004 – IX ZR 160/02, NJW-RR 2004, 1130 = NZI 2004, 372 = ZIP 2004, 1060; BGH, Urt. v. 22. 4. 2004 – IX ZR 370/00, NZI 2004, 445 = ZIP 2004, 1160; BGH, Urt. v. 13. 6. 2007 – IV ZR 330/05, NJW 2007, 2320, 2324 = VersR 2007, 1065, 1068 = WM 2007, 1510, 1514.
[1217] Vgl. BGH WM 2003, 1923, 1925; BGH WM 2004, 1141, 1143; zu § 10 Abs. 1 Nr. 1 GesO BGH WM 1997, 436, 440; zu § 31 KO BGH WM 2003, 524, 530; *Kirchhof* WM Sonderbeil. Nr. 2/2005 zu Nr. 22 v. 4. 6. 2005, S. 32.
[1218] BGH WM 1998, 1037, 1042 zu § 31 KO; *Kirchhof* WM Sonderbeil. Nr. 2/2005 zu Nr. 22 v. 4. 6. 2005, S. 32.
[1219] BGH, Urt. v. 17. 7. 2003 – IX ZR 272/02, NJW 2003, 3560 = NZI 2003, 597 = WM 2003, 1933 = ZIP 2003, 1799; BGH, Urt. v. 13. 6. 2007 – IV ZR 330/05, NJW 2007, 2320, 2323 = VersR 2007, 1065, 1067 = WM 2007, 1510, 1513; *Gehrlein* WM Sonderbeil. Nr. 1/2009, S. 41.
[1220] BGHZ 123, 320, 326 = NJW 1993, 3267 = WM 1993, 2099; BGHZ 138, 291, 308 = NJW 1998, 2592 = NZG 1998, 427 = WM 1998, 968; BGHZ 157, 242, 253 = NJW 2004, 1385 = NZI 2004, 201 = WM 2004, 299; BGH, Urt. v. 11. 3. 2004 – IX ZR 160/02, NJW-RR 2004, 1130 = NZI 2004, 372 = WM 2004, 1141, 1143 = ZIP 2004, 1060; BGH, Urt. v. 22. 4. 2004 – IX ZR 370/00, NZI 2004, 445 = WM 2004, 1250 = ZIP 2004, 1160; BGH, Urt. v. 8. 12. 2005 – IX ZR 182/01, NJW 2006, 1348 = NZI 2006, 159 = WM 2006, 190; BGH, Urt. v. 13. 6. 2007 – IV ZR 330/05, NJW 2007, 2320, 2323 = VersR 2007, 1065, 1067 f. = WM 2007, 1510, 1513.
[1221] BGH, Urt. v. 13. 6. 2007 – IV ZR 330/05, NJW 2007, 2320, 2323 = VersR 2007, 1065, 1069. = WM 2007, 1510, 1513.
[1222] BGH, Urt. v. 13. 6. 2007 – IV ZR 330/05, NJW 2007, 2320, 2323 = VersR 2007, 1065, 1068 = WM 2007, 1510, 1513.

dass ihm ein entsprechender Gegenwert zufließen soll.[1223] Dies ist der Fall, wenn der nach Eintritt des Versicherungsfalls aus einer Lebensversicherung Begünstigte für den Erwerb der Versicherungssumme nichts aufzuwenden hatte[1224] oder wenn ein Schuldner Lebensversicherungsprämien für eine von einem Dritten abgeschlossene Lebensversicherung zahlt, ohne selbst eine gleichwertige Gegenleistung für seine Zahlung zu erhalten.[1225] Überträgt ein Arbeitgeber (Versicherungsnehmer) den Versicherungsvertrag dem noch in seinen Diensten stehenden Versicherten (Arbeitnehmer), so nimmt er diese Leistung im Allgemeinen nicht schenkungshalber vor, sondern in Anerkennung und Belohnung geleisteter Dienste. Es handelt sich daher insoweit nicht um eine unentgeltliche Verfügung, die nach § 134 Abs. 1 InsO vom Insolvenzverwalter angefochten werden könnte.[1226]

cc) **Gegenstand des Anfechtungsanspruchs.** Wendet der Schuldner während der kritischen Zeit dem Anfechtungsgegner etwas im Wege eines Vertrags zu Gunsten Dritter zu und handelt es sich dabei im Valutaverhältnis um eine unentgeltliche Leistung, so ist der Insolvenzverwalter in der Insolvenz des Schuldners als des Versprechensempfängers gemäß §§ 134 Abs. 1, 143 InsO berechtigt, den Gegenstand, den der Dritte erhalten hat, zur Masse zurückzufordern.[1227] Die jenem durch die Zwischenschaltung des Versprechenden mittelbar gewährte Leistung steht anfechtungsrechtlich der unmittelbaren gleich.[1228] Mittelbare Zuwendungen sind so zu behandeln, als habe die zwischengeschaltete Person an den Schuldner geleistet und dieser sodann den Dritten befriedigt.[1229] Folglich kommt es anfechtungsrechtlich grundsätzlich nicht darauf an, welche Mittel der Versprechensempfänger (Schuldner) aufgebracht hat, sondern welche Leistungen der Versprechende nach dem Inhalt seiner Vertragsbeziehung zum Schuldner bei Eintritt der Fälligkeit zu erbringen hatte, mit anderen Worten, welche Zuwendung an den Dritten der Versprechensempfänger mit den von ihm aufgewendeten Vermögenswerten „erkauft" hat.[1230] Diese ist durch die Leistung an den Dritten der Masse entzogen worden.[1231] Übertragen auf den Lebensversicherungsvertrag bedeutet dies, dass

396

[1223] OLG Köln v. 29. 6. 1988, VersR 1989, 149; BGHZ 121, 179, 183 = NJW 1993, 663 = WM 1993, 476 = ZIP 1993, 208, 209 = DB 1993, 625; dazu *Schott* EWiR 1993, 427; BGHZ 141, 96, 99 = NJW 1999, 1549 = NZI 1999, 188 = VersR 1999, 1288 = WM 1999, 820 = ZIP 1999, 628, 629 = DB 1999, 1386; dazu *Gerhardt* EWiR 1999, 509; BGH, Urt. v. 23. 10. 2003 – IX ZR 252/01, NJW 2004, 214 = VersR 2004, 93, 94 = r+s 2004, 119, 120 = WM 2003, 2479, 2481 = ZIP 2003, 2307, 2308 = DB 2004, 703; BGH, Urt. v. 5. 6. 2008 – IX ZR 163/07, NJW-RR 2008, 1628 = VersR 2009, 1634 = WM 2008, 1459; BGH, Urt. v. 11. 12. 2008 – IX ZR 194/07, NJW-RR 2009, 340, 341.
[1224] BGH, Urt. v. 23. 10. 2003 – IX ZR 252/01, NJW 2004, 214 = VersR 2004, 93, 94 = r+s 2004, 119, 120 = WM 2003, 2479, 2481 = ZIP 2003, 2307, 2309 = DB 2004, 703.
[1225] OLG Köln, Beschl. v. 14. 11. 2003 – 2 U 125/03, VersR 2005, 370.
[1226] BAG v. 29. 7. 1967, NJW 1967, 2425 = VersR 1967, 1190; *Plagemann* EWiR 2000, 159, 160; a. A. LG Görlitz, Urt. v. 19. 4. 2002 – 1 O 315/01, EWiR 2002, 585 m. Anm. *Bert.*
[1227] BGH, Urt. v. 23. 10. 2003 – IX ZR 252/01, NJW 2004, 214, 215 = VersR 2004, 93, 94 = r+s 2004, 119, 120 = WM 2003, 2479, 2481 = ZIP 2003, 2307, 2309 = DB 2004, 703 f.
[1228] BGH, Urt. v. 23. 10. 2003 – IX ZR 252/01, NJW 2004, 214, 215 = VersR 2004, 93, 94 = r+s 2004, 119, 120 = WM 2003, 2479, 2481 = ZIP 2003, 2307, 2309 = DB 2004, 704.
[1229] BGH, Urt. v. 23. 10. 2003 – IX ZR 252/01, NJW 2004, 214, 215 = VersR 2004, 93, 94 = r+s 2004, 119, 120 = WM 2003, 2479, 2481 = ZIP 2003, 2307, 2309 = DB 2004, 704.
[1230] BGH, Urt. v. 23. 10. 2003 – IX ZR 252/01, NJW 2004, 214, 215 = VersR 2004, 93, 94 = r+s 2004, 119, 120 = WM 2003, 2479, 2481 = ZIP 2003, 2307, 2309 = DB 2004, 704.
[1231] BGH, Urt. v. 23. 10. 2003 – IX ZR 252/01, NJW 2004, 214, 215 = VersR 2004, 93, 94 = r+s 2004, 119, 120 = WM 2003, 2479, 2481 = ZIP 2003, 2307, 2309 = DB 2004, 704.

die anfechtbare Leistung nicht in der Summe der vom Versicherungsnehmer aufgebrachten Prämien, sondern in der an den Dritten ausbezahlten Versicherungssumme zu sehen ist.[1232] Zurückzugewähren sind daher nicht nur die im Anfechtungszeitraum geleisteten Prämienzahlungen.[1233] Der bezugsberechtigte Dritte entgeht dieser Rechtsfolge bei einer lediglich widerruflich erteilten Bezugsberechtigung nicht schon dadurch, dass der Versicherungsnehmer (Schuldner) die Bestimmung sogleich bei Vertragsschluss getroffen hat; denn auch in diesem Fall hat er eine mittelbare Zuwendung aus seinem Vermögen vorgenommen.[1234] Die Auszahlung der Versicherungssumme an den berechtigten Dritten ist von der zwischen Versicherungsnehmer und Versicherer getroffenen Leistungsabrede und der Erfüllung der Prämienzahlungspflicht abhängig.[1235] Dadurch wird der Anspruch begründet, den der Dritte bei Eintritt des Versicherungsfalls erwirbt.[1236] Etwas anderes gilt nur dann, wenn der Dritte schon vor dem in § 134 Abs. 1 InsO normierten Vier-Jahres-Zeitraum eine gesicherte Rechtsstellung erlangt hat, weil dann die unentgeltliche Zuwendung nicht als innerhalb der gesetzlichen Frist erworben anzusehen ist.[1237]

397 **dd) Zeitpunkt der Vornahme der Rechtshandlung.** Gemäß § 140 Abs. 1 InsO gilt eine Rechtshandlung als in dem Zeitpunkt vorgenommen, in dem ihre rechtlichen Wirkungen eintreten, sie also die Gläubigerbenachteiligung bewirkt.[1238] Da der Versicherungsnehmer eine widerrufliche Bezugsberechtigung jederzeit beseitigen kann, treten die Rechtswirkungen der Verfügung erst mit seinem den Versicherungsfall auslösenden Tod ein.[1239] Dies zeigt sich insbesondere daran, dass es keiner Anfechtung bedarf, wenn bei Eröffnung des Insolvenzverfahrens der Versicherungsfall noch nicht eingetreten ist.[1240] Dann kann der Insol-

---

[1232] BGH, Urt. v. 23. 10. 2003 – IX ZR 252/01, NJW 2004, 214, 215 = VersR 2004, 93, 94 = r+s 2004, 119, 120 = WM 2003, 2479, 2481 = ZIP 2003, 2307, 2309 = DB 2004, 704 = MDR 2004, 596 (Ls.); *Heilmann* VersR 1972, 997, 1001; *Müller-Feldhammer* NZI 2001, 343, 349 f.; *Thiel* ZIP 2002, 1232, 1236; *Elfring* NJW 2004, 483; *Neußner* EWiR 2004, 1099, 1100.
[1233] So aber RGZ 51, 404; RGZ 61, 217, 219 f.; RGZ 62, 46, 47 f.; RGZ 66, 158, 161 f.; OLG München ZIP 1991, 1505.
[1234] BGH, Urt. v. 23. 10. 2003 – IX ZR 252/01, NJW 2004, 214, 215 = VersR 2004, 93, 94 = r+s 2004, 119, 120 = WM 2003, 2479, 2481 = ZIP 2003, 2307, 2309 = DB 2004, 704.
[1235] BGH, Urt. v. 23. 10. 2003 – IX ZR 252/01, NJW 2004, 214, 215 = VersR 2004, 93, 94 = r+s 2004, 119, 120 = WM 2003, 2479, 2481 = ZIP 2003, 2307, 2309 = DB 2004, 704.
[1236] BGH, Urt. v. 23. 10. 2003 – IX ZR 252/01, NJW 2004, 214, 215 = VersR 2004, 93, 94 = r+s 2004, 119, 120 = WM 2003, 2479, 2481 = ZIP 2003, 2307, 2309 = DB 2004, 704.
[1237] BGH, Urt. v. 18. 6. 2003 – IV ZR 59/02, NJW 2003, 2679, 2680 = VersR 2003, 1021, 1022 = r+s 2003, 424 = WM 2003, 2247; BGH, Urt. v. 23. 10. 2003 – IX ZR 252/01, NJW 2004, 214, 215 = VersR 2004, 93, 94 = r+s 2004, 119, 120 = WM 2003, 2479, 2481 = ZIP 2003, 2307, 2309 = DB 2004, 704.
[1238] BGH, Urt. v. 8. 10. 1998 – IX ZR 337/97, NJW-RR 1999, 272 = NZI 1998, 118 = WM 1998, 2345 = ZIP 1998, 2008, 2009 = DB 1998, 2599; dazu *Gerhardt* EWiR 1998, 1131; BGH, Urt. v. 19. 12. 2002 – IX ZR 377/99, NJW-RR 2003, 837 = NZI 2003, 253, 254 = WM 2003, 524 = ZIP 2003, 488, 490 = DB 2003, 877; dazu *Gerhardt* EWiR 2003, 427; BGH, Urt. v. 23. 10. 2003 – IX ZR 252/01, NJW 2004, 214, 215 = VersR 2004, 93, 94 = r+s 2004, 119, 120 = WM 2003, 2479, 2481 = ZIP 2003, 2307, 2309 f. = DB 2004, 703, 704.
[1239] BGH, Urt. v. 23. 10. 2003 – IX ZR 252/01, NJW 2004, 214, 215 = VersR 2004, 93, 95 = r+s 2004, 119, 120 = WM 2003, 2479, 2481 f. = ZIP 2003, 2307, 2310 = DB 2004, 703, 704; zust. *Elfring* NJW 2004, 483; a. A. *Thiel* ZIP 2002, 1232, 1235.
[1240] BGH, Urt. v. 23. 10. 2003 – IX ZR 252/01, NJW 2004, 214, 215 = VersR 2004, 93, 95 = r+s 2004, 119, 120 = WM 2003, 2479, 2482 = ZIP 2003, 2307, 2310 = DB 2004, 703, 704.

venzverwalter die Wirkungen der Bezugsberechtigung durch Ausübung des vom Versicherungsnehmer auf ihn übergegangenen Widerrufsrechts beseitigen.[1241] Zutreffend führt der BGH hierzu weiter aus:[1242]

„Die Bestimmung der Bezugsberechtigung durch den Versicherungsnehmer bildet zwar eine unabdingbare Voraussetzung für den Rechtserwerb des Dritten, bleibt jedoch wirkungslos, wenn er später eine davon abweichende Entschließung trifft oder der Versicherungsfall, der einen Anspruch des Dritten gegen die Versicherung begründet, nicht eintritt. Da der Dritte durch die Erklärung des Versicherungsnehmers noch kein bedingtes oder befristetes Recht, sondern nur eine tatsächliche Erwerbsaussicht erlangt hat, findet § 140 Abs. 3 InsO keine Anwendung. Das Rechtsinstitut setzt grundsätzlich voraus, dass der Empfänger der Leistung eine Rechtsstellung erhalten hat, die bei Insolvenzeröffnung sich gegenüber den Rechten der Masse durchsetzen würde, wenn es die Insolvenzanfechtung nicht gäbe. Da dies erst mit Eintritt des Versicherungsfalls geschieht, wäre es mit § 140 InsO unvereinbar, schon die Benennung des Bezugsberechtigten als anfechtungsrechtlich maßgeblichen Zeitpunkt anzusehen."

Für die Frage, ob die Abtretung von Ansprüchen des Schuldners aus einer Lebensversicherung innerhalb des Vier-Jahreszeitraums des § 134 Abs. 1 InsO erfolgt ist, kommt es entscheidend auf den Zeitpunkt der Zuleitung der Abtretungsanzeige an.[1243]

ee) Aussonderungsrecht gemäß § 47 InsO. Die Frage, ob dem Insolvenzverwalter nicht lediglich eine Insolvenzforderung gemäß § 38 InsO, sondern ein Aussonderungsrecht nach § 47 InsO zusteht, kann mit dem Hinweis auf die Rechtsnatur des Anfechtungsanspruchs nicht hinreichend beantwortet werden.[1244] Vielmehr ist auf die Wertungen abzustellen, die den einschlägigen Gesetzesnormen zu Grunde liegen.[1245] Danach ist unabhängig davon, ob man den Anfechtungsanspruch als obligatorischen Rückgewähranspruch versteht,[1246] grundsätzlich ein Aussonderungsrecht des Insolvenzverwalters nach § 47 InsO in der Insolvenz des Anfechtungsgegners zu bejahen,[1247] und nicht nur eine Insolvenzforderung gemäß § 38 InsO.[1248]

[1241] BGH, Urt. v. 4. 3. 1993 – IX ZR 169/92, NJW 1993, 1994 = VersR 1993, 689, 690 = WM 1993, 1057 = ZIP 1993, 600, 602; BGH, Urt. v. 23. 10. 2003 – IX ZR 252/01, NJW 2004, 214, 215 = VersR 2004, 93, 95 = r+s 2004, 119, 120 = WM 2003, 2479, 2482 = ZIP 2003, 2307, 2310 = DB 2004, 703, 704; *Kollhosser* in: Prölss/Martin, VVG, 27. Aufl., 2004, § 13 ALB 86 Rdn. 44.
[1242] BGH, Urt. v. 23. 10. 2003 – IX ZR 252/01, NJW 2004, 214, 215 = VersR 2004, 93, 95 = r+s 2004, 119, 120 f. = WM 2003, 2479, 2482 = ZIP 2003, 2307, 2310 = DB 2004, 703, 704.
[1243] OLG Köln, Beschl. v. 19. 5. 2003 – 2 W 37/03, NJW 2003, Heft 33, X.
[1244] BGH, Urt. v. 24. 6. 2003 – IX ZR 228/02, NJW 2003, 3345 = NZI 2003, 537 = WM 2003, 1581, 1583 = ZIP 2003, 1554, 1556.
[1245] BGH, Urt. v. 24. 6. 2003 – IX ZR 228/02, NJW 2003, 3345 = NZI 2003, 537 = WM 2003, 1581, 1583 = ZIP 2003, 1554, 1556.
[1246] So BGHZ 22, 128, 134 = NJW 1957, 137 = WM 1956, 1538 = DB 1956, 1178; BGHZ 71, 296, 302 = NJW 1978, 1525 = WM 1978, 671 = DB 1978, 1583; BGHZ 101, 286, 288 = NJW 1987, 2821 = WM 1987, 1082 = ZIP 1987, 1132, 1134 = DB 1988, 441; dazu *Balz* EWiR 1987, 1009; BGH, Urt. v. 11. 1. 1990 – IX ZR 27/89, NJW 1990, 990, 992 = WM 1990, 326 = ZIP 1990, 246, 247 f.
[1247] BGH, Urt. v. 23. 10. 2003 – IX ZR 252/01, NJW 2004, 214, 216 = VersR 2004, 93, 95 = r+s 2004, 119, 121 = WM 2003, 2479, 2482 = ZIP 2003, 2307, 2310 = DB 2004, 703, 705.
[1248] So noch BGH, Urt. v. 11. 1. 1990 – IX ZR 27/89, NJW 1990, 990, 992 = WM 1990, 326 = ZIP 1990, 246, 247 f.; dazu *Balz* EWiR 1990, 257.

VIII. Eintrittsrecht Dritter

Schrifttum: *Asmus u. a.,* Die Rechte Dritter gegen den Versicherer, ZVersWiss 1970, 17, 49; *Binder,* Anmerkung zum Urteil des AG München vom 1. 9. 1959, VersR 1960, 363; *Eitelberg,* Lebensversicherung und Drittrechte, Diss. Köln 2002, Lohmar-Köln, Eul, 2002; *Ehrenzweig,* Das Eintrittsrecht in der Lebensversicherung, VersR 1951, 25; *Elfring,* Versicherungsverträge im Insolvenzrecht, BB 2004, 617; *Hagemann,* Bemerkungen zur Versicherungsvertrags-Novelle vom 19.12.1939, ZVersWiss 1940, 19; *Hasse,* Zwangsvollstreckung in Kapitallebensversicherungen – Eine kritische Bestandsaufnahme de lege lata –, VersR 2005, 15; *derselbe,* Zur gemischten Lebensversicherung zugunsten Dritter, VersR 2005, 1176; *König,* Das Eintrittsrecht in den Lebensversicherungsvertrag (§ 177 öVVG/dVVG) im Konkurs des Versicherungsnehmers, NVersZ 2002, 481; *von Laun,* Das Eintrittsrecht in der Lebensversicherung (§ 177 VVG n. F.), Hamburg 1940; *Mohr,* Vorpfändung von Lebensversicherungsansprüchen, VersR 1955, 376; *Oswald,* Zum Eintrittsrecht nach § 177 Versicherungsvertragsgesetz, namentlich im Fall einer noch nicht rückkaufsfähigen Lebensversicherung, DVersZ 1960, 158; *derselbe,* Zum Eintrittsrecht nach § 177 VVG, ZfV 1960, 774; DB 1952, 162 (Das Eintrittsrecht bei der Lebensversicherung); *Prahl,* Eintrittsrecht und Anfechtung bei der Kapitallebensversicherung, VersR 2005, 1036.

1. Ausgangslage

400 Das Eintrittsrecht in eine Lebensversicherung ist in § 170 VVG 2008 geregelt. Diese Vorschrift ist mit der bisherigen Bestimmung des § 177 VVG weitgehend identisch. Der Unterschied in den Formulierungen findet sich in Absatz 1 dieser Bestimmungen. In § 177 Abs. 1 VVG ist die Formulierung: „in den Versicherungsanspruch" durch: „in die Versicherungsforderung" in § 170 Abs. 1 VVG 2008 ersetzt worden.

2. Eintrittsrecht des Bezugsberechtigten

401 Wird in die Versicherungsforderung ein Arrest vollzogen oder eine Zwangsvollstreckung vorgenommen oder wird das Insolvenzverfahren über das Vermögen des Versicherungsnehmers eröffnet, kann der namentlich bezeichnete Bezugsberechtigte mit Zustimmung des Versicherungsnehmers an seiner Stelle in den Versicherungsvertrag eintreten (§ 170 Abs. 1 Satz 1 VVG 2008).[1249] Das Eintrittsrecht setzt voraus, dass die von Zwangsvollstreckungsmaßnahmen betroffene Lebensversicherung noch als beitragspflichtig oder beitragsfrei besteht, mithin noch nicht ausgezahlt ist.[1250] Sie muss ungekündigt und der Rückkaufswert zur Rückzahlung noch nicht fällig sein.[1251] Nicht erforderlich ist, dass bereits ein Rückkaufswert entstanden ist.[1252]

3. Weitere Eintrittsberechtigte

402 Ist ein Bezugsberechtigter nicht oder nicht namentlich bezeichnet, steht das gleiche Recht dem Ehegatten oder Lebenspartner und den Kindern des Versicherungsnehmers zu (§ 170 Abs. 2 VVG 2008). Dem Ehegatten/Lebenspartner und den Kindern des Versicherungsnehmers steht unabhängig davon, ob sie als Begünstigte benannt worden sind, auch bei einer gemischten Lebensversicherung das Eintrittsrecht gemäß § 177 Abs. 2 VVG zu, sofern kein namentlich Benannter, gemäß § 177 Abs. 1 VVG eintrittsberechtigter Begünstigter vorhanden ist.[1253]

[1249] OLG Düsseldorf, Urt. v. 17. 4. 1998 – 22 U 197/97, NJW 1998, 3572, 3573 = VersR 1998, 1559, 1560 = ZIP 1998, 1037.
[1250] *Huntemann* EWiR 1998, 953, 954.
[1251] *Elfring* BB 2004, 617, 620.
[1252] AG München v. 1. 9. 1959, VersR 1960, 362.
[1253] *Hasse* VersR 2005, 1176, 1191.

4. Ausübung des Eintrittsrechts

a) Anzeige. Der Eintritt in den Versicherungsvertrag erfolgt durch Anzeige an den Versicherer (§ 170 Abs. 3 Satz 1 VVG 2008). Die Anzeige an den Versicherer kann nur innerhalb eines Monats erfolgen, nachdem der Eintrittsberechtigte von der Pfändung Kenntnis erlangt hat oder das Insolvenzverfahren eröffnet worden ist (§ 170 Abs. 3 Satz 2 VVG 2008). Innerhalb dieser Frist ist die Zustimmung des Versicherungsnehmers nachzuweisen, ohne die ein Eintritt in den Versicherungsvertrag nicht zulässig ist (§ 170 Abs. 1 Satz 1 VVG 2008).

b) Befriedigung des Gläubigers bzw. der Insolvenzmasse. Tritt der Bezugsberechtigte in den Versicherungsvertrag ein, hat er die Forderungen der betreibenden Gläubiger oder der Insolvenzmasse bis zur Höhe des Betrags zu befriedigen, dessen Zahlung der Versicherungsnehmer im Fall der Kündigung des Versicherungsverhältnisses vom Versicherer verlangen könnte.[1254] Das ist der Rückkaufswert nach § 169 VVG 2008 (bisher § 176 VVG).[1255]

IX. Zugewinn- und Versorgungsausgleich

Schrifttum: *Annas*, Zur Ermittlung des Versorgungsausgleichs bei privaten Rentenversicherungen, VW 1977, 566; *Bergner*, Keine Umwandlung des Versorgungsausgleichs in einen Zugewinnausgleich zum Nachteil von Betrieben und Ehegatten, BetrAV 2007, 329; *Finger*, Lebensversicherungen als Versorgungsausgleich, VersR 1983, 511; *derselbe*, Direktversicherung und Ehescheidung, VersR 1992, 535; *Frels*, Rechtsfragen bei der Realteilung von privaten Lebensversicherungsverträgen im Versorgungsausgleich, VersR 1983, 112; *Friederici*, Versicherungsverträge im Versorgungsausgleich, NJW 1979, 2550; *Gitter/Hoffmann*, Privatversicherung und Versorgungsausgleich, FS Beitzke 1979, S. 937; *Glockner*, Neue gesetzliche Regelungen zum Versorgungsausgleich, BetrAV 1986, 224; *derselbe*, Neuregelung des Versorgungsausgleichs betrieblicher Versorgungsanwartschaften, BetrAV 1985, 218; *derselbe*, Berechnung des Versorgungsausgleichs unter Einbeziehung der neuen Ausgleichsbestimmungen, FamRZ 1987, 328; *Heubeck/Uebelhack*, Betriebsrenten im Versorgungsausgleich, BetrAV 1988, 53; *Heubeck/Zimmermann*, Dynamische-teildynamische-statische private Versorgung und ihr Ausgleich bei Scheidung, BB 1981, 1225; *Kirchmeier*, Die private Altersvorsorge im Versorgungsausgleich nach der Strukturreform, VersR 2009, 1581; *Raube/Eitelberg*, Die Bewertung von Kapitallebensversicherungen im Zugewinnausgleich, FamRZ 1997, 1322; *Ruland*, Das Gesetz über weitere Maßnahmen auf dem Gebiet des Versorgungsausgleichs, NJW 1987, 345; *Stuhrmann*, Betriebliche Altersversorgung und eherechtlicher Versorgungsausgleich (Realteilung), BB 1987, 2347; *Uebelhack*, Neuregelung des Versorgungsausgleichs: Rechtliche Auswirkungen auf die betriebliche Altersversorgung, BetrAV 1986, 226; *Voit*, Die Bewertung der Kapitallebensversicherung im Zugewinnausgleich, Diss. Passau 1990, Berlin, Duncker & Humblot, 1992; *derselbe*, Das Ende einer Zugewinngleichsoase – Die Änderung der Rechtsprechung zur Berücksichtigung widerruflicher Bezugsberechtigungen aus Direktversicherungen im Zugewinnausgleich, FamRZ 1992, 1385; *derselbe*, Die Kombinationslebensversicherung im Zugewinnausgleich, FamRZ 1993, 508.

1. Zugewinnausgleich

a) Anfangsvermögen. Gemäß § 1374 Abs. 2 BGB wird Vermögen, das ein Ehegatte nach Eintritt des Güterstandes von Todes wegen oder mit Rücksicht auf ein künftiges Erbrecht, durch Schenkung oder Ausstattung erwirbt, seinem Anfangsvermögen hinzugerechnet. Der Sinn dieser Regelung besteht darin, solche Vermögensbestandteile einer Ausgleichspflicht zu entziehen, die in keinem Zusammenhang mit der ehelichen Lebens- und Wirtschaftsgemeinschaft stehen, sondern einem Ehegatten von dritter Seite aufgrund persönlicher Beziehungen zu

---

[1254] *Hasse* VersR 2005, 15, 33.
[1255] *Eitelberg*, Lebensversicherung und Drittrechte, 2002, S. 147; *Elfring* BB 2004, 617, 620; *Prahl* VersR 2005, 1036, 1037.

dem Zuwendenden oder aufgrund ähnlicher besonderer Umstände zufließen, an denen der andere Ehegatte keinen Anteil hat.[1256] Wegen der inhaltlichen Übereinstimmung und der engen Verbindung zwischen der Begünstigung durch Vertrag zugunsten Dritter und derjenigen durch Erbeinsetzung, ist der Vertrag zugunsten Dritter von Todes wegen wie eine Erbeinsetzung zu behandeln.[1257] Eine Lebensversicherungssumme, die ein Ehegatte als Bezugsberechtigter aus der Versicherung eines ihm nahe stehenden verstorbenen Dritten erhält, gehört daher zu seinem privilegierten Vermögen im Sinne des § 1374 Abs. 2 BGB und unterliegt nicht dem Zugewinnausgleich.[1258]

406 **b) Endvermögen.** Wenn die zugrunde liegenden Fallgestaltungen keinen Anlass für die Prüfung der Frage bieten, ob der Ansatz eines höheren Wertes in Frage kommt, kann im Falle der Scheidung beim Zugewinnausgleich auf den Rückkaufswert abgestellt werden, den der Versicherer im Falle der vorzeitigen Kündigung des Versicherungsverhältnisses, die jederzeit möglich ist, zu zahlen hat.[1259] Der Rückkaufswert ist allerdings nur dann ein geeigneter Ansatzpunkt für die Bewertung der Anwartschaft aus einer Kapitallebensversicherung, wenn im Einzelfall bei objektiver Betrachtung die Fortführung des Versicherungsverhältnisses nicht zu erwarten ist und auch durch eine Stundung der Ausgleichsforderung gemäß § 1382 BGB nicht ermöglicht werden kann.[1260] Kann zum Bewertungsstichtag prognostiziert werden, dass der Vertrag nicht vorzeitig gekündigt wird, ist es vertretbar, für diesen Zeitpunkt zwar vom Rückkaufswert auszugehen, aber keinen Stornoabzug zu berücksichtigen und die Überschussbeteiligung nebst Schlussgewinnanteil ggf. im Wege der Schätzung anzusetzen.[1261] Diese Lösung trägt dem Hinweis von *Voit* Rechnung, dass im Falle der Fortführung der Kapitallebensversicherung der wirkliche Wert der Versicherung höher liege als der Rückkaufswert.[1262]

407 Eine Kapital-Direktversicherung, zu der der Ehegatte widerruflich vom Arbeitgeber (Versicherungsnehmer) begünstigt worden ist, unterfällt dem Zugewinnausgleich, wenn der Arbeitgeber wegen Unverfallbarkeit das Bezugsrecht

---

[1256] BT-Drucks. 2/3409, S. 9; BGH, Urt. v. 27. 5. 1981 – IV b ZR 577/80, BGHZ 80, 384, 388 = NJW 1981, 1836 = VersR 1981, 838, 839 = WM 1981, 1275; BGH, Urt. v. 20. 9. 1995 – XII ZR 16/94, NJW 1995, 3113 = VersR 1995, 1429, 1430 = r+s 1996, 72, 73 = WM 1995, 2039, 2040 = JZ 1996, 203.
[1257] BGH, Urt. v. 20. 9. 1995 – XII ZR 16/94, NJW 1995, 3113, 3114 = VersR 1995, 1429, 1431 = r+s 1996, 72, 74 = WM 1995, 2039, 2041 = JZ 1996, 203, 205; *Zehner* AcP 153, 424, 451; *Hoffmann* AcP 158, 178, 198; *Finger* JuS 1969, 309, 313; für Schenkung *Gernhuber* JZ 1996, 205, 206.
[1258] BGH, Urt. v. 20. 9. 1995 – XII ZR 16/94, NJW 1995, 3113 = VersR 1995, 1429 = r+s 1996, 72 = WM 1995, 2039 = JZ 1996, 203.
[1259] BGH, Urt. v. 17. 2. 1966 – II ZR 286/63, NJW 1966, 1071 = VersR 1966, 359; BGHZ 67, 262, 264 = NJW 1977, 101 = VersR 1977, 53 = WM 1976, 1315 = MDR 1977, 211; BGH, Urt. v. 14. 1. 1981 – IV b ZR 525/80, NJW 1981, 1038 = MDR 1981, 478 = FamRZ 1981, 239; BGH, Urt. v. 22. 3. 1984 – IX ZR 69/83, NJW 1984, 1611 = VersR 1984, 632, 633 = WM 1984, 817/818 = MDR 1984, 933 = FamRZ 1984, 666; BGH, Urt. v. 20. 5. 1992 – XII ZR 255/90, BGHZ 118, 242, 247 = NJW 1992, 2154, 2156 = VersR 1992, 1382, 1385 = FamRZ 1992, 1155; OLG Stuttgart, Urt. v. 26. 11. 1991 – 18 UF 202/91, BetrAV 1993, 88, 89 (Zeitwert); *Finger* VersR 1992, 535, 539.
[1260] BGH, Urt. v. 12. 7. 1995 – XII ZR 109/94, NJW 1995, 2781, 2782 = VersR 1995, 1225, 1226 = r+s 1996, 71, 72 = WM 1995, 1937, 1938 = MDR 1995, 1140, 1141.
[1261] BGH, Urt. v. 12. 7. 1995 – XII ZR 109/94, NJW 1995, 2781, 2783 = VersR 1995, 1225, 1226 = r+s 1996, 71, 72 = WM 1995, 1937, 1938 = MDR 1995, 1140, 1141.
[1262] *Voit*, Die Bewertung der Kapitallebensversicherung im Zugewinnausgleich, 1992, S. 227; krit. dazu *Finger* VersR 1992, 1452.

nicht mehr widerrufen darf.[1263] Soweit dem Arbeitnehmer z. B. wegen eigener Beitragsleistung versicherungsvertraglich ein unwiderrufliches Bezugsrecht vom Arbeitgeber eingeräumt worden ist, hat er einen rechtlich geschützten, hinreichend gesicherten Wert erlangt, der bei der Berechnung seines Zugewinns ohnehin zu berücksichtigen ist.[1264] Maßgebend für die Beurteilung der Frage, ob die Voraussetzungen der Unverfallbarkeit einer Anwartschaft auf betriebliche Altersversorgung gegeben sind, ist der Zeitpunkt des Erlasses der letzten Tatsachenentscheidung.[1265]

2. Versorgungsausgleich

a) Kapitalbildende Lebensversicherung. aa) Versorgungskapital. Beitragsorientierte Versorgungen, die auf eine in Raten zahlbare Kapitalleistung gerichtet sind, unterfallen nicht dem Versorgungsausgleich.[1266] Dies gilt auch dann, wenn der Arbeitgeber sich das Recht vorbehalten hat, das Anrecht auf Kapitalleistungen zu verrenten, diese Befugnis aber bis zum Ende der Ehezeit nicht ausgeübt hat.[1267] Eine spätere Ausübung des Verrentungsrechts ändert an dem Charakter des Anrechts zum maßgebenden Ehezeitende nichts; sie führt insbesondere nicht dazu, das Anrecht nachträglich noch dem System des Versorgungsausgleichs zu unterwerfen.[1268] Der Umstand, dass die Ehegatten den Zugewinnausgleich ausgeschlossen haben, führt zu keinem anderen Ergebnis.[1269]

bb) Lebensversicherungskapital. Lebensversicherungen auf Kapitalbasis bleiben im Versorgungsausgleich außer Betracht.[1270] Dies gilt auch für solche Kapital-Lebensversicherungen, die zur Befreiung von der gesetzlichen Angestelltenversicherungspflicht nach Art. 2 § 1 AnVNG abgeschlossen worden sind[1271] oder die im Rahmen einer betrieblichen Altersversorgung als Direktversicherung bestehen.[1272] Anrechte aus Kapital-Lebensversicherungen mit Rentenwahlrecht

---

[1263] BGH, Urt. v. 15. 1. 1992 – XII ZR 247/90, NJW 1992, 1103, 1105 = VersR 1992, 558, 559 = DB 1992, 951 = MDR 1992, 488; BGH, Urt. v. 20. 5. 1992 – XII ZR 255/90, NJW 1992, 2154 = VersR 1992, 1382, 1383; BGH, Urt. v. 9. 6. 1993 – XII ZR 36/92, NJW-RR 1993, 1285; a. A. BGH, Urt. v. 22. 3. 1984 – IX ZR 69/83, NJW 1984, 1611 = VersR 1984, 632, 633 = WM 1984, 818 = MDR 1984, 933 = FamRZ 1984, 666; OLG Köln, Urt. v. 4. 2. 2000 – 25 UF 82/99, NJW 2000, 3651, 3652.

[1264] Vgl. BGH, Urt. v. 15. 1. 1992 – XII ZR 247/90, NJW 1992, 1103, 1105 = VersR 1992, 558, 559 = DB 1992, 951 = MDR 1992, 488; BGH, Urt. v. 20. 5. 1992 – XII ZR 255/90, NJW 1992, 2154 = VersR 1992, 1382, 1383; BGH, Urt. v. 9. 6. 1993, NJW-RR 1993, 1285; OLG Köln, Urt. v. 4. 2. 2000 – 25 UF 82/99, NJW 2000, 3651, 3652.

[1265] OLG Köln, Urt. v. 4. 2. 2000 – 25 UF 82/99, NJW 2000, 3651, 3652.

[1266] BGH, Beschl. v. 8. 6. 2005 – XII ZB 177/03, NJW-RR 2005, 1379.

[1267] BGH, Beschl. v. 8. 6. 2005 – XII ZB 177/03, NJW-RR 2005, 1379.

[1268] BGH NJW 2003, 1320 = FamRZ 2003, 664 m. Anm. *Deisenhofer* FamRZ 2003, 745 u. Anm. *Lipp* JZ 2003, 900; BGH, Beschl. v. 8. 6. 2005 – XII ZB 177/03, NJW-RR 2005, 1379.

[1269] BGH, Beschl. v. 8. 6. 2005 – XII ZB 177/03, NJW-RR 2005, 1379.

[1270] Vgl. BGHZ 88, 386 = NJW 1984, 299, 300 = VersR 1984, 51 = FamRZ 1984, 156, 158; BGH NJW 1986, 1344 = FamRZ 1986, 344; BGH VersR 1986, 336; LG Rottweil, Urt. v. 24. 6. 1992 – 4 O 199/92, r+s 1995, 197; BGH, Beschl. v. 10. 2. 1993 – XII ZB 80/88, NJW 1993, 2044 = NJW-RR 1993, 770 = VersR 1993, 728, 729 = FamRZ 1993, 793, 794; OLG Saarbrücken, Beschl. v. 9. 6. 1999 – 6 UF 29/99, NJW-RR 2000, 293.

[1271] OLG Frankfurt/M. FamRZ 1981, 290 = OLG Stuttgart FamRZ 1981, 815.

[1272] OLG Bamberg, Beschl. v. 3. 12. 1980 – 2 U F 197/80, VersR 1981, 372; BGH, Beschl. v. 9. 11. 1983 – IV b ZB 887/80, NJW 1984, 299, 300 = VersR 1984, 51 = FamRZ 1984, 156; BGH, Urt. v. 22. 3. 1984 – IX ZR 69/83, NJW 1984, 1611 = VersR 1984, 632, 633 = WM 1984, 818 = MDR 1984, 933 = FamRZ 1984, 666; LG Rottweil, Urt. v. 24. 6. 1992 – 4 O 199/92, r+s 1995, 197.

fallen nur dann in den Versorgungsausgleich, wenn das Rentenwahlrecht bis zum Eintritt der Rechtsanhängigkeit des Scheidungsantrags ausgeübt worden ist.[1273]

410 **b) Berufsunfähigkeitsversicherung.** Voraussetzung für die Einbeziehung einer privaten Berufsunfähigkeitsversicherung in den Versorgungsausgleich ist, dass aus dieser Versicherung spätestens bei Ehezeitende eine Rentenleistung erbracht wird.[1274] Der Ausgleich der Anwartschaft aus der Berufsunfähigkeitsversicherung hat gemäß § 1587 b Abs. 3 BGB zu erfolgen.[1275] Berufsunfähigkeits-Zusatzversicherungen mit einer über das Ehezeitende hinaus fortbestehenden Prämienzahlungspflicht sind nicht in den öffentlich-rechtlichen Versorgungsausgleich einzubeziehen.[1276] Dagegen sind vor Ehezeitende bereits gezahlte private Berufsunfähigkeitsversicherungen in den öffentlich-rechtlichen Versorgungsausgleich, gegebenenfalls nach Dynamisierung, einzubeziehen.[1277] Eine gezahlte Rente aus einer privaten Berufsunfähigkeitsversicherung unterfällt auch dann dem Versorgungsausgleich, wenn die Rente erst nach dem Ehezeitende ausgezahlt wird, aber die Zahlung rückwirkend erfolgt und der Bewilligungszeitpunkt hierfür innerhalb der Ehezeit des § 1587 Abs. 2 BGB liegt.[1278] Private Berufsunfähigkeitsrenten mit beendeter Prämienzahlungspflicht sind nach § 1587 a Abs. 2 Nr. 5 b) BGB in voller Höhe des bei Ehezeitende geleisteten Rentenbetrags auszugleichen, wenn der zu ihrem Erwerb erforderliche Beitrag in der Ehezeit gezahlt wurde.[1279] Gegen eine Berücksichtigung der vollen Rente im Versorgungsausgleich spricht nicht, dass sie unter dem Vorbehalt einer Nachprüfung der Berufsunfähigkeit durch den Versorgungsträger steht.[1280]

411 **c) Rentenversicherung.** Rentenanwartschaften aus einer privaten Rentenversicherung, die ein Ehegatte nach Vereinbarung der Gütertrennung aus seinem Vermögen begründet hat, sind nicht in den Versorgungsausgleich einzubeziehen.[1281] Hingegen steht es der Einbeziehung einer Leibrentenversicherung in den Versorgungsausgleich nicht entgegen, wenn nach den Allgemeinen Versicherungsbedingungen bei Ende der Ehezeit die Umwandlung in eine beitragsfreie Versicherung noch nicht möglich war.[1282] Bei der Bewertung einer Leibrentenversicherung für die Zwecke des Versorgungsausgleichs ist ein Stornoabzug (§ 174 Abs. 4 VVG) nicht zu berücksichtigen.[1283]

[1273] BGH NJW 1984, 299, 300 = VersR 1984, 51; LG Rottweil, Urt. v. 24. 6. 1992 – 4 O 199/92, r+s 1995, 197/198; BGH, Beschl. v. 13. 1. 1993 – XII ZB 75/98, DB 1993, 726 f.
[1274] OLG Koblenz, Beschl. v. 14. 12. 2000 – 15 UF 54/00, VersR 2001, 1015, 1016; BGH FamRZ 2005, 1530; BGH NJOZ 2005, 4380 = FamRZ 2006, 260, 261; OLG Nürnberg FamRZ 2006, 711; OLG Brandenburg, Beschl. v. 13. 9. 2006 – 9 UF 80/06, NJW-RR 2007, 226.
[1275] OLG Karlsruhe, Urt. v. 1. 2. 1982 – 18 UF 42/81, FamRZ 1982, 615; OLG Celle FamRZ 1982, 617.
[1276] BGH VersR 1986, 336, 337.
[1277] BGH NJW-RR 1993, 195; OLG Koblenz, Beschl. v. 14. 12. 2000 – 15 UF 54/00, VersR 2001, 1015, 1016; BGH, Beschl. v. 20. 7. 2005 – XII ZB 289/03; OLG Oldenburg, Beschl. v. 3. 3. 2008 – 11 UF 53/07, NJW-RR 2008, 1601; BGH, Beschl. v. 2. 9. 2009 – VII ZB 92/07, NJW-RR 2010, 361, 363 = VersR 2010, 201, 202.
[1278] OLG Brandenburg, Beschl. v. 13. 9. 2006 – 9 UF 80/06, NJW-RR 2007, 226.
[1279] BGH, Beschl. v. 2. 9. 2009 – VII ZB 92/07, NJW-RR 2010, 361, 363 = VersR 2010, 201, 202.
[1280] BGH, Beschl. v. 2. 9. 2009 – VII ZB 92/07, NJW-RR 2010, 361, 363 = VersR 2010, 201, 202.
[1281] OLG Hamm, Beschl. v. 9. 11. 2005 – 11 UF 82/05, NJW-RR 2006, 652, 654.
[1282] BGH VersR 1986, 336.
[1283] BGH VersR 1986, 336.

d) Direktversicherung. Der Ehezeitanteil von Anrechten der betrieblichen 412
Altersversorgung ist auch dann nach Maßgabe des § 1587a Abs. 2 Nr. 3 Satz 1
BGB zeitratierlich aus der zugesagten Versorgungsleistung zu ermitteln, wenn die
betriebliche Altersversorgung des Ehemannes in Form einer Direktversicherung
gewährt wird.[1284] Auch in einem solchen Fall ist, wenn die Betriebszugehörigkeit
des Anrechtsinhabers zum Ehezeitende andauert, grundsätzlich der Teil der künftigen
Versicherungsleistung auszugleichen, der dem Verhältnis der in die Ehezeit
fallenden Betriebszugehörigkeit zur gesamten, auf die vorgesehene Altersgrenze
hochgerechneten Betriebszugehörigkeit entspricht (§ 1587a Abs. 2 Nr. 3 Satz 1
lit. a BGB).[1285]

e) Vereinbarung nach § 1587o BGB. Eine Vereinbarung nach § 1587o 413
BGB, die den Abschluss einer Lebensversicherung zu Gunsten des ausgleichsberechtigten
Ehegatten zum Gegenstand hat, ist nicht genehmigungsfähig, wenn der
Fall der Erwerbsunfähigkeit nicht bedacht worden ist und die vom ausgleichsberechtigten
Ehegatten bis zum Ende der Ehezeit aus eigenem Recht begründeten
Rentenanwartschaften noch ersichtlich der Aufstockung bedürfen, damit schon
für den Fall der Erwerbsunfähigkeit eine ausreichende soziale Absicherung des
ausgleichsberechtigten Ehegatten gegeben ist.[1286] Übernimmt der Arbeitgeber die
an sich dem Arbeitnehmer obliegende Zahlungsverpflichtung und schließt er zu
diesem Zweck auf den Namen des ausgleichsberechtigten Ehegatten eine Lebensversicherung
ab, so sind etwaige Beitragszahlungen dem ausgleichsverpflichteten
Arbeitnehmer als Arbeitslohn zuzurechnen.[1287]

f) Reform des Versorgungsausgleichs. Mit dem Gesetz über den Versor- 413a
gungsausgleich (Versorgungsausgleichsgesetz – VersAusglG) vom 3. April 2009,[1288]
das am 1. September 2009 in Kraft getreten ist, wurden die Regelungen zum
Versorgungsausgleich aus dem BGB herausgelöst und mit den Regelungen des
VAHRG und des VAÜG im VersAusglG zusammengefasst.[1289] Die in diesem
Zusammenhang beschlossene Versorgungsausgleichskasse hat am 1. April 2010
ihren Betrieb aufgenommen.[1290] In die Versorgungsausgleichskasse können in Zukunft
nach einer Scheidung die Betriebsrentenansprüche des ausgleichsberechtigten
Ehepartners fließen.[1291]
Hauptziel der Reform des Versorgungsausgleichs ist die gerechte Teilung während
der Ehezeit aufgebauter Versorgungsanwartschaften zwischen den Ehegatten.[1292] § 1 Abs. 1 VersAusglG ordnet demzufolge an, dass im Versorgungsausgleich
die in der Ehezeit erworbenen Anteile von Anrechten (Ehezeitanteile)
jeweils zur Hälfte zwischen den geschiedenen Ehegatten zu teilen sind. Anrechte
im Sinne des Gesetzes sind Anwartschaften auf Versorgungen und Ansprüche auf
laufende Versorgungen, insbesondere auch aus der betrieblichen Altersversorgung
oder aus der privaten Alters- und Invaliditätsvorsorge (§ 2 Abs. 1 VersAusglG).
Für die Bewertung eines Anrechts aus einem privaten Versicherungsvertrag sind
die Bestimmungen des Versicherungsvertragsgesetzes über Rückkaufswerte anzuwenden,
wobei Stornokosten nicht abzuziehen sind (§ 46 VersAusglG). Bei vor

---

[1284] BGH, Beschl. v. 23. 7. 2003 – XII ZB 162/00, NJW 2003, 3484, 3485 = MDR 2003, 1295.
[1285] BGH, Beschl. v. 23. 7. 2003 – XII ZB 162/00, NJW 2003, 3484, 3485 = MDR 2003, 1295.
[1286] OLG Karlsruhe, Urt. v. 5. 1. 1982 – 18 UF 14/81, FamRZ 1982, 395.
[1287] BMF-Schreiben v. 28. 9. 1988 – IV B 6 – S 2373 – 2/88, BB 1988, 1941.
[1288] BGBl. I 2009, 700.
[1289] *Kirchmeier* VersR 2009, 1581.
[1290] BMJ-Pressemitteilung v. 1. 4. 2010, abrufbar über www.bmj.de.
[1291] BMJ-Pressemitteilung v. 1. 4. 2010, abrufbar über www.bmj.de.
[1292] BT-Drucks 16/10144; BT-Drucks. 16/11903; *Kirchmeier* VersR 2009, 1581.

dem 31. Dezember 2007 abgeschlossenen Versicherungsverträgen richtet sich die Berechnung des Rückkaufswertes nach § 176 VVG, mithin gemäß § 176 Abs. 3 VVG nach dem Zeitwert.[1293] Nach den Übergangsvorschriften ist in Verfahren über den Versorgungsausgleich, die vor dem 1. September 2009 eingeleitet worden sind, das bis dahin geltende materielle Recht und Verfahrensrecht weiterhin anzuwenden (§ 48 Abs. 1 VersAusglG).

X. Verkauf der Lebensversicherung

Schrifttum: *Goretzky,* Die Besteuerung „gebrauchter" Risikopolicen nach deutschem Einkommensteuerrecht: Liegen wirklich gewerbliche Einkünfte vor?, in: Liber amicorum für Gerrit Winter, Karlsruhe, VVW, 2007, S. 563; *Honsel,* Verkauf von Lebensversicherungen im deutschen Zweitmarkt, in: Liber amicorum für Gerrit Winter, Karlsruhe, VVW, 2007, S. 505; *Keil,* Der Zweitmarkt für Lebensversicherungspolicen. Deutschland, Großbritannien und die USA, Lohmar, Eul, 2006; *König,* „Gebrauchte (Risiko-) Lebensversicherungen" als Kapitalanlage – Rechtliche Rahmenbedingungen von Viatical Settlements –, VersR 1996, 1328; *derselbe,* Der Handel mit „gebrauchten" Lebensversicherungen in Großbritannien und den USA, in: Beiträge zur 13. Wissenschaftstagung des BdV, Baden-Baden, Nomos, VersWissStud. 26 (2004), S. 209; *Lachner/Lexa,* Die Rechte des Käufers eines Lebensversicherungsvertrags in der Insolvenz des Versicherungsnehmers, NJW 2007, 1176; *Lohr,* Erwerb von „gebrauchten" Lebensversicherungen – Ein steuerlich sinnvolles Anlageobjekt?, DB 2004, 2334; *Pirner,* Müssen Berater den Klienten über den Zweitmarkt für Lebensversicherungen aufklären?, VW 2004, 996; *Rengier,* Besteuerung von Kapitalversicherungen nach der Unternehmenssteuerreform 2008, DB 2007, 1771; *Ruß/Bühler,* Gebrauchtpolicen: In England ein Renner – und in Deutschland?, VW 2000, 24; *Ruß,* Ein durchaus moralisches Angebot: Handel mit amerikanischen Lebensversicherungen, VW 2004, 884; *Schroeder,* Der Handel mit gebrauchten Lebensversicherungs-Policen in Deutschland, in: Beiträge zur 13. Wissenschaftstagung des BdV, Baden-Baden, Nomos, VersWissStud. 26 (2004), S. 225; *Schwark,* Lebensversicherungen – besser neu oder gebraucht?, VW 2007, 1152; *Sieprath,* Der Handel mit gebrauchten Lebensversicherungen aus versicherungsvertragsrechtlicher, aufsichtsrechtlicher und steuerrechtlicher Sicht, Karlsruhe, VVW, 2007; *derselbe,* Der Lebensversicherungs-Zweitmarkt – Eine Kurzbetrachtung aus versicherungsvertragsrechtlicher und steuerrechtlicher Sicht –, DRiZ 2008, 49; *Wernicke,* Der Zweitmarkt für Lebensversicherungen in der Bundesrepublik Deutschland: Ein Rechtsvergleich mit dem britischen und US-amerikanischen Recht, Karlsruhe, VVW, 2009.

1. Handel mit Kapitallebensversicherungspolicen

414   Insbesondere in Großbritannien entwickelte sich bereits vor über 100 Jahren ein privater Markt, der den Handel mit Kapitallebensversicherungspolicen zum Gegenstand hat.[1294] In den USA kaufen Fonds, die in amerikanische Lebensversicherungen investieren, mit den Einlagen der Investoren Amerikanern mit einer krankheitsbedingten geringeren Lebenserwartung ihre Lebensversicherung ab.[1295] Ob in Deutschland ein Versicherungsnehmer ein Interesse hat, seine Police zu verkaufen, hängt in erster Linie davon ab, ob er sich durch einen Verkauf besser oder schlechter stellt als durch Storno.[1296] In der Regel liegt der Preis, den der Versicherungsnehmer als Gegenleistung erhält, über dem Rückkaufswert im Zeitpunkt des Verkaufs, aber unter dem Wert, den der Versicherungsnehmer erhielte, wenn er den Versicherungsvertrag bis zum Ende fortführte.[1297] Dabei spielt eine Rolle, dass der Verkauf steuerfrei ist, auch wenn der Versicherungsvertrag noch

---

[1293] *Kirchmeier* VersR 2009, 1581, 1583.
[1294] *König* VersR 1996, 1328; *derselbe* VersWissStud. 26 (2004), S. 209, 211.
[1295] Vgl. *Ruß* VW 2004, 884; *Schroeder* VersWissStud. 26 (2004), S. 225, 235.
[1296] Vgl. *Ruß/Bühler* VW 2000, 24, 25.
[1297] *Pirner* VW 2004, 996, 997; *Lachner/Lexa* NJW 2007, 1176, 1177.

keine zwölf Jahre alt ist oder wenn er wegen Besicherung von Darlehen, deren Zinsen steuerlich abzugsfähig sind, bei Rückkauf eigentlich steuerpflichtig wäre.[1298] Die Gleichbehandlung von Verkauf und Rückkauf wird allerdings im Zuge der Unternehmenssteuerreform 2009 aufgegeben.[1299]

2. Sittenwidrigkeit

Ein Kaufvertrag über einen Lebensversicherungsvertrag ist wegen Sittenwidrigkeit gemäß § 138 BGB nichtig, wenn der Kaufpreis in einem auffälligen Missverhältnis zur Höhe des Rückkaufswerts steht. Entschieden ist dies für den Fall, dass der Kaufpreis nur etwas mehr als die Hälfte des Rückkaufswerts beträgt[1300] oder knapp unter der Hälfte des Rückkaufswerts liegt.[1301]

415

3. Zustimmung zum Versicherungsnehmerwechsel

Der Versicherungsnehmer hat keinen Anspruch auf Zustimmung des Versicherers, dass ein Dritter anstelle des Versicherungsnehmers in dessen Rechte und Pflichten aus dem Versicherungsvertrag eintritt[1302] § 177 VVG, der dem Bezugsberechtigten unter bestimmten Voraussetzungen (z. B. Insolvenz des Versicherungsnehmers) das Recht gibt, ohne Zustimmung des Versicherers an die Stelle des Versicherungsnehmers zu treten, ist auf den Fall der Veräußerung einer bestehenden Lebensversicherung nicht entsprechend anzuwenden.[1303]

416

4. Ertragsteuerliche Behandlung des Erwerbs „gebrauchter Lebensversicherungen"

Hat eine Anlagegesellschaft in Form einer GmbH & Co. KG ihren Gesellschaftszweck darin, auf dem sog. Zweitmarkt ein Portfolio von US-amerikanischen Risikolebensversicherungen mit einer prognostizierten Restlaufzeit von zwischen sechs Monaten und acht Jahren in Zusammenarbeit mit sog. Settlement Companies in den USA zu erwerben, ist die KG nicht im Rahmen der privaten Vermögensverwaltung tätig, sondern wird gewerblich tätig.[1304]

417

§ 14 Was gilt bei Änderung Ihrer Postanschrift und Ihres Namens?

(1) Eine Änderung Ihrer Postanschrift müssen Sie uns unverzüglich mitteilen. Anderenfalls können für Sie Nachteile entstehen, da wir eine an Sie zu richtende Willenserklärung mit eingeschriebenem Brief an Ihre uns zuletzt bekannte Anschrift senden können. In diesem Fall gilt unsere Erklärung drei Tage nach Absendung des eingeschriebenen Briefes als zugegangen. Dies gilt auch, wenn Sie die Versicherung in Ihrem Gewerbebetrieb genommen und Ihre gewerbliche Niederlassung verlegt haben.

(2) Bei Änderung Ihres Namens gilt Absatz 1 entsprechend.

[1298] *Schwark* VW 2007, 1152; *Rengier* DB 2007, 1771.
[1299] *Schwark* VW 2007, 1152.
[1300] AG Stuttgart VerBAV 1985, 337.
[1301] AG Hamburg, Urt. v. 12. 6. 1998 – 14 C 730/97, NJW-RR 1999, 352 = VersR 1999, 43, 44.
[1302] V-Omb-Mann, Entsch. v. 24. 4. 2002 – 3830/01-H, r+s 2004, 469; *Honsel* in: Liber amicorum für Gerrit Winter, 2007, S. 505, 511; *Siepracht*, Der Handel mit gebrauchten Lebensversicherungen, 2007, S. 86.
[1303] V-Omb-Mann, Entsch. v. 24. 4. 2002 – 3830/01-H, r+s 2004, 469.
[1304] OFD Frankfurt/M., Vfg. v. 24. 2. 2006 – S 2240 A – 32 – St II 2.02, DB 2006, 587; a. A. *Lohr* DB 2004, 2334, 2337; *Goretzky* in: Liber amicorum für Gerrit Winter, 2007, S. 563, 575.

Übersicht

	Rdn.
I. Änderung der Postanschrift (§ 14 Abs. 1 Satz 1 ALB 2008)	1
II. Verlegung der gewerblichen Niederlassung (§ 14 Abs. 1 Satz 4 ALB 2008)	2
III. Änderung des Namens (§ 14 Abs. 2 ALB 2008)	3, 4
IV. Zugangsfiktion (§ 14 Abs. 1 Satz 2 und Satz 3 ALB 2008)	5, 6
1. Letzte Anschrift	5
2. Dreitagesfiktion	6
V. Anwendung des § 28 VVG 2008	7

I. Änderung der Postanschrift (§ 14 Abs. 1 Satz 1 ALB 2008)

1   § 14 Abs. 1 Satz 1 ALB 2008 enthält die Pflicht des Versicherungsnehmers zur Mitteilung von Änderungen der Postanschrift. Diese Mitteilungspflicht des Versicherungsnehmers findet sich gleichlautend in § 12 Abs. 2 Satz 1 ALB 1986 und in den seit den ALB 1994 verlautbarten Bedingungswerken des GDV (vgl. zuletzt § 14 Abs. 2 Satz 1 ALB 2006). Explizit ist die Mitteilungspflicht des Versicherungsnehmers in § 13 VVG 2008 nicht geregelt, nur die Rechtsfolge im Falle der Verletzung der Mitteilungspflicht. Dies lässt den Schluss zu, dass es sich bei der in § 14 Abs. 1 Satz 1 ALB 2008 geregelten Mitteilungspflicht des Versicherungsnehmers weder um eine vertragliche Obliegenheit, noch um eine gesetzliche Obliegenheit[1] handelt. § 13 VVG 2008 und damit auch § 14 ALB 2008 enthalten vielmehr eine Zugangsregelung aus dem Recht der Willenserklärungen und modifizieren § 130 Abs. 1 Satz 1 BGB.[2]

II. Verlegung der gewerblichen Niederlassung (§ 14 Abs. 1 Satz 4 ALB 2008)

2   Hat der Versicherungsnehmer die Versicherung in seinem Gewerbebetrieb genommen, ist bei einer Verlegung der gewerblichen Niederlassung § 13 Absatz 1 Satz 1 und Satz 2 VVG 2008 entsprechend anzuwenden (vgl. § 13 Abs. 2 VVG 2008). Die gesetzliche Regelung spiegelt § 14 Abs. 1 Satz 4 ALB 2008 wider. Die ALB 1986 sprechen diesen Sachverhalt nicht an. Erstmals seit den ALB 1994 ist in den Bedingungswerken des GDV geregelt, dass die Mitteilungspflicht im Falle der Änderung der Postanschrift auch gilt, wenn der Versicherungsnehmer die Versicherung in seinem Gewerbebetrieb genommen und seine gewerbliche Niederlassung verlegt hat (vgl. zuletzt § 14 Abs. 2 Satz 4 ALB 2006).

III. Änderung des Namens (§ 14 Abs. 2 ALB 2008)

3   Die ALB 1986 enthielten noch keine Mitteilungspflicht des Versicherungsnehmers im Falle der Änderung des Namens (vgl. § 12 ALB 1986). Erstmals wurde in den ALB 1994 bestimmt, dass im Falle der Änderung des Namens die

---

[1] Dafür aber *Johannsen* in: Bruck/Möller, VVG, 9. Aufl., 2008, § 13 VVG 2008 Rdn. 2; *Muschner* in: Rüffer/Halbach/Schimikowski, VVG, 2009, § 13 VVG 2008 Rdn. 7; *C. Schneider* in: Looschelders/Pohlmann, VVG, 2010, § 13 VVG 2008 Rdn. 2.
[2] *Wandt*, Versicherungsrecht, 4. Aufl., 2009, S. 194, Rdn. 538; *Ebers* in: Schwintowski/Brömmelmeyer, VVG, 2008, § 13 VVG 2008 Rdn. 1; vgl. auch *Prölss* in: Prölss/Martin, VVG, 27. Aufl., 2004, § 10 VVG Rdn. 1.

Bestimmungen über die Änderung der Postanschrift entsprechend gelten (vgl. § 13 Abs. 3 ALB 1994 und zuletzt § 14 Abs. 3 ALB 2006). Die vom GDV verlautbarten Bedingungswerke enthalten damit eine § 10 VVG ergänzende Regelung, die der Reformgesetzgeber übernommen hat. § 13 Abs. 1 Satz 3 VVG 2008 bestimmt ausdrücklich, dass § 13 Abs. 1 Satz 1 und Satz 2 VVG 2008 im Falle einer Namensänderung des Versicherungsnehmers entsprechend anzuwenden sind. Der Reformgesetzgeber begründet dies wie folgt:[3]

„Neu ist die Erstreckung der Regelung auf die Fälle der Namensänderung in Satz 3. Hierfür besteht wegen der heute häufigeren Namensänderung von Versicherungsnehmern ein praktisches Bedürfnis."

Auch für den Fall der Namensänderung ist die Mitteilungspflicht des Versicherungsnehmers in § 13 VVG 2008 nicht explizit geregelt, nur die Rechtsfolge im Falle der Verletzung dieser Mitteilungspflicht. Dies lässt den Schluss zu, dass es sich bei der in § 14 Abs. 2 ALB 2008 geregelten Mitteilungspflicht des Versicherungsnehmers weder um eine vertragliche Obliegenheit, noch um eine gesetzliche Obliegenheit[4] handelt. § 13 VVG 2008 und damit auch § 14 ALB 2008 enthalten vielmehr auch für den Fall der Namensänderung eine Zugangsregelung aus dem Recht der Willenserklärungen und modifizieren § 130 Abs. 1 Satz 1 BGB.[5]

IV. Zugangsfiktion (§ 14 Abs. 1 Satz 2 und Satz 3 ALB 2008)

1. Letzte Anschrift

Hat der Versicherungsnehmer eine Änderung seiner Anschrift dem Versicherer nicht mitgeteilt, genügt für eine dem Versicherungsnehmer gegenüber abzugebende Willenserklärung die Absendung eines eingeschriebenen Briefes an die letzte dem Versicherer bekannte Anschrift des Versicherungsnehmers (vgl. § 13 Abs. 1 Satz 1 VVG 2008). Mit der Mitteilung in § 14 Abs. 1 Satz 2 ALB 2008 wird der Versicherungsnehmer auf den Inhalt dieser gesetzlichen Vorschrift hingewiesen.

2. Dreitagesfiktion

§ 10 Abs. 1 Satz 2 VVG sah vor, dass die Erklärung des Versicherers in dem Zeitpunkt wirksam wird, in welchem sie ohne die Wohnungsänderung bei regelmäßiger Beförderung dem Versicherungsnehmer zugegangen sein würde. § 13 Abs. 1 Satz 2 VVG 2008 stellt nicht mehr auf die regelmäßige Beförderung des eingeschriebenen Briefs ab, sondern sieht vor, dass die Erklärung des Versicherers drei Tage nach der Absendung des Briefes als zugegangen gilt. Der Reformgesetzgeber begründet dies wie folgt: „Um Streitigkeiten über die Dauer der „regelmäßigen Beförderung" eines eingeschriebenen Briefes auszuschließen, wird der Zugang des Briefes drei Tage nach dessen Absendung fingiert."[6]

---

[3] BT-Drucks. 16/3945, S. 63.
[4] Dafür aber *Johannsen* in: Bruck/Möller, VVG, 9. Aufl., 2008, § 13 VVG 2008 Rdn. 2; *Muschner* in: Rüffer/Halbach/Schimikowski, VVG, 2009, § 13 VVG 2008 Rdn. 7; *C. Schneider* in: Looschelders/Pohlmann, VVG, 2010, § 13 VVG 2008 Rdn. 2.
[5] *Wandt*, Versicherungsrecht, 4. Aufl., 2009, S. 194, Rdn. 538; *Ebers* in: Schwintowski/Brömmelmeyer, VVG, 2008, § 13 VVG 2008 Rdn. 1; vgl. auch *Prölss* in: Prölss/Martin, VVG, 27. Aufl., 2004, § 10 VVG Rdn. 1.
[6] BT-Drucks. 16/3945, S. 63.

V. Anwendung des § 28 VVG 2008

7   Zwar gehören zu den in § 28 VVG 2008 angesprochenen vertraglichen Obliegenheiten neben den gefahrbezogenen Obliegenheiten auch die Informationsobliegenheiten.[7] Gemeint sind damit aber vor allem Obliegenheiten zur Verminderung der Vertragsgefahr.[8] Die in § 14 Abs. 1 Satz 1 ALB 2008 und § 14 Abs. 2 ALB 2008 dem Versicherungsnehmer auferlegten Pflichten zur Mitteilung der Änderung der Postanschrift und des Namens könnten sich zwar im Ausgangspunkt als Informationsobliegenheiten darstellen. Es ist aber nicht ersichtlich, inwiefern der Versicherer im Falle der Verletzung dieser Mitteilungspflichten besonderen Risiken ausgesetzt wäre, die eine Anwendung des § 28 VVG 2008 rechtfertigen könnten, zumal § 14 ALB 2008 mit der sich auf § 13 ALB 2008 stützenden Zugangsfiktion bereits eine Sanktionsregelung für den Fall der Verletzung der sich aus § 14 ALB 2008 ergebenden Mitteilungspflichten enthält. § 28 VVG 2008 findet daher keine Anwendung, wenn der Versicherungsnehmer seine Mitteilungspflichten gemäß § 14 Abs. 1 Satz 1 ALB 2008 und § 14 Abs. 2 ALB 2008 verletzt.[9]

§ 15 Welche Kosten stellen wir Ihnen gesondert in Rechnung?

(1) **Falls aus besonderen, von Ihnen veranlassten Gründen ein zusätzlicher Verwaltungsaufwand verursacht wird, können wir die in solchen Fällen durchschnittlich entstehenden Kosten als pauschalen Abgeltungsbetrag gesondert in Rechnung stellen. Dies gilt bei**
– **Ausstellung eines neuen Versicherungsscheins,**
– **Fristsetzung in Textform bei Nichtzahlung von Folgebeiträgen,**
– **Rückläufern im Lastschriftverfahren,**
– ...[1]

(2) **Sofern Sie uns nachweisen, dass die dem pauschalen Abgeltungsbetrag zugrunde liegenden Annahmen in Ihrem Fall entweder dem Grunde nach nicht zutreffen oder der Höhe nach wesentlich niedriger zu beziffern sind, entfällt der Abgeltungsbetrag bzw. wird – im letzteren Falle – entsprechend herabgesetzt.**

Übersicht

	Rdn.
I. Fassung	1
II. Zweck der Klausel	2
III. Inhaltskontrolle	3–7
1. Rechtsvergleich mit den Nebenentgelten der Banken	3, 4
2. Zulässigkeit der Entgelte	5–7
a) Rücklastschrift	5
b) Ausfertigungsgebühren	6
c) Hebegebühren	7
IV. Einordnung der Aufwendungsersatzansprüche	8

AuVdBAV: GB BAV 1988, 47.

Schrifttum: *Brandner,* Auslegungszuständigkeit des EuGH bei der Inhaltskontrolle von Entgeltklauseln der Banken bei Verbraucherverträgen, MDR 1999, 6; *Derleder/Metz,* Die

---

[7] *Felsch* in: Rüffer/Halbach/Schimikowski, VVG, 2009, § 28 VVG 2008 Rdn. 3.
[8] *Schwintowski* in: Schwintowski/Brömmelmeyer, VVG, 2008, § 28 VVG 2008 Rdn. 12.
[9] Im Ergebnis ebenso *Johannsen* in: Bruck/Möller, VVG, 9. Aufl., 2008, § 13 VVG 2008 Rdn. 2; *Muschner* in: Rüffer/Halbach/Schimikowski, VVG, 2009, § 13 VVG 2008 Rdn. 7.
[1] Unternehmensindividuell auszufüllen.

Nebenentgelte der Banken – Rechtsgrundlagen und rechtliche Grenzen, ZIP 1996, 573; *dieselben*, Die Nebenentgelte der Banken – zur Zulässigkeit der einzelnen „Gebühren", ZIP 1996, 621; *Früh*, Vergütungsanspruch von Banken bei gesetzlich auferlegten Pflichten – Widerspruch zum BGH-Urteil vom 15. Juli 1997 –, WM 1998, 63; *v. Gelder*, Die Rechtsprechung des Bundesgerichtshofs zum Lastschriftverkehr, WM Sonderbeil. Nr. 7 zu Heft 48/2001; *Horn*, Die richterliche Kontrolle von Entgeltklauseln nach dem AGB-Gesetz am Beispiel der Kreditwirtschaft, WM Sonderbeilage Nr. 1/1997 zu Nr. 11 vom 15. 3. 1997; *Jungmann*, Bankgebühren für die Nichteinlösung von Lastschriften, NJW 2005, 1621; *Köndgen*, Die Entwicklung des privaten Bankrechts in den Jahren 1992–1995, NJW 1996, 558; *Krüger*, Bankentgelte für Auskünfte wegen unrechtmäßig vereinnahmter „Gebühren"?, ZIP 2000, 1196; *derselbe*, Zulässigkeit von „Bankgebühren" bei irregulären Geschäftsvorfällen, WM 2000, 2021; *Krüger/Bütter*, Recht der Bankentgelte: Nebenentgelte im Kreditgeschäft, WM 2005, 673; *Krüger*, Gebühren für die Rückgabe von Lastschriften – Durchsetzung höchstrichterlicher Rechtsprechung in der Praxis, MDR 2000, 745; *Mackenthun/Sonnenhol*, Entgeltklauseln in der Kreditwirtschaft – e-Commerce von Kreditinstituten, WM 2001, 1585; *Meder*, Die Zulässigkeit einer isolierten Bepreisung des Auslandseinsatzes von Kreditkarten, NJW 1996, 1849; *Nobbe*, Zulässigkeit von Bankentgelten, WM 2008, 185; *Pieroth/Hartmann*, Verfassungsrechtliche Grenzen richterlicher Preiskontrolle, dargestellt am Beispiel des Abschlussentgelts für Bausparverträge, WM 2009, 677; *Präve*, Das neue VVG und das AGB-Recht, VW 2009, 98; *Rohe*, Sonderrecht für Bankkunden? Zum Verbot des Entgelts für Bankleistungen bei ungedecktem Konto, NJW 1998, 1284; *Steppeler*, Der Rechtsrahmen für Bankentgelte – Die Rechtsprechungsgrundsätze sowie die kreditwirtschaftlichen Leistungsinhalte, WM 2001, 1176.

I. Fassung

Die Kostenerstattungsklausel war wegen des Wegfalls der Möglichkeit der Bezugnahme auf den aufsichtsbehördlich genehmigten Geschäftsplan neu zu gestalten. Dabei waren die der Sache nach notwendigen und angemessenen Regelungen in die ALB aufzunehmen und so auszugestalten, dass sie dem Transparenzgebot entsprechen.[2] Insbesondere waren die Erkenntnisse aus der Rechtsprechung zu den Nebenentgelten der Banken zu berücksichtigen. Die Klausel erhielt im Jahre 1994 folgende Fassung:

> „§ 16 Welche Kosten stellen wir Ihnen gesondert in Rechnung?
> (Musterbedingungen des GDV – ALB 1994)
> Falls aus besonderen, von Ihnen veranlassten Gründen ein zusätzlicher Verwaltungsaufwand verursacht wird, können wir – soweit nichts anderes vereinbart ist – die in solchen Fällen durchschnittlich entstehenden Kosten als pauschalen Abgeltungsbetrag gesondert in Rechnung stellen. Dies gilt beispielsweise bei
> – Erteilung einer Ersatzurkunde für den Versicherungsschein
> – schriftlicher Fristsetzung bei Nichtzahlung von Folgebeiträgen
> – Verzug mit Beiträgen
> – Rückläufern im Lastschriftverfahren
> – Durchführung von Vertragsänderungen
> – Bearbeitung von Abtretungen und Verpfändungen."

Bei dieser Fassung wurde in Frage gestellt, ob die Klausel hinreichend bestimmt ist, um auch für nicht ausdrücklich aufgeführte Verwaltungsvorgänge einen Kostenanspruch entstehen zu lassen.[3] Sie erhielt deshalb im Jahre 2003 folgende Fassung:

> „§ 15 Welche Kosten stellen wir Ihnen gesondert in Rechnung?
> (Musterbedingungen des GDV – ALB 2003)
> Falls aus besonderen, von Ihnen veranlassten Gründen ein zusätzlicher Verwaltungsaufwand verursacht wird, können wir die in solchen Fällen durchschnittlich entstehenden Kosten als pauschalen Abgeltungsbetrag gesondert in Rechnung stellen. Dies gilt bei

---

[2] Vgl. *Renger*, Die Lebens- und Krankenversicherung im Spannungsfeld zwischen Versicherungsvertragsrecht und Versicherungsaufsichtsrecht, VersR 1995, 866, 868.
[3] *Kollhosser* in: Prölss/Martin, VVG, 26. Aufl., 1998, § 16 ALB 1994 Anm. 1.

ALB 2008 § 15 2, 3   Teil 6. Musterbedingungen des GDV 2008

- Erteilung einer Ersatzurkunde für den Versicherungsschein
- schriftlicher Fristsetzung bei Nichtzahlung von Folgebeiträgen
- Verzug mit Beiträgen
- Rückläufern im Lastschriftverfahren
- Durchführung von Vertragsänderungen
- Bearbeitung von Abtretungen oder Verpfändungen
- ...."

Die Kostenerstattungsklausel wurde im Jahre 2006 wie folgt neu gefasst:

„§ 15 **Welche Kosten stellen wir Ihnen gesondert in Rechnung?**
(Musterbedingungen des GDV – ALB 2006)
(1) Falls aus besonderen, von Ihnen veranlassten Gründen ein zusätzlicher Verwaltungsaufwand verursacht wird, können wir die in solchen Fällen durchschnittlich entstehenden Kosten als pauschalen Abgeltungsbetrag gesondert in Rechnung stellen. Dies gilt bei
- Erteilung einer Ersatzurkunde für den Versicherungsschein
- schriftlicher Fristsetzung bei Nichtzahlung von Folgebeiträgen
- Verzug mit Beiträgen
- Rückläufern im Lastschriftverfahren
- Durchführung von Vertragsänderungen
- Bearbeitung von Abtretungen oder Verpfändungen
- ...[4]

(2) Sofern Sie uns nachweisen, dass die dem pauschalen Abgeltungsbetrag zugrunde liegenden Annahmen in Ihrem Fall entweder dem Grunde nach nicht zutreffen oder der Höhe nach wesentlich niedriger zu beziffern sind, entfällt der Abgeltungsbetrag bzw. wird – im letzteren Falle – entsprechend herabgesetzt."

II. Zweck der Klausel

2   Der Sinn und Zweck der Klausel besteht darin, dem Versicherungsnehmer unter Nennung konkreter Fälle aufzuzeigen, wann dem Versicherer ein Aufwendungsersatzanspruch zusteht. Kennzeichnend für das Beschreiben des Aufwendungsersatzanspruchs ist die Regelung in § 16 Satz 1 ALB 1994, dass dem Versicherungsnehmer Kosten nur dann in Rechnung gestellt werden können, wenn dem Versicherer aus besonderen, vom Versicherungsnehmer veranlassten Gründen ein zusätzlicher Verwaltungsaufwand verursacht wird. Die Klausel stellt für den Kostenersatz darauf ab, dass der Versicherungsnehmer das Tätigwerden des Versicherers zu vertreten hat. Dies ist bei den in § 16 Satz 2 ALB 1994 genannten Geschäftsvorfällen durchgängig der Fall.

III. Inhaltskontrolle

1. Rechtsvergleich mit den Nebenentgelten der Banken

3   Im Gegensatz zur Versicherungswirtschaft sind die Nebenentgelte der Banken Gegenstand intensiver Erörterungen im Schrifttum.[5] In einer langen Reihe von Gerichtsentscheidungen wurden Gebührenklauseln der Kreditinstitute am AGB-Gesetz gemessen. Prüfungsmaßstab bei der Inhaltskontrolle sind sowohl die §§ 8ff. AGBG, die auf vor dem 1. Januar 2002 entstandene Schuldverhältnisse – bei Dauerschuldverhältnissen wie hier freilich nur bis zum 31. Dezember 2002 –

---

[4] Unternehmensindividuell auszufüllen.
[5] Siehe z. B. *Brandner* MDR 1999, 6; *Derleder/Metz* ZIP 1996, 573; *dieselben* ZIP 1996, 621; *Früh* WM 1998, 63; *Horn* WM Sonderbeilage Nr. 1/1997 zu Nr. 11 v. 15. 3. 1997; *Köndgen* NJW 1996, 558; *Thomas Krüger* ZIP 2000, 1196; *derselbe* WM 2000, 2021; *Ulrich Krüger* MDR 2000, 745; *Mackenthun/Sonnenhol* WM 2001, 1585; *Meder* NJW 1996, 1849; *Rohe* NJW 1998, 1284; *Steppeler* WM 2001, 1176; *Nobbe* WM 2008, 185.

weiter anzuwenden sind, als auch die §§ 307 ff. BGB in der Fassung des Gesetzes zur Modernisierung des Schuldrechts, die die §§ 8 ff. AGBG mit Wirkung vom 1. Januar 2002 abgelöst haben (vgl. Art. 229 § 5 EGBGB in der Fassung dieses Gesetzes). Dies wirkt sich indes bei der rechtlichen Beurteilung nicht aus, da die §§ 8 ff. AGBG und die §§ 307 ff. BGB n. F. im Wesentlichen inhaltsgleich sind.[6]

Grundsätzlich sind nach der Rechtsprechung Bankentgelte unzulässig, wenn keine Dienstleistung erbracht wird, es sich ohnehin um eine von der Bank geschuldete Nebentätigkeit handelt oder die Bank nur ihre gesetzlichen Pflichten erfüllt.[7] Als unvereinbar mit den Regelungen des AGB-Gesetzes bzw. jetzt des BGB sind Klauseln, nach denen den Kunden Gebühren für die

– Bearbeitung von Freistellungsaufträgen,[8]
– Bearbeitung und Überwachung von gegen den Sparkassenkunden gerichteten Pfändungs- und Überweisungsbeschlüssen,[9]
– Benachrichtigung über die Nichteinlösung von Schecks, von Lastschriften, von Überweisungen, von Daueraufträgen (Rückgabe mangels rechtzeitiger Deckung durch den Kontoinhaber),[10]
– Erbringung von Leistungen[11] oder besonderen Leistungen,[12]
– Ein- und Auszahlungen am Bankschalter,[13]
– Erstellung einer Ersatzkarte bei Beschädigung oder Verlust (inklusive Versand)[14] oder wenn die Bank den Verlust zu vertreten hat,[15]
– Erteilung einer Löschungsbewilligung bei Grundpfandrechten,[16]

---

[6] BGH, Urt. v. 18. 4. 2002, WM 2002, 1355, 1356.
[7] BGH, Urt. v. 28. 1. 2003 – XI ZR 156/02, ZIP 2003, 617, 618 = WM 2003, 673, 674; BGH, Urt. v. 30. 11. 2004 – XI ZR 200/03, ZIP 2005, 245, 246 = WM 2005, 272 = BB 2005, 350, 351; BGH, Urt. v. 30. 11. 2004 – XI ZR 49/04, ZIP 2005, 248; LG Stuttgart, Urt. v. 24. 4. 2007 – 20 O 9/07, WM 2007, 1930, 1931; *Mackenthun/Sonnenhol* WM 2001, 1585, 1586.
[8] BGH, Urt. v. 15. 7. 1997 – XI ZR 279/96 u. 269/96, BGHZ 136, 261 = NJW 1997, 2752 u. 2753 = WM 1997, 1663 = BB 1997, 1862 = MDR 1997, 1045. Die Verfassungsbeschwerde gegen dieses Urteil wurde nicht angenommen, vgl. BVerfG, Beschl. v. 28. 8. 2000, ZIP 2000, 1769 = WM 2000, 2040 = BB 2000, 2064 = DB 2000, 2113 = MDR 2001, 45.
[9] LG Düsseldorf, Urt. v. 2. 7. 1997, ZIP 1997, 1916; OLG Düsseldorf, Urt. v. 29. 7. 1998 – 6 U 205/97, ZIP 1998, 1580 = WM 1998, 2013 = BB 1999, 124; OLG Köln, Urt. v. 11. 12. 1998, WM 1999, 633; dazu *Christian Siller* EWiR 1999, 387; BGH, Urt. v. 18. 5. 1999 – XI ZR 219/98, BGHZ 141, 380, 385 f. = NJW 1999, 2276 = VersR 2000, 1377 = ZIP 1999, 1090 = WM 1999, 1271 = DB 1999, 2259 = BB 1999, 1520 = JZ 2000, 56 = MDR 1999, 1147; BGH, Urt. v. 19. 10. 1999, NJW 2000, 651 = NJW-RR 2000, 1079 = ZIP 2000, 16 = WM 1999, 2545 = BB 2000, 169 = DB 2000, 515 = MDR 2000, 285; zust. *Marly*, Kostenerstattung und Tätigkeitsvergütung für Auskünfte des Drittschuldners bei Pfändungs- und Überweisungsbeschlüssen, BB 1999, 1990, 1994; *Metz* EWiR 2000, 363; *Köndgen*, Die Entwicklung des privaten Bankrechts in den Jahren 1999 – 2003, NJW 2004, 1288, 1293.
[10] OLG Bamberg, Urt. v. 25. 10. 2000, MDR 2001, 640; BGH, Urt. v. 13. 2. 2001 – XI ZR 197/00, NJW 2001, 1419 = ZIP 2001, 504 = WM 2001, 563 = BB 2001, 643 = DB 2001, 754 = MDR 2001, 639; zust. *van Gelder* WM Sonderbeil. Nr. 7 zu Heft 48/2001, S. 14; *Reiff* EWiR 2001, 453; a. A. AG Buxtehude, Urt. v. 7. 9. 1998 – 31 C 682/98, WM 1999, 270; AG Hassfurt, Urt. v. 12. 11. 1998 – 1 C 452/98, WM 1999, 271.
[11] OLG Nürnberg, Urt. v. 29. 1. 2008 – 3 U 1887/07, WM 2008, 1921, 1922.
[12] OLG Naumburg, Beschl. v. 9. 8. 2006 – 10 W 41/06, DB 2007, 799.
[13] BGH, Urt. v. 30. 11. 1993 – XI ZR 80/93, BGHZ 124, 254 = NJW 1994, 318 = MDR 1994, 155.
[14] OLG Celle, Urt. v. 4. 5. 2000, WM 2000, 2237 = BB 2000, 2384.
[15] OLG Brandenburg, Urt. v. 21. 6. 2006 – 7 U 17/06, ZIP 2007, 860, 861.
[16] BGH, Urt. v. 7. 5. 1991 – IX ZR 244/90, BGHZ 114, 330 = NJW 1991, 1953 = MDR 1991, 749; LG Köln, Urt. v. 23. 2. 2000, WM 2000, 1895; zust. *Krüger/Bütter* WM 2005, 673, 680; OLG Brandenburg, Urt. v. 21. 6. 2006 – 7 U 17/06, ZIP 2007, 860, 861.

- erst den Verzug begründende Mahnung,[17]
- Nachforschungen zu unzulässigen Buchungsentgelten,[18]
- Nachlassabwicklung,[19]
- Nichtausführung von Kontodispositionen auf Grund Dauerauftrag, Scheck oder Überweisung mangels Deckung,[20]
- Rücklastschrift mangels Deckung,[21]
- Rücklastschrift von anderen Banken: Fremde Kosten,[22]
- Klärung von Kontobewegungen,[23]
- Ermittlung gestellter Sicherheiten,[24]

berechnet werden können. Nicht beanstandet wurden hingegen Gebührenklauseln, die ein Entgelt für folgende Geschäftsvorfälle vorsehen:
- Abschlussentgelt für Bausparverträge,[25]
- Auslandseinsatz von Kreditkarten,[26]
- Auskunft wegen Anfragen an die Bank,[27]
- Ausstellung eines Sparkassenbuches ohne Kraftloserklärung,[28]
- Scheckrückgabe von anderen Banken: Fremde Kosten,[29]
- Bearbeitungsentgelt für Privatkredite.[30]

---

[17] OLG Brandenburg, Urt. v. 21. 6. 2006 – 7 U 17/06, ZIP 2007, 860, 861.
[18] OLG Schleswig, Urt. v. 24. 2. 2000, NJW-RR 2001, 1270 = ZIP 2000, 789 = WM 2000, 1890; zust. *Reiff* EWiR 2000, 557; OLG Brandenburg, Urt. v. 21. 6. 2006 – 7 U 17/06, ZIP 2007, 860, 861.
[19] LG Frankfurt, Urt. v. 27. 1. 2000, WM 2000, 1893; LG Dortmund, Urt. v. 16. 3. 2001, WM 2001, 1296; zust. *Reiff* EWiR 2001, 601.
[20] KG, Urt. v. 18. 9. 1996, WM 1997, 60; krit. dazu *Allmendinger* EWiR 1997, 193; BGH, Urt. v. 21. 10. 1997 – XI ZR 5/97, BGHZ 137, 43 = NJW 1998, 309 = ZIP 1997, 2151 = WM 1997, 2298 = BB 1997, 2547 = MDR 1998, 171; abl. *Canaris* EWiR 1998, 49.
[21] BGH, Urt. v. 21. 10. 1997 – XI ZR 5/97, BGHZ 137, 43, 45 f. = NJW 1998, 309 = ZIP 1997, 2151 = WM 1997, 2298 = BB 1997, 2547 = MDR 1997, 171; abl. *Canaris* EWiR 1998, 49; BGH, Urt. v. 21. 10. 1997 – XI ZR 296/96, NJW 1998, 456 (Ls.) = WM 1997, 2300; dazu *Reifner/Tiffe* EWiR 1998, 339; AG München, Urt. v. 21. 7. 1998 – 231 C 13 680/98, WM 1998, 2019; BGH, Urt. v. 8. 3. 2005 – XI ZR 154/04, NJW 2005, 1645, 1648 = WM 2005, 874, 876 = ZIP 2005, 798, 801 = BB 2005, 1182, 1184 = DB 2005, 1106, 1108; OLG Celle, Urt. v. 7. 11. 2008 – 3 U 152/07, WM 2008, 1213.
[22] OLG Frankfurt, Urt. v. 31. 5. 2001, ZIP 2002, 257 = WM 2002, 852; BGH, Urt. v. 9. 4. 2002, NJW 2002, 1950 = WM 2002, 1006 = BB 2002, 1065 = DB 2002, 1319 = MDR 2002, 1079; zust. *Volker Lang* EWiR 2002, 549, 550.
[23] OLG Schleswig, Urt. v. 24. 2. 2000, ZIP 2000, 789; a. A. Vorinstanz LG Flensburg v. 17. 12. 1997, WM 1998, 1721.
[24] OLG Düsseldorf, Urt. v. 5. 11. 2009 – I-6 U 17/09, WM 2010, 215.
[25] LG Heilbronn, Urt. v. 12. 3. 2009 – 6 O 341/08, WM 2009, 603 = ZIP 2009, 609; zust. *Frey* ZflR 2009, 418, 424; LG Hamburg, Urt. v. 22. 5. 2009 – 324 O 777/08, WM 2009, 1315, 1318; *Hoeren* EWiR 2009, 261; *Lentz* BKR 2009, 206, 214; *Pieroth/Hartmann* WM 2009, 677, 679; *Wallner* BB 2009, 1152; OLG Stuttgart, Urt. v. 3. 12. 2009 – 2 U 30/09, ZIP 2010, 74 = BB 2010, 594 m. Anm. *Lentz* BB 2010, 598.
[26] BGH, Urt. v. 14. 10. 1997, NJW 1998, 383.
[27] OLG Nürnberg v. 2. 7. 1996, NJW-RR 1997, 302 = ZIP 1996, 1697 = WM 1996, 1624; dazu *Allmendinger* EWiR 1997, 53.
[28] BGH, Urt. v. 7. 7. 1998 – XI ZR 351/97, NJW-RR 1998, 1661 = ZIP 1998, 1391 = WM 1998, 1623 = BB 1998, 1864 = DB 1998, 1809 = MDR 1998, 1172 = JZ 1998, 860; zust. *Siller* EWiR 1998, 865 f.
[29] OLG Frankfurt/M., Urt. v. 31. 5. 2001, ZIP 2002, 257 = WM 2002, 852; BGH, Urt. v. 9. 4. 2002, DB 2002, 1319 = MDR 2002, 1079.
[30] OLG Celle, Beschl. v. 2. 2. 2010 – 3 W 109/09, WM 2010, 355.

2. Zulässigkeit der Entgelte

a) Rücklastschrift. Gegen § 9 Abs. 1 AGBG verstößt eine Klausel, mit der 5 sich der Versicherer das Recht vorbehält, den Versicherungsnehmer mit den Kosten einer Rücklastschrift zu belasten, auch wenn der Versicherungsnehmer den Vorgang nicht zu vertreten hat.[31] Ein Ersatzanspruch besteht dagegen dann, wenn die Rückgabe einer Lastschrift auf einer schuldhaften positiven Vertragsverletzung des Kunden beruht, mithin der Kunde die Rückgabe der Lastschrift zu vertreten hat. Ein Anspruch wegen positiver Vertragsverletzung ist zu bejahen, wenn der Kunde, der auf Grund der Lastschriftabrede, einer unselbständigen Nebenabrede zum Kausalgeschäft, gegenüber dem LVU als Gläubiger verpflichtet ist, auf seinem Konto die zur Einlösung der Lastschrift erforderliche Deckung vorzuhalten, diese Pflicht schuldhaft verletzt und dadurch die Rückgabe der Lastschrift verursacht.[32] Wird die Lastschrift mangels Deckung nicht eingelöst, so steht dem Gläubiger ein Schadensersatzanspruch nach § 280 BGB in Höhe des Betrags zu, den er an seine Bank zu zahlen hatte, und Entsprechendes gilt im Falle des unberechtigten Widerrufs der Lastschrift.[33] Unzulässig wäre dagegen gemäß § 309 Nr. 5a BGB eine Klausel, nach der nicht entschädigungspflichtige Positionen in den pauschalierten Schadensersatz einbezogen werden.[34] Von einer solchen Einbeziehung nicht ersatzfähiger Kosten ist auszugehen, wenn Kosten für Personalmehraufwand eingerechnet werden.[35]

b) Ausfertigungsgebühren. Unwirksam sind bedingungsgemäße Abreden 6 über so genannte Ausfertigungsgebühren, die als Preisnebenabreden der Inhaltskontrolle unterliegen.[36]

c) Hebegebühren. Hebegebühren, die sich der Versicherer für den Prämien- 7 einzug ausbedingt, sind unzulässig.[37]

IV. Einordnung der Aufwendungsersatzansprüche

Die Aufwendungsersatzansprüche des Versicherers sind versicherungsvertrags- 8 rechtlich wie Prämien zu behandeln,[38] insbesondere soweit es sich um mit der Versicherungsprämie zusammenhängende Kosten handelt.[39]

---

[31] LG Stuttgart, Urt. v. 22. 9. 1998 – 20 O 487/97, VersR 1999, 179, 181.
[32] BGH, Urt. v. 9. 4. 2002, NJW 2002, 1950, 1951 = WM 2002, 1006, 1008 = BB 2002, 1065, 1067 = DB 2002, 1319, 1320 = MDR 2002, 1079, 1080; zust. *Lang* EWiR 2002, 549, 550; *van Gelder* WM Sonderbeil. Nr. 7 zu Heft 48/2001, S. 15; *Nobbe* WM 2008, 185, 190. Siehe auch OLG Köln, Urt. v. 31. 3. 2004 – 13 U 192/03, WM 2005, 276, zur Belastung von Kundenkonten mit einem als Mindestschaden errechneten Betrag von 6 € für Lastschriftrückgaben mangels Kontodeckung auf der Grundlage einer internen Anweisung.
[33] *Jungmann*, Bankgebühren für die Nichteinlösung von Lastschriften, NJW 2005, 1621, 1623.
[34] LG Dortmund, Urt. v. 25. 5. 2007 – 8 O 55/06, WM 2007, 1883, 1884.
[35] LG Dortmund, Urt. v. 25. 5. 2007 – 8 O 55/06, WM 2007, 1883, 1884.
[36] *Präve* VW 2009, 98.
[37] *Präve* VW 2009, 98.
[38] Ebenso *Winter* in: Bruck/Möller, VVG, 8. Aufl., 1988, §§ 159–178 VVG Anm. E 5.
[39] Vgl. BGH v. 27. 1. 1999, NJW 1999, 1335, 1336 = NVersZ 1999, 212, 213 = VersR 1999, 433, 434 = ZIP 1999, 582, 584.

ALB 2008 § 16 1, 2

§ 16 Welches Recht findet auf Ihren Vertrag Anwendung?
Auf Ihren Vertrag findet das Recht der Bundesrepublik Deutschland Anwendung.

Übersicht

	Rdn.
I. Fassung	1
II. Versicherungsnehmer mit Aufenthalt innerhalb der Europäischen Gemeinschaft	2–8
III. Versicherungsnehmer und versicherte Person mit Aufenthalt außerhalb der Europäischen Gemeinschaft	9
IV. Internationale Zuständigkeit der deutschen Gerichte	10–12
1. Allgemeines	10
2. Gerichtsstand	11, 12
a) Klagen gegen den Versicherer	11
b) Klagen des Versicherers	12
V. Ausblick	13

Schrifttum: *Basedow/Drasch*, Das neue Internationale Versicherungsvertragsrecht, NJW 1991, 785; *Clausnitzer/Woopen*, Internationale Vertragsgestaltung – Die neue EG-Verordnung für grenzüberschreitende Verträge (Rom I-VO), BB 2008, 1798; *Fricke*, Das IPR der Versicherungsverträge außerhalb des Anwendungsbereichs des EGVVG, VersR 1994, 773; *derselbe*, Europäisches Gerichtsstands- und Vollstreckungsabkommen revidiert – Was bringt die Neufassung des Versicherungsvertragsrecht?, VersR 1999, 1055; *derselbe*, Kollisionsrecht im Umbruch – Perspektiven für die Versicherungswirtschaft –, VersR 2005, 726; *derselbe*, Das Internationale Privatrecht der Versicherungsverträge nach Inkrafttreten der Rom-I-Verordnung – Grundzüge –, VersR 2008, 443; *derselbe*, Internationale Zuständigkeit und Anerkennungszuständigkeit in Versicherungssachen, in: Beckmann/Matusche-Beckmann, Versicherungsrechts-Handbuch, Beck, 2009, § 3; *derselbe*, Der Abschnitt über Versicherungssachen (Art. 8–14) in der Revision der EuGVVO, VersR 2009, 429; *derselbe*, Wen oder was schützt § 215 VVG? – Ein Versuch, eine dunkle Norm zu erhellen –, VersR 2009, 15; *Heiss*, Versicherungsverträge in „Rom-I": Neuerliches Versagen des europäischen Gesetzgebers, in: Festschrift für Jan Kropholler, 2008, S. 459; *Katschthaler/Leichsenring*, Neues internationales Versicherungsvertragsrecht nach der Rom-I-Verordnung, SpV 2009, 56; *Looschelders/Smarowos*, Das Internationale Versicherungsvertragsrecht nach Inkrafttreten der Rom-I-Verordnung, VersR 2010, 1; *Mankowski*, Internationales Versicherungsvertragsrecht und Internet – Zugleich ein Beitrag zu Grundsatzfragen der Art. 7 Abs. 2, 8, 9 Abs. 3 und 4 EGVVG –, VersR 1999, 923; *Roth*, Internationales Versicherungsrecht, in: Beckmann/Matusche-Beckmann, Versicherungsrechts-Handbuch, Beck, 2009, § 4; *Spindler*, Versicherungsaufsicht über Internetangebote ausländischer Versicherer, VersR 2002, 1049; *Winter*, Internationale Online-Versicherung als Korrespondenzversicherung – Aufsichtsrechtliche und internationalprivatrechtliche Konsequenzen –, VersR 2001, 1461.

I. Fassung

1 Die Vorschrift stimmt wörtlich mit § 18 ALB 1994 und § 16 ALB 2006 überein.

II. Versicherungsnehmer mit Aufenthalt innerhalb der Europäischen Gemeinschaft

2 Nach Art. 4 der Zweiten Richtlinie des Rates vom 8. November 1990 zur Koordinierung der Rechts- und Verwaltungsvorschriften für die Direktversicherung (Lebensversicherung) und zur Erleichterung der tatsächlichen Ausübung der

Dienstleistungsfreiheit sowie zur Änderung der Richtlinie 79/267/EWG[1] ist grundsätzlich das Recht des Mitgliedstaates maßgebend, in dem der Versicherungsnehmer seinen gewöhnlichen Aufenthalt hat oder wenn der Versicherungsnehmer eine juristische Person ist, das Recht des Mitgliedstaates, in dem sich die Niederlassung dieser juristischen Person befindet. Es kann auch das Recht des Landes der Staatsangehörigkeit des Versicherungsnehmers vereinbart werden. Den Mitgliedstaaten wird jedoch durch die Zweite Richtlinie die Option eingeräumt, den Vertragsparteien zu gestatten, das Recht eines anderen Staates zu wählen. Die Bundesrepublik Deutschland, Belgien, Spanien, Frankreich, Griechenland und Luxemburg haben hiervon keinen Gebrauch gemacht. Rechtswahlfreiheit haben nur die Länder Dänemark, Irland, Italien, die Niederlande und Großbritannien eingeräumt.

In der Praxis wirken sich die Artikel 8 und 9 EGVVG, mit denen die vorgenannten Richtlinien umgesetzt werden, wie folgt aus:

Das Vertragsverhältnis beurteilt sich im Ganzen nach deutschem Recht, wenn der deutsche Versicherungsnehmer bei Vertragsabschluss seinen gewöhnlichen Aufenthalt in Deutschland hatte.[2] Dies gilt z. B. für einen Versicherungsvertrag mit einem in Luxemburg ansässigen Versicherungsunternehmen, wenn der Versicherungsnehmer bei Vertragsabschluss seinen gewöhnlichen Aufenthalt in Deutschland hatte (Art. 7 Abs. 2 Nr. 4 Buchst. a und Art. 8 EGVVG).[3]

Mit einem Versicherungsnehmer, der Staatsangehöriger eines anderen Mitgliedstaates der Europäischen Union ist und seinen gewöhnlichen Aufenthalt in der Bundesrepublik Deutschland hat, kann entweder deutsches Recht oder das Recht des Heimatstaates des ausländischen Versicherungsnehmers vereinbart werden.

Sofern ein Versicherungsnehmer aus einem Mitgliedstaat der Europäischen Union dort auch seinen gewöhnlichen Aufenthalt hat, kommt es darauf an, ob der Staat die freie Rechtswahl zulässt. Ist dies nicht der Fall, findet das Recht des Staates Anwendung, in dem der Versicherungsnehmer seinen Wohnsitz hat.

Mit einem Versicherungsnehmer, dessen Heimatstaat freie Rechtswahl zulässt, kann deutsches Recht vereinbart werden. Gleiches gilt grundsätzlich auch für Verträge mit Versicherungsnehmern aus Staaten außerhalb der Europäischen Union und des EWR-Abkommens (vgl. Art. 27 EGBGB).

Art. 9 Abs. 4 EGVVG sieht für Versicherungsnehmer mit gewöhnlichem Aufenthalt oder mit Hauptverwaltung in Deutschland bei der Korrespondenzversicherung eine uneingeschränkte Rechtswahlfreiheit vor und nimmt damit auf die Nachfragefreiheit des Dienstleistungsempfängers Rücksicht.[4] Hinter der Rechtswahlmöglichkeit des Art. 9 Abs. 4 EGVVG steht die Überlegung, dass ein Versicherungsnehmer dann keinen Schutz gegenüber der Aufdrängung eines ihm fremden Versicherungsvertragsstatuts benötigt, wenn er auf der Suche nach einem

---

[1] Abl.EG Nr. L 330 v. 29. 11. 1990, S. 50.
[2] BGH, Urt. v. 20. 1. 2005 – III ZR 207/04, VersR 2005, 404; BGH, Urt. v. 20. 1. 2005 – III ZR 251/04, NJW 2005, 1357, 1358 = VersR 2005, 406 = r+s 2005, 222, 223 = WM 2005, 655, 657 = ZIP 2005, 581, 582; BGH, Urt. v. 19. 5. 2005 – III ZR 322/04, VersR 2005, 978, 979 = WM 2005, 1480.
[3] BGH, Urt. v. 20. 1. 2005 – III ZR 207/04, VersR 2005, 404; BGH, Urt. v. 20. 1. 2005 – III ZR 251/04, NJW 2005, 1357, 1358 = VersR 2005, 406 = r+s 2005, 222, 223 = WM 2005, 655, 657 = ZIP 2005, 581, 582; BGH, Urt. v. 19. 5. 2005 – III ZR 322/04, VersR 2005, 978, 979 = WM 2005, 1480, 1481.
[4] *Winter* VersR 2001, 1461, 1466; *Hoeren*, Rechtswahl und Gerichtsstand beim Abschluss von Versicherungsverträgen über das Internet – einige fragmentarische Überlegungen, Baden-Baden, Nomos, VersWissStud. 24 (2003), S. 161, 164; *Heiss* in: Halm/Engelbrecht/Krahe, Handbuch FA VersR, 3. Aufl., 2008, S. 432 (Rdn. 5); *Roth* in: Beckmann/Matusche-Beckmann, Versicherungsrechts-Handbuch, 2. Aufl., 2009, § 4 Rdn. 19.

ihm zusagenden Versicherungsschutz aus eigener Initiative den Geltungsbereich der deutschen Versicherungsaufsicht und des deutschen Versicherungsrechts verlässt.[5] Voraussetzung für die Rechtswahlfreiheit ist aber nach Art. 9 Abs. 4 EGVVG, dass der Versicherer mit Sitz im Ausland weder selbst noch über Mittelspersonen das Versicherungsgeschäft betreibt.[6] Mittelsperson ist neben Agenten und Bevollmächtigten, auch der Makler,[7] und zwar auch der autonom auftretende Makler,[8] da dieser gleichwohl Rechtsbeziehungen zum Versicherer unterhält, z. B. im Wege der Courtagevereinbarung.

III. Versicherungsnehmer und versicherte Person mit Aufenthalt außerhalb der Europäischen Gemeinschaft

9   Wenn sich die Parteien im Rechtsstreit ausschließlich auf deutsche Rechtsvorschriften berufen, so rechtfertigt dies gemäß Art. 27, 31 Abs. 1 EGBGB die Annahme, dass sich die Parteien jedenfalls im Rechtsstreit stillschweigend auf die Geltung deutschen Rechts verständigt haben.[9] Eine Rechtswahl kann mit dem behaupteten Eintritt des Versicherungsfalls auch durch den Bezugsberechtigten als Kläger vereinbart werden (vgl. § 166 Abs. 2 VVG, § 331 Abs. 1 BGB).[10]

IV. Internationale Zuständigkeit der deutschen Gerichte

1. Allgemeines

10   Die internationale Zuständigkeit der deutschen Gerichte folgt aus Art. 8, 9 Abs. 1 b der Verordnung (EG) Nr. 44/2001 des Rates vom 22. Dezember 2000 über die gerichtliche Zuständigkeit und die Anerkennung und Vollstreckung von Entscheidungen in Zivil- und Handelssachen (EuGVVO).[11] Die EuGVVO ist in allen ihren Teilen verbindlich und gilt unmittelbar in jedem Mitgliedstaat außer Dänemark (Art. 249 Abs. 2 EG, Art. 1 Abs. 3 EuGVVO).[12] Soweit nationale Bestimmungen der EuGVVO widersprechen, werden sie durch die EuGVVO verdrängt.[13] Die EuGVVO ist im Interesse einer einheitlichen Anwendung grundsätzlich autonom unter Berücksichtigung ihrer Systematik und Zielsetzungen auszulegen.[14]

---

[5] *Basedow/Drasch* NJW 1991, 791, 792; *Dörner*, Internationales Versicherungsvertragsrecht, Berlin u. a., Springer, 1997, Art. 9 EGVVG Rdn. 39; *Mankowski* VersR 1999, 923, 930; *Spindler* VersR 2002, 1049, 1050.

[6] *Winter*, Versicherungsaufsichtsrecht, Karlsruhe, VVW, 2007, S. 227 f.

[7] Ganz herrschende Meinung, vgl. Nachweis bei *Roth* in: Beckmann/Matusche-Beckmann, Versicherungsrechts-Handbuch, 2. Aufl., 2009, § 4 Rdn. 112.

[8] A. A. *Basedow/Drasch* NJW 1991, 785, 792; *Roth* in: Beckmann/Matusche-Beckmann, Versicherungsrechts-Handbuch, 2. Aufl., 2009, § 4 Rdn. 112.

[9] BGH BGHZ 103, 84, 86 = NJW 1988, 1592 = WM 1988, 323; BGH, Urt. v. 9. 12. 1998 – IV ZR 306/97, NJW 1999, 950, 951 = NVersZ 1999, 258, 259 = VersR 1999, 347, 348 = VerBAV 1999, 159, 160 = WM 1999, 916, 917.

[10] BGH, Urt. v. 9. 12. 1998 – IV ZR 306/97, NJW 1999, 950, 951 = NVersZ 1999, 258, 259 = VersR 1999, 347, 348 = VerBAV 1999, 159, 160 = WM 1999, 916, 917.

[11] Abl.EG Nr. L 12 v. 16. 1. 2001, S. 1.

[12] BAG, Urt. v. 23. 1. 2008 – 5 AZR 60/07, DB 2008, 1444; siehe aber zur weiteren Rechtsentwicklung *Fricke* in: Beckmann/Matusche-Beckmann, Versicherungsrechts-Handbuch, 2. Aufl., 2009, § 3 Rdn. 13.

[13] BAG, Urt. v. 23. 1. 2008 – 5 AZR 60/07, DB 2008, 1444.

[14] BGH, Urt. v. 12. 6. 2007 – XI ZR 290/06, VersR 2008, 940, 941.

2. Gerichtsstand

a) Klagen gegen den Versicherer. Nach Art. 2 Abs. 1 EuGVVO und Art. 9 Abs. 1 b EuGVVO kann ein Versicherer, der seinen Sitz im Hoheitsgebiet eines Mitgliedstaats der EU hat, bei Klagen eines Versicherungsnehmers nach dessen Wahl vor dem Gericht des Ortes verklagt werden, an dem der Versicherer seinen Sitz oder der Kläger seinen Wohnsitz hat.[15] Maßgeblich ist in diesem Fall der Wohnsitz des Klägers zum Zeitpunkt der Klageerhebung, nicht etwa des Vertragsschlusses.[16] Nach Art. 13 EuGVVO kann von den Vorschriften über den Gerichtsstand im Wege der Vereinbarung abgewichen werden, wenn einer der dort aufgeführten Ausnahmetatbestände erfüllt ist.[17]

b) Klagen des Versicherers. Das LVU kann gemäß Art. 12 Abs. 1 EuGVVO vor den Gerichten des Mitgliedstaates klagen, in dem der Beklagte (Versicherungsnehmer, Versicherter oder Begünstigter) seinen Wohnsitz hat.[18] Dies gilt auch für solche Versicherer, die keinen Sitz bzw. keine Niederlassung in einem EU-Staat haben.[19]

V. Ausblick

Zum 17. Dezember 2009 ist das Gesetz zur Anpassung der Vorschriften des Internationalen Privatrechts an die Verordnung (EG) Nr. 593/2008 vom 25. Juni 2009 gemäß Art. 3 dieses Gesetzes in Kraft getreten.[20] Ab diesem Zeitpunkt gilt gemäß Art. 1 dieses Gesetzes die Verordnung (EG) Nr. 864/2007 des Europäischen Parlaments und des Rates vom 11. Juli 2007 über das auf außervertragliche Schuldverhältnisse anzuwendende Recht (Rom II)[21] unmittelbar. Ab dem 17. Dezember 2009 findet ferner die Verordnung (EG) Nr. 593/2008 des Europäischen Parlaments und des Rates vom 17. Juni 2008 über das auf vertragliche Schuldverhältnisse anzuwendende Recht (Rom I)[22] gemäß Art. 1 des Gesetzes vom 25. Juni 2009 unmittelbare Anwendung.[23] Gemäß Art. 7 der Verordnung (EG) Nr. 593/2008 können in der Lebensversicherung die Parteien das Recht des Staates wählen, in dem der Versicherungsnehmer seinen gewöhnlichen Aufenthalt hat.[24] Damit soll den Fällen Rechnung getragen werden, in denen der Versicherungsnehmer meist vorübergehend außerhalb seines Heimatstaates lebt.[25] Gemäß

---

[15] OLG Düsseldorf, Urt. v. 16. 7. 2002 – 4 U 192/01, VersR 2004, 853, 854 = r+s 2005, 1298; vgl. auch EuGH, Urt. v. 12. 5. 2005 – Rs C-112/03, NJW 2005, 2135, 2136; dazu *Fricke* VersR 2006, 1283 ff.; EuGH, Urt. v. 13. 12. 2007 – Rs C-463/06, NJW 2008, 819 = VersR 2008, 111; dazu *Leible* NJW 2008, 821; *Sujecki* EuZW 2008, 126; *Thiede/Ludwichowska* VersR 2008, 631; OLG Celle, Urt. v. 27. 2. 2008 – 14 U 211/06, NJW 2009, 86 = VersR 2009, 61, 62; zust. *Tomson* VersR 2009, 62; BGH, Urt. v. 6. 5. 2008 – VI ZR 200/05, VersR 2008, 955, 956.

[16] *Fricke* in: Beckmann/Matusche-Beckmann, Versicherungsrechts-Handbuch, 2. Aufl., 2009, § 3 Rdn. 32.

[17] OLG Düsseldorf, Urt. v. 16. 7. 2002 – 4 U 192/01, VersR 2004, 853, 854 = r+s 2005, 298.

[18] *Fricke* in: Beckmann/Matusche-Beckmann, Versicherungsrechts-Handbuch, 2. Aufl., 2009, § 3 Rdn. 29.

[19] *Fricke* in: Beckmann/Matusche-Beckmann, Versicherungsrechts-Handbuch, 2. Aufl., 2009, § 3 Rdn. 28.

[20] BGBl. I 2009, 1574.

[21] Abl.EG Nr. L 199 v. 31. 7. 2007, S. 40.

[22] Abl.EG Nr. L 177 v. 4. 7. 2008, S. 6; zu den Einzelheiten *Katschthaler/Leichsenring* SpV 2009, 56; *Looschelders/Smarowos* VersR 2010, 1.

[23] Krit. dazu *Heiss* in Festschrift für Jan Kropphollen, 2008, S. 459.

[24] *Clausnitzer/Woopen* BB 2008, 1798, 1804.

[25] *Fricke* VersR 2008, 443, 448.

Art. 28 ist die Rom-I-Verordnung auf Verträge anzuwenden, die ab dem 17. Dezember 2009 abgeschlossen werden.[26]

§ 17 Wo ist der Gerichtsstand?

(1) **Für Klagen aus dem Versicherungsvertrag gegen uns bestimmt sich die gerichtliche Zuständigkeit nach unserem Sitz oder der für den Versicherungsvertrag zuständigen Niederlassung. Sind Sie eine natürliche Person, ist auch das Gericht örtlich zuständig, in dessen Bezirk Sie zur Zeit der Klageerhebung Ihren Wohnsitz oder, in Ermangelung eines solchen, Ihren gewöhnlichen Aufenthalt haben.**

(2) **Sind Sie eine natürliche Person, müssen Klagen aus dem Versicherungsvertrag gegen Sie bei dem Gericht erhoben werden, das für Ihren Wohnsitz oder, in Ermangelung eines solchen, den Ort Ihres gewöhnlichen Aufenthalts zuständig ist. Sind Sie eine juristische Person, bestimmt sich das zuständige Gericht nach Ihrem Sitz oder Ihrer Niederlassung.**

(3) **Verlegen Sie Ihren Wohnsitz in einen Staat außerhalb der Europäischen Gemeinschaft, Islands, Norwegens oder der Schweiz, sind die Gerichte des Staates zuständig, in dem wir unseren Sitz haben.**

Übersicht

	Rdn.
I. Fassung	1–3
II. Gerichtsstände bei Klagen gegen den Versicherer	4–11
1. Gerichtsstand gemäß § 48 VVG	4, 5
a) Versicherungsagent	4
b) Versicherungsmakler	5
2. Gerichtsstand gemäß § 215 Abs. 1 VVG 2008	6, 7
a) Ausgangslage	6
b) Geltungsbereich	7
3. Gerichtsstand gemäß § 106 Abs. 2 VAG	8
4. Gerichtsstand gemäß § 22 ZPO	9
5. Gerichtsstand im Mahnverfahren	10
6. § 29 c ZPO	11
III. Gerichtsstände bei Klagen des Versicherers	12
IV. Geltendmachung von Ansprüchen aus dem Versicherungsvertrag	13–27
1. Frist	13
2. Beginn der Verjährung	14–18
a) § 12 Abs. 1 Satz 2 VVG	14, 15
b) § 199 Abs. 1 BGB	16–18
aa) Ausgangslage	16
bb) Kenntnis	17
cc) Grobe Fahrlässigkeit	18
3. Unterbrechung der Verjährung	19–21
a) § 209 BGB a. F.	19, 20
b) § 204 BGB	21
4. Hemmung der Verjährung	22–27
a) § 12 Abs. 2 VVG	22, 23
b) § 15 VVG 2008	24
c) § 203 BGB	25, 26
aa) Anwendbarkeit	25

---

[26] Berichtigung der Verordnung (EG) Nr. 593/2008 des Europäischen Parlaments und des Rates vom 17. Juni 2008 über das auf vertragliche Schuldverhältnisse anzuwendende Recht (Rom I), Abl.EG Nr. L 309 v. 24. 11. 2009, S. 87.

A. Allg. Bed. für die kapitalbildende LV § 17 ALB 2008

	Rdn.
bb) Ablaufhemmung	26
d) § 204 Abs. 1 Nr. 3 BGB	27
V. Leistungsfreiheit des Versicherers	28–73
1. Allgemeines	28–34
a) Zweck des § 12 Abs. 3 VVG	28
b) Rechtnatur	29
c) Geltungsbereich	30
d) Beginn der Frist	31, 32
e) VVG 2008	33, 34
2. Erhebung des Anspruchs	35, 36
3. Ablehnung des Anspruchs	37–42
a) Schriftform	37
b) Endgültigkeit	38
c) Voraussetzungen	39–42
4. Rechtsbelehrung	43–48
a) Anforderungen	43–47
b) Zusatzbelehrung	48
5. Empfänger der Ablehnung	49–51
6. Gerichtliche Geltendmachung	52–62
a) Allgemeines	52, 53
b) Mahnbescheidsantrag	54, 55
c) Prozesskostenhilfegesuch	56
d) Klage	57–61
aa) Ordnungsgemäße Klage	57
bb) Zustellung „demnächst"	58–61
e) Teilklage	62
7. Nichteintritt der Leistungsfreiheit	63–73
a) Ausgangslage	63
b) Verlängerung der Klagefrist	64
c) Verzicht	65, 66
d) § 242 BGB	67–73
aa) Klageerhebung	68–70
bb) Versäumung der Klagefrist	71–73
VI. Streitwert	74–78
1. Feststellungsklage	74–76
2. Leistungsklage	77
3. Nichtzulassungsbeschwerde	78
VII. Erstattung Rechtsanwaltskosten	79

AuVdBAV: VerBAV 1976, 120 und GB BAV 1976, 30 (R 2/76 v. 10. 2. 1976 – Gerichtsstandsvereinbarungen in Allgemeinen Versicherungsbedingungen); VerBAV 1977, 205 (R 3/77 v. 27. 7. 1977 Gerichtsstandsvereinbarungen in AVB); GB BAV 1985, 42 (Gerichtsstand des § 22 ZPO).

Schrifttum: *Bayer,* Lebensversicherung, Minderjährigenschutz und Bereicherungsausgleich, VersR 1991, 129; *Daube,* Die Klagefrist des § 12 Abs. 3 S. 1 VVG a. F. ist seit dem 1. 1. 2008 nicht mehr existent, VersR 2009, 1599; *Ebert,* Verjährungshemmung durch Mahnverfahren, NJW 2003, 732; *Ehrenzweig,* Wann beginnt die Verjährung von Versicherungsansprüchen?, VersR 1953, 124; *Fischinger,* Zur Hemmung der Verjährung durch Verhandlungen nach § 203 BGB, VersR 2005, 1641; *derselbe,* Sind die §§ 203 ff. BGB auf die Höchstfristen des § 199 Abs. 2–4 BGB anwendbar?, VersR 2006, 1475; *Fricke, H.J.,* Die Sperrwirkung des § 12 Abs. 3 VVG im Bereich der Berufsunfähigkeits(zusatz)versicherung, VersR 2005, 584; *Fricke, M.,* Internationale Zuständigkeit und Anerkennungszuständigkeit in Versicherungssachen nach europäischem und deutschem Recht, VersR 1997, 399; *derselbe,* Die teleologische Reduktion des § 48 VVG bei Streitigkeiten aus Versicherungsverträgen, die im Internet abgeschlossen wurden – Zugleich ein Überblick über die Möglichkeiten des Abschlusses von Versicherungsverträgen über das Internet –, VersR 2001, 925; *derselbe,* Das Haager Übereinkommen über Gerichtsstandsvereinbarungen unter besonderer Berücksichtigung seiner Bedeutung für die Versicherungswirtschaft, VersR 2006, 476; *derselbe,* Wen oder was schützt § 215 VVG? – Ein Versuch, eine dunkle Norm zu erhellen –, VersR 2009, 15; *Goujet,* Europäischer Versicherungsmarkt: Dienstleistungsfreiheit nach dem Urteil des Gerichtshofes der Europäischen Gemeinschaften, VersPrax 1987, 17; *Hedemann,* Wann beginnt die Verjährung nach §§ 11 und 12 VVG?, VersR 1953, 377; *Kähler,* Verjährungshemmung nur bei Klage des Berechtigten?, NJW 2006, 1769; *Klingmüller,* Zur Pflicht der Belehrung ausländischer Versicherungsnehmer, Festschrift für Sieg, 1976, S. 275; *Looschelders/Heinig,* Der Gerichtsstand am Wohnsitz oder gewöhnlichen Aufenthalt des Versicherungsnehmers nach § 215 VVG, JR 2008, 265; *Löwe,* Das neue Recht der Gerichtsstands- oder Erfüllungsortsvereinbarungen und sein Verhältnis zu den Vereinen im allgemeinen und zu den Versicherungsvereinen auf Gegenseitigkeit im besonderen, VersR 1975, 1067; *Marburger,* Aktuelle Zweifelsfragen im Zusammenhang mit der Klagefrist, VP 1985, 117; *Müller-Frank,* Zurecht – Neues zum VVG 2008, BUZaktuell 2008, 11; *Muschner/Wendt,* Die Verjährung im Versicherungsvertragsrecht, MDR 2008, 609; *Muschner,* Neues zur Fortgeltung des § 12 Abs. 3 VVG – Zugleich Anmerkung zu den Urteilen des LG Dortmund VersR 2010, 193 und 2010, 196 sowie Erwiderung auf die Urteilsanmerkung von Marlow VersR 2010, 198 –, VersR 2010, 738; *Neuhaus,* Neues VVG: Überlebt die Klagefrist des § 12 Abs. 3 VVG trotz Streichung im Gesetz?, r+s 2007, 177; *derselbe,* Zwischen den Jahrhundertwerken – Die Übergangsregelungen des neuen VVG, r+s 2007, 441; *Neuhaus/Kloth,* Die aktuelle Rechtsprechung zum allgemeinen Versicherungsvertragsrecht, MDR 2007, 193; *Platz,* Zur Berechnung des Gegenstandswertes in Versicherungsstreitigkeiten, VersR 1967, 19; *Rabe,* Verjährungshemmung nur bei Klage des Berechtigten?, NJW 2006, 3089; *Schmidt,* Das DLF-Urteil des Europäischen Gerichtshofs vom 4. 12. 1986, VersR 1987, 1; *Schneider, W.-T.,* Neues Recht für alte Verträge? Zum vermeintlichen Grundsatz aus Art. 1 Abs. 1 EGVVG –, VersR 2008, 859; *Schubach,* Die Reform des Versicherungsvertragsgesetzes (VVG). Verbraucherschutz, Einzelfallgerechtigkeit und offene Fragen, AnwBl. 2008, 27; *Schwartze,* Wann verjähren Nachforderungsansprüche aus Lebensversicherungsverträgen, VersR 2006, 1331; *Sieg,* Sorgfalt des Versicherers bei qualifizierter Ablehnung des Versicherungsschutzes (§ 12 III VVG), VersR 1981, 1093; *von Stebut,* Das formelle Leistungsverweigerungsrecht des Versicherers und seine Grenzen (§ 12 Abs 3 VVG), VersR 1982, 105; *Steinkühler,* Klare Sache? Deckungsablehnung und Ausschlussfrist nach § 12 Abs. 3 VVG, VW 2007, 57; *Uyanik,* Die Klageausschlussfrist nach § 12 Abs. 3 VVG a. F. – Oder: Totgesagte leben länger?, VersR 2008, 468; *Voosen,* Das neue Recht der Gerichtsstands- und Erfüllungsortsvereinbarungen und sein Verhältnis zu den Vereinen im allgemeinen und zu den Versicherungsvereinen auf Gegenseitigkeit im besonderen, VersR 1975, 499; *Wagner,* Der richtige Gerichtsstand für Klagen des Versicherungsnehmers gegen den Versicherer nach der VVG-Reform, VersR 2009, 1589.

I. Fassung

1   In den ALB 1986 lautete die Gerichtsstandsklausel wie folgt:

„**§ 15 Wo ist der Gerichtsstand?**
(Musterbedingungen des BAV – ALB 1986)

Ansprüche aus Ihrem Versicherungsvertrag können gegen uns bei dem für unseren Geschäftssitz örtlich zuständigen Gericht geltend gemacht werden. Ist Ihre Versicherung durch Vermittlung eines Versicherungsvertreters zustande gekommen, kann auch das Gericht des Ortes angerufen werden, an dem der Vertreter zur Zeit der Vermittlung seine gewerbliche Niederlassung oder, wenn er eine solche nicht unterhält, seinen Wohnsitz hatte."

2   Der GDV hat diese Bestimmung im Jahre 1994 als § 19 ALB verlautbart und wie folgt als Musterklausel unverbindlich empfohlen:

„**§ 19 Wo ist der Gerichtsstand?**
(Musterbedingungen des GDV – ALB 1994)

(1) Ansprüche aus Ihrem Versicherungsvertrag können gegen uns bei dem für unseren Geschäftssitz oder für unsere Niederlassung örtlich zuständigen Gericht geltend gemacht werden. Ist Ihre Versicherung durch Vermittlung eines Versicherungsvertreters zustande gekommen, kann auch das Gericht des Ortes angerufen werden, an dem der Vertreter zur Zeit der Vermittlung seine gewerbliche Niederlassung oder, wenn er eine solche nicht unterhielt, seinen Wohnsitz hatte.

A. Allg. Bed. für die kapitalbildende LV   3–5   § 17 ALB 2008

(2) Wir können Ansprüche aus dem Versicherungsvertrag an dem für Ihren Wohnsitz zuständigen Gericht geltend machen. Weitere gesetzliche Gerichtsstände können sich an dem für den Sitz oder die Niederlassung Ihres Geschäfts- oder Gewerbebetriebs örtlich zuständigen Gericht ergeben."

Später wurde die Gerichtsstandsklausel in den ALB 2006 unverändert, aber als 3
§ 17 ALB 2006 fortgeführt. Im Zuge der VVG-Reform wurde die Klausel vom GDV neu gefasst.

II. Gerichtsstände bei Klagen gegen den Versicherer

1. Gerichtsstand gemäß § 48 VVG

a) **Versicherungsagent.** § 48 VVG bestimmt einen Wahlgerichtsstand zu- 4
gunsten des Versicherungsnehmers bei Vermittlung oder Abschluss des Versicherungsvertrags durch einen Versicherungsagenten des Versicherers.[1] Mit dieser Regelung wollte der Gesetzgeber dem Versicherungsnehmer einen Gerichtsstand zur Verfügung stellen, der es ihm ermöglicht, seine Ansprüche möglichst an seinem Wohnort oder zumindest in dessen Nähe geltend zu machen.[2] Hat ein Versicherungsagent den Versicherungsvertrag vermittelt oder abgeschlossen, so ist gemäß § 48 Abs. 1 VVG für Klagen, die aus dem Versicherungsverhältnis gegen den Versicherer erhoben werden, das Gericht des Ortes zuständig, wo der Agent zur Zeit der Vermittlung oder Schließung seine gewerbliche Niederlassung oder in Ermangelung einer solchen seinen Wohnsitz hatte.[3] Der Anwendung des Gerichtsstandes des § 48 VVG steht nicht entgegen, dass der Versicherungsvertrag von einem nur nebenberuflich tätigen Versicherungsvertreter abgeschlossen worden ist.[4] Dagegen ist der Gerichtsstand des § 48 VVG nicht gegeben, wenn ein Versicherungsagent Ansprüche aus einem von ihm als Versicherungsnehmer abgeschlossenen Versicherungsvertrag geltend macht[5] oder wenn der Versicherungsnehmer von einem Direktversicherer den Versicherungsantrag annimmt.[6] Dieser Gerichtsstand kann gemäß § 48 Abs. 2 VVG durch Vereinbarung nicht ausgeschlossen werden.[7] Der Versicherungsnehmer kann sich auch für die gesetzlichen Gerichtsstände der §§ 12 ff. ZPO entscheiden. Der Gerichtsstand des § 48 VVG ist kein ausschließlicher[8] und ist nur dann nicht anwendbar, wenn es an jedem Zusammenhang mit einem Versicherungsverhältnis fehlt.[9] Versicherungsagent i. S. von § 48 VVG ist auch die Bank, die regelmäßig im Zusammenhang mit Kreditgeschäften Lebensversicherungsgeschäft vermittelt; Klagen gegen Versicherer sind bei dem für den Sitz der Bankfiliale zuständigen Gericht zu erheben.[10]

b) **Versicherungsmakler.** Die Zuständigkeit nach § 48 VVG ist grundsätzlich 5
nur dann gegeben, wenn der Versicherungsvertrag von einem Agenten der Versicherung vermittelt worden ist.[11] Bei Vermittlung des Vertrages durch einen

---

[1] *Günther*, Versicherungsverträge und Haustürgeschäfte, Info-Letter 2004, 194, 195.
[2] *Fricke* VersR 2001, 925, 933.
[3] Vgl. LG Bremen, Beschl. v. 2. 3. 2007 – 6 O 1940/06, SpV 2007, 48; OLG München, Urt. v. 30. 1. 2009 – 25 U 3097/07, VersR 2009, 1382, 1383; *Schubach* AnwBl. 2008, 27, 31.
[4] Vgl. LG Aachen v. 29. 1. 1990, VersR 1991, 758.
[5] LG Bad Kreuznach, Beschl. v. 6. 4. 1994 – 2 O 418/93, VersR 1994, 1094; LAG Rheinland-Pfalz, Urt. v. 8. 3. 1990 – 5 Sa 855/89, S. 11.
[6] LG Karlsruhe, Beschl. v. 22. 11. 1995, VersR 1997, 384.
[7] *Reiff*, Das Versicherungsvermittlerrecht nach der Reform, ZVersWiss 2007, 535, 570.
[8] OLG Hamm VersR 1983, 481.
[9] LG Hanau VersR 1971, 681.
[10] OLG Hamm VersR 1982, 337.
[11] LG Duisburg, Beschl. v. 28. 7. 1999 – 10 O 79/99, NVersZ 2001, 14 = VersR 2001, 178; OLG Hamm, Urt. v. 20. 5. 2009 – I-20 U 110/08, VersR 2009, 1345, 1346 = r+s 2009, 403, 404.

1345

Makler greift § 48 VVG nach seinem Schutzzweck nicht ein, weil der Makler auf der Seite des Versicherungsnehmers steht.[12] Hingegen soll § 48 VVG dann Anwendung finden, wenn ein Angestellter des Versicherungsunternehmens ohne Einschaltung eines weiteren Vermittlers über eine Geschäftsstelle der Versicherung den Versicherungsantrag einreicht[13] oder ein Auskunftsanspruch wegen eines Versicherungsvertrages geltend gemacht wird, den der betreffende Makler noch als Agent vermittelt hat.[14]

2. Gerichtsstand gemäß § 215 Abs. 1 VVG 2008

6 a) **Ausgangslage.** Die gerichtliche Zuständigkeit wurde durch § 215 VVG 2008 neu geregelt. Gemäß § 215 Abs. 1 Satz 1 VVG 2008 ist für Klagen aus dem Versicherungsvertrag oder der Versicherungsvermittlung auch das Gericht örtlich zuständig, in dessen Bezirk der Versicherungsnehmer zur Zeit der Klageerhebung seinen Wohnsitz oder gewöhnlichen Aufenthalt hat. Für Klagen gegen den Versicherungsnehmer ist dieses Gericht ausschließlich zuständig (§ 215 Abs. 1 Satz 2 VVG 2008). Ob der Versicherungsnehmer mit dem Abschluss des Versicherungsvertrages auch die Mitgliedschaft in einem Versicherungsverein auf Gegenseitigkeit erworben hat, ist nicht erheblich.[15] Da im VVG 2008 eine dem § 48 VVG vergleichbare Regelung fehlt, stehen dem Versicherungsnehmer jetzt der Gerichtstand des Versicherers und sein Heimatgerichtsstand zur Verfügung.

7 b) **Geltungsbereich.** § 215 Abs. 1 VVG 2008 gilt für Versicherungsverhältnisse, die ab dem 1. Januar 2008 entstanden sind.[16] Auf Versicherungsverhältnisse, die bis zum Inkrafttreten des VVG 2008 am 1. Januar 2008 entstanden sind (sog. Altverträge), ist gemäß Art. 1 Abs. 1 EGVVG das VVG in der bis dahin geltenden Fassung noch bis zum 31. Dezember 2008 anzuwenden.[17] Hieraus folgt, dass § 48 VVG auf Altverträge noch bis zum 31. Dezember 2008 Anwendung findet. Ferner gilt § 48 VVG weiter, wenn bei Altverträgen ein Versicherungsfall bis zum 31. Dezember 2008 eingetreten ist. Art. 1 Abs. 2 EGVVG bestimmt ausdrücklich, dass das VVG in der bis zum 31. Dezember 2007 geltenden Fassung weiter anzuwenden ist, wenn bei Altverträgen ein Versicherungsfall bis zum 31. Dezember 2008 eingetreten ist.[18] Schon aus dem Wortlaut dieser Vorschriften folgt, dass sich der Gesetzgeber aus Gründen des Bestandsschutzes und der Gewährung eines Anpassungszeitraums für die Weitergeltung des § 48 VVG im aufgezeigten Umfang entschieden hat. Der Gesetzgeber hat bei der Entscheidung über die Frage, welche Vorschriften des VVG weiter gelten, nicht danach differenziert, ob es um Bestimmungen geht, die das Versicherungsverhältnis oder das Prozessrechtsverhältnis betreffen. Vielmehr hat er allein darauf abgestellt, dass es sich um eine Vorschrift des VVG handelt. Von daher überzeugt die Auffassung nicht, dass sich die örtliche Zuständigkeit für vom

---

[12] OLG Bremen VersR 1950, 19; LG Lübeck VersR 1965, 25; LG Memmingen, Beschl. v. 14. 9. 1990 – 3 O 1050/90, S. 2; LG Stuttgart, Beschl. v. 3. 12. 1990 – 21 O 580/90, S. 2; LG Duisburg, Beschl. v. 28. 7. 1999 – 10 O 79/99, NVersZ 2001, 14 = VersR 2001, 178; LG Berlin, Beschl. v. 23. 12. 2004 – 7 O 353/04, r+s 2006, 131; LG Osnabrück, Beschl. v. 30. 1. 2009 – 9 O 2685/08, VersR 2009, 1101; *Kollhosser* in: Prölss/Martin, VVG, 27. Aufl., 2004, § 48 VVG Rdn. 6.
[13] LG Nürnberg-Fürth, Urt. v. 22. 4. 1983 – 13 O 4746/81.
[14] AG Lemgo, Urt. v. 7. 7. 1987 – 20 C 103/87.
[15] AG Hannover, Urt. v. 2. 1. 2009 – 538 C 14554/08, SpV 2009, 23.
[16] Ebenso *Klär* in: Schwintowski/Brömmelmeyer, VVG, 2008, § 215 VVG Rdn. 16.
[17] OLG München, Urt. v. 30. 1. 2009 – 25 U 3097/07, VersR 2009, 1382, 1383.
[18] A. A. OLG Köln, Beschl. v. 9. 6. 2009 – 9 W 36/09, BeckRS 2009, 19114 = NJW-Spezial 2009, 506 = NJW-RR 2009, 1543, 1544 = VersR 2009, 1347, 1348 = r+s 2010, 141, 142.

Versicherungsnehmer gegen den Versicherer im Jahre 2008 erhobene Klagen aus dem Versicherungsvertrag sich nach § 215 Abs. 1 VVG 2008 bestimmt und nicht mehr nach § 48 VVG bzw. §§ 17, 21 ZPO.[19]

3. Gerichtsstand gemäß § 106 Abs. 2 VAG

Für Klagen, die aus dem inländischen Lebensversicherungsgeschäft gegen ein ausländisches Versicherungsunternehmen erhoben werden, ist das Gericht zuständig, in dessen Bezirk das ausländische Versicherungsunternehmen seine Niederlassung hat (§ 106 Abs 2 VAG). Dieser Gerichtsstand darf nicht durch Vertrag ausgeschlossen werden (§ 109 VAG). Aufgrund des Vorrangprinzips des Gemeinschaftsrechts ist § 106 Abs 2 VAG jedoch nicht mehr uneingeschränkt anwendbar, wonach ausländische Versicherungsunternehmen, die im Inland durch Vertreter, Bevollmächtigte, Agenten oder andere Vermittler das Direktlebensversicherungsgeschäft betreiben wollen, eine Niederlassung zu errichten haben. Eine Niederlassung muss nur errichtet werden, wenn das ausländische Versicherungsunternehmen Lebensversicherungen vertreibt, für die der Versicherer entweder eine ständige Präsenz aufrechterhält, die einer Agentur oder Zweigniederlassung gleich zu achten ist, oder seine Tätigkeit ganz oder vorwiegend auf das Hoheitsgebiet der BRD ausrichtet. Im Übrigen müssen ausländische Versicherungsunternehmen keine Niederlassung in der BRD errichten, wenn sie gelegentlich Versicherungsgeschäfte vom Sitz ihres Unternehmens aus tätigen oder nur gelegentlich von im Inland tätigen Personen vermitteln lassen, sofern hiermit eine Betreuungstätigkeit gegenüber dem inländischen Versicherungsnehmer nicht verbunden ist. In diesen Fällen ist künftig der Gerichtsstand des Ortes der Niederlassung (§ 21 ZPO) in der BRD für den deutschen Kunden nicht mehr gegeben.[20]

4. Gerichtsstand gemäß § 22 ZPO

Den Gerichtsstand des § 22 ZPO können mitgliedsstarke, überregionale Vereine in Anspruch nehmen[21] und damit auch VVaG.[22] Bestreitet aber der Beklagte, dass ein die Mitgliedschaft begründendes Versicherungsverhältnis wirksam zustande gekommen ist, so ist der besondere Gerichtsstand der Mitgliedschaft (§ 22

---

[19] Ebenfalls gegen die Anwendung des § 215 VVG 2008 im Jahre 2008: OLG Stuttgart, Beschl. v. 16. 6. 2008 – 7 AR 5/08, r+s 2009, 102; OLG Stuttgart, Beschl. v. 18. 11. 2008 – 7 AR 8/08, VersR 2009, 246 = r+s 2009, 102, 103; OLG Jena, Urt. v. 26. 11. 2008 – 4 U 428/07, NJW-RR 2009, 719, 720; LG Berlin, Beschl. v. 8. 12. 2008 – 7 O 251/08, VersR 2009, 386; LG Osnabrück, Beschl. v. 30. 1. 2009 – 9 O 2685/08, VersR 2009, 1101; OLG Hamburg, Beschl. v. 30. 3. 2009 – 9 W 23/09, NJW-RR 2009, 966, 967 = VersR 2009, 531; OLG Hamm, Beschl. v. 8. 5. 2009 – 20 W 4/09, NJOZ 2009, 3962 = NJW-RR 2010, 105 (Ls.) = r+s 2010, 140, 141; OLG Hamm, Urt. v. 20. 5. 2009 – I-20 U 110/08, NJOZ 2009, 3963 = NJW-RR 2010, 105 (Ls.) = VersR 2009, 1345, 1346 = r+s 2009, 403, 404; OLG Naumburg, Beschl. v. 15. 10. 2009 – 4 W 35/09, VersR 2010, 374, 375 = r+s 2010, 142, 143; *Abel/Winkens* r+s 2009, 103, 104; *dieselben* r+s 2010, 143, 144; a. A. OLG Saarbrücken, Urt. v. 23. 9. 2008 – 5 W 220/08 – 83, NJW 2008, 3579, 3580 = VersR 2008, 1337 = r+s 2009, 102; OLG Frankfurt/M., Beschl. v. 21. 4. 2009 – 3 W 20/09, NJOZ 2009, 2246 = r+s 2010, 140; LG Hechingen, Urt. v. 15. 7. 2008 – 1 O 240/08, VersR 2009, 665, 666; *Schneider* VersR 2008, 859, 861; *Fricke* VersR 2009, 15, 20.

[20] EuGH v. 4. 12. 1986, VersR 1986, 1225 = VerBAV 1987, 45.

[21] BGH, Beschl. v. 26. 10. 1979 – I ARZ 413/79; a. A. LG Frankfurt/M., Urt. v. 22. 11. 1976 – 2/24 S 86/76, NJW 1977, 538.

[22] LG Hannover, Urt. v. 10. 7. 1975 – 2 O 89/75, VersR 1975, 994; LG Karlsruhe, Urt. v. 25. 6. 1976 – 9 S 214/76, VersR 1976, 1029; *Löwe* VersR 1975, 1067; a. A. OLG Celle, Urt. v. 20. 6. 1975 – 8 U 29/75, VersR 1975, 993; LG Hannover, Urt. v. 3. 3. 1978 – 4 O 355/77, VersR 1979, 341 f.; *Voosen* VersR 1975, 499.

ZPO) zu verneinen.[23] Im Rundschreiben R 3/77[24] hat das BAV es für unerwünscht erklärt, dass sich VVaG für Klagen gegen ihre Mitglieder-Versicherungsnehmer auf den Gerichtsstand des § 22 ZPO berufen, während Unternehmen anderer Rechtsformen Klagen gegen ihre Versicherungsnehmer nur bei den für deren Wohnsitz zuständigen Gerichten erheben können.[25]

5. Gerichtsstand im Mahnverfahren

10 In gerichtlichen Mahnverfahren gelten die Besonderheiten der §§ 688 ff. ZPO. Die örtliche Zuständigkeit für das Mahnverfahren richtet sich danach, wo der Antragsteller seinen allgemeinen Gerichtsstand hat (§ 689 Abs. 2 Satz 1 ZPO). Bei juristischen Personen des Privatrechts wird der allgemeine Gerichtsstand durch den Sitz bestimmt (§ 17 Abs. 1 ZPO). Unterhält der Antragsteller zum Abschluss von Geschäften berechtigte, aber rechtlich unselbständige Niederlassungen i.S. von § 21 Abs. 1 ZPO, begründet der besondere Gerichtsstand der Zweigniederlassung als reiner Passivgerichtsstand nicht die örtliche Zuständigkeit für das Mahnverfahren, da diese an den allgemeinen Gerichtsstand anknüpft.[26] Ein satzungsmäßiger Nebensitz begründet hingegen einen weiteren allgemeinen Gerichtsstand.[27] Wenn es zum streitigen Verfahren kommt, setzt das Wahlrecht des Versicherungsnehmers unter den nach § 15 ZPO möglichen Gerichtsständen ein (§ 35 ZPO). Das Wahlrecht besteht auch noch fort, wenn die Sache nach § 696 Abs. 1 ZPO an das im Mahnbescheidantrag anzugebende Wohnsitzgericht des Antragsgegners abgegeben worden ist.[28] Fraglich ist, wie lange es andauert.[29]

6. § 29 c ZPO

11 Bei Klagen aus Versicherungsverträgen besteht kein besonderer Gerichtsstand gemäß § 29 c ZPO.[30] Erst durch die Neuregelung des VVG wird durch § 215 Abs. 1 VVG 2008 ab 1. Januar 2009 ein Verbrauchergerichtsstand auch für Klagen aus Versicherungsverträgen begründet.[31] § 29 c schafft ein Forum für eine bestimmte Person, nämlich den Verbraucher, und nicht für den Anspruch selbst.[32] Durch § 29 c ZPO soll der Unternehmer benachteiligt werden, weil er am Wohnsitz des Verbrauchers die Initiative zum Vertragsschluss ergriffen hat.[33] Klagt der Zessionar, steht deshalb diesem der Gerichtsstand des § 29 c ZPO nicht zur Verfügung.[34]

---

[23] AG Ebersberg v. 27. 8. 1986, MDR 1987, 146.
[24] VerBAV 1977, 205.
[25] GB BAV 1985, 42. Zur Auslegung einer in AVB enthaltenen Gerichtsstandsklausel siehe BGH VersR 1981, 1169.
[26] BGH NJW 1978, 321; BGH, Beschl. v. 13. 1. 1998 – X ARZ 1298/97, NJW 1998, 1322 = VersR 1999, 76: Filialdirektion eines Versicherers; *Thomas/Putzo*, ZPO, 30. Aufl., 2009, § 689 ZPO Rdn. 3.
[27] LG Nürnberg-Fürth, Beschl. v. 3. 3. 2009 – 14 S 6781/08, NJW-RR 2009, 1655.
[28] BGH NJW 1979, 984.
[29] Hierzu Anm. *Bach* zu AG Köln VersR 1981, 149.
[30] LG Berlin, Beschl. v. 23. 12. 2004 – 7 O 353/04, VersR 2005, 1259 = r+s 2006, 131; OLG München VersR 2006, 1517; OLG Jena, Urt. v. 26. 11. 2008 – 4 U 428/07, NJW-RR 2009, 719, 720; a. A. LG Landshut NJW 2003, 1197; LG Traunstein r+s 2006, 88.
[31] OLG Jena, Urt. v. 26. 11. 2008 – 4 U 428/07, NJW-RR 2009, 719, 720.
[32] BGH, Hinweisbeschl. v. 18. 11. 2009 – IV ZR 36/09, VersR 2010, 645, 646.
[33] BGH v. 7. 1. 2003 – X ARZ 362/02, NJW 2003, 1190; BGH, Zurückweisungsbeschl. v. 10. 2. 2010 – IV ZR 36/09, VersR 2010, 645, 646.
[34] OLG München, Urt. v. 30. 1. 2009 – 25 U 3097/07, VersR 2009, 1382; BGH, Zurückweisungsbeschl. v. 10. 2. 2010 – IV ZR 36/09, VersR 2010, 645, 646.

III. Gerichtsstände bei Klagen des Versicherers

Für Klagen des Versicherers gegen den Versicherungsnehmer, den Versicherten oder Begünstigten gelten die allgemeinen und besonderen Gerichtsstandsregeln der §§ 12 ff. ZPO.[35]

IV. Geltendmachung von Ansprüchen aus dem Versicherungsvertrag

1. Frist

Nach § 12 Abs. 1 VVG verjähren Ansprüche aus einem Lebensversicherungsvertrag in fünf Jahren. Seit Inkrafttreten des VVG 2008 gilt die dreijährige Regelverjährung nach § 195 BGB, wobei § 195 BGB nur auf Ansprüche anzuwenden ist, die am 1. Januar 2008 noch nicht verjährt sind.[36] Auf den Ablauf der Verjährung muss der Versicherer nicht hinweisen.[37] Mit den Ansprüchen aus dem Versicherungsvertrag sind nur solche gemeint, die ihre rechtliche Grundlage im Versicherungsvertrag haben.[38] Zu den Ansprüchen aus einem Lebensversicherungsvertrag rechnen der Anspruch auf Auszahlung des Rückkaufswerts bei vorzeitiger Beendigung des Versicherungsvertrags[39] und auch die Ansprüche aus einer selbständigen oder als Zusatzversicherung abgeschlossenen Berufsunfähigkeitsversicherung.[40] Die verkürzte Verjährungsfrist gilt nicht für Ansprüche, die sich weder unmittelbar aus dem Versicherungsvertrag ergeben noch auf ihn zurückführen lassen.[41] Generell gilt dies für Bereicherungsansprüche aus § 812 BGB,[42] z. B. den Bereicherungsanspruch des Versicherers gegenüber einem Dritten, dem der Versicherer irrtümlich die Versicherungsleistung ausgezahlt hat[43] oder den Anspruch auf Rückzahlung zuviel gezahlter Versicherungsprämien[44]

---

[35] *M. Fricke* VersR 1997, 399, 404.
[36] Vgl. Art. 3 des Einführungsgesetzes zum VVG, BGBl. I 2007, 2631, 2667.
[37] BGH v. 27. 2. 1958, NJW 1959, 241; OLG Hamm v. 26. 6. 1985, VersR 1986, 84; LG Düsseldorf v. 16. 9. 1993, r+s 1995, 2, 3.
[38] BGHZ 32, 13 = NJW 1960, 529 = VersR 1960, 145 = MDR 1960, 285; OLG Celle, Urt. v. 8. 9. 2009 – 8 U 46/09, VersR 2010, 612, 617; BGH, Beschl. v. 16. 12. 2009 – IV ZR 195/08, VersR 2010, 373 = r+s 2010, 139; *Schwartze* VersR 2006, 1331, 1332; *Getschmann* r+s 2009, 115, 116.
[39] AG Nürnberg, Urt. v. 29. 12. 2005 – 35 C 1617/05, VersR 2006, 1392; AG Hagen, Urt. v. 10. 8. 2006 – 14 C 104/06, VersR 2007, 526; AG Kenzingen, Urt. v. 26. 9. 2006 – 1 C 77/06, VersR 2007, 526; OLG München, Urt. v. 17. 2. 2009 – 25 U 3974/08, VersR 2009, 666, 667; *Schwartze* VersR 2006, 1331, 1332.
[40] BGH, Urt. v. 5. 10. 1988 – IV a ZR 317/86, NJW-RR 1989, 89, 90 = VersR 1988, 1233 = r+s 1988, 351; BGH v. 5. 12. 1990, NJW 1991, 1357 = VersR 1991, 289, 290 f. = r+s 1991, 214; BGH, Urt. v. 22. 9. 1999 – IV ZR 201/98, NJW-RR 2000, 318, 319 = NVersZ 2000, 126, 127 = VersR 1999, 1530, 1531 = VerBAV 2000, 161, 162 = r+s 2000, 35; OLG Saarbrücken, Urt. v. 4. 4. 2001 – 5 U 670/00 – 57, VersR 2001, 1405, 1406; ebenso für die Zurechnung zur Lebensversicherung mit Blick auf die Spartentrennung: *Römer* in: Römer/Langheid, VVG, 2. Aufl., 2003, § 12 VVG Rdn. 17; *Gruber* in: Berliner Komm. z. VVG, 1999, § 12 VVG Rdn. 1; *Goll/Gilbert/Steinbach*, Hdb. Lebensversicherung, 11. Aufl., 1992, S. 118.
[41] BGH v. 18. 9. 1991, VersR 1991, 1357, 1358.
[42] BGH, Beschl. v. 19. 3. 2008 – III ZR 220/07, WM 2008, 1077.
[43] BGH, BGHZ 32, 13 = NJW 1960, 529 = VersR 1960, 145 = MDR 1960, 285.
[44] OLG Düsseldorf, Urt. v. 14. 5. 1991 – 4 U 156/90, NJW-RR 1991, 1184 = VersR 1992, 557 = MDR 1991, 1041; BGH, Urt. v. 10. 3. 2004 – IV ZR 75/03, NJW-RR 2004, 892, 894 = VersR 2004, 893, 894 = r+s 2004, 404, 405; BGH, Beschl. v. 16. 12. 2009 – IV ZR 195/08, VersR 2010, 373, 374 = r+s 2010, 139.

oder den Anspruch auf Rückzahlung der Versicherungsleistung.[45] Auch der Anspruch aus ungerechtfertigter Bereicherung für den Fall der Unwirksamkeit des Lebensversicherungsvertrages gemäß §§ 1643 Abs. 1, 1822 Ziff. 5 BGB soll nicht der kurzen Verjährungsfrist des § 12 Abs. 1 VVG unterliegen,[46] wohl aber der heute dreijährigen Verjährungsfrist des § 195 BGB, früher vierjährigen Verjährungsfrist des § 197 BGB a. F.[47] Demgegenüber gilt die kurze Verjährungsfrist des § 12 Abs. 1 VVG für Schadenersatzansprüche aus culpa in contrahendo, jetzt § 311 Abs. 2 BGB, wenn es z. B. um Erfüllungsansprüche des Versicherungsnehmers[48] oder des Versicherers[49] aus dem Versicherungsvertrag geht, für die Ansprüche auf Schadensersatz wegen positiver Vertragsverletzung[50] und für vertragliche Rückzahlungsansprüche,[51] Ansprüche auf Auszahlung der Versicherungssumme und bei vorzeitiger Beendigung des Lebensversicherungsvertrages für den Anspruch auf Auszahlung eines etwaigen Rückkaufswertes sowie den Auskunftsanspruch.[52] Ansprüche aus culpa in contrahendo bzw. aus der gewohnheitsrechtlichen Erfüllungshaftung des Versicherers unterliegen auch dann der kurzen Verjährung des § 12 Abs. 1 VVG, wenn das vorvertragliche Verschulden zwar nicht das Zustandekommen des Versicherungsvertrags verhindert, wohl aber zu einem Vertrag geführt hat, der inhaltlich hinter den Erwartungen des Versicherungsnehmers zurückgeblieben ist.[53] Macht der Versicherungsnehmer den Versicherer aber haftbar, weil er durch dessen Versicherungsagenten vor Abschluss des Versicherungsvertrages falsch beraten worden sei und deshalb einen Vertrag abgeschlossen habe, der ihm einen über seine Bedürfnisse hinausgehenden Versicherungsschutz gewährt und für den er höhere Prämien zu zahlen habe als bei Abschluss eines bedarfsgerechten Vertrages, bleibt es bei den allgemeinen verjährungsrechtlichen Regeln.[54]

2. Beginn der Verjährung

14 a) § 12 Abs. 1 Satz 2 VVG. Die Verjährung beginnt gemäß § 12 Abs. 1 Satz 2 VVG mit dem Schluss des Jahres, in welchem die Leistung verlangt werden

---

[45] OLG Hamm, Urt. v. 17. 10. 1990 – 20 U 135/90, VersR 1991, 757, 758; OLG Hamm, Urt. v. 31. 1. 1994 – 6 U 128/93, BB 1994, 1599.
[46] LG Waldshut-Tiengen v. 12. 7. 1979, VersR 1979, 1147; vgl. ferner AG Karlsruhe v. 3. 8. 1989, VersR 1990, 374; OLG Hamm v. 17. 10. 1990, VersR 1991, 757, 758; OLG Köln v. 22. 11. 1990, VersR 1991, 648, 649.
[47] Vgl. zu § 197 BGB a. F. LG Hamburg NJW 1988, 215 f. = VersR 1988, 460; *Bayer* VersR 1991, 129, 133.
[48] LG Fulda r+s 1993, 126, 127; OLG Karlsruhe, Urt. v. 22. 4. 1998 – 13 U 109/97, VersR 1999, 477 = r+s 1998, 269, 270; BGH, Urt. v. 21. 1. 2004 – IV ZR 44/03, NJW 2004, 1161, 1162 = VersR 2004, 361 = r+s 2004, 182, 183 = MDR 2004, 629, 630; *Sieg* BB 1987, 352, 353.
[49] AG Berlin-Wedding VersR 1991, 797.
[50] BGH v. 9. 3. 1994, VersR 1994, 711; LG München I, Urt. v. 20. 9. 2007 – 25 O 17 025/06, VersR 2008, 626.
[51] BGH, Urt. v. 25. 10. 1989 – IV a ZR 221/88, NJW-RR 1990, 159 = VersR 1990, 189, 190 = MDR 1990, 319; BGH v. 18. 9. 1991, VersR 1991, 1357, 1358; BGH, Urt. v. 19. 1. 1994 – IV ZR 117/93, VersR 1994, 337, 339 = VerBAV 1994, 393, 395; BGH, Beschl. v. 16. 12. 2009 – IV ZR 195/08, VersR 2010, 373, 374 = r+s 2010, 139.
[52] LG Köln, Urt. v. 8. 9. 1993 – 24 S 45/92, VersR 1994, 296, 297.
[53] OLG Karlsruhe VersR 1999, 477; BGH, Urt. v. 21. 1. 2004 – IV ZR 44/03, NJW 2004, 1161 = VersR 2004, 361, 362 = MDR 2004, 629; OLG Celle, Urt. v. 8. 9. 2009 – 8 U 46/09, VersR 2010, 612, 616; BGH, Beschl. v. 16. 12. 2009 – IV ZR 195/08, VersR 2010, 373, 374 = r+s 2010, 139; *Neuhaus/Kloth*, Die aktuelle Rechtsprechung zu Personenversicherungen, MDR 2005, 425 f.; *Langheid/Müller-Frank,* Rechtsprechungsübersicht zum Versicherungsvertragsrecht 2004, NJW 2005, 340, 341.
[54] BGH, Beschl. v. 16. 12. 2009 – IV ZR 195/08, VersR 2010, 373, 374 = r+s 2010, 139.

kann.[55] Für die Beurteilung der Frage, wann die Versicherungsleistung i. S. von § 12 Abs. 1 Satz 2 VVG verlangt werden kann, ist der Zeitpunkt der Fälligkeit des Versicherungsanspruchs maßgebend.[56] Für den Zeitpunkt der Fälligkeit des Versicherungsanspruchs kommt es darauf an, dass der Versicherungsnehmer nicht nur auf Feststellung, sondern auf sofortige Leistung Klage erheben kann.[57] Dies erfordert, dass der Versicherungsnehmer den der Klage zugrunde zu legenden Sachverhalt kennt. Der BGH hat es deshalb zu Recht als nicht gerechtfertigt angesehen, bei einem Anspruch auf Invaliditätsentschädigung für die Fälligkeit i. S. des § 12 Abs. 1 Satz 2 VVG, von der der Beginn der Verjährung abhängt, auf eine dem Versicherungsnehmer unbekannte ärztliche Feststellung abzustellen.[58] Davon abgesehen richtet sich die Fälligkeit bei Leistungsablehnung nach § 11 Abs. 1 VVG. Zwar tritt die Fälligkeit des Anspruchs gemäß § 11 Abs. 1 VVG ein, wenn die zur Feststellung des Versicherungsfalls und des Umfangs der Leistung des Versicherers notwendigen Erhebungen abgeschlossen sind, und vor diesem Zeitpunkt mit dem Zugang der – ggf. unbegründeten – Ablehnung der Leistung durch den Versicherer.[59] Der Versicherer stellt nämlich mit der Leistungsablehnung klar, dass keine weiteren Feststellungen zur Entschließung über den erhobenen Anspruch erforderlich sind, so dass dann aber auch kein Grund mehr besteht, die Fälligkeit weiter herauszuschieben.[60] Die Leistungsablehnung durch den Versicherer bewirkt aber für die Feststellung des Beginns der Verjährung gemäß § 12 Abs. 1 Satz 2 VVG nur, dass der dem Versicherer zur Prüfung seiner Leistungspflicht eingeräumte Aufschub endet, nicht aber, dass ein noch gar nicht entstandener An-

---

[55] LG München I, Urt. v. 20. 9. 2007 – 25 O 17 025/06, VersR 2008, 626; OLG Koblenz, Beschl. v. 12. 2. 2009 – 10 U 1366/08, VersR 2009, 1521; OLG München, Urt. v. 17. 2. 2009 – 25 U 3974/08, VersR 2009, 666, 667.

[56] BGH VersR 1955, 97; BGH VersR 1960, 554, 555 = NJW 1960, 1346, 1347; OLG Köln VersR 1986, 805; OLG Hamm v. 14. 5. 1986, VersR 1987, 1081; OLG Saarbrücken, Urt. v. 4. 4. 2001 – 5 U 670/00 – 57, VersR 2001, 1405, 1406; BGH VersR 2002, 698; OLG Köln, Urt. v. 8. 4. 2003 – 9 U 123/02, VersR 2004, 49 = r+s 2003, 274; AG Kenzingen, Urt. v. 26. 9. 2006 – 1 C 77/06, VersR 2007, 526; LG München I, Urt. v. 20. 9. 2007 – 25 O 17 025/06, VersR 2008, 626; OLG München, Urt. v. 17. 2. 2009 – 25 U 3974/08, VersR 2009, 666, 667; *Schwartze* VersR 2006, 1331, 1332.

[57] BGH, Urt. v. 23. 6. 1954, VersR 1954, 388; BGH, Urt. v. 20. 1. 1955, VersR 1955, 97; BGH, Urt. v. 10. 5. 1983 – IV a ZR 74/81, NJW 1983, 2882 = VersR 1983, 673; BGH, Urt. v. 4. 11. 1987 – IV a ZR 141/86, VersR 1987, 1235 = r+s 1988, 62, 63; BGH, Urt. v. 25. 10. 1989, VersR 1990, 189; OLG Köln v. 26. 10. 1989, VersR 1990, 373; BGH, Urt. v. 19. 1. 1994 – IV ZR 117/93, VersR 1994, 337, 338 = VerBAV 1994, 393, 394 = r+s 1994, 121 = MDR 1994, 893; BGH, Urt. v. 14. 4. 1999 – IV ZR 197/98, NJW-RR 1999, 1037 = VersR 1999, 706 = r+s 1999, 285 = MDR 1999, 866; OLG Saarbrücken, Urt. v. 4. 4. 2001 – 5 U 670/00 – 57, VersR 2001, 1405, 1406; BGH, Urt. v. 27. 2. 2002 – IV ZR 238/00, r+s 2002, 216 = MDR 2002, 878, 879; BGH, Urt. v. 13. 3. 2002 – IV ZR 40/01, r+s 2002, 217; BGH, Beschl. v. 11. 1. 2006 – IV ZR 297/03, VersR 2006, 533; OLG Nürnberg, Hinweisbeschl. v. 28. 6. 2007 – 8 U 991/07, r+s 2007, 469; OLG München, Urt. v. 17. 2. 2009 – 25 U 3974/08, VersR 2009, 666, 667.

[58] BGHZ 73, 363, 365 ff. = MDR 1979, 572; BGH, Urt. v. 27. 2. 2002 – IV ZR 238/00, MDR 2002, 878, 879.

[59] BGH VersR 1955, 305; BGH VersR 1966, 627; OLG Hamm VersR 1981, 727; OLG Hamm VersR 1982, 1091; OLG Hamburg VersR 1982, 543; OLG Köln VersR 1982, 461; OLG Hamm VersR 1984, 255; OLG Hamm v. 14. 5. 1986, VersR 1987, 1081; OLG Hamm v. 24. 10. 1990, VersR 1991, 869; OLG Hamm v. 14. 2. 1992, VersR 1992, 737, 738; OLG Hamm v. 28. 1. 1994, VersR 1994, 1106; OLG Frankfurt/M., Beschl. v. 10. 7. 2009 – 7 U 257/08, VersR 2009, 1394, 1395.

[60] BGH, Urt. v. 22. 3. 2000 – IV ZR 233/99, NVersZ 2000, 332, 333 = VersR 2000, 753 = MDR 2000, 766; BGH, Urt. v. 27. 2. 2002 – IV ZR 238/00, MDR 2002, 878, 879; OLG Nürnberg, Hinweisbeschl. v. 28. 6. 2007 – 8 U 991/07, r+s 2007, 469, 470; OLG Saarbrücken, Urt. v. 12. 11. 2008 – 5 U 216/08 – 23, VersR 2009, 976 f.

spruch fällig wird.⁶¹ Daraus folgt, dass die Geldleistungen des Versicherers nicht fällig werden und damit auch die Verjährung in einem solchen Fall nicht beginnen kann, solange der Versicherungsfall dem Versicherer nicht angezeigt ist.⁶² Werden Versicherungsleistungen zu unterschiedlichen Zeitpunkten fällig, beginnt die Verjährung für jede dieser Leistungen gesondert zu laufen.⁶³ Die Verjährung von Zinsforderungen beginnt deshalb nicht zugleich mit der Verjährung für die Hauptforderung zu laufen, sondern erst mit dem Schluss des Jahres, in welchem der jeweilige Zins (durch Zeitablauf) angefallen, mithin die Zinsforderung fällig geworden ist.⁶⁴

15 In der Rentenversicherung ist ferner zu beachten, dass Anknüpfungspunkt für den Verjährungseintritt nicht die einzelne Rentenrate sein soll, sondern der Zeitpunkt, zu dem erstmals Rentenansprüche geltend gemacht werden konnten.⁶⁵ Wann die Leistung verlangt werden kann, richtet sich auch in der Rentenversicherung, soweit es um Ansprüche des Versicherungsnehmers geht, nicht nach der Entstehung des Anspruchs, sondern nach der in § 11 VVG geregelten Fälligkeit.⁶⁶

16 **b) § 199 Abs. 1 BGB. aa) Ausgangslage.** Gemäß § 199 Abs. 1 BGB beginnt die regelmäßige Verjährungsfrist mit dem Schluss des Jahres, in dem 1. der Anspruch entstanden ist und 2. der Gläubiger Kenntnis von den den Anspruch begründenden Umständen und der Person des Schuldners erlangt hat⁶⁷ oder ohne grobe Fahrlässigkeit erlangen müsste. Der Vorschrift des § 199 Abs. 1 Nr. 2 BGB vergleichbare subjektive Voraussetzungen sind demgegenüber bei der für Versicherungsverträge bisher maßgeblichen Vorschrift des § 12 Abs. 1 VVG (i.V.m. § 11 Abs. 1 VVG) nicht zu erfüllen.⁶⁸

17 **bb) Kenntnis.** Die für den Verjährungsbeginn nach § 199 Abs. 1 Nr. 2 BGB erforderliche Kenntnis oder grob fahrlässige Unkenntnis von den anspruchsbegründenden Umständen und der Person des Schuldners setzen grundsätzlich keine zutreffende rechtliche Würdigung voraus.⁶⁹ Rechtsunkenntnis kann im Einzelfall bei unsicherer und zweifelhafter Rechtslage den Verjährungsbeginn hinausschieben.⁷⁰ In diesem Fall fehlt es an der Zumutbarkeit der Klageerhebung als übergreifender Voraussetzung für den Verjährungsbeginn.⁷¹

18 **cc) Grobe Fahrlässigkeit.** Grob fahrlässige Unkenntnis liegt vor, wenn dem Gläubiger die Kenntnis fehlt, weil er die im Verkehr erforderliche Sorgfalt in un-

---

⁶¹ BGH, Urt. v. 27. 2. 2002 – IV ZR 238/00, MDR 2002, 878, 879.
⁶² Vgl. BGH VersR 1960, 554, 555 = NJW 1960, 1346, 1347; OLG Köln VersR 1986, 805; BGH, Urt. v. 27. 2. 1991 – IV ZR 66/90, NJW-RR 1991, 736 = VersR 1991, 450, 451 = VerBAV 1991, 404, 405 = MDR 1991, 1142; OLG Hamm v. 18. 10. 1991, VersR 1992, 1249, 1250; OLG Karlsruhe, Urt. v. 15. 1. 1992 – 13 U 275/90, VersR 1993, 873.
⁶³ BGH, Urt. v. 10. 5. 1983 – IVa ZR 74/81, NJW 1983, 2882 = VersR 1983, 673; OLG Saarbrücken, Urt. v. 4. 4. 2001 – 5 U 670/00 – 57, VersR 2001, 1405, 1406; BGH, Urt. v. 6. 12. 2006 – IV ZR 34/05, NJW-RR 2007, 382, 385 = VersR 2007, 537, 539.
⁶⁴ BGH, Urt. v. 6. 12. 2006 – IV ZR 34/05, NJW-RR 2007, 382, 385 = VersR 2007, 537, 539.
⁶⁵ BGH VersR 1955, 97.
⁶⁶ Vgl. BGH v. 10. 5. 1983, VersR 1983, 673; BGH v. 25. 10. 1989 VersR 1990, 189, 190 = NJW-RR 1990, 159, 160; BGH v. 19. 1. 1994 – IV ZR 117/93, VersR 1994, 337, 338 = VerBAV 1994, 393, 394 = r+s 1994, 121, 122.
⁶⁷ OLG Hamburg, Beschl. v. 27. 5. 2008 – 3 W 63/08, VersR 2009, 657, 658.
⁶⁸ OLG München, Urt. v. 17. 2. 2009 – 25 U 3974/08, VersR 2009, 666, 667.
⁶⁹ BGH, Beschl. v. 19. 3. 2008 – III ZR 220/07, VersR 2008, 1121.
⁷⁰ BGH, Urt. v. 23. 9. 2008 – XI ZR 262/07, NJW-RR 2009, 547; OLG Brandenburg, Urt. v. 30. 9. 2009 – 3 U 137/08, WM 2010, 115, 117.
⁷¹ BGH NJW 1999, 2041 = WM 1999, 974, 975; BGH, Urt. v. 23. 9. 2008 – XI ZR 262/07, NJW-RR 2009, 547.

gewöhnlich grobem Maße verletzt und auch ganz nahe liegende Überlegungen nicht angestellt oder das nicht beachtet hat, was jedem hätte einleuchten müssen.[72]

3. Unterbrechung der Verjährung

a) § 209 BGB a. F. Die Verjährung wird gemäß § 209 BGB a. F. unterbrochen, wenn der Berechtigte Klage erhebt.[73] Die Klage eines Nichtberechtigten unterbricht die Verjährung nicht.[74] Im Falle der stillen Sicherungszession macht der Zedent die Forderung als Berechtigter geltend und führt damit die Unterbrechung der Verjährung herbei, auch wenn er die Abtretung nicht offen legt.[75] Ist aus dem Mahnbescheid ersichtlich, dass der Antragsteller aus abgetretenem Recht vorgeht, wird die Verjährung auch dann unterbrochen, wenn die Berechtigung nicht auf einer Abtretung, sondern auf einer Einziehungsermächtigung durch den Gläubiger beruht.[76]   19

Die Verjährung wird im Falle der Erhebung einer Teilklage nur in Höhe des eingeklagten Teilanspruchs unterbrochen,[77] selbst wenn der Anspruch seinem gesamten Umfang nach dargelegt und die Geltendmachung des Restes ausdrücklich vorbehalten wird.[78] Die Anwendung des zur Klagefrist des § 12 Abs. 3 VVG entwickelten Grundsatzes, wonach eine Teilklage die Frist bezüglich des gesamten Anspruchs wahren kann, kommt für die Verjährungsunterbrechung nicht in Betracht.[79]   20

b) § 204 BGB. Seit der Reform des Verjährungsrechts findet § 204 BGB Anwendung. Danach wird durch die Erhebung der Klage auf Leistung oder Feststellung des Anspruchs die Verjährung nicht mehr unterbrochen sondern gehemmt (§ 204 Abs. 1 Nr. 1 BGB). Klagen muss der Berechtigte; die Klage eines Nichtberechtigten hemmt die Verjährung nicht.[80] Wird nur ein Teilbetrag eingeklagt, wird die Verjährung auch nur insoweit gehemmt.[81] Die Anwendung der zur Kla-   21

---

[72] BGH, Urt. v. 23. 9. 2008 – XI ZR 262/07, NJW-RR 2009, 547.
[73] BGH, Urt. v. 23. 3. 1999 – VI ZR 101/98, NJW 1999, 2110, 2111 = VersR 1999, 892 = r+s 1999, 437 = ZIP 1999, 927 = MDR 1999, 884, 885.
[74] BGHZ 78, 1, 3 f. = NJW 1980, 2461 = MDR 1980, 1006; BGH, Urt. v. 23. 3. 1999 – VI ZR 101/98, NJW 1999, 2110, 2111 = VersR 1999, 892 = r+s 1999, 437 = ZIP 1999, 927 = MDR 1999, 884, 885.
[75] BGH, Urt. v. 11. 11. 1977 – I ZR 80/75, NJW 1978, 698 = MDR 1978, 381; BGH, Urt. v. 6. 10. 1978 – I ZR 103/76, WM 1978, 1406, 1407; BGH, Urt. v. 3. 7. 1980 – IV a ZR 38/80, BGHZ 78, 1, 7 = NJW 1980, 2461 = MDR 1980, 1006; BGH, Urt. v. 23. 3. 1999 – VI ZR 101/98, NJW 1999, 2110, 2111 = VersR 1999, 892 = r+s 1999, 437 = ZIP 1999, 927, 928 = MDR 1999, 884, 885; zust. *Muth* EWiR 1999, 679, 680.
[76] BGH, Urt. v. 30. 9. 2004 – VII ZR 92/03, VersR 2005, 991, 992.
[77] OLG Hamm, Beschl. v. 5. 3. 2006 – 20 U 236/05, VersR 2006, 1527 = r+s 2007, 314 = MDR 2006, 1410; a. A. OLG Nürnberg, Urt. v. 21. 3. 2002 – 8 U 2788/01, VersR 2003, 846.
[78] BGH, Urt. v. 27. 6. 2001 – IV ZR 130/00, NJW-RR 2001, 1244, 1245 = NVersZ 2001, 452, 453 = VersR 2001, 1013, 1014 = r+s 2001, 353, 354.
[79] BGH, Urt. v. 27. 11. 1958, NJW 1959, 241 = VersR 1959, 22; BGH, Urt. v. 27. 6. 2001 – IV ZR 130/00, NJW-RR 2001, 1244, 1245 = NVersZ 2001, 452, 453 = VersR 2001, 1013, 1014 = r+s 2001, 353, 354; OLG Hamm, Beschl. v. 5. 3. 2006 – 20 U 236/05, VersR 2006, 1527 = r+s 2007, 314 = MDR 2006, 1410, 1411; *Prölss* in: Prölss/Martin, VVG, 27. Aufl., 2004, § 12 VVG Rdn. 19; *Gruber* in: Berliner Komm. z. VVG, 1999, § 12 VVG Rdn. 35.
[80] *Rabe* NJW 2006, 3089, 3091; *Palandt/Heinrichs*, BGB, 67. Aufl., 2008, § 204 BGB Rdn. 1; a. A. *Kähler* NJW 2006, 1769, 1770.
[81] BGH, Urt. v. 11. 3. 2009 – IV ZR 224/07, VersR 2009, 772, 773 = r+s 2009, 292; zust. *Heß/Burmann* NJW-Spezial 2009, 505; *Palandt/Heinrichs*, BGB, 67. Aufl., 2008, § 204 BGB Rdn. 16.

gefrist des § 12 Abs. 3 VVG entwickelten Grundsätze, wonach eine Teilklage diese Frist auch bezüglich des gesamten, weiter gehenden Anspruchs wahrt, kommt für die Frage einer Hemmung der Verjährung gemäß § 204 Abs. 1 BGB nicht in Betracht.[82]

4. Hemmung der Verjährung

22 a) § 12 Abs. 2 VVG. Ist ein Anspruch des Versicherungsnehmers beim Versicherer angemeldet worden, so ist die Verjährung bis zum Eingang der schriftlichen Entscheidung des Versicherers gehemmt (§ 12 Abs. 2 VVG). Sinn und Zweck der Vorschrift des § 12 Abs. 2 VVG ist es, den Versicherungsnehmer vor allem für den Fall lang andauernder Verhandlungen mit dem Versicherer zu schützen und ihn, solange seine Ansprüche noch in der Schwebe sind, vor dem Weiterlaufen der Verjährung zu bewahren.[83] Bei der Entscheidung des Versicherers muss es sich um eine eindeutige und abschließende Stellungnahme des Versicherers zu Grund und Umfang des von dem Versicherungsnehmer geltend gemachten Anspruchs handeln.[84] Für die Endgültigkeit der Ablehnung ist es nicht erforderlich, dass der Versicherer über die Frist des § 12 Abs. 3 VVG belehrt.[85] Als ablehnende Entscheidung im Sinne des § 12 Abs. 2 VVG ist auch der Widerspruch des Versicherers gegen den Antrag auf Erlass eines Mahnbescheids zu werten.[86] Die Hemmung der Verjährung fällt gemäß § 242 BGB auch ohne eine schriftliche Entscheidung des Versicherers weg, wenn dieser davon ausgehen durfte, der Versicherungsnehmer verfolge die von ihm zunächst angemeldeten Ansprüche nicht mehr weiter und daher die Erteilung eines schriftlichen Bescheids durch den Versicherer keinen vernünftigen Sinn mehr hätte und nur eine reine Förmelei wäre, weil der Geschädigte auf einen endgültigen Bescheid überhaupt nicht mehr wartet.[87]

23 In der Praxis findet sich häufig der Fall, dass der Versicherer nach einem ablehnenden Bescheid in erneute Verhandlungen über den angemeldeten Anspruch eintritt und unter Beibehaltung des bisherigen ablehnenden Standpunkts sich mit der Frage seiner Leistungspflicht mit Blick auf Gegenvorstellungen des Versicherungsnehmers auseinandersetzt. Derartige Verhandlungen hemmen die Verjährung aber nur dann, wenn der Versicherer zu erkennen gibt, dass er an seiner früheren ablehnenden Entscheidung nicht festhalten will[88] oder wenigstens die

---

[82] BGH, Urt. v. 27. 6. 2001 – IV ZR 130/00, r+s 2001, 353; OLG Hamm r+s 2007, 314; BGH, Urt. v. 11. 3. 2009 – IV ZR 224/07, VersR 2009, 772, 774 = r+s 2009, 292, 293; a. A. OLG Nürnberg, Urt. v. 21. 3. 2002 – 8 U 2788/01, VersR 2003, 846, 848.
[83] OLG Düsseldorf, Urt. v. 31. 3. 1998 – 4 U 78/97, r+s 1999, 397, 398; OLG Oldenburg VersR 2002, 303; LG Hamburg, Urt. v. 26. 11. 2007 – 306 O 119/07, VersR 2008, 907; *Römer* in: Römer/Langheid, VVG, 2. Aufl., 2003, § 12 VVG Rdn. 20.
[84] BGH VersR 1991, 179; BGH, Urt. v. 5. 12. 1995 – VI ZR 50/95, NJW-RR 1996, 474 = VersR 1996, 369; OLG Oldenburg VersR 2002, 303; LG Hamburg, Urt. v. 26. 11. 2007 – 306 O 119/07, VersR 2008, 907; OLG Koblenz, Urt. v. 14. 11. 2008 – 10 U 592/07, VersR 2009, 771, 772; OLG Saarbrücken, Urt. v. 12. 11. 2008 – 5 U 216/08 – 23, VersR 2009, 976, 977.
[85] OLG Köln VersR 1983, 774; OLG Saarbrücken, Urt. v. 12. 11. 2008 – 5 U 216/08 – 23, VersR 2009, 976, 977; OLG Frankfurt/M., Beschl. v. 10. 7. 2009 – 7 U 257/08, VersR 2009, 1394, 1395.
[86] OLG Köln, Urt. v. 8. 4. 2003 – 9 U 123/02, VersR 2004, 49 = r+s 2003, 274, 275.
[87] BGH, Urt. v. 14. 12. 1976 – VI ZR 1/76, VersR 1977, 335, 336; OLG Hamm VersR 1991, 1397 (Ls.); OLG Saarbrücken, Urt. v. 16. 7. 2008 – 5 U 157/08 – 17, VersR 2009, 105, 106 = r+s 2009, 165.
[88] OLG Karlsruhe, Urt. v. 1. 10. 1998 – 12 U 112/98, r+s 2002, 469, 470; OLG Hamm, Urt. v. 24. 11. 2000 – 20 U 108/00, NVersZ 2001, 210, 211 = VersR 2001, 1269, 1270 = r+s 2001, 445, 446; OLG München, Urt. v. 29. 4. 2003 – 25 U 1669/03, VersR 2003, 845.

Berechtigung der angemeldeten Ansprüche wieder als offen ansieht.[89] In diesem Fall dauert die Hemmung bis zum Scheitern der Vergleichsverhandlungen.[90] Vereinbaren die Vertragsparteien, ein Schiedsgutachter solle verbindlich feststellen, ob und in welcher Höhe der einen Partei gegen die andere eine Forderung zustehe, so wird die Verjährung dieser Forderung auch dann bis zur Erstattung des Gutachtens gehemmt, wenn allein dem Gläubiger die Befugnis eingeräumt wird, das Gutachten einzuholen.[91] Die Verjährung ist auch gehemmt, wenn der Versicherer wegen Anrufung des Ärzteausschusses in der UZV berechtigt ist, die Leistung bis zur Beendigung des Verfahrens zurückzubehalten.[92] Die Verjährung wird nicht gehemmt, wenn der Versicherer „erneute Überprüfung" für den Fall in Aussicht stellt, dass der Versicherungsnehmer ihm ein Gutachten mit neuen medizinischen Erkenntnissen vorlegt.[93] Keine Hemmung tritt ferner ein, wenn der Versicherungsnehmer Beschwerde bei der Aufsichtsbehörde eingelegt hat.[94] Die Hemmung der Verjährung ist beendet, wenn der Versicherer dem Anspruchsteller erklärt, dass aufgrund der vorhandenen Unterlagen eine sachliche Prüfung der Berechtigung der erhobenen Ansprüche nicht möglich ist, und gleichzeitig mitteilt, was dargelegt und vorgelegt werden muss, um dem Versicherer eine Erklärung zur Leistungspflicht zu ermöglichen.[95] Die Hemmung der Verjährung findet ferner in dem Zeitpunkt ihr Ende, bis zu dem eine Antwort des Versicherers nach den Umständen spätestens zu erwarten gewesen wäre.[96] Unabhängig von der Hemmung gemäß § 12 Abs. 2 VVG ist die Verjährung nach § 203 Abs. 2 BGB a. F. gehemmt, solange der Berechtigte innerhalb der letzten sechs Monate der Verjährungsfrist an der Rechtsverfolgung durch höhere Gewalt gehindert ist. Mit dem Antrag auf Gewährung von Prozesskostenhilfe tritt die Hemmung der Verjährung nach § 203 Abs. 2 BGB a. F. aber nur ein, wenn der antragstellende Versicherungsnehmer im Prozesskostenhilfeverfahren alle ihm zur Erlangung der Prozesskostenhilfe zu Gebote stehenden Mittel erschöpft und alle Verzögerungen vermeidet.[97]

b) § 15 VVG 2008. Im Zuge der VVG-Reform wurde § 12 VVG neu gefasst. **24** In der Regelung des § 15 VVG 2008 wird auf die Klagefrist des § 12 Abs. 3 VVG verzichtet, die eine gerichtliche Geltendmachung des Anspruchs durch den Versicherungsnehmer innerhalb einer Ausschlussfrist von sechs Monaten vorsah. Zum anderen ist mit der Einführung des § 15 VVG 2008 die bisherige Sonderregelung für die Verjährungsfrist bei Versicherungsverträgen gemäß § 12 Abs. 1 VVG entfallen. Lediglich die Hemmungsregelung des § 12 Abs. 2 VVG wird in § 15 VVG 2008 fortgeführt. Ist ein Anspruch aus dem Versicherungsvertrag beim Versicherer angemeldet worden, ist gemäß § 15 VVG 2008 die Verjährung bis zu dem Zeit-

---

[89] OLG Köln, Urt. v. 17. 9. 1987 – 5 U 12/87, VersR 1987, 1210, 1211; LG Düsseldorf, Urt. v. 4. 4. 2002 – 11 O 483/01, r+s 2003, 142, 143.
[90] OLG Hamm VersR 1981, 727; OLG Hamm v. 30. 5. 1986, VersR 1987, 250; OLG Köln, Urt. v. 17. 9. 1987 – 5 U 12/87, VersR 1987, 1210, 1211; OLG Hamm, Urt. v. 22. 11. 1991, VersR 1992, 729 (Ls.); OLG Hamm v. 14. 7. 1993, VersR 1994, 465, 466.
[91] OLG Hamm MDR 1982, 933; BGH, Urt. v. 26. 10. 1989 – VII ZR 75/89, DB 1990, 833.
[92] Vgl. BGH v. 10. 2. 1971, VersR 1971, 433.
[93] LG Köln v. 17. 9. 1986, VersR 1987, 477.
[94] AG Köln, Urt. v. 30. 11. 1992, VersR 1993, 215.
[95] OLG Karlsruhe, Urt. v. 23. 1. 1987 – 14 U 184/85, VersR 1988, 351 = MDR 1987, 1028; OLG Celle v. 20. 10. 1994, VersR 1995, 1173.
[96] OLG München VersR 1975, 510.
[97] BGHZ 70, 235, 239 = NJW 1978, 938, 939 = VersR 1978, 425, 426; BGH NJW 1981, 1550 f. = VersR 1981, 482; BGH NJW 1987, 3120 = VersR 1987, 820; KG, Beschl. v. 11. 12. 1998 – 6 W 7809/98, VersR 2000, 1117, 1118 = r+s 1999, 438.

punkt gehemmt, zu dem die Entscheidung des Versicherers dem Anspruchsteller in Textform zugeht.

25 c) § 203 BGB. aa) Anwendbarkeit. Neben § 15 VVG 2008 findet § 203 BGB Anwendung. Schweben zwischen dem Schuldner und dem Gläubiger Verhandlungen über den Anspruch oder die den Anspruch begründenden Umstände, so ist gemäß § 203 Satz 1 BGB die Verjährung gehemmt, bis der eine oder andere Teil die Fortsetzung der Verhandlungen verweigert. Für eine Beendigung der Hemmung reicht aus, wenn der Versicherungsnehmer die Verhandlungen „einschlafen" lässt.[98] Ein Abbruch der Verhandlungen durch ein solches „Einschlafenlassen" ist dann anzunehmen, wenn der Anspruchsteller den Zeitpunkt versäumt, zu dem eine Antwort auf die letzte Anfrage des Versicherungsnehmers spätestens zu erwarten gewesen wäre, falls die Regulierungsverhandlungen mit verjährungshemmender Wirkung hätten fortgesetzt werden sollen.[99]

26 bb) Ablaufhemmung. Die Verjährung tritt gemäß § 203 Satz 2 BGB frühestens drei Monate nach dem Ende der Hemmung ein.

27 d) § 204 Abs. 1 Nr. 3 BGB. Die Verjährung wird nach dieser Vorschrift durch die Zustellung eines Mahnbescheids im Mahnverfahren gehemmt. Eine Hemmung der Verjährung durch einen Mahnbescheid tritt ein, wenn der im Mahnbescheidantrag geltend gemachte Anspruch als hinreichend konkretisiert und individualisiert im Sinne von § 690 Abs. 1 ZPO anzusehen ist.[100] Dem Schuldner muss es möglich sein, anhand des Mahnbescheids zu prüfen, ob er sich gegen den in Rede stehenden Anspruch zur Wehr setzen will oder nicht.[101]

V. Leistungsfreiheit des Versicherers

1. Allgemeines

28 a) Zweck des § 12 Abs. 3 VVG. Der Versicherer ist gemäß § 12 Abs. 3 Satz 1 VVG von der Verpflichtung zur Leistung frei, wenn der Anspruch auf die Leistung nicht innerhalb von sechs Monaten gerichtlich geltend gemacht ist. Der Versicherer kann sich daher durch das im übrigen Zivilrecht unbekannte Privileg des § 12 Abs. 3 VVG durch das Setzen einer Klagefrist Leistungsfreiheit verschaffen.[102] Da die Frist des § 12 Abs. 3 VVG kürzer als die üblichen Verjährungsfristen ist, wurde schon früher angemerkt, dass der Gesetzgeber ein solches Privileg des Versicherers im Hinblick auf die heutigen Anforderungen an allgemeine Geschäftsbedingungen nicht mehr schaffen würde.[103] Es hat sich aber zunächst die Forderung aus dem Schrifttum,[104] das formelle Leistungsverweigerungsrecht des

---

[98] BGH, Urt. v. 6. 3. 1990 – VI ZR 44/89, VersR 1990, 755, 756; BGH, Urt. v. 6. 11. 2008 – IX ZR 158/07, WM 2009, 282, 283.
[99] BGH, Urt. v. 7. 1. 1986 – VI ZR 203/84, VersR 1986, 490, 491; BGH, Urt. v. 6. 3. 1990 – VI ZR 44/89, VersR 1990, 755, 756; BGH, Urt. v. 5. 11. 2002 – VI ZR 416/01, BGHZ 152, 298, 303 = VersR 2003, 99, 100; BGH, Urt. v. 1. 3. 2005 – VI ZR 101/04, VersR 2005, 699, 701 = NJW-RR 2005, 1044, 1047; BGH, Urt. v. 6. 11. 2008 – IX ZR 158/07, VersR 2009, 945, 946 = WM 2009, 282, 283; *Fischinger* VersR 2005, 1641, 1644.
[100] LG Aurich, Urt. v. 4. 6. 2008 – 2 O 594/06, WM 2009, 1102, 1103.
[101] BGH NJW 2008, 1220; OLG Oldenburg, Hinweisbeschl. v. 21. 8. 2008 – 9 U 44/08, WM 2009, 1104.
[102] BGH, Urt. v. 22. 9. 1999 – IV ZR 201/98, NJW-RR 2000, 318, 319 = NVersZ 2000, 126, 127 = VersR 1999, 1530, 1531 = VerBAV 2000, 161, 162 = r+s 2000, 35.
[103] BGH, Urt. v. 18. 12. 1974 – IV ZR 123/73, VersR 1975, 229, 230; nunmehr auch *Römer* in: Römer/Langheid, VVG, 2. Aufl., 2003, § 12 VVG Rdn. 3 m. w. Nachw.; *van Bühren* EWiR 2001, 835, 836.
[104] Vgl. *Müller,* Reformbedarf im Versicherungsrecht, BB 1999, 1178, 1180; *Henssler/van Laak* JZ 2006, 420.

§ 12 Abs. 3 VVG zu streichen, nicht durchgesetzt. Es wurde aber prognostiziert, dass die Reform des Versicherungsvertragsgesetzes zu einem Wegfall dieses Privilegs der Versicherer führen wird.[105] Dabei muss man sich allerdings vergegenwärtigen, dass es Sinn und Zweck der Vorschrift des § 12 Abs. 3 VVG ist, eine frühzeitige Feststellung der Leistungspflicht des Versicherers aus Gründen der Beweissicherung und der Rückstellungsbildung sicherzustellen.[106] Zwar eröffnet die gesetzliche Regelung damit dem Versicherer eine im übrigen Zivilrecht unbekannte Möglichkeit, leistungsfrei zu werden.[107] Die Regelung hat aber ihre Berechtigung aus den Gründen, die seinerzeit zur Schaffung der Bestimmung geführt haben. Im Übrigen hat die Rechtsprechung den Anforderungen der Praxis aus Sicht der Versicherungsnehmer bereits dadurch Rechnung getragen, dass § 12 Abs. 3 VVG großzügig zu Gunsten des Versicherungsnehmers ausgelegt wurde.[108] Gleichwohl hat der Reformgesetzgeber die Regelung abgeschafft.

b) Rechtsnatur. Bei der Frist des § 12 Abs. 3 VVG handelt es sich nicht um eine vertragliche, sondern eine gesetzliche Ausschlussfrist.[109] Bei der Versäumung dieser Frist besteht keine Möglichkeit der Wiedereinsetzung in den vorherigen Stand nach § 233 ZPO.[110]

c) Geltungsbereich. Dem vertraglichen Anspruch auf die Leistung i. S. von § 12 Abs. 3 VVG ist ein Anspruch, der auf Ersatz des positiven Interesses zielt, gleich zu erachten, z. B. ein Schadensersatzanspruch wegen culpa in contrahendo.[111] Die Ausschlussfrist des § 12 Abs. 3 VVG ist jedoch nicht anwendbar, wenn der Versicherer den Rücktritt vom Versicherungsvertrag erklärt hat oder Ansprüche auf Rückgewähr bereits erbrachter Leistungen erhebt,[112] noch dann, wenn er lediglich Leistungen für die Zukunft verweigert.[113] § 12 Abs. 3 Satz 1 VVG gilt hingegen auch, wenn der Versicherer im sogenannten Nachprüfungsverfahren nach § 7 BUZ (jetzt § 6 BUZ 2008) bisher gewährte Versicherungsleistungen kürzt[114] oder für den Fall einer negativen Entscheidung im so genannten

---

[105] So van Bühren EWiR 2001, 835, 836.
[106] Vgl. Motive, S. 27; OLG Nürnberg, Urt. v. 26. 10. 2000 – 8 U 1371/00, NVersZ 2002, 258, 259 = VersR 2002, 693, 694; OLG Hamm, Urt. v. 15. 3. 2002 – 20 U 190/01, VersR 2002, 1361, 1362 = r+s 2002, 404; OLG Celle, Urt. v. 18. 12. 2003 – 8 U 39/03, NJW-RR 2004, 463, 465 = VersR 2004, 585, 587.
[107] BGH, Urt. v. 7. 11. 1990 – IV ZR 201/89, VersR 1991, 90, 91; BVerfG, Beschl. v. 22. 10. 2004 – 1 BvR 894/04, VersR 2004, 1585, 1586 = r+s 2005, 52, 53.
[108] BGH, Urt. v. 30. 4. 1981 – IV ZR 92/80, VersR 1981, 828, 829 = MDR 1981, 918; BGH, Urt. v. 4. 7. 2007 – IV ZR 31/06, NJW-RR 2007, 1472, 1473 = VersR 2007, 1209, 1210 = r+s 2007, 367, 368 = MDR 2007, 1257.
[109] KG, Urt. v. 2. 2. 1996 – 6 U 3524/94, VersR 1997, 433, 434; Steinkühler VW 2007, 57.
[110] AG Bonn, Urt. v. 3. 8. 2005 – 9 C 725/04, r+s 2006, 12 = MDR 2006, 209; LG Dortmund, Urt. v. 12. 8. 2009 – 22 O 179/08, NJW-RR 2010, 330, 332 = VersR 2010, 196, 198.
[111] OLG Düsseldorf VersR 1967, 895, 896; LG Heilbronn VersR 1983, 1071; OLG Frankfurt/M. NJW-RR 1988, 1495, 1496; OLG Celle, Urt. v. 20. 5. 1999, VersR 2000, 85; Sieg BB 1987, 352, 353; Römer in: Römer/Langheid, VVG, 2. Aufl., 2003, § 12 VVG Rdn. 39.
[112] OLG Frankfurt/M. r+s 1990, 361; OLG Hamm VersR 1994, 1169; OLG Oldenburg, Beschl. v. 30. 8. 2005 – 3 W 35/05, NJW-RR 2006, 105 = VersR 2006, 102 = MDR 2006, 393.
[113] OLG Hamm, Urt. v. 8. 10. 1993, VersR 1994, 1169; BGH, Urt. v. 11. 2. 2004 – IV ZR 91/03, NJW 2004, 1390, 1391 = r+s 2004, 273, 274.
[114] BGH, Urt. v. 25. 1. 1978 – IV ZR 122/76, NJW 1978, 1583; VersR 1978, 313; BGH, Urt. v. 2. 11. 2005 – IV ZR 15/05, NJW-RR 2006, 171 = VersR 2006, 102, 103; BGH, Urt. v. 12. 7. 2006 – IV ZR 23/05, NJW 2006, 3206 = VersR 2006, 1518, 1519 = r+s 2006, 407 = MDR 2007, 167.

Nachprüfungsverfahren,[115] wenn ein vom Versicherungsnehmer erhobener Anspruch vom Versicherer abgelehnt wird,[116] und ferner bei einer Ablehnung eines Anspruchs auf weitere Leistungen aus einer Berufsunfähigkeits-Zusatzversicherung nach einer Leistungseinstellung, wobei ohne Belang ist, ob die Einstellung formal korrekt erfolgt ist.[117] Die Verjährung nach § 12 Abs. 1 VVG und die Klagefrist nach § 12 Abs. 3 VVG laufen selbständig nebeneinander.[118]

31 **d) Beginn der Frist.** Die Frist des § 12 Abs. 3 VVG beginnt erst, nachdem der Versicherer dem Versicherungsnehmer gegenüber den erhobenen Anspruch unter Angabe der mit dem Ablauf der Frist verbundenen Rechtsfolge schriftlich abgelehnt hat.[119] Spricht die Ablehnung eine für den Versicherer tätige Gesellschaft (hier: GmbH) aus, so ist für deren Handeln als Vertreterin des Versicherers erforderlich, dass die Gesellschaft für den Versicherungsnehmer erkennbar als Vertreterin des Versicherers aufgetreten ist und nicht im eigenen Namen, sondern im Namen des Versicherers gehandelt hat.[120] An einer formgerechten Ablehnung fehlt es des Weiteren, wenn dem Versicherungsnehmer lediglich eine in Fotokopie zugegangene Fotokopie der Deckungsablehnung übermittelt worden ist.[121]

32 Sämtliche Ansprüche aus dem behaupteten Versicherungsfall sind ausgeschlossen, wenn der Anspruchsteller die Ausschlussfrist ablaufen lässt, es sei denn, der Versicherer hat Ansprüche ganz oder teilweise anerkannt. Das Versäumen der Ausschlussfrist hat das Erlöschen des Anspruchs zur Folge und gewährt im Gegensatz zur Situation bei der Verjährung dem Versicherer nicht nur eine Einrede. Die Klagefrist des § 12 Abs. 3 Satz 1 VVG ist im Gegensatz zu den Fristen des § 12 Abs. 1 VVG keine Verjährungsfrist mit der Folge, dass die für den Anspruchsteller vorteilhaften Bestimmungen der §§ 201 ff. BGB weder direkt noch entsprechend anwendbar sind.[122] Ihr Ablauf wird daher durch Vergleichsverhandlungen nicht gehemmt,[123] es sei denn, die Parteien haben eine Hemmung der Klagefrist vereinbart.[124] Die Vorschrift des § 12 Abs. 3 VVG ist halbzwingend; sie kann nicht zum Nachteil des Versicherungsnehmers – z. B. durch Fristabkürzung – abgeändert werden.[125]

---

[115] OLG Koblenz, Urt. v. 31. 3. 2006 – 10 U 99/04, VersR 2007, 824; KG, Urt. v. 16. 2. 2007 – 6 U 113/06, VersR 2008, 105.

[116] OLG Saarbrücken, Urt. v. 10. 1. 1996 – 5 U 413/95, VersR 1997, 435; BGH, Urt. v. 22. 9. 1999 – IV ZR 201/98, VersR 1999, 1530 = r+s 2000, 35; OLG Hamm, Urt. v. 24. 11. 2004 – 20 U 115/04, VersR 2005, 390.

[117] OLG Köln, Urt. v. 26. 2. 2007 – 5 U 212/06, VersR 2007, 1210.

[118] OLG Düsseldorf, Urt. v. 29. 2. 2000 – 4 U 62/99, NVersZ 2000, 468 = VersR 2001, 969 = r+s 2000, 442; *Römer* in: Römer/Langheid, VVG, 2. Aufl., 2003, § 12 VVG Rdn. 34.

[119] BGH, Urt. v. 19. 9. 2001 – IV ZR 224/00, NVersZ 2002, 58 = VersR 2001, 1497, 1498 = VerBAFin 2002, 233, 234 = r+s 2002, 99, 100.

[120] OLG Celle, Urt. v. 9. 10. 2003 – 8 U 256/02, NJW-RR 2004, 679, 680 = r+s 2004, 53.

[121] OLG Koblenz, Urt. v. 16. 6. 1995 – 10 U 1453/94, VersR 1996, 700 = r+s 1995, 367.

[122] BGH, Urt. v. 1. 10. 1986, BGHZ 98, 295, 298 = NJW 1987, 255 = VersR 1987, 39, 40 = r+s 1987, 1 = MDR 1987, 212; OLG Saarbrücken, Urt. v. 15. 3. 1995, VersR 1997, 434; OLG Hamm, Urt. v. 8. 3. 2000 – 20 U 159/99, MDR 2000, 703; BGH, Urt. v. 19. 9. 2001 – IV ZR 224/00, NVersZ 2002, 58 = VersR 2001, 1497, 1498 = VerBAFin 2002, 233, 234 = r+s 2002, 99, 100 = MDR 2002, 91.

[123] OLG Hamm VersR 1978, 1035.

[124] OLG Hamm NJW-RR 1996, 602; OLG Hamburg, Urt. v. 25. 7. 2000 – 9 U 87/00, VersR 2001, 1367, 1368.

[125] § 15a VGG; vgl. BGH, Urt. v. 7. 11. 1990, VersR 1991, 90, 91; KG, Urt. v. 2. 2. 1996 – 6 U 3524/94, VersR 1997, 433, 434; *Römer* in: Römer/Langheid, VVG, 2. Aufl., 2003, § 12 VVG Rdn. 35.

e) **VVG 2008.** Gemäß Art. 1 Abs. 1 EGVVG gilt für bis zum 31. Dezember 33
2007 geschlossene Versicherungsverträge („Altverträge") das alte VVG bis zum
31. Dezember 2008. Tritt bei Altverträgen der Versicherungsfall in der Übergangszeit bis 31. Dezember 2008 ein, ist er gemäß Art. 1 Abs. 2 EGVVG über
den 1. Januar 2009 hinaus nach altem Recht abzuwickeln,[126] insbesondere ist § 12
Abs. 3 VVG anzuwenden.[127] Der Versicherer kann die Ausschlussfrist des § 12
Abs. 3 VVG auch noch nach dem 31. Dezember 2007 wirksam setzen.[128] Der
Versicherungsnehmer muss die Ausschlussfrist wahren, wenn er den geltend gemachten und abgelehnten Anspruch nicht verlieren will.[129] Für ab 1. Januar 2008
abgeschlossene Versicherungsverträge entfällt § 12 Abs. 3 VVG ersatzlos. Die Gesetzesbegründung zu § 15 VVG 2008 führt dazu aus:[130]

„Die vorgesehene Verjährungsregelung weicht erheblich von § 12 VVG ab. Zum einen
wird auf die Vorschrift des Absatzes 3 verzichtet, die eine gerichtliche Geltendmachung des
Anspruchs durch den Versicherungsnehmer innerhalb einer Ausschlussfrist von sechs Monaten vorsieht. Es liegt zwar im Interesse des Versicherers, möglichst bald Klarheit darüber zu
bekommen, ob er noch mit der Geltendmachung von abgelehnten Ansprüchen rechnen
muss. Dies rechtfertigt aber nicht eine derartige Sonderregelung, die dem Versicherer die
Möglichkeit gibt, die Verjährungsfrist zu Lasten des Vertragspartners einseitig zu verkürzen."

Der Versicherungsnehmer kommt damit künftig nicht mehr in Zugzwang, 34
fristgemäß klagen zu müssen.[131] Der Anspruch unterliegt nur noch den Grenzen
der Verjährung bzw. Verwirkung.[132]

2. Erhebung des Anspruchs

Der Versicherer kann den Versicherungsschutz mit der in § 12 Abs. 3 VVG an- 35
geordneten Rechtsfolge nur dann ablehnen, wenn der Versicherungsnehmer den
Anspruch auf die vertragliche Leistung zuvor „erhoben" hat.[133] Hierfür ist nicht
erforderlich, dass der Versicherungsnehmer seine Ansprüche genau bezeichnet
oder beziffert; es reicht aus, wenn er sein Verlangen nach Versicherungsschutz
dem Grunde nach äußert.[134]

Für die Berufsunfähigkeits-Zusatzversicherung ist ausreichend, wenn der Ver- 36
sicherungsnehmer mit Anzeige des Versicherungsfalls den Anspruch auf die zu
gewährende Versicherungsrente dem Grunde nach als Stammrecht erhebt.[135] § 12

---

[126] *Neuhaus* r+s 2007, 177, 180.
[127] Ebenso LG Dortmund, Urt. v. 28. 5. 2009 – 2 O 353/08, S. 7 = www.justiz.nrw.de/nrwe/lgs/dortmund/lg_dortmund/j2000 = NJOZ 2009, 2971 = VersR 2010, 193, 195; LG Köln, Urt. v. 27. 1. 2010 – 26 O 224/09, VersR 2010, 611; *Neuhaus/Kloth* MDR 2007, 193, 194; *Neuhaus* r+s 2007, 441, 442; *Müller-Frank* BUZaktuell 2008, 11, 13; a. A. *Daube* VersR 2009, 1599, 1601.
[128] LG Dortmund, Urt. v. 12. 8. 2009 – 22 O 179/08, NJW-RR 2010, 330, 331 = VersR 2010, 196, 197; LG Köln, Urt. v. 27. 1. 2010 – 26 O 224/09, VersR 2010, 611; *Muschner* VersR 2010, 738, 739; a. A. *Marlow* VersR 2010, 198, 199.
[129] LG Dortmund, Urt. v. 12. 8. 2009 – 22 O 179/08, NJW-RR 2010, 330, 331 = VersR 2010, 196, 197.
[130] BT-Drucks. 16/3945, S. 64.
[131] *Neuhaus/Kloth* MDR 2007, 193, 194.
[132] *Neuhaus/Kloth* MDR 2007, 193, 194.
[133] BGH VersR 1960, 988, 989 = NJW 1960, 2187; BGH VersR 1970, 755, 756; OLG Koblenz VersR 1975, 727; OLG Koblenz, Urt. v. 11. 12. 1975 – 4 U 531/75, VersR 1976, 1080; BGH v. 25. 1. 1978, VersR 1978, 313 = VerBAV 1978, 316; OLG Hamm VersR 1987, 803; OLG Hamm v. 15. 1. 1993, VersR 1994, 212; BGH, Urt. v. 3. 3. 1993 – IV ZR 267/91, VersR 1993, 553, 555 = MDR 1993, 422 (Ls.).
[134] Vgl. BGH VersR 1964, 477, 478; BGH v. 25. 1. 1978, VersR 1978, 313 = VerBAV 1978, 316; OLG Hamm v. 13. 1. 1993, VersR 1993, 1473.
[135] BGH v. 25. 1. 1978, VersR 1978, 313 = VerBAV 1978, 316.

Abs. 3 VVG erfasst aber auch den Fall einer für den Versicherungsnehmer negativen Entscheidung im Nachprüfungsverfahren.[136] Allerdings greift in der Berufsunfähigkeits-Zusatzversicherung die Sperrwirkung des § 12 Abs. 3 VVG, wenn der Versicherungsnehmer nicht einen neuen Versicherungsfall vortragen kann, über den der Versicherer noch nicht mit Fristsetzung nach § 12 Abs. 3 VVG entschieden hat.[137] Als neuer Versicherungsfall ist die durch Gutachten unterlegte wesentliche Verschlechterung der gesundheitlichen Verfassung der versicherten Person anzusehen.[138]

3. Ablehnung des Anspruchs

37   a) **Schriftform.** Gemäß § 12 Abs. 3 Satz 2 VVG ist der erhobene Anspruch vom Versicherer schriftlich abzulehnen. Das Schriftformerfordernis des § 12 Abs. 3 VVG ist nur dann erfüllt, wenn dem Versicherungsnehmer ein unterschriebenes Originalschreiben zugeht, d. h., die Übersendung einer Kopie genügt nicht.[139] Auch eine Übermittelung der Ablehnung per Telefax entspricht nicht dem Schriftformerfordernis.[140]

38   b) **Endgültigkeit.** Eine wirksame Ablehnung liegt nicht vor, wenn der Versicherer aus der Sicht des Empfängers noch keine endgültige Leistungsablehnung ausgesprochen hat.[141] Eine nur vorläufige, jedoch keine endgültige Leistungsablehnung im Sinne von § 12 Abs. 3 VVG liegt vor, wenn der Versicherer zwar unter Hinweis auf einen Risikoausschluss seine Leistungspflicht ablehnt, andererseits aber erklärt, dass unter bestimmten Voraussetzungen Versicherungsschutz bestehe.[142]

39   c) **Voraussetzungen.** Die Ablehnung setzt nach § 12 Abs. 3 VVG so wenig wie die Erhebung des Anspruchs voraus, dass die Fälligkeit bereits eingetreten ist.[143] Jedoch ist eine unterschiedliche Fristsetzung hinsichtlich der vom Versicherer geltend gemachten Ablehnungsgründe nicht zulässig.[144]

40   Gründe für die Ablehnung muss der Versicherer nicht angeben und ist auf diese Gründe im Rechtsstreit nicht beschränkt, wenn er welche im Ablehnungsschreiben angibt.[145] Eine Ablehnung kann auch darin liegen, dass der Versicherer

---

[136] OLG Saarbrücken, Urt. v. 10. 1. 1996 – 5 U 413/95 – 28, VersR 1997, 435; BGH, Urt. v. 22. 9. 1999 – IV ZR 201/98, VersR 1999, 1530 = r+s 2000, 35; OLG Hamm, Urt. v. 24. 11. 2004 – 20 U 115/04, VersR 2005, 390 = r+s 2005, 369, 370; *Römer* in: Römer/Langheid, VVG, 2. Aufl., 2003, § 12 VVG Rdn. 91.

[137] OLG Hamm, Urt. v. 16. 10. 1998, NJW-RR 1999, 469, 470 = NVersZ 1999, 162 = r+s 1999, 167; OLG Nürnberg, Urt. v. 26. 10. 2000 – 8 U 1371/00, NVersZ 2002, 258, 259 f. = VersR 2002, 693, 694; OLG Hamm, Urt. v. 4. 5. 2001 – 20 U 199/00, NVersZ 2001, 548, 549 = VersR 2002, 297, 299; *Römer* in: Römer/Langheid, VVG, 2. Aufl., 2003, § 12 VVG Rdn. 91; *H.-J. Fricke* VersR 2005, 584, 587.

[138] Vgl. OLG Frankfurt/M., Urt. v. 4. 12. 2002 – 7 U 113/99, VersR 2003, 1430 = r+s 2005, 116, 117.

[139] OLG Koblenz VersR 1996, 700 = r+s 1995, 367; OLG Koblenz, Urt. v. 20. 10. 2000 – 10 U 1711/99, NVersZ 2001, 542 = VersR 2002, 175 = r+s 2002, 182, 183; *Römer* in: Römer/Langheid, VVG, 2. Aufl., 2003, § 12 VVG Rdn. 49.

[140] OLG Koblenz, Urt. v. 20. 10. 2000 – 10 U 1711/99, NVersZ 2001, 542 = VersR 2002, 175 = r+s 2002, 182, 183; BGH, Urt. v. 14. 3. 2006 – VI ZR 335/04, NJW 2006, 2482, 2483 = NJW-RR 2006, 1296 (Ls.) = VersR 2006, 821, 822 = r+s 2006, 230, 231 = MDR 2006, 1285, 1286.

[141] KG Berlin, Urt. v. 2. 7. 2002 – 6 U 2/01, r+s 2003, 314.

[142] KG Berlin, Urt. v. 2. 7. 2002 – 6 U 2/01, r+s 2003, 314.

[143] BGH, Urt. v. 25. 1. 1978, NJW 1978, 1583 = VersR 1978, 313.

[144] BGH, Urt. v. 26. 1. 1983 – IV a ZR 108/81, VersR 1983, 360; OLG Saarbrücken, Urt. v. 8. 3. 2006 – 5 U 269/05 – 22, VersR 2007, 96, 97.

[145] BGH VersR 1970, 826; OLG Karlsruhe v. 16. 7. 1987, VersR 1987, 979.

die Anfechtung des Versicherungsvertrages oder den Rücktritt vom Vertrag erklärt.[146]
Mit dem Ablauf der Sechsmonatsfrist wird der Versicherer leistungsfrei, auch 41
wenn seine Leistungsablehnung unbegründet war oder sich später aufgrund neuer
Tatsachen als irrig herausstellt.[147] Ob eine Obliegenheitsverletzung vorliegt und
ob sie für den Eintritt des Versicherungsfalls ursächlich war, ist für § 12 Abs. 3
VVG unerheblich.[148] Der Versicherer wird auch wegen Verwirkung der Ansprüche leistungsfrei, wenn er mit der Geltendmachung von Ansprüchen nicht mehr
zu rechnen brauchte.[149]
Im Prozess muss sich der Versicherer ausdrücklich auf Leistungsfreiheit wegen 42
Versäumung der Klagefrist des § 12 Abs. 3 VVG berufen.[150] Es erfolgt keine Prüfung von Amts wegen.[151]

4. Rechtsbelehrung

a) Anforderungen. § 12 Abs. 3 VVG verlangt keine Rechtsmittelbelehrung, 43
sondern eine Belehrung über die Rechtsfolgen der Fristversäumung,[152] die drucktechnisch nicht besonders in der Mitteilung an den Versicherungsnehmer hervorgehoben werden muss.[153] An die Rechtsfolgenbelehrung sind strenge Anforderungen zu stellen.[154] Trifft die Rechtsfolgenbelehrung auch nur in einem wesentlichen Punkt nicht zu, so ist sie insgesamt unwirksam und vermag die Klagefrist
des § 12 Abs. 3 VVG nicht in Gang zu setzen mit der weiteren Folge, dass die
Verwirkungsfolgen des § 12 Abs. 3 Satz 1 VVG nicht herbeigeführt sind.[155] Eine
besondere Belehrung durch den Versicherer über die Fortgeltung des § 12 Abs. 3
VVG im Jahre 2008 ist nicht erforderlich, weil der Versicherer durch die in § 12

---

[146] LG Bamberg VersR 1982, 1164.
[147] BGH VersR 1966, 723; BGH VersR 1968, 885; H.-J. Fricke VersR 2005, 584.
[148] OLG München VersR 1957, 89.
[149] BGH NJW 1958, 1188; BAG NJW 1958, 1988; OVG Hamburg NJW 1962, 410.
[150] OLG Hamm r+s 1991, 361; H.-J. Fricke VersR 2005, 584; Neuhaus r+s 2007, 177, 178.
[151] BGH, Urt. v. 19. 10. 2005 – IV ZR 89/05, NJW 2006, 298, 299 = VersR 2006, 57, 58 = r+s 2006, 59, 60 = MDR 2006, 150, 151.
[152] BGH, Urt. v. 25. 1. 1978, VersR 1978, 313, 314; BGH VersR 1987, 39; OLG Hamm, Urt. v. 9. 1. 2002 – 20 U 177/99, VersR 2002, 1139, 1140.
[153] OLG Oldenburg, Beschl. v. 19. 5. 2006 – 3 W 15/06, VersR 2007, 233; OLG Köln, Urt. v. 26. 2. 2007 – 5 U 212/06, VersR 2007, 1210; a. A. OLG Koblenz, Urt. v. 17. 11. 2005 – 5 U 289/05, NJW-RR 2007, 25, 26 = VersR 2006, 823, 824 = r+s 2007, 51, 52.
[154] OLG Hamm, Urt. v. 15. 1. 1992 – 20 U 200/91, NJW-RR 1992, 864 = VersR 1993, 1342 (Ls.); OLG Hamm, Urt. v. 4. 5. 2001 – 20 U 199/00, NVersZ 2001, 548; BGH, Urt. v. 19. 9. 2001 – IV ZR 224/00, NJW-RR 2002, 88 = NVersZ 2002, 58 = VersR 2001, 1497, 1498 = VerBAFin 2002, 233, 234 = r+s 2002, 99, 100 = MDR 2002, 91; BGH, Urt. v. 5. 2. 2003 – IV ZR 44/02, VersR 2003, 1936 (Ls.) = NJW-RR 2003, 599, 600 = r+s 2003, 489 = r+s 2003, 229, 230 = MDR 2003, 568; BGH, Urt. v. 3. 3. 2004 – IV ZR 15/03, NJW-RR 2004, 1327 = VersR 2004, 1541, 1542 = r+s 2004, 363; BGH, Urt. v. 2. 11. 2005 – IV ZR 15/05, NJW-RR 2006, 171, 173; BGH, Urt. v. 12. 7. 2006 – IV ZR 23/05, NJW 2006, 3206 = VersR 2006, 1518, 1519 = r+s 2006, 407, 408.
[155] BGH, Urt. v. 25. 1. 1978, NJW 1978, 1583 = VersR 1978, 313; BGH, Urt. v. 19. 9. 2001 – IV ZR 224/00, NJW-RR 2002, 88 = NVersZ 2002, 58, 59 = VersR 2001, 1497, 1498 = VerBAFin 2002, 233, 234 = r+s 2002, 99, 100 = MDR 2002, 91; BGH, Urt. v. 5. 2. 2003 – IV ZR 44/02, NJW-RR 2003, 599, 600 = VersR 2003, 489 = r+s 2003, 229, 230 = MDR 2003, 568; OLG Celle, Urt. v. 9. 10. 2003 – 8 U 256/02, NJW-RR 2004, 679, 680 = r+s 2004, 53; OLG Celle, Urt. v. 18. 2. 2003 – 8 U 39/03, NJW-RR 2004, 463, 464 = VersR 2004, 585, 586 = r+s 2004, 448.

Abs. 3 VVG vorgeschriebene Belehrung ohnehin zu erkennen gibt, dass er von einer Fortgeltung dieser Vorschrift ausgeht.[156]

44 Die Rechtsfolgenbelehrung muss den Versicherungsnehmer klar und deutlich darüber aufklären, dass er durch bloßen Zeitablauf seinen materiellen Versicherungsanspruch verliert, wenn er ihn nicht vor Fristende gerichtlich geltend macht.[157] Die Belehrung darf den drohenden Anspruchsverlust nicht verdunkeln oder in minder gefährlichem Licht erscheinen lassen.[158] Sie darf dem Versicherungsnehmer die Fristwahrung nicht erschweren, insbesondere darf der Versicherungsnehmer durch die Belehrung nicht irregeleitet und damit möglicherweise von der rechtzeitigen gerichtlichen Geltendmachung seines Anspruchs abgehalten werden.[159] Im Ablehnungsschreiben muss der Versicherer nicht auf den Zeitpunkt des Beginns der Sechs-Monats-Frist hinweisen, da dies von § 12 Abs. 3 VVG, der keine vollständige Rechtsbehelfsbelehrung vorsieht, nicht gefordert wird.[160]

45 Unwirksam ist eine Belehrung nach § 12 Abs. 3 VVG, in der dem Versicherungsnehmer mitgeteilt wird, dass Leistungsfreiheit auf Grund eingetretener Verjährung eintritt, wenn der erhobene Anspruch nicht innerhalb einer Frist von sechs Monaten geltend gemacht wird.[161] Ausreichend ist es dagegen, wenn die Belehrung deutlich macht, dass dem Kläger für seine erhobenen Ansprüche durch bloßen Zeitablauf ein Rechtsverlust droht und klar stellt, was zur Abwendung dieses Rechtsverlustes zu tun ist.[162] Hierfür genügt der eindeutige und klare Hinweis, dass der Versicherer von der Leistung frei ist, wenn der Anspruch nicht innerhalb der Frist von sechs Monaten gerichtlich geltend gemacht wird.[163] Ausreichend ist auch die Mitteilung, dass die Frist „mit Zugang dieses Schreibens" be-

---

[156] LG Dortmund, Urt. v. 28. 5. 2009 – 2 O 353/08, S. 9 = www.justiz.nrw.de/nrwe/lgs/dortmund/lg_dortmund/j2000 = NJOZ 2009, 2971 = VersR 2010, 193, 196; LG Dortmund, Urt. v. 12. 8. 2009 – 22 O 179/08, NJW-RR 2010, 330, 331 = VersR 2010, 196, 197; a. A. *Johannsen* in: Bruck/Möller, VVG, 9. Aufl., 2008, § 15 VVG 2008 Rdn. 3; *Neuhaus* r+s 2007, 177, 180.

[157] KG, Urt. v. 15. 5. 1998 – 6 U 5942/96, VersR 1999, 841; BGH, Urt. v. 19. 9. 2001 – IV ZR 224/00, NJW-RR 2002, 88 = NVersZ 2002, 58 = VersR 2001, 1497 = MDR 2002, 91; BGH, Urt. v. 3. 3. 2004 – IV ZR 15/03, NJW-RR 2004, 1327 = VersR 2004, 1541, 1542 = r+s 2004, 363; OLG Nürnberg, Urt. v. 19. 9. 2005 – 8 U 900/05, r+s 2006, 98, 99 = MDR 2006, 331; BGH, Urt. v. 14. 3. 2006 – VI ZR 335/04, NJW 2006, 2482, 2483 = VersR 2006, 821, 822 = r+s 2006, 230, 231 = MDR 2006, 1285.

[158] BGH NJW 1978, 1583 = VersR 1978, 313; OLG Hamm, Urt. v. 4. 5. 2001 – 20 U 199/00, NVersZ 2001, 548; BGH, Urt. v. 19. 9. 2001 – IV ZR 224/00, NJW-RR 2002, 88 = NVersZ 2002, 58 = VersR 2001, 1497; OLG Koblenz, Urt. v. 17. 11. 2005 – 5 U 289/05, NJW-RR 2007, 25 = VersR 2006, 823, 824 = r+s 2007, 51.

[159] BGH NJW 1978, 1583 = VersR 1978, 313, 315; OLG Hamm, Urt. v. 9. 1. 2002 – 20 U 177/99, VersR 2002, 1139, 1140; OLG Hamm, Urt. v. 10. 5. 2006 – 20 U 70/05, VersR 2006, 1481, 1482 = r+s 2007, 293, 294 = MDR 2006, 1227, 1228.

[160] OLG Köln VersR 1971, 613; BGH NJW 1978, 2506 = VersR 1978, 313; LG Berlin, Urt. v. 9. 12. 2003 – 7 O 34/03, VersR 2004, 1031; OLG Celle, Urt. v. 18. 12. 2003 – 8 U 39/03, NJW-RR 2004, 463, 464 = VersR 2004, 585, 586.

[161] BGH, Urt. v. 19. 9. 2001 – IV ZR 224/00, NVersZ 2002, 58 = VersR 2001, 1497, 1498 = VerBAFin 2002, 233, 234 = r+s 2002, 99, 100 = MDR 2002, 91.

[162] Vgl. BGH VersR 1968, 589; BGH VersR 1969, 26, 27; OLG Celle VersR 1969, 175; BGH, Urt. v. 20. 11. 1980, VersR 1981, 180; OLG Köln, Urt. v. 15. 11. 1984 – 5 U 164/84; OLG Hamm, Urt. v. 15. 1. 1992 – 20 U 200/91, NJW-RR 1992, 864 = VersR 1993, 1342 (Ls.); BGH, Urt. v. 19. 9. 2001 – IV ZR 224/00, NVersZ 2002, 58 = VersR 2001, 1497, 1498 = VerBAFin 2002, 233, 234 = r+s 2002, 99, 100 = MDR 2002, 91.

[163] BGH VersR 1966, 627, 628; BGH VersR 1971, 1062; BGH VersR 1971, 433, 434; OLG Hamm VersR 1974, 256, 257; OLG Düsseldorf v. 24. 6. 1975, VersR 1975, 1020; BGH v. 25. 1. 1978, NJW 1978, 1583 = VersR 1978, 313, 314; BGH VersR 1981, 180; BGH v. 1. 10. 1986, VersR 1987, 39 = NJW 1987, 255; OLG Köln v. 19. 6. 1996, VersR 1997, 605.

ginnt.[164] Korrekt und unschädlich ist der Hinweis, dass die Frist durch Zwischenkorrespondenz nicht unterbrochen wurde.[165] Hingegen entspricht die Belehrung, der Versicherungsnehmer habe die Möglichkeit, binnen sechs Monaten nach Zustellung der Ablehnung die Versicherungsleistung einzuklagen, nicht den Anforderungen des § 12 Abs. 3 VVG, da die Belehrung erkennen lassen muss, dass der Versicherungsnehmer die Frist des § 12 Abs. 3 VVG auch durch das gerichtliche Mahnverfahren oder einen Antrag auf Prozesskostenhilfe wahren kann.[166] Der bloße Hinweis auf den Verlust des Klagerechts nach Ablauf der Frist genügt daher nicht.[167] Hingegen stellt der Hinweis des Versicherers auf die Geltendmachung vor dem „zuständigen Gericht" keine relevante Erschwerung dar, die Ausschlussfrist zu wahren.[168]

In der Berufsunfähigkeits-Zusatzversicherung steht der Wirksamkeit der Fristsetzung nicht entgegen, dass der Versicherer nicht auf die – teilweise unwirksame[169] – Regelung des § 6 BB-BUZ zur Anrufung eines Ärzteausschusses hingewiesen hat.[170] Bei der Unfall-Zusatzversicherung besteht eine gesteigerte Belehrungspflicht.[171]

Gegenüber einem Ausländer, der der deutschen Sprache nicht mächtig ist, soll die mit der Ablehnung des Versicherungsschutzes verbundene Belehrung nur wirksam sein, wenn sie zumindest in seiner Sprache darauf hinweist, dass das Ablehnungsschreiben eine rechtserhebliche Mitteilung enthält.[172] Dies setzt voraus, dass für den Versicherer die nichtdeutsche Staatsangehörigkeit ohne besondere Nachforschung erkennbar oder offenkundig ist und der Versicherer Veranlassung für die Annahme hat, dass der Versicherungsnehmer die deutsche Sprache nicht versteht.[173] Zur Beifügung einer Übersetzung ist der Versicherer nicht verpflichtet.[174]

---

[164] LG Berlin, Urt. v. 9. 12. 2003 – 7 O 34/03, VersR 2004, 1031; BGH, Urt. v. 3. 3. 2004 – IV ZR 15/03, NJW-RR 2004, 1327 = r+s 2004, 363; OLG Hamm, Urt. v. 24. 11. 2004 – 20 U 115/04, VersR 2005, 390 = r+s 2005, 369, 370.
[165] OLG Hamm, Urt. v. 24. 11. 2004 – 20 U 115/04, VersR 2005, 390.
[166] OLG Köln v. 26. 9. 1985, VersR 1986, 1186; OLG Hamm VersR 1987, 803; OLG Hamm, Urt. v. 28. 3. 1990, VersR 1990, 1230, 1232; OLG Hamburg VersR 1990, 120; OLG Hamm, Urt. v. 12. 1. 1990, VersR 1990, 1344, 1345 = r+s 1990, 287, 325; OLG Hamm, Beschl. v. 15. 4. 1994, NJW-RR 1995, 729 = r+s 1995, 1; OLG Frankfurt/M., Beschl. v. 6. 9. 1999 – 3 W 36/99, VersR 2000, 1135 (Ls.) = MDR 2000, 583; OLG Hamm NVersZ 2001, 548 = VersR 2002, 297; OLG Hamm, Urt. v. 9. 1. 2002 – 20 U 177/79, NVersZ 2002, 371 = VersR 2002, 1139, 1140 = r+s 2002, 190; BGH, Urt. v. 5. 2. 2003 – IV ZR 44/02, NJW-RR 2003, 599, 600 = VersR 2003, 489, 490 = r+s 2003, 229, 230 = MDR 2003, 568/569; OLG Koblenz, Urt. v. 23. 7. 2004 – 10 U 518/03, r+s 2004, 445 (Ls.); OLG Saarbrücken, Beschl. v. 4. 7. 2005 – 5 W 151/05, VersR 2006, 254 = r+s 2006, 322 = MDR 2006, 331, 332; OLG Nürnberg, Urt. v. 19. 9. 2005 – 8 U 900/05, r+s 2006, 98, 99 = MDR 2006, 331; *Römer* in: Römer/Langheid, VVG, 2. Aufl., 2003, § 12 VVG Rdn. 79; a. A. LG Hannover, Urt. v. 16. 1. 1996, VersR 1997, 562; OLG Celle, Urt. v. 30. 1. 1997, MDR 1997, 551, 552.
[167] BGHZ 24, 308.
[168] BGH, Urt. v. 25. 1. 1978, VersR 1978, 313.
[169] Vgl. BGH, Urt. v. 7. 11. 1990 – IV ZR 201/89, VersR 1991, 90 = r+s 1991, 67; OLG Hamm, Urt. v. 24. 11. 2004 – 20 U 115/04, VersR 2005, 390 = r+s 2005, 369, 370.
[170] BGH, Urt. v. 22. 9. 1999 – IV ZR 201/98, VersR 1999, 1530 = r+s 2000, 35; OLG Hamm, Urt. v. 24. 11. 2004 – 20 U 115/04, VersR 2005, 390 = r+s 2005, 369, 370.
[171] BGH VersR 1971, 433.
[172] OLG Koblenz, Urt. v. 19. 12. 1974, VersR 1975, 893.
[173] OLG Köln, Urt. v. 16. 6. 1994 – 5 U 117/93, VersR 1995, 201; zust. *Schmalzl* VersR 1995, 1223, der auf Deutsch als Vertragssprache hinweist und von daher eine Pflicht des Versicherers auf einen Hinweis in der Muttersprache des ausländischen Versicherungsnehmers generell verneint.
[174] LG Stuttgart, Urt. v. 19. 4. 1974 – 8 O 8/74, VersR 1976, 826.

48 b) Zusatzbelehrung. Mit Blick auf die Übergangsvorschriften des EGVVG wird empfohlen, bei Fristsetzungen nach § 12 Abs. 3 VVG a. F. folgende zusätzliche Belehrung mit aufzunehmen:[175]

„Die erwähnte Frist beruht auf der gesetzlichen Regelung des § 12 Abs. 3 VVG. Diese Vorschrift wird durch das am 1. Januar 2008 in Kraft tretende neue Versicherungsvertragsgesetz abgeschafft. Dies bedeutet aber nicht, dass wir uns dadurch nicht mehr auf einen nach dem 1. Januar 2008 erfolgenden Fristablauf berufen können, da auf Grund der gesetzlichen Vorschriften für die Abwicklung Ihres Schadenfalls noch das alte Recht angewendet wird."

5. Empfänger der Ablehnung

49 Der Versicherer ist, wenn der Versicherungsnehmer zur Wahrung seiner rechtlichen Interessen einen Rechtsanwalt als Bevollmächtigten eingeschaltet und dies dem Versicherer angezeigt hat, nicht gehindert, mit der Belehrung über die Rechtsfolgen der Versäumung der Frist des § 12 Abs. 3 VVG verbundenes Ablehnungsschreiben dem Versicherungsnehmer persönlich zu übersenden.[176] Damit dem Versicherer nicht treuwidriges Verhalten vorgeworfen werden kann, muss er im Falle der Unterrichtung des Bevollmächtigten des Versicherungsnehmers aber dafür sorgen, dass dieser auf den gleichen Kenntnisstand gebracht wird.[177]

50 Entgegen dem Wortlaut des § 12 Abs. 3 VVG ist der richtige Empfänger des Ablehnungsschreibens nicht stets der Versicherungsnehmer, sondern derjenige, der den Anspruch erhebt.[178] Für vertragliche Anspruchsgläubiger des Versicherers, die selbst nicht Versicherungsnehmer sind, ist anerkannt, dass sie dem in § 12 Abs. 2 VVG ausschließlich nur genannten Versicherungsnehmer gleichzustellen sind, sofern sie über den Anspruch verfügen können.[179] Ihnen gegenüber wird der Versicherer nach fruchtlosem Ablauf der Sechsmonatsfrist des § 12 Abs. 3 Satz 1 VVG von der Verpflichtung zur Leistung frei, soweit sie ihrerseits ein eigenes Ablehnungsschreiben mit der vorgeschriebenen Belehrung erhalten haben.[180] Erfolgt die Ablehnung und Fristsetzung nicht gegenüber dem Inhaber der Forderung aus dem Versicherungsvertrag, ist die Fristsetzung wirkungslos.[181] Die einem der mehreren Empfangsberechtigten gegenüber erklärte Leistungsablehnung und Belehrung nach § 12 Abs. 3 VVG wirkt daher nur diesem gegenüber.[182] Diese Grundsätze finden in der Lebensversicherung und damit auch in der Berufsunfähigkeits-Zusatzversicherung und der Unfall-Zusatzversicherung auf den Bezugsberechtigten mit der Folge Anwendung, dass ihm gegenüber – und nicht gegenüber dem Versicherungsnehmer – die Ablehnung des erhobenen

---

[175] *Neuhaus* r+s 2007, 177, 180.
[176] BGH, Urt. v. 19. 12. 1966 – II ZR 131/64, VersR 1967, 149; BGH, Urt. v. 8. 6. 2005 – IV ZR 225/04, NJW-RR 2005, 1341, 1342 = VersR 2005, 1225, 1226 = r+s 2005, 451, 452 = MDR 2006, 91 = JZ 2006, 419, 420.
[177] Vgl. BGH, Urt. v. 8. 6. 2005 – IV ZR 225/04, NJW-RR 2005, 1341, 1342 = VersR 2005, 1225, 1226 = r+s 2005, 451, 452 = MDR 2006, 91 = JZ 2006, 419, 420.
[178] OLG Koblenz, Urt. v. 29. 9. 2000 – 10 U 1374/99, VersR 2002, 557; *Prölss* in: Prölss/Martin, VVG, 27. Aufl., 2004, § 12 VVG Rdn. 31.
[179] BGH, Urt. v. 25. 6. 1986 – IV a ZR 219/84, VersR 1986, 803, 804; LG Köln, Urt. v. 21. 11. 1986 – 24 O 327/95, r+s 1998, 252 (Ls.); OLG Koblenz, Urt. v. 29. 9. 2000, VersR 2002, 557.
[180] BGHZ 40, 297, 304 = VersR 1964, 131, 134; BGH v. 25. 6. 1986, NJW-RR 1986, 1283 = VersR 1986, 804 m. w. Nachw.; OLG Koblenz, Urt. v. 29. 9. 2000, VersR 2002, 557/558.
[181] BGH, Urt. v. 1. 10. 1986, VersR 1987, 39, 41 = NJW 1987, 258; BGH, Urt. v. 6. 6. 1990, VersR 1990, 882, 883 = r+s 1990, 398; OLG Köln, Urt. v. 27. 1. 1998, r+s 1998, 316; *Römer* in: Römer/Langheid, VVG, 2. Aufl., 2003, § 12 VVG Rdn. 52.
[182] OLG Düsseldorf v. 24. 6. 1975, VersR 1975, 1020.

A. Allg. Bed. für die kapitalbildende LV   § 17 ALB 2008

Anspruchs zu erfolgen hat.[183] Sie gelten auch gegenüber dem Pfändungspfandgläubiger.[184] Sind die Ansprüche aus dem Versicherungsvertrag mit Wissen des Versicherers abgetreten, so müssen Ablehnung und Fristsetzung gegenüber dem Zessionar erfolgen[185] und nicht gegenüber dem Bezugsberechtigten,[186] wobei es nach der neueren Rechtsprechung des BGH zur Abtretung auf die Anzeige der Abtretung beim Versicherer ankommt.[187] Bei mehreren nebeneinander anspruchsberechtigten Personen muss die Ablehnung einem jeden Berechtigten gegenüber erklärt werden.[188] Das gilt auch für eine Erbengemeinschaft.[189] Die nur einem von mehreren Anspruchsberechtigten gegenüber erklärte Leistungsablehnung wirkt nur gegen ihn.[190] Deshalb können auch nach dem Ablauf der nur ihm gesetzten Ausschlussfrist von sechs Monaten andere Berechtigte den Anspruch auf die Versicherungsleistung geltend machen. Bei der Ablehnung des Versicherungsanspruchs gegenüber einem Minderjährigen genügt es, wenn die Erklärung des Versicherers einem vertretungsberechtigten Elternteil zugeht.[191]

Die Beweislast für den Zugang des Ablehnungsschreibens trägt der Versicherer.[192] Mit dem Einlieferungsbeleg für ein Einwurfschreiben, aus dem sich ergibt, dass das Schreiben mit der Leistungsablehnung zur Post aufgegeben wurde, kann der Versicherer den ihm obliegenden Beweis des Zugangs innerhalb gewöhnlicher Postlaufzeiten nicht führen.[193] Denn nach der bisherigen ständigen höchstrichterlicher Rechtsprechung besteht weder für normale Postsendungen noch für Einschreiben ein Anscheinsbeweis dafür, dass eine zur Post gegebene Sendung den Empfänger überhaupt[194] oder, wenn der Zugang unstreitig ist, ihn innerhalb einer bestimmten Zeit erreicht.[195] Mit dem schriftlichen Datenauszug über den eingescannten Auslieferungsbeleg, den der Versicherer gegen Zahlung einer Gebühr erhalten kann, wird der Versicherer in der Regel den Anscheinsbeweis für die Zustellung des Einwurfschreibens zu dem im Datenauszug dokumentierten Zeitpunkt begründen können.[196]

---

[183] OLG Düsseldorf VersR 1970, 738; BGH v. 25. 6. 1986, NJW-RR 1986, 1283 = VersR 1986, 805; BGH, Urt. v. 1. 10. 1986, NJW 1987, 255 = VersR 1987, 39, 41; KG, Urt. v. 13. 2. 1998 – 6 U 3104/96, NVersZ 1999, 317 = r+s 2000, 475; OLG Koblenz, Urt. v. 29. 9. 2000 – 10 U 1374/99, NVersZ 2001, 215 = VersR 2002, 557, 558 = r+s 2001, 262 (Ls.).
[184] BGH VersR 1970, 731.
[185] OLG Köln, Urt. v. 22. 9. 2004 – 5 U 214/03, VersR 2005, 345, 346; OLG Koblenz, Beschl. v. 16. 4. 2007 – 10 U 645/06, VersR 2008, 767 (Ls.).
[186] BGH, Urt. v. 1. 10. 1986, NJW 1987, 258 = VersR 1987, 41; BGH, Urt. v. 6. 6. 1990, VersR 1990, 882, 883; BGH, Urt. v. 3. 3. 1993 – IV ZR 267/91, VersR 1993, 553, 555 = MDR 1993, 422 (Ls.).
[187] Siehe hierzu ausf. *Römer* in: Römer/Langheid, VVG, 2. Aufl., 2003, § 12 VVG Rdn. 57.
[188] BGH NJW 1961, 1576.
[189] OLG Düsseldorf VersR 1975, 1021.
[190] OLG Düsseldorf VersR 1975, 1020.
[191] BGHZ 47, 352, 360; OLG Nürnberg VersR 1963, 154; BGH NJW 1977, 950.
[192] OLG Düsseldorf, Urt. v. 18. 12. 2001 – 4 U 78/01, NVersZ 2002, 357 = VersR 2002, 1364 = r+s 2002, 274; *Römer* in: Römer/Langheid, VVG, 2. Aufl., 2003, § 12 VVG Rdn. 51.
[193] OLG Düsseldorf, Urt. v. 18. 12. 2001 – 4 U 78/01, NVersZ 2002, 357 = VersR 2002, 1364 = r+s 2002, 274.
[194] BGH NJW 1996, 2033, 2035; *Palandt/Heinrichs*, BGB, 67. Aufl., 2008, § 130 BGB Rdn. 21.
[195] OLG Hamm VersR 1982, 1045; OLG Düsseldorf, Urt. v. 18. 12. 2001 – 4 U 78/01, NVersZ 2002, 357 = VersR 2002, 1364 = r+s 2002, 274.
[196] Ebenso *Jänich* VersR 1999, 535; a. A. *Friedrich* VersR 2001, 1090; unentschieden OLG Düsseldorf, Urt. v. 18. 12. 2001 – 4 U 78/01, NVersZ 2002, 357 = VersR 2002, 1364 = r+s 2002, 274.

6. Gerichtliche Geltendmachung

52 a) **Allgemeines.** Die Ausschlussfrist des § 12 Abs. 3 VVG wird durch rechtzeitige gerichtliche Geltendmachung unterbrochen.[197] Die gerichtliche Geltendmachung kann nicht nur durch Erhebung der Leistungsklage auf Zahlung der Leistung, sondern grundsätzlich auch durch eine Feststellungsklage erfolgen.[198] Diese muss aber auf Feststellung der Verpflichtung des Versicherers zur Leistung aus dem Versicherungsvertrag gerichtet sein.[199] Die Erhebung einer Klage auf Feststellung des Fortbestandes des Vertragsverhältnisses reicht hierzu angesichts des eindeutigen Wortlauts des § 12 Abs. 3 VVG nicht aus.[200] Voraussetzung ist, dass der Kläger der Anspruchsinhaber ist.[201] Ist eine Klage im eigenen Namen fristgerecht erhoben, obwohl der Kläger nicht der Anspruchsinhaber ist, und erhält er den Anspruch erst nach Fristablauf abgetreten, ist die Frist des § 12 Abs. 3 VVG nicht gewahrt.[202] Dies gilt gleichermaßen, wenn die Klage von einem Nichtberechtigten erhoben wird und nach Fristablauf an seiner Stelle die Berechtigte im Wege des Parteiwechsels in den Rechtsstreit eintritt.[203]

53 Die Klage eines Gläubigers unterbricht auch dann die Verjährung, wenn die Forderung vorher von einem Dritten gepfändet und diesem zur Einziehung überwiesen wurde.[204] Auch die Klage eines Pfändungspfandgläubigers reicht zur Fristwahrung aus.[205] Mit einer Streitverkündung kann der Versicherungsnehmer jedoch die vom Versicherer dem Versicherungsnehmer gesetzte Frist nach § 12 Abs. 3 VVG nicht unterbrechen.[206] Soweit dem Versicherungsnehmer die Möglichkeit der Entscheidung durch einen Ärzteausschuss eingeräumt ist (vgl § 6 BUZ 1984), wahrt der Anspruchsteller die Frist, indem er die Entscheidung des Ärzteausschusses verlangt.

54 b) **Mahnbescheidsantrag.** Für die gerichtliche Geltendmachung ist ein Antrag auf Erlass eines Mahnbescheids ausreichend,[207] jedoch unterbricht der Mahnbescheid dann nicht die Ausschlussfrist, wenn die Forderung in dem Mahnbescheid nicht hinreichend individualisiert worden ist.[208] Ohne ausreichende In-

---

[197] OLG Düsseldorf VersR 1962, 313.
[198] OLG Oldenburg, Beschl. v. 1. 3. 2004 – 3 U 96/03, NJW-RR 2004, 1033 = VersR 2005, 209 = MDR 2004, 941.
[199] OLG Oldenburg, Beschl. v. 1. 3. 2004 – 3 U 96/03, NJW-RR 2004, 1033 = VersR 2005, 209 = MDR 2004, 941.
[200] OLG Oldenburg, Beschl. v. 1. 3. 2004 – 3 U 96/03, NJW-RR 2004, 1033 = VersR 2005, 209 f. = MDR 2004, 941; OLG Rostock, Beschl. v. 11. 5. 2007 – 6 U 148/06, VersR 2007, 1545, 1546.
[201] OLG Koblenz, Beschl. v. 16. 4. 2007 – 10 U 645/06, VersR 2008, 767 (Ls.).
[202] OLG Koblenz, Urt. v. 5. 3. 1999 – 10 U 371/98, VersR 2001, 445, 446 = r+s 2001, 521, 522; OLG Oldenburg, Urt. v. 14. 2. 2001 – 2 U 288/00, MDR 2001, 814; *Römer* in: Römer/Langheid, VVG, 2. Aufl., 2003, § 12 VVG Rdn. 65.
[203] OLG Oldenburg, Urt. v. 14. 2. 2001 – 2 U 288/00, MDR 2001, 814.
[204] BGH DB 1986, 960.
[205] BGH VersR 1970, 731.
[206] OLG Hamm, Urt. v. 8. 3. 2000 – 20 U 159/99, MDR 2000, 703.
[207] BGH, Urt. v. 1. 10. 1986, BGHZ 98, 295 = NJW 1987, 255 = VersR 1987, 39; OLG Hamm, Urt. v. 12. 6. 1985, VersR 1987, 194; OLG Hamm, Urt. v. 5. 5. 1986 – 4 U 209/85, NJW-RR 1986, 1413 = VersR 1987, 1205; OLG Frankfurt/M., Urt. v. 13. 1. 1999 – 7 U 247/97, NVersZ 2000, 429, 430; OLG Düsseldorf, Urt. v. 13. 5. 2003 – 4 U 219/02, SpV 2003, 63.
[208] BGH, Urt. v. 5. 12. 1991, WM 1992, 493, 494; BGH, Urt. v. 28. 10. 1993, VersR 1994, 223 = WM 1994, 33, 35; BGH, Urt. v. 18. 5. 1995 – VII ZR 191/94, NJW 1995, 2230 = VersR 1995, 1207, 1208 = WM 1995, 1413, 1414 = MDR 1995, 844; BGH, Urt. v. 8. 5. 1996, NJW 1996, 2152, 2153; BGH, Urt. v. 30. 11. 1999, VersR 2000, 610 = WM 2000, 686, 687 f.; BGH, Urt. v. 17. 10. 2000 – XI ZR 312/99, NJW 2001, 305 = VersR 2001, 604, 605.

dividualisierung der Einzelforderungen und genaue Aufteilung eines geforderten Teilbetrags kann weder auf der Grundlage des Mahnbescheids ein der materiellen Rechtskraft fähiger Vollstreckungstitel ergehen noch wird dem Schuldner (LVU) die Beurteilung ermöglicht, ob er sich gegen den Anspruch ganz oder teilweise zur Wehr setzen will.[209] Wann diese Anforderungen erfüllt sind, kann nicht allgemein und abstrakt festgelegt werden; vielmehr hängen Art und Umfang der erforderlichen Angaben im Einzelfall von dem zwischen den Parteien bestehenden Rechtsverhältnis und der Art des Anspruchs ab.[210]

Wird der vor Ablauf der Klagefrist bei Gericht eingereichte Mahnbescheid nach Fristablauf i.S. von § 693 Abs. 2 ZPO a.F., der zum 1. 7. 2002 durch § 167 ZPO ersetzt worden ist, „demnächst" zugestellt, so wahrt diese Zustellung die Klagefrist, wenn nach Erhebung des Widerspruchs i.S. von § 696 Abs. 3 ZPO a.F. „alsbald" Termin anberaumt wird und hierzu alles Zumutbare für eine baldige Abgabe getan wird.[211] Soweit es durch das Verschulden des Anspruchstellers oder seines Prozessbevollmächtigten zu Zustellungsverzögerungen kommt, sind diese unschädlich, wenn sie unterhalb der von der Rechtsprechung üblicherweise als geringfügig angesehenen Verzögerungsdauer von vierzehn Tagen bleiben.[212] Allerdings ist zu beachten, dass der BGH[213] eine im Vergleich zu der Monatsfrist des § 691 Abs. 2 ZPO kürzere Frist für die durch § 693 Abs. 2 ZPO geregelte Fallkonstellation nicht mehr als gerechtfertigt ansieht. Die Erweiterung des Zeitraums auf einen Monat für die Rechtzeitigkeit der Zustellung gemäß § 693 Abs. 2 ZPO sei auch für die Fälle gerechtfertigt, in denen ein Mahnantrag einen Mangel aufweist, der in § 691 Abs. 1 ZPO nicht genannt ist. Eine unterschiedliche Bemessung des Zeitraums, in dem eine Zustellung rechtzeitig erfolgen kann, für Mängel, die in § 691 Abs. 1 ZPO bezeichnet werden (z.B. fehlende Angaben zur Partei) und für andere Mängel (z.B. unzutreffende Postanschrift), sei nicht gerechtfertigt. Eine andere Beurteilung würde dazu führen, dass bei vergleichbaren Mängeln des Mahnbescheids unterschiedliche Zeiträume gelten würden. Hierfür gebe es keinen sachlichen Grund. Bei der Berechnung der Zeitdauer der Verzögerung, die auf vorwerfbarer Nachlässigkeit des Antragstellers beruht, ist auf die

---

[209] BGH, Urt. v. 3. 6. 2008 – XI ZR 353/07, NJW 2008, 2842, 2843; BGH, Urt. v. 21. 10. 2008 – XI ZR 466/07, NJW 2009, 56, 57 = VersR 2010, 223, 224 = WM 2009, 420, 422.
[210] BGH, Urt. v. 23. 9. 2008 – XI ZR 253/07, NJW-RR 2009, 544 = VersR 2010, 125, 126 = WM 2008, 2158, 2160; BGH, Urt. v. 21. 10. 2008 – XI ZR 466/07, NJW 2009, 56, 57 = VersR 2010, 223, 224 = WM 2009, 420, 422.
[211] BGH NJW 1973, 248 = VersR 1973, 158; OLG Schleswig v. 29. 9. 1977, VersR 1978, 274; BGH NJW 1979, 1709; BGH v. 16. 12. 1987, NJW 1988, 1980; OLG Karlsruhe v. 11. 9. 1990, VersR 1991, 125, 126; OLG Köln, Urt. v. 21. 2. 1991, VersR 1992, 218; a.A. OLG Düsseldorf VersR 1987, 1205; OLG Hamm, Urt. v. 6. 12. 1989, VersR 1990, 1337.
[212] BGH NJW-RR 1992, 470, 471 = VersR 1992, 433, 434; BGH, Urt. v. 27. 5. 1999 – VII ZR 24/98, NJW 1999, 3125 = MDR 1999, 1016; BGH, Urt. v. 16. 9. 1999 – VII ZR 307/98, NJW 1999, 3717, 3718 = VersR 2001, 603, 604 = WM 1999, 2323, 2324 = MDR 1999, 1460; BGH, Urt. v. 20. 4. 2000 – VII ZR 116/99, NJW 2000, 2282 = MDR 2000, 897; BGH, Urt. v. 4. 2000 – VII ZR 116/99, VersR 2001, 1536; OLG Frankfurt/M., Urt. v. 1. 3. 2001 MDR 2001, 892; OLG Hamm, Urt. v. 9. 1. 2002 – 20 U 177/99, VersR 2002, 1139, 1140; BGH, Urt. v. 21. 3. 2002 – VII ZR 230/01, VersR 2003, 1327, 1328 = ZIP 2002, 1658, 1660 = MDR 2002, 1085; OLG Hamm, Urt. v. 22. 3. 2002 – 30 U 183/01, VersR 2003, 346, 347 = MDR 2002, 1211; BGH, Urt. v. 28. 2. 2008 – III ZB 76/07, WM 2008, 1565, 1566; BGH, Urt. v. 5. 2. 2009 – III ZR 164/08, WM 2009, 916, 917.
[213] BGH, Urt. v. 21. 3. 2002 – VII ZR 230/01, NJW 2002, 2794, 2795 = VersR 2003, 1327, 1328 = ZIP 2002, 1658, 1660 = MDR 2002, 1085; zust. *Foerste* EWiR 2002, 779, 780.

Zeitspanne abzustellen, um die sich die ohnehin erforderliche Zustellung des Mahnbescheids als Folge der Nachlässigkeit des Antragstellers verzögert.[214] Insoweit ist zu berücksichtigen, dass es dem Antragsteller obliegt, beim Mahngericht nach angemessener Zeit nachzufragen, aus welchem Grund bislang noch keine Zustellung des Mahnbescheids erfolgt ist.[215] Welcher Zeitraum dabei angemessen ist, hängt von den besonderen Umständen des jeweiligen Einzelfalls ab.[216] Eine Zustellungsverzögerung von 18 oder 19 Tagen ist nicht mehr als geringfügig anzusehen.[217] Ebenso eine Zustellungsverzögerung von 21 Tagen[218] bzw. 22 Tagen.[219] Die Geringfügigkeitsschwelle ist ferner überschritten, wenn der Kostenvorschuss für die Abgabe an das Streitgericht erst zwei Monate nach Erhalt der Kostenanforderung gezahlt wird.[220]

56   c) **Prozesskostenhilfegesuch.** Die Klagefrist gemäß § 12 Abs. 3 VVG kann durch ein vor Fristablauf in ordnungsgemäßer Form eingereichtes Prozesskostenhilfegesuch gewahrt werden.[221] Zur ordnungsgemäßen Einreichung des Prozesskostenhilfegesuchs gehört gemäß § 117 Abs. 2 und 4 ZPO, dass dem Gesuch der ausgefüllte Vordruck über die persönlichen und wirtschaftlichen Verhältnisse beigefügt wird,[222] wobei eine Lebensversicherung mit einem das Schonvermögen deutlich übersteigendem Rückkaufwert grundsätzlich für die Kosten der Prozessführung gemäß § 115 Abs. 3 ZPO, § 90 SGB XII einzusetzen ist.[223] Des Weiteren kann ein Prozesskostenhilfegesuch die Frist des § 12 Abs. 3 VVG wahren, wenn der Versicherungsnehmer alsdann alles Zumutbare unternimmt, damit die Klage „demnächst" zugestellt wird.[224] Zwischen Prozesskostenhilfebewilligung und Klageeinreichung darf eine Frist von 14 Tagen verstreichen, nicht aber von 24 Ta-

---

[214] BGH, Urt. v. 27. 5. 1999 – VII ZR 24/98, NJW 1999, 3125 = VersR 2000, 1391, 1392; BGH, Urt. v. 27. 4. 2006 – I ZR 237/03, MDR 2007, 45, 46.
[215] BGH, Urt. v. 27. 4. 2006 – I ZR 237/03, MDR 2007, 45, 46.
[216] BGH, Urt. v. 1. 4. 2004 – IX ZR 117/03, NJW-RR 2004, 1575 f. = MDR 2004, 1076; BGH, Beschl. v. 9. 2. 2005 – XII ZB 118/04, NJW 2005, 1194 f. = MDR 2005, 754; BGH, Urt. v. 27. 4. 2006 – I ZR 237/03, MDR 2007, 45, 46.
[217] BGH, Urt. v. 12. 1. 1996, NJW 1996, 1060, 1061 = VersR 1996, 1431, 1432 = MDR 1996, 737; BGH, Urt. v. 27. 5. 1999 – VII ZR 24/98, NJW 1999, 3125 = VersR 2000, 1391, 1392; OLG Düsseldorf, Urt. v. 25. 4. 2003 – I-8 U 53/02, VersR 2004, 515.
[218] OLG Düsseldorf, Urt. v. 25. 3. 1999 – 5 U 182/98, MDR 1999, 1462, 1463.
[219] OLG Oldenburg, Urt. v. 16. 6. 1999, NVersZ 2000, 150.
[220] LG Oldenburg, Urt. v. 23. 3. 1983 – 4 O 601/82; OLG Köln v. 19. 2. 1990, VersR 1991, 197, 198.
[221] KG Berlin, Urt. v. 26. 1. 2001 – 6 U 5037/99, r+s 2003, 273; OLG Düsseldorf, Beschl. v. 26. 1. 2004 – 4 W 71/03, r+s 2004, 138; BGH, Urt. v. 19. 10. 2005 – IV ZR 89/05, NJW 2006, 298 = VersR 2006, 57, 58 = r+s 2006, 59.
[222] BGH, Urt. v. 19. 10. 2005 – IV ZR 89/05, NJW 2006, 298, 299 = VersR 2006, 57, 58 = r+s 2006, 59.
[223] OLG Nürnberg, Beschl. v. 9. 3. 2007 – 10 WF 272/07, MDR 2007, 906.
[224] OLG Hamm VersR 1975, 919; OLG Frankfurt/M. VersR 1981, 725; BGH, Urt. v. 1. 10. 1986, NJW 1987, 255 = VersR 1987, 39; BGH v. 8. 3. 1989, NJW-RR 1989, 675; OLG Bremen v. 13. 1. 1989, VersR 1989, 901; OLG Koblenz v. 6. 10. 1988, VersR 1989, 1141; OLG Bremen v. 13. 1. 1989, VersR 1989, 901; OLG Köln, Urt. v. 29. 6. 1989 – 5 U 161/88, VersR 1990, 410; OLG Düsseldorf v. 6. 3. 1990, VersR 1991, 49; BGH v. 6. 6. 1990, VersR 1990, 882, 883; OLG Frankfurt/M., Beschl. v. 27. 8. 1992 – 16 W 35/92, VersR 1993, 1341; OLG Koblenz, Urt. v. 29. 9. 2000 – 10 U 1374/99, VersR 2002, 557, 558; KG Berlin, Urt. v. 26. 1. 2001 – 6 U 5037/99, r+s 2003, 273; OLG Köln, Urt. v. 16. 2. 2005 – 5 U 126/04, VersR 2005, 1521, 1522 = r+s 2006, 61, 62; OLG Celle, Beschl. v. 1. 8. 2005 – 8 W 37/05, VersR 2006, 101; anders noch BGH VersR 1964, 58.

gen.²²⁵ Wird ein Prozesskostenhilfegesuch abgelehnt, kann die Frist des § 12 Abs. 3 VVG nicht durch die Stellung eines neuen Prozesskostenhilfegesuchs gewahrt werden.²²⁶

d) Klage. aa) Ordnungsgemäße Klage. Die Wahrung der Klagefrist des § 12 Abs. 3 VVG setzt die fristgerechte Einreichung einer ordnungsgemäßen Klageschrift voraus, die „demnächst" im Sinne des § 167 ZPO (entsprechend § 270 Abs. 3 ZPO a. F.) zugestellt wird.²²⁷ Die Klagefrist wird nicht gewahrt, wenn die eingereichte Klage nicht den notwendigen formellen Anforderungen des § 253 Abs. 2 ZPO genügt und die Mängel erst nach Ablauf der Sechsmonatsfrist des § 12 Abs. 3 VVG behoben werden.²²⁸ Dies ist der Fall, wenn die Klageschrift nicht von dem postulationsfähigen Rechtsanwalt unterschrieben worden ist und die Unterschrift erst nach Fristablauf nachgeholt wurde.²²⁹ Verspätet ist ferner eine kurz vor Fristablauf per Telefax eingereichte Klage, wenn sich auf der bei Gericht eingehenden Kopie nicht die Unterschrift des postulationsfähigen Prozessbevollmächtigten des Klägers befindet.²³⁰ Die Ausschlussfrist des § 12 Abs. 3 VVG wird dagegen unterbrochen, wenn eine unter Wahrung der Ausschlussfrist vor einem sachlich und örtlich nicht zuständigen Gericht erhobene Klage erst nach Ablauf der Ausschlussfrist aufgrund eines Verweisungsantrages an das zuständige Gericht verwiesen wird.²³¹ Verklagt der Versicherungsnehmer die falsche Konzerngesellschaft, kann er diesen Mangel grundsätzlich nur durch Parteiauswechslung korrigieren.²³² Deshalb ist die richtige Anspruchsgegnerin, nach dem das Verfahren gegen sie anhängig geworden ist, nicht daran gehindert, sich auf die inzwischen eingetretene Verjährung der verfolgten Ansprüche zu berufen.²³³ Lediglich eine Berichtigung des Rubrums kommt nur dann in Betracht, wenn sich aus der Klageschrift, ggf. nebst Anlagen, ergibt, wer tatsächlich verklagt werden sollte.²³⁴ Dementsprechend scheitert die Zulässigkeit einer Berufung nicht an unvollständigen oder fehlerhaften Bezeichnungen der Parteien des Berufungsverfahrens, wenn

---

²²⁵ OLG Köln, Urt. v. 16. 2. 2005 – 5 U 126/04, VersR 2005, 1521, 1522 = r+s 2006, 61, 62.
²²⁶ OLG Hamm, Urt. v. 4. 5. 2001 – 20 U 199/00, NVersZ 2001, 548, 549 = VersR 2002, 297, 298 = r+s 2002, 402, 403.
²²⁷ OLG Düsseldorf, Urt. v. 28. 6. 2005 – I-4 U 165/04, VersR 2006, 349.
²²⁸ OLG Hamm, Urt. v. 15. 3. 2002 – 20 U 190/01, NVersZ 2002, 582 = VersR 2002, 1361, 1362 = r+s 2002, 404, 405.
²²⁹ §§ 253 Abs. 4, 130 Nr. 6 ZPO; vgl. BGH, Urt. v. 3. 3. 2004 – IV ZR 458/02, NJW-RR 2004, 755 = VersR 2004, 629 = r+s 2004, 224, 225 = MDR 2004, 879, 880; a. A. BVerfG, Beschl. v. 22. 10. 2004 – 1 BvR 894/04, VersR 2004, 1585, 1586 = r+s 2005, 52, 53 f. im besonderen Einzelfall.
²³⁰ BGH v. 11. 10. 1989, NJW 1990, 188 = VersR 1990, 326; BGH VersR 1998, 1261 m. w. Nachw.; BGH VersR 1990, 465; OLG Hamm, Urt. v. 23. 2. 2001 – 20 U 125/00, NVersZ 2001, 403, 404 = r+s 2002, 1, 2; OLG Koblenz, Beschl. v. 10. 12. 2003 – 10 U 96/03, VersR 2004, 1118, 1119 m. krit. Anm. *Heinemann* VersR 2004, 1119 ff.; Baumbach/Lauterbach/Albers/Hartmann, ZPO, 67. Aufl., 2009, § 130 ZPO Rdn. 27 und § 129 ZPO Rdn. 44; *Thomas/Putzo*, ZPO, 30. Aufl., 2009, § 129 ZPO Rdn. 13.
²³¹ BGH VersR 1961, 1000; BGH VersR, Urt. v. 25. 1. 1978, VersR 1978, 313, 314; OLG Hamm, Urt. v. 15. 3. 2002 – 20 U 190/01, VersR 2002, 1361, 1362 = r+s 2002, 404, 405; OLG Dresden, Urt. v. 7. 6. 2002 – 3 U 589/02, VersR 2003, 93.
²³² OLG Saarbrücken, Urt. v. 10. 1. 1996 – 5 U 413/95 – 28, VersR 1997, 435, 436.
²³³ OLG Hamburg, Urt. v. 24. 6. 1986, VersR 1987, 66.
²³⁴ BGH NJW 1987, 1946; BGH NJW 1988, 1585, 1587; OLG Hamm, Beschl. v. 30. 5. 1990, NJW-RR 1991, 188; OLG Hamm NJW-RR 1994, 1508 = VersR 1994, 969; OLG Hamm, Urt. v. 22. 9. 1993 – 20 U 42/93, VersR 1994, 969 (Ls.) = r+s 1994, 83 (Ls.): Zustellung an den richtigen Beklagten; OLG Hamm, Urt. v. 16. 10. 1998, NJW-RR 1999, 469 = NVersZ 1999, 162; OLG Nürnberg, Urt. v. 11. 1. 2008 – 5 U 1617/07, VersR 2008, 1053.

diese Mängel in Anbetracht der jeweiligen Umstände letztlich keine vernünftigen Zweifel an dem wirklich Gewollten aufkommen lassen.[235]

58 **bb) Zustellung „demnächst".** Der Versicherungsnehmer muss alles ihm Zumutbare tun, damit die Zustellung der Klage „demnächst" im Sinne von § 167 ZPO (früher § 270 Abs. 3 ZPO) erfolgen kann.[236] Die Bestimmung des § 167 ZPO ist für das Klageverfahren nicht unter Heranziehung des § 691 Abs. 2 ZPO auszulegen.[237]

59 Die Zustellung der Klage ist nur dann nicht demnächst i.S. von § 167 ZPO (bisher § 270 Abs. 3 ZPO) erfolgt, wenn das Verschulden der Partei oder des Prozessbevollmächtigten bewirkt, dass es zu einer nicht nur geringfügigen Zustellungsverzögerung kommt,[238] die bei sachgerechter Prozessführung hätte vermieden werden können.[239] Ein Verschulden des Rechtsschutzversicherers muss sich der Versicherungsnehmer ebenso zurechnen lassen wie eines seines Prozessbevollmächtigten.[240] Auch berührt die Einschaltung eines Rechtsschutzversicherers nicht die an einen Kläger zu stellenden Anforderungen hinsichtlich der Förderung einer alsbaldigen Zustellung.[241] Eine Verzögerung um weniger als 14 Tage ist in der Rechtsprechung des BGH und der Instanzgerichte stets als geringfügig angesehen worden.[242] Für eine Verzögerung um mindestens 66 Tage kann dies jedoch

---

[235] BGH VersR 1996, 251, 252; BGH VersR 2002, 777; BGH, Beschl. v. 22. 9. 2009 – VI ZB 76/08, NJW-RR 2010, 277, 278 = VersR 2010, 88, 89.

[236] OLG Schleswig v. 29. 9. 1977, VersR 1978, 274; BGH v. 1. 10. 1986, VersR 1987, 41 = NJW 1987, 257; LG Hamburg, Urt. v. 7. 11. 1991 – 323 O 97/91, VersR 1993, 215 m. krit. Anm. *Schmalzl* VersR 1993, 734.

[237] OLG Düsseldorf, Urt. v. 25. 4. 2003 – I-8 U 53/02, VersR 2004, 515; OLG Hamm, Urt. v. 3. 12. 2003 – 20 U 147/03, VersR 2004, 362, 363 = r+s 2004, 136, 137; KG Berlin, Hinweisbeschl. v. 24. 2. 2004 – 6 U 19/04, r+s 2004, 446, 447.

[238] LG Münster v. 2. 5. 1955, VersR 1955, 600; BGH v. 8. 2. 1965, VersR 1965, 425; OLG Oldenburg v. 4. 11. 1971, VersR 1973, 362; BGH VersR 1983, 661, 662 m.w. Nachw.; OLG Düsseldorf v. 13. 8. 1985, VersR 1986, 1189; OLG Köln v. 29. 5. 1989 – 5 U 161/88, VersR 1990, 410; BGH v. 21. 3. 1991, VersR 1991, 594, 595; OLG Hamm v. 24. 7. 1992, VersR 1993, 1423, 1424; LG Aachen, Urt. v. 5. 11. 1992 – 9 O 116/92, r+s 1993, 402; BGH, Urt. v. 22. 6. 1993 – VI ZR 190/92, NJW 1993, 2614 = VersR 1993, 1121; BGH, Urt. v. 30. 9. 1998 – IV ZR 248/97, NJW-RR 1999, 173 = NVersZ 1999, 70 = VersR 1999, 217 f.; BGH, Urt. v. 17. 5. 2003 – V ZR 414/02, NJW 2003, 2830; OLG Hamm, Urt. v. 24. 11. 2004 – 20 U 115/04, VersR 2005, 390.

[239] BGH, Urt. v. 31. 10. 2000 – VI ZR 198/99, BGHZ 145, 358, 362 f. = NJW 2001, 885 = VersR 2001, 108, 110; BGH, Urt. v. 29. 6. 1993 – X ZR 6/93, NJW 1993, 2811; BGH, Urt. v. 9. 11. 1994 – VIII ZR 327/93, VersR 1995, 361; BGH, Urt. v. 5. 2. 2003 – IV ZR 44/02, NJW-RR 2003, 599, 600 = VersR 2003, 489, 490 = r+s 2003, 229, 230.

[240] OLG München, Urt. v. 11. 1. 2000 – 25 U 4113/99, VersR 2000, 1530; OLG Frankfurt/M., Urt. v. 8. 8. 2001, VersR 2002, 599, 600 = MDR 2002, 394; LG Frankfurt/M., Urt. v. 15. 8. 2001, r+s 2002, 308; *Greger* in: Zöller, ZPO, 27. Aufl., 2009, § 167 ZPO Rdn. 15.

[241] BGH, Urt. v. 4. 7. 1968 – III ZR 17/68, VersR 1968, 1062; OLG München, Urt. v. 11. 1. 2000 – 25 U 4113/99, VersR 2000, 1530; OLG Frankfurt/M., Urt. v. 8. 8. 2001 – 7 U 74/00, VersR 2002, 599; OLG Hamm, Urt. v. 3. 12. 2003 – 20 U 147/03, VersR 2004, 362, 364 = r+s 2004, 136, 138; OLG Hamm, Beschl. v. 21. 7. 2004 – 20 U 121/04, r+s 2004, 445, 446.

[242] BGH VersR 1970, 1045; BGH VersR 1971, 518, 519 = NJW 1971, 891, 892; OLG Schleswig VersR 1978, 274; BGH, Urt. v. 11. 10. 1984 – VII ZR 355/83, WM 1985, 36, 37; BGH NJW 1986, 1347, 1348; BGH v. 6. 6. 1990, VersR 1990, 882, 883; BGH, Urt. v. 15. 1. 1992 – IV ZR 13/91, NJW 1992, 1314 = VersR 1992, 433, 434; BGH, Urt. v. 1. 12. 1993 – XII ZR 177/92, NJW 1994, 1073 = VersR 1994, 455, 456; KG Berlin VersR 1994, 922, 923; BGH, Urt. v. 9. 11. 1994 – VIII ZR 327/93, NJW-RR 1995, 254 = VersR 1995, 361, 362; OLG Frankfurt/M. v. 8. 6. 1995, NJW-RR 1996, 1431; BGH, Urt. v. 12. 1. 1996, NJW 1996, 1060, 1061 = VersR 1996, 1431, 1432 = MDR 1996, 737;

grundsätzlich nicht gelten.[243] Verspätet ist auch eine Klage, die 54 Tage nach Ablehnung eines Prozesskostenhilfegesuchs eingereicht wird.[244]

Die Vergünstigung des § 167 ZPO (vorher § 270 Abs. 3 ZPO) entfällt auch dann, wenn nach der Anforderung der Prozesskostenvorschusses erst nach 18 Tagen[245] bzw. 19 Tagen[246] bzw. 20 Tagen,[247] nach drei Wochen,[248] knapp vier[249] bzw. fünf Wochen,[250] sechs Wochen,[251] sieben Wochen,[252] zwei Monaten,[253] sechs Monaten,[254] neun Monaten[255] oder nach 23 Monaten[256] eingezahlt wird. Allerdings ist ein zögerliches Verhalten, das der Annahme einer „demnächstigen" Zustellung entgegenstehen und sich in diesem Sinn schädlich auswirken kann, sofern es alsdann die Dauer von zwei Wochen überschreitet, erst nach Ablauf eines gewissen Zeitraums anzunehmen, der dem Kläger für die Bewirkung der Einzahlung des Prozesskostenvorschusses zuzubilligen ist.[257] Insoweit kommt es darauf an, bis wann eine Partei, die alles ihr zumutbare für eine baldige Zustellung tut, die Einzahlung bewirkt hätte.[258] In einem vom OLG Hamm[259] entschiedenen Fall wurden vier volle Werktage als ausreichend angesehen. Das OLG Köln[260] räumt etwa eine Woche nach Zugang der Zahlungsaufforderung für den Prozesskostenvorschuss ein, um für die Einzahlung des Vorschusses zu sorgen.

60

BGH NJW 1999, 3125; BGH NJW 1999, 3717, 3718; BGH, Urt. v. 27. 5. 1999 – VII ZR 24/98, NJW 1999, 3125 = VersR 2000, 1391 = MDR 1999, 1016; OLG Köln, Urt. v. 22. 12. 1999 – 5 U 106/99, VersR 2000, 1485; BGH, Urt. v. 20. 4. 2000 – VII ZR 116/99, VersR 2001, 1536; OLG Hamm, Beschl. v. 2. 4. 2001 – 13 W 8/01, r+s 2002, 219; OLG Düsseldorf, Urt. v. 11. 9. 2001 – 4 U 206/00, NVersZ 2002, 355, 356; KG Berlin, Urt. v. 21. 12. 2001 – 6 U 908/00, r+s 2003, 140, 141; OLG Hamm, Urt. v. 3. 12. 2003 – 20 U 147/03, VersR 2004, 362, 363 = r+s 2004, 136; KG Hinweisbeschl. v. 24. 2. 2004 – 6 U 19/04, r+s 2004, 446, 447; OLG Düsseldorf, Urt. v. 28. 11. 2006 – 4 U 225/05, r+s 2007, 146, 147.

[243] BGH VersR 1960, 834 = NJW 1960, 1952; BGH VersR 1983, 661, 663.
[244] OLG Karlsruhe v. 30. 12. 1987, VersR 1989, 352.
[245] KG v. 12. 10. 1993, VersR 1994, 922, 923; OLG Hamm, Urt. v. 3. 12. 2003 – 20 U 147/03, VersR 2004, 362, 363 = r+s 2004, 136; OLG Hamm, Beschl. v. 21. 7. 2004 – 20 U 121/04, r+s 2004, 445, 446.
[246] BGH NJW 1961, 1627; BGH NJW 1967, 780; OLG Hamm, Beschl. v. 30. 7. 1990, VersR 1991, 1237 (Ls.); OLG Hamm, Urt. v. 3. 12. 2003 – 20 U 147/03, VersR 2004, 362, 363 = r+s 2004, 136; OLG Hamm, Beschl. v. 21. 7. 2004 – 20 U 121/04, r+s 2004, 445, 446.
[247] KG, Urt. v. 18. 4. 2000, NVersZ 2001, 358, 359.
[248] AG Köln, Urt. v. 18. 5. 1999, VersR 1999, 1485, 1486.
[249] OLG Düsseldorf, Urt. v. 28. 11. 2006 – 4 U 225/05, r+s 2007, 146, 147 = SpV 2007, 44.
[250] LG München I, Urt. v. 26. 10. 1990, VersR 1991, 911 (Ls.); OLG Frankfurt/M., Urt. v. 10. 4. 1991 – 7 a O 307/88: nach 35 Tagen.
[251] OLG Celle, Urt. v. 24. 4. 1997, r+s 1998, 6.
[252] OLG Hamm, Urt. v. 15. 2. 1991 – 20 U 246/90, VersR 1992, 303.
[253] LG Frankfurt/M., Urt. v. 15. 8. 2001 – 2-21 O 78/01, r+s 2002, 308.
[254] LG Düsseldorf, Urt. v. 16. 1. 2003 – 11 O 549/01, VersR 2004, 852, 853; OLG Frankfurt/M., Beschl. v. 10. 7. 2009 – 7 U 257/08, VersR 2009, 1394, 1396.
[255] OLG Frankfurt/M., Urt. v. 8. 8. 2001, VersR 2002, 599 = MDR 2002, 394.
[256] OLG Oldenburg, Beschl. v. 8. 5. 1996, VersR 1997, 302 (Ls.).
[257] OLG Köln, Urt. v. 22. 12. 1999 – 5 U 106/99, VersR 2000, 1485; OLG Hamm, Urt. v. 3. 12. 2003 – 20 U 147/03, VersR 2004, 362, 363 = r+s 2004, 136, 137.
[258] BGH, Urt. v. 29. 6. 1993 – X ZR 6/93, NJW 1993, 2811, 2812; BGH, Urt. v. 27. 5. 1999 – VII ZR 24/98, NJW 1999, 3125 = VersR 2000, 1391; OLG Frankfurt/M., Urt. v. 8. 8. 2001 – 7 U 74/00, VersR 2002, 599; OLG Hamm, Urt. v. 3. 12. 2003 – 20 U 147/03, VersR 2004, 362, 364 = r+s 2004, 136, 137.
[259] OLG Hamm, Urt. v. 3. 12. 2003 – 20 U 147/03, VersR 2004, 362, 364 = r+s 2004, 136, 137.
[260] OLG Köln VersR 2000, 1485.

61 Die Vergünstigung des § 167 ZPO entfällt ferner, wenn zwar durch eine ohne Prozesskostenvorschuss eingereichte Klage, verbunden mit einem Prozesskostenhilfegesuch, die Klagefrist gewahrt ist, der Versicherungsnehmer dann aber nicht binnen äußerstenfalls zwei Wochen nach Ablehnung des Prozesskostenhilfegesuchs den Prozesskostenvorschuss einzahlt, wobei er in diesem Fall nicht abwarten darf, ob das Gericht von sich aus den Prozesskostenvorschuss anfordert oder er Beschwerde einreicht.[261] Ebenso scheidet eine Zustellung „demnächst" i.S. des § 167 ZPO (bisher § 270 Abs. 3 ZPO) zur Wahrung der Klagefrist gemäß § 12 Abs. 3 VVG aus, wenn ein Zustellungsversehen des Gerichts mehr als vier Wochen untätig hingenommen wird[262] oder im Falle der Überlassung der Zahlung des Gerichtskostenvorschusses durch den Rechtsschutzversicherer erst nach fast sechs Monaten Nachfrage gehalten wird, ob dieser überhaupt Zahlung an die Gerichtskasse geleistet hat,[263] oder gar nicht nachgefragt wird und die Zahlung durch den Rechtsschutzversicherer erst nach 21 Kalendertagen erfolgt.[264] Anerkannt ist ferner, dass ein Kläger, der bei Fristablauf den Gerichtskostenvorschuss noch nicht eingezahlt hat, grundsätzlich gehalten ist, bei Gericht nachzufragen, wenn die gerichtliche Zahlungsaufforderung länger als drei oder vier Wochen ausbleibt.[265] Ein solches Gebot zur Nachfrage besteht in ähnlicher Weise aber auch dann, wenn nach Einreichen der Klage beim LG und – ordnungsgemäßer – Einzahlung des Vorschusses die Zustellungsnachricht ausbleibt.[266] Die Zustellung muss spätestens nach vier Monaten angemahnt werden, weil das Ausbleiben der Nachricht von der Klagezustellung so ungewöhnlich ist, dass sich der Verdacht aufdrängen muss, es sei im Geschäftsbetrieb des Gerichts ein Fehler aufgetreten.[267] Dem Kläger schaden aber nur solche Verzögerungen, die nach Ablauf der Frist des § 12 Abs. 3 VVG eingetreten sind. Maßgebend ist mithin allein eine etwaige Verzögerung zwischen Fristablauf und Zustellung der Klage.[268] Liegt eine vom Gericht zu vertretende Verzögerung der Klagezustellung vor, so

---

[261] OLG Hamm, Beschl. v. 7. 9. 1998 – 6 W 5/98, NVersZ 1999, 136 = VersR 1998, 1493, 1494 = r+s 1999, 309: Beschwerde erst nach mehr als zwei Monaten eingegangen; OLG Hamm, Beschl. v. 20. 5. 1998, r+s 1999, 138, 139: Einlegung der Beschwerde nach über 15 Monaten.
[262] OLG Hamm, Urt. v. 21. 1. 1998, VersR 1999, 435 (Ls.) = r+s 1998, 488.
[263] LG Düsseldorf, Urt. v. 16. 1. 2003 – 11 O 549/01, VersR 2004, 852, 853.
[264] OLG Brandenburg, Beschl. v. 17. 2. 2003 – 13 U 1/03, MDR 2003, 771, 772.
[265] BGH, Urt. v. 19. 10. 1977 – IV ZR 149/76, BGHZ 69, 361 = NJW 1978, 215 = VersR 1977, 1153; OLG Hamm, Urt. v. 21. 1. 1998 – 20 U 144/97, VersR 1999, 435 (Ls.) = r+s 1998, 488; BGH, Urt. v. 15. 1. 1992 – IV ZR 13/91, NJW-RR 1992, 470 = VersR 1992, 433 = r+s 1992, 109; BGH, Urt. v. 5. 2. 2003 – IV ZR 44/02, NJW-RR 2003, 599, 600 = VersR 2003, 489 = r+s 2003, 229; OLG Hamm, Urt. v. 24. 11. 2004 – 20 U 115/04, VersR 2005, 390, 391 = r+s 2005, 369, 371; BGH, Urt. v. 12. 7. 2006 – IV ZR 23/05, NJW 2006, 3206, 3207 = VersR 2006, 1518, 1519 = r+s 2006, 407, 408 = MDR 2007, 167.
[266] OLG Hamm, Urt. v. 21. 1. 1998 – 20 U 144/97, NJW-RR 1998, 1104 = VersR 1999, 435 (Ls.) = r+s 1998, 488; OLG Hamm, Urt. v. 24. 11. 2004 – 20 U 115/04, VersR 2005, 390, 391 = r+s 2005, 369, 371; OLG Düsseldorf, Urt. v. 28. 6. 2005 – I-4 U 165/04, VersR 2006, 349, 350; a. A. OLG Stuttgart, Urt. v. 11. 5. 1979 – 2 U 20/79, VersR 1980, 157; OLG Bamberg, Urt. v. 25. 9. 1997 – 1 U 202/96, OLGR Bamberg 1997, 269; OLG Frankfurt/M., Urt. v. 13. 1. 1999 – 7 U 247/97, NVersZ 2000, 429; OLG Hamm, Urt. v. 22. 3. 2002 – 30 U 182/01, NJW-RR 2002, 1508 = VersR 2003, 346.
[267] OLG Celle, Urt. v. 30. 4. 1976 – 8 U 70/75, VersR 1976, 854; KG r+s 2003, 140; OLG Hamm VersR 2005, 390, 391; OLG Düsseldorf, Urt. v. 28. 6. 2005 – I-4 U 165/04, VersR 2006, 349, 350.
[268] BGH NJW 1993, 2320; BGH NJW 1995, 2230; OLG Köln NJW-RR 2001, 21 = NVersZ 2001, 23 = r+s 2000, 404, 405; OLG Düsseldorf, Urt. v. 18. 12. 2001 – 4 U 78/01, NVersZ 2002, 357, 358 = VersR 2002, 1364 = r+s 2002, 274, 275.

ist davon auszugehen, dass die Zustellung als „demnächst" im Rechtssinne anzusehen ist.[269]

e) Teilklage. Zur Wahrung der Klagefrist des § 12 Abs. 3 VVG kann für den gesamten Anspruch die Erhebung einer Teilklage ausreichen, wenn dies aus besonderen Gründen gerechtfertigt ist. Durch die Erhebung einer Teilklage wird die Frist des § 12 Abs. 3 VVG auch für den nicht innerhalb dieser Frist geltend gemachten Teil der Forderung gewahrt, sofern die eingeklagte Forderung ausdrücklich als Teilbetrag bezeichnet ist und der Versicherer hieraus erkennen konnte, dass der Kläger auf seinem Gesamtanspruch beharrt, und sich hierauf mit seinen Rückstellungen einrichten konnte.[270] Die Frist wird aber auch dann gewahrt, wenn der Kläger nicht ausdrücklich kenntlich gemacht hat, dass er nur eine Teilklage erheben wollte, wenn sich dies indes aus den Gesamtumständen ergibt.[271] Dies soll auch gelten, wenn der Anspruchsteller irrtümlich nur einen Teil der nach seiner Vorstellung fälligen Versicherungssumme einklagt[272] oder versehentlich nur die Leistung aus der Lebensversicherung einklagt, nicht aber aus der Unfallzusatzversicherung.[273] Geholfen hat der BGH auch im Falle der Erhöhung der Klageforderung um die Versicherungssumme aus einer zweiten Unfallzusatzversicherung nach Einklagung der Versicherungssumme aus nur einer Unfallzusatzversicherung.[274] Werden aus der Berufsunfähigkeits-Zusatzversicherung Rentenrückstände innerhalb der Frist des § 12 Abs. 3 VVG geltend gemacht, ist für die Versicherer klar, dass nur ein Teilanspruch geltend gemacht wird.[275] Wird eine Klage auf Feststellung der Unwirksamkeit der Arglistanfechtung einer Risikolebensversicherung mit eingeschlossener Berufsunfähigkeits-Zusatzversicherung erhoben, ist diese Feststellungsklage an sich nicht als Teilklage im Hinblick auf eine nicht erhobene Leistungsklage anzusehen.[276] Wenn der Versicherer aber im

---

[269] BGH, Urt. v. 12. 7. 2006 – IV ZR 23/05, BGHZ 168, 306 = NJW 2006, 3206, 3207 = VersR 2006, 1518, 1519 = r+s 2006, 407, 408; OLG München, Urt. v. 4. 12. 2007 – 5 U 3524/07, NJW-RR 2008, 947, 948.

[270] KG v. 9. 6. 1961, VersR 1962, 31; OLG Bremen VersR 1966, 278; BGH, Urt. v. 20. 12. 1968 – IV ZR 529/68, NJW 1969, 696 = VersR 1969, 171, 172 = MDR 1969, 297; LG Bad Kreuznach VersR 2000, 618; BGH, Urt. v. 13. 12. 2000 – IV ZR 280/99, NJW-RR 2001, 525 = NVersZ 2001, 179 = VersR 2001, 326 = r+s 2001, 118; BGH, Urt. v. 27. 5. 2001 – IV ZR 130/00, NJW-RR 2001, 1244, 1245 = NVersZ 2001, 452 = VersR 2001, 1013, 1014 = r+s 2001, 353; zust. *van Bühren* EWiR 2001, 835, 836; BGH, Urt. v. 19. 9. 2001 – IV ZR 224/01, NVersR 2002, 58, 59 = VersR 2001, 1497, 1498 = r+s 2002, 99, 100; OLG Hamm, Beschl. v. 5. 3. 2006 – 20 U 236/05, VersR 2006, 1527; BGH, Urt. v. 11. 3. 2009 – IV ZR 224/07, VersR 2009, 772, 774.

[271] BGH, Urt. v. 13. 12. 2000 – IV ZR 280/99, NJW-RR 2001, 525 = NVersZ 2001, 179 = VersR 2001, 326 = r+s 2001, 118; BGH, Urt. v. 27. 2. 1991 – IV ZR 66/90, NJW-RR 1991, 736 = VersR 1991, 450, 451 = VerBAV 1991, 404, 405 = r+s 1991, 289 = MDR 1991, 1142; BGH, Urt. v. 13. 12. 2000 – IV ZR 280/99, NJW-RR 2001, 525 = NVersZ 2001, 179 = VersR 2001, 326 = r+s 2001, 118; BGH, Urt. v. 27. 6. 2001 – IV ZR 130/00, NJW-RR 2001, 1244, 1245 = NVersZ 2001, 452/453 = VersR 2001, 1013, 1014 = r+s 2001, 353, 354 = MDR 2001, 1240; zust. *van Bühren* EWiR 2001, 835, 836; BGH, Urt. v. 19. 9. 2001 – IV ZR 224/01, NJW-RR 2002, 88 = NVersZ 2002, 58 = VersR 2001, 1497 = r+s 2002, 99; LG Köln, Urt. v. 12. 2. 2003 – 23 O 246/02, r+s 2003, 444, 445; BGH, Urt. v. 4. 7. 2007 – IV ZR 31/06, NJW-RR 2007, 1472, 1473 = r+s 2007, 367, 368.

[272] OLG Köln, Urt. v. 12. 6. 1995, r+s 1995, 368: unberücksichtigt gebliebene Progressionsstaffel in der Unfallversicherung.

[273] OLG Hamm v. 27. 5. 1987, VersR 1988, 458.

[274] BGH, Beschl. v. 22. 9. 2004 – IV ZR 274/03, NJW-RR 2005, 34.

[275] BGH, Urt. v. 27. 2. 1991 – IV ZR 66/90, NJW-RR 1991, 736 = VersR 1991, 450 = VerBAV 1991, 404, 405 = r+s 1991, 289 = MDR 1991, 1142; OLG Frankfurt/M., Beschl. v. 6. 9. 1999 – 3 W 36/99, VersR 2000, 1135 (Ls.) = MDR 2000, 583.

[276] OLG Hamm, Urt. v. 16. 12. 2005 – 20 U 54/05, VersR 2006, 1101, 1102.

Rahmen der Feststellungsklage ausreichend sicher erkennen kann, dass sich der Kläger nicht allein gegen die Wirksamkeit der Arglistanfechtung und die daraus folgende Nichtigkeit des Versicherungsvertrages, sondern letztlich auch gegen die Leistungsablehnung des Versicherers zur Wehr setzen will, wird mit der rechtzeitig erhobenen Feststellungsklage die Frist des § 12 Abs. 3 VVG auch für die spätere an sich verfristete Leistungsklage gewahrt.[277] Eine Fristwahrung für künftige Rentenansprüche ist zu verneinen, wenn der Kläger die Klage hinsichtlich der zukünftigen Versicherungsleistungen zurücknimmt.[278] In allen anderen Fällen tritt die Verjährung ein.[279]

7. Nichteintritt der Leistungsfreiheit

63 a) **Ausgangslage.** Wenn besondere Gründe vorliegen, kann sich das LVU nicht auf Leistungsfreiheit berufen. Die Leistungsfreiheit des Versicherers gemäß § 12 Abs. 3 VVG tritt nicht ein, wenn der Versicherer durch eindeutige Erklärungen die vom ihm gesetzte Klagefrist des § 12 Abs. 3 VVG verlängert oder durch ebenso eindeutige Erklärungen auf die Rechte aus § 12 Abs. 3 VVG verzichtet hat.[280] Darüber hinaus ist es dem Versicherer verwehrt sich auf die Rechte aus § 12 Abs. 3 VVG zu berufen, wenn dies mit den Grundsätzen des § 242 BGB nicht in Einklang zu bringen ist.[281]

64 b) **Verlängerung der Klagefrist.** Die Wirkungen des § 12 Abs. 3 VVG treten nicht ein, wenn der Versicherer nach Ausspruch der Ablehnung des erhobenen Anspruchs ausdrücklich oder stillschweigend die Verlängerung der von ihm gesetzten Klagefrist des § 12 Abs. 3 VVG einräumt. Die Feststellung einer Fristverlängerung setzt allerdings voraus, dass sich die Einräumung der Fristverlängerung aus eindeutigen, unbedingten Erklärungen des Versicherers ergibt, die ggf. nach den Maßstäben der §§ 133, 157 BGB auszulegen sind.[282] Keine Fristverlängerung ist in dem in der Praxis häufig anzutreffenden Fall anzunehmen, dass sich der Versicherer nach Ausspruch der Ablehnung vom Versicherungsnehmer erhobenen Anspruchs bereit findet, die Angelegenheit zu überprüfen, wenn der Versicherungsnehmer entsprechende Unterlagen, insbesondere des behandelnden Arztes, vorlegt, aber zugleich dem Versicherungsnehmer gegenüber erklärt, dass nach den jetzt vorliegenden Unterlagen keine andere Entscheidung getroffen werden könne und es beim ausgesprochenen Rücktritt vom Vertrag bleiben müsse.[283]

65 c) **Verzicht.** Der Versicherer kann sich auf den Ablauf der Klagefrist nicht berufen, wenn er ausdrücklich oder stillschweigend auf die Rechte aus § 12 Abs. 3

---

[277] BGH, Urt. v. 4. 7. 2007 – IV ZR 31/06, NJW-RR 2007, 1472, 1473 = VersR 2007, 1209, 1210= r+s 2007, 367, 368 = MDR 2007, 1257 (Revisionsurteil zu OLG Hamm VersR 2006, 1101).
[278] LG Bad Kreuznach, Urt. v. 8. 12. 1998, VersR 2000, 618.
[279] BGH VersR 1959, 22 und NJW 1959, 241.
[280] OLG Koblenz, Beschl. v. 4. 7. 2002, NVersZ 2002, 497 = r+s 2002, 446, 447.
[281] Vgl. BGH, Urt. v. 6. 6. 1966 – II ZR 66/64, VersR 1966, 723; BGH, Urt. v. 16. 2. 2005 – IV ZR 18/04, NJW-RR 2005, 619, 620 = VersR 2005, 629, 631 = r+s 2005, 188, 189 = MDR 2005, 926 (Revisionsentscheidung zu OLG Celle, Urt. v. 18. 12. 2003 – 8 U 39/03, VersR 2004, 585).
[282] OLG Koblenz, Beschl. v. 4. 2. 1998 – 10 W 26/98, NVersZ 1999, 26 = r+s 1999, 268; OLG Koblenz, Beschl. v. 5. 3. 1999 – 10 U 371/98, VersR 2001, 445, 446 = NVersZ 2000, 422 = r+s 2001, 522; BGH, Urt. v. 19. 9. 2001 – IV ZR 224/00, VersR 2003, 99; OLG Koblenz, Beschl. v. 4. 7. 2002 – 10 W 285/02, NVersZ 2002, 497 = VersR 2003, 446 = r+s 2002, 446, 447.
[283] Vgl. OLG Koblenz, Beschl. v. 4. 7. 2002 – 10 W 285/02, NVersZ 2002, 497 = r+s 2002, 446, 447.

VVG verzichtet hat.[284] Dazu bedarf es aber der Feststellung dahingehender eindeutiger, (unbedingter) nach den Maßstäben der §§ 133, 157 BGB auszulegender Erklärungen, die einer Klageveranlassung entgegenstehen können.[285] Insoweit kommt es in der Praxis immer wieder darauf an, wie sich der Versicherer bei und nach Ablehnung des erhobenen Anspruchs verhalten hat. Für die Annahme eines Verzichts ist in der Regel kein Raum, wenn der Versicherer in jedem Stadium bei und nach Ausspruch der Ablehnung des erhobenen Anspruchs gegenüber dem Anspruchsteller unmissverständlich deutlich gemacht hat, dass es bei der Ablehnung des erhobenen Anspruchs bleibt.

Ein stillschweigender Verzicht kommt unter Umständen in Betracht, wenn der Versicherer nach erfolgter Ablehnung auf Gegenvorstellungen des Versicherungsnehmers hin zu erkennen gibt, dass er den Grund oder die Höhe des Versicherungsanspruchs noch einmal überprüfen und das Ergebnis dieser Prüfung zu gegebener Zeit mitteilen werde.[286] Stellt der Versicherer aber lediglich eine Überprüfung der Eingaben des Versicherungsnehmers in Aussicht, reicht dies ohne weitergehende Anhaltspunkte, die etwa die Absicht des Versicherers auf eine ergebnisoffene Neuprüfung indizieren könnten, nicht aus, um als konkludenter Verzicht des Versicherers auf die zuvor gesetzte Klagefrist gesehen zu werden.[287] Deutlich erkennbar ist dies für den Versicherungsnehmer, wenn der Versicherer keine Erklärung dahingehend abgibt, dass er sich im Prüfungszeitraum nicht auf die erklärtermaßen bereits abgelaufene Klagefrist berufen werde.[288] Bezeichnend hierfür ist auch der in der Praxis häufig anzutreffende Fall, dass der Versicherer nach Überprüfung der vom Versicherungsnehmer vorgelegten Unterlagen, insbesondere des Berichts des Hausarztes und nach Einblick in die Ermittlungsakte erklärt, dass der Rücktritt zu Recht erfolgt sei, und damit unmissverständlich zum Ausdruck bringt, dass es bei der von ihm getroffenen Entscheidung verbleibt.[289] Die Bereitschaft des Versicherers, den erhobenen Anspruch noch einmal zu überprüfen und weitere Ermittlungen anzustellen, ohne den eigenen Rechtsstandpunkt aufzugeben, reicht folglich für die Annahme eines Verzichts auf die Rechte aus § 12 Abs. 3 VVG nicht aus.[290] Es reicht für einen Verzicht daher nicht aus, dass der Versicherer erklärt, nach Zusendung weiterer Unterlagen in eine neue Sachprüfung einzutreten[291] oder noch Einsicht in die Ermittlungsakten nehmen

---

[284] OLG Koblenz VersR 1982, 260; OLG Hamm v. 6. 11. 1985, VersR 1987, 577; OLG Hamm v. 1. 12. 1997, r+s 1998, 315; OLG Koblenz, Beschl. v. 8. 4. 2003 – 10 U 681/02, r+s 2003, 353, 354.
[285] OLG Koblenz, Beschl. v. 4. 2. 1998 – 10 W 26/98, r+s 1999, 268; OLG Koblenz, Urt. v. 5. 3. 1999 – 10 U 371/98, VersR 2001, 445, 446 = NVersZ 2000, 422 = r+s 2001, 522; BGH, Urt. v. 19. 9. 2001 – IV ZR 224/00, r+s 2002, 99; OLG Koblenz, Beschl. v. 4. 7. 2002 – 10 W 285/02, NVersZ 2002, 497 = VersR 2003, 446 = r+s 2002, 446, 447.
[286] OLG Hamm v. 6. 11. 1985, VersR 1987, 577; OLG Karlsruhe, Beschl. v. 5. 2. 1992, VersR 1992, 1205 (Ls.).
[287] Vgl. OLG Karlsruhe VersR 2002, 426; OLG Koblenz, Beschl. v. 4. 7. 2002 – 10 W 285/02, NVersZ 2002, 497 = VersR 2003, 446 (Ls.); OLG Hamm, Urt. v. 9. 2. 2005 – 20 U 147/04, NJW-RR 2005, 621, 622 = r+s 2005, 278, 279.
[288] OLG München, Urt. v. 1. 7. 1993 – 24 U 1027/92, r+s 1993, 401; OLG Koblenz, Urt. v. 28. 12. 2001 – 10 U 529/01, NVersZ 2002, 215; OLG Koblenz, Beschl. v. 4. 7. 2002, NVersZ 2002, 497, 498 = r+s 2002, 445, 446.
[289] OLG Koblenz, Beschl. v. 4. 7. 2002, NVersZ 2002, 497 = r+s 2002, 445, 446.
[290] LG Wiesbaden, Urt. v. 17. 5. 1993 – 1 S 32/93, VersR 1994, 38, 39; OLG Karlsruhe, Urt. v. 1. 7. 1993, VersR 1994, 1093; OLG Karlsruhe, Urt. v. 12. 1. 2001 – 10 U 168/00, VersR 2002, 426/427 (Ls.).
[291] BGH VersR 1967, 1062; OLG Frankfurt/M. VersR 1983, 845, 846 m. w. Nachw.; OLG Köln v. 15. 11. 1984 – 5 U 164/84.

zu wollen oder die Übersendung eines in Auftrag gegebenen Gutachtens in Aussicht stellt[292] oder dem Versicherungsnehmer mitteilt, dass er weitere Ermittlungen zu seinen Lasten anstellen will und für die Zeit nach Abschluss dieser Ermittlungen eine abschließende Äußerung in Aussicht stellt.[293] Eine Verzichtserklärung ist des Weiteren in folgenden Fällen nicht anzunehmen: der Versicherer akzeptiert zwar nach der Ablehnung des Anspruchs die Aufnahme oder Fortführung von Verhandlungen und erklärt sich in diesen Verhandlungen bereit, die Ablehnungserklärung anhand ihm noch zu übermittelnder Unterlagen zu überprüfen und dann hierzu abschließend Stellung zu nehmen;[294] der Versicherer betont im Rahmen von Vergleichsverhandlungen in der Korrespondenz mehrfach, dass der Lauf der in Gang gesetzten Klagefrist nach § 12 Abs. 3 VVG unberührt bleibe;[295] der Versicherer erklärt sich „wegen der besonderen Härte" und „ohne hierzu rechtlich verpflichtet zu sein" bereit, aus Kulanzgründen einen Teil der verlangten Versicherungssumme zu zahlen[296] oder beruft sich auf die Rechtsfolgen einer verfristeten Klageerhebung erst in zweiter Instanz.[297]

67   d) § 242 BGB. Der Versicherer kann sich auf den Ablauf der Klagefrist des § 12 Abs. 3 VVG nicht berufen, wenn dies mit den Grundsätzen des § 242 BGB nicht in Einklang zu bringen ist. Nach Treu und Glauben kann sich der Versicherer nicht auf den Ablauf der Klagefrist des § 12 Abs. 3 VVG berufen, wenn der Versicherungsnehmer ohne Verschulden die Klagefrist versäumt hat.[298]

68   aa) Klageerhebung. Der Versicherer ist grundsätzlich nicht gehalten, dem Versicherungsnehmer bei der Erhebung der Klage behilflich zu sein oder ihm die Klageerhebung zu erleichtern, insbesondere dem anwaltlich vertretenen Versicherungsnehmer bei der Erhebung der Deckungsklage behilflich zu sein.[299] Der anwaltlich vertretene Versicherungsnehmer muss daher bei Versicherungsgruppen den richtigen Versicherer und dessen korrekte Bezeichnung in Erfahrung bringen.[300] Dies gehört zu den ureigensten Aufgaben eines Anwaltes. Denn in der Praxis ist es nahezu die Regel, dass Anwälte mit Versicherungskonzernen in Berührung kommen, die aus rechtlich selbständigen Versicherungsgesellschaften mit einer Postanschrift bestehen, deren Vorstand und Aufsichtsrat personengleich ist, und deren verselbständigte Gesellschaften dieselben Firmenbögen verwenden, auf denen in kleingedruckter Schrift sowohl die eine als auch die andere Versicherungsgesellschaft angegeben ist und aus denen lediglich durch einen Zusatz über der Unterschrift die absendende Gesellschaft zu entnehmen ist. Die Klageerhebung gegen einen falschen Versicherer wahrt die Frist des § 12 Abs. 3 VVG deshalb ebenso wenig wie diejenige gegenüber dem Versicherungsagenten oder -mak-

---

[292] OLG Hamm v. 6. 11. 1985, VersR 1987, 578.
[293] OLG Hamburg, Urt. v. 6. 5. 1992, VersR 1993, 215 (Ls.).
[294] Vgl. OLG München r+s 1993, 401; OLG Köln, Urt. v. 14. 11. 1991 – 5 U 39/91, r+s 1992, 289, 290; OLG Hamburg r+s 1992, 344, 345; OLG München, Urt. v. 1. 7. 1993, r+s 1995, 2; LG Gießen, Urt. v. 18. 2. 1994, r+s 1995, 123; OLG Frankfurt/M. v. 8. 6. 1995, NJW-RR 1996, 1431; KG, Urt. v. 2. 2. 1996 – 6 U 3524/94, VersR 1997, 433: Übersendung eines Fragebogens.
[295] OLG Hamm VersR 1978, 1035.
[296] OLG Koblenz, Beschl. v. 4. 7. 2002, NVersZ 2002, 497, 498 = r+s 2002, 446, 447.
[297] OLG Hamm, Urt. v. 16. 9. 1994, NJW-RR 1995, 729, 730 = VersR 1995, 819 = r+s 1995, 1; a. A. OLG Koblenz VersR 1982, 261.
[298] BGH, Urt. v. 8. 2. 1965, BGHZ 43, 235, 239 = NJW 1965, 1137 = VersR 1965, 425; LG Gießen, Urt. v. 18. 2. 1994, r+s 1995, 123, 124; OLG Frankfurt/M., Urt. v. 17. 11. 2004 – 7 U 82/04, VersR 2005, 389; a. A. OLG Hamburg VersR 1966, 679.
[299] OLG Hamm v. 6. 11. 1985, VersR 1987, 578.
[300] OLG Frankfurt/M., Urt. v. 8. 6. 1995 – 3 U 119/94, NJW-RR 1996, 1431 = r+s 1996, 162, 163; OLG Celle, Urt. v. 18. 12. 2003 – 8 U 39/03, NJW-RR 2004, 463, 464 = VersR 2004, 585, 586 = r+s 2004, 448, 449.

ler des richtigen Versicherers.³⁰¹ Deutlich wird dies, wenn der Versicherungsnehmer eine andere Gesellschaft verklagt, obwohl ihm gegenüber nur „sein LVU" in Erscheinung getreten ist.³⁰²

Nicht überzeugend ist es, wenn sich die in Anspruch genommene Gesellschaft 69 gemäß § 242 BGB nicht auf den Ablauf der Frist des § 12 Abs. 3 VVG berufen können soll, wenn der anwaltlich schon zum Zeitpunkt der Ablehnung vertretene Versicherungsnehmer nach Ablehnung seiner Ansprüche fristgemäß Klage erhebt, diese aber aufgrund einer aus der Verwendung der einheitlichen Firmenbögen beruhenden Verwechslung gegen die falsche Versicherungsgesellschaft richtet und das Rubrum erst nach Ablauf der Klagefrist berichtigt.³⁰³ Eine Rubrumsberichtigung soll sogar noch in der Berufungsinstanz zulässig sein, wenn statt zwei beklagten Versicherern nur ein Versicherer im Rubrum des erstinstanzlichen Urteils genannt ist.³⁰⁴ Die falsche Benennung der Partei soll ferner unschädlich sein, wenn sich aus der zwischen den Parteien gewechselten Vorkorrespondenz ergibt, wen der Kläger verklagen wollte, und er in der Klageschrift bereits die richtige Nummer des Versicherungsscheins bezeichnet hat, so dass der verklagte Versicherer von vornherein wusste, wer gemeint war.³⁰⁵

Gegen Treu und Glauben verstößt dagegen, wenn der Versicherer selbst Klage 70 gegen den Versicherungsnehmer erhebt, z. B. Rückzahlungsansprüche aus § 812 BGB einklagt.³⁰⁶ Die Berufung auf den Fristablauf wird dem Versicherer ferner versagt, wenn er zu einem Zeitpunkt, in dem er auch bei strengster Auslegung der §§ 12 VVG, 270 ZPO noch nicht mit seiner Leistungsfreiheit rechnen konnte, vom Eingang der Klageschrift zuverlässig unterrichtet worden ist.³⁰⁷

bb) Versäumung der Klagefrist. Bei der Versäumung der Klagefrist besteht 71 keine Möglichkeit der Wiedereinsetzung.³⁰⁸ Das Verschulden des Prozessbevollmächtigten wird dem Versicherungsnehmer nach § 278 BGB zugerechnet.³⁰⁹

---

³⁰¹ OLG Saarbrücken VersR 1997, 435, 436; OLG Celle, Urt. v. 18. 12. 2003 – 8 U 39/03, NJW-RR 2004, 463, 464 = VersR 2004, 585, 586 = r+s 2004, 448, 449; a. A. bei irreführenden Briefbögen *Prölss* in: Prölss/Martin, VVG, 27. Aufl., 2004, § 12 VVG Rdn. 59.
³⁰² LG Bremen, Urt. v. 8. 5. 2003 – 6 O 2108/02, VersR 2004, 227, 228 m. zust. Anm. *Otto* VersR 2004, 228.
³⁰³ So aber OLG Hamm VersR 1978, 633; OLG Hamm, Urt. v. 22. 9. 1993 – 20 U 42/93, NJW-RR 1994, 1508, 1509 = VersR 1994, 969 (Ls.); OLG Hamm r+s 1996, 89; eingehend OLG Frankfurt/M., Urt. v. 7. 1. 1998 – 7 U 236/96, VersR 1999, 1092 (Ls.) = MDR 1998, 653, 654; OLG Frankfurt/M., Urt. v. 20. 1. 1999 – 7 U 43/96, NVersZ 1999, 257, 258 = VersR 2000, 708 f. (Ls.); OLG Celle, Urt. v. 9. 10. 2003 – 8 U 256/02, NJW-RR 2004, 679, 680 = r+s 2004, 53, 54; OLG Celle, Urt. v. 18. 12. 2003 – 8 U 39/03, NJW-RR 2004, 463, 464 = VersR 2004, 585, 586; OLG Saarbrücken, Urt. v. 1. 12. 2004 – 5 U 244/02 – 22, NJW-RR 2005, 540, 541 = VersR 2005, 533, 534; *Baumbach/Lauterbach/Albers/Hartmann*, ZPO, 67. Aufl., 2009, § 253 ZPO Rdn. 23; *Gruber* in: Berliner Komm. z. VVG, 1999, § 12 VVG Rdn. 99; *Prölss* in: Prölss/Martin, VVG, 27. Aufl., 2004, § 12 VVG Rdn. 59; *Römer* in: Römer/Langheid, VVG, 2. Aufl., 2003, § 12 VVG Rdn. 65; *Thomas/Putzo*, ZPO, 30. Aufl., 2009, § 253 ZPO Rdn. 7; a. A. OLG Frankfurt/M. v. 8. 6. 1995, NJW-RR 1996, 1431 = r+s 1996, 162, 164 bei anwaltlicher Vertretung vor Klageerhebung.
³⁰⁴ BGH, Urt. v. 3. 4. 1996 – VIII ZR 54/95, NJW 1996, 2100, 2101 = VersR 1996, 752 = WM 1996, 1817, 1818.
³⁰⁵ LG Lüneburg v. 2. 7. 1982 – 8 O 59/82; vgl. ferner OLG Hamm v. 30. 5. 1990, NJW-RR 1991, 188; LG Marburg, Urt. v. 24. 9. 1992, VersR 1993, 1424; OLG Hamm v. 16. 10. 1998, NJW-RR 1999, 469 = NVersZ 1999, 162; OLG Köln, Urt. v. 7. 3. 2007 – 5 U 164/06, VersR 2007, 1353.
³⁰⁶ LG Saarbrücken, Urt. v. 2. 2. 1996, VersR 1997, 173.
³⁰⁷ BGH VersR 1967, 550; OLG Hamm VersR 1971, 633 und VersR 1984, 751.
³⁰⁸ AG Bonn, Urt. v. 3. 8. 2005 – 9 C 725/04, r+s 2006, 12 = SpV 2005, 89.
³⁰⁹ AG Bonn, Urt. v. 3. 8. 2005 – 9 C 725/04, r+s 2006, 12, 13 = SpV 2005, 89, 90.

Eine Berufung auf den Ablauf der Klagefrist ist aber dem Versicherer nach den Grundsätzen von Treu und Glauben verwehrt, wenn der Versicherer durch sein Verhalten gegenüber dem Versicherungsnehmer den Eindruck erweckt, er werde sich auf den Ablauf der Frist nicht berufen.[310] Dies ist aber auch dann der Fall, wenn der Versicherer den Versicherungsnehmer in anderer Weise davon abhält, seine Ansprüche fristgerecht gerichtlich zu verfolgen oder wenn er den Versicherungsnehmer hinsichtlich des Laufs der Frist verwirrt hat.[311]

72 Wenn der Versicherer dem Versicherungsnehmer im Anschluss an die nach § 12 Abs. 3 VVG gebotene Rechtsfolgenbelehrung mitteilt, er sei bei Vorlage bestimmter Unterlagen zu einer erneuten Prüfung seiner Leistungspflicht bereit, ist der Versicherer daran selbst dann gebunden, wenn die Unterlagen erst nach Ablauf der Klagefrist eingereicht werden.[312] In dem vom OLG Düsseldorf[313] entschiedenen Fall lautete die Mitteilung wie folgt: „Sollte die LVA positiv über ihren Rentenantrag entscheiden und Ihnen Erwerbsunfähigkeitsrente gewähren, würden wir selbstverständlich erneut prüfen, ob eine Berufsunfähigkeit im Sinne der Bedingungen vorliegt." Dies ist in der Tat zu wenig, um beim Versicherungsnehmer den Eindruck hervorzurufen, er habe die Fristsetzung ernst zu nehmen. Treuwidrig ist es denn auch, wenn der Versicherer in Verhandlungen gegenüber dem Versicherungsnehmer den Eindruck erweckt hat, die Ablehnung des Versicherungsschutzes und die damit verbundene Fristsetzung seien hinfällig geworden, er wolle ggf. nach einer erneuten Prüfung völlig neu entscheiden,[314] oder mit der Erhebung der Klage könne noch zugewartet werden.[315] Dieser Eindruck wird vom Versicherer nicht erweckt, wenn er nach Ablehnung des erhobenen Anspruchs den Versicherungsnehmer an die Übermittlung von vom Versicherungsnehmer angebotenen Unterlagen erinnert und den Versicherungsnehmer zugleich daran erinnert, dass es bei Nichtvorlage der Unterlagen bei der Ablehnungsentscheidung bleiben müsse.[316]

73 Gegen Treu und Glauben verstößt es ferner, wenn der Versicherer den Versicherungsnehmer durch sein Verhalten, möglicherweise auch unbeabsichtigt, davon abgehalten hat, fristgerecht Klage zu erheben.[317] Hierzu rechnen vom Versicherer selbst hervorgerufene Unklarheiten, die zur Fristversäumung beigetragen haben[318] oder eine missverständliche Auskunft des Versicherers über den Lauf der

---

[310] BGH, Urt. v. 22. 6. 1988 – IV a ZR 25/87, VersR 1988, 1013; BGH, Urt. v. 8. 6. 2005 – IV ZR 225/04, NJW-RR 2005, 1341 = VersR 2005, 1225, 1226 = r+s 2005, 451, 452 = MDR 2006, 91 = JZ 2006, 419, 420; OLG Koblenz, Urt. v. 31. 3. 2006 – 10 U 99/04, NJW-RR 2006, 1465, 1466.

[311] BGH, Urt. v. 8. 6. 2005 – IV ZR 225/04, NJW-RR 2005, 1341 = VersR 2005, 1225, 1226 = MDR 2006, 91 = r+s 2005, 451, 452 = JZ 2006, 419, 420.

[312] OLG Jena, Urt. v. 3. 3. 1999 – 4 U 1417/97, VersR 2001, 358; OLG Düsseldorf, Urt. v. 10. 2. 2004 – 4 U 146/03, r+s 2004, 450 = SpV 2004, 75, 76; *Römer* in: Römer/Langheid, VVG, 2. Aufl., 2003, § 12 VVG Rdn. 87.

[313] OLG Düsseldorf, Urt. v. 10. 2. 2004 – 4 U 146/03, r+s 2004, 450 = SpV 2004, 75, 76.

[314] BGH NJW-RR 1988, 1372 = VersR 1988, 1013 = r+s 1988, 283; OLG Karlsruhe VersR 1992, 1205, 1206; LG Memmingen, Urt. v. 8. 10. 1997, r+s 1998, 452; OLG Hamm, Urt. v. 1. 12. 1997, r+s 1998, 315, 316; OLG Jena, Urt. v. 3. 3. 1999 – 4 U 1417/97, VersR 2001, 358 = r+s 2002, 169; OLG Düsseldorf, Urt. v. 11. 7. 2000 – 4 U 80/99, NJW-RR 2001, 1039 = NVersZ 2001, 229 = r+s 2001, 99.

[315] OLG Koblenz, Beschl. v. 4. 7. 2002, NVersZ 2002, 497 = r+s 2002, 446, 447.

[316] Vgl. OLG Koblenz, Beschl. v. 4. 7. 2002, NVersZ 2002, 497 = r+s 2002, 446, 447.

[317] BAG BB 1959, 305; BGH VersR 1961, 595; OLG Hamm v. 6. 11. 1985, VersR 1987, 577; LG Memmingen v. 8. 10. 1997, r+s 1998, 452.

[318] OLG Hamm VersR 1982, 867.

Frist, die den Versicherungsnehmer nachträglich in Verwirrung gebracht hat.[319] In diesem Fall verlängert sich die Klagefrist bis zur erneuten Ablehnung zuzüglich einer kurzen angemessenen Überlegungsfrist,[320] die in aller Regel mit maximal zwei Wochen anzusetzen ist.[321] Falsche Erklärungen des Versicherungsagenten hinsichtlich der Möglichkeiten der Klageerhebung muss sich der Versicherer allerdings nicht zurechnen lassen.[322]

VI. Streitwert

1. Feststellungsklage

Der Streitwert einer Klage auf Feststellung, dass eine Lebensversicherung auf den Todes- oder Erlebensfall durch Rücktritt oder Anfechtung des Versicherers nicht beendet worden ist und fortbesteht, bestimmt sich nach der Versicherungssumme – ggf. zuzüglich anteilig anzusetzender Überschussanteile – unter Abzug eines Feststellungsabschlags von 20%.[323] Maßstab für die Wertberechnung ist der Unterschied zwischen dem Kapitalwert der beitragspflichtigen und dem der beitragsfreien Versicherung, wenn Streit darüber besteht, ob der Versicherer das Versicherungsverhältnis nach § 39 VVG rechtswirksam gekündigt und sich die Versicherung nach § 175 VVG in eine beitragsfreie Versicherung umgewandelt hatte.[324] Ist Streitgegenstand der Feststellungsklage das Fortbestehen des Versicherungsvertrages für die Zeit nach der Kündigung, wird der Wert eines solchen Feststellungsstreits durch die Höhe der Versicherungsprämie bestimmt, wenn die Höhe der Versicherungsleistung nicht summenmäßig feststeht.[325] Bei einer längeren Vertragsdauer ist die dreieinhalbfache Jahresprämie maßgebend.[326] Geht es um die Feststellung, dass der Versicherer nach Ablauf von 46 bzw. 48 Jahren eine um voraussichtlich rund 128 000,00 DM höhere Ablaufleistung zu erbringen hat, ist zur Bemessung des Streitwerts das gegenwärtige wirtschaftliche Interesse an der Feststellung maßgeblich, das durch bankübliche Abzinsung des in Zukunft erwarteten Betrags zu ermitteln ist.[327]

Wird mit dem Klageantrag die beitragsfreie Fortführung einer Lebensversicherung begehrt, bemisst sich der Streitwert nach den ersparten Versicherungsbeiträgen.[328] Kann der Versicherungsfall vor Ablauf der Versicherung eintreten, ist vom 3,5-fachen Jahresbeitrag auszugehen.[329] Dieser Betrag ist nicht um 20% zu kürzen, da es sich insoweit um eine negative Feststellungsklage handelt.[330]

Für die Feststellungsklage auf Bestehen einer Berufsunfähigkeitszusatzversicherung, hinsichtlich der ungeklärt ist, ob bereits Berufsunfähigkeit eingetreten ist, ist

---

[319] OLG Düsseldorf VersR 1969, 607.
[320] OLG Frankfurt/M. VersR 1983, 845, 846; LG Gießen v. 18. 2. 1994, r+s 1995, 123.
[321] OLG Koblenz VersR 1975, 79, 80; OLG Frankfurt/M. VersR 1983, 845, 846; OLG Köln, Urt. v. 14. 11. 1991 – 5 U 39/91, r+s 1992, 289, 290; OLG Hamburg r+s 1992, 344, 346; LG Gießen v. 18. 2. 1994, r+s 1995, 123.
[322] Vgl. KG, Beschl. v. 9. 12. 2003 – 6 W 289/03, VersR 2004, 1032, 1033 = r+s 2004, 491, 492.
[323] Vgl. BGH, Beschl. v. 12. 2. 1992 – IV ZR 241/91, NJW-RR 1992, 608, BGH v. 23. 7. 1997, NJW-RR 1997, 1562.
[324] OLG Düsseldorf, Beschl. v. 29. 10. 1986 – 4 W 75/86.
[325] BGH, Beschl. v. 11. 10. 2000 – IV ZR 177/00, VersR 2001, 492, 493.
[326] BGH, Beschl. v. 11. 10. 2000 – IV ZR 177/00, VersR 2001, 492, 493.
[327] OLG Frankfurt/M., Beschl. v. 20. 10. 2000 – 7 U 20/00, VersR 2002, 913: Streitwert 15 000,00 DM.
[328] KG, Beschl. v. 11. 12. 1998 – 6 W 8735/98, NVersZ 1999, 165.
[329] KG, Beschl. v. 11. 12. 1998 – 6 W 8735/98, NVersZ 1999, 165.
[330] KG, Beschl. v. 11. 12. 1998 – 6 W 8735/98, NVersZ 1999, 165.

die Beschwer mit 50% des für eine Leistungsklage maßgeblichen Werts anzusetzen.[331] Hinsichtlich der Unfallzusatzversicherung ist ein Wert von 10% der Versicherungssumme angemessen.[332] Der Streitwert einer Klage auf Feststellung des Fortbestehens einer Risikolebensversicherung beläuft sich regelmäßig auf 20% der Versicherungssumme.[333] Geht es um den Fortbestand einer fondsgebundenen Lebensversicherung, ist dem Streitwert die Mindesttodesfallsumme zugrunde zu legen.[334] Kann die Erlebensfallleistung nicht beziffert werden, fließen in die Berechnungsgrundlage für den Streitwert weitere 20% der Mindesttodesfallsumme ein.[335] Der so ermittelte Gesamtbetrag ist um 20% zu kürzen.[336]

2. Leistungsklage

77 Wird auf Herausgabe von zwei Versicherungspolicen mit Versicherungssummen über 40 000,00 DM und 35 000,00 DM geklagt, ist der Streitwert nach § 3 ZPO auf ⅓ der Versicherungssumme zu bestimmen und nach § 5 ZPO zusammenzurechnen.[337]

3. Nichtzulassungsbeschwerde

78 Der Rückkaufswert einer als Sicherheit abgetretenen Lebensversicherung ist nach dem Grundsatz des Additionsverbots bei wirtschaftlicher Einheit bei der Berechnung des Beschwerdewerts nach § 26 Nr. 8 EGZPO nicht zu berücksichtigen, wenn die Sicherheit nicht neben der Darlehensforderung geltend gemacht wird, sondern lediglich der Realisierung des Zahlungsanspruchs dient und damit wirtschaftlich von der Hauptforderung abhängig ist.[338]

VII. Erstattung Rechtsanwaltskosten

79 Eine Prozesspartei ist im Rahmen der zweckentsprechenden Rechtsverfolgung oder Rechtsverteidigung (§ 91 Abs. 1 Satz 1 ZPO) im Allgemeinen befugt, einen Anwalt heranzuziehen, der in der Nähe ihres Wohn- oder Geschäftsorts niedergelassen ist.[339] Etwas anderes gilt allerdings dann, wenn es sich bei der Prozesspartei um ein Unternehmen handelt, das über eine eigene, die Sache bearbeitende Rechtsabteilung verfügt.[340]

---

[331] BGH, Beschl. v. 11. 7. 1990 – IV ZR 100/90, NJW-RR 1990, 1361; BGH, Beschl. v. 12. 2. 1992 – IV ZR 241/91, NJW-RR 1992, 608.
[332] BGH, Beschl. v. 12. 2. 1992 – IV ZR 241/91, NJW-RR 1992, 608; LG Dortmund, Urt. v. 22. 3. 2007 – 2 O 425/06, NJW-RR 2007, 1040, 1041.
[333] BGH NJW-RR 1997, 1562; BGH, Urt. v. 13. 12. 2000 – IV ZR 279/99, VersR 2001, 601; OLG Hamm, Beschl. v. 14. 2. 2001 – 20 W 29/99, SpV 2005, 21.
[334] KG, Beschl. v. 11. 12. 1998 – 6 W 8735/98, NVersZ 1999, 165.
[335] KG, Beschl. v. 11. 12. 1998 – 6 W 8735/98, NVersZ 1999, 165.
[336] KG, Beschl. v. 11. 12. 1998 – 6 W 8735/98, NVersZ 1999, 165.
[337] LAG Stuttgart, Beschl. v. 18. 10. 2001, VersR 2002, 913: Streitwert 25 000,00 DM.
[338] OLG Hamburg MDR 1962, 60; OLG München, Beschl. v. 3. 5. 1968 – 13 U 1614/67, MDR 1968, 769; BGH, Beschl. v. 11. 4. 2006 – XI ZR 199/04, NJW-RR 2006, 997 = MDR 2006, 1257, 1258.
[339] OLG Koblenz, Beschl. v. 1. 3. 2006 – 14 W 115/06, VersR 2007, 1580.
[340] OLG Koblenz, Beschl. v. 1. 3. 2006 – 14 W 115/06, VersR 2007, 1580; OLG Koblenz, Beschl. v. 2. 5. 2006 – 14 W 300/06, VersR 2007, 1580, 1581.

Anhang der AVB zur Kündigung und Beitragsfreistellung[1] Ihrer Versicherung[2]

Die Kündigung oder die Beitragsfreistellung Ihrer Versicherung ist mit Nachteilen verbunden. Im Falle einer Kündigung erreicht der Rückkaufswert erst nach einem bestimmten Zeitpunkt die Summe der eingezahlten Beiträge, da aus diesen auch Abschluss- und Vertriebskosten sowie Kosten für die Verwaltung des gebildeten Kapitals finanziert werden und der in den AVB erwähnte Abzug erfolgt.[3] Bei seiner Kalkulation werden folgende Umstände berücksichtigt:[4]

Veränderungen der Risikolage

Die Kalkulation von Versicherungsprodukten basiert darauf, dass die Risikogemeinschaft sich gleichmäßig aus Versicherungsnehmern mit einem hohen und einem geringeren Risiko zusammensetzt. Da Personen mit einem geringen Risiko die Risikogemeinschaft eher verlassen als Personen mit einem hohen Risiko, wird in Form eines kalkulatorischen Ausgleichs sichergestellt, dass der Risikogemeinschaft durch die vorzeitige Vertragskündigung kein Nachteil entsteht.

Ausgleich für kollektiv gestelltes Risikokapital

Wir bieten Ihnen im Rahmen des vereinbarten Versicherungsschutzes Garantien und Optionen. Dies ist möglich, weil ein Teil des dafür erforderlichen Risikokapitals (Solvenzmittel) durch den Versichertenbestand zur Verfügung gestellt wird. Bei Neuabschluss eines Vertrages partizipiert dieser an bereits vorhandenen Solvenzmitteln. Während der Laufzeit muss der Vertrag daher Solvenzmittel zur Verfügung stellen. Bei Vertragskündigung gehen diese Solvenzmittel dem verbleibenden Bestand verloren und müssen deshalb im Rahmen des Abzugs ausgeglichen werden. Der interne Aufbau von Risikokapital ist regelmäßig für alle Versicherungsnehmer die günstigste Finanzierungsmöglichkeit für Optionen und Garantien, da eine Finanzierung über externes Kapital wesentlich teurer wäre.

Im Falle der Beitragsfreistellung gelten vorstehende Ausführungen entsprechend.

Sofern Sie uns nachweisen, dass die dem Abzug zugrunde liegenden Annahmen in Ihrem Fall entweder dem Grunde nach nicht zutreffen oder der Abzug wesentlich niedriger zu beziffern ist, entfällt der Abzug bzw. wird – im letzteren Falle – entsprechend herabgesetzt.

---

[1] Bei Riesterprodukten ist der Begriff „Beitragsfreistellung" durch den Begriff „Ruhenlassen" zu ersetzen.

[2] Dieser Anhang ist für die Versicherer unverbindlich; seine Verwendung ist rein fakultativ. Abweichende Formulierungen können verwendet werden.

[3] Ggf. unternehmensindividuell modifizieren.

[4] Die folgenden Ausführungen sind unternehmensindividuell anzupassen, sofern ein Abzug auch aus anderen Gründen oder aus nicht allen dort genannten Gründen erfolgt.

B. Allgemeine Bedingungen für die Berufsunfähigkeits-Zusatzversicherung (BUZ 2008)

Vorbemerkung

Übersicht

	Rdn.
I. Rechtsentwicklung	1–11
II. Sinn und Zweck der Berufsunfähigkeits-Zusatzversicherung	12, 13
1. Abgrenzung	12
2. Sinn und Zweck der BUZ	13
III. Tarifformen	14, 15
IV. Unfall-BUZ-Klausel	16
V. Sonderklauseln zu § 2 BUZ	17–39
1. Allgemeines	17
2. Sonderklauseln	18–39
a) Beamtenklausel	18
aa) Fassung	18, 19
bb) Zweck	20
cc) Geltungsbereich	21
dd) Regelungsgehalt	22
ee) Dienstunfähigkeit	23
ff) Nachprüfungsverfahren	24
gg) Trunksucht	25
b) Ärzteklausel	26, 27
c) Fluguntauglichkeitsklausel	28
aa) Ziviler Bereich	28
bb) Militärischer Bereich	29, 30
d) Seedienstuntauglichkeitsklausel	31
e) Erwerbsunfähigkeitsklausel	32–34
f) Tätigkeitsklausel	35
g) Inlandsklausel	36
h) Auslandsklausel	37
i) Altersklausel	38, 39
VI. Ausschlussklauseln zu § 2 BUZ	40–49
1. Allgemeines	40
2. Augenklausel	41–44
3. Bandscheibenklausel	45–48
4. Weitere Ausschlussklauseln	49
VII. Österreichische BUZ (Ö-BUZ)	50
VIII. Produkt- und Unternehmensrating	51–53
1. Produktrating	51, 52
2. Unternehmensrating	53

AuVdBAV: VerAfP 1936, 59 (Musterbedingungen für die Invaliditäts-Zusatzversicherung); GB BAV 1963, 35 (Gesundheitsprüfung in der BUZ); GB BAV 1963, 35 (Begrenzung der Zusatzversicherungen); VerBAV 1964, 34 (Musterbedingungen für die BUZ); VerBAV 1965, 101 (R 5/65 v. 12. 4. 1965 – BUZ); GB BAV 1968, 48 (Beitragszahlungsdauer); GB BAV 1969, 53 (Überschussbeteiligung in der BUZ zu Kapitalversicherungen); GB BAV 1969, 53 (Überschussbeteiligung in der BUZ zu Kapitalversicherungen); GB BAV 1969, 54 (Mindest-Eintrittsalter für die BUZ); VerBAV 1970, 208, 210 (Musterbedingungen für die BUZ); GB BAV 1971, 51 (Umstellung der BUZ und anderer Zusatzversicherungen auf die Sterbetafel 1967); GB BAV 1974, 45 und VerBAV 1975, 2, 102 (Musterbedingungen für die BUZ); VerBAV 1975, 58 (Beginn der Leistungspflicht aus der BUZ); GB BAV 1977, 50 (BUZ mit Umtauschrecht, Berufsunfähigkeits-Versicherung für Studenten und Auszubildende); VerBAV 1978, 48 (Neufassung mit der gesetzlichen Rentenversicherung); GB BAV 1978, 49 (Versicherung der Berufsunfähigkeit bei Risikoversicherungen); GB BAV 1978, 49 (BUZ zu Kapitalversicherungen auf verbundene Leben); GB BAV 1979, 53 (BUZ mit abgekürzter Versicherungs- und Beitragszahlungsdauer); VerBAV 1981, 327 (Unzulässigkeit von Facharztklauseln in der BUZ); GB BAV 1981, 54 (Berufsklauseln in der BUZ); GB BAV 1981, 56 (Rechnungsmäßige Abschlusskosten bei der BUZ); VerBAV 1981, 276 (AVB für die Lizenzverlustversicherung von Luftfahrern); GB BAV 1982, 57 (Umtausch einer Risikoversicherung mit BUZ; Befreiende Lebensversicherung nach dem Künstlersozialversicherungsgesetz, Sonderklausel zu § 2 BUZ); GB BAV 1983, 55 (Beginn der Leistungspflicht in der BUZ); VerBAV 1984, 2, 232 (BUZ 84); VerBAV 1984, 152 (Musterbedingungen für die BUZ); VerBAV 1984, 214 (Geschäftsplan für die BUZ); GB BAV 1984, 56 (Überschussbeteiligung bei Berufsunfähigkeits-Zusatzversicherungen); GB BAV 1984, 57 (Berufsunfähigkeitsversicherungen mit reduzierten Leistungsumfang); GB BAV 1984, 57 (Kapitalleistung bei der BUZ nach langjähriger Berufsunfähigkeit); VerBAV 1987, 274 (BUZ und BV mit abgekürzter Versicherungs- und Beitragszahlungsdauer); VerBAV 1987, 329 (Erweiterung der Berufsunfähigkeits-Zusatzversicherungen [BUZ]) -- Besondere Leistungen bei Berufsunfähigkeit durch Unfall (Unfall-BUZ); VerBAV 1987, 475 (Geschäftsplan für die BUZ); VerBAV 1987, 480 (Erweiterung der BUZ-Musterbedingungen für die Unfall-BUZ); VerBAV 1990, 301 (Neue Rechnungsgrundlagen in der BV); VerBAV 1990, 341 (Geschäftsplan für die BUZ); VerBAV 1990, 347 (Bedingungen für die BUZ); VerBAV 1993, 139 (Mustergeschäftspläne für die Pflegerenten- und Berufsunfähigkeits-(Zusatz-)Versicherung); VerBAV 2000, 111 (Pauschaler Abschlag bei der Reservierung der Schadenrückstellung Berufsunfähigkeits-Zusatzversicherung); VerBAV 2002, 195 (Zuordnung einer Sportinvaliditätsversicherung zur Sparte Leben).

Schrifttum: *Carus,* Die Berufsunfähigkeits-Zusatzversicherung, VW 1964, 475, 518; *Claus,* Der Geschäftsplan für die Berufsunfähigkeits-Versicherung als Einzelversicherung, VerBAV 1984, 45; *Courant,* Sichtinvaliditätsprobleme aus der Sicht des Versicherers, Lebensversicherungsmedizin 1975, 95; *derselbe,* Die Verweisungsklausel in der Berufsunfähigkeitsversicherung, VW 1980, 1209; *Dahmen,* Variationen über das Thema Erwerbsunfähigkeits-Zusatzversicherung, VW 1998, 1266; *Deuffer,* Zum Einschluss des Invaliditätsrisikos in der Lebensversicherung, VW 1965, 913; *Eich,* Der Begriff der Berufsunfähigkeit, VW 1984, 637; *Franke,* Rating von Berufsunfähigkeitsversicherungen im Wandel, AssCompact 2004, 24; *Gerlach,* Die Verwendung von Klauseln in der Berufsunfähigkeitsversicherung, VerBAV 1984, 125; *Glissmann/Schulz,* Marktstandards in der Berufsunfähigkeits-Zusatzversicherung (BU), VW 2004, 685; *dieselben,* Marktstandards in der Berufsunfähigkeits-(Zusatz-)Versicherung: Ein Jahr danach und Ausblick – Vergleich Deutschland-Österreich, VW 2005, 601; *Herde,* Rechnungsgrundlagen bei Zusatzversicherungen gegen Einmalbeitrag bzw. bei fallenden Leistungen, VerBAV 1971, 263; *derselbe,* Der Geschäftsplan für die Berufsunfähigkeits-Zusatzversicherung, VerBAV 1975, 314; *derselbe,* Der Geschäftsplan für die Berufsunfähigkeits-Zusatzversicherung, VerBAV 1985, 100; *derselbe,* Der Geschäftsplan für die Berufsunfähigkeits-Zusatzversicherung, VerBAV 1990, 453; *Holzwarth,* Berufsunfähigkeit im Wandel, VW 1991, 374; *Hütwohl,* Versicherungsmedizinische Erfahrungen zur Berufsunfähigkeits-Zusatzversicherung, ZVersWiss 1968, 143; *Klauser,* Die Begriffe Invalidität, Berufsunfähigkeit, Erwerbsminderung in der sozialen Rentenversicherung und in der privaten Lebens- und Unfallversicherung, Lebensversicherungsmedizin 1958, 1; *Koch,* Neue Rechnungsgrundlagen in der Berufsunfähigkeitsversicherung, VW 1990, 868; *Kolster/Loebus/Mörtlbauer,* Neue Rechnungsgrundlagen für die Berufsunfähigkeitsversicherung DAV 1997, Blätter der DGVM, Bd. XXIII/4, 1998, S. 519; *Neuhaus,* Die Berufsunfähigkeitsversicherung – Neues VVG, Perspektiven, Prognosen, r+s 2008, 449; *Perret,* Zur gutachtlichen Beurteilung in der Berufsunfähigkeits-Zusatzversicherung, Lebensversicherungsmedizin 1978, 69; *Raestrup,* Neue Beobachtungen bei Berufsunfähigkeit in der Privatversicherung, Lebensversicherungsmedizin 1980, 48; *Richter,* Berufsunfähigkeitsversicherung, Eine vergleichende Darstellung der privaten Berufsunfähigkeitsversicherung und der Berufs- und Erwerbsunfähigkeitsversicherung in der gesetzlichen Rentenversicherung, Karlsruhe 1987; *Rupprecht,* Neue Rechnungsgrundlagen für die Berufsunfähigkeitsversicherung, Blätter der DGVM, Bd. XIX/4, 1990; *Sachs,* Technische Fragen der Lebensversicherung heute und morgen,

VW 1964, 366; *Schulz*, BUZ: Eingebaute Missverständnisse – Der Bedingungswettbewerb in der Berufsunfähigkeits-Zusatzversicherung (BUZ) unter Berücksichtigung rechtlicher Aspekte, VW 1999, 228; *Schulz/Hamacher/Glissmann*, BU(Z) – Der Bedingungswettbewerb geht weiter, VW 2001, 1765; *Schwarze*, Entwicklung und Ergebnisse der Sozialversicherungsmedizin auf dem Gebiet der Berufsunfähigkeit, ZVersWiss 1968, 171; *Stalinsky*, Die Musterbedingungen für die Berufsunfähigkeits-Zusatzversicherung und für die Berufsunfähigkeits-Versicherung, VerBAV 1990, 548; *Tanner/Fessel/Pfenninger*, Internationale Erfahrungen des Versicherungsmediziners mit der Berufsunfähigkeit in Gegenüberstellung zur Lebensversicherung, in Frankfurter Vorträge zum Versicherungswesen, Heft 1, S. 24; *Vogt*, Berufsunfähigkeit als Voraussetzung der Berufsunfähigkeits-Zusatzversicherung, ZfV 1965, 482.

I. Rechtsentwicklung

1   Die Versicherungsbedingungen unterschieden sich anfangs erheblich. So verlieh man dem Versicherungsschutz sowohl den Charakter einer Summen- als auch Schadenversicherung. Die zuletzt genannte Rechtsnatur lag vor, wenn die Leistungsvoraussetzungen erst bei Eintritt einer durch Krankheit hervorgerufenen konkreten Verringerung des beruflichen Einkommens gegeben waren. So lautete beispielsweise eine frühere Definition:[1]

> „Der Invaliditätsfall gilt als eingetreten, wenn die Berufsunfähigkeit infolge Krankheit, Körperverletzung und Kräfteverfall voraussichtlich dauernd, vermutlich aber mindestens für die Dauer eines Jahres, wenigstens um 10% herabgesetzt (Teil-Invalidität) oder voll eingebüßt ist (Voll-Invalidität). Das gilt als nachgewiesen, wenn das Berufsarbeitseinkommen infolge Krankheit, Körperverletzung oder Kräfteverfall mindestens um 10% herabgemindert (Teil-Invalidität) oder voll eingebüßt ist (Voll-Invalidität)."

2   Das Reichsaufsichtsamt für das Versicherungswesen vereinheitlichte im Jahre 1936 die vielfältigen Versicherungsbedingungen.[2] Der Versicherungsfall wurde in diesen Normativbedingungen wie folgt definiert:

> „Erwerbsunfähigkeit (Invalidität) liegt vor, wenn der Versicherte durch ärztlich nachweisbare Krankheit, Körperverletzung oder Kräfteverfall außerstande ist, seinen Beruf oder eine andere Tätigkeit, die ähnliche Ausbildung und gleichwertige Kenntnisse und Fähigkeiten voraussetzt, auszuüben.
> Beitragsfreiheit und Rente werden gewährt, wenn der Versicherte im Sinne von Absatz 1 voraussichtlich dauernd oder auf mindestens ein Jahr ganz oder teilweise erwerbsunfähig ist."

3   Bei einer solchen Definition handelt es sich um eine Summenversicherung, da losgelöst von den wirtschaftlichen Folgen der Erkrankung ein abstrakter Versorgungsbedarf versichert ist.

4   Ferner wird darin der Versicherungsfall als Erwerbsunfähigkeit (Invalidität) bezeichnet, obwohl keine inhaltliche Übereinstimmung mit diesem auch in der Sozialversicherung verwendeten Begriff besteht. Es ist nämlich im Gegensatz zu der dortigen Regelung nicht erforderlich, dass der Versicherte zur Ausübung jeglicher beruflicher Tätigkeit außerstande ist. Es genügt bereits, wenn er aufgrund seiner Erkrankung gehindert ist, seinen Beruf und einen bestimmten Kreis von Ersatztätigkeiten auszuüben.

5   Eine solche Definition des Versicherungsfalles stellt einen Mittelweg zwischen einer Erwerbsunfähigkeits- und reinen Berufsunfähigkeitsversicherung dar. Die späteren Bedingungsänderungen behielten diese Struktur bei. Aus diesem Grund orientiert sich die Bearbeitung von Leistungsfällen aus älteren Versicherungsverträgen, denen noch diese ersten Normativbedingungen zugrunde liegen, im Wesentlichen an den derzeit vorzunehmenden Prüfungen.[3]

---

[1] Alfred Manes, Versicherungswesen, Personalversicherung, 3. Band, 1932, 137 u. 138.
[2] VerAfP 1936, 59.
[3] *Hirschberg* Versicherungskaufmann 1986, 123.

Im Jahre 1964 wurden erneut Normativbedingungen entwickelt.[4] Der Begriff 6
Erwerbsunfähigkeit (Invalidität) wurde durch die Bezeichnung des Versicherungsfalles als Berufsunfähigkeit ersetzt, da er in den damaligen Versicherungsbedingungen der privaten Unfallversicherung mit einem abweichenden Inhalt verwendet worden war.[5] Ferner fand eine Anpassung des Aufbaus der neuen Bedingungen an die der Unfall-Zusatzversicherung statt.

Im Jahre 1970 wurden diese Musterbedingungen überarbeitet. Es handelt sich 7
im Wesentlichen um redaktionelle Änderungen, welche sich auch auf die Definition der Berufsunfähigkeit erstreckten.[6]

Eine weitere Neufassung erfolgte im Jahre 1975. Es wurde erstmals das Fortbe- 8
stehen des Versicherungsschutzes geregelt, sofern der Versicherte während der Vertragsdauer aus dem Berufsleben ausscheidet.[7] Diese Ergänzung (§ 2 Abs. 4) beruht auf der Einführung des Gesetzes zur Verbesserung der betrieblichen Altersversorgung.

Im Jahre 1984 erfolgte schließlich eine inhaltliche Anpassung an die Bedingun- 9
gen für die Berufsunfähigkeits-Zusatzversicherung in der verbraucherfreundlichen Fassung.[8]

Die Musterbedingungen wurden im Jahre 1990 grundlegend überarbeitet. Die 10
Neufassung der Bedingungen berücksichtigt allein die „50%-Regelung", wobei von einem Abdruck einer überarbeiteten „Staffelregelung" abgesehen wurde, da diese in der Praxis selten vereinbart wird.[9] Der Begriff der Berufsunfähigkeit wurde auf die Pflegebedürftigkeit ausgedehnt, um eine weitere Möglichkeit der Absicherung des Pflegerisikos durch die Lebensversicherung zu schaffen.[10] Hierzu sind Regelungen zum Versicherungsumfang in § 1 BUZ und zur begrifflichen Definition der Berufsunfähigkeit in § 2 BUZ eingefügt worden.[11] § 5 BUZ stellt nunmehr klar, dass der Versicherer auch ein zeitlich begrenztes Anerkenntnis seiner Leistungspflicht im Hinblick auf die Zurückstellung der Frage der Verweisbarkeit abgeben kann.[12]

Die Punktetabellen zur Einstufung eines Pflegebedürftigen und die Beschrei- 11
bung der Pflegestufen in Abhängigkeit von der Anzahl der erreichten Punkte wurden aufgrund neuer Erkenntnisse im Jahre 1993 geändert und dementsprechend § 2 BUZ neu gefasst.[13]

II. Sinn und Zweck der Berufsunfähigkeits-Zusatzversicherung

1. Abgrenzung

Bei der Berufsunfähigkeitsversicherung handelt es sich um eine Risikoversiche- 12
rung, die im Regelfall sehr hohe Kapitalwerte absichert.[14] Von ihrer Ausgangslage her gewährt die Berufsunfähigkeits-Zusatzversicherung Versicherungsschutz für

---

[4] VerBAV 1964, 34.
[5] *Carus* VW 1964, 475.
[6] VerBAV 1970, 210.
[7] VerBAV 1975, 2 u 102.
[8] VerBAV 1984, 2.
[9] *Stalinsky* VerBAV 1990, 548, 549.
[10] *Herde* VerBAV 1999, 453, 454; *Stalinsky* VerBAV 1990, 548, 549.
[11] BAV VerBAV 1990, 341.
[12] *Stalinsky* VerBAV 1990, 548.
[13] BAV VerBAV 1993, 139.
[14] Vgl. *Kirsch*, Berufsunfähigkeit im Wandel, in: Verantwortlichkeit im Wirtschaftsrecht, Beiträge zum Versicherungs- und Wirtschaftsrecht der Schüler von Ulrich Hübner, hrsg. v. Annemarie Matusche-Beckmann und Roland Michael Beckmann, Karlsruhe, VVW, 2002, S. 95, 100.

den Fall der vorzeitigen Berufsunfähigkeit als Zusatzversicherung zu einer Kapital- oder Rentenversicherung als Hauptversicherung.[15] Die Berufsunfähigkeits-Zusatzversicherung ist eine Versicherung eigener Art, die auf der einen Seite der Lebensversicherung, andererseits der Krankenversicherung verwandt ist[16] und die wie die selbständige Berufsunfähigkeitsversicherung der Lebensversicherung zuzurechnen ist.[17] Sie ist keine Arbeitslosenversicherung, d. h., das Risiko der Arbeitslosigkeit als solches wird von dieser Versicherung nicht abgedeckt.[18] Sie ist weder eine Berufs- oder Arbeitsplatzversicherung noch eine Arbeitslosigkeits-, Verdienstausfall- oder Erwerbsunfähigkeitsversicherung.[19] Anerkannt ist, dass die Berufsunfähigkeits-Zusatzversicherung keine Schadensversicherung ist, die das Risiko eines Verdienstausfalls abdeckt,[20] entgangenen Gewinn ausgleichen[21] oder Schutz gegen Arbeitsunfähigkeit für kurze Dauer bieten soll,[22] sondern einen sozialen Abstieg des Versicherten durch Erhaltung der sozialen Stellung verhindern soll.[23] Auch wenn die LVU gezwungen sind, die Deckung gegen das Berufsunfähigkeitsrisiko juristisch in der Form von Summenversicherungen zu geben, müssen die Bedingungen so gewählt werden, dass die Deckung ihrem Charakter nach Schadenversicherung bleibt.[24]

2. Sinn und Zweck der BUZ

13   Die Berufsunfähigkeits-Zusatzversicherung bezweckt und bietet Schutz gegen Berufsunfähigkeit, d. h. den Zustand, dass ein Versicherter aus gesundheitlichen Gründen ganz oder teilweise nicht mehr in der Lage ist, seinen bisherigen Beruf

---

[15] Vgl. Mustergeschäftsplan für die BUZ, VerBAV 1984, 214.
[16] BGHZ 4, 219; BGHZ 16, 37, 44; OLG Köln, Urt. v. 8. 3. 1976 – 5 U 71/75, VersR 1976, 654.
[17] BGH, Urt. v. 5. 10. 1988 – IVa ZR 317/86, NJW-RR 1989, 89, 90 = VersR 1988, 1233; BGH, Urt. v. 5. 12. 1990 – IV ZR 13/90, NJW 1991, 1357, 1358 = VersR 1991, 289, 290; OLG Saarbrücken, Urt. v. 17. 6. 1992 – 5 U 85/91, VersR 1993, 341, 342.
[18] OLG Karlsruhe, Urt. v. 3. 5. 2005 – 12 U 326/04, VersR 2006, 59, 60.
[19] BGH, Urt. v. 17. 9. 1986 – IVa ZR 252/84, NJW-RR 1987, 276 = VersR 1986, 1113, 1115 = r+s 1987, 55 f. = MDR 1987, 214; BGH, Urt. v. 14. 6. 1989 – IVa ZR 74/88, NJW-RR 1989, 1050, 1051 = VersR 1989, 903 = r+s 1989, 268; OLG Koblenz, Urt. v. 1. 7. 1988 – 12 U 729/88; OLG Karlsruhe, Urt. v. 18. 2. 1993 – 12 U 249/92, S. 34/35; OLG Frankfurt/M., Urt. v. 20. 2. 2007 – 14 U 225/05, VersR 2007, 1358 = r+s 2008, 252, 253.
[20] LG Ulm, Urt. v. 5. 6. 1979 – 2 O 133/79, VersR 1979, 930; LG Passau v. 31. 12. 1984 – 3 O 409/83; LG München I v. 8. 3. 1984 – 30 O 21344/83; OLG Frankfurt/M., Urt. v. 30. 6. 1982 – 7 U 29/82; OLG Karlsruhe, Urt. v. 19. 5. 1982 – 12 U 190/81, VersR 1983, 281; OLG Frankfurt/M., Urt. v. 21. 11. 1985 – 15 U 107/84, VersR 1987, 349, 350.
[21] OLG Koblenz, Urt. v. 12. 2. 1993 – 10 U 1796/91, r+s 1993, 356.
[22] OLG Hamm, Urt. v. 5. 12. 1986 – 20 U 50/86, VersR 1987, 899, 900.
[23] LG Ulm, Urt. v. 5. 6. 1979 – 2 O 133/79, VersR 1979, 930; LG Hannover, Urt. v. 20. 11. 1980 – 5 O 146/80, VersR 1982, 235; LG Itzehoe v. 3. 4. 1981 – 6 O 109/79, LG Karlsruhe v. 26. 6. 1981 – 6 O 150/81; LG Regensburg v. 21. 10. 1981 – 1 O 1254/81; LG Wuppertal v. 17. 12. 1981 – 7 O 219/81; LG Düsseldorf, Urt. v. 7. 5. 1982 – 11 O 809/81, VersR 1983, 1071; LG Braunschweig v. 23. 9. 1982 – 10 O 200/82; LG Lübeck v. 12. 11. 1982 – 4 O 156/82; LG Stuttgart, Urt. v. 28. 10. 1983 – 22 O 334/83, VersR 1985, 254, 255; LG Passau v. 31. 1. 1984 – 3 O 409/83; LG München I v. 8. 3. 1984 – 3 O 21344/83; LG Frankfurt/M. v. 30. 4. 1984 – 2/18 O 144/82; LG Frankfurt/M. v. 7. 12. 1984 – 2/10 O 192/84; LG Frankfurt/M. v. 30. 4. 1984 – 2/8 O 144/82; OLG Karlsruhe, Urt. v. 19. 5. 1982 – 12 U 190/81, VersR 1983, 281; OLG Koblenz, Urt. v. 25. 5. 1984 – 10 U 1450/83, VersR 1985, 873; OLG Braunschweig v. 20. 6. 1984 – 3 U 195/82; OLG München, Urt. v. 25. 10. 1984 – 1 U 2989/84, VersR 1986, 669, 670; LG Hildesheim v. 24. 5. 1985 – 2 O 149/85.
[24] Vgl. *Courant* VW 1980, 1209.

oder einen angemessenen Vergleichsberuf auszuüben,[25] und deckt nicht nur das Risiko eines Einkommensverlustes durch Aufgabe der Berufstätigkeit aus Gründen der Krankheit, der Körperverletzung oder des Kräfteverfalls.[26] Unter dem bisherigen Beruf wird allein die Erwerbstätigkeit des Versicherten in der Ausgestaltung verstanden, in der er sie bei Eintritt des Versicherungsfalls tatsächlich ausgeübt hat,[27] wobei nicht die Ausübung eines bestimmten Berufs festgeschrieben ist, und zwar weder als Gegenstand der Versicherung noch als alleiniger Maßstab bei der Beurteilung, ob ein Vergleichsberuf noch ausübar ist.[28] Der berufliche Werdegang des Versicherten ist aber ein maßgeblicher Bewertungsfaktor.[29] Maßgebend für die Frage, ob Berufsunfähigkeit vorliegt, ist, ob die Gesundheit des Versicherten so beeinträchtigt ist, dass er weder den bisherigen noch einen angemessenen Vergleichsberuf ausüben kann.[30] Beim Vergleich zweier Berufe ist ein großzügiger Maßstab anzulegen und nicht darauf abzustellen, ob der Versicherte nunmehr eine Tätigkeit in der gleichen Branche wie vorher und bei gleicher Bezahlung ausüben kann.[31] Dabei ist darauf zu achten, dass eine Verweisung nur zumutbar ist, wenn die konkrete Lebensstellung des Versicherten auch tatsächlich gewahrt ist („seine Lebensstellung") und die vergleichbare Tätigkeit auch tatsächlich im Sinne einer „konkreten Möglichkeit" ausübbar ist.[32] Eine rein abstrakte Verweisung auf eine vergleichbare Tätigkeit ist unzulässig.[33] Andererseits muss bei der Prüfung der Frage, ob Berufsunfähigkeit überhaupt vorliegt, die Lage auf dem Arbeitsmarkt unberücksichtigt bleiben.[34] Nicht zum versicherten Risiko gehören konjunkturbedingte Schwankungen auf dem Arbeitsmarkt.[35] Zusammenfassend betrachtet ist allein der Status des Versicherungsnehmers versichert.[36]

III. Tarifformen

Bei der BUZ wird primär die Beitragsbefreiung für die Hauptversicherung versichert; zusätzlich kann noch eine Barrente mitversichert werden.[37] **14**

Aus der Zeit vor der Deregulierung sind drei spezielle Tarifformen bekannt. Bei Hauptversicherungen mit überwiegendem Todesfallcharakter kann auch die BUZ mit Rückgewähr der Beiträge im Erlebensfall abgeschlossen werden.[38] Fer- **15**

---

[25] BGH, Urt. v. 19. 11. 1985 – IV a ZR 23/84, VersR 1986, 278, 280; OLG Nürnberg, Urt. v. 1. 12. 1988 – 8 U 23/88, VersR 1989, 693.
[26] OLG Karlsruhe, Urt. v. 19. 5. 1982 – 12 U 190/81, VersR 1983, 281.
[27] OLG Frankfurt/M., Urt. v. 21. 11. 1985 – 15 U 107/84, VersR 1987, 349, 350.
[28] BGH, Urt. v. 17. 9. 1986 – IV a ZR 252/84, NJW-RR 1987, 276 = MDR 1987, 214 = VersR 1986, 1115.
[29] BGH, Urt. v. 17. 9. 1986 – IV a ZR 252/84, NJW-RR 1987, 276 = MDR 1987, 214 = VersR 1986, 1115.
[30] BGH, Urt. v. 19. 11. 1985 - IV a ZR 23/84, VersR 1986, 278, 280; OLG Hamm, Urt. v. 5. 12. 1986 – 20 U 50/86, VersR 1987, 899; OLG Nürnberg, Urt. v. 1. 12. 1988 – 8 U 23/88.
[31] LG Lübeck, Urt. v. 12. 11. 1982 – 4 O 156/82.
[32] OLG Frankfurt/M., Urt. v. 21. 11. 1985 – 15 U 107/84, VersR 1987, 349.
[33] OLG Frankfurt/M., Urt. v. 21. 11. 1985 – 15 U 107/84, VersR 1987, 349; a. A. *Eich* VW 1984, 637.
[34] OLG Stuttgart, Urt. v. 30. 6. 1976 – 6 U 56/75; BGH, Urt. v. 19. 11. 1985 – IV a ZR 23/84, VersR 1986, 278, 280; ähnlich BGH, Urt. v. 4. 4. 1984 – IV a ZR 17/83, VersR 1984, 576, 577 zu § 8 II [5] AUB.
[35] OLG Nürnberg, Urt. v. 1. 12. 1988 – 8 U 23/88.
[36] OLG Frankfurt/M., Urt. v. 21. 11. 1985 – 15 U 107/84, VersR 1987, 349; OLG Hamm r+s 1990, 355; OLG Köln, Beschl. v. 18. 12. 2007 – 5 U 177/07, VersR 2008, 950, 951; *Voit*, Berufsunfähigkeitsversicherung, 1994, Rdn. 250.
[37] *Herde* VerBAV 1990, 453, 455.
[38] *Herde* VerBAV 1990, 453, 456.

ner gibt es Tarife, die unterschiedliche Versicherungs- und Leistungsdauern aufweisen.[39] Zu erwähnen ist schließlich noch eine Tarifform, die Kapitalleistungen nach langjähriger Berufsunfähigkeit vorsieht.[40]

IV. Unfall-BUZ-Klausel

16   Besondere Leistungen können bei Berufsunfähigkeit durch Unfall gewährt werden. Die Musterbedingungen wurden vom BAV 1987 bekannt gegeben.[41] Nach den in VerBAV 1987, 330 veröffentlichten Grundsätzen konnten geschäftsplanmäßige Regelungen u. a. dann genehmigt werden, wenn die zusätzliche Unfall-BUZ-Barrente nicht höher als die versicherte BUZ-Barrente ist und beide Jahresrenten zusammen auf 36% der Versicherungssumme der Hauptversicherung begrenzt sind. In der Praxis wurde schon vor der amtlichen Verlautbarung folgende Unfall-BUZ-Klausel verwendet:[42]

> „Vollständige Berufsunfähigkeit liegt vor, wenn der Versicherte infolge Unfallverletzungen, die ärztlich nachzuweisen sind, voraussichtlich dauernd außerstande ist, seinen Beruf oder eine andere Tätigkeit auszuüben, die aufgrund seiner Ausbildung und Erfahrung ausgeübt werden kann und seiner bisherigen Lebensstellung entspricht."

V. Sonderklauseln zu § 2 BUZ

1. Allgemeines

17   Der konkrete Vertragsinhalt in der Berufsunfähigkeits-Zusatzversicherung wird in der Praxis auch durch Sonderklauseln bestimmt.[43] Zu den Sonderklauseln gehören auch die Berufsklauseln. Berufsklauseln werden vom Versicherer in solchen Fällen vereinbart, in denen es bei der Zugrundelegung der üblichen Definition der Berufsunfähigkeit zu Interpretationsschwierigkeiten kommen kann oder wegen einer besonders spezialisierten Ausbildung eine Verweisung auf eine andere berufliche Tätigkeit praktisch nicht in Betracht kommt.[44]

2. Sonderklauseln

18   a) Beamtenklausel. aa) Fassung. Werden Beamte versichert, findet sich in den Versicherungsbedingungen die sog. Beamtenklausel:[45]

> „Als vollständige Berufsunfähigkeit gilt auch, wenn ein versicherter Beamter vor Erreichen der gesetzlichen Altersgrenze infolge seines Gesundheitszustandes wegen Dienstunfähigkeit aus dem öffentlichen Dienst entlassen oder in den Ruhestand versetzt wird."

19   Die Beamtenklausel findet sich auch in folgender Fassung:[46]

> „Bei einem versicherten Beamten wird auch geleistet, wenn er vor Erreichen der gesetzlich vorgesehenen Altersgrenze ausschließlich infolge seines Gesundheitszustands wegen Dienstunfähigkeit entlassen oder in den Ruhestand versetzt worden ist."

---

[39] *Herde* VerBAV 1990, 453, 456.
[40] *Herde* VerBAV 1990, 453, 457; zu den Einzelheiten siehe *Herde* VerBAV 1985, 102.
[41] VerBAV 1987, 480.
[42] Vgl. OLG Karlsruhe, Urt. v. 29. 8. 1991 – 12 U 217/90, VersR 1992, 1121.
[43] *Neuhaus* r+s 2008, 449, 450.
[44] *Gerlach* VerBAV 1984, 133.
[45] BGH, Urt. v. 14. 6. 1989 – IV a ZR 74/88, NJW-RR 1989, 1050, 1051 = VersR 1989, 903 = r+s 1989, 268.
[46] BGH, Urt. v. 5. 7. 1995 – IV ZR 196/94, NJW-RR 1996, 150 = VersR 1995, 1174 = VerBAV 1996, 60, 61 = r+s 1996, 374.

bb) **Zweck.** Zweck der Beamtenklausel mit ihrer Gleichsetzung von Dienst- **20** unfähigkeit und Berufsunfähigkeit ist es, Auseinandersetzungen darüber zu vermeiden, ob der für dienstunfähig erklärte Beamte auch berufsunfähig ist.[47]

cc) **Geltungsbereich.** Die Beamtenklausel lässt schon nach dem natürlichen **21** Sprachgebrauch keine erweiternde Deutung dahin zu, dass auch nicht beamtete Staatsdiener wie Soldaten − oder Richter und Minister − darunter fallen.[48]

dd) **Regelungsgehalt.** Die Auslegung der Beamtenklausel ergibt, dass diese **22** Klausel die unwiderlegbare Vermutung vollständiger Berufsunfähigkeit für den Fall vorzeitiger Entlassung oder Pensionierung eines Beamten infolge gesundheitsbedingter Dienstunfähigkeit mit der Folge enthält, dass der Versicherer auf die Prüfung des Grades gesundheitsbedingter Berufsunfähigkeit und die Möglichkeit einer Verweisung auf eine Vergleichstätigkeit verzichten will.[49] Die Unwiderlegbarkeit vollständiger Berufsunfähigkeit lässt für die Dauer der Entlassung oder Pensionierung, sofern diese wegen gesundheitsbedingter Dienstunfähigkeit erfolgt ist, keinen Raum mehr für Streitigkeiten über Eintritt, Grad und Fortdauer vollständiger Berufsunfähigkeit.[50] Das ändert sich erst, wenn die Pensionierung oder Entlassung nicht aufrechterhalten bleibt.[51] Bis dahin wird die Dienstunfähigkeit von Beamten der bedingungsgemäßen Berufsunfähigkeit mit der Wirkung gleichgestellt, dass eine eigene Prüfung des Versicherers entfällt und die zur Entlassung aus dem öffentlichen Dienst oder zur Versetzung in den Ruhestand führende Feststellung des Dienstherrn genügt.[52] Der Regelung liegt die Erwägung zugrunde, dass der Dienstherr eines Beamten dessen Gesundheitszustand amtsärztlich in einer sorgfältigen und umfassenden Weise derart zu prüfen pflegt, dass der Versicherer das Ergebnis dieser Prüfung bedenkenlos übernehmen und sich eine eigene Prüfung des Gesundheitszustands ersparen kann.[53] Die Dienstunfähigkeit wird nur dann widerlegbar vermutet, wenn im Sinne einer zweistufigen Beamtenklausel die Dienstunfähigkeit und die Versetzung in den Ruhestand Leistungsvoraussetzungen sind.[54]

ee) **Dienstunfähigkeit.** Der Versicherer erbringt die Versicherungsleistungen, **23** wenn der versicherte Beamte wegen Dienstunfähigkeit, also aus gesundheitlichen Gründen, in den Ruhestand versetzt oder − unter Umständen bei Beamten auf Probe − entlassen wird.[55] Es reicht jedoch nicht aus, wenn der Versicherte nur wegen Polizeidienstunfähigkeit entlassen worden ist, wenn die Bedingungen den

---

[47] OLG Frankfurt/M., Urt. v. 4. 12. 2002 − 7 U 16/02, VersR 2004, 53.
[48] BGH, Urt. v. 26. 9. 2001 − IV ZR 220/00, NJW-RR 2002, 168 = NVersZ 2002, 64 = VersR 2001, 1502, 1503 = r+s 2002, 80.
[49] BGH, Urt. v. 14. 6. 1989 − IVa ZR 74/88, NJW-RR 1989, 1050, 1052; BGH, Urt. v. 5. 7. 1995 − IV ZR 196/94, NJW-RR 1996, 150, 151 = VersR 1995, 1174, 1175 = VerBAV 1996, 60, 61 = r+s 1996, 374, 375; OLG Karlsruhe, Urt. v. 4. 3. 2008 − 12 U 206/07, VersR 2009, 386, 387.
[50] BGH, Urt. v. 14. 6. 1989 − IVa ZR 74/88, NJW-RR 1989, 1050, 1052.
[51] BGH, Urt. v. 14. 6. 1989 − IVa ZR 74/88, NJW-RR 1989, 1050, 1052 = VersR 1989, 903, 904 = MDR 1990, 35, 36.
[52] Vgl. BGH Stuttgart, Urt. v. 21. 3. 1986 − 2 U 216/85, VersR 1987, 921; OLG Hamm v. 16. 7. 1986, r+s 1986, 295; OLG Hamm v. 2. 10. 1987 − 20 U 77/87, r+s 1988, 61; BGH, Urt. v. 14. 6. 1989 − IVa ZR 74/88, NJW-RR 1989, 1050, 1052 = VersR 1989, 903, 904 = r+s 1989, 268 = MDR 1990, 35, 36; OLG Karlsruhe, Urt. v. 4. 2. 1994 − 14 U 84/92, S. 10.
[53] KG, Urt. v. 11. 6. 2002 − 6 U 193/01, VersR 2003, 718 = r+s 2004, 162.
[54] OLG Nürnberg VersR 2003, 1028; Ombudsmann ZfS 2003, 417; OLG Karlsruhe, Urt. v. 4. 3. 2008 − 12 U 206/07, VersR 2009, 386, 387.
[55] *Gerlach* VerBAV 1984, 129; LG Hamburg v. 12. 2. 1986 − 79 O 200/85.

Nachweis der allgemeinen Dienstunfähigkeit verlangen.[56] Denn die besondere Polizeidienstunfähigkeit ist an wesentlich geringere Voraussetzungen geknüpft als die allgemeine Dienstunfähigkeit.[57] Dienstunfähigkeit ist nur zu bejahen, wenn der Beamte aufgrund seines gesundheitlichen Zustandes in keinem Amt des öffentlichen Dienstes mehr eingesetzt werden kann.[58]

24 **ff) Nachprüfungsverfahren.** Enthält die Beamtenklausel die unwiderlegbare Vermutung vollständiger Berufsunfähigkeit für den Fall der Entlassung oder Versetzung eines Beamten in den Ruhestand infolge gesundheitsbedingter Dienstunfähigkeit, hat das zugleich Bedeutung für die Auslegung einer Regelung, mit der sich der Versicherer nach seinem Leistungsanerkenntnis (§ 5 BUZ) die Nachprüfung seiner Leistungspflicht (§ 6 BUZ) vorbehält.[59] Mit einer derartigen Regelung kann sich der Versicherer eine nachträgliche Beschränkung des auf die unwiderlegbare Vermutung vollständiger Berufsunfähigkeit bei Entlassung gegründeten Leistungsanerkenntnisses im Nachprüfungsverfahren nicht wirksam vorbehalten.[60] Wenn der Versicherer im Anwendungsbereich der Beamtenklausel von der Unwiderlegbarkeit vollständiger Berufsunfähigkeit bei gesundheitsbedingter Entlassung oder Pensionierung des Beamten ausgeht, hat der Versicherungsnehmer keinen Anlass anzunehmen, dass der Versicherer sich diese Möglichkeit trotz Fortbestehens der Dienstunfähigkeit nunmehr im Rahmen des Nachprüfungsverfahrens verschaffen will.[61]

25 **gg) Trunksucht** fällt nicht unter einen vereinbarten Risikoausschluss,[62] wohl aber dann, wenn die Dienstunfähigkeit durch offenbare Trunkenheit herbeigeführt worden ist.[63]

26 **b) Ärzteklausel.** Nach der sog. Ärzteklausel ist berufsunfähig, wer „infolge Krankheit, Körperverletzung oder Kräfteverfalls, die ärztlich nachzuweisen sind, voraussichtlich sechs Monate ununterbrochen außerstande ist, eine für ihn zulässige Tätigkeit als Arzt, Zahnarzt, Tierarzt oder Apotheker auszuüben".[64] Durch die sog. Ärzteklausel wird bei Berufsunfähigkeit der Ärzte, Zahnärzte, Tierärzte und Apotheker die Verweisung auf einen außerärztlichen bzw. außerpharmazeutischen Beruf ausgeschlossen.[65] Versichert ist nicht die bei Eintritt des Versicherungsfalls zuletzt und konkret ausgeübte ärztliche Tätigkeit, z. B. als Herzchirurg.[66] Es kommt vielmehr nur darauf an, ob eine Tätigkeit als Arzt ausgeübt werden kann,

---

[56] OLG Hamm, Urt. v. 16. 7. 1986 – 20 U 112/86, VersR 1986, 1177 (Ls.); OLG Köln v. 14. 7. 1988 – 5 U 228/87; OLG Karlsruhe, Urt. v. 19. 3. 1997 – 13 U 146/95, VersR 1997, 818, 819 = r+s 1998, 257.
[57] OLG Hamm, Beschl. v. 2. 12. 1981 – 20 W 43/81, VersR 1982, 889; OLG Köln v. 14. 7. 1988 – 5 U 228/87.
[58] OLG Köln v. 14. 7. 1988 – 5 U 228/87.
[59] BGH, Urt. v. 14. 6. 1989 – IVa ZR 74/88, VersR 1989, 903 = r+s 1989, 268; BGH, Urt. v. 5. 7. 1995 – IVs ZR 196/94, NJW-RR 1996, 150 = VersR 1995, 1174, 1175 = VerBAV 1996, 60, 61 = r+s 1996, 374, 375.
[60] BGH, Urt. v. 5. 7. 1995 – IV ZR 196/94, NJW-RR 1996, 150, 152 = VersR 1995, 1174, 1176 = VerBAV 1996, 60, 63 = r+s 1996, 374, 376.
[61] BGH, Urt. v. 5. 7. 1995 – IV ZR 196/94, NJW-RR 1996, 150, 153 = VersR 1995, 1174, 1177 = VerBAV 1996, 60, 64 = r+s 1996, 374, 377.
[62] OLG Frankfurt/M., Urt. v. 23. 4. 1979 – 1 U 65/78, VersR 1979, 829.
[63] OLG Frankfurt/M., Urt. v. 28. 6. 1984 – 1 U 266/83, VersR 1985, 985 (Ls.).
[64] LG München I, Urt. v. 11. 10. 2005 – 23 O 16706/04, VersR 2006, 1246.
[65] Vgl. *Gerlach* VerBAV 1984, 130.
[66] OLG Köln, Urt. v. 19. 1. 1995 – 5 U 242/94, NJW-RR 1996, 1495, 1496 = VersR 1995, 1081 = r+s 1995, 436, 437; LG München I, Urt. v. 11. 10. 2005 – 23 O 16706/04, VersR 2006, 1246.

nicht dagegen, ob die in einem bestimmten Fachgebiet angewandte Tätigkeit ausgeübt werden kann.[67]

Nicht genehmigungsfähig waren sog. Facharztklauseln, bei denen nicht die Berufsunfähigkeit als Arzt, sondern die Unfähigkeit versichert ist, die spezielle fachärztliche Tätigkeit auszuüben.[68] Das BAV hielt es jedoch für unbedenklich, wenn der Begriff der Berufsunfähigkeit in einem besonderen Merkblatt oder Schreiben des LVU erläutert wird. Inhaltlich ist zu berücksichtigen, dass schon das Werbeschreiben eines Versicherungsvertreters nach den Grundsätzen der versicherungsrechtlichen Vertrauenshaftung zu einer individuellen Festlegung des Begriffs der Berufsunfähigkeit führen kann.[69] Eine der Facharztklausel ähnliche – und damit nicht genehmigungsfähige – Regelung war die sog. Stuhlklausel. Danach liegt Berufsunfähigkeit vor, wenn der Versicherte infolge von Krankheit ... voraussichtlich dauernd außerstande ist, eine Tätigkeit als Zahnarzt am Stuhl auszuüben.[70] 27

c) **Flugfluguntauglichkeitsklausel. aa) Ziviler Bereich.** Mit der genehmigungsfähigen Fluguntauglichkeitsklausel wird für Cockpit-Personal der Versicherungsschutz auch auf eine Tätigkeit als Luftfahrer erweitert, da bei Luftfahrten Versicherungsschutz grundsätzlich nur als Fluggast besteht.[71] Dieser Personenkreis wird als berufsunfähig behandelt, wenn der Versicherte aus gesundheitlichen Gründen nicht mehr flugtauglich ist.[72] Schwangerschaft kann bei einer Pilotin zur Fluguntauglichkeit führen und einen Anspruch auf Rente aus der Berufsunfähigkeits-Zusatzversicherung begründen.[73] Ist eine Stewardess wegen Verschleißerscheinungen an der Halswirbel- und der Wirbelsäule zu 20% berufsunfähig, soll sie für den Beruf einer Stewardess nicht mehr geeignet sein, weil sie in Krisensituationen zu 100% belastbar sein muss.[74] 28

bb) **Militärischer Bereich.** Die Rahmenvertragsversicherer des Deutschen Bundeswehrverbands e.V. vereinbaren im Rahmen der „loss-of-licence"-Versicherung folgende Klausel:[75] 29

„Berufsunfähigkeit des Versicherten im Sinne des § 2 der Bedingungen für die Berufsunfähigkeitszusatzversicherung liegt auch dann vor, wenn durch ein Gutachten des flugmedizinischen Instituts der Luftwaffe in F. oder der sonst für die amtliche fliegerärztliche Untersuchung in der Bundesrepublik Deutschland zuständigen Stelle festgestellt wird, dass der Versicherte aus gesundheitlichen Gründen nicht mehr flugtauglich ist und ihm deshalb die Erlaubnis als Luftfahrer entzogen, nicht verlängert oder für ruhend erklärt wird."

Nach dieser Klausel liegt Fluguntauglichkeit aus gesundheitlichen Gründen vor, wenn wegen mangelnder psycho-physischer Fitness Wehrfliegerverwendungsunfähigkeit festgestellt wird.[76] 30

d) **Seedienstuntauglichkeitsklausel.** Bei der Seedienstuntauglichkeitsklausel unterwirft sich der Versicherer der Entscheidung des Dienstherrn bzw. des von 31

---

[67] OLG Köln, Urt. v. 19. 1. 1995 – 5 U 242/94, NJW-RR 1996, 1495, 1496 = VersR 1995, 1081 = r+s 1995, 436, 437; LG München I, Urt. v. 11. 10. 2005 – 23 O 16 706/04, VersR 2006, 1246.
[68] BAV VerBAV 1981, 327; Gerlach VerBAV 1984, 130.
[69] Vgl. OLG Hamm, Urt. v. 13. 6. 1984 – 20 U 83/83, VersR 1985, 729 zu § 8 Abs. 2 AUB – individuelle Bemessung des Invaliditätsgrades bei einem Flötist.
[70] *Gerlach* VerBAV 1984, 131.
[71] *Gerlach* VerBAV 1984, 131.
[72] OLG Bremen, Urt. v. 23. 5. 1995 – 3 U 149/94, NJW-RR 1995, 1179, 1180 = VersR 1996, 223 = r+s 1995, 315.
[73] OLG Bremen, Urt. v. 23. 5. 1995 – 3 U 149/94, NJW-RR 1995, 1179, 1180 = VersR 1996, 223 = r+s 1995, 315.
[74] LG Landshut, Urt. v. 26. 9. 2006 – 71 O 816/05, r+s 2008, 79, 80.
[75] OLG Frankfurt/M., Urt. v. 20. 3. 2003 – 3 U 102/02, VersR 2003, 979.
[76] OLG Frankfurt/M., Urt. v. 20. 3. 2003 – 3 U 102/02, VersR 2003, 979.

der See-Berufsgenossenschaft für die Seediensttauglichkeitsuntersuchungen ermächtigten Arztes oder des von ihr berufenen Widerspruchausschusses.[77] Dies hat zur Folge, dass Leistungen aus der Berufsunfähigkeitszusatzversicherung bei nachgewiesener Seediensttauglichkeit vom LVU zu gewähren sind.

32 e) **Erwerbsunfähigkeitsklausel.** Bei unklarem Berufsbild[78] oder wenn der Versicherte einen Beruf ohne spezielle Ausbildung ausübt, kann die Erwerbsunfähigkeitsklausel vereinbart werden.[79] Wenn der Versicherte noch keine Berufsausbildung abgeschlossen hat, ist es interessengerecht, wenn in einem solchen Fall nicht auf die Berufsunfähigkeit, sondern auf die dann allein in Betracht kommende Erwerbsunfähigkeit abgestellt wird.[80] Gegen die Wirksamkeit der Erwerbsunfähigkeitsklausel bestehen daher keine Bedenken.[81] Folgende Klausel ist bekannt:[82]

> „Eine mindestens 50%ige Berufsunfähigkeit liegt auch vor, wenn einem Versicherten nach den Bestimmungen der gesetzlichen Rentenversicherung ausschließlich infolge seines Gesundheitszustands eine Berufs- oder Erwerbsunfähigkeitsrente zuerkannt worden ist."

33 Die Auslegung dieser Klausel ergibt, dass diese Bestimmung die unwiderlegbare Vermutung leistungsbegründender Berufsunfähigkeit für den Fall der Zuerkennung einer Berufs- oder Erwerbsunfähigkeitsrente aus der gesetzlichen Rentenversicherung mit der Folge enthält, dass es auf die Prüfung des Grades der Berufsunfähigkeit oder von Verweisungsmöglichkeiten nicht mehr ankommt.[83] Hingegen sind bei der nachstehenden Klausel, die wie folgt lautet:[84]

> „Die Besonderen Bedingungen der Berufsunfähigkeitsversicherung sind dahin gehend abgeändert, dass an die Stelle der Berufsunfähigkeit die Erwerbsunfähigkeit als Voraussetzung für die bedingungsgemäßen Leistungsansprüche tritt. Erwerbsunfähig ist der Versicherte, wenn er infolge von Krankheit oder anderen Gebrechen oder von Schwäche seiner körperlichen oder geistigen Kräfte auf nicht absehbare Zeit einen Beruf, der seiner Ausbildung als diplomierter Sportlehrer entspricht, in gewisser Regelmäßigkeit nicht mehr ausüben kann oder in einem Beruf, den er aufgrund seiner Ausbildung als diplomierter Sportlehrer ausüben kann, nicht mehr als nur geringfügige Einkünfte erzielen kann."

34 alle anspruchsbegründenden Voraussetzungen zu prüfen. Ein als Tennislehrer tätig gewesener diplomierter Sportlehrer ist nicht erwerbsunfähig im Sinne der vorstehenden Klausel, wenn er noch Tätigkeiten im Bereich von Sportmanagement und Sportverwaltung ausüben kann.[85]

Gegenstand einer Entscheidung des OLG Celle[86] war folgende Erwerbsunfähigkeitsklausel:

---

[77] OLG Frankfurt/M., Urt. v. 20. 3. 2003 – 3 U 102/02, VersR 2003, 979.
[78] OLG Koblenz, Urt. v. 15. 11. 2002 – 10 U 106/02, NJW-RR 2004, 30, 31.
[79] *Gerlach* VerBAV 1984, 127.
[80] OLG Saarbrücken, Urt. v. 21. 6. 2006 – 5 U 720/05 – 105, VersR 2007, 235, 236 = r+s 2008, 344, 345; *Neuhaus* r+s 2008, 449, 456.
[81] OLG Saarbrücken, Urt. v. 4. 4. 2001 – 5 U 1/99 – 1, r+s 2003, 209; OLG Koblenz NJW-RR 2004, 30; OLG Saarbrücken, Urt. v. 21. 6. 2006 – 5 U 720/05 – 105, VersR 2007, 235, 236 = r+s 2008, 344; *Rixecker* in: Beckmann/Matusche-Beckmann, Versicherungsrechts-Hdb., 2004, § 46 Rdn. 70; *Veith* in: Veith/Gräfe, Der Versicherungsprozess, § 8 Rdn. 32.
[82] BGH, Urt. v. 5. 7. 1995 – IV ZR 196/94, NJW-RR 1996, 150 = VersR 1995, 1174 = VerBAV 1996, 60 = r+s 1996, 374, 375.
[83] BGH, Urt. v. 5. 7. 1995 – IV ZR 196/94, NJW-RR 1996, 150, 151 = VersR 1995, 1174, 1175 = r+s 1996, 374, 375.
[84] OLG Saarbrücken, Urt. v. 4. 4. 2001 – 5 U 1/99 – 1, VersR 2002, 964, 965 = r+s 2003, 209.
[85] OLG Saarbrücken, Urt. v. 4. 4. 2001 – 5 U 1/99 – 1, VersR 2002, 964 = r+s 2003, 209; BGH, Nichtannahmebeschl. v. 20. 3. 2002 – IV ZR 135/01, VersR 2002, 964.
[86] OLG Celle, Urt. v. 26. 2. 2009 – 8 U 150/08, VersR 2009, 914, 915.

„Erwerbsunfähig ist der Versicherte, der infolge Krankheit, Körperverletzung oder Kräfteverfalls, die ärztlich nachzuweisen sind, voraussichtlich dauernd eine Erwerbstätigkeit in gewisser Regelmäßigkeit nicht mehr ausüben oder nicht mehr als nur geringfügige Einkünfte durch Erwerbstätigkeit erzielen kann. Erwerbsunfähigkeit liegt ferner vor, wenn der Versicherte mindestens sechs Monate lang ununterbrochen infolge Krankheit, Körperverletzung oder Kräfteverfalls, die ärztlich nachzuweisen sind, außerstande gewesen ist, eine Erwerbstätigkeit in gewisser Regelmäßigkeit auszuüben oder mehr als nur geringfügige Einkünfte durch Erwerbstätigkeit zu erzielen und dieser Zustand im Zeitpunkt der Feststellung fortbesteht."

Aus der Klausel wird deutlich, dass ein Anspruch auf Rente und Beitragsbefreiung erst besteht, wenn entweder gar keine Erwerbstätigkeit oder nur eine solche mit geringfügigen Einkünften ausgeübt werden kann.[87] Gegen die Wirksamkeit der Erwerbsunfähigkeitsklausel bestehen inhaltlich keine Bedenken.[88] Insbesondere verstößt sie weder gegen das Transparenzgebot des § 307 Abs. 1 Satz 2 BGB noch benachteiligt sie im Übrigen den Versicherungsnehmer entgegen den Geboten von Treu und Glauben (§ 307 Abs. 1 Satz 1 BGB).[89]

f) **Tätigkeitsklausel.** Bei bestimmten spezialisierten Berufen, bei denen es 35 keine der Ausbildung und Erfahrung vergleichbaren Berufsbilder gibt, auf die eine Verweisung möglich wäre, andererseits aber die bisherige Lebensstellung keine ausschlaggebende Rolle spielt, kann die so genannte Tätigkeitsklausel vereinbart werden.[90] Diese stellt für die Verweisung darauf ab, ob der Versicherte voraussichtlich dauernd außerstande ist, eine zumutbare Tätigkeit auszuüben; diese Tätigkeit wird nicht berücksichtigt, wenn mit ihr nur geringfügige Einkünfte erzielt werden.[91] Mit dieser Klausel soll eine Erweiterung der Verweisbarkeit des Versicherten auf eine Tätigkeit in anderen Berufen erreicht werden.[92] Dabei bleibt allerdings völlig offen, nach welchen Kriterien zu prüfen ist, ob eine andere Tätigkeit zumutbar ist.[93] Von daher erscheint es nach dem Transparenzgebot bedenklich, wenn nach der vertraglichen Beschreibung der Berufsunfähigkeit diese vorliegt, „wenn der Versicherte außerstande ist, als Transportunternehmer tätig zu sein oder eine andere zumutbare Tätigkeit auszuüben, soweit mit dieser nicht nur geringfügige Einkünfte erzielt werden können".[94] Auf jeden Fall kann dem Versicherungsnehmer keine Tätigkeit angesonnen werden, die ihn über- oder unterfordert.[95] Der Versicherungsnehmer kann insbesondere nicht auf Tätigkeiten verwiesen werden, zu deren Ausübung noch zu erwerbende künftige Kenntnisse (Umschulung/Weiterbildung) nötig sind.[96]

g) **Inlandsklausel.** Bei der Inlandsklausel besteht der Versicherungsschutz und 36 die Beitragszahlungspflicht für die BUZ nur so lange, wie der Versicherte seinen ständigen Wohnsitz in der BRD einschließlich des Landes Berlin hat und sich nicht länger als drei Monate außerhalb der Länder der EG aufhält.[97] Die Inlands-

---

[87] OLG Celle, Urt. v. 26. 2. 2009 – 8 U 150/08, VersR 2009, 914, 915 = r+s 2009, 343.
[88] OLG Koblenz NJW-RR 2004, 30; OLG Saarbrücken VersR 2007, 235; OLG Celle, Urt. v. 26. 2. 2009 – 8 U 150/08, VersR 2009, 914, 916 = r+s 2009, 343, 344.
[89] OLG Celle, Urt. v. 26. 2. 2009 – 8 U 150/08, VersR 2009, 914, 916 = r+s 2009, 343, 344.
[90] *Gerlach* VerBAV 1984, 128.
[91] OLG Frankfurt/M. v. 6. 7. 1988 – 17 U 173/86.
[92] *Winter* in: Bruck/Möller, VVG, 8. Aufl., 1988, 5. Band, 2. Halbband, Anm. G 88; Voit, Berufsunfähigkeitsversicherung, Rdn. 265 zu § 2 BUZ.
[93] OLG Saarbrücken, Urt. v. 14. 1. 2004 – 5 U 583/01 – 41, r+s 2004, 385.
[94] OLG Saarbrücken, Urt. v. 14. 1. 2004 – 5 U 583/01 – 41, r+s 2004, 385.
[95] OLG Koblenz, Urt. v. 22. 12. 2000 – 10 U 1634/99, NVersZ 2001, 408, 409 = VersR 2001, 1371 = r+s 2003, 73, 74.
[96] OLG Koblenz, Urt. v. 22. 12. 2000 – 10 U 1634/99, NVersZ 2001, 408, 409 = VersR 2001, 1371 = r+s 2003, 73, 74.
[97] Vgl. Klauselbeispiel bei *Gerlach* VerBAV 1984, 128.

klausel wird hauptsächlich bei Versicherungsverträgen mit Ausländern vereinbart, die voraussichtlich nicht für immer in Deutschland bleiben werden, also vor allem mit Gastarbeitern, ferner auch bei Verträgen mit deutschen Staatsangehörigen, bei denen anzunehmen ist, dass sie auf längere, unabsehbare Zeit ins Ausland gehen.[98]

37 **h) Auslandsklausel.** Bei der Auslandsklausel wird vereinbart, dass eine eventuelle Leistungsregulierung und Nachregulierungen für die BUZ nur in der BRD einschließlich des Landes Berlin vorgenommen werden. Die Auslandsklausel ist für Verträge mit solchen Versicherten gedacht, die sich voraussichtlich nur für eine vorübergehende Zeit im Ausland aufhalten werden.

38 **i) Altersklausel.** Bei der Altersklausel wird unter bestimmten Voraussetzungen auf eine Verweisungsprüfung verzichtet. Aus dem Markt ist folgende Klausel bekannt:[99]

„Hat der Versicherte bei Eintritt von Berufsunfähigkeit im bisherigen Beruf im Sinne Ziffern 1 bis 3 das 55. Lebensjahr vollendet und beträgt die restliche Versicherungs- oder Leistungsdauer der Zusatzversicherung noch maximal fünf Jahre, verzichten wir auf die Prüfung, ob der Versicherte eine andere Tätigkeit ausüben könnte."

39 Sind die Voraussetzungen für die Anwendung der Klausel eingetreten, muss der Versicherungsnehmer seiner Darlegungslast zum Vergleichsberuf nicht mehr nachkommen.[100]

VI. Ausschlussklauseln zu § 2 BUZ

1. Allgemeines

40 Risikoausschlussklauseln, durch die bestimmte, an sich in den durch die Versicherungsart gedeckten Gefahrenbereich fallende Gefahren ausgeschlossen werden, verfolgen im Allgemeinen den Zweck, ein für den Versicherer nicht überschaubares und nicht berechenbares Risiko auszuklammern, das eine vernünftige, wirtschaftliche Prämienkalkulation sehr stark erschweren und gar unmöglich machen und sich vor allem mit dem Bestreben nicht vertragen würde, die Beiträge möglichst niedrig und damit für die Masse der in Betracht kommenden Versicherungskunden akzeptabel zu gestalten.[101] Ausschlussklauseln sind in § 3 BUZ ausdrücklich vorgesehen. Weitere Ausschlussklauseln können individuell vereinbart werden.[102] Die Einbeziehung einer Ausschlussklausel in die vertragliche Vereinbarung kann durch Bezugnahme im Versicherungsschein erfolgen.[103] Maßgebend bei der Auslegung einer Ausschlussklausel ist in erster Linie der Sinn des Versicherungsausschlusses.[104] Wenn eine konkrete Risikoprüfung stattgefunden hat,[105]

---

[98] *Gerlach* VerBAV 1984, 128.
[99] BGH, Urt. v. 7. 3. 2007 – IV ZR 133/06, NJW-RR 2007, 979 = VersR 2007, 821, 822.
[100] BGH, Urt. v. 7. 3. 2007 – IV ZR 133/06, NJW-RR 2007, 979, 981 = VersR 2007, 821, 823 = r+s 2007, 253, 254.
[101] BGH, Urt. v. 17. 9. 1975 – IV ZR 17/75, VersR 1975, 1093; OLG Stuttgart, Urt. v. 11. 7. 2002 – 7 U 31/01, VersR 2003, 1385, 1386 = r+s 2004, 250.
[102] LG Bonn, Urt. v. 24. 1. 1997 – 10 O 362/96, r+s 1997, 263.
[103] BGH, Urt. v. 11. 1. 1989 – IV a ZR 245/87, VersR 1989, 395, 396; OLG Hamm, Urt. v. 31. 5. 1995 – 20 U 63/95, NJW-RR 1996, 1497, 1498 = VersR 1996, 829, 830 = r+s 1996, 42, 43.
[104] LG Köln, Urt. v. 28. 2. 1990 – 10 S 480/89, VersR 1990, 615; LG Bonn, Urt. v. 24. 1. 1997 – 10 O 362/96, r+s 1997, 263.
[105] Vgl. dazu BGH, Urt. v. 7. 2. 1996 – IV ZR 155/95, VersR 1996, 486.

bestehen keine Bedenken gegen die Vereinbarkeit der Abrede mit den §§ 16 ff., 34a VVG.[106]

2. Augenklausel

Zur Risikobegrenzung ist es üblich, aufgrund einer entsprechenden Risikoprüfung Ausschlussklauseln zu vereinbaren. Zulässig ist die sog. Augenklausel, die wie folgt lautet:[107]

> „Der Verlust des linken Auges bleibt bei der Inanspruchnahme von Leistungen aus der Berufsunfähigkeits-Zusatzversicherung unberücksichtigt. Dies gilt insbesondere für die Bemessung der Berufsunfähigkeit im Sinne des § 1 Ziffer 1 und 4 der Bedingungen für die Berufsunfähigkeits-Zusatzversicherung.
> Bei gänzlichem Verlust der Sehkraft des rechten Auges durch Erkrankungen oder Verletzungen wird eine Minderung der Berufsfähigkeit um 100% angenommen."

Das linke Auge gilt, obwohl es fehlt, nach den Bedingungen als vorhanden und funktionsfähig, so dass ein Leistungsanspruch wegen Fehlens des linken Auges ausscheidet.[108] Unabhängig von Ursache, Wirkung und Ausmaß ist jede Beeinträchtigung der Sehkraft von der Versicherung ausgenommen, wenn folgende Ausschlussklausel vereinbart ist:[109]

> „Aus Minderung oder Verlust der Sehkraft können Ansprüche aus der Berufsunfähigkeits-Zusatzversicherung nicht hergeleitet werden."

Haben die Parteien eine Ausschlussklausel vereinbart, die wie folgt lautet:

> Es gilt als vereinbart, dass Sehminderungen des rechten Auges gleich welchen Grades und medizinisch nachweisbare Folgen eine Leistung aus der Berufsunfähigkeitszusatzversicherung nicht bedingen und bei der Festsetzung des Grades der Berufsunfähigkeit aus anderen gesundheitlichen Gründen unberücksichtigt bleiben.

ist bei der Prüfung eines Leistungsfalls die Vollsichtigkeit desjenigen Auges zu unterstellen, das von der Ausschlussklausel erfasst ist.[110]

3. Bandscheibenklausel

Ist folgender Ausschluss vereinbart:[111]

> „Es ist vereinbart, dass Ursache und Folgen der Bandscheibenoperation im Jahre 1972 und dessen/deren Folgen (einschließlich etwaiger Operationsfolgen), soweit ein unmittelbarer ursächlicher Zusammenhang mit dem Grundleiden medizinisch nachweisbar ist, eine Leistung aus der Berufsunfähigkeits-Zusatzversicherung nicht bedingen und bei der Feststellung des Grades der Berufsunfähigkeit aus anderen gesundheitlichen Gründen unberücksichtigt bleiben."

so wird der Versicherungsnehmer diese Ausschlussklausel so verstehen, dass der Versicherungsschutz nur dann nicht bestehen soll, wenn der Eintritt des Versicherungsfalls unmittelbar durch den ausgeschlossenen Umstand verursacht worden ist.[112] Wird in einem individuellen Risikoausschluss folgendes festgelegt:

---

[106] OLG Stuttgart, Urt. v. 11. 7. 2002 – 7 U 31/01, VersR 2003, 1385, 1386.
[107] LG Nürnberg-Fürth v. 18. 9. 1984 – 8 O 4890/81; OLG Nürnberg, Urt. v. 10. 7. 1986 – 8 U 3938/84, VersR 1987, 249.
[108] LG Nürnberg-Fürth v. 18. 9. 1984 – 8 O 4890/81; OLG Nürnberg, Urt. v. 10. 7. 1986 – 8 U 3938/84, VersR 1987, 249.
[109] LG Fulda, Urt. v. 25. 11. 1982 – 4 O 270/82.
[110] LG Düsseldorf, Urt. v. 18. 8. 2008 – 11 O 385/02, VersR 2008, 1522, 1523 = r+s 2009, 158, 159.
[111] OLG Karlsruhe, Urt. v. 16. 2. 2006 – 12 U 261/05, VersR 2006, 1348.
[112] OLG Karlsruhe, Urt. v. 16. 2. 2006 – 12 U 261/05, VersR 2006, 1348.

„Es gilt als vereinbart, dass die Bandscheibenoperation 1986 und alle Leiden, die medizinisch nachweisbar damit ursächlich zusammenhängen, eine Leistung aus der Berufsunfähigkeitszusatzversicherung nicht bedingen und bei der Festsetzung des Grades der Berufsunfähigkeit aus anderen gesundheitlichen Gründen unberücksichtigt bleiben."

47 so sind damit alle Leiden ausgeschlossen, die mit dem Bandscheibenvorfall zusammenhängen, d. h. erfasst werden vom Ausschluss auch die Leiden, die zu dem in 1986 operierten Bandscheibenvorfall geführt haben.[113] Keine Beschränkung auf „unmittelbare Folgen" enthält folgende Klausel:[114]

„Es besteht kein Versicherungsschutz für Berufsfähigkeit als Folge einer Erkrankung der Wirbelsäule oder der Bandscheiben."

48 Eine infolge einer Bandscheibenoperation eingetretene Querschnittslähmung fällt daher unter die Ausschlussklausel.[115] Unter den Ausschluss einer Berufsunfähigkeit infolge Erkrankung der Wirbelsäule fällt auch eine psychische Fehlverarbeitung von Wirbelsäulenbeschwerden, wenn folgende Klausel vereinbart ist:[116]

„Der Versicherungsschutz erstreckt sich nicht auf eine vollständige oder teilweise Berufsunfähigkeit, die durch frühere oder in Zukunft noch eintretende Verletzung oder Erkrankung der Wirbelsäule ... hervorgerufen ist."

4. Weitere Ausschlussklauseln

49 Nach der Lebenserfahrung zu erwartende Folgeschäden sind ausgeschlossen, wenn folgende Ausschlussklausel vereinbart ist:[117]

„Aus der Versteifung der rechten Hüfte und des rechten Sprunggelenkes und der dadurch entstandenen Muskelatrophie können keine Ansprüche aus der Berufsunfähigkeits-Zusatzversicherung hergeleitet werden."

VII. Österreichische BUZ (Ö-BUZ)

50 Die in der deutschen Rechtsprechung und Lehre vertretenen Auffassungen finden auf die Ö-BUZ Anwendung, soweit eine gleich gelagerte Bedingungslage besteht.[118] Zwei wesentliche Unterschiede in den Bedingungswerken sind hervorzuheben, die auf einem Bedingungsvergleich aus dem Jahre 1999 beruhen:[119]
- Während in den deutschen Bedingungen sich der Versicherungsnehmer bei der Überprüfung des Weiterbestehens der Berufsunfähigkeit zwischenzeitig neu erworbene berufliche Fähigkeiten zu seinen Lasten anrechnen lassen muss und verpflichtet ist, die Minderung seiner Berufsunfähigkeit oder die Wiederaufnahme bzw. Änderung seiner Berufstätigkeit unverzüglich dem Versicherer mitzuteilen, fehlen in den Ö-BUZ derartige Normen.[120]
- Die Ö-BUZ sehen neben der vollkommenen Berufsunfähigkeit den Eintritt des Versicherungsfalls erst dann vor, wenn die Arbeitsfähigkeit des Versicherungsnehmers infolge seines körperlichen oder geistigen Zustands auf weniger als die

---

[113] OLG Stuttgart, Urt. v. 11. 7. 2002 – 7 O 31/01, VersR 2003, 1385, 1386 = r+s 2004, 250.
[114] LG Bonn, Urt. v. 24. 1. 1997 – 10 O 362/96, r+s 1997, 263.
[115] LG Bonn, Urt. v. 24. 1. 1997 – 10 O 362/96, r+s 1997, 263.
[116] OLG Frankfurt/M., Urt. v. 13. 11. 2002 – 7 U 31/02, VersR 2003, 1384, 1385 = r+s 2004, 471.
[117] LG Köln, Urt. v. 27. 4. 1983 – 24 O 334, 407/82.
[118] OGH, Beschl. v. 12. 5. 1999 – 7 Ob 372/98 a, VersR 2000, 1526; OGH, Urt. v. 28. 5. 1999 – 7 Ob 127/99 y, VersR 2001, 399.
[119] Vgl. OGH, Urt. v. 28. 5. 1999 – 7 Ob 127/99 y, VersR 2001, 399.
[120] OGH, Urt. v. 28. 5. 1999 – 7 Ob 127/99 y, VersR 2001, 399.

Hälfte derjenigen eines körperlich und geistig gesunden Versicherten von ähnlicher Ausbildung und gleichwertigen Kenntnissen und Fähigkeiten herabgesunken ist, während die deutsche Bedingungslage eine teilweise Berufsunfähigkeit kennt.[121]

VIII. Produkt- und Unternehmensrating

1. Produktrating

Nach der Deregulierung und der Bedingungsfreigabe entwickelte sich ein regelrechter Bedingungswettbewerb bei der Berufsunfähigkeits- und der Berufsunfähigkeits-Zusatzversicherung, der die Qualität der Bedingungen zugunsten der Verbraucher verbessert hat.[122] Diese Entwicklung wurde und wird durch Finanztests gefördert, z. B. der Stiftung Warentest. Im Jahre 2001 bewertete die Stiftung Warentest folgende sechs aus Verbrauchersicht wichtige Regelungen:[123]
- Der Versicherer verzichtet auf die abstrakte Verweisung und verweist den berufsunfähigen Kunden nicht auf einen anderen Beruf, der seiner Ausbildung, Erfahrung und bisherigen Lebensstellung entspricht.
- Der Versicherer leistet, wenn der Arzt die Berufsunfähigkeit für voraussichtlich sechs Monate prognostiziert und nicht erst bei einer Prognose einer Berufsunfähigkeit von mindestens drei Jahren.
- Wenn der Kunde nach Ablauf der ersten sechs Monate berufsunfähig bleibt, leistet der Versicherer rückwirkend ab Eintritt der Berufsunfähigkeit und nicht erst ab dem siebenten Monat.
- Auch wenn der Versicherte die Berufsunfähigkeit verspätet meldet, leistet der Versicherer bis zu drei Jahre rückwirkend und nicht erst ab Meldung.
- Der Versicherer begrenzt die Möglichkeit, vom Vertrag zurückzutreten, wenn der Kunde die Gesundheitsfragen im Versicherungsantrag nicht wahrheitsgemäß und vollständig beantwortet hat, auf maximal fünf Jahre.
- Der Versicherer verzichtet auf das Recht nach § 41 VVG, die Beiträge zu erhöhen oder den Vertrag zu kündigen, wenn der Kunde seine Pflicht, bei Vertragsabschluss auf Gesundheitsprobleme hinzuweisen, schuldlos verletzt hat.

Diese Produktmodifikationen sind möglich, da die Versicherer seit der Deregulierung im Jahre 1994 über ihre Produkt- und Prämiengestaltungen autonom entscheiden.[124]

2. Unternehmensrating

Das Produktrating reicht zur Beurteilung eines Anbieters nicht aus.[125] Ratingagenturen sind daher aufgerufen, neben den Versicherungsbedingungen auch die Professionalität der Anbieter zu untersuchen.[126]

---

[121] OGH, Urt. v. 28. 5. 1999 – 7 Ob 127/99 y, VersR 2001, 399, 400.
[122] *Schulz/Hamacher/Glissmann* VW 2001, 1755 m. w. Einzelheiten; krit. dazu *Rode*, Nochmals: BU(Z) – Der Bedingungswettbewerb geht weiter, VW 2002, 160; siehe ferner *Schulz* VW 1999, 228; *Glissmann/Schulz* VW 2004, 685; dieselben VW 2005, 601.
[123] Vgl. *Schütt* in: BU-Rating mit erheblichen Fehlern?, VW 2001, 1758.
[124] Vgl. *Köhne/Kopp*, Produktinnovationen und Produktmodifikationen in der Versicherungswirtschaft: Rolle und Bedeutung nach der Deregulierung, ZVersWiss 2007, 227, 229.
[125] *Franke* AssCompact 2004, 24.
[126] *Franke* AssCompact 2004, 24, 26.

Allgemeine Bedingungen für die Berufsunfähigkeits-Zusatzversicherung (BUZ 2008)[1]

Sehr geehrte Kundin, sehr geehrter Kunde,
als Versicherungsnehmer sind Sie unser Vertragspartner; für unser Vertragsverhältnis gelten die nachfolgenden Bedingungen.

Inhaltsverzeichnis

§ 1 Welche Leistungen erbringen wir?
§ 2 Was ist Berufsunfähigkeit im Sinne dieser Bedingungen?
§ 3 In welchen Fällen ist der Versicherungsschutz ausgeschlossen?
§ 4 Welche Mitwirkungspflichten sind zu beachten, wenn Leistungen wegen Berufsunfähigkeit verlangt werden?
§ 5 Wann geben wir eine Erklärung über unsere Leistungspflicht ab?
§ 6 Was gilt für die Nachprüfung der Berufsunfähigkeit?
§ 7 Was gilt bei einer Verletzung der Mitwirkungspflichten nach Eintritt der Berufsunfähigkeit?
§ 8 Wie erfolgt die Überschussbeteiligung?
§ 9 Wie ist das Verhältnis zur Hauptversicherung?

§ 1 Welche Leistungen erbringen wir?

(1) **Wird die versicherte Person während der Dauer dieser Zusatzversicherung zu mindestens ...%[2] berufsunfähig, erbringen wir folgende Versicherungsleistungen:**

a) **Volle Befreiung von der Beitragszahlungspflicht für die Hauptversicherung und die eingeschlossenen Zusatzversicherungen;**
b) **Zahlung einer Berufsunfähigkeitsrente, wenn diese mitversichert ist. Die Rente zahlen wir entsprechend der vereinbarten Rentenzahlungsweise im Voraus, erstmals anteilig bis zum Ende der laufenden Rentenzahlungsperiode.**
Bei einem geringeren Grad der Berufsunfähigkeit besteht kein Anspruch auf diese Versicherungsleistungen.

(2) **Wird die versicherte Person während der Dauer dieser Zusatzversicherung infolge Pflegebedürftigkeit (vgl. § 2 Abs. 5 bis 7) berufsunfähig und liegt der Grad der Berufsunfähigkeit unter ...%,[3] erbringen wir dennoch folgende Leistungen:**

a) **Volle Befreiung von der Beitragszahlungspflicht für die Hauptversicherung und die eingeschlossenen Zusatzversicherungen;**
b) **Zahlung einer Berufsunfähigkeitsrente, wenn diese mitversichert ist**
  – in Höhe von ...%[4] bei Pflegestufe III
  – in Höhe von ...%[5] bei Pflegestufe II
  – in Höhe von ...%[6] bei Pflegestufe I.
Für die Zahlungsmodalitäten gilt Absatz 1 b entsprechend.

---

[1] Stand: 2. 5. 2008. GDV-Rundschreiben Nr. 0850/2008 v. 7. 5. 2008: Diese Bedingungen sind für die Versicherer unverbindlich; ihre Verwendung ist rein fakultativ. Abweichende Bedingungen können vereinbart werden.
[2] Unternehmensindividuell ergänzen.
[3] Unternehmensindividuell ergänzen.
[4] Unternehmensindividuell ergänzen.
[5] Unternehmensindividuell ergänzen.
[6] Unternehmensindividuell ergänzen.

B. Allg. Bed. für die BU-ZusatzVers § 1 BUZ 2008

(3) Der Anspruch auf Beitragsbefreiung und Rente entsteht mit Ablauf des Monats, in dem die Berufsunfähigkeit eingetreten ist. Wird uns die Berufsunfähigkeit später als drei Monate nach ihrem Eintritt schriftlich mitgeteilt, entsteht der Anspruch auf die Versicherungsleistung erst mit Beginn des Monates der Mitteilung. Der Anspruch auf eine Erhöhung der Berufsunfähigkeitsrente wegen einer höheren Pflegestufe entsteht ebenfalls frühestens mit Beginn des Monats, in dem uns die Erhöhung der Pflegestufe mitgeteilt wird (vgl. § 4).

(4) Der Anspruch auf Beitragsbefreiung und Rente erlischt, wenn der Grad der Berufsunfähigkeit unter ... %[7] sinkt, bei Berufsunfähigkeit infolge Pflegebedürftigkeit spätestens, wenn die Pflegebedürftigkeit unter das Ausmaß der Pflegestufe I sinkt, wenn die versicherte Person stirbt oder bei Ablauf der vertraglichen Leistungsdauer.

(5) Bis zur Entscheidung über die Leistungspflicht müssen Sie die Beiträge in voller Höhe weiter entrichten; wir werden diese jedoch bei Anerkennung der Leistungspflicht zurückzahlen.

(6) Außer den im Versicherungsschein ausgewiesenen garantierten Leistungen erhalten Sie weitere Leistungen aus der Überschussbeteiligung (siehe § 8).

Übersicht

	Rdn.
I. Allgemeines	1–4
1. Fassung	1, 2
a) BUZ 1984	1
b) BUZ 1990	2
2. Inhaltskontrolle	3
3. Anwendung des VVG 2008	4
II. Beginn des Versicherungsschutzes	5–7
1. Einlösung der BUZ	5
2. Rückwärtsversicherung	6, 7
a) Zulässigkeit	6
b) Leistungsfreiheit	7
III. Versicherte Gefahr/Versicherungsfall (§ 1 Abs. 1 BUZ)	8–15
1. Versicherte Gefahr	8
2. Versicherungsfall	9–15
a) Eintritt der Berufsunfähigkeit	9, 10
b) Gedehnter Versicherungsfall	11
c) Zeitpunkt des Eintritts der Berufsunfähigkeit	12
d) Maßgeblicher Zeitraum	13
e) Grad	14
f) Beweislast	15
IV. Versicherte Leistungen (§ 1 Abs. 1 und Abs. 2 BUZ)	16–22
1. Fassung	16
2. Leistung	17, 18
3. Höhe	19
4. Zeitraum	20
5. Zahlungsweise	21
6. Besteuerung der Rentenleistungen	22
V. Beginn der Leistungspflicht (§ 1 Abs. 3 BUZ)	23–35
1. Allgemeines	23–27
a) Fassung	23–25
b) Zweck der Vorschrift	26
c) AGBG	27
2. Anzeige der Berufsunfähigkeit	28–34
a) Form	28

---

[7] Unternehmensindividuell ergänzen.

	Rdn.
b) Inhalt	29
c) Zugang	30
d) Ausschlussfrist	31
e) Entschuldigungsbeweis	32
aa) Exkulpation	32
bb) Anwendung des § 6 Abs. 3 VVG	33
f) Rechtswirkung der Anzeige	34
3. Leistungsprüfung aufgrund der Anzeige	35
VI. Ende der Leistungspflicht (§ 1 Abs. 4 BUZ)	36–42
1. Ende der Berufunfähigkeit	36
2. Ableben des Versicherten	37
3. Ablauf der BUZ	38
4. Ablauf der Beitragsdauer der Hauptversicherung	39, 40
5. Rücktritt	41
6. Anfechtung	42
VII. Beitragszahlungspflicht (§ 1 Abs. 5 BUZ)	43, 44
1. Dauer	43
2. Aufrechnungsverbot bei VVaG	44

Schrifttum: *Höra*, Materielle und prozessuale Klippen in der Berufsunfähigkeits- und Krankenversicherung, r+s 2008, 89; *Klimke*, Vertragliche Ausschlussfristen für die Geltendmachung des Versicherungsanspruchs nach der VVG-Reform – Entschuldigungsmöglichkeit, Hinweispflicht und Transparenz, VersR 2010, 290; *Rixecker*, Pragmatik und Dogmatik der Kontrolle von Ausschlussfristen in Allgemeinen Versicherungsbedingungen, in: Recht im Spannungsfeld von Theorie und Praxis, Festschrift für Helmut Henrichs, München, Beck, 1998, S. 435; *Schoor*, Besteuerung von Schadensersatzrenten und sonstigen Renten aus Versicherungen, VW 2008, 390; *Terno*, Die neuere Rechtsprechung des IV. Zivilsenats des Bundesgerichtshofs zur Berufsunfähigkeits-Zusatzversicherung, r+s 2008, 361; *Voit, Wolfgang*, Berufsunfähigkeitsversicherung, 1994.

I. Allgemeines

1. Fassung

1 **a) BUZ 1984.** In älteren Versicherungsbeständen findet sich folgende Regelung in der Fassung des § 1 BUZ 1984:

„**§ 1 Was ist versichert?**
(Musterbedingungen des BAV – BUZ 1984)

(1) Wird der Versicherte während der Dauer dieser Zusatzversicherung vollständig oder teilweise berufsunfähig, so erbringen wir folgende Versicherungsleistungen:
a) Befreiung von der Beitragszahlungspflicht für die Hauptversicherung und die eingeschlossenen Zusatzversicherungen
– in voller Höhe bei einer Berufsunfähigkeit von 75 (662/3) Prozent
– entsprechend dem Grad der Berufsunfähigkeit, wenn diese mindestens zu 25 (331/3) Prozent besteht.
Bei einem geringeren Grad der Berufsunfähigkeit besteht kein Anspruch auf Beitragsfreiheit.
b) Zahlung einer Berufsunfähigkeitsrente, wenn diese mitversichert ist, unter denselben Voraussetzungen und in demselben Maße wie unter a). Die Rente zahlen wir vierteljährlich im Voraus, erstmals anteilig bis zum Ende des laufenden Versicherungsvierteljahres.

Anmerkung
Es kann auch eine Zahlung der Rente für andere Zeiträume vorgesehen werden.

(2) Der Anspruch auf Beitragsbefreiung und Rente entsteht mit Ablauf des Monats, in dem die Berufsunfähigkeit eingetreten ist. Wird uns die Berufsunfähigkeit später als drei Monate nach ihrem Eintritt schriftlich mitgeteilt, so entsteht der Anspruch auf die Versicherungsleistung erst mit Beginn des Monats der Mitteilung.

(3) Der Anspruch auf Beitragsbefreiung und Rente erlischt, wenn der Grad der Berufsunfähigkeit unter 25 (33⅓) Prozent sinkt, der Versicherte stirbt oder die Zusatzversicherung abläuft.
(4) Bis zur endgültigen Entscheidung über die Leistungspflicht müssen Sie die Beiträge in voller Höhe weiter entrichten; wir werden diese jedoch bei Anerkennung der Leistungspflicht in entsprechender Höhe zurückzahlen."

b) BUZ 1990. Mit den BUZ 1990[8] wurde die Klausel wie folgt neu gefasst und blieb im Zuge der Neufassung der BUZ im Jahre 1993[9] unverändert:

„**§ 1 Was ist versichert?**
(Musterbedingungen des BAV – BUZ 1990/1993)

(1) Wird der Versicherte während der Dauer dieser Zusatzversicherung zu mindestens 50 Prozent berufsunfähig, so erbringen wir folgende Versicherungsleistungen:
a) Volle Befreiung von der Beitragszahlungspflicht für die Hauptversicherung und die eingeschlossenen Zusatzversicherungen;
b) Zahlung einer Berufsunfähigkeits-Rente, wenn diese mitversichert ist. Die Rente zahlen wir vierteljährlich im Voraus, erstmals anteilig bis zum Ende des laufenden Versicherungsvierteljahres.
Bei einem geringeren Grad der Berufsunfähigkeit besteht kein Anspruch auf diese Versicherungsleistungen.
(2) Wird der Versicherte während der Dauer dieser Zusatzversicherung infolge Pflegebedürftigkeit (vgl. § 2 Absatz 5) berufsunfähig und liegt der Grad der Berufsunfähigkeit unter 50 Prozent, so erbringen wir dennoch folgende Leistungen:
a) Volle Befreiung von der Beitragszahlungspflicht für die Hauptversicherung und die eingeschlossenen Zusatzversicherungen;
b) Zahlung einer Berufsunfähigkeitsrente, wenn diese mitversichert ist
– in Höhe von 100 Prozent bei Pflegestufe III
– in Höhe von 70 Prozent bei Pflegestufe II
– in Höhe von 40 Prozent bei Pflegestufe I
Für die Zahlungsmodalitäten gilt Absatz 1 b entsprechend.
(3) Der Anspruch auf Beitragsbefreiung und Rente entsteht mit Ablauf des Monats, in dem die Berufsunfähigkeit eingetreten ist. Wird uns die Berufsunfähigkeit später als drei Monate nach ihrem Eintritt schriftlich mitgeteilt, so entsteht der Anspruch auf die Versicherungsleistung erst mit Beginn des Monats der Mitteilung. Der Anspruch auf eine Erhöhung der Berufsunfähigkeitsrente wegen einer höheren Pflegestufe entsteht ebenfalls frühestens mit Beginn des Monats, in dem uns die Erhöhung der Pflegestufe mitgeteilt wird (vgl. § 4).
(4) Der Anspruch auf Beitragsbefreiung und Rente erlischt, wenn der Grad der Berufsunfähigkeit unter 50 Prozent sinkt, bei Berufsunfähigkeit infolge Pflegebedürftigkeit spätestens, wenn die Pflegebedürftigkeit unter das Ausmaß der Pflegestufe I sinkt, wenn der Versicherte stirbt oder bei Ablauf der vertraglichen Leistungsdauer.
(5) Bis zur Entscheidung über die Leistungspflicht müssen Sie die Beiträge in voller Höhe weiter entrichten; wir werden diese jedoch bei Anerkennung der Leistungspflicht zurückzahlen."

2. Inhaltskontrolle

Die Regelung des § 1 Abs. 3 Satz 2 BUZ 1990/1993 hält einer Inhaltskontrolle nach § 307 BGB stand.[10]

3. Anwendung des VVG 2008

Auf Versicherungsverträge, die bis zum Inkrafttreten des Versicherungsvertragsgesetzes vom 23. November 2007[11] am 1. Januar 2008 entstanden sind (Altverträge), ist das Gesetz über den Versicherungsvertrag in der bis dahin geltenden Fassung bis zum 31. Dezember 2008 anzuwenden, soweit in Art. 1 Abs. 2

---

[8] VerBAV 1990, 341, 347.
[9] VerBAV 1993, 139.
[10] OLG Karlsruhe, Urt. v. 2. 2. 2006 – 12 U 243/05, r+s 2006, 427.
[11] BGBl. I 2007, 2631.

EGVVG 2008 und in den Artikeln 2 bis 6 EGVVG 2008 nichts anderes bestimmt ist (vgl. Art. 1 Abs. 1 EGVVG 2008). Ist bei Altverträgen ein Versicherungsfall bis zum 31. Dezember 2008 eingetreten, ist insoweit das Gesetz über den Versicherungsvertrag in der bis zum 31. Dezember 2007 geltenden Fassung weiter anzuwenden (Art. 1 Abs. 2 EGVVG 2008). Bis zum 31. Dezember 2008 in der Berufsunfähigkeits-Zusatzversicherung eingetretene Versicherungsfälle müssen demzufolge über den 1. Januar 2009 hinaus bis zum Ende des jeweiligen Versicherungsfalls nach altem Recht beurteilt werden, da Art. 1 EGVVG 2008 keine zeitliche Grenze vorsieht.[12] Das Ende des Versicherungsfalls ist nicht mit dem Zeitpunkt identisch, zu dem der Versicherer erstmalig eine Leistungsentscheidung trifft.[13] Der Versicherungsfall dauert länger an, da er auch das bedingungsgemäße Nachprüfungsverfahren umfasst.[14]

II. Beginn des Versicherungsschutzes

1. Einlösung der BUZ

5   Der Versicherungsschutz beginnt im Falle der Geltung der BUZ 1984 mit dem Eingang des Einlösungsbeitrags nebst Gebühren und etwaigen öffentlichen Abgaben, jedoch nicht vor Abschluss des Versicherungsvertrages und nicht vor dem im Versicherungsschein angegebenen Beginn der Versicherung.[15] Damit ist der Beginn des Zeitraums, für welchen der Versicherer die Gefahr übernimmt, vertraglich festgelegt.[16] Den Versicherer trifft unter dem Gesichtspunkt des Innehabens einer Monopolstellung kein Kontrahierungszwang.[17]

2. Rückwärtsversicherung

6   a) Zulässigkeit. In einer beiläufigen Bemerkung sprach der BGH zunächst aus, dass in der Lebensversicherung eine Rückwärtsversicherung begrifflich nicht in Betracht kommt.[18] In einer weiteren Entscheidung unterstrich der BGH, dass in der Lebensversicherung eine Rückwärtsversicherung nicht möglich ist.[19] In den Fällen, in denen die Berufsunfähigkeits-Zusatzversicherung zusammen mit der Hauptversicherung (Lebensversicherung) abgeschlossen wird, wolle der Versicherer das mit der Berufsunfähigkeits-Zusatzversicherung verbundene Risiko erst nach Abschluss der Lebensversicherung tragen.[20] An dieser Auffassung hält der BGH nicht mehr fest.[21] Zutreffend führt der BGH aus, dass sich der Versiche-

---

[12] *Höra* r+s 2008, 89, 90.
[13] *Höra* r+s 2008, 89, 90.
[14] *Höra* r+s 2008, 89, 90.
[15] Vgl. BGH, Urt. v. 22. 2. 1984 – IV a ZR 63/82, NJW 1984, 2814 = VersR 1984, 630, 632.
[16] OLG Köln, Urt. v. 8. 3. 1976 – 5 U 71/85, VersR 1976, 654; a.A. LG Köln, Urt. v. 4. 6. 1975 – 74 O 314/74, VersR 1976, 159.
[17] OLG Karlsruhe, Urt. v. 18. 12. 2007 – 12 U 117/07, VersR 2008, 522 = r+s 2009, 74.
[18] BGH, Urt. v. 16. 6. 1982 – IV a ZR 270/80, BGHZ 84, 268, 276 = VersR 1982, 841, 843.
[19] BGH, Urt. v. 22. 2. 1984 – IV a ZR 63/82, NJW 1984, 2814 = VersR 1984, 630, 632 = VerBAV 1984, 444; ebenso OLG Köln, Urt. v. 8. 3. 1976 – 5 U 71/75, VersR 1976, 654.
[20] BGH, Urt. v. 22. 2. 1984 – IV a ZR 63/82, NJW 1984, 2814 = VersR 1984, 630, 632.
[21] BGH, Urt. v. 21. 3. 1990 – IV ZR 39/89, BGHZ 111, 49 = NJW 1990, 1916 = VersR 1990, 729, 730.

rer auch bei einer Rückwärtsversicherung der Berufsunfähigkeit keineswegs immer auf § 2 Abs. 2 Satz 2 VVG wird berufen können.[22] Es ist durchaus möglich, dass bei einem Versicherungsnehmer die objektiven Voraussetzungen der Berufsunfähigkeit vorliegen, ohne dass er dies selbst erkennt, nämlich dann, wenn er damit rechnet, dass er innerhalb absehbarer Zeit seine Berufstätigkeit wiederaufnehmen kann, obwohl dies objektiv gesehen nicht mehr zu erwarten ist.[23] Aus den §§ 130 Abs. 2, 153 BGB ergibt sich, dass eine Rückwärtsversicherung auch dann zustande kommen kann, wenn der Versicherungsnehmer, der eine Versicherung auf den eigenen Todesfall beantragt hat, nach dem im Antrag als Versicherungsbeginn genannten Zeitpunkt, aber vor Annahme des Versicherungsantrags verstirbt und der Versicherer nach dem Tod den Versicherungsantrag unverändert, also auch mit dem in Antrag genannten Versicherungsbeginn, annimmt.[24] Nur für den Fall, dass der Versicherungsnehmer eine eigene Versicherung auf den eigenen Todesfall abschließt und im Versicherungsantrag einen vor der Antragstellung liegenden Zeitpunkt nennt, ist eine Rückversicherung auf den im Antrag genannten Zeitpunkt begrifflich nicht möglich.[25] Mit Blick auf diese Sach- und Rechtslage ist nicht zu erkennen, weshalb bei einer Berufsunfähigkeitsversicherung eine Rückversicherung nicht möglich sein soll.[26] Sie ist in der Lebensversicherung mit Berufsunfähigkeitszusatzversicherung bis zur Antragstellung möglich.[27] Beantragt ein Versicherungsnehmer einen vor Vertragsabschluss liegenden Versicherungsbeginn, so ist der Regel anzunehmen, dass er ab dem genannten Zeitpunkt materiellen Versicherungsschutz haben will.[28] So muss ihn auch der Versicherer verstehen, sofern ihm nicht Umstände bekannt sind, die ein Interesse des Versicherungsnehmers an einem früheren technischen Versicherungsbeginn begründen.[29] Versicherungsschutz besteht allerdings erst ab Antragstellung, weil nach § 9 BUZ die Berufsunfähigkeits-Zusatzversicherung mit der Lebensversicherung eine Einheit bildet und bei der Lebensversicherung eine Rückwärtsversicherung des eigenen Lebens für die Zeit vor Antragstellung nicht in Betracht kommt.[30] Vorrang vor den Allgemeinen Versicherungsbedingungen hat allerdings die Individualvereinbarung der Parteien.[31]

---

[22] BGH, Urt. v. 21. 3. 1990 – IV ZR 39/89, BGHZ 111, 44, 49 = NJW 1990, 1916 = VersR 1990, 729, 730.
[23] BGH, Urt. v. 21. 3. 1990 – IV ZR 39/89, BGHZ 111, 44, 49 = NJW 1990, 1916 = VersR 1990, 729, 730.
[24] BGH, Urt. v. 21. 3. 1990 – IV ZR 39/89, BGHZ 111, 44, 49 = NJW 1990, 1916 = VersR 1990, 729, 730.
[25] BGH, Urt. v. 21. 3. 1990 – IV ZR 39/89, BGHZ 111, 44, 49 = NJW 1990, 1916 = VersR 1990, 729, 730.
[26] BGH, Urt. v. 21. 3. 1990 – IV ZR 39/89, BGHZ 111, 44, 49 = NJW 1990, 1916 = VersR 1990, 729, 730.
[27] BGH, Urt. v. 21. 3. 1990 – IV ZR 39/89, BGHZ 111, 44, 49 = NJW 1990, 1916 = VersR 1990, 729, 730; BGH, Urt. v. 13. 3. 1991 – IV ZR 37/90, VersR 1991, 574; BGH, Urt. v. 29. 5. 1991 – IV ZR 157/90, NJW-RR 1991, 1157 = VersR 1991, 986; OLG Nürnberg, Urt. v. 27. 2. 1992 – 8 U 2577/91, NJW-RR 1992, 673, 674.
[28] BGH, Urt. v. 21. 3. 1990 – IV ZR 39/89, BGHZ 111, 44, 49 = NJW 1990, 1916 = VersR 1990, 729, 730; BGH, Urt. v. 29. 5. 1991 – IV ZR 157/90, NJW-RR 1991, 1154 = VersR 1991, 986, 987; OLG Karlsruhe, Urt. v. 7. 4. 2005 – 12 U 375/04, NJW-RR 2006, 534, 535 = VersR 2006, 350 = r+s 2007, 69.
[29] BGH, Urt. v. 29. 5. 1991 – IV ZR 157/90, VersR 1991, 986, 987.
[30] BGH, Urt. v. 13. 3. 1991 – IV ZR 37/90, VersR 1991, 574; BGH, Urt. v. 29. 5. 1991 – IV ZR 157/90, VersR 1991, 986, 987.
[31] OLG Karlsruhe, Urt. v. 7. 4. 2005 – 12 U 375/04, NJW-RR 2006, 534, 535 = VersR 2006, 350 = r+s 2007, 69.

7 **b) Leistungsfreiheit.** Nach § 2 Abs. 2 Satz 2 VVG ist der Versicherer bei der Rückwärtsversicherung von der Verpflichtung zur Leistung frei, wenn der Versicherungsnehmer bei der Schließung des Vertrags wusste, dass der Versicherungsfall bereits eingetreten ist.[32] Nach der einen Ansicht kommt es insoweit auf den Zeitpunkt an, in dem der Versicherer den Vertrag annimmt.[33] Eine andere Ansicht stellt auf den Zeitpunkt der Antragstellung ab.[34] Welcher Zeitpunkt maßgebend ist, ist nach dem Zweck des § 2 Abs. 2 Satz 2 VVG zu entscheiden. Mit dieser Vorschrift soll verhindert werden, dass der Versicherungsnehmer an den Versicherer mit dem Ziel der Manipulation herantritt.[35] Von daher ist nicht einzusehen, warum die Rechtsfolgen des § 2 Abs. 2 Satz 2 VVG auch dann eintreten sollen, wenn sich der Versicherungsfall erst nach Antragstellung, im Zeitraum zwischen Antrag und Annahme, ereignet.[36] § 2 Abs. 2 Satz 2 VVG ist für alle nach Abgabe des Versicherungsantrags eintretenden Versicherungsfälle als abbedungen mit der Folge anzusehen, dass § 2 Abs. 2 Satz 2 VVG nur dann anwendbar ist, wenn der Versicherungsfall bereits vor Antragstellung eingetreten ist.[37]

III. Versicherte Gefahr/Versicherungsfall (§ 1 Abs. 1 BUZ)

1. Versicherte Gefahr

8 Versicherte Gefahr ist bei der Berufsunfähigkeits-Zusatzversicherung der Eintritt der völligen oder teilweisen Berufsunfähigkeit.[38] Bei Beginn der Gefahrtragung muss der Versicherte allerdings in der Lage gewesen sein, in seinem konkret ausgeübten Beruf tätig zu sein.[39] Maßgebend ist dabei die letzte konkrete Berufsausübung, so wie sie in gesunden Tagen ausgestaltet war.[40]

2. Versicherungsfall

9 **a) Eintritt der Berufsunfähigkeit.** Versicherungsfall ist bei der Berufsunfähigkeits-Zusatzversicherung der Eintritt der Berufsunfähigkeit, also der Zeitpunkt, in dem alle hierfür erforderlichen Voraussetzungen vorliegen.[41] Hierbei ist die gegenwärtig tatsächlich gegebene Situation entscheidend, denn versichert ist allein eine tatsächlich bestehende Berufsunfähigkeit.[42] Weder auf besondere Kompensationsanstrengungen noch andererseits zu erwartende zukünftige Verschlechterun-

---

[32] BGH, Urt. v. 21. 3. 1990 – IV ZR 39/89, BGHZ 111, 44, 49 = NJW 1990, 1916 = VersR 1990, 729, 730.
[33] So LG Köln, Urt. v. 4. 6. 1975 – 74 O 314/74, VersR 1976, 159.
[34] LG Karlsruhe, Urt. v. 13. 8. 1970 – O 298/69, VersR 1971, 168.
[35] BGH, Urt. v. 21. 3. 1990 – IV ZR 39/89, NJW 1990, 1916 = VersR 1990, 729, 730; Maenner, Theorie und Praxis der Rückwärtsversicherung, S. 212 – 219.
[36] BGH, Urt. v. 21. 3. 1990 – IV ZR 39/89, NJW 1990, 1916 = VersR 1990, 729, 730.
[37] OLG Hamm, Urt. v. 19. 9. 1986 – 20 U 114/86, NJW-RR 1987, 153 = VersR 1987, 1002 (Ls.); BGH, Urt. v. 21. 3. 1990 – IV ZR 39/89, NJW 1990, 1916 = VersR 1990, 729, 730.
[38] BGH, Urt. v. 18. 12. 1954 – II ZR 206/53, BGHZ 16, 37, 43; OLG Oldenburg v. 27. 7. 1983 – 2 U 111/83.
[39] BGH VersR 1993, 469, 470 = r+s 1993, 198; OLG Koblenz, Urt. v. 18. 6. 1999 – 10 U 125/98, VersR 2000, 749, 750; KG, Urt. v. 28. 5. 2002 – 6 U 144/01, VersR 2004, 723 = r+s 2005, 256.
[40] KG, Urt. v. 28. 5. 2002 – 6 U 144/01, VersR 2004, 723 = r+s 2005, 256.
[41] OLG Köln, Urt. v. 8. 3. 1976 – 5 U 71/75; BGH, Urt. v. 22. 2. 1984 – IV a ZR 63/82, NJW 1984, 2814 = VersR 1984, 630, 632 = VerBAV 1984, 444; LG Koblenz, Urt. v. 6. 4. 1984 – 2 O 439/83; OLG Köln, Urt. v. 9. 2. 1994 – 11 U 231/93, VersR 1995, 89, 90 = r+s 1994, 274, 275.
[42] OLG Koblenz, Urt. v. 23. 7. 2004 – 10 U 518/03, r+s 2005, 257.

gen kommt es an.⁴³ Letzteres könnte allenfalls dann anders zu beurteilen sein, wenn eine Fortsetzung der Berufstätigkeit mit unmittelbaren, akuten Gesundheitsgefahren verbunden wäre, was dann auch unmittelbar im Prozentsatz der Beeinträchtigung zum Ausdruck käme.⁴⁴

Der Begriff der Berufsunfähigkeit ist in den Versicherungsbedingungen als Versicherungsfall genau bestimmt und damit auch die versicherte Gefahr klar umgrenzt.⁴⁵ Der Eintritt von Berufsunfähigkeit setzt nach der in § 2 Abs. 1 BUZ bestimmten Definition voraus, dass der Versicherte infolge Krankheit, Körperverletzung oder Kräfteverfalls, die ärztlich nachzuweisen sind, voraussichtlich dauernd außerstande ist, seinen Beruf oder eine andere Tätigkeit auszuüben, die aufgrund seiner Ausbildung und Erfahrung ausgeübt werden kann und seiner Lebensstellung entspricht; dabei verspricht der Versicherer hier Leistungen gemäß § 1 Abs. 1 BUZ bereits dann, wenn Berufsunfähigkeit von mindestens 50% vorliegt.⁴⁶ Weder die Krankheit noch andere gesundheitliche Beeinträchtigungen selbst führen nach dieser Definition zum Eintritt von Berufsunfähigkeit, noch reicht es dafür aus, dass diese Beeinträchtigungen eine (teilweise) Unfähigkeit zur Berufsausübung herbeiführen.⁴⁷ Vorausgesetzt wird vielmehr ein körperlich-geistiger Gesamtzustand des Versicherten, der derart beschaffen sein muss, dass eine günstige Prognose für die Wiederherstellung der verloren gegangenen Fähigkeiten zur Berufsausübung in einem überschaubaren Zeitraum nicht gestellt werden kann.⁴⁸ Ein solcher Zustand kann zwar – z.B. bei Unfällen – bereits mit dem Ursachenereignis eintreten.⁴⁹ Oft ist aber zunächst nicht vorhersehbar, ob es in versicherter Zeit überhaupt zu einer entsprechenden Erkrankung kommen wird.⁵⁰ Häufig ergibt sich ein zur Berufsunfähigkeit führender Zustand erst im Rahmen eines fortschreitenden gesundheitlichen Prozesses.⁵¹ Dies gilt vor allem bei einer vorgegebenen Disposition zu bestimmten Erkrankungen.⁵² Bei angeborenen oder nachträglich erworbenen Veranlagungen, bei Minderbelastbarkeiten und selbst nach Infizierungen mit Krankheitserregern führt keineswegs ausnahmslos schon die

---

⁴³ OLG Koblenz, Urt. v. 23. 7. 2004 – 10 U 518/03, r+s 2005, 257.
⁴⁴ OLG Koblenz, Urt. v. 23. 7. 2004 – 10 U 518/03, r+s 2005, 257.
⁴⁵ BGH, Urt. v. 18. 12. 1954 – II ZR 206/53, BGHZ 16, 37, 44.
⁴⁶ BGH, Urt. v. 2. 11. 1994 – IV ZR 324/93, S. 12 = NJW 1995, 598, 599 = VersR 1995, 82, 84 = r+s 1995, 75, 77.
⁴⁷ BGH, Urt. v. 22. 2. 1984 – IVa ZR 63/82, NJW 1984, 2814 = VersR 1984, 630, 632 = VerBAV 1984, 444; BGH, Urt. v. 13. 5. 1987 – IVa ZR 8/86, VersR 1987, 754; BGH, Urt. v. 2. 11. 1994 – IV ZR 324/93, S. 12 = NJW 1995, 598, 599 = VersR 1995, 82, 84 = r+s 1995, 75, 77; BGH, Urt. v. 11. 10. 2006 – IV ZR 66/05, NJW-RR 2007, 93 = VersR 2007, 383 = r+s 2007, 31, 32.
⁴⁸ OLG Oldenburg v. 27. 7. 1983 – 2 U 111/83; BGH, Urt. v. 22. 2. 1984 – IVa ZR 63/82, NJW 1984, 2814 = VersR 1984, 630, 632 = VerBAV 1984, 444; BGH, Urt. v. 13. 5. 1987 – IVa ZR 8/86, VersR 1987, 753; OLG Hamm, Urt. v. 23. 10. 1987 – 20 U 230/86; BGH, Urt. v. 2. 11. 1994 – IV ZR 324/93, S. 12 = NJW 1995, 598, 599 = VersR 1995, 82, 84 = r+s 1995, 75, 77; BGH, Urt. v. 3. 4. 1996 – IV ZR 344/94, NJW-RR 1996, 795 = VersR 1996, 830, 831; BGH, Urt. v. 11. 10. 2006 – IV ZR 66/05, NJW-RR 2007, 93 = VersR 2007, 383 = r+s 2007, 31, 32.
⁴⁹ BGH, Urt. v. 2. 11. 1994 – IV ZR 324/93, S. 12/13 = NJW 1995, 598, 599 = VersR 1995, 82, 84 = r+s 1995, 75, 77; BGH, Urt. v. 27. 9. 1995 – IV ZR 319/94, NJW-RR 1996, 88, 89 = VersR 1995, 1431, 1432 = r+s 1996, 35, 36 = MDR 1996, 152, 153.
⁵⁰ BGH, Urt. v. 27. 9. 1995 – IV ZR 319/94, NJW-RR 1996, 88, 89 = VersR 1995, 1431, 1432 = r+s 1996, 35, 36 = MDR 1996, 152.
⁵¹ BGH, Urt. v. 2. 11. 1994 – IV ZR 324/93, S. 12/13 = NJW 1995, 598, 599 = VersR 1995, 82, 84 = r+s 1995, 75, 77.
⁵² LG Bielefeld, Urt. v. 22. 3. 1991 – 4 O 361/90, NJW-RR 1992, 96, 97 = VersR 1992, 949, 950 = r+s 1994, 394; BGH, Urt. v. 27. 9. 1995 – IV ZR 319/94, NJW-RR 1996, 88, 89 = VersR 1995, 1431, 1432 = r+s 1996, 35, 36 = MDR 1996, 152.

Tatsache ihres Vorhandenseins zum Eintritt eines Versicherungsfalls.[53] Häufig erhöhen sie vorerst nur die Gefahr, dass der Versicherte eines Tages erkrankt und infolgedessen seinem bisherigen Beruf oder vergleichbaren Tätigkeiten – vorübergehend oder auch auf Dauer – nicht mehr gewachsen sein wird.[54] Deshalb ist für den Zeitpunkt des Eintritts von Berufsunfähigkeit im Sinne von § 2 Abs. 1 BUZ die rückschauende Feststellung maßgebend, wann erstmals ein Zustand gegeben war, der nach dem Stand der medizinischen Wissenschaft keine Erwartung mehr auf eine Besserung bis zur Wiederherstellung der halben Arbeitskraft mehr rechtfertigte.[55] Die Leistungspflicht des Versicherers hängt demgemäß davon ab, dass sich beide Elemente der Definition von Berufsunfähigkeit während der Vertragszeit verwirklicht haben, dass also der Versicherte sowohl in einem zuletzt ausgeübten als auch in einem Vergleichsberuf nicht mehr tätig sein kann.[56] Schon dann, wenn der Versicherte bereits vor Beginn der Versicherung die Fähigkeit verloren hat, seinem zuletzt ausgeübten Beruf in bedingungsgemäße Berufsunfähigkeit ausschließendem Umfang nachzugehen, fehlt es an dieser Voraussetzung, so dass keine Leistungspflicht des Versicherers besteht.[57]

11 **b) Gedehnter Versicherungsfall.** Nicht selten wird trotz vorhandener Disposition zu bestimmten Leiden ein ganzes Berufsleben ohne nennenswerte Beeinträchtigung der Arbeitsleistung wie der Arbeitskraft durchgestanden, zumal gesundheitsunabhängige Faktoren oft eine entscheidende Rolle für den Ausbruch oder Nichtausbruch einer Erkrankung oder das Auftreten einer gewichtigen Gesundheitsstörung spielen.[58] Von daher kommt es vor, dass die Berufsunfähigkeit auch einen sogenannten gedehnten Versicherungsfall darstellen kann,[59] der durch die Fortdauer des mit seinem Eintritt geschaffenen Zustands charakterisiert wird, die bestimmten Einfluss auf den Umfang der Leistungspflicht des Versicherers gewinnt.[60] Dieser Fall ist gegeben, wenn der Versicherungsfall erst geraume Zeit

---

[53] BGH, Urt. v. 27. 9. 1995 – IV ZR 319/94, NJW-RR 1996, 88, 89 = VersR 1995, 1431, 1432 = r+s 1996, 35, 36 = MDR 1996, 152.
[54] BGH, Urt. v. 27. 9. 1995 – IV ZR 319/94, NJW-RR 1996, 88, 89 = VersR 1995, 1431, 1432 = r+s 1996, 35, 36 = MDR 1996, 152.
[55] BGH, Urt. v. 22. 2. 1984 – IV a ZR 63/82, NJW 1984, 2814 = VersR 1984, 630 = MDR 1984, 1008; OLG Hamm, Urt. v. 23. 10. 1987 – 20 U 230/87, r+s 1988, 90; BGH, Urt. v. 14. 6. 1989 – IV a ZR 74/88, NJW-RR 1989, 1050, 1051 = VersR 1989, 903, 904 = r+s 1989, 268, 269; BGH, Urt. v. 21. 3. 1990 – IV ZR 39/89, BGHZ 111, 44 = NJW 1990, 1916 = VersR 1990, 729, 730 = r+s 1990, 250; BGH, Urt. v. 2. 11. 1994 – IV ZR 324/93, S. 13 = NJW 1995, 598, 599 = VersR 1995, 82, 84 = r+s 1995, 75, 77; BGH, Urt. v 27. 9. 1995 – IV ZR 319/94, NJW-RR 1996, 88, 89 = VersR 1995, 1431, 1432 = VerBAV 1996, 72, 73 = r+s 1996, 35, 36 = MDR 1996, 152; BGH, Urt. v. 11. 10. 2006 – IV ZR 66/05, NJW-RR 2007, 93 = VersR 2007, 383 = r+s 2007, 31, 32.
[56] BGH, Urt. v. 27. 1. 1993 – IV ZR 309/91, NJW-RR 1993, 671 = VersR 1993, 469 = r+s 1993, 198; BGH, Urt. v. 7. 7. 1999 – IV ZR 32/98, NJW-RR 1999, 1571, 1572 = VersR 1999, 1266, 1267 = r+s 1999, 476.
[57] OLG Koblenz, Urt. v. 18. 6. 1999 – 10 U 125/98, VersR 2000, 749, 750; BGH, Urt. v. 7. 7. 1999 – IV ZR 32/98, NJW-RR 1999, 1571, 1572 = VersR 1999, 1266, 1267 = r+s 1999, 476.
[58] BGH, Urt. v. 27. 9. 1995 – IV ZR 319/94, NJW-RR 1996, 88, 89 = VersR 1995, 1431, 1432 = r+s 1996, 35, 36 = MDR 1996, 152.
[59] BGH VersR 1974, 741; BGH, Urt. v. 24. 3. 1976 – IV ZR 208/74, VersR 1976, 851; BGH VersR 1978, 362, 363; BGH, Urt. v. 22. 2. 1984 – IV a ZR 63/82, VersR 1984, 630, 632 = VerBAV 1984, 444; BGH, Urt. v. 13. 5. 1987 – IV a ZR 8/86, VersR 1987, 753; BGH, Urt. v. 14. 6. 1989 – IV a ZR 74/88, NJW-RR 1989, 1050, 1051.
[60] BGH, Urt. v. 12. 4. 1989 – IV ZR 21/88, NJW 1989, 3019, 3020 = VersR 1989, 588 f.; OLG Saarbrücken, Urt. v. 3. 5. 2006 – 5 U 578/00 – 48, VersR 2007, 780, 782; Terno r+s 2008, 361, 367.

nach dem Beginn der Arbeitsunfähigkeit eintritt, beispielsweise durch fortschreitende Erkrankungen oder degenerative Prozesse, deren unterschiedliche Stadien unterschiedliche Erwartungen zur Genesung und Rehabilitation rechtfertigen.[61] Ein solcher Versicherungsfall löst die Eintrittspflicht des Versicherers nur dann aus, wenn auch sein Beginn, d. h. das die Berufsunfähigkeit auslösende Ereignis, in den Haftungszeitraum des Versicherungsvertrages fällt.[62] Dagegen genügt es nicht, dass der Versicherungsfall sich bis in den versicherten Zeitraum hinein fortsetzt.[63] Insoweit wird auch von der „mitgebrachten Berufsunfähigkeit" gesprochen, die nicht vom Versicherungsschutz umfasst ist, weil die Berufsunfähigkeit nicht im versicherten Zeitraum eingetreten ist.[64] Der Versicherer haftet also in vollem Umfang nur für solche Versicherungsfälle, die vor dem formellen Ende des Versicherungsvertrages eingetreten sind und über dieses hinaus andauern.[65]

c) Zeitpunkt des Eintritts der Berufsunfähigkeit. Für die Feststellung des Zeitpunktes ist eine Prognose erforderlich, die nur dann entbehrlich ist, wenn die Unfähigkeit zur Berufsausübung bereits sechs Monate ununterbrochen angedauert hat.[66] Die Prognose, ob eine Besserung der Berufsunfähigkeit noch zu erwarten ist, hat für einen überschaubaren Zeitraum von drei Jahren zu erfolgen.[67]

d) Maßgeblicher Zeitraum. Nach dem Wortlaut von § 1 BUZ ist nur diejenige Berufsunfähigkeit versichert, die während des Laufs des Versicherungsverhältnisses entsteht.[68] War der Versicherte bereits vor Vertragsabschluss nicht mehr fähig, in seinem konkret ausgeübten Beruf tätig zu sein, kann die Feststellung nicht getroffen werden, dass der Versicherte die Fähigkeit zur Berufsausübung erst während der Vertragsdauer verloren hat.[69] Dies folgt auch aus § 4 Abs. 1 lit. b) und lit. c) BUZ, wo nach der Ursache für den Eintritt der Berufsunfähigkeit gefragt wird und ausführliche ärztliche Berichte verlangt werden über Ursache, Beginn, Art, Verlauf und voraussichtliche Dauer des Leidens.[70] Eine Berufsunfähigkeitsversicherung kann nicht dahin verstanden werden, dass auch bereits vorhandene Leiden, die nach ihrem Erkennen zur Offenbarung der Berufsunfähigkeit führen, versicherbar sind.[71] Das Risiko einer Berufsunfähigkeit infolge eines anlagebe-

---

[61] BGH, Urt. v. 22. 2. 1984 – IV a 63/82, VersR 1984, 630, 632 = VerBAV 1984, 444; BGH, Urt. v. 13. 5. 1987 – IV a ZR 8/86, VersR 1987, 753.
[62] OLG Köln, Urt. v. 8. 3. 1976 – 5 U 71/85, VersR 1976, 654; OLG Hamm, Urt. v. 14. 10. 1981 – 20 U 164/81, VersR 1982, 689 ff; BGH, Urt. v. 22. 2. 1984 – IV a ZR 63/82, VersR 1984, 630, 632 = VerBAV 1984, 444.
[63] Vgl. BGH, Urt. v. 13. 3. 1974 – IV ZR 36/73, VersR 1974, 741; BGH, Urt. v. 22. 2. 1984 – IV a ZR 63/82, VersR 1984, 630, 632 = VerBAV 1984, 444.
[64] OLG München, Urt. v. 20. 4. 2007 – 25 U 4246/06, VersR 2007, 1686, 1687.
[65] OLG Saarbrücken, Urt. v. 3. 5. 2006 – 5 U 578/00 – 48, VersR 2007, 780, 781; *Terno* r+s 2008, 361, 367.
[66] § 2 Abs. 3 BUZ; BGH, Urt. v. 22. 2. 1984 – IV a ZR 63/82, VersR 1984, 630, 632; OLG Düsseldorf, Urt. v. 8. 12. 1998 – 4 U 176/97, NVersZ 2000, 169.
[67] OLG Hamm, Urt. v. 23. 10. 1987 – 20 U 230/87, r+s 1988, 90; so wohl auch *Terno* r+s 2008, 361, 362.
[68] OLG Frankfurt/M., Urt. v. 30. 6. 1982 – 7 U 29/82; LG München I, Urt. v. 8. 3. 1984 – 30 O 21 344/83; LG Nürnberg-Fürth v. 23. 10. 1984 und OLG Nürnberg, Urt. v. 10. 7. 1986 – 8 U 3938/84, VersR 1987, 249; OLG Köln, Urt. v. 7. 1. 1988 – 5 U 39/87, S. 11 = r+s 1988, 65.
[69] BGH, Urt. v. 27. 1. 1993 – IV ZR 309/91, NJW-RR 1993, 671 = VersR 1993, 469 = r+s 1993, 198; OLG Koblenz, Urt. v. 18. 1. 2002 – 10 U 374/01, NVersZ 2002, 260, 262.
[70] OLG Frankfurt/M., Urt. v. 30. 6. 1982 – 7 U 29/82; LG München I, Urt. v. 8. 3. 1984 – 30 O 21 344/83.
[71] OLG Frankfurt/M., Urt. v. 30. 6. 1982 – 7 U 29/82; LG München I, Urt. v. 8. 3. 1984 – 30 O 21 344/83.

dingten oder sonstigen, bereits vorhandenen, aber nicht erkannten Leidens ist für den Versicherer nicht kalkulierbar und damit nicht versicherbar.[72] Das die Berufsunfähigkeit auslösende Ereignis muss deshalb innerhalb jenes Zeitraums eingetreten sein, für welchen der Versicherer die Gefahr vertraglich übernommen hat.[73] Anderenfalls würde eine Rückwärtsversicherung vorliegen, die aber der ausdrücklichen Vereinbarung bedarf.[74] Nicht gefolgt werden kann daher der Auffassung des OLG Celle invaliditätsbegründende Ereignisse außerhalb der Versicherungszeit seien dann nicht ausgeschlossen, wenn die Invalidität selbst während der Vertragszeit eingetreten sei.[75]

14 e) **Grad.** Es muss ein körperlich-geistiger Gesamtzustand des Versicherten erreicht sein, dessen Besserung zumindest bis zur Wiederherstellung der halben Arbeitskraft nicht mehr zu erwarten ist.[76]

15 f) **Beweislast.** Dem Versicherungsnehmer obliegt es, den Eintritt des Versicherungsfalls im versicherten Zeitraum darzutun, während der Versicherer den Zeitpunkt des Eintritts des Versicherungsfalls zu beweisen hat, sofern sich aus diesem Zeitpunkt Leistungsfreiheit oder Leistungsbeschränkungen zugunsten des Versicherers ergeben.[77]

IV. Versicherte Leistungen (§ 1 Abs. 1 und Abs. 2 BUZ)

1. Fassung

16 In den Versicherungsbedingungen wurde nicht festgelegt, bis zu welchem Lebensalter BUZ-Renten gewährt werden sollen, da dies eine Frage des Tarifs und der Dokumentierung im Versicherungsschein ist.[78]

2. Leistung

17 Im Falle der Berufsunfähigkeit bestehen die vom Versicherer zu erbringenden Leistungen nicht nur in der Zahlung einer Berufsunfähigkeitsrente, sondern auch in der Befreiung des Versicherungsnehmers von der Bezahlung der Beiträge zur Hauptversicherung und zu den eingeschlossenen Zusatzversicherungen. Bei der Beitragsbefreiung erfolgt die Verrechnung einer Rente in Höhe des Beitrags aus der Hauptversicherung mit diesem Beitrag.[79]

18 Tritt der Versicherungsfall während der Dauer eines vereinbarten vorläufigen Versicherungsschutzes ein, ist der Anspruch entsprechend den AVB für den vorläufigen Versicherungsschutz begrenzt.[80]

---

[72] LG München I, Urt. v. 8. 3. 1984 – 30 O 21344/83.
[73] OLG Köln, Urt. v. 8. 3. 1976 – 5 U 71/75; OLG Oldenburg, Beschl. v. 5. 2. 2010 – 5 U 4/10, VersR 2010, 655.
[74] LG München I, Urt. v. 8. 3. 1984 – 30 O 21344/83.
[75] OLG Celle, Urt. v. 28. 10. 1983 – 8 U 5/83, VersR 1984, 673, 674.
[76] BGH, Urt. v. 22. 2. 1984 – IVa ZR 63/82, NJW 1984, 2814 = VersR 1984, 630; BGH, Urt. v. 21. 3. 1990 – IV ZR 39/89, BGHZ 111, 44 = NJW 1990, 1916 = VersR 1990, 729 = r+s 1990, 250; BGH, Urt. v. 11. 10. 2006 – IV ZR 66/05, NJW-RR 2007, 93 = r+s 2007, 31, 32.
[77] LG Münster, Urt. v. 25. 10. 1966 – 11 O 291/65, VersR 1968, 743; OLG Hamm, Urt. v. 3. 6. 1977 – 20 U 260/76, VersR 1977, 953; BGH VersR 1978, 362, 364; OLG Köln, Urt. v. 7. 1. 1988 – 5 U 39/87.
[78] *Carus* VW 1964, 475.
[79] BGH, Urt. v. 18. 12. 1954 – II ZR 206/53, BGHZ 16, 37, 47; *v. d. Thüsen* VersR 1951, 170.
[80] LG Essen v. 21. 11. 1985 – 16 O 388/85; OLG Hamm, Urt. v. 5. 12. 1986 – 20 U 50/86, VersR 1987, 899.

3. Höhe

Leistungen werden erst ab einem Berufsunfähigkeitsgrad von 50% erbracht, der zu vollen Leistungen führt. Sind ältere Bedingungen vereinbart, werden je nach Vereinbarung die Versicherungsleistungen gemäß den Leistungsstaffeln 25%/75% oder 33 1/3%/66 2/3% erbracht. 19

4. Zeitraum

Die Leistungen sind gemäß § 2 Abs. 3 BUZ erst nach mindestens sechsmonatiger Berufsunfähigkeit zu erbringen.[81] Die Leistungserbringung ist beschränkt auf den Zeitraum ab wirksamer Anmeldung gemäß § 1 Abs. 3 BUZ bis zum Eintritt der Beendigungstatbestände gemäß § 1 Abs. 3 BUZ.[82] 20

5. Zahlungsweise

Die Rente wird vierteljährlich im Voraus gezahlt. Möglich wäre auch eine Zahlung gemäß Beitragsfälligkeit. 21

6. Besteuerung der Rentenleistungen

Rentenzahlungen aus einer privaten Berufsunfähigkeitsversicherung oder aus einer Berufsunfähigkeits-Zusatzversicherung werden steuerlich als abgekürzte Leibrenten behandelt, die mit dem Ertragsanteil steuerpflichtig sind. Der Ertragsanteil hängt von der Dauer der Rente ab. Die voraussichtliche Laufzeit ist der Zeitraum vom Eintritt des Versicherungsfalls, d.h. dem Eintritt der Berufsunfähigkeit bis zum vertraglich vereinbarten Ablauf der Versicherungslaufzeit, z.B. das 60. Lebensjahr.[83] 22

V. Beginn der Leistungspflicht (§ 1 Abs. 3 BUZ)

1. Allgemeines

a) Fassung. § 1 Ziffer 3 Satz 1 BUZ 1964[84] sah in der bis 1970 geltenden Fassung vor, dass der Anspruch auf Prämienfreiheit und Rente erst mit dem der Anzeige folgenden Monatsersten entsteht. Für weitere zurückliegende Zeiträume werden Leistungen nicht gewährt (§ 1 Ziffer 3 Satz 2 BUZ 1964). 23

§ 1 Ziffer 3 Satz 1 BUZ 1970[85] bestimmte dann, dass der Anspruch auf Prämienfreiheit und Rente mit dem Ablauf des Monats entsteht, in dem die Berufsunfähigkeit eingetreten ist. Erfolgt die Anzeige später als drei Monate nach dem Eintritt der Berufsunfähigkeit, so beginnen Prämienfreiheit und Rente mit Beginn des Monats der Anzeige.[86] 24

Die Neufassung der BUZ von 1975 und später brachte keine neue Regelung. 25

b) Zweck der Vorschrift. Die Vorschrift soll dem Versicherer eine zeitnahe Prüfung und zuverlässige Feststellung des angezeigten Eintritts des Versicherungs- 26

---

[81] LG Hamburg v. 8. 5. 1980 – 12 O 219/80; OLG Düsseldorf v. 4. 5. 1984 – 4 U 76/83 und HansOLG v. 4. 2. 1986 – 9 U 226/75.
[82] OLG Düsseldorf, Urt. v. 8. 12. 1998 – 4 U 176/97, NVersZ 2000, 169.
[83] *Schoor* VW 2008, 390, 392.
[84] VerBAV 1964, 34.
[85] VerBAV 1970, 210.
[86] BGH, Urt. v. 27. 9. 1989 – IVa ZR 132/88, NJW-RR 1990, 31 (zu § 1 Abs. 2 BUZ 75); OLG Karlsruhe, Urt. v. 19. 12. 1990 – 12 U 181/89, r+s 1992, 67, 68.

falls ermöglichen, ihm alsbald Klarheit über seine Leistungspflicht verschaffen.[87] Sie soll sicherstellen, dass er nicht für – unter Umständen lange Zeit – vor Fristablauf entstandene, ihm aber unbekannte Ansprüche einstehen muss, deren Ausmaß beträchtlich sein kann, bei denen die Aufklärung des Eintritts bedingungsgemäßer Berufsunfähigkeit aber schon durch Zeitablauf regelmäßig schwieriger wird.[88] Letzteres gilt insbesondere mit Blick darauf, dass es sich hierbei um die Beurteilung der gesundheitlichen Verhältnisse des Versicherten und deren Auswirkungen auf seine berufliche Tätigkeit geht, die im Laufe der Zeit erheblichen Änderungen unterworfen sein können.[89]

27   c) AGBG. Die Wirksamkeit der Bestimmung folgt bereits daraus, dass auch bei der gesetzlichen Rentenversicherung in § 53 AVG eine Karenzzeit vorgesehen ist.[90]

2. Anzeige der Berufsunfähigkeit

28   a) Form. Der Versicherungsfall ist vom Anspruchsteller schriftlich anzuzeigen. Als schriftliche Mitteilung der Berufsunfähigkeit genügt jede formgerechte Information des Versicherers, die erkennen lässt, dass ein Versicherungsfall in der Berufsunfähigkeitsversicherung tatsächlich oder nach den Vorstellungen des Mitteilers eingetreten ist.[91] Eine telefonische Anzeige genügt nicht.[92] Die Anzeige muss der Versicherungsnehmer aber nicht selbst schriftlich verfassen.[93]

29   b) Inhalt. Eine die Frist des § 1 Abs. 3 Satz 2 BUZ wahrende Anzeige setzt nach § 4 Abs. 1 BUZ nur voraus, dass der Anspruch auf Leistungen wegen Berufsunfähigkeit – unter Einreichung des Versicherungsscheins und gegebenenfalls der letzten Beitragsquittung – schriftlich geltend gemacht wird.[94] Es genügt also zunächst, dass der Versicherungsnehmer gegenüber dem Versicherer mit Erhebung des Anspruchs behauptet, bedingungsgemäße Berufsunfähigkeit sei eingetreten; darauf, ob deren Voraussetzungen bereits festgestellt oder zu beweisen sind, kommt es für die Anzeige nicht an.[95]

30   c) Zugang. Eine ordnungsgemäße Schadenanzeige setzt voraus, dass sie an den richtigen Adressaten, also den tatsächlich auf Leistung in Anspruch genom-

---

[87] BGH, Urt. v. 2. 11. 1994 – IV ZR 324/93, S. 9 = NJW 1995, 598, 599 = VersR 1995, 82, 83 = VerBAV 1995, 205, 206 = r+s 1995, 75, 76 f. = MDR 1995, 912, 913; BGH, Urt. v. 7. 7. 1999 – IV ZR 32/98, NJW-RR 1999, 1571, 1573 = VersR 1999, 1266, 1268 = r+s 1999, 476, 477 = MDR 1999, 1195, 1196; LG Berlin, Urt. v. 7. 5. 2002 – 7 O 64/00, NVersZ 2002, 556 = r+s 2004, 75, 76.
[88] OLG Hamm, Urt. v. 28. 9. 1994 – 20 U 105/94, VersR 1995, 1038, 1039 = MDR 1995, 370, 371; BGH, Urt. v. 2. 11. 1994 – IV ZR 324/93, S. 9 = NJW 1995, 598 = VersR 1995, 82, 83 = VerBAV 1995, 205, 206 = r+s 1995, 75, 77 = MDR 1995, 912, 913; LG Berlin, Urt. v. 7. 5. 2002 – 7 O 64/00, NVersZ 2002, 556 = r+s 2004, 75, 76; Voit, Berufsunfähigkeitsversicherungen, Rdn. 560.
[89] BGH, Urt. v. 2. 11. 1994 – IV ZR 324/93, S. 9 = NJW 1995, 598 = VersR 1995, 82, 83 = VerBAV 1995, 205, 206 = r+s 1995, 75, 77 = MDR 1995, 912, 913.
[90] LG Hamburg v. 8. 5. 1980 – 12 O 219/80.
[91] OLG Saarbrücken, Urt. v. 3. 5. 2006 – 5 U 578/00 – 48, VersR 2007, 780, 783 = r+s 2009, 203.
[92] OLG Düsseldorf v. 25. 10. 1988 – 4 U 261/87.
[93] LG Osnabrück v. 19. 8. 1985 – 9 O 37/85.
[94] BGH, Urt. v. 27. 9. 1989 – IVa ZR 132/88, NJW-RR 1990, 31; BGH, Urt. v. 2. 11. 1994 – IV ZR 324/93, S. 11/12 = NJW 1995, 598, 599 = VersR 1995, 82, 83 = r+s 1995, 75, 77.
[95] BGH, Urt. v. 2. 11. 1994 – IV ZR 324/93, S. 12 = NJW 1995, 598, 599 = VersR 1995, 82, 83/84 = r+s 1995, 75, 77.

menen Versicherer gerichtet wird.[96] Die Schadenanzeige muss der Hauptverwaltung des Versicherers oder dessen zuständiger Geschäftsstelle zugehen. Ist die Anzeige an eine andere Stelle adressiert, etwa entgegen der ausdrücklichen Bestimmung in § 12 ALB 1986, die gemäß § 9 BUZ Anwendung findet, an einen Vertreter oder an ein Konzernunternehmen, so sind die Folgen eines späteren Zugangs vom Versicherungsnehmer zu tragen. Den Zugang der Anzeige hat der Anspruchsteller gemäß § 130 BGB zu beweisen.[97] Unterhält ein Konzern so genannte Organisationsgesellschaften, die zum Handeln namens und im Auftrag der zum Konzern gehörenden Versicherungsgesellschaften berechtigt sind, genügt die Zuleitung der Schadenanzeige an die für den Versicherer unstreitig zuständige Organisationsgesellschaft, deren Kenntnis sich der Versicherer gemäß § 166 Abs. 1 BGB zurechnen lassen muss, auch wenn diese eine Weiterleitung der Schadenanzeige an den Versicherer unterlassen haben sollte.[98]

d) Ausschlussfrist. § 1 Abs. 3 BUZ regelt die Anspruchsvoraussetzungen für den Beginn der Leistungspflicht des LVU und sieht eine zeitliche Begrenzung der Leistungspflicht des Versicherers vor. Der Rechtsnatur nach handelt es sich um eine Ausschlussfrist,[99] deren Versäumung einen vollständigen Leistungsausschluss bewirkt.[100] Der Vertragsregelung, nach der mit einer Versäumung der Anmeldefrist von 3 Monaten ein Verlust von Ansprüchen verbunden ist, liegt die Vorstellung zugrunde, dass es auch bei einer derart schweren Erkrankung, die zu vorübergehender oder dauerhafter Berufsunfähigkeit führt, in der Regel möglich ist, die Erkrankung binnen dieser Frist anzuzeigen.[101] 31

e) Entschuldigungsbeweis. aa) Exkulpation. Die Bedingungen sehen nicht ausdrücklich vor, dass der Versicherungsnehmer sich für die Versäumung der Frist exkulpieren kann, so dass die Transparenz der Klausel in Frage gestellt wird.[102] Die Klausel des § 1 Abs. 3 Satz 2 BUZ ist aber auch unter Berücksichtigung ihres Zwecks so auszulegen, dass sich der Versicherer auf die Versäumung der Frist zur Anzeige nach Treu und Glauben nicht berufen kann, wenn den Versicherungsnehmer, was dieser zu beweisen hat, daran keine Schuld trifft.[103] In dieser Ausle- 32

---

[96] OLG Saarbrücken, Urt. v. 3. 5. 2006 – 5 U 578/00 – 48, VersR 2007, 780, 783 = r+s 2009, 203, 204.
[97] LG Hamburg v. 29. 5. 1984 – 80 O 73/83.
[98] OLG Saarbrücken, Urt. v. 3. 5. 2006 – 5 U 578/00 – 48, VersR 2007, 780, 783 = r+s 2009, 203, 204.
[99] BGH VerBAV 1961, 211; BGH v. 28. 6. 1978, VersR 1978, 1036; BGH, Urt. v. 24. 3. 1982 – IV a ZR 226/80, VersR 1982, 567 = NJW 1982, 2779 = VerBAV 1982, 363; OLG Hamm, Urt. v. 28. 9. 1994 – 20 U 105/94, VersR 1995, 1038, 1039 = r+s 1995, 196 (Ls.) = MDR 1995, 370, 371; BGH, Urt. v. 2. 11. 1994 – IV ZR 324/93, NJW 1995, 598 = VersR 1995, 82, 83 = VerBAV 1995, 205, 206 = r+s 1995, 75, 76 = MDR 1995, 912, 913; OLG Hamm, Urt. v. 5. 5. 2000 – 20 U 246/99, NVersZ 2000, 567, 568 = r+s 2001, 521; BGH, Urt. v. 12. 11. 2003 – IV ZR 173/02, NJW-RR 2004, 174, 176 = VersR 2004, 96, 98 = r+s 2004, 118, 119; LG Berlin, Urt. v. 7. 5. 2002 – O 64/00, NVersZ 2002, 556 = r+s 2004, 75, 76; *Voit*, Berufsunfähigkeitsversicherung, 1994, Rdn. 562.
[100] BGH, Urt. v. 7. 7. 1999 – IV ZR 32/98, NJW-RR 1999, 1571, 1573 = VersR 1999, 1266, 1268 = r+s 1999, 476, 477 = MDR 1999, 1195.
[101] LG Hamburg v. 8. 5. 1980 – 12 O 219/80; LG Hechingen v. 20. 7. 1984 – 1 O 207/84.
[102] Vgl. *Klimke* VersR 2010, 290, 291, 295.
[103] BGH, Urt. v. 24. 3. 1982 – IV a ZR 226/80, VersR 1982, 567; BGH, Urt. v. 15. 4. 1992 – IV ZR 198/91, VersR 1992, 819 = r+s 1992, 236 = MDR 1992, 1134; OLG Hamm, Urt. v. 28. 9. 1994 – 20 U 105/94, VersR 1995, 1038, 1039 = r+s 1995, 196 (Ls.) = MDR 1995, 370, 371; BGH, Urt. v. 2. 11. 1994 – IV ZR 324/93, S. 10 = NJW 1995, 598, 599 = VersR 1995, 82, 83 = VerBAV 1995, 205, 207 = r+s 1995, 77 = MDR 1995, 912, 913; BGH, Urt. v. 7. 7. 1999 – IV ZR 32/98, NJW-RR 1999, 1571, 1573 =

gung hält die Klausel auch einer Inhaltskontrolle stand.[104] Schon vor dieser Rechtssprechung wurde die Auffassung vertreten, dass das LVU eine Kulanzentscheidung in Betracht ziehen soll,[105] wenn schwere Gesundheitsschädigungen den Versicherungsnehmer an der Anzeige gehindert haben.[106]

33 **bb) Anwendung des § 6 Abs. 3 VVG.** Das BAV möchte dagegen dem Versicherungsnehmer die Exkulpationsmöglichkeit der Vorschrift des § 6 Abs. 3 VVG eingeräumt wissen.[107] Die Regelung in § 1 Abs. 3 Satz 2 BUZ beinhaltet jedoch keine (verhüllte) Obliegenheit, bei der sich der Versicherungsnehmer von Vorsatz und grober Fahrlässigkeit entlasten könnte und außerdem die Möglichkeit hat, den Kausalitätsgegenbeweis zu führen.[108] Das Wesen einer Obliegenheit ist nämlich darin zu sehen, dass sie dem Versicherungsnehmer eine bestimmte Verhaltensweise auferlegt, die er beachten muss, um den Versicherungsschutz zu erhalten.[109] Dabei ist entscheidend, ob dem materiellen Inhalt der Klausel nach das geforderte Verhalten des Versicherungsnehmers im Vordergrund steht.[110] Daran fehlt es hier, da das in der Klausel zum Ausdruck kommende geforderte Verhalten des Versicherungsnehmers in § 4 BUZ geregelt ist.[111] Das geforderte Verhalten des Versicherungsnehmers tritt hier in seiner Bedeutung hinter objektiven Voraussetzungen, nämlich dem Zeitablauf von drei Monaten, zurück, mit denen eine zeitliche Begrenzung des Anspruchs erreicht werden soll.[112]

34 **f) Rechtswirkung der Anzeige.** Grundsätzlich entsteht bei zeitgerechter Anmeldung des Versicherungsfalls, also innerhalb von drei Monaten nach Eintritt, der Anspruch auf Beitragsbefreiung und Rente mit Ablauf des Monats, in dem die Berufsunfähigkeit eingetreten ist.[113] Wird die Berufsunfähigkeit später als drei Monate nach ihrem Eintritt angezeigt, entsteht der Anspruch auf die Versicherungsleistung erst mit Beginn des Monats des Zugangs der Anzeige beim Versicherer.[114] Mit der Fristversäumung verliert der Versicherungsnehmer mithin Ansprüche, die in der Zeit zwischen dem Ablauf des Monats, in dem Berufs-

---

VersR 1999, 1266, 1268 = r+s 1999, 476, 477 = MDR 1999, 1195; OLG Hamm, Urt. v. 5. 5. 2000 – 20 U 246/99, NVersZ 2000, 567, 568 = r+s 2001, 521; LG Berlin, Urt. v. 7. 5. 2002 – 7 O 64/00, NVersZ 2002, 556/557 = r+s 2004, 75, 76.

[104] BGH, Urt. v. 2. 11. 1994 – IV ZR 324/93, VersR 1995, 82 = MDR 1995, 912; BGH, Urt. v. 7. 7. 1999 – IV ZR 32/98, NJW-RR 1999, 1571, 1573 = VersR 1999, 1266, 1268 = r+s 1999, 476, 477 = MDR 1999, 1195.

[105] Ähnlich *Carus* VW 1964, 476.

[106] OLG Hamm, Urt. v. 2. 7. 1980 – 20 U 82/80, VersR 1980, 1117.

[107] VerBAV 1975, 58 unter Berufung auf OLG Zweibrücken, VerBAV 1973, 218.

[108] OLG Hamm, Urt. v. 28. 9. 1994 – 20 U 105/94, VersR 1995, 1038, 1039 = MDR 1995, 370, 371.

[109] OLG Hamm, Urt. v. 28. 9. 1994 – 20 U 105/94, VersR 1995, 1038, 1039 = MDR 1995, 370, 371.

[110] BGH, Urt. v. 13. 12. 1978 – IV ZR 177/77, VersR 1979, 343; OLG Hamm, Urt. v. 28. 9. 1994 – 20 U 105/94, VersR 1995, 1038, 1039 = MDR 1995, 370, 371.

[111] OLG Hamm, Urt. v. 28. 9. 1994 – 20 U 105/94, VersR 1995, 1038, 1039 = MDR 1995, 370, 371.

[112] OLG Hamm, Urt. v. 28. 9. 1994 – 20 U 105/94, VersR 1995, 1038, 1039 = MDR 1995, 370, 371.

[113] OLG Bremen, Urt. v. 23. 5. 1995 – 3 U 149/94, NJW-RR 1995, 1179, 1180 = VersR 1996, 223; OLG Oldenburg, Urt. v. 14. 2. 1996 – 2 U 259/95, VersR 1996, 1486 (Der Anspruch besteht ab 1. 11. 1992, wenn er auf einem Unfall vom 8. 10. 1992 beruht); OLG Saarbrücken, Urt. v. 25. 11. 2009 – 5 U 116/09-30, VersR 2010, 519, 521.

[114] LG München, Urt. v. 11. 11. 1982 – 30 O 11 023/80; LG Hamburg – 80 O 73/83; LG Köln, Urt. v. 1. 2. 1986 – 24 O 319/85; BGH, Urt. v. 27. 9. 1989 – IVa ZR 132/88, NJW-RR 1990, 31 (zu § 1 Abs. 2 BUZ 75); OLG Düsseldorf, Urt. v. 18. 12. 2001 – 4 U 78/01, NVersZ 2002, 357, 358; OLG Saarbrücken, Urt. v. 25. 11. 2009 – 5 U 116/09-30, VersR 2010, 519, 521.

unfähigkeit eingetreten ist, und dem Beginn des Anzeigemonats entstanden sind, während Ansprüche für die Zukunft unberührt bleiben.[115] Haben die Parteien die Dynamisierung von Beitrag und Leistung vereinbart, entfällt die Dynamisierung erst zu dem Zeitpunkt, ab dem der Versicherer zur Leistung verpflichtet ist.[116] In der Aufschubzeit erfolgte Erhöhungen bleiben wirksam und können nicht rückgängig gemacht werden.[117]

3. Leistungsprüfung aufgrund der Anzeige

Mit der Anzeige des Versicherungsfalls ermöglicht der Anspruchsteller dem Versicherer eine Überprüfung der Voraussetzungen seiner Leistungspflicht[118] und notwendige eigene Feststellungen zu treffen.[119] Das Überprüfungsinteresse des Versicherers ist allgemein anerkannt.[120] Legt der Versicherungsnehmer Nachweise vor, hat er zunächst das seinerseits Erforderliche zur Feststellung der Berufsunfähigkeit getan.[121] Liegt ein vom LVU in Auftrag gegebenes fachärztliches Gutachten noch nicht vor, das zur Feststellung der Berufsunfähigkeit erforderlich ist, tritt die Fälligkeit des Anspruchs auf Versicherungsleistungen nicht ein.[122] Der Versicherer gerät allerdings mit geschuldeten Versicherungsleistungen in Verzug, wenn seine Leistungsablehnung auf einem von ihm eingeholten, wissenschaftlich unvertretbaren und schuldhaft falschen Sachverständigengutachten beruht.[123] Die Fehlleistung des Sachverständigen muss sich der Versicherer nach § 278 BGB zurechnen lassen.[124]

VI. Ende der Leistungspflicht (§ 1 Abs. 4 BUZ)

1. Ende der Berufsunfähigkeit

Der Anspruch auf Beitragsbefreiung und Rente erlischt, wenn der Grad der Berufsunfähigkeit unter den versicherten Grad von z. B. 50 Prozent sinkt. Die Versicherungsbedingungen enthalten keine ausdrückliche Regelung, ob der Leistungsanspruch noch bis zum Ende des Monats fortbesteht, wenn die Berufsunfähigkeit an einem Tag mitten im Monat endet. Dem Regelungszusammenhang ist jedoch zu entnehmen, dass entsprechend § 1 Abs. 3 BUZ und § 6 Abs. 4 BUZ auch in Bezug auf das Auslaufen des Leistungsanspruchs jeweils in Monatsblöcken abzuschichten ist, mithin der Leistungsanspruch bis zum Monatsende fortbesteht.[125]

2. Ableben des Versicherten

Der Anspruch auf Beitragsbefreiung und Rente erlischt, wenn die versicherte Person verstirbt.

---

[115] BGH, Urt. v. 2. 11. 1994 – IV ZR 324/93, S. 7 = NJW 1995, 598, 599 = VersR 1995, 82, 83 = r+s 1995, 75, 76 = MDR 1995, 912, 913.
[116] OLG Saarbrücken, Urt. v. 25. 11. 2009 – 5 U 116/09-30, VersR 2010, 519, 521.
[117] OLG Saarbrücken, Urt. v. 25. 11. 2009 – 5 U 116/09-30, VersR 2010, 519, 521.
[118] OLG Frankfurt/M., Urt. v. 22. 2. 1980 – 22 U 110/78, VersR 1980, 326, 327.
[119] BGH, Urt. v. 24. 6. 1981 – IVa ZR 133/80, VersR 1982, 182.
[120] OLG Hamburg, Urt. v. 27. 1. 1972 – 6 U 150/71, VersR 1972, 655, 656; OLG Hamm, Urt. v. 3. 11. 1972 – U 180/72, VersR 1973, 339, 341.
[121] OLG Hamm, Urt. v. 7. 11. 1975 – 20 U 214/74, VersR 1976, 554, 555; BGH, Urt. v. 29. 6. 1977 – IV ZR 63/76, VersR 1977, 833, 834.
[122] LG Kassel, Urt. v. 11. 11. 1998 – 6 O 813/98, VersR 2000, 750 (Ls.).
[123] OLG Koblenz, Urt. v. 16. 11. 2007 – 10 U 100/07, VersR 2008, 1381.
[124] OLG Koblenz, Urt. v. 16. 11. 2007 – 10 U 100/07, VersR 2008, 1381.
[125] OLG Düsseldorf, Urt. v. 8. 12. 1998 – 4 U 176/97, NVersZ 2000, 169 = r+s 1999, 431, 432; OLG Karlsruhe, Urt. v. 24. 10. 2006 – 12 U 109/06, VersR 2007, 344 = r+s 2007, 114.

3. Ablauf der BUZ

38 Die Regelung, nach der der Anspruch auf Beitragsbefreiung und Rente mit dem Ablauf der Dauer der BUZ erlischt, ist eindeutig und nicht überraschend im Sinne von § 3 AGBG.[126] Mit dem Ablauf der Dauer der BUZ erlöschen Leistungsansprüche aus der BUZ unbeschadet der Tatsache, dass zuvor der Versicherungsfall eingetreten ist.[127] Der Anspruch auf Beitragsfreiheit und Rente erlischt nicht nur dann, wenn der Versicherungsablauf gemäß dem im Versicherungsschein eingetragenen regulären Vertragsablauf eintritt, sondern auch dann, wenn die Dauer der BUZ durch vorzeitige Kündigung abläuft.[128] Ist aber vor dem vorzeitigen Vertragsende der Versicherungsfall eingetreten, endet die Leistungspflicht des LVU erst mit dem Ende des Versicherungsfalls, spätestens aber mit dem Ablauf der vertraglich vereinbarten Leistungsdauer.[129] Je nach Ausgestaltung des Antragsformulars und den zwischen den Parteien getroffenen Vereinbarungen kann die Leistungspflicht auch über das Ende der vereinbarten Versicherungsdauer hinausgehen. Dies ist der Fall, wenn der Versicherungsnehmer den Eintrag „zehn Jahre Leistungsdauer" im Versicherungsantrag so verstehen durfte, dass er bei Eintritt des Versicherungsfalls auch tatsächlich zehn Jahre lang Leistungen aus der BUZ erhält.[130]

4. Ablauf der Beitragsdauer der Hauptversicherung

39 In der Praxis ist folgende Regelung anzutreffen:[131]

„Beitragsfreiheit und Rente werden nicht mehr gewährt, wenn die Berufsunfähigkeit wegfällt, der Versicherte stirbt oder die Beitragsdauer der Hauptversicherung abläuft."

40 Mit dieser Regelung verspricht der Versicherer Leistungen aus der BUZ bis zum Ablauf der Beitragsdauer der Hauptversicherung. Die Leistungsdauer aus der BUZ kann bei dieser Regelung über die Vertragsdauer der BUZ hinausgehen, wenn der Versicherungsfall vor Ablauf der Beitragsdauer der Hauptversicherung eintritt.[132]

5. Rücktritt

41 Ein wirksamer Rücktritt von der Berufsunfähigkeits-Zusatzversicherung bewirkt nicht nur die Rückabwicklung und Beendigung des Zusatzversicherungsvertrags für die Zukunft, sondern hat gleichzeitig zur Folge, dass der Versicherer keine Versicherungsleistungen auf Grund einer bereits vor der Rücktrittserklärung eingetretenen Berufsunfähigkeit mehr zu erbringen hat, wenn die Gefahrerheblichkeit der nicht angezeigten Umstände für die Berufsunfähigkeits-Zusatzversicherung auf der Hand liegt.[133] Nur wenn der Umstand, in Ansehung dessen die

---

[126] OLG Karlsruhe, Urt. v. 4. 4. 2002 – 19 U 28/01, r+s 2003, 210.
[127] OLG Karlsruhe, Urt. v. 4. 4. 2002 – 19 U 28/01, VersR 2002, 1013 (Ls.) = r+s 2003, 210.
[128] LG Köln v. 17. 12. 1986 – 24 O 319/85.
[129] OLG Karlsruhe, Urt. v. 15. 12. 1994 – 12 U 151/94, VersR 1995, 1341 = r+s 1995, 279; OLG Karlsruhe, Urt. v. 16. 2. 2006 – 12 U 261/05, VersR 2006, 1348, 1349; OLG Karlsruhe, Urt. v. 20. 11. 2008 – 12 U 234/07, VersR 2009, 1104, 1105 = r+s 2009, 473; *Rixecker* in: Beckmann, Versicherungsrechts-Hdb., § 46 Rdn. 109.
[130] OLG Karlsruhe, Urt. v. 20. 11. 2008 – 12 U 234/07, VersR 2009, 1104 = r+s 2009, 473.
[131] OLG Hamm, Urt. v. 7. 7. 2004 – 20 U 132/03, VersR 2004, 1587 = r+s 2006, 80.
[132] OLG Hamm, Urt. v. 7. 7. 2004 – 20 U 132/03, r+s 2006, 80.
[133] OLG Düsseldorf, Urt. v. 29. 2. 2000 – 4 U 47/99, NVersZ 2001, 544, 547 = VersR 2001, 1408, 1410; BGH, Nichtannahmebeschl. v. 13. 12. 2000 – X ZR 126/00, NVersZ 2001, 544, 548 = VersR 2001, 1408.

Anzeigepflicht verletzt ist, keinen Einfluss auf den Eintritt des Versicherungsfalls und auf den Umfang der Leistung des Versicherers gehabt hat, bleibt der Versicherer gemäß § 21 VVG zur Leistung verpflichtet, wenn er zurückgetreten ist, nachdem der Versicherungsfall eingetreten ist. Unerheblich ist dabei für die Anwendung des § 21 VVG, ob der nicht oder unzutreffend angegebene Umstand geeignet ist, den Entschluss des Versicherers zu beeinflussen, den Vertrag überhaupt oder mit einem geringeren Leistungsversprechen oder zu dem gewünschten Inhalt abzuschließen.[134]

6. Anfechtung

Versicherungsschutz scheidet ferner aus, wenn der Versicherer rechtswirksam die BUZ wegen arglistiger Täuschung angefochten hat. **42**

VII. Beitragszahlungspflicht (§ 1 Abs. 5 BUZ)

1. Dauer

Gemäß § 1 Abs. 5 BUZ muss der Versicherungsnehmer die Beiträge zur Haupt- und Zusatzversicherung weiter entrichten. Nach Anerkennung der Leistungspflicht erhält der Versicherungsnehmer die Beiträge zurück. Insoweit besteht ein vertraglicher Rückzahlungsanspruch des Versicherungsnehmers.[135] Da ein vertraglicher Rückzahlungsanspruch besteht, scheiden gesetzliche Ansprüche auf Rückforderung, insbesondere solche aus ungerechtfertigter Bereicherung aus.[136] Infolgedessen besteht auch kein Anspruch auf Verzinsung der vom Versicherungsnehmer zunächst weiter geleisteten Beiträge.[137] Unberührt bleibt ein Anspruch des Versicherungsnehmers für den Fall, dass der Versicherer mit der Rückzahlung der Beiträge in Verzug gerät.[138] **43**

2. Aufrechnungsverbot bei VVaG

Beim VVaG sieht das Aufrechnungsverbot des § 26 VAG vor, dass die Zahlung des Beitrags bis zur rechtskräftigen Entscheidung oder sonstigen Klärung von Gegenansprüchen nicht hinausgezogen werden kann.[139] § 26 VAG lässt nicht zu, aufgrund von Gegenansprüchen ein den Beitragszahlungsverzug hinderndes Zurückbehaltungsrecht an den fälligen Beiträgen geltend zu machen.[140] **44**

---

§ 2 Was ist Berufsunfähigkeit im Sinne dieser Bedingungen?

(1) **Vollständige Berufsunfähigkeit** liegt vor, wenn die versicherte Person infolge Krankheit, Körperverletzung oder mehr als altersentsprechendem Kräfteverfalls, die ärztlich nachzuweisen sind, voraussichtlich auf Dauer [alternativ: mindestens

---

[134] BGH, Urt. v. 11. 7. 1990 – IV ZR 156/89, VersR 1990, 1002; BGH, Urt. v. 3. 4. 1996 – IV ZR 344/94, NJW-RR 1996, 795, 796 = VersR 1996, 830, 831; Bruck/Möller, VVG, 8. Aufl., § 21 VVG Anm. 7, 10.
[135] OLG Koblenz, Urt. v. 16. 11. 2007 – 10 U 100/07, VersR 2008, 1381.
[136] BGH, Urt. v. 25. 10. 1989 – IVa ZR 221/88, VersR 1990, 189; BGH, Urt. v. 26. 2. 1992 – IV ZR 339/90, VersR 1992, 479; OLG Koblenz, Urt. v. 16. 11. 2007 – 10 U 100/07, VersR 2008, 1381.
[137] OLG Koblenz, Urt. v. 16. 11. 2007 – 10 U 100/07, VersR 2008, 1381.
[138] OLG Koblenz, Urt. v. 16. 11. 2007 – 10 U 100/07, VersR 2008, 1381.
[139] BGH, Urt. v. 18. 12. 1954 – II ZR 206/53, BGHZ 16, 37, 49.
[140] BGH, Urt. v. 18. 12. 1954 – II ZR 206/53, BGHZ 16, 37, 49.

...¹ Monate/Jahre] ihren zuletzt ausgeübten Beruf, so wie er ohne gesundheitliche Beeinträchtigung ausgestaltet war, nicht mehr ausüben kann und außerstande ist, eine andere Tätigkeit auszuüben, zu der sie aufgrund ihrer Ausbildung und Fähigkeiten in der Lage ist und die ihrer bisherigen Lebensstellung entspricht.

(2) Teilweise Berufsunfähigkeit liegt vor, wenn die in Absatz 1 genannten Voraussetzungen nur in einem bestimmten Grad voraussichtlich dauernd erfüllt sind.

(3) Ist die versicherte Person ...² Monate ununterbrochen infolge Krankheit, Körperverletzung oder mehr als altersentsprechendem Kräfteverfalls, die ärztlich nachzuweisen sind, vollständig oder teilweise außerstande gewesen, ihren zuletzt ausgeübten Beruf, so wie er ohne gesundheitliche Beeinträchtigung ausgestaltet war, oder eine andere Tätigkeit auszuüben, zu der sie aufgrund ihrer Ausbildung und Fähigkeiten in der Lage ist und die ihrer bisherigen Lebensstellung entspricht, gilt die Fortdauer dieses Zustands als vollständige oder teilweise Berufsunfähigkeit.

1. Bemerkung

Für den Fall, dass bei entsprechender Tarifierung auf die abstrakte Verweisung verzichtet wird, lauten die Absätze 1 und 3 wie folgt:

„(1) Vollständige Berufsunfähigkeit liegt vor, wenn die versicherte Person infolge Krankheit, Körperverletzung oder mehr als altersentsprechenden Kräfteverfalls, die ärztlich nachzuweisen sind, voraussichtlich auf Dauer [alternativ: mindestens ...³ Monate/Jahre] ihren zuletzt ausgeübten Beruf, so wie er ohne gesundheitliche Beeinträchtigung ausgestaltet war, nicht mehr ausüben kann und auch keine andere Tätigkeit ausübt, die ihrer bisherigen Lebensstellung entspricht.

(3) Ist die versicherte Person ...⁴ Monate ununterbrochen in Folge Krankheit, Körperverletzung oder mehr als altersentsprechenden Kräfteverfalls, die ärztlich nachzuweisen sind, vollständig oder teilweise außerstande gewesen, ihren zuletzt ausgeübten Beruf, so wie er ohne gesundheitliche Beeinträchtigung ausgestaltet war, auszuüben und hat sie in dieser Zeit auch keine andere Tätigkeit ausgeübt, die ihrer bisherigen Lebensstellung entspricht, gilt die Fortdauer dieses Zustandes als vollständige oder teilweise Berufsunfähigkeit."

2. Bemerkung

Wenn abweichend von Abs. 3 rückwirkend von einem früheren Zeitpunkt an geleistet werden soll, sind die Bedingungen entsprechend zu ändern bzw. zu ergänzen.

(4) Scheidet die versicherte Person aus dem Berufsleben aus und werden später Leistungen wegen Berufsunfähigkeit beantragt, kommt es bei der Anwendung der Absätze 1 bis 3 darauf an, dass die versicherte Person außerstande ist, eine Tätigkeit auszuüben, zu der sie aufgrund ihrer Ausbildung und Fähigkeiten in der Lage ist und die ihrer bisherigen Lebensstellung entspricht.

(5) Ist die versicherte Person ...⁵ Monate ununterbrochen pflegebedürftig mindestens im Rahmen der Pflegestufe I gewesen und deswegen täglich gepflegt worden, gilt die Fortdauer dieses Zustandes als vollständige oder teilweise Berufsunfähigkeit.

(6) Pflegebedürftigkeit liegt vor, wenn die versicherte Person infolge Krankheit, Körperverletzung oder mehr als altersentsprechenden Kräfteverfalls so hilflos ist, dass sie für die in Absatz 7 genannten gewöhnlichen und regelmäßig wiederkehrenden Verrichtungen im Ablauf des täglichen Lebens in erheblichem Umfang täglich der Hilfe einer anderen Person bedarf. Die Pflegebedürftigkeit ist ärztlich nachzuweisen.

---

[1] Unternehmensindividuell ergänzen.
[2] Unternehmensindividuell ergänzen.
[3] Unternehmensindividuell ergänzen.
[4] Unternehmensindividuell ergänzen.
[5] Unternehmensindividuell ergänzen.

(7) Bewertungsmaßstab für die Einstufung des Pflegefalls ist die Art und der Umfang der erforderlichen täglichen Hilfe durch eine andere Person. Bei der Bewertung wird die nachstehende Punktetabelle zugrunde gelegt:
Die versicherte Person benötigt Hilfe beim
Fortbewegen im Zimmer   1 Punkt
Hilfebedarf liegt vor, wenn die versicherte Person – auch bei Inanspruchnahme einer Gehhilfe oder eines Rollstuhls – die Unterstützung einer anderen Person für die Fortbewegung benötigt.

Aufstehen und Zubettgehen   1 Punkt
Hilfebedarf liegt vor, wenn die versicherte Person nur mit Hilfe einer anderen Person das Bett verlassen oder in das Bett gelangen kann.

An- und Auskleiden 1 Punkt
Hilfebedarf liegt vor, wenn die versicherte Person – auch bei Benutzung krankengerechter Kleidung – sich nicht ohne Hilfe einer anderen Person an- oder auskleiden kann.

Einnehmen von Mahlzeiten und Getränken   1 Punkt
Hilfebedarf liegt vor, wenn die versicherte Person – auch bei Benutzung krankengerechter Essbestecke und Trinkgefäße – nicht ohne Hilfe einer anderen Person essen oder trinken kann.

Waschen, Kämmen oder Rasieren   1 Punkt
Hilfebedarf liegt vor, wenn die versicherte Person von einer anderen Person gewaschen, gekämmt oder rasiert werden muss, da sie selbst nicht mehr fähig ist, die dafür erforderlichen Körperbewegungen auszuführen.

Verrichten der Notdurft   1 Punkt
Hilfebedarf liegt vor, wenn die versicherte Person die Unterstützung einer anderen Person benötigt, weil sie
– sich nach dem Stuhlgang nicht allein säubern kann,
– ihre Notdurft nur unter Zuhilfenahme einer Bettschüssel verrichten kann oder weil
– der Darm bzw. die Blase nur mit fremder Hilfe entleert werden kann.
Besteht allein eine Inkontinenz des Darms bzw. der Blase, die durch die Verwendung von Windeln oder speziellen Einlagen ausgeglichen werden kann, liegt hinsichtlich der Verrichtung der Notdurft keine Pflegebedürftigkeit vor.

(8) Der Pflegefall wird nach der Anzahl der Punkte eingestuft. Wir leisten
aus der Pflegestufe I: bei ... Punkten[6]
aus der Pflegestufe II: bei ... Punkten[7]
Unabhängig von der Bewertung aufgrund der Punktetabelle liegt die Pflegestufe II vor, wenn die versicherte Person wegen einer seelischen Erkrankung oder geistigen Behinderung sich oder andere gefährdet und deshalb täglicher Beaufsichtigung bedarf;
aus der Pflegestufe III: bei ... Punkten[8]
Unabhängig von der Bewertung aufgrund der Punktetabelle liegt die Pflegestufe III vor, wenn die versicherte Person dauernd bettlägerig ist und nicht ohne Hilfe einer anderen Person aufstehen kann oder wenn die versicherte Person der Bewahrung bedarf.
Bewahrung liegt vor, wenn die versicherte Person wegen einer seelischen Erkrankung oder geistigen Behinderung sich oder andere in hohem Maße gefährdet und deshalb nicht ohne ständige Beaufsichtigung bei Tag und Nacht versorgt werden kann.

(9) Vorübergehende akute Erkrankungen führen zu keiner höheren Einstufung. Vorübergehende Besserungen bleiben ebenfalls unberücksichtigt. Eine Erkrankung oder Besserung gilt dann nicht als vorübergehend, wenn sie nach ...[9] Monaten noch anhält.

---

[6] Unternehmensindividuell ergänzen.
[7] Unternehmensindividuell ergänzen.
[8] Unternehmensindividuell ergänzen.
[9] Unternehmensindividuell ergänzen.

Übersicht

	Rdn.
I. Allgemeines	1–10
1. Fassung	1–6
a) BUZ 1964	1
b) BUZ 1970	2
c) BUZ 1975	3
d) BUZ 1984	4
e) BUZ 1990	5
f) BUZ 1993	6
2. Inhaltskontrolle	7–10
a) Fiktion der Berufsunfähigkeit	7
b) Verweisungsmöglichkeit	8, 9
c) Umorganisationsverpflichtung	10
II. Begriff der Berufsunfähigkeit	11–21
1. Eigenständiger juristischer Begriff	11, 12
2. Definition der Berufsunfähigkeit	13–17
a) Vollständige Berufsunfähigkeit (§ 2 Abs. 1 BUZ)	14
b) Teilweise Berufsunfähigkeit (§ 2 Abs. 2 BUZ)	15, 16
c) Kausalität	17
3. Abweichung von der Musterdefinition	18–21
a) Vertragliche Regelung	18
b) Inhaltskontrolle	19–21
III. Abgrenzung zur Sozialversicherung und anderen Versicherungsarten	22–44
1. Sozialversicherung	22–25
a) Berufsunfähigkeit	22
b) Erwerbsunfähigkeit	23–25
2. Krankentagegeldversicherung	26–32
a) Wesensmerkmale	26
b) Versicherungsschutz wegen Arbeitsunfähigkeit	27
c) Versicherungsfall	28, 29
d) Versicherungsfähigkeit	30
e) Berufsunfähigkeit	31, 32
3. Unfallversicherung	33–35
a) Zweck	33
b) Ausgangslage	34
c) Verweisung	35
4. Invaliditätszusatzversicherung	36–38
5. Marktwertversicherung	38a
6. Arbeitslosigkeitsversicherung	39–41
a) Unfreiwillige Arbeitslosigkeit	39
b) Wartezeit	40, 41
7. Berufsgenossenschaften und Versorgungswerke	42
8. Arbeitgeberzusage	43, 44
IV. Feststellung der Berufsunfähigkeit	45–65
1. Versicherter Beruf	45–50
a) Vertragliche Regelung	45
b) Konkret ausgeübter Beruf	46
c) Berufliche Fortentwicklung	47
d) Freiwilliger Berufswechsel	48
e) Leidensbedingter Berufswechsel	49
f) Veränderte Berufsausübung	50
2. Voraussichtlich dauernde Berufsunfähigkeit (§ 1 Abs. 1 BUZ)	51–59
a) Voraussichtlich dauernd	51, 52
aa) Voraussetzungen	51
bb) Einzelfälle	52

	Rdn.
b) Sechs-Monats-Zeitraum	53, 54
aa) Prognose fehlender Besserung	53
bb) Prüfkompetenz des LVU	54
c) Nicht absehbare Zeit	55
d) Zeitpunkt des Eintritts des Versicherungsfalls	56
e) Beginn der Leistungspflicht	57, 58
f) Beweislast	59
3. Grad der Berufsunfähigkeit (§ 2 Abs. 2 BUZ)	60–65
a) Bestimmung des Grades	60–63
aa) Gesundheitliche Beeinträchtigung	60
bb) Tätigkeit des Versicherten	61
cc) Vergleichsberuf	62
dd) Grad der Beeinträchtigung	63
b) Einzelfälle	64, 65
aa) Berufsunfähigkeit verneint	64
bb) Berufsunfähigkeit bejaht	65
V. Außerstandesein zur Berufsausübung infolge Krankheit, Körperverletzung oder Kräfteverfalls	66–85
1. Allgemeines	66
2. Unfähigkeit zur Berufsausübung	67–72
a) Krankheit	67–70
aa) Begriff der Krankheit	67, 68
bb) Befund	69
cc) Einzelfälle	70
b) Körperverletzung	71
c) Kräfteverfall	72
3. Darstellung der Auswirkungen	73
4. Kompensierung der Beeinträchtigung	74–76
a) Grundsatz	74
b) Einzelfälle	75, 76
aa) Berufsunfähigkeit verneint	75
bb) Berufsunfähigkeit bejaht	76
5. Ärztlicher Nachweis (§ 2 Abs. 1 u. 3 BUZ)	77–79
a) Begriff	77
b) Grundsatz	78
c) Fremdnachweise	79
6. Nachweis des Zeitpunkt des Eintritts der Berufsunfähigkeit	80
7. Unveränderte Berufsausübung	81, 82
a) Anscheinsbeweis	81
b) Überpflichtmäßige Anstrengung	82
8. Beweislast	83
9. Einzelfälle nach Krankheiten	84, 85
a) Berufsunfähigkeit verneint	84
b) Berufsunfähigkeit bejaht	85
VI. Außerstandesein zur Ausübung einer anderen Tätigkeit	86
1. Verweisung unter Berücksichtigung der Ausbildung und Erfahrung	86–96
a) Allgemeines	86
b) Vorhandene Leiden	87
c) Anforderungsprofil	88
d) Stichtagsprinzip	89, 90
e) Maßstab	91
f) Überforderungsverbot	92
g) Kenntnisse und Fähigkeiten	93
h) Arbeitsmarktlage	94–96
aa) Grundsatz	94

	Rdn.
bb) Stellenangebot	95
cc) Regionales Verweisungsgebiet	96
2. Verlust der bisherigen Lebensstellung	97–106
a) Soziale Wertschätzung	97
b) Niveau des bisherigen Berufs	98
c) Aufstiegsmöglichkeiten	99, 100
d) Verdienstmöglichkeit	101–105
aa) Grundsätze	101
bb) Quote	102
cc) Familieneinkommen	103
dd) Zulagen	104
α) Einkommensrelevant	104
β) Nicht einkommensrelevant	105
e) Disposition über die Arbeitszeit	106
3. Beweislast	107
a) Darlegungs- und Beweislast des Versicherungsnehmers	107
aa) Grundsatz	107
bb) Konkret ausgeübte Tätigkeit	108
cc) Identität ausgeübter Beruf/Verweisungsberuf	109
b) Darlegungs- und Beweislast des Versicherers	110
VII. Verweisung nach Fallgruppen	111–160
1. Verweisung von Selbstständigen	111–120
a) Wechsel in abhängige Stellung	111
b) Umorganisation des Betriebs	112–118
aa) Zumutbarkeit	112
bb) Einkommenssicherung	113
cc) Umorganisation der Arbeit	114
dd) Einsatz weiterer Kräfte	115
ee) Betriebsausweitung	116
ff) Kapitaleinsatz	117
gg) Beweislast	118
c) Einzelfälle	119, 120
aa) Verweisung bejaht (Berufsunfähigkeit verneint)	119
bb) Verweisung verneint (Berufsunfähigkeit bejaht)	120
2. Verweisung von Nichtselbständigen	121, 122
a) Verweisung bejaht (Berufsunfähigkeit verneint)	121
b) Verweisung verneint (Berufsunfähigkeit bejaht)	122
3. Verweisung von Beamten	123–142
a) Beamtenklauseln	123–128
b) Begriff des Beamten	129
c) Entlassung wegen Dienstunfähigkeit	130–132
aa) Ausgangslage	130
bb) Allgemeine Dienstunfähigkeit	131
cc) Polizeidienstunfähigkeit	132
d) Vorzeitiger Ruhestand	133–136
aa) Ausgangslage	133
bb) Bindung des Versicherers	134
cc) Weitere Amtstätigkeit	135
dd) Feuerwehrdienstunfähigkeit	136
e) Nichtvereinbarung der Beamtenklausel bei Beamten	137, 138
f) Arbeitsmarktlage	139
g) Soziale Wertschätzung	140
h) Einzelfälle	141, 142
aa) Verweisung bejaht (Berufsunfähigkeit verneint)	141
bb) Verweisung verneint (Berufsunfähigkeit bejaht)	142
4. Verweisung von Sportlern (Verweisung bejaht = Berufsunfähigkeit verneint)	143

	Rdn.
5. Verweisung von Auszubildenden	144–146
a) Grundsatz	144
b) Bestimmung des Berufs	145
c) Einzelfälle	146
6. Verweisung von Angelernten	147, 148
a) Ausgangslage	147
b) Einzelfälle	148
7. Verweisung von Ungelernten	149–151
a) Vergleichsberuf	149
b) Verweisbarkeit	150
c) Beweislast	151
8. Verweisung nach Einarbeitung	152
9. Verweisung nach Fortbildung	153
10. Verweisung nach Umschulung	154–159
a) Ausgangslage	154
b) Weitere Berufsausbildung	155
c) Ausschluss der Verweisung	156
d) Risikoabgrenzung	157
e) Einzelfälle	158, 159
aa) Verweisung bejaht (Berufsunfähigkeit verneint)	158
bb) Verweisung verneint (Berufsunfähigkeit bejaht)	159
11. Berufswechsel ohne Umschulung	160
VIII. Berufsunfähigkeit nach Ausscheiden aus dem Berufsleben (§ 2 Abs. 4 BUZ)	161–165
1. Zweck der Klausel	161, 162
2. Geltungsbereich	163
3. Maßgeblicher Zeitpunkt	164
4. Verweisung	165
IX. Berufsunfähigkeit wegen Pflegebedürftigkeit (§2 Abs. 5–9 BUZ)	166
X. Verfahrensfragen	167–181
1. Streitstoff	167, 168
2. Darlegungslast	169
3. Einholung eines medizinischen Sachverständigengutachtens	170, 171
a) Beweisverfahren nach § 485 Abs. 2 ZPO	170
b) Hauptsacheverfahren	171
4. Tätigkeit des gerichtlichen Sachverständigen	172
a) Vorgaben	172, 173
aa) Außermedizinischer Sachverhalt	172
bb) Begriff der Berufsunfähigkeit	173
b) Leitung	174, 175
c) Erstattung des Gutachtens	176, 177
d) Beurteilung des Gutachtens	178
e) Anhörung	179, 180
aa) Anspruch der Parteien	179
bb) Aufgaben des Berufungsgerichts	180
f) Ablehnung des Sachverständigen	181

AuVdBAV: VerBAV 1990, 341 (Geschäftsplan für die Berufsunfähigkeits-Zusatzversicherung); VerBAV 1990, 347 (Bedingungen für die Berufsunfähigkeits-Zusatzversicherung); VerBAV 1993, 139 (Mustergeschäftspläne für die Pflegerenten- und Berufsunfähigkeits-(Zusatz-)Versicherung).

Schrifttum: *Akermann*, Leistungsspektrum der Berufsunfähigkeit: Ursachen – Berufsgruppen – Alter – Versicherungsdauer, VersMed 1990, 184; *Basedow*, Risikobeschreibung und Beschränkung der Empfangsvollmacht in der AGB-Kontrolle privater Arbeitslosigkeitsversicherungen, NVersZ 1999, 349; *Bellinghausen*, Die Verweisung in der Berufsunfähigkeitsversicherung, VersR 1995, 5; *Bresser,* Neurotisches Verhalten und Arbeitsfähigkeit, ZVersWiss 1985, 643; *Breuer,* Risiko-Aspekte der Berufsunfähigkeitsversicherung, VW 1984, 648–650, 706–708, 782–784; *Bruetzel/Eich,* EDV-Unterstützung für die moderne BUZ-Leistungsprüfung, VW 1994, 510; *Carus,* Die Berufsunfähigkeits-Zusatzversicherung, VW 1964, 475; *Christlieb,* Die berufsassozierten Risiken in der Berufsunfähigkeits-Zusatzversicherung, ZVersWiss 1991, 329; *Claus/Rekittke,* Der Geschäftsplan für die Berufsunfähigkeits-Versicherung, VerBAV 1975, 52 u. 95; *Courant,* Invaliditätsprobleme aus der Sicht des Versicherers, LVM 1975, 95; *derselbe,* Die Verweisungsklausel in der Berufsunfähigkeitsversicherung, VW 1980, 1209; *derselbe,* Zum Deckungsumfang der Berufsunfähigkeits-Versicherung, LVM 1985, 26; *Dienst,* Zur aktuariellen Problematik der Invaliditätsversicherung unter Verwertung internationaler Erfahrungen, Schriftenreihe Angewandte Versicherungsmathematik, Heft 27, Karlsruhe, VVW, 1995; *Eich,* Der Begriff der Berufsunfähigkeit – Anhaltspunkte für die Leistungsprüfung in der BUZ, VW 1984, 634; *dieselbe,* Aktives Schadenmanagement – Assistance in der BUZ-Leistungsregulierung, VW 1997, 637; *Foerster,* Zur Beurteilung der beruflichen Leistungsfähigkeit neurotisch gestörter Menschen, LVM 1985, 44; *Forster,* Das Risiko bei der Berufsunfähigkeitsversicherung, ZfV 1976, 446; *Gaber,* Die Begriffe Berufsunfähigkeit und Erwerbsunfähigkeit in der deutschen Rentenversicherung und die konkrete Betrachtungsweise, Festgabe für Möller, 1972, S. 219; GDV (Hrsg.), Berufsunfähigkeit in der Privatversicherung, 2006; *Gehrlein,* Keine Ersetzung eines Gerichtsgutachtens durch Privatgutachten, VersR 2003, 574; *Gerlach,* Die Verwendung von Klauseln in der Berufsunfähigkeitsversicherung, VerBAV 1984, 125; *Gitter,* Das Zusammentreffen der Verletztenrente der Unfallversicherung mit der Berufs- und Erwerbsunfähigkeitsrente, in: Festschrift für Otto Ernst Krasney, München, Beck, 1997, S. 173; *Goldbach,* Möglichkeiten und Grenzen der Berufsunfähigkeitsabsicherung in der betrieblichen Altersversorgung, BetrAV 2009, 412; *Gutscher, Dieter/Müller, Herbert,* Rentenansprüche von Angestellten und Selbständigen bei Minderung der Erwerbsfähigkeit, BB 1980, 1429; *Haft,* Die Prüfung des subjektiven Risikos oder Interessenrisikos in der Lebens- und Berufsunfähigkeitsversicherung, VW 1977, 636; *Hambüchen,* Grundzüge der gesetzlichen Rentenversicherung unter besonderer Berücksichtigung anwaltlich relevanter Fragestellungen, AnwBl. 1982, 282; *Hannemann,* Neubegründung der Lehre vom gedehnten Versicherungsfall und ihre Bedeutung für moderne versicherungsrechtliche Probleme, Diss. Hamburg 1995, Karlsruhe, VVW, 1996; *Hausotter/Eich,* Die Begutachtung für die private Berufsunfähigkeitsversicherung, Ein Leitfaden für medizinische Gutachter und Sachbearbeiter in den Leistungsabteilungen privater Versicherer, Karlsruhe, VVW, 2008; *Herde,* Der Geschäftsplan für die Berufsunfähigkeits-Zusatzversicherung, VerBAV 1990, 453; *Herold,* Die Verweisbarkeit in der gesetzlichen Rentenversicherung und der privaten Berufsunfähigkeitsversicherung, VersR 1991, 376; *Hirschberg,* Der Invaliditätsbegriff in der privaten Versicherung gegen Berufsunfähigkeit, VW 1989, 620; *Hochheim,* Berufsunfähigkeit vor dem Hintergrund der bisherigen Lebensstellung – Überlegungen aus berufskundlicher Sicht, VW 1993, 1240; *dieselbe,* Leistungsprüfung in der Berufsunfähigkeits(zusatz)-Versicherung – Was muss der medizinische Gutachter über Berufskunde wissen?, VersMed 1995, 32; *Hörstel,* Berufsunfähigkeitsversicherung, von Versicherten auf andere Tätigkeiten in Bezug genommen werden kann, VersR 1994, 1023; *Holzwarth,* Berufsunfähigkeit im Wandel, VW 1991, 374; *Kahlau,* Die Berufsunfähigkeit in der Lebensversicherung – Zur Frage der Leistungsprüfung, LVM 1988, 72; *Kieninger,* Inhaltskontrolle der AVB einer Arbeitslosigkeitsversicherung – Zugleich Anmerkung zum Urteil des OLG Hamburg vom 11. 3. 1998 (5 U 211/96) VersR 98, 627 –, VersR 1998, 1071; *Kilian,* Die Haftung des gerichtlichen Sachverständigen nach § 839a BGB, VersR 2003, 683; *Klauser,* Die Begriffe Invalidität, Berufsunfähigkeit, Erwerbsminderung in der sozialen Rentenversicherung und in der privaten Lebens- und Unfallversicherung, LVM 1958, 1; *Kling,* Versicherungsbedingungen der Berufsunfähigkeitsversicherung, Ulm, IFA Ulm, 1995; *Köhler,* Begriffsbestimmung der Berufsunfähigkeit in der Sozialversicherung und in der Berufsunfähigkeits-Zusatzversicherung, LVM 1968, 36 u. VW 1968, 279; *Lämmermann,* Neue Wege bei der Regulierung von Berufsunfähigkeitsfällen, VW 1992, 1025; *Langheid,* Rechtsprechungsübersicht zum Versicherungsvertragsrecht (mit Berufsunfähigkeitsversicherung), NJW 1993, 695, 710; 1991, 268, 279; 1990, 221, 237; *Langheid/Müller-Frank,* Rechtsprechungsübersicht zum Versicherungsvertragsrecht (mit Berufsunfähigkeitsversicherung), NJW 1994, 2652, 2665; 1993, 2652, 2663; *Leggewie,* Berücksichtigung des Familieneinkommens im Rahmen der zumutbaren Einkommenseinbuße bei Verweisungstätigkeiten, NVersZ 1998, 110; *Möller,* Minderungen der Arbeits- und Erwerbskraft, in: Festschrift für Göbbels, 1964, S. 127; *Müller-Frank,* Anmerkung zu § 2 Abs. 3 BUZ, VersR 1992, 1119 (zu BGH VersR 1992, 1118 sowie OLG Frankfurt/M. VersR 1992, 1118); *derselbe,* Aktuelle Rechtsprechung zur Berufsunfähigkeits-(Zusatz)Versicherung, 7. Aufl., Karlsruhe, VVW, 2007; *Neuhaus,* Die Berufsunfähigkeitsversicherung – Neues VVG, Perspektiven, Prognosen, r+s 2008, 449; *Neuhaus/Manegold,* Die Rechtsprechung zur Berufsunfähigkeits-(Zusatz-)Versicherung in den Jahren 2002/2003, zfs 2004, 341; *Neuhaus/Kloth,* Die aktuelle Rechtsprechung zu Personenversicherungen, MDR 2007, 318; *Neumann,* Berufsunfähigkeit und Lebensversicherung, LVM 1978, 60; *Oster,* Das Wesen der Berufsunfähigkeits-Zusatzversicherung, LVM 1985, 31; *derselbe,* Die anspruchsbegründenden Unterlagen im Berufsunfähigkeitsfall, LVM 1991, 55; *derselbe,* Entwicklungen und Trends in der privaten Berufsunfähigkeits-Zusatzversicherung in Deutschland, Österreich und der Schweiz, Karlsruhe, VVW, 1999; *Perret,* Wunsch und Wirklichkeit in der Berufsunfähigkeits-Zusatzversicherung, ZVersWiss 1978, 435; *Raestrup,* Invaliditätsanalyse, ZVersWiss 1978, 441; *derselbe,* Neurose und Versicherung, Annuals of Life Insurance Medicine 1980, 6; *derselbe,* Invaliditätseinschätzung, Begriffsbestimmungen, in: Sozialversicherung, Versorgungsrecht, Privatversicherung, Beiträge zur gerichtlichen Medizin, Band XXXIX, Wien, 1981; *derselbe,* Krankheit und Berufsunfähigkeit, LVM 1985, 25; *Reichardt/Stadtland/Wandl,* Berufsunfähigkeit und psychische Erkrankungen – eine Herausforderung für die Leistungsregulierung, ZfV 2006, 685; *Richter,* Einige Bemerkungen und Hinweise zum Versicherungsfall Berufsunfähigkeit, VersR 1988, 1207; *derselbe,* Berufsunfähigkeit – grundlegender Umbruch im Recht der gesetzlichen Erwerbsminderungsrenten durch das RRG 1999 und Bedeutungen für den Versicherungsfall Berufsunfähigkeit in der privaten Berufsunfähigkeitsversicherung, VersR 1998, 921; *derselbe,* Berufsunfähigkeitsversicherung: eine vergleichende Darstellung der privaten Berufsunfähigkeitsversicherung und der Berufs- und Erwerbsunfähigkeitsversicherung in der gesetzlichen Rentenversicherung, 2. Aufl., Karlsruhe, VVW, 1994; *derselbe,* Äußere Bezüge der privaten Berufsunfähigkeitsversicherung, in: Liber amicorum für Gerrit Winter, Karlsruhe, VVW, 2007, S. 547; *Römer,* Höchstrichterliche Rechtsprechung zur Personenversicherung, Schriftenreihe Versicherungsforum, Heft 14, 15./29. Juni 1993, Karlsruhe; *derselbe,* Grundprobleme der Berufsunfähigkeitszusatzversicherung, Baden-Baden, Nomos, VersWissStud. 15 (2000), 223; *derselbe,* Der Beweis der Berufsunfähigkeit durch medizinische Gutachten, BUZaktuell 2007, 2 ff.; *Rüther,* Berücksichtigung der Arbeitsmarktverhältnisse bei Verweisungen in der Berufsunfähigkeits-Zusatzversicherung, NVersZ 1999, 497; *Rulandt,* Das neue Rentenversicherungsrecht des SGB VI, NJW 1992, 1; *Rupprecht,* Neue Rechnungsgrundlagen für die Berufsunfähigkeitsversicherung, Blätter der DGVM, Bd. XIX/4, 1990; *Schubert,* Neurose und Invalidität, ZVersWiss 1977, 75; *Schimanski,* Die Prüfung der Berufs- und Erwerbsunfähigkeit, BlSt Soz ArbR 1980, 249; *Sommer,* Versicherungsrecht und Sozialrecht, r+s 2007, 1; *Stache,* Die Antragprüfung in der Berufsunfähigkeits-Zusatzversicherung, VersMed 1995, 178; *Stalinsky,* Die Musterbedingungen für die Berufsunfähigkeits-Zusatzversicherung und für die Berufsunfähigkeits-Versicherung, VerBAV 1990, 548; *Stötzer,* Anmerkung zu OLG Frankfurt/M. VersR 1987, 349 in VersR 1987, 351; *Vogt,* Berufsunfähigkeit als Voraussetzung der Berufsunfähigkeits-Zusatzversicherung, ZfV 1965, 482; *Voit,* Berufsunfähigkeitsversicherung im Lichte der Rechtsprechung, VersR 1990, 22; *derselbe,* Aktuelle Rechtsfragen der Berufsunfähigkeitsversicherung, Münsteraner Reihe, Heft 6, Karlsruhe, 1990; *derselbe,* Berufsunfähigkeitsversicherung, München, Beck, 1994; *Wachholz,* Berücksichtigung des Arbeitsplatzrisikos in der Berufsunfähigkeits-Zusatzversicherung, NVersZ 1999, 507; *Werdermann,* Überblick über die Rechtsprechung des Bundessozialgerichts zum Recht der gesetzlichen Kranken- und Rentenversicherung, DB Beil. Nr. 21/82 zu Heft Nr. 40 v. 8. 10. 1982; *Wiesner,* Die Pflegeversicherung – Eine Übersicht über Inhalt und Struktur des Pflegeversicherungsgesetzes, VersR 1995, 134; *Witter,* Zur rechtlichen Beurteilung so genannter Neurosen – Neurose und Versicherung –, VersR 1981, 301; *Wussow,* Immer wieder streitig: Begriff der Berufsunfähigkeit in der Berufsunfähigkeitsversicherung (§ 2 Musterbedingungen für die BU-Versicherung), WI 1986, 94; Berufs- und Erwerbsunfähigkeit – Grundsätze zu den §§ 1246, 1247, 1276, 1283 RVO –, Deutsche Rentenversicherung 1980, 9.

I. Allgemeines

1. Fassung

a) **BUZ 1964.** In den BUZ 1964 war der Begriff der Berufsunfähigkeit noch anders definiert. Sind die BUZ 1964 vereinbart, liegt vollständige Berufsunfähigkeit vor, wenn der Versicherte infolge Krankheit, Körperverletzung oder Kräfteverfalls, die ärztlich nachzuweisen sind, auf nicht absehbare Zeit nicht imstande ist, seinen Beruf oder eine ähnliche Tätigkeit auszuüben, die seiner Ausbildung entspricht und gleichwertige Fähigkeiten und Kenntnisse voraussetzt. Teilweise Berufsunfähigkeit liegt vor, wenn die vorstehenden Voraussetzungen ebenfalls auf nicht absehbare Zeit nur in einem bestimmten Grade erfüllt sind. Ist der Versicherte mindestens ein Jahr lang ununterbrochen infolge Krankheit, Körperverletzung oder Kräfteverfalls, die ärztlich nachzuweisen sind, vollständig oder teilweise nicht imstande gewesen, seinen Beruf oder eine ähnliche Tätigkeit auszuüben, die seiner Ausbildung entspricht und gleichwertige Fähigkeiten und Kenntnisse voraussetzt, so gilt die Fortdauer dieses Zustandes als vollständige oder teilweise Berufsunfähigkeit.

2   b) **BUZ 1970.** Nach den BUZ 1970 liegt vollständige Berufsunfähigkeit vor, wenn der Versicherte infolge Krankheit, Körperverletzung oder Kräfteverfalls, die ärztlich nachzuweisen sind, voraussichtlich dauernd außerstande ist, seinen Beruf oder eine andere Tätigkeit auszuüben, die aufgrund seiner Ausbildung und Erfahrung ausgeübt werden kann und seiner bisherigen Lebensstellung entspricht. Die weiteren Bestimmungen des § 2 wurden entsprechend angepasst und in Abs. 3 die Frist von einem Jahr auf sechs Monate verkürzt.

3   c) **BUZ 1975.** In 1975 wurde durch Ergänzung des § 2 BUZ der Versicherungsschutz für den Fall geregelt, dass der Versicherte vor Eintritt des Versicherungsfalls aus dem Berufsleben ausgeschieden ist.[1] § 2 BUZ erhielt deshalb folgende Musterfassung:[2]

„1. Vollständige Berufsunfähigkeit liegt vor, wenn der Versicherte infolge Krankheit, Körperverletzung oder Kräfteverfalls, die ärztlich nachzuweisen sind, voraussichtlich dauernd außerstande ist, seinen Beruf oder eine andere Tätigkeit auszuüben, die aufgrund seiner Ausbildung und Erfahrung ausgeübt werden kann und seiner bisherigen Lebensstellung entspricht.
2. Teilweise Berufsunfähigkeit liegt vor, wenn die vorstehenden Voraussetzungen nur in einem bestimmten Grade voraussichtlich dauernd erfüllt sind.
3. Ist der Versicherte mindestens sechs Monate ununterbrochen infolge Krankheit, Körperverletzung oder Kräfteverfalls, die ärztlich nachzuweisen sind, vollständig oder teilweise außerstande gewesen, seinen Beruf oder eine andere Tätigkeit auszuüben, die aufgrund seiner Ausbildung und Erfahrung ausgeübt werden kann und seiner bisherigen Lebensstellung entspricht, so gilt die Fortdauer dieses Zustandes als vollständige oder teilweise Berufsunfähigkeit.
4. Scheidet der Versicherte aus dem Berufsleben aus und werden später Leistungen wegen Berufsunfähigkeit beantragt, so kommt es bei der Anwendung der Ziffern 1–3 darauf an, dass er außerstande ist, eine Tätigkeit auszuüben, die aufgrund seiner Kenntnisse und Fähigkeiten ausgeübt werden kann und seiner bisherigen Lebensstellung entspricht."

4   d) **BUZ 1984.** In den BUZ 1984 wurde die Fristenregelung in § 2 Abs. 3 BUZ dahin geändert, dass nur noch von „sechs Monaten" und nicht mehr von „mindestens sechs Monaten" gesprochen wird. Die 1984 verlautbarten Musterbedingungen sind mit der verbraucherfreundlichen Fassung der BUZ 1984 materiell identisch.

5   e) **BUZ 1990.** Mit den BUZ 1990[3] wurde der Begriff der Berufsunfähigkeit auf die Pflegebedürftigkeit ausgedehnt.[4] Die Einbeziehung des Pflegerisikos in die Berufsunfähigkeits-(Zusatz)versicherung folgt der Absicht, eine weitere Möglichkeit der Absicherung des Pflegerisikos durch die Lebensversicherung zu schaffen,[5]

---

[1] BAV VerBAV 1975, 2.
[2] VerBAV 1975, 2, 3.
[3] VerBAV 1990, 347 ff.
[4] BAV VerBAV 1990, 341.
[5] *Herde* VerBAV 1990, 453, 454; *Stalinsky* VerBAV 1990, 548, 549.

wenn auch jeweils nur bis zur Beendigung der Versicherung.[6] Hierzu sind Regelungen zum Versicherungsumfang in § 1 und zur begrifflichen Definition der Berufsunfähigkeit in § 2 der Bedingungen eingefügt worden.[7] Die Regelungen zur Pflegebedürftigkeit in den BUZ sind den entsprechenden Musterbedingungen für die Pflegerentenversicherung[8] nachgebildet.[9] Die Absätze 1 bis 5 des § 2 BUZ wurden entsprechend gefasst und sind in die BUZ 1993 unverändert übernommen worden.

f) BUZ 1993. Die Punktetabellen zur Einstufung eines Pflegebedürftigen und die Beschreibung der Pflegestufen in Abhängigkeit von der Anzahl der erreichten Punkte wurden 1993 aufgrund neuer Erkenntnisse geändert.[10] Die Absätze 6 bis 9 des § 2 BUZ erhielten dementsprechend eine neue Fassung.[11] § 2 BUZ 1993 ist in folgender Fassung Gegenstand der Versicherungsverträge großer Versicherungsbestände:

„§ 2 Was ist Berufsunfähigkeit im Sinne dieser Bedingungen?
(Musterbedingungen des BAV – BUZ 1993)

(1) Vollständige Berufsunfähigkeit liegt vor, wenn der Versicherte infolge Krankheit, Körperverletzung oder Kräfteverfalls, die ärztlich nachzuweisen sind, voraussichtlich dauernd außerstande ist, seinen Beruf oder eine andere Tätigkeit auszuüben, die aufgrund seiner Ausbildung und Erfahrung ausgeübt werden kann und seiner bisherigen Lebensstellung entspricht.
(2) Teilweise Berufsunfähigkeit liegt vor, wenn die in Absatz 1 genannten Voraussetzungen nur in einem bestimmten Grad voraussichtlich dauernd erfüllt sind.
(3) Ist der Versicherte sechs Monate ununterbrochen infolge Krankheit, Körperverletzung oder Kräfteverfalls, die ärztlich nachzuweisen sind, vollständig oder teilweise außerstande gewesen, seinen Beruf oder eine andere Tätigkeit auszuüben, die aufgrund seiner Ausbildung und Erfahrung ausgeübt werden kann und seiner bisherigen Lebensstellung entspricht, so gilt die Fortdauer dieses Zustandes als vollständige oder teilweise Berufsunfähigkeit.

Bemerkung
Wenn abweichend von Abs. 3 rückwirkend von einem früheren Zeitpunkt an geleistet werden soll, sind die Bedingungen entsprechend zu ändern bzw. zu ergänzen.

(4) Scheidet der Versicherte aus dem Berufsleben aus und werden später Leistungen wegen Berufsunfähigkeit beantragt, so kommt es bei der Anwendung der Absätze 1 bis 3 darauf an, dass der Versicherte außerstande ist, eine Tätigkeit auszuüben, die aufgrund seiner Kenntnisse und Fähigkeiten ausgeübt werden kann und seiner bisherigen Lebensstellung entspricht.
(5) Ist der Versicherte sechs Monate ununterbrochen pflegebedürftig mindestens im Rahmen der Pflegestufe I gewesen und deswegen täglich gepflegt worden, so gilt die Fortdauer dieses Zustandes als vollständige oder teilweise Berufsunfähigkeit.
(6) Pflegebedürftigkeit liegt vor, wenn der Versicherte infolge Krankheit, Körperverletzung oder Kräfteverfalls voraussichtlich auf Dauer so hilflos ist, dass er für die in Absatz 7 genannten Verrichtungen auch bei Einsatz technischer und medizinischer Hilfsmittel in erheblichem Umfang täglich der Hilfe einer anderen Person bedarf. Die Pflegebedürftigkeit ist ärztlich nachzuweisen.
(7) Bewertungsmaßstab für die Einstufung des Pflegefalles ist die Art und der Umfang der erforderlichen täglichen Hilfe durch eine andere Person. Bei der Bewertung wird die nachstehende Punktetabelle zugrunde gelegt:
Der Versicherte benötigt Hilfe beim
Fortbewegen im Zimmer   1 Punkt
Hilfebedarf liegt vor, wenn der Versicherte – auch bei Inanspruchnahme einer Gehhilfe oder eines Rollstuhls – die Unterstützung einer anderen Person für die Fortbewegung benötigt.

---

[6] *Herde* VerBAV 1990, 453, 454.
[7] BAV VerBAV 1990, 341.
[8] VerBAV 1986, 342.
[9] *Stalinsky* VerBAV 1990, 548, 549.
[10] BAV VerBAV 1993, 139.
[11] VerBAV 1993, 139, 140.

Aufstehen und Zubettgehen 1 Punkt
Hilfebedarf liegt vor, wenn der Versicherte nur mit Hilfe einer anderen Person das Bett verlassen oder in das Bett gelangen kann.
An- und Auskleiden 1 Punkt
Hilfebedarf liegt vor, wenn der Versicherte – auch bei Benutzung krankengerechter Kleidung – sich nicht ohne Hilfe einer anderen Person an- oder auskleiden kann.
Einnehmen von Mahlzeiten und Getränken 1 Punkt
Hilfebedarf liegt vor, wenn der Versicherte – auch bei Benutzung krankengerechter Essbestecke und Trinkgefäße – nicht ohne Hilfe einer anderen Person essen und trinken kann.
Waschen, Kämmen oder Rasieren 1 Punkt
Hilfebedarf liegt vor, wenn der Versicherte von einer anderen Person gewaschen, gekämmt oder rasiert werden muss, da er selbst nicht mehr fähig ist, die dafür erforderlichen Körperbewegungen auszuführen.
Verrichten der Notdurft 1 Punkt
Hilfebedarf liegt vor, wenn der Versicherte die Unterstützung einer anderen Person benötigt, weil er
– sich nach dem Stuhlgang nicht allein säubern kann,
– seine Notdurft nur unter Zuhilfenahme einer Bettschüssel verrichten kann oder weil
– der Darm bzw. die Blase nur mit fremder Hilfe entleert werden kann.
Besteht allein eine Inkontinenz des Darms bzw. der Blase, die durch die Verwendung von Windeln oder speziellen Einlagen ausgeglichen werden kann, liegt hinsichtlich der Verrichtung der Notdurft keine Pflegebedürftigkeit vor.
(8) Der Pflegefall wird nach Anzahl der Punkte eingestuft. Wir leisten
aus der Pflegestufe I: bei 3 Punkten
aus der Pflegestufe II: bei 4 und 5 Punkten
Unabhängig von der Bewertung aufgrund der Punktetabelle liegt die Pflegestufe II vor, wenn der Versicherte wegen einer seelischen Erkrankung oder geistigen Behinderung sich oder andere gefährdet und deshalb täglicher Beaufsichtigung bedarf.
aus der Pflegestufe III: bei 6 Punkten
Unabhängig von der Bewertung aufgrund der Punktetabelle liegt die Pflegestufe III vor, wenn der Versicherte dauernd bettlägerig ist und nicht ohne Hilfe einer anderen Person aufstehen kann oder wenn der Versicherte der Bewahrung bedarf. Bewahrung liegt vor, wenn der Versicherte wegen einer seelischen Erkrankung oder geistigen Behinderung sich oder andere in hohem Maße gefährdet und deshalb nicht ohne ständige Beaufsichtigung bei Tag und Nacht versorgt werden kann.
(9) Vorübergehende akute Erkrankungen führen zu keiner höheren Einstufung. Vorübergehende Besserungen bleiben ebenfalls unberücksichtigt. Eine Erkrankung oder Besserung gilt dann nicht als vorübergehend, wenn sie nach drei Monaten noch anhält."

2. Inhaltskontrolle

7 a) **Fiktion der Berufsunfähigkeit.** Die Regelung in § 2 Abs. 3 BUZ zur Fiktion der Berufsunfähigkeit ist weder unklar noch überraschend im Sinne der §§ 3 und 5 AGBG.[12] Sie erschließt insbesondere auch einem durchschnittlichen Versicherungsnehmer nach dem Sprachgebrauch des täglichen Lebens, dass in dieser Regelung nicht auf den Eintritt des bereits sechs Monate währenden Zustands abgestellt wird, sondern dass die Berufsunfähigkeit bei Fortdauer des Zustands nur für die Folgezeit fingiert wird.[13]

8 b) **Verweisungsmöglichkeit.** Die Bestimmung, dass gemäß § 2 Abs. 1 BUZ eine Verweisungsmöglichkeit auf eine andere Tätigkeit gegeben ist, verstößt nicht gegen das AGBG. Sie stellt keine Überraschungsklausel im Sinne des § 3 AGBG dar. Es ist nach dem äußeren Erscheinungsbild des Versicherungsvertrages über die Berufsunfähigkeit nicht wider Erwarten ungewöhnlich, dass der Begriff der Berufsunfähigkeit eingeschränkt wird und nicht schon dann vorliegt, wenn der

---

[12] HansOLG, Urt. v. 4. 2. 1986 – 9 U 226/85; OLG Stuttgart, Urt. v. 12. 11. 1992 – 7 U 189/92, VersR 1993, 874.
[13] OLG Stuttgart, Urt. v. 12. 11. 1992 – 7 U 189/92, VersR 1993, 874.

bisherige Beruf nicht mehr ausgeübt werden kann, sondern erst dann, wenn dies auch für eine vergleichbare Tätigkeit festzustellen ist.[14]

Die Klausel betreffend die Verweisungstätigkeit begegnet keinen Bedenken im Hinblick auf §§ 3, 9 AGBG, denn für einen Versicherten kann es schlechterdings nicht überraschend sein, wenn ihm im Falle der Berufsunfähigkeit in seinem bisherigen Beruf abverlangt wird, eine seinen Kenntnissen und Fähigkeiten entsprechende Tätigkeit aufzunehmen, sofern dabei auch seine finanziellen und sozialen Belange in dem erforderlichen Umfang berücksichtigt werden.[15] Ist dies entsprechend den von der Rechtsprechung hierzu aufgestellten Grundsätzen der Fall, kommt eine entgegen den Grundsätzen von Treu und Glauben unangemessene Benachteiligung im Sinne von § 9 AGBG nicht in Betracht.[16]

c) **Umorganisationsverpflichtung.** Die BUZ enthalten keine Regelung zur Umorganisationsverpflichtung. In der Gesetzesbegründung zu § 172 Abs. 2 VVG 2008 wird zutreffend hervorgehoben, dass die allgemeinen Kriterien, die für die Beurteilung der jeweiligen Berufstätigkeit gelten, gesetzlich nicht präzisiert werden können, sondern auch künftig den AVB und der Rechtsprechung hierzu überlassen werden müssen.[17] Dies sei z. B. für den Beruf des selbständigen Unternehmers oder Handwerkers relevant, bei dem nach höchstrichterlicher Rechtsprechung eine zumutbare Umorganisation des Betriebs für die Beurteilung seiner Berufsunfähigkeit zu berücksichtigen sei.[18] Auch mit Blick auf diese Hinweise des Gesetzgebers ist die vereinzelt aufgeworfene Frage, ob das Transparenzgebot verletzt sein könnte,[19] zu verneinen,[20] da die Umorganisationsverpflichtung Teil der von der Rechtsprechung entwickelten Kriterien zur Beurteilung der Berufsunfähigkeit von selbständigen Unternehmern ist.

II. Begriff der Berufsunfähigkeit

1. Eigenständiger juristischer Begriff

Es gibt keinen allgemeinen Begriff der Berufsunfähigkeit.[21] Für die Auslegung des Begriffs der Berufsunfähigkeit können nur die BUZ selbst, nicht jedoch die Vorschriften der Sozialversicherung bzw. des Versorgungsrechts oder Schwerbehindertenrechts herangezogen werden, weil der Begriff der Berufsunfähigkeit sich wesentlich von den in diesen Rechtsgebieten gebrauchten Begriffen unterscheidet. Dies wird auch für den in den AUB verwendeten Invaliditätsbegriff so gesehen.[22] Der BGH hat zunächst lediglich gemeint, die Entscheidung über Berufs-

---

[14] OLG Nürnberg, Urt. v. 9. 1. 1992 – 8 U 2890/91, NJW-RR 1992, 730 = VersR 1992, 1387, 1388 = r+s 1992, 177.
[15] OLG Köln, Urt. v. 20. 7. 1998 – 5 U 72/98, NJW-RR 1999, 1479, 1481 = NVersZ 1999, 518, 521 = VersR 1999, 1532, 1534 = r+s 1999, 124, 126.
[16] OLG Köln, Urt. v. 20. 7. 1998 – 5 U 72/98, NJW-RR 1999, 1479, 1481 = NVersZ 1999, 518, 521 = VersR 1999, 1532, 1534 = r+s 1999, 124, 126.
[17] BT-Drucks. 16/3945, S. 105.
[18] BT-Drucks. 16/3945, S. 105.
[19] So die Auffassung von *Schwintowski* in: Schwintowski/Brömmelmeyer, VVG, 2008, § 172 VVG Rdn. 32.
[20] *Neuhaus* r+s 2008, 449, 451; *derselbe* in: Voit/Neuhaus, Berufsunfähigkeitsversicherung, 2. Aufl., 2009, S. 265.
[21] BGH, Urt. v. 25. 1. 1989 – IV a ZR 178/87, NJW-RR 1989, 605, 606 = VersR 1989, 393; OLG Hamm, Urt. v. 5. 12. 1986 – 20 U 50/86, VersR 1987, 899; OLG Hamm r+s 1989, 169; OLG Hamm, Urt. v. 20. 12. 1991 – 20 U 159/91, NJW-RR 1992, 1057 = VersR 1992, 862.
[22] RG VerAfP 1934, 15; OLG Celle VersR 1957, 211; OLG Celle VersR 1959, 784; LG Bad Kreuznach, Beschl. v. 14. 7. 1961 – 3 O 67/61, VersR 1964, 938.

oder Erwerbsunfähigkeit i. S. v. §§ 23, 24 AVG lasse sich nicht unmittelbar auf die Entscheidung über die unfallbedingte Arbeitsunfähigkeit gemäß § 8 II AUB übertragen, jedoch überschnitten sich die Begriffe in wesentlichen Teilen, soweit sie sich mit den medizinischen und sozialen Folgen desselben Unfalls befassen.[23] Welche Unterschiede und welche Gemeinsamkeiten in der sozialversicherungsrechtlichen und in der privatversicherungsrechtlichen Berufsunfähigkeitsversicherung bestehen und welche Folgerungen hieraus ggf. zu ziehen sind, hat der BGH seinerzeit nicht entschieden, aber darauf hingewiesen, dass sich die unterschiedlichen Stellungen der Rentenversicherungsträger einerseits und der Privatversicherungsträger andererseits nicht übersehen ließen. So seien nur erstere auch zu Maßnahmen und Leistungen im Rahmen der beruflichen Rehabilitation ihrer Versicherten verpflichtet und hätten die entsprechenden Einwirkungsmöglichkeiten.[24] Gesichert ist heute, dass hinsichtlich der Berufsunfähigkeit nicht auf den entsprechenden Begriff im Sozialversicherungsrecht abzustellen ist.[25] Berufsunfähigkeitsversicherung auf der einen und gesetzliche Rentenversicherung auf der anderen Seite stellen zwei sich nicht deckende Regelungsbereiche dar, die sowohl hinsichtlich der körperlich/gesundheitlichen Voraussetzungen beim Versicherten als auch im Rahmen der vorwiegend normativen Fragen der Verweistätigkeit erhebliche Unterschiede aufweisen.[26] Berufsunfähigkeit im privatversicherungsrechtlichen Sinn ist ein eigenständiger juristischer Begriff und darf weder mit Dienstunfähigkeit noch mit Berufsunfähigkeit oder gar Erwerbsunfähigkeit im Sinne des gesetzlichen Rentenversicherungsrechts gleichgesetzt werden.[27] Dies muss medizinischen Sachverständigen stets unmissverständlich vor Augen geführt werden.[28]

12 Auf die Begrifflichkeiten ist besonders dann zu achten, wenn Lebensversicherer eine Erwerbsunfähigkeits-Zusatzversicherung anbieten, die unter bestimmten Voraussetzungen in eine Berufsunfähigkeitsversicherung umgewandelt werden kann. Erwerbsunfähigkeit liegt nach einer aus dem Markt bekannten Klausel vor, wenn die versicherte Person infolge Krankheit, Körperverletzung oder Kräfteverfall, die ärztlich nachzuweisen sind, voraussichtlich dauerhaft außerstande ist, einer regelmäßigen Erwerbstätigkeit nachzugehen.[29] Vorbehaltlich einer zusätzlichen

---

[23] BGH, Urt. v. 8. 7. 1981 – IV a ZR 192/80, VersR 1981, 1151.
[24] BGH, Urt. v. 17. 9. 1986 – IV a ZR 252/84, VersR 1986, 1113, 1115.
[25] OLG Düsseldorf, Urt. v. 25. 10. 1988 – 4 U 261/87.
[26] OLG Karlsruhe, Urt. v. 18. 2. 1993 – 12 U 249/92, S. 15 = VersR 1995, 86 = r+s 1995, 34.
[27] BGH, Urt. v. 30. 9. 1992 – IV ZR 227/91, BGHZ 119, 263, 265 ff. = NJW 1993, 202 = VersR 1992, 1386, 1387 = r+s 1992, 427 = MDR 1992, 1132; OLG Karlsruhe, Urt. v. 18. 2. 1993 – 12 U 249/92, S. 14 = VersR 1995, 86 = r+s 1995, 34; OLG Hamm, Beschl. v. 29. 3. 1996 – 20 W 5/96, VersR 1997, 217 = r+s 1996, 329; BGH, Urt. v. 12. 6. 1996 – IV ZR 116/95, NJWE-VHR 1996, 131 = VersR 1996, 959, 960 = VerBAV 1996, 236, 237 = r+s 1996, 377; OLG Düsseldorf, Urt. v. 29. 9. 1998 – 4 U 175/97, NVersZ 1999, 561, 562; BGH, Urt. v. 22. 9. 2004 – IV ZR 200/03, NJW-RR 2004, 1679, 1680 = VersR 2005, 676, 677; BGH, Urt. v. 7. 3. 2007 – IV ZR 133/06, NJW-RR 2007, 979, 981 = VersR 2007, 821, 823; *Oster*, Entwicklungen und Trends in der privaten Berufsunfähigkeits-Zusatzversicherung in Deutschland, Österreich und der Schweiz, Karlsruhe, VVW, 1999, S. 84.
[28] BGH, Urt. v. 30. 9. 1992 – IV ZR 227/91, BGHZ 119, 263, 265 ff. = NJW 1993, 202 = VersR 1992, 1386, 1387 = r+s 1992, 427 = MDR 1992, 1132; BGH, Urt. v. 12. 6. 1996 – IV ZR 116/95, VersR 1996, 959, 960 = VerBAV 1996, 236, 237 = r+s 1996, 377; *Kum-mer*, Die Rechtsprechung des Bundesgerichtshofs zur Personenversicherung (II), r+s 1998, 309.
[29] Zu weiteren Klauselvarianten siehe *Dahmen*, Variationen über das Thema Erwerbsunfähigkeits-Zusatzversicherung, VW 1998, 1266, 1269.

Produktinformation kommt es nach dieser Klausel wie im Sozialversicherungsrecht abstrakt auf die generelle Erwerbsfähigkeit an, die sich nicht auf den konkret ausgeübten Beruf bezieht, sondern auf alle Arbeitsgelegenheiten, die sich dem Versicherten nach seinen Kenntnissen und Fähigkeiten im ganzen Bereich des wirtschaftlichen Lebens bieten.[30]

2. Definition der Berufsunfähigkeit

Bei § 2 BUZ ist maßgebend, ob und inwieweit die Fähigkeit des Versicherten, beruflich tätig zu werden, gesundheitsbedingt beeinträchtigt ist.[31] Dazu enthält § 2 BUZ mehrere Definitionen mit unterschiedlichen Merkmalen, die mit ihren Tatbestandsvoraussetzungen unabhängig nebeneinander stehen und deren Rechtsfolge die Feststellung der Berufsunfähigkeit ist. **13**

a) Vollständige Berufsunfähigkeit (§ 2 Abs. 1 BUZ). § 2 Abs. 1 BUZ **14** enthält die zentrale Definition der vollständigen Berufsunfähigkeit. Danach liegt vollständige Berufsunfähigkeit vor, wenn der Versicherte infolge Krankheit, Körperverletzung oder Kräfteverfalls, die ärztlich nachzuweisen sind, voraussichtlich dauernd außerstande ist, seinen Beruf oder eine andere Tätigkeit auszuüben, die aufgrund seiner Ausbildung und Erfahrung ausgeübt werden kann und seiner bisherigen Lebensstellung entspricht.

b) Teilweise Berufsunfähigkeit (§ 2 Abs. 2 BUZ). Entsprechend den ver- **15** traglichen Vereinbarungen muss die Berufsunfähigkeit in der Regel nicht immer „vollständig" im Sinne von § 2 Abs. 1 BUZ (also zu 100%) vorliegen, damit der Versicherungsnehmer Leistungen erhält. Denn die Bedingungen sehen regelmäßig einen Mindestgrad vor, bei dessen Erreichen die Leistungen gezahlt werden. § 2 Abs. 2 BUZ stellt dazu eine Verbindung zwischen den Tatbestandsvoraussetzungen des § 2 Abs. 1 BUZ und dem in § 1 Abs. 1 BUZ vereinbarten Mindestgrad von 50% her.

Gemäß § 2 Abs. 2 BUZ liegt teilweise Berufsunfähigkeit vor, wenn die in § 2 **16** Abs. 1 BUZ genannten Voraussetzungen nur in einem bestimmten Grad voraussichtlich dauernd erfüllt sind. Dieser Grad der Berufsunfähigkeit des Versicherten richtet sich danach, in welchem der in Betracht kommenden Tätigkeitsbereiche – bisheriger „Beruf" oder „ähnliche Tätigkeit" (Vergleichsberuf), bei Selbständigen auch unter Berücksichtigung einer möglichen Umorganisation ihres Betriebes – dem Versicherten ein Mehr an gesundheitlich noch zu bewältigender Fähigkeit zum Tätigwerden verblieben ist.[32]

c) Kausalität. § 2 Abs. 1 BUZ setzt kausal voraus, dass die versicherte Person **17** in Folge Krankheit, Körperverletzung oder Kräfteverfalls ihren Beruf nicht ausüben kann. Ist dem Versicherten die Berufsausübung nicht aus gesundheitlichen Gründen unmöglich, sondern weil er ein Berufsverbot erhalten hat, fehlt es an der nach § 2 Abs. 1 BUZ erforderlichen Kausalität mit der Folge, dass für die Zeit des Berufsverbots ein Anspruch aus der BUZ nicht in Betracht kommt.[33]

---

[30] OLG Koblenz, Urt. v. 18. 1. 2002 – 10 U 374/01, NVersZ 2002, 260, 262.
[31] Vgl. BGH, Urt. v. 19. 5. 1993 – IV ZR 80/92, NJW-RR 1993, 1047 = VersR 1993, 953 = r+s 1993, 355.
[32] BGH, Urt. v. 14. 6. 1989 – IV a ZR 74/88, NJW-RR 1989, 1050 = VersR 1989, 903, 904 = r+s 1989, 268.
[33] OLG Celle, Urt. v. 31. 8. 2005 – 8 U 60/05, NJW-RR 2006, 174, 177 = VersR 2006, 394, 396 = r+s 2006, 28, 30. Der BGH hat die Nichtzulassungsbeschwerde mit Beschl. v. 5. 4. 2006 – IV ZR 227/05 zurückgewiesen.

3. Abweichung von der Musterdefinition

18 **a) Vertragliche Regelung.** Im Rahmen der privaten Berufsunfähigkeitsversicherung gibt es unterschiedliche Definitionen des Begriffs der Berufsunfähigkeit.[34] Ob Berufsunfähigkeit im Sinne der Bedingungen vorliegt, ist eine Rechtsfrage, deren Beantwortung allein dem erkennenden Gericht obliegt[35] und deren Entscheidung vor allem davon abhängt, welchen Inhalt die in den vertraglichen Vereinbarungen enthaltenen Begriffe haben.[36] Nach einem vom OLG Köln entschiedenen Fall liegt Berufsunfähigkeit vor, wenn die versicherte Person durch ärztlich nachgewiesene Krankheit, Körperverletzung oder Kräfteverfall voraussichtlich auf nicht absehbare Zeit außerstande ist, in dem im Antrag angegebenen Beruf tätig zu sein und auch nicht in der Lage ist, eine andere zumutbare Tätigkeit auszuüben.[37]

19 **b) Inhaltskontrolle.** Dass die Bedingungen der Versicherer den Begriff der Berufsunfähigkeit teilweise unterschiedlich regeln, ist unbedenklich.[38] Einer Inhaltskontrolle hält z. B. folgende Klausel stand:[39]

„Vollständige Berufsunfähigkeit liegt vor, wenn der Versicherte infolge Unfallverletzungen, die ärztlich nachzuweisen sind, voraussichtlich dauernd außerstande ist, seinen Beruf oder eine andere Tätigkeit auszuüben, die aufgrund seiner Ausbildung und Erfahrung ausgeübt werden kann und seiner bisherigen Lebensstellung entspricht."

20 Ein weiteres Beispiel für eine Abweichung von den Musterbedingungen ist die sog. „EU-Klausel", die weitgehend der Formulierung des § 44 Abs. 2 Satz 1 SGB IV a. F. entspricht[40] und wie folgt lautet:[41]

„Invalidität liegt vor, wenn die versicherte Person infolge Krankheit, Körperverletzung oder Kräfteverfalls, die ärztlich nachzuweisen sind, voraussichtlich länger als 6 Monate oder bereits 6 Monate außerstande ist, eine Erwerbstätigkeit in gewisser Regelmäßigkeit auszuüben oder mehr als nur geringfügige Einkünfte durch Erwerbstätigkeit zu erzielen."

21 Die „EU-Klausel" verstößt nicht gegen das Transparenzgebot in § 9 AGBG bzw. §§ 307 Abs. 2 Nr. 1 und 2, 305 c BGB.[42]

III. Abgrenzung zur Sozialversicherung und anderen Versicherungsarten

1. Sozialversicherung

22 **a) Berufsunfähigkeit.** Die Berufsunfähigkeit in der Sozialversicherung (§ 43 Abs. 2 SGB VI) wird anders verstanden als in der privaten Berufsunfähigkeitszusatzversicherung.[43] Während die privaten Versicherer in ihren Bedingungen auf

---

[34] BGH, Urt. v. 25. 1. 1989 – IV a ZR 178/87, NJW-RR 1989, 605, 606 = VersR 1989, 392, 393.
[35] BGH, Urt. v. 27. 9. 1995 – IV ZR 319/94, NJW-RR 1996, 88, 89 = VersR 1995, 1431, 1433 = r+s 1996, 35, 36/37.
[36] OLG Saarbrücken, Urt. v. 4. 5. 1994 – 5 U 69/91.
[37] OLG Köln, Urt. v. 5. 3. 1992 – 5 U 175/90, VersR 1993, 955 = r+s 1993, 155.
[38] OLG Hamm, Urt. v. 20. 12. 1991 – 20 U 159/91, NJW-RR 1992, 1057 = VersR 1992, 862.
[39] OLG Karlsruhe, Urt. v. 29. 8. 1991 – 12 U 217/90, VersR 1992, 1121.
[40] OLG Koblenz, Beschl. v. 27. 5. 2004 – 10 U 1511/03, r+s 2006, 386, 387.
[41] OLG Koblenz, Beschl. v. 27. 5. 2004 – 10 U 1511/03, r+s 2006, 386.
[42] OLG Koblenz, Beschl. v. 27. 5. 2004 – 10 U 1511/03, r+s 2006, 386, 387.
[43] OLG Hamm OLGR 1991, 11, 12; OLG Hamm OLGR 1992, 218, 219; OLG Koblenz, Urt. v. 27. 8. 1999 – 10 U 105/91, VersR 2000, 1224, 1226 = r+s 2000, 433, 434; OLG Koblenz, Urt. v. 18. 1. 2002 – 10 U 374/01, NVersZ 2002, 260, 262.

den konkret ausgeübten Beruf abstellen, kommt es im Sozialversicherungsrecht abstrakt auf die generelle Erwerbsfähigkeit an, die sich nicht auf den konkret ausgeübten Beruf bezieht, sondern auf alle Arbeitsgelegenheiten, die sich dem Versicherten nach seinen Kenntnissen und Fähigkeiten im ganzen Bereich des wirtschaftlichen Lebens bieten.[44] Die Definition der Berufsunfähigkeit im Sinne der gesetzlichen Rentenversicherung ist in § 43 Abs. 2 SGB VI (vor dieser Regelung in § 1246 RVO) geregelt. § 43 Abs. 2 SGB VI zur Rente wegen Berufsunfähigkeit lautet:

„Berufsunfähig sind Versicherte, deren Erwerbsfähigkeit wegen Krankheit oder Behinderung auf weniger als die Hälfte derjenigen von körperlich, geistig und seelisch gesunden Versicherten mit ähnlicher Ausbildung und gleichwertigen Kenntnissen und Fähigkeiten gesunken ist. Der Kreis der Tätigkeiten, nach denen die Erwerbsfähigkeit von Versicherten zu beurteilen ist, umfasst alle Tätigkeiten, die ihren Kräften und Fähigkeiten entsprechen und ihnen unter Berücksichtigung der Dauer und des Umfangs ihrer Ausbildung sowie ihres bisherigen Berufs und der besonderen Anforderungen ihres bisherigen Berufs und der besonderen Anforderungen ihrer bisherigen Berufstätigkeit zugemutet werden können."

Berufsunfähigkeit liegt vor, wenn das Leistungsvermögen infolge einer gesundheitlichen Einschränkung (Krankheit, Behinderung), die durch eine sozialmedizinische Begutachtung festzustellen ist und sich auch durch eine medizinische oder berufliche Rehabilitationsleistung (z. B. Umschulung) nicht beheben lässt,[45] auf weniger als die Hälfte des Leistungsumfangs eines gesunden Beschäftigten abgesunken ist. Maßgebend für die Beurteilung der Leistungseinschränkung ist der versicherungspflichtig ausgeübte Beruf des Versicherten, selbst wenn dieser danach eine versicherungsfreie Tätigkeit ausgeübt hat, und alle Tätigkeiten, auf die er sich, auch unter Inkaufnahme eines zumutbaren beruflichen Abstiegs, seiner Qualifikation entsprechend verweisen lassen muss. Ist nur noch eine Teilzeitarbeit möglich, besteht keine Verweisungsmöglichkeit, wenn auf dem Teilzeitarbeitsmarkt innerhalb eines Jahres keine entsprechende Tätigkeit vermittelt werden kann.[46] Versicherte haben nur dann Anspruch auf Rente wegen Berufsunfähigkeit (höchstens bis zur Vollendung des 65. Lebensjahres), wenn sie berufsunfähig im Sinne dieser Definition sind, in den letzten 5 Jahren vor Eintritt der Berufsunfähigkeit drei Jahre Pflichtbeitragszeiten haben und die allgemeine Wartezeit von 5 Jahren (vgl. § 50 Abs. 1 SGB VI) vor Eintritt der Berufsunfähigkeit erfüllen, soweit diese nicht nach § 53 SGB VI (z. B. bei einem Arbeitsunfall) als vorzeitig erfüllt gilt. Soweit eine gesundheitliche Wiederherstellung des Versicherten absehbar ist oder der Rentenanspruch von der jeweiligen Arbeitsmarktlage abhängig ist (Teilzeitarbeitsmarkt), wird die Rente nach § 102 Abs. 2 SGB VI befristet als Zeitrente gewährt.

b) Erwerbsunfähigkeit. Die Definition der Erwerbsunfähigkeit in der gesetzlichen Rentenversicherung ist in § 44 SGB VI (vor dieser Regelung in § 1247 der Reichsversicherungsordnung) geregelt. § 44 Abs. 2 SGB VI zur Rente wegen Erwerbsunfähigkeit lautet:

„Erwerbsunfähig sind Versicherte, die wegen Krankheit oder Behinderung auf nicht absehbare Zeit außerstande sind, eine Erwerbstätigkeit in gewisser Regelmäßigkeit auszuüben oder Arbeitsentgelt oder Arbeitseinkommen zu erzielen, das ein Siebtel der monatlichen Bezugsgröße übersteigt. Erwerbsunfähig ist nicht, wer eine selbständige Tätigkeit ausübt."

---
[44] OLG Koblenz, Urt. v. 18. 1. 2002 – 10 U 374/01, NVersZ 2002, 260, 262.
[45] § 116 Abs. 1 SGB VI.
[46] BSG 43, 75 f.

24 Erwerbsunfähigkeit liegt vor, wenn das Leistungsvermögen infolge einer gesundheitlichen Einschränkung, deren Vorliegen durch eine sozialmedizinische Begutachtung festgestellt werden muss, erheblich eingeschränkt ist und sich auch durch eine medizinische oder berufliche Rehabilitationsleistung (z. B. Umschulung) nicht mehr wiederherstellen lässt.[47]

25 Der Versicherte muss dadurch für eine nicht absehbare Zeit und nicht nur vorübergehend nur noch unregelmäßig arbeiten oder nur noch Einkünfte erzielen können, die ein Siebtel der monatlichen Bezugsgröße nicht übersteigen. Die Prüfung des Leistungsvermögens ist nicht auf den Beruf des Versicherten beschränkt. Er muss sich – anders als bei der Berufsunfähigkeit nach § 43 SGB VI – auf jede andere Berufstätigkeit verweisen lassen. Ist aus gesundheitlichen Gründen nur noch eine Teilzeitarbeit möglich, besteht keine Verweisungsmöglichkeit, wenn nach (unter Umständen auch vorausschauender) Feststellung auf dem Teilzeitarbeitsmarkt keine entsprechende Tätigkeit zur Verfügung gestellt werden kann.[48] Eine Tätigkeit, die auf Kosten der Restgesundheit ausgeübt wird, steht dem Anspruch auf Erwerbsunfähigkeitsrente nach § 44 SGB VI nicht entgegen. Soweit eine gesundheitliche Wiederherstellung des Versicherten absehbar ist oder der Rentenanspruch von der jeweiligen Arbeitsmarktlage (Teilzeitarbeitsmarkt) abhängt, wird die Rente nach § 102 Abs. 2 SGB VI für grundsätzlich längstens drei Jahre, Verlängerungen ebenfalls auf höchstens drei Jahre befristet als Zeitrente gewährt.[49] Solche befristeten Erwerbsminderungsrenten werden zudem erst ab dem siebten Monat nach Eintritt der Erwerbsminderung geleistet (§ 101 Abs. 1 SGB VI).

2. Krankentagegeldversicherung

26 a) **Wesensmerkmale.** Die Krankentagegeldversicherung ist ihrem Wesen nach eine Verdienstausfallversicherung (§ 1 Abs. 1 Satz 1 MB/KT 94; § 178b Abs. 3 VVG).[50] Sie dient dazu, die krankheitsbedingten Einkommenseinbußen, die mit der verminderten oder gänzlich entfallenden Erwerbsfähigkeit zwischen der Erkrankung und der vollständigen Wiederherstellung der Erwerbsfähigkeit verbunden sind, auszugleichen.[51] Sie hat also Lohnersatzfunktion für den Fall der Arbeitsunfähigkeit.[52] Tritt an die Stelle des aufgrund der Arbeitsunfähigkeit mit Einbußen verbundenen Arbeitseinkommens eine andere Einkommensart, etwa eine Berufsunfähigkeitsrente, endet die Lohnersatzfunktion der Krankentagegeldversicherung und damit auch die Leistungspflicht des Versicherers.[53] Dies gilt umso mehr als sich Erwerbsunfähigkeit und Berufsunfähigkeit ausschließen.[54]

---

[47] Vgl. § 116 Abs. 1 SGB VI.
[48] BSG 43, 75 f.
[49] *Goldbach* BetrAV 2009, 412, 415.
[50] LG Berlin, Urt. v. 12. 3. 2002 – 7 O 587/01, VersR 2003, 495; LG Rostock, Urt. v. 31. 8. 2005 – 10 O 53/05, VersR 2006, 397, 398; BGH, Urt. v. 27. 2. 2008 – IV ZR 219/06, NJW 2008, 1820, 1821.
[51] LG Rostock, Urt. v. 31. 8. 2005 – 10 O 53/05, VersR 2006, 397, 398; BGH, Urt. v. 27. 2. 2008 – IV ZR 219/06, VersR 2008, 628, 630 = r+s 2008, 201, 203.
[52] OLG Köln VersR 1974, 851; BGH, Urt. v. 2. 10. 1980 – IV a ZR 14/80, VersR 1980, 1163; BGH, Urt. v. 12. 7. 1989 – IV a ZR 201/88, VersR 1989, 943; BGH, Urt. 22. 1. 1992 – IV ZR 59/91, VersR 1992, 477; BGH, Urt. v. 26. 2. 1992 – IV ZR 339/90, VersR 1992, 479; LG Rostock, Urt. v. 31. 8. 2005 – 10 O 53/05, VersR 2006, 397, 398; *Wilmes* in: Bach/Moser, Private Krankenversicherung, 3. Aufl., § 15 MB/KT Rdn. 24.
[53] BGH, Urt. v. 12. 7. 1989 – IV a ZR 201/88, VersR 1989, 943; LG Rostock, Urt. v. 31. 8. 2005 – 10 O 53/05, VersR 2006, 397, 398.
[54] BGH, Urt. v. 25. 1. 1989 – IV a ZR 178/87, NJW-RR 1989, 605 = VersR 1989, 392; BGH, Urt. v. 26. 2. 1992 – IV ZR 339/90, VersR 1992, 479; OLG Köln, Beschl. v. 12. 2.

b) Versicherungsschutz wegen Arbeitsunfähigkeit. Mit den MB/KT 78 **27** wird keine Versicherung zum Schutz gegen Verdienstausfall infolge vorübergehender allgemeiner Erwerbsunfähigkeit, sondern nur infolge von Arbeitsunfähigkeit angeboten.[55] Dies ergibt sich aus § 1 Abs. 1 MB/KT 78. Danach sagt der Versicherer Versicherungsschutz zu „gegen Verdienstausfall als Folge von Krankheiten oder Unfällen, soweit dadurch Arbeitsunfähigkeit verursacht wird. Er gewährt im Versicherungsfall für die Dauer einer Arbeitsunfähigkeit ein Krankentagegeld im vertraglichen Umfang".[56] Arbeitsunfähigkeit wird in § 1 Abs. 3 MB/KT 78 als dann gegeben definiert, „wenn die versicherte Person ihre berufliche Tätigkeit nach medizinischem Befund vorübergehend in keiner Weise ausüben kann, sie auch nicht ausübt und keiner anderweitigen Erwerbstätigkeit nachgeht".[57] Diese Definition zeigt auf, dass der Versicherte gerade gehalten ist, keiner sonstigen Erwerbstätigkeit anstelle der ihm vorübergehend nicht möglichen bisherigen Berufsausübung nachzugehen.[58] Die Klausel stellt klar, dass keinen Anspruch auf Krankentagegeld hat, wer zwar nach medizinischem Befund vorübergehend außerstande ist, seiner bisherigen beruflichen Tätigkeit in irgendeiner Weise nachzugehen, aber eine anderweitige Erwerbstätigkeit ausübt.[59] Ist der Versicherte gesundheitlich zu – wenn auch eingeschränkter – Tätigkeit in seinem bisherigen Beruf[60] imstande geblieben, so ist er nicht arbeitsunfähig im Sinne der MB/KT 78 bzw. MB/KT 94 geworden.[61] Andererseits ist der Versicherer nicht berechtigt, den Versicherungsnehmer auf so genannte Vergleichsberufe oder gar sonstige, auf dem Arbeitsmarkt angebotene Erwerbstätigkeiten zu verweisen.[62]

c) Versicherungsfall. Der Versicherungsfall ist in § 1 Abs. 2 MB/KT 78 wie **28** folgt definiert:[63]

„Versicherungsfall ist die medizinisch notwendige Heilbehandlung einer versicherten Person wegen Krankheit oder Unfallfolgen, in deren Verlauf Arbeitsunfähigkeit ärztlich festgestellt wird. Der Versicherungsfall beginnt mit der Heilbehandlung; er endet, wenn nach medizinischem Befund keine Arbeitsunfähigkeit und keine Behandlungsbedürftigkeit mehr

---

2003 – 5 U 194/02, NJW-RR 2003, 810, 811; LG Rostock, Urt. v. 31. 8. 2005 – 10 O 53/05, VersR 2006, 397, 398; OLG Karlsruhe, Urt. v. 6. 7. 2006 – 12 U 89/06, NJW-RR 2006, 1471, 1472 = VersR 2007, 51, 52.
[55] BGH, Urt. v. 25. 11. 1992 – IV ZR 187/91, NJW-RR 1993, 407, 408 = VerBAV 1993, 283, 284.
[56] BGH, Urt. v. 25. 11. 1992 – IV ZR 187/91, NJW-RR 1993, 407, 408 = VerBAV 1993, 283, 284.
[57] OLG Bremen, Urt. v. 4. 4. 2000 – 3 U 30/99, VersR 2001, 622; BGH, Urt. v. 25. 11. 1992 – IV ZR 187/91, NJW-RR 1993, 407, 408 = VerBAV 1993, 283, 284.
[58] BGH, Urt. v. 25. 11. 1992 – IV ZR 187/91, NJW-RR 1993, 407, 408 = VerBAV 1993, 283, 284.
[59] BGH, Urt. v. 25. 11. 1992 – IV ZR 187/91, NJW-RR 1993, 407, 408 = VerBAV 1993, 283, 284; vgl. zu der weiteren Obliegenheit, auch die bisherige Berufstätigkeit tatsächlich nicht auszuüben BGH, Urt. v. 29. 6. 1977 – IV ZR 63/76, VersR 1977, 833.
[60] OLG Hamm, Urt. v. 16. 4. 1986 – 20 U 6/86, VersR 1987, 607; OLG Hamm, Urt. v. 18. 6. 1986 – 20 U 1/86, VersR 1987, 1207.
[61] BGH, Urt. v. 25. 11. 1992 – IV ZR 187/91, NJW-RR 1993, 407, 408 = VerBAV 1993, 283, 284; OLG Koblenz, Urt. v. 3. 12. 1999 – 10 U 307/99, NVersZ 2000, 229 = VersR 2000, 1532; OLG Koblenz, Urt. v. 6. 9. 2002 – 10 U 1950/01, VersR 2003, 494 (Ls.); BGH, Urt. v. 18. 7. 2007 – IV ZR 129/06, NJW-RR 2007, 1624, 1626.
[62] BGH, Urt. v. 4. 3. 1992 – IV ZR 251/90, VersR 1993, 297 = r+s 1993, 112; BGH, Urt. v. 9. 7. 1997 – IV ZR 253/96, VersR 1997, 1133 = r+s 1997, 429; BGH, Urt. v. 20. 5. 2009 – IV ZR 274/06, NJW-RR 2009, 1189, 1190 = VersR 2009, 1063, 1064 = r+s 2009, 380.
[63] BGH, Urt. v. 25. 11. 1992 – IV ZR 187/91, NJW-RR 1993, 407, 408.

bestehen. Eine während der Behandlung neu eingetretene oder behandelte Krankheit oder Unfallfolge, in deren Verlauf Arbeitsunfähigkeit ärztlich festgestellt wird, begründet nur dann einen neuen Versicherungsfall, wenn sie mit der ersten Krankheit oder Unfallfolge in keinem ursächlichen Zusammenhang steht. Wird Arbeitsunfähigkeit gleichzeitig durch mehrere Krankheiten oder Unfallfolgen hervorgerufen, so wird das Krankentagegeld nur einmal gezahlt.".

29   Ist der Versicherungsfall mit der Behandlungsbedürftigkeit eingetreten, so hat der Versicherer gemäß § 1 Abs. 1 Satz 2 MB/KT 78 „für die Dauer einer Arbeitsunfähigkeit", deren Merkmale in § 1 Abs. 3 MB/KT 78 festgelegt sind, ein Krankentagegeld im vertraglichen Umfang zu gewähren.[64] Der Leistungszeitraum umfasst (wenn nicht eine Karenzzeit vereinbart ist) die Dauer bedingungsgemäßer Arbeitsunfähigkeit.[65] Für die Feststellung der Arbeitsunfähigkeit ist nicht entscheidend, dass der Versicherte außerstande ist, seinen Beruf im alten Umfang auszuüben.[66] Es kommt vielmehr nur darauf an, ob er keinerlei Wert schöpfende Tätigkeit mehr ausüben konnte.[67] Daher schadet schon die Möglichkeit zur Ausübung der wahrgenommenen Tätigkeit in nicht völlig unbedeutendem Umfang.[68] Behandlungsbedürftigkeit allein lässt zwar den Versicherungsfall bereits eintreten und erst mit ihrem Entfallen wieder enden, vermag aber nicht schon die Leistungspflicht der Versicherer auszulösen und das Bestehen bleiben der Leistungspflicht über die Dauer bedingungsgemäßer Arbeitsunfähigkeit hinaus zu bewirken.[69] In einer Krankentagegeldversicherung gemäß den MB/KT besteht demnach eine ähnliche Rechtslage wie in einer Unfallversicherung, der die aufsichtsrechtlich genehmigten Allgemeinen Unfallbedingungen (AUB) zugrunde liegen.[70] Ist der Versicherungsnehmer teilweise in der Lage, seiner Berufstätigkeit nachzugehen, besteht kein Anspruch auf Krankentagegeld.[71] Das Vorliegen bedingungsgemäßer Arbeitsunfähigkeit als Voraussetzung des Eintritts eines Versicherungsfalls ist vom Versicherungsnehmer zu beweisen.[72] Diesen Beweis führt der Versicherungsnehmer nicht bereits mit der – wiederholten – Vorlage einer Arbeitsunfähigkeitsbescheinigung des ihn behandelnden Arztes.[73] Da die Arbeitsunfähigkeitsnachweise in der Regel keine Begründung für eine 100%ige Arbeitsunfähigkeit enthalten, ist der Versicherer nicht an diese Arbeitsunfähigkeitsbescheinigungen gebunden.[74] Vielmehr kann er die behauptete Arbeitsunfähigkeit bestreiten, wobei einfaches Bestreiten genügt, und zwar selbst dann, wenn er von

---

[64] BGH, Urt. v. 25. 11. 1992 – IV ZR 187/91, NJW-RR 1993, 407, 408 = VerBAV 1993, 283, 284.
[65] BGH, Urt. v. 25. 11. 1992 – IV ZR 187/91, NJW-RR 1993, 407, 408 = VerBAV 1993, 283, 284.
[66] OLG Köln, Urt. v. 18. 2. 2008 – 5 U 1/07, VersR 2008, 912.
[67] BGH, Urt. v. 25. 11. 1992 – IV ZR 187/91, VersR 1993, 297; OLG Köln, Urt. v. 18. 2. 2008 – 5 U 1/07, VersR 2008, 912.
[68] OLG Köln r+s 1988, 379; OLG Koblenz r+s 1994, 32; OLG Köln VersR 1995, 653; OLG Köln, Urt. v. 18. 2. 2008 – 5 U 1/07, VersR 2008, 912.
[69] BGH, Urt. v. 25. 11. 1992 – IV ZR 187/91, NJW-RR 1993, 407, 408 = VerBAV 1993, 283, 284; siehe hierzu auch *Wilmes/Müller-Frank* VersR 1990, 345.
[70] BGH, Urt. v. 25. 11. 1992 – IV ZR 187/91, NJW-RR 1993, 407, 408 = VerBAV 1993, 283, 284; siehe dazu auch BGH NJW 1993, 201.
[71] BGH, Urt. v. 3. 12. 1999 – 10 U 307/99, NVersZ 2000, 229 = VersR 2000, 1532 = r+s 2000, 212; OLG Koblenz, Urt. v. 6. 9. 2002 – 10 U 1950/01, r+s 2003, 25; OLG Koblenz, Urt. v. 24. 10. 2008 – U 230/07, VersR 2009, 626.
[72] OLG Saarbrücken, Urt. v. 29. 8. 2007 – 5 U 163/07 – 16, VersR 2008, 951, 952.
[73] BGH, Urt. v. 3. 5. 2000 – IV ZR 110/99, VersR 2000, 841; BGH, Urt. v. 3. 5. 2006 – 5 U 580/05 – 88; OLG Saarbrücken, Urt. v. 29. 8. 2007 – 5 U 163/07 – 16, VersR 2008, 951, 952.
[74] OLG Saarbrücken, Urt. v. 29. 8. 2007 – 5 U 163/07 – 16, VersR 2008, 951, 952.

seinem Recht, von dem Versicherungsnehmer eine Nachuntersuchung zu verlangen, keinen Gebrauch gemacht hat.[75]

d) Versicherungsfähigkeit. Das Versicherungsverhältnis kann hinsichtlich der betroffenen versicherten Person gemäß § 15 lit. a MB/KT 94 bei Wegfall einer im Tarif bestimmten Voraussetzung für die Versicherungsfähigkeit zum Ende des Monats, in dem die Voraussetzung weggefallen ist, enden.[76] Eine planwidrige Regelungslücke, die eine ergänzende Vertragsauslegung gebietet, liegt vor, wenn die Leistungspflicht nach § 15 lit. a MB/KT 94 nicht weggefallen ist, weil es nicht zum Wegfall einer Tarifvoraussetzung gekommen ist, gleichwohl bereits eine Rente (auch rückwirkend) wegen Berufsunfähigkeit gezahlt wird.[77] Da der Versicherungsnehmer durch das Zusammentreffen von Krankentagegeld und Berufsunfähigkeitsrente nicht besser gestellt werden soll, als er bei Ausübung seiner Erwerbstätigkeit stünde, da der Zweck der Krankentagegeldversicherung eben gerade im Ausgleich von durch die Erwerbsunfähigkeit bedingten Einkommenseinbußen besteht, ist der Versicherungsvertrag dahin ergänzend auszulegen, dass auch dann, wenn die Voraussetzungen des § 15 lit. a MB/KT 94 nicht gegeben sind, eine Leistungspflicht des Krankentagegeldversicherers ab dem Tag entfällt, ab dem der Versicherungsnehmer eine Berufsunfähigkeitsrente erhält, selbst wenn dies rückwirkend erfolgt.[78] Beweispflichtig für den Wegfall der Versicherungsfähigkeit ist der Versicherer.[79]

e) Berufsunfähigkeit. Gemäß § 15 lit. b MB/KT 94 endet das Versicherungsverhältnis hinsichtlich der betroffenen versicherten Person mit Eintritt der Berufsunfähigkeit.[80] Berufsunfähigkeit liegt vor, wenn die versicherte Person nach medizinischem Befund im bisher ausgeübten Beruf auf nicht absehbare Zeit mehr als 50% erwerbsunfähig ist.[81] Als Zeitpunkt des Eintritts der Berufsunfähigkeit im Sinne dieser Bestimmung gilt dabei der Zeitpunkt der Erhebung des medizinischen Befundes, mit dem die Berufsunfähigkeit festgestellt wird, ohne dass es auf eine Kenntnisnahme des Befundergebnisses durch den Versicherungsnehmer ankommt.[82] Die Darlegungs- und Beweislast liegt beim Versicherer, der sich auf die Beendigung beruft.[83] Der Versicherer muss sowohl einen medizinischen Befund

---

[75] BGH, Urt. v. 3. 5. 2000 – IV ZR 110/99, VersR 2000, 841; BGH, Urt. v. 3. 5. 2006 – 5 U 580/05-88; OLG Saarbrücken, Urt. v. 29. 8. 2007 – 5 U 163/07-16, VersR 2008, 951, 952.
[76] LG Rostock, Urt. v. 31. 8. 2005 – 10 O 53/05, VersR 2006, 397, 398.
[77] BGH, Urt. v. 22. 1. 1992 – IV ZR 59/91, NJW 1992, 1164 = VersR 1992, 477 m. Anm. *Bach*; BGH, Urt. v. 26. 2. 1992 – IV ZR 339/90, NJW-RR 1992, 669 = VersR 1992, 479 m. Anm. *Bach* = r+s 1992, 174; OLG Hamm, Urt. v. 2. 12. 1992 – 20 U 316/91, VersR 1993, 299, 300; LG Rostock, Urt. v. 31. 8. 2005 – 10 O 53/05, VersR 2006, 397, 398.
[78] BGH, Urt. v. 2. 10. 1980 – IVa ZR 14/80, VersR 1980, 1163; BGH, Urt. v. 12. 7. 1989 – IVa ZR 201/88, NJW-RR 1989, 1298 = VersR 1989, 943; BGH, Urt. v. 22. 1. 1992 – IV ZR 59/91, VersR 1992, 477; BGH, Urt. v. 26. 2. 1992 – IV ZR 339/90, VersR 1992, 479; LG Rostock, Urt. v. 31. 8. 2005 – 10 O 53/05, VersR 2006, 397, 398.
[79] BGH, Urt. v. 17. 2. 2010 – IV ZR 259/08, VersR 2010, 473, 475.
[80] LG Rostock, Urt. v. 31. 8. 2005 – 10 O 53/05, VersR 2006, 397, 398; LG Köln, Urt. v. 23. 1. 2008 – 23 O 30/07, VersR 2008, 1057, 1058.
[81] LG Rostock, Urt. v. 31. 8. 2005 – 10 O 53/05, VersR 2006, 397, 398; OLG Koblenz, Urt. v. 7. 3. 2008 – 10 U 618/07, VersR 2009, 267; OLG Köln, Beschl. v. 13. 5. 2009 – 20 U 202/08, VersR 2010, 104; *Wilmes/Müller-Frank*, Die Rechtsprechung zur Krankentagegeldversicherung seit 1984, VersR 1990, 345, 352.
[82] OLG Hamburg r+s 1994, 110, 112; LG Berlin, Teilurt. v. 8. 5. 2001 – 7 O 506/00, NVersZ 2002, 22, 23.
[83] OLG Saarbrücken, Urt. v. 8. 9. 2004 – 5 U 90/03, r+s 2005, 515, 516.

1435

vorlegen, aus dem sich die Berufsunfähigkeit ergibt, als auch die Richtigkeit dieses Befundes beweisen.[84]

32 Entgegen dem Wortlaut des § 15 lit. b MB/KT 94 führt die medizinische Feststellung der Berufsunfähigkeit nicht zur Beendigung des Versicherungsverhältnisses, da nicht ausgeschlossen werden kann, dass der Versicherte später seine Erwerbsfähigkeit zurückerlangen kann und dann eine neue, wesentlich teurere Krankentagegeldversicherung abschließen müsste, wenn nur schon wegen der Feststellung der Berufsunfähigkeit die bestehende Versicherung enden würde.[85] Der Bezug einer Rente wegen Berufsunfähigkeit beendet daher das Krankentagegeldversicherungsverhältnis nicht.[86] Die Feststellung der Berufsunfähigkeit befreit aber den Versicherer von seiner Leistungspflicht.[87] Die Leistungspflicht des Krankentagegeldversicherers entfällt ab dem Tag, ab dem der Versicherungsnehmer eine Berufsunfähigkeitsrente erhält, selbst wenn dies rückwirkend erfolgt.[88] Dies führt zu einem Anspruch des Versicherers auf Rückgewähr von Krankentagegeld, das er in Unkenntnis eines gleichzeitigen Rentenbezugs gezahlt hat.[89] Bei dem Rückforderungsanspruch des Krankentagegeldversicherers, der aufgrund einer Rentenleistung von seiner Leistung befreit ist, handelt es sich nicht um einen bereicherungsrechtlichen Anspruch, sondern um einen unmittelbaren vertraglichen Rückforderungsanspruch.[90] Der Einwand der Entreicherung kann daher dem Rückzahlungsanspruch nicht entgegengehalten werden.[91] Der Anspruch des Versicherers verjährt gemäß § 12 Abs. 1 VVG innerhalb von zwei Jahren.[92] Die Verjährungsfrist wird mit Ablauf des Jahres, in dem der Anspruch des Versicherers

---

[84] OLG Hamm, Urt. v. 11.12.1991 – 20 U 175/91, VersR 1993, 600, 601; OLG Hamm r+s 1992, 245 ff.; OLG Saarbrücken, Urt. v. 8.9.2004 – 5 U 90/03, r+s 2005, 515, 516.

[85] BGH, Urt. v. 26.2.1992 – IV ZR 339/90, NJW-RR 1992, 669 = VersR 1992, 479; BGH, Urt. v. 25.11.1992 – IV ZR 187/91, NJW-RR 1993, 407, 409; OLG Düsseldorf, Urt. v. 28.4.1998 – 4 U 95/97, VersR 1999, 356; OLG Oldenburg, Urt. v. 13.10.1999 – 2 U 179/99, VersR 2000, 752; LG Rostock, Urt. v. 31.8.2005 – 10 O 53/05, VersR 2006, 397, 398.

[86] BGH, Urt. v. 22.1.1992 – IV ZR 59/91, VersR 1992, 477, 478 = r+s 1992, 136.

[87] BGH, Urt. v. 26.2.1992 – IV ZR 339/90, NJW-RR 1992, 669 = VersR 1992, 479; BGH, Urt. v. 25.11.1992 – IV ZR 187/91, NJW-RR 1993, 407, 409; BGH, Urt. v. 22.1.1992 – IV ZR 59/91, VersR 1992, 477, 478 = r+s 1992, 136; BGH, Urt. v. 26.2.1992 – IV ZR 339/90, VersR 1992, 479, 480 = r+s 1992, 174; OLG Köln, Urt. v. 15.12.1997 – 5 U 133/97, NJW-RR 1999, 328; OLG Düsseldorf, Urt. v. 13.1.1998 – 4 U 207/96, VersR 1999, 354, 356; OLG Düsseldorf, Urt. v. 28.4.1998 – 4 U 95/97, VersR 1999, 356; LG Berlin, Urt. v. 30.5.2000 – 7 O 522/99, NVersZ 2001, 415, 416 = r+s 2001, 384, 385; OLG Oldenburg, Urt. v. 13.10.1999 – 2 U 179/99, VersR 2000, 752; OLG Hamm, Urt. v. 18.1.2002 – 20 U 108/01, NVersZ 2002, 359, 360 = VersR 2002, 1138 = r+s 2002, 300; OLG Karlsruhe, Urt. v. 26.8.2004 – 19 U 118/03, r+s 2005, 470, 471/472; LG Rostock, Urt. v. 31.8.2005 – 10 O 53/05, VersR 2006, 397, 398; OLG Celle, Urt. v. 1.11.2007 – 8 U 127/07, VersR 2008, 526, 527.

[88] LG Rostock, Urt. v. 31.8.2005 – 10 O 53/05, VersR 2006, 397, 398/399.

[89] BGH, Urt. v. 22.1.1992 – IV ZR 59/91; BGH, Urt. v. 26.2.1992 – IV ZR 339/90, NJW-RR 1992, 669 = VersR 1992, 479; OLG Celle, Urt. v. 11.12.2003 – 8 U 61/03, VersR 2004, 632; LG Rostock, Urt. v. 31.8.2005 – 10 O 53/05, VersR 2006, 397, 399; OLG Karlsruhe, Urt. v. 6.7.2006 – 12 U 89/06, NJW-RR 2006, 1471, 1472 = VersR 2007, 51, 52; OLG Köln, Urt. v. 3.4.2009 – 20 U 168/08, NJW-RR 2010, 244, 245 = VersR 2009, 1251.

[90] BGH, Urt. v. 26.2.1992 – IV ZR 339/90, NJW-RR 1992, 669 = VersR 1992, 479; LG Rostock, Urt. v. 31.8.2005 – 10 O 53/05, VersR 2006, 397, 399; OLG Karlsruhe, Urt. v. 6.7.2006 – 12 U 89/06, NJW-RR 2006, 1471, 1472 = VersR 2007, 51, 52.

[91] LG Rostock, Urt. v. 31.8.2005 – 10 O 53/05, VersR 2006, 397, 399; OLG Karlsruhe, Urt. v. 6.7.2006 – 12 U 89/06, NJW–RR 2006, 1471, 1472 = VersR 2007, 51, 52.

[92] LG Rostock, Urt. v. 31.8.2005 – 10 O 53/05, VersR 2006, 397, 399.

fällig wird, in Lauf gesetzt.[93] Für die Bestimmung dieses Zeitpunkts kommt es bei Rückforderungsansprüchen des Versicherers darauf an, wann dieser von den anspruchsbegründenden Tatsachen Kenntnis erlangte oder hätte erlangen müssen, er also seine Forderung neu bestimmen konnte.[94]

3. Unfallversicherung

a) Zweck. Die Unfallversicherung nach den AUB 1961 soll die durch den vollständigen oder teilweisen Verlust der Arbeitsfähigkeit dem Verletzten, seinen Hinterbliebenen oder sonstigen Dritten entstehenden Nachteile ausgleichen.[95] Versichertes Interesse ist nicht das Leben, sondern die Arbeitsfähigkeit. Der Versicherte, der schon vor einem Unfall bereits dauernd völlig arbeitsunfähig ist, genießt nach den AUB 1961 keinen Versicherungsschutz mehr.[96]

b) Ausgangslage. In der privaten Unfallversicherung ist bei der Bemessung des Invaliditätsgrads gemäß § 8 II Abs. 5 AUB in Betracht zu ziehen, inwieweit der Versicherte imstande ist, eine Tätigkeit auszuüben, die seinen Kräften und Fähigkeiten entspricht und die ihm unter billiger Berücksichtigung seiner Ausbildung und seines bisherigen Berufs zugemutet werden kann.[97] Ein rein abstrakter Maßstab ohne Berücksichtigung der konkreten Berufs- und Erwerbsverhältnisse des Versicherten ist in den durch § 8 II Abs. 2 bis 4 AUB geregelten Fällen anzulegen, nicht aber im Fall einer Invalidität, die nach § 8 II Abs. 5 AUB zu beurteilen ist.[98]

c) Verweisung. Im Falle von Unfallverletzungen ist gemäß § 8 II Abs. 5 AUB zu prüfen, in welchem Maß der Versicherte trotz seiner Unfallverletzungen noch imstande ist, seinem bisherigen Beruf oder einer anderen zumutbaren Tätigkeit (Ersatzberuf) nachzugehen.[99] Diese Prüfung macht es erforderlich, auf die konkreten Berufs- und Erwerbsverhältnisse des Versicherten einzugehen.[100] Reicht die verbliebene Arbeitsfähigkeit aus, um festzustellen, dass der Versicherte in einer bestimmten zumutbaren Tätigkeit (einem Ersatzberuf) noch Nennenswertes leisten kann, dann muss er sich darauf bei der Bemessung der Invaliditätsentschädigung verweisen lassen.[101] Das gilt auch dann, wenn dem Versicherten zuzumuten ist, eine bestimmte Teilzeitarbeit zu übernehmen.[102] Billigerweise zuzumuten ist dem Versicherten eine solche Verweisung aber nicht, wenn ihm eine entsprechende Teilzeitarbeit im Hinblick auf seinen Zustand (Alter, Behinderung) gerade nicht zugänglich ist.[103] Es ist daher nicht zu beanstanden, wenn neben dem Gesundheitszustand des Versicherten unter dem Gesichtspunkt der sozialen Zumutbarkeit auch die konkreten Verhältnisse auf dem Arbeitsmarkt vor Ort berücksichtigt werden.[104] Das darf freilich nicht so weit gehen, Vollinvalidität schon deshalb anzunehmen, weil der Versicherte etwa in Zeiten großer Arbeitslosigkeit im Hinblick auf seine vielleicht nicht einmal sehr schwerwiegende Behinderung

---

[93] LG Rostock, Urt. v. 31. 8. 2005 – 10 O 53/05, VersR 2006, 397, 399.
[94] BGH, Urt. v. 25. 10. 1989 – IVa ZR 221/88, NJW-RR 1990, 159 = VersR 1990, 189; BGH, Urt. v. 19. 1. 1994 – IV ZR 117/93, NJW-RR 1994, 410 = VersR 1994, 337; LG Rostock, Urt. v. 31. 8. 2005 – 10 O 53/05, VersR 2006, 397, 399.
[95] BGH, Urt. v. 25. 1. 1989 – IVa ZR 189/87, NJW-RR 1989, 604, 605.
[96] BGH, Urt. v. 25. 1. 1989 – IVa ZR 189/87, NJW-RR 1989, 604, 605.
[97] BGH, Urt. v. 8. 7. 1981 – IVa ZR 192/80, VersR 1981, 1151.
[98] BGH, Urt. v. 8. 7. 1981 – IVa ZR 192/80, VersR 1981, 1151.
[99] BGH, Urt. v. 4. 4. 1984 – IVa ZR 17/83, VersR 1984, 576, 577.
[100] BGH, Urt. v. 4. 4. 1984 – IVa ZR 17/83, VersR 1984, 576, 577.
[101] BGH, Urt. v. 4. 4. 1984 – IVa ZR 17/83, VersR 1984, 576, 577.
[102] BGH, Urt. v. 4. 4. 1984 – IVa ZR 17/83, VersR 1984, 576, 577.
[103] BGH, Urt. v. 4. 4. 1984 – IVa ZR 17/83, VersR 1984, 576, 577.
[104] BGH, Urt. v. 4. 4. 1984 – IVa ZR 17/83, VersR 1984, 576, 577.

keinen Arbeitsplatz findet, der seinen Fähigkeiten entspricht.[105] Das Schwergewicht für die Beurteilung des Invaliditätsgrads muss vielmehr auch in einer solchen Lage dem Zustand des Versicherten zukommen.[106] Für die Pflicht des Versicherers zur Leistung einer Invaliditätsentschädigung ist gemäß § 13 Abs. 3a AUB endgültig und abschließend maßgebend derjenige Gesundheitszustand, der am Ende der vom Unfalltag an laufenden Frist von drei Jahren prognostizierbar ist.[107]

4. Invaliditätszusatzversicherung

36 In der Invaliditäts-Zusatzversicherung liegt Invalidität vor, wenn der Versicherte infolge Krankheit, Körperverletzung oder Kräfteverfalls, die ärztlich nachzuweisen sind, voraussichtlich länger als sechs Monate oder bereits länger als sechs Monate außerstande ist, seinen Beruf oder eine andere Tätigkeit auszuüben, die aufgrund seiner Kenntnisse und Fähigkeiten ausgeübt werden kann und seiner bisherigen Lebensstellung entspricht.[108] Invalidität ist nach dieser Klausel definiert als die gesundheitsbedingte Unfähigkeit, den Beruf oder eine Vergleichstätigkeit auszuüben.[109] Bedingungsgemäße Invalidität entspricht demzufolge der Berufsunfähigkeit, wie sie in den Bedingungen für die Berufsunfähigkeits-Zusatzversicherung, die gelegentlich statt auf „Ausbildung und Erfahrung" ebenfalls auf „Kenntnisse und Fähigkeiten" abstellen,[110] verstanden wird.[111] Ausgangspunkt für die Beurteilung gesundheitlich bedingter Invalidität ist wie in der Berufsunfähigkeits-Zusatzversicherung der konkret ausgeübte Beruf.[112]

37 Liegen dem Versicherungsverhältnis die Allgemeinen Versicherungsbedingungen für die Invaliditäts-Zusatzversorgung von Kindern zugrunde, ist folgende Klausel Gegenstand der gerichtlichen Inhaltskontrolle:[113]

„Versicherungsschutz besteht nicht für Invalidität, die ganz oder überwiegend eingetreten ist, auf Grund angeborener oder solcher Krankheiten, die im ersten Lebensjahr in Erscheinung getreten sind."

38 Die inhaltliche Kontrolle der Klausel ergibt, dass die Klausel den Versicherungsnehmer entgegen den Geboten von Treu und Glauben unangemessen benachteiligt und daher unwirksam ist.[114] Die Klausel entspricht nicht den Erfordernissen, die sich aus dem Transparenzgebot (§ 307 Abs. 1 Satz 2 BGB) ergeben.[115] Zudem ist die Klausel inhaltlich unangemessen, weil sie mit wesentlichen Grundgedanken der gesetzlichen Regelung, von denen abgewichen wird, nicht zu vereinbaren ist, und auch wesentliche Rechte und Pflichten, die sich aus der Natur

---

[105] BGH, Urt. v. 4. 4. 1984 – IV a ZR 17/83, VersR 1984, 576, 577.
[106] BGH, Urt. v. 4. 4. 1984 – IV a ZR 17/83, VersR 1984, 576, 577.
[107] BGH, Urt. v. 8. 7. 1981 – IV a ZR 192/80, VersR 1981, 1151; BGH, Urt. v. 13. 4. 1988 – IV a ZR 303/86, VersR 1988, 798.
[108] Vgl. Sachverhalt OLG Saarbrücken, Urt. v. 10. 1. 2001 – 5 U 720/99 – 48, VersR 2003, 50 = r+s 2002, 301.
[109] OLG Saarbrücken, Urt. v. 10. 1. 2001 – 5 U 720/99 – 48, VersR 2003, 50 = r+s 2002, 301.
[110] OLG Saarbrücken, Urt. v. 10. 1. 2001 – 5 U 720/99 – 48, VersR 2003, 50 = r+s 2002, 301; *Voit* in: Prölss/Martin, VVG, 26. Aufl., § 2 BUZ Rdn. 29.
[111] OLG Saarbrücken, Urt. v. 10. 1. 2001 – 5 U 720/99 – 48, VersR 2003, 50 = r+s 2002, 301.
[112] OLG Hamm, Urt. v. 16. 6. 1999 – 20 U 32/99, r+s 2000, 37, 38; OLG Saarbrücken, Urt. v. 10. 1. 2001 – 5 U 720/99 – 48, VersR 2003, 50/51 = r+s 2002, 301.
[113] BGH, Urt. v. 26. 9. 2007 – IV ZR 252/06, NJW-RR 2008, 189 = VersR 2007, 1690 = r+s 2008, 25.
[114] BGH, Urt. v. 26. 9. 2007 – IV ZR 252/06, NJW-RR 2008, 189 = VersR 2007, 1690, 1691 = r+s 2008, 25, 26.
[115] BGH, Urt. v. 26. 9. 2007 – IV ZR 252/06, NJW-RR 2008, 189, 190 = VersR 2007, 1690, 1691 = r+s 2008, 25, 26 f.; a. A. KG, Urt. v. 15. 8. 2006 – 6 U 175/05, r+s 2007, 115.

des Vertrages ergeben, so einschränkt, dass die Erreichung des Vertragszwecks gefährdet ist (§ 307 Abs. 2 Nr. 1 und 2 BGB).[116] Der Nachweis des Leistungsfalls kann durch Vorlage der Bescheide des Versorgungsamts bzw. des Schwerbeschädigtenausweises erbracht werden.[117]

5. Marktwertversicherung

Mit der Marktwertversicherung wird das finanzielle Risiko von Fußballvereinen bei unfallbedingter und dauernder Vollinvalidität der Spieler abgesichert.[118] Die Versicherungsbedingungen zur Berufssportlerversicherung unterscheiden zwischen „Vollinvalidität" und „dauernder Vollinvalidität".[119]   38 a

6. Arbeitslosigkeitsversicherung

a) Unfreiwillige Arbeitslosigkeit. Der Arbeitslosigkeitsversicherung,[120] die bisher nur ein Anbieter auf den Markt gebracht hat,[121] liegen die Allgemeinen Versicherungsbedingungen für die private Vorsorge bei Arbeitslosigkeit mit geregeltem Anspruch auf Beitragsrückerstattung (PVA 96) zugrunde. Sie bietet dem Versicherungsnehmer während der Wirksamkeit des Vertrages Versicherungsschutz bei Verdienstausfall als Folge von unfreiwilliger Arbeitslosigkeit.[122] Gegen das sich aus § 9 AGBG ergebende Transparenzgebot verstößt eine Klausel, die bestimmt, dass unfreiwillige Arbeitslosigkeit im Sinne der Bedingungen vorliegt, wenn der Arbeitgeber das bestehende Arbeitsverhältnis aus Gründen, die nicht in der Person des Versicherungsnehmers liegen, wirksam gekündigt hat.[123] Intransparent im Sinne von § 307 Abs. 1 Satz 2 BGB ist ferner eine Klausel, in welcher die bedingungsgemäße Arbeitslosigkeit u. a. davon abhängig gemacht wird, dass der Darlehensnehmer zum einen nicht gegen Entgelt tätig ist und außerdem Arbeitslosengeld oder Arbeitslosenhilfe bezieht.[124]   39

b) Wartezeit. Die PVA 96 enthalten eine Wartezeitklausel. Nach dieser Klausel tritt der Versicherungsschutz 24 Monate nach dem im Versicherungsantrag bezeichneten Beginn in Kraft.[125] Der BGH[126] hat hierzu ausgeführt: 40

---

[116] BGH, Urt. v. 26. 9. 2007 – IV ZR 252/06, NJW-RR 2008, 189, 191 = VersR 2007, 1690, 1691= r+s 2008, 25, 27; a. A. KG, Urt. v. 15. 8. 2006 – 6 U 175/05, r+s 2007, 115, 116.
[117] OLG Karlsruhe, Urt. v. 15. 1. 2009 – 12 U 176/08, NJW-RR 2009, 612 = VersR 2009, 668, 669.
[118] OLG Bamberg, Urt. v. 2. 10. 2008 – 1 U 12/08, VersR 2009, 827.
[119] OLG Bamberg, Urt. v. 2. 10. 2008 – 1 U 12/08, VersR 2009, 827.
[120] Siehe hierzu *Lutz*, Was spricht eigentlich gegen eine private Arbeitslosenversicherung?, ZVersWiss 2007, 169.
[121] *Kieninger* VersR 1998, 1071; *Präve* VersR 1999, 755.
[122] BGH, Urt. v. 24. 3. 1999 – IV ZR 90/98, NJW 1999, 2279 = NVersZ 1999, 360 = VersR 1999, 710 = VerBAV 2000, 75, 76 = MDR 1999, 867 (Revisionsentscheidung zu OLG Hamburg, Urt. v. 11. 3. 1998 – 5 U 211/96, VersR 1998, 627).
[123] BGH, Urt. v. 24. 3. 1999 – IV ZR 90/98, NJW 1999, 2279, 2280 = NVersZ 1999, 360, 361 = VersR 1999, 710, 711 = VerBAV 2000, 75, 77 = MDR 1999, 867, 868; zust. *Basedow* NVersZ 1999, 349, 350.
[124] BGH, Urt. v. 11. 5. 2005 – IV ZR 25/04, NJW-RR 2005, 1189 = VersR 2005, 976 = MDR 2005, 1227.
[125] BGH, Urt. v. 24. 3. 1999 – IV ZR 90/98, NJW 1999, 2279 = NVersZ 1999, 360 = VersR 1999, 710 = VerBAV 2000, 75, 76 = MDR 1999, 867 (Revisionsentscheidung zu OLG Hamburg, Urt. v. 11. 3. 1998 – 5 U 211/96, VersR 1998, 627).
[126] BGH, Urt. v. 24. 3. 1999 – IV ZR 90/98, NJW 1999, 2279, 2281 = NVersZ 1999, 360, 362 = VersR 1999, 710 = VerBAV 2000, 75, 76 = MDR 1999, 867, 868 (Revisionsentscheidung zu OLG Hamburg, Urt. v. 11. 3. 1998 – 5 U 211/96, VersR 1998, 627).

"Es muss grundsätzlich dem Versicherer überlassen bleiben, in welcher Weise er die Deckung seiner vertraglichen Leistungen durch Prämien kalkuliert. Die Vorstellung von der Gefahrengemeinschaft aller Versicherten macht es nicht erforderlich, den Versicherungsschutz mit dem Zeitpunkt beginnen zu lassen, in dem auch die Pflicht des Versicherungsnehmers beginnt, Prämien zu zahlen. Die Regelung über eine Wartezeit wird auch nicht dadurch unzulässig, dass der durchschnittliche Versicherungsnehmer ihren versicherungstechnischen Hintergrund nicht erkennt. Entscheidend ist, dass die Regelung hinreichend klar in dem Sinne ist, dass der Versicherungsnehmer bei Abschluss des Vertrages erkennen kann, er bekommt erst nach 24 Monaten Versicherungsschutz, auch wenn er die Prämien schon bei Beginn des Vertrages zahlen muss."

41   Im Ergebnis kommt der BGH zu Recht zu dem Ergebnis, dass die Klausel den Versicherungsnehmer nicht unangemessen benachteiligt.[127]

7. Berufsgenossenschaften und Versorgungswerke

42   Die Satzungen der Versorgungswerke, z. B. der Versorgungswerke für die Rechtsanwälte, sehen die Gewährung von Berufsunfähigkeitsrenten vor.[128] Voraussetzung für die Gewährung einer Berufsunfähigkeitsrente ist nach der Satzung eines Versorgungswerks für Rechtsanwälte, dass das Mitglied der Versorgungseinrichtung wegen Krankheit oder eines körperlichen Gebrechens oder wegen Schwäche seiner körperlichen oder geistigen Kräfte oder Sucht – voraussichtlich auf Dauer bzw. auf Zeit – nicht mehr in der Lage ist, aus anwaltlicher Tätigkeit mehr als nur unwesentliche Einkünfte zu erzielen und seine berufliche Tätigkeit als Anwalt einstellt oder eingestellt hat.[129] In einem Fall des OLG Hamm[130] wird der Begriff der Berufsunfähigkeit in § 16 Ziff. 2, Ziff. 3 der Satzung der Pensionskasse der Rechtsanwälte und Notare (Bereiche Hamm, Düsseldorf, Köln) so definiert, dass Berufsunfähigkeitsrente gezahlt wird, wenn ein Mitglied infolge eines körperlichen Gebrechens oder wegen Schwäche seiner körperlichen oder geistigen Kräfte nicht mehr imstande ist, seinen Beruf auszuüben. Wenn in der Satzung einer Pensionskasse für Rechtsanwälte und Notare der Begriff der Berufsunfähigkeit nicht definiert ist, kann der Begriff der Berufsunfähigkeit nicht einfach durch Rückgriff auf die Bestimmung des Begriffs Berufsunfähigkeit in einer anderen Regelung definiert werden, sondern muss aus seinem jeweiligen Regelungszusammenhang heraus gedeutet werden.[131] Die Berufsunfähigkeit ist nicht schon nachgewiesen, wenn der Versicherte eine Unfallrente von der Berufsgenossenschaft bezieht.[132] In einem Urteil des VGH Mannheim[133] finden sich Ausführungen zum eigenständigen Begriff der Berufsunfähigkeit in der berufsständischen Pflichtversorgung der Ärzte, Zahnärzte und Tierärzte.

8. Arbeitgeberzusage

43   Der Begriff der Berufsunfähigkeit findet sich auch in Arbeitgeberzusagen. Einer Entscheidung des BAG lag folgende Klausel zugrunde:[134]

---

[127] BGH, Urt. v. 24. 3. 1999 – IV ZR 90/98, NJW 1999, 2279, 2281 = NVersZ 1999, 360, 362 = VersR 1999, 710 = VerBAV 2000, 75, 76 = MDR 1999, 867, 868 (Revisionsentscheidung zu OLG Hamburg, Urt. v. 11. 3. 1998 – 5 U 211/96, VersR 1998, 627).
[128] OVG Münster, Beschl. v. 30. 10. 2008 – 5 A 2437/06, NJW-RR 2009, 353.
[129] OVG Münster, Beschl. v. 30. 10. 2008 – 5 A 2437/06, NJW-RR 2009, 353; vgl. auch *Schwesinger*, Versorgungsausgleich und berufsständische Versorgungswerke, Frankfurt am Main u. a., 1989, S. 94 f.
[130] OLG Hamm r+s 1989, 169.
[131] OLG Hamm r+s 1989, 169.
[132] AG Karlsruhe v. 4. 5. 1979 – 5 C 16/79.
[133] VGH Mannheim NJW 1992, 1584.
[134] BAG, Urt. v. 14. 12. 1999 – 3 AZR 742/98, ZIP 2000, 1950.

> „Im Falle einer dauernden Berufsunfähigkeit, die durch amtsärztliches Zeugnis nachzuweisen ist, spätestens aber mit Zahlung der Altersrente durch die gesetzliche Rentenversicherung, wird nach mindestens 15jähriger Dienstzeit ein Zuschuss zur Angestellten- bzw. Invalidenrente gezahlt. Der Zuschuss wird so bemessen, dass die jeweilige Rente und der Zuschuss folgende Prozentsätze des zuletzt bezogenen Gehalts (Grundvergütung einschließlich gesetzlicher Zulagen und Ortszuschläge unter Berücksichtigung künftiger Tarifänderungen) erreichen:
> Bei einer Dienstzeit von ... 25 Jahren ... mindestens 65%. Der Zuschuss beträgt jedoch mindestens mtl. ... 150,00 DM ...
> Der Zuschuss wird nur dann gezahlt, wenn das Arbeitsverhältnis mit der Landeszahnärztekammer Rheinland-Pfalz bis zur Erfüllung der Voraussetzungen nach § 7 Satz 1 fortbestanden hat; im Übrigen wird er nur auf Antrag, dem in jedem Fall der Rentenbescheid beizufügen ist, gewährt."

Aus der Vereinbarung, dass die Berufsunfähigkeit durch amtsärztliches Zeugnis nachzuweisen ist, ergibt sich nicht, dass die Versorgungszusage andere Anforderungen an die Berufsunfähigkeit selbst festzulegen, will er damit in der Regel den sozialversicherungsrechtlichen Sprachgebrauch übernehmen.[136] Denn das Arbeitsrecht kennt keinen eigenständigen Begriff der Berufsunfähigkeit.[137] **44**

IV. Feststellung der Berufsunfähigkeit

1. Versicherter Beruf

a) **Vertragliche Regelung.** Eine bestimmte Berufstätigkeit ist nicht für die gesamte Dauer des Versicherungsvertrages versichert,[138] zumal die Versicherungsbedingungen selbst davon ausgehen (vgl. § 2 Abs. 4 BUZ), dass sich die Berufstätigkeit während der Laufzeit des Vertrages ändern kann.[139] Eine vertragliche Verpflichtung, den bei Vertragsabschluss ausgeübten Beruf beizubehalten und – ohne besondere Abrede – eine „Gefahrerhöhung" zu unterlassen, besteht nicht.[140] In der Regel ist auch mit der im Antragsformular oder im Versicherungsschein vermerkten Berufsbezeichnung nicht unverrückbar festgeschrieben, welcher konkrete Beruf bei Eintritt eines Versicherungsfalles den maßgeblichen Ausgangspunkt der anzustellenden Beurteilung abzugeben hat.[141] Dieser Beruf gilt nur dann als versicherter Beruf, wenn dies ausdrücklich zwischen den Vertragsparteien vereinbart ist.[142] Versichert ist vielmehr der Beruf, der vom Versicherten zuletzt vor Eintritt **45**

---

[135] BAG, Urt. v. 14. 12. 1999 – 3 AZR 742/98, ZIP 2000, 1950 1951.
[136] BAG, Urt. v. 14. 12. 1999 – 3 AZR 742/98, ZIP 2000, 1950 1951; zust. *Plagemann* EWiR 2000, 1037, 1038.
[137] BAG, Urt. v. 14. 12. 1999 – 3 AZR 742/98, ZIP 2000, 1950, 1951.
[138] LG Ulm, Urt. v. 5. 6. 1979 – 2 O 133/79, VersR 1979, 930, 931.
[139] LG Ulm, Urt. v. 5. 6. 1979 – 2 O 133/79, VersR 1979, 930, 931.
[140] OLG Saarbrücken, Urt. v. 19. 11. 2003 – 5 U 168/00 – 11, VersR 2004, 1401, 1402 = r+s 2005, 75.
[141] BGH, Urt. v. 16. 3. 1994 – IV ZR 110/92, NJW-RR 1994, 664, 665 = VersR 1994, 587 = VerBAV 1994, 400, 401 = r+s 1994, 314 = MDR 1995, 158; OLG München, Urt. v. 10. 2. 1993 – 30 U 823/92, VersR 1993, 1000; OLG Hamm, Urt. v. 9. 6. 1993 – 20 U 265/92, VersR 1994, 417 = r+s 1994, 153, 154; OLG Karlsruhe, Urt. v. 7. 10. 1993 – 12 U 58/93, r+s 1995, 235; BGH, Urt. v. 3. 4. 1996 – IV ZR 344/94, NJW-RR 1996, 795 = VersR 1996, 830, 831 = r+s 1996, 285; *Römer*, Grundprobleme der Berufsunfähigkeitszusatzversicherung, VerwWissStud. 15 (2000), 223, 229.
[142] BGH, Urt. v. 14. 6. 1989 – IVa ZR 74/88, NJW-RR 1989, 1050 = VersR 1989, 903, 904 = r+s 1989, 268; OLG Köln, Urt. v. 5. 2. 1992 – 5 U 175/90, VersR 1993, 955 = r+s 1993, 155.

des Versicherungsfalls tatsächlich ausgeübt worden ist,[143] und nicht etwa nur der im Zeitpunkt des Abschlusses des Versicherungsvertrages ausgeübte Beruf.[144]

46 **b) Konkret ausgeübter Beruf.** Im Ausgangspunkt muss es sich bei der beruflichen Tätigkeit um eine echte, auf Dauer angelegte und dem Erwerb des Lebensunterhalts dienende Tätigkeit im Rahmen der Sozialordnung handeln.[145] Für die Beurteilung der Berufsunfähigkeit selbst ist vom konkret ausgeübten Beruf auszugehen, also von der Tätigkeit, die der Kläger vor Beginn des Zeitpunkts, für den er den Beginn der Berufsunfähigkeit geltend macht, tatsächlich ausgeübt hat, und nicht das allgemeine Berufsbild.[146] Unter „Beruf" im Sinne der BUZ ist mithin allein die berufliche Tätigkeit des Versicherten in eben der konkreten Ausgestaltung zu verstehen, durch die der Versicherte sein Einkommen bei Eintritt des Versicherungsfalls erzielt hat und die demgemäß bis dahin Grundlage seiner Lebensgestaltung war.[147] Dies gilt selbst dann, wenn der Versicherte von einem „ungefährlichen" Beruf überwechselt in einen risikoreichen Beruf, z.B. den eines Artisten.[148] Eine solche Gefahrerhöhung ist nur dann anzuzeigen, wenn sich der Versicherungsnehmer dazu ausdrücklich verpflichtet hat.[149] Bei dieser Beurteilung muss bekannt sein, wie das Arbeitsfeld des betreffenden Versicherten tatsächlich beschaffen ist und welche Anforderungen es an ihn stellt.[150] Ist die zuletzt ausgeübte Tätigkeit in ihrer konkreten Ausgestaltung nicht unstreitig, so ist es im Rechts-

---

[143] OLG Frankfurt/M., Urt. v. 21. 11. 1985 – 15 U 107/84, VersR 1987, 349, 350; BGH, Urt. v. 13. 5. 1987 – IVa ZR 8/86, NJW-RR 1987, 1050 = VersR 1987, 753, 754 = r+s 1987, 268; BGH, Urt. v. 21. 3. 1990 – IV ZR 39/89, NJW 1990, 1916 = VersR 1990, 729, 730 = r+s 1990, 250; OLG Köln, Urt. v. 15. 11. 1990 – 5 U 235/89, VersR 1992, 1079, 1080; OLG Hamm, Urt. v. 6. 10. 1989 – 20 U 20/89, VersR 1990, 605 = r+s 1990, 31; OLG Karlsruhe, Urt. v. 20. 9. 1990 – 12 U 234/89, VersR 1992, 1075, 1076 = r+s 1993, 322; LG Arnsberg, Urt. v. 30. 9. 1993 – 4 O 246/87, S. 6; OLG Frankfurt/M., Urt. v. 16. 3. 1994 – 19 U 165/92, S. 10; BGH, Urt. v. 16. 3. 1994 – IV ZR 110/92, NJW-RR 1994, 664, 665 = VersR 1994, 587 = VerBAV 1994, 400, 401 = r+s 1994, 314 = MDR 1995, 158; OLG Dresden, Urt. v. 11. 5. 1999 – 3 U 2853/98, VersR 2000, 1222, 1223; OLG Köln, Beschl. v. 18. 12. 2007 – 5 U 177/07, r+s 2009, 250, 251; BGH, Urt. v. 24. 2. 2010 – IV ZR 119/09, VersR 2010, 619, 620.
[144] LG Ulm, Urt. v. 5. 6. 1979 – 2 O 133/79, VersR 1979, 930, 931; LG Hannover, Urt. v. 20. 11. 1980 – 5 O 146/80, VersR 1982, 235; LG Regensburg, Urt. v. 21. 10. 1981 – 1O 1254/81; LG Wuppertal, Urt. v. 24. 3. 1983 – 7 O 243/82; LG Koblenz, Urt. v. 6. 4. 1984 – 2 O 439/83; LG Gießen, Urt. v. 3. 7. 1985 – 3 O 204/85, VersR 1987, 249; OLG Frankfurt/M., Urt. v. 21. 11. 1985 – 15 U 107/84, VersR 1987, 349, 350.
[145] LG Bonn, Urt. v. 6. 2. 1995 – 10 O 310/94, VersR 1997, 439 (Ls.) = r+s 1996, 461.
[146] OLG Frankfurt/M., Urt. v. 21. 11. 1985 – 15 U 107/84, VersR 1987, 349, 350; LG Frankfurt/M., Urt. v. 17. 5. 1988 – 2/26 O 526/87, S. 4; OLG Köln, Urt. v. 11. 1. 1990 – 5 U 143/89, VersR 1991, 534; OLG Hamm, Urt. v. 30. 3. 1990 – 20 U 143/89, r+s 1990, 355, 356; BGH, Urt. v. 19. 5. 1993 – IV ZR 80/92, NJW-RR 1993, 1047, 1048 = VersR 1993, 953, 954 = r+s 1993, 355; BGH VersR 1995, 587; OLG Nürnberg, Urt. v. 9. 3. 1995 – 8 U 142/95, S. 4; BGH, Urt. v. 3. 4. 1996 – IV ZR 344/94, NJW-RR 1996, 795 = VersR 1996, 830, 831 = r+s 1996, 285; BGH, Urt. v. 7. 2. 2007 – IV ZR 232/03, NJW-RR 2007, 751, 752 = VersR 2007, 631, 632 = r+s 2007, 206, 207 = MDR 2007, 719.
[147] OLG Frankfurt/M., Urt. v. 21. 11. 1985 – 15 U 107/84, VersR 1987, 349, 350; OLG Düsseldorf, Urt. v. 25. 10. 1988 – 4 U 261/87, r+s 1990, 215; OLG Karlsruhe, Urt. v. 7. 10. 1993 – 12 U 58/93, r+s 1995, 235; OLG Saarbrücken, Urt. v. 20. 10. 1993 – 5 U 40/92, VersR 1994, 969, 970 = r+s 1994, 196; vgl. auch *Voit* in: Prölss/Martin, § 2 BUZ Anm. 2a.
[148] LG Ulm, Urt. v. 5. 6. 1979 – 2 O 133/79, VersR 1979, 930, 931; LG Hannover, Urt. v. 20. 11. 1980 – 5 O 146/80, VersR 1982, 235; LG Regensburg, Urt. v. 21. 10. 1981 – 1 O 1254/81; LG Wuppertal, Urt. v. 24. 3. 1983 – 7 O 243/82.
[149] *Voit* in: Prölss/Martin, § 2 BUZ Anm. 2a.
[150] BGH, Urt. v. 30. 9. 1992 – IV ZR 227/91, BGHZ 119, 263 = NJW 1993, 202, 203 = VersR 1992, 1386, 1387 = r+s 1992, 427 = MDR 1992, 1132.

streit Sache des Gerichts zu entscheiden, ob zunächst eine Beweisaufnahme zu dem vorgetragenen Beruf in seiner konkreten Ausgestaltung geboten ist, deren Ergebnis einem anschließend einzuschaltenden Sachverständigen vorzugeben ist – sei es in alternativer Form, sei es aufgrund von Feststellungen, die das Gericht bereits zutreffen vermag.[151] Wenn es für die zuletzt ausgeübte Berufstätigkeit des Versicherten kein unverrückbar feststehendes und damit jeden Fall einer Berufsausübung bis in alle Einzelheiten prägendes (abstraktes) Berufsbild gibt, das umfassend und erschöpfend Auskunft darüber gäbe, was der Versicherte tatsächlich gemacht hat, welchen Anforderungen er dabei gewachsen sein musste und wie sein Kenntnis- und Erfahrungsstand dafür zwangsläufig beschaffen sein muss, ist es unerlässlich, in jedem Einzelfall festzustellen, welche Arbeiten der Versicherte ausgeführt hat, wie sein Arbeitsplatz strukturiert war oder ist und über welche Vorbildung einschlägiger oder sonstiger Art er verfügt.[152] Ist nicht bekannt, welche Kräfte, Fähigkeiten und Fertigkeiten, welche Kenntnisse und welche Vorbildung diese Berufsausübung voraussetzte, und auch nicht, ob sie dem Ausübenden im Laufe der Zeit zusätzliche Kenntnisse oder Geschicklichkeiten vermittelte konnte, so kann die Frage der Berufsunfähigkeit normalerweise weder im Bereich des konkreten Berufs sachgerecht beurteilt, noch können tatsächlich in Betracht kommende Vergleichsberufe aufgezeigt werden.[153] Hinsichtlich des konkret ausgeübten Berufes ist auch die tatsächlich bewältigte Stundenzahl maßgebend.[154]

c) **Berufliche Fortentwicklung.** Zukünftige berufliche Tätigkeiten können, auch wenn insoweit bereits ein Arbeits- oder Anstellungsvertrag vorliegt, nicht als ausgeübter Beruf im Sinne des § 2 BUZ verstanden werden.[155] Abzustellen ist auch nicht auf den Beruf, den der Versicherte hätte erreichen können oder den er beabsichtigte auszuüben.[156] Vermehrt und ergänzt ein Versicherter während des Laufs einer Berufsunfähigkeitsversicherung vor Eintritt eines Versicherungsfalles seine beruflichen Fähigkeiten und Erfahrungen oder wechselt er seinen Beruf, so können diese Umstände auch zu einer Ausweitung des Bereichs der sog. Vergleichsberufe führen, die trotz gesundheitlicher Beeinträchtigungen ausübbar bleiben.[157] Das gesundheitsbedingte Außerstandesein einer Erwerbstätigkeit umfasst daher im Regelfall mehr als den zuletzt ausgeübten Beruf in seiner konkreten Ausprägung.[158]

d) **Freiwilliger Berufswechsel.** Hat der Versicherungsnehmer vor Eintritt des Versicherungsfalls den Beruf aus freien Stücken, etwa wegen besserer Verdienstmöglichkeiten und nicht aus gesundheitlichen Gründen, gewechselt, geht es zu seinen Lasten, wenn er damit einen Beruf gewählt hat, dem er aus anderen als

47

48

---

[151] BGH, Urt. v. 30. 9. 1992 – IV ZR 227/91, BGHZ 119, 263 = NJW 1993, 202, 203 = VersR 1992, 1386, 1387 = r+s 1992, 427 = MDR 1992, 1132; BGH, Beschl. v. 27. 2. 2008 – IV ZR 45/06, NJW-RR 2008, 770 = VersR 2008, 770 = r+s 2008, 430.
[152] BGH, Urt. v. 22. 9. 1993 – IV ZR 203/92, NJW-RR 1994, 151 = VersR 1993, 1470 = MDR 1994, 142 = r+s 1994, 33.
[153] BGH, Urt. v. 17. 9. 1986 – IVa ZR 252/84, NJW-RR 1987, 276 = VersR 1986, 1113 = VersR 1987, 55; BGH, Urt. v. 19. 5. 1993 – IV ZR 80/92, NJW-RR 1993, 1047, 1048 = VersR 1993, 953, 954 = r+s 1993, 355.
[154] Vgl. OLG Hamm, Urt. v. 16. 6. 1993 – 20 U 382/92, VersR 1994, 206 = r+s 1994, 114 (12-Stunden-Tag eines selbständigen Ingenieurs für Heizungs-, Klima- und Sanitärtechnik).
[155] OLG Hamm, Urt. v. 30. 3. 1990 – 20 U 143/89, r+s 1990, 355, 356.
[156] OLG Hamm, Urt. v. 30. 3. 1990 – 20 U 143/89, r+s 1990, 355, 356; OLG Hamm, Urt. v. 9. 6. 1993 – 20 U 265/92, VersR 1994, 417 = r+s 1994, 153, 154.
[157] BGH, Urt. v. 17. 9. 1986 – IVa ZR 252/84, NJW-RR 1987, 276 = VersR 1986, 1113, 1115.
[158] BGH, Urt. v. 14. 6. 1989 – IVa ZR 74/88, NJW-RR 1989, 1050, 1051 = VersR 1989, 903 = r+s 1989, 268.

gesundheitlichen Gründen nicht gewachsen ist.[159] Eine derartige Berufswahl fällt ausschließlich in die Risikosphäre des Versicherungsnehmers.[160] Insoweit wirkt sich das Stichtagsprinzip dahin aus, dass der Beruf, in den gewechselt worden ist, als der konkret im maßgeblichen Zeitpunkt ausgeübte Beruf regelmäßig den Ausgangspunkt für die Prüfung abgibt, ob bedingungsgemäße Berufsunfähigkeit eingetreten ist oder nicht.[161]

49   e) **Leidensbedingter Berufswechsel.** Als Ausgangspunkt der Beurteilung für die Frage, ob bedingungsgemäße Berufsunfähigkeit vorliegt oder nicht, kann die ursprüngliche Tätigkeit dann maßgeblich geblieben sein, wenn der Berufswechsel ausschließlich leidensbedingt war, weil etwa die Fortsetzung der früheren Berufstätigkeit Raubbau an der Gesundheit des Versicherten bedeutet hätte und damit überobligationsmäßig gewesen wäre.[162] Wenn die frühere, leidensbedingt aufgegebene Berufstätigkeit mehr als fünf Jahre gegenüber der aktuell vor Antragstellung auf Berufsunfähigkeitsrente ausgeübten zurückliegt, ist sie im Hinblick auf die fünfjährige Verjährungsfrist des § 12 Abs. 1 VVG nicht mehr bei der Prüfung der Frage, ob bedingungsgemäße Berufsunfähigkeit vorliegt, zu beachten.[163]

50   f) **Veränderte Berufsausübung.** Ein Anspruch auf Berufsunfähigkeitsleistungen ist grundsätzlich nicht schon deshalb ausgeschlossen, weil der Versicherte im Zeitpunkt der Mitteilung der Berufsunfähigkeit zwar seinen bisherigen Beruf aus gesundheitlichen Gründen aufgegeben hat, nunmehr aber einen anderen Beruf ausübt. Berufsunfähigkeit besagt – anders als in der Krankenversicherung – nicht, dass der Versicherte keinerlei Berufstätigkeit mehr ausüben darf und völlig untätig bleiben muss.[164] Bei veränderter Berufsausübung ist vielmehr darauf abzustellen – wie bei jeder Prüfung eines anderen Vergleichsberufs auch, ob die nunmehr ausgeübte Tätigkeit vom Versicherten aufgrund seiner Ausbildung und Erfahrung ausgeübt werden kann und seiner bisherigen Lebensstellung entspricht.[165] Hat der Versicherte nach Eintritt des Versicherungsfalls die vor dem Versicherungsfall tatsächlich ausgeübte Tätigkeit leidensbedingt aufgeben müssen, liegt es nahe, die vom Versicherten im Zeitpunkt der Berufsunfähigkeit tatsächlich ausgeübte Tätigkeit als Vergleichsberuf anzunehmen, wenn der Versicherte leidensbedingt zunächst keinen Beruf mehr ausgeübt hat.[166] Verweist der Versicherer den Versicherten auf die tatsächlich ausgeübte andere Tätigkeit (sog. konkrete Verweisung), weil hier aus seiner Sicht ein Vergleichsberuf anzunehmen ist, dann trifft den Versicherten die Darlegungs- und Beweislast dafür, dass bei der ausgeübten anderen Tätigkeit die an einen Vergleichsberuf zu stellenden Anforderungen nicht erfüllt sind.[167]

---

[159] BGH, Urt. v. 30. 11. 1994 – IV ZR 300/93, NJW-RR 1995, 277, 279 = VersR 1995, 159, 160 = r+s 1995, 115/116.
[160] BGH, Urt. v. 30. 11. 1994 – IV ZR 300/93, NJW-RR 1995, 277, 279 = VersR 1995, 159, 160 = r+s 1995, 115, 116.
[161] BGH, Urt. v. 30. 11. 1994 – IV ZR 300/93, NJW-RR 1995, 277, 279 = VersR 1995, 159, 160/161 = r+s 1995, 115, 116.
[162] BGH, Urt. v. 30. 11. 1994 – IV ZR 300/93, NJW-RR 1995, 277, 279 = VersR 1995, 159, 161 = r+s 1995, 115, 116.
[163] LG München I, Urt. v. 13. 8. 2003 – 25 O 23486/02, VersR 2004, 990.
[164] OLG Hamm, Urt. v. 11. 5. 1988 – 20 U 257/87, VersR 1989, 177 (Ls.) = r+s 1988, 345.
[165] *Voit* Rdn. 385.
[166] OLG Karlsruhe, Urt. v. 15. 1. 1992 – 13 U 275/90, NJW-RR 1993, 739, 740 = VersR 1993, 873 = r+s 1994, 273.
[167] BGH, Urt. v. 30. 11. 1994 – IV ZR 300/93, NJW-RR 1995, 277 = VersR 1995, 159 = r+s 1995, 115.

2. Voraussichtlich dauernde Berufsunfähigkeit (§ 1 Abs. 1 BUZ)

a) Voraussichtlich dauernd. aa) Voraussetzungen. Eine Erkrankung kann 51 den Versicherungsfall nicht auslösen, wenn und solange sie nicht eine voraussichtlich dauernde Beeinträchtigung der in einem konkreten Beruf eingesetzten oder in Verweisungstätigkeiten einsetzbaren Arbeitsfähigkeit des Versicherten nach sich zieht.[168] Es ist nicht lediglich darauf abzustellen, ob mit einer Wiedereingliederung in das Arbeitsleben zu mehr als der Hälfte der Arbeitskraft binnen sechs Monaten zu rechnen ist.[169] Die Voraussetzung „voraussichtlich dauernd" ist jedenfalls dann erfüllt, wenn eine günstige Prognose für die Wiederherstellung der verloren gegangenen Fähigkeiten in einem überschaubaren Zeitraum bzw. in absehbarer Zeit nicht gestellt werden kann.[170] Dieser Zeitraum ist auf drei Jahre zu bemessen.[171] An einer voraussichtlich dauernden Berufsunfähigkeit kann es fehlen, soweit ein therapierbarer Zustand und damit nur eine voraussichtlich vorübergehende Beeinträchtigung anzunehmen ist.[172] Denn etwaige Erkrankungen verlaufen auch – was ihr Fortschreiten wie ihren Schweregrad anbelangt – durchaus unterschiedlich und können mit unterschiedlichen Erfolgsaussichten therapierbar sein.[173] Allerdings haben eventuell mögliche Behandlungen, denen der Versicherte sich nicht freiwillig unterzieht bzw. die er nicht selbst ins Auge fasst, bei der Prognose außer Betracht zu bleiben.[174] Diesen Therapien kommt allenfalls im Rahmen der Obliegenheit, ärztliche Anforderungen gemäß § 4 Abs. 4 BUZ befolgen zu müssen, Bedeutung zu.[175]

bb) Einzelfälle. Hält sich der Kläger zeitweise in einer Rehabilitationsklinik 52 auf, spricht dies dafür, dass die behandelnden Ärzte die Wiederherstellung der Arbeitsfähigkeit als möglich angesehen haben.[176] Ist nach den Bekundungen des medizinischen Sachverständigen eine Verbesserung der Sehfähigkeit des Versicherten zu erwarten, ist eine dauernde Berufsunfähigkeit zu verneinen.[177] Hat sich der Versicherte zur alsbaldigen Durchführung einer Bypass-Operation entschlossen, die den Erfolg einer Wiederherstellung der mehr als hälftigen Arbeitsfähigkeit als möglich erscheinen lässt, so erlaubt diese Operation nicht die Prognose, die krankheitsbedingte Unfähigkeit des Versicherten zur Ausübung seines

---

[168] BGH, Urt. v. 27. 9. 1995 – IV ZR 319/94, NJW-RR 1996, 88, 89 = VersR 1995, 1431, 1432 = r+s 1996, 35, 36 = MDR 1996, 152.
[169] BGH, Urt. v. 11. 10. 2006 – IV ZR 66/05, NJW-RR 2007, 93, 94 = VersR 2007, 383/384 = r+s 2007, 31, 32.
[170] OLG Saarbrücken, Urt. v. 26. 1. 2005 – 5 U 356/04 – 42, VersR 2005, 966, 967 = r+s 2006, 424, 425; BGH, Urt. v. 11. 10. 2006 – IV ZR 66/05, NJW-RR 2007, 93, 94 = VersR 2007, 383, 384 = r+s 2007, 31, 32.
[171] OLG Hamm, Urt. v. 23. 10. 1987 – 20 U 230/87, VersR 1988, 90 = r+s 1988, 90; OLG Hamm, Urt. v. 11. 2. 1994 – 20 U 151/93, VersR 1995, 84, 85; OLG Hamm, Urt. v. 25. 1. 1995 – 20 U 252/94, NJW-RR 1995, 795 = VersR 1995, 1039, 1040 = r+s 1995, 239; vgl. auch OLG Hamm, Urt. v. 8. 11. 1996 – 20 U 118/96, NJW-RR 1997, 983 (zu § 8 AUB 61).
[172] BGH, Urt. v. 29. 6. 1994 – IV ZR 120/93, NJW-RR 1995, 21 = VersR 1994, 1095, 1096 = r+s 1994, 391 = VerBAV 1995, 125.
[173] BGH, Urt. v. 27. 9. 1995 – IV ZR 319/94, NJW-RR 1996, 88, 89 = VersR 1995, 1431, 1432 = r+s 1996, 35, 36 = MDR 1996, 152/153.
[174] OLG Hamm, Urt. v. 18. 6. 1997 – 20 U 8/97, VersR 1998, 442; OLG Karlsruhe, Urt. v. 3. 4. 2003 – 12 U 57/01, VersR 2004, 98, 99.
[175] OLG Karlsruhe, Urt. v. 3. 4. 2003 – 12 U 57/01, VersR 2004, 98, 99.
[176] BGH, Urt. v. 21. 3. 1990 – IV ZR 39/89, BGHZ 111, 44 = NJW 1990, 1916 = VersR 1990, 729, 730 = r+s 1990, 250.
[177] OLG Koblenz, Urt. v. 25. 6. 1992 – 6 U 1916/89, r+s 1994, 35.

Berufes oder zu Vergleichstätigkeiten sei „voraussichtlich dauernd".[178] Vielmehr muss die vorgesehene Operation und ihr Ergebnis, ggf. auch eine Rekonvaleszenzzeit, abgewartet werden, um eine sachgerechte Zukunftsbeurteilung abgeben zu können.[179]

53 b) **Sechs-Monats-Zeitraum. aa) Prognose fehlender Besserung.** Berufsunfähigkeit im Sinne des § 2 Abs. 3 BUZ setzt, wenn in den AVB so vereinbart, voraus, dass der Versicherte sechs Monate[180] lang ununterbrochen gesundheitsbedingt vollständig oder teilweise außerstande gewesen sein muss, seinen Beruf (oder eine Vergleichstätigkeit) auszuüben, und dass dieser Zustand über die sechs Monate hinaus andauert.[181] Die Prognose kann schon vor Ablauf des sechsmonatigen Zeitraums gestellt werden, z.B. im Falle einer Querschnittslähmung oder der Abtrennung von Gliedmaßen.[182] Entscheidend ist die gegenwärtig tatsächlich gegebene Situation, denn versichert ist allein tatsächlich bestehende Berufsunfähigkeit.[183] Unerheblich ist hierbei, ob die Berufsunfähigkeit auf einem einheitlichen Krankenbild beruht oder auf verschiedene aufeinander folgende, in gleicher Weise einschränkende Erkrankungen zurückzuführen ist.[184] Mit § 2 Abs. 3 BUZ macht der Versicherer eine Ausnahme von der ansonsten umfassenden Beweisführungspflicht des Versicherten für sämtliche in den BUZ genannten Voraussetzungen eines Anspruchs auf Versicherungsleistungen.[185] Kann der Versicherte mit einer entsprechenden ärztlichen Stellungnahme beweisen, dass er ununterbrochen sechs Monate lang gesundheitsbedingt ganz oder teilweise im Sinne der BUZ außerstande gewesen ist, die in § 1 Abs. 1 und 3 BUZ gleich lautend umschriebenen Tätigkeiten auszuüben, und kann er zusätzlich die unveränderte Fortdauer dieses Zustandes beweisen, so behandelt das LVU dieses über sechs Monate hinausgehende Andauern des gesundheitlichen Zustandes als Eintritt des Versicherungsfalles.[186] Das LVU legt mit dieser Regelung in seinen AVB fest, dass der

---

[178] OLG Hamm, Urt. v. 25. 1. 1995 – 20 U 252/94, NJW-RR 1995, 795, 796 = VersR 1995, 1039, 1040 = r+s 1995, 239.
[179] OLG Hamm, Urt. v. 25. 1. 1995 – 20 U 252/94, NJW-RR 1995, 795, 796 = VersR 1995, 1039, 1040 = r+s 1995, 239/240.
[180] In früheren Bedingungswerken ein Jahr, vgl. den Fall BGH, Urt. v. 22. 2. 1984 – IV a ZR 63/82, NJW 1984, 2814 = VersR 1984, 630, 632.
[181] BGH, Urt. v. 14. 6. 1989 – IV a ZR 74/88, VersR 1989, 903 = r+s 1989, 268; OLG Frankfurt/M., Urt. v. 19. 7. 1991 – 22 U 42/90, VersR 1992, 1118 = r+s 1994, 77 m. Anm. *Müller-Frank* VersR 1992, 1119 f.; OLG Frankfurt/M., Urt. v. 16. 9. 1992 – 7 U 17/91, VersR 1993, 1134 = r+s 1994, 34, 35; BGH, Urt. v. 5. 7. 1995 – IV ZR 196/94, NJW-RR 1996, 150, 151 = VersR 1995, 1174, 1175 = VerBAV 1996, 60, 62; BGH, Urt. v. 12. 6. 1996 – IV ZR 116/95, VersR 1996, 959, 960 = VerBAV 1996, 237, 238 = r+s 1996, 377.
[182] OLG Koblenz, Urt. v. 4. 1. 2002 – 10 U 1768/00, r+s 2002, 480, 481.
[183] OLG Koblenz, Urt. v. 23. 7. 2004 – 10 U 518/03, r+s 2005, 257.
[184] OLG Karlsruhe, Urt. v. 6. 10. 1994 – 12 U 189/93, r+s 1995, 434.
[185] BGH, Urt. v. 14. 6. 1989 – IV a ZR 74/88, NJW-RR 1989, 1050, 1051 = VersR 1989, 903 = r+s 1989, 268 = MDR 1990, 35; BGH, Urt. v. 27. 9. 1989 – IV a ZR 132/88, NJW-RR 1990, 31, 32; BGH, Urt. v. 17. 2. 1993 – IV ZR 206/91, NJW 1993, 1532, 1534 = VersR 1993, 562, 563 = r+s 1994, 72, 73; OLG Köln, Urt. v. 12. 1. 1995 – 5 U 245/93, VersR 1996, 76, 77; BGH, Urt. v. 5. 7. 1995 – IV ZR 196/94, NJW-RR 1996, 150, 151 = VersR 1995, 1174, 1175 = VerBAV 1996, 60, 62 = r+s 1996, 374; OLG Celle, Urt. v. 4. 5. 2005 – 8 U 181/04, VersR 2006, 1201, 1202 = r+s 2006, 162, 163.
[186] BGH, Urt. v. 14. 6. 1989 – IV a ZR 74/88, NJW-RR 1989, 1050, 1051 = VersR 1989, 903 = r+s 1989, 268 = MDR 1990, 35; BGH, Urt. v. 27. 9. 1989 – IV a ZR 132/88, NJW-RR 1990, 31, 32 = VersR 1989, 1182 = r+s 1990, 67; BGH, Urt. v. 21. 3. 1990 – IV ZR 39/89, NJW 1990, 1916 = VersR 1990, 729, 730 = MDR 1990, 908; BGH, Urt. v. 5. 7. 1995 – IV ZR 196/94, NJW-RR 1996, 150, 151 = VersR 1995, 1174, 1375 = VerBAV 1996, 60, 62 = r+s 1996, 374; BGH, Beschl. v. 20. 6. 2007 – IV ZR 3/05, NJW-RR 2007, 1397 = VersR 2007, 1398, 1399 = r+s 2008, 30.

Versicherungsnehmer nicht beweisen muss, dass sein die Berufsunfähigkeit bedingender Gesundheitszustand nach dem Stand der medizinischen Wissenschaft von einem bestimmten Zeitpunkt an keine Erwartungen auf Besserung mehr rechtfertigt, sondern dass dies unwiderleglich vermutet wird, wenn er nur die Fortdauer des maßgebenden Gesundheitszustandes über sechs Monate hinaus beweisen kann.[187] Damit bleibt dem Versicherungsnehmer der Nachweis der Prognose gemäß § 2 Abs. 1 BUZ erspart.[188] Bedeutung für die Fragen nach dem Ausmaß der Gesundheitsbeeinträchtigung oder nach der Möglichkeit, Vergleichstätigkeiten auszuüben, kommt der Vermutung dagegen nicht zu.[189] Abgesehen von der Ausnahme von der Beweispflicht im Prognosebereich bedarf es auch im Rahmen des § 2 Abs. 3 BUZ – nach entsprechendem Vorbringen des Versicherungsnehmers und der Vorlage von ärztlichen Nachweisen – der Prüfung und Entscheidung des Versicherers, ob in gesundheitlicher Hinsicht die Voraussetzungen einer bedingungsgemäßen Berufsunfähigkeit vorliegen, d. h., welchen Grad diese ausmacht und ob eine Verweisung auf Vergleichstätigkeiten in Betracht kommt.[190] Teil der Entscheidung des Versicherers über die Anerkennung von Berufsunfähigkeit gemäß § 2 Abs. 3 BUZ ist damit stets – ob ausdrücklich ausgesprochen oder nicht – die Entscheidung über den Grad der Berufsunfähigkeit und über eine fehlende Verweisungsmöglichkeit.[191] Schweigt die Entscheidung des Versicherers dazu, muss davon ausgegangen werden, dass der Versicherer den Eintritt eines Grades von Berufsunfähigkeit bejaht, der ihn zu Leistungen verpflichtet, und weiter davon, dass eine Verweisungsmöglichkeit nicht besteht.[192]

bb) Prüfkompetenz des LVU. Mit der Regelung in § 2 Abs. 3 BUZ **54** schreibt das LVU lediglich die Prognose fehlender Besserung unwiderlegbar fest, nicht aber auch den Grad der Beeinträchtigung des Gesundheitszustandes in seiner Auswirkung auf die bisherige Berufsausübung und die Ausübbarkeit von soge-

---

[187] BGH, Urt. v. 22. 2. 1984 – IVa ZR 63/82, NJW 1984, 2814 = VersR 1984, 630, 632; BGH, Urt. v. 15. 1. 1986 – IVa ZR 137/84, NJW-RR 1986, 701 = VersR 1986, 277 = MDR 1986, 739; BGH, Urt. v. 13. 5. 1987 – IVa ZR 8/86, NJW-RR 1987, 1050 = VersR 1987, 753 = MDR 1987, 1008; BGH, Urt. v. 14. 6. 1989 – IVa ZR 74/88, NJW-RR 1989, 1050, 1051 = VersR 1989, 903 = MDR 1990, 35; BGH, Urt. v. 27. 9. 1989 – IVa ZR 132/88, NJW-RR 1990, 31, 32; BGH, Urt. v. 17. 2. 1993 – IV ZR 162/91, NJW-RR 1993, 723 = VersR 1993, 559, 561; BGH, Urt. v. 17. 2. 1993 – IV ZR 206/91, NJW 1993, 1532, 1534 = VersR 1993, 562, 564 = r+s 1994, 72, 73; BGH, Urt. v. 29. 6. 1994 – IV ZR 120/93, NJW-RR 1995, 21 = VersR 1994, 1095, 1096 = r+s 1994, 391 = VerBAV 1995, 125; BGH, Urt. v. 5. 7. 1995 – IV ZR 196/94, NJW-RR 1996, 150, 151 = VersR 1995, 1174, 1175 = VerBAV 1996, 60, 62 = r+s 1996, 374/375; BGH, Urt. v. 11. 10. 2006 – IV ZR 66/05, NJW-RR 2007, 93 = r+s 2007, 31; BGH, Urt. v. 28. 2. 2007 – IV ZR 46/06, NJW-RR 2007, 1034, 1037.
[188] BGH, Urt. v. 14. 6. 1989 – IVa ZR 74/88, NJW-RR 1989, 1050 = VersR 1989, 903; OLG Köln, Urt. v. 25. 5. 1992 – 5 U 186/91, r+s 1992, 343, 344; BGH, Urt. v. 17. 2. 1993 – IV ZR 162/91, NJW-RR 1993, 723 = VersR 1993, 559, 561; BGH, Urt. v. 17. 2. 1993 – IV ZR 206/91, NJW 1993, 1532, 1534 = VersR 1993, 562, 564 = r+s 1994, 72, 73.
[189] BGH, Urt. v. 17. 2. 1993 – IV ZR 206/91, NJW 1993, 1532, 1534 = VersR 1993, 562, 564 = r+s 1994, 72, 73.
[190] BGH, Urt. v. 14. 6. 1989 – IVa ZR 74/88, NJW-RR 1989, 1050 = VersR 1989, 903 = r+s 1989, 268, 270; OLG Köln, Urt. v. 11. 1. 1990 – 5 U 143/89, VersR 1991, 534, 535; OLG Köln, Urt. v. 25. 5. 1992 – 5 U 186/91, r+s 1992, 392 (Ls.); BGH, Urt. v. 17. 2. 1993 – IV ZR 206/91, NJW 1993, 1532, 1534 = VersR 1993, 562, 564 = r+s 1994, 72, 73; OLG Nürnberg, Urt. v. 21. 8. 1997 – 8 U 1297/96, NJW-RR 1998, 535.
[191] BGH, Urt. v. 17. 2. 1993 – IV ZR 206/91, NJW 1993, 1532, 1534 = VersR 1993, 562, 564 = r+s 1994, 72, 73.
[192] BGH, Urt. v. 17. 2. 1993 – IV ZR 206/91, NJW 1993, 1532, 1534 = VersR 1993, 562, 564 = r+s 1994, 72, 73; OLG Saarbrücken, Urt. v. 4. 2. 1998 – 5 U 413/95 – 28, VersR 2000, 621, 623 = r+s 2001, 213, 214.

nannten Vergleichstätigkeiten.¹⁹³ Dem LVU steht deshalb in den Fällen des § 2 Abs. 3 BUZ nicht nur – wie im Regelfall – das Nachprüfungsverfahren gemäß § 7 BUZ nach Bejahung seiner Eintrittspflicht offen, sondern vor einem Leistungsanerkenntnis auch die Anrufung des Ärzteausschusses gemäß § 6 BUZ, soweit Streit über den Grad der Berufsunfähigkeit besteht.¹⁹⁴

55   c) **Nicht absehbare Zeit.** In früheren Bedingungswerken findet sich die Formulierung „auf nicht absehbare Zeit". Hierunter wird ein Zeitraum von drei Jahren verstanden.¹⁹⁵

56   d) **Zeitpunkt des Eintritts des Versicherungsfalls.** Soll der Zeitpunkt des Eintritts des Versicherungsfalls festgestellt werden, ist für die Prognose „voraussichtlich dauernd" die rückschauende Feststellung des Zeitpunkts entscheidend, zu dem erstmals ein Zustand gegeben war, der nach dem Stand der medizinischen Wissenschaft keine Erwartungen mehr auf eine Besserung rechtfertigte.¹⁹⁶ Wann erstmals ein solcher Zustand gegeben war, der nach dem Stand der medizinischen Wissenschaft keine Erwartungen mehr auf eine Besserung rechtfertigte, ist danach rückschauend festzustellen bzw. zu ermitteln.¹⁹⁷ Der Begriff der rückschauenden Feststellung trägt dem Umstand Rechnung, dass der Versicherungsnehmer den Vollbeweis dafür führen muss, dass und wann die nach § 2 Abs. 1 BUZ erforderliche ärztliche Prognose möglich war und er diesen Beweis im Regelfall nur mit Hilfe eines medizinischen Sachverständigen führen kann.¹⁹⁸ Der Sachverständige wird aber auch als Mediziner des einschlägigen Fachgebietes meist erst in nachträglicher Auswertung der jeweiligen Krankengeschichte feststellen können, ab wann bei dem Versicherungsnehmer ein nicht mehr mit Aussicht auf Erfolg therapierbarer Zustand mit Krankheitswert eingetreten war, dies nicht zuletzt auch deshalb, weil die Medizin in ständiger Fortentwicklung begriffen ist und neue Heilmethoden gefunden werden.¹⁹⁹

---

¹⁹³ BGH, Urt. v. 14. 6. 1989 – IV a ZR 74/88, NJW-RR 1989, 1050, 1051 = MDR 1990, 35; OLG Saarbrücken, Urt. v. 4. 2. 1998 – 5 U 413/95 – 28, VersR 2000, 621, 623 = r+s 2001, 213, 214.
¹⁹⁴ BGH, Urt. v. 14. 6. 1989 – IV a ZR 74/88, NJW-RR 1989, 1050, 1051 = MDR 1990, 35.
¹⁹⁵ OLG Hamm, Urt. v. 23. 10. 1987 – 20 U 230/87, VersR 1988, 90 = r+s 1988, 90; OLG Hamm, Urt. v. 11. 2. 1994 – 20 U 151/93, VersR 1995, 84, 85, vgl. Rechtskraftvermerk in VersR 1995, 407; OLG Hamm, Urt. v. 11. 2. 1994 – 20 U 151/93, r+s 1994, 392, 393; *Voit* in: Prölss/Martin, § 2 BUZ Anm. 1 c; Voit, Rdn. 318; *Müller-Frank*, S. 44 sowie in VersR 1992, 1171; *Richter*, S. 316; *Winter* in: Bruck/Möller VVG Anm. G 60.
¹⁹⁶ BGH, Urt. v. 22. 2. 1984 – IV a ZR 63/82, NJW 1984, 2814 = VersR 1984, 630, 632 = MDR 1984, 1008; BGH, Urt. v. 14. 6. 1989 – IV a ZR 74/88, NJW-RR 1989, 1050, 1051 = VersR 1989, 903 = r+s 1989, 268 = MDR 1990, 35; BGH, Urt. v. 27. 9. 1989 – IV a ZR 132/88, NJW-RR 1990, 31 = VersR 1989, 1182 = r+s 1990, 67 = VerBAV 1989, 166; BGH, Urt. v. 21. 3. 1990 – IV ZR 39/89, NJW 1990, 1916 = VersR 1990, 729, 730 = r+s 1990, 250; OLG Stuttgart, Urt. v. 12. 11. 1992 – 7 U 189/92, VersR 1993, 874; BGH, Urt. v. 11. 10. 2006 – IV ZR 66/05, NJW-RR 2007, 93 = r+s 2007, 31, 32.
¹⁹⁷ BGH, Urt. v. 22. 2. 1984 – IV a ZR 63/82, NJW 1984, 2814 = VersR 1984, 630, 632 = MDR 1984, 1008; BGH, Urt. v. 21. 3. 1990 – IV ZR 39/89, VersR 1990, 729; BGH, Urt. v. 27. 9. 1995 – IV ZR 319/94, VersR 1995, 1431; BGH, Urt. v. 11. 10. 2006 – IV ZR 66/05, NJW-RR 2007, 93 = VersR 2007, 383 = r+s 2007, 31, 32.
¹⁹⁸ BGH, Urt. v. 14. 6. 1989 – IV a ZR 74/88, NJW-RR 1989, 1050, 1051 = VersR 1989, 903, 904 = r+s 1989, 268 = MDR 1990, 35; BGH, Urt. v. 11. 10. 2006 – IV ZR 66/05, NJW-RR 2007, 93 = VersR 2007, 383 = r+s 2007, 31, 32; vgl. auch *Voit/ Knappmann* in: Prölss/Martin, 27. Aufl., § 2 BB-BUZ Rn. 57.
¹⁹⁹ BGH, Urt. v. 27. 9. 1995 – IV ZR 319/94, NJW-RR 1996, 88, 89 = VersR 1995, 1431, 1432 = r+s 1996, 35, 36 = MDR 1996, 152; BGH, Urt. v. 11. 10. 2006 – IV ZR 66/05, NJW-RR 2007, 93, 94 = VersR 2007, 383 = r+s 2007, 31, 32.

e) **Beginn der Leistungspflicht.** Die Leistungspflicht des Versicherers beginnt mit dem ersten Tage des Monats, der auf den Ablauf der sechs Monate folgt, ordnungsgemäße Mitteilung vorausgesetzt, also nicht rückwirkend auf den Beginn der ersten sechs Monate.[200]

Die Regelung in § 2 Abs. 3 BUZ hat deshalb zur Folge, dass es zu einem leistungspflichtigen Fall vorübergehender Berufsunfähigkeit kommen kann, obwohl § 2 Abs. 1 BUZ (‚voraussichtlich dauernd') hierfür keinen Versicherungsschutz zu bieten scheint. Dieser Fall tritt z.B. ein,[201] wenn der Versicherte zwar nach Eintritt der Berufsunfähigkeit länger als sechs Monate außerstande war, seinen Beruf oder einen Vergleichsberuf auszuüben, aber z.B. wegen verspäteter Anmeldung des Versicherungsfalls und/oder vertragsgerechter Prüfung der Eintrittspflicht des Versicherers der Wegfall der Berufsunfähigkeit vor der Leistungsentscheidung des Versicherers eingetreten ist. Der Versicherer ist nicht gehindert, seine Leistungspflicht für einen Zeitraum in der Vergangenheit anzuerkennen.[202] Nur wenn die sechs Monate währende Beeinträchtigung im Zeitpunkt der Entscheidung ‚nach wie vor'[203] besteht, ist die Rechtsfolge des § 2 Abs. 3 BUZ die gleiche wie bei § 2 Abs. 1 BUZ. In einem Fall des OLG Hamm[204] nahm der Versicherer einen in der Vergangenheit liegenden 8-Monatszeitraum als Berufsunfähigkeit an und gewährte entsprechende Leistungen.

f) **Beweislast.** Der Anspruchsteller muss die Voraussetzungen des § 2 Abs. 3 BUZ darlegen und beweisen.[205] Dazu gehört der Nachweis, dass der in § 2 Abs. 3 BUZ beschriebene Zustand über die Zeit von sechs Monaten fortgedauert hat.[206] Mit der Regelung des § 2 Abs. 3 BUZ bleibt dem Anspruchsteller der Nachweis der Prognose gemäß § 2 Abs. 1 der Versicherungsbedingungen erspart.[207] Es bedarf aber auch im Rahmen des § 2 Abs. 3 BUZ der Prüfung, ob in gesundheitlicher Hinsicht die Voraussetzungen einer bedingungsgemäßen Berufsunfähigkeit vorliegen, d. h., welchen Grad diese ausmacht und ob eine Verweisung auf Vergleichsberufe in Betracht kommt.[208] Wenn die Berufsunfähigkeit nicht den bedingungsgemäßen Umfang von 50% erreicht, kann die Klage auch nicht auf § 2

---

[200] OLG Düsseldorf MDR 1985, 326; OLG Karlsruhe, Urt. v. 17.1.1991 – 12 U 143/90, VersR 1992, 1077; OLG Stuttgart, Urt. v. 12.11.1992 – 7 U 189/92, VersR 1993, 874; *Voit* in: Prölss/Martin, 25. Aufl., § 2 BUZ Anm. 5.
[201] OLG Düsseldorf, Urt. v. 26.6.1990 – 4 U 201/89, VersR 1991, 1359, 1360.
[202] *Voit* VersR 1990, 27 sowie *Voit*, in: Prölss/Martin, § 2 BUZ Anm. 3 d.
[203] *Voit* in: Prölss/Martin, § 2 BUZ Anm. 5.
[204] OLG Hamm, Urt. v. 15.2.1989 – 20 U 49/89, VersR 1990, 731.
[205] BGH, Urt. v. 14.6.1989 – IVa ZR 74/88, NJW-RR 1989, 1050 = VersR 1989, 903, 904 = r+s 1989, 268 = MDR 1990, 35; BGH, Urt. v. 15.1.1992 – IV ZR 268/90, VersR 1992, 1118 = r+s 1992, 138.
[206] BGH, Urt. v. 14.6.1989 – IVa ZR 74/88, NJW-RR 1989, 1050 = VersR 1989, 903 = r+s 1989, 268 = MDR 1990, 35; OLG Frankfurt/M., Urt. v. 19.7.1991 – 22 U 42/90, VersR 1992, 1118 = r+s 1994, 77; OLG Stuttgart, Urt. v. 12.11.1992 – 7 U 189/92, VersR 1993, 874.
[207] BGH, Urt. v. 17.2.1993 – IV ZR 162/91, NJW-RR 1993, 723 = VersR 1993, 559, 561; BGH, Urt. v. 17.2.1993 – IV ZR 206/91, NJW 1993, 1532 = VersR 1993, 562, 564; BGH, Urt. v. 14.6.1989 – IVa ZR 74/88, NJW-RR 1989, 1050 = VersR 1989, 903, 904 = r+s 1989, 268; OLG Köln, Urt. v. 25.5.1992 – 5 U 186/91, r+s 1992, 392; OLG Köln, Urt. v. 11.1.1990 – 5 U 143/89, VersR 1991, 534 = r+s 1991, 143; OLG Düsseldorf, Urt. v. 25.6.1991 – 4 U 211/90, VersR 1991, 1360; OLG Hamm, Urt. v. 6.10.1989 – 20 U 20/89, VersR 1990, 605, 606 = r+s 1990, 31; *Müller-Frank*, S. 45, 46 sowie VersR 1992, 1119.
[208] Vgl. BGH, Urt. v. 17.2.1993 – IV ZR 206/91, NJW 1993, 1532 = VersR 1993, 562, 564; *Voit* Rdn. 420; *Voit* in: Prölss/Martin, § 2 BUZ Anm. 5.

Abs. 3 BUZ gestützt werden.[209] Hat der Versicherer seine Leistungspflicht nach § 2 Abs. 3 BUZ anerkannt, so kann er wie bei § 2 Abs. 1 BUZ nur noch im Nachprüfungsverfahren gemäß § 7 BUZ erreichen, dass seine Leistungspflicht endet.[210] Die Vermutung des § 2 Abs. 3 BUZ gilt nicht, wenn die ärztliche Krankschreibung des Versicherten für einen Tag unterbrochen war.[211]

3. Grad der Berufsunfähigkeit (§ 2 Abs. 2 BUZ)

60 **a) Bestimmung des Grades. aa) Gesundheitliche Beeinträchtigung.** Der Eintritt bedingungsgemäßer Berufsunfähigkeit (hier von mindestens 50%) ist zum einen in erster Linie davon abhängig, inwieweit gesundheitliche Beeinträchtigungen den Versicherten voraussichtlich dauernd außerstande setzen, seinem bislang ausgeübten Beruf weiter nachzugehen.[212] Für die Annahme des Eintritts einer bedingungsgemäßen Berufsunfähigkeit ist allein darauf abzustellen, ob der Versicherte noch 50% seiner beruflichen Tätigkeit in Form der bislang geleisteten Arbeiten verrichten kann.[213] Das Risiko, schon im Fall des Eintritts einer z. B. lediglich 30%igen Berufsunfähigkeit hierdurch bedingt den Arbeitsplatz zu verlieren oder erhebliche wirtschaftliche Einbußen zu erleiden, ist in Fällen, in denen Versicherungsleistungen erst bei 50%iger Berufsunfähigkeit gewährt werden, eben gerade nicht mitversichert.[214] Erst wenn ein bei 50% oder darüber liegender, gesundheitlicher Ausfall des Versicherten in seinem bisherigen Beruf festgestellt ist, muss nach den Versicherungsbedingungen des LVU als zweite Voraussetzung der Leistungspflicht des LVU geprüft werden, ob Gleiches auch der Fall ist für sogenannte „Vergleichstätigkeiten".[215]

61 **bb) Tätigkeit des Versicherten.** Der Grad der Berufsunfähigkeit des Versicherten richtet sich danach, in welchem der in Betracht kommenden Tätigkeitsbereiche – bisheriger Beruf oder Vergleichsberuf, bei Selbständigen auch unter Berücksichtigung einer Betriebsumorganisation – dem Versicherten ein Mehr an gesundheitlich noch zu bewältigender Tätigkeit zum Tätigwerden verblieben ist.[216] Bei dieser Beurteilung muss bekannt sein, wie das Arbeitsfeld tatsächlich beschaffen ist und welche Anforderungen es an den Versicherten stellt.[217] Ohne Kenntnis der genauen Tätigkeit des Versicherten kann weder vom Versicherer, noch vom Gericht oder von einem Sachverständigen beurteilt werden, in welchem Umfang der Versicherte durch seine Gesundheitsstörungen daran gehindert ist, diese Tätigkeit weiter auszuüben.[218] Bei der Feststellung des Grades der Berufsunfähigkeit

---

[209] OLG Hamm, Urt. v. 19. 12. 1990 – 20 U 209/90, VersR 1992, 221 (Ls.) = r+s 1991, 178, 179.
[210] BGH, Urt. v. 17. 2. 1993 – IV ZR 162/91, NJW-RR 1993, 723 = VersR 1993, 559, 561; OLG Hamm, Urt. v. 6. 10. 1989 – 20 U 20/89, VersR 1990, 605, 606 = r+s 1990, 31.
[211] OLG Karlsruhe r+s 1990, 138.
[212] BGH, Urt. v. 5. 4. 1989 – IV a ZR 35/88, S. 7 = NJW-RR 1989, 854 = VersR 1989, 579 = VerBAV 1989, 374 = r+s 1989, 200 = MDR 1989, 802; OLG Karlsruhe, Urt. v. 18. 2. 1993 – 12 U 249/92, S. 15 = VersR 1995, 86 = r+s 1995, 34; OLG München, Urt. v. 30. 11. 2004 – 25 U 3636/04, SpV 2005, 20.
[213] OLG Köln, Urt. v. 27. 11. 2000 – 5 U 34/00, VersR 2002, 1092; BGH, Nichtannahmebeschl. v. 10. 10. 2001 – IV ZR 12/01, VersR 2002, 1092.
[214] OLG Köln, Urt. v. 27. 11. 2000 – 5 U 34/00, VersR 2002, 1092.
[215] BGH, Urt. v. 5. 4. 1989 – IVa ZR 35/88, S. 7 = VersR 1989, 579.
[216] BGH, Urt. v. 14. 6. 1989 – IV a ZR 74/88, NJW-RR 1989, 1050 = VersR 1989, 903, 904 = r+s 1989, 268.
[217] BGH, Urt. v. 30. 9. 1992 – IV ZR 227/91, BGHZ 119, 263 = NJW 1993, 202 = VersR 1992, 1386 = r+s 1992, 427 = MDR 1992, 1132; OLG Frankfurt/M., Urt. v. 18. 11. 1998 – 7 U 262/97, NVersZ 1999, 419 = r+s 2000, 127, 128.
[218] LG Saarbrücken, Urt. v. 25. 9. 1991 – 14 O 5115/90, r+s 1992, 66, 67.

spielt es eine Rolle, wie lange der Versicherte im bisherigen Beruf tatsächlich gearbeitet hat, z. B. zehn Stunden als Selbständiger,[219] 80 Stunden pro Woche als Gerichtsvollzieher.[220] Der Maßstab der Arbeitszeit versagt aber, wenn die Unfähigkeit zur Erbringung einzelner berufsspezifischer Arbeitsverrichtungen dem Versicherten auch die weitere Berufsausübung ganz oder teilweise unmöglich macht[221] oder diese Unfähigkeit eine qualitative Einschränkung des Arbeitsergebnisses oder der Berufsunfähigkeit des Versicherten insgesamt zur Folge hat.[222]

cc) Vergleichsberuf. Der Versicherte ist vollständig berufsunfähig, wenn er einen anderen Beruf zwar zu 100% ausüben könnte, dieser Beruf seiner bisherigen Lebensstellung aber nicht entspricht und deshalb als Vergleichsberuf ausscheidet.[223] Ist in Bezug auf den bisherigen Beruf des Versicherten die bedingungsgemäß erforderliche Leistungsgrenze noch nicht überschritten, aber medizinisch hinreichend sicher abzusehen, dass bei und gerade durch Fortsetzung der betreffenden Tätigkeit das Leiden sich weiter verschlimmern und so für diesen Beruf zum Überschreiten der Leistungsgrenze führen würde, kann schon in diesem Stadium die Unfähigkeit des Versicherten zur Ausübung seines Berufs anzunehmen sein. Solche Art von Tätigkeit ist dem Versicherten dann nicht zuzumuten, wenn sie über die zunehmende Fähigkeitsbeeinträchtigung hinaus schwere gesundheitliche Beeinträchtigungen erwarten ließe.[224] Etwaige Vorerkrankungen, die durch eine Ausschlussklausel nicht als Gesundheitsbeeinträchtigungen für die Beanspruchung von Leistungen in Betracht kommen sollen, sind bei der Festsetzung des Grades der Berufsunfähigkeit unberücksichtigt zu lassen.[225]

dd) Grad der Beeinträchtigung. Der Grad der Beeinträchtigung ist keine rein medizinische Frage, sondern geht weit über medizinische Fachfragen hinaus.[226] Dies folgt unter anderem daraus, dass bei der Frage, ob und in welchem Grad Berufsunfähigkeit anzunehmen ist, auf die konkrete Ausgestaltung der vom Versicherungsnehmer ausgeübten Tätigkeit abzustellen ist.[227] Der Mediziner kann, wenn ihm die besonderen Verhältnisse im Einzelfall nicht ausnahmsweise bekannt sind, allenfalls auf bestimmte abstrakte Berufsbilder abstellen und sich so an allgemeinen Erfahrungswerten orientieren; daher sind die von ihm für den Grad der Berufsunfähigkeit geschätzten Prozentsätze zwar wichtige und damit notwendige Anhaltspunkte, aber kein hinreichendes Kriterium zur Bewertung des Grades der Berufsunfähigkeit.[228]

b) Einzelfälle. aa) Berufsunfähigkeit verneint. Es liegt keine mindestens 50%ige Berufsunfähigkeit vor, wenn

---

[219] LG Karlsruhe, Urt. v. 27. 1. 1989 – 6 O 53/88, S. 10.
[220] OLG Düsseldorf, Urt. v. 3. 6. 2003 – 4 U 174/02, NJW-RR 2004, 896, 897.
[221] OLG Oldenburg, Urt. v. 31. 1. 1996 – 2 U 277/95, VersR 1996, 1485 = r+s 1996, 328, 329; OLG Oldenburg, Urt. v. 30. 8. 2000 – 2 U 70/99, NVersZ 2001, 409, 410; *Voit*, Berufsunfähigkeitsversicherung, 1994, Rdn. 3.
[222] OLG Oldenburg, Urt. v. 31. 1. 1996 – 2 U 277/95, VersR 1996, 1485 = r+s 1996, 328, 329; *Winter* in: Bruck/Möller, Anm. G 39.
[223] OLG München, Urt. v. 8. 5. 1991 – 27 U 558/90, VersR 1992, 1339, 1341.
[224] *Voit* in: Prölss/Martin, § 2 BUZ Anm. 2 b; *Richter*, S. 228.
[225] OLG Koblenz, Urt. v. 29. 1. 1990 – 12 U 1442/88, VersR 1990, 768.
[226] BGH, Urt. v. 19. 11. 1985 – IVa ZR 23/84, VersR 1986, 278, 279; BGH, Urt. v. 4. 4. 1984 – IVa ZR 17/83, VersR 1984, 576, 577; OLG Hamm, Urt. v. 6. 10. 1989 – 20 U 20/89, VersR 1990, 605, 607 = r+s 1990, 31.
[227] OLG Oldenburg, Urt. v. 31. 1. 1996 – 2 U 277/95, VersR 1996, 1485 = r+s 1996, 328.
[228] OLG Hamm, Urt. v. 6. 10. 1989 – 20 U 20/89, VersR 1990, 605, 607 = r+s 1990, 31.

- eine Altenpflegerin nach ihrem Tätigkeitsbereich zu rund 70% mit Haushaltshilfe und Betreuung leicht pflegebedürftiger Patienten beschäftigt ist und sich die Erkrankung an einer Epicondylitis („Tennisarm") nicht auf den Tätigkeitsbereich auswirkt;[229]
- bei einem Assistenzarzt mit Bandscheibenschaden der Grad von mindestens 50% nicht erreicht ist;[230]
- oder ein Arzt mit Gehbehinderung nach einem Sturz den Mindestgrad von 50% nicht nachgewiesen hat;[231]
- ein Energieanlagen-Elektroniker nicht ausreichend substantiiert dazu vorgetragen hat, dass die ärztlicherseits festgestellten Gesundheitsbeeinträchtigungen ihn hindern, seinen Beruf zu mehr als dem vereinbarten Grad von 50% auszuüben;[232]
- ein Fischhändler bei der Feinabstimmung von Salaten und Marinaden behindert ist, diese Tätigkeit aber nur etwa 20% seiner Arbeitszeit in Anspruch nimmt und er insoweit auf Zukauf dieser Artikel ausweichen kann;[233]
- eine selbständige Friseurmeisterin die bisherige Tätigkeit von einer Stunde pro Tag zu mehr als 50% weiterhin ausüben kann;[234]
- ein Gerichtsvollzieher mit 80-Stundenwoche zu mehr als 50% in Teilzeit arbeiten kann,[235] wobei es nicht darauf ankommt, ob ausreichende Arbeitsplätze für eine Halbtagstätigkeit zur Verfügung stehen;[236]
- ein Hauptschullehrer statt ursprünglich 27 Wochenstunden nur noch 20 Wochenstunden Unterricht geben kann;[237]
- der selbständige Betreiber einer Videothek wegen einer Diabeteserkrankung alle zwei bis drei Stunden eine Insulingabe benötigt;[238]
- bei einem gelernten Koch, der eine Speisewirtschaft mit angegliederter Pension betrieben hat, der Geschmacks- und Geruchssinn um 10 bis 20% beeinträchtigt ist.[239]

65 **bb) Berufsunfähigkeit bejaht.** Mindestens 50%ige Berufsunfähigkeit liegt dagegen bei einem selbständigen Dachdeckermeister vor, der bisher zu 80% handwerklich und zu 20% kaufmännisch und administrativ tätig war und in seiner letzten konkreten Tätigkeit zu 73% beeinträchtigt ist.[240] Eine Arbeitsunfähigkeit von 70% im körperlich-handwerklichen Bereich führt beim mitarbeitenden Inhaber eines kleinen Handwerksbetriebs auch dann zu einer mehr als 50%igen Berufsunfähigkeit, wenn Arbeiten im kaufmännischen Bereich sowie sonstige Begleit- und Nebenarbeiten, die früher einen erheblichen Teil der Arbeitszeit in

---

[229] OLG Hamm, Urt. v. 17. 7. 2002 – 20 U 185/01, r+s 2002, 523.
[230] LG Frankfurt/M., Urt. v. 1. 3. 1990 – 2/5 O 247/88, VersR 1991, 1363.
[231] LG Frankfurt/M., Urt. v. 16. 12. 1993 – 2/5 O 380/92.
[232] OLG Frankfurt/M., Urt. v. 10. 2. 1995 – 19 U 1/94.
[233] OLG Hamm, Urt. v. 27. 11. 2002 – 20 U 89/01, NJW-RR 2003, 813 = VersR 2003, 757 = r+s 2004, 240; Rechtskraft, NJW-RR 2003, 1728.
[234] OLG Köln, Beschl. v. 18. 12. 2007 – 5 U 177/07, r+s 2009, 250, 251.
[235] OLG Düsseldorf, Urt. v. 3. 6. 2003 – 4 U 174/02, NJW-RR 2004, 896, 897.
[236] OLG Hamm, Urt. v. 16. 6. 1993 – 20 U 382/92, VersR 1994, 206; OLG Düsseldorf, Urt. v. 3. 6. 2003 – 4 U 174/02, NJW-RR 2004, 896, 897.
[237] OLG Köln, Urt. v. 16. 3. 1995 – 5 U 271/94, VersR 1996, 224 = r+s 1995, 236, 237.
[238] OLG Düsseldorf, Urt. v. 4. 4. 2000 – 4 U 64/99, NVersZ 2001, 359 = VersR 2001, 1411 (Ls.) = r+s 2002, 34; BGH, Nichtannahmebeschl. v. 31. 1. 2001 – IV ZR 106/00, NVersZ 2001, 359, 360 = VersR 2001, 1411 = r+s 2002, 34.
[239] OLG Hamm, Urt. v. 13. 6. 2001 – 20 U 177/00, NJW-RR 2002, 95, 97 = NVersZ 2002, 20, 21 = VersR 2002, 427 (Ls.) = r+s 2002, 346, 347.
[240] BGH, Urt. v. 3. 11. 1993 – IV ZR 185/92, NJW-RR 1994, 153 = VersR 1994, 205 = r+s 1994, 113.

Anspruch genommen haben, noch voll verrichtet werden könnten.[241] Mindestens 50%ige Berufsunfähigkeit liegt vor, wenn ein auf Fassadenbeschichtung spezialisierter selbständiger Malermeister mit einem Angestellten wegen Gleichgewichtsstörungen keine Arbeiten auf Leitern oder Gerüsten ausführen darf.[242] Vollständige Berufsunfähigkeit soll vorliegen, wenn der Filialleiter in einem kleinen Babymarkt, dessen Aufgabenbereich sich aus 30% leitender Tätigkeit, 40% kaufmännischer Tätigkeit mit leichter körperlicher Arbeit und 30% körperlicher Tätigkeit wie dem Tragen schwerer Kartons und Kisten zusammengesetzt hat, den letztgenannten Arbeitsbereich aus Krankheitsgründen nicht mehr wahrnehmen kann, dieser Bereich bis dahin ausschließlich von ihm wahrgenommen worden ist und mangels geeigneter Mitarbeiter wahrgenommen werden musste.[243]

V. Außerstandesein zur Berufsausübung infolge Krankheit, Körperverletzung oder Kräfteverfalls

1. Allgemeines

Die Feststellung der Versicherte sei während der Vertragsdauer berufsunfähig geworden, setzt voraus, dass er nach Vertragsschluss infolge Krankheit, Körperverletzung oder Kräfteverfalls die Fähigkeit zu dem vereinbarten Prozentsatz verloren hat, voraussichtlich dauernd in seinem bis dahin konkret ausgeübten Beruf tätig zu sein und einen Vergleichsberuf auszuüben.[244] Zu beachten ist bei der Frage nach Auswirkungen der gesundheitlichen Beeinträchtigung auch die Voraussetzung, dass infolge Krankheit, Körperverletzung oder Kräfteverfalls ein Zustand eingetreten sein muss, der nach dem Stand der medizinischen Wissenschaft die Prognose rechtfertigt, der Kläger könne seinen Beruf oder einen Vergleichsberuf voraussichtlich dauernd nicht mehr zu mindestens 50% ausüben.[245] Wenn es darauf ankommen sollte, wie sich bestimmte medizinisch festgestellte Beeinträchtigungen der Leistungsfähigkeit auf die zuletzt konkret ausgeübte Berufstätigkeit des Versicherten auswirken, sind hierzu gegebenenfalls Zeugen und ein berufskundlicher Sachverständiger zu hören.[246]

2. Unfähigkeit zur Berufsausübung

a) **Krankheit. aa) Begriff der Krankheit.** Unter Krankheit im Sinne von § 2 Abs. 1 BUZ ist jeder regelwidrige physische oder psychische Zustand zu verstehen, der von dem „normalen Gesundheitszustand" so stark und so nachteilig abweicht, dass er geeignet ist, die berufliche Leistungsfähigkeit oder die berufliche Einsatzmöglichkeit dauerhaft auszuschließen oder zu beeinträchtigen.[247] Darunter

---

[241] OLG Karlsruhe, Urt. v. 2. 3. 2000 – 12 U 191/99, NVersZ 2000, 564 = VersR 2000, 1401 = r+s 2001, 434, 435.
[242] OLG Hamm, Urt. v. 16. 3. 1990 – 20 U 145/88, r+s 1990, 429.
[243] OLG Oldenburg, Urt. v. 5. 6. 1996 – 2 U 79/96, NJW-RR 1997, 90 = VersR 1997, 97/98 (Ls.) = r+s 1996, 505.
[244] BGH, Urt. v. 27. 1. 1993 – IV ZR 309/91, NJW-RR 1993, 671 = VersR 1993, 469, 470.
[245] OLG Stuttgart, Urt. v. 12. 11. 1992 – 7 U 189/92, VersR 1993, 874.
[246] BGH, Urt. v. 11. 10. 2000 – IV ZR 208/99, NJW 2001, 1943, 1944 = NVersZ 2001, 404, 406 = VersR 2001, 89, 90 = r+s 2001, 167; BGH, Beschl. v. 27. 2. 2008 – IV ZR 45/06, NJW-RR 2008, 770 = VersR 2008, 770 = r+s 2008, 430.
[247] OLG Saarbrücken, Urt. v. 8. 1. 2003 – 5 U 910/01 – 77, NJW-RR 2003, 468 = VersR 2004, 54; OLG Frankfurt/M., Urt. v. 20. 3. 2003 – 3 U 102/02, VersR 2003, 979, 980; OLG Saarbrücken, Urt. v. 23. 7. 2004 – 5 U 683/03 – 64, NJW-RR 2004, 1403,

fällt aber nicht jede Befindlichkeitsschwankung, Motivationsstörung oder depressive Verstimmung, die ein Versicherter selbst und ohne medizinische Hilfe zu beherrschen in der Lage ist und die auch aus psychiatrischer Sicht nicht das Gewicht einer auch nur leichten psychischen „Krankheit" hat.[248] Von daher lässt eine – auch dauerhaft – gedrückte Stimmungslage für sich genommen nicht den Schluss auf eine relevante Einschränkung der Fähigkeit zur Berufsausübung zu, wenn der Versicherte an einer das Krankheitsbild der Dysthymie kennzeichnenden depressiven Grundverfassung litt.[249]

68 Der Begriff der Krankheit ist abzugrenzen von dem Begriff der Gesundheitsstörung.[250] Nach allgemeinem Sprachgebrauch ist der Begriff der Gesundheitsstörung gegenüber dem Begriff der Krankheit umfassender; er bezieht sich über die Tatbestände eines diagnostisch geklärten Krankheitszustandes hinaus auf alle nicht lediglich belanglosen oder rasch vergehenden gesundheitlichen Beeinträchtigungen.[251] Macht sich in versicherter Zeit eine zunächst latent gebliebene Minderbelastbarkeit oder eine Disposition zu Gesundheitsstörungen in körperlichen oder seelischen Beschwerden und Erkrankungen bemerkbar, so wird es im Regelfall in einem Prozess, in dem um Leistungen wegen Berufsunfähigkeit gestritten wird, nur mit sachverständiger Unterstützung möglich sein festzustellen, ob und ab wann bei einer Gesundheitsstörung, die im vertraglich vorgesehenen Ausmaß berufsbeeinträchtigend wirkt, keine Besserungschancen mehr bestehen, die sich zugunsten einer weiteren Ausübbarkeit des bisherigen Berufs auswirken könnten.[252]

69 **bb) Befund.** Der Auffassung, dass ohne objektivierbare Befunde von einer Krankheit nicht gesprochen werden kann, ist nicht zu folgen.[253] Ansonsten wären auf psychiatrischem Fachgebiet wissenschaftlich nicht in Frage gestellte Erkrankungen wie alle affektiven Störungen (z. B. depressive Erkrankungen, außer sie seien Folge organischer Schädigungen) oder alle Psychosen aus dem schizophrenen Formenkreis nicht mehr zu diagnostizieren.[254]

70 **cc) Einzelfälle.** Allergieanfälligkeiten müssen nicht unausweichlich zu Gesundheitsstörungen führen, die eine weitere Berufsausübung voraussichtlich dauernd beeinträchtigen.[255] Nicht alle Infektionen[256] müssen zum Ausbruch einer Erkrankung führen; kommt es dennoch dazu, lassen sie sich in zahlreichen Fällen heilen.[257] Nichts anderes gilt für körperlich oder seelisch bedingte Minderbelastbarkeiten oder Veranlagungen, etwa zu Arthrose, zu Bandscheibenleiden oder zu

---

1404 = VersR 2005, 63, 64; *Winter* in: Bruck/Möller, VVG Bd. V Anm. G 26; *Voit* in: Prölss/Martin, VVG, 26. Aufl., § 2 BUZ Rdn. 3; *Sommer* r+s 2007, 1, 3.
[248] OLG Köln VersR 2002, 1365; OLG Saarbrücken, Urt. v. 8. 1. 2003 – 5 U 910/01 – 77, NJW-RR 2003, 468 = VersR 2004, 54.
[249] OLG Saarbrücken, Urt. v. 16. 7. 2008 – 5 U 135/06-27, VersR 2009, 344, 347.
[250] OLG Frankfurt/M. VerBAV 1986, 190.
[251] OLG Frankfurt/M. VerBAV 1986, 190.
[252] BGH, Urt. v. 27. 9. 1995 – IV ZR 319/94, NJW-RR 1996, 88, 89 = VersR 1995, 1431, 1432 = r+s 1996, 35, 36 = MDR 1996, 152, 153.
[253] BGH, Urt. v. 14. 4. 1999 – IV ZR 289/97, VersR 1999, 1113, 1114 = NVersZ 1999, 418, 419 = VersR 1999, 838, 839/840 = r+s 1999, 344.
[254] BGH, Urt. v. 14. 4. 1999 – IV ZR 289/97, VersR 1999, 1113, 1114 = NVersZ 1999, 418, 419 = VersR 1999, 838, 839/840 = r+s 1999, 344.
[255] BGH, Urt. v. 27. 9. 1995 – IV ZR 319/94, NJW-RR 1996, 88, 89 = VersR 1995, 1431, 1432 = r+s 1996, 35, 36 = MDR 1996, 152.
[256] Zur Borreliose siehe *Hausotter*, BUZ-Begutachtung der Lyme-Borreliose, BUZaktuell 2008, 1 ff.; *Hambrock*, Der Praxisfall – Borreliose, BUZaktuell 2008, 5 f.
[257] BGH, Urt. v. 27. 9. 1995 – IV ZR 319/94, NJW-RR 1996, 88, 89 = VersR 1995, 1431, 1432 = r+s 1996, 35, 36 = MDR 1996, 152.

Depressionen.²⁵⁸ Hat der Versicherte an einer larvierten Depression gelitten, soll es sich dabei um eine schwere Erkrankung handeln, weil bei diesen Patienten der Zwang zur Arbeit schädlich ist und häufig zu Selbstmord führt.²⁵⁹ Neurosen sollen zur Berufsunfähigkeit führen können, wenn sie vom Versicherten nicht überwunden werden können,²⁶⁰ ebenso depressiv-ängstliche Verstimmungen und psychosomatische Beschwerden und Erschöpfungssyndrome²⁶¹ oder eine aus psychiatrischer Sicht festgestellte Persönlichkeitsschädigung.²⁶² Somatoforme Beschwerden können Berufsunfähigkeit begründen,²⁶³ wenn sie mit einem für einen Leistungsanspruch ausreichenden Wahrscheinlichkeitsgrad festgestellt sind.²⁶⁴ Allein Schmerzen können die Annahme einer auch nur teilweisen Berufsunfähigkeit nicht rechtfertigen.²⁶⁵ Es muss sich schon um chronische Schmerzzustände handeln; mehr oder weniger lange Schmerzzustände reichen für die Annahme dauernder Berufsunfähigkeit nicht aus.²⁶⁶ Klagt der Versicherte nach einem Schlaganfall über andauernde Schmerzen, die ärztlicherseits nicht objektivierbar sind, ist der Nachweis einer Beeinträchtigung in der Berufstätigkeit nicht geführt.²⁶⁷ Kann der Versicherte aber seine frühere Berufstätigkeit nicht fortsetzen, weil es sonst nach den Darlegungen des Sachverständigen aufgrund der Schädigung der Wirbelsäule zum erneuten Auftreten einer akuten Schmerzsymptomatik kommen würde, ist es dem Versicherten nicht zuzumuten, eine Tätigkeit auszuüben, die mit hoher Wahrscheinlichkeit zu schweren körperlichen Beeinträchtigungen führen würde.²⁶⁸

b) Körperverletzung. Eine Körperverletzung liegt vor, wenn durch ein äußeres Ereignis ein Organ im weitesten Sinne beschädigt wird oder ein Gliederverlust eintritt.²⁶⁹

c) Kräfteverfall. Kräfteverfall ist nicht nur ein regelwidriger Körper- oder Geisteszustand, sondern auch das Nachlassen der körperlichen und geistigen Kräfte sowie der physischen oder psychischen Belastbarkeit über den alterssentsprechenden Zustand hinaus.²⁷⁰ Unter Umständen kann auch die Gefahr einer Krankheit, Körperverletzung oder eines Kräfteverfalls für die Beeinträchtigung der Berufstätigkeit

---

[258] BGH, Urt. v. 27. 9. 1995 – IV ZR 319/94, NJW-RR 1996, 88, 89 = VersR 1995, 1431, 1432 = r+s 1996, 35, 36 = MDR 1996, 152.
[259] Vgl. OLG Stuttgart, Urt. v. 16. 12. 1993 – 7 U 293/92, r+s 1994, 313.
[260] BSG, Urt. v. 1. 7. 1964 – 11/1 RA 158/61, NJW 1964, 2223, 2224; LG Stade, Urt. v. 28. 6. 1989 – 5 O 287/88, S. 7.
[261] LG Karlsruhe, Urt. v. 26. 4. 1989 – 10 O 139/88; OLG Karlsruhe, Urt. v. 6. 10. 1994 – 12 U 189/93, r+s 1995, 434.
[262] OLG Saarbrücken, Urt. v. 3. 9. 1997 – 5 U 889/94 – 77, NJW-RR 1998, 540 = r+s 1998, 38, 39.
[263] OLG Hamm, Beschl. v. 15. 10. 1996 – 20 W 20/96, NJW-RR 1997, 793 = r+s 1997, 20.
[264] OLG Hamm, Urt. v. 21. 6. 1996 – 20 U 351/94, VersR 1997, 817 = r+s 1997, 126, 127 (80–90%); OLG Hamm, Urt. v. 18. 6. 2008 – 20 U 187/07, NJW-RR 2009, 1115, 1116 = r+s 2009, 202 (mehr als 50%); OLG Koblenz, Urt. v. 27. 3. 2009 – 10 U 1367/07, VersR 2009, 1249, 1250 (70–80%).
[265] LG Bielefeld, Urt. v. 11. 11. 1981 – 8 O 319/79.
[266] LG Münster, Urt. v. 15. 5. 1986 – 11 O 443/85.
[267] LG Nürnberg-Fürth, Urt. v. 12. 12. 2005 – 2 O 1626/05, r+s 2006, 338.
[268] OLG Karlsruhe, Urt. v. 7. 4. 1994 – 12 U 25/94, r+s 1994, 475; Prölss/Martin, VVG, 25. Aufl., § 2 BUZ Anm. 2 b).
[269] *Richter*, S. 138; *Winter* in: Bruck/Möller VVG, Anm. G 27; *Eich* VW 1984, 634; vgl. auch *Voit* in: Prölss/Martin, § 2 BUZ Anm. 1 b.
[270] *Voit* in: Prölss/Martin, § 2 BUZ Anm. 1 b; *Eich* VW 1984, 634; Voit, Rdn. 293; *Richter*, S. 138 m. Fn. 51; *Winter* in: Bruck/Möller VVG, Anm. G 28.

ausreichend sein.[271] Soweit die Gefahr des Eintritts schwerwiegender Gesundheitsschäden ausreichen soll, muss allerdings gefordert werden, dass ein medizinischer Sachverständiger überzeugend darlegen und nachvollziehbar erklären kann, mit welcher Wahrscheinlichkeit der Eintritt der Erkrankung überhaupt und – gegebenenfalls – wann bei weiterer Berufstätigkeit zu erwarten ist.[272] Bei Vertragsabschluss bestehende und dem Versicherer bekannte Gesundheitsbeeinträchtigungen haben bei einer späteren Leistungsprüfung nicht außer Betracht zu bleiben; es ist Sache des Versicherers, insoweit einen Risikoausschluss zu vereinbaren.[273]

3. Darstellung der Auswirkungen

73   Berufsunfähigkeit im Sinne der BUZ ist zwar ein eigenständiger Begriff.[274] Er enthält aber maßgebliche Komponenten aus dem gesundheitlichen Bereich des Versicherten.[275] Diese sind, wie § 2 Abs. 1 BUZ unmissverständlich herausstellt, durch einen medizinischen Befund zu sichern.[276] Berufsunfähigkeit im privatversicherungsrechtlichen Sinn ist aber ein Tatbestand, der sich nicht allein aus gesundheitlichen Komponenten zusammensetzt.[277] Deshalb ist die Beeinträchtigung der allgemeinen Leistungsfähigkeit oder der Belastbarkeit nicht schlechthin maßgeblich.[278] Es geht vielmehr darum, wie sich gesundheitliche Beeinträchtigungen bei einer konkreten Berufsausübung auswirken.[279] Dabei ist maßgebend die letzte konkrete Berufsausübung, so wie sie noch in gesunden Tagen ausgestaltet war, d. h. solange die Leistungsfähigkeit des Versicherten noch nicht beeinträchtigt war.[280] Bei dieser Beurteilung muss bekannt sein, wie das Arbeitsfeld des betref-

---

[271] OLG Hamm, Urt. v. 20. 12. 1991 – 20 U 159/91, NJW-RR 1992, 1057 = VersR 1992, 862, 863.

[272] Vgl. KG, Urt. v. 31. 3. 1992 – 6 U 2033/91, VersR 1993, 597, 598.

[273] BGH, Urt. v. 27. 5. 1992 – IV ZR 112/91, NJW-RR 1992, 1052 = VersR 1992, 1073, 1074 = r+s 1992, 353.

[274] BGH, Urt. v. 27. 9. 1995 – IV ZR 319/94, NJW-RR 1996, 88, 89 = VersR 1995, 1431, 1432 = VerBAV 1996, 72, 73 = r+s 1996, 35, 36 = MDR 1996, 152.

[275] BGH, Urt. v. 27. 9. 1995 – IV ZR 319/94, NJW-RR 1996, 88, 89 = VersR 1995, 1431, 1432 = VerBAV 1996, 72, 73 = r+s 1996, 35, 36 = MDR 1996, 152.

[276] BGH, Urt. v. 27. 9. 1995 – IV ZR 319/94, NJW-RR 1996, 88, 89 = VersR 1995, 1431, 1432 = VerBAV 1996, 72, 73 = r+s 1996, 35, 36 = MDR 1996, 152.

[277] OLG Karlsruhe, Urt. v. 18. 2. 1993 – 12 U 249/92, S. 15 = VersR 1995, 86 = r+s 1995, 34; BGH, Urt. v. 12. 6. 1996 – IV ZR 116/95, VersR 1996, 959, 960 = VerBAV 1996, 236, 237 = r+s 1996, 377; OLG Karlsruhe, Urt. v. 3. 4. 2003 – 12 U 57/01, VersR 2004, 98; OLG Düsseldorf, Urt. v. 29. 9. 1998 – 4 U 175/97, NVersZ 1999, 561, 562 = r+s 1999, 521, 522.

[278] OLG Karlsruhe, Urt. v. 18. 2. 1993 – 12 U 249/92, S. 16 = VersR 1995, 86 = r+s 1995, 34; BGH, Urt. v. 12. 6. 1996 – IV ZR 116/95, VersR 1996, 959, 960 = VerBAV 1996, 236, 237 = r+s 1996, 377; OLG Karlsruhe, Urt. v. 3. 4. 2003 – 12 U 57/01, VersR 2004, 98; OLG Düsseldorf, Urt. v. 29. 9. 1998 – 4 U 175/97, NVersZ 1999, 561, 562 = r+s 1999, 521, 522.

[279] OLG Karlsruhe, Urt. v. 18. 2. 1993 – 12 U 249/92, S. 16 = VersR 1995, 86 = r+s 1995, 34; BGH, Urt. v. 30. 9. 1992 – IV ZR 227/91, BGHZ 119, 263, 266 = NJW 1993, 202, 203 = VersR 1992, 1386, 1387 = r+s 1992, 427 = MDR 1992, 1132; BGH, Urt. v. 29. 11. 1995 – IV ZR 233/94, NJW-RR 1996, 345 = VersR 1996, 106, 107 = r+s 1996, 116; BGH, Urt. v. 12. 6. 1996 – IV ZR 116/95, NJW-RR 1996, 131 = NJWE-VHR 1996, 131 = VersR 1996, 959, 960 = VerBAV 1996, 236, 237 = r+s 1996, 377; OLG Düsseldorf, Urt. v. 29. 9. 1998 – 4 U 175/97, NVersZ 1999, 561, 562 = r+s 1999, 521, 522; BGH, Urt. v. 26. 2. 2003 – IV ZR 238/01, NJW-RR 2003, 673, 674 = VersR 2003, 631, 632 = r+s 2003, 207, 208; OLG Karlsruhe, Urt. v. 3. 4. 2003 – 12 U 57/01, VersR 2004, 98; BGH, Urt. v. 22. 9. 2004 – IV ZR 200/03, NJW-RR 2004, 1679 = VersR 2005, 676, 677.

[280] BGH, Urt. v. 22. 9. 1993 – IV ZR 203/92, NJW-RR 1994, 151, 152 = VersR 1993, 1470, 1471 = r+s 1994, 33, 34 = MDR 1994, 142; OLG Koblenz, Urt. v. 18. 6. 1999 – 10

fenden Versicherten tatsächlich beschaffen ist und welche Anforderungen im Einzelnen es an ihn stellt.[281] Als Sachvortrag muss von dem Versicherten, der hierzu unschwer imstande ist, verlangt werden, dass er eine ganz konkrete Arbeitsbeschreibung gibt, mit der die regelmäßig anfallenden Tätigkeiten nach Art, Umfang und Häufigkeit, insbesondere aber auch nach ihren Anforderungen an die (auch körperliche) Leistungsfähigkeit für einen Außenstehenden nachvollziehbar werden.[282] Sache des Gerichts ist es dann zu entscheiden, ob zunächst eine Beweisaufnahme zu dem vorgetragenen Beruf in seiner konkreten Ausgestaltung geboten ist, deren Ergebnis einem anschließend einzuschaltenden Sachverständigen vorzugeben ist – sei es in alternativer Form, sei es in Form von Feststellungen, die das Gericht bereits zu treffen vermag.[283] Jedenfalls ist es für eine sachgerechte Gutachtenerstattung unumgänglich, dass der Sachverständige weiß, welchen – für ihn unverrückbaren – außermedizinischen Sachverhalt er seiner Beurteilung zugrunde zu legen hat, nämlich, ob und in welchem Ausmaß der Versicherte in seiner Fähigkeit eingeschränkt ist, seine bisherige berufliche Tätigkeit weiterhin auszuüben.[284] Erst dann erscheint es unbedenklich, den Sachverständigen auch zu Frage und Ausmaß einer gesundheitsbedingten Einschränkung

---

U 125/98, VersR 2000, 749, 750 = r+s 2001, 41; OLG Hamburg, Urt. v. 31. 10. 2001 – 9 U 5/01, NVersZ 2002, 115 = VersR 2002, 556 = r+s 2003, 119; BGH, Urt. v. 26. 2. 2003 – IV ZR 238/01, NJW-RR 2003, 673, 674 = VersR 2003, 631, 632 = r+s 2003, 207, 208; Langheid/Müller-Frank, Rechtsprechungsübersicht zum Versicherungsvertragsrecht, NJW 2004, 337, 343.

[281] OLG Celle, Urt. v. 28. 10. 1983 – 8 U 5/83, VersR 1984, 673; LG Saarbrücken, Urt. v. 25. 9. 1991 – 14 O 5115/90, r+s 1992, 66, 67; BGH, Urt. v. 30. 9. 1992 – IV ZR 227/91, BGHZ 119, 263 = NJW 1993, 202 = VersR 1992, 1386 = r+s 1992, 427 = MDR 1992, 1132; OLG Karlsruhe, Urt. v. 18. 2. 1993 – 12 U 249/92, S. 16 = VersR 1995, 86 = r+s 1995, 34; BGH, Urt. v. 29. 11. 1995 – IV ZR 233/94, VerBAV 1996, 106, 107 = r+s 1996, 116; BGH, Urt. v. 12. 6. 1996 – IV ZR 116/95, VersR 1996, 959, 960 = VerBAV 1996, 236, 237 = r+s 1996, 377; BGH, Urt. v. 12. 6. 1996 – IV ZR 117/95, r+s 1997, 35, 36; BGH, Urt. v. 12. 6. 1996 – IV ZR 118/95, NJW-RR 1996, 1304 = VersR 1996, 1090, 1091 = r+s 1996, 418 = MDR 1996, 1244; BGH, Urt. v. 22. 9. 2004 – IV ZR 200/03, NJW-RR 2004, 1679 = VersR 2005, 676, 677.

[282] BGH, Urt. v. 30. 9. 1992 – IV ZR 227/91, BGHZ 119, 263, 265 = NJW 1993, 202, 203 = VersR 1992, 1386, 1387 = r+s 1992, 427 = MDR 1992, 1132; BGH, Urt. v. 29. 11. 1995 – IV ZR 233/94, VerBAV 1996, 106, 107 = r+s 1996, 116; BGH, Urt. v. 12. 6. 1996 – IV ZR 117/95, r+s 1997, 35, 36; BGH, Urt. v. 12. 6. 1996 – IV ZR 118/95, NJW-RR 1996, 1304 = VersR 1996, 1090, 1091 = r+s 1996, 418; BGH, Urt. v. 22. 9. 2004 – IV ZR 200/03, NJW-RR 2004, 1679 = VersR 2005, 676, 677; OLG Koblenz, Urt. v. 16. 11. 2007 – 10 U 1729/06, VersR 2008, 669, 670.

[283] BGH, Urt. v. 30. 9. 1992 – IV ZR 227/91, BGHZ 119, 263 = NJW 1993, 202, 203 = VersR 1992, 1386, 1387 = r+s 1992, 427 = MDR 1992, 1132; BGH, Urt. v. 29. 11. 1995 – IV ZR 233/94, r+s 1996, 116; BGH, Urt. v. 12. 6. 1996 – IV ZR 117/95, r+s 1997, 35, 36; BGH, Urt. v. 12. 6. 1996 – IV ZR 118/95, NJW-RR 1996, 1304 = VersR 1996, 1090, 1091 = r+s 1996, 418; BGH, Urt. v. 22. 9. 2004 – IV ZR 200/03, NJW-RR 2004, 1679 = VersR 2005, 676, 677.

[284] BGH, Urt. v. 30. 9. 1992 – IV ZR 227/91, BGHZ 119, 263 = NJW 1993, 202, 203 = VersR 1992, 1386, 1387 = r+s 1992, 427; OLG Karlsruhe, Urt. v. 18. 2. 1993 – 12 U 249/92, S. 16 = VersR 1995, 86 = r+s 1995, 34; BGH, Urt. v. 29. 6. 1994 – IV ZR 120/93, NJW-RR 1995, 21 = VersR 1994, 1095, 1096 = r+s 1994, 391 = VerBAV 1995, 125; BGHZ 119, 263, 266 f.; BGH, Urt. v. 28. 9. 1994 – IV ZR 226/93, NJW-RR 1995, 20, 21 = r+s 1995, 78, 79; BGH, Urt. v. 29. 11. 1995 – IV ZR 233/94, VerBAV 1996, 106, 107 = r+s 1996, 116; BGH, Urt. v. 12. 6. 1996 – IV ZR 116/95, VersR 1996, 959, 960 = VerBAV 1996, 236, 237 = r+s 1996, 377; BGH, Urt. v. 12. 6. 1996 – IV ZR 117/95, r+s 1997, 35, 36; BGH, Urt. v. 12. 6. 1996 – IV ZR 118/95, NJW-RR 1996, 1304 = VersR 1996, 1090, 1091 = r+s 1996, 418; BGH, Urt. v. 22. 9. 2004 – IV ZR 200/03, NJW-RR 2004, 1679 = VersR 2005, 676, 677.

der Fähigkeit des Versicherten, den vorgegebenen Anforderungen gerecht zu werden, Stellung nehmen zu lassen.[285]

4. Kompensierung der Beeinträchtigung

74 a) **Grundsatz.** Der Versicherte kann Leistungen nicht beanspruchen, wenn er seine Krankheit durch eine einfache, gefahrlose und nicht mit besonderen Schmerzen verbundene, sichere Aussicht auf Heilung oder wesentliche Besserung versprechende medizinische Maßnahme vermeiden kann.[286] In solchen Fällen kann es einmal auch rechtsmissbräuchlich erscheinen, eine Berufsunfähigkeitsrente einzufordern.[287] Der Versicherte ist daher gehalten, seine Leistungsfähigkeit durch eine zumutbare Behandlung mit Medikamenten, die nicht ihrerseits die Gesundheit gefährden, wiederherzustellen bzw. zu erhalten.[288] Er ist zur Berufsausübung nicht außerstande, wenn er die Folgen seiner Gesundheitsbeeinträchtigung durch einfache Schutzmaßnahmen (Tragen von Handschuhen) oder durch Benutzung von Hilfsmitteln, z. B. Brille, Hörgerät, vermeiden kann.[289] Berufsunfähigkeit ist auch nicht anzunehmen, wenn der Versicherte seine Verletzung durch eine geschickte berufliche Arbeitsteilung kompensieren kann.[290] Oft kann auch eine wesentliche körperliche Behinderung durch Hilfsmittel so ausgeglichen werden, dass keine nennenswerte Einbuße der beruflichen Leistungsfähigkeit eintritt.[291]

75 b) **Einzelfälle. aa) Berufsunfähigkeit verneint.** Ein Lagerhalter mit Augenleiden ist nicht berufsunfähig, wenn bereits das Tragen einer Trifokalbrille in Kombination mit einer Kontaktlinse das Arbeiten sowohl im Büro als auch in der Lagerhalle weiter ermöglicht.[292] Hat der Versicherte die Sehfähigkeit auf dem linken Auge nahezu vollständig verloren, lassen sich störende Doppelbilder oder starke Blendeinwirkungen durch das geschädigte Auge durch einfache Mittel, etwa Abdecken des Auges oder Benutzung einer Okklusivfolie abstellen.[293] Leidet ein Lackierer an allergischen Reaktionen an den Händen bei unmittelbarem Körperkontakt mit bestimmten Lösungsmitteln, lässt sich die Berufsunfähigkeit zu mehr als 50% ausschließen, wenn der Versicherte Handschuhe trägt.[294] Dies gilt gleichermaßen für den Leiter des Rechnungswesens einer Bank, der mit dem Einsatz von Baumwollhandschuhen die Beeinträchtigung der Arbeitsfähigkeit ausschließen kann, die durch eine Salbentherapie wegen eines Hautekzems verur-

---

[285] BGH, Urt. v. 30. 9. 1992 – IV ZR 227/91, BGHZ 119, 263, 266 = NJW 1993, 202, 203 = VersR 1992, 1386, 1387 = r+s 1992, 427; BGH, Urt. v. 22. 9. 2004 – IV ZR 200/03, NJW-RR 2004, 1679 = VersR 2005, 676, 677.
[286] OLG Hamm, Urt. v. 26. 6. 1991 – 20 U 51/91, VersR 1992, 1120 = r+s 1991, 389; OLG Saarbrücken, Urt. v. 23. 7. 2004 – 5 U 568/03 – 64, r+s 2006, 30, 31; OLG Saarbrücken, Urt. v. 25. 1. 2006 – 5 U 28/05 – 3, OLGR 2006, 582 = r+s 2006, 293.
[287] OLG Saarbrücken, Urt. v. 23. 7. 2004 – 5 U 683/03 – 64, VersR 2005, 63 = r+s 2006, 30; OLG Saarbrücken, Beschl. v. 17. 10. 2006 – 5 W 258/06-78, VersR 2007, 635.
[288] BGH, Urt. v. 27. 2. 1991 – IV ZR 66/90, NJW-RR 1991, 736 = VersR 1991, 450, 451; OLG Saarbrücken, Urt. v. 10. 1. 2001 – 5 U 737/00 – 70, NVersZ 2002, 354, 355 = VersR 2002, 877, 878 = r+s 2002, 302; *Voit*, Berufsunfähigkeitsversicherung, S. 125 f.
[289] *Voit*, Berufsunfähigkeitsversicherung, Rdn. 324; *Voit*, in: Prölss/Martin, § 2 BUZ Anm. 21; *Richter*, S. 223.
[290] OLG Celle, Urt. v. 28. 10. 1983 – 8 U 5/83, VersR 1984, 673.
[291] OLG Nürnberg r+s 1993, 234.
[292] OLG Koblenz, Urt. v. 25. 6. 1992 – 6 U 1916/89, r+s 1994, 35.
[293] OLG Hamm, Urt. v. 16. 6. 1993 – 20 U 382/92, VersR 1994, 206 = r+s 1994, 114.
[294] OLG Hamm, Urt. v. 19. 12. 1990 – 20 U 209/90, VersR 1992, 221 (Ls.) = r+s 1991, 178, 179.

sacht wird.²⁹⁵ Ein Fahrlehrer ist nicht zu über 50% berufsunfähig, wenn er die gesetzlich vorgeschriebenen Pausen einhält und dadurch seinen Rückenbeschwerden Rechnung tragen kann.²⁹⁶ Ein Steuerberater mit Beeinträchtigung am Handgelenk (nach einem Speichentrümmerbruch) kann weiterhin tätig sein, wenn entsprechend der ihm aufgezeigten Arbeitsgestaltung verfahren wird.²⁹⁷ Eine Gastwirtin mit Ödembildung und mäßiger Adipositas ist nicht berufsunfähig, wenn sich die Ödembildung durch Gewichtsreduktion beeinflussen und die Arbeitskraft wieder herstellen lässt.²⁹⁸

bb) Berufsunfähigkeit bejaht. Ein selbständiger Landwirt ist berufsunfähig, wenn er von den täglich sechs Stunden lang anfallenden Stallarbeiten in seiner Zuchtsauen- und Schweinemasthaltung mindestens vier Stunden wegen einer Lungenschädigung nur noch mit einem speziellen Atemschutzgerät ausführen kann.²⁹⁹ Dem Landwirt ist es nicht zumutbar, eine Haube von einigen 100 g Gewicht zu tragen, die den Kopf nahezu umschließt und mit den erforderlichen zusätzlichen Bestandteilen insgesamt ca. 1,5 bis 2 kg wiegt.³⁰⁰ Einem an einer Mehlstauballergie erkrankten Bäckermeister ist es nicht zumutbar, ständig eine Staubmaske zu tragen.³⁰¹ Dies gilt ebenfalls für die Inhaberin einer Pizzabäckerei, der nicht zugemutet werden kann, im Theken- und Servicebereich eine Staubmaske mit Blick auf ihr mehlstauballergisches Asthma mit Hyperreagibilität des Bronchialsystems zu tragen.³⁰²

5. Ärztlicher Nachweis (§ 2 Abs. 1 u. 3 BUZ)

a) Begriff. Der ärztliche Nachweis braucht nicht in Befunden der Apparatemedizin oder der sonstigen Zusatzdiagnostik zu bestehen.³⁰³ Bei einer Krankheit, die gerade durch das Fehlen naturwissenschaftlich gewonnener Untersuchungsbefunde charakterisiert wird, kann der ärztliche Nachweis der Erkrankung auch dadurch geführt werden, dass der Arzt seine Diagnose auf die Beschwerdeschilderung des Versicherten stützt.³⁰⁴ Der Versicherte muss die Fragen des Arztes korrekt beantworten und ist verpflichtet, den Arzt von sich aus auf besonders in seiner Person liegende Umstände hinzuweisen.³⁰⁵

b) Grundsatz. Gemäß § 2 Abs. 1 BUZ hat der Anspruchsteller den ärztlichen Nachweis zu führen, dass er seinen im Zeitpunkt des behaupteten Eintritts der Berufsunfähigkeit ausgeübten Beruf infolge Krankheit, Körperverletzung oder Kräfteverfalls nicht mehr fortführen kann.³⁰⁶ Dieser ärztliche Nachweis ist nicht

---

²⁹⁵ LG Ingolstadt, Urt. v. 24. 5. 1996 – 4 O 1311/95, VersR 1997, 480, 481.
²⁹⁶ OLG Saarbrücken, Urt. v. 23. 7. 2004 – 5 U 568/03 – 64, r+s 2006, 30, 31.
²⁹⁷ OLG Celle, Urt. v. 28. 10. 1983 – 8 U 5/83, VersR 1984, 673.
²⁹⁸ LG Saarbrücken, Urt. v. 25. 9. 1991 – 14 O 5115/90, r+s 1992, 66, 67.
²⁹⁹ OLG Oldenburg, Urt. v. 20. 11. 1996 – 2 U 189/96, r+s 1997, 127, 128.
³⁰⁰ OLG Oldenburg, Urt. v. 20. 11. 1996 – 2 U 189/96, r+s 1997, 127, 128.
³⁰¹ OLG Frankfurt/M., Urt. v. 14. 1. 1998 – 7 U 224/96, r+s 1998, 480.
³⁰² OLG Frankfurt/M., Urt. v. 28. 8. 2002 – 7 U 72/99, VersR 2003, 230.
³⁰³ BGH, Urt. v. 14. 4. 1999 – IV ZR 289/97, NJW-RR 1999, 1113, 1114 = NVersZ 1999, 418, 419 = VersR 1999, 838, 839 = r+s 1999, 344.
³⁰⁴ BGH, Urt. v. 14. 4. 1999 – IV ZR 289/97, NJW-RR 1999, 1113, 1114 = NVersZ 1999, 418, 419 = VersR 1999, 838, 840 = r+s 1999, 344.
³⁰⁵ *Tamm,* Das Mitverschulden des Patienten bei Aufklärungs- und Behandlungsfehlern, VersR 2005, 1365.
³⁰⁶ BGH, Urt. v. 29. 6. 1977 – IV ZR 63/76, VersR 1977, 833; BGH, Urt. v. 13. 5. 1987 – IVa ZR 8/86, VersR 1987, 753; LG Trier v. 9. 9. 1988 – 11 O 347/85; OLG Hamm, Urt. v. 23. 10. 1987 – 20 U 230/87, VersR 1988, 90 = r+s 1988, 90; OLG Hamm r+s 1989, 169; OLG Hamm, Urt. v. 23. 5. 1986 – 20 U 328/85, VersR 1987, 1085; LG Saarbrücken, Urt. v. 25. 9. 1991 – 14 O 5115/90, r+s 1992, 66, 67.

Voraussetzung für eine Beweiserhebung durch das Gericht, sondern Voraussetzung für das Zusprechen der begehrten Leistungen.[307] Der Anspruchsteller hat die ärztliche Prognose beizubringen, nach dem Stand der medizinischen Wissenschaft rechtfertige der festgestellte, Arbeitsunfähigkeit des Versicherten bedingende Zustand desselben nicht mehr die Erwartung auf Besserung.[308] Privatgutachten können als qualifizierter Parteivortrag verwertet werden und eine eigene Beweisaufnahme des Gerichts entbehrlich machen, wenn die Beweisfrage allein schon aufgrund dieses substantiierten Parteivortrags zuverlässig beantwortet werden kann.[309]

79 c) **Fremdnachweise.** Der ärztliche Nachweis ist nicht schon dann geführt, wenn bereits die BfA dem Versicherten eine Rente wegen Erwerbsunfähigkeit[310] oder Berufsunfähigkeit[311] zahlt oder der Versicherte eine Unfallrente von der Berufsgenossenschaft bezieht.[312] Denn die Frage, ob der Versicherte einen Rentenanspruch aus der gesetzlichen Rentenversicherung hat oder nicht, hat rechtlich keinen Einfluss auf die Frage, ob der Versicherte die Zahlung einer BU-Rente aus der BUZ verlangen kann.[313] Die Angaben des Anspruchstellers reichen nur aus, wenn diese durch ärztliche Befunde gestützt werden.[314] Die medizinische Beurteilung ist dabei nicht abstrakt, sondern bezogen auf den, von dem Versicherten ausgeübten Beruf vorzunehmen.[315] Die Ergebnisse des sozialversicherungsrechtlichen Verfahrens haben keine Bindungswirkung für die Entscheidung über die Leistungspflichten aus dem Versicherungsverhältnis zwischen den Parteien.[316] Wenn das Versorgungsamt eine Minderung der Erwerbsfähigkeit von 50% anerkennt, sagt das noch nichts über das Vorliegen einer Berufsunfähigkeit im Sinne der Privatversicherung aus.[317] Die Entscheidung des Sozialversicherungsträgers hat auch keine Indizwirkung für die von dem privaten Versicherer zu treffende Entscheidung, ebenso wenig wie dies umgekehrt der Fall ist.[318] Aus dem Verfahren der gesetzlichen Rentenversicherung sind aber die Tatsachen für das Zivilverfahren der privaten Berufsunfähigkeitsversicherung verwertbar.[319]

---

[307] OLG Hamm OLG-Report 1995, 92, 93; OLG Hamm, Beschl. v. 15. 10. 1996 – 20 W 20/96, NJW-RR 1997, 793.

[308] BGH, Urt. v. 22. 2. 1984 – IVa ZR 63/82, NJW 1984, 2814 = VersR 1984, 630; BGH, Urt. v. 27. 9. 1989 – IVa ZR 132/88, NJW-RR 1990, 31, 32.

[309] BGH, Urt. v. 11. 5. 1993 – VI ZR 243/92, NJW 1993, 2382, 2383 = VersR 1993, 899, 900; OLG Köln, Urt. v. 7. 6. 2000 – 5 U 255/99, VersR 2001, 755; OLG Köln, Urt. v. 28. 7. 2004 – 5 U 2/04, VersR 2005, 679.

[310] LG Frankfurt/M., Urt. v. 7. 4. 1983 – 2/7 O 37/78; OLG Koblenz, Urt. v. 18. 1. 2002 – 10 U 374/01, NVersZ 2002, 260, 262 = VersR 2002, 1091, 1092 (Ls.).

[311] OLG Köln v. 23. 3. 1988 – 5 W 8/88, S. 3 = r+s 1988, 212; OLG Köln, Urt. v. 3. 6. 1993 – 5 U 229/92, VersR 1994, 1096, 1097 = r+s 1994, 276; BGH, Nichtannahmebeschl. v. 23. 2. 1994 – IV ZR 168/93, r+s 1994, 276.

[312] AG Karlsruhe v. 4. 5. 1979 – 5 C 16/79.

[313] OLG Hamm v. 10. 8. 1984 – 20 W 46/84.

[314] LG Trier v. 9. 9. 1988 – 11 O 347/85.

[315] LG Saarbrücken v. 10. 6. 1980 – 6 O 406/79; LG Frankfurt/M., Urt. v. 3. 11. 1983 – 2/5 O 186/82.

[316] OLG Karlsruhe, Urt. v. 18. 2. 1993 – 12 U 249/92, S. 14 = VersR 1995, 86 = r+s 1995, 34; OLG Hamm, Beschl. v. 29. 3. 1996 – 20 W 5/96, VersR 1997, 217 = r+s 1996, 329; *Voit* in: Prölss/Martin, 25. Aufl., § 2 BUZ Anm. 1 a und Anm. 3 h.

[317] BGH, Urt. v. 21. 3. 1990 – IV ZR 39/89, NJW 1990, 1916 = VersR 1990, 729, 730 = r+s 1990, 250; vgl. auch Müller-Frank, S. 14 unter Hinweis auf OLG Köln r+s 1987, 296.

[318] *Richter*, S. 235; *Müller-Frank*, S. 13 unter Hinweis auf OLG Köln r+s 1988, 212; *Winter* in: Bruck/Möller VVG Anm. G 42.

[319] OLG Düsseldorf, Urt. v. 26. 6. 1990 – 4 U 201/89, VersR 1991, 1359, 1360.

6. Nachweis des Zeitpunkts des Eintritts der Berufsunfähigkeit

Für den vom Antragsteller zu führenden Nachweis des Versicherungsfalls kommt 80 es darauf an, ob von einem bestimmten Zeitpunkt an ein Zustand gesundheitlicher Art bestanden hat, aufgrund dessen der Versicherte – infolge Krankheit, Körperverletzung oder Kräfteverfalls – außerstande war, seinen Beruf (oder eine andere Tätigkeit) auszuüben.[320] Für den Grad der Berufsunfähigkeit sind die Erkrankungen maßgebend, die im Falle einer Klage als Begründung der Berufsunfähigkeit Gegenstand der Klage sind, unter Einschluss von bis zum Schluss der mündlichen Verhandlung eingetretenen Verschlimmerungen dieser Beschwerden.[321] Davon zu unterscheiden sind beim Versicherten neu eingetretene Erkrankungen oder Unfälle, wegen derer das in den Versicherungsbedingungen vorgeschriebene Verfahren für die Feststellung von Berufsunfähigkeit noch nicht durchgeführt ist.[322] War der Versicherungsschutz unterbrochen (vgl. § 9 Abs. 6 BUZ 1984), ist der Zeitpunkt des Eintritts der Berufsunfähigkeit wichtig für die Feststellung, ob die Ursachen (Krankheit, Körperverletzung, Kräfteverfall) während der Unterbrechung des vollen Versicherungsschutzes eingetreten sind. Die Feststellung des genauen Zeitpunkts des Eintritts des Versicherungsfalls ist auch deshalb von Bedeutung, weil die Prüfung der Erfahrung und Ausbildung des Versicherten auf den Zeitpunkt des Eintritts des Versicherungsfalls bezogen werden soll.[323] Von daher ist entscheidend, wann die Berufsunfähigkeit tatsächlich eingetreten ist.[324] Dieser Nachweis kann nicht durch Vorlage eines Rentenbescheides der Sozialversicherung geführt werden, da in der Sozialversicherung sehr häufig der Eintritt der Berufsunfähigkeit im Nachhinein auf einen früheren Zeitpunkt zurückbezogen wird. Maßgebend ist vielmehr, von welchem Zeitpunkt an, der durch ein ärztliches Gutachten vom Anspruchsteller nachzuweisen ist, der Versicherte infolge Krankheit, Körperverletzung oder Kräfteverfalls außerstande war, seinen Beruf oder eine andere Tätigkeit auszuüben.

7. Unveränderte Berufsausübung

a) **Anscheinsbeweis.** Eine unveränderte Ausübung des Berufs trotz behaupte- 81 ter Berufsunfähigkeit im Zeitpunkt der Anmeldung des Leistungsanspruchs schließt die Feststellung einer vollständigen oder teilweisen Berufsunfähigkeit nicht aus. § 2 Abs. 1 BUZ führt die tatsächliche Aufgabe der Berufstätigkeit nicht als Voraussetzung der Berufsunfähigkeit und damit des Versicherungsfalls nach § 1 BUZ auf. Er besagt dem Wortlaut nach vielmehr nur, dass ein Versicherter, der aus den aufgeführten Ursachen – Krankheit, Körperverletzung, Körperverfall – nicht imstande ist, seinen Beruf oder einen anderen ähnlichen Beruf auszuüben, berufsunfähig ist. § 2 BUZ ist so zu verstehen, dass die vereinbarte Versicherungsleistung nicht zum Ausgleich eines Einkommensverlustes wegen einer aufgegebenen Berufstätigkeit dienen soll, sondern zum Ausgleich des Verlustes der Fähigkeit zur Ausübung eines bestimmten Berufes oder ähnlichen Berufes, mithin das Risiko allein in der Gefahr des – abstrakten – Verlustes der Berufsfähigkeit besteht.[325] In der faktischen Ausübung des Berufs ist daher vor allem ein starkes Indiz dafür zu

---

[320] OLG München, Urt. v. 28. 5. 2003 – 21 U 3770/00, VersR 2004, 230 (Ls.) = r+s 2004, 430.
[321] OLG München, Urt. v. 28. 5. 2003 – 21 U 3770/00, r+s 2004, 430.
[322] OLG München, Urt. v. 9. 8. 1996 – 21 U 3980/95, VersR 1997, 1126, 1127 = r+s 1998, 346; OLG München, Urt. v. 28. 5. 2003 – 21 U 3770/00, VersR 2004, 230 = r+s 2004, 430; *Voit* in: Prölss/Martin, VVG, 26. Aufl., § 2 BUZ Rdn. 59; *Voit*, Berufsunfähigkeitsversicherung, Rdn. 606 (S. 234).
[323] BGH, Urt. v. 13. 5. 1987 – IV a ZR 8/86, VersR 1987, 753.
[324] LG Karlsruhe, Urt. v. 2. 11. 1978 – 8 O 256/78.
[325] OLG Karlsruhe, Urt. v. 19. 5. 1982 – 12 U 190/81, VersR 1983, 281.

erblicken, dass beim Versicherten keine Berufsunfähigkeit vorliegt.[326] In einem solchen Falle ist dem Umstand einer langjährigen tatsächlichen Berufsausübung ein höherer Beweiswert als der ärztlichen Einschätzung einzuräumen.[327] Es handelt sich hier um den spiegelbildlichen Fall zu § 2 Abs. 3 BUZ.[328] Keine Indizwirkung ist gegeben, wenn z. b. ein Fliesenlegermeister seiner früheren Firma – wohl unstreitig ohne eigene Tätigkeit – weiterhin den Namen und den Meistertitel zur Verfügung stellt.[329] Die Bedingungen für die Berufsunfähigkeitsversicherung stellen allein auf die objektive Unfähigkeit zur Berufstätigkeit ab, also darauf, ob der Versicherte angesichts seiner Gesundheitsbeeinträchtigung seinen Beruf noch ausüben kann oder eine Vergleichsätigkeit noch ausüben kann oder nicht.[330] Der Annahme von Berufsunfähigkeit steht in der Berufsunfähigkeitsversicherung auch der Bezug von Arbeitslosengeld nicht entgegen.[331] Zwar wird Arbeitslosengeld nur dann gewährt, wenn der Arbeitnehmer dem Arbeitsamt zur Verfügung steht, also arbeitsfähig ist; der Eintritt des Versicherungsfalls hängt jedoch nicht davon ab, ob der Versicherte überhaupt außerstande ist, zu arbeiten.[332]

82 **b) Überpflichtmäßige Anstrengung.** Unter welchen Voraussetzungen ein überobligationsmäßiges Verhalten des Versicherten vorliegt, lässt sich nicht allgemein sagen.[333] Bei gesundheitlichen Beeinträchtigungen kann es genügen, wenn sie bereits eingetreten oder ernsthaft zu befürchten sind.[334] Es kann sich aber auch aus dem Zusammenwirken mehrerer, je für sich genommen die Zumutbarkeitsschwelle noch nicht übersteigender Umstände in ihrer Gesamtschau ergeben.[335] Wenn der Versicherte andere Opfer bringt oder die Hilfe und das Wohlwollen Dritter in Anspruch nehmen muss, kann ebenfalls überobligationsmäßiges Verhalten vorliegen.[336] Auf jeden Fall kommt dem Versicherer nicht zugute, wenn der Versicherte durch seine bisherige Tätigkeit nach Art und Umfang ständig gesundheitlich überfordert ist und das Risiko einer Überanstrengung und weiteren Verschlechterung seines Gesundheitszustandes in Kauf nimmt.[337] Der Eintritt des Versicherungsfalls wird mithin nicht dadurch verhindert, dass der Versicherte

---

[326] OLG Nürnberg, Urt. v. 27. 2. 1992 – 8 U 2577/91, NJW-RR 1992, 673 = VersR 1993, 427 (Ls.); OLG Köln, Urt. v. 18. 12. 1986 – 5 U 82/86, r+s 1987, 296; OLG Saarbrücken v. 4. 5. 1994 – 5 U 69/91, S. 7; OLG Koblenz, Urt. v. 15. 1. 1999 – 10 U 1930/97, NVersR 1999, 521, 522.
[327] Vgl. *Richter*, S. 373; Bruck/Möller/Winter VVG Anm. G 72.
[328] Vgl. OLG Nürnberg, Urt. v. 27. 2. 1992 – 8 U 2577/91, NJW-RR 1992, 673 = VersR 1993, 427 (Ls.).
[329] OLG Hamm, Urt. v. 11. 5. 1988 – 20 U 257/87, VersR 1989, 177 (Ls.) = r+s 1988, 345, 346.
[330] Vgl. *Voit* Rdn. 305.
[331] OLG Karlsruhe, Urt. v. 19. 1. 1989 – 12 U 120/87, VersR 1990, 961, 962.
[332] OLG Karlsruhe, Urt. v. 19. 1. 1989 – 12 U 120/87, VersR 1990, 961, 962.
[333] BGH, Urt. v. 11. 10. 2000 – IV ZR 208/99, NJW 2001, 1943, 1944 = NVersZ 2001, 404, 405 = VersR 2001, 89.
[334] OLG Karlsruhe, Urt. v. 19. 5. 1982 – 12 U 190/81, VersR 1983, 281; BGH, Urt. v. 27. 2. 1991 – IV ZR 66/90, NJW-RR 1991, 736 = VersR 1991, 450; BGH, Urt. v. 16. 3. 1994 – IV ZR 110/92, NJW-RR 1994, 664 = VersR 1994, 587; BGH, Urt. v. 30. 11. 1994 – IV ZR 300/93, NJW-RR 1995, 277 = VersR 1995, 159; BGH, Urt. v. 11. 10. 2000 – IV ZR 208/99, NJW 2001, 1943, 1944 = NVersZ 2001, 404, 405 = VersR 2001, 89/90.
[335] BGH, Urt. v. 11. 10. 2000 – IV ZR 208/99, NJW 2001, 1943, 1944 = NVersZ 2001, 404, 405 = VersR 2001, 89, 90.
[336] BGH, Urt. v. 11. 10. 2000 – IV ZR 208/99, NJW 2001, 1943, 1944 = NVersZ 2001, 404, 405 = VersR 2001, 89; OLG Saarbrücken, Urt. v. 29. 10. 2003 – 5 U 451/02 – 58, VersR 2004, 1165, 1166 = r+s 2005, 32.
[337] OLG Köln, Urt. v. 18. 12. 1986 – 5 U 82/86, r+s 1987, 296; OLG Braunschweig v. 20. 6. 1984 – 3 U 195/82; OLG Bamberg, Urt. v. 26. 2. 1992 – 1 U 154/91, VersR 1992, 1074, 1075 = r+s 1995, 276, 277.

infolge seiner Weiterarbeit Raubbau an seiner Gesundheit treibt.[338] Denn ein Versicherter, der an sich aufgrund seines Gesundheitszustands und aus den in § 2 Abs. 1 BUZ aufgeführten Gründen außerstande ist, einen Beruf auszuüben, aber gleichwohl seine Berufstätigkeit unter Einsatz überpflichtmäßiger Anstrengungen, unter Umständen sogar unter Aufzehrung seiner gesundheitlichen Substanz, ganz oder zu mehr als 50% fortsetzt, hat grundsätzlich Versicherungsschutz.[339]

8. Beweislast

Der Anspruchsteller ist für die Beeinträchtigung im bisherigen Beruf in vollem Umfang beweisbelastet.[340] Der Kläger muss nachweisen, dass er aufgrund seiner Erkrankung an Symptomen gelitten hat, die ihn in seiner körperlichen und/oder geistigen Leistungsfähigkeit so sehr beeinträchtigt haben, dass er nicht in der Lage ist, mit mehr als der Hälfte seiner Leistungskraft zu arbeiten.[341] Dabei kann vom Anspruchsteller kein wissenschaftlich einwandfreier Sachvortrag zur medizinischen Seite verlangt werden.[342] Es muss vielmehr eine laienhafte Darlegung der Beschwerden und ggf. der vom Arzt gestellten Diagnose genügen.[343] Wird der Versicherungsfall mit psychischen Störungen begründet, muss der Versicherungsnehmer näher darlegen und beweisen, dass und aus welchen Gründen es ihm nicht möglich gewesen ist, seine gesundheitlichen Einschränkungen durch zumutbare eigene Anstrengungen „in den Griff" zu bekommen.[344] Zur Darlegung der Berufsunfähigkeit im bisherigen Beruf gehört auch das Zeitmoment: also die Frage der voraussichtlich dauernden oder nach sechs Monaten noch andauernden Beeinträchtigung.[345]

9. Einzelfälle nach Krankheiten

a) **Berufsunfähigkeit verneint.**
– Allergie bei einer Zahnarzthelferin in Ausbildung.[346]
– Allergie gegen Hausstaubmilben und Federn bei einem Polizeidienstanwärter, der auf die im konkreten Fall angestrebte Tätigkeit als Fachkraft für Lebensmitteltechnik verwiesen werden kann.[347]
– Allergische Erkrankungen der Hände bei einem Lackierer und Inhaber eines Lackierbetriebes.[348]
– Allergische Erkrankung der Atemwege (sog. Mehlstauballergie) bei einem Bäcker.[349]

---

[338] BGH, Urt. v. 27. 2. 1991 – IV ZR 66/90, NJW-RR 1991, 736 = VersR 1991, 450 = r+s 1991, 283 = MDR 1991, 1142; BGH, Urt. v. 27. 1. 1993 – IV ZR 309/91, NJW-RR 1993, 671, 672 = VersR 1993, 469, 470 = r+s 1993, 198, 199 = MDR 1993, 422, 423; BGH, Urt. v. 16. 3. 1994 – IV ZR 110/92, NJW-RR 1994, 664, 665 = VersR 1994, 587, 588 = r+s 1994, 314 = MDR 1995, 158; BGH, Urt. v. 30. 11. 1994 – IV ZR 300/93, VersR 1995, 159 = r+s 1995, 115 = MDR 1995, 580; BGH, Urt. v. 11. 10. 2000 – IV ZR 208/99, r+s 2001, 167, 168 = MDR 2001, 274.
[339] OLG Karlsruhe, Urt. v. 19. 5. 1982 – 12 U 190/81, VersR 1983, 281; LG Paderborn v. 2. 3. 1982 – 2 O 477/81; BGH, Urt. v. 11. 10. 2000 – IV ZR 208/99, NJW 1943, 1944 = VersR 2001, 89 = r+s 2001, 167/168 = MDR 2001, 274.
[340] BGH, Urt. v. 14. 6. 1989 – IVa ZR 74/88, NJW-RR 1989, 1050 = VersR 1989, 903 = r+s 1989, 268.
[341] OLG Saarbrücken v. 4. 5. 94 – 5 U 69/91.
[342] Vgl. BGH, Urt. v. 19. 5. 1981 – VI ZR 220/79, VersR 1981, 752; BGH NJW 1995, 1160; BGH, Urt. v. 19. 2. 2003 – IV ZR 321/02, NJW 2003, 1400 = r+s 2003, 527.
[343] Vgl. *Voit*, in: Prölss/Martin, § 2 BUZ Anm. 3 g.
[344] OLG Saarbrücken, Beschl. v. 2. 11. 2006 – 5 W 220/06-64, VersR 2007, 974 (Ls.).
[345] OLG Stuttgart, Urt. v. 12. 11. 1992 – 7 U 189/92, VersR 1993, 874.
[346] OLG Köln r+s 1988, 310.
[347] OLG Köln, Urt. v. 14. 7. 1988 – 5 U 228/87, r+s 1988, 344, 345.
[348] OLG Hamm, Urt. v. 19. 12. 1990 – 20 U 209/90, VersR 1992, 221 (Ls.) = r+s 1991, 178.
[349] LG Stuttgart, Urt. v. 28. 10. 1983 – 22 O 334/83, VersR 1985, 254.

- Allergische Reaktion auf Weizenmehl und asthmoide Beschwerdesymptomatik (Bäckerasthma) bei einer Pizza-Imbiss-Betreiberin.[350]
- Mehlallergie bei einem selbständigen Bäckermeister.[351]
- Armbrüche und Kniescheibenbruch eines Schlachtergesellen, der einen eigenen Betrieb zur Herstellung und zum Handel mit Fleisch- und Wurstwaren leitet.[352]
- Arthralgien unklarer Genese in den Fingergelenken bei einem Masseur und medizinischen Bademeister.[353]
- Auge: selbständiger Ingenieur für Heizungs-, Klima- und Sanitärtechnik hat die Sehfähigkeit auf dem linken Auge fast vollständig verloren.[354]
- Auge: Sehfehler bei einem Friseurmeister.[355]
- Augenleiden bei einem Lagerhalter.[356]
- Bandscheibenschaden bei einem Assistenzarzt.[357]
- Bandscheibenvorfall bei einem selbständigen Tischlermeister.[358]
- Bandscheibenvorfall bei einer gelernten Zahnarzthelferin, die zuletzt mit einer Partnerin ein Wollgeschäft betrieben hat.[359]
- Bandscheibenvorfall bei Kfz.-Mechaniker.[360]
- Beinbeschwerden in Form von Anschwellen und Ansammlung von Wasser bei einer selbständigen Gastwirtin.[361]
- Brustwirbelkörper-Bruch bei einem KFZ-Mechaniker, der mit einem Partner eine Tankstelle als GmbH betreibt.[362]
- Darmbeschwerden/Proctocolitis bei einem Zimmermann.[363]
- Darmerkrankung (chronisch) bei einem Pumpenbauer/Pumpenmonteur.[364]
- Darmerkrankung (chronisch), Kopfschmerzen und Schulter-/Rückenschmerzen bei einem Zimmermann.[365]
- Dysthymie: Der Versicherte litt an einer gedrückten Stimmungslage im Sinne einer das Krankheitsbild der Dysthymie kennzeichnenden depressiven Grundverfassung, die für sich genommen nicht den Schluss auf eine relevante Einschränkung der Fähigkeit zur Berufsausübung zulässt.[366]

---

[350] OLG Saarbrücken, Urt. v. 10. 1. 2001 − 5 U 737/00 − 70, NVersZ 2002, 354, 355 = VersR 2002, 877, 878 = r+s 2002, 302.
[351] LG Koblenz, Urt. v. 5. 3. 1987 − 10 O 558/86, VersR 1988, 1283.
[352] BGH, Urt. v. 16. 3. 1994 − IV ZR 110/92, NJW-RR 1994, 664 = VersR 1994, 587 = r+s 1994, 314 = MDR 1995, 158 (Zurückverweisung).
[353] BGH, Urt. v. 30. 11. 1994 − IV ZR 300/93, NJW-RR 1995, 277 = VersR 1995, 159 = r+s 1995, 115 (Zurückverweisung).
[354] OLG Hamm, Urt. v. 16. 6. 1993 − 20 U 382/92, VersR 1994, 206 = r+s 1994, 114.
[355] LG Düsseldorf, Urt. v. 7. 5. 1982 − 11 O 809/81, VersR 1983, 1071.
[356] OLG Koblenz, Urt. v. 25. 6. 1992 − 6 U 1916/89, r+s 1994, 35.
[357] LG Frankfurt/M., Urt. v. 1. 3. 1990 − 2/5 O 247/88, VersR 1991, 1363.
[358] BGH, Urt. v. 5. 4. 1989 − IVa ZR 35/88, NJW-RR 1989, 854 = VersR 1989, 579 = r+s 1989, 200 = MDR 1989, 802 = VerBAV 1989, 374 (Zurückverweisung).
[359] BGH, Urt. v. 19. 5. 1993 − IV ZR 80/92, NJW-RR 1993, 1047, 1048 = VersR 1993, 953 = r+s 1993, 355 (Zurückverweisung).
[360] BGH, Urt. v. 22. 9. 1993 − IV ZR 244/92, NJW-RR 1994, 150 = VersR 1993, 1472 = r+s 1993, 478 = MDR 1994, 142 (Zurückverweisung).
[361] LG Saarbrücken, Urt. v. 25. 9. 1991 − 14 O 5115/90, r+s 1992, 66, 67.
[362] BGH, Urt. v. 22. 9. 1993 − IV ZR 203/92, VersR 1993, 1470 = NJW-RR 1994, 151 = MDR 1994, 142 = r+s 1994, 33 (Zurückverweisung).
[363] BGH, Urt. v. 20. 9. 1989 − IVa ZR 107/88, NJW 1990, 47 = VersR 1989, 1249, Zurückverweisung.
[364] OLG Köln r+s 1993, 357, 358.
[365] BGH, Urt. v. 30. 9. 1992 − IV ZR 227/91, BGHZ 119, 263 = NJW 1993, 202 = VersR 1992, 1386 = r+s 1992, 427 = MDR 1992, 1132 (Zurückverweisung).
[366] OLG Saarbrücken, Urt. v. 16. 7. 2008 − 5 U 135/06-27, VersR 2009, 344, 347.

- Ellenbogenerkrankung (beiderseitige Epicondylitis humeri radialis), die schon vor Vertragsabschluss bei einem Gastronom bestand, der im Versicherungsantrag angab, als Aufsicht führender Gastronom tätig zu sein und diese Tätigkeit immer noch ausübt.[367]
- Fersenbeinbruch rechts und Zertrümmerung des rechten Sprunggelenks bei einem Dachspengler.[368]
- Gehbehinderung nach einem Sturz bei Arzt.[369]
- Beeinträchtigung des Geschmacks- und Geruchssinns um 10–20% bei Betreiber einer Gaststätte, der auch als Koch tätig ist.[370]
- Halswirbelsäulen- und Schulterbeschwerden bei einem Groß- und Außenhandelskaufmann, der eine eigene GmbH (Sanitärbau, Baublechnerei, Erstellung und Wartung von Gasheizungen) betreibt.[371]
- Halswirbelsäulenbeschwerden bei einem Energieanlagen-Elektroniker.[372]
- Halswirbelsäulenbeschwerden bei einem Kraftfahrer.[373]
- Halswirbelsäulenbeschwerden bei einem selbständigen Bäcker- und Konditormeister.[374]
- Handgelenksbeeinträchtigung nach Speichentrümmerbruch bei einem Steuerberater und Rechtsbeistand.[375]
- Hauterkrankung bei einem Metzger und Koch.[376]
- Hauterkrankung (Ekzem an den Händen) bei einem als selbständiger Ausbeiner tätigen Metzger.[377]
- Herzinfarkt bei selbständigem Raumausstatter.[378]
- Herzoperation wegen Herzklappenfehlers bei einem Maurer.[379]
- Herzrhythmusstörungen bei einem Bauunternehmer (gelerntem Maurer und Mitarbeiter eines Architekturbüros).[380]
- Hüftbeschwerden bei einem Hotelier.[381]
- Hüftleiden bei einem Landwirt.[382]
- Knie- und Handgelenksbeschwerden bei einem Oberfeldwebel.[383]

---

[367] OLG Koblenz, Urt. v. 18. 6. 1999 – 10 U 125/98, VersR 2000, 749 = r+s 2001, 41.
[368] BGH, Urt. v. 15. 1. 1992 – IV ZR 268/90, VersR 1992, 1118 = r+s 1992, 138 (Zurückverweisung).
[369] LG Frankfurt/M., Urt. v. 16. 12. 1993 – 2/5 O 380/92.
[370] OLG Hamm, Urt. v. 13. 6. 2001 – 20 U 177/00, VersR 2002, 427.
[371] BGH, Urt. v. 25. 9. 1991 – IV ZR 145/90, NJW-RR 1992, 159 = VersR 1991, 1358 = r+s 1991, 431 (Ls.) = MDR 1992, 29 (Zurückverweisung).
[372] OLG Frankfurt/M., Urt. v. 10. 2. 1995 – 19 U 1/94.
[373] OLG Nürnberg, Urt. v. 9. 3. 1995 – 8 U 142/95.
[374] KG, Urt. v. 31. 3. 1992 – 6 U 2033/91, VersR 1993, 597, 599.
[375] OLG Celle, Urt. v. 28. 10. 1983 – 8 U 5/83, VersR 1984, 673.
[376] BGH, Urt. v. 30. 5. 1990 – IV ZR 43/89, NJW-RR 1990, 1114 = VersR 1990, 885 = r+s 1990, 393.
[377] OLG Koblenz, Urt. v. 1. 12. 2000 – 10 U 1941/98, r+s 2003, 378; BGH, Nichtannahmebeschl. v. 8. 5. 2002 – IV ZR 5/01, r+s 2003, 378.
[378] OLG Hamm r+s 1994. 473, 474.
[379] LG Gießen, Urt. v. 7. 7. 1985 – 3 O 204/85, VersR 1987, 249.
[380] OLG Köln, Urt. v. 15. 11. 1990 – 5 U 235/89, VersR 1992, 1079, 1080; BGH, Nichtannahmebeschl. v. 25. 9. 1991, VersR 1992, 1079.
[381] OLG Köln, Urt. v. 11. 1. 1990 – 5 U 143/89, VersR 1991, 534, 535; BGH, Nichtannahmebeschl. v. 7. 11. 1990 – IV ZR 54/90, VersR 1991, 534.
[382] BGH, Urt. v. 15. 1. 1986 – IV a ZR 137/84, VersR 1986, 277, 278 = MDR 1986, 653 (Revisionsentscheidung zu OLG Koblenz, Urt. v. 25. 5. 1984 – 10 U 1450/83, VersR 1985, 873).
[383] OLG Celle v. 19. 11. 1991 – 8 U 199/90.

- Knieverletzung bei einem Fußballspieler.[384]
- Knieverletzungen (nach Sportunfällen) bei einem Tennislehrer und gelernten Großhandelskaufmann (mit eigener Boutique), der noch den Beruf eines Inhaber bzw. Leiters eines Textilgeschäftes ausüben kann.[385]
- Lähmung der linken Wadenbeinnerven bei einer Versicherungsangestellten im Außendienst.[386]
- Leberzirrhose bei Assistenzarzt, der als beratender Arzt tätig sein kann.[387]
- Leistenbruchoperationen und wiederkehrende Leistenbeschwerden bei einem angelernten Gatterschneider, der in einem Sägewerk tätig ist.[388]
- Lendenwirbel-Kompressionsfraktur und Fersenbein-Trümmerbruch bei Dachdeckermeister mit vier Mitarbeitern und einem Auszubildenden.[389]
- Lendenwirbelsäulenbeschwerden bei einer Krankenschwester, die noch im administrativen Pflegebereich tätig sein kann.[390]
- Lendenwirbelsäulenbeschwerden bei einem Verkäufer im Außendienst.[391]
- Lumboischialgien bei einem Fliesenlegermeister.[392]
- Lumboischialgien bei einem Fahrlehrer.[393]
- Lungenerkrankung bei Polizeibeamten im Polizeivollzugsdienst.[394]
- Lungenerkrankung sowie Wirbelsäulen-, Gelenkleiden und Sehbehinderung bei einem Gestütsleiter.[395]
- Morbus Bechterew bei einem Forstamtmann, der eine Revierförsterei leitet.[396]
- Nachtfahruntauglichkeit eines Fahrlehrers.[397]
- Orthopädische Beschwerden eines Masseurs und Medizinischen Bademeisters, der weiter in eigener Praxis tätig sein kann.[398]
- Orthopädische Beschwerden bei Pizza-Imbiss-Betreiberin.[399]
- Orthopädischen Gesundheitsbeeinträchtigungen bei Hotelier.[400]
- Psychosomatischer Symptomkomplex bei einem Oberlokomotivführer (gelerntem Kfz.-Mechaniker).[401]

---

[384] LG Kaiserslautern, Urt. v. 25. 8. 1982 – 3 O 174/82, VersR 1983, 172 m. Anm. Oster VersR 1983, 579.
[385] OLG Köln, Urt. v. 10. 3. 1988 – 5 U 191/87, VersR 1989, 691 = r+s 1988, 180.
[386] BGH, Urt. v. 17. 9. 1986 – IVa ZR 252/84, NJW-RR 1987, 276 = VersR 1986, 1113.
[387] OLG Saarbrücken, Urt. v. 4. 5. 1994 – 5 U 69/91, S. 8.
[388] BGH, Urt. v. 27. 5. 1992 – IV ZR 112/91, NJW-RR 1992, 1052 = VersR 1992, 1073 = r+s 1992, 353 (Zurückverweisung).
[389] BGH, Urt. v. 3. 11. 1993 – IV ZR 185/92, NJW-RR 1994, 153 = VersR 1994, 205 = r+s 1994, 113 (Zurückverweisung).
[390] LG Trier r+s 1987, 327, 328.
[391] OLG Düsseldorf, Urt. v. 25. 6. 1991 – 4 U 211/90, VersR 1991, 1360, 1361.
[392] OLG Hamm, Urt. v. 11. 5. 1988 – 20 U 257/87, VersR 1989, 177 (Ls.) = r+s 1988, 345.
[393] OLG Saarbrücken, Urt. v. 23. 7. 2004 – 5 U 683/03 – 64, NJW-RR 2004, 1403, 1404 = VersR 2005, 63, 64.
[394] OLG München, Urt. v. 25. 10. 1984 – 1 U 2989/84, VersR 1986, 669.
[395] BGH, Urt. v. 19. 11. 1985 – IVa ZR 23/84, VersR 1986, 278 (Zurückverweisung).
[396] BGH, Urt. v. 27. 2. 1991 – IV ZR 66/90, NJW-RR 1991, 736 = VersR 1991, 450 = r+s 1991, 283 (Zurückverweisung).
[397] OLG Koblenz, Urt. v. 27. 8. 1999 – 10 U 105/99, VersR 2000, 1224, 1227 = r+s 2000, 433, 434.
[398] LG Frankfurt/M., Urt. v. 24. 3. 1994 – 2/5 O 68/89.
[399] OLG Saarbrücken, Urt. v. 10. 1. 2000 – 5 U 737/00, NVersZ 2002, 354, 355 = VersR 2002, 877, 878.
[400] OLG Köln, Urt. v. 11. 1. 1990 – 5 U 143/89, VersR 1991, 534 = r+s 1991, 143.
[401] OLG Karlsruhe, Urt. v. 7. 2. 1991 – 12 U 236/89, VersR 1992, 1078, 1079.

- Schädelverletzung nach Unfall bei einem Groß- und Außenhandelskaufmann.[402]
- leichte depressive Reaktion in Form einer leichten Antriebsschwäche bei einem geschäftsführenden Gesellschafter.[403]
- Schwindelattacken bei Dachdecker- und Bauklempnermeister mit eigener GmbH.[404]
- Somatoforme Schmerzstörung ohne Auswirkung auf die körperliche Tätigkeit bei einem selbständigen Metzgermeister.[405]
- Somatoforme autonome Funktionsstörung mit Betroffenheit des kardiovaskulären Systems.[406]
- Sprunggelenkverletzung (Koch und Gastwirt).[407]
- Sudeck'sches Syndrom und Tennisarm (Inhaber eines Fischstands auf einem großstädtischen Wochenmarkt).[408]
- Unterarmbruch, Verknorpelungen und Knochenverlagerung (gelernten Schmied, zugleich angelernter Maschinenschlosser).[409]
- Unverträglichkeit von Aceton und anderen ätzenden Stoffen (Sportartikelkaufmann).[410]
- Verhebetrauma (selbständiger Glaser).[411]
- Wirbelbruch und beidseitiger Fersenbeinbruch (Heizungsmonteur).[412]
- Wirbelsäulenerkrankung bei Bäcker und Konditormeister.[413]
- Wirbelsäulenbeschwerden und Arthrosis im Bereich einer Sprunggelenkfraktur (Tankwart).[414]
- Wirbelsäulenbeschwerden bei Kraftfahrer (Auslieferungsfahrer für Fassbier bei einer Brauerei und gelerntem Maurer).[415]
- Wirbelsäulen- und Hüftgelenkbeschwerden (Kfz.-Mechaniker).[416]
- Wirbelsäulenerkrankung bei selbständigem Heizungsbauer vor Versicherungsbeginn.[417]
- Wirbelsäulenbeschwerden (Versicherungsvertreter).[418]

b) Berufsunfähigkeit bejaht.
- Allergie bei Polizeihauptwachtmeister.[419]

---

[402] OLG Koblenz r+s 1994, 195.
[403] OLG Saarbrücken, Urt. v. 8. 3. 2006 – 5 U 269/05 – 22, r+s 2007, 334, 335.
[404] OLG Köln, Urt. v. 3. 6. 1993 – 5 U 229/92, VersR 1994, 1096, 1097 = r+s 1994, 276.
[405] OLG Koblenz, Urt. v. 11. 1. 2002 – 10 U 786/01, r+s 2003, 337, 338.
[406] OLG Saarbrücken, Urt. v. 13. 4. 2005 – 5 U 842/01 – 67, NJW-RR 2006, 250, 251 f. = VersR 2006, 778, 780 = r+s 2007, 70, 71.
[407] OLG Stuttgart, Urt. v. 12. 11. 1992 – 7 U 189/92, VersR 1993, 874.
[408] OLG Düsseldorf, Urt. v. 26. 6. 1990 – 4 U 201/89, VersR 1991, 1359, 1360.
[409] OLG Hamm, Urt. v. 15. 12. 1989 – 20 U 49/89, VersR 1990, 731.
[410] OLG Köln r+s 1991, 323.
[411] BGH, Urt. v. 17. 2. 1993 – IV ZR 228/91, NJW-RR 1993, 725 = VersR 1993, 470 (Zurückverweisung).
[412] LG Ulm, Urt. v. 5. 6. 1979 – 2 O 133/79, VersR 1979, 930.
[413] OLG Köln, Urt. v. 20. 6. 1991 – 5 U 196/90, VersR 1991, 1362 = r+s 1993, 273.
[414] BGH, Urt. v. 11. 11. 1987 – IV a ZR 240/86, NJW 1988, 973 = VersR 1988, 234 = r+s 1988, 118.
[415] BGH, Urt. v. 29. 6. 1994 – IV ZR 120/93, NJW-RR 1995, 21 = VersR 1994, 1095 = r+s 1994, 391 = VerBAV 1995, 125 (Zurückverweisung).
[416] OLG Frankfurt/M., Urt. v. 11. 12. 1992 – 19 U 37/90.
[417] BGH, Urt. v. 27. 1. 1993 – IV ZR 309/91, NJW-RR 1993, 671 = VersR 1993, 469 = r+s 1993, 198 = MDR 1993, 422.
[418] OLG Frankfurt/M., Urt. v. 23. 4. 1992 –14 U 153/91.
[419] LG Bielefeld, Urt. v. 22. 3. 1991 – 4 O 361/90, NJW-RR 1992, 96 = VersR 1992, 949 = r+s 1994, 394.

- Allergie (Sensibilität) im Hinblick auf einen Blondierungsstoff bei einer Friseurin.[420]
- Asthma bronchiale bei einem selbständigen Bäckermeister und Konditor.[421]
- Auge: auf einem Auge erblindeter selbständiger, ohne Mitarbeiter tätiger Maler ist im Malerberuf nicht mehr in nennenswertem Umfang einsetzbar.[422]
- Augenverletzung nach Unfall bei einem Polizeivollzugsbeamten mit Klausel zur Polizeidienstunfähigkeit.[423]
- Bänderrisse in beiden Kniegelenken und ein Meniskusschaden im linken Knie bei einem Maler- und Lackierermeister mit eigenem Betrieb, der des Weiteren unter Drehschwindel und einem Bandscheibenvorfall leidet.[424]
- Bandscheiben- und Hüftgelenksleiden bei einem Getränkehändler, gelernter Braumeister, mit Einmannbetrieb.[425]
- Bandscheibenschaden und Quetschung der linken Hand bei Gesellschafter und Geschäftsführer, gelernter Bauschlosser und Kunstschmied, einer eigenen GmbH mit einem Mitarbeiter.[426]
- Bandscheibenprotrusion bei einem selbständigen Bodenleger.[427]
- Bandscheibenvorfall bei einem selbständigen Kfz.-Mechaniker.[428]
- Bandscheibenvorfall bei einem selbständigen Gas- und Wasserinstallateur.[429]
- Bandscheibenvorfall bei einem Servicefahrer.[430]
- Bandscheibenvorfall bei einem selbständigen Fuger.[431]
- Bandscheibenprolaps der Halswirbelsäule und lumbaler Bandscheibenvorfall bei einem selbständigem Konditormeister und Inhaber eines Stadtcafés.[432]
- Bein- und Fußbrüche bei einem selbständigen Maler- und Lackierermeister.[433]
- Burnout-Syndrom.[434]
- Darmerkrankung (Morbus Crohn) bei einem Betriebsheizmeister und gelerntem KFZ-Meister.[435]
- Depressiv-ängstliche Verstimmungen.[436]
- Depressive Versagensreaktion und degenerative Veränderungen der Wirbelsäule sowie anderer Gelenke bei einer selbständigen Masseurin und Medizinischen Bademeisterin.[437]

---

[420] OLG Düsseldorf, Urt. v. 25. 10. 1988 – 4 U 261/87, r+s 1990, 215.
[421] OLG Hamm, Urt. v. 2. 9. 1992 – 20 U 82/92, NJW-RR 1993, 540 = VersR 1993, 954 = r+s 1993, 394.
[422] OLG Hamm, Urt. v. 16. 6. 1999 – 20 U 32/99, r+s 2000, 37.
[423] OLG Bamberg, Urt. v. 26. 3. 1992 – 1 U 154/91, VersR 1992, 1074.
[424] OLG Hamm, Urt. v. 16. 3. 1990 – 20 U 145/88, VersR 1990, 1105.
[425] OLG Karlsruhe, Urt. v. 16. 8. 1990 – 12 U 84/89, VersR 1992, 173.
[426] OLG Düsseldorf v. 20. 3. 1990 – 4 U 107/89.
[427] OLG Düsseldorf, Urt. v. 24. 11. 1998 – 4 U 197/97, NVersZ 1999, 563.
[428] OLG Nürnberg, Urt. v. 21. 1. 1993 – 8 U 34/92.
[429] OLG Saarbrücken, Urt. v. 19. 11. 2003 – 5 U 168/00 – 11, VersR 2004, 1401, 1402 = r+s 2005, 75.
[430] OLG Hamm, Urt. v. 5. 6. 1992 – 20 U 6/92, NJW-RR 1993, 34 = VersR 1992, 1338 = r+s 1993, 35.
[431] OLG Hamm, Urt. v. 23. 10. 1987 – 20 U 230/87, VersR 1988, 90 = r+s 1988, 90.
[432] OLG Saarbrücken, Urt. v. 29. 10. 2003 – 5 U 451/02 – 58, VersR 2004, 1165, 1166 = r+s 2005, 32, 33.
[433] OLG Düsseldorf, Urt. v. 4. 8. 1992 – 4 U 212/90.
[434] LG München I, Urt. v. 22. 3. 2006 – 25 O 19798/03, r+s 2008, 388 = VP 2007, 191.
[435] OLG München, Urt. v. 8. 5. 1991 – 27 U 558/90, VersR 1992, 1339; dazu *Gehrke* VersR 1992, 1343 ff.
[436] LG Karlsruhe, Urt. v. 26. 4. 1989 – 10 O 139/88.
[437] OLG Karlsruhe, Urt. v. 18. 2. 1993 – 12 U 249/92, VersR 1995, 86 = r+s 1995, 34; BGH, Nichtannahmebeschl. v. 8. 12. 1993 – IV ZR 94/93, VersR 1995, 86 = r+s 1995, 34.

- Epileptische Anfälle bei einem selbständigen Handelsvertreter für Außenwerbeanlagen.[438]
- Fingerverletzung bei einem Dreher.[439]
- Frakturen des rechten Fußgelenks (mit Bänderabriss) und des linken Schienbeinkopfes bei einem Groß- und Außenhandelskaufmann, der zuletzt als stellvertretender Geschäftsführer einer Autovermietungsfirma tätig war.[440]
- Gleichgewichtsstörungen bei einem auf Fassadenbeschichtung spezialisierten selbständigen Malermeister.[441]
- Halswirbelsäulenbeschwerden mit kurzfristig auftretenden Schwindelattacken.[442]
- Hauterkrankung bei einer Auszubildenden, die den Beruf der Friseuse erlernt.[443]
- atopisches Kontaktekzem bei Bademeisterin/Masseurin.[444]
- Herzinfarkt bei einem Installateur- und Heizungsbaumeister mit eigenem Sanitär- und Heizungsbaubetrieb.[445]
- Herzrhythmusstörungen mit einer absoluten Arrhythmie bei Vorhofflimmern bei einem Inhaber eines kleineren auf Bausanierung ausgerichteten Handwerksbetriebs.[446]
- Koronare Herzerkrankung und Schwindelsymptomatik bei Zimmermannsmeister.[447]
- Hirnpellung (contusio cerebri).[448]
- Hirninfarkte bei einem Unternehmensberater.[449]
- Kniebeschwerden bei angestelltem Bäckermeister.[450]
- Kniebeschwerden und Veränderungen an der Wirbelsäule bei selbständigem Fliesenleger.[451]
- Kniebeschwerden (Gonarthrose und Femoropatellararthrose in beiden Kniegelenken) beim Inhaber eines Maler- und Fußbodenverlegebetriebs.[452]
- Unfallbedingte Sensibilitätsstörungen und Kraftminderung bei einem Maurergesellen.[453]
- Kreislaufregulationsstörungen bei einem Handelsvertreter.[454]
- Lendenwirbelsäulenbeschwerden bei dem Inhaber eines Bautenschutzunternehmens.[455]

---

[438] OLG Hamm, Urt. v. 11. 2. 1994 – 20 U 151/93, VersR 1995, 84, 85; BGH, Nichtannahmebeschl. v. 22. 2. 1995 – IV ZR 130/94, VersR 1995, 407.
[439] OLG Düsseldorf, Urt. v. 11. 2. 1992 – 4 U 57/ 91.
[440] OLG Hamm, Urt. v. 30. 3. 1990 – 20 U 143/89, r+s 1990, 355.
[441] OLG Hamm, Urt. v. 16. 3. 1990 – 20 U 145/88, r+s 1990, 429.
[442] OLG Frankfurt/M., Urt. v. 16. 9. 1992 – 7 U 17/91, VersR 1993, 1134 = r+s 1994, 34, 35.
[443] OLG München, Urt. v. 10. 2. 1993 – 30 U 823/92, VersR 1993, 1000 = r+s 1994, 235.
[444] OLG Frankfurt/M., Urt. v. 20. 7. 2005 – 7 U 220/04, VersR 2006, 1062, 1063.
[445] OLG Karlsruhe, Urt. v. 18. 8. 1988 – 12 U 213/86, VersR 1990, 608.
[446] OLG Karlsruhe, Urt. v. 2. 3. 2000 – 12 U 191/99, NVersZ 2000, 564 = VersR 2000, 1401 = r+s 2001, 434, 435.
[447] OLG Koblenz, Urt. v. 10. 11. 2000 – 10 U 278/00, NVersZ 2001, 212 = VersR 2002, 344 = r+s 2002, 33.
[448] OLG Saarbrücken, Urt. v. 3. 5. 2006 – 5 U 578/00 – 48, VersR 2007, 780, 782.
[449] OLG Düsseldorf, Urt. v. 10. 6. 2003 – 4 U 200/02, NJW-RR 2004, 678, 679 = VersR 2004, 988, 989 = r+s 2005, 117.
[450] OLG Koblenz, Urt. v. 15. 1. 1999 – 10 U 1930/97, NVersZ 1999, 521.
[451] OLG Oldenburg, Urt. v. 30. 8. 2000 – 2 U 70/99, NVersZ 2001, 409.
[452] OLG Frankfurt/M., Urt. v. 21. 11. 1985 – 15 U 107/84, VersR 1987, 349.
[453] OLG Karlsruhe, Urt. v. 17. 1. 1991 – 12 U 143/90, VersR 1992, 1077, 1078 = r+s 1993, 316, 317.
[454] OLG Hamm, Urt. v. 5. 12. 1986 – 20 U 50/86.
[455] OLG Hamm, Urt. v. 26. 6. 1991 – 20 U 51/91, VersR 1992, 1120 = r+s 1991, 389.

- Lendenwirbelsäulenbeschwerden bei einem Klempner- und Installateurmeister mit eigenem Klempner- und Installateurbetrieb.[456]
- Lendenwirbelsäulenbeschwerden und Beschwerden am linken Bein bei einem Monteur in einem Betrieb für Rohrleitungsbau und –wartung.[457]
- Lumbalsyndrom mit Wurzelkompression (Ischiasschmerzen) sowie Chondropathia patellae bei einem Kraftfahrzeugmechaniker mit eigener Werkstatt und gepachteter Tankstelle.[458]
- Lumboischialgie aufgrund degenerativer Veränderungen der Wirbelsäule bei einem Autolackierer.[459]
- Lumboischialgie bei einem Fliesenlegermeister.[460]
- Mehlstauballergie bei einer Bäckermeisterin.[461]
- Mehlstauballergisches Asthma mit Hyperreagibilität des Bronchialsystems bei der Inhaberin einer Pizzeria mit Pizzabäckerei.[462]
- Meniskusschäden, fortschreitende Arthrose in den Fingergelenken bei selbständigem Getränkehändler und gelerntem Gerbermeister.[463]
- Meniskus- und Kniescheibenschäden sowie Coxarthrose.[464]
- Meniskusschaden (Bandinstabilität des linken Kniegelenks) bei einem Ein-Mann-Busfahrer.[465]
- Neurose bei einer Lehrerin.[466]
- Neurosen sollen zur Berufsunfähigkeit führen können, wenn sie vom Versicherten nicht überwunden werden können.[467]
- Orthopädische Beschwerden bei einem Ausbeiner.[468]
- Orthopädische Beschwerden bei einem Hilfsarbeiter.[469]
- Osteoporose, Wirbelsäulenbeschwerden und Bewegungseinschränkung nach einer Handoperation beim Betreiber eines Verkaufsstandes.[470]
- Psychopathie (asthenische P.) nach Sturz bei Polizeibeamten.[471]
- Psychosomatische Beschwerden.[472]
- Chronisch psychosomatische Schmerzkrankheit.[473]
- Psychovegetatives Syndrom (Bundesbahnobersekretär).[474]

---

[456] OLG Hamm, Urt. v. 6. 10. 1989 – 20 U 20/89, VersR 1990, 605, 606 = r+s 1990, 31.
[457] BGH, Urt. v. 17. 2. 1993 – IV ZR 162/91, NJW-RR 1993, 723 = VersR 1993, 559.
[458] OLG Nürnberg, Urt. v. 1. 12. 1988 – 8 U 23/88, VersR 1989, 693 = r+s 1989, 165.
[459] OLG Karlsruhe, Urt. v. 7. 4. 1994 – 12 U 25/94, r+s 1994, 475.
[460] OLG Hamm, Urt. v. 11. 5. 1988 – 20 U 257/87, VersR 1989, 177 (Ls.) = r+s 1988, 345.
[461] OLG Frankfurt/M., Urt. v. 14. 1. 1998 – 7 U 224/96, r+s 1998, 480.
[462] OLG Frankfurt/M., Urt. v. 28. 8. 2002 – 7 U 72/99, VersR 2003, 230.
[463] OLG Karlsruhe, Urt. v. 15. 1. 1992 – 13 U 275/90, NJW-RR 1993, 739 = VersR 1993, 873 = r+s 1994, 273.
[464] BGH, Urt. v. 27. 9. 1989 – IVa ZR 132/88, NJW-RR 1990, 31 = VersR 1989, 1182 = r+s 1990, 67 = VerBAV 1989, 166 (Zurückverweisung).
[465] LG Bremen, Urt. v. 28. 6. 1990 – 2 O 95/1990, r+s 1991, 34.
[466] OLG Karlsruhe, Urt. v. 4. 2. 1994 – 14 U 84/92.
[467] LG Stade v. 28. 6. 1989 – 5 O 287/88, S. 7.
[468] OLG Saarbrücken, Urt. v. 20. 10. 1993 – 5 U 40/92, VersR 1994, 969, 970 = r+s 1994, 196.
[469] OLG Saarbrücken, Urt. v. 3. 9. 1997 – 5 U 889/94 – 77, NJW-RR 1998, 540 = r+s 1998, 38.
[470] Fischwagen auf dem Markt, OLG Düsseldorf, Urt. v. 30. 11. 1993 – 4 U 215/92.
[471] OLG Hamm, Beschl. v. 2. 12. 1981 – 20 W 43/81, VersR 1982, 889.
[472] LG Karlsruhe v. 26. 4. 1989 – 10 O 139/ 88.
[473] OLG Karlsruhe, Urt. v. 3. 4. 2003 – 12 U 57/01, VersR 2004, 98, 99.
[474] BGH, Urt. v. 14. 6. 1989 – IVa ZR 74/88, NJW-RR 1989, 1050 = VersR 1989, 903 = r+s 1989, 268.

- Rückenschmerzen im Lendenbereich sowie Schmerzen im Bereich des linken Hüftgelenks (Kraftfahrer).[475]
- Sensibilität im Hinblick auf einen Blondierungsstoff bei einer Friseurin.[476]
- Stimmbandlähmung (linksseitig) nach Schilddrüsenoperation bei einer Grundschullehrerin.[477]
- Schulter-, Arm- und Gelenkbeschwerden lassen eine PC-Tätigkeit mit Bedienen der Tastatur nicht mehr zu.[478]
- Somatoforme Schmerzstörung bei einem Anwendersoftwareprogrammierer[479]
- Thrombose in beiden Oberschenkeln bei einem Installateurmeister (Inhaber einer Heizungsbau- und Installationsfirma).[480]
- Verbrennungen linksseitig an Fuß und Bein bei einem Schmelzer, der nach Hauttransplantationen nicht mehr in der Lage ist, in der Gießerei mit den hohen Raumtemperaturen zu arbeiten.[481]
- Verlust des rechten Unterarms (Inhaber eines Gaststätten- und Hotelbetriebs).[482]
- Verkalkung (Impingment-Syndrom bei Tendinosis calcarea) bei selbständigem Friseurmeister.[483]
- Wirbelgleiten, beginnende Coxarthrose u. a. bei einem Mess- und Regeltechniker im Außendienst.[484]
- Wirbelsäulenbeschwerden bei einem Restaurantfachmann.[485]
- Wirbelsäulenbeschwerden und Arthrose bei einem selbständigen Metzgermeister.[486]
- Wirbelsäulenbeschwerden bei einer Zahnarzthelferin.[487]
- Wirbelsäulenfehlbildung (hochgradige Thorakolumbalskoliose mit rechtsseitigem Thoraxast sowie linksseitigem Flankenbuckel) bei Polizeivollzugsbeamtin auf Probe.[488]

VI. Außerstandesein zur Ausübung einer anderen Tätigkeit

1. Verweisung unter Berücksichtigung der Ausbildung und Erfahrung

a) Allgemeines. Nach den BUZ kommt eine Verweisung des Versicherten auf eine andere Tätigkeit – auch unter Berücksichtigung neu erworbener beruflicher Fähigkeiten – nur dann in Betracht, wenn die andere Tätigkeit seiner bisherigen Lebensstellung entspricht (§§ 6 Abs. 1, 2 Abs. 1 BUZ).[489] Die bisherige Lebens-

---

[475] OLG Köln, Urt. v. 5. 3. 1992 – 5 U 175/90, VersR 1993, 955 = r+s 1993, 155.
[476] OLG Düsseldorf, Urt. v. 25. 10. 1988 – 4 U 261/87, r+s 1990, 215.
[477] OLG Karlsruhe, Urt. v. 19. 5. 1982 – 12 U 190/81, VersR 1983, 281.
[478] OLG Hamm, Urt. v. 10. 5. 2006 – 20 U 70/05, VersR 2006, 1481 = r+s 2007, 293 = MDR 2006, 1227.
[479] OLG Koblenz, Urt. v. 27. 3. 2009 – 10 U 1367/07, VersR 2009, 1249, 1250.
[480] OLG Köln, Urt. v. 13. 4. 1989 – 5 U 28/87, VersR 1989, 1034 = r+s 1989, 371.
[481] OLG Karlsruhe, Urt. v. 15. 3. 2007 – 12 U 196/06, VersR 2007, 1212.
[482] OLG Celle, Urt. v. 2. 11. 1995 – 8 U 171/94, VersR 1997, 439 (Ls.)
[483] LG Hamburg, Urt. v. 16. 12. 1991 – 325 O 4/89, VersR 1992, 1122, 1123.
[484] OLG Karlsruhe, Urt. v. 19. 1. 1989 – 12 U 120/87, VersR 1990, 961.
[485] LG Rottweil, Urt. v. 30. 7. 1990 – 3 O 1298/89, VersR 1991, 169, 170 = r+s 1991, 249.
[486] LG Duisburg, Urt. v. 5. 3. 1992 – 8 O 30/89.
[487] OLG Hamm, Urt. v. 18. 6. 1997 – 20 U 8/97, NJW-RR 1998, 241, 242 = VersR 1998, 442, 443.
[488] OLG Frankfurt/M., Urt. v. 29. 6. 2001 – 25 U 159/00, VersR 2001, 1543 = r+s 2002, 435.
[489] BGH, Urt. v. 11. 12. 2002 – IV ZR 302/01, NJW-RR 2003, 383 = r+s 2003, 164, 165.

stellung wird vor allem durch die zuletzt ausgeübte Tätigkeit geprägt.[490] Ihre Berücksichtigung sondert Tätigkeiten aus, deren Ausübung deutlich geringere Fähigkeiten und Erfahrung erfordert als der bisherige Beruf.[491] Denn ein Beruf, der den Versicherten kenntnis- und erfahrungsmäßig unterfordert, ist kein Vergleichsberuf im Sinne der BUZ.[492] Die Lebensstellung eines Erwerbstätigen wird mithin von der Qualifikation seiner Erwerbstätigkeit bestimmt, und diese orientiert sich – ebenso wie die Vergütung der Tätigkeit – wiederum daran, welche Kenntnisse und Erfahrung die ordnungsgemäße und sachgerechte Ausübung der Tätigkeit voraussetzt.[493] Wenn der Versicherte in verschiedenen Berufen gearbeitet hat und dabei auch zusätzliche Erfahrungen sammeln konnte, kann er nicht beanspruchen, dass ein für ihn in Betracht kommender Vergleichsberuf ihn in allen bildungsmäßig möglichen Einsatzbereichen fordern muss.[494] Auf einen Arbeitsplatz, den der Versicherte nicht nach seiner Eignung und seinen Fähigkeiten, sondern nur aufgrund des Wohlwollens Dritter zu erlangen vermag, muss sich der Versicherte nicht verweisen lassen.[495]

87 **b) Vorhandene Leiden.** Wenn der Versicherer keinen Risikoausschluss zu einem bei Vertragsabschluss vorhandenen Leiden vereinbart, hat er zwangsläufig das Risiko einer eingeschränkten Verweisbarkeit mit dem Vertragschluss übernommen.[496] Es ist ihm verwehrt, sich darauf zu berufen, dass Beschränkungen in der Verweisbarkeit des Versicherten unbeachtet zu bleiben hätten, soweit sie sich aus diesem Leiden herleiten.[497] Eine Verweisung auf eine Berufstätigkeit, die ein intaktes Gehör erfordert, scheidet folglich aus, wenn der Versicherer keinen Risikoausschluss zu einer bei Vertragsabschluss vorhandenen Schwerhörigkeit vereinbart hat.[498]

88 **c) Anforderungsprofil.** Das Gericht muss beurteilen können, ob die andere Tätigkeit nach angemessener Einarbeitungszeit, wie sie jeder Antritt einer neuen Arbeitsstelle mit sich bringt, sachgerecht und anforderungsgemäß ausgeübt werden kann.[499] Erforderlich sind Feststellungen zu den Anforderungsprofilen der beiden Berufsbilder, nämlich des ausgeübten Berufs und des Vergleichsberufs.[500]

---

[490] BGH, Urt. v. 11. 12. 2002 – IV ZR 302/01, NJW-RR 2003, 383 = r+s 2003, 164, 165.

[491] BGH, Urt. v. 11. 12. 2002 – IV ZR 302/01, NJW-RR 2003, 383 = r+s 2003, 164, 165.

[492] BGH, Urt. v. 27. 5. 1992 – IV ZR 112/91, NJW-RR 1992, 1052 = VersR 1992, 1073 = r+s 1992, 353; BGH, Urt. v. 19. 5. 1993 – IV ZR 80/92, NJW-RR 1993, 1047, 1048 = VersR 1993, 953, 954 = r+s 1993, 355, 356.

[493] BGH, Urt. v. 11. 12. 2002 – IV ZR 302/01, NJW-RR 2003, 383/384 = r+s 2003, 164, 165.

[494] BGH, Urt. v. 19. 5. 1993 – IV ZR 80/92, NJW-RR 1993, 1047, 1048 = VersR 1993, 953, 954 = r+s 1993, 355, 356.

[495] BGH, Urt. v. 11. 10. 2000 – IV ZR 208/99, VersR 2001, 89 = r+s 2001, 167; OLG Saarbrücken, Urt. v. 19. 11. 2003 – 5 U 168/00 – 11, VersR 2004, 1401, 1402.

[496] BGH, Urt. v. 27. 5. 1992 – IV ZR 112/91, VersR 1992, 1073, 1074 = r+s 1992, 353, 354.

[497] BGH, Urt. v. 27. 5. 1992 – IV ZR 112/91, VersR 1992, 1073, 1074 = r+s 1992, 353, 354.

[498] BGH, Urt. v. 27. 5. 1992 – IV ZR 112/91, VersR 1992, 1073, 1074 = r+s 1992, 353, 354.

[499] BGH, Urt. v. 30. 11. 1994 – IV ZR 300/93, NJW-RR 1995, 277, 278 = VersR 1995, 159, 160 = r+s 1995, 115.

[500] BGH, Urt. v. 30. 9. 1992 – IV ZR 227/91, BGHZ 119, 263 = NJW 1993, 202, 203 = VersR 1992, 1386, 1387 = r+s 1992, 427; BGH, Urt. v. 30. 11. 1994 – IV ZR 300/93, NJW-RR 1995, 277, 278 = VersR 1995, 159, 160 = r+s 1995, 115.

d) **Stichtagsprinzip.** § 2 BUZ stellt nur auf bei Eintritt des Versicherungsfalls 89
bereits vorhandene Kenntnisse und Fähigkeiten[501] sowie die zu diesem Zeitpunkt
schon erhaltenen Ausbildungen ab.[502] Was der Versicherte an zukünftigen Erfahrungen und Ausbildungen noch hinzu erwirbt, ist dagegen nicht berücksichtigungsfähig.[503] An diesem vom LVU gewählten Stichtagsprinzip ändert sich auch dann nichts, wenn der Versicherungsnehmer Leistungen erst ab einem späteren Zeitpunkt begehrt oder diese wegen verzögerter Antragstellung nicht seit Eintritt der Berufsunfähigkeit beanspruchen kann.[504] Liefert demgemäß die Berufsausübung vor Eintritt des Versicherungsfalls die Vergleichsmaßstäbe dafür, ob die neue Tätigkeit der bisherigen Lebensstellung entspricht, muss bekannt sein, wie diese konkret ausgestaltet war, welche Anforderungen sie an den Versicherten stellte, welche Fähigkeiten sie voraussetzte, welches Einkommen sie ihm sicherte und wie sich seine beruflichen Entwicklungsmöglichkeiten real darstellten.[505]

Es kann z. B. nicht gefordert werden, dass ein bisher überwiegend körperlich 90
Arbeitender nur auf vergleichbare körperliche Tätigkeiten verwiesen werden kann.[506] Die Frage der Verweisungsmöglichkeit auf eine andere Berufstätigkeit ist anhand einer wertenden Betrachtung zu beantworten, bei der vornehmlich die objektive Qualität der früheren und der Verweisungstätigkeit zu berücksichtigen ist.[507] Denn das Anerkenntnis hindert den Versicherer, den Versicherten auf einen seinerzeit nicht geprüften Vergleichsberuf zu verweisen, wenn sich dessen Gesundheitszustand nachträglich nicht gebessert hat.[508]

e) **Maßstab.** Der bisherige, konkret ausgeübte Beruf ist der Maßstab dafür, 91
welche vergleichbaren Berufe dem Versicherten zugemutet werden können.[509] Vor der Beurteilung des Vergleichsberufs muss die konkrete letzte Berufstätigkeit aufgeklärt werden, da sie bestimmend für die Ausübbarkeit und Angemessenheit des Vergleichsberufes ist.[510] Das Gericht kann allenfalls dahinstehen lassen, ob in der letzten Berufstätigkeit der erforderliche Mindestgrad der gesundheitlichen Beeinträchtigung erreicht ist, wenn der Versicherte jedenfalls auf andere, vergleichbare Tätigkeiten verwiesen werden kann.[511] Die Tauglichkeit eines Vergleichsberufs, nämlich ob dieser nach § 2 Abs. 1 BUZ der Ausbildung, Erfahrung und bisherigen Lebensstellung des Versicherten entspricht, ist völlig losgelöst vom Gesundheitszustand zu beurteilen.[512] Krankheit, Körperverletzung oder Kräfteverfall bestimmen erst den Grad der Berufsunfähigkeit hinsichtlich eines in Betracht

---

[501] BGH, Urt. v. 30. 11. 1994 – IV ZR 300/93, VersR 1995, 159, 160 = r+s 1995, 115.
[502] BGH, Urt. v. 30. 11. 1994 – IV ZR 300/93, VersR 1995, 159, 160 = r+s 1995, 115.
[503] BGH, Urt. v. 13. 5. 1987 – IV a ZR 8/86, NJW-RR 1987, 1050 = VersR 1987, 753, 754 = r+s 1987, 267; LG Bremen, Urt. v. 28. 6. 1990 – 2 O 95/90, r+s 1991, 34; BGH, Urt. v. 30. 11. 1994 – IV ZR 300/93, = VersR 1995, 159, 160 = r+s 1995, 115.
[504] BGH, Urt. v. 30. 11. 1994 – IV ZR 300/93, VersR 1995, 159, 160 = r+s 1995, 115.
[505] BGH, Urt. v. 11. 12. 2002 – IV ZR 302/01, NJW-RR 2003, 383, 384.
[506] LG Koblenz, Urt. 15. 4. 1988 – 2 O 448/87.
[507] OLG Düsseldorf, Urt. v. 20. 3. 1990 – 4 U 107/89.
[508] OLG Köln, Urt. v. 13. 4. 1989 – 5 U 28/87, VersR 1989, 1034 = r+s 1989, 371.
[509] BGH, Urt. v. 27. 1. 1993 – IV ZR 309/91, NJW-RR 1993, 671.
[510] Vgl. BGH, Urt. v. 19. 5. 1993 – IV ZR 80/92, VersR 1993, 953.
[511] OLG Hamm, Urt. v. 9. 6. 1993 – 20 U 265/92, VersR 1994, 417 = r+s 1994, 153.
[512] OLG München, Urt. v. 8. 5. 1991 – 27 U 558/90, VersR 1992, 1339, 1342.

kommenden Vergleichsberufs.[513] Unerheblich ist, ob und wann der Versicherte den in Betracht kommenden Vergleichsberuf aufnimmt.[514]

92 **f) Überforderungsverbot.** Eine Verweisung auf den Vergleichsberuf kommt nur in Betracht, wenn der Versicherte die beruflichen Kenntnisse und Erfahrungen, die er einmal erworben hat, (noch) besitzt.[515] Der Vergleichsberuf darf im Sinne einer Obergrenze nicht mehr an Kenntnissen und Fähigkeiten erfordern als diejenigen, über die der Versicherte verfügt.[516] Es darf aufgrund dieses beruflichen Überforderungsverbots nur auf solche Tätigkeiten verwiesen werden, die der Versicherte aufgrund seiner Ausbildung und Erfahrung ausüben kann.[517] Hat der Versicherte z.B. eine Meisterprüfung, so ist in der Regel davon auszugehen, dass er die notwendigen Kenntnisse in betriebswirtschaftlicher, kaufmännischer und rechtlicher Hinsicht hat, um einen Betrieb führen zu können.[518] Auch die Länge der erforderlichen Ausbildung für den bisherigen Beruf und für den Vergleichsberuf kann ein Indiz für die Unvergleichbarkeit bzw. Vergleichbarkeit der neuen Tätigkeit sein.[519] Eine untergeordnete Aushilfstätigkeit liegt aber in erheblichem Umfang unter der Tätigkeit in einem anerkannten Lehrberuf.[520]

93 **g) Kenntnisse und Fähigkeiten.** Bei nicht mehr beruflich tätigen Versicherten stellen seine „Kenntnisse und Fähigkeiten" einen sinnvollen Maßstab dar, da hier die beruflichen Anknüpfungspunkte fehlen.[521] Bei der Frage der Verweisbarkeit gemäß § 2 Abs. 1 und 3 BUZ ist daher auch weiterhin auf die Kriterien „Ausbildung und Erfahrung" des Versicherten abzustellen.[522] Der Ersatz dieses Maßstabs durch die allgemeinen und begrifflich weiter gefassten Kriterien „Kenntnisse und Fähigkeiten" würde im Kern eine Abkehr von wesentlichen Kennzeichen der Berufsunfähigkeits-Zusatzversicherung bedeuten.[523] Maßgeblich sind danach stets bestimmte, aus der spezifischen Ausbildung und dem konkreten Berufsleben des Versicherten folgende Kenntnisse und Fähigkeiten.[524]

94 **h) Arbeitsmarktlage. aa) Grundsatz.** Es entspricht ständiger Rechtsprechung, dass die Lage auf dem Arbeitsmarkt bei der Frage der Berufsunfähigkeit im Sinne der vereinbarten Bedingungen außer Betracht zu bleiben hat, weil die BUZ nur einen Schutz gegen Berufsunfähigkeit, d.h. den Zustand bezweckt, dass der Versicherte aus gesundheitlichen Gründen seinen bisherigen oder einen angemessenen Vergleichsberuf nicht mehr ausüben kann.[525] Bei der Feststellung, ob Berufsunfähigkeit vorliegt, muss daher die Lage auf dem Arbeitsmarkt unberücksichtigt bleiben.[526] Die Verhältnisse auf dem Arbeitsmarkt finden auch dann nicht

---

[513] OLG München, Urt. v. 8. 5. 1991 – 27 U 558/90, VersR 1992, 1339, 1342; dazu *Gehrke* VersR 1992, 1343 ff.
[514] BGH, Urt. v. 19. 11. 1985 – IV a ZR 23/84, VersR 1986, 278 = MDR 1986, 653.
[515] BGH, Urt. v. 27. 2. 1991 – IV ZR 66/90, NJW-RR 1991, 736 = VersR 1991, 450, 451 = r+s 1991, 283.
[516] *Voit*, in: Prölss/Martin, § 2 BUZ Anm. 3 b.
[517] *Richter*, S. 265.
[518] OLG Hamm, Urt. v. 9. 6. 1993 – 20 U 265/92, VersR 1994, 417 = r+s 1994, 153.
[519] OLG Köln, Urt. v. 20. 6. 1991 – 5 U 196/90, VersR 1991, 1362, 1363 = r+s 1993, 273.
[520] OLG Düsseldorf, Urt. v. 25. 10. 1988 – 4 U 261/87, r+s 1990, 215.
[521] *Stalinsky* VerBAV 1990, 548, 549.
[522] *Stalinsky* VerBAV 1990, 548.
[523] *Stalinsky* VerBAV 1990, 548.
[524] *Stalinsky* VerBAV 1990, 548, 549.
[525] OLG Köln, Urt. v. 20. 7. 1998 – 5 U 72/98, NJW-RR 1999, 1479, 1481 = NVersZ 1999, 518, 520 = VersR 1999, 1532, 1534.
[526] OLG Stuttgart, Urt. v. 30. 6. 1976 – 6 U 56/75; BGH, Urt. v. 19. 11. 1985 – IV a ZR 23/84, NJW-RR 1986, 451 = VersR 1986, 278, 280 = MDR 1986, 653; BGH, Urt. v.

Berücksichtigung, wenn wenigstens teilweise Berufsunfähigkeit vorliegt und wenn es nur noch darum geht, welchen Grad sie erreicht hat.[527] Anders früher in der Sozialversicherung: In der Sozialversicherung war es entbehrlich, Feststellungen zur Arbeitsmarktlage zu treffen, wenn der Versicherte einen entsprechenden Arbeitsplatz tatsächlich und nicht nur vorübergehend innehat bzw. wenn ihm ein entsprechender Arbeitsplatz angeboten worden ist, er ihn aber ohne triftigen Grund abgelehnt hat.[528] Die Arbeitsmarktlage prüfte das BSG nicht bereits bei der Feststellung, ob der Versicherte gesundheitlich nicht mehr voll einsatzfähig im Berufsleben ist, sondern berücksichtigte die Arbeitsmarktlage erst, wenn teilweise Berufsunfähigkeit festgestellt ist und es nur noch darum geht, welchen Grad diese erreicht hat.[529] Diese Regelung ist auf die Berufsunfähigkeits-Zusatzversicherung nicht übertragbar. Die in den BUZ gewählte Merkmalsbeschreibung von Berufsunfähigkeit gibt keinen Anhalt, dass Arbeitslosigkeit ein mitversichertes Risiko ist.[530] Die Rechtsprechung der Instanzgerichte zeigt nach Ansicht des BGH auch, dass es in der Praxis zu erheblichen Abgrenzungsschwierigkeiten führt, wenn die Arbeitsmarktlage zwar nicht bei der Feststellung von Berufsunfähigkeit, wohl aber bei der Ermittlung ihres Grades Berücksichtigung finden soll.[531] Im Interesse der Rechtsklarheit muss daher bei der Beurteilung von Versicherungsfällen gemäß den Musterbedingungen 1975 die Lage auf dem Arbeitsmarkt schlechthin unberücksichtigt bleiben.[532] Wer auch den Schutz des Arbeitsmarkt- bzw. Arbeitslosigkeitsrisikos als mitversichertes Risiko wünscht, muss entsprechende Sondertarife mit Versicherern abschließen.[533]

bb) Stellenangebot. Unbeachtlich ist, ob ein Arbeitsplatz (Vergleichsberuf), z. B. nach Umschulung, gefunden werden kann, da die Versicherung gegen Berufsunfähigkeit keine Arbeitsplatzrisikoversicherung ist.[534] Es kommt auch nicht

---

[517] 9. 1986 – IV a ZR 252/84, NJW-RR 1987, 276 = VersR 1986, 1113; OLG Koblenz, Beschl. v. 1. 7. 1988 – 12 U 729/88, S. 7; OLG Nürnberg, Urt. v. 1. 12. 1988 – 8 U 23/88, VersR 1989, 693; BGH, Urt. v. 5. 4. 1989 – IV a ZR 35/88, S. 10 = NJW 1989, 1920 = NJW-RR 1989, 854 = VersR 1989, 579, 580 = VerBAV 1989, 374 = r+s 1989, 200 = MDR 1989, 802; LG Landau in der Pfalz, Urt. v. 31. 5. 1990 – 2 O 246/88, S. 9; BGH, Urt. v. 7. 7. 1993 – IV ZR 47/92, NJW-RR 1993, 1370 = VersR 1993, 1220 = r+s 1993, 392; OLG Karlsruhe, Urt. v. 18. 2. 1993 – 12 U 249/92, S. 34 = VersR 1995, 86 = r+s 1995, 34; BGH, Urt. v. 23. 6. 1999 – IV ZR 211/98, NJW-RR 1999, 1471, 1472 = NVersZ 1999, 515, 517 = VersR 1999, 1134, 1135 = r+s 1999, 477, 478; OLG Saarbrücken, Urt. v. 19. 11. 2003 – 5 U 168/00-11, VersR 2004, 1401 = r+s 2005, 75; BGH, Urt. v. 23. 1. 2008 – IV ZR 10/07, NJW-RR 2008, 767, 769 = VersR 2008, 479, 480 = r+s 2008, 429, 430; OLG Saarbrücken, Urt. v. 29. 10. 2008 – 5 U 124/07-11, VersR 2009, 971, 973 = r+s 2010, 162, 164; *Richter* VersR 1998, 921, 927/928.
[527] BGH, Urt. v. 5. 4. 1989 – IV a ZR 35/88, S. 10/11 = NJW-RR 1989, 854 = VersR 1989, 579, 580 = VerBAV 1989, 374 = r+s 1989, 200 = MDR 1989, 802; a. A. BGH, Urt. v. 19. 11. 1985 – IV a ZR 53/84, VersR 1986, 278, 280.
[528] BGH, Urt. v. 17. 9. 1986 – IV a ZR 252/84, VersR 1986, 1113, 1115 unter Hinweis auf BSGE 30, 167 und BSGE 43, 75.
[529] BSGE 30, 167; BSGE 43, 75 sowie hierzu BGH v. 19. 11. 1985 – IV a ZR 23/84, VersR 1986, 278; BGH v. 17. 9. 1986 – IV a ZR 252/84, VersR 1986, 1115.
[530] BGH, Urt. v. 5. 4. 1989 – IV a ZR 35/88, S. 10 = NJW-RR 1989, 854/855 = VersR 1989, 579, 580 = VerBAV 1989, 374 = r+s 1989, 200 = MDR 1989, 802.
[531] BGH, Urt. v. 5. 4. 1989 – IV a ZR 35/88, S. 10 = NJW-RR 1989, 854 = VersR 1989, 579, 580 = VerBAV 1989, 374 = r+s 1989, 200 = MDR 1989, 802.
[532] BGH, Urt. v. 5. 4. 1989 – IV a ZR 35/88, S. 10 = NJW-RR 1989, 854 = VersR 1989, 579, 580 = VerBAV 1989, 374 = r+s 1989, 200 = MDR 1989, 802.
[533] *Wachholz* NVersZ 1999, 507, 509.
[534] LG Regensburg, Urt. v. 21. 10. 1981 – 1 O 1254/81; LG Koblenz, Urt. v. 15. 4. 1988 – 2 O 448/87, S. 10; OLG Hamm, Urt. v. 16. 6. 1993 – 20 U 382/92, VersR 1994, 206 = r+s 1994, 114; OLG Köln r+s 1991, 323; OLG Düsseldorf, Urt. v. 3. 6. 2003 – 4 U

darauf an, ob aufgrund der jeweiligen Arbeitsmarktlage in der entsprechenden Branche Stellen vorhanden sind[535] und auch z. B. ausreichende Arbeitsplätze für eine Halbtagstätigkeit zur Verfügung stehen,[536] denn der Versicherungsnehmer ist gegen krankheitsbedingte Berufsunfähigkeit, nicht aber gegen krankheitsbedingte Arbeitslosigkeit versichert.[537] Es muss aber die dem Versicherten angesonnene Tätigkeit auf dem Arbeitsmarkt überhaupt und nicht nur in unbedeutendem Umfange geben, ein allgemein zugänglicher Arbeitsmarkt also überhaupt existieren.[538] Denn anderenfalls fehlt für den Versicherten schon von vornherein – ohne dass es auf die Frage nach freien Stellen noch ankommen könnte – die Aussicht darauf, der ihm aufgezeigten beruflichen Tätigkeiten nachgehen zu können.[539] Dazu reicht es nicht aus, dass die betreffenden Tätigkeiten von anderen berufsmäßig ausgeübt werden.[540] Vielmehr muss ein grundsätzlich allgemeiner Zugang zu diesen Stellen für diejenigen gegeben sein, die über die Kenntnisse und Fähigkeiten verfügen, wie sie auch beim Versicherten konkret vorliegen.[541] Demgemäß scheiden Verweisungen auf Tätigkeiten, die nur in Einzelfällen nach den besonderen Anforderungen eines bestimmten Betriebs geschaffen oder auf spezielle Bedürfnisse eines bestimmten Mitarbeiters zugeschnitten worden sind („Nischenarbeitsplätze"), grundsätzlich ebenso aus, wie Verweisungen auf Tätigkeiten, die auf dem Arbeitsmarkt nur in so geringer Zahl bereit stehen, dass von einem Arbeitsmarkt praktisch nicht mehr die Rede sein kann.[542] Damit scheiden nicht nur Wahl- und Ernen-

---

174/02, NJW-RR 2004, 896, 897; OLG Frankfurt/M., Urt. v. 20. 2. 2007 – 14 U 225/05, VersR 2007, 1358, 1359 = r+s 2008, 252, 253.
[535] LG Nürnberg-Fürth, Urt. v. 22. 4. 1983 – 13 O 4746/81; OLG Köln, Beschl. v. 2. 3. 1988 – 5 W 8/88; OLG Köln r+s 1988, 212; LG Hagen, Urt. v. 17. 1. 1990 – 16 O 338/89; BGH, Urt. v. 7. 7. 1993 – IV ZR 47/92, NJW-RR 1993, 1370 = VersR 1993, 1220 = r+s 1993, 392.
[536] OLG Hamm, Urt. v. 16. 6. 1993 – 20 U 382/92, VersR 1994, 206; OLG Düsseldorf, Urt. v. 3. 6. 2003 – 4 U 174/02, NJW-RR 2004, 896, 897.
[537] LG Nürnberg-Fürth, Urt. v. 22. 4. 1983 – 13 O 4746/81.
[538] OLG Düsseldorf, Urt. v. 20. 3. 1990 – 4 U 107/89; OLG Karlsruhe, Urt. v. 18. 2. 1993 – 12 U 249/92, S. 35 = VersR 1995, 86 = r+s 1995, 34; OLG Düsseldorf NJW-RR 1996, 218 = VersR 1996, 879 = r+s 1996, 37; OLG Köln, Urt. v. 20. 7. 1998 – 5 U 72/98, NJW-RR 1999, 1481 = NVersZ 1999, 518, 520 = VersR 1999, 1532, 1534; BGH, Urt. v. 23. 6. 1999 – IV ZR 211/98, NJW-RR 1999, 1471, 1472 = NVersZ 1999, 515, 517 = VersR 1999, 1134, 1135 = r+s 1999, 477, 478; OLG Düsseldorf, Urt. v. 22. 12. 1999 – 4 U 203/98, NVersZ 2000, 567; OLG Düsseldorf, Urt. v. 19. 9. 2000 – 4 U 166/99, NVersZ 2001, 219 = VersR 2001, 972 = r+s 2001, 344; OLG Düsseldorf, Urt. v. 18. 12. 2001 – 4 U 78/01, NVersZ 2002, 357, 358; OLG Saarbrücken, Urt. v. 19. 11. 2003 – 5 U 168/00 – 11, VersR 2004, 1401, 1404 = r+s 2005, 75, 76; OLG Hamm, Urt. v. 8. 2. 2006 – 20 U 171/05, VersR 2007, 384, 385 = r+s 2006, 339, 340; BGH, Urt. v. 23. 1. 2008 – IV ZR 10/07, NJW-RR 2008, 767, 769 = VersR 2008, 479, 480 = r+s 2008, 429, 430; OLG Saarbrücken, Urt. v. 29. 10. 2008 – 5 U 124/07 – 11, VersR 2009, 971, 973 = r+s 2010, 162, 164; *Winter* in: Bruck/Möller, VVG, 8. Aufl., 1988, §§ 159 – 178 VVG Anm. G 50; *Richter*, VersR 1998, 921, 928.
[539] BGH, Urt. v. 23. 6. 1999 – IV ZR 211/98, NJW-RR 1999, 1471, 1472 = NVersZ 1999, 515, 517 = VersR 1999, 1134, 1135 = r+s 1999, 477, 478; OLG Saarbrücken, Urt. v. 19. 11. 2003 – 5 U 168/00 – 11, VersR 2004, 1401, 1404 = r+s 2005, 75, 76; OLG Saarbrücken, Urt. v. 29. 10. 2008 – 5 U 124/07 – 11, VersR 2009, 971, 973 = r+s 2010, 162, 164.
[540] OLG Karlsruhe, Urt. v. 18. 2. 1993 – 12 U 249/92, S. 35 = VersR 1995, 86 = r+s 1995, 34.
[541] OLG Karlsruhe, Urt. v. 18. 2. 1993 – 12 U 249/92, S. 35 = VersR 1995, 86 = r+s 1995, 34.
[542] BGH, Urt. v. 23. 6. 1999 – IV ZR 211/98, NJW-RR 1999, 1471, 1472 = NVersZ 1999, 515, 517 = VersR 1999, 1134, 1135 = r+s 1999, 477, 478; OLG Saarbrücken, Urt. v. 10. 4. 2002 – 5 U 562/01 – 38, NJW-RR 2003, 528; OLG Saarbrücken, Urt. v. 19. 11.

nungsämter („Minister") aus dem Kreis der Verweisungstätigkeiten regelmäßig aus, sondern auch Führungs- und Leitungstätigkeiten der mittleren bis unteren Ebene, sofern die Arbeitgeber neben der eigentlichen beruflichen Qualifikation sonstige persönliche Eigenschaften voraussetzen, die der Versicherte nicht mit hinreichender Sicherheit vorweisen kann.[543] Hat der Versicherte jedoch einen Nischenarbeitsplatz erhalten, ist die konkrete Verweisung auf die ausgeübte Tätigkeit zulässig, wenn die neue Tätigkeit seiner bisherigen Lebensstellung entspricht.[544]

cc) **Regionales Verweisungsgebiet.** Ob der Versicherte in dem Bezirk des für ihn zuständigen Arbeitsamts eine Stelle vermittelt werden kann, auf die verwiesen werden kann, ist für die Feststellung der Berufsunfähigkeit unerheblich.[545] Die angesonnene Tätigkeit muss nicht am Wohnort ausübbar sein, da dem Versicherten auch ein Ortswechsel zugemutet werden kann.[546] Die Ermittlung des in einem Vergleichsberuf möglichen Einkommens muss sich daher in räumlicher Hinsicht nicht auf den bisherigen Lebensbereich des Versicherten beschränken.[547] Zumutbar ist ein Pendeln zwischen Wohn- und Arbeitsort, wie es derzeit viele Arbeitnehmer handhaben.[548] Dies führt zu einer regelmäßigen Begrenzung des Verweisungsgebietes auf berufliche Einsatzorte, die der Versicherte von seiner Wohnung aus täglich in zumutbarer Entfernung erreichen kann.[549] Für die Frage der Zumutbarkeit der Verweisungstätigkeit kann auf die in § 121 Abs. 2 SGB genannten personenbezogenen Gründe für eine unzumutbare Arbeitsaufnahme eines Arbeitslosen zurückgegriffen werden.[550] Danach ist eine Beschäftigung an einem anderen Ort als dem Wohnort unzumutbar, wenn die tägliche Pendelzeit bei einer Arbeitszeit von mehr als sechs Stunden mehr als zweieinhalb Stunden beträgt, es sei denn, längere Pendelzeiten sind üblich.[551] Unzumutbar ist eine Beschäftigung auch dann, wenn sie nicht nur vorübergehend eine getrennte Haushaltsführung erfordert.[552]

2. Verlust der bisherigen Lebensstellung

a) **Soziale Wertschätzung.** Bedingungsgemäß ist Berufsunfähigkeit nur gegeben, wenn die andere Tätigkeit, die der Versicherte aufgrund seiner Ausbildung und Erfahrung ausüben kann, nicht seiner bisherigen Lebensstellung entspricht. Dabei kommt es auf eine völlige Übereinstimmung mit der bisherigen Lebensstel-

---

2003 – 5 U 168/00 – 11, VersR 2004, 1401, 1404 = r+s 2005, 75, 76; OLG Hamm, Urt. v. 8. 2. 2006 – 20 U 171/05, VersR 2007, 384, 385 = r+s 2006, 339, 340; OLG Frankfurt/M., Urt. v. 20. 2. 2007 – 14 U 225/05, VersR 2007, 1358 = r+s 2008, 252, 253; BGH, Urt. v. 23. 1. 2008 – IV ZR 10/07, NJW-RR 2008, 767, 769 = VersR 2008, 479, 480 = r+s 2008, 429, 430; OLG Saarbrücken, Urt. v. 29. 10. 2008 – 5 U 124/07 – 11, VersR 2009, 971, 973 = r+s 2010, 162, 164.
[543] OLG Karlsruhe, Urt. v. 18. 2. 1993 – 12 U 249/92, S. 35 = VersR 1995, 86 = r+s 1995, 34.
[544] OLG Frankfurt/M., Urt. v. 20. 2. 2007 – 14 U 225/05, VersR 2007, 1358, 1359 = r+s 2008, 252, 253.
[545] Vgl. BGH, Urt. v. 5. 4. 1989 – IVa ZR 35/88, S. 9f. = VersR 1989, 579, 580; LG Landau in der Pfalz, Urt. v. 31. 5. 1990 – 2 O 246/88, S. 8/9.
[546] OLG Koblenz, Beschl. v. 1. 7. 1988 – 12 U 729/88, S. 3; OLG München, Urt. v. 10. 2. 1993 – 30 U 823/92, VersR 1993, 1000 (Nachbarorte).
[547] A. A. OLG Saarbrücken, Urt. v. 20. 10. 1993 – 5 U 40/92, VersR 1994, 969, 970 = r+s 1994, 196.
[548] *Rüther* NVersZ 1999, 497, 500.
[549] *Rüther* NVersZ 1999, 497, 500.
[550] OLG Saarbrücken, Urt. v. 10. 1. 2001 – 5 U 720/99 – 48, VersR 2003, 50, 51 = r+s 2002, 301.
[551] OLG Saarbrücken, Urt. v. 10. 1. 2001 – 5 U 720/99 – 48, VersR 2003, 50, 51 = r+s 2002, 301.
[552] OLG Saarbrücken, Urt. v. 10. 1. 2001 – 5 U 720/99 – 48, VersR 2003, 50, 51 = r+s 2002, 301.

lung nicht an.[553] Für die Lebensstellung ist, wie in dem den gleichen Begriff verwendenden Bereich des Unterhaltsrechts, § 1610 BGB, anerkannt ist, die berufliche und soziale Stellung maßgebend.[554] Diese ist in Beziehung zu setzen zu der bisherigen Lebensstellung und damit zu der früheren beruflichen und sozialen Stellung.[555] Für den Verlust der bisherigen Lebensstellung ist wesentlich, ob die soziale Stellung wie das soziale Ansehen des Versicherten erhalten bleibt und der neu erlernte Beruf bei Ausübung auch nahezu gleiches Einkommen und – soweit überschaubar – auch die gleichen sozialen Sicherungen verschafft.[556] Der Versicherer ist mithin verpflichtet, dem Versicherten den wirtschaftlichen und sozialen Status zu erhalten, der seiner beruflichen Qualifikation entspricht.[557] Einem Versicherten, der keine qualifizierte Berufsausbildung genossen hat, ist eher die Ausübung einer anderen Tätigkeit zuzumuten, ohne einen sozialen Abstieg zu erleiden.[558] Demgegenüber gilt als Leitlinie, dass sich ein Gelernter nicht auf eine Tätigkeit in einem Beruf verweisen lassen muss, der keine Ausbildung erfordert, weil damit ein Abstieg in der sozialen Wertschätzung des Versicherungsnehmers verbunden wäre.[559] Eine geschmälerte künftige berufliche Entwicklung ist nicht zu berücksichtigen, da die BUZ keine Schadensversicherung ist, die etwa entgangenen Gewinn ausgleichen soll.[560] Schlechter gewordene Beförderungschancen vermögen mithin einen Verlust der bisherigen Lebensstellung nicht zu begründen.[561] Auch nicht die Chance sich im bisherigen Beruf selbständig machen zu können.[562] Ein Verlust der Lebensstellung ist nicht gegeben, wenn der Versicherte im neuen Beruf eine Karrierechance hat, im alten Beruf aber mit einem baldigen Ende seiner Karriere rechnen muss.[563] Keine Rolle spielt, dass das Sozialprestige eines Angestellten möglicherweise auch heute noch höher ist als das eines Arbeiters.[564] Bei der Prüfung, ob der Versicherte berufsunfähig ist, bedarf es daher stets einer auf den Einzelfall abgestellten Wertung, ob mit der neuen Tätigkeit nicht ein spürbarer sozialer Abstieg verbunden ist, den der Versicherte nicht hinzunehmen braucht.[565] Zum Teil wird auch von „Wertschätzung" gesprochen, die nicht spürbar absinken darf.[566]

---

[553] OLG Nürnberg, Urt. v. 9. 1. 1992 – 8 U 2890/91, NJW-RR 1992, 730 = VersR 1992, 1387, 1388 = r+s 1992, 177; LG Nürnberg-Fürth, Urt. v. 9. 12. 1993 – 4 O 7781/92, S. 11.
[554] OLG Koblenz v. 14. 6. 1985 – 10 U 1159/84.
[555] OLG Koblenz v. 14. 6. 1985 – 10 U 1159/84.
[556] LG Ulm, Urt. v. 5. 6. 1979 – 2 O 133/79, VersR 1979, 930; LG Regensburg v. 21. 10. 1981 – 1 O 1254/81.
[557] LG Frankfurt/M., Urt. v. 7. 12. 1984 – 2/10 O 192/84; OLG Köln r+s 1988, 212; OLG Saarbrücken, Urt. v. 29. 10. 2008 – 5 U 124/07 – 11, VersR 2009, 971, 973 = r+s 2010, 162, 163.
[558] LG Hamburg, Urt. v. 9. 3. 1984 – 80 O 682/82.
[559] OLG Oldenburg r+s 1998, 259; OLG Braunschweig, Urt. v. 14. 6. 1999 – 3 U 288/98, r+s 2001, 215.
[560] OLG Frankfurt/M. v. 30. 6. 1982 – 7 U 29/82; LG Passau, Urt. v. 31. 1. 1984 – 3 O 409/83; LG München I, Urt. v. 8. 3. 1984 – 30 O 21344/83; LG Frankfurt/M., Urt. v. 7. 12. 1984 – 2/10 O 192/84; OLG Frankfurt/M., Urt. v. 17. 3. 1999 – 7 U 44/98, NVersZ 2000, 270, 271 = VersR 1999, 1398, 1399 = r+s 2000, 125, 127.
[561] LG Passau, Urt. v. 31. 1. 1984 – 3 O 409/83; OLG München, Urt. v. 25. 10. 1984 – 1 U 2989/84.
[562] LG Stuttgart, Urt. v. 28. 10. 1983 – 22 O 334/83, VersR 1985, 255.
[563] LG Kaiserslautern, Urt. v. 25. 8. 1982 – 3 O 174/82, VersR 1983, 172.
[564] LG Nürnberg-Fürth, Urt. v. 25. 2. 1982 – 9 O 3671/79.
[565] BGH, Urt. v. 11. 11. 1987 – IV a ZR 240/86, BGHZ 102, 194 = NJW 1988, 973, 974 = VersR 1988, 234, 235 = r+s 1988, 118; BGH, Urt. v. 17. 9. 1986 – IV a ZR 252/84, NJW-RR 1987, 276 = VersR 1986, 1113, 1115.
[566] OLG Hamm, Urt. v. 30. 3. 1990 – 20 U 143/89, r+s 1990, 355; OLG Saarbrücken v. 4. 5. 1994 – 5 U 69/91; OLG Karlsruhe, Urt. v. 18. 2. 1993 – 12 U 249/92, VersR

b) Niveau des bisherigen Berufs. Ein Vergleichsberuf ist gefunden, wenn 98
die aufgezeigte Erwerbstätigkeit keine deutlich geringeren Kenntnisse und Fähigkeiten erfordert und auch in ihrer Vergütung wie in ihrer Wertschätzung nicht spürbar unter das Niveau des bislang ausgeübten Berufs absinkt.[567] Der Versicherte muss sich unter Einsatz seiner gesammelten Erfahrungen und Kenntnisse beruflich noch seine bisherige Lebensstellung sichern können und gesundheitlich noch ausführbare Tätigkeiten dürfen ihn weder über- noch unterfordern.[568] Dazu sind tatrichterliche Feststellungen auf der Grundlage des von den Parteien vorgetragenen Streitstoffs zu treffen.[569] Exemplarisch sei hierfür der Fall eines Metallbauers angeführt, der seine Ausbildung krankheitsbedingt abbrechen musste und sich zum Einzelhandelskaufmann ausbilden ließ.[570] Beide Ausbildungen setzen grundsätzlich den Hauptschulabschluss und somit gleiche Fähigkeiten voraus. Als gelernter Metallbauer hätte der Versicherte bei Vollzeitbeschäftigung ein monatliches Einkommen von etwa 1.533,88 € erzielt. In der jetzigen Tätigkeit im Einzelhandel erhält der Versicherte in Vollzeit 1.556,27 €. Der vom Versicherten nachträglich erlernte Beruf des Einzelhandelskaufmanns steht folglich dem ursprünglich angestrebten Beruf des Metallbauers gleichwertig gegenüber, denn er erfordert gleichwertige (nicht gleichartige) Kenntnisse und Fähigkeiten, verspricht ein mindestens ebenbürtiges Einkommen und genießt entsprechende soziale Wertschätzung.[571]

c) Aufstiegsmöglichkeiten. Bei der Wertschätzung eines Berufs sind Weiter- 99
bildungs- und Aufstiegsmöglichkeiten mit zu berücksichtigen,[572] z. B., wenn ein Servicefahrer die Chance hat, in eine höhere Gehaltsstufe eingegliedert werden zu

---

1995, 86 = r+s 1995, 34; OLG Nürnberg, Urt. v. 1. 12. 1988 – 8 U 23/88, VersR 1989, 693 = r+s 1989, 165; Voit, in: Prölss/Martin, § 2 BUZ Anm. 3.e. bb.
[567] LG Nürnberg-Fürth v. 25. 2. 1982 – 9 O 3671/79; BGH, Urt. v. 17. 9. 1986 – IV a ZR 252/84, NJW-RR 1987, 276 = VersR 1986, 1113, 1115; BGH, Urt. v. 11. 1987 – IV ZR 240/86, NJW 1988, 973, 974 = VersR 1988, 234, 235/236 = r+s 1988, 118; OLG Düsseldorf v. 25. 10. 1988 – 4 U 261/87; OLG Nürnberg, Urt. v. 1. 12. 1988 – 8 U 23/88, VersR 1989, 693; OLG Hamm, Urt. v. 30. 3. 1990 – 20 U 143/89, r+s 1990, 355, 356; OLG Hamm, Urt. v. 26. 6. 1991 – 20 U 51/91, VersR 1992, 1120; OLG Nürnberg, Urt. v. 9. 1. 1992 – 8 U 2890/91, NJW-RR 1992, 730 = VersR 1992, 1387, 1388 = r+s 1992, 177; OLG Hamm, Urt. v. 5. 6. 1992 – 20 U 6/92, VersR 1992, 1338; BGH, Urt. v. 19. 5. 1993 – IV ZR 80/92, NJW-RR 1993, 1047 = VersR 1993, 953 = r+s 1993, 355; OLG Karlsruhe, Urt. v. 18. 2. 1993 – 12 U 249/92, S. 36 = VersR 1995, 86 = r+s 1995, 34; BGH, Urt. v. 11. 12. 1996 – IV ZR 238/95, NJW-RR 1997, 529, 531 = VersR 1997, 436, 438 = VerBAV 1997, 316, 318 = r+s 1997, 301, 303; BGH NJW-RR 1997, 529 = VersR 1997, 436; OLG Köln, Urt. v. 20. 7. 1998 – 5 U 72/98, NJW-RR 1999, 1479, 1480 = NVersZ 1999, 518, 519 = VersR 1999, 1532, 1533 = r+s 1999, 124, 125; BGH, Urt. v. 11. 12. 2002 – IV ZR 302/01, NJW-RR 2003, 383, 384 = r+s 2003, 164, 165; OLG Düsseldorf, Urt. v. 10. 6. 2003 – I-4 U 194/02, VersR 2003, 1383; OLG Hamm, Urt. v. 16. 1. 2008 – 20 U 17/07, VersR 2008, 949, 950 = r+s 2008, 521; OLG Saarbrücken, Urt. v. 29. 10. 2008 – 5 U 124/07 – 11, VersR 2009, 971, 973 = r+s 2010, 162, 163.
[568] BGH, Urt. v. 30. 9. 1992 – IV ZR 227/91, NJW 1993, 202 = VersR 1992, 1386 = r+s 1992, 427 = MDR 1992, 1132; BGH, Urt. v. 22. 9. 1993 – IV ZR 244/92, NJW-RR 1994, 150, 151 = VersR 1993, 1472, 1473 = r+s 1993, 478, 479 = MDR 1994, 142, 143; BGH, Urt. v. 29. 6. 1994 – IV ZR 120/93, NJW-RR 1995, 21 = VersR 1994, 1095, 1096 = r+s 1994, 391, 392.
[569] BGH, Urt. v. 17. 9. 1986 – IV a ZR 252/84, NJW-RR 1987, 276 = VersR 1986, 1113, 1115.
[570] Vgl. Tatbestand OLG Karlsruhe, Urt. v. 3. 5. 2005 – 12 U 326/04, VersR 2006, 59, 60.
[571] OLG Karlsruhe, Urt. v. 3. 5. 2005 – 12 U 326/04, VersR 2006, 59, 60.
[572] BGH, Urt. v. 30. 5. 1990 – IV ZR 43/89, NJW-RR 1990, 1114 = VersR 1990, 885; OLG Hamm, Urt. v. 5. 6. 1992 – 20 U 6/92, NJW-RR 1993, 34 = VersR 1992, 1338, 1339 = r+s 1993, 35.

können.⁵⁷³ Nicht versichert ist eine noch nicht realisierte künftige Berufsentwicklung.⁵⁷⁴ Der stellvertretende Geschäftsführer einer kleinen Autovermietung kann deshalb nicht geltend machen, er hätte in Kürze als Geschäftsführer eines Kindermodenfachgeschäftes anfangen können.⁵⁷⁵ Nur faktisch bessere berufliche Aufstiegsmöglichkeiten in dem bis zum Versicherungsfall ausgeübten Beruf sind kein mitversichertes Risiko.⁵⁷⁶ Sie stehen einer Verweisung auf einen Vergleichsberuf jedenfalls dann nicht entgegen, wenn dieser prinzipiell etwa die gleichen Aufstiegsmöglichkeiten eröffnet.⁵⁷⁷ So liegt es z. B. bei der Verweisung eines Beamten des mittleren Dienstes bei eine andere Tätigkeit im mittleren Dienst.⁵⁷⁸

100 Bei der Prüfung der Frage, welche Tätigkeit der bisherigen Lebensstellung entspricht, kommt es nicht auf zukünftige Beförderungen an, sondern zu berücksichtigen ist nur die zuletzt konkret ausgeübte Tätigkeit.⁵⁷⁹ Eine verringerte Chance auf berufliche Entwicklungen ist nicht zu berücksichtigen, da die Berufsunfähigkeits-Zusatzversicherung keine Schadensversicherung ist.⁵⁸⁰ Gesunkene Beförderungschancen vermögen einen Verlust der bisherigen Lebensstellung nicht zu begründen.⁵⁸¹

101 d) **Verdienstmöglichkeit. aa) Grundsätze.** Die Berufsunfähigkeits(zusatz)versicherung garantiert weder ein unveränderliches Einkommens- und Lohnniveau noch eine in allen Beziehungen dem bisherigen Beruf entsprechende Erwerbstätigkeit.⁵⁸² Da der Versicherungsnehmer nach den Versicherungsbedingungen auf die Ausübung von Vergleichsberufen verwiesen werden kann, müssen gewisse Umstellungen – auch finanzieller Art – hingenommen werden.⁵⁸³ Abzustellen ist hinsichtlich des relevanten Einkommens auf den Zeitpunkt des Versicherungsfalls.⁵⁸⁴ Ein bei Eintritt des Versicherungsfalls erzieltes Einkommen wird nicht für die gesamte Dauer der vereinbarten Vertragszeit garantiert.⁵⁸⁵ Es kommt auch nicht darauf an, ob der Versicherungsnehmer eine Tätigkeit in der gleichen Branche wie vorher bei gleicher Bezahlung ausüben kann⁵⁸⁶ oder ob der Versicherte

---

⁵⁷³ OLG Hamm, Urt. v. 5. 6. 1992 – 20 U 6/92, NJW-RR 1993, 34 = VersR 1992, 1338, 1339 = r+s 1993, 35.
⁵⁷⁴ OLG Hamm, Urt. v. 30. 3. 1990 – 20 U 143/89, r+s 1990, 355; OLG Hamm, Urt. v. 5. 6. 1992 – 20 U 6/92, NJW-RR 1993, 34 = VersR 1992, 1338, 1339 = r+s 1993, 35; OLG Oldenburg, Beschl. v. 5. 2. 2010 – 5 U 4/10, VersR 2010, 655, 656.
⁵⁷⁵ OLG Hamm, Urt. v. 30. 3. 1990 – 20 U 143/89, r+s 1990, 355.
⁵⁷⁶ OLG Karlsruhe, Urt. v. 17. 12. 1992 – 12 U 130/90, r+s 1994, 436, 437.
⁵⁷⁷ OLG Karlsruhe, Urt. v. 17. 12. 1992 – 12 U 130/90, r+s 1994, 436, 437.
⁵⁷⁸ OLG Saarbrücken, Urt. v. 26. 2. 1992 – 5 U 65/91, VersR 1992, 1388, 1390; OLG Karlsruhe, Urt. v. 17. 12. 1992 – 12 U 130/90, r+s 1994, 436, 437.
⁵⁷⁹ OLG Karlsruhe, Urt. v. 7. 2. 1991 – 12 U 236/89, VersR 1992, 1078, 1079.
⁵⁸⁰ LG Rottweil, Urt. v. 30. 7. 1990 – 3 O 1298/89, VersR 1991, 169, 170 = r+s 1991, 249.
⁵⁸¹ LG Rottweil, Urt. v. 30. 7. 1990 – 3 O 1298/89, VersR 1991, 169, 170 = r+s 1991, 249.
⁵⁸² BGH, Urt. v. 17. 9. 1986 – IV a 252/84, NJW-RR 1987, 276 = VersR 1986, 1113, 1115 = r+s 1987, 55; OLG Düsseldorf, Urt. v. 25. 10. 1988 – 4 U 261/87; LG Berlin, Urt. v. 25. 6. 1992 – 7 O 478/91, VersR 1993, 956; OLG Frankfurt/M., Urt. v. 17. 3. 1999 – 7 U 44/98, NVersZ 2000, 270, 271 = VersR 1999, 1398, 1399 = r+s 2000, 125, 127.
⁵⁸³ BGH, Urt. v. 17. 9. 1986 – IV a 252/84, NJW-RR 1987, 276 = VersR 1986, 1113, 1115 = r+s 1987, 55; OLG Düsseldorf, Urt. v. 25. 10. 1988 – 4 U 261/87; LG Berlin, Urt. v. 25. 6. 1992 – 7 O 478/91, VersR 1993, 956; OLG Frankfurt/M., Urt. v. 17. 3. 1999 – 7 U 44/98, NVersZ 2000, 270, 271 = VersR 1999, 1398, 1399 = r+s 2000, 125, 127.
⁵⁸⁴ KG Berlin, Urt. v. 13. 6. 1995 – 6 U 1067/95, VersR 1995, 1473 = r+s 1996, 241; OLG Köln, Urt. v. 20. 7. 1998 – 5 U 72/98, NJW-RR 1999, 1479, 1480 = NVersZ 1999, 518, 520 = VersR 1999, 1532, 1533 = r+s 1999, 124, 125.
⁵⁸⁵ LG Wuppertal, Urt. v. 17. 12. 1981 – 7 O 219/81.
⁵⁸⁶ LG Lübeck, Urt. v. 12. 11. 1982 – 4 O 156/82.

weniger verdient als in seinem früheren Beruf, da die Zahlung der BUZ-Rente nicht unmittelbar an Einkommenseinbußen geknüpft ist,[587] so dass einem Minderverdienst zwar eine gewichtige, aber keine entscheidende Bedeutung zukommt,[588] selbst dann nicht, wenn die Einkünfte deutlich zurückbleiben.[589] Die Einkommenseinbuße kann schon z. B. durch die Sicherheit eines Arbeitsplatzes im öffentlichen Dienst aufgehoben werden, die sich vor allem im Alter zunehmend positiv für den Versicherten auswirken kann.[590] Bei vergleichbarer Ausbildung kann allerdings am Einkommen festgestellt werden, ob Berufe unterschiedlich beurteilt werden.[591] Da die Lebensstellung nicht durch einen einmaligen Verdienst, sondern durch das über einen längeren Zeitraum erwirtschaftete Einkommen geprägt wird, ist für den Einkommensvergleich auf einen repräsentativen Zeitraum abzustellen, der auf den konkreten Einzelfall bezogen zu ermitteln ist.[592]

bb) **Quote.** Eine generelle Quote, ab wann Einkommenseinbußen als unzumutbar zu bewerten sind, lässt sich angesichts der Bandbreite individueller Einkommen nicht festlegen[593] und kann nicht ausschlaggebend sein,[594] insbesondere wenn sich der Versicherte im Zeitpunkt des Eintritts der Berufsunfähigkeit noch in der Ausbildung befand.[595] Unerlässlich und geboten ist daher stets eine einzelfallbezogene Betrachtung,[596] die berücksichtigt, dass ein Vergleichsberuf mit einem Beruf gefunden ist, der den Einsatz des Versicherten in einem Ausmaß erfordert, dass auch eine Gleichwertigkeit auf der Einkommensseite gewährleistet bleibt.[597] Nicht hingenommen werden muss vom Versicherten nach einer Reihe von Gerichtsentscheidungen eine Einkommenseinbuße von 48%,[598] 40%,[599]

---

[587] OLG Braunschweig, Urt. v. 20. 6. 1984 – 3 U 195/82.
[588] LG Lübeck, Urt. v. 12. 11. 1982 – 4 O 156/82; LG Stuttgart, Urt. v. 28. 10. 1983 – 22 O 334/83, VersR 1985, 254; OLG Frankfurt/M., Urt. v. 17. 5. 1989 – 19 U 103/87, S. 12.
[589] LG Kaiserslautern, Urt. v. 25. 8. 1982 – 3 O 174/82, VersR 1983, 172.
[590] LG Osnabrück, Urt. v. 14. 11. 1985 – 9 O 362/85.
[591] LG Hamburg, Urt. v. 10. 8. 1982 – 80 O 529/81.
[592] BGH, Urt. v. 22. 10. 1997 – IV ZR 259/96, NJW-RR 1998, 239, = VersR 1998, 42 = r+s 1998, 37; OLG Saarbrücken, Urt. v. 3. 12. 2003 = VersR 2004, 54 = r+s 2004, 429; OLG Saarbrücken, Urt. v. 31. 5. 2006 – 5 U 605/05-92, OLGR 2006, 902; OLG Saarbrücken, Urt. v. 29. 10. 2008 – 5 U 124/07-11, VersR 2009, 971, 973 = r+s 2010, 162, 163; OLG Oldenburg, Beschl. v. 5. 2. 2010 – 5 U 4/10, VersR 2010, 655, 656.
[593] BGH, Urt. v. 22. 10. 1997 – IV ZR 259/96, NJW-RR 1998, 239, 240 = VersR 1998, 42, 43 = r+s 1998, 37; BGH, Urt. v. 17. 6. 1998 – IV ZR 215/97, NJW-RR 1998, 1396, 1397 = NVersZ 1998, 72 = VersR 1998, 1537, 1538 = MDR 1998, 1162; OLG Hamm, Urt. v. 20. 1. 1999 – 20 U 145/98, NJW-RR 1999, 901 = NVersZ 1999, 517, 518 = r+s 1999, 432 = MDR 1999, 543.
[594] BGH, Urt. v. 27. 9. 1995 – IV ZR 319/94, NJW-RR 1996, 88 = VersR 1995, 1431.
[595] BGH, Urt. v. 27. 9. 1995 – IV ZR 319/94, NJW-RR 1996, 88, 90 = VersR 1995, 1431, 1433 = r+s 1996, 35, 37 = MDR 1996, 152, 153.
[596] BGH, Urt. v. 22. 10. 1997 – IV ZR 259/96, NJW-RR 1998, 239, 240 = VersR 1998, 42, 43 = r+s 1998, 37; BGH, Urt. v. 17. 6. 1998 – IV ZR 215/97, NJW-RR 1998, 1396, 1397 = NVersZ 1998, 72, 73 = VersR 1998, 1537, 1538 = MDR 1998, 1162.
[597] BGH, Urt. v. 19. 5. 1993 – IV ZR 80/92, NJW-RR 1993, 1047, 1048 = VersR 1993, 953, 954 = r+s 1993, 355, 356.
[598] OLG Saarbrücken, Urt. v. 20. 10. 1993 – 5 U 40/92, VersR 1994, 969, 970/971 = r+s 1994, 196.
[599] OLG Nürnberg, Urt. v. 1. 12. 1988 – 8 U 23/88, VersR 1989, 693, 694 = r+s 1989, 165.

36,7%,[600] 33%,[601] ca. 31%,[602] 30,08%,[603] 30%,[604] 28%,[605] 26,5%,[606] 25%,[607] 23,6%,[608] 17%[609] und 14%.[610] Dagegen ist nach anderen Gerichtsentscheidungen eine Einkommenseinbuße von 50%,[611] 40%,[612] 33%,[613] 30%,[614] 25%,[615] 23%,[616] 20%,[617] 12%,[618] 10 bis 20%,[619] 18%,[620] 15%[621] und bis 10%[622] als zumutbar angesehen worden. Grundsätzlich ist davon auszugehen, dass eine Einkommenseinbuße von einem Drittel[623] nicht mehr als hinnehmbar anzusehen ist, wobei nicht die Net-

---

[600] OLG Köln, Urt. v. 5. 3. 1992 – 5 U 175/90, VersR 1993, 955, 956 = r+s 1993, 155 (BGH, Nichtannahmebeschl. v. 20. 1. 1993 – IV ZR 93/92).

[601] BGH, Urt. v. 17. 6. 1998 – IV ZR 215/97, NJW-RR 1998, 1396, 1397 = NVersZ 1998, 72, 73 = VersR 1998, 1537, 1538 = MDR 1998, 1162.

[602] OLG Oldenburg, Urt. v. 5. 6. 1996 – 2 U 79/96, NJW-RR 1997, 90 = VersR 1997, 97/98 (Ls.) = r+s 1996, 505.

[603] OLG München, Urt. v. 8. 5. 1991 – 27 U 558/90, VersR 1992, 1339, 1342.

[604] OLG Schleswig v. 15. 9. 1994; OLG München, Urt. v. 23. 5. 2000 – 25 U 1566/00, NVersZ 2001, 73, 74 = VersR 2001, 972 (Ls.) = r+s 2003, 166, 167.

[605] OLG Hamm, Urt. v. 16. 1. 2008 – 20 U 17/07, VersR 2008, 949, 950 = r+s 2008, 521.

[606] OLG Hamm, Urt. v. 5. 6. 1992 – 20 U 6/92, NJW-RR 1993, 34/35 = VersR 1992, 1338, 1339 = r+s 1993, 35.

[607] OLG Stuttgart, Urt. v. 18. 1. 1996 – 7 U 130/95, r+s 1997, 347, 348.

[608] OLG Hamm, Urt. v. 20. 1. 1999 – 20 U 145/98, NJW-RR 1999, 901 = NVersZ 1999, 517, 518 = r+s 1999, 432 = MDR 1999, 543, 544.

[609] OLG Frankfurt/M., Urt. v. 17. 5. 1989 – 19 U 103/87, S. 12.

[610] OLG Karlsruhe, Urt. v. 15. 3. 2007 – 12 U 196/06, VersR 2007, 1212, 1213 = r+s 2008, 251, 252.

[611] LG Nürnberg-Fürth v. 22. 4. 1983 – 13 O 4746/81; LG Frankfurt/M., Beschl. v. 21. 2. 1996 – 2/5 O 271/95, S. 4; ebenso *Winter*, in: Bruck/Möller, VVG, 8. Aufl., 1988, §§ 159 – 178 VVG Anm. G 37.

[612] AG Alsfeld v. 6. 12. 1983 – 4 C 407/83; OLG Frankfurt/M., Urt. v. 6. 7. 1988 – 17 U 173/86, S. 15; LG Saarbrücken, Urt. v. 25. 9. 1991 – 14 O 5115/90, r+s 1992, 66, 67.

[613] LG Trier r+s 1987, 327, 328.

[614] LG Ulm, Urt. v. 5. 6. 1979 – 2 O 133/79, VersR 1979, 930; OLG Nürnberg, Urt. v. 9. 1. 1992 – 8 U 2890/91, NJW-RR 1992, 730 = VersR 1992, 1387, 1388 = r+s 1992, 177; OLG Karlsruhe r+s 1994, 436.

[615] LG Stuttgart v. 28. 10. 1983 – 22 O 334/83, VersR 1985, 255; LG Berlin, Urt. v. 25. 6. 1992 – 7 O 478/91, VersR 1993, 956; OLG Köln, Urt. v. 14. 2. 2001 – 5 U 153/00, VersR 2001, 1225, 1226.

[616] BGH, Urt. v. 22. 10. 1997 – IV ZR 259/96, NJW-RR 1998, 239 = VersR 1998, 42.

[617] LG Braunschweig v. 17. 7. 1985 – 3 0 194/85; OLG Karlsruhe, Urt. v. 17. 12. 1992 – 12 U 130/90, r+s 1994, 436, 437; OLG Köln, Urt. v. 20. 7. 1998 – 5 U 72/98, NJW-RR 1999, 1479, 1480 = NVersZ 1999, 518, 520 = VersR 1999, 1532, 1533 = r+s 1999, 124, 126; LG Frankenthal, Urt. v. 10. 1. 2008 – 3 O 347/07, VersR 2008, 1341, 1342; a. A. LG Nürnberg-Fürth v. 25. 3. 1982 – 9 O 3671/79.

[618] OLG Koblenz, Beschl. v. 11. 4. 2003 – 10 U 768/02, VersR 2003, 1431, 1432 = r+s 2004, 337, 338.

[619] OLG Karlsruhe r+s 1994, 436; KG Berlin, Urt. v. 6. 12. 2002 – 6 U 219/01, r+s 2004, 514, 515.

[620] OLG Nürnberg, Urt. v. 30. 4. 1998 – 8 U 3172/96, NVersZ 1998, 119 = VersR 1998, 1496 = r+s 1998, 345 = MDR 1998, 840; dazu *Leggewie* NVersZ 1998, 110f.

[621] OLG Düsseldorf, Urt. v. 3. 12. 1996 – 4 U 220/95, NJW-RR 1998, 541, 542 = VersR 1998, 835 (Ls.) = r+s 1998, 211; dazu BGH, Nichtannahmebeschl. v. 5. 11. 1997 – IV ZR 5/97, NJW-RR 1998, 541 = VersR 1998, 835 = r+s 1998, 211.

[622] OLG Nürnberg v. 25. 6. 1992, r+s 1993, 234; OLG Bremen, Urt. v. 18. 5. 2009 – 3 U 46/08, VersR 2009, 1605, 1606; OLG Saarbrücken, Urt. v. 29. 10. 2008 – 5 U 124/07-11, VersR 2009, 971, 973 = r+s 2010, 162, 164 (7,25%).

[623] Vgl. BGH, Urt. v. 17. 6. 1998 – IV ZR 215/97, NVersZ 1998, 72, 73 = VersR 1998, 1537, 1538.

toeinkünfte,[624] sondern die Bruttoeinkünfte zugrunde zu legen sind.[625] Übt daher ein zur bisherigen Berufsausübung Unfähiger aufgrund bisheriger Ausbildung und Erfahrung einen anderen Beruf mit nahezu gleichem Einkommen aus, wäre die Versicherungsleistung nicht Ausgleich für fehlenden beruflichen Einsatz und damit verbundenen gesellschaftlichen Abstieg, sondern Besserstellung des Versicherten gegenüber früher.[626] Verdient ein Kfz.-Mechaniker ohne einschlägige abgeschlossene Ausbildung in der konkret ausgeübten Tätigkeit als Disponent für das Inkassowesen in einer Anwaltskanzlei deutlich mehr, nämlich monatlich brutto 4000,00 DM gegenüber früher 2000,00 DM bis 2500,00 DM, stehen mithin die Einkommensverhältnisse einer Verweisung nicht entgegen.[627]

cc) Familieneinkommen. Da bedingungsgemäß auf die Lebensstellung des Versicherten abzustellen ist, kommt es für die bisher erworbene Lebensstellung auch darauf an, ob der Versicherte sein Einkommen/Gehalt ausschließlich für sich selbst verwenden kann oder ob er anderen Personen unterhaltspflichtig ist und mit dem Verdienst das gesamte Familieneinkommen allein bestreiten muss.[628] 103

dd) Zulagen. α) Einkommensrelevant. Vom Versicherten erzielte steuerfreie Spesen sind dem Nettoeinkommen hinzuzurechnen, wenn damit keine zusätzlichen Kosten für auswärtige Verpflegung und Übernachtung abgedeckt werden.[629] Im Zweifel haben solche Spesen außer Betracht zu bleiben, die für notwendige Ausgaben bei der Berufsausübung gesondert gezahlt werden.[630] 104

β) Nicht einkommensrelevant. Auf Zulagen wie Familiengeld, Urlaubsgeld und Weihnachtsgeld ist nicht abzustellen.[631] Dagegen ist eine Bereitschaftszulage in die Vergleichsbetrachtung einzubeziehen, wenn sie nach den vorgelegten Abrechnungen regelmäßig in gleicher Höhe ausbezahlt wird.[632] Zulagen für Mehrarbeit, Feiertagsarbeit und Sonntagsarbeit sind außer Acht zu lassen, wenn sie unterschiedlich und in verschiedener Höhe anfallen.[633] Zahlt die Firma einen befristeten Lohnausgleich, weil der Mitarbeiter unfallbedingt seine frühere Tätigkeit nicht mehr ausüben kann und auf eine tariflich geringer eingestufte Stelle versetzt worden ist, kann diese Zulage beim Einkommensvergleich nicht berück- 105

---

[624] So aber OLG Nürnberg, Urt. v. 1. 12. 1988 – 8 U 23/88, VersR 1989, 693 = r+s 1989, 165; OLG Köln r+s 1991, 323; OLG Köln, Urt. v. 5. 3. 1992 – 5 U 175/90, VersR 1993, 955 = r+s 1993, 155; OLG Hamm, Urt. v. 5. 6. 1992 – 20 U 6/92, NJW-RR 1993, 34 = VersR 1992, 1338 = r+s 1993, 35.

[625] OLG München, Urt. v. 8. 5. 1991 – 27 U 558/90, VersR 1992, 1339, 1342; OLG Nürnberg r+s 1993, 234; LG Trier r+s 1987, 327, 328; BGH, Urt. v. 22. 10. 1997 – IV ZR 259/96, NJW-RR 1998, 239, 240 = VersR 1998, 42, 43 = r+s 1998, 37.

[626] OLG Frankfurt/M., Urt. v. 30. 6. 1982 – 7 U 29/82; LG Passau v. 31. 1. 1984 – 3 O 409/83.

[627] OLG Köln, Urt. v. 29. 10. 1992 – 5 U 277/89, VersR 1993, 600.

[628] OLG Nürnberg, Urt. v. 30. 4. 1998 – 8 U 3172/96, NVersZ 1998, 119 = VersR 1998, 1496 = r+s 1998, 345, 346; OLG Hamm, Urt. v. 20. 1. 1999 – 20 U 145/98, NJW-RR 1999, 901 = NVersZ 1999, 517, 518 = r+s 1999, 432 = MDR 1999, 543; OLG Köln, Urt. v. 14. 2. 2001 – 5 U 153/00, VersR 2001, 1225, 1226; a. A. *Leggewie* NVersZ 1998, 110, 111.

[629] OLG Hamm, Urt. v. 5. 6. 1992 – 20 U 6/92, NJW-RR 1993, 34 = VersR 1992, 1338 = r+s 1993, 35; *Neuhaus/Kloth* MDR 2007, 318, 322.

[630] OLG Köln, Urt. v. 20. 7. 1998 – 5 U 72/98, NJW-RR 1999, 1479, 1480 = NVersZ 1999, 518, 520 = VersR 1999, 1532, 1533 = r+s 1999, 124, 126.

[631] OLG München, Urt. v. 8. 5. 1991 – 27 U 558/90, VersR 1992, 1339, 1342; BGH, Nichtannahmebeschl. v. 8. 7. 1992 – IV ZR 262/91, VersR 1992, 1339.

[632] OLG München, Urt. v. 8. 5. 1991 – 27 U 558/90, VersR 1992, 1339, 1342; BGH, Nichtannahmebeschl. v. 8. 7. 1992 – IV ZR 262/91, VersR 1992, 1339.

[633] OLG München, Urt. v. 8. 5. 1991 – 27 U 558/90, VersR 1992, 1339, 1342; BGH, Nichtannahmebeschl. v. 8. 7. 1992 – IV ZR 262/91, VersR 1992, 1339.

sichtigt werden.⁶³⁴ Dies gilt ebenfalls für Kinderzulagen oder Ortszuschläge sowie soziale Sicherungen.⁶³⁵ Beim Einkommensvergleich bleiben daher diejenigen Zulagen und Vergünstigungen außer Ansatz, die einen Ausgleich für eigene Aufwendungen und besondere Erschwernisse darstellen.⁶³⁶ Dies gilt für die Polizeizulage⁶³⁷ und dazu gehören das Kleidergeld, eine Zulage für den Dienst zu ungünstigen Zeiten und eine Wechseldienstzulage.⁶³⁸

106 **e) Disposition über die Arbeitszeit.** Der Wechsel aus einer Tätigkeit mit selbstbestimmter, weithin frei wählbarer Arbeitszeit in eine Tätigkeit mit fremdbestimmter Arbeitszeit kann im Einzelfall zu gewichtigen, die bisherige Gestaltung des Lebens belastenden Nachteilen führen, gegen deren gesundheitsbedingten Eintritt in einer Berufsunfähigkeitsversicherung, die keine bloße Verdienstausfallversicherung ist, Versicherungsschutz besteht.⁶³⁹ Dazu ist allerdings wenigstens Voraussetzung, dass die Disposition über die Arbeitszeit den bisherigen Beruf mehr als nur beiläufig geprägt hat und ihr Verlust für den Fall einer Verweisung nachweisbare, rechtlich erhebliche Beeinträchtigungen von Gewicht nach sich zieht.⁶⁴⁰ Verwehrt eine Verweisung einer Versicherten die von ihr bislang wahrgenommenen und von ihr in plausibler Weise für richtig gehaltene Betreuung eines behinderten Kindes, so kann eine auch die grundrechtlichen Wertentscheidungen beachtende Auslegung des in den Versicherungsbedingungen enthaltenen Begriffs der Lebensstellung dazu führen, dass eine Verweisung ausgeschlossen ist.⁶⁴¹ Eine selbständige Handelsvertreterin, die sich um ihre erwachsene, behinderte Tochter kümmert, die in einem Wohnheim mit angeschlossener Behindertenwerkstatt lebt, kann von daher nicht auf eine Tätigkeit als Empfangskraft verwiesen werden.⁶⁴²

3. Beweislast

107 **a) Darlegungs- und Beweislast des Versicherungsnehmers. aa) Grundsatz.** Da der Versicherungsnehmer beweispflichtig für den Eintritt von bedingungsgemäßer Berufsunfähigkeit ist, hat er auch die Nichtausübbarkeit eines Vergleichsberufes oder das Fehlen der Vergleichbarkeit eines bestimmten Berufes mit seinem bislang ausgeübten zu beweisen.⁶⁴³ Zur Schlüssigkeit der Klage hat der Versicherungsnehmer nicht nur darzulegen, dass er seinen Beruf in seiner bisherigen Ausgestaltung nicht mehr dauernd ausüben kann, sondern darüber hinaus auch vorzutragen, dass er auch keine anderen Tätigkeiten mehr verrichten kann, die aufgrund seiner Ausbildung und Erfahrung von ihm ausgeübt werden könnten und die seiner bisherigen Lebensstellung entsprächen, wobei für letzteres zunächst ein summarischer Vortrag genügt.⁶⁴⁴ Eine Substantiierung seines Vortrags

---

⁶³⁴ OLG Frankfurt/M., Urt. v. 17. 5. 1989 – 19 U 103/87, S. 12.
⁶³⁵ *Winter* in: Bruck/Möller, VVG, 8. Aufl., 1988, §§ 159 – 178 VVG Anm. G 54.
⁶³⁶ OLG Nürnberg, Urt. v. 9. 1. 1992 – 8 U 2890/91, NJW-RR 1992, 730 = VersR 1992, 1387, 1388 = r+s 1992, 177; OLG Karlsruhe, Urt. v. 17. 12. 1992 – 12 U 130/90, r+s 1994, 436, 437.
⁶³⁷ OLG Karlsruhe, Urt. v. 17. 12. 1992 – 12 U 130/90, r+s 1994, 436, 437.
⁶³⁸ OLG Nürnberg, Urt. v. 9. 1. 1992 – 8 U 2890/91, NJW-RR 1992, 730 = VersR 1992, 1387, 1388 = r+s 1992, 177.
⁶³⁹ OLG Saarbrücken, Urt. v. 10. 4. 2002 – 5 U 562/01 – 38, NJW-RR 2003, 528, 529.
⁶⁴⁰ OLG Saarbrücken, Urt. v. 10. 4. 2002 – 5 U 562/01 – 38, NJW-RR 2003, 528, 529.
⁶⁴¹ OLG Saarbrücken, Urt. v. 10. 4. 2002 – 5 U 562/01 – 38, NJW-RR 2003, 528, 529.
⁶⁴² OLG Saarbrücken, Urt. v. 10. 4. 2002 – 5 U 562/01 – 38, NJW-RR 2003, 528, 530; BGH, Nichtannahmebeschl. v. 29. 1. 2003 – IV ZR 156/02, NJW-RR 2003, 530.
⁶⁴³ BGH, Urt. v. 29. 6. 1994 – IV ZR 120/93, NJW-RR 1995, 21, 22 = VersR 1994, 1095, 1096 = VerBAV 1995, 125, 126 = r+s 1994, 391, 392.
⁶⁴⁴ LG Münster v. 17. 12. 1975 – 2 O 664/74; LG Hamburg v. 1. 11. 1978 – 76 O 175/78; BGH, Urt. v. 11. 11. 1987 – IVa ZR 240/86, BGHZ 102, 194 = NJW 1988, 973 = VersR 1988, 234 = r+s 1988, 118; OLG Köln, Beschl. v. 2. 3. 1988 – 5 W 8/88; LG

muss der Anspruchsteller allerdings vornehmen, sobald der Versicherer zu den Vergleichsberufen konkret vorgetragen hat.[645] Hat der Versicherer zum Vergleichsberuf nicht ausreichend vorgetragen, gibt es für den Versicherten im Rahmen seiner Widerlegungslast noch nichts, was er im Gegenzug durch eigene substantiierte Beweisangebote bekämpfen könnte oder müsste.[646]

bb) Konkret ausgeübte Tätigkeit. Der Versicherungsnehmer genügt seiner Vortragslast für den Eintritt bedingungsgemäßer Berufsunfähigkeit im zuletzt ausgeübten Beruf nur dann vollständig, wenn er im Einzelnen und substantiiert dazu vorträgt, welche Tätigkeiten in welchem Umfang vor Eintritt der gesundheitlichen Beeinträchtigungen von ihm wahrgenommen worden sind, welche Zeit sie regelmäßig in Anspruch genommen haben und in welcher Häufigkeit sie angefallen sind.[647] Denn insoweit geht es um die vom Kläger vorzutragende und zu beweisende Ausgestaltung seines konkret ausgeübten Berufs, der bedingungsgemäß den Ausgangspunkt für die Beurteilung gesundheitsbedingter Berufsunfähigkeit abgibt.[648] Erst ein solchermaßen vervollständigter Vortrag ermöglicht die Beurteilung, ob der Kläger den Anforderungen der konkret ausgeübten Tätigkeit in einem Ausmaß nicht mehr gewachsen ist, den der Versicherungsfall Berufsunfähigkeit voraussetzt.[649] Als Sachvortrag genügt dabei nicht die Angabe eines bloßen Berufstyps und der Arbeitszeit.[650] Vielmehr muss von dem Versicherten, der hierzu unschwer imstande ist, verlangt werden, dass er eine ganz konkrete Arbeitsbeschreibung gibt, mit der die für ihn anfallenden Tätigkeiten ihrer Art, ihres Umfangs wie ihrer Häufigkeit nach für einen Außenstehenden nachvollziehbar werden.[651] Die bloße Angabe seines Berufs (hier: Pferdewirtschaftsmeister) oder der Hinweis, dass seine Tätigkeit mit dem Berufsbild einer bestimmten Berufsvereinigung übereinstimme, genügt dieser erforderlichen Beschreibung nicht.[652]

cc) Identität ausgeübter Beruf/Verweisungsberuf. Will der Versicherte eine tatsächlich von ihm ausgeübte und von seinem Versicherer als Verweisungsberuf in Anspruch genommene Tätigkeit nicht gelten lassen, so obliegt es ihm von Anfang an vorzutragen – und erforderlichenfalls zu beweisen –, dass und warum er dieser Tätigkeit nicht aufgrund seiner bei der Tätigkeitsaufnahme vorhandenen Kenntnisse und Erfahrungen gewachsen war, sie demnach nicht sachgerecht und anforderungsgemäß ausüben konnte.[653] Das gleiche gilt, wenn er geltend

---

Bremen, Urt. v. 28. 6. 1990 – 2 O 95/1990, S. 9; OLG Hamm, Urt. v. 30. 3. 1990 – 20 U 143/89, r+s 1990, 355; BGH, Urt. v. 22. 9. 2004 – IV ZR 200/03, NJW-RR 2004, 1679, 1680 = VersR 2005, 676, 678.

[645] BGH, Urt. v. 29. 6. 1994 – IV ZR 120/93, VersR 1994, 1095 = r+s 1994, 391; BGH, Urt. v. 12. 1. 2000 – IV ZR 85/99, VersR 2000, 349; BGH, Urt. v. 22. 9. 2004 – IV ZR 200/03, NJW-RR 2004, 1679, 1680 = VersR 2005, 676, 678 = r+s 2004, 513.

[646] BGH, Urt. v. 28. 9. 1994 – IV ZR 226/93, NJW-RR 1995, 20 = r+s 1995, 78 = VerBAV 1995, 127; BGH, Urt. v. 22. 9. 2004 – IV ZR 200/03, NJW-RR 2004, 1679, 1680 = VersR 2005, 676, 677 = r+s 2004, 513.

[647] BGH, Urt. v. 29. 11. 1995 – IV ZR 233/94, r+s 1996, 116, 117.

[648] BGH, Urt. v. 29. 11. 1995 – IV ZR 233/94, r+s 1996, 116, 117.

[649] BGH, Urt. v. 29. 11. 1995 – IV ZR 233/94, r+s 1996, 116, 117.

[650] BGH, Urt. v. 30. 9. 1992 – IV ZR 227/91, VersR 1992, 302, 303 = VersR 1992, 1386, 1387; BGH, Urt. v. 29. 11. 1995 – IV ZR 233/94, r+s 1996, 116.

[651] BGH, Urt. v. 25. 9. 1991 – IV ZR 145/90, NJW-RR 1992, 159 = VersR 1991, 1358; BGH, Urt. v. 30. 9. 1992 – IV ZR 227/91, BGHZ 119, 263 = NJW 1993, 202, 203 = VersR 1992, 1386, 1387 = r+s 1992, 427 = MDR 1992, 1132; BGH, Urt. v. 29. 11. 1995 – IV ZR 233/94, r+s 1996, 116.

[652] OLG Koblenz, Beschl. v. 11. 3. 2004 – 10 U 744/03, VersR 2004, 989 = r+s 2006, 122 (Ls.).

[653] BGH, Urt. v. 30. 11. 1994 – IV ZR 300/93, NJW-RR 1995, 277, 278 = VersR 1995, 159, 160 = VerBAV 1995, 208 = r+s 1995, 115; BGH, Urt. v. 12. 1. 2000 – IV ZR 85/99,

machen will, dass diese Tätigkeit aus anderen Gründen mit seinem zuvor ausgeübten Beruf nicht vergleichbar ist.[654]

110 b) Darlegungs- und Beweislast des Versicherers. Hat der Versicherungsnehmer summarisch zur Schlüssigkeit der Klage nicht nur vorgetragen, dass er seinen Beruf in seiner bisherigen Ausgestaltung nicht mehr dauernd ausüben kann, sondern darüber hinaus auch vorgetragen, dass er auch keine anderen Tätigkeiten mehr verrichten kann, die aufgrund seiner Ausbildung und Erfahrung von ihm ausgeübt werden könnten und die seiner bisherigen Lebensstellung entsprächen, ist es Sache des Versicherers, die nach seiner Ansicht bestehenden Möglichkeiten eines Vergleichsberufs aufzuzeigen.[655] Hierbei reicht die bloße Nennung eines Berufs nicht aus.[656] Deshalb ist der allgemeine Hinweis z. B. auf Tätigkeiten im Bereich der Holzverarbeitung oder des Holzverkaufes dafür ebenso unzureichend wie ein unsubstantiierter Hinweis auf Pförtner-, Telefonisten- oder Hausmeistertätigkeiten.[657] Damit ist noch kein „Vergleichsberuf" aufgezeigt.[658] Eine Berufsunfähigkeitsversicherung würde weitgehend leer laufen und dem Leistungsversprechen des Versicherers nicht mehr gerecht werden, wenn es von vornherein zur alleinigen Vortragslast des Versicherungsnehmers bzw. des Versicherten stünde aufzuzeigen, dass es eine für den Versicherten in Betracht kommende Verweisungstätigkeit überhaupt nicht gibt.[659] Nicht der Versicherungsnehmer und nicht der Versicherte, sondern der branchenerfahrene Versicherer verfügt über das Instrumentarium, das es erlaubt, Tätigkeiten aufzuzeigen, die mit dem bisherigen Beruf der versicherten Person vergleichbar sind.[660] Der Versicherer hat daher zu den von ihm beanspruchten Vergleichs-/Verweisungsberuf bzgl. der ihn jeweils prägenden Merkmale (insbesondere erforderliche Vorbildung, übliche Arbeitsbedingungen, z. B. Arbeitsplatzverhältnisse, Arbeitszeiten, ferner übliche Entlohnung, etwa erforderliche Fähigkeiten oder körperliche Kräfte, Einsatz technischer Hilfsmittel) näher zu konkretisieren.[661] Nur dann kann der beweisbelastete Versicherungsnehmer in-

---

NJW-RR 2000, 691 = NVersZ 2000, 221 = VersR 2000, 349; BGH, Urt. v. 22. 9. 2004 – IV ZR 200/03, NJW-RR 2004, 1679, 1680 = VersR 2005, 676, 678 = r+s 2004, 513, 514.
[654] BGH, Urt. v. 30. 11. 1994 – IV ZR 300/93, NJW-RR 1995, 277, 278 = VersR 1995, 159, 160 = VerBAV 1995, 208 = r+s 1995, 115.
[655] BGH, Urt. v. 11. 11. 1987 – IV a ZR 240/86, BGHZ 102, 194 = NJW 1988, 973, 974 = VersR 1988, 234, 236 = r+s 1988, 118; LG Bremen, Urt. v. 28. 6. 1990 – 2 O 95/1990, S. 9; OLG Karlsruhe, Urt. v. 18. 2. 1993 – 12 U 249/92, S. 36 = VersR 1995, 86 = r+s 1995, 34; BGH, Urt. v. 19. 5. 1993 – IV ZR 80/92, NJW-RR 1993, 1047, 1048 = VersR 1993, 953, 954 = r+s 1993, 355.
[656] OLG Karlsruhe, Urt. v. 20. 9. 1990 – 12 U 234/89, VersR 1992, 1075, 1077 = r+s 1993, 232; OLG Karlsruhe, Urt. v. 7. 10. 1993 – 12 U 58/93, r+s 1995, 235, 236.
[657] BGH, Urt. v. 30. 9. 1992 – IV ZR 227/91, NJW 1993, 202, 203 = VersR 1992, 1386, 1387 = r+s 1992, 427.
[658] BGH, Urt. v. 11. 11. 1987 – IV a ZR 240/86, BGHZ 102, 194 = NJW 1988, 973 = VersR 1988, 234; BGH, Urt. v. 30. 9. 1992 – IV ZR 227/91, NJW 1993, 202, 203 = VersR 1992, 1386, 1387.
[659] BGH, Urt. v. 29. 6. 1994 – IV ZR 120/93, NJW-RR 1995, 21, 22 = VersR 1994, 1095, 1096 = VerBAV 1995, 125, 126 = r+s 1994, 391, 392.
[660] BGH, Urt. v. 29. 6. 1994 – IV ZR 120/93, NJW-RR 1995, 21, 22 = VersR 1994, 1095, 1096 = VerBAV 1995, 125, 126 = r+s 1994, 391, 392; *Hochheim* VW 1993, 1240; *Brützel/Eich* VW 1994, 510.
[661] OLG Oldenburg, Urt. v. 22. 2. 1995 – 2 U 235/94, S. 5; BGH, Urt. v. 29. 6. 1994 – IV ZR 120/93, NJW-RR 1995, 21, 22 = VersR 1994, 1095, 1096 = VerBAV 1995, 125, 126 = r+s 1994, 391, 392; BGH, Urt. v. 28. 9. 1994 – IV ZR 226/93, NJW-RR 1995, 20,

soweit das Bestreiten von Berufsunfähigkeit mit substantiierten Beweisangeboten bekämpfen, die nicht als Ausforschungsversuch zu werten sind, sondern denen vielmehr nachgegangen werden muss.[662] Denn der Versicherungsnehmer, der die Beweislast für die Voraussetzungen der Berufsunfähigkeit trägt, muss den Vortrag des LVU widerlegen.[663] Dies gilt besonders dann, wenn es sich um die Verweisung auf eine Tätigkeit handelt, die der Versicherte noch ausübt oder gekündigt hat.[664] Denn in einem solchen Falle weiß dieser – und nicht der Versicherer –, wie die Tätigkeit im Einzelnen ausgestaltet ist, welche Anforderungen sie stellt.[665] Deshalb obliegt es dem Versicherten in einem solchen Falle, von Anfang an vorzutragen – und erforderlichenfalls zu beweisen –, dass und warum er dieser Tätigkeit aufgrund seiner (bei ihrer Aufnahme) vorhandenen Kenntnisse und Fähigkeiten nicht gewachsen war oder aus welchen Gründen sie sonst mit seinem zuletzt ausgeübten Beruf nicht vergleichbar ist.[666] Festgestellt werden muss bei der Verweisung auf eine andere Tätigkeit auch, welchen Umfang die noch zu bewältigenden Einzeltätigkeiten im Vergleichsberuf der gedachten Art erreichen.[667] Zur Darlegungslast des Versicherers gehört auch, ob es sich bei dem Vergleichsberuf um einen Ausbildungsberuf handelt, wie die Ausbildung gegebenenfalls beschaffen sein muss und ob es als generelle Einstellungsvoraussetzung im Einzelfall auch genügen könnte, wenn der Versicherte einen anderen beruflichen Werdegang vorweisen kann.[668]

---

21 = r+s 1995, 78 = VerBAV 1995, 127, 128; OLG Oldenburg, Urt. v. 16. 4. 1997 – 2 U 35/97, VersR 1997, 1082; BGH, Urt. v. 23. 6. 1999 – IV ZR 211/98, NJW-RR 1999, 1471 = NVersZ 1999, 515, 516 = VersR 1999, 1134, 1135 = r+s 1999, 477; BGH, Urt. v. 12. 1. 2000 – IV ZR 85/99, NJW-RR 2000, 691, 692 = NVersZ 2000, 221, 222 = VersR 2000, 349, 350 = r+s 2000, 170; OLG Saarbrücken, Urt. v. 29. 10. 2003 – 5 U 451/02 – 58, VersR 2004, 1165; BGH, Urt. v. 23. 1. 2008 – IV ZR 10/07, NJW-RR 2008, 767, 768 = VersR 2008, 479 = r+s 2008, 429.

[662] BGH, Urt. v. 29. 6. 1994 – IV ZR 120/93, NJW-RR 1995, 21, 22 = VersR 1994, 1095, 1096 = VerBAV 1995, 125, 126 = r+s 1994, 391, 392; OLG Oldenburg, Urt. v. 22. 2. 1995 – 2 U 235/94, S. 5; OLG Oldenburg, Urt. v. 16. 4. 1997 – 2 U 35/97, VersR 1997, 1082; BGH, Urt. v. 12. 1. 2000 – IV ZR 85/99, NJW-RR 2000, 691, 692 = NVersZ 2000, 221, 222 = VersR 2000, 349, 350 = r+s 2000, 170. BGH, Urt. v. 22. 9. 2004 – IV ZR 200/03, NJW-RR 2004, 1679, 1680 = VersR 2005, 676, 678.

[663] BGH, Urt. v. 11. 11. 1987 – IVa ZR 240/86, NJW 1988, 974 = VersR 1988, 234, 236 = r+s 1988, 118.

[664] BGH, Urt. v. 23. 6. 1999 – IV ZR 211/98, NJW-RR 1999, 1471 = NVersZ 1999, 515, 516 = VersR 1999, 1134, 1135 = r+s 1999, 477; BGH, Urt. v. 12. 1. 2000 – IV ZR 85/99, NJW-RR 2000, 691, 692 = NVersZ 2000, 221, 222 = VersR 2000, 349, 350 = r+s 2000, 170.

[665] BGH, Urt. v. 23. 6. 1999 – IV ZR 211/98, NJW-RR 1999, 1471 = NVersZ 1999, 515, 516 = VersR 1999, 1134, 1135 = r+s 1999, 477. BGH, Urt. v. 12. 1. 2000 – IV ZR 85/99, NJW-RR 2000, 691, 692 = NVersZ 2000, 221, 222 = VersR 2000, 349, 350 = r+s 2000, 170/171; BGH, Urt. v. 22. 9. 2004 – IV ZR 200/03, NJW-RR 2004, 1679, 1680 = VersR 2005, 676, 678.

[666] BGH, Urt. v. 30. 11. 1994 – IV ZR 300/93, NJW-RR 1995, 277 = VersR 1995, 159 = r+s 1995, 115; BGH, Urt. v. 23. 6. 1999 – IV ZR 211/98, NJW-RR 1999, 1471/1472 = NVersZ 1999, 515, 516 = VersR 1999, 1134, 1135 = r+s 1999, 477/478; BGH, Urt. v. 12. 1. 2000 – IV ZR 85/99, NJW-RR 2000, 691, 692 = NVersZ 2000, 221, 222 = VersR 2000, 349, 350 = r+s 2000, 170, 171; BGH, Urt. v. 22. 9. 2004 – IV ZR 200/03, NJW-RR 2004, 1679, 1680 = VersR 2005, 676, 678.

[667] BGH, Urt. v. 22. 9. 1993 – IV ZR 203/92, NJW-RR 1994, 151 = VersR 1993, 1470 = MDR 1994, 142 = r+s 1994, 33.

[668] BGH, Urt. v. 19. 5. 1993 – IV ZR 80/92, NJW-RR 1993, 1047 = VersR 1993, 953 = r+s 1993, 355.

VII. Verweisung nach Fallgruppen

1. Verweisung von Selbständigen

111 a) **Wechsel in abhängige Stellung.** Für früher beruflich Selbständige ist die Aufnahme einer Tätigkeit in abhängiger Stellung nicht generell unzumutbar.[669] Auch nach dem Sozialversicherungsrecht besteht die Möglichkeit der Verweisung eines selbständigen Unternehmers auf unselbständige Arbeit.[670] Denn nur ausnahmsweise ist die Frage der Selbständigkeit oder Unselbständigkeit des Berufs für die soziale Stellung ausschlaggebend.[671] Gerade wenn der Versicherte nur einen kleinen Betrieb geführt hat, kann der Wechsel in eine unselbständige Tätigkeit nicht als sozialer Abstieg angesehen werden.[672] Der Auffassung, ein selbständiger Unternehmer brauche sich gemäß § 2 BUZ nicht auf eine unselbständige Tätigkeit verweisen lassen, da das gesellschaftliche Ansehen eines selbständigen Unternehmers höher zu bewerten sei als das eines unselbständigen Arbeitnehmers,[673] ist daher ebenso wenig wie der Meinung zu folgen, ein sozialer Abstieg sei anzunehmen, wenn ein bisher Selbständiger auf ein abhängiges Arbeitverhältnis verwiesen werde.[674] Es lässt sich auch nicht von vornherein feststellen, dass die Selbständigkeit als solche ein größeres Ansehen als der Beamtenstatus genießen würde.[675] Es bedarf daher stets einer auf den Einzelfall abgestellten Wertung, ob mit der neuen Tätigkeit nicht ein spürbarer sozialer Abstieg verbunden ist, den der Versicherte nicht hinzunehmen braucht, wobei die Verdienstmöglichkeiten und die allgemeine soziale Wertschätzung der bisherigen und der vom Versicherer vorgeschlagenen Stellung zu berücksichtigen sind.[676] Einem Selbständigen kann daher nicht angesonnen werden, Tätigkeiten in einem Fremdbetrieb oder als freier Mitarbeiter für einen

---

[669] LG München I v. 11.11 1982 – 30 O 11 023/80; LG Hamburg, Urt. v. 1. 3. 1984 – 80 O 682/82; BGH, Urt. v. 19. 11. 1985 – IV a ZR 23/84, NJW-RR 1986, 451 = VersR 1986, 278; LG Hamburg, Urt. v. 20. 2. 1986 – 71 O 218/85; BGH, Urt. v. 11. 11. 1987 – IV a ZR 240/86, BGHZ 102, 194 = NJW 1988, 973, 974 = VersR 1988, 234, 235 = r+s 1988, 118; OLG Nürnberg, Urt. v. 1. 12. 1988 – 8 U 23/88, VersR 1989, 693 = r+s 1989, 165; LG Karlsruhe, Urt. v. 27. 1. 1989 – 6 O 53/88; LG Landau in der Pfalz, Urt. v. 31. 5. 1990 – 2 O 246/88, S. 7; OLG Karlsruhe, Urt. v. 18. 8. 1988 – 12 U 213/86, VersR 1990, 608, 609; OLG Karlsruhe, Urt. v. 18. 2. 1993 – 12 U 249/92, S. 34 = VersR 1995, 86 = r+s 1995, 34; OLG Düsseldorf, Urt. v. 29. 9. 1998 – 4 U 175/97, NVersZ 1999, 561, 562; OLG Frankfurt/M., Urt. v. 17. 3. 1999 – 7 U 44/98, NVersZ 2000, 270, 271 = VersR 1999, 1398, 1399 = r+s 2000, 125, 127; OLG Hamm, Urt. v. 8. 3. 2000 – 20 U 95/99, VersR 2001, 1411, 1412; BGH, Urt. v. 11. 12. 2002 – IV ZR 302/01, NJW-RR 2003, 383, 384 = r+s 2003, 164, 165; OLG Saarbrücken, Urt. v. 30. 9. 2008 – 5 U 156/08-16, VersR 2009, 917, 919.
[670] LG Krefeld v. 10. 2. 1981 – 4 O 568/80.
[671] LG Koblenz v. 25. 5. 1984 – 10 U 1450/83, VersR 1985, 873.
[672] OLG Koblenz v. 25. 5. 1984 – 10 U 1450/83, VersR 1985, 873; LG Koblenz v. 21. 8. 1984 – 1 O 765/82; LG Koblenz, Urt. v. 15. 4. 1988 – 2 O 448/87, S. 10; OLG Koblenz, Beschl. v. 1. 7. 1988 – 12 U 729/88, S. 3; OLG Düsseldorf, Urt. v. 20. 3. 1990 – 4 U 107/89; OLG Köln, Urt. v. 30. 6. 1991 – 5 U 196/90, VersR 1991, 1362 = r+s 1993. 273.
[673] So LG Krefeld, Urt. v. 10. 2. 1981 – 4 O 568/80.
[674] So aber LG München I v. 11. 11. 1982 – 30 O 11 023/80; LG Hamburg v. 1. 3. 1984 – 80 O 682/82; LG Hamburg, Urt. v. 20. 2. 1986 – 71 O 218/85.
[675] OLG Frankfurt/M., Urt. v. 17. 3. 1999 – 7 U 44/98, NVersZ 2000, 270, 271 = VersR 1999, 1398, 1399 = r+s 2000, 125, 127.
[676] BGH, Urt. v. 11. 11. 1987 – IV a ZR 240/86, NJW 1988, 973 = VersR 1988, 234, 235 = r+s 1988, 118; LG Landau in der Pfalz, Urt. v. 31. 5. 1990 – 2 O 246/88, S. 7; OLG Hamm, Urt. v. 26. 6. 1991 – 20 U 51/91, VersR 1992, 1120 = r+s 1991, 389; OLG Karlsruhe, Urt. v. 18. 2. 1993 – 12 U 249/92, S. 34 = VersR 1995, 86 = r+s 1995, 34; OLG Düsseldorf, Urt. v. 29. 9. 1998 – 4 U 175/97, NVersZ 1999, 561, 562.

solchen bei andauerndem Konkurrenzverhältnis zum eigenen Unternehmen zu erbringen.[677] Eine Stelle als ‚Führungskraft' kommt nur für Versicherte in Betracht, die neben den notwendigen Kenntnissen und Erfahrungen auch die notwendige Eigeninitiative sowie wirtschaftliche und organisatorische Gestaltungskraft vorweisen können.[678]

b) Umorganisation des Betriebs. aa) Zumutbarkeit. Eine Obliegenheit 112 des Selbständigen zur Umorganisation findet sich in den Bedingungen nicht, ist aber als Tatbestandsmerkmal bei selbständigen Versicherten in der Rechtsprechung anerkannt.[679] Für den Versicherten muss die sich nach einer Umorganisation eröffnende Tätigkeit nach Art und Umfang zumutbar sein.[680] Die Zumutbarkeit der Betriebsumorganisation hängt entscheidend davon ab, ob sie dem Betriebsinhaber ein die Berufsunfähigkeit ausschließendes Betätigungsfeld eröffnen kann.[681] Die Beurteilung der Zumutbarkeit erfordert eine Gesamtbetrachtung der dem Betriebsinhaber nach einer – betrieblich sinnvollen – Umorganisation trotz seiner gesundheitlichen Einschränkungen noch verbleibenden Tätigkeitsfelder.[682] Dies lässt sich aber nur beurteilen, wenn die Betriebsstruktur und die trotz erlittener gesundheitlicher Beeinträchtigung beruflich nutzbar gebliebenen Kenntnisse, Erfahrungen und gegebenenfalls die noch vorhandenen körperlichen Kräfte des Versicherten bekannt sind.[683] Bei der Prüfung, ob ein Selbständiger berufsunfähig im Sinne der BUZ geworden ist, kommt es daher darauf an, welchen Umfang und welche Betriebsorganisation das vom Versicherten geführte Unternehmen bis zum Eintritt des Versicherungsfalls hatte.[684] Dabei ist es weder Sache des Gerichts noch eines zu beauftragenden Sachverständigen, bei einem Selbständigen die Struktur des Betriebes und das Tätigkeitsfeld darin zu ermitteln.[685]

---

[677] OLG Karlsruhe, Urt. v. 20. 9. 1990 – 12 U 234/89, VersR 1992, 1075, 1077 = r+s 1993, 232.
[678] OLG Karlsruhe, Urt. v. 18. 2. 1993 – 12 U 249/92, VersR 1995, 86 = r+s 1995, 34.
[679] BGH, Urt. v. 5. 4. 1989 – IV a ZR 35/88, NJW-RR 1989, 854 = VersR 1989, 579 = r+s 1989, 200 = MDR 1989, 802 = VerBAV 1989, 374; BGH, Urt. v. 25. 9. 1991 – IV ZR 145/90, NJW-RR 1992, 159 = VersR 1991, 1358 = r+s 1991, 431 (Ls.) = MDR 1992, 29.
[680] OLG Karlsruhe, Urt. v. 18. 2. 1993 – 12 U 249/92, S. 28 = VersR 1995, 86 = r+s 1995, 34; BGH, Urt. v. 28. 4. 1999 – IV ZR 123/98, NJW-RR 1999, 1111, 1112 = NVersZ 1999, 514, 515 = VersR 1999, 958, 960 = r+s 1999, 387, 388 = BB 1999, 1572 = MDR 1999, 994, 995; BGH, Urt. v. 26. 2. 2003 – IV ZR 238/01, NJW-RR 2003, 673, 675 = VersR 2003, 631, 633.
[681] BGH, Urt. v. 25. 9. 1991 – IV ZR 145/90, NJW-RR 1992, 159 = VersR 1991, 1358; OLG Karlsruhe, Urt. v. 18. 2. 1993 – 12 U 249/92, S. 27 = VersR 1995, 86 = r+s 1995, 34; BGH, Urt. v. 22. 9. 1993 – IV ZR 203/92, NJW-RR 1994, 151 = VersR 1993, 1470 = MDR 1994, 142 = r+s 1994, 33; BGH, Urt. v. 16. 3. 1994 – IV ZR 110/92, NJW-RR 1994, 664, 665 = VersR 1994, 587, 588 = r+s 1994, 314; BGH, Urt. v. 12. 6. 1996 – IV ZR 118/95, NJW-RR 1996, 1304 = VersR 1996, 1090, 1092; BGH, Urt. v. 26. 2. 2003 – IV ZR 238/01, NJW-RR 2003, 673, 675 = VersR 2003, 631, 633.
[682] BGH, Urt. v. 12. 6. 1996 – IV ZR 117/95, r+s 1997, 35, 37; BGH, Urt. v. 12. 6. 1996 – IV ZR 118/95, NJW-RR 1996, 1304, 1306 = VersR 1996, 1090, 1092 = r+s 1996, 418, 419 = MDR 1996, 1244, 1245.
[683] BGH, Urt. v. 30. 9. 1992 – IV ZR 227/91, BGHZ 119, 263 = NJW 1993, 202 = VersR 1992, 1386 = r+s 1992, 427 = MDR 1992, 1132; BGH, Urt. v. 16. 3. 1994 – IV ZR 110/92, NJW-RR 1994, 664, 665 = VersR 1994, 587, 588 = r+s 1994, 314 = MDR 1994, 158.
[684] BGH, Urt. v. 11. 11. 1987 – IV a ZR 240/86, NJW 1988, 973, 974 = VersR 1988, 234, 235.
[685] BGH, Urt. v. 25. 9. 1991 – IV ZR 145/90, NJW-RR 1992, 159 = VersR 1991, 1358 = r+s 1991, 431 (Ls.) = MDR 1992, 29; BGH, Urt. v. 3. 11. 1993 – IV ZR 185/92, NJW-RR 1994, 153 = VersR 1994, 205 = r+s 1994, 113.

113 bb) Einkommenssicherung. Die Umorganisation des Betriebs ist für den Versicherten nur dann zumutbar, wenn sie nicht mit auf Dauer ins Gewicht fallenden Einkommenseinbußen verbunden ist.[686] Eine Betriebsumorganisation kann einem Selbständigen daher nur angesonnen werden, wenn ihm ein Arbeitsfeld und ein Einkommen verbleiben, die den Eintritt der Berufsunfähigkeit nach den BUZ auch im Bereich der sog. Vergleichsberufe ausschließen.[687]

114 cc) Umorganisation der Arbeit. Für die Beurteilung der Berufsunfähigkeit, soweit sie sich aus der bisherigen konkreten Berufsausübung ergeben kann, kommt es nicht nur darauf an, was für die körperliche Mitarbeit des Versicherten in seinem Betrieb „prinzipiell üblich" ist.[688] Maßgebend sind auch die konkrete Betriebsgestaltung des Versicherten und die in seinem Betrieb bestehenden Möglichkeiten einer Aufgabenumverteilung.[689] Kann der Versicherte eine bisher ihm vorbehaltene betriebliche Tätigkeit gesundheitsbedingt nicht mehr ausführen, ist er aber in der Lage, statt dessen eine andere betriebliche Tätigkeit ohne gesundheitliche Einschränkung auszuüben und – sei es im Wege der Umorganisation der Arbeit – zu übernehmen, geht es bei einer solchen Verlagerung der Tätigkeit des mitarbeitenden Betriebsinhabers innerhalb seines Betriebs für ihn insoweit nicht um eine Verweisung „auf eine andere Tätigkeit" im Sinne des § 2 Abs. 1 BUZ.[690] Nur wenn sich ergibt, dass der Versicherte auch bei Vornahme möglicher und zumutbarer Umorganisationen seines Betriebes, die ihm keine auf Dauer ins Gewicht fallenden Einkommenseinbußen eintragen würden, außerstande bleibt, in einem bedingungsgemäße Berufsunfähigkeit ausschließenden Umfang im Betrieb mitzuarbeiten, gemessen am Umfang seines Arbeitseinsatzes vor Eintritt der geltend gemachten Beeinträchtigung, ist wieder zu prüfen, ob der Versicherte auch für sogenannte Vergleichstätigkeiten gesundheitlich außerstande ist, Tätigkeiten auszuüben, die bedingungsgemäße Berufsunfähigkeit ausschließen.[691] Eine Aufgabenumverteilung, die für den Betriebsinhaber lediglich zu einer „Verlegenheitsbeschäftigung" führt, lässt eine Umorganisation nach Treu und Glauben unzu-

---

[686] BGH, Urt. v. 5. 4. 1989 – IVa ZR 35/88, NJW 1989, 1920 = NJW-RR 1989, 854 = VersR 1989, 579 = r+s 1989, 579 = MDR 1989, 802 = VerBAV 1989, 374; OLG Hamm, Urt. v. 6. 10. 1989 – 20 U 20/89, VersR 1990, 605; OLG Karlsruhe, Urt. v. 20. 9. 1990 – 12 U 234/89, VersR 1992, 1075, 1076; OLG Karlsruhe, Urt. v. 18. 2. 1993 – 12 U 249/92, S. 28 = VersR 1995, 86 = r+s 1995, 34; BGH, Urt. v. 26. 2. 2003 – IV ZR 238/01, NJW-RR 2003, 673, 675 = VersR 2003, 631, 633.

[687] BGH, Urt. v. 11. 11. 1987 – IVa ZR 240/86, NJW 1988, 973 = VersR 1988, 234, 236 = r+s 1988, 118.

[688] BGH, Urt. v. 5. 4. 1989 – IVa ZR 35/88, S. 7 = VersR 1989, 579; BGH, Urt. v. 5. 4. 1989 – IVa ZR 35/88, NJW-RR 1989, 854 = VersR 1989, 579 = r+s 1989, 200 = MDR 1989, 802 = VerBAV 1989, 374.

[689] BGH, Urt. v. 11. 11. 1987 – IVa ZR 240/86, VersR 1988, 234 unter 2. u. 3., insoweit nicht abgedr. in BGHZ 102, 194; BGH, Urt. v. 5. 4. 1989 – IVa ZR 35/88, S. 7 = NJW-RR 1989, 854 = VersR 1989, 579 = VerBAV 1989, 374 = r+s 1989, 200 = MDR 1989, 802; OLG Karlsruhe, Urt. v. 18. 2. 1993 – 12 U 249/92, S. 28 = VersR 1995, 86 = r+s 1995, 34.

[690] BGH, Urt. v. 12. 6. 1996 – IV ZR 117/95, r+s 1997, 35, 37; BGH, Urt. v. 12. 6. 1996 – IV ZR 118/95, NJW-RR 1996, 1304, 1305 = VersR 1996, 1090, 1092 = r+s 1996, 418, 419 = MDR 1996, 1244.

[691] BGH, Urt. v. 5. 4. 1989 – IVa ZR 35/88, S. 8 = NJW-RR 1989, 854 = VersR 1989, 579 = r+s 1989, 200 = MDR 1989, 802; OLG Karlsruhe, Urt. v. 18. 2. 1993 – 12 U 249/92, S. 28 = VersR 1995, 86 = r+s 1995, 34; BGH, Urt. v. 12. 6. 1996 – IV ZR 117/95, r+s 1997, 35, 37; BGH, Urt. v. 12. 6. 1996 – IV ZR 118/95, NJW-RR 1996, 1304, 1305/1306 = VersR 1996, 1090, 1092 = r+s 1996, 418, 419 = MDR 1996, 1244, 1245.

mutbar erscheinen.[692] Gleiches gilt für Umschichtungen, die zu Mehraufgaben des Betriebsinhabers führen, innerhalb der Unternehmensorganisation aber keinen Sinn ergeben würden.[693] Wirtschaftlich unsinnige Maßnahmen dürfen dem Versicherten ebenso wenig angesonnen werden wie eine wesentliche Änderung des Betriebscharakters.[694] Letzteres fiele weitgehend in den Bereich der Vermögensverwaltung und hat bei dem versprochenen berufsbezogenen Versicherungsschutz ebenso außer Betracht zu bleiben wie die Frage nach konkreten Vermögenseinbußen.[695] Auch bezüglich dieser Vermögensverwaltung wäre zu klären, ob sie dem Versicherten ein mehr als hälftiges – gemessen an der Einsatzfähigkeit seiner vollen Arbeitskraft in gesunden Tagen – gesundheitlich wie aufgrund seiner vorhandenen Kenntnisse und Erfahrungen zu bewältigendes Tätigkeitsfeld eröffnet.[696] Das OLG Karlsruhe[697] sieht in der Verpachtung des eigenen Betriebes eine vollständige Aufgabe der Berufstätigkeit.

dd) Einsatz weiterer Kräfte. Im Einzelfall ist im Fall der Betriebsfortführung zu prüfen, ob ein Einsatz fremder Kräfte dem Versicherten ein im Sinne der BUZ ausreichendes Betätigungsfeld lässt und ihm noch ein Einkommen gesichert ist, das ihm die Bestreitung seines Lebensbedarfs im bisherigen Umfang erlaubt.[698] Der Versicherer kann insoweit geltend machen, dass der Versicherte mit dem Einsatz fremder Arbeitskräfte arbeitsteilig einen größeren Betrieb führen könne,[699] wobei hierfür Entlassung oder Neueinstellungen zumutbar sein können.[700] Unberührt bleibt, inwieweit eine Ausweitung des Mitarbeiterkreises und damit des Unternehmens dem selbständig Versicherten überhaupt abverlangt werden kann.[701] Möglicherweise beschränkt sich die vom BGH erwogene Obliegenheit zur Entlassung oder Neueinstellung nur auf den Austausch von Funktionsträgern, um dem Betriebsinhaber den Wechsel in andere Aufgabenbereiche, die er noch bewältigen kann, zu ermöglichen.[702] Einem Inhaber eines Betriebs für Büroorganisation kann von daher zugemutet werden, eine halbtätige Hilfskraft einzustellen, wenn er sich dadurch ein gesundheitlich noch zu bewältigendes Tätigkeitsfeld schaffen kann.[703] Festzuhalten ist aber: Soweit bei einer Umorganisation eigene Ausfälle des Versicherten durch Neueinstellung von Personal ausgeglichen werden, ist zu beachten, dass solche Maßnahmen nur dann zu einem

---

[692] OLG Karlsruhe, Urt. v. 18. 2. 1993 – 12 U 249/92, S. 28 = VersR 1995, 86 = r+s 1995, 34.
[693] OLG Karlsruhe, Urt. v. 20. 9. 1990 – 12 U 234/89, VersR 1992, 1075, 1076 = r+s 1993, 232; OLG Karlsruhe, Urt. v. 18. 2. 1993 – 12 U 249/92, S. 28 = VersR 1995, 86 = r+s 1995, 34.
[694] OLG Karlsruhe, Urt. v. 18. 2. 1993 – 12 U 249/92, S. 28 = VersR 1995, 86 = r+s 1995, 34.
[695] OLG Karlsruhe, Urt. v. 18. 2. 1993 – 12 U 249/92, S. 28/29 = VersR 1995, 86 = r+s 1995, 34.
[696] BGH, Urt. v. 16. 3. 1994 – IV ZR 110/92, NJW-RR 1994, 664 = VersR 1994, 587 = r+s 1994, 314 = MDR 1995, 158.
[697] OLG Karlsruhe VersR 1990, 608, 609.
[698] BGH, Urt. v. 11. 11. 1987 – IV a ZR 240/86, NJW 1988, 973, 974 = VersR 1988, 234, 235.
[699] BGH, Urt. v. 11. 11. 1987 – IV a ZR 240/86, NJW 1988, 973 = VersR 1988, 234, 236 = r+s 1988, 118.
[700] BGH, Urt. v. 25. 9. 1991 – IV ZR 145/90, NJW-RR 1992, 159, 160 = VersR 1991, 1358, 1359 = r+s 1991, 431 (Ls.) = MDR 1992, 29.
[701] OLG Karlsruhe, Urt. v. 18. 2. 1993 – 12 U 249/92, VersR 1995, 86 = r+s 1995, 34.
[702] OLG Hamm r+s 1990, 31.
[703] OLG Köln, Urt. v. 7. 10. 1993 – 5 U 8/93, r+s 1994, 35, 36.

Wegfall der Berufsunfähigkeit führen können, wenn sie nicht mit auf Dauer ins Gewicht fallenden Einkommenseinbußen – etwa durch Personalkosten, die als Ersatz für die eigene Arbeitsleistung anfallen – verbunden sind.[704]

116   ee) **Betriebsausweitung.** Im Einzelfall kann eine Betriebsausweitung als zumutbare Betriebsumorganisationsmaßnahme vom Versicherer angesonnen werden.[705] Lässt sich die Betriebsausweitung nur durch Betriebsanpachtungen durchführen, kommt es darauf an, ob geeignete Pachtobjekte überhaupt existieren, nicht aber ob diese am Markt zu erhalten sind und welches Verhältnis zwischen Angebot und Nachfrage für in Betracht kommende Pachtobjekte besteht.[706] Für die Berufsunfähigkeit eines selbständig ein Gewerbe betreibenden Versicherten spielt die Marktlage genauso wenig eine Rolle, wie für den in abhängiger Stellung Berufstätigen.[707] Allerdings ist der Versicherte zu einer Betriebserweiterung nicht verpflichtet, die Kapitaleinsatz erfordert.[708]

117   ff) **Kapitaleinsatz.** Dem Versicherten kann nicht zugemutet werden, einen neuen Betrieb unter Kapitaleinsatz aufzubauen.[709] Er kann nicht darauf verwiesen werden, Chef eines erst noch aufzubauenden oder anderswo zu pachtenden Betriebes zu werden.[710] Chef eines – bislang nicht vorhandenen – Betriebs ist schlechthin kein geeigneter Verweisungsberuf.[711] Eine nachträglich entstandene Umorganisationsmöglichkeit muss sich der Versicherte nicht zu seinem Nachteil anrechnen lassen, wenn er diese Umorganisationsmöglichkeit durch eine eigene Anstrengung geschaffen hat, zu der er dem Versicherer gegenüber weder aufgrund einer vertraglich vereinbarten Obliegenheit noch aufgrund seiner Schadenminderungspflicht verpflichtet war.[712] Eine solche überobligationsmäßige Anstrengung liegt z. B. vor, wenn der Versicherte durch Kapitaleinsatz sein Unternehmen erweitert.[713] Denn es wäre unbillig, den Versicherer, obwohl er an dem unternehmerischen Risiko des Versicherten nicht beteiligt ist, davon profitieren zu lassen, indem er Leistungsfrei-

---

[704] BGH, Urt. v. 12. 6. 1996 – IV ZR 118/95, VersR 1996, 1090, 1092; OLG Karlsruhe, Urt. v. 3. 4. 2003 – 12 U 57/01, VersR 2004, 98; OLG Saarbrücken, Urt. v. 13. 8. 2008 – 5 U 27/07-3, VersR 2009, 99, 101.

[705] BGH, Urt. v. 11. 11. 1987 – IV a ZR 240/86, BGHZ 102, 194 = NJW 1988, 973 = VersR 1988, 234, 235 = r+s 1988, 118.

[706] BGH, Urt. v. 11. 11. 1987 – IV a ZR 240/86, BGHZ 102, 194 = NJW 1988, 973 = VersR 1988, 234, 235 = r+s 1988, 118.

[707] BGH, Urt. v. 11. 11. 1987 – IV a ZR 240/86, BGHZ 102, 194 = NJW 1988, 973 = VersR 1988, 234, 235 = r+s 1988, 118.

[708] OLG Hamm, Urt. v. 2. 9. 1992 – 20 U 82/92, NJW-RR 1993, 540, 541 = VersR 1993, 954, 955 = r+s 1993, 394.

[709] OLG Hamm, Urt. v. 2. 9. 1992 – 20 U 82/92, NJW-RR 1993, 540, 541 = VersR 1993, 954, 955 = r+s 1993, 394.

[710] OLG Hamm, Urt. v. 2. 9. 1992 – 20 U 82/92, NJW-RR 1993, 540, 541 = VersR 1993, 954, 955 = r+s 1993, 394.

[711] OLG Hamm, Urt. v. 2. 9. 1992 – 20 U 82/92, NJW-RR 1993, 540, 541 = VersR 1993, 954, 955 = r+s 1993, 394.

[712] BGH, Urt. v. 13. 5. 1987 – IV a ZR 8/86, NJW-RR 1987, 1050 = VersR 1987, 753 = r+s 1987, 267 = MDR 1987, 1008; BGH, Urt. v. 28. 4. 1999 – IV ZR 123/98, NJW-RR 1999, 1111, 1112 = NVersZ 1999, 514, 515 = VersR 1999, 958, 960 = r+s 1999, 387, 388 = BB 1999, 1572 = MDR 1999, 994, 995.

[713] BGH, Urt. v. 28. 4. 1999 – IV ZR 123/98, NJW-RR 1999, 1111, 1112 = NVersZ 1999, 514, 515 = VersR 1999, 958, 960 = r+s 1999, 387, 388 = BB 1999, 1572 = MDR 1999, 994, 995; BGH, Urt. v. 11. 10. 2000 – IV ZR 208/99, NJW 2001, 1943, 1944 = NVersZ 2001, 404, 405 = VersR 2001, 89 = r+s 2001, 167, 168 = MDR 2001, 274; BGH, Urt. v. 20. 5. 2009 – IV ZR 274/06, NJW-RR 2009, 1189, 1191 = VersR 2009, 1063, 1064 = r+s 2009, 380, 381.

heit erhält.⁷¹⁴ Der Versicherungsnehmer braucht sich deshalb eine Umorganisationsmöglichkeit, die er durch Kapitaleinsatz erfordernden Hinzuerwerb eines weiteren Unternehmens erkauft hat, nicht entgegenhalten zu lassen.⁷¹⁵

gg) Beweislast. Ein mitarbeitender Betriebsinhaber, der gegenüber seinem Versicherer geltend machen will, er habe gegen ihn Ansprüche wegen Berufsunfähigkeit, muss im einzelnen vortragen und erforderlichenfalls beweisen, wie sein Betrieb bislang organisiert gewesen ist und in welcher Art und in welchem Umfang er darin vor seiner gesundheitlichen Beeinträchtigung mitgearbeitet hat.⁷¹⁶ Denn damit beweist er den bislang konkret ausgeübten Beruf, der bedingungsgemäß den Ausgangspunkt für die Beurteilung gesundheitlich bedingter Berufsunfähigkeit abgibt.⁷¹⁷ Zur Vortrags- und Beweislast eines mitarbeitenden Betriebsinhabers gehört weiter, dass die Tätigkeitsfelder, in denen er mit seiner – ebenfalls zu beweisenden – gesundheitlichen Beeinträchtigung in seinem Betrieb noch arbeiten kann, ihm keine Betätigungsmöglichkeiten lassen, die bedingungsgemäße Berufunfähigkeit ausschließen.⁷¹⁸ Schließlich ist es auch Sache des bislang mitarbeitenden Betriebsinhabers, vorzutragen und zu beweisen, dass ihm eine zumutbare Betriebsumorganisation, von der Entlassungen oder Neueinstellungen anderer Beschäftigter nicht ausgenommen sind, keine gesundheitlich noch zu bewältigenden Betätigungsmöglichkeiten eröffnen könnte, die bedingungsgemäße Berufunfähigkeit ausschließen würden.⁷¹⁹ Gegenüber den substantiierten

---

⁷¹⁴ BGH, Urt. v. 28. 4. 1999 – IV ZR 123/98, NJW-RR 1999, 1111, 1112 = NVersZ 1999, 514, 515 = VersR 1999, 958, 960 = r+s 1999, 387, 388 = BB 1999, 1572 = MDR 1999, 994, 995.
⁷¹⁵ BGH, Urt. v. 28. 4. 1999 – IV ZR 123/98, NJW-RR 1999, 1111, 1112 = NVersZ 1999, 514, 515 = VersR 1999, 958, 960 = r+s 1999, 387, 388 = BB 1999, 1572 = MDR 1999, 994, 995 (Speditionsunternehmen).
⁷¹⁶ BGH, Urt. v. 5. 4. 1989 – IV a ZR 35/88, NJW-RR 1989, 854 = VersR 1989, 579 = r+s 1989, 200 = MDR 1989, 802 = VerBAV 1989, 374; BGH, Urt. v. 14. 6. 1989 – IV a ZR 74/88, NJW-RR 1989, 1050 = VersR 1989, 903 = r+s 1989, 268; BGH, Urt. v. 25. 9. 1991 – IV ZR 145/90, S. 7, NJW-RR 1992, 159, 160 = VersR 1991, 1358, 1359 = r+s 1991, 431 (Ls.) = MDR 1992, 29; OLG Hamm, Urt. v. 19. 12. 1990 – 20 U 209/90, VersR 1992, 221 (Ls.) = r+s 1991, 178; LG Bochum, Urt. v. 28. 7. 1993 – 2 O 64/93, S. 8; OLG Karlsruhe, Urt. v. 18. 2. 1993 – 12 U 249/92, S. 17 = VersR 1995, 86 = r+s 1995, 34; LG Arnsberg, Urt. v. 30. 9. 1993 – 4 O 246/87, S. 7; BGH, Urt. v. 3. 11. 1993 – IV ZR 185/92, NJW-RR 1994, 153, 154 = VersR 1994, 205 = r+s 1994, 113; BGH, Urt. v. 12. 6. 1996 – IV ZR 118/95, NJW-RR 1996, 1304 = VersR 1996, 1090, 1091; OLG Karlsruhe, Urt. v. 3. 4. 2003 – 12 U 57/01, VersR 2004, 98.
⁷¹⁷ BGH, Urt. v. 25. 9. 1991 – IV ZR 145/90, NJW-RR 1992, 159, 160 = VersR 1991, 1358, 1359 = r+s 1991, 431 (Ls.); BGH, Urt. v. 3. 11. 1993 – IV ZR 185/92, NJW-RR 1994, 153, 154 = VersR 1994, 205 = r+s 1994, 113; OLG Karlsruhe, Urt. v. 3. 4. 2003 – 12 U 57/01, VersR 2004, 98.
⁷¹⁸ BGH, Urt. v. 25. 9. 1991 – IV ZR 145/90, NJW-RR 1992, 159, 160 = VersR 1991, 1358, 1359 = r+s 1991, 431 (Ls.); LG Bochum, Urt. v. 28. 7. 1993 – 2 O 64/93, S. 8; OLG Karlsruhe, Urt. v. 18. 2. 1993 – 12 U 249/92, S. 27 = VersR 1995, 86 = r+s 1995, 34; BGH, Urt. v. 3. 11. 1993 – IV ZR 185/92, NJW-RR 1994, 153, 154 = VersR 1994, 205, 206 = r+s 1994, 113; OLG Nürnberg, Urt. v. 23. 2. 1995 – 8 U 2117/94, VersR 1996, 48, 49 = r+s 1996, 328; BGH, Urt. v. 15. 11. 1995 – IV ZR 233/94, r+s 1996, 116, 117; OLG Karlsruhe, Urt. v. 12. 6. 1996 – IV ZR 117/95, r+s 1997, 35, 36; BGH, Urt. v. 12. 6. 1996 – IV ZR 118/95, NJW-RR 1996, 1304, 1305 = VersR 1996, 1090, 1092 = r+s 1996, 418 = MDR 1996, 1244; OLG Karlsruhe, Urt. v. 3. 4. 2003 – 12 U 57/01, VersR 2004, 98; OLG Saarbrücken, Urt. v. 29. 10. 2003 – 5 U 451/02 – 58, VersR 2004, 1165, 1166 = r+s 2005, 32.
⁷¹⁹ BGH, Urt. v. 11. 11. 1987 – IV a ZR 240/86, BGHZ 102, 194 = NJW 1988, 973 = VersR 1988, 234 = r+s 1988, 118; BGH, Urt. v. 5. 4. 1989 – IV a ZR 35/88, NJW 1989, 854 = VersR 1989, 579 = r+s 1989, 200 = MDR 1989, 802 = VerBAV 1989, 374; BGH, Urt. v. 25. 9. 1991 – IV ZR 145/90, NJW-RR 1992, 159, 160 = VersR 1991, 1358, 1359

Darlegungen des LVU ist es Sache des Versicherten, zu beweisen, dass eine mögliche und zumutbare Umorganisation in seinem Betrieb ihm doch nur ein 50% nicht überschreitendes, gesundheitlich noch zu bewältigendes Betätigungsfeld belässt.[720] Es fehlt ohne Zweifel an einem ausreichenden summarischen Vortrag, wenn der Anspruchsteller lediglich vorträgt, einer Verweisung stehe der Umstand entgegen, dass er selbständig tätig gewesen sei.[721]

119 c) **Einzelfälle. aa) Verweisung bejaht (Berufsunfähigkeit verneint).**
- Arzt mit Gehbehinderung nach einem Sturz.[722]
- Bäcker und Konditormeister kann auf die konkret ausgeübte Tätigkeit eines städtischen Vollziehungsbeamten verwiesen werden.[723]
- Bäcker- und Konditormeister kann auf verschiedene Tätigkeiten, z. B. als Filialleiter in der Lebensmittelbranche, als Leiter einer Brotfabrik, als Vertreter für Bäckereibedarf oder auf die konkret ausgeübte Tätigkeit eines Versicherungsvertreters verwiesen werden.[724]
- Bäckermeister mit zehn Angestellten und einem Jahresumsatz von 1 Mio. DM, der wegen einer Mehlallergie die zuvor von ihm ganz überwiegend ausgeübte Tätigkeit in der Backstube nicht mehr ausüben darf, kann darauf verwiesen werden, die kaufmännische Leitung seines Betriebs (Einkauf, Bankgeschäfte, Verwaltung) auszuüben.[725]
- Bauunternehmer (gelernter Maurer und Mitarbeiter in einem Architekturbüro) kann weiterhin als Inhaber seines Baugeschäfts tätig sein, indem er die Leitung des Betriebs, die Aufsicht über die Mitarbeiter, die Büroarbeiten, die Durchführung von Zulieferarbeiten und weitere Tätigkeiten übernimmt.[726]
- Dachdeckermeister mit eigener GmbH und sieben Mitarbeitern, der wegen immer wiederauftretender Schwindelattacken nicht mehr wie bisher auf Dächern und Gerüsten arbeiten kann, kann auf eine Betriebsumorganisation verwiesen werden.[727]
- Dachdeckermeister mit Lendenwirbel- und Fersenbeinbruch, in dessen Betrieb vier Mitarbeiter und ein Auszubildender beschäftigt sind und die Ehefrau die Büroarbeiten erledigt, hat die Unmöglichkeit einer Betriebsumorganisation nicht nachgewiesen.[728]

= r+s 1991, 431 (Ls.) = MDR 1992, 29; OLG Hamm, Urt. v. 19. 12. 1990 – 20 U 209/90, VersR 1992, 221 (Ls.) = r+s 1991, 178; LG Bochum, Urt. v. 28. 7. 1993 – 2 O 64/93, S. 8; BGH, Urt. v. 3. 11. 1993 – IV ZR 185/92, NJW-RR 1994, 153, 154 = VersR 1994, 205, 206 = r+s 1994, 113; OLG Karlsruhe, Urt. v. 18. 2. 1994 – 12 U 249/92, r+s 1995, 34; BGH, Urt. v. 29. 11. 1995 – IV ZR 233/94, r+s 1996, 116, 117; BGH, Urt. v. 12. 6. 1996 – IV ZR 117/95, r+s 1997, 35, 36; BGH, Urt. v. 12. 6. 1996 – IV ZR 118/95, NJW-RR 1996, 1304, 1305 = VersR 1996, 1090, 1092 = r+s 1996, 418/419 = MDR 1996, 1244; OLG Koblenz, Urt. v. 29. 11. 2002 – 10 U 211/02, NJW-RR 2003, 682, 683 = VersR 2003, 759 (Ls.) = r+s 2004, 250; BGH, Urt. v. 26. 2. 2003 – IV ZR 238/01, NJW-RR 2003, 673, 674 = VersR 2003, 631, 632 = r+s 2003, 207; OLG Karlsruhe, Urt. v. 3. 4. 2003 – 12 U 57/01, VersR 2004, 98; OLG Saarbrücken, Urt. v. 13. 8. 2008 – 5 U 27/07-3, VersR 2009, 99, 101.
[720] BGH, Urt. v. 5. 4. 1989 – IVa ZR 35/88, S. 8 = VersR 1989, 579.
[721] OLG Köln r+s 1989, 234.
[722] LG Frankfurt/M., Urt. v. 16. 12. 1993 – 2/5 O 380/92.
[723] OLG Köln, Urt. v. 20. 6. 1991 – 5 U 196/90, VersR 1991, 1362, 1363 = r+s 1993, 273.
[724] KG, Urt. v. 31. 3. 1992 – 6 U 2033/91, VersR 1993, 597, 599 f.
[725] LG Koblenz, Urt. v. 5. 3. 1987 – 10 O 558/86, VersR 1988, 1283.
[726] OLG Köln, Urt. v. 15. 11. 1990 – 5 U 235/89, VersR 1992, 1079, 1080.
[727] OLG Köln, Urt. v. 3. 6. 1993 – 5 U 229/92, VersR 1994, 1096, 1097 = r+s 1994, 276.
[728] BGH, Urt. v. 3. 11. 1993 – IV ZR 185/92, NJW-RR 1994, 153 = VersR 1994, 205 = r+s 1994, 113 (Zurückverweisung).

– Dachdeckermeister ist als Geschäftsführer seines Unternehmens einsatzfähig.[729]
– Elektriker mit Ein-Mann-Handwerksbetrieb kann auf die Berufe des Elektromonteurs und Heizungsmonteurs im Kundendienst verwiesen werden.[730]
– Fenster- und Türenmonteur (Subunternehmer) kann auf die ausgeübte Tätigkeit als Tiefdruckhelfer (Arbeiter in einer Druckerei) verwiesen werden.[731]
– Fertigteilmonteur (gelernter Bauzeichner) kann auf die Tätigkeit als angestellter Bauleiter verwiesen werden.[732]
– Gastwirt kann die Beschäftigung weiterer Hilfskräfte zugemutet werden.[733]
– Gastwirt ist die Umorganisation seines Betriebs gelungen.[734]
– Gastwirtin mit Beinbeschwerden hat nichts vorgetragen zu Größe, Umfang, Öffnungszeiten, Gastbetrieb, Bewirtungsaufgaben und Personal der zuletzt von ihr betriebenen Gaststätte.[735]
– Gesellschafter-Geschäftsführer wird wegen Rückenbeschwerden als alleinvertretungsberechtigter Geschäftsführer tätig, kann aber wegen Abberufung aus dem Geschäftsführeramt die bisher überwiegende nichtkörperliche Berufstätigkeit nicht mehr ausüben.[736]
– Gesellschafter-Geschäftsführer einer Gebäudereinigungs-GmbH mit 40 Mitarbeitern kann sich auf die verwaltungs- und aufsichtsführende Tätigkeit beschränken und schwere körperliche Arbeit durch einen oder mehrere seiner vielen Angestellten erledigen lassen.[737]
– Groß- und Außenhandelskaufmann mit Halswirbelsäulen- und Schulterbeschwerden, der eine eigene GmbH (Sanitärbau, Bauhlechnerei, Erstellung und Wartung von Gasheizungen) betreibt, hat nicht ausreichend zu Art und Weise und zum Umfang seiner Mitarbeit im Betrieb vorgetragen.[738]
– Herzchirurg muss sich auf jede für ihn zulässige Tätigkeit als Arzt verweisen lassen.[739]
– Inhaber eines Verkaufsstands (Fischstand auf einem großstädtischen Wochenmarkt) kann darauf verwiesen werden, statt eigener Herstellung von Fischprodukten mit dem Messer Fertigprodukte anzubieten.[740]
– Inhaberin eines Kosmetiksalons kann als Fachberaterin in einem Kosmetikgeschäft, Drogeriemarkt o. ä. tätig sein.[741]
– Inhaber eines kleinen Betriebes für Büroorganisation mit drei Angestellten kann umorganisieren.[742]
– Installateur- und Heizungsbaumeister, Inhaber eines Sanitär- und Heizungsbaubetriebes mit zehn Mitarbeitern sowie zeitweisen Teilzeitkräften, kann wegen seines Herzinfarkts kein ausreichendes Betätigungsfeld mehr bewältigen.[743]

---

[729] OLG Dresden, Urt. v. 11. 5. 1999 – 3 U 2853/98, VersR 2000, 1222 = r+s 2002, 521; BGH, Nichtannahmebeschl. v. 5. 4. 2000 – IV ZR 128/99, VersR 2000, 1222 = r+s 2002, 521.
[730] BGH, Urt. v. 27. 1. 1993 – IV ZR 309/91, NJW-RR 1993, 671 = VersR 1993, 469 = r+s 1993, 198 = MDR 1993, 422 (Vorinstanz: OLG Hamm, Urt. v. 25. 9. 1991 – 20 U 149/89).
[731] OLG Hamm, Urt. v. 8. 3. 2000 – 20 U 95/99, VersR 2001, 1411.
[732] OLG Köln, Beschl. v. 2. 3. 1988 – 5 W 8/88, r+s 1988, 212.
[733] OLG Celle, Urt. v. 21. 8. 1997 – 22 U 101/96, VersR 1998, 441, 442 = r+s 1999, 39, 40.
[734] OLG Hamm, Urt. v. 18. 2. 2005 – 20 U 174/04, r+s 2006, 423, 424.
[735] LG Saarbrücken, Urt. v. 25. 9. 1991 – 14 O 5115/90, r+s 1992, 66, 67.
[736] OLG Hamm, Urt. v. 3. 7. 2002 – 20 U 194/01, r+s 2003, 377.
[737] KG, Urt. v. 2. 2. 1996 – 6 U 3524/94, VersR 1997, 433, 434.
[738] BGH, Urt. v. 25. 9. 1991 – IV ZR 145/90, NJW-RR 1992, 159 = VersR 1991, 1358 = r+s 1991, 431 (Ls.) = MDR 1992, 29 (Zurückverweisung).
[739] LG München I, Urt. v. 11. 10. 2005 – 23 O 16706/04, VersR 2006, 1246.
[740] OLG Düsseldorf, Urt. v. 26. 6. 1990 – 4 U 201/89, VersR 1991, 1359, 1360.
[741] OLG Karlsruhe v. 6. 10. 1993 – 13 U 52/92, S. 8.
[742] OLG Köln, Urt. v. 7. 10. 1993 – 5 U 8/93, r+s 1994, 35, 36.
[743] OLG Karlsruhe, Urt. v. 18. 8. 1988 – 12 U 213/86, VersR 1990, 608.

- Installateurmeister (Inhaber einer Heizungsbau- und Installationsfirma) mit Thrombose in beiden Oberschenkeln ist nur noch in der Lage, unter Einhaltung von Pausen Verwaltungs-, Büro- und Angebotsarbeiten zu leisten, soweit solche ohne Baustellenbegehungen möglich sind; der Anteil dieser Arbeiten war aber nur auf bis 30% zu schätzen, so dass sich ein Berufsunfähigkeitsgrad von 70% ergab.[744]
- Klempner- und Installateurmeister mit eigenem Betrieb: Im Fall des OLG Hamm[745] waren neben dem Kläger die Ehefrau als Bürokraft und sein Sohn als Geselle tätig. Zeitweilig waren 1 bis 2 Auszubildende beschäftigt. Der Senat verneinte die Möglichkeit der Umorganisation u. a. damit, dass eine Umorganisation bei einem Familienbetrieb dieser Größenordnung durch Einstellung familienfremder Kräfte nicht kostenneutral durchzuführen sei.
- Kfz.-Meister mit Einmannreparaturbetrieb kann z. B. eine Tätigkeit als Kfz.-Meister in einer größeren Kfz.-Werkstatt eines renommierten Automobilherstellers oder beim TÜV ausüben.[746]
- Lackierer mit allergischen Erkrankungen der Hände ist bereits in der zuletzt ausgeübten Tätigkeit nicht zu mindestens 50% beeinträchtigt, kann darüber hinaus aber seinen Lackierbetrieb durch eine Umverteilung der Aufgaben auch umorganisieren, indem er ihm nicht mehr mögliche Aufgaben auf seine Mitarbeiter delegiert.[747]
- Landwirt hat nicht vorgetragen, dass und weshalb er die vom Versicherer konkret aufgezeigten Vergleichsberufe wie die Berufe eines Verwalters eines landwirtschaftlichen Betriebes, eines Warenkontrolleurs, eines Fachberaters oder eines Siloverwalters nicht ausüben kann.[748]
- Landwirt kann auf die Tätigkeit als Pförtner oder Registrator verwiesen werden.[749]
- Masseur und medizinischer Bademeister (orthopädische Beschwerden) kann mit eigener Praxis weiter tätig sein.[750]
- Pumpenbauer/Pumpenmonteur mit chronischer Darmerkrankung kann auf die konkret ausgeübte Tätigkeit als Hausmeister verwiesen werden.[751]
- Raumausstatter mit vier Angestellten hat nicht hinreichend substantiiert dargetan, warum ihm in seinem Betrieb eine Arbeitsumverteilung, durch die er von den partiell angefallenen schweren körperlichen Arbeiten – zumindest teilweise – hätte entlastet werden können, nicht möglich und zumutbar war.[752]
- Schmied ist nach Umschulung zum Techniker zuletzt als selbständiger Subunternehmer für Schwimmbadmontage tätig.[753]
- Ambulanter Schuhverkäufer kann auf die Leitung des Filialbetriebes einer Schuhkette verwiesen werden.[754]

---

[744] OLG Köln, Urt. v. 13. 4. 1989 – 5 U 28/87, VersR 1989, 1034 = r+s 1989, 371.
[745] OLG Hamm, Urt. v. 6. 10. 1989 – 20 U 20/89, VersR 1990, 605 = r+s 1990, 31.
[746] OLG Köln r+s 1989, 234.
[747] OLG Hamm, Urt. v. 19. 12. 1990 – 20 U 209/90, VersR 1992, 221 (Ls.) = r+s 1991, 178, 179.
[748] OLG Hamm, Urt. v. 1. 4. 1992 – 20 U 238/90, VersR 1992, 1080; dazu *Gehrke* VersR 1992, 1343 ff.
[749] LG Paderborn, Urt. v. 28. 7. 1994 – 3 O 182/94, S. 12.
[750] LG Frankfurt/M., Urt. v. 24. 3. 1994 – 2/5 O 68/89.
[751] OLG Köln r+s 1993, 357, 358.
[752] OLG Hamm, Urt. v. 11. 3. 1994 – 20 U 334/93, S. 9 = NJW-RR 1995, 1500, 1501 = r+s 1994, 473, 474.
[753] LG Wuppertal, Urt. v. 17. 12. 1981 – 7 O 219/81.
[754] OLG Hamm, Urt. v. 9. 6. 1993 – 20 U 265/92 = VersR 1994, 417 = r+s 1994, 153, 154.

- Stukkateurmeister kann auf eine Tätigkeit als technischer Angestellter für Stuckarbeiten verwiesen werden.[755]
- Taxiunternehmer muss sich auf die ausgeübte Tätigkeit als Inhaber einer Videothek verweisen lassen.[756]
- Versicherungsvermittler im Außendienst kann auf eine Tätigkeit im Innendienst des Versicherers verwiesen werden.[757]
- Versicherungsagent kann auf eine Tätigkeit im Innendienst des Versicherers verwiesen werden.[758]
- Warenhausdetektiv (selbständig) kann auf eine Tätigkeit als Mitarbeiter im Innendienst einer Detektei, in einem Ermittlungsbüro, in einem Sicherheitsdienst oder in einem Bewachungsunternehmen verwiesen werden.[759]
- Weinhändler mit kleinem Familienbetrieb hat nicht den Nachweis erbracht, dass ihm trotz möglicher Aufgabenumverteilung doch nur ein 50% nicht überschreitendes, gesundheitlich noch zu bewältigendes Betätigungsfeld verbleibt.[760]
- Zimmerermeister, der überwiegend rein handwerklich und körperlich tätig war, kann als Geschäftsführer oder Leiter eines größeren Zimmereibetriebes, als Verkaufs- oder Abteilungsleiter einer Holzhandlung bzw. einer entsprechenden Abteilung eines Baumarktes oder bei einer Fertighausfirma arbeiten.[761]
- Zimmerermeister kann zwar nicht mehr im handwerklichen Bereich arbeiten, ihm obliegt aber als Einzelprokurist maßgeblich die Leitung des Betriebs mit ca. 25 Mitarbeitern.[762]

bb) Verweisung verneint (Berufsunfähigkeit bejaht).
- Anwendersoftwareprogrammierer kann nicht auf die Umorganisation seines Einmannbetriebes verwiesen werden.[763]
- Architekt, dessen Betrieb auf Grund seiner hohen Spezialisierung auf ihn zugeschnitten ist, kann bei einer mindestens 50%igen Berufsunfähigkeit nicht darauf verwiesen werden, dass er als mitarbeitender Betriebsinhaber grundsätzlich eine Betriebsorganisation vornehmen könne, wenn das besondere Fachwissen des Architekten dem Betrieb das Gepräge gibt, er also in fachlicher Hinsicht nicht ersetzbar ist.[764]
- Bäckermeister und Konditor mit mehlallergischem Asthma bronchiale kann nicht auf Tätigkeiten als Vollziehungsbeamter, Gastwirt, Ein- und Verkäufer bzw. Handelsvertreter für Bäckereigeräte, Hersteller von Pralinen bzw. sonstigen Süßwaren, Hersteller bzw. Vertreiber von Speiseeis, Meister in einer Bonbonfabrik oder Leiter eines Lebensmittel-Supermarktes verwiesen werden.[765]

---

[755] LG Nürnberg-Fürth, Urt. v. 8. 4. 1997 – 5 O 5418/94, S. 7.
[756] OLG Düsseldorf, Urt. v. 4. 4. 2000 – 4 U 64/99, NVersZ 2001, 359 = VersR 2001, 1411 (Ls.) = r+s 2002, 34; BGH, Nichtannahmebeschl. v. 31. 1. 2001 – IV ZR 106/00, NVersZ 2001, 359, 360 = VersR 2001, 1411 = r+s 2002, 34.
[757] OLG Saarbrücken, Urt. v. 8. 1. 2003 – 5 U 910/01 – 77, VersR 2004, 54.
[758] LG Nürnberg-Fürth, Urt. v. 9. 12. 1993 – 4 O 7781/92, S. 11.
[759] OLG Köln, Urt. v. 25. 8. 1997 – 5 U 79/97, VersR 1998, 86.
[760] OLG Köln r+s 1992, 248.
[761] OLG Koblenz, Beschl. v. 1. 7. 1988 – 12 U 729/88, S. 2/3; vgl. auch LG Koblenz, Urt. v. 15. 4. 1988 – 2 O 448/87, S. 9.
[762] OLG Koblenz, Urt. v. 10. 11. 2000 – 10 U 278/00, NVersZ 2001, 212 = VersR 2002, 344, 345 = r+s 2002, 33.
[763] OLG Koblenz, Urt. v. 27. 3. 2009 – 10 U 1367/07, VersR 2009, 1249, 1250.
[764] OLG Koblenz, Urt. v. 29. 11. 2002 – 10 U 211/02, NJW-RR 2003, 682 = VersR 2003, 759 = r+s 2004, 250.
[765] OLG Hamm, Urt. v. 2. 9. 1992 – 20 U 82/92, NJW-RR 1993, 540 = VersR 1993, 954 = r+s 1993, 394.

– Bäckermeister kann nicht auf eine aufsichtsführende oder administrierende Tätigkeit, etwa als Leiter einer Backstube, als Backmeister in der Backindustrie oder in einem sog. großen Handwerksbetrieb des Bäckerhandwerks oder als Handelsvertreter für Bäckereibedarf verwiesen werden.[766]
– Bäckermeisterin kann nicht auf eine Tätigkeit als Verkäuferin verwiesen werden.[767]
– Bäckermeister, der eine kleine Bäckerei als Einmannbetrieb ohne Gesellen in ländlicher Gegend betrieben hat, kann nicht auf die Tätigkeit als Verkaufs- und Fachberater im Bäckerei- oder Lebensmittelgewerbe oder auf den Vergleichsberuf eines Filial- bzw. Abteilungsleiters im Bäckergewerbe verwiesen werden.[768]
– Bäcker leitet jetzt eigenen Bäckereibetrieb mit 10 Mitarbeitern.[769]
– Bäcker mit allergischer Erkrankung der Atemwege (sog Mehlstauballergie) ist als Informationselektriker tätig.[770]
– Bäckermeister ist die Umorganisation seines Betriebs nicht zumutbar, wenn diese für ihn zu einer Verlegenheitsbeschäftigung führt, erhebliche Investitionen erfordert oder mit der Einstellung eines weiteren Mitarbeiters verbunden ist.[771]
– Bäckermeister arbeitet als Hilfsarbeiter in einem Stahlwerk.[772]
– Bautenschutz-Unternehmer muss sich nicht auf Tätigkeiten wie Berater bzw. Sachverständiger im Bautenschutz, Bauüberwacher bzw. Planer in Bauunternehmungen oder Ingenieurbüros, Fachberater bzw. Fachverkäufer in Baustoffmärkten oder Heimwerkermärkten verweisen lassen.[773]
– Dreher (Inhaber einer Firma „Mechanische Bearbeitung") kann nicht auf eine Tätigkeit als Werkstattleiter, Verkäufer oder Außendienstler verwiesen werden.[774]
– Elektromeister mit Schulenglisch, der in einem Handwerksbetrieb mit weniger als 10 Mitarbeitern gearbeitet hat, kann nicht auf die Tätigkeit eines Projektleiters Elektrotechnik in Großbetrieben oder größeren mittelständischen Betrieben verwiesen werden.[775] Kleinere Betriebe scheiden aus, da dort Projektaufgaben die Inhaber in der Regel selbst erledigen.[776]
– Fahrlehrer kann nicht auf eine andere Tätigkeit verwiesen werden.[777]
– Friseurmeister mit Sehfehler ist (nach Umschulung) als Industriekaufmann tätig.[778]

---

[766] OLG Düsseldorf, Urt. v. 20. 8. 1997 – 4 U 41/96, VersR 1998, 1408 (Ls.) = r+s 1998, 478, 480.
[767] OLG Frankfurt/M., Urt. v. 14. 1. 1998 – 7 U 224/96, VersR 1999, 352 (Ls.) = r+s 1998, 480.
[768] OLG Frankfurt/M., Urt. v. 20. 10. 1998 – 14 U 220/97, VersR 1999, 1136 = r+s 2000, 434.
[769] LG Koblenz, Urt. v. 5. 3. 1987 – 10 O 558/86, VersR 1988, 1283.
[770] LG Stuttgart, Urt. v. 28. 10. 1983 – 22 O 334/83, VersR 1985, 254 (Umschulung).
[771] OLG Frankfurt/M., Urt. v. 9. 2. 2000 – 7 U 46/98, NVersZ 2000, 426 = r+s 2002, 82.
[772] LG Hamburg, Urt. v. 16. 4. 1974 – 1 O 211/73.
[773] OLG Hamm, Urt. v. 26. 6. 1991 – 20 U 51/91, VersR 1992, 1120 = r+s 1991, 389.
[774] OLG Düsseldorf, Urt. v. 11. 2. 1992 – 4 U 57/91, S. 14.
[775] OLG Karlsruhe, Urt. v. 19. 2. 2009 – 9 U 140/08, VersR 2009, 969, 970 = r+s 2010, 208, 209.
[776] OLG Karlsruhe, Urt. v. 19. 2. 2009 – 9 U 140/08, VersR 2009, 969, 971 = r+s 2010, 208, 209.
[777] LG Itzehoe, Urt. v. 23. 12. 1970 – 6 O 46/70; LG Hamburg, Urt. v. 24. 9. 1985 – 80 O 444/83 und HansOLG, Urt. v. 4. 2. 1986 – 9 U 226/85; OLG Hamm, Urt. v. 11. 12. 1996 – 20 U 32/95, r+s 1997, 347.
[778] LG Düsseldorf, Urt. v. 7. 5. 1982 – 11 O 809/81, VersR 1983, 1071.

- Friseurmeister mit Verkalkung (Impingment-Syndrom bei Tendinosis calcarea).[779]
- Friseurmeisterin kann nicht auf eine Tätigkeit als Fachberaterin für Friseurbedarf, Kosmetik und Körperpflege, Abteilungsleiterin eines Drogeriemarktes, einer Parfümerie oder einer Kosmetikabteilung verwiesen werden.[780]
- Friseurmeisterin, die zu 60% berufsunfähig ist, und in einem Betrieb mit weniger als zehn Vollzeit- und Teilzeitkräften gearbeitet hat, muss sich weder auf eine Aushilfstätigkeit in einem anderen Betrieb noch auf eine halbschichtige Tätigkeit als Rezeptionistin verweisen lassen.[781]
- Fuhrunternehmer und Berufskraftfahrer übt nur noch unternehmerische Tätigkeit aus.[782]
- Fuhrunternehmer mit bestätigter fachlicher Eignung und Sachkunde für den Güterfernverkehr (früher gelernter Koch) kann nicht auf eine Tätigkeit als Fuhrparkleiter, Fuhrpark-/Fahrzeugdisponent oder Hof- und Platzmeister bei einem Speditionsbetrieb verwiesen werden, aber Zurückverweisung wegen Aufnahme einer Tätigkeit als Küchenchef zur Prüfung der Verweisbarkeit auf die frühere Tätigkeit als Koch.[783]
- Gartenbauingenieur (Inhaber eines Betriebes für Garten- und Landschaftsplanung sowie Gartenbautechnik) kann nicht auf eine Tätigkeit als angestellter Gartenbauingenieur verwiesen werden.[784]
- Gas- und Wasserinstallateurmeister kann nicht auf die Tätigkeit eines Hausmeisters verwiesen werden.[785]
- Gas- und Wasserinstallateurmeister kann nicht auf die frühere Tätigkeit eines Fachbereichsleiters, die Tätigkeit eines angestellten Meisters in Installationsfirmen der Heizungs- und Lüftungsbautechnik oder die Tätigkeit eines Energieberaters verwiesen werden.[786]
- Gesellschafter/Geschäftsführer eines kleinen Bausanierungsunternehmens kann nicht auf eine Tätigkeit als Geschäftsführer eines Bausanierungsunternehmens, technischer Angestellter in der Baubranche oder als Fachberater in einem Baumarkt verwiesen werden.[787]
- Gastwirtin kann ihren Betrieb nicht umorganisieren, Verweisungstätigkeiten sind nicht ersichtlich.[788]
- Gesellschafter/Geschäftsführer (gelernter Bauschlosser und Kunstschmied) einer eigenen GmbH (ein Mitarbeiter) mit Bandscheibenschaden und Quetschung der linken Hand.[789]
- Gestütsbetreiber mit Lungenerkrankung (sowie Wirbelsäulen-, und Gelenkleiden und Sehbehinderung) kann eine Tätigkeit als Pförtner oder in einer Registratur ausführen.[790]

---

[779] LG Hamburg, Urt. v. 16. 12. 1991 – 325 O 4/89, VersR 1992, 1122.
[780] OLG Düsseldorf, Urt. v. 9. 8. 1995 – 4 U 227/94, NJW-RR 1996, 218 = VersR 1996, 879 = r+s 1996, 37.
[781] OLG Karlsruhe, Urt. v. 3. 4. 2008 – 12 U 151/07, r+s 2009, 120, 121.
[782] LG Würzburg, Urt. v. 30. 10. 1978 – 2 O 804/78.
[783] BGH, Urt. v. 23. 6. 1999 – IV ZR 211/98, NJW-RR 1999, 1471, 1472 = NVersZ 1999, 515, 516 = VersR 1999, 1134, 1135 = r+s 1999, 477, 478.
[784] OLG Düsseldorf, Urt. v. 29. 9. 1998 – 4 U 175/97, NVersZ 1999, 561, 562 = r+s 1999, 521, 522.
[785] OLG Celle, Urt. v. 19. 1. 2005 – 4 U 159/04, r+s 2006, 513, 514.
[786] OLG Saarbrücken, Urt. v. 19. 11. 2003 – 5 U 168/00 – 11, VersR 2004, 1401, 1403 f. = r+s 2005, 75, 77.
[787] OLG Karlsruhe, Urt. v. 2. 3. 2000 – 12 U 191/99, VersR 2000, 1401, 1404 = r+s 2001, 434, 435.
[788] OLG Saarbrücken, Urt. v. 13. 8. 2008 – 5 U 27/07 – 3, VersR 2009, 99, 102.
[789] OLG Düsseldorf, Urt. v. 20. 3. 1990 – 4 U 107/ 89.
[790] BGH, Urt. v. 19. 11. 1985 – IV a ZR 23/84, VersR 1986, 278 (Zurückverweisung).

- Getränkehändler, Einmannbetrieb, gelernter Braumeister, mit Bandscheiben- und Hüftgelenksleiden.[791]
- Getränkegroßhändler und gelernter Gerbermeister mit Knie-, Fingergelenk- und Wirbelsäulenbeschwerden kann nicht auf die konkret ausgeübte Tätigkeit als Messner und auch nicht abstrakt auf die Tätigkeiten als Lager-, Magazinverwalter oder Kraftfahrer verwiesen werden.[792]
- Getränkevertriebs-Inhaber kann nicht verwiesen werden.[793]
- Gewerbetreibender stellt Werkstattmitarbeiter ein und übt leitende Tätigkeit als Kaufmann aus.[794]
- Gipsermeister, der als Geschäftsführer einer GmbH fungierte, tatsächlich aber nur als Gipsermeister arbeitete, kann nicht auf die Tätigkeit als Geschäftsführer einer Bauträgergesellschaft verwiesen werden.[795]
- Karosseriebaumeister und Autolackierer stellt Werkstatttätigkeit ein und übt die kaufmännische Leitung des Betriebes aus.[796]
- Kfz.-Meister mit eigener Werkstatt und gepachteter Tankstelle könnte nach einem berufskundlichen Gutachten zwar die Tätigkeiten eines Sachbearbeiters, Meisters (Werkmeister oder Ausbildungsleiter bzw. -meister), Abteilungsleiters, KFZ-Instandsetzers, Lagerleiters, Lagerverwalters, Lagerdisponenten, Lageristen, Kundendienstberaters, Einkäufers und Verkäufers, jeweils in den Wirtschaftszweigen Kfz.-Reparatur oder Kfz.-Einzelhandel ausüben; die Verweisung scheiterte im konkreten Fall aber an der jeweiligen Einkommenseinbuße.[797]
- Kleinunternehmer (Spedition) musste Mitarbeit einstellen und kann keine Ersatzkraft einstellen.[798]
- Klempner- und Installateurmeister übt handwerkliche Mitarbeit nicht mehr aus und kann auf Leitungsfunktion verwiesen werden.[799]
- Kohlenhändler übt jetzt die leitende Tätigkeit eines GmbH-Geschäftsführers aus und verrichtet Büroarbeit gegenüber der früher angefallenen schweren körperlichen Arbeit.[800]
- Kühlerklempner musste Mitarbeit einstellen und gab den Betrieb auf.[801]
- Kurierfahrer (selbständig) kann nicht auf eine Tätigkeit als Disponent oder Versandsachbearbeiter verwiesen werden.[802]
- Landwirtschaftsmeister arbeitet im Pforten- und Telefondienst.[803]
- Landwirt (nach Umschulung) zum Nachrichtengerätemechaniker.[804]
- Landwirt übt jetzt die Aufsicht in einem landwirtschaftlichen Betrieb aus.[805]
- Landwirt übt weiterhin seinen Beruf aus.[806]

---

[791] OLG Karlsruhe, Urt. v. 16. 8. 1990 – 12 U 84/89, VersR 1992, 173.
[792] OLG Karlsruhe, Urt. v. 15. 1. 1992 – 13 U 275/90, NJW-RR 1993, 739 = VersR 1993, 873, 874 = r+s 1994, 273.
[793] LG München I, Urt. v. 11. 11. 1982 – 30 O 11 023/80.
[794] OLG Düsseldorf, Urt. v. 4. 5. 1984 – 4 U 76/83; LG Wuppertal, Urt. v. 24. 3. 1983 – 7 O 243/82.
[795] OLG Karlsruhe, Urt. v. 7. 10. 1993 – 12 U 58/93, r+s 1995, 235.
[796] LG Osnabrück, Urt. v. 19. 8. 1985 – 9 O 37/85.
[797] OLG Nürnberg, Urt. v. 1. 12. 1988 – 8 U 23/88, VersR 1989, 693 = r+s 1989, 165.
[798] LG Hamburg, Urt. v. 9. 3. 1984 – 80 O 682/82.
[799] LG Dortmund, Urt. v. 2. 8. 1984 – 2 O 472/82.
[800] LG Hannover VersR 1992, 235.
[801] LG Hannover, Urt. v. 18. 4. 1979 – 1 O 131/77.
[802] OLG Frankfurt/M., Urt. v. 30. 10. 1996 – 7 U 197/95, S. 10.
[803] LG Koblenz, Urt. v. 24. 8. 1983 – 15 O 797/82.
[804] LG Koblenz, Urt. v. 6. 4. 1984 – 2 O 439/ 83.
[805] AG Karlsruhe, Urt. v. 4. 5. 1979 – 5 C 16/79 und LG Karlsruhe v. 23. 5. 1980 – 9 S 329/79.
[806] LG Oldenburg, Urt. v. 26. 10. 1979 – 8 O 205/78.

- Maler- und Fußbodenverlegebetriebs-Inhaber sowie Inhaber eines Heimwerkermarkts mit Kniebeschwerden (Gonarthrose und Femoropatellararthrose in beiden Kniegelenken) musste die über 50%ige handwerkliche Mitarbeit einstellen und deshalb einen weiteren Gesellen beschäftigen, um den Betrieb im bisherigen Umfang aufrechterhalten zu können.[807]
- Maler- und Lackierermeister mit eigenem Betrieb erlitt bei Skiunfall Bänderrisse in beiden Kniegelenken und einen Meniskusschaden im linken Knie und leidet des Weiteren unter Drehschwindel und einem Bandscheibenvorfall.[808]
- Maler- und Lackierermeister mit Bein- und Fußbrüchen.[809]
- Masseurin und Medizinische Bademeisterin (Inhaberin und Leiterin einer medizinischen Massagepraxis) mit depressiver Versagensreaktion und degenerativer Wirbelsäulen- und Gelenkerkrankungen kann keine Aufgabenumverteilung vornehmen, die ihr noch eine mehr als 50%ige Berufstätigkeit ermöglicht; eine angedachte Verweisung auf eine Tätigkeit als Leiterin des Massage- bzw. Badebetriebs in größeren Praxen, vornehmlich in Kurmittelhäusern oder Rehabilitationszentren, Krankengymnastin, Lehrkraft an einer Massageschule, medizinische Bademeisterin oder Kneipp-Bademeisterin in Badeanstalten, Saunen oder multifunktionalen Erlebnisbädern, Sachbearbeiterin bei einer Krankenkasse oder privaten Abrechnungsstelle, Bürokauffrau oder Empfangskraft in einem Massage- oder Badebetrieb, die gleichzeitig den Telefondienst versieht und mit Handreichungen die therapeutischen Anwendungen vorbereitet, wird nicht akzeptiert.[810]
- Masseur und Chiropraktiker ist die Umorganisation des Betriebes unter Einstellung eines weiteren Therapeuten nicht zuzumuten.[811]
- Teilhaber einer Massagepraxis mit einer angestellten Krankengymnastin kann nicht auf den Beruf eines Physiotherapeuten, eines Sachbearbeiters in der Abrechnung bei einer Krankenkasse oder einem privaten Krankenversicherungsträger, eines Kundenberaters im Verkaufsaußendienst eines Herstellungsbetriebs oder Handelshauses für medizinische Artikel, eines Leiters der Badeabteilung in Sanatorien oder Kuranstalten, eines Gruppenleiters zum Führen und Leiten einer Gruppe von Masseuren, eines Saunameisters oder des Leiters eines Fitnessclubs verwiesen werden.[812]
- Maurermeister – Inhaber eines Baugeschäfts mit ca. 40 Arbeitnehmern sowie eines Betonwerks mit ca. 20 Arbeitnehmern – ist berufsunfähig, da kein ausreichendes Arbeitsfeld mehr für ihn gefunden werden kann.[813]
- Maurer und Inhaber eines Baugeschäfts.[814]
- Metallwerker ist als Büroboote tätig.[815]
- Pizzabäckerin und Inhaberin einer Pizzeria kann als ungelernte Kraft nicht auf eine nur verwaltende Tätigkeit, z.B. als Geschäftsführerin in einem größeren Gaststättenbetrieb verwiesen werden.[816]

---

[807] OLG Frankfurt/M., Urt. v. 21. 11. 1985 – 15 U 107/84, VersR 1987, 349.
[808] OLG Hamm, Urt. v. 16. 3. 1990 – 20 U 145/88, VersR 1990, 1105, 1106.
[809] OLG Düsseldorf, Urt. v. 4. 8. 1992 – 4 U 212/90.
[810] OLG Karlsruhe, Urt. v. 18. 2. 1993 – 12 U 249/92, S. 37 ff. = VersR 1995, 86 = r+s 1995, 34.
[811] OLG Koblenz, Urt. v. 29. 6. 2001 – 10 U 1073/99, NVersZ 2002, 262, 263 = VersR 2002, 469, 471 = r+s 2002, 127.
[812] KG, Urt. v. 7. 6. 2002 – 6 U 5317/00, VersR 2003, 491, 493 f. = r+s 2004, 31, 32 f.
[813] OLG Karlsruhe, Urt. v. 20. 9. 1990 – 12 U 234/89, VersR 1992, 1075, 1076 = r+s 1993, 232; BGH, Nichtannahmebeschl. v. 10. 7. 1991 – IV ZR 289/90, VersR 1992, 1075.
[814] OLG Düsseldorf, Urt. v. 15. 12. 1981 – 4 U 69/81.
[815] OLG Frankfurt/M., Urt. v. 17. 5. 1989 – 19 U 103/87, S. 10.
[816] OLG Frankfurt/M., Urt. v. 28. 8. 2002 – 7 U 72/99, VersR 2003, 230, 231.

- Schachtmeister mit kleinem Unternehmen für Schachtarbeiten kann nicht auf den Beruf des Chefs eines Bauunternehmens verwiesen werden.[817]
- Steuerberater und Rechtsbeistand mit Handgelenkbeeinträchtigung (nach Speichentrümmerbruch) ist unverändert tätig.[818]
- Tennislehrer kann nicht auf eine Verkäufer- oder Vertretertätigkeit verwiesen werden.[819]
- Tischlermeister kann als mitarbeitender Inhaber auch bei vergleichbarem Einkommen nicht auf den Beruf eines Verkäufers/Beraters in einem Fachmarkt oder Kaufhaus verwiesen werden.[820]
- Tischlermeister musste handwerkliche Mitarbeit einstellen und einen weiteren Gesellen beschäftigen, um den Betrieb fortzuführen.[821]
- Verkaufswagen für Fischprodukte kann vom Inhaber wegen Osteoporose, Beeinträchtigung nach Handoperation und Verschleiß der Wirbelsäule nicht weiterbetrieben werden.[822]
- Waschanlageninhaber.[823]

2. Verweisung von Nichtselbständigen

a) Verweisung bejaht (Berufsunfähigkeit verneint).
- Arzt (Assistenzarzt) kann als beratender Arzt für Psychiatrie und Psychotherapie tätig sein.[824]
- Assistenzarzt mit Bandscheibenschaden.[825]
- Balletttänzer studiert jetzt.[826]
- Bauingenieur arbeitet zunächst auf Baustellen und wechselt in eine Innendienstposition.[827]
- Dachspengler mit Bruch des rechten Fersenbeins und Zertrümmerung des rechten Sprunggelenks, der unstreitig nicht mehr auf Dächern arbeiten konnte, wird auf die Möglichkeit verwiesen, in speziellen Spenglerwerkstätten ‚am Boden' Lüftungskanäle, Abgasrohre, Regenrinnen und Blechbuchstaben zu fertigen.[828]
- Elektroingenieur kann unverändert in seinem Beruf arbeiten.[829]
- Facharzt für Frauenheilkunde kann von seiner klinischen Tätigkeit – auch als ständiger Vertreter des Chefarztes – auf eine Tätigkeit als niedergelassener Gynäkologe verwiesen werden.[830]
- Fenster- und Türenmonteur kann auf eine Tätigkeit als Tiefdruckhelfer verwiesen werden.[831]

---

[817] OLG Hamm, Urt. v. 18. 10. 1991 – 20 U 132/91, VersR 1992, 1249, 1250 = r+s 1992, 428.
[818] OLG Celle, Urt. v. 28. 10. 1983 – 8 U 5/83, VersR 1984, 673.
[819] LG Frankfurt/M., Urt. v. 17. 5. 1988 – 2/26 O 526/87, S. 3 f.
[820] OLG Hamm, Urt. v. 21. 6. 1996 – 20 U 351/94, VersR 1997, 817, 818 = r+s 1997, 126, 127.
[821] LG Hamburg, Urt. v. 20. 2. 1986 – 71 O 218/85.
[822] OLG Düsseldorf, Urt. v. 30. 11. 1993 – 4 U 215/92.
[823] LG Göttingen, Urt. v. 2. 10. 1985 – 8 O 247/84.
[824] OLG Saarbrücken, Urt. v. 4. 5. 1994 – 5 U 69/91.
[825] LG Frankfurt/M., Urt. v. 1. 3. 1990 – 2/5 O 247/88, VersR 1991, 1363.
[826] LG Frankfurt/M., Urt. v. 7. 12. 1984 – 2/10 O 192/84.
[827] LG Flensburg, Urt. v. 8. 1. 1982 – 7 O 384/81, VersR 1982, 1185.
[828] BGH, Urt. v. 15. 1. 1992 – IV ZR 268/90, VersR 1992, 1118 = r+s 1992, 138.
[829] LG Saarbrücken, Urt. v. 8. 4. 1983 – 10 O 355/82.
[830] OLG Saarbrücken, Urt. v. 31. 1. 1996 – 5 U 374/95 – 26, NJW-RR 1997, 791; BGH, Nichtannahmebeschl. v. 5. 2. 1997 – IV Ze 99/96, NJW-RR 1997, 793.
[831] OLG Hamm, Urt. v. 8. 3. 2000 – 20 U 95/99, r+s 2000, 523.

- Fertigteilmonteur kann auf die frühere Tätigkeit als angestellter Bauleiter verwiesen werden.[832]
- Fußbodenleger ist als Raumausstatter tätig.[833]
- Glasierer ist jetzt Musterkleber für Fliesen.[834]
- Ingenieur (Leiter eines Ingenieurbüros) ist nur noch im Innendienst als Bauingenieur im Bereich Kalkulation und Statik tätig.[835]
- Kfz.-Lackierer kann auf eine Tätigkeit als Lagerverwalter/Lagerarbeiter oder als Fachverkäufer in einem Fachgeschäft für Farben und Lacke oder in einem Bau- oder Heimwerkermarkt verwiesen werden.[836]
- Kfz.-Mechaniker mit Wirbelsäulen- und Hüftgelenkbeschwerden kann verwiesen werden.[837]
- Kraftfahrer (Auslieferungsfahrer für Fassbier bei einer Brauerei) und gelernter Maurer mit Wirbelsäulenbeschwerden.[838]
- Kraftfahrer (Verkaufsfahrer) kann auf eine Tätigkeit als Maschinenführer verwiesen werden.[839]
- Kraftfahrer mit Halswirbelsäulenbeschwerden.[840]
- Kraftfahrer im Güterfernverkehr kann als LKW-Transportfahrer im Güternahverkehr eingesetzt werden.[841]
- Kraftfahrer im Werksfernverkehr kann auf eine Tätigkeit als Hausmeister einer größeren Wohnanlage verwiesen werden.[842]
- Krankenpfleger im Zivildienst studiert jetzt.[843]
- Krankenschwester mit Einschränkungen in der Beweglichkeit der Lendenwirbelsäule kann im administrativen Pflegebereich tätig sein.[844]
- Krankenschwester im Pflegedienst muss sich auf eine Tätigkeit als Arzthelferin oder Werkshelferin verweisen lassen.[845]
- Krankenschwester mit Bewegungseinschränkungen der Lendenwirbelsäule kann viele typische Tätigkeiten, die bei der Berufsausübung als Krankenschwester anfallen, nicht mehr ausführen; es bestehen jedoch keine Bedenken gegen eine vollschichtige Tätigkeit im administrativen Pflegebereich mit Begleitung von ärztlichen Visiten, Terminplanung, Führen von Krankengeschichten, Aufnahme von Patienten und anderen organisatorischen Aufgaben.[846]
- Pumpenbauer/Pumpenmonteur mit chronischer Darmerkrankung kann auf die konkret ausgeübte Tätigkeit als Hausmeister verwiesen werden.[847]

---

[832] OLG Köln r+s 1988, 212.
[833] OLG Köln, Urt. v. 7. 1. 1988 – 5 U 39/87, r+s 1988, 65.
[834] OLG Koblenz, Beschl. v. 6. 1. 1986 – 10 W 668/85.
[835] LG Paderborn, Urt. v. 2. 3. 1982 – 2 O 477/81.
[836] KG Berlin, Urt. v. 13. 6. 1995 – 6 U 1067/95, VersR 1995, 1473 = r+s 1996, 241, 242.
[837] OLG Frankfurt/M., Urt. v. 11. 12. 1992 – 19 U 37/90.
[838] BGH, Urt. v. 29. 6. 1994 – IV ZR 120/93, NJW-RR 1995, 21 = VersR 1994, 1095 = r+s 1994, 391 = VerBAV 1995, 125, Zurückverweisung.
[839] OLG Nürnberg r+s 1993, 234.
[840] OLG Nürnberg, Urt. v. 9. 3. 1995 – 8 U 142/95.
[841] OLG Düsseldorf, Urt. v. 3. 12. 1996 – 4 U 220/95, NJW-RR 1998, 541, 542 = VersR 1998, 835 = r+s 1998, 211; dazu BGH, Nichtannahmebeschl. v. 5. 11. 1997 – IV ZR 5/97, NJW-RR 1998, 541 = VersR 1998, 835 = r+s 1998, 211.
[842] OLG Köln, Urt. v. 20. 7. 1998 – 5 U 72/98, NJW-RR 1999, 1479 = NVersZ 1999, 518 = VersR 1999, 1532 = r+s 1999, 124.
[843] LG Kiel, Urt. v. 18. 5. 1983 – 15 O 181/81.
[844] LG Trier r+s 1987, 327, 328.
[845] LG Düsseldorf, Urt. v. 20. 7. 1999 – 11 O 56/99, r+s 2000, 171.
[846] LG Trier r+s 1987, 327, 328.
[847] OLG Köln r+s 1993, 357, 358.

- Lagerhalter mit einem Augenleiden.[848]
- LKW-Fahrerin kann auf ihre frühere Tätigkeit als Verwaltungsfachangestellte verwiesen werden.[849]
- Maurer ist als Polier-Bauführer tätig.[850]
- Maurer ist nach Herzoperation wegen Herzklappenfehlers als Kurierfahrer tätig.[851]
- Masseur und medizinischer Bademeister mit Arthralgien unklarer Genese in den Fingergelenken.[852]
- Montageleiter in der Fenster- und Türherstellung wechselt nach Umschulung in den öffentlichen Dienst als angestellter Bautechniker.[853]
- Radio- und Fernsehtechniker im Außen- und Innendienst kann auf eine Tätigkeit nur im Innendienst verwiesen werden.[854]
- Rohrschlosser fertigt jetzt die Konstruktionspläne, Materiallisten etc. für solche Arbeiten an, die er früher handwerklich umsetzte.[855]
- Schulungsreferent im Außendienst kann auf Innendienst verwiesen werden.[856]
- Schlosser kann auf Hausmeistertätigkeit verwiesen werden.[857]
- Seniordisponent arbeitet jetzt im Rechenzentrum.[858]
- Servierin kann auf die konkret ausgeübte Tätigkeit als Telefonistin bei der Fernmeldeauskunft verwiesen werden.[859]
- Sportartikelkaufmann kann noch als angestellter Sportartikelkaufmann tätig sein.[860]
- Stewardess (gelernte Bürokauffrau und Korrespondentin) kann auf die Tätigkeiten als Konferenzdolmetscherin, Übersetzerin, Zugbegleiterin, Reisebegleiterin sowie auf Tätigkeiten im Servicebereich gehobener Lokale, Messen, Tagungen, im Hotelgewerbe und in der gewerblichen Wirtschaft verwiesen werden.[861]
- Student, zugleich Berufspilot und zeitweise Gesellschafter-Geschäftsführer einer Transportgesellschaft, ist später als Rechtsreferendar/Rechtsanwalt einsetzbar.[862]
- Tankstellenleiter kann lediglich in der Werkstatt nicht mehr mitarbeiten.[863]
- Verkaufsbüroleiter arbeitet im bisherigen Beruf.[864]
- Verkaufsleiter kann bei leichter Umstellung seines Arbeitsplatzes seinen Beruf weiter ausüben.[865]

---

[848] OLG Koblenz, Urt. v. 25. 6. 1992 – 6 U 1916/89, r+s 1994, 35.
[849] OLG Saarbrücken, Urt. v. 29. 10. 2008 – 5 U 124/07 – 11, VersR 2009, 971, 973 = r+s 2010, 162, 164.
[850] LG Frankfurt/M., Urt. v. 24. 11. 1983 – 2/7 O 156/83, VersR 1984, 726.
[851] LG Gießen, Urt. v. 3. 7. 1985 – 3 O 204/85, VersR 1987, 249.
[852] BGH, Urt. v. 30. 11. 1994 – IV ZR 300/93, NJW-RR 1995, 277 = VersR 1995, 159 = r+s 1995, 115 (Zurückverweisung).
[853] LG Osnabrück, Urt. v. 14. 11. 1985 – 9 O 362/85.
[854] OLG Düsseldorf, Urt. v. 24. 10. 1996 – 18 U 30/96, r+s 1998, 299.
[855] OLG Bremen, Urt. v. 18. 5. 2009 – 3 U 46/08, VersR 2009, 1605, 1607.
[856] LG Nürnberg-Fürth, Urt. v. 22. 4. 1983 – 13 O 4746/81.
[857] OLG Koblenz, Beschl. v. 11. 4. 2003 – 10 U 768/02, VersR 2003, 1431 f. = r+s 2004, 337, 338.
[858] LG Karlsruhe, Urt. v. 17. 5. 1984 – 2 O 220/83, bestätigt durch OLG Karlsruhe, Urt. v. 27. 3. 1986 – 9 U 105/84.
[859] OLG Köln, Urt. v. 12. 1. 1995 – 5 U 245/93, VersR 1996, 1093 = r+s 1996, 76.
[860] OLG Köln r+s 1991, 323.
[861] LG Berlin, Urt. v. 25. 6. 1992 – 7 O 478/91, VersR 1993, 956.
[862] LG Frankfurt/M., Urt. v. 30. 4. 1984 – 2/8 O 144/82.
[863] LG Köln, Urt. v. 9. 6. 1982 – 24 O 186/81.
[864] LG Münster, Urt. v. 17. 12. 1975 – 2 O 664/74.
[865] LG Lübeck, Urt. v. 24. 9. 1980 – 4 O 20/79.

- Versicherungsangestellte im Außendienst mit Lähmung der linken Wadenbeinnerven kann auf Innendiensttätigkeit verwiesen werden.[866]
- Verkaufsmetzger übt seinen Beruf in Stundenzahl und Lohn unverändert wie bisher aus.[867]
- Versicherungskaufmann im Außendienst kann im Innendienst arbeiten.[868]
- Versicherungsvermittler im Außendienst kann auf die Tätigkeit eines Sachbearbeiters im Innendienst verwiesen werden.[869]
- Zimmermannsgeselle kann auf eine Tätigkeit als Fachverkäufer für Holz verwiesen werden.[870]

b) Verweisung verneint (Berufsunfähigkeit bejaht).

- Außendienstverkäufer mit Sturzverletzungen.[871]
- Auszubildender Groß- und Außenhandelskaufmann mit Schädelverletzung nach Unfall.[872]
- Ausbeiner (Spezialisierung des Metzgerberufs) mit orthopädischen Beschwerden kann nicht auf die Tätigkeit eines Fleischer- bzw. Metzgergesellen in einem mittleren Fleischerbetrieb, eines Qualitäts- oder Warenkontrolleurs, eines Einkäufers im Großhandel, die Tätigkeit des Klassifizierens im Schlachtbetrieb, eines Verpackungsmeisters oder eines Wiege- und Hallenmeisters verwiesen werden.[873]
- Autolackierer mit degenerativen Veränderungen der Wirbelsäule kann nicht in Großbetrieben mit Lackierstraßen arbeiten.[874]
- Briefzustellerin kann nicht auf eine Tätigkeit im Innendienst der Post verwiesen werden.[875]
- Busfahrer kann wegen der fehlenden Entsprechung der Lebensstellung nicht auf die Tätigkeit als Lagerarbeiter in einem Verkehrsbetrieb verwiesen werden.[876]
- Betriebsheizmeister und gelernter KFZ-Meister kann wegen der fehlenden wirtschaftlichen Vergleichbarkeit nicht auf eine Tätigkeit als Gewährleistungssachbearbeiter verwiesen werden.[877]
- Dachdeckergeselle mit einem Nettoeinkommen von ca. 2800,00 DM p. m. kann nicht auf eine Tätigkeit als Fachberater/Fachverkäufer im Baustoffhandel mit einem Einkommen von 2105,00/2144,00 DM brutto p. m. verwiesen werden.[878]
- Fernkraftfahrer arbeitet in überpflichtgemäßer Anstrengung als Aushilfsfahrer und Bauarbeiter.[879]

---

[866] BGH, Urt. v. 17. 9. 1986 – IV a ZR 252/84, NJW-RR 1987, 276 = VersR 1986, 1113; ebenso LG Hamburg, Urt. v. 23. 11. 1983 – 76 O 255/82.
[867] OLG Köln, Urt. v. 18. 12. 1986 – 5 U 82/86.
[868] LG Lüneburg, Urt. v. 2. 7. 1982 – 8 O 59/82.
[869] OLG Saarbrücken, Urt. v. 8. 1. 2003 – 5 U 910/01 – 77, NJW-RR 2003, 468 = VersR 2004, 54 = r+s 2004, 429.
[870] OLG Braunschweig, Urt. v. 14. 6. 1999 – 3 U 288/98, VersR 2000, 620 = r+s 2001, 215.
[871] BGH, Urt. v. 17. 2. 1993 – IV ZR 206/91, NJW 1993, 1532 = VersR 1993, 562, Zurückverweisung.
[872] OLG Koblenz r+s 1994, 195.
[873] OLG Saarbrücken, Urt. v. 20. 10. 1993 – 5 U 40/92, VersR 1994, 969, 970 f. = r+s 1994, 196.
[874] OLG Karlsruhe, Urt. v. 7. 4. 1994 – 12 U 25/94, r+s 1994, 475.
[875] OLG Düsseldorf VersR 2001, 972.
[876] LG Bremen, Urt. v. 28. 6. 1990 – 2 O 95/1990, r+s 1991, 34, 35.
[877] OLG München, Urt. v. 8. 5. 1991 – 27 U 558/90, VersR 1992, 1339, 1340; dazu *Gehrke* VersR 1992, 1343 ff.
[878] OLG Saarbrücken, Urt. v. 10. 1. 2001 – 5 U 720/99 – 48, VersR 2003, 50, 51 = r+s 2002, 301.
[879] OLG Braunschweig, Urt. v. 20. 6. 1984 – 3 U 195/82.

- Fischwirt mit Meisterbrief und Kapitänspatent kann nicht auf die Tätigkeit eines ungelernten Fischverkäufers verwiesen werden.[880]
- Fliesenleger kann nicht auf den Beruf eines Baustoffberaters verwiesen werden.[881]
- Friseurgesellin kann nicht auf die Tätigkeit einer Angestellten in einer Modeboutique ohne einschlägige Vor- und Ausbildung im Range einer Aushilfskraft verwiesen werden und es kommen auch nicht die Tätigkeiten einer Kosmetikerin, einer Fachkraft in einem Drogeriemarkt, einer Rezeptionistin in einem größeren Friseursalon, einer Fachberaterin in der kosmetischen Industrie oder einer Kontakterin/Demonstrateurin in Betracht.[882]
- Gas- und Wasserinstallateurgeselle kann nicht auf die Tätigkeit eines technischen Auftragsbearbeiters im Gas- und Wasserinstallationshandwerk verwiesen werden.[883]
- Groß- und Außenhandelskaufmann, zuletzt stellvertretender Geschäftsführer einer Autovermietungsfirma, mit Frakturen des rechten Fußgelenks (mit Bänderabriss) und des linken Schienenbeinkopfes wird nicht auf einen Vergleichsberuf verwiesen, da der Versicherer trotz Hinweises des Gerichts gemäß § 139 ZPO keine noch ausübbare Tätigkeit ausreichend konkret dargelegt hat.[884]
- Hochbauingenieur mit langjähriger Außendiensttätigkeit übt jetzt eine nicht gleichwertige Innendiensttätigkeit aus.[885]
- Isolierhelfer muss sich nicht auf eine Tätigkeit als Telefonist oder als Mitarbeiter in einem Call-Center, Pförtner im Schichtdienst oder Pförtner ohne Nachtschicht verweisen lassen.[886]
- Kfz.-Meister für LKW kann nicht auf eine Tätigkeit als Kfz.-Meister für Kundendienstbetreuung, Lagermeister (Kfz.-Bereich), TÜV-Prüfer oder Gewährleistungssachbearbeiter verwiesen werden.[887]
- Klempner- und Installateurmeister, Inhaber eines Klempner- und Installateurbetriebes, mit krankhaften Veränderungen an der mittleren und oberen Lendenwirbelsäule.[888]
- Koch, der trotz teilweiser Berufsunfähigkeit im bisherigen Beruf tätig ist.[889]
- Koch kann nicht auf die Tätigkeit als Ernährungsberater oder Leiter einer größeren Kantine verwiesen werden.[890]
- Koch aus ländlicher Gegend kann nicht auf eine Tätigkeit als Diätkoch oder Koch in einem vegetarischen Restaurant verwiesen werden.[891]

---

[880] BGH, Urt. v. 7. 2. 2007 – IV ZR 244/03, VersR 2007, 633, 634 = r+s 2007, 204, 205 („Krabbenfischer"); dazu *Neuhaus* r+s 2007, 206.
[881] AG Montabaur, Urt. v. 5. 6. 1984 – 15 C 98/84.
[882] OLG Düsseldorf, Urt. v. 25. 10. 1988 – 4 U 261/87, r+s 1990, 215.
[883] OLG Hamm, Urt. v. 19. 1. 1996 – 20 U 193/95, VersR 1997, 479, 480 = r+s 1996, 505, 506.
[884] OLG Hamm, Urt. v. 30. 3. 1990 – 20 U 143/89, r+s 1990, 355; der Versicherer hatte sich lediglich darauf berufen, der Kläger könne als Groß- und Einzelhandelskaufmann in praktisch jeder Branche eingesetzt werden.
[885] AG Hamburg v. 16. 4. 1971 – 712 C 316/70.
[886] OLG Hamm, Urt. v. 16. 1. 2008 – 20 U 17/07, VersR 2008, 949, 950 = r+s 2008, 521.
[887] OLG Koblenz, Urt. v. 12. 12. 1997 – 10 U 716/96, VersR 1998, 1272 = r+s 1999, 346.
[888] OLG Hamm, Urt. v. 6. 10. 1989 – 20 U 20/89, VersR 1990, 605, 606 = r+s 1990, 31.
[889] LG Saarbrücken, Urt. v. 10. 6. 1980 – 6 O 406/79.
[890] OLG Karlsruhe, Urt. v. 18. 3. 1999 – 12 U 126/98, NVersZ 2000, 225 = VersR 2000, 1488 = r+s 1999, 481.
[891] OLG Düsseldorf, Urt. v. 22. 12. 1999 – 4 U 203/98, NVersZ 2000, 567 = VersR 2000, 1400 = r+s 2002, 81, 82.

- Kopfschlächter ist aus gesundheitlichen Gründen nicht einsetzbar bei einer Verkaufstätigkeit als angestellter Metzger-Geselle in einem Großmarkt.[892]
- Kraftfahrer (Servicefahrer) kann nicht auf die Tätigkeit als Pförtner verwiesen werden, wenn der Nettolohn um 26,5% geringer ist und zudem die Tätigkeit als Pförtner im Gegensatz zu der des Servicefahrers keine Aufstiegsmöglichkeit in der Gehaltsgruppierung bietet.[893]
- Kraftfahrer (Auslieferungsfahrer) kann nicht auf folgende Tätigkeiten verwiesen werden: Pförtner mit Telefondienst, Hausmeister, Fachberater (Baubranche) oder Verkäufer in einem Baumarkt.[894]
- Kraftfahrer im Fernverkehr kann nicht auf die kaufmännisch geprägte Tätigkeit eines Disponenten im Kraftverkehr verwiesen werden.[895]
- Kraftfahrer, der von ihm geführte LKW selbst be- und entladen hat, kann mangels entsprechender Ausbildung/Vorbildung nicht auf eine Bürotätigkeit verwiesen werden.[896]
- Krankenschwester ist jetzt als Kinderschwester tätig.[897]
- Kreditkundenbetreuer kann mangels Kenntnis und Erfahrung nicht auf die Tätigkeit eines Kreditsachbearbeiters verwiesen werden.[898]
- Küchenmonteur, der eine dreijährige Lehre als Schreiner absolviert hat, kann nicht auf die Berufe eines Holzspielzeugmachers oder eines Funktions- und Fertigungskontrolleurs verwiesen werden.[899]
- Landwirtschaftsgehilfe kann nicht auf die Tätigkeit als Nachrichtengerätemechaniker verwiesen werden, da die Berufsunfähigkeit bereits während der Umschulung zu dieser Tätigkeit aufgetreten ist.[900]
- Leiter einer polizeilichen Einsatzstelle (Angestellter) kann nicht auf die Berufe eines Sicherheitsberaters oder eines Koordinators für einen Wachdienst verwiesen werden.[901]
- Lokführer und Rangierer kann nicht auf die ausgeübte Tätigkeit als Kontierer verwiesen werden.[902]
- Maurergeselle kann nicht auf die Tätigkeiten als Verkäufer in einer Baustoffhandlung oder einem Baumarkt, Verkaufsberater in einen Baustoffhandel oder Baumarkt, Vorführmeister in einem Baumarkt, Betriebsmonteur, Kranführer oder Baggerfahrer verwiesen werden.[903]
- Mess- und Regeltechniker im Außendienst, der an einem Wirbelgleiten, einer beginnenden Coxarthrose u. a. leidet.[904]
- Metallschleifer, der betrieblich angelernt wurde.[905]

---

[892] LG Frankfurt/M., Urt. v. 6. 5. 1993 – 2/5 O 432/90, S. 6.
[893] OLG Hamm, Urt. v. 5. 6. 1992 – 20 U 6/92, NJW-RR 1993, 34 = VersR 1992, 1338 = r+s 1993, 35.
[894] OLG Karlsruhe, Urt. v. 15. 12. 1994 – 12 U 151/94, VersR 1995, 1341, 1342 = r+s 1995, 279.
[895] OLG Koblenz, Urt. v. 22. 12. 2000 – 10 U 1634/99, VersR 2001, 1371.
[896] OLG Köln, Urt. v. 5. 3. 1992 – 5 U 157/90, r+s 1993, 155.
[897] LG Frankfurt/M., Urt. v. 12. 4. 1976 – 2/21 O 533/74.
[898] LG Frankfurt/M., Urt. v. 10. 12. 1985 – 2/26 O 253/85.
[899] VersOmbudsmann, Empfehlung v. 11. 4. 2006 – 5375/2004, r+s 2007, 335.
[900] BGH, Urt. v. 13. 5. 1987 – IV a ZR 8/86, VersR 1987, 753.
[901] OLG Koblenz, Urt. v. 29. 9. 2000 – 10 U 1541/99, NVersZ 2001, 72, 73 = VersR 2002, 877 (Ls.) = r+s 2001, 343, 344.
[902] OLG Frankfurt/M., Urt. v. 20. 2. 2007 – 14 U 225/05, VersR 2007, 1358, 1359 = r+s 2008, 252, 253.
[903] OLG Karlsruhe, Urt. v. 17. 1. 1991 – 12 U 143/90, VersR 1992, 1077, 1078 = r+s 1993, 316 f.
[904] OLG Karlsruhe, Urt. v. 19. 1. 1989 – 12 U 120/87, VersR 1990, 961.
[905] OLG Hamm, Beschl. v. 17. 5. 1989 – 20 W 70/88, r+s 1989, 371.

- Monteur in einem Betrieb für Rohrleitungsbau und -wartung mit Beschwerden an der Lendenwirbelsäule und am linken Bein.[906]
- Regeltechniker kommt für eine Ersatztätigkeit, etwa als Auftragssachbearbeiter, technischer Angestellter, Kundenberater, Werkstatt-, Abteilungs- oder Projektleiter für Elektroinstallationen oder Tätigkeiten im Verkauf, Vertrieb oder Einkauf und ähnliches nicht in Betracht, weil er auch in diesen Tätigkeitsbereichen zu mindestens 50% beeinträchtigt ist.[907]
- Restaurantfachmann mit Wirbelsäulenbeschwerden kann nicht auf eine Tätigkeit als Kassierer in einem Selbstbedienungsrestaurant, einem Fast-Food-Restaurant oder in einem größeren Kaufhaus mit Restaurantabteilung verwiesen werden.[908]
- Rettungsassistent kann wegen einer Herzerkrankung auch nicht auf den Beruf des Rettungsassistenten im Leitstellendienst verwiesen werden.[909]
- Schlachter, der umgeschult wird.[910]
- Schmelzer, der schon als stellv. Schichtleiter eingesetzt worden ist, kann nicht auf die nunmehr ausgeübte Tätigkeit eines Gabelstaplerfahrers verwiesen werden.[911]
- Schreiner kann nicht auf den Beruf eines Gehäusebauers, Bilderrahmenmachers oder Holzkaufmannes verwiesen werden.[912]
- Schreiner kann nicht auf den Beruf eines Endkontrolleurs in der Möbelindustrie verwiesen werden.[913]
- Schweißer hat einem Facharbeiter gleichstehende qualifizierte Arbeiten verrichtet und kann nicht auf die Tätigkeit als Lagerverwalter, Maschinenführer, Stapel- oder Kurierdienstfahrer verwiesen werden.[914]
- Zahntechniker kann nicht auf die von ihm ausgeübte Tätigkeit eines „Wohngruppenmitarbeiters" für überwiegend ältere geistig behinderte Menschen verwiesen werden.[915]
- Zimmermannsgeselle kann auf eine Tätigkeit als Berufskraftfahrer oder Lagerist nicht verwiesen werden.[916]

3. Verweisung von Beamten

a) Beamtenklauseln. Mit Versicherten im öffentlichen Dienst wird die Abrede getroffen, dass abweichend von § 2 Abs. 1 BUZ z. B. folgende Regelung gilt:[917]

> „Ist der Versicherte Beamter im Öffentlichen Dienst, so gilt er bei Dienstunfähigkeit als vollständig berufsunfähig. Die Dienstunfähigkeit wird nachgewiesen durch die Vorlage der Urschrift oder einer öffentlich beglaubigten Abschrift der Verfügung, durch die der Versicherte in

---

[906] BGH, Urt. v. 17. 2. 1993 – IV ZR 162/91, NJW-RR 1993, 723 = VersR 1993, 559.
[907] LG Hannover, Urt. 4. 5. 1993 – 17 O 92/92, S. 5.
[908] LG Rottweil, Urt. v. 30. 7. 1990 – 3 O 1298/89, VersR 1991, 169, 170 = r+s 1991, 249.
[909] OLG Düsseldorf, Urt. v. 11. 4. 2000 – 4 U 54/99, NVersZ 2000, 565, 566 = VersR 2001, 885, 886 = r+s 2001, 169.
[910] LG Hamburg, Urt. v. 1. 11. 1978 – 76 O 175/78 gegen HansOLG Hamburg, Urt. v. 22. 4. 1980 – 12 U 144/78.
[911] OLG Karlsruhe, Urt. v. 15. 3. 2007 – 12 U 196/06, VersR 2007, 1212, 1213 = r+s 2008, 251, 252.
[912] OLG Koblenz, Urt. v. 29. 9. 2000 – 10 U 1374/99, NVersZ 2001, 215, 216 = VersR 2002, 557 = r+s 2001, 262, 263.
[913] OLG Düsseldorf, Urt. v. 18. 12. 2001 – 4 U 78/01, NVersZ 2002, 357, 358.
[914] OLG Düsseldorf, Urt. v. 11. 9. 2001 – 4 U 206/00, NVersZ 2002, 355, 356 = r+s 2002, 259, 260.
[915] OLG Karlsruhe, Urt. v. 6. 11. 1997 – 9 U 235/96, VersR 1998, 1010.
[916] OLG Braunschweig, Urt. v. 14. 6. 1999 – 3 U 288/98, VersR 2000, 620 = r+s 2001, 215.
[917] Vgl. Tatbestand OLG Köln, Urt. v. 14. 7. 1988 – 5 U 228/87, S. 4 = r+s 1988, 344, 345.

den Ruhestand versetzt oder aus dem Beamtenverhältnis entlassen worden ist und aus der hervorgeht, dass die Versetzung in den Ruhestand oder die Entlassung auf Dienstunfähigkeit beruht. Dienstunfähig ist ein Beamter, wenn er infolge eines körperlichen Gebrechens oder wegen Schwäche seiner körperlichen und geistigen Kräfte zur Erfüllung seiner Dienstpflichten dauernd unfähig ist."

Alternativklausel:[918] **124**

„Ist der Versicherte Beamter im öffentlichen Dienst, so gilt er bei Dienstunfähigkeit als berufsunfähig. Dienstunfähig ist ein Beamter, wenn er infolge eines körperlichen Gebrechens oder wegen Schwäche seiner körperlichen oder geistigen Kräfte zur Erfüllung seiner Dienstpflichten dauernd unfähig ist; das gleiche gilt, wenn er von der Dienstbehörde als dienstunfähig angesehen wird, weil er infolge Erkrankungen innerhalb eines Zeitraums von sechs Monaten mehr als drei Monate keinen Dienst getan hat und keine Aussicht besteht, dass er innerhalb weiterer sechs Monate wieder voll dienstfähig wird."

Alternativklausel:[919] **125**

„Ist der Versicherte Beamter im öffentlichen Dienst und ist er vor Erreichen der gesetzlich vorgesehenen Altersgrenze wegen Dienstunfähigkeit entlassen worden, so gilt auch dies als Berufsunfähigkeit. Für die Fortdauer der Berufsunfähigkeit gelten die Bestimmungen des § 7 Abs. 5. Dienstunfähig ist ein Beamter, wenn er infolge eines körperlichen Gebrechens oder wegen Schwäche seiner körperlichen oder geistigen Kräfte zur Erfüllung seiner Dienstpflichten dauernd unfähig ist; das gleiche gilt, wenn er von der Dienstbehörde als dienstunfähig angesehen wird, weil er infolge Erkrankung innerhalb eines Zeitraumes von sechs Monaten mehr als drei Monate keinen Dienst getan hat und keine Aussicht besteht, dass er innerhalb weiterer sechs Monate wieder voll dienstfähig wird."

Alternativklausel:[920] **126**

„Vollständige Berufsunfähigkeit liegt auch vor, wenn die versicherte Person als Beamter infolge eines körperlichen Gebrechens oder wegen Schwäche ihrer körperlichen oder geistigen Kräfte zur Erfüllung ihrer Dienstpflichten dauernd unfähig (dienstunfähig) ist und wegen Dienstunfähigkeit in den Ruhestand versetzt oder entlassen wird."

Alternativklauseln:[921] **127**

„Berufsunfähigkeit liegt auch vor, wenn ein versicherter Beamter vor Erreichen der gesetzlich vorgeschriebenen Altersgrenze infolge seines Gesundheitszustands wegen Dienstunfähigkeit entlassen oder in den Ruhestand versetzt worden ist.
Berufsunfähigkeit liegt auch vor, wenn ein versicherter Beamter vor Erreichen der gesetzlich vorgeschriebenen Altersgrenze infolge seines Gesundheitszustands wegen allgemeiner Dienstunfähigkeit entlassen oder in den Ruhestand versetzt worden ist."[922]

Alternativklausel:[923] **127a**

„Beamte auf Widerruf, Beamte auf Probe. Die Leistungen aus der Berufsunfähigkeits-Zusatzversicherung (BUZ) werden für 24 Monate, längstens jedoch bis zum Ablauf der BUZ erbracht, sofern die versicherte Beamte während der Beitragsfortzahlungsdauer der BUZ ausschließlich infolge seines Gesundheitszustandes von seinem Dienstherrn wegen Dienstunfähigkeit (z. B. Polizeidienstunfähigkeit) vor Erreichen der gesetzlich vorgesehenen Altersgrenze entlassen oder in den Ruhestand versetzt wird und eine Versetzung in ein Amt einer anderen Laufbahn nicht stattfindet."

---

[918] OLG Karlsruhe, Urt. v. 19. 3. 1997 – 13 U 146/95, VersR 1997, 818, 819.
[919] BGH, Urt. v. 22. 10. 1997 – IV ZR 221/96, VersR 1997, 1520 = VerBAV 1999, 16 = r+s 1998, 38.
[920] VersOmbudsmann, Entsch. v. 31. 1. 2003 – 3290/02 L, r+s 2004, 163; OLG Nürnberg, Urt. v. 20. 2. 2003 – 8 U 1208/02, VersR 2003, 1028.
[921] OLG Düsseldorf, Urt. v. 14. 11. 2000 – 4 U 216/99, NVersZ 2001, 360, 361 = VersR 2001, 754 = r+s 2001, 345.
[922] Nahezu gleichlautend OLG Düsseldorf, Urt. v. 29. 4. 2003 – I-4 175/02, VersR 2004, 1033 = r+s 2005, 209.
[923] BGH, Urt. v. 20. 4. 1994 – IV ZR 70/93, NJW-RR 1994, 859.

128 Alternativklausel (Besondere Dienstunfähigkeitsklausel):[924]

„Wird der Beamte wegen Besonderer Dienstunfähigkeit im Hinblick auf die mit seinem Dienst verbundenen verschärften gesundheitlichen Anforderungen entlassen oder in den Ruhestand versetzt, so erbringen wir die vereinbarten Leistungen längstens für einen Zeitraum von 24 Monaten nach der Entlassung bzw. der Versetzung in den Ruhestand. Danach endet die Leistungspflicht. Die Summe der versicherten Barrente wird in einem Betrag geleistet, sobald wir die Leistungspflicht anerkannt haben."

129 **b) Begriff des Beamten.** Der Begriff des Beamten in den Versicherungsbedingungen ist – ebenso wie der Begriff der Dienstunfähigkeit – im beamtenrechtlichen Sinn zu verstehen; er erfasst also Beamte im statusrechtlichen (staatsrechtlichen) Sinn.[925] Beamte sind auch die bei der Deutschen Telekom AG beschäftigten Versicherten, mit denen durch die Aushändigung der Ernennungsurkunde ein Beamtenverhältnis begründet worden ist (§ 6 Abs. 2 BBG) und deren Diensther nach wie vor die Bundesrepublik Deutschland ist (§ 2 Abs. 1 BBG).[926]

130 **c) Entlassung wegen Dienstunfähigkeit. aa) Ausgangslage.** Gemäß § 26 Abs. 1 Satz 1 BeamtStG[927] sind Beamtinnen auf Lebenszeit und Beamte auf Lebenszeit in den Ruhestand zu versetzen, wenn sie wegen ihres körperlichen Zustands oder aus gesundheitlichen Gründen zur Erfüllung ihrer Dienstpflichten dauernd unfähig (dienstunfähig) sind. Als dienstunfähig kann auch angesehen werden, wer infolge Erkrankung innerhalb eines Zeitraums von sechs Monaten mehr als drei Monate keinen Dienst getan hat und keine Aussicht besteht, dass innerhalb einer Frist, deren Bestimmung dem Landesrecht vorbehalten bleibt, die Dienstunfähigkeit wieder voll hergestellt ist (§ 26 Abs. 1 Satz 2 BeamtStG). Von der Versetzung in den Ruhestand soll abgesehen werden, wenn eine anderweitige Verwendung möglich ist (§ 26 Abs. 1 Satz 3 BeamtStG). Für Gruppen von Beamtinnen und Beamten können besondere Voraussetzungen für die Dienstunfähigkeit durch Landesrecht geregelt werden (§ 26 Abs. 1 Satz 4 BeamtStG). Eine anderweitige Verwendung ist möglich, wenn der Beamtin oder dem Beamten ein anderes Amt derselben oder einer anderen Laufbahn übertragen werden kann (§ 26 Abs. 2 Satz 1 BeamtStG). Den „herkömmlichen" Beamtenklauseln ist daher – bei im Detail etwas unterschiedlicher Formulierung – gemeinsam, dass es als bedingungsgemäße Berufsunfähigkeit eines Beamten angesehen wird, wenn er vor Erreichen der gesetzlichen Altersgrenze infolge seines Gesundheitszustands wegen Dienstunfähigkeit entlassen oder in den Ruhestand versetzt wird.[928] Teilweise wird hierbei der nach üblichem Sprachgebrauch auf eine unwiderlegbare Vermutung hinweisende Ausdruck „gilt" verwendet.[929]

131 **bb) Allgemeine Dienstunfähigkeit.** Ist dem Bedingungswerk zu entnehmen, dass der Versicherer auf eine Prüfung des tatsächlichen Vorliegens der Dienstunfähigkeit nicht verzichten will, richtet sich die Beurteilung der Dienstunfähigkeit nicht nach den nur für bestimmte Bereiche des öffentlichen Dienstes geltenden Kriterien, also z.B. nach den verschärften gesundheitlichen Anforderungen, die mit dem Polizeidienst verbunden sind, sondern nach den durch-

---
[924] OLG Frankfurt/M., Urt. v. 29. 6. 2001 – 25 U 159/00, VersR 2001, 1543.
[925] OLG Nürnberg, Urt. v. 20. 2. 2003 – 8 U 1208/02, VersR 2003, 1028 = r+s 2004, 160.
[926] OLG Nürnberg, Urt. v. 20. 2. 2003 – 8 U 1208/02, VersR 2003, 1028 = r+s 2004, 160.
[927] Gesetz zur Regelung des Statusrechts der Beamtinnen und Beamten in den Ländern (Beamtenstatusgesetz – BeamtStG) v. 17. 6. 2008, BGBl. 2008, 1010.
[928] OLG Nürnberg, Urt. v. 20. 2. 2003 – 8 U 1208/02, VersR 2003, 1029 = r+s 2004, 160, 161; OLG Frankfurt/M., Urt. v. 1. 2. 2006 – 7 U 204/04, r+s 2008, 122, 123.
[929] OLG Nürnberg, Urt. v. 20. 2. 2003 – 8 U 1208/02, VersR 2003, 1029 = r+s 2004, 160, 161; OLG Karlsruhe, Urt. v. 4.3. 2008 – 12 U 206/07, VersR 2009, 386, 387.

schnittlichen, für alle Bereiche des öffentlichen Dienstes geltenden Dienstpflichten.[930] Dienstunfähigkeit im Sinne der vertraglichen Bedingungen ist nur dann zu bejahen, wenn der Beamte aufgrund seines gesundheitlichen Zustandes in keinem Amt des öffentlichen Dienstes mehr eingesetzt werden kann,[931] nicht aber, wenn die Entlassung auf disziplinarischem Fehlverhalten[932] oder mangelnder Bewährung[933] beruht. Wird mithin der Versicherte nicht wegen allgemeiner Dienstunfähigkeit in den Ruhestand versetzt, ist er noch nicht berufsunfähig im Sinne der BUZ.[934]

cc) **Polizeidienstunfähigkeit.** Die besondere Polizeidienstunfähigkeit ist an wesentlich geringere Voraussetzungen geknüpft als die allgemeine Dienstunfähigkeit,[935] so dass im Einzelfall schon Leistungen aus der BUZ zu gewähren sind, wenn der Versicherungsnehmer allein aus gesundheitlichen Gründen wegen Polizeidienstunfähigkeit entlassen wurde[936] und sich als Polizeivollzugsbeamter auf Probe insbesondere auf die Besondere Dienstunfähigkeitsklausel berufen kann.[937] Je nach Ausgestaltung der Beamtenklausel muss neben der Polizeidienstunfähigkeit, die schon bei geringen gesundheitlichen Mängeln vorliegen kann, auch Diensttauglichkeit für eine andere Beamtenlaufbahn vorliegen,[938] weil der Versicherte nach den beamtenrechtlichen Vorschriften einen Laufbahnwechsel hinnehmen muss.[939] 132

d) **Vorzeitiger Ruhestand. aa) Ausgangslage.** Die Versetzung eines Beamten in den Ruhestand auf Grund beamtenrechtlicher Vorschriften begründet nur dann eine unwiderlegliche Vermutung für Berufsunfähigkeit im Sinne des privaten Versicherungsrechts, wenn der Versicherungsvertrag eine sog. Beamtenklausel enthält, die genau diese Verknüpfung herstellt.[940] 133

bb) **Bindung des Versicherers.** Ergibt sich aus den Bedingungen, dass die Versetzung eines Beamten in den Ruhestand wegen Dienstunfähigkeit als Berufsunfähigkeit gelten soll, ist der Grad der Berufsunfähigkeit vom Versicherer nicht 134

---

[930] OLG Köln, Urt. v. 14. 7. 1988 – 5 U 228/87, S. 10/11 = r+s 1988, 344, 345.
[931] OLG Köln, Urt. v. 14. 7. 1988 – 5 U 228/87, S. 11 = r+s 1988, 344, 345.
[932] OLG Koblenz, Beschl. v. 5. 2. 2009 – 10 U 736/08, VersR 2009, 1062, 1063.
[933] BGH, Urt. v. 22. 10. 1997 – IV ZR 221/96, VersR 1997, 1520; OLG Karlsruhe, Urt. v. 4. 3. 2008 – 12 U 206/07, VersR 2009, 386, 388.
[934] BGH, Urt. v. 7. 7. 1993 – IV ZR 47/92, NJW-RR 1993, 1370 = VersR 1993, 1220, 1221 = r+s 1993, 392; OLG Köln, Urt. v. 23. 12. 1997 – 5 U 152/97, NJW-RR 1998, 1637 = NVersZ 1998, 81 = VersR 1998, 1272, 1273 = r+s 1999, 214; OLG Koblenz, Urt. v. 30. 7. 1999 – 10 U 462/98, NVersZ 2000, 223, 224 = VersR 1999, 1399, 1401 = r+s 2001, 82, 84.
[935] OLG Hamm, Beschl. v. 2. 12. 1981, VersR 1982, 889 f.; OLG Köln, Urt. v. 14. 7. 1988 – 5 U 228/87, S. 11 = r+s 1988, 344, 345.
[936] LG Kaiserslautern, Urt. v. 19. 12. 1990 – 3 O 198/90, VersR 1992, 221; BGH, Urt. v. 20. 4. 1994 – IV ZR 70/93, NJW-RR 1994, 859, 860.
[937] OLG Frankfurt/M., Urt. v. 29. 6. 2001 – 25 U 159/00, VersR 2001, 1543, 1544 f. = r+s 2002, 435, 436.
[938] OLG Hamm, Beschl. v. 2. 12. 1981 – 20 W 43/81, VersR 1982, 889, 890; OLG Nürnberg, Urt. v. 9. 1. 1992 – 8 U 2890/91, NJW-RR 1992, 730 = VersR 1992, 1387, 1388 = r+s 1992, 177.
[939] OLG Köln, Urt. v. 14. 7. 1988 – 5 U 228/87, r+s 1988, 344; OLG Nürnberg, Urt. v. 9. 1. 1992 – 8 U 2890/91, NJW-RR 1992, 730 = VersR 1992, 1387, 1388 = r+s 1992, 177.
[940] BGH, Urt. v. 14. 6. 1989 – IV a ZR 74/88, NJW-RR 1989, 1050 = VersR 1989, 903, 905; LG Kassel, Urt. v. 17. 5. 1994 – 9 O 2538/93, VersR 1996, 441; BGH NJW-RR 1996, 150 = VersR 1995, 1174, 1176; BGH NJWE-VHR 1998, 27 = VersR 1997, 1520; OLG Düsseldorf VersR 2001, 754; OLG Düsseldorf, Urt. v. 3. 6. 2003 – 4 U 174/02, NJW-RR 2004, 896, 897 = r+s 2006, 339.

zu prüfen.⁹⁴¹ Die wegen Dienstunfähigkeit erfolgte Zurruhesetzung des Versicherten ist aber für den Versicherer dann nicht bindend, wenn die gesundheitlichen Gründe lediglich vorgeschoben sind und nicht den eigentlichen Grund für die Pensionierung darstellen.⁹⁴²

135 **cc) Weitere Amtstätigkeit.** Die Versetzung des Beamten in den vorzeitigen Ruhestand ist nicht als bedingungsgemäße Berufsunfähigkeit im Sinne des § 2 Abs. 1 BUZ anzusehen, wenn die Dienstunfähigkeit lediglich eine Beschäftigung des Beamten in seinem bisherigen Amt wegen der an dieses Amt zu stellenden besonderen gesundheitlichen Anforderungen ausschließt (Polizeidienstunfähigkeit), dem Beamten aber die Möglichkeit belässt, in ein anderes seinem Status entsprechendes Amt versetzt bzw. übernommen zu werden.⁹⁴³ Insoweit kommt es auf die bundes- und landesgesetzlichen Bestimmungen an, die keine einheitliche Struktur aufweisen.

136 **dd) Feuerwehrdienstunfähigkeit.** Bei Beamten der Berufsfeuerwehr wird in Nordrhein-Westfalen nicht zwischen allgemeiner Dienstunfähigkeit und einer speziellen „Feuerwehrdienstunfähigkeit" mit der Folge unterschieden, dass der aus gesundheitlichen Gründen wegen allgemeiner Dienstunfähigkeit in den vorzeitigen Ruhestand versetzte Feuerwehrmann als berufsunfähig im Sinne der Beamtenklausel gilt.⁹⁴⁴ Demgegenüber gibt es für Polizeivollzugsbeamte und für Beamte des Einsatzdienstes der Berufsfeuerwehren im Hessischen Beamtengesetz (HBG) eine Sonderregelung dahin gehend, dass sie unter bestimmten Voraussetzungen trotz berufsspezifischer Dienstunfähigkeit für andere Bereiche der öffentlichen Verwaltung durchaus als voll dienstfähig angesehen und dementsprechend dort weiterverwendet werden können (§§ 193 Abs. 2, 197 Abs. 1 Satz 1 HBG). Für alle anderen Beamten, zu denen insoweit auch die Beamten des Justizvollzugsdienstes zählen, wie sich aus § 197 Abs. 2 HBG ergibt, gibt es eine besondere oder teilweise Dienstunfähigkeit nicht. Das bedeutet, dass die Dienstunfähigkeit für den Justizvollzugsdienst zugleich die Dienstunfähigkeit für jede andere Tätigkeit als Beamter umfasst.⁹⁴⁵

Aus Erfüllungshaftung bei Eintritt der Feuerwehrdienstuntauglichkeit haftet der Versicherer, wenn der Versicherungsvertreter mündlich versichert hat, dass eine amtsärztliche Feststellung der Feuerwehrdienstuntauglichkeit den Leistungsanspruch begründet, und zwar unabhängig vom Nichtmehrbestehen eines aktiven Beamtenverhältnisses, obwohl nach den Versicherungsbedingungen dafür die Versetzung in den Ruhestand wegen allgemeiner Dienstunfähigkeit ist.⁹⁴⁶ Ein erhebliches Eigenverschulden des Versicherungsnehmers, das diesen Anspruch entfallen lässt, liegt nicht vor, wenn dem Versicherungsnehmer zeitgleich mit der falschen mündlichen Auskunft die schriftlichen Vertragsbedingungen nicht vorgelegen haben.⁹⁴⁷

---

⁹⁴¹ BGH r+s 1989, 99; OLG Düsseldorf, Urt. v. 14. 11. 2000 – 4 U 216/99, NVersZ 2001, 360, 361 = VersR 2001, 754, 755 = r+s 2001, 345; OLG Düsseldorf, Urt. v. 29. 4. 2003 – 1-4 U 175/02, VersR 2004, 1033 = r+s 2005, 209.
⁹⁴² OLG Düsseldorf, Urt. v. 14. 11. 2000 – 4 U 216/99, NVersZ 2001, 360 = VersR 2001, 754 = r+s 2001, 345; OLG Düsseldorf, Urt. v. 29. 4. 2003 – 1-4 U 175/02, VersR 2004, 1033, 1035 = r+s 2005, 209, 210.
⁹⁴³ OLG Koblenz, Urt. v. 14. 11. 1997 – 10 U 1045/96, NVersZ 1998, 115, 116 = VersR 1998, 1010 (Ls.) = r+s 1998, 127.
⁹⁴⁴ OLG Düsseldorf, Urt. v. 10. 6. 2003 – 4 U 186/02, r+s 2006, 295.
⁹⁴⁵ LG Kassel, Urt. v. 17. 5. 1994 – 9 O 2538/93, VersR 1996, 441.
⁹⁴⁶ OLG Koblenz, Beschl. v. 28. 4. 2008 – 10 U 1115/07, VersR 2009, 98 f. = r+s 2009, 291 (Ls.).
⁹⁴⁷ OLG Koblenz, Beschl. v. 28. 4. 2008 – 10 U 1115/07, VersR 2009, 98 f. = r+s 2009, 291 (Ls.).

e) **Nichtvereinbarung der Beamtenklausel bei Beamten.** Im Falle des 137
Fehlens einer Beamtenklausel ist für den durchschnittlichen Versicherungsnehmer
nicht ersichtlich, dass es für die Frage der Berufsunfähigkeit entgegen dem klaren
Wortlaut der Bedingungen nicht auf den bisher ausgeübten Beruf und eine etwaige
Verweisungstätigkeit ankommen soll.[948] Enthält der Vertrag über eine Berufsunfähigkeits-Zusatzversicherung keine Beamtenklausel, so folgt allein aus der Versetzung eines Beamten in den vorzeitigen Ruhestand noch nicht, dass der versicherte
Beamte auch berufsunfähig im Sinne der BUZ ist.[949] Sofern keine Beamtenklausel vereinbart ist, kommt es daher auf die konkrete Ausgestaltung der in gesunden
Tagen zuletzt ausgeübten Tätigkeit und nicht etwa auf die gesamte Spannbreite
des jeweiligen Amtes an.[950] Weil die Verweisung nach den vereinbarten Versicherungsbedingungen ausdrücklich möglich ist, hat der Versicherungsnehmer keinen
Anlass anzunehmen, dass der Versicherer im Fall von Dienstunfähigkeit und Pensionierung des Beamten von vollständiger Berufsunfähigkeit ausgeht und auf die
Möglichkeit verzichtet, den Beamten auf noch in Betracht kommende Vergleichstätigkeiten zu verweisen.[951]
Je nach den Umständen eines Einzelfalls muss sich der Versicherer so behandeln 138
lassen, als hätte er mit dem Versicherten in teilweiser Abweichung von den sonst
maßgeblichen Versicherungsbedingungen eine Beamtenklausel üblichen Inhalts[952]
vereinbart, die das Risiko absichert, in den vorzeitigen Ruhestand wegen allgemeiner Dienstunfähigkeit versetzt zu werden.[953] Der Versicherer muss nach den
Grundsätzen der versicherungsrechtlichen Vertrauenshaftung so verfahren, als sei
die Beamtenklausel vereinbart worden, wenn der Versicherungsagent des LVU dies
dem Versicherungsnehmer bei Vertragsabschluss mündlich zugesichert hat.[954] Die
Beamtenklausel muss hingegen nicht zur Anwendung gebracht werden, wenn der
Versicherungsnehmer im Antrag lediglich angegeben hatte, Beamter zu sein.[955]

f) **Arbeitsmarktlage.** Auch eine Beamtenklausel üblichen Inhalts ändert 139
nichts daran, dass eine im übrigen den Musterbedingungen für die Berufsunfähigkeits-Zusatzversicherung entsprechende Versicherung die Leistungspflicht des
Versicherers ausschließlich daran ausrichtet, ob und inwieweit der Versicherte
gesundheitsbedingt zur Ausübung bestimmter beruflicher Tätigkeiten nicht mehr
im Stande ist.[956] Diese Fähigkeit ist nicht davon abhängig, ob gerade ein Arbeits-

---

[948] OLG Frankfurt/M., Urt. v. 25. 5. 2005 – 7 U 151/03, VersR 2006, 916, 917 = r+s 2006, 385.
[949] OLG Köln, Urt. v. 16. 3. 1995 – 5 U 271/94, VersR 1996, 224 = r+s 1995, 236, 237; OLG Koblenz, Urt. v. 14. 11. 1997 – 10 U 1045/96, NVersZ 1998, 115, 116 = VersR 1998, 1010 (Ls.) = r+s 1998, 127; OLG Düsseldorf, Urt. v. 3. 6. 2003 – 4 U 174/02, NJW-RR 2004, 896, 897 = r+s 2006, 339.
[950] OLG Düsseldorf VersR 2001, 754 = r+s 2001, 344; OLG Hamburg VersR 2002, 556 = r+s 2003, 119; OLG Frankfurt/M., Urt. v. 25. 5. 2005 – 7 U 151/03, VersR 2006, 916, 917 = r+s 2006, 385.
[951] OLG München, Urt. v. 9. 8. 1996 – 21 U 3980/95, VersR 1997, 1126, 1127 = r+s 1998, 346, 347.
[952] BGH, Urt. v. 14. 6. 1989 – IV a ZR 74/88, NJW-RR 1989, 1050 = VersR 1989, 903 = r+s 1993, 392.
[953] BGH, Urt. v. 7. 7. 1993 – IV ZR 47/92, NJW-RR 1993, 1370 = VersR 1993, 1220, 1221 = r+s 1993, 392.
[954] BGH, Urt. v. 26. 9. 2001 – IV ZR 220/00, NJW-RR 2002, 168 = NVersZ 2002, 64 = VersR 2001, 1502, 1503; BGH NJW-RR 2002, 1386 = NVersZ 2002, 452 = VersR 2002, 1089; OLG Düsseldorf, Urt. v. 3. 6. 2003 – 4 U 174/02, NJW-RR 2004, 896, 897.
[955] BGH, Urt. v. 7. 3. 2007 – IV ZR 133/06, NJW-RR 2007, 979, 981 = VersR 2007, 821, 823 = r+s 2007, 253.
[956] BGH, Urt. v. 7. 7. 1993 – IV ZR 47/92, NJW-RR 1993, 1370 = VersR 1993, 1220, 1221 = r+s 1993, 392.

platz, dessen Anforderungen der Versicherte noch gewachsen wäre, frei ist oder nicht; die Arbeitsmarktlage ist schlechthin nicht berücksichtigungsfähig.[957] Das Fehlen einer Planstelle im allgemeinen Verwaltungsdienst macht die Versetzung des Versicherten in den Ruhestand wegen Polizeidienstunfähigkeit nicht zu einer solchen wegen allgemeiner Dienstunfähigkeit.[958]

140 g) **Soziale Wertschätzung.** Der öffentliche Dienst genießt in der Bevölkerung nicht ein derartiges Ansehen, dass einem Beamten keine Stelle im kaufmännischen/wirtschaftlichen Bereich gleich erachtet werden könnte.[959]

141 h) **Einzelfälle. aa) Verweisung bejaht (Berufsunfähigkeit verneint).**
– Beamter im Justizvollzugsdienst kann auf eine Tätigkeit als Verwaltungsbeamter verwiesen werden.[960]
– Besamungstechniker im Außendienst kann auf die Tätigkeit eines verbeamteten sozialvers. Fachangestellten verwiesen werden.[961]
– Berufsfeuerwehrmann kann im Innendienst weiterbeschäftigt werden.[962]
– Forstamtmann und Leiter einer Revierförsterei mit Morbus Bechterew.[963]
– Gerichtsvollzieher kann statt 80-Stundenwoche so in Teilzeit arbeiten, dass er nicht zu mehr als 50 % berufsunfähig ist.[964]
– Lehrerin unterrichtet 24 Regelstunden gegenüber vorher 28 Regelstunden.[965]
– Oberbootsmann im Außendienst bekleidet jetzt einen Dienstposten im Innendienst.[966]
– Oberfeldwebel im Panzerinstandsetzungsdienst (gelernter Kfz.-Mechanikermeister) kann auf die konkret ausgeübte Tätigkeit eines Schirrmeisters im Innendienst der Bundeswehr verwiesen werden.[967]
– Oberlokomotivführer (gelernter Kfz.-Mechaniker) kann auf eine Tätigkeit im lnnendienst (aufsichtsführende Funktion in Ausbesserungs- und Wartungswerken) verwiesen werden.[968]
– Polizeibeamter im Streifen- und Ermittlungsdienst kann auf Tätigkeit im Verwaltungs- bzw. Innendienst verwiesen werden.[969]
– Polizeidienstanwärter mit einer Allergie gegen Hausstaubmilben und Federn kann auf die im konkreten Fall angestrebte Tätigkeit als Fachkraft für Lebensmitteltechnik verwiesen werden.[970]

---

[957] BGH, Urt. v. 5. 4. 1989 – IV a ZR 35/88, NJW 1989, 1920 = VersR 1989, 579; BGH, Urt. v. 7. 7. 1993 – IV ZR 47/92, NJW-RR 1993, 1370 = VersR 1993, 1220, 1221 = r+s 1993, 392.
[958] BGH, Urt. v. 7. 7. 1993 – IV ZR 47/92, NJW-RR 1993, 1370 = VersR 1993, 1220, 1221 = r+s 1993, 392; OLG Frankfurt/M., Urt. v. 16. 3. 1995 – 3 U 167/93, VersR 1996, 46, 47 = r+s 1997, 82, 83; OLG Karlsruhe, Urt. v. 19. 3. 1997 – 13 U 146/95, VersR 1997, 818, 819 = r+s 1998, 257.
[959] OLG Köln, Urt. v. 14. 7. 1988 – 5 U 228/87, S. 13 = r+s 1988, 344, 345.
[960] LG Köln, Urt. v. 22. 3. 1995 – 23 O 226/94, r+s 1995, 437.
[961] OLG Frankfurt/M., Urt. v. 17. 3. 1999 – 7 U 44/98, NVersZ 2000, 270, 271 = VersR 1999, 1398, 1399 = r+s 2000, 125, 127.
[962] OLG Koblenz, Urt. v. 30. 7. 1999 – 10 U 462/98, NVersZ 2000, 223, 225 = VersR 1999, 1399, 1401 = r+s 2001, 82, 84.
[963] BGH, Urt. v. 27. 2. 1991 – IV ZR 66/90, NJW-RR 1991, 736 = VersR 1991, 450 = r+s 1991, 283, Zurückverweisung.
[964] OLG Düsseldorf, Urt. v. 3. 6. 2003 – 4 U 174/02, NJW-RR 2004, 896, 897.
[965] LG Karlsruhe, Urt. v. 26. 6. 1981 – 6 O 150/81.
[966] LG Itzehoe, Urt. v. 3. 4. 1981– 6 O 109/79.
[967] OLG München, Urt. v. 12. 7. 1993 – 26 U 3586/92, VersR 1996, 318, 319 = r+s 1996, 502, 503.
[968] OLG Karlsruhe, Urt. v. 7. 2. 1991 – 12 U 236/89, VersR 1992, 1078. 1079.
[969] LG Kassel, Urt. v. 2. 9. 1992 – 5 O 1767/91, r+s 1993, 317.
[970] OLG Köln, Urt. v. 14. 7. 1988 – 5 U 228/87, r+s 1988, 344, 345.

– Polizeibeamter im mittleren Dienst (Polizeimeister) kann noch im mittleren Dienst der allgemeinen Verwaltung tätig sein.[971]
– Polizeivollzugsbeamter kann im allgemeinen (nichttechnischen) Verwaltungsdienst tätig sein. Die Entsprechung wird trotz einer Einkommensminderung von jedenfalls unter 30% dadurch verbürgt, dass der Kläger weiterhin als Beamter – in entsprechender Absicherung im Krankheits- und Invaliditätsfall wie im Alter und den Vorzügen hinsichtlich der Sicherheit des Arbeitsplatzes – beschäftigt ist.[972]
– Polizeivollzugsbeamter ist auf Dauer zwar polizeidienstunfähig, aber die allgemeine Dienstfähigkeit ist weiterhin gegeben; er wird nur nicht in den allgemeinen Verwaltungsdienst übernommen, weil eine Planstelle fehlt.[973]
– Polizeibeamter im Außendienst ist jetzt im Wirtschaftsverwaltungsamt tätig.[974]
– Polizeibeamter im Polizeivollzugsdienst ist im Erkennungsdienst tätig.[975]
– Polizeibeamter im Polizeivollzugsdienst ist nach Unterweisung im nichttechnischen Verwaltungsdienst tätig.[976]
– Polizeibeamter im Polizeivollzugsdienst kann trotz Lungenerkrankung im Innendienst tätig sein.[977]
– Polizeibeamter ist wegen Polizeidienstunfähigkeit nach § 194 LBG entlassen worden.[978]
– Polizeihauptmeister im Polizeivollzugsdienst.[979]
– Polizeihauptwachtmeister mit Allergie.[980]
– Polizeimeister im Bundesgrenzschutz muss sich auf eine Beamtentätigkeit im mittleren nichttechnischen Dienst der allgemeinen und inneren Verwaltung verweisen lassen.[981]
– Polizeivollzugsbeamter im Schichtdienst kann auf Innendiensttätigkeit verwiesen werden.[982]
– Polizeivollzugsbeamter kann auf eine Tätigkeit im mittleren nichttechnischen Verwaltungsdienst des Landes Baden-Württemberg verwiesen werden.[983]

bb) Verweisung verneint (Berufsunfähigkeit bejaht).
– Bundesbahnobersekretär mit psychovegetativen Syndrom.[984]
– Beamteter Fernmeldetechniker im Außendienst muss sich nicht auf eine Tätigkeit im Innendienst der Deutschen Telekom verweisen lassen.[985]

---

[971] OLG Saarbrücken, Urt. v. 26. 2. 1992 – 5 U 65/91, VersR 1992, 1388, 1390.
[972] OLG Nürnberg, Urt. v. 9. 1. 1992 – 8 U 2890/91, NJW-RR 1992, 730 = VersR 1992, 1387, 1388 = r+s 1992, 177.
[973] BGH, Urt. v. 7. 7. 1993 – IV ZR 47/92, NJW-RR 1993, 1370 = VersR 1993, 1220 = r+s 1993, 392.
[974] OLG Frankfurt/M., Urt. v. 30. 6. 1982 – 7 U 29/82; vorher LG Wiesbaden, Urt. v. 26. 11. 1981 – 7 b O 146/81.
[975] LG Braunschweig, Urt. v. 17. 7. 1985 – 3 O 194/85.
[976] LG Wiesbaden, Urt. v. 23. 5. 1984 – 2 O 380/83.
[977] OLG München, Urt. v. 25. 10. 1984 – 1 U 2989/84, VersR 1986, 669; LG Passau, Urt. v. 31. 1. 1984 – 3 O 409/83.
[978] LG Köln, Urt. v. 10. 10. 1984 – 24 O 453/83.
[979] OLG Frankfurt/M., Urt. v. 19. 7. 1991 – 22 U 42/90, VersR 1992, 1118 = r+s 1994, 77.
[980] LG Bielefeld, Urt. v. 22. 3. 1991 – 4 O 361/90, NJW-RR 1992, 96 = VersR 1992, 949 = r+s 1994, 394.
[981] OLG Karlsruhe, Urt. v. 17. 12. 1992 – 12 U 130/90, r+s 1994, 436.
[982] OLG Zweibrücken, Urt. v. 18. 6. 1993 – 1 U 111/89.
[983] OLG Frankfurt/M., Urt. v. 16. 3. 1995 – 3 U 167/93, VersR 1996, 46, 47 = r+s 1997, 82.
[984] BGH, Urt. v. 14. 6. 1989 – IVa ZR 74/88, NJW-RR 1989, 1050 = VersR 1989, 903 = r+s 1989, 268.
[985] OLG Hamburg, Urt. v. 31. 10. 2001 – 9 U 5/01, NVersZ 2002, 115, 116 = VersR 2002, 556, 557 = r+s 2003, 119, 120.

- Gerichtsvollzieher kann nicht auf den Beruf eines Justizsekretärs verwiesen werden.[986]
- Grundschullehrerin, die unter einer linksseitigen Stimmbandlähmung nach einer Schilddrüsenoperation leidet, arbeitet mit überpflichtmäßiger Anstrengung.[987]
- Hauptmann der Bundeswehr.[988]
- Lehrerin mit Neurose.[989]
- Lehrer für Informatik und Wirtschaftslehre kann nicht auf eine Verwaltungstätigkeit beim staatlichen Schulamt verwiesen werden.[990]
- Leiter einer polizeilichen Einsatzstelle kann nicht auf die Tätigkeit eines Sicherheitsberaters oder eines Koordinators für einen Wachdienst verwiesen werden.[991]
- Polizeibeamter beim BGS ist jetzt in einer Brauerei tätig.[992]
- Polizeibeamter (mit asthenischer Psychopathie nach einem Sturz) ist allgemein dienstunfähig und kommt deshalb für eine Versetzung in ein Amt einer anderen Laufbahn nicht in Betracht.[993]
- Polizeivollzugsbeamter hat ein Auge nach einem Verkehrsunfall verloren und wurde wegen Polizeidienstunfähigkeit in den Ruhestand versetzt.[994]
- Posthauptschaffnerin kann nicht auf Arbeitsplätze im Innendienst verwiesen werden, die leistungsgeminderten Arbeitsplatzinhabern vorbehalten sind; auch eine Verweisung auf Tätigkeiten in einer Poststelle/Versand oder als Telefonistin scheidet aus.[995]
- Wehrflieger wegen Entzug der Fluglizenz.[996]

4. Verweisung von Sportlern (Verweisung bejaht = Berufsunfähigkeit verneint)

143   Fußballspieler ist wegen Knieverletzung als Trainer tätig.[997]
Tennislehrer und gelernter Großhandelskaufmann (mit eigener Boutique) ist nach Sportunfällen (Knieverletzungen) als Inhaber bzw. Leiter eines Textilgeschäfts tätig.[998]

5. Verweisung von Auszubildenden

144   a) **Grundsatz.** In den Fällen, in denen der Versicherer mit einem noch in der Berufsausbildung Stehenden eine Berufsunfähigkeitsversicherung abschließt, muss dem Sinn und Zweck der typischerweise an anderen Sachverhaltsgestaltungen ausgerichteten Berufsunfähigkeitsversicherung besondere Bedeutung beigemessen werden.[999] Dies schließt es von vornherein aus, die Berufsunfähigkeitsversiche-

---

[986] OLG München, Urt. v. 23. 5. 2000 – 25 U 1566/00, NVersZ 2001, 73, 74 = VersR 2001, 972 (Ls.).
[987] OLG Karlsruhe, Urt. v. 19. 5. 1982 – 12 U 190/81, VersR 1983, 281.
[988] OLG Stuttgart, Urt. v. 30. 6. 1976 – 6 U 56/75.
[989] OLG Karlsruhe, Urt. v. 4. 2. 1994 – 14 U 84/92.
[990] OLG Frankfurt/M., Urt. v. 25. 5. 2005 – 7 U 151/03, VersR 2006, 916 = r+s 2006, 385.
[991] OLG Koblenz VersR 2002, 877.
[992] OLG Frankfurt/M., Beschl. v. 9. 10. 1980 – 1 W 16/80.
[993] OLG Hamm, Beschl. v. 2. 12. 1981 – 20 W 43/81, VersR 1982, 889.
[994] OLG Bamberg, Urt. v. 26. 3. 1992 – 1 U 154/91, VersR 1992, 1074, 1075.
[995] OLG Düsseldorf, Urt. v. 19. 9. 2000 – 4 U 166/99, NVersZ 2001, 219 = VersR 2001, 972 = r+s 2001, 344.
[996] LG Lüneburg, Urt. v. 13. 5. 1994 – 8 O 40/94, S. 7.
[997] LG Kaiserslautern, Urt. v. 25. 8. 1982 – 3 O 174/82, VersR 1983, 172 m. Anm. *Oster* VersR 1983, 579.
[998] OLG Köln, Urt. v. 10. 3. 1988 – 5 U 191/87, VersR 1989, 691 = r+s 1988, 180.
[999] BGH, Urt. v. 27. 9. 1995 – IV ZR 319/94, NJW-RR 1996, 88, 90 = VersR 1995, 1431, 1433 = r+s 1996, 35, 37 = MDR 1996, 152, 153; BGH, Urt. v. 24. 2. 2010 – IV ZR 119/09, VersR 2010, 619, 620.

rung einer noch in der Ausbildung stehenden Person etwa als bloße Erwerbsunfähigkeitsversicherung anzusehen und zu behandeln.[1000] Damit wäre das mit den §§ 1 und 2 BUZ gegebene Leistungsversprechen sinnwidrig ausgehöhlt.[1001] Welche Kriterien – mit welchem Gewicht – für die Beurteilung der Verweisbarkeit eines noch Auszubildenden generell maßgebend sind, hat der BGH im Marineoffizier-Fall nicht umfassend erörtert, da er hierfür keinen Anlass sah.[1002] Im Ausgangspunkt erkennt der BGH aber zutreffend an, dass für einen in der Ausbildung stehenden Marineoffizier, der während der Ausbildungszeit berufsunfähig wird, als Vergleichsberufe die Ausbildung in der Beamtenlaufbahn des gehobenen Dienstes, bei einem Versicherungsunternehmen oder als Kaufmann in Betracht kommt.[1003] In sinngemäßer Anwendung des § 2 BUZ ist daher in der Regel die begonnene Ausbildung, und nicht die nach der Ausbildung angestrebte Tätigkeit, dem bisherigen Beruf im Sinne dieser Vorschrift gleichzusetzen.[1004] Der Versicherte muss sich grundsätzlich auf andere Auszubildendentätigkeiten verweisen lassen und kann nicht verlangen, einem fertig Ausgebildeten gleichgestellt zu werden.[1005] Bei der Verweisungsprüfung ist allerdings zu beachten, dass die bisherige Lebensstellung des Auszubildenden ein entscheidendes Gepräge erhält, wenn der Auszubildende ein Einkommen hat, das ihn bereits in den Stand setzte, seinen Lebensbedarf während der Ausbildung ohne fremde Unterstützung zu bestreiten.[1006]

b) Bestimmung des Berufs. Welche Tätigkeit bei der Bestimmung des „Berufs" eines Auszubildenden (oder Schülers) entscheidend ist, wenn es um die behauptete Berufsunfähigkeit im Sinne des § 2 Abs. 1 BUZ geht (konkrete Ausbildungsphase oder Ausbildungsberuf), hängt von den Umständen des Einzelfalles, insbesondere der objektiven Dauer der vorgehabten Ausbildung und der bereits absolvierten Zeit bis zum Wegfall der Leistungsfähigkeit ab.[1007] Danach ist für die letzte Tätigkeit des Versicherten gemäß § 2 Abs. 1 BUZ z. B. nicht der Ausbildungsberuf „Kfz.-Mechaniker", sondern allein das Durchlaufen einer Ausbildung mit dem Ziel Ingenieur maßgebend, wenn der Beruf Kfz.-Mechaniker nach der Lebensplanung des Versicherten gar nicht das angestrebte Ziel der gesamten beruflichen Ausbildung ist, sondern nur eine Zwischenstation auf dem Weg zum

145

[1000] BGH, Urt. v. 27. 9. 1995 – IV ZR 319/94, NJW-RR 1996, 88, 90 = VersR 1995, 1431, 1433 = r+s 1996, 35, 37 = MDR 1996, 152, 153; BGH, Urt. v. 24. 2. 2010 – IV ZR 119/09, VersR 2010, 619, 620.
[1001] BGH, Urt. v. 27. 9. 1995 – IV ZR 319/94, NJW-RR 1996, 88, 90 = VersR 1995, 1431, 1433 = r+s 1996, 35, 37 = MDR 1996, 152, 153; BGH, Urt. v. 24. 2. 2010 – IV ZR 119/09, VersR 2010, 619, 620.
[1002] BGH, Urt. v. 27. 9. 1995 – IV ZR 319/94, NJW-RR 1996, 88, 90 = VersR 1995, 1431, 1433 = r+s 1996, 35, 37 = MDR 1996, 152, 153.
[1003] BGH, Urt. v. 27. 9. 1995 – IV ZR 319/94, NJW-RR 1996, 88, 90 = VersR 1995, 1431, 1433 = r+s 1996, 35, 37 = MDR 1996, 152, 153.
[1004] OLG Köln r+s 1988, 310; OLG München, Urt. v. 10. 2. 1993 – 30 U 823/92, VersR 1993, 1000 = r+s 1994, 235; OLG Zweibrücken, Urt. v. 9. 4. 1997 – 1 U 19/96, VersR 1998, 1364, 1365 = r+s 1999, 390; BGH, Nichtannahmebeschl. v. 25. 2. 1998 – IV ZR 117/97, VersR 1998, 1364 = r+s 1999, 390; OLG Karlsruhe, Urt. v. 3. 5. 2005 – 12 U 326/04, VersR 2006, 59, 60.
[1005] OLG München, Urt. v. 10. 2. 1993 – 30 U 823/92, VersR 1993, 1000 = r+s 1994, 235; OLG Koblenz r+s 1993, 356.
[1006] BGH, Urt. v. 27. 9. 1995 – IV ZR 319/94, NJW-RR 1996, 88, 90 = VersR 1995, 1431, 1433 = r+s 1996, 35, 37 = MDR 1996, 152, 153.
[1007] OLG München, Urt. v. 10. 2. 1993 – 30 U 823/92, VersR 1993, 1000 = r+s 1994, 235; OLG Koblenz r+s 1994, 195; OLG Zweibrücken, Urt. v. 9. 4. 1997 – 1 U 19/96, VersR 1998, 1364, 1365 = r+s 1999, 390; BGH, Nichtannahmebeschl. v. 25. 2. 1998 – IV ZR 117/97, VersR 1998, 1364 = r+s 1999, 390.

späteren Studium sein soll.[1008] Bei einer in der Berufsausbildung zur Versicherungskauffrau befindlichen Versicherten ist der „zuletzt ausgeübte Beruf" im Sinne der BUZ nicht ihr Status als Auszubildende, sondern die konkret zuletzt ausgeübte Tätigkeit.[1009]

In der Regel wird der angestrebte Beruf Maßstab für die Beurteilung der Berufsunfähigkeit sein, wenn dieser Beruf als konkretes Ausbildungsziel in der Ausbildung zielstrebig verfolgt worden ist.[1010] Insofern ist der Berufsbegriff, sofern der Versicherer einen Auszubildenden versichert, auf solche Tätigkeiten auszuweiten, die erst die Voraussetzungen für die Aufnahme einer bestimmten, auf Erwerb gerichteten Tätigkeit schaffen sollen.[1011] Aus Sicht eines durchschnittlichen Versicherungsnehmers wird ihm mit Abschluss der Versicherung versprochen, ihn vor dem Wegfall des angestrebten Berufsziels zu schützen.[1012]

146 c) **Einzelfälle.** Bei einem Maurerlehrling stellt eine Ausbildung zum Bürokaufmann eine der Maurerlehre vergleichbare Tätigkeit dar.[1013] Eine Zahnarzthelferin, die ihre Ausbildung wegen allergischer Erscheinungen abbrechen musste, kann auf Lehrverhältnisse in der Verwaltung (öffentlicher Dienst), bei Banken, Versicherungen, Sparkassen, bei Rechtsanwälten, Steuerberatern sowie als Industriekaufmann verwiesen werden.[1014] Dagegen ist bei einem Anspruchsteller, der bereits drei Viertel der vorgesehenen Berufsausbildung zum Groß- und Außenhandelskaufmann absolviert hat, die von ihm bereits erreichte berufliche Lebensstellung geeignet, in die volle Ausübung des anerkannten Ausbildungsberufs einzumünden und in dieser ihre dauerhafte Fortsetzung zu finden.[1015] Versicherungsnehmerin kann nach abgeschlossener Ausbildung zur Kreissekretärin geltend machen, den Anforderungen ihres Berufs nicht gewachsen zu sein,[1016] Auszubildende Friseuse wiederum kann trotz Hautkrankheit auf andere Tätigkeiten,[1017] vergleichbare Lehrverhältnisse sowie auf die Tätigkeiten als Verkäuferin, Bürohilfe oder als mit Lagertätigkeit Beschäftigte verwiesen werden.[1018] Auszubildender Schreinerlehrling kann auf eine Tätigkeit als Auszubildender in einem anderen Beruf (technischer Zeichner) verwiesen werden.[1019]

6. Verweisung von Angelernten

147 a) **Ausgangslage.** Angelernte Tätigkeiten werden, auch wenn sie den durch eine Lehre erworbenen Fertigkeiten nicht vollständig gleichzustellen sind, aufgrund einer beruflichen Ausbildung ausgeübt.[1020] Auch in Anlernberufen ist es infolgedessen von Bedeutung, wenn über bloße Hilfsarbeitertätigkeit hinausgehende Berufserfahrungen gesammelt werden, die ein qualifizierteres oder selbständige-

---

[1008] OLG Zweibrücken, Urt. v. 9. 4. 1997 – 1 U 19/96, VersR 1998, 1364, 1365 = r+s 1999, 390; BGH, Nichtannahmebeschl. v. 25. 2. 1998 – IV ZR 117/97, VersR 1998, 1364 = r+s 1999, 390.
[1009] OLG Dresden, Beschl. v. 18. 6. 2007 – 4 W 618/07, NJW-RR 2008, 543 = VersR 2008, 1251 = r+s 2008, 205.
[1010] OLG Köln, Urt. v. 8. 5. 2009 – 20 U 165/08, VersR 2009, 1105, 1106.
[1011] BGH, Urt. v. 24. 2. 2010 – IV ZR 119/09, VersR 2010, 619, 620.
[1012] BGH, Urt. v. 24. 2. 2010 – IV ZR 119/09, VersR 2010, 619, 620.
[1013] OLG München, Urt. v. 27. 1. 2005 – 14 U 273/04, VersR 2005, 966 = r+s 2006, 295.
[1014] OLG Köln, Urt. v. 17. 3. 1988 – 5 U 253/87, S. 13 = r+s 1988, 310.
[1015] OLG Koblenz r+s 1994, 195.
[1016] BGH, Urt. v. 24. 2. 2010 – IV ZR 119/09, VersR 2010, 619, 620.
[1017] OLG München, Urt. v. 10. 2. 1993 – 30 U 823/92, VersR 1993, 1000 = r+s 1994, 235.
[1018] LG Kiel, Urt. v. 10. 9. 1987 – 6 O 96/86.
[1019] OLG Koblenz, Urt. v. 12. 2. 1993 – 10 U 1796/91, r+s 1993, 356.
[1020] OLG Hamm, Beschl. v. 17. 5. 1989 – 20 W 70/88, r+s 1989, 371 (Ls.).

res Arbeiten erlauben als das eines Handlangers.[1021] Die Höhe des Stundenlohnes vermag etwas darüber auszusagen, ob der Versicherte aufgrund gesammelter Berufserfahrung eine qualifizierte Tätigkeit – etwa der eines Facharbeiters vergleichbar – ausgeübt hat (und dementsprechend entlohnt worden ist).[1022] Für die Beurteilung, ob ein dem Versicherten angesonnener Berufswechsel seiner bisherigen Lebensstellung entspricht, ist von Bedeutung, welche Relation zwischen dem bislang erzielten und dem im so genannten Vergleichsberuf erzielbaren Einkommen besteht.[1023]

b) Einzelfälle. Angelernter Gerüstbauer, der über einen Zeitraum von knapp drei Jahren den Ausbildungsberuf des Gerüstbauers ausgeübt hat, kann nicht auf eine Beschäftigung als Mitarbeiter im Empfangs- und Eingangsdienst, Abteilungsbote/Werksbote, Vervielfältiger, Parkplatzdisponent oder betriebseigener Wächter/Wachmann verwiesen werden.[1024] Bei einem Kfz.-Mechaniker ohne Gesellenprüfung, der sieben Jahre als Kfz.-Mechaniker gearbeitet und sich trotz fehlender Abschlussprüfung die erforderlichen Mechanikerkenntnisse angeeignet hatte, kommt keine Verweisung auf nahezu alle Tätigkeiten, die keine Vorbildung erfordern, in Betracht.[1025] Dass der Versicherte wie ein Mechanikergeselle entlohnt wurde, ist ein erhebliches Indiz dafür, dass er auch tatsächlich Gesellenarbeit geleistet hat.[1026] Soweit eine derartige berufliche Leistung normales Gesellenniveau erreicht, ist das Anforderungsprofil eines Vergleichsberufs hieran auszurichten; allein die nicht abgelegte Gesellenprüfung kann nicht dazu führen, dass jede bloße Anlerntätigkeit angesonnen werden könnte.[1027] Ein angelernter Metallschleifer kann daher einem ungelernten Arbeiter nicht mit der Folge gleichgestellt werden, dass er auf den gesamten Arbeitsmarkt verwiesen werden kann, soweit dort ein vergleichbares Einkommen wie im bisherigen Beruf erzielbar ist.[1028] Ein angelernter Kfz.-Mechaniker kann dagegen auf die konkret ausgeübte Tätigkeit als Disponent für das Inkassowesen in einer Anwaltskanzlei verwiesen werden, wenn er einkommensmäßig wesentlich besser gestellt ist als vorher (monatlich brutto 4000,00 DM gegenüber vorher 2000,00 DM bis 2500,00 DM).[1029] Ein angelernter Dachdecker und Bauspengler kann auf die Tätigkeit als Kommunikationstechniker, zu der er umgeschult wurde, und auf die ausgeübte Tätigkeit als Containerfahrer verwiesen werden.[1030]

7. Verweisung von Ungelernten

a) Vergleichsberuf. Ein Vergleichsberuf ist für den ungelernten Versicherten erst mit einer Tätigkeit gefunden, die ihn in seinen vorhandenen Kenntnissen, Erfahrungen und Fähigkeiten, die bestimmend für seinen konkreten Beruf und

---

[1021] BGH, Urt. v. 27. 5. 1992 – IV ZR 112/91, NJW-RR 1992, 1052 = VersR 1992, 1073, 1074 = r+s 1992, 353, 354.
[1022] BGH, Urt. v. 27. 5. 1992 – IV ZR 112/91, NJW-RR 1992, 1052 = VersR 1992, 1073, 1074 = r+s 1992, 353, 354.
[1023] BGH, Urt. v. 27. 5. 1992 – IV ZR 112/91, NJW-RR 1992, 1052 = VersR 1992, 1073, 1074 = r+s 1992, 353, 354.
[1024] OLG Oldenburg, Urt. v. 12. 11. 1997 – 2 U 200/97, VersR 1998, 1010 = r+s 1998, 259.
[1025] BGH, Urt. v. 22. 9. 1993 – IV ZR 244/92, NJW-RR 1994, 150 = VersR 1993, 1472 = r+s 1993, 478 = MDR 1994, 142.
[1026] BGH, Urt. v. 22. 9. 1993 – IV ZR 244/92, NJW-RR 1994, 150 = VersR 1993, 1472 = r+s 1993, 478 = MDR 1994, 142.
[1027] BGH, Urt. v. 22. 9. 1993 – IV ZR 244/92, NJW-RR 1994, 150 = VersR 1993, 1472 = r+s 1993, 478 = MDR 1994, 142.
[1028] OLG Hamm, Beschl. v. 17. 5. 1989 – 20 W 70/88, r+s 1989, 371 (Ls.).
[1029] OLG Köln, Urt. v. 29. 10. 1992 – 5 U 277/89, VersR 1993, 600.
[1030] OLG München, Urt. v. 28. 3. 1996 – 6 U 4793/95, VersR 1997, 95, 96.

damit auch maßgebend waren für die erzielte Entlohnung, nicht in einer ins Gewicht fallenden Weise unter- oder überfordert.[1031] Daneben sind allerdings auch berücksichtigungsfähig Kenntnisse, Fähigkeiten und Erfahrungen, die über das hinausreichen, was der Versicherte bei seiner bisherigen Berufsausübung tatsächlich einsetzen musste.[1032] Dabei spielt es keine Rolle, auf welchem Wege die vorhandenen Kenntnisse, Fähigkeiten und Erfahrungen erlangt worden sind.[1033]

150   b) **Verweisbarkeit.** Ein Ungelernter kann nahezu auf dem gesamten Arbeitsmarkt auf alle Tätigkeiten verwiesen werden, die keine Vorbildung erfordern, soweit dort ein vergleichbares Einkommen wie im bisherigen Beruf erzielbar ist.[1034] Hat die berufliche Leistung des Versicherten z. B. als Kfz.-Mechaniker normales Gesellenniveau erreicht, kann die nicht abgelegte Gesellenprüfung nicht dazu führen, dass dem Versicherten jede bloße Anlerntätigkeit angesonnen werden könnte.[1035]

151   c) **Beweislast.** Zeigt der Versicherer Vergleichsberufe für einen Ungelernten auf und sieht der Kläger sich selbst als Angelernten an, der nicht auf jede Hilfsarbeitertätigkeit verweisbar ist, so muss der Betroffene im Rahmen der Widerlegungslast darlegen und beweisen, dass er über eine bloße Hilfsarbeitertätigkeit hinausgehende Berufserfahrungen gesammelt hat, die ein qualifizierteres oder selbständigeres Arbeiten erlaubten als die eines Handlangers.[1036] Dazu kann der Betroffene z. B. vortragen, dass seine bisherige Arbeit betrieblich erworbene Spezialkenntnisse erforderte und er eine höhere Entlohnung erhielt, als dies etwa für Hilfsarbeiter üblich sei; denn die Höhe des Stundenlohns vermag etwas darüber auszusagen, ob aufgrund gesammelter Berufserfahrung eine qualifizierte Tätigkeit – etwa der eines Facharbeiters vergleichbar – ausgeübt wurde.[1037] War der Versicherte nicht nur in einem Anlern-, sondern in einem Ausbildungsberuf tätig und ist er nachhaltig z. B. wie ein Kfz.-Mechanikergeselle entlohnt worden, so ist dies ein erhebliches Indiz dafür, dass er auch tatsächlich Gesellenarbeit geleistet hat.[1038]

8. Verweisung nach Einarbeitung

152   § 2 Abs. 1 BUZ beschränkt die Verweisungsmöglichkeit auf Tätigkeiten, die der Versicherte auf Grund seiner Ausbildung und Erfahrung ausüben kann.[1039] Voraussetzung ist, dass der Versicherte auf Grund seiner vorhandenen Kenntnisse

---

[1031] BGH, Urt. v. 30. 9. 1992 – IV ZR 227/91, NJW 1993, 202 = VersR 1992, 1386 = r+s 1992, 427 = MDR 1992, 1132; BGH, Urt. v. 22. 9. 1993 – IV ZR 244/92, NJW-RR 1994, 150, 151 = VersR 1993, 1472, 1473 = r+s 1993, 478, 479 = MDR 1994, 142, 143.
[1032] BGH, Urt. v. 22. 9. 1993 – IV ZR 244/92, NJW-RR 1994, 150, 151 = VersR 1993, 1472, 1473 = r+s 1993, 478, 479 = MDR 1994, 142, 143.
[1033] BGH, Urt. v. 22. 9. 1993 – IV ZR 244/92, NJW-RR 1994, 150, 151 = VersR 1993, 1472, 1473 = r+s 1993, 478, 479 = MDR 1994, 142, 143.
[1034] OLG Hamm, Beschl. v. 17. 5. 1989 – 20 W 70/88, r+s 1989, 371 (Ls.); BGH, Urt. v. 22. 9. 1993 – IV ZR 244/92, NJW-RR 1994, 150, 15 = VersR 1993, 1472, 1473 = r+s 1993, 478, 479 = MDR 1994, 142, 143.
[1035] BGH, Urt. v. 22. 9. 1993 – IV ZR 244/92, NJW-RR 1994, 150, 151 = VersR 1993, 1472, 1473 = r+s 1993, 478, 479 = MDR 1994, 142, 143.
[1036] BGH, Urt. v. 27. 5. 1992 – IV ZR 112/91, NJW-RR 1992, 1052 = VersR 1992, 1073, 1074 = r+s 1992, 353.
[1037] BGH, Urt. v. 27. 5. 1992 – IV ZR 112/91, NJW-RR 1992, 1052 = VersR 1992, 1073, 1074 = r+s 1992, 353.
[1038] BGH, Urt. v. 22. 9. 1993 – IV ZR 244/92, NJW-RR 1994, 150, 151 = VersR 1993, 1472, 1473 = r+s 1993, 478, 479 = MDR 1994, 142, 143.
[1039] OLG Saarbrücken, Urt. v. 10. 4. 2002 – 5 U 562/01 – 38, NJW-RR 2003, 528; OLG Saarbrücken, Urt. v. 29. 10. 2008 – 5 U 124/07-11, VersR 2009, 971, 972 = r+s 2010, 162.

und Fähigkeiten den Aufgabenbereich des Vergleichsberufs im Wesentlichen beherrscht.[1040] Etwaige Defizite müssen nach Art und Umfang im Rahmen einer angemessenen Einarbeitung, wie sie jeder Antritt einer neuen Arbeitsstelle mit sich bringt, ausgeglichen werden können.[1041] Zu einer darüber hinausgehenden Fortbildung ist der Versicherte nach § 2 Abs. 1 BUZ nicht verpflichtet.[1042] Ist mithin lediglich eine Einarbeitungszeit und keine spezielle weitere Ausbildung notwendig, so ist grundsätzlich davon auszugehen, dass der Versicherte diese Tätigkeit aufgrund seines bisherigen Werdegangs (Ausbildung und Erfahrung) ausüben kann.[1043] Nach § 2 Abs. 1 BUZ sollen nur solche Tätigkeiten unberücksichtigt bleiben, die der konkrete Versicherungsnehmer nicht ausüben kann, etwa weil ihm die für die Tätigkeiten notwendigen speziellen (Berufs-)Erfahrungen oder aber notwendigen Prüfungen/Qualifikationen fehlen.[1044]

9. Verweisung nach Fortbildung

Die Bestimmung des § 2 BUZ knüpft nach allgemeiner Auffassung im Regelfall an die bereits im Zeitpunkt des Versicherungsfalls vorhandene Ausbildung und Erfahrung an.[1045] Der Versicherte ist nicht gehalten, sich die zur Ausübung eines Vergleichsberufs erforderliche Zusatzqualifikation erst noch zu verschaffen.[1046] Allerdings ist § 2 BUZ nicht dahingehend auszulegen, dass jedes zusätzliche Erfordernis an Ausbildung oder Berufserfahrung mit der Annahme einer vergleichbaren Tätigkeit im Widerspruch steht.[1047] Eine Tätigkeit, auf welche sich der Versicherungsnehmer verweisen lassen muss, liegt vielmehr auch dann vor, wenn diese eine Zusatzausbildung im Sinne einer Umschulung erfordert, d.h. wenn die zusätzliche Ausbildung den Charakter einer Fortbildung hat, innerhalb eines überschaubaren Zeitraums abgeschlossen werden kann und sich das Ausbildungsziel dem Schwierigkeitsgrad nach im Rahmen dessen hält, was nach der bisherigen Ausbildung und Berufserfahrung voraussichtlich bewältigt werden kann.[1048]

153

[1040] OLG Saarbrücken, Urt. v. 10. 4. 2002 – 5 U 562/01 – 38, NJW-RR 2003, 528; OLG Saarbrücken, Urt. v. 29. 10. 2008 – 5 U 124/07-11, VersR 2009, 971, 972 = r+s 2010, 162.
[1041] Vgl. OLG Frankfurt/M., Urt. v. 16. 3. 1995 – 3 U 167/93, VersR 1996, 46 = r+s 1997, 82, 83; OLG Oldenburg, Urt. v. 14. 6. 1999 – 3 U 288/98, r+s 2001, 215; OLG Saarbrücken, Urt. v. 10. 4. 2002 – 5 U 562/01 – 38, NJW-RR 2003, 528; OLG Saarbrücken, Urt. v. 29. 10. 2008 – 5 U 124/07-11, VersR 2009, 971, 972 = r+s 2010, 162.
[1042] OLG Hamm VersR 1997, 479 = r+s 1996, 505; BGH, Urt. v. 11. 12. 1996 – IV ZR 238/95, NJW-RR 1997, 529 = VersR 1997, 436, 438 = r+s 1997, 301; BGH, Urt. v. 3. 11. 1999 – IV ZR 155/98, NJW 2000, 550 = NVersZ 2000, 127 = VersR 2000, 171, 173 = r+s 2000, 213; OLG Saarbrücken, Urt. v. 10. 4. 2002 – 5 U 562/01 – 38, NJW-RR 2003, 528; OLG Saarbrücken, Urt. v. 29. 10. 2008 – 5 U 124/07-11, VersR 2009, 971, 972 = r+s 2010, 162.
[1043] LG Wiesbaden, Urt. v. 26. 11. 1981 – 7b O 146/81; LG Passau, Urt. v. 31. 1. 1984 – 3 O 409/ 83; LG München I v. 8. 3. 1984 – 30 O 21 344/83.
[1044] LG Wiesbaden, Urt. v. 26. 11. 1981 – 7 b O 146/81; LG Passau, Urt. v. 31. 1. 1984 – 3 O 409/83.
[1045] BGH, Urt. v. 13. 5. 1987 – IV a ZR 8/86, NJW-RR 1987, 1050 = VersR 1987, 753 = r+s 1987, 268; BGH, Urt. v. 20. 9. 1989 – IV a ZR 107/88, NJW 1990, 47, 48 = VersR 1989, 1249; OLG Saarbrücken, Urt. v. 10. 4. 2002 – 5 U 562/01 – 38, NJW-RR 2003, 528.
[1046] BGH, Urt. v. 30. 5. 1990 – IV ZR 43/89, VersR 1990, 885, 886 = r+s 1990, 393; OLG Karlsruhe, Urt. v. 7. 4. 1994 – 12 U 25/94, r+s 1994, 475.
[1047] OLG München, Urt. v. 25. 10. 1984 – 1 U 2989/84, VersR 1986, 669; LG Krefeld r+s 1988, 180; OLG Nürnberg, Urt. v. 9. 1. 1992 – 8 U 2890/91, NJW-RR 1992, 730 = VersR 1992, 1387, 1388 = r+s 1992, 177; OLG Karlsruhe, Urt. v. 17. 12. 1992 – 12 U 130/90, r+s 1994, 436; OLG Zweibrücken, Urt. v. 18. 6. 1993 – 1 U 111/89.
[1048] OLG München, Urt. v. 25. 10. 1984 – 1 U 2989/84, VersR 1986, 669; OLG Nürnberg, Urt. v. 9. 1. 1992 – 8 U 2890/91, NJW-RR 1992, 730 = VersR 1992, 1387, 1388 =

10. Verweisung nach Umschulung

154 **a) Ausgangslage.** Im Rahmen der privaten BUZ ist der Versicherungsnehmer nicht verpflichtet, sich umschulen zu lassen,[1049] da es nach der Ausgestaltung des § 2 BUZ ausschließlich auf bereits erworbene und nicht erst noch zu erwerbende Kenntnisse und Fähigkeiten ankommt.[1050] Wenn der Versicherungsnehmer sich aber hat umschulen lassen und eine andere Tätigkeit aufgenommen hat, muss er sich auf diese neue Tätigkeit verweisen lassen, wenn diese Tätigkeit mit der bisherigen Tätigkeit vergleichbar ist.[1051] Maßgeblich ist dabei der Zeitpunkt der Leistungseinstellung, wobei auf künftige Änderungen in den für die Beurteilung bedingungsgemäßer Berufsunfähigkeit maßgeblichen Umstände nicht abgestellt werden kann.[1052] Eine derartige Vergleichbarkeit ist dann gegeben, wenn die neue Erwerbstätigkeit keine deutlich geringeren Kenntnisse und Fähigkeiten erfordert und auch in ihrer Vergütung wie in ihrer Wertschätzung nicht spürbar unter das Niveau des bislang ausgeübten Berufs absinkt.[1053] Übt der Versicherungsnehmer eine neue Tätigkeit aus, die er als Vollzeitbeschäftigung bewältigt, muss er darlegen und erforderlichenfalls beweisen, dass diese Tätigkeit keine bedingungsgemäße Vergleichstätigkeit darstellt.[1054]

155 **b) Weitere Berufsausbildung.** Der Versicherer ist berechtigt, die Anerkennung seiner Leistungspflicht zeitmäßig an der Dauer einer weiteren Berufsausbildung auszurichten, wenn der Versicherte wegen krankheitsbedingter Berufsunfähigkeit die Ausbildung zum ursprünglich angestrebten Beruf aufgeben musste.[1055] Dem Umstand, dass der Versicherte durch seine Berufsunfähigkeit Ausbildungszeit verloren hat und somit Zeit benötigte, um eine vergleichbare Position wiederzuerlangen, trägt der Versicherer dadurch Genüge, dass er während der gesamten Dauer der weiteren Berufsausbildung die vertraglichen Leistungen aus der BUZ erbringt.[1056] Wenn der Versicherte einen Arbeitsplatz in einem Vergleichsberuf erlangt hat oder sich um einen solchen nicht (bzw. nicht mehr) in zumutbarer Weise bemüht, darf der Versicherer im Regelfall nach dem das Ver-

---

r+s 1992, 177; OLG Karlsruhe, Urt. v. 17. 12. 1992 – 12 U 130/90, r+s 1994, 436; OLG Zweibrücken 18. 6. 1993 – 1 U 111/89; OLG Frankfurt/M., Urt. v. 16. 3. 1995 – 3 U 167/93, VersR 1996, 46, 47 = r+s 1997, 82, 83.

[1049] BGH, Urt. v. 13. 5. 1987 – IVa ZR 8/86, NJW-RR 1987, 1050 = VersR 1987, 753; BGH, Urt. v. 30. 5. 1990 – IV ZR 43/89, NJW-RR 1990, 1114 = VersR 1990, 885; OLG Stuttgart, Urt. v. 18. 5. 1998 – 7 U 218/97, NVersZ 1999, 123, 124; OLG Frankfurt/M., Urt. v. 17. 3. 1999 – 7 U 44/98, NVersZ 2000, 270 = VersR 1999, 1398, 1399 = r+s 2000, 125, 127.

[1050] OLG Hamm, Urt. v. 19. 1. 1996 – 20 U 193/95, VersR 1997, 479 = r+s 1996, 505 f.; BGH, Urt. v. 11. 12. 1996 – IV ZR 238/95, r+s 1997, 301; OLG Frankfurt/M., Urt. v. 14. 1. 1998 – 7 U 224/96, r+s 1998, 480.

[1051] OLG Frankfurt/M., Urt. v. 17. 3. 1999 – 7 U 44/98, NVersZ 2000, 270 = VersR 1999, 1398, 1399 = r+s 2000, 125, 127.

[1052] BGH NJW-RR 1997, 529 = VersR 1997, 436 = r+s 1997, 301; OLG Frankfurt/M., Urt. v. 17. 3. 1999 – 7 U 44/98, NVersZ 2000, 270 = VersR 1999, 1398, 1399 = r+s 2000, 125, 127.

[1053] BGH, Urt. v. 17. 9. 1986 – IVa ZR 252/84, NJW-RR 1987, 276 = VersR 1986, 1113 = r+s 1987, 55; BGH NJW-RR 1997, 529 = VersR 1997, 436, 438 = r+s 1997, 301; OLG Frankfurt/M., Urt. v. 17. 3. 1999 – 7 U 44/98, NVersZ 2000, 270 = VersR 1999, 1398, 1399 = r+s 2000, 125, 127.

[1054] BGH, Urt. v. 30. 11. 1994 – IV ZR 300/93, NJW-RR 1995, 277 = VersR 1995, 159 = r+s 1995, 115; OLG Frankfurt/M., Urt. v. 17. 3. 1999 – 7 U 44/98, NVersZ 2000, 270 = VersR 1999, 1398, 1399 = r+s 2000, 125, 127.

[1055] OLG Karlsruhe, Urt. v. 3. 5. 2005 – 12 U 326/04, VersR 2006, 59, 60.

[1056] OLG München, Urt. v. 10. 2. 1993 – 30 U 823/92, VersR 1993, 1000; OLG Karlsruhe, Urt. v. 3. 5. 2005 – 12 U 326/04, VersR 2006, 59, 61.

sicherungsverhältnis in besonderem Maße beherrschenden Grundsatz von Treu und Glauben von seinem Recht zur Leistungseinstellung Gebrauch machen.[1057] Der Verweisung steht nicht entgegen, dass nur ein befristeter Arbeitsvertrag abgeschlossen worden ist, weil sich darin nicht das versicherte Risiko, sondern das allgemeine Arbeitsplatzrisiko widerspiegelt.[1058] Eine Verweisung auf einen Vergleichsberuf nach § 2 Abs. 1 BUZ scheitert wegen eines fehlenden Arbeitsplatzes lediglich dann, wenn der Versicherte gerade wegen seiner Gesundheitsbeeinträchtigung, die ihm die Fortführung seines bisherigen Berufs unmöglich macht, auch keinen Arbeitsplatz innerhalb des Vergleichsberufs finden kann.[1059]

c) **Ausschluss der Verweisung.** Die BUZ verpflichten den Versicherten nicht zum Erwerb neuer beruflicher Fähigkeiten.[1060] Der Versicherte ist auch nicht gehalten, sich umschulen zu lassen.[1061] Etwaige Umschulungserfolge des Versicherten können daher nicht berücksichtigt werden, da dies in den BUZ nicht vorgesehen ist.[1062] Nach den BUZ leistet der Versicherer keinen finanziellen Beitrag zur Umschulung des berufsunfähig gewordenen Versicherten.[1063] Der Versicherte ist dementsprechend auch nicht in Form einer Obliegenheit oder gar einer vertraglichen Verpflichtung gehalten, sich fortbilden oder umschulen zu lassen.[1064] Eine Umschulung kann vom Versicherten auch nicht unter dem Gesichtspunkt der allgemeinen Schadensminderungspflicht verlangt werden.[1065] Eine erfolgreich abgeschlossene Umschulung eröffnet dem LVU daher nicht die nachträgliche Möglich-

---

[1057] BGH, Urt. v. 3. 11. 1999 – IV ZR 155/98, VersR 2000, 171; OLG Karlsruhe, Urt. v. 3. 5. 2005 – 12 U 326/04, VersR 2006, 59, 60/61.

[1058] BGH, Urt. v. 11. 12. 2002 – IV ZR 302/01, NJW-RR 2003, 382; OLG Saarbrücken, Urt. v. 30. 9. 2008 – 5 U 156/08-16, VersR 2009, 917, 918.

[1059] OLG Karlsruhe, Urt. v. 2. 3. 2000 – 12 U 191/99, VersR 2000, 1401; OLG Karlsruhe, Urt. v. 3. 5. 2005 – 12 U 326/04, VersR 2006, 59, 60.

[1060] BGH, Urt. v. 11. 12. 1996 – IV ZR 238/95, NJW-RR 1997, 529, 531 = VersR 1997, 436, 438 = VerBAV 1997, 316, 318 = r+s 1997, 301, 302; OLG Hamm VersR 1997, 479 = r+s 1996, 505 f.; OLG Frankfurt/M., Urt. v. 14. 1. 1998 – 7 U 224/96, r+s 1998, 480; BGH, Urt. v. 3. 11. 1999 – IV ZR 155/98, VersR 2000, 171, 173 = r+s 2000, 213; OLG Saarbrücken, Urt. v. 10. 4. 2002 – 5 U 562/01-38, NJW-RR 2003, 528; OLG Karlsruhe, Urt. v. 3. 5. 2005 – 12 U 326/04, VersR 2006, 59, 60; OLG Saarbrücken, Urt. v. 29. 10. 2003 – 5 U 451/02 – 58, VersR 2004, 1165, 1167 = r+s 2005, 32, 33; OLG Saarbrücken, Urt. v. 29. 10. 2008 – 5 U 124/07-11, VersR 2009, 971, 972 = r+s 2010, 162.

[1061] OLG Düsseldorf, Urt. v. 9. 8. 1995 – 4 U 227/94, NJW-RR 1996, 218 = VersR 1996, 879 = r+s 1996, 37, 38; OLG Frankfurt/M., Urt. v. 14. 1. 1998 – 7 U 224/96, r+s 1998, 480; OLG Frankfurt/M., Urt. v. 17. 3. 1999 – 7 U 44/98, NVersZ 2000, 270 = VersR 1999, 1398, 1399 = r+s 2000, 125, 127; OLG Braunschweig, Urt. v. 14. 6. 1999 – 3 U 288/98, VersR 2000, 620 = r+s 2001, 215; OLG Karlsruhe, Urt. v. 3. 5. 2005 – 12 U 326/04, VersR 2006, 59, 60.

[1062] BGH, Urt. v. 13. 5. 1987 – IV a ZR 8/86, NJW-RR 1987, 1050 = VersR 1987, 753 = r+s 1987, 267; BGH, Urt. v. 20. 9. 1988 – IV a ZR 107/88, NJW 1990, 47, 48 = VersR 1989, 1249; BGH, Urt. v. 30. 5. 1990 – IV ZR 43/89, NJW-RR 1990, 1114 = VersR 1990, 885 = r+s 1990, 393; LG Hannover, Urt. v. 30. 1. 1991 – 12 O 332/89, VersR 1992, 303, 304; BGH NJW-RR 1992, 160 = VersR 1991, 1397; BGH, Urt. v. 22. 9. 1993 – IV ZR 244/92, NJW-RR 1994, 150, 151 = VersR 1993, 1472, 1473 = r+s 1993, 478, 479; OLG Köln, Urt. v. 1. 10. 2001 – 5 U 87/99, VersR 2002, 345 = MDR 2002, 582.

[1063] BGH, Urt. v. 17. 6. 1998 – IV ZR 215/97, NJW-RR 1998, 1396, 1397 = NVersZ 1998, 72 = VersR 1998, 1537, 1538.

[1064] OLG Bamberg, Urt. v. 26. 3. 1992 – 1 U 154/91, VersR 1992, 1074, 1075 = r+s 1995, 276, 277; OLG Frankfurt/M., Urt. v. 16. 3. 1995 – 3 U 167/93, VersR 1996, 46 = r+s 1997, 82; BGH, Urt. v. 17. 6. 1998 – IV ZR 215/97, NJW-RR 1998, 1396, 1397 = NVersZ 1998, 72 = VersR 1998, 1537, 1538; OLG Karlsruhe, Urt. v. 3. 5. 2005 – 12 U 326/04, VersR 2006, 59, 60.

[1065] OLG Bamberg, Urt. v. 26. 3. 1992 – 1 U 154/91, VersR 1992, 1074, 1075 = r+s 1995, 276, 277.

keit der Verweisung.[1066] Dementsprechend kann der Versicherte nicht darauf verwiesen werden, dass er sich im Rahmen einer Maßnahme zur beruflichen Rehabilitation umschulen ließ.[1067]

157 d) **Risikoabgrenzung.** Ob der Versicherte nach einer erfolgreichen Umschulung einen Arbeitsplatz im gewählten Berufsfeld findet, ist allein sein Risiko.[1068] Ebenfalls in den Bereich des nicht mitversicherten Risikos der jeweiligen Arbeitsmarktlage fällt es, ob ein gefundener Arbeitsplatz verhältnismäßig kündigungssicher ist oder nicht.[1069]

158 e) **Einzelfälle. aa) Verweisung bejaht (Berufsunfähigkeit verneint).**
– Selbständiger Bäcker und Konditormeister kann auf die konkret ausgeübte Tätigkeit als städtischer Vollziehungsbeamter, für die eine Einarbeitung und die Teilnahme an einem Lehrgang erforderlich waren, verwiesen werden.[1070]
– Friseuse arbeitet (nach Umschulung) als Kauffrau für Bürokommunikation.[1071]
– Gatterschneider (angelernt) in einem Sägewerk mit wiederkehrenden Leistenbeschwerden nach Leistenbruchoperationen.[1072]
– Hausmeister arbeitet jetzt in der Poststelle.[1073]
– Hausmeister ist nach Operation als Vervielfältiger mit höherem Einkommen tätig.[1074]
– Heizungsmonteur mit Wirbelbruch und beidseitigem Fersenbeinbruch arbeitet (nach Umschulung) als Industriekaufmann.[1075]
– Kraftfahrer arbeitet (nach Umschulung) als Industriekaufmann.[1076]
– Kraftfahrer arbeitet (nach Umschulung) als städtischer Verwaltungsangestellter.[1077]
– Kraftfahrer kann auf die frühere Tätigkeit als Bauzeichner verwiesen werden.[1078]
– Kraftfahrer kann auf Tätigkeiten eines ungelernten Arbeitnehmers verwiesen werden.[1079]
– Maschinenassistent arbeitet (nach Umschulung) als Informations-Elektroniker.[1080]
– Metallbauer bricht gesundheitsbedingt (Gefahr epileptischer Anfälle) die Ausbildung ab und arbeitet nach Umschulung zum Einzelhandelskaufmann in einem Lebensmittelmarkt als Verkäufer und Kassierer.[1081]
– Reifenwickler arbeitet (nach Umschulung) als Feinblechner.[1082]

[1066] OLG Karlsruhe, Urt. v. 16. 6. 1994 – 12 U 29/94, r+s 1995, 278.
[1067] OLG Karlsruhe, Urt. v. 7. 4. 1994 – 12 U 25/94, r+s 1994, 475.
[1068] BGH, Urt. v. 19. 11. 1985 – IV a ZR 23/84, NJW-RR 1986, 451 = VersR 1986, 278; BGH, Urt. v. 17. 6. 1998 – IV ZR 215/97, NJW-RR 1998, 1396, 1397 = NVersZ 1998, 72 = VersR 1998, 1537, 1538; LG Saarbrücken, Urt. v. 23. 6. 1999 – 12 O 374/98, NVersZ 2000, 271.
[1069] BGH, Urt. v. 17. 6. 1998 – IV ZR 215/97, NJW-RR 1998, 1396, 1397 = NVersZ 1998, 72 = VersR 1998, 1537, 1538.
[1070] OLG Köln, Urt. v. 20. 6. 1991 – 5 U 196/90, VersR 1991, 1362 = r+s 1993, 273.
[1071] OLG Saarbrücken, Urt. v. 30. 9. 2008 – 5 U 156/08-16, VersR 2009, 917, 919.
[1072] BGH, Urt. v. 27. 5. 1992 – IV ZR 112/91, NJW-RR 1992, 1052 = VersR 1992, 1073 = r+s 1992, 353, Zurückverweisung.
[1073] LG Hildesheim, Urt. v. 24. 5. 1985 – 2 O 149/85; OLG Celle v. 18. 4. 1986 – 8 U 116/85.
[1074] LG Hamburg, Urt. v. 10. 8. 1982 – 80 O 529/81.
[1075] LG Ulm, Urt. v. 5. 6. 1979 – 2 O 133/79, VersR 1979, 930.
[1076] OLG Koblenz, Urt. v. 14. 6. 1985 – 10 U 1159/84.
[1077] LG Nürnberg-Fürth, Urt. v. 25. 2. 1982 – 9 O 3671/79.
[1078] LG Flensburg, Urt. v. 5. 1985 – 4 O 13/85.
[1079] AG Kassel, Urt. v. 7. 11. 1985 – 88 C 4079/85.
[1080] LG Lübeck, Urt. v. 12. 11. 1982 – 4 O 156/82.
[1081] OLG Karlsruhe, Urt. v. 3. 5. 2005 – 12 U 326/04, VersR 2006, 59, 60.
[1082] AG Alsfeld, Urt. v. 6. 12. 1983 – 4 C 407/83.

– Tischler arbeitet nach Umschulungsmaßnahme als Holztechniker in einem holzverarbeitenden Unternehmen.[1083]
– Werkarbeiter arbeitet (nach Umschulung) als Nachrichtengerätemechaniker.[1084]

bb) Verweisung verneint (Berufsunfähigkeit bejaht). Groß- und Außenhandelskaufmann kann auf die Tätigkeit als Vertriebsbeauftragter für EDV-Anlagen nicht verwiesen werden, da der Kläger die erforderlichen EDV-Kenntnisse nicht durch eine Fortbildung im bislang ausgeübten Beruf, sondern erst durch die Umschulung zum Vertriebsbeauftragten erworben hat.[1085] Hilfsschachtmeister behält auch nach Umschulung zum Straßen- und Tiefbautechniker seinen Versicherungsanspruch.[1086] Zum Heilpraktiker umgeschulter Zahntechniker kann mangels Stellenangebot nicht auf die Tätigkeit eines angestellten Heilpraktikers verwiesen werden.[1087]

11. Berufswechsel ohne Umschulung

Bei einem Berufswechsel, der keine Umschulung erfordert, kommt ein Anspruch auf Versicherungsleistungen grundsätzlich nicht in Betracht, wenn die neue Tätigkeit den an einen Vergleichsberuf zu stellenden Anforderungen genügt. Die Fähigkeit zur Aufnahme einer dem früheren Beruf ähnlichen Tätigkeit ist gegeben, wenn der Versicherte trotz seiner gesundheitlichen Beeinträchtigung imstande ist, zu mehr als dem vereinbarten Mindestgrad Arbeiten zu leisten, bei denen er seine Ausbildung und Erfahrung einsetzen kann und dieser neue Beruf auch seiner „bisherigen Lebensstellung" entspricht. Der Versicherer kann dann die sog. konkrete Verweisung vornehmen.[1088]

VIII. Berufsunfähigkeit nach Ausscheiden aus dem Berufsleben (§ 2 Abs. 4 BUZ)

1. Zweck der Klausel

Grund für die Einführung des § 2 Abs. 4 BUZ in 1975 war nach *Claus/Rekittke*,[1089] „dass die Versicherungsbedürftigkeit häufig über die Zeit der Berufsausübung hinaus reicht, beispielsweise beim Aufgeben des Berufs als Ehefrau oder bei Unterbrechung einer begonnenen Berufstätigkeit durch ein Studium. Zunächst dachte man daran, für die Berufsunfähigkeit von Versicherten, die keinen Beruf mehr erfüllen, auf deren zuletzt ausgeübten Beruf abzustellen. Nachteilig wäre dabei aber gewesen, dass sowohl sehr bald wieder aufgegebene Berufe als solche maßgeblich geblieben wären, zu denen die Voraussetzungen z.B. wegen fehlender Weiterbildung längst vor dem Auftreten des medizinischen Befunds nicht mehr vorhanden waren... Da seine (des Versicherten) Ausbildung und Erfahrung inzwischen nach Aufgabe des Berufs veraltet bzw. vergessen sein können, passten die Kriterien des § 2 Ziff. 1 in diesem Fall nicht. Die Berufsunfähigkeit des Versicherten kann gerechterweise nur nach Berufen beurteilt werden, die er tatsächlich – mit seinen Kenntnissen und Fähigkeiten – bei Gesundheit noch hätte wahrnehmen können. Mit der Erweiterung des Begriffs der Berufsunfähigkeit in

---

[1083] OLG Köln, Urt. v. 14. 2. 2001 – 5 U 153/00, VersR 2001, 1225, 1226.
[1084] LG Regensburg, Urt. v. 21. 10. 1981 – 1 O 1254/81.
[1085] OLG Hamm, Urt. v. 30. 3. 1990 – 20 U 143/89, r+s 1990, 355.
[1086] LG Hannover, Urt. v. 30. 1. 1991 – 12 O 332/89, VersR 1992, 303, 304.
[1087] LG Saarbrücken, Urt. v. 5. 3. 1999 – 14 O 195/97, VersR 1999, 1534, 1535.
[1088] BGH, Urt. v. 30. 11. 1994 – IV ZR 300/93, NJW-RR 1995, 277 = VersR 1995, 159 = r+s 1995, 115.
[1089] *Claus/Rekittke* VerBAV 1975, 95, 96 f.

§ 2 Ziff. 4 konnte es vermieden werden, fremde Begriffe, wie z. B. Erwerbsunfähigkeit im Sinne des Sozialversicherungsrechts, in die ansonsten berufsbezogene Versicherungsform zu bringen".

162 Ist der Versicherte aus dem Berufsleben ausgeschieden, und werden später Leistungen wegen Berufsunfähigkeit beantragt, so kommt es nach § 2 Abs. 4 BUZ bei der Anwendung der Absätze 1 bis 3 des § 2 BUZ darauf an, dass der Versicherte außerstande ist, eine Tätigkeit auszuüben, die aufgrund seiner Kenntnisse und Fähigkeiten ausgeübt werden kann und seiner bisherigen Lebensstellung entspricht.

2. Geltungsbereich

163 Die Bestimmung findet mithin in erster Linie Anwendung auf Personen, die bewusst und gewollt aus dem Berufsleben ausgeschieden sind, und nicht, weil eine typischerweise ungewollte Arbeitsunfähigkeit eingetreten ist.[1090] Noch nicht aus dem Berufsleben ausgeschieden ist daher, wer er eine Zeitlang Arbeitslosengeld und Arbeitslosenhilfe erhält und anschließend unter Gewährung von Unterhaltsgeld im Rahmen einer Rehabilitationsmaßnahme umgeschult wird, auch wenn er dem Arbeitsmarkt aus gesundheitlichen Gründen zeitweise nicht uneingeschränkt zur Verfügung steht.[1091]

3. Maßgeblicher Zeitpunkt

164 Besonders wichtig ist immer die Feststellung des genauen Zeitpunkts der Berufsunfähigkeit. Es kann nicht dem VN/Versicherten überlassen werden, durch die Benennung eines Zeitpunkts oder durch den Zeitpunkt der Beantragung der Leistungen die zuletzt ausgeübte Tätigkeit selbst festzulegen. In einem Fall des OLG Hamm[1092] war ein gelernter Groß- und Außenhandelskaufmann bis zum 31. 12. 1983 als stellvertretender Geschäftsführer einer Autovermietungsfirma tätig und erlitt am 6. 3. 1984 einen Reitunfall, so dass er zum 1. 4. 1984 nicht mehr die neue Tätigkeit als Geschäftsführer eines Kinderfachgeschäfts annehmen konnte; obwohl der Versicherte im Zeitpunkt des Reitunfalls bereits aus der letzten Tätigkeit ausgeschieden war und vom Wortlaut her § 2 Abs. 4 BUZ anzuwenden gewesen wäre, legte das OLG wegen des engen zeitlichen Zusammenhangs zu Recht die zuletzt ausgeübte Tätigkeit als Geschäftsführer der Autovermietungsfirma zugrunde und verneinte ebenfalls zu Recht die erst beabsichtigte Tätigkeit (für die schon ein Arbeitsvertrag geschlossen war).

4. Verweisung

165 Im Falle des Ausscheidens des Versicherten aus dem Berufsleben (§ 2 Abs. 4 BUZ) infolge des wirtschaftlichen Niedergangs seines Betriebs oder seines Arbeitgebers muss sich der Versicherte im Rahmen der Beurteilung seiner Berufsunfähigkeit nicht auf eine ihm zuletzt durch Arbeitsmangel aufgezwungene Untätigkeit verweisen lassen, für die es keinen Arbeitsmarkt gibt.[1093] Wickelt ein selbständiger Fleischermeister seinen Betrieb ab und steht er anschließend dem Arbeitsamt zur Verfügung, kommt es für die Verweisung auf die Tätigkeit an, die

---

[1090] BGH, Urt. v. 13. 5. 1987 – IV a ZR 8/86, NJW-RR 1987, 1050 = VersR 1987, 753, 754 = r+s 1987, 268.
[1091] BGH, Urt. v. 13. 5. 1987 – IV a ZR 8/86, NJW-RR 1987, 1050 = VersR 1987, 753 = r+s 1987, 268 sowie *Voit* Rdn. 413, 415.
[1092] OLG Hamm, Urt. v. 30. 3. 1990 – 20 U 143/89, r+s 1990, 355.
[1093] OLG Hamm, Urt. v. 8. 2. 2006 – 20 U 171/05, VersR 2007, 384, 385 = r+s 2006, 339.

er vor der Abwicklung seines Betriebs ausgeübt hat.[1094] Auch bei Arbeitslosen kommt es auf die zuletzt ausgeübte Tätigkeit an.[1095]

IX. Berufsunfähigkeit wegen Pflegebedürftigkeit (§ 2 Abs. 5–9 BUZ)

Eine besondere und eigenständige Form der Berufsunfähigkeit ist in den Absätzen 5–9 als Pflegebedürftigkeit geregelt. Es ist mit der ‚Pflegebedürftigkeit kein neuer Begriff neben der Berufsunfähigkeit in die Bedingungen aufgenommen worden, sondern die Regelung einer unwiderlegbaren Vermutung bedingungsgemäßer Berufsunfähigkeit infolge Pflegebedürftigkeit;[1096] die Voraussetzungen der Pflegebedürftigkeit sind unabhängig von dem für die Berufsunfähigkeit vereinbarten Mindestgrad zu prüfen. Mit dem Begriff der „Pflegebedürftigkeit" ist kein neuer Begriff neben der Berufsunfähigkeit in die Bedingungen aufgenommen worden, sondern die Regelung einer unwiderlegbaren Vermutung bedingungsgemäßer Berufsunfähigkeit infolge Pflegebedürftigkeit;[1097] die Voraussetzungen der Pflegebedürftigkeit sind unabhängig von dem für die Berufsunfähigkeit vereinbarten Mindestgrad zu prüfen. 166

X. Verfahrensfragen

1. Streitstoff

Es ist Sache der Parteien, durch ihren Sachvortrag den Streitstoff abzudecken, über den das angerufene Gericht dann zu entscheiden hat. Sachverhalte, die nicht Gegenstand des Parteivorbringens sind, darf das Gericht nicht zur Grundlage seiner Entscheidung machen.[1098] 167

Wenn der Versicherer keine konkreten Vergleichsberufe aufzeigt, darf das Gericht dem Versicherten nicht beliebig viele Tätigkeiten anlasten.[1099] Hat der Versicherer den Anspruchsteller nicht auf eine andere Tätigkeit verwiesen, was noch in der Berufungsinstanz nachgeholt werden kann, kann dies grundsätzlich nicht von Amts wegen erfolgen.[1100] 168

2. Darlegungslast

Eine Partei genügt ihrer Darlegungslast nur dann, wenn sie Tatsachen vorträgt, die in Verbindung mit einem Rechtssatz geeignet sind, das geltend gemachte Recht als entstanden erscheinen zu lassen.[1101] Setzt die Würdigung eines Sachverhalts spezielles Fachwissen voraus, dürfen an den Vortrag einer Partei, die nur 169

[1094] OLG Hamm, Urt. v. 8. 2. 2006 – 20 U 171/05, VersR 2007, 384, 385 = r+s 2006, 339.
[1095] OLG Düsseldorf NVersZ 2002, 355 = r+s 2002, 259; OLG Hamm, Urt. v. 18. 6. 2008 – 20 U 187/07, NJW-RR 2009, 1115, 1117 = r+s 2009, 202.
[1096] *Herde*, aaO, S. 454 und *Richter*, S. 6.
[1097] Vgl. auch *Herde*, aaO, S. 454 und *Richter*, S. 6.
[1098] BGH, Urt. v. 11. 11. 1987 – IV a ZR 240/86, NJW 1988, 973, 974 = VersR 1988, 234, 236 = r+s 1988, 118; OLG Hamm, Urt. v. 30. 3. 1990 – 20 U 143/89, r+s 1990, 355.
[1099] BGH, Urt. v. 30. 5. 1990 – IV ZR 43/89, NJW-RR 1990, 1114 = VersR 1990, 885 = r+s 1990, 393.
[1100] BGH, Urt. v. 11. 11. 1987 – IV a ZR 240/86, NJW 1988, 973, 974 = VersR 1988, 234, 236 = r+s 1988, 118.
[1101] BGH, Urt. v. 29. 9. 1992 – X ZR 84/90, NJW-RR 1993, 189; BGH, Urt. v. 4. 7. 2000 – VI ZR 236/99, NJW 2000, 3286 = VersR 2000, 1520; BGH, Beschl. v. 21. 11. 2007 – IV ZR 129/05, NJW-RR 2008, 414 = VersR 2008, 382.

geringe Sachkunde hat, keine hohen Anforderungen gestellt werden, vielmehr darf sie sich auf den Vortrag von ihr zunächst nur vermuteter Tatsachen beschränken.[1102] Der Pflicht zur Substantiierung ist aber dann nicht genügt, wenn das Gericht aufgrund dieser Darstellung nicht beurteilen kann, ob die gesetzlichen Voraussetzungen der an eine Behauptung geknüpften Rechtsfolge erfüllt sind.[1103] Das Verkennen der Darlegungslast stellt in erster Linie einen materiellrechtlichen Fehler dar; es kann jedoch auch zu einem Verfahrensfehler führen, wenn infolgedessen z. B. Beweisangebote übergangen werden, gebotene beweisrechtliche Hinweise nach §§ 139, 278 ZPO unterbleiben oder die unterliegende Partei einer Überraschungsentscheidung ausgesetzt wird.[1104] Wenn eine Partei vom Gericht zur Aufklärung des Sachverhalts geladen und angehört worden ist, darf sie davon ausgehen, dass das Gericht ihr die zur gebotenen Sachaufklärung notwendigen Hinweise geben und ihr Gelegenheit einräumen wird, ihren bislang aus Sicht des Gerichts noch unzureichenden Vortrag zu vervollständigen.[1105]

3. Einholung eines medizinischen Sachverständigengutachtens

170 a) **Beweisverfahren nach § 485 Abs. 2 ZPO.** Das selbständige Beweisverfahren nach § 485 Abs. 2 ZPO ist darauf beschränkt, den Zustand einer Person, die Ursächlichkeit eines Personenschadens und den Aufwand für die Beseitigung des Personenschadens festzustellen.[1106] Bezieht sich der Streit auf Anknüpfungstatsachen, die ihrerseits einer Feststellung durch Sachverständigengutachten nicht zugänglich sind, sondern ggf. mit anderen Beweismitteln geklärt werden müssen, fehlt es ggf. an einem rechtlichen Interesse an der Durchführung eines selbständigen Beweisverfahrens nach § 485 Abs. 2 ZPO.[1107] Das rechtliche Interesse für eine Begutachtung im selbständigen Beweisverfahren ist dann nicht gegeben, wenn zur Ermittlung der Anknüpfungstatsachen der Hauptsacheprozess weitgehend vorweggenommen werden müsste, wenn also die Anknüpfungstatsachen schon nach dem kursorischen Vortrag des Antragstellers derart streitig sind, dass von einem Gutachten nicht die Vermeidung eines Hauptsacheprozesses erwartet werden kann.[1108] Auf jeden Fall ist ein selbständiges Beweisverfahren unzulässig, wenn es dazu dient, um damit erst die Voraussetzungen für eine Klage zu schaffen.[1109] Ist die Art und Weise der bisherigen Berufsausübung des Versicherten streitig, dann sind vorab streitige, nicht den medizinischen Bereich berührende Fragen zu klären.[1110] In diesem Fall kann nicht im Wege des selbständigen Beweisverfahrens geklärt werden, ob z. B bei dem Versicherten eine zumindest 50%ige Berufsun-

---

[1102] BGH, Urt. v. 10. 1. 1995 – VI ZR 31/94, NJW 1995, 1160 = VersR 1995, 433; BGH, Urt. v. 19. 2. 2003 – IV ZR 321/02, NJW 2003, 1400 = VersR 2004, 83; BGH, Beschl. v. 21. 11. 2007 – IV ZR 129/05, NJW-RR 2008, 414 = VersR 2008, 382.
[1103] BGH, Urt. v. 29. 9. 1992 – X ZR 84/90, NJW-RR 1993, 189.
[1104] OLG Oldenburg, Urt. v. 22. 2. 1995 – 2 U 235/94, S. 6.; BGH, Urt. v. 13. 1. 1999 – IV ZR 7/98, NVersZ 1999, 215, 216; LG Stade, Urt. v. 30. 1. 2002 – 5 O 495/00, VersR 2002, 1014.
[1105] BGH, Urt. v. 13. 1. 1999 – IV ZR 7/98, NVersZ 1999, 215, 216.
[1106] OLG Köln, Beschl. v. 11. 4. 2008 – 20 W 11/08, NJW-RR 2009, 431, 432 = VersR 2008, 1340; LG Marburg, Beschl. v. 1. 10. 2008 – 1 OH 14/08, VersR 2009, 201.
[1107] OLG Karlsruhe VersR 2003, 374, 375; OLG Nürnberg, Beschl. v. 29. 5. 2008 – 5 W 506/08, VersR 2009, 803, 804; LG Marburg, Beschl. v. 1. 10. 2008 – 1 OH 14/08, VersR 2009, 201.
[1108] OLG Nürnberg MDR 1997, 501; OLG Karlsruhe, Beschl. v. 11. 1. 2002 – 13 W 178/01, VersR 2003, 374, 375; LG Marburg, Beschl. v. 1. 10. 2008 – 1 OH 14/08, VersR 2009, 201.
[1109] OLG Oldenburg, Beschl. v. 8. 7. 2008 – 5 W 41/08, VersR 2009, 805, 806.
[1110] LG Marburg, Beschl. v. 1. 10. 2008 – 1 OH 14/08, VersR 2009, 201.

fähigkeit für den von ihm erlernten Beruf des Kfz-Mechatronikers vorliegt.[1111] Die vom Antragsteller begehrte Feststellung dient damit auch nicht gemäß § 485 Abs. 2 Satz 2 ZPO der Vermeidung eines Rechtstreits.[1112]

b) **Hauptsacheverfahren.** Die Nichtberücksichtigung eines als erheblich angesehenen Beweisangebots verstößt gegen Art. 103 Abs. 1 GG, wenn sie im Prozessrecht keine Stütze mehr findet.[1113] Von der Erhebung eines Beweises darf zwar abgesehen werden, wenn die unter Beweis gestellte Tatsache unerheblich ist.[1114] Dies setzt aber voraus, dass sie zugunsten des Beweisbelasteten als wahr unterstellt wird.[1115] Dagegen darf ein Beweisangebot nicht deshalb abgelehnt werden, weil die Behauptung unwahrscheinlich erscheint, weil darin eine unzulässige vorweggenommene Beweiswürdigung liegt.[1116] Setzt die Würdigung eines Sachverhalts spezielles Fachwissen voraus, hat der Richter nachvollziehbar darzulegen, dass er über solche eigene Sachkunde verfügt.[1117] Der Anspruch auf rechtliches Gehör ist verletzt, wenn der Antrag auf Einholung eines medizinischen Sachverständigengutachtens zu der Behauptung abgelehnt wird, zwischen den verschwiegenen Vorerkrankungen, insbesondere den im Bericht des Epilepsiezentrums genannten psychischen Beschwerden und Störungen und der schweren Depression, die nach Abschluss des Vertrags aufgetreten sei und zur Berufsunfähigkeit geführt habe, bestehe kein ursächlicher Zusammenhang.[1118]

171

4. Tätigkeit des gerichtlichen Sachverständigen

a) **Vorgaben. aa) Außermedizinischer Sachverhalt.** Die Beurteilung, ob der Versicherte im Sinne der BUZ berufsunfähig geworden ist, erfordert es, dass die konkrete Ausgestaltung des Berufs und die sich aus dieser Berufsausübung ergebenden Anforderungen festgestellt werden.[1119] Diesen außermedizinischen Sachverhalt hat das Gericht einem medizinischen Sachverständigen als Grundlage für seine Beurteilung vorzugeben, ob und in welchem Ausmaß der Versicherte in seiner Fähigkeit eingeschränkt ist, seine bisherige berufliche Tätigkeit weiterhin auszuüben.[1120] Von daher genügt z. B. lediglich die Angabe „selbständig mitarbei-

172

[1111] LG Marburg, Beschl. v. 1. 10. 2008 – 1 OH 14/08, VersR 2009, 201.
[1112] LG Marburg, Beschl. v. 1. 10. 2008 – 1 OH 14/08, VersR 2009, 201.
[1113] BVerfG NJW 2005, 1487; BGH, Beschl. v. 7. 12. 2006 – IX ZR 173/03, VersR 2007, 666; BGH, Beschl. v. 21. 11. 2007 – IV ZR 129/05, NJW-RR 2008, 414 = VersR 2008, 382; BGH, Beschl. v. 12. 12. 2007 – IV ZR 178/06, VersR 2008, 483; VfGH Berlin, Beschl. v. 16. 12. 2008 – VerfGH 121/03, VersR 2009, 564, 566; BGH, Beschl. v. 12. 5. 2009 – VI ZR 275/08, VersR 2009, 1137, 1138 = r+s 2009, 439.
[1114] BGH, Beschl. v. 21. 11. 2007 – IV ZR 129/05, NJW-RR 2008, 414 = VersR 2008, 382.
[1115] BVerfG NJW 1992, 1875, 1877; BVerfG NJW 1993, 254, 255; BGH, Beschl. v. 21. 11. 2007 – IV ZR 129/05, NJW-RR 2008, 414 = VersR 2008, 382.
[1116] BVerfG NJW-RR 2001, 1006, 1007; BGH, Beschl. v. 21. 11. 2007 – IV ZR 129/05, NJW-RR 2008, 414 = VersR 2008, 382.
[1117] BVerfG NJW 2003, 125, 127; BGH, Urt. v. 23. 11. 2006 – III ZR 65/06, NJW-RR 2007, 357; BGH, Urt. v. 16. 1. 2007 – VI ZR 166/06, VersR 2007, 1008; BGH, Beschl. v. 21. 11. 2007 – IV ZR 129/05, NJW-RR 2008, 414 = VersR 2008, 382.
[1118] BGH, Beschl. v. 21. 11. 2007 – IV ZR 129/05, NJW-RR 2008, 414, 415 = VersR 2008, 382.
[1119] OLG Oldenburg, Urt. v. 22. 2. 1995 – 2 U 235/94, S. 6; BGH, Urt. v. 12. 6. 1996 – IV ZR 116/95, VersR 1996, 959, 960 = r+s 1996, 377.
[1120] BGHZ 119, 263, 266 f. = VersR 1992, 1386, 1387 = r+s 1992, 427; BGH, Urt. v. 29. 6. 1994 – IV ZR 120/93, NJW-RR 1995, 21, 22/ 23 = VersR 1994, 1095, 1096 = VerBAV 1995, 125, 126 = r+s 1994, 391, 392; OLG Oldenburg, Urt. v. 22. 2. 1995 – 2 U 235/94, S. 6; BGH, Urt. v. 29. 11. 1995 – IV ZR 233/94, r+s 1996, 116, VersR 1996, 959, 960 = r+s 1996, 377; BGH, Urt. v. 12. 6. 1996 – IV ZR 116/95, VersR 1996, 959, 960 = r+s 1996, 377; BGH, Urt. v. 12. 6.

tender Kraftfahrzeugmeister"[1121] oder „selbständiger Getränkehändler"[1122] nicht. Das Gericht muss vielmehr – ggf. nach ergänzendem Vortrag durch den Kläger (§§ 139 Abs. 1, 278 Abs. 3 ZPO) und einer Beweisaufnahme dazu – den Sachverständigen mitteilen, von welcher Art und welchem Umfang körperlich-handwerklicher und beaufsichtigender und organisatorischer Tätigkeit des Klägers sie bei ihrer medizinischen Beurteilung auszugehen haben.[1123]

173 **bb) Begriff der Berufsunfähigkeit.** Das Gericht hat den medizinischen Sachverständigen mit der gebotenen Deutlichkeit auf die Besonderheiten des privatversicherungsrechtlichen Begriffs der Berufsunfähigkeit hinzuweisen.[1124] Berufsunfähigkeit im Sinne von § 2 BUZ ist ein eigenständiger juristischer Begriff und darf nicht mit Berufsunfähigkeit oder Erwerbsunfähigkeit im Sinne des gesetzlichen Rentenversicherungsrecht gleichgesetzt werden.[1125] Auch unfallversicherungsrechtliche Grundsätze finden keine Anwendung.[1126] Dies muss medizinischen Sachverständigen stets unmissverständlich vor Augen geführt werden.[1127] Es geht nicht an, es einem Sachverständigen, der juristischer Laie ist, zu überlassen, ob es ihm gelingt, sich im Zuge seiner Gutachtenerstattung zu juristisch bedeutsamen Begriffen hinreichend sachkundig zu machen.[1128] Soweit es für eine sachgerechte Gutachtenerstattung notwendig ist, ist er vielmehr mit juristischen Begriffen und einschlägigen Tatbeständen ebenso vertraut zu machen wie mit allen sonstigen Umständen, von denen er bei seiner Begutachtung auszugehen hat (vgl. § 404a ZPO).[1129]

174 **b) Leitung.** Gemäß § 404a ZPO hat das Gericht die Tätigkeit des von ihm beauftragten Sachverständigen zu leiten und kann ihm für Art und Umfang seiner Tätigkeit Weisungen erteilen. Soweit es die Besonderheit des Falles erfordert, soll das Gericht den Sachverständigen vor Abfassung der Beweisfrage hören, ihn in seine Aufgabe einweisen und ihm auf Verlangen den Auftrag erläutern. Bei streitigem Sachverhalt bestimmt das Gericht, welche Tatsachen der Sachverständige der

---

1996 – IV ZR 118/95, NJW-RR 1996, 1304 = VersR 1996, 1090, 1091 = r+s 1996, 418 = MDR 1996, 1244; BGH, Urt. v. 15. 1. 1997 – IV ZR 323/95, r+s 1997, 260; BGH, Urt. v. 11. 2. 1998 – IV ZR 37/97, NVersZ 1998, 115; OLG Koblenz, Urt. v. 18. 1. 2002 – 10 U 374/01, NVersZ 2002, 260, 262; BGH, Urt. v. 22. 9. 2004 – IV ZR 200/03, NJW-RR 2004, 1679 = VersR 2005, 676; BGH, Urt. v. 7. 2. 2007 – IV ZR 232/03, NJW-RR 2007, 751, 753 = VersR 2007, 631, 632 f.; BGH, Urt. v. 23. 1. 2008 – IV ZR 10/07, NJW-RR 2008, 767, 768 = VersR 2008, 479 = r+s 2008, 429; OLG Köln, Urt. v. 27. 2. 2008 – 5 U 237/06, VersR 2009, 667; BGH, Beschl. v. 27. 2. 2008 – IV ZR 45/06, NJW-RR 2008, 770 = VersR 2008, 770 = r+s 2008, 430; OLG Köln, Beschl. v. 11. 4. 2008 – 20 W 11/08, NJW-RR 2009, 431, 432 = VersR 2008, 1340; OLG Saarbrücken, Urt. v. 13. 8. 2008 – 5 U 27/07-3, VersR 2009, 99, 101.
[1121] BGH, Urt. v. 12. 6. 1996 – IV ZR 116/95, VersR 1996, 959, 960 = r+s 1996, 377.
[1122] BGH, Urt. v. 29. 11. 1995 – IV ZR 233/94, r+s 1996, 116, 117.
[1123] BGH, Urt. v. 12. 6. 1996 – IV ZR 116/95, VersR 1996, 959, 960 = r+s 1996, 377.
[1124] BGH, Urt. v. 12. 6. 1996 – IV ZR 116/95, VersR 1996, 959, 960 = r+s 1996, 377.
[1125] OLG Oldenburg, Urt. v. 22. 2. 1995 – 2 U 235/94, S. 6; BGH, Urt. v. 12. 6. 1996 – IV ZR 116/95, VersR 1996, 959, 960 = r+s 1996, 377.
[1126] BGH, Urt. v. 12. 6. 1996 – IV ZR 116/95, VersR 1996, 959, 960 = r+s 1996, 377.
[1127] BGH, Urt. v. 30. 9. 1992 – IV ZR 227/91, BGHZ 119, 263 = NJW 1993, 202 = VersR 1992, 1386, 1387 = r+s 1992, 427 = MDR 1992, 1132; OLG Oldenburg, Urt. v. 22. 2. 1995 – 2 U 235/94, S. 6; BGH, Urt. v. 12. 6. 1996 – IV ZR 116/95, VersR 1996, 959, 960 = r+s 1996, 377.
[1128] BGH v. 30. 9. 1992 – IV ZR 227/91, BGHZ 119, 263 = NJW 1993, 202 = VersR 1992, 1386, 1387 = r+s 1992, 427 = MDR 1992, 1132; OLG Oldenburg, Urt. v. 22. 2. 1995 – 2 U 235/94, S. 6.
[1129] BGH v. 30. 9. 1992 – IV ZR 227/91, BGHZ 119, 263 = NJW 1993, 202 = VersR 1992, 1386, 1387 = r+s 1992, 427 = MDR 1992, 1132; OLG Oldenburg, Urt. v. 22. 2. 1995 – 2 U 235/94, S. 6.

Begutachtung zugrunde legen soll. Soweit es erforderlich ist, bestimmt das Gericht, in welchem Umfang der Sachverständige zur Aufklärung der Beweisfrage befugt ist, inwieweit er mit den Parteien in Verbindung treten darf und wann er ihnen die Teilnahme an seinen Ermittlungen zu gestatten hat. Weisungen an den Sachverständigen sind den Parteien mitzuteilen. Findet ein besonderer Termin zur Einweisung des Sachverständigen statt, so ist den Parteien die Teilnahme zu gestatten.

Die Frage, ob irgendwelche andere Tätigkeiten eine ähnliche Tätigkeit zu einem bestimmten Beruf darstellen oder nicht, ist grundsätzlich keine Frage, die von einem medizinischen Sachverständigen zu beantworten ist, sondern allein vom Gericht zu entscheiden ist, ohne dass es dabei die Hilfe eines medizinischen Sachverständigen in Anspruch zu nehmen braucht.[1130] Wenn Gerichte medizinische Sachverhalte selbst interpretieren, kann dagegen unter Umständen eine Rüge unter Hinweis auf 286 ZPO in Betracht kommen, dass das Gericht die erforderliche Sachkunde zur Beurteilung dieser medizinischen Frage nicht dargelegt habe.[1131] Selbst der Hinweis auf medizinische Lehrbücher ist grundsätzlich nicht geeignet, die erforderliche Sachkunde des Gerichts zu begründen, da das Studium einschlägiger Fachliteratur infolge der notwendigerweise generalisierenden Betrachtungsweise dem medizinischen Laien nur bruchstückhafte Kenntnisse vermitteln kann.[1132] Bei besonders schwierigen Fragen oder bei widersprechenden Gutachten muss das Gericht weitere Aufklärungsmöglichkeiten nutzen, bevor es sich einem Sachverständigen anschließt.[1133] Will der Tatrichter sein Urteil in einer medizinischen Frage allein auf Erkenntnisse aus der Fachliteratur stützen, etwa gar ohne Hinzuziehung eines Sachverständigen bei widerstreitenden Meinungen innerhalb der Fachliteratur einer bestimmten Auffassung den Vorzug geben, so muss er darlegen, dass er für die Auswertung der Fachliteratur erforderliche medizinische Sachkunde besitzt.[1134] Hält das Gericht ein Obergutachten nicht für erforderlich, so muss im Urteil dargelegt werden, warum dies nicht für notwendig gehalten wird.[1135] Ob die Sachkunde des Gerichts für sein Urteil ausgereicht hat, ist vom Revisionsgericht überprüfbar.[1136] Nachprüfbar ist ferner, ob die Beweiswürdigung den Anforderungen genügt, die von der Rechtsprechung zu § 286 Abs. 1 ZPO entwickelt worden sind. Danach liegt ein Verfahrensfehler vor, wenn die Beweiswürdigung unvollständig oder in sich widersprüchlich ist oder wenn sie gegen Denkgesetze oder Erfahrungssätze verstößt.[1137] Ein Verstoß gegen Denkgesetze kann auch vorliegen, wenn Umständen Indizwirkungen zuerkannt werden, die sie nicht haben können, oder wenn die Ambivalenz von Indiztatsachen nicht erkannt wird.[1138]

c) Erstattung des Gutachtens. Der gerichtlich bestellte Sachverständige ist persönlich verantwortlich für die Erstattung des Gutachtens (§§ 404 Abs. 1, 407,

---

[1130] LG Hamburg, Urt. v. 16. 4. 1974 – 1 O 211/73.
[1131] BGH, Urt. v. 2. 3. 1993 – VI ZR 104/92, NJW 1993, 2378 = VersR 1993, 749.
[1132] BGH, Urt. v. 10. 1. 1984 – VI ZR 122/82, NJW 1984, 1408 = VersR 1984, 354, 355; BGH, Urt. v. 2. 3. 1993 – VI ZR 104/92, NJW 1993, 2378 = VersR 1993, 749.
[1133] BGH NJW-RR 1988, 764; BGH NJW 1987, 442.
[1134] BGH, Urt. v. 2. 3. 1993 – VI ZR 104/92, NJW 1993, 2378/2379.
[1135] BGH, Urt. v. 4. 12. 1984 – VI ZR 139/83, VersR 1985, 188, 189; OLG Hamm, Urt. v. 15. 5. 1979 – 9 U 194/78, VersR 1980, 683.
[1136] BGH NJW-RR 1988, 764; BGH NJW 1962, 2151.
[1137] BGH, Urt. v. 11. 2. 1987 – IVb ZR 23/86, NJW 1987, 1557, 1558; BGH, Urt. v. 9. 7. 1999 – V ZR 12/99, NJW 1999, 3481, 3482; OLG Celle, Urt. v. 16. 6. 2005 – 8 U 174/04, SpV 2005, 83, 84.
[1138] BGH, Urt. v. 22. 1. 1991 – VI ZR 97/90, NJW 1991, 1894, 1895; BGH, Urt. v. 23. 1. 1997 – I ZR 29/94, NJW 1997, 2757, 2759; OLG Celle, Urt. v. 16. 6. 2005 – 8 U 174/04, SpV 2005, 83, 84.

410, 411 Abs. 1 ZPO).[1139] Wenn dem gerichtlich bestellten Sachverständigen nicht vorgeschrieben war, das Gutachten persönlich zu erstellen, ist es ihm überlassen, in die Erstellung geeignete Personen aus seinem Verantwortungsbereich einzuschalten, z. B. das Gutachten durch den Oberarzt ausarbeiten zu lassen.[1140] Eine vollständige Übertragung der Begutachtung auf einen Mitarbeiter ist dem Sachverständigen jedoch nicht gestattet.[1141] Es muss stets sichergestellt sein, dass der beauftragte Sachverständige die volle fachliche, zivil- und strafrechtliche Verantwortung für das Gutachten übernimmt, wenn Sachverständigentätigkeiten auf Hilfskräfte delegiert werden und z. B. das Sachverständigengutachten durch einen anderen Arzt angefertigt wird.[1142] Der Sachverständige darf das Gutachten deshalb nicht lediglich mit Einverständnisvermerk unterzeichnen, wenn das aufgrund klinischer Untersuchungen erstellte Gutachten von einem ärztlichen Mitarbeiter verfasst worden ist.[1143] Denn mit der bloßen Unterzeichnung des Gutachtens wird noch nicht hinreichend die Übernahme der Verantwortung für ein Gutachten durch den Sachverständigen erklärt;[1144] ebenso wenig durch den Zusatz „Einverstanden".[1145] Erforderlich sind Erklärungen wie „Einverstanden aufgrund eigener Untersuchung und Beurteilung"[1146] oder „mit Befund und Beurteilung einverstanden".[1147] Allerdings schließt die schlichte Unterzeichnung des durch einen Mitarbeiter verfassten Gutachtens durch den beauftragten Sachverständigen nicht aus, dass sich der Sachverständige die Ausführungen nach eigener Prüfung und Beurteilung zu Eigen gemacht und die volle Verantwortung für das Gutachten übernommen hat.[1148] Ob dies der Fall ist, haben die Instanzgerichte zu klären und ggf. eine entsprechende Erklärung des Sachverständigen einzuholen.[1149] Hierdurch wird ein evtl. Verstoß gegen § 407a ZPO geheilt.[1150]

[1139] Zur Haftung des gerichtlichen Sachverständigen nach § 839a BGB siehe *Kilian* VersR 2003, 683 ff.

[1140] LG Bielefeld v. 11. 11. 1981 – 8 O 319/79; OLG Zweibrücken, Urt. v. 22. 6. 1999 – 5 U 32/98, VersR 2000, 605, 606; OLG Frankfurt/M., Urt. v. 18. 2. 2004 – 7 U 175/02, VersR 2004, 1121, 1122.

[1141] BGH, Urt. v. 8. 1. 1985 – VI ZR 15/83, NJW 1985, 1399, 1400 = VersR 1985, 361, 363; OLG Frankfurt/M., Urt. v. 18. 2. 2004 – 7 U 175/02, VersR 2004, 1121, 1122.

[1142] BSG, Urt. v. 28. 3. 1984 – 9a RV 29/83, VersR 1984, 960; BVerwG NJW 1984, 2645, 2646; BSG v. 10. 2. 1993 – 9/9a BV 107/92 – juris; OLG Zweibrücken, Urt. v. 22. 6. 1999 – 5 U 32/98, VersR 2000, 605, 607; OLG Hamburg OLGR 2001, 57, 59; OLG Koblenz, Urt. v. 5. 2. 1999 – 10 U 518/98, NVersZ 2002, 315 = VersR 2000, 339 (Ls.) = r+s 2001, 211, 212; OLG Frankfurt/M., Urt. v. 18. 2. 2004 – 7 U 175/02, VersR 2004, 1121, 1122.

[1143] BVerwG DVBl. 1984, 832.

[1144] OLG Zweibrücken, Urt. v. 22. 6. 1999 – 5 U 32/98, VersR 2000, 605, 606; OLG Frankfurt/M., Urt. v. 18. 2. 2004 – 7 U 175/02, VersR 2004, 1121, 1122.

[1145] BVerwG NJW 1984, 2645, 2646; OLG Frankfurt/M., Urt. v. 18. 2. 2004 – 7 U 175/02, VersR 2004, 1121, 1122.

[1146] BGH MDR 1979, 126; BVerwG NJW 1984, 2645, 2646; OLG Koblenz, Urt. v. 5. 2. 1999 – 10 U 518/98, NVersZ 2002, 315 = VersR 2000, 339 (Ls.) = r+s 2001, 211, 212; OLG Frankfurt/M., Urt. v. 18. 2. 2004 – 7 U 175/02, VersR 2004, 1121, 1122.

[1147] BVerwG NJW 1984, 2645, 2646; OLG Frankfurt/M., Urt. v. 18. 2. 2004 – 7 U 175/02, VersR 2004, 1121, 1122.

[1148] OLG Frankfurt/M., Urt. v. 18. 2. 2004 – 7 U 175/02, VersR 2004, 1121, 1122.

[1149] Vgl. BGH, Urt. v. 10. 12. 1991 – IV ZR 234/90, NJW 1992, 1459 = VersR 1992, 722; BGH NJW-RR 1997, 1487; OLG Frankfurt/M., Urt. v. 18. 2. 2004 – 7 U 175/02, VersR 2004, 1121, 1122.

[1150] OLG Zweibrücken, Urt. v. 22. 6. 1999 – 5 U 32/98, VersR 2000, 605, 607; OLG Frankfurt/M., Urt. v. 18. 2. 2004 – 7 U 175/02, VersR 2004, 1121, 1123.

Ein nicht vorschriftsmäßig erstattetes Gutachten darf nicht im Wege des Urkundenbeweises verwertet werden.[1151] Der Sachverständige muss es in der mündlichen Verhandlung erläutern.[1152] Einem Antrag auf erneute mündliche Anhörung des medizinischen Sachverständigen ist dann stattzugeben, wenn es aufgrund neuer sachlicher Einwendungen gegen das schriftliche oder mündliche Gutachten einer weiteren sachverständigen Stellungnahme bedarf.[1153] Der Sachverständige kann eigene Ermittlungen nur dann verwerten, wenn die von ihm ermittelten Tatsachen unstreitig oder durch eine vorangegangene Beweiserhebung bestätigt worden sind.[1154] Bei der Beurteilung des Grades der Berufsunfähigkeit muss der Sachverständige die tatsächlichen Grundlagen hierfür mit den Auswirkungen auf die konkrete berufliche Tätigkeit hinreichend nachvollziehbar dartun.[1155] Dazu gehört, dass sich der Sachverständige im Einzelnen damit auseinandersetzt, welche beruflichen Einzeltätigkeiten noch und ggf. in welchem Umfang ausgeführt werden können.[1156]

d) Beurteilung des Gutachtens. Der Tatrichter muss Äußerungen medizinischer Sachverständiger kritisch auf Ihre Vollständigkeit und Widerspruchsfreiheit prüfen und insbesondere auf die Aufklärung von Widersprüchen hinwirken, die sich innerhalb der Begutachtung eines Sachverständigen wie auch zwischen den Äußerungen mehrer Sachverständiger ergeben.[1157] Dies gilt insbesondere bei der Beurteilung besonders schwieriger wissenschaftlicher Fragen.[1158] Gerade in solchen Fällen müssen vorhandene weitere Aufklärungsmöglichkeiten genutzt werden, wenn sie sich anbieten und Erfolg versprechen.[1159] Das Gutachten eines gerichtlich bestellten Sachverständigen hat das Gericht daher sorgfältig zu prüfen und kritisch zu würdigen; Unvollständigkeiten, Unklarheiten und Zweifel sind von Amts wegen auszuräumen.[1160] Legt eine Partei ein privat eingeholtes medizinisches Gutachten vor, das im Gegensatz zu den Erkenntnissen des gerichtlich bestellten Sachverständigen steht, so ist vom Tatrichter besondere Sorgfalt gefordert.[1161] Das Gericht hat deshalb die von einer Partei vorgelegte

---

[1151] BSG, Urt. v. 28. 3. 1984 – 9 a RV 29/83, VersR 1984, 960.
[1152] BVerwG DVBl. 1984, 832.
[1153] BGH MDR 1987, 46.
[1154] BGH VersR 1960, 998.
[1155] OLG Braunschweig, Beschl. v. 21. 10. 2003 u. 18. 8. 2003 – 3 U 86/03, SpV 2005, 19.
[1156] OLG München, Urt. v. 30. 11. 2004 – 25 U 3636/04, SpV 2005, 20.
[1157] BGH, Urt. v. 4. 3. 1997 – VI ZR 354/95, NJW 1997, 1638 = VersR 1997, 698; BGH, Urt. v. 3. 12. 2008 – IV ZR 20/06, VersR 2009, 518, 519; BGH, Urt. v. 25. 2. 2009 – IV ZR 27/08, VersR 2009, 817; BGH, Urt. v. 2. 12. 2009 – IV ZR 181/07, VersR 2010, 243, 244.
[1158] BGH, Urt. v. 12. 1. 1962 – V ZR 179/60, NJW 1962, 676 = VersR 1962, 633 (Ls.); BGH, Urt. v. 3. 12. 2008 – IV ZR 20/06, VersR 2009, 518, 519; BGH, Urt. v. 25. 2. 2009 – IV ZR 27/08, VersR 2009, 817; BGH, Urt. v. 2. 12. 2009 – IV ZR 181/07, VersR 2010, 243, 244.
[1159] BGH, Urt. v. 4. 3. 1980 – VI ZR 6/79, VersR 1980, 533; BGH, Urt. v. 3. 12. 2008 – IV ZR 20/06, VersR 2009, 518, 519.
[1160] OLG Stuttgart, Urt. v. 21. 1. 1988 – 14 U 24/87, VersR 1988, 410 (Ls.).
[1161] BGH, Urt. v. 19. 5. 1981 – VI ZR 220/79, VersR 1981, 752; BGH, Urt. v. 4. 12. 1984 – VI ZR 139/83, VersR 1985, 188, 189; BGH, Urt. v. 2. 6. 1987 – VI ZR 174/86, VersR 1987, 1238; BGH, Urt. v. 10. 12. 1991 – VI ZR 234/90, NJW 1992, 1459 = VersR 1992, 722; BGH, Urt. v. 15. 3. 1993 – VI ZR 243/92, VersR 1993, 899, 900; BGH, Urt. v. 15. 3. 1994 – VI ZR 44/93, r+s 1994, 217, 218; BGH, Urt. v. 15. 6. 1994 – IV ZR 126/93, NJW-RR 1994, 1112 = VersR 1994, 1054 = r+s 1994, 394; BGH, Urt. v. 22. 9. 2004 – IV ZR 200/03, NJW-RR 2004, 1679, 1680 = VersR 2005, 676, 677 = r+s 2004, 513; BGH, Urt. v. 23. 1. 2008 – IV ZR 10/07, NJW-RR 2008, 767,

Stellungnahme eines Privatgutachters zu berücksichtigen und muss einem sich etwa ergebenden Widerspruch zwischen dem gerichtlichen Sachverständigen und dem Privatgutachter nachgehen.[1162] Erst wenn sich die danach bestehenden Widersprüche nicht ausräumen lassen, ist Raum für eine abschließende Beweiswürdigung widerstreitender Gutachten.[1163] Das Gericht darf in diesem Fall wie auch im Fall sich widersprechender Gutachten zweier gerichtlich bestellter Sachverständiger den Streit der Sachverständigen nicht dadurch entscheiden, dass es ohne einleuchtende und logisch nachvollziehbare Begründung einem von ihnen den Vorzug gibt.[1164] Bei der Beurteilung ärztlicher Gutachten ist für das Prozessverfahren (und Ärzteausschussverfahren) gemäß § 286 ZPO zu verlangen, dass überzeugende Wahrscheinlichkeit im Sinne einer persönlichen Gewissheit, welche „den Zweifeln Schweigen gebietet, ohne sie völlig auszuschließen", gegeben ist.[1165] Es muss in seinen Schlussfolgerungen nachvollziehbar sein.[1166] Das Gutachten eines (fachlich erfahrenen) vom Gericht ernannten Sachverständigen hat keinen „Anschein der Richtigkeit" für sich, der von einer Prozesspartei entkräftet werden müsste. Das Gericht muss sich vielmehr unter Berücksichtigung fachlich begründeter Vorbringens der Parteien und von ihnen vorgelegter abweichender Gutachten eine eigene Überzeugung bilden und diese begründen.[1167] Allerdings bedarf es der Ausweisung entsprechender Sachkunde, wenn ein Gericht fachkundigen Feststellungen oder fachlichen Schlussfolgerungen eines Sachverständigen nicht folgen will.[1168] Ob das Gericht ein weiteres Sachverständigengutachten einholt, steht im pflichtgemäßen Ermessen des Tatrichters.[1169] Erklärt ein Sachverständiger, dass auf seinem Fachgebiet keine Beeinträchtigung vorliege, dass er aber nicht sagen könne, inwieweit sich seine Einschätzung auf ein anderes Fachgebiet

---

769 = VersR 2008, 479, 480 = r+s 2008, 429, 430; BGH, Urt. v. 2. 12. 2009 – IV ZR 181/07, VersR 2010, 243, 244.

[1162] BGH, Urt. v. 10. 12. 1991 – VI ZR 234/90, NJW 1992, 1459 f. = VersR 1992, 722; BGH, Urt. v. 9. 1. 1996 – VI ZR 70/95, NJW 1996, 1597, 1599; BGHZ 98, 32, 40; OLG Zweibrücken, Urt. v. 3. 3. 1998 – 5 U 57/96, NJW-RR 1999, 1156 = VersR 1998, 1114; BGH, Urt. v. 28. 4. 1998 – VI ZR 403/96, NJW 1998, 2735; BGH, Urt. v. 10. 10. 2000 – VI ZR 10/00, r+s 2001, 351; BGH, Beschl. v. 9. 6. 2009 – VI ZR 261/08, VersR 2009, 1406, 1407.

[1163] BGH DB 1987, 44 = MDR 1987, 226.

[1164] BGH, Urt. v. 23. 9. 1986 – VI ZR 261/85, NJW 1987, 442 = VersR 1987, 179, 180; BGH, Urt. v. 9. 6. 1992 – VI ZR 222/91, NJW 1992, 2291 = VersR 1992, 1015, 1016; BGH, Urt. v. 11. 5. 1993 – VI ZR 243/92, NJW 1993, 2382 = VersR 1993, 899, 900; BGH, Urt. v. 14. 12. 1993 – VI ZR 67/93, VersR 1994, 480; BGH, Urt. v. 13. 2. 2001 – VI ZR 272/99, VersR 2001, 722; BGH, Urt. v. 22. 9. 2004 – IV ZR 200/03, NJW-RR 2004, 1679, 1680 = VersR 2005, 676, 678 = r+s 2004, 513; BGH, Urt. v. 23. 1. 2008 – IV ZR 10/07, NJW-RR 2008, 767, 769 = VersR 2008, 479, 480 = r+s 2008, 429, 430; BGH, Urt. v. 24. 9. 2008 – IV ZR 250/06, NJW-RR 2009, 35 = VersR 2008, 1676 = r+s 2009, 86; BGH, Urt. v. 3. 12. 2008 – IV ZR 20/06, NJW-RR 2009, 387, 388; BGH, Urt. v. 25. 2. 2009 – IV ZR 27/08, VersR 2009, 817; BGH, Beschl. v. 18. 5. 2009 – IV ZR 57/08, NJW-RR 2009, 1192, 1193 = VersR 2009, 975; BGH, Urt. v. 2. 12. 2009 – IV ZR 181/07, VersR 2010, 243, 244.

[1165] BGHZ 53, 245, 256; BGH, Urt. v. 18. 4. 1977 – VIII ZR 286/75, VersR 1977, 721; BGH, Urt. v. 9. 5. 1989 – VI ZR 268/88, VersR 1989, 758, 759; BGH, Urt. v. 3. 6. 2008 – VI ZR 235/07, VersR 2008, 1133 = r+s 2008, 395.

[1166] BGH, LM Nr. 4 zu § 144 ZPO.

[1167] BGH MDR 1982, 212.

[1168] BGH, Urt. v. 15. 3. 1988 – VI ZR 81/87, VersR 1988, 837; BGH, Urt. v. 21. 1. 1997 – VI ZR 86/96, VersR 1997, 510.

[1169] BGHZ 53, 245, 258; BGH v. 25. 2. 1988, VersR 1988, 801; *Gehrlein* VersR 2003, 574.

auswirke, so muss das Gericht den Sachverständigen des anderen Fachgebiets zu diesem Gutachten Stellung nehmen lassen.[1170]

e) Anhörung. aa) Anspruch der Parteien. Für die Frage, ob die Ladung eines Sachverständigen zur mündlichen Erläuterung des von ihm erstatteten Gutachtens geboten ist, kommt es nicht darauf an, ob das Gericht noch Erläuterungsbedarf sieht oder ob ein solcher von einer Partei nachvollziehbar dargetan worden ist oder ob gar zu erwarten ist, dass der Gutachter seine Auffassung ändert.[1171] Die Parteien haben zur Gewährleistung des restlichen Gehörs nach §§ 397, 402 ZPO einen Anspruch darauf, dass sie dem Sachverständigen die Fragen, die sie zur Aufklärung der Sache für erforderlich halten, in der mündlichen Anhörung stellen können.[1172] Dieses Antragsrecht der Parteien besteht unabhängig von § 411 Abs. 3 ZPO.[1173] Hat das LG einem rechtzeitig gestellten Antrag auf Ladung eines Sachverständigen zur mündlichen Erläuterung nicht entsprochen, so muss das Berufungsgericht dem im zweiten Rechtszug wiederholten Antrag stattgeben.[1174] Dabei kann von der Partei, die einen Antrag auf Ladung des Sachverständigen stellt, nicht verlangt werden, dass sie die Fragen, die sie an den Sachverständigen zu richten beabsichtigt, im Voraus konkret formuliert.[1175] Es genügt, wenn sie allgemein angibt, in welcher Richtung sie durch ihre Fragen eine weitere Aufklärung herbeizuführen wünscht.[1176] Dies gilt grundsätzlich auch dann, wenn der

179

[1170] BGH, Beschl. v. 12. 12. 2006 – VI ZR 276/05, VersR 2007, 376.
[1171] BGH, Beschl. v. 15. 3. 2006 – IV ZR 182/05, VersR 2006, 950; BGH, Urt. v. 5. 9. 2006 – VI ZR 176/05, NJW-RR 2007, 212; BGH, Urt. v. 13. 5. 2009 – IV ZR 211/05, NJW-RR 2009, 1193, 1195 = VersR 2009, 1213, 1215.
[1172] OLG Köln, Beschl. v. 17. 1. 1996 – 11 W 4/96, VersR 1997, 511; BGH, Urt. v. 17. 12. 1996 – VI ZR 50/96, NJW 1997, 802 = VersR 1997, 509 = r+s 1997, 175; BGH, Urt. v. 7. 10. 1997 – VI ZR 252/96, NJW 1998, 162 = VersR 1998, 342, 343; BGH, Urt. v. 22. 5. 2001 – VI ZR 268/00, NJW-RR 2001, 1431 = VersR 2002, 120, 121/122; BGH, Urt. v. 27. 1. 2004 – VI ZR 150/02, r+s 2005, 132; BGH, Beschl. v. 8. 11. 2005 – VI ZR 121/05, NJW-RR 2006, 1503, 1504; BGH, Beschl. v. 15. 3. 2006 – IV ZR 182/05, VersR 2006, 950; BGH, Urt. v. 5. 9. 2006 – VI ZR 176/05, NJW-RR 2007, 212; BGH, Beschl. v. 22. 5. 2007 – VI ZR 233/06, NJW-RR 2007, 1294; BGH, Urt. v. 5. 7. 2007 – III ZR 240/06, WM 2007, 2159, 2160; BGH, Urt. v. 23. 1. 2008 – IV ZR 10/07, NJW-RR 2008, 767, 769 = VersR 2008, 479 = r+s 2008, 429, 430; BGH, Beschl. v. 14. 10. 2008 – VI ZR 7/08, r+s 2009, 127; BGH, Beschl. v. 14. 7. 2009 – VIII ZR 295/08, NJW-RR 2009, 1361, 1362.
[1173] BGHZ 6, 398, 400 f. = NJW 1952, 1214; BGHZ 24, 9, 14 = NJW 1957, 870; BGH, Urt. v. 24. 10. 1995 – VI ZR 13/95, NJW 1996, 788 = VersR 1996, 211, 212; BGH, Urt. v. 17. 12. 1996 – VI ZR 50/96, NJW 1997, 802 = VersR 1997, 509 = r+s 1997, 175; BGH, Urt. v. 7. 10. 1997 – VI ZR 252/96, NJW 1998, 162 = VersR 1998, 342; BGH, Urt. v. 29. 10. 2002 – VI ZR 353/01, NJW-RR 2003, 208 = VersR 2003, 926, 927; BGH v. 10. 5. 2005 – VI ZR 245/04, NZV 2005, 2309 = VersR 2005, 1555; BGH, Beschl. v. 8. 11. 2005 – VI ZR 121/05, NJW-RR 2006, 1503, 1504; BGH, Beschl. v. 15. 3. 2006 – IV ZR 182/05, VersR 2006, 950; BGH, Urt. v. 5. 9. 2006 – VI ZR 176/05, NJW-RR 2007, 212; BGH, Urt. v. 5. 7. 2007 – III ZR 240/06, VersR 2007, 1379, 1380; BGH, Beschl. v. 25. 9. 2007 – VI ZR 157/06, VersR 2007, 1697; BGH, Urt. v. 23. 1. 2008 – IV ZR 10/07, NJW-RR 2008, 767, 769 = VersR 2008, 479 = r+s 2008, 429, 430.
[1174] BGH, Urt. v. 24. 10. 1995 – VI ZR 13/95, VersR 1996, 211; BGH, Beschl. v. 15. 3. 2006 – IV ZR 182/05, VersR 2006, 950/951; BGH, Urt. v. 23. 1. 2008 – IV ZR 10/07, NJW-RR 2008, 767, 769 = VersR 2008, 479 = r+s 2008, 429, 430.
[1175] BGH, Urt. v. 8. 6. 2004 – VI ZR 230/03, r+s 2005, 219, 220; BGH, Beschl. v. 8. 11. 2005 – VI ZR 121/05, NJW-RR 2006, 1503, 1504; BGH, Beschl. v. 15. 3. 2006 – IV ZR 182/05, VersR 2006, 950, 951; BGH, Urt. v. 5. 9. 2006 – VI ZR 176/05, NJW-RR 2007, 212; BGH, Beschl. v. 22. 5. 2007 – VI ZR 233/06, NJW-RR 2007, 1294 = VersR 2007, 1713.
[1176] BGHZ 24, 9, 14 f. = NJW 1957, 870; BGH, Urt. v. 29. 10. 2002 – VI ZR 353/01, VersR 2003, 926, 927; BGH, Urt. v. 8. 6. 2004 – VI ZR 230/03, r+s 2005, 219, 220;

Sachverständige nicht nur ein Erstgutachten, sondern ein Ergänzungsgutachten erstattet hat.[1177]

180 **bb) Aufgaben des Berufungsgerichts.** Im Berufungsrechtzug ist auf erkennbare Unterschiede zwischen einem erst- und einem zweitinstanzlichen Sachverständigengutachten einzugehen; entscheidungserheblichen Widersprüchen muss bereits von Amts wegen nachgegangen werden.[1178] Widersprüchen und Unklarheiten in den Ausführungen gerichtlicher Sachverständiger muss daher das Berufungsgericht durch nochmalige Anhörung der Sachverständigen oder auch durch Beauftragung eines weiteren Gutachters (§ 412 ZPO) aufklären.[1179] Befasst sich ein vom erstinstanzlichen Gericht eingeholtes Gutachten eines Sachverständigen nicht mit allen entscheidungserheblichen Punkten, hat das Berufungsgericht von Amts wegen auf eine Vervollständigung des Gutachtens hinzuwirken.[1180] Auf Antrag einer Partei hat es den Sachverständigen zur Erläuterung seines Gutachtens zu laden.[1181] Auch wenn es grundsätzlich im pflichtgemäßen Ermessen des Berufungsgerichts steht, ob und inwieweit eine im ersten Rechtszug durchgeführte Beweisaufnahme zu wiederholen ist – insoweit gelten die Grundsätze des § 398 ZPO auch für die Beweisaufnahme durch Einholung eines Sachverständigengutachtens nach § 402 ZPO – kann von einer erneuten mündlichen Anhörung des Sachverständigen jedenfalls nicht abgesehen werden, wenn das Berufungsgericht dessen Ausführungen abweichend vom Landgericht würdigen will.[1182] Insbesondere dann, wenn ein Sachverständiger im Anschluss an sein schriftlich erstattetes Gutachten vom LG mündlich gehört und daraufhin in einer bestimmten Weise verstanden worden ist, darf das Berufungsgericht von diesem Verständnis nicht ohne eigene Vernehmung des Sachverständigen abweichen.[1183] Das Berufungsgericht muss in diesem Fall entweder den Sachverständigen ergänzend schriftlich oder mündlich befragen oder das Gutachten eines anderen Sachverständigen einholen.[1184] Sind wesentliche Ausführungen des Sachverständigen unter Verstoß gegen die §§ 160 Abs. 3 Nr. 4, 161 Abs. 1 Nr. 1 ZPO nicht in das Protokoll der mündlichen Verhandlung des Berufungsgerichts aufgenommen worden und sind schriftliche Stellungnahmen des Sachverständigen zu möglichen Verweisungsberufen weder dem Protokoll beigefügt worden noch sonst in den Gerichtsakten auffindbar, ist eine revisionsgerichtliche Überprüfung der Beweiswürdigung nicht möglich, wenn der Inhalt der Stellungnahmen auch weder im Tatbestand noch – getrennt von der Beweiswürdi-

---

BGH, Beschl. v. 8. 11. 2005 – VI ZR 121/05, NJW-RR 2006, 1503, 1504; BGH, Beschl. v. 15. 3. 2006 – IV ZR 182/05, VersR 2006, 950, 951; BGH, Urt. v. 5. 9. 2006 – VI ZR 176/05, NJW-RR 2007, 212.
[1177] BGH, Beschl. v. 22. 5. 2007 – VI ZR 233/06, NJW-RR 2007, 1294.
[1178] BGH, Urt. v. 4. 3. 1980 – VI ZR 6/79, VersR 1980, 533; BGH, Urt. v. 9. 6. 1992 – VI ZR 222/91, NJW 1992, 2291 = VersR 1992, 1015; BGH, Urt. v. 3. 12. 2008 – IV ZR 20/06, VersR 2009, 518, 519.
[1179] BGH, Urt. v. 3. 6. 1986 – VI ZR 95/85, VersR 1986, 1079, 1080; BGH, Urt. v. 23. 3. 2004 – VI ZR 428/02, VersR 2004, 790, 792; BGH, Beschl. v. 21. 1. 2009 – VI ZR 170/08, VersR 2009, 499, 500.
[1180] BGHZ 159, 254, 258 = NJW 2004, 2828; BGH, Urt. v. 5. 9. 2006 – VI ZR 176/05, NJW-RR 2007, 212, 213.
[1181] BGH, Urt. v. 5. 9. 2006 – VI ZR 176/05, NJW-RR 2007, 212, 213; BGH, Beschl. v. 14. 10. 2008 – VI ZR 7/08, NJW-RR 2009, 409, 410 = VersR 2009, 69, 70.
[1182] BGH, Urt. v. 3. 12. 1985 – VI ZR 106/84, NJW 1986, 1540 = VersR 1986, 366, 367; BGH, Urt. v. 6. 1993 – VI ZR 172/92, NJW 1993, 2380, 2381.
[1183] BGH, Urt. v. 12. 10. 1993 – VI ZR 235/92, VersR 1993, 1550.
[1184] BGH, Urt. v. 9. 5. 1989 – VI ZR 268/88, VersR 1989, 758, 759; BGH, Urt. v. 10. 12. 1991 – VI ZR 234/90, VersR 1992, 722; BGH, Urt. v. 29. 9. 1992 – VI ZR 234/91, VersR 1993, 245, 246 f.; BGH, Urt. v. 12. 10. 1993 – VI ZR 235/92, VersR 1993, 1550.

gung – in den Entscheidungsgründen wiedergegeben ist.[1185] Ein solcher Verfahrensfehler führt allein schon für sich betrachtet zur Aufhebung des Berufungsurteils.[1186]

f) Ablehnung des Sachverständigen. Gemäß § 406 Abs. 1 ZPO kann ein 181 Sachverständiger aus denselben Gründen abgelehnt werden, die zur Ablehnung eines Richters berechtigen.[1187] Für die Ablehnung eines Sachverständigen wegen der Besorgnis der Befangenheit genügt jede Tatsache, die bei einer Partei ein nur subjektives Misstrauen in die Unparteilichkeit des Sachverständigen vernünftigerweise rechtfertigen kann.[1188] Dabei reichen rein subjektive Befürchtungen, ohne dass diese durch objektiv begründete Tatsachen gestützt wären, nicht aus.[1189] Subjektives Misstrauen in die Unparteilichkeit eines Sachverständigen rechtfertigt nur dann dessen Ablehnung, wenn das Misstrauen von einem objektiven Standpunkt nachvollzogen werden kann.[1190] Allein maßgeblich dabei ist die Sicht der Parteien.[1191] Eine enge berufliche Zusammenarbeit zwischen dem Sachverständigen und einer der Parteien kann die Besorgnis der Befangenheit rechtfertigen.[1192] Das gilt insbesondere dann, wenn sich aus dieser engen Zusammenarbeit ein wirtschaftliches Abhängigkeitsverhältnis ergibt.[1193] Auch eine enge und nicht nur zeitlich weit zurückliegende wissenschaftliche Zusammenarbeit kann hinreichender Anlass für die Besorgnis einer Befangenheit sein.[1194] Beschränkt sich die Zusammenarbeit zwischen dem Sachverständigen und einer Partei hingegen auf einen nur „losen" beruflichen Kontakt, ist eine Besorgnis der Befangenheit in der Regel nicht gerechtfertigt.[1195] Die Besorgnis der Befangenheit ist aber nachvollziehbar, wenn der Sachverständige sich beleidigend, herabsetzend oder unsachlich gegenüber einer Partei äußert, insbesondere sie ohne hinreichenden Anlass oder hinreichende Begründung einer Täuschungshandlung oder einer Straftat bezichtigt.[1196] Neue Ablehnungsgründe können im Beschwerdeverfahren nicht nachgeschoben werden.[1197]

[1185] BGH, Urt. v. 7. 2. 2007 – IV ZR 232/03, NJW-RR 2007, 751, 753 = VersR 2007, 631, 632.
[1186] BGH, Urt. v. 18. 9. 1986 – I ZR 179/84, NJW 1987, 1200; BGH, Urt. v. 24. 2. 1987 – VI ZR 295/85, NJW-RR 1987, 1197 = VersR 1988, 290; BGH, Urt. v. 21. 4. 1993 – XII ZR 126/91, NJW-RR 1993, 1034; BGH, Urt. v. 11. 7. 2001 – VIII ZR 215/00, NJW 2001, 3269; BGH, Urt. v. 24. 6. 2003 – VI ZR 309/02, NJW 2003, 3057 = VersR 2003, 1556; BGH, Urt. v. 7. 2. 2007 – IV ZR 232/03, NJW-RR 2007, 751, 753 = VersR 2007, 631, 632.
[1187] OLG Köln, Beschl. v. 21. 12. 2008 – 5 W 58/08, VersR 2009, 1287.
[1188] BGH NJW 1975, 1363; BGH NJW-RR 1987, 893; KG, Beschl. v. 6. 9. 2007 – 12 W 52/07, VersR 2009, 566; OLG Oldenburg, Beschl. v. 10. 1. 2008 – 5 W 134/07, VersR 2009, 238.
[1189] OLG Oldenburg, Beschl. v. 10. 1. 2008 – 5 W 134/07, VersR 2009, 238.
[1190] OLG München OLGR 1999, 215; OLG Oldenburg, Beschl. v. 10. 1. 2008 – 5 W 134/07, VersR 2009, 238.
[1191] OLG München MDR 2002, 291; OLG Oldenburg, Beschl. v. 10. 1. 2008 – 5 W 134/07, VersR 2009, 238; LG Bochum, Urt. v. 7. 8. 2009 – 10 S 15/08, NJW-RR 2010, 498; OLG Karlsruhe, Urt. v. 9. 11. 2009 – 14 W 43/09, VersR 2010, 498.
[1192] OLG Oldenburg, Beschl. v. 10. 1. 2008 – 5 W 134/07, VersR 2009, 238, 239.
[1193] OLG Oldenburg, Beschl. v. 10. 1. 2008 – 5 W 134/07, VersR 2009, 238, 239.
[1194] OLG Köln, Beschl. v. 13. 1. 1992 – 13 W 1/92, VersR 1993, 72; OLG Düsseldorf MDR 2005, 42; OLG Oldenburg, Beschl. v. 10. 1. 2008 – 5 W 134/07, VersR 2009, 238, 239.
[1195] OLG Oldenburg, Beschl. v. 10. 1. 2008 – 5 W 134/07, VersR 2009, 238, 239.
[1196] OLG Koblenz, Beschl. v. 19. 5. 2009 – 4 W 150/09, NJW-RR 2009, 1653, 1654.
[1197] OLG Düsseldorf NJW-RR 2001, 1434; OLG Bamberg, Beschl. v. 12. 8. 2008 – 4 W 38/08, VersR 2009, 1427, 1428.

BUZ 2008 § 3   Teil 6. Musterbedingungen des GDV 2008

§ 3 In welchen Fällen ist der Versicherungsschutz ausgeschlossen?

Grundsätzlich besteht unsere Leistungspflicht unabhängig davon, wie es zu der Berufsunfähigkeit gekommen ist. Wir leisten jedoch nicht, wenn die Berufsunfähigkeit verursacht ist:

a) durch vorsätzliche Ausführung oder den Versuch einer Straftat durch die versicherte Person;

b) unmittelbar oder mittelbar durch Kriegsereignisse oder innere Unruhen, sofern die versicherte Person auf Seiten der Unruhestifter teilgenommen hat;

c) durch Unfälle der versicherten Person
 – als Luftfahrzeugführer (auch Luftsportgeräteführer), soweit dieser nach deutschem Recht dafür eine Erlaubnis benötigt, sowie als sonstiges Besatzungsmitglied eines Luftfahrzeuges;
 – bei einer mit Hilfe eines Luftfahrzeuges auszuübenden beruflichen Tätigkeit;
 – bei der Benutzung von Raumfahrzeugen;

d) durch Beteiligung an Fahrtveranstaltungen mit Kraftfahrzeugen, bei denen es auf die Erzielung einer Höchstgeschwindigkeit ankommt, und den dazugehörigen Übungsfahrten;

e) durch energiereiche Strahlen mit einer Härte von mindestens 100 Elektronen-Volt, durch Neutronen jeder Energie, durch Laser- oder Maser-Strahlen und durch künstlich erzeugte ultraviolette Strahlen. Soweit die versicherte Person als Arzt oder medizinisches Hilfspersonal diesem Risiko ausgesetzt ist, oder wenn eine Bestrahlung für Heilzwecke durch einen Arzt oder unter ärztlicher Aufsicht erfolgt, werden wir leisten;

f) durch absichtliche Herbeiführung von Krankheit oder mehr als altersentsprechendem Kräfteverfall, absichtliche Selbstverletzung oder versuchte Selbsttötung. Wenn uns jedoch nachgewiesen wird, dass diese Handlungen in einem die freie Willensbestimmung ausschließenden Zustand krankhafter Störung der Geistestätigkeit begangen worden sind, werden wir leisten;

g) durch eine widerrechtliche Handlung, mit der Sie als Versicherungsnehmer vorsätzlich die Berufsunfähigkeit der versicherten Person herbeigeführt haben;

h) unmittelbar oder mittelbar durch den vorsätzlichen Einsatz von atomaren, biologischen oder chemischen Waffen oder den vorsätzlichen Einsatz oder die vorsätzliche Freisetzung von radioaktiven, biologischen oder chemischen Stoffen, sofern der Einsatz oder das Freisetzen darauf gerichtet sind, das Leben oder die Gesundheit einer Vielzahl von Personen zu gefährden.

Übersicht

	Rdn.
I. Allgemeines	1–3
1. Fassung	1
2. Inhalt der Bestimmung	2
3. Auslegung der Ausschlussklauseln	3
II. Ausschlusstatbestände	4–60
1. Straftat (§ 3 Satz 2 lit. a) BUZ)	4–18
a) Fassung	4
b) Zweck der Regelung	5
c) Geltung des § 169 VVG	6
d) Inhaltskontrolle	7
e) Straftat	8–13
aa) Verweisung	8
bb) Verbrechen und Vergehen	9
cc) Zivilrechtliche Bewertung	10
dd) Typische Straftaten	11–13
α) Fehlende Fahrerlaubnis	12
β) Drogenfahrt	13
f) Vorsatz	14, 15
g) Kausalität	16

B. Allg. Bed. für die BU-ZusatzVers   § 3 BUZ 2008

	Rdn.
h) Beweislast	17
i) Einzelfälle	18
2. Kriegsereignisse (§ 3 Satz 2 lit. b) 1. Alt. BUZ)	19–25
a) Fassung	19
b) Sinn und Zweck der Kriegsklausel	20
c) Begriff des Kriegsereignisses	21–23
d) Kausalität	24
e) Beweislast	25
3. Innere Unruhen (§ 3 Satz 2 lit. b) 2. Alt. BUZ)	26–30
a) Fassung	26
b) Sinn und Zweck des Ausschlusses	27
c) Begriff der inneren Unruhen	28
d) Teilnahme des Versicherten	29
e) Beweislast	30
4. Luftfahrtrisiko (§ 3 Satz 2 lit. c) BUZ)	31–44
a) Fassung	31–34
b) Zweck der Bestimmung	35
c) Inhaltskontrolle	36
d) Luftfahrzeuge	37
e) Luftfahrten	38
f) Reise- oder Rundflug	39
g) Fluggast	40, 41
h) Besatzungsmitglieder	42
i) Propeller- oder Strahlflugzeug, Hubschrauber	43
j) Beweislast	44
5. Kraftfahrzeugrennen (§ 3 Satz 2 lit. d) BUZ)	45–51
a) Fassung	45
b) Zweck der Regelung	46
c) Rechtsnatur	47
d) Beteiligung an Fahrtveranstaltungen	48
aa) Höchstmögliche Geschwindigkeit	48
bb) Einzelfälle	49
e) Übungsfahrten	50, 51
6. Energiereiche Strahlen (§ 3 Satz 2 lit. e) BUZ)	52–54
a) Fassung	52
b) Strahlenschäden	53
c) Beweislast	54
7. Absichtliche Herbeiführung des Versicherungsfalls (§ 3 Satz 2 lit. f) BUZ)	55–57
8. Widerrechtliche Handlung (§ 3 Satz 2 lit. g) BUZ)	58, 59
9. Einsatz von atomaren, biologischen oder chemischen Waffen (§ 3 Satz 2 lit. h) BUZ)	60

Schrifttum: *Bentlage*, Rallye-Fahrten und Ausschlussklausel – Bemerkungen zum Urteil des BGH vom 26. 11. 1975, VersR 1976, 381, VersR 1976, 1118; *Catsch*, Behandlung von Strahlenschäden, ZVersWiss 1975, 1125; *Dreger*, Anmerkung zum Urteil des LG Braunschweig vom 23. 2. 1966, VersR 1966, 1179; *Fritze*, Zum Ausschluss des Versicherungsschutzes bei Rallyes und Zuverlässigkeitsfahrten (§ 2 Abs 3b AKB), VersR 1968, 726; *Glissmann/Schulz*, Marktstandards in der Berufsunfähigkeits-Zusatzversicherung, VW 2004, 685; *Grimm*, Unfallversicherung, AUB-Kommentar, 3. Aufl., München, Beck, 2000; *Güllemacher*, Der Selbstmord im Sozial- und Privatversicherungsrecht, ZVersWiss 1972, 55; *Hafner/ Neuhaus*, Über das Strahlenrisiko in der Lebens- und Invaliditätszusatzversicherung, insbesondere bei Röntgen- und Radiumstrahlen, ZVersWiss 1940, 318; *Haidinger*, Die Kriegsklausel in der Sachversicherung, VW 1947, 93; *Henke*, Die Ausschlüsse und Grenzfälle in der Unfallversicherung, 1950; *Hübner*, Gestaltungsmöglichkeiten einer Versicherung gegen Tumultschäden – dargestellt am Beispiel der schweizerischen Unruheversicherung 1982, VersR 1982, 1013; *Jansen*, Kernkraftwerke und ihre Gefahren für die Umwelt, ZVersWiss 1975, 109; *Kagelmacher*, Die Beschränkungen der Privatversicherungsfreiheit im Hinblick auf das Allgemeininteresse sowie auf Rechte Dritter: die Grenzen der Versicherbarkeit widerrechtlichen Verhaltens, Diss.

Hamburg 1996, Frankfurt/M. u. a., Lang, 1997; *Klaiber,* Anmerkung zum Urteil des LG Braunschweig vom 23. 2. 1966, VersR 1966, 729, 730; *Knappmann,* Unfallversicherung: Kausalitäts- und Beweisfragen, NVersZ 2002, 1; *Krebs,* Ausstrahlungen des Strafrechts in die Unfallversicherung – Insbesondere zur Auslegung des § 3 Ziff 3 AUB -, VersR 1960, 289; *Millert,* Die Ausschlüsse in § 3 der Allgemeinen Unfallversicherungs-Bedingungen (AUB), VersR 1964, 118; *Prölss,* Anmerkung zum Urteil des OGHBrZ vom 23. 6. 1950, VersR 1950, 127, 129; *Prölss,* Anmerkung zum Urteil des LG Frankfurt vom 15. 12. 1954, NJW 1955, 1035; *Scheurlen,* Wie könnte man den Sterblichkeitsverlauf von Strahlenbelastungen prüfen?, ZVersWiss 1975, 133; *Schmidt/Gerathewohl,* Die Versicherung bei Gewalttätigkeiten gegen eine Gemeinschaft, wobei Personen- oder Sachschäden entstehen, ZVersWiss 1973, 277; *Staak,* Simulation und Selbstbeschädigung, ZVersWiss 1994, 299.

I. Allgemeines

1. Fassung

1 In älteren Versicherungsbeständen findet sich folgende Ausschlussklausel in der Fassung der BUZ 1990,[1] die im Zuge der Neufassung der BUZ im Jahre 1993[2] nicht geändert wurde:

„§ 3 In welchen Fällen ist der Versicherungsschutz ausgeschlossen?
(Musterbedingungen des BAV – BUZ 1990/1993)

(1) Grundsätzlich besteht unsere Leistungspflicht unabhängig davon, wie es zu der Berufsunfähigkeit gekommen ist.
(2) Wir leisten jedoch nicht, wenn die Berufsunfähigkeit verursacht ist:
a) unmittelbar oder mittelbar durch Kriegsereignisse oder innere Unruhen, sofern der Versicherte auf Seiten der Unruhestifter teilgenommen hat;
b) durch vorsätzliche Ausführung oder den strafbaren Versuch eines Verbrechens oder Vergehens durch den Versicherten;
c) durch absichtliche Herbeiführung von Krankheit oder Kräfteverfall, absichtliche Selbstverletzung oder versuchte Selbsttötung. Wenn uns jedoch nachgewiesen wird, dass diese Handlungen in einem die freie Willensbestimmung ausschließenden Zustand krankhafter Störung der Geistestätigkeit begangen worden sind, werden wir leisten;
d) durch eine widerrechtliche Handlung, mit der Sie als Versicherungsnehmer vorsätzlich die Berufsunfähigkeit des Versicherten herbeigeführt haben;
e) durch Beteiligung an Fahrtveranstaltungen mit Kraftfahrzeugen, bei denen es auf die Erzielung einer Höchstgeschwindigkeit ankommt, und den dazugehörigen Übungsfahrten;
f) durch energiereiche Strahlen mit einer Härte von mindestens 100 Elektronen-Volt, durch Neutronen jeder Energie, durch Laser- oder Maser-Strahlen und durch künstlich erzeugte ultraviolette Strahlen. Soweit die versicherte Person als Arzt oder medizinisches Hilfspersonal diesem Risiko ausgesetzt ist, oder wenn die Bestrahlung für Heilzwecke durch einen Arzt oder unter ärztlicher Aufsicht erfolgt, werden wir leisten.
(3) Bei Luftfahrten leisten wir nur, wenn die Berufsunfähigkeit bei Reise- oder Rundflügen des Versicherten als Fluggast in einem Propeller- oder Strahlflugzeug oder in einem Hubschrauber verursacht wird. Fluggäste sind, mit Ausnahme der Besatzungsmitglieder, die Insassen, denen das Luftfahrzeug ausschließlich zur Beförderung dient."

2. Inhalt der Bestimmung

2 Ob § 3 BUZ Teil der sekundären Risikobegrenzung ist und nur Risikoausschlussklauseln enthält oder ob auf die Bestimmung die Regeln des § 6 VVG, jetzt § 28 VVG 2008, für Obliegenheitsverletzungen anwendbar sind, hängt nicht vom Wortlaut und der Stellung der Versicherungsklausel ab, sondern vom materiellen Inhalt der einzelnen Bedingung. Entscheidend ist, ob die Bestimmung der Versicherungsbedingungen eine individualisierende Beschränkung eines bestimmten Wagnisses enthält, für das allein der Versicherer Schutz gewähren will, oder ob sie

---
[1] VerBAV 1990, 341, 348.
[2] VerBAV 1993, 139.

in erster Linie ein bestimmtes vorbeugendes Verhalten des Versicherungsnehmers fordert, von dem es abhängt, ob er einen zugesagten Versicherungsschutz behält oder ob er ihn verliert.[3] Die Tatbestände des § 3 BUZ sind unmittelbar auf die primäre Gefahrtragung bezogen. Sie bringen zum Ausdruck, dass der Lebensversicherer die über die normale Gefahr hinausgehenden Risiken nicht zu tragen bereit ist. § 3 BUZ enthält daher typische Risikoausschlüsse, und nicht verhüllte Obliegenheiten. Die Ausschlusstatbestände des § 3 BUZ unterliegen ferner nicht der Gefahrerhöhung gemäß den §§ 23 bis 27 VVG.[4] Sie können aber im Einzelfall oder durch vom BAV für den Altbestand genehmigte Besondere Bedingungen abbedungen werden.

3. Auslegung der Ausschlussklauseln

Ausschlussklauseln sind grundsätzlich eng auszulegen und sind nicht weiter auszulegen, als es ihr Sinn unter Beachtung ihres wirtschaftlichen Zwecks und der gewählten Ausdrucksweise erfordert.[5] Bei der Ermittlung des Zwecks der Ausschlussklausel kommt es auf deren – dem Versicherungsnehmer aus der Klausel selbst nicht erschließbare – Entstehungsgeschichte auch dann nicht an, wenn deren Berücksichtigung zu einem dem Versicherungsnehmer günstigeren Ergebnis führen könnte.[6] Für die Auslegung von Risikoausschlussklauseln zur gesetzesmäßigen Auslegung zurückzukehren, besteht kein Anlass.[7] Feststehende Rechtsbegriffe aus der Rechtssprache, insbesondere dem Strafrecht, sind auch für die Auslegung der Ausschlüsse maßgeblich. Im Übrigen sind die in den Ausschlussklauseln verwendeten Begriffe nach dem allgemeinen Lebensprachgebrauch auszulegen. 3

II. Ausschlusstatbestände

1. Straftat (§ 3 Satz 2 lit. a) BUZ)

a) Fassung. Die BUZ 1964[8] sehen in § 3 Nr. 1 lit. b) keine Leistungspflicht vor, wenn die Berufsunfähigkeit verursacht ist durch vorsätzliche Ausführung 4

---

[3] BGH, Urt. v. 26. 4. 1972 – IV ZR 19/71, VersR 1972, 575; BGH, Urt. v. 13. 12. 1978 – IV ZR 177/77, VersR 1979, 343; BGH, Urt. v. 18. 12. 1980 – IVa ZR 34/80, VersR 1981, 186; BGH, Urt. v. 16. 3. 1983 – IVa ZR 111/81, VersR 1983, 573, 574; BGH, Urt. v. 31. 1. 1990 – IV ZR 227/88, VersR 1990, 482.
[4] BGHZ 7, 311.
[5] BGH VersR 1951, 79; BGH NJW 1975, 1093; BGH, Urt. v. 30. 1. 1980 – IV ZR 86/78, NJW 1980, 353 = VersR 1980, 353, 354; OLG Karlsruhe, Urt. v. 3. 12. 1992 – 12 U 45/92, r+s 1993, 158; BGH, Urt. v. 23. 11. 1994 – IV ZR 48/94, NJW-RR 1995, 276 = VersR 1995, 162 = r+s 1995, 45 = MDR 1995, 259; BGH, Urt. v. 11. 3. 1998 – IV ZR 92/97, NVersZ 1998, 73, 74 = VerBAV 1999, 143 = r+s 1998, 348; BGH, Urt. v. 17. 3. 1999 – IV ZR 89/98, NJW-RR 1999, 1038 = NVersZ 1999, 394 = VersR 1999, 748 = r+s 1999, 192; BGH, Urt. v. 17. 5. 2000 – IV ZR 113/99, NJW-RR 2000, 1341, 1342 = NVersZ 2000, 475, 476 = VersR 2000, 1090, 1091 = VerBAV 2000, 232, 233 = r+s 2000, 478, 479 = MDR 2000, 1248, 1249; OLG Schleswig, Urt. v. 11. 12. 2003 – 16 U 87/02, r+s 2005, 119; OLG Köln, Urt. v. 21. 11. 2006 – 9 U 76/06, r+s 2007, 12, 13.
[6] BGH, Urt. v. 17. 5. 2000 – IV ZR 113/99, NJW-RR 2000, 1341, 1342 = NVersZ 2000, 475, 476 = VersR 2000, 1090, 1091 = VerBAV 2000, 232, 233 = r+s 2000, 478, 479 = MDR 2000, 1248, 1249.
[7] BGH, Urt. v. 17. 3. 1999 – IV ZR 89/98, NJW-RR 1999, 1038 = NVersZ 1999, 394 = VersR 1999, 748 = r+s 1999, 192; BGH, Urt. v. 17. 5. 2000 – IV ZR 113/99, NJW-RR 2000, 1341, 1342 = NVersZ 2000, 475, 476 = VersR 2000, 1090, 1091 = VerBAV 2000, 232, 233 = r+s 2000, 478, 479 = MDR 2000, 1248, 1249; dazu *Lorenz* VersR 2000, 1092 f.
[8] VerBAV 1964, 35.

oder den strafbaren Versuch eines Verbrechens oder Vergehens durch den Versicherten oder den Versicherungsnehmer, auch soweit diese zu einem Verbrechen oder Vergehen anstiften oder Beihilfe leisten. Nach den BUZ 1970[9] wird nicht geleistet, wenn die Berufsunfähigkeit durch vorsätzliche Ausführung oder den strafbaren Versuch eines Verbrechens oder Vergehens durch den Versicherten verursacht ist. Die Zusammenfassung von Verbrechen oder Vergehen zu dem neuen Begriff „Straftat" stellt lediglich eine redaktionelle Änderung dar, mit der die Reform des § 12 StGB berücksichtigt wird.[10] Eine vergleichbare Ausschlussklausel ist in den UZV[11] und den AUB[12] enthalten.

5   **b) Zweck der Regelung.** Mit der Regelung soll, ebenso wie in § 2 Abs. 2 AUB 88, § 3 Abs. 2 AUB a. F., das vom Versicherer übernommene Risiko auf solche Versicherungsfälle begrenzt werden, die aus einer normalen Gefahrensituation heraus entstehen.[13] Es liegt nahe, dass die vorsätzliche Begehung eines Verbrechens oder Vergehens zur Entwicklung einer erhöhten Gefahrenlage führen kann.[14] Die Ausschlussklausel dient damit der Ausschaltung des selbst verschuldeten besonderen Berufsunfähigkeitsrisikos, das mit der Ausführung einer Straftat gewöhnlich verbunden ist und durch die Erregung und Furcht vor Entdeckung noch gesteigert wird.[15] Sittliche Erwägungen sind für den Ausschluss von untergeordneter Bedeutung, da es nicht die Aufgabe des Versicherers ist, Straftaten zu verhüten oder zu ahnden.[16] Maßgeblich ist vielmehr der Schutzzweck des jeweils verwirklichten Delikts, also die Gefahrerhöhung, die spezifischer Ausdruck der Begehung des jeweiligen Straftatbestands ist.[17] Nicht zu berücksichtigen sind solche Gefahrerhöhungen, die erst durch das Hinzutreten anderer, nicht notwendigerweise mit der jeweiligen Straftat verbundener Risiken entstanden sind.[18]

6   **c) Geltung des § 169 VVG.** Die Regelung des § 169 VVG (i. V. mit § 178 Abs. 1 VVG) ist auch dem Sinn nach auf die Berufsunfähigkeitsversicherung nicht

---

[9] VerBAV 1970, 210.
[10] Vgl. für die AUB *Grimm*, Unfallversicherung, 2000, § 2 AUB Rdn. 27.
[11] VerBAV 1984, 6.
[12] Siehe § 3 (2) AUB 61, VerBAV 1984, 10; ferner § 2 I. (2) AUB 88, VerBAV 1987, 418; VerBAV 1988,4; VerBAV 1991, 272; unverändert § 2 I. (2) AUB 94; nunmehr Ziffer 5.1.2 AUB 99; OLG Hamm, Beschl. v. 22. 6. 2005 – 20 U 104/05, VersR 2006, 399.
[13] BGH, Urt. v. 5. 12. 1990 – IV ZR 13/90, NJW 1991, 1357, 1358 = VersR 1991, 289, 291 = MDR 1991, 655, 656.
[14] BGH, Urt. v. 5. 12. 1990 – IV ZR 13/90, NJW 1991, 1357, 1358 = VersR 1991, 289, 291; OLG Celle, Urt. v. 31. 8. 2005 – 8 U 60/05, NJW-RR 2006, 174 = VersR 2006, 394, 395 = r+s 2006, 28 f.
[15] BGH, Urt. v. 10. 1. 1957 – II ZR 162/55, BGHZ 23, 76, 82 = NJW 1957, 381 = VersR 1957, 90, 91; OLG Saarbrücken, Urt. v. 2. 3. 1989 – 5 U 103/87, NJW-RR 1989, 734 = VersR 1989, 1184; BGH, Urt. v. 23. 9. 1998 – IV ZR 1/98, NVersZ 1999, 27 = VersR 1998, 1410, 1411 = r+s 1999, 41; OLG Celle, Urt. v. 31. 8. 2005 – 8 U 60/05, NJW-RR 2006, 174 = VersR 2006, 394, 395 = r+s 2006, 28, 29; OLG Hamm, Urt. v. 2. 3. 2007 – 20 U 258/06, r+s 2007, 297; *Prölss* NJW 1955, 1035.
[16] BGH, Urt. v. 10. 1. 1957 – II ZR 162/55, BGHZ 23, 76, 82 = NJW 1957, 381 = VersR 1957, 90, 91; OLG Celle, Urt. v. 31. 8. 2005 – 8 U 60/05, NJW-RR 2006, 174 = VersR 2006, 394, 395 = r+s 2006, 28, 29; *Prölss* JRPV 1941, 77; *Henke*, 1950, S. 62; *Wagner* in: Bruck/Möller, G 145.
[17] BGH, Urt. v. 26. 9. 1990 – IV ZR 176/89, NJW-RR 1991, 93 = VersR 1990, 1268 = r+s 1990, 430 = MDR 1991, 323; OLG Saarbrücken VersR 1997, 949 = r+s 1997, 478; BGH, Urt. v. 23. 9. 1998 – IV ZR 1/98, NJW-RR 1999, 98 = NVersZ 1999, 27 = VersR 1998, 1410 = r+s 1999, 41; OLG Celle, Urt. v. 31. 8. 2005 – 8 U 60/05, NJW-RR 2006, 174 = VersR 2006, 394, 395 = r+s 2006, 28, 29.
[18] OLG Saarbrücken VersR 1997, 949 = r+s 1997, 478; OLG Celle, Urt. v. 31. 8. 2005 – 8 U 60/05, NJW-RR 2006, 174/175 = VersR 2006, 394, 395 = r+s 2006, 28, 29.

übertragbar.[19] Es bestehen deshalb unter dem Rechtsgedanken der §§ 169, 178 VVG keine Bedenken, wenn § 3 Satz 2 lit. a) BUZ die Leistung bei vorsätzlich begangenem Verbrechen oder Vergehen ausschließt.[20]

d) Inhaltskontrolle. Die Ausschlussklausel ist nicht unter dem Gesichtspunkt der Inhaltskontrolle nach § 9 AGBG unwirksam.[21] Die mit der Regelung bezweckte Risikobegrenzung benachteiligt den Versicherungsnehmer nicht entgegen den Geboten von Treu und Glauben unangemessen.[22] Das Einzelinteresse eines Versicherungsnehmers, der durch ein vorsätzliches Verbrechen oder Vergehen eine erhöhte Gefahrenlage schafft, muss gegenüber dem Interesse der Versichertengemeinschaft, solche Risiken auszuschließen, zurückstehen (vgl. auch § 54 Abs. 2 Satz 1 AVG, § 1277 Abs. 1 Satz 1 RVO).[23] 7

e) Straftat. aa) Verweisung. Durch die Verweisung sind die gesetzlichen Straftatbestände Tatbestandsmerkmale der versicherungsvertraglichen Ausschlussregelung geworden.[24] Die Ausschlussklausel erfasst auch Straftatbestände, die außerhalb des StGB geregelt sind (z. B. im StVG).[25] Unter den Ausschluss fallen jedoch nicht Ordnungswidrigkeiten,[26] auch wenn es sich um solche handelt, die vor dem 1. Januar 1975 als Übertretungen oder leichte Vergehen zu bewerten waren (vgl. Art. 13 EGStGB). Jedoch fallen unter den Ausschluss Vergehen, die vor dem 1. Januar 1975 Übertretungen waren. Die Straftatbestände des deutschen StGB kommen für die Tat eines deutschen Staatsangehörigen, die im Ausland begangen wurde, nach § 7 StGB dann zur Anwendung, wenn die Tat am Tatort mit Strafe bedroht ist oder der Tatort keiner Strafgewalt unterliegt.[27] 8

bb) Verbrechen und Vergehen. Wegen der Begriffe „Verbrechen" und „Vergehen" ist auf deutsches Strafrecht (§ 12 StGB) abzustellen.[28] Nach dieser Vorschrift sind Verbrechen rechtswidrige Taten, die im Mindestmaß mit Frei- 9

---

[19] BGH, Urt. v. 5. 12. 1990 – IV ZR 13/90, NJW 1991, 1357, 1358 = VersR 1991, 289, 290.
[20] BGH, Urt. v. 5. 12. 1990 – IV ZR 13/90, NJW 1991, 1357, 1358 = VersR 1991, 289, 290.
[21] BGH, Urt. v. 5. 12. 1990 – IV ZR 13/90, NJW 1991, 1357, 1359 = VersR 1991, 289, 291 = r+s 1991, 214; LG Karlsruhe, Urt. v. 6. 5. 1994, VersR 1995, 691, 692 = r+s 1996, 75; BGH, Urt. v. 23. 9. 1998 – IV ZR 1/98, NVersZ 1999, 27 = VersR 1998, 1410, 1411 = r+s 1999, 41.
[22] BGH, Urt. v. 5. 12. 1990 – IV ZR 13/90, NJW 1991, 1357, 1359 = VersR 1991, 289, 291; LG Karlsruhe, Urt. v. 6. 5. 1994, VersR 1995, 691, 692 = r+s 1996, 75.
[23] BGH, Urt. v. 5. 12. 1990 – IV ZR 13/90, NJW 1991, 1357, 1359 = VersR 1991, 289, 291 = MDR 1991, 655, 656; LG Karlsruhe, Urt. v. 6. 5. 1994, VersR 1995, 691, 692 = r+s 1996, 75.
[24] OLG Hamm v. 29. 10. 1975, VersR 1976, 625; BGH, Urt. v. 5. 12. 1990 – IV ZR 13/90, NJW 1991, 1357 = VersR 1991, 289, 290 = r+s 1991, 283 = MDR 1991, 655; OLG München, Urt. v. 11. 7. 1997 – 14 U 953/96, VersR 1999, 881, 882; hierzu BGH, Nichtannahmebeschl. v. 18. 3. 1998 – IV ZR 225/97; BGH, Urt. v. 29. 6. 2005 – IV ZR 33/04, NJW-RR 2005, 1342, 1343 = VersR 2005, 1226, 1227 = r+s 2005, 473 = MDR 2005, 1407, 1408; *Krebs* VersR 1960, 289; *Millert* VersR 1964, 120; *Winter* in: Bruck/Möller, VVG, 8. Aufl., 1988, §§ 159 – 178 VVG Anm. G 158.
[25] *Wagner* in: Bruck/Möller, G 146; *Grimm*, Unfallversicherung, 3. Aufl., 2000, § 2 AUB Rdn. 28.
[26] Vgl. für die AUB für den Fall einer Ordnungswidrigkeit nach § 41 Abs. 1 Nr. 13 SprengstoffG OLG Düsseldorf, Urt. v. 18. 11. 1997 – 4 U 194/96, VersR 1998, 1148 (Ls.) = r+s 1998, 481.
[27] OLG München, Urt. v. 11. 7. 1997 – 14 U 953/96, VersR 1999, 881, 882 (BGH, Nichtannahmebeschl. v. 18. 3. 1998 – IV ZR 225/97).
[28] OLG Saarbrücken, Urt. v. 22. 3. 1989 – 5 U 103/87, NJW-RR 1989, 733, 734 = VersR 1989, 1184; OLG München, Urt. v. 11. 7. 1997 – 14 U 953/96, VersR 1999, 881, 882 (BGH, Nichtannahmebeschl. v. 18. 3. 1998 – IV ZR 225/97).

heitsstrafe von einem Jahr oder darüber, und Vergehen rechtswidrige Taten, die im Mindestmaß mit einer geringeren Freiheitsstrafe oder die mit Geldstrafe bedroht sind. Entscheidend ist die abstrakte Strafandrohung des Gesetzes, nicht die im Einzelfall erkannte Strafe.[29] Unter den Begriff der Straftat fallen nicht nur die Täterschaft (§ 25 StGB), sondern auch die Mittäterschaft (§ 25 Abs. 2 StGB), Anstiftung (§ 26 StGB) und Beihilfe (§ 27 StGB), soweit die strafrechtlich relevanten Handlungen der versicherten Person deren Berufsunfähigkeit verursacht haben. Der Versuch einer Straftat (§ 22 StGB) fällt expressis verbis unter den Ausschluss, d.h. auch dann, wenn der Versuch eines Vergehens nicht gemäß § 23 Abs. 1 StGB strafbar ist. Der Rücktritt vom Versuch (§ 24 StGB) beseitigt nicht die bis zum Rücktritt geschaffene erhöhte Risikosituation und führt deshalb nicht zur Wiederherstellung des Versicherungsschutzes.[30] Auch ein untauglicher Versuch (§ 23 Abs. 3 StGB) fällt unter den Ausschluss, nicht dagegen das Wahndelikt.[31] Die Ausführung einer Straftat erstreckt sich zeitlich über die Vollendung der Straftat hinaus bis zur Beendigung der Straftat im strafrechtlichen Sinne.[32] Zwischen der Ausführung und der Berufsunfähigkeit muss ein zeitlicher und ursächlicher Zusammenhang bestehen, z.B., wenn ein die Berufsunfähigkeit auslösender Unfall auf der Weiterfahrt vom Tatort nach 3 km und nur wenige Minuten nach den verübten Straftaten geschehen ist.[33]

10 cc) **Zivilrechtliche Bewertung.** Die zivilrechtliche Bewertung des Verhaltens des Versicherten muss sich nach strafrechtlichen Gesichtspunkten richten, wenn sich die Versicherungsbedingungen strafrechtlicher Tatbestände bedienen, um die Haftung des Versicherers zu regeln.[34] Das gilt auch für die Frage der Schuld. Bleiben nicht behebbare Zweifel an der Schuldfähigkeit des Täters, so ist – ebenso wie im Strafprozess – zu seinen Gunsten zu entscheiden.[35]

11 dd) **Typische Straftaten.** Der Ausschlusstatbestand hat besondere Relevanz im Zusammenhang mit Kraftfahrzeugdelikten.

12 α) **Fehlende Fahrerlaubnis.** Führt der Versicherte ein Kraftfahrzeug ohne die erforderliche Fahrerlaubnis (§ 21 Abs. 1 Nr. 1 StVG), hat er keinen Berufsunfähigkeitsversicherungsschutz, wenn auch die übrigen Voraussetzungen des Ausschlusstatbestandes gegeben sind.[36] Auch der Halter oder ein sonstiger Verfügungsberechtigter, der ein Kraftfahrzeug einem Fahrer ohne Fahrerlaubnis überlässt, verliert als Mittäter oder Gehilfe einer Straftat nach § 21 Abs. 1 Nr. 1 StVG ebenfalls den Versicherungsschutz, wenn er weiß, dass der Fahrer nicht die vorgeschriebene Fahrer-

---

[29] *Krebs* VersR 1960, 289; *Grimm*, AUB, 3. Aufl., 2000, § 2 AUB Rdn. 28.
[30] Vgl. OLG Hamm, Beschl. v. 17. 8. 2005 – 20 W 31/05, NJW-RR 2005, 1618, 1619 = VersR 2006, 399, 400 = r+s 2006, 31, 32; *Grimm*, AUB, 3. Aufl., 2000, § 2 AUB Rdn. 28.
[31] Vgl. *Grimm*, AUB, 3. Aufl., 2000, § 2 AUB Rdn. 28.
[32] BGHZ 23, 76 = VersR 1957, 90; OLG Hamm VersR 1978, 1137.
[33] Vgl. hierzu OLG Frankfurt/M., Beschl. v. 19. 10. 1984 – 22 W 37/84, VersR 1986, 1018 u. 1100 = ZfS 1986, 379.
[34] OLG Hamm VersR 1976, 625; BGH, Urt. v. 5. 12. 1990 – IV ZR 13/90, NJW 1991, 1357 = VersR 1991, 289, 290 = r+s 1991, 283; BGH, Urt. v. 29. 6. 2005 – IV ZR 33/04, NJW-RR 2005, 1342, 1343 = VersR 2005, 1226, 1227 = r+s 2005, 473 = MDR 2005, 1407, 1408.
[35] BGH, Urt. v. 23. 9. 1998 – IV ZR 1/98, NJW-RR 1999, 98 = NVersZ 1999, 27 = VersR 1998, 1410 = r+s 1999, 41 = MDR 1998, 1478; BGH, Urt. v. 29. 6. 2005 – IV ZR 33/04, NJW-RR 2005, 1342, 1343 = VersR 2005, 1226, 1227 = r+s 2005, 473 = MDR 2005, 1407, 1408.
[36] BGH, Urt. v. 10. 2. 1982 – IV a ZR 243/80, VersR 1982, 465; OLG Köln, Urt. v. 26. 1. 1995 – 5 U 137/94, r+s 1995, 355, 356; OLG Koblenz, Urt. v. 30. 5. 1997 – 10 U 1600/95, VersR 1998, 709 = r+s 1998, 392.

laubnis besitzt.[37] Er begeht aber auch eine Straftat als Täter nach § 21 Abs. 1 Nr. 2 StVG, indem er zulässt, dass eine Person ohne die dazu erforderliche Fahrerlaubnis das Fahrzeug führt. Der Halter begeht die Straftat nach § 21 Abs. 1 Nr. 2 StVG auch dann, wenn er sich nicht vor Antritt der Fahrt davon überzeugt, dass derjenige, dem er das Fahrzeug überlässt, im Besitz einer gültigen Fahrerlaubnis ist.[38] Dies hat in der Regel dadurch zu erfolgen, dass er sich die Fahrerlaubnis vorlegen lässt.[39] Nur wenn der Halter unter ganz besonderen Umständen bei ausreichender Sorgfalt die sichere Überzeugung haben konnte, der Fahrer besitze die erforderliche Fahrerlaubnis, ist die Vorlage der Fahrerlaubnis entbehrlich.

β) **Drogenfahrt.** Der Versicherte hat keinen Berufsunfähigkeitsschutz, wenn er unter der Wirkung eines in der Anlage zu § 24a StVG genannten berauschenden Mittels ein Kraftfahrzeug geführt hat und hierdurch seine Berufsunfähigkeit verursacht worden ist. Dem Versicherten ist allerdings nachzuweisen, dass er die Möglichkeit der fortdauernden Wirkung eines konsumierten Rauschmittels entweder erkannt hat oder zumindest hätte erkennen können und müssen.[40]

f) **Vorsatz.** Die Risikoausschlussklausel greift nur ein, wenn es zur Berufsunfähigkeit auf Grund einer vorsätzlich begangenen Straftat gekommen ist.[41] Dies ist z. B. der Fall, wenn der Versicherte im Zeitpunkt des Versicherungsfalles vorsätzlich ein Kraftfahrzeug, Motorrad oder Motorroller ohne die erforderliche Fahrerlaubnis (§ 21 Abs. 1 Nr. 1 StVG) geführt[42] oder vorsätzlich grob verkehrswidrig und rücksichtslos falsch überholt hat.[43] Die Regelung erfasst aber auch Fälle, in denen der Versicherungsnehmer zwar das Verbrechen oder Vergehen vorsätzlich ausführt, den Versicherungsfall der Berufsunfähigkeit aber allenfalls fahrlässig bewirkt.[44] Auch wer im Zustand verminderter Zurechnungsfähigkeit handelt, kann vorsätzlich gegen eine Rechtspflicht verstoßen.[45]

Die versicherte Person muss die Straftat nicht nur vorsätzlich, sondern auch rechtswidrig und schuldhaft begangen haben.[46] Bleiben nicht behebbare Zweifel an der Schuldfähigkeit des Täters ist zu seinen Gunsten zu entscheiden.[47] Vorsätzlich bedeutet auch bedingt vorsätzlich, nicht jedoch bewusst fahrlässig. Dabei ist sowohl in den Fällen der Notwehr, des rechtfertigenden und entschuldigenden Notstandes (§§ 32–35 StGB) als auch der Unzurechnungsfähigkeit (§ 20 StGB; bei § 21 StGB ist nach den Umständen des Falles entscheidend, in welchem Umfang die Schuldfähigkeit vermindert war) nicht eine selbstverschuldete Erhöhung

---

[37] LG Frankenthal, Urt. v. 9. 11. 1976 – 4 O 146/76, VersR 1977, 353.
[38] LG Osnabrück, Urt. v. 23. 5. 1984 – 8 O 114/83, VersR 1985, 635.
[39] OLG Bamberg VersR 1957, 426; BGH VersR 1959, 1013; BGH, Urt. v. 16. 5. 1966 – II ZR 79/64, VersR 1966, 626; LG Osnabrück, Urt. v. 23. 5. 1984 – 8 O 114/83, VersR 1985, 635.
[40] OLG Saarbrücken, Beschl. v. 16. 3. 2007 – Ss (B) 5/2007 (18/07), NJW 2007, 1373, 1374.
[41] BGH, Urt. v. 26. 9. 1990 – IV ZR 176/89, NJW-RR 1991, 93 = VersR 1990, 1268, 1269 = r+s 1990, 430 = MDR 1991, 323.
[42] BGH, Urt. v. 10. 2. 1982 – IV a ZR 243/80, VersR 1982, 465; OLG Koblenz, Urt. v. 30. 5. 1997 – 10 U 1600/95, VersR 1998, 709 = r+s 1998, 392; OLG Hamm, Beschl. v. 22. 6. 2005 – 20 U 104/05, VersR 2006, 399 = r+s 2006, 32.
[43] LG Karlsruhe, Urt. v. 6. 5. 1994 – 9 O 247/93, VersR 1995, 691 f. (bestätigt durch OLG Karlsruhe, Urt. v. 22. 12. 1994 – 12 U 169/94).
[44] BGH, Urt. v. 5. 12. 1990 – IV ZR 13/90, NJW 1991, 1357, 1358 = VersR 1991, 289, 290.
[45] BGH, Urt. v. 5. 7. 1965 – II ZR 192/63, VersR 1965, 949; BGH, Urt. v. 5. 12. 1990 – IV ZR 13/90, NJW 1991, 1357/1358 = VersR 1991, 289, 290.
[46] Siehe hierzu OLG Nürnberg, Urt. v. 28. 11. 1961, VersR 1962, 773; OLG Saarbrücken, Urt. v. 22. 3. 1989 – 5 U 103/87, NJW-RR 1989, 735 = VersR 1989, 1184.
[47] BGH, Urt. v. 23. 9. 1998 – IV ZR 1/98, VersR 1998, 1410, 1411.

des Berufsunfähigkeitsrisikos gegeben.[48] Der Versicherer muss beweisen, dass die subjektiven Voraussetzungen einer Straftat vorlagen, und muss hierzu die Darstellung des Versicherten widerlegen, dass eine Notwehrsituation vorgelegen habe.[49]

16   g) **Kausalität.** Kein Versicherungsschutz besteht für die die Berufsunfähigkeit auslösenden Ereignisse, die in einem Kausalzusammenhang im Sinne der Adäquanztheorie mit der Ausführung von Straftaten stehen.[50] Im Einzelfall ist danach zu untersuchen, ob die Ausführung oder der Versuch der Straftat durch die versicherte Person generell geeignet ist, die Berufsunfähigkeit herbeizuführen, der Versicherer mithin mit der Ausführung oder dem Versuch der Straftat eine Erfolgsbedingung gesetzt hat, die geeignet ist, den Versicherungsfall im Sinne der Adäquanz zu verursachen.[51] Dabei ist die Adäquanz einer nicht hinweg zu denkenden Erfolgsbedingung zwischen der Ausführung der Straftat und dem Berufsunfähigkeitsfall grundsätzlich schon dann gegeben, wenn durch die Ausführung der Straftat eine erhöhte Gefahrenlage geschaffen worden ist, die generell geeignet ist, Berufsunfähigkeitsfälle der eingetretenen Art herbeizuführen.[52] An der Adäquanz des Ursachenzusammenhangs und damit an einem billigenswerten, vom Zweck des Risikoausschlusses umfassten Grund für die Versagung des Versicherungsschutzes fehlt es lediglich in solchen Fällen, in denen der Zusammenhang zwischen der Straftat und dem Berufsunfähigkeitsfall nur ein rein zufälliger ist und der dem Delikt eigentümliche Gefahrenbereich für den Schaden gar nicht ursächlich gewesen sein kann.[53] Das ist u. a. der Fall, wenn der Berufsunfähigkeitsfall unabhängig von der Straftat allein auf das Verhalten eines Dritten, des Schädigers, zurückzuführen ist und dessen Handeln durch die Rechtsverletzung des Versicherten weder ausgelöst noch veranlasst oder auch nur mit veranlasst worden ist.[54] Ein Ursachenzusammenhang ist daher zu verneinen, wenn der Versicherte ohne Führerschein fährt, der seine Berufsfähigkeit auslösende Unfall aber ausschließlich von einem anderen Verkehrsteilnehmer verursacht worden ist.[55] Ansonsten ist Fahren ohne Fahrerlaubnis grundsätzlich eine adäquate Ursache.[56]

---

[48] OLG Nürnberg VersR 1962, 773.
[49] OLG Hamm VersR 1978, 1137.
[50] BGHZ 23, 76 = VersR 1957, 90; BGH, Urt. v. 10. 2. 1982 – IV a ZR 243/80, VersR 1982, 465; BGH, Urt. v. 22. 11. 1962 – II ZR 193/60, VersR 1963, 133.
[51] OLG Düsseldorf, Urt. v. 23. 5. 2000 – 4 U 160/99, r+s 2001, 438; OLG Celle, Urt. v. 31. 8. 2005 – 8 U 60/05, NJW-RR 2006, 174 = VersR 2006, 394, 395 = r+s 2006, 28, 29; *Grimm*, AUB, 3. Aufl., § 2 AUB Rdn. 30.
[52] BGH, Urt. v. 10. 2. 1982 – IV a ZR 243/80, VersR 1982, 465; BGH, Urt. v. 26. 9. 1990 – IV ZR 176/89, NJW-RR 1991, 93 = VersR 1990, 1268, 1269; BGH, Urt. v. 23. 9. 1998 – IV ZR 1/98, NJW-RR 1999, 98 = NVersZ 1999, 27 = VersR 1998, 1410, 1411; OLG Celle, Urt. v. 31. 8. 2005 – 8 U 60/05, NJW-RR 2006, 174.
[53] BGHZ 23, 76, 82 = VersR 1957, 90, 91; BGH NJW 1963, 489 = VersR 1963, 133; BGH, Urt. v. 10. 2. 1982 – IV a ZR 243/80, VersR 1982, 465; BGH, Urt. v. 26. 9. 1990 – IV ZR 176/89, NJW-RR 1991, 93 = VersR 1990, 1268, 1269 = r+s 1990, 430; OLG Saarbrücken, Urt. v. 18. 12. 1996 – 5 U 421/94–36, VersR 1997, 949, 952; BGH, Urt. v. 23. 9. 1998 – IV ZR 1/98, NJW-RR 1999, 98 = NVersZ 1999, 27 = VersR 1998, 1410, 1411; OLG Celle, Urt. v. 31. 8. 2005 – 8 U 60/05, NJW-RR 2006, 174 = VersR 2006, 394, 395 = r+s 2006, 28, 29.
[54] BGH, Urt. v. 22. 11. 1962, VersR 1963, 133; BGH, Urt. v. 23. 9. 1998 – IV ZR 1/98, VersR 1998, 1410, 1411.
[55] BGH, Urt. v. 22. 11. 1962 – II ZR 193/60, VersR 1963, 133; OLG Saarbrücken, Urt. v. 22. 3. 1989 – 5 U 103/87, NJW-RR 1989, 735 = VersR 1989, 1184.
[56] BGH VersR 1960, 1107; BGH, Urt. v. 10. 2. 1982 – IV a ZR 243/80, VersR 1982, 465; OLG Saarbrücken, Urt. v. 22. 3. 1989 – 5 U 103/87, NJW-RR 1989, 735 = VersR 1989, 1184.

h) Beweislast. Die Darlegungs- und Beweislast für das Vorliegen des Ausschluss- 17
tatbestandes liegt beim Versicherer.[57] Da der Leistungsausschluss an die Ausführung einer Straftat anknüpft, richtet sich die zivilrechtliche Beurteilung nach den Grundsätzen des Strafrechts einschließlich der Beweislast.[58] Der Versicherer muss das Vorliegen des objektiven und subjektiven Tatbestands einer vorsätzlichen Straftat beweisen und ggf. zur Beweisführung hinreichende Indiztatsachen aufzeigen.[59] Der Versicherer muss dabei nicht nur die Straftat, sondern auch die adäquate Kausalität beweisen.[60] Ferner muss er die Schuld und insbesondere die Schuldfähigkeit des Versicherten darlegen und beweisen.[61]

i) Einzelfälle. Ist der Versicherte ohne Führerschein gefahren, greift der An- 18
scheinsbeweis für einen ursächlichen Zusammenhang. Anders als bei einer relativen Fahruntüchtigkeit spricht bei einer im Unfallzeitpunkt vorliegenden alkoholbedingten absoluten Fahruntüchtigkeit[62] der Beweis des ersten Anscheins stets für eine Ursächlichkeit des Alkoholgenusses für den die Berufsunfähigkeit auslösenden Unfall.[63] Der Anspruchsteller hat dann darzulegen und zu beweisen, dass ein Ausnahmefall vorliegt.[64] Ein Zusammenhang zwischen Straftat und Berufsunfähigkeit ist dargetan, wenn feststeht, dass der Fahrer bei überhöhter Geschwindigkeit in einer lang gezogenen Rechtskurve ohne Einwirkung Dritter nach links von der Fahrbahn abgekommen ist.[65] Bei einem Vergehen nach § 315c Abs. 1 Nr. 2 lit. b) StGB trägt der Versicherer die Beweislast für eine vorsätzlich rücksichtslose Fahrweise des Versicherten.[66] Bei einer Körperverletzung anlässlich einer Rauferei scheidet der Anscheinsbeweis für einen Zusammenhang zwischen Straftat und der die Berufsunfähigkeit auslösenden Verletzung aus.[67] War die versicherte Person zur Zeit des Versicherungsfalls Jugendlicher (§ 1 Abs. 2 JGG), so kommt es für die Leistungsfreiheit auch auf seine Verantwortlichkeit im Sinne des § 3 JGG an.[68]

2. Kriegsereignisse (§ 3 Satz 2 lit. b) 1. Alt. BUZ)

a) Fassung. Eine vergleichbare Ausschlussklausel ist in § 3 Abs. 2a UZV und 19
in § 3 Abs. 1 AUB enthalten.

---

[57] OLG Düsseldorf, Urt. v. 30. 7. 1998 – 4 U 191/97, NJW-RR 2000, 619 = r+s 2000, 436, 437; BGH, Nichtannahmebeschl. v. 23. 6. 1999 – IV ZR 23. 9.
[58] BGH, Urt. v. 5. 12. 1990, VersR 1991, 289; BGH, Urt. v. 23. 9. 1998 – IV ZR 1/98, VersR 1998, 1410, 1411; *Knappmann* in: Prölss/Martin, VVG, 26. Aufl., § 2 AUB 88 Rdn. 23; *Wussow/Pürckhauer*, AUB, 6. Aufl., § 2 AUB Rdn. 31; *Grimm*, AUB, 3. Aufl., 2000, § 2 AUB Rdn. 28.
[59] OLG Koblenz, Urt. v. 30. 5. 1997 – 10 U 1600/95, VersR 1998, 709 = r+s 1998, 392.
[60] OLG Hamm VersR 1978, 1137.
[61] BGH, Urt. v. 29. 6. 2005 – IV ZR 33/04, NJW-RR 2005, 1342, 1343 = VersR 2005, 1226, 1227 = r+s 2005, 473 = MDR 2005, 1407, 1408.
[62] Vgl. dazu BGH v. 28. 6. 1990 – 4 StR 297/90, NJW 1990, 2393 = VersR 1990, 1177: absolute Fahruntüchtigkeit bei 1,1 ‰.
[63] BGH, Urt. v. 24. 2. 1988 – IV a ZR 193/86, NJW 1988, 1846 = VersR 1988, 733; BGH, Urt. v. 5. 12. 1990 – IV ZR 13/90, NJW 1991, 1357, 1358 = VersR 1991, 289, 290.
[64] BGH, Urt. v. 10. 2. 1982 – IV a ZR 243/80, VersR 1982, 465; OLG Hamburg, Urt. v. 30. 9. 1981 – 5 U 21/81, VersR 1982, 873.
[65] LG Osnabrück, Urt. v. 23. 5. 1984 – 8 O 114/83, VersR 1985, 635.
[66] OLG Hamm, Beschl. v. 23. 1. 1981 – 20 W 35/80, VersR 1981, 954; OLG München, Urt. v. 11. 7. 1997 – 14 U 953/96, VersR 1999, 881, 882; dazu BGH, Nichtannahmebeschl. v. 18. 3. 1998 – IV ZR 225/97.
[67] OLG Nürnberg VersR 1962, 773.
[68] BGH, Urt. v. 29. 6. 2005 – IV ZR 33/04, NJW-RR 2005, 1342, 1343 = VersR 2005, 1226, 1227 = r+s 2005, 473 = MDR 2005, 1407, 1408.

20 **b) Sinn und Zweck der Kriegsklausel.** Der Sinn und Zweck der Kriegsklausel besteht darin, die sich aus dem Krieg ergebende unverhältnismäßige und in ihrem Umfang unübersehbare und damit auch unkalkulierbare Gefahrsteigerung vom Versicherer abzuwehren, die dieser mit den Möglichkeiten der §§ 23, 27 VVG nicht mehr auffangen kann.[69] Die Kriegsklausel hat für alle Versicherungsnehmer, unabhängig vom Zeitpunkt des Vertragsabschlusses, denselben Inhalt. Sie kann deshalb nicht nach den Umständen ausgelegt werden, die bei Vertragsabschluss bestanden.[70]

21 **c) Begriff des Kriegsereignisses.** Ein Kriegsereignis im Sinne der Kriegsklausel ist jeder tatsächliche kriegsmäßige Gewaltzustand ohne Rücksicht auf die zeitlichen, sachlichen und räumlichen Grenzen des Kriegszustandes im völkerrechtlichen Sinne.[71] Darunter fallen Kriegsereignisse zwischen mehreren Staaten oder Völkern unabhängig davon, ob die als Völkerrechtssubjekte anerkannt sind. Nicht zwingend ist, dass das die Berufsunfähigkeit auslösende Ereignis sich im eigentlichen Operationsgebiet der Kampftruppen ereignet hat.[72] Auch ist eine Beschränkung auf das Staatsgebiet der Krieg führenden Staaten nicht anzunehmen. Vielmehr ist unter Kriegsereignis jedes Ereignis zu verstehen, das in einem ursächlichen Zusammenhang mit dem Krieg steht, für den Krieg typisch ist und ohne Kriegszustand nicht eingetreten wäre.[73] Ein Fall, der sich in gleicher Weise in Frieden ereignen kann und bei dem der Krieg nur ein zufälliges Moment darstellt, unterfällt nicht der Ausschlussklausel.

22 Als Kriegsereignis ist allerdings nicht bereits jede militärische Einzelaktion anzusehen, wie z. B. der Abschuss eines Verkehrsflugzeuges beim Überfliegen eines militärischen Sperrgebiets oder beim Eindringen in fremdes Hoheitsgebiet. Darunter fallen aber Bürgerkriege, d. h. Kriege zwischen Parteien innerhalb desselben Staates, insbesondere Aufstände und Widerstandsbewegungen gegen die herrschende Staatsgewalt, mit dem Ziel, diese zu beseitigen oder andere Mächte an ihre Stelle zu setzen. Da Bürgerkriege immer auch den Tatbestand der inneren Unruhen erfüllen, könnte, der Begriff des Kriegsereignisses mehr im völkerrechtlichen Sinne definiert werden. Polizeieinsätze sind auf jeden Fall nicht als Kriegsereignisse anzusehen.

23 Hingegen sind Kriegsereignisse auch vorbereitende Kriegsmaßnahmen vor einer Kriegserklärung oder dem zeitlich zu definierenden Beginn bewaffneter Auseinandersetzungen, wie z. B. die Verminung von Landstrichen oder die Entlaubung von Wäldern durch chemische Kampfstoffe. Nach formeller oder tatsächlicher Beendigung des Krieges durch Waffenstillstand, Kapitulation oder Friedensschluss verlieren Ereignisse ihren inneren Zusammenhang mit dem Krieg und tritt eine Normalisierung der Gefahrenlage, möglicherweise auf einem gegenüber den Vorkriegsverhältnissen erhöhten Gefahrenniveau ein.[74] Die Ausschlussklausel greift daher nicht, wenn nach Einstellung der Kriegshandlungen die Berufsunfähigkeit z. B. durch einen Blindgänger oder den Einsturz von Ruinen oder beschädigte Gebäuden verursacht ist. Dies gilt auch für Versicherungsfälle, die von Einrichtungen und Mitgliedern der Besatzungsstreitkräfte verursacht werden, die die Kampftruppen abgelöst haben und für friedenswahrende Aufgaben eingesetzt werden.[75]

---

[69] OLG Hamburg VW 1947, 196; OLG München VW 1948, 87; OLG Bamberg VW 1948, 420.
[70] OLG Hamburg VW 1947, 196.
[71] OLG Kiel VW 1947, 235.
[72] RGZ 90, 378; OLG Gera VW 1947, 234; OLG Hamburg VW 1947, 234; a. A. OLG Bamberg VW 1948, 420.
[73] OLG Braunschweig VW 1948, 13.
[74] OLG Hamburg VW 1947, 196.
[75] OLG Kiel VW 1947, 235.

d) Kausalität. Die Berufsunfähigkeit muss unmittelbar oder mittelbar durch 24
Kriegsereignisse verursacht sein. Hierfür reicht ein nur natürlicher Zusammenhang
zwischen dem Kriegsereignis und der eingetretenen Berufsunfähigkeit nicht aus.
Vielmehr ist die Feststellung eines adäquaten Zusammenhangs erforderlich. Der
Zusammenhang muss sich aus dem Wesen des Krieges ergeben und den Versicherungsfall deutlich als eine Folgeerscheinung des Kriegsereignisses erkennen lassen.[76]
Der Zusammenhang des Versicherungsfalls mit einem Kriegsereignis ist unschwer
zu bejahen bei Berufsunfähigkeitsfällen, die unmittelbar durch Kampfhandlungen,
wie Beschuss oder Bombardierung verursacht sind. Durch Kampftruppen verursachte Versicherungsfälle werden unter die Ausschlussklausel fallen, nicht aber,
wenn sie durch Besatzungstruppen verursacht sind.[77] Werden Versicherungsfälle
von freigelassenen Kriegsgefangenen, Zwangsarbeitern, marodierenden Kampftruppen oder auch nur Kriminellen in einer Zeit des Zusammenbruchs der staatlichen Ordnung verursacht, und zwar während des Abzugs der eigenen Truppen
und des Einzugs feindlicher Truppen und der Entwaffnung der Polizei, ist der
adäquate Zusammenhang mit Kriegsereignissen noch gegeben.[78] Der adäquate
Zusammenhang ist jedoch zu verneinen, wenn die Polizei ihren Amtspflichten in
dieser Übergangszeit noch nachkommen kann[79] oder die Aufrechterhaltung der
öffentlichen Ordnung wieder sichergestellt kann.[80] Ein Zusammenhang mit Kriegsereignissen liegt nicht vor, wenn der Versicherungsfall während der Kriegsgefangenschaft[81] oder auf dem Weg in ein Internierungslager eintritt.[82]

e) Beweislast. Der Versicherer hat zu beweisen, dass der Versicherungsfall 25
durch ein Kriegsereignis eingetreten ist.[83] Dieser Beweis kann als Anscheinsbeweis
durch die Darlegung typischer Geschehensabläufe erbracht werden.[84]

3. Innere Unruhen (§ 3 Satz 2 lit. b) 2. Alt. BUZ)

a) Fassung. Wie bei der Kriegsklausel ist auch die Unruheklausel in der Un- 26
fallversicherung Bestandteil der Musterbedingungen (siehe § 3 Abs. 2a UZV und
§ 3 Abs. 1 AUB).

b) Sinn und Zweck des Ausschlusses. Der Sinn und Zweck dieses Aus- 27
schlusses ist dem der Kriegsklausel ähnlich. Die Versicherer wollen mit ihm die in
ihrem Umfang nicht übersehbare und über die normale Prämienkalkulation hinausgehende Gefahrsteigerung von sich abwehren.[85]

c) Begriff der inneren Unruhen. Innere Unruhen sind gegeben, wenn zah- 28
lenmäßig nicht unerhebliche Teile des Volkes in einer die öffentliche Ruhe und
Ordnung störenden Weise in Bewegung geraten und Gewalttätigkeiten gegen
Personen oder Sachen verüben, wobei es auf die Beweggründe nicht ankommt.[86]

---

[76] OLG München VW 1948, 87.
[77] LG Ravensburg VW 1948, 171; LG Hamburg VW 1947, 221.
[78] LG Frankfurt/M. VW 1947, 83; OLG Hamburg VW 1947, 151; OLG München VW 1948, 87; OGHBrZ NJW 1949, 905.
[79] OLG Hamburg VW 1947, 234.
[80] OLG Gera VW 1947, 234.
[81] LG Stuttgart VersR 1950, 66.
[82] OHGBrZ VersR 1950, 127.
[83] BGHZ 2, 55.
[84] OLG Stuttgart VW 1947, 83; LG Frankfurt/M. VW 1947, 84; OLG Hamburg VW 1947, 196.
[85] BGH, Urt. v. 23. 4. 1952 – II ZR 262/51, BGHZ 6, 28 = NJW 1952, 783 = VersR 1952, 177; BGH v. 13. 11. 1974, VersR 1975, 126.
[86] RGZ 108, 188; BGH v. 23. 4. 1952, a.a.O.; BGH v. 13. 11. 1974, VersR 1975, 126; KG VersR 1975, 175.

Gewalttätigkeiten oder Straftaten einzelner Personen, z. B. Sabotageakte, Fälle von Vandalismus, gewalttätige Provokationen wie Prügeleien bei öffentlichen Veranstaltungen (Volksfesten, Sportveranstaltungen), fallen nicht unter den Unruhebegriff. Ebenso sind Streiks und Aussperrungen keine inneren Unruhen, selbst dann nicht, wenn es bei den einzelnen Arbeitskampfmaßnahmen zu Ausschreitungen kommt. Tritt jedoch der Charakter des Arbeitskampfes in den Hintergrund und artet er in einem Streik mit massierter rechtswidriger Gewaltanwendung gegen Personen und Sachen aus, der mit Polizeimaßnahmen zeitlich und örtlich vorübergehend nicht abgestellt werden kann, kann der Tatbestand der inneren Unruhe gegeben sein. Dies gilt gleichermaßen für Demonstrationen, die, ob genehmigt oder nicht, unfriedlich verlaufen und zur Gewaltanwendung gegen Personen und Sachen führen, die von der Polizei nicht sofort unterbunden werden kann. Entscheidend ist das objektive Gesamtbild der Ereignisse. Unerheblich ist, ob bei einzelnen Beteiligten die subjektiven Strafbarkeitsvoraussetzungen vorliegen. Es kommt nur darauf an, ob das Rechtsbewusstsein der Teilnehmer so erschüttert war, dass daraus der Entschluss zu gemeinsam begangenen Straftaten hervorgegangen ist.[87]

29   **d) Teilnahme des Versicherten.** Der Versicherungsschutz entfällt nur dann, wenn der Versicherte auf Seiten der Unruhestifter an den inneren Unruhen teilgenommen hat. Eine Teilnahme ist nicht zu bejahen, wenn der Versicherte ohne eigenes Zutun in den Gefahrenbereich geraten ist. Wenn der Versicherte sich aber bewusst in der Menge der Unruhestifter aufhält und nicht versucht, sich von der Menge zu trennen, ist er als Teilnehmer anzusehen, auch wenn er selbst keine Straftaten begeht oder die Unruhen aktiv schürt. Als passiver Mitläufer bestärkt der Versicherte durch seine Anwesenheit die aktiven Teilnehmer in ihrer Erwartung, unter dem Schutz der inaktiven Teilnehmer Gewalttätigkeiten sicher vor dem Polizeizugriff ausüben zu können, und ist damit mitverantwortlich für den Abbau der Hemmschwelle der zu Gewalttaten bereiten aktiven Teilnehmer.[88] Der Versicherte setzt sich damit durch sein Verhalten freiwillig einem Gefahrzustand aus, für den der Versicherer aus gutem Grund keinen Versicherungsschutz übernehmen will.

30   **e) Beweislast.** Der Versicherer hat zu beweisen, dass der Versicherte auf Seiten der Unruhestifter an den inneren Unruhen teilgenommen hat und die Berufsunfähigkeit hierbei verursacht worden ist. Der Versicherte muss zur Erhaltung der Leistungspflicht des Versicherers beweisen, dass er ungewollt unter die Unruhestifter geraten und unfreiwillig in der Menge geblieben ist.

4. Luftfahrtrisiko (§ 3 Satz 2 lit. c) BUZ)

31   **a) Fassung.** Die BUZ 1964 und 1970 bieten Versicherungsschutz bei Luftfahrten, wenn die Berufsunfähigkeit durch Teilnahme des Versicherten an Reisen oder Rundflügen über Gebieten mit organisiertem Luftverkehr verursacht wird und der Versicherte Fluggast eines zum zivilen Luftverkehr zugelassenen Motor- oder Strahlflugzeuges oder ziviler Fluggast eines Militärflugzeuges ist, das zur Personenbeförderung eingesetzt ist.[89]

32   Durch die BUZ 1975[90] wurden die Beförderungsmittel neu definiert. Sind die BUZ 1975 vereinbart, hat der Versicherte nur als Fluggast eines zum zivilen Luft-

---

[87] BGH VersR 1975, 126.
[88] OLG Koblenz v. 26. 10. 1950, VersR 1951, 19; OLG Düsseldorf v. 24. 7. 1951, VersR 1951, 244.
[89] VerBAV 1964, 35; VerBAV 1970, 211.
[90] VerBAV 1975, 3.

verkehr zugelassenen Motorflugzeuges (Propeller-, Strahlflugzeug oder Hubschrauber) oder als Fluggast eines zur Personenbeförderung eingesetzten Militärmotorflugzeuges (Propeller-, Strahlflugzeug oder Hubschrauber) Versicherungsschutz.

In 1984 wurde das Luftfahrtrisiko neu geregelt und insbesondere der Fluggastbegriff in den BUZ 1984 neu definiert.[91] Der Versicherungsschutz erstreckt sich seit der Neufassung auf Versicherungsfälle, die der Versicherte bei Reise- oder Rundflügen als Fluggast in einem Propeller- oder Strahlflugzeug oder in einem Hubschrauber erleidet. Fluggast ist nur der Insasse, dem das Luftfahrzeug ausschließlich zur Beförderung dient. Die Besatzungsmitglieder sind vom Versicherungsschutz ausgeschlossen. Versicherungsschutz kann für Besatzungsmitglieder bestehen, wenn die Anwendung der Besonderen Vereinbarung über die Erweiterung des Versicherungsschutzes aus der Berufsunfähigkeits-Zusatzversicherung auf die Fluguntauglichkeit[92] vereinbart ist. 33

Eine vergleichbare Ausschlussklausel ist in § 3 Abs. 3 UZV[93] und § 4 Abs. 3 AUB zu finden. Die zu diesen Bestimmungen ergangene Rechtsprechung ist daher auch auf die BUZ übertragbar. 34

b) Zweck der Bestimmung. Die Luftfahrt stellt eine Sondergefahr dar.[94] Nach dem versicherungsrechtlichen Zweck der Bestimmung soll deshalb nur das Berufsunfähigkeitsrisiko, das sich beim Versicherten unter den Voraussetzungen des § 3 Abs. 3 BUZ 1990 verwirklicht, als übliches Berufsunfähigkeitsrisiko eines Versicherten dem Versicherungsschutz der BUZ unterliegen.[95] In allen anderen Fällen ist das Luftfahrtrisiko ausgeschlossen,[96] wenn der Versicherte nicht ein Luftfahrzeug benutzt hat, das ausdrücklich in § 3 Abs. 3 BUZ 1990 genannt ist. 35

c) Inhaltskontrolle. Die Klausel ist so zu verstehen, dass das Risiko, bei Luftfahrtunfällen berufsunfähig zu werden, grundsätzlich versichert ist, und nur in bestimmten Ausnahmefällen vom Versicherungsschutz ausgeschlossen ist, nämlich dann, wenn die Voraussetzungen des § 3 Abs. 3 BUZ 1990 nicht vorliegen.[97] Die Ausgrenzung der besonders hohen Risiken eines Piloten oder des Begleitpersonals eines Luftfahrzeugs sowie der übrigen Luftfahrtformen, die unter den Gefahrenausschluss fallen, entspricht der Billigkeit.[98] 36

d) Luftfahrzeuge. Luftfahrzeuge sind alle Flugvorrichtungen, die für die Benutzung des Luftraums bestimmt sind und die der Eigenschaften der Luft bedürfen, um sich in ihr zu halten.[99] Darauf, ob die Flugvorrichtung leichter oder schwerer als Luft ist, lenkbar, motorgetrieben, gefesselt oder frei beweglich, sowie darauf, ob sie zu Lande oder zu Wasser startet oder landet, der sportlichen Betätigung oder der zielgerichteten Beförderung dient, kommt es nicht an.[100] Auch nicht, ob es sich um ein Luftfahrzeug im Sinne des LuftVG handelt oder ob von dem Luftfahrzeug eine Gefahr für am Luftverkehr teilnehmende Luftfahrzeuge ausgehen kann.[101] Von daher ist ein Ultraleichtflugzeug ein Luftfahrzeug.[102] 37

---

[91] VerBAV 1984, 153.
[92] VerBAV 1984, 131.
[93] VerBAV 1984, 7.
[94] BGH, Urt. v. 27. 4. 1988 – IV a ZR 76/87, VersR 1988, 714.
[95] Vgl. BGH, Urt. v. 27. 4. 1988 – IV a ZR 76/87, VersR 1988, 714.
[96] Siehe hierzu auch OLG Hamm, Urt. v. 4. 12. 1981 – 20 U 235/81, VersR 1982, 801.
[97] Vgl. BGH, Urt. v. 16. 6. 1999 – IV ZR 44/98, NJW-RR 1999, 1473, 1474 = NVersZ 1999, 476, 477 = VersR 1999, 1224 = r+s 1999, 478, 479 = MDR 1999, 1196; *Knappmann* NVersZ 2002, 1, 3/4.
[98] LG München I, Urt. v. 6. 10. 1989 – 18 O 3717/89, VersR 1990, 298, 299.
[99] BGH, Urt. v. 27. 4. 1988 – IV a ZR 76/87, VersR 1988, 714.
[100] BGH, Urt. v. 27. 4. 1988 – IV a ZR 76/87, VersR 1988, 714.
[101] BGH, Urt. v. 27. 4. 1988 – IV a ZR 76/87, VersR 1988, 714.

38 **e) Luftfahrten.** Als Luftfahrten gelten sämtliche Bewegungen eines Versicherten mit Luftfahrzeugen im Sinne des LuftVG.[103] Darunter fallen Flüge mit Flugzeugen jeder Art, also Motor-, Strahl- und Segelflugzeugen sowie Hubschraubern, aber auch Ballonen oder Drachen, sowie Absprünge mit Fallschirmen.[104] Versichert sind nach den BUZ aber nur Luftfahrten, die mit einem Propeller- oder Strahlflugzeug oder einem Hubschrauber ausgeführt worden sind.

39 **f) Reise- oder Rundflug.** Versicherungsschutz besteht, wenn der Versicherte an einem Reise- oder Rundflug teilnimmt, nicht aber bei einem Kunstflug. Unter „Flug" ist der Vorgang vom Start bis zur folgenden Landung zu verstehen.[105] Ein Reiseflug setzt voraus, dass der Fluggast von einem Abflughafen zu einem anderen Zielort befördert wird.[106] Die Bestimmung eines Fluges als Reiseflug wird nicht dadurch aufgehoben, dass der Pilot unvorhergesehen Kunstflugfiguren ausführt oder Steuerungsfehler begeht.[107] Es spielt keine Rolle, ob ein Versicherter oft oder selten als Fluggast ein Flugzeug benutzt[108] oder eine Flugreise mit einer Zwischenlandung oder mehreren Zwischenlandungen unternimmt. Rundflüge sind Flüge, die ohne Zwischenlandung wieder am Abflugort enden.[109] Springt der Versicherte während des Flugs mit einem Fallschirm ab, liegt mangels Ausstieg am Zielort bzw. Startpunkt keine Teilnahme an einem Reise- oder Rundflug vor.[110] Der Reise- oder Rundflug ist gegenüber dem Kunstflug (ebenso Schau- und Probeflug) abzugrenzen. Bei Kunst-, Schau- und Probeflügen besteht für die mitfliegende versicherte Person kein Versicherungsschutz, da bei diesen Flügen das Risiko wesentlich größer ist als bei der normalen Personenbeförderung.[111] Ob ein Kunstflug oder ein nach § 3 Abs. 3 BUZ 1990 versicherter Rundflug vorliegt, hängt nicht von den Vorstellungen des Versicherten oder von Vereinbarungen zwischen dem Piloten und dem beförderten Versicherten vor Antritt des Flugs ab, sondern ergibt sich aus dem tatsächlichen Flugablauf, insbesondere aus der Ausführung von Kunstflugfiguren.[112]

40 **g) Fluggast.** Gemäß der Definition in § 3 Abs. 3 BUZ 1990 sind Fluggäste, mit Ausnahme der Besatzungsmitglieder, die Insassen, denen das Luftfahrzeug ausschließlich zur Beförderung dient. Fluggast ist mithin, wer als Flugzeuginsasse nicht zum fliegenden Personal oder zum Flugzeugpersonal gehört.[113]

41 Nach dem Wortlaut der Bestimmung ist es unerheblich, ob die Beförderung als Fluggast entgeltlich oder unentgeltlich, freiwillig oder unfreiwillig (z.B. als Strafgefangener oder als Geisel) erfolgt. Auch kommt es nicht darauf an, dass der Insasse rechtmäßig befördert wird. Der blinde Passagier und der Fluggast ohne gül-

---

[102] LG München I, Urt. v. 6. 10. 1989 – 18 O 3717/89, VersR 1990, 298, 299.
[103] LG Oldenburg, Urt. v. 22. 2. 1988 – 4 O 3311/87, VersR 1989, 178.
[104] LG Oldenburg, Urt. v. 22. 2. 1988 – 4 O 3311/87, VersR 1989, 178.
[105] BGH, Urt. v. 30. 11. 1983 – IVa ZR 32/82, VersR 1984, 155 = MDR 1984, 472.
[106] LG Bielefeld, Urt. v. 24. 6. 1977 – 5 O 91/77, VersR 1978, 1014; BGH, Urt. v. 30. 11. 1983 – IVa ZR 32/82, VersR 1984, 155 = MDR 1984, 472; LG Oldenburg, Urt. v. 22. 2. 1988 – 4 O 3311/87, VersR 1989, 178.
[107] LG Bielefeld, Urt. v. 24. 6. 1977 – 5 O 91/77, VersR 1978, 1014.
[108] BGH, Urt. v. 24. 6. 1977 – 5 O 91/77, VersR 1978, 1014.
[109] LG Bielefeld, Urt. v. 24. 6. 1977 – 5 O 91/77, VersR 1978, 1014; BGH, Urt. v. 30. 11. 1983 – IVa ZR 32/82, VersR 1984, 155 = MDR 1984, 472; LG Oldenburg, Urt. v. 22. 2. 1988 – 4 O 3311/87, VersR 1989, 178.
[110] LG Oldenburg, Urt. v. 22. 2. 1988 – 4 O 3311/87, VersR 1989, 178.
[111] LG Bielefeld, Urt. v. 24. 6. 1977 – 5 O 91/77, VersR 1978, 1014; OLG Hamburg, Urt. v. 26. 1. 1988 – 7 U 120/87, VersR 1989, 177.
[112] OLG Hamburg, Urt. v. 26. 1. 1988 – 7 U 120/87, VersR 1989, 177, 178 m. abl. Anm. *Schmid* VersR 1989, 507 f. und zust. Anm. *Wandt* VersR 1989, 580.
[113] BGH, Urt. v. 30. 11. 1983 – IVa ZR 32/82, VersR 1984, 155; OLG Koblenz, Urt. v. 23. 1. 1998 – 10 U 963/96, VersR 1998, 1146, 1147; BGH VersR 1999, 1146, 1147; BGH, Urt. v. 15. 3. 2005 – VI ZR 356/03, NJW-RR 2005, 895, 896.

tigen Flugschein sind daher nicht nach § 3 Abs. 3 BUZ 1990 vom Versicherungsschutz ausgeschlossen. Personen, denen das Luftfahrzeug zu anderen Zwecken (z.B. zur Verkehrsüberwachung, zur Verkehrsregelung, zur Verfolgung von Straftätern, als Beobachtungsstation, für Luftaufnahmen oder als Absprungbasis für Fallschirmsprünge dient, sind nicht Fluggäste.[114] Für diese Personen ist bezeichnend, dass sie einen Flug unternehmen, weil dies typisch für die Ausübung ihres Berufs oder Sports ist. Hinzu gehören z.B. die Mechaniker bei Prüf- oder Abnahmeflügen von Luftfahrzeugen, Polizeibeamte bei Verkehrslenkung oder Verbrechensbekämpfung, Pipelinebeobachter, Hochspannungsüberwacher, Kameraleute bei Luftbildaufnahmen, Kartographen, die vom Flugzeug aus tätig werden, medizinisches Personal in Rettungshubschraubern mit Erste-Hilfe-Einrichtung, so der Arzt bei der Bergwachtübung,[115] landwirtschaftliche Sprühflieger, Fallschirmspringer. Fluggäste sind dagegen auch die Personen, die lediglich zur Ausübung ihres Berufes am Zielort auf dem Land oder Wasser mit einem Luftfahrzeug transportiert werden, z.B. Seelotsen oder Ärzte, die vom Hubschrauber zum Schiff bzw. zu einer Unglücksstelle gebracht werden.[116] Besatzungsmitglieder sind versichert, wenn sie als Fluggäste außerhalb der Berufstätigkeit an einem unter die Versicherung fallenden Flug teilnehmen. Fluggast ist auch der mitfliegende Halter, Eigentümer, Charterer. Fluggast bleibt, wer als Fluggast wegen einer bestehenden Notlage Aufgaben der Besatzung zur Abwendung unmittelbar drohender Gefahren übernimmt.[117] Die Fluggasteigenschaft entfällt auch dann nicht, wenn die Hilfstätigkeit des Fluggastes keinen Bezug zum Besatzungswagnis hat (z.B. wenn Tabellen oder Karten gehalten werden, das Bordpersonal mit Nahrungsmitteln versorgt wird).

h) **Besatzungsmitglieder.** Besatzungsmitglied ist, wer dazu bestimmt ist, das 42 Luftfahrzeug verantwortlich zu führen oder den verantwortlichen Luftfahrzeugführer dabei zu unterstützen (fliegendes Personal) oder wer im Auftrag des Flugzeugveranstalters sonstige Dienste oder irgendeine Berufstätigkeit im Flugzeug zu verrichten hat.[118] Kein Fluggast, sondern Besatzungsmitglied ist daher der Versicherte, der z.B. als Kopilot oder Flugschüler fliegende Verrichtungen übernommen hat oder als Flugbegleitpersonal mitfliegt.[119] Die Vornahme fliegerischer Verrichtungen schließt die Eigenschaft eines Flugzeuginsassen als Fluggast auch dann aus, wenn die aktive Betätigung als Flieger unter Aufsicht eines erfahrenen Piloten zu dem Zweck erfolgt, zusätzliche fliegerische Erfahrungen zu gewinnen.[120] Besatzungsmitglied ist auch, wer mit dem Halter des Flugzeuges, dessen Stellvertreter oder dem Piloten vor oder während des Fluges abgesprochen hat, dass er sich zur Übernahme von Aufgaben bereithalten soll, die üblicherweise vom fliegenden Personal erledigt werden. Wer als Besatzungsmitglied mitfliegt, verliert diese Eigenschaft nicht dadurch, dass nach einer bestimmten Flugzeit seine Funktion als Besatzungsmitglied beendet ist.

---

[114] LG Oldenburg, Urt. v. 22. 2. 1988 – 4 O 3311/87, VersR 1989, 178.
[115] Vgl. für die AUB LG München II, Urt. v. 27. 4. 1989, VersR 1990, 40.
[116] BAV in: GB BAV 1983, 83 Nr. 910.
[117] BGH, Urt. v. 30. 11. 1983 – IV a ZR 32/82, VersR 1984, 155 = MDR 1984, 472; OLG Koblenz, Urt. v. 23. 1. 1998 – 10 U 963/96, NVersZ 1998, 117, 118 = VersR 1998, 1146.
[118] BGH, Urt. v. 30. 11. 1983 – IV a ZR 32/82, VersR 1984, 155 = MDR 1984, 472; siehe auch LG Köln, Urt. v. 18. 5. 1983 – 24 O 465/82, VersR 1985, 939; OLG Köln r+s 1989, 66; OLG Koblenz, Urt. v. 23. 1. 1998 – 10 U 963/96, NVersZ 1998, 117, 118 = VersR 1998, 1146.
[119] LG Bielefeld, Urt. v. 24. 6. 1977 – 5 O 91/77, VersR 1978, 1014.
[120] LG Bielefeld, Urt. v. 24. 6. 1977 – 5 O 91/77, VersR 1978, 1014.

43 **i) Propeller- oder Strahlflugzeug, Hubschrauber.** Versicherungsschutz besteht nur, wenn sich der Versicherungsfall bei Beförderung mit einem Propeller- oder Strahlflugzeug oder mit einem Hubschrauber ereignet. Zu den Propeller- oder Strahlflugzeugen werden auch Flugzeuge mit Propellerturbinen = Turbopropantrieb gerechnet. Ultraleichtflugzeuge zählen zu den Propellerflugzeugen.[121] Unerheblich ist, ob es sich um ein ziviles oder militärisches Flugzeug oder ob es sich um ein Flugzeug eines Luftfahrtunternehmens im Sinne von § 20 Abs. 1 LuftVG oder eines Privatmanns handelt. Charter-, Sport- oder sonstige Privatflugzeuge sind daher grundsätzlich nicht vom Versicherungsschutz ausgeschlossen. Kein Versicherungsschutz besteht beim Fliegen mit Gleitsegeln (auch Paragleiter oder Gleitschirm genannt),[122] Segelflugzeugen und beim Drachenfliegen[123] oder wenn sich der Versicherte mit einem Motorboot an einem Luftschirm durch die Luft ziehen lässt.[124] Der Versicherer ist auch nicht leistungspflichtig, wenn sich der Versicherungsfall beim Fliegen mit einem Fesselballon ereignet.

44 **j) Beweislast.** Die Vorschrift enthält keine vom Versicherungsnehmer zu beweisenden Anspruchsvoraussetzungen, sondern einen vom Versicherer voll zu beweisenden Ausschlusstatbestand.[125] Dem Versicherer sind keine Erleichterungen für den Beweis der Voraussetzungen eines Risikoausschlusses einzuräumen.[126] Das LVU muss daher beweisen, dass der Versicherte nicht Fluggast gewesen ist.[127] Zur Beantwortung der Frage, ob der Versicherte als Fluggast oder als Besatzungsmitglied mit geflogen ist, kann der Flugplan herangezogen werden.[128]

5. Kraftfahrzeugrennen (§ 3 Satz 2 lit. d) BUZ)

45 **a) Fassung.** Die BUZ 1964 sahen gegenüber der seit den BUZ 1970 neu gefassten Ausschlussklausel noch vor, dass der Versicherungsschutz ausgeschlossen ist, wenn die Berufsunfähigkeit durch die Benutzung von Kraftfahrzeugen aller Art bei Rekordversuchen verursacht ist.[129] Eine vergleichbare Ausschlussklausel ist in den AUB und AKB zu finden.

46 **b) Zweck der Regelung.** Sinn und Zweck des Ausschlusses ist es, das außerhalb der Teilnahme am allgemeinen Straßenverkehr liegende und mit Motorsportrennveranstaltungen verbundene Risiko vom Versicherungsschutz auszuneh-

---

[121] OLG Koblenz, Urt. v. 23. 1. 1998 – 10 U 963/96, NVersZ 1998, 117 = VersR 1998, 1146; BGH, Urt. v. 16. 6. 1999 – IV ZR 44/98, NJW-RR 1999, 1473 = NVersZ 1999, 476 = VersR 1999, 1224 = r+s 1999, 478; *Wussow/Pürckhauer*, AUB, 6. Aufl., § 2 AUB Rdn. 50; a.␣A. LG Koblenz, Urt. v. 23. 5. 1996 – 1 O 77/95, VersR 1997, 608 (Ls.). Zur Vertragsvermittlung bei Versicherungsnotstand für Ultraleichtflugzeuge siehe KG, Beschl. v. 2. 10. 1998 – 2 Ss 176/98 – 5 Ws (B) 406/98, NVersZ 1999, 446 ff.
[122] LG Traunstein, Urt. v. 11. 11. 1996 – 3 O 2959/96, VersR 1997, 1521, 1522 = r+s 1998, 262, 263; OLG München, Nichtannahmebeschl. v. 12. 3. 1997 – 3 U 6428/96, VersR 1997, 1521/1522 = r+s 1998, 262, 263.
[123] OLG Nürnberg, Beschl. v. 12. 11. 1979 – 8 W 45/79, VersR 1980, 233.
[124] BGH, Urt. v. 27. 4. 1988 – IV a ZR 76/87, VersR 1988, 714.
[125] BGH, Urt. v. 16. 6. 1999 – IV ZR 44/98, NJW-RR 1999, 1473 = NVersZ 1999, 476, 477 = VersR 1999, 1224 = r+s 1999, 478, 479 = MDR 1999, 1196; a. A. OLG Hamburg, Urt. v. 26. 1. 1988 – 7 U 120/87, VersR 1989, 177, 178.
[126] BGH, Urt. v. 16. 6. 1999 – IV ZR 44/98, NJW-RR 1999, 1473, 1474 = NVersZ 1999, 476, 477 = VersR 1999, 1224 = r+s 1999, 478, 479.
[127] BGH, Urt. v. 16. 6. 1999 – IV ZR 44/98, NJW-RR 1999, 1473, 1474 = NVersZ 1999, 476, 477 = VersR 1999, 1224 = r+s 1999, 478, 479 = MDR 1999, 1196, 1197.
[128] BGH, Urt. v. 30. 11. 1983 – IV a ZR 32/82, VersR 1984, 155 = MDR 1984, 472.
[129] Siehe VerBAV 1964, 35.

men.[130] Deshalb sind beispielsweise Unfälle, die bei Rennen unter Bedingungen des allgemeinen Straßenverkehrs stattfinden, nicht vom Ausschluss erfasst.[131] Dies ist der Fall, wenn ein einzelner Kraftfahrer versucht, im Straßenverkehr mit Höchstgeschwindigkeit zu fahren oder einen anderen Kraftfahrer wettkampfartig zu überholen.

c) Rechtsnatur. Bei der Bestimmung handelt es sich nicht um eine verhüllte Obliegenheit, sondern nach Stellung im Bedingungswerk und Inhalt um einen Risikoausschluss.[132] 47

d) Beteiligung an Fahrtveranstaltungen. aa) Höchstmögliche Geschwindigkeit. Der Risikoausschluss gilt nicht nur für Fahrzeugrennen, bei denen es auf die Erzielung der technisch möglichen absoluten Höchstgeschwindigkeit ankommt, sondern auch für Rennveranstaltungen, bei denen die nach den jeweiligen Streckenbedingungen höchstmögliche Geschwindigkeit zu fahren ist, weil es auch bei diesen Rennen trotz ihrer nur relativen Geschwindigkeit im Rahmen der vorgegebenen Bedingungen auf die ohne Fahrfehler erzielbare höchstmögliche Geschwindigkeit ankommt.[133] Zu den Fahrtveranstaltungen im Sinne der Ausschlussklausel zählen die Testfahrten der Kraftfahrzeughersteller und Fachzeitschriften sowie die Stern- und Rallyefahrten von Klubs, wenn die Teilnehmer während des Verlaufs der Fahrtveranstaltung eine Höchstgeschwindigkeit zu erzielen haben. Dieser Sachverhalt kann auch bei einer sogenannten Zuverlässigkeitsprüfung anzutreffen sein. In diesem Fall ändert diese Veranstaltungsbezeichnung nichts an der Tatsache, dass für diese Veranstaltung kein Versicherungsschutz besteht.[134] Der Ausschluss des Versicherungsschutzes gilt für die gesamte Dauer der Fahrtveranstaltung. Dabei ist nach dem Wortlaut der Klausel nicht danach zu unterscheiden, ob einzelne Phasen der Veranstaltung dem Beteiligten erlauben, keine Höchstgeschwindigkeit zu erzielen.[135] 48

bb) Einzelfälle. Eine Fahrtveranstaltung, die auf die Erzielung einer hohen Durchschnittsgeschwindigkeit angelegt ist, von der Polizei genehmigt und überprüft wird und bei der die Teilnehmer zur Einhaltung der Verkehrsvorschriften einschließlich Geschwindigkeitsbegrenzung verpflichtet sind und polizeilich überwacht werden, fällt nicht unter die Ausschlussklausel.[136] Wer an einer Fahrtveranstaltung mit einem Kraftfahrzeug nicht mit dem Ziel der Erreichung einer Höchstgeschwindigkeit teilnimmt, unterfällt nicht der Ausschlussklausel.[137] Kein Beteiligter ist deshalb der Schrittmacher, der auf dem Motorrad mitfährt oder an einem Radrennen teilnimmt.[138] 49

---

[130] Vgl. OLG Celle, Urt. v. 12. 1. 2005 – 4 U 162/04, VersR 2005, 778 = r+s 2006, 388.
[131] BGH VersR 1976, 381; OLG Celle, Urt. v. 12. 1. 2005 – 4 U 162/04, VersR 2005, 778 = r+s 2006, 388.
[132] OLG Karlsruhe VersR 2005, 78; OLG Köln, Urt. v. 21. 11. 2006 – 9 U 76/06, r+s 2007, 12, 13.
[133] OLG Braunschweig VersR 1976, 81, 82; OLG Hamm NJW-RR 1989, 732, 733; OLG Düsseldorf, Urt. v. 22. 10. 1996 – 4 U 144/95, NJW-RR 1997, 1525 = VersR 1998, 224 = r+s 1997, 485; OLG Celle, Urt. v. 9. 10. 2003 – 8 U 256/02, OLGR 2004, 240 = NJW-RR 2004, 679, 681 = r+s 2004, 164; OLG Celle, Urt. v. 12. 1. 2005 – 4 U 162/04, VersR 2005, 778 = r+s 2006, 388; *Grimm*, AUB, 3. Aufl., § 2 AUB Rdn. 58.
[134] LG Bielefeld, Urt. v. 21. 4. 1967 – 5 O 374/66, VersR 1967, 993.
[135] LG Braunschweig, Urt. v. 23. 2. 1966 - 1 O 135/65, VersR 1966, 729; *Klaiber* VersR 1966, 730; *Bentlage* VersR 1976, 1118; a. A. LG Wiesbaden VersR 1975, 630; *Dreger* VersR 1966, 1179; *Fritze* VersR 1968, 726.
[136] BGH v. 26. 11. 1975, VersR 1976, 381.
[137] OLG Nürnberg, Urt. v. 29. 6. 2007 – 8 U 158/07, VersR 2008, 207, 208 = r+s 2007, 370.
[138] OLG Bamberg, Urt. v. 5. 3. 1952 – 1 U 265/51, VersR 1952, 385; siehe auch OLG Oldenburg VersR 1954, 8.

50 **e) Übungsfahrten.** Die Ausschlussklausel, die neben den „Fahrtveranstaltungen" auch die „dazugehörigen Übungsfahrten" aufführt, will auch Übungsfahrten erfassen, die nicht den Renncharakter wie das Hauptrennen selbst haben, sondern auch andere Fahrten, in denen sich ebenfalls renntypische, und zwar geschwindigkeitsbedingt renntypisch erhöhte Gefahren verwirklichen.[139] Dem Normzweck entsprechend reicht es aus, wenn der Fahrer im Hinblick auf die Teilnahme an der Fahrtveranstaltung bereits übt, Höchstgeschwindigkeiten zu erzielen.[140] Unfälle bei einer Wertungsprüfung zur Erzielung einer Höchstgeschwindigkeit im Rahmen einer Rallye sind daher von der Versicherung ausgeschlossen.[141] Vom Risikoausschluss sind sogar solche Übungsfahrten für das Hauptrennen erfasst, die nicht der Veranstalter organisiert.[142]

51 Nicht unter die Ausschlussklausel fallen Übungsfahrten, bei denen es eindeutig nicht auf die Höchstgeschwindigkeit ankommt und auch gar nicht ankommen kann, wie beispielsweise bei einer Geschicklichkeitsfahrt[143] oder einem Sicherheitstraining.[144] Deshalb fallen reine Geschicklichkeits- oder Zuverlässigkeitsfahrten nicht unter die Ausschlussklausel, wenn in erster Linie die Betriebssicherheit des Fahrzeuges und die Fahrkunst des Fahrers erprobt werden sollen.[145] Erforderlich ist vielmehr für den Risikoausschluss immer eine Abrede zwischen den beteiligten Fahrern, dass der Schnellste ermittelt werden soll.[146]

6. Energiereiche Strahlen (§ 3 Satz 2 lit. e) BUZ)

52 **a) Fassung.** Durch Laser- oder Maser-Strahlen verursachte Berufsunfähigkeit ist erst seit den BUZ 1970[147] ausdrücklich vom Versicherungsschutz ausgeschlossen. Im Übrigen ist die jetzt gültige Musterfassung seit der Einführung der BUZ 1964 unverändert. Die Ausschlussklausel des § 3 Satz 2 lit. e) BUZ ist auch in den UZV und den AUB enthalten. Ist der Versicherungsfall (Berufsunfähigkeit bzw. Gesundheitsschädigung) durch energiereiche Strahlen mit einer Härte von unter 100 Elektronen-Volt verursacht, besteht sowohl nach den BUZ als auch nach den UZV und den AUB Leistungspflicht des Versicherers.

53 **b) Strahlenschäden.** Bereits für die Regelung in § 2 II (1) AUB 88, wonach Gesundheitsschädigungen durch Strahlen nicht unter den Versicherungsschutz fallen, war anerkannt, dass Laserstrahlen Strahlen im Sinne dieser Bestimmung sind.[148] In § 3 Satz 2 lit. e) BUZ sind neben den Maser-Strahlen auch die Laser-Strahlen ausdrücklich als Strahlen erwähnt, für die kein Versicherungsschutz besteht, wenn durch sie die Berufsunfähigkeit verursacht ist. Strahlenschäden infolge

---

[139] OLG Celle, Urt. v. 12. 1. 2005 – 4 U 162/04, VersR 2005, 778 = r+s 2006, 388, 389.
[140] OLG Celle, Urt. v. 12. 1. 2005 – 4 U 162/04, VersR 2005, 778/779 = r+s 2006, 388, 389.
[141] LG Hildesheim, Urt. v. 17. 7. 1984 – 3 O 207/84, VersR 1986, 783 = ZfS 1986, 34.
[142] OLG Celle, Urt. v. 12. 1. 2005 – 4 U 162/04, VersR 2005, 778, 779 = r+s 2006, 388, 389.
[143] OLG Celle, Urt. v. 12. 1. 2005 – 4 U 162/04, VersR 2005, 778, 779 = r+s 2006, 388, 389.
[144] OLG Karlsruhe VersR 2005, 78 = MDR 2004, 1419; OLG Celle, Urt. v. 12. 1. 2005 – 4 U 162/04, VersR 2005, 778, 779 = r+s 2006, 388, 389; OLG Karlsruhe, Urt. v. 6. 9. 2007 – 12 U 107/07, r+s 2008, 64, 65.
[145] OLG Celle, Urt. v. 9. 10. 2003 – 8 U 256/02, NJW-RR 2004, 679, 681 = r+s 2004, 164.
[146] AG Frankfurt/M. SpuRt 1998, 60; OLG Celle, Urt. v. 9. 10. 2003 – 8 U 256/02, NJW-RR 2004, 679, 681 = r+s 2004, 164.
[147] VerBAV 1970, 211.
[148] BGH, Urt. v. 11. 3. 1998 – IV ZR 92/97, NVersZ 1998, 73, 74 = VersR 1998, 617, 618 = VerBAV 1999, 143 = r+s 1998, 348.

Atomenergie fallen unter die Ausschlussklausel, nicht jedoch Hitze- und Luftdruckschäden beim Durchgehen eines Reaktors. Die Radiumbestrahlung zur Heilung von Krebskranken oder zu anderen medizinischen Zwecken fällt nicht unter den Ausschlusstatbestand, wenn die Bestrahlung durch einen Arzt oder unter ärztlicher Aufsicht erfolgt.

c) Beweislast. Der Versicherer muss bei Vorliegen von Strahlenschäden beweisen, dass die Berufsunfähigkeit durch Strahlen im Sinne des Ausschlusstatbestands verursacht worden ist. Im Streitfall muss er die Strahlenquelle und bei energiereichen Strahlen die Strahlenhärte nachweisen. Der Anspruchserhebende hat demgegenüber darzulegen und zu beweisen, dass der Eintritt der Berufsunfähigkeit durch eine Bestrahlung für Heilzwecke durch einen Arzt oder unter ärztlicher Aufsicht verursacht worden ist. 54

7. Absichtliche Herbeiführung des Versicherungsfalls (§ 3 Satz 2 lit. f) BUZ)

Das Berufsunfähigkeitsrisiko ist ausgeschlossen, wenn die Berufsunfähigkeit durch absichtliche Selbstverletzung oder versuchte Selbsttötung verursacht ist, es sei denn, dass diese Handlungen im Zustand der Unzurechnungsfähigkeit begangen worden sind.[149] Da § 3 Abs. 2 lit. c) BUZ 1990, jetzt § 3 Satz 2 lit. f) BUZ, nach Wortlaut und Sinn als Ausschlussklausel im Sinne einer sekundären Risikoabgrenzung angesehen werden muss, ist der Versicherer für den Ausschlusstatbestand beweispflichtig.[150] 55

Obwohl nicht ausdrücklich angesprochen, kommt es allein auf das Verhalten der versicherten Person an. Diese handelt absichtlich, wenn ihr qualifizierter Vorsatz vom Versicherer nachgewiesen werden kann. Erforderlich ist das auf die Herbeiführung von Krankheit oder Kräfteverfall bzw. die Selbstverletzung oder die Selbsttötung gerichtete Wollen, um die Berufsunfähigkeit eintreten zu lassen. Für die absichtliche Herbeiführung des Versicherungsfalls können verschiedene Indizien sprechen, z.B. widersprüchliche Angaben zum Unfallgeschehen, Widersprüche zu den Aussagen eines Zeugen, Abschluss von Versicherungsverträgen mit sehr hohen Versicherungssummen, die in keinem Verhältnis zu den wirtschaftlichen und sozialen Verhältnissen des mit geringem Einkommen tätigen Versicherungsnehmers stehen, wirtschaftliche Schwierigkeiten des Versicherungsnehmers, bereits begangene Tötungsdelikte des Versicherungsnehmers.[151] 56

Versicherungsschutz besteht jedoch, wenn der Anspruchsteller nachweist, dass die Handlungen, die die Berufsunfähigkeit absichtlich verursacht haben, in einem die freie Willensbestimmung ausschließenden Zustand krankhafter Störung der Geistestätigkeit begangen worden sind. 57

8. Widerrechtliche Handlung (§ 3 Satz 2 lit. g) BUZ)

Seit Verlautbarung der BUZ 1970[152] ist der Versicherungsschutz ausgeschlossen, wenn die Berufsunfähigkeit durch eine widerrechtliche Handlung verursacht worden ist, mit der der Versicherungsnehmer vorsätzlich die Berufsunfähigkeit des Versicherten herbeiführt hat. Ein vergleichbarer Risikoausschluss findet sich in der Todesfallversicherung (vgl. § 170 Abs. 1 VVG), in der Unfallversicherung (vgl. § 181 Abs. 1 VVG) und in der Schadenversicherung (vgl. § 61 VVG). 58

---

[149] Güllemann ZVersWiss 1972, 55, 60.
[150] Güllemann ZVersWiss 1972, 55, 60.
[151] OLG Koblenz, Urt. v. 12. 9. 2003 – 10 U 1026/02, Info-Letter Versicherungs- und Haftungsrecht 2003, 256 f.
[152] VerBAV 1970, 210.

59 Die Ausschlussklausel findet keine Anwendung, wenn ein Fall der Notwehr oder Selbsthilfe vorliegt, da es dann an der widerrechtlichen Handlung fehlt. Versicherungsschutz besteht ferner, wenn der Anspruchsteller einen Schuldausschließungsgrund geltend machen kann.

9. Einsatz von atomaren, biologischen oder chemischen Waffen (§ 3 Satz 2 lit. h) BUZ)

60 Eine vergleichbare Klausel findet sich in § 4 ALB 2008.

§ 4 Welche Mitwirkungspflichten sind zu beachten, wenn Leistungen wegen Berufsunfähigkeit verlangt werden?

(1) Werden Leistungen aus dieser Zusatzversicherung verlangt, sind uns unverzüglich auf Kosten des Ansprucherhebenden folgende Unterlagen einzureichen:
a) ein amtliches Zeugnis über den Tag der Geburt der versicherten Person;
b) eine Darstellung der Ursache für den Eintritt der Berufsunfähigkeit;
c) ausführliche Berichte der Ärzte, die die versicherte Person gegenwärtig behandeln, bzw. behandelt oder untersucht haben, über Ursache, Beginn, Art, Verlauf und voraussichtliche Dauer des Leidens sowie über den Grad der Berufsunfähigkeit oder über die Pflegestufe;
d) Unterlagen über den Beruf der versicherten Person, deren Stellung und Tätigkeit im Zeitpunkt des Eintritts der Berufsunfähigkeit sowie über die eingetretenen Veränderungen.
e) bei Berufsunfähigkeit infolge Pflegebedürftigkeit zusätzlich eine Bescheinigung der Person oder der Einrichtung, die mit der Pflege betraut ist, über Art und Umfang der Pflege.

(2) Wir können außerdem – dann allerdings auf unsere Kosten – weitere ärztliche Untersuchungen durch von uns beauftragte Ärzte sowie notwendige Nachweise – auch über die wirtschaftlichen Verhältnisse und ihre Veränderungen – verlangen, insbesondere zusätzliche Auskünfte und Aufklärungen.

(3) Wird eine Erhöhung der Berufsunfähigkeitsrente wegen einer höheren Pflegestufe verlangt, so gelten die Absätze 1 und 2 sinngemäß.

Übersicht

	Rdn.
I. Allgemeines	1–9
1. Fassung	1
a) BUZ 1975	1
b) BUZ 1984	2
c) BUZ 1990/1993	3
2. Obliegenheiten	4, 5
a) Ausgangslage	4
b) Ablehnung des Leistungsanspruchs	5
3. Inhaltskontrolle des § 4 BUZ 1990/1993	6–8
a) Verstoß gegen das Grundrecht auf informationelle Selbstbestimmung	6
b) Modifizierung der Leistungsfallschweigepflichtentbindungsklausel	7
c) Auswirkungen des BVerfG-Urteils	8
4. VVG 2008	9
II. Vorlage des Versicherungsscheins und Nachweis der Beitragszahlung (§ 4 Abs. 1 a) BUZ)	10
III. Darstellung der Ursache für den Eintritt der Berufsunfähigkeit (§ 4 Abs. 1 b) BUZ)	11–13

B. Allg. Bed. für die BU-ZusatzVers   § 4 BUZ 2008

	Rdn.
1. Darstellung der Ursache	11, 12
2. Fragenkatalog zum Leistungsantrag	13
IV. Ärztliche Berichte (§ 4 Abs. 1 c) BUZ)	14–24
1. Fassung	14
2. Ärztlicher Bericht	15
3. Verwertung ärztlicher Berichte anderer Leistungsträger	16–24
a) Berufsgenossenschaftliche Gutachten	17, 18
aa) Medizinische Beurteilung	17
bb) Beurteilung der MdE	18
b) Versorgungsamtliche Gutachten	19
c) Gutachten nach dem RKG	20
d) Rentenversicherungsgutachten	21
e) Gutachten nach dem BBG	22
f) Krankengeldbescheid gemäß § 182 RVO	23
g) Leistungen gemäß § 8 Abs. 2 AUB	24
V. Unterlagen über den Beruf, die Stellung und die Tätigkeit des Versicherten (§ 4 Abs. 1 d) BUZ)	25–27
1. Zweck der Vorschrift	25
2. Angaben zur beruflichen Situation	26
3. Berichte zur Tätigkeit	27
VI. Ärztliche Untersuchung und zusätzliche Auskünfte (§ 4 Abs. 2 BUZ)	28–36
1. Fassung	28
2. Zweck der Regelung	29
3. Untersuchung durch den beauftragten Arzt	30–33
a) Untersuchungsrecht des Versicherers	30
b) Benennungsrecht des Versicherers	31
c) Weigerung des Versicherten	32
d) Wegfall des Zustimmungspflicht des Versicherten	33
4. Entbindung von der Schweigepflicht	34
5. Zusätzliche Auskünfte	35, 36
VII. Ärztliche Anordnungen (§ 4 Abs. 4 BUZ 1990/1993)	37–47
1. Ausgangslage	37
2. Zweck der Regelung	38
3. Anordnungen	39, 40
a) Untersuchender oder behandelnder Arzt	39
b) Konkrete Empfehlungen	40
4. Befolgung zumutbarer Anordnungen	41–45
a) Zumutbarkeit	41
b) Anordnungen	42, 43
aa) Zumutbare Anordnungen	42
bb) Unzumutbare Anordnungen	43
c) Operationen	44, 45
aa) Grundsatz	44
bb) Einzelfälle	45
5. Schadenminderungspflicht	46
6. Beweislast	47
VIII. Kostentragung	48–52
1. Ermittlungs- und Feststellungskosten	48
2. Untersuchungskosten	49
3. Rehabilitationskosten	50, 51
4. Schadenminderungskosten	52

Schrifttum: *Bostelmann,* Die einverständliche Schadensregulierung in der Sach- und Personenversicherung, ZVersWiss 1977, 569; *Breuer,* Risiko-Aspekte der Berufsunfähigkeitsversicherung, VW 1984, 648, 706, 782; *Egger,* Schweigepflichtentbindung in privater Berufsunfähigkeits- und Krankenversicherung – Zugleich Anmerkung zur Entscheidung des BVerfG vom 23. 10. 2006 (1 BvR 2027/02) VersR 2006, 1669 –, VersR 2007, 905; *Fricke, H.-J.,* Der Detektiv als Informant des Versicherers – Zulässigkeit und Grenzen, VersR 2010,

308; *Glück/Schleich/Wandl,* ReIntra – der neue medizinisch-berufskundliche Beratungs- und Integrationsdienst der Bayerischen Rück, ZfV 1997, 635; *Haft,* Die Prüfung des subjektiven Risikos oder Interessenrisikos in der Lebens- und Berufsunfähigkeitsversicherung, VW 1977, 636; *Hausotter/Eich,* Die Begutachtung für die private Berufsunfähigkeitsversicherung, Ein Leitfaden für medizinische Gutachter und Sachbearbeiter in den Leistungsabteilungen privater Versicherer, Karlsruhe, VVW, 2008; *Heinrich,* Das Sachverständigenverfahren im Privatversicherungsrecht, Diss. Hamburg 1995, Frankfurt/M. u. a., Lang, 1996; *Hennies,* Rechtsgrundlagen der Begutachtung in den Privatversicherungen, in: Basiswissen medizinische Begutachtung, Stuttgart, Verlag Georg Thieme, 1998; *Höra,* Materielle und prozessuale Klippen in der Berufsunfähigkeits- und Krankenversicherung, r+s 2008, 89; *Höpfner,* Der Nachweis des Versicherungsfalles, Diss. Frankfurt/M. 1996, Frankfurt/M. u. a., Lang, 1996; *Leithoff,* Zur Krise des medizinischen Sachverständigenbeweises, ZVersWiss 1971, 209; *Neuhaus/Kloth,* Die aktuelle Rechtsprechung zu Personenversicherungen, MDR 2006, 730; *Neuhaus,* Die Rechtsprechung zur Berufsunfähigkeitsversicherung in den Jahren 2004 und 2005 (Teil 2), SpV 2007, 6; *Notthoff,* Die Zukunft genereller Schweigepflichtentbindungserklärungen in der Berufsunfähigkeitszusatzversicherung, zfs 2008, 243; *Ostheimer,* Die Rechtsprechung zur BU-Versicherung in den Jahren 2004 und 2005 – Teil 2 (SpV 2007, 6 ff.) – Kritische Anmerkungen, SpV 2007, 26; *Raestrup,* Invaliditätsanalyse, ZVersWiss 1978, 441; *Römer,* Obliegenheiten in der Personenversicherung, r+s 1998, 45; *Rompe,* Beurteilung der Berufsunfähigkeit bei Wirbelsäulenerkrankungen und -verletzungen, ZVersWiss 1981, 455; *Sander,* Das ärztliche Gutachten in der höchstrichterlichen Rechtsprechung, ZVersWiss 1971, 219; *Schreiber,* Einsichtsrecht in ärztliche Krankenunterlagen und Dokumentationspflicht des Arztes, NJW 1980, 630; *von Thaden,* Fragen der versicherungsmedizinischen Antragsprüfung in der Berufsunfähigkeitsversicherung, ZVersWiss 1978, 477; *Wasserburg,* Die ärztliche Dokumentationspflicht im Interesse des Patienten, NJW 1980, 617; *Weichert,* Die Krux mit der ärztlichen Schweigepflichtentbindung für Versicherungen, NJW 2004, 1695.

I. Allgemeines

1. Fassung

a) **BUZ 1975.** Nach den BUZ 1975 hatte die Mitwirkungsklausel folgende Fassung:[1]

„**§ 4 Anzeige, Nachweis, Leistungserhöhung und Schadenminderung**

1. Werden Leistungen wegen Berufsunfähigkeit oder höhere Leistungen wegen Erhöhung des Grades der Berufsunfähigkeit beansprucht, so sind der Gesellschaft unter Einreichung des Versicherungsscheins und – bei Versicherungen mit laufender Beitragszahlung – der letzten Beitragsquittung schriftlich anzuzeigen. Eine Leistungserhöhung kann nur vom Beginn des Monats der Anzeige an verlangt werden.
2. Zum Nachweis der Berufsunfähigkeit oder der Erhöhung ihres Grades sind der Gesellschaft unverzüglich einzureichen:
    a) eine Darstellung der Ursache für den Eintritt der Berufsunfähigkeit;
    b) ausführliche Berichte der Ärzte, die den Versicherten behandeln, behandelt oder untersucht haben, über Ursache, Beginn, Art, Verlauf und voraussichtliche Dauer des Leidens sowie über die eingetretenen Veränderungen.
    Hierdurch entstehende Kosten hat der Anspruchserhebende zu tragen.
3. Die Gesellschaft hat das Recht, als weiteren Nachweis zusätzliche Auskünfte und Aufklärungen sowie ärztliche Nachuntersuchungen durch von ihr beauftragte Ärzte auf ihre Kosten zu verlangen. Die behandelnden Ärzte, auch diejenigen, von denen der Versicherte aus anderen Anlässen behandelt oder untersucht worden ist, sind zu ermächtigen, der Gesellschaft auf Verlangen Auskunft zu erteilen. Das gleiche gilt für Krankenhäuser, Sanatorien, Heilanstalten, Gesundheitsämter, Versorgungs- und Fürsorgeämter sowie Versicherungsunternehmen und Sozialversicherungsträger oder ähnliche Einrichtungen.
4. Anordnungen, die der untersuchende oder behandelnde Arzt nach gewissenhaftem Ermessen trifft, um die Heilung zu fördern oder die Berufsunfähigkeit zu mindern, hat der Versicherte zu befolgen, wobei ihm nichts Unbilliges zugemutet werden darf."

---

[1] VerBAV 1975, 2, 3 f.

b) **BUZ 1984.** Mit der Verlautbarung der BUZ 1984 erhielt § 4 BUZ folgende Fassung:[2]

„§ 4 Welche Mitwirkungspflichten sind zu beachten, wenn Leistungen wegen Berufsunfähigkeit verlangt werden?

(1) Werden Leistungen aus dieser Zusatzversicherung verlangt, so sind uns unverzüglich folgende Unterlagen einzureichen:
a) der Versicherungsschein und der Nachweis der letzten Beitragszahlung;
b) eine Darstellung der Ursache für den Eintritt der Berufsunfähigkeit;
c) ausführliche Berichte der Ärzte, die den Versicherten gegenwärtig behandeln bzw. behandelt oder untersucht haben, über Ursache, Beginn, Art, Verlauf und voraussichtliche Dauer des Leidens sowie über den Grad der Berufsunfähigkeit;
d) Unterlagen über den Beruf des Versicherten, dessen Stellung und Tätigkeit im Zeitpunkt des Eintritts der Berufsunfähigkeit und später eingetretene Veränderungen.
Die hierdurch entstehenden Kosten hat der Anspruchserhebende zu tragen.
(2) Wir können – dann allerdings auf unsere Kosten – außerdem weitere notwendige Nachweise sowie ärztliche Untersuchungen durch von uns beauftragte Ärzte verlangen, insbesondere zusätzliche Auskünfte und Aufklärungen. Der Versicherte hat Ärzte, Krankenhäuser und sonstige Krankenanstalten, bei denen er in Behandlung war oder sein wird, sowie Personenversicherer und Behörden zu ermächtigen, uns auf Verlangen Auskunft zu erteilen
(3) Werden wegen Erhöhung des Grades der Berufsunfähigkeit höhere Leistungen verlangt, so gelten die Absätze 1 und 2 sinngemäß. Eine Leistungserhöhung gewähren wir vom Beginn des Monats der Anzeige an.
(4) Anordnungen, die der untersuchende oder behandelnde Arzt nach gewissenhaftem Ermessen trifft, um die Heilung zu fördern oder die Berufsunfähigkeit zu mindern, sind zu befolgen. Die Anordnungen müssen sich jedoch im Rahmen des Zumutbaren halten."

c) **BUZ 1990/1993.** Mit den BUZ 1990 wurde die Mitwirkungspflichtenklausel wie folgt weiterentwickelt und im Zuge der Neufassung der BUZ in 1993 nicht verändert.[3]

„§ 4 Welche Mitwirkungspflichten sind zu beachten, wenn Leistungen wegen Berufsunfähigkeit verlangt werden?
(Musterbedingungen des BAV – BUZ 1990/1993)

(1) Werden Leistungen aus dieser Zusatzversicherung verlangt, so sind uns unverzüglich folgende Unterlagen einzureichen:
a) der Versicherungsschein und der Nachweis der letzten Beitragszahlung;
b) eine Darstellung der Ursache für den Eintritt der Berufsunfähigkeit;
c) ausführliche Berichte der Ärzte, die den Versicherten gegenwärtig behandeln bzw. behandelt oder untersucht haben, über Ursache, Beginn, Art, Verlauf und voraussichtliche Dauer des Leidens sowie über den Grad der Berufsunfähigkeit oder über die Pflegestufe;
d) Unterlagen über den Beruf des Versicherten, dessen Stellung und Tätigkeit im Zeitpunkt des Eintritts der Berufsunfähigkeit und später eingetretenen Veränderungen.
e) Bei Berufsunfähigkeit infolge Pflegebedürftigkeit zusätzlich eine Bescheinigung der Person oder der Einrichtung, die mit der Pflege betraut ist, über Art und Umfang der Pflege.
Die hierdurch entstehenden Kosten hat der Anspruchserhebende zu tragen.
(2) Wir können außerdem – dann allerdings auf unsere Kosten – weitere ärztliche Untersuchungen durch von uns beauftragte Ärzte sowie notwendige Nachweise – auch über die wirtschaftlichen Verhältnisse und ihre Veränderungen – verlangen, insbesondere zusätzliche Auskünfte und Aufklärungen. Der Versicherte hat Ärzte, Krankenhäuser und sonstige Krankenanstalten sowie Pflegeheime, bei denen er in Behandlung oder Pflege war oder sein wird, sowie Pflegepersonen, andere Personenversicherer und Behörden zu ermächtigen, uns auf Verlangen Auskunft zu erteilen.
(3) Wird eine Erhöhung der Berufsunfähigkeitsrente wegen einer höheren Pflegestufe verlangt, so gelten die Absätze 1 und 2 sinngemäß.
(4) Anordnungen, die der untersuchende oder behandelnde Arzt nach gewissenhaftem Ermessen trifft, um die Heilung zu fördern oder die Berufsunfähigkeit zu mindern, sind zu befolgen. Die Anordnungen müssen sich jedoch im Rahmen des Zumutbaren halten."

---
[2] VerBAV 1984, 2, 3.
[3] VerBAV 1990, 341, 349; VerBAV 1993, 139, 140 (unveränderte Fortführung der Klausel).

2. Obliegenheiten

4 **a) Ausgangslage.** Eine Obliegenheit des Versicherten zur Umschulung oder zum sonstigen Erwerb neuer beruflicher Fähigkeiten sehen die BUZ in § 4 nicht vor,[4] aber Obliegenheiten hinsichtlich der Einreichung der Beweismittel gemäß § 4 Abs. 1 BUZ,[5] der vertrauensärztlichen Untersuchung[6] oder ärztlicher Anordnungen gemäß § 4 Abs. 4 BUZ 1990/1993.[7]

5 **b) Ablehnung des Leistungsanspruchs.** Vom Versicherungsnehmer sind nach der Ablehnung des Leistungsanspruchs durch den Versicherer keine vertraglichen, dem Versicherungsnehmer gegenüber dem Versicherer obliegenden Mitwirkungspflichten zu erfüllen, deren Nichterfüllung gemäß § 6 Abs. 4 VVG mit der Sanktion des Leistungsverlustes belegt ist.[8] Nach Klageerhebung, insbesondere im Sachverständigenverfahren, treffen den Versicherungsnehmer prozessuale Mitwirkungspflichten, deren Verletzung nur mit prozessrechtlich zulässigen Sanktionen belegt werden können (Beweislastentscheidung, evtl. Beweislastumkehr wegen Beweisvereitelung), die aber nicht zu einem Verlust des an sich materiellen Anspruchs führen können.[9]

3. Inhaltskontrolle des § 4 BUZ 1990/1993

6 **a) Verstoß gegen das Grundrecht auf informationelle Selbstbestimmung.** Die Klausel in § 4 Abs. 2 Satz 2 BUZ 1990/1993, nach welcher der Versicherer von dem Versicherungsnehmer zur Aufklärung des Versicherungsfalls eine Ermächtigungs- und Schweigepflichtentbindungserklärung verlangen kann, wurde als mit § 34 VVG vereinbar angesehen.[10] Es sollen auch keine Bedenken im Hinblick auf § 9 AGBG (jetzt § 307 BGB) bestehen.[11] Nach Ansicht des BVerfG verletzt diese Klausel jedoch mit der in ihr enthaltenen Obliegenheit des Versicherungsnehmers, die geforderte Schweigepflichtentbindung erteilen zu müssen, um Versicherungsleistungen zu erhalten, das Grundrecht des Versicherungsnehmers auf informationelle Selbstbestimmung.[12] Es fehlt, wie das BVerfG hervorhebt, an einem wirksamen Kontrollmechanismus für die Überprüfung der Sachdienlichkeit einer Informationserhebung.[13] Im Zuge der zustimmenden Be-

---

[4] BGH, Urt. v. 13. 5. 1987 – IV a ZR 8/86, VersR 1987, 753, 755.
[5] BGH, Urt. v. 27. 9. 1989 – IV a ZR 132/88, NJW-RR 1990, 31, 32 = VersR 1989, 1182; BGH, Urt. v. 19. 5. 1993 – IV ZR 80/92, NJW-RR 1993, 1047, 1048 = VersR 1993, 953, 954 = r+s 1993, 355; BGH, Urt. v. 2. 11. 1994 – IV ZR 324/93, S. 7 = NJW 1995, 598 = VersR 1995, 82, 83 = VerBAV 1995, 205, 206 = r+s 1995, 75, 76 = MDR 1995, 912, 913.
[6] OLG Karlsruhe, Beschl. v. 31. 10. 1995 – 12 W 55/95, VersR 1997, 439 = r+s 1996, 462.
[7] OLG Hamm, Urt. v. 11. 5. 1988 – 20 U 257/87, S. 18; OLG Saarbrücken, Urt. v. 23. 7. 2004 – 5 U 683/03–64, NJW-RR 2004, 1403, 1404 = VersR 2005, 63, 64.
[8] OLG Koblenz, Urt. v. 12. 1. 2007 – 10 U 1695/05, r+s 2008, 124, 125.
[9] OLG Koblenz, Urt. v. 12. 1. 2007 – 10 U 1695/05, VersR 2007, 1686 (Ls.) = r+s 2008, 124, 125.
[10] OLG Celle, Urt. v. 28. 2. 2002 – 8 U 59/01, VersR 2004, 317, 318 = r+s 2005, 166.
[11] OLG Hamburg, Urt. v. 2. 7. 1993 – 1 U 28/93, VersR 1994, 1170; OLG Celle, Urt. v. 28. 2. 2002 – 8 U 59/01, VersR 2004, 317, 318 = r+s 2005, 166; zust. *Eberhardt/Kerst* VersR 2004, 896, 897 f.; OLG Stuttgart, Beschl. v. 12. 5. 2003 – 7 U 37/03, r+s 2004, 35; a. A. *Weichert* NJW 2004, 1695, 1698.
[12] BVerfG, Beschl. v. 23. 10. 2006 – 1 BvR 2027/02, VersR 2006, 1669, 1671 = r+s 2007, 29 = WM 2006, 2270 = JZ 2007, 576, 577; dazu *Schwabe* JZ 2007, 579.
[13] BVerfG, Beschl. v. 23. 10. 2006 – 1 BvR 2027/02, VersR 2006, 1669, 1671 = r+s 2007, 29, 30 = WM 2006, 2270 = JZ 2007, 576, 578.

wertung des Urteils des BVerfG wird hervorgehoben, dass sich bereits aus § 4a BDSG ergibt, dass eine Einwilligungserklärung nur wirksam ist, wenn sie für den Einzelfall erteilt wird.[14] § 4 Abs. 2 BUZ 2008 enthält daher die Leistungsfallschweigepflichtentbindungsklausel nicht mehr. Aber auch ohne die generelle Schweigepflichtentbindung ist der Versicherungsnehmer verpflichtet, auf eine nach Eintritt des Versicherungsfalls vom Versicherer ausgesprochene Anforderung hin die Entbindung von der Schweigepflicht zu erklären bzw. dafür zu sorgen, dass der Versicherer die für ihn relevanten Auskünfte erhält.[15] Sieht der Versicherungsnehmer im Interesse der Vertraulichkeit seiner Gesundheitsdaten von einer Freigabe an den Versicherer ab, muss er im Ergebnis auf den erhobenen Leistungsanspruch verzichten.[16]

b) Modifizierung der Leistungsfallschweigepflichtentbindungsklausel. 7 Der Versicherer kann aber eine Schweigepflichtentbindung entsprechend § 4 Abs. 2 Satz 2 BUZ 1993 vorsehen, wenn dem Versicherten die Möglichkeit zum informationellen Selbstschutz geboten wird, die er auch ausschlagen kann.[17] Das BVerfG spricht insoweit Vorgehensweisen an, die in Betracht kommen, um das Selbstschutzinteresse des Versicherten zu wahren. So könnte das LVU im Zusammenhang mit der Mitteilung, welche Informationserhebungen beabsichtigt sind, dem Versicherten die Möglichkeit zur Beschaffung der Informationen oder jedenfalls eine Widerspruchsmöglichkeit einräumen.[18] Der Informationsfluss könnte auch so ausgestaltet werden, dass die befragte Stelle die relevanten Informationen dem Versicherten zur Weiterleitung zur Verfügung stellt, der sie dann ggf. ergänzen oder der unter Verzicht auf seinen Leistungsanspruch von ihrer Weiterleitung absehen kann.[19] Verfassungsrechtlich ist es unbedenklich, den Versicherten die Kosten tragen zu lassen, die durch einen besonderen Aufwand bei der Bearbeitung seines Leistungsantrags entstehen.[20] Die damit verbundene Kostenlast darf allerdings nicht so hoch sein, dass sie einen informationellen Selbstschutz unzumutbar macht.[21]

c) Auswirkungen des BVerfG-Urteils. Nicht entnommen werden kann der 8 Entscheidung des BVerfG, dass ein Versicherungsnehmer wegen der vom Verfassungsgericht festgestellten Verletzung des Rechts auf informationelle Selbstbestimmung durch eine in Versicherungsverträgen enthaltene generelle Verpflichtung, zur Feststellung des Versicherungsfalls eine Schweigepflichtentbindung zu erteilen, seiner vertraglichen Mitwirkungspflicht bei der Prüfung, ob ein Versicherungsfall vorliegt, enthoben wird.[22] Im Gegenteil hat das BVerfG bestätigt, dass dem Interesse des Versicherungsnehmers an informationeller Selbstbestim-

---

[14] *Egger* VersR 2007, 905, 907.
[15] OLG Hamburg, Beschl. v. 18. 1. 2007 – 9 U 41/06, VersR 2008, 770, 772; BGH, Urt. v. 28. 10. 2009 – IV ZR 140/08, NJW 2010, 289, 292 = VersR 2010, 97 = r+s 2010, 55.
[16] BGH, Urt. v. 28. 10. 2009 – IV ZR 140/08, NJW 2010, 289, 291/292 = VersR 2010, 97 = r+s 2010, 55.
[17] BVerfG, Beschl. v. 23. 10. 2006 – 1 BvR 2027/02, VersR 2006, 1669, 1672 = r+s 2007, 29, 31 = WM 2006, 2270 = JZ 2007, 576, 579.
[18] BVerfG, Beschl. v. 23. 10. 2006 – 1 BvR 2027/02, VersR 2006, 1669, 1672 = r+s 2007, 29, 31 = WM 2006, 2270, 2273 = JZ 2007, 576, 579.
[19] BVerfG, Beschl. v. 23. 10. 2006 – 1 BvR 2027/02, VersR 2006, 1669, 1672 = r+s 2007, 29, 31 = WM 2006, 2270, 2273 = JZ 2007, 576, 579.
[20] BVerfG, Beschl. v. 23. 10. 2006 – 1 BvR 2027/02, VersR 2006, 1669, 1672 = r+s 2007, 29, 31 = WM 2006, 2270, 2273 = JZ 2007, 576, 579.
[21] BVerfG, Beschl. v. 23. 10. 2006 – 1 BvR 2027/02, VersR 2006, 1669, 1672 = r+s 2007, 29, 31 = WM 2006, 2270 = JZ 2007, 576, 579.
[22] OLG Nürnberg, Urt. v. 8. 10. 2007 – 8 U 1031/07, VersR 2008, 627.

mung ein Offenbarungsinteresse des Versicherers von gleichfalls erheblichem Gewicht gegenübersteht und es für den Versicherer von hoher Bedeutung ist, den Eintritt des Versicherungsfalls überprüfen zu können.[23] Dem Versicherer ist es daher nicht verwehrt, die bisher auf der Grundlage des § 4 Abs. 2 Satz 2 BUZ 1993 gewonnenen Gesundheitsdaten zu verwerten.[24] Dem Urteil des BVerfG ist nicht zu entnehmen, dass das BVerfG das zur Diskussion gestellte Beweisverwertungsverbot[25] in Erwägung gezogen hat. Wenn es seiner Entscheidung diese Wirkung hätte beimessen wollen, hätte zumindest ein Hinweis in den Entscheidungsgründen nahe gelegen. In der Regel überwiegt das Interesse des Versicherers an der Ermittlung der persönlichen Daten des Versicherungsnehmers zum Zwecke der Vermeidung ungerechtfertigter Versicherungsleistungen.[26]

4. VVG 2008

9   Nach § 213 Abs. 1 VVG 2008 darf die Erhebung personenbezogener Gesundheitsdaten durch den Versicherer nur bei Ärzten, Krankenhäusern und sonstigen Krankenanstalten, Pflegeheimen und Pflegepersonen, anderen Personenversicherern und gesetzlichen Krankenkassen sowie Berufsgenossenschaften und Behörden erfolgen; sie ist nur zulässig, soweit die Kenntnis der Daten für die Beurteilung des zu versichernden Risikos oder der Leistungspflicht erforderlich ist und die betroffene Person eine Einwilligung erteilt hat. Die nach § 213 Abs. 1 VVG 2008 erforderliche Einwilligung kann vor Abgabe der Vertragserklärung erteilt werden (§ 213 Abs. 2 Satz 1 VVG 2008). Die betroffene Person ist vor einer Erhebung nach § 213 Abs. 1 VVG 2008 zu unterrichten; sie kann der Erhebung widersprechen (§ 213 Abs. 2 Satz 2 VVG 2008). Die betroffene Person kann jederzeit verlangen, dass eine Erhebung von Daten nur erfolgt, wenn jeweils in die einzelne Erhebung eingewilligt worden ist (§ 213 Abs. 3 VVG 2008). Die betroffene Person ist auf diese Rechte hinzuweisen, auf das Widerspruchsrecht nach § 213 Abs. 2 VVG 2008 bei der Unterrichtung (§ 213 Abs. 4 VVG 2008). Das Gesetz sieht demzufolge nicht nur im BDSG, sondern auch im VVG 2008 vor, dass die Erhebung personenbezogener Gesundheitsdaten bei Dritten stets einer gesonderten Ermächtigung bedarf,[27] verzichtet aber, wie sich aus § 213 Abs. 2 Satz 1 VVG 2008 ergibt, auf das generelle Erfordernis einer Einwilligung im Einzelfall.[28]

II. Vorlage des Versicherungsscheins und Nachweis der Beitragszahlung (§ 4 Abs. 1 a) BUZ)

10   Der Anspruchsteller hat gemäß § 4 Abs. 1 a) BUZ unverzüglich, d. h. ohne schuldhaftes Zögern,[29] auf seine Kosten den Versicherungsschein und den Nach-

---

[23] BVerfG, Beschl. v. 23. 10. 2006 – 1 BvR 2027/02, VersR 2006, 1669, 1672 = r+s 2007, 29, 30 = WM 2006, 2270, 2273 = JZ 2007, 576, 578.
[24] OLG Hamburg, Beschl. v. 18. 1. 2007 – 9 U 41/06, VersR 2008, 770, 772; LG Karlsruhe, Urt. v. 7. 11. 2008 – 5 O 242/08, NJW-RR 2009, 1118; BGH, Urt. v. 28. 10. 2009 – IV ZR 140/08, NJW 2010, 289, 292 = VersR 2010, 97 = r+s 2010, 55; *Klär* in: Schwintowski/Brömmelmeyer, Praxiskomm. VersicherungsvertragsR, 2008, § 213 VVG Rdn. 40; a. A. *Höra* r+s 2008, 89, 93.
[25] *Ostheimer* SpV 2007, 26.
[26] LG Karlsruhe, Urt. v. 7. 11. 2008 – 5 O 242/08, NJW-RR 2009, 1118.
[27] *Egger* VersR 2007, 905, 910.
[28] *Klär* in: Schwintowski/Brömmelmeyer, VVG, 2008, § 213 VVG Rdn. 4.
[29] BGH, Urt. v. 27. 9. 1989 – IV a ZR 132/88, NJW-RR 1990, 31 = VersR 1989, 1182; BGH, Urt. v. 2. 11. 1994 – IV ZR 324/93, S. 7 = NJW 1995, 598 = VersR 1995, 82, 83 = VerBAV 1995, 205, 206 = r+s 1995, 75, 76 = MDR 1995, 912, 913.

weis der letzten Beitragszahlung einzureichen. Hiermit ist die Darlegung der Legitimation verbunden.[30]

III. Darstellung der Ursache für den Eintritt der Berufsunfähigkeit (§ 4 Abs. 1 b) BUZ)

1. Darstellung der Ursache

Ein ordnungsgemäßes Leistungsverlangen muss die Darstellung der Ursache für den Eintritt der Berufsunfähigkeit enthalten nebst den ausführlichen Berichten der behandelnden Ärzte.[31] Die Darstellung der Ursache für den Eintritt der Berufsunfähigkeit muss so vollständig sein, dass sie dem Versicherer die Bearbeitung und sachgemäße Entscheidung über die Abwicklung des Versicherungsfalls ermöglicht. Es genügt deshalb nicht die bloße Mitteilung, es liege Berufsunfähigkeit vor, sondern es müssen auch die näheren Einzelheiten geschildert werden. 11

Die Darstellung der Ursache für den Eintritt der Berufsunfähigkeit und die in diesem Zusammenhang gegebenen Auskünfte und Angaben des Versicherten müssen wahr sein, jedenfalls der ehrlichen Überzeugung des Versicherungsnehmers entsprechen.[32] Der Versicherer muss sich darauf verlassen können, dass der Versicherungsnehmer von sich aus richtige und lückenlose Angaben macht.[33] Der Versicherte kann sich nicht darauf berufen, der Versicherer habe den wahren Sachverhalt noch rechtzeitig anderweitig erfahren oder hätte sich die erforderlichen Informationen von dritter Seite – etwa durch Anfragen bei den behandelnden Ärzten – beschaffen können.[34] 12

2. Fragenkatalog zum Leistungsantrag

Um dem Anspruchsteller die Darlegung des Versicherungsfalls zu erleichtern und um dem Versicherer die zügige Bearbeitung zu ermöglichen, ist es ständige Praxis der Versicherer, den Anspruchsteller zu bitten, auf der Grundlage eines Fragenkatalogs, den der Versicherer als Anzeigevordruck übermittelt, Auskunft zum Antrag auf Berufsunfähigkeitsleistungen zu geben. Der BGH hat ausdrücklich entschieden, dass es dem Versicherer nicht verwehrt sein kann, in seinen Anzeigevordrucken vom Versicherungsnehmer alle Angaben zu verlangen, die er, abgestellt auf die Masse der Versicherungsfälle, nach seinen Erfahrungen für sachdienlich halten darf, um sich ein möglichst zuverlässiges Bild von dem für seine Leistung maßgebenden Tatbestand zu verschaffen.[35] Für die Richtigkeit der Antworten in der Anzeige ist der Versicherte auch dann verantwortlich, wenn die Anzeige von einem Dritten (Versicherungsagenten, Ehefrau) ausgefüllt worden ist und er mit seiner Unterschrift auf der Anzeige gleichzeitig – wie es allgemein in der Praxis üblich ist – bestätigt, die Angaben wahrheitsgemäß und nach bestem Wissen gemacht zu haben.[36] Der Versicherungsnehmer muss sich die falsche Be- 13

---

[30] OLG Bremen, Urt. v. 16. 3. 1965 – 3 U 5/65, VersR 1965, 653; OLG Karlsruhe, Urt. v. 15. 2. 1979 – 12 U 60/78, VersR 1979, 564.
[31] AG Worms v. 3. 4. 1986 – 1 C 137/86.
[32] BGH VersR 1956, 316.
[33] BGH, Urt. v. 25. 10. 1952 – II ZR 24/52, VersR 1952, 428, 429.
[34] BGH, Urt. v. 25. 10. 1952 – II ZR 24/52, VersR 1952, 428; BGH, Urt. v. 11. 3. 1965 – II ZR 25/63, VersR 1965, 451; BGH, Urt. v. 15. 11. 1965 – II ZR 164/63, VersR 1965, 1190; BGH, Urt. v. 24. 6. 1981 – IVa ZR 133/80, VersR 1982, 182.
[35] BGH, Urt. v. 16. 2. 1967 – II ZR 73/65, BGHZ 47, 101, 105 = NJW 1967, 1226 = VersR 1967, 441.
[36] BGH, Urt. v. 14. 12. 1967 – II ZR 169/65, VersR 1968, 185; OLG Stuttgart, Urt. v. 24. 6. 1975 – 2 U 46/73, VersR 1979, 366.

antwortung der Fragen durch Dritte auch dann zurechnen lassen, wenn er dem Dritten die Ausfüllung der Anzeige zur selbständigen Bearbeitung übertragen hat. Der Dritte ist dann entweder Repräsentant im versicherungsrechtlichen Sinn oder aber Wissenserklärungsvertreter, dessen Verschulden er sich entsprechend § 166 Abs. 1 BGB zurechnen lassen muss.[37]

IV. Ärztliche Berichte (§ 4 Abs. 1 c) BUZ)

1. Fassung

14   Mit den BUZ 1984 wurde die Einreichungspflicht auf ausführliche Berichte der Ärzte bezogen, die den Versicherten gegenwärtig behandeln.

2. Ärztlicher Bericht

15   Gemäß § 4 Abs. 1 c) BUZ hat der Anspruchsteller die Berufsunfähigkeit des Versicherten durch Arztberichte nachzuweisen. Der Versicherte hat auf Verlangen des Versicherers den behandelnden Arzt zu veranlassen, auf Vordrucken des Versicherers alsbald einen Bericht über Ursache, Beginn, Art, Verlauf und voraussichtliche Dauer des Leidens sowie über den Grad der Berufsunfähigkeit zu erstatten.[38] In der Praxis wird der Versicherer den Vordruck häufig direkt an den Arzt senden, jedoch hat er gegenüber dem Arzt keinen Anspruch auf Bericht.

3. Verwertung ärztlicher Berichte anderer Leistungsträger

16   Häufig wird vom Anspruchsteller versucht, die Berufsunfähigkeit durch Vorlage der von anderen Leistungsträgern veranlassten Gutachten und erlassenen Bescheiden nachzuweisen. Auf diese Nachweise muss der Versicherer nicht zurückgreifen.[39] In der Regel sind diese Unterlagen bei der Leistungsprüfung verwertbar, soweit es um die medizinischen Befunde geht. Im Einzelnen gilt:

17   **a) Berufsgenossenschaftliche Gutachten. aa) Medizinische Beurteilung.** In der Regel ist der rein medizinische Teil von berufsgenossenschaftlichen Gutachten verwertbar, nicht aber die Entscheidung selbst. Für die AUB hat der BGH die Auffassung vertreten, die Entscheidung über Berufs- oder Erwerbsunfähigkeit im Sinne von § 23 Abs. 2, § 24 Abs. 2 AVG lasse sich zwar nicht unmittelbar auf die Entscheidung über unfallbedingte Arbeitsunfähigkeit gemäß § 8 Abs. 2 AUB übertragen.[40] Die Begriffe überschnitten sich aber im Wesentlichen, soweit sie sich mit den medizinischen und sozialen Folgen eines Unfalls befassen, so dass ein entsprechendes Vorbringen nicht völlig bedeutungslos sei.[41] Diese Überlegungen treffen indes für die BUZ nicht zu, da der Begriff der Berufsunfähigkeit ein anderer ist als der Begriff der Berufs- und Erwerbsunfähigkeit nach dem AVG oder der Begriff der Arbeitsunfähigkeit nach den AUB.

18   **bb) Beurteilungen der MdE.** Eine von der Berufsgenossenschaft festgestellte Minderung der Erwerbsfähigkeit um z. B. 50% lässt nicht den Schluss auf eine

---

[37] BGH, Urt. v. 25. 10. 1952 – II ZR 24/52, VersR 1952, 428; BGH, Urt. v. 19. 1. 1967 – II ZR 37/64, VersR 1967, 343; BGH, Urt. v. 30. 4. 1981 – IV a ZR 129/80, VersR 1981, 948; OLG Hamm r+s 1986, 267.
[38] Vgl. hierzu OLG Hamm VersR 1974, 329; BGH VersR 1978, 1022, 1023; AG Köln, Urt. v. 21. 11. 1980 – 122 C 109/80, VersR 1982, 461.
[39] OLG Hamburg v. 22. 4. 1980 – 12 U 144/78.
[40] BGH, Urt. v. 8. 7. 1981 – IV a ZR 192/80, VersR 1981, 1151.
[41] BGH, Urt. v. 8. 7. 1981 – IV a ZR 192/80, VersR 1981, 1151.

entsprechende Berufsunfähigkeit zu,[42] da die „MdE" lediglich abstrakt Beeinträchtigungen berücksichtigt und aufaddiert. Die Feststellung der Berufsunfähigkeit muss sich dagegen immer auf die tatsächliche Tätigkeit beziehen.[43] Notwendigerweise ist im Bereich der privaten Berufsunfähigkeits-Zusatzversicherung darauf abzustellen, wie sich die Erkrankung konkret auf die Ausübung des Berufes und andere Tätigkeiten, die ähnliche Ausbildung und gleichwertige Kenntnisse und Fähigkeiten voraussetzen, auswirkt.[44]

b) Versorgungsamtliche Gutachten. Der Bescheid des Versorgungsamtes ist ebenfalls kein geeigneter Nachweis für den zu beurteilenden Berufsunfähigkeitsgrad, da die Erwerbsunfähigkeit nach dem Schwerbehindertengesetz schon begrifflich eine völlig andere Definition als in der Privatversicherung erfährt. Dies ergibt sich aus der gesetzlichen Regelung, nach welcher die körperliche und geistige Beeinträchtigung im allgemeinen Erwerbsleben zu beurteilen ist (§ 3 Abs. 1 Schwerbehindertengesetz (i. V. m. § 30 Abs. 1 Bundesversorgungsgesetz). 19

c) Gutachten nach dem RKG. Die medizinische Beurteilung ist für den Versicherer grundsätzlich verwertbar. Allein der Hinweis auf eine Knappschaftsrente wegen Erwerbsunfähigkeit gemäß § 47 RKG genügt jedoch nicht zur Feststellung der Berufsunfähigkeit, da der Knappschaftsrentenbescheid auf der bergmännischen Berufsunfähigkeit beruht.[45] 20

d) Rentenversicherungsgutachten. Während die medizinische Beurteilung zur Prüfung der Berufsunfähigkeit herangezogen werden kann, ist der Rentenbescheid wegen der gesetzlich vorgesehenen Berücksichtigung der Arbeitsmarktlage nicht verwertbar. Ob der Anspruchsteller einen Rentenanspruch aus der gesetzlichen Rentenversicherung hat oder nicht, hat rechtlich keinen Einfluss auf die Frage, ob er den Versicherer auf Zahlung einer BUZ-Rente in Anspruch nehmen kann.[46] Die BUZ enthalten keine Verweisung auf die Vorschriften der gesetzlichen Rentenversicherung.[47] 21

e) Gutachten nach dem BBG. Auch hier ist der medizinische Teil verwertbar. Der Dienstunfähigkeitsbescheid ist nur von Bedeutung, wenn über die sog Beamtenklausel die Gleichstellung der Dienstunfähigkeit mit der Berufsunfähigkeit vereinbart ist. 22

f) Krankengeldbescheid gemäß § 182 RVO. Die medizinische Beurteilung kann vom Versicherer verwertet werden, der Bescheid nicht, da gesetzlich keine Verweisung geprüft wird. 23

g) Leistungen gemäß § 8 Abs. 2 AUB. Die medizinische Beurteilung ist verwertbar. Die Invaliditätsentscheidung ist nur bedingt heranziehbar. 24

---

[42] LG Münster v. 17. 12. 1975 – 2 O 664/74; LG Frankfurt/M. v. 12. 4. 1976 – 2/21 O 533/74; AG Karlsruhe v. 4. 5. 1979 – 5 C 16/79; LG Itzehoe v. 3. 4. 1981 – 6 O 109/79; LG Kiel v. 18. 5. 1983 – 15 O 181/81.
[43] LG Köln v. 9. 6. 1982 – 24 O 186/81.
[44] Vgl. LG Münster 17. 12. 1975 – 2 O 664/74.
[45] LG Marburg v. 5. 9. 1983 – 6 O 203/82.
[46] LG Frankfurt/M. v. 7. 4. 1983 – 2/7 O 37/78; OLG Hamm, Beschl. v. 10. 8. 1984 – 20 W 46/84, VersR 1985, 132; OLG Hamm v. 24. 7. 1987 – 20 U 422/85 = r+s 1987, 296; OLG Celle v. 16. 5. 1990 – 8 U 126/89.
[47] OLG Hamm, Beschl. v. 10. 8. 1984 – 20 W 46/84, VersR 1985, 132.

V. Unterlagen über den Beruf, die Stellung und die Tätigkeit des Versicherten (§ 4 Abs. 1 d) BUZ)

1. Zweck der Vorschrift

25 Gerade weil es durchaus keine Seltenheit ist, dass der Versicherte im Laufe eines längerwährenden Versicherungsverhältnisses seinen Beruf wechselt oder umgestaltet, geben Berufsunfähigkeitsversicherer ihren Versicherungsnehmern und Versicherten die Obliegenheit auf, ihnen zum Nachweis des Eintritts bedingungsgemäßer Berufsunfähigkeit u. a. „Unterlagen über den Beruf des Versicherten, seine Stellung und Tätigkeit im Zeitpunkt des Eintritts der Berufsunfähigkeit sowie über die eingetretenen Veränderungen" unverzüglich einzureichen.[48] Die Wahrnehmung dieser Obliegenheit soll dazu dienen, dem erfüllungsbereiten Versicherer die Prüfung seiner Leistungspflicht zu ermöglichen und zu erleichtern.[49] Dessen bedarf der Versicherer nach endgültiger Leistungsablehnung nicht mehr.[50] Der Versicherungsnehmer ist demgemäß nach einer Leistungsablehnung nicht weiter an die Aufklärungsobliegenheit gebunden.[51]

2. Angaben zur beruflichen Situation

26 Der beruflichen Situation, insbesondere dem aus beruflicher Tätigkeit erzielten Einkommen wird in der Rechtsprechung nicht nur sachdienliche, sondern entscheidungserhebliche Bedeutung für die Feststellung der Berufsunfähigkeit beigemessen.[52] Zu den Nachweisen, die für die Begründung des Anspruchs auf Leistungen aus der BUZ notwendig sind, gehört der Nachweis des Verdienstes.[53] Ein selbständiger Versicherungsnehmer hat gemäß § 4 Abs. 1 d) BUZ Angaben über die Größe seines Betriebes, die in den letzten fünf Jahren erzielten Umsätze, evtl. mitwirkende Familienmitglieder und Zahl der Beschäftigten (vor und nach dem Versicherungsfall), ggf. Einsatz von Maschinen (vor und nach dem Versicherungsfall) und Umfang der eigenen Tätigkeit zu machen und Gewinn- und Verlustrechnungen nebst Steuerbescheiden und betriebswirtschaftlichen Auswertungen vorzulegen.[54] Neben der Erläuterung über die Art der jetzigen Tätigkeit sind vom Versicherungsnehmer auch Angaben über Einkommenssteigerungen zu machen.[55] Das Verlangen nach diesen Unterlagen ist sachgerecht und verstößt auch nicht gegen das Recht auf informationelle Selbstbestimmung des Versicherungsnehmers, da der Versicherer nur auf der Grundlage dieser Unterlagen, insbesondere

---

[48] BGH, Urt. v. 16. 3. 1994 – IV ZR 110/92, NJW-RR 1994, 664, 665 = VersR 1994, 587/588 = VerBAV 1994, 400, 401 = r+s 1994, 314 = MDR 1995, 158.
[49] BGH, Urt. v. 23. 6. 1999 – IV ZR 211/98, NJW-RR 1999, 1471, 1472 = NVersZ 1999, 515, 517 = VersR 1999, 1134, 1136 = r+s 1999, 477, 478.
[50] BGH, Urt. v. 23. 6. 1999 – IV ZR 211/98, NJW-RR 1999, 1471, 1472 = NVersZ 1999, 515, 517 = VersR 1999, 1134, 1136 = r+s 1999, 477, 478.
[51] BGH, Urt. v. 7. 6. 1989 – IVa ZR 101/88, BGHZ 107, 368, 371f. = NJW 1989, 2472 = VersR 1989, 842, 843; BGH, Urt. v. 12. 12. 1990 – IV ZR 163/89, NJW-RR 1991, 540 = VersR 1991, 451, 452; BGH, Urt. v. 11. 12. 1991 – IV ZR 238/90, NJW-RR 1992, 413 = VersR 1992, 345; BGH, Urt. v. 23. 6. 1999 – IV ZR 211/98, NJW-RR 1999, 1471, 1472 = NVersZ 1999, 515, 517 = VersR 1999, 1134, 1136 = r+s 1999, 477, 478.
[52] Vgl. LG Ulm, Urt. v. 5. 6. 1979 – 2 O 133/79, VersR 1979, 930; LG Hannover, Urt. v. 20. 11. 1980 – 5 O 146/80, VersR 1982, 235; LG Flensburg v. 8. 1. 1982 – 7 O 384/81; LG Düsseldorf v. 7. 5. 1982 – 11 O 809/81.
[53] Anders noch *Carus* VW 1964, 478.
[54] LG Karlsruhe v. 23. 5. 1980 – 9 S 329/79; OLG Köln, Urt. v. 14. 6. 2007 – 5 U 28/07, VersR 2008, 107, 108 = r+s 2008, 520.
[55] AG Karlsruhe v. 4. 5. 1979 – 5 C 16/79.

der betriebswirtschaftlichen Unterlagen des Unternehmens prüfen kann, ob und ggf. wie einem versicherten Unternehmer eine Umorganisation möglich und wirtschaftlich zumutbar ist und ob ihm trotz der behaupteten Erkrankung noch ein Betätigungsfeld verbleibt.[56]

3. Berichte zur Tätigkeit

Gutachterliche Äußerungen des Landesarbeitsamts stellen eine taugliche Entscheidungsgrundlage dar.[57] Es bestehen keinerlei Anhaltspunkte dafür, dass die gutachterlichen Äußerungen des Landesarbeitsamts tatsächlich allein auf wirklich nicht repräsentativen Erkenntnissen und Erfahrungen der behördlichen Arbeitslosenvermittlung beruhen und nicht auf einer erschöpfenden Auswertung der diesbezüglich für eine Sachverständigenbeurteilung zugänglichen Erkenntnisquellen insgesamt.[58]

VI. Ärztliche Untersuchung und zusätzliche Auskünfte (§ 4 Abs. 2 BUZ)

1. Fassung

Die Musterfassungen der BUZ enthielten schon immer das Recht der Gesellschaft, als weiteren Nachweis zusätzliche Auskünfte und Aufklärungen sowie ärztliche Nachuntersuchungen durch einen von ihr beauftragten Arzt auf ihre Kosten verlangen zu können.[59] Die behandelnden Ärzte, auch diejenigen, von denen der Versicherte bei anderen Anlässen behandelt oder untersucht worden ist, sind zu ermächtigen, der Gesellschaft auf Verlangen Auskunft zu erteilen. Das gleiche gilt für Krankenhäuser, Sanatorien, Heilanstalten, Gesundheitsämter, Versorgungs- und Fürsorgeämter sowie Versicherungsunternehmen und Sozialversicherungsträger oder ähnliche Einrichtungen. Mit Einführung der BUZ 1984 wurde insbesondere die Ermächtigungsklausel neu gefasst, ohne dass man von einer materiellen Änderung sprechen kann. Eine vergleichbare Vorschrift ist in den §§ 9 und 15 AUB enthalten.

2. Zweck der Regelung

Die den Versicherten nach § 4 Abs. 2 BUZ treffende Mitwirkungspflicht dient nicht der bindenden Feststellung des Eintritts des Versicherungsfalls oder der Leistungspflicht des LVU, sondern hat allein den Zweck, dem Versicherer durch die Einschaltung eines Arztes seines Vertrauens die Grundlagen für seine Entscheidung und die nach § 5 BUZ abzugebende Erklärung, ob und in welchem Umfang und ab welchem Zeitpunkt er seine Leistungspflicht anerkennen will, zu verschaffen und dient nicht dazu, in irgendeiner Form bindende Feststellungen, etwa im Sinne eines Schiedsgutachtens, herbeizuführen.[60]

---

[56] OLG Köln, Urt. v. 14. 6. 2007 – 5 U 28/07, VersR 2008, 107, 108 = r+s 2008, 520.
[57] OLG Koblenz, Urt. v. 12. 12. 1997 – 10 U 716/96, VersR 1998, 1272 = r+s 1999, 346.
[58] OLG Koblenz, Urt. v. 12. 12. 1997 – 10 U 716/96, VersR 1998, 1272 = r+s 1999, 346.
[59] Vgl. BGH, Urt. v. 19. 5. 1993 – IV ZR 80/92, NJW-RR 1993, 1047, 1048 = VersR 1993, 953, 954 = r+s 1993, 355, 356; OLG München, Urt. v. 9. 8. 1996 – 21 U 3980/95, r+s 1998, 346, 347.
[60] OLG Karlsruhe, Beschl. v. 31. 10. 1995 – 12 W 55/95, VersR 1997, 439 = r+s 1996, 462; OLG Bremen, Urt. v. 12. 11. 2002 – 3 U 7/01, NJW-RR 2003, 1390/1391 = VersR 2003, 1429 = r+s 2004, 471.

3. Untersuchung durch den beauftragten Arzt

30 **a) Untersuchungsrecht des Versicherers.** Die Vorschrift räumt dem Versicherer weitgehende Befugnisse ein, den Versicherten umfassend untersuchen zu lassen, und gibt ihm damit die Möglichkeit, sich eine möglichst zuverlässige Tatsachengrundlage für seine Leistungszusage zu verschaffen.[61] Hat der Versicherer Zweifel, ob der Grad der Berufsunfähigkeit ausreichend dargelegt und begründet ist, kann er auf seine Kosten einen Arzt seines Vertrauens einschalten.

31 **b) Benennungsrecht des Versicherers.** Das Recht, den Arzt zu benennen, der die Untersuchung durchzuführen hat, steht allein dem Versicherer zu, der nicht verpflichtet ist, verbindliche Erklärungen im Hinblick auf das Ergebnis des Gutachtens abzugeben.[62] Der Versicherte ist vom Versicherer zu benachrichtigen und zur Vorstellung beim Arzt aufzufordern.[63] Welche Untersuchungen nötig sind, entscheidet der beauftragte Arzt.[64] Der Versicherte ist verpflichtet, sofern dies sein Zustand erlaubt, sich den vom Versicherer bezeichneten Ärzten zur – ggf. auch mehrfachen – Untersuchung zu stellen und diese Ärzte aufzusuchen, auch wenn diese außerhalb seines Wohnorts ihre Praxis ausüben.[65]

32 **c) Weigerung des Versicherten.** Zur Verweigerung der Untersuchung ist der Versicherte nicht berechtigt, und zwar auch dann nicht, wenn er begründete Bedenken vorbringt. Schon gar nicht ist der Versicherte berechtigt, die Untersuchung durch den vom Versicherer benannten Arzt abzulehnen, nur weil er die Befürchtung hegt, dieser Arzt sei nicht objektiv.[66] Weigert sich der Versicherte, sich durch einen vom Versicherer benannten Arzt untersuchen zu lassen, ist der Versicherer wegen vorsätzlicher,[67] zumindest grob fahrlässiger Verletzung der den Versicherten nach 4 Abs. 2 BUZ treffenden Obliegenheit nach § 7 BUZ jedenfalls solange von einer Verpflichtung zur Leistung frei, bis sich der Versicherte der vom LVU geforderten ärztlichen Untersuchung durch einen vom LVU benannten Arzt unterzogen hat.[68] Die Weigerung des Versicherungsnehmers, an der Erstellung des zur Feststellung der Berufsunfähigkeit erforderlichen Gutachtens mitzuwirken, hat zur Folge, dass etwa bestehende Ansprüche auf Versicherungsleistungen nicht fällig sind.[69] Dieser Mangel kann nicht dadurch im Prozess behoben

---

[61] OLG Hamm, Urt. v. 24. 7. 1987 – 20 U 422/85, r+s 1987, 296; LG Köln, Urt. v. 4. 4. 1990 – 26 O 105/89, VersR 1990, 616.
[62] LG München I, Urt. v. 8. 7. 1982 – 24 O 1459/82, VersR 1983, 723; OLG Karlsruhe, Beschl. v. 31. 10. 1995 – 12 W 55/95, VersR 1997, 439 = r+s 1996, 462; OLG Bremen, Urt. v. 12. 11. 2002 – 3 U 7/01, NJW-RR 2003, 1390 = VersR 2003, 1429 = r+s 2004, 471; a. A. LG Köln, Urt. v. 12. 5. 1999 – 23 O 221/98, VersR 2000, 351, 352.
[63] LG Köln VersR 1974, 77; LG Heidelberg, Urt. v. 10. 3. 1981 – 4 S 35/80, VersR 1982, 36.
[64] OLG Hamm, Urt. v. 8. 10. 1982 – 20 U 45/82, VersR 1983, 1177, 1178.
[65] BGH, Urt. v. 29. 6. 1977 – IV ZR 63/76, VersR 1977, 833; OLG Köln, Urt. v. 5. 2. 1979 – 5 U 77/78, VersR 1980, 619; OLG Hamm, Urt. v. 8. 10. 1982 – 20 U 45/82, VersR 1983, 1177; OLG Karlsruhe, Beschl. v. 31. 10. 1995 – 12 W 55/95, VersR 1997, 439 = r+s 1996, 462.
[66] OLG Karlsruhe, Beschl. v. 31. 10. 1995 – 12 W 55/95, VersR 1997, 439 = r+s 1996, 462.
[67] VersOmbudsmann, Entsch. v. 31. 1. 2003 – 3290/02 L, r+s 2004, 163.
[68] OLG Köln, Urt. v. 5. 2. 1979 – 5 U 77/78, VersR 1980, 619; OLG Karlsruhe, Beschl. v. 31. 10. 1995 – 12 W 55/95, VersR 1997, 439 = r+s 1996, 462; OLG Bremen, Urt. v. 12. 11. 2002 – 3 U 7/01, NJW-RR 2003, 1390 = VersR 2003, 1429 = r+s 2004, 471; OLG Nürnberg, Urt. v. 20. 2. 2003 – 8 U 1208/02, VersR 2003, 1028 = r+s 2004, 160, 162.
[69] LG Kassel, Urt. v. 9. 7. 1996 – 9 O 333/96, VersR 1997, 688; OLG München, Urt. v. 9. 8. 1996 – 21 U 3980/95, r+s 1998, 346, 347; LG Freiburg i. Br., Urt. v. 9. 7. 1997 – 2 O 499/96, VersR 2000, 716 (Ls.).

werden, dass der Versicherungsnehmer nunmehr seine Bereitschaft zur Mitwirkung an einem vom Versicherer veranlassten Gutachten erklärt oder gleich ein gerichtliches Gutachten eingeholt wird.[70]

d) Wegfall der Zustimmungspflicht des Versicherten. Das aus § 4 Abs. 2 BUZ folgende Recht des Versicherers, ärztliche Untersuchungen durch von ihm beauftragte Ärzte auf seine Kosten zu verlangen, besteht im Rahmen des Zumutbaren nur bis zu der abschließenden Erklärung über die Leistungspflicht (§ 5 BUZ).[71] Nach endgültiger Leistungsablehnung des Versicherers mit Belehrung nach § 12 Abs. 3 VVG trifft den Versicherungsnehmer dagegen keine versicherungsvertragliche Obliegenheit mehr, in weitere – außerprozessuale ärztliche Untersuchungen auf Veranlassung des Versicherers einzuwilligen (§§ 4 Abs. 2, 7 BUZ).[72] 33

4. Entbindung von der Schweigepflicht

Der Versicherte ist gemäß § 4 Abs. 2 Satz 2 BUZ verpflichtet, alle Ärzte, und zwar auch diejenigen, die ihn aus anderen Anlässen behandelt und untersucht haben, sowie z. B. die Berufsgenossenschaft zu ermächtigen, auf Verlangen die erforderlichen Auskünfte zu erteilen.[73] Die Entbindung der Ärzte von der Schweigepflicht erklärt der Versicherte regelmäßig im Anzeigeformular für den Versicherungsfall. Als höchstpersönliches Recht kann die Entbindung von der Schweigepflicht nach dem Tod des Versicherten von dessen Erben nicht ohne weiteres eingeholt werden.[74] Es kann dann nur der Arzt selbst entscheiden, ob die erbetene Auskunft erteilt werden kann. Der Arzt muss dabei auf die Belange aller Beteiligten abstellen und insbesondere prüfen, ob durch das Ableben des Versicherten ein noch vorher bestandenes Geheimhaltungsinteresse entfallen ist. Sachfremde Erwägungen, wie die Befürchtung, es werde ein ärztlicher Kunstfehler aufgedeckt, berechtigen den Arzt nicht zur Verweigerung.[75] Die Entbindung von der Schweigepflicht wird in der Regel ausreichen, den Arzt zur Berichterstattung zu bewegen. Jedoch gehört es zur Obliegenheit des Versicherten, mit dem Arzt zu Beginn der Behandlung eine entsprechende Vereinbarung zu treffen, weil der übliche Behandlungsvertrag den Arzt nicht zur Erteilung von Auskünften und Erstattung von Berichten verpflichtet. Andernfalls kommt es zur Beweisvereitelung.[76] 34

5. Zusätzliche Auskünfte

Der Versicherer kann ferner vom Versicherten diejenigen Auskünfte verlangen, die er für notwendig hält.[77] § 4 Abs. 2 BUZ konkretisiert insoweit die Auskunftspflicht des Versicherungsnehmers gemäß § 34 VVG, jetzt § 31 VVG 2008. Nach dieser Vorschrift kann der Versicherer verlangen, dass der Versicherungsnehmer jede Auskunft erteilt, die zur Feststellung des Versicherungsfalls oder des Umfangs 35

---

[70] LG Freiburg i. Br., Urt. v. 9. 7. 1997 – 2 O 499/96, VersR 2000, 716 (Ls.); OLG Karlsruhe VersR 1997, 439 = r+s 1996, 462; LG Kassel VersR 1997, 688; OLG Bremen, Urt. v. 12. 11. 2002 – 3 U 7/01, NJW-RR 2003, 1390, 1391 = VersR 2003, 1429, 1430 = r+s 2004, 47.
[71] OLG Koblenz, Beschl. v. 4. 2. 1998 – 10 W 26/98, NVersZ 1999, 26/27.
[72] OLG Koblenz, Beschl. v. 4. 2. 1998 – 10 W 26/98, NVersZ 1999, 26, 27.
[73] LG Köln VersR 1970, 1026; OLG Hamm VersR 1978, 1060, 1061.
[74] BGH NJW 1983, 2627.
[75] OLG Köln NJW 1982, 704; BGH, Urt. v. 23. 11. 1982 – VI ZR 222/79, VersR 1983, 264, 265 = NJW 1983, 328, 330; *Wasserburg* NJW 1980, 617, 622.
[76] OLG Celle, Urt. v. 16. 3. 1966 – 1 U 222/65, VersR 1966, 871.
[77] OLG Frankfurt/M., Urt. v. 6. 10. 1966 – 15 U 35/66, VersR 1967, 372.

der Leistungspflicht des Versicherers erforderlich ist. Belege kann der Versicherer insoweit fordern, als die Beschaffung dem Versicherungsnehmer billigerweise zugemutet werden kann.

36 Sachdienlich sind alle Tatsachen, die für die Feststellung und Abwicklung der Leistungen aus dem Versicherungsvertrag rechtserheblich sein können, und sei es auch nur mittelbar als Hilfstatsachen oder zur Feststellung der Tatbestandsmäßigkeit von Ausschlussklauseln.[78] Nicht sachdienliche Fragen braucht der Versicherte nicht zu beantworten,[79] z.B. nach der Erfüllung der vorvertraglichen Anzeigepflicht.[80] Sachdienlich ist die Frage nach anderweitig bestehenden Versicherungsverträgen. Sie ist für den Versicherer Ansatzpunkt für weitere Aufklärungen und Ermittlungen.[81] Sachdienlich ist auch die Frage nach den in den letzten Jahren erfolgten ärztlichen Behandlungen.[82]

VII. Ärztliche Anordnungen (§ 4 Abs. 4 BUZ 1990/1993)

1. Ausgangslage

37 In der Unfallversicherung bestimmte § 183 VVG bis zur Reform des VVG, dass der Versicherungsnehmer für die Abwendung und Minderung der Folgen des Unfalls nach Möglichkeit zu sorgen und dabei die Weisungen des Versicherers zu befolgen hat, soweit ihm nicht etwas Unbilliges zugemutet wird. Für die Berufsunfähigkeitsversicherung sieht auch das VVG 2008 eine Obliegenheit zur Abwendung und Minderung der Folgen des Versicherungsfalls nicht vor. In den bisherigen Bedingungswerken ist jedoch die Obliegenheit enthalten, bestimmte, die Heilung fördernde oder die Berufsunfähigkeit mindernde ärztliche Anordnungen zu befolgen. Solche Maßnahmen erscheinen sinnvoll, werden aber vom Versicherungsnehmer, wenn die vertragliche Grundlage fehlt, nicht geschuldet.[83] Denn „ungeschriebene" Obliegenheiten, deren Missachtung die Leistungsfreiheit des Versicherers begründen soll, sind rechtlich nicht zulässig.[84] Verzichtet daher das LVU in den Versicherungsbedingungen darauf, bestimmte, die Heilung fördernde oder die Berufsunfähigkeit mindernde ärztliche Anordnungen zu befolgen, schuldet der Versicherte solche Maßnahmen nicht, auch wenn sie zur Wiederherstellung seiner Gesundheit sinnvoll erscheinen.[85]

---

[78] LG Köln VersR 1978, 1026; BGH VersR 1969, 214; OLG Saarbrücken, Urt. v. 6. 12. 1989 – 5 U 33/89, VersR 1990, 1142.

[79] OLG Hamm, Urt. v. 30. 5. 1984 – 20 U 385/83, VersR 1985, 469.

[80] OLG Hamm VersR 1970, 319; OLG Hamm VersR 1978, 1060; AG Konstanz, Urt. v. 17. 1. 1980 – 2 C 236/79, VersR 1980, 915, 916.

[81] BGH, Urt. v. 24. 6. 1981 – IV a ZR 133/80, VersR 1982, 182; OLG Köln, Urt. v. 13. 7. 1981 – 5 U 9/81, VersR 1983, 389; OLG Frankfurt/M., Urt. v. 3. 12. 1981 – 9 U 8/81, VersR 1983, 390; OLG Köln, Urt. v. 7. 6. 1984 – 5 U 280/83, VersR 1986, 544; LG Aachen r+s 1986, 107; OLG Saarbrücken, Urt. v. 6. 12. 1989 – 5 U 33/89, VersR 1990, 1142; o.A. OLG Hamm VersR 1970, 319; OLG Hamm VersR 1978, 1137; OLG Hamm, Urt. v. 30. 5. 1984 – 20 U 385/83, VersR 1985, 469.

[82] OLG Koblenz r+s 1983, 115.

[83] OLG Saarbrücken, Beschl. v. 17. 10. 2006 – 5 W 258/06–78, VersR 2007, 635 = r+s 2008, 387.

[84] BGH, Urt. v. 14. 10. 1987 – IV a ZR 29/86, VersR 1987, 1182, 1183 = r+s 1987, 331; BGH, Urt. v. 9. 12. 1987 – IV a ZR 155/86, VersR 1988, 267, 269 = r+s 1988, 155; OLG Saarbrücken, Beschl. v. 17. 10. 2006 – 5 W 258/06–78, VersR 2007, 635 = r+s 2008, 387.

[85] OLG Saarbrücken, Urt. v. 17. 10. 2006 – 5 W 258/06–78, VersR 2007, 635 = r+s 2008, 387.

2. Zweck der Regelung

Mit der Bestimmung wird dem Versicherten die Obliegenheit auferlegt, Anordnungen zu befolgen, die der untersuchende oder behandelnde Arzt nach gewissenhaftem Ermessen trifft, um die Heilung zu fördern oder die Berufsunfähigkeit zu mindern, wobei dem Versicherten nichts Unbilliges zugemutet werden darf.[86] Aus dem Sinn und Zweck der Vorschrift folgt, dass der Versicherer den untersuchenden oder behandelnden Arzt gegebenenfalls veranlassen kann, Anordnungen nach gewissenhaftem Ermessen zu treffen, wenn diese aufgrund der Untersuchungs- und Behandlungsergebnisse angezeigt sind. 38

3. Anordnungen

a) Untersuchender oder behandelnder Arzt. § 4 Abs. 4 BUZ 1990/1993 betrifft lediglich Anordnungen, die der „untersuchende oder behandelnde Arzt" trifft.[87] Gemeint sind nach dem erkennbaren Sinnzusammenhang damit die Ärzte, zu denen sich der Versicherte in Behandlung begeben hat und die ihn auch untersucht haben, um feststellen zu können, welche Therapiemöglichkeiten bestehen.[88] Therapieempfehlungen des gerichtlichen Sachverständigen fallen nicht unter § 4 Abs. 4 BUZ 1990/1993.[89] 39

b) Konkrete Empfehlungen. Ärztliche Anordnungen im Sinne von § 4 Abs. 4 BUZ 1990/1993 sind nicht allgemeine, jedermann bekannte medizinische Ratschläge, sondern konkrete Empfehlungen für detailliert vorgegebene Verhaltensweisen und konkrete vom Arzt erarbeitete Behandlungsvorschläge.[90] Die Anordnungen des untersuchenden oder behandelnden Arztes dürfen für den Versicherten keinen unverbindlichen Charakter haben. Sie müssen dem Versicherten bewusst machen, dass von der Befolgung der Anordnungen der weitere Versicherungsschutz abhängen kann. 40

4. Befolgung zumutbarer Anordnungen

a) Zumutbarkeit. Die nach § 4 Abs. 4 BUZ 1990/1993 zu beachtenden Anordnungen, die der untersuchende oder behandelnde Arzt nach gewissenhaftem Ermessen trifft, um die Heilung zu fördern oder die Berufsunfähigkeit zu mindern, sind nur dann zu befolgen, soweit sich die Anordnungen im Rahmen des 41

---

[86] BGH, Urt. v. 13. 5. 1987 – IV a ZR 8/86, VersR 1987, 753, 755; OLG Hamm, Urt. v. 25. 1. 1995 – 20 U 252/94, NJW-RR 1995, 795, 796 = VersR 1995, 1039, 1040 = r+s 1995, 239, 240 = BB 1995, 987.
[87] OLG Karlsruhe, Urt. v. 3. 4. 2003 – 12 U 57/01, VersR 2004, 98, 99 = r+s 2006, 79; OLG Saarbrücken, Urt. v. 23. 7. 2004 – 5 U 683/03–64, NJW-RR 2004, 1403, 1404 = VersR 2005, 63, 64.
[88] OLG Saarbrücken, Urt. v. 28. 12. 2001 – 5 U 903/99–61, VersR 2002, 1013, 1014 = NVersZ 2002, 257, 258 = r+s 2002, 392, 393; OLG Karlsruhe, Urt. v. 3. 4. 2003 – 12 U 57/01, VersR 2004, 98, 99 = r+s 2006, 79; *Voit* in: Prölss/Martin, VVG, 26. Aufl., § 4 BUZ Rdn. 8.
[89] OLG Saarbrücken, Urt. v. 28. 12. 2001 – 5 U 903/99–61, NVersZ 2002, 257, 258 = VersR 2002, 1013, 1014 = r+s 2002, 392, 393; OLG Saarbrücken, Urt. v. 19. 11. 2003 – 5 U 168/00–11, VersR 2004, 1401, 1403 = r+s 2005, 75; OLG Saarbrücken, Urt. v. 23. 7. 2004 – 5 U 683/03–64, NJW-RR 2004, 1403, 1404 = VersR 2005, 63, 64.
[90] OLG Hamm, Urt. v. 11. 5. 1988 – 20 U 257/87, S. 17 = VersR 1989, 177 (Ls.) = r+s 1988, 345; OLG Düsseldorf, Urt. v. 24. 11. 1998 – 4 U 197/97, r+s 2000, 125, 126; OLG Saarbrücken, Urt. v. 28. 12. 2001 – 5 U 903/99–61, NVersZ 2002, 257, 258 = VersR 2002, 1013, 1014 = r+s 2002, 392, 393; OLG Karlsruhe, Urt. v. 3. 4. 2003 – 12 U 57/01, VersR 2004, 98, 99 = r+s 2006, 79; *Neuhaus* SpV 2007, 6, 7.

Zumutbaren halten.[91] Zumutbar sind dabei Maßnahmen, die gefahrlos und nicht mit besonderen Schmerzen verbunden sind und die außerdem sichere Aussicht auf zumindest Besserung – bis zur Leistungsgrenze – bieten.[92] Anordnungen halten sich im Rahmen des Zumutbaren, wenn sie dem jeweiligen anerkannten Stand der ärztlichen Wissenschaft entsprechen und mit einiger Sicherheit Heilung versprechen. Solchen Anordnungen des vom Versicherer beauftragen Arztes hat der Versicherte auch dann Folge zu leisten, wenn dadurch die Therapie des bisher behandelnden Arztes geändert wird.

42 **b) Anordnungen. aa) Zumutbare Anordnungen.** Zu den zumutbaren Anordnungen gehört z. B. eine vom Arzt dringlich angeratene Gewichtsreduzierung, wenn sie eine Besserung des Gesundheitszustands bei einem wegen einem Wirbelsäulenschaden berufsunfähigen Fliesenleger erwarten lässt,[93] oder eine Desensibilisierungsbehandlung, vorausgesetzt allerdings, dass a) diese Behandlung einen vernünftigen Grad auf Erfolgsaussicht besitzt, b) eine solche Behandlung mit einiger Wahrscheinlichkeit Erfolg versprechen würde und c) dass eine solche Behandlung dem Versicherungsnehmer die Ausübung seines derzeitigen Berufs erlaubt; andernfalls könnte eine Weigerung des Versicherungsnehmers dazu führen, dass der Versicherer berechtigt wäre, weitere Leistungen einzustellen.[94] Einem Fahrlehrer kann zugemutet werden, mit geeigneter Krankengymnastik und der Unterbrechung des Arbeitstages durch Pausen von wenigen Minuten zwischen den einzelnen Fahrstunden dafür zu sorgen, dass er uneingeschränkt seinen Beruf als Fahrlehrer ausüben kann.[95] Sollte der vom Versicherer beauftragte Arzt medizinisch begründet eine Krankenhausbehandlung oder den Aufenthalt in einer Heilanstalt zur Erreichung einer Minderung oder gar des Wegfalls der Berufsunfähigkeit verbindlich empfehlen, ist diese Anordnung zu befolgen, auch wenn der Versicherte anderer Auffassung ist.[96] Der Versicherer kann dem Versicherten allerdings nicht den Arzt, das Krankenhaus oder die Heilanstalt vorschreiben. Insoweit kann der Versicherte jederzeit frei wechseln, solange er nur der Befolgung der Anordnung des LVU beauftragten Arztes nachkommt.

43 **bb) Unzumutbare Anordnungen.** Empfehlungen eines vom Versicherer eingeschalteten Sachverständigen, zur Minderung der Berufsunfähigkeit eine bestimmte Behandlung durchzuführen, sind für den Versicherten unzumutbar, wenn seine behandelnden Ärzte die empfohlene Therapie für nicht erforderlich halten.[97]

44 **c) Operationen. aa) Grundsatz.** Der Versicherungsnehmer muss sich nur solchen Operationen unterziehen, zu denen sich ein vernünftiger Mensch unter Abwägung aller Umstände entschließen würde.[98] Ordnet der Arzt eine Operation

---

[91] OLG Hamm, Urt. v. 18. 6. 1997 – 20 U 8/97, NJW-RR 1998, 241, 242 = VersR 1998, 442, 443; OLG Karlsruhe, Urt. v. 3. 4. 2003 – 12 U 57/01, VersR 2004, 98, 99 = r+s 2006, 79; OLG Saarbrücken, Urt. v. 19. 11. 2003 – 5 U 168/00–11, VersR 2004, 1401, 1403 = r+s 2005, 75.
[92] OLG Hamm VersR 1992, 1120 = r+s 1991, 389; OLG Hamm, Urt. v. 18. 6. 1997 – 20 U 8/97, NJW-RR 1998, 241, 242 = VersR 1998, 442, 443; OLG Karlsruhe, Urt. v. 3. 4. 2003 – 12 U 57/01, VersR 2004, 98, 99 = r+s 2006, 79; OLG Saarbrücken, Urt. v. 23. 7. 2004 – 5 U 683/03–64, NJW-RR 2004, 1403, 1404 = VersR 2005, 63, 64.
[93] OLG Hamm, Urt. v. 11. 5. 1988 – 20 U 257/87, S. 18 = VersR 1989, 177 (Ls.).
[94] LG Hamburg v. 16. 4. 1974 – 1 O 211/73.
[95] OLG Saarbrücken, Urt. v. 23. 7. 2004 – 5 U 683/03–64, NJW-RR 2004, 1403, 1404 = VersR 2005, 63, 64.
[96] RGZ 60, 147.
[97] OLG Nürnberg, Urt. v. 26. 6. 1997 – 8 U 162/97, VersR 1998, 43, 44 = r+s 1998, 523, 524.
[98] OLG Frankfurt/M., Urt. v. 13. 7. 2005 – 7 U 197/01, VersR 2006, 828, 829.

an, muss der Versicherte diese konkrete Heilungsmaßnahme dulden, wenn sie einfach und gefahrlos und nicht mit besonderen Schmerzen verbunden ist und sichere Aussicht auf Heilung oder wesentliche Besserung bietet.[99] Für die Zumutbarkeit einer solchen Operation reicht es hingegen keineswegs aus, dass sie aus ärztlicher Sicht unter Abwägung ihrer Chancen und Risiken zu empfehlen ist und dementsprechend dem Versicherten von (ggf. auch mehreren) Ärzten angeraten wird; eine medizinische Operationsindikation allein genügt nicht.[100] Der Versicherer ist für die Erforderlichkeit und Zumutbarkeit der Operation darlegungs- und beweispflichtig.[101]

bb) Einzelfälle. Die Duldungspflicht gilt allerdings wirklich nur für unproblematische Behandlungen, so dass es einem Versicherten nicht obliegt, sich einer Bandscheibenoperation zu unterziehen[102] oder einer Operation in Form einer Distraktionsspondylodese der unteren Lendenwirbelsäule mit Aufrichtung der Zwischenwirbelräume L4/L5 zuzustimmen.[103] Da die operative Absaugung des Nachstares mit gleichzeitiger Implantation einer Kunstlinse in das linke Auge als chirurgischer Routineeingriff aller Wahrscheinlichkeit nach zu einer nahezu vollständigen visuellen Rehabilitation des Versicherten führt, ist ein solcher Eingriff zumutbar.[104] 45

5. Schadenminderungspflicht

Obwohl in § 4 BUZ nicht ausdrücklich angesprochen, trifft den Versicherten bzw. den Versicherungsnehmer analog § 62 VVG (jetzt § 82 VVG 2008) eine allgemeine Schadenminderungspflicht.[105] Die Schadenminderungspflicht beschränkt sich jedoch nicht allein auf die Einleitung und Duldung der ärztlichen Behandlung.[106] Vielmehr muss sich der Versicherte bereits während oder unmittelbar nach dem Eintritt der Berufsunfähigkeit so verhalten, dass der Grad der Berufsunfähigkeit möglichst gering gehalten wird.[107] So ist der Versicherte verpflichtet, für die Bergung eines bei einem Unfall abgerissenen Gliedes zu sorgen, zumindest jedoch alles zu unterlassen, was das Glied vernichtet oder beseitigt, wenn dadurch das Körperglied im Wege einer Operation gerettet und die durch den Unfall verursachte Berufsunfähigkeit für die Zukunft gemindert oder wegfallen kann.[108] Verstößt der Versicherte gegen die Schadensminderungsobliegenheit, besteht Leis- 46

---

[99] BGHZ 10, 18, 19 = VersR 1953, 278; BGH VersR 1961, 1125; OLG Düsseldorf VersR 1975, 1031; OLG Oldenburg NJW 1978, 1200 = VersR 1978, 976; BGH, Urt. v. 4. 11. 1986 – VI ZR 12/86, VersR 1987, 408 = r+s 1987, 70; BGH, Urt. v. 4. 11. 1986 – VI ZR 12/86, VersR 1987, 559; BGH, Urt. v. 18. 4. 1989 – VI ZR 221/88, VersR 1989, 701, 702; OLG Hamm, Urt. v. 26. 6. 1991 – 20 U 51/91, VersR 1992, 1120, 1121 = r+s 1991, 389; LG Hamburg, Urt. v. 16. 12. 1991 – 325 O 4/89, VersR 1992, 1122, 1123 ; BGH, Urt. v. 15. 3. 1994 – VI ZR 44/93, r+s 1994, 217; OLG Hamm, Urt. v. 25. 1. 1995 – 20 U 252/94, NJW-RR 1995, 795, 796 = VersR 1995, 1039 = r+s 1995, 239, 240 = BB 1995, 987; OLG Frankfurt/M., Urt. v. 13. 7. 2005 – 7 U 197/01, VersR 2006, 828, 829.
[100] BGH, Urt. v. 15. 3. 1994 – VI ZR 44/93, r+s 1994, 217.
[101] LG Hamburg, Urt. v. 16. 12. 1991 – 325 O 4/89, VersR 1992, 1122, 1123.
[102] OLG Saarbrücken, Urt. v. 19. 11. 2003 – 5 U 168/00–11, VersR 2004, 1401, 1403 = r+s 2005, 75; *Neuhaus/Kloth* MDR 2006, 730, 733.
[103] OLG Hamm, Urt. v. 26. 6. 1991 – 20 U 51/91, VersR 1992, 1120, 1121 = r+s 1991, 389.
[104] OLG Koblenz r+s 1994, 35.
[105] OLG Düsseldorf, Urt. v. 24. 11. 1998 – 4 U 197/97, r+s 2000, 125, 126.
[106] BGH NJW 1972, 334.
[107] Vgl. RGZ 72, 219; BGH NJW 1951, 797; BGH, Urt. v. 4. 10. 1963 – VI ZR 109/62, VersR 1964, 94; BGH, Urt. v. 5. 10. 1965 – VI ZR 90/64, VersR 1965, 1173; OLG Düsseldorf, Urt. v. 24. 11. 1998 – 4 U 197/97, r+s 2000, 125, 126.
[108] Siehe hierzu OLG Celle, Urt. v. 16. 5. 1983 – 1 U 53/82, VersR 1984, 90.

tungsfreiheit, allerdings nur für die Dauer des Verstoßes unter weiteren Voraussetzungen.[109]

6. Beweislast

47   Der Versicherer trägt die Beweislast dafür, dass die ärztlichen Anordnungen nach gewissenhaftem Ermessen getroffen sind, um die Heilung zu fördern oder die Berufsunfähigkeit zu mindern. Dass die Anordnungen unzumutbar sind, muss der Anspruchsteller beweisen.

VIII. Kostentragung

1. Ermittlungs- und Feststellungskosten

48   Für die Unfallversicherung ist in § 185 VVG, jetzt § 189 VVG 2008 i. V. m. § 85 VVG 2008, geregelt, dass der Versicherer dem Versicherungsnehmer die Kosten, welche durch die Ermittlung und Feststellung des Unfalls sowie des Umfanges der Leistungspflicht des Versicherers entstehen, insoweit zu erstatten hat, als ihre Aufwendung den Umständen nach geboten war. Eine entsprechende Vorschrift ist auch im VVG 2008 für die Berufsunfähigkeits-Zusatzversicherung nicht enthalten. Ohne Verstoß gegen das AGBG/BGB sieht daher § 4 Abs. 1 BUZ vor, dass der Anspruchsteller die Ermittlungs- und Feststellungskosten für die gemäß § 4 Abs. 1 BUZ dem LVU einzureichenden Unterlagen selbst zu tragen hat. Hierzu gehören auch die Gebühren, die der Versicherungsnehmer für die zur Begründung seines Versicherungsanspruchs erforderlichen Zeugnisse an den behandelnden Arzt oder das Krankenhaus zu entrichten hat. Ausnahmsweise hat der Versicherungsnehmer dem Versicherer außerordentliche Aufwendungen zu erstatten, wenn z. B. der Versicherungsnehmer den Versicherer täuscht und der Versicherer für Ermittlungen eines Detektivs zusätzliche Aufwendungen hat.[110]

2. Untersuchungskosten

49   § 4 Abs. 2 BUZ räumt dem Versicherer das Recht ein, weitere notwendige Nachweise sowie ärztliche Untersuchungen durch von ihm beauftragte Ärzte zu verlangen, insbesondere zusätzliche Auskünfte und Aufklärungen. Allerdings legt § 4 Abs. 2 BUZ die insoweit anfallenden Untersuchungskosten dem Versicherer auf und enthält damit eine mit § 9 AUB vergleichbare Regelung. Die Kostenregelung berücksichtigt angemessen die Interessen der Vertragsparteien. Ist der Anspruchsteller seinen Beibringungspflichten gemäß § 4 Abs. 1 BUZ nachgekommen, wird es sich bei den Maßnahmen des LVU gemäß § 4 Abs. 2 BUZ in erster Linie um eine der Kontrolle der ordnungsgemäß vorgelegten Unterlagen dienende Prüfung handeln. Die vom Versicherer im eigenen Interesse vorgenommene zusätzliche Prüfung muss dann notwendiger Weise zu seinen Lasten gehen, da der Anspruchsteller seinerseits schon alle Verpflichtungen zur Feststellung der Leistungspflicht des LVU erfüllt hat.

3. Rehabilitationskosten

50   Die BUZ 1990/1993 enthalten im Gegensatz zu § 9 AUB keine ausdrückliche Aussage darüber, wer die Kosten zu tragen hat, die aus der Erfüllung von Anord-

---

[109] OLG Hamm, Urt. v. 18. 6. 1997 – 20 U 8/97, VersR 1998, 442 = r+s 1997, 520; OLG Karlsruhe, Urt. v. 3. 4. 2003 – 12 U 57/01, VersR 2004, 98, 99 = r+s 2006, 79.
[110] OLG Hamburg VersR 1988, 482; OLG Oldenburg VersR 1992, 1150; OLG Saarbrücken VersR 2006, 644, 647; *H.-J. Fricke* VersR 2010, 308, 317.

nungen gemäß § 4 Abs. 4 BUZ 1990/1993 erwachsen. Wenn eine analoge Anwendung von § 63 VVG erfolgen würde, fielen dem Versicherer die Aufwendungen zur Last, die in Gemäßheit der Anordnungen der vom LVU beauftragten Ärzte anfallen. Abgesehen davon, dass § 63 VVG nur für die Schadenversicherung gilt, sehen die BUZ 1990/1993 unter dem Gesichtspunkt der Zumutbarkeit der Anordnung schon eine Regelung vor. Danach ist zu berücksichtigen, inwieweit der Versicherte im Rahmen seiner Krankenversicherung einen Anspruch auf Übernahme der Kosten der angeordneten Heilmaßnahmen hat. Wird mithin von den Ärzten die Behandlung in einem Krankenhaus, in einer Heilanstalt oder eine Operation angeordnet, so sind diese Kosten nicht vom Versicherer zu tragen, wenn der Krankenversicherer ohnehin leistungspflichtig ist. Müsste der Versicherte mangels Krankenversicherung die Rehabilitationskosten selbst tragen, ist im Rahmen der Zumutbarkeit der Anordnung zu prüfen, ob im Einzelfall die Anordnung aus wirtschaftlichen Gründen nicht zumutbar ist. Dabei können auch soziale Gesichtspunkte eine Rolle spielen. Wenn der Versicherer die Kosten der Rehabilitation übernimmt, kann unter Kostengesichtspunkten in keinem Fall über die Zumutbarkeit der Anordnung gestritten werden. Wollte der Versicherer die angeordneten Heilmaßnahmen auch ohne Anordnung des Versicherers bzw. dessen Arztes durchführen, ist die Anordnung des LVU schon aus diesem Grund zumutbar. Ob der Arzt des Versicherten die angeordneten Maßnahmen billigt oder nicht, ist für die Frage der Zumutbarkeit nicht erheblich, da es nur auf das Votum des Vertrauensarztes des LVU ankommt. In keinem Fall muss der Versicherer die Kosten einer ärztlichen Behandlung oder Operation erstatten, die nicht von ihm angeordnet worden ist. Ebenso sind auch sonstige durch die Berufsunfähigkeit verursachte Kosten wie zusätzliche Fahrgelder, Telefon, unbezahlter Urlaub, Mehraufwendungen der Lebensführung (Ernährung, Kleidung, Hilfspersonal u. ä.) nicht vom Versicherer zu tragen.

Kosten zur Behebung von Gesundheitsschäden, die bei den vom Versicherer 51 veranlassten Heilmaßnahmen entstehen, fallen dem Versicherer nicht zur Last. Die Ersatzpflicht für diese Schäden trifft den Arzt bzw. das Krankenhaus, nicht aber den Versicherer trotz der von ihm veranlassten Anordnung, in der keine Erklärung der Übernahme der vollen Gefahr liegt.[111] Außerdem besteht ohnedies in der Regel die Eintrittspflicht des Krankenversicherers oder des Haftpflichtversicherers.

4. Schadenminderungskosten

Aufwendungen des Versicherungsnehmers zur Begrenzung und Minderung des 52 Grades der Berufsunfähigkeit, die im Rahmen der allgemeinen Schadenminderungspflicht des Versicherten anfallen, sind nicht vom Versicherer zu tragen. Dazu gehören insbesondere die Aufwendungen für ärztliche Behandlung und Medikamente, zumal insoweit der Krankenversicherer leistungspflichtig ist und diese Leistungen nach den BUZ nicht Gegenstand der Versicherung sind. Der Versicherer schuldet bedingungsgemäß nur die versicherte Rente und Beitragsbefreiung.

§ 5 Wann geben wir eine Erklärung über unsere Leistungspflicht ab?

(1) **Nach Prüfung der uns eingereichten sowie der von uns beigezogenen Unterlagen erklären wir in Textform, ob, in welchem Umfang und für welchen Zeitraum wir eine Leistungspflicht anerkennen.**

(2) **Wir können einmalig ein zeitlich begrenztes Anerkenntnis unter einstweiliger Zurückstellung der Frage aussprechen, ob die versicherte Person eine andere**

---

[111] Siehe hierzu RGZ 68, 108, 115.

Tätigkeit im Sinne von § 2 ausüben kann.[1] Bis zum Ablauf der Frist ist das zeitlich begrenzte Anerkenntnis für uns bindend.

Übersicht

	Rdn.
I. Allgemeines	1–14
1. Fassung	1–6
a) BUZ 1964	1
b) BUZ 1970	2
c) BUZ 1975	3
d) BUZ 1978	4
e) BUZ 1984	5
f) BUZ 1990/1993	6, 7
2. Inhaltskontrolle	8
a) § 5 Abs. 1 BUZ	8–10
b) § 5 Abs. 2 BUZ	11
3. VVG 2008	12–14
a) Anerkenntnis	12
b) Zeitliche Begrenzung	13
c) Bindungswirkung	14
II. Anerkennung der Leistungspflicht	15–28
1. Erklärung des LVU	15–18
a) Entscheidungsrahmen	15, 16
b) Unterlassung der Entscheidung	17
2. Form der Erklärung	18
3. Inhalt der Erklärung	19–24
a) Unbefristetes Anerkenntnis	19
b) Bedingungswidrige Befristung	20
c) Befristete Leistungszusage	21, 22
aa) Voraussetzungen	21
bb) Zulässige Befristung	22
d) Individualvertragliche Vereinbarung	23
e) Weitere Bedingungen	24
4. Bedeutung der Erklärung	25, 26
a) Rechtsnatur	25
b) Einwendungen	26
5. Wirkung der Erklärung	27, 28
a) Geltungszeitraum	27
b) Rückforderungsanspruch	28
III. Vorschussleistung	29
IV. Fälligkeit der Versicherungsleistung	30–32
1. Fälligkeit	30, 31
2. Verzug	34, 35
V. Ablehnung der Versicherungsleistung	33
VI. Rückzahlung zu Unrecht empfangener Renten	34, 35
VII. Verfahrensbesonderheiten	36–51
1. Feststellungs- bzw. Leistungsklage	36, 37
2. Aussetzung des Verfahrens (§ 148 ZPO)	38
3. Sofortiges Anerkenntnis	39, 40
a) Ausgangslage	39
b) Sofortiges Anerkenntnis	40
4. Urteilstenor	41, 42
5. Rechtskraft	43
6. Vergleich	44
7. Beschwer bei einer Feststellungsklage	45–49
a) Grundsatz	45

---

[1] Bei Verzicht auf die abstrakte Verweisung muss es heißen: ... andere Tätigkeit im Sinne von § 2 ausübt, ...

	Rdn.
b) Eintritt des Versicherungsfalls	46
c) Nichteintritt des Versicherungsfalls	47–49
aa) Bemessung der Beschwer	47
bb) Risikolebensversicherung	48
cc) Berufsunfähigkeits-Zusatzversicherung	49
8. Beschwer bei einer Leistungsklage	50
9. Kostenerstattung Privatgutachten	51

Schrifttum: *Bach*, Zum Feststellungsinteresse des Versicherungsnehmers gemäß § 256 ZPO im Deckungsprozess, VersR 1979, 507; *Deckenbrock*, Ersatzfähigkeit außergerichtlicher Rechtsverteidigungskosten bei unberechtigter Geltendmachung vertraglicher Ansprüche, NJW 2009, 1247; *von Einem*, Rückforderung überzahlter Renten im Wege schlichter Rückbuchung, MDR 1989, 577; *Glauber*, „Subjektive Kulanz" in der Berufsunfähigkeitszusatzversicherung, VersR 1994, 1405; *Herold*, Die Verweisbarkeit in der gesetzlichen Rentenversicherung und der privaten Berufsunfähigkeitsversicherung, VersR 1991, 376; *Langheid*, Die Reform des Versicherungsvertragsgesetzes, NJW 2007, 3665 (1. Teil: Allgemeine Vorschriften), 3745 (2. Teil: Die einzelnen Versicherungssparten); *Meiendresch/Heinke*, Der Abfindungsvergleich mit einem Betreuten, r+s 1998, 485; *Neuhaus*, Die Berufsunfähigkeitsversicherung – Neues VVG, Perspektiven, Prognosen, r+s 2008, 449; *Schlosser*, Schadensersatzrechtlicher Erstattungsanspruch für über die Sätze des RVG hinausgehende Anwaltskosten, NJW 2009, 2413; *Stalinsky*, Die Musterbedingungen für die Berufsunfähigkeits-Zusatzversicherung und für die Berufsunfähigkeits-Versicherung, VerBAV 1990, 548; *Schubach*, Die Reform des Versicherungsvertragsgesetzes (VVG). Verbraucherschutz, Einzelfallgerechtigkeit und offene Fragen, AnwBl. 2008, 27; *Wachholz*, Anwendungsbereiche und Rechtswirkungen befristeter Anerkenntnisformen in der Berufsunfähigkeitszusatzversicherung – Zugleich Besprechung des Urteils des OLG Hamm vom 22. 11. 2000 (20 U 83/00) VersR 2001, 1098 –, VersR 2003, 161.

I. Allgemeines

1. Fassung

a) BUZ 1964. Nach den BUZ 1964 lautete § 5 BUZ wie folgt:[2]   1

„**§ 5 Erklärung über die Leistungspflicht, Einspruchsrecht**
1. Über die Frage, ob, in welchem Grade und von welchem Zeitpunkt an Berufsunfähigkeit im Sinne dieser Versicherungsbedingungen vorliegt und ob eine entsprechende Leistungspflicht anerkannt wird, entscheidet die Gesellschaft auf Grund der eingereichten und von ihr eingeholten Nachweise. Bei gänzlicher oder teilweiser Ablehnung des erhobenen Anspruchs teilt die Gesellschaft ihren Bescheid durch eingeschriebenen Brief mit.
2. a) Im Falle von Meinungsverschiedenheiten darüber, ob, in welchem Grade und von welchem Zeitpunkt an Berufsunfähigkeit vorliegt, entscheidet ein Ärzteausschuss (§ 6). Für alle sonstigen Streitpunkte sind die ordentlichen Gerichte zuständig.
b) Die Entscheidung des Ärzteausschusses ist von dem Anspruchserhebenden bis zum Ablauf von sechs Monaten, nachdem ihm die Erklärung der Gesellschaft nach Ziff. 1 zugegangen ist, zu beantragen. Die Gesellschaft und der Anspruchserhebende können jedoch bis zum Ablauf dieser Frist verlangen, dass anstelle des Ärzteausschusses die ordentlichen Gerichte entscheiden. Wird dieses Verlangen gestellt, so kann der Anspruchserhebende nur Klage erheben.
c) Lässt der Anspruchserhebende die unter b) genannte Frist verstreichen, ohne dass er entweder Klage erhebt oder die Entscheidung des Ärzteausschusses verlangt, so sind weitergehende Ansprüche, als sie von der Gesellschaft anerkannt sind, ausgeschlossen. Auf diese Rechtsfolge hat die Gesellschaft in ihrem Bescheid hinzuweisen.
3. Bis zur endgültigen Entscheidung über die Leistungspflicht sind die Prämien in voller Höhe weiter zu entrichten; sie werden jedoch bei Anerkennung der Leistungspflicht in entsprechender Höhe zurückgezahlt."

---

[2] VerBAV 1964, 34.

2 b) **BUZ 1970.** Mit den BUZ 1970 erhielt die Klausel folgende Fassung:[3]

„§ 5 Erklärung über die Leistungspflicht
Nach Prüfung der ihr eingereichten und von ihr beigezogenen Unterlagen erklärt die Gesellschaft gegenüber dem Ansprucherhebenden, ob, in welchem Umfang und von welchem Zeitpunkt ab sie eine Leistung anerkennt."

3 c) **BUZ 1975.** Nach den BUZ 1975 lautet die Klausel wie folgt:[4]

„§ 5 Erklärung über die Leistungspflicht
Nach Prüfung der ihr eingereichten und von ihr beigezogenen Unterlagen erklärt die Gesellschaft gegenüber dem Anspruchserhebenden, ob, in welchem Umfang und von welchem Zeitpunkt an sie eine Leistung anerkennt."

4 d) **BUZ 1978. In 1978 wurde die Klausel wie folgt gefasst:**[5]

„§ 5 Erklärung über die Leistungspflicht
Nach Prüfung der ihm eingereichten und der von ihm beigezogenen Unterlagen erklärt der Versicherer gegenüber dem Anspruchserhebenden, ob, in welchem Umfang und von welchem Zeitpunkt an er eine Leistungspflicht anerkennt."

5 e) **BUZ 1984.** In älteren Versicherungsbeständen findet sich folgende Fassung des § 5 BUZ 1984:[6]

„§ 5 Wann geben wir eine Erklärung über unsere Leistungspflicht ab?
Nach Prüfung der uns eingereichten sowie der von uns beigezogenen Unterlagen erklären wir, ob und in welchem Umfang und von welchem Zeitpunkt an wir eine Leistungspflicht anerkennen."

6 f) **BUZ 1990/1993.** Im Hinblick auf die Rechtsprechung des BGH zur Befristung des Anerkenntnisses einer Leistungspflicht des Versicherers sehen die Musterbedingungen seit der Neufassung in 1990[7] nunmehr in § 5 Abs. 2 BUZ eine solche Befristungsmöglichkeit vor:[8]

§ 5 Wann geben wir eine Erklärung über unsere Leistungspflicht ab?
(Musterbedingungen des BAV – BUZ 1990/1993)
(1) Nach Prüfung der uns eingereichten sowie der von uns beigezogenen Unterlagen erklären wir, ob und für welchen Zeitraum wir eine Leistungspflicht anerkennen.
(2) Wir können ein zeitlich begrenztes Anerkenntnis unter einstweiliger Zurückstellung der Frage aussprechen, ob die versicherte Person eine andere Tätigkeit im Sinne von § 2 ausüben kann.

7 Im Zuge der Neufassung der BUZ im Jahre 1993 wurde die Klausel unverändert fortgeführt.[9]

2. Inhaltskontrolle

8 a) **§ 5 Abs. 1 BUZ.** Gegenstand der gerichtlichen Inhaltskontrolle war folgende Klausel:[10]

„Der Versicherer teilt dem Versicherungsnehmer schriftlich mit, ob, in welchem Umfang und für welche Dauer er den geltend gemachten Anspruch anerkennt."

9 Eine vergleichbare Klausel, die wie folgt lautet, war ebenfalls Gegenstand der gerichtlichen Inhaltskontrolle:[11]

---

[3] VerBAV 1970, 210.
[4] VerBAV 1975, 2, 4.
[5] VerBAV 1978, 4.
[6] VerBAV 1984, 2, 3.
[7] VerBAV 1990, 341, 347.
[8] *Stalinsky* VerBAV 1990, 548.
[9] VerBAV 1993, 139.
[10] OLG Köln, Urt. v. 22. 6. 2005 – 5 U 196/04, VersR 2006, 351, 352 = r+s 2006, 120.
[11] OLG Frankfurt/M., Urt. v. 28. 8. 2002 – 7 U 191/01, VersR 2003, 358 = r+s 2004, 74.

„Nach Prüfung der ihr eingereichten und von ihr beigezogenen Unterlagen erklärt die X., ob und in welchem Umfang und für welchen Zeitraum sie eine Leistungspflicht anerkennt."

In diesen Klauseln wird eine unangemessene Benachteiligung des Versiche- 10
rungsnehmers gesehen, da sie eine generelle, nicht von sachlichen Gründen abhängige und auch sonst nicht in irgendeiner Weise eingeschränkte zeitliche Befristung des Leistungsanerkenntnisses zulassen würden, und verstießen damit gegen § 9 Abs. 1 AGBG.[12] Es erscheine nicht hinnehmbar, dass, solange die Befristung andauere, der Versicherungsnehmer trotz einmal festgestellter Berufsunfähigkeit stets Gefahr laufe, dass der Versicherer die Leistungen mit Ablauf der Befristung ohne Angabe von Gründen einstelle und vom Versicherungsnehmer den Nachweis fortbestehender Berufsunfähigkeit verlange.[13] Demgegenüber sind die beanstandeten Klauseln von anderen Gerichten und früher auch vom OLG Köln[14] als solche zu Recht nach dem AGBG nicht in Frage gestellt worden.[15] Denn mit „für welche Dauer" oder „für welchen Zeitraum" ist nur gemeint, dass sich der Versicherer zum vertragsgemäßen Beginn und zum vertragsgemäßen Ende der Leistungspflicht erklärt.[16]

b) § 5 Abs. 2 BUZ. Es bestehen keine Bedenken, in den Versicherungsbe- 11
dingungen ein befristetes Leistungsanerkenntnis für eine konkret aufgeführte Fallkonstellation, z. B. unter Zurückstellung der Verweisungsfrage, vorzusehen.[17] Insoweit besteht ein anzuerkennendes Interesse des Versicherers.[18] Die Klausel steht auch im Einklang mit § 173 Abs. 2 VVG 2008.[19]

3. VVG 2008

a) **Anerkenntnis.** Gemäß § 173 Abs. 1 VVG 2008 hat der Versicherer nach 12
einem Leistungsantrag bei Fälligkeit in Textform zu erklären, ob er seine Leistungspflicht anerkennt.

b) **Zeitliche Begrenzung.** Das Anerkenntnis darf gemäß § 173 Abs. 2 Satz 1 13
VVG 2008 nur einmal zeitlich begrenzt werden. Eine Befristung des Anerkenntnisses ohne tragfähigen sachlichen Grund ist mit der Folge unzulässig, dass dann ein uneingeschränkt bindendes Anerkenntnis des Versicherers vorliegt.[20]

c) **Bindungswirkung.** Das Anerkenntnis ist bis zum Ablauf der Frist bindend 14
(§ 173 Abs. 2 Satz 2 VVG 2008). Irrt der Versicherer bei der Abgabe des Anerkenntnisses, kann er sich von seinem Anerkenntnis nicht gemäß § 174 Abs. 1 VVG 2008 befreien, weil die Voraussetzungen für die Leistungspflicht nicht ent-

---

[12] OLG Frankfurt/M., Urt. v. 28. 8. 2002 – 7 U 191/01, VersR 2003, 358 = r+s 2004, 74; OLG Köln, Urt. v. 22. 6. 2005 – 5 U 196/04, VersR 2006, 351, 352 = r+s 2006, 120, 121.
[13] OLG Frankfurt/M., Urt. v. 28. 8. 2002 – 7 U 191/01, VersR 2003, 358 f. = r+s 2004, 74; OLG Köln, Urt. v. 22. 6. 2005 – 5 U 196/04, VersR 2006, 351, 352 = r+s 2006, 120, 143.
[14] OLG Köln, Urt. v. 20. 6. 1991 – 5 U 196/90, VersR 1991, 1362.
[15] LG München, Urt. v. 10. 4. 1992 – 23 O 11 932/90; OLG Düsseldorf, Urt. v. 11. 11. 1994 – 4 U 174/93; LG Berlin, Urt. v. 10. 8. 1999 – 7 O 498/98.
[16] *Rixecker* in: Beckmann/Matusche-Beckmann, Versicherungsrechts-Hdb., 2004, § 46 Rdn. 182.
[17] OLG Köln, Urt. v. 22. 6. 2005 – 5 U 196/04, VersR 2006, 351, 352 = r+s 2006, 120, 121.
[18] OLG Frankfurt/M., Urt. v. 28. 8. 2002 – 7 U 191/01, VersR 2003, 358, 359 = r+s 2004, 74.
[19] *Neuhaus* r+s 2008, 449, 453.
[20] *Schubach* AnwBl. 2008, 27, 30.

sprechend dieser Vorschrift entfallen sind, sondern von Anfang an nicht bestanden haben.[21]

II. Anerkennung der Leistungspflicht

1. Erklärung des LVU

15 a) **Entscheidungsrahmen.** § 5 BUZ verlangt vom Versicherer eine Erklärung darüber, ob, in welchem Umfang und von welchem Zeitpunkt ab er seine Leistungspflicht anerkennt,[22] dagegen ursprünglich nicht, bis zu welchem Zeitpunkt der Versicherer die Leistungspflicht anerkennen will.[23] Denn der Versicherer ist nicht befugt, den Versicherten hinzuhalten und monatlich oder vierteljährlich die Fortdauer der Berufsunfähigkeit zu prüfen.[24] Der Versicherer hat auf dieser Grundlage zu entscheiden über
– die Verneinung bedingungsgemäßer Berufsunfähigkeit,
– Bejahung dauernder (vollständiger oder teilweiser[25]) Berufsunfähigkeit, die voraussetzt, dass nach dem Stand der medizinischen Wissenschaft die Erwartung auf eine Besserung des Berufsunfähigkeit bedingenden Gesundheitszustandes nicht mehr gerechtfertigt ist,[26]
– Bejahung unwiderleglich vermuteter (vollständiger oder teilweiser[27]) Berufsunfähigkeit, die erst in Betracht kommt, wenn die Fortdauer eines die Berufsunfähigkeit bedingenden Gesundheitszustandes über einen bestimmten Zeitraum hinaus – hier von sechs Monaten – erwiesen ist, womit die vorstehend angeführte Prognose für entbehrlich erklärt wird.[28]

16 Für ein Leistungsanerkenntnis ist mithin erforderlich, dass der von Seiten der Mediziner als dauerhaft prognostizierte Gesundheitszustand des Versicherten es ihm nicht mehr erlaubt, in dem nach den Versicherungsbedingungen maßgeblichen Umfang seinen Beruf, wie bislang, auszuüben oder eine andere Tätigkeit, die aufgrund seiner Ausbildung und Erfahrung ausgeübt werden kann und seiner bisherigen Lebensstellung entspricht.[29]

17 b) **Unterlassung der Entscheidung.** War der Versicherte sechs Monate ununterbrochen zu mindestens 50% außerstande, seinen Beruf oder eine zumutbare Verweisungstätigkeit auszuüben und wird deshalb nach § 2 Abs. 3 BUZ die Dau-

---

[21] *Langheid* NJW 2007, 3745, 3748.
[22] BGH, Urt. v. 6. 10. 1989 – 20 U 20/89, VersR 1990, 605, 606; OLG Düsseldorf r+s 2002, 259; OLG Düsseldorf r+s 2002, 274; OLG Hamm r+s 2002, 274; BGH, Urt. v. 17. 2. 1993 – IV ZR 206/91, BGHZ 121, 284 = NJW-RR 1993, 1532, 1533 = VersR 1993, 562, 563 = r+s 1994, 72; OLG Saarbrücken, Urt. v. 25. 1. 2006 – 5 U 28/05-3, r+s 2006, 293.
[23] OLG Hamm, Urt. v. 15. 12. 1989 – 20 U 49/89, VersR 1990, 731, 732.
[24] OLG Düsseldorf, Urt. v. 18. 12. 2001 – 4 U 78/01, NVersZ 2002, 357, 358; Prölss/Martin, VVG, 26. Aufl., § 5 BUZ Rdn. 8.
[25] Für den Fall, dass die Bedingungen des LVU eine Abstufung des Grades der Berufsunfähigkeit kennen.
[26] BGH, Urt. v. 22. 2. 1984 – IV a ZR 63/82, NJW 1984, 2814 = VersR 1984, 630; BGH, Urt. v. 17. 2. 1993 – IV ZR 162/91, NJW-RR 1993, 723 = VersR 1993, 559, 560.
[27] Für den Fall, dass die Bedingungen des LVU eine Abstufung des Grades der Berufsunfähigkeit kennen.
[28] Vgl. BGH, Urt. v. 15. 1. 1986 – IV a ZR 137/84, VersR 1986, 277, 278; OLG Köln, Urt. v. 17. 4. 1986 – 5 U 150/85; BGH, Urt. v. 13. 5. 1987 – IV a ZR 8/86, VersR 1987, 753; BGH, Urt. v. 16. 12. 1987 – IV a ZR 156/86, VersR 1988, 281 = NJW 1988, 1328; BGH, Urt. v. 14. 6. 1989 – IV a ZR 74/88, NJW-RR 1989, 1050 = VersR 1989, 903; BGH, Urt. v. 17. 2. 1993 – IV ZR 162/91, NJW-RR 1993, 723 = VersR 1993, 559, 560.
[29] BGH, Urt. v. 13. 5. 1987 – IV a ZR 8/86, VersR 1987, 753 = r+s 1987, 267.

erhaftigkeit der Berufsunfähigkeit unwiderleglich vermutet, so ist der Versicherer nach § 5 BUZ verpflichtet zu erklären, dass und ab wann er seine Leistungspflicht anerkennt.[30] Unterlässt es der Versicherer die bedingungsgemäß gebotene Feststellung vorzunehmen, so ist er so zu behandeln, als habe er den Anspruch umfassend anerkannt.[31] Gilt der Versicherte als berufsunfähig, so führt dies zu Leistungsansprüchen aus der Berufsunfähigkeits-Zusatzversicherung so lange, bis ggf. im Wege des Nachprüfungsverfahrens nach § 6 BUZ (früher § 7 BUZ) eine Änderung erzielbar wäre.[32]

2. Form der Erklärung

Die Form der Erklärung für das Anerkenntnis und die Ablehnung des Versicherers war früher in § 5 BUZ nicht angesprochen. Über § 9 Abs. 10 BUZ 1993 war auf die AVB für die Hauptversicherung zurückzugreifen. Dort bestimmt § 12 ALB 1986, dass die Schriftform nicht nur für die Willenserklärungen des Versicherungsnehmers, sondern auch für sämtliche Mitteilungen des Versicherers vorgeschrieben ist. Zu diesen Mitteilungen gehört auch die vom Versicherer gemäß § 5 BUZ abzugebende Erklärung, die in der Praxis ohnehin schon zu Beweiszwecken schriftlich bestätigt wird, wenn ausnahmsweise eine mündliche Übermittlung stattgefunden hat. Nunmehr schreibt § 5 BUZ 2008 ausdrücklich die Textform vor.

3. Inhalt der Erklärung

a) **Unbefristetes Anerkenntnis.** Im Hinblick auf seine finanziellen und persönlichen Dispositionen ist der Versicherungsnehmer darauf angewiesen, möglichst bald Klarheit darüber zu erhalten, ob er mit Leistungen aus der Berufsunfähigkeits-Zusatzversicherung rechnen kann.[33] Der Versicherer ist daher im Interesse des Versicherungsnehmers gehalten, seinem Vertragspartner die ihm nach § 5 BUZ obliegende Entscheidung mit der erforderlichen Klarheit mitzuteilen.[34] Aus der Erklärung des Versicherers muss sich entsprechend der geltenden Bedingungsfassung ergeben, ob, in welchem Umfang und von welchem Zeitpunkt ab er seine Leistungspflicht anerkennt,[35] nicht dagegen, bis zu welchem

---

[30] OLG Düsseldorf, Urt. v. 11. 9. 2001 – 4 U 206/00, NVersZ 2002, 355, 356 = VersR 2002, 831 (Ls.) = r+s 2002, 259, 260).
[31] BGH, Urt. v. 27. 9. 1989 – IV a ZR 132/88, NJW-RR 1990, 31 = VersR 1989, 1182 = r+s 1990, 67; OLG Oldenburg, Urt. v. 14. 2. 1996 – 2 U 259/95, VersR 1996, 1486 = r+s 1996, 420, 421; BGH, Urt. v. 11. 12. 1996 – IV ZR 238/95, NJW-RR 1997, 529, 530 = VersR 1997, 436, 437 = r+s 1997, 301; OLG Oldenburg, Urt. v. 10. 11. 1999 – 2 U 208/99, NVersZ 2000, 268 = VersR 2000, 574 (Ls.); OLG Saarbrücken, Urt. v. 10. 1. 2001 – 5 U 737/00 – 70, VersR 2002, 354 = VersR 2002, 877, 878 = r+s 2002, 302; OLG Düsseldorf, Urt. v. 11. 9. 2001 – 4 U 206/00, NVersZ 2002, 355, 356 = VersR 2002, 831 (Ls.) = r+s 2002, 259, 260; OLG Düsseldorf, Urt. v. 18. 12. 2001 – 4 U 78/01, NVersZ 2002, 357, 358; OLG Hamm, Urt. v. 10. 4. 2002 – 20 U 34/01, NVersZ 2002, 398, 399.
[32] OLG Düsseldorf VersR 2000, 1400, 1401; OLG Düsseldorf, Urt. v. 18. 12. 2001 – 4 U 78/01, NVersZ 2002, 357, 358.
[33] OLG Frankfurt/M., Urt. v. 28. 8. 2002 – 7 U 191/01, VersR 2003, 358 f. = r+s 2004, 74.
[34] OLG Hamm, Urt. v. 22. 9. 1993 – 20 U 42/93, NJW-RR 1994, 1508, 1509 = r+s 1994, 154, 155; OLG Koblenz, Urt. v. 29. 9. 2000 – 10 U 1667/99, VersR 2002, 831; OLG Saarbrücken, Urt. v. 10. 1. 2001 – 5 U 737/00 – 70, NVersZ 2002, 354 = VersR 2002, 877, 878.
[35] BGH, Urt. v. 3. 11. 1999 – IV ZR 155/98, NJW-RR 2000, 550, 551 = NVersZ 2000, 127, 128 = VersR 2000, 171, 172 = r+s 2000, 213, 214 = MDR 2000, 271, 272.

Zeitpunkt er seine Leistung anerkennen will.[36] Der wörtlichen Verwendung des Begriffs „anerkennen" bedarf es nicht; es genügt auch eine vorbehaltlos erklärte Leistungsbereitschaft.[37] An ein solches – allein an den Vorgaben des § 2 BUZ zu orientierendes – Anerkenntnis bleibt der Versicherer grundsätzlich gebunden.[38] Enthält das Anerkenntnis den Vorbehalt der Rechte gemäß § 6 BUZ, so beeinträchtigt der im Vorbehalt liegende Hinweis auf die bei Abschluss des Versicherungsvertrages getroffenen Vereinbarungen über das Prüfungs- und Abänderungsrecht des Versicherers nach einmal anerkannter Leistungspflicht nicht die Wirksamkeit des Anerkenntnisses im versicherungsrechtlichen Sinn.[39] Ein solches Anerkenntnis hat zur Folge, dass ein Versicherer derart an sein abgegebenes Anerkenntnis gebunden bleibt, dass er nicht jederzeit und ohne Änderung der tatsächlichen Verhältnisse und ihrer Kenntnis den Grad der Berufsunfähigkeit frei abweichend von seiner früheren Anerkenntniserklärung neu bewerten und die zugesagte Leistung für die Zukunft wieder entziehen kann.[40] Zeitlich ist das Anerkenntnis allerdings in seiner Wirkung von vornherein durch die bereits zuvor getroffenen vertraglichen Vereinbarungen beschränkt, nämlich die vertraglich vereinbarte Höchstdauer der Leistungspflicht des Versicherers und den Wegfall bei Eintritt des Versicherungsfalles in der Hauptversicherung, der Lebensversicherung.[41]

20 **b) Bedingungswidrige Befristung.** Teilweise enthalten die Versicherungsbestände noch Versicherungsverträge, denen Berufsunfähigkeits-Zusatzversicherungen zugrunde liegen, die den bis 1984 verlautbarten Musterbedingungen nachgebildet sind. Diese Versicherungsbedingungen sehen ein befristetes Leistungsanerkenntnis nicht vor.[42] Ebenso wenig begründen sie für den Versicherer die Möglichkeit, eine Anerkennung von Berufsunfähigkeit unter Ausklammerung und Zurückstellung einzelner bereits bekannt gewordener, für die Beurteilung maßgeblicher Umstände, vorzunehmen.[43] Der Regelungsgehalt der §§ 5–7 BUZ (jetzt §§ 5 und 6 BUZ 2008) verwehrt dem Versicherer vielmehr ausnahmslos eine wirksame einseitig herbeigeführte Leistungsbefristung, mag diese sich aus einer Prognose der gesundheitlichen Entwicklung des Versicherten herleiten oder nicht.[44] Künftigen Gesundheitsänderungen, mögen sie vom Versicherer erwartet werden oder nicht, kann nach einem Anerkenntnis von Berufsunfähigkeit gemäß § 2 Abs. 1 bis 3 BUZ nur auf dem vertraglichen Wege des Nachprüfungsverfahrens

---

[36] BGH, Urt. v. 16. 12. 1987 – IV a ZR 156/86, VersR 1988, 281 = NJW 1988, 1328, 1329; BGH, Urt. v. 17. 2. 1993 – IV ZR 206/91, NJW-RR 1993, 1532, 1533 = VersR 1993, 562, 563 = r+s 1994, 72.
[37] BGH, Urt. v. 21. 5. 1986 – IV a ZR 220/84, VersR 1986, 802.
[38] BGH, Urt. v. 3. 11. 1999 – IV ZR 155/98, NJW-RR 2000, 550, 551 = NVersZ 2000, 127, 128 = VersR 2000, 171, 172 = r+s 2000, 213, 214 = MDR 2000, 271, 272.
[39] BGH, Urt. v. 27. 5. 1987– IV a ZR 56/86, VersR 1987, 809.
[40] BGH, Urt. v. 5. 10. 1983 – IV a ZR 11/82, VersR 1984, 51 = MDR 1984, 210; BGH, Urt. v. 15. 1. 1986 – IV a ZR 137/84, NJW-RR 1986, 701 = VersR 1986, 277, 278 = VerBAV 1986, 281 = r+s 1986, 137 = MDR 1986, 739; BGH, Urt. v. 21. 5. 1986 – IV a ZR 220/84, VersR 1986, 803; OLG Hamm, Urt. v. 24. 7. 1987 – 20 U 422/85, VersR 1988, 793; *Glauber* VersR 1994,1405, 1406.
[41] BGH v. 16. 12. 1987, NJW 1988, 1329.
[42] BGH, Urt. v. 17. 2. 1993 – IV ZR 206/91, NJW 1993, 1532 = VersR 1993, 562, 563 = r+s 1994, 72, 73; *Wachholz* VersR 2003.
[43] BGH, Urt. v. 17. 2. 1993 – IV ZR 206/91, NJW 1993, 1532, 1533 = VersR 1993, 562, 563/564 = r+s 1994, 72, 73.
[44] BGH, Urt. v. 17. 2. 1993 – IV ZR 206/91, NJW 1993, 1532, 1533/1534 = VersR 1993, 562, 564 = r+s 1994, 72, 73; BGH, Urt. v. 12. 6. 1996 – IV ZR 106/95, NJW-RR 1996, 1111 = VersR 1996, 958 = r+s 1996, 377.

gemäß §§ 7, 6 BUZ Rechnung getragen werden.[45] Eine bedingungswidrige Befristung oder sonstige Beschränkung des Leistungsanerkenntnisses ist demzufolge unwirksam.[46] Denn der Bestandsschutz, der dem Versicherungsnehmer durch das in § 7 BUZ (jetzt § 6 BUZ 2008) geregelte Nachprüfungsverfahren eingeräumt wird, darf nicht unterlaufen werden.[47] Eine Leistungsbefristung ist selbst dann nicht möglich, wenn der Versicherer künftig Gesundheitsänderungen erwartet.[48] Ebenso räumt eine in den BUZ nicht vorgesehene, aber vom Versicherer ausgesprochene Befristung des Anerkenntnisses dem Versicherer nicht die Möglichkeit ein, neu zu prüfen und zu entscheiden, ob ein Versicherungsfall eingetreten ist, für dessen erstmalige Beurteilung auf die Verhältnisse ab dem Nachprüfungszeitraum abzustellen ist; vielmehr soll der Versicherer nur prüfen dürfen, ob sich diejenigen Umstände bei deren Veränderung sich der Versicherer vorbehalten hat, sein Leistungsanerkenntnis für die Zukunft zu ändern, in einem Maße gewandelt haben, das nach den BUZ den Leistungswegfall nach sich zieht.[49]

c) Befristete Leistungszusage. aa) Voraussetzungen. § 5 Abs. 2 BUZ regelt den Sonderfall einer zeitlichen Leistungsgewährung unter Zurückstellung der Prüfung der Verweisbarkeit.[50] Eine solche Befristung ist grundsätzlich möglich und hat regelmäßig zur Folge, dass bei fristgerechter Prüfung hinsichtlich der offen gelassenen Umstände die Regeln der Erstprüfung nach § 2 Abs. 1 BUZ gelten.[51] Im Gegensatz zu der Regelung in § 7 BUZ (jetzt § 6 BUZ 2008) ist eine Änderung der Verhältnisse seit Abgabe des befristeten Anerkenntnisses nicht erforderlich, um eine Leistungsverweigerung zu rechtfertigen.[52] Anderes könnte allerdings gelten, wenn der Versicherer sich eine unzulässig lange Frist von drei Jahren einräumt[53] oder längere Zeit weitere Leistungen erbringt[54] und erst dann zur Überprüfung seiner Leistungspflicht ansetzt.[55] Erhält der Versicherungsnehmer nämlich nach Ablauf der Frist weiter die volle Versicherungsleistung ausbezahlt und wird er auch

---

[45] BGH, Urt. v. 16. 12. 1987 – IV a ZR 156/86, NJW 1988, 1328 = VersR 1988, 281; BGH NJW-RR 1986, 701 = VersR 1986, 277; BGH, Urt. v. 17. 2. 1993 – IV ZR 206/91, NJW 1993, 1532, 1534 = VersR 1993, 562, 564 = r+s 1994, 72, 73; BGH, Urt. v. 19. 11. 1997 – IV ZR 6/97, NJW 1998, 760, 761 = VersR 1998, 173, 174 = VerBAV 1999, 38, 39 = r+s 1998, 78.
[46] BGH, Urt. v. 15. 1. 1986 – IV a ZR 137/84, NJW-RR 1986, 701 = VersR 1986, 277; BGH, Urt. v. 13. 5. 1987 – IV a ZR 8/86, VersR 1987, 753 = VerBAV 1987, 491; BGH, Urt. v. 16. 12. 1987 – IV a ZR 156/86, NJW 1988, 1328 = VersR 1988, 281; OLG Hamm, Urt. v. 11. 5. 1988 – 20 U 257/87, r+s 1988, 345; BGH, BGHZ 121, 284, 290 = NJW 1993, 1532, 1534 = VersR 1993, 562, 563 f.; BGH, Urt. v. 17. 2. 1993 – IV ZR 162/91, NJW-RR 1993, 723 = VersR 1993, 559, 561; OLG Frankfurt/M., Urt. v. 10. 8. 1994 – 17 U 233/93, S. 13; BGH, Urt. v. 12. 11. 2003 – IV ZR 173/02, NJW-RR 2004, 174, 175 = VersR 2004, 96, 97 = r+s 2004, 118 = MDR 2004, 394; *Wachholz* VersR 2003, 161, 162; a. A. *Herold* VersR 1991, 376, 380.
[47] BGH, Urt. v. 12. 11. 2003 – IV ZR 173/02, NJW-RR 2004, 174, 175 = VersR 2004, 96, 97 = r+s 2004, 118 = MDR 2004, 394.
[48] BGH v. 16. 12. 1987, NJW 1988, 1329.
[49] BGH, Urt. v. 15. 1. 1986 – IV a ZR 137/84, VersR 1986, 277; BGH, Urt. v. 17. 9. 1986 – IV a ZR 252/84, VersR 1986, 1114; BGH, Urt. v. 13. 5. 1987 – IV a ZR 8/86, VersR 1987, 753.
[50] *Herold* VersR 1991, 376, 380.
[51] OLG Karlsruhe, Urt. v. 3. 5. 2005 – 12 U 326/04, VersR 2006, 59, 60.
[52] OLG Düsseldorf, Urt. v. 25. 6. 1991 – 4 U 211/90, VersR 1991, 1360, 1361; OLG Karlsruhe, Urt. v. 3. 5. 2005 – 12 U 326/04, VersR 2006, 59, 60.
[53] OLG Karlsruhe, Urt. v. 3. 5. 2005 – 12 U 326/04, VersR 2006, 59, 60; *Rixecker* in: Beckmann/Matusche-Beckmann, Versicherungsrechts-Hdb., 2004, § 46 Rdn. 181.
[54] OLG Düsseldorf, Urt. v. 8. 2. 2000 – 4 U 56/99, NVersZ 2001, 455, 456 = VersR 2001, 1370.
[55] OLG Karlsruhe, Urt. v. 3. 5. 2005 – 12 U 326/04, VersR 2006, 59, 60.

nicht darauf hingewiesen, dass die weitere Leistungserbringung bis zur Überprüfung der Verweisbarkeit kulanzhalber erfolgt, so kann er unter Umständen davon ausgehen, dass der Versicherer nunmehr die dauerhafte Berufsunfähigkeit auch hinsichtlich der Frage der Verweisbarkeit anerkennt (§§ 133, 157 BGB).[56] Der Versicherungsnehmer könnte sich hierin dadurch bestärkt sehen, dass der Versicherer im Interesse des Versicherungsnehmers gehalten ist, seinem Vertragspartner die ihm nach § 5 BUZ obliegende Entscheidung mit der erforderlichen Klarheit mitzuteilen.[57] Der Versicherer, der sich nicht im Wege des Anerkenntnisses binden will, muss dies so deutlich zum Ausdruck bringen, dass weder für den Versicherungsnehmer noch für Dritte irgendwelche Zweifel aufkommen können, dass die angekündigte Leistung ausschließlich kulanzhalber erfolgen soll.[58] Die § 5 und 7 (jetzt § 6) BUZ hindern den Versicherer nicht, im Einvernehmen mit dem Versicherungsnehmer einen etwaigen Streit oder eine Ungewissheit über das Vorliegen der vertragsgemäßen Voraussetzungen in der Weise zu beseitigen, dass für eine gewisse Zeit im Wege des Entgegenkommens Leistungen zugesagt und erbracht werden mit dem Ziel, die weitere gesundheitliche Entwicklung abzuwarten.[59] Eine befristete Leistungszusage, die sich für den Versicherungsnehmer eindeutig erkennbar lediglich als Kulanzentscheidung darstellt, ist mithin kein Anerkenntnis, das den Versicherer über den zugesagten Zeitraum hinaus bindet mit der Folge, dass er eine Leistungseinstellung nur im Wege des Nachprüfungsverfahrens nach § 7 BUZ (jetzt § 6 BUZ 2008) erreichen kann.[60] Die Entscheidung des LVU über die befristete Gewährung von Leistungen aus der BUZ für die Vergangenheit hat keine Selbstbindung für die Zukunft zur Folge.[61] Solche Erklärungen für die Vergangenheit stellen kein bedingungswidrig befristetes Leistungsanerkenntnis dar, durch das das Überprüfungsverfahren des § 7 BUZ (jetzt § 6 BUZ 2008) umgangen werden könnte.[62]

bb) Zulässige Befristung. Der Versicherer ist berechtigt, die befristete Anerkennung seiner Leistungspflicht zeitmäßig an der Dauer einer weiteren Berufsausbildung auszurichten, wenn der Versicherte wegen krankheitsbedingter Berufsunfähigkeit die Ausbildung zum ursprünglich angestrebten Beruf aufgeben musste.[63] Dabei ist eine Frist von drei Jahren nicht als unzulässig lang anzusehen, wenn der vom Versicherer zu entscheidende Fall Besonderheiten aufweist.[64] Dies ist z. B. der Fall, wenn der Versicherte wegen krankheitsbedingter Unfähigkeit als Metall-

---

[56] OLG Karlsruhe, Urt. v. 3. 5. 2005 – 12 U 326/04, VersR 2006, 59, 60.
[57] OLG Karlsruhe, Urt. v. 3. 5. 2005 – 12 U 326/04, VersR 2006, 59, 60.
[58] OLG Hamm, Urt. v. 22. 9. 1993 – 20 U 42/93, NJW-RR 1994, 1508 = VersR 1994, 969 (Ls.) = r+s 1994, 154, 155; OLG Hamm, Urt. v. 11. 3. 1994 – 20 U 334/93, NJW-RR 1995, 1500, 1501 = r+s 1994, 473, 474; OLG Hamm, Urt. v. 20. 10. 1993 – 5 U 40/92, VersR 1994, 969 = r+s 1994, 196, 197; OLG Hamm, Urt. v. 22. 11. 2000 – 20 U 83/00, NVersZ 2001, 213, 214 = VersR 2001, 1098, 1099 = r+s 2001, 522, 523; OLG Saarbrücken, Urt. v. 10. 1. 2001 – 5 U 737/00 – 70, NVersZ 2002, 354 = VersR 2002, 877, 878 = r+s 2002, 302; OLG Karlsruhe, Urt. v. 3. 5. 2005 – 12 U 326/04, VersR 2006, 59, 60.
[59] OLG Köln, Urt. v. 5. 6. 2002 – 5 U 77/00, VersR 2002, 1365.
[60] OLG Hamm, Urt. v. 24. 7. 1987 – 20 U 422/85, VersR 1988, 793, 794; LG Frankfurt/M., Urt. v. 1. 3. 1990 – 2/5 O 247/88, S. 7 = VersR 1991, 1363, 1364; BGH, Urt. v. 28. 9. 1994 – IV ZR 226/93, NJW-RR 1995, 20 = r+s 1995, 78; BGH, Urt. v. 12. 11. 2003 – IV ZR 173/02, NJW-RR 2004, 174, 175 = VersR 2004, 96, 97; *Richter* VersR 1988, 1207, 1217.
[61] OLG Hamm, Urt. v. 15. 12. 1989 – 20 U 49/89, VersR 1990, 731; OLG Celle, Urt. v. 1. 12. 1994 – 8 U 128/93, S. 6.
[62] OLG Düsseldorf, Urt. v. 26. 6. 1990 – 4 U 201/89, VersR 1991, 1359, 1360.
[63] OLG Karlsruhe, Urt. v. 3. 5. 2005 – 12 U 326/04, VersR 2006, 59, 60.
[64] OLG Karlsruhe, Urt. v. 3. 5. 2005 – 12 U 326/04, VersR 2006, 59, 60.

bauer tätig zu sein, seine Ausbildung abbrechen muss und eine neue Ausbildung als Einzelhandelskaufmann beginnt und innerhalb der vom Versicherer ausgesprochenen Befristung der Leistungspflicht abschließt.[65] Dem Umstand, dass der Versicherte durch seine Berufsunfähigkeit Ausbildungszeit verloren hat und somit Zeit benötigte, um eine vergleichbare berufliche Position wiederzuerlangen, hat der Versicherer gemäß Vertrag dadurch Genüge getan, dass er während der gesamten Dauer der kaufmännischen Ausbildung seine Leistungen aus der Berufsunfähigkeits-Zusatzversicherung erbrachte.[66]

d) Individualvertragliche Vereinbarung. Den Parteien einer Berufsunfähigkeitszusatzversicherung ist es nach dem Grundsatz der Vertragsfreiheit nicht verwehrt, die Leistungspflicht im Rahmen der Schranken des allgemeinen Zivilrechts einvernehmlich zu regeln.[67] Von daher ist eine befristete Vereinbarung unbedenklich, die vorsieht, dass das LVU ausschließlich wegen der Besonderheiten des Falles Leistungen erbringt, ohne damit das Vorliegen von Berufsunfähigkeit anzuerkennen, und dass das LVU nach Ablauf der Vereinbarung das Vor-liegen von Berufsunfähigkeit abschließend prüfen kann.[68] Allerdings ist der Versicherer wegen der speziellen Ausgestaltung der Berufsunfähigkeitszusatzversicherung nach Treu und Glauben in besonderer Weise gehalten, seine überlegene Sach- und Rechtskenntnis nicht zum Nachteil des Versicherungsnehmers auszunutzen.[69] Individualvertragliche Vereinbarungen über Leistungen aus einer Berufsunfähigkeitsversicherung können deshalb daraufhin überprüft werden, ob darin enthaltene Beschränkungen der bedingungsgemäßen Rechte des Versicherungsnehmers auf seiner freien Entscheidung oder einer treuwidrigen Ausnutzung der überlegenen Verhandlungsposition des Versicherers beruhen.[70] Es stellt einen Verstoß gegen Treu und Glauben, wenn nicht gar eine positive Vertragsverletzung des Versicherers dar, wenn der Versicherungsnehmer sich auf Ansinnen des Versicherers ohne entsprechende Aufklärung und ohne sachliche Notwendigkeit mit einer bedingungswidrigen Verkürzung seiner Rechtsposition einverstanden erklären soll.[71] Ein starkes Indiz für einen Verstoß gegen Treu und Glauben ist regelmäßig anzunehmen, wenn die nach dem Vertrag bestehende Rechtslage durch die Vereinbarung zum Nachteil des Versicherungsnehmers geändert und seine Rechtsposition dadurch ins Gewicht fallend verschlechtert wird.[72] Das ist der Fall, wenn der Versicherer sich gegen das Versprechen einer befristeten Kulanzleistung eine nach den Bedingungen

---

[65] OLG Karlsruhe, Urt. v. 3. 5. 2005 – 12 U 326/04, VersR 2006, 59, 60 u. 61.
[66] OLG München VersR 1993, 1000; OLG Karlsruhe, Urt. v. 3. 5. 2005 – 12 U 326/04, VersR 2006, 59, 61.
[67] BGH, Urt. v. 12. 11. 2003 – IV ZR 173/02, NJW-RR 2004, 174, 175/176 = VersR 2004, 96, 97 = r+s 2004, 118 = MDR 2004, 394; OLG Köln, Urt. v. 22. 6. 2005 – 5 U 196/04, VersR 2006, 351, 352 = r+s 2006, 120, 121; BGH, Urt. v. 28. 2. 2007 – IV ZR 46/06, NJW-RR 2007, 1034, 1035 f. = VersR 2007, 777, 778 = MDR 2007, 833.
[68] OLG Frankfurt/M, Urt. v. 18. 2. 2004 – 7 U 175/02, r+s 2006, 120.
[69] BGH, Urt. v. 12. 11. 2003 – IV ZR 173/02, NJW-RR 2004, 174, 176 = VersR 2004, 96, 97 = r+s 2004, 118 = MDR 2004, 394; OLG Saarbrücken, Urt. v. 25. 1. 2006 – 5 U 28/05 – 3, r+s 2006, 293, 294; BGH, Urt. v. 7. 2. 2007 – IV ZR 244/03, NJW-RR 2007, 753, 754 = VersR 2007, 633, 634 = r+s 2007, 204, 205 = MDR 2007, 834; BGH, Urt. v. 28. 2. 2007 – IV ZR 46/06, NJW-RR 2007, 1034, 1036 = VersR 2007, 777, 778 = MDR 2007, 833.
[70] OLG Koblenz, Urt. v. 30. 7. 1999 – 10 U 260/98, OLGR 2000, 34; BGH, Urt. v. 12. 11. 2003 – IV ZR 173/02, NJW-RR 2004, 174, 175 = VersR 2004, 96, 97 = r+s 2004, 118 = MDR 2004, 394.
[71] OLG Hamm, Urt. v. 10. 4. 2002 – 20 U 34/01, NVersZ 2002, 398, 399 = r+s 2002, 477, 478.
[72] BGH, Urt. v. 7. 2. 2007 – IV ZR 244/03, NJW-RR 2007, 753, 755 = VersR 2007, 633, 634 = r+s 2007, 204, 205 = MDR 2007, 834; BGH, Urt. v. 28. 2. 2007 – IV ZR

ausgeschlossene Verweisungsmöglichkeit verschafft, die ihn nach Fristablauf in die Lage versetzt, künftige Leistungen ablehnen zu können, auf die der Versicherungsnehmer ohne die Vereinbarung wegen fehlender Verweisbarkeit Anspruch hätte.[73] Objektiv treuwidrig handelt auch der Versicherer, der bei nahe liegender Berufsunfähigkeit die ernsthafte Prüfung seiner Leistungspflicht durch das Angebot einer befristeten Kulanzleistung hinausschiebt und so das nach Sachlage gebotene Anerkenntnis unterläuft.[74] Vereinbarungen, die derartige oder gleichgewichtige, von der objektiven Rechtslage abweichende Nachteile für den Versicherungsnehmer zur Folge haben, sind danach – will sich der Versicherer nicht dem Vorwurf rechtsmissbräuchlichen Verhaltens aussetzen – nur in engen Grenzen möglich: Sie setzen eine – aus verständiger Sicht – noch unklare Sach- und Rechtslage voraus.[75] Sie erfordern vor ihrem Abschluss klare, unmissverständliche und konkrete Hinweise des Versicherers darauf, wie sich die vertragliche Rechtsposition des Versicherungsnehmers darstellt und in welcher Weise diese durch den Abschluss der Vereinbarung verändert oder eingeschränkt wird.[76] Hat der Versicherer durch den Abschluss von „Außervertraglichen Vereinbarungen" – im entschiedenen Fall waren es fünf Vereinbarungen – den Versicherungsnehmer davon abgehalten, den erhobenen Anspruch zu einem früheren Zeitpunkt gerichtlich geltend zu machen und ist dem Versicherungsnehmer dadurch der Beweis der Berufsunfähigkeit unmöglich gemacht oder erschwert worden, kann dies im Einzelfall zu Lasten des Versicherers gehen.[77]

24   e) **Weitere Bedingungen.** Das LVU kann in seinen Leistungszusagen nicht einseitig neue Bedingungen für die eigene Leistungspflicht einführen. Der Versicherer ist daher nicht berechtigt, die Bewilligung der Rente aus der Sozialversicherung zur Leistungsvoraussetzung zu machen.[78]

4. Bedeutung der Erklärung

25   a) **Rechtsnatur.** Bei der Erklärung des Versicherers gemäß § 5 BUZ handelt es sich um kein abstraktes Schuldanerkenntnis nach § 781 BGB, da der Versicherer in der täglichen Leistungspraxis in der Regel keine Veranlassung hat, ein vom Schuldgrund losgelöstes Anerkenntnis abzugeben.[79] Die nach § 5 BUZ vom

---

46/06, NJW-RR 2007, 1034, 1036 = VersR 2007, 777, 778 = r+s 2007, 252 = MDR 2007, 833.
[73] BGH, Urt. v. 7. 2. 2007 – IV ZR 244/03, NJW-RR 2007, 753, 755 = VersR 2007, 633, 634 = r+s 2007, 204, 205 = MDR 2007, 834 f.
[74] BGH, Urt. v. 7. 2. 2007 – IV ZR 244/03, NJW-RR 2007, 753, 755 = VersR 2007, 633, 634 = r+s 2007, 204, 205 = MDR 2007, 834, 835; BGH, Urt. v. 28. 2. 2007 – IV ZR 46/06, NJW-RR 2007, 1034, 1036 = VersR 2007, 777, 778 f. = r+s 2007, 252 = MDR 2007, 833.
[75] BGH, Urt. v. 7. 2. 2007 – IV ZR 244/03, NJW-RR 2007, 753, 755 = VersR 2007, 633, 634 = r+s 2007, 204, 205 = MDR 2007, 834, 835; BGH, Urt. v. 28. 2. 2007 – IV ZR 46/06, NJW-RR 2007, 1034, 1036 = VersR 2007, 777, 779 = r+s 2007, 252 = MDR 2007, 833.
[76] BGH, Urt. v. 7. 2. 2007 – IV ZR 244/03, NJW-RR 2007, 753, 755 = VersR 2007, 633, 634 = r+s 2007, 204 = MDR 2007, 834, 835; dazu *Neuhaus* r+s 2007, 206; BGH, Urt. v. 28. 2. 2007 – IV ZR 46/06, NJW-RR 2007, 1034, 1036 = VersR 2007, 777, 779 = r+s 2007, 252 = MDR 2007, 833.
[77] BGH, Urt. v. 23. 9. 2003 – XI ZR 380/00, NJW 2004, 222; BGH, Urt. v. 23. 11. 2005 – VIII ZR 43/05, NJW 2006, 434 = MDR 2006, 510; BGH, Urt. v. 28. 2. 2007 – IV ZR 46/06, NJW-RR 2007, 1034, 1037 f. = VersR 2007, 777, 780 = r+s 2007, 252, 253 = MDR 2007, 833, 834.
[78] OLG Hamm, Urt. 24. 7. 1987 – 20 U 422/85, VersR 1988, 793 = r+s 1987, 296.
[79] OLG Düsseldorf v. 4. 11. 1952, VersR 1953, 23; BGH v. 21. 1. 1976, NJW 1976, 567; BGH, Urt. v. 24. 3. 1976 – IV ZR 222/74, VersR 1977, 471.

Versicherer abzugebende Erklärung stellt auch kein deklaratorisches Schuldanerkenntnis dar. Dies wäre nur dann denkbar, wenn der Versicherer mit seiner Erklärung das zwischen dem Versicherungsnehmer und ihm bestehende Schuldverhältnis im Zusammenhang mit der Entscheidung über die erhobenen Ansprüche einer streitigen Auseinandersetzung oder wenigstens der Ungewissheit entziehen will.[80] Im Allgemeinen ist dies nicht der Fall. Der Versicherer teilt vielmehr in Umsetzung seines tatsächlichen Verhaltens dem Versicherungsnehmer entsprechend der bedingungsgemäßen Verpflichtung mit, dass er zur Erfüllung bereit ist.[81]

b) Einwendungen. Die Erklärung über die Anerkennung der Leistungspflicht führt aus der Sicht des Versicherers die Fälligkeit herbei. Sie schließt aber nicht alle Einwendungen des Versicherers gegen den anerkannten Anspruch aus. Vielmehr kann der Versicherer alle Tatsachen einwenden, die ihm nachträglich bekannt werden und die er nicht offensichtlich mit seiner Erklärung bereits berücksichtigen wollte.[82] Zu beachten ist aber, dass der Versicherer seine Haltung, auf die sich der Versicherungsnehmer längere Zeit eingestellt hat, nicht ohne weiteres ändern darf.[83] 26

5. Wirkung der Erklärung

a) Geltungszeitraum. Hat der Versicherer seine Leistungspflicht anerkannt, sei es aufgrund des § 2 Abs. 1 BUZ oder § 2 Abs. 3 BUZ, so kann er nur noch im Nachprüfungsverfahren gemäß § 7 BUZ (jetzt § 6 BUZ 2008) erreichen, dass seine Leistungspflicht endet.[84] Dafür muss er dem Versicherten die in § 7 BUZ (jetzt § 6 BUZ 2008) vorgesehene Mitteilung machen.[85] Erst die zugegangene Mitteilung lässt nach einer Schutzfrist die Leistungspflicht wieder entfallen, nicht schon zuvor der Eintritt von Veränderungen in den tatsächlichen Verhältnissen des Versicherten.[86] Der Versicherer kann daher die ihm zugesagte Leistung so lange beanspruchen, bis der Versicherer seine Leistungspflicht durch ein Vorgehen gemäß § 7 BUZ (jetzt § 6 BUZ 2008) wieder beseitigt oder eingeschränkt hat.[87] Der Versicherer wiederum kann künftigen Gesundheitsänderungen, mögen sie von ihm erwartet werden oder nicht, nach einem Anerkenntnis der Berufsunfähigkeit gemäß § 2 BUZ nur auf dem vertraglich vorgesehenen Weg des Nachprüfungsverfahrens gemäß § 7 BUZ (jetzt § 6 BUZ 2008), Rechnung tragen.[88] Dies gilt gleichermaßen, wenn der Versicherer die vorläufige Berufsunfähigkeit des Versicherten anerkennt.[89] 27

---

[80] Vgl. BGH, Urt. v. 24. 3. 1976 – IV ZR 222/74, VersR 1977, 471.
[81] BGH, Urt. v. 24. 3. 1976 – IV ZR 222/74, VersR 1977, 471.
[82] Vgl. BGH, Urt. v. 24. 3. 1976 – IV ZR 222/74, VersR 1977, 471.
[83] LG Göttingen VerBAV 1948, 40; OLG Stuttgart VW 1947, 83; OLG Düsseldorf VersR 1961, 889; BGHZ 43, 327; BGH VersR 1960, 73; BGH VersR 1963, 1117; BGH, Urt. v. 12. 5. 1985 – IV a ZR 153/83, VersR 1985, 943.
[84] BGH, Urt. v. 17. 2. 1993 – IV ZR 162/91, NJW-RR 1993, 723 = VersR 1993, 559, 561.
[85] BGH, Urt. v. 17. 2. 1993 – IV ZR 162/91, NJW-RR 1993, 723 = VersR 1993, 559, 561.
[86] BGH, Urt. v. 17. 2. 1993 – IV ZR 162/91, NJW-RR 1993, 723/724 = VersR 1993, 559, 561.
[87] BGH, Urt. v. 27. 5. 1987 – IV a ZR 56/86, VersR 1987, 808.
[88] BGH, Urt. v. 15. 1. 1986 – IV a ZR 137/84, NJW-RR 1986, 701 = VersR 1986, 277; BGH, Urt. v. 16. 12. 1987 – IV a ZR 156/86, NJW 1988, 1328 = VersR 1988, 281; BGH, Urt. v. 17. 2. 1993 – IV ZR 206/91, BGHZ 121, 284, 290 = NJW 1993, 1532, 1534 = VersR 1993, 562, 564 = r+s 1994, 72, 73; BGH, Urt. v. 12. 6. 1996 – IV ZR 106/95, NJW-RR 1996, 1111 = VersR 1996, 958 = r+s 1997, 79, 80.
[89] BGH, Urt. v. 17. 9. 1986 – IV a ZR 252/84, VersR 1986, 1115.

28 b) **Rückforderungsanspruch.** Durch das gemäß § 5 BUZ abgegebene Anerkenntnis seiner Leistungspflicht wird der Versicherer nicht gehindert, die gezahlten Versicherungsleistungen vom Empfänger nach den Vorschriften über die Herausgabe einer ungerechtfertigten Bereicherung zurückzuverlangen, wenn sich der zunächst anerkannte Leistungsanspruch als unbegründet erweist.[90]

III. Vorschussleistung

29 Wenn es der Versicherer angesichts einer für wahrscheinlich gehaltenen Berufsunfähigkeit aus Gründen der Kulanz oder aus sozialen Erwägungen für geboten hält, Leistungen vor Abschluss des Prüfungsverfahrens zu erbringen, steht es ihm frei, Zahlungen unter ausdrücklichem Vorbehalt des für den Versicherungsnehmer günstigen Ausgangs des Prüfungsverfahrens, das dann allerdings zügig zu betreiben ist, zu erbringen.[91] Ein Anspruch auf eine Vorschussleistung ist erst denkbar, wenn aufgrund der Sach- und Beweislage anhand der dem Versicherer vorliegenden Beweismittel, insbesondere den ärztlichen Bescheinigungen und Gutachten, mit einer an Sicherheit grenzenden Wahrscheinlichkeit das Vorliegen der Leistungspflicht dem Grunde nach angenommen werden kann. Erweist sich später, dass der Vorschuss ohne Rechtsgrund gezahlt worden ist, kann der Versicherer ihn nach den Grundsätzen der ungerechtfertigten Bereicherung (§ 812 BGB) zurückverlangen.[92]

IV. Fälligkeit der Versicherungsleistung

1. Fälligkeit

30 Die Leistungen aus der BUZ werden in der vom Versicherer anerkannten Höhe fällig. Unabhängig davon bleibt die Möglichkeit für den Versicherungsnehmer, ggf. den Ärzteausschuss, oder das Gericht anzurufen, wenn er mit der Höhe nicht einverstanden ist.

31 Die Fälligkeit der Leistung ist der Zeitpunkt, in dem die Leistung im Sinne des § 12 Abs. 1 VVG, jetzt der §§ 14, 15, VVG 2008, verlangt werden kann[93] und der somit für die Verjährung des Anspruchs bestimmend ist. Solange der Anspruchsteller nicht die Nachweisungen gemäß § 4 Abs. 1a) bis d) BUZ erbracht hat, ist die Fälligkeit der Versicherungsleistung ausgeschlossen.[94] Der Anspruch auf Leistungen ist daher nicht fällig, solange der selbständig tätige Versicherungsnehmer die vom LVU gewünschten Angaben über die in den letzten Jahren erzielten Umsätze unter Beifügung von Bilanzen, Gewinn- und Verlustrechnungen bzw. betriebswirtschaftlichen Auswertungen nicht erteilt hat.[95] Nicht fällig ist des Weiteren der Anspruch auf die Versicherungsleistung, wenn dem Versicherer ein in Auftrag gegebenes fachärztliches Gutachten noch nicht vorliegt, das zur Feststellung der Berufsunfähigkeit erforderlich ist.[96]

---

[90] BGH, Urt. v. 24. 3. 1976 – IV ZR 222/74, VersR 1977, 471 = NJW 1976, 1259 = MDR 1976, 827 = WM 1976, 689.
[91] OLG Hamm, Urt. v. 24. 7. 1987 – 20 U 422/85, VersR 1988, 793, 794.
[92] BGH, Urt. v. 24. 3. 1976 – IV ZR 222/74, NJW 1976, 1259 = VersR 1977, 471 = WM 1976, 689 = MDR 1976, 827; OLG Düsseldorf, Urt. v. 14. 3. 1995 – 4 U 61/94, NJW-RR 1996, 1430.
[93] BGH VersR 1955, 97 = VerBAV 1955, 593; OLG Köln VersR 1954, 92.
[94] AG Worms, Urt. v. 3. 4. 1986 – 1 C 137/86; OLG München, Urt. v. 9. 8. 1996 – 21 U 3980/95, r+s 1998, 346, 347.
[95] OLG Köln, Urt. v. 14. 6. 2007 – 5 U 28/07, VersR 2008, 107, 108.
[96] LG Kassel, Urt. v. 11. 11. 1998 – 6 O 813/98, VersR 2000, 750 (Ls.).

2. Verzug

Es bedarf grundsätzlich einer Mahnung, um den Versicherer mit der Leistung in 32
Verzug zu setzen. Eine Mahnung ist nicht erforderlich bei Ablehnung der Leistungspflicht.[97] Der Versicherer kommt mit der Leistungsablehnung gleichwohl nicht in Verzug, wenn ihn an der Leistungsverweigerung kein Verschulden im Sinne des § 285 BGB trifft.[98] Ein unverschuldeter Rechts- oder Tatsachenirrtum kann den Versicherer von den Folgen des Verzugs freistellen.[99] Unverschuldet ist ein solcher Irrtum nur dann, wenn der Versicherer nach sorgfältiger Prüfung der Sach- und Rechtslage mit einem Unterliegen im Rechtsstreit nicht zu rechnen braucht.[100] Der Versicherer verschuldet den Verzug dann, wenn sich seine Deckungsablehnung bei objektiver Beurteilung nicht durch ausreichende Tatsachen stützen lässt.[101] So muss der Versicherer auch die Beweisbarkeit der von ihm behaupteten Tatsachen berücksichtigen.[102] Er kommt in Verzug, wenn er mit der Beweismöglichkeit nicht einigermaßen sicher rechnen konnte.[103] Umgekehrt gerät er aber auch dann in Verzug, wenn er aufgrund der vorliegenden Unterlagen damit rechnen muss, dass dem Versicherungsnehmer der von diesem zu erbringende Nachweis für die Begründetheit seiner Ansprüche durchaus gelingen kann.[104] Dem Versicherer ist mithin nicht gestattet, das Risiko einer zweifelhaften Sach- und Rechtslage dem Anspruchsteller zuzuschieben.[105] Lehnt der Versicherer seine Leistungspflicht aus einer BUZ aufgrund eines von ihm eingeholten, schuldhaft falschen medizinischen Gutachtens ab, so gerät er in Verzug.[106] Die falsche Beurteilung des von ihm eingeschalteten Gutachters muss der Versicherer sich nach § 278 BGB zurechnen lassen.[107] Liegen dem Versicherer einander widersprechende, von ihm und dem Versicherungsnehmer eingeholte ärztliche Stellungnahmen vor und lehnt er seine Leistung aufgrund der von ihm eingeholten Stellungnahme ab, ohne dass erkennbar war, dass diese Stellungnahme richtiger ist als die vom Versicherungsnehmer eingeholte Stellungnahme, so hat er das Risiko der zweifelhaften

---

[97] RGZ 158, 113; BGH v. 23. 6. 1954, VersR 1954, 388; LG Köln, Urt. v. 15. 1. 1982 – 11 S 286/81, VersR 1983, 387; BGH, Urt. v. 27. 9. 1989 – IVa ZR 156/88, NJW-RR 1990, 160 = VersR 1990, 153, 154.
[98] OLG Düsseldorf, Urt. v. 11. 4. 2000 – 4 U 54/99, NVersZ 2000, 565, 566 = VersR 2001, 885, 886 = r+s 2001, 169.
[99] OLG Düsseldorf, Urt. v. 11. 4. 2000 – 4 U 54/99, NVersZ 2000, 565, 566 = VersR 2001, 885, 886 = r+s 2001, 169; OLG Koblenz, Urt. v. 16. 11. 2007 – 10 U 100/07, VersR 2008, 1381, 1382 = r+s 2009, 291.
[100] BGH, Urt. v. 27. 9. 1989 – IVa ZR 156/88, NJW-RR 1990, 160 = VersR 1990, 153, 154; BGH r+s 1991, 37; OLG Düsseldorf, Urt. v. 11. 4. 2000 – 4 U 54/99, NVersZ 2000, 565, 566 = VersR 2001, 885, 886 = r+s 2001, 169; OLG Koblenz, Urt. v. 16. 11. 2007 – 10 U 100/07, VersR 2008, 1381, 1382.
[101] OLG Koblenz, Urt. v. 16. 11. 2007 – 10 U 100/07, VersR 2008, 1381, 1382 = r+s 2009, 291.
[102] OLG Koblenz, Urt. v. 16. 11. 2007 – 10 U 100/07, VersR 2008, 1381, 1382 = r+s 2009, 291.
[103] OLG Koblenz, Urt. v. 16. 11. 2007 – 10 U 100/07, VersR 2008, 1381, 1382 = r+s 2009, 291.
[104] OLG Koblenz, Urt. v. 16. 11. 2007 – 10 U 100/07, VersR 2008, 1381, 1382 = r+s 2009, 291.
[105] BGH, Urt. v. 27. 9. 1989 – IVa ZR 156/88, VersR 1990, 153 = r+s 1990, 58; OLG Koblenz, Urt. v. 16. 11. 2007 – 10 U 100/07, VersR 2008, 1381, 1382 = r+s 2009, 291.
[106] OLG Koblenz, Urt. v. 16. 11. 2007 – 10 U 100/07, VersR 2008, 1381, 1382 = r+s 2009, 291.
[107] OLG Koblenz, Urt. v. 16. 11. 2007 – 10 U 100/07, VersR 2008, 1381, 1382 = r+s 2009, 291.

Rechtslage zu tragen.[108] Ein den Verzug entschuldigender Rechtsirrtum liegt nicht vor, der Versicherer befindet sich daher ab seiner Leistungsablehnung in Verzug.[109]

V. Ablehnung der Versicherungsleistung

33   Lehnt das Lebensversicherungsunternehmen die Erbringung von Leistungen aus der BUZ ab, so muss aus seiner Erklärung hervorgehen, aus welchen Gründen die Leistungspflicht verneint wird.[110] Wird die Leistungspflicht nur vorläufig abgelehnt, weil der Anspruchsteller nicht alle erforderlichen Unterlagen vorgelegt hat, darf das LVU den Anspruchsteller nicht auf den Klageweg verweisen. Es hat sonst die Anwaltskosten zu tragen, wenn sich die schon vorbereitete Klage erledigt, weil aufgrund der inzwischen vorgelegten Unterlagen die Leistungspflicht doch noch anerkannt worden ist.[111]

VI. Rückzahlung zu Unrecht empfangener Renten

34   Ein Anspruch auf Rentenrückzahlung kommt in Betracht, wenn das Ableben des Versicherten nicht unverzüglich angezeigt wird (§ 9 Abs. 9 BUZ i. V. m § 11 ALB). Soweit der Versicherer den Rentenempfänger eine als Überweisungsauftrag anzusehende Erklärung gegenüber seiner Bank abgeben lässt, wonach ohne Rechtsgrund gezahlte Rentenbeträge auf Verlangen des Versicherers von seinem Konto zurückbezahlt werden sollen, erlangt der Versicherer daraus keine Ansprüche gegen die Bank.[112] Rückzahlungsansprüche sind gemäß den §§ 812 ff. BGB geltend zu machen.[113] Der Versicherer kann irrtümlich nach dem Tode des Rentenberechtigten weitergezahlte Renten auch dann zurückfordern, wenn der Empfänger der Zahlungen den Tod des Rentenberechtigten angezeigt hat.[114]

35   Der Bereicherungsanspruch auf Rückzahlung der teilweise ohne Rechtsgrund gezahlten Berufsunfähigkeitsrente unterliegt der vierjährigen Verjährungsfrist des § 197 BGB a. F.,[115] jetzt der regelmäßigen Verjährungsfrist von drei Jahren gemäß § 195 BGB.

VII. Verfahrensbesonderheiten

1. Feststellungs- bzw. Leistungsklage

36   Im Falle der Versagung der Leistung aus der BUZ kann der Versicherungsnehmer seinen Anspruch mit der Feststellungsklage geltend machen. Nach anerkanntem Recht ist eine Feststellungsklage gegen den Versicherer zulässig, wenn der Streit nur den Anspruchsgrund betrifft und zu erwarten ist, dass der Versicherer bei Feststellung seiner Leistungspflicht im Urteil zur Leistung fähig und bereit

---

[108] OLG Koblenz, Urt. v. 16. 11. 2007 – 10 U 100/07, VersR 2008, 1381, 1382 = r+s 2009, 291.
[109] OLG Koblenz, Urt. v. 16. 11. 2007 – 10 U 100/07, VersR 2008, 1381, 1382 = r+s 2009, 291.
[110] Ebenso *Winter in:* Bruck/Möller, VVG, 8. Aufl., 1988, §§ 159–178 VVG Anm. G 480.
[111] LG Wiesbaden, Urt. v. 24. 9. 1987 – 1 S 247/87, VersR 1988, 841.
[112] BGH v. 21. 2. 1983, NJW 1983, 1779.
[113] OLG Köln NJW 1979, 278; OLG Hamm MDR 1979, 692; OLG Düsseldorf NJW 1987, 853; LG Kaiserslautern, Urt. v. 13. 1. 1995 – 2 O 388/94, r+s 1996, 159, 160.
[114] BGH v. 18. 1. 1979, NJW 1979, 763.
[115] LG Köln, Urt. v. 11. 2. 1987 – 24 O 286/86, VersR 1987, 1108 (Ls.). Siehe auch LG Frankfurt WPM 1982, 1343.

ist.¹¹⁶ Diese Voraussetzungen können vorliegen, wenn nicht über die Höhe des Anspruchs gestritten wird, sondern darüber, ob überhaupt Berufsunfähigkeit vorliegt.¹¹⁷ Dem Feststellungsantrag steht auch nicht entgegen, dass der Kläger bezüglich der im Zeitpunkt der letzten mündlichen Verhandlung noch nicht fälligen Rentenraten Klage auf künftige Zahlung (§§ 257 ff. ZPO) hätte erheben können, weil zu erwarten ist, dass der beklagte Versicherer bereits auf ein rechtskräftiges Feststellungsurteil hin leisten wird.¹¹⁸ Der Übergang von der Leistungsklage zur Feststellungsklage und die Erweiterung der Klage (Geltendmachung der Beitragsbefreiung und der Rente für die Zukunft) sind ohne Einwilligung des beklagten Versicherers noch in der Berufungsinstanz zulässig.¹¹⁹

Der Versicherungsnehmer kann seine Ansprüche auch mit der Leistungsklage verfolgen. Der Versicherungsnehmer kann gemäß § 258 ZPO die Verurteilung des Versicherers zur Zahlung der gemäß Versicherungsvertrag künftig fälligen Leistungen erreichen. Streitgegenstand der Klage ist, welche künftigen Rentenleistungen der Versicherungsnehmer beanspruchen kann, solange ein Prüfungs- und Abänderungsrecht des Versicherers gemäß § 6 BUZ nicht in Betracht kommt.¹²⁰ Dieser Verurteilung steht weder entgegen, dass ein vorzeitiger Tod des berufsunfähigen Versicherungsnehmers die Leistungspflicht des Versicherers entfallen lässt, noch das Nachprüfungsrecht des Versicherers gemäß § 6 BUZ, das unter Umständen zu einem völligen, teilweisen oder zeitweiligen Wegfall der Leistungspflicht des Versicherers führt.¹²¹ Die Verurteilung eines Berufsunfähigkeitsversicherers zu Zahlungen ist von einem Hinweis auf sein vertraglich vorbehaltenes Abänderungsrecht freizuhalten.¹²² Das Leistungsurteil muss aber eine Befristung auf den Ablauftermin der BUZ enthalten, da die künftigen BUZ-Leistungen nicht auf Lebenszeit verlangt werden können, sondern nur bis Vertragsende. 37

2. Aussetzung des Verfahrens (§ 148 ZPO)

Eine Aussetzung des Verfahrens gemäß § 148 ZPO bis zum Abschluss des Rentenverfahrens beim Rentenversicherungsträger bzw. beim Sozialgericht ist nicht zulässig, auch wenn trotz fehlender Verweisung in den BUZ der Versicherer die für den Versicherungsnehmer günstigen Entscheidungen der gesetzlichen Rentenversicherer und der Sozialgerichte respektiert und als Nachweis der Berufsunfähigkeit ansieht.¹²³ 38

3. Sofortiges Anerkenntnis

a) Ausgangslage. Ein sofortiges Anerkenntnis kann grundsätzlich nur in der ersten mündlichen Verhandlung, an der der Versicherer teilnimmt, abgegeben 39

---

¹¹⁶ BGH NJW 1951, 887; OLG Köln VersR 1970, 759; OLG Hamm, Urt. v. 7. 6. 1972 – 20 U 21/72, VersR 1972, 967; BGH WM 1974, 905; LG Lübeck v. 12. 11. 1982 – 4 O 156/82; LG Passau v. 31. 1. 1984 – 3 O 409/83; OLG Hamm, Urt. v. 24. 7. 1987 – 20 U 422/85, r+s 10/1987.
¹¹⁷ BGH v. 13. 6. 1955, VersR 1955, 385; OLG Celle v. 5. 5. 1959, VersR 1959, 784.
¹¹⁸ LG München I v. 11. 11. 1982 – 30 O 11023/80; BGH NJW 1999, 3774, 3775; OLG Hamm, Urt. v. 10. 4. 2002 – 20 U 34/01, NVersZ 2002, 398.
¹¹⁹ OLG Karlsruhe v. 19. 5. 1982 – 12 U 190/81.
¹²⁰ BGH, Urt. v. 27. 5. 1987 – IV a ZR 56/86, VersR 1987, 809.
¹²¹ BGH, Urt. v. 27. 5. 1987 – IV a ZR 56/86, VersR 1987, 808.
¹²² BGH, Urt. v. 27. 5. 1987 – IV a ZR 56/86, VersR 1987, 809; anders noch BGH, Urt. v. 15. 1. 1986 – IV a ZR 137/84, VersR 1986, 277 und BGH, Urt. v. 21. 5. 1986 – IV a ZR 220/84, VersR 1986, 801.
¹²³ BGH, Urt. v. 8. 7. 1981 – IV a ZR 192/80, VersR 1981, 1151; OLG Hamm, Beschl. v. 10. 8. 1984 – 20 W 46/84, VersR 1985, 132 (Ls.).

werden.¹²⁴ Bei Veränderungen im Laufe des Prozesses muss allerdings auf einen späteren Zeitpunkt abgestellt werden.¹²⁵ Demzufolge kann im Einzelfall ein sofortiges Anerkenntnis ausnahmsweise auch dann vorliegen, wenn in einem früheren Termin bereits streitig verhandelt und darüber hinaus eine Beweisaufnahme durchgeführt worden ist.¹²⁶

40 **b) Sofortiges Anerkenntnis.** Ein solcher Ausnahmefall liegt vor, wenn bedingungsgemäße Berufsunfähigkeit des klagenden Versicherungsnehmers infolge Verschlimmerung seines Gesundheitszustands erst im Laufe des Rechtsstreits eintritt und der beklagte Versicherer die notwendige Beurteilungsgrundlage für zwischenzeitliche Berufsunfähigkeit nur durch ein (erneutes) gerichtliches Gutachten auf Grund persönlicher Untersuchung des Versicherungsnehmers durch den Sachverständigen erlangen kann.¹²⁷ Ergibt sich auf Grund eines gerichtlichen Gutachtens in einem Rechtsstreit um Zahlung einer Berufsunfähigkeitsrente, dass der klagende Versicherungsnehmer nicht auf Grund einer Zwangsneurose berufsunfähig ist und erkennt der Versicherer daraufhin den Anspruch an, dann hat der Versicherungsnehmer die Kosten des Rechtsstreits zu tragen.¹²⁸ Dementsprechend ist ein sofortiges Anerkenntnis im Sinne des § 93 ZPO möglich, wenn die Versicherungsleistung im Zeitpunkt der Klageerhebung noch nicht fällig ist, weil Unterlagen zur Prüfung der Berufsunfähigkeit ohne Verschulden des beklagten Versicherers noch nicht vorgelegen haben, und wenn der Versicherer den Anspruch nach Vorliegen der Unterlagen und angemessener Prüfungsfrist sofort anerkennt.¹²⁹ Ein hilfsweises Bestreiten der Berufsunfähigkeit in der Klageerwiderung für den Fall, dass das Gericht entgegen der Ansicht des Versicherers Fälligkeit annehmen sollte, schließt ein sofortiges Anerkenntnis nicht aus.¹³⁰ Der Versicherer gibt dem Versicherungsnehmer keinen Anlass zur Klageerhebung, wenn der Versicherungsnehmer den vertraglich vorgesehenen Nachweis – Vorlage eines amtsärztlichen Attests – nicht führt und der Versicherer sofort nach Einholung eines die Dienstunfähigkeit bestätigenden gerichtlichen Sachverständigengutachtens den Anspruch anerkennt.¹³¹ Lagen dagegen bereits vor der Klageerhebung alle für die Geltendmachung des Anspruchs erforderlichen Unterlagen und Belege über die Erkrankung und Berufsunfähigkeit vor, hat der Versicherer die Kosten zu tragen, wenn er erst nach Einholung eines gerichtlichen Gutachtens den Anspruch anerkennt.¹³²

4. Urteilstenor

41 Bei der Tenorierung muss zum Ausdruck gebracht werden, dass die Berufsunfähigkeitsrente vierteljährlich im Voraus zu zahlen ist, wenn dies für den Leistungsfall so vereinbart ist, und es muss angegeben werden, ab welchem (aus dem

---

[124] OLG Koblenz, Urt. v. 9. 4. 1999 – 10 U 968/97, NVersZ 2000, 269, 270.
[125] OLG Koblenz, Urt. v. 9. 4. 1999 – 10 U 968/97, NVersZ 2000, 269, 270; Thomas/Putzo, ZPO, 21. Aufl., § 93 ZPO Rdn. 12.
[126] OLG Koblenz, Urt. v. 9. 4. 1999 – 10 U 968/97, NVersZ 2000, 269, 270; Stein/Jonas, ZPO, 21. Aufl., § 93 ZPO Rdn. 10.
[127] OLG Koblenz, Urt. v. 9. 4. 1999 – 10 U 968/97, NVersZ 2000, 269, 270 = VersR 2000, 351 (Ls.).
[128] OLG Nürnberg NJW-RR 1997, 636.
[129] LG Berlin, Beschl. v. 5. 5. 1998 – 7 O 399/97, VersR 2000, 716 (Ls.).
[130] LG Berlin, Beschl. v. 5. 5. 1998 – 7 O 399/97, VersR 2000, 716 (Ls.).
[131] OLG Hamm v. 25. 3. 1983 – 20 W 94/82, VersR 1983, 1121; KG, Urt. v. 7. 3. 2000 – 6 U 2557/95, VersR 2002, 964 (Ls.).
[132] OLG Hamm, Urt. v. 24. 6. 1988 – 20 U 228/87, MDR 1988, 971; AG München v. 15. 3. 1989 – 112 C 24178/87.

Versicherungsschein zu entnehmenden) Zeitpunkt kein Anspruch auf Leistungen aus der BUZ mehr besteht.[133] Nach anderer Auffassung entfällt der eingeräumte Versicherungsschutz bei Tod des Versicherungsnehmers bzw. Ablauf des Lebensversicherungsvertrages, ohne dass dies einer Klarstellung im Klageantrag bedarf.[134] Im Falle eines zusprechenden Urteils können der Urteilstenor und damit auch der Klageantrag ansatzweise wie folgt lauten:

> „Die Beklagte wird verurteilt, an den Kläger aus der Berufsunfähigkeits-Zusatzversicherung VS-Nr. ... für die Monate ... bis Monate ... € sowie ab Monat ... bis längstens Monat ... einschließlich eine jährliche Rente in Höhe von ... €, zahlbar in vierteljährlichen Teilbeträgen von je ... € jeweils zum 1. 1., 1. 4., 1. 7. und 1. 10. eines Jahres im voraus, zu zahlen, und zwar zuzüglich Überschussbeteiligung.
> Es wird festgestellt, dass die Beklagte verpflichtet ist, den Kläger seit ... bis längstens ... von der Beitragszahlung für die bei der Beklagten bestehende Lebensversicherung VS-Nr. ... freizustellen."

Wenn das Rentenurteil nicht den Endpunkt der Rente bestimmt, ist die Rentendauer nicht rechtskräftig geklärt.[135] Es ist dann eine Feststellungsklage zulässig, dass die Rente erloschen ist.[136] Eine Änderung des Rentenurteils ist auch nach einem vorangegangenen Feststellungsurteil nur gemäß § 323 ZPO zulässig.[137]

5. Rechtskraft

Ist der aus demselben Versicherungsvertrag folgende Anspruch auf Überschussanteile im Klageantrag und im rechtskräftig gewordenen Urteil nicht berücksichtigt worden, beschränkt sich die Rechtskraft des Urteils auf die beantragte und zugesprochene Berufsunfähigkeitsrente.[138]

6. Vergleich

Haben Versicherungsnehmer und Versicherer sich in einem gerichtlichen Vergleich auf eine bestimmte Teilquote der Berufsunfähigkeit geeinigt, so ist der Versicherungsnehmer nicht gehindert, bei späterer Erhöhung der Berufsunfähigkeit weitere Leistungen zu verlangen.[139] Macht eine Partei geltend, ein geschlossener Prozessvergleich sei unwirksam, ist der ursprüngliche Rechtsstreit auf Antrag der Partei, die sich auf die Unwirksamkeit des Vergleichs beruft, fortzusetzen.[140] Wird der Vergleich als wirksam bewertet, wird durch Endurteil ausgesprochen, dass der Rechtsstreit durch den Vergleich erledigt/beendet ist.[141]

7. Beschwer bei einer Feststellungsklage

a) Grundsatz. Ist der Fortbestand einer Lebensversicherung mit Berufsunfähigkeits-Zusatzversicherung im Streit, muss bei der Wertbemessung auf beide

---

[133] OLG Düsseldorf v. 25. 10. 1988 – 4 U 261/87.
[134] LG Hamburg v. 1. 3. 1984 – 80 O 682/82.
[135] Baumbach-Hartmann, § 322 ZPO Rdn. 4 „Rentenurteil".
[136] Baumbach-Hartmann, § 322 ZPO Rdn. 4 „Rentenurteil".
[137] BGH, LM § 323 ZPO Nr. 13.
[138] BGH, Urt. v. 23. 5. 2007 – IV ZR 3/06, NJW-RR 2007, 1433, 1434 = MDR 2007, 1073.
[139] OLG Koblenz, Urt. v. 12. 4. 1996 – 10 U 813/95, VersR 1997, 1125, 1126 = r+s 1997, 211.
[140] OLG Hamm, Urt. v. 22. 10. 2008 – 20 U 70/07, VersR 2009, 532.
[141] BGH NJW 1983, 996; BGH MDR 1996, 1286; OLG Köln NJW-RR 1996, 637; OLG Oldenburg MDR 1997, 781; BGH NJW 1999, 2903 = VersR 2001, 83; OLG Hamm, Urt. v. 22. 10. 2008 – 20 U 70/07, VersR 2009, 532.

Versicherungen abgestellt werden.¹⁴² Bei einer Berufsunfähigkeits-Zusatzversicherung bemisst sich die Beschwer bei einer auf die Feststellung gerichteten Klage, dass der Versicherungsvertrag trotz des vom Versicherer erklärten Rücktritts oder der von diesem erklärten Anfechtung fortbesteht, regelmäßig unter Rückgriff auf die Bemessung der Beschwer bei einer auf Leistung gerichteten Klage.¹⁴³ Denn für das wirtschaftliche Interesse an dieser Feststellung ist maßgeblich, welche finanziellen Auswirkungen die getroffene Feststellung voraussichtlich für den Rechtsmittelkläger haben wird.¹⁴⁴

46 **b) Eintritt des Versicherungsfalls.** Es liegt nahe, dass die finanziellen Auswirkungen dann einem Unterliegen mit einer Leistungsklage nahe kommen, wenn bereits feststeht, dass in der Berufsunfähigkeits-Zusatzversicherung der Versicherungsfall eingetreten ist.¹⁴⁵ Diesem Ansatz entspricht es, dass Interesse des Rechtsmittelklägers mit nur 50% des für eine Klage auf Leistungen aus der Berufsunfähigkeits-Zusatzversicherung maßgeblichen Wertes zu bemessen, wenn der Eintritt des Versicherungsfalls zwar behauptet, tatsächlich aber bislang ungeklärt geblieben ist, ob der Kläger tatsächlich berufsunfähig im Sinne der vereinbarten Versicherungsbedingungen geworden ist, sich auch die Dauer einer etwaigen Berufsunfähigkeit noch nicht beurteilen lässt und es um einen Feststellungsausspruch geht.¹⁴⁶

47 **c) Nichteintritt des Versicherungsfalls. aa) Bemessung der Beschwer.** Auch wenn der Versicherungsfall nicht eingetreten ist und sich der Kläger keiner Ansprüche gegen den Versicherer (mehr) berühmt, rechtfertigen es diese Umstände nicht, das wirtschaftliche Interesse des Klägers nicht mehr unter Rückgriff auf sein Leistungsinteresse zu bestimmen.¹⁴⁷ Denn das Interesse des Klägers wird auch in einem solchen Falle durch die erstrebte Erhaltung der durch den Versicherungsvertrag von vornherein in Höhe und Dauer festgelegten – von einem konkreten Schaden oder Bedarf unabhängigen – Leistungspflicht des Versicherers geprägt, die wirtschaftlichen Auswirkungen also durch den Verlust oder die Sicherung dieses – wenngleich in seiner Entstehung ungewissen – Anspruchs bestimmt.¹⁴⁸ Allerdings rechtfertigt es die Ungewissheit des Eintritts des Versiche-

---

¹⁴² BGH, Beschl. v. 1. 12. 2004 – IV ZR 150/04, NJW-RR 2005, 259/260 = VersR 2005, 959.
¹⁴³ BGH, Urt. v. 11. 7. 1990 – IV ZR 100/90, NJW-RR 1990, 1361; BGH v. 12. 2. 1992 – IV ZR 241/91, NJW-RR 1992, 608; BGH v. 29. 6. 1994 – IV ZR 9/94, BGHR ZPO § 3 – Feststellungsantrag 3; BGH, Urt. v. 13. 12. 2000 – IV ZR 279/99, NJW-RR 2001, 316, 317 = NVersZ 2001, 114 = VersR 2001, 601, 602 = r+s 2001, 264.
¹⁴⁴ BGH, Urt. v. 11. 7. 1990 – IV ZR 100/90, NJW-RR 1990, 1361; BGH, Urt. v. 13. 12. 2000 – IV ZR 279/99, NJW-RR 2001, 316, 317 = NVersZ 2001, 114/115 = VersR 2001, 601, 602 = r+s 2001, 264.
¹⁴⁵ BGH, Urt. v. 13. 12. 2000 – IV ZR 279/99, NJW-RR 2001, 316, 317 = NVersZ 2001, 114, 115 = VersR 2001, 601, 602 = r+s 2001, 264.
¹⁴⁶ BGH, Urt. v. 11. 7. 1990 – IV ZR 100/90, NJW-RR 1990, 1361; BGH v. 12. 2. 1992 – IV ZR 241/91, NJW-RR 1992, 608; KG, Beschl. v. 11. 12. 1998, r+s 1999, 438; vgl. auch BGH, Beschl. v. 3. 5. 2000 – IV ZR 258/99, NJW-RR 2000, 2750 = VersR 2000, 372 = VersR 2000, 1430; BGH, Urt. v. 13. 12. 2000 – IV ZR 279/99, NJW-RR 2001, 316, 317 = NVersZ 2001, 114, 115 = VersR 2001, 601, 602 = r+s 2001, 264; BGH, Beschl. v. 1. 12. 2004 – IV ZR 150/04, NJW-RR 2005, 259, 260 = VersR 2005, 959.
¹⁴⁷ BGH, Urt. v. 13. 12. 2000 – IV ZR 279/99, NJW-RR 2001, 316, 317 = NVersZ 2001, 114, 115 = VersR 2001, 601, 602 = r+s 2001, 264.
¹⁴⁸ BGH, Urt. v. 13. 12. 2000 – IV ZR 279/99, NJW-RR 2001, 316, 317 = NVersZ 2001, 114, 115 = VersR 2001, 601, 602 = r+s 2001, 264.

rungsfalls, dieses Interesse geringer als mit 50% des Wertes einer Leistungsklage zu bemessen.[149]

bb) **Risikolebensversicherung.** Bei einer Klage auf Feststellung des Fortbestehens einer Risikolebensversicherung – auch hier ist der Eintritt eines Versicherungsfalls, nicht aber die vom Versicherer bei Eintritt zu erbringende Leistung ungewiss – ist demgemäß das Interesse des Rechtsmittelklägers auf 20% der versprochenen Versicherungssumme zu bemessen.[150] Diese Einstufung liefert grundsätzlich auch im Falle der Berufsunfähigkeits-Zusatzversicherung den Maßstab für eine angemessene Wertfestsetzung.[151] 48

cc) **Berufsunfähigkeits-Zusatzversicherung.** Die Beschwer bei der Berufsunfähigkeits-Zusatzversicherung konkretisiert sich in der Rentenleistungsverpflichtung und der Pflicht zur Beitragsfreistellung,[152] und nicht nur nach dem 3,5-fachen Jahresprämienwert.[153] Dabei ist nach der ständigen Rechtsprechung des BGH von dem 3,5-fachen Jahresbetrag der begehrten monatlichen Rentenleistung und der monatlichen Prämie (§§ 3, 9 ZPO) ein Abschlag von jeweils 50% vorzunehmen,[154] wenn der behauptete Eintritt des Versicherungsfalls, mithin der Berufsunfähigkeit im Sinne der vereinbarten Bedingungen, noch ungeklärt ist, während bei bereits geklärter Berufsunfähigkeit sich der Feststellungsabschlag auf 20% beläuft.[155] Die Rechtshängigkeit etwaiger Leistungsansprüche spielt für die Wertbemessung von Feststellungsanträgen betreffend Berufsunfähigkeits-Zusatzversicherungen keine Rolle.[156] 49

8. Beschwer bei einer Leistungsklage

Der Streitwert einer Leistungsklage auf Zahlung einer Berufsunfähigkeitsrente ist gemäß § 9 Satz 1 1. Alt. ZPO mit dem 12½-fachen Jahresbetrag festzuset- 50

---

[149] BGH, Urt. v. 13. 12. 2000 – IV ZR 279/99, NJW-RR 2001, 316, 317 = NVersZ 2001, 114, 115 = VersR 2001, 601, 602 = r+s 2001, 264.
[150] BGH, Beschl. v. 23. 7. 1997 – IV ZR 38/97, NJW-RR 1997, 1562, 1563 = r+s 1998, 43; BGH, Urt. v. 13. 12. 2000 – IV ZR 279/99, NJW-RR 2001, 316, 317 = NVersZ 2001, 114, 115 = VersR 2001, 601, 602 = r+s 2001, 264; OLG Hamm, Beschl. v. 14. 2. 2001 – 20 W 29/99, NVersZ 2001, 357, 358 = VersR 2002, 1578, 1579 = SpV 2005, 21; BGH, Beschl. v. 1. 12. 2004 – IV ZR 150/04, NJW-RR 2005, 259, 260 = VersR 2005, 959.
[151] BGH, Urt. v. 13. 12. 2000 – IV ZR 279/99, NJW-RR 2001, 316, 317 = NVersZ 2001, 114, 115 = VersR 2001, 601, 602 = r+s 2001, 264; OLG Hamm, Beschl. v. 14. 2. 2001 – 20 W 29/99, VersR 2002, 1578, 1579.
[152] BGH, Urt. v. 17. 5. 2000 – IV ZR 294/99, NJW-RR 2000, 1266 = NVersZ 2000, 425 = VersR 2001, 600, 601; BGH, Beschl. v. 1. 12. 2004 – IV ZR 150/04, NJW-RR 2005, 259, 260 = VersR 2005, 959.
[153] OLG Hamm, Urt. v. 29. 9. 1999 – 20 U 231/98, NJW-RR 2001, 533, 534 = NVersZ 2000, 168, 169 = VersR 2002, 1578, 1579.
[154] OLG Oldenburg, Beschl. v. 5. 8. 2003 – 3 W 18/03, SpV 2005, 21; OLG Celle, Beschl. v. 3. 1. 2007 – 8 U 123/06, VersR 2008, 1515, 1516.
[155] OLG Köln, Beschl. v. 21. 12. 1988 – 5 W 101/88, VersR 1989, 378, 379; BGH v. 12. 2. 1992 – IV ZR 241/91, NJW-RR 1992, 608; BGH v. 29. 6. 1994 – IV ZR 9/94, BGHR ZPO § 3 – Feststellungsantrag 3; BGH, Beschl. v. 17. 5. 2000 – IV ZR 294/99, NJW-RR 2000, 1266 = NVersZ 2000, 425 = VersR 2001, 600, 601; BGH v. 13. 12. 2000 – IV ZR 279/99, NJW-RR 2001, 316 = NVersZ 2001, 114, 115 = VersR 2001, 601, 602 = r+s 2001, 264; BGH, Beschl. v. 1. 12. 2004 – IV ZR 150/04, NJW-RR 2005, 259, 260 = VersR 2005, 959; OLG Koblenz, Beschl. v. 5. 4. 2004 – 10 W 207/04, VersR 2005, 1751; OLG Celle, Beschl. v. 3. 1. 2007 – 8 U 123/06, VersR 2008, 1515, 1516.
[156] BGH, Urt. v. 11. 7. 1990 – IV ZR 100/90, NJW-RR 1990, 1361; BGH, Beschl. v. 1. 12. 2004 – IV ZR 150/04, NJW-RR 2005, 259, 260 = VersR 2005, 959; OLG Bamberg, Beschl. v. 6. 5. 2008 – 1 W 14/08, VersR 2009, 701, 702.

zen.[157] Er ist nach §§ 3, 9 ZPO entsprechend dem 12½fachen Jahresbetrag der streitigen Rente zuzüglich des 12½fachen Jahresbetrags der Prämie aus der Lebensversicherung festzusetzen,[158] wenn der künftige Wegfall des Bezugsrechts gewiss, die Zeit des Wegfalls aber ungewiss ist; auf den 25fachen Betrag bei unbeschränkter oder bestimmter Dauer des Bezugsrechts, wobei bei bestimmter Dauer des Bezugsrechts der Gesamtbetrag der künftigen Bezüge maßgebend ist, wenn er der geringere ist.[159] Ist die Dauer des Rentenbezugsrechts aus der BUZ vertraglich durch den Ablauftermin der BUZ festgelegt, so ist wegen der bestimmten Dauer des Bezugsrechts der 25fache Jahresbetrag der Berufsunfähigkeitsrente maßgebend.[160] Hinzuzurechnen sind diejenigen Beträge, die wegen angeblich zuviel gezahlter Beiträge zurückverlangt werden.[161]

9. Kostenerstattung Privatgutachten

51 Die Kosten zweckentsprechender Rechtsverfolgung sind gemäß § 91 ZPO erstattungsfähig, wenn sie im Zeitpunkt ihrer Vornahme objektiv erforderlich und geeignet erscheinen, um das im Streit stehende Recht zu verfolgen oder zu verteidigen, wobei jede Partei gehalten ist, die Kosten angemessen niedrig zu halten.[162] Ausnahmsweise können die Kosten für vorprozessual erstattete Sachverständigengutachten als Kosten des Rechtsstreits angesehen werden.[163] Die Kosten für vorprozessual erstattete Privatgutachten können als Kosten des Rechtsstreits angesehen werden, wenn sich das Gutachten auf den konkreten Rechtsstreit bezieht und gerade mit Rücksicht auf den konkreten Prozess in Auftrag gegeben worden ist.[164] Deshalb sind diejenigen Aufwendungen, die veranlasst werden, bevor sich der

---

[157] OLG Nürnberg, Beschl. v. 7. 12. 1992 – 8 W 3580/92, S. 2; OLG Karlsruhe, Beschl. v. 6. 10. 1993 – 13 U 52/92; BGH, Beschl. v. 25. 11. 1998 – IV ZR 199/98, NVersZ 1999, 239, 240.

[158] OLG Karlsruhe, Urt. v. 19. 5. 1982 - 12 U 190/81, VersR 1983, 281; OLG Hamm, Beschl. v. 21. 7. 1986 – 20 U 229/85, VersR 1987, 418 (Ls.); LG Köln v. 10. 6. 1987 – 24 O 436/86; OLG Köln v. 21. 12. 1988 – 5 W 101/88, VersR 1989, 378, 379.

[159] OLG Koblenz, Beschl. v. 31. 5. 1988 – 12 W 313/88, S. 3.

[160] OLG Koblenz, Beschl. v. 31. 5. 1988 – 12 W 313/88, S. 4.

[161] OLG Koblenz, Beschl. v. 31. 5. 1988 – 12 W 313/88, S. 4.

[162] *Otto* VersR 2004, 932.

[163] OLG Düsseldorf, Beschl. v. 18. 5. 2001 – 1 W 16/01, VersR 2003, 524 = r+s 2002, 131, 132; BGH v. 17. 12. 2002 – VI ZB 56/02, BGHZ 153, 235 = NJW 2003, 1398 = VersR 2003, 481 = r+s 2004, 128 = MDR 2003, 413; OLG Karlsruhe, Beschl. v. 11. 5. 2004 – 13 W 15/04, VersR 2004, 931, 932; OLG Naumburg, Beschl. v. 7. 2. 2005 – 10 W 5/05, VersR 2005, 1704; BGH, Beschl. v. 23. 5. 2006 – VI ZB 7/05, NJW 2006, 2415 = VersR 2006, 1236, 1237 = r+s 2006, 526 = MDR 2007, 54; BGH, Beschl. v. 4. 3. 2008 – VI ZB 72/06, NJW 2008, 1597, 1598 = VersR 2008, 801, 802 = r+s 2008, 491; OLG Bremen, Beschl. v. 28. 4. 2008 – 2 W 41/08, VersR 2010, 132; OLG Karlsruhe, Beschl. v. 2. 2. 2009 – 22 W 1/09 BSch, VersR 2010, 232; OLG Frankfurt/M., Beschl. v. 16. 2. 2009 – 12 W 11/09, NJW-RR 2009, 1076 = VersR 2009, 1559.

[164] OLG Jena, Beschl. v. 21. 5. 2002 – 4 W 259/02, r+ s 2004, 396; BGH, Beschl. v. 17. 12. 2002 – VI ZB 56/02, NJW 2003, 1398, 1399 = MDR 2003, 413; OLG Karlsruhe, Beschl. v. 11. 5. 2004 – 13 W 15/04, VersR 2004, 931, 932; OLG Naumburg, Beschl. v. 7. 2. 2005 – 10 W 5/05, VersR 2005, 1704; BGH, Beschl. v. 23. 5. 2006 – VI ZB 7/05, VersR 2006, 1236, 1237 = r+s 2006, 526, 527 = MDR 2007, 54; OLG Koblenz, Urt. v. 3. 4. 2007 – 14 W 238/07, VersR 2007, 1100; OLG Brandenburg, Beschl. v. 27. 11. 2007 – 6 W 193/07, VersR 2008, 1132; AG Stuttgart-Bad Cannstatt, Beschl. v. 12. 12. 2007 – 12 C 2790/06, VersR 2008, 1132; BGH, Beschl. v. 4. 3. 2008 – VI ZB 72/06, NJW 2008, 1597, 1598 = VersR 2008, 801, 802 = r+s 2008, 491; BGH, Beschl. v. 14. 10. 2008 – VI ZB 16/08, NJW-RR 2009, 422, 423 = VersR 2009, 280; BGH, Beschl. v. 18. 11. 2008 – VI ZB 24/08, VersR 2009, 563.

Rechtsstreit einigermaßen konkret abzeichnet, nicht erstattungsfähig.[165] Die Kosten eines vor dem Rechtsstreit eingeholten Privatgutachtens sind ausnahmsweise erstattungsfähig, wenn eine ausreichende Klagegrundlage bzw. sachgerechte Verteidigung nur durch einen Sachverständigen geschaffen werden kann.[166] Die Erstattungsfähigkeit dieser Kosten richtet sich nicht nach den Vergütungssätzen des Justizvergütungs- und Entschädigungsgesetzes (JVEG),[167] sondern nach der Parteivereinbarung.[168]

Anhang zu § 5 BUZ 2008

§ 6 Bis wann können bei Meinungsverschiedenheiten Rechte geltend gemacht werden und wer entscheidet in diesen Fällen?
(Musterbedingungen des BAV – BUZ 1984)
(1) Wenn derjenige, der den Anspruch auf die Versicherungsleistung geltend macht, mit unserer Leistungsentscheidung (§ 5) nicht einverstanden ist, kann er innerhalb von sechs Monaten nach Zugang unserer Entscheidung Klage erheben.
(2) Lässt der Anspruherhebende die Sechsmonatsfrist verstreichen, ohne dass er vor dem Gericht Klage erhebt, so sind weitergehende Ansprüche, als wir sie anerkannt haben, ausgeschlossen. Auf diese Rechtsfolge werden wir in unserer Erklärung nach § 5 besonders hinweisen.

Anmerkung

Für Lebensversicherungsunternehmen, die bei Meinungsverschiedenheiten die Möglichkeit einer Entscheidung durch einen Ärzteausschuss einräumen wollen, lautet § 6 wie folgt:

„**Bis wann können bei Meinungsverschiedenheiten Rechte geltend gemacht werden und wer entscheidet in diesen Fällen?**
(1) Wenn derjenige, der den Anspruch auf die Versicherungsleistung geltend macht, mit unserer Leistungsentscheidung (§ 5) nicht einverstanden ist, kann er innerhalb von sechs Monaten nach Zugang unserer Entscheidung Klage erheben. Die Entscheidung liegt dann ausschließlich bei den Gerichten.
(2) Beschränken sich die Meinungsverschiedenheiten auf die Frage, ob, in welchem Grad oder von welchem Zeitpunkt an Berufsunfähigkeit vorliegt, so entscheidet anstelle des Gerichts ein Ärzteausschuss, wenn sich beide Seiten darauf einigen. Der Anspruherhebende muss sich innerhalb von sechs Monaten nach Zugang unserer Leistungsentscheidung (§ 5) äußern, ob er das Verfahren vor dem Ärzteausschuss wünscht.
(3) Lässt der Anspruherhebende die Sechsmonatsfrist verstreichen, ohne dass er entweder vor dem Gericht Klage erhebt oder das Verfahren vor dem Ärzteausschuss verlangt, so

---

[165] BGH, Beschl. v. 17. 12. 2002 – VI ZB 56/02, NJW 2003, 1398, 1399 = MDR 2003, 413; OLG Karlsruhe, Beschl. v. 11. 5. 2004 – 13 W 15/04, VersR 2004, 931, 932; OLG Naumburg, Beschl. v. 7. 2. 2005 – 10 W 5/05, VersR 2005, 1704; OLG Koblenz, Urt. v. 3. 4. 2007 – 14 W 238/07, VersR 2007, 1100; BGH, Beschl. v. 4. 3. 2008 – VI ZB 72/06, NJW 2008, 1597, 1598 = VersR 2008, 801, 802 = r+s 2008, 491.
[166] OLG Stuttgart, Urt. v. 30. 1. 2001 – 8 W 634/00, VersR 2001, 1535; OLG Rostock, Beschl. v. 6. 12. 2004 – 8 W 137/04, VersR 2005, 855 = MDR 2005, 754; BAG, Beschl. v. 20. 8. 2007 – 3 AZB 57/06, BB 2007, 2636 = DB 2007, 2380; OLG Koblenz, Beschl. v. 13. 2. 2008 – 14 W 81/08, VersR 2008, 802, 803; OLG Nürnberg, Beschl. v. 2. 10. 2008 – 8 W 1907/08, VersR 2009, 1426, 1427 = VersR 2009, 1426.
[167] BGH, Beschl. v. 25. 1. 2007 – VII ZB 74/06, NJW 2007, 1532 = MDR 2007, 803, 804.
[168] OLG Frankfurt/M., Beschl. v. 16. 2. 2009 – 12 W 11/09, NJW-RR 2009, 1076, 1077 = VersR 2009, 1559, 1560.

sind weitergehende Ansprüche, als wir sie anerkannt haben, ausgeschlossen. Auf diese Rechtsfolge werden wir in unserer Erklärung nach § 5 besonders hinweisen.

(4) Für die Zusammensetzung, das Verfahren und die Kosten des Ärzteausschusses gelten die folgenden Regeln:

a) **Zusammensetzung.** Der Ärzteausschuss setzt sich zusammen aus zwei Ärzten, von denen jede Partei einen benennt, und einem Obmann. Dieser wird von den beiden von den Parteien benannten Ärzten gewählt. Er soll ein in der Begutachtung der Berufsunfähigkeit erfahrener Arzt sein, der nicht in einem Abhängigkeitsverhältnis zu einer der Parteien steht. Einigen sich die von den Parteien gewählten Ärzte nicht binnen eines Monats auf einen Obmann, so wird dieser auf Antrag einer Partei von dem Vorsitzenden der für den letzten inländischen Wohnsitz des Versicherten zuständigen Ärztekammer benannt. Hat der Versicherte keinen inländischen Wohnsitz, so ist die für den Sitz des Versicherers zuständige Ärztekammer maßgebend.

Benennt eine Partei ihr Ausschussmitglied nicht binnen eines Monats, nachdem sie von der anderen Partei hierzu aufgefordert worden ist, so wird dieses Ausschussmitglied gleichfalls durch den Vorsitzenden der Ärztekammer benannt.

b) **Verfahren.** Nach Bildung des Ausschusses bitten wir den Obmann, das Verfahren durchzuführen, und übersenden ihm die erforderlichen Unterlagen. Der Obmann bestimmt im Benehmen mit den beiden Ausschussmitgliedern Ort und Zeit des Zusammentritts und benachrichtigt hiervon mindestens eine Woche vor dem Termin die Parteien. Er kann sich wegen weiterer Aufklärung des Sachverhalts an die Parteien wenden. In der Sitzung ist der Versicherte, soweit möglich, zu hören und erforderlichenfalls zu untersuchen. Erscheint der Versicherte unentschuldigt nicht, so kann der Ausschuss aufgrund der Unterlagen entscheiden. Die Entscheidung ist schriftlich zu begründen und vom Obmann zu unterzeichnen.

c) **Kosten.** Ist die Entscheidung des Ärzteausschusses für uns ungünstiger als unser bisheriges Leistungsangebot, übernehmen wir die Kosten des Ärzteausschusses in voller Höhe; andernfalls hat der Anspruchserhebende diese Kosten bis zu Höhe von 2,5 Prozent der Lebensversicherungssumme, bei Rentenversicherungen bis 25 Prozent einer versicherten Jahresrente selbst zu tragen."

Übersicht

	Rdn.
I. Allgemeines	1–6
1. Fassung	1, 2
2. Verhältnis zu anderen AVB	3
3. Inhaltskontrolle	4–6
a) Vereinbarkeit mit § 12 Abs. 3 VVG	4, 5
b) VVG 2008	6
II. Gerichtsverfahren (§ 6 Abs. 1 und 2 1. Alt. BUZ 1984, § 6 Abs. 1 und 3 2. Alt. BUZ 1984)	7–9
1. Klagefrist	7
2. Anspruchsverlust	8
3. Ablehnung des Verfahrens vor dem Ärzteausschuss	9
III. Vereinbarung des Ärzteausschussverfahrens (§ 6 2. Alt. BUZ 1984)	10–28
1. Zulässigkeit und Rechtsnatur	10
2. Aufgabe	11
3. Entscheidung	12
4. Antrag auf Entscheidung	13–16
a) Frist	13
b) Gerichtliche Entscheidung	14
c) Ausschluss nicht anerkannter Ansprüche	15, 16
aa) Ausgangslage	15
bb) Anforderungen an die Belehrung	16
5. Einigung	17

	Rdn.
6. Zusammensetzung des Ärzteausschusses	18–21
a) Auswahl	18–20
b) Ablehnung	21
7. Verfahren vor dem Ärzteausschuss	22
a) Einleitung des Verfahrens	22
b) Verhandlung	23
c) Entscheidung	24–26
d) Kosten	27, 28
IV. Unverbindlichkeit der Entscheidung des Ärzteausschusses	29–37
1. Grundsatz	29
2. Tatsachenmängel	33–33
3. Rechtsmängel	34, 35
4. Bewertungsmängel	36
5. Verfahrensmängel	37
V. Verfahrensfragen	38

AuVdBAV: VerBAV 1961, 118 (R 5/61 vom 24. 5. 1961); GB BAV 1961, 34 (Wahlrecht zwischen Anrufung des Ärzteausschusses oder dem ordentlichen Rechtsweg in der Unfall-Zusatzversicherung und in der Invaliditäts-Zusatzversicherung).

Schrifttum: *Asmus,* Das Sachverständigenverfahren, Diss. Hamburg 1961; *derselbe,* Sachverständigenverfahren und Sachverständigenfeststellung, ZVersWiss 1962, 197; *derselbe,* Sachverständigenverfahren oder Gerichtsverfahren?, VersR 1963, 316; *derselbe,* Rechtsfragen zum Ärzte-Ausschuss gemäß § 12 AUB, in: Festgabe zum 70. Geburtstag von Hans Göbbels, Karlsruhe, 1964, S. 13; *Bachmann,* Der Schiedsgutachter, Diss. Zürich 1949; *Bostelmann,* Die einverständliche Schadensregulierung in der Sach- und Personenversicherung, ZVersWiss 1977, 569; *Bulla,* Gerichtliche Nachprüfbarkeit von Schiedsgutachten, NJW 1978, 397; *Dern,* Ärztekommission oder ordentlicher Rechtsweg in der Unfallversicherung, VersR 1953, 49; *derselbe,* Gedanken zum Sachverständigenverfahren in den AVB, VW 1957, 35; *Döbereiner,* Anfechtung und Geltendmachung der Unwirksamkeit eines Schiedsgutachtens durch den/die Schiedsgutachter, VersR 1983, 712; *Grimm,* Unfallversicherung, AUB-Kommentar, 3. Aufl., München, Beck, 2000; *Jost,* Das Schiedsgutachten, Diss. Köln 1956; *Kirsch,* Der Schiedsmann im Versicherungsrecht, Mannheim – Berlin – Leipzig 1924; *Krebs,* Zur offenbaren Unrichtigkeit im Sinne von § 184 VVG, VersR 1966, 411; *Neuhaus,* Neues VVG: Überlebt die Klagefrist des § 12 Abs. 3 VVG trotz Streichung im Gesetz?, r+s 2007, 177; *Prölss,* Formelle Mängel des Sachverständigenverfahrens, VP 1935, 134; *Rau,* Die Schiedsgerichtsklausel in Versicherungsverträgen nach der bisherigen Rechtsprechung und dem Gesetzentwurf über den Versicherungsvertrag sowie dem Bürgerlichen Gesetzbuch, ZVersWiss 1905, 275; *Sieg,* Das Verfahren der Ärztekommission in der Unfallversicherung und die Folgen von Verfahrensmängeln, ZVersWiss 1942, 41; *derselbe,* Die feststellenden Schiedsgutachter im Privatversicherungsrecht, VersR 1965, 629; *derselbe,* Sorgfalt des Versicherers bei qualifizierter Ablehnung des Versicherungsschutzes (§ 12 Abs. 3 VVG), VersR 1981, 1093; *Volmer,* Das Schiedsgutachtenrecht-Bestandsaufnahme und Fragen der Praxis, BB 1984, 1010; *Volze,* Das Sachverständigenverfahren, VersR 1989, 233; *Volze,* Das Sachverständigenverfahren im Versicherungsrecht, VersR 1992, 675; *Wangner,* Der Schiedsgutachter, Diss. Freiburg i. Brsg. 1908; ZfV 1956, 729 (Gedanken zum Sachverständigenverfahren in Allgemeinen Versicherungsbedingungen).

I. Allgemeines

1. Fassung

Die bis 1961 geltenden Fassungen des § 6 BUZ wiesen bei Streitigkeiten über die Leistungspflicht des Versicherers die Entscheidung der Ärztekommission zu, wenn es sich um Art und Umfang der Berufsunfähigkeit handelte, während für alle sonstigen Streitigkeiten die ordentlichen Gerichte zuständig waren. Mit der Neufassung der BUZ wurde in Umsetzung einer gerichtlichen Entscheidung zur

Unfall-Zusatzversicherung ein Wahlrecht zwischen der Anrufung des Ärzteausschusses und der Anrufung des ordentlichen Gerichts eingeführt.[1] Die Nachteile des Ärzteausschussverfahrens wegen der Konstituierung des Ausschusses, der Terminbestimmung zum Zusammentritt und der Erstattung des Kommissionsgutachtens, das fehlende Rechtsmittel gegen die Entscheidung des Ausschusses und der Kostenaufwand für das Verfahren, weil drei Ärzte honoriert werden müssen, haben in der Praxis dazu geführt, dass in der Regel der Rechtsweg beschritten wird. Hinzu kommt, dass die Ärztekammern nicht verpflichtet sind, Ärzte zur Bildung der Kommission zu benennen.[2] Die Mehrzahl der LVU praktiziert daher das Verfahren vor dem Ärzteausschuss nicht mehr. Gegenüber den BUZ 1975 sind deshalb in den § 6 BUZ 1984 Regelungen für das Verfahren vor dem Ärzteausschuss nur noch für den Fall vorgesehen, dass der Versicherer bei Meinungsverschiedenheiten eine Entscheidung durch den Ärzteausschuss überhaupt einräumen will.[3]

2   Im Zuge der Neufassung der BUZ im Jahre 1990 wurde auf die Bestimmungen zum Ärzteausschuss in der Anmerkung zu § 6 BUZ 1984 verzichtet, weil diese Möglichkeit der Entscheidung bei Meinungsverschiedenheiten in der Praxis kaum in Anspruch genommen wurde.[4] § 6 Abs. 1 und Abs. 2 BUZ 1984 wurden als § 6 Abs. 1 und Abs. 2 BUZ 1990 fortgeführt. Da Unternehmen, die das Ärzteausschussverfahren weiterhin ermöglichen wollen, auf die bisherigen Musterbedingungen zurückgreifen können,[5] orientiert sich die Kommentierung an der Fassung des § 6 BUZ 1984 mit seiner Alternativfassung zum Ärzteausschussverfahren.

2. Verhältnis zu anderen AVB

3   In § 7 UZV 1984 findet sich eine gleichlautende Regelung. Ein Wahlrecht zwischen Ärzteausschuss und ordentlichen Gerichten sehen auch die AKB (siehe § 20 AKB) und die AUB (vgl. § 12 AUB) vor.

3. Inhaltskontrolle

4   a) **Vereinbarkeit mit § 12 Abs. 3 VVG.** § 6 Nr. 3 BUZ 1975 lautet wie folgt:[6]

„Lässt der Anspruchserhebende die unter Ziffer 2 genannte Frist verstreichen, ohne dass er entweder die Entscheidung des Ärzteausschusses verlangt oder Klage erhebt, so sind weitergehende Ansprüche, als sie von der Gesellschaft anerkannt sind, ausgeschlossen. Auf diese Rechtsfolge hat die Gesellschaft in ihrer Erklärung hinzuweisen."

Eine vergleichbare Klausel findet sich in der Alternativfassung des § 12 BV 1986, die LVU verwenden, die bei Meinungsverschiedenheiten die Möglichkeit einer Entscheidung durch einen Ärzteausschuss einräumen wollen. Der entsprechende § 12 Abs. 3 BV 1986 lautet wie folgt:[7]

„Lässt der Anspruchserhebende die Sechsmonatsfrist verstreichen, ohne dass er entweder vor dem Gericht Klage erhebt oder das Verfahren vor dem Ärzteausschusses verlangt, so sind weitergehende Ansprüche, als wir sie anerkannt haben, ausgeschlossen. Auf diese Rechtsfolge werden wir in unserer Erklärung nach § 11 besonders hinweisen."

---

[1] BeschlKE v. 6. 12. 1957, VerBAV 1958, 35; BVerwG v. 22. 11. 1960, VersR 1961, 145 = VerBAV 1961, 65.
[2] GB BAV 1979, 87.
[3] Vgl. VerBAV 1984, 2.
[4] Vgl. BAV, VerBAV 1990, 341.
[5] BAV VerBAV 1990, 341.
[6] Vgl. VerBAV 1975, 2, 4.
[7] VerBAV 1986, 477.

B. Allg. Bed. für die BU-ZusatzVers   5–8 **Nach § 5 BUZ 2008**

Diese Klauseln sind gleich lautend mit § 6 Abs. 3 BUZ 1984 der Alternativfassung zu § 6 BUZ. Sie weichen allerdings zum Nachteil des Versicherungsnehmers von § 12 Abs. 3 VVG mit der Folge ab, dass sich das LVU auf diese Ausschlussklauseln nicht berufen kann.[8] 5

b) VVG 2008. Mit Inkrafttreten des VVG 2008 ist die Klagefrist des § 12 Abs. 3 VVG ersatzlos entfallen. Ab dem 1. Januar 2009 führen deshalb § 12 Abs. 3 VVG nachgebildete Ausschlussklauseln in AVB von Altverträgen zu einer unangemessenen Benachteiligung des Versicherungsnehmers.[9] Sie sind ab diesem Zeitpunkt als unwirksam im Sinne von § 307 Abs. 2 BGB anzusehen.[10] Bis zum 31. Dezember 2008 gilt für Altverträge gemäß Art. 1 Abs. 1 EGVVG das alte VVG.[11] Tritt bis zu diesem Zeitpunkt der Versicherungsfall ein, ist der Versicherungsfall auch über den 1. Januar 2009 hinaus nach altem Recht abzuwickeln und darf der Versicherer bis zum 31. Dezember 2008 die Regelung des § 12 Abs. 3 VVG anwenden.[12] 6

II. Gerichtsverfahren (§ 6 Abs. 1 und 2 1. Alt. BUZ 1984, § 6 Abs. 1 und 3 2. Alt. BUZ 1984)

1. Klagefrist

Die Bestimmungen in § 6 Abs. 1 und 2 1. Alt. BUZ 1984 und § 6 Abs. 1 und 3 2. Alt. BUZ 1984 über die Klagefrist begründen keine Rechte des Versicherungsnehmers oder des sonstigen Anspruchsberechtigten.[13] Auch ohne diese Bestimmungen hat der Versicherungsnehmer das Recht, seinen Anspruch klageweise geltend zu machen.[14] Der Versicherungsnehmer muss in zeitlicher Hinsicht nur auf die Verjährungsfrist des § 12 Abs. 1 VVG achten.[15] Die Bestimmung über die Klagefrist, wie sie in § 6 Abs. 1 und 2 1. Alt. BUZ 1984 und § 6 Abs. 1 und 3 2. Alt. BUZ 1984 enthalten ist, wiederholt daher inhaltlich, allerdings beschränkt auf die Klageerhebung, nur das, was in § 12 Abs. 3 VVG steht, und trifft keine dem Versicherungsnehmer günstigere Regelung im Sinne von sonst nicht bestehenden Rechten.[16] 7

2. Anspruchsverlust

Das an sich jedem Gläubiger zustehende Klagerecht wird im Versicherungsvertragsrecht durch das im übrigen Zivilrecht unbekannte Privileg des § 12 Abs. 3 8

---

[8] BGH, Urt. v. 7. 11. 1990 – IV ZR 201/89, NJW-RR 1991, 350, 351 = VersR 1991, 90, 91 = VerBAV 1991, 362, 363 = r+s 1991, 67 = MDR 1991, 511, 512; BGH, Urt. v. 17. 2. 1993 – IV ZR 206/91, NJW 1993, 1532, 1535 = VersR 1993, 562, 565; OLG Hamm, Urt. v. 26. 6. 1998 – 20 U 36/98, NVersZ 1998, 77 = VersR 1999, 703 = r+s 1998, 521, 522; a. A. OLG Köln, Urt. v. 15. 6. 1989 – 5 U 225/88, VersR 1990, 149 (Vorinstanz z. Urt. d. BGH v. 7. 11. 1990).
[9] *Neuhaus* r+s 2007, 177, 181.
[10] *Neuhaus* r+s 2007, 177, 181.
[11] *Neuhaus* r+s 2007, 177, 180.
[12] *Neuhaus* r+s 2007, 177, 180.
[13] BGH, Urt. v. 22. 9. 1999 – IV ZR 201/98, NJW-RR 2000, 318 = NVersZ 2000, 126 = VersR 1999, 1530, 1531 = VerBAV 2000, 161, 162 = r+s 2000, 35.
[14] BGH, Urt. v. 22. 9. 1999 – IV ZR 201/98, NJW-RR 2000, 318/319 = NVersZ 2000, 126/127 = VersR 1999, 1530, 1531 = VerBAV 2000, 161, 162 = r+s 2000, 35.
[15] Fünf Jahre, vgl. BGH, Urt. v. 5. 10. 1988 – IV a ZR 317/86, NJW-RR 1989, 89 = VersR 1988, 1233 = r+s 1988, 351; BGH, Urt. v. 22. 9. 1999 – IV ZR 201/98, NJW-RR 2000, 318, 319 = NVersZ 2000, 126, 127 = VersR 1999, 1530, 1531 = VerBAV 2000, 161, 162 = r+s 2000, 35.
[16] BGH, Urt. v. 22. 9. 1999 – IV ZR 201/98, NJW-RR 2000, 318, 319 = NVersZ 2000, 126, 127 = VersR 1999, 1530, 1531 = VerBAV 2000, 161, 162 = r+s 2000, 35.

VVG eingeschränkt, weil der Versicherer sich durch das Setzen einer Klagefrist Leistungsfreiheit verschaffen kann.[17] § 12 Abs. 3 VVG begründet also ein Recht nur für den Versicherer, für den Versicherungsnehmer dagegen einen Nachteil.[18] Allerdings tritt der Nachteil des Anspruchsverlusts nur ein, wenn der Versicherer den Versicherungsnehmer darüber belehrt hat, dass er den Anspruch rechtzeitig gerichtlich geltend zu machen hat.[19] Damit wird aber kein Recht des Versicherungsnehmers geschaffen, den Anspruch gerichtlich geltend machen zu können, sondern vielmehr ein Zwang, die Gerichte innerhalb der Sechsmonatsfrist anzurufen.[20] Fehlt die Belehrung oder ist sie falsch, tritt als Rechtsfolge nur das ein, was auch bei § 12 Abs. 3 VVG der Fall ist, die Klagefrist beginnt nicht zu laufen.[21] Andere Rechtsfolgen der Leistungsablehnung treten dagegen trotz fehlender Belehrung ein, z. B. Fälligkeit, Wegfall der Aufklärungsobliegenheiten des Versicherungsnehmers.[22] Mit Blick auf diese Rechtsfolgen kann offen bleiben, ob § 6 Abs. 1 und 2 1. Alt. BUZ 1984 und § 6 Abs. 1 und 3 2. Alt. BUZ 1984 zum Nachteil des Versicherungsnehmers von § 12 Abs. 3 VVG abweichen und deshalb nach § 15a VVG unwirksam sind, weil § 6 Abs. 1 und 2 1. Alt. BUZ 1984 und § 6 Abs. 1 und 3 2. Alt. BUZ 1984 von den Möglichkeiten, den Anspruch gerichtlich geltend zu machen, nur die Klageerhebung nennen.[23]

3. Ablehnung des Verfahrens vor dem Ärzteausschuss

9   Voraussetzung für die Anwendung des § 12 Abs. 3 VVG ist, dass die in § 6 Abs. 2 Satz 1 2. Alt. BUZ 1984 eröffnete Möglichkeit einer Entscheidung des Ärzteausschusses nicht mehr in Betracht kommt.[24] Hierfür genügt eine Leistungsablehnung des Versicherers für sich genommen noch nicht, weil die Versicherungsbedingungen bei Meinungsverschiedenheiten über Fragen der Berufsunfähigkeit auch das Verfahren vor dem Ärzteausschuss vorsehen.[25] Solange sich noch keine der Parteien einem derartigen Verfahren verschlossen hat, ist die Ablehnung der Leistungspflicht durch den Versicherer nicht endgültig.[26] Will der Versicherer mit seiner Leistungspflicht zugleich auch eine Anrufung des Ärzteausschusses ablehnen, was ihm die Bedingungen nicht verwehren, muss der Versicherer spätes-

---

[17] BGH, Urt. v. 22. 9. 1999 – IV ZR 201/98, NJW-RR 2000, 318, 319 = NVersZ 2000, 126, 127 = VersR 1999, 1530, 1531 = VerBAV 2000, 161, 162 = r+s 2000, 35.
[18] BGH, Urt. v. 22. 9. 1999 – IV ZR 201/98, NJW-RR 2000, 318, 319 = NVersZ 2000, 126, 127 = VersR 1999, 1530, 1531 = VerBAV 2000, 161, 162 = r+s 2000, 35; zum Rechtscharakter des § 12 Abs. 3 VVG vgl. BGH, Urt. v. 18. 12. 1974 – IV ZR 123/73, NJW 1975, 447 = VersR 1975, 229, 230; BGH, Urt. v. 7. 11. 1990 – IV ZR 201/98, NJW-RR 1991, 350 = VersR 1991, 90 = r+s 1991, 67.
[19] BGH, Urt. v. 22. 9. 1999 – IV ZR 201/98, NJW-RR 2000, 318, 319 = NVersZ 2000, 126, 127 = VersR 1999, 1530, 1531 = VerBAV 2000, 161, 162 = r+s 2000, 35.
[20] BGH, Urt. v. 22. 9. 1999 – IV ZR 201/98, NJW-RR 2000, 318, 319 = NVersZ 2000, 126, 127 = VersR 1999, 1530, 1531 = VerBAV 2000, 161, 162 = r+s 2000, 35.
[21] OLG Hamm, Urt. v. 12. 1. 1990 – 20 U 189/89, VersR 1990, 1344, 1345; BGH, Urt. v. 22. 9. 1999 – IV ZR 201/98, NJW-RR 2000, 318, 319 = NVersZ 2000, 126, 127 = VersR 1999, 1530, 1531 = VerBAV 2000, 161, 162 = r+s 2000, 35.
[22] BGH, Urt. v. 22. 9. 1999 – IV ZR 201/98, NJW-RR 2000, 318, 319 = NVersZ 2000, 126, 127 = VersR 1999, 1530, 1531 = VerBAV 2000, 161, 162 = r+s 2000, 35.
[23] BGH, Urt. v. 22. 9. 1999 – IV ZR 201/98, NJW-RR 2000, 318, 319 = NVersZ 2000, 126, 127 = VersR 1999, 1530, 1531 = VerBAV 2000, 161, 162 = r+s 2000, 35.
[24] BGH, Urt. v. 17. 5. 2006 – IV ZR 230/05, NJW-RR 2006, 1178, 1179 = VersR 2006, 1061, 1062 = r+s 2006, 337, 338 = MDR 2007, 90, 91.
[25] BGH, Urt. v. 17. 5. 2006 – IV ZR 230/05, NJW-RR 2006, 1178, 1179 = VersR 2006, 1061, 1062 = r+s 2006, 337, 338 = MDR 2007, 90, 91.
[26] BGH, Urt. v. 17. 5. 2006 – IV ZR 230/05, NJW-RR 2006, 1178, 1179 = VersR 2006, 1061, 1062 = r+s 2006, 337, 338 = MDR 2007, 90, 91.

tens im Zusammenhang mit seiner Belehrung nach § 12 Abs. 3 Satz 2 VVG deutlich machen, dass er das Verfahren vor dem Ärzteausschuss ablehnt und dieser Weg deshalb auch für den Versicherten abgeschnitten ist.[27] Hierfür reicht aber bereits die Belehrung nach § 12 Abs. 3 Satz 2 VVG aus, da hierin das Verlangen nach einer Entscheidung durch das ordentliche Gericht liegt.[28]

III. Vereinbarung des Ärzteausschussverfahrens (§ 6 2. Alt. BUZ 1984)

1. Zulässigkeit und Rechtsnatur

Für den Versicherungsnehmer ist es nicht nachteilig, wenn Versicherungsbedingungen nach Leistungsablehnung des Versicherers die Anrufung eines Ärzteausschusses zur Prüfung und Beurteilung der im Rahmen einer Berufsunfähigkeit medizinisch relevanten Fragen vorsehen.[29] Dass das Ärzteausschussverfahren ein Schiedsgutachterverfahren und kein schiedsrichterliches Verfahren im Sinne der §§ 1025 ff. ZPO ist, lässt sich der Alternativfassung des § 6 BUZ 1984 (Ärzteausschussklausel) entnehmen,[30] da der Ärzteausschuss nur über einzelne Voraussetzungen des Anspruchs aus der Versicherung entscheidet.[31] Sachverständigengutachten werden vielfach, allerdings nicht selten schon vor der Erklärung des Versicherers, ob er leistet oder nicht in Versicherungsverhältnissen durchgeführt.[32] Sie begegnen keinen rechtlichen Bedenken, wenn sie, wie auch hier, dem Versicherungsnehmer nicht aufgezwungen werden und wenn sie ihm die Möglichkeit belassen, eine gerichtliche Überprüfung herbeizuführen, ob das Gutachten offensichtlich unrichtig ist.[33]

2. Aufgabe

Der Ärzteausschuss erstattet ein Sachverständigengutachten, das seinem Wesen nach ein wissenschaftliches Gutachten ist.[34] Der Ärzteausschuss soll die Tatsachen nach den neuesten Erkenntnissen der medizinischen Wissenschaft werten, indem

---

[27] BGH, Urt. v. 7. 11. 1990 – IV ZR 201/89, NJW-RR 1991, 350 = VersR 1991, 90; BGH, Urt. v. 17. 5. 2006 – IV ZR 230/05, NJW-RR 2006, 1178, 1179 = VersR 2006, 1061, 1062 = r+s 2006, 337, 338 = MDR 2007, 90, 91; *Römer* in: Römer/Langheid, VVG, 2. Aufl., § 12 VVG Rdn. 92; *Knappmann* in: Prölss/Martin, VVG, 27. Aufl., § 12 Rdn. 4 AUB 61.
[28] OLG Köln, Urt. v. 18. 4. 1994 – 5 U 244/93, r+s 1994, 475, 476.
[29] BGH, Urt. v. 7. 11. 1990 – IV ZR 201/89, NJW-RR 1991, 350, 351 = VersR 1991, 90, 91 = VerBAV 1991, 362, 363 = MDR 1991, 511, 512.
[30] BGH, Urt. v. 7. 11. 1990 – IV ZR 201/89, NJW-RR 1991, 350, 351 = VersR 1991, 90, 91 = VerBAV 1991, 362, 363 = MDR 1991, 511, 512.
[31] BGHZ 6, 335; OLG Hamm, Urt. v. 25. 6. 1951 – 7 U 55/51, VersR 1951, 258; BGH, Beschl. v. 9. 12. 1951 – II ZR 204/51, VersR 1952, 35; OLG Schleswig, Urt. v. 28. 10. 1953 – 4 U 82/53, VersR 1954, 506; OLG Bremen, Urt. v. 16. 12. 1958 – 3 U 236/58, VersR 1960, 842; BVerwG VerBAV 1961, 65 = VersR 1961, 145; OLG München, Urt. v. 12. 1. 1961 – 1 U 1834/60, VersR 1962, 20; OLG Stuttgart, Urt. v. 19. 10. 1961 – 2 U 110/61, VersR 1962, 438; OLG Düsseldorf, Urt. v. 25. 6. 1963 – IV 16/63, VersR 1964, 130; BGH v. 19. 6. 1975, WM 1975, 1043; BGH, Urt. v. 11. 6. 1976 – IV ZR 84/75, VersR 1976, 821, 823; BGH, Urt. v. 30. 4. 1981 – IVa ZR 92/80, VersR 1981, 828, 829; *Krebs* VersR 1966, 441.
[32] BGH, Urt. v. 7. 11. 1990 – IV ZR 201/89, NJW-RR 1991, 350, 351 = VersR 1991, 90, 91 = VerBAV 1991, 362, 363 = MDR 1991, 511, 512.
[33] BGH, Urt. v. 7. 11. 1990 – IV ZR 201/89, NJW-RR 1991, 350, 351 = VersR 1991, 90, 91 = VerBAV 1991, 362, 363/364 = MDR 1991, 511, 512.
[34] *Grimm*, Unfallversicherung, 3. Aufl., 2000, § 11 AUB Rdn. 34.

er sie methodisch und kritisch prüft und zu einer exakten Schlussfolgerung gelangt.[35] Bei offenbarer Unrichtigkeit sind die getroffenen Feststellungen nicht verbindlich. Die Feststellung erfolgt in diesem Fall durch Urteil.

3. Entscheidung

12 Nach § 6 Abs. 2 Satz 1 2. Alt. BUZ 1984 entscheidet der Ärzteausschuss, ob, in welchem Grad und von welchem Zeitpunkt an Berufsunfähigkeit vorliegt, wenn sich Versicherer und Anspruchsteller darauf einigen, dass ein Ärzteausschuss über diese Fragen entscheiden soll.[36] Bei dieser Entscheidung handelt es sich nicht allein um die Klärung medizinischer Fragen, sondern auch um juristische.[37] So ist der Ursachenzusammenhang nach juristischer und nicht nach naturwissenschaftlicher Lehre zur Kausalität zu beurteilen.[38] Außerdem muss der Ausschuss bei seiner Entscheidung gegebenenfalls die festgestellten Tatsachen unter die von den BUZ vorgegebenen Begriffe, die weithin Rechtsbegriffe sind, subsumieren.[39] Entscheidet der Ärzteausschuss in Verkennung von Rechtsbegriffen, kann die Entscheidung wegen offenbarer Unrichtigkeit anfechtbar sein.[40] Die Entscheidung des Ärzteausschusses hindert den Versicherer nicht, Deckung aus anderen Gründen zu versagen.[41] Für alle sonstigen Streitpunkte sind die Gerichte zuständig.[42] Entscheidet der Ärzteausschuss zu einem Streitpunkt, der nicht in seine Zuständigkeit fällt, ist die Entscheidung insoweit unverbindlich.[43] In die Zuständigkeit des ordentlichen Gerichts fällt die Entscheidung, ob ein Versicherungsfall vorliegt,[44] ferner die Entscheidung, ob und in welcher Höhe ein Versicherungsanspruch besteht oder ob eine Obliegenheit schuldhaft verletzt ist.[45] Allein das Gericht ist auch dann zuständig, wenn der Versicherer seine Leistungspflicht abschließend und endgültig abgelehnt hat.[46]

4. Antrag auf Entscheidung

13 **a) Frist.** Die Entscheidung des Ärzteausschusses ist vom Versicherungsnehmer bis zum Ablauf von sechs Monaten, nachdem ihm die Erklärung des Versicherers nach § 5 BUZ 1984 zugegangen ist, zu beantragen (§ 6 Abs. 2 Satz 2 2. Alt. BUZ 1984). Wenn Versicherungsbedingungen – wie hier – für die Entscheidung, ob nach einer Leistungsablehnung des Versicherers zunächst der Ärzteausschuss angerufen werden soll, eine bestimmte Frist vorsehen, auf die der Versicherer bei Leistungsablehnung besonders in schriftlicher Form hinweist, so begegnet dies keinen Bedenken.[47] Es handelt sich indessen bei einer derartigen Frist nicht um die Klagefrist des § 12 Abs. 3 VVG, so dass ihr ungenutztes Verstreichenlassen den

---

[35] *Asmus*, Festgabe für Hans Göbbels, 1964, S. 13, 17.
[36] BGH, Urt. v. 17. 5. 2006 – IV ZR 230/05, NJW-RR 2006, 1178, 1179 = VersR 2006, 1061, 1062 = r+s 2006, 337, 338 = MDR 2007, 90.
[37] *Grimm*, Unfallversicherung, 3. Aufl., 2000, § 11 AUB Rdn. 36.
[38] *Grimm*, Unfallversicherung, 3. Aufl., 2000, § 11 AUB Rdn. 36.
[39] Vgl. für die AUB *Asmus*, Festgabe für Hans Göbbels, 1964, S. 13, 15.
[40] OLG Düsseldorf, Urt. v. 25. 6. 1963 – 4 U 16/63, VersR 1964, 130.
[41] *Grimm*, Unfallversicherung, 3. Aufl., 2000, § 11 AUB Rdn. 36.
[42] *Grimm*, Unfallversicherung, 3. Aufl., 2000, § 11 AUB Rdn. 37.
[43] *Sieg* ZVersWiss 1942, 41, 50.
[44] OLG Celle, Urt. v. 5. 5. 1959 – 1 U 92/58, VersR 1959, 784; OLG Düsseldorf, Urt. v. 25. 6. 1963 – 4 U 16/63, VersR 1964, 130.
[45] *Grimm*, Unfallversicherung, 3. Aufl., 2000, § 11 AUB Rdn. 37.
[46] *Grimm*, Unfallversicherung, 3. Aufl., 2000, § 11 AUB Rdn. 37.
[47] BGH, Urt. v. 7. 11. 1990 – IV ZR 201/89, NJW-RR 1991, 350, 351 = VersR 1991, 90, 91 = VerBAV 1991, 362, 364 = MDR 1991, 511, 512.

Versicherer nicht frei werden lässt.[48] Die Frist wird durch jede Erklärung des Versicherten gewahrt, in der sein Wille zum Ausdruck kommt, dass er um die Entscheidung der Ärztekommission nachsucht.[49] Bevor der Versicherer die Erklärung nach § 5 BUZ abgegeben hat, kann der Versicherte den Ärzteausschuss nicht anrufen.[50] Der Versicherer ist jedoch in diesem Falle verpflichtet, den Versicherten auf die Wirkungslosigkeit seiner Willenserklärung hinzuweisen.[51] Die Willenserklärung bedarf der Schriftform (§ 12 ALB 1986). Eine Begründung ist nicht erforderlich.

b) Gerichtliche Entscheidung. Versicherer und Versicherungsnehmer können bis zum Ablauf der Frist verlangen, dass anstelle des Ärzteausschusses die ordentlichen Gerichte entscheiden.[52] Da das Verlangen nach gerichtlicher Entscheidung stets dem Verlangen der Gegenseite auf Anrufung des Ärzteausschusses vorgeht und dadurch die gesetzlichen Rechte des Versicherungsnehmers auf eine alsbaldige Entscheidung des Versicherers zur Klärung eines etwaigen Streits auf gerichtlichem Weg nicht verkürzt werden, kann der Versicherer sogleich mit seiner Leistungsablehnung erklären, dass er im Falle von Meinungsverschiedenheiten von seinem Recht Gebrauch macht, die ordentlichen Gerichte entscheiden zu lassen.[53] Belehrt der Versicherer den Versicherungsnehmer im Ablehnungsschreiben nach § 12 Abs. 3 VVG und nicht nach § 6 Abs. 2 Satz 2 2. Alt. BUZ 1984, so liegt darin das Verlangen nach § 6 BUZ 1984 anstelle des Ärzteausschusses das ordentliche Gericht entscheiden zu lassen.[54] In diesem Fall ist das Wahlrecht des Versicherungsnehmers rechtswirksam auf die Anrufung der ordentlichen Gerichte beschränkt.[55]

14

c) Ausschluss nicht anerkannter Ansprüche. aa) Ausgangslage. Lässt der Anspruchserhebende die unter § 6 Abs. 2 2. Alt. BUZ 1984 genannte Frist verstreichen, ohne dass er entweder die Entscheidung des Ärzteausschusses verlangt oder Klage erhebt, sieht § 6 Abs. 3 2. Alt. BUZ 1984 vor, dass weitergehende Ansprüche, als sie vom Versicherer anerkannt sind, ausgeschlossen sind.[56] Voraussetzung ist aber nach § 6 Abs. 3 Satz 2 2. Alt. BUZ 1984, dass das LVU auf diese Rechtsfolge besonders hingewiesen hat, wobei ein Verweis auf die Rechtsmittelbelehrung in einem anderen, bereits mehrere Monate zurückliegenden Bescheid nicht genügt.[57] Die Rechtsbelehrung hat den Sinn, der auch dem § 12 Abs. 3 VVG zugrunde liegt, den Versicherungsnehmer unmissverständlich darauf hinzuweisen, dass der Versicherer durch bloßen Zeitablauf von der Verpflichtung zur Leistung frei wird, wenn nicht die Entscheidung des Ärzteausschusses verlangt bzw. Klage erhoben wird.[58] Dieser Hinweis muss wegen seiner Tragweite so klar und deutlich sein, dass daraus auch der Laie ohne weiteres die ihm drohende Verwirkungsfolge erkennen kann. Vor allem muss der Versicherungsnehmer un-

15

---

[48] BGH, Urt. v. 7. 11. 1990 – IV ZR 201/89, NJW-RR 1991, 350, 351 = VersR 1991, 90, 91 = VerBAV 1991, 362, 364 = MDR 1991, 51, 512.
[49] *Grimm*, Unfallversicherung, 3. Aufl., 2000, § 11 AUB Rdn. 38.
[50] KG, Urt. v. 9. 6. 1961 – 2 U 217/61, VersR 1962, 31.
[51] *Grimm*, Unfallversicherung, 3. Aufl., 2000, § 11 AUB Rdn. 38.
[52] LG Trier v. 5. 7. 1984 – 6 O 23/84.
[53] BGH, Urt. v. 7. 11. 1990 – IV ZR 201/89, NJW-RR 1991, 350, 352 = VersR 1991, 90, 92 = VerBAV 1991, 362, 364.
[54] OLG Hamm, Urt. v. 28. 11. 1979 – 20 U 105/79, VersR 1981, 1022.
[55] Vgl. OLG Köln, Urt. v. 15. 6. 1989 – 5 U 225/88, VersR 1990, 149; OLG Hamm, Urt. v. 15. 2. 1991 – 20 U 246/90, S. 9 = VersR 1992, 303 (Ls.).
[56] LG Frankfurt/M. v. 17. 7. 1981 – 2/5 0 105/81, VersR 1982, 1069; OLG Köln, Urt. v. 10. 3. 1988 – 5 U 191/87, S. 16; OLG Köln, Urt. v. 15. 6. 1989 – 5 U 225/88, VersR 1990, 149.
[57] OLG Hamm v. 23. 10. 1987 – 20 U 230/86.
[58] OLG Köln, Urt. v. 10. 3. 1988 – 5 U 191/87, VersR 1989, 691, 692.

bedingt wissen, dass er nicht nur die gerichtliche Einspruchsmöglichkeit, sondern den Versicherungsanspruch selbst einbüßt und deshalb eine Leistung auch nicht mehr durch Anrufung des Ärzteausschusses erreichen kann.[59] Belehrt jedoch der Versicherer den Versicherungsnehmer entsprechend § 6 Abs. 3 Satz 1 2. Alt. BUZ 1984, ohne dass die Voraussetzungen für die Durchführung des Ärzteausschussverfahrens vorliegen, wird dadurch die Belehrung nach § 12 Abs. 3 VVG nicht ersetzt, weil die Regelung in § 6 Abs. 3 Satz 2 2. Alt. BUZ 1984 weitgehend von § 12 Abs. 3 VVG abweicht und somit nicht die erforderliche Klarheit schafft.[60] Bei mangelhafter oder unterlassener Rechtsbelehrung kann der Versicherte auf Feststellung klagen, dass der Ärzteausschuss zuständig ist. Durch die Klage wird die Verjährung gehemmt, aber nicht unterbrochen.[61]

16 **bb) Anforderungen an die Belehrung.** Das LVU kann nur mit einer den Anforderungen des § 12 Abs. 3 VVG entsprechenden Erklärung die Sechsmonatsfrist in Lauf setzen, deren Verstreichenlassen das LVU leistungsfrei werden lässt.[62] § 12 Abs. 3 VVG eröffnet dem Versicherer eine im übrigen Zivilrecht unbekannte Möglichkeit, leistungsfrei zu werden.[63] Der Versicherer kann seine (teilweise oder vollständige) schriftliche Leistungsablehnung mit einer Belehrung des Versicherungsnehmers verbinden, dass dieser binnen sechs Monaten ab Zugang der ablehnenden Entscheidung des Versicherers seinen Anspruch auf Leistung gerichtlich geltend machen muss, da der Versicherer sich anderenfalls mit Erfolg darauf berufen kann, dass er allein durch den Ablauf der ungenutzt gelassenen Klagefrist leistungsfrei geworden ist.[64] Wenn das LVU dem Versicherungsnehmer mit dem Verlangen nach gerichtlicher Entscheidung gemäß § 6 2. Alt. BUZ 1984 bereits den Weg abgeschnitten hat, die Anrufung des Ärzteausschusses zu wählen, muss eine dem § 12 Abs. 3 VVG genügende Belehrung dies zunächst gegenüber dem Versicherungsnehmer klarstellen.[65] An den Hinweis, dass dem Versicherungsnehmer demnach nur noch, wie im Normalfall, der Klageweg offen steht, wenn er sich mit der Ablehnung seines Anspruchs nicht zufrieden geben will, muss der Versicherer der Belehrung anschließen, dass der Versicherungsnehmer für die gerichtliche Geltendmachung seines Anspruchs sechs Monate ab Zugang der Erklärung des LVU Zeit hat und mit der gerichtlichen Geltendmachung seines Anspruchs ausgeschlossen bleibt, wenn er diese Frist versäumt.[66] Mit einer Belehrung, die sich darin erschöpft, dem Versicherungsnehmer den Text des § 6 Abs. 2 Satz 1 2. Alt. BUZ 1984 mitzuteilen, setzt der Versicherer die Frist des § 12 Abs. 3 VVG nicht in Lauf.[67]

---

[59] BGH, Urt. v. 12. 5. 1966 – II ZR 13/64, VersR 1966, 627; BGH, Urt. v. 10. 2. 1971 – IV ZR 159/69, VersR 1971, 433.
[60] BGH, Urt. v. 15. 2. 1984 – IV a ZR 6/82, VersR 1984, 435 = VerBAV 1984, 219.
[61] BGH, Urt. v. 10. 2. 1971 – IV ZR 159/69, VersR 1971, 433.
[62] BGH, Urt. v. 7. 11. 1990 – IV ZR 201/89, NJW-RR 1991, 350, 352 = VersR 1991, 90, 92 = VerBAV 1991, 362, 364 = MDR 1991, 511, 512; OLG Hamm, Urt. v. 18. 10. 1991 – 20 U 132/91, VersR 1992, 1249, 1250 = r+s 1992, 428.
[63] BGH, Urt. v. 7. 11. 1990 – IV ZR 201/89, NJW-RR 1991, 350, 351 = VersR 1991, 90, 91 = VerBAV 1991, 362, 363 = MDR 1991, 511, 512.
[64] BGH, Urt. v. 7. 11. 1990 – IV ZR 201/89, NJW-RR 1991, 350, 351 = VersR 1991, 90, 91 = VerBAV 1991, 362, 363 = MDR 1991, 511, 512.
[65] BGH, Urt. v. 7. 11. 1990 – IV ZR 201/89, NJW-RR 1991, 350, 352 = VersR 1991, 90, 92 = VerBAV 1991, 362, 364 = MDR 1991, 511, 512.
[66] BGH, Urt. v. 7. 11. 1990 – IV ZR 201/89, NJW-RR 1991, 350, 352 = VersR 1991, 90, 92 = VerBAV 1991, 362, 364 = MDR 1991, 511, 512.
[67] BGH, Urt. v. 7. 11. 1990 – IV ZR 201/89, NJW-RR 1991, 350, 352 = VersR 1991, 90, 92 = VerBAV 1991, 362, 364 = MDR 1991, 511, 512; BGH, Urt. v. 22. 9. 1999 – IV ZR 201/98, NJW-RR 2000, 318, 319 =NVersZ 2000, 126, 127 = VersR 1999, 1530, 1531 = VerBAV 2000, 161, 162 = r+s 2000, 35.

5. Einigung

§ 6 Abs. 2 2. Alt. BUZ 1984 räumt beiden Vertragsparteien in den ersten sechs Monaten nach der Leistungsablehnung die Wahlmöglichkeit ein, ob der Ärzteausschuss zunächst eingeschaltet werden soll oder nicht, d. h., es ist in die Entscheidung beider Parteien bis zum letzten Tag der Sechsmonatsfrist gegeben, wie weiter vorgegangen werden soll, falls sich der Versicherungsnehmer nicht mit der erklärten Leistungsablehnung zufrieden geben will.[68] Allerdings kommt es zu einer Anrufung des Ärzteausschusses nur, wenn beide Parteien dies wollen, denn das Verlangen einer Partei nach gerichtlicher Entscheidung ist stets vorrangig, unabhängig davon, ob es vor oder nach der Erklärung der anderen Partei geäußert wird, es möge zunächst der Ärzteausschuss eingeschaltet werden.[69] Aus der Notwendigkeit einer Einigung beider Seiten geht für den durchschnittlichen Versicherungsnehmer hinreichend deutlich hervor, dass der Versicherer nicht verpflichtet ist, das Verfahren vor dem Ärzteausschuss auf Wunsch des Versicherungsnehmers durchzuführen, sondern diese Alternative auch von sich aus ablehnen kann.[70] Das kann bereits in der Entscheidung über die Leistungsablehnung nach § 5 BUZ geschehen.[71]

6. Zusammensetzung des Ärzteausschusses

a) Auswahl. Der Ärzteausschuss setzt sich nach § 6 Abs. 4 a) 2. Alt. BUZ 1984 zusammen aus zwei Ärzten, von denen jede Partei einen benennt, und einem Obmann. Der Obmann soll ein auf dem Gebiet der Begutachtung der Berufsunfähigkeit erfahrener Arzt sein, der nicht in einem Abhängigkeitsverhältnis zu einer der Parteien steht. Zwischen den Ärzten und den Vertragsparteien besteht ein Gutachtervertrag als Vertrag sui generis.[72] Nach diesem Vertrag sind die Gutachter beiden Parteien gegenüber verpflichtet, eine objektive Entscheidung zu fällen, und zwar aufgrund gesicherten versicherungstechnischen Wissens und ärztlichen Erfahrungsgutes über Art und Umfang der Berufsunfähigkeit oder darüber, ob und in welchem Umfang der eingetretene Schaden auf den Versicherungsfall zurückzuführen ist.[73] Die Ärzte sind an Weisungen der Parteien nicht gebunden und haben auch nicht die Interessen „ihrer" Partei wahrzunehmen.[74] Auf die Ärztekommission sind die §§ 317 ff. BGB nicht direkt, sondern nur entsprechend anzuwenden, weil sie keine Leistung zu bestimmen, sondern lediglich tatsächliche Feststellungen zu treffen hat, ob die vertragsgemäß für die Leistungspflicht vorausgesetzten Tatsachen gegeben sind.[75]

Der Obmann wird von den beiden Ärzten gewählt, die von den Parteien benannt worden sind.[76] Einigen sich beide Ärzte nicht binnen einem Monat über den Obmann, so wird dieser auf Antrag einer Partei von dem Vorsitzenden der

---

[68] BGH, Urt. v. 7. 11. 1990 – IV ZR 201/89, NJW-RR 1991, 350, 351 = VersR 1991, 90, 91 = VerBAV 1991, 362, 364 = MDR 1991, 511, 512.
[69] BGH, Urt. v. 7. 11. 1990 – IV ZR 201/89, NJW-RR 1991, 350, 351 = VersR 1991, 90, 91 = VerBAV 1991, 362, 364 = MDR 1991, 511, 512.
[70] BGH, Urt. v. 17. 5. 2006 – IV ZR 230/05, NJW-RR 2006, 1178, 1179 = VersR 2006, 1061, 1062 = r+s 2006, 337, 338 = MDR 2007, 90/91.
[71] BGH, Urt. v. 7. 11. 1990 – IV ZR 201/89, NJW-RR 1991, 350 = VersR 1991, 90; BGH, Urt. v. 17. 5. 2006 – IV ZR 230/05, NJW-RR 2006, 1178, 1179 = VersR 2006, 1061, 1062 = r+s 2006, 337, 338 = MDR 2007, 90, 91.
[72] *Asmus*, Festgabe für Göbbels, S. 18; siehe auch RGZ 87, 194.
[73] RGZ 87, 194; *Asmus*, Festgabe für Göbbels, S. 18.
[74] *Asmus*, Festgabe für Göbbels, S. 18.
[75] *Asmus* ZVersWiss 1962, 255; *Sieg* ZVersWiss 1942, 42.
[76] *Grimm*, Unfallversicherung, 3. Aufl., 2000, § 11 AUB Rdn. 42.

für den letzten inländischen Wohnsitz des Versicherten zuständigen Ärztekammer benannt. Hat der Versicherte keinen inländischen Wohnsitz, so ist die für den Sitz des Versicherers zuständige Ärztekammer maßgebend. Ein Mangel dieses Verfahrens ist das Fehlen einer die Ärztekammer verpflichtenden Rechtsgrundlage zur Benennung eines Obmannes.[77] Der Obmann soll nicht in einem Abhängigkeitsverhältnis zu einer der Parteien stehen.[78] Ein Abhängigkeitsverhältnis liegt vor, wenn der Obmann entweder in einem direkten Dienstverhältnis zu einer Partei steht oder aber in einem Umfange für eine Partei tätig ist, dass die Höhe seiner Einnahmen die Befürchtung rechtfertigt, er könne den Ärzteausschuss nicht unparteiisch leiten.[79]

20 Nach § 6 Abs. 4 b) 2. Alt. BUZ 1984 wird auch ein Ausschussmitglied durch den Vorsitzenden der Ärztekammer ernannt, wenn eine Partei einen Arzt nicht binnen einem Monat benannt hat, nachdem sie von der anderen Partei hierzu aufgefordert worden ist.

21 **b) Ablehnung.** Die Ablehnung eines Sachverständigen wegen Besorgnis der Befangenheit im bedingungsgemäßen Sachverständigenverfahren kann es nicht geben,[80] weil die Parteien durch die Möglichkeit, bei groben sachlichen Mängeln des Schiedsgutachtens eine gerichtliche Entscheidung herbeizuführen, hinreichend geschützt sind.[81]

7. Verfahren vor dem Ärzteausschuss

22 **a) Einleitung des Verfahrens.** Ist der Ärzteausschuss zusammengesetzt, hat der Versicherer die erforderlichen Unterlagen an den Obmann zu senden und ihn um die Durchführung des Verfahrens zu ersuchen (§ 6 Abs. 4 b) 2. Alt. BUZ 1984). Es handelt sich hier um eine einklagbare Vertragspflicht des Versicherers.[82] Die Verfahrensvorschriften für Schiedsgerichte (§§ 1025 ff. ZPO) sind weder direkt noch entsprechend anwendbar.[83] Die Mitglieder des Ärzteausschusses können das Verfahren so gestalten, wie es der Einzelfall erfordert.[84]

23 **b) Verhandlung.** Nach § 6 Abs. 4 b) 2. Alt. BUZ 1984 bestimmt der Obmann im Benehmen mit den beiden Ausschussmitgliedern Ort und Zeit des Zusammentritts und gibt hiervon den Parteien mindestens eine Woche vor dem Termin Nachricht. Die drei Ausschussmitglieder müssen sich über Zeit und Ort des Zusammentritts einigen. Die Entscheidung kann nicht vom Obmann allein und für die übrigen Kommissionsmitglieder verbindlich getroffen werden. In der Sitzung ist der Versicherte, soweit möglich, zu hören und erforderlichenfalls zu untersuchen. Es können auch mehrere Sitzungen abgehalten werden. Die Anhörung des Versicherten und seine Untersuchung dienen der Aufklärung der Fragen, über die der Ärzteausschuss zu entscheiden hat. Sie hat aber nicht den Charakter eines Anspruchs auf rechtliches Gehör.[85]

---

[77] Vgl. GB BAV 1979, 87 Nr. 815.
[78] *Grimm*, Unfallversicherung, 3. Aufl., 2000, § 11 AUB Rdn. 42.
[79] *Grimm*, Unfallversicherung, 3. Aufl., 2000, § 11 AUB Rdn. 42.
[80] RGZ 152, 201; BGH, Urt. v. 31. 1. 1957 – II ZR 216/55, VersR 1957, 122; BGH NJW 1972, 827; BGH, Urt. v. 30. 11. 1977 – IV ZR 42/75, VersR 1978, 121.
[81] *Grimm*, Unfallversicherung, 3. Aufl., 2000, § 11 AUB Rdn. 41.
[82] *Grimm*, Unfallversicherung, 3. Aufl., 2000, § 11 AUB Rdn. 44.
[83] OLG Hamm, Urt. v. 25. 6. 1951 – 7 U 55/51, VersR 1951, 258; OLG Schleswig, Urt. v. 28. 10. 1953 – 4 U 82/53, VersR 1954, 506.
[84] OLG Schleswig, Urt. v. 28. 10. 1953 – 4 U 82/53, VersR 1954, 506; BGH, Urt. v. 31. 1. 1957 – II ZR 216/55, VersR 1957, 122.
[85] OLG München, Urt. v. 12. 1. 1961 – 1 U 1834/60, VersR 1962, 20.

c) **Entscheidung.** Für den Spruch des Ärzteausschusses ist Einstimmigkeit 24 nicht erforderlich, es genügt eine Mehrheitsentscheidung.[86] In jedem Fall muss aber der Ausschuss selbst entscheiden und darf den Spruch nicht einem Dritten überlassen.[87] Es kann erwartet werden, dass der Versicherer einer festgestellten Verpflichtung so nachkommt, als wenn gegen ihn ein Leistungsurteil ergangen wäre.[88]

Die Entscheidung des Ärzteausschusses ist schriftlich zu begründen und vom 25 Obmann zu unterzeichnen.[89] Diesem Erfordernis ist genügt, wenn die Entscheidung erkennen lässt, welche Befunde erhoben worden sind oder der Feststellung zugrunde gelegt worden sind und welche medizinischen Erkenntnisse zur Entscheidungsfindung geführt haben bzw. welche Überlegungen den rechtlich geprägten Teil der Entscheidung tragen.[90] Die Begründung muss eine Überprüfung des Gutachtens durch die Vertragsparteien und das Gericht ermöglichen.

Die Entscheidung des Ärzteausschusses ist den Parteien selbstverständlich be- 26 kanntzumachen. Formvorschriften dafür bestehen nicht. Die Entscheidung kann deshalb den Parteien mündlich nach der Sitzung oder schriftlich durch Übersendung der begründeten Entscheidung bekannt gegeben werden.

d) **Kosten.** Eine Kostenentscheidung durch den Ärzteausschuss ist nach § 6 27 Abs. 4 c) 2. Alt. BUZ 1984 nicht vorgesehen.

Die Kostenregelung ist § 6 Abs. 4 c) 2. Alt. BUZ 1984 zu entnehmen. Danach 28 sind die Kosten voll vom Versicherer zu übernehmen, wenn die Entscheidung des Ärzteausschusses für den Versicherten günstiger ist, als das zuvor abgegebene Angebot des Versicherers. Andernfalls werden die Kosten vom Versicherungsnehmer getragen, der allerdings mit den Kosten des Ärzteausschusses nur bis zu einer Höhe von 2,5 Prozent der Lebensversicherungssumme und bei Rentenversicherungen bis 25 Prozent einer versicherten Jahresrente belastet werden kann. Günstiger ist eine Entscheidung dann, wenn sie zu höheren Versicherungsleistungen führt. Die Kostenregelung ist mit § 9 AGBG vereinbar.[91] Hat der Versicherer dem Versicherten eine Rente angeboten und stellt der Ärzteausschuss einen geringeren Grad der Berufsunfähigkeit fest, als den dem Angebot des Versicherers zugrunde liegenden, so sind die Kosten auch dann vom Versicherten zu tragen, wenn sich der Versicherer nunmehr entschließt, alsbald die Kapitalentschädigung zu zahlen.[92] Zu den Kosten gehören nicht die Anwaltskosten der Parteien.[93] Nach allgemeiner Meinung haftet jede Partei dem von ihm benannten Mitglied des Ärzteausschusses vertraglich für dessen Honorar, während die Parteien dem Obmann als Gesamtschuldner nach § 421 ff BGB haften.[94]

---

[86] *Asmus* ZVersWiss 1962, 211; *Bruck/Möller/Wagner* G 300; *Wussow/Pürckhauer* § 12 Anm. 14; a. A. RGZ 87, 190, 195; RGZ 152, 201.
[87] *Grimm*, Unfallversicherung, 3. Aufl., 2000, § 11 AUB Rdn. 44.
[88] OLG Karlsruhe, Urt. v. 8. 4. 1960 – 7 U 131/58, VersR 1960, 396.
[89] § 6 Abs. 4 b) 2. Alt. BUZ 1984; siehe auch OLG München, Urt. v. 15. 11. 1957 – 8 U 1429/57, VersR 1959, 302.
[90] Vgl. OLG Hamm, Urt. v. 25. 6. 1951 – 7 U 55/51, VersR 1951, 258.
[91] BGH, Urt. v. 3. 3. 1982 – IV a ZR 256/80, VersR 1982, 482 = NJW 1982, 1391.
[92] BGH VersR 1958, 507 = NJW 1958, 1679.
[93] LG Stuttgart, Urt. v. 26. 6. 1959 – 4 S 30/59, VersR 1959, 749; LG Regensburg, Urt. v. 19. 5. 1971 – S 133/70, VersR 1972, 338.
[94] *Bruck/Möller/Wagner* G 300; *Stiefel/Hofmann* AKB § 20 Rn 21; *Wussow/Pürckhauer* § 12 Anm. 17.

IV. Unverbindlichkeit der Entscheidung des Ärzteausschusses

1. Grundsatz

29 Die vom Ärzteausschuss als Schiedsgutachter getroffenen Feststellungen in seiner Entscheidung sind unverbindlich, wenn sie im Ergebnis offenbar unrichtig sind, d. h. wenn sich die Unrichtigkeit einem Sachverständigen sofort aufdrängt,[95] nicht aber bei offenbarer Unbilligkeit.[96] Bei der Beurteilung der Frage, ob die vom Ärzteausschuss getroffene gutachterliche Entscheidung offenbar unrichtig und damit unverbindlich ist, ist der Sach- und Streitstand zugrunde zulegen, der dem Ärzteausschuss unterbreitet worden ist.[97] Ist das Schiedsgutachten des Ärzteausschusses in seinem Ergebnis nicht nachprüfbar, ist es als offenbar unbillig zu werten.[98]

2. Tatsachenmängel

30 Die vom Ärzteausschuss getroffenen Feststellungen sind nicht verbindlich, wenn sie offenbar von der wirklichen Sachlage erheblich abweichen.[99] Eine Berichtigung eines offenbar unrichtigen Gutachtens als „Nachbesserung" entsprechend den Vorschriften über den Werkvertrag (§§ 633 ff. BGB) kommt nicht in Betracht.[100] Die Frage, ob ein Gutachten der Ärztekommission von der wirklichen Sachlage erheblich abweicht, ist allein aufgrund der schon bei Abgabe des Gutachtens vorliegenden Erkenntnismittel zu beurteilen.[101] Der Versicherer kann deshalb nicht die Unverbindlichkeit eines Gutachtens mit der Begründung in Frage stellen, seine Arbeitsfähigkeit sei aufgrund einer nach der Begutachtung liegenden Entwicklung dauernd beeinträchtigt.[102]

31 Eine Feststellung weicht offenbar von der wirklichen Sachlage erheblich ab, wenn sie für einen fachkundigen Dritten bei gewissenhafter und sachgerechter Prüfung offenbare Unrichtigkeiten enthält, auch wenn diese nicht sofort ins „Auge springen", sondern möglicherweise erst nach eingehender Prüfung offenbar werden.[103] Dabei kommt es auf das Gesamtergebnis an. Eine falsche Bewertung einzelner Positionen genügt nicht, wenn die falsche Bewertung durch andere Personen oder durch Korrekturposten ausgeglichen wird, oder wenn trotz der Fehler das Gesamtergebnis zutrifft.[104] Ein lediglich umstrittenes Ergebnis ist nicht unverbindlich[105] oder weil andere Sachverständige zu abweichenden Ergebnissen

---

[95] RGZ 69, 167; RGZ 149, 215; OLG München, Urt. v. 15. 5. 1959 – 8 U 1490/56, VersR 1959, 1017; OLG Celle, Urt. v. 5. 5. 1959 – 1 U 92/58, VersR 1959, 784; OLG Koblenz, Beschl. v. 17. 10. 1961 – 1 W 312/61, VersR 1964, 938; BGH, Urt. v. 1. 4. 1965 – II ZR 263/63, VersR 1965, 505; BGH v. 6. 12. 1974, WM 1975, 256.
[96] BGH v. 19. 12. 1975, WM 1976, 269; BGH v. 7. 10. 1983, WM 1984, 64.
[97] BGH v. 1. 2. 1979, NJW 1979, 1885.
[98] BGH v. 2. 2. 1977, NJW 1977, 801 = WM 1977, 413.
[99] OLG Celle, Urt. v. 5. 5. 1959 – 1 U 92/58, VersR 1959, 784.
[100] *Asmus*, Festgabe für Hans Göbbels, S. 17; *Krebs* VersR 1966, 411.
[101] RGZ 149, 215; BGH, Urt. v. 31. 1. 1957 – II ZR 216/55, VersR 1957, 122; BGH, Urt. v. 1. 4. 1965 – II ZR 263/63, VersR 1965, 505.
[102] BGH, Urt. v. 1. 4. 1965 – II ZR 263/63, VersR 1965, 505.
[103] BGHZ 9, 195 = VersR 1953, 192 = VerBAV 1953, 106; BGH, Urt. v. 30. 11. 1977 – IV ZR 42/75, VersR 1978, 121; BGH, Urt. v. 6. 12. 1978 – IV ZR 129/77, VersR 1979, 173 = MDR 1979, 384.
[104] BGHZ 9, 195 = VersR 1953, 192 = VerBAV 1953, 106; OLG München, Urt. v. 15. 5. 1959 – 8 U 1490/56, VersR 1959, 1017; LG Berlin, Urt. v. 17. 10. 1978 – 7 O 131/78, VersR 1979, 365.
[105] OLG Hamm, Urt. v. 25. 6. 1951 – 7 U 55/51, VersR 1951, 258; BGH, Beschl. v. 9. 12. 1951 – II ZR 204/51, VersR 1952, 35; OLG Celle, Urt. v. 18. 2. 1957 –

gekommen sind oder kommen.[106] Ein Gutachten muss dann als offensichtlich unrichtig angesehen werden, wenn der Ärzteausschuss falsche Berechnungs- oder Bewertungsmaßstäbe angewendet oder vorhandene Erkenntnisquellen nicht genutzt oder ausgeschöpft hat.[107] Für die Aufklärung des Sachverhalts kommt der Hinzuziehung bereits vorliegender medizinischer Unterlagen besondere Bedeutung zu, insbesondere der des behandelnden Arztes und des erstversorgenden Krankenhauses. Gegebenenfalls ist auch eine persönliche Untersuchung des Verletzten durchzuführen und ein erforderliches Fachgutachten eines Spezialisten hinzuzuziehen. Unterlassungen dieser Maßnahmen können zur offensichtlichen Unrichtigkeit des Gutachtens führen, weil der Ärzteausschuss von unvollständig erhobenen oder falsch interpretierten Befunden ausgeht.[108] Auch eine eigene Untersuchung des Ausschusses entbindet diesen nicht, bereits auf Ergebnisse vorhergehender Untersuchungen zurückzugreifen, zumal dann, wenn es sich um eine schwierige Diagnose oder um eine Diagnose handelte, die besondere Fachkunde erforderte.[109]

Im Rechtsstreit ist eine Beweiserhebung darüber, ob die Entscheidung des Ärzteausschusses offenbar unrichtig ist, nur geboten, wenn Tatsachen behauptet werden, die für das Gericht schlüssig Mängel in der Leistungsbestimmung ergeben.[110] 32

Unterlagen müssen jedoch dann nicht beigezogen werden, wenn der Umfang der Verletzungen aus den vorliegenden Befunden hervorgeht, und die subjektiven Beschwerden dem im Ärzteausschuss tätigen behandelnden Arzt bekannt sind.[111] Übernehmen die Sachverständigen jedoch ungeprüft Angaben des Versicherungsnehmers, obwohl die Unrichtigkeit dieser Angaben unschwer erkennbar war und weitere Auskunftspersonen zur Verfügung standen, sind die getroffenen Feststellungen unverbindlich.[112] 33

3. Rechtsmängel

Der Ärzteausschuss ist zur Klärung rechtlicher Fragen befugt, soweit diese im Zusammenhang mit medizinischen Fragen stehen.[113] So ist die Festsetzung des Grades der Berufsunfähigkeit abhängig von medizinischen und rechtlichen Fragen, die der Entscheidungsbefugnis des Ärzteausschusses unterliegen.[114] 34

Weicht die Bewertung der dauernden Arbeitsfähigkeit von der Bewertung eines Sozialversicherungsträgers ab, so kann daraus nicht die Unrichtigkeit des Gutachtens gefolgert werden, weil der Bewertung der Erwerbsminderung in der Sozialversicherung andere Kriterien zugrunde liegen.[115] Jedoch liegt ein 35

---

1 U 149/56, VersR 1957, 211; LG Augsburg VersR 1969, 389; LG Köln r+s 1979, 137.
[106] Vgl. OLG Hamm, Urt. v. 25. 6. 1951 – 7 U 55/51, VersR 1951, 258; OLG Celle, Urt. v. 5. 5. 1959 – 1 U 92/58, VersR 1959, 784.
[107] BGHZ 9, 195, 199 = VersR 1953, 192 = VerBAV 1953, 106; BGH, Urt. v. 30. 11. 1977 – IV ZR 42/75, VersR 1978, 121, 124 m. w. Nachw.
[108] *Krebs* VersR 1966, 411, 412.
[109] OLG Stuttgart, Urt. v. 19. 10. 1961 – 2 U 110/61, VersR 1962, 438.
[110] BGH v. 21. 9. 1983, NJW 1984, 43 = WM 1983, 1206.
[111] OLG München, Urt. v. 1. 2. 1961 – 1 U 1834/60, VersR 1962, 20.
[112] OLG Hamm, Urt. v. 23. 11. 1977 – 20 U 56/76, VersR 1978, 811.
[113] RGZ 149, 215; OLG Hamm, Urt. v. 25. 6. 1951 – 7 U 55/51, VersR 1951, 258; BGH, Beschl. v. 9. 12. 1951 – II ZR 204/51, VersR 1952, 35; OLG Karlsruhe, Urt. v. 8. 4. 1960 – 7 U 131/58, VersR 1960, 396; OLG Bremen, Urt. v. 16. 12. 1958 – 3 U 236/58, VersR 1960, 842; OLG München, Urt. v. 12. 1. 1961 – 1 U 1834/60, VersR 1962, 20; OLG Düsseldorf, Urt. v. 25. 6. 1963 – 4 U 16/63, VersR 1964, 130.
[114] Vgl. OLG Hamm, Urt. v. 25. 6. 1951 – 7 U 55/51, VersR 1951, 258.
[115] OLG Celle, Urt. v. 5. 5. 1959 – 1 U 92/58, VersR 1959, 784; OLG Koblenz, Beschl. v. 17. 10. 1961 – 1 W 312/61, VersR 1964, 938.

Fall offensichtlicher Unrichtigkeit vor, wenn der Ärzteausschuss Rechtsfragen im Zusammenhang mit der Bewertung medizinischer Fragen unrichtig beurteilt.[116]

4. Bewertungsmängel

36   Fraglich ist, ob eine Abweichung von über 10 bis 15% bei der Beurteilung der Berufsunfähigkeitsgrade als eine offenbare erhebliche Unrichtigkeit anzusehen ist. Für die Werte zwischen 10 bis 15% wurden sie jedenfalls für unerheblich angesehen,[117] als erheblich jedoch bei Abweichungen von 20 bis 25%.[118] Dagegen kommt es nicht darauf an, dass das Ergebnis des Gutachtens offenbar unbillig im Sinne des § 319 BGB ist,[119] weil der Ärzteausschuss keine rechtsgestaltenden Festsetzungen, sondern kognitive Feststellungen trifft.

5. Verfahrensmängel

37   Mängel im Verfahren vor dem Ärzteausschuss sind unerheblich, wenn sie nicht auch zu offenbaren Unrichtigkeiten des Gutachtens geführt haben.[120]

V. Verfahrensfragen

38   Zur Feststellung der Unverbindlichkeit des Gutachtens bedarf es keiner besonderen Anfechtungsklage. Die Unverbindlichkeit der Entscheidung des Ärzteausschusses ist in dem Rechtsstreit zwischen dem Versicherungsnehmer und dem Versicherer über die Ansprüche aus dem Versicherungsvertrag zu entscheiden, wie aus der Nichtrüge der Zulässigkeit erhobener Zahlungsklagen folgt.[121]

---

§ 6 Was gilt für die Nachprüfung der Berufsunfähigkeit?

(1) Nach Anerkennung oder Feststellung unserer Leistungspflicht sind wir berechtigt, das Fortbestehen der Berufsunfähigkeit und ihren Grad oder die Pflegestufe nachzuprüfen. Dabei können wir erneut prüfen, ob die versicherte Person eine andere Tätigkeit im Sinne von § 2 ausüben kann,[1] wobei neu erworbene berufliche Fähigkeiten zu berücksichtigen sind.

(2) Zur Nachprüfung können wir auf unsere Kosten jederzeit sachdienliche Auskünfte und einmal jährlich umfassende Untersuchungen der versicherten Person durch von uns beauftragte Ärzte verlangen. Die Bestimmungen des § 4 Absätze 2 und 3 gelten entsprechend.

---

[116] *Krebs* VersR 1966, 411, 413.
[117] OLG Schleswig, Urt. v. 28. 10. 1953 – 4 U 82/53, VersR 1954, 506; OLG Celle, Urt. v. 5. 5. 1959 – 1 U 92/58, VersR 1959, 784; OLG München, Urt. v. 12. 1. 1961 – 1 U 1834/60, VersR 1962, 20.
[118] LG Landau ZfS 1986, 343 zu § 14 AKB.
[119] *Asmus* ZVersWiss 1962, 197, 243; *Asmus*, Festgabe für Göbbels, S. 20; *Krebs* VersR 1966, 411, 412; *Palandt/Heinrichs*, § 319 Anm. 2 b.
[120] OLG Schleswig, Urt. v. 28. 10. 1953 – 4 U 82/53, VersR 1954, 506; BGH, Urt. v. 31. 1. 1957 – II ZR 216/55, VersR 1957, 122; OLG München, Urt. v. 12. 1. 1961 – 1 U 1834/60, VersR 1962, 20.
[121] OLG Hamm, Urt. v. 25. 6. 1951 – 7 U 55/51, VersR 1951, 258; OLG München, Urt. v. 12. 1. 1961 – 1 U 1834/60, VersR 1962, 20; OLG Stuttgart, Urt. v. 19. 10. 1961 – 2 U 110/61, VersR 1962, 438; OLG Düsseldorf, Urt. v. 25. 6. 1963 – 4 U 16/63, VersR 1964, 130; BGH, Urt. v. 1. 4. 1965 – II ZR 263/63, VersR 1965, 505.
[1] Bei Verzicht auf die abstrakte Verweisung muss es heißen: ... andere Tätigkeit im Sinne von § 2 ausübt, ...

(3) Eine Minderung der Berufsunfähigkeit oder der Pflegebedürftigkeit und die Wiederaufnahme bzw. Änderung der beruflichen Tätigkeit müssen Sie uns unverzüglich mitteilen.

(4) Ist die Berufsunfähigkeit weggefallen oder hat sich ihr Grad auf weniger als ...%[2] gemindert, werden wir von der Leistung frei. In diesem Fall legen wir Ihnen die Veränderung in Textform dar und teilen die Einstellung unserer Leistungen dem Anspruchsberechtigten in Textform mit. Die Einstellung unserer Leistungen wird mit dem Ablauf des dritten Monats nach Zugang unserer Erklärung bei Ihnen wirksam. Zu diesem Zeitpunkt muss auch die Beitragszahlung wieder aufgenommen werden. Ist keine Berufsunfähigkeitsrente mitversichert, muss die Beitragszahlung zu Beginn des darauf folgenden Beitragszahlungsabschnitts wieder aufgenommen werden.

(5) Liegt Berufsunfähigkeit infolge Pflegebedürftigkeit vor und hat sich die Art des Pflegefalls geändert oder sein Umfang gemindert, setzen wir unsere Leistungen herab oder stellen sie ein. Absatz 4 Satz 2 bis 5 gelten entsprechend, wenn wir unsere Leistungen einstellen.

Übersicht

	Rdn.
I. Allgemeines	1–8
1. Fassung	1
a) BUZ 1975	1
b) BUZ 1984	2
c) BUZ 1990/1993	3
2. Sinn und Zweck der Regelung	4, 5
a) Interesse des LVU	4
b) Interesse des VN	5
3. Inhaltskontrolle	6
4. Geltungsbereich	7
5. Geltung des § 12 Abs. 3 VVG	8
II. Nachprüfung des Fortbestehens der Berufsunfähigkeit und ihres Grades (§ 6 Abs. 1 BUZ)	9–21
1. Nachprüfungsrecht des Versicherers	9–13
a) Bindungswirkung des Leistungsanerkenntnisses	9
b) Befristung	10
c) Neubeurteilung	11
d) Unterlassene Verweisung	12
e) Relevante Veränderung	13
2. Fortbestehen der Berufsunfähigkeit	14
3. Besserung des Gesundheitszustandes	15, 16
4. Berücksichtigung neu erworbener beruflicher Fähigkeiten	17–19
a) Überobligationsmäßiger Erwerb	17
b) Berücksichtigung neuer beruflicher Fähigkeiten	18
c) Zeitpunkt	19
5. Beweislast	20, 21
a) Darlegungslast des Versicherers	20
b) Darlegungslast des Versicherungsnehmers	21
III. Obliegenheiten des Versicherten (§ 6 Abs. 2 BUZ)	22–25
1. Allgemeines	22
2. Sachdienliche Auskünfte	23
3. Untersuchung des Versicherten	24
4. Rehabilitation	25
IV. Neufestsetzung der Leistungen im Nachprüfungsverfahren (§ 6 Abs. 4 BUZ)	26–36
1. Ausgangslage	26

---

[2] Unternehmensindividuell ergänzen.

	Rdn.
2. Mitteilung	27–32
a) Allgemeines	27
b) Nachvollziehbarkeit	28–32
aa) Begründung	28
bb) Gesundheitsbesserung	29
cc) Gutachtenvorlage	30
dd) Neu erworbene berufliche Fähigkeiten	31
ee) Umorganisation	32
c) Nachholung	33
d) Unzureichende Mitteilung	34
3. Rechtlicher Hinweis	35
4. Wirksamwerden der Neufestsetzung	36
V. Verfahrensrecht	37–43
1. Vollstreckungsgegenklage	37–40
2. Aussetzung des Rechtsstreits	41
3. Einstweilige Verfügung gemäß § 940 ZPO	42
4. § 533 ZPO	43

Schrifttum: *Geuking,* Das Nachprüfungsverfahren in der Berufsunfähigkeitsversicherung, Diss. Münster 1998; *Glauber,* „Subjektive Kulanz" in der Berufsunfähigkeitszusatzversicherung, VersR 1994, 1405; *Hausotter/Eich,* Die Begutachtung für die private Berufsunfähigkeitsversicherung, Ein Leitfaden für medizinische Gutachter und Sachbearbeiter in den Leistungsabteilungen privater Versicherer, Karlsruhe, VVW, 2008; *Stalinsky,* Die Musterbedingungen für die Berufsunfähigkeits-Zusatzversicherung und für die Berufsunfähigkeits-Versicherung, VerBAV 1990, 548; *Wachholz/Meyer,* BU: Sorgfältiger aufklären – schneller regulieren – weniger prozessieren, VW 2003, 920.

I. Allgemeines

1. Fassung

1 a) BUZ 1975. In den Altbeständen der LVU können sich noch Berufsunfähigkeits-Zusatzversicherungen befinden, denen die BUZ 1975 zugrunde liegen. Nach den BUZ 1975 lautet die Nachprüfungsklausel wie folgt:[3]

„**§ 7 Nachprüfung der Berufsunfähigkeit**
(Musterbedingungen des BAV – BUZ 1975)
1. Die Gesellschaft ist berechtigt, den Grad der Berufsunfähigkeit nachzuprüfen. Zu diesem Zweck kann sie auf ihre Kosten jederzeit sachdienliche Auskünfte und – jedoch nur einmal im Jahr – eine Untersuchung des Versicherten durch einen von ihr beauftragten Arzt verlangen. Die Bestimmungen des § 4 finden entsprechende Anwendung.
2. Hat sich der Grad der Berufsunfähigkeit gemindert, so kann die Gesellschaft die Leistungen neu festsetzen. Macht die Gesellschaft eine Herabsetzung oder den Wegfall der Leistungen geltend, so ist sie verpflichtet, dies dem Anspruchsberechtigten unter Hinweis auf dessen Rechte aus § 6 mitzuteilen. Die Herabsetzung oder der Wegfall der Leistungen wird nicht vor Ablauf eines Monats nach Absendung der Mitteilung, frühestens jedoch zu Beginn des darauffolgenden Versicherungsvierteljahres wirksam."

2 b) BUZ 1984. In den BUZ 1984 erhielt die Nachprüfungsklausel folgende Fassung:[4]

„**§ 7 Was gilt für die Nachprüfung der Berufsunfähigkeit?**
(Musterbedingungen des BAV – BUZ 1984)
(1) Nach Anerkennung oder Feststellung unserer Leistungspflicht sind wir berechtigt, das Fortbestehen der Berufsunfähigkeit und ihren Grad nachzuprüfen. Dabei sind neu erworbene berufliche Fähigkeiten zu berücksichtigen.

---
[3] VerBAV 1975, 2, 4.
[4] VerBAV 1984, 2, 4.

(2) Zur Nachprüfung können wir auf unsere Kosten jederzeit sachdienliche Auskünfte und einmal jährlich eine Untersuchung des Versicherten durch einen von uns zu beauftragenden Arzt verlangen. Die Bestimmungen des § 4 Abs. 2 und 4 gelten entsprechend.
(3) Eine Minderung der Berufsunfähigkeit oder die Wiederaufnahme bzw. Änderung der beruflichen Tätigkeit müssen Sie uns unverzüglich mitteilen.
(4) Ist die Berufsunfähigkeit weggefallen oder hat sich ihr Grad gemindert, können wir unsere Leistungen einstellen oder herabsetzen. Die Einstellung oder Herabsetzung teilen wir dem Anspruchberechtigten unter Hinweis auf seine Rechte aus § 6 mit; sie wird nicht vor Ablauf eines Monats nach Absenden dieser Mitteilung wirksam, frühestens jedoch zu Beginn des darauf folgenden Versicherungsvierteljahres."

c) **BUZ 1990/1993.** Seit der Verlautbarung der BUZ 1990 stellt sich die Nachprüfungsklausel wie folgt dar, wobei die Klausel im Zuge der Neufassung der BUZ im Jahre 1993 unverändert blieb:[5]

„**§ 7 Was gilt für die Nachprüfung der Berufsunfähigkeit?**
(Musterbedingungen des BAV – BUZ 1990/1993)
(1) Nach Anerkennung oder Feststellung unserer Leistungspflicht sind wir berechtigt, das Fortbestehen der Berufsunfähigkeit und ihren Grad oder die Pflegestufe nachzuprüfen; dies gilt auch für zeitlich begrenzte Anerkenntnisse nach § 5. Dabei können wir erneut prüfen, ob die versicherte Person eine andere Tätigkeit im Sinne von § 2 Absatz 1 ausüben kann, wobei neu erworbene berufliche Fähigkeiten zu berücksichtigen sind.
(2) Zur Nachprüfung können wir auf unsere Kosten jederzeit sachdienliche Auskünfte und einmal jährlich eine umfassende Untersuchungen des Versicherten durch von uns zu beauftragende Ärzte verlangen. Die Bestimmungen des § 4 Absätze 2 bis 4 gelten entsprechend.
(3) Eine Minderung der Berufsunfähigkeit oder der Pflegebedürftigkeit und die Wiederaufnahme bzw. Änderung der beruflichen Tätigkeit müssen Sie uns unverzüglich mitteilen.
(4) Ist die Berufsunfähigkeit weggefallen oder hat sich ihr Grad auf weniger als 50 Prozent vermindert, können wir unsere Leistungen einstellen. Die Einstellung teilen wir dem Anspruchberechtigten unter Hinweis auf seine Rechte aus § 6 mit; sie wird nicht vor Ablauf eines Monats nach Absenden dieser Mitteilung wirksam, frühestens jedoch zu Beginn des darauf folgenden Versicherungsvierteljahres.
(5) Liegt Berufsunfähigkeit infolge Pflegebedürftigkeit vor und hat sich die Art des Pflegefalls geändert oder sein Umfang gemindert, können wir unsere Leistungen herabsetzen oder einstellen. Absatz 4 Satz 2 gilt entsprechend."

2. Sinn und Zweck der Regelung

a) **Interesse des LVU.** Das vorbehaltene Nachprüfungsverfahren hat seine Berechtigung, weil bedingungsgemäße Berufsunfähigkeit kein Zustand von erwiesener endgültiger, sondern nur von voraussichtlicher Dauer ist.[6]

b) **Interesse des VN.** Sinn und Zweck der Regelung ist es, den Versicherten, dessen Anspruch der Versicherer anerkannt hat, davor zu schützen, dass der Versicherer plötzlich seine Leistungen einstellt, weil er – zu Recht oder Unrecht – der Meinung ist, der Versicherte sei nicht mehr berufsfähig.[7] Der Regelung liegt der Schutzzweck zugrunde, dem Versicherungsnehmer bei einer Herabsetzung oder dem Wegfall der Rente eine gewisse Übergangszeit einzuräumen, in der er sich auf die veränderten wirtschaftlichen Verhältnisse einstellen kann.[8] Die Zah-

---
[5] VerBAV 1990, 341, 349; VerBAV 1993, 139, 140 (unveränderte Fortführung der Klausel).
[6] BGH, Urt. v. 17. 2. 1993 – IV ZR 162/91, NJW-RR 1993, 723, 724 = VersR 1993, 559, 561 = MDR 1993, 626, 627; BGH, Urt. v. 17. 2. 1993 – IV ZR 228/91, NJW-RR 1993, 725 = VersR 1993, 470 = r+s 1993, 197; BGH, Urt. v. 17. 2. 1993 – IV ZR 206/91, NJW 1993, 1532, 1534 = VersR 1993, 562, 564 = r+s 1994, 72, 73; BGH, Urt. v. 17. 2. 1993 – IV ZR 264/91, NJW-RR 1993, 721, 722 = VerBAV 1993, 304, 305.
[7] OLG Koblenz, Urt. v. 29. 9. 2000 – 10 U 1667/99, NVersZ 2001, 71, 72 = VersR 2002, 831.
[8] OLG Köln v. 17. 4. 1986 – 5 U 150/85; OLG Hamm, Urt. v. 24. 7. 1987 – 20 U 422/85, VersR 1988, 793; OLG Karlsruhe, Urt. v. 6. 9. 1989 – 12 U 28/89, VersR 1990, 765, 767.

lung der privaten Berufsunfähigkeitsrente ist insbesondere für viele selbständig tätige Versicherungsnehmer von ähnlich existenzieller Bedeutung wie die Berufsunfähigkeitsrente nach der Reichsversicherungsordnung für unselbständig Tätige, so dass die privaten Versicherungsnehmer eines vergleichbaren Schutzes bedürfen. Dazu zählt, dass die Grundlagen, auf die sie ihre Lebensführung einstellen müssen, möglichst unangetastet bleiben.[9] Die BUZ bietet deshalb dem Versicherten, dessen Berufsunfähigkeit der Versicherer einmal anerkannt hat, einen Bestandsschutz des Leistungsanerkenntnisses, der im Einzelfall über die tatsächliche Dauer der Berufsunfähigkeit hinausgehen kann.[10] Sie bewahrt den Versicherten für eine gewisse Zeit bei dem Versuch der Wiedereingliederung in das Berufsleben auch vor finanziellen Engpässen.[11]

3. Inhaltskontrolle

6 Soweit das LVU nach Anerkennung der Leistungspflicht zur erneuten Prüfung berechtigt ist, ob die versicherte Person eine andere Tätigkeit im Sinne von § 2 BUZ ausüben kann, ist diese Regelung nicht gemäß § 305 c Abs. 1 BGB unwirksam.[12] Es ist nicht überraschend, wenn dem Versicherungsnehmer im Falle der Berufsunfähigkeit abverlangt wird, eine seinen Kenntnissen und Fähigkeiten entsprechende andere Tätigkeit aufzunehmen, sofern dabei auch seine finanziellen und sozialen Belange in dem erforderlichen Umfang berücksichtigt werden.[13] Aus diesem Grund liegt auch keine unangemessene Benachteiligung des Versicherungsnehmers gemäß § 307 Abs. 1 BGB vor.[14]

4. Geltungsbereich

7 Die Vorschrift kommt zum Zuge, wenn der Versicherer seine Leistungspflicht anerkannt hat oder sie festgestellt worden ist. Wenn der Versicherte bedingungsgemäße Berufsunfähigkeit gegenüber dem Versicherer erst zu einem Zeitpunkt geltend macht, in dem die Berufsunfähigkeit bereits wieder entfallen ist, setzt die Leistungsablehnung des Versicherers, der kein Anerkenntnis nach § 5 BUZ abgegeben hat, für den Zeitraum nach Wegfall der Berufsunfähigkeit nicht die Durchführung des förmlichen Nachprüfungsverfahrens voraus.[15]

5. Geltung des § 12 Abs. 3 VVG

8 Im Nachprüfungsverfahren ist § 12 Abs. 3 VVG anwendbar.[16] Nach Inkrafttreten des VVG 2008 kommt eine Fristsetzung weiterhin im Rahmen des Nachprüfungsverfahrens in Betracht, wenn das Anerkenntnis vor dem 31. Dezember 2008 erklärt wurde.[17]

---

[9] OLG Düsseldorf v. 15. 12. 1981 – 4 U 69/81; BGH, Urt. v. 5. 10. 1983 – IV a ZR 11/82, VerBAV 1984, 77 = VersR 1984, 51.
[10] BGH, Urt. v. 16. 12. 1987 – IV a ZR 156/86, NJW 1988, 1329 = VersR 1988, 281 = r+s 1988, 119; OLG Hamm, Urt. v. 24. 7. 1987 – 20 U 422/85, VersR 1988, 793; OLG Koblenz, Urt. v. 29. 9. 2000 – 10 U 1667/99, NVersZ 2001, 71, 72 = VersR 2002, 831.
[11] BGH, Urt. v. 16. 12. 1987 – IV a ZR 156/86, NJW 1988, 1329 = VersR 1988, 281 = r+s 1988, 119.
[12] OLG Frankfurt/M., Urt. v. 20. 2. 2007 – 14 U 225/05, VersR 2007, 1358.
[13] OLG Köln NJW-RR 1999, 1479, 1481 = VersR 1999, 1532, 1533 f.; OLG Frankfurt/M., Urt. v. 20. 2. 2007 – 14 U 225/05, VersR 2007, 1358.
[14] OLG Frankfurt/M., Urt. v. 20. 2. 2007 – 14 U 225/05, VersR 2007, 1358.
[15] OLG Karlsruhe, Urt. v. 24. 10. 2006 – 12 U 109/06, VersR 2007, 344 = r+s 2007, 114.
[16] BGH VersR 2006, 102; OLG Koblenz, Urt. v. 31. 3. 2006 – 10 U 99/04, VersR 2007, 824; KG, Urt. v. 16. 2. 2007 – 6 U 113/06, VersR 2008, 105.
[17] *Mertens* VersR 2007, 825.

II. Nachprüfung des Fortbestehens der Berufsunfähigkeit und ihres Grades (§ 6 Abs. 1 BUZ)

1. Nachprüfungsrecht des Versicherers

a) Bindungswirkung des Leistungsanerkenntnisses. § 6 BUZ erhält nur 9 dann einen Sinn, wenn der Versicherer grundsätzlich an sein abgegebenes Leistungsanerkenntnis gebunden bleibt, insbesondere nicht jederzeit und ohne Änderung der tatsächlichen Verhältnisse und ihrer Kenntnis den Grad der Berufsunfähigkeit frei abweichend von seiner früheren Leistungsanerkenntniserklärung neu bewerten kann, und von seinem Leistungsanerkenntnis – abgesehen von Fallbesonderheiten – nur dann wieder abrücken kann, wenn er in dem von ihm vorgesehenen Nachprüfungsverfahren nachweisen kann, dass sich der Gesundheitszustand des Versicherten derart gebessert hat, dass dies zu bedingungsgemäß relevanten Auswirkungen auf die beruflichen Betätigungsmöglichkeiten des Versicherten geführt hat.[18] Der Versicherer soll sich nicht durch einseitige Erklärung von seiner in § 5 BUZ festgelegten Selbstbindung nach Abgabe seines Leistungsanerkenntnisses befreien können.[19] Vielmehr ist es Sache des Versicherers gemäß § 5 BUZ in seinem Leistungsanerkenntnis klarzustellen, ob, in welchem Umfang und von welchem Zeitpunkt ab er seine Leistung anerkennen will.[20] Gibt der Versicherer im Verlauf eines Rechtsstreits ein prozessuales Teilanerkenntnis ab, begibt sich der Versicherer nicht seines Rechts, ein Nachprüfungsverfahren nach § 6 BUZ durchzuführen.[21] Entscheidet sich der Versicherer, trotz nachträglich eingetretener positiver Veränderungen die Leistungen (noch) nicht einzustellen, verschafft dies dem Versicherungsnehmer keine über das damalige Anerkenntnis hinausgehende Rechtsposition.[22] Der diesem Anerkenntnis zugrunde liegende Zustand bleibt deshalb die Vergleichsbasis für eine spätere Prüfung des Fortbestehens der Berufsunfähigkeit und die Entscheidung über die Einstellung der Leistungen.[23]

---

[18] OLG Düsseldorf, Urt. v. 15. 12. 1981 – 4 U 69/81; BGH, Urt. v. 5. 10. 1983 – IV a ZR 11/82, VersR 1984, 51 = VerBAV 1984, 77; BGH, Urt. v. 21. 5. 1986 – IV a ZR 220/84, VersR 1986, 801, 803; BGH, Urt. v. 17. 9. 1986 – IV a ZR 252/84, VersR 1986, 1113; OLG Hamm, Urt. v. 24. 7. 1987 – 20 U 422/85, VersR 1988, 793; OLG Karlsruhe, Urt. v. 19. 1. 1989 – 12 U 120/87, VersR 1990, 961; BGH, Urt. v. 17. 2. 1993 – IV ZR 162/91, NJW-RR 1993, 723, 724 = VersR 1993, 559, 561 = MDR 1993, 626, 627; BGH, Urt. v. 17. 2. 1993 – IV ZR 228/91, NJW-RR 1993, 725 = VersR 1993, 470/471 = r+s 1993, 197; BGH, Urt. v. 17. 2. 1993 – IV ZR 206/91, NJW 1993, 1532, 1534 = VersR 1993, 562, 564 = r+s 1994, 72, 73; BGH, Urt. v. 17. 2. 1993 – IV ZR 264/91, NJW-RR 1993, 721, 722; OLG Hamm, Urt. v. 22. 9. 1993 – 20 U 42/93, NJW-RR 1994, 1508, 1509 = r+s 1994, 154, 155; BGH NJW-RR 1997, 529 = VersR 1997, 436, 437 = r+s 1997, 301; OLG Düsseldorf, Urt. v. 29. 9. 1997 = VersR 1999, 561 = r+s 1999, 521; OLG Koblenz, Urt. v. 29. 9. 2000 – 10 U 1667/99, NVersZ 2001, 71, 72 = VersR 2002, 831; OLG Koblenz, Urt. v. 11. 7. 2008 – 10 U 842/07, VersR 2008, 1254, 1255 = r+s 2009, 252; BGH, Urt. v. 24. 2. 2010 – IV ZR 119/09, VersR 2010, 619, 620; *Glauber* VersR 1994, 1405, 1406.
[19] BGH, Urt. v. 16. 12. 1987 – IV a ZR 156/86, VersR 1988, 281; OLG Koblenz, Urt. v. 29. 9. 2000 – 10 U 1667/99, NVersZ 2001, 71, 72 = VersR 2002, 831.
[20] OLG Koblenz, Urt. v. 29. 9. 2000 – 10 U 1667/99, NVersZ 2001, 71, 72 = VersR 2002, 831.
[21] OLG Koblenz, Urt. v. 29. 9. 2000 – 10 U 1667/99, NVersZ 2001, 71, 72 = VersR 2002, 831 = r+s 2001, 171 (Ls.).
[22] BGH, Beschl. v. 30. 1. 2008 – IV ZR 48/06, NJW-RR 2008, 626, 627 = VersR 2008, 521 = r+s 2008, 250.
[23] BGH, Beschl. v. 30. 1. 2008 – IV ZR 48/06, NJW-RR 2008, 626, 627 = VersR 2008, 521 = r+s 2008, 250.

10   b) Befristung. Die Selbstbindung des Versicherers bewirkt, dass es ihm nicht gestattet ist, die Berufsunfähigkeit nur für einen begrenzten Zeitraum anzuerkennen, es sei denn, er hat dies in seinen speziellen AVB ausdrücklich vorgesehen.[24] Gibt der Versicherer ein Anerkenntnis im Sinne von § 5 BUZ nur mit zeitlicher Begrenzung ab, ist nicht neu zu entscheiden, ob der Versicherungsfall eingetreten ist, sondern nur eine Nachprüfung gemäß § 6 BUZ möglich.[25] Der Versicherer darf sich ferner nur nach Maßgabe des § 6 BUZ von seiner Leistungspflicht lösen, wenn er z.B. aus vorgeblicher Kulanz Leistungen erbracht, aber kein Anerkenntnis im Sinne von § 5 BUZ abgegeben hat.[26] Wenn der Versicherer ein Leistungsanerkenntnis, das nach der Sachlage geboten wäre, nicht abgibt, kann er sich durch diese Vorgehensweise nicht von den Regeln befreien, die er selbst in § 6 BUZ für die Nachprüfung der Berufsunfähigkeit aufgestellt hat.[27]

11   c) Neubeurteilung. Eine irrtümliche oder voreilige Beurteilung des – unverändert gebliebenen – Gesundheitszustandes und seiner Auswirkungen bei Abgabe des Leistungsanerkenntnisses kann der Versicherer im Nachprüfungsverfahren nicht rückgängig machen.[28] Der Versicherer ist insbesondere nicht befugt, seine bisherige Bewertung dahin abzuändern, dass der Versicherte nicht berufsunfähig sei oder sich der Grad der Minderung der Berufsunfähigkeit geändert habe, wenn sich weder an dem Gesundheitszustand des Versicherten noch an dem Kenntnisstand des Versicherers von diesem Gesundheitszustand und dessen Auswirkungen auf dem Versicherten verbliebene Berufsausübungsmöglichkeiten etwas geändert hat.[29] Der Versicherer kann aber auch ohne Änderung des Gesundheitszustands des Versicherungsnehmers geltend machen, dass sich dessen Einkommen in dem zum Zeitpunkt des Anerkenntnisses ausgeübten Beruf so erhöht hat, dass es mit dem vor dem Unfall erzielten Verdienst vergleichbar ist und deshalb eine Berufsunfähigkeit nicht mehr vorliegt.[30]

12   d) Unterlassene Verweisung. Bestand für den Versicherer die Möglichkeit einer Verweisung auf eine Vergleichstätigkeit bereits im Zeitpunkt des Aner-

---

[24] BGH, Urt. v. 15. 1. 1986 – IV a ZR 137/84, NJW-RR 1986, 701 = VersR 1986, 277 = r+s 1986, 136; OLG Köln, Urt. v. 17. 4. 1986 – 5 U 150/85; BGH VersR 1986, 1114; OLG Karlsruhe, Urt. v. 6. 9. 1989 – 12 U 28/89, VersR 1990, 765, 767; OLG Oldenburg, Urt. v. 10. 11. 1999 – 2 U 208/99, NVersZ 2000, 268, 269.

[25] BGHZ 121, 284 = NJW 1993, 1532 = VersR 1993, 562 = r+s 1994, 72; BGH NJW-RR 1993, 723 = VersR 1993, 559 = r+s 1993, 434; OLG Oldenburg, Urt. v. 10. 11. 1999 – 2 U 208/99, NVersZ 2000, 268, 269 = VersR 2000, 574 (Ls.); *Kummer* r+s 1998, 309, 311.

[26] OLG Oldenburg, Urt. v. 10. 11. 1999 – 2 U 208/99, NVersZ 2000, 268, 269.

[27] BGH, Urt. v. 27. 9. 1989 – IV a ZR 132/88, NJW-RR 1990, 31 = VersR 1989, 1182 = r+s 1990, 87; BGH NJW-RR 1997, 529 = VersR 1997, 436 = r+s 1997, 301; OLG Oldenburg, Urt. v. 10. 11. 1999 – 2 U 208/99, NVersZ 2000, 268.

[28] BGH, Urt. v. 17. 2. 1993 – IV ZR 228/91, NJW-RR 1993, 725 = VersR 1993, 470, 471 = r+s 1993, 197; OLG Hamm, Urt. v. 22. 9. 1993 – 20 U 42/93, NJW-RR 1994, 1508, 1509 = r+s 1994, 154, 155; OLG Saarbrücken, Urt. v. 4. 2. 1998 – 5 U 413/95 – 28, VersR 2000, 621, 622 = r+s 2001, 213, 214; OLG Düsseldorf, Urt. v. 29. 9. 1998 – 4 U 175/97, NVersZ 1999, 561 = r+s 1999, 521/522; *Wachholz/Meyer* VW 2003, 920, 923.

[29] OLG Düsseldorf v. 15. 12. 1981 – 4 U 69/81; BGH, Urt. v. 3. 10. 1983 – IV a ZR 11/82, VersR 1984, 51 = VerBAV 1984, 77; OLG Koblenz, Urt. v. 25. 5. 1984 – 10 U 1450/83, VersR 1985, 873; BGH, Urt. v. 15. 1. 1986 – IV a ZR 137/84, VersR 1986, 277, 278 = VerBAV 1986, 281; OLG Hamm, Urt. v. 11. 5. 1988 – 20 U 257/87; OLG Karlsruhe, Urt. v. 19. 1. 1989 – 12 U 120/87, VersR 1990, 961; OLG Köln, Urt. v. 18. 1. 1989 – 5 U 28/87, VersR 1989, 1034; OLG Karlsruhe, Urt. v. 6. 9. 1989 – 12 U 28/89, VersR 1990, 765, 767; BGH, Urt. v. 17. 2. 1993 – IV ZR 206/91, NJW 1993, 1532, 1535 = VersR 1993, 562, 565 = r+s 1994, 72, 74.

[30] OLG Hamm, Hinweisbeschl. v. 17. 5. 2006 – 20 U 31/06, r+s 2008, 250.

kenntnisses der Leistungspflicht – also bei Berücksichtigung der Gesundheitsverhältnisse des Versicherten zu diesem Zeitpunkt – und ist die Verweisungsmöglichkeit vom Versicherer nicht wahrgenommen worden, so hat er diese auch für die Zukunft verloren und kann diese Unterlassung im Nachprüfungsverfahren nicht mehr nachholen.[31] Den Verlust der Verweisungsmöglichkeit hat der BGH lediglich in einem Ausnahmefall verneint, in dem Versicherer und Versicherungsnehmerin übereinstimmend der Überzeugung waren, die maßgebliche Gesundheitsbeeinträchtigung der Versicherungsnehmerin sei lediglich vorübergehender Natur, weshalb der Versicherer aus erkennbarer Kulanz (zunächst) davon absah, die Versicherungsnehmerin, seine eigene Außendienstmitarbeiterin, auf einen Posten im Innendienst zu verweisen.[32]

e) Relevante Veränderung. Die in § 6 BUZ getroffene Regelung erlaubt dem Versicherer kein vollständiges Neuaufrollen des Sachverhalts[33] und ermöglicht dem Versicherer nicht eine bindungsfreie Neuentscheidung.[34] Er kann im Rahmen der erklärten Selbstbindung durch Leistungsanerkenntnis nur noch prüfen, ob sich diejenigen Umstände, bei deren Veränderung er sich vorbehalten hat, sein Leistungsanerkenntnis für die Zukunft zu ändern, in einem Maß gewandelt haben, das nach seinen Versicherungsbedingungen den Leistungswegfall nach sich zieht.[35] § 6 BUZ räumt dem Versicherer mithin nicht das Recht ein, dem Versicherungsnehmer aufzugeben, zu jedem vom Versicherer gewünschten Nachuntersuchungszeitpunkt seine Berufsunfähigkeit erneut nachzuweisen.[36] Vielmehr hat der Versicherer Änderungen nachzuweisen, die nach seinem Leistungsanerkenntnis gemäß § 5 BUZ bzw. nach seiner Verurteilung zu künftigen Leistungen eingetreten sind und aus denen er Leistungsfreiheit für die Zukunft herleiten will.[37] § 6 BUZ räumt dem Versicherer ein Nachprüfungsrecht verbunden mit der Berechtigung ein, eine inzwischen eingetretene tatsächliche Änderung des Grades der Berufsunfähigkeit uneingeschränkt zu berücksichtigen.[38] Hieraus folgt,

---

[31] BGH, Urt. v. 21. 5. 1986 – IV a ZR 220/84, VersR 1986, 801, 803; BGH, Urt. v. 13. 5. 1987 – IV a ZR 8/86, NJW-RR 1987, 1050 = VersR 1987, 753, 754 = r+s 1987, 267; OLG Karlsruhe, Urt. v. 19. 1. 1989 – 12 U 120/87, VersR 1990, 961; OLG Köln, Urt. v. 13. 4. 1989 – 5 U 28/87, VersR 1989, 1034; OLG Karlsruhe, Urt. v. 6. 9. 1989 – 12 U 28/89, VersR 1990, 765, 767; OLG Karlsruhe, Urt. v. 16. 8. 1990 – 12 U 84/89, VersR 1992, 173, 174 = r+s 1992, 321; OLG Hamm, Urt. v. 6. 1. 1993 – 20 U 301/92, VersR 1993, 1091 (Ls.) = r+s 1993, 436 (Ls.); BGH, Urt. v. 17. 2. 1993 – IV ZR 206/91, NJW 1993, 1532, 1534 u. 1535 = VersR 1993, 562, 564 u. 565 = r+s 1994, 72; BGH, Urt. v. 17. 2. 1993 – IV ZR 264/91, NJW-RR 1993, 721, 722 = VersR 1993, 304, 306 = r+s 1993, 315; BGH, Urt. v. 12. 6. 1996 – IV ZR 106/95, r+s 1997, 79; BGH, Urt. v. 3. 11. 1999 – IV ZR 155/98, VersR 2000, 171 = r+s 2000, 213; OLG Hamm, Hinweisbeschl. v. 17. 5. 2006 – 20 U 31/06, r+s 2008, 250; OLG Koblenz, Urt. v. 11. 7. 2008 – 10 U 842/07, VersR 2008, 1254, 1255 = r+s 2009, 252; OLG Saarbrücken, Urt. v. 30. 9. 2008 – 5 U 156/08-16, VersR 2009, 917, 918; *Stalinsky* VerBAV 1990, 548.

[32] BGH, Urt. v. 17. 9. 1986 – IV a ZR 252/84, VersR 1986, 1113; BGH, Urt. v. 17. 2. 1993 – IV ZR 206/91, NJW 1993, 1532, 1534 = VersR 1993, 562, 564 u. 565.

[33] BGH, Urt. v. 17. 2. 1993 – IV ZR 206/91, NJW 1993, 1532, 1534 = VersR 1993, 562, 564 = r+s 1994, 72, 73.

[34] BGH, Urt. v. 13. 5. 1987 – IV a ZR 8/86, insoweit nicht in VersR 1987, 753 abgedruckt.

[35] BGH, Urt. v. 13. 5. 1987 – IV a ZR 8/86, insoweit nicht in VersR 1987, 753 abgedruckt.

[36] BGH, Urt. v. 27. 5. 1987 – IV a ZR 56/86, VersR 1987, 808, 809; OLG Köln, Urt. v. 13. 4. 1989 – 5 U 28/87, VersR 1989, 1034.

[37] BGH, Urt. v. 27. 5. 1987 – IV a ZR 56/86, VersR 1987, 808, 809; OLG Köln, Urt. v. 13. 4. 1989 – 5 U 28/87, VersR 1989, 1034.

[38] Vgl. OLG Düsseldorf v. 15. 12. 1981 – 4 U 69/81; BGH, Urt. v. 13. 5. 1987 – IV a ZR 8/86, VersR 1987, 753, 754.

dass eine Einstellung der Zahlung der BU-Rente ohne vorherige Einholung irgendwelcher sachdienlicher Auskünfte oder einer ärztlichen Untersuchung nicht statthaft ist.[39] Der Versicherer muss vielmehr die Initiative ergreifen und eigene Feststellungen zur Fortdauer der Berufsunfähigkeit treffen, aufgrund deren er dann den Wegfall seiner Leistungspflicht darzulegen hat.[40] In der Regel wird der Versicherer nur dann die Abänderung seiner Leistungspflicht verlangen können, wenn er ein seine Ansicht bestätigendes ärztliches Gutachten vorlegt, was zumindest eine vom Versicherer zu veranlassende neuerliche Untersuchung des Versicherungsnehmers voraussetzt.[41] Es reicht nicht aus, dass die Bundesversicherungsanstalt für Angestellte den Rentenantrag des Versicherten abgelehnt hat, selbst wenn das LVU die Bewilligung der Berufsunfähigkeitsrente aus der Sozialversicherung der eigenen Leistungsentscheidung zugrunde legt.[42]

2. Fortbestehen der Berufsunfähigkeit

14   Mit § 6 Abs. 1 BUZ wird dem Versicherer das Recht eröffnet, das Fortbestehen der Berufsunfähigkeit und ihres Grads nachzuprüfen.[43] Ein Fortbestehen der Berufsunfähigkeit setzt voraus, dass eben dieser Tatbestand bereits zu einem früheren Zeitpunkt vorgelegen hat.[44] Wann und unter welchen Voraussetzungen bedingungsgemäße Berufsunfähigkeit und damit der Versicherungsfall – eintritt, ergibt sich nicht aus § 6 BUZ, sondern allein aus der Vorschrift des § 2 Abs. 1 BUZ und den ihr zu entnehmenden Maßstäben.[45] Daraus ergibt sich zugleich, dass auch bei der Beurteilung der Frage, ob sich der Versicherte auf eine andere Tätigkeit im Sinne des § 2 Abs. 1 BUZ verweisen lassen muss, die in jener Vorschrift angelegten Maßstäbe zur Anwendung gelangen.[46] Ist dort bei der Feststellung, ob Berufsunfähigkeit vorliegt, die Lage auf dem Arbeitsmarkt unberücksichtigt zu lassen,[47] muss das grundsätzlich auch bei der im Rahmen des § 6 Abs. 1 BUZ zu beurteilenden Frage gelten, ob die Berufsunfähigkeit des Versicherten fortbesteht.[48]

3. Besserung des Gesundheitszustands

15   Nach einem Leistungsanerkenntnis kann der Versicherer nachträglichen Änderungen im Gesundheitszustand des Versicherten nur im Wege des Nachprüfungs-

---

[39] LG Darmstadt v. 8. 2. 1982 – 9 O 581/81.
[40] OLG Hamm v. 10. 8. 1984 – 20 W 46/84.
[41] Vgl. BGH, Urt. v. 27. 5. 1987 – IV a ZR 56/86, NJW-RR 1987, 1168 = VersR 1987, 808; OLG Hamm, Urt. v. 2. 10. 1987 – 20 U 77/87, r+s 1988, 61.
[42] OLG Hamm, Urt. v. 24. 7. 1987 – 20 U 422/85, VersR 1988, 794.
[43] BGH, Urt. v. 3. 11. 1999 – IV ZR 155/98, NJW-RR 2000, 550, 551 = NVersZ 2000, 127, 128 = VersR 2000, 171, 172 = r+s 2000, 213, 214 = MDR 2000, 271, 272.
[44] BGH, Urt. v. 3. 11. 1999 – IV ZR 155/98, NJW-RR 2000, 550, 551 = NVersZ 2000, 127, 128 = VersR 2000, 171, 172 = r+s 2000, 213, 214 = MDR 2000, 271, 272.
[45] BGH, Urt. v. 11. 12. 1996 – IV ZR 238/95, NJW-RR 1997, 529 = VersR 1997, 436 = r+s 1997, 301; BGH, Urt. v. 3. 11. 1999 – IV ZR 155/98, NJW-RR 2000, 550, 551 = NVersZ 2000, 127, 128 = VersR 2000, 171, 172 = r+s 2000, 213, 214 = MDR 2000, 271, 272.
[46] BGH, Urt. v. 3. 11. 1999 – IV ZR 155/98, NJW-RR 2000, 550, 552 = NVersZ 2000, 127, 129 = VersR 2000, 171, 172 = r+s 2000, 213, 214 = MDR 2000, 271, 272.
[47] Vgl. BGH, Urt. v. 5. 4. 1989 – IV a ZR 35/88, NJW 1989, 1920 = VersR 1989, 579 = r+s 1989, 200 = MDR 1989, 802.
[48] BGH, Urt. v. 3. 11. 1999 – IV ZR 155/98, NJW-RR 2000, 550, 552 = NVersZ 2000, 127, 129 = VersR 2000, 171, 172 = r+s 2000, 213, 214 = MDR 2000, 271, 272.

verfahrens gemäß §§ 6 und 7 BUZ Rechnung tragen.[49] Im Verfahren gemäß § 6 BUZ ist nachprüfbar, inwieweit sich der Gesundheitszustand des Versicherten so gebessert hat, dass er seinen Beruf wieder in einem Umfang ausüben kann, dass Ansprüche wegen Berufsunfähigkeit entfallen.[50] Bei „seinem Beruf" handelt es sich um die vom Versicherten zuletzt vor Eintritt des Versicherungsfalls ausgeübte Berufstätigkeit[51]

Im Nachprüfungszeitpunkt ist durch eine medizinisch fundierte Prognose zu ermitteln, wie der künftige Geschehensverlauf beurteilt werden muss.[52] Von einem Fortbestehen der Berufsunfähigkeit ist dann auszugehen, wenn der körperlich-geistige Gesamtzustand derart beschaffen ist, dass eine günstige Prognose für die Wiederherstellung der verloren gegangenen Fähigkeiten in einem überschaubaren Zeitraum nicht gestellt werden kann.[53] Ergibt die Überprüfung, dass sich der Gesundheitszustand des Versicherten so gebessert hat, dass er seinen im Anerkenntniszeitpunkt gemäß § 5 BUZ ausgeübten Beruf wieder ganz oder teilweise aufnehmen kann, ist der Versicherer berechtigt, seine Leistungspflicht neu zu bestimmen.[54] Die ärztlich nachgewiesene Minderung des bisher anerkannten Grades der Berufsunfähigkeit infolge zwischenzeitlicher Gesundheitsbesserung erlaubt dem Versicherer dann eine die „Neufestsetzung" seiner Leistung; diese wird allerdings gemäß § 6 Abs. 4 BUZ erst zu einem der „Neufestsetzung" nachfolgenden Zeitpunkt wirksam werden.[55] Wenn ein früher tätig gewordener Erstgutachter den Grad der Berufsunfähigkeit höher bewertet hat als ein später nachuntersuchender Arzt, so rechtfertigt dies nicht den Schluss auf eine zwischenzeitliche Besserung der Gesundheit und der Berufsunfähigkeit und erlaubt erst recht nicht, deren Ausmaß mit der Differenz der beiden gutachterlichen Bewertungen gleichzusetzen.[56] Eine unterschiedliche Bewertung des unveränderten Gesundheitszustands gibt dem Versicherer kein Recht zur Leistungseinstellung.[57] **16**

4. Berücksichtigung neu erworbener beruflicher Fähigkeiten

a) Überobligationsmäßiger Erwerb. Die Bedingungen des LVU verpflichten den Versicherten zum Erwerb neuer beruflicher Fähigkeiten nicht; ebenso wenig ist er gehalten, sich fortzubilden oder umschulen zu lassen.[58] Die Möglichkeit des Versicherers, von seinem Leistungsanerkenntnis loszukommen, hängt allein von dem freiwilligen gegenüber dem LVU überobligationsmäßigen Erwerb **17**

---

[49] BGH, Urt. v. 17. 2. 1993 – IV ZR 206/91, NJW 1993, 1532, 1534 = VersR 1993, 562, 564 = r+s 1994, 72, 73; BGH, Urt. v. 24. 2. 2010 – IV ZR 119/09, VersR 2010, 619, 620.
[50] BGH, Urt. v. 13. 5. 1987 – IVa ZR 8/86, NJW-RR 1987, 1050 = VersR 1987, 753, 754.
[51] BGH, Urt. v. 13. 5. 1987 – IVa ZR 8/86, NJW-RR 1987, 1050 = VersR 1987, 753, 754; BGH, Urt. v. 24. 2. 2010 – IV ZR 119/09, VersR 2010, 619, 620.
[52] BGH, Urt. v. 22. 2. 1984 – IVa ZR 63/82, VersR 1984, 630, 632; BGH, Urt. v. 13. 5. 1987 – IVa ZR 8/86, NJW-RR 1987, 1050 = VersR 1987, 753, 754.
[53] BGH, Urt. v. 22. 2. 1984 – IVa ZR 63/82, VersR 1984, 630, 632; BGH, Urt. v. 13. 5. 1987 – IVa ZR 8/86, NJW-RR 1987, 1050 = VersR 1987, 753, 754.
[54] OLG Köln, Urt. v. 17. 4. 1986 – 5 U 150/85.
[55] BGH, Urt. v. 16. 12. 1987 – IVa ZR 156/86, NJW 1988, 1329 = VersR 1988, 281 = r+s 1988, 119.
[56] BGH, Urt. v. 28. 4. 1999 – IV ZR 123/98, NJW-RR 1999, 1111, 1112 = NVersZ 1999, 514, 515 = VersR 1999, 958, 959 = r+s 1999, 387, 388.
[57] BGH, Urt. v. 28. 4. 1999 – IV ZR 123/98, NJW-RR 1999, 1111, 1712 = NVersZ 1999, 514, 515 = VersR 1999, 958, 959/960 = r+s 1999, 387, 388.
[58] BGH, Urt. v. 11. 12. 1996 – IV ZR 238/95, NJW-RR 1997, 529 = VersR 1997, 436 = r+s 1997, 301; BGH, Urt. v. 3. 11. 1999 – IV ZR 155/98, NJW-RR 2000, 550, 552 = NVersZ 2000, 127, 129 = VersR 2000, 171, 173 = r+s 2000, 213, 214 = MDR 2000, 271, 272.

neuer beruflicher Fähigkeiten durch den Versicherten ab.[59] Sieht er davon ab, kann er nach den vertraglichen Vereinbarungen davon ausgehen, die anerkannten Leistungen des Versicherers bis zu einer bedingungsgemäß erheblichen Änderung seines Gesundheitszustands weiter zu erhalten; er darf demgemäß die mit dem Abschluss der Versicherung für den Fall der Berufsunfähigkeit erstrebte Bedarfsdeckung als gesichert ansehen.[60] Dieser im Vertrag angelegte Zusammenhang macht deutlich, dass der Versicherte auf der anderen Seite nicht erwarten muss, selbst bei einem freiwilligen Erwerb neuer beruflicher Fähigkeiten seinen Leistungsanspruch gegen den Versicherer auch und schon dann zu verlieren, wenn es ihm trotz neu erworbener Fähigkeiten und zumutbarer Bemühungen noch nicht gelungen ist, die Bedarfsdeckung durch die Erlangung eines Arbeitsplatzes zu sichern.[61] Beruft sich der Versicherer in einem solchen Fall gleichwohl auf Leistungsfreiheit, nutzt er die ihm erst durch den freiwilligen Erwerb neuer beruflicher Fähigkeiten eröffnete Möglichkeit zur Beendigung der anerkannten Leistungspflicht in einer Weise aus, die den berechtigten Erwartungen des Versicherungsnehmers widerspricht.[62] Deshalb gebieten es die das Versicherungsverhältnis in besonderem Maße beherrschenden Grundsätze von Treu und Glauben, dass der Versicherer von seinem Recht zur Leistungseinstellung erst dann Gebrauch machen darf, wenn der Versicherte einen Arbeitsplatz in einem Vergleichsberuf erlangt hat oder sich um einen solchen nicht bzw. nicht mehr in unzumutbarer Weise bemüht.[63] Der BGH hat deshalb zu Recht einem LVU verwehrt, sich auf den Wegfall der anerkannten Leistungspflicht für einen Zeitraum zu berufen, in dem der Versicherte nach Beendigung einer Fortbildung zum Kfz.-Meister sich vergeblich nachhaltig um die Erlangung eines Arbeitsplatzes im Berufsfeld eines Kfz.-Meisters bemüht hat.[64]

18   **b) Berücksichtigung neuer beruflicher Fähigkeiten.** Die Regelung des § 6 Abs. 1 BUZ eröffnet dem LVU bei unverändertem Gesundheitszustand des Versicherten dann den Weg zu einer Einstellung der nach seinem Anerkenntnis (§ 5 BUZ) zu erbringenden Leistungen, wenn der Versicherte nachträglich neue berufliche Fähigkeiten erworben hat (§ 6 Abs. 1 Satz 2 BUZ) und aufgrund dieser in der Lage ist, eine andere Tätigkeit auszuüben, die den Anforderungen des § 2 Abs. 1 BUZ entspricht.[65] Verweisungsmöglichkeiten, die dem LVU schon bei Abgabe des Leistungsanerkenntnisses zu Gebote standen, hat das LVU allerdings für die Zukunft verloren und sind im Rahmen des § 6 Abs. 1 BUZ unbeachtlich.[66] Im Zuge der Prüfung des Fortbestehens der Voraussetzungen des § 2 BUZ

---

[59] BGH, Urt. v. 3. 11. 1999 – IV ZR 155/98, NJW-RR 2000, 550, 552 = NVersZ 2000, 127, 129 = VersR 2000, 171, 173 = r+s 2000, 213, 214 = MDR 2000, 271, 272.
[60] BGH, Urt. v. 3. 11. 1999 – IV ZR 155/98, NJW-RR 2000, 550, 552 = NVersZ 2000, 127, 129 = VersR 2000, 171, 173 = r+s 2000, 213, 214/215 = MDR 2000, 271, 272.
[61] BGH, Urt. v. 3. 11. 1999 – IV ZR 155/98, NJW-RR 2000, 550, 552 = NVersZ 2000, 127, 129 = VersR 2000, 171, 173 = r+s 2000, 213, 216 = MDR 2000, 271, 272.
[62] BGH, Urt. v. 3. 11. 1999 – IV ZR 155/98, NJW-RR 2000, 550, 552 = NVersZ 2000, 127, 129 = VersR 2000, 171, 173 = r+s 2000, 213, 216 = MDR 2000, 271, 272.
[63] BGH, Urt. v. 3. 11. 1999 – IV ZR 155/98, NJW-RR 2000, 550, 552 = NVersZ 2000, 127, 129 = VersR 2000, 171, 173 = r+s 2000, 213, 216 = MDR 2000, 271, 272.
[64] BGH, Urt. v. 3. 11. 1999 – IV ZR 155/98, NJW-RR 2000, 550, 552 = NVersZ 2000, 127, 129 = VersR 2000, 171, 173 = r+s 2000, 213, 214 = MDR 2000, 271, 272.
[65] BGH, Urt. v. 3. 11. 1999 – IV ZR 155/98, NJW-RR 2000, 550, 552 = NVersZ 2000, 127, 129 = VersR 2000, 171, 173 = r+s 2000, 213, 214 = MDR 2000, 271, 272.
[66] OLG Oldenburg, Urt. v. 31. 1. 2001 – 2 U 274/00, NVersZ 2002, 117, 118 = r+s 2002, 212, 213; BGH, Urt. v. 17. 2. 1993 – IV ZR 206/91, BGHZ 121, 284, 292 = NJW 1993, 1532, 1534 = VersR 1993, 562, 564 = r+s 1994, 72 = MDR 1993, 625; BGH, Urt. v. 3. 11. 1999 – IV ZR 155/98, NJW-RR 2000, 550, 552 = NVersZ 2000, 127, 129 = VersR 2000, 171, 173 = r+s 2000, 213, 214 = MDR 2000, 271, 272.

beschränkt sich sein Prüfungsrecht auf die Ermittlung und Feststellung solcher Tatsachen, die ihn berechtigen würden, ggf. eine Vollstreckungsabwehrklage zu erheben.[67]

c) **Zeitpunkt.** Für die Nachprüfung gemäß § 6 BUZ ist abzustellen auf die Ausbildung und Erfahrung, über die der Versicherte im Zeitpunkt der Nachprüfung verfügt.[68] Der Sinn und Zweck des § 6 BUZ besteht gerade darin, in den bedingungsgemäß vorgesehenen Abständen das Fortbestehen der Berufsunfähigkeit zu prüfen. Die Berufsunfähigkeit stellt einen sog. gedehnten Versicherungsfall dar.[69] Wesensmerkmal eines gedehnten Versicherungsfalls ist nicht sein schrittweises Eintreten, sondern die Fortdauer des mit seinem Eintritt geschaffenen Zustandes über einen – mehr oder weniger langen – Zeitraum, sofern diese Fortdauer nicht nur bestimmend ist für die Pflicht des Versicherers zur Erbringung einer einmaligen Versicherungsleistung, sondern deren Umfang im Einzelfall erst bestimmt.[70] Im Nachprüfungsverfahren ist mithin zu ermitteln, ob der Versicherungsfall noch gegeben ist. Als Versicherungsfall kommen Krankheit, Körperverletzung oder Kräfteverfall des Versicherten für sich allein nicht in Betracht.[71] Schon aus dem Begriff des gedehnten Versicherungsfalls folgt, dass der Gesundheitszustand und die beruflichen Fähigkeiten des Versicherten im Nachprüfungszeitpunkt gemäß dem tatsächlichen Stand zu berücksichtigen sind. Ebenso wie die Veränderungen im Gesundheitszustand als neue Tatsachen im Nachprüfungsverfahren berücksichtigt werden können, sind auch neu eingetretene Tatsachen in Bezug auf die Ausbildung und Erfahrung des Versicherten dem Nachprüfungsrecht des Versicherers zugänglich.

5. Beweislast

a) **Darlegungslast des Versicherers.** Ein vom Versicherer zu beweisender Wegfall der Berufsunfähigkeit (§ 6 Abs. 1 u. Abs. 4 BUZ) setzt voraus, dass sich die Gesundheitsverhältnisse des Versicherten nachträglich in einem bedingungsgemäß erheblichen Umfang gebessert haben, oder dass der Versicherte auch unter Berücksichtigung neu erworbener beruflicher Fähigkeiten (§ 6 Abs. 1 Satz 2 BUZ) eine andere Tätigkeit ausüben kann, die seiner bisherigen Lebensstellung entspricht (§ 2 Abs. 1 BUZ).[72] Mit § 6 BUZ hat der Versicherer dem Versicherungsnehmer nicht aufgeben, zu jedem von ihm gewünschten Nachuntersuchungszeitpunkt seine Berufsunfähigkeit erneut nachzuweisen.[73] Vielmehr hat der Versicherer die Änderungen nachzuweisen, die nach seinem Leistungsanerkennt-

---

[67] Vgl. BGH, Urt. v. 27. 5. 1987 – IV a ZR 56/86, VersR 1987, 808, 809.
[68] A. A. BGH, Urt. v. 13. 5. 1987 – IV a ZR 8/86, VersR 1987, 753, 754: ... „die vorgesehene Prüfung der Erfahrung und Ausbildung des Versicherten habe auf den Zeitpunkt des Eintritts des Versicherungsfalls bezogen zu erfolgen. Sollten die Versicherer mit § 2 Abs. 1 BUZ i. V. m. § 5 BUZ eine Regelung angestrebt haben, die auch die Berücksichtigung von künftigen Erfahrungen und Ausbildungen vorsieht bei der Prüfung, ob ein Leistungsanerkenntnis abgegeben werde, so ist dies nicht hinreichend erkennbar zum Ausdruck gebracht worden und damit unbeachtlich geblieben."
[69] BGH, Urt. v. 13. 5. 1987 – IV a ZR 8/86, VersR 1987, 753/754.
[70] BGH v. 12. 4. 1989, NJW 1989, 3019 = MDR 1989, 722.
[71] BGH, Urt. v. 13. 5. 1987 – IV a ZR 8/86, VersR 1987, 753, 754.
[72] OLG Hamm v. 10. 8. 1984 – 20 W 46/84; BGH, Urt. v. 27. 5. 1987 – IV a ZR 56/86, VersR 1987, 808, 809; BGH, Urt. v. 11. 12. 1996 – IV ZR 238/95, r+s 1997, 301; BGH NJW-RR 1997, 529 = VersR 1997, 436; BGH, Urt. v. 3. 11. 1999 – IV ZR 155/98, NJW-RR 2000, 550, 552 = NVersZ 2000, 127, 129 = VersR 2000, 171, 172 = r+s 2000, 213, 214 = MDR 2000, 271, 272; BGH, Urt. v. 11. 12. 2002 – IV ZR 302/01, NJW-RR 2003, 383, 384.
[73] BGH, Urt. v. 27. 5. 1987 – IV a ZR 56/86, VersR 1987, 808, 809.

nis gemäß § 5 BUZ bzw. nach seiner Verurteilung zu künftigen Leistungen eingetreten sind und aus denen er Leistungsfreiheit für die Zukunft herleiten will, weil bedingungsgemäße Berufsunfähigkeit des Versicherten nicht mehr bestehe.[74] Demzufolge muss er eine nachträgliche Besserung des Gesundheitszustandes des Versicherungsnehmers nachweisen, wobei es nicht genügt, dass der Versicherer lediglich den unveränderten Gesundheitszustand des Versicherungsnehmers nachträglich anders bewertet.[75]

21 **b) Darlegungslast des Versicherungsnehmers.** Unbeschadet der das LVU im Rahmen des § 6 BUZ treffenden Beweislast für einen Wegfall der Berufsunfähigkeit ist es zunächst Sache des Klägers darzulegen, warum er die von ihm ausgeübte Tätigkeit auf der Grundlage seiner neu erworbenen Fähigkeiten nicht ausüben kann oder warum sie aus anderen Gründen mit seinem zuletzt ausgeübten Beruf nicht vergleichbar sei.[76] Sache des LVU ist es dann, diesen Vortrag zu widerlegen.[77] Sollte es in diesem Rahmen auf das mit der neuen Tätigkeit vom Versicherten erzielbare Einkommen ankommen, ist bei einem selbständigen Betriebsinhaber zu berücksichtigen, dass insoweit nicht auf das Einkommen in der Gründungsphase des Betriebs, sondern auf das langfristig zu erzielende durchschnittliche Einkommen abzustellen ist.[78] Sollte sich erweisen, dass der Versicherte auf die von ihm ausgeübte Tätigkeit nicht verweisbar ist, kann es für den Fortbestand der Leistungspflicht des LVU darauf ankommen, ob sich der Versicherte auch nach der Aufnahme dieser Tätigkeit weiterhin zumutbar um einen Arbeitsplatz auf dem durch Fortbildung erlangten Tätigkeitsfeld bemüht hat.[79]

III. Obliegenheiten des Versicherten (§ 6 Abs. 2 BUZ)

1. Allgemeines

22 Die Klausel sieht vor, dass der Versicherte dem Versicherer dabei behilflich zu sein hat, dass der Versicherer seiner Beweispflicht im Nachprüfungsverfahren nachkommen kann.[80] Unter der Androhung des Anspruchsverlustes, die § 6 Abs. 3 VVG dem Versicherer gestattet, ist der Versicherte gemäß §§ 6 und 7 BUZ gehalten, dem Versicherer jederzeit für die Nachprüfung sachdienliche Auskünfte

---

[74] BGH, Urt. v. 27. 5. 1987 – IVa ZR 56/86, NJW-RR 1987, 1168 = VersR 1987, 808, 809; BGH, Urt. v. 17. 2. 1993 – IV ZR 206/91, NJW 1993, 1532, 1534 = VersR 1993, 562, 564 = r+s 1994, 72, 73.
[75] OLG Hamm v. 24. 7. 1987 – 20 U 422/85, VersR 1988, 793.
[76] BGH, Urt. v. 30. 11. 1994 – IV ZR 300/93, NJW-RR 1995, 227 = VersR 1995, 159; BGH, Urt. v. 3. 11. 1999 – IV ZR 155/98, NJW-RR 2000, 550, 553 = NVersZ 2000, 127, 130 = VersR 2000, 171, 174 = r+s 2000, 213, 215/216 = MDR 2000, 271, 272; BGH, Urt. v. 11. 12. 2002 – IV ZR 302/01, NJW-RR 2003, 383, 384 = r+s 2003, 164, 165.
[77] BGH, Urt. v. 3. 11. 1999 – IV ZR 155/98, NJW-RR 2000, 550, 553 = NVersZ 2000, 127, 130 = VersR 2000, 171, 174 = r+s 2000, 213, 216; BGH, Urt. v. 11. 12. 2002 – IV ZR 302/01, NJW-RR 2003, 383, 384.
[78] BGH, Urt. v. 3. 11. 1999 – IV ZR 155/98, NJW-RR 2000, 550, 553 = NVersZ 2000, 127, 130 = VersR 2000, 171, 174 = r+s 2000, 213, 216.
[79] BGH, Urt. v. 3. 11. 1999 – IV ZR 155/98, NJW-RR 2000, 550, 553 = NVersZ 2000, 127, 130 = VersR 2000, 171, 174 = r+s 2000, 213, 216 (zum Kfz.-Meister fortgebildeter Kfz.-Schlosser ist Inhaber einer Mietwerkstatt nebst Waschanlage).
[80] BGH, Urt. v. 17. 2. 1993 – IV ZR 162/91, NJW-RR 1993, 723, 724 = VersR 1993, 559, 561 = MDR 1993, 626, 627; BGH, Urt. v. 17. 2. 1993 – IV ZR 228/91, NJW-RR 1993, 725 = VersR 1993, 470, 471 = r+s 1993, 197; BGH, Urt. v. 17. 2. 1993 – IV ZR 206/91, NJW 1993, 1532, 1534 = VersR 1993, 562, 564; BGH, Urt. v. 17. 2. 1993 – IV ZR 264/91, NJW-RR 1993, 721, 722 = VerBAV 1993, 304, 306.

zu erteilen und sich auf dessen Verlangen einmal jährlich einer Untersuchung durch einen vom Versicherer beauftragten Arzt zu unterziehen.[81] Diese ungewöhnliche Mitwirkungsobliegenheit des Gläubigers bei einer Beweisführung seines Schuldners, die darauf abzielt, von einer anerkannten Leistungspflicht wieder loszukommen, lässt sich nur mit den Besonderheiten des Versicherungsrechts und der speziellen Ausgestaltung einer Berufsunfähigkeitsversicherung rechtfertigen.[82]

2. Sachdienliche Auskünfte

Gemäß § 6 Abs. 2 BUZ, sind vom Versicherten jederzeit sachdienliche Auskünfte zu geben. Dem Versicherer soll hierdurch eine fortlaufende Kontrolle seiner Leistungspflicht ermöglicht werden.[83] 23

3. Untersuchung des Versicherten

Einmal jährlich kann das LVU eine Untersuchung des Versicherten durch einen vom Versicherer zu beauftragenden Arzt verlangen. Eine Untersuchung in kürzeren Abständen muss der Versicherte nicht dulden. Die ärztliche Untersuchung des Versicherten wird der Versicherer insbesondere dann zum frühestmöglichen Zeitpunkt veranlassen, wenn er vermutet, dass der Gesundheitszustand des Versicherten besserungsfähig geblieben ist, und ohne Säumen einen geänderten Leistungsbescheid erteilen, wenn es das Ergebnis der ärztlichen Untersuchung des Versicherten gestattet.[84] Unter Zumutbarkeitsgesichtspunkten kann zweifelhaft sein, ob der Versicherer sofort eine stationäre Untersuchung verlangen kann oder ob er sich zunächst auf eine ambulante Untersuchung beschränken muss.[85] Der Versicherungsnehmer hat keinen Anspruch auf Einsicht in den aufgrund einer Nachuntersuchung angefertigten ärztlichen Bericht, um damit Ansprüche gegen den Versicherer durchzusetzen.[86] 24

4. Rehabilitation

Gemäß § 7 Abs. 2 Satz 2 BUZ 1993 i. V. m. § 4 Abs. 4 BUZ 1993 hat sich der Versicherte auf Verlangen des Versicherers einer Behandlung zu unterziehen, wenn diese Behandlung mit einiger Wahrscheinlichkeit zum Erfolg führt.[87] Eine Weigerung kann dazu führen, dass der Versicherer berechtigt ist, die weitere Zahlung der BU-Rente einzustellen.[88] 25

---

[81] BGH, Urt. v. 17. 2. 1993 – IV ZR 162/91, NJW-RR 1993, 723, 724 = VersR 1993, 559, 561 = MDR 1993, 626, 627; BGH, Urt. v. 17. 2. 1993 – IV ZR 228/91, NJW-RR 1993, 725 = VersR 1993, 470, 471 = r+s 1993, 197; BGH, Urt. v. 17. 2. 1993 – IV ZR 206/91, NJW 1993, 1532, 1534 = VersR 1993, 562, 564; BGH, Urt. v. 17. 2. 1993 – IV ZR 264/91, NJW-RR 1993, 721, 722 = VerBAV 1993, 304, 306.
[82] BGH, Urt. v. 17. 2. 1993 – IV ZR 162/91, NJW-RR 1993, 723, 724 = VersR 1993, 559, 561 = MDR 1993, 626, 627; BGH, Urt. v. 17. 2. 1993 – IV ZR 228/91, NJW-RR 1993, 725 = VersR 1993, 470, 471 = r+s 1993, 197; BGH, Urt. v. 17. 2. 1993 – IV ZR 206/91, NJW 1993, 1532, 1534 = VersR 1993, 562, 564/565; BGH, Urt. v. 17. 2. 1993 – IV ZR 264/91, NJW-RR 1993, 721, 722 = VerBAV 1993, 304, 306.
[83] Vgl. LG Köln VersR 1974, 77; OLG Hamm, Urt. v. 13. 12. 1978 – 20 U 211/78, VersR 1980, 135, 136; OLG Frankfurt/M., Urt. v. 22. 2. 1980 – 22 U 110/78, VersR 1980, 326.
[84] BGH, Urt. v. 16. 12. 1987 – IV a ZR 156/86, NJW 1988, 1329 = VersR 1988, 281 = r+s 1988, 119.
[85] OLG Hamm, Urt. v. 8. 10. 1982 – 20 U 45/82, VersR 1983, 1177.
[86] Vgl. LG Hamburg, Urt. v. 4. 6. 1981 – 96 O 82/81, VersR 1982, 997.
[87] LG Hamburg v. 16. 4. 1974 – 1 O 211/73.
[88] LG Hamburg v. 16. 4. 1974 – 1 O 211/73.

IV. Neufestsetzung der Leistungen im Nachprüfungsverfahren (§ 6 Abs. 4 BUZ)

1. Ausgangslage

26 Gemäß § 6 BUZ endet die Leistungspflicht des Versicherers weder durch Zeitablauf noch dadurch, dass ein ärztlicher Untersuchungsbericht erstellt wird, der dem Versicherten Berufsunfähigkeit nicht mehr im bislang anerkannten Umfang attestiert.[89] Die Leistungspflicht des Versicherers wird auch nicht dadurch beendet, dass der Versicherungsnehmer dem LVU mitteilt, dass er laut Arztbericht nicht mehr arbeitsunfähig sei.[90] Vielmehr ist erforderlich, dass der Versicherer in rechtsgestaltender Weise gemäß seinen Versicherungsbedingungen geltend macht, es hätten sich zwischenzeitlich die Gesundheitsverhältnisse des Versicherten geändert, die für sein Leistungsanerkenntnis maßgebend waren, und die Leistung neu festsetzt.[91]

2. Mitteilung

27 **a) Allgemeines.** Um eine anerkannte Leistungspflicht wieder in Wegfall zu bringen, muss der Versicherer eine dem § 6 Abs. 4 BUZ entsprechende Mitteilung dem Anspruchsberechtigten zukommen lassen, dass die bereits anerkannte Leistungspflicht wieder enden soll.[92] Denn erst eine solche zugegangene Mitteilung kann – nach einer Schutzfrist (§ 6 Abs. 4 Satz 3 BUZ) – die Leistungspflicht entfallen lassen, nicht schon zuvor der Eintritt von Veränderungen in den tatsächlichen Verhältnissen des Versicherten.[93] Diese Mitteilung ist auch dann erforderlich, wenn der Versicherer ein bedingungsgemäß nicht vorgesehenes befristetes Leistungsanerkenntnis abgegeben hat.[94] Mit der Einstellungsmitteilung gibt der Versicherer eine Willenserklärung ab, die rechtsgestaltenden Charakter hat.[95]

Dem LVU bleibt grundsätzlich unbenommen, auch während eines Rechtsstreits – ggf. auch hilfsweise – wegen des Fortbestands seiner Leistungspflicht eine neuerliche Änderungsmitteilung an den Versicherungsnehmer zu richten, die den Wirksamkeitserfordernissen des § 6 BUZ genügt.[96] Eine solche weitere Mittei-

---

[89] BGH, Urt. v. 27. 5. 1987 – IV a ZR 56/86, VersR 1987, 808.
[90] OLG Hamm, Urt. v. 7. 2. 1992 – 20 U 259/91, VersR 1992, 1338 Ls.) = r+s 1992, 392 (Ls.).
[91] BGH, Urt. v. 27. 5. 1987 – IV a ZR 56/86, VersR 1987, 808.
[92] BGH, Urt. v. 16. 12. 1987 – IV a ZR 156/86, NJW 1988, 1329 = VersR 1988, 281 = r+s 1988, 119; BGH, Urt. v. 17. 2. 1993 – IV ZR 206/91, NJW 1993, 1532 = VersR 1993, 562, 564 = r+s 1994, 72, 73; BGH, Urt. v. 12. 6. 1996 – IV ZR 106/95, S. 7 = NJW-RR 1996, 1111 = VersR 1996, 958 = r+s 1997, 79, 80; BGH, Urt. v. 3. 11. 1999 – IV ZR 155/98, NJW-RR 2000, 550, 552 = NVersZ 2000, 127, 129 = VersR 2000, 171, 173 = r+s 2000, 213, 215; OLG Karlsruhe, Urt. v. 3. 7. 2008 – 12 U 22/08, NJW-RR 2008, 1563 = VersR 2008, 1252, 1253.
[93] BGH, Urt. v. 16. 12. 1987 – IV a ZR 156/86, NJW 1988, 1328 = VersR 1988, 281 = r+s 1988, 119; BGH, Urt. v. 17. 2. 1993 – IV ZR 228/91, NJW-RR 1993, 725 = VersR 1993, 470 = r+s 1993, 197; BGH, Urt. v. 17. 2. 1993 – IV ZR 206/91, NJW 1993, 1532, 1534 = VersR 1993, 562, 564 = r+s 1994, 72, 73; BGH, Urt. v. 16. 9. 1992 – 5 U 273/92, VersR 1994, 418 = r+s 1994, 235; BGH, Urt. v. 12. 6. 1996 – IV ZR 106/95, S. 7 = NJW-RR 1996, 1111 = VersR 1996, 958 = r+s 1997, 79, 80; BGH, Urt. v. 3. 11. 1999 – IV ZR 155/98, NJW-RR 2000, 550, 552 = NVersZ 2000, 127, 129 = VersR 2000, 171, 173 = r+s 2000, 213, 215.
[94] BGH, Urt. v. 16. 12. 1987 – IV a ZR 156/86, NJW 1988, 1329 = VersR 1988, 281 = r+s 1988, 119.
[95] OLG Karlsruhe, Urt. v. 16. 6. 2009 – 12 U 36/09, VersR 2010, 653, 655.
[96] OLG Düsseldorf, Urt. v. 24. 11. 1998 – 4 U 197/97, NVersZ 1999, 563, 564 = r+s 2000, 125, 126; OLG Hamm, Urt. v. 11. 12. 1998 – 20 U 148/98, NVersZ 1999, 217 =

lung kann auch in einem während des Rechtsstreits übermittelten Schriftsatz des Versicherers zu sehen sein, wobei die Schutzfrist des § 6 Abs. 4 Satz 3 BUZ erst mit dem Absenden des Schriftsatzes in Lauf gesetzt wird.[97] Die prozessuale Einstellungsmitteilung muss als Wirksamkeitsvoraussetzung sowohl eine Belehrung als auch eine nachvollziehbare Begründung enthalten.[98]

b) Nachvollziehbarkeit. aa) Begründung. In § 6 BUZ wird nicht angesprochen, welchen Inhalt die Mitteilung des Versicherers im einzelnen haben muss, um die von ihm beanspruchte Rechtsfolge – das Enden seiner anerkannten Leistungspflicht – zu bewirken; ausdrücklich vorgesehen ist eine Begründung nicht.[99] Nach Sinn und Zweck sowie der Ausgestaltung des in § 6 BUZ vorgesehenen Nachprüfungsverfahrens ist Voraussetzung für die Wirksamkeit einer solchen Mitteilung deren Nachvollziehbarkeit, also grundsätzlich das Vorhandensein einer Begründung, aus der für den Versicherten nachvollziehbar wird, warum nach Auffassung seines Vertragspartners die anerkannte Leistungspflicht wieder enden soll.[100] Die Mitteilung soll dem obliegenheitstreuen Versicherten, der zuvor dem Versicherer für die Nachprüfung sachdienliche Auskünfte erteilt hat, die Informationen geben, die er benötigt, um sein Prozessrisiko abschätzen zu können.[101] Voraussetzung dafür ist die Nachvollziehbarkeit der Entscheidung des Versiche-

28

---

r+s 1999, 294; BGH, Urt. v. 3. 11. 1999 – IV ZR 155/98, NJW-RR 2000, 550, 553 = NVersZ 2000, 127, 130 = VersR 2000, 171, 173 = r+s 2000, 213, 215 = MDR 2000, 271, 272/273; OLG Koblenz, Urt. v. 11. 7. 2008 – 10 U 842/07, VersR 2008, 1254, 1255.
[97] BGH v. 12. 6. 1996 – IV ZR 106/95, S. 11 = NJW-RR 1996, 1111, 1112 = VersR 1996, 958 = r+s 1997, 79, 81; BGH, Urt. v. 3. 11. 1999 – IV ZR 155/98, NJW-RR 2000, 550, 553 = NVersZ 2000, 127, 130 = VersR 2000, 171, 173 f. = r+s 2000, 213, 215 = MDR 2000, 271, 273; OLG Düsseldorf, Urt. v. 10. 6. 2003 – I-4 U 194/02, VersR 2003, 1383, 1384 = r+s 2003, 469, 470; OLG Koblenz, Urt. v. 11. 7. 2008 – 10 U 842/07, VersR 2008, 1254, 1255.
[98] OLG Karlsruhe, Urt. v. 16. 6. 2009 – 12 U 36/09, VersR 2010, 653, 654.
[99] BGH, Urt. v. 17. 2. 1993 – IV ZR 162/91, NJW-RR 1993, 723, 724 = VersR 1993, 559, 561 = MDR 1993, 626, 627; BGH, Urt. v. 17. 2. 1993 – IV ZR 228/91, NJW-RR 1993, 725 = VersR 1993, 470, 471 = r+s 1993, 197; BGH, Urt. v. 17. 2. 1993 – IV ZR 206/91, NJW 1993, 1532, 1534 = VersR 1993, 562, 564 = r+s 1994, 72, 74; BGH, Urt. v. 17. 2. 1993 – IV ZR 264/91, NJW-RR 1993, 721, 722 = VerBAV 1993, 304, 305/306.
[100] BGHZ 121, 284, 293 = NJW 1993, 1532 = VersR 1993, 562, 564 = r+s 1994, 72; BGH, Urt. v. 17. 2. 1993 – IV ZR 162/91, NJW-RR 1993, 723, 724 = VersR 1993, 559, 561 = MDR 1993, 626, 627; BGH, Urt. v. 17. 2. 1993 – IV ZR 228/91, NJW-RR 1993, 725 = VersR 1993, 470, 471 = r+s 1993, 197; BGH, Urt. v. 17. 2. 1993 – IV ZR 206/91, NJW 1993, 1532, 1534 = VersR 1993, 562, 564; BGH, Urt. v. 17. 2. 1993 – IV ZR 264/91, NJW-RR 1993, 721, 722 = VerBAV 1993, 304, 306; BGH, Urt. v. 19. 5. 1993 – IV ZR 155/92, NJW-RR 1993, 1238, 1239; BGH, Urt. v. 12. 6. 1996 – IV ZR 106/95, S. 7/8 = NJW-RR 1996, 1111 = VersR 1996, 958 = r+s 1997, 79, 80; OLG Düsseldorf, Urt. v. 24. 11. 1998 – 4 U 197/97, NVersZ 1999, 563 = r+s 2000, 125; BGH, Urt. v. 3. 11. 1999 – IV ZR 155/98, NJW-RR 2000, 550, 552 = NVersZ 2000, 127, 129/130 = VersR 2000, 171, 173 = r+s 2000, 213, 215; OLG Hamm, Urt. v. 19. 12. 2003 – 20 U 129/03, Info-Letter 2004, 40; BGH, Urt. v. 2. 11. 2005 – IV ZR 15/05, NJW-RR 2006, 171, 173; OLG Karlsruhe, Urt. v. 3. 7. 2008 – 12 U 22/08, NJW-RR 2008, 1563 = VersR 2008, 1252, 1253 = r+s 2009, 251.
[101] BGH, Urt. v. 17. 2. 1993 – IV ZR 162/91, NJW-RR 1993, 723, 724 = VersR 1993, 559, 561 = MDR 1993, 626, 627; BGH, Urt. v. 17. 2. 1993 – IV ZR 228/91, NJW-RR 1993, 725, 726 = VersR 1993, 470, 471 = r+s 1993, 197; BGH, Urt. v. 17. 2. 1993 – IV ZR 206/91, NJW 1993, 1532, 1534 = VersR 1993, 562, 565; BGH, Urt. v. 17. 2. 1993 – IV ZR 264/91, NJW-RR 1993, 721, 722 = VerBAV 1993, 304, 306 = MDR 1993, 627, 628; BGH, Urt. v. 2. 11. 2005 – IV ZR 15/05, NJW-RR 2006, 171, 173; OLG Koblenz, Urt. v. 11. 7. 2008 – 10 U 842/07, VersR 2008, 1254, 1256; OLG Saarbrücken, Urt. v. 30. 9. 2008 – 5 U 156/08-16, VersR 2009, 917, 918.

rers.[102] Die Nachvollziehbarkeit der Entscheidung ist für den Versicherten deshalb so bedeutsam, weil er es ist, der sich mit einer Klage gegen die durch eine Mitteilung ausgelösten Rechtsfolgen zur Wehr setzen muss.[103] Kommt es nicht zu einer diese Voraussetzungen erfüllenden – und damit rechtswirksamen – Mitteilung des Versicherers, so besteht die anerkannte Leistungspflicht auch dann fort, wenn sich die maßgeblichen Umstände derart geändert haben, dass sie den Versicherer zur Leistungseinstellung berechtigt hätten.[104]

29 bb) Gesundheitsbesserung. Geht es um eine Gesundheitsbesserung, so ist im Nachprüfungsverfahren maßgebend der Vergleich desjenigen Gesundheitszustands, den der Versicherer seinem Anerkenntnis zugrunde gelegt hat, mit dem Gesundheitszustand des Versicherten zu einem späteren Zeitpunkt.[105] Nachvollziehbarkeit der Entscheidung des Versicherers setzt daher in der Regel voraus, dass mit ihr diese Vergleichsbetrachtung vorgenommen wird und die aus ihr abgeleiteten Folgerungen aufgezeigt werden.[106] Bleibt unklar, welche Zustände der

---

[102] BGH, Urt. v. 17. 2. 1993 – IV ZR 162/91, NJW-RR 1993, 723, 724 = VersR 1993, 559, 561 = MDR 1993, 626, 627; BGH, Urt. v. 17. 2. 1993 – IV ZR 206/91, NJW 1993, 1532, 1535 = VersR 1993, 562, 565; BGH, Urt. v. 17. 2. 1993 – IV ZR 264/91, NJW-RR 1993, 721, 722 = VerBAV 1993, 304, 305; BGH, Urt. v. 2. 11. 2005 – IV ZR 15/05, NJW-RR 2006, 171, 173.

[103] BGH NJW 1993, 721; BGH, Urt. v. 17. 2. 1993 – IV ZR 162/91, NJW-RR 1993, 723, 724 = VersR 1993, 559, 561 = MDR 1993, 626, 627; BGH, Urt. v. 17. 2. 1993 – IV ZR 228/91, NJW-RR 1993, 725, 726 = VersR 1993, 470, 471 = r+s 1993, 197; BGH, Urt. v. 17. 2. 1993 – IV ZR 206/91, NJW 1993, 1532 = VersR 1993, 562, 565; BGHZ 121, 284, 294 = NJW 1993, 1532, 1534; BGH, Urt. v. 17. 2. 1993 – IV ZR 264/91, NJW-RR 1993, 721, 722 = VerBAV 1993, 304, 306; BGH, Urt. v. 3. 11. 1999 – IV ZR 155/98, NJW-RR 2000, 550 = NVersZ 2000, 127 = VersR 2000, 171 = r+s 2000, 213; BGH, Urt. v. 2. 11. 2005 – IV ZR 15/05, NJW-RR 2006, 171, 173 = VersR 2006, 102; OLG Saarbrücken, Urt. v. 30. 5. 2008 – 5 U 156/08-16, NVersR 2009, 917, 918.

[104] BGHZ 121, 284 ff. = NJW 1993, 1532 = r+s 1994, 72; BGH, Urt. v. 17. 2. 1993 – IV ZR 162/91, NJW-RR 1993, 723, 724 = VersR 1993, 559, 561 = r+s 1993, 434 (Ls.); BGH, Urt. v. 17. 2. 1993 – IV ZR 264/91, NJW-RR 1993, 721, 722 = VerBAV 1993, 304, 305; BGH, Urt. v. 17. 2. 1993 – IV ZR 228/91, r+s 1993, 197; BGH, Urt. v. 12. 6. 1996 – IV ZR 106/95, S. 8/9 = NJW-RR 1996, 1111, 1112 = VersR 1996, 958 = r+s 1997, 79, 80; KG, Urt. v. 16. 2. 2007 – 6 U 113/06, VersR 2008, 105, 106.

[105] BGHZ 121, 284, 295 = NJW 1993, 1532 = VersR 1993, 562, 565 = r+s 1994, 72; BGH, Urt. v. 17. 2. 1993 – IV ZR 162/91, NJW-RR 1993, 723, 724 = VersR 1993, 559, 561 = MDR 1993, 626, 627; BGH, Urt. v. 17. 2. 1993 – IV ZR 228/91, NJW-RR 1993, 725, 726 = VersR 1993, 470, 471 = r+s 1993, 197, 198; BGH, Urt. v. 17. 2. 1993 – IV ZR 206/91, NJW 1993, 1532, 1535 = VersR 1993, 562, 565 = r+s 1994, 72, 74; BGH, Urt. v. 17. 2. 1993 – IV ZR 264/91, NJW-RR 1993, 721, 722 = VerBAV 1993, 304, 306 = r+s 1993, 315; BGH, Urt. v. 19. 5. 1993 – IV ZR 155/92, NJW-RR 1993, 1238, 1239; OLG Hamm, Urt. v. 22. 9. 1993 – 20 U 42/93, NJW-RR 1994, 1508, 1510; BGH, Urt. v. 12. 6. 1996 – IV ZR 106/95, S. 8 = NJW-RR 1996, 1111, 1112 = VersR 1996, 958 = r+s 1997, 79, 80; BGH, Urt. v. 28. 4. 1999 – IV ZR 123/98, NJW-RR 1999, 1111, 1112 = NVersZ 1999, 514 = VersR 1999, 958, 959 = r+s 1999, 387, 388; OLG Koblenz, Urt. v. 31. 3. 2006 – 10 U 99/04, VersR 2007, 824, 825; OLG Koblenz, Urt. v. 11. 7. 2008 – 10 U 842/07, VersR 2008, 1254, 1255 = r+s 2009, 252, 253.

[106] BGHZ 121, 284, 295 = NJW 1993, 1532 = VersR 1993, 562, 565 = r+s 1994, 72; BGH, Urt. v. 17. 2. 1993 – IV ZR 162/91, NJW-RR 1993, 723, 724 = VersR 1993, 559, 561 = r+s 1993, 434 = MDR 1993, 626, 627; BGH, Urt. v. 17. 2. 1993 – IV ZR 206/91, NJW 1993, 1532 = VersR 1993, 562, 565 = r+s 1994, 72, 74; BGH, Urt. v. 17. 2. 1993 – IV ZR 264/91, NJW-RR 1993, 721, 722 = VerBAV 1993, 304, 306 = r+s 1993, 315; BGH, Urt. v. 19. 5. 1993 – IV ZR 155/92, NJW-RR 1993, 1238, 1239 = r+s 1993, 435; BGH, Urt. v. 17. 2. 1993 – IV ZR 264/91, MDR 1993, 627, 628; OLG Hamm, Urt. v. 30. 6. 1995 – 20 U 370/94, NJW-RR 1996, 1053; BGH, Urt. v. 12. 6. 1996 – IV ZR 106/95, S. 8 = NJW-RR 1996, 1111 = VersR 1996, 958 = r+s 1997, 79, 80; BGH, Urt. v.

Versicherer miteinander verglichen haben will und wie diese beschaffen sein sollen, so nimmt dies der Bewertung des Versicherers, der Gesundheitszustand des Versicherten habe sich in einem nach den Bedingungen erheblichen Umfang verbessert, die Nachvollziehbarkeit.[107] Dieser Mangel macht die Entscheidung des Versicherers, Leistungen künftig nicht mehr zu erbringen, unwirksam.[108]

cc) **Gutachtenvorlage.** Begründet der Versicherer seine Ansicht mit einem Gutachten, das er – wie in § 6 BUZ vorgesehen – eingeholt hat, um seiner Beweislast zu genügen, so gehört es zu den Mindestvoraussetzungen für die Nachvollziehbarkeit seiner Entscheidung und damit für die Wirksamkeit seiner Mitteilung, dass er dieses Gutachten, aus dem er seine Leistungsfreiheit herleiten will, unverkürzt dem Versicherten mit der Mitteilung zugänglich macht, sofern es sich nicht bereits in den Händen des Versicherten befindet.[109] Sollte es daran fehlen, so läge darin ein selbständiger Grund für die Unwirksamkeit der Mitteilung des Versicherers.[110] Allerdings ist dem Begründungserfordernis noch nicht damit genügt, dass der Versicherer unter bloßem Hinweis auf das mit übersandte (oder sich bereits in den Händen des Versicherten befindliche) medizinische Gutachten die nicht näher erläuterte Ansicht vertritt, er sei nicht länger leistungspflichtig.[111] Er muss dem Versicherten vielmehr aufzeigen, wie er – ggf. unter Heranziehung des von ihm eingeholten Gutachtens zu seiner getroffenen Entscheidung gelangt ist.[112] Ist in einem solchen Gutachten nur zu dem gegenwärtigen Gesundheitszustand des Versicherten Stellung genommen, so ist die Mitteilung – auch bei gleichzeitiger Übersendung des Gutachtens – nur dann hinreichend nachvollziehbar, wenn der Versicherer aufzeigt, dass die Gegenüberstellung der Ergebnisse des Gutachtens mit den Feststellungen und Bewertungen, die er seinem Leistungsan-

---

15. 10. 1997 – IV ZR 216/96, NJW-RR 1998, 238 = r+s 1998, 37; BGH, Urt. v. 28. 4. 1999 – IV ZR 123/98, NJW-RR 1999, 1111, 1112 = NVersZ 1999, 514 = VersR 1999, 958, 959 = r+s 1999, 387, 388.
[107] BGH, Urt. v. 17. 2. 1993 – IV ZR 206/91, NJW 1993, 1532 = VersR 1993, 562, 565 = r+s 1994, 72, 74 = MDR 1993, 625, 626.
[108] BGH, Urt. v. 17. 2. 1993 – IV ZR 206/91, NJW 1993, 1532 = VersR 1993, 562, 565 = r+s 1994, 72, 74 = MDR 1993, 625, 626; BGH, Urt. v. 17. 2. 1993 – IV ZR 264/91, NJW-RR 1993, 721, 722 = VerBAV 1993, 304, 306.
[109] BGHZ 121, 284, 295 = NJW 1993, 1532 = VersR 1993, 562, 565 = r+s 1994, 72; BGH, Urt. v. 17. 2. 1993 – IV ZR 162/91, NJW-RR 1993, 723, 724 = VersR 1993, 559, 561 = r+s 1993, 434; BGH, Urt. v. 17. 2. 1993 – IV ZR 228/91, NJW-RR 1993, 725, 726 = VersR 1993, 470, 471 = r+s 1993, 197; BGH, Urt. v. 17. 2. 1993 – IV ZR 206/91, NJW 1993, 1532, 1535 = VersR 1993, 562, 565 = r+s 1994, 72, 74 = MDR 1993, 625, 626; BGH, Urt. v. 17. 2. 1993 – IV ZR 264/91, NJW-RR 1993, 721, 722 = VerBAV 1993, 304, 306 = MDR 1993, 627, 628; BGH, Urt. v. 19. 5. 1993 – IV ZR 155/92, NJW-RR 1993, 1238, 1239; BGH, Urt. v. 12. 6. 1996 – IV ZR 106/95, S. 8 = NJW-RR 1996, 1111, 1112 = VersR 1996, 958 = r+s 1997, 79, 80; OLG Düsseldorf, Urt. v. 24. 11. 1998 – 4 U 197/97, NVersZ 1999, 563, 564 = r+s 2000, 125; BGH, Urt. v. 28. 4. 1999 – IV ZR 123/98, NJW-RR 1999, 1111, 1112 = NVersZ 1999, 514 = VersR 1999, 958, 959 = r+s 1999, 387, 388.
[110] BGH, Urt. v. 17. 2. 1993 – IV ZR 162/91, NJW-RR 1993, 723, 724 = VersR 1993, 559, 561 = r+s 1993, 434; BGH, Urt. v. 17. 2. 1993 – IV ZR 228/91, NJW-RR 1993, 725, 726 = VersR 1993, 470, 471 = r+s 1993, 197, 198 = MDR 1993, 628, 629; BGH, Urt. v. 17. 2. 1993 – IV ZR 206/91, NJW 1993, 1532, 1535 = VersR 1993, 562, 565 = r+s 1994, 72, 74 = MDR 1993, 625, 626; OLG Düsseldorf, Urt. v. 24. 11. 1998 – 4 U 197/97, NVersZ 1999, 563, 564 = r+s 2000, 125/126.
[111] BGH, Urt. v. 17. 2. 1993 – IV ZR 264/91, NJW-RR 1993, 721, 722 = VerBAV 1993, 304, 306 = r+s 1993, 315.
[112] BGH, Urt. v. 17. 2. 1993 – IV ZR 264/91, NJW-RR 1993, 721, 722 = VerBAV 1993, 304, 306 = r+s 1993, 315; OLG Oldenburg, Urt. v. 25. 1. 1995 – 2 U 201/94, NJW-RR 1995, 794, 795 = VersR 1995, 1342, 1343 = r+s 1995, 156; OLG Hamm, Urt. v. 30. 6. 1995 – 20 U 370/94, r+s 1995, 476.

erkenntnis zugrunde gelegt hat, eine nach den Versicherungsbedingungen maßgebliche Besserung ergeben hat.[113]

31 **dd) Neu erworbene berufliche Fähigkeiten.** Das Erfordernis der Nachvollziehbarkeit gilt nicht nur bei einer Änderung der Gesundheitsverhältnisse, sondern gleichermaßen, wenn die Leistungseinstellung darauf gestützt werden soll, dem Versicherten sei es aufgrund neu erworbener beruflicher Fähigkeiten möglich, nunmehr eine andere Tätigkeit auszuüben.[114] Nachvollziehbarkeit setzt hier grundsätzlich voraus, dass der Versicherer unter Hinweis auf die neu erlangten Fähigkeiten solche anderen Tätigkeiten aufzeigt, die nach seiner Auffassung die Annahme tragen, der Versicherte könne sie nach seinen nunmehr zu berücksichtigenden Fähigkeiten ausüben und damit seine Lebensstellung wahren.[115] Denn erst dadurch wird dem Versicherungsnehmer eine Vergleichsbetrachtung mit seiner zuletzt ausgeübten Tätigkeit und die Einschätzung ermöglicht, ob sich der Versicherer mit Recht auf eine Vergleichbarkeit der aufgezeigten anderen Tätigkeit beruft.[116] Solcher Angaben zu der anderen Tätigkeit als Voraussetzung der Nachvollziehbarkeit der Versichererentscheidung bedarf der Versicherungsnehmer aber dann nicht, wenn er von den Merkmalen der vom Versicherer benannten anderen Tätigkeit schon deshalb Kenntnis hat, weil er sie konkret ausübt.[117] Er ist dann schon anhand eigener Kenntnisse zu der Beurteilung in der Lage, ob die andere Tätigkeit seiner zuletzt ausgeübten vergleichbar ist.[118] Deshalb bedarf es in einem solchen Falle näherer Angaben des Versicherers zu den nach § 2 Abs. 1 BUZ wesentlichen Merkmalen der anderen Tätigkeit nicht; die Mitteilung des Versicherers ist – unbeschadet der Frage der Begründetheit seiner Auffassung – für den Versicherungsnehmer nachvollziehbar und damit wirksam.[119] Letztlich muss aber die Änderungsmitteilung dem Versicherungsnehmer eine sachgerechte Abschätzung des Prozessrisikos ermöglichen.[120]

32 **ee) Umorganisation.** Die Nachprüfungsmitteilung kann auf eine bedingungsgemäße Berufsunfähigkeit ausschließende Betriebsumorganisation gestützt

---

[113] BGHZ 121, 284, 295 = NJW 1993, 1532 = VersR 1993, 562, 565 = r+s 1994, 72; BGH, Urt. v. 17. 2. 1993 – IV ZR 228/91, NJW-RR 1993, 725, 726 = VersR 1993, 470, 471 = r+s 1993, 197, 198; BGH, Urt. v. 19. 5. 1993 – IV ZR 155/92, NJW-RR 1993, 1238, 1239; BGH, Urt. v. 12. 6. 1996 – IV ZR 106/95, S. 8 = NJW-RR 1996, 1111, 1112 = VersR 1996, 958 = r+s 1997, 79, 80; BGH, Urt. v. 28. 4. 1999 –IV ZR 123/98, NJW-RR 1999, 1111, 1112 = NVersZ 1999, 514 = VersR 1999, 958, 959 = r+s 1999, 387, 388; OLG Frankfurt/M., Urt. v. 28. 8. 2002 – 7 U 191/01, VersR 2003, 358, 359.
[114] BGH, Urt. v. 3. 11. 1999 – IV ZR 155/98, NJW-RR 2000, 550, 553 = NVersZ 2000, 127, 130 = VersR 2000, 171, 173 = r+s 2000, 213, 215; OLG Koblenz, Urt. v. 31. 3. 2006 – 10 U 99/04, VersR 2007, 824, 825.
[115] BGH, Urt. v. 3. 11. 1999 – IV ZR 155/98, NJW-RR 2000, 550, 553 = NVersZ 2000, 127, 130 = VersR 2000, 171, 173 = r+s 2000, 213, 215.
[116] BGH, Urt. v. 3. 11. 1999 – IV ZR 155/98, NJW-RR 2000, 550, 553 = NVersZ 2000, 127, 130 = VersR 2000, 171, 174 = r+s 2000, 213, 215.
[117] BGH, Urt. v. 30. 11. 1994 – IV ZR 300/93, NJW-RR 1995, 277 = VersR 1995, 159 = r+s 1995, 115 zur Vortragslast im Rahmen des § 2 Abs. 1 BUZ; BGH, Urt. v. 3. 11. 1999 – IV ZR 155/98, NJW-RR 2000, 550, 553 = NVersZ 2000, 127, 130 = VersR 2000, 171, 174 = r+s 2000, 213, 215.
[118] BGH, Urt. v. 3. 11. 1999 – IV ZR 155/98, NJW-RR 2000, 550, 553 = NVersZ 2000, 127, 130 = VersR 2000, 171, 174 = r+s 2000, 213, 215.
[119] BGH, Urt. v. 3. 11. 1999 – IV ZR 155/98, NJW-RR 2000, 550, 553 = NVersZ 2000, 127, 130 = VersR 2000, 171, 174 = r+s 2000, 213, 215.
[120] BGHZ 121, 284, 294 f. = NJW 1993, 1532 = VersR 1993, 562, 564 f. = r+s 1994, 72; BGH, Urt. v. 22. 9. 1999 – IV ZR 201/98, NJW-RR 2000, 318, 319 = NVersZ 2000, 126, 127 = VersR 1999, 1530, 1532 = VerBAV 2000, 161, 162 = r+s 2000, 35, 36.

werden, die bei Abgabe des Leistungsanerkenntnisses noch nicht in Betracht kam, wenn dem Versicherten nachträglich – ganz unabhängig von der Gesundheitsbesserung – eine Betriebsumorganisation möglich und zumutbar geworden ist, die ihm ein die Berufsunfähigkeit ausschließendes Tätigkeitsfeld eröffnet hat bzw. noch eröffnen kann.[121] Dem Versicherten darf aber nicht zugemutet werden, sich eine nachträglich entstandene Umorganisationsmöglichkeit zu seinem Nachteil anrechnen zu lassen, wenn er diese Umorganisationsmöglichkeit durch eine eigene Anstrengung geschaffen hat, zu der er dem Versicherer gegenüber weder aufgrund einer vertraglich vereinbarten Obliegenheit noch aufgrund seiner Schadenminderungspflicht verpflichtet war.[122] Eine solche überobligationsmäßige Anstrengung liegt z.B. vor, wenn der Versicherte durch Kapitaleinsatz sein Unternehmen erweitert.[123] Denn es wäre unbillig, den Versicherer, obwohl er an dem unternehmerischen Risiko des Versicherten nicht beteiligt ist, davon profitieren zu lassen, indem er Leistungsfreiheit erhält.[124] Der Versicherer darf deshalb seine Leistungen aus der BUZ nicht einstellen, weil der Betriebsinhaber durch Kapitaleinsatz seinen Betrieb erweitert und dadurch eine Umorganisationsmöglichkeit geschaffen hat.[125]

c) **Nachholung.** Fehlt es an einer rechtswirksamen Mitteilung, kann der Versicherer sich von einer anerkannten Leistungspflicht dadurch freimachen, dass er eine ordnungsgemäße Mitteilung nachholt, die allerdings Rechtswirkungen erst für die Zukunft entfalten kann.[126] 33

d) **Unzureichende Mitteilung.** Kommt es nicht zu einer Mitteilung, wie sie § 6 BUZ vorsieht, oder ist sie rechtsunwirksam, so besteht die vom Versicherer anerkannte Leistungspflicht auch dann fort, wenn sich die maßgeblichen Umstände derart geändert haben, dass sie den Versicherer zur Leistungseinstellung berechtigt hätten.[127] Wird die Mitteilung gemäß § 6 BUZ rechtswirksam nachgeholt, ist zu beachten, dass sie die anerkannte Leistungspflicht nicht rückwirkend beenden kann.[128] 34

---

[121] BGH, Urt. v. 17. 2. 1993 – IV ZR 264/91, NJW-RR 1993, 721, 722 = VerBAV 1993, 304, 306 = r+s 1993, 315.
[122] Vgl. BGH, Urt. v. 13. 5. 1987 – IV a ZR 8/86, NJW-RR 1987, 1050 = VersR 1987, 753 = r+s 1987, 267 = MDR 1987, 1008; BGH, Urt. v. 11. 12. 1996 – IV ZR 238/95, NJW-RR 1997, 529 = VersR 1997, 436 = r+s 1997, 301; BGH, Urt. v. 28. 4. 1999 – IV ZR 123/98, NJW-RR 1999, 1111, 1112 = NVersZ 1999, 514, 515 = VersR 1999, 958, 960 = r+s 1999, 387, 388 = BB 1999, 1572 = MDR 1999, 994, 995.
[123] Vgl. BGH, Urt. v. 28. 4. 1999 – IV ZR 123/98, NJW-RR 1999, 1111, 1112 = NVersZ 1999, 514, 515 = VersR 1999, 958, 960 = r+s 1999, 387, 388 = BB 1999, 1572 = MDR 1999, 994, 995.
[124] Vgl. BGH, Urt. v. 28. 4. 1999 – IV ZR 123/98, NJW-RR 1999, 1111, 1112 = NVersZ 1999, 514, 515 = VersR 1999, 958, 960 = r+s 1999, 387, 388 = BB 1999, 1572 = MDR 1999, 94, 995.
[125] Vgl. BGH, Urt. v. 28. 4. 1999 – IV ZR 123/98, NJW-RR 1999, 1111, 1112 = NVersZ 1999, 514, 515 = VersR 1999, 958, 959 = r+s 1999, 387, 388 = BB 1999, 1572 = MDR 1999, 994, 995.
[126] BGH, Urt. v. 17. 2. 1993 – IV ZR 162/91, NJW-RR 1993, 723, 724 = VersR 1993, 559, 562 = r+s 1993, 434, 435; BGH, Urt. v. 19. 5. 1993 – IV ZR 155/92, NJW-RR 1993, 1238, 1239.
[127] BGH, Urt. v. 17. 2. 1993 – IV ZR 162/91, NJW-RR 1993, 723, 724 = VersR 1993, 559, 561; BGH, Urt. v. 17. 2. 1993 – IV ZR 228/91, NJW-RR 1993, 725 = VersR 1993, 470, 471 = r+s 1993, 197; BGH, Urt. v. 17. 2. 1993 – IV ZR 206/91, NJW 1993, 1532, 1534 = VersR 1993, 562, 564 = r+s 1994, 72, 74; KG Berlin, Hinweisbeschl. v. 3. 6. 2005 zur beabsichtigten Berufungszurückweisung – 6 U 224/04, r+s 2006, 515, 516; OLG Karlsruhe, Urt. v. 3. 7. 2008 – 12 U 22/08, NJW-RR 2008, 1563 = VersR 2008, 1252, 1253; OLG Karlsruhe, Urt. v. 16. 6. 2009 – 12 U 36/09, VersR 2010, 653, 654.
[128] BGH, Urt. v. 17. 2. 1993 – IV ZR 162/91, NJW-RR 1993, 723, 724 = VersR 1993, 559, 561; BGH, Urt. v. 17. 2. 1993 – IV ZR 228/91, NJW-RR 1993, 725 = VersR 1993,

3. Rechtlicher Hinweis

35 In § 7 Abs. 4 Satz 2 1. Halbs. BUZ 1993 ist geregelt, dass das LVU die Einstellung der Leistungen dem Anspruchsberechtigten unter Hinweis auf seine Rechte aus § 6 BUZ 1993 mitteilt. Dass ein Versicherer, der in seinen Bedingungen eine Belehrung verspricht, sich zur Vermeidung von Konsequenzen auch daran halten müsse, ist im Ansatz richtig.[129] Die vorgesehene Belehrung über die Rechte des Versicherungsnehmers und über den Rechtsverlust im Falle eines nicht fristgerecht eingeleiteten Sachverständigenverfahrens legt daher den Schluss nahe, dass § 7 Abs. 4 BUZ 1993 nicht lediglich die Bedeutung einer Formvorschrift hat, sondern Voraussetzung der Wirksamkeit der Ablehnung weiterer Versicherungsleistungen ist.[130] Die Konsequenzen dürfen allerdings nur zu einer Begünstigung und nicht zu einer Benachteiligung des Versicherungsnehmers führen.[131] Für den Versicherungsnehmer ist es aber von Nachteil, wenn der Versicherer, der eine wirksame Änderungsmitteilung absenden will, stets unter Hinweis auf § 7 BUZ 1993 eine Klagefrist setzen muss.[132] Zum einen besteht die Gefahr, dass die Klagefrist fahrlässig versäumt wird und der Anspruch allein deshalb verloren geht.[133] Zum anderen wird die Frist von sechs Monaten häufig nicht ausreichen, die auf eine Besserung des Gesundheitszustands gestützte Änderungsmitteilung des Versicherers sachgerecht zu prüfen.[134] Das Unterlassen eines Hinweises auf die Regelung der Klagefrist, wie sie in § 7 BUZ 1993 enthalten ist, führt deshalb nicht dazu, dass die Änderungsmitteilung des Versicherers unwirksam ist und er allein deshalb an sein Leistungsanerkenntnis gebunden bleibt.[135]

4. Wirksamwerden der Neufestsetzung

36 Die Neufestsetzung der Leistungen wird nicht schon mit Eintritt der Veränderung, sondern nicht vor Ablauf eines Monats nach Absenden des neuen Bescheids des LVU wirksam, frühestens jedoch zu Beginn des darauf folgenden Versicherungsvierteljahres, wenn § 7 BUZ 1990/1993 gilt. Gelten die BUZ 2008, wird die Einstellung der Leistungen mit dem Ablauf des dritten Monats nach Zugang der Erklärung des Versicherer wirksam (§ 6 Abs. 4 Satz 3 BUZ). Wenn der Versicherer sich verspätet erklärt, hat er dies mit der Folge zu vertreten, dass der An-

---

470, 471 = r+s 1993, 197; BGH, Urt. v. 17. 2. 1993 – IV ZR 206/91, NJW 1993, 1532, 1534 = VersR 1993, 562, 564 = r+s 1994, 72, 74; BGH, Urt. v. 17. 2. 1993 – IV ZR 264/91, NJW-RR 1993, 721, 722 = VerBAV 1993, 304, 305; OLG Karlsruhe, Urt. v. 3. 7. 2008 – 12 U 22/08, NJW-RR 2008, 1563 = VersR 2008, 1252, 1253.

[129] BGH, Urt. v. 22. 9. 1999 – IV ZR 201/98, NJW-RR 2000, 318, 319 = NVersZ 2000, 126, 127 = VersR 1999, 1530, 1531 = VerBAV 2000, 161, 162 = r+s 2000, 35/36.

[130] So die Auffassung einzelner Instanzgerichte, vgl. OLG Hamm, Urt. v. 24. 7. 1987 – 20 U 422/85, VersR 1988, 793; OLG Hamm, Urt. v. 11. 5. 1988 – 20 U 257/87, VersR 1989, 177 (Ls.) = r+s 1989, 166; OLG Karlsruhe, Urt. v. 19. 1. 1989 – 12 U 120/87, VersR 1990, 961; OLG Karlsruhe, Urt. v. 6. 9. 1989 – 12 U 28/89, VersR 1990, 765, 767; OLG Hamm, Urt. v. 26. 6. 1998 – 20 U 36/98, NVersZ 1998, 77 = VersR 1999, 703 = r+s 1998, 521, 522.

[131] BGH, Urt. v. 22. 9. 1999 – IV ZR 201/98, NJW-RR 2000, 318, 319 = NVersZ 2000, 126, 127 = VersR 1999, 1530, 1531 = VerBAV 2000, 161, 162 = r+s 2000, 35, 36.

[132] BGH, Urt. v. 22. 9. 1999 – IV ZR 201/98, NJW-RR 2000, 318, 319 = NVersZ 2000, 126, 127 = VersR 1999, 1530, 1531 = VerBAV 2000, 161, 162 = r+s 2000, 35, 36.

[133] BGH, Urt. v. 22. 9. 1999 – IV ZR 201/98, NJW-RR 2000, 318, 319 = NVersZ 2000, 126, 127 = VersR 1999, 1530, 1531 = VerBAV 2000, 161, 162 = r+s 2000, 35, 36.

[134] BGH, Urt. v. 22. 9. 1999 – IV ZR 201/98, NJW-RR 2000, 318, 319 = NVersZ 2000, 126, 127 = VersR 1999, 1530, 1531 = VerBAV 2000, 161, 162 = r+s 2000, 35, 36.

[135] BGH, Urt. v. 22. 9. 1999 – IV ZR 201/98, NJW-RR 2000, 318, 319 = NVersZ 2000, 126, 127 = VersR 1999, 1530, 1531 = VerBAV 2000, 161, 162 = r+s 2000, 35.

spruchsberechtigte Leistungen bis zum Wirksamwerden der verspätet übermittelten Erklärung über die Neufestsetzung der Leistungen beanspruchen kann.[136]

V. Verfahrensrecht

1. Vollstreckungsgegenklage

Ist der Versicherer zu künftiger Leistung verurteilt, ist er weder durch die Rechtskraft eines derartigen Urteils noch durch die zeitliche Schranke des § 767 Abs. 2 ZPO gehindert, eine nach Urteilserlass gemäß den Versicherungsbedingungen vorgenommene Änderung im Wege einer Vollstreckungsabwehrklage vorzubringen.[137] 37

Allerdings dient die Vollstreckungsabwehrklage ebenso wenig wie die Abänderungsklage nach § 323 ZPO der Beseitigung von Fehlern der Erstentscheidung.[138] 38

Nach § 767 Abs. 2 ZPO können Einwendungen, die den durch das Urteil festgestellten Anspruch betreffen, mit der Vollstreckungsabwehrklage zulässigerweise nur vorgebracht werden, wenn die Gründe, auf denen sie beruhen, erst nach Schluss der mündlichen Verhandlung, in der die Einwendungen nach der ZPO spätestens hätten geltend gemacht werden müssen, entstanden sind.[139] Der Versicherer kann jedoch nicht unmittelbar diesen Weg beschreiten, sondern muss nach § 6 BUZ vorgehen und rechtsgestaltend die Leistungseinstellung dem Versicherungsnehmer mitteilen.[140] Lagen vor Schluss der mündlichen Verhandlung, die zur rechtskräftigen Feststellung der Leistungspflicht des LVU geführt hat, die Voraussetzungen für eine bedingungsgemäße Berufsunfähigkeit nicht mehr vor, was in jenem Verfahren auch noch hätte geltend gemacht werden können und müssen, ist der Versicherer mit dem Einwand einer vollständigen Wiederherstellung der Berufsfähigkeit des Versicherten ausgeschlossen.[141] Darauf, dass das LVU zum damaligen Zeitpunkt keine Kenntnis davon hatte, dass eine bedingungsgemäße Berufsunfähigkeit nicht mehr gegeben war, kommt es für den Einwendungsausschluss nach § 767 Abs. 2 ZPO nicht an.[142] 39

Weil § 6 BUZ für den Wegfall der Leistungsverpflichtung des LVU eine Änderung der gesundheitlichen Verhältnisse des Versicherten voraussetzt,[143] hat eine Vollstreckungsabwehrklage deshalb nur dann Erfolg, wenn eine Gesundheitsänderung gegenüber dem Ausgangsverfahren eingetreten ist.[144] Eine Gesundheitsänderung gegenüber dem Ausgangsverfahren ist jedoch nicht eingetreten, wenn bereits im Zeitpunkt der rechtskräftigen Feststellung der Leistungspflicht des LVU bedin- 40

---

[136] Vgl. BGH, Urt. v. 16. 12. 1987 – IV a ZR 156/86, NJW 1988, 1329 = VersR 1988, 281 = r+s 1988, 119.
[137] BGH, Urt. v. 27. 5. 1987 – IV a ZR 56/86, VersR 1987, 808, 809; OLG Karlsruhe, Urt. v. 21. 10. 2004 – 19 U 120/03, VersR 2005, 775, 776; OLG Frankfurt/M., Urt. v 28. 8. 2002 – 7 U 72/99, VersR 2003, 230, 231.
[138] BGH NJW-RR 1992, 1091, 1092; OLG Karlsruhe, Urt. v. 21. 10. 2004 – 19 U 120/03, VersR 2005, 775, 776.
[139] OLG Düsseldorf, Urt. v. 10. 6. 2003 – I-4 U 194/02, VersR 2003, 1383 = r+s 2003, 469; OLG Karlsruhe, Urt. v. 21. 10. 2004 – 19 U 120/03, VersR 2005, 775, 776.
[140] OLG München, Urt. v. 28. 3. 1996 – 6 U 4793/95, VersR 1997, 95, 96.
[141] OLG Karlsruhe, Urt. v. 21. 10. 2004 – 19 U 120/03, VersR 2005, 775, 776.
[142] OLG Karlsruhe, Urt. v. 21. 10. 2004 – 19 U 120/03, VersR 2005, 775, 776; Zöller/Herget, ZPO, 24. Aufl., § 767 ZPO Rdn. 14; Voit/Knappmann in: Prölss/Martin, 27. Aufl., § 7 BUZ Rdn. 5 u. 13.
[143] Vgl. BGH, Urt. v. 27. 5. 1987 – IV a ZR 56/86, VersR 1987, 808; OLG Karlsruhe, Urt. v. 19. 1. 1989 – 12 U 120/87, VersR 1990, 961, 962; OLG Oldenburg NVersZ 2002, 117, 118.
[144] OLG Karlsruhe, Urt. v. 21. 10. 2004 – 19 U 120/03, VersR 2005, 775, 776.

gungsgemäße Berufsunfähigkeit nicht mehr vorgelegen hat.[145] Ob das LVU aufgrund der damals vorliegenden ärztlichen Berichte von einer andauernden Berufsunfähigkeit des Versicherten ausging und diese deshalb unstreitig stellte, ist für die Frage des Eintritts einer Veränderung des Gesundheitszustandes im Sinne des § 6 BUZ ohne Belang.[146] Auf den damaligen Kenntnisstand des LVU oder eine geänderte Einschätzung der Berufsunfähigkeit kommt es nach § 6 BUZ nicht an.[147] Etwas anderes kann allenfalls dann gelten, wenn dem Versicherten ein arglistiges Verhalten im Ausgangsverfahren anzulasten wäre.[148]

2. Aussetzung des Rechtsstreits

41   Eine Aussetzung des Rechtsstreits über das Fortbestehen der Berufsunfähigkeit kann nicht gemäß § 148 ZPO angeordnet werden, nur weil der Anspruchsteller zugleich vor dem Sozialgericht eine Berufsunfähigkeitsrente aus der gesetzlichen Rentenversicherung einklagt.[149]

3. Einstweilige Verfügung gemäß § 940 ZPO

42   Gemäß § 940 ZPO sind einstweilige Verfügungen zum Zweck der Regelung eines einstweiligen Zustands in Bezug auf ein streitiges Rechtsverhältnis zulässig, sofern diese Regelung, insbesondere bei dauernden Rechtsverhältnissen, zur Abwendung wesentlicher Nachteile oder zur Verhinderung drohender Gewalt oder aus anderen Gründen nötig erscheint. Danach ist es auch grundsätzlich zulässig, bei einem Streit um die Berechtigung einer Einstellung von Leistungen aus einer Berufsunfähigkeitszusatzversicherung infolge einer Nachprüfung durch den Versicherer die vorläufige Fortsetzung der Zahlungen anzuordnen.[150] Das darf aber nur dann geschehen, wenn ohne Erlass einer solchen Entscheidung anders nicht abwendbare Nachteile für den Lebensunterhalt des Versicherungsnehmers entstünden.[151] Wie in anderen Fällen einer solchen „Leistungsverfügung" auch, muss der Antragsteller darlegen und glaubhaft machen, dass er dringend zur Deckung seiner grundlegenden Bedürfnisse auf die sofortige Erfüllung seines angeblichen Anspruchs angewiesen ist und ihm ohne diese so erhebliche wirtschaftliche Nachteile erleiden würde, dass ihm ein Zuwarten oder eine Verweisung auf die spätere Geltendmachung von Schadensersatzansprüchen nicht zumutbar ist.[152] Die – wenn auch nur teilweise – vorläufige Befriedigung des Hauptanspruchs kann danach nur ausnahmsweise beansprucht werden, wenn durch die Dauer der Erwirkung eines Titels irreversible Fakten geschaffen würden oder der Verweis auf das ordentliche Verfahren praktisch einer Rechtsverweigerung gleichkäme.[153] Der Erlass von

---

[145] OLG Karlsruhe, Urt. v. 21. 10. 2004 – 19 U 120/03, VersR 2005, 775, 776.
[146] OLG Karlsruhe, Urt. v. 21. 10. 2004 – 19 U 120/03, VersR 2005, 775, 776.
[147] OLG Köln, Urt. v. 13. 4. 1989 – 5 U 28/87, VersR 1989, 1034; OLG Karlsruhe, Urt. v. 19. 1. 1989 – 12 U 120/87, VersR 1990, 961, 962; OLG Karlsruhe, Urt. v. 21. 10. 2004 – 19 U 120/03, VersR 2005, 775, 776; *Voit/Knappmann* in: Prölss/Martin, 27. Aufl., § 7 BUZ Rdn. 5 u. 13.
[148] OLG Karlsruhe, Urt. v. 21. 10. 2004 – 19 U 120/03, VersR 2005, 775, 776.
[149] OLG Hamm, Beschl. v. 10. 8. 1984 – 20 W 46/84.
[150] OLG Saarbrücken, Urt. v. 4. 10. 2006 – 5 U 247/06 – 40, VersR 2007, 935; OLG Karlsruhe, Urt. v. 3. 7. 2008 – 12 U 22/08, NJW-RR 2008, 1563, 1564 = VersR 2008, 1252, 1253 = r+s 2009, 251.
[151] OLG Hamm r+s 1990, 36; OLG Saarbrücken, Urt. v. 4. 10. 2006 – 5 U 247/06 – 40, VersR 2007, 935; OLG Karlsruhe, Urt v. 3. 7. 2008 – 12 U 22/08, NJW-RR 2008, 1563, 1564 = VersR 2008, 1252, 1253 = r+s 2009, 251.
[152] OLG Düsseldorf NJW-RR 1996, 123; OLG Saarbrücken, Urt. v. 4. 10. 2006 – 5 U 247/06 – 40, VersR 2007, 935.
[153] OLG Saarbrücken, Urt. v. 4. 10. 2006 – 5 U 247/06 – 40, VersR 2007, 935 f.

"Leistungsverfügungen" muss auf Notfälle wie eine existenzielle Gefährdung des Gläubigers beschränkt bleiben.[154] Denn die vorläufige Befriedigung führt regelmäßig zu einem endgültigen Rechtsverlust des Schuldners, weil er einen Rückforderungsanspruch nach Obsiegen in der Hauptsache nur selten wird durchsetzen können.[155] Führt die Verweigerung einer einstweiligen Regelung bei späterem Obsiegen in der Hauptsache nur zu Vermögensschäden, bleibt der Gläubiger regelmäßig auf die spätere Geltendmachung von Schadensersatz verwiesen und kann nicht zu deren Abwendung gleichsam vorbeugend sofortige Erfüllung verlangen.[156] Eine Leistungsverfügung kommt daher so lange nicht in Betracht, wie die Möglichkeit besteht, der Notlage durch die Inanspruchnahme von sozialrechtlichen Leistungen zu begegnen.[157]

4. § 533 ZPO

Hat der Versicherer seine Leistungspflicht anerkannt, dann im Wege einer Nachprüfungsentscheidung weitere Leistungen eingestellt und ist die Klage des Versicherten darauf gestützt, die Nachprüfungsentscheidung sei nicht zutreffend und der Versicherer weiterhin leistungspflichtig, handelt es sich um einen anderen Streitgegenstand, über den gemäß § 533 ZPO mit der Berufung nicht mehr zu entscheiden ist, wenn der Versicherte eine nachträgliche Veränderung seines Gesundheitszustands geltend macht.[158]

43

---

§ 7 Was gilt bei einer Verletzung der Mitwirkungspflichten nach Eintritt der Berufsunfähigkeit?

Solange eine Mitwirkungspflicht nach § 4 oder § 6 von Ihnen, der versicherten Person oder dem Anspruchserhebenden vorsätzlich nicht erfüllt wird, sind wir von der Verpflichtung zur Leistung frei. Bei grob fahrlässiger Verletzung einer Mitwirkungspflicht sind wir berechtigt, unsere Leistung in einem der Schwere des Verschuldens entsprechendem Verhältnis zu kürzen. Dies gilt nicht, wenn Sie uns nachweisen, dass Sie die Mitwirkungspflicht nicht grob fahrlässig verletzt haben. Die Ansprüche aus der Zusatzversicherung bleiben jedoch insoweit bestehen, als die Verletzung ohne Einfluss auf die Feststellung oder den Umfang unserer Leistungspflicht ist. Wenn die Mitwirkungspflicht später erfüllt wird, sind wir ab Beginn des laufenden Monats nach Maßgabe dieser Bedingungen zur Leistung verpflichtet. Die vollständige oder teilweise Leistungsfreiheit tritt nur ein, wenn wir Sie durch gesonderte Mitteilung in Textform auf diese Rechtsfolge hingewiesen haben.

Übersicht

	Rdn.
I. Fassung	1, 2
1. BUZ 1984	1
2. BUZ 1990/1993	2
II. Mitwirkungspflichten	3–5
1. Obliegenheiten	3, 4
2. Mitwirkungspflichten gemäß BUZ	5
III. Leistungsfreiheit des Versicherers	6–16
1. Inhalt der Norm	6

---

[154] OLG Saarbrücken, Urt. v. 4. 10. 2006 – 5 U 247/06 – 40, VersR 2007, 935, 936.
[155] OLG Saarbrücken, Urt. v. 4. 10. 2006 – 5 U 247/06 – 40, VersR 2007, 935, 936.
[156] OLG Köln MDR 2005, 290; OLG Saarbrücken, Urt. v. 4. 10. 2006 – 5 U 247/06 – 40, VersR 2007, 935, 936.
[157] OLG Hamm MDR 2000, 847.
[158] OLG Karlsruhe, Urt. v. 7. 12. 2006 – 19 U 53/06, VersR 2007, 934, 935.

	Rdn.
2. Vorsätzliche Nichterfüllung der Mitwirkungspflichten	7–10
3. Grob fahrlässige Nichterfüllung der Mitwirkungspflichten	11–15
a) Voraussetzungen	11, 12
b) Kausalität	13, 14
c) Kürzungsrecht	15
4. Rechtsfolgenbelehrung	16
IV. Beweislast	17
V. Dauer der Leistungsfreiheit	18

Schrifttum: *Baumann,* Der Streit um die Quote, r+s 2010, 51; *Biersack,* Versicherungsbetrug im deutschen und US-amerikanischen Zivil- und Zivilprozessrecht, München, Beck, 2009; *Hausotter/Eich,* Die Begutachtung für die private Berufsunfähigkeitsversicherung, Ein Leitfaden für medizinische Gutachter und Sachbearbeiter in den Leistungsabteilungen privater Versicherer, Karlsruhe, VVW, 2008; *Hübner,* Verhaltensabhängige Risikoausschlüsse und verhüllte Obliegenheiten, VersR 1978, 981; *Klein,* Aspekte zur Korrektur versicherungsvertraglicher Leistungsfreiheit, BB 1980, 391; *Klingmüller,* Die Gestaltung von Risikoausschlüssen mit Hilfe subjektiver Momente, in: Festschrift für Reimer Schmidt, 1976, S. 753; *Nugel,* Das neue VVG – Quotenbildung bei Leistungskürzung wegen grober Fahrlässigkeit, Sonderbeil. MDR 22/2007, S. 23; *Schneider,* Falscher Anwaltsrat als Schuldausschließungsgrund, JurBüro 1979, 1441; *Schwintowski,* Vom Alles-oder-nichts-Prinzip zum Quotensystem, VuR 2008,1; *Wrabetz,* Fälle und Entscheidungen aus dem Versicherungsvertragsrecht, ZfV 1978, 678.

I. Fassung

1. BUZ 1984

1   In den älteren Versicherungsbeständen ist seit den BUZ 1984[1] folgende Klausel vereinbart:

„**§ 8 Was gilt bei einer Verletzung der Mitwirkungspflichten nach Eintritt der Berufsunfähigkeit?**
(Musterbedingungen des BAV – BUZ 1984)
Solange eine Mitwirkungspflicht nach § 4 oder § 7 von Ihnen oder dem Versicherten vorsätzlich oder grob fahrlässig nicht erfüllt wird, sind wir von der Verpflichtung zur Leistung frei. Bei grob fahrlässiger Verletzung einer Mitwirkungspflicht bleiben die Ansprüche aus der Zusatzversicherung jedoch insoweit bestehen, als die Verletzung ohne Einfluss auf die Feststellung oder den Umfang unserer Leistungspflicht ist. Wenn die Mitwirkungspflicht später erfüllt wird, sind wir ab Beginn des laufenden Monats nach Maßgabe dieser Bedingungen zur Leistung verpflichtet."

2. BUZ 1990/1993

2   Im Zuge der Neufassung der BUZ wurde die Klausel im Jahre 1990[2] neu gefasst und im Rahmen der Neufassung der BUZ im Jahre 1993[3] unverändert wie folgt fortgeführt:

„**§ 8 Was gilt bei einer Verletzung der Mitwirkungspflichten nach Eintritt der Berufsunfähigkeit?**
(Musterbedingungen des BAV – BUZ 1990/1993)
Solange eine Mitwirkungspflicht nach § 4 oder § 7 von Ihnen, dem Versicherten oder dem Anspucherhebenden vorsätzlich oder grob fahrlässig nicht erfüllt wird, sind wir von der Verpflichtung zur Leistung frei. Bei grob fahrlässiger Verletzung einer Mitwirkungspflicht bleiben die Ansprüche aus der Zusatzversicherung jedoch insoweit bestehen, als die Verletzung ohne Einfluss auf die Feststellung oder den Umfang unserer Leistungspflicht ist. Wenn die Mitwir-

---

[1] VerBAV 1984, 2, 4.
[2] VerBAV 1990, 341, 349.
[3] VerBAV 1993, 139.

kungspflicht später erfüllt wird, sind wir ab Beginn des laufenden Monats nach Maßgabe dieser Bedingungen zur Leistung verpflichtet."

II. Mitwirkungspflichten

1. Obliegenheiten

Obliegenheiten sind bloße Verhaltensnormen, d. h. bestimmte Pflichten wie z. B. Anzeige-, Verhaltens-, Mitteilungs-, Duldungs- und Untersuchungspflichten, die der sachgemäßen Abwicklung des konkreten Versicherungsfalls dienen.[4] Sie sind keine erzwingbaren, bei Nichterfüllung in eine Schadensersatzpflicht übergehenden Verbindlichkeiten, sondern beinhalten Pflichten, von deren Erfüllung die Erhaltung des Anspruchs aus dem Versicherungsvertrag abhängt.[5]

Vertragliche Obliegenheiten müssen ausdrücklich vereinbart werden und müssen wegen der Rechtsfolgen des § 15 a VVG von den sonstigen Risikobeschränkungen abgegrenzt werden. Bei der Unterscheidung zwischen Obliegenheit und Risikobegrenzung kommt es nicht entscheidend auf Wortlaut und Stellung der Versicherungsklausel an, sondern auf den materiellen Inhalt der einzelnen Bedingung.[6] Voraussetzung für die Annahme einer Obliegenheit ist in jedem Fall, dass die Klausel die Erhaltung des Versicherungsschutzes von einem bestimmten Verhalten des Versicherungsnehmers abhängig macht.[7] Steht ein bestimmtes Verhalten des Versicherungsnehmers im Vordergrund und nicht eine individualisierende Beschreibung eines Wagnisses mit objektbezogenen Voraussetzungen, für das allein der Versicherer Schutz gewähren will, handelt es sich um eine Obliegenheit. Auch wenn diese in die Form eines Risikoausschlusses gekleidet ist, darf dem Versicherungsnehmer nicht der Schutz der §§ 6, 15 a VVG genommen werden, weil dann eine sog. verhüllte Obliegenheit gegeben ist.[8]

2. Mitwirkungspflichten gemäß BUZ

Welche Mitwirkungspflichten der Versicherungsnehmer oder der Versicherte zu erfüllen haben, ergibt sich aus der Verweisung auf § 4 und § 6 BUZ. Zu den wichtigsten Pflichten gehört die Auskunftspflicht, insbesondere die Pflicht, Auskunft über die Entwicklung des Einkommens und der beruflichen Karriere zu geben, obwohl die BUZ eine ausdrückliche Verpflichtung zur Erteilung dieser Auskünfte nicht vorsehen.[9] Der Versicherte hat sich Nachuntersuchungen zu stellen. Er hat den Arzt von der Schweigepflicht zu entbinden.[10] Eine vertragliche Haupt- oder Nebenpflicht des Versicherten, eine Tätigkeit aufzunehmen,

---

[4] BGH, Urt. v. 22. 12. 1976 – IV ZR 1/76, VersR 1977, 272, 274.
[5] BGH, Urt. v. 7. 11. 1966 – II ZR 12/65, VersR 1967, 27, 28 = NJW 1967, 202; OLG Hamburg, Urt. v. 27. 1. 1972 – 6 U 150/71, VersR 1972, 655; OLG Hamm, Urt. v. 3. 11. 1972 – 20 U 180/72, VersR 1973, 339, 341; OLG Nürnberg, Urt. v. 1. 3. 1979 – 8 U 128/77, VersR 1979, 561; OLG Nürnberg, Urt. v. 26. 11. 1981 – 8 U 1354/81, VersR 1982, 695.
[6] BGH, Urt. v. 3. 7. 1985 – IV a ZR 4/84, VersR 1985, 854 = NJW 1982, 2831 = VerBAV 1985, 425; BGH, Urt. v. 17. 9. 1986 – IV a ZR 232/84, VersR 1986, 1097, 1098; BGH, Urt. v. 9. 12. 1987 – IV a ZR 155/86, VersR 1988, 267, 269.
[7] BGH, Urt. v. 9. 12. 1987 – IV a ZR 155/86, VersR 1988, 267, 269.
[8] BGH, Urt. v. 29. 11. 1972 – IV ZR 162/71, VersR 1973, 145 = NJW 1973, 284; BGH, Urt. v. 24. 10. 1979 – IV ZR 182/77, VersR 1980, 153 = NJW 1980, 837 = VerBAV 1980, 100; BGH, Urt. v. 16. 3. 1983 – IV a ZR 111/81, VersR 1983, 573, 574 = MDR 1983, 829.
[9] A. A. LG Frankfurt/M. v. 3. 11. 1983 – 2/5 O 186/82.
[10] LG Hamburg v. 19. 2. 1986 – 79 O 200/85.

wenn bzw. sobald dies sein Gesundheitszustand gestattet, enthalten die BUZ nicht.[11]

III. Leistungsfreiheit des Versicherers

1. Inhalt der Norm

6   Gemäß § 7 BUZ wird der Versicherer bei Verletzung einer nach dem Eintritt des Versicherungsfalls ihm gegenüber gemäß § 4 oder § 6 BUZ zu erfüllenden Obliegenheit von der Verpflichtung zur Leistung frei, es sei denn, dass die Verletzung weder auf Vorsatz noch auf grober Fahrlässigkeit beruht.[12] Insoweit regelt § 7 BUZ in Übereinstimmung mit § 6 Abs. 3 VVG, jetzt § 28 VGG 2008, die Rechtsfolgen, die eintreten, wenn eine Obliegenheit verletzt wird, die nach dem Eintritt des Versicherungsfalls dem Versicherer gegenüber zu erfüllen ist.[13] Die Rechtsfolgen der Obliegenheitsverletzung treten nur ein, wenn der Versicherer die Leistungsfreiheit gegenüber dem Versicherungsnehmer unter Berufung auf die Obliegenheitsverletzung geltend macht.[14] Dies ist ein tatsächlicher Vorgang, der in der Revisionsinstanz nicht mehr nachgeholt werden kann.[15] Ein Verzicht des Versicherers, sich auf die Rechtsfolgen der Obliegenheitsverletzung zu berufen, ist insbesondere dann anzunehmen, wenn der Versicherer trotz positiver Kenntnis der Umstände, die die Obliegenheitsverletzung begründen, ohne Vorbehalt leistet oder seine Leistungspflicht anerkennt.[16]

2. Vorsätzliche Nichterfüllung der Mitwirkungspflichten

7   Nach dem Wortlaut des § 7 BUZ ist eine Einschränkung der Leistungsbefreiung des Versicherers nur bei grob fahrlässigen Obliegenheitsverletzungen vorgesehen, während es bei vorsätzlichen Verletzungen dabei bleibt, dass das LVU von seiner Leistungspflicht frei wird.[17] Eine vorsätzliche Obliegenheitsverletzung liegt vor, wenn der Versicherungsnehmer die Obliegenheit im Bewusstsein des Vorhandenseins der Verhaltensnorm verletzen will[18] und umfasst auch den bedingten Vorsatz,[19] wobei der Versicherungsnehmer die Folgen der Obliegenheitsverletzung nicht kennen muss.[20] Diese Regelung entspricht zwar § 6 Abs. 3 VVG. Gleichwohl ist bei einer vorsätzlichen, aber folgenlosen Obliegenheitsverletzung entgegen dem Wortlaut des § 7 BUZ die Berufung des LVU auf Leistungsfreiheit nur zulässig, wenn die Obliegenheitsverletzung generell geeignet war, die Interessen des LVU ernsthaft zu gefährden und den Versicherungsnehmer der Vorwurf

---

[11] BGH, Urt. v. 14. 6. 1989 – IV a ZR 74/88, NJW-RR 1989, 1052 = VersR 1989, 905.
[12] Siehe hierzu BGH, Urt. v. 24. 6. 1981 – IV a ZR 133/80, VersR 1982, 182, 183.
[13] BGH, Urt. v. 27. 9. 1989 – IV a ZR 132/88, NJW-RR 1990, 31 = VersR 1989, 1182 = VerBAV 1990, 166.
[14] BGH, Urt. v. 24. 4. 1974 – IV ZR 202/72, VersR 1974, 689 = NJW 1974, 1241; BGH, Urt. 14. 3. 1984 – IV a ZR 24/82, VersR 1984, 530, 532 = MDR 1984, 919.
[15] BGH, Urt. 14. 3. 1984 – IV a ZR 24/82, VersR 1984, 530, 532 = MDR 1984, 919.
[16] BGH, Urt. v. 6. 10. 1982 – IV a 21/81, VersR 1983, 30; LG München I, Urt. v. 17. 9. 1982 – 30 O 2933/82, VersR 1983, 531.
[17] OLG Hamburg v. 15. 4. 1987 – 5 U 77/86.
[18] OLG Hamm, Urt. v. 29. 11. 1985 – 20 U 124/85, VersR 1987, 802, 806.
[19] OLG Karlsruhe, Urt. v. 4. 3. 1982 – 12 U 158/81, VersR 1983, 649, 650; OLG Frankfurt/M., Urt. v. 15. 2. 1984 – 19 U 237/82, VersR 1984, 857, 858; *Marlow/Spuhl*, Das neue VVG, 2. Aufl., S. 71; *Nugel*, Sonderbeil. MDR 22/2007, S. 23.
[20] BGH, Urt. v. 16. 2. 1967 – II ZR 73/65, VersR 1967, 441 = NJW 1967, 1226.

erheblichen Verschuldens trifft.[21] Diese Rechtsprechung hat der BGH auch auf andere Versicherungsarten ausgedehnt.[22] Bei Verletzung einer Auskunftspflicht, die nachweislich keine nachteiligen Folgen für den Versicherer hatte, ist die Leistungsfreiheit des Versicherers davon abhängig, dass er den Versicherungsnehmer vorher deutlich über den drohenden Anspruchsverlust bei vorsätzlich falschen Angaben belehrt hat.[23] Einer Belehrung des Versicherungsnehmers über die Rechtsfolgen bedarf es jedoch dann nicht, wenn der Versicherungsnehmer arglistig falsche Angaben macht, womöglich in betrügerischer Absicht.[24]

Die Relevanz der Obliegenheitsverletzung ist bei einer vorsätzlich falschen Angabe in der Anzeige des Versicherungsfalls regelmäßig zu bejahen.[25] Werden Auskünfte verweigert, die die Feststellung des Versicherungsfalls und die dem LVU obliegende Leistung betreffen, insbesondere Ärzte nicht von der Schweigepflicht entbunden, sind die Belange des LVU ernsthaft gefährdet.[26] Dies ist ferner der Fall, wenn sich der Versicherungsnehmer nicht von einem vom Versicherer benannten Arzt untersuchen lässt[27] oder sich die Erben weigern, beim verstorbenen Versicherungsnehmer eine Blutentnahme durchführen zu lassen.[28] Der Versicherungsnehmer kann sich weder auf Rechtsunkenntnis noch auf Rechtsirrtum berufen, wenn er vor einer eindeutigen vertraglichen Regelung bewusst die Augen verschließt und sich ohne jeden rechtlichen Anhaltspunkt eine eigenwillige Interpretation seiner Rechte und Pflichten zurechtlegt.[29] Eine ernsthafte Gefährdung der Interessen des LVU liegt auch vor bei vorsätzlich unwahren Angaben über Unfallzeitpunkt und Hergang,[30] wenn die behauptete Berufsunfähigkeit auf dem Unfall beruhen soll.

Die Voraussetzungen für die Leistungsfreiheit liegen ferner vor, wenn der Versicherungsnehmer falsche Angaben über das Bestehen anderweitiger Berufsunfähigkeits-Zusatzversicherungen macht, da die Gefahr erheblich größer ist, wenn der Versicherungsnehmer mehrere Berufsunfähigkeits-Zusatzversicherungen bei verschiedenen Versicherern abgeschlossen hat.[31] Der Versicherungsneh-

---

[21] Sog. Relevanzrechtsprechung: vgl. BGHZ 33, 160 = VersR 1970, 241; BGH, Urt. v. 9. 2. 1972 – IV ZR 7/71, VersR 1972, 363; BGH, Urt. v. 13. 7. 1977 – IV ZR 127/76, VersR 1977, 1021; OLG Karlsruhe, Urt. v. 28. 1. 1977 – 14 U 61/75, VersR 1977, 635, 636; OLG Bremen, Urt. v. 27. 3. 1980 – 2 U 18/80, VersR 1981, 977, 978; BGH, Urt. v. 24. 6. 1981 – IV a ZR 133/80, VersR 1982, 182, 183; BGH, Urt. v. 7. 12. 1983 – IV a ZR 231/81, VersR 1984, 228; OLG Köln, Urt. v. 7. 6. 1984 – 5 U 280/83, VersR 1986, 544, 545.

[22] BGH NJW 1978, 826.

[23] BGH, Urt. v. 8. 5. 1967 – II ZR 17/65, VersR 1967, 593 = NJW 1967, 1756 = VerBAV 1967, 213; BGH, Urt. v. 20. 12. 1972 – IV ZR 57/71, VersR 1973, 174 = NJW 1973, 365 = MDR 1973, 301 = VerBAV 1973, 72; OLG Stuttgart, Urt. v. 24. 6. 1975 – 2 U 46/73, VersR 1979, 366.

[24] BGH, Urt. v. 20. 11. 1970 – IV ZR 1074/68, VersR 1971, 142, 143; BGH, Urt. v. 12. 3. 1976 – IV ZR 79/73, VersR 1976, 383; OLG Stuttgart, Urt. v. 24. 6. 1975 – 2 U 46/73, VersR 1979, 366.

[25] BGH, Urt. v. 13. 7. 1977 – IV ZR 127/76, VersR 1977, 1021, 1022; OLG München, Urt. v. 30. 12. 1976 – 19 U 1091/76, VersR 1977, 539, 540.

[26] OLG Hamburg, v. 15. 4. 1987 – 5 U 77/86.

[27] OLG Düsseldorf, Urt. v. 9. 12. 2003 – I-4 U 69/03, VersR 2004, 503, 504.

[28] LG Frankfurt/M., Urt. v. 20. 4. 1989 – 2/5 O 505/88, VersR 1990, 515.

[29] OLG Hamburg, v. 15. 4. 1987 – 5 U 77/86.

[30] OLG Hamm, Urt. v. 11. 5. 1983 – 20 U 327/82, VersR 1984, 229 (Ls.).

[31] OLG Hamm, Urt. v. 16. 1. 1981 – 20 U 84/80, VersR 1981, 953; BGH, Urt. v. 24. 6. 1981 – IV a ZR 133/80, VersR 1982, 182; OLG Oldenburg ZfS 1983, 184; OLG Frankfurt/M., Urt. v. 3. 12. 1990 – 9 U 8/81, VersR 1983, 390; BGH, Urt. v. 23. 1. 1985 – 1 StR 691/84, VersR 1985, 578 = NJW 1985, 1563 = MDR 1985, 512; OLG Köln, Urt. v. 7. 6. 1984 – 5 U 280/83, VersR 1986, 544, 545; OLG Saarbrücken, Urt. v. 31. 7. 1992 – 3 U 18/90, VersR 1993, 569, 570.

mer kann sich weder darauf berufen, der Versicherer habe den wahren Sachverhalt von dritter Seite noch zeitig genug erfahren,[32] noch der Versicherer hätte sich die erforderliche Information anderweitig beschaffen können.[33] Hat es der Versicherungsnehmer von Anfang an darauf angelegt, seine weiteren Versicherungsverträge mit anderen Versicherern beharrlich zu verschweigen, liegt immer ein erhebliches Verschulden vor. Hat der Versicherungsnehmer arglistig getäuscht, ist sowohl eine ernsthafte Gefährdung der Versichererinteressen als auch ein erhebliches Verschulden des Versicherungsnehmers gegeben.[34]

10 Die Folgen einer vollendeten Obliegenheitsverletzung durch die vorsätzliche Erteilung falscher Auskünfte entfallen nicht, wenn der Versicherungsnehmer die korrekte Information nachholt.[35] Ein geringes Verschulden im Sinne der Relevanzrechtsprechung ist nur dann anzunehmen, wenn es sich um ein Fehlverhalten handelt, das auch einem ordentlichen Versicherungsnehmer leicht unterlaufen kann und für das deshalb ein einsichtiger Versicherer Verständnis aufzubringen vermag.[36]

3. Grob fahrlässige Nichterfüllung der Mitwirkungspflichten

11 a) **Voraussetzungen.** Grobe Fahrlässigkeit liegt vor, wenn der Versicherungsnehmer die im Verkehr erforderliche Sorgfalt (§ 276 BGB) in besonders schwerem Maße verletzt. Das ist der Fall, wenn schon einfachste, ganz nahe liegende Überlegungen nicht angestellt werden und das nicht beachtet wird, was im gegebenen Fall jedem einleuchten musste.[37] Grob fahrlässig handelt, wer es als Versicherungsnehmer unterlässt, sich nach Eintritt des Versicherungsfalls über die für diesen Fall bestehenden Obliegenheiten durch Lektüre der Versicherungsbedingungen zu unterrichten und sich die Bedingungen, falls sie ihm nicht vorliegen, zu beschaffen.[38] Der Versicherungsnehmer verletzt hingegen in der Regel seine Obliegenheit zur Anzeige des Versicherungsfalls nicht grob fahrlässig, wenn er – trotz entgegenstehenden Wortlautes der Versicherungsbedingungen – dem Rat seines Rechtsanwaltes vertraut, ein bestimmtes Ereignis müsse nicht angezeigt werden,[39] oder wenn er nach dem Schriftwechsel mit dem Versicherer annehmen konnte, er habe eine Wahlmöglichkeit hinsichtlich der vom Versicherer verlangten gutachterlichen Untersuchung.[40] Bei der falschen Beantwortung klarer, zweifelsfreier Fragen kann sich der Versicherungsnehmer allerdings nicht damit ent-

---

[32] BGH, Urt. v. 24. 6. 1981 – IV a ZR 133/80, VersR 1982, 182.
[33] BGH, Urt. v. 25. 10. 1952 – II ZR 24/52, VersR 1952, 428, 429; BGH, Urt. v. 11. 3. 1965 – II ZR 25/63, VersR 1965, 451; BGH, Urt. v. 24. 6. 1981 – IV a ZR 133/80, VersR 1982, 182, 183; OLG Saarbrücken, Urt. v. 6. 12. 1989 – 5 U 33/89; BGH, Urt. v. 26. 1. 2005 – IV ZR 239/03, VersR 2005, 493; BGH, Urt. v. 17. 1. 2007 – IV ZR 106/06, VersR 2007, 481, 482.
[34] OLG Bremen, Urt. v. 27. 3. 1980 – 2 U 18/80, VersR 1981, 977.
[35] OLG Bremen, Urt. v. 27. 3. 1980 – 2 U 18/80, VersR 1981, 977.
[36] OLG Bremen, Urt. v. 27. 3. 1980 – 2 U 18/80, VersR 1981, 977; BGH, Urt. v. 7. 12. 1983 – IV a ZR 231/81, VersR 1984, 228, 229; OLG Brandenburg, Beschl. v. 29. 9. 2008 – 3 U 27/08, VersR 2009, 627, 628.
[37] BGH NJW 1980, 886; LG Frankfurt/M., Urt. v. 3. 11. 1983 – 2/5 O 186/82; BGH, Urt. v. 29. 1. 2003 – IV ZR 173/01, VersR 2003, 364 = r+s 2003, 144; OLG Saarbrücken, Urt. v. 28. 1. 2009 – 5 U 698/05 – 102, r+s 2009, 138, 139.
[38] LG Berlin, Urt. v. 6. 6. 1978 – 7 O 182/77, VersR 1979, 366; LG Hamburg r+s 1984, 251.
[39] BGH, Urt. v. 8. 1. 1981 – IV a ZR 60/80, NJW 1981, 1098 = VerBAV 1981, 165 = VersR 1981, 321.
[40] LG Köln, Urt. v. 12. 5. 1999 – 23 O 221/98, NVersZ 1999, 565, 566 = VersR 2000, 351, 352.

schuldigen, sein Agent habe ihn falsch beraten[41] oder habe die Anzeige ausgefüllt, nachdem er – der Versicherungsnehmer – sie blanko unterschrieben habe.[42]

Entschuldigt ist der Versicherungsnehmer bei einer objektiv falschen Antwort jedoch dann, wenn er sich an die ihm bekannte fachliche Beurteilung seines Arztes hält.[43] Lässt sich der Versicherungsnehmer bei der Erfüllung seiner Aufklärungspflichten vertreten, muss er in entsprechender Anwendung des § 166 Abs.1 BGB für die Erklärung seines Vertreters einstehen.[44]

b) Kausalität. Bei grob fahrlässiger Obliegenheitsverletzung bleibt der Versicherer zur Leistung insoweit verpflichtet, als die Verletzung weder Einfluss auf die Feststellung des Versicherungsfalls noch auf die Feststellung oder den Umfang der dem Versicherer obliegenden Leistung gehabt hat.[45] Feststellung der Leistungspflicht meint die Aufklärung und Ermittlung aller Tatsachen, die zu den Anspruchsvoraussetzungen gehören. Die Feststellung der Leistung wird insbesondere durch alle Mitwirkungspflichtverletzungen beeinflusst, die die ärztliche Diagnose und Feststellung der Berufsunfähigkeit betreffen. Einfluss auf den Umfang der dem Versicherer obliegenden Leistung hat vor allem eine Missachtung der von den Ärzten nach gewissenhaftem Ermessen zur Förderung der Heilung getroffenen sachdienlichen Anordnungen, aber auch die Nichtbeachtung der Möglichkeiten zur Abwendung und Minderung der eingetretenen Berufsunfähigkeit, etwa durch Duldung einer Operation oder der Bergung eines abgetrennten Gliedes zum Zweck der Replantation oder wenn sich der Versicherte nicht untersuchen lässt.[46]

Für den Einfluss auf die Feststellung oder den Umfang der Leistungspflicht reicht eine bloße Beeinflussung des Feststellungsverfahrens nicht aus. Die Feststellung selbst muss zum Nachteil des Versicherers beeinflusst sein.[47] Nur soweit der Versicherungsnehmer oder der Versicherte durch ihr Handeln die Aufklärung und Ermittlung der Umstände, die das LVU zur Beurteilung der Frage des Eintritts und des Grades der Berufsunfähigkeit wissen muss, be- oder verhindert, etwa durch falsche Angaben und Auskünfte oder wenn sich der Versicherte nicht untersuchen lässt, ist die Feststellung der Leistungspflicht und ihres Umfangs zum Nachteil des LVU konkret beeinflusst.[48]

c) Kürzungsrecht. Begeht der Versicherungsnehmer eine Obliegenheitsverletzung grob fahrlässig, ist der Versicherer gemäß § 28 Abs. 2 Satz 2 VVG 2008 berechtigt, seine Leistung in einem der Schwere des Verschuldens des Versicherungsnehmers entsprechendem Verhältnis zu kürzen. Die einfache Obliegenheitsverletzung des Versicherungsnehmers kann dagegen keine Leistungsfreiheit mehr nach sich ziehen.[49] Im Interesse der Rechtssicherheit bietet es sich an, die Kür-

---

[41] KG, Beschl. v. 28. 11. 1967 – 6 W 2087/67, VersR 1968, 546, 547.
[42] OLG Oldenburg ZfS 1985, 249.
[43] BGH, Urt. v. 2. 11. 1967 – II ZR 40/65, VersR 1968, 41, 42.
[44] BGH, Urt. v. 25. 10. 1952 – II ZR 24/52, VersR 1952, 428; BGH, Urt. v. 19. 1. 1967 – II ZR 37/64, VersR 1967, 343; BGH, Urt. v. 30. 4. 1981 – IV a ZR 129/80, VersR 1981, 948, 950.
[45] Vgl. OLG Karlsruhe, Urt. v. 3. 4. 2008 – 12 U 151/07, r+s 2009, 120, 121.
[46] Vgl. LG München I, Urt. v. 8. 7. 1982 – 24 O 1459/82, VersR 1983, 723.
[47] Vgl. BGH, Urt. v. 4. 5. 1964 – II ZR 153/61, BGHZ 41, 327 = VersR 1964, 709 = NJW 1964, 1899 = VerBAV 1965, 145; BGH, Urt. v. 6. 6. 1966 – II ZR 22/64, VersR 1966, 745; OLG Hamm, Urt. v. 3. 11. 1972 – 20 U 180/72, VersR 1973, 339.
[48] Vgl. OLG Hamburg, Urt. v. 27. 1. 1972 – 6 U 150/71, VersR 1972, 655; OLG Hamm, Urt. v. 3. 11. 1972 – 20 U 180/72, VersR 1973, 339; OLG Bremen, Urt. v. 27. 3. 1980 – 2 U 18/80, VersR 1981, 977.
[49] *Nugel*, Sonderbeil. MDR 22/2007, S. 23.

zung in den festen Stufen 0%, 25%, 50%, 75% und 100% vorzunehmen[50] und die Leistungskürzung unter Berücksichtigung aller Umstände des Einzelfalls nach dem Grad des Verschuldens zu bemessen.[51] Bei grober Fahrlässigkeit ist grundsätzlich eine Leistungskürzung um 50% vorzusehen, wobei es dann der jeweiligen Partei obliegt, darzulegen, dass eine höhere bzw. eine niedrigere Leistungskürzung berechtigt ist.[52]

4. Rechtsfolgenbelehrung

16 Die vollständige oder teilweise Leistungsfreiheit tritt nur ein, wenn der Versicherer durch gesonderte Mitteilung in Textform auf diese Rechtsfolge hingewiesen hat. Die Belehrung muss „klar und unmissverständlich"[53] sowie „inhaltlich zutreffend"[54] erfolgen, wobei dem Erfordernis der Deutlichkeit auch in der Gestaltung des Drucks Rechnung getragen werden muss.[55]

IV. Beweislast

17 Der Versicherer hat die objektive Verletzung einer Mitwirkungspflicht durch den Versicherungsnehmer oder den Versicherten zu beweisen, während der Versicherungsnehmer die Beweislast dafür trägt, dass die Obliegenheitsverletzung weder auf Vorsatz noch auf grober Fahrlässigkeit beruht.[56] Im Falle der grob fahrlässigen Verletzung der Mitwirkungspflicht trägt der Versicherungsnehmer auch die Beweislast dafür, dass die grob fahrlässige Obliegenheitsverletzung weder Einfluss auf die Feststellung des Versicherungsfalls noch die Feststellung oder den Umfang der dem Versicherer obliegenden Leistung gehabt hat.

V. Dauer der Leistungsfreiheit

18 Gemäß § 8 BUZ a. F. ist das LVU bei Obliegenheitsverletzungen seiner Versicherungsnehmer bis zum Ende des Monats von der Verpflichtung zur Leistung frei, in dem der Anspruchserhebende die Obliegenheit erfüllt. Nach der jetzt gültigen Musterfassung wird rückwirkend schon für den Monat geleistet, in dem die Mitwirkungspflicht erfüllt worden ist. Diese Regelung hält sich im gesetzlichen Rahmen des § 6 Abs. 3 VVG und verstößt nicht gegen § 9 AGBG.[57]

---

[50] *Meixner/Steinbeck*, Das neue Versicherungsvertragsrecht, München, Beck, 2008, § 1 Rdn. 216; *Baumann* r+s 2010, 51, 53.
[51] LG Münster, Urt. v. 20. 8. 2009 – 15 O 141/09, NJW 2010, 240, 241 = VersR 2009, 1615, 1616 = r+s 2009, 501.
[52] *Meixner/Steinbeck*, Das neue Versicherungsvertragsrecht, 2008, § 1 Rdn. 216.
[53] BGH, Urt. v. 20. 12. 1972 – IV ZR 57/71, VersR 1973, 174; BGH, Beschl. v. 10. 10. 2007 – IV ZR 95/07, NJW-RR 2008, 273, 274.
[54] BGH, Urt. v. 21. 1. 1998 – IV ZR 10/97, VersR 1998, 447, 448; BGH, Beschl. v. 28. 2. 2007 – IV ZR 152/05, VersR 2007, 683 (ber. 982).
[55] OLG Köln, Urt. v. 5. 6. 2007 – 9 U 37/06, VersR 2008, 243.
[56] BGH, Urt. v. 13. 4. 1983 – IVa ZR 163/81, VersR 1983, 674, 675; BGH, Urt. v. 7. 12. 1983 – IVa ZR 231/81, VersR 1984, 228; OLG Köln, Urt. v. 3. 11. 1983 – 5 U 80/83, VersR 1984, 378; OLG Frankfurt/M., Urt. v. 15. 2. 1984 – 19 U 237/82, VersR 1984, 857, 858.
[57] OLG Hamburg, Urt. v. 15. 4. 1987 – 5 U 77/86, VersR 1988, 705 (Ls.).

§ 8 Wie erfolgt die Überschussbeteiligung?

Wir beteiligen Sie und die anderen Versicherungsnehmer gemäß § 153 des Versicherungsvertragsgesetzes (VVG) an den Überschüssen und ggf. an den Bewertungsreserven (Überschussbeteiligung). Die Überschüsse werden nach den Vorschriften des Handelsgesetzbuches ermittelt und jährlich im Rahmen unseres Jahresabschlusses festgestellt. Die Bewertungsreserven werden dabei im Anhang des Geschäftsberichts ausgewiesen. Der Jahresabschluss wird von einem unabhängigen Wirtschaftsprüfer geprüft und ist unserer Aufsichtsbehörde einzureichen.

(1) Grundsätze und Maßstäbe für die Überschussbeteiligung der Versicherungsnehmer

(a) Überschüsse entstehen dann, wenn die Aufwendungen für das Berufsunfähigkeitsrisiko und die Kosten niedriger sind, als bei der Tarifkalkulation angenommen. An diesen Überschüssen werden die Versicherungsnehmer angemessen beteiligt und zwar nach der derzeitigen Rechtslage am Risikoergebnis (Berufsunfähigkeitsrisiko) grundsätzlich zu mindestens 75% und am übrigen Ergebnis (einschließlich Kosten) grundsätzlich zu mindestens 50% (§ 4 Abs. 4 u. 5, § 5 Mindestzuführungsverordnung).

Weitere Überschüsse stammen aus den Erträgen der Kapitalanlagen. Von den Nettoerträgen derjenigen Kapitalanlagen, die für künftige Versicherungsleistungen vorgesehen sind (§ 3 Mindestzuführungsverordnung), erhalten die Versicherungsnehmer insgesamt mindestens den in dieser Verordnung genannten Prozentsatz. In der derzeitigen Fassung der Verordnung sind grundsätzlich 90% vorgeschrieben (§ 4 Abs. 3, § 5 Mindestzuführungsverordnung). Aus diesem Betrag werden zunächst die Beträge finanziert, die für die garantierten Versicherungsleistungen benötigt werden. Die verbleibenden Mittel verwenden wir für die Überschussbeteiligung der Versicherungsnehmer.

Die verschiedenen Versicherungsarten tragen unterschiedlich zum Überschuss bei. Wir haben deshalb gleichartige Versicherungen zu Gruppen zusammengefasst. Gewinngruppen bilden wir beispielsweise, um das versicherte Risiko wie das Todesfall- oder Berufsunfähigkeitsrisiko zu berücksichtigen.[1] Die Verteilung des Überschusses für die Versicherungsnehmer auf die einzelnen Gruppen orientiert sich daran, in welchem Umfang sie zu seiner Entstehung beigetragen haben. Den Überschuss führen wir der Rückstellung für Beitragsrückerstattung zu, soweit er nicht in Form der sog. Direktgutschrift bereits unmittelbar den überschussberechtigten Versicherungen gutgeschrieben wird. Diese Rückstellung dient dazu, Ergebnisschwankungen im Zeitablauf zu glätten. Sie darf grundsätzlich nur für die Überschussbeteiligung der Versicherungsnehmer verwendet werden. Nur in Ausnahmefällen und mit Zustimmung der Aufsichtsbehörde können wir hiervon nach § 56a des Versicherungsaufsichtsgesetzes (VAG) abweichen, soweit die Rückstellung nicht auf bereits festgelegte Überschussanteile entfällt. Nach der derzeitigen Fassung des § 56a VAG können wir die Rückstellung, im Interesse der Versicherungsnehmer auch zur Abwendung eines drohenden Notstandes, zum Ausgleich unvorhersehbarer Verluste aus den überschussberechtigten Versicherungsverträgen, die auf allgemeine Änderungen der Verhältnisse zurückzuführen sind, oder — sofern die Rechnungsgrundlagen aufgrund einer unvorhersehbaren und nicht nur vorübergehenden Änderung der Verhältnisse angepasst werden müssen — zur Erhöhung der Deckungsrückstellung heranziehen.

(b) Bewertungsreserven entstehen, wenn der Marktwert der Kapitalanlagen über dem Wert liegt, mit dem die Kapitalanlagen in der Bilanz ausgewiesen sind. Die

---

[1] Ggf. weitere unternehmensindividuelle Information über Gewinngruppen bzw. Untergruppen und deren Modalitäten; die Begriffe sind an die unternehmensindividuellen Gegebenheiten anzupassen.

Beiträge sind so kalkuliert, dass sie für die Deckung von Berufsunfähigkeitsrisiken benötigt werden. Für die Bildung von Kapitalerträgen stehen deshalb bei der Berufsunfähigkeits-Zusatzversicherung keine oder allenfalls geringfügige Beträge zur Verfügung. Daher entstehen keine oder nur geringe Bewertungsreserven. Soweit Bewertungsreserven überhaupt entstehen, werden diese jährlich neu ermittelt und den Verträgen nach dem in Absatz 2 beschriebenen Verfahren zugeordnet (§ 153 Abs. 3 VVG). Bei Beendigung eines Vertrages[2] wird der für diesen Zeitpunkt aktuell ermittelte Betrag zur Hälfte zugeteilt und ausgezahlt. Auch während des Rentenbezuges werden wir Sie an den Bewertungsreserven beteiligen.[3] Aufsichtsrechtliche Regelungen zur Kapitalausstattung bleiben unberührt.[4]

(2) **Grundsätze und Maßstäbe für die Überschussbeteiligung Ihres Vertrages**
  (a) Ihre Versicherung erhält Anteile an den Überschüssen derjenigen Gruppe, die in Ihrem Versicherungsschein genannt ist. Die Mittel für die Überschussanteile werden bei der Direktgutschrift zu Lasten des Ergebnisses des Geschäftsjahres finanziert, ansonsten der Rückstellung für Beitragsrückerstattung entnommen. Die Höhe der Überschussanteilsätze wird jedes Jahr vom Vorstand unseres Unternehmens auf Vorschlag des Verantwortlichen Aktuars festgelegt. Wir veröffentlichen die Überschussanteilsätze in unserem Geschäftsbericht. Den Geschäftsbericht können Sie bei uns jederzeit anfordern.
  (b) ...[5]
  (c) ...[6]

(3) **Information über die Höhe der Überschussbeteiligung**
Die Höhe der Überschussbeteiligung hängt von vielen Einflüssen ab. Diese sind nicht vorhersehbar und von uns nur begrenzt beeinflussbar. Wichtigster Einflussfaktor ist dabei die Zinsentwicklung des Kapitalmarkts. Aber auch die Entwicklung des versicherten Risikos und der Kosten sind von Bedeutung. Die Höhe der künftigen Überschussbeteiligung kann also nicht garantiert werden.

§ 9 Wie ist das Verhältnis zur Hauptversicherung?

(1) **Die Zusatzversicherung bildet mit der Versicherung, zu der sie abgeschlossen worden ist (Hauptversicherung), eine Einheit; sie kann ohne die Hauptversicherung nicht fortgesetzt werden. Spätestens wenn der Versicherungsschutz aus der Hauptversicherung endet, bei Rentenversicherungen spätestens mit dem vereinbarten Rentenbeginn, erlischt auch die Zusatzversicherung.**

---

[2] Ggf. unternehmensindividuellen früheren Zuteilungszeitpunkt verwenden.
[3] [Neu eingefügter Satz gemäß aktueller Fassung des GDV vom 14. 10. 2009, vgl. www.gdv.de.].
[4] Von dieser Regelung kann abgewichen werden, wenn ein Verzicht auf die Beteiligung an den Bewertungsreserven im Rentenbezug aktuariell begründet werden kann. [Diese Fußnote wurde neu eingefügt, vgl. aktuelle Fassung des GDV vom 14. 10. 2009, abrufbar über www.gdv.de].
[5] Hier sind folgende unternehmensindividuelle Angaben zu machen:
  a) Voraussetzung für die Fälligkeit der Überschussanteile (Wartezeit, Stichtag für die Zuteilung u. ä.)
  b) Form und Verwendung der Überschussanteile (laufende Überschussanteile, Schlussüberschussanteile, Bonus, Ansammlung, Verrechnung, Barauszahlung u. ä.)
  c) Bemessungsgrößen für die Überschussanteile.
[6] Hier sind der Verteilungsmechanismus, d. h. die Schlüsselung der ermittelten verteilungsfähigen Bewertungsreserven auf den einzelnen Vertrag und die Bewertungsstichtage anzugeben. Vgl. hierzu auch Gesamtgeschäftsplan für die Überschussbeteiligung, Abschnitte 3.11.1 bis 3. 11. 11. [Satz 2 der Fußnote wurde neu eingefügt, vgl. aktuelle Fassung des GDV v. 14. 10. 2009, abrufbar über www.gdv.de.].

(2) Eine Zusatzversicherung, für die laufende Beiträge zu zahlen sind, können Sie für sich allein kündigen. In den letzten ...[1] Versicherungsjahren vor Ablauf der Hauptversicherung, bei Rentenversicherungen in den letzten ...[2] Jahren vor dem vereinbarten Rentenbeginn, kann die Zusatzversicherung jedoch nur zusammen mit der Hauptversicherung gekündigt werden. Einen Rückkaufswert aus der Zusatzversicherung – soweit vorhanden – erhalten Sie nur, wenn Sie die Zusatzversicherung zusammen mit der Hauptversicherung kündigen. Der Rückkaufswert mindert sich um einen Abzug in Höhe von ...[3] sowie um rückständige Beiträge. Mit dem Abzug wird die Veränderung der Risikolage des verbleibenden Versichertenbestandes[4] ausgeglichen; zudem wird damit ein Ausgleich für kollektiv gestelltes Risikokapital vorgenommen.[5] Weitere Erläuterungen sowie versicherungsmathematische Hinweise zum Abzug finden Sie im Anhang zu den Versicherungsbedingungen. Sofern Sie uns nachweisen, dass die dem Abzug zugrunde liegenden Annahmen in Ihrem Fall entweder dem Grunde nach nicht zutreffen oder der Abzug wesentlich niedriger zu beziffern ist, entfällt der Abzug bzw. wird – im letzteren Falle – entsprechend herabgesetzt.

(3) Eine Zusatzversicherung, für die keine Beiträge mehr zu zahlen sind (beitragsfreie Zusatzversicherung, Zusatzversicherung gegen Einmalbeitrag), können Sie nur zusammen mit der Hauptversicherung kündigen. Absatz 2 Satz 3 und 4 gilt entsprechend.

(4) Die Zusatzversicherung können Sie nur zusammen mit der Hauptversicherung in eine beitragsfreie Versicherung umwandeln, und nur dann, wenn die beitragsfreie Mindestrente von ...[6] erreicht wird. Das Verhältnis zwischen der Berufsunfähigkeitsrente und der Leistung aus der Hauptversicherung wird durch die Umwandlung in eine beitragsfreie Versicherung nicht verändert. Die beitragsfreie Berufsunfähigkeitsrente errechnen wir nach anerkannten Regeln der Versicherungsmathematik für den Schluss der laufenden Versicherungsperiode. Der aus der Zusatzversicherung für die Bildung der beitragsfreien Berufsunfähigkeitsrente zur Verfügung stehende Betrag mindert sich um einen Abzug in Höhe von ...[7] sowie um rückständige Beiträge. Mit dem Abzug wird die Veränderung der Risikolage des verbleibenden Versichertenbestandes[8] ausgeglichen; zudem wird damit ein Ausgleich für kollektiv gestelltes Risikokapital vorgenommen.[9] Weitere Erläuterungen sowie versicherungsmathematische Hinweise zum Abzug finden Sie im Anhang zu den Versicherungsbedingungen. Sofern Sie uns nachweisen, dass die dem Abzug zugrunde liegenden Annahmen in Ihrem Fall entweder dem Grunde nach nicht zutreffen oder der Abzug wesentlich niedriger zu beziffern ist, entfällt der Abzug bzw. wird – im letzteren Falle – entsprechend herabgesetzt. Wird die Mindestrente nicht erreicht, verwenden wir diesen Betrag zur Erhöhung der beitragsfreien Leistung der Hauptversicherung.

(5) Bei Herabsetzung der versicherten Leistung aus der Hauptversicherung gelten die Absätze 2 bis 4 entsprechend.

(6) Ist unsere Leistungspflicht aus der Zusatzversicherung anerkannt oder festgestellt, berechnen wir die Leistung aus der Hauptversicherung (Rückkaufswert,

---

[1] Unternehmensindividuell ergänzen.
[2] Unternehmensindividuell ergänzen.
[3] Unternehmensindividuell ergänzen.
[4] Ggf. unternehmensindividuell anpassen, wenn im Bedingungswerk eine andere Diktion veranlasst ist.
[5] Ggf. unternehmensindividuell anpassen, wenn auch aus anderen Gründen oder nur in eingeschränktem Umfang, also nicht aus allen oben genannten Gründen, ein Abzug erfolgen soll.
[6] Unternehmensindividuell ergänzen.
[7] Unternehmensindividuell ergänzen.
[8] Ggf. unternehmensindividuell anpassen, wenn im Bedingungswerk eine andere Diktion veranlasst ist.
[9] Ggf. unternehmensindividuell anpassen, wenn auch aus anderen Gründen oder nur in eingeschränktem Umfang, also nicht aus allen oben genannten Gründen, ein Abzug erfolgen soll.

beitragsfreie Versicherungsleistung und Überschussbeteiligung der Hauptversicherung) so, als ob sie den Beitrag unverändert weiter gezahlt hätten.

(7) Anerkannte oder festgelegte Ansprüche aus der Zusatzversicherung werden durch Rückkauf oder Umwandlung der Hauptversicherung in eine beitragsfreie Versicherung mit herabgesetzter Versicherungsleistung nicht berührt.

(8) Ansprüche aus der Berufsunfähigkeits-Zusatzversicherung können Sie nicht abtreten oder verpfänden.

(9) Soweit in diesen Bedingungen nichts anderes bestimmt ist, finden die Allgemeinen Bedingungen für die Hauptversicherung sinngemäß Anwendung.

Übersicht

	Rdn.
I. Allgemeines	1–6
1. Fassung	1, 2
a) BUZ 1984	1
b) BUZ 1990/1993	2
2. Inhaltskontrolle des § 9 Abs. 6 BUZ 1990/1993	3, 4
a) Zweck der Regelung	3
b) Rechtswirksamkeit	4
3. Inhaltskontrolle einer Umstellungsklausel	5, 6
II. Einheit von Haupt- und Zusatzversicherung (§ 9 Abs. 1 BUZ)	7–9
1. Laufzeit der BUZ	7
2. Bestand der BUZ	8, 9
a) Begriff der Einheit	8 a
b) Beendigung der BUZ	8 b
c) Abtretung von Ansprüchen aus der Lebensversicherung	9
III. Kündigung der laufenden BUZ (§ 9 Abs. 2 BUZ)	10, 11
1. Kündigungsrecht des Versicherungsnehmers	10
2. Kündigungsrecht des Versicherers	11
IV. Kündigung der beitragsfreien BUZ (§ 9 Abs. 3 BUZ)	12
V. Umwandlung in eine beitragsfreie Versicherung (§ 9 Abs. 4 BUZ)	13
VI. Veränderung der versicherten Leistung (§ 9 Abs. 5 BUZ)	14, 15
1. Herabsetzung	14
2. Heraufsetzung	15
VII. Berechnung der Leistungen (§ 9 Abs. 6 BUZ)	16
VIII. Fortbestehen der Ansprüche aus der BUZ (§ 9 Abs. 7 BUZ)	17
IX. Abtretungs- und Verpfändungsverbot (§ 9 Abs. 8 BUZ)	18
1. Zweck der Vorschrift	18
2. Pfändung der Ansprüche	18 a–18 d
a) § 850 b Abs. 1 Nr. 1, Abs. 2 ZPO	18 a
b) § 850 Abs. 3 b) ZPO	18 b
c) § 850 c ZPO	18 c
d) § 851 c ZPO	18 d
3. Insolvenz	18 e
X. Anwendung der AVB der Hauptversicherung (§ 9 Abs. 9 BUZ)	19, 20

Schrifttum: *Terno,* Die neuere Rechtsprechung des IV. Zivilsenats des Bundesgerichtshofs zur Berufsunfähigkeits-Zusatzversicherung, r+s 2008, 361.

I. Allgemeines

1. Fassung

1 a) **BUZ 1984.** Mit Verlautbarung der BUZ im Jahre1984[10] erhielt § 9 BUZ folgende Fassung:

---

[10] VerBAV 1984, 2, 5.

„§ 9 Wie ist das Verhältnis zur Hauptversicherung?
(Musterbedingungen des BAV – BUZ 1984)

(1) Die Zusatzversicherung bildet mit der Versicherung, zu der sie abgeschlossen worden ist (Hauptversicherung), eine Einheit; sie kann ohne die Hauptversicherung nicht fortgesetzt werden. Wenn der Versicherungsschutz aus der Hauptversicherung endet, so erlischt auch die Zusatzversicherung.

(2) Eine Zusatzversicherung, für die laufende Beiträge zu zahlen sind, können Sie für sich allein kündigen. In den letzten fünf Versicherungsjahren kann die Zusatzversicherung jedoch nur zusammen mit der Hauptversicherung gekündigt werden. Ein Rückkaufwert aus der Zusatzversicherung fällt nach unserem Geschäftsplan nicht an.

(3) Eine Zusatzversicherung, für die keine Beiträge mehr zu zahlen sind (beitragsfreie Zusatzversicherung, Zusatzversicherung gegen Einmalbeitrag), können Sie nur zusammen mit der Hauptversicherung kündigen. In diesem Fall erhalten Sie – soweit vorhanden – den nach unserem Geschäftsplan berechneten Rückkaufswert.

(4) Die Zusatzversicherung können Sie nur zusammen mit der Hauptversicherung in eine beitragsfreie Versicherung umwandeln. Voraussetzung ist allerdings, dass die hierfür geschäftsplanmäßig vorgesehene Mindestrente nicht unterschritten wird. Das Verhältnis zwischen der Berufsunfähigkeitsrente und der Leistung aus der Hauptversicherung wird durch die Umwandlung in eine beitragsfreie Versicherung nicht verändert.

(5) Bei Herabsetzung der versicherten Leistung aus der Hauptversicherung gelten die Absätze 3 und 4 entsprechend.

(6) Lebt unsere aus irgendeinem Grunde erloschene oder auf die herabgesetzte beitragsfreie Versicherung beschränkte Leistungspflicht aus der Hauptversicherung wieder auf und wird die Zusatzversicherung wieder in Kraft gesetzt, so können Ansprüche aus dem wieder in Kraft gesetzten Teil der Zusatzversicherung nicht aufgrund solcher Ursachen (Krankheit, Körperverletzung, Kräfteverfall) geltend gemacht werden, die während der Unterbrechung des vollen Versicherungsschutzes eingetreten sind.

(7) Ist unsere Leistungspflicht aus der Zusatzversicherung anerkannt oder festgestellt, so berechnen wir die Leistungen aus der Hauptversicherung (Rückkaufwert, beitragsfreie Versicherungsleistung, Vorauszahlung und Überschussbeteiligung der Hauptversicherung) so, als ob sie den Beitrag unverändert weiter gezahlt hätten.

(8) Anerkannte oder festgestellte Ansprüche aus der Zusatzversicherung werden durch Rückkauf oder Umwandlung der Hauptversicherung in eine beitragsfreie Versicherung mit herabgesetzter Versicherungsleistung nicht berührt.

(9) Die Zusatzversicherung ist entsprechend unserem jeweiligen von der Aufsichtsbehörde genehmigten Geschäftsplan an dem erwirtschafteten Überschuss beteiligt.

(10) Soweit in diesen Bedingungen nichts anderes bestimmt ist, finden die Allgemeinen Bedingungen für die Hauptversicherung sinngemäß Anwendung."

b) BUZ 1990/1993. Im Jahre 1990[11] wurde § 9 BUZ neu gefasst und im Zuge der Neufassung der BUZ im Jahre 1993[12] unverändert wie folgt fortgeführt:

„§ 9 Wie ist das Verhältnis zur Hauptversicherung?
(Musterbedingungen des BAV – BUZ 1990/1993)

(1) Die Zusatzversicherung bildet mit der Versicherung, zu der sie abgeschlossen worden ist (Hauptversicherung), eine Einheit; sie kann ohne die Hauptversicherung nicht fortgesetzt werden. Wenn der Versicherungsschutz aus der Hauptversicherung endet, so erlischt auch die Zusatzversicherung.

(2) Eine Zusatzversicherung, für die laufende Beiträge zu zahlen sind, können Sie für sich allein kündigen. In den letzten fünf Versicherungsjahren kann die Zusatzversicherung jedoch nur zusammen mit der Hauptversicherung gekündigt werden. Eine Rückvergütung aus der Zusatzversicherung – soweit vorhanden – erhalten Sie nach unserem Geschäftsplan nur, wenn Sie die Zusatzversicherung zusammen mit der Hauptversicherung kündigen.

(3) Eine Zusatzversicherung, für die keine Beiträge mehr zu zahlen sind (beitragsfreie Zusatzversicherung, Zusatzversicherung gegen Einmalbeitrag), können Sie nur zusammen mit der Hauptversicherung kündigen. In diesem Fall erhalten Sie – soweit vorhanden – die nach unserem Geschäftsplan berechnete Rückvergütung.

(4) Die Zusatzversicherung können Sie nur zusammen mit der Hauptversicherung in eine beitragsfreie Versicherung umwandeln. Voraussetzung ist allerdings, dass die hierfür geschäftsplanmäßig vorgesehene Mindestrente nicht unterschritten wird. Das Verhältnis zwi-

---

[11] VerBAV 1990, 341, 349 f.
[12] VerBAV 1993, 139.

schen der Berufsunfähigkeitsrente und der Leistung aus der Hauptversicherung wird durch die Umwandlung in eine beitragsfreie Versicherung nicht verändert.

(5) Bei Herabsetzung der versicherten Leistung aus der Hauptversicherung gelten die Absätze 3 und 4 entsprechend.

(6) Lebt unsere aus irgendeinem Grunde erloschene oder auf die herabgesetzte beitragsfreie Versicherung beschränkte Leistungspflicht aus der Hauptversicherung wieder auf und wird die Zusatzversicherung wieder in Kraft gesetzt, so können Ansprüche aus dem wieder in Kraft gesetzten Teil der Zusatzversicherung nicht aufgrund solcher Ursachen (Krankheit, Körperverletzung, Kräfteverfall) geltend gemacht werden, die während der Unterbrechung des vollen Versicherungsschutzes eingetreten sind.

(7) Ist unsere Leistungspflicht aus der Zusatzversicherung anerkannt oder festgestellt, so berechnen wir die Leistungen aus der Hauptversicherung (Rückvergütung, beitragsfreie Versicherungsleistung, Vorauszahlung und Überschussbeteiligung der Hauptversicherung) so, als ob sie den Beitrag unverändert weiter gezahlt hätten.

(8) Anerkannte oder festgestellte Ansprüche aus der Zusatzversicherung werden durch Rückkauf oder Umwandlung der Hauptversicherung in eine beitragsfreie Versicherung mit herabgesetzter Versicherungsleistung nicht berührt.

(9) Die Zusatzversicherung ist entsprechend unserem jeweiligen von der Aufsichtsbehörde genehmigten Geschäftsplan an dem erwirtschafteten Überschuss beteiligt.

(10) Soweit in diesen Bedingungen nichts anderes bestimmt ist, finden die Allgemeinen Bedingungen für die Hauptversicherung sinngemäß Anwendung."

2. Inhaltskontrolle des § 9 Abs. 6 BUZ 1990/1993

3 a) **Zweck der Regelung.** § 9 Abs. 6 BUZ 1990/1993 enthält eine zeitliche Risikobeschränkung. Ausgeschlossen ist der Versicherungsschutz für Versicherungsfälle, die während der Unterbrechung des vollen Versicherungsschutzes verursacht worden sind, auch wenn der Eintritt der Berufsunfähigkeit zeitlich später erfolgt ist. Entscheidend ist für den Risikoausschluss, dass Krankheit, Körperverletzung oder Kräfteverfall, auf die die Berufsunfähigkeit zurückzuführen ist, während der Unterbrechungszeit eingetreten sind. Diese Risikoabgrenzung ist sachgerecht, da der Versicherer für die Unterbrechungszeit keine Prämie erhalten hat. Der Risikoausschluss versteht sich daher von selbst.[13]

4 b) **Rechtswirksamkeit.** Die Regelung ist nach Auffassung des OLG Hamm[14] überraschend und unangemessen im Sinne der §§ 3, 9 AGBG[15] und mit der Systematik der §§ 16 ff. VVG nicht in Einklang zu bringen. Zeige ein Versicherungsnehmer mit seinem Antrag auf Wiederinkraftsetzung der Versicherung seine neu hinzugekommenen Erkrankungen an, dann habe er damit seiner Anzeigepflicht nach § 16 VVG Genüge getan und könne erwarten, dass der Versicherer, wenn der Antrag ohne Einschränkungen angenommen werde, auch ohne Einschränkungen Versicherungsschutz biete.[16] Bei dieser Betrachtung wird übersehen, dass Wiederinkraftsetzungen erloschener oder herabgesetzter Versicherungen in manchen Fällen auch ohne ausdrücklichen Antrag des Versicherungsnehmers und ohne Gesundheitsprüfungen erfolgen, so z.B. gemäß § 39 Abs. 3 Satz 4 VVG, wenn die Wirkungen einer Kündigung dadurch nachträglich fortfallen, dass der Versicherungsnehmer die Beitragszahlungen innerhalb eines Monats nach Ablauf der Zahlungsfrist nachholt. In diesen Fällen bietet die vom OLG Hamm beanstandete Klausel den erforderlichen Schutz für den Versicherer, wenn ein Versicherungsnehmer die Beitragszahlung nur deshalb wieder aufnimmt, weil er inzwischen erkrankt ist und damit rechnet, dass infolgedessen der Versicherungsfall eintreten könnte.

---

[13] *Winter* in: Bruck/Möller, VVG, 8. Aufl., 1988, §§ 159 – 178 VVG Anm. G 177.
[14] OLG Hamm, Beschl. v. 29. 9. 1998 – 20 W 15/98, NVersZ 1999, 72 = VersR 1998, 1538 = r+s 1999, 40, 41.
[15] Ebenso *Voit*, Berufsunfähigkeitsversicherung, 1994, Rdn. 512.
[16] OLG Hamm, Beschl. v. 29. 9. 1998 – 20 W 15/98, NVersZ 1999, 72 = VersR 1998, 1538 = r+s 1999, 40, 41.

3. Inhaltskontrolle einer Umstellungsklausel

Mitunter findet sich in Bedingungswerken folgende Klausel:[17]   5

„Diese Versicherung kann nach Maßgabe der folgenden Bestimmungen umgestellt werden:
Mit der Umstellung fällt die Mitversicherung der Berufsunfähigkeitsrente weg. Der Beitrag wird jedoch nicht verändert, vielmehr werden die Versicherungssumme und die Leistung aus der Unfallzusatzversicherung entsprechend erhöht.
Der Versicherungsnehmer kann die Umstellung jeweils zum Jahrestag des Versicherungsbeginns verlangen, letztmals zum Jahrestag, der der Vollendung des 30. Lebensjahres des Versicherten am nächsten liegt (letztmöglicher Umstellungstermin). Das Verlangen auf Umstellung muss spätestens drei Monate vor dem Umstellungstermin erklärt werden.
Zum letztmöglichen Umstellungstermin wird die Versicherung automatisch umgestellt, wenn der Versicherungsnehmer nichts anderes verlangt."

Die Klausel verstößt nicht gegen § 10 Nr. 5 AGBG.[18] Sie genügt den Transpa-   6
renzanforderungen und ist nicht wegen eines Verstoßes gemäß § 9 AGBG unwirksam.[19] Die Klausel ist auch nicht überraschend, weil sie unüblich ist.[20] Einem Versicherer kann nicht die Verwendung einer Klausel untersagt werden, nur weil seine Mitwettbewerber eine vergleichbare Klausel nicht in ihr Bedingungswerk aufgenommen haben.[21] Das Ungewöhnliche einer AGB-Klausel reicht allein für das Eingreifen des § 3 AGBG nicht aus.[22] Es muss ein Überraschungsmoment auf Seiten des Kunden hinzukommen.[23] Die Umstellungsklausel ist aber so formuliert, dass der Versicherungsnehmer weiß, dass auch ohne sein Zutun die Verpflichtung des Versicherers zur Rentenzahlung entfällt.[24] Unter diesen Umständen kann von einem Überrumpelungs- oder Übertölpelungseffekt, den die Anwendung des § 3 AGBG voraussetzt, keine Rede sein.[25]

II. Einheit von Haupt- und Zusatzversicherung (§ 9 Abs. 1 BUZ)

1. Laufzeit der BUZ

Ist in einem Antrag auf Abschluss einer kapitalbildenden Lebensversicherung   7
mit einer BUZ nur eine Laufzeit für die Dauer der kapitalbildenden Lebensversicherung eingegeben und ist in dem entsprechenden Feld zur BUZ „Dauer der BUZ" nichts eingetragen, so entspricht die Dauer der BUZ der der kapitalbildenden Lebensversicherung.[26] Eine im Versicherungsschein davon abweichende Laufzeit für die BUZ ist gemäß § 5 Abs. 2 VVG unwirksam, wenn die Abänderung nicht in drucktechnisch deutlicher Weise kenntlich gemacht wurde.[27]

---

[17] Vgl. BGH, Urt. v. 28. 3. 2001 – IV ZR 180/00, VersR 2001, 752, 753.
[18] BGH, Urt. v. 28. 3. 2001 – IV ZR 180/00, r+s 2001, 300, 302.
[19] BGH, Urt. v. 28. 3. 2001 – IV ZR 180/00, r+s 2001, 300, 302.
[20] BGH, Urt. v. 28. 3. 2001 – IV ZR 180/00, VersR 2001, 752, 754 = r+s 2001, 300, 302.
[21] BGH, Urt. v. 28. 3. 2001 – IV ZR 180/00, VersR 2001, 752, 754 = r+s 2001, 300, 302.
[22] BGH, Urt. v. 28. 3. 2001 – IV ZR 180/00, r+s 2001, 300, 302.
[23] BGH, Urt. v. 28. 3. 2001 – IV ZR 180/00, r+s 2001, 300, 302; *Ulmer* in: Ulmer/Brandner/Hensen, AGB-Gesetz, 9. Aufl., 2001, § 3 Rdn. 22 m. w. Nachw.
[24] BGH, Urt. v. 28. 3. 2001 – IV ZR 180/00, r+s 2001, 300, 302.
[25] BGHZ 84, 109, 112; BGH, Urt. v. 28. 3. 2001 – IV ZR 180/00, r+s 2001, 300, 302.
[26] LG Aschaffenburg, Urt. v. 22. 11. 2001 – 2 S 191/01, r+s 2003, 27.
[27] LG Aschaffenburg, Urt. v. 22. 11. 2001 – 2 S 191/01, r+s 2003, 27.

2. Bestand der BUZ

8 **a) Begriff der Einheit.** Mit der Formulierung in § 9 Abs. 1 BUZ, dass die Berufsunfähigkeits-Zusatzversicherung ohne die Hauptversicherung nicht fortgesetzt werden kann und dass die Berufsunfähigkeits-Zusatzversicherung erlischt, wenn der Versicherungsschutz aus der Hauptversicherung endet, ist für den durchschnittlichen Versicherungsnehmer klargestellt, dass die Einheit beider Versicherungen dahin zu verstehen ist, dass wohl die Lebensversicherung ohne die Berufsunfähigkeits-Zusatzversicherung Bestand haben kann, nicht aber umgekehrt.[28]

8a **b) Beendigung der BUZ.** Anerkannt ist, dass der Versicherer isoliert von der in einen Lebensversicherungsvertrag eingeschlossenen Berufsunfähigkeitszusatzversicherung zurücktreten kann, ohne dass dies die Lebensversicherung als Hauptversicherung berührt.[29] Erklärt der Versicherer jedoch den Rücktritt vom Lebensversicherungsvertrag (Hauptversicherung) kann die Berufsunfähigkeitszusatzversicherung nicht fortbestehen.[30] Denn gemäß § 9 Abs. 1 BUZ bildet die Zusatzversicherung mit der Versicherung, zu der sie abgeschlossen worden ist (Hauptversicherung), eine Einheit.[31] Sie kann ohne die Hauptversicherung nicht fortgesetzt werden.[32] Spätestens wenn der Versicherungsschutz aus der Hauptversicherung endet, erlischt auch die Zusatzversicherung.[33]

8b Wird die Lebensversicherung durch Kündigung beendet, läuft auch die Berufsunfähigkeits-Zusatzversicherung ab.[34] Es erlischt der Anspruch auf Berufsunfähigkeitsrente.[35] Nach dem Erlöschen der Berufsunfähigkeits-Zusatzversicherung kann eine Erhöhung der Leistung z. B. wegen inzwischen eingetretener vollständiger Berufsunfähigkeit nicht mehr verlangt werden.[36]

9 **c) Abtretung von Ansprüchen aus der Lebensversicherung.** Die Abtretung der Ansprüche aus der Haupt- und der Zusatzversicherung kann in eine Abtretung der Ansprüche aus der Lebensversicherung und in eine Abtretung der Ansprüche aus der Berufsunfähigkeits-Zusatzversicherung zerlegt werden.[37] Die Abtretung der Ansprüche aus der Berufsunfähigkeits-Zusatzversicherung wird nicht von den §§ 850b Abs. 1 Nr. 1, 400 BGB erfasst.[38] Dies folgt nicht zuletzt aus dem Umstand, dass die Lebensversicherung als Hauptversicherung in ihrem Bestand unabhängig vom Bestehen der Berufsunfähigkeits-Zusatzversicherung ist.[39] Dass die isolierte Abtretung allein von Ansprüchen aus der Lebensversicherung als Hauptversicherung zulässig ist,[40] ergibt sich auch aus § 13 Abs. 3 ALB.

---

[28] OLG Saarbrücken, Urt. v. 19. 5. 1993 – 5 U 56/92, r+s 1997, 303, 305; BGH, Urt. v. 28. 3. 2001 – IV ZR 180/00, VersR 2001, 752, 754 = r+s 2001, 300, 301.
[29] OLG Koblenz, Urt. v. 17. 11. 2000 – 10 U 1979/99, VersR 2001, 887.
[30] OLG Koblenz, Urt. v. 17. 11. 2000 – 10 U 1979/99, VersR 2001, 887, 888.
[31] OLG Koblenz, Urt. v. 17. 11. 2000 – 10 U 1979/99, VersR 2001, 887, 888.
[32] OLG Koblenz, Urt. v. 17. 11. 2000 – 10 U 1979/99, VersR 2001, 887, 888.
[33] OLG Koblenz, Urt. v. 17. 11. 2000 – 10 U 1979/99, VersR 2001, 887, 888.
[34] OLG Saarbrücken, Urt. v. 9. 11. 1994 – 5 U 69/94 – 3, r+s 1996, 243, 244.
[35] OLG Köln, Urt. v. 7. 1. 1988 – 5 U 39/87.
[36] OLG Saarbrücken, Urt. v. 9. 11. 1994 – 5 U 69/94 – 3, r+s 1996, 243, 244.
[37] BGH, Urt. v. 18. 11. 2009 – IV ZR 39/08, NJW 2010, 374, 375 = VersR 2010, 237, 238 = r+s 2010, 71, 72 = WM 2010, 163, 165.
[38] BGH, Urt. v. 18. 11. 2009 – IV ZR 134/08, VersR 2010, 375, 376 = r+s 2010, 74; BGH, Urt. v. 18. 11. 2009 – IV ZR 39/08, NJW 2010, 374, 375 = VersR 2010, 237, 238 = r+s 2010, 71, 72 = WM 2010, 163, 165.
[39] BGH, Urt. v. 20. 9. 1989 – IVa ZR 107/88, NJW 1990, 97 = VersR 1989, 1249 = r+s 1989, 412; BGH, Urt. v. 18. 11. 2009 – IV ZR 39/08, NJW 2010, 374, 375 = VersR 2010, 237, 238 = r+s 2010, 71, 72 = WM 2010, 163, 165.
[40] OLG Saarbrücken VersR 1995, 1227; OLG Köln VersR 1998, 222; BGH, Urt. v. 18. 11. 2009 – IV ZR 134/08, VersR 2010, 375, 376; BGH, Urt. v. 18. 11. 2009 – IV ZR

§ 13 Abs. 3 ALB sieht ausdrücklich vor, dass Ansprüche aus der Lebensversicherung als Hauptversicherung abgetreten werden können.[41] Zudem lässt sich aus § 9 Abs. 1 BUZ kein vertraglicher Abtretungsausschluss entnehmen.[42] Zu berücksichtigen ist ferner, dass durch die Abtretung der Ansprüche aus der Lebensversicherung die Einheit der Verträge nicht beeinträchtigt wird.[43] Solange der Beitrag für die Gesamtversicherung bezahlt wird, behält der Versicherungsnehmer trotz der Abtretung der Ansprüche aus der Lebensversicherung den Versicherungsschutz aus der Berufsunfähigkeitsversicherung.[44] Die Abtretung von Ansprüchen und die Übertragung von Rechten aus der Lebensversicherung sind wirksam, auch wenn die Abtretung ebenfalls die Ansprüche aus der unselbständigen BUZ/BV umfasst.[45]

III. Kündigung der laufenden BUZ (§ 9 Abs. 2 BUZ)

1. Kündigungsrecht des Versicherungsnehmers

Die Bestimmung räumt dem Versicherungsnehmer ein erweitertes Kündigungsrecht ein. Obwohl die Zusatzversicherung mit der Hauptversicherung eine Einheit bildet, kann der Versicherungsnehmer die Zusatzversicherung gesondert kündigen.[46]

2. Kündigungsrecht des Versicherers

Die BUZ treffen keine Regelung dazu, ob und unter welchen Voraussetzungen die Parteien den Vertrag über die Berufsunfähigkeitszusatzversicherung aus wichtigem Grund vorzeitig kündigen können. Als Dauerschuldverhältnis ist die Berufsunfähigkeitszusatzversicherung grundsätzlich einer außerordentlichen Kündigung zugänglich (vgl. § 314 Abs. 1 BGB).[47] Dies setzt im Ausgangspunkt voraus, dass dem Kündigenden unter Berücksichtigung der beiderseitigen Interessenlage eine Fortsetzung des Vertrags nicht mehr zumutbar ist.[48] Bei manipulativen Verhaltensweisen des Versicherungsnehmers sind Situationen vorstellbar, in denen es dem Versicherer möglich sein muss, sich mit Wirkung für die Zukunft vom Versicherungsvertrag zu lösen.[49]

39/08, NJW 2010, 374, 375 = VersR 2010, 237, 238 = r+s 2010, 71, 72 = WM 2010, 163, 164; a. A. OLG Jena VersR 2000, 1005.
[41] BGH, Urt. v. 18. 6. 2003 – IV ZR 59/02, VersR 2003, 1021; BGH, Urt. v. 18. 11. 2009 – IV ZR 134/08, VersR 2010, 375, 376; BGH, Urt. v. 18. 11. 2009 – IV ZR 39/08, NJW 2010, 374, 375 = VersR 2010, 237, 238 = r+s 2010, 71, 72 = WM 2010, 163, 164.
[42] BGH, Urt. v. 18. 11. 2009 – IV ZR 134/08, VersR 2010, 375, 376; BGH, Urt. v. 18. 11. 2009 – IV ZR 39/08, NJW 2010, 374, 375 = VersR 2010, 237, 238 = r+s 2010, 71, 72 = WM 2010, 163, 164.
[43] BGH, Urt. v. 18. 11. 2009 – IV ZR 134/08, VersR 2010, 375, 376; BGH, Urt. v. 18. 11. 2009 – IV ZR 39/08, NJW 2010, 374, 375 = VersR 2010, 237, 238 = r+s 2010, 71, 72 = WM 2010, 163, 164.
[44] BGH, Urt. v. 18. 11. 2009 – IV ZR 134/08, VersR 2010, 375, 376; BGH, Urt. v. 18. 11. 2009 – IV ZR 39/08, NJW 2010, 374, 375 = VersR 2010, 237, 238 = r+s 2010, 71, 72 = WM 2010, 163, 164.
[45] BGH, Urt. v. 18. 11. 2009 – IV ZR 134/08, VersR 2010, 375, 376 = r+s 2010, 74; BGH, Urt. v. 18. 11. 2009 – IV ZR 39/08, NJW 2010, 374, 375 = VersR 2010, 237, 238 = r+s 2010, 71, 72 = WM 2010, 163, 165.
[46] OLG Köln, Urt. v. 25. 3. 1996 – 5 U 148/95, r+s 1999, 346, 347.
[47] OLG Saarbrücken, Urt. v. 16. 7. 2008 – 5 U 135/06 – 27, VersR 2009, 344, 345.
[48] OLG Saarbrücken, Urt. v. 16. 7. 2008 – 5 U 135/06 – 27, VersR 2009, 344, 345.
[49] OLG Saarbrücken, Urt. v. 16. 7. 2008 – 5 U 135/06 – 27, VersR 2009, 344, 345.

IV. Kündigung der beitragsfreien BUZ (§ 9 Abs. 3 BUZ)

12 Wenn für die Zusatzversicherung kein Beitrag mehr zu zahlen ist, weil sie entweder beitragsfrei gestellt oder ein Einmalbeitrag gezahlt ist, ist ein erweitertes Kündigungsrecht nicht vorgesehen. In diesen Fällen bleibt es dabei, dass die Zusatzversicherung nur zusammen mit der Hauptversicherung gekündigt werden kann. Wird eine Zusatzversicherung gegen Einmalbeitrag gekündigt, kann ein Rückkaufswert anfallen, soweit der Einmalbeitrag nicht für Risiko und Kosten verbracht worden ist.

V. Umwandlung in eine beitragsfreie Versicherung (§ 9 Abs. 4 BUZ)

13 Die Zusatzversicherung kann der Versicherungsnehmer nicht für sich allein beitragsfrei stellen, sondern nur zusammen mit der Hauptversicherung. Voraussetzung ist, dass die geschäftsplanmäßig vorgesehene Mindestrente nicht unterschritten wird. Wird die BUZ zusammen mit der Hauptversicherung beitragsfrei gestellt, ist der Versicherer leistungspflichtig, wenn der Versicherungsnehmer vor der Umwandlung in eine beitragsfreie Versicherung berufsunfähig geworden ist.[50] Ergibt sich nämlich nach Eintritt des Versicherungsfalls ein Umstand, der einer weiteren Gefahrtragung für die Zukunft entgegensteht, so bleibt dies ohne Auswirkung auf die einmal begründete Leistungspflicht des Versicherers.[51] Es genügt zur Auslösung der Leistungspflicht, dass die Berufsunfähigkeit in versicherter Zeit eingetreten ist.[52] Dies gilt auch dann, wenn den Parteien im Zeitpunkt der Umwandlung der Versicherung nicht bekannt war, dass die versicherte Person bereits dauerhaft erwerbsunfähig ist.[53]

VI. Veränderung der versicherten Leistung (§ 9 Abs. 5 BUZ)

1. Herabsetzung

14 § 9 Abs. 5 BUZ enthält die Regelung, dass eine Herabsetzung der Versicherungssumme der Hauptversicherung sich auch auf die Leistungen der Berufsunfähigkeits-Zusatzversicherung auswirkt.[54] Bei Herabsetzung der versicherten Leistung der Hauptversicherung verringert sich die Versicherung von Prämienfreiheit oder von Prämienfreiheit und Rente entsprechend dem Teil der Hauptversicherung, für den die Prämienzahlung eingestellt ist.[55]

2. Heraufsetzung

15 Die Auswirkungen einer Erhöhung der Versicherungssumme der Lebensversicherung auf die Berufsunfähigkeits-Zusatzversicherung sind in den BUZ nicht geregelt.[56] Aufgrund der redaktionellen Fassung des Klauseltextes, der sich – statt

---

[50] OLG Karlsruhe, Urt. v. 20. 3. 2007 – 12 U 11/07, VersR 2007, 1359 = r+s 2007, 255; *Ahlburg* in: Halm/Engelbrecht/Krahe, Handbuch FA VersR, 3. Aufl., 2008, S. 1228 (Rdn. 171).
[51] OLG Karlsruhe, Urt. v. 20. 3. 2007 – 12 U 11/07, VersR 2007, 1359 = r+s 2007, 255; OLG Karlsruhe, Urt. v. 20. 11. 2008 – 12 U 234/07, VersR 2009, 1104, 1105 = r+s 2009, 473, 474.
[52] OLG Karlsruhe, Urt. v. 20. 3. 2007 – 12 U 11/07, VersR 2007, 1359 = r+s 2007, 255.
[53] OLG Karlsruhe, Urt. v. 20. 3. 2007 – 12 U 11/07, VersR 2007, 1359 = r+s 2007, 255.
[54] OLG Hamm, Urt. v. 8. 2. 1995 – 20 U 228/94, VersR 1996, 47, 48 = r+s 1995, 194.
[55] OLG Hamm, Urt. v. 8. 2. 1995 – 20 U 228/94, VersR 1996, 47, 48 = r+s 1995, 194.
[56] OLG Hamm, Urt. v. 8. 2. 1995 – 20 U 228/94, VersR 1996, 47, 48 = r+s 1995, 194.

allgemein die Veränderung der Versicherungssumme der Hauptversicherung zu nennen – auf die Regelung der Folgen der Herabsetzung der Versicherungssumme der Lebensversicherung beschränkt, kann und muss ein durchschnittlicher Versicherungsnehmer ohne versicherungsrechtliche Spezialkenntnisse annehmen, dass eine Erhöhung der Versicherungssumme der Lebensversicherung nicht zwangsläufig auch eine entsprechende Erhöhung der Jahresrente aus der Berufsunfähigkeits-Zusatzversicherung zur Folge haben muss.[57] Ist eine dynamische Lebensversicherung als Hauptversicherung vereinbart, kann nicht davon ausgegangen werden, dass auch ohne auf die Berufsunfähigkeits-Zusatzversicherung bezogene konkrete Anpassungsvereinbarungen automatisch eine Anpassung der Berufsunfähigkeitsrente an den jeweiligen Stand der Versicherungssumme der Lebensversicherung erfolgt.[58] Eine derartige Automatik ergibt sich aus § 9 BUZ nicht.[59]

VII. Berechnung der Leistungen (§ 9 Abs. 6 BUZ)

Ist die Leistungspflicht des Versicherers aus der Zusatzversicherung anerkannt 16 oder festgestellt, wird die Leistung aus der Hauptversicherung (Rückkaufswert, beitragsfreie Versicherungsleistung und Überschussbeteiligung der Hauptversicherung) so berechnet, als ob der Versicherungsnehmer seine Beitragsleistung unverändert erbracht hat.

VIII. Fortbestehen der Ansprüche aus der BUZ (§ 9 Abs. 7 BUZ)

Anerkannte oder festgelegte Ansprüche aus der Zusatzversicherung werden 17 durch Rückkauf oder Umwandlung der Hauptversicherung in eine beitragsfreie Versicherung mit herabgesetzter Versicherungsleistung nicht berührt,[60] so dass eine bereits gesicherte Rechtsposition des Versicherungsnehmers im Falle der Abtretung der Hauptversicherung nicht beeinträchtigt wird, wenn die Lebensversicherung gekündigt wird.[61]

IX. Abtretungs- und Verpfändungsverbot (§ 9 Abs. 8 BUZ)

1. Zweck der Vorschrift

Mit dem Abtretungs- und Verpfändungsverbot soll erreicht werden, dass die 18 Berufsunfähigkeits-Zusatzversicherung dem Versicherungsnehmer im Versicherungsfalle zur Existenzsicherung zur Verfügung steht.

2. Pfändung der Ansprüche

a) § 850b Abs. 1 Nr. 1, Abs. 2 ZPO. Renten aus der Berufsunfähigkeits- 18a Versicherung und der Berufsunfähigkeits-Zusatzversicherung sind mit Blick auf ihr Leistungsspektrum bei Invalidität und ihren die Existenz sichernden Zweck gemäß § 850b Abs. 1 Nr. 1, Abs. 2 ZPO nur bedingt pfändbar[62] und gemäß

---

[57] OLG Hamm, Urt. v. 8. 2. 1995 – 20 U 228/94, VersR 1996, 47, 48 = r+s 1995, 194.
[58] OLG Hamm, Urt. v. 8. 2. 1995 – 20 U 228/94, VersR 1996, 47, 48 = r+s 1995, 194.
[59] OLG Hamm, Urt. v. 8. 2. 1995 – 20 U 228/94, VersR 1996, 47, 48 = r+s 1995, 194.
[60] OLG Karlsruhe, Urt. v. 16. 2. 2006 – 12 U 261/05, VersR 2006, 1348, 1349; OLG Karlsruhe, Urt. v. 20. 3. 2007 – 12 U 11/07, VersR 2007, 1359 = r+s 2007, 255.
[61] BGH, Urt. v. 18. 11. 2009 – IV ZR 39/08, NJW 2010, 374, 376 = VersR 2010, 237, 239 = r+s 2010, 71, 73 = WM 2010, 163, 166.
[62] BGH, Urt. v. 3. 12. 2009 – IX ZR 189/08, NJW-RR 2010, 474, 475 = WM 2010, 271, 272 = ZIP 2010, 293, 294.

§ 400 BGB nicht abtretbar.[63] Geschützt sind auch rückständige Beträge, die in einer Summe geleistet werden.[64] Die Pfändung von Bezügen im Sinne des § 850 b Abs. 1 ZPO kann durch Blankettbeschluss entsprechend § 850 c Abs. 3 Satz 2 ZPO bewirkt werden.[65] Darüber, ob die Voraussetzungen des § 850 b Abs. 2 ZPO gegeben sind und ob mithin eine Pfändung nach den für die Arbeitseinkommen geltenden Vorschriften möglich ist, kann nicht das Prozessgericht, sondern nur das Vollstreckungsgericht entscheiden.[66]

18 b b) § 850 Abs. 3 b) ZPO. Keine Anwendung findet die Bestimmung des § 850 Abs. 3 b) ZPO, da für die dieser Vorschrift unterfallenden Renten Invalidität nicht Voraussetzung ist.[67] Fortlaufende Renteneinkünfte aus einer BUZ/BV sind kein Arbeitseinkommen im Sinne des § 850 Abs. 3 b) ZPO.[68]

18 c c) § 850 c ZPO. Ansprüche aus einer BUZ/BV sind auch nicht im Rahmen des § 850 c ZPO pfändbar und in diesem Umfang übertragbar.[69]

18 d d) § 851 c ZPO. Kein Pfändungsschutz besteht gemäß § 851 c ZPO, da die Voraussetzungen dieser Vorschrift nicht erfüllt werden, insbesondere die Berufsunfähigkeitsrente nicht lebenslang gezahlt wird.[70]

3. Insolvenz

18 e Ansprüche aus einer privaten Berufsunfähigkeitsrente können trotz ihrer grundsätzlichen Unpfändbarkeit vom Insolvenzverwalter zur Masse gezogen werden. Inwieweit die Bezüge für die Insolvenzmasse beansprucht werden können, ist in Anwendung des § 850 b ZPO zu beurteilen. Diese Vorschrift ist im Insolvenzver-

---

[63] BGH NJW 1978, 950 = r+s 1978, 117; OLG Oldenburg, Urt. v. 23. 6. 1993 – 2 U 84/93, NJW-RR 1994, 479 = VersR 1994, 846 = r+s 1994, 155 = MDR 1994, 257; OLG Saarbrücken, Urt. v. 9. 11. 1994 – 5 U 69/94-3, VersR 1995, 1227, 1228; LG Köln, Urt. v. 8. 3. 1995 – 25 O 101/90; OLG Saarbrücken r+s 1996, 243; OLG München, Beschl. v. 13. 3. 1997 – 26 UF 1417/95, VersR 1997, 1520 (Ls.); LG Halle, Urt. v. 23. 2. 2000 – 14 T 53/00, r+s 2000, 396; OLG Jena, Beschl. v. 19. 5. 2000 – 5 W 129/00, r+s 2001, 477; OLG Karlsruhe InVo 2002, 238; KG, Urt. v. 7. 6. 2002 – 6 U 112/01, VersR 2003, 490 = r+s 2003, 515; OLG Hamm ZInsO 2006, 878, 879; OLG Köln, Beschl. v. 22. 4. 2008 – 20 W 8/08; OLG Frankfurt/M., Urt. v. 8. 5. 2008 – 12 U 104/06, r+s 2008, 386; OLG Köln, Beschl. v. 12. 11. 2008 – 20 W 46/08, VersR 2009, 621; *Hülsmann* MDR 1994, 537; *derselbe* VersR 1996, 308, 310; *Hoenicke* r+s 1996, 503; *Terno* r+s 2008, 361, 367.
[64] BGH, Urt. v. 24. 9. 1987 – III ZR 49/86, NJW 1988, 819, 820; BGH, Urt. v. 3. 12. 2009 – IX ZR 189/08, NJW-RR 2010, 474, 475 = WM 2010, 271, 272 = ZIP 2010, 293, 294.
[65] BGH, Beschl. v. 5. 4. 2005 – VII ZB 15/05, NJW-RR 2005, 869 = WM 2005, 1185 = MDR 2005, 1015; a. A. *Hülsmann* NJW 1995, 1521.
[66] BGHZ 53, 41 = NJW 1970, 282; BGH, Urt. v. 25. 1. 1978 – VIII ZR 137/76, BGHZ 70, 206 = NJW 1978, 950, 951 = VersR 1978, 447, 448 f. = MDR 1978, 839; OLG Oldenburg, Urt. v. 23. 6. 1993 – 2 U 84/93, NJW-RR 1994, 479, 480 = VersR 1994, 846 = MDR 1994, 257 = r+s 1994, 155.
[67] BGH, Urt. v. 25. 1. 1978 – VIII ZR 137/76, BGHZ 70, 206 = NJW 1978, 950, 951 = VersR 1978, 447, 448 f. = MDR 1978, 839; OLG Oldenburg, Urt. v. 23. 6. 1993 – 2 U 84/93, NJW-RR 1994, 479 = VersR 1994, 846, 847 = r+s 1994, 155 = MDR 1994, 257; a. A. OLG München, Urt. v. 12. 7. 1993 – 26 U 3586/92, VersR 1996, 318, 319 = r+s 1996, 502, 503.
[68] OLG Hamm, Urt. v. 20. 5. 2009 – I-20 U 135/08, VersR 2010, 100, 101 = r+s 2010, 160 (Ls.).
[69] OLG Oldenburg, Urt. v. 23. 6. 1993 – 2 U 84/93, NJW-RR 1994, 479, 480 = VersR 1994, 846, 847 = r+s 1994, 155 = MDR 1994, 257, 258.
[70] OLG Hamm, Urt. v. 20. 5. 2009 – I-20 U 135/08, VersR 2010, 100, 101 = r+s 2010, 160, 161.

fahren gesamthaft anzuwenden, da es einen Wertungswiderspruch bedeuten würde, wenn sich das Insolvenzverfahren für den Schuldner günstiger darstellen würde als die Einzelvollstreckung.[71] Zwar ist eine Abwägung zwischen den Interessen des Schuldners und den Einzelinteressen der Gläubiger, wie sie § 850b Abs. 2 ZPO für die Individualzwangsvollstreckung vorsieht, im Insolvenzverfahren nicht möglich.[72] Abgewogen werden können aber die Interessen des Schuldners gegen das Gesamtinteresse der Gläubiger, wobei Billigkeitsentscheidungen möglich sind.[73] So kann bei der Bestimmung des pfändbaren Betrags auf den Anlass und die Art der Leistung, die der Schuldner bezieht, deren Höhe sowie die ihm im Fall der Pfändung verbleibenden Bezüge Rücksicht genommen werden.[74] Sind die Bezüge aus der BUZ/BV besonders hoch, kann dies zu einer entsprechend erhöhten Pfändbarkeit führen.[75] Sind keine besonderen Umstände ersichtlich, kann die Pfändbarkeit auch anhand der Freigrenzen des § 850c Abs. 1 ZPO bestimmt werden.[76] Hat der Schuldner über die Rechte aus der Versicherung verfügt, ist der Insolvenzverwalter zur Anfechtung berechtigt, soweit Bezüge aus der BUZ/BV für pfändbar erklärt worden sind.[77] Streiten der Insolvenzverwalter und der Schuldner um die Massezugehörigkeit von Einkünften, die unter § 850b Abs. 1 ZPO fallen oder ist die Frage der Pfändbarkeit im Rahmen eines Anfechtungsprozesses zu beantworten, kann die Entscheidung auch vom Prozessgericht getroffen werden.[78]

X. Anwendung der AVB der Hauptversicherung (§ 9 Abs. 9 BUZ)

Gemäß § 9 Abs. 9 BUZ finden die Allgemeinen Versicherungsbedingungen für die Hauptversicherung, soweit nichts anderes bestimmt ist, auf die Berufsunfähigkeits-Zusatzversicherung sinngemäß Anwendung. Hauptversicherung ist im Normalfall die kapitalbildende Lebensversicherung, so dass die Allgemeinen Bedingungen für die kapitalbildende Lebensversicherung ergänzend heranzuziehen sind.

---

[71] BGH, Urt. v. 3. 12. 2009 – IX ZR 189/08, NJW-RR 2010, 474, 476 = WM 2010, 271, 273 = ZIP 2010, 293, 295.
[72] BGH, Beschl. v. 7. 5. 2009 – IX ZB 211/08, NJW-RR 2009, 1279 = ZVI 2009, 331 = ZInsO 2009, 1071, 1072 = NZI 2009, 443, 444 m. zust. Anm. *Ahrens* NZI 2009, 443, 444; BGH, Urt. v. 3. 12. 2009 – IX ZR 189/08, NJW-RR 2010, 474, 476 = WM 2010, 271, 274 = ZIP 2010, 293, 295.
[73] BGH, Urt. v. 3. 12. 2009 – IX ZR 189/08, NJW-RR 2010, 474, 476 = WM 2010, 271, 274 = ZIP 2010, 293, 295.
[74] BGH, Urt. v. 3. 12. 2009 – IX ZR 189/08, NJW-RR 2010, 474, 476 = WM 2010, 271, 274 = ZIP 2010, 293, 295.
[75] BGH, Urt. v. 3. 12. 2009 – IX ZR 189/08, NJW-RR 2010, 474, 476 = WM 2010, 271, 274 = ZIP 2010, 293, 295.
[76] BGH, Urt. v. 3. 12. 2009 – IX ZR 189/08, NJW-RR 2010, 474, 477 = WM 2010, 271, 274 = ZIP 2010, 293, 295.
[77] BGH, Urt. v. 3. 12. 2009 – IX ZR 189/08, NJW-RR 2010, 474, 477 = WM 2010, 271, 274 = ZIP 2010, 293, 296.
[78] BGH, Urt. v. 3. 12. 2009 – IX ZR 189/08, NJW-RR 2010, 474, 475 = WM 2010, 271, 272 = ZIP 2010, 293.

Anhang der AVB zur Kündigung und Beitragsfreistellung[79] Ihrer Versicherung[80]

20 Die Kündigung oder die Beitragsfreistellung Ihrer Versicherung ist mit Nachteilen verbunden.
– Im Falle einer Kündigung erreicht der Rückkaufswert erst nach einem bestimmten Zeitpunkt die Summe der eingezahlten Beiträge, da aus diesen auch Abschluss- und Vertriebskosten sowie Kosten für die Verwaltung des gebildeten Kapitals finanziert werden und der in den AVB erwähnte Abzug erfolgt.[81] Bei seiner Kalkulation werden folgende Umstände berücksichtigt:[82]

Veränderungen der Risikolage
Die Kalkulation von Versicherungsprodukten basiert darauf, dass die Risikogemeinschaft sich gleichmäßig aus Versicherungsnehmern mit einem hohen und einem geringeren Risiko zusammensetzt. Da Personen mit einem geringen Risiko die Risikogemeinschaft eher verlassen als Personen mit einem hohen Risiko, wird in Form eines kalkulatorischen Ausgleichs sichergestellt, dass der Risikogemeinschaft durch die vorzeitige Vertragskündigung kein Nachteil entsteht.

Ausgleich für kollektiv gestelltes Risikokapital
Wir bieten Ihnen im Rahmen des vereinbarten Versicherungsschutzes Garantien und Optionen. Dies ist möglich, weil ein Teil des dafür erforderlichen Risikokapitals (Solvenzmittel) durch den Versichertenbestand zur Verfügung gestellt wird. Bei Neuabschluss eines Vertrages partizipiert dieser an bereits vorhandenen Solvenzmitteln. Während der Laufzeit muss der Vertrag daher Solvenzmittel zur Verfügung stellen. Bei Vertragskündigung gehen diese Solvenzmittel dem verbleibenden Bestand verloren und müssen deshalb im Rahmen des Abzugs ausgeglichen werden. Der interne Aufbau von Risikokapital ist regelmäßig für alle Versicherungsnehmer die günstigste Finanzierungsmöglichkeit von Optionen und Garantien, da eine Finanzierung über externes Kapital wesentlich teurer wäre.
– Im Falle der Beitragsfreistellung gelten vorstehende Ausführungen entsprechend.
– Sofern Sie uns nachweisen, dass die dem Abzug zugrunde liegenden Annahmen in Ihrem Fall entweder dem Grunde nach nicht zutreffen oder der Abzug wesentlich niedriger zu beziffern ist, entfällt der Abzug bzw. wird – im letzteren Falle – entsprechend herabgesetzt.

---

[79] Bei Riesterprodukten ist der Begriff „Beitragsfreistellung" durch den Begriff „Ruhenlassen" zu ersetzen.

[80] Dieser Anhang ist für die Versicherer unverbindlich; seine Verwendung ist rein fakultativ. Abweichende Formulierungen können verwendet werden.

[81] Ggf. unternehmensindividuell modifizieren.

[82] Die folgenden Ausführungen sind unternehmensindividuell anzupassen, sofern ein Abzug auch aus anderen Gründen oder aus nicht allen dort genannten Gründen erfolgt.

C. Allgemeine Bedingungen für die Unfall-Zusatzversicherung (UZV 2008)

Übersicht

	Rdn.
I. Vorbemerkung	1–5
1. Abgrenzung	1
2. Vertragstyp	2
3. Prämienkalkulation	3
4. Risikoprüfung	4
5. Berufsklauseln	5
II. Allgemeine Bedingungen für die Unfall-Zusatzversicherung (UZV 2008)	6–62
§ 1 Welche Leistungen erbringen wir?	7
§ 2 Was ist ein Unfall im Sinne dieser Bedingungen?	8–14
I. Fassung	9, 10
II. Zweck der Regelung	11
III. Unfallereignis	12, 13
1. Externe Ursache	12
2. Innerer Vorgang	13
IV. Beweislast	14
§ 3 In welchen Fällen ist der Versicherungsschutz ausgeschlossen?	15–38
I. Geistes- oder Bewusstseinsstörungen	16–22
1. Ausgangslage	16
2. Alkoholbedingte Bewusstseinsstörung	17–19
3. Drogenbedingte Bewusstseinsstörung	20
4. Schwindelanfall	21
5. Weitere Einzelfälle	22
II. Vorsätzliche Ausführung einer Straftat oder deren Versuch	23–25
1. Zweck des Ausschlusses	23
2. Straftatbestand	24
3. Beweislast	25
III. Gesundheitsschädigungen durch Heilmaßnahmen oder Eingriffe	25a–28
1. Inhaltskontrolle	25a
2. Zweck des Ausschlusses	26
3. Heilmaßnahmen	27
4. Eingriff	28
IV. Infektionen	29–32
1. Inhaltskontrolle	29, 30
a) Transparenzgebot	29
b) Angemessenheitskontrolle	30
2. Inhalt der Klausel	31
3. Beweislast	32
V. Psychische Reaktionen	33–35
1. Inhaltskontrolle	33
2. Psychische Reaktionen	34
3. Beweislast	35
VI. Selbsttötung	36, 37
VII. Diabetes-Klausel	38
§ 4 Welche Rolle spielen Erkrankungen und Gebrechen der versicherten Person?	39

	Rdn.
§ 5 Was ist nach dem Unfalltod der versicherten Person zu beachten?	40–56
I. Allgemeines	41, 42
1. Fassung	41
2. Geltung des VVG 2008	42
II. Pflicht zur Anzeige des Versicherungsfalls	43
III. Nachweis- und Auskunftspflicht des Versicherungsnehmers	44–47
1. Unfallanzeige	44
2. Nichtangabe weiterer Unfallversicherungen	45
3. Frage nach Vorerkrankungen	46, 47
IV. Leistungsfreiheit des Versicherers	48–54
1. Vorsätzliche Obliegenheitsverletzung	48
2. Grob fahrlässiges Verhalten	49
3. Beweislast	50
4. Relevanz der Obliegenheitsverletzung	51, 52
a) Relevanzrechtsprechung	51
b) Einzelfälle	52
5. Belehrung des Versicherungsnehmers	53, 54
V. Hinweispflicht des Versicherers	55
VI. Bezugsberechtigung	56
§ 6 Wann geben wir eine Erklärung über unsere Leistungspflicht ab?	57–60
I. Rechtscharakter der Erklärung des Versicherers	58
II. Beginn der Frist	59
III. Leistungsablehnung	60
§ 7 Wie erfolgt die Überschussbeteiligung?	61
§ 8 Wie ist das Verhältnis zur Hauptversicherung?	62

AuVdBAV: VerAfP 1932, 126 (Musterbedingungen); VerBAV 1958, 22 (Musterbedingungen für die UZV – UZV 58); VerBAV 1961, 89 (Genehmigung einer Alternativfassung zu § 3 UZV); VerBAV 1963, 79 und VerBAV 1977, 300 (Röntgenklausel für Ärzte); GB BAV 1966, 39 (Zusatzversicherung für den Fall der Invalidität durch Unfall); VerBAV 1969, 138 und VerBAV 1977, 300 (Infektionsklauseln in der Unfallversicherung); GB BAV 1969, 54 (Unfall-Zusatzversicherung bei Einmalbeitragsversicherungen); VerBAV 1970, 207 (Musterbedingungen für die UZV – UZV 70); VerBAV 1975, 295 (Musterbedingungen für die UZV – UZV 75); VerBAV 1978, 81 (Änderung § 5 Ziff. 1 UZV 75); VerBAV 1980, 164 (Leistungsausschlüsse in der UZV); VerBAV 1981, 55 (Musterbedingungen für die UZV – UZV 81); GB BAV 1981, 56 (Rechnungsmäßige Abschlusskosten bei der UZV); GB BAV 1983, 55 (Obligatorische UZV); VerBAV 1984, 6 (Bedingungen für die UZV – UZV 84); VerBAV 1987, 417 und VerBAV 1988, 4 (Allgemeine Unfallversicherungs-Bedingungen (AUB 88) und Nebenbedingungen); VerBAV 1988, 101 (Einführung neuer Tarife in der Unfallversicherung mit Prämienrückgewähr); VerBAV 1992, 183 (Musterbedingungen für die Unfall-Zusatzversicherung).

Schrifttum: *Abel/Winkens,* Die Invaliditätsleistung bei krankhaften Störungen infolge psychischer Reaktionen, VersR 2009, 30; *Braun,* Die Unfall-Zusatzversicherung in der Lebensversicherung, ZVersWiss 1928, 48; *Brockmann,* Risiko- und Prämienänderung in der Unfallversicherung – zugleich ein Beitrag zu Grenzfragen zwischen der Lebens- und der Unfallzusatzversicherung –, VersR 1988, 890; *Carus,* Bedingungsänderungen in der Unfall-Zusatzversicherung, VW 1958, 285; *Freudenstein,* Ueber einige Fragen der Unfallversicherung, in: Assecuranz-Jahrbuch, hrsg. v. A. Ehrenzweig, Wien, 1891, S. 36; *Gerchow,* Zur Problematik alkoholbedingter Bewusstseinsstörungen im Sinne des § 3 Abs. 4 AUB, ZVersWiss 1970, 407; *Jacob,* Rückforderung von Versicherungsleistungen in der privaten Unfallversicherung – Zugleich Anmerkung zum Urteil des OLG Frankfurt/M. vom 18. 9. 2008 (3 U 206/06) VersR 2009, 1653 –, VersR 2010, 39; *Kessal-Wulf,* Aus der neueren Rechtsprechung des Bundesgerichtshofes zur privaten Unfallversicherung, r+s 2008, 313; *Klimke,* Vertragliche Ausschlussfristen für die Geltendmachung des Versicherungsanspruchs nach der VVG-

Reform – Entschuldigungsmöglichkeit, Hinweispflicht und Transparenz, VersR 2010, 290; *Knappmann*, Unfallversicherungsschutz bei medizinischen Behandlungen?, in: Ein Leben mit der Versicherungswissenschaft, Festschrift für Helmut Schirmer, hrsg. v. Thomas Bielefeld u. Sven Marlow, Karlsruhe, VVW, 2005, S. 269; *derselbe*, Privatversicherungsrecht und Sozialrecht (Kranken- und Unfallversicherung): Unterschiede und Übereinstimmungen, r+s 2007, 45; *Lehmann*, Mitwirkung von Krankheiten und Gebrechen in der Unfallversicherung, NVersZ 2002, 203; *Marlow*, Aktuelle Rechtsprechung zur privaten Unfallversicherung, r+s 2004, 353; *derselbe*, Aktuelle Entwicklung der Rechtsprechung zur privaten Unfallversicherung, r+s 2005, 357; *derselbe*, Aktuelles aus Rechtsprechung und Praxis zur privaten Unfallversicherung, r+s 2006, 362 (Teil I), 397 (Teil II); *derselbe*, Die private Unfallversicherung – Aktuelles aus Rechtsprechung, Praxis und VVG-Reform, r+s 2007, 353; *Marlow/Tschersich*, Die private Unfallversicherung – Aktuelles aus Rechtsprechung, Praxis und VVG-Reform, r+s 2009, 441; *Poss*, Zur Versicherung der Arbeitnehmer in den Vereinigten Staaten von Amerika, VersR 1995, 384; *Rogler*, Anpassung von Vertragsgrundlagen an das VVG 2008 – zwei übersehene Problemfelder, r+s 2010, 1; *Wagner*, Zur Bedeutung des AGB-Gesetzes für die Gefahrbeschreibung in den Allgemeinen Unfallversicherungs-Bedingungen, ZVersWiss 1977, 119 und 142; *Wussow*, Der Leistungsausschluss bei psychischen Beeinträchtigungen in der privaten Unfallversicherung, VersR 2000, 1183; *derselbe*, Obliegenheiten in der privaten Unfallversicherung, VersR 2003, 1481.

I. Vorbemerkung

1. Abgrenzung

Die Unfall-Zusatzversicherung ist eine Kombination von Lebens- und Unfallversicherung. Sie wird als besondere Form der Lebensversicherung angesehen.[1] Ihrer rechtlichen und rechnungsmäßigen Ausformung nach sind die Unfall-Zusatzversicherungen Risikoversicherungen.[2]

2. Vertragstyp

Der Unfall-Zusatzversicherungsvertrag ist seiner Art nach kein Treuhand- oder Geschäftsbesorgungsvertrag des Versicherungsnehmers mit dem Versicherer, sondern ein Vertrag mit den Hauptleistungspflichten einerseits des Versicherers zur Risikoabsicherung und andererseits des Versicherungsnehmers zur Prämienzahlung.[3]

3. Prämienkalkulation

Die Kalkulation der Prämien in der Unfallversicherung ist risikogerecht. Tatbestände im Sinne von § 138 BGB liegen nicht vor.[4]

4. Risikoprüfung

Zu den Standardantragsfragen gehört die Frage des Versicherers an den Antragsteller nach weiteren Unfallversicherungsverträgen. Das Abschließen von

---

[1] LG Heidelberg VersR 1950, 177; OLG Stuttgart VersR 1951, 145; LG Köln VersR 1952, 12 = BB 1951, 939; BGHZ 4, 219 = VersR 1952, 33; BGHZ 16, 37; OLG Hamm VersR 1981, 727; a. A. LG Hamburg VW 1950, 40.
[2] Vgl. OLG Hamm VersR 1981, 727; OLG Düsseldorf v. 13. 8. 1985, VersR 1986, 1189; OLG Stuttgart v. 22. 1. 1987, VersR 1987, 355.
[3] BVerfG, Beschl. v. 29. 5. 2006 – 1 BvR 240/98, VersR 2006, 961, 963 = r+s 2006, 426.
[4] AG Hamburg, Urt. v. 7. 8. 1996 – 21 a C 653/96, VersR 1996, 1134, 1135 = BB 1996, 2648; LG Hamburg, Urt. v. 10. 12. 1997 – 318 S 225/96, BB 1998, 1606; BVerfG, Beschl. v. 29. 5. 2006 – 1 BvR 240/98, VersR 2006, 961, 963 = r+s 2006, 426; a. A. *v. Hippel* BB 1998, 1606, 1607.

mehreren Unfallversicherungsverträgen bei unterschiedlichen Gesellschaften kann kritisch anzusehen sein, wenn das Prämien- und Versicherungsvolumen dieser Verträge nicht zu den wirtschaftlichen Verhältnissen, insbesondere den Einkommensverhältnissen des Antragstellers passt. Im Falle der Unstimmigkeit besteht ggf. das Risiko, dass der Versicherungsnehmer entweder bereits schon bei Antragstellung plant, einen Versicherungsfall vorzutäuschen, oder dass das Risiko eines unredlichen Verhaltens des Versicherungsnehmers als erhöht für die Dauer des Versicherungsvertrags einzuschätzen ist.[5]

5. Berufsklauseln

5   Für Ärzte, Krankenschwestern und sonstiges Heilpersonal kann in der UZV die Röntgenklausel[6] und die Infektionsklausel[7] vereinbart werden.[8]

II. Allgemeine Bedingungen für die Unfall-Zusatzversicherung (UZV 2008)[9]

6   Sehr geehrte Kundin, sehr geehrter Kunde,
als Versicherungsnehmer sind Sie unser Vertragspartner; für unser Vertragsverhältnis gelten die nachfolgenden Bedingungen.

Inhaltsverzeichnis

§ 1 Welche Leistungen erbringen wir?
§ 2 Was ist ein Unfall im Sinne dieser Bedingungen?
§ 3 In welchen Fällen ist der Versicherungsschutz ausgeschlossen?
§ 4 Welche Rolle spielen Erkrankungen und Gebrechen der versicherten Person?
§ 5 Was ist nach dem Unfalltod der versicherten Person zu beachten?
§ 6 Wann geben wir eine Erklärung über unsere Leistungspflicht ab?
§ 7 Wie erfolgt die Überschussbeteiligung?
§ 8 Wie ist das Verhältnis zur Hauptversicherung?

7   **§ 1 Welche Leistungen erbringen wir?**

(1) **Stirbt die versicherte Person an den Folgen eines Unfalls, zahlen wir die vereinbarte Unfall-Zusatzversicherungssumme, wenn**

a) **der Unfall sich nach In-Kraft-Treten der Zusatzversicherung ereignet hat und**
b) **der Tod eingetreten ist**
   – während der Dauer der Zusatzversicherung,
   – innerhalb eines Jahres nach dem Unfall und
   – vor dem Ende des Versicherungsjahres, in dem die versicherte Person sein ... Lebensjahr vollendet hat; verstirbt die versicherte Person nach diesem Zeitpunkt, leisten wir dennoch, wenn die versicherte Person den Unfall bei Benutzung eines dem öffentlichen Personenverkehr dienenden Verkehrsmittels erlitten hat und das Verkehrsmittel dem Ereignis, das den Unfalltod der versicherten Person verursacht hat, selbst ausgesetzt war.

---

[5] *Wussow* VersR 2003, 1481, 1484.
[6] VerBAV 1963, 79.
[7] VerBAV 1969, 138. Siehe hierzu LG Frankfurt/M., Urt. v. 14. 5. 1991 – 2/13 O 240/88, VersR 1992, 178.
[8] *Claus* VerBAV 1986, 247.
[9] Stand: 2. 5. 2008. GDV-Rundschreiben Nr. 0850/2008 v. 7. 5. 2008: Diese Bedingungen sind für die Versicherer unverbindlich; ihre Verwendung ist rein fakultativ. Abweichende Bedingungen können vereinbart werden. Anm. des Verfassers: In den UZV 2008 werden die Bestimmungen des VVG 2008 genannt.

Bemerkung

Die Bestimmung nach dem Semikolon kommt nur in Betracht, wenn die Beiträge für die Unfall-Zusatzversicherung über das Alter ... hinaus weiter erhoben werden.

**(2) Bei der Versicherung auf das Leben von zwei Personen wird die Unfall-Zusatzversicherungssumme für jede versicherte Person gezahlt, für den die Unfall-Zusatzversicherung eingeschlossen ist, wenn die versicherten Personen gleichzeitig durch denselben Unfall sterben.
Als gleichzeitig gilt auch, wenn, die versicherten Personen innerhalb von 14 Tagen an den Folgen des Unfalls sterben und die sonstigen Voraussetzungen nach Abs. 1 erfüllt sind.**

Bemerkung

Lebensversicherungsunternehmen, die die Unfall-Zusatzversicherungssumme nur einmal zahlen wollen, können auf den bisherigen Text des § 1 Abs. 2 zurückgreifen. Dieser lautet wie folgt:

„(2) Bei der Versicherung auf das Leben von zwei Personen wird auch die Zusatzversicherungssumme nur einmal ausgezahlt, selbst wenn die versicherten Personen gleichzeitig durch den Unfall sterben."

§ 2 Was ist ein Unfall im Sinne dieser Bedingungen?   8

Ein Unfall liegt vor, wenn die versicherte Person durch ein plötzlich von außen auf ihren Körper wirkendes Ereignis (Unfallereignis) unfreiwillig eine Gesundheitsbeschädigung erleidet.

I. Fassung

Die UZV 1992 enthielten noch folgenden § 2 Abs. 2:[10]   9

„(2) Als Unfall gilt auch, wenn durch erhöhte Kraftanstrengung des Versicherten an Gliedmaßen oder Wirbelsäule
a) ein Gelenk verrenkt wird oder
b) Muskeln, Sehnen, Bänder oder Kapseln gezerrt oder zerrissen werden."

Im Gegensatz zu den AUB 1994 verlangt § 2 UZV 2008 nicht, dass ein unter   10
den Versicherungsvertrag fallendes Unfallereignis im Sinne des § 1 III AUB 1994 die überwiegende Ursache ist. Ein Unfallereignis ist nach § 1 III AUB 1994 dann die überwiegende Ursache, wenn sein Anteil am zur Schädigung führenden Kausalverlauf mehr als 50% beträgt.[11]

II. Zweck der Regelung

Mit der Regelung soll sichergestellt werden, dass nur solche Gesundheitsbe-   11
schädigungen nicht versichert sind, die unmittelbar und ausschließlich auf einem inneren organischen Vorgang beruhen.[12]

III. Unfallereignis

1. Externe Ursache

Ein Unfall liegt vor, wenn der Versicherte durch ein plötzlich von außen auf   12
seinen Körper wirkendes Ereignis (Unfallereignis) unfreiwillig eine Gesundheits-

---

[10] VerBAV 1992, 183.
[11] OLG Koblenz, Urt. v. 16. 3. 2007 – 10 U 1238/05, VersR 2008, 67, 68.
[12] OLG Karlsruhe, Urt. v. 17. 3. 1994 – 12 U 318/93, VersR 1995, 36; OLG Saarbrücken, Urt. v. 29. 10. 2003 – 5 U 265/03 – 30, r+s 2005, 35 f.

schädigung erleidet.[13] Als Unfall ist damit jedes vom Versicherten nicht beherrschbare und in Bezug auf die dadurch verursachte Gesundheitsschädigung unfreiwillige Geschehen anzusehen.[14] Diese Voraussetzungen sind gegeben, wenn der Versicherte in eine Vertiefung neben einem Plattenweg tritt, beim Festhalten des auf der rechten Schulter geschleppten Sackes strauchelt und sich dabei verletzt.[15] Eine unfreiwillige Gesundheitsschädigung ist ferner im Falle einer Rotatorenmanschettenruptur anzunehmen[16] oder wenn der Versicherte bei einem Skiabfahrtslauf stürzt, weil er von einem nah vorbeifahrenden Skifahrer erschreckt wurde.[17] Freiwillig wird eine Gesundheitsschädigung erlitten, wenn der Versicherte den körperschädigenden Einfluss des Ereignisses vorausgesehen und in seinen Willen aufgenommen hat.[18] Ein Selbstmord ist deshalb kein Unfall, weil der Versicherte den Tod selbst gewählt hat.[19] Die Gesundheitsbeeinträchtigung muss nicht schon am Unfalltag beginnen, sondern es reicht aus, wenn sie bereits kurz danach eintritt.[20] Ein bestimmtes Unfallgeschehen muss nicht festgestellt werden. Es reicht aus, wenn als Ursache für den Tod der versicherten Person nur solche Geschehensabläufe in Betracht kommen, die den Unfallbegriff erfüllen.[21]

2. Innerer Vorgang

13   Hat der Versicherte die von ihm geschilderte Bewegung plan- und willensgemäß ausgeführt und dabei nach seiner Darstellung ungewollt eine Körperschädigung erlitten, ist er nicht als Opfer einer Einwirkung von außen anzusehen.[22] Liegt eine Eigenbewegung infolge von Kraftanstrengungen vor, die eine Gesundheitsschädigung zur Folge haben, die auf Anstrengung oder Überanstrengung beruht, liegt keine Einwirkung von außen, sondern ein nicht versicherter innerer Vorgang vor.[23] So sind gewollte Kraftanstrengungen, die zu inneren Schäden geführt haben, wie etwa das Heben einer Mörtelwanne,[24] von bis zu 150 kg schweren Granitleistensteinen[25] oder einer schweren Eichentür,[26] ein Wirbelbruch beim Anziehen einer bereits festgestellten Bremse,[27] das Stemmen gegen eine plötzlich kippende Baugrubenwand,[28] das Anheben eines Baumstamms,[29] ein Wirbelbruch beim Heben,[30] das Halten einer langen Leiter mit Verletzungsfolge[31] oder das

---

[13] BGH, Urt. v. 23. 9. 1992 – IV ZR 157/91, NJW 1993, 201.
[14] BGH, Urt. v. 28. 1. 2009 – IV ZR 6/08, NJW-RR 2009, 679, 680 = VersR 2009, 492, 493 = r+s 2009, 161.
[15] BGH, Urt. v. 28. 1. 2009 – IV ZR 6/08, NJW-RR 2009, 679, 680 = VersR 2009, 492, 493 = r+s 2009, 161 f.
[16] OLG Celle, Urt. v. 20. 8. 2009 – 8 U 10/09, VersR 2010, 205.
[17] *Hoenicke* r+s 2009, 344; *Knappmann* VersR 2009, 1652; *Marlow/Tschersich* r+s 2009, 441, 442; a. A. OLG Celle, Urt. v. 15. 1. 2009 – 8 U 131/08, VersR 2009, 1252, 1253.
[18] OLG Hamm, Urt. v. 12. 3. 1999 – 20 U 203/98, r+s 1999, 524.
[19] OLG Hamm, Urt. v. 12. 3. 1999 – 20 U 203/98, r+s 1999, 524.
[20] OLG München, Urt. v. 7. 7. 1999 – 15 U 5902/98, VersR 2000, 93.
[21] BGH VersR 1977, 736 = r+s 1977, 205; OLG Köln, Urt. v. 22. 12. 1999 – 5 U 106/99, NVersZ 2000, 375 = r+s 2002, 171.
[22] OLG Frankfurt/M., Urt. v. 12. 1. 2000 – 7 U 63/99, NVersZ 2000, 477.
[23] OLG Düsseldorf VersR 1954, 555; OLG München VersR 1957, 144; OLG Frankfurt/M., Urt. v. 12. 1. 2000 – 7 U 63/99, NVersZ 2000, 477.
[24] BGH NJW-RR 1989, 217 = VersR 1989, 73.
[25] LG Bayreuth, Urt. v. 8. 4. 2008 – 34 O 815/07, VersR 2009, 58.
[26] OLG Frankfurt/M., Urt. v. 12. 1. 2000 – 7 U 63/99, NVersZ 2000, 477.
[27] OLG Hamm VersR 1988, 242.
[28] OLG Frankfurt/M., Urt. v. 27. 6. 1990 – 21 U 201/87, VersR 1991, 213.
[29] LG Karlsruhe VersR 1988, 242.
[30] LG Frankfurt/M. r+s 1991, 286.
[31] AG Stuttgart VersR 1984, 841.

Ersticken nach Aspiration von Mageninhalt³² nicht als eine für die Erfüllung des Unfallbegriffs taugliche Einwirkung von außen anzusehen. Spritzt der Versicherte sich selbst Heroin und stirbt er wenige Tage später an den Folgen dieser Injektion, so ist der Gesundheitsschaden mangels eines plötzlich von außen wirkenden Ereignisses nicht durch einen Unfall herbeigeführt.³³

IV. Beweislast

Der Unfallversicherte muss den vollen Beweis gemäß § 286 ZPO dafür erbringen, dass ein Ereignis plötzlich von außen auf seinen Körper eingewirkt hat und dadurch eine Gesundheitsbeschädigung eingetreten ist.³⁴ Er ist mithin beweisbelastet dafür, dass der Tod infolge des Unfalls eingetreten ist.³⁵ Dabei bedarf es allerdings nicht des Ausschlusses letzter Zweifel.³⁶ Das für die Überzeugungsbildung nach § 286 ZPO erforderliche Beweismaß verlangt keine an Sicherheit grenzende Wahrscheinlichkeit.³⁷ Für den Nachweis der Ursächlichkeit zwischen Unfall und eingetretener Gesundheitsbeeinträchtigung genügt bereits ein für das praktische Leben brauchbarer Grad von Gewissheit, der Zweifeln Schweigen gebietet, ohne sie völlig auszuschließen.³⁸ Ein von außen einwirkendes Ereignis liegt vor, wenn der Versicherte beim Fußballspiel wegen einer Bodenunebenheit umknickt.³⁹ Zum Beweis kann es genügen, dass die Verletzung beim Spiel auf einem „Bolzplatz" mit vielen Unebenheiten geschah und nach sachverständiger Beratung keine greifbaren Anhaltspunkte dafür bestehen, dass der Versicherte auf Grund einer inneren Ursache, also ohne Bodenunebenheit umknickte.⁴⁰ Der Versicherer hat zu beweisen, dass die Gesundheitsbeschädigung vom Versicherten freiwillig (vorsätzlich) herbeigeführt worden ist.⁴¹ Für den Freiwilligkeitsbeweis kann nicht mit Anscheinsgrundsätzen gearbeitet werden.⁴²

§ 3 In welchen Fällen ist der Versicherungsschutz ausgeschlossen?

(1) Grundsätzlich besteht unsere Leistungspflicht unabhängig davon, wie es zu dem Unfall gekommen ist.

(2) Unter den Versicherungsschutz fallen jedoch nicht:
a) **Unfälle durch Geistes- oder Bewusstseinsstörungen, auch soweit diese auf Trunkenheit beruhen, sowie durch Schlaganfälle, epileptische Anfälle oder andere Krampfanfälle, die den ganzen Körper der versicherten Person ergreifen.**

---

³² LG Flensburg, Urt. v. 8. 4. 2005 – 4 O 452/04, SpV 2005, 54, 56.
³³ OLG Karlsruhe, Urt. v. 3. 3. 2005 – 12 U 414/04, VersR 2005, 678, 679 = r+s 2006, 123.
³⁴ BGH, Urt. v. 19. 12. 1990 – IV ZR 255/89, r+s 1991, 143; BGH, Urt. v. 23. 9. 1992 – IV ZR 157/91, NJW 1993, 201 = VersR 1992, 1503, 1504 = r+s 1992, 430; OLG Hamm, Urt. v. 15. 8. 2007 – 20 U 5/07, NJW-RR 2008, 279, 280; OLG Celle, Urt. v. 20. 8. 2009 – 8 U 10/09, VersR 2010, 205 = r+s 2010, 29, 30; *Kessal-Wulf* r+s 2008, 313, 314.
³⁵ OLG Hamm, Urt. v. 5. 6. 2002 – 20 U 217/01, r+s 2003, 31.
³⁶ OLG Koblenz, Urt. v. 13. 11. 1998 – 10 U 1671/96, r+s 1999, 479, 480.
³⁷ OLG Koblenz, Urt. v. 13. 11. 1998 – 10 U 1671/96, r+s 1999, 479, 480.
³⁸ BGH, Urt. v. 9. 5. 1989 – VI ZR 268/88, NJW 1989, 2948; BGH, Urt. v. 26. 10. 1993 – VI ZR 155/92, NJW 1994, 801, 802 = r+s 1993, 435; OLG Koblenz, Urt. v. 13. 11. 1998 – 10 U 1671/96, r+s 1999, 479, 480; OLG Celle, Urt. v. 20. 8. 2009 – 8 U 10/09, VersR 2010, 205 = r+s 2010, 29, 30.
³⁹ OLG Hamm, Urt. v. 15. 8. 2007 – 20 U 5/07, NJW-RR 2008, 279, 280.
⁴⁰ OLG Hamm, Urt. v. 15. 8. 2007 – 20 U 5/07, NJW-RR 2008, 279, 280.
⁴¹ *Kessal-Wulf* r+s 2008, 313, 314.
⁴² *Kessal-Wulf* r+s 2008, 313, 314.

Wir werden jedoch leisten, wenn diese Störungen oder Anfälle durch ein unter diese Versicherung fallendes Unfallereignis verursacht waren.

b) Unfälle, die der versicherten Person dadurch zustoßen, dass sie vorsätzlich eine Straftat ausführt oder versucht.
c) Unfälle, die unmittelbar oder mittelbar durch Kriegs- oder Bürgerkriegsereignisse verursacht sind; Unfälle durch innere Unruhen, wenn die versicherte Person auf Seiten der Unruhestifter teilgenommen hat.
d) Unfälle der versicherten Person
– als Luftfahrzeugführer (auch Luftsportgeräteführer), soweit dieser nach deutschem Recht dafür eine Erlaubnis benötigt, sowie als sonstiges Besatzungsmitglied eines Luftfahrzeuges;
– bei einer mit Hilfe eines Luftfahrzeuges auszuübenden beruflichen Tätigkeit;
– bei der Benutzung von Raumfahrzeugen.
e) Unfälle, die der versicherten Person dadurch zustoßen, dass sie sich als Fahrer, Beifahrer oder Insasse eines Motorfahrzeuges an Fahrtveranstaltungen einschließlich der dazugehörigen Übungsfahrten beteiligt, bei denen es auf die Erzielung von Höchstgeschwindigkeiten ankommt.
f) Unfälle, die unmittelbar oder mittelbar durch Kernenergie verursacht sind.
g) Gesundheitsschädigungen durch Strahlen. Wir werden jedoch leisten, wenn es sich um Folgen eines unter die Versicherung fallenden Unfallereignisses handelt.
h) Gesundheitsschädigungen durch Heilmaßnahmen oder Eingriffe, die die versicherte Person an ihrem Körper vornimmt oder vornehmen lässt. Wir werden jedoch leisten, wenn die Eingriffe oder Heilmaßnahmen, auch strahlendiagnostische und -therapeutische, durch einen unter diese Versicherung fallenden Unfall veranlasst waren.
i) Infektionen. Wir werden jedoch leisten, wenn die Krankheitserreger durch eine unter diese Versicherung fallende Unfallverletzung in den Körper gelangt sind. Nicht als Unfallverletzungen gelten dabei Haut- oder Schleimhautverletzungen, die als solche geringfügig sind und durch die Krankheitserreger sofort oder später in den Körper gelangen; für Tollwut und Wundstarrkrampf entfällt diese Einschränkung. Für Infektionen, die durch Heilmaßnahmen verursacht sind, gilt § 3 h Satz 2 entsprechend.
j) Vergiftungen infolge Einnahme fester oder flüssiger Stoffe durch den Schlund. Wir werden jedoch leisten, wenn es sich um Folgen eines unter die Versicherung fallenden Unfallereignisses handelt.
k) Unfälle infolge psychischer Reaktionen, gleichgültig, wodurch diese verursacht sind.
l) Selbsttötung, und zwar auch dann, wenn die versicherte Person die Tat in einem die freie Willensbestimmung ausschließenden Zustand krankhafter Störung der Geistestätigkeit begangen hat. Versicherungsschutz besteht jedoch, wenn jener Zustand durch ein unter die Versicherung fallendes Unfallereignis hervorgerufen wurde;
m) Unfälle, die unmittelbar oder mittelbar durch vorsätzlichen Einsatz von atomaren, biologischen oder chemischen Waffen oder den vorsätzlichen Einsatz oder die vorsätzliche Freisetzung von radioaktiven, biologischen oder chemischen Stoffen verursacht sind, sofern der Einsatz oder das Freisetzen darauf gerichtet sind, das Leben einer Vielzahl von Personen zu gefährden.

I. Geistes- oder Bewusstseinsstörungen
(§ 3 Abs. 2 lit. a) UZV 2008)

1. Ausgangslage

16   Nach § 3 Abs. 2 lit. a) UZV fallen Unfälle durch Geistes- oder Bewusstseinsstörungen, auch soweit diese auf Trunkenheit beruhen, nicht unter den Versicherungsschutz. Den Ausschlusstatbestand erfüllen bereits solche erhebliche Stö-

rungen der Aufnahme- und Reaktionsfähigkeit, die den Versicherten außerstande setzen, den Sicherheitsanforderungen seiner Umwelt zu genügen,[43] wobei zum einen weder ein gänzliches Versagen der Sinnestätigkeit erforderlich ist, zum anderen aber auch nicht jeder leichte Schwindelfall, wie etwa ein Schwarzwerden vor den Augen, genügt.[44] Da die Anforderungen an diese Fähigkeiten je nach konkreter Situation unterschiedlich sind, handelt es sich um einen situationsbedingten Ausschluss.[45] Es entspricht allgemeiner Meinung, dass neben der alkoholbedingten auch eine durch Drogen verursachte Bewusstseinsstörung den Versicherungsausschluss zum Zuge kommen lässt.[46] Der Versicherungsschutz ist jedoch nur ausgeschlossen, wenn der Versicherungsnehmer bereits bei Eintritt des Versicherungsfalls bewusstseinsgestört war,[47] z. B. auf Grund von Herzrhythmusstörungen, die zum Tod durch Ertrinken führten[48] oder einen Sturz mit Todesfolge verursachten,[49] ferner in den Fällen allmählicher Einwirkungen von Witterungsbedingungen.[50] Diesen Ausschluss vom zugesagten Versicherungsschutz hat der Versicherer voll zu beweisen.[51]

2. Alkoholbedingte Bewusstseinsstörung

Nicht jede Beeinträchtigung durch Alkohol, die zu einem Unfall führt, den ein Nüchterner vermieden hätte, schließt den Versicherungsschutz aus.[52] Die Störung muss vielmehr einen Grad erreichen, bei dem die Gefahrenlage, in der sich der Versicherungsnehmer jeweils befindet, nicht mehr so beherrscht werden kann, wie dies die jeweiligen Verhältnisse erfordern.[53] Bei der Prüfung der Frage, ob eine Bewusstseinsstörung vorliegt, ist eine fallbezogene Betrachtung erforderlich.[54] Um

---

[43] BGH, Beschl. v. 24. 9. 2008 – IV ZR 219/07, VersR 2008, 1683 = r+s 2008, 521, 522.
[44] BGH NJW 1985, 2534 = VersR 1985, 583; OLG Hamm NJW-RR 1986, 330 = VersR 1986, 1187; OLG Stuttgart VersR 1989, 1037; BGH, Urt. v. 10. 10. 1990 – IV ZR 231/89, NJW-RR 1991, 147 = VersR 1990, 1343 = r+s 1991, 35; OLG Oldenburg NJW-RR 1991, 611 = VersR 1991, 803; OLG Düsseldorf OLGR 1992, 102; OLG Stuttgart VersR 1992, 1219; OLG Frankfurt/M., Urt. v. 30. 9. 1998 – 7 U 216/97, NVersR 1999, 523; OLG Düsseldorf, Urt. v. 17. 12. 2002 – 4 U 114/02, VersR 2004, 1041; OLG Rostock zfs 2006, 222 Tz. 18; LG Düsseldorf, Urt. v. 13. 9. 2006 – 23 S 137/05, VersR 2007, 488.
[45] *Knappmann* r+s 2007, 45, 48.
[46] OLG Köln, Urt. v. 7. 9. 1995 – 5 U 44/95, r+s 1998, 261.
[47] OLG Hamburg, Hinweisbeschl. v. 25. 4. 2007 – 9 U 23/07, r+s 2007, 386, 387; *Knappmann* r+s 1999, 128.
[48] OLG Stuttgart, Urt. v. 27. 7. 2006 – 7 U 208/05, VersR 2007, 1363, 1364 = r+s 2007, 165.
[49] OLG Nürnberg, Urt. v. 27. 8. 1998 – 8 U 2199/97, r+s 2001, 42.
[50] BGH, Beschl. v. 24. 9. 2008 – IV ZR 219/07, VersR 2008, 1683 = r+s 2008, 521, 522.
[51] OLG Hamburg, Hinweisbeschl. v. 25. 4. 2007 – 9 U 23/07, r+s 2007, 386, 387; *Knappmann* r+s 1999, 128.
[52] BGH, Urt. v. 10. 10. 1990 – IV ZR 231/89, NJW-RR 1991, 147 = VersR 1990, 1343 = r+s 1991, 35.
[53] BGH, Urt. v. 27. 8. 1985 – IVa ZR 96/83, VersR 1985, 583 = OLG Hamm, Urt. v. 14. 6. 1989 – 20 U 139/87, VersR 1990, 514; OLG Zweibrücken, Urt. v. 12. 11. 1993 – 1 U 126/92, r+s 1994, 277; OLG Braunschweig VersR 1997, 1343; BGH, Urt. v. 10. 10. 1990 – IV ZR 231/89, NJW-RR 1991, 147 = VersR 1990, 1343 = r+s 1991, 35; OLG Köln, Urt. v. 20. 9. 2005 – 5 W 111/05, NJW-RR 2006, 101 = VersR 2006, 255 = MDR 2006, 265; LG Kassel, Beschl. v. 17. 3. 2006 – 4 O 597/05, VersR 2006, 1529; OLG Saarbrücken, Urt. v. 5. 4. 2006 – 5 U 633/05, zfs 2006, 336; OLG Saarbrücken, Urt. v. 21. 1. 2009 – 5 U 249/08-29, NJW-RR 2009, 903, 905 = VersR 2009, 1109, 1110.
[54] BGH, Urt. v. 27. 8. 1985 – IVa ZR 96/83, r+s 1985, 165; BGHZ 66, 88, 90; BGH, Urt. v. 10. 10. 1990 – IV ZR 231/89, VersR 1990, 1343 = r+s 1991, 35.

die hinreichende Alkoholisierung und damit die Bewusstseinsstörung zu beweisen, kommt dem Versicherer die Erleichterung des Anscheinsbeweises nicht zugute.[55] Vielmehr muss der Tatrichter diese Voraussetzung im Wege des Vollbeweises feststellen.[56] Erst bei der weiteren Frage, ob die Bewusstseinsstörung ursächlich oder mitursächlich[57] für den Unfall geworden ist, können die Regeln über den Anscheinsbeweis angewandt werden.[58] Der Versicherer, der sich auf Leistungsfreiheit wegen unfallursächlicher alkoholbedingter Bewusstseinsstörung des Versicherungsnehmers beruft, genügt daher grundsätzlich der ihn treffenden Darlegungs- und Beweislast für die zunächst festzustellende Alkoholisierung, wenn er sich auf einen im Ermittlungsverfahren festgestellten Blutalkoholkonzentrationswert beruft.[59] Liegt dieser Wert im Bereich der relativen Fahruntüchtigkeit, greift der Ausschlussgrund nur ein, wenn äußere Anzeichen für eine alkoholbedingte Fahruntüchtigkeit vorliegen.[60] Ergeben sich diese nicht aus sonstigen Ausfallerscheinungen, müssen Fahrfehler festgestellt werden, die typischerweise durch Alkoholgenuss bedingt sind.[61] Dies ist der Fall, wenn sich ein Abkommen von der Straße nur durch den Alkoholgenuss erklären lässt.[62] Bei absoluter Fahruntüchtigkeit, die bei Kraftfahrern schon bei einem Blutalkoholgehalt von 1,1‰ vorliegt,[63] ist immer eine Bewusstseinsstörung ohne die Möglichkeit eines Gegenbeweises anzunehmen.[64]

18 Auf Fußgänger lässt sich der für Kraftfahrer geltende Wert für das Vorliegen absoluter Fahruntüchtigkeit nicht übertragen.[65] Die absolute Verkehrsuntüchtigkeit

---

[55] BGH, Urt. v. 10. 10. 1990 – IV ZR 231/89, NJW-RR 1991, 147, 148 = VersR 1990, 1343 = r+s 1991, 35; LG Kassel, Beschl. v. 17. 3. 2006 – 4 O 597/05, VersR 2006, 1529.

[56] BGH, Urt. v. 10. 10. 1990 – IV ZR 231/89, NJW-RR 1991, 147, 148 = VersR 1990, 1343 = r+s 1991, 35.

[57] OLG Karlsruhe NJW-RR 1987, 804.

[58] BGH, Urt. v. 30. 10. 1985 – IV a ZR 10/84, VersR 1986, 141, 142; BGH, Urt. v. 24. 2. 1988 – IV a ZR 193/86, NJW-RR 1988, 729 = VersR 1988, 733 = r+s 1988, 150; BGH, Urt. v. 10. 10. 1990 – IV ZR 231/89, NJW-RR 1991, 147, 148 = VersR 1990, 1343 = r+s 1991, 35; LG Kassel, Beschl. v. 17. 3. 2006 – 4 O 597/05, VersR 2006, 1529, 1530; OLG Köln, Beschl. v. 20. 9. 2005 – 5 W 111/05, VersR 2006, 255 = r+s 2006, 429, 430 = MDR 2006, 265.

[59] OLG Hamm VersR 1995, 949 = r+s 1995, 238; OLG Hamm, Urt. v. 15. 1. 1997 – 20 U 144/96, r+s 1998, 213; BGH, Urt. v. 3. 7. 2002 – IV ZR 205/01, NJW 2002, 3112, 3113 = VersR 2002, 1135, 1136 = r+s 2002, 523; *Knappmann* VersR 2000, 11, 14; *Grimm*, Unfallvers., 3. Aufl., § 2 AUB Rdn. 12.

[60] OLG Hamburg, Urt. v. 26. 3. 1997 – 5 U 157/96, NJW-RR 1998, 1108, 1109 = r+s 1999, 88; OLG Saarbrücken, Urt. v. 28. 1. 2009 – 5 U 698/05–102, r+s 2009, 138, 140.

[61] BGH NJW 1988, 1846 = VersR 1988, 733, 734 = r+s 1988, 150; OLG Hamburg, Urt. v. 26. 3. 1997 – 5 U 157/96, NJW-RR 1998, 1108, 1109 = r+s 1999, 88.

[62] OLG Hamm, Urt. v. 29. 1. 2003 – 20 U 179/02, r+s 2003, 188, 189.

[63] BGH, Urt. v. 28. 6. 1990 – 4 StR 297/90, BGHSt 37, 89 = NJW 1990, 2393 = VersR 1990, 1177; OLG Jena, Urt. v. 27. 11. 2002 – 4 U 621/02, NJW-RR 2003, 320; OLG Karlsruhe, Urt. v. 5. 6. 2008 – 12 U 13/08, r+s 2009, 105; OLG Saarbrücken, Urt. v. 21. 1. 2009 – 5 U 249/08 – 29, NJW-RR 2009, 903, 905 = VersR 2009, 1109, 1111; a. A. OLG Frankfurt/M., Urt. v. 5. 2. 1998 – 3 U 35/97, VersR 1999, 1403, 1404: 2,00 ‰.

[64] BGH, Urt. v. 30. 10. 1985 – IV a ZR 10/84, NJW-RR 1986, 323 = VersR 1986, 141; BGH, Urt. v. 28. 6. 1990 – 4 StR 297/90, BGHSt 37, 89 = NJW 1990, 2393 = VersR 1990, 1177; OLG Celle, Urt. v. 13. 6. 1996 – 8 U 119/95, VersR 1997, 820; OLG Hamburg, Urt. v. 26. 3. 1997 – 5 U 157/96, NJW-RR 1998, 1108, 1109 = r+s 1999, 88; OLG Naumburg, Urt. v. 14. 7. 2005 – 4 U 184/04, NJW 2005, 3505/3506 = VersR 2005, 1573, 1574; LG Kassel, Beschl. v. 17. 3. 2006 – 4 O 597/05, VersR 2006, 1529; OLG Saarbrücken, Urt. v. 21. 1. 2009 – 5 U 249/08–29, NJW-RR 2009, 903, 905 = VersR 2009, 1109, 1111; OLG Celle, Urt. v. 12. 3. 2009 – 8 U 177/08, VersR 2009, 1215, 1216; a. A. *Gerchow* ZVersWiss 1970, 407, 408: 1,3‰.

[65] LG Kassel, Beschl. v. 17. 3. 2006 – 4 O 597/05, VersR 2006, 1529.

eines Fußgängers ist erst bei erheblich höheren Blutalkoholwerten (BAK) anzunehmen.[66] Bisweilen wird hier bereits eine BAK von 1,5‰[67] bzw. bei Radfahrern von 1,6 ‰[68] als ausreichend angesehen. Überwiegend wird jedoch bei Fußgängern eine BAK von 2‰[69] und darüber als notwendig erachtet.[70] Bei einer unter diesem Wert liegenden BAK ist eine Bewusstseinsstörung dann zu bejahen, wenn sich aus weiteren Anhaltspunkten ergibt, dass der Fußgänger in seiner Aufnahme- und Reaktionsfähigkeit so gestört war, dass er der Gefahrenlage, in der er sich befand, nicht mehr in ausreichendem Maß gewachsen ist[71] und damit nicht mehr in der Lage war, in der konkreten Verkehrssituation richtig zu reagieren und den auf ihn zukommenden Gefahren auszuweichen.[72] Dies ist bei einem Versicherten, bei dem im Unfallzeitpunkt eine BAK von 1,41 bis 1,68‰ vorlag, anzunehmen, der sich auf die Bundesautobahn begab, nachdem er seinen PKW in der angrenzenden Feldgemarkung festgefahren hatte, wo er, als er diese entweder in Höhe des Mittelstreifens beschritt oder zumindest zu überqueren versuchte, angefahren und schwer verletzt wurde.[73]

Bei einem Mitfahrer ist der Unfallschutz ausgeschlossen, wenn der Versicherer zum einen beweisen kann, dass der Mitfahrer infolge seines Alkoholgenusses außerstande war, die alkoholbedingte Fahruntüchtigkeit des Fahrers zu erkennen, und zum anderen beweisen kann, dass die alkoholbedingte Bewusstseinsstörung ihres Versicherungsnehmers für den Eintritt des Versicherungsfalls kausal war.[74] Kausalität ist anzunehmen, wenn der Versicherungsnehmer infolge seines Alkoholgenusses außerstande war, die alkoholbedingte Fahruntüchtigkeit des Unfallfahrers zu erkennen, wenn er diese aber andernfalls erkannt hätte und wenn er schließlich bei Kenntnis der Fahruntüchtigkeit des Unfallfahrers von einer Teilnahme an der Fahrt abgesehen hätte.[75] Kausalität läge aber auch dann vor, wenn er zwar die Fahruntüchtigkeit des Unfallfahrers erkannt, sich aber nur infolge seiner eigenen alkoholbedingten Enthemmung in die Gefahr begeben hätte.[76] Hierzu reicht es allerdings nicht aus, dass sich der Versicherungsnehmer in nüchternem Zustand anders entschieden hätte.[77] Auch dann, wenn der Versicherungsnehmer in zwar alkoholisiertem Zustand, jedoch nicht im Zustand einer Bewusstseinsstörung eine erhöhte Risikobereitschaft an den Tag gelegt hätte, bliebe sein Versicherungsschutz hiervon unberührt.[78]

19

---

[66] BGH NJW-RR 1991, 147 = VersR 1990, 1343; OLG Hamm OLGR 2003, 17; LG Kassel, Beschl. v. 17. 3. 2006 – 4 O 597/05, VersR 2006, 1529.
[67] LG Detmold VersR 1992, 864 (Ls.) = zfs 1992, 92.
[68] OLG Hamm, Urt. v. 15. 10. 1997 – 20 U 89/97, r+s 1998, 216.
[69] OLG Hamm, Urt. v. 15. 10. 1997 – 20 U 89/97, r+s 1998, 216; LG Ellwangen, Urt. v. 30. 8. 2002 – 3 O 46/02, r+s 2004, 298; OLG Celle, Urt. v. 12. 3. 2009 – 8 U 177/08, VersR 2009, 1215, 1216.
[70] OLG Hamm OLGR 2003, 17; OLG Köln, Beschl. v. 20. 9. 2005 – 5 W 111/05, VersR 2006, 255 = r+s 2006, 429 = MDR 2006, 265.
[71] OLG Braunschweig VersR 1997, 1343; LG Kassel, Beschl. v. 17. 3. 2006 – 4 O 597/05, VersR 2006, 1529.
[72] OLG Hamm VersR 1986, 761 (Ls.); LG Kassel, Beschl. v. 17. 3. 2006 – 4 O 597/05, VersR 2006, 1529.
[73] LG Kassel, Beschl. v. 17. 3. 2006 – 4 O 597/05, VersR 2006, 1529.
[74] OLG Karlsruhe, Urt. v. 3. 4. 1997 – 12 U 260/96, VersR 1998, 835, 836.
[75] OLG Karlsruhe, Urt. v. 3. 4. 1997 – 12 U 260/96, VersR 1998, 835, 836.
[76] BGH VersR 1986, 803; OLG Karlsruhe, Urt. v. 3. 4. 1997 – 12 U 260/96, VersR 1998, 835, 836.
[77] OLG Karlsruhe, Urt. v. 3. 4. 1997 – 12 U 260/96, VersR 1998, 835, 836.
[78] BGH VersR 1985, 583; OLG Karlsruhe, Urt. v. 3. 4. 1997 – 12 U 260/96, VersR 1998, 835, 836.

3. Drogenbedingte Bewusstseinsstörung

20 Allein aus einer hohen Amphetaminkonzentration (5 mg/l Blut) kann noch nicht auf eine absolute Fahruntüchtigkeit geschlossen werden, da es gesicherte Erfahrungswerte in Bezug auf die Auswirkung von Drogen und Psychopharmaka auf das Fahrverhalten nicht gibt.[79] Es ist deshalb nur möglich, im Falle von Drogenkonsum eine relative Fahruntüchtigkeit zu diagnostizieren, wofür – ebenso wie bei alkoholbedingter Fahruntüchtigkeit – ein auffälliges Fehlverhalten Aufschlüsse gibt.[80] Der Beweis des ersten Anscheins spricht für einen ursächlichen Zusammenhang zwischen der drogenbedingten Fahruntüchtigkeit und dem Unfall, wenn der Versicherte aus unerklärlichen Gründen mit hoher Geschwindigkeit von der im Bereich der Unfallstelle gradlinig verlaufenden, steigungs- und gefällefreien Fahrbahn abgekommen ist und feststeht, dass er weder Brems- noch Lenkmanöver unternahm.[81]

4. Schwindelanfall

21 Durch einen Schwindelanfall wird der Versicherte in seiner Fähigkeit, Sinneseindrücke schnell und genau zu erfassen, sie geistig zu verarbeiten und auf sie angemessen zu reagieren, beeinträchtigt.[82] Der früher vertretenen Auffassung, nach der vorübergehende Schwindelanfälle keine Bewusstseinsstörung sein sollten,[83] hat der BGH ausdrücklich widersprochen.[84] Die Einordnung einer Beeinträchtigung als Schwindelanfall gebe keinen ausreichenden Anhalt für die Beantwortung der Frage, ob mit diesem Zustand eine gesundheitliche Beeinträchtigung der Aufnahme- und Reaktionsfähigkeit in einem Ausmaß vorgelegen habe, dass die konkrete Gefahrenlage, in der sich der Betroffene befand, nicht mehr beherrscht werden konnte.[85] Kommt daher der Versicherte nach seiner eigenen Darstellung aufgrund eines Schwindelanfalls auf einer Treppe zu Fall, muss davon ausgegangen werden, dass die Aufnahme- und Reaktionsfähigkeit des Versicherten durch den Schwindelanfall derart gestört war, dass er außerstande war, den Sicherheitsanforderungen seiner Umwelt zu genügen, und dass der Schwindelanfall einen solchen Grad erreicht hatte, dass der Versicherte die konkrete Gefahrenlage, in der er sich befand, nicht mehr beherrschen konnte.[86]

5. Weitere Einzelfälle

22 Eine den Versicherungsschutz ausschließende Gesundheitsstörung liegt ferner vor, wenn der Versicherte auf Grund einer vorübergehenden Kreislaufstörung oder Schlafwandelns aus dem Fenster gestürzt ist.[87] Dies gilt gleichermaßen bei einer alkoholbedingten Bewusstseinsstörung als Ursache für einen Fenstersturz bei einer BAK von 1,1 bis 1,2%o.[88]

---

[79] OLG Köln, Urt. v. 7. 9. 1995 – 5 U 44/95, r+s 1998, 261, 262.
[80] OLG Köln, Urt. v. 7. 9. 1995 – 5 U 44/95, r+s 1998, 261, 262.
[81] OLG Köln, Urt. v. 7. 9. 1995 – 5 U 44/95, r+s 1998, 261, 262.
[82] OLG Schleswig OLGR 2001, 242; LG Düsseldorf, Urt. v. 13. 9. 2006 – 23 S 137/05, VersR 2007, 488.
[83] OLG Oldenburg VersR 1991, 803.
[84] LG Düsseldorf, Urt. v. 13. 9. 2006 – 23 S 137/05, VersR 2007, 488.
[85] BGH NJW-RR 2000, 1341 = VersR 2000, 1090.
[86] LG Düsseldorf, Urt. v. 13. 9. 2006 – 23 S 137/05, VersR 2007, 488.
[87] OLG Hamm, Urt. v. 14. 5. 2008 – 20 U 148/07, VersR 2009, 349, 350 = r+s 2009, 30, 31.
[88] OLG Schleswig VersR 1992, 436; OLG Celle, Urt. v. 12. 3. 2009 – 8 U 177/08, VersR 2009, 1215, 1216.

II. Vorsätzliche Ausführung einer Straftat oder deren Versuch (§ 3 Abs. 2 lit. b) UZV 2008)

1. Zweck des Ausschlusses

Der Ausschluss des Versicherungsschutzes wegen Unfällen, die dem Versicherten dadurch zustoßen, dass er vorsätzlich eine Straftat ausführt oder versucht, ist rechtlich unbedenklich.[89] Er ist nicht in sittlichen Erwägungen begründet, sondern dient der Ausschaltung des selbstverschuldeten besonderen Unfallrisikos, das mit der Ausführung einer strafbaren Handlung verbunden ist und durch die Erregung und Furcht vor Entdeckung noch gesteigert wird.[90] Sinn und Zweck des Ausschlusses rechtfertigen nicht die Versagung des Versicherungsschutzes in Fällen eines rein zufälligen Zusammenhangs zwischen einer Straftat und einem Unfall; vielmehr greift der Ausschluss nur dann, wenn zwischen dem Unfall und der Straftat ein adäquat ursächlicher Zusammenhang besteht.[91] An der Adäquanz des Ursachenzusammenhangs und damit an einem billigenswerten, vom Zweck des Risikoausschlusses nicht umfassten Grund für die Versagung des Versicherungsschutzes fehlt es lediglich in solchen Fällen, in denen der Zusammenhang zwischen der Straftat und dem Unfall nur ein rein zufälliger ist und der dem Delikt eigentümliche Gefahrenbereich für den Schaden gar nicht ursächlich gewesen sein kann.[92] Das ist u. a. der Fall, wenn der Unfall unabhängig von der Straftat allein auf das Verhalten des Schädigers zurückzuführen ist und dessen Handeln durch die Rechtsverletzung des Versicherten weder ausgelöst noch veranlasst oder auch nur mit veranlasst worden ist.[93] Die Adäquanz eines ursächlichen Zusammenhangs zwischen einer strafbaren Handlung und einem Unfallereignis ist mithin zu bejahen, wenn durch die Ausführung der Straftat eine erhöhte Gefahrenlage geschaffen worden ist, die generell geeignet ist, Unfälle der eingetretenen Art herbeizuführen.[94] Die „Ausführung" einer Straftat beschränkt sich dabei nicht auf den Zeitraum, in dem der Straftatbestand verwirklicht wird, sondern sie wirkt darüber

---

[89] BGH, Urt. v. 5. 12. 1990 – IV ZR 13/90, NJW 1991, 1357 = VersR 1991, 289 = MDR 1991, 655; BGH, Urt. v. 23. 9. 1998 – IV ZR 1/98, NVersZ 1999, 27 = VersR 1998, 1410, 1411 = MDR 1998, 1478.

[90] BGH, Urt. v. 10. 1. 1957 – II ZR 162/55, BGHZ 23, 76, 82 = NJW 1957, 381 = VersR 1957, 90, 91; BGH, Urt. v. 23. 9. 1998 – IV ZR 1/98, NVersZ 1999, 27 = VersR 1998, 1410, 1411 = MDR 1998, 1478, 1479; OLG Hamm, Beschl. v. 11. 7. 2008 – 20 U 258/06, VersR 2008, 65, 66; = zfs 2007, 401; OLG Hamm, Beschl. v. 11. 7. 2008 – 20 U 219/07, NJW-RR 2009, 608 = VersR 2009, 388; *Kessal-Wulf* r+s 2008, 313, 315.

[91] OLG Hamm, Urt. v. 2. 3. 2007 – 20 U 258/06, VersR 2008, 65, 66 OLG Hamm, Beschl. v. 11. 7. 2008 – 20 U 219/07, NJW-RR 2009, 608 = VersR 2009, 388.

[92] BGH, Urt. v. 10. 1. 1957 – II ZR 162/55, BGHZ 23, 76, 82 = NJW 1957, 381 = VersR 1957, 90, 91; BGH, Urt. v. 10. 2. 1982 – IV a ZR 243/80, NJW 1983, 47 = VersR 1982, 465 = MDR 1982, 652; BGH, Urt. v. 26. 9. 1990 – IV ZR 176/89, NJW-RR 1991, 93 = VersR 1990, 1268 = MDR 1991, 323; BGH, Urt. v. 23. 9. 1998 – IV ZR 1/98, NVersZ 1999, 27 = VersR 1998, 1410, 1411 = MDR 1998, 1478, 1479; OLG Hamm, Urt. v. 2. 3. 2007 – 20 U 258/06, VersR 2008, 65, 66.

[93] BGH, Urt. v. 22. 11. 1962, NJW 1963, 489 = VersR 1963, 133; BGH, Urt. v. 23. 9. 1998 – IV ZR 1/98, NVersZ 1999, 27 = VersR 1998, 1410, 1411 = MDR 1998, 1478, 1479.

[94] BGH, Urt. v. 10. 2. 1982 – IV a ZR 243/80, NJW 1983, 47 = VersR 1982, 465 = MDR 1982, 652; BGH, Urt. v. 26. 9. 1990 – IV ZR 176/89, NJW-RR 1991, 93 = VersR 1990, 1268 = MDR 1991, 323; BGH, Urt. v. 23. 9. 1998 – IV ZR 1/98, NVersZ 1999, 27 = VersR 1998, 1410, 1411 = MDR 1998, 1478; OLG Hamm, Urt. v. 2. 3. 2007 – 20 U 258/06, VersR 2008, 65, 66.

hinaus, so dass auch Unfälle beim Rückzug vom Tatort, auf der Flucht usw. vom Ausschluss erfasst werden.[95]

2. Straftatbestand

24   Der Ausschlusstatbestand des § 3 Abs. 2 lit. b) UZV 2008 ist erfüllt, wenn im Sinne des deutschen Strafrechts eine vorsätzliche Straftat vorliegt.[96] Dies ist der Fall, wenn der Versicherte eine Straftat nach § 40 Abs. 1 Nr. 3 SprengG ausgeführt hat.[97] Führt der Versicherte (Versicherungsnehmer) vorsätzlich ein Kraftfahrzeug ohne die erforderliche Fahrerlaubnis gemäß § 21 Abs. 1 Nr. 1 StVG, so hat er grundsätzlich keinen Unfallversicherungsschutz für einen Unfall auf dieser Fahrt.[98] Dies gilt auch für einen Motorrollerfahrer, der mit seinem Führerschein den im Ausland gemieteten Motorroller nicht fahren darf.[99] Der Ausschlusstatbestand greift ferner ein, wenn der Versicherte vorsätzlich die Straftat „Trunkenheit im Verkehr" ausgeführt hat und im Rahmen seiner Festnahme nach einer Verfolgungsjagd einen Bauchschuss erleidet.[100] Der Versicherungsschutz ist hingegen nicht ausgeschlossen, wenn die Unfallfahrt des Versicherten nicht mit der vorsätzlichen Begehung einer Straftat in Verbindung steht.[101] Der Vorsatztatausschluss soll weder unter dem Gesichtspunkt der Beleidigung (§ 185 StGB) noch der Nötigung (§ 240 StGB) greifen, wenn der Versicherte seinen PKW durch schrittweises leichtes Abbremsen zum Stillstand bringt, um einen über eine längere Wegstrecke dicht auffahrenden anderen Verkehrsteilnehmer zum Anhalten zu bewegen und um diesen dann auf die Gefährlichkeit des Auffahrens und die Einhaltung des Sicherheitsabstands hinzuweisen.[102] Soweit dieses Verhalten vom OLG Hamm[103] nicht als verwerflich angesehen wird, stellt sich die Frage, ob der Straßenverkehr wirklich das richtige Forum ist, um Laien Verkehrsunterricht erteilen zu lassen. Im konkreten Einzelfall ist dem OLG Hamm im Ergebnis zuzustimmen, da der andere Verkehrsteilnehmer das Vorgehen des Versicherten akzeptiert hat. Unstrittig ist, dass der Vorsatztatausschluss im Falle starken Abbremsens greift.[104]

3. Beweislast

25   Da § 3 Abs. 2 lit. b) UZV 2008 den Leistungsausschluss an die Ausführung einer Straftat anknüpft, richtet sich auch die zivilrechtliche Beurteilung nach den Grundsätzen des Strafrechts einschließlich der Beweislast.[105] Bleiben nicht beheb-

---

[95] OLG Hamm, Urt. v. 2. 3. 2007 – 20 U 258/06, VersR 2008, 65, 66; OLG Hamm, Beschl. v. 11. 7. 2008 – 20 U 219/07, NJW-RR 2009, 608 f. = VersR 2009, 388.
[96] OLG München, Urt. v. 11. 7. 1997 – 14 U 953/96, VersR 1999, 881 = OLGReport München 1999, 70; OLG Hamm, Beschl. v. 22. 6. 2005 – 20 U 104/05, MDR 2005, 1404.
[97] KG Berlin, Urt. v. 20. 1. 2004 – 6 U 225/02, r+s 2006, 80, 81; BGH, Nichtannahmebeschl. v. 9. 6. 2004 – IV ZR 3/04, r+s 2006, 80, 81.
[98] OLG Koblenz, Urt. v. 30. 5. 1997 – 10 U 1600/95, r+s 1998, 392.
[99] OLG Hamm, Beschl. v. 22. 6. 2005 – 20 U 104/05, MDR 2005, 1404.
[100] OLG Hamm, Urt. v. 2. 3. 2007 – 20 U 258/06, VersR 2008, 65, 66.
[101] OLG Celle, Urt. v. 19. 2. 1998 – 8 U 171/96, VersR 1999, 1403.
[102] OLG Hamm, Beschl. v. 11. 7. 2008 – 20 U 219/07, NJW-RR 2009, 608, 610 = VersR 2009, 388.
[103] OLG Hamm, Beschl. v. 11. 7. 2008 – 20 U 219/07, NJW-RR 2009, 608, 610 = VersR 2009, 388, 389.
[104] BGH NJW 1995, 3131; BayObLG NJW 2002, 628; OLG Hamm, Beschl. v. 11. 7. 2008 – 20 U 219/07, NJW-RR 2009, 608, 610 = VersR 2009, 388, 389.
[105] BGH, Urt. v. 5. 12. 1990 – IV ZR 13/90, NJW 1991, 1357 = VersR 1991, 289; BGH, Urt. v. 23. 9. 1998 – IV ZR 1/98, NVersZ 1999, 27 = VersR 1998, 1410, 1411.

bare Zweifel an der Schuldfähigkeit des Täters, ist zu seinen Gunsten zu entscheiden.[106] Der für die Voraussetzungen des Ausschlusstatbestandes beweispflichtige Versicherer muss ein genügendes Maß an Tatsachen aufzeigen, die den notwendigen Schluss auf ein vorsätzliches Verhalten des Versicherungsnehmers rechtfertigen.[107] Beweiserleichterungen für den subjektiven Tatbestand des Fahrens ohne Fahrerlaubnis kommen dem Versicherer auch dann nicht zugute, wenn der Versicherungsnehmer bei dem Unfall tödlich verunglückt ist. Die mangelnde Aufklärungsmöglichkeit geht zu Lasten des Versicherers.[108]

III. Gesundheitsschädigungen durch Heilmaßnahmen oder Eingriffe (§ 3 Abs. 2 lit. h) UZV 2008)

1. Inhaltskontrolle

Gegen die Klausel bestehen keine Bedenken nach dem Recht des AGB; insbesondere ist sie nicht irgendwie unklar oder mehrdeutig im Sinne von § 305c BGB.[109] Allein der Umstand, dass die in Rede stehende Klausel auslegungsbedürftig ist und mehr als nur eine Auslegung überhaupt in Betracht kommt, genügt insoweit nicht.[110] Erforderlich ist vielmehr, dass von den möglichen unterschiedlichen Auslegungen nach den allgemeinen Auslegungsprinzipien keine den klaren Vorzug verdient.[111] Der Versicherungsnehmer kann aber erkennen, dass er für Schädigungen durch Heilmaßnahmen und Eingriffe keine Leistungen vom Versicherer beanspruchen kann.[112] Etwaige Schwierigkeiten bei den im Einzelfall zu treffenden Feststellungen lassen eine im Übrigen klare Regelung nicht unklar werden.[113] Auch Bedenken im Hinblick auf § 307 BGB – unangemessene Benachteiligung – bestehen nicht.[114] Geschützt würde der Versicherungsnehmer im vorliegenden Zusammenhang ohnehin nur davor, dass sein Unfallversicherungsschutz unangemessene Lücken aufweist, wobei bei der erforderlichen Auslegung regelmäßig die Sicht eines durchschnittlichen Versicherungsnehmers ohne versicherungsrechtliche Spezialkenntnisse zugrunde gelegt wird.[115] Diesen Anforderungen hält die Klausel ohne Weiteres stand.[116] Der Versicherungsnehmer, der einen Unfallversicherungsvertrag abschließt, darf zwar einen grundsätzlich umfassenden Versicherungsschutz erwarten.[117] Ausschlussklauseln stellen somit eine Einschränkung des Versicherungsschutzes dar und damit eine Abweichung vom normativen Leitbild der Unfallversicherung (§ 307 Abs. 2 Nr. 2 BGB).[118] Daraus ergibt sich aber im Sinne der genannten Vorschrift noch keine Gefährdung des

---

[106] BGH, Urt. v. 23. 9. 1998 – IV ZR 1/98, NVersZ 1999, 27 = VersR 1998, 1410, 1411.
[107] OLG Koblenz, Urt. v. 30. 5. 1997 – 10 U 1600/95, r+s 1998, 392.
[108] OLG Koblenz, Urt. v. 30. 5. 1997 – 10 U 1600/95, r+s 1998, 392.
[109] OLG Celle, Urt. v. 19. 11. 2009 – 8 U 107/09, VersR 2010, 803, 804.
[110] OLG Celle, Urt. v. 19. 11. 2009 – 8 U 107/09, VersR 2010, 803, 804.
[111] BGH NJW 2002, 3232, 3233; OLG Celle, Urt. v. 19. 11. 2009 –8 U 107/09, VersR 2010, 803, 804.
[112] OLG Celle, Urt. v. 19. 11. 2009 – 8 U 107/09, VersR 2010, 803, 804.
[113] BGH NJW 2004, 2589, 2590 = VersR 2004, 1039, 1040; OLG Celle, Urt. v. 19. 11. 2009 – 8 U 107/09, VersR 2010, 803, 804.
[114] OLG Celle, Urt. v. 19. 11. 2009 – 8 U 107/09, VersR 2010, 803, 804.
[115] BGH VersR 1982, 841, 842 = OLG Celle, Urt. v. 19. 11. 2009 – 8 U 107/09, VersR 2010, 803, 804.
[116] OLG Celle, Urt. v. 19. 11. 2009 – 8 U 107/09, VersR 2010, 803, 804.
[117] OLG Celle, Urt. v. 19. 11. 2009 – 8 U 107/09, VersR 2010, 803, 804.
[118] OLG Celle, Urt. v. 19. 11. 2009 – 8 U 107/09, VersR 2010, 803, 804.

Vertragszwecks.[119] Eine „Aushöhlung"[120] liegt in Anbetracht des eng begrenzten Anwendungsbereichs der Ausschlussklausel nicht vor.[121] Angesichts der relativ geringen Prämien darf der Versicherungsnehmer keinen uneingeschränkten „Rundumschutz" erwarten.[122]

2. Zweck des Ausschlusses

26 Zweck des Ausschlusses ist es, die mit einer gewollten Behandlung des menschlichen Körpers verbundenen erhöhten Gefahren vom Versicherungsschutz auszunehmen.[123] Zu diesem Risiko gehört auch die Möglichkeit eines ärztlichen Kunstfehlers.[124] Schäden, die durch einen ärztlichen Kunstfehler entstanden sind, sind vom Versicherungsschutz ausgeschlossen.[125]

3. Heilmaßnahmen

27 Heilmaßnahmen sind alle zu therapeutischen Zwecken erfolgenden Maßnahmen oder Handlungen der versicherten Person oder eines Dritten, der nicht zwingend ein Arzt sein muss.[126] Es spielt ebenfalls keine Rolle, ob die Heilmaßnahme medizinisch indiziert war oder ob die Behandlung nach den Regeln der ärztlichen Kunst ausgeführt wurde.[127] Für einen Ausschluss ist nur erforderlich, dass die Gesundheitsschädigung als adäquate Folge einer Heilmaßnahme eintritt.[128] Allerdings muss sich dabei eine Gefahr verwirklicht haben, die der durchgeführten Heilmaßnahme eigentümlich ist.[129] Es darf sich also nicht um eine Schädigung handeln, die lediglich zufällig aus Anlass einer Heilbehandlung eingetreten ist und zu den Risiken des täglichen Lebens zählt.[130] Der Ausschluss gilt nicht nur bei ordnungsgemäß durchgeführten Maßnahmen, sondern auch in Fällen, in denen der Gesundheitsschaden durch unzulängliches Vorgehen des Arztes oder Heilpersonals ausgelöst wird, gleichgültig, ob sich der Fehler im Rahmen einer auch bei sorgfältigem Handeln nicht ganz unwahrscheinlichen Schädigung hält oder als grober Fehler zu werten ist.[131] Die Darlegungs- und Beweislast liegt beim Versicherer.[132] Nicht unter den Unfallversicherungsschutz fällt das in schlaftrunkenem Zustand erfolgte Einatmen von verabreichtem Hustensaft.[133]

---

[119] OLG Celle, Urt. v. 19. 11. 2009 – 8 U 107/09, VersR 2010, 803, 804.
[120] BGH NJW 1993, 335; BGH NJW 2004, 2589, 2591 = VersR 2004, 1039, 1040; OLG Celle, Urt. v. 19. 11. 2009 – 8 U 107/09, VersR 2010, 803, 804.
[121] OLG Celle, Urt. v. 19. 11. 2009 – 8 U 107/09, VersR 2010, 803, 804.
[122] OLG Celle, Urt. v. 19. 11. 2009 – 8 U 107/09, VersR 2010, 803, 804.
[123] OLG Stuttgart, Urt. v. 25. 8. 2005 – 7 U 94/05, VersR 2007, 786, 787; OLG Celle, Urt. v. 19. 11. 2009 – 8 U 107/09, VersR 2010, 803, 804; *Knappmann* in: Festschrift für Schirmer, 2005, S. 269, 271.
[124] OLG Schleswig, Urt. v. 18. 2. 1999 – 16 U 77/98, r+s 2005, 78.
[125] OLG Köln VersR 1973, 959 ff., 960 f.; OLG Hamm VersR 1979, 1100; OLG Schleswig, Urt. v. 18. 2. 1999 – 16 U 77/98, r+s 2005, 78.
[126] OLG Stuttgart, Urt. v. 25. 8. 2005 – 7 U 94/05, VersR 2007, 786, 787.
[127] OLG Stuttgart, Urt. v. 25. 8. 2005 – 7 U 94/05, VersR 2007, 786, 787.
[128] OLG Stuttgart, Urt. v. 25. 8. 2005 – 7 U 94/05, VersR 2007, 786, 787.
[129] OLG Stuttgart, Urt. v. 25. 8. 2005 – 7 U 94/05, VersR 2007, 786, 787.
[130] BGH VersR 1988, 1148, 1149; OLG Saarbrücken VersR 1997, 956, 958; OLG Koblenz NVersZ 2002, 216 = VersR 2002, 1096; OLG Schleswig VersR 2003, 587; OLG Stuttgart, Urt. v. 25. 8. 2005 – 7 U 94/05, VersR 2007, 786, 787.
[131] OLG Köln VersR 1973, 959, 960 f.; OLG Hamm VersR 1979, 1100; OLG Karlsruhe, Urt. v. 18. 10. 2001 – 12 U 202/00, r+s 2002, 393; OLG München, Beschl. v. 12. 3. 2003 – 25 U 1993/03, r+s 2005, 391 (Ls.).
[132] OLG Karlsruhe, Urt. v. 3. 3. 2005 – 12 U 414/04, r+s 2006, 123, 124.
[133] OLG Stuttgart, Urt. v. 25. 8. 2005 – 7 U 94/05, VersR 2007, 786, 787.

4. Eingriff

Unter den Versicherungsausschluss „Gesundheitsschädigungen durch Eingriff" 28 im Sinne von § 3 Abs. 2 lit. h) UZV fällt jede äußere physische Einwirkung auf die Integrität des Körpers des Versicherten, die mit Willen des Versicherten von ihm oder einem Dritten vorgenommen wird.[134] Dazu gehören alle im weitesten Sinne medizinischen oder kosmetischen Behandlungen, weshalb es auf die medizinische Notwendigkeit der Maßnahme nicht ankommt.[135] Erfasst werden alle Akte, die den Eingriff vorbereiten bzw. begleiten.[136] Erfasst werden auch Unfälle, zu denen es nach Heilmaßnahmen und Eingriffen kommt, soweit der innere Zusammenhang reicht.[137] Lässt das Pflegepersonal den Versicherungsnehmer bei der Narkoseeinleitung vor der Operation auf den Fußboden fallen, fällt dieser Sturz unter die Ausschlussklausel.[138] Nicht aber, wenn der Versicherungsnehmer in der Arztpraxis ausrutscht und fällt.[139] Der Begriff des ärztlichen Eingriffs erfasst nicht nur solche Maßnahmen, die nach den anerkannten Regeln der Heilkunst (lege artis) durchgeführt werden, sondern auch solche, die regelwidrig vorgenommen werden.[140] Autoerotische Handlungen, die der Versicherte an seinem Körper vornimmt oder vornehmen lässt, fallen hierunter.[141] Die Darlegungs- und Beweislast liegt beim Versicherer.[142]

IV. Infektionen (§ 3 Abs. 2 lit. i) UZV 2008)

1. Inhaltskontrolle

a) **Transparenzgebot.** Die Klausel verstößt nicht gegen das Transparenzgebot 29 des § 307 Abs. 1 Satz 2 BGB, denn sie ist so formuliert, dass der durchschnittliche Versicherungsnehmer ihre Bedeutung bei verständiger Würdigung nachvollziehen kann.[143]

b) **Angemessenheitskontrolle.** Der grundsätzliche Ausschluss von Infek- 30 tionen vom Versicherungsschutz benachteiligt den Versicherungsnehmer nicht unangemessen im Sinne des § 307 Abs. 1 Satz 1, Abs. 2 Nr. 2 BGB.[144] Die Einschränkung des Versicherungsschutzes ist gerechtfertigt, weil Gesundheitsschädigungen, die durch Infektionen hervorgerufen werden, nicht zu den Lebensrisiken gehören, die durch die Unfallversicherung abgedeckt werden sollen.[145]

---

[134] OLG Schleswig, Urt. v. 18. 2. 1999 – 16 U 77/98, r+s 2005, 78.
[135] OLG Schleswig, Urt. v. 18. 2. 1999 – 16 U 77/98, r+s 2005, 78.
[136] LG Karlsruhe VersR 1960, 913; OLG Celle, Urt. v. 19. 11. 2009 – 8 U 107/09, VersR 2010, 803, 804.
[137] LG Karlsruhe VersR 1960, 913; LG Berlin VersR 2003, 54; OLG Celle, Urt. v. 19. 11. 2009 – 8 U 107/09, VersR 2010, 803, 804.
[138] OLG Celle, Urt. v. 19. 11. 2009 – 8 U 107/09, VersR 2010, 803, 804.
[139] BGH NJW 1989, 1546 = Vers 1988, 1148; OLG Celle, Urt. v. 19. 11. 2009 – 8 U 107/09, VersR 2010, 803, 804.
[140] OLG Schleswig, Urt. v. 18. 2. 1999 – 16 U 77/98, r+s 2005, 78.
[141] OLG Hamburg, Urt. v. 23. 11. 1999 – 9 U 234/99, r+s 2001, 85, 86; a. A. OLG Oldenburg, Urt. v. 25. 6. 1997 – 2 U 108/97, VersR 1997, 1128, 1129 = r+s 98, 40, 41.
[142] OLG Karlsruhe, Urt. v. 3. 3. 2005 – 12 U 414/04, r+s 2006, 123, 124.
[143] OLG Hamm, Beschl. v. 23. 2. 2007 u. 16. 5. 2007 – 20 U 237/06, VersR 2008, 342 = r+s 2007, 387.
[144] AG Kulmbach, Urt. v. 27. 6. 2005 – 74 C 168/05, r+s 2005, 475, 476; OLG Hamm, Beschl. v. 23. 2. 2007 u. 16. 5. 2007 – 20 U 237/06, VersR 2008, 342 = r+s 2007, 387, 388; OLG Köln, Beschl. v. 19. 3. 2008 – 20 U 218/07, r+s 2008, 345, 346.
[145] OLG Hamm, Beschl. v. 23. 2. 2007 u. 16. 5. 2007 – 20 U 237/06, VersR 2008, 342 = r+s 2007, 387, 388; OLG Köln, Beschl. v. 19. 3. 2008 – 20 U 218/07, r+s 2008, 345, 346.

2. Inhalt der Klausel

31 Nach § 3 Abs. 2 lit. i) UZV sind Infektionen grundsätzlich nicht von der Unfall-Zusatzversicherung abgedeckt, es sei denn, dass die Krankheitserreger durch ein unter diese Versicherung fallende Unfallverletzung in den Körper gelangt sind.[146] Nicht als Unfallverletzungen gelten gemäß § 3 Abs. 2 lit. i) UZV Haut- oder Schleimhautverletzungen, die als solche geringfügig sind und durch die Krankheitserreger sofort oder später in den Körper gelangen.[147] Dieser Wiederausschluss vom Wiedereinschluss erfasst auch Zeckenbisse, denn die durch sie verursachten Verletzungen verursachen nur eine oberflächliche und unscheinbare Hautverletzung und haben für sich genommen keinen Krankheitswert und bedürfen keiner ärztlichen Behandlung.[148] Die durch einen Zeckenbiss ausgelöste Neuro-Borreliose ist als Infektion vom Versicherungsschutz ausgeschlossen, weil als Unfallverletzung nicht geringfügige Hautverletzungen gelten, durch die Krankheitserreger in den Körper gelangen.[149] Ebenso besteht kein Versicherungsschutz, wenn durch einen Zeckenbiss eine Gehirnhautentzündung ausgelöst wird.[150] Auch der Stich der Anopheles Mücke stellt nur eine geringfügige Verletzung der Haut dar, der für sich betrachtet kein Krankheitswert zukommt.[151] Die Malaria-Erkrankung ist daher als Infektion vom Versicherungsschutz ausgeschlossen.[152]

3. Beweislast

32 Der Versicherungsnehmer hat den Vollbeweis nach § 286 ZPO dafür zu erbringen, dass die Krankheitserreger durch nicht geringfügige Unfallverletzungen in seinen Körper gelangt sind.[153]

V. Psychische Reaktionen (§ 3 Abs. 2 lit. k) UZV 2008)

1. Inhaltskontrolle

33 Der Leistungsausschluss in § 3 Abs. 2 lit. k) UZV 2008 für krankhafte Störungen infolge psychischer Reaktionen ist nicht unklar (§ 5 AGBG, jetzt § 305 c Abs. 2 BGB) und hält einer Inhaltskontrolle stand (§ 9 Abs. 2 Nr. 2 AGBG, jetzt § 307 Abs. 2 Nr. 2 BGB).[154]

---

[146] OLG Hamm, Beschl. v. 23. 2. 2007 u. 16. 5. 2007 – 20 U 237/06, VersR 2008, 342 = r+s 2007, 387.
[147] LG Düsseldorf, Urt. v. 14. 1. 2005 – 11 O 198/04, r+s 2005, 475; OLG Hamm, Beschl. v. 23. 2. 2007 u. 16. 5. 2007 – 20 U 237/06, VersR 2008, 342 = r+s 2007, 387; LG Düsseldorf, Urt. v. 26. 2. 2009 – 11 O 423/08, r+s 2010, 210.
[148] OLG Koblenz, Beschl. v. 9. 10. 2003 – 10 U 44/03, r+s 2004, 298 = VersR 2005, 493 (Ls.); OLG Hamm, Urt. v. 23. 11. 2005 – 20 U 183/05; OLG Hamm, Urt. v. 5. 5. 2006 – 20 U 63/06; LG Dortmund NJW-RR 2006, 102; OLG Hamm, Beschl. v. 23. 2. 2007 u. 16. 5. 2007 – 20 U 237/06, VersR 2008, 342.
[149] OLG Koblenz, Beschl. v. 9. 10. 2003 – 10 U 44/03, r+s 2004, 298; LG Düsseldorf, Urt. v. 14. 1. 2005 – 11 O 198/04, r+s 2005, 475; AG Kulmbach, Urt. v. 27. 6. 2005 – 74 C 168/05, r+s 2005, 475; *Marlow* r+s 2007, 353, 355; *Marlow/Tschersich* r+s 2009, 441, 448; offen gelassen OLG Düsseldorf, Urt. v. 7. 4. 2009 – I-4 U 39/08, VersR 2010, 61, 62.
[150] LG Landshut, Urt. v. 10. 6. 1987 – 1 S 72/87, NJW-RR 1989, 1301 = VersR 1988, 691.
[151] LG Köln, Urt. v. 10. 7. 2002 – 23 O 426/01, r+s 2004, 298.
[152] LG Köln, Urt. v. 10. 7. 2002 – 23 O 426/01, r+s 2004, 298.
[153] OLG Hamm, Hinweisbeschl. v. 3. 3. 2006 – 20 U 227/05, r+s 2007, 164; LG Trier, Urt. v. 23. 4. 2009 – 6 O 291/07, r+s 2010, 125; bestätigt durch OLG Koblenz, Beschl. v. 26. 10. 2009 – 10 U 607/09, r+s 2010, 125.
[154] OLG Saarbrücken, Urt. v. 22. 1. 2003 – 5 U 358/02 – 42, NJW-RR 2003, 602, 603 f.; OLG Saarbrücken, Urt. v. 16. 4. 2003 – 5 U 49/01 – 5, r+s 2003, 470; BGH, Urt.

2. Psychische Reaktionen

Unter den Ausschluss „psychische Reaktionen" fallen alle Gesundheitsschäden, 34
bei denen ein adäquater Kausalzusammenhang mit körperlichen Traumata nicht
nachweisbar oder die krankhafte Störung des Körpers allein mit ihrer psychogenen Natur erklärbar ist.[155] Ausgeschlossen sind auch alle Gesundheitsschäden, die
nach einer unfallbedingten Gesundheitsschädigung erst durch eine psychische
Fehlverarbeitung, gleichgültig worauf diese beruht, entstehen oder verschlimmert
werden.[156] Sind die behaupteten fortdauernden Beschwerden eine ausschließlich
psychisch bedingte Reaktion in Form einer psychischen Fehlverarbeitung der
Verletzungsfolgen, sind die Voraussetzungen für den Leistungsausschluss erfüllt.[157]
Hingegen erfasst der Ausschluss keine Gesundheitsschäden, die auf einer infolge
eines erlittenen Unfalls eingetretenen organischen Schädigung beruhen, soweit
die psychische Reaktion eine praktisch nicht vermeidbare Begleiterscheinung
ist.[158] Krankhafte Störungen der Psyche, die Manifestationen physischer, organischer Schädigungen vor allem des zentralen Nervensystems sind, fallen daher
nicht unter den Ausschluss.[159] Demgegenüber unterfällt eine posttraumatische
Belastungsstörung nach Einquetschung durch einen Gabelstapler dem Leistungsausschluss.[160] Ebenso posttraumatische Störungen nach dem Ausfall einer Atemschutzmaske.[161]

---

v. 23. 6. 2004 – IV ZR 130/03, BGHZ 159, 360 = NJW 2004, 2589 = VersR 2004, 1039
= r+s 2004, 385 = MDR 2004, 1353; BGH, Urt. v. 29. 9. 2004 – IV ZR 233/03, NJW-
RR 2005, 32 = VersR 2004, 1449 = r+s 2004, 516 = MDR 2005, 144; OLG Hamm, Urt.
v. 25. 1. 2006 – 20 U 89/05, r+s 2006, 428; OLG Hamm, Urt. v. 27. 1. 2006 – 20 U
174/05, VersR 2006, 1352 = r+s 2006, 430; a. A. OLG Jena, Urt. v. 20. 3. 2002 – 4 U
240/01, NVersZ 2002, 602 = VersR 2002, 1019 = r+s 2002, 304; krit. dazu *Knappmann*
VersR 2002, 1230 f.; OLG Frankfurt/M., Urt. v. 16. 7. 2006 – 7 U 222/05, r+s 2010, 164,
165; bestätigt durch BGH, Beschl. v. 15. 7. 2009 – IV ZR 229/06, r+s 2010, 164, 165;
OLG Düsseldorf, Urt. v. 19. 12. 2008 – 4 U 30/08, r+s 2010, 165, 166; bestätigt durch
BGH, Beschl. v. 15. 7. 2009 – IV ZR 13/09, r+s 2010, 165.
[155] OLG Rostock, Beschl. v. 24. 8. 2004 – 6 U 138/03, r+s 2006, 124; OLG Hamm,
Urt. v. 25. 1. 2006 – 20 U 89/05, r+s 2006, 428; OLG Hamm, Urt. v. 27. 1. 2006 –
20 U 174/05, VersR 2006, 1352 = r+s 2006, 430; LG Köln, Urt. v. 12. 12. 2007 –
23 O 61/03, VersR 2008, 812; OLG Celle, Urt. v. 22. 5. 2008 – 8 U 5/08, r+s 2008, 389;
BGH, Beschl. v. 15. 7. 2009 – IV ZR 229/06, VersR 2010, 60; *Abel/Winkens* VersR 2009,
30, 31.
[156] OLG Rostock, Beschl. v. 24. 8. 2004 – 6 U 138/03, r+s 2006, 124; OLG Hamm,
Urt. v. 25. 1. 2006 – 20 U 89/05, r+s 2006, 428; OLG Düsseldorf, Urt. v. 23. 5. 2006 – I-4
U 128/05, VersR 2006, 1487, 1488; LG Köln, Urt. v. 12. 12. 2007 – 23 O 61/03, VersR
2008, 812; OLG Celle, Urt. v. 22. 5. 2008 – 8 U 5/08, r+s 2008, 389; LG Nürnberg-
Fürth, Urt. v. 23. 10. 2008 – 8 O 2323/07, VersR 2009, 922, 923.
[157] OLG Frankfurt/M., Urt. v. 16. 7. 2006 – 7 U 222/05, r+s 2010, 164, 165; bestätigt
durch BGH, Beschl. v. 15. 7. 2009 – IV ZR 229/06, VersR 2010, 60 m. krit. Anm. *Abel* =
r+s 2010, 164, 165.
[158] OLG Koblenz, Beschl. v. 27. 5. 2004 – 10 U 1378/03, VersR 2005, 1137, 1139;
OLG Rostock, Beschl. v. 24. 8. 2004 – 6 U 138/03, r+s 2006, 124; OLG Koblenz, Beschl.
v. 6. 9. 2004 – 10 U 1155/03, r+s 2005, 391; BGH, Urt. v. 29. 9. 2004 – IV ZR 233/03,
MDR 2005, 144, 145; OLG Hamm, Urt. v. 25. 1. 2006 – 20 U 89/05, r+s 2006, 428, 429;
OLG Düsseldorf, Urt. v. 23. 5. 2006 – I-4 U 128/05, VersR 2006, 1487, 1488.
[159] BGH, Urt. v. 29. 9. 2004 – IV ZR 233/03, NJW-RR 2005, 32 = VersR 2004, 1449
= r+s 2004, 516 = MDR 2005, 144; LG Dortmund, Urt. v. 11. 8. 2005 – 2 O 375/03,
NJW-RR 2006, 320, 321 = r+s 2006, 468; OLG Frankfurt/M., Urt. v. 24. 8. 2005 – 7 U
55/03, r+s 2007, 207.
[160] LG Dortmund, Urt. v. 26. 3. 2009 – 2 O 130/08, NJW-RR 2010, 42.
[161] OLG Düsseldorf, Urt. v. 19. 12. 2008 – 4 U 30/08, r+s 2010, 165; bestätigt durch
BGH, Beschl. v. 15. 7. 2009 – IV ZR 13/09, r+s 2010, 165.

3. Beweislast

35 Für das Eingreifen der Psychoklausel muss grundsätzlich der Versicherer beweisen, dass und vor allem in welchem Umfang psychische Reaktionen den krankhaften Zustand hervorgerufen haben.[162]

VI. Selbsttötung (§ 3 Abs. 2 lit. l) UZV 2008)

36 Nach § 3 Abs. 2 lit. l) UZV 2008 fällt eine Selbsttötung des Versicherten nicht unter den Versicherungsschutz, und zwar auch dann nicht, wenn der Versicherte die Tat in einem die freie Willensbestimmung ausschließenden Zustand krankhafter Störung der Geistestätigkeit begangen hat. Diese Bestimmung steht im Einklang mit der Definition des Unfalls im Sinne des § 2 UZV 2008.[163] Danach liegt ein Unfall vor, wenn der Versicherte durch ein plötzlich von außen auf seinen Körper wirkendes Ereignis unfreiwillig eine Gesundheitsschädigung erleidet. Ein Suizid kann in aller Regel diese Definition eines Unfalls nicht erfüllen, so dass insoweit § 3 Abs. 2 lit. l) UZV 2008 lediglich eine Klarstellung enthält, aus der sich ergibt, dass ein Suizid kein eigenständiger Unfall ist.[164] Der Suizid wird gemäß § 3 Abs. 2 lit. l) UZV 2008 nur dann in den Versicherungsschutz eingeschlossen, wenn er in einem die freie Willensbestimmung ausschließenden Zustand begangen wurde und dieser Zustand durch ein anderes, unter den Versicherungsschutz fallendes Unfallereignis hervorgerufen wurde. Daraus folgt, dass ein Suizid nur dann unter den Versicherungsschutz fällt, wenn er sich als Folge der durch den vorausgegangenen Unfall verursachten Gesundheitsschädigung erweist, und zwar auch nur dann, wenn diese Gesundheitsschädigung in einer gravierenden Störung der Geistestätigkeit besteht, so dass eine freie Willensbildung nicht mehr erfolgen kann.[165]

37 Der dem Versicherer obliegende Beweis, dass ein als solches unstreitiges Unfallereignis nicht unfreiwillig, sondern durch einen Suizidversuch des Versicherungsnehmers herbeigeführt worden ist, ist nicht schon erbracht, wenn der Versicherte in hilfloser Lage mit schweren Kopfverletzungen direkt neben dem Gleiskörper einer Bahnstrecke vorgefunden worden ist, die Umstände jedoch, unter denen es zu den Verletzungen gekommen ist, völlig im Dunkeln liegen.[166] Wenn sich hingegen nach den gesamten Begleitumständen und unter Berücksichtigung aller Aspekte sowie der Vorgeschichte ergibt, dass der Versicherungsnehmer Selbstmord begangen hat, liegt kein Unfall vor.[167] Selbstmord wurde angenommen in folgenden Todessituationen: Sturz aus dem Fenster,[168] Sturz von einer Autobahnbrücke,[169] Sichbegeben auf ein Bahngleisbett,[170] Sturz vom Balkon.[171]

---

[162] BGH, Urt. v. 29. 9. 2004 – IV ZR 233/03, MDR 2005, 144, 145; OLG Frankfurt/M., Urt. v. 20. 6. 2007 – 7 U 21/07, VersR 2008, 248, 249; OLG Celle, Urt. v. 22. 5. 2008 – 8 U 5/08, r+s 2008, 389.
[163] OLG Koblenz, Urt. v. 24. 3. 2006 – 10 U 433/05, VersR 2007, 783, 784 = r+s 2007, 257.
[164] OLG Koblenz, Urt. v. 24. 3. 2006 – 10 U 433/05, VersR 2007, 783, 784 = r+s 2007, 257.
[165] OLG Koblenz, Urt. v. 24. 3. 2006 – 10 U 433/05, VersR 2007, 783, 784 = r+s 2007, 257.
[166] OLG Oldenburg, Urt. v. 14. 7. 1999 – 2 U 121/99, NVersZ 2000, 86 = VersR 2000, 1231 (Ls.) = MDR 1999, 1507.
[167] KG, Urt. v. 19. 5. 2000 – 6 U 6781/98, NVersZ 2001, 265 = VersR 2001, 1416 = r+s 2001, 173.
[168] LG Hamburg, Urt. v. 24. 7. 1997 – 321 O 72/91, r+s 1999, 299, 300.
[169] OLG Saarbrücken, Urt. v. 26. 3. 2003 – 5 U 615/02 – 69, r+s 2005, 120.
[170] KG, Urt. v. 19. 5. 2000 – 6 U 6781/98, VersR 2001, 1416.
[171] LG Dortmund, Urt. v. 28. 2. 2008 – 2 O 242/07, VersR 2008, 1639, 1640 = r+s 2009, 31.

VII. Diabetes-Klausel

Leidet der Versicherte bei Schließung des Vertrags an Diabetes mellitus, verstößt die Vereinbarung der so genannten Diabetes-Klausel, die wie folgt lautet: 38

„Unfallfolgen, bei denen Diabetes mitwirkt, sind vom Versicherungsschutz gemäß den Allgemeinen Unfallversicherungsbedingungen ausgeschlossen."

nicht gegen die guten Sitten (§ 138 BGB).[172]

§ 4 Welche Rolle spielen Erkrankungen und Gebrechen der versicherten Person? 39

Haben zur Herbeiführung des Todes neben dem Unfall Krankheiten oder Gebrechen zu mindestens ... Prozent mitgewirkt, vermindert sich unsere Leistung entsprechend dem Anteil der Mitwirkung.

Anmerkung

Eine Krankheit liegt vor, wenn ein regelwidriger Körperzustand besteht, der ärztlicher Behandlung bedarf.[173] Ein Gebrechen wird als dauernder abnormer Gesundheitszustand definiert, der die einwandfreie Ausübung normaler Körperfunktionen (teilweise) nicht mehr zulässt.[174] Demgegenüber sind Zustände, die noch im Rahmen der medizinischen Norm liegen, selbst dann keine Gebrechen, wenn sie eine gewisse Disposition für Gesundheitsstörungen bedeuten.[175] Ein Kreuzbandriss ist als Gebrechen einzustufen, selbst wenn er nicht ständiger ärztlicher Behandlung bedarf und keine weiteren Beschwerden verursacht.[176]

§ 5 Was ist nach dem Unfalltod der versicherten Person zu beachten? 40

(1) Der Unfalltod der versicherten Person ist uns unverzüglich – möglichst innerhalb von 48 Stunden – mitzuteilen. An Unterlagen sind uns die notwendigen Nachweise zum Unfallhergang und zu den Unfallfolgen einzureichen.

(2) Zur Klärung unserer Leistungspflicht können wir notwendige weitere Nachweise und Auskünfte verlangen.

(3) Uns ist das Recht zu verschaffen, ggf. eine Obduktion durch einen von uns beauftragten Arzt vornehmen zu lassen. Wird die Zustimmung zur Obduktion verweigert, sind wir von unserer Leistungspflicht befreit, es sei denn, dieses Verhalten ist ohne Einfluss auf die Feststellung oder den Umfang unserer Leistungspflicht.

(4) Wird vorsätzlich die Mitteilungs- und Aufklärungspflicht (Abs. 1 und 2) verletzt, sind wir von unserer Leistungspflicht befreit. Bei grob fahrlässigem Verhalten sind wir berechtigt, unsere Leistung in einem der Schwere des Verschuldens entsprechendem Verhältnis zu kürzen. Dies gilt nicht, wenn uns nachgewiesen wird, dass die Mitteilungs- oder Aufklärungspflicht nicht grob fahrlässig verletzt wurde. Wir bleiben jedoch insoweit zur Leistung verpflichtet, als die Verletzung der Mitteilungs- bzw. Aufklärungspflicht ohne Einfluss auf die Feststellung oder den Umfang unserer Leistungspflicht ist.

---

[172] LG Kassel, Urt. v. 17. 6. 1996 – 3 O 710/96, VersR 1997, 1474 = r+s 1998, 393.
[173] BGH, Hinweisbeschl. v. 8. 7. 2009 – IV ZR 216/07, NJW-RR 2010, 39, 40.
[174] BGH, Hinweisbeschl. v. 8. 7. 2009 – IV ZR 216/07, NJW-RR 2010, 39, 40.
[175] BGH, Hinweisbeschl. v. 8. 7. 2009 – IV ZR 216/07, NJW-RR 2010, 39, 40.
[176] BGH, Hinweisbeschl. v. 8. 7. 2009 – IV ZR 216/07, NJW-RR 2010, 39, 40.

I. Allgemeines

1. Fassung

41 In den UZV 1992 lautete die Klausel wie folgt:

> „§ 5 Was ist zur Vermeidung von Rechtsnachteilen nach dem Unfalltod des Versicherten zu beachten?
> (Musterbedingungen des GDV)
> (1) Der Unfalltod des Versicherten ist uns unverzüglich – möglichst innerhalb von 48 Stunden – mitzuteilen.
> (2) Wir sind berechtigt, die Leiche auf unsere Kosten durch einen von uns beauftragten Arzt besichtigen und öffnen zu lassen.
> (3) Wird vorsätzlich oder grob fahrlässig entweder die Mitteilungspflicht (Absatz 1) verletzt oder die Zustimmung zur Besichtigung oder Öffnung der Leiche (Absatz 2) verweigert, so sind wir von unserer Leistungspflicht befreit. Bei grob fahrlässigem Verhalten bleiben wir zur Leistung insoweit verpflichtet, als dieses Verhalten ohne Einfluss auf die Feststellung oder den Umfang unserer Leistungspflicht ist."

2. Geltung des VVG 2008

42 Für ab 1. Januar 2008 abgeschlossene Verträge gilt das neue VVG. Tritt der Versicherungsfall bis zum 31. Dezember 2008 ein, bestimmen sich die daraus ergebenden Rechte und Pflichten weiterhin nach dem alten VVG.

II. Pflicht zur Anzeige des Versicherungsfalls

43 Gemäß § 5 Abs. 1 UZV ist der Unfalltod des Versicherten unverzüglich – möglichst innerhalb von 48 Stunden – mitzuteilen. Die Anzeigepflicht dient nicht der Geltendmachung von Ansprüchen, sondern lediglich der Anzeige eines Ereignisses, aus dem sich voraussichtlich eine Leistungspflicht ergibt, damit der Versicherer möglichst schnell in der Lage ist, sich in die Ermittlungen zum Versicherungsfall einzuschalten[177] und die Unfallstelle zu untersuchen.[178] Da ein Versicherungsnehmer oder Bezugsberechtigter nur das mitteilen kann, was ihm auch bekannt ist, gehört zum Nachweis eines objektiven Verstoßes gegen die Anzeigeobliegenheit nicht nur der Nachweis der Kenntnis vom Unfalltod der versicherten Person, sondern auch der Nachweis, dass der Versicherungsnehmer oder der Bezugsberechtigte Kenntnis von der Existenz der Versicherung hatte.[179] Nur dann kann er seiner Anzeigeobliegenheit nachkommen.[180] Die Beweislast für den Nachweis liegt insoweit beim Versicherer.[181]

III. Nachweis- und Auskunftspflicht des Versicherungsnehmers

1. Unfallanzeige

44 Gemäß § 5 Abs. 2 UZV kann der Versicherer zur Klärung der Leistungspflicht notwendige weitere Nachweise und Auskünfte verlangen. Die ihm vom Versiche-

---

[177] BGH VersR 1982, 182; OLG Köln, Beschl. v. 21. 12. 2007 – 20 U 167/07, r+s 2009, 75, 76; OLG Koblenz, Urt. v. 4. 9. 2008 – 10 U 318/08, VersR 2009, 673.
[178] OLG Koblenz, Urt. v. 4. 9. 2008 – 10 U 318/08, VersR 2009, 673.
[179] OLG Hamm, Urt. v. 19. 2. 1997 – 20 U 150/96, VersR 1997, 1341.
[180] OLG Hamm NJW-RR 1990, 1310; OLG Hamm NJW-RR 1995, 286 = VersR 1994, 133; OLG Hamm VersR 1995, 1476 (Ls.) = r+s 1995, 52; OLG Hamm, Urt. v. 19. 2. 1997 – 20 U 150/96, VersR 1997, 1341.
[181] OLG Hamm, Urt. v. 19. 2. 1997 – 20 U 150/96, VersR 1997, 1341.

rer übersandte Unfallanzeige, hat der Versicherungsnehmer (Anspruchsteller) wahrheitsgemäß auszufüllen.[182] Unterschreibt der Versicherungsnehmer ein Unfallanzeigeformular, das ihm ein Dritter ausgefüllt hat, erscheint aus der Sicht des Versicherers als Erklärungsempfänger das vom Versicherungsnehmer unterschriebene Formular als dessen Erklärung und nicht als die eines mit der Erfüllung von Obliegenheiten betrauten Dritten.[183] Für eine entsprechende Anwendung des § 166 BGB ist deshalb kein Raum.[184]

2. Nichtangabe weiterer Unfallversicherungen

Bei der Frage nach dem Bestehen einer weiteren Unfallversicherung bei einem anderen Versicherer handelt es sich um eine sachdienliche Frage des Versicherers, die der Versicherungsnehmer wahrheitsgemäß und vollständig zu beantworten hat.[185] Diese Frage im Unfallanzeigeformular dient nicht nur der Information des Versicherers darüber, ob nach Vertragsschluss zusätzlicher Unfallversicherungsschutz neu entstanden ist, sondern auch der Information darüber, ob anlässlich des Vertragsschlusses angezeigte Verträge bei Eintritt des Versicherungsfalls noch fortbestanden.[186] Die Rechtfertigung für die Fragestellung folgt daraus, dass es Sache des Versicherers ist, die Vermutung des § 180a Abs. 1 VVG, dass der Unfall unfreiwillig eingetreten ist, zu widerlegen.[187] Beim Bestehen mehrerer Unfallversicherungen besteht regelmäßig Anlass für weitere diesbezügliche Aufklärungen und Ermittlungen, denn in diesem Fall ist der Anreiz, fingierte Unfallanzeigen einzureichen, besonders hoch.[188] Für die Prüfung des Versicherungsfalls ist es daher für den Versicherer von erheblicher Bedeutung, genau zu erfahren, ob und in welchem Umfang weitere Unfallversicherungen abgeschlossen worden sind.[189] Zusätzliche Unfallversicherungen werden meist auch Anlass sein, die Glaubwürdigkeit des Anspruchstellers und seine Unfallschilderung näher zu prüfen.[190] Auch ermöglicht die Offenlegung weiterer Versicherungsverträge Nachforschungen des Versicherers über die vom Versicherungsnehmer bei anderen Versicherern ge-

45

---

[182] KG, Urt. v. 15. 10. 2002 – 6 U 130/01, VersR 2003, 1119, 1120; OLG Koblenz, Urt. v. 14. 1. 2005 – 10 U 410/04, VersR 2005, 1524.
[183] OLG Saarbrücken, Urt. v. 12. 7. 2006 – 5 U 6/06 – 1, VersR 2007, 532, 533.
[184] BGH, Urt. v. 14. 12. 1994 – IV ZR 304/93, VersR 1995, 281; OLG Saarbrücken, Urt. v. 12. 7. 2006 – 5 U 6/06 – 1, VersR 2007, 532, 533.
[185] OLG Saarbrücken, Urt. v. 22. 11. 2006 – 5 U 269/06 – 43, VersR 2007, 977, 978 = SpV 2007, 54, 55; OLG Saarbrücken, Urt. v. 12. 11. 2008 – 5 U 122/08 – 14, VersR 2009, 1254, 1255.
[186] OLG Saarbrücken, Urt. v. 12. 11. 2008 – 5 U 122/08–14, VersR 2009, 1254, 1255.
[187] OLG Saarbrücken, Urt. v. 22. 11. 2006 – 5 U 269/06–43, VersR 2007, 977, 978 = SpV 2007, 54, 55; OLG Saarbrücken, Urt. v. 12. 11. 2008 – 5 U 122/08 – 14, VersR 2009, 1254, 1255.
[188] BGH, Urt. v. 24. 6. 1981 – IV a ZR 133/80, VersR 1982, 182, 183; OLG Saarbrücken, Urt. v. 18. 6. 1985 – 2 U 167/83, VersR 1987, 98, 99; OLG Saarbrücken, Urt. v. 6. 12. 1989 – 5 U 33/89, VersR 1990, 1142; OLG Saarbrücken, Urt. v. 31. 7. 1992 – 3 U 18/90, VersR 1993, 569, 570; OLG Köln VersR 1995, 1435, 1436; OLG Saarbrücken, Urt. v. 22. 11. 2006 – 5 U 269/06–43, VersR 2007, 977, 978 = SpV 2007, 54, 55; OLG Saarbrücken, Urt. v. 12. 11. 2008 – 5 U 122/08 – 14, VersR 2009, 1254, 1255.
[189] OLG Frankfurt/M., Urt. v. 5. 12. 1991 – 16 U 232/90, VersR 1993, 343, 344; OLG Frankfurt/M., Urt. v. 13. 5. 1992 – 19 U 47/91, VersR 1993, 344; OLG München, Urt. v. 16. 9. 1992 – 20 U 6777/91, VersR 1993, 346; OLG Saarbrücken, Urt. v. 6. 1. 1993 – 5 U 27/92, VersR 1993, 346; OLG Koblenz, Urt. v. 14. 1. 2005 – 10 U 410/04, VersR 2005, 1524 = r+s 2006, 298 (Ls.).
[190] OLG Frankfurt/M., Urt. v. 13. 5. 1992 – 19 U 47/91, VersR 1993, 344, 345; OLG Koblenz, Urt. v. 14. 1. 2005 – 10 U 410/04, VersR 2005, 1524 = r+s 2006, 298 (Ls.).

machten Angaben.[191] Verschweigt der Versicherungsnehmer in der Unfallanzeige das Bestehen weiterer Unfallversicherungen, werden dem Versicherer die aufgezeigten Möglichkeiten zur sachgerechten Behandlung des Versicherungsfalls verstellt.[192] Die Frage nach dem Bestehen weiterer Unfallversicherungsverträge ist daher auch dann sachdienlich, wenn der Versicherer zunächst Zahlungen auf die Unfallanzeige hin erbracht und das Unfallereignis zunächst nicht bestritten hat.[193]

3. Frage nach Vorerkrankungen

46 Im Formular „Unfallbericht" wird mitunter ohne zeitliche Beschränkung wie folgt nach Vorerkrankungen vom Versicherer gefragt:

> „Bestehen oder bestanden unabhängig von den Folgen des jetzigen Unfalls Krankheiten oder Gebrechen? Ggf. welche, Name (n) und Anschrift(en) behandelnder Ärzte."

47 Eine so weit gefasste Frage ohne zeitliche Beschränkung wird ein Versicherungsnehmer nicht so verstehen, dass er seine sämtlichen früheren Krankheiten vollständig mit Namen der Ärzte anzugeben hat.[194] Bei der von ihm gewählten, weiten Formulierung muss der Versicherer hinnehmen, dass sie die Widerlegung der Vorsatzvermutung des § 6 Abs. 3 Satz 1 Fall 1 VVG erleichtert.[195]

IV. Leistungsfreiheit des Versicherers

1. Vorsätzliche Obliegenheitsverletzung

48 Wird die Mitteilungs- und Aufklärungspflicht gemäß § 5 Abs. 1 und 2 UZV vorsätzlich verletzt, ist der Versicherer von der Leistungspflicht befreit. Unter einer vorsätzlichen Obliegenheitsverletzung ist das Wollen bzw. das in Kaufnehmen des Pflichtverstoßes im Bewusstsein der bestehenden vertraglich festgelegten Verhaltensnorm zu verstehen,[196] wobei bedingter Vorsatz genügt.[197] Vorsatz ist ferner gegeben, wenn der Handelnde die Augen vor der Schädigungsmöglichkeit verschließt oder „ins Blaue handelt", ohne das Risiko des Erfolgseintritts nachzuprüfen.[198] Eine Zurechnungsunfähigkeit im Sinne des § 827 BGB schließt eine vorsätzliche Obliegenheitsverletzung aus,[199] eine verminderte Zurechnungsfähigkeit muss bei der Frage des Gewichts der Obliegenheitsverletzung berücksichtigt werden.[200] Eine vorsätzliche Obliegenheitsverletzung liegt vor, wenn sich die

---

[191] OLG Frankfurt/M., Urt. v. 13. 5. 1992 – 19 U 47/91, VersR 1993, 344, 345; OLG Koblenz, Urt. v. 14. 1. 2005 – 10 U 410/04, VersR 2005, 1524.
[192] OLG Köln VersR 1986, 544; OLG Koblenz, Urt. v. 14. 1. 2005 – 10 U 410/04, VersR 2005, 1524.
[193] OLG Saarbrücken, Urt. v. 22. 11. 2006 – 5 U 269/06 – 43, VersR 2007, 977, 978 = SpV 2007, 54, 55.
[194] OLG Hamm, Urt. v. 15. 2. 2008 – 20 U 77/07, VersR 2008, 1102 = r+s 2008, 481, 482.
[195] OLG Hamm, Urt. v. 15. 2. 2008 – 20 U 77/07, VersR 2008, 1102 = r+s 2008, 481, 482; vgl. bereits für die Verschuldensvermutung im Rahmen des § 16 VVG OLG Hamm NJW-RR 1991, 1184.
[196] OLG Saarbrücken, Urt. v. 22. 8. 1990 – 5 U 21/90, VersR 1991, 872; LG Mainz, Urt. v. 15. 6. 1991 – 6 O 75/91, r+s 1993, 38; OLG Saarbrücken, Urt. v. 12. 7. 2006 – 5 U 6/06 – 1, VersR 2007, 532, 533.
[197] OLG Saarbrücken, Urt. v. 12. 11. 2008 – 5 U 122/08–14, VersR 2009, 1254, 1255.
[198] OLG Hamm VersR 1997, 962 (Ls.) = OLGR 1996, 259; OLG Saarbrücken, Urt. v. 12. 7. 2006 – 5 U 6/06–1, VersR 2007, 532, 534.
[199] BGH, Urt. v. 27. 1. 1966 – II ZR 5/64, VersR 1966, 458; OLG Saarbrücken, Urt. v. 12. 7. 2006 – 5 U 6/06–1, VersR 2007, 532, 534.
[200] BGH, Urt. v. 9. 11. 2005 – IV ZR 146/04, VersR 2006, 108 = MDR 2006, 634; OLG Saarbrücken, Urt. v. 12. 7. 2006 – 5 U 6/06–1, VersR 2007, 532, 534.

Erben weigern, beim verstorbenen Versicherungsnehmer eine Blutentnahme durchführen zu lassen.[201]

2. Grob fahrlässiges Verhalten

Bei grob fahrlässigem Verhalten ist der Versicherer berechtigt, seine Leistung in einem der Schwere des Verschuldens entsprechendem Verhältnis zu kürzen. Grobe Fahrlässigkeit liegt bereits dann vor, wenn der Versicherungsnehmer schon einfachste und naheliegende Überlegungen nicht anstellt und das nicht beachtet, was im gegebenen Fall hätte einleuchten müssen.[202]   49

3. Beweislast

Der Versicherungsnehmer trägt die Beweislast dafür, dass weder Vorsatz noch grobe Fahrlässigkeit vorliegt.[203] Ein minderschweres Verschulden, das der Versicherungsnehmer darzulegen und ggf. zu beweisen hat, kann angenommen werden bei einem Verhalten, das auch einem ordentlichen Versicherungsnehmer leicht unterlaufen kann und für das deshalb ein einsichtiger Versicherer Verständnis aufbringen würde.[204]   50

4. Relevanz der Obliegenheitsverletzung

a) **Relevanzrechtsprechung.** Nach der Relevanzrechtsprechung des BGH kann sich der Versicherer auf Leistungsfreiheit nur dann berufen, wenn die Obliegenheitsverletzung geeignet war, die Interessen des Versicherers ernsthaft zu gefährden und ein erhebliches Verschulden des Versicherungsnehmers vorliegt.[205] Es genügt hierbei, dass der Verstoß generell geeignet war, die berechtigten Interessen des Versicherers in ernster Weise zu gefährden.[206] Ein geringes Verschulden liegt bei einem Fehlverhalten vor, das auch einem ordentlichen Versicherungsnehmer leicht unterlaufen kann und für das deshalb ein einsichtiger Versicherer Verständnis aufzubringen vermag.[207] Die Relevanzrechtsprechung schränkt die Leistungsfreiheit des Versicherers aber nur ein, wenn die Obliegenheitsverletzung des Versicherungsnehmers folgenlos geblieben ist, dem Versicherer mithin bei der Feststellung des Versicherungsfalls oder des Schadenumfangs keine Nachteile entstanden sind.[208] Dabei ist die Folgenlosigkeit vom Versicherungsnehmer darzulegen   51

---

[201] LG Frankfurt/M., Urt. v. 20. 4. 1989 – 2/5 O 505/88, S. 15.
[202] OLG Köln, Beschl. v. 21. 12. 2007 – 20 U 167/07, r+s 2009, 75, 76; BGH, Urt. v. 10. 2. 2009 – VI ZR 28/08, r+s 2009, 207, 210; BGH, Urt. v. 17. 2. 2009 – VI ZR 86/08, VersR 2009, 839, 840 = r+s 2009, 211.
[203] BGH, Urt. v. 13. 4. 1983 – IVa ZR 163/81, VersR 1983, 674, 675; LG Mainz, Urt. v. 15. 6. 1991 – 6 O 75/91, r+s 1993, 38; OLG Hamm, Urt. v. 28. 6. 2000 – 20 U 61/99, r+s 2001, 347, 348.
[204] BGH, Urt. v. 7. 12. 1983 – IVa ZR 231/81, VersR 1984, 228 = r+s 1984, 178; OLG Brandenburg, Hinweisbeschl. v. 29. 9. 2008 – 3 U 98/08, r+s 2009, 141, 142.
[205] BGH VersR 1984, 228 = r+s 1984, 179; LG Mainz, Urt. v. 15. 6. 1991 – 6 O 75/91, r+s 1993, 38; BGH, Beschl. v. 4. 5. 2009 – IV ZR 62/07, NJW-RR 2009, 1036, 1037 = VersR 2009, 968, 969 = r+s 2009, 265; *Rogler* r+s 2010, 1, 2.
[206] BGH VersR 1984, 228 = r+s 1984, 179; LG Mainz, Urt. v. 15. 6. 1991 – 6 O 75/91, r+s 1993, 38; BGH, Urt. v. 21. 4. 1993 – IV ZR 33/92, VersR 1993, 830; OLG Saarbrücken, Urt. v. 12. 7. 2006 – 5 U 6/06 – 1, VersR 2007, 532, 533.
[207] BGH, Urt. v. 7. 12. 1983 – IVa ZR 231/81, VersR 1984, 228 = r+s 1984, 179; LG Mainz, Urt. v. 15. 6. 1991 – 6 O 75/91, r+s 1993, 38; OLG Saarbrücken, Urt. v. 12. 7. 2006 – 5 U 6/06 – 1, VersR 2007, 532, 534.
[208] BGH, Urt. v. 7. 7. 2004 – IV ZR 265/03, VersR 2004, 1117; OLG Koblenz, Urt. v. 14. 1. 2005 – 10 U 410/04, VersR 2005, 1524; OLG Saarbrücken, Urt. v. 12. 7. 2006 – 5 U 6/06 – 1, VersR 2007, 532, 533.

und zu beweisen.[209] Ein vorübergehender Aufklärungsnachteil, verbunden mit einer Zahlung, reicht für die Annahme eines Nachteils aus.[210] Ebenso stellt die Belastung mit zusätzlichen, sonst nicht oder nicht in der Höhe entstandenen Kosten einen Nachteil für den Versicherer bei der Regulierung des Versicherungsfalls dar.[211] Hingegen ist das Verschweigen einer anderweit bestehenden Unfallversicherung irrelevant, wenn das Unfallgeschehen als solches unstreitig ist und der Versicherer selbst davon ausgeht, dass der Versicherungsfall eingetreten ist.[212] Dies entspricht auch der Wertung des § 28 Abs. 3 Satz 1 VVG 2008, wonach der Versicherer auch bei einem vorsätzlichen Verstoß des Versicherungsnehmers gegen eine von diesem zu erfüllende vertragliche Obliegenheit zur Leistung verpflichtet ist, soweit die Verletzung der Obliegenheit weder für den Eintritt oder die Feststellung des Versicherungsfalls noch für die Feststellung oder den Umfang der Leistungspflicht des Versicherers ursächlich ist.[213] Etwas anderes gilt nur dann, wenn dem Versicherungsnehmer Arglist vorzuwerfen ist (vgl. § 28 Abs. 3 Satz 2 VVG 2008).[214]

52   b) **Einzelfälle.** Die Obliegenheitsverletzung ist nicht folgenlos geblieben, wenn alle beteiligten Versicherer Kosten verursachende Sachverständigengutachten in Auftrag gegeben haben und aufgrund der unterschiedlichen Feststellungen der Sachverständigen Leistungen erbracht wurden.[215] Unvollständige Angaben über den Alkoholkonsum stellen eine ernsthafte Gefährdung der Interessen des Versicherers dar.[216] Ein relevanter Obliegenheitsverstoß ist ferner gegeben, wenn der Versicherungsnehmer sich nicht durch einen vom Versicherer benannten Arzt untersuchen lässt.[217]

5. Belehrung des Versicherungsnehmers

53   Bei Verletzungen von Auskunfts- und Aufklärungsobliegenheiten nach dem Versicherungsfall ist die Leistungsfreiheit des Versicherers davon abhängig, dass der Versicherungsnehmer ausdrücklich und unmissverständlich über den Verlust seines Leistungsanspruchs auch für den Fall unterrichtet worden ist, dass die Obliegenheitsverletzung beim Versicherer zu keinen Nachteilen geführt hatte.[218] Der Versicherungsnehmer ist über die Folgen der Verletzung der von ihm zu erfüllenden Obliegenheit, nämlich den Versicherer umfassend aufzuklären und zu informieren, ordnungsgemäß durch einen drucktechnisch hervorgehoben und als „wich-

---

[209] BGH, Urt. v. 7. 7. 2004 – IV ZR 265/03, VersR 2004, 1117, 1118; OLG Saarbrücken, Urt. v. 12. 11. 2008 – 5 U 122/08–14, VersR 2009, 1254, 1256.
[210] BGH, Urt. v. 19. 3. 1981 – IV a ZR 75/80, VersR 1981, 625.
[211] OLG Koblenz, Urt. v. 14. 1. 2005 – 10 U 410/04, VersR 2005, 1524; BGH, Beschl. v. 10. 10. 2007 – IV ZR 95/07, VersR 2008, 241 = r+s 2008, 163; OLG Saarbrücken, Urt. v. 12. 11. 2008 – 5 U 122/08–14, VersR 2009, 1254, 1256.
[212] OLG Saarbrücken, Urt. v. 12. 11. 2008 – 5 U 122/08–14, VersR 2009, 1254, 1257.
[213] OLG Saarbrücken, Urt. v. 12. 11. 2008 – 5 U 122/08–14, VersR 2009, 1254, 1257.
[214] OLG Saarbrücken, Urt. v. 12. 11. 2008 – 5 U 122/08–14, VersR 2009, 1254, 1257.
[215] OLG Koblenz, Urt. v. 14. 1. 2005 – 10 U 410/04, VersR 2005, 1524.
[216] OLG Hamm VersR 1984, 931; OLG Saarbrücken, Urt. v. 12. 7. 2006 – 5 U 6/06–1, VersR 2007, 532, 533.
[217] OLG Düsseldorf, Urt. v. 9. 12. 2003 – I-4 U 69/03, VersR 2004, 503, 504.
[218] BGH, Urt. v. 18. 9. 1970 – IV ZR 1065/68, VersR 1970, 1046, 1047; BGH, Urt. v. 21. 1. 1998 – IV ZR 10/97, r+s 1998, 146; OLG Saarbrücken, Urt. v. 12. 3. 2003 – 5 U 460/01 – 33, NJW-RR 2003, 814, 817 = VersR 2004, 50, 52; OLG Saarbrücken, Urt. v. 22. 11. 2006 – 5 U 269/06–43, VersR 2007, 977, 978 = SpV 2007, 54, 55; BGH, Beschl. v. 10. 10. 2007 – IV ZR 95/07, VersR 2008, 241, 242 = r+s 2008, 163; BGH, Beschl. v. 4. 5. 2009 – IV ZR 62/07, NJW-RR 2009, 1036, 1037; *Vissering* in Halm/Engelbrecht/Krahe, Handbuch FA VersR, 3. Aufl., 2008, S. 1336 (Rdn. 52).

tigen Hinweis" bezeichneten Text unmittelbar über der Unterschriftenzeile zu belehren, so wie es bei vorsätzlicher folgenloser Obliegenheitsverletzung nötig ist.[219] Diesen Anforderungen genügt folgender deutlich hervorgehobener Hinweis oberhalb der Unterschriftenzeile:[220]

„Die Rechtsprechung des BGH veranlasst uns zu dem vorsorglichen Hinweis, dass bewusst unwahre oder unvollständige Angaben auch dann zum Verlust des Versicherungsschutzes führen können, wenn diese Angaben keinen Einfluss auf die Feststellung des Versicherungsfalls oder auf die Feststellung bzw. den Umfang der Versicherungsleistung gehabt haben."

54 Eine Belehrung, die lediglich vor der Gefährdung des Versicherungsschutzes bei bewusst unwahren und unvollständigen Antworten warnt, genügt den Anforderungen nicht.[221] Im Falle arglistiger Falschangaben ist eine Belehrung nicht erforderlich, da es in einem solchen Fall eines besonderen Hinweises auf die möglichen Folgen des unredlichen Verhaltens nicht bedarf und nicht davon auszugehen ist, dass sich der arglistig handelnde Versicherungsnehmer durch eine förmliche Warnung in einem Vordruck von seinem Vorhaben abbringen lassen würde.[222]

V. Hinweispflicht des Versicherers

55 Zeigt der Versicherungsnehmer einen Versicherungsfall an, hat der Versicherer ihn auf vertragliche Anspruchs- und Fälligkeitsvoraussetzungen sowie einzuhaltende Fristen in Textform hinzuweisen (§ 186 Satz 1 VVG 2008). Unterbleibt dieser Hinweis, kann sich der Versicherer auf Fristversäumnis nicht berufen (§ 186 Satz 2 VVG 2008). Mit dieser durch die VVG-Reform neu geschaffenen Vorschrift wollte der Gesetzgeber der Gefahr vorbeugen, dass der Versicherungsnehmer eine Ausschlussfrist für die Geltendmachung des Anspruchs übersieht.[223] Diese Regelung gilt für den Altbestand erst ab 1. Januar 2009.

VI. Bezugsberechtigung

56 Bei der Unfalltod-Zusatzversicherung erwirbt der Bezugsberechtigte mit dem Eintritt des Todesfalls ein eigenes vertragliches Recht auf die Kapital-Entschädigungsleistung (§§ 328 BGB, 166 Abs. 2 VVG). Hierüber kann er frei verfügen, insbesondere kann er den Anspruch auf die Leistung (§ 12 Abs. 3 Satz 1 VVG) einklagen.[224]

§ 6 Wann geben wir eine Erklärung über unsere Leistungspflicht ab?

57 **Wir sind verpflichtet, innerhalb eines Monats zu erklären, ob und in welcher Höhe wir einen Anspruch anerkennen. Die Frist beginnt mit dem Eingang der notwendigen Nachweise und Auskünfte.**

---

[219] BGH, Urt. v. 8. 5. 1967 – II ZR 17/65, BGHZ 48, 7 = VersR 1967, 593; OLG Saarbrücken, Urt. v. 12. 7. 2006 – 5 U 6/06–1, VersR 2007, 532, 534; a. A. OLG Koblenz, Urt. v. 14. 1. 2005 – 10 U 410/04, VersR 2005, 1524.
[220] OLG Saarbrücken, Urt. v. 22. 11. 2006 – 5 U 269/06 – 43, VersR 2007, 977, 978 = SpV 2007, 54, 55.
[221] BGH, Beschl. v. 10. 10. 2007 – IV ZR 95/07, VersR 2008, 241, 242 = r+s 2008, 163.
[222] BGH, Urt. v. 20. 11. 1970 – IV ZR 1074/68, VersR 1971, 142, 143; OLG Saarbrücken, Urt. v. 22. 11. 2006 – 5 U 269/06–43, VersR 2007, 977, 979 = SpV 2007, 54, 56; BGH, Beschl. v. 4. 5. 2009 – IV ZR 62/07, NJW-RR 2009, 1036, 1037.
[223] BT-Drucks. 16/3945, S. 109; *Klimke* VersR 2010, 290, 293.
[224] BGH VersR 1986, 804.

I. Rechtscharakter der Erklärung des Versicherers

58 Beim Anerkenntnis der Leistungspflicht handelt es sich um ein Anerkenntnis ohne besonderen rechtsgeschäftlichen Verpflichtungswillen, das der Versicherer zu dem Zweck abgibt, dem Versicherungsnehmer seine Erfüllungsbereitschaft mitzuteilen.[225] Ein Anerkenntnis im Sinne von § 6 UZV 2008 hindert den Versicherer nicht, auch Leistungen, zu denen er nach erst später erlangter Kenntnis nicht verpflichtet war, zurückzufordern.[226]

II. Beginn der Frist

59 Nach dem Vorbild der Unfallversicherung sieht die Vorschrift vor, dass der Versicherer innerhalb von einem Monat erklärt, ob und in welchem Umfang er eine Leistungspflicht anerkennt. Hierdurch wird eine Fälligkeitsverschiebung des Leistungsanspruchs aus der UZV bewirkt.[227] Bearbeitet der Versicherer allerdings die Sache schleppend und zögert er die Ermittlungen unnötig heraus, wird die Versicherungsleistung auch ohne Abschluss der Ermittlungen zu dem Zeitpunkt fällig, zu dem die Fälligkeit bei ordnungsgemäßer Bearbeitung eingetreten wäre.[228] Besteht daher kein objektiver Anhaltspunkt für eine Selbsttötung des Versicherten, der mit einem PKW bei einem Verkehrsunfall auf regennasser Straße ins Schleudern geraten und tödlich verunglückt ist, so darf der Versicherer den Abschluss sachverständiger Ermittlungen über die Unfallursache nicht abwarten, bevor er die Lebensversicherungssumme auszahlt.[229] Hingegen darf der Versicherer den Eingang eines Obduktionsberichts abwarten, wenn sich aus dem Obduktionsbericht Anhaltspunkte für eine Ablehnung der Leistungspflicht ergeben können, beispielsweise auf Grund einer Alkohol- oder Drogenbeeinflussung des Getöteten, auch wenn dafür nach dem übrigen Ergebnis der Ermittlungen keine Anzeichen bestanden und der Unfalltod als Todesursache nicht zweifelhaft war.[230]

III. Leistungsablehnung

60 Mit dem Zugang der Erklärung des Versicherers über die endgültige Leistungsablehnung tritt die Fälligkeit des Anspruchs auf die Versichererleistung ein.[231]

61 **§ 7 Wie erfolgt die Überschussbeteiligung?**
Die Zusatzversicherung ist nicht überschussberechtigt.[232]

---

[225] BGH, Urt. v. 24. 3. 1976 – IV ZR 222/74, VersR 1977, 471 f.; OLG Schleswig VersR 1995, 825 = r+s 1995, 119; OLG Oldenburg VersR 1998, 1274 (Ls.) = r+s 1998, 349; OLG Frankfurt/M. r+s 2002, 85; OLG Hamm, Urt. v. 16. 6. 2004 – 20 U 15/04, VersR 2005, 346 = r+s 2005, 78, 79; OLG Frankfurt/M. OLGR 2008, 465; OLG Frankfurt/M., Urt. v. 16. 9. 2008 – 3 U 206/06, VersR 2009, 1653 m. Anm. *Jacob* VersR 2010, 39, 40; OLG Oldenburg VersR 2009, 247.
[226] OLG Hamm, Urt. v. 16. 6. 2004 – 20 U 15/04, r+s 2005, 78, 79; *Jacob* VersR 2010, 39.
[227] Vgl. LG Nürnberg-Fürth v. 22. 8. 1969, VersR 1971, 248.
[228] OLG Hamm, Urt. v. 23. 8. 2000 – 20 U 45/00, NVersZ 2001, 163, 164 = r+s 2001, 263.
[229] OLG Saarbrücken, Urt. v. 9. 11. 2005 – 5 U 286/05, NJW-aktuell 2006, X.
[230] OLG Hamm, Urt. v. 23. 8. 2000 – 20 U 45/00, NVersZ 2001, 163, 164 = r+s 2001, 263, 264.
[231] BGH, Urt. v. 10. 2. 1971 – IV ZR 159/69, VersR 1971, 433; BGH, Urt. v. 27. 9. 1989 – IV a ZR 156/88, VersR 1990, 153, 154; BGH, Urt. v. 22. 3. 2000 – IV ZR 233/99, NJW 2000, 2021 = NVersZ 2000, 332 = r+s 2000, 348 = VerBAV 2000, 216.

§ 8 Wie ist das Verhältnis zur Hauptversicherung?

(1) Die Zusatzversicherung bildet mit der Versicherung, zu der sie abgeschlossen worden ist (Hauptversicherung), eine Einheit; sie kann ohne die Hauptversicherung nicht fortgesetzt werden. Wenn der Versicherungsschutz aus der Hauptversicherung endet, erlischt auch die Zusatzversicherung. Bei Versicherungen mit Berufsunfähigkeits-Zusatzversicherung besteht die Unfall-Zusatzversicherung auch dann fort, wenn die Hauptversicherung wegen Berufsunfähigkeit der versicherten Person ganz oder teilweise beitragsfrei wird.

(2) Wird die Leistung der Hauptversicherung herabgesetzt, vermindert sich auch der Versicherungsschutz aus der Zusatzversicherung, und zwar auf den Betrag, der dem Teil der Hauptversicherung entspricht, für den der Beitrag weitergezahlt wird. Sollte sich dabei die Zusatzversicherungssumme stärker als die Leistung aus der Hauptversicherung vermindern, können Sie innerhalb von drei Monaten verlangen, dass die Zusatzversicherungssumme gegen Zahlung eines Einmalbeitrages soweit erhöht wird, dass ihr bisheriges Verhältnis zur Leistung aus der Hauptversicherung wiederhergestellt wird.

(3) Wenn unsere Leistungspflicht aus der Hauptversicherung erloschen oder auf die beitragsfreie Leistung beschränkt war, danach aber zusammen mit der Zusatzversicherung ganz oder teilweise wieder auflebt, können aus dem wieder in Kraft getretenen Teil keine Ansprüche aufgrund solcher Unfälle geltend gemacht werden, die während der Unterbrechung des vollen Versicherungsschutzes eingetreten sind.

(4) Eine Zusatzversicherung mit laufender Beitragszahlung können Sie kündigen; eine Zusatzversicherung gegen Einmalbeitrag jedoch nur zusammen mit der Hauptversicherung.

(5) Wenn Sie die Zusatzversicherung kündigen, haben Sie weder Anspruch auf einen Rückkaufswert noch auf eine beitragsfreie Leistung.

(6) Soweit in diesen Bedingungen nichts anderes bestimmt ist, finden die Allgemeinen Bedingungen für die Hauptversicherung sinngemäß Anwendung.

---

[232] Soweit Überschüsse gewährt werden, sind an dieser Stelle folgende unternehmensindividuelle Angaben zu machen:
a) Voraussetzung für die Fälligkeit der Überschussanteile (Wartezeit, Stichtag für die Zuteilung u. ä.)
b) Form und Verwendung der Überschussanteile (laufende Überschussanteile, Schlussüberschussanteile, Bonus, Ansammlung, Verrechnung, Barauszahlung u. ä.)
c) Bemessungsgrößen für die Überschussanteile.

D. Allgemeine Bedingungen für die Berufsunfähigkeits-Versicherung (BV 2008)

Übersicht

	Rdn.
I. Vorbemerkung zu den BV des Altbestandes	1–18
1. Zweck der Berufsunfähigkeits-Versicherung	1
2. Versicherte Gefahr	2, 3
3. Versicherte Leistungen	4–6
4. Beitragsanpassung	7–12
5. Garantiewerte	13
6. Überschussbeteiligung	14
7. Zusatzversicherung	15
8. Verhältnis zu den ALB und BUZ	16
9. Bilanzdeckungsrückstellung	17
10. Meldepflicht	18
II. Allgemeine Bedingungen für die Berufsunfähigkeits-Versicherung (BV 2008)	19

AuVdBAV: GB BAV 1969, 54 (Mindest-Eintrittsalter für die BUZ); GB BAV 1973, 21 (Berufsunfähigkeits-Versicherung); VerBAV 1974, 345 (Einführung einer selbständigen Berufsunfähigkeits-Versicherung als Lebensversicherung, Geschäftsplan für die Berufsunfähigkeits-Versicherung als Einzelversicherung); VerBAV 1974, 351 (AVB für die Berufsunfähigkeits-Versicherung); GB BAV 1974, 43 (Selbständige Berufsunfähigkeits-Versicherung); VerBAV 1975, 58 (Beginn der Leistungspflicht aus der BUZ); VerBAV 1976, 121 (Geschäftsplan für die Berufsunfähigkeits-Versicherung als Einzelversicherung, Musterbedingungen für die BV); VerBAV 1976, 126 (Geschäftsplanmäßige Erklärungen zu den AVB für die BV); VerBAV 1976, 383 (Geschäftsplan für die BV als Einzelversicherung); VerBAV 1976, 426 (BV als Gruppenversicherung nach Sondertarifen, Geschäftsplan für die BV als Gruppenversicherung nach Sondertarifen); VerBAV 1976, 431 (Geschäftsplanmäßige Erklärungen zu den AVB für die BV als Gruppenversicherung nach Sondertarifen); VerBAV 1977, 141 (Höchstbetrag für Berufsunfähigkeits-Versicherungen); GB BAV 1977, 50 (BV für Studenten und Auszubildende); VerBAV 1978, 3 (Geschäftsplanmäßige Erklärung zur Ermächtigungsklausel, AVB für die BV); GB BAV 1978, 35 (Beitragsänderung bei VVaG); GB BAV 1978, 48 (Berufsunfähigkeitsbegriff in Verbindung mit der gesetzlichen Rentenversicherung); GB BAV 1978, 49 (Versicherung der Berufsunfähigkeit bei Risikoversicherungen); VerBAV 1980, 2 (Aufhebung der Grenze für die Höchstrente in der selbständigen BV); VerBAV 1981, 229 (Musterbedingungen für die BV – BV 81); VerBAV 1981, 300 (Überschussbeteiligung in der selbständigen BV); VerBAV 1981, 327 (Unzulässigkeit von Facharztklauseln in der selbständigen BV); GB BAV 1981, 38 (Prämienanpassungsklauseln); GB BAV 1982, 40 (Prämienanpassungsklauseln); VerBAV 1983, 339 (Geschäftsplan für die BV als Einzelversicherung); GB BAV 1983, 36 (Prämienanpassungsklauseln); GB BAV 1983, 55/56 (Beginn der Leistungspflicht in der BUZ); VerBAV 1984, 2 (Bedingungen für die BUZ – BUZ 84); VerBAV 1984, 383 (Allgemeine Bedingungen für die BV – BV 84); VerBAV 1984, 453 (Musterbedingungen für die BV – BV 84); GB BAV 1984, 39 (Prämienanpassungsklausel); GB BAV 1984, 56 (Überschussbeteiligung bei Berufsunfähigkeits-Versicherungen); GB BAV 1984, 56 (Berufsunfähigkeitsversicherungen mit reduziertem Leistungsumfang); GB BAV 1984, 57 (Kapitalleistung bei der BUZ nach langjähriger Berufsunfähigkeit); VerBAV 1986, 200 (Einführung neuer Tarife in der Lebensversicherung); VerBAV 1986, 468 (Geschäftsplan und Musterbedingungen für die Berufsunfähigkeits-Versicherung); VerBAV 1986, 474 (Allgemeine Bedingungen für die Berufsunfähigkeits-Versicherung); VerBAV 1986, 480 (Merkblatt für die BV); GB BAV 1986, 41 (Prämienanpassungsklauseln); GB BAV 1986, 54 (BV mit Umtauschrecht); VerBAV 1987, 274 (BV mit abgekürzter Versicherungs- und Beitragszahlungsdauer); VerBAV 1987, 411 (Geschäftsplan für die BV als GrV nach Sondertarifen); VerBAV 1987, 481 (Zusatzbedingungen für die erhöhte Berufsunfähigkeitsrente bei Berufsunfähigkeit durch

Unfall); VerBAV 1990, 301 (Neue Rechnungsgrundlagen in der Berufsunfähigkeitsversicherung); VerBAV 1990, 467 (Geschäftsplan für die Berufsunfähigkeitsversicherung); VerBAV 1993, 139 (Mustergeschäftspläne für die Pflegerenten- und Berufsunfähigkeits-(Zusatz-) Versicherung.

Schrifttum: *Bäumer,* Zum Rechnungszins in der Lebensversicherung, VW 1980, 518; *Claus/Rekittke,* Der Geschäftsplan für die Berufsunfähigkeits-Versicherung, VerBAV 1975, 52 u. 95; *Claus,* Der Geschäftsplan für die Berufsunfähigkeits-Versicherung als Einzelversicherung, VerBAV 1984, 45; *derselbe,* Die Geschäftspläne für die Berufsunfähigkeits-Versicherung in der Einzelversicherung und in der Gruppenversicherung, VerBAV 1987, 497; *Dienst,* Gedanken zum Konjunkturrisiko in der Berufsunfähigkeits-Versicherung, Blätter der Deutschen Gesellschaft für Versicherungsmathematik, Band X, S. 521; *Döring,* Probleme der Prämienanpassungsklauseln, Diss. Berlin 1981; *Forster,* Das Risiko bei der Berufsunfähigkeitsversicherung, ZfV 1976, 447; *Frey,* Notwendigkeit und Möglichkeiten einer Anpassung von Prämien an die Schadenentwicklung in der Versicherungswirtschaft, ZVersWiss 1972, 315; *Gerlach,* Die Verwendung von Klauseln in der Berufsunfähigkeitsversicherung, VerBAV 1984, 125; *Heilmann,* Berufsunfähigkeitsversicherung – Wunder- oder Sorgenkind?, ZfV 2002, 670; *Herde,* Der Geschäftsplan für die Berufsunfähigkeits-Zusatzversicherung, VerBAV 1990, 453; *Kakies,* Zur Diskussion des Invaliditätsrisikos, BDGVM XI, 131; *Möller/Zwiesler,* Mehrzustandsmodelle in der Berufsunfähigkeitsversicherung. Theorie und Einsatzmöglichkeit, BDGVM XXII (1996), 479; *Nies,* Prämienanpassungsklauseln und Währungsrecht, ZVersWiss 1972, 329; *Rittner,* Die Versicherungsaufsicht nach dem D. A. S.-Urteil des Bundesverwaltungsgerichts, VersR 1982, 205; *Rummel,* Die Lebensversicherung – was man darüber wissen soll, VP 1978, 110; *v. Thaden,* Versicherungsmedizinische Aspekte bei der Selbständigen Berufsunfähigkeitsversicherung, LVM Sondernummer 1976, 48; *Werber,* Probleme der Anpassung an veränderte Umstände im Versicherungsvertragsverhältnis, VP 1983, 38 und 53; *Wriede,* Zur Frage der gerichtlichen Nachprüfbarkeit einseitiger Änderungen der AVB durch den Versicherer, VersR 1969, 195.

I. Vorbemerkung zu den BV des Altbestandes

1. Zweck der Berufsunfähigkeits-Versicherung

Die Besonderheit der Selbständigen Berufsunfähigkeitsversicherung, die erst 1974 in Deutschland eingeführt wurde,[1] liegt darin, dass nicht wie bei der BUZ das Berufsunfähigkeitsrisiko in Form der Zusatzversicherung zu einer Lebensversicherung gedeckt wird, sondern ein Versicherungsschutz unabhängig davon vereinbart werden kann.[2] Die selbständige Berufsunfähigkeits-Versicherung dient daher dazu, Versicherungsschutz für den Fall der vorzeitigen Berufsunfähigkeit rechtlich unabhängig davon zu gewähren, ob gleichzeitig noch weiterer Versicherungsschutz für das Leben des Versicherten besteht.[3] Die Berufsunfähigkeits-Versicherung ist zur Lebensversicherung zu rechnen und darf von den Krankenversicherern nicht betrieben werden.[4] Ihrer Einführung im Jahre 1974, mit der erstmalig in der deutschen Lebensversicherung das Berufsunfähigkeitsrisiko selbständig, also nicht nur in Form einer Zusatzversicherung zu einer kapitalbildenden Lebensversicherung, abgesichert werden konnte, waren gründliche Überlegungen vorausgegangen, um die mit einem solchen Risiko verbundenen Unwägbarkeiten in Grenzen zu halten.[5]

2. Versicherte Gefahr

Bei der Berufsunfähigkeits-Versicherung trägt der Versicherer die Gefahr, dass der Versicherte vorzeitig berufsunfähig wird. Der Begriff der Berufsunfähigkeit

1

2

---

[1] *Herde* VerBAV 1990, 453.
[2] *v. Thaden,* Lebensversicherungsmedizin, Sondernummer 1976, 48.
[3] VerBAV 1986, 468.
[4] BGH v. 5. 10. 1988, VersR 1988, 1233; GB BAV 1973, 21; VerBAV 1974, 345.
[5] *Claus* VerBAV 1987, 497.

1689

ergibt sich aus § 2 BV. Diese Bestimmung ist gleichlautend mit § 2 BUZ 1984. Danach ist der Versicherungsfall gegeben, wenn der Versicherte infolge Krankheit, Körperverletzung oder Kräfteverfalls voraussichtlich dauernd außerstande ist, seinen Beruf oder eine andere Tätigkeit auszuüben, die aufgrund seiner Erfahrung und seiner Ausbildung ausgeübt werden kann und seiner bisherigen Lebensstellung entspricht.

3   Das Mindestversicherungsalter ist auf 15 Jahre festgesetzt. Die Versicherungsdauer darf geschäftsplanmäßig nur bis zum 65. Lebensjahr bei Männern und bis zum 60. Lebensjahr bei Frauen reichen; bei Frauen darf das rechnungsmäßige Alter in Ausnahmefällen – z.b. bei der betrieblichen Altersversorgung oder der Versicherung von freiberuflich Tätigen – überschritten werden.[6]

3. Versicherte Leistungen

4   Die Berufsunfähigkeits-Versicherung ist als Rentenversicherung ausgestaltet und ihrer rechtlichen und rechnungsmäßigen Ausgestaltung nach eine Risikoversicherung. Im Einzelnen gewährt die Berufsunfähigkeits-Versicherung dem Versicherten Schutz bei Berufsunfähigkeit und teilweiser Berufsunfähigkeit, indem der Versicherer von einem bestimmten Grade der Berufsunfähigkeit an eine Rente leistet. Die Versicherungsleistung kann entweder in der Weise vereinbart sein, dass der Versicherer bei einer Berufsunfähigkeit von 50% und mehr die vereinbarte Rente in voller Höhe leistet und bei einer Berufsunfähigkeit unter 50% keinerlei Rentenleistung erbracht wird. Häufiger ist die gestaffelte Leistung, indem eine Rente, die nach dem Berufsunfähigkeitsgrade vereinbart ist und z.B. bei einer Berufsunfähigkeit von 25% beginnt, geleistet wird; bei einem Berufsunfähigkeitsgrade von z.B. 75% wird jedoch auch hier die Rente in voller Höhe fällig. Die Mindestrente ist auf 1200 DM jährlich festgesetzt, eine Höchstrente ist dagegen nicht mehr festgelegt. Zur versicherten Leistung gehört neben der Zahlung der vereinbarten BU-Rente die Befreiung von der weiteren Beitragszahlung. Da die Berufsunfähigkeits-Versicherung grundsätzlich eine Versicherung mit abstrakter Bedarfsdeckung (Summenversicherung) und nicht eine Versicherung mit konkreter Bedarfsdeckung (Schadensversicherung) ist, ist die Leistung des Versicherers nicht von einer Minderung des Einkommens des Versicherten abhängig.

5   Es kann auch vereinbart werden, dass die Leistungsdauer über die Versicherungsdauer hinausgeht. Versicherungsdauer ist dabei der Zeitraum, innerhalb dessen Versicherungsschutz bei Eintritt der Berufsunfähigkeit gewährt wird. Leistungsdauer ist dagegen der Zeitraum, bis zu dessen Ablauf eine während der Versicherungsdauer anerkannte BU-Rente längstens gewährt wird.[7]

6   Ferner gibt es Leistungsformen, bei denen neben der Rente nach länger andauernder Berufsunfähigkeit (mindestens fünf Jahre) auch eine Kapitalleistung bei Ablauf der Leistungsdauer erfolgt.[8] Deren Höhe ist einerseits von der Anzahl der fällig gewordenen BU-Renten abhängig und ist andererseits nach oben begrenzt (maximal 10 Jahresrenten).[9]

4. Beitragsanpassung

7   Gegenüber der BUZ können mit Genehmigung der Aufsichtsbehörde die Beiträge auch für bestehende Versicherungen erhöht werden (§ 5 Abs. 4 BV). Voraussetzung für die Beitragserhöhung ist geschäftsplanmäßig,[10] dass

---

[6] VerBAV 1986, 470.
[7] *Claus* VerBAV 1987, 498.
[8] *Claus* VerBAV 1987, 498.
[9] Vgl. *Claus* VerBAV 1987, 498.
[10] Vgl. Mustergeschäftsplan, VerBAV 1986, 469.

a) in einem Geschäftsjahr eine für den Abrechungsverband der nach den Bedingungen für die BV abgeschlossenen Versicherungen verlustbringende Zunahme der Aufwendungen für Versicherungsfälle eingetreten ist oder voraussichtlich eintreten wird (zu den Aufwendungen für Versicherungsfälle zählen auch die Regulierungsaufwendungen);
b) diese Zunahme die Folge einer allgemeinen oder besonderen Änderung der Verhältnisse (z. B. Wirtschaftskrise, Arbeitslosigkeit bei bestimmten Berufen, Änderung der Gesetzgebung) ist und nicht lediglich auf einer Zufallsschwankung beruht;
c) ohne die Beitragserhöhung die verlustbringende Zunahme der Aufwendungen für Versicherungsfälle nicht ausgeglichen werden kann, d. h. der Anteil der BV an der Rückstellung für Beitragsrückerstattung mehrere Jahr hindurch negativ werden würde;
d) entweder der Beitrag für neu abzuschließende Versicherungen mindestens in gleicher Weise erhöht oder der Tarif für den Neuzugang geschlossen wird.

Die Beitragserhöhung wird dem Versicherungsnehmer mindestens acht Wochen vor dem Erhöhungstermin schriftlich mitgeteilt.

Die Beitragserhöhung wird nach Deckung des Bedarfs aufgehoben.

Die Beitragsanpassungsklausel berücksichtigt vorsorglich eine außerhalb des versicherten Risikos auftretende Änderung der für die Preisgestaltung wesentlichen Umstände[11] und ist damit wirksam. Nicht genehmigt werden kann eine Beitragsänderungsregelung in der BV, mit deren Hilfe Kostensteigerungen aller Art aufgefangen werden können.[12]

Die in der Schadensversicherung umstrittene Frage, ab welcher Beitragsanpassung der Versicherungsnehmer ein Lösungsrecht haben soll, hat für den Bereich der Lebensversicherung keine Bedeutung.[13]

Nach Auffassung von *Winter* begegnet die Klausel Bedenken im Hinblick auf § 9 I AGB-Gesetz, da aus ihr nicht genügend klar und konkret abzuleiten ist, in welchem Umfang und aus welchen Gründen im einzelnen Beitragserhöhungen durchgeführt werden können.[14] Da die Angemessenheit der Beitragsänderung bei Darlegung der Voraussetzungen überprüft werden kann,[15] kann der Auffassung von *Winter* nicht gefolgt werden.

5. Garantiewerte

In der BV kann bei Kündigung weder eine Rückvergütung gewährt werden noch ist eine Umwandlung in eine beitragsfreie Versicherung möglich.[16] Bei Kündigung erlischt der Versicherungsschutz ohne Gegenwert.[17]

6. Überschussbeteiligung

Die Überschussbeteiligungssysteme können zwischen aktiven und berufsunfähigen VN unterscheiden, müssen aber nicht.[18] Wird nicht unterschieden, erfüllt das Überschussbeteiligungssystem die Mindestforderung des BAV, nach der berufsunfähige Versicherte, über die ganze Vertragslaufzeit gesehen, nicht weniger

---

[11] BVerwG v. 14. 10. 1980, VerBAV 1981, 88 = VersR 1981, 221 – D. A. S.-Urteil.
[12] BeschlKE BAV v. 24. 9. 1982, VerBAV 1983, 63.
[13] Vgl. dazu BVerwG VerBAV 1982, 343.
[14] *Winter* in: Bruck/Möller, VVG, 8. Aufl., 1988, §§ 159–178 VVG Anm. C 256.
[15] Vgl. hierzu BeschlKE BAV v. 24. 9. 1982, VerBAV 1983, 62–64.
[16] *Claus* VerBAV 1987, 503.
[17] *Claus* VerBAV 1987, 503.
[18] VerBAV 1975, 95; GB BAV 1984, 57.

Überschussanteile erhalten sollen als aktive Versicherte.[19] In der Praxis haben sich getrennte Überschussbeteiligungsformen für die Aktivitätszeit einerseits und für die Rentenzahlungen im BU-Fall andererseits durchgesetzt, obwohl theoretisch auch eine einheitliche Form möglich wäre.[20] Während der Rentenzahlung wird überwiegend eine laufende Rentenerhöhung in Höhe des Zinsüberschussanteilsatzes gewährt; in der Aktivitätszeit gibt es entweder nur eine Schlusszahlung oder aber darüber hinaus auch laufende Überschussanteile, vielfach ab Beginn.[21]

7. Zusatzversicherung

15   Das BAV lässt den Einschluss einer Unfall-Zusatzversicherung zu, wenn die maximale UZV-Summe das 12-fach der jährlichen BV-Jahresrente beträgt.[22]

8. Verhältnis zu den ALB und den BUZ

16   Die BV ist in vielen Teilen mit den ALB und den BUZ identisch. So entsprechen die §§ 4–10 BV den §§ 1–6 und 9 ALB und die §§ 15–22 BV den §§ 10–17 ALB. Im Gegensatz zu den ALB sehen die BV aber keine Bestimmungen zur Selbsttötung vor (wegen Risikowegfalls) und schließen eine Vorauszahlung oder Kapitalabfindung aus (mangels Garantiewert).

9. Bilanzdeckungsrückstellung

17   Das Berechnungsverfahren für die Bilanzdeckungsrückstellung bezieht die latenten Berufsunfähigen grundsätzlich ein. Der Grundgedanke des Verfahrens ist, dass auch für die bereits eingetretenen Fälle von Berufsunfähigkeit, die noch nicht gemeldet worden sind und damit noch nicht zur Zahlung einer Rente geführt haben, eine Rentenrückstellung gebildet werden muss, da einerseits der Anspruch jederzeit geltend gemacht werden kann und andererseits der Aufwand für die Rentenrückstellung in das Jahr des Eintritts der Berufsunfähigkeit fallen muss.[23]

10. Meldepflicht

18   Die Versicherer waren gehalten, alle beantragten Berufsunfähigkeitsversicherungen der statistischen Zentralstelle des Lebensverbandes zu melden und sich an einer Gesamtstatistik des Lebensverbandes über die Berufsunfähigkeitsversicherung und deren Risikoverlauf zu beteiligen.[24]

II. Allgemeine Bedingungen für die Berufsunfähigkeits-Versicherung (BV 2008)[25]

19   Sehr geehrte Kundin, sehr geehrter Kunde,
als Versicherungsnehmer sind Sie unser Vertragspartner; für unser Vertragsverhältnis gelten die nachfolgenden Bedingungen.

---

[19] GB BAV 1984, 57.
[20] *Claus* VerBAV 1987, 504.
[21] *Claus* VerBAV 1987, 504.
[22] Vgl. *Claus* VerBAV 1987, 500.
[23] So *Claus* VerBAV 1987, 503.
[24] *Claus* VerBAV 1987, 505.
[25] Stand: 2. 5. 2008 u. 13. 8. 2008. GDV-Rundschreiben Nr. 0850/2008 v. 7. 5. 2008 u. Nr. 1562/2008 v. 13. 8. 2008: Diese Bedingungen sind für den Versicherer unverbindlich; ihre Verwendung ist rein fakultativ. Abweichende Bedingungen können verwendet werden. Anm. des Verfassers: In den BV 2008 werden die Bestimmungen des VVG 2008 genannt.

Inhaltsverzeichnis

§ 1 Welche Leistungen erbringen wir?
§ 2 Was ist Berufsunfähigkeit im Sinne dieser Bedingungen?
§ 3 Wie erfolgt die Überschussbeteiligung?
§ 4 Wann beginnt Ihr Versicherungsschutz?
§ 5 In welchen Fällen ist der Versicherungsschutz ausgeschlossen?
§ 6 Was bedeutet die vorvertragliche Anzeigepflicht?
§ 7 Was haben Sie bei der Beitragszahlung zu beachten?
§ 8 Was geschieht, wenn Sie einen Beitrag nicht rechtzeitig zahlen?
§ 9 Wann können Sie die Versicherung beitragsfrei stellen oder kündigen?
§ 10 Wie werden die Abschluss- und Vertriebskosten verrechnet?
§ 11 Welche Mitwirkungspflichten sind zu beachten, wenn Leistungen wegen Berufsunfähigkeit verlangt werden?
§ 12 Wann geben wir eine Erklärung über unsere Leistungspflicht ab?
§ 13 Was gilt für die Nachprüfung der Berufsunfähigkeit?
§ 14 Was gilt bei einer Verletzung der Mitwirkungspflichten nach Eintritt der Berufsunfähigkeit?
§ 15 Welche Bedeutung hat der Versicherungsschein?
§ 16 Wer erhält die Versicherungsleistung?
§ 17 Was gilt bei Änderung Ihrer Postanschrift und Ihres Namens?
§ 18 Welche Kosten stellen wir Ihnen gesondert in Rechung?
§ 19 Welches Recht findet auf Ihren Vertrag Anwendung?
§ 20 Wo ist der Gerichtsstand?

§ 1 Welche Leistungen erbringen wir?

(1) Wird die versicherte Person während der Dauer dieser Versicherung zu mindestens ...[26]% berufsunfähig, so erbringen wir folgende Versicherungsleistungen:

a) Zahlung der versicherten Berufsunfähigkeitsrente;
b) volle Befreiung von der Beitragspflicht.

Bei einem geringeren Grad der Berufsunfähigkeit besteht kein Anspruch auf diese Versicherungsleistungen.

(2) Die Rente zahlen wir entsprechend der vereinbarten Rentenzahlungsweise im Voraus, erstmals anteilig bis zum Ende der laufenden Rentenzahlungsperiode.

(3) Wird die versicherte Person während der Dauer dieser Versicherung infolge Pflegebedürftigkeit (vgl. § 2 Abs. 5 bis 7) berufsunfähig und liegt der Grad der Berufsunfähigkeit unter ...[27]%, so erbringen wir dennoch folgende Leistungen:

a) Volle Befreiung von der Beitragspflicht
b) Zahlung der Berufsunfähigkeitsrente
 – in Höhe von ...% bei Pflegestufe III
 – in Höhe von ...% bei Pflegestufe II
 – in Höhe von ...% bei Pflegestufe I.

Für die Zahlungsmodalitäten gilt Absatz 2 entsprechend.

(4) Der Anspruch auf Rente und Beitragsbefreiung entsteht mit Ablauf des Monats, in dem die Berufsunfähigkeit eingetreten ist. Wird uns die Berufsunfähigkeit später als drei Monate nach ihrem Eintritt schriftlich mitgeteilt, entsteht der Anspruch auf die Versicherungsleistung erst mit Beginn des Monats der Mitteilung. Der Anspruch auf eine Erhöhung der Berufsunfähigkeitsrente wegen einer höheren Pflegestufe entsteht ebenfalls frühestens mit Beginn des Monats, in dem uns die Erhöhung der Pflegestufe mitgeteilt wird (vgl. § 11).

(5) Der Anspruch auf Rente und Beitragsbefreiung erlischt, wenn der Grad der Berufsunfähigkeit unter ...[28]% sinkt, bei Berufsunfähigkeit infolge Pflegebedürf-

---

[26] Unternehmensindividuell zu ergänzen.
[27] Unternehmensindividuell zu ergänzen.
[28] Unternehmensindividuell zu ergänzen.

tigkeit spätestens, wenn die Pflegebedürftigkeit unter das Ausmaß der Pflegestufe I sinkt, wenn die versicherte Person stirbt oder bei Ablauf der vertraglichen Leistungsdauer.

(6) Bis zur Entscheidung über die Leistungspflicht müssen Sie die Beiträge in voller Höhe weiter entrichten; wir werden diese jedoch bei Anerkennung der Leistungspflicht zurückzahlen.

(7) Außer den im Versicherungsschein ausgewiesenen garantierten Leistungen erhalten Sie weitere Leistungen aus der Überschussbeteiligung (siehe § 3).

§ 2 Was ist Berufsunfähigkeit im Sinne dieser Bedingungen?

(1) **Vollständige Berufsunfähigkeit liegt vor, wenn die versicherte Person infolge Krankheit, Körperverletzung oder mehr als altersentsprechenden Kräfteverfalls, die ärztlich nachzuweisen sind, voraussichtlich auf Dauer [alternativ: mindestens ...[29] Monate/Jahre] ihren zuletzt ausgeübten Beruf, so wie er ohne gesundheitliche Beeinträchtigung ausgestaltet war, nicht mehr ausüben kann und außerstande ist, eine andere Tätigkeit auszuüben, zu der sie aufgrund ihrer Ausbildung und Fähigkeiten in der Lage ist und die ihrer bisherigen Lebensstellung entspricht.**

(2) **Teilweise Berufsunfähigkeit liegt vor, wenn die in Absatz 1 genannten Voraussetzungen nur in einem bestimmten Grad voraussichtlich dauernd erfüllt sind.**

(3) **Ist die versicherte Person ...[30] Monate ununterbrochen infolge Krankheit, Körperverletzung oder mehr als altersentsprechenden Kräfteverfalls, die ärztlich nachzuweisen sind, vollständig oder teilweise außerstande gewesen, ihren zuletzt ausgeübten Beruf, so wie er ohne gesundheitliche Beeinträchtigung ausgestaltet war, oder eine andere Tätigkeit auszuüben, zu der sie aufgrund ihrer Ausbildung und Fähigkeiten in der Lage ist und die ihrer bisherigen Lebensstellung entspricht, gilt die Fortdauer dieses Zustands als vollständige oder teilweise Berufsunfähigkeit.**

1. Bemerkung

Für den Fall, dass bei entsprechender Tarifierung auf die abstrakte Verweisung verzichtet wird, lauten die Absätze 1 und 3 wie folgt:

(1) Vollständige Berufsunfähigkeit liegt vor, wenn die versicherte Person in Folge Krankheit, Körperverletzung oder mehr als altersentsprechenden Kräfteverfalls, die ärztlich nachzuweisen sind, voraussichtlich auf Dauer [alternativ: mindestens ...[31] Monate/Jahre] ihren zuletzt ausgeübten Beruf, so wie er ohne gesundheitliche Beeinträchtigung ausgestaltet war, nicht mehr ausüben kann und auch keine andere Tätigkeit ausübt, die ihrer bisherigen Lebensstellung entspricht.

(3) Ist die versicherte Person ...[32] Monate ununterbrochen in Folge Krankheit, Körperverletzung oder mehr als altersentsprechenden Kräfteverfalls, die ärztlich nachzuweisen sind, vollständig oder teilweise außerstande gewesen, ihren zuletzt ausgeübten Beruf, so wie er ohne gesundheitliche Beeinträchtigung ausgestaltet war, auszuüben und hat sie in dieser Zeit auch keine andere Tätigkeit ausgeübt, die ihrer bisherigen Lebensstellung entspricht, gilt die Fortdauer dieses Zustandes als vollständige oder teilweise Berufsunfähigkeit.

2. Bemerkung

Wenn abweichend von Absatz 3 rückwirkend von einem früheren Zeitpunkt an geleistet werden soll, sind die Bedingungen entsprechend zu ändern bzw. zu ergänzen.

(4) **Scheidet die versicherte Person aus dem Berufsleben aus und werden später Leistungen wegen Berufsunfähigkeit beantragt, kommt es bei der Anwendung der**

---

[29] Unternehmensindividuell zu ergänzen.
[30] Unternehmensindividuell zu ergänzen.
[31] Unternehmensindividuell zu ergänzen.
[32] Unternehmensindividuell zu ergänzen.

Absätze 1 bis 3 darauf an, dass die versicherte Person außerstande ist, eine Tätigkeit auszuüben, zu der sie aufgrund ihrer Ausbildung und Fähigkeiten in der Lage ist und die ihrer bisherigen Lebensstellung entspricht.

(5) Ist die versicherte Person ...[33] Monate ununterbrochen pflegebedürftig mindestens im Rahmen der Pflegestufe I gewesen und deswegen täglich gepflegt worden, gilt die Fortdauer dieses Zustandes als vollständige oder teilweise Berufsunfähigkeit.

(6) Pflegebedürftigkeit liegt vor, wenn die versicherte Person infolge Krankheit, Körperverletzung oder mehr als altersentsprechenden Kräfteverfalls so hilflos ist, dass sie für die in Absatz 7 genannten gewöhnlichen und regelmäßig wiederkehrenden Verrichtungen im Ablauf des täglichen Lebens in erheblichem Umfang täglich der Hilfe einer anderen Person bedarf. Die Pflegebedürftigkeit ist ärztlich nachzuweisen.

(7) Bewertungsmaßstab für die Einstufung des Pflegefalls ist die Art und der Umfang der erforderlichen täglichen Hilfe durch eine andere Person. Bei der Bewertung wird die nachstehende Punktetabelle zugrunde gelegt:
Die versicherte Person benötigt Hilfe beim

Fortbewegen im Zimmer   1 Punkt
Hilfebedarf liegt vor, wenn die versicherte Person – auch bei Inanspruchnahme einer Gehhilfe oder eines Rollstuhls – die Unterstützung einer anderen Person für die Fortbewegung benötigt.

Aufstehen und Zubettgehen   1 Punkt
Hilfebedarf liegt vor, wenn die versicherte Person nur mit Hilfe einer anderen Person das Bett verlassen oder in das Bett gelangen kann.

An- und Auskleiden   1 Punkt
Hilfebedarf liegt vor, wenn die versicherte Person – auch bei Benutzung krankengerechter Kleidung – sich nicht ohne Hilfe einer anderen Person an- oder auskleiden kann.

Einnehmen von Mahlzeiten und Getränken   1 Punkt
Hilfebedarf liegt vor, wenn die versicherte Person – auch bei Benutzung krankengerechter Essbestecke und Trinkgefäße – nicht ohne Hilfe einer anderen Person essen oder trinken kann.

Waschen, Kämmen oder Rasieren   1 Punkt
Hilfebedarf liegt vor, wenn die versicherte Person von einer anderen Person gewaschen, gekämmt oder rasiert werden muss, da sie selbst nicht mehr fähig ist, die dafür erforderlichen Körperbewegungen auszuführen.

Verrichten der Notdurft   1 Punkt
Hilfebedarf liegt vor, wenn die versicherte Person die Unterstützung einer anderen Person benötigt, weil sie
– sich nach dem Stuhlgang nicht allein säubern kann,
– ihre Notdurft nur unter Zuhilfenahme einer Bettschüssel verrichten kann oder weil
– der Darm bzw. die Blase nur mit fremder Hilfe entleert werden kann.
Besteht allein eine Inkontinenz des Darms bzw. der Blase, die durch die Verwendung von Windeln oder speziellen Einlagen ausgeglichen werden kann, liegt hinsichtlich der Verrichtung der Notdurft keine Pflegebedürftigkeit vor.

(8) Der Pflegefall wird nach der Anzahl der Punkte eingestuft. Wir leisten
aus der Pflegestufe I: bei ... Punkten[34]
aus der Pflegestufe II: bei ... Punkten[35]
    Unabhängig von der Bewertung aufgrund der Punktetabelle liegt die Pflegestufe II vor, wenn die versicherte Person wegen einer seelischen Erkrankung oder

---

[33] Unternehmensindividuell zu ergänzen.
[34] Unternehmensindividuell festzulegen.
[35] Unternehmensindividuell festzulegen.

geistigen Behinderung sich oder andere gefährdet und deshalb täglicher Beaufsichtigung bedarf;
aus der Pflegestufe III: bei ... Punkten[36]
Unabhängig von der Bewertung aufgrund der Punktetabelle liegt die Pflegestufe III vor, wenn die versicherte Person dauernd bettlägerig ist und nicht ohne Hilfe einer anderen Person aufstehen kann oder wenn die versicherte Person der Bewahrung bedarf.

Bewahrung liegt vor, wenn die versicherte Person wegen einer seelischen Erkrankung oder geistigen Behinderung sich oder andere in hohem Maße gefährdet und deshalb nicht ohne ständige Beaufsichtigung bei Tag und Nacht versorgt werden kann.

(9) Vorübergehende akute Erkrankungen führen zu keiner höheren Einstufung. Vorübergehende Besserungen bleiben ebenfalls unberücksichtigt. Eine Erkrankung oder Besserung gilt dann nicht als vorübergehend, wenn sie nach ...[37] Monaten noch anhält.

§ 3 Wie erfolgt die Überschussbeteiligung?

Wir beteiligen Sie und die anderen Versicherungsnehmer gemäß § 153 des Versicherungsvertragsgesetzes (VVG) an den Überschüssen und ggf. an den Bewertungsreserven (Überschussbeteiligung). Die Überschüsse werden nach den Vorschriften des Handelsgesetzbuches ermittelt und jährlich im Rahmen unseres Jahresabschlusses festgestellt. Die Bewertungsreserven werden dabei im Anhang des Geschäftsberichtes ausgewiesen. Der Jahresabschluss wird von einem unabhängigen Wirtschaftsprüfer geprüft und ist unserer Aufsichtsbehörde einzureichen.

(1) Grundsätze und Maßstäbe für die Überschussbeteiligung der Versicherungsnehmer

(a) Überschüsse entstehen dann, wenn die Aufwendungen für das Berufsunfähigkeitsrisiko und die Kosten niedriger sind, als bei der Tarifkalkulation angenommen. An diesen Überschüssen werden die Versicherungsnehmer angemessen beteiligt und zwar nach der derzeitigen Rechtslage am Risikoergebnis (Berufsunfähigkeitsrisiko) grundsätzlich zu mindestens 75% und am übrigen Ergebnis (einschließlich Kosten) grundsätzlich zu mindestens 50% (§ 4 Abs. 4 u. 5, § 5 Mindestzuführungsverordnung).

Weitere Überschüsse stammen aus den Erträgen der Kapitalanlagen. Von den Nettoerträgen derjenigen Kapitalanlagen, die für künftige Versicherungsleistungen vorgesehen sind (§ 3 Mindestzuführungsverordnung), erhalten die Versicherungsnehmer insgesamt mindestens den in dieser Verordnung genannten Prozentsatz. In der derzeitigen Fassung der Verordnung sind grundsätzlich 90% vorgeschrieben (§ 4 Abs. 3, § 5 Mindestzuführungsverordnung). Aus diesem Betrag werden zunächst die Beträge finanziert, die für die garantierten Versicherungsleistungen benötigt werden. Die verbleibenden Mittel verwenden wir für die Überschussbeteiligung der Versicherungsnehmer.

Die verschiedenen Versicherungsarten tragen unterschiedlich zum Überschuss bei. Wir haben deshalb gleichartige Versicherungen zu Gruppen zusammengefasst. Gewinngruppen bilden wir beispielsweise, wie das versicherte Risiko wie das Todesfall- oder Berufsunfähigkeitsrisiko zu berücksichtigen.[38] Die Verteilung des Überschusses für die Versicherungsnehmer auf die einzelnen Gruppen orientiert sich daran, in welchem Umfang sie zu seiner Entstehung beigetragen haben. Den Überschuss führen wir der Rückstellung für Beitragsrückerstattung zu, soweit er nicht in Form der sog. Direktgutschrift bereits unmittelbar den überschussberechtigten Versicherungen gutgeschrieben wird. Diese Rückstellung

---
[36] Unternehmensindividuell festzulegen.
[37] Unternehmensindividuell zu ergänzen.
[38] Ggf. weitere unternehmensindividuelle Information über Gewinngruppen bzw. Untergruppen und deren Modalitäten; die Begriffe sind an die unternehmensindividuellen Gegebenheiten anzupassen.

dient dazu, Ergebnisschwankungen im Zeitablauf zu glätten. Sie darf grundsätzlich nur für die Überschussbeteiligung der Versicherungsnehmer verwendet werden. Nur in Ausnahmefällen und mit Zustimmung der Aufsichtsbehörde können wir hiervon nach § 56a des Versicherungsaufsichtsgesetzes (VAG) abweichen, soweit die Rückstellung nicht auf bereits festgelegte Überschussanteile entfällt. Nach der derzeitigen Fassung des § 56a VAG können wir die Rückstellung, im Interesse der Versicherungsnehmer auch zur Abwendung eines drohenden Notstandes, zum Ausgleich unvorhersehbarer Verluste aus den überschussberechtigten Versicherungsverträgen, die auf allgemeine Änderungen der Verhältnisse zurückzuführen sind, oder – sofern die Rechnungsgrundlagen aufgrund einer unvorhersehbaren und nicht nur vorübergehenden Änderung der Verhältnisse angepasst werden müssen – zur Erhöhung der Deckungsrückstellung heranziehen.

(b) Bewertungsreserven entstehen, wenn der Marktwert der Kapitalanlagen über dem Wert liegt, mit dem die Kapitalanlagen in der Bilanz ausgewiesen sind. Die Beiträge sind so kalkuliert, dass sie für die Deckung von Berufsunfähigkeitsrisiken benötigt werden. Für die Bildung von Kapitalerträgen stehen deshalb bei der Berufsunfähigkeits-Versicherung keine oder allenfalls geringfügige Beträge zur Verfügung. Daher entstehen keine oder nur sehr geringe Bewertungsreserven. Soweit Bewertungsreserven überhaupt entstehen, werden diese jährlich neu ermittelt und den Verträgen nach dem in Absatz 2 beschriebenen Verfahren zugeordnet (§ 153 Abs. 3 VVG). Bei Beendigung eines Vertrages[39] wird der für diesen Zeitpunkt aktuell ermittelte Betrag zur Hälfte zugeteilt und ausgezahlt. Auch während des Rentenbezuges werden wir Sie an den Bewertungsreserven beteiligen.[40] Aufsichtsrechtliche Regelungen zur Kapitalausstattung bleiben unberührt.

(2) Grundsätze und Maßstäbe für die Überschussbeteiligung Ihres Vertrages
(a) Ihre Versicherung erhält Anteile an den Überschüssen derjenigen Gruppe, die in Ihrem Versicherungsschein genannt ist. Die Mittel für die Überschussanteile werden bei der Direktgutschrift zu Lasten des Ergebnisses des Geschäftsjahres finanziert, ansonsten der Rückstellung für Beitragsrückerstattung entnommen. Die Höhe des Überschussanteilsatzes wird jedes Jahr vom Vorstand unseres Unternehmens auf Vorschlag des Verantwortlichen Aktuars festgelegt. Wir veröffentlichen die Überschussanteilsätze in unserem Geschäftsbericht. Den Geschäftsbericht können Sie bei uns jederzeit anfordern.
(b) ...[41]
(c) ...[42]

(3) Information über die Höhe der Überschussbeteiligung
Die Höhe der Überschussbeteiligung hängt von vielen Einflüssen ab. Diese sind nicht vorhersehbar und von uns nur begrenzt beeinflussbar. Wichtigster Einflussfaktor ist dabei die Entwicklung des versicherten Risikos und der Kosten. Aber auch die Zinsentwicklung des Kapitalmarktes ist insbesondere bei laufenden Berufsunfähigkeitsrenten von Bedeutung. Die Höhe der künftigen Überschussbeteiligung kann also nicht garantiert werden.

---

[39] Ggf. unternehmensindividuellen früheren Zuteilungszeitpunkt verwenden.

[40] Von dieser Regelung kann abgewichen werden, wenn ein Verzicht auf die Beteiligung an den Bewertungsreserven im Rentenbezug aktuariell begründet werden kann.

[41] Hier sind folgende unternehmensindividuelle Angaben zu machen:
a) Voraussetzung für die Fälligkeit der Überschussanteile (Wartezeit, Stichtag für die Zuteilung u. ä.)
b) Form und Verwendung der Überschussanteile (laufende Überschussanteile, Schlussüberschussanteile, Bonus, Ansammlung, Verrechnung, Barauszahlung u. ä.)
c) Bemessungsgrößen für die Überschussanteile.

[42] Hier sind der Verteilungsmechanismus, d. h. die Schlüsselung der ermittelten verteilungsfähigen Bewertungsreserven auf den einzelnen Vertrag und die Bewertungsstichtage anzugeben. Vgl. hierzu auch Gesamtgeschäftsplan für die Überschussbeteiligung, Abschnitte 3.11.1 bis 3. 11. 11.

§ 4 Wann beginnt Ihr Versicherungsschutz?

Ihr Versicherungsschutz beginnt, wenn der Vertrag abgeschlossen worden ist, jedoch nicht vor dem mit Ihnen vereinbarten, im Versicherungsschein angegebenen Versicherungsbeginn. Allerdings entfällt unsere Leistungspflicht bei nicht rechtzeitiger Beitragszahlung (vgl. § 7 Abs. 2 und 3 und § 8).

§ 5 In welchen Fällen ist der Versicherungsschutz ausgeschlossen?

Grundsätzlich besteht unsere Leistungspflicht unabhängig davon, wie es zu der Berufsunfähigkeit gekommen ist. Wir leisten jedoch nicht, wenn die Berufsunfähigkeit verursacht ist:
a) durch vorsätzliche Ausführung oder den Versuch einer Straftat durch die versicherte Person;
b) unmittelbar oder mittelbar durch Kriegsereignisse oder innere Unruhen, sofern die versicherte Person auf Seiten der Unruhestifter teilgenommen hat;
c) durch Unfälle der versicherten Person
– als Luftfahrzeugführer (auch Luftsportgeräteführer), soweit dieser nach deutschem Recht dafür eine Erlaubnis benötigt, sowie als sonstiges Besatzungsmitglied eines Luftfahrzeuges;
– bei einer mit Hilfe eines Luftfahrzeuges auszuübenden beruflichen Tätigkeit;
– bei der Benutzung von Raumfahrzeugen;
d) durch Beteiligung an Fahrtveranstaltungen mit Kraftfahrzeugen, bei denen es auf die Erzielung einer Höchstgeschwindigkeit ankommt, und den dazugehörigen Übungsfahrten;
e) durch energiereiche Strahlen mit einer Härte von mindestens 100 Elektronen-Volt, durch Neutronen jeder Energie, durch Laser- oder Maser-Strahlen und durch künstlich erzeugte ultraviolette Strahlen. Soweit die versicherte Person als Arzt oder medizinisches Hilfspersonal diesem Risiko ausgesetzt ist, oder wenn eine Bestrahlung für Heilzwecke durch einen Arzt oder unter ärztlicher Aufsicht erfolgt, werden wir leisten;
f) durch absichtliche Herbeiführung von Krankheit oder von mehr als altersentsprechenden Kräfteverfall, absichtliche Selbstverletzung oder versuchte Selbsttötung. Wenn uns jedoch nachgewiesen wird, dass diese Handlungen in einem die freie Willensbestimmung ausschließenden Zustand krankhafter Störung der Geistestätigkeit begangen worden sind, werden wir leisten;
g) durch eine widerrechtliche Handlung, mit der Sie als Versicherungsnehmer vorsätzlich die Berufsunfähigkeit der versicherten Person herbeigeführt haben;
h) unmittelbar oder mittelbar durch den vorsätzlichen Einsatz von atomaren, biologischen oder chemischen Waffen oder den vorsätzlichen Einsatz oder die vorsätzliche Freisetzung von radioaktiven, biologischen oder chemischen Stoffen, sofern der Einsatz oder das Freisetzen darauf gerichtet sind, das Leben oder die Gesundheit einer Vielzahl von Personen zu gefährden.

§ 6 Was bedeutet die vorvertragliche Anzeigepflicht?

Vorvertragliche Anzeigepflicht

(1) Wir übernehmen den Versicherungsschutz im Vertrauen darauf, dass Sie alle vor Vertragsabschluss in Textform gestellten Fragen wahrheitsgemäß und vollständig beantwortet haben (vorvertragliche Anzeigepflicht). Das gilt insbesondere für die Fragen nach gegenwärtigen oder früheren Erkrankungen, gesundheitlichen Störungen und Beschwerden.

(2) Soll eine andere Person versichert werden, ist auch diese – neben Ihnen – für die wahrheitsgemäße und vollständige Beantwortung der Fragen verantwortlich.

Rücktritt

(3) Wenn Umstände, die für die Übernahme des Versicherungsschutzes Bedeutung haben, von Ihnen oder der versicherten Person (vgl. Absatz 2) nicht oder

nicht richtig angegeben worden sind, können wir vom Vertrag zurücktreten. Dies gilt nicht, wenn uns nachgewiesen wird, dass die vorvertragliche Anzeigepflicht weder vorsätzlich noch grob fahrlässig verletzt worden ist. Bei grob fahrlässiger Verletzung der vorvertraglichen Anzeigepflicht haben wir kein Rücktrittsrecht, wenn uns nachgewiesen wird, dass wir den Vertrag auch bei Kenntnis der nicht angezeigten Umstände, wenn auch zu anderen Bedingungen, geschlossen hätten.

(4) Im Fall des Rücktritts besteht kein Versicherungsschutz. Haben wir den Rücktritt nach Eintritt des Versicherungsfalles erklärt, bleibt unsere Leistungspflicht jedoch bestehen, wenn uns nachgewiesen wird, dass der nicht oder nicht richtig angegebene Umstand weder für den Eintritt oder die Feststellung des Versicherungsfalles noch für die Feststellung oder den Umfang unserer Leistungspflicht ursächlich war. Haben Sie oder die versicherte Person die Anzeigepflicht arglistig verletzt, sind wir nicht zur Leistung verpflichtet.

(5) Wenn die Versicherung durch Rücktritt aufgehoben wird, haben Sie weder Anspruch auf einen Rückkaufswert noch auf eine Rückzahlung der Beiträge.

Kündigung

(6) Ist unser Rücktrittsrecht ausgeschlossen, weil die Verletzung der vorvertraglichen Anzeigepflicht weder auf Vorsatz noch auf grober Fahrlässigkeit beruhte, können wir den Vertrag unter Einhaltung einer Frist von einem Monat kündigen.

(7) Wir haben kein Kündigungsrecht, wenn uns nachgewiesen wird, dass wir den Vertrag auch bei Kenntnis der nicht angezeigten Umstände, wenn auch zu anderen Bedingungen, geschlossen hätten.

(8) Kündigen wir die Versicherung, wandelt sie sich mit der Kündigung in eine beitragsfreie Versicherung um (§ 9 Abs. 1 bis 3).

Vertragsanpassung

(9) Können wir nicht zurücktreten oder kündigen, weil wir den Vertrag auch bei Kenntnis der nicht angezeigten Umstände, aber zu anderen Bedingungen, geschlossen hätten, werden die anderen Bedingungen auf unser Verlangen rückwirkend Vertragsbestandteil. Haben Sie die Anzeigepflichtverletzung nicht zu vertreten, werden die anderen Bedingungen ab der laufenden Versicherungsperiode Vertragsbestandteil.

(10) Erhöht sich durch die Vertragsanpassung der Beitrag um mehr als 10% oder schließen wir den Versicherungsschutz für den nicht angezeigten Umstand aus, können Sie den Vertrag innerhalb eines Monats nach Zugang unserer Mitteilung fristlos kündigen. In der Mitteilung werden wir Sie auf das Kündigungsrecht hinweisen.

Ausübung unserer Rechte

(11) Wir können uns auf die Rechte zum Rücktritt, zur Kündigung und zur Vertragsanpassung nur berufen, wenn wir Sie durch gesonderte Mitteilung in Textform auf die Folgen einer Anzeigepflichtverletzung hingewiesen haben. Wir müssen unsere Rechte innerhalb eines Monats schriftlich geltend machen. Die Frist beginnt mit dem Zeitpunkt, zu dem wir von der Verletzung der Anzeigepflicht, die das von uns geltend gemachte Recht begründet, Kenntnis erlangen. Bei Ausübung unserer Rechte müssen wir die Umstände angeben, auf die wir unsere Erklärung stützen. Zur Begründung können wir nachträglich weitere Umstände innerhalb eines Monats nach deren Kenntniserlangung angeben.

(12) Unsere Rechte auf Rücktritt, Kündigung und Vertragsanpassung sind ausgeschlossen, wenn wir den nicht angezeigten Umstand oder die Unrichtigkeit der Anzeige kannten.

(13) Die genannten Rechte können wir nur innerhalb von fünf Jahren seit Vertragsabschluss ausüben. Ist der Versicherungsfall vor Ablauf dieser Frist eingetreten, können wir die Rechte auch nach Ablauf der Frist geltend machen. Haben Sie oder die versicherte Person die Anzeigepflicht vorsätzlich oder arglistig verletzt, beträgt die Frist zehn Jahre.

Anfechtung

(14) Wir können den Versicherungsvertrag auch anfechten, falls durch unrichtige oder unvollständige Angaben bewusst und gewollt auf unsere Annahmeentscheidung Einfluss genommen worden ist. Handelt es sich um Angaben der versicherten Person, können wir Ihnen gegenüber die Anfechtung erklären, auch wenn Sie von der Verletzung der vorvertraglichen Anzeigepflicht keine Kenntnis hatten. Die Absätze 5 und 6 gelten entsprechend.

Leistungserweiterung/Wiederherstellung der Versicherung

(15) Die Absätze 1 bis 14 gelten bei einer unsere Leistungspflicht erweiternden Änderung oder bei einer Wiederherstellung der Versicherung entsprechend. Die Fristen nach Absatz 13 beginnen mit der Änderung oder Wiederherstellung der Versicherung bezüglich des geänderten oder wiederhergestellten Teils neu zu laufen.

Erklärungsempfänger

(16) Die Ausübung unserer Rechte erfolgt durch eine schriftliche Erklärung, die Ihnen gegenüber abzugeben ist.

(17) Auf den Rücktritt, die Kündigung, die Vertragsanpassung oder Anfechtung des Versicherungsvertrages können wir uns auch dritten Berechtigten gegenüber berufen.

§ 7 Was haben Sie bei der Beitragszahlung zu beachten?

(1) Sie zahlen für jede Versicherungsperiode einen laufenden Beitrag. Versicherungsperiode kann je nach Vereinbarung ein Monat, ein Vierteljahr, ein halbes Jahr oder ein Jahr sein. Die Beiträge werden jeweils zu Beginn der vereinbarten Versicherungsperiode fällig.

(2) Der erste Beitrag (Einlösungsbeitrag) ist unverzüglich nach Abschluss des Vertrages zu zahlen, jedoch nicht vor dem mit Ihnen vereinbarten, im Versicherungsschein angegebenen Versicherungsbeginn. Alle weiteren Beiträge (Folgebeiträge) werden zu Beginn der vereinbarten Versicherungsperiode fällig.

(3) Für die Rechtzeitigkeit der Beitragszahlung genügt es, wenn Sie fristgerecht alles getan haben, damit der Beitrag bei uns eingeht. Ist die Einziehung des Beitrags von einem Konto vereinbart, gilt die Zahlung als rechtzeitig, wenn der Beitrag zu dem in Absatz 2 genannten Termin eingezogen werden kann und Sie einer berechtigten Einziehung nicht widersprechen. Konnte der fällige Beitrag ohne Ihr Verschulden von uns nicht eingezogen werden, ist die Zahlung auch dann noch rechtzeitig, wenn sie unverzüglich nach unserer schriftlichen Zahlungsaufforderung erfolgt. Haben Sie zu vertreten, dass der Beitrag wiederholt nicht eingezogen werden kann, sind wir berechtigt, künftig die Zahlung außerhalb des Lastschriftverfahrens zu verlangen.

(4) Die Übermittlung Ihrer Beiträge erfolgt auf Ihre Gefahr und Ihre Kosten.

(5) Für eine Stundung der Beiträge ist eine schriftliche Vereinbarung mit uns erforderlich.

(6) Bei Fälligkeit der Versicherungsleistung werden wir etwaige Beitragsrückstände verrechnen.

Bemerkung

Bei Tarifen, bei denen die Versicherungsperiode nicht mit dem Beitragszahlungsabschnitt (unechte unterjährige Beiträge) übereinstimmt, lautet Absatz 1 wie folgt:

„(1) Sie zahlen Jahresbeiträge, die jeweils zu Beginn eines Versicherungsjahres fällig werden. Nach Vereinbarung können Sie die Jahresbeiträge auch in halbjährlichen, vierteljährlichen oder monatlichen Raten zahlen; hierfür werden Ratenzuschläge erhoben."

§ 8 Was geschieht, wenn Sie einen Beitrag nicht rechtzeitig zahlen?

(1) Wenn Sie den Einlösungsbeitrag nicht rechtzeitig zahlen, können wir – solange die Zahlung nicht bewirkt ist – vom Versicherungsvertrag zurücktreten. Dies gilt nicht, wenn uns nachgewiesen wird, dass Sie die nicht rechtzeitige Zahlung

nicht zu vertreten haben. Bei einem Rücktritt können wir von Ihnen die Kosten der zur Gesundheitsprüfung durchgeführten ärztlichen Untersuchungen verlangen.

(2) Ist der Einlösungsbeitrag bei Eintritt des Versicherungsfalles noch nicht gezahlt, sind wir nicht zur Leistung verpflichtet, sofern wir Sie durch gesonderte Mitteilung in Textform oder durch einen auffälligen Hinweis im Versicherungsschein auf diese Rechtsfolge aufmerksam gemacht haben. Unsere Leistungspflicht besteht jedoch, wenn uns nachgewiesen wird, dass Sie die Nicht-Zahlung nicht zu vertreten haben.

(3) Wenn ein Folgebeitrag oder ein sonstiger Betrag, den Sie aus dem Versicherungsverhältnis schulden, nicht rechtzeitig gezahlt worden ist oder eingezogen werden konnte, erhalten Sie von uns auf Ihre Kosten eine Mahnung in Textform. Darin setzen wir Ihnen eine Zahlungsfrist von mindestens zwei Wochen. Begleichen Sie den Rückstand nicht innerhalb der gesetzten Frist, entfällt oder vermindert sich Ihr Versicherungsschutz. Auf die Rechtsfolgen werden wir Sie in der Mahnung ausdrücklich hinweisen.

Bemerkung

Bei Tarifen, bei denen die Versicherungsperiode mit dem Beitragszahlungsabschnitt (unechte unterjährige Beiträge) nicht übereinstimmt, lautet § 8 wie folgt:

„Was geschieht, wenn Sie einen Beitrag nicht rechtzeitig zahlen?

(1) Wenn Sie den Einlösungsbeitrag nicht rechtzeitig zahlen, können wir – solange die Zahlung nicht bewirkt ist – vom Versicherungsvertrag zurücktreten. Dies gilt nicht, wenn uns nachgewiesen wird, dass Sie die nicht rechtzeitige Zahlung nicht zu vertreten haben. Bei einem Rücktritt können wir von Ihnen die Kosten der zur Gesundheitsprüfung durchgeführten ärztlichen Untersuchungen verlangen.

(2) Ist der Einlösungsbeitrag bei Eintritt des Versicherungsfalles noch nicht gezahlt, sind wir nicht zur Leistung verpflichtet, sofern wir Sie durch gesonderte Mitteilung in Textform oder durch einen auffälligen Hinweis im Versicherungsschein auf diese Rechtsfolge aufmerksam gemacht haben. Dies gilt nicht, wenn uns nachgewiesen wird, dass Sie die Nicht-Zahlung nicht zu vertreten haben.

(3) An Stelle des Rücktritts können wir, wenn Sie den Einlösungsbeitrag schuldhaft nicht rechtzeitig zahlen, die Beiträge des ersten Versicherungsjahres – auch bei Vereinbarung von Ratenzahlungen – sofort verlangen.

(4) Wenn Sie ein Folgebeitrag oder ein sonstiger Betrag, den Sie aus dem Versicherungsverhältnis schulden, nicht rechtzeitig gezahlt worden ist oder eingezogen werden konnte, erhalten Sie von uns auf Ihre Kosten eine Mahnung in Textform. Darin setzen wir Ihnen eine Zahlungsfrist von mindestens zwei Wochen. Begleichen Sie den Rückstand nicht innerhalb der gesetzten Frist, entfällt oder vermindert sich Ihr Versicherungsschutz. Auf die Rechtsfolgen werden wir Sie in der Mahnung ausdrücklich hinweisen."

§ 9 Wann können Sie die Versicherung beitragsfrei stellen oder kündigen?

Umwandlung in eine beitragsfreie Versicherung

(1) Sie können jederzeit schriftlich verlangen, zum Schluss der Versicherungsperiode ganz oder teilweise von der Beitragszahlungspflicht befreit zu werden. In diesem Fall setzen wir die Berufsunfähigkeitsrente ganz oder teilweise auf eine beitragsfreie Rente herab, die nach anerkannten Regeln der Versicherungsmathematik für den Schluss der laufenden Versicherungsperiode errechnet wird. Der aus Ihrer Versicherung für die Bildung der beitragsfreien Berufsunfähigkeitsrente zur Verfügung stehende Betrag mindert sich um einen Abzug in Höhe von ...[43] sowie um rückständige Beiträge. Mit dem Abzug wird die Veränderung der Risikolage des verbleibenden Versichertenbestandes[44] ausgeglichen; zudem wird damit ein Ausgleich für kollektiv gestelltes Risikokapital vorgenommen.[45] Weitere Erläu-

---

[43] Unternehmensindividuell zu ergänzen.
[44] Ggf. unternehmensindividuell anpassen, wenn im Bedingungswerk eine andere Diktion veranlasst ist.
[45] Ggf. unternehmensindividuell anpassen, wenn auch aus anderen Gründen oder nur in eingeschränktem Umfang, also nicht aus allen oben genannten Gründen, ein Abzug erfolgen soll.

terungen sowie versicherungsmathematische Hinweise zum Abzug finden Sie im Anhang zu den Versicherungsbedingungen. Sofern Sie uns nachweisen, dass die dem Abzug zugrunde liegenden Annahmen in Ihrem Fall entweder dem Grunde nach nicht zutreffen oder der Abzug wesentlich niedriger zu beziffern ist, entfällt der Abzug bzw. wird – im letzteren Falle – entsprechend herabgesetzt.

(2) **Die Beitragsfreistellung Ihrer Versicherung ist mit Nachteilen verbunden.** In der Anfangszeit Ihrer Versicherung sind wegen der Verrechnung von Abschluss- und Vertriebskosten (vgl. § 10) nur geringe Beträge zur Bildung einer beitragsfreien Berufsunfähigkeitsrente vorhanden. Auch in den Folgejahren stehen wegen der benötigten Risikobeiträge gemessen an den gezahlten Beiträgen keine oder nur geringe Mittel für die Bildung einer beitragsfreien Berufsunfähigkeitsrente zur Verfügung. Nähere Informationen zur beitragsfreien Berufsunfähigkeitsrente und ihrer Höhe können Sie der beigefügten Tabelle entnehmen.

(3) Haben Sie die vollständige Befreiung von der Beitragszahlungspflicht verlangt und erreicht die nach Absatz 1 zu berechnende beitragsfreie Berufsunfähigkeitsrente den Mindestbetrag von ...[46] nicht, erhalten Sie – falls vorhanden – den Rückkaufswert (§§ 165, 169 VVG). Eine teilweise Befreiung von der Beitragszahlungspflicht können Sie nur verlangen, wenn die verbleibende beitragspflichtige Berufsunfähigkeitsrente mindestens ...[47] beträgt.

Kündigung

(4) Anstelle einer Beitragsfreistellung nach Absatz 1 können Sie Ihre Versicherung zu dem dort genannten Termin jederzeit ganz oder teilweise schriftlich kündigen. Kündigen Sie Ihre Versicherung nur teilweise, darf die verbleibende beitragspflichtige versicherte Rente nicht unter einen Mindestbetrag von ...[48] sinken.

(5) Mit Kündigung erlischt die Versicherung, ohne dass ein Rückkaufswert fällig wird. Ist die versicherte Person zum Zeitpunkt der Kündigung berufsunfähig, bleiben anerkannte oder festgestellte Ansprüche aus der Versicherung von der Kündigung unberührt.

Beitragsrückzahlung

(6) **Die Rückzahlung der Beiträge können Sie nicht verlangen.**

Bemerkung

Bei Tarifen, bei denen die Versicherungsperiode mit dem Beitragszahlungsabschnitt (unechte unterjährige Beiträge) nicht übereinstimmt, lautet § 9 wie folgt:

„Wann können Sie die Versicherung beitragsfrei stellen oder kündigen?"

Umwandlung in eine beitragsfreie Versicherung

(1) Sie können sich ganz oder teilweise von der Beitragszahlungspflicht befreien lassen
– jederzeit zum Schluss des laufenden Versicherungsjahres
– bei Vereinbarung von Ratenzahlungen auch innerhalb des Versicherungsjahres mit Frist von einem Monat zum Schluss eines jeden Ratenzahlungsabschnitts, frühestens jedoch zum Schluss des ersten Versicherungsjahres.
In diesem Fall setzen wir die versicherte Berufsunfähigkeitsrente ganz oder teilweise auf eine beitragsfreie Rente herab, die nach anerkannten Regeln der Versicherungsmathematik für den Schluss des laufenden Ratenzahlungsabschnitts unter Zugrundelegung des Rückkaufswertes nach § 169 Abs. 3 bis 5 errechnet wird. Der aus Ihrer Versicherung für die Bildung der beitragsfreien Berufsunfähigkeitsrente zur Verfügung stehende Betrag mindert sich um einen Abzug in Höhe von[49] ... sowie um rückständige Beiträge. Mit dem Abzug wird die Veränderung der Risikolage des verbleibenden Versichertenbestandes[50] ausgeglichen; zudem

---

[46] Unternehmensindividuell zu ergänzen.
[47] Unternehmensindividuell zu ergänzen.
[48] Unternehmensindividuell zu ergänzen.
[49] Unternehmensindividuell zu ergänzen.
[50] Ggf. unternehmensindividuell anpassen, wenn im Bedingungswerk eine andere Diktion veranlasst ist.

wird damit ein Ausgleich für kollektiv gestelltes Risikokapital vorgenommen.[51] Weitere Erläuterungen sowie versicherungsmathematische Hinweise zum Abzug finden Sie im Anhang zu den Versicherungsbedingungen. Sofern Sie uns nachweisen, dass die dem Abzug zugrunde liegenden Annahmen in Ihrem Fall entweder dem Grunde nach nicht zutreffen oder der Abzug wesentlich niedriger zu beziffern ist, entfällt der Abzug bzw. wird – im letzteren Falle – entsprechend herabgesetzt.

(2) Die Beitragsfreistellung Ihrer Versicherung ist mit Nachteilen verbunden. In der Anfangszeit Ihrer Versicherung sind wegen der Verrechnung von Abschluss- und Vertriebskosten (vgl. § 10) nur geringe Beträge zur Bildung einer beitragsfreien Berufsunfähigkeitsrente vorhanden. Auch in den Folgejahren stehen wegen der benötigten Risikobeiträge gemessen an den gezahlten Beiträgen keine oder nur geringe Mittel für die Bildung einer beitragsfreien Berufsunfähigkeitsrente zur Verfügung. Nähere Informationen zur beitragsfreien Berufsunfähigkeitsrente und ihrer Höhe können Sie der beigefügten Tabelle entnehmen.

(3) Haben Sie die vollständige Befreiung von der Beitragszahlungspflicht verlangt und erreicht die nach Absatz 1 zu berechnende beitragsfreie Berufsunfähigkeitsrente den Mindestbetrag von ...[52] nicht, erhalten Sie den Rückkaufswert (§§ 165, 169 VVG). Eine teilweise Befreiung von der Beitragszahlungspflicht können Sie nur verlangen, wenn die verbleibende beitragspflichtige Berufsunfähigkeitsrente mindestens ...[53] beträgt.

Kündigung

(4) Anstelle einer Beitragsfreistellung nach Absatz 1 können Sie Ihre Versicherung unter Beachtung der dort genannten Termine und Fristen jederzeit ganz oder teilweise schriftlich kündigen. Kündigen Sie Ihre Versicherung nur teilweise, darf die verbleibende beitragspflichtige versicherte Rente nicht unter einen Mindestbetrag von ...[54] sinken.

(5) Mit Kündigung erlischt die Versicherung, ohne dass ein Rückkaufswert fällig wird. Ist die versicherte Person zum Zeitpunkt der Kündigung berufsunfähig, bleiben anerkannte oder festgestellte Ansprüche aus der Versicherung von der Kündigung unberührt.

Beitragsrückzahlung

(6) Die Rückzahlung der Beiträge können Sie nicht verlangen."

§ 10 Wie werden die Abschluss- und Vertriebskosten verrechnet?[55]

(1) **Durch den Abschluss von Versicherungsverträgen entstehen Kosten. Diese sog. Abschluss- und Vertriebskosten (§ 43 Abs. 2 der Verordnung über die Rechnungslegung von Versicherungsunternehmen, RechVersV) sind bereits pauschal bei der Tarifkalkulation berücksichtigt und werden daher nicht gesondert in Rechnung gestellt.**

(2) **Für Ihren Versicherungsvertrag ist das Verrechnungsverfahren nach § 4 der Deckungsrückstellungsverordnung maßgebend. Hierbei werden die ersten Beiträge zur Tilgung eines Teils der Abschluss- und Vertriebskosten herangezogen, soweit die Beiträge nicht für Leistungen im Versicherungsfall, Kosten des Versicherungsbetriebs in der jeweiligen Versicherungsperiode und für die Bildung der Deckungsrückstellung aufgrund von § 25 Abs. 2 RechVersV i. V. m. § 169 Abs. 3 VVG bestimmt sind. Der auf diese Weise zu tilgende Betrag ist nach der Deckungsrückstellungsverordnung auf 4% der von Ihnen während der Laufzeit des Vertrages zu zahlenden Beiträge beschränkt.**

(3) **Die restlichen Abschluss- und Vertriebskosten werden während der vertraglich vereinbarten Beitragszahlungsdauer aus den laufenden Beiträgen getilgt.**

(4) **Die beschriebene Kostenverrechnung hat wirtschaftlich zur Folge, dass in der Anfangszeit Ihrer Versicherung nur geringe Beträge zur Bildung einer bei-**

---

[51] Ggf. unternehmensindividuell anpassen, wenn auch aus anderen Gründen oder nur in eingeschränktem Umfang, also nicht aus allen oben genannten Gründen, ein Abzug erfolgen soll.
[52] Unternehmensindividuell zu ergänzen.
[53] Unternehmensindividuell zu ergänzen.
[54] Unternehmensindividuell zu ergänzen.
[55] Diese Bestimmung ist nur bei der Verwendung des Zillmerverfahrens aufzunehmen.

tragsfreien Berufsunfähigkeitsrente vorhanden sind (vgl. auch § 9). Nähere Informationen können Sie der beigefügten Tabelle[56] entnehmen.

§ 11 Welche Mitwirkungspflichten sind zu beachten, wenn Leistungen wegen Berufsunfähigkeit verlangt werden?

(1) Zum Nachweis des Versicherungsfalls sind uns unverzüglich auf Kosten des Ansprucherhebenden folgende Unterlagen einzureichen:

a) ein amtliches Zeugnis über den Tag der Geburt der versicherten Person;
b) eine Darstellung der Ursache für den Eintritt der Berufsunfähigkeit;
c) ausführliche Berichte der Ärzte, die die versicherte Person gegenwärtig behandeln bzw. behandelt oder untersucht haben, über Ursache, Beginn, Art, Verlauf und voraussichtliche Dauer des Leidens sowie über den Grad der Berufsunfähigkeit oder über die Pflegestufe;
d) Unterlagen über den Beruf der versicherten Person, deren Stellung und Tätigkeit im Zeitpunkt des Eintritts der Berufsunfähigkeit sowie über die eingetretenen Veränderungen.
e) Bei Berufsunfähigkeit infolge Pflegebedürftigkeit zusätzlich eine Bescheinigung der Person oder der Einrichtung, die mit der Pflege betraut ist, über Art und Umfang der Pflege.

(2) Wir können außerdem – dann allerdings auf unsere Kosten – weitere ärztliche Untersuchungen durch von uns beauftragte Ärzte sowie notwendige Nachweise – auch über die wirtschaftlichen Verhältnisse und ihre Veränderungen – verlangen, insbesondere zusätzliche Auskünfte und Aufklärungen.

(3) Wird eine Erhöhung der Berufsunfähigkeitsrente wegen einer höheren Pflegestufe verlangt, gelten die Absätze 1 und 2 sinngemäß.

§ 12 Wann geben wir eine Erklärung über unsere Leistungspflicht ab?

(1) Nach Prüfung der uns eingereichten sowie der von uns beigezogenen Unterlagen erklären wir in Textform, ob, in welchem Umfang und für welchen Zeitraum wir eine Leistungspflicht anerkennen.

(2) Wir können einmalig ein zeitlich begrenztes Anerkenntnis unter einstweiliger Zurückstellung der Frage aussprechen, ob die versicherte Person eine andere Tätigkeit im Sinne von § 2 Abs. 1 ausüben kann.[57] Bis zum Ablauf der Frist ist das zeitlich begrenzte Anerkenntnis für uns bindend.

§ 13 Was gilt für die Nachprüfung der Berufsunfähigkeit?

(1) Nach Anerkennung oder Feststellung unserer Leistungspflicht sind wir berechtigt, das Fortbestehen der Berufsunfähigkeit und ihren Grad oder die Pflegestufe und das Fortleben der versicherten Person nachzuprüfen. Dabei können wir erneut prüfen, ob die versicherte Person eine andere Tätigkeit im Sinne von § 2 Abs. 1 ausüben kann,[58] wobei neu erworbene berufliche Fähigkeiten zu berücksichtigen sind.

(2) Zur Nachprüfung können wir auf unsere Kosten jederzeit sachdienliche Auskünfte und einmal jährlich umfassende Untersuchungen der versicherten Person durch von uns zu beauftragende Ärzte verlangen. Die Bestimmungen des § 11 Abs. 2 und 3 gelten entsprechend.

---

[56] Unternehmensindividuell anzupassen.
[57] Bei Verzicht auf die abstrakte Verweisung muss es heißen:... andere Tätigkeit im Sinne von § 2 Abs. 1 ausübt. ...
[58] Bei Verzicht auf die abstrakte Verweisung muss es heißen: ... andere Tätigkeit im Sinne von § 2 Abs. 1 ausübt. ...

(3) Eine Minderung der Berufsunfähigkeit oder der Pflegebedürftigkeit und die Wiederaufnahme bzw. Änderung der beruflichen Tätigkeit müssen Sie uns unverzüglich mitteilen.

(4) Ist die Berufsunfähigkeit weggefallen oder hat sich ihr Grad auf weniger als ...[59] % vermindert, werden wir von der Leistung frei. In diesem Fall legen wir Ihnen die Veränderung in Textform dar und teilen die Einstellung unserer Leistungen dem Anspruchsberechtigten in Textform mit. Die Einstellung unserer Leistungen wird mit dem Ablauf des dritten Monats nach Zugang unserer Erklärung bei Ihnen wirksam. Zu diesem Zeitpunkt muss auch die Beitragszahlung wieder aufgenommen werden.

(5) Liegt Berufsunfähigkeit infolge Pflegebedürftigkeit vor und hat sich die Art des Pflegefalls geändert oder sein Umfang gemindert, setzen wir unsere Leistungen herab oder stellen sie ein. Absatz 4 Satz 2 bis 4 gelten entsprechend.

§ 14 Was gilt bei einer Verletzung der Mitwirkungspflichten nach Eintritt der Berufsunfähigkeit?

Solange eine Mitwirkungspflicht nach § 11 oder § 13 von Ihnen, der versicherten Person oder dem Ansprucherhebenden vorsätzlich nicht erfüllt wird, sind wir von der Verpflichtung zur Leistung frei. Bei grob fahrlässiger Verletzung einer Mitwirkungspflicht sind wir berechtigt, unsere Leistung in einem der Schwere des Verschuldens entsprechenden Verhältnis zu kürzen. Dies gilt nicht, wenn Sie uns nachweisen, dass Sie die Mitwirkungspflicht nicht grob fahrlässig verletzt haben. Die Ansprüche aus der Versicherung bleiben jedoch insoweit bestehen, als die Verletzung ohne Einfluss auf die Feststellung oder den Umfang unserer Leistungspflicht ist. Wenn die Mitwirkungspflicht später erfüllt wird, sind wir ab Beginn des laufenden Monats nach Maßgabe dieser Bedingungen zur Leistung verpflichtet. Die vollständige oder teilweise Leistungsfreiheit tritt nur ein, wenn wir Sie durch gesonderte Mitteilung in Textform auf diese Rechtsfolge hingewiesen haben.

§ 15 Welche Bedeutung hat der Versicherungsschein?

(1) Den Inhaber des Versicherungsscheins können wir als berechtigt ansehen, über die Rechte aus dem Versicherungsvertrag zu verfügen, insbesondere Leistungen in Empfang zu nehmen. Wir können aber verlangen, dass uns der Inhaber des Versicherungsscheins seine Berechtigung nachweist.

(2) In den Fällen des § 16 Absatz 3 brauchen wir den Nachweis der Berechtigung nur dann anzuerkennen, wenn uns die schriftliche Anzeige des bisherigen Berechtigten vorliegt.

§ 16 Wer erhält die Versicherungsleistung?

(1) Die Leistung aus dem Versicherungsvertrag erbringen wir an Sie als unseren Versicherungsnehmer oder an Ihre Erben, falls Sie uns keine andere Person benannt haben, die bei Fälligkeit die Ansprüche aus dem Versicherungsvertrag erwerben soll (Bezugsberechtigter). Bis zur jeweiligen Fälligkeit können Sie das Bezugsrecht jederzeit widerrufen.

(2) Sie können ausdrücklich bestimmen, dass der Bezugsberechtigte sofort und unwiderruflich die Ansprüche aus dem Versicherungsvertrag erwerben soll. Sobald wir Ihre Erklärung erhalten haben, kann dieses Bezugsrecht nur noch mit Zustimmung des von Ihnen Benannten aufgehoben werden.

(3) Die Einräumung und der Widerruf eines widerruflichen Bezugsrechts sind uns gegenüber nur und erst dann wirksam, wenn sie schriftlich angezeigt worden

---

[59] Unternehmensindividuell festzulegen.

sind. Das gleiche gilt für die Abtretung und Verpfändung von Ansprüchen aus dem Versicherungsvertrag, soweit derartige Verfügungen überhaupt rechtlich möglich sind.

(4) Unsere Leistungen überweisen wir dem Empfangsberechtigten auf seine Kosten. Bei Überweisungen in Länder außerhalb des Europäischen Wirtschaftsraumes trägt der Empfangsberechtigte auch die damit verbundene Gefahr.

§ 17 Was gilt bei Änderung Ihrer Postanschrift und Ihres Namens?

(1) Eine Änderung Ihrer Postanschrift müssen Sie uns unverzüglich mitteilen. Anderenfalls können für Sie Nachteile entstehen, da wir eine an Sie zu richtende Willenserklärung mit eingeschriebenem Brief an Ihre uns zuletzt bekannte Anschrift senden können. In diesem Fall gilt unsere Erklärung drei Tage nach Absendung des eingeschriebenen Briefes als zugegangen. Dies gilt auch, wenn Sie die Versicherung in Ihrem Gewerbebetrieb genommen und Ihre gewerbliche Niederlassung verlegt haben.

(2) Bei Änderung Ihres Namens gilt Absatz 2 entsprechend.

§ 18 Welche Kosten stellen wir Ihnen gesondert in Rechnung?

(1) Falls aus besonderen, von Ihnen veranlassten Gründen ein zusätzlicher Verwaltungsaufwand verursacht wird, können wir die in solchen Fällen durchschnittlich entstehenden Kosten als pauschalen Abgeltungsbetrag gesondert in Rechnung stellen. Dies gilt bei
– Ausstellung eines neuen Versicherungsscheins,
– schriftlicher Fristsetzung bei Nichtzahlung von Folgebeiträgen,
– Rückläufern im Lastschriftverfahren,
– ....[60]

(2) Sofern Sie uns nachweisen, dass die dem pauschalen Abgeltungsbetrag zugrunde liegenden Annahmen in Ihrem Fall entweder dem Grunde nach nicht zutreffen oder der Höhe nach wesentlich niedriger zu beziffern sind, entfällt der Abgeltungsbetrag bzw. wird – im letzteren Falle – entsprechend herabgesetzt.

§ 19 Welches Recht findet auf Ihren Vertrag Anwendung?

Auf Ihren Vertrag findet das Recht der Bundesrepublik Deutschland Anwendung.

§ 20 Wo ist der Gerichtsstand?

(1) Für Klagen aus dem Versicherungsvertrag gegen uns bestimmt sich die gerichtliche Zuständigkeit nach unserem Sitz oder der für den Versicherungsvertrag zuständigen Niederlassung. Sind Sie eine natürliche Person, ist auch das Gericht örtlich zuständig, in dessen Bezirk Sie zur Zeit der Klageerhebung Ihren Wohnsitz oder, in Ermangelung eines solchen, Ihren gewöhnlichen Aufenthalt haben.

(2) Sind Sie eine natürliche Person, müssen Klagen aus dem Versicherungsvertrag gegen Sie bei dem Gericht erhoben werden, das für Ihren Wohnsitz oder, in Ermangelung eines solchen, den Ort Ihres gewöhnlichen Aufenthaltes zuständig ist. Sind Sie eine juristische Person, bestimmt sich das zuständige Gericht nach Ihrem Sitz oder Ihrer Niederlassung.

(3) Verlegen Sie Ihren Wohnsitz in einen Staat außerhalb der Europäischen Gemeinschaft, Islands, Norwegens oder der Schweiz, sind die Gerichte des Staates zuständig, in dem wir unseren Sitz haben.

---

[60] Unternehmensindividuell aufzufüllen.

E. Allgemeine Bedingungen für die Pflegerenten-Zusatzversicherung (PRZ 2008)

Übersicht

	Rdn.
I. Vorbemerkung	1–5
1. Versicherte Leistungen	1, 2
2. Beitragszahlung	3
3. Ausschluss des Versicherungsschutzes	4
4. Überschussbeteiligung	5
II. Allgemeine Bedingungen für die Pflegerenten-Zusatzversicherung (PRZ 2008)	6

AuVdBAV: VerBAV 1985, 252 (Musterbedingungen für die Pflegekrankenversicherung); GB BAV 1985, 58 (Pflegerentenversicherung); VerBAV 1986, 228 (Behandlung der Pflegerentenversicherung in der Rechnungslegung); VerBAV 1986, 342 (Musterbedingungen); VerBAV 1987, 63 (Mustergeschäftsplan für die Pflegerentenversicherung); VerBAV 1990, 523 (Musterbedingungen für die Pflegerentenversicherung); VerBAV 1992, 158 (Neue Rechnungsgrundlagen in der Pflegerentenversicherung); VerBAV 1993, 139 (Mustergeschäftsplan für die Pflegerentenversicherung); VerBAV 1993, 171 (Geschäftsplan für die Pflegerenten-Zusatzversicherung); VerBAV 1993, 177 (Bedingungen für die Pflegerenten-Zusatzversicherung).

Schrifttum: *Cypris/Kuhlmann*, Pflegeversicherung in Deutschland, ZfV 2006, 692; *Holl/Kakies/Richter*, Die Ableitung der Pflegefallwahrscheinlichkeiten für den Mustergeschäftsplan der Pflegerentenversicherung, BDGVM XVII, 163; *Schedel*, Geschäftsplan für die Pflegerenten-Zusatzversicherung, VerBAV 1993, 241; *Segerer*, Pflegeversicherung: Ein Blick über die Grenzen, VW 1992, 1449; *Stracke*, Pflegeversicherung: Neue Chancen für die Lebensversicherer durch eine alternative Leistungsdefinition, Der Aktuar 2000, 129; *Wolfsdorf*, Der Geschäftsplan für die Pflegerentenversicherung, VerBAV 1987, 465 u. 494.

I. Vorbemerkung

1. Versicherte Leistungen

In der Pflegepflichtversicherung werden Leistungen für bereits eingetretene Versicherungsfälle ab ihrem Beginn gewährt.[1] In der privaten Pflegerenten-Zusatzversicherung ist dagegen eine Leistungspflicht des Versicherers nur und erst dann gegeben, wenn der Versicherungsfall nach dem Beginn des Versicherungsschutzes eingetreten ist.[2]

Der Versicherer leistet im Pflegefall, d. h. dann, wenn die versicherte Person während der Dauer der Pflegerenten-Zusatzversicherung pflegebedürftig wird (vgl. § 1 Abs. 1 PRZ 2008). Im Falle der Pflegestufe I besteht die Leistung in der Befreiung von der Beitragszahlungspflicht für die Hauptversicherung und die eingeschlossenen Zusatzversicherungen, falls die Befreiung von der Beitragszahlungspflicht nicht schon in der Berufsunfähigkeits-Zusatzversicherung mitversichert ist (§ 1 Abs. 1 a) PRZ 2008), und in der Zahlung einer in ihrer Höhe nach Pflegestufen gestaffelten Pflegerente, wenn diese mitversichert ist (§ 1 Abs. 1 b) PRZ 2008). Pflegebedürftigkeit liegt vor, wenn die versicherte Person infolge

1

2

---

[1] OLG Hamm, Urt. v. 30. 10. 1998 – 20 U 85/98, VersR 1999, 840 = r+s 1999, 211.
[2] OLG Hamm, Urt. v. 30. 10. 1998 – 20 U 85/98, VersR 1999, 840 = r+s 1999, 211.

PRZ 2008 3–6   Teil 6. Musterbedingungen des GDV 2008

Krankheit, Körperverletzung oder Kräfteverfalls voraussichtlich auf Dauer so hilflos ist, dass sie in ihrem Lebensalltag auch bei Einsatz technischer und medizinischer Hilfsmittel in erheblichem Umfang täglich der Hilfe einer anderen Person bedarf (vgl. § 2 Abs. 1 Satz 1 PRZ 2008).[3]

2. Beitragszahlung

3   Beiträge sind zu entrichten, solange keine Pflegerente gezahlt wird.

3. Ausschluss des Versicherungsschutzes

4   In § 3 PRZ 2008 ist geregelt, in welchen Fällen der Versicherungsschutz ausgeschlossen ist. Der Katalog der Ausschlussbestimmungen des § 3 PRZ 2008 findet sich zum Teil auch in § 3 BUZ 2008 und § 3 UZV 2008 wieder.

4. Überschussbeteiligung

5   Die Versicherungsnehmer sind grundsätzlich zu mindestens 90% am Kapitalanlageergebnis, zu 75% am Risikoergebnis und zu 50% am übrigen Ergebnis (einschließlich Kosten) beteiligt. § 8 Abs. 1 (a) PRZ 2008 trägt damit den Regelungen der Mindestzuführungsverordnung Rechnung.

II. Allgemeine Bedingungen für die Pflegerenten-Zusatzversicherung (PRZ 2008)[4]

6   Sehr geehrte Kundin, sehr geehrter Kunde,
als Versicherungsnehmer sind Sie unser Vertragspartner; für unser Vertragsverhältnis gelten die nachfolgenden Bedingungen.

Inhaltsverzeichnis

§ 1 Welche Leistungen erbringen wir?
§ 2 Wann liegt Pflegebedürftigkeit vor und wie wird der Pflegefall eingestuft?
§ 3 In welchen Fällen ist der Versicherungsschutz ausgeschlossen?
§ 4 Welche Mitwirkungspflichten sind zu beachten, wenn Leistungen wegen Pflegebedürftigkeit verlangt werden?
§ 5 Wann geben wir eine Erklärung über unsere Leistungspflicht ab?
§ 6 Was gilt für die Nachprüfung des Pflegefalls?
§ 7 Was gilt bei einer Verletzung der Mitwirkungspflichten nach Eintritt des Pflegefalls?
§ 8 Wie erfolgt die Überschussbeteiligung?
§ 9 Wie ist das Verhältnis zur Hauptversicherung?

§ 1 Welche Leistungen erbringen wir?

(1) **Wird die versicherte Person während der Dauer dieser Zusatzversicherung pflegebedürftig (vgl. § 2 Abs. 1) und deswegen täglich gepflegt (Pflegefall), so erbringen wir folgende Versicherungsleistungen:**
a) **Bei Pflegestufe I**
Volle Befreiung von der Beitragszahlungspflicht für die Hauptversicherung und die eingeschlossenen Zusatzversicherungen, falls die Beitragsbefreiung nicht schon in der Berufsunfähigkeits-Zusatzversicherung mitversichert ist.

---

[3] *Brömmelmeyer* in: Beckmann/Matusche-Beckmann, Versicherungsrechts-Hdb., 2. Aufl., 2009, § 42 Rdn. 16.
[4] Stand: 2. 5. 2008 u. 13.8.2008. GDV-Rundschreiben 850/2008 v. 7. 5. 2008 u. 1562/2008 v. 13.8.2008. Diese Bedingungen sind für die Versicherer unverbindlich; ihre Verwendung ist rein fakultativ. Abweichende Bedingungen können vereinbart werden. Anm. des Verfassers: In den PRZ 2008 werden die Bestimmungen des VVG 2008 genannt.

b) Zahlung einer Pflegerente, wenn diese mitversichert ist
- in Höhe von ...%[5] bei Pflegestufe III
- in Höhe von ...%[5] bei Pflegestufe II
- in Höhe von ...%[5] bei Pflegestufe I.

Bei einem geringer eingestuften Pflegefall besteht kein Anspruch auf Pflegerente. Die Pflegerente zahlen wir entsprechend der vereinbarten Rentenzahlungsweise im voraus, erstmals anteilig bis zum Ende der laufenden Rentenzahlungsperiode.

(2) Der Anspruch auf die Versicherungsleistung entsteht mit Ablauf des ...[6] vollen Kalendermonats nach dem Eintritt des Pflegefalls, wenn eine aufgeschobene Pflegerente versichert ist, frühestens jedoch zum vereinbarten Rentenbeginn. Der Pflegefall muss während dieser Zeit ununterbrochen mindestens im Umfang der Pflegestufe I bestanden haben. Zeiten einer stationären Behandlung von mehr als ...[7] vollen Kalendermonat(en) zählen nicht mit (vgl. Abs. 3). Der Anspruch auf die Versicherungsleistungen entsteht jedoch frühestens mit Beginn des Monats, in dem uns der Pflegefall mitgeteilt wird. Der Anspruch auf eine Erhöhung der Pflegerente wegen einer höheren Pflegestufe entsteht ebenfalls frühestens mit Beginn des Monats, in dem uns die Erhöhung der Pflegestufe mitgeteilt wird (vgl. § 4).

(3) Der Anspruch auf Pflegerente ruht in den Kalendermonaten, in denen sich die versicherte Person während des vollen Monats in stationärer Heilbehandlung befindet. Dies gilt nicht für einen teilstationären Aufenthalt. Als stationäre Heilbehandlung gelten stationärer Krankenhausaufenthalt, stationäre Rehabilitationsmaßnahmen, stationäre Kur- und Sanatoriumsbehandlung oder Verwahrung aufgrund richterlicher Anordnung.

(4) Der Anspruch auf Versicherungsleistung erlischt, wenn die Pflegebedürftigkeit unter das Ausmaß der Pflegestufe I sinkt, die versicherte Person nicht mehr täglich gepflegt wird oder wenn sie stirbt.

(5) Bis zur Entscheidung über die Leistungspflicht müssen Sie die Beiträge in voller Höhe weiter entrichten; wir werden diese jedoch bei Anerkennung der Leistungspflicht zurückzahlen.

(6) Außer den im Versicherungsschein ausgewiesenen garantierten Leistungen erhalten Sie weitere Leistungen aus der Überschussbeteiligung (siehe § 8).

Bemerkung

Sofern nach Ablauf der Versicherungsdauer der Hauptversicherung noch Versicherungsschutz aus der Pflegerenten-Zusatzversicherung besteht und die Beitragszahlungsdauer über die der Hauptversicherung hinausgeht, ist die Leistungsbeschreibung entsprechend anzupassen.

§ 2 Wann liegt Pflegebedürftigkeit vor und wie wird der Pflegefall eingestuft?

(1) Pflegebedürftigkeit liegt vor, wenn die versicherte Person infolge Krankheit, Körperverletzung oder Kräfteverfalls voraussichtlich auf Dauer so hilflos ist, dass sie für die in Absatz 2 genannten Verrichtungen auch bei Einsatz technischer und medizinischer Hilfsmittel in erheblichem Umfang täglich der Hilfe einer anderen Person bedarf. Die Pflegebedürftigkeit ist ärztlich nachzuweisen.

(2) Bewertungsmaßstab für die Einstufung des Pflegefalls ist die Art und der Umfang der erforderlichen täglichen Hilfe durch eine andere Person. Bei der Bewertung wird die nachstehende Punktetabelle zugrunde gelegt:
Die versicherte Person benötigt Hilfe beim

Fortbewegen im Zimmer 1 Punkt
Hilfebedarf liegt vor, wenn die versicherte Person – auch bei Inanspruchnahme einer Gehhilfe oder eines Rollstuhls – die Unterstützung einer anderen Person für die Fortbewegung benötigt.

---

[5] Unternehmensindividuell zu ergänzen.
[6] Unternehmensindividuell zu ergänzen.
[7] Unternehmensindividuell zu ergänzen.

Aufstehen und Zubettgehen 1 Punkt
Hilfebedarf liegt vor, wenn die versicherte Person nur mit Hilfe einer anderen Person das Bett verlassen oder in das Bett gelangen kann.

An- und Auskleiden 1 Punkt
Hilfebedarf liegt vor, wenn die versicherte Person – auch bei Benutzung krankengerechter Kleidung – sich nicht ohne Hilfe einer anderen Person an- oder auskleiden kann.

Einnehmen von Mahlzeiten und Getränken 1 Punkt
Hilfebedarf liegt vor, wenn die versicherte Person – auch bei Benutzung krankengerechter Essbestecke und Trinkgefäße – nicht ohne Hilfe einer anderen Person essen und trinken kann.

Waschen, Kämmen oder Rasieren 1 Punkt
Hilfebedarf liegt vor, wenn die versicherte Person von einer anderen Person gewaschen, gekämmt oder rasiert werden muss, da sie selbst nicht mehr fähig ist, die dafür erforderlichen Körperbewegungen auszuführen.

Verrichten der Notdurft 1 Punkt
Hilfebedarf liegt vor, wenn die versicherte Person die Unterstützung einer anderen Person benötigt, weil sie
– sich nach dem Stuhlgang nicht allein säubern kann,
– ihre Notdurft nur unter Zuhilfenahme einer Bettschüssel verrichten kann oder weil
– der Darm bzw. die Blase nur mit fremder Hilfe entleert werden kann.
Besteht allein eine Inkontinenz des Darms bzw. der Blase, die durch die Verwendung von Windeln oder speziellen Einlagen ausgeglichen werden kann, liegt hinsichtlich der Verrichtung der Notdurft keine Pflegebedürftigkeit vor.

(3) Der Pflegefall wird nach Anzahl der Punkte eingestuft.
Wir leisten
aus der Pflegestufe I: bei ... Punkten[8]
Pflegestufe II: bei ... Punkten[9]
Unabhängig von der Bewertung aufgrund der Punktetabelle liegt die Pflegestufe II vor, wenn die versicherte Person wegen einer seelischen Erkrankung oder geistigen Behinderung sich oder andere gefährdet und deshalb täglicher Beaufsichtigung bedarf.
aus der Pflegestufe III: bei ... Punkten[10]
Unabhängig von der Bewertung aufgrund der Punktetabelle liegt die Pflegestufe III vor, wenn die versicherte Person dauernd bettlägerig ist und nicht ohne Hilfe einer anderen Person aufstehen kann oder wenn die versicherte Person der Bewahrung bedarf.
Bewahrung liegt vor, wenn die versicherte Person wegen einer seelischen Erkrankung oder geistigen Behinderung sich oder andere in hohem Maße gefährdet und deshalb nicht ohne ständige Beaufsichtigung bei Tag und Nacht versorgt werden kann.

(4) Vorübergehende akute Erkrankungen führen zu keiner höheren Einstufung. Vorübergehende Besserungen bleiben ebenfalls unberücksichtigt. Eine Erkrankung oder Besserung gilt dann nicht als vorübergehend, wenn sie nach 6 Monaten noch anhält.

§ 3 In welchen Fällen ist der Versicherungsschutz ausgeschlossen?

Grundsätzlich besteht unsere Leistungspflicht unabhängig davon, wie es zu der Pflegebedürftigkeit gekommen ist. Wir leisten jedoch nicht, wenn die Pflegebedürftigkeit verursacht ist:
a) Durch vorsätzliche Ausführung oder den Versuch einer Straftat durch die versicherte Person;

---

[8] Unternehmensindividuell festzulegen.
[9] Unternehmensindividuell festzulegen.
[10] Unternehmensindividuell festzulegen.

b) unmittelbar oder mittelbar durch Kriegsereignisse oder innere Unruhen, sofern die versicherte Person auf Seiten der Unruhestifter teilgenommen hat;
c) durch Unfälle der versicherten Person
   – als Luftfahrzeugführer (auch Luftsportgeräteführer), soweit dieser nach deutschem Recht dafür eine Erlaubnis benötigt, sowie als sonstiges Besatzungsmitglied eines Luftfahrzeuges;
   – bei einer mit Hilfe eines Luftfahrzeuges auszuübenden beruflichen Tätigkeit;
   – bei der Benutzung von Raumfahrzeugen;
d) durch Beteiligung an Fahrtveranstaltungen mit Kraftfahrzeugen, bei denen es auf die Erzielung einer Höchstgeschwindigkeit ankommt, und den dazugehörigen Übungsfahrten;
e) durch energiereiche Strahlen mit einer Härte von mindestens 100 Elektronen-Volt, durch Neutronen jeder Energie, durch Laser- oder Maser-Strahlen und durch künstlich erzeugte ultraviolette Strahlen. Soweit die versicherte Person als Arzt oder medizinisches Hilfspersonal diesem Risiko ausgesetzt ist, oder wenn eine Bestrahlung für Heilzwecke durch einen Arzt oder unter ärztlicher Aufsicht erfolgt, werden wir leisten;
f) durch absichtliche Herbeiführung von Krankheit oder Kräfteverfall, absichtliche Selbstverletzung oder versuchte Selbsttötung. Wenn uns jedoch nachgewiesen wird, dass diese Handlungen in einem die freie Willensbestimmung ausschließenden Zustand krankhafter Störung der Geistestätigkeit begangen worden sind, werden wir leisten;
g) durch eine widerrechtliche Handlung, mit der Sie als Versicherungsnehmer vorsätzlich den Pflegefall der versicherten Person herbeigeführt haben;
h) unmittelbar oder mittelbar durch den vorsätzlichen Einsatz von atomaren, biologischen oder chemischen Waffen oder den vorsätzlichen Einsatz oder die vorsätzliche Freisetzung von radioaktiven, biologischen und chemischen Stoffen, sofern der Einsatz oder das Freisetzen darauf gerichtet sind, das Leben oder die Gesundheit einer Vielzahl von Personen zu gefährden.

§ 4 Welche Mitwirkungspflichten sind zu beachten, wenn Leistungen wegen Pflegebedürftigkeit verlangt werden?

(1) Werden Leistungen aus dieser Zusatzversicherung verlangt, sind uns unverzüglich auf Kosten des Anspruchenden folgende Unterlagen einzureichen:

a) Eine Darstellung der Ursache für den Eintritt der Pflegebedürftigkeit;
b) ausführliche Berichte der Ärzte, die die versicherte Person gegenwärtig behandeln, bzw. behandelt oder untersucht haben, über Ursache, Beginn, Art, Verlauf und voraussichtliche Dauer des Leidens sowie über Art und Umfang der Pflegebedürftigkeit;
c) eine Bescheinigung der Person oder Einrichtung, die mit der Pflege betraut ist, über Art und Umfang der Pflege.

(2) Wir können außerdem – dann allerdings auf unsere Kosten – weitere notwendige Nachweise sowie ärztliche Untersuchungen durch von uns beauftragte Ärzte verlangen, insbesondere zusätzliche Auskünfte und Aufklärungen.

(3) Wird eine Erhöhung der Pflegerente wegen einer höheren Pflegestufe verlangt, gelten die Absätze 1 und 2 sinngemäß.

(4) Anordnungen, die der untersuchende oder behandelnde Arzt nach gewissenhaftem Ermessen trifft, um die Heilung zu fördern oder die Pflegebedürftigkeit zu mindern, sind zu befolgen. Die Anordnungen müssen sich jedoch im Rahmen des Zumutbaren halten.

(5) Wir können vor jeder Rentenzahlung ein Zeugnis darüber verlangen, dass die versicherte Person noch lebt. Der Tod der versicherten Person ist uns unverzüglich anzuzeigen.

§ 5 Wann geben wir eine Erklärung über unsere Leistungspflicht ab?

(1) Nach Prüfung der uns eingereichten sowie der von uns beigezogenen Unterlagen erklären wir in Textform, ob, in welchem Umfang und für welchen Zeitraum wir eine Leistungspflicht anerkennen.

(2) Wir können einmalig ein zeitlich begrenztes Anerkenntnis aussprechen. Bis zum Ablauf der Frist ist das zeitlich begrenzte Anerkenntnis für uns bindend.

§ 6 Was gilt für die Nachprüfung des Pflegefalls?

(1) Nach Anerkennung oder Feststellung unserer Leistungspflicht sind wir berechtigt, Art und Umfang des Pflegefalls nachzuprüfen.

(2) Zur Nachprüfung können wir auf unsere Kosten jederzeit sachdienliche Auskünfte und einmal jährlich umfassende Untersuchungen der versicherten Person durch von uns zu beauftragende Ärzte verlangen. Die Bestimmungen des § 4 Absatz 2 und 4 gelten entsprechend.

(3) Sie sind verpflichtet, uns unverzüglich mitzuteilen:
a) eine Änderung der Art des Pflegefalls und eine Minderung seines Umfangs,
b) eine stationäre Heilbehandlung (vgl. § 1 Abs. 3).

(4) Hat sich die Art des Pflegefalls geändert bzw. sein Umfang gemindert, setzen wir unsere Leistung herab oder stellen sie ein. In diesem Fall legen wir Ihnen die Veränderung in Textform dar und teilen die Einstellung oder Verringerung unserer Leistungen dem Anspruchsberechtigten in Textform mit. Die Einstellung bzw. Herabsetzung unserer Leistungen wird mit dem Ablauf des dritten Monats nach Zugang unserer Erklärung bei Ihnen wirksam. Zu diesem Zeitpunkt muss auch die Beitragszahlung wieder aufgenommen werden. Ist keine Pflegerente mitversichert, muss die Beitragszahlung zu Beginn des darauffolgenden Beitragszahlungsabschnitts wieder aufgenommen werden.

§ 7 Was gilt bei einer Verletzung der Mitwirkungspflichten nach Eintritt des Pflegefalls?

Solange eine Mitwirkungspflicht nach § 4 oder § 6 von Ihnen, der versicherten Person oder dem Ansprucherhebenden vorsätzlich nicht erfüllt wird, sind wir von der Verpflichtung zur Leistung frei. Bei grob fahrlässiger Verletzung der Mitwirkungspflicht sind wir berechtigt, unsere Leistung in einem der Schwere des Verschuldens entsprechendem Verhältnis zu kürzen. Dies gilt nicht, wenn Sie uns nachweisen, dass Sie die Mitwirkungspflicht nicht grob fahrlässig verletzt haben. Die Ansprüche aus der Zusatzversicherung bleiben jedoch in soweit bestehen, als die Verletzung ohne Einfluss auf die Feststellung oder den Umfang unserer Leistungspflicht ist. Wenn die Mitwirkungspflicht später erfüllt wird, sind wir ab Beginn des laufenden Monats nach Maßgabe dieser Bedingungen zur Leistung verpflichtet. Die vollständige oder teilweise Leistungsfreiheit tritt nur ein, wenn wir Sie durch gesonderte Mitteilung in Textform auf diese Rechtsfolge hingewiesen haben.

§ 8 Wie erfolgt die Überschussbeteiligung?

Wir beteiligen Sie und die anderen Versicherungsnehmer gemäß § 153 des Versicherungsvertragsgesetzes (VVG) an den Überschüssen und ggf. an den Bewertungsreserven (Überschussbeteiligung). Die Überschüsse werden nach den Vorschriften des Handelsgesetzbuches ermittelt und jährlich im Rahmen unseres Jahresabschlusses festgestellt. Die Bewertungsreserven werden dabei im Anhang des Geschäftsberichts ausgewiesen. Der Jahresabschluss wird von einem unabhängigen Wirtschaftsprüfer geprüft und ist unserer Aufsichtsbehörde einzureichen.

(1) Grundsätze und Maßstäbe für die Überschussbeteiligung der Versicherungsnehmer

(a) Überschüsse entstehen dann, wenn Aufwendungen für das Pflegerisiko und die Kosten niedriger sind, als bei der Tarifkalkulation angenommen. An diesen Überschüssen werden die Versicherungsnehmer angemessen beteiligt und zwar nach der derzeitigen Rechtslage am Risikoergebnis (Pflegebedürftigkeitsrisiko) grundsätzlich zu mindestens 75% und am übrigen Ergebnis (einschließlich Kosten) grundsätzlich zu mindestens 50% (§ 4 Abs. 4 u. 5, § 5 Mindestzuführungsverordnung).

Weitere Überschüsse stammen aus den Erträgen der Kapitalanlagen. Von den Nettoerträgen derjenigen Kapitalanlagen, die für künftige Versicherungsleistungen vorgesehen sind (§ 3 Mindestzuführungsverordnung), erhalten die Versicherungsnehmer insgesamt mindestens den in dieser Verordnung genannten Prozentsatz. In der derzeitigen Fassung der Verordnung sind grundsätzlich 90% vorgeschrieben (§ 4 Abs. 3, § 5 Mindestzuführungsverordnung). Aus diesem Betrag werden zunächst die Beträge finanziert, die für die garantierten Versicherungsleistungen benötigt werden. Die verbleibenden Mittel verwenden wir für die Überschussbeteiligung der Versicherungsnehmer.

Die verschiedenen Versicherungsarten tragen unterschiedlich zum Überschuss bei. Wir haben deshalb gleichartige Versicherungen zu Gruppen zusammengefasst. Gewinngruppen bilden wir beispielsweise, um das versicherte Risiko wie das Todesfall- oder Berufsunfähigkeitsrisiko zu berücksichtigen.[11] Die Verteilung des Überschusses für die Versicherungsnehmer auf die einzelnen Gruppen orientiert sich daran, in welchem Umfang sie zu seiner Entstehung beigetragen haben. Den Überschuss führen wir der Rückstellung für Beitragsrückerstattung zu, soweit er nicht in Form der sog. Direktgutschrift bereits unmittelbar den überschussberechtigten Versicherungen gutgeschrieben wird. Diese Rückstellung dient dazu, Ergebnisschwankungen im Zeitablauf zu glätten. Sie darf grundsätzlich nur für die Überschussbeteiligung der Versicherungsnehmer verwendet werden. Nur in Ausnahmefällen und mit Zustimmung der Aufsichtsbehörde können wir hiervon nach § 56a des Versicherungsaufsichtsgesetzes (VAG) abweichen, soweit die Rückstellung nicht auf bereits festgelegte Überschussanteile entfällt. Nach der derzeitigen Fassung des § 56a VAG können wir die Rückstellung, im Interesse der Versicherungsnehmer auch zur Abwendung eines drohenden Notstandes, zum Ausgleich unvorhersehbarer Verluste aus den überschussberechtigten Versicherungsverträgen, die auf allgemeine Änderungen der Verhältnisse zurückzuführen sind, oder – sofern die Rechnungsgrundlagen aufgrund einer unvorhersehbaren und nicht nur vorübergehenden Änderung der Verhältnisse angepasst werden müssen – zur Erhöhung der Deckungsrückstellung heranziehen.

(b) Bewertungsreserven entstehen, wenn der Marktwert der Kapitalanlagen über dem Wert liegt, mit dem die Kapitalanlagen in der Bilanz ausgewiesen sind. Die Beiträge sind so kalkuliert, dass für die Deckung von Pflegerisiken benötigt werden. Für die Bildung von Kapitalerträgen stehen deshalb bei der Pflegerenten-Zusatzversicherung keine oder allenfalls geringfügige Beträge zur Verfügung. Daher entstehen keine oder nur geringe Bewertungsreserven. Soweit Bewertungsreserven überhaupt entstehen, werden diese jährlich neu ermittelt und den Verträgen nach dem in Absatz 2 beschriebenen Verfahren zugeordnet (§ 153 Abs. 3 VVG). Bei Beendigung eines Vertrages[12] wird der für diesen Zeitpunkt aktuell ermittelte Betrag zur Hälfte zugeteilt und ausgezahlt. Auch während des Rentenbezuges werden wir Sie an den Bewertungsreserven beteiligen. Aufsichtsrechtliche Regelungen zur Kapitalausstattung bleiben unberührt.

(2) Grundsätze und Maßstäbe für die Überschussbeteiligung Ihres Vertrages

(a) Ihre Versicherung erhält Anteile an den Überschüssen derjenigen Gruppe, die in Ihrem Versicherungsschein genannt ist. Die Mittel für die Überschussanteile

---

[11] Ggf. weitere unternehmensindividuelle Information über Gewinngruppen bzw. Untergruppen und deren Modalitäten; die Begriffe sind an die unternehmensindividuellen Gegebenheiten anzupassen.
[12] Ggf. unternehmensindividuellen früheren Zuteilungszeitpunkt verwenden.

werden bei der Direktgutschrift zu Lasten des Ergebnisses des Geschäftsjahres finanziert, ansonsten der Rückstellung für Beitragsrückerstattung entnommen. Die Höhe der Überschussanteilsätze wird jedes Jahr vom Vorstand unseres Unternehmens auf Vorschlag des Verantwortlichen Aktuars festgelegt. Wir veröffentlichen die Überschussanteilsätze in unserem Geschäftsbericht. Den Geschäftsbericht können Sie bei uns jederzeit anfordern.

(b) ...[13]
(c) ...[14]

(3) Information über die Höhe der Überschussbeteiligung
Die Höhe der Überschussbeteiligung hängt von vielen Einflüssen ab. Diese sind nicht vorhersehbar und von uns nur begrenzt beeinflussbar. Wichtigster Einflussfaktor ist dabei die Zinsentwicklung des Kapitalmarkts. Aber auch die Entwicklung des versicherten Risikos und der Kosten sind von Bedeutung. Die Höhe der künftigen Überschussbeteiligung kann also nicht garantiert werden.

§ 9 Wie ist das Verhältnis zur Hauptversicherung?

(1) Die Zusatzversicherung bildet mit der Versicherung, zu der sie abgeschlossen worden ist (Hauptversicherung), eine Einheit; sie kann jedoch nach Ablauf der Hauptversicherung auch ohne diese fortgesetzt werden.

(2) Die Zusatzversicherung können Sie für sich allein kündigen. In den letzten ...[15] Versicherungsjahren vor Ablauf der Hauptversicherung kann die Zusatzversicherung jedoch nur zusammen mit dieser gekündigt werden. Einen Rückkaufswert aus der Zusatzversicherung können Sie nicht erhalten.[16] Die Rückzahlung der Beiträge können Sie nicht verlangen.

(3) Die Zusatzversicherung können Sie nur zusammen mit der Hauptversicherung in eine beitragsfreie Versicherung umwandeln, und nur dann, wenn die beitragsfreie Mindestrente von ...[17] erreicht wird. Das Verhältnis zwischen der Pflegerente und der Leistung aus der Hauptversicherung wird durch die Umwandlung in eine beitragsfreie Versicherung nicht verändert. Die beitragsfreie Pflegerente errechnen wir nach anerkannten Regeln der Versicherungsmathematik für den Schluss der laufenden Versicherungsperiode. Der aus der Zusatzversicherung für die Bildung einer beitragsfreien Pflegerente zur Verfügung stehende Betrag mindert sich um einen Abzug in Höhe von ...[18] sowie um rückständige Beiträge. Mit dem Abzug wird die Veränderung der Risikolage des verbleibenden Versicherungsbestandes[19] ausgeglichen; zudem wird damit ein Ausgleich für kollektiv gestelltes Risikokapital vorgenommen.[20] Weitere Erläuterungen sowie versicherungsmathematische Hinweise zum Abzug finden Sie im Anhang zu den Versicherungsbedingungen. Sofern Sie uns nachweisen, dass die dem Abzug zugrunde

---

[13] Hier sind folgende unternehmensindividuellen Angaben zu machen:
a) Voraussetzung für die Fälligkeit der Überschussanteile (Wartezeit, Stichtag für die Zuteilung u. ä.)
b) Form und Verwendung der Überschussanteile (laufende Überschussanteile, Schlussüberschussanteile, Bonus, Ansammlung, Verrechnung, Barauszahlung u. ä.)
c) Bemessungsgrößen für die Überschussanteile.
[14] Hier sind der Verteilungsmechanismus, d. h. die Schlüsselung der ermittelten, verteilungsfähigen Bewertungsreserven auf den einzelnen Vertrag und der Bewertungsstichtag anzugeben. Vgl. hierzu auch Gesamtgeschäftsplan für die Überschussbeteiligung, Abschnitte 3.11.1 bis 3. 11. 11.
[15] Unternehmensindividuell zu ergänzen.
[16] Unternehmensindividuell zu ergänzen.
[17] Unternehmensindividuell zu ergänzen.
[18] Unternehmensindividuell zu ergänzen.
[19] Ggf. unternehmensindividuell anpassen, wenn im Bedienungswerk eine andere Diktion veranlasst ist.
[20] Ggf. unternehmensindividuell anpassen, wenn auch aus anderen Gründen oder nur in eingeschränktem Umfang, also nicht aus allen o. g. Gründen, ein Abzug erfolgen soll.

liegenden Annahmen in Ihrem Fall entweder dem Grunde nach nicht zutreffen oder der Abzug wesentlich niedriger zu beziffern ist, entfällt der Abzug bzw. wird – im letzteren Falle – entsprechend herabgesetzt. Wird die Mindestrente nicht erreicht, verwenden wir diesen Betrag zur Erhöhung der beitragsfreien Leistung aus der Hauptversicherung.

(4) Bei Herabsetzung der versicherten Leistung aus der Hauptversicherung gelten die Absätze 2 und 3 entsprechend.

(5) Ist unsere Leistungspflicht aus der Zusatzversicherung anerkannt oder festgestellt, berechnen wir die Leistungen aus der Hauptversicherung (Rückkaufswert, beitragsfreie Versicherungsleistung und Überschussbeteiligung der Hauptversicherung) so, als ob Sie den Beitrag unverändert weitergezahlt hätten.

(6) Anerkannte oder festgestellte Ansprüche aus der Zusatzversicherung werden durch Rückkauf oder Umwandlung der Hauptversicherung in eine beitragsfreie Versicherung mit herabgesetzter Versicherungsleistung nicht berührt.

(7) Ansprüche aus der Pflegerenten-Zusatzversicherung können Sie nicht abtreten oder verpfänden.

(8) Soweit in diesen Bedingungen nichts anderes bestimmt ist, finden die Allgemeinen Bedingungen für die Hauptversicherung auch nach Ablauf dieser bei selbständiger Fortsetzung der Zusatzversicherung sinngemäß Anwendung.

F. Allgemeine Bedingungen für die Rentenversicherung (RV 2008)

Übersicht

	Rdn.
I. Allgemeines	1–22
1. Entwicklung der Musterbedingungen	1–5
a) Fassung	1
b) Inhaltskontrolle	2–5
aa) Kündigungsklausel	2
bb) Rückkaufswert- und Stornoabzugsklausel	3, 4
cc) Abschlusskostenklausel	4a
dd) Überschussbeteiligungsklausel	5
2. Neugeschäftsanteil der Rentenversicherung	6
3. Abgrenzung zur gesetzlichen Rentenversicherung	7
4. Mündelsicherheit	8
5. Pfändungsschutz bei Altersrenten	9–13
a) § 850 ZPO	9
b) § 851 c ZPO	10–13
6. Versorgungs- und Zugewinnausgleich	14–18 c
a) Abgrenzung	14–18
b) VersAusglG	18 a–18 c
aa) VAStrRefG	18 a
bb) Altbestand	18 b
cc) Versorgungungsausgleichskasse	18 c
7. Realteilung	19, 20
8. Beitragspflicht in der gesetzlichen Krankenversicherung	21
9. Vergleichende Untersuchung privater Rentenversicherungen	22
II. Tarifarten	23–49
1. Allgemeines	23, 24
2. Rentenversicherung mit sofort beginnender Rentenzahlung	25–27
3. Rentenversicherung mit aufgeschobener Rentenzahlung	28–35
a) Tarifform	28–30
b) Kapitalwahlrecht	31–35
aa) Inhalt	31
bb) Ausübung	33
cc) Abtretung von Ansprüchen	34
dd) Auskunft	35
4. Hinterbliebenenrenten-Zusatzversicherung	36–38
5. Pensionsversicherung	39
6. Rentenversicherung in variabler Höhe	40, 41
7. Zusatzversicherungen	42
8. Produktentwicklung	43–46
a) Klassische Produkte	43
b) IndexPolice	44, 45
c) Enhanced Annuities	46
9. Unterrichtung über die Garantiewerte	47
10. Besteuerung der Zahlungen aus der Rentenversicherung	48, 49
a) Nichtanwendbarkeit des § 20 Abs. 1 Nr. 6 Satz 2 EStG	48
b) Besteuerung mit dem Ertragsanteil	49
III. Fremdfinanzierte Rentenversicherung gegen Einmalbeitrag	50–60
1. Allgemeines	50–52
a) Kombi-Rente	50
b) Sicherheitskompaktrente	51, 52

F. Allg. Bedingungen für die Rentenversicherung   RV 2008

	Rdn.
2. Einkunftserzielungsabsicht	53
3. Verlustausgleichsgebot nach § 2 b EStG	54–56
a) Ausgangslage	54
b) Fremdfinanzierte Leibrentenversicherung	55, 56
4. Abzugsfähigkeit von Werbungskosten	57–59
a) Allgemeines	57, 58
b) Versicherungsmodelle	59
5. Umsatzsteuerfreiheit	60
IV. Rechnungsgrundlagen	61–67
1. Sterbetafel	61, 62
2. Deckungsrückstellung	63–66
3. Neubewertung der Deckungsrückstellung	67
V. Überschussbeteiligung	68–82
1. Formen	68, 69
2. Anspruch des Versicherungsnehmers	70, 71
a) Ausgangslage	70
b) Einzelfälle	71
3. Standmitteilung	72, 73
4. Einkommensteuerrechtliche Behandlung der Überschussbeteiligung	74
5. Mindestanforderungen bezüglich der Überschussverwendung	75
6. VVG 2008	76–82
a) Überschussbeteiligung	76
b) Verursachungsorientiertes Verfahren	77
c) Zuordnung der Bewertungsreserven	78–81
aa) Ausgangslage	78
bb) Zweck der Regelung des § 153 Abs. 4 VVG 2008	79
cc) Lückenausfüllung	80
dd) Beteiligung an den Bewertungsreserven	81
d) Aufsichtsrechtliche Regelungen zur Kapitalausstattung	82
VI. Abschluss der Rentenversicherung	83–90
1. Vertragsanbahnung	83–89
a) Auskunfts- und Hinweispflicht	83
b) Produkte Dritter	84
c) Garantiezeiten	85
d) Umwandlung in eine beitragsfreie Versicherung	86
e) Aktuelle Rechnungsgrundlagen	87
f) Darlegungs- und Beweislast	88
g) Kausalität	89
2. Annahme des Antrags	90
VII. Rentenbezugsmitteilung	91
VIII. Musterbedingungen für die Rentenversicherung (RV 2008)	92–95
1. Allgemeine Bedingungen für die Rentenversicherung mit aufgeschobener Rentenzahlung	92
2. Allgemeine Bedingungen für die Hinterbliebenenrenten-Zusatzversicherung zur Rentenversicherung mit aufgeschobener Rentenzahlung	93
3. Allgemeine Bedingungen für die Rentenversicherung mit sofort beginnender Rentenzahlung	94
4. Allgemeine Bedingungen für die Hinterbliebenenrenten-Zusatzversicherung zur Rentenversicherung mit sofort beginnender Rentenzahlung	95
IX. Grundzüge zur Leistungsdarstellung in der Lebensversicherung	96
X. Beispielrechnung für eine aufgeschobene Rentenversicherung mit Beitragsrückgewähr im Todesfall und Rentengarantiezeit	97–102

Rdn.

XI. Jährliche Mitteilung über den Stand der Überschussbeteiligung einer aufgeschobenen Rentenversicherung mit Beitragsrückgewähr im Todesfall und Rentengarantiezeit und Aktualisierung der Beispielrechnung 103

AuVdBAV: GB BAV 1954/55, 20 (Überprüfung der Tarife für die Rentenversicherung); VerBAV 1955, 271 und GB BAV 1955, 56, 22 (R 8/55 vom 23. 8. 1955 – Einführung neuer Rechnungsgrundlagen für Versicherungen mit Erlebensfallcharakter (Renten- und Pensionsversicherungen usw., Schließung bestehender Tarife); ferner VerBAV 1956, 2 – R 13/55 vom 23. 12. 1955 – und VerBAV 1956, 75 – R 7/56 vom 30. 4. 1956 – und VerBAV 1957, 22 – R 1/57 vom 14. 1. 1957; GB BAV 1959/60, 36 (Feste Beitragsrückerstattung bei Renten- und Pensionsversicherungen); GB BAV 1959/60, 37 (Tarife für Umtauschrenten); GB BAV 1961, 34 (Anwendbarkeit des § 159 Abs. 2 VVG bei Leibrentenversicherungen mit Prämienrückgewähr); GB BAV 1961, 35 (Tarife für Rentenversicherungen, Tarife für Optionsrenten oder Umtauschrenten, Optionsklauseln); GB BAV 1962, 27 (Bemessung der Beiträge für Witwenrentenversicherungen); GB BAV 1963, 36 (Rückkaufsfähige Rentenversicherungen); GB BAV 1964, 41 (Versicherung mit steigender Versicherungsleistung); GB BAV 1964, 42 (Rentenaufbesserungsgesetze – Keine nachträgliche Aufbesserung einer zurückgekauften Rentenversicherung); GB BAV 1967, 48 (Kollektive Witwenrentenversicherung als Zusatzversicherung zur Leibrentenversicherung); GB BAV 1976, 47 (Überschussbeteiligung bei laufenden Renten); VerBAV 1978, 105 (Musterbedingungen für die Rentenversicherung); VerBAV 1978, 109 (Geschäftsplanmäßige Erklärungen zu den Allgemeinen Versicherungsbedingungen für die Rentenversicherung); VerBAV 1981, 57 (Bedingungen für die Hinterbliebenenrenten-Zusatzversicherung); VerBAV 1981, 98 (Änderung Allgemeiner Versicherungsbedingungen in der Lebensversicherung); VerBAV 1987, 271 (Geschäftsplan für die Realteilung von Rentenversicherungen aufgrund der gesetzlichen Vorschriften über den Versorgungsausgleich bei Ehescheidungen); VerBAV 1987, 303 (Musterbedingungen für die Rentenversicherung); GB BAV 1987, 54 (Neue Tarife in der Rentenversicherung); VerBAV 1988, 3 (Einführung neuer Tarife in der Rentenversicherung); VerBAV 1988, 91 (Geschäftsplan für die Rentenversicherung); VerBAV 1988, 146 (Musterbedingungen für die Hinterbliebenen-Zusatzversicherung); VerBAV 1995, 79 (Neue Rechnungsgrundlagen in der Lebensversicherung mit Erlebensfallcharakter); VerBAV 1995, 287 (R 1/95 vom 7. 7. 1995 – Anordnung betreffend nach dem 31. Dezember 1995 abgeschlossene Rentenversicherungsverträge); VerBAV 1995, 367 (Nachreservierung von Rentenversicherungen mit veralteten Rechnungsgrundlagen).

AuVdBaFin: VerBaFin 2005, 3 = BetrAV 2005, 163 (Neubewertung der Deckungsrückstellung von Lebensversicherungsunternehmen für Rentenversicherungsverträge).

Schrifttum: *Bauer,* Herleitung der DAV-Sterbetafel 2004 R für Rentenversicherungen, BDGVFM XXVII (2005), 199; *Bergner,* Keine Umwandlung des Versorgungsausgleichs in einen Zugewinnausgleich zum Nachteil von Betrieben und Ehegatten, BetrAV 2007, 329; *Braa,* Der Geschäftsplan für die Rentenversicherung, VerBAV 1979, 84, 126, 157 und VerBAV 1988, 179 und 231; *Budinger/Krazeisen,* Strukturreform des Versorgungsausgleichs – Welche Entscheidungen sollten betriebliche Versorgungsträger jetzt treffen?, BetrAV 2009, 489; *Cisch/Hufer,* Umsetzungs- und Gestaltungsmöglichkeiten nach der Strukturreform des Versorgungsausgleichsrechts, BetrAV 2009, 500; *Denneberg/Kaplan,* Die Methode der verzerrten Wahrscheinlichkeiten in der Lebens- und Rentenversicherung, BDGVM XXIII (1998), 49; *Eberhardt,* Matching-Strategien im der Aktiv-Passiv-Steuerung am Beispiel einer Rentenversicherung gegen Einmalbeitrag, Ulm, IFA Ulm, 1998; *Fiala/Schramm,* Sozialhilfe trotz Rürup: Lebensversicherungen sind nicht insolvenzfest – Das könnte auch für die Rürup-Rente gelten, VW 2008, 1290; *Fieger,* Abgrenzung von Leibrente und Lebensversicherungsrente, VersR 1950, 125; *Flick,* Besondere Fragen bei der Besteuerung aufgeschobener Leibrenten aus Rentenversicherungsverträgen gegen Einmalbeitrag, VersR 1956, 673; *Frels,* Rechtsfragen bei der Realteilung von privaten Lebensversicherungsverträgen im Versorgungsausgleich, VersR 1983, 112; *Hase,* Rückdeckung des Risikos beim Kauf auf Rentenbasis, DB 1961, 1413; *Hasse,* Zum Entwurf eines Gesetzes zum Pfändungsschutz der Altersversorgung und zur Anpassung des Rechts der Insolvenzordnung, VersR 2006, 145; *derselbe,* Der neue Pfändungsschutz der Altersvorsorge und Hinterbliebenenabsicherung, VersR

F. Allg. Bedingungen für die Rentenversicherung RV 2008

2007, 870; *Herde,* Versicherung nachschüssiger Leibrenten, VerBAV 1977, 436; *Heidemann,* Neue Sterbetafeln der DAV für die Rentenversicherung, VersicherungsPraxis 2005, 6; *Hoermann/Ruß,* Auswirkungen von Enhanced Annuities auf den Bestand eines Versicherers, Supplement Jahrestagung, ZVersWiss 2007, 53; *Horlemann,* Das BMF-Schreiben zu Verlustzuweisungsmodellen i. S. des § 2 b EstG, insbesondere für fremdfinanzierte Renten- und Lebensversicherungen, BB 2001, 650; *Jaeger,* Wer hat Recht? Sterbetafeln in der privaten und betrieblichen Altersversorgung, VW 2008, 2095; *Jensen,* Bilanzierung von Rentenversicherungen mit determinierter Fälligkeit, BDGVM XXIII (1998), 501; *Kiesewetter/Thaut,* Private Rentenversicherung, Besteuerung und adverse Selektion, ZVersWiss 2004, 221; *Körber,* Signore Tonti oder wer? Historische Anmerkungen zur Rentenversicherung, VW 1995, 1102; *Math,* Die Option des Versicherers auf Senkung der Gewinnbeteiligung: Zur Bewertung von Optionen in Lebensversicherungsprodukten, VW 2002, 143; *Laux,* Welche Vor- und Nachteile hat die Rückdeckung der Verpflichtung aus einem Kaufvertrag auf Rentenbasis, DB 1961, 1593; *Leinert/Wagner,* Ergebnisse einer Umfrage zur Nachreservierung bei Umstellung der Rechnungsgrundlagen für private Renten auf die Sterbetafeln DAV 1994 R, Der Aktuar 1999, 16; *Loy,* Finanzierungen unter Einsatz von Lebens- und Rentenversicherungen, Köln, Deubner, 3. Aufl., 1996; *Lühr,* Neue Sterbetafeln für die Rentenversicherung, BDGVM XVII (1986), 485; *Merten/Baumeister,* Der neue Versorgungsausgleich in der betrieblichen Altersversorgung, DB 2009, 957; *Meyer,* Profit-Testing für Rentenversicherungen – wirtschaftliche und mathematische Aspekte, Ulm, IFA Ulm, 1997; *Meyer-Scharenberg,* Steuerliche Behandlung privater Rentenversicherungen mit nicht garantierten Überschussanteilen – Anmerkung zur Verfügung der OFD Hannover v. 2. 5. 1997, DStR 1997, 1083 –, DStR 1997, 1678; *derselbe,* „Liebhabereitest" am Beispiel der fremdfinanzierten Rentenversicherung nach dem BFH-Urteil vom 15. 12. 1999, X R 23/95, DStR 2000, 670; *derselbe,* Anerkennung von Finanzierungsvermittlungsprovisionen als Werbungskosten bei fremdfinanzierten Rentenversicherungsmodellen – Anmerkung zum BFH-Urteil vom 16. 9. 2004 X R 19/03, DB 2005, 1646; *Müller,* Die verschiedenen Versicherungsformen in der Rentenversicherung, VW 1990, 59; *Mutschler,* Marktorientierte Bewertung von sofort beginnenden Leibrentenversicherungen, Ulm, IFA Ulm, 1998; *Netzel,* Anmerkungen über Rechnungsgrundlagen für Rententarife, Der Aktuar 2003, 119 u. Der Aktuar 2004, 12; *Neuhaus/Köther,* Pfändungsschutz bei umgewandelten Lebensversicherungen – Neue Vorschriften, neue Streitpunkte, ZfV 2009, 248; *Ortmann,* Kostentransparenz in der Lebensversicherung: Britische Versicherer stellen ihre Produkte nach der „Reduction in Yield" – Methode dar, VW 2007, 824; *Pallenberg/Neumann,* Ausreichende Rechnungsgrundlagen für Hinterbliebenenrenten, BDGVM XXIV (2000), 687; *Pfaffenzeller/Reich,* Rentenversicherung in Großbritannien, VW 1990, 40; *Pohl,* Steuerliche Rahmenbedingungen für den Versorgungsausgleich, BetrAV 2009, 100; *Römer,* Was bringt das neue VVG Neues zur Lebensversicherung?, r+s 2008, 405; *Schaaf/Heller/Papst,* Auswirkungen der neuen Rechnungsgrundlagen für Rentenversicherungen und Bewertung, BDGVM XXII (1996), 829; *Schedel/Schuster,* Überlegungen zu Bestandsumstellungen von Rentenversicherungen, VerBAV 1992, 293; *Schittenhelm,* Leibrentenversicherung gegen Einmalbeitrag im Aktiv-Passiv-Management eines Lebensversicherers, Institut für Finanz- und Aktuarwissenschaft, Ulm, 1996; *Schmid,* Aktuare sind immer dabei – Versicherungsmathematik und Recht im neuen Versorgungsausgleich, BetrAV 2009, 705; *Schmithals/Schütz,* Herleitung der DAV-Sterbetafel 1994 R für Rentenversicherungen, BDGVM XXII (1995), 29; *Schneider,* Versicherungen – wie hoch ist die Rendite? Versuch eines Vergleichs der gesetzlichen Rentenversicherung mit privaten Rentenversicherungen, BB 1997, 2649; *Schumacher,* Enhanced Annuities – Produktinnovation als Lösungsstrategie für das Annuity Puzzle?, ZVersWiss 2008, 71; *Sieg,* Das Verhältnis der Leibrente nach §§ 759–761 BGB zur privaten Versicherungsrente, ZVersWiss 1994, 683; *Sitz,* Variable Anteile im Kombinationsverfahren einer partiell kapitalgedeckten Rentenversicherung, Frankfurt/M., Lang, 2006; *Söffing,* Angemessenheitsprüfung bei Kreditvermittlungsgebühren, DB 2002, 1733; *derselbe,* Rentenversicherungen gegen fremdfinanzierten Einmalbeitrag als „ähnliches Modell" i. S. des § 2 b EStG? – Zugleich Erwiderung zu der Verfügung der OFD Berlin vom 19. 1. 2004, DB 2005, 520; *Starke,* Leibrente und Lebensversicherungsrente, VersR 1950, 47; *Stöber,* Das Gesetz zum Pfändungsschutz der Altersvorsorge, NJW 2007, 1242; *Surminski,* Länger leben, mehr reservieren: Neue DVA-Sterbetafeln – aus Fehlern der Vergangenheit gelernt?, ZfV 2004, 383; *Tavakoli,* Lohnpfändung und private Altersvorsorge: Erhöhung der Freigrenze durch § 851 c ZPO?, NJW 2008, 3259; *Treisch,* Die private Leibrentenversicherung, BB

1997, 708; ZfV 1954, 614 (Zusatzversicherung zur Lebensversicherung); *Trapp/Walter*, Rentenzuschlag als Überschussverwendungsform im Rentenbezug, BDGVM XXIII (1997), 187; *Wagner*, Lebensversicherung als mündelsichere Anlage?, VersR 1999, 1079; *Weber*, Evaluation von Rentenversicherungen und Fondsentnahmeplänen, Karlsruhe, VVW, 2006; *Webersinke*, Volkswirtschaftliche Konsequenzen steigender Lebenserwartung, BetrAV 2003, 397, 398; *Weigel*, Die demographische Entwicklung in Deutschland und ihre Bedeutung für das Kapitaldeckungsverfahren von Lebensversicherern, privaten Krankenversicherern und Pensionsfonds, ZVersWiss 2006, 685; *Wolff*, Neue Sterbetafeln für private Rentenversicherungen in Deutschland, BetrAV 2004, 741 = Der Aktuar 2004, 90.

I. Allgemeines

1. Entwicklung der Musterbedingungen

1 a) **Fassung.** Im Zuge der Deregulierung wurden vom GDV im Jahre 1994 auch Allgemeine Bedingungen für die Rentenversicherung verlautbart.

2 b) **Inhaltskontrolle. aa) Kündigungsklausel.** Bei einer sofort beginnenden Rentenversicherung gegen Einmalbeitrag kann in den AVB rechtswirksam vereinbart werden, dass der Versicherungsnehmer kein Recht zur ordentlichen Kündigung hat. Die entsprechende Klausel verstößt nicht gegen die §§ 178 Abs. 1, 165 VVG.[1] Es liegt auch kein Verstoß gegen § 305c Abs. 1 BGB, § 307 Abs. 2 Nr. 1 BGB und § 307 Abs. 1 BGB vor.[2] Dem Versicherungsnehmer steht allerdings gemäß § 314 BGB ein außerordentliches Kündigungsrecht zu, das vertraglich nicht ausgeschlossen werden kann.[3]

3 bb) **Rückkaufswert- und Stornoabzugsklausel.** Unter Berufung auf das Urteil des BGH[4] vom 9. Mai 2001 hat das OLG Köln[5] in der Rentenversicherung folgende Kündigungs- und Beitragsfreistellungsklausel als unwirksam angesehen:

„§ 6 Wann können Sie Ihre Versicherung kündigen oder beitragsfrei stellen?
Kündigung
(1) Sie können Ihre Versicherung ... ganz oder teilweise schriftlich kündigen.

Auszahlung eines Rückkaufswertes bei Kündigung

(3) Ist für den Todesfall eine Leistung vereinbart, so haben wir nach § 176 Versicherungsvertragsgesetz den Rückkaufswert – soweit bereits entstanden – zu erstatten. Er wird nach den anerkannten Regeln der Versicherungsmathematik für den Schluss der laufenden Versicherungsperiode als Zeitwert der Versicherung berechnet, wobei ein als angemessen angesehener Abzug bis zu einer Höhe von 10% (auch mit dem Zusatz: in Abhängigkeit von der jeweiligen Restdauer bis zum Altersrentenbeginn) erfolgt.

Umwandlung in eine beitragsfreie Versicherung anstelle einer Kündigung

(4) Anstelle einer Kündigung nach Absatz 1 können Sie ... schriftlich verlangen, von Ihrer Beitragszahlungspflicht befreit zu werden. In diesem Fall setzen wir die Rente (auch mit

---
[1] OLG Koblenz, Beschl. v. 4. 6. 2007 – 10 W 368/07, NJW-RR 2008, 628 = VersR 2007, 1640 = r+s 2008, 162; OLG Hamm, Urt. v. 17. 8. 2007 – 20 U 284/06, VersR 2008, 383 = r+s 2008, 159.
[2] OLG Koblenz, Beschl. v. 4.6.2007 – 10 W 368/07, NJW-RR 2008, 628 = VersR 2007, 1640 f. = r+s 2008, 162; OLG Hamm, Urt. v. 17. 8. 2007 – 20 U 284/06, VersR 2008, 383 = r+s 2008, 159.
[3] OLG Koblenz, Beschl. v. 4. 6. 2007 – 10 W 368/07, NJW-RR 2008, 628, 629 = VersR 2007, 1640, 1641 = r+s 2008, 162; OLG Hamm, Urt. v. 17. 8. 2007 – 20 U 284/06, VersR 2008, 383 = r+s 2008, 159.
[4] BGH, Urt. v. 9. 5. 2001 – IV ZR 138/99, NJW 2001, 2012 ff.
[5] OLG Köln, Urt. v. 18. 9. 2002 – 5 U 74/02, S. 7.

F. Allg. Bedingungen für die Rentenversicherung   4 RV 2008

dem Zusatz: ganz oder teilweise) auf eine beitragsfreie Rente herab, die nach den anerkannten Regeln der Versicherungsmathematik zum Schluss (auch in der Formulierung: für den Schluss) der laufenden Versicherungsperiode errechnet wird. Der aus Ihrer Versicherung für die Bildung der beitragsfreien Rente zur Verfügung stehende Betrag mindert sich um einen als angemessen angesehenen Abzug (auch mit dem Zusatz: bis zu einer Höhe von 10% …).″

Diese Auffassung hat höchstrichterliche Bestätigung gefunden. Liegen zum **4** Rückkaufswert bei Kündigung, zur Verrechnung von Abschlusskosten und zum Stornoabzug dem Rentenversicherungsvertrag Klauseln in den Allgemeinen Versicherungsbedingungen zu Grunde, die denjenigen gleichartig sind, die der BGH in zwei Urteilen vom 9. Mai 2001 wegen Verstoßes gegen das Transparenzgebot für unwirksam erklärt hat,[6] so ist die mit Zustimmung des Treuhänders vorgenommene Vertragsergänzung durch transparenter formulierte, aber inhaltsgleiche Bestimmungen unwirksam.[7] Für die Klausel über den Stornoabzug[8] ergibt sich dies bereits nach § 306 Abs. 2 BGB, § 6 Abs. 2 AGBG i. V. m. §§ 174 Abs. 4, 176 Abs. 4 VVG.[9] Nach den letztgenannten gesetzlichen Vorschriften setzt die Berechtigung zu einem Abzug eine Vereinbarung voraus, an der es bei Unwirksamkeit der Klausel fehlt.[10] Die inhaltsgleiche Ersetzung der unwirksamen Klauseln über den Rückkaufswert bei Kündigung und die Umwandlung in eine beitragsfreie Versicherung sowie über die Verrechnung der Abschlusskosten, für die das Gesetz keine konkrete Ersatzregelung zur Verfügung stellt, ist unwirksam, weil sie die gesetzliche Sanktion der Unwirksamkeit nach § 9 AGBG, jetzt § 307 Abs. 1 BGB unterläuft und schon deshalb mit den Grundsätzen der ergänzenden Vertragsauslegung nicht zu vereinbaren ist.[11] Insoweit ist die durch die Unwirksamkeit der ursprünglichen Klauseln entstandene Regelungslücke im Wege der richterlichen ergänzenden Vertragsauslegung zu schließen.[12] Danach darf die Rückvergütung bei Kündigung einen Mindestbetrag nicht unterschreiten.[13] Dieser wird bestimmt durch die Hälfte des mit den Rechnungsgrundlagen der Prämienkalkulation berechneten ungezillmerten Deckungskapitals.[14] Zur Vorbereitung der Geltendmachung von Zahlungsansprüchen nach der Kündigung des Rentenversicherungsvertrages steht dem Versicherungsnehmer ein Auskunftsanspruch zu, mit welchen Abschlusskosten und mit welchen Abschlägen die Auszahlungsbeträge belastet wurden.[15]

Das LG Hamburg hat in drei Urteilen vom 20. November 2009 Rückkaufswert- und Stornoabzugsklauselklauseln der kapitalbildenden Lebensversicherung einer Inhaltskontrolle unterworfen. Einzelheiten sind bei § 9 ALB 2006 behandelt. Zugleich wurden vom LG Hamburg entsprechende Klauseln in der Rentenversicherung einer Inhaltskontrolle unterworfen. Folgende Klausel hat einer Inhaltskontrolle gemäß § 307 Abs. 1 Satz 2 BGB durch das LG Hamburg gemäß Urteil vom 20. November 2009 (324 O 1136/07) teilweise nicht standgehalten, die nachstehenden Wortlaut hat:[16]

---

[6] BGHZ 147, 354 = NJW 2001, 2014 = NVersZ 2001, 308; BGHZ 147, 373 = NJW 2001, 2012 = NVersZ 2001, 313.
[7] BGH, Urt. v. 26. 9. 2007 – IV ZR 20/04, NJW-RR 2008, 188, 189.
[8] Zur an sich notwendigen Höhe und Angemessenheit von Stornoabzügen in der Rentenversicherung siehe DAV-Mitteilung Nr. 6 v. 30. 5. 1996.
[9] BGH, Urt. v. 26. 9. 2007 – IV ZR 20/04, NJW-RR 2008, 188, 189.
[10] BGH, Urt. v. 26. 9. 2007 – IV ZR 20/04, NJW-RR 2008, 188, 189.
[11] BGH, Urt. v. 26. 9. 2007 – IV ZR 20/04, NJW-RR 2008, 188, 189.
[12] BGH, Urt. v. 26. 9. 2007 – IV ZR 20/04, NJW-RR 2008, 188, 189.
[13] BGH, Urt. v. 26. 9. 2007 – IV ZR 20/04, NJW-RR 2008, 188, 189.
[14] BGH, Urt. v. 26. 9. 2007 – IV ZR 20/04, NJW-RR 2008, 188, 189.
[15] LG Chemnitz, Urt. v. 16. 1. 2004 – 6 S 1679/03, Info-Letter 2004, 64.
[16] LG Hamburg, Urt. v. 20. 11. 2009 – 324 O 1136/07, S. 4.

„§ 6 Wann können Sie Ihre Versicherung kündigen oder beitragsfrei stellen?
Kündigung
(1) Sie können Ihre Versicherung (...) ganz oder teilweise schriftlich kündigen.
(...)
(3) Nach Kündigung erhalten Sie den Rückkaufswert, soweit ein solcher bereits entstanden ist, höchstens jedoch einen Betrag in Höhe der insgesamt von Ihnen gezahlten Beiträge, ohne die auf Zusatzversicherungen entfallenden Beitragsteile.(...) Der Rückkaufswert wird nach den anerkannten Regeln der Versicherungsmathematik als Zeitwert Ihrer Versicherung berechnet, wobei wir einen Abzug vornehmen (§ 176 VVG gilt entsprechend). In welcher Höhe wir diesen Abzug für angemessen halten, können Sie der Versicherungsurkunde unter „Erläuterungen zur Berechnung von beitragsfreien Renten und Rückkaufswerten" entnehmen. (...)
(4) Die Kündigung Ihrer Versicherung ist mit Nachteilen verbunden. In der Anfangszeit Ihrer Versicherung ist wegen der Verrechnung von Abschlusskosten nach dem Zillmerverfahren (vgl. § 10) kein Rückkaufswert vorhanden. (...) Nähere Informationen zum Rückkaufswert und seiner Höhe können Sie der in Ihrer Versicherungsurkunde abgedruckten Tabelle und den Erläuterungen zu dieser Tabelle entnehmen.
(...)
Umwandlung in eine beitragsfreie Versicherung
Anstelle einer Kündigung nach Absatz 1 können Sie (...) verlangen, ganz oder teilweise von Ihrer Beitragszahlungspflicht befreit zu werden. In diesem Fall setzen wir (...) die versicherte Rente ganz oder teilweise auf eine beitragsfreie Leistung herab, die nach den anerkannten Regeln der Versicherungsmathematik errechnet wird.
(7) Der aus Ihrer Versicherung für die Bildung der beitragsfreien Leistung zur Verfügung stehende Betrag mindert sich um einen Abzug (siehe Absatz 3) sowie um rückständige Beiträge und sonstige Beträge, die Sie uns aus dem Vertragsverhältnis schulden. Sofern Sie nicht mit Beiträgen oder sonstigen Beträgen in Rückstand sind, erreicht die beitragsfreie Rente jedoch mindestens einen bei Vertragsabschluss vereinbarten Garantiebetrag. Die Übersicht über die garantierten beitragsfreien Renten ist in der Versicherungsurkunde abgedruckt. (...).
(8) Die Beitragsfreistellung Ihrer Versicherung ist mit Nachteilen verbunden. In der Anfangszeit Ihrer Versicherung ist wegen der Verrechnung von Abschlusskosten nach dem Zillmerverfahren (vgl. § 10) keine beitragsfreie Rente vorhanden. (...) Nähere Informationen zur beitragsfreien Rente und ihrer Höhe können Sie der in Ihrer Versicherungsurkunde abgedruckten Tabelle und den Erläuterungen zu dieser Tabelle entnehmen."

Das Landgericht Hamburg hob in der Begründung hervor, dass in den für Rentenversicherungen geltenden Versicherungsbedingungen bzw. in den in Bezug genommenen Tabellen als so genannte Rückkaufswerte bzw. beitragsfreie Renten solche Beträge aufgeführt würden, die bereits um zusätzliche Abzüge gemindert seien, obwohl dies der Systematik der §§ 176 VVG bzw. 174 VVG, die auch für Rentenversicherungen anzuwenden seien,[17] widerspreche.[18] Der Versicherungsnehmer könne den zur Angabe der Höhe des Rückkaufswerts bzw. der beitragsfreien Versicherungsleistung verwendeten Tabellen nicht entnehmen, ob sich die in der Tabelle angegebenen Werte mit oder ohne Stornoabzug errechnen.[19] Es sei erforderlich, den Versicherungsnehmer nicht nur über den jeweiligen Auszahlungsbetrag, sondern auch über die Höhe der jeweiligen Abzüge zu informieren, also über den Rückkaufswert bzw. die beitragsfreie Versicherungssumme einerseits und den Stornoabzug andererseits.[20] Zum Stornoabzug führte das Landgericht Hamburg aus, dass der Versicherungsnehmer erfahren müsse, in welcher Höhe der Abzug vom Versicherer vorgenommen werde.[21] In einem weiteren Urteil des LG Hamburg vom 20. November 2009 (324 O 1116/07) hielt folgende Klausel einer Inhaltskontrolle teilweise nicht Stand:[22]

---

[17] Vgl. hierzu BGH, Urt. v. 12. 10. 2005, VersR 2005, 1565; BGH, Urt. v. 26. 9. 2007 – IV ZR 20/04 u. IV ZR 321/05, VersR 2007, 1547.
[18] LG Hamburg, Urt. v. 20. 11. 2009 – 324 O 1136/07, S. 24 f. = VersR 2010, 329, 331.
[19] LG Hamburg, Urt. v. 20. 11. 2009 – 324 O 1136/07, S. 25, 20.
[20] LG Hamburg, Urt. v. 20. 11. 2009 – 324 O 1136/07, S. 25, 22.
[21] LG Hamburg, Urt. v. 20. 11. 2009 – 324 O 1136/07, S. 25, 22.
[22] LG Hamburg, Urt. v. 20. 11. 2009 – 324 O 1116/07, S. 4 f.

F. Allg. Bedingungen für die Rentenversicherung   4   RV 2008

„§ 7 Wann können Sie Ihre Versicherung kündigen oder beitragsfrei stellen?
7.1 Vollständige Kündigung und Auszahlung des Rückkaufswertes
7.1.2 Ist für den Todesfall vor Rentenzahlungsbeginn eine garantierte Leistung vereinbart, so erhalten Sie – soweit vorhanden – nach einer Kündigung den Rückkaufswert. Der Rückkaufswert (...) wird (...) nach den anerkannten Regeln der Versicherungsmathematik als Zeitwert Ihrer Versicherung berechnet.
Bei der Berechnung des Rückkaufswertes wird ein als angemessen angesehener Abzug vorgenommen (§ 176 VVG).
(...)
7.1.4 Übersteigt der nach dem Abzug gem. Ziffer 7.1.3 verbleibende Wert die garantierte Todesfallleistung, so wird ein zusätzlicher Abzug von 10% auf diesen übersteigenden Teil erhoben.
7.1.5 Sofern Sie uns nachweisen, dass die den Abzügen zugrunde liegenden Annahmen in Ihrem Fall entweder dem Grunde nach nicht zutreffen oder die Abzüge wesentlich niedriger zu beziffern sind, entfallen die Abzüge bzw. werden – im letzteren Fall – entsprechend herabgesetzt.
(...)
7.1.7 Nach allen Abzügen verbleibende Beträge unter 10 EUR werden nicht erstattet.
7.1.8 Die Kündigung Ihrer Versicherung ist immer mit Nachteilen verbunden. In der Anfangszeit Ihrer Versicherung ist wegen der Verrechnung von Abschlusskosten nach dem Zillmerverfahren (...) kein Rückkaufswert vorhanden.
Der Rückkaufswert entspricht jedoch mindestens einem bei Vertragsschluss vereinbarten Garantiebetrag, dessen Höhe vom Zeitpunkt der Beendigung des Vertrages abhängt. Nähere Informationen zum Rückkaufswert und seiner Höhe können Sie der Ihrem Versicherungsschein beigefügten Garantiewerttabelle entnehmen.
7.3 Vollständige Umwandlung in eine beitragsfreie Versicherung
7.3.1 Anstelle einer Kündigung gem. Ziffer 7.1 können Sie (...) schriftlich verlangen, von Ihrer Beitragszahlungspflicht befreit zu werden. In diesem Fall wird die versicherte Altersrente auf eine beitragsfreie Altersrente herabgesetzt. Diese errechnet sich ebenfalls nach den anerkannten Regeln der Versicherungsmathematik.
Der aus Ihrer Versicherung für die Bildung einer beitragsfreien Altersrente zur Verfügung stehende Betrag mindert sich um einen als angemessen angesehenen Abzug (§ 174 VVG).
(...)
7.3.3 (...) Sofern Sie uns nachweisen, dass die dem Abzug zugrunde liegenden Annahmen in Ihrem Fall entweder dem Grunde nach nicht zutreffen oder der Abzug wesentlich niedriger zu beziffern ist, entfällt der Abzug bzw. wird – im letzteren Fall – entsprechend herabgesetzt.
(...)
7.3.6 Die Umwandlung in eine beitragsfreie Versicherung ist mit Nachteilen verbunden. In der Anfangszeit Ihrer Versicherung sind wegen der Verrechnung von Abschlusskosten gem. Ziffer 10 keine Beiträge zur Bildung einer beitragsfreien Altersrente vorhanden. (...)
Die beitragsfreie Altersrente entspricht jedoch mindestens einem bei Vertragsschluss vereinbarten Garantiebetrag, dessen Höhe vom Zeitpunkt der Beitragsfreistellung abhängt. Nähere Informationen zu den beitragsfreien Altersrenten und deren Höhe können Sie der Ihrem Versicherungsschein beigefügten Garantiewerttabelle entnehmen. (...)"

In der Begründung wies das LG Hamburg darauf hin, dass in den für Rentenversicherungen geltenden Versicherungsbedingungen bzw. in der in Bezug genommenen Tabelle als so genannte garantierte Rückkaufswerte bzw. garantierte beitragsfreie monatliche Altersrenten solche Beträge aufgeführt würden, die bereits um zusätzliche Abzüge gemindert seien, obwohl dies der Systematik der §§ 176 VVG bzw. 174 VVG, die auch für Rentenversicherungen anzuwenden seien, widerspreche.[23] Im Übrigen verwies das LG Hamburg auf seine Ausführungen zu den entsprechenden Klauseln bei der Kapitallebensversicherung, die in diesem Kommentar bei § 9 ALB 2006 behandelt sind. Schlussendlich hat folgende Klausel einer Inhaltskontrolle durch das LG Hamburg gemäß Urteil vom 20. November 2009 (324 O 1153/07) nicht standgehalten:[24]

---

[23] LG Hamburg, Urt. v. 20. 11. 2009 – 324 O 1116/07, S. 28.
[24] LG Hamburg, Urt. v. 20. 11. 2009 – 324 O 1153/07, S. 4.

„**§ 10 Wann können Sie die Versicherung kündigen oder beitragsfrei stellen?**
Kündigung
(1) Sie können Ihre Versicherung vor dem vereinbarten Rentenbeginn (...) ganz oder teilweise schriftlich kündigen. (...)
Rückkaufswert bei Kündigung
(3) Bei Kündigung Ihrer Versicherung berechnen wir gemäß § 176 VVG einen Rückkaufswert. Dieser entspricht dem Zeitwert Ihrer Versicherung, in den ersten 12 Versicherungsjahren vermindert um einen Abzug. (...)
Sie können uns nachweisen, dass wir durch Ihre Kündigung kein oder kein wesentliches kollektives Risikokapital verloren haben; dies gilt entsprechend für verminderte Kapitalerträge, die Abschlusskosten und den Verwaltungsaufwand.
Verwendung des Rückkaufswerts
(4) (...) Übersteigt der Rückkaufswert die bis zum Zeitpunkt der Kündigung gezahlten Beiträge (...), so ziehen wir zusätzlich zu dem Abzug nach Absatz 3 bei Auszahlung des Rückkaufswerts 10% der Differenz zwischen der Deckungsrückstellung*) und den gezahlten Beiträgen ab. (...)
Beträgt der Auszahlungsbetrag einschließlich der vorhandenen Werte aus der Überschussbeteiligung weniger als 10 EUR, zahlen wir diesen Betrag nicht aus, sofern aus dieser Versicherung keine weitere Zahlung (z. B. eine Beitragsrückzahlung) erfolgt.
(6) Die Kündigung Ihrer Versicherung ist mit Nachteilen verbunden. In der Anfangszeit Ihrer Versicherung ist wegen der Verrechnung von Abschlusskosten nach dem Zillmerverfahren (vgl. § 13) kein Rückkaufswert vorhanden. (...)
Nähere Informationen zum Rückkaufswert und seiner Höhe können Sie bei Versicherungen mit Beitragsrückgewähr der Garantiewertetabelle in Ihrem Versicherungsschein entnehmen. (...)
Umwandlung in eine beitragsfreie Versicherung statt einer Kündigung
(8) Bei laufender Beitragszahlung können Sie schriftlich von uns verlangen, künftig keine oder niedrigere Beiträge zu zahlen. (...) In diesem Fall setzen wir die versicherte Rente herab. Haben Sie die vollständige Befreiung von der Beitragszahlungspflicht beantragt, führen wir die Versicherung als beitragsfreie Versicherung weiter. Hierbei errechnet sich die beitragsfreie Rente aus dem Zeitwert Ihrer Versicherung, in den ersten 12 Versicherungsjahren vermindert um einen Abzug; für den Abzug gilt Absatz 3 entsprechend. (...)
(10) Die Beitragsfreistellung Ihrer Versicherung ist mit Nachteilen verbunden. In der Anfangszeit Ihrer Versicherung ist wegen der Verrechnung von Abschlusskosten nach dem Zillmerverfahren (vgl. § 13) keine beitragsfreie Leistung vorhanden. (...)
Nähere Informationen zur beitragsfreien Leistung und ihrer Höhe können Sie der Garantiewertetabelle in Ihrem Versicherungsschein entnehmen.

*) Eine Deckungsrückstellung müssen wir für jeden Versicherungsvertrag bilden, um zu jedem Zeitpunkt den Versicherungsschutz gewährleisten zu können. Die Berechnung der Deckungsrückstellung unter Berücksichtigung der hierbei angesetzten Abschlusskosten erfolgt nach § 65 des Versicherungsaufsichtsgesetzes (VAG) und den §§ 341 e, 341 f des Handelsgesetzbuches (HGB) sowie den dazu erlassenen Rechtsverordnungen."

§ 10 Abs. 3 a. E. und § 10 Abs. 8 verstoßen nach Auffassung des LG Hamburg gegen § 309 Nr. 12 a) BGB, da sie geeignet seien, den Versicherungsnehmer davon abzuhalten, die Angemessenheit des Abzugs zu bestreiten.[25] Die Regelung in § 10 Abs. 4 sei wegen fehlender Transparenz gemäß § 307 Abs. 1 Satz 2 BGB unwirksam, weil es dem Versicherungsnehmer nicht möglich sei, die Höhe des zusätzlichen Abzugs zu errechnen, da ihm die Bezugsgröße der Deckungsrückstellung unbekannt sei.[26] Die weitere Regelung in § 10 Abs. 4, dass der Auszahlungsbetrag nicht ausgezahlt wird, wenn dieser Betrag einschließlich der vorhandenen Werte aus der Überschussbeteiligung weniger als zehn Euro beträgt und keine weitere Zahlung erfolgt, ist nach Ansicht des LG Hamburg mit § 307 Abs. 1 u. Abs. 2 Nr. 1 BGB nicht zu vereinbaren.[27] Der Versicherer sei gemäß § 362 BGB verpflichtet, die geschuldete Leistung vollständig zu bewirken, und könne sich neben dem Stornoabzug nicht noch einen weiteren Abzug bewil-

---

[25] LG Hamburg, Urt. v. 20. 11. 2009 – 324 O 1153/07, S. 26, 27.
[26] LG Hamburg, Urt. v. 20. 11. 2009 – 324 O 1153/07, S. 27 f.
[27] LG Hamburg, Urt. v. 20. 11. 2009 – 324 O 1153/07, S. 28.

F. Allg. Bedingungen für die Rentenversicherung

ligen.[28] Die Regelungen zur Kündigung gemäß § 10 Abs. 6 bzw. die Regelungen zur Umwandlung in eine beitragsfreie Versicherung gemäß § 10 Abs. 10 verstoßen nach Auffassung des LG Hamburg gegen § 307 Abs. 1 Satz 2 BGB.[29] In den Versicherungsbedingungen bzw. in den in Bezug genommenen Tabellen würden als so genannte Rückkaufswerte bzw. beitragsfreie Renten solche Beträge aufgeführt werden, die bereits um zusätzliche Abzüge gemindert seien, obwohl dies der Systematik der §§ 176 VVG bzw. 174 VVG, die auch auf Rentenversicherungen anzuwenden seien, widerspreche.[30] Die Urteile des LG Hamburg vom 20. November 2010 beruhen auf unternehmensspezifischen Sachverhalten und können von daher keine allgemeine Geltung beanspruchen. Auf die Stellungnahme bei § 9 ALB 2006 zu den Hamburger Urteilen wird verwiesen.

cc) **Abschlusskostenklausel.** Das LG Hamburg hat in den schon erwähnten drei Urteilen vom 20. November 2009 auch Abschlusskostenklauseln der kapitalbildenden Lebensversicherung einer Inhaltskontrolle unterworfen. Einzelheiten sind bei § 10 ALB 2006 behandelt. Zugleich wurden vom LG Hamburg entsprechende Klauseln in der Rentenversicherung einer Inhaltskontrolle unterworfen. Das LG Hamburg[31] hat durch Urteil vom 20. November 2009 (324 O 1153/07) folgende Abschlusskostenklausel für unwirksam erklärt:

„**§ 13 Welche Kosten sind in Ihren Beiträgen enthalten und was bedeutet das Zillmerverfahren?**
(1) Durch den Abschluss von Versicherungsverträgen entstehen Kosten, z. B. für Beratung, Anforderung von Gesundheitsauskünften und Ausstellung des Versicherungsscheins. Weitere Kosten entstehen jährlich für die Verwaltung der Versicherung. Diese Abschluss- und Verwaltungskosten sind von Ihnen zu tragen. Wir haben sie bereits pauschal bei der Tarifkalkulation berücksichtigt und stellen Sie Ihnen daher nicht gesondert in Rechnung.
(2) Das Zillmerverfahren bei laufender Beitragszahlung bedeutet, dass wir einen Teil dieser Abschlusskosten (bis zu 40‰ der Beitragssumme) bei der Berechnung der Deckungsrückstellung*) als Abschlusskosten ansetzen. Innerhalb der Ablaufphase gezahlte Beiträge bleiben dabei unberücksichtigt. Ihre ersten Beiträge, soweit sie nicht für Versicherungsleistungen und Verwaltungskosten vorgesehen sind, verwenden wir zum Ausgleich dieser Kosten. (...)
*) Eine Deckungsrückstellung müssen wir für jeden Versicherungsvertrag bilden, um zu jedem Zeitpunkt den Versicherungsschutz gewährleisten zu können. Die Berechnung der Deckungsrückstellung unter Berücksichtigung der hierbei angesetzten Abschlusskosten erfolgt nach § 65 des Versicherungsaufsichtsgesetzes (VAG) und den §§ 341 e, 341 f des Handelsgesetzbuches (HGB) sowie den dazu erlassenen Rechtsverordnungen."

Die Regelung über die Erhebung und den Ausgleich von Abschlusskosten in § 13 ist nach Ansicht des LG Hamburg wegen Verstoßes gegen das Transparenzgebot gemäß § 307 Abs. 1 Satz 2 BGB unwirksam. Das LG Hamburg ließ in seiner Begründung dahinstehen, ob im Klauseltext selbst ausreichend auf die wirtschaftlichen Konsequenzen der Verrechnung der Abschlusskosten hingewiesen werde.[32] Jedenfalls genüge die Tabelle nicht den Anforderungen, die erforderlich seien, damit der Versicherungsnehmer leicht erkennen könne, in welcher Weise das Anwachsen des Kapitals durch die Verrechnung mit den Abschlusskosten belastet werde.[33] Daran fehle es vorliegend, da in der Klausel zwar Beispiele anfallender Kosten genannt würden, die aber besonders ins Gewicht fallende Vermittlungsprovision unerwähnt bleibe.[34] Ferner hat das LG Hamburg[35] durch weiteres

---

[28] LG Hamburg, Urt. v. 20. 11. 2009 – 324 O 1153/07, S. 28, 25.
[29] LG Hamburg, Urt. v. 20. 11. 2009 – 324 O 1153/07, S. 28.
[30] LG Hamburg, Urt. v. 20. 11. 2009 – 324 O 1153/07, S. 28.
[31] LG Hamburg, Urt. v. 20. 11. 2009 – 324 O 1153/07, S. 5.
[32] LG Hamburg, Urt. v. 20. 11. 2009 – 324 O 1153/07, S. 29
[33] LG Hamburg, Urt. v. 20. 11. 2009 – 324 O 1153/07, S. 29.
[34] LG Hamburg, Urt. v. 20. 11. 2009 – 324 O 1153/07, S. 29.
[35] LG Hamburg, Urt. v. 20. 11. 2009 – 324 O 1136/07, S. 5.

Urteil vom 20. November 2009 (324 O 1136/07) folgende Abschlusskostenklausel verworfen:

„§ 10 Was bedeutet die Verrechnung von Abschlusskosten nach dem Zillmerverfahren?
(1) Durch den Abschluss von Versicherungsverträgen entstehen Kosten. Diese so genannten Abschlusskosten (§ 43 Abs. 2 der Verordnung über die Rechnungslegung von Versicherungsunternehmen) sind bereits pauschal bei der Tarifkalkulation berücksichtigt und werden daher nicht gesondert in Rechnung gestellt.
(2) Für Ihren Vertrag ist das Verrechnungsverfahren nach § 4 der Deckungsrückstellungsverordnung (Zillmerverfahren) maßgebend. Hierbei werden die ersten Beiträge zur Tilgung eines Teils der Abschlusskosten herangezogen, soweit sie nicht für Leistungen im Versicherungsfall und Kosten des Versicherungsbetriebs in der jeweiligen Versicherungsperiode bestimmt sind. (...)
(3) (...) Nähere Informationen können Sie den in Ihrer Versicherungsurkunde abgedruckten Tabellen und den Erläuterungen zu diesen Tabellen entnehmen."

Die Abschlusskostenklausel in § 10 hat das LG Hamburg wegen Verstoßes gegen das Transparenzgebot für unwirksam erklärt.[36] Wegen der Einzelheiten hat das LG Hamburg auf seine Ausführungen zu der entsprechenden Klausel in der kapitalbildenden Lebensversicherung Bezug genommen.[37] Insoweit wird auf die Kommentierung bei § 10 ALB 2006 verwiesen. Schließlich sieht das LG Hamburg[38] gemäß Urteil vom 20. November 2009 (324 O 1116/07) folgende Abschlusskostenklausel als unwirksam an:

„§ 10 Was bedeutet die Verrechnung von Abschlusskosten nach dem Zillmerverfahren?
Durch den Abschluss von Versicherungsverträgen entstehen Kosten. Diese sog. Abschlusskosten (§ 43 Abs. 2 der Verordnung über die Rechnungslegung von Versicherungsunternehmen) sind bereits pauschal bei der Tarifkalkulation berücksichtigt und werden daher nicht gesondert in Rechnung gestellt.
Für Ihren Versicherungsvertrag ist das Verrechnungsverfahren nach § 4 der Verordnung über Rechnungsgrundlagen für die Deckungsrückstellung (DeckRV), das sog. Zillmerverfahren, maßgebend. Hierbei werden die ersten Beiträge zur Tilgung von Abschlusskosten herangezogen, soweit sie nicht für Leistungen im Versicherungsfall und Kosten des Versicherungsbetriebs in der jeweiligen Versicherungsperiode bestimmt sind.
(...)
Nähere Informationen können Sie der Ihrem Versicherungsschein beigefügten Garantiewerttabelle entnehmen."

Wegen der Einzelheiten hat das LG Hamburg auf seine Ausführungen zu der entsprechenden Klausel in der kapitalbildenden Lebensversicherung Bezug genommen.[39] Insoweit wird auf die Kommentierung bei § 10 ALB 2006 verwiesen.

Die Urteile der Instanzgerichte können keine allgemeine Geltung beanspruchen, da sie auf unternehmensspezifischen Sachverhalten beruhen. Auf die Stellungnahme bei § 10 ALB 2006 zu den Hamburger Urteilen wird verwiesen.

5 dd) Überschussbeteiligungsklausel. Die in § 17 der Allgemeinen Bedingungen für die Rentenversicherung mit aufgeschobener Rentenzahlung enthaltene konkretisierende Regelung zur Überschussbeteiligung hält einer Prüfung nach § 9 AGBG bzw. §§ 307 ff. BGB stand.[40]

---

[36] LG Hamburg, Urt. v. 20. 11. 2009 – 324 O 1136/07, S. 24.
[37] LG Hamburg, Urt. v. 20. 11. 2009 – 324 O 1136/07, S. 25.
[38] LG Hamburg, Urt. v. 20. 11. 2009 – 324 O 1116/07, S. 5.
[39] LG Hamburg, Urt. v. 20. 11. 2009 – 324 O 1116/07, S. 28.
[40] Ausdrücklich OLG Stuttgart, Urt. v. 9. 12. 2004 – 7 U 121/04, VersR 2005, 634, 635 für § 17 der AVB für die Rentenversicherung mit aufgeschobener Beitragszahlung.

F. Allg. Bedingungen für die Rentenversicherung   6–8 **RV 2008**

2. Neugeschäftsanteil der Rentenversicherung

Betrachtet man die Anzahl der Versicherungen, hatten Renten- und Pensionsversicherungen am eingelösten Neuzugang 2008 (laufender Beitrag und Einmalbeitrag) einen Anteil von 20,3% (2007: 24,6%) und Fondsgebundene Rentenversicherungen einen Anteil von 23,7% (2007: 21,8%).[41] Am Bestand an Hauptversicherungen hatten Renten- und Pensionsversicherungen einen Anteil von 19,3% (2007: 18,8%) und Fondsgebundene Rentenversicherungen einen Anteil von 8,3% (2007: 7,1%).[42] Es ist davon auszugehen, dass die Rentenversicherung auch in der Zukunft eines der wichtigsten Produkte in der deutschen Lebensversicherung bleiben wird.[43] Dabei nehmen Rentenversicherungen gegen Einmalbeitrag, auch angesichts der misslichen Lage der gesetzlichen Rentenversicherung, im Neugeschäft der Lebensversicherungsunternehmen ständig an Bedeutung zu.[44] Durch die deutlich wachsende Bedeutung der Produkte mit langer Zinsgarantie in den Portefeuilles der Lebensversicherer signifikant an.[45]   6

3. Abgrenzung zur gesetzlichen Rentenversicherung

Im Gegensatz zur gesetzlichen Rentenversicherung, die sich über das Umlageverfahren finanziert, erfolgt die Finanzierung in der privaten Rentenversicherung im Wege des Kapitaldeckungsverfahrens.[46] Dies hat für den Kunden den Vorteil, dass in der privaten Rentenversicherung bei Fälligkeit die Versicherungssumme einschließlich der Überschussanteile zur Verfügung steht.[47]   7

4. Mündelsicherheit

Rentenversicherungen gegen Einmalbeitrag mit Beitragsrückgewähr bei Tod vor und nach Rentenbeginn oder ähnlichen Regelungen, mit denen im Falle des Todes der versicherten Person die Rückerstattung der eingezahlten Beiträge erreicht wird, erfüllen die Voraussetzungen einer Anlage gemäß § 1811 BGB.[48] Bei Rentenversicherungen gegen laufende Beitragszahlung, bei denen Beitragsrückgewähr bei Tod vor und nach Rentenbeginn oder ähnliche Regelungen vorgesehen werden, mit denen im Falle des Todes der versicherten Person die Rückerstattung der eingezahlten Beiträge erreicht wird, kommen ebenfalls für eine mündelsichere Anlage gemäß § 1811 BGB in Frage.[49] In beiden Fällen ist die Anlage der Mittel analog § 1807 Abs. 1 Nr. 5 BGB gewährleistet, da die Lebensversicherungsunternehmen inzwischen einer Sicherungseinrichtung angehören, die mit dem Einlagensicherungsfonds des Bundesverbandes Deutscher Banken e. V. vergleichbar ist.   8

---

[41] GDV (Hrsg.), Geschäftsentwicklung 2008, Die deutsche Lebensversicherung in Zahlen, 2009, S. 10; GDV (Hrsg.), Geschäftsentwicklung 2007, Die deutsche Lebensversicherung in Zahlen, 2008, S. 10.
[42] GDV (Hrsg.), Geschäftsentwicklung 2008, Die deutsche Lebensversicherung in Zahlen, 2009, S. 14; GDV (Hrsg.), Geschäftsentwicklung 2007, Die deutsche Lebensversicherung in Zahlen, 2008, S. 14.
[43] *Wolff* BetrAV 2004, 741 = Der Aktuar 2004, 90.
[44] *Mutschler*, Marktorientierte Bewertung, 1998, S. 5.
[45] *Weigel* ZVersWiss 2006, 685, 705.
[46] *Baller*, Die private Rentenversicherung als Baustein der Altersvorsorge, Baden-Baden, Nomos, VersWissStud. 13 (1999), S. 69, 70.
[47] *Schneider* BB 1997, 2649, 2650.
[48] Vgl. *Wagner* VersR 1999, 1079, 1083.
[49] A. A. *Wagner* VersR 1999, 1079, 1083.

5. Pfändungsschutz bei Altersrenten

9 **a) § 850 ZPO.** Ansprüche aus Rentenversicherungen unterliegen gemäß § 850 Abs. 3 lit. b) ZPO dem Pfändungsschutz,[50] wenn es sich um Arbeitseinkommen im Sinne des § 850 ZPO handelt. Wortlaut und Systematik des § 850 ZPO bringen zweifelsfrei zum Ausdruck, dass dem unter einschränkenden Voraussetzungen pfändbaren Arbeitseinkommen nur die auf Versicherungsverträgen beruhenden Rentenbezüge solcher Personen gleichgestellt sind, die bei Abschluss des Versicherungsvertrags entweder Beamte oder Arbeitnehmer waren oder in einem arbeitnehmerähnlichen Beschäftigungsverhältnis standen.[51] Fortlaufende Renteneinkünfte freiberuflich oder überhaupt nicht berufstätig gewesener Personen sind kein Arbeitseinkommen im Sinne des § 850 Abs. 3 lit. b) ZPO.[52] Mit der Einführung des nunmehr privaten Altersrenten beruflich selbständiger Personen Pfändungsschutz zuerkennenden § 851c ZPO durch das Gesetz zum Pfändungsschutz der Altersvorsorge vom 26. März 2007[53] hat der Gesetzgeber zum Ausdruck gebracht,[54] dass Altersrenten dieses Personenkreises nach dem Regelungsinhalt des § 850 Abs. 3 lit. b) ZPO kein Arbeitseinkommen bilden und darum nach dieser Vorschrift keinen Pfändungsschutz genießen.[55] Die mit § 850 Abs. 3 lit. b) ZPO verbundene vollstreckungsrechtliche Ungleichbehandlung von Selbständigen im Verhältnis zu Personen, die als Beamte oder Arbeitnehmer berufstätig gewesen sind, wird versucht mit der Überlegung zu rechtfertigen, dass es Selbständigen freistehe (§ 7 SGB VI), durch Eintritt in die gesetzliche Rentenversicherung mit Pfändungsschutz ausgestattete (§ 54 Abs. 4 SGB I, §§ 850ff. ZPO) Versorgungsbezüge[56] zu erwerben.[57] Der Gesetzgeber sei deshalb nicht gehalten, jede zulässige eigenverantwortliche Gestaltung der Altersvorsorge vollstreckungsrechtlich gleich zu behandeln.[58]

10 **b) § 851c ZPO.** Durch das am 31. März 2007 in Kraft getretene Gesetz zum Pfändungsschutz der Altersvorsorge vom 26. März 2007[59] hat der Gesetzgeber den Pfändungsschutz auf die privaten Versorgungsverträge von Selbständigen erweitert.[60] Durch die Neuregelung des § 851c ZPO sollte eine Schutzlücke geschlossen werden.[61] Denn bislang waren zwar die Rentenansprüche (ehemals)

---

[50] OLG Freiburg, Beschl. v. 8. 9. 1954 – 4 W 18/54, VersR 1954, 553.
[51] OLG Frankfurt/M. VersR 1996, 614; BGH, Beschl. v. 15. 11. 2007 – IX ZB 34/06, NJW-RR 2008, 496, 498 = VersR 2008, 843, 844 = WM 2008, 171, 172 = DB 2008, 53, 54; BGH, Beschl. v. 15. 11. 2007 – IX ZB 99/05, r+s 2008, 431.
[52] OLG Frankfurt/M. VersR 1996, 614; LG Braunschweig, Beschl. v. 8. 10. 1997 – 8 T 566/97, NJW-RR 1998, 1690; LG Frankfurt/Oder RPfleger 2002, 322 f.; BGH, Beschl. v. 15. 11. 2007 – IX ZB 34/06, NJW-RR 2008, 496, 498 = VersR 2008, 843, 845 = WM 2008, 171, 173 = DB 2008, 53, 54; BGH, Beschl. v. 15. 11. 2007 – IX ZB 99/05, r+s 2008, 431, 432.
[53] BGBl. I 2007, 368; dazu *Hasse* VersR 2007, 870.
[54] BT-Drucks. 16/886, S. 7.
[55] BGH, Beschl. v. 15. 11. 2007 – IX ZB 34/06, NJW-RR 2008, 496, 498 = VersR 2008, 843, 845 = WM 2008, 171, 173 = DB 2008, 53, 54 f.; BGH, Beschl. v. 15. 11. 2007 – IX ZB 99/05, r+s 2008, 431, 432.
[56] BGH, Beschl. v. 25. 8. 2004 – IX ZB 271/03, NJW 2004, 3771 = WM 2004, 2316.
[57] BGH, Beschl. v. 15. 11. 2007 – IX ZB 34/06, NJW-RR 2008, 496, 498 = VersR 2008, 843, 845 = WM 2008, 171, 173 = DB 2008, 53, 54; BGH, Beschl. v. 15. 11. 2007 – IX ZB 99/05, r+s 2008, 431, 432.
[58] BGH, Beschl. v. 15. 11. 2007 – IX ZB 34/06, NJW-RR 2008, 496, 498 = VersR 2008, 843, 845 = WM 2008, 171, 173 = DB 2008, 53, 55; BGH, Beschl. v. 15. 11. 2007 – IX ZB 99/05, r+s 2008, 431, 432.
[59] BGBl. I 2007, 368.
[60] Dazu *Fiala/Schramm* VW 2008, 1290; *Tavakoli* NJW 2008, 3259.
[61] BFH, Urt. v. 31. 7. 2007 – VII R 60/06, WM 2007, 2332, 2333 = BB 2007, 2275, 2276.

abhängig Beschäftigter aus der gesetzlichen Rentenversicherung nach § 54 Abs. 4 SGB I in Verbindung mit § 850 Abs. 1, § 850c ZPO vor Pfändung geschützt,[62] die Altersvorsorge Selbständiger – etwa durch Versicherungsverträge – war dagegen einem unbeschränkten Gläubigerzugriff ausgesetzt.[63]

Nunmehr dürfen gemäß § 851c Abs. 1 ZPO Ansprüche auf Leistungen, die auf Grund von Verträgen gewährt werden, nur wie Arbeitseinkommen gepfändet werden, wenn
- die Leistung in regelmäßigen Zeitabständen lebenslang und nicht vor Vollendung des 60. Lebensjahres oder nur bei Eintritt der Berufsunfähigkeit gewährt wird,
- über die Ansprüche aus dem Vertrag nicht verfügt werden darf,
- die Bestimmung von Dritten mit Ausnahme von Hinterbliebenen als Berechtigte ausgeschlossen ist und
- die Zahlung einer Kapitalleistung, ausgenommen eine Zahlung für den Todesfall, nicht vereinbart wurde.

Diese Voraussetzungen hat der Gesetzgeber geschaffen, um sicher zu stellen, dass der Pfändungsschutz auf solches Vorsorgekapital beschränkt wird, das von dem Berechtigten unwiderruflich seiner Altersvorsorge gewidmet ist.[64] Diese Endgültigkeit der Vorsorgefunktion muss im Zeitpunkt der Pfändung bestehen.[65] Diese Erfordernisse schließen die Kapitallebensversicherung mit Einmalzahlung aus dem Pfändungsschutz aus.[66] Entsprechendes gilt, wenn Abtretung und Verpfändung nach dem Versicherungsvertrag nicht ausgeschlossen sind, sondern lediglich bestimmt ist, dass diese Verfügungen erst mit der schriftlichen Anzeige beim Versicherer wirksam werden.[67]

Um dem Versicherungsnehmer (Schuldner) den Aufbau einer angemessenen Alterssicherung zu ermöglichen, kann er gemäß § 851c Abs. 2 Satz 1 ZPO unter Berücksichtigung der Entwicklung auf dem Kapitalmarkt, des Sterblichkeitsrisikos und der Höhe der Pfändungsgrenze, nach seinem Lebensalter gestaffelt, jährlich einen bestimmten Betrag unpfändbar auf der Grundlage eines in Absatz 1 bezeichneten Vertrags bis zu einer Gesamtsumme von 238000,00 € ansammeln. Der Schuldner darf gemäß § 851c Absatz 2 Satz 2 ZPO vom
18. bis zum vollendeten 29. Lebensjahr 2000,00 €,
30. bis zum vollendeten 39. Lebensjahr 4000,00 €,
40. bis zum vollendeten 47. Lebensjahr 4500,00 €,
48. bis zum vollendeten 53. Lebensjahr 6000,00 €,
54. bis zum vollendeten 59. Lebensjahr 8000,00 € und vom
60. bis zum vollendeten 65. Lebensjahr 9000,00 € jährlich ansammeln. Übersteigt der Rückkaufswert der Alterssicherung den unpfändbaren Betrag, sind drei Zehntel des überschießenden Betrags unpfändbar (§ 851c Abs. 2 Satz 3 ZPO). § 851c Abs. 2 Satz 3 ZPO gilt nicht für den Teil des Rückkaufswerts, der den dreifachen Wert des in § 851c Abs. 2 Satz 1 ZPO genannten Betrags übersteigt (§ 851c Abs. 2 Satz 4 ZPO).

Um heute bereits bestehende Versicherungsverträge für eine pfändungsgeschützte Altersvorsorge einsetzen zu können, ermöglicht es § 173 VVG, jetzt

---

[62] Zur Pfändbarkeit von Rentenansprüchen aus der gesetzlichen Rentenversicherung siehe BGH, Beschl. v. 10. 10. 2003 – IX a ZB 180/03, NJW 2003, 3774 = VersR 2005, 426 = WM 2003, 2347.
[63] BFH, Urt. v. 31. 7. 2007 – VII R 60/06, WM 2007, 2332, 2334 =BB 2007, 2275, 2276.
[64] BGH, Beschl. v. 27. 8. 2009 – VII ZB 89/08, r+s 2009, 472.
[65] BT-Drucks. 16/886, S. 8; BGH, Beschl. v. 27. 8. 2009 – VII ZB 89/08, r+s 2009, 472.
[66] BFH, Urt. v. 31. 7. 2007 – VII R 60/06, WM 2007, 2332, 2334 = BB 2007, 2275, 2277.
[67] BGH, Beschl. v. 27. 8. 2009 – VII ZB 89/08, r+s 2009, 472.

§ 167 VVG 2008, dem Versicherungsnehmer, jederzeit für den Schluss der laufenden Versicherungsperiode die Umwandlung seiner Versicherung in eine nach § 851 c Abs. 1 ZPO privilegierte Versicherung zu verlangen.[68] Eine solche Umwandlung ist jedoch nur dann zulässig, wenn Rechte Dritter nicht entgegenstehen, wenn also insbesondere der Schuldner nicht die Ansprüche aus diesem Vertrag an seine Gläubiger abgetreten hat oder die Gläubiger diese Ansprüche gepfändet haben.[69] Der Pfändungsschutz greift vorbehaltlich der insolvenzrechtlichen Vorschriften ab unwiderruflicher Antragstellung, auch wenn die eigentliche Umwandlung noch aussteht.[70] Die Umwandlung ist nur wirksam, wenn sie vor der Pfändung, also der Zustellung des Pfändungs- und Überweisungsbeschlusses beim Versicherer als Drittschuldner, erfolgt.[71] Sieht der Versicherungsvertrag ein Rentenwahlrecht anstelle der Kapitalleistung vor, muss das Rentenwahlrecht vor der Pfändung ausgeübt worden sein.[72]

6. Versorgungs- und Zugewinnausgleich

14 a) **Abgrenzung.** Ein Anrecht aus einer Kapitallebensversicherung mit Rentenwahlrecht unterliegt dem Versorgungsausgleich, wenn das Wahlrecht bis zum Eintritt der Rechtshängigkeit des Scheidungsantrags ausgeübt und das Anrecht aus dem Versicherungsvertrag damit vor diesem Stichtag zu einem Rentenanrecht wird.[73] Umgekehrt bleibt ein solches Anrecht dem Zugewinnausgleich unterworfen, wenn der Berechtigte erst nach dem genannten Stichtag von seinem Wahlrecht Gebrauch macht.[74]

15 Ein Anrecht aus einer Rentenlebensversicherung mit Kapitalwahlrecht unterfällt dem Zugewinn- und nicht dem Versorgungsausgleich, wenn das Wahlrecht bis zum Eintritt der Rechtshängigkeit des Scheidungsantrags ausgeübt und das Anrecht aus dem Versicherungsvertrag damit vor diesem Stichtag zu einem Kapitalanrecht wird.[75]

16 Wenn das Kapitalwahlrecht aus der Rentenlebensversicherung erst nach der Rechtshängigkeit des Scheidungsantrags ausgeübt und die Rentenlebensversicherung somit erst nach diesem Stichtag in eine Kapitallebensversicherung umgewandelt wird, unterliegt das Anrecht aus einer Rentenlebensversicherung mit Kapitalwahlrecht nicht weiterhin dem Versorgungsausgleich, sondern dem Zugewinnausgleich.[76] Denn der Versorgungsausgleich ist – jedenfalls in seiner Ausformung durch das geltende Recht – auf den Ausgleich von Rentenanrechten

---

[68] BFH, Urt. v. 31. 7. 2007 – VII R 60/06, WM 2332, 2334 = BB 2007, 2275, 2277.
[69] BT-Drucks. 16/886, S. 14; BFH, Urt. v. 31. 7. 2007 – VII R 60/06, WM 2332, 2334 = BB 2007, 2275, 2277.
[70] Stöber NJW 2007, 1242, 1247; *Tavakoli* NJW 2008, 3259, 3261.
[71] BFH, Urt. v. 31. 7. 2007 – VII R 60/06, r+s 2007, 514; *Neuhaus/Köther* ZfV 2009, 248, 249.
[72] BFH, Urt. v. 31. 7. 2007 – VII R 60/06, r+s 2007, 514; *Neuhaus/Köther* ZfV 2009, 248, 249.
[73] BGHZ 88, 386, 393 = NJW 1984, 299; BGH, Urt. v. 15. 1. 1992 – XII ZR 247/90, NJW 1992, 1103 = FamRZ 1992, 411, 412; BGH, Beschl. v. 13. 1. 1993 – XII ZB 75/89, NJW 1993, 1262 = FamRZ 1993, 684, 685; BGH, Beschl. v. 5. 2. 2003 – XII ZB 53/98, NJW 2003, 1320 = JZ 2003, 900.
[74] BGH, Urt. v. 15. 1. 1992 – XII ZR 247/90, NJW 1992, 1103 = FamRZ 1992, 411, 412; BGH, Beschl. v. 5. 2. 2003 – XII ZB 53/98, NJW 2003, 1320 = JZ 2003, 900.
[75] BGH, Beschl. v. 10. 2. 1993 – XII ZB 80/88, NJW-RR 1993, 770 = FamRZ 1993, 793, 794; BGH, Beschl. v. 5. 2. 2003 – XII ZB 53/98, NJW 2003, 1320 = JZ 2003, 900.
[76] BGH, Beschl. v. 5. 2. 2003 – XII ZB 53/98, NJW 2003, 1320, 1321 = JZ 2003, 900, 901 = MDR 2003, 748, 749; zust. *Lipp* JZ 2003, 902 f.; BGH, Beschl. v. 19. 3. 2003 – XII ZB 42/99, NJW-RR 2003, 1153, 1154 = MDR 2003, 874; a. A. OLG Naumburg, Beschl. v. 18. 8. 2008 – 8 UF 102/08, NJW-RR 2009, 870.

zugeschnitten und stellt für den Ausgleich von Kapitalforderungen keine geeigneten Ausgleichsmechanismen zur Verfügung.[77] Er kann deshalb solche Rentenanrechte nicht erfassen, die bereits vor der Entscheidung über den Versorgungsausgleich erloschen sind, mag das Erlöschen − etwa durch Beitragsrückerstattung − auch erst nach dem Ende der Ehezeit eingetreten sein.[78] Wenn der Anrechtsinhaber von seinem Kapitalwahlrecht zwar erst nach Rechtshängigkeit des Scheidungsantrags, aber noch vor der Durchführung der Realteilung oder Zuerkennung einer Abfindung Gebrauch macht, ist daher das dem Versorgungsausgleich unterliegende Anrecht im Wege des Zugewinnausgleichs zu berücksichtigen.[79] Einer etwaigen Benachteiligung des versorgungsausgleichsberechtigten Ehegatten kann dadurch vorgebeugt werden, dass rechtzeitig vor Ausübung des Wahlrechts die Realteilung der Rentenversicherung durchgeführt und das Wahlrecht des ursprünglichen Anrechtsinhabers damit auf den ihm verbleibenden Anteil beschränkt oder das Versicherungsanrecht, falls nicht real teilbar, nach § 1587 Abs. 1 BGB durch eine Abfindung ausgeglichen wird.[80]

Anwartschaften aus einer Rentenversicherung mit fünfjähriger Beitragszahlung, die zu einer Rentenzahlung während des aktiven Berufslebens führen, unterliegen nicht dem Versorgungsausgleich, da der vom Gesetz geforderte Altersbezug nicht feststellbar ist.[81] Eine Versorgung wegen Alters liegt regelmäßig nur dann vor, wenn die zugesagte Versorgungsleistung im Anschluss an die Beendigung des aktiven Berufslebens gewährt wird und das bisherige Erwerbseinkommen ersetzen soll.[82] **17**

Anrechte aus privaten Rentenversicherungen mit Kapitalwahlrecht sind nicht in den Versorgungsausgleich einzubeziehen, wenn die Rentenversicherungen im Zusammenhang mit der Aufnahme eines Darlehens zum Zwecke der Rückzahlung des Darlehens bei Fälligkeit aus den dann geltend zu machenden Kapitalleistungen abgeschlossen und an den Darlehensgeber abgetreten worden sind.[83] **18**

b) VersAusglG. aa) VAStrRefG. Durch das Gesetz zur Strukturreform des Versorgungsausgleichs (VAStrRefG) vom 3. April 2009,[84] das zum 1. September 2009 in Kraft getreten ist, wurde das bis zum 31. August 2009 geltende Recht zum Versorgungsausgleich reformiert. Bisher wurden alle Versorgungsanrechte saldiert und einmalig über die gesetzliche Rentenversicherung ausgeglichen.[85] An **18a**

---

[77] BGH, Urt. v. 9. 11. 1983 − IV b ZB 887/80, BGHZ 88, 386, 397 = NJW 1984, 299 = MDR 1984, 211; BGH, Beschl. v. 5. 2. 2003 − XII ZB 53/98, NJW 2003, 1320, 1321 = MDR 2003, 748 = JZ 2003, 900, 901; BGH, Beschl. v. 19. 3. 2003 − XII ZB 42/99, NJW-RR 2003, 1153, 1154 = MDR 2003, 874.
[78] BGH, Beschl. v. 18. 9. 1991 − XII ZB 92/89, NJW 1992, 312 = MDR 1992, 267 = FamRZ 1992, 45, 46; BGH, Beschl. v. 19. 10. 1994 − XII ZB 158/93, NJW 1995, 135 = FamRZ 1995, 31, 32; BGH, Beschl. v. 5. 2. 2003 − XII ZB 53/98, NJW 2003, 1320 f. = JZ 2003, 900, 901 = MDR 2003, 748.
[79] BGH, Beschl. v. 5. 2. 2003 − XII ZB 53/98, NJW 2003, 1320, 1321 = JZ 2003, 900, 901 = MDR 2003, 748, 749.
[80] BGH, Beschl. v. 5. 2. 2003 − XII ZB 53/98, NJW 2003, 1320, 1321 = JZ 2003, 900, 901 = MDR 2003, 748, 749.
[81] BGH, Beschl. v. 14. 3. 2007 − XII ZB 36/05, NJW-RR 2007, 865, 866 = MDR 2007, 887, 888.
[82] BGH NJW-RR 1988, 1090 = FamRZ 1988, 936, 938; BGH NJW-RR 2001, 289 = NJW 2001, 1490 (Ls.) = FamRZ 2001, 284, 285; BGH, Beschl. v. 23. 2. 2005 − XII ZB 198/01, NJW-RR 2005, 730 = FamRZ 2005, 696, 698 = MDR 2005, 870; BGH, Beschl. v. 14. 3. 2007 − XII ZB 36/05, NJW-RR 2007, 865, 866.
[83] OLG Nürnberg, Beschl. v. 3. 1. 1007 − 7 UF 330/06, NJW-RR 2007, 1015.
[84] BT-Drucks. 16/10144.
[85] *Merten/Baumeister* DB 2009, 957.

der Wertentwicklung der anderen Alterssicherungssysteme nahmen die Geschiedenen regelmäßig nicht mehr teil.[86] Das VersAusglG gibt deshalb diesen Grundsatz zugunsten des Prinzips der sog. internen Teilung auf.[87] Dadurch erwirbt die ausgleichsberechtigte Person ein eigenes Anrecht i. H. des Ausgleichswerts und nimmt an den Chancen und Risiken der jeweiligen Versorgung und derer künftiger Wertentwicklung teil.[88] Ausnahmsweise ist die sog. externe Teilung zulässig.[89] In diesem Fall ist das entsprechende Versorgungskapital an den neuen, ggf. betrieblichen, Versorgungsträger abzuführen.[90] Um steuerlich nachteilige Folgen im Falle der internen und der externe Teilung zu vermeiden, wurden neue Vorschriften mit dem Ziel geschaffen, dass entweder eine Teilung steuerbefreit ist oder der zu leistende Ausgleichswert im Zeitpunkt der Scheidung steuerneutral gestellt wird, mit der Auflage, dass die späteren Leistungen aus einer Versorgung, die auf dem Ausgleichswert beruhen, als steuerpflichtige Leistungen behandelt werden.[91] Einzelheiten ergeben sich aus § 3 Nr. 55a EStG, § 3 Nr. 55b EStG, § 19 Abs. 1 Nr. 2 EStG, § 22 Nr. 5 Satz 2 EStG, § 52 Abs. 36 Satz 10 EStG und § 93 Abs. 1a EStG.[92] Auskunft hat der Versicherer gemäß § 220 FamFG zu erteilen. § 220 Absatz 4 Satz 1 FamFG verpflichtet den Versicherer, die nach § 5 VersAusglG benötigten Werte einschließlich einer übersichtlichen und nachvollziehbaren Berechnung sowie der für die Teilung maßgeblichen Regelungen mitzuteilen.[93]

18b bb) **Altbestand.** Für den regulierten Altbestand an Lebensversicherungen (Verträge bis Mitte/Jahresende 1994) sind geschäftsplanmäßige Festlegungen zu treffen, die von der BaFin zu genehmigen sind. Zur Anpassung der Geschäftspläne hat der GDV den Lebensversicherungsunternehmen ein unverbindliches Muster einer Ordnung für die interne und (optional) externe Teilung von Lebensversicherungen aufgrund des Gesetzes zur Strukturreform des Versorgungsausgleichs (Teilungsordnung) zur Verfügung gestellt.[94]

18c cc) **Versorgungsausgleichskasse.** Art. 9e des Gesetzes zur Änderung des Vierten Buches Sozialgesetzbuch, zur Errichtung einer Versorgungsausgleichskasse und zur Änderung anderer Gesetze vom 19. Juni 2009 enthält das Gesetz über die Versorgungsausgleichskasse (VersAusglKassG).[95] Gemäß § 1 VersAusglKassG ist es ausschließliche Aufgabe der Versorgungsausgleichskasse, die Versorgung der ausgleichsberechtigten Person bei der externen Teilung eines Anrechts im Sinne des Betriebsrentengesetzes durchzuführen, wenn die ausgleichsberechtigte Person ihr Wahlrecht hinsichtlich der Zielversorgung nach § 15 des Versorgungsausgleichsgesetzes nicht ausübt. Mit Blick hieraus haben am 4. November 2009 38 Lebensversicherungsunternehmen eine Pensionskasse in der Rechtsform eines Versicherungsvereins auf Gegenseitigkeit gegründet. Die Versicherungswirtschaft bietet damit eine gesetzliche Auffanglösung für die Fälle, in denen ein Ausgleichsberechtigter keine konkreten Angaben macht, an welchen Versorgungsträger seine Leistungen aus einer betrieblichen Altersvorsorge übertragen werden sollen.[96]

---

[86] *Merten/Baumeister* DB 2009, 957.
[87] *Merten/Baumeister* DB 2009, 957.
[88] BT-Drucks. 16/10144, S. 1.
[89] *Merten/Baumeister* DB 2009, 957.
[90] *Merten/Baumeister* DB 2009, 957.
[91] *Pohl* BetrAV 2009, 100.
[92] Siehe hierzu die Erläuterungen bei *Pohl* BetrAV 2009, 100, 101 ff.
[93] Einzelheiten siehe bei *Budinger/Kraziesen* BetrAV 2009, 489; *Cisch/Hufer* BetrAV 2009, 500; *Schmid* BetrAV 2009, 705, 706 ff.
[94] GDV-Rundschreiben Nr. 1820/2009 v. 28. 9. 2009.
[95] BR-Drucks. 565/09, S. 13.
[96] Pressemitteilung des GDV v. 4. 11. 2009, abrufbar über www.gdv.de.

7. Realteilung

Anrechte, die nicht nach § 1587b Abs. 1 und Abs. 2 BGB ausgeglichen werden 19
können, sind vorrangig im Wege der Realteilung auszugleichen, falls die für das
Anrecht maßgebliche Regelung dies vorsieht (§ 1 Abs. 2 VAHRG).[97] Für Rentenversicherungen sehen die Geschäftspläne der LVU dies in der Regel vor.[98]

Ist im Falle einer Ehescheidung eine Rentenversicherung real zu teilen, so ist 20
dies nach Auffassung der Finanzverwaltung zwar eine Novation. Jedoch hat sich
die Finanzverwaltung aus Billigkeitsgründen dazu bereit gefunden, hieraus keine
steuerlichen Konsequenzen zu ziehen. Allerdings darf in der neuen Rentenversicherung kein Kapitalwahlrecht eingeräumt werden.[99]

8. Beitragspflicht in der gesetzlichen Krankenversicherung

Private Leibrenten dürfen bei freiwilligen Mitgliedern der gesetzlichen Krankenversicherung mit ihrem vollen Zahlbetrag und nicht nur mit ihrem Ertragsanteil der Beitragspflicht unterworfen werden.[100] Unerheblich ist, ob die Rentenleistung auf der Grundlage einer aufgeschobenen Rentenversicherung oder einer nach Zahlung eines Einmalbeitrages sofort beginnenden privaten Rentenversicherung erbracht wird.[101] 21

9. Vergleichende Untersuchung privater Rentenversicherungen

Die von der Stiftung Warentest veröffentlichten Untersuchungen sind zulässig, 22
wenn sie neutral, objektiv und sachkundig erfolgen.[102] Unzulässige Tests stellen
einen Eingriff in den eingerichteten und ausgeübten Gewerbetriebs des Versicherers dar und vermögen einen Unterlassungsanspruch des Versicherers zu rechtfertigen.[103] Keinen Eingriff in den eingerichteten und ausgeübten Gewerbebetrieb
stellt die bessere Bewertung eines Konkurrenzprodukts dar.[104] Die Stiftung Warentest hält sich im Rahmen des ihr zustehenden Beurteilungsspielraums, wenn sie
bei ihrem Vergleich von Rentenversicherungen die Kapitalanlagerendite der vergangenen drei Jahre berücksichtigt.[105]

---

[97] BGH, Beschl. v. 5. 2. 2003 – XII ZB 53/98, NJW 2003, 1320, 1321 = JZ 2003, 900, 901 = MDR 2003, 748.
[98] So z. B. auch im Fall BGH, Beschl. v. 5. 2. 2003 – XII ZB 53/98, NJW 2003, 1320, 1321 = JZ 2003, 900, 901 = MDR 2003, 748.
[99] Vgl. OFD Köln, Vfg. v. 20. 5. 1988 – S 2252 – 21 – St 115, BB 1988, 1806.
[100] Landessozialgericht Baden-Württemberg, Urt. v. 24. 3. 1999 – L 4 KR 1772/97; BSG, Urt. v. 6. 9. 2001 – B 12 KR 5/01 R; BSG, Urt. v. 25. 1. 2006 – B 12 KR 10/04 R; a. A. Landessozialgericht Rheinland-Pfalz, Urt. v. 15. 2. 1996 – L 5 K 19/95.
[101] Rundschreiben der Gesamteinkommen der Spitzenverbände der gesetzlichen Krankenkassen v. 21. 3. 2006, S. 13.
[102] BGHZ 65, 325, 334 = NJW 1976, 620 = VersR 1976, 443, 445; BGH NJW 1989, 1923 = VersR 1989, 521; BGH NJW 1997, 2593, 2594 = VersR 1997, 1501, 1502 = GRUR 1997, 942; OLG Frankfurt/M., Urt. v. 25. 4. 2002 – 16 U 136/01, NJW-RR 2002, 1697, 1698 = NVersZ 2002, 527 = VersR 2003, 470, 471.
[103] BGH NJW 1997, 2593, 2594 = VersR 1997, 1501, 1502 = GRUR 1997, 942; OLG Frankfurt/M., Urt. v. 25. 4. 2002 – 16 U 136/01, NJW-RR 2002, 1697, 1698 = NVersZ 2002, 527 = VersR 2003, 470, 471.
[104] BGH NJW 1987, 2222, 2225 = VersR 1987, 783, 785; OLG Frankfurt/M., Urt. v. 25. 4. 2002 – 16 U 136/01, NJW-RR 2002, 1697, 1698 = NVersZ 2002, 527, 528 = VersR 2003, 470, 471.
[105] OLG Frankfurt/M., Urt. v. 25. 4. 2002 – 16 U 136/01, NJW-RR 2002, 1697, 1698 = NVersZ 2002, 527, 528 = VersR 2003, 470, 471.

II. Tarifarten

1. Allgemeines

23 Die Rentenversicherung ist in der Regel auf die Lebensdauer des Berechtigten ausgerichtet.[106]
Wenn eine im Versicherungsschein enthaltene „Tarifbeschreibung" wie folgt lautet:

> „Aufgeschobene Rentenversicherung mit laufender Beitragszahlung und Kapitalwahlrecht. Die Versicherungsleistung wird fällig, wenn der Versicherte den Beginn der Rentenzahlung erlebt. Die Rente wird bis zum Tode des Versicherten, mindestens jedoch für 5 Jahre (Rentengarantie) gezahlt. Bei Tod des Versicherten vor Rentenbeginn werden die Beiträge zurückgewährt."

24 verspricht der Versicherer mit der Klausel:

> „Bei Tod des Versicherten vor Rentenbeginn werden die Beiträge zurückgewährt."

eine Versicherungsleistung.[107] Die Tarifbeschreibung macht einem verständigen Versicherungsnehmer hinreichend deutlich, dass die Beitragsrückgewähr bei Tod des Versicherten in der Aufschubzeit eine vom Versicherer versprochene Todesfallleistung darstellt.[108]

2. Rentenversicherung mit sofort beginnender Rentenzahlung

25 Die Rentenversicherung mit sofort beginnender Rentenzahlung gegen Einmalbeitrag wird lebenslänglich gezahlt, wenn eine Rentengarantie vorgesehen ist, mindestens aber für die unabhängig vom Erleben garantierte Laufzeit der Rente.[109] Da die Kalkulationsgrundlage der Versicherer u. a. auch darauf beruht, dass die Rente der lang lebenden Versicherten auch mit den Beiträgen der früh Versterbenden finanziert wird,[110] fällt das Deckungskapital der übrigen Versichertengemeinschaft zu, soweit es nicht durch die Rentenzahlung aufgezehrt ist, es sei denn, es ist eine anderweitige Vereinbarung getroffen worden.[111]

26 Bei der sofort beginnenden Rentenversicherung mit Garantiezeit kann eine um die Mindestlaufzeit der Altersrente aufgeschobene Hinterbliebenenrenten-Zusatzversicherung gegen Einmalbeitrag eingeschlossen werden, d. h. beim Tod der hauptversicherten Person während der Garantiezeit beginnt die Hinterbliebenenrente tariflich erst nach Ablauf der Garantiezeit.

27 Bei sog. Optionsrentenversicherungen oder Umtauschrenten kann die aus einer Kapitalversicherung fällige Versicherungsleistung auf Antrag in eine Rentenversicherung mit sofort beginnender Rentenzahlung und Rentengarantie gegen Einmalbeitrag nach den dann geltenden Tarifen umgewandelt werden.[112] Der Rentenzahlungsbeginn fällt mit dem Versicherungsbeginn zusammen, denn der Versicherungsnehmer erwartet, dass die Rentenzahlung in dem Zeitpunkt einsetzt, in dem die Kapitalversicherungssumme fällig geworden wäre.[113]

---

[106] RGZ 137, 261.
[107] BGH, Urt. v. 10. 1. 1996 – IV ZR 125/95, NJW-RR 1996, 1047, 1048 = VersR 1996, 357, 358 = VerBAV 1996, 150, 152 = r+s 1996, 154 = MDR 1996, 1130, 1131.
[108] BGH, Urt. v. 10. 1. 1996 – IV ZR 125/95, NJW-RR 1996, 1047, 1048 = VersR 1996, 357, 358 = VerBAV 1996, 150, 152 = r+s 1996, 154 = MDR 1996, 1130, 1131.
[109] Vgl. Mustergeschäftsplan VerBAV 1988, 92.
[110] OLG Hamm, Urt. v. 17. 8. 2007 – 20 U 284/06, VersR 2008, 383 = r+s 2008, 159.
[111] Vgl. Braa VerBAV 1979, 84.
[112] Vgl. VerBAV 1988, 92.
[113] GB BAV 1959/60, 37.

F. Allg. Bedingungen für die Rentenversicherung

3. Rentenversicherung mit aufgeschobener Rentenzahlung

a) Tarifform. Bei der Rentenversicherung auf ein Leben mit aufgeschobener 28 Rentenzahlung geht der Versicherer die Verpflichtung ein, eine Rente von einem späteren Zeitpunkt ab, z. B. nachdem der Versicherte das 60. oder 65. Lebensjahr vollendet hat, zu leisten. Die erste Rente wird bei dieser Tarifform fällig, wenn die versicherte Person den vereinbarten Rentenzahlungsbeginn (Ablauf der Aufschubzeit) erlebt, und wird lebenslänglich gezahlt.[114]

Bei der Rentenversicherung auf ein Leben mit aufgeschobener Rentenzahlung, 29 Rentengarantie und Beitragsrückgewähr wird ebenfalls die erste Rente fällig, wenn die versicherte Person den vereinbarten Rentenzahlungsbeginn erlebt, und wird lebenslänglich, mindestens für die unabhängig vom Erleben garantierte Laufzeit der Rente gezahlt.[115] Stirbt der Versicherte während der Zeit zwischen dem Versicherungsbeginn und dem Beginn der Rentenzahlung (Aufschubzeit), ist vorgesehen, dass eine Todesfallleistung in Höhe der eingezahlten Beiträge gewährt wird.[116] Für die Zeit nach Rentenbeginn wird in der Regel bei Tod eine Rückzahlung der Beiträge abzüglich gezahlter Renten oder eine Mindestlaufzeit der Rente (Rentengarantie) geboten. Nach dem Tode der versicherten Person kann auch die diskontierte Auszahlung der restlichen garantierten Renten vereinbart werden. Möglich ist auch, dass bei Tod vor oder nach Rentenbeginn keine Todesfallleistung fällig wird, sondern als Zusatztarif gewählt werden muss. In diesem Fall muss auf das Fehlen jeglicher Todesfallleistungen hingewiesen werden.

Aufgeschobene Rentenversicherungen mit Rückgewähr der eingezahlten Bei- 30 träge bei Tod während der Aufschubzeit und ausreichender Garantiezeit können in der Aufschubzeit bis zur Höhe der Todesfallleistungen zurückgekauft werden.[117] Dies gilt insbesondere für aufgeschobene Rentenversicherungen, in die weitergehende Todesfallleistungen einer Risiko-Zusatzversicherung eingeschlossen werden.

b) Kapitalwahlrecht. aa) Inhalt. Beim Kapitalwahlrecht handelt es sich um 31 ein dem Versicherungsnehmer gewährtes Recht, zum Ende der Aufschubzeit seiner Rentenversicherung, sofern er dieses erlebt, anstelle der ihm zustehenden lebenslangen Rentenzahlungen eine (einmalige) Kapitalabfindung zu verlangen und damit auf sämtliche weitere Ansprüche zu verzichten.[118] Die Parteien können dies z. B. in der Form vereinbaren, dass der Versicherungsnehmer gegen eine Einmalzahlung das Recht erwirbt, nach zwei Jahren wahlweise eine Kapitalabfindung oder eine monatliche Rente zu beziehen.[119] Hat der Versicherungsnehmer die Kapitalabfindung nebst Überschussbeteiligung ausgezahlt bekommen, ist diese Leistung einer Inhaltskontrolle nach dem AGB-Gesetz entzogen und nicht deshalb zu erhöhen, weil der Einmalbeitrag nur nach Abzug von Abschlusskosten gewinnbringend angelegt worden ist.[120]

Eine Kapitalabfindung ist zulässig, wenn die versicherte Person den ursprüng- 32 lich vereinbarten Rentenzahlungsbeginn erlebt. Bei Rentenversicherungen mit Beitragsrückgewähr und einer Garantiezeit von mindestens fünf Jahren und bei Rentenversicherungen mit Einschluss einer Hinterbliebenenrenten-Zusatzversicherung in Höhe von mindestens 50% der Altersrente muss die Kapitalabfindung spätestens drei Monate vor Rentenbeginn verlangt werden. Wenn bei der Ren-

---

[114] Vgl. Mustergeschäftsplan, VerBAV 1988, 92.
[115] Mustergeschäftsplan, VerBAV 1988, 92.
[116] Vgl. GB BAV 1963, 36; VerBAV 1988, 92; BGH v. 10. 1. 1996, VerBAV 1996, 150.
[117] Vgl. GB BAV 1961, 36.
[118] *Math* VW 2002, 143, 146.
[119] OLG Düsseldorf, Urt. v. 3. 12. 2002 – 4 U 106/02, r+s 2004, 75.
[120] OLG Düsseldorf, Urt. v. 3. 12. 2002 – 4 U 106/02, r+s 2004, 75.

tenversicherung keinerlei Todesfallleistungen eingeschlossen sind, wird eine Frist von wenigstens drei Jahren für erforderlich gehalten. Als Kapitalabfindung wird das volle geschäftsplanmäßige Deckungskapital gewährt. Mit der Auszahlung der Kapitalabfindung erlischt die Versicherung.[121]

33 **bb) Ausübung.** Nach § 10 Abs. 1 Nr. 2 Buchst. b Doppelbuchst. cc EStG sind auch Beiträge zu Rentenversicherungen mit Kapitalwahlrecht gegen laufende Beitragsleistung Sonderausgaben, wenn das Kapitalwahlrecht nicht vor Ablauf von zwölf Jahren seit Vertragsabschluss ausgeübt werden kann. Nach dem Wortlaut der Vorschrift muss die Ausübung des Kapitalwahlrechts vor Ablauf von zwölf Jahren seit Vertragsabschluss vertraglich ausgeschlossen sein. Bei Versicherungen, deren vereinbarte Rentenzahlungen zwölf Jahre nach Vertragsabschluss beginnen, bestehen jedoch keine Bedenken, wenn nach dem Vertrag das Kapitalwahlrecht frühestens fünf Monate vor Beginn der Rentenzahlungen ausgeübt werden kann.[122]

34 **cc) Abtretung von Ansprüchen.** Bei der Abtretung von Ansprüchen aus Rentenversicherungen mit Kapitalwahlrecht ist gemäß BMF-Schreiben v. 20. September 1995[123] und Verfügung der OFD Hannover vom 14. Dezember 1995[124] folgendes zu beachten:

„1. Als Vorsorgeaufwendungen im Sinne des § 10 Abs. 1 Nr. 2 EStG sind u. a. Beiträge zu Versicherungsverträgen auf den Erlebensfall begünstigt, die als Rentenversicherungen mit Kapitalwahlrecht gegen laufende Beitragsleistung gewährt werden, wenn das Kapitalwahlrecht nicht vor Ablauf von 12 Jahren seit Vertragsabschluss ausgeübt werden kann (§ 10 Abs. 1 Nr. 2 Buchst. b Doppelbuchst. cc EStG).
Außerrechnungsmäßige und rechnungsmäßige Zinsen aus den Sparanteilen, die in den Beiträgen zu Versicherungen auf den Erlebensfall enthalten sind, sind unter den Voraussetzungen des § 20 Abs. 1 Nr. 6 Sätze 2 und 3 EStG steuerfrei. Dazu gehören auch die Zinsen, die bei Ausübung des Kapitalwahlrechts gezahlt werden. Rentenzahlungen sind nach Maßgabe des § 22 EStG mit dem Ertragsanteil zu versteuern.
2. Laufende Beiträge zu Rentenversicherungen mit Kapitalwahlrecht sind als Vorsorgeaufwendungen nur dann begünstigt, wenn das Kapitalwahlrecht nicht vor Ablauf von 12 Jahren seit Vertragsabschluss ausgeübt werden kann. Wann das Kapitalwahlrecht zivilrechtlich wirksam ausgeübt werden kann oder wann es auszuüben ist, um anstelle der laufenden Rentenzahlungen Wirksamkeit zu entfalten, geht aus den Vertragsbedingungen für die Rentenversicherung der jeweiligen Versicherungsgesellschaften hervor. Wird das Kapitalwahlrecht von vornherein ausgeübt, ist der Vertrag steuerrechtlich nicht als Lebensversicherungsvertrag zu behandeln.
3. Forderungen aus Lebensversicherungs- oder Rentenversicherungsverträgen können abgetreten, gepfändet oder verpfändet werden. Voraussetzung für die Wirksamkeit der Abtretung ist u. a. die Bestimmbarkeit der Forderung. Diese ist gegeben, sobald der Versicherungsvertrag abgeschlossen ist. Die Abtretung kann vertraglich ausgeschlossen, zeitlich und betragsmäßig beschränkt oder an eine Form gebunden werden (vgl. §§ 398 ff. BGB i. V. m. § 15 VVG und § 15 Nr. 2 ALB). Durch die Abtretung wird das Versicherungsverhältnis nicht berührt. Der Versicherungsnehmer bleibt unverändert Vertragspartner der Versicherungsgesellschaft. Er hat alle Vertragspflichten zu erfüllen, wie z. B. die Bezahlung der Prämien. Nur er ist z. B. berechtigt, das Kapitalwahlrecht auszuüben. Im Außenverhältnis zum Schuldner (Zedent) erlangt der Sicherungsnehmer (Zessionar) alle Gläubigerrechte. Er kann die erlangte Forderung gerichtlich und außergerichtlich geltend machen. Im Innenverhältnis zum Schuldner darf der Zessionar nur nach Maßgabe des Sicherungszwecks über die Forderung verfügen. Er ist im Zweifelsfall nur zur Einziehung berechtigt, wenn der Zedent in Verzug kommt. Bei der Einziehung

---

[121] Vgl. Mustergeschäftsplan VerBAV 1988, 100.
[122] Diese Regelung gilt für alle nach dem 30. 9. 1996 abgeschlossenen Versicherungsverträge, vgl. BMF-Schreiben v. 26. 7. 1996 – IV B 1 – S 2221 – 207/96, BStBl. I 1996, 1120.
[123] BMF-Schreiben v. 20. 9. 1995 – IV B 2 – S 2134 – 12/95 II, DB 1995, 1990.
[124] OFD Hannover, Vfg. v. 14. 12. 1995 – S 2220 – 23 – StO 213 a/S 2221 – 343 StH 215, WPg. 1996, 161 f.

muss der Zessionar die Interessen des Zedenten berücksichtigen (vgl. auch Palandt, BGB, § 398, Anm. 6 a) aa) und bb)). Dazu können z.B. auch Vereinbarungen über eine Ablösung des Darlehens aus anderen Mitteln als der Forderung aus dem abgetretenen Rentenversicherungsvertrag gehören.

Forderungen aus einem Rentenversicherungsvertrag (mit oder ohne Kapitalwahlrecht) gehören, solange der Versicherungsfall noch nicht eingetreten ist, zu den künftigen Forderungen. Auch künftige Forderungen können nach § 398 BGB abgetreten werden. In diesem Fall liegt in der Abtretung eine Vorausverfügung auf den Zeitpunkt des Eintritts des Versicherungsfalls (§ 398 BGB i.V.m. § 185 Abs. 2 BGB). Solange der Versicherungsnehmer aber das Kapitalwahlrecht noch nicht ausgeübt hat, sind nur die künftigen Forderungen abgetreten. Das können auch die künftigen Rentenzahlungen sein.

4. Eine Abtretung, die zu Sicherungs- oder Tilgungszwecken vereinbart wurde, kann durch andere vertragliche Vereinbarungen aufgehoben oder geändert werden, z.B. weil der Zedent (Sicherungsschuldner) das besicherte Darlehen durch andere Mittel besichern oder tilgen kann. Der Zedent hat damit auch nach einer Abtretung die Möglichkeit, es bei Rentenzahlungen zu belassen und das Kapitalwahlrecht nicht auszuüben. Wurde mit dem Zessionar eine Tilgung bei Fälligkeit der Rentenversicherung in Höhe des zu erwartenden Kapitals bei Ausübung des Kapitalwahlrechts vereinbart, ist darin lediglich eine Absichtserklärung gegenüber dem Zessionar zu sehen, das Kapitalwahlrecht zu gegebener Zeit auszuüben.

5. Eine Abtretung von Versicherungsansprüchen wird erst wirksam mit einer Anzeige an das Versicherungsunternehmen. Allein in dieser Anzeige liegt ebenfalls noch keine Ausübung des Kapitalwahlrechts, da sie lediglich dazu bestimmt ist, die Rechte des Zessionars zu sichern. Der Versicherungsvertrag gelangt durch diese Anzeige noch nicht zur Auszahlung. Die Anzeige verhindert nur die Auszahlung der Versicherungsansprüche an eine nicht berechtigte Person. Ohne Hinzutreten weiterer Umstände, wie z.B. die ausdrückliche Ausübung des Kapitalwahlrechts durch den Versicherungsnehmer oder die Kündigung des Versicherungsvertrags, bleibt es bei einer – steuerlich begünstigten – Rentenversicherung.

Die Regelungen des § 10 Abs. 2 Satz 2 EStG sind auch auf Rentenversicherungen mit Kapitalwahlrecht anzuwenden. Die steuerrechtlichen Folgen aus dem Einsatz solcher Versicherungen zu Finanzierungszwecken sind daher im Übrigen anhand der in dieser Rechtsvorschrift dargestellten Grundsätze zu beurteilen."

dd) Auskunft. Teilt der Versicherer dem Versicherungsnehmer auf eine entsprechende Anfrage wenige Monate vor Ablauf der Versicherung mit, es werde ein bestimmter Kapitalbetrag an Stelle einer zu wählenden Rente fällig, so handelt es sich bei dieser Auskunft regelmäßig weder um ein abstraktes noch ein kausales Schuldanerkenntnis.[125] Unberührt bleibt eine Haftung wegen unrichtiger Auskunftserteilung.[126] 35

4. Hinterbliebenenrenten-Zusatzversicherung

Die Hinterbliebenenrenten-Zusatzversicherung ist ihrem Charakter nach eine Risikoversicherung. Bei dieser Zusatzversicherung wird die unselbständige Versicherung einer Anwartschaft auf eine lebenslänglich zahlbare Hinterbliebenenrente für eine mitversicherte Person eingeschlossen, wobei die Rentenzahlungsweise dieser Hinterbliebenenrente mit der vereinbarten Rentenzahlungsweise der Rente für die hauptversicherte Person (Altersrente) übereinstimmt. 36

Im Falle des Todes der hauptversicherten Person vor oder nach Ablauf der Aufschubzeit wird die Hinterbliebenenrente vom nächsten vereinbarten Rentenfälligkeitstermin an gezahlt. Stirbt die hauptversicherte Person vor Ablauf der Aufschubzeit, so wird von dem auf den Tod folgenden Monatsersten an bis zum nächsten Rentenfälligkeitstermin eine anteilige Hinterbliebenenrente gezahlt. 37

---
[125] OLG Köln, Urt. v. 30. 10. 2002 – 5 U 9/02, NJW-RR 2003, 818, 819.
[126] OLG Köln, Urt. v. 30. 10. 2002 – 5 U 9/02, NJW-RR 2003, 818, 819.

Stirbt die hauptversicherte Person während der Mindestlaufzeit der Rente, so wird die Hinterbliebenenrente vom ersten Rentenfälligkeitstermin an nach Ablauf der Mindestlaufzeit gezahlt. Beim Tode der mitversicherten Person erlischt die Hinterbliebenenrenten-Zusatzversicherung.[127] Häufigste Hinterbliebenenrentenversicherungen sind die Witwen-, Witwer- und Waisenversicherungen. Witwen- und Witwerrenten werden dabei als lebenslängliche Geldrenten, Waisenrenten als nach dem Lebensalter abgekürzte Renten ausgezahlt.

38   Die Hinterbliebenenrentenversicherung ist in Bezug auf das Leben der hauptversicherten Person Todesfallversicherung. Ebenso die selbständige Witwenrentenversicherung und die Waisenrenten-Zusatzversicherung. Im Allgemeinen wird die Hinterbliebenenrente lebenslänglich gezahlt. Gelegentlich wird bei Wiederverheiratung eine Abfindung, z. B. in Höhe von drei Jahresrenten gezahlt.

5. Pensionsversicherung

39   Bei dieser Form einer Rentenversicherung ist eine Altersrente versichert. Tritt vorher Berufsunfähigkeit ein (versicherbar ist auch der Fall der Erwerbsunfähigkeit), so kommen eine Berufsunfähigkeitsrente (Erwerbsunfähigkeitsrente) und später die Altersrente zur Auszahlung. Bei Ableben der versicherten Person wird sin der Regel Witwen- und Waisenrente gezahlt.[128]

6. Rentenversicherung in variabler Höhe

40   Rentenversicherungen mit stufenweisem Aufbau der Versicherungsleistungen gegen laufende jährliche Beiträge in variabler Höhe spielen in der Firmengruppenversicherung eine gewisse Rolle.[129] Es sind Besondere Bedingungen erforderlich. Die laufende Erhöhung der Beiträge und Versicherungsleistungen ohne erneute Gesundheitsprüfung kommt naturgemäß nur bei einer aufgeschobenen Rentenversicherung gegen laufende Beiträge in der Aufschubzeit in Betracht, in die eine Hinterbliebenenrenten-, Unfall- oder Berufsunfähigkeits-Zusatzversicherung eingeschlossen sein kann (sog Anpassungsrentenversicherung).

41   Rentenversicherungen ohne jede Todesfallleistung sind rechtlich zulässig[130] und werden in der Regel nur auf ausdrücklichen Wunsch des Kunden abgeschlossen. Der Versicherer lässt sich dann jedoch meist bei Antragstellung eine Zusatzerklärung seines Kunden geben, dass er bei Antragstellung darüber unterrichtet worden ist, dass beim Tod der versicherten Person keinerlei Leistungen fällig werden. Jede fällig werdende Rente löst für sich allein einen neuen Versicherungsfall aus. Nach Rentenbeginn ist das Kündigungsrecht ausgeschlossen.

7. Zusatzversicherungen

42   Auf Antrag können für die hauptversicherte Person eine Unfall-Zusatzversicherung und/oder eine Berufsunfähigkeits-Zusatzversicherung eingeschlossen werden.[131] Die Unfalltodsumme darf 200% der 12-fachen Jahresrente und die jährliche Barrente der Berufsunfähigkeits-Zusatzversicherung 200% der Altersrente nicht übersteigen.[132]

---

[127] Vgl. zu vorstehendem Mustergeschäftsplan, VerBAV 1988, 93.
[128] Siehe hierzu BGH v. 12. 3. 1964, VersR 1964, 497; LAG Hamm v. 1. 9. 1977, DB 1977, 1951.
[129] *Claus* VerBAV 1981, 217.
[130] Vgl. BGH v. 31. 10. 1973, VersR 1974, 127, 128.
[131] Vgl. Mustergeschäftsplan, VerBAV 1988, 93.
[132] VerBAV 1988, 93.

8. Produktentwicklung

a) Klassische Produkte. Seit der Deregulierung sind die Gestaltungsformen der Hinterbliebenenrente vielfältiger geworden. Insbesondere wurde die Begrenzung der Höhe der Hinterbliebenenrente aufgeweicht oder aufgehoben, Beitragsrückgewähr und Hinterbliebenenrente werden gemeinsam zugelassen, Renten aus der Hinterbliebenenrente gleichzeitig mit denen aus der Rentengarantiezeit der Altersrente erbracht oder die Hinterbliebenenrente ebenfalls mit einer Rentengarantiezeit versehen.[133] Die Absicherung der Hinterbliebenen kann auch aus mehreren Bausteinen für Witwen/Witwer und Waisen bestehen oder als Zusatzbaustein zu einer Kapitallebensversicherung angeboten werden.[134] Ein Kapitalwahlrecht bei Rentenbeginn enthalten 86% bis 96% der aufgeschobenen Rentenversicherungen.[135]

b) IndexPolice. Die IndexPolice wird wie folgt beschrieben:[136]

„Die IndexPolice ist eine Rentenversicherung gegen Einmalbeitrag mit einer Mindestlaufzeit von zwölf Jahren. Die Kapitalanlage erfolgt ausschließlich in ein Garantiezertifikat. Damit verbindet das Produkt die Sicherheit eines garantierten Wertzuwachses mit der Chance auf eine zusätzliche Rendite. Die Renditechance hängt ab von der Wertentwicklung des europäischen Aktienindexes Dow Jones EURO STOXX 50."

Die weiteren Details der IndexPolice lauten wie folgt:[137]

„Die IndexPolice sieht nach zwölf Jahren den Beginn einer Rentenzahlung vor. Alternativ kann auch eine Kapitalzahlung gewählt werden. Bei einer Auszahlung in Form einer lebenslangen Rente wird lediglich deren Ertragsanteil besteuert. Dieser beträgt z. B. bei einem 65-Jährigen 18%. Wird eine einmalige Kapitalzahlung gewählt, ist die Hälfte des Wertzuwachses steuerfrei – bei mindestens zwölf Jahren Laufzeit und einer Auszahlung ab dem vollendeten 60. Lebensjahr. Stirbt der Kunde während der Laufzeit des Garantiezertifikats, wird der aktuelle Policenwert, mindestens jedoch der eingezahlte Einmalbeitrag, einkommensteuerfrei ausgezahlt."

c) Enhanced Annuities. Um die Attraktivität von Rentenversicherungsprodukten gegenüber konventionellen Leibrenten zu steigern, entstanden auch Enhanced Annuities, bei denen es sich um innovative Rentenversicherungsprodukte mit variablen Rentenauszahlungen handelt.[138] Diese Rentenauszahlungen sind jedoch nicht auf die Entwicklung bestimmter Finanzinstrumente konditioniert, sondern auf den Gesundheitszustand der Rentenversicherten.[139]

9. Unterrichtung über die Garantiewerte

Die Versicherungsnehmer sind durch eine vertragsindividuelle Garantiewerttabelle über die Höhe der Garantiewerte zu unterrichten.[140] Eine mit dem Versicherungsschein übersandte Tabelle zur Berechnung der Rückkaufswerte wird Vertragsbestandteil, wenn der Versicherungsnehmer nicht nach § 5 VVG widerspricht.[141]

---

[133] *Pallenberg/Neumann*, BDGVM XXIV (2000), 687.
[134] *Pallenberg/Neumann*, BDGVM XXIV (2000), 687.
[135] *Weber*, Evaluation von Rentenversicherungen und Fondsentnahmeplänen, 2006, S. 49.
[136] *Hessling*, Allianz Leben: Mit Sicherheit von den Kapitalmärkten profitieren, AssCompact 2006, 66.
[137] *Hessling*, Allianz Leben: Mit Sicherheit von den Kapitalmärkten profitieren, AssCompact 2006, 67.
[138] *Schumacher* ZVersWiss 2008, 71, 72.
[139] *Schumacher* ZVersWiss 2008, 71, 72.
[140] GB BAV 1984, 55.
[141] BGH, Urt. v. 14. 11. 2001 – IV ZR 181/00, VersR 2002, 88, 89 = VerBaFin 2003, 9.

10. Besteuerung der Zahlungen aus der Rentenversicherung

48 **a) Nichtanwendbarkeit des § 20 Abs. 1 Nr. 6 Satz 2 EStG.** Zahlungen aufgrund einer sofort beginnenden Leibrentenversicherung gegen Einmalbeitrag sind nicht – auch nicht teilweise – nach § 20 Abs. 1 Nr. 6 Satz 2 EStG steuerfrei, da die an den Versicherungsnehmer gezahlten wiederkehrenden Leistungen keine rechnungsmäßigen oder außerrechnungsmäßigen Zinsen aus Spareanteilen enthalten.[142] Die bezogenen jährlichen Rentenleistungen unterliegen vielmehr der Besteuerung nach § 22 Nr. 1 Satz 3 Buchst. a) EStG, weil sie für die Dauer der Lebenszeit der Bezugspersonen gezahlt wird.[143]

49 **b) Besteuerung mit dem Ertragsanteil.** Wenn bei einer Rentenversicherung mit Kapitalwahlrecht von dem Kapitalwahlrecht kein Gebrauch gemacht wird oder wenn kein Wahlrecht besteht, so dass ausschließlich Renten zu zahlen sind, sind diese gemäß § 22 EStG mit dem Ertragsanteil zu versteuern.[144] Entsprechend der bisherigen langjährigen Übung ist die gesamte Rente aus der privaten Rentenversicherung einschließlich des Überschussanteils mit dem Ertragsanteil nach § 22 Nr. 1 Satz 3 Buchst. a EStG zu besteuern und ist eine Aufteilung in die garantierte Rente und den Überschussanteil nicht vorzunehmen, obwohl der Überschussanteil je nach Ertragslage des Versicherers und Lebenserwartung der Versicherten schwanken kann.[145] Da § 22 Nr. 1 Satz 3 Buchst. a EStG nur den Ertraganteil von – definitionsgemäß gleichbleibenden – Leibrenten regelt, ist bei privaten abänderbaren Renten einer – letztlich nur praktische – Schwierigkeit in dem Erfordernis begründet, die Laufzeit der wiederkehrenden Bezüge zu bestimmen, von der die Höhe des Zinsanteils abhängt.[146] Die Modalitäten der Berechnung des Zinsanteils sind umstritten.[147] Auch bei einer finanzmathematischen Berechnung zur Gleichbehandlung im Wesentlichen gleicher Sachverhalte sind die biometrischen Durchschnittswerte der Allgemeinen deutschen Sterbetafel als maßgebend anzusehen, die ebenso wie der Rechnungszinsfuß von 5,5 v. H. der Ertragsanteilstabelle des § 22 Nr. 1 Satz 3 Buchst. a EStG zugrunde liegen.[148] In Einzelfällen, insbesondere solchen von geringerer betragsmäßiger Bedeutung, kann eine vereinfachte Berechnung – z. B. in Anlehnung an die Ertragswerttabelle des § 22 Nr. 1 Satz 3 Buchst. a EStG zulässig sein.[149] Der BFH hat auch in seinem Urteil vom 20. Juni 2006 nicht abschließend entschieden, ob die Renteneinnahmen aus der garantierten Grundrente und der nicht garantierten Überschussbeteiligung insgesamt den sonstigen Einkünften im Sinne von § 22 Nr. 1

---

[142] Vgl. OFD München, Vfg. v. 27. 6. 2002 – S 2255 – 49 St 414, BetrAV 2002, 769 = DB 2002, 1476; BFH, Urt. v. 15. 6. 2005 – X R 64/01, BB 2005, 2336 = DB 2005, 2219 = WPg 2005, 1219, 1220.
[143] BFH, Urt. v. 22. 11. 2006 – X R 15/05, NJW 2007, 1085 = WPg 2007, 391 f.
[144] BFH, Urt. v. 15. 6. 2005 – X R 64/01, BB 2005, 2336 = DB 2005, 2219 = WPg 2005, 1219, 1220.
[145] BMF-Schreiben v. 26. 11. 1998 – IV C 3 – S 2255 – 35/98, BStBl. I 1998, 1508 = DB 1999, 25.
[146] BFH, Urt. v. 15. 6. 2005 – X R 64/01, BB 2005, 2336 = DB 2005, 2219 = WPg 2005, 1219, 1221.
[147] BFH, Urt. v. 15. 6. 2005 – X R 64/01, BB 2005, 2336 = DB 2005, 2219 = WPg 2005, 1219, 1221 unter Hinweis auf BFH, BStBl. II 2002, 183; anders – entsprechende Anwendung der Vorschriften über den Ertragsanteil – BFH, Urt. v. 9. 2. 1994 – IX R 110/90, BStBl. II 1995, 47, betr. die korrespondierende Abziehbarkeit einer als Gegenleistung gezahlten Last.
[148] BFH, Urt. v. 25. 11. 1992 – X R 34/89, BStBl. II 1996, 663; BFH, Urt. v. 15. 6. 2005 – X R 64/01, BB 2005, 2336 = DB 2005, 2219 = WPg 2005, 1219, 1221.
[149] BFH, Urt. v. 15. 6. 2005 – X R 64/01, BB 2005, 2336 = DB 2005, 2219 = WPg 2005, 1219, 1221.

EStG zuzuordnen sind und der sich in den Gesamteinnahmen enthaltene Ertragsanteil nach der Tabelle in § 22 Nr. 1 Satz 3 Buchst. a EStG bemisst oder ob in diesen Einnahmen enthaltene Zinsanteile dem Grunde nach Einkünfte aus Kapitalvermögen im Sinne von § 20 Abs. 1 Nr. 7 EStG sind, deren Höhe aus Vereinfachungsgründen in sinngemäßer Anwendung der Ertragsanteilstabelle in § 22 Nr. 1 Satz 3 Buchst. a EStG oder nach finanz- bzw. versicherungsmathematischen Grundsätzen zu ermitteln ist.[150]

III. Fremdfinanzierte Rentenversicherung gegen Einmalbeitrag

1. Allgemeines

a) **Kombi-Rente.** Beim Steuersparmodell Kombi-Rente schließt der Kunde 50 Versicherungsnehmer, Kreditnehmer, Anleger) eine Kombination aus einer fremdfinanzierten Rentenversicherung mit sofort beginnender Rentenzahlung, einem Kredit für die Einzahlung des Einmalbeitrags in diese Versicherung und eine zur Tilgung dieses Kredits nach Ablauf der Tilgungsaussetzungen vorgesehene Investmentanlage sowie eine zusätzliche Risikolebensversicherung ab.[151]

b) **Sicherheitskompaktrente.** Beim Produkt „Sicherheits-Kompakt-Rente"[152] 51 handelt es sich um endfällige Darlehen mit Zinsfestschreibung, die nach zwölfjähriger Laufzeit durch eine Tilgungslebensversicherung abgelöst werden. Das Finanzierungskonzept sieht vor, dass der Auszahlungsbetrag des Darlehens 1 (in Verbindung mit einer durch Steuerersparnis aufgebrachten Eigenleistung) als Einmalzahlung in eine Rentenversicherung dient, während die Valuta des Darlehens 2 zur Einmalzahlung in eine Kapitallebensversicherung verwendet wird. Zur Abdeckung der bei Fälligkeit der Tilgungsversicherung anfallenden Kapitalertragsteuer wird eine Steueransparversicherung abgeschlossen. Das Todesfallrisiko des Darlehensnehmers wird durch eine Risikolebensversicherung abgesichert.

Bei dieser Produktgestaltung unterliegen die Leistungen für die Steueranspar- 52 versicherung nicht der Pflicht zur Angabe des Gesamtbetrages im Sinne von § 4 Abs. 1 Satz 4 Nr. 1 Buchst. b Satz 2 VerbrKrG a. F., weil sie nicht der Erfüllung der Darlehensrückzahlungsschuld, sondern der Tilgung der eventuell im Zeitpunkt der Auszahlung der Tilgungslebensversicherung anfallenden Steuerschuld des Anlegers dienen.[153] Erfolgt die Ansparung der Tilgungslebensversicherung mittels Einmalzahlung durch ein weiteres Darlehen, so fallen die vom Anleger zu erbringenden Darlehenszinsen auch nicht in entsprechender Anwendung des § 4 Abs. 1 Satz 4 Nr. 1 Buchst. b Satz 2 VerbrKrG a. F. unter die Pflicht zur Gesamtbetragsangabe, weil ungeachtet der Tilgungsfunktion der Lebensversicherung die Zinszahlungen wirtschaftlich nicht als Tilgungsersatzleistungen im Sinne dieser Vorschrift anzusehen sind.[154]

---

[150] BFH, Urt. v. 20. 6. 2006 – X R 3/06, NJW 2007, 318, 319 = BB 2006, 1887, 1889 = DB 2006, 1874, 1876.
[151] OFD Koblenz, Vfg. v. 21. 3. 2002 – S 7160 A – St 44 2, BB 2002, 1579.
[152] Die Produktbeschreibung ergibt sich aus OLG Karlsruhe, Urt. v. 5. 12. 2006 – 17 U 366/05, ZIP 2007, 722; BGH, Urt. v. 19. 2. 2008 – XI ZR 23/07, NJW-RR 2008, 1002 = VersR 2008, 836 = WM 2008, 681.
[153] OLG Karlsruhe, Urt. v. 5. 12. 2006 – 17 U 366/05, ZIP 2007, 722, 723; BGH, Urt. v. 19. 2. 2008 – XI ZR 23/07, NJW-RR 2008, 1002, 1003 = VersR 2008, 836 = WM 2008, 681, 683.
[154] OLG Karlsruhe, Urt. v. 5. 12. 2006 – 17 U 366/05, ZIP 2007, 722, 723; BGH, Urt. v. 19. 2. 2008 – XI ZR 23/07, NJW-RR 2008, 1002, 1003 = VersR 2008, 836 = WM 2008, 681, 683.

2. Einkunftserzielungsabsicht

53 Der Markt kennt Versicherungsverträge gegen Einmalbeitrag, bei denen der Einmalbeitrag ganz oder teilweise fremdfinanziert wird.[155] Auch dann, wenn jemand aufgrund eines Finanzierungskonzepts eine Sofortrente als abgekürzte Leibrente (Rente I) durch ein endfälliges Darlehen finanziert und die auszuzahlenden Rentenleistungen u. a. dazu verwendet, um die Prämien für eine aufgeschobene Leibrente (Rente II) zu zahlen, sind bei der Prüfung der Einkünfteerzielungsabsicht beide Leibrenten grundsätzlich getrennt zu beurteilen.[156] Denn nach der ständigen Rechtsprechung ist bei den Überschusseinkunftsarten die Einkünfteerzielungsabsicht für jede Einkunftsquelle gesondert festzustellen.[157] Dies gilt sowohl für Kapitalanlagen, die zu Einkünften aus Kapitalvermögen führen[158] als auch für zwei rechtlich selbständige Leibrentenverträge.[159] Ausreichend für die Feststellung der Einkünfteerzielungsabsicht ist, dass die Erzielung eines Überschusses möglich erscheint.[160] In die hiernach gebotene Prognose der insgesamt anfallenden steuerpflichtigen Einnahmen sind auch solche künftigen Rentenzahlungen einzubeziehen, die nach dem wahrscheinlichen Verlauf der Dinge nach dem Tod des Versicherungsnehmers an dessen Ehegatten als Hinterbliebenenrente ausgezahlt werden.[161]

3. Verlustausgleichsgebot nach § 2 b EStG

54 **a) Ausgangslage.** Nach § 2 b EStG dürfen negative Einkünfte aufgrund von Beteiligungen an Gesellschaften, Gemeinschaften oder ähnlichen Modellen nicht mit anderen Einkünften ausgeglichen werden, wenn bei dem Erwerb oder der Begründung der Einkunftsquelle die Erzielung eines steuerlichen Vorteils im Vordergrund steht. Was unter „ähnlichen Modellen" im Sinne des § 2 b EStG zu verstehen ist, ist bis heute abschließend nicht geklärt. Umstritten ist, ob die Vorschrift, wie im Schrifttum[162] überwiegend angenommen, nur auf Erträge aus Rechtsgebilden anzuwenden ist, an denen mehrere Personen beteiligt sind (Beteiligungserträge), oder ob von der Regelung des § 2 b EStG – wie von der Finanzverwaltung behauptet – auch Individualverträge, also auch Individualinvestitionen erfasst werden, wie z. B. die von der Schnee-Gruppe angebotene Sicherheits-Kompakt-Rente.[163] Eine Klärung kann letztlich nur durch den BFH erfolgen, es sei denn, die gesamte Vorschrift des § 2 b EStG wird vorher vom BVerfG als mit dem GG nicht vereinbar erklärt.[164]

---

[155] *Horlemann* BB 2001, 650.
[156] BFH, Urt. v. 16. 9. 2004 – X R 25/01, BFHE 207, 515 = BStBl. II 2005, 44 = DB 2005, 138; BFH, Urt. v. 17. 8. 2005 – IX R 23/03, DB 2005, 2498 = WPg 2006, 34.
[157] BFH, Urt. v. 16. 9. 2004 – X R 25/01, BB 2005, 79, 80 = DB 2005, 138; BFH, Urt. v. 17. 8. 2005 – IX R 23/03, DB 2005, 2498, 2499 = WPg 2006, 34.
[158] BFH, Urt. v. 5. 3. 1991 – VIII R 6/88, BFHE 164, 319 = BStBl. II 1991, 744 = BB 1991, 1991 = DB 1991, 1910; BFH, Urt. v. 7. 12. 1999 – VIII R 8/98, DStRE 2000, 623 = BFH/NV 2000, 825; BFH, Urt. v. 17. 8. 2005 – IX R 23/03, DB 2005, 2498, 2499 = WPg 2006, 34, 35.
[159] BFH, Urt. v. 30. 10. 2001 – VIII R 29/00, BFHE 197, 114 = BB 2002, 498 = DB 2002, 299; BFH, Urt. v. 16. 9. 2004 – X R 25/01, BFHE 207, 515 = BStBl. 2005, 44 = DB 2005, 79, 80 = DB 2005, 138; BFH, Urt. v. 17. 8. 2005 – IX R 23/03, DB 2005, 2498, 2499 = WPg 2006, 34, 35; BFH, Urt. v. 25. 6. 2008 – X R 36/05, NJW 2009, 396, 397.
[160] Vgl. BFH, Urt. v. 15. 12. 1999 – X R 23/95, BStBl. II 2000, 267 = BB 2000, 658 (Ls.).
[161] BFH, Urt. v. 16. 9. 2004 – X R 29/02, BB 2005, 1373 = DB 2005, 474.
[162] Im Einzelnen *Söffing* DB 2005, 520, 521 ff.
[163] Zur Aufklärungspflicht des Vermittlers siehe OLG Hamm, Urt. v. 18. 1. 2007 – 4 U 22/06, S. 16 ff.
[164] Vgl. zutreffend zur Verfassungswidrigkeit *Söffing* DB 2005, 520, 524; *Plewka/Klümpen-Neusel*, Die Entwicklung des Steuerrechts, NJW 2008, 901, 903.

b) Fremdfinanzierte Leibrentenversicherung. Nach Auffassung der Finanz- **55**
verwaltung fallen fremdfinanzierte Lebensversicherungen nicht automatisch unter
§ 2b EStG, sondern nur dann, wenn besondere Umstände vorliegen, insbesondere
wenn die Erzielung eines steuerlichen Vorteils im Vordergrund steht.[165] Einzelheiten hat die Finanzverwaltung im Anwendungsschreiben vom 22. August
2001[166] zu § 2b EStG geregelt. Die OFD Berlin hat in einer Verfügung vom
19. Januar 2004[167] im Einvernehmen mit der Senatsverwaltung der Finanzen zu
den in Rdn. 11/12 des BMF-Schreibens vom 22. August 2001 angesprochenen
Renten- und Lebensversicherungs-Modellen folgende Auffassung vertreten:

„1. Ein Renten- oder Lebensversicherungs-Modell, dessen Konzept modellhafte Bedingungen anbietet, z.B. die vollständige oder teilweise Kreditfinanzierung einer Einmalzahlung, ist ein „ähnliches Modell" im Sinne des § 2b EStG (beispielsweise das Angebot der Sicherheits-Kompakt-Rente der Schnee-Gruppe, vgl. Nr. II 2 der Vfg. v. 30. 1. 2001, EStGK Bln § 22 EStG 2.1002). Ob der Stpfl. von Teilen des Angebots nicht oder nur abgewandelt Gebrauch macht, ist dabei unerheblich. Liegt eine Beteiligung an einem Modell vor, sind die weiteren Tatbestandsmerkmale des § 2b EStG zu prüfen.
Dem steht nicht entgegen, dass der BFH in seinem Urteil vom 15. 12. 1999 (BStBl. II 2000, S. 267, 271) zu einem Fall der Beteiligung an einem Modell entschieden hat, es gäbe keine greifbaren Anhaltspunkte dafür, dass es dem Stpfl. um ein Steuersparmodell gegangen sei und eine Steuerersparnis der alleinige oder vorrangige Beweggrund für die Vertragsgestaltung wäre. Denn diese Betrachtung bezog sich auf seine Rechtsprechung zum Fehlen der Einkünfteerzielungsabsicht, insbesondere bei typischen Verlustzuweisungsgesellschaften. § 2b EStG dagegen setzt eine Einkunftserzielungsabsicht voraus. Deshalb ist bei § 2b EStG der Tatbestand des Im-Vordergrund-Stehens eines steuerlichen Vorteils weitergehender und im Sinne des o. a. BMF-Schreibens zu verstehen. Es genügt, wenn die Erzielung eines steuerlichen Vorteils nur zeitweilig im Vordergrund steht, was bei den Renten- oder Lebensversicherungs-Modellen in Betracht kommt.
2. Beteiligt sich der Stpfl. an einem Modell, welches bereits nach gleichem Schema vor dem 5. 3. 1999 allgemein angeboten worden ist, liegt darin kein Grund für die Anwendung der Übergangsregelung im Sinne des § 52 Abs. 4 EStG. Denn es handelt sich bei dieser Einkunftsquelle nicht (auch nicht sinngemäß) um eine bereits in seinen Einzelheiten bereits vorhandenes Wirtschaftsgut. Vielmehr entsteht das auf die Bedürfnisse des Stpfl. zugeschnittene Wirtschaftsgut erst im Zeitpunkt des Vertragsabschlusses.
Hinsichtlich der geltend gemachten Werbungskosten ist das BMF-Schreiben vom 20. 11. 1997 (DB 1997 S. 2461) und Nr. III 2.2. der o. a. Vfg. vom 30. 1. 2001 zu beachten."

Die in der Verfügung der OFB Berlin vom 19. Januar 2004 erwähnte „Sicher- **56**
heits-Kompakt-Rente besteht regelmäßig aus vier Grundelementen, nämlich
einer Rentenversicherung, einer in Form einer Kapitallebensversicherung abgeschlossenen Tilgungsversicherung, einer Risikolebensversicherung und Kreditaufnahmen.[168] Dass diesem Konzept die steuerliche Anerkennung nicht zu versagen
ist, ergibt sich schon aus dem Urteil des BFH vom 30. Oktober 2001. Zutreffend
wird die Einkünfteerzielungsabsicht bejaht.[169]

---

[165] BMF-Schreiben v. 5. 7. 2000 – IV A 5 – S 2118b – 111/00, BStBl. I 2000, 1148.
[166] BMF-Schreiben v. 22. 8. 2001 – IV A 5 – S 2118b – 40/01, BStBl. I 2001, 588 = DB 2001, 1962
[167] OFD Berlin, Vfg. v. 19. 1. 2004 – St 125 – S 2118b – 2/03, DB 2004, 788.
[168] Siehe BFH, Urt. v. 30. 10. 2001 – VIII R 29/00, BB 2002, 498; *Söffing* DB 2005, 520.
[169] Vgl. BFH, Urt. v. 30. 10. 2001 – VIII R 29/00, BB 2002, 498, 499; *Söffing* DB 2005, 520, 521.

4. Abzugsfähigkeit von Werbungskosten

57, 58 a) **Allgemeines.** Die Schuldzinsen für den fremdfinanzierten Einmalbeitrag sind als vorweggenommene Werbungskosten abziehbar,[170] nicht jedoch die Vermittlungs- und Maklergebühren für den Erwerb der Rentenrechte.[171] Die Kreditvermittlungskosten will die Finanzverwaltung im Rahmen einer Angemessenheitsprüfung nur bis zu einer Höhe von 2% als Werbungskosten anerkennen.[172] Dies billigt der BFH.[173] Für die Beurteilung der Abzugsfähigkeit überhaupt ist als Einkunftsquelle der einzelne Versicherungsvertrag zugrunde zu legen.[174] Ausreichend ist, dass die Erzielung eines Überschusses möglich erscheint.[175] In die Überschussprognose sind auch diejenigen steuerpflichtigen Einnahmen einzubeziehen, die voraussichtlich nach dem Tod des Versicherungsnehmers an dessen Ehegatten als Hinterbliebenenrente ausgezahlt werden.[176]

59 b) **Versicherungsmodelle.** Bei der Zeichnung von Versicherungsmodellen mit fremdfinanziertem Einmalbeitrag (z. B. Sicherheits-Kompakt-Rente (SKR)[177] oder SpaRenta Kombi Rente) fallen regelmäßig Gebühren zugunsten der Modellvertreiber an.[178] Diese werden in der Regel als „(Kredit-)Vermittlungsgebühren" und/oder „Abwicklungs- und Informationshonorar" bezeichnet und regelmäßig in vollem Umfang als (vorweggenommene) Werbungskosten bei den Einkünften aus § 22 Nr. 1 EStG und/oder § 20 EStG geltend gemacht.[179] Da diese Gebühren wirtschaftlich sowohl auf die Vermittlung der Kapitalanlagen (= Anschaffungsnebenkosten z. B. des Rentenstammrechts) als auch auf die Vermittlung der Darlehen (= Finanzierungskosten/Werbungskosten) entfallen, ist der als Werbungskosten abzugsfähige Anteil regelmäßig auf 2% des Darlehensbetrags zu beschränken.[180]

5. Umsatzsteuerfreiheit

60 Die Leistungen der Vertriebspartner wurden von der Finanzverwaltung zunächst nicht als steuerfrei nach § 4 Nr. 8 a und f sowie Nr. 11 UStG angese-

---

[170] BFH, Urt. v. 9. 5. 2000 – VIII R 77/97, BFHE 192, 445 = BStBl. II 2000, 660 = DStR 2000, 1764 = BB 2000, 2087 (Ls.) = DB 2000, 2304; BFHE 208, 129 = BStBl. II 2006, 234 = NJW 2005, 1886 = BB 2005, 1373; BFH, Urt. v. 20. 6. 2006 – X R 3/06, NJW 2007, 318, 320 = BB 2006, 1887, 1890 = DB 2006, 1874, 1876 f.; *Horlemann* BB 2001, 650, 651.

[171] BFH, Urt. v. 30. 10. 2001 – VIII R 29/00, NJW 2002, 1291, 1293.

[172] OFD München, Vfg. v. 27. 6. 2002 – S 2255 – 49 St 414, DB 2002, 1476 u. DB 2002, 1967; krit. dazu *Söffing* DB 2002, 1733, 1734 ff; *Meyer-Scharenberg* DB 2005, 1646.

[173] BFH, Urt. v. 16. 9. 2004 – X R 19/03, DB 2004, 2788, 2792; BFHE 208, 129 = BStBl. II 2006, 234 = NJW 2005, 1886 = BB 2005, 1373 = DB 2005, 474; BFH, Urt. v. 20. 6. 2006 – X R 3/06, NJW 2007, 318, 320 = BB 2006, 1887, 1890 = DB 2006, 1874, 1877.

[174] Vgl. BFH, Urt. v. 7. 12. 1999 – VIII R 8/98, DStRE 2000, 623.

[175] Vgl. BFH, Urt. v. 15. 12. 1999 – X R 23/95, BStBl. II 2000, 267 = BB 2000, 658 (Ls.).

[176] BFH, Urt. v. 16. 9. 2004 – X R 29/02, NJW 2005, 1886.

[177] Zum Produkt siehe Capital Investor 2008, 17.

[178] OFD Münster, Kurzinformation Einkommensteuer Nr. 11/2007 v. 26. 4. 2007, DB 2007, 1716.

[179] OFD Münster, Kurzinformation Einkommensteuer Nr. 11/2007 v. 26. 4. 2007, DB 2007, 1716.

[180] BFH, BFHE 208, 129 = BStBl. II 2006, 234 = NJW 2005, 1886 = BB 2005, 1373 = DB 2005, 474; BFH, Urt. v. 20. 6. 2006 – X R 3/06, NJW 2007, 318, 320 = BB 2006, 1887, 1890 = DB 2006, 1874, 1877; OFD Münster, Kurzinformation Einkommensteuer Nr. 11/2007 v. 26. 4. 2007, DB 2007, 1716.

F. Allg. Bedingungen für die Rentenversicherung   61–64 RV 2008

hen.[181] Mit Blick auf eine Entscheidung des BFH vom 6. September 2007[182] sieht die Finanzverwaltung jetzt die Vertriebsleistungen als umsatzsteuerfrei an.[183]

IV. Rechnungsgrundlagen

1. Sterbetafel

Der Kalkulation und Reservierung von Rentenversicherungen liegt in Deutschland seit 1989 die von *Lühr*[184] hergeleitete Sterbetafel 1987 R zugrunde.[185] Die Anwendung dieser Sterbetafel hat bei einer ganzen Reihe von LVU zu Risikoverlusten im Bestand an fälligen Renten geführt.[186] Die Deutsche Aktuarvereinigung hat deshalb eine neue Sterbetafel für Rentenversicherungen erarbeitet, die als DAV-Sterbetafel 1994 R bezeichnet wird.[187] 61

Die Lebenserwartung ist in den letzten hundert Jahren stark gestiegen. Diese Entwicklung wurde bei der Herleitung früherer Sterbetafeln für Rentenversicherungen jedoch nur teilweise berücksichtigt, so dass die seit 1989 benutzte Sterbetafel 1987 R von der im Dezember 1994 vorgestellten DAV-Sterbetafel 1994 R abgelöst wurde.[188] Da die Lebenserwartung der Menschen in Deutschland weiter angestiegen ist,[189] hat die Deutsche Aktuarvereinigung eine neue Sterbetafel für Rentenversicherungen erarbeitet und als Sterbetafel DAV 2004 R verlautbart.[190] Nach einem Vorschlag der Deutschen Aktuarvereinigung sollen die neuen Rechnungsgrundlagen im Neugeschäft ab 1. Januar 2005 zugrunde gelegt werden.[191] 62

2. Deckungsrückstellung

Die Deckungsrückstellung ist die versicherungsmathematisch berechnete verzinsliche Ansammlung von Beträgen zur Deckung eines Rechtsanspruchs auf eine zukünftige Geldleistung.[192] 63

Da sich die für Rentenversicherungen verwendete Sterbetafel 1987 R wegen der gesunkenen Sterblichkeit als unzureichend erwies, verlautbarte die Aufsichtsbehörde, dass sich bei Verwendung der DAV-Sterbetafel 1994 R für Versicherungen mit Erlebensfallcharakter die Prämien für Rentenversicherungen auch bei gleichzeitiger Anhebung des Rechnungszinsfußes von 3,5% auf 4,0% teilweise erheblich erhöhen werden.[193] Nach Meinung der Aufsichtsbehörde ist bei den Rentenversicherungsbeständen mit alten Rechnungsgrundlagen mit Risikoverlusten aus dem Sterblichkeitsverlauf zu rechnen, die unmittelbar die Überschüsse vermindern.[194] Das BAV wies die LVU darauf hin, dass sie sicherzustellen haben, dass für eine erforderliche Auffüllung der Deckungsrückstellung (Nachreservie- 64

---

[181] OFD Koblenz, Vfg. v. 21. 3. 2002 – S 7160 A – St 44 2, BB 2002, 1579, 1580.
[182] BFH, Urt. v. 6. 9. 2007 – V R 14/06, BFH/NV 2008, 624.
[183] OFD Münster, Vfg. v. 5. 6. 2009 – S 7160 – 68 – St 44 – 32, DB 2009, 1568.
[184] *Lühr* BDGVM XVII (1986), 485.
[185] *Schmithals/Schütz* BDGVM XXII (1995), 29.
[186] *Schmithals/Schütz* BDGVM XXII (1995), 29.
[187] *Schmithals/Schütz* BDGVM XXII (1995), 29.
[188] Siehe hierzu *Schaaf/Heller/Papst* BDGVM XII (1996), 829 ff.; *Bauer* BDGVFM XXVII (2005), 199 ff.
[189] Einzelheiten bei *Webersinke* BetrAV 2003, 397, 398.
[190] Presseinformation DAV v. 16. 6. 2004, vgl. R 1012/2004 des GDV v. 16. 6. 2004.
[191] Presseinformation DAV v. 16. 6. 2004, vgl. R 1012/2004 des GDV v. 16. 6. 2004.
[192] *Mutschler,* Marktorientierte Bewertung, 1998, S. 17.
[193] VerBAV 1995, 287.
[194] VerBAV 1995, 287.

rung) ausreichende Mittel zur Verfügung stehen.[195] Ferner sah es die Aufsichtsbehörde als erforderlich an, dass beim Abschluss von Rentenversicherungsverträgen nur noch Tarife Verwendung finden, bei denen die Deckungsrückstellungen auf der Grundlage der neuen Sterbetafeln gebildet werden.[196] Zur Vermeidung eines Missstandes ordnete das BAV gemäß § 81 Abs. 2 Satz 1 VAG Folgendes an:[197]

„1. Bei nach dem 31. Dezember 1995 abgeschlossenen Rentenversicherungsverträgen muss die für den einzelnen Vertrag zu bildende Deckungsrückstellung jederzeit mindestens so hoch sein, wie sie sich bei Verwendung der DAV-Sterbetafel 1994 R und des gemäß der Rechtsverordnung zu § 65 Abs. 1 VAG jeweils zulässigen Höchstzinssatzes unter Berücksichtigung der dort zugelassenen sonstigen versicherungsmathematischen Rechtsgrundlagen ergeben würde.
In diesem Zusammenhang wird darauf hingewiesen, dass die Prämien nach § 11 Abs. 1 VAG insbesondere so zu bemessen sind, dass für die für den einzelnen Vertrag zu bildende Deckungsrückstellung neben den Prämien planmäßig und auf Dauer keine Mittel benötigt werden, die nicht aus Prämienzahlungen oder dem auf den einzelnen Vertrag entfallenden Überschüssen stammen.
2. Sofern bei Abschluss von Rentenversicherungsverträgen eine Herabsetzung der bisher gewährten Überschussanteile bereits absehbar ist, darf keine Werbung mit diesen Überschussanteilsätzen erfolgen."

65 Auf Grund der steigenden Lebenserwartung ist bei den derzeit für Versicherungen mit Erlebensfallcharakter verwendeten Sterbetafeln (z. B. DAV-Sterbetafel 1994 R) eine insoweit überproportionale Abnahme der Sicherheitsmargen zu beobachten.[198] Bei einer weiteren Verwendung dieser Sterbetafeln ist daher voraussichtlich mit Risikoverlusten aus dem Sterblichkeitsergebnis zu rechnen.[199] Die BaFin sieht es deshalb als notwendig an, dass beim Neuabschluss von Rentenversicherungsverträgen nur noch Tarife zur Anwendung kommen, bei denen die Deckungsrückstellung unter Berücksichtigung der aktuellen Erkenntnisse gebildet wird.[200] Zur Vermeidung eines Missstands hat die BaFin deshalb im Jahre 2004 gemäß § 81 Abs. 2 Satz 1 VAG Folgendes angeordnet:[201]

„1. Bei den nach dem 31. Dezember 2004 abgeschlossenen Rentenversicherungsverträgen, denen keine aufsichtsbehördlich genehmigten Tarife zu Grunde liegen, muss die für den einzelnen Vertrag zu bildende Deckungsrückstellung jederzeit mindestens so hoch sein, wie sie sich bei Verwendung der DAV-Sterbetafel 2004 R und des gemäß der Rechtsverordnung zu § 65 Abs. 1 VAG jeweils zulässigen Höchstzinssatzes unter Berücksichtigung der dort zugelassenen sonstigen versicherungsmathematischen Rechnungsgrundlagen ergeben würde, es sei denn, es liegen Erkenntnisse über Abweichungen von den der Sterbetafel DAV 2004 R zu Grunde liegenden Voraussetzungen vor. Der genannte Termin kann bei Pensionskassen längstens ein halbes Jahr aufgeschoben werden, soweit ein Tarif zu Grunde liegt, der neben Rentenleistungen auch Leistungen bei Invalidität und Tod vorsieht.
In diesem Zusammenhang wird darauf hingewiesen, dass die Prämien nach § 11 Abs. 1 VAG insbesondere so zu bemessen sind, dass für die für den einzelnen Vertrag zu bildende Deckungsrückstellung neben den Prämien planmäßig und auf Dauer keine Mittel benötigt werden, die nicht aus Prämienzahlungen oder dem auf den einzelnen Vertrag entfallenden Überschüssen stammen.

---

[195] VerBAV 1995, 287.
[196] VerBAV 1995, 287.
[197] R 1/95 v. 7. 7. 1995 – Anordnung betreffend nach dem 31. Dezember 1995 abgeschlossene Rentenversicherungsverträge, VerBAV 1995, 287.
[198] R 9/2004 (VA) der BaFin v. 29. 10. 2004 – VA – 21 – A – 110/04, S. 1.
[199] R 9/2004 (VA) der BaFin v. 29. 10. 2004 – VA – 21 – A – 110/04, S. 1.
[200] R 9/2004 (VA) der BaFin v. 29. 10. 2004 – VA – 21 – A – 110/04, S. 1.
[201] R 9/2004 (VA) der BaFin v. 29. 10. 2004 – VA – 21 – A – 110/04, S. 1 f.

2. Sofern bei Abschluss von Rentenversicherungsverträgen eine Herabsetzung der bisher gewährten Überschussanteile bereits absehbar ist, darf keine Werbung mit diesen Überschussanteilsätzen mehr ohne entsprechenden klarstellenden Hinweis erfolgen. Die in den Urteilen der Oberlandesgerichte Koblenz (Az. 10 U 1342/99) und Düsseldorf (Az. 4 U 139/99) genannten Grundsätze sind einzuhalten."

Die Bilanzdeckungsrückstellung für die vor dem 1. Januar 2005 abgeschlossenen Rentenversicherungsverträge ist grundsätzlich mit der Sterbetafel DAV 2004 R-Bestand unter Berücksichtigung der vertraglichen Reserveprämie zu berechnen.[202] Die Finanzierung des Auffüllungsbedarfs erfolgt dabei grundsätzlich zu Lasten des gesamten Rohüberschusses des jeweiligen Geschäftsjahres, wobei eine Entnahme der benötigten Mittel aus der Rückstellung für Beitragsrückerstattung nach § 56a Satz 4 VAG a. F. nicht zulässig ist.[203] Die für die Auffüllung der Deckungsrückstellung benötigten Mittel sind vorrangig von den betroffenen Rentenversicherungsbeständen zu tragen.[204]

66

3. Neubewertung der Deckungsrückstellung

Zur Neubewertung der Deckungsrückstellung von Lebensversicherungsunternehmen für Rentenversicherungsverträge hat die Aufsichtsbehörde folgende Verlautbarung herausgegeben:[205]

67

„Mit dem Rundschreiben R 9/2004 hat die Bundesanstalt für Finanzdienstleistungsaufsicht u. a. die Rechnungsgrundlagen bekannt gegeben, die sie für die Bildung der Deckungsrückstellung für die nach dem 31. Dezember 2004 abgeschlossenen Rentenversicherungsverträge als ausreichend ansieht. Im Folgenden werden Grundsätze und mögliche Maßnahmen zur Neubewertung der Deckungsrückstellung für die vor dem 31. Dezember 2004 abgeschlossene Rentenversicherungsverträge nach Erörterung mit dem Gesamtverband der Deutschen Versicherungswirtschaft e. V., der Deutschen Aktuarvereinigung e. V. und dem Versicherungsfachausschuss des Instituts der Wirtschaftsprüfer bekannt gegeben:

I. Vorbemerkung

Die für den Neuzugang nach dem 31. Dezember 2004 entwickelte Sterbetafel DAV 2004 R enthält Sicherheitsmargen, die zur Neubewertung der heutigen Rentenversicherungsbestände vorsichtiger als erforderlich erscheinen. Um die dauernde Erfüllbarkeit der Verträge zu gewährleisten sowie die Belange der Versicherten in hinreichendem Maße zu wahren, erscheint es ausreichend, die Neubewertung der Bestände mit einer modifizierten Tafel vorzunehmen. Diese Tafel, die im Unterschied zur Neuzugangstafel von einer Trenddämpfung bei der Sterblichkeitsverbesserung und einem Verzicht auf Irrtumsabschläge ausgeht, trägt die Bezeichnung DAV 2004 R-Bestand.

Aufgrund der hohen Unsicherheit bei der Einschätzung der künftigen Sterblichkeitsentwicklung ist insbesondere diese Trenddämpfung in den kommenden Jahren regelmäßig anhand der tatsächlichen Gegebenheiten zu überprüfen und ggf. eine Erhöhung der Sicherheitsmargen vorzunehmen. Die Tafel, die eine solche Erhöhung der Sicherheitsmargen bereits berücksichtigt und aus heutiger Sicht aktuariell hinreichend vorsichtig erscheint, wird mit DAV 2004 R-B20 bezeichnet. Wegen des unterschiedlichen Rechtscharakters werden Alt – und Neubestand getrennt behandelt. Die Bundesanstalt wird keine Einwendungen erheben, wenn die durchzuführenden Maßnahmen sowohl für den Alt- als auch für den Neubestand an Verträgen, die vor dem 1. Januar 2005 abgeschlossen wurden, sinngemäß angewandt werden. Die Pflicht zur Erfüllung der gesetzlichen Vorgaben gemäß § 11a VAG bleibt hiervon unberührt.

---

[202] BaFin in: VerBaFin Januar 2005, 3, 5. Siehe dort weitere Einzelheiten zur Berechnung.
[203] BaFin in: VerBaFin Januar 2005, 3, 6.
[204] BaFin in: VerBaFin Januar 2005, 3, 6.
[205] BaFin in: VerBaFin Januar 2005, 3 ff.

II. Altbestand

II.1 Definition

Zum Altbestand gehören alle Verträge, die vor dem 29. Juli 1994 oder im Rahmen der Übergangsvorschrift des Artikels 16 § 2 Satz 2 des Dritten Durchführungsgesetzes/EWG zum VAG abgeschlossen wurden. Hiervon ausgenommen sind die Verträge, die in der Zeit vom 1. bis 28. Juli 1994 nach nicht mehr genehmigten Tarifen abgeschlossen wurden.

II.2 Mindestanforderungen für die Neubewertung

II.2.1 Bilanzstichtag 31. 12. 2004

Die Bilanzdeckungsrückstellung für das betroffene Rentenversicherungskollektiv zum Bilanzstichtag 31. Dezember 2004 ist grundsätzlich mit der Sterbetafel DAV 2004 R-Bestand unter Berücksichtigung der vertraglichen Reserveprämie zu berechnen. Die Reserveprämie darf in der Weise modifiziert werden, dass die künftig nicht mehr benötigten Amortisations- und Verwaltungskostenzuschläge bei deren Festsetzung berücksichtigt werden können. Entsprechendes gilt für die Verwaltungskostenzuschläge in der prämienfreien und Rentenbezugszeit. Die verbleibenden Kosten müssen jedoch ausreichend hoch sein, um die künftigen Verwaltungsaufwendungen zu decken. Ein Absenken der künftigen Verwaltungskostenzuschläge darf nicht dazu führen, dass das Verwaltungskostenergebnis bei den Rentenversicherungsbeständen negativ wird. Es ist deshalb notwendig, dass die in Ansatz gebrachten rechnungsmäßigen Verwaltungskosten nicht niedriger sind als die tatsächlichen Verwaltungsaufwendungen im Durchschnitt der letzten drei Jahre, erhöht um einen Sicherheitszuschlag, der eine Inflationsrate von mindestens 2% und die mittlere Restlaufzeit der Verträge berücksichtigt. Diese Sicherheitsmarge ist aufgrund der unterschiedlichen Restlaufzeit der Verträge für den Alt- und Neubestand getrennt zu ermitteln.

Der Rechnungszins ergibt sich höchstens als Maximum aus dem zuletzt verwendeten Rechnungszins sowie dem gemäß der Verordnung über Rechnungsgrundlagen für die Deckungsrückstellungen (DeckRV) für das Neugeschäft höchstzulässigen Rechnungszins zu Beginn der Auffüllung einerseits und zum jeweiligen Zeitpunkt einer künftigen Neubewertung andererseits.

Der Mindestauffüllungsbedarf für die Bilanzdeckungsrückstellung des gesamten Rentenversicherungsbestands ergibt sich als positive Differenz der Bilanzdeckungsrückstellungen, berechnet nach den neuen und den zuletzt verwendeten Rechnungsgrundlagen, wobei bei dessen Berechnung die vorzeitigen anwartschaftlichen Leistungen (im Todesfall, bei Rückkauf und bei Ausübung des Kapitalwahlrechts) angemessen vorsichtig berücksichtigt werden können. Im Folgenden werden diese Leistungen durch die sogenannte Kapitalauszahlungswahrscheinlichkeit erfasst. Wegen des hohen subjektiven Risikos, das insbesondere in der Ausübung des Kapitalwahlrechts liegt, hat der Verantwortliche Aktuar die zugrunde gelegten Wahrscheinlichkeiten jährlich anhand der tatsächlichen Entwicklung zu überprüfen und in seinem Bericht nach § 11a Absatz 3 Nr. 2 VAG zu erläutern. Bei der im Zusammenhang mit der Neubewertung der Rentenversicherungsbestände in den Jahren 1995 bis 2002 zusätzlich gebildeten Deckungsrückstellung (vgl. VerBAV 1995 S. 367) dürfen rückwirkend keine Kapitalauszahlungswahrscheinlichkeiten in Ansatz gebracht werden.

§ 25 Absatz 2 der Verordnung über die Rechnungslegung von Versicherungsunternehmen (RechVersV) ist zu beachten.

II.2.2 Geschäftsjahre ab 2005

Im Hinblick auf die Unsicherheit bei der Prognose der künftigen Sterblichkeitsentwicklung, ist es aktuariell notwendig, in den künftigen Jahren die Sicherheitsmargen in der Deckungsrückstellung weiter zu beobachten. Setzt sich der Trend zur Sterblichkeitsverbesserung ungedämpft fort, so ist bei Vorliegen entsprechender Kenntnisse die Sterbetafel so anzupassen, dass auch zukünftig ausreichende Sicherheitsmargen vorhanden sind. In den Jahren ab 2005 bis 2024 ist es dabei grundsätzlich ausreichend, die Bilanzdeckungsrückstellung mindestens als linear interpolierten Wert zwischen einer mit der Tafel DAV 2004 R-Bestand und einer mit der Tafel DAV 2004 R-B20 berechneten Deckungsrückstellung unter Berücksichtigung der vertraglichen Reserveprämie zu ermitteln. Absatz 2 des Abschnitts II.2.1 gilt entsprechend.

Liegen Erkenntnisse vor, die eine andere Sterblichkeitsentwicklung erwarten lassen, müssen diese beim Sterblichkeitsansatz insbesondere dann berücksichtigt werden, wenn sie dau-

F. Allg. Bedingungen für die Rentenversicherung

erhaft zu vorsichtigeren Rückstellungen führen. Die Abweichungen gegenüber den oben genannten Sterbetafeln sind vom Verantwortlichen Aktuar eingehend zu begründen.

II.3 Finanzierung und Gegenfinanzierung des Auffüllungsbedarfs

Die Finanzierung des Auffüllungsbedarfs erfolgt grundsätzlich zu Lasten des gesamten Rohüberschusses des jeweiligen Geschäftsjahres. Eine Entnahme der benötigten Mittel aus der Rückstellung für Beitragsrückerstattung (RfB) ist nach § 56 a Satz 4 VAG nicht zulässig. § 56 a Satz 5 VAG bleibt unberührt.

Die für die Auffüllung der Deckungsrückstellung benötigten Mittel sind vorrangig von den betroffenen Rentenversicherungsbeständen zu tragen. Aus diesem Grund sind insbesondere diese Versicherungen zur Gegenfinanzierung heranzuziehen. Die übrigen Bestände dürfen dabei aus Gründen der Gleichbehandlung nur im erforderlichen Maße hieran beteiligt werden.

Der Ausgleich des Betrages ist insbesondere möglich:
– durch Kürzung der jährlichen Überschüsse (teilweise oder ganz) des Einzelvertrages (natürliche Methode),
– durch Kürzung der jährlichen Überschüsse (teilweise oder ganz) des Rentenversicherungskollektivs,
– aus dem Rohüberschuss des gesamten Bestandes unter Einhaltung der für die Abrechnungsverbände maßgeblichen Mindestzuführungsquote aus zu verzinsenden und zurückzuzahlenden Darlehen von anderen Teilbeständen,
– aus Aktionärsmitteln,
– durch Kombination der genannten Methoden.

Die Einbeziehung des vorhandenen Schlussüberschussanteilfonds des Altbestandes in das Verfahren der individuellen Gegenfinanzierung ist aufgrund der Regelungen im Gesamtgeschäftsplan für die Überschussbeteiligung nicht möglich. Danach sind bei einer Änderung der Schlussüberschussanteilsätze die im Schlussüberschussanteilfonds gebundenen Mittel grundsätzlich dem Bestand an Versicherungen, für den sie reserviert wurden, zu erhalten. Aus diesem Grund ist eine drastische Absenkung bzw. völlige Streichung der Schlussüberschussbeteiligung bei Verträgen des Altbestandes zwecks Finanzierung der Auffüllung der Deckungsrückstellung nicht zulässig.

II.4 Änderung der bestehenden Geschäftspläne

Aufgrund von § 11 c VAG sind die oben beschriebenen Maßnahmen zur Umstellung auf die Sterbetafel DAV 2004 R-Bestand für den Altbestand in die maßgeblichen Geschäftspläne zu integrieren und der Bundesanstalt zur Genehmigung vorzulegen. Da im Zeitraum ab 2005 bis 2024 weitere Anpassungen der Rechnungsgrundlagen erforderlich werden können (vgl. Abschnitt II.2.2) sollte aus Praktikabilitätsgründen ein zusätzlicher technischer Geschäftsplan (Umstellungsgeschäftsplan) erstellt werden, der dann bei Bedarf aktualisiert werden kann. In die betroffenen technischen Geschäftspläne für die Rentenversicherung und für den Gesamtgeschäftsplan für die Überschussbeteiligung ist hinsichtlich der Berechnung der Deckungsrückstellung und der Regelungen zur Überschussbeteiligung ein entsprechender Hinweis auf den Umstellungsgeschäftsplan aufzunehmen. Der Umstellungsgeschäftsplan sollte die folgenden Abschnitte enthalten:

II.4.1 Anwendungsbereich
Die betroffenen technischen Geschäftspläne für die Rentenversicherung sind aufzulisten.

II.4.2 Rechnungsgrundlagen
Unter Angabe der maßgeblichen Umstellungstermine sind die nach Abschnitt II.2 jeweils neu geltenden Rechnungsgrundlagen für die Bilanzdeckungsrückstellung anzugeben.

II.4.3 Bilanzdeckungsrückstellung
Unter Angabe der Bilanzdeckungsrückstellung nach neuen Rechnungsgrundlagen für das Kollektiv an Rentenversicherungen ist die bisherige Berechnung der Bilanzdeckungsrückstellung an die neuen Gegebenheiten anzupassen und formelmäßig anzugeben.

II.4.4 Rückkaufsfähigkeit der zusätzlichen Deckungsrückstellung
Sofern bei der Bildung der zusätzlichen kollektiven Deckungsrückstellung Kapitalauszahlungswahrscheinlichkeiten berücksichtigt werden, sind die zur Auffüllung bereitgestellten

Mittel grundsätzlich nicht rückkaufsfähig, da sie rechnungsmäßig zur Sicherstellung der garantierten Leistung der in den Rentenbezug gehenden Verträge benötigt werden.

Bleiben Kapitalauszahlungswahrscheinlichkeiten unberücksichtigt, ist die Rückkaufsfähigkeit von der Methode der Gegenfinanzierung abhängig. Bei einer vertragsindividuellen Kürzung der Überschussanteile besteht die Notwendigkeit, die zusätzliche Deckungsrückstellung in dem Maße im Rückkaufs- und Todesfall bzw. bei Ausübung des Kapitalwahlrechts herauszugeben, in dem sie als Überschussbeteiligung zur Auszahlung gekommen wäre. Mittel, die nicht aus Überschüssen des einzelnen Vertrages finanziert worden sind, sollten dagegen nicht rückkaufsfähig sein. Bei einer Kombination der genannten Finanzierungsmethoden muss eine entsprechend differenzierte Betrachtungsweise angestellt werden (siehe hierzu auch entsprechende Ausführungen im Abschnitt II.4.6.1).

Die Erhöhungen der Deckungsrückstellung in den Jahren 1995 bis 2002 bleiben in dem Maße rückkaufsfähig, wie dies in dem dafür zugrunde gelegten Verfahren bestimmt wurde.

II.4.5 Dynamik- und sonstige planmäßige Erhöhungen

Bereits vorgenommene Dynamikerhöhungen sind gemäß Abschnitt II.2 zu behandeln.

Soweit rechtlich zulässig können sowohl für die Reservierung als auch für die Prämienberechnung bei künftigen Dynamikerhöhungen die neuen Tafeln zugrunde gelegt werden. Sollten die Festlegungen in den Allgemeinen Versicherungsbedingungen oder andere Gründe einen Übergang auf eine neue Tafel nicht zulassen, ist bei Erhöhungen ab dem 1. Januar 2005 die erforderliche Auffüllung der Deckungsrückstellung jeweils zum darauf folgenden Bilanzstichtag sofort nach den im Abschnitt II.2 genannten Regeln vorzunehmen.

Entsprechendes gilt für sonstige planmäßige und außerplanmäßige Erhöhungen.

II.4.6 Überschussbeteiligung

Zunächst ist auf die Behandlung der bereits gutgeschriebenen Überschussanteile einzugehen. Im Hinblick auf die Umstellung der Rechnungsgrundlagen gelten die Feststellungen im Abschnitt II.4.5 entsprechend.

Des Weiteren sind die Bemessungsgrundlagen für die künftigen Überschussanteile festzulegen. Insbesondere ist für die Zinsüberschussanteile mindestens die nach den ursprünglichen geschäftsplanmäßigen Rechnungsgrundlagen berechnete Deckungsrückstellung zugrunde zu legen. Die Erhöhungen der Deckungsrückstellung in den Jahren 1995 bis 2002 und 2004 bis 2024 sind mindestens in dem Maße zu berücksichtigen, in dem sie bereits individuell gegenfinanziert sind. Darüber hinaus ist das gewählte Verfahren der Gegenfinanzierung des Auffüllungsbetrages für die Deckungsrückstellung zu beschreiben und formelmäßig anzugeben.

Im Folgenden werden zwei mögliche Verfahren der Gegenfinanzierung dargestellt, die auf einer Kürzung der künftigen Überschussbeteiligung beruhen. Andere Verfahren, die den aufsichtsrechtlichen Kriterien genügen, sind ebenfalls zulässig.

II.4.6.1 Gegenfinanzierung in der Aufschubzeit

Werden bei der Berechnung des Auffüllbedarfs Kapitalauszahlungswahrscheinlichkeiten berücksichtigt, steht die zusätzliche kollektive Deckungsrückstellung nur den Verträgen zur Verfügung, die die Rente wählen. Daher sind Rentenversicherungsverträge, die in der Aufschubzeit beendet werden, im Hinblick auf die Deklaration der Überschussbeteiligung so zu behandeln, als wären sie nicht zur Gegenfinanzierung herangezogen worden. Die Finanzierung dieser Überschussbeteiligung kann aus der RfB erfolgen. Diese nur einen Teilbestand an Rentenversicherungsverträgen umfassende Deklaration stellt in der Regel eine Abweichung der einzelvertraglichen Vereinbarung dar, weil sie mit einer Änderung des bisherigen Überschussbeteiligungssystems verbunden ist. Unabhängig von der ursprünglich vertraglich vereinbarten Überschussverwendungsform sind die deklarierten Mittel nämlich einer zusätzlichen kollektiven Deckungsrückstellung (hier bezeichnet als Deckungsrückstellung aus künftigen Überschussmitteln) zuzuführen, die wegen des Ansatzes von Kapitalauszahlungswahrscheinlichkeiten zunächst nicht vertragsindividuell zugeordnet werden kann. Die zusätzliche Deckungsrückstellung aus Überschussmitteln ist in der Höhe der einzelvertraglichen Deklaration bei Rückkauf und bei Ausübung des Kapitalwahlrechts sowie im Todesfall, soweit dies die vertragliche Gestaltung zulässt, den betroffenen Verträgen gut zu bringen. Als Voraussetzung für die Anwendung dieses Verfahrens ist es jedoch erforderlich zu klären, ob die Allgemeinen Vertragsbedingungen eine den rechtlichen Anforderungen genügende Änderungsklausel hinsichtlich der Überschussbeteiligung enthalten. Da bei dem

F. Allg. Bedingungen für die Rentenversicherung 67 **RV 2008**

oben beschriebenen Verfahren zunächst unbekannt ist, welche Verträge in der Aufschubzeit beendet werden, ist es notwendig, für alle Rentenversicherungsverträge jeweils ein fiktives einzelvertragliches Auffüllkonto (keine Bilanzposition) einzurichten. Auf diesem Konto ist eine Gegenüberstellung des positiven einzelvertraglichen (d. h. ohne Berücksichtigung der Kapitalauszahlungswahrscheinlichkeiten) Auffüllbedarfs für die Deckungsrückstellung einerseits und der bereits einzelvertraglich refinanzierten Mittel anderseits darzustellen. Ist die einzelvertraglich benötigte Auffüllung durch die erfolgte Kürzung der Überschussbeteiligung refinanziert, können ab diesem Zeitpunkt vertragsindividuell wieder Überschussanteile ungekürzt deklariert und entsprechend der vertraglichen Vereinbarung verwendet werden. Geht der Vertrag in Rentenbezug, wirken sich diese Refinanzierungsmittel nicht leistungserhöhend aus. Wird der Vertrag in der Aufschubzeit beendet, sind diese Refinanzierungsmittel entsprechend dem oben dargestellten Verfahren auszuzahlen. Die kollektive Deckungsrückstellung aus Überschussmitteln ist um diesen Betrag zu kürzen.

Liegen die tatsächlichen Kapitalauszahlungswahrscheinlichkeiten über den rechnungsmäßigen, sind bei diesem Verfahren kollektiv ausreichend Mittel vorhanden, um die garantierten Rentenleistungen sowie die gesamten Leistungen bei Beendigung der Verträge in der Aufschubzeit zu finanzieren. Liegen sie darunter, ist eine zusätzliche Finanzierung zu Lasten des Rohüberschusses notwendig. In entsprechender Höhe ist dann die kollektive Deckungsrückstellung aus künftigen Überschussmitteln zu reduzieren.

Enthalten die Allgemeinen Vertragsbedingungen keine den rechtlichen Anforderungen genügende Änderungsklausel hinsichtlich der Überschussbeteiligung oder erscheint ein vertragsindividuelles Gegenfinanzierungsverfahren wirtschaftlich nicht ausreichend, ist auch ein pauschales Verfahren bei der Kürzung der künftigen Überschussbeteiligung anwendbar. Für alle betroffenen Versicherungen kann dann die Überschussbeteiligung so lange gesenkt werden, bis der kollektive Auffüllungsbetrag insgesamt refinanziert ist.

Werden bei der Berechnung der zusätzlichen Deckungsrückstellung keine Kapitalauszahlungswahrscheinlichkeiten berücksichtigt, so steht der Auffüllungsbetrag allen betroffenen Rentenversicherungsverträgen zur Verfügung und kann auch individualisiert werden. Eine Kürzung der künftigen Überschussbeteiligung zum Zwecke der Refinanzierung des Auffüllungsbetrags ist nach diesem Verfahren für alle Verträge erforderlich. Bei Rückkauf und bei Ausübung des Kapitalwahlrechts sowie im Todesfall, soweit dies die vertragliche Gestaltung zulässt, ist den betroffenen Verträgen der bereits refinanzierte Teil der zusätzlichen Deckungsrückstellung gut zu bringen (siehe hierzu auch entsprechende Ausführungen im Abschnitt II.4.4). Mit Hilfe des fiktiven Auffüllkontos kann hier entsprechend die Höhe der bereits einzelvertraglich refinanzierten Mittel festgestellt werden. Die Kürzung der künftigen Überschussbeteiligung ist hier sowohl nach dem vertragsindividuellen als auch dem pauschalen Verfahren zulässig.

II.4.6.2 Gegenfinanzierung in der Rentenbezugszeit

Da in der Rentenbezugszeit keine Kapitalauszahlungswahrscheinlichkeiten zum Ansatz kommen, steht die zusätzliche Deckungsrückstellung allen betroffenen Rentenversicherungsverträgen zur Verfügung. Deshalb ist eine Kürzung der künftigen Überschussbeteiligung zur Refinanzierung des Auffüllungsbedarfs für alle betroffenen Verträge erforderlich. Diese Kürzung kann pauschal vorgenommen werden, indem die Überschussbeteiligung so lange gesenkt wird, bis der kollektive Auffüllungsbetrag refinanziert ist. Ab diesem Zeitpunkt können wieder die ungekürzten Überschussanteile für alle Verträge deklariert und entsprechend der vertraglichen Vereinbarung verwendet werden. Alternativ kann der einzelvertraglich benötigte Auffüllungsbedarf durch eine individuelle Kürzung der künftigen Überschussanteile refinanziert werden. Der Zeitpunkt, ab dem die ungekürzten Überschussanteile wieder dekläriert werden können, ist dann vertragsindividuell zu bestimmen.

Bei Verträgen, deren Refinanzierung in der Aufschubzeit abgeschlossen wurde, ist eine Kürzung der Überschussbeteiligung in der Rentenbezugszeit grundsätzlich unzulässig. Verträge, bei denen die Refinanzierung in der Aufschubzeit nicht vollständig abgeschlossen wurde, dürfen in der Rentenbezugszeit nur in angemessener Weise an den Kürzungen der künftigen Überschussbeteiligung beteiligt werden.

II.5 Entwicklung des freien Teils der RfB des (der) Abrechnungsverbands (-verbände) der Rentenversicherungen

Die Erhöhungen der Deckungsrückstellungen gemäß Abschnitt II.2 mindern die Zuführungen zur RfB, die auf die maßgeblichen Abrechnungsverbände entfallen. Falls diese Aufwendungen bei den einzelnen Abrechnungsverbänden der Rentenversicherungen zu einem Rohfehlbetrag führen, kann dieser nur insoweit der RfB zugeführt werden, wie sich für den Gesamtbestand eine positive Zuführung ergibt und die gesamte verfügbare RfB nicht negativ wird. Die für diese Teilbestände u. U. resultierende negative verfügbare RfB ist durch ein geeignetes Verfahren der Gegenfinanzierung (siehe hierzu Ausführungen im Abschnitt II.3) wieder auszugleichen.

II.6 Darstellung im Geschäftsbericht, Unterrichtung der Versicherungsnehmer

Zusätzlich zu den Anhangangaben nach HGB und RechVersV ist bei der Deklaration der Überschussanteilsätze ergänzend auf die Auswirkungen der Neubewertung auf die Überschussbeteiligung der betroffenen Verträge hinzuweisen. Die Versicherungsnehmer sind bei den Mitteilungen über den Stand ihrer Überschussbeteiligung hierüber aufzuklären. Im Hinblick auf die Kürzung der Überschussbeteiligung kann dem Kunden bereits die Tafel DAV 2004 R-B20 mitgeteilt werden.

III. Neubestand

Die Bundesanstalt geht davon aus, dass die für den Altbestand beschriebenen Maßnahmen grundsätzlich auch für Rentenversicherungsverträge nach alten Rechnungsgrundlagen innerhalb des Neubestands gelten. Abweichungen von der beschriebenen Vorgehensweise sind im Erläuterungsbericht des Verantwortlichen Aktuars eingehend zu begründen.

Die Einbeziehung der Schlussüberschussanteile in das Verfahren der individuellen Gegenfinanzierung ist nach § 28 Absätze 6 und 7 RechVersV uneingeschränkt möglich.

Sollen Überschussanteile deklariert und zur Bildung einer versicherten Leistung verwendet werden, die nur bei Tod, Storno oder Ausübung des Kapitalwahlrechts fällig wird, ist vorher zu prüfen, ob die hiermit verbundene Vertragsänderung vorgenommen werden kann.

Eine Unterschreitung der Mindestzuführung zur RfB nach § 1 Absatz 2 der Verordnung über die Mindestbeitragsrückerstattung in der Lebensversicherung (ZRQuotenV) auf Grund der hier genannten zusätzlichen Zuführung zur Deckungsrückstellung wird in diesem Umfang als Fall des § 1 Abs. 3, Nr. 1 der ZRQuotenV gesehen und von der Bundesanstalt nicht beanstandet.

Analog zum Umstellungsgeschäftsplan im Altbestand empfiehlt die Bundesanstalt die Vorlage einer Umstellungsmitteilung, in der auf die betroffenen Mitteilungen nach § 13d Nr. 6 VAG Bezug genommen wird."

V. Überschussbeteiligung

1. Formen

68   Üblicherweise erfolgt die Zuteilung von Überschüssen für Rentenversicherungen im Rentenbezug zum Ende des jeweiligen Versicherungsjahres. Dabei bemisst sich der jährliche Überschuss in der Regel in Prozent des zu diesem Zeitpunkt vorhandenen Deckungskapitals. Normalerweise wird dieser Überschuss zur Erhöhung der gezahlten Rente verwendet (dynamische Rentensteigerung), so dass sich eine steigende Gesamtleistung ergibt. Bei der vereinzelt auch vorkommenden Barauszahlung des Überschusses nimmt die Zusatzleistung zur Rente mit fortschreitender Rentenbezugszeit ab, da auch das Deckungskapital geringer wird. Neben diesen wachsenden bzw. sinkenden Zusatzleistungen aus der Überschussbeteiligung ist auch die Überschussverwendung in Form einer gleichbleibenden Zusatzrente (Rentenzuschlag) möglich, unveränderte Überschusssätze vorausgesetzt.[206]

69   Üblich ist die Verwendung der jährlichen Überschussanteile als Einmalbeitrag für eine beitragsfreie Zusatzrente (Bonusrente), die zusammen mit der versicherten Rente fällig wird. Darüber hinaus wird bei Tod des Versicherten vor Beginn der Altersrentenzahlung bzw. mit Beginn der Altersrentenzahlung sowie im Stor-

---

[206] *Trapp/Walter* BDGVM XXIII (1997), 187.

nofall nach Zurücklegen einer Wartezeit ein Schlussüberschussanteil fällig, wenn bereits ein laufender Überschussanteil zu gewähren war.[207]

2. Anspruch des Versicherungsnehmers

a) Ausgangslage. Der Versicherer hat sich bei der Bemessung der Überschussbeteiligung an die aufsichtsrechtlichen Vorgaben nach § 81c VAG und die dazu erlassene Verordnung über die Mindestbeitragsrückerstattung in der Lebensversicherung (ZRQuotenV) zu halten,[208] die von der Verordnung über die Mindestbeitragsrückerstattung in der Lebensversicherung (Mindestzuführungsverordnung) vom 4. April 2008 abgelöst worden ist, die seit 12. April 2008 gilt.[209] Ein zivilrechtlicher Anspruch auf Überschussbeteiligung ergibt sich für den Versicherungsnehmer erst ab Zuweisung aus der Rückstellung für Beitragsrückerstattung.[210] Wie schon in der Zeit vor Inkrafttreten des Dritten Durchführungsgesetzes/EWG zum VAG am 29. Juli 1994 stehen dem Versicherungsnehmer keine zivilrechtliche Ansprüche auf eine davon abweichende individuelle Überschussbeteiligung zu.[211] Richtet sich die Überschussbeteiligung bedingungsgemäß nach dem von der Aufsichtsbehörde genehmigten Geschäftsplan, ist eine zivilrechtliche Überprüfung der Höhe der Gewinnbeteiligung ausgeschlossen.[212] Bei der Festsetzung der Höhe der jährlichen Überschussbeteiligung handelt es sich um eine unternehmerische Entscheidung des Versicherers, die der Versicherungsnehmer grundsätzlich hinnehmen muss.[213]

b) Einzelfälle. Erklärt das LVU in den AVB, dass die Überschussrente in den ersten fünf Jahren in gleichbleibender Höhe gezahlt wird, solange ausreichend Überschüsse erzielt werden, ist es dem LVU auch nach Treu und Glauben nicht verwehrt, sich auf die aus den AVB folgende Kürzungsmöglichkeit zu berufen.[214] Ist die allgemeine Lebenserwartung erheblich gestiegen, wirkt sich dies auf die Höhe der Überschussbeteiligung mit der Folge aus, dass der Versicherer eine angemessene Reduktion der Gewinnrenten in Relation zu der Verlängerung der zu erwartenden Rentenzahlungsdauer vornehmen kann.[215] Zur Herabsetzung der Überschussanteilsätze soll der Versicherer dann nicht berechtigt sein, wenn er die Unrichtigkeit seiner Gewinnprognose bei Vertragsschluss hätte erkennen können und müssen.[216] Auch muss sich der Versicherer an einer Erklärung des Versicherungsvertreters über die Unveränderlichkeit der zukünftigen Rentenhöhe festhalten lassen, wenn der Versicherungsnehmer diese Erklärung nach Treu und Glau-

---

[207] Vgl. VerBAV 1982, 100.
[208] OLG Stuttgart, Urt. v. 9. 12. 2004 – 7 U 121/04, VersR 2005, 634, 635.
[209] BGBl. I 2008, 690, ausgegeben am 11. 4. 2008.
[210] OLG Stuttgart, Urt. v. 9. 12. 2004 – 7 U 121/04, VersR 2005, 634, 635; *Kollhosser* in: Prölss/Martin, VVG, 27. Aufl., 2004, § 17 ALB 94 Rdn. 2.
[211] OLG Stuttgart, VersR 1999, 1223 = OLGR 1999, 281; OLG Stuttgart, Urt. v. 9. 12. 2004 – 7 U 121/04, VersR 2005, 634, 635; OLG Karlsruhe, Urt. v. 1. 2. 2007 – 12 U 192/06, VersR 2007, 1256, 1257; BGH, Beschl. v. 7. 11. 2007 – IV ZR 116/04, NJW-RR 2008, 193, 194 = VersR 2008, 338 = r+s 2008, 158.
[212] BGH VersR 1995, 77; OLG Hamm, Urt. v. 3. 5. 2000 – 20 U 191/99, VersR 2001, 316, 317; BGH, Beschl. v. 7. 11. 2007 – IV ZR 116/04, NJW-RR 2008, 193, 194 = VersR 2008, 338 = r+s 2008, 158.
[213] BGH VersR 1983, 746, 747; OLG Hamm, Urt. v. 3. 5. 2000 – 20 U 191/99, VersR 2001, 316, 317.
[214] OLG Karlsruhe, Urt. v. 1. 2. 2007 – 12 U 192/06, VersR 2007, 1256, 1257.
[215] AG Bad Schwalbach, Urt. v. 24. 9. 1996, VersR 1997, 606 f.; OLG Stuttgart, Urt. v. 29. 4. 1999 – 7 U 228/98, NVersZ 2000, 21.
[216] OLG Koblenz, Urt. v. 26. 5. 2000 – 10 U 1342/99, S. 7; OLG Düsseldorf, Urt. v. 15. 8. 2000 – 4 U 129/99, NVersZ 2001, 15.

ben als Zusage verstehen konnte.[217] Bei einer aufgeschobenen Rentenversicherung gegen Einmalbeitrag steht dem Versicherungsnehmer ein auf Erfüllung gerichteter vertraglicher Anspruch auf eine höhere Zusatzrente zu, wenn der Versicherer die während der Aufschubzeit erzielten Überschüsse, die dem von ihm eingezahlten Kapital zuzurechnen sind, nicht nur für die Bildung einer Zusatzrente eingesetzt hat, sondern auch zum Auffüllen der wegen unzureichender Kalkulation mit der Sterbetafel 1987 R schon bei Vertragsabschluss bestehenden Lücke in der Deckungsrückstellung für die garantierte monatliche Rente.[218]

3. Standmitteilung

72 Die Versicherungsnehmer sind auch in der Rentenversicherung regelmäßig über den Stand ihrer Überschussbeteiligung zu unterrichten.[219] Die LVU geben jährlich Auskunft über den Stand der Überschussbeteiligung. Bezeichnend ist folgende Mitteilung, die Gegenstand einer Entscheidung des OLG Stuttgart ist:[220]

„Die künftige Überschussbeteiligung kann nicht garantiert werden. Deshalb hat das Bundesaufsichtsamt für das Versicherungswesen für die Standmitteilung zusätzlich eine Korridordarstellung für die hochgerechnete Gesamtrente empfohlen. Würde der Zinssatz für die Überschussbeteiligung beispielsweise um 1%-Punkt erhöht, stiege die vierteljährliche Altersrente auf 2765,00 DM. Bei einer Senkung um 1%-Punkt ergäbe sich eine vierteljährliche Altersrente von 2380,00 DM."

73 Die Mitteilung des Versicherers zum Stand der Überschussbeteiligung stellt kein konstitutives Schuldversprechen dar, sondern ist lediglich eine Wissenserklärung, mit der der Versicherer seiner Unterrichtungspflicht nachkommt und eine unverbindliche Prognose über die erwartete Verzinsung des eingesetzten Kapitals abgibt.[221]

4. Einkommensteuerrechtliche Behandlung der Überschussbeteiligung

74 Zur einkommensteuerrechtlichen Behandlung der Überschussbeteiligung bei fälligen privaten Rentenversicherungen gilt gemäß BMF-Schreiben vom 17. Dezember 1998 folgendes:[222]

„Entsprechend der bisherigen langjährigen Übung ist die gesamte Rente aus der privaten Rentenversicherung (einschließlich des Überschussanteils) auch weiterhin mit dem Ertragsanteil nach § 22 Nr. 1 Satz 3 Buchstabe a EStG zur Einkommensteuer heranzuziehen. Eine Aufteilung in garantierte Rente und Überschussanteil ist nicht vorzunehmen. Dem steht nicht entgegen, dass der Überschussanteil je nach Ertragslage des Versicherers und Lebenserwartung der Versicherten schwanken kann.
Eine volle Erfassung des Überschussanteils – etwa als wiederkehrender Bezug im Sinne des § 22 Nr. 1 Satz 1 EStG – bei gleichzeitiger Erfassung der garantierten Rente mit dem Ertragsanteil nach § 22 Nr. 1 Satz 3 Buchstabe a EStG würde bezogen auf die Gesamtleistung zu einer Überbesteuerung führen. Die garantierte Rente, die aus versicherungsaufsichtsrechtlichen Gründen auf der Basis eines Zinssatzes von derzeit lediglich 4 v. H. berechnet ist, wird mit einem Ertragsanteilssatz herangezogen, der auf der Basis eines Zinssatzes von 5,5 v. H. berechnet ist. Bei einer vollen Heranziehung des Überschussanteils unterläge deshalb insgesamt auch ein Teil der Kapitalrückzahlung der Besteuerung. Mit der Anwen-

---

[217] VersOmbudsmann, Entsch. v. 24. 2. 2005 – 3027/04-S, r+s 2006, 251.
[218] BGH, Urt. v. 8. 7. 2009 – IV ZR 102/06, NJW-RR 2009, 1476, 1477 = VersR 2009, 1208, 1209 = r+s 2009, 382, 383 = BetrAV 2009, 666, 668.
[219] Vgl. VerBAV 1982, 3.
[220] OLG Stuttgart, Urt. v. 9. 12. 2004 – 7 U 121/04, VersR 2005, 634, 635.
[221] OLG Stuttgart, Urt. v. 9. 12. 2004 – 7 U 121/04, VersR 2005, 634, 635.
[222] BMF-Schreiben v. 17. 12. 1998 – IV C 3 – S 2255 – 35/98, BStBl. I 1998, 1508 = WPg 1999, 172 = DB 1999, 25 = BetrAV 1999, 71.

dung eines durchschnittlichen Zinssatzes von 5,5 v. H. bei der Ermittlung des Ertragsanteils wird der Ertrag der Rente typisierend erfasst, unabhängig vom tatsächlichen Ertrag im Einzelfall."

5. Mindestanforderungen bezüglich der Überschussverwendung

Am 23. Januar 2006 hat die BaFin hierzu eine wichtige Verlautbarung veröffentlicht:[223]

„Allgemeine Versicherungsbedingungen (AVB) und in diesem Zusammenhang auftretende Probleme bei der Überschussverwendung in der Rentenversicherung.

I. Vorbemerkung

Aufgrund neuer Produkte in der Rentenversicherung, in denen u. a. die bisherigen Garantieleistungen in der Lebensversicherung in Frage gestellt wurden, ist in der Öffentlichkeit eine Diskussion über die Ausgestaltung von AVB-Regelungen in der Rentenversicherung im Hinblick auf Verbraucherschutz und Transparenz entstanden. Aus diesem Grund weise ich auf die nachfolgenden Mindestanforderungen bezüglich der Überschussverwendung bei Rentenversicherungstarifen hin.

II. Mindestanforderungen

1. Transparenz in den AVB-Regelungen

Auf die Einhaltung des § 307 Abs. 1 Satz 2 BGB ist bei der Ausgestaltung von AVB-Regelungen zu achten und besonders großer Wert auf die Transparenz für den Versicherungsnehmer zu legen.

Die zivilrechtlichen Ansprüche des Versicherungsnehmers müssen z. B. klar und deutlich formuliert werden. Sollten die in der Lebensversicherung üblichen Garantieleistungen durch AVB-Regelungen unter Vorbehalt gestellt werden und somit ihren eigentlichen Garantiecharakter verlieren, ist der Versicherungsnehmer bereits vor Vertragsabschluss über die abweichende Produktgestaltung hinreichend aufzuklären. Die entsprechenden einschränkenden Regelungen müssen am Anfang der Allgemeinen Versicherungsbedingungen stehen und hervorgehoben werden.

Ferner ist zu berücksichtigen, dass Regelungen, die den wesentlichen Gehalt bzw. die Rechte des Versicherungsnehmers oder die Pflichten des Versicherungsunternehmens aus einem Rentenversicherungsvertrag so einschränken, dass der Vertragszweck gefährdet ist, gemäß § 307 Abs. 2 Satz 2 BGB unwirksam sind. Dies bedeutet z. B., dass das Versicherungsunternehmen das Finanzierungsrisiko für die vertraglich versprochene Leistung (z. B. Mindestrentenhöhe und zusätzliche Überschüsse zur Erhöhung der Mindestrentenhöhe) trägt und nicht einseitig auf den Versicherungsnehmer abwälzen kann.

Findet sich in den AVB-Regelungen die Wiedergabe des § 172 Abs. 1 VVG, ist dieser inhaltlich unverändert zu übernehmen. Die Anpassungsmöglichkeit bei der Prämie darf nicht in eine Leistungsanpassung umformuliert werden.

Die jährliche Informationspflicht nach § 10 a VAG i. V. m. Anlage D Abschnitt II Nr. 3 muss auch für den Bereich der Rentenversicherungen eingehalten werden. Eine Bagatellgrenze ist vom Gesetz nicht vorgesehen. Das Unterlassen dieser Informationspflicht stellt somit einen Gesetzesverstoß dar. Eine Ausnahme bilden die Fälle, in denen mit dem Versicherungsnehmer bereits bei Vertragsschluss vereinbart wurde, dass bei unveränderter Höhe der Überschüsse oder unveränderter Höhe der Überschussbeteiligung aufgrund der besonderen Policenart von einer jährlichen Mitteilung abgesehen werden kann.

2. Überschussverwendung in der Rentenversicherung

Die Deklaration und die Bilanzierung dürfen den vertraglichen Vereinbarungen nicht widersprechen. Bereits individuell zugeteilte Überschüsse des Versicherungsnehmers können, unabhängig vom gewählten Überschussbeteiligungssystem, grundsätzlich nicht zur Finanzierung der Garantieleistungen verwendet werden, da der zusätzlich entstandene Anspruch des Versicherungsnehmers nach erfolgter Deklaration nicht einseitig rückwirkend durch das Versicherungsunternehmen aufgehoben werden kann.

---

[223] VerBaFin 2006, 3 = BetrAV 2006, 166 f.

Eine Ausnahme vom dargestellten Grundsatz kann aufsichtsrechtlich bei den Riester-Tarifen hingenommen werden. Durch die vom Gesetzgeber vorgegebenen Gestaltungsmöglichkeiten für diese Tarife könnte sonst die Finanzierbarkeit der Tarife bei nachträglichen Veränderungen des vereinbarten Vertragsablaufs und kurzer Vertragslaufzeit in Frage gestellt sein. Aus diesem Grund ist eine Heranziehung von bereits zugeteilten Überschüssen zur Finanzierung bis maximal zur Höhe der Beitragsgarantie nach § 1 Abs. 1 Nr. 3 AltZertG zulässig. Voraussetzung hierfür ist aber, dass die Ausübung einer dem Versicherungsnehmer nach Vertragsabschluss rechtlich zustehenden Option die Finanzierung des Beitragserhaltes gefährden würde. Die Mindestanforderungen an die Transparenz gelten entsprechend.

III. Missstand im Sinne § 81 Abs. 2 VAG

Die o. a. Mindestanforderungen werden im Einzelfall Maßstab für die aufsichtsrechtliche Beurteilung von AVB-Regelungen sein. Verstöße hiergegen sind als Missstand im Sinne des § 81 Abs. 2 VAG anzusehen."

6. VVG 2008

76 **a) Überschussbeteiligung.** Auch in der Rentenversicherung steht dem Versicherungsnehmer eine Beteiligung an dem Überschuss und an den Bewertungsreserven (Überschussbeteiligung) zu, es sei denn, die Überschussbeteiligung ist durch ausdrückliche Vereinbarung ausgeschlossen; die Überschussbeteiligung kann nur insgesamt ausgeschlossen werden (§ 153 Abs. 1 VVG 2008).

77 **b) Verursachungsorientiertes Verfahren.** Der Versicherer hat die Beteiligung an dem Überschuss nach einem verursachungsorientierten Verfahren durchzuführen; andere vergleichbare angemessene Verteilungsgrundsätze können vereinbart werden (§ 153 Abs. 2 VVG 2008).

78 **c) Zuordnung der Bewertungsreserven. aa) Ausgangslage.** Der Versicherer hat die Bewertungsreserven jährlich neu zu ermitteln und nach einem verursachungsorientierten Verfahren rechnerisch zuzuordnen (§ 153 Abs. 3 Satz 1 VVG 2008). Bei der Beendigung des Vertrags wird der für diesen Zeitpunkt zu ermittelnde Betrag zur Hälfte zugeteilt und an den Versicherungsnehmer ausgezahlt; eine frühere Zuteilung kann vereinbart werden (§ 153 Abs. 3 Satz 2 VVG 2008). Bei Rentenversicherungen ist die Beendigung der Ansparphase der nach § 153 Abs. 3 Satz 2 VVG 2008 maßgebliche Zeitpunkt (§ 153 Abs. 4 VVG 2008).

79 **bb) Zweck der Regelung des § 153 Abs. 4 VVG 2008.** Mit der gesetzlichen Regelung wollte der Gesetzgeber nicht nur dem Urteil des BVerfG vom 26. Juli 2005,[224] sondern auch den Besonderheiten der Rentenversicherung Rechnung tragen, wie die speziell für die Rentenversicherung geschaffene Vorschrift zeigt. Allerdings enthält die Vorschrift mit ihrer Einschränkung der Beteiligung an den Bewertungsreserven auf die Beendigung der Ansparphase eine Lücke.

80 **cc) Lückenausfüllung.** Sowohl bei der Rentenversicherung gegen Einmalbeitrag als auch bei der Rentenversicherung, die durch laufende Beitragszahlung aufgebaut wird, sind nach der Ansparphase aus den gezahlten Prämien Mittel vorhanden, die sich zwar jeweils um die ausgezahlten Renten verringern, mit denen aber weiterhin Vermögenswerte geschaffen werden, aus denen Bewertungsreserven entstehen können. Dass in diesen Fällen der Versicherungsnehmer nicht mehr an den noch entstehenden Bewertungsreserven teilnehmen soll, entspricht nicht den Erwägungen des BVerfG in seinem Urteil vom 26. Juli 2005.[225] Denn auch diese Bewertungsreserven stehen in einem kausalen Zusammenhang mit den

---

[224] BVerfG, Urt. v. 26. 7. 2005 – 1 BvR 80/95, NJW 2005, 2376, 2381 = VersR 2005, 1127 = r+s 2005, 429 = WM 2005, 1515, 1519f. = MDR 2005, 1405 = VuR 2005, 302 m. Anm. *Schwintowski*.
[225] BaFin in BaFinJournal Mai 2008, S. 3.

vom Versicherungsnehmer in die Rentenversicherung eingezahlten Beiträgen.[226] Die in § 153 Abs. 4 VVG 2008 vorgenommene Einschränkung steht insofern nicht mit Art. 2 Abs. 1 und Art. 14 Abs. 1 GG in Einklang[227] und wird zumindest als nicht unbedenklich angesehen.[228] Der GDV hat dieser Rechtslage Rechnung getragen und unverbindlich empfohlen, die entsprechenden Musterbedingungen wie folgt zu ergänzen:[229] „Auch während des Rentenbezuges werden wir Sie an den Bewertungsreserven beteiligen."

dd) Beteiligung an den Bewertungsreserven. Bei Beendigung der Ansparphase (durch Tod, Kündigung oder Erleben des vereinbarten Rentenbeginns) teilt der Versicherer den für diesen Zeitpunkt aktuell ermittelten Betrag der Rentenversicherung des Versicherungsnehmers zur Hälfte zu (vgl. § 2 RV 2008). Soweit der Versicherungsnehmer auch an den während des Rentenbezuges entstehenden Bewertungsreserven zu beteiligen ist, muss dem Versicherer ein gewisser Spielraum belassen werden.[230] Innerhalb dieses Spielraums bewegt sich ein Verfahren, nach dem die monatliche Rente um einen Pauschalbetrag erhöht wird, der auf eventuell geschätzten Bewertungsreserven beruht.[231]   81

d) Aufsichtsrechtliche Regelungen zur Kapitalausstattung. Aufsichtsrechtliche Regelungen zur Kapitalausstattung bleiben unberührt (§ 153 Abs. 3 Satz 3 VVG 2008).   82

VI. Abschluss der Rentenversicherung

1. Vertragsanbahnung

a) Auskunfts- und Hinweispflicht. Der Versicherer ist aufgrund des Vertrauensverhältnisses auch während der Vertragsverhandlungen dem Versicherungsnehmer gegenüber zur Auskunft und Beratung verpflichtet, soweit dieser sie benötigt.[232] Dabei ist der Versicherer ohne besonderen Anlass nicht verpflichtet, sämtliche Bedingungen des Vertrages und der AVB zu erläutern.[233] Er kann sich auf die Erläuterung solcher Punkte beschränken, denen nach der Verkehrsanschauung für den Abschluss des Vertrags wesentliche Bedeutung beigemessen wird.[234] Im Übrigen trifft den Versicherer eine weiter gehende Auskunfts- und Beratungspflicht ausnahmsweise nur dann, wenn im Einzelfall besondere Umstände dies gebieten.[235] Solche Umstände liegen nicht vor, wenn der Versicherungsnehmer Arbeitslosenhilfe und Unterhaltsgeld beantragt hat. Der Versicherer ist nicht verpflichtet, den Versicherungsnehmer über die Auswirkungen der Antragstellung auf den Rentenversicherungsvertrag zu unterrichten und Hilfestellung zu   83

---

[226] *Römer* r+s 2008, 405, 408.
[227] *Ortmann* in: Schwintowski/Brömmelmeyer, PK-VVG, 2008, § 153 VVG 2008 Rdn. 97.
[228] *Höra/Fitzau* in: Terbille, MAH Versicherungsrecht, 2. Aufl., 2008, § 25 Rdn. 235.
[229] GDV-Rundschreiben Nr. 1562/2008 v. 13. 8. 2008.
[230] *Römer* r+s 2008, 405, 408.
[231] *Römer* r+s 2008, 405, 408.
[232] BGH, Urt. v. 18. 12. 1991 – IV ZR 299/90, VersR 1992, 217, 218; OLG Stuttgart, Urt. v. 9. 6. 2004 – 7 U 211/03, VersR 2004, 1161, 1162; OLG Stuttgart, Urt. v. 21. 8. 2006 – 10 U 154/06, VersR 2007, 1069, 1070 = r+s 2009, 28, 29.
[233] OLG Stuttgart, Urt. v. 21. 8. 2006 – 10 U 154/06, VersR 2007, 1069, 1070 = r+s 2009, 28, 29.
[234] OLG Stuttgart, Urt. v. 21. 8. 2006 – 10 U 154/06, VersR 2007, 1069, 1070 = r+s 2009, 28, 29.
[235] OLG Stuttgart, Urt. 9. 6. 2004 – 7 U 211/03, VersR 2004, 1161, 1162; OLG Stuttgart, Urt. v. 21. 8. 2006 – 10 U 154/06, VersR 2007, 1069, 1070 = r+s 2009, 28, 29.

leisten, damit der Versicherungsnehmer unter Erhalt der Mittel aus der Rentenversicherung in den Genuss staatlicher Transferleistungen gelangen kann.[236]

84   b) **Produkte Dritter.** Wird der Versicherer auf den Abschluss einer Rentenversicherung angesprochen, muss er den Interessenten nur über seine eigenen Produkte informieren.[237] Er ist nicht verpflichtet, seinen Kunden über andere Produkte, die alternativ in Betracht kommen (z. B. Bankprodukte), aufzuklären, selbst wenn für ihn ein Kreditinstitut als Versicherungsagent tätig ist.[238]

85   c) **Garantiezeiten.** Der Versicherer ist verpflichtet, über die Garantiezeiten, deren Bedeutung und die Auswirkungen unterschiedlicher Garantiezeiten zu informieren, wenn dies für die vorliegende Art der Rentenversicherung von besonderer Bedeutung ist.[239] Insbesondere ist der Kunde über den Tarif zu unterrichten, der die Möglichkeit bietet, dass bei Eintritt des Todes vor Ablauf der Garantiezeit das eingesetzte Kapital abzüglich der bereits geleisteten Rentenzahlungen an die Erben ausgekehrt wird.[240] Stellt sich die gewählte (oder empfohlene) Rentenversicherung für den Versicherungsnehmer – insbesondere unter Berücksichtigung seines Alters – als wirtschaftlich nachteilig dar, weil der Versicherungsnehmer unter Zugrundelegung der Sterbetafeln den investierten Betrag bei der insoweit angenommenen statistischen Lebenserwartung nicht zurückerhalten würde, so kann darin ein zum Schadensersatz führender Umstand liegen.[241] Dies gilt gleichermaßen, wenn lediglich Rentengarantiezeiten vereinbart sind, d. h. nicht verbrauchte Einmalbeiträge dem Versicherer verbleiben.[242]

86   d) **Umwandlung in eine beitragsfreie Versicherung.** In den AVB kann der Versicherer vereinbaren, dass eine Kündigung durch den Versicherungsnehmer die Umwandlung der Rentenversicherung in eine beitragsfreie Versicherung mit herabgesetzten Leistungen zur Folge hat.[243] Ist diese Regelung hinreichend klar und durch drucktechnische Hervorhebung in einer Überschrift in den AVB dargestellt, ist der Versicherer nicht verpflichtet, den Antragsteller ungefragt auf diese Regelung hinzuweisen.[244]

87   e) **Aktuelle Rechnungsgrundlagen.** Seiner Vertragsanbahnung muss der Versicherer aktuelle Rechnungsgrundlagen zugrunde legen. Das LVU darf deshalb nicht mit Überschussanteilen in einer Höhe werben, bei der eine künftige Herabsetzung bereits im Zeitpunkt des Vertragsabschlusses absehbar ist.[245] Legt der Versicherer seinem Vertragsangebot die Sterbetafel 1987 R zugrunde, obwohl er weiß, dass die Einführung der DAV-Sterbetafel 1994 R bevorsteht und deshalb die dem

---

[236] OLG Bamberg, Beschl. v. 22. 2. 2010 – 1 U 7/10, VersR 2010, 894.
[237] OLG Hamm, Urt. v. 1. 8. 2007 – 20 U 259/06, NJW-RR 2008, 415, 416 = VersR 2008, 523 = r+s 2008, 209, 210.
[238] OLG Hamm, Urt. v. 1. 8. 2007 – 20 U 259/06, NJW-RR 2008, 415, 416 = VersR 2008, 523 = r+s 2008, 209, 210.
[239] OLG Stuttgart, Urt. v. 21. 8. 2006 – 10 U 154/06, VersR 2007, 1069, 1070 = r+s 2009, 28, 29.
[240] OLG Stuttgart, Urt. v. 21. 8. 2006 – 10 U 154/06, VersR 2007, 1069, 1070 = r+s 2009, 28, 29.
[241] OLG Stuttgart, Urt. 9. 6. 2004 – 7 U 211/03, VersR 2004, 1161, 1162; OLG Hamm, Urt. v. 1. 8. 2007 – 20 U 259/06, NJW-RR 2008, 415, 416 = VersR 2008, 523 = r+s 2008, 161.
[242] OLG Oldenburg, Urt. v. 25. 6. 1997 – 2 U 94/97, VersR 1998, 220, 221 = r+s 1999, 166, 167.
[243] LG Hamburg, Urt. v. 6. 1. 2006 – 302 O 144/04, r+s 2006, 518.
[244] LG Hamburg, Urt. v. 6. 1. 2006 – 302 O 144/04, r+s 2006, 518.
[245] R 1/95, VerBAV 1995, 287; OLG Koblenz, Urt. v. 26. 5. 2000 – 10 U 1342/99, NJW-RR 2001, 1111 = VersR 2000, 1357, 1358 = r+s 2000, 391 = VerBAV 2001, 138, 139.

Kunden unverbindlich mitgeteilte Überschussbeteiligung unrealistisch ist, steht dem Versicherungsnehmer ein Schadensersatzanspruch aus culpa in contrahendo zu.[246] Der Versicherungsnehmer muss in diesem Fall darlegen und beweisen, dass ein Abschluss bei einem anderen Versicherer, der bereits die neue DAV-Sterbetafel 1994 R bei seinem Angebot berücksichtigt, für ihn bei Betrachtung der vereinbarten Vertragsdauer günstiger gewesen wäre.[247] Dem Versicherer zu verwehren, sich auf die Unverbindlichkeit der Überschussdeklaration zu berufen, und dem Versicherungsnehmer einen vertraglichen Erfüllungsanspruch zuzubilligen,[248] hieße, den Versicherungsnehmer besser zu stellen als bei von Anfang an vertragsgerechtem Verhalten des LVU. Der Versicherungsnehmer kann denn auch vom Versicherer wegen Beratungsverschuldens beim Abschluss einer Rentenversicherung durch Unterbreitung einer unrealistischen Gewinnprognose nur den Ersatz seines Vertrauensschadens verlangen und nicht so gestellt werden, dass die bei Vertragsschluss in Aussicht gestellte Gewinnbeteiligung gewährt wird.[249]

f) **Darlegungs- und Beweislast.** Grundsätzlich hat der Versicherungsnehmer 88 die Verletzung der Aufklärungs- und Hinweispflicht darzulegen und zu beweisen.[250] Verlangt er Schadensersatz wegen einer unzureichenden Aufklärung setzt dies voraus, dass vertragliche und vorvertragliche Verhaltenspflichten bestanden haben und diese verletzt wurden.[251] Beweisschwierigkeiten des Versicherungsnehmers, die sich aus der Führung des negativen Beweises bei behaupteter Nichtaufklärung ergeben, wird dadurch begegnet, dass der Versicherer die Behauptungen des Versicherungsnehmers substantiiert bestreiten muss,[252] d. h., er muss darlegen, wie die Aufklärung konkret erfolgt ist. Tut dies der Versicherer, ist es wiederum Aufgabe des Versicherungsnehmers, diese substantiierten Behauptungen zu widerlegen.[253]

g) **Kausalität.** Eine Haftung wegen Pflichtverletzung erfordert ferner, dass das 89 Zustandekommen des Rentenversicherungsvertrages auf fehlerhafte Beratung zurückzuführen ist. Nach der Lebenserfahrung ist davon auszugehen, dass eine mangelhafte Aufklärung ursächlich für die Entscheidung zum Abschluss des Rechtsgeschäfts geworden ist.[254] Diese Kausalitätsvermutung setzt allerdings voraus, dass für den anderen Teil vernünftigerweise nur eine bestimmte Möglichkeit der Reaktion auf die richtige Aufklärung gegeben hätte und die Möglichkeit eines Entscheidungskonflikts ausscheidet.[255] Von einem solchen Entscheidungskonflikt ist auszugehen, wenn jede der möglichen Vertragsgestaltungen Vor- und Nachteile hin-

---

[246] OLG Düsseldorf, Urt. v. 15. 8. 2000 – 4 U 139/99, NJW-RR 2000, 1626, 1627 = NVersZ 2001, 15 = VersR 2001, 705, 706 = r+s 2001, 212, 213 = VerBAV 2001, 139, 140.
[247] LG Wuppertal, Urt. v. 2. 12. 1999 – 7 O 202/99, S. 5; OLG Düsseldorf, Urt. v. 5. 12. 2000 – 4 U 21/00, NVersZ 2001, 354 f. = r+s 2001, 219.
[248] So aber OLG Koblenz, Urt. v. 26. 5. 2000 – 10 U 1342/99, NJW-RR 2001, 1111 = NVersZ 2000, 423 = VersR 2000, 1357, 1358 = r+s 2000, 391 = VerBAV 2001, 138; LG Dortmund, Urt. v. 26. 7. 2001 – 2 O 153/01, NVersZ 2002, 307.
[249] OLG Düsseldorf, Urt. v. 5. 12. 2000 – 4 U 21/00, VersR 2002, 299 (Ls.).
[250] OLG Stuttgart, Urt. v. 21. 8. 2006 – 10 U 154/06, VersR 2007, 1069, 1070 = r+s 2009, 28, 29.
[251] OLG Stuttgart, Urt. v. 21. 8. 2006 – 10 U 154/06, VersR 2007, 1069, 1070 = r+s 2009, 28, 29.
[252] OLG Stuttgart, Urt. v. 21. 8. 2006 – 10 U 154/06, VersR 2007, 1069, 1070 = r+s 2009, 28, 29.
[253] OLG Stuttgart, Urt. v. 21. 8. 2006 – 10 U 154/06, VersR 2007, 1069, 1070 = r+s 2009, 28, 29.
[254] BGH MDR 2005, 326; OLG Stuttgart, Urt. v. 21. 8. 2006 – 10 U 154/06, VersR 2007, 1069, 1070 = r+s 2009, 28, 29.
[255] BGH NJW 2001, 2021; OLG Stuttgart, Urt. v. 21. 8. 2006 – 10 U 154/06, VersR 2007, 1069, 1070 = r+s 2009, 28, 29.

sichtlich der monatlichen Rentenzahlung und der Sicherheit des eingezahlten Kapitals hat.[256] Besteht demzufolge ein Spannungsverhältnis zwischen den Vorteilen für den Erblasser und denen für die Erben, liegt die Beweislast, für welche Lösung sich der Erblasser bei richtiger Beratung entschieden hätte, bei den Erben.[257]

2. Annahme des Antrags

90 Die Annahme eines Antrags auf Abschluss einer Rentenversicherung kann konkludent erfolgen.[258] Wird der Versicherungsnehmer, der einen Antrag auf Abschluss eines Rentenversicherungsvertrags gegen Einmalbeitrag gestellt hat, vom Bezirksleiter des Versicherers aufgefordert sofort den Einmalbeitrag einzuzahlen, kann der Versicherungsnehmer davon ausgehen, dass der Versicherer bereits positiv über die Annahme des Versicherungsantrags entschieden hat und der Vertrag somit bereits zustande gekommen ist.[259] Die dem Versicherungsschein beigefügte Tabelle zur Errechnung der Rückvergütungswerte ist Bestandteil des Versicherungsvertrags.[260] Bringt der Versicherer im Rahmen der Kommunikation mit dem Versicherungsnehmer zum Ausdruck, dass er die Tabelle über die Rückvergütungswerte nicht mehr gelten lassen, aber am Versicherungsvertrag festhalten will, ist der Versicherungsvertrag nicht rechtswirksam angefochten und gilt auch die Tabelle weiter.[261]

VII. Rentenbezugsmitteilung

91 Die Lebensversicherer haben für die Veranlagungsjahre 2005 bis 2008 Rentenbezugsmitteilungen an eine zentrale Stelle zu senden. In den Folgejahren sind die Mitteilungen jeweils bis zum 1. März für das abgelaufene Kalenderjahr zu übermitteln. Für die Erstellung der Rentenbezugsmitteilung wird die Steueridentifikationsnummer benötigt, die über die zentrale Stelle beim Bundeszentralamt für Steuern erfragt werden kann.

VIII. Allgemeine Bedingungen für die Rentenversicherung (RV 2008)

1. Allgemeine Bedingungen für die Rentenversicherung mit aufgeschobener Rentenzahlung[262]

92 Sehr geehrte Kundin, sehr geehrter Kunde,
als Versicherungsnehmer sind Sie unser Vertragspartner; für unser Vertragsverhältnis gelten die nachfolgenden Bedingungen.

---

[256] OLG Stuttgart, Urt. v. 21. 8. 2006 – 10 U 154/06, VersR 2007, 1069, 1070 = r+s 2009, 28, 29.
[257] OLG Stuttgart, Urt. v. 21. 8. 2006 – 10 U 154/06, VersR 2007, 1069, 1070 = r+s 2009, 28, 29.
[258] BGH NJW 1951, 313 = VersR 1951, 114; BGH NJW 1976, 290; OLG Frankfurt/M., Urt. v. 14. 5. 2003 – 7 U 127/02, VersR 2003, 1523, 1524.
[259] OLG Frankfurt/M., Urt. v. 14. 5. 2003 – 7 U 127/02, VersR 2003, 1523, 1524 = r+s 2004, 427.
[260] BGH, Urt. v. 14. 11. 2001 – IV ZR 181/00, NJW-RR 2002, 380 = VersR 2002, 88, 89.
[261] BGH, Urt. v. 14. 11. 2001 – IV ZR 181/00, NJW-RR 2002, 380 = VersR 2002, 88, 89.
[262] Stand: 2. 5. 2008 u. 13. 8. 2008. GDV-Rundschreiben Nr. 0850/2008 v. 7. 5. 2008 u. Nr. 1562/2008 v. 13. 8. 2008: Diese Bedingungen sind für die Versicherer unverbindlich; ihre Verwendung ist rein fakultativ. Abweichende Bedingungen können vereinbart werden. Anm. des Verfassers: In den RVAufschub 2008 werden die Bestimmungen des VVG 2008 genannt.

F. Allg. Bedingungen für die Rentenversicherung

Inhaltsverzeichnis

§ 1 Welche Leistungen erbringen wir?
§ 2 Wie erfolgt die Überschussbeteiligung?
§ 3 Wann beginnt Ihr Versicherungsschutz?
§ 4 Was gilt bei Wehrdienst, Unruhen, Krieg oder Einsatz bzw. Freisetzen von ABC-Waffen-Stoffen?
§ 5 Was gilt bei Selbsttötung der versicherten Person?
§ 6 Was bedeutet die vorvertragliche Anzeigepflicht?
§ 7 Was haben Sie bei der Beitragszahlung zu beachten?
§ 8 Was geschieht, wenn Sie einen Beitrag nicht rechtzeitig zahlen?
§ 9 Wann können Sie Ihre Versicherung kündigen oder beitragsfrei stellen?
§ 10 Wie werden die Abschluss- und Vertriebskosten verrechnet?
§ 11 Was ist zu beachten, wenn eine Versicherungsleistung verlangt wird?
§ 12 Welche Bedeutung hat der Versicherungsschein?
§ 13 Wer erhält die Versicherungsleistung?
§ 14 Was gilt bei Änderung Ihrer Postanschrift und Ihres Namens?
§ 15 Welche Kosten stellen wir Ihnen gesondert in Rechnung?
§ 16 Welches Recht findet auf Ihren Vertrag Anwendung?
§ 17 Wo ist der Gerichtsstand?

§ 1 Welche Leistungen erbringen wir?

(1) Erlebt die versicherte Person den vereinbarten Rentenzahlungsbeginn, zahlen wir die vereinbarte Rente lebenslang je nach vereinbarter Rentenzahlungsweise jährlich, halbjährlich, vierteljährlich oder monatlich an den vereinbarten Fälligkeitstagen.

(2) Erlebt die versicherte Person den vereinbarten Rentenzahlungsbeginn und ist eine Rentengarantiezeit vereinbart, zahlen wir die vereinbarte Rente mindestens bis zum Ablauf der Rentengarantiezeit, unabhängig davon, ob die versicherte Person diesen Termin erlebt.

(3) Anstelle der Rentenzahlung leisten wir zum Fälligkeitstag der ersten Rente die vereinbarte Kapitalabfindung,[263] wenn die versicherte Person diesen Termin erlebt und uns ein Antrag auf Kapitalabfindung spätestens ...[264] vor dem Fälligkeitstag der ersten Rente zugegangen ist (Kapitalwahlrecht). Mit der Kapitalabfindung erlischt die Versicherung.

(4) Ist für den Todesfall eine Leistung vereinbart, so wird diese bei Tod der versicherten Person fällig.

(5) Außer den im Versicherungsschein ausgewiesenen garantierten Leistungen erhalten Sie weitere Leistungen aus der Überschussbeteiligung (siehe § 2).

Bemerkung
§ 1 Abs. 1 bis 4 ist bei anderer Leistungsbeschreibung entsprechend zu ändern.

§ 2 Wie erfolgt die Überschussbeteiligung?

Wir beteiligen Sie und die anderen Versicherungsnehmer gemäß § 153 des Versicherungsvertragsgesetzes (VVG) an den Überschüssen und Bewertungsreserven (Überschussbeteiligung). Die Überschüsse werden nach den Vorschriften des Handelsgesetzbuches ermittelt und jährlich im Rahmen unseres Jahresabschlusses festgestellt. Die Bewertungsreserven werden dabei im Anhang des Geschäftsberichtes ausgewiesen. Der Jahresabschluss wird von einem unabhängigen Wirtschaftsprüfer geprüft und ist unserer Aufsichtsbehörde einzureichen.

(1) Grundsätze und Maßstäbe für die Überschussbeteiligung der Versicherungsnehmer

---
[263] Bezeichnung gemäß Police ggf. anpassen.
[264] Unternehmensindividuell zu ergänzen.

(a) Die Überschüsse stammen im Wesentlichen aus den Erträgen der Kapitalanlagen. Von den Nettoerträgen derjenigen Kapitalanlagen, die für künftige Versicherungsleistungen vorgesehen sind (§ 3 der Verordnung über die Mindestbeitragsrückerstattung in der Lebensversicherung, Mindestzuführungsverordnung), erhalten die Versicherungsnehmer insgesamt mindestens den in dieser Verordnung genannten Prozentsatz. In der derzeitigen Fassung der Verordnung sind grundsätzlich 90% vorgeschrieben (§ 4 Abs. 3, § 5 Mindestzuführungsverordnung). Aus diesem Betrag werden zunächst die Beträge finanziert, die für die garantierten Versicherungsleistungen benötigt werden. Die verbleibenden Mittel verwenden wir für die Überschussbeteiligung der Versicherungsnehmer.

Weitere Überschüsse entstehen insbesondere dann, wenn die Lebenserwartung und die Kosten niedriger sind, als bei der Tarifkalkulation angenommen. Auch an diesen Überschüssen werden die Versicherungsnehmer angemessen beteiligt und zwar nach derzeitiger Rechtslage am Risikoergebnis (Lebenserwartung) grundsätzlich zu mindestens 75% und am übrigen Ergebnis (einschließlich Kosten) grundsätzlich zu mindestens 50% (§ 4 Abs. 4 u. 5, § 5 Mindestzuführungsverordnung).

Die verschiedenen Versicherungsarten tragen unterschiedlich zum Überschuss bei. Wir haben deshalb gleichartige Versicherungen zu Gruppen zusammengefasst. Gewinngruppen bilden wir beispielsweise, um das versicherte Risiko wie das Langlebigkeits- oder Berufsunfähigkeitsrisiko zu berücksichtigen.[265] Die Verteilung des Überschusses für die Versicherungsnehmer auf die einzelnen Gruppen orientiert sich daran, in welchem Umfang sie zu seiner Entstehung beigetragen haben. Den Überschuss führen wir der Rückstellung für Beitragsrückerstattung zu, soweit er nicht in Form der sog. Direktgutschrift bereits unmittelbar den überschussberechtigten Versicherungen gutgeschrieben wird. Diese Rückstellung dient dazu, Ergebnisschwankungen im Zeitablauf zu glätten. Sie darf grundsätzlich nur für die Überschussbeteiligung der Versicherungsnehmer verwendet werden. Nur in Ausnahmefällen und mit Zustimmung der Aufsichtsbehörde können wir hiervon nach § 56a des Versicherungsaufsichtsgesetzes (VAG) abweichen, soweit die Rückstellung nicht auf bereits festgelegte Überschussanteile entfällt. Nach der derzeitigen Fassung des § 56a VAG können wir die Rückstellung, im Interesse der Versicherungsnehmer auch zur Abwendung eines drohenden Notstandes, zum Ausgleich unvorhersehbarer Verluste aus den überschussberechtigten Versicherungsverträgen, die auf allgemeine Änderungen der Verhältnisse zurückzuführen sind, oder – sofern die Rechnungsgrundlagen aufgrund einer unvorhersehbaren und nicht nur vorübergehenden Änderung der Verhältnisse angepasst werden müssen – zur Erhöhung der Deckungsrückstellung heranziehen.

(b) Bewertungsreserven entstehen, wenn der Marktwert der Kapitalanlagen über dem Wert liegt, mit dem die Kapitalanlagen in der Bilanz ausgewiesen sind. Die Bewertungsreserven sorgen für Sicherheit und dienen dazu, kurzfristige Ausschläge an den Kapitalmärkten auszugleichen. Ein Teil der Bewertungsreserven fließt den Versicherungsnehmern unmittelbar zu. Hierzu wird die Höhe der Bewertungsreserven jährlich neu ermittelt. Der so ermittelte Wert wird den Verträgen nach dem in Absatz 2 beschriebenen Verfahren zugeordnet (§ 153 Abs. 3 VVG). Bei Beendigung der Ansparphase[266] (durch Tod, Kündigung oder Erleben des vereinbarten Rentenbeginns) teilen wir den für diesen Zeitpunkt aktuell ermittelten Betrag Ihrer Versicherung zur Hälfte zu. Auch während des Rentenbezuges werden wir Sie an den Bewertungsreserven beteiligen. Aufsichtsrechtliche Regelungen zur Kapitalausstattung bleiben unberührt.

(2) Grundsätze und Maßstäbe für die Überschussbeteiligung Ihres Vertrages

(a) Ihre Versicherung erhält Anteile an den Überschüssen derjenigen Gruppe, die in Ihrem Versicherungsschein genannt ist. Die Mittel für die Überschussanteile

---

[265] Ggf. weitere unternehmensindividuelle Information über Gewinngruppen bzw. Untergruppen und deren Modalitäten; die Begriffe sind an die unternehmensindividuellen Gegebenheiten anzupassen.

[266] Ggf. unternehmensindividuellen früheren Zeitpunkt verwenden.

F. Allg. Bedingungen für die Rentenversicherung   92   RV 2008

werden bei der Direktgutschrift zu Lasten des Ergebnisses des Geschäftsjahres finanziert, ansonsten der Rückstellung für Beitragsrückerstattung entnommen. Die Höhe der Überschussanteilsätze wird jedes Jahr vom Vorstand unseres Unternehmens auf Vorschlag des Verantwortlichen Aktuars festgelegt. Wir veröffentlichen die Überschussanteilsätze in unserem Geschäftsbericht. Den Geschäftsbericht können Sie bei uns jederzeit anfordern.

(b) ...[267]
(c) ...[268]

(3) Information über die Höhe der Überschussbeteiligung
Die Höhe der Überschussbeteiligung hängt von vielen Einflüssen ab. Diese sind nicht vorhersehbar und nur begrenzt beeinflussbar. Wichtigster Einflussfaktor ist dabei die Zinsentwicklung des Kapitalmarkts. Aber auch die Entwicklung des versicherten Risikos und der Kosten sind von Bedeutung. Die Höhe der künftigen Überschussbeteiligung kann also nicht garantiert werden.

§ 3 Wann beginnt Ihr Versicherungsschutz?

Ihr Versicherungsschutz beginnt, wenn der Vertrag abgeschlossen worden ist, jedoch nicht vor dem mit Ihnen vereinbarten, im Versicherungsschein angegebenen Versicherungsbeginn. Allerdings entfällt unsere Leistungspflicht bei nicht rechtzeitiger Beitragszahlung (vgl. § 7 Abs. 2 und 3 und § 8).

Bemerkung
Bei Tarifen, bei denen die Versicherungsperiode nicht mit dem Beitragszahlungsabschnitt übereinstimmt (unechte unterjährige Beiträge) lautet der Klammersatz in Satz 2: „(vgl. § 7 Abs. 3 und 4 und § 8)".

§ 4 Was gilt bei Wehrdienst, Unruhen, Krieg oder Einsatz bzw. Freisetzen von ABC-Waffen/-Stoffen?[269]

(1) Grundsätzlich besteht unsere Leistungspflicht unabhängig davon, auf welcher Ursache der Versicherungsfall beruht. Wir gewähren Versicherungsschutz insbesondere auch dann, wenn die versicherte Person in Ausübung des Wehr- oder Polizeidienstes oder bei inneren Unruhen den Tod gefunden hat.

(2) Bei Ableben der versicherten Person in unmittelbarem oder mittelbarem Zusammenhang mit kriegerischen Ereignissen beschränkt sich eine für den Todesfall vereinbarte Kapitalleistung auf die Auszahlung des für den Todestag berechneten Rückkaufswertes (§ 9 Abs. 3 bis 5). Für den Todesfall versicherte Rentenleistungen vermindern sich auf den Betrag, den wir aus dem für den Todestag berechneten Rückkaufswert erbringen können. Diese Einschränkung der Leistungspflicht entfällt, wenn die versicherte Person in unmittelbarem oder mittelbarem Zusammenhang mit kriegerischen Ereignissen stirbt, denen sie während eines Aufenthaltes außerhalb der Bundesrepublik Deutschland ausgesetzt und an denen sie nicht aktiv beteiligt war.

---

[267] Hier sind folgende unternehmensindividuelle Angaben zu machen:
a) Voraussetzung für die Fälligkeit der Überschussanteile (Wartezeit, Stichtag für die Zuteilung u. ä.)
b) Form und Verwendung der Überschussanteile (laufende Überschussanteile, Schlussüberschussanteile, Bonus, Ansammlung, Verrechnung, Barauszahlung u. ä.)
c) Bemessungsgrößen für die Überschussanteile.
[268] Hier sind der Verteilungsmechanismus, d. h. die Schlüsselung der ermittelten, verteilungsfähigen Bewertungsreserven auf den einzelnen Vertrag und die Bewertungsstichtage anzugeben. Vgl. hierzu auch Gesamtgeschäftsplan für die Überschussbeteiligung, Abschnitte 3.11.1 bis 3.11.11.
[269] Kann entfallen, wenn keine Zusatzversicherungen und über die Beitragsrückgewähr hinaus keine Leistungen für Hinterbliebene eingeschlossen sind.

(3) Bei Ableben der versicherten Person in unmittelbarem oder mittelbarem Zusammenhang mit dem vorsätzlichen Einsatz von atomaren, biologischen oder chemischen Waffen oder dem vorsätzlichen Einsatz oder der vorsätzlichen Freisetzung von radioaktiven, biologischen oder chemischen Stoffen beschränkt sich unsere Leistungspflicht auf die in Absatz 2 Satz 1 und 2 genannten Leistungen, sofern der Einsatz oder das Freisetzen darauf gerichtet sind, das Leben einer Vielzahl von Personen zu gefährden. Absatz 2 Satz 3 bleibt unberührt.

§ 5 Was gilt bei Selbsttötung der versicherten Person?[270]

(1) Bei vorsätzlicher Selbsttötung leisten wir, wenn seit Abschluss des Versicherungsvertrags drei Jahre vergangen sind.

(2) Bei vorsätzlicher Selbsttötung vor Ablauf der Dreijahresfrist besteht Versicherungsschutz nur dann, wenn uns nachgewiesen wird, dass die Tat in einem die freie Willensbestimmung ausschließenden Zustand krankhafter Störung der Geistestätigkeit begangen worden ist. Anderenfalls zahlen wir den für den Todestag berechneten Rückkaufswert Ihrer Versicherung, jedoch nicht mehr als eine für den Todesfall vereinbarte Kapitalleistung (§ 9 Abs. 3 bis 6). Für den Todesfall versicherte Rentenleistungen vermindern sich auf den Betrag, den wir aus dem für den Todestag berechneten Rückkaufswert erbringen können.

(3) Die Absätze 1 und 2 gelten entsprechend bei einer unsere Leistungspflicht erweiternden Änderung oder bei einer Wiederherstellung der Versicherung. Die Frist nach Absatz 1 beginnt mit der Änderung oder Wiederherstellung der Versicherung bezüglich des geänderten oder wiederhergestellten Teils neu zu laufen.

§ 6 Was bedeutet die vorvertragliche Anzeigepflicht?[271]

Vorvertragliche Anzeigepflicht

(1) Wir übernehmen den Versicherungsschutz im Vertrauen darauf, dass Sie alle vor Vertragsabschluss in Textform gestellten Fragen wahrheitsgemäß und vollständig beantwortet haben (vorvertragliche Anzeigepflicht). Das gilt insbesondere für die Fragen nach gegenwärtigen oder früheren Erkrankungen, gesundheitlichen Störungen und Beschwerden.

(2) Soll das Leben einer anderen Person versichert werden, ist auch diese – neben Ihnen – für die wahrheitsgemäße und vollständige Beantwortung der Fragen verantwortlich.

Rücktritt

(3) Wenn Umstände, die für die Übernahme des Versicherungsschutzes Bedeutung haben, von Ihnen oder der versicherten Person (vgl. Abs. 2) nicht oder nicht richtig angegeben worden sind, können wir vom Vertrag zurücktreten. Dies gilt nicht, wenn uns nachgewiesen wird, dass die vorvertragliche Anzeigepflicht weder vorsätzlich noch grob fahrlässig verletzt worden ist. Bei grob fahrlässiger Verletzung der vorvertraglichen Anzeigepflicht haben wir kein Rücktrittsrecht, wenn uns nachgewiesen wird, dass wir den Vertrag auch bei Kenntnis der nicht angezeigten Umstände, wenn auch zu anderen Bedingungen, geschlossen hätten.

(4) Im Fall des Rücktritts besteht kein Versicherungsschutz. Haben wir den Rücktritt nach Eintritt des Versicherungsfalles erklärt, bleibt unsere Leistungspflicht jedoch bestehen, wenn uns nachgewiesen wird, dass der nicht oder nicht richtig angegebene Umstand weder für den Eintritt oder die Feststellung des Versicherungsfalles noch für die Feststellung oder den Umfang unserer Leistungs-

---

[270] Kann entfallen, wenn keine Zusatzversicherungen und über die Beitragsrückgewähr hinaus keine Leistungen für Hinterbliebene eingeschlossen sind.

[271] Kann entfallen, wenn keine Zusatzversicherung eingeschlossen ist bzw. die Regelung in der Zusatzversicherung enthalten ist.

pflicht ursächlich war. Haben Sie oder die versicherte Person die Anzeigepflicht arglistig verletzt, sind wir nicht zur Leistung verpflichtet.

(5) Wenn die Versicherung durch Rücktritt aufgehoben wird, zahlen wir den Rückkaufswert (§ 9 Abs. 3 bis 5). Die Regelung des § 9 Abs. 3 Satz 3 gilt nicht. Die Rückzahlung der Beiträge können Sie nicht verlangen.

Kündigung

(6) Ist unser Rücktrittsrecht ausgeschlossen, weil die Verletzung der vorvertraglichen Anzeigepflicht weder auf Vorsatz noch auf grober Fahrlässigkeit beruhte, können wir den Vertrag unter Einhaltung einer Frist von einem Monat kündigen.

(7) Wir haben kein Kündigungsrecht, wenn uns nachgewiesen wird, dass wir den Vertrag auch bei Kenntnis der nicht angezeigten Umstände, wenn auch zu anderen Bedingungen, geschlossen hätten.

(8) Kündigen wir die Versicherung, wandelt sie sich mit der Kündigung in eine beitragsfreie Versicherung um (§ 9 Abs. 8 bis 10).

Vertragsanpassung

(9) Können wir nicht zurücktreten oder kündigen, weil wir den Vertrag auch bei Kenntnis der nicht angezeigten Umstände, wenn auch zu anderen Bedingungen, geschlossen hätten, werden die anderen Bedingungen auf unser Verlangen rückwirkend Vertragsbestandteil. Haben Sie die Anzeigepflichtverletzung nicht zu vertreten, werden die anderen Bedingungen ab der laufenden Versicherungsperiode Vertragsbestandteil.

(10) Erhöht sich durch die Vertragsanpassung der Beitrag um mehr als 10% oder schließen wir die Versicherungsschutz für den nicht angezeigten Umstand aus, können Sie den Vertrag innerhalb eines Monats nach Zugang unserer Mitteilung fristlos kündigen. In der Mitteilung werden wir Sie auf das Kündigungsrecht hinweisen.

Ausübung unserer Rechte

(11) Wir können uns auf die Rechte zum Rücktritt, zur Kündigung und zur Vertragsanpassung nur berufen, wenn wir Sie durch gesonderte Mitteilung in Textform auf die Folgen einer Anzeigepflichtverletzung hingewiesen haben. Wir müssen unsere Rechte innerhalb eines Monats schriftlich geltend machen. Die Frist beginnt mit dem Zeitpunkt, zu dem wir von der Verletzung der Anzeigepflicht, die das von uns geltend gemachte Recht begründet, Kenntnis erlangen. Bei Ausübung unserer Rechte müssen wir die Umstände angeben, auf die wir unsere Erklärung stützen. Zur Begründung können wir nachträglich weitere Umstände innerhalb eines Monats nach deren Kenntniserlangung angeben.

(12) Unsere Rechte auf Rücktritt, Kündigung und Vertragsanpassung sind ausgeschlossen, wenn wir den angezeigten Umstand oder die Unrichtigkeit der Anzeige kannten.

(13) Die genannten Rechte können wir nur innerhalb von fünf Jahren seit Vertragsabschluss ausüben. Ist der Versicherungsfall vor Ablauf dieser Frist eingetreten, können wir die Rechte auch nach Ablauf der Frist geltend machen. Haben Sie oder die versicherte Person die Anzeigepflicht vorsätzlich oder arglistig verletzt, beträgt die Frist zehn Jahre.

Anfechtung

(14) Wir können den Versicherungsvertrag auch anfechten, falls durch unrichtige oder unvollständige Angaben bewusst und gewollt auf unsere Annahmeentscheidung Einfluss genommen worden ist. Handelt es sich um Angaben der versicherten Person, können wir Ihnen gegenüber die Anfechtung erklären, auch wenn Sie von der Verletzung der vorvertraglichen Anzeigepflicht keine Kenntnis hatten. Absatz 5 gilt entsprechend.

Leistungserweiterung/Wiederherstellung der Versicherung

(15) Die Absätze 1 bis 14 gelten bei einer unsere Leistungspflicht erweiternden Änderung oder bei einer Wiederherstellung der Versicherung entsprechend. Die

Fristen nach Absatz 13 beginnen mit der Änderung oder Wiederherstellung der Versicherung bezüglich des geänderten oder wiederhergestellten Teils neu zu laufen.

Erklärungsempfänger

(16) Die Ausübung unserer Rechte erfolgt durch eine schriftliche Erklärung, die Ihnen gegenüber abzugeben ist. Sofern Sie uns keine andere Person als Bevollmächtigten benannt haben, gilt nach Ihrem Ableben ein Bezugsberechtigter als bevollmächtigt, diese Erklärung entgegenzunehmen. Ist auch ein Bezugsberechtigter nicht vorhanden oder kann sein Aufenthalt nicht ermittelt werden, können wir den Inhaber des Versicherungsscheins zur Entgegennahme der Erklärung als bevollmächtigt ansehen.

§ 7 Was haben Sie bei der Beitragszahlung zu beachten?

(1) Die Beiträge zu Ihrer Rentenversicherung können Sie je nach Vereinbarung in einem einzigen Betrag (Einmalbeitrag), durch Monats-, Vierteljahres-, Halbjahres- oder Jahresbeiträge (laufende Beiträge) entrichten. Die Versicherungsperiode umfasst bei Einmalbeitrags- und Jahreszahlung ein Jahr, bei unterjähriger Beitragszahlung entsprechend der Zahlungsweise einen Monat, ein Vierteljahr bzw. ein halbes Jahr.

(2) Der erste oder einmalige Beitrag (Einlösungsbeitrag) ist unverzüglich nach Abschluss des Vertrages zu zahlen, jedoch nicht vor dem mit Ihnen vereinbarten, im Versicherungsschein angegebenen Versicherungsbeginn. Alle weiteren Beiträge (Folgebeiträge) werden zu Beginn der vereinbarten Versicherungsperiode fällig.

(3) Für die Rechtzeitigkeit der Beitragszahlung genügt es, wenn Sie fristgerecht alles getan haben, damit der Beitrag bei uns eingeht. Ist die Einziehung des Beitrags von einem Konto vereinbart, gilt die Zahlung als rechtzeitig, wenn der Beitrag zu dem in Absatz 2 genannten Termin eingezogen werden kann und Sie einer berechtigten Einziehung nicht widersprechen. Konnte der fällige Beitrag ohne Ihr Verschulden von uns nicht eingezogen werden, ist die Zahlung auch dann noch rechtzeitig, wenn sie unverzüglich nach unserer schriftlichen Zahlungsaufforderung erfolgt. Haben Sie zu vertreten, dass der Beitrag wiederholt nicht eingezogen werden kann, sind wir berechtigt, künftig die Zahlung außerhalb des Lastschriftverfahrens zu verlangen.

(4) Die Übermittlung Ihrer Beiträge erfolgt auf Ihre Gefahr und Ihre Kosten.

(5) Für eine Stundung der Beiträge ist eine schriftliche Vereinbarung mit uns erforderlich.

(6) Bei Fälligkeit einer Versicherungsleistung werden wir etwaige Beitragsrückstände verrechnen.

Bemerkung

Bei Tarifen, bei denen die Versicherungsperiode nicht mit dem Beitragszahlungsabschnitt (unechte unterjährige Beiträge) übereinstimmt, lautet § 7 wie folgt:

„Was haben Sie bei der Beitragszahlung zu beachten?

(1) Die Beiträge zu Ihrer Rentenversicherung können Sie je nach Vereinbarung in einem einzigen Betrag (Einmalbeitrag) oder durch jährliche Beitragszahlungen (Jahresbeiträge) entrichten. Die Jahresbeiträge werden zu Beginn eines jeden Versicherungsjahres fällig.

(2) Nach Vereinbarung können Sie Jahresbeiträge auch in halbjährlichen, vierteljährlichen oder monatlichen Raten zahlen; hierfür werden Ratenzuschläge erhoben.

(3) Der erste oder einmalige Beitrag (Einlösungsbeitrag) ist unverzüglich nach Abschluss des Vertrages zu zahlen, jedoch nicht vor dem mit Ihnen vereinbarten im Versicherungsschein angegebenen Versicherungsbeginn. Alle weiteren Beiträge sind jeweils zum vereinbarten Fälligkeitstag an uns zu zahlen.

F. Allg. Bedingungen für die Rentenversicherung

(4) Für die Rechtzeitigkeit der Beitragszahlung genügt es, wenn Sie fristgerecht alles getan haben, damit der Beitrag bei uns eingeht. Ist die Einziehung des Beitrags von einem Konto vereinbart, gilt die Zahlung als rechtzeitig, wenn der Beitrag zu dem in Absatz 3 genannten Termin eingezogen werden kann und Sie einer berechtigten Einziehung nicht widersprechen. Konnte der fällige Beitrag ohne Ihr Verschulden von uns nicht eingezogen werden, ist die Zahlung auch dann noch rechtzeitig, wenn sie unverzüglich nach unserer schriftlichen Zahlungsaufforderung erfolgt. Haben Sie zu vertreten, dass der Beitrag wiederholt nicht eingezogen werden kann, sind wir berechtigt, künftig die Zahlung außerhalb des Lastschriftverfahrens zu verlangen.

(5) Die Übermittlung Ihrer Beiträge erfolgt auf Ihre Gefahr und Ihre Kosten.

(6) Für eine Stundung der Beiträge ist eine schriftliche Vereinbarung mit uns erforderlich.

(7) Im Versicherungsfall (bei Tod der versicherten Person, bzw. im Erlebensfall) werden wir alle noch nicht gezahlten Raten des laufenden Versicherungsjahres und etwaige Beitragsrückstände mit der Versicherungsleistung verrechnen."

§ 8 Was geschieht, wenn Sie einen Beitrag nicht rechtzeitig zahlen?

(1) Wenn Sie den Einlösungsbeitrag nicht rechtzeitig zahlen, können wir – solange die Zahlung nicht bewirkt ist – vom Vertrag zurücktreten. Dies gilt nicht, wenn uns nachgewiesen wird, dass Sie die nicht rechtzeitige Zahlung nicht zu vertreten haben. Bei einem Rücktritt können wir von Ihnen die Kosten der zur Gesundheitsprüfung durchgeführten ärztlichen Untersuchungen verlangen.

(2) Ist der Einlösungsbeitrag bei Eintritt des Versicherungsfalles noch nicht gezahlt, sind wir nicht zur Leistung verpflichtet, sofern wir Sie durch gesonderte Mitteilung in Textform oder durch einen auffälligen Hinweis im Versicherungsschein auf diese Rechtsfolge aufmerksam gemacht haben. Unsere Leistungspflicht besteht jedoch, wenn uns nachgewiesen wird, dass Sie die Nicht-Zahlung nicht zu vertreten haben.

(3) Wenn ein Folgebeitrag oder ein sonstiger Betrag, den Sie aus dem Versicherungsverhältnis schulden, nicht rechtzeitig gezahlt worden ist oder eingezogen werden konnte, erhalten Sie von uns auf Ihre Kosten eine Mahnung in Textform. Darin setzen wir Ihnen eine Zahlungsfrist von mindestens zwei Wochen. Begleichen Sie den Rückstand nicht innerhalb der gesetzten Frist, entfällt oder vermindert sich Ihr Versicherungsschutz. Auf die Rechtsfolgen werden wir Sie in der Mahnung ausdrücklich hinweisen.

§ 9 Wann können Sie Ihre Versicherung kündigen oder beitragsfrei stellen?

Kündigung

(1) **Sie können Ihre Versicherung – jedoch nur vor dem vereinbarten Rentenbeginn – jederzeit zum Schluss der Versicherungsperiode ganz oder teilweise schriftlich kündigen.**

(2) **Kündigen Sie Ihre Versicherung nur teilweise, ist diese Kündigung unwirksam, wenn die verbleibende beitragspflichtige Rente unter einen Mindestbetrag von ...[272] sinkt. Wenn Sie in diesem Falle Ihre Versicherung beenden wollen, müssen Sie diese also ganz kündigen.**

Bemerkung

Die jeweils vereinbarte Rentenzahlungsperiode muss bei Absatz 2 berücksichtigt werden.

Auszahlung eines Rückkaufswertes bei Kündigung

(3) **Ist für den Todesfall eine Leistung vereinbart, haben wir nach § 169 VVG den Rückkaufswert zu erstatten, höchstens jedoch die für den Todesfall vereinbarte Leistung (siehe Absatz 6). Der Rückkaufswert ist das nach anerkannten Regeln**

---

[272] Unternehmensindividuell zu ergänzen.

der Versicherungsmathematik mit den Rechnungsgrundlagen der Prämienkalkulation zum Schluss der laufenden Versicherungsperiode berechnete Deckungskapital der Versicherung. Mindestens erstatten wir jedoch den Betrag des Deckungskapitals, das sich bei gleichmäßiger Verteilung der unter Beachtung der aufsichtsrechtlichen Höchstzillmersätze (vgl. § 10 Abs. 2 Satz 3) angesetzten Abschluss- und Vertriebskosten auf die ersten fünf Vertragsjahre ergibt. Von dem so ermittelten Wert erfolgt ein Abzug von ...[273] Mit dem Abzug wird die Veränderung der Risikolage des verbleibenden Versichertenbestandes[274] ausgeglichen; zudem wird damit ein Ausgleich für kollektiv gestelltes Risikokapital vorgenommen.[275] Weitere Erläuterungen sowie versicherungsmathematische Hinweise zum Abzug finden Sie im Anhang zu den Versicherungsbedingungen. Sofern Sie uns nachweisen, dass die dem Abzug zugrunde liegenden Annahmen in Ihrem Fall entweder dem Grunde nach nicht zutreffen oder der Abzug wesentlich niedriger zu beziffern ist, entfällt der Abzug bzw. wird – im letzteren Falle – entsprechend herabgesetzt.

Beitragsrückstände werden von dem Rückkaufswert abgezogen.

(4) Wir sind nach § 169 Abs. 6 VVG berechtigt, den nach Absatz 3 Satz 1 bis 3 berechneten Betrag angemessen herabzusetzen, soweit dies erforderlich ist, um eine Gefährdung der Belange der Versicherungsnehmer, insbesondere durch eine Gefährdung der dauernden Erfüllbarkeit der sich aus den Versicherungsverträgen ergebenden Verpflichtungen, auszuschließen. Die Herabsetzung ist jeweils auf ein Jahr befristet.

(5) Zusätzlich zahlen wir die Ihrem Vertrag bereits zugeteilten Überschussanteile aus, soweit sie nicht bereits in dem nach den Absätzen 3 und 4 berechneten Rückkaufswert enthalten sind, sowie einen Schlussüberschussanteil, soweit ein solcher nach § 2 Abs. ...[276] für den Fall einer Kündigung vorgesehen ist. Außerdem erhöht sich der Auszahlungsbetrag bei einer Kündigung vor Rentenbeginn ggf. um die Ihrer Versicherung gemäß § 2 Absatz 1 b zugeteilten Bewertungsreserven.

(6) Höchstens wird jedoch die bei Tod fällig werdende Leistung ausgezahlt. Aus einem vorhandenen Restbetrag wird nach anerkannten Regeln der Versicherungsmathematik eine beitragsfreie Rente gebildet, die nur dann fällig wird, wenn die versicherte Person den vereinbarten Rentenbeginn erlebt. Wird jedoch die beitragsfreie Mindestrente von ...[277] nicht erreicht, erhalten Sie den vollen Rückkaufswert.

(7) Die Kündigung Ihrer Versicherung ist mit Nachteilen verbunden. In der Anfangszeit Ihrer Versicherung ist wegen der Verrechnung von Abschluss- und Vertriebskosten (vgl. § 10) nur ein geringer Rückkaufswert vorhanden. Der Rückkaufswert erreicht auch in den Folgejahren nicht unbedingt die Summe der eingezahlten Beiträge. Nähere Informationen zum Rückkaufswert, seiner Höhe und darüber, in welchem Ausmaß er garantiert ist, können Sie der beigefügten Tabelle entnehmen.

Umwandlung in eine beitragsfreie Versicherung anstelle einer Kündigung

(8) Anstelle einer Kündigung nach Absatz 1 können Sie zu dem dort genannten Termin schriftlich verlangen, ganz oder teilweise von der Beitragszahlungspflicht befreit zu werden. In diesem Fall setzen wir die versicherte Rente ganz oder teil-

---

[273] Ggf. sind die Bezugsgröße und die Auswirkungen des Abzugs etwa in einer schriftlichen Erläuterung bzw. in einer Tabelle darzustellen, sofern die in Satz 2 definierte Abzug hierfür Anlass bietet.

[274] Ggf. unternehmensindividuell anpassen, wenn im Bedingungswerk eine andere Diktion veranlasst ist.

[275] Ggf. unternehmensindividuell anpassen, wenn auch aus anderen Gründen oder nur in eingeschränktem Umfang, also nicht aus allen oben genannten Gründen, ein Abzug erfolgen soll.

[276] Unternehmensindividuell auszufüllen.

[277] Unternehmensindividuell zu ergänzen.

weise auf eine beitragsfreie Rente herab, die nach anerkannten Regeln der Versicherungsmathematik für den Schluss der laufenden Versicherungsperiode unter Zugrundelegung des Rückkaufswertes nach Absatz 3 Satz 1 bis 3 errechnet wird. Der aus Ihrer Versicherung für die Bildung der beitragsfreien Rente zur Verfügung stehende Betrag mindert sich um einen Abzug in Höhe von ...[278] sowie um rückständige Beiträge.[279] Mit dem Abzug wird die Veränderung der Risikolage des verbleibenden Versichertenbestandes[280] ausgeglichen; zudem wird damit ein Ausgleich für kollektiv gestelltes Risikokapital vorgenommen.[281] Weitere Erläuterungen sowie versicherungsmathematische Hinweise zum Abzug finden Sie im Anhang zu den Versicherungsbedingungen. Sofern Sie uns nachweisen, dass die dem Abzug zugrunde liegenden Annahmen in Ihrem Fall entweder dem Grunde nach nicht zutreffen oder der Abzug wesentlich niedriger zu beziffern ist, entfällt der Abzug bzw. wird – im letzteren Falle – entsprechend herabgesetzt.

(9) Die Beitragsfreistellung Ihrer Versicherung ist mit Nachteilen verbunden. In der Anfangszeit Ihrer Versicherung sind wegen der Verrechnung von Abschluss- und Vertriebskosten (vgl. § 10) nur geringe Beträge zur Bildung einer beitragsfreien Rente vorhanden. Auch in den Folgejahren stehen nicht unbedingt Mittel in Höhe der eingezahlten Beiträge für die Bildung einer beitragsfreien Rente zur Verfügung. Nähere Informationen zur beitragsfreien Rente und ihrer Höhe können Sie der beigefügten Tabelle entnehmen.

(10) Haben Sie die vollständige Befreiung von der Beitragszahlungspflicht verlangt und erreicht die nach Absatz 8 zu berechnende beitragsfreie Rente den Mindestbetrag von ...[282] nicht, erhalten Sie den Rückkaufswert nach den Absätzen 3 bis 5. Eine teilweise Befreiung von der Beitragszahlungspflicht können Sie nur verlangen, wenn die verbleibende beitragspflichtige Rente mindestens ...[283] beträgt.

Umwandlung in eine beitragsfreie Versicherung bei Kündigung

(11) Ist für den Todesfall keine Leistung vereinbart, so wandelt sich die Versicherung bei Kündigung (Voll- oder Teilkündigung gemäß Absatz 2) ganz oder teilweise in eine beitragsfreie Versicherung mit herabgesetzter Rente um, wenn diese und ggf. die verbleibende beitragspflichtige Rente die in Absatz 10 genannten Mindestbeträge erreichen. Für die Bemessung der herabgesetzten beitragsfreien Rente gilt Absatz 8. Bei Nichterreichung der jeweiligen Mindestbeträge erlischt die Versicherung und Sie erhalten den Rückkaufswert.

Beitragsrückzahlung

(12) Die Rückzahlung der Beiträge können Sie nicht verlangen.

Bemerkung

Bei Tarifen, bei denen die Versicherungsperiode nicht mit dem Beitragszahlungsabschnitt (unechte unterjährige Beiträge) übereinstimmt, lautet § 9 wie folgt:

„Wann können Sie Ihre Versicherung kündigen oder beitragsfrei stellen?

Kündigung

(1) Sie können Ihre Versicherung – jedoch nur vor dem vereinbarten Rentenbeginn – ganz oder teilweise schriftlich kündigen
– jederzeit zum Schluss des laufenden Versicherungsjahres

---

[278] Unternehmensindividuell zu ergänzen.
[279] Soweit bei Beitragsfreistellung ein Wechsel der Tarifform erfolgt, ist § 9 Abs. 4 entsprechend zu ergänzen.
[280] Ggf. unternehmensindividuell anpassen, wenn im Bedingungswerk eine andere Diktion veranlasst ist.
[281] Ggf. unternehmensindividuell anpassen, wenn auch aus anderen Gründen oder nur in eingeschränktem Umfang, also nicht aus allen oben genannten Gründen, ein Abzug erfolgen soll.
[282] Unternehmensindividuell zu ergänzen.
[283] Unternehmensindividuell zu ergänzen.

– bei Vereinbarung von Ratenzahlungen auch innerhalb des Versicherungsjahres mit Frist von einem Monat zum Schluss eines jeden Ratenzahlungsabschnitts, frühestens jedoch zum Schluss des ersten Versicherungsjahres.

(2) Kündigen Sie Ihre Versicherung nur teilweise, so ist diese Kündigung unwirksam, wenn die verbleibende beitragspflichtige Rente unter einen Mindestbetrag von ...[284] sinkt. Wenn Sie in diesem Falle Ihre Versicherung beenden wollen, müssen Sie diese also ganz kündigen.

Bemerkung

Die jeweilig vereinbarte Rentenzahlungsperiode muss bei Absatz 2 berücksichtigt werden.

Auszahlung eines Rückkaufswertes bei Kündigung

(3) Ist für den Todesfall eine Leistung vereinbart, haben wir nach § 169 VVG den Rückkaufswert zu erstatten, höchstens jedoch die für den Todesfall vereinbarte Leistung (siehe Absatz 6). Der Rückkaufswert ist das nach anerkannten Regeln der Versicherungsmathematik mit den Rechnungsgrundlagen der Prämienkalkulation zum Schluss der laufenden Versicherungsperiode berechnete Deckungskapital der Versicherung. Mindestens erstatten wir jedoch den Betrag des Deckungskapitals, das sich bei gleichmäßiger Verteilung der unter Beachtung der aufsichtsrechtlichen Höchstzillmersätze (vgl. § 10 Abs. 2 Satz 3) angesetzten Abschluss- und Vertriebskosten auf die ersten fünf Vertragsjahre ergibt. Von dem so ermittelten Wert erfolgt ein Abzug von ....[285] Mit dem Abzug wird die Veränderung der Risikolage des verbleibenden Versichertenbestandes[286] ausgeglichen; zudem wird damit ein Ausgleich für kollektiv gestelltes Risikokapital vorgenommen.[287] Weitere Erläuterungen sowie versicherungsmathematische Hinweise zum Abzug finden Sie im Anhang zu den Versicherungsbedingungen. Sofern Sie uns nachweisen, dass die dem Abzug zugrunde liegenden Annahmen in Ihrem Fall entweder dem Grunde nach nicht zutreffen oder der Abzug wesentlich niedriger zu beziffern ist, entfällt der Abzug bzw. wird – im letzteren Falle – entsprechend herabgesetzt.

Beitragsrückstände werden von dem Rückkaufswert abgezogen.

(4) Wir sind nach § 169 Abs. 6 VVG berechtigt, den nach Absatz 3 Satz 1 bis 3 berechneten Betrag angemessen herabzusetzen, soweit dies erforderlich ist, um eine Gefährdung der Belange der Versicherungsnehmer, insbesondere durch eine Gefährdung der dauernden Erfüllbarkeit der sich aus den Versicherungsverträgen ergebenden Verpflichtungen, auszuschließen. Die Herabsetzung ist jeweils auf ein Jahr befristet.

(5) Zusätzlich zahlen wir die Ihrem Vertrag bereits zugeteilten Überschussanteile aus, soweit sie nicht bereits in dem nach den Absätzen 3 und 4 berechneten Rückkaufswert enthalten sind, sowie einen Schlussüberschussanteil, soweit ein solcher nach § 2 Absatz ...[288] für den Fall einer Kündigung vorgesehen ist. Außerdem erhöht sich der Auszahlungsbetrag bei einer Kündigung vor Rentenbeginn ggf. um die Ihrer Versicherung gemäß § 2 Absatz 1 b zugeteilten Bewertungsreserven.

(6) Höchstens wird jedoch die bei Tod fällig werdende Leistung ausgezahlt. Aus einem vorhandenen Restbetrag wird nach den anerkannten Regeln der Versicherungsmathematik eine beitragsfreie Rente gebildet, die nur dann fällig wird, wenn die versicherte Person den vereinbarten Rentenbeginn erlebt. Wird jedoch die beitragsfreie Mindestrente von ...[289] nicht erreicht, erhalten Sie den vollen Rückkaufswert.

---

[284] Unternehmensindividuell zu ergänzen.

[285] Ggf. sind die Bezugsgröße und die Auswirkungen des Abzugs etwa in einer schriftlichen Erläuterung bzw. in einer Tabelle darzustellen, sofern der in Satz 2 definierte Abzug hierfür Anlass bietet.

[286] Ggf. unternehmensindividuell anpassen, wenn im Bedingungswerk eine andere Diktion veranlasst ist.

[287] Ggf. unternehmensindividuell anpassen, wenn auch aus anderen Gründen oder nur in eingeschränktem Umfang, also nicht aus allen oben genannten Gründen, ein Abzug erfolgen soll.

[288] Unternehmensindividuell auszufüllen.

[289] Unternehmensindividuell zu ergänzen.

(7) Die Kündigung Ihrer Versicherung ist mit Nachteilen verbunden. In der Anfangszeit Ihrer Versicherung ist wegen der Verrechnung von Abschluss- und Vertriebskosten (vgl. § 10) nur ein geringer Rückkaufswert vorhanden. Der Rückkaufswert erreicht auch in den Folgejahren nicht unbedingt die Summe der eingezahlten Beiträge. Nähere Informationen zum Rückkaufswert, seiner Höhe und darüber, in welchem Ausmaß er garantiert ist, können Sie der beigefügten Tabelle entnehmen.

Umwandlung in eine beitragsfreie Versicherung anstelle einer Kündigung

(8) Anstelle einer Kündigung nach Absatz 1 können Sie unter Beachtung der dort genannten Termine und Fristen schriftlich verlangen, ganz oder teilweise von der Beitragszahlungspflicht befreit zu werden. In diesem Fall setzen wir die versicherte Rente ganz oder teilweise auf eine beitragsfreie Rente herab, die nach den anerkannten Regeln der Versicherungsmathematik für den Schluss des laufenden Ratenzahlungsabschnitts unter Zugrundelegung des Rückkaufswertes nach Absatz 3 Satz 1 bis 3 errechnet wird. Der aus Ihrer Versicherung für die Bildung der beitragsfreien Rente zur Verfügung stehende Betrag mindert sich um einen Abzug in Höhe von ...[290] sowie um rückständige Beiträge.[291] Mit dem Abzug wird die Veränderung der Risikolage des verbleibenden Versichertenbestandes[292] ausgeglichen; zudem wird damit ein Ausgleich für kollektiv gestelltes Risikokapital vorgenommen.[293] Weitere Erläuterungen sowie versicherungsmathematische Hinweise zum Abzug finden Sie im Anhang zu den Versicherungsbedingungen. Sofern Sie uns nachweisen, dass die dem Abzug zugrunde liegenden Annahmen in Ihrem Fall entweder dem Grunde nach nicht zutreffen oder der Abzug wesentlich niedriger zu beziffern ist, entfällt der Abzug bzw. wird – im letzteren Falle – entsprechend herabgesetzt.

(9) Die Beitragsfreistellung Ihrer Versicherung ist mit Nachteilen verbunden. In der Anfangszeit Ihrer Versicherung sind wegen der Verrechnung von Abschluss- und Vertriebskosten (vgl. § 10) nur geringe Beträge zur Bildung einer beitragsfreien Rente vorhanden. Auch in den Folgejahren stehen nicht unbedingt Mittel in Höhe der eingezahlten Beiträge für die Bildung einer beitragsfreien Rente zur Verfügung. Nähere Informationen zur beitragsfreien Rente und ihrer Höhe können Sie der beigefügten Tabelle entnehmen.

(10) Haben Sie die vollständige Befreiung von der Beitragszahlungspflicht verlangt und erreicht die nach Absatz 8 zu berechnende beitragsfreie Rente den Mindestbetrag von ...[294] nicht, erhalten Sie den Rückkaufswert nach den Absätzen 3 bis 5. Eine teilweise Befreiung von der Beitragszahlungspflicht können Sie nur verlangen, wenn die verbleibende beitragspflichtige Rente mindestens ...[295] beträgt.

Umwandlung in eine beitragsfreie Versicherung bei Kündigung

(11) Ist für den Todesfall keine Leistung vereinbart, wandelt sich die Versicherung bei Kündigung (Voll- oder Teilkündigung gemäß Absatz 2) ganz oder teilweise in eine beitragsfreie Versicherung mit herabgesetzter Rente um, wenn diese und ggf. die verbleibende beitragspflichtige Rente die in Absatz 10 genannten Mindestbeträge erreichen. Für die Bemessung der herabgesetzten beitragsfreien Rente gilt Absatz 8. Bei Nichterreichen der jeweiligen Mindestbeträge erlischt die Versicherung und Sie erhalten den Rückkaufswert.

Beitragsrückzahlung

(12) Die Rückzahlung der Beiträge können Sie nicht verlangen."

---

[290] Unternehmensindividuell zu ergänzen.
[291] Soweit bei Beitragsfreistellung ein Wechsel der Tarifform erfolgt, ist § 9 Abs. 4 entsprechend zu ergänzen.
[292] Ggf. unternehmensindividuell anpassen, wenn im Bedingungswerk eine andere Diktion veranlasst ist.
[293] Ggf. unternehmensindividuell anpassen, wenn auch aus anderen Gründen oder nur in eingeschränktem Umfang, also nicht aus allen oben genannten Gründen, ein Abzug erfolgen soll.
[294] Unternehmensindividuell zu ergänzen.
[295] Unternehmensindividuell zu ergänzen.

§ 10 Wie werden die Abschluss- und Vertriebskosten verrechnet?[296]

(1) Durch den Abschluss von Versicherungsverträgen entstehen Kosten. Diese sog. Abschluss- und Vertriebskosten (§ 43 Abs. 2 der Verordnung über die Rechnungslegung von Versicherungsunternehmen, RechVersV) sind bereits pauschal bei der Tarifkalkulation berücksichtigt und werden daher nicht gesondert in Rechnung gestellt.

(2) Für Ihren Versicherungsvertrag ist das Verrechnungsverfahren nach § 4 der Deckungsrückstellungsverordnung maßgebend. Hierbei werden die ersten Beiträge zur Tilgung eines Teils der Abschluss- und Vertriebskosten herangezogen, soweit die Beiträge nicht für Leistungen im Versicherungsfall, Kosten des Versicherungsbetriebs in der jeweiligen Versicherungsperiode und für die Bildung einer Deckungsrückstellung aufgrund von § 25 Abs. 2 RechVersV i.V.m. § 169 Abs. 3 VVG bestimmt sind. Der auf diese Weise zu tilgende Betrag ist nach der Deckungsrückstellungsverordnung auf 4% der von Ihnen während der Laufzeit des Vertrages zu zahlenden Beiträge beschränkt.

(3) Die restlichen Abschluss- und Vertriebskosten werden während der vertraglich vereinbarten Beitragszahlungsdauer aus den laufenden Beiträgen getilgt.

(4) Die beschriebene Kostenverrechnung hat wirtschaftlich zur Folge, dass in der Anfangszeit Ihrer Versicherung nur geringe Beträge zur Bildung der beitragsfreien Rente oder für einen Rückkaufswert vorhanden sind, mindestens jedoch die in § 9 genannten Beträge. Nähere Informationen können Sie der beigefügten Tabelle[297] entnehmen.

§ 11 Was ist zu beachten, wenn eine Versicherungsleistung verlangt wird?

(1) Leistungen aus dem Versicherungsvertrag erbringen wir gegen Vorlage des Versicherungsscheins und eines amtlichen Zeugnisses über den Tag der Geburt der versicherten Person.

(2) Wir können vor jeder Rentenzahlung auf unsere Kosten ein amtliches Zeugnis darüber verlangen, dass die versicherte Person noch lebt.

(3) Der Tod der versicherten Person ist uns in jedem Fall unverzüglich anzuzeigen. Außer dem Versicherungsschein ist uns eine amtliche, Alter und Geburtsort enthaltende Sterbeurkunde einzureichen.

(4) Ist für den Todesfall eine Leistung vereinbart, ist uns ferner ein ausführliches ärztliches oder amtliches Zeugnis über die Todesursache sowie über Beginn und Verlauf der Krankheit, die zum Tode der versicherten Person geführt hat, vorzulegen.

(5) Zur Klärung unserer Leistungspflicht können wir notwendige weitere Nachweise und Auskünfte verlangen. Die mit den Nachweisen verbundenen Kosten trägt derjenige, der die Versicherungsleistung beansprucht.

(6) Unsere Leistungen überweisen wir dem Empfangsberechtigten auf seine Kosten. Bei Überweisungen in Länder außerhalb des Europäischen Wirtschaftsraumes trägt der Empfangsberechtigte auch die damit verbundene Gefahr.

§ 12 Welche Bedeutung hat der Versicherungsschein?

(1) Den Inhaber des Versicherungsscheins können wir als berechtigt ansehen, über die Rechte aus dem Versicherungsvertrag zu verfügen, insbesondere Leistungen in Empfang zu nehmen. Wir können aber verlangen, dass uns der Inhaber des Versicherungsscheins seine Berechtigung nachweist.

(2) In den Fällen des § 13 Abs. 3 brauchen wir den Nachweis der Berechtigung nur dann anzuerkennen, wenn uns die schriftliche Anzeige des bisherigen Berechtigten vorliegt.

---

[296] Diese Bestimmung ist nur bei der Verwendung des Zillmerverfahrens aufzunehmen.
[297] Unternehmensindividuell anzupassen.

§ 13 Wer erhält die Versicherungsleistung?

(1) Die Leistung aus dem Versicherungsvertrag erbringen wir an Sie als unseren Versicherungsnehmer oder an Ihre Erben, falls Sie uns keine andere Person benannt haben, die die Ansprüche aus dem Versicherungsvertrag bei deren Fälligkeit erwerben soll (Bezugsberechtigter). Bis zur jeweiligen Fälligkeit können Sie das Bezugsrecht jederzeit widerrufen. Nach dem Tod der versicherten Person kann das Bezugsrecht nicht mehr widerrufen werden.

(2) Sie können ausdrücklich bestimmen, dass der Bezugsberechtigte sofort und unwiderruflich die Ansprüche aus dem Versicherungsvertrag erwerben soll. Sobald wir Ihre Erklärung erhalten haben, kann dieses Bezugsrecht nur noch mit Zustimmung des von Ihnen Benannten aufgehoben werden.

(3) Die Einräumung und der Widerruf eines Bezugsrechts (vgl. Abs. 1 und 2) sind uns gegenüber nur und erst dann wirksam, wenn sie uns vom bisherigen Berechtigten schriftlich angezeigt worden sind.
Das Gleiche gilt für die Abtretung und Verpfändung von Ansprüchen aus dem Versicherungsvertrag, soweit derartige Verfügungen überhaupt rechtlich möglich sind.

§ 14 Was gilt bei Änderung Ihrer Postanschrift und Ihres Namens?

(1) Eine Änderung Ihrer Postanschrift müssen Sie uns unverzüglich mitteilen. Anderenfalls können für Sie Nachteile entstehen, da wir eine an Sie zu richtende Willenserklärung mit eingeschriebenem Brief an Ihre uns zuletzt bekannte Anschrift senden können. In diesem Fall gilt unsere Erklärung drei Tage nach Absendung des eingeschriebenen Briefes als zugegangen. Dies gilt auch, wenn Sie die Versicherung in Ihrem Gewerbebetrieb genommen und Ihre gewerbliche Niederlassung verlegt haben.

(2) Bei Änderung Ihres Namens gilt Absatz 1 entsprechend.

§ 15 Welche Kosten stellen wir Ihnen gesondert in Rechnung?

(1) Falls aus besonderen, von Ihnen veranlassten Gründen ein zusätzlicher Verwaltungsaufwand verursacht wird, können wir die in solchen Fällen durchschnittlich entstehenden Kosten als pauschalen Abgeltungsbetrag gesondert in Rechnung stellen.
Dies gilt bei
– Ausstellung eines neuen Versicherungsscheins,
– Fristsetzung in Textform bei Nichtzahlung von Folgebeiträgen,
– Rückläufern im Lastschriftverfahren,
– ...[298]

(2) Sofern Sie uns nachweisen, dass die dem pauschalen Abgeltungsbetrag zugrunde liegenden Annahmen in Ihrem Fall entweder dem Grunde nach nicht zutreffen oder der Höhe nach wesentlich niedriger zu beziffern sind, entfällt der Abgeltungsbetrag bzw. wird – im letzteren Falle – entsprechend herabgesetzt.

§ 16 Welches Recht findet auf Ihren Vertrag Anwendung?

Auf Ihren Vertrag findet das Recht der Bundesrepublik Deutschland Anwendung.

§ 17 Wo ist der Gerichtsstand?

(1) Für Klagen aus dem Versicherungsvertrag gegen uns bestimmt sich die gerichtliche Zuständigkeit nach unserem Sitz oder der für den Versicherungsvertrag zuständigen Niederlassung. Sind Sie eine natürliche Person, ist auch das Gericht örtlich zuständig, in dessen Bezirk Sie zur Zeit der Klageerhebung Ihren

---

[298] Unternehmensindividuell auszufüllen.

Wohnsitz oder, in Ermangelung eines solchen, Ihren gewöhnlichen Aufenthalt haben.

(2) Sind Sie eine natürliche Person, müssen Klagen aus dem Versicherungsvertrag gegen Sie bei dem Gericht erhoben werden, das für Ihren Wohnsitz oder, in Ermangelung eines solchen, den Ort Ihres gewöhnlichen Aufenthalts zuständig ist. Sind Sie eine juristische Person, bestimmt sich das zuständige Gericht nach Ihrem Sitz oder Ihrer Niederlassung.

(3) Verlegen Sie Ihren Wohnsitz in einen Staat außerhalb der Europäischen Gemeinschaft, Islands, Norwegens oder der Schweiz, sind die Gerichte des Staates zuständig, in dem wir unseren Sitz haben.

2. Allgemeine Bedingungen für die Hinterbliebenenrenten-Zusatzversicherung zur Rentenversicherung mit aufgeschobener Rentenzahlung[299]

Sehr geehrte Kundin, sehr geehrter Kunde,
als Versicherungsnehmer sind Sie unser Vertragspartner; für unser Vertragsverhältnis gelten die nachfolgenden Bedingungen.

Inhaltsverzeichnis

§ 1 Welche Leistungen erbringen wir?
§ 2 Was geschieht, wenn die mitversicherte Person stirbt?
§ 3 Wie erfolgt die Überschussbeteiligung?
§ 4 Wie ist das Verhältnis zur Hauptversicherung?

§ 1 Welche Leistungen erbringen wir?

(1) Die Hinterbliebenenrenten-Zusatzversicherung ergänzt die als Hauptversicherung abgeschlossene Renten-Versicherung. Versicherte Person im Sinne dieser Bedingungen ist diejenige, auf deren Leben die Hauptversicherung abgeschlossen ist. Mitversicherte Person ist die Person, für die nach dem Tode der versicherten Person die Hinterbliebenenrente gezahlt werden soll.

(2) Die Hinterbliebenenrente zahlen wir, wenn die versicherte Person stirbt und die mitversicherte Person zu diesem Zeitpunkt noch lebt. Die Hinterbliebenenrente wird gezahlt, solange die mitversicherte Person lebt.

(3) Die Hinterbliebenenrente zahlen wir zu den gleichen Terminen, die für die Zahlung der Rente aus der Hauptversicherung vereinbart waren, erstmals zu dem Termin, der auf den Tod der versicherten Person folgt.

(4) Stirbt die versicherte Person vor Beginn der Rente aus der Hauptversicherung, zahlen wir für die Zeit von dem auf den Tod folgenden Monatsersten bis zum ersten Fälligkeitstermin der Hinterbliebenenrente eine anteilige Hinterbliebenenrente.

(5) Stirbt die versicherte Person nach Beginn der Rente aus der Hauptversicherung und ist für diese eine Mindestdauer vereinbart (Rentengarantie), zahlen wir die Hinterbliebenenrente erst nach deren Ablauf.

§ 2 Was geschieht, wenn die mitversicherte Person stirbt?

(1) Stirbt die mitversicherte Person vor der versicherten Person, erlischt die Zusatzversicherung. Eine Leistungspflicht aus der Zusatzversicherung entsteht in diesem Fall nicht.

---

[299] Stand: 2. 5. 2008 u. 13. 8. 2008. GDV-Rundschreiben Nr. 0850/2008 v. 7. 5. 2008 u. Nr. 1562/2008 v. 13. 8. 2008: Diese Bedingungen sind für die Versicherer unverbindlich; ihre Verwendung ist rein fakultativ. Abweichende Bedingungen können vereinbart werden. Anm. des Verfassers: In den HRZAufschub 2008 werden die Bestimmungen des VVG 2008 genannt.

(2) Der Anspruch auf Hinterbliebenenrente erlischt mit dem Tod der mitversicherten Person.

§ 3 Wie erfolgt die Überschussbeteiligung?

Wir beteiligen Sie und die anderen Versicherungsnehmer gemäß § 153 des Versicherungsvertragsgesetzes (VVG) an den Überschüssen und an den Bewertungsreserven (Überschussbeteiligung). Die Überschüsse werden nach den Vorschriften des Handelsgesetzbuches ermittelt und jährlich im Rahmen unseres Jahresabschlusses festgestellt. Die Bewertungsreserven werden dabei im Anhang des Geschäftsberichts ausgewiesen. Der Jahresabschluss wird von einem unabhängigen Wirtschaftsprüfer geprüft und ist unserer Aufsichtsbehörde einzureichen.

(1) Grundsätze und Maßstäbe für die Überschussbeteiligung der Versicherungsnehmer

(a) Überschüsse entstehen dann, wenn die Aufwendungen für das Langlebigkeitsrisiko und die Kosten niedriger sind, als bei der Tarifkalkulation angenommen. An diesen Überschüssen werden die Versicherungsnehmer angemessen beteiligt und zwar nach der derzeitigen Rechtslage am Risikoergebnis (Lebenserwartung) grundsätzlich zu mindestens 75% und am übrigen Ergebnis (einschließlich Kosten) grundsätzlich zu mindestens 50% (§ 4 Abs. 4 u. 5, § 5 Mindestzuführungsverordnung).

Weitere Überschüsse stammen – insbesondere nach dem Tod der versicherten Person – aus den Erträgen der Kapitalanlagen. Von den Nettoerträgen derjenigen Kapitalanlagen, die für künftige Versicherungsleistungen vorgesehen sind (§ 3 Mindestzuführungsverordnung), erhalten die Versicherungsnehmer insgesamt mindestens den in dieser Verordnung genannten Prozentsatz. In der derzeitigen Fassung der Verordnung sind grundsätzlich 90% vorgeschrieben (§ 4 Abs. 3, § 5 Mindestzuführungsverordnung). Aus diesem Betrag werden zunächst die Beträge finanziert, die für die garantierten Versicherungsleistungen benötigt werden. Die verbleibenden Mittel verwenden wir für die Überschussbeteiligung der Versicherungsnehmer.

Die verschiedenen Versicherungsarten tragen unterschiedlich zum Überschuss bei. Wir haben deshalb gleichartige Versicherungen zu Gruppen zusammengefasst. Gewinngruppen bilden wir beispielsweise, um das versicherte Risiko wie das Langlebigkeits- oder Berufsunfähigkeitsrisiko zu berücksichtigen.[300] Die Verteilung des Überschusses für die Versicherungsnehmer auf die einzelnen Gruppen orientiert sich daran, in welchem Umfang sie zu seiner Entstehung beigetragen haben. Den Überschuss führen wir der Rückstellung für Beitragsrückerstattung zu, soweit er nicht in Form der sog. Direktgutschrift bereits unmittelbar den überschussberechtigten Versicherungen gutgeschrieben wird. Diese Rückstellung dient dazu, Ergebnisschwankungen im Zeitablauf zu glätten. Sie darf grundsätzlich nur für die Überschussbeteiligung der Versicherungsnehmer verwendet werden. Nur in Ausnahmefällen und mit Zustimmung der Aufsichtsbehörde können wir hiervon nach § 56a des Versicherungsaufsichtsgesetzes (VAG) abweichen, soweit die Rückstellung nicht auf bereits festgelegte Überschussanteile entfällt. Nach der derzeitigen Fassung des § 56a VAG können wir die Rückstellung, im Interesse der Versicherungsnehmer auch zur Abwendung eines drohenden Notstandes, zum Ausgleich unvorhersehbarer Verluste aus den überschussberechtigten Versicherungsverträgen, die auf allgemeine Änderungen der Verhältnisse zurückzuführen sind, oder – sofern die Rechnungsgrundlagen aufgrund einer unvorhersehbaren und nicht nur vorübergehenden Änderung der Verhältnisse angepasst werden müssen – zur Erhöhung der Deckungsrückstellung heranziehen.

(b) Bewertungsreserven entstehen, wenn der Marktwert der Kapitalanlagen über dem Wert liegt, mit dem die Kapitalanlagen in der Bilanz ausgewiesen sind. Die Beiträge einer Hinterbliebenenrenten-Zusatzversicherung sind allerdings so kalkuliert, dass sie für die Deckung des Langlebigkeitsrisikos benötigt werden.

---

[300] Ggf. weitere unternehmensindividuelle Information über Gewinngruppen bzw. Untergruppen und deren Modalitäten; die Begriffe sind an die unternehmensindividuellen Gegebenheiten anzupassen.

Für die Bildung von Kapitalerträgen stehen deshalb bei der Hinterbliebenen-Zusatzversicherung keine oder allenfalls geringfügige Beträge zur Verfügung. Daher entstehen keine oder nur geringe Bewertungsreserven. Soweit Bewertungsreserven überhaupt entstehen, werden diese jährlich neu ermittelt und den Verträgen nach dem in Absatz 2 beschriebenen Verfahren zugeordnet (§ 153 Abs. 3 VVG). Bei Beendigung der Zusatzversicherung, spätestens jedoch bei Beendigung der Ansparphase[301] der Hauptversicherung (durch Tod, Kündigung oder Erleben des vereinbarten Rentenbeginns) teilen wir den für diesen Zeitpunkt aktuell ermittelten Betrag Ihrer Versicherung zur Hälfte zu. Auch während des Rentenbezuges werden wir Sie an den Bewertungsreserven, soweit diese überhaupt entstehen, beteiligen. Aufsichtsrechtliche Regelungen zur Kapitalausstattung bleiben unberührt.

(2) Grundsätze und Maßstäbe für die Überschussbeteiligung Ihres Vertrages

(a) Ihre Versicherung erhält Anteile an den Überschüssen derjenigen Gruppe, die in Ihrem Versicherungsschein genannt ist. Die Mittel für die Überschussanteile werden bei der Direktgutschrift zu Lasten des Ergebnisses des Geschäftsjahres finanziert, ansonsten der Rückstellung für Beitragsrückerstattung entnommen. Die Höhe der Überschussanteilsätze wird jedes Jahr vom Vorstand unseres Unternehmens auf Vorschlag des Verantwortlichen Aktuars festgelegt. Wir veröffentlichen die Überschussanteilsätze in unserem Geschäftsbericht. Den Geschäftsbericht können Sie bei uns jederzeit anfordern.

(b) ...[302]

(c) ...[303]

(3) Information über die Höhe der Überschussbeteiligung

Die Höhe der Überschussbeteiligung hängt von vielen Einflüssen ab. Diese sind nicht vorhersehbar und von uns nur begrenzt beeinflussbar. Wichtigster Einflussfaktor ist dabei die Entwicklung des versicherten Risikos und der Kosten. Die Höhe der künftigen Überschussbeteiligung kann also nicht garantiert werden.

§ 4 Wie ist das Verhältnis zur Hauptversicherung?

(1) Die Zusatzversicherung bildet mit der Hauptversicherung eine Einheit; sie kann ohne diese nicht fortgesetzt werden. Wenn der Versicherungsschutz aus der Hauptversicherung aus anderen Gründen als durch den Tod der versicherten Person endet, erlischt auch die Zusatzversicherung.

(2) Eine Zusatzversicherung, für die laufende Beiträge zu zahlen sind, können Sie für sich allein ganz oder teilweise schriftlich kündigen. In diesem Fall setzen wir die versicherte Rente ganz oder teilweise auf eine beitragsfreie Rente herab, die nach den anerkannten Regeln der Versicherungsmathematik errechnet wird. Der aus Ihrer Zusatzversicherung für die Bildung der beitragsfreien Rente zur Verfügung stehende Betrag mindert sich um einen als angemessen angesehenen Abzug in Höhe von ...[304] % sowie um rückständige Beiträge. Mit dem Abzug wird die Veränderung der Risikolage des verbleibenden Versichertenbestandes[305] aus-

---

[301] Ggf. unternehmensindividuellen früheren Zuteilungszeitpunkt verwenden.

[302] Hier sind folgende unternehmensindividuelle Angaben zu machen:
a) Voraussetzung für die Fälligkeit der Überschussanteile (Wartezeit, Stichtag für die Zuteilung u. ä.).
b) Form und Verwendung der Überschussanteile (laufende Überschussanteile, Schlussüberschussanteile, Bonus, Ansammlung, Verrechnung, Barauszahlung u. ä.).
c) Bemessungsgrößen für die Überschussanteile.

[303] Hier sind der Verteilungsmechanismus, d. h. die Schlüsselung der ermittelten, verteilungsfähigen Bewertungsreserven auf den einzelnen Vertrag und die Bewertungsstichtage anzugeben. Vgl. hierzu auch Gesamtgeschäftsplan für die Überschussbeteiligung, Abschnitte 3.11.1 bis 3.11.11.

[304] Unternehmensindividuell zu ergänzen.

[305] Ggf. unternehmensindividuell anpassen, wenn im Bedingungswerk eine andere Diktion veranlasst ist.

F. Allg. Bedingungen für die Rentenversicherung

geglichen; zudem wird damit ein Ausgleich für kollektiv gestelltes Risikokapital vorgenommen.[306] Weitere Erläuterungen sowie versicherungsmathematische Hinweise zum Abzug finden Sie im Anhang zu den Versicherungsbedingungen. Sofern Sie uns nachweisen, dass die dem Abzug zugrunde liegenden Annahmen in Ihrem Fall entweder dem Grunde nach nicht zutreffen oder der Abzug wesentlich niedriger zu beziffern ist, entfällt der Abzug bzw. wird – im letzteren Falle – entsprechend herabgesetzt. Die beitragsfreie Rente erreicht jedoch mindestens einen bei Vertragsabschluss vereinbarten Garantiebetrag, dessen Höhe vom Zeitpunkt der Beitragsfreistellung des Vertrages abhängt (vgl. die im Anhang beigefügte Übersicht).

(3) Eine vollständige oder teilweise Befreiung von der Beitragszahlungspflicht ist allerdings nur möglich, wenn die beitragsfreie Rente nicht unter ...[307] und die beitragspflichtige Rente nicht unter ...[308] sinken. Andernfalls wird der Rückkaufswert ausgezahlt.

(4) Wenn Sie die Hauptversicherung ganz oder teilweise in eine beitragsfreie Versicherung umwandeln, wandelt sich auch die Zusatzversicherung ganz oder teilweise in eine beitragsfreie Versicherung mit herabgesetzter Rente um. Das Verhältnis zwischen der Rente der Hauptversicherung und der Hinterbliebenenrente bleibt dabei unverändert. Die Absätze 2 und 3 gelten entsprechend.

(5) Soweit in diesen Bedingungen nichts anderes bestimmt ist, finden die Allgemeinen Bedingungen für die Hauptversicherung sinngemäß Anwendung.

3. Allgemeine Bedingungen für die Rentenversicherung mit sofort beginnender Rentenzahlung[309]

Sehr geehrte Kundin, sehr geehrter Kunde,
als Versicherungsnehmer sind Sie unser Vertragspartner; für unser Vertragsverhältnis gelten die nachfolgenden Bedingungen.

Inhaltsverzeichnis

§ 1 Welche Leistungen erbringen wir?
§ 2 Wie erfolgt die Überschussbeteiligung?
§ 3 Wann beginnt Ihr Versicherungsschutz?
§ 4 Was haben Sie bei der Beitragszahlung zu beachten?
§ 5 Was geschieht, wenn Sie den Einmalbeitrag nicht rechtzeitig zahlen?
§ 6 Können Sie Ihre Versicherung kündigen?
§ 7 Was ist zu beachten, wenn eine Versicherungsleistung verlangt wird?
§ 8 Welche Bedeutung hat der Versicherungsschein?
§ 9 Wer erhält die Versicherungsleistung?
§ 10 Was gilt bei Änderung Ihrer Postanschrift und Ihres Namens?
§ 11 Welches Recht findet auf Ihren Vertrag Anwendung?
§ 12 Wo ist der Gerichtsstand?

§ 1 Welche Leistungen erbringen wir?

(1) Wir zahlen die versicherte Rente je nach vereinbarter Rentenzahlungsweise jährlich, halbjährlich, vierteljährlich oder monatlich an den vereinbarten Fälligkeitstagen, erstmals an dem vereinbarten Rentenzahlungsbeginn, solange die versicherte Person den jeweiligen Fälligkeitstag erlebt.

---

[306] Ggf. unternehmensindividuell anpassen, wenn auch aus anderen Gründen oder nur in eingeschränktem Umfang, also nicht aus allen o. g. Gründen, ein Abzug erfolgen soll.
[307] Unternehmensindividuell zu ergänzen.
[308] Unternehmensindividuell zu ergänzen.
[309] Stand: 2. 5. 2008 u. 13. 8. 2008. GDV-Rundschreiben Nr. 0850/2008 v. 7. 5. 2008 u. Nr. 1562/2008 v. 13. 8. 2008: Diese Bedingungen sind für die Versicherer unverbindlich; ihre Verwendung ist rein fakultativ. Abweichende Bedingungen können vereinbart werden. Anm. des Verfassers: In den RVSofort 2008 werden die Bestimmungen des VVG 2008 genannt.

(2) Ist eine Rentengarantiezeit vereinbart, zahlen wir die vereinbarte Rente mindestens bis zum Ablauf der Rentengarantiezeit, unabhängig davon, ob die versicherte Person diesen Termin erlebt.

(3) Ist für den Todesfall eine Leistung vereinbart, wird diese bei Tod der versicherten Person fällig.

(4) Außer den im Versicherungsschein ausgewiesenen garantierten Leistungen erhalten Sie weitere Leistungen aus der Überschussbeteiligung (siehe § 2).

Bemerkung:
§ 1 Abs. 1 bis 3 ist bei anderer Leistungsbeschreibung entsprechend zu ändern.

§ 2 Wie erfolgt die Überschussbeteiligung?

Wir beteiligen Sie und die anderen Versicherungsnehmer gemäß § 153 des Versicherungsvertragsgesetzes (VVG) an den Überschüssen und Bewertungsreserven (Überschussbeteiligung). Die Überschüsse werden nach den Vorschriften des Handelsgesetzbuches ermittelt und jährlich im Rahmen unseres Jahresabschlusses festgestellt. Die Bewertungsreserven werden dabei im Anhang des Geschäftsberichtes ausgewiesen. Der Jahresabschluss wird von einem unabhängigen Wirtschaftsprüfer geprüft und ist unserer Aufsichtsbehörde einzureichen.

(1) Grundsätze und Maßstäbe für die Überschussbeteiligung der Versicherungsnehmer

(a) Die Überschüsse stammen im Wesentlichen aus den Erträgen der Kapitalanlagen. Von den Nettoerträgen derjenigen Kapitalanlagen, die für künftige Versicherungsleistungen vorgesehen sind (§ 3 der Verordnung über die Mindestbeitragsrückerstattung in der Lebensversicherung, Mindestzuführungsverordnung), erhalten die Versicherungsnehmer insgesamt mindestens den in dieser Verordnung genannten Prozentsatz. In der derzeitigen Fassung der Verordnung sind grundsätzlich 90% vorgeschrieben (§ 4 Abs. 3, § 5 Mindestzuführungsverordnung). Aus diesem Betrag werden zunächst die Beträge finanziert, die für die garantierten Versicherungsleistungen benötigt werden. Die verbleibenden Mittel verwenden wir für die Überschussbeteiligung der Versicherungsnehmer.
Weitere Überschüsse entstehen insbesondere dann, wenn die Lebenserwartung und die Kosten niedriger sind, als bei der Tarifkalkulation angenommen. Auch an diesen Überschüssen werden die Versicherungsnehmer angemessen beteiligt und zwar nach derzeitiger Rechtslage am Risikoergebnis (Lebenserwartung) grundsätzlich zu mindestens 75% und am übrigen Ergebnis (einschließlich Kosten) grundsätzlich zu mindestens 50% (§ 4 Abs. 4 u. 5, § 5 Mindestzuführungsverordnung).
Die verschiedenen Versicherungsarten tragen unterschiedlich zum Überschuss bei. Wir haben deshalb gleichartige Versicherungen zu Gruppen zusammengefasst. Gewinngruppen bilden wir beispielsweise, um das versicherte Risiko wie das Langlebigkeits- oder Berufsunfähigkeitsrisiko zu berücksichtigen.[310] Die Verteilung des Überschusses für die Versicherungsnehmer auf die einzelnen Gruppen orientiert sich daran, in welchem Umfang sie zu seiner Entstehung beigetragen haben. Den Überschuss führen wir der Rückstellung für Beitragsrückerstattung zu, soweit er nicht in Form der sog. Direktgutschrift bereits unmittelbar den überschussberechtigten Versicherungen gutgeschrieben wird. Diese Rückstellung dient dazu, Ergebnisschwankungen im Zeitablauf zu glätten. Sie darf grundsätzlich nur für die Überschussbeteiligung der Versicherungsnehmer verwendet werden. Nur in Ausnahmefällen und mit Zustimmung der Aufsichtsbehörde können wir hiervon nach § 56a des Versicherungsaufsichtsgesetzes (VAG) abweichen, soweit die Rückstellung nicht auf bereits festgelegte Überschussanteile entfällt. Nach der derzeitigen Fassung des § 56a VAG können wir die Rückstellung, im Interesse der Versicherungsnehmer auch zur Abwendung eines drohenden Not-

---

[310] Ggf. weitere unternehmensindividuelle Information über Gewinngruppen bzw. Untergruppen und deren Modalitäten; die Begriffe sind an die unternehmensindividuellen Gegebenheiten anzupassen.

standes, zum Ausgleich unvorhersehbarer Verluste aus den überschussberechtigten Versicherungsverträgen, die auf allgemeine Änderungen der Verhältnisse zurückzuführen sind, oder – sofern die Rechnungsgrundlagen aufgrund einer unvorhersehbaren und nicht nur vorübergehenden Änderung der Verhältnisse angepasst werden müssen – zur Erhöhung der Deckungsrückstellung heranziehen.

(b) Bewertungsreserven entstehen, wenn der Marktwert der Kapitalanlagen über dem Wert liegt, mit dem die Kapitalanlagen in der Bilanz ausgewiesen sind. Die Bewertungsreserven sorgen für Sicherheit und dienen dazu, kurzfristige Ausschläge an den Kapitalmärkten auszugleichen. Ein Teil der Bewertungsreserven fließt den Versicherungsnehmern unmittelbar zu. Hierzu wird die Höhe der Bewertungsreserven jährlich neu ermittelt. Der so ermittelte Wert wird den Verträgen nach dem in Absatz 2 beschriebenen Verfahren zugeordnet (§ 153 Abs. 3 VVG). Aufsichtsrechtliche Regelungen zur Kapitalausstattung bleiben unberührt.

(2) Grundsätze und Maßstäbe für die Überschussbeteiligung Ihres Vertrages
(a) Ihre Versicherung erhält Anteile an den Überschüssen derjenigen Gruppe, die in Ihrem Versicherungsschein genannt ist. Die Mittel für die Überschussanteile werden bei der Direktgutschrift zu Lasten des Ergebnisses des Geschäftsjahres finanziert, ansonsten der Rückstellung für Beitragsrückerstattung entnommen. Die Höhe der Überschussanteilsätze wird jedes Jahr vom Vorstand unseres Unternehmens auf Vorschlag des Verantwortlichen Aktuars festgelegt. Wir veröffentlichen die Überschussanteilsätze in unserem Geschäftsbericht. Den Geschäftsbericht können Sie bei uns jederzeit anfordern.
(b) ...[311]
(c) ...[312]

(3) Information über die Höhe der Überschussbeteiligung
Die Höhe der Überschussbeteiligung hängt von vielen Einflüssen ab. Diese sind nicht vorhersehbar und von uns nur begrenzt beeinflussbar. Wichtigster Einflussfaktor ist dabei die Zinsentwicklung des Kapitalmarkts. Aber auch die Entwicklung des versicherten Risikos und der Kosten sind von Bedeutung. Die Höhe der künftigen Überschussbeteiligung kann also nicht garantiert werden.

§ 3 Wann beginnt Ihr Versicherungsschutz?

Ihr Versicherungsschutz beginnt, wenn der Vertrag abgeschlossen worden ist, jedoch nicht vor dem mit Ihnen vereinbarten, im Versicherungsschein angegebenen Versicherungsbeginn. Allerdings entfällt unsere Leistungspflicht bei nicht rechtzeitiger Beitragszahlung (vgl. § 4 Abs. 1 und 2 und § 5).

§ 4 Was haben Sie bei der Beitragszahlung zu beachten?

(1) Der Einmalbeitrag ist unverzüglich nach Abschluss des Vertrages zu zahlen, jedoch nicht vor dem mit Ihnen vereinbarten im Versicherungsschein angegebenen Versicherungsbeginn.

(2) Für die Rechtzeitigkeit der Beitragszahlung genügt es, wenn Sie fristgerecht alles getan haben, damit der Beitrag bei uns eingeht. Ist die Einziehung des Beitrags von einem Konto vereinbart, gilt die Zahlung als rechtzeitig, wenn der Bei-

---

[311] Hier sind folgende unternehmensindividuelle Angaben zu machen:
a) Voraussetzung für die Fälligkeit der Überschussanteile (Wartezeit, Stichtag für die Zuteilung u. ä.)
b) Form und Verwendung der Überschussanteile (laufende Überschussanteile, Schlussüberschussanteile, Bonus, Ansammlung, Verrechnung, Barauszahlung u. ä.)
c) Bemessungsgrößen für die Überschussanteile.
[312] Hier sind der Verteilungsmechanismus, d. h. die Schlüsselung der ermittelten, verteilungsfähigen Bewertungsreserven auf den einzelnen Vertrag, und der Bewertungsstichtag anzugeben. Vgl. hierzu auch den Gesamtgeschäftsplan für die Überschussbeteiligung, Abschnitte 3.11.1 bis 3.11.11.

trag zu dem in Abs. 1 genannten Termin eingezogen werden kann und Sie einer berechtigten Einziehung nicht widersprechen. Konnte der fällige Beitrag ohne Ihr Verschulden von uns nicht eingezogen werden, ist die Zahlung auch dann noch rechtzeitig, wenn sie unverzüglich nach unserer schriftlichen Zahlungsaufforderung erfolgt.

(3) Die Übermittlung Ihres Beitrages erfolgt auf Ihre Gefahr und Ihre Kosten.

§ 5 Was geschieht, wenn Sie den Einmalbeitrag nicht rechtzeitig zahlen?

(1) Wenn Sie den Einmalbeitrag nicht rechtzeitig zahlen, können wir – solange die Zahlung nicht bewirkt ist – vom Vertrag zurücktreten. Dies gilt nicht, wenn uns nachgewiesen wird, dass Sie die nicht rechtzeitige Zahlung nicht zu vertreten haben.

(2) Ist der Einmalbeitrag bei Eintritt des Versicherungsfalles noch nicht gezahlt, sind wir nicht zur Leistung verpflichtet, sofern wir Sie durch gesonderte Mitteilung in Textform oder durch einen auffälligen Hinweis im Versicherungsschein auf diese Rechtsfolge aufmerksam gemacht haben. Unsere Leistungspflicht besteht jedoch, wenn uns nachgewiesen wird, dass Sie die Nicht-Zahlung nicht zu vertreten haben.

§ 6 Können Sie Ihre Versicherung kündigen?

Eine Kündigung Ihrer Rentenversicherung ist nicht möglich. Die Rückzahlung des Einmalbeitrages können Sie nicht verlangen.

§ 7 Was ist zu beachten, wenn eine Versicherungsleistung verlangt wird?

(1) Für Leistungen aus dem Versicherungsvertrag können wir die Vorlage des Versicherungsscheins und eines amtlichen Zeugnisses über den Tag der Geburt der versicherten Person verlangen.

(2) Wir können vor jeder Rentenzahlung auf unsere Kosten ein amtliches Zeugnis darüber verlangen, dass die versicherte Person noch lebt.

(3) Der Tod der versicherten Person ist uns in jedem Fall unverzüglich anzuzeigen. Außerdem ist uns eine amtliche, Alter und Geburtsort enthaltende Sterbeurkunde einzureichen.

(4) Ist für den Todesfall eine Leistung vereinbart, ist uns ferner ein ausführliches ärztliches oder amtliches Zeugnis über die Todesursache sowie über Beginn und Verlauf der Krankheit, die zum Tode der versicherten Person geführt hat, vorzulegen.

(5) Zur Klärung unserer Leistungspflicht können wir notwendige weitere Nachweise und Auskünfte verlangen. Die mit den Nachweisen verbundenen Kosten trägt derjenige, der die Versicherungsleistung beansprucht.

(6) Unsere Leistungen überweisen wir dem Empfangsberechtigten auf seine Kosten. Bei Überweisungen in Länder außerhalb des Europäischen Wirtschaftsraumes trägt der Empfangsberechtigte auch die damit verbundene Gefahr.

§ 8 Welche Bedeutung hat der Versicherungsschein?

(1) Den Inhaber des Versicherungsscheins können wir als berechtigt ansehen, über die Rechte aus dem Versicherungsvertrag zu verfügen, insbesondere Leistungen in Empfang zu nehmen. Wir können aber verlangen, dass uns der Inhaber des Versicherungsscheins seine Berechtigung nachweist.

(2) In den Fällen des § 9 Abs. 3 brauchen wir den Nachweis der Berechtigung nur dann anzuerkennen, wenn uns die schriftliche Anzeige des bisherigen Berechtigten vorliegt.

F. Allg. Bedingungen für die Rentenversicherung

§ 9 Wer erhält die Versicherungsleistung?

(1) Die Leistung aus dem Versicherungsvertrag erbringen wir an Sie als unseren Versicherungsnehmer oder an Ihre Erben, falls Sie uns keine andere Person benannt haben, die die Ansprüche aus dem Versicherungsvertrag bei deren Fälligkeit erwerben soll (Bezugsberechtigter). Bis zur jeweiligen Fälligkeit können Sie das Bezugsrecht jederzeit widerrufen. Nach dem Tod der versicherten Person kann das Bezugsrecht nicht mehr widerrufen werden.

(2) Sie können ausdrücklich bestimmen, dass der Bezugsberechtigte sofort und unwiderruflich die Ansprüche aus dem Versicherungsvertrag erwerben soll. Sobald wir Ihre Erklärung erhalten haben, kann dieses Bezugsrecht nur noch mit Zustimmung des von Ihnen Benannten aufgehoben werden.

(3) Die Einräumung und der Widerruf eines Bezugsrechts (vgl. Absätze 1 und 2) sind uns gegenüber nur und erst dann wirksam, wenn sie uns vom bisherigen Berechtigten schriftlich angezeigt worden sind. Das Gleiche gilt für die Abtretung und Verpfändung von Ansprüchen aus dem Versicherungsvertrag, soweit derartige Verfügungen überhaupt rechtlich möglich sind.

§ 10 Was gilt bei Änderung Ihrer Postanschrift und Ihres Namens?

(1) Eine Änderung Ihrer Postanschrift müssen Sie uns unverzüglich mitteilen. Anderenfalls können für Sie Nachteile entstehen, da wir eine an Sie zu richtende Willenserklärung mit eingeschriebenem Brief an Ihre uns zuletzt bekannte Anschrift senden können. In diesem Fall gilt unsere Erklärung drei Tage nach Absendung des eingeschriebenen Briefes als zugegangen. Dies gilt auch, wenn die Versicherung in Ihrem Gewerbebetrieb genommen und Ihre gewerbliche Niederlassung verlegt haben.

(2) Bei Änderung Ihres Namens gilt Absatz 1 entsprechend.

§ 11 Welches Recht findet auf Ihren Vertrag Anwendung?

Auf Ihren Vertrag findet das Recht der Bundesrepublik Deutschland Anwendung.

§ 12 Wo ist der Gerichtsstand?

(1) Für Klagen aus dem Versicherungsvertrag gegen uns bestimmt sich die gerichtliche Zuständigkeit nach unserem Sitz oder der für den Versicherungsvertrag zuständigen Niederlassung. Sind Sie eine natürliche Person, ist auch das Gericht örtlich zuständig, in dessen Bezirk Sie zur Zeit der Klageerhebung Ihren Wohnsitz oder, in Ermangelung eines solchen, Ihren gewöhnlichen Aufenthalt haben.

(2) Sind Sie eine natürliche Person, müssen Klagen aus dem Versicherungsvertrag gegen Sie bei dem Gericht erhoben werden, das für Ihren Wohnsitz oder, in Ermangelung eines solchen, den Ort Ihres gewöhnlichen Aufenthalts zuständig ist. Sind Sie eine juristische Person, bestimmt sich das zuständige Gericht nach Ihrem Sitz oder Ihrer Niederlassung.

(3) Verlegen Sie Ihren Wohnsitz in einen Staat außerhalb der Europäischen Gemeinschaft, Islands, Norwegens oder der Schweiz, sind die Gerichte des Staates zuständig, in dem wir unseren Sitz haben.

4. Allgemeine Bedingungen für die Hinterbliebenenrenten-Zusatzversicherung zur Rentenversicherung mit sofort beginnender Rentenzahlung[313]

Sehr geehrte Kundin, sehr geehrter Kunde,
als Versicherungsnehmer sind Sie unser Vertragspartner; für unser Vertragsverhältnis gelten die nachfolgenden Bedingungen.

---

[313] Stand: 2. 5. 2008 u. 13. 8. 2008. GDV-Rundschreiben Nr. 0850/2008 v. 7. 5. 2008 u. Nr. 1562/2008 v. 13. 8. 2008: Diese Bedingungen sind für die Versicherer unverbindlich; ihre Verwendung ist rein fakultativ. Abweichende Bedingungen können vereinbart werden. Anm. des Verfassers: In den HRZSofort 2008 werden die Bestimmungen des VVG 2008 genannt.

Inhaltsverzeichnis

§ 1 Welche Leistungen erbringen wir?
§ 2 Was geschieht, wenn die mitversicherte Person stirbt?
§ 3 Wie erfolgt die Überschussbeteiligung?
§ 4 Wie ist das Verhältnis zur Hauptversicherung?

§ 1 Welche Leistungen erbringen wir?

(1) Die **Hinterbliebenenrenten-Zusatzversicherung** ergänzt die als Hauptversicherung abgeschlossene Renten-Versicherung. Versicherte Person im Sinne dieser Bedingungen ist diejenige, auf deren Leben die Hauptversicherung abgeschlossen ist. Mitversicherte Person ist die Person, für die nach dem Tode der versicherten Person die Hinterbliebenenrente gezahlt werden soll.

(2) Die Hinterbliebenenrente zahlen wir, wenn die versicherte Person stirbt und die mitversicherte Person zu diesem Zeitpunkt noch lebt. Die Hinterbliebenenrente wird gezahlt, solange die mitversicherte Person lebt.

(3) Die Hinterbliebenenrente zahlen wir zu den gleichen Terminen, die für die Zahlung der Rente aus der Hauptversicherung vereinbart waren, erstmals zu dem Termin, der auf den Tod der versicherten Person folgt.

(4) Stirbt die versicherte Person vor Beginn der Rente aus der Hauptversicherung und ist für diese eine Mindestdauer vereinbart (Rentengarantie), zahlen wir die Hinterbliebenenrente erst nach deren Ablauf.

§ 2 Was geschieht, wenn die mitversicherte Person stirbt?

(1) Stirbt die mitversicherte Person vor der versicherten Person, erlischt die Zusatzversicherung. Eine Leistungspflicht aus der Zusatzversicherung entsteht in diesem Fall nicht.

(2) Der Anspruch auf Hinterbliebenenrente erlischt mit dem Tod der mitversicherten Person.

§ 3 Wie erfolgt die Überschussbeteiligung?

Wir beteiligen Sie und die anderen Versicherungsnehmer gemäß § 153 des Versicherungsvertragsgesetzes (VVG) an den Überschüssen und Bewertungsreserven (Überschussbeteiligung). Die Überschüsse werden nach den Vorschriften des Handelsgesetzbuches ermittelt und jährlich im Rahmen unseres Jahresabschlusses festgestellt. Die Bewertungsreserven werden dabei im Anhang des Geschäftsberichtes ausgewiesen. Der Jahresabschluss wird von einem unabhängigen Wirtschaftsprüfer geprüft und ist unserer Aufsichtsbehörde einzureichen.

(1) Grundsätze und Maßstäbe für die Überschussbeteiligung der Versicherungsnehmer
(a) Überschüsse entstehen dann, wenn die Aufwendungen für das Langlebigkeitsrisiko und die Kosten niedriger sind, als bei der Tarifkalkulation angenommen. An diesen Überschüssen werden die Versicherungsnehmer angemessen beteiligt und zwar nach der derzeitigen Rechtslage am Risikoergebnis (Lebenserwartung) grundsätzlich zu mindestens 75% und am übrigen Ergebnis (einschließlich Kosten) grundsätzlich zu mindestens 50% (§ 4 Abs. 4 u. 5, § 5 Mindestzuführungsverordnung).
Weitere Überschüsse stammen – insbesondere nach dem Tod der versicherten Person – aus den Erträgen der Kapitalanlagen. Von den Nettoerträgen derjenigen Kapitalanlagen, die für künftige Versicherungsleistungen vorgesehen sind (§ 3 Mindestzuführungsverordnung), erhalten die Versicherungsnehmer insgesamt mindestens den in dieser Verordnung genannten Prozentsatz. In der derzeitigen

F. Allg. Bedingungen für die Rentenversicherung

Fassung der Verordnung sind grundsätzlich 90% vorgeschrieben (§ 4 Abs. 3, § 5 Mindestzuführungsverordnung). Aus diesem Betrag werden zunächst die Beträge finanziert, die für die garantierten Versicherungsleistungen benötigt werden. Die verbleibenden Mittel verwenden wir für die Überschussbeteiligung der Versicherungsnehmer.
Die verschiedenen Versicherungsarten tragen unterschiedlich zum Überschuss bei. Wir haben deshalb gleichartige Versicherungen zu Gruppen zusammengefasst. Gewinngruppen bilden wir beispielsweise, um das versicherte Risiko wie das Langlebigkeits- oder Berufsunfähigkeitsrisikos zu berücksichtigen.[314] Die Verteilung des Überschusses für die Versicherungsnehmer auf die einzelnen Gruppen orientiert sich daran, in welchem Umfang sie zu seiner Entstehung beigetragen haben.
Den Überschuss führen wir der Rückstellung für Beitragsrückerstattung zu, soweit er nicht in Form der sog. Direktgutschrift bereits unmittelbar den überschussberechtigten Versicherungsnehmern gutgeschrieben wird. Diese Rückstellung dient dazu, Ergebnisschwankungen im Zeitablauf zu glätten. Sie darf grundsätzlich nur für die Überschussbeteiligung der Versicherungsnehmer verwendet werden. Nur in Ausnahmefällen und mit Zustimmung der Aufsichtsbehörde können wir hiervon nach § 56a des Versicherungsaufsichtsgesetzes (VAG) abweichen, soweit die Rückstellung nicht auf bereits festgelegte Überschussanteile entfällt. Nach der derzeitigen Fassung des § 56a VAG können wir die Rückstellung, im Interesse der Versicherungsnehmer auch zur Abwendung eines drohenden Notstandes, zum Ausgleich unvorhersehbarer Verluste aus den überschussberechtigten Versicherungsverträgen, die auf allgemeine Änderungen der Verhältnisse zurückzuführen sind, oder – sofern die Rechnungsgrundlagen aufgrund einer unvorhersehbaren und nicht nur vorübergehenden Änderung der Verhältnisse angepasst werden müssen – zur Erhöhung der Deckungsrückstellung heranziehen.
(b) Bewertungsreserven entstehen, wenn der Marktwert der Kapitalanlagen über dem Wert liegt, mit dem die Kapitalanlagen in der Bilanz ausgewiesen sind. Die Bewertungsreserven sorgen für Sicherheit und dienen dazu, kurzfristige Ausschläge an den Kapitalmärkten auszugleichen. Ein Teil der Bewertungsreserven fließt den Versicherungsnehmern unmittelbar zu. Hierzu wird die Höhe der Bewertungsreserven jährlich neu ermittelt. Der so ermittelte Wert wird den Verträgen nach dem in Absatz 2 beschriebenen Verfahren zugeordnet (§ 153 Abs. 3 VVG). Aufsichtsrechtliche Regelungen zur Kapitalausstattung bleiben unberührt.

(2) Grundsätze und Maßstäbe für die Überschussbeteiligung Ihres Vertrages
(a) Ihre Versicherung erhält Anteile an den Überschüssen derjenigen Gruppe, die in Ihrem Versicherungsschein genannt ist. Die Mittel für die Überschussanteile werden bei der Direktgutschrift zu Lasten des Ergebnisses des Geschäftsjahres finanziert, ansonsten der Rückstellung für Beitragsrückerstattung entnommen. Die Höhe der Überschussanteilsätze wird jedes Jahr vom Vorstand unseres Unternehmens auf Vorschlag des Verantwortlichen Aktuars festgelegt. Wir veröffentlichen die Überschussanteilsätze in unserem Geschäftsbericht. Den Geschäftsbericht können Sie bei uns jederzeit anfordern.
(b) ...[315]
(c) ...[316]

---

[314] Ggf. weitere unternehmensindividuelle Information über Gewinngruppen bzw. Untergruppen und deren Modalitäten; die Begriffe sind an die unternehmensindividuellen Gegebenheiten anzupassen.
[315] Hier sind folgende unternehmensindividuelle Angaben zu machen:
a) Voraussetzung für die Fälligkeit der Überschussanteile (Wartezeit, Stichtag für die Zuteilung u. ä.)
b) Form und Verwendung der Überschussanteile (laufende Überschussanteile, Schlussüberschussanteile, Bonus, Ansammlung, Verrechnung, Barauszahlung u. ä.)
c) Bemessungsgrößen für die Überschussanteile.
[316] Hier sind der Verteilungsmechanismus, d. h. die Schlüsselung der ermittelten, verteilungsfähigen Bewertungsreserven auf den einzelnen Vertrag und der Bewertungsstichtag anzugeben. Vgl. hierzu auch Gesamtgeschäftsplan für die Überschussbeteiligung, Abschnitte 3.11.1 bis 3.11.11.

(3) **Information über die Höhe der Überschussbeteiligung**
Die Höhe der Überschussbeteiligung hängt von vielen Einflüssen ab. Diese sind nicht vorhersehbar und von uns nur begrenzt beeinflussbar. Wichtigster Einflussfaktor ist dabei die Zinsentwicklung des Kapitalmarkts. Aber auch die Entwicklung des versicherten Risikos und der Kosten sind von Bedeutung. Die Höhe der künftigen Überschussbeteiligung kann also nicht garantiert werden.

§ 4 Wie ist das Verhältnis zur Hauptversicherung?

(1) **Die Zusatzversicherung bildet mit der Hauptversicherung eine Einheit. Eine Kündigung der Zusatzversicherung ist nicht möglich.**

(2) **Soweit in diesen Bedingungen nichts anderes bestimmt ist, finden die Allgemeinen Bedingungen für die Hauptversicherung sinngemäß Anwendung.**

IX. Grundzüge zur Leistungsdarstellung in der Lebensversicherung[317]

1. Allgemeine Grundsätze

- Lebensversicherungen sind auf Langfristigkeit und Vertrauen zwischen Kunden und Versicherer angelegte Verträge. Leistungsdarstellungen unter Einbeziehung der Überschussbeteiligung sind hier ein unverzichtbares Mittel zur Beratung des Kunden. Diese sogenannten Beispielrechnungen müssen klar, verständlich und übersichtlich abgefasst werden.
- Die Gesamtleistung eines Lebensversicherungsproduktes besteht aus vertraglich garantierten Leistungen und der Höhe nach nicht garantierten Leistungen: Hierzu gehören die Überschussanteile. In der Leistungsdarstellung muss eindeutig zwischen garantierten und nicht garantierten Leistungen unterschieden werden. Darüber hinaus sollten Erläuterungen zur speziellen Vertragsform und insbesondere zur Überschussbeteiligung enthalten sein.
- Auch bei den garantierten Leistungen ist auf eine präzise Darstellung zu achten. In der Leistungsdarstellung muss auch deutlich gemacht werden, in welchem Umfang die angegebenen Werte garantiert sind.
- Auch die unterschiedlichen Qualitäten der Überschusskomponenten sollen deutlich werden. Beispielsweise sollen laufende Überschusszuteilungen (die z. B. bei Bonuszuteilungen garantierte zusätzliche Todes-/Erlebensfallleistungen beinhalten können) von Leistungen aus Schlussüberschussanteilen getrennt dargestellt werden, da diese auch für die Vergangenheit geändert werden können. Auch auf den volatilen Charakter von Bewertungsreserven ist hinzuweisen. Falls quantitative Angaben zur Bewertungsreservenbeteiligung erfolgen, so sind diese ebenfalls getrennt darzustellen.
- Bei Beispielrechnungen ist zu vermeiden, dass überzogene Erwartungen geweckt werden. Für eine zutreffende Einschätzung des Charakters der Beispielrechnung durch die Kunden ist es notwendig, dass die Unverbindlichkeit der nur beispielhaft dargestellten nicht garantierten Leistungen und der Überschussbeteiligung klar zum Ausdruck kommt. Die entsprechenden Erläuterungen dürfen im Vergleich zu den Zahlenangaben nicht weniger deutlich sein.
- Mit dem Ziel der Transparenz wird eine durchgängige Information des Kunden empfohlen. Zum Beispiel kann der Kunde bei Vertragsabschluss eine (ggf. verkürzte) Beispielrechnung auf Basis seiner individuellen Vertragsdaten erhalten; während der Vertragslaufzeit erhält er jährlich eine Information über die aktuell

---

[317] Unverbindliche Verbandsempfehlung des GDV gemäß Rundschreiben 1020/2008 vom 4. 6. 2008.

erreichten Leistungen und eine aktualisierte unverbindliche Hochrechnung der Gesamtleistung bei Ablauf der Versicherung. Das VVG enthält darüber hinaus die Vorgabe, auf Abweichungen zu den anfänglichen Angaben hinzuweisen (§ 155 VVG).
– Die Verwendung von Vergangenheitsrechnungen, z. B. in Werbedruckstücken, ist grundsätzlich zulässig. Mit Vergangenheitsrechnungen soll allerdings keine Aussage über zukünftige Leistungen verbunden werden. Insbesondere wird empfohlen, keine Vergangenheitsrechnungen auf Grundlage individueller Kundendaten durchzuführen.
– Bestehen vertragliche Vorbehalte bezüglich der Änderung von Kalkulationsgrundlagen bei späterer Leistungsberechung, so ist ein entsprechender Hinweis in die Beispielrechnung zu integrieren.

Im Folgenden werden nähere Hinweise gegeben, wie die allgemeinen Grundsätze zur Darstellung der Überschussbeteiligung verwirklicht werden können. Die Hinweise sind als unverbindliche Empfehlung des Gesamtverbandes der Deutschen Versicherungswirtschaft e. V. anzusehen.

2. Mindestanforderungen

Als Anlage sind Beispiele für mögliche Gestaltungsvarianten vollständiger Leistungsdarstellungen zur Rentenversicherung (Anlage 1) Kapitallebensversicherung (Anlage 2), sowie aktualisierte Beispielrechnungen zur Renten- und Kapitallebensversicherung (Anlagen 3 und 4) beigefügt. Solche Darstellungen sollen unter Beachtung der allgemeinen Grundsätze gemäß Ziff. 1 und der folgenden Mindestanforderungen abgefasst werden.

a) für Beispielrechnungen zur Kapitallebens- und Rentenversicherung
– Grundsätzlich ist die Darstellung aller Jahreswerte sinnvoll. Mindestens sind die Gesamtleistungen im Todes- und Rückkaufsfall für jedes 5. Versicherungsjahr, in den ersten 5 Jahren für jedes Versicherungsjahr, sowie bei Ablauf darzustellen. Bei den Werten für den Rückkaufsfall ist darauf hinzuweisen, inwieweit diese garantiert sind.
– Um die Auswirkungen der Überschussbeteiligung darzustellen, werden für Kapitallebens- und Rentenversicherungen unternehmensindividuell Überschussanteilsätze verwendet, auf deren Basis dann beispielhaft die künftigen Leistungen aus der Überschussbeteiligung bestimmt werden. Diese Überschussanteilsätze werden also in der Beispielrechnung für die gesamte Laufzeit verwendet.
– Diese unternehmensindividuell verwendeten Überschussanteilsätze müssen aus der jeweiligen Unternehmenssituation begründbar sein. Eine zu diesem Zweck durchzuführende interne Prüfung kann jedoch nicht bedeuten, dass die in den Beispielrechnungen angegebenen Werte für mögliche Gesamtleistungen damit „realistischer" im Sinne einer höheren Eintrittswahrscheinlichkeit wären.
– Obergrenze für diese Überschussanteilsätze sind in jedem Fall die aktuell deklarierten Werte, unabhängig davon, ob mit Hilfe des erwähnten internen Nachweises auch höhere Werte zu rechtfertigen wären.
– Gemäß § 154 VVG hat die Angabe von über die garantierten Leistungen hinausgehenden Werten zur Folge, dass auch eine normierte Modellrechnung vorzulegen ist. Hier sind allerdings nur die Werte zum Ablauf/Rentenbeginn anzugeben.
– Um die Auswirkungen unterschiedlicher Überschussanteilsätze zu vermitteln, sollen die Ablaufleistungen bei abweichenden Überschussanteilsätzen angegeben werden. Hierzu wird empfohlen, zusätzlich die Ablaufleistung bei um einen Prozentpunkt geringerer bzw. höherer Zinsüberschussbeteiligung anzugeben. In der Darstellung muss allerdings der Eindruck eines „Korridors" vermieden werden, dessen Werte weder über- noch unterschritten werden können. Werden Ab-

stände von weniger oder mehr als einem Prozentpunkt gewählt, so sollen diese nach oben und unten gleich groß sein.
- Falls in den Beispielrechnungen niedrigere Überschussanteilsätze als aktuell deklariert verwendet werden, sind in den beigefügten Beispieltexten die Bezugnahmen auf die aktuelle Deklaration entsprechend zu ersetzen. Dies kann mit Verweis auf die Gründe hierfür geschehen.
- Bei Rentenversicherungen kann unternehmensindividuell über die anfängliche Rente hinaus deren Entwicklung nach Rentenbeginn angegeben werden. Falls kein Verrentungsfaktor für die Rente aus der Überschussbeteiligung garantiert wird, sollte darauf hingewiesen werden, dass auch dieser Teil der Gesamtrente mit dem aktuellen Verrentungsfaktor ermittelt wurde.
- Auf die zusätzliche Beteiligung an Bewertungsreserven kann hingewiesen werden. Wenn die Gesamtleistungen bei Ablauf einschließlich der Beteiligung an den Bewertungsreserven angegeben werden, ist folgendes zu beachten:
  - Der Wert ist bspw. als „Davon-Position" getrennt anzugeben. Ein ggf. deklarierter Sockelbetrag ist hierin enthalten. Bei der Darstellung ist der Eindruck zu vermeiden, dass es sich um einen prospektiv bestimmten Wert handelt.
  - Zur Ermittlung des einzelvertraglichen Wertes muss die Höhe der gesamten Bewertungsreserven und der vertragsindividuelle Anteil bestimmt werden. Das gewählte Verfahren zur Bestimmung dieser beiden Werte muss begründbar sein und wird gegenüber dem Kunden dargestellt. Insbesondere ist auf Kompatibilität zu dem (verursachungsorientierten) Verfahren zu achten, mit dem die tatsächliche Bewertungsreservenbeteiligung der anspruchsberechtigten Verträge bestimmt wird. Ebenso sind die konkreten Annahmen anzugeben, die der Berechnung dieses Werts zugrunde liegen.
  - Zur Bestimmung der Höhe der angesetzten Bewertungsreserven kann z. B. der Wert der Bewertungsreserven zu einem festen zeitnahen Termin oder ein gleitender Durchschnittswert (z. B. der letzten 12 Monate) zugrunde gelegt werden. Falls der aktuelle Wert der Bewertungsreserven unter dem bei der Berechnung der Gesamtleistungen verwendeten Wert liegt, ist zu prüfen, ob eine unverzügliche Anpassung der Angebote erforderlich ist, um eine Irreführung der Kunden zu vermeiden.
  - Da dieser Wert sich anders als die i. d. R. für ein Jahr deklarierten Überschusse in deutlich kürzerem Rhythmus verändern kann (je nach den vom Unternehmen verwendeten vereinbarten Stichtagen), ist ein entsprechender Änderungsvorbehalt aufzunehmen.
  - Bei vergleichsweise stabilen Beständen ist es für die Bestimmung des vertragsindividuellen Anteils möglich, die aktuelle Bestandszusammensetzung heranzuziehen. Bei sich stark ändernden Beständen sind ggf. andere Verfahren notwendig.

b) für verkürzte Darstellungsformen
- In verkürzten Darstellungsformen werden nur solche Werte verwendet, die der vollständigen Leistungsdarstellung entnommen sind. Auch in verkürzten Darstellungsmuss die Unverbindlichkeit der nur beispielhaft dargestellten Überschussleistungen klar zum Ausdruck kommen. Wenn Angaben zur Bewertungsreservenbeteiligung erfolgen, gelten ebenfalls die in 2 a) gegebenen Hinweise.
- Kurzangebote auf Grundlage individueller Kundendaten sollten ebenfalls die Ablaufleistung bei abweichenden Überschussanteilsätzen enthalten (vgl. 2. a). Auf die Möglichkeit der Aushändigung einer vollständigen Leistungsdarstellung vor Vertragsabschluss sollte hingewiesen werden.
- Auch in Werbedruckstücken muss die Unverbindlichkeit der angegebenen Überschussbeteiligung angemessen zum Ausdruck kommen.

c) für die durchgängige Information des Versicherungsnehmers
Die jährliche Mitteilung über den Stand der Überschussbeteiligung wird um eine Beispielrechnung ergänzt, bei der die dann garantierten Leistungen sowie beispielhafte Ablaufleistungen auf der Grundlage der dann aktuell in den Beispielrechnungen verwendeten Überschussanteilsätze und der alternativen Zinsszenarien genannt werden.

d) für Beispielrechnungen der FLV
– Es ist darauf hinzuweisen, dass der Versicherungsnehmer das Kapitalanlagerisiko trägt.
– Bei der FLV wird neben den technischen Daten der Versicherung angegeben, in welche Investmentfonds die Anlage der hierfür bestimmten Beitragsteile erfolgt.
– Grundsätzlich ist die Darstellung aller Jahreswerte sinnvoll. Mindestens sind die Gesamtleistungen im Todes- und Rückkaufsfall für jedes 5. Versicherungsjahr, in den ersten 5 Jahren für jedes Versicherungsjahr, sowie bei Ablauf darzustellen.
– Für die Anteileinheiten wird eine gleichbleibende Wertsteigerung z. B. von 0%, 3%, 6% und 9% oder 2%, 4%, 6%, 8% zugrunde gelegt. Dabei sollte auch die Zusammensetzung der Investmentfonds berücksichtigt werden. Es ist darüber hinaus auf die Auswirkungen von Kursschwankungen, insbesondere in den letzten Jahren vor Vertragsablauf, hinzuweisen. Für etwaige Überschussanteile insbesondere aus dem Kosten- oder Risikoverlauf wird ebenfalls höchstens die aktuelle Überschussdeklaration des Unternehmens herangezogen (vgl. 2. a).

e) für Vergangenheitsrechnungen
– Falls wesentliche, der Vergangenheitsrechnung zugrundeliegende Merkmale der Versicherung für den Neuzugang nicht mehr zutreffen, ist auf die Abweichungen besonders hinzuweisen.
– Die Vergangenheitsrechnung muss so gewählt sein, dass sie im betreffenden Zeitraum im Versicherungsbestand des Unternehmens vorgekommen sein könnte, der Ablauf darf nicht länger als zwei Jahre zurückliegen.
– Es muss ein deutlicher Hinweis erfolgen, dass aus Vergangenheitswerten keine Aussage über zukünftige Ablaufleistungen abgeleitet werden kann.
– Für Vergangenheitsrechnungen der FLV werden die tatsächlich in der Vergangenheit realisierten Kursverläufe verwendet.

X. Beispielrechnung für eine aufgeschobene Rentenversicherung mit Beitragsrückgewähr im Todesfall und Rentengarantiezeit[318]

Vertragsdaten

Tarif:			
		Garantierte Versorgungsleistungen:	
Versicherungsbeginn:	...	monatlich garantierte Rente	€
Aufschubzeit:	Jahre	oder wahlweise Kapitalabfindung	€
Eintrittsalter:	Jahre	Beitrag:	€
Geschlecht:	...	Überschussverwendung:	...
Beginn der Rentenzahlung	...	in der Auschubphase	...
Rentengarantiezeit	...	in der Rentenzahlungsphase	...

Der angegebene Wert für den **Beitrag** ist für die gesamte Aufschubzeit **garantiert**. Danach zahlen wir Ihnen **lebenslang** den angegebenen Wert für die monatlich **garantierte Rente oder wahlweise einmalig die garantierte Kapitalabfindung**.

---

[318] Unverbindliche Verbandsempfehlung des GDV gemäß Rundschreiben 1020/2008 vom 4. 6. 2008.

98 Um diese Leistungsverpflichtung Ihnen gegenüber erfüllen zu können, müssen wir vorsichtig kalkulieren. Dadurch entstehen im Allgemeinen Überschüsse, an denen Sie im Rahmen der Überschussbeteiligung teilhaben. Die Höhe dieser Überschüsse hängt von der Entwicklung der Kapitalerträge, dem Verlauf der Sterblichkeit und von der Entwicklung der Kosten ab. Die daraus resultierenden Ergebnisse unterliegen jedoch Schwankungen. Diese Ergebnisse werden jährlich festgestellt und bilden mit der wirtschaftlichen Gesamtsituation unseres Unternehmens die Grundlage für die jährliche Deklaration der Überschussanteilsätze Ihres Vertrages. Zusätzlich erfolgt ab Rentenzahlungsbeginn bzw. bei Wahl der Kapitalabfindung eine Beteiligung an den Bewertungsreserven. Gemäß der Vorgaben aus dem Versicherungsvertragsgesetz hat die Überschussbeteiligung nach einem verursachungsorientierten Verfahren zu erfolgen.

99 Bei der Überschussbeteiligung wird zwischen laufenden Überschussanteilen, den Schlussüberschussanteilen und der Bewertungsreservenbeteiligung unterschieden:
– Mit der **laufenden Überschussbeteiligung** werden den Verträgen regelmäßig Überschüsse zugeteilt, **die die garantierte Versorgungsleistung im Vertragsverlauf erhöhen oder mit fälligen Beiträgen verrechnet werden.** Diese Zuteilung ist unwiderruflich. Eine spätere Änderung der deklarierten Überschussanteile während der Vertragslaufzeit wirkt sich nicht auf die bereits zugeteilten Überschüsse aus.
– Die **Schlussüberschussanteile** sind dagegen nur für das laufende Jahr festgesetzt und gelten nur für Verträge, die in diesem Jahr zur Auszahlung kommen. Sie können in späteren Jahren insgesamt neu festgesetzt werden und damit teilweise oder auch ganz entfallen. **Die endgültige Höhe der Schlussüberschussanteile steht daher erst nach der Deklaration für das Jahr der Vertragsbeendigung fest.** Insbesondere in einem schwankenden Kapitalmarktumfeld sind stärkere Veränderungen der Schlussüberschussanteile zu erwarten.
– Bei Rentenbeginn (oder bei Vertragsbeendigung in der Aufschubzeit) erfolgt zusätzlich eine Beteiligung an den dann vorhandenen Bewertungsreserven nach einem verursachungsorientierten Verfahren entsprechend § 153 Abs. 3 des Versicherungsvertragsgesetzes. Während der Rentenzahlungsphase erfolgt eine Beteiligung im Rahmen der laufenden Überschussbeteiligung.[319] Bewertungsreserven entstehen, wenn der Marktwert der Kapitalanlagen über dem Wert liegt, mit dem die Kapitalanlagen in der Bilanz ausgewiesen sind. Die Bewertungsreserven schwanken deutlich stärker als die zugrunde liegende Kapitalanlage. Beispiel: Eine Aktie wird für 100 € gekauft und wird aktuell mit 110 € gehandelt, d. h. die Bewertungsreserven betragen 10 €. Wenn die Aktie um weitere 10% steigt (von 110 € auf 121 €), steigen die Bewertungsreserven von über 100% (von 10 € auf 21 €). Der Wert der Bewertungsreserven kann aber auch negativ sein. Der Wert der Bewertungsreserven wird ...[320] neu festgestellt. **Die endgültige Höhe der Beteiligung an Bewertungsreserven steht daher erst bei Beendigung des Vertrages in der Aufschubzeit bzw. bei Rentenbeginn fest.**[321]

100 Über die Höhe der künftigen Überschussanteilsätze können wir keine verbindlichen Aussagen machen. Auch die Höhe der Bewertungsreserven zum Zeitpunkt der Vertragsbeendigung in der Aufschubzeit bzw. bei Rentenbeginn ist unbestimmt. Die Höhe Ihrer **Überschussbeteiligung** kann also **nicht garantiert** werden. **Be-**

---

[319] Formulierung dem unternehmensindividuell verwendeten Verfahren anpassen.
[320] Zeitraum unternehmensindividuell ergänzen.
[321] Bei Verwendung einer Sockelbeteiligung kann folgendes ergänzt werden: „Um bei Vertragsbeendigung die Auswirkungen von plötzlichen und kurzfristigen Schwankungen auf dem Kapitalmarkt abzufedern, deklarieren wir jährlich eine Sockelbeteiligung, die unabhängig von der tatsächlichen Höhe der Bewertungsreserven bei Vertragsbeendigung mindestens gezahlt wird."

F. Allg. Bedingungen für die Rentenversicherung   101, 102 RV 2008

achten Sie bitte hierzu unbedingt unsere Erläuterungen zu den Auswirkungen unterschiedlicher Verzinsung und zur Überschussbeteiligung.

Um Ihnen dennoch einen Eindruck zu vermitteln, wie sich die zukünftigen Gesamtleistungen einschließlich der Überschussbeteiligung entwickeln können, haben wir im nachfolgenden **unverbindlichen Beispiel** rechnerisch angenommen, dass die für das Jahr ... **deklarierten** Überschussanteilsätze während der gesamten Versicherungsdauer unverändert bleiben. Für die Annahmen zu den Bewertungsreserven beachten Sie bitte unsere „Erläuterungen zur Beteiligung an Bewertungsreserven". 101

Die tatsächlich auszuzahlenden Gesamtleistungen werden voraussichtlich höher oder niedriger sein. Die unten angegebenen „unverbindlichen Gesamtleistungen" sind somit nur modellhafte Hochrechnungen. Auf die angegebenen Gesamtleistungen kann kein Anspruch erhoben werden, wenn und soweit die vertragsgemäß berechnete Überschussbeteiligung oder andere nicht garantierte Leistungen geringer ausfallen. Aufgrund der dargestellten Besonderheit der Schlussüberschussbeteiligung und der Bewertungsreservenbeteiligung gegenüber der laufenden Überschussbeteiligung sind diese in der Modellrechnung getrennt ausgewiesen. 102

Beispielrechnung mit den derzeit gültigen Überschussanteilsätzen[322]

Nach Jahren	Garantierte Leistungen		Unverbindliche Gesamtleistungen*	
	im Todesfall	bei Rückkauf**	im Todesfall	bei Rückkauf
1	...... €	...... €	...... €	...... €
2	...... €	...... €	...... €	...... €
3	...... €	...... €	...... €	...... €
4	...... €	...... €	...... €	...... €
5	...... €	...... €	...... €	...... €
10	...... €	...... €	...... €	...... €
15	...... €	...... €	...... €	...... €
20	...... €	...... €	...... €	...... €
25	...... €	...... €	...... €	...... €

Rente zum Ende der Aufschubzeit: oder wahlweise Kapitalabfindung:

garantierter Wert €	**garantierter Wert** €
+ laufende Überschussbeteiligung €***	+ laufende Überschussbeteiligung €
+ Schlussüberschussbeteiligung €***	+ Schlussüberschussbeteiligung €
+ Beteiligung an Bewertungsreserven €***	+ Beteiligung an Bewertungsreserven[323] €
unverbindliche Gesamtrente €	unverbindliche gesamte Kapitalabfindung

* Diese auf Basis der derzeit festgelegten Überschussanteilsätze hochgerechneten Werte sind trotz der auf € exakten Darstellung nur als unverbindliches Beispiel anzusehen.
** Diese Werte sind im Sinne von § 169 VVG garantiert. Sofort fällig wird ein Betrag von höchstens der entsprechenden Todesfallleistung. Aus dem die Todesfallleistung übersteigenden Teil wird eine beitragsfreie Rente gebildet, die ab dem vereinbarten Rentenbeginn fällig wird.

---

[322] Die Werte „bei Rückkauf" sind inkl. Stornoabzug anzugeben.
[323] Inklusive einer ggf. verwendeten Sockelbeteiligung.

*** Die Verrentung der Überschussanteile erfolgt grundsätzlich nach den im Neuzugang verwendeten Rechnungsgrundlagen. Sollten bei Beginn der Auszahlungsphase im Neuzugang andere Rechnungsgrundlagen verwendet werden, kann sich das Verhältnis zwischen vorhandenem Kapital aus der Überschussbeteiligung und der sich ergebenden Rente ändern.[324]

Erläuterungen zur Beteiligung an Bewertungsreserven
Den angegebenen Betrag zur Beteiligung an Bewertungsreserven haben wir wie folgt ermittelt:
...

Auswirkungen unterschiedlicher Verzinsung

Ganz besonderen Einfluss auf die Wertentwicklung von Rentenversicherungen hat die von uns erzielte Verzinsung der Kapitalanlagen. Um Ihnen diese Auswirkungen zu verdeutlichen, nennen wir Ihnen beispielhaft die Gesamtleistungen zum Ende der Aufschubzeit, wenn die in die Festlegung für das Jahr ... einfließende Verzinsung für die gesamte Vertragsdauer um einen Prozentpunkt niedriger bzw. höher ausfällt. **Die angegebenen Beträge stellen keine Ober- bzw. Untergrenze dar; die tatsächlich auszuzahlenden Leistungen können bei größeren Zinsänderungen unter bzw. über diesen Beträgen liegen.** Auf keinen Fall unterschritten werden jedoch die o. a. garantierten Versicherungsleistungen, sofern der Vertrag unverändert bis zum Rentenbeginn fortgeführt wird.		
Mögliche Gesamtleistung bei Rentenbeginn (einschließlich Schlussüberschuss- und Bewertungsreservenbeteiligung)*		
bei einer um einen %-Punkt niedrigeren Verzinsung	bei den derzeit gültigen Überschussanteilsätzen und der angenommenen Beteiligung an Bewertungsreserven	bei einer um einen %-Punkt höheren Verzinsung
unverbindliche Gesamtrente ... €	unverbindliche Gesamtrente ... €	unverbindliche Gesamtrente ... €
unverbindliche gesamte Kapitalabfindung ... €	unverbindliche gesamte Kapitalabfindung ... €	unverbindliche gesamte Kapitalabfindung ... €

* Diese auf Basis der derzeit festgelegten Überschussanteilsätze hochgerechneten Werte sind trotz der auf € exakten Darstellung nur als unverbindliches Beispiel anzusehen.

Erläuterungen zur Überschussbeteiligung
Wie entstehen Überschüsse?
– Wie werden die Überschüsse ermittelt und festgelegt?
– Wie erfolgt die Überschussbeteiligung der Versicherungsnehmer?
– Zu welcher Bestandsgruppe gehört meine Versicherung?
– Was bedeutet die Überschussverwendungsart ...?[325]
In dieser Beispielrechnung werden folgende Überschussanteilsätze und Bemessungsgrößen verwendet:
– In der Aufschubphase:
– Nach Rentenbeginn:

---

[324] Formulierung ist entsprechend der unternehmensindividuellen Regelung anzupassen.
[325] Ergänzung gemäß Angabe bei den Vertragsdaten.

F. Allg. Bedingungen für die Rentenversicherung   103   **RV 2008**

Normierte Modellrechnung
Wir sind gemäß § 154 VVG verpflichtet, Ihnen **zusätzlich** zu den Leistungen auf Grundlage der aktuellen Überschussanteilsätze und Bemessungsgrößen eine **normierte Modellrechnung** zu überreichen.
Bei der normierten Modellrechnung handelt es sich um ein Rechenmodell, dem fiktive Annahmen zu Grunde liegen. Aus der normierten Modellrechnung können keine vertraglichen Ansprüche gegen uns abgeleitet werden.

	Kapitalabfindung
Bei einem angenommenen Zinssatz von 2,76%	xx €
Bei einem angenommenen Zinssatz von 3,76%	xx €
Bei einem angenommenen Zinssatz von 4,76%	xx €

Die in der normierten Modellrechnung genannten Werte ergeben sich wie folgt: Die laufende Verzinsung wird in der normierten Modellrechnung durch die in der Informationspflichtenverordnung zum VVG **einheitlich für alle Unternehmen vorgegebenen Zinssätze** ersetzt. Schlussüberschussanteile, soweit sie nicht explizit aus Risiko- und Kostenüberschussanteilen bestehen, und die Beteiligung an Bewertungsreserven sind in der normierten Modellrechnung nicht zusätzlich anzusetzen.
Die Leistungen auf Grundlage unserer aktuellen Deklaration können zusätzlich eine Schlussüberschussbeteiligung und eine Beteiligung an den Bewertungsreserven enthalten. Entsprechende Darstellungen können Sie der Beispielrechnung entnehmen.

XI. Jährliche Mitteilung über den Stand der Überschussbeteiligung einer aufgeschobenen Rentenversicherung mit Beitragsrückgewähr im Todesfall und Rentengarantiezeit und Aktualisierung der Beispielrechnung[326]

Wie in jedem Jahr teilen wir Ihnen mit, wie sich Ihre Versicherung entwickelt hat. Mit dieser Standmitteilung erhalten Sie wichtige Informationen über den Umfang Ihres Versicherungsschutzes und den Wert Ihrer Versicherung aus Garantieleistungen und Überschussbeteiligung. Alle Angaben setzen voraus, dass die bis zu dem jeweiligen Termin fälligen Beiträge gezahlt sind.[327]

– **Leistung zum Ende der Aufschubzeit am xx. xx. xxxx:**

Garantierte Rente	xxx €
Zusätzlich: bisher erreichte Rente aus laufenden Überschussanteilen	xxx €
Bisher erreichte garantierte Leistung	xxx €
Mögliche künftige Rente aus Überschussbeteiligung	xxx €
Mögliche Gesamtleistung	xxx €
– Oder wahlweise:	
Garantierte Kapitalabfindung	xxx €
Zusätzlich: bisher erreichte Leistung aus laufenden Überschussanteilen	xxx €
Bisher erreichte garantierte Leistung	xxx €
Mögliche künftige Leistung aus Überschussbeteiligung	xxx €
Mögliche Gesamtleistung	xxx €

[326] Unverbindliche Verbandsempfehlung des GDV gemäß Rundschreiben 1020/2008 vom 4. 6. 2008.
[327] Wenn sich Abweichungen gegenüber dem bei Vertragsabschluss genannten Angaben ergeben haben, ist darauf gemäß § 155 VVG hinzuweisen. Formulierungsvorschlag: „Die Werte zur Überschussbeteiligung haben sich gegenüber dem Ihnen bei Vertragsabschluss genannten Betrag geändert."

Die erreichte Leistung aus laufenden Überschussanteilen in Höhe von xxx €
Rente bzw. xxx € Einmalzahlung können wir Ihnen für den Ablauf bereits heute
garantieren. Auch in Zukunft werden Sie an den von uns erwirtschafteten
Überschüssen beteiligt. Die Höhe der **künftigen Überschussbeteiligung**
können wir Ihnen allerdings **nicht garantieren.** Bei der Berechnung der Leistung aus der künftigen Überschussbeteiligung haben wir angenommen, dass die
für das Jahr xxxx festgelegten Sätze für die jährliche Überschussbeteiligung und
die Schlussüberschussbeteiligung bis zum Ablauf unverändert bleiben.

In der künftigen Überschussbeteiligung sind Schlussüberschüsse in Höhe von
xxx € Rente bzw. xxx € Einmalzahlung enthalten. Die Schlussüberschüsse sind
nur für das laufende Jahr deklariert und können in späteren Jahren insgesamt
neu festgesetzt werden und damit teilweise oder auch vollständig entfallen.

Außerdem ist eine Beteiligung an den Bewertungsreserven von xxx € Rente
bzw. xxx € Einmalzahlung enthalten. Der genannte Betrag wurde auf Grundlage der Höhe der Bewertungsreserven zum xx. xx. xxxx berechnet. Außerdem
sind wir von der aktuellen Zusammensetzung des Versicherungsbestandes ausgegangen. Die endgültige Höhe der Beteiligung an den Bewertungsreserven
steht erst bei der tatsächlichen Beendigung des Vertrages fest.

Erläuterungen zur Leistung bei Ablauf
Die Höhe der künftigen Überschussbeteiligung können wir nicht garantieren.
Aus diesem Wert können keine vertraglichen Ansprüche abgeleitet werden. Dennoch möchten wir Ihnen – wie bereits zu Vertragsabschluss – mögliche Auswirkungen der Überschussbeteiligung auf Ihren Vertrag darstellen. Hierzu sind untenstehend **beispielhaft** die Gesamtleistungen bei Vertragsablauf bei den derzeitigen
Überschussanteilsätzen sowie bei einer um einen Prozentpunkt niedrigeren bzw.
bei einer um einen Prozentpunkt höheren Verzinsung angeführt. **Die angegebenen Beträge stellen keine Ober- bzw. Untergrenze dar; die tatsächlich
auszuzahlenden Leistungen würden bei größeren Änderungen der Verzinsung unter bzw. über diesen Beträgen liegen.**

Mögliche Gesamtleistung bei Rentenbeginn (einschließlich Schlussüberschuss- und Bewertungsreservenbeteiligung)*		
bei einer um einen %-Punkt niedrigeren Verzinsung	bei den derzeit gültigen Überschussanteilsätzen	bei einer um einen %-Punkt höheren Verzinsung
unverbindliche Gesamtrente ... €	unverbindliche Gesamtrente ... €	unverbindliche Gesamtrente ... €
unverbindliche gesamte Kapitalabfindung ... €	unverbindliche Kapitalabfindung ... €	unverbindliche gesamte Kapitalabfindung ... €

* Diese auf Basis der derzeit festgelegten Überschussanteilsätze hochgerechneten Werte sind trotz der auf € exakten Darstellung nur als unverbindliches Beispiel anzusehen.

– **Leistung bei Tod zum xx. xx. xxxx:**

Garantierte Todesfallleistung	xxx €
Zusätzlich: bisher erreichte garantierte Überschussbeteiligung	xxx €
Bisher erreichte garantierte Leistung	xxx €
Weitere, nicht garantierte Überschussbeteiligung	xxx €
Mögliche Gesamtleistung	xxx €

F. Allg. Bedingungen für die Rentenversicherung

In der weiteren Überschussbeteiligung sind Schlussüberschussanteile von xxx € enthalten, die wir für das Jahr xxxx garantieren, die aber in späteren Jahren insgesamt neu festgesetzt werden und damit teilweise oder auch vollständig entfallen können. Darüber hinaus ist eine Beteiligung an den Bewertungsreserven von xxx € berücksichtigt. Der genannte Betrag wurde auf Grundlage der Höhe der Bewertungsreserven zum xx. xx. xxxx und der aktuellen Zusammensetzung des Versicherungsbestandes ermittelt. [falls zutreffend: Der Wert der Bewertungsreserven wird ... neu festgestellt.] Die endgültige Höhe der Beteiligung an Bewertungsreserven steht daher erst bei der tatsächlichen Beendigung des Vertrages fest.

- **Leistung bei Rückkauf zum xx. xx. xxxx:**[328]

Garantierter Rückkaufswert (im Sinne von § 169 VVG)	xxx €
Zusätzlich: bisher erreichte garantierte Überschussbeteiligung	xxx €
Bisher erreichte garantierte Leistung	xxx €
Weitere, nicht garantierte Überschussbeteiligung	xxx €
Mögliche Gesamtleistung	xxx €

In der weiteren Überschussbeteiligung sind Schlussüberschussanteile von xxx € enthalten, die wir für das Jahr xxxx garantieren, die aber in späteren Jahren insgesamt neu festgesetzt werden und damit teilweise oder auch vollständig entfallen können. Darüber hinaus ist eine Beteiligung an den Bewertungsreserven von xxx € berücksichtigt. Der genannte Betrag wurde auf Grundlage der Höhe der Bewertungsreserven zum xx. xx. xxxx und der aktuellen Zusammensetzung des Versicherungsbestandes ermittelt. [falls zutreffend: Der Wert der Bewertungsreserven wird ... neu festgestellt.] Die endgültige Höhe der Beteiligung an Bewertungsreserven steht daher erst bei der tatsächlichen Beendigung des Vertrages fest.

Wir werden Sie auch in Zukunft jährlich über den bereits erreichten Stand und die mögliche zukünftige Entwicklung Ihrer Überschussbeteiligung informieren.

---

[328] Die Werte bei Rückkauf sind inkl. Stornoabzug anzugeben. Gegebenenfalls ist zu ergänzen: Sofort fällig wird ein Betrag von höchstens der entsprechenden Leistung bei Tod. Aus dem die Todesfallleistung übersteigenden Teil wird eine beitragsfreie Rente gebildet, die ab dem vereinbarten Rentenbeginn fällig wird.

G. Allgemeine Bedingungen für die Rentenversicherung gemäß § 10 Abs. 1 Nr. 2 Buchstabe b EStG/Basisversorgung (BasisRV 2008)

Übersicht

	Rdn.
I. Vorbemerkung	1–18
1. Allgemeines	1
2. Fassung	2
3. Inhaltskontrolle	2 a
4. Versicherte Leistung	3–9 a
a) Lebenslange Leibrente	3
b) Eintritt der Berufsunfähigkeit	4, 5
c) Hinterbliebenenversorgung	6–9
d) Todesfallleistung	9 a
5. § 168 VVG 2008	9 b
6. Sonderausgabenabzug der Beiträge	10–17 a
a) Beiträge im Sinne des § 10 Abs. 1 Nr. 2 Buchstabe b) EStG	10
b) Voraussetzungen für den Sonderausgabenabzug	11–17
aa) Nichtvererblichkeit	12, 13
bb) Nichtübertragbarkeit	14
cc) Nichtbeleihbarkeit	15
dd) Nichtveräußerbarkeit	16
ee) Nichtkapitalisierbarkeit	17
c) Zertifizierung	17 a
7. Pfändbarkeit der Basisrenten	18
II. Allgemeine Bedingungen für die Rentenversicherung gemäß § 10 Abs. 1 Nr. 2 Buchstabe b EStG/Basisversorgung (BasisRV 2008)	19–21
1. Allgemeine Bedingungen für die Rentenversicherung gemäß § 10 Abs. 1 Nr. 2 Buchstabe b EStG/Basisversorgung (BasisRV 2008)	19
2. Allgemeine Bedingungen für die Hinterbliebenenrenten-Zusatzversicherung zur Rentenversicherung/Basisversorgung (BasisHRZ 2008)	20
3. Allgemeine Bedingungen für die Berufsunfähigkeits-Zusatzversicherung zur Basisrente (BasisBUZ 2008)	21

Schrifttum: *Dommermuth/Risthaus,* Die Basis- oder „Rürup"-Rente ohne Versicherungsvertrag – ist der rechtliche Rahmen belastbar?, BetrAV 2009, 400 = DB 2009, 812; *Hasse,* Änderungen für Altersvorsorgeverträge durch das Jahressteuergesetz 2007 – Fortbestehen eines grundlegenden Reformbedürfnisses bei sogenannten „Rürup-Verträgen" –, VersR 2007, 277; *Heidemann,* Die Rürup-Rente – Für wen ist sie interessant?, VersPrax 2005, 167; *Heubeck/Seybold,* Zur Besteuerung der betrieblichen Altersversorgung nach dem Alterseinkünftegesetz – Übergang vom Drei-Säulen- zum Drei-Schichten-Modell nur halbwegs gelungen –, DB 2007, 592; *Reich/Rutzmoser,* Versicherungsmathematiker und Gesetzgeber sollten noch mal ran – Steuergeförderte Altersversorgungsprodukte noch mit großem Effizienzpotenzial, VW 2008, 1801; *Risthaus,* Beschränkte Abziehbarkeit von Altersvorsorgeaufwendungen und übrigen Vorsorgeaufwendungen verfassungsgemäß – Zugleich Anm. zu BFH- Urteil X R 34/07, X R 6/08 und X R 28/07 –, DB 2010, 137; *Thomas,* Zur Pfändung von privaten Vorsorgeverträgen, VW 2008, 1459.

G. Allg. Bed. f. d. RentenVers./Basisversorgung   1–2a **BasisRV 2008**

I. Vorbemerkung

1. Allgemeines

Die Rürup-Rente (Basis-Rente) ist die neue private kapitalgedeckte Leibrentenversicherung gemäß § 10 Abs. 1 Nr. 2 Buchstabe b EStG und ist insbesondere für Selbständige und sonstige Personen gedacht, die von der „Riester-Förderung" ausgeschlossen sind.[1] Als Basis-Rente werden von der Finanzverwaltung nur solche Rentenversicherungen anerkannt, deren Laufzeit nach dem 31. Dezember 2004 begonnen hat.[2] Die steuerliche Behandlung von Basis-Renten und anderen Vorsorgeaufwendungen und Altersbezügen ist durch BMF-Schreiben vom 30. Januar 2008 erfolgt,[3] mit dem das BMF-Schreiben vom 24. Februar 2005 aktualisiert wurde.[4] 1

2. Fassung

Allgemeine Bedingungen für die Rentenversicherung gemäß § 10 Abs. 1 Nr. 2 Buchstabe b EStG/Basisversorgung[5] und Allgemeine Bedingungen für die Hinterbliebenenrenten-Zusatzversicherung zur Rentenversicherung/Basisversorgung wurden vom GDV in 2004 verlautbart.[6] Im Jahre 2005 wurden die Bedingungswerke überarbeitet.[7] Im bisherigen § 1 Abs. 3 BasisRV 2004 wurde ein weiterer Satz 3 angefügt, der wie folgt lautet: „Wir sind berechtigt, eine Kleinbetragsrente in Anlehnung an § 93 Abs. 3 Satz 2 und 3 EStG abzufinden." Dass die Ansprüche aus der Versicherung nicht vererblich sind, wurde explizit in § 10 Abs. 2 Satz 1 BasisRV 2004 ergänzt. Ferner wurde in § 10 Abs. 2 BasisRV ein Satz angefügt, der bestimmt, dass eine nachträgliche Änderung der vereinbarten Verfügungsbeschränkungen ausgeschlossen ist. Im Jahre 2009 wurden die Vorbemerkung und § 1 der Musterbedingungen für die Basisrentenversicherung insbesondere mit Blick auf die durch das Jahressteuergesetz 2009 eingeführte Zertifizierung für die Basisrente überarbeitet. Ferner wurde mit der Neufassung dem Erfordernis genügt, dass ein zertifizierter Basisrentenvertrag für nach dem 31. Dezember 2011 abgeschlossene Verträge die Zahlung einer monatlichen, auf das Leben des Steuerpflichtigen bezogenen lebenslangen Leibrente erfordert, die nicht vor Vollendung des 62. Lebensjahres beginnt.[8] Die Neufassung der BasisRV 2008 wurde im Oktober 2009 verlautbart.[9] 2

3. Inhaltskontrolle

Folgende Klauseln sind nicht unwirksam gemäß § 307 Abs. 2 Nr. 1 BGB, § 305 c BGB bzw. § 307 Abs. 1 Satz 2 BGB:[10] 2a

---

[1] *Heidemann* VersPrax 2005, 167; *Hasse* VersR 2007, 277, 285.
[2] BMF-Schreiben v. 24. 2. 2005, BStBl. I 2005, 429; OFD Frankfurt/M., Vfg. v. 20. 9. 2006 – S 2221 A – 101 – St 218, DB 2006, 2260; *Heubeck/Seybold* DB 2007, 592, 593.
[3] BMF-Schreiben v. 30. 1. 2008 – IV C 8 – S 2222/07/0003/IV C 5 – S 2345/08/0001, BStBl. I 2008, 390 = DB 2008 Beil. 4 m. Anm. *Niermann/Risthaus* = BetrAV 2008, 178.
[4] BStBl. I 2005, 429.
[5] Auch „Allgemeine Bedingungen für die Basisrente" genannt.
[6] GDV-Rundschreiben 1824/2004 v. 21. 10. 2004.
[7] GDV-Rundschreiben 808/2005 v. 19. 5. 2005.
[8] BMF-Schreiben v. 30. 1. 2008, a. a. O. (Fn. 3), Rdn. 9.
[9] GDV-Rundschreiben 1952/2009 v. 16. 10. 2009 u. GDV-Rundschreiben 2056/2009 v. 30. 10. 2009; Bedingungsfassung m. Stand v. 14. 10. 2009 abrufbar über www.gdv.de.
[10] LG Hamburg, Urt. v. 28. 8. 2009 – 324 O 1004/08, S. 6, 8 u. 9.

BasisRV 2008 3, 4

> "**§ 6 Wann können Sie Ihre Versicherung kündigen oder beitragsfrei stellen?**
> Kündigung
> (1) Sie können Ihre Versicherung – jedoch nur vor dem vereinbarten Rententermin – jederzeit mit Frist von einem Monat zum Schluss eines jeden Beitragszahlungsabschnitts ganz oder teilweise schriftlich kündigen, frühestens jedoch zum Schluss des ersten Versicherungsjahres.
> ...
> Umwandlung in eine beitragsfreie Versicherung bei Kündigung
> (3) Bei Kündigung (Voll- oder Teilkündigung gemäß Absatz 1) wandelt sich die Versicherung ganz oder teilweise in eine beitragsfreie Versicherung mit herabgesetzter Rente um. ... Ein Anspruch auf einen Rückkaufswert besteht nicht.
> ...
> Umwandlung in eine beitragsfreie Versicherung anstelle einer Kündigung
> (7) Anstelle einer Kündigung nach Absatz 1 können Sie zu dem dort genannten Termin verlangen, ganz oder teilweise von der Beitragspflicht befreit zu werden. In diesem Fall gelten die Absätze 4 und 5 entsprechend."

In der Begründung hat das Landgericht hervorgehoben, dass die Bestimmungen beim Versicherungsnehmer nicht die Fehlvorstellung erwecken würden, dass das Kündigungsrecht mit einer Auszahlung des Rückkaufswertes bzw. überhaupt mit einer Auszahlung verbunden wäre.[11] Der Umstand, dass der angesparte Betrag nicht vor dem vereinbarten Rentenbeginn in einer Summe ausgezahlt werden dürfe, sei für die streitgegenständlichen Rentenversicherungen wesenstypisch.[12]

4. Versicherte Leistung

3   a) **Lebenslange Leibrente.** Nach § 10 Abs. 1 Nr. 2 Buchstabe b EStG sind Beiträge zugunsten einer Basisrentenversicherung dann steuerlich begünstigt, wenn der entsprechende Vertrag – neben den weiteren im Gesetz genannten Voraussetzungen – die Zahlung einer auf das Leben des Steuerpflichtigen bezogenen lebenslangen Leibrente vorsieht.[13] Eine lebenslange Leibrente im Sinne des § 10 Abs. 1 Nr. 2 Buchstabe b EStG liegt vor, wenn der Vertrag eine monatliche, gleich bleibende oder steigende, auf das Leben des Steuerpflichtigen bezogene Rentenzahlung vorsieht, die sich mindestens aus der ab Rentenbeginn garantierten Leistung berechnet.[14] Es ist insoweit aus einkommensteuerrechtlicher Sicht nicht zu beanstanden, wenn sich geringfügige Schwankungen in der Rentenhöhe ergeben – die auch zu einem Sinken einzelner Rentenzahlungen führen können –, sofern diese Schwankungen auf in einzelnen Jahren unterschiedlich hohen Überschussanteilen beruhen, die für die ab Beginn der Auszahlungsphase garantierte Rentenleistung gewährt werden.[15] Diese Schwankungen führen nicht zu einer Neuberechnung des steuerfreien Teils der Rente im Sinne des § 22 Nr. 1 Satz 3 Buchstabe a) Doppelbuchstabe aa EStG.[16] Ein planmäßiges Sinken der Rentenhöhe wäre allerdings mit den Grundsätzen einer lebenslangen Leibrente nicht zu vereinbaren.[17]

4   b) **Eintritt der Berufsunfähigkeit.** Eine Altersabsicherung in Form einer Basisrente im Sinne des § 10 Abs. 1 Nr. 2 Buchstabe b EStG kann mit einer Absicherung des Eintritts der Berufsunfähigkeit (Berufsunfähigkeitsrente), der verminderten Erwerbsfähigkeit (Erwerbsminderungsrente) oder von Hinterbliebenen

---

[11] LG Hamburg, Urt. v. 28. 8. 2009 – 324 O 1004/08, S. 9.
[12] LG Hamburg, Urt. v. 28. 8. 2009 – 324 O 1004/08, S. 8f.
[13] BMF-Schreiben v. 5. 7. 2005 – IV C 4 – S 2221 – 65/05, S. 1.
[14] BMF-Schreiben v. 5. 7. 2005 – IV C 4 – S 2221 – 65/05, S. 1.
[15] BMF-Schreiben v. 5. 7. 2005 – IV C 4 – S 2221 – 65/05, S. 1.
[16] BMF-Schreiben v. 5. 7. 2005 – IV C 4 – S 2221 – 65/05, S. 2.
[17] BMF-Schreiben v. 5. 7. 2005 – IV C 4 – S 2221 – 65/05, S. 1f.

ergänzt werden.[18] Nach Rz. 11 des BMF-Schreibens vom 24. Februar 2005 liegt eine entsprechende ergänzende Absicherung nur dann vor, wenn der vom Steuerpflichtigen zu zahlende (Gesamt-)Beitrag zu mehr als 50% für seine Altersabsicherung eingesetzt wird.[19] Erfolgt z. B. eine monatliche Beitragszahlung, ist auf den jeweiligen Monatsbeitrag abzustellen. Für das Verhältnis der Beitragsanteile zueinander ist grundsätzlich auf den konkret vom Steuerpflichtigen zu zahlenden (Gesamt-)Beitrag abzustellen. Dabei dürfen die Überschussanteile aus den entsprechenden Risiken die darauf entfallenden Beiträge mindern.[20]

Sieht der Basisrentenvertrag vor, dass der Steuerpflichtige bei Eintritt der Berufsunfähigkeit oder einer verminderten Erwerbsfähigkeit von der Verpflichtung zur Beitragszahlung für diesen Vertrag – vollständig oder teilweise – freigestellt wird, sind die insoweit auf die Absicherung dieses Risikos entfallenden Beitragsanteile der Altersvorsorge zuzuordnen, sofern sie der Finanzierung der vertraglich vereinbarten lebenslangen Leibrente im Sinne des § 10 Abs. 1 Nr. 2 Buchstabe b EStG dienen und aus diesen Beitragsanteilen keine Leistungen wegen Berufsunfähigkeit oder verminderter Erwerbsfähigkeit gezahlt werden, d. h. es wird lediglich der Anspruch auf eine Altersversorgung weiter aufgebaut.[21] Eine Zuordnung zur Altersvorsorge kann jedoch nicht vorgenommen werden, wenn der Steuerpflichtige vertragsgemäß wählen kann, ob er eine Rente wegen Berufsunfähigkeit oder verminderter Erwerbsfähigkeit erhält oder die Beitragsfreistellung in Anspruch nimmt.[22] 5

c) **Hinterbliebenenversorgung.** Sieht der Basisrentenvertrag vor, dass der Steuerpflichtige (Primärversicherte) eine Altersrente und nach seinem Tode der überlebende Ehepartner seinerseits eine lebenslange Leibrente im Sinne des § 10 Abs. 1 Nr. 2 Buchstabe b EStG (insbesondere nicht vor Vollendung seines 60. Lebensjahres) erhält, ist der vom Steuerpflichtigen in der Ansparphase aufgebrachte Beitrag in vollem Umfang der Altersvorsorge zuzurechnen.[23] 6

Wird die Hinterbliebenenversorgung ausschließlich aus dem bei Tod des Primärversicherten vorhandenen Altersvorsorge-Restkapital finanziert, handelt es sich bei der Hinterbliebenenabsicherung nicht um eine Risikoabsicherung und der Beitrag ist insoweit der Altersvorsorge zuzurechnen.[24] 7

Ebenso handelt es sich insgesamt um Beiträge für die Altersvorsorge des Ehegatten, wenn der Primärversicherte eine entsprechend gestaltete Absicherung des Ehegatten als besondere Komponente im Rahmen seines (einheitlichen) Basisrentenvertrages hinzu- oder später wieder abwählen kann (z. B. bei Scheidung, Wiederverheiratung etc.).[25] 8

Erfüllt die zugesagte Rente für den hinterbliebenen Ehegatten nicht die Voraussetzungen des § 10 Abs. 1 Nr. 2 Buchstabe b EStG (insbesondere auch im Hinblick auf das Mindestalter für den Beginn der Rentenzahlung), handelt es sich um eine ergänzende Hinterbliebenenabsicherung.[26] Für das Verhältnis der Beitragsanteile zueinander sind insoweit auch die Beitragsanteile der ergänzenden Hinterbliebenenabsicherung zuzuordnen, die nach versicherungsmathematischen 9

---

[18] BMF-Schreiben v. 5. 7. 2005 – IV C 4 – S 2221 – 65/05, S. 2.
[19] BMF-Schreiben v. 5. 7. 2005 – IV C 4 – S 2221 – 65/05, S. 2; OFD Rheinland DB 2007, 2004.
[20] BMF-Schreiben v. 5. 7. 2005 – IV C 4 – S 2221 – 65/05, S. 2; Bayerisches Landesamt für Steuern, Vfg. v. 12. 6. 2009 – S 2221.1.1.-15/3 St 32/St 33, DB 2009, 1379.
[21] BMF-Schreiben v. 5. 7. 2005 – IV C 4 – S 2221 – 65/05, S. 2.
[22] BMF-Schreiben v. 5. 7. 2005 – IV C 4 – S 2221 – 65/05, S. 2.
[23] BMF-Schreiben v. 5. 7. 2005 – IV C 4 – S 2221 – 65/05, S. 2.
[24] BMF-Schreiben v. 5. 7. 2005 – IV C 4 – S 2221 – 65/05, S. 2.
[25] BMF-Schreiben v. 5. 7. 2005 – IV C 4 – S 2221 – 65/05, S. 2f.
[26] BMF-Schreiben v. 5. 7. 2005 – IV C 4 – S 2221 – 65/05, S. 3.

BasisRV 2008 9a–11   Teil 6. Musterbedingungen des GDV 2008

Grundsätzen auf das Risiko der Rentenzahlung an den hinterbliebenen Ehegatten entfallen.[27]

9a d) **Todesfallleistung.** Wird für den Todesfall an beliebige Hinterbliebene eine Versicherungsleistung aus einer Risikolebensversicherung gezahlt, die den vom verstorbenen Versicherten zu Gunsten des Basisrentenversicherungsvertrages geleisteten Beiträgen entspricht, kann der insoweit geleistete Beitrag für die Risikolebensversicherung im Rahmen des § 10 Abs. 1 Nr. 2 Buchstabe b EStG angesetzt werden, wenn begünstigte Hinterbliebenenleistungen im Sinne der Rz. 14 ff. des BMF-Schreibens vom 30. Januar 2008[28] vorliegen.[29]

5. § 168 VVG 2008

9b Sind laufende Prämien zu zahlen, kann der Versicherungsnehmer das Versicherungsverhältnis jederzeit für den Schluss der laufenden Versicherungsperiode kündigen (§ 168 Abs. 1 VVG 2008). Bei einer Versicherung, die Versicherungsschutz für ein Risiko bietet, bei dem der Eintritt der Verpflichtung des Versicherers gewiss ist, steht das Kündigungsrecht dem Versicherungsnehmer auch dann zu, wenn die Prämie in einer einmaligen Zahlung besteht (§ 168 Abs. 2 VVG 2008). § 168 Abs. 1 und Abs. 2 VVG 2008 sind nicht auf einen für die Altersvorsorge bestimmten Versicherungsvertrag anzuwenden, bei dem der Versicherungsnehmer mit dem Versicherer eine Verwertung vor dem Eintritt in den Ruhestand unwiderruflich ausgeschlossen hat; der Wert der vom Ausschluss der Verwertbarkeit betroffenen Ansprüche darf die in § 12 Abs. 2 Nr. 3 SGB II bestimmten Beträge nicht übersteigen (§ 168 Abs. 3 Satz 1 VVG 2008). Entsprechendes gilt, soweit die Ansprüche nach § 851 c oder § 851 d ZPO nicht gepfändet werden dürfen (§ 168 Abs. 3 Satz 2 VVG 2008). Das Wort „unwiderruflich" wurde nach dem Wort „Ruhestand" erst durch Art. 6 des SozVersStabG vom 14. April 2010 eingefügt.[30] Der Gesetzgeber wollte klarstellen, dass die Vereinbarung mit dem Versicherer über den Verwertungsausschluss unwiderruflich sein muss.

6. Sonderausgabenabzug der Beiträge

10 a) **Beiträge im Sinne des § 10 Abs. 1 Nr. 2 Buchstabe b) EStG.** Werden Beiträge zugunsten von Vorsorgeverträgen geleistet, die u. a. folgende Möglichkeiten vorsehen, liegen keine Beiträge im Sinne des § 10 Abs. 1 Nr. 2 Buchstabe b) EStG:[31]
– Kapitalwahlrecht,
– Anspruch bzw. Optionsrecht auf (Teil-)Auszahlung nach Eintritt des Versorgungsfalls,
– Zahlung eines Sterbegeldes,
– Abfindung einer Rente,
– Abfindungsansprüche und Beitragsrückerstattungen im Fall einer Kündigung des Vertrags; dies gilt nicht für gesetzliche Abfindungsansprüche (z. B. § 3 BetrAVG) oder die Abfindung einer Kleinbetragsrente.

11 b) **Voraussetzungen für den Sonderausgabenabzug.** Für die Anerkennung als Beiträge zur eigenen kapitalgedeckten Altersversorgung im Sinne des

---

[27] BMF-Schreiben v. 5. 7. 2005 – IV C 4 – S 2221 – 65/05, S. 3.
[28] BMF-Schreiben v. 30. 1. 2008 – IV C 8 – S 2222/07/003, BStBl. I 2008, 390.
[29] BMF-Schreiben v. 9. 2. 2009 – IV C 3 – S 2221/07/10036 (DOK 2008/0550991).
[30] Gesetz zur Stabilisierung der Finanzlage der Sozialversicherungssysteme und zur Einführung eines Sonderprogramms mit Maßnahmen für Milchviehhalter sowie zur Änderung anderer Gesetze (Sozialversicherungs-Stabilisierungsgesetz – SozVersStabG) vom 14. 4. 2010, BGBl. I 2010, 410.
[31] BMF-Schreiben v. 24. 2. 2005 – IV C 3 – S 2255 – 51/05, Randziffer 17, S. 8.

G. Allg. Bed. f. d. RentenVers./Basisversorgung   12–17a **BasisRV 2008**

§ 10 Abs. 1 Nr. 2 Buchstabe b EStG müssen die Ansprüche aus dem Vertrag folgende Voraussetzungen erfüllen:[32]

aa) Nichtvererblichkeit. Es darf nach den Vertragsbedingungen nicht zu einer Auszahlung an die Erben kommen; im Todesfall kommt das vorhandene Vermögen der Versichertengemeinschaft zugute. Die Nichtvererblichkeit wird z. B. nicht ausgeschlossen durch gesetzlich zugelassene Hinterbliebenenleistungen im Rahmen der ergänzenden Hinterbliebenenabsicherung und durch Rentenzahlungen für die Zeit bis zum Ablauf des Todesmonats an die Erben.   12

Der Gesetzgeber gibt damit für die steuerliche Förderung der Basisrente vor, dass die mögliche Versorgungsleistung im Todesfall den so genannten engeren Hinterbliebenen vorbehalten bleiben muss und eine generelle Vererbbarkeit grundsätzlich auszuschließen ist.[33] Hierdurch soll erreicht werden, dass Versorgungsvermögen, das nicht den versorgungsberechtigten Angehörigen zugute kommt, der Versicherungsgemeinschaft anheimfällt und damit das Versorgungsniveau der Gemeinschaft zusätzlich stärkt.[34] Allerdings werden durch das Verbot der Vererbbarkeit bei den steuerlich geförderten Versicherungsprodukten im Rahmen der Basisrente mehr Versorgungswillige vom Vertragsabschluss abgeschreckt, als der tatsächliche Zusatznutzen für den Versicherungsbestand dies rechtfertigt.[35]   13

bb) Nichtübertragbarkeit. Der Vertrag darf keine Übertragung der Ansprüche des Leistungsempfängers auf eine andere Person vorsehen z. B. im Wege der Schenkung; die Pfändbarkeit nach den Vorschriften der ZPO steht dem nicht entgegen. Die Übertragbarkeit zur Regelung von Scheidungsfolgen ist unschädlich. Der Vertrag darf zulassen, dass die Ansprüche des Leistungsempfängers aus dem Vertrag unmittelbar auf einen Vertrag auch bei einem anderen Unternehmen übertragen werden, sofern die Vorgaben des § 10 Abs. 1 Nr. 2 Buchstabe b) ebenfalls erfüllt.   14

cc) Nichtbeleihbarkeit. Es muss vertraglich ausgeschlossen sein, dass die Ansprüche z. B. sicherungshalber abgetreten oder verpfändet werden können.   15

dd) Nichtveräußerbarkeit. Der Vertrag muss so gestaltet sein, dass die Ansprüche nicht an einen Dritten veräußert werden können.   16

ee) Nichtkapitalisierbarkeit. Es darf vertraglich kein Recht auf Kapitalisierung des Rentenanspruchs vorgesehen sein mit Ausnahme der Abfindung einer Kleinbetragsrente in Anlehnung an § 93 Abs. 3 Satz 2 und 3 EStG.   17

c) Zertifizierung. Seit dem Jahressteuergesetz 2009[36] müssen nunmehr auch Basisrentenverträge, und zwar ab 1. Januar 2010, nach dem AltZertG zertifiziert sein. Der Gesetzgeber sah sich hierzu veranlasst, weil die Finanzämter mit der Kriterienprüfung der Basisrentenverträge unnötig belastet waren.[37] Infolgedessen sind ab dem Veranlagungszeitraum 2010 Beiträge zu Gunsten eines Basisrentenvertrages im Sinne des § 10 Abs. 1 Nr. 2 Buchstabe b EStG nur dann im Rahmen der Sonderausgaben zu berücksichtigen, wenn die entsprechenden Beiträge zu Gunsten eines spätestens bis zum Ende des Veranlagungszeitraums zertifizierten Basisrentenvertrages geleistet werden.[38] Bei der für die Veranlagungszeiträume ab 2010 erforderlichen Zertifizierung sind neben den gesetzlichen auch die Anforde-   17a

---

[32] BMF-Schreiben v. 24. 2. 2005 – IV C 3 – S 2255 – 51/05, Randziffer 15, S. 7 f.; aktualisiert durch BMF-Schreiben v. 30. 1. 2008, a. a. O. (Fn. 3), Rdn. 8 ff.
[33] *Reich/Rutzmoser* VW 2008, 1801.
[34] *Reich/Rutzmoser* VW 2008, 1801.
[35] *Reich/Rutzmoser* VW 2008, 1801, 1805.
[36] JStG 2009 v. 19. 12. 2008, BGBl. I 2008, 2794.
[37] *Dommermuth/Risthaus* BetrAV 2009, 400 = DB 2009, 812, 813.
[38] BMF-Schreiben v. 24. 6. 2009 – IV C 3 – S 2221/08/10006 (DOK 2009/0 407 509).

BasisRV 2008 18, 19 Teil 6. Musterbedingungen des GDV 2008

rungen gemäß BMF-Schreiben vom 30. Januar 2008 zu berücksichtigen.[39] Bestandsverträge können auf das zertifizierte Vertragsmuster bis zum 31. Dezember 2010 überführt werden.[40]

7. Pfändbarkeit der Basisrenten

18 In der Ansparphase stützt sich der Pfändungsschutz der Basisrenten auf § 851 Abs. 1 ZPO i. V. m. § 10 Abs. 1 Nr. 2 Buchstabe b EStG, wonach nicht übertragbare Forderungen auch nicht pfändbar sind. Zudem erfüllen Basisrenten die Kriterien des § 851c Abs. 1 ZPO. In der Leistungsphase sind die Rentenleistungen gemäß § 851d ZPO wie Arbeitseinkommen geschützt.[41] Der Verweis auf das Altersvorsorge-Zertifizierungsgesetz in § 851d ZPO stellt sicher, dass Auszahlungspläne im Rahmen der Riester-Förderung wie Renten behandelt werden.

II. Allgemeine Bedingungen für die Rentenversicherung gemäß § 10 Abs. 1 Nr. 2 Buchstabe b EStG/Basisversorgung (BasisRV 2008)

1. Allgemeine Bedingungen für die Rentenversicherung gemäß § 10 Abs. 1 Nr. 2 Buchstabe b EStG/Basisversorgung (BasisRV 2008)[42]

19 Sehr geehrte Kundin, sehr geehrter Kunde,
als Versicherungsnehmer und versicherte Person sind Sie unser Vertragspartner; für unser Vertragsverhältnis gelten die nachfolgenden Bedingungen. Haben Sie eine Zusatzversicherung abgeschlossen, gelten zusätzlich die hierfür maßgebenden Versicherungsbedingungen. In jedem Fall ist sichergestellt, dass mehr als 50% des zu zahlenden Beitrags auf Ihre Altersvorsorge entfällt.

Inhaltsverzeichnis

§ 1 Welche Leistungen erbringen wir?
§ 2 Wie erfolgt die Überschussbeteiligung?
§ 3 Wann beginnt Ihr Versicherungsschutz?
§ 4 Was bedeutet die vorvertragliche Anzeigepflicht?
§ 5 Was haben Sie bei der Beitragszahlung zu beachten?
§ 6 Was geschieht, wenn Sie einen Beitrag nicht rechtzeitig zahlen?
§ 7 Wann können Sie Ihre Versicherung kündigen oder beitragsfrei stellen?
§ 8 Wie werden die Abschluss- und Vertriebskosten verrechnet?
§ 9 Was ist zu beachten, wenn eine Versicherungsleistung verlangt wird?
§ 10 Wer erhält die Versicherungsleistung?
§ 11 Was gilt bei Änderung Ihrer Postanschrift und Ihres Namens?
§ 12 Welche Kosten stellen wir Ihnen gesondert in Rechnung?
§ 13 Welches Recht findet auf Ihren Vertrag Anwendung?
§ 14 Wo ist der Gerichtsstand?

§ 1 Welche Leistungen erbringen wir?

(1) Erleben Sie den vereinbarten Rentenzahlungsbeginn, zahlen wir Ihnen die versicherte Rente lebenslang monatlich an den vereinbarten Fälligkeitstagen in gleich bleibender oder steigender Höhe. Die Rentenzahlung erhalten Sie frühestens ab Vollendung des 60. Lebensjahres bzw. des 62. Lebensjahres für Verträge,

---

[39] BMF-Schreiben v. 30. 1. 2008 – IV C 8 – S 2222/07/003, BStBl. I 2008, 390.
[40] BMF-Schreiben v. 24. 6. 2009 – IV C 3 – S 2221/08/10006 (DOK 2009/0407509).
[41] *Thomas* VW 2008, 1459, 1461.
[42] Stand: 14. 10. 2009. GDV-Rundschreiben Nr. 1952/2009 v. 16. 10. 2009 u. Nr. 2056/2009 v. 30. 10. 2009: Diese Bedingungen sind für die Versicherer unverbindlich; ihre Verwendung ist rein fakultativ. Abweichende Bedingungen können vereinbart werden. Anm. des Verfassers: In den BasisRV 2008 werden die Bestimmungen des VVG 2008 genannt.

die nach dem 31. Dezember 2011 abgeschlossen wurden. Den genauen Rentenbeginn entnehmen Sie dem Versicherungsschein.

(2) Bei Ihrem Tod wird keine Leistung fällig.

(3) Außer den im Versicherungsschein ausgewiesenen garantierten Leistungen erhalten Sie weitere Leistungen aus der Überschussbeteiligung (siehe § 2).

(4) Darüber hinaus erfolgen keine Auszahlungen. Ein Kapitalwahlrecht besteht nicht. Wir sind berechtigt, zu Beginn der Rentenzahlung eine Kleinbetragsrente in Anlehnung an § 93 Abs. 3 Satz 2 und 3 EStG abzufinden.

(5) Für die Berechnung der im Versicherungsschein garantierten Leistungen wird ... verwendet. Der Zinssatz für die Berechnung der Deckungsrückstellung beträgt für die gesamte Laufzeit des Vertrages jährlich garantiert ... %; § 5 Abs. 3 der Deckungsrückstellungsverordnung bleibt unberührt.

§ 2 Wie erfolgt die Überschussbeteiligung?

Wir beteiligen Sie und die anderen Versicherungsnehmer gemäß § 153 des Versicherungsvertragsgesetzes (VVG) an den Überschüssen und Bewertungsreserven (Überschussbeteiligung). Die Überschüsse werden nach den Vorschriften des Handelsgesetzbuches ermittelt und jährlich im Rahmen unseres Jahresabschlusses festgestellt. Die Bewertungsreserven werden dabei im Anhang des Geschäftsberichtes ausgewiesen. Der Jahresabschluss wird von einem unabhängigen Wirtschaftsprüfer geprüft und ist unserer Aufsichtsbehörde einzureichen.

(1) Grundsätze und Maßstäbe für die Überschussbeteiligung der Versicherungsnehmer

(a) Die Überschüsse stammen im Wesentlichen aus den Erträgen der Kapitalanlagen. Von den Nettoerträgen derjenigen Kapitalanlagen, die für künftige Versicherungsleistungen vorgesehen sind (§ 3 der Verordnung über die Mindestbeitragsrückerstattung in der Lebensversicherung, Mindestzuführungsverordnung), erhalten die Versicherungsnehmer insgesamt mindestens den in dieser Verordnung genannten Prozentsatz. In der derzeitigen Fassung der Verordnung sind grundsätzlich 90% vorgeschrieben (§ 4 Abs. 3, § 5 Mindestzuführungsverordnung). Aus diesem Betrag werden zunächst die Beträge finanziert, die für die garantierten Versicherungsleistungen benötigt werden. Die verbleibenden Mittel verwenden wir für die Überschussbeteiligung der Versicherungsnehmer.[43]
Weitere Überschüsse entstehen insbesondere dann, wenn die Lebenserwartung und die Kosten niedriger sind, als bei der Tarifkalkulation angenommen. Auch an diesen Überschüssen werden die Versicherungsnehmer angemessen beteiligt und zwar nach derzeitiger Rechtslage am Risikoergebnis (Lebenserwartung) grundsätzlich zu mindestens 75% und am übrigen Ergebnis (einschließlich Kosten) grundsätzlich zu mindestens 50% (§ 4 Abs. 4 u. 5, § 5 Mindestzuführungsverordnung).[44]
Die verschiedenen Versicherungsarten tragen unterschiedlich zum Überschuss bei. Wir haben deshalb gleichartige Versicherungen zu Gruppen zusammengefasst. Gewinngruppen bilden wir beispielsweise, um das versicherte Risiko wie das Langlebigkeits- oder Berufsunfähigkeitsrisiko zu berücksichtigen.[45] Die Verteilung des Überschusses für die Versicherungsnehmer auf die einzelnen Gruppen orientiert sich daran, in welchem Umfang sie zu seiner Entstehung beigetragen haben. Den Überschuss führen wir der Rückstellung für Beitragsrückerstattung zu, soweit er nicht in Form der sog. Direktgutschrift bereits unmittelbar den überschussberechtigten Versicherungen gutgeschrieben wird. Diese Rückstellung dient dazu,

---

[43] Die GDV-Fassung stellt noch auf die ZRQuotenV ab. Der Verfasser hat deshalb § 2 (1) (a) Abs. 1 an den Bedingungsstandard der anderen AVB 2008 des GDV angepasst.

[44] Die GDV-Fassung stellt noch auf die ZRQuotenV ab. Der Verfasser hat deshalb § 2 (1) (a) Abs. 2 an den Bedingungsstandard der anderen AVB 2008 des GDV angepasst.

[45] Ggf. weitere unternehmensindividuelle Information über Gewinngruppen bzw. Untergruppen und deren Modalitäten; die Begriffe sind an die unternehmensindividuellen Gegebenheiten anzupassen.

Ergebnisschwankungen im Zeitablauf zu glätten. Sie darf grundsätzlich nur für die Überschussbeteiligung der Versicherungsnehmer verwendet werden. Nur in Ausnahmefällen und mit Zustimmung der Aufsichtsbehörde können wir hiervon nach § 56 a des Versicherungsaufsichtsgesetzes (VAG) abweichen, soweit die Rückstellung nicht auf bereits festgelegte Überschussanteile entfällt. Nach der derzeitigen Fassung des § 56 a VAG können wir die Rückstellung, im Interesse der Versicherungsnehmer auch zur Abwendung eines drohenden Notstandes, zum Ausgleich unvorhersehbarer Verluste aus den überschussberechtigten Versicherungsverträgen, die auf allgemeine Änderungen der Verhältnisse zurückzuführen sind, oder – sofern die Rechnungsgrundlagen aufgrund einer unvorhersehbaren und nicht nur vorübergehenden Änderung der Verhältnisse angepasst werden müssen – zur Erhöhung der Deckungsrückstellung heranziehen.[46]

(b) Bewertungsreserven entstehen, wenn der Marktwert der Kapitalanlagen über den Wert liegt, mit dem die Kapitalanlagen in der Bilanz ausgewiesen sind. Die Bewertungsreserven sorgen für Sicherheit und dienen dazu, kurzfristige Ausschläge an den Kapitalmärkten auszugleichen. Ein Teil der Bewertungsreserven fließt den Versicherungsnehmern *gemäß § 153 Abs. 3 VVG*[47] unmittelbar zu. Hierzu wird die Höhe der Bewertungsreserven jährlich neu ermittelt. Der so ermittelte Wert wird den Verträgen nach dem in Absatz 2 beschriebenen Verfahren zugeordnet (§ 153 Abs. 3 VVG). Bei Erleben des vereinbarten Rentenbeginns teilen wir den für diesen Zeitpunkt aktuell ermittelten Betrag Ihrer Versicherung zur Hälfte zu.[48] Aufsichtsrechtliche Regelungen zur Kapitalausstattung bleiben unberührt.

(2) Grundsätze und Maßstäbe für die Überschussbeteiligung Ihres Vertrages

(a) Ihre Versicherung erhält Anteile an den Überschüssen derjenigen Gruppe, die in Ihrem Versicherungsschein genannt ist. Die Mittel für die Überschussanteile werden bei der Direktgutschrift zu Lasten des Ergebnisses des Geschäftsjahres finanziert, ansonsten der Rückstellung für Beitragsrückerstattung entnommen. Die Höhe der Überschussanteilsätze wird jedes Jahr vom Vorstand unseres Unternehmens auf Vorschlag des Verantwortlichen Aktuars festgelegt. Wir veröffentlichen die Überschussanteilsätze in unserem Geschäftsbericht. Den Geschäftsbericht können Sie bei uns jederzeit anfordern.
(b) ...[49]
(c) ...[50]

(3) Information über die Höhe der Überschussbeteiligung

Die Höhe der Überschussbeteiligung hängt von vielen Einflüssen ab. Diese sind nicht vorhersehbar und von uns nur begrenzt beeinflussbar. Wichtigster Einflussfaktor ist dabei die Zinsentwicklung des Kapitalmarkts. Aber auch die Entwick-

---

[46] Die GDV-Fassung stellt noch auf § 56 a VAG a. F. ab. Der Verfasser hat deshalb die Ausführungen zu § 56 a VAG an den Bedingungsstandard der anderen AVB 2008 des GDV angepasst.

[47] Der kursiv gesetzte Text ist in den Überschussbeteiligungsklauseln der anderen AVB des GDV nicht mehr enthalten.

[48] Gemäß aktuellem Bedingungsstandard der anderen AVB des GDV ist dieser Satz wie folgt zu ersetzen: „Bei Beendigung der Ansparphase (durch Tod, Kündigung oder Erleben des vereinbarten Rentenbeginns) teilen wir den für diesen Zeitpunkt aktuell ermittelten Betrag Ihrer Versicherung zur Hälfte zu. Auch während des Rentenbezuges werden wir Sie an den Bewertungsreserven beteiligen."

[49] Hier sind folgende unternehmensindividuelle Angaben zu machen:
a) Voraussetzung für die Fälligkeit der Überschussanteile (Wartezeit, Stichtag für die Zuteilung u. ä.)
b) Form und Verwendung der Überschussanteile (laufende Überschussanteile, Schlussüberschussanteile, Bonus, Ansammlung, Verrechnung, Barauszahlung u. ä.)
c) Bemessungsgrößen für die Überschussanteile.

[50] Hier sind der Verteilungsmechanismus, d. h. die Schlüsselung der ermittelten, verteilungsfähigen Bewertungsreserven auf den einzelnen Vertrag und die Bewertungsstichtage anzugeben. Vgl. hierzu auch Gesamtgeschäftsplan für die Überschussbeteiligung, Abschnitte 3.11.1 bis 3.11.11.

lung des versicherten Risikos und der Kosten sind von Bedeutung. Die Höhe der künftigen Überschussbeteiligung kann also nicht garantiert werden.

§ 3 Wann beginnt Ihr Versicherungsschutz?

Ihr Versicherungsschutz beginnt, wenn der Vertrag abgeschlossen worden ist, jedoch nicht vor dem mit Ihnen vereinbarten, im Versicherungsschein angegebenen Versicherungsbeginn. Allerdings entfällt unsere Leistungspflicht bei nicht rechtzeitiger Beitragszahlung (vgl. § 5 Abs. 2 und 3 und § 6).

Bemerkung
Bei unechter, unterjähriger Beitragszahlung ist auf § 5 Abs. 3 und 4 und § 6 der Bemerkungsfassung zu verweisen.

§ 4 Was bedeutet die vorvertragliche Anzeigepflicht?

Vorvertragliche Anzeigepflicht

(1) Wir übernehmen den Versicherungsschutz im Vertrauen darauf, dass Sie alle vor Vertragsabschluss in Textform gestellten Fragen wahrheitsgemäß und vollständig beantwortet haben (vorvertragliche Anzeigepflicht). Das gilt insbesondere für die Fragen nach gegenwärtigen oder früheren Erkrankungen, gesundheitlichen Störungen und Beschwerden.

Rücktritt

(2) Wenn Umstände, die für die Übernahme des Versicherungsschutzes Bedeutung haben, von Ihnen nicht oder nicht richtig angegeben worden sind, können wir vom Vertrag zurücktreten. Dies gilt nicht, wenn uns nachgewiesen wird, dass die vorvertragliche Anzeigepflicht weder vorsätzlich noch grob fahrlässig verletzt worden ist. Bei grob fahrlässiger Verletzung der vorvertraglichen Anzeigepflicht haben wir kein Rücktrittsrecht, wenn uns nachgewiesen wird, dass wir den Vertrag auch bei Kenntnis der nicht angezeigten Umstände, wenn auch zu anderen Bedingungen, geschlossen hätten.

(3) Im Fall des Rücktritts besteht kein Versicherungsschutz. Haben wir den Rücktritt nach Eintritt des Versicherungsfalles erklärt, bleibt unsere Leistungspflicht jedoch bestehen, wenn uns nachgewiesen wird, dass der nicht oder nicht richtig angegebene Umstand weder für den Eintritt oder die Feststellung des Versicherungsfalles noch für die Feststellung oder den Umfang unserer Leistungspflicht ursächlich war. Haben Sie die Anzeigepflicht arglistig verletzt, sind wir nicht zur Leistung verpflichtet.

Kündigung

(4) Ist unser Rücktrittsrecht ausgeschlossen, weil die Verletzung der vorvertraglichen Anzeigepflicht weder auf Vorsatz noch auf grober Fahrlässigkeit beruhte, können wir den Vertrag unter Einhaltung einer Frist von einem Monat kündigen.

(5) Wir haben kein Kündigungsrecht, wenn uns nachgewiesen wird, dass wir den Vertrag auch bei Kenntnis der nicht angezeigten Umstände, wenn auch zu anderen Bedingungen, geschlossen hätten.

(6) Kündigen wir die Versicherung, wandelt sie sich mit der Kündigung in eine beitragsfreie Versicherung um (§ 7 Abs. 5 und 6).

Vertragsanpassung

(7) Können wir nicht zurücktreten oder kündigen, weil wir den Vertrag auch bei Kenntnis der nicht angezeigten Umstände, aber zu anderen Bedingungen, geschlossen hätten, werden die anderen Bedingungen auf unser Verlangen rückwirkend Vertragsbestandteil. Haben Sie die Anzeigepflichtverletzung nicht zu vertreten, werden die anderen Bedingungen ab der laufenden Versicherungsperiode Vertragsbestandteil.

(8) Erhöht sich durch die Vertragsanpassung der Beitrag um mehr als 10% oder schließen wir den Versicherungsschutz für den nicht angezeigten Umstand aus,

können Sie den Vertrag innerhalb eines Monats nach Zugang unserer Mitteilung fristlos kündigen. In der Mitteilung werden wir Sie auf das Kündigungsrecht hinweisen.

Ausübung unserer Rechte

(9) Wir können uns auf die Rechte zum Rücktritt, zur Kündigung und zur Vertragsanpassung nur berufen, wenn wir Sie durch gesonderte Mitteilung in Textform auf die Folgen einer Anzeigepflichtverletzung hingewiesen haben. Wir müssen unsere Rechte innerhalb eines Monats schriftlich geltend machen. Die Frist beginnt mit dem Zeitpunkt, zu dem wir von der Verletzung der Anzeigepflicht, die das von uns geltend gemachte Recht begründet, Kenntnis erlangen. Bei Ausübung unserer Rechte müssen wir die Umstände angeben, auf die wir unsere Erklärung stützen. Zur Begründung können wir nachträglich weitere Umstände innerhalb eines Monats nach deren Kenntniserlangung angeben.

(10) Unsere Rechte auf Rücktritt, Kündigung und Vertragsanpassung sind ausgeschlossen, wenn wir den nicht angezeigten Umstand oder die Unrichtigkeit der Anzeige kannten.

(11) Die genannten Rechte können wir nur innerhalb von fünf Jahren seit Vertragsabschluss ausüben. Ist der Versicherungsfall vor Ablauf dieser Frist eingetreten, können wir die Rechte auch nach Ablauf der Frist geltend machen. Haben Sie die Anzeigepflicht vorsätzlich oder arglistig verletzt, beträgt die Frist zehn Jahre.

Anfechtung

(12) Wir können den Versicherungsvertrag auch anfechten, falls durch unrichtige oder unvollständige Angaben bewusst und gewollt auf unsere Annahmeentscheidung Einfluss genommen worden ist.

Leistungserweiterung/Wiederherstellung der Versicherung

(13) Die Absätze 1 bis 12 gelten bei einer unsere Leistungspflicht erweiternden Änderung oder bei einer Wiederherstellung der Versicherung entsprechend. Die Fristen nach Absatz 11 beginnen mit der Änderung oder Wiederherstellung der Versicherung bezüglich des geänderten oder wiederhergestellten Teils neu zu laufen.

Erklärungsempfänger

(14) Die Ausübung unserer Rechte erfolgt durch eine schriftliche Erklärung, die Ihnen gegenüber abzugeben ist. Sofern Sie uns keine andere Person als Bevollmächtigten benannt haben, können wir den Inhaber des Versicherungsscheins zur Entgegennahme der Erklärung als bevollmächtigt ansehen.

§ 5 Was haben Sie bei der Beitragszahlung zu beachten?

(1) Die Beiträge zu Ihrer Rentenversicherung können Sie je nach Vereinbarung in einem einzigen Betrag (Einmalbeitrag), durch Monats-, Vierteljahres-, Halbjahres- oder Jahresbeiträge (laufende Beiträge) entrichten. Die Versicherungsperiode umfasst bei Einmalbeitrags- und Jahreszahlung ein Jahr, bei unterjähriger Beitragszahlung entsprechend der Zahlungsweise einen Monat, ein Vierteljahr bzw. ein halbes Jahr.

(2) Der erste oder einmalige Beitrag (Einlösungsbeitrag) ist unverzüglich nach Abschluss des Vertrages zu zahlen, jedoch nicht vor dem mit Ihnen vereinbarten, im Versicherungsschein angegebenen Versicherungsbeginn. Alle weiteren Beiträge (Folgebeiträge) werden zu Beginn der vereinbarten Versicherungsperiode fällig.

(3) Für die Rechtzeitigkeit der Beitragszahlung genügt es, wenn Sie fristgerecht alles getan haben, damit der Beitrag bei uns eingeht. Ist die Einziehung des Beitrags von einem Konto vereinbart, gilt die Zahlung als rechtzeitig, wenn der Beitrag zu dem in Absatz 2 genannten Termin eingezogen werden kann und Sie einer berechtigten Einziehung nicht widersprechen. Konnte der fällige Beitrag ohne Ihr Verschulden von uns nicht eingezogen werden, ist die Zahlung auch dann noch rechtzeitig, wenn sie unverzüglich nach unserer schriftlichen Zahlungsaufforde-

rung erfolgt. Haben Sie zu vertreten, dass der Beitrag wiederholt nicht eingezogen werden kann, sind wir berechtigt, künftig die Zahlung außerhalb des Lastschriftverfahrens zu verlangen.

(4) Die Übermittlung Ihrer Beiträge erfolgt auf Ihre Gefahr und Ihre Kosten.

(5) Für eine Stundung der Beiträge ist eine schriftliche Vereinbarung mit uns erforderlich.

(6) Bei Fälligkeit einer Versicherungsleistung werden wir etwaige Beitragsrückstände verrechnen.

Bemerkung

Bei Tarifen, bei denen die Versicherungsperiode nicht mit dem Beitragszahlungsabschnitt (unechte unterjährige Beiträge) übereinstimmt, lautet § 5 wie folgt:

„Was haben Sie bei der Beitragszahlung zu beachten?

(1) Die Beiträge zu Ihrer Rentenversicherung können Sie je nach Vereinbarung in einem einzigen Betrag (Einmalbeitrag) oder durch jährliche Beitragszahlungen (Jahresbeiträge) entrichten. Die Jahresbeiträge werden zu Beginn eines jeden Versicherungsjahres fällig.

(2) Nach Vereinbarung können Sie Jahresbeiträge auch in halbjährlichen, vierteljährlichen oder monatlichen Raten zahlen; hierfür werden Ratenzuschläge erhoben.

(3) Der erste oder einmalige Beitrag (Einlösungsbeitrag) ist unverzüglich nach Abschluss des Vertrages zu zahlen, jedoch nicht vor dem mit Ihnen vereinbarten, im Versicherungsschein angegebenen Versicherungsbeginn. Alle weiteren Beiträge sind jeweils zum vereinbarten Fälligkeitstag an uns zu zahlen.

(4) Für die Rechtzeitigkeit der Beitragszahlung genügt es, wenn Sie fristgerecht alles getan haben, damit der Beitrag bei uns eingeht. Ist die Einziehung des Beitrags von einem Konto vereinbart, gilt die Zahlung als rechtzeitig, wenn der Beitrag zu dem in Absatz 3 genannten Termin eingezogen werden kann und Sie einer berechtigten Einziehung nicht widersprechen. Konnte der fällige Beitrag ohne Ihr Verschulden von uns nicht eingezogen werden, ist die Zahlung auch dann noch rechtzeitig, wenn sie unverzüglich nach unserer schriftlichen Zahlungsaufforderung erfolgt. Haben Sie zu vertreten, dass der Beitrag wiederholt nicht eingezogen werden kann, sind wir berechtigt, künftig die Zahlung außerhalb des Lastschriftverfahrens zu verlangen.

(5) Die Übermittlung Ihrer Beiträge erfolgt auf Ihre Gefahr und Ihre Kosten.

(6) Für eine Stundung der Beiträge ist eine schriftliche Vereinbarung mit uns erforderlich.

(7) Im Versicherungsfall werden wir alle noch nicht gezahlten Raten des laufenden Versicherungsjahres und etwaige Beitragsrückstände mit der Versicherungsleistung verrechnen."

§ 6 Was geschieht, wenn Sie einen Beitrag nicht rechtzeitig zahlen?

(1) Wenn Sie den Einlösungsbeitrag nicht rechtzeitig zahlen, können wir – solange die Zahlung nicht bewirkt ist – vom Vertrag zurücktreten. Dies gilt nicht, wenn uns nachgewiesen wird, dass Sie die nicht rechtzeitige Zahlung nicht zu vertreten haben. Bei einem Rücktritt können wir von Ihnen die Kosten der zur Gesundheitsprüfung durchgeführten ärztlichen Untersuchungen verlangen.

(2) Ist der Einlösungsbeitrag bei Eintritt des Versicherungsfalles noch nicht gezahlt, sind wir nicht zur Leistung verpflichtet, sofern wir Sie durch gesonderte Mitteilung in Textform oder durch einen auffälligen Hinweis im Versicherungsschein auf diese Rechtsfolge aufmerksam gemacht haben. Unsere Leistungspflicht besteht jedoch, wenn uns nachgewiesen wird, dass Sie die Nicht-Zahlung nicht zu vertreten haben.

(3) Wenn ein Folgebeitrag oder ein sonstiger Betrag, den Sie aus dem Versicherungsverhältnis schulden, nicht rechtzeitig gezahlt worden ist oder eingezogen werden konnte, erhalten Sie von uns auf Ihre Kosten eine Mahnung in Textform.

BasisRV 2008 19   Teil 6. Musterbedingungen des GDV 2008

Darin setzen wir Ihnen eine Zahlungsfrist von mindestens zwei Wochen. Begleichen Sie den Rückstand nicht innerhalb der gesetzten Frist, entfällt oder vermindert sich Ihr Versicherungsschutz. Auf die Rechtsfolgen werden wir Sie in der Mahnung ausdrücklich hinweisen.

§ 7 Wann können Sie Ihre Versicherung kündigen oder beitragsfrei stellen?

Kündigung

(1) Sie können Ihre Versicherung vor dem vereinbarten Rentenbeginn jederzeit zum Schluss der Versicherungsperiode ganz oder teilweise schriftlich kündigen.

(2) Kündigen Sie Ihre Versicherung nur teilweise, ist diese Kündigung unwirksam, wenn die verbleibende beitragspflichtige Rente unter einen Mindestbetrag von ...[51] sinkt. Wenn Sie in diesem Falle Ihre Versicherung beenden wollen, müssen Sie diese also ganz kündigen.

Bemerkung

Die jeweilig vereinbarte Rentenzahlungsperiode muss bei Absatz 2 berücksichtigt werden.

(3) Bei Kündigung (Voll- oder Teilkündigung gemäß Absatz 1 bzw. 2) wandelt sich die Versicherung ganz oder teilweise in eine beitragsfreie Versicherung mit herabgesetzter Rente. Für die Bemessung der herabgesetzten beitragsfreien Rente gilt Absatz 5. Ein Anspruch auf einen Rückkaufswert besteht nicht.

(4) Die Kündigung Ihrer Versicherung ist mit Nachteilen verbunden. In der Anfangszeit Ihrer Versicherung sind wegen der Verrechnung von Abschluss- und Vertriebskosten (vgl. § 8) nur geringe Beiträge zur Bildung einer beitragsfreien Rente vorhanden. Auch in den Folgejahren stehen nicht unbedingt Mittel im Umfang der eingezahlten Beiträge für die Bildung einer beitragsfreien Rente zur Verfügung. Nähere Informationen zur beitragsfreien Rente und ihrer Höhe können Sie der beigefügten Tabelle entnehmen.

Umwandlung in eine beitragsfreie Versicherung anstelle einer Kündigung

(5) Anstelle einer Kündigung nach Absatz 1 können Sie zu dem dort genannten Termin schriftlich verlangen, ganz oder teilweise von der Beitragszahlungspflicht befreit zu werden. In diesem Fall setzen wir die versicherte Rente ganz oder teilweise auf eine beitragsfreie Rente herab, die nach anerkannten Regeln der Versicherungsmathematik mit den Rechnungsgrundlagen der Prämienkalkulation für den Schluss der laufenden Versicherungsperiode berechnet wird. Mindestens legen wir der Berechnung der beitragsfreien Rente den Betrag des Deckungskapitals zugrunde, das sich bei gleichmäßiger Verteilung der unter Beachtung der aufsichtsrechtlichen Höchstzillmersätze (vgl. § 8 Abs. 2 Satz 3) angesetzten Abschluss- und Vertriebskosten auf die ersten fünf Vertragsjahre ergibt. Der aus Ihrer Versicherung für die Bildung der beitragsfreien Rente zur Verfügung stehende Betrag mindert sich um einen Abzug in Höhe von ... sowie um rückständige Beiträge.[52] Mit dem Abzug wird die Veränderung der Risikolage der verbleibenden Versicherungsbestandes[53] ausgeglichen; zudem wird damit ein Ausgleich für kollektiv gestelltes Risikokapital vorgenommen.[54] Weitere Erläuterungen sowie versicherungsmathematische Hinweise zum Abzug finden Sie im Anhang zu den Versicherungsbedingungen. Sofern Sie uns nachweisen, dass die dem Abzug zugrunde liegenden Annahmen in Ihrem Fall entweder dem Grunde nach nicht

---

[51] Unternehmensindividuell zu ergänzen.

[52] Soweit bei Beitragsfreistellung ein Wechsel der Tarifform erfolgt, ist § 7 Abs. 3 entsprechend zu ergänzen.

[53] Ggf. unternehmensindividuell anpassen, wenn im Bedingungswerk eine andere Diktion veranlasst ist.

[54] Ggf. unternehmensindividuell anpassen, wenn auch aus anderen Gründen oder nur in eingeschränktem Umfang, also nicht aus allen oben genannten Gründen, ein Abzug erfolgen soll.

zutreffen oder der Abzug wesentlich niedriger zu beziffern ist, entfällt der Abzug bzw. wird – im letzteren Falle – entsprechend herabgesetzt.

(6) Die Beitragsfreistellung Ihrer Versicherung ist mit Nachteilen verbunden. In der Anfangszeit Ihrer Versicherung sind wegen der Verrechnung von Abschluss- und Vertriebskosten (vgl. § 8) nur geringe Beträge zur Bildung einer beitragsfreien Rente vorhanden. Auch in den Folgejahren stehen nicht unbedingt Mittel in Höhe der eingezahlten Beiträge für die Bildung einer beitragsfreien Rente zur Verfügung. Nähere Informationen zur beitragsfreien Rente und ihrer Höhe können Sie der beigefügten Tabelle entnehmen.

Beitragsrückzahlung

(7) Die Rückzahlung der Beiträge können Sie nicht verlangen.

Bemerkung

Bei Tarifen, bei denen die Versicherungsperiode nicht mit dem Beitragszahlungsabschnitt (unechte unterjährige Beiträge) übereinstimmt, lautet § 7 wie folgt:

„Wann können Sie Ihre Versicherung kündigen oder beitragsfrei stellen?

Kündigung

(1) Sie können Ihre Versicherung vor dem vereinbarten Rentenbeginn ganz oder teilweise schriftlich kündigen
– jederzeit zum Schluss des laufenden Versicherungsjahres
– bei Vereinbarung von Ratenzahlungen auch innerhalb des Versicherungsjahres mit Frist von einem Monat zum Schluss eines jeden Ratenzahlungsabschnitts, frühestens jedoch zum Schluss des ersten Versicherungsjahres.

(2) Kündigen Sie Ihre Versicherung nur teilweise, so ist diese Kündigung unwirksam, wenn die verbleibende beitragspflichtige Rente unter einen Mindestbetrag von ...[55] sinkt. Wenn Sie in diesem Falle Ihre Versicherung beenden wollen, müssen Sie diese also ganz kündigen. Ein Anspruch auf einen Rückkaufswert besteht nicht.

(3) Bei Kündigung (Voll- oder Teilkündigung gemäß Absatz 1 bzw. 2) wandelt sich die Versicherung ganz oder teilweise in eine beitragsfreie Versicherung mit herabgesetzter Rente um. Für die Bemessung der herabgesetzten beitragsfreien Rente gilt Absatz 5. Ein Anspruch auf einen Rückkaufswert besteht nicht.

(4) Die Kündigung Ihrer Versicherung ist mit Nachteilen verbunden. In der Anfangszeit Ihrer Versicherung sind wegen der Verrechnung von Abschluss- und Vertriebskosten (vgl. § 8) nur geringe Beträge zur Bildung einer beitragsfreien Rente vorhanden. Auch in den Folgejahren stehen nicht unbedingt Mittel in Höhe der eingezahlten Beiträge für die Bildung einer beitragsfreien Rente zur Verfügung. Nähere Informationen zur beitragsfreien Rente und ihrer Höhe können Sie der beigefügten Tabelle entnehmen.

Bemerkung

Die jeweilig vereinbarte Rentenzahlungsperiode muss bei Absatz 2 berücksichtigt werden.

Umwandlung in eine beitragsfreie Versicherung

(5) Anstelle einer Kündigung nach Absatz 1 können Sie unter Beachtung der dort genannten Termine und Fristen schriftlich verlangen, ganz oder teilweise von der Beitragszahlungspflicht befreit zu werden. In diesem Fall setzen wir die versicherte Rente ganz oder teilweise auf eine beitragsfreie Rente herab, die nach anerkannten Regeln der Versicherungsmathematik mit den Rechnungsgrundlagen der Prämienkalkulation für den Schluss des laufenden Ratenzahlungsabschnitts berechnet wird. Mindestens legen wir der Berechnung der beitragsfreien Rente den Betrag des Deckungskapitals zugrunde, das sich bei gleichmäßiger Verteilung der sich unter Beachtung der aufsichtsrechtlichen Höchstzillmersätze (vgl. § 8 Abs. 2 Satz 3) angesetzten Abschluss- und Vertriebskosten auf die ersten fünf Vertragsjahre ergibt. Der aus Ihrer Versicherung für die Bildung der beitragsfreien Rente zur Verfügung stehende Betrag mindert sich um einen Abzug in Höhe von ... sowie um rückständige Beiträge.[56] Mit dem Abzug wird

---

[55] Unternehmensindividuell ergänzen.
[56] Soweit bei Beitragsfreistellung ein Wechsel der Tarifform erfolgt, ist § 7 Abs. 3 entsprechend zu ergänzen.

die Veränderung der Risikolage des verbleibenden Versichertenbestandes[57] ausgeglichen; zudem wird damit ein Ausgleich für kollektiv gestelltes Risikokapital vorgenommen.[58] Weitere Erläuterungen sowie versicherungsmathematische Hinweise zum Abzug finden Sie im Anhang zu den Versicherungsbedingungen. Sofern Sie uns nachweisen, dass die dem Abzug zugrunde liegenden Annahmen in Ihrem Fall entweder dem Grunde nach nicht zutreffen oder der Abzug wesentlich niedriger zu beziffern ist, entfällt der Abzug bzw. wird – im letzteren Falle – entsprechend herabgesetzt.

(6) Die Beitragsfreistellung Ihrer Versicherung ist mit Nachteilen verbunden. In der Anfangszeit Ihrer Versicherung sind wegen der Verrechnung von Abschluss- und Vertriebskosten (vgl. § 8) nur geringe Beträge zur Bildung einer beitragsfreien Rente vorhanden. Auch in den Folgejahren stehen nicht unbedingt Mittel in Höhe der eingezahlten Beiträge für die Bildung einer beitragsfreien Rente zur Verfügung. Nähere Informationen zur beitragsfreien Rente und ihrer Höhe können Sie der beigefügten Tabelle entnehmen.

Beitragsrückzahlung

(7) Die Rückzahlung der Beiträge können Sie nicht verlangen."

§ 8 Wie werden die Abschluss- und Vertriebskosten verrechnet?[59]

(1) **Durch den Abschluss von Versicherungsverträgen entstehen Kosten. Diese sog. Abschluss- und Vertriebskosten (§ 43 Abs. 2 der Verordnung über die Rechnungslegung von Versicherungsunternehmen) sind bereits pauschal bei der Tarifkalkulation berücksichtigt und werden daher nicht gesondert in Rechnung gestellt.**

(2) **Für Ihren Versicherungsvertrag ist das Verrechnungsverfahren nach § 4 der Deckungsrückstellungsverordnung maßgebend. Hierbei werden die ersten Beiträge zur Tilgung eines Teils der Abschluss- und Vertriebskosten herangezogen, soweit die Beiträge nicht für Leistungen im Versicherungsfall, Kosten des Versicherungsbetriebs in der jeweiligen Versicherungsperiode und für die Bildung einer Deckungsrückstellung aufgrund von § 25 Abs. 2 RechVersV i.V.m. § 169 Abs. 3 VVG bestimmt sind. Der auf diese Weise zu tilgende Betrag ist nach der Deckungsrückstellungsverordnung auf 4% der von Ihnen während der Laufzeit des Vertrages zu zahlenden Beiträge beschränkt.**

(3) **Die restlichen Abschluss- und Vertriebskosten werden während der vertraglich vereinbarten Beitragszahlungsdauer aus den laufenden Beiträgen getilgt.**

(4) **Die beschriebene Kostenverrechnung hat wirtschaftlich zur Folge, dass in der Anfangszeit Ihrer Versicherung nur geringe Beträge zur Bildung der beitragsfreien Rente vorhanden sind, mindestens jedoch die in § 7 genannten Beträge. Nähere Informationen können Sie der beigefügten Tabelle entnehmen.**

§ 9 Was ist zu beachten, wenn eine Versicherungsleistung verlangt wird?

(1) **Leistungen aus dem Versicherungsvertrag erbringen wir gegen Vorlage des Versicherungsscheins und eines amtlichen Zeugnisses über den Tag Ihrer Geburt.**

(2) **Wir können vor jeder Rentenzahlung auf unsere Kosten ein amtliches Zeugnis darüber verlangen, dass Sie noch leben.**

(3) **Ihr Tod ist uns in jedem Fall unverzüglich anzuzeigen. Außer dem Versicherungsschein ist uns eine amtliche, Alter und Geburtsort enthaltende Sterbeurkunde einzureichen.**

---

[57] Ggf. unternehmensindividuell anpassen, wenn im Bedingungswerk eine andere Diktion veranlasst ist.

[58] Ggf. unternehmensindividuell anpassen, wenn auch aus anderen Gründen oder nur in eingeschränktem Umfang, also nicht aus allen oben genannten Gründen, ein Abzug erfolgen soll.

[59] Diese Bestimmung ist nur bei der Verwendung des Zillmerverfahrens aufzunehmen.

(4) Die Renten überweisen wir Ihnen auf Ihre Kosten. Bei Überweisungen in Länder außerhalb des Europäischen Wirtschaftsraumes tragen Sie auch die damit verbundene Gefahr.

§ 10 Wer erhält die Versicherungsleistung?

(1) Die Leistung aus dem Versicherungsvertrag erbringen wir an Sie als unseren Versicherungsnehmer.

(2) Die Ansprüche aus dieser Versicherung sind nicht vererblich, nicht übertragbar, nicht beleihbar, nicht veräußerbar und nicht kapitalisierbar. Sie können sie daher nicht abtreten oder verpfänden und auch keinen Bezugsberechtigten benennen. Auch die Übertragung der Versicherungsnehmereigenschaft ist ausgeschlossen. Eine nachträgliche Änderung dieser Verfügungsbeschränkungen ist ebenfalls ausgeschlossen.

§ 11 Was gilt bei Änderung Ihrer Postanschrift und Ihres Namens?

(1) Eine Änderung Ihrer Postanschrift müssen Sie uns unverzüglich mitteilen. Anderenfalls können für Sie Nachteile entstehen, da wir eine an Sie zu richtende Willenserklärung mit eingeschriebenem Brief an Ihre uns zuletzt bekannte Anschrift senden können. In diesem Fall gilt unsere Erklärung drei Tage nach Absendung des eingeschriebenen Briefes als zugegangen.

(2) Bei Änderung Ihres Namens gilt Absatz 1 entsprechend.

§ 12 Welche Kosten stellen wir Ihnen gesondert in Rechnung?

(1) Falls aus besonderen, von Ihnen veranlassten Gründen ein zusätzlicher Verwaltungsaufwand verursacht wird, können wir die in solchen Fällen durchschnittlich entstehenden Kosten als pauschalen Abgeltungsbetrag gesondert in Rechnung stellen.
Dies gilt bei
– Ausstellung eines neuen Versicherungsscheins,
– Fristsetzung in Textform bei Nichtzahlung von Folgebeiträgen,
– Rückläufern im Lastschriftverfahren,
– ....[60]

(2) Sofern Sie uns nachweisen, dass die dem pauschalen Abgeltungsbetrag zugrunde liegenden Annahmen in Ihrem Fall entweder dem Grunde nach nicht zutreffen oder der Höhe nach wesentlich niedriger zu beziffern sind, entfällt der Abgeltungsbetrag bzw. wird – im letzteren Falle – entsprechend herabgesetzt.

§ 13 Welches Recht findet auf Ihren Vertrag Anwendung?

Auf Ihren Vertrag findet das Recht der Bundesrepublik Deutschland Anwendung.

§ 14 Wo ist der Gerichtsstand?

(1) Für Klagen aus dem Versicherungsvertrag gegen uns bestimmt sich die gerichtliche Zuständigkeit nach unserem Sitz oder der für den Versicherungsvertrag zuständigen Niederlassung. Örtlich zuständig ist auch das Gericht, in dessen Bezirk Sie zur Zeit der Klageerhebung Ihren Wohnsitz oder, in Ermangelung eines solchen, Ihren gewöhnlichen Aufenthalt haben.

(2) Klagen aus dem Versicherungsvertrag gegen Sie müssen bei dem Gericht erhoben werden, das für Ihren Wohnsitz oder, in Ermangelung eines solchen, den Ort Ihres gewöhnlichen Aufenthalts zuständig ist.

---

[60] Unternehmensindividuell auszufüllen.

(3) Verlegen Sie Ihren Wohnsitz in einen Staat außerhalb der Europäischen Gemeinschaft, Islands, Norwegens oder der Schweiz, sind die Gerichte des Staates zuständig, in dem wir unseren Sitz haben.

2. Allgemeine Bedingungen für die Hinterbliebenenrenten-Zusatzversicherung zur Rentenversicherung/Basisversorgung (BasisHRZ 2008)[61]

Sehr geehrte Kundin, sehr geehrter Kunde,
als Versicherungsnehmer sind Sie unser Vertragspartner; für unser Vertragsverhältnis gelten die nachfolgenden Bedingungen.

Inhaltsverzeichnis

§ 1 Welche Leistungen erbringen wir?
§ 2 Was geschieht, wenn die mitversicherte Person stirbt?
§ 3 Was gilt bei Wehrdienst, Unruhen, Krieg oder Einsatz bzw. Freisetzen von ABC-Waffen/-Stoffen?
§ 4 Was gilt bei Selbsttötung der versicherten Person?
§ 5 Wie erfolgt die Überschussbeteiligung?
§ 6 Wie ist das Verhältnis zur Hauptversicherung?

§ 1 Welche Leistungen erbringen wir?

(1) Die Hinterbliebenenrenten-Zusatzversicherung ergänzt die als Hauptversicherung abgeschlossene Renten-Versicherung. Versicherte Person im Sinne dieser Bedingungen sind Sie als Versicherungsnehmer der Hauptversicherung. Mitversicherte Person ist der Ehepartner.[62]

(2) Die Hinterbliebenenrente zahlen wir, wenn die mitversicherte Person zum Zeitpunkt Ihres Todes noch lebt. Wir zahlen sie, solange die mitversicherte Person lebt.

(3) Die Hinterbliebenenrente zahlen wir zu den gleichen Terminen, die für die Zahlung der Rente aus der Hauptversicherung vereinbart waren, erstmals zu dem Termin, der Ihrem Tod folgt.

§ 2 Was geschieht, wenn die mitversicherte Person stirbt?

(1) Stirbt die mitversicherte Person vor Ihnen, erlischt die Zusatzversicherung. Eine Leistungspflicht aus der Zusatzversicherung entsteht in diesem Fall nicht.

(2) Der Anspruch auf Hinterbliebenenrente erlischt mit dem Tod der mitversicherten Person.

§ 3 Was gilt bei Wehrdienst, Unruhen, Krieg oder Einsatz bzw. Freisetzen von ABC-Waffen/-Stoffen?

(1) Grundsätzlich besteht unsere Leistungspflicht unabhängig davon, auf welcher Ursache der Versicherungsfall beruht. Wir gewähren Versicherungsschutz insbesondere auch dann, wenn Sie den Tod in Ausübung des Wehr- oder Polizeidienstes oder bei inneren Unruhen gefunden haben.

(2) Bei Ihrem Ableben in unmittelbarem oder mittelbarem Zusammenhang mit kriegerischen Ereignissen vermindert sich jedoch die Hinterbliebenenrente auf den Betrag, den wir aus dem für den Todestag berechneten Rückkaufswert Ihrer Zusatzversicherung erbringen können. Diese Einschränkung der Leistungspflicht entfällt, wenn Sie in unmittelbarem oder mittelbarem Zusammenhang mit kriegerischen

---

[61] Stand: 2. 5. 2008. GDV-Rundschreiben Nr. 0850/2008 v. 7. 5. 2008: Diese Bedingungen sind für die Versicherer unverbindlich; ihre Verwendung ist rein fakultativ. Abweichende Bedingungen können vereinbart werden. Anm. des Verfassers: In der BasisHRZ 2008 werden die Bestimmungen des VVG 2008 genannt.

[62] Im Falle der Scheidung entfällt die Absicherung des ehemaligen Ehegatten.

Ereignissen sterben, denen Sie während eines Aufenthaltes außerhalb der Bundesrepublik Deutschland ausgesetzt und an denen sie nicht aktiv beteiligt waren.

(3) Bei Ihrem Ableben in unmittelbarem oder mittelbarem Zusammenhang mit dem vorsätzlichen Einsatz von atomaren, biologischen oder chemischen Waffen oder dem vorsätzlichen Einsatz oder der vorsätzlichen Freisetzung von radioaktiven, biologischen oder chemischen Stoffen vermindert sich jedoch die Hinterbliebenenrente auf den Betrag, den wir aus dem für den Todestag berechneten Rückkaufswert Ihrer Zusatzversicherung erbringen können, sofern der Einsatz oder das Freisetzen darauf gerichtet sind, das Leben einer Vielzahl von Personen zu gefährden. Absatz 2 bleibt unberührt.

§ 4 Was gilt bei Selbsttötung der versicherten Person?

(1) Bei Selbsttötung leisten wir, wenn seit Zahlung des Einlösungsbeitrages oder seit Wiederherstellung der Versicherung drei Jahre vergangen sind.

(2) Bei Selbsttötung vor Ablauf der Dreijahresfrist besteht Versicherungsschutz nur dann, wenn uns nachgewiesen wird, dass die Tat in einem die freie Willensbestimmung ausschließenden Zustand krankhafter Störung der Geistestätigkeit begangen worden ist. Anderenfalls vermindert sich die Hinterbliebenenrente auf den Betrag, den wir aus dem für den Todestag berechneten Rückkaufswert Ihrer Zusatzversicherung (vgl. § 9 Abs. ...[63] der Bedingungen der Hauptversicherung) erbringen können.

§ 5 Wie erfolgt die Überschussbeteiligung?

Wir beteiligen Sie und die anderen Versicherungsnehmer gemäß § 153 des Versicherungsvertragsgesetzes (VVG) an den Überschüssen und ggf. an den Bewertungsreserven (Überschussbeteiligung). Die Überschüsse werden nach den Vorschriften des Handelsgesetzbuches ermittelt und jährlich im Rahmen unseres Jahresabschlusses festgestellt. Die Bewertungsreserven werden dabei im Anhang des Geschäftsberichtes ausgewiesen. Der Jahresabschluss wird von einem unabhängigen Wirtschaftsprüfer geprüft und ist unserer Aufsichtsbehörde einzureichen.

(1) Grundsätze und Maßstäbe für die Überschussbeteiligung der Versicherungsnehmer

(a) Überschüsse entstehen dann, wenn die Aufwendungen für das Langlebigkeitsrisiko und die Kosten niedriger sind, als bei der Tarifkalkulation angenommen. An diesen Überschüssen werden die Versicherungsnehmer angemessen beteiligt und zwar nach der derzeitigen Rechtslage am Risikoergebnis (Langlebigkeit) grundsätzlich zu mindestens 75% und am übrigen Ergebnis (einschließlich Kosten) grundsätzlich zu mindestens 50% (§ 4 Abs. 4 u. 5, § 5 Mindestzuführungsverordnung).

Weitere Überschüsse stammen – insbesondere nach dem Tod der versicherten Person – aus den Erträgen der Kapitalanlagen. Von den Nettoerträgen derjenigen Kapitalanlagen, die für künftige Versicherungsleistungen vorgesehen sind (§ 3 Mindestzuführungsverordnung), erhalten die Versicherungsnehmer insgesamt mindestens den in dieser Verordnung genannten Prozentsatz. In der derzeitigen Fassung der Verordnung sind grundsätzlich 90% vorgeschrieben (§ 4 Abs. 3, § 5 Mindestzuführungsverordnung). Aus diesem Betrag werden zunächst die Beträge finanziert, die für die garantierten Versicherungsleistungen benötigt werden. Die verbleibenden Mittel verwenden wir für die Überschussbeteiligung der Versicherungsnehmer.

Die verschiedenen Versicherungsarten tragen unterschiedlich zum Überschuss bei. Wir haben deshalb gleichartige Versicherungen zu Gruppen zusammengefasst. Gewinngruppen bilden wir beispielsweise, um das versicherte Risiko wie das Langlebigkeits- oder Berufsunfähigkeitsrisiko zu berücksichtigen.[64] Die Verteilung

---

[63] Unternehmensindividuell auszufüllen.
[64] Ggf. weitere unternehmensindividuelle Information über Gewinngruppen bzw. Untergruppen und deren Modalitäten; die Begriffe sind an die unternehmensindividuellen Gegebenheiten anzupassen.

des Überschusses für die Versicherungsnehmer auf die einzelnen Gruppen orientiert sich daran, in welchem Umfang sie zu seiner Entstehung beigetragen haben. Den Überschuss führen wir der Rückstellung für Beitragsrückerstattung zu, soweit er nicht in Form der sog. Direktgutschrift bereits unmittelbar den überschussberechtigten Versicherungen gutgeschrieben wird. Diese Rückstellung dient dazu, Ergebnisschwankungen im Zeitablauf zu glätten. Sie darf grundsätzlich nur für die Überschussbeteiligung der Versicherungsnehmer verwendet werden. Nur in Ausnahmefällen und mit Zustimmung der Aufsichtsbehörde können wir hiervon nach § 56 a des Versicherungsaufsichtsgesetzes (VAG) abweichen, soweit die Rückstellung nicht auf bereits festgelegte Überschussanteile entfällt. Nach der derzeitigen Fassung des § 56 a VAG können wir die Rückstellung, im Interesse der Versicherungsnehmer auch zur Abwendung eines drohenden Notstandes, zum Ausgleich unvorhersehbarer Verluste aus den überschussberechtigten Versicherungsverträgen, die auf allgemeine Änderungen der Verhältnisse zurückzuführen sind, oder – sofern die Rechnungsgrundlagen aufgrund einer unvorhersehbaren und nicht nur vorübergehenden Änderung der Verhältnisse angepasst werden müssen – zur Erhöhung der Deckungsrückstellung heranziehen.

(b) Bewertungsreserven entstehen, wenn der Marktwert der Kapitalanlagen über dem Wert liegt, mit dem die Kapitalanlagen in der Bilanz ausgewiesen sind. Die Beiträge einer Hinterbliebenen-Zusatzversicherung sind allerdings so kalkuliert, dass sie für die Deckung des Langlebigkeitsrisikos benötigt werden. Für die Bildung von Kapitalerträgen stehen deshalb bei der Hinterbliebenenrenten-Zusatzversicherung keine oder allenfalls geringfügige Beträge zur Verfügung. Daher entstehen keine oder nur geringe Bewertungsreserven. Soweit Bewertungsreserven überhaupt entstehen, werden diese jährlich neu ermittelt und den Verträgen nach dem in Absatz 2 beschriebenen Verfahren zugeordnet (§ 153 Abs. 3 VVG). Bei Beendigung der Ansparphase[65] der Hauptversicherung (durch Tod oder Erleben des vereinbarten Rentenbeginns) teilen wir den für diese Zeitpunkt aktuell ermittelten Betrag Ihrer Versicherung zur Hälfte zu. Auch während des Rentenbezuges werden wir Sie an den Bewertungsreserven beteiligen. Aufsichtsrechtliche Regelungen zur Kapitalausstattung bleiben unberührt.

(2) Grundsätze und Maßstäbe für die Überschussbeteiligung Ihres Vertrages
(a) Ihre Versicherung erhält Anteile an den Überschüssen derjenigen Gruppe, die in Ihrem Versicherungsschein genannt ist. Die Mittel für die Überschussanteile werden bei der Direktgutschrift zu Lasten des Ergebnisses des Geschäftsjahres finanziert, ansonsten der Rückstellung für Beitragsrückerstattung entnommen. Die Höhe der Überschussanteilsätze wird jedes Jahr vom Vorstand unseres Unternehmens auf Vorschlag des Verantwortlichen Aktuars festgelegt. Wir veröffentlichen die Überschussanteilsätze in unserem Geschäftsbericht. Den Geschäftsbericht können Sie bei uns jederzeit anfordern.
(b) ...[66]
(c) ...[67]

(3) Information über die Höhe der Überschussbeteiligung
Die Höhe der Überschussbeteiligung hängt von vielen Einflüssen ab. Diese sind nicht vorhersehbar und von uns nur begrenzt beeinflussbar. Wichtigster Einflussfaktor ist dabei die Zinsentwicklung des Kapitalmarkts. Aber auch die

---

[65] Ggf. unternehmensindividuellen früheren Zuteilungszeitpunkt verwenden.

[66] Hier sind folgende unternehmensindividuelle Angaben zu machen:
a) Voraussetzung für die Fälligkeit der Überschussanteile (Wartezeit, Stichtag für die Zuteilung u. ä.)
b) Form und Verwendung der Überschussanteile (laufende Überschussanteile, Schlussüberschussanteile, Bonus, Ansammlung, Verrechnung, Barauszahlung u. ä.)
c) Bemessungsgrößen für die Überschussanteile.

[67] Hier sind der Verteilungsmechanismus, d. h. die Schlüsselung der ermittelten, verteilungsfähigen Bewertungsreserven auf den einzelnen Vertrag und die Bewertungsstichtage anzugeben. Vgl. hierzu auch Gesamtgeschäftsplan für die Überschussbeteiligung, Abschnitte 3.11.1 bis 3.11.11.

Entwicklung des versicherten Risikos und der Kosten sind von Bedeutung. Die Höhe der künftigen Überschussbeteiligung kann also nicht garantiert werden.

§ 6 Wie ist das Verhältnis zur Hauptversicherung?

(1) Die Zusatzversicherung bildet mit der Hauptversicherung eine Einheit; sie kann ohne diese nicht fortgesetzt werden. Wenn der Versicherungsschutz aus der Hauptversicherung aus anderen Gründen als durch den Tod der versicherten Person endet, erlischt auch die Zusatzversicherung.

(2) Eine Zusatzversicherung, für die laufende Beiträge zu zahlen sind, können Sie vor Beginn der Altersrente für sich allein schriftlich kündigen. In diesem Fall setzen wir die versicherte Rente ganz oder teilweise auf eine beitragsfreie Rente herab, die nach den anerkannten Regeln der Versicherungsmathematik errechnet wird. Der aus Ihrer Zusatzversicherung zur Verfügung stehende Betrag mindert sich um einen als angemessen angesehenen Abzug in Höhe von ...[68] % sowie um rückständige Beiträge. Mit dem Abzug wird die Veränderung der Risikolage des verbleibenden Versichertenbestandes[69] ausgeglichen; zudem wird damit ein Ausgleich für kollektiv gestelltes Risikokapital vorgenommen.[70] Weitere Erläuterungen sowie versicherungsmathematische Hinweise zum Abzug finden Sie im Anhang zu den Versicherungsbedingungen. Sofern Sie uns nachweisen, dass die dem Abzug zugrunde liegenden Annahmen in Ihrem Fall entweder dem Grunde nach nicht zutreffen oder der Abzug wesentlich niedriger zu beziffern ist, entfällt der Abzug bzw. wird – im letzteren Falle – entsprechend herabgesetzt. Die beitragsfreie Rente erreicht jedoch mindestens einen bei Vertragsabschluss vereinbarten Garantiebetrag, dessen Höhe vom Zeitpunkt der Beitragsfreistellung des Vertrages abhängt. (Vgl. die im Versicherungsschein abgedruckte Übersicht.)

(3) Eine vollständige oder teilweise Befreiung von der Beitragszahlungspflicht ist allerdings nur möglich, wenn die beitragsfreie Rente nicht unter ...[71] und die beitragspflichtige Rente nicht unter ...[72] sinken. Anderenfalls erlischt die Versicherung.

(4) Wenn Sie die Hauptversicherung ganz oder teilweise in eine beitragsfreie Versicherung umwandeln, wandelt sich auch die Zusatzversicherung ganz oder teilweise in eine beitragsfreie Versicherung mit herabgesetzter Rente um. Die Absätze 2 und 3 gelten entsprechend.

(5) Soweit in diesen Bedingungen nichts anderes bestimmt ist, finden die Allgemeinen Bedingungen für die Hauptversicherung sinngemäß Anwendung.

3. Allgemeine Bedingungen für die Berufsunfähigkeits-Zusatzversicherung zur Basisrente (BasisBUZ 2008)[73]

Sehr geehrte Kundin, sehr geehrter Kunde,
als Versicherungsnehmer sind Sie unser Vertragspartner; für unser Vertragsverhältnis gelten die nachfolgenden Bedingungen.

---

[68] Unternehmensindividuell zu ergänzen.
[69] Ggf. unternehmensindividuell anpassen, wenn im Bedingungswerk eine andere Diktion veranlasst ist.
[70] Ggf. unternehmensindividuell anpassen, wenn auch aus anderen Gründen oder nur in eingeschränktem Umfang, also nicht aus allen o. g. Gründen, ein Abzug erfolgen soll.
[71] Unternehmensindividuell zu ergänzen.
[72] Unternehmensindividuell zu ergänzen.
[73] Stand: 9. 4. 2009. GDV-Rundschreiben Nr. 1560/2009 v. 18. 8. 2009: Diese Bedingungen sind für die Versicherer unverbindlich; ihre Verwendung ist rein fakultativ. Abweichende Bedingungen können vereinbart werden. Anm. des Verfassers: In den BasisBUZ 2008 werden die Bestimmungen des VVG 2008 genannt.

Inhaltsverzeichnis

§ 1 Welche Leistungen erbringen wir?
§ 2 Was ist Berufsunfähigkeit im Sinne dieser Bedingungen?
§ 3 In welchen Fällen ist der Versicherungsschutz ausgeschlossen?
§ 4 Welche Mitwirkungspflichten sind zu beachten, wenn Leistungen wegen Berufsunfähigkeit verlangt werden?
§ 5 Wann geben wir eine Erklärung über unsere Leistungspflicht ab?
§ 6 Was gilt für die Nachprüfung der Berufsunfähigkeit
§ 7 Was gilt bei einer Verletzung der Mitwirkungspflichten nach Eintritt der Berufsunfähigkeit?
§ 8 Wie erfolgt die Überschussbeteiligung?
§ 9 Wie ist das Verhältnis zur Hauptversicherung?

§ 1 Welche Leistungen erbringen wir?

(1) **Wird die versicherte Person während der Dauer dieser Zusatzversicherung zu mindestens ...%[74] berufsunfähig, erbringen wir folgende Versicherungsleistungen:**
a) Volle Befreiung von der Beitragszahlungspflicht für die Hauptversicherung und die eingeschlossenen Zusatzversicherungen;
b) Zahlung einer Berufsunfähigkeitsrente, wenn diese mitversichert ist. Die Rente zahlen wir entsprechend der vereinbarten Rentenzahlungsweise im Voraus, erstmals anteilig bis zum Ende der laufenden Rentenzahlungsperiode.
Bei einem geringeren Grad der Berufsunfähigkeit besteht kein Anspruch auf diese Versicherungsleistungen.

(2) **Wird die versicherte Person während der Dauer dieser Zusatzversicherung infolge Pflegebedürftigkeit (vgl. § 2 Abs. 5 bis 7) berufsunfähig und liegt der Grad der Berufsunfähigkeit unter ... %,[75] erbringen wir dennoch folgende Leistungen:**
a) Volle Befreiung von der Beitragszahlungspflicht für die Hauptversicherung und die eingeschlossenen Zusatzversicherungen;
b) Zahlung einer Berufsunfähigkeitsrente, wenn diese mitversichert ist
– in Höhe von ...%[76] bei Pflegestufe III
– in Höhe von ...%[77] bei Pflegestufe II
– in Höhe von ...%[78] bei Pflegestufe I.
Für die Zahlungsmodalitäten gilt Absatz 1 b entsprechend.

(3) **Der Anspruch auf Beitragsbefreiung und Rente entsteht mit Ablauf des Monats, in dem die Berufsunfähigkeit eingetreten ist. Wird uns die Berufsunfähigkeit später als drei Monate nach ihrem Eintritt schriftlich mitgeteilt, entsteht der Anspruch auf die Versicherungsleistung erst mit Beginn des Monates der Mitteilung. Der Anspruch auf eine Erhöhung der Berufsunfähigkeitsrente wegen einer höheren Pflegestufe entsteht ebenfalls frühestens mit Beginn des Monats, in dem uns die Erhöhung der Pflegestufe mitgeteilt wird (vgl. § 4).**

(4) **Der Anspruch auf Beitragsbefreiung und Rente erlischt, wenn der Grad der Berufsunfähigkeit unter ... %[79] sinkt, bei Berufsunfähigkeit infolge Pflegebedürftigkeit spätestens, wenn die Pflegebedürftigkeit unter das Ausmaß der Pflegestufe I sinkt, wenn die versicherte Person stirbt oder bei Ablauf der vertraglichen Leistungsdauer.**

(5) **Bis zur Entscheidung über die Leistungspflicht müssen Sie die Beiträge in voller Höhe weiter entrichten; wir werden diese jedoch bei Anerkennung der Leistungspflicht zurückzahlen.**

---

[74] Unternehmensindividuell ergänzen.
[75] Unternehmensindividuell ergänzen.
[76] Unternehmensindividuell ergänzen.
[77] Unternehmensindividuell ergänzen.
[78] Unternehmensindividuell ergänzen.
[79] Unternehmensindividuell ergänzen.

(6) Außer den im Versicherungsschein ausgewiesenen garantierten Leistungen erhalten Sie weitere Leistungen aus der Überschussbeteiligung (siehe § 8).

§ 2 Was ist Berufsunfähigkeit im Sinne dieser Bedingungen?

(1) Vollständige Berufsunfähigkeit liegt vor, wenn die versicherte Person infolge Krankheit, Körperverletzung oder mehr als altersentsprechendem Kräfteverfalls, die ärztlich nachzuweisen sind, voraussichtlich auf Dauer [alternativ: mindestens ...[80] Monate/Jahre] ihren zuletzt ausgeübten Beruf, so wie er ohne gesundheitliche Beeinträchtigung ausgestaltet war, nicht mehr ausüben kann und außerstande ist, eine andere Tätigkeit auszuüben, zu der sie aufgrund ihrer Ausbildung und Fähigkeiten in der Lage ist und die ihrer bisherigen Lebensstellung entspricht.

(2) Teilweise Berufsunfähigkeit liegt vor, wenn die in Absatz 1 genannten Voraussetzungen nur in einem bestimmten Grad voraussichtlich dauernd erfüllt sind.

(3) Ist die versicherte Person ...[81] Monate ununterbrochen infolge Krankheit, Körperverletzung oder mehr als altersentsprechendem Kräfteverfalls, die ärztlich nachzuweisen sind, vollständig oder teilweise außerstande gewesen, ihren zuletzt ausgeübten Beruf, so wie er ohne gesundheitliche Beeinträchtigung ausgestaltet war, oder eine andere Tätigkeit auszuüben, zu der sie aufgrund ihrer Ausbildung und Fähigkeiten in der Lage ist und die ihrer bisherigen Lebensstellung entspricht, gilt die Fortdauer dieses Zustands als vollständige oder teilweise Berufsunfähigkeit.

1. Bemerkung

Für den Fall, dass bei entsprechender Tarifierung auf die abstrakte Verweisung verzichtet wird, lauten die Absätze 1 und 3 wie folgt:

(1) Vollständige Berufsunfähigkeit liegt vor, wenn die versicherte Person infolge Krankheit, Körperverletzung oder mehr als altersentsprechenden Kräfteverfalls, die ärztlich nachzuweisen sind, voraussichtlich auf Dauer [alternativ: mindestens ...[82] Monate/Jahre] ihren zuletzt ausgeübten Beruf, so wie er ohne gesundheitliche Beeinträchtigung ausgestaltet war, nicht mehr ausüben kann und auch keine andere Tätigkeit ausübt, die ihrer bisherigen Lebensstellung entspricht.

(3) Ist die versicherte Person ...[83] Monate ununterbrochen in Folge Krankheit, Körperverletzung oder mehr als altersentsprechenden Kräfteverfalls, die ärztlich nachzuweisen sind, vollständig oder teilweise außerstande gewesen, ihren zuletzt ausgeübten Beruf, so wie er ohne gesundheitliche Beeinträchtigung ausgestaltet war, auszuüben und hat sie in dieser Zeit auch keine andere Tätigkeit ausgeübt, die ihrer bisherigen Lebensstellung entspricht, gilt die Fortdauer dieses Zustandes als vollständige oder teilweise Berufsunfähigkeit.

2. Bemerkung

Wenn abweichend von Abs. 3 rückwirkend von einem früheren Zeitpunkt an geleistet werden soll, sind die Bedingungen entsprechend zu ändern bzw. zu ergänzen.

(4) Scheidet die versicherte Person aus dem Berufsleben aus und werden später Leistungen wegen Berufsunfähigkeit beantragt, kommt es bei der Anwendung der Absätze 1 bis 3 darauf an, dass die versicherte Person außerstande ist, eine Tätigkeit auszuüben, zu der sie aufgrund ihrer Ausbildung und Fähigkeiten in der Lage ist und die ihrer bisherigen Lebensstellung entspricht.

(5) Ist die versicherte Person ...[84] Monate ununterbrochen pflegebedürftig mindestens im Rahmen der Pflegestufe I gewesen und deswegen täglich gepflegt

---

[80] Unternehmensindividuell ergänzen.
[81] Unternehmensindividuell ergänzen.
[82] Unternehmensindividuell ergänzen.
[83] Unternehmensindividuell ergänzen.
[84] Unternehmensindividuell ergänzen.

worden, gilt die Fortdauer dieses Zustandes als vollständige oder teilweise Berufsunfähigkeit.

(6) Pflegebedürftigkeit liegt vor, wenn die versicherte Person infolge Krankheit, Körperverletzung oder mehr als altersentsprechenden Kräfteverfalls so hilflos ist, dass sie für die in Absatz 7 genannten gewöhnlichen und regelmäßig wiederkehrenden Verrichtungen im Ablauf des täglichen Lebens in erheblichem Umfang täglich der Hilfe einer anderen Person bedarf. Die Pflegebedürftigkeit ist ärztlich nachzuweisen.

(7) Bewertungsmaßstab für die Einstufung des Pflegefalls ist die Art und der Umfang der erforderlichen täglichen Hilfe durch eine andere Person. Bei der Bewertung wird die nachstehende Punktetabelle zugrunde gelegt:
Die versicherte Person benötigt Hilfe beim

Fortbewegen im Zimmer   1 Punkt
Hilfebedarf liegt vor, wenn die versicherte Person – auch bei Inanspruchnahme einer Gehhilfe oder eines Rollstuhls – die Unterstützung einer anderen Person für die Fortbewegung benötigt.

Aufstehen und Zubettgehen   1 Punkt
Hilfebedarf liegt vor, wenn die versicherte Person nur mit Hilfe einer anderen Person das Bett verlassen oder in das Bett gelangen kann.

An- und Auskleiden   1 Punkt
Hilfebedarf liegt vor, wenn die versicherte Person – auch bei Benutzung krankengerechter Kleidung – sich nicht ohne Hilfe einer anderen Person an- oder auskleiden kann.

Einnehmen von Mahlzeiten und Getränken   1 Punkt
Hilfebedarf liegt vor, wenn die versicherte Person – auch bei Benutzung krankengerechter Essbestecke und Trinkgefäße – nicht ohne Hilfe einer anderen Person essen oder trinken kann.

Waschen, Kämmen oder Rasieren   1 Punkt
Hilfebedarf liegt vor, wenn die versicherte Person von einer anderen Person gewaschen, gekämmt oder rasiert werden muss, da sie selbst nicht mehr fähig ist, die dafür erforderlichen Körperbewegungen auszuführen.

Verrichten der Notdurft   1 Punkt
Hilfebedarf liegt vor, wenn die versicherte Person die Unterstützung einer anderen Person benötigt, weil sie
– sich nach dem Stuhlgang nicht allein säubern kann,
– ihre Notdurft nur unter Zuhilfenahme einer Bettschüssel verrichten kann oder weil
– der Darm bzw. die Blase nur mit fremder Hilfe entleert werden kann.
Besteht allein eine Inkontinenz des Darms bzw. der Blase, die durch die Verwendung von Windeln oder speziellen Einlagen ausgeglichen werden kann, liegt hinsichtlich der Verrichtung der Notdurft keine Pflegebedürftigkeit vor.

(8) Der Pflegefall wird nach der Anzahl der Punkte eingestuft. Wir leisten
aus der Pflegestufe I: bei ... Punkten[85]
aus der Pflegestufe II: bei ... Punkten[86]

Unabhängig von der Bewertung aufgrund der Punktetabelle liegt die Pflegestufe II vor, wenn die versicherte Person wegen einer seelischen Erkrankung oder geistigen Behinderung sich oder andere gefährdet und deshalb täglicher Beaufsichtigung bedarf;
aus der Pflegestufe III: bei ... Punkten[87]

Unabhängig von der Bewertung aufgrund der Punktetabelle liegt die Pflegestufe III vor, wenn die versicherte Person dauernd bettlägerig ist und nicht ohne Hilfe einer anderen Person aufstehen kann oder wenn die versicherte Person der Bewahrung bedarf.

---

[85] Unternehmensindividuell ergänzen.
[86] Unternehmensindividuell ergänzen.
[87] Unternehmensindividuell ergänzen.

Bewahrung liegt vor, wenn die versicherte Person wegen einer seelischen Erkrankung oder geistigen Behinderung sich oder andere in hohem Maße gefährdet und deshalb nicht ohne ständige Beaufsichtigung bei Tag und Nacht versorgt werden kann.

(9) Vorübergehende akute Erkrankungen führen zu keiner höheren Einstufung. Vorübergehende Besserungen bleiben ebenfalls unberücksichtigt. Eine Erkrankung oder Besserung gilt dann nicht als vorübergehend, wenn sie nach ...[88] Monaten noch anhält.

§ 3 In welchen Fällen ist der Versicherungsschutz ausgeschlossen?

Grundsätzlich besteht unsere Leistungspflicht unabhängig davon, wie es zu der Berufsunfähigkeit gekommen ist. Wir leisten jedoch nicht, wenn die Berufsunfähigkeit verursacht ist:

a) durch vorsätzliche Ausführung oder den Versuch einer Straftat durch die versicherte Person;
b) unmittelbar oder mittelbar durch Kriegsereignisse oder innere Unruhen, sofern die versicherte Person auf Seiten der Unruhestifter teilgenommen hat;
c) durch Unfälle der versicherten Person
 – als Luftfahrzeugführer (auch Luftsportgeräteführer), soweit dieser nach deutschem Recht dafür eine Erlaubnis benötigt, sowie als sonstiges Besatzungsmitglied eines Luftfahrzeuges;
 – bei einer mit Hilfe eines Luftfahrzeuges auszuübenden beruflichen Tätigkeit;
 – bei der Benutzung von Raumfahrzeugen;
d) durch Beteiligung an Fahrtveranstaltungen mit Kraftfahrzeugen, bei denen es auf die Erzielung einer Höchstgeschwindigkeit ankommt, und den dazugehörigen Übungsfahrten;
e) durch energiereiche Strahlen mit einer Härte von mindestens 100 Elektronen-Volt, durch Neutronen jeder Energie, durch Laser- oder Maser-Strahlen und durch künstlich erzeugte ultraviolette Strahlen. Soweit die versicherte Person als Arzt oder medizinisches Hilfspersonal diesem Risiko ausgesetzt ist, oder wenn eine Bestrahlung für Heilzwecke durch einen Arzt oder unter ärztlicher Aufsicht erfolgt, werden wir leisten;
f) durch absichtliche Herbeiführung von Krankheit oder mehr als altersentsprechendem Kräfteverfall, absichtliche Selbstverletzung oder versuchte Selbsttötung. Wenn uns jedoch nachgewiesen wird, dass diese Handlungen in einem die freie Willensbestimmung ausschließenden Zustand krankhafter Störung der Geistestätigkeit begangen worden sind, werden wir leisten;
g) durch eine widerrechtliche Handlung, mit der Sie als Versicherungsnehmer vorsätzlich die Berufsunfähigkeit der versicherten Person herbeigeführt haben;
h) unmittelbar oder mittelbar durch den vorsätzlichen Einsatz von atomaren, biologischen oder chemischen Waffen oder den vorsätzlichen Einsatz oder die vorsätzliche Freisetzung von radioaktiven, biologischen oder chemischen Stoffen, sofern der Einsatz oder das Freisetzen darauf gerichtet sind, das Leben oder die Gesundheit einer Vielzahl von Personen zu gefährden.

§ 4 Welche Mitwirkungspflichten sind zu beachten, wenn Leistungen wegen Berufsunfähigkeit verlangt werden?

(1) Werden Leistungen aus dieser Zusatzversicherung verlangt, sind uns unverzüglich auf Kosten des Anspruchserhebenden folgende Unterlagen einzureichen:
a) ein amtliches Zeugnis über den Tag der Geburt der versicherten Person;
b) eine Darstellung der Ursache für den Eintritt der Berufsunfähigkeit;
c) ausführliche Berichte der Ärzte, die die versicherte Person gegenwärtig behandeln, bzw. behandelt oder untersucht haben, über Ursache, Beginn, Art,

---

[88] Unternehmensindividuell ergänzen.

Verlauf und voraussichtliche Dauer des Leidens sowie über den Grad der Berufsunfähigkeit oder über die Pflegestufe;
d) Unterlagen über den Beruf der versicherten Person, deren Stellung und Tätigkeit im Zeitpunkt des Eintritts der Berufsunfähigkeit sowie über die eingetretenen Veränderungen.
e) bei Berufsunfähigkeit infolge Pflegebedürftigkeit zusätzlich eine Bescheinigung der Person oder der Einrichtung, die mit der Pflege betraut ist, über Art und Umfang der Pflege.

(2) Wir können außerdem – dann allerdings auf unsere Kosten – weitere ärztliche Untersuchungen durch von uns beauftragte Ärzte sowie notwendige Nachweise – auch über die wirtschaftlichen Verhältnisse und ihre Veränderungen – verlangen, insbesondere zusätzliche Auskünfte und Aufklärungen.

(3) Wird eine Erhöhung der Berufsunfähigkeitsrente wegen einer höheren Pflegestufe verlangt, so gelten die Absätze 1 und 2 sinngemäß.

§ 5 Wann geben wir eine Erklärung über unsere Leistungspflicht ab?

(1) Nach Prüfung der uns eingereichten sowie der von uns beigezogenen Unterlagen erklären wir in Textform, ob, in welchem Umfang und für welchen Zeitraum wir eine Leistungspflicht anerkennen.

(2) Wir können einmalig ein zeitlich begrenztes Anerkenntnis unter einstweiliger Zurückstellung der Frage aussprechen, ob die versicherte Person eine andere Tätigkeit im Sinne von § 2 ausüben kann.[89] Bis zum Ablauf der Frist ist das zeitlich begrenzte Anerkenntnis für uns bindend.

§ 6 Was gilt für die Nachprüfung der Berufsunfähigkeit?

(1) Nach Anerkennung oder Feststellung unserer Leistungspflicht sind wir berechtigt, das Fortbestehen der Berufsunfähigkeit und ihren Grad oder die Pflegestufe nachzuprüfen. Dabei können wir erneut prüfen, ob die versicherte Person eine andere Tätigkeit im Sinne von § 2 ausüben kann,[90] wobei neu erworbene berufliche Fähigkeiten zu berücksichtigen sind.

(2) Zur Nachprüfung können wir auf unsere Kosten jederzeit sachdienliche Auskünfte und einmal jährlich umfassende Untersuchungen der versicherten Person durch von uns zu beauftragende Ärzte verlangen. Die Bestimmungen des § 4 Absätze 2 und 3 gelten entsprechend.

(3) Eine Minderung der Berufsunfähigkeit oder der Pflegebedürftigkeit und die Wiederaufnahme bzw. Änderung der beruflichen Tätigkeit müssen Sie uns unverzüglich mitteilen.

(4) Ist die Berufsunfähigkeit weggefallen oder hat sich ihr Grad auf weniger als ...%[91] gemindert, werden wir von der Leistung frei. In diesem Fall legen wir Ihnen die Veränderung in Textform dar und teilen die Einstellung unserer Leistungen dem Anspruchsberechtigten in Textform mit. Die Einstellung unserer Leistungen wird mit dem Ablauf des dritten Monats nach Zugang unserer Erklärung bei Ihnen wirksam. Zu diesem Zeitpunkt muss auch die Beitragszahlung wieder aufgenommen werden. Ist keine Berufsunfähigkeitsrente mitversichert, muss die Beitragszahlung zu Beginn des darauf folgenden Beitragszahlungsabschnitts wieder aufgenommen werden.

(5) Liegt Berufsunfähigkeit infolge Pflegebedürftigkeit vor und hat sich die Art des Pflegefalls geändert oder sein Umfang gemindert, setzen wir unsere Leistun-

---

[89] Bei Verzicht auf die abstrakte Verweisung muss es heißen: ... andere Tätigkeit im Sinne von § 2 ausübt, ...

[90] Bei Verzicht auf die abstrakte Verweisung muss es heißen: ... andere Tätigkeit im Sinne von § 2 ausübt, ...

[91] Unternehmensindividuell ergänzen.

gen herab oder stellen sie ein. Absatz 4 Satz 2 bis 5 gelten entsprechend, wenn wir unsere Leistungen einstellen.

§ 7 Was gilt bei einer Verletzung der Mitwirkungspflichten nach Eintritt der Berufsunfähigkeit?

Solange eine Mitwirkungspflicht nach § 4 oder § 6 von Ihnen, der versicherten Person oder dem Ansprucherhebenden vorsätzlich nicht erfüllt wird, sind wir von der Verpflichtung zur Leistung frei. Bei grob fahrlässiger Verletzung einer Mitwirkungspflicht sind wir berechtigt, unsere Leistung in einem der Schwere des Verschuldens entsprechendem Verhältnis zu kürzen. Dies gilt nicht, wenn Sie uns nachweisen, dass Sie die Mitwirkungspflicht nicht grob fahrlässig verletzt haben. Die Ansprüche aus der Zusatzversicherung bleiben jedoch insoweit bestehen, als die Verletzung ohne Einfluss auf die Feststellung oder den Umfang unserer Leistungspflicht ist. Wenn die Mitwirkungspflicht später erfüllt wird, sind wir ab Beginn des laufenden Monats nach Maßgabe dieser Bedingungen zur Leistung verpflichtet. Die vollständige oder teilweise Leistungsfreiheit tritt nur ein, wenn wir Sie durch gesonderte Mitteilung in Textform auf diese Rechtsfolge hingewiesen haben.

§ 8 Wie erfolgt die Überschussbeteiligung?

Wir beteiligen Sie und die anderen Versicherungsnehmer gemäß § 153 des Versicherungsvertragsgesetzes (VVG) an den Überschüssen und ggf. an den Bewertungsreserven (Überschussbeteiligung). Die Überschüsse werden nach den Vorschriften des Handelsgesetzbuches ermittelt und jährlich im Rahmen unseres Jahresabschlusses festgestellt. Die Bewertungsreserven werden dabei im Anhang des Geschäftsberichts ausgewiesen. Der Jahresabschluss wird von einem unabhängigen Wirtschaftsprüfer geprüft und ist unserer Aufsichtsbehörde einzureichen.

(1) Grundsätze und Maßstäbe für die Überschussbeteiligung der Versicherungsnehmer

(a) Überschüsse entstehen dann, wenn die Aufwendungen für das Berufsunfähigkeitsrisiko und die Kosten niedriger sind, als bei der Tarifkalkulation angenommen. An diesen Überschüssen werden die Versicherungsnehmer angemessen beteiligt und zwar nach der derzeitigen Rechtslage am Risikoergebnis (Berufsunfähigkeitsrisiko) grundsätzlich zu mindestens 75% und am übrigen Ergebnis (einschließlich Kosten) grundsätzlich zu mindestens 50% (§ 4 Abs. 4 u. 5, § 5 Mindestzuführungsverordnung).

Weitere Überschüsse stammen aus den Erträgen der Kapitalanlagen. Von den Nettoerträgen derjenigen Kapitalanlagen, die für künftige Versicherungsleistungen vorgesehen sind (§ 3 Mindestzuführungsverordnung), erhalten die Versicherungsnehmer insgesamt mindestens den in dieser Verordnung genannten Prozentsatz. In der derzeitigen Fassung der Verordnung sind grundsätzlich 90% vorgeschrieben (§ 4 Abs. 3, § 5 Mindestzuführungsverordnung). Aus diesem Betrag werden zunächst die Beträge finanziert, die für die garantierten Versicherungsleistungen benötigt werden. Die verbleibenden Mittel verwenden wir für die Überschussbeteiligung der Versicherungsnehmer.

Die verschiedenen Versicherungsarten tragen unterschiedlich zum Überschuss bei. Wir haben deshalb gleichartige Versicherungen zu Gruppen zusammengefasst. Gewinngruppen bilden wir beispielsweise, um das versicherte Risiko wie das Todesfall- oder Berufsunfähigkeitsrisiko zu berücksichtigen.[92] Die Verteilung des

---

[92] Ggf. weitere unternehmensindividuelle Information über Gewinngruppen bzw. Untergruppen und deren Modalitäten; die Begriffe sind an die unternehmensindividuellen Gegebenheiten anzupassen.

Überschusses für die Versicherungsnehmer auf die einzelnen Gruppen orientiert sich daran, in welchem Umfang sie zu seiner Entstehung beigetragen haben. Den Überschuss führen wir der Rückstellung für Beitragsrückerstattung zu, soweit er nicht in Form der sog. Direktgutschrift bereits unmittelbar den überschussberechtigten Versicherungen gutgeschrieben wird. Diese Rückstellung dient dazu, Ergebnisschwankungen im Zeitablauf zu glätten. Sie darf grundsätzlich nur für die Überschussbeteiligung der Versicherungsnehmer verwendet werden. Nur in Ausnahmefällen und mit Zustimmung der Aufsichtsbehörde können wir hiervon nach § 56a des Versicherungsaufsichtsgesetzes (VAG) abweichen, soweit die Rückstellung nicht auf bereits festgelegte Überschussanteile entfällt. Nach der derzeitigen Fassung des § 56a VAG können wir die Rückstellung, im Interesse der Versicherungsnehmer auch zur Abwendung eines drohenden Notstandes, zum Ausgleich unvorhersehbarer Verluste aus den überschussberechtigten Versicherungsverträgen, die auf allgemeine Änderungen der Verhältnisse zurückzuführen sind, oder – sofern die Rechnungsgrundlagen aufgrund einer unvorhersehbaren und nicht nur vorübergehenden Änderung der Verhältnisse angepasst werden müssen – zur Erhöhung der Deckungsrückstellung heranziehen.

(b) Bewertungsreserven entstehen, wenn der Marktwert der Kapitalanlagen über dem Wert liegt, mit dem die Kapitalanlagen in der Bilanz ausgewiesen sind. Die Beiträge sind so kalkuliert, dass sie für die Deckung von Berufsunfähigkeitsrisiken benötigt werden. Für die Bildung von Kapitalerträgen stehen deshalb bei der Berufsunfähigkeits-Zusatzversicherung keine oder allenfalls geringfügige Beträge zur Verfügung. Daher entstehen keine oder nur geringe Bewertungsreserven. Soweit Bewertungsreserven überhaupt entstehen, werden diese jährlich neu ermittelt und den Verträgen nach dem in Absatz 2 beschriebenen Verfahren zugeordnet (§ 153 Abs. 3 VVG). Bei Erleben des vereinbarten Rentenbeginns teilen wir den für diesen Zeitpunkt aktuell ermittelten Betrag Ihrer Versicherung zur Hälfte zu. Aufsichtsrechtliche Regelungen zur Kapitalausstattung bleiben unberührt.

(2) Grundsätze und Maßstäbe für die Überschussbeteiligung Ihres Vertrages

(a) Ihre Versicherung erhält Anteile an den Überschüssen derjenigen Gruppe, die in Ihrem Versicherungsschein genannt ist. Die Mittel für die Überschussanteile werden bei der Direktgutschrift zu Lasten des Ergebnisses des Geschäftsjahres finanziert, ansonsten der Rückstellung für Beitragsrückerstattung entnommen. Die Höhe der Überschussanteilsätze wird jedes Jahr vom Vorstand unseres Unternehmens auf Vorschlag des Verantwortlichen Aktuars festgelegt. Wir veröffentlichen die Überschussanteilsätze in unserem Geschäftsbericht. Den Geschäftsbericht können Sie bei uns jederzeit anfordern.

(b) ...[93]
(c) ...[94]

(3) Information über die Höhe der Überschussbeteiligung
Die Höhe der Überschussbeteiligung hängt von vielen Einflüssen ab. Diese sind nicht vorhersehbar und von uns nur begrenzt beeinflussbar. Wichtigster Einfluss-

---

[93] Hier sind folgende unternehmensindividuelle Angaben zu machen:
  a) Voraussetzung für die Fälligkeit der Überschussanteile (Wartezeit, Stichtag für die Zuteilung u. ä.)
  b) Form und Verwendung der Überschussanteile (laufende Überschussanteile, Schlussüberschussanteile, Bonus, Ansammlung, Verrechnung, Barauszahlung u. ä.)
  c) Bemessungsgrößen für die Überschussanteile.
[94] Hier sind der Verteilungsmechanismus, d. h. die Schlüsselung der ermittelten verteilungsfähigen Bewertungsreserven auf den einzelnen Vertrag und die Bewertungsstichtage anzugeben.

faktor ist dabei die Zinsentwicklung des Kapitalmarkts. Aber auch die Entwicklung des versicherten Risikos und der Kosten sind von Bedeutung. Die Höhe der künftigen Überschussbeteiligung kann also nicht garantiert werden.

§ 9 Wie ist das Verhältnis zur Hauptversicherung?

(1) Die Zusatzversicherung bildet mit der Versicherung, zu der sie abgeschlossen worden ist (Hauptversicherung), eine Einheit; sie kann ohne die Hauptversicherung nicht fortgesetzt werden. Der Versicherungsschutz aus der Zusatzversicherung erlischt, wenn der Versicherungsschutz aus der Hauptversicherung endet, spätestens mit dem vereinbarten Rentenbeginn.

(2) Eine Zusatzversicherung, für die laufende Beiträge zu zahlen sind, können Sie für sich allein kündigen. In den letzten ...[95] Jahren vor dem vereinbarten Rentenbeginn kann die Zusatzversicherung jedoch nur zusammen mit der Hauptversicherung gekündigt werden. In diesem Fall steht das mit den Rechnungsgrundlagen der Beitragskalkulation berechnete Deckungskapital Ihrer Zusatzversicherung zur Verfügung, bei einer Versicherung mit laufender Beitragszahlung mindestens jedoch der Betrag des Deckungskapitals, das sich bei gleichmäßiger Verteilung der unter Beachtung der aufsichtsrechtlichen Höchstsätze (§ ...)[96] angesetzten tariflichen einmaligen Abschlusskosten auf die ersten fünf Vertragsjahre, maximal auf die Vertragslaufzeit, ergibt. Der so ermittelte Wert mindert sich um einen Abzug in Höhe von ...[97] sowie um rückständige Beiträge. Mit dem Abzug wird die Veränderung der Risikolage des verbleibenden Versichertenbestandes[98] ausgeglichen; zudem wird damit ein Ausgleich für kollektiv gestelltes Risikokapital vorgenommen.[99] Weitere Erläuterungen sowie versicherungsmathematische Hinweise zum Abzug finden Sie im Anhang zu den Versicherungsbedingungen. Sofern Sie uns nachweisen, dass die dem Abzug zugrunde liegenden Annahmen in Ihrem Fall entweder dem Grunde nach nicht zutreffen oder der Abzug wesentlich niedriger zu beziffern ist, entfällt der Abzug bzw. wird – im letzteren Falle – entsprechend herabgesetzt.

Der so ermittelte Betrag wird zur Erhöhung der Versicherungsleistungen aus der Hauptversicherung verwendet, und die Zusatzversicherung erlischt.

(3) Eine Zusatzversicherung, für die keine Beiträge mehr zu zahlen sind (beitragsfreie Zusatzversicherung, Zusatzversicherung gegen Einmalbetrag), können Sie nur zusammen mit der Hauptversicherung kündigen. Absatz 2 gilt entsprechend.

(4) Die Zusatzversicherung können Sie nur zusammen mit der Hauptversicherung in eine beitragsfreie Versicherung umwandeln. Ein aus der Zusatzversicherung zur Verfügung stehender, gemäß Absatz 2 zu ermittelnder Betrag wird zur Erhöhung der beitragsfreien Leistung der Hauptversicherung verwendet, und die Zusatzversicherung erlischt.

(5) Bei Herabsetzung der versicherten Leistung gelten die Absätze 2 bis 4 entsprechend.

(6) Ist unsere Leistungspflicht aus der Zusatzversicherung anerkannt oder festgestellt, berechnen wir die Leistung aus der Hauptversicherung (beitragsfreie Versicherungsleistung und Überschussbeteiligung der Hauptversicherung) so, als ob sie den Betrag unverändert weiter gezahlt hätten.

---

[95] Unternehmensindividuell ergänzen.
[96] Verweis auf die entsprechende Vorschrift der Hauptversicherung: „Wie wurden die Abschluss- und Vertriebskosten verrechnet?".
[97] Unternehmensindividuell ergänzen.
[98] Ggf. unternehmensindividuell anpassen, wenn im Bedingungswerk eine andere Diktion veranlasst ist.
[99] Ggf. unternehmensindividuell anpassen, wenn auch aus anderen Gründen oder nur in eingeschränktem Umfang, also nicht aus allen oben genannten Gründen, ein Abzug erfolgen soll.

BasisRV 2008 Teil 6. Musterbedingungen des GDV 2008

(7) Anerkannte oder festgelegte Ansprüche aus der Zusatzversicherung werden durch Umwandlung der Hauptversicherung in eine beitragsfreie Versicherung mit herabgesetzter Versicherungsleistung nicht berührt.

(8) Ansprüche aus der Berufsunfähigkeits-Zusatzversicherung können Sie nicht abtreten oder verpfänden.

(9) Soweit in diesen Bedingungen nichts anderes bestimmt ist, finden die Allgemeinen Bedingungen für die Hauptversicherung sinngemäß Anwendung.

Anhang der AVB zur Kündigung und Beitragsfreistellung Ihrer BasisRente

Die Kündigung oder Beitragsfreistellung Ihrer BasisRente ist mit Nachteilen verbunden:
– Im Falle einer Kündigung oder Beitragsfreistellung stehen nicht unbedingt Mittel in der Höhe der eingezahlten Beiträge für die Bildung einer beitragsfreien Rente zur Verfügung, da aus diesen auch Abschluss- und Vertriebskosten sowie Kosten für die Verwaltung des gebildeten Kapitals finanziert werden und der in den AVB erwähnte Abzug erfolgt.[100] Bei seiner Kalkulation werden folgende Umstände berücksichtigt:[101]

Veränderungen der Risikolage

Die Kalkulation von Versicherungsprodukten basiert darauf, dass die Risikogemeinschaft sich gleichmäßig aus Versicherungsnehmern mit einem hohen und einem geringeren Risiko zusammensetzt. Da Personen mit einem geringen Risiko die Risikogemeinschaft eher verlassen als Personen mit einem hohen Risiko, wird in Form eines kalkulatorischen Ausgleichs sichergestellt, dass der Risikogemeinschaft durch die vorzeitige Vertragskündigung bzw. Beitragsfreistellung kein Nachteil entsteht.

Ausgleich für kollektiv gestelltes Risikokapital

Wir bieten Ihnen im Rahmen des vereinbarten Versicherungsschutzes Garantien und Optionen. Dies ist möglich, weil ein Teil des dafür erforderlichen Risikokapitals (Solvenzmittel) durch den Versichertenbestand zur Verfügung gestellt wird. Bei Neuabschluss eines Vertrages partizipiert dieser an bereits vorhandenen Solvenzmitteln. Während der Laufzeit muss der Vertrag daher Solvenzmittel zur Verfügung stellen. Bei Vertragskündigung bzw. Beitragsfreistellung gehen diese Solvenzmittel dem verbleibenden Bestand verloren und müssen deshalb im Rahmen des Abzugs ausgeglichen werden. Der interne Aufbau von Risikokapital ist regelmäßig für alle Versicherungsnehmer die günstigste Finanzierungsmöglichkeit von Optionen und Garantien, da eine Finanzierung über externes Kapital wesentlich teurer wäre.
– Sofern Sie uns nachweisen, dass die dem Abzug zugrunde liegenden Annahmen in Ihrem Fall entweder dem Grunde nach nicht zutreffen oder der Abzug wesentlich niedriger zu beziffern ist, entfällt der Abzug bzw. wird – im letzteren Falle – entsprechend herabgesetzt.

---

[100] Ggf. unternehmensindividuell modifizieren.

[101] Die folgenden Ausführungen sind unternehmensindividuell anzupassen, sofern ein Abzug auch aus anderen Gründen oder aus nicht allen dort genannten Gründen erfolgt.

H. Allgemeine Bedingungen für eine Rentenversicherung und eine Fondsgebundene Rentenversicherung als Altersvorsorgevertrag im Sinne des Altersvorsorgeverträge-Zertifizierungsgesetzes (RVAltZertG 2008/FRVAltZertG 2008)

Übersicht

	Rdn.
I. Vorbemerkung	1–18
1. Fassungshistorie	1–8
a) Neufassung 2004	1
b) Neufassung 2006	2–6
c) Neufassung 2008	7, 8
2. AltZertG	9–12
a) Zertifizierung	9
b) Altersvorsorgevertrag	10
c) Verteilung der Abschluss- und Vertriebskosten	11
d) Geschlechtsunabhängige Kalkulation	12
3. PAngV	13
4. EStG	14–15a
a) Zulageberechtigte Personen	14
b) Mitteilung über steuerpflichtige Leistungen	15
c) Anpassung an EU-Recht	15a
5. Pfändungsschutz bei steuerlich gefördertem Altersvorsorgevermögen	16
6. Versorgungsausgleich	17
7. UWG	18
II. Allgemeine Bedingungen für eine Rentenversicherung und für eine Fondsgebundene Rentenversicherung als Altersvorsorgevertrag	19, 20
1. Allgemeine Bedingungen für eine Rentenversicherung mit Auszahlung des Deckungskapitals bei Tod als Altersvorsorgevertrag im Sinne des Altersvorsorgeverträge-Zertifizierungsgesetzes (RVAltZertG 2008)	19
2. Allgemeine Bedingungen für eine Fondsgebundene Rentenversicherung mit Auszahlung des Deckungskapitals bei Tod als Altersvorsorgevertrag im Sinne des Altersvorsorgeverträge-Zertifizierungsgesetzes (FRVAltZertG 2008)	20

Schrifttum: *Blomeyer,* Die „Riester-Rente" nach dem Altersvermögensgesetz (AVmG), NZA 2001, 913; *Castellví,* VVG und AltZertG – gelungene Symbiose oder rechtssystematischer Sündenfall? Eine Analyse der vertragsrechtlichen Konkurrenzen von VVG und AltZertG, in: Versicherung, Recht und Schaden, Festschrift für Johannes Wälder, München, Beck, 2009, S. 3; *Dautzenberg/Rinker,* Europarechtliche Bedenken bei der „Riester-Rente"?, BB 2002, 1945; *Doetsch,* Die fondsgebundene Lebensversicherung als Instrument der betrieblichen Altersversorgung, BetrAV 1999, 203; *Furtmayr,* Das neue Altersvermögensgesetz, München, Beck, 2002; *Hasse,* Zur Lebensversicherung für fremde Rechnung – Rechtliche Zulässigkeit und „versichertes Interesse" im Bereich der Lebensversicherung –, VersR 2010, 837; *Heinen,* Die Absicherung des Berufsunfähigkeitsrisikos, BetrAV 2002, 531; *Lauth/Präve/Schwark/Wagner,* Altersvermögensgesetz, Materialien und Erläuterungen zur neuen Förderung, Karlsruhe, VVW, 2002; *Präve,* Das Altersvorsorgeverträge-Zertifizierungsgesetz (AltZertG), VW 2001, 796; *Prahl,* Zum Altersvorsorgevertrag im Recht der Lebensversicherung, NVersZ 2002, 541; *Quinten/Sona,* Die Grenze der Riester-Förderung bei einem Wohnsitz im Ausland, BetrAV 2009, 230; *Risthaus,* Förderung der selbstgenutzten Wohnimmobilie durch

AltZertG 1–3   Teil 6. Musterbedingungen des GDV 2008

das Eigenheimrentengesetz – Ein Beitrag zur Erhöhung des Verbreitungsgrads der geförderten Altersvorsorge? –, DB Beil. Nr. 6/2008 zu Heft Nr. 33 v. 15. 8. 2008, S. 1; *dieselbe*, Schlussanträge des Generalanwalts in dem Vertragsverletzungsverfahren zur „Riesterrente", DB 2009, 931; *Wellisch/Näth*, Die Nachteile der Riester-geförderten betrieblichen Altersvorsorge – Oder: Warum werden Riester-Verträge nicht angenommen?, BB 2003, 333.

I. Vorbemerkung

1. Fassungshistorie

1   a) **Neufassung 2004.** Eine Neufassung der Musterbedingungen für Altersvorsorgeverträge erfolgte in 2004 auf Grund einer Novellierung des AltZertG[1] durch den GDV.[2] Eine Überarbeitung folgte noch in 2004, um u. a. einer Entscheidung des VG Frankfurt/M. vom 8. Mai 2003 Rechnung zu tragen.[3] Das VG Frankfurt/M. hatte entschieden, dass in den AVB für Altersvorsorgeverträge keine zeitliche Obergrenze für den Beginn der Auszahlungsphase festgelegt werden muss.[4]

2   b) **Neufassung 2006.** Bei der Neufassung 2006 wurde der § 9 Abs. 2 Satz 1 bis 3 der Allgemeinen Bedingungen für eine Rentenversicherung mit Auszahlung des Deckungskapitals bei Tod als Altersvorsorgevertrag im Sinne des Altersvorsorgeverträge-Zertifizierungsgesetzes (AltZertG) und der Allgemeinen Bedingungen für eine Fondsgebundene Rentenversicherung mit laufender Beitragszahlung in flexibler Höhe und Auszahlung des Deckungskapitals bei Tod als Altersvorsorgevertrag im Sinne des Altersvorsorgeverträge-Zertifizierungsgesetzes (AltZertG) geändert, der bislang wie folgt lautete:

„(2) Bei Kündigung werden wir entsprechend § 176 VVG den Rückkaufswert erstatten. Er wird nach den anerkannten Regeln der Versicherungsmathematik für den Schluss der laufenden Versicherungsperiode als Zeitwert Ihrer Versicherung berechnet, wobei ein als angemessen angesehener Abzug in Höhe von … erfolgt. Sofern Sie gemäß § 8 Kapital für Wohneigentum verwendet haben, wird dies bei der Berechnung des Rückkaufswertes berücksichtigt."

3   Dementsprechend wurde ferner der § 9 Abs. 2 Satz 1 bis 3 der Allgemeinen Bedingungen für eine Fondsgebundene Rentenversicherung mit Auszahlung des Deckungskapitals bei Tod als Altersvorsorgevertrag im Sinne des Altersvorsorgeverträge-Zertifizierungsgesetzes (AltZertG) und der Allgemeinen Bedingungen für eine Fondsgebundene Rentenversicherung mit laufender Beitragszahlung in flexibler Höhe und Auszahlung des Deckungskapitals bei Tod als Altersvorsorgevertrag im Sinne des Altersvorsorgeverträge-Zertifizierungsgesetzes (AltZertG), geändert, der bislang wie folgt lautete:

„(2) Bei Kündigung werden wir das bis dahin gebildete Deckungskapital (vgl. § 1 Abs. 6) zahlen, wobei ein als angemessen angesehener Abzug in Höhe von …[5] erfolgt. Der Auszahlungsbetrag erhöht sich um den rückkaufsfähigen Wert aus Schlussüberschussanteilen.[6] Sofern Sie gemäß § 8 Kapital für Wohneigentum verwendet haben, wird dies bei der Berechnung des Rückkaufswertes berücksichtigt."

---

[1] Gesetz über die Zertifizierung von Altersvorsorgeverträgen (Altersvorsorgeverträge-Zertifizierungsgesetz – AltZertG) v. 26. Juni 2001, BGBl. I 2001, 1310, zuletzt geändert durch Gesetz vom 16. 7. 2007, BGBl. I 2007, 1330.
[2] GDV-Rundschreiben 1197/2004 v. 14. 7. 2004.
[3] GDV-Rundschreiben 1464/2004 v. 24. 8. 2004.
[4] VG Frankfurt/M., Urt. v. 8. 5. 2003 – 1 E 2241/02, VersR 2003, 1109, 1110; zust. *Rehberg* VersR 2003, 1110 f.
[5] Unternehmensindividuell zu ergänzen.
[6] Unternehmensindividuell zu ergänzen.

H. Allg. Bed. für eine RV und eine FRV i.S.d. AltZertG   4–7 AltZertG

Im Zuge dieser Bedingungsänderungen wurde der § 15 Abs. 2 der 4
– Allgemeinen Bedingungen für eine Rentenversicherung mit Auszahlung des Deckungskapitals bei Tod als Altersvorsorgevertrag im Sinne des Altersvorsorgeverträge-Zertifizierungsgesetzes (AltZertG),
– Allgemeinen Bedingungen für eine Fondsgebundene Rentenversicherung mit Auszahlung des Deckungskapitals bei Tod als Altersvorsorgevertrag im Sinne des Altersvorsorgeverträge-Zertifizierungsgesetzes (AltZertG),
– Allgemeinen Bedingungen für eine Fondsgebundene Rentenversicherung mit laufender Beitragszahlung in flexibler Höhe und Auszahlung des Deckungskapitals bei Tod als Altersvorsorgevertrag im Sinne des Altersvorsorgeverträge-Zertifizierungsgesetzes (AltZertG)
neu eingefügt. Neu angefügt wurde ferner bei diesen Bedingungswerken der Anhang der AVB zur Kündigung und Ruhenlassen der Versicherung bzw. der Anhang der AVB zur Kündigung und Beitragsfreistellung der Fondsgebundenen Versicherung.

Mit diesen Änderungen wurde einem Hinweis aus dem Versicherungssenat des 5
BGH Rechnung getragen. Eine Stornoabzugsklausel ist danach nur wirksam, wenn sie dem Versicherungsnehmer ausdrücklich den Nachweis gestattet, dass der Abzug im konkreten Fall unangemessen ist (sog. Gegenbeweismöglichkeit gemäß § 309 Nr. 5 b BGB). Die Stornoabzugsklausel ist deshalb entsprechend überarbeitet worden. Sie sieht nunmehr ausdrücklich die Gegenbeweismöglichkeit vor. Die Rechtsposition der Versicherungsnehmer wird dadurch nicht erweitert, da der Kunde auch bisher schon das Recht zum Gegenbeweis hatte. Zur Absicherung sieht die überarbeitete Klauselfassung die Angabe der Stornogründe vor. Dabei wird darauf hingewiesen, dass die Gründe unternehmensindividuell anzupassen sind. In einem zusätzlichen Anhang zu den AVB werden die in der Klausel genannten Gründe näher erläutert.

Soweit für Altersvorsorgeverträge nach dem Altersvorsorgeverträge-Zertifizierungsgesetz (AltZertG) Änderungen der Stornoklausel vorgenommen worden sind, 6
hat die Zertifizierungsstelle der Bundesanstalt für Finanzdienstleistungsaufsicht dem GDV bestätigt, dass die entsprechenden Ergänzungen für den Abschluss von Neuverträgen keine neue Zertifizierungspflicht auslösen. Die Änderungen der Allgemeinen Versicherungsbedingungen sind aber wie bisher der Zertifizierungsstelle anzuzeigen.

c) Neufassung 2008. Am 8. April 2008 beschloss die Bundesregierung den Entwurf eines Gesetzes zur verbesserten Einbeziehung der selbstgenutzten Wohnimmobilie in die geförderte Altersvorsorge (Eigenheimrentengesetz – EigRentG). Nach dem Regierungsentwurf soll in einem Riester-Vertrag angespartes Altersvorsorgevermögen zur Anschaffung oder Herstellung einer selbstgenutzten Immobilie während der Ansparphase oder alternativ zur Entschuldung zu Beginn der Auszahlungsphase in Höhe von bis zu 100% entnommen werden können, ohne dass wie bisher eine Rückzahlung der entnommenen Beträge erforderlich ist. Die bislang in § 92 a EStG enthaltene Regelung zum Altersvorsorge-Eigenheimbetrag soll durch die Neuregelung ohne Übergangsregelung ersetzt werden. Ziel des Gesetzes ist es mithin, die Entnahme von Kapital aus einem Riester-Vertrag zur Finanzierung einer selbst genutzten Immobilie zu ermöglichen, ohne dass die auf den Vertrag entfallene Förderung zurückzuzahlen ist.[7] Das EigRentG ist nach Einbringung in den Bundestag[8] und Verabschiedung im Gesetzgebungsverfahren am 1. August 2008 in Kraft 7

---

[7] *Castellví* in: Festschrift für Johannes Wälder, 2009, S. 3, 20.
[8] BT-Drucks. 16/8869.

getreten.[9] Die Musterversicherungsbedingungen wurden an die durch dieses Gesetz veranlassten Änderungen angepasst.

8   Die durch die VVG-Reform ausgelösten und in den Musterbedingungen abgebildeten Änderungen für Neuverträge ab dem 1. Januar 2008 sind im Rahmen des Änderungsdienstes gegenüber der Zertifizierungsstelle anzuzeigen. Eine erneute Zertifizierung ist nicht notwendig, sofern nach Maßgabe der unverbindlichen Musterbedingungen verfahren wird.[10]

2. AltZertG

9   **a) Zertifizierung.** Die Altersvorsorgeverträge müssen nach dem Altersvorsorgeverträge-Zertifizierungsgesetz (AltZertG) inhaltlichen Anforderungen genügen, damit sie als förderungsfähig anerkannt werden können. Die Anerkennung erfolgt in Folge der Zertifizierung. Die Zertifizierung ist Grundlagenbescheid im Sinne des § 171 Abs. 10 AO. Die Zertifizierungsstelle prüft nicht, „ob der Altersvorsorgevertrag wirtschaftlich tragfähig, die Zusage des Anbieters erfüllbar ist und die Vertragsbedingungen zivilrechtlich wirksam sind", worauf der Vertragspartner schriftlich hinzuweisen ist.[11]

10 **b) Altersvorsorgevertrag.** Ein Altersvorsorgevertrag im Sinne des AltZertG liegt gemäß § 1 AltZertG vor, wenn zwischen dem Anbieter und einer natürlichen Person (Vertragspartner) eine Vereinbarung in deutsche Sprache geschlossen wird, die monatliche Leistungen für den Vertragspartner in Form einer lebenslangen Leibrente oder Ratenzahlungen im Rahmen eines Auszahlungsplans mit einer anschließenden Teilkapitalverrentung ab dem 85. Lebensjahr vorsieht; die Leistungen müssen während der gesamten Auszahlungsphase gleich bleiben oder steigen; Anbieter und Vertragspartner können vereinbaren, dass bis zu zwölf Monatsleistungen in einer Auszahlung zusammengefasst werden oder eine Kleinbetragsrente nach § 93 Abs. 3 EStG abgefunden wird; bis zu 30 vom Hundert des zu Beginn der Auszahlungsphase zur Verfügung stehenden Kapitals kann an den Vertragspartner außerhalb der monatlichen Leistungen ausgezahlt werden; die gesonderte Auszahlung der in der Auszahlungsphase anfallenden Zinsen und Erträge ist zulässig.

11 **c) Verteilung der Abschluss- und Vertriebskosten.** § 1 Abs. 1 Satz 1 Nr. 8 AltZertG schrieb zunächst vor, dass die Abschluss- und Vertriebskosten auf mindestens zehn Jahre zu verteilen sind. Die Verteilungsdauer ist dann aber auf fünf Jahre reduziert worden.[12] Da Beiträge nur in der Ansparzeit gezahlt werden, ist mit dem Verteilungszeitraum die Ansparzeit gemeint. Auf Grund der Bestimmung des § 1 Abs. 1 Satz 1 Nr. 8 AltZertG kommt eine Zillmerung für Vorsorgeverträge nicht in Betracht. Das Zertifizierungsgesetz setzt sich insofern über das aufsichts- und auch europarechtliche Zillmerverfahren hinweg, das eine Tilgung der Abschlusskosten bereits mit den ersten Beiträgen gestattet.[13]

12 **d) Geschlechtsunabhängige Kalkulation.** Zertifizierte Altersvorsorgeverträge, die nach dem 31. Dezember 2005 abgeschlossen werden, müssen auf Grund der Änderungen durch das Alterseinkünftegesetz geschlechtsunabhängige Tarife vorsehen (§ 1 Abs. 1 Satz 1 Nr. 2 AltZertG). Bei einem Altersvorsorgevertrag, der die Voraussetzung der Gewährung einer geschlechtsunabhängigen Altersversor-

---

[9] BGBl. I 2008, 1509.
[10] GDV-Rundschreiben 1830/2007 v. 24. 9. 2007.
[11] *Prahl* NVersZ 2002, 541.
[12] Vgl. das durch Art. 7 des Gesetzes v. 5. 7. 2004, BGBl. I S. 1443 geänderte Altersvorsorgeverträge-Zertifizierungsgesetz v. 26. 6. 2001, BGBl. I S. 1322.
[13] *Präve* VW 2001, 796, 804.

H. Allg. Bed. für eine RV und eine FRV i.S.d. AltZertG **13, 14** **AltZertG**

gung nicht erfüllt, handelt es sich um einen zertifizierten Altersvorsorgevertrag, wenn der Vertrag vor dem 1. Januar 2006 abgeschlossen wurde, die Versicherungslaufzeit vor dem 1. Januar 2007 begonnen hat und – sofern es sich um den Altersvorsorgevertrag eines unmittelbaren Zulageberechtigten handelt – von diesem ein Versicherungsbeitrag in 2006 geleistet wurde.[14] Soweit eine Umstellung zertifizierter Verträge (§ 14 Abs. 2 Satz 1 AltZertG) nicht erfolgt, bietet es sich an, dass der Versicherer einen entsprechenden Verzicht der Zertifizierungsstelle gegenüber erklärt, weil die Zertifizierungsstelle anderenfalls nach § 8 Abs. 5 AltZertG bisher zertifizierte Altersvorsorgeverträge durch Bescheid widerrufen müsste.

3. PAngV

Versicherungsverträge über eine Rente nach dem AltZertG sehen für unterjährige Beitragszahlungen Ratenzahlungszuschläge vor. Über diese Regelung bietet der Versicherer dem Versicherungsnehmer die Gewährung eines Zahlungsaufschubs gegen Zuschläge an.[15] Die Gewährung eines Zahlungsaufschubs ist als Kreditierung im Sinne des § 6 Abs. 1 Satz 1 PAngV aufzufassen.[16] Dies hat zur Folge, dass gemäß § 6 Abs. 1 Satz 2 PAngV der effektive Jahreszins im Falle einer unterjährigen Prämienzahlung anzugeben ist.[17] Fehlt die Angabe des effektiven Jahreszinses, ist die Klausel gemäß § 307 Abs. 2 Nr. 1 BGB unwirksam, da es sich bei § 6 Abs. 1 Satz 1 PAngV um zwingendes Recht handelt.[18] Die Unwirksamkeit der Klausel ergibt sich im Falle der Nichtangabe des effektiven Jahreszinses zugleich aus §§ 499, 502 Abs. 1 Satz 1 Nr. 4 BGB.[19] **13**

4. EStG

a) Zulageberechtigte Personen. Die nach § 10a Abs. 1 Satz 1 EStG zulageberechtigten Personen sind in den Anlagen 1 und 2 des BMF-Schreibens vom 17. November 2004 genannt.[20] Die OFD Münster[21] hat ergänzend verfügt, dass bei den Beamten und sonstigen Bediensteten der Europäischen Gemeinschaften davon auszugehen ist, dass diese Personen grundsätzlich zum förderberechtigten Personenkreis des § 10a EStG gehören, sofern eine unbeschränkte Einkommensteuerpflicht vorliegt. Dies gilt entsprechend, so die Verfügung der OFD Münster, für Beschäftigte der Europäischen Patentorganisation (EPO) sowie die Koordinierten Organisationen, nämlich Europäische Weltraumorganisation (ESA), Europarat, Nordatlantikvertragsorganisation (NATO), Organisation für wirtschaftliche Zusammenarbeit und Entwicklung (OECD), Westeuropäische Union (WEU) und Europäisches Zentrum für mittelfristige Wettervorhersage (EZMW, engl. ECWMF). Nicht zum begünstigten Personenkreis gehören u.a. selbständig tätige Rechtsanwälte oder **14**

---

[14] BMF-Schreiben v. 19. 8. 2005 – IV C 4 – S 2222 – 104/05.
[15] LG Bamberg, Urt. v. 8. 2. 2006 – 2 O 764/04, S. 10; BGH, Anerkenntnisurt. v. 29. 7. 2009 – I ZR 22/07; a.A. OLG Bamberg, Urt. v. 24. 1. 2007 – 3 U 35/06, S. 9 = VersR 2007, 529.
[16] LG Bamberg, Urt. v. 8. 2. 2006 – 2 O 764/04, S. 10; BGH, Anerkenntnisurt. v. 29. 7. 2009 – I ZR 22/07.
[17] LG Bamberg, Urt. v. 8. 2. 2006 – 2 O 764/04, S. 12; BGH, Anerkenntnisurt. v. 29. 7. 2009 – I ZR 22/07.
[18] LG Bamberg, Urt. v. 8. 2. 2006 – 2 O 764/04, S. 13; BGH, Anerkenntnisurt. v. 29. 7. 2009 – I ZR 22/07.
[19] LG Bamberg, Urt. v. 8. 2. 2006 – 2 O 764/04, S. 14; BGH, Anerkenntnisurt. v. 29. 7. 2009 – I ZR 22/07; a.A. OLG Bamberg, Urt. v. 24. 1. 2007 – 3 U 35/06, S. 12 = VersR 2007, 529.
[20] GDV-Rundschreiben 2032/2004 v. 19. 11. 2004.
[21] Zu den weiteren Einzelheiten siehe OFD Münster, Verfg. v. 10. 10. 2006 – S 2222 – 43-St-22 – 31, DB 2006, 2317.

AltZertG 15, 15a Teil 6. Musterbedingungen des GDV 2008

Tierärzte, die Pflichtmitglied einer berufsständischen Versorgungseinrichtung sind.[22] Dies verstößt nicht gegen Art. 3 GG.[23]

15 **b) Mitteilung über steuerpflichtige Leistungen.** Nach § 22 Nr. 5 Satz 5 EStG hat der Anbieter eines Altersvorsorgevertrags oder einer betrieblichen Altersversorgung bei erstmaligem Bezug von Leistungen in den Fällen des § 93 Abs. 1 EStG sowie bei Änderung der im Kalenderjahr auszuzahlenden Leistungen dem Steuerpflichtigen nach amtlich vorgeschriebenem Vordruck den Betrag der im abgelaufenen Kalenderjahr zugeflossenen Leistungen im Sinne des § 22 Nr. 5 Satz 1 bis 4 EStG jeweils gesondert mitzuteilen.[24]

Die ab dem 1. Januar 2009 für Einkünfte aus Kapitalvermögen erhobene Abgeltungssteuer in Höhe von 25% findet für Leistungen aus zertifizierten Altersvorsorgeverträgen keine Anwendung. Es erfolgt eine Besteuerung mit dem individuellen Steuersatz. Einzelheiten zur nachgelagerten Besteuerung nach § 22 Nr. 5 EStG ergeben sich aus den Randziffern 94 ff. des BMF-Schreibens vom 5. Februar 2008.[25]

15a **c) Anpassung an EU-Recht.** Nach einer Entscheidung des EuGH vom 10. September 2009,[26] die den Schlussanträgen des Generalanwalts vom 31. März 2009 entspricht,[27] ist die gesetzliche Ausgestaltung der Riesterrente nicht mit EU-Recht vereinbar und verstößt gegen das Freizügigkeitsrecht der Arbeitnehmer in der EU.[28] Zur Begründung führt der EuGH aus:
– Die Koppelung der Förderberechtigung an die unbeschränkte Steuerpflicht in Deutschland schließe Grenzgänger, die im EU-Ausland leben und auf Grund ihrer beruflichen Tätigkeit in Deutschland Pflichtbeiträge zur gesetzlichen Rentenversicherung zahlen, aber die Voraussetzungen des § 1 Abs. 3 EStG für eine unbeschränkte Einkommensteuerpflicht nicht erfüllen, weil z.B. deren Einkommen auf Grund von Doppelbesteuerungsabkommen im Wohnsitzstaat besteuert wird, zu Unrecht von der Zulagenförderung aus. Auch diese Personen seien von der Absenkung des Rentenniveaus betroffen, die durch die staatlich geförderte Riesterrente ausgeglichen werden soll.
– Der durch die Riesterrente förderfähige Immobilienerwerb sei nur auf in Deutschland belegene Wohnungen beschränkt und diskriminiere insbesondere Grenzgänger, eine geförderte Immobilie in ihrem Heimatstaat zu erwerben.
– Die vorgesehene Rückzahlung der gewährten Förderung im Falle der Beendigung der unbeschränkten Steuerpflicht in Deutschland, z.B. durch Wegzug ausländischer Arbeitnehmer ins Heimatland nach Beendigung der beruflichen Tätigkeit in Deutschland, diskriminiere Wanderarbeiter und beeinträchtige allgemein die Freizügigkeit der Arbeitnehmer.

Der deutsche Gesetzgeber ist nunmehr gehalten, die gesetzlichen Regelungen zur Riesterrente unter Berücksichtigung der Erwägungen des EuGH anzupassen. Eine Dynamisierung der Riester-Fördergrenzen könnte bei dieser Gelegenheit eingeführt werden.[29]

---

[22] BFH, Urt. v. 21. 7. 2009 – X R 33/07, BetrAV 2009, 669, 670 = DB 2009, 2185 (Ls.); zust. *Risthaus* DB 2009, 2185.
[23] BVerfG, Beschl. v. 18. 12. 2002 – 2 BvR 367/02, DB 2003, 371.
[24] BMF-Schreiben v. 11. 7. 2007 – IV C 8 – S 2257-b/07/0002, BetrAV 2007, 556.
[25] BStBl. I 2008, 420.
[26] EuGH, Urt. v. 10. 9. 2009 – Rs. C-269/07, NJW 2010, 431 (Ls.) = EuZW 2009, 743 = BetrAV 2009, 658 = DB 2009, 2019 (Ls.) m. Anm. *Risthaus*.
[27] EuGH, Rechtssache C-269/07, BetrAV 2009, 252; dazu *Risthaus* DB 2009, 931.
[28] *Dautzenberg/Rinker* BB 2002, 1945. Zu den Ausgangslagen siehe *Quinten/Sona* BetrAV 2009, 230.
[29] *Leidigkeit* VW 2009, 1514; Pressemitteilung des GDV v. 10. 9. 2009, abrufbar über www.gdv.de.

H. Allg. Bed. für eine RV und eine FRV i.S.d. AltZertG   16–19 **AltZertG**

5. Pfändungsschutz bei steuerlich gefördertem Altersvorsorgevermögen

Gemäß § 851 d ZPO sind monatliche Leistungen in Form einer lebenslangen 16
Rente oder monatlicher Ratenzahlungen im Rahmen eines Auszahlungsplans nach
§ 1 Abs. 1 Satz 1 Nr. 4 des Altersvorsorgeverträge-Zertifizierungsgesetzes aus steuerlich gefördertem Altersvorsorgevermögen wie Arbeitseinkommen pfändbar.

6. Versorgungsausgleich

Eine nach dem AltZertG geförderte fondsgebundene Rentenversicherung unterliegt dem Versorgungsausgleich.[30] 17

7. UWG

Solange noch keine staatliche Zertifizierung erfolgt ist, dürfen Anlageprodukte 18
für die private Rentenversicherung nicht so beworben werden, als ob das beworbene Produkt bereits in vollem Umfang den gesetzlichen Vorgaben entspricht und wegen der Bezugnahme auf die Bezeichnung „neue Riester-Rente" die damit versprochene Gewährung von staatlichen Vorteilen bereits jetzt erfolgt.[31]

II. Allgemeine Bedingungen für eine Rentenversicherung und eine Fondsgebundene Rentenversicherung als Altersvorsorgevertrag

1. Allgemeine Bedingungen für eine Rentenversicherung mit Auszahlung des Deckungskapitals bei Tod als Altersvorsorgevertrag im Sinne des Altersvorsorgeverträge-Zertifizierungsgesetzes (RVAltZertG 2008)[32]

Sehr geehrte Kundin, sehr geehrter Kunde, 19
Sie sind als Versicherungsnehmer und versicherte Person unser Vertragspartner; für unser Vertragsverhältnis gelten die nachfolgenden Bedingungen. In den Bedingungen werden die vertragsrechtlichen Leistungen beschrieben, nicht aber, ob und inwieweit wir aufgrund steuerrechtlicher Regelungen Beträge einbehalten müssen. Informationen zur steuerlichen Behandlung der Versicherung (auch zu den staatlichen Zulagen) finden Sie in den Steuerhinweisen.

Inhaltsverzeichnis

§ 1 Welche Leistungen erbringen wir?
§ 2 Wie erfolgt die Überschussbeteiligung?
§ 3 Wann beginnt Ihr Versicherungsschutz?
§ 4 Was haben Sie bei der Beitragszahlung zu beachten?
§ 5 Wie verwenden wir die staatlichen Zulagen?
§ 6 Was geschieht, wenn Sie einen Beitrag nicht rechtzeitig zahlen?
§ 7 Wann können Sie Ihre Versicherung ruhen lassen?
§ 8 Wie können Sie gebildetes Kapital für Wohnungseigentum verwenden?
§ 9 Wann können Sie Ihre Versicherung kündigen?

---

[30] OLG Brandenburg, Beschl. v. 5. 1. 2007 – 9 UF 187/06, NJW-RR 2007, 800; *Brudermüller* in: Palandt, BGB, 66. Aufl., 2007, § 1587 BGB Rdn. 7.
[31] LG Mannheim, Urt. v. 3. 8. 2001 – 7 O 271/01, NJW-RR 2002, 119; zust. *Reichold/Herzog* EWiR 2001, 1117 f.
[32] Stand: 2. 5. 2008 u. 10. 12. 2008. GDV-Rundschreiben Nr. 0850/2008 v. 7. 5. 2008 u. Nr. 2365/2008 v. 10. 12. 2008: Diese Bedingungen sind für die Versicherer unverbindlich; ihre Verwendung ist rein fakultativ. Abweichende Bedingungen können vereinbart werden. Anm. des Verfassers: In den RVAltZertG 2008 werden die Bestimmungen des VVG 2008 genannt.

§ 10 Wie verteilen wir die bei der Beitragskalkulation in Ansatz gebrachten Abschluss- und Vertriebskosten?
§ 11 Was ist zu beachten, wenn eine Versicherungsleistung verlangt wird?
§ 12 Wer erhält die Versicherungsleistung?
§ 13 Was gilt bei Änderung Ihrer Postanschrift und Ihres Namens?
§ 14 Welche Informationen erhalten Sie während der Vertragslaufzeit?
§ 15 Welche Kosten stellen wir Ihnen gesondert in Rechnung?
§ 16 Welches Recht findet auf Ihren Vertrag Anwendung?
§ 17 Wo ist der Gerichtsstand?

§ 1 Welche Leistungen erbringen wir?

(1) **Erleben Sie den vereinbarten Rentenbeginn, zahlen wir die unabhängig vom Geschlecht berechnete Rente lebenslang in gleichbleibender Höhe jeweils zum ...[33] eines Monats. Falls die Rente weniger als ... Euro monatlich beträgt, fassen wir zwölf Monatsrenten zu einer Auszahlung zusammen. Wir sind berechtigt, eine Kleinbetragsrente nach § 93 Abs. 3 des Einkommensteuergesetzes abzufinden. Rentenzahlungen erhalten Sie frühestens ab Vollendung des 60. Lebensjahres.** Beziehen Sie vor Vollendung des 60. Lebensjahres Leistungen aus einem gesetzlichen Alterssicherungssystem, können Sie eine entsprechend verminderte Rente auch schon vorher in Anspruch nehmen. Den genauen Rentenbeginn (Beginn der Auszahlungsphase) entnehmen Sie dem Versicherungsschein.[34] Ihnen können zu Beginn der Auszahlungsphase bis zu 30 vom Hundert des dann zur Verfügung stehenden Kapitals außerhalb der monatlichen Leistungen ausgezahlt werden. Dies führt zu einer Verringerung der Rentenleistungen. Die gesonderte Auszahlung der in der Auszahlungsphase anfallenden Zinsen und Erträge ist zulässig und bedarf einer Vereinbarung bei Rentenbeginn.

(2) **Erleben Sie den vereinbarten Rentenbeginn und ist eine Rentengarantiezeit vereinbart, zahlen wir die versicherte Rente mindestens bis zum Ablauf der Rentengarantiezeit, unabhängig davon, ob Sie diesen Termin erleben.**[35]

(3) **Sterben Sie vor dem vereinbarten Rentenbeginn, zahlen wir das gebildete Deckungskapital. Das Deckungskapital bilden wir, indem wir die eingezahlten Beiträge und die uns zugeflossenen staatlichen Zulagen abzüglich der tariflichen Kosten mit dem tariflichen Garantiezinssatz von ... % p. a.**[36] **verzinsen.**

(4) **Zu Beginn der Auszahlungsphase stehen mindestens die bis dahin eingezahlten Beiträge und die uns zugeflossenen staatlichen Zulagen für die Bildung einer Rente zur Verfügung. Sofern Sie gemäß § 8 Kapital für Wohneigentum verwenden, verringert sich dieser Mindestbetrag entsprechend.**

Bemerkung

Bei Einschluss einer Zusatzversicherung für verminderte Erwerbsfähigkeit oder Dienstunfähigkeit oder für die Absicherung der Hinterbliebenen wird Absatz 4 wie folgt ergänzt:

„Sofern eine Zusatzversicherung zur Absicherung der verminderten Erwerbsfähigkeit oder Dienstunfähigkeit oder der Hinterbliebenen eingeschlossen ist, werden wir hierfür die auf die Deckung dieses Risikos entfallenden Beiträge in Abzug bringen, höchstens jedoch 15% der Gesamtbeiträge."

§ 2 Wie erfolgt die Überschussbeteiligung?

Wir beteiligen Sie und die anderen Versicherungsnehmer gemäß § 153 des Versicherungsvertragsgesetzes (VVG) an den Überschüssen und Bewertungsreser-

---

[33] Unternehmensindividuell anpassen.
[34] Unternehmensindividuell anpassen.
[35] Unternehmensindividuell anpassen.
[36] Zu beachten ist bei der Festsetzung der Höchstzinssatz gemäß § 2 der Deckungsrückstellungsverordnung.

H. Allg. Bed. für eine RV und eine FRV i.S.d. AltZertG   19   AltZertG

ven (Überschussbeteiligung). Die Überschüsse werden nach den Vorschriften des Handelsgesetzbuches ermittelt und jährlich im Rahmen unseres Jahresabschlusses festgestellt. Die Bewertungsreserven werden dabei im Anhang des Geschäftsberichtes ausgewiesen. Der Jahresabschluss wird von einem unabhängigen Wirtschaftsprüfer geprüft und ist unserer Aufsichtsbehörde einzureichen.

(1) Grundsätze und Maßstäbe für die Überschussbeteiligung der Versicherungsnehmer
(a) Die Überschüsse stammen im Wesentlichen aus den Erträgen der Kapitalanlagen. Von den Nettoerträgen derjenigen Kapitalanlagen, die für künftige Versicherungsleistungen vorgesehen sind (§ 3 der Verordnung über die Mindestbeitragsrückerstattung in der Lebensversicherung, Mindestzuführungsverordnung), erhalten die Versicherungsnehmer insgesamt mindestens den in dieser Verordnung genannten Prozentsatz. In der derzeitigen Fassung der Verordnung sind grundsätzlich 90% vorgeschrieben § 4 Abs. 3, § 5 Mindestzuführungsverordnung). Aus diesem Betrag werden zunächst die Beträge finanziert, die für die garantierten Versicherungsleistungen benötigt werden. Die verbleibenden Mittel verwenden wir für die Überschussbeteiligung der Versicherungsnehmer.
Weitere Überschüsse entstehen insbesondere dann, wenn die Lebenserwartung und die Kosten niedriger sind, als bei der Tarifkalkulation angenommen. Auch an diesen Überschüssen werden die Versicherungsnehmer angemessen beteiligt und zwar nach derzeitiger Rechtslage am Risikoergebnis (Lebenserwartung) grundsätzlich zu mindestens 75% und am übrigen Ergebnis (einschließlich Kosten) grundsätzlich zu mindestens 50% (§ 4 Abs. 4 u. 5, § 5 Mindestzuführungsverordnung).
Die verschiedenen Versicherungsarten tragen unterschiedlich zum Überschuss bei. Wir haben deshalb gleichartige Versicherungen zu Gruppen zusammengefasst. Gewinngruppen bilden wir beispielsweise, um das versicherte Risiko wie das Langlebigkeits- oder Berufsfähigkeitsrisiko zu berücksichtigen.[37] Die Verteilung des Überschusses für die Versicherungsnehmer auf die einzelnen Gruppen orientiert sich daran, in welchem Umfang sie zu seiner Entstehung beigetragen haben. Den Überschuss führen wir der Rückstellung für Beitragsrückerstattung zu, soweit er nicht in Form der sog. Direktgutschrift bereits unmittelbar den überschussberechtigten Versicherungen gutgeschrieben wird. Diese Rückstellung dient dazu, Ergebnisschwankungen im Zeitablauf zu glätten. Sie darf grundsätzlich nur für die Überschussbeteiligung der Versicherungsnehmer verwendet werden. Nur in Ausnahmefällen und mit Zustimmung der Aufsichtsbehörde können wir hiervon nach § 56a des Versicherungsaufsichtsgesetzes (VAG) abweichen, soweit die Rückstellung nicht auf bereits festgelegte Überschussanteile entfällt. Nach der derzeitigen Fassung des § 56a VAG können wir die Rückstellung, im Interesse der Versicherungsnehmer auch zur Abwendung eines drohenden Notstandes, zum Ausgleich unvorhersehbarer Verluste aus den überschussberechtigten Versicherungsverträgen, die auf allgemeine Änderungen der Verhältnisse zurückzuführen sind, oder – sofern die Rechnungsgrundlagen aufgrund einer unvorhersehbaren und nicht nur vorübergehenden Änderung der Verhältnisse angepasst werden müssen – zur Erhöhung der Deckungsrückstellung heranziehen.
(b) Bewertungsreserven entstehen, wenn der Marktwert der Kapitalanlagen über dem Wert liegt, mit dem die Kapitalanlagen in der Bilanz ausgewiesen sind. Die Bewertungsreserven sorgen für Sicherheit und dienen dazu, kurzfristige Ausschläge an den Kapitalmärkten auszugleichen. Ein Teil der Bewertungsreserven fließt den Versicherungsnehmern unmittelbar zu. Hierzu wird die Höhe der Bewertungsreserven jährlich neu ermittelt. Der so ermittelte Wert wird den Verträgen nach dem in Absatz 2 beschriebenen Verfahren zugeordnet (§ 153 Abs. 3 VVG). Bei Beendigung der Ansparphase[38] (durch Tod, Kündigung oder Erleben des vereinbarten Rentenbeginns) teilen wir den für diesen Zeitpunkt aktuell ermittelten Betrag Ihrer Versicherung zur Hälfte zu. Auch während des Rentenbezuges werden wir Sie an

---

[37] Ggf. weitere unternehmensindividuelle Information über Gewinngruppen bzw. Untergruppen und deren Modalitäten; die Begriffe sind an die unternehmensindividuellen Gegebenheiten anzupassen.

[38] Ggf. unternehmensindividuellen früheren Zeitpunkt verwenden.

den Bewertungsreserven beteiligen. Aufsichtsrechtliche Regelungen zur Kapitalausstattung bleiben unberührt.

(2) Grundsätze und Maßstäbe für die Überschussbeteiligung Ihres Vertrages
(a) Ihre Versicherung erhält Anteile an den Überschüssen derjenigen Gruppe, die in Ihrem Versicherungsschein genannt ist. Die Mittel für die Überschussanteile werden bei der Direktgutschrift zu Lasten des Ergebnisses des Geschäftsjahres finanziert, ansonsten der Rückstellung für Beitragsrückerstattung entnommen. Die Höhe der Überschussanteilsätze wird jedes Jahr vom Vorstand unseres Unternehmens auf Vorschlag des Verantwortlichen Aktuars festgelegt. Wir veröffentlichen die Überschussanteilsätze in unserem Geschäftsbericht. Den Geschäftsbericht können Sie bei uns jederzeit anfordern.
(b) ...[39]
(c) ...[40]

(3) Information über die Höhe der Überschussbeteiligung
Die Höhe der Überschussbeteiligung hängt von vielen Einflüssen ab. Diese sind nicht vorhersehbar und von uns nur begrenzt beeinflussbar. Wichtigster Einflussfaktor ist dabei die Zinsentwicklung des Kapitalmarkts. Aber auch die Entwicklung des versicherten Risikos und der Kosten sind von Bedeutung. Die Höhe der künftigen Überschussbeteiligung kann also nicht garantiert werden.

§ 3 Wann beginnt Ihr Versicherungsschutz?

Ihr Versicherungsschutz beginnt, wenn der Vertrag abgeschlossen worden ist, jedoch nicht vor dem mit Ihnen vereinbarten, im Versicherungsschein angegebenen Versicherungsbeginn. Allerdings entfällt unsere Leistungspflicht bei nicht rechtzeitiger Zahlung des Erstbeitrags (vgl. § 4 Abs. 2 und 3 und § 6).

§ 4 Was haben Sie bei der Beitragszahlung zu beachten?

(1) Die Beiträge zu Ihrer Rentenversicherung können Sie je nach Vereinbarung durch Monats-, Vierteljahres-, Halbjahres- oder Jahresbeiträge (laufende Beiträge) entrichten. Die Versicherungsperiode umfasst bei Jahreszahlung ein Jahr, bei unterjähriger Beitragszahlung entsprechend der Zahlungsweise einen Monat, ein Vierteljahr bzw. ein halbes Jahr.

(2) Der erste Beitrag (Einlösungsbeitrag) ist unverzüglich nach Abschluss des Vertrages zu zahlen, jedoch nicht vor dem mit Ihnen vereinbarten, im Versicherungsschein angegebenen Versicherungsbeginn. Alle weiteren Beiträge (Folgebeiträge) werden zu Beginn der vereinbarten Versicherungsperiode fällig.

(3) Für die Rechtzeitigkeit der Beitragszahlung genügt es, wenn Sie fristgerecht alles getan haben, damit der Beitrag bei uns eingeht. Ist die Einziehung des Beitrags von einem Konto vereinbart, gilt die Zahlung als rechtzeitig, wenn der Beitrag zu dem in Absatz 2 genannten Termin eingezogen werden kann und Sie einer berechtigten Einziehung nicht widersprechen. Konnte der fällige Beitrag ohne Ihr Verschulden von uns nicht eingezogen werden, ist die Zahlung auch dann noch rechtzeitig, wenn sie unverzüglich nach unserer schriftlichen Zahlungsaufforderung erfolgt. Haben Sie zu vertreten, dass der Beitrag wiederholt nicht eingezo-

---

[39] Hier sind folgende unternehmensindividuelle Angaben zu machen:
a) Voraussetzung für die Fälligkeit der Überschussanteile (Wartezeit, Stichtag für die Zuteilung u. ä.)
b) Form und Verwendung der Überschussanteile (laufende Überschussanteile, Schlussüberschussanteile, Bonus, Ansammlung, Verrechnung, Barauszahlung u. ä.)
c) Bemessungsgrößen für die Überschussanteile.

[40] Hier sind der Verteilungsmechanismus, d. h. die Schlüsselung der ermittelten, verteilungsfähigen Bewertungsreserven auf den einzelnen Vertrag und die Bewertungsstichtage anzugeben. Vgl. hierzu auch Gesamtgeschäftsplan für die Überschussbeteiligung, Abschnitte 3.11.1 bis 3. 11. 11.

gen werden kann, sind wir berechtigt, künftig die Zahlung außerhalb des Lastschriftverfahrens zu verlangen.

(4) Die Übermittlung Ihrer Beiträge erfolgt auf Ihre Gefahr und Ihre Kosten.

(5) Für eine Stundung der Beiträge ist eine schriftliche Vereinbarung mit uns erforderlich.

(6) Bei Fälligkeit einer Versicherungsleistung werden wir etwaige Beitragsrückstände verrechnen.

§ 5 Wie verwenden wir die staatlichen Zulagen?

Die uns zugeflossenen staatlichen Zulagen werden Ihrem Vertrag unverzüglich gutgeschrieben und zur Erhöhung der Versicherungsleistung verwendet. Diese errechnet sich nach Ihrem am Erhöhungstermin erreichten rechnungsmäßigen Alter,[41] der restlichen Laufzeit bis zum vereinbarten Auszahlungsbeginn und dem bei Abschluss des Vertrages gültigen Tarif. Erhöhungstermin ist ...[42]

Bemerkung
Soll die Erhöhung nach dem jeweils gültigen Tarif erfolgen, ist dies besonders deutlich herauszustellen.

§ 6 Was geschieht, wenn Sie einen Beitrag nicht rechtzeitig zahlen?

(1) Wenn Sie den Einlösungsbeitrag nicht rechtzeitig zahlen, können wir – solange die Zahlung nicht bewirkt ist – vom Vertrag zurücktreten. Dies gilt nicht, wenn uns nachgewiesen wird, dass Sie die nicht rechtzeitige Zahlung nicht zu vertreten haben.

(2) Wenn der Folgebeitrag oder ein sonstiger Betrag, den Sie aus dem Versicherungsverhältnis schulden, nicht rechtzeitig gezahlt worden ist oder nicht eingezogen werden konnte, erhalten Sie von uns auf Ihre Kosten eine Mahnung in Textform. Darin setzen wir Ihnen eine Zahlungsfrist von mindestens zwei Wochen. Begleichen Sie den Rückstand nicht innerhalb der gesetzten Frist, vermindert sich Ihr Versicherungsschutz. Auf die Rechtsfolgen werden wir Sie in der Mahnung ausdrücklich hinweisen.

§ 7 Wann können Sie Ihre Versicherung ruhen lassen?

(1) Sie können uns vor Beginn der Auszahlungsphase jederzeit schriftlich mitteilen, dass Sie Ihre Versicherung zum Schluss der laufenden Versicherungsperiode ruhen lassen möchten (Beitragsfreistellung). In diesem Fall setzen wir die versicherte Rente auf eine beitragsfreie Rente herab, die nach anerkannten Regeln der Versicherungsmathematik für den Zeitpunkt errechnet wird, bis zu dem Beiträge gezahlt wurden. Der aus Ihrer Versicherung für die Bildung der beitragsfreien Rente zur Verfügung stehende Betrag mindert sich um einen Abzug in Höhe von ...[43] Mit dem Abzug wird die Veränderung der Risikolage des verbleibenden Versicherungsbestandes[44] ausgeglichen; zudem wird damit ein Ausgleich für kollektiv gestelltes Risikokapital vorgenommen.[45] Weitere Erläuterungen sowie versicherungsmathematische Hinweise zum Abzug finden Sie im Anhang zu den Versiche-

---

[41] Ihr erreichtes rechnungsmäßiges Alter errechnet sich aus der Differenz zwischen dem Beginn Ihrer Versicherung und Ihrem Geburtsjahr zuzüglich der seit Versicherungsbeginn zurückgelegten Vertragsdauer (ggf. unternehmensindividuell anpassen).
[42] Unternehmensindividuell zu ergänzen.
[43] Unternehmensindividuell anpassen.
[44] Ggf. unternehmensindividuell anpassen, wenn im Bedingungswerk eine andere Diktion veranlasst ist.
[45] Ggf. unternehmensindividuell anpassen, wenn auch aus anderen Gründen oder nur in eingeschränktem Umfang, also nicht aus allen o. g. Gründen, ein Abzug erfolgen soll.

rungsbedingungen. Sofern Sie uns nachweisen, dass die dem Abzug zugrunde liegenden Annahmen in Ihrem Fall entweder dem Grunde nach nicht zutreffen oder der Abzug wesentlich niedriger zu beziffern ist, entfällt der Abzug bzw. wird – im letzteren Falle – entsprechend herabgesetzt.

(2) Die Beitragsfreistellung Ihrer Versicherung ist mit Nachteilen verbunden. Der für die Bildung einer beitragsfreien Rente zur Verfügung stehende Betrag erreicht erst nach einem bestimmten Zeitraum die Summe der eingezahlten Beiträge, da aus diesen auch Abschluss- und Vertriebskosten sowie Kosten für die Verwaltung des gebildeten Kapitals finanziert werden. Nähere Informationen zur beitragsfreien Rente und ihrer Höhe können Sie Ihrem Versicherungsschein entnehmen.

(3) Ihre Versicherung können Sie jederzeit durch Fortsetzung der Beitragszahlung wieder in Kraft setzen.[46] Die Garantie gemäß § 1 Abs. 4 gilt entsprechend.

§ 8 Wie können Sie gebildetes Kapital für Wohneigentum verwenden?

(1) Sie können bis zum Beginn der Auszahlungsphase mit einer Frist von drei Monaten zum Ende eines Kalendervierteljahres verlangen, dass das gebildete Kapital für eine Verwendung als Altersvorsorge-Eigenheimbetrag im Sinne des § 92a des Einkommensteuergesetzes ausgezahlt wird. Dies führt zu einer Verringerung bzw. zum Wegfall des gebildeten Kapitals und der versicherten Leistungen. Im Falle einer Rückzahlung werden das gebildete Kapital und die versicherten Leistungen neu berechnet. Die Berechnung der versicherten Leistungen erfolgt jeweils nach anerkannten Regeln der Versicherungsmathematik.[47]

(2) Einzelheiten und Erläuterungen zum Altersvorsorge-Eigenheimbetrag finden Sie in der dem Versicherungsschein beigefügten Verbraucherinformation über die geltenden Steuerregelungen.

§ 9 Wann können Sie Ihre Versicherung kündigen?

Kündigung des Vertrages zur Auszahlung des Rückkaufswertes

(1) Sie können Ihre Versicherung vor Beginn der Auszahlungsphase jederzeit zum Schluss der Versicherungsperiode ganz oder teilweise schriftlich kündigen.

(2) Bei Kündigung werden wir entsprechend § 169 VVG den Rückkaufswert erstatten. Der Rückkaufswert ist das nach anerkannten Regeln der Versicherungsmathematik mit den Rechnungsgrundlagen der Prämienkalkulation zum Schluss der laufenden Versicherungsperiode berechnete Deckungskapital der Versicherung unter Berücksichtigung der Abschluss- und Vertriebskosten gemäß § 10. Von dem so ermittelten Wert erfolgt ein Abzug von ...[48] Mit dem Abzug wird die Veränderung der Risikolage des verbleibenden Versichertenbestandes ausgeglichen; zudem wird damit ein Ausgleich für kollektiv gestelltes Risikokapital vorgenommen.[49] Weitere Erläuterungen sowie versicherungsmathematische Hinweise zum Abzug finden Sie im Anhang zu den Versicherungsbedingungen. Sofern Sie uns nachweisen, dass die dem Abzug zugrunde liegenden Annahmen in Ihrem Fall entweder dem Grunde nach nicht zutreffen oder der Abzug wesentlich niedriger zu beziffern ist, entfällt der Abzug bzw. wird – im letzteren Falle – entsprechend herabgesetzt.

Sofern Sie gemäß § 8 Kapital für Wohneigentum verwendet haben, wird dies bei der Berechnung des Rückkaufswertes berücksichtigt.

---

[46] Die Bedingungen für die Wiederinkraftsetzung sind unternehmensindividuell zu ergänzen (z. B. Regelung bzgl. der zugrunde liegenden Kalkulationsgrundlagen).

[47] Falls eine Gebühr für die Verwendung als Altersvorsorge-Eigenheimbetrag vereinbart werden soll, ist § 8 entsprechend zu ergänzen.

[48] Unternehmensindividuell anpassen.

[49] Ggf. unternehmensindividuell anpassen, wenn auch aus anderen Gründen oder nur in eingeschränktem Umfang, also nicht aus allen oben genannten Gründen, ein Abzug erfolgen soll.

Beitragsrückstände werden vom Rückkaufswert abgesetzt.

(3) Wir sind nach § 169 Abs. 6 VVG berechtigt, den nach Absatz 2 berechneten Betrag angemessen herabzusetzen, soweit dies erforderlich ist, um eine Gefährdung der Belange der Versicherungsnehmer, insbesondere durch eine Gefährdung der dauernden Erfüllbarkeit der sich aus den Versicherungsverträgen ergebenden Verpflichtungen, auszuschließen. Die Herabsetzung ist jeweils auf ein Jahr befristet.

(4) Zusätzlich zahlen wir die Ihrem Vertrag bereits zugeteilten Überschussanteile aus, soweit sie nicht bereits in dem nach Absatz 2 berechneten Rückkaufswert enthalten sind, sowie einen Schlussüberschussanteil, soweit ein solcher nach § 2 Abs. ...[50] für den Fall einer Kündigung vorgesehen ist. Außerdem erhöht sich der Auszahlungsbetrag bei einer Kündigung vor Rentenbeginn ggf. um die Ihrer Versicherung gemäß § 2 ...[51] zugeteilten Bewertungsreserven.

(5) Die Kündigung Ihrer Versicherung ist mit Nachteilen verbunden. Der Rückkaufswert erreicht erst nach einem bestimmten Zeitraum die Summe der eingezahlten Beiträge, da aus diesen auch Abschluss- und Vertriebskosten sowie Kosten für die Verwaltung des gebildeten Kapitals finanziert werden und der oben erwähnte Abzug erfolgt. Nähere Informationen zum Rückkaufswert, seiner Höhe und darüber, in welchem Ausmaß er garantiert ist, können Sie der beigefügten Tabelle entnehmen.

Kündigung des Vertrages zur Übertragung des gebildeten Kapitals auf einen anderen Vertrag

(6) Sie können Ihre Versicherung mit einer Frist von drei Monaten zum Ende des Kalendervierteljahres schriftlich kündigen, um das gebildete Kapital auf einen anderen Altersvorsorgevertrag übertragen zu lassen. Dieser Vertrag muss zertifiziert sein und auf Ihren Namen lauten; er kann bei uns oder einem anderen Anbieter bestehen. Nach Beginn der Auszahlungsphase ist eine Übertragung des gebildeten Kapitals nicht mehr möglich.

(7) Das gebildete Kapital entspricht dem nach den anerkannten Regeln der Versicherungsmathematik mit den Rechnungsgrundlagen der Beitragskalkulation berechneten Deckungskapital Ihrer Versicherung. Es erhöht sich um bereits zugeteilte Überschussanteile, den übertragungsfähigen Wert aus Schlussüberschussanteilen sowie den nach § 153 Abs. 1 und 3 des Versicherungsvertragsgesetzes zuzuteilenden Bewertungsreserven. Berechnungsstichtag ist das Ende des Kalendervierteljahres, zu dem Sie Ihre Versicherung wirksam gekündigt haben. Der Ermittlung des Wertes des Deckungskapitals legen wir dabei den ... (Stichtag)[52] zugrunde. Beitragsrückstände werden vom Übertragungswert abgezogen. Sofern Sie gemäß § 8 Kapital für Wohneigentum verwendet haben, wird dies bei der Berechnung des Übertragungswertes berücksichtigt.

(8) Auch diese Kündigung Ihrer Versicherung ist mit Nachteilen verbunden. Das gebildete Kapital erreicht erst nach einem bestimmten Zeitraum die Summe der eingezahlten Beiträge, da aus diesen auch Abschluss- und Vertriebskosten sowie Kosten für die Verwaltung des gebildeten Kapitals finanziert werden. Nähere Informationen zum gebildeten Kapital und seiner Höhe können Sie Ihrem Versicherungsschein entnehmen.

(9) Im Falle der Übertragung des gebildeten Kapitals entstehen Ihnen Kosten in Höhe von ...,[53] die vom gebildeten Kapital abgezogen werden (vgl. § 15).

(10) Das Kapital kann nicht an Sie ausgezahlt, sondern nur direkt auf den neuen Altersvorsorgevertrag übertragen werden. Hierzu müssen Sie uns bei Kündigung mitteilen, auf welchen Vertrag das Kapital übertragen werden soll. Handelt es sich dabei um einen Vertrag bei einem anderen Anbieter, müssen Sie uns die Zertifizierung dieses Vertrages nachweisen.

---

[50] Unternehmensindividuell auszufüllen.
[51] Unternehmensindividuell auszufüllen.
[52] Unternehmensindividuell festzulegen.
[53] Unternehmensindividuell zu ergänzen.

§ 10 Wie verteilen wir die bei der Beitragskalkulation in Ansatz gebrachten Abschluss- und Vertriebskosten?

Die bei der Beitragskalkulation in Ansatz gebrachten Abschluss- und Vertriebskosten verteilen wir in gleichmäßigen Jahresbeträgen über einen Zeitraum von mindestens ...[54] Jahren, aber nicht länger als bis zum Beginn der Auszahlungsphase.

§ 11 Was ist zu beachten, wenn eine Versicherungsleistung verlangt wird?

(1) Leistungen aus dem Versicherungsvertrag erbringen wir gegen Vorlage des Versicherungsscheins und eines amtlichen Zeugnisses über den Tag Ihrer Geburt.

(2) Wir können vor jeder Rentenzahlung auf unsere Kosten ein amtliches Zeugnis darüber verlangen, dass Sie noch leben.

(3) Der Todesfall ist uns unverzüglich anzuzeigen. Außer dem Versicherungsschein ist uns eine amtliche, Alter und Geburtsort enthaltende Sterbeurkunde einzureichen.

(4) Unsere Leistungen überweisen wir dem Empfangsberechtigten auf seine Kosten. Bei Überweisungen in Länder außerhalb des Europäischen Wirtschaftsraumes trägt der Empfangsberechtigte auch die damit verbundene Gefahr.

§ 12 Wer erhält die Versicherungsleistung?

(1) Die Leistungen aus dem Versicherungsvertrag erbringen wir an Sie als unseren Versicherungsnehmer. Werden nach Ihrem Tod Leistungen fällig, erbringen wir diese an Ihre Erben, soweit Sie uns keine andere Person als Bezugsberechtigten benannt haben. Dieses Bezugsrecht können Sie jederzeit widerrufen; nach Ihrem Tod kann es nicht mehr widerrufen werden.

(2) Die Einräumung und der Widerruf eines Bezugsrechtes sind uns gegenüber nur und erst dann wirksam, wenn sie uns von Ihnen schriftlich angezeigt worden sind.

§ 13 Was gilt bei Änderung Ihrer Postanschrift und Ihres Namens?

(1) Eine Änderung Ihrer Postanschrift müssen Sie uns unverzüglich mitteilen. Anderenfalls können für Sie Nachteile entstehen, da wir eine an Sie zu richtende Willenserklärung mit eingeschriebenem Brief an Ihre uns zuletzt bekannte Anschrift senden können. In diesem Fall gilt unsere Erklärung drei Tage nach Absendung des eingeschriebenen Briefes als zugegangen.

(2) Bei Änderung Ihres Namens gilt Absatz 1 entsprechend.

§ 14 Welche Informationen erhalten Sie während der Vertragslaufzeit?

Wir informieren Sie jährlich schriftlich über die Verwendung der eingezahlten Beiträge und der uns zugeflossenen staatlichen Zulagen, das bisher gebildete Kapital, die einbehaltenen anteiligen Abschluss- und Vertriebskosten, die Kosten für die Verwaltung des gebildeten Kapitals sowie die erwirtschafteten Erträge. Mit der Information nach Satz 1 werden wir Sie auch schriftlich darüber unterrichten, ob und wie wir ethische, soziale und ökologische Belange bei der Verwendung der eingezahlten Beiträge und der uns zugeflossenen staatlichen Zulagen berücksichtigen.

---

[54] Unternehmensindividuell zu ergänzen; die Mindestverteilzeit des § 1 Abs. 1 Satz 1 Nr. 8 AltZertG ist zu beachten. Soweit alle oder ein Teil der in Ansatz gebrachten Abschluss- und Vertriebskosten auf mehr als *5* Jahre verteilt werden, muss der Text entsprechend angepasst werden.

H. Allg. Bed. für eine RV und eine FRV i.S.d. AltZertG   20   AltZertG

§ 15 Welche Kosten stellen wir Ihnen gesondert in Rechnung?

(1) Falls aus besonderen, von Ihnen veranlassten Gründen ein zusätzlicher Verwaltungsaufwand verursacht wird, können wir die in solchen Fällen durchschnittlich entstehenden Kosten als pauschalen Abgeltungsbetrag gesondert in Rechnung stellen.
Dies gilt bei
- Ausstellung eines neuen Versicherungsscheins,
- Fristsetzung in Textform bei Nichtzahlung von Folgebeiträgen,
- Rückläufern im Lastschriftverfahren,
- Übertragung des gebildeten Kapitals
- ...[55]

(2) Sofern Sie uns nachweisen, dass die dem pauschalen Abgeltungsbetrag zugrunde liegenden Annahmen in Ihrem Fall entweder dem Grunde nach nicht zutreffen oder der Höhe nach wesentlich niedriger zu beziffern sind, entfällt der Abgeltungsbetrag bzw. wird – im letzteren Falle – entsprechend herabgesetzt.

§ 16 Welches Recht findet auf Ihren Vertrag Anwendung?

Auf Ihren Vertrag findet das Recht der Bundesrepublik Deutschland Anwendung.

§ 17 Wo ist der Gerichtsstand?

(1) Für Klagen aus dem Versicherungsvertrag gegen uns bestimmt sich die gerichtliche Zuständigkeit nach unserem Sitz oder der für den Versicherungsvertrag zuständigen Niederlassung. Sie können bei Klagen gegen uns auch das Gericht anrufen, in dessen Bezirk Sie zur Zeit der Klageerhebung Ihren Wohnsitz oder, in Ermangelung eines solchen, Ihren gewöhnlichen Aufenthalt haben.

(2) Klagen aus dem Versicherungsvertrag gegen Sie müssen bei dem Gericht erhoben werden, das für Ihren Wohnsitz oder, in Ermangelung eines solchen, den Ort Ihres gewöhnlichen Aufenthalts zuständig ist.

(3) Verlegen Sie Ihren Wohnsitz in einen Staat außerhalb der Europäischen Gemeinschaft, Islands, Norwegens oder der Schweiz, sind die Gerichte des Staates zuständig, in dem wir unseren Sitz haben.

2. Allgemeine Bedingungen für eine Fondsgebundene Rentenversicherung mit Auszahlung des Deckungskapitals bei Tod als Altersvorsorgevertrag im Sinne des Altersvorsorgeverträge-Zertifizierungsgesetzes (FRVAltZertG 2008)[56]

Sehr geehrte Kundin, sehr geehrter Kunde,
Sie sind als Versicherungnehmer und versicherte Person unser Vertragspartner; für unser Vertragsverhältnis gelten die nachfolgenden Bedingungen. In den Bedingungen werden die vertragsrechtlichen Leistungen beschrieben, nicht aber, ob und inwieweit wir aufgrund steuerrechtlicher Regelungen Beträge einbehalten müssen. Informationen zur steuerlichen Behandlung der Versicherung (auch zu den staatlichen Zulagen) finden Sie in den Steuerhinweisen im Versicherungsschein.

---

[55] Unternehmensindividuell auszufüllen.
[56] Stand: 2. 5. 2008 u. 10. 12. 2008. GDV-Rundschreiben Nr. 0850/2008 v. 7. 5. 2008 u. Nr. 2365/2008 v. 10. 12. 2008: Diese Bedingungen sind für die Versicherer unverbindlich; ihre Verwendung ist rein fakultativ. Abweichende Bedingungen können vereinbart werden. Anm. des Verfassers: In den FRVAltZertG 2008 werden die Bestimmungen des VVG 2008 genannt.

Inhaltsverzeichnis

§ 1 Welche Leistungen erbringen wir?
§ 2 Wie erfolgt die Überschussbeteiligung?
§ 3 Wann beginnt Ihr Versicherungsschutz?
§ 4 Wie verwenden wir Ihre Beiträge und die staatlichen Zulagen?
§ 5 Was haben Sie bei der Beitragszahlung zu beachten?
§ 6 Was geschieht, wenn Sie einen Beitrag nicht rechtzeitig zahlen?
§ 7 Wann können Sie Ihre Versicherung ruhen lassen?
§ 8 Wie können Sie gebildetes Kapital für Wohneigentum verwenden?
§ 9 Wann können Sie Ihre Versicherung kündigen?
§ 10 Wie verteilen wir die bei der Beitragskalkulation in Ansatz gebrachten Abschluss- und Vertriebskosten?
§ 11 Was ist zu beachten, wenn eine Versicherungsleistung verlangt wird?
§ 12 Wer erhält die Versicherungsleistung?
§ 13 Was gilt bei Änderungen Ihrer Postanschrift und Ihres Namens?
§ 14 Welche Informationen erhalten Sie während der Vertragslaufzeit?
§ 15 Welche Kosten stellen wir Ihnen gesondert in Rechnung?
§ 16 Welches Recht findet auf Ihren Vertrag Anwendung?
§ 17 Wo ist der Gerichtsstand?

§ 1 Welche Leistungen erbringen wir?

(1) **Die Fondsgebundene Rentenversicherung bietet vor Beginn der Rentenzahlung (Aufschubzeit) Versicherungsschutz unter unmittelbarer Beteiligung an der Wertentwicklung eines Sondervermögens (Anlagestock). Der Anlagestock wird gesondert vom sonstigen Vermögen überwiegend in Wertpapieren angelegt und in Anteileinheiten aufgeteilt.**
Zur Sicherstellung der gesetzlich geforderten Beitragserhaltungsgarantie (vgl. Abs. 5) werden Beitragsteile in unserem sonstigen Vermögen angelegt.
Mit Rentenbeginn (Beginn der Auszahlungsphase) wird dem Anlagestock der auf Ihren Vertrag entfallende Anteil entnommen und in unserem sonstigen Vermögen angelegt.

(2) Der Wert einer Anteileinheit richtet sich nach der Wertentwicklung des Anlagestocks. Den Wert der Anteileinheit ermitteln wir dadurch, dass der Geldwert des Anlagestocks am jeweiligen Stichtag durch die Anzahl der zu diesem Zeitpunkt vorhandenen Anteileinheiten geteilt wird; Zertifikate von Investmentfonds werden mit dem Rücknahmepreis angesetzt.

(3) Die Erträge aus den im Anlagestock enthaltenen Vermögenswerten werden nicht ausgeschüttet. Sie fließen unmittelbar dem Anlagestock zu und erhöhen damit den Wert der Anteileinheiten.[57] Steuererstattungen auf Erträge des Anlagestocks und die nicht zur Sicherstellung der Beitragserhaltungsgarantie sowie zur Deckung von Kosten des Versicherungsbetriebes bestimmten Teile der staatlichen Zulagen (vgl. § 4 Abs. 1) rechnen wir in Anteileinheiten um und schreiben sie den einzelnen Altersvorsorgeverträgen gut.

(4) Da die Entwicklung der Vermögenswerte des Anlagestocks nicht vorauszusehen ist, können wir vor Beginn der Rentenzahlung die Höhe der Rente nur bis zum Betrag garantieren, der sich aus der Beitragserhaltungsgarantie (vgl. Abs. 5) ergibt. Sie haben die Chance, insbesondere bei Kurssteigerungen der Wertpapiere des Anlagestocks einen Wertzuwachs zu erzielen; bei Kursrückgängen tragen Sie das Risiko der Wertminderung. Bei Werten, die nicht in Euro geführt werden, können Schwankungen der Währungskurse den Wert der Anlage zusätzlich beeinflussen. Das bedeutet, dass die Rente je nach Entwicklung der Vermögenswerte des Anlagestocks höher oder niedriger ausfallen wird.

(5) **Zu Beginn der Auszahlungsphase stehen mindestens die eingezahlten Beiträge und die uns zugeflossenen staatlichen Zulagen für die Bildung einer Rente**

---

[57] Sofern die Erträge in zusätzliche Anteile umgewandelt werden, ist Satz 2 entsprechend anzupassen.

zur Verfügung. Sofern Sie gemäß § 8 Kapital für Wohneigentum verwenden, verringert sich dieser Mindestbetrag entsprechend.[58]

(6) Die Höhe der Rente ist vom Wert der insgesamt gutgeschriebenen Anteileinheiten (Deckungskapital) bei Beginn der Rentenzahlung sowie dem im Versicherungsschein genannten Rentenfaktor abhängig. Der Wert des Deckungskapitals ist die Summe aus dem vorhandenen Wert der Anteileinheiten und dem garantierten Wert der im sonstigen Vermögen angelegten Beitrags- und Zulagenteile (vgl. § 4 Abs. 1). Der vorhandene Wert der Anteileinheiten ergibt sich aus der Anzahl der auf Ihre Versicherung entfallenden Anteileinheiten multipliziert mit dem am ... (Stichtag)[59] ermittelten Wert einer Anteileinheit. Der zu zahlende Rentenbetrag wird zum Zeitpunkt des Rentenbeginns berechnet, indem der Wert des Deckungskapitals durch den Rentenfaktor dividiert wird. Mindestens wird eine Rente in Höhe der im Versicherungsschein ausgewiesenen Garantierente gezahlt.

(7) Erleben Sie den vereinbarten Rentenbeginn, zahlen wir die unabhängig vom Geschlecht berechnete Rente lebenslang in gleichbleibender Höhe jeweils zum ... (Stichtag)[60] eines Monats. Falls die Rente weniger als ...[61] Euro monatlich beträgt, fassen wir zwölf Monatsrenten zu einer Auszahlung zusammen. Wir sind berechtigt, eine Kleinbetragsrente nach § 93 Abs. 3 des Einkommensteuergesetzes abzufinden. Rentenzahlungen erhalten Sie frühestens ab Vollendung des 60. Lebensjahres. Beziehen Sie vor Vollendung des 60. Lebensjahres Leistungen aus einem gesetzlichen Alterssicherungssystem, können Sie eine verminderte Rente auch schon vorher in Anspruch nehmen. Den genauen Rentenbeginn (Beginn der Auszahlungsphase) entnehmen Sie dem Versicherungsschein.[62] Ihnen können zu Beginn der Auszahlungsphase bis zu 30 vom Hundert des dann zur Verfügung stehenden Kapitals außerhalb der monatlichen Leistungen ausgezahlt werden. Dies führt zu einer Verringerung der Rentenleistungen. Die gesonderte Auszahlung der in der Auszahlungsphase anfallenden Zinsen und Erträge ist zulässig und bedarf einer Vereinbarung bei Rentenbeginn.

(8) Erleben Sie den vereinbarten Rentenbeginn und ist eine Rentengarantiezeit vereinbart, zahlen wir die ermittelte Rente mindestens bis zum Ablauf der Rentengarantiezeit, unabhängig davon, ob Sie diesen Termin erleben.[63]

(9) Sterben Sie vor dem vereinbarten Rentenbeginn, zahlen wir das zu diesem Zeitpunkt vorhandene Deckungskapital (vgl. Abs. 6). Der Ermittlung des Wertes des Deckungskapitals legen wir dabei den ... (Stichtag)[64] zugrunde.

(10) Die Versicherungsleistungen erbringen wir in Geld.

§ 2 Wie erfolgt die Überschussbeteiligung?

Wichtig für den Gesamtertrag des Vertrages vor Rentenbeginn ist die Entwicklung des Sondervermögens, an dem Sie unmittelbar beteiligt sind (vgl. § 1 Abs. 1). Darüber hinaus beteiligen wir Sie und die anderen Versicherungsnehmer gemäß § 153 des Versicherungsvertragsgesetzes (VVG) an den Überschüssen und Bewertungsreserven (Überschussbeteiligung). Die Überschüsse werden nach den Vorschriften des Handelsgesetzbuches ermittelt und jährlich im Rahmen unseres

---

[58] Bemerkung:
Bei Einschluss einer Zusatzversicherung für verminderte Erwerbsfähigkeit oder Dienstunfähigkeit oder für die Absicherung der Hinterbliebenen wird Absatz 5 wie folgt ergänzt:
„Sofern eine Zusatzversicherung zur Absicherung der verminderten Erwerbsfähigkeit oder Dienstunfähigkeit oder der Hinterbliebenen eingeschlossen ist, werden wir hierfür die auf die Deckung dieses Risikos entfallenden Beiträge in Abzug bringen, höchstens jedoch 15% der Gesamtbeiträge."
[59] Unternehmensindividuell festzulegen.
[60] Unternehmensindividuell festzulegen.
[61] Unternehmensindividuell festzulegen.
[62] Unternehmensindividuell festzulegen.
[63] Unternehmensindividuell festzulegen.
[64] Unternehmensindividuell festzulegen.

Jahresabschlusses festgestellt. Die Bewertungsreserven werden dabei im Anhang des Geschäftsberichtes ausgewiesen. Der Jahresabschluss wird von einem unabhängigen Wirtschaftsprüfer geprüft und ist unserer Aufsichtsbehörde einzureichen.

(1) Grundsätze und Maßstäbe für die Überschussbeteiligung der Versicherungsnehmer
(a) Überschüsse entstehen dann, wenn die Lebenserwartung und die Kosten niedriger sind, als bei der Tarifkalkulation angenommen. An diesen Überschüssen werden die Versicherungsnehmer nach der Verordnung über die Mindestbeitragsrückerstattung in der Lebensversicherung (Mindestzuführungsverordnung) angemessen beteiligt und zwar nach der derzeitigen Rechtslage am Risikoergebnis (Lebenserwartung) grundsätzlich zu mindestens 75% und am übrigen Ergebnis (einschließlich Kosten) grundsätzlich zu mindestens 50% (§ 4 Abs. 4 u. 5, § 5 Mindestzuführungsverordnung). Im Übrigen stammen die Überschüsse vor und nach Rentenbeginn aus den Erträgen der Kapitalanlagen des sonstigen Vermögens (vgl. § 1 Abs. 1).

Von den Nettoerträgen derjenigen Kapitalanlagen, die für künftige Versicherungsleistungen vorgesehen sind (§ 3 Mindestzuführungsverordnung), erhalten die Versicherungsnehmer insgesamt mindestens den in dieser Verordnung genannten Prozentsatz. In der derzeitigen Fassung der Verordnung sind grundsätzlich 90% vorgeschrieben (§ 4 Abs. 3, § 5 Mindestzuführungsverordnung). Aus diesem Betrag werden zunächst die Beträge finanziert, die für die garantierten Versicherungsleistungen benötigt werden. Die verbleibenden Mittel verwenden wir für die Überschussbeteiligung der Versicherungsnehmer.

Die verschiedenen Versicherungsarten tragen unterschiedlich zum Überschuss bei. Wir haben deshalb gleichartige Versicherungen zu Gruppen zusammengefasst. Gewinngruppen bilden wir beispielsweise, um das versicherte Risiko wie das Langlebigkeits- oder Berufsunfähigkeitsrisiko zu berücksichtigen.[65] Die Verteilung des Überschusses für die Versicherungsnehmer auf die einzelnen Gruppen orientiert sich daran, in welchem Umfang sie zu seiner Entstehung beigetragen haben. Den Überschuss führen wir der Rückstellung für Beitragsrückerstattung zu, soweit er nicht in Form der sog. Direktgutschrift bereits unmittelbar den überschussberechtigten Versicherungen gutgeschrieben wird. Diese Rückstellung dient dazu, Ergebnisschwankungen im Zeitablauf zu glätten. Sie darf grundsätzlich nur für die Überschussbeteiligung der Versicherungsnehmer verwendet werden. Nur in Ausnahmefällen und mit Zustimmung der Aufsichtsbehörde können wir hiervon nach § 56a des Versicherungsaufsichtsgesetzes (VAG) abweichen, soweit die Rückstellung nicht auf bereits festgelegte Überschussanteile entfällt. Nach der derzeitigen Fassung des § 56a VAG können wir die Rückstellung, im Interesse der Versicherungsnehmer auch zur Abwendung eines drohenden Notstandes, zum Ausgleich unvorhersehbarer Verluste aus den überschussberechtigten Versicherungsverträgen, die auf allgemeine Änderungen der Verhältnisse zurückzuführen sind, oder – sofern die Rechnungsgrundlagen aufgrund einer unvorhersehbaren und nicht nur vorübergehenden Änderung der Verhältnisse angepasst werden müssen – zur Erhöhung der Deckungsrückstellung heranziehen.

(b) Bewertungsreserven entstehen, wenn der Marktwert der Kapitalanlagen über dem Wert liegt, mit dem die Kapitalanlagen in der Bilanz ausgewiesen sind. Die Bewertungsreserven sorgen für Sicherheit und dienen dazu, kurzfristige Ausschläge an den Kapitalmärkten auszugleichen. Ein Teil der Bewertungsreserven fließt den Versicherungsnehmern unmittelbar zu. Hierzu wird die Höhe der Bewertungsreserven jährlich neu ermittelt. Der so ermittelte Wert wird den Verträgen nach dem in Absatz 2 beschriebenen Verfahren zugeordnet (§ 153 Abs. 3 VVG). Bei Beendigung der Ansparphase[66] (durch Tod, Kündigung oder Erleben des vereinbarten Rentenbeginns) teilen wir den für diesen Zeitpunkt aktuell ermittelten Be-

---

[65] Ggf. weitere unternehmensindividuelle Information über Gewinngruppen bzw. Untergruppen und deren Modalitäten; die Begriffe sind an die unternehmensindividuellen Gegebenheiten anzupassen.

[66] Ggf. unternehmensindividuellen früheren Zeitpunkt verwenden.

trag Ihrer Versicherung zur Hälfte zu. Auch während des Rentenbezuges werden wir Sie an den Bewertungsreserven beteiligen. Aufsichtsrechtliche Regelungen zur Kapitalausstattung bleiben unberührt.

(2) Grundsätze und Maßstäbe für die Überschussbeteiligung Ihres Vertrages
(a) Ihre Versicherung erhält Anteile an den Überschüssen derjenigen Gruppe, die in Ihrem Versicherungsschein genannt ist. Die Mittel für die Überschussanteile werden bei der Direktgutschrift zu Lasten des Ergebnisses des Geschäftsjahres finanziert, ansonsten der Rückstellung für Beitragsrückerstattung entnommen. Die Höhe der Überschussanteilsätze wird jedes Jahr vom Vorstand unseres Unternehmens auf Vorschlag des Verantwortlichen Aktuars festgelegt. Wir veröffentlichen die Überschussanteilsätze in unserem Geschäftsbericht. Den Geschäftsbericht können Sie bei uns jederzeit anfordern.
(b) ...[67]
(c) ...[68]

(3) Information über die Höhe der Überschussbeteiligung
Die Höhe der Überschussbeteiligung hängt von vielen Einflüssen ab. Diese sind nicht vorhersehbar und von uns nur begrenzt beeinflussbar. Ein wichtiger Einflussfaktor ist dabei die Zinsentwicklung des Kapitalmarkts. Aber auch die Entwicklung des versicherten Risikos und der Kosten sind von Bedeutung. Die Höhe der künftigen Überschussbeteiligung kann also nicht garantiert werden.

§ 3 Wann beginnt Ihr Versicherungsschutz?

Ihr Versicherungsschutz beginnt, wenn der Vertrag abgeschlossen worden ist, jedoch nicht vor dem mit Ihnen vereinbarten, im Versicherungsschein angegebenen Versicherungsbeginn. Allerdings entfällt unsere Leistungspflicht bei nicht rechtzeitiger Zahlung des Erstbeitrags (vgl. § 5 Abs. 2 und 3 und § 6).

§ 4 Wie verwenden wir Ihre Beiträge und die staatlichen Zulagen?

(1) Wir führen Ihre Beiträge und die uns zugeflossenen staatlichen Zulagen, soweit sie nicht zur Sicherstellung der Beitragserhaltungsgarantie (vgl. § 1 Abs. 5) und zur Deckung von Kosten bestimmt sind, dem Anlagestock (vgl. § 1 Abs. 1) zu und rechnen sie zum ... (Stichtag)[69] in Anteileinheiten um. Die im Laufe des Kalenderjahres eingezahlten, in unserem sonstigen Vermögen angelegten Teile der Beiträge und der uns zugeflossenen staatlichen Zulagen abzüglich der tariflichen Kosten verzinsen wir ... mit dem tariflichen Garantiezinssatz von ... % p.a. Die aufgelaufenen Zinsen werden zum Schluss des Kalenderjahres berechnet, dem Kapital hinzugerechnet und mit diesem von Beginn des neuen Kalenderjahres an verzinst. Zum Jahresende werden tarifliche Kosten entnommen. Der tarifliche Garantiezins ist im Versicherungsschein festgelegt.
(2) Bei ruhenden (beitragsfreien) Versicherungen entnehmen wir dem Deckungskapital monatlich zum ... (Stichtag)[70] Anteile, um die einkalkulierten Kosten zu decken.[71]

---

[67] Hier sind folgende unternehmensindividuelle Angaben zu machen:
a) Voraussetzung für die Fälligkeit der Überschussanteile (Wartezeit, Stichtag für die Zuteilung u. ä.)
b) Form und Verwendung der Überschussanteile (laufende Überschussanteile, Schlussüberschussanteile, Bonus, Ansammlung, Verrechnung, Barauszahlung u. ä.)
c) Bemessungsgrößen für die Überschussanteile.
[68] Hier sind der Verteilungsmechanismus, d. h. die Schlüsselung der ermittelten, verteilungsfähigen Bewertungsreserven auf den einzelnen Vertrag und die Bewertungsstichtage anzugeben. Vgl. hierzu auch Gesamtgeschäftsplan für die Überschussbeteiligung, Abschnitte 3.11.1 bis 3. 11. 11.
[69] Unternehmensindividuell festzulegen.
[70] Unternehmensindividuell festzulegen.
[71] Unternehmensindividuell festzulegen.

§ 5 Was haben Sie bei der Beitragszahlung zu beachten?

(1) Die Beiträge zu Ihrer Rentenversicherung können Sie je nach Vereinbarung durch Monats-, Vierteljahres-, Halbjahres- oder Jahresbeiträge (laufende Beiträge) entrichten. Die Versicherungsperiode umfasst bei Jahreszahlungen ein Jahr, bei unterjähriger Beitragszahlung entsprechend der Zahlungsweise einen Monat, ein Vierteljahr bzw. ein halbes Jahr.

(2) Der erste Beitrag ist unverzüglich nach Abschluss des Vertrages zu zahlen, jedoch nicht vor dem mit Ihnen vereinbarten im Versicherungsschein angegebenen Versicherungsbeginn. Alle weiteren Beiträge (Folgebeiträge) werden zu Beginn der vereinbarten Versicherungsperiode fällig.

(3) Für die Rechtzeitigkeit der Beitragszahlung genügt es, wenn Sie fristgerecht alles getan haben, damit der Beitrag bei uns eingeht. Ist die Einziehung des Beitrags von einem Konto vereinbart, gilt die Zahlung als rechtzeitig, wenn der Beitrag zu dem in Absatz 2 genannten Termin eingezogen werden kann und Sie einer berechtigten Einziehung nicht widersprechen. Konnte der fällige Beitrag ohne Ihr Verschulden von uns nicht eingezogen werden, ist die Zahlung auch dann noch rechtzeitig, wenn sie unverzüglich nach unserer schriftlichen Zahlungsaufforderung erfolgt. Haben Sie zu vertreten, dass der Beitrag wiederholt nicht eingezogen werden kann, sind wir berechtigt, künftig die Zahlung außerhalb des Lastschriftverfahrens zu verlangen.

(4) Die Übermittlung Ihrer Beiträge erfolgt auf Ihre Gefahr und Ihre Kosten.

§ 6 Was geschieht, wenn Sie einen Beitrag nicht rechtzeitig zahlen?

(1) Wenn Sie den Einlösungsbeitrag nicht rechtzeitig zahlen, können wir – solange die Zahlung nicht bewirkt ist – vom Vertrag zurücktreten. Dies gilt nicht, wenn uns nachgewiesen wird, dass Sie die nicht rechtzeitige Zahlung nicht zu vertreten haben.

(2) Wenn Sie einen Folgebeitrag oder einen sonstigen Betrag, den Sie aus dem Versicherungsverhältnis schulden, nicht rechtzeitig zahlen, erhalten Sie von uns auf Ihre Kosten eine Mahnung in Textform. Darin setzen wir Ihnen eine Zahlungsfrist von mindestens zwei Wochen. Begleichen Sie den Rückstand nicht innerhalb der gesetzten Frist, vermindert sich Ihr Versicherungsschutz. Auf die Rechtsfolgen werden wir Sie in der Mahnung ausdrücklich hinweisen.

§ 7 Wann können Sie Ihre Versicherung ruhen lassen?

(1) Sie können Ihre Versicherung vor Beginn der Auszahlungsphase jederzeit zum Schluss der laufenden Versicherungsperiode ruhen lassen (Beitragsfreistellung). In diesem Fall wird das nach § 9 berechnete Deckungskapital Ihrer Versicherung zum Schluss der laufenden Versicherungsperiode, für die Beiträge gezahlt sind, um einen als angemessen angesehenen Abzug in Höhe von ...[72] herabgesetzt. Mit dem Abzug wird die Veränderung der Risikolage des verbleibenden Versicherungsbestandes ausgeglichen; zudem wird damit ein Ausgleich für kollektiv gestelltes Risikokapital vorgenommen. Weitere Erläuterungen sowie versicherungsmathematische Hinweise zum Abzug finden Sie im Anhang zu den Versicherungsbedingungen. Sofern Sie uns nachweisen, dass die dem Abzug zugrunde liegenden Annahmen in Ihrem Fall entweder dem Grunde nach nicht zutreffen oder der Abzug wesentlich niedriger zu beziffern ist, entfällt der Abzug bzw. wird – im letzteren Falle – entsprechend herabgesetzt.

(2) Die Beitragsfreistellung Ihrer Versicherung ist mit Nachteilen verbunden. Der für die Bildung einer beitragsfreien Rente zur Verfügung stehende Betrag erreicht erst nach einem bestimmten Zeitraum die Summe der eingezahlten Beiträge, da aus diesen auch Abschluss- und Vertriebskosten sowie Kosten für die Verwaltung

---

[72] Unternehmensindividuell festzulegen.

des gebildeten Kapitals finanziert werden und der oben erwähnte Abzug erfolgt. Nähere Informationen zur beitragsfreien Rente und ihrer Höhe können Sie der beigefügten Tabelle entnehmen.

(3) Ihre Versicherung können Sie jederzeit durch Fortsetzung der Beitragszahlung wieder in Kraft setzen.[73] Die Garantie gemäß § 1 Abs. 5 gilt entsprechend.

§ 8 Wie können Sie gebildetes Kapital für Wohneigentum verwenden?

(1) Sie können bis zum Beginn der Auszahlungsphase mit einer Frist von drei Monaten zum Ende eines Kalendervierteljahres verlangen, dass das gebildete Kapital für eine Verwendung als Altersvorsorge-Eigenheimbetrag im Sinne des § 92 a des Einkommensteuergesetzes ausgezahlt wird. Dies führt zu einer Verringerung bzw. zum Wegfall des Deckungskapitals. Zur Ermittlung des Wertes des Auszahlungsbetrages wird dabei der ... (Stichtag)[74] verwendet. Im Falle einer Rückzahlung wird das Deckungskapital erhöht.

(2) Einzelheiten und Erläuterungen zum Altersvorsorge-Eigenheimbetrag finden Sie in der dem Versicherungsschein beigefügten Verbraucherinformation über die geltenden Steuerregelungen.

§ 9 Wann können Sie Ihre Versicherung kündigen?

Kündigung des Vertrages zur Auszahlung des Rückkaufswertes

(1) Sie können Ihre Versicherung jederzeit – jedoch nur vor dem vereinbarten Rentenzahlungsbeginn – zum Schluss der Versicherungsperiode ganz oder teilweise schriftlich kündigen.

(2) Nach § 169 VVG erstatten wir – soweit bereits entstanden – den Rückkaufswert. Er ist das nach anerkannten Regeln der Versicherungsmathematik mit den Rechnungsgrundlagen der Prämienkalkulation zum Schluss der laufenden Versicherungsperiode berechnete Deckungskapital der Versicherung (vgl. § 1 Abs. 6). Von dem so ermittelten Wert erfolgt ein Abzug von ...[75] Mit dem Abzug wird die Veränderung der Risikolage des verbleibenden Versichertenbestandes ausgeglichen; zudem wird damit ein Ausgleich für kollektiv gestelltes Risikokapital vorgenommen. Weitere Erläuterungen sowie versicherungsmathematische Hinweise zum Abzug finden Sie im Anhang zu den Versicherungsbedingungen. Sofern Sie uns nachweisen, dass die dem Abzug zugrunde liegenden Annahmen in Ihrem Fall entweder dem Grunde nach nicht zutreffen oder der Abzug wesentlich niedriger zu beziffern ist, entfällt der Abzug bzw. wird – im letzteren Falle – entsprechend herabgesetzt.

Beitragsrückstände werden von dem Rückkaufswert abgezogen. Sofern Sie gemäß § 8 Kapital für Wohneigentum verwendet haben, wird dies bei der Berechnung des Rückkaufswertes berücksichtigt.

(3) Wir sind nach § 169 Abs. 6 VVG berechtigt, den nach Absatz 2 berechneten Betrag angemessen herabzusetzen, soweit dies erforderlich ist, um eine Gefährdung der Belange der Versicherungsnehmer, insbesondere durch eine Gefährdung der dauernden Erfüllbarkeit der sich aus den Versicherungsverträgen ergebenden Verpflichtungen, auszuschließen. Die Herabsetzung ist jeweils auf ein Jahr befristet.

(4) Zusätzlich zahlen wir die Ihrem Vertrag bereits zugeteilten Überschussanteile aus, soweit sie nicht bereits in dem nach den Absätzen 3 und 4 berechneten Rückkaufswert enthalten sind, sowie einen Schlussüberschussanteil, soweit ein solcher für den Fall einer Kündigung vorgesehen ist (vgl. § 2 Abs. 2 b). Außerdem erhöht sich der Auszahlungsbetrag bei einer Kündigung vor Rentenbe-

---

[73] Die Bedingungen für die Wiederinkraftsetzung sind unternehmensindividuell zu ergänzen (z. B. Regelung bzgl. der zugrunde liegenden Kalkulationsgrundlagen).
[74] Unternehmensindividuell festzulegen.
[75] Unternehmensindividuell festzulegen.

ginn ggf. um die Ihrer Versicherung gemäß § 2 Abs. 1 b) zugeteilten Bewertungsreserven.

(5) Die Kündigung Ihrer Versicherung ist mit Nachteilen verbunden. Der Rückkaufswert erreicht erst nach einem bestimmten Zeitraum die Summe der eingezahlten Beiträge, da aus diesen auch Abschluss- und Vertriebskosten sowie Kosten für die Verwaltung des gebildeten Kapitals finanziert werden und der oben erwähnte Abzug erfolgt. Nähere Informationen zum Rückkaufswert, seiner Höhe und darüber, in welchem Ausmaß er garantiert ist, können Sie der beigefügten Tabelle entnehmen.

(6) Den Rückkaufswert erbringen wir grundsätzlich in Geld. Abweichend hiervon können Sie jedoch den Teil des Rückkaufswertes, der auf das Deckungskapital des Anlagestocks entfällt, in Anteileinheiten des Anlagestocks verlangen. Über dieses Wahlrecht werden wir Sie unterrichten, sobald uns Ihre Kündigung zugegangen ist. Zur Ausübung Ihres Wahlrechts räumen wir Ihnen eine Frist von ...[76] ein. Geht bei uns innerhalb dieser Frist kein entsprechender Antrag ein, leisten wir den Rückkaufswert vollständig in Geld. Einen Rückkaufswert aus dem Deckungskapital des Anlagestocks bis zur Höhe von ...[77] leisten wir immer in Geld. Der Ermittlung des Wertes des Deckungskapitals legen wir dabei den ... (Stichtag)[78] zugrunde.

Kündigung des Vertrages zur Übertragung des gebildeten Kapitals auf einen anderen Vertrag

(7) Sie können Ihre Versicherung mit einer Frist von drei Monaten zum Ende des Kalendervierteljahres schriftlich kündigen, um das gebildete Kapital auf einen anderen Altersvorsorgevertrag übertragen zu lassen. Dieser Vertrag muss zertifiziert sein und auf Ihren Namen lauten; er kann bei uns oder einem anderen Anbieter bestehen. Nach Beginn der Rentenzahlung ist eine Übertragung des gebildeten Kapitals nicht mehr möglich.

(8) Das gebildete Kapital entspricht der Summe aus dem vorhandenen Wert der Anteileinheiten und der im sonstigen Vermögen angelegten verzinsten Beitrags- und Zulagenanteile, abzüglich der tariflichen Kosten, zuzüglich zugeteilter Überschussanteile, des übertragungsfähigen Werts aus Schlussüberschussanteilen und der nach § 153 Abs. 1 und 3 des Versicherungsvertragsgesetzes zuzuteilenden Bewertungsreserven. Berechnungsstichtag ist das Ende des Kalendervierteljahres, zu dem Sie Ihre Versicherung wirksam gekündigt haben. Der Ermittlung des Wertes des Deckungskapitals legen wir dabei den ... (Stichtag)[79] zugrunde. Beitragsrückstände werden vom Übertragungswert abgezogen. Sofern Sie gemäß § 8 Kapital für Wohneigentum verwendet haben, wird dies bei der Berechnung des Übertragungswertes berücksichtigt.

(9) Im Falle der Übertragung des gebildeten Kapitals entstehen Ihnen Kosten in Höhe von ...,[80] die vom gebildeten Kapital abgezogen werden (vgl. § 15).

(10) Das Kapital kann nicht an Sie ausgezahlt, sondern nur direkt auf einen neuen Altersvorsorgevertrag übertragen werden. Hierzu müssen Sie uns bei Kündigung mitteilen, auf welchen Vertrag das Kapital übertragen werden soll. Handelt es sich dabei um einen Vertrag bei einem anderen Anbieter, müssen Sie uns die Zertifizierung dieses Vertrages nachweisen.

(11) Auch diese Kündigung Ihrer Versicherung ist mit Nachteilen verbunden. Das gebildete Kapital erreicht erst nach einem bestimmten Zeitraum die Summe der eingezahlten Beiträge, da aus diesen auch Abschluss- und Vertriebskosten sowie Kosten für die Verwaltung des gebildeten Kapitals finanziert werden. Nähere Informationen zum gebildeten Kapital und seiner Höhe können Sie der beigefügten Tabelle entnehmen.

---

[76] Unternehmensindividuell festzulegen.
[77] Unternehmensindividuell festzulegen.
[78] Unternehmensindividuell festzulegen.
[79] Unternehmensindividuell festzulegen.
[80] Unternehmensindividuell festzulegen.

§ 10 Wie verteilen wir die bei der Beitragskalkulation in Ansatz gebrachten Abschluss- und Vertriebskosten?

Die bei der Beitragskalkulation in Ansatz gebrachten Abschluss- und Vertriebskosten verteilen wir in gleichmäßigen Jahresbeträgen über einen Zeitraum von mindestens ...[81] Jahren, aber nicht länger als bis zum Beginn der Auszahlungsphase.

§ 11 Was ist zu beachten, wenn eine Versicherungsleistung verlangt wird?

(1) Leistungen aus dem Versicherungsvertrag erbringen wir gegen Vorlage des Versicherungsscheins und eines amtlichen Zeugnisses über den Tag Ihrer Geburt.

(2) Wir können vor jeder Rentenzahlung auf unsere Kosten ein amtliches Zeugnis darüber verlangen, dass Sie noch leben.

(3) Der Todesfall ist uns unverzüglich anzuzeigen. Außer dem Versicherungsschein ist uns eine amtliche, Alter und Geburtsort enthaltende Sterbeurkunde einzureichen.

(4) Unsere Leistungen überweisen wir dem Empfangsberechtigten auf seine Kosten. Bei Überweisungen in Länder außerhalb des Europäischen Wirtschaftsraumes trägt der Empfangsberechtigte auch die damit verbundene Gefahr.

§ 12 Wer erhält die Versicherungsleistung?

(1) Die Leistungen aus dem Versicherungsvertrag erbringen wir an Sie als unseren Versicherungsnehmer. Werden nach Ihrem Tod Leistungen fällig, erbringen wir diese an Ihre Erben, soweit Sie uns keine andere Person als Bezugsberechtigten benannt haben. Dieses Bezugsrecht können Sie jederzeit widerrufen; nach Ihrem Tod kann es nicht mehr widerrufen werden.

(2) Die Einräumung und der Widerruf eines Bezugsrechtes (vgl. Abs. 1) sind uns gegenüber nur und erst dann wirksam, wenn sie uns vom bisherigen Berechtigten schriftlich angezeigt worden sind.

§ 13 Was gilt bei Änderungen Ihrer Postanschrift und Ihres Namens?

(1) Eine Änderung Ihrer Postanschrift müssen Sie uns unverzüglich mitteilen. Anderenfalls können für Sie Nachteile entstehen, da wir eine an Sie zu richtende Willenserklärung mit eingeschriebenem Brief an Ihre uns zuletzt bekannte Anschrift senden können. In diesem Fall gilt unsere Erklärung drei Tage nach Absendung des eingeschriebenen Briefes als zugegangen.

(2) Bei Änderung Ihres Namens gilt Absatz 1 entsprechend.

§ 14 Welche Informationen erhalten Sie während der Vertragslaufzeit?

Wir informieren Sie jährlich schriftlich über die Verwendung der eingezahlten Beiträge und der uns zugeflossenen staatlichen Zulagen, das bisher gebildete Kapital, die einbehaltenen anteiligen Abschluss- und Vertriebskosten, die Kosten für die Verwaltung des gebildeten Kapitals sowie die erwirtschafteten Erträge.

Mit der Information nach Satz 1 werden wir Sie auch schriftlich darüber unterrichten, ob und wie wir ethische, soziale und ökologische Belange bei der Verwendung der eingezahlten und der uns zugeflossenen staatlichen Zulagen berücksichtigen.

§ 15 Welche Kosten stellen wir Ihnen gesondert in Rechnung?

(1) Falls aus besonderen, von Ihnen veranlassten Gründen ein zusätzlicher Verwaltungsaufwand verursacht wird, können wir die in solchen Fällen durchschnitt-

---

[81] Unternehmensindividuell festzulegen. Mindestverteilungsdauer 5 Jahre.

lich entstehenden Kosten als pauschalen Abgeltungsbetrag gesondert in Rechnung stellen.
Dies gilt bei
- Ausstellung eines neuen Versicherungsscheins,
- Fristsetzung in Textform bei Nichtzahlung von Folgebeiträgen,
- Rückläufern im Lastschriftverfahren,
- Übertragung des gebildeten Kapitals,
- ...[82]

(2) Sofern Sie uns nachweisen, dass die dem pauschalen Abgeltungsbetrag zugrunde liegenden Annahmen in Ihrem Fall entweder dem Grunde nach nicht zutreffen oder der Höhe nach wesentlich niedriger zu beziffern sind, entfällt der Abgeltungsbetrag bzw. wird – im letzteren Falle – entsprechend herabgesetzt.

§ 16 Welches Recht findet auf Ihren Vertrag Anwendung?

Auf Ihren Vertrag findet das Recht der Bundesrepublik Deutschland Anwendung.

§ 17 Wo ist der Gerichtsstand?

(1) Für Klagen aus dem Versicherungsvertrag gegen uns bestimmt sich die gerichtliche Zuständigkeit nach unserem Sitz oder dem Sitz der für den Versicherungsvertrag zuständigen Niederlassung. Sie können bei Klagen gegen uns auch das Gericht anrufen, in dessen Bezirk Sie zur Zeit der Klageerhebung Ihren Wohnsitz oder, in Ermangelung eines solchen, Ihren gewöhnlichen Aufenthalt haben.

(2) Klagen aus dem Versicherungsvertrag gegen Sie werden wir in jedem Fall bei dem Gericht erheben, das für Ihren Wohnsitz oder, in Ermangelung eines solchen, den Ort Ihres gewöhnlichen Aufenthalts zuständig ist.

(3) Verlegen Sie Ihren Wohnsitz in einen Staat außerhalb der Europäischen Gemeinschaft, Islands, Norwegens oder der Schweiz, sind die Gerichte des Staates zuständig, in dem wir unseren Sitz haben.

---

[82] Unternehmensindividuell festzulegen bzw. anzupassen.

I. Allgemeine Bedingungen für die Fondsgebundene Lebens- und Rentenversicherung (FLV 2008 und FRV 2008)

Übersicht

	Rdn.
I. Vorbemerkung	1–10
1. Inhaltskontrolle	1, 2
a) Rückkaufswert- und Abschlusskostenklausel	1
b) Rückkaufswertklausel	1 a
c) Abschlusskostenklausel	1 b
d) Überschussbeteiligungsklausel	2
2. Merkmale der Fondsgebundenen Lebensversicherung	3
3. Produktinnovationen	4–6
a) Dread Disease	4
b) Variable Annuities	5, 6
4. Beispielrechnungen	7
5. Mindestzuführung zur RfB	7 a
6. Besteuerung der Renten	8
7. Abschluss der Versicherung	9, 10
a) Beratung	9
b) Anlagevermittlung	10
II. Allgemeine Bedingungen für die Fondsgebundene Lebens- und Rentenversicherung (FLV 2008 und FRV 2008)	11, 12
1. Allgemeine Bedingungen für die Fondsgebundene Lebensversicherung (FLV 2008)	11
2. Allgemeine Bedingungen für die Fondgebundene Rentenversicherung (FRV 2008)	12

AuVdBAV: GB BAV 1969, 49 und GB BAV 1970, 49 (Fondsgebundene Lebensversicherung); GB BAV 1972, 45 (Werbung für die Fondsgebundene Lebensversicherung – FLV); VerBAV 1975, 145 und GB BAV 1975, 42 (Fondsgebundene Lebensversicherung (FLV) – Unterrichtung des VN über Anzahl und Wert der ihm gut gebrachten Anteileinheiten); VerBAV 1975, 147 (AVB für die Fondsgebundene Lebensversicherung); VerBAV 1975, 151 (Geschäftsplanmäßige Erklärungen zu den AVB für die Fondsgebundene Lebensversicherung); VerBAV 1978, 81 und 133 (Musterbedingungen für die Fondsgebundene Lebensversicherung); VerBAV 1978, 86 (Geschäftsplanmäßige Erklärungen zu den AVB für die Fondsgebundene Lebensversicherung); GB BAV 1987, 56 (Fondsgebundene Lebensversicherung); VerBAV 1988, 147 (Musterbedingungen für die Fondsgebundene Lebensversicherung); GB BAV 1989, 58 (Darstellung der Entwicklung einer Fondsgebundenen Lebensversicherung); VerBAV 1990, 3 (Geschäftsplan für die Fondsgebundene Lebensversicherung); VerBAV 1990, 10 (Merkblatt für die Fondsgebundene Lebensversicherung); VerBAV 1990, 89 (Musterbedingungen für die Fondsgebundene Lebensversicherung); VerBAV 1990, 94 (Besondere Bedingungen für die Fondsgebundene Lebensversicherung mit planmäßiger Erhöhung der Beiträge und Leistungen ohne erneute Gesundheitsprüfung); VerBAV 1990, 332 (Darstellung der Entwicklung einer Fondsgebundenen Lebensversicherung); VerBAV 1991, 411 (Grundsätze für die Darstellung der Entwicklung einer Fondsgebundenen Lebensversicherung); VerBAV 1992, 185 (Neufassung des Merkblattes für die Fondsgebundene Lebensversicherung); VerBAV 1994, 410 (Drittes Durchführungsgesetz/EWG zum VAG); VerBAV 1996, 67 (Geschäftsplan für die Fondsgebundene Lebensversicherung); VerBAV 2000, 252 (R 2/2000 v. 23. 10. 2000 – Hinweise zur Darstellung der Überschussbeteiligung und der Leistungen einer Fondsgebundenen Lebensversicherung).

Schrifttum: *Baehring,* Lebensversicherungsverträge auf Aktienbasis, ZfV 1968, 326; *Bauer/ Kling/Ruß,* Ein allgemeines Modell zur Analyse und Bewertung von Guaranted Minimum Benefits in Fondspolicen, Blätter der DGVFM 2007, 259; *Biller,* Methoden zur Absicherung

FLV 2008/FRV 2008 1 Teil 6. Musterbedingungen des GDV 2008

von Mindestgarantien bei fondsgebundenen Lebensversicherungen, VW 1995, 896; *Claus/ Müller*, Fondsgebundene Lebensversicherung, VerBAV 1970, 44 und 82; *Claus/Müller*, Der Geschäftsplan für die Fondsgebundene Lebensversicherung, VerBAV 1975, 138, 198; *Cords*, Ein Produkt mit Zukunft? – Fondsgebundene Lebensversicherung unter der Lupe, VK 1988, 27; *Dötsch*, Die fondsgebundene Lebensversicherung als Instrument der betrieblichen Altersversorgung, BetrAV 1999, 203; *Dreher/Schmidt*, Die Fondsgebundene Lebensversicherung mit begrenztem Risikotransfer als aufsichtspflichtiges Versicherungsgeschäft, WM 2008, 377; *Einmahl*, Die Preispolitik großer deutscher Investmentfondsgesellschaften im Licht des AGB-Rechts, ZIP 2002, 381; *Feilmeier*, Variable Annuities – eine mehrdimensionale Problemstellung, Der Aktuar 2008, 188; GDV (Hrsg.), Variable Annuities – Fondsgebundene Rentenversicherungen mit maßgeschneiderten Garantien, Berlin, 2009; *Göritz*, Fragen zur fondsgebundenen Lebensversicherung, VW 1969, 742; *Goverts/Schubert*, Besteuerung der Renten aus einer sofort beginnenden Rentenversicherung ohne Kapitalwahlrecht, DB 2006, 1978; *dieselben*, Renten: Wie besteuern bei schwankenden Bezügen? Besteuerung der Leistungen aus fondsgebundenen Rentenversicherungen, VW 2006, 1513; *Greb*, Fondsgebundene Lebensversicherung, in: Handwörterbuch der Versicherung, herausgegeben von Farny u. a., Karlsruhe, VVW, 1988, S. 427; *Häfele/Ruß*, Ranking und Rating von Fondsgebundenen Lebensversicherungsprodukten, VW 1999, 606; *Hansen*, Die Produktgestaltung der Lebensversicherungsunternehmen unter dem Aspekt der Wertsicherung, ZfV 1970, 493; *Helmert*, Anforderungen Kapitalmarkt orientierter Produkte an die Bestandsführung, Der Aktuar 2008, 190; *Heinen*, Aktuarielle Aspekte von Variable Annuity Produkten im deutschen Markt, Der Aktuar 2008, 189; *Horlemann*, Steuerrechtliche Behandlung von fonds- und aktienindexgebundenen Lebensversicherungen, DB 1998, 743; *Keltenich/Nickisch*, Start der Fondsgebundenen Lebensversicherung, VW 1970, 138; *Kurz*, Die Fondsgebundene Lebensversicherung mit Mindestgarantie: modelltheoretische Bewertung und Anforderungen an das Asset-Liability-Management, Diss. Mannheim 1996, Karlsruhe, VVW, 1997; *Metz*, Informationen bei fondsgebundenen Lebensversicherungen – Schnittstellen zum Investmentrecht, VersR 2009, 1573; *Müller*, Investmentprinzip und Lebensversicherung, ZVersWiss 1969, 81; *Müller*, Fondsgebundene Lebensversicherung entwickelt sich positiv, VW 1995, 1277; *Pechowski*, Produktkonzepte Variable Annuities – Ansätze und Lösungen, Der Aktuar 2008, 190; *Ras*, Wenn Fondskosten bei Beispielsrechnungen unberücksichtigt bleiben, VW 2008, 395; *Reichel*, Fondsgebundene Lebensversicherung, ZVersWiss 1969, 419; *Reinelt*, Haftung aus Prospekt und Anlageberatung bei Kapitalanlagefonds, NJW 2009, 1; *Sax*, Die Fondsgebundene Lebensversicherung, VerBAV 1990, 232, 258, 324; *Schneider*, Die Grundlagen einer Fondsgebundenen Lebensversicherung in Deutschland, Karlsruhe, 1974; *Schwintowski*, Der Rückkaufswert als Zeitwert – eine (scheinbar) überwundene Debatte, VersR 2008, 1425; *Seng*, Betriebliche Altersversorgung mit fondsgebundenen Lebensversicherungen, VW 1999, 930; *Steffen*, Investmentsparen und real gesicherte Lebensversicherung, ZVersWiss 1969, Sonderheft in deutschland, ZfV 2001, 264; *Wunderlich*, Steht die Fondsgebundene Lebensversicherung vor einer Renaissance?, Der langfristige Kredit 1987, 16; *Zetzsche*, Objektbezogene Informationspflichten des Anlageintermediärs – eine Einordnung des DG-Fonds-Urteils des XI. BGH-Senats vom 7. 10. 2008 = WM 2008, 2166, WM 2009, 1020; *Ziewer*, Mit „Greeks" zum Erfolg – Finanzanalytische Instrumente zur Steuerung von Variable Annuities, VW 2009, 90; *Zugehör*, Die neue Rechtsprechung des Bundesgerichtshofs zur zivilrechtlichen Haftung der Rechtsanwälte und steuerlichen Berater, WM Sonderbeil. Nr. 1/2010 zu Nr. 11 v. 20. 3. 2010; BB 1952, 589 (Lebensversicherung mit Indexklauseln); ZfV 2008, 433 (Der Boom bei den Fondspolicen geht weiter – Tillinghast-Studie: Fast jeder dritte Euro der Altersvorsorge fließt in Fondsprodukte).

I. Vorbemerkung

1. Inhaltskontrolle

1   a) **Rückkaufswert- und Abschlusskostenklausel.** In den Allgemeinen Bedingungen für die Fondsgebundene Rentenversicherung sind die Bestimmungen zum Rückkaufswert und zur Beitragsfreistellung (§ 10) sowie zu den Abschlusskosten (§ 13) nicht intransparent.[1] Die Erstellung einer Tabelle zum Rückkaufs-

---

[1] OLG Nürnberg, Urt. v. 22. 9. 2003 – 8 U 632/03, VersR 2004, 182 = r+s 2005, 210.

wert ist nicht möglich, da bei der fondsgebundenen Versicherung wegen des täglich wechselnden Kurswertes der Fondsanteile eine genaue Festlegung des Wertes der Anteile und damit des Rückkaufswertes nicht möglich ist.[2] Ausreichend ist der Hinweis in den Bedingungen, dass die Wertentwicklung des Vertrags der Höhe nach von den Erträgen der Anlagestöcke abhängig ist und verbindliche Angaben über die künftigen Rückkaufswerte und beitragsfreien Werte daher nicht möglich sind.[3] Außerdem wird der Versicherungsnehmer darauf hingewiesen, dass in der Anfangszeit der Versicherung kein Rückkaufswert und keine beitragsfreien Werte vorhanden sind.[4] Eine nähere Präzisierung bezüglich der Rückkaufswerte ist bei der fondsgebundenen Lebensversicherung typenbedingt nicht machbar.[5] Von daher sind die vom BGH in seinen Entscheidungen vom 9. Mai 2001[6] und 12. Oktober 2005[7] aufgestellten Grundsätze zur Unwirksamkeit von Klauseln in Allgemeinen Bedingungen der Lebensversicherung, die die Verrechnung von Abschlusskosten und den Stornoabzug regeln, an sich nicht auf fondsgebundene Rentenversicherungen (und Lebensversicherungen) übertragbar.[8] Demgegenüber hat der BGH mit Urteil vom 26. September 2007[9] entschieden, dass die Klauseln über den Rückkaufswert und über die Verrechnung der Abschlusskosten nach dem Zillmerungsverfahren in gleicher Weise intransparent sind, wie die vom Senat durch die Urteile vom 9. Mai 2001[10] für unwirksam erklärten Klauseln anderer Lebensversicherer. Zur Begründung hat der BGH ausgeführt, dass die streitgegenständliche Klausel keinen Hinweis auf die für den Versicherungsnehmer mit der Kündigung verbundenen wirtschaftlichen Nachteile enthalte.[11] Der Nachteil der fehlenden oder nur geringen Kapitalbildung in den Anfangsjahren der Versicherung sei bei beiden Formen der Lebensversicherung ersichtlich gleich.[12] Darüber müsse aber der Versicherungsnehmer bei Vertragsabschluss an der Stelle der Allgemeinen Versicherungsbedingungen in den Grundzügen unterrichtet werden, an der die Regelung der Kündigung angesprochen werde.[13] Dass an anderer Stelle der Versicherungsnehmer weitere Informationen über die Verrechnung von Abschlusskosten erhalte, hebe den Mangel an Transpa-

---

[2] OLG Nürnberg, Urt. v. 22. 9. 2003 – 8 U 632/03, VersR 2004, 182 = r+s 2005, 210, 211.
[3] OLG Nürnberg, Urt. v. 22. 9. 2003 – 8 U 632/03, VersR 2004, 182 = r+s 2005, 210, 211.
[4] OLG Nürnberg, Urt. v. 22. 9. 2003 – 8 U 632/03, VersR 2004, 182 = r+s 2005, 210, 211.
[5] OLG Nürnberg, Urt. v. 22. 9. 2003 – 8 U 632/03, VersR 2004, 182 = r+s 2005, 210, 211.
[6] BGH, Urt. v. 9. 5. 2001 – IV ZR 138/99, BGHZ 147, 373 = VersR 2001, 839; BGH, Urt. v. 9. 5. 2001 – IV ZR 121/00, BGHZ 147, 354 = VersR 2001, 841.
[7] BGH, Urt. v. 12. 10. 2005 – IV ZR 162/03, BGHZ 164, 297 = VersR 2005, 1565.
[8] OLG Hamm, Beschl. v. 31. 8. 2005 – 20 U 105/05, VersR 2006, 777, 778 = r+s 2006, 465 = MDR 2006, 755, 756; OLG Bamberg, Beschl. v. 21. 2. 2007 – 1 U 130/06, VersR 2007, 1354; zust. *Nill* VersR 2007, 1355.
[9] BGH, Urt. v. 26. 9. 2007 – IV ZR 321/05, NJW-RR 2008, 187, 188 = VersR 2007, 1547, 1548 = r+s 2008, 29 = WM 2007, 2164, 2165 = DB 2007, 2767, 2768 = MDR 2007, 1423.
[10] BGHZ 147, 354 = NJW 2001, 2014 = NVersZ 2001, 308; BGHZ 147, 373 = NJW 2001, 2012 = NVersZ 2001, 313.
[11] BGH, Urt. v. 26. 9. 2007 – IV ZR 321/05, NJW-RR 2008, 187, 188 = VersR 2007, 1547, 1548 = r+s 2008, 29 = WM 2007, 2164, 2165 = DB 2007, 2767, 2768 = MDR 2007, 1423.
[12] BGH, Beschl. v. 21. 11. 2007 – IV ZR 321/05, VersR 2008, 381 f.
[13] BGH, Urt. v. 26. 9. 2007 – IV ZR 321/05, NJW-RR 2008, 187, 188 = VersR 2007, 1547, 1548 = r+s 2008, 29 = WM 2007, 2164, 2165 = DB 2007, 2767, 2768 = MDR 2007, 1423.

FLV 2008/FRV 2008 1a Teil 6. Musterbedingungen des GDV 2008

renz nicht auf, zumal das Ausmaß des mit der Verrechnung verbundenen Nachteils nicht erkennbar werde.[14] Die streitgegenständliche Bestimmung sei praktisch wortgleich mit den AVB, die Gegenstand des Urteils vom 9. Mai 2001[15] waren.[16] Bei der (herkömmlichen) kapitalbildenden Lebensversicherung werde der Mindestrückkaufswert nach dem Urteil des Senats vom 12. Oktober 2005[17] durch die Hälfte des mit den Rechnungsgrundlagen der Prämienkalkulation berechneten ungezillmerten Deckungskapitals bestimmt, bei der fondsgebundenen Lebensversicherung dementsprechend durch die Hälfte des ungezillmerten Fondsguthabens, das in den AVB als Deckungskapital bezeichnet werde.[18]

1a   **b) Rückkaufswertklausel.** Folgende Klausel hat einer Inhaltskontrolle bei Verträgen über eine fondsgebundene Rentenversicherung durch das LG Hamburg gemäß Urteil vom 20. November 2009 (324 O 1136/07) nicht standgehalten, die nachstehenden Wortlaut hat:[19]

„§ 8 Wann können Sie Ihre Versicherung kündigen oder beitragsfrei stellen?
Kündigung
(1) Sie können Ihre Versicherung (…) ganz oder teilweise schriftlich kündigen.
(…)
(3) Nach Kündigung erhalten Sie den Rückkaufswert, soweit ein solcher bereits entstanden ist, höchstens jedoch die für den Todesfall versicherte Leistung.(…) Der Rückkaufswert entspricht dem Wert der Fondsanteile, vermindert um einen Abzug in Höhe von 2% der bis zum vereinbarten Rentenbeginn noch ausstehenden Beiträge. (…) Sofern Sie uns nachweisen, dass die dem Abzug zugrunde liegenden Annahmen in Ihrem Fall entweder dem Grunde nach nicht zutreffen oder der Abzug wesentlich niedriger zu beziffern ist, entfällt der Abzug bzw. wird – im letzteren Falle – entsprechend herabgesetzt. (…)
(4) Die Kündigung Ihrer Versicherung ist mit Nachteilen verbunden. In der Anfangszeit Ihrer Versicherung ist wegen der Verrechnung von Abschlusskosten (vgl. § 13) und dem in Absatz 3 genannten Abzug kein oder nur ein geringer Rückkaufswert vorhanden. (…)
Umwandlung in eine beitragsfreie Versicherung
(…)
(7) Anstelle einer Kündigung nach Absatz 1 können Sie (…) verlangen, ganz oder teilweise von Ihrer Beitragszahlungspflicht befreit zu werden. In diesem Fall vermindern wir das Deckungskapital um einen Abzug (vgl. Absatz 3) sowie um rückständige Beiträge und sonstige Beträge, die Sie uns aus dem Vertragsverhältnis schulden.
(10) Die Beitragsfreistellung Ihrer Versicherung ist mit Nachteilen verbunden. In der Anfangszeit Ihrer Versicherung ist wegen der Verrechnung von Abschlusskosten (vgl. § 13) und dem in Absatz 7 genannten Abzug keine beitragsfreie Rente vorhanden."

§ 8 Abs. 4 und § 8 Abs. 10 sind nach Auffassung des LG Hamburg unwirksam, weil der Versicherungsnehmer nicht die Informationen erhalte, die ihm einen Vergleich unterschiedlicher Angebote ermögliche.[20] § 8 Abs. 3 Satz 5 sei unwirksam, weil die Klausel geeignet sei, den Versicherungsnehmer davon abzuhalten, die Angemessenheit des Abzuges zu bestreiten.[21] In einem weiteren Urteil des LG Ham-

---

[14] BGH, Urt. v. 26. 9. 2007 – IV ZR 321/05, NJW-RR 2008, 187, 188 = VersR 2007, 1547, 1548 = r+s 2008, 29 = WM 2007, 2164, 2165 = DB 2007, 2767, 2768 = MDR 2007, 1423.
[15] BGH, Urt. v. 9. 5. 2001 – IV ZR 121/00, BGHZ 147, 354 = VersR 2001, 841.
[16] BGH, Urt. v. 26. 9. 2007 – IV ZR 321/05, NJW-RR 2008, 187, 188 = VersR 2007, 1547, 1548 = r+s 2008, 29 = WM 2007, 2164, 2165 = DB 2007, 2767, 2768 = MDR 2007, 1423.
[17] BGH, Urt. v. 12. 10. 2005 – IV ZR 162/03, BGHZ 164, 297, 318 ff. = VersR 2005, 1565 = WM 2005, 2279.
[18] BGH, Urt. v. 26. 9. 2007 – IV ZR 321/05, NJW-RR 2008, 187, 188 = VersR 2007, 1547, 1548 = r+s 2008, 29 = WM 2007, 2164, 2165 = DB 2007, 2767, 2768 = MDR 2007, 1423; *Schwintowski* VersR 2008, 1425, 1430.
[19] LG Hamburg, Urt. v. 20. 11. 2009 – 324 O 1136/07, S. 5.
[20] LG Hamburg, Urt. v. 20. 11. 2009 – 324 O 1136/07, S. 25 = VersR 2010, 329, 332.
[21] LG Hamburg, Urt. v. 20. 11. 2009 – 324 O 1136/07, S. 28 = VersR 2010, 329, 332.

burg vom 20. November 2009 (324 O 1116/07) hielt folgende Klausel in Verträgen über fondsgebundene Rentenversicherungen einer Inhaltskontrolle nicht Stand:[22]

„8 Wann können Sie Ihre Versicherung kündigen oder beitragsfrei stellen?
8.1 Kündigung und Auszahlung des Rückkaufswertes
8.1.1 Sie können Ihre Versicherung ... schriftlich kündigen.
8.1.2 Nach Kündigung erhalten Sie – soweit vorhanden – den Rückkaufswert. Dieser entspricht nicht der Summe der von Ihnen eingezahlten Beiträge, sondern er wird für den gem. Ziffer 8.1.1. maßgebenden Kündigungstermin nach den anerkannten Regeln der Versicherungsmathematik als Zeitwert (Geldwert der Deckungsrückstellung) Ihrer Versicherung berechnet, wobei ein als angemessen angesehener Abzug erfolgt (§ 176 VVG).
Übersteigt der verbleibende Wert die garantierte Todesfallleistung, so wird auf diesen übersteigenden Teil ein zusätzlicher Abzug von 10% erhoben.
Die Kündigung Ihrer Versicherung ist immer mit Nachteilen verbunden. Regelmäßig in den ersten beiden Versicherungsjahren Ihrer Versicherung ist wegen der Verrechnung von Abschlusskosten gem. Ziffer 13 kein Rückkaufswert vorhanden.
(...)
8.1.4 Nach allen Abzügen verbleibende Beträge unter 10 EUR werden nicht erstattet.
8.2 Umwandlung in eine beitragsfreie Versicherung
8.2.1 Anstelle einer Kündigung gem. Ziffer 8.1 können Sie (...) schriftlich verlangen, von Ihrer Beitragszahlungspflicht befreit zu werden.
Zur beitragsfreien Weiterführung Ihrer Versicherung wird die Deckungsrückstellung Ihrer Versicherung zum Zeitpunkt der Beitragsfreistellung um einen als angemessen angesehenen Abzug herabgesetzt.
Die Umwandlung in eine beitragsfreie Versicherung ist mit Nachteilen verbunden. Regelmäßig in den ersten beiden Versicherungsjahren Ihrer Versicherung sind wegen der Verrechnung von Abschlusskosten gem. Ziffer 13 zunächst keine Beiträge zur Bildung einer beitragsfreien Versicherungssumme vorhanden. (...)"

Ziffer 8.1.2 Satz 7 bzw. Ziffer 8.2.1 Satz 6 seien gemäß § 307 Abs. 1 Satz 2 BGB wegen mangelnder Transparenz unwirksam, weil der Versicherungsnehmer nicht die Informationen erhalte, die ihm einen Vergleich unterschiedlicher Angebote ermöglichen.[23] Die in Ziffer 8.1.4 vorgesehene Regelung, dass nach allen Abzügen verbleibende Beträge unter 10 EUR nicht erstattet werden, ist nach Ansicht des LG Hamburg mit § 307 Abs. 1 u. Abs. 2 Nr. 1 BGB nicht zu vereinbaren.[24] Der Versicherer sei gemäß § 362 BGB verpflichtet, die geschuldete Leistung, nämlich die Auszahlung des Rückkaufswerts, vollständig zu bewirken, und könne sich neben dem Stornoabzug nicht noch einen weiteren Abzug bewilligen.[25] Schlussendlich hat folgende Klausel einer Inhaltskontrolle durch das LG Hamburg gemäß Urteil vom 20. November 2009 (324 O 1153/07) bei Verträgen über fondsgebundene Rentenversicherungen nicht standgehalten:[26]

„§ 10 Wann können Sie die Versicherung kündigen oder beitragsfrei stellen?
Kündigung
(1) Sie können Ihre Versicherung ganz oder teilweise schriftlich kündigen. (...)
Auszahlung des Rückkaufswerts bei Kündigung
(...)
(3) Bei einer Kündigung erhalten Sie, soweit bereits entstanden, einen nach § 176 VVG berechneten Rückkaufswert. Dieser entspricht dem Wert des Fondsguthabens nach § 1 Abs. 5 und – haben Sie die Ertragsstrategie gewählt – des Garantieguthabens nach § 1 Abs. 1, der in den ersten 12 Versicherungsjahren um einen Abzug in Höhe von 3,5% aller bis zum Beginn der Ablaufphase noch ausstehenden Beiträge vermindert wird. (...)
(4) Die Kündigung Ihrer Versicherung ist mit Nachteilen verbunden. In der Anfangszeit Ihrer Versicherung ist wegen der Verrechnung von Abschlusskosten nach dem Zillmerverfahren (vgl. § 13) kein Rückkaufswert vorhanden. (...)

---

[22] LG Hamburg, Urt. v. 20. 11. 2009 – 324 O 1116/07, S. 6.
[23] LG Hamburg, Urt. v. 20. 11. 2009 – 324 O 1116/07, S. 29.
[24] LG Hamburg, Urt. v. 20. 11. 2009 – 324 O 1116/07, S. 31, 26.
[25] LG Hamburg, Urt. v. 20. 11. 2009 – 324 O 1116/07, S. 31, 26.
[26] LG Hamburg, Urt. v. 20. 11. 2009 – 324 O 1153/07, S. 6.

FLV 2008/FRV 2008 1b Teil 6. Musterbedingungen des GDV 2008

> Haben Sie die Ertragsstrategie gewählt, entnehmen Sie bitte die garantierten Rückkaufswerte der Garantiewertetabelle in Ihrem Versicherungsschein.
> (6) Beträgt der Rückkaufswert weniger als 10 EUR, zahlen wir diesen Betrag nicht aus, sofern aus dieser Versicherung keine weitere Zahlung (z. B. eine Beitragsrückzahlung) erfolgt. (...)
> Umwandlung in eine beitragsfreie Versicherung statt einer Kündigung
> (8) Möchten Sie künftig keine oder niedrigere Beiträge zahlen, können Sie dies schriftlich von uns verlangen. Das beitragsfrei versicherte Guthaben berechnen wir wie folgt: das Fondsguthaben nach § 1 Abs. 5 – und bei vereinbarter Ertragsstrategie – das Garantieguthaben nach § 1 Abs. 1 werden in den ersten 12 Versicherungsjahren um einen Abzug in Höhe von 3,5% aller bis zum Beginn der Ablaufphase noch ausstehenden Beiträge vermindert. (...)
> (10) Die Beitragsfreistellung Ihrer Versicherung ist mit Nachteilen verbunden. In der Anfangszeit Ihrer Versicherung ist wegen der Verrechnung von Abschlusskosten nach dem Zillmerverfahren (vgl. § 13) keine beitragsfreie Leistung vorhanden. (...)
> Haben Sie die Ertragsstrategie gewählt, entnehmen Sie bitte die beitragsfrei versicherten Garantieguthaben zum Beginn der Ablaufphase der Garantiewertetabelle in Ihrem Versicherungsschein."

Die Regelungen in § 10 Abs. 4 und Abs. 10 sieht das LG Hamburg als unwirksam an, weil das Interesse des Versicherungsnehmers möglichst schnell und übersichtlich über den Zeitwert unterrichtet zu werden, nicht befriedigt werde.[27] Die vom Versicherer verwendete Tabelle sei nicht geeignet, die für den Versicherungsnehmer erforderliche Transparenz herzustellen.[28] Die Regelung in § 10 Abs. 6 benachteilige den Versicherungsnehmer und sei mit § 307 Abs. 1 u. Abs. 2 Nr. 1 BGB nicht zu vereinbaren.[29] Der Versicherer sei gemäß § 362 BGB verpflichtet, die geschuldete Leistung vollständig zu bewirken, und könne sich neben dem Stornoabzug nicht noch einen weiteren Abzug bewilligen.[30]

Die Urteile des LG Hamburg vom 20. November 2010 beruhen auf unternehmensspezifischen Sachverhalten und können von daher keine allgemeine Geltung beanspruchen. Nähere Ausführungen finden sich bei § 9 ALB 2006.

1b **c) Abschlusskostenklausel.** Das LG Hamburg[31] hat durch Urteil vom 20. November 2009 (324 O 1153/07) bei Verträgen über fondsgebundene Rentenversicherungen folgende Abschlusskostenklausel für unwirksam erklärt:

> „**§ 13 Welche Kosten sind in Ihren Beiträgen enthalten und was bedeutet das Zillmerverfahren?**
> (1) Durch den Abschluss von Versicherungsverträgen entstehen Kosten, z. B. für Beratung, Anforderung von Gesundheitsauskünften und Ausstellung des Versicherungsscheins. Weitere Kosten entstehen jährlich für die Verwaltung der Versicherung. Diese Abschluss- und Verwaltungskosten sind von Ihnen zu tragen. Wir haben sie bereits pauschal bei der Tarifkalkulation berücksichtigt und stellen sie Ihnen daher nicht gesondert in Rechnung.
> (2) Das Zillmerverfahren bedeutet, dass wir einen Teil dieser Abschlusskosten (höchstens 40%o der Beitragssumme bis zum Beginn der Ablaufphase) bei der Berechnung der Deckungsrückstellung*) ansetzen. Ihre ersten Beiträge, soweit sie nicht für Versicherungsleistungen und Verwaltungskosten vorgesehen sind, verwenden wir zum Ausgleich dieser Kosten. (...)
> *) Eine Deckungsrückstellung müssen wir für jeden Versicherungsvertrag bilden, um zu jedem Zeitpunkt den Versicherungsschutz gewährleisten zu können. Die Berechnung der Deckungsrückstellung unter Berücksichtigung der hierbei angesetzten Abschlusskosten erfolgt nach § 65 des Versicherungsaufsichtsgesetzes (VAG) und den §§ 341 e, 341 f des Handelsgesetzbuches (HGB) sowie den dazu erlassenen Rechtsverordnungen."

---

[27] LG Hamburg, Urt. v. 20. 11. 2009 – 324 O 1153/07, S. 32 f.
[28] LG Hamburg, Urt. v. 20. 11. 2009 – 324 O 1153/07, S. 31.
[29] LG Hamburg, Urt. v. 20. 11. 2009 – 324 O 1153/07, S. 33
[30] LG Hamburg, Urt. v. 20. 11. 2009 – 324 O 1153/07, S. 33, 25.
[31] LG Hamburg, Urt. v. 20. 11. 2009 – 324 O 1153/07, S. 6 f.

I. Allg. Bed. für die Fondsgeb. LV und RV　2　**FLV 2008/FRV 2008**

Die Abschlusskostenklausel ist nach Ansicht des LG Hamburg wegen Verstoßes gegen das Transparenzgebot gemäß § 307 Abs. 1 Satz 2 BGB unwirksam.[32] Der Versicherungsnehmer könne aus der angegriffenen Klausel nicht ersehen, in welcher Weise das Anwachsen des Kapitals durch die Verrechnung mit Abschlusskosten belastet werde.[33] Daran fehle es vorliegend, da in der Klausel zwar Beispiele anfallender Kosten genannt würden, die aber besonders ins Gewicht fallende Vermittlungsprovision unerwähnt bleibe.[34] Dass diese Argumentation nicht nachvollziehbar ist, zeigt sich darin, dass das LG Hamburg[35] in seinem Urteil vom 20. November 2009 (324 O 1116/07) folgende Abschlusskostenklausel bei Verträgen über fondsgebundene Lebens- und Rentenversicherungen als wirksam ansieht:

> „13 Wie werden die Abschlusskosten erhoben und ausgeglichen?
> Durch den Abschluss von Versicherungsverträgen entstehen Kosten. Diese sog. Abschlusskosten (§ 43 Abs. 2 der Verordnung über die Rechnungslegung von Versicherungsunternehmen) sind bereits pauschal bei der Tarifkalkulation berücksichtigt und werden daher nicht gesondert in Rechnung gestellt.
> Nach § 4 der Deckungsrückstellungsverordnung sind wir berechtigt, 4% der von Ihnen während der Beitragszahlungsdauer zu zahlenden Beiträge als zu tilgende Abschlusskosten heranzuziehen.
> Wir verrechnen die Abschlusskosten in gleichen Raten mit Ihren Beiträgen der ersten zwei Versicherungsjahre (bei einer ursprünglich vereinbarten Beitragszahlungsdauer von weniger als zwölf Jahren mit den Beiträgen des ersten Versicherungsjahres)."

Ferner hat das LG Hamburg[36] durch weiteres Urteil vom 20. November 2009 (324 O 1136/07) folgende Abschlusskostenklausel bei Verträgen über fondsgebundene Rentenversicherungen nicht beanstandet:

> „§ 13 Wie verrechnen wir die Abschlusskosten?
> (1) Durch den Abschluss von Versicherungsverträgen entstehen Kosten. Diese so genannten Abschlusskosten (§ 43 Abs. 2 der Verordnung über die Rechnungslegung von Versicherungsunternehmen) sind bereits pauschal bei der Tarifkalkulation berücksichtigt und werden daher nicht gesondert in Rechnung gestellt.
> (2) Den größten Teil der Abschlusskosten tilgen Sie in den ersten Jahren mit Ihren Beitragszahlungen. Der so zu tilgende Betrag beträgt 4% der von Ihnen während der Laufzeit des Vertrages zu zahlenden Beiträge ohne die auf die Berufsunfähigkeits-Zusatzversicherung entfallenden Beitragsteile. (...) Wir verrechnen diesen Betrag in gleich bleibenden Raten mit Ihren Beitragszahlungen, und zwar, je nach vereinbarter Laufzeit Ihres Vertrages, bei Laufzeiten von
> – 2–15 Jahren: im 1. Versicherungsjahr,
> – 16–30 Jahren: in den ersten 2 Jahren,
> – 31–45 Jahren: in den ersten 3 Jahren,
> – über 45 Jahren: in den ersten 4 Jahren."

Die Klausel halte einer Inhaltskontrolle gemäß §§ 305 ff. BGB stand.[37]

d) Überschussbeteiligungsklausel. Die Überschussbeteiligungsklausel wird 2 hingegen vom BGH auch in der fondsgebundenen Lebens- und Rentenversicherung als transparent angesehen.[38]

---

[32] LG Hamburg, Urt. v. 20. 11. 2009 – 324 O 1153/07, S. 33, 29.
[33] LG Hamburg, Urt. v. 20. 11. 2009 – 324 O 1153/07, S. 33, 29.
[34] LG Hamburg, Urt. v. 20. 11. 2009 – 324 O 1153/07, S. 33, 29.
[35] LG Hamburg, Urt. v. 20. 11. 2009 – 324 O 1116/07, S. 35, 37.
[36] LG Hamburg, Urt. v. 20. 11. 2009 – 324 O 1136/07, S. 31, 33.
[37] LG Hamburg, Urt. v. 20. 11. 2009 – 324 O 1136/07, S. 31, 33 = VersR 2010, 329, 333.
[38] BGH, Urt. v. 26. 9. 2007 – IV ZR 321/05, NJW-RR 2008, 187, 188 = VersR 2007, 1547, 1548 = r+s 2008, 29 = WM 2007, 2164, 2165 = DB 2007, 2767, 2768 = MDR 2007, 1423.

2. Merkmale der Fondsgebundenen Lebensversicherung

3   Die Fondsgebundene Lebensversicherung, bei der in Verbindung mit dem Abschluss einer reinen Todesfall- oder Risikolebensversicherung Fondsanteile bzw. Investmentzertifikate verkauft werden, stellt nach Maßgabe des § 54b VAG einen besonderen Versicherungstyp der Lebensversicherung dar,[39] deren Vermittlung nicht unter § 1 WpHG fällt.[40] Charakteristisch für die fondsgebundene Lebensversicherung ist, dass die Versicherungsleistung weder betragsmäßig bestimmt ist noch ausschließlich in Geld geschuldet wird.[41] Sie ist vielmehr primär in Wertpapieren zu erbringen und ergibt sich aus der Wertentwicklung der in einem besonderen Fonds, dem Anlagestock, zusammengefassten Vermögensanlagen.[42] Der Fondsgebundenen Lebensversicherung ist wesenseigen, dass der Versicherer das Kapitalanlagerisiko entweder vollständig oder zumindest teilweise beim Versicherungsnehmer belässt und nur das biometrische Risiko übernimmt.[43] Der Wert der Versicherungsleistung hängt unmittelbar von der Wertentwicklung der Kapitalanlage ab, so dass der Versicherungsnehmer von positiven Kursentwicklungen profitiert, aber auch Wertverluste zu tragen hat.[44] Dies kann dazu führen, dass regelmäßige Auszahlungen nicht mehr möglich sind, wenn der Policenwert nicht ausreicht, bereits beantragte Auszahlungen durchzuführen.[45] Der Versicherungsnehmer hat, wenn das Sondervermögen in Wertpapieren angelegt ist, die Chance, bei Kurssteigerung der Wertpapiere des Anlagestocks einen Wertzuwachs zu erzielen; bei Kursrückgang trägt er aber auch das Risiko der Wertminderung.[46] Wird die Versicherung gekündigt, hat der Versicherungsnehmer nur einen Anspruch auf Auszahlung des Rückkaufswerts.[47]

3. Produktinnovationen

4   **a) Dread Disease.** Entscheidet sich der Kunde für eine fondsbasierte „Dread-Disease-Police",[48] erlangt er nach einem Marktangebot neben dem Todesfallschutz eine Absicherung bei 25 schweren Krankheiten („dread disease"). Erkrankt der Versicherungsnehmer an einem der versicherten Leiden (z. B. Krebserkrankung, Herzinfarkt, Schlaganfall, Verlust des Seh- oder Hörvermögens, Nierenver-

---

[39] FinMin. Bayern, Erlass v. 17. 1. 2000 – 31 – S 2000 – 645/267 – 758, DB 2000, 497; OFDen München/Nürnberg, Vfg. v. 11. 2. 2000 – S 2000 – 41 St 41 M/S 2000 – 81/St 31 N, BB 2000, 770.
[40] OLG Celle, Urt. v. 5. 2. 2009 – 8 U 186/08, VersR 2009, 1205.
[41] FinMin. Bayern, Erlass v. 17. 1. 2000 – 31 – S 2000 – 645/267 – 758, DB 2000, 497; OFDen München/Nürnberg, Vfg. v. 11. 2. 2000 – S 2000 – 41 St 41 M/S 2000 – 81/St 31 N, BB 2000, 770.
[42] FinMin. Bayern, Erlass v. 17. 1. 2000 – 31 – S 2000 – 645/267 – 758, DB 2000, 497; OFDen München/Nürnberg, Vfg. v. 11. 2. 2000 – S 2000 – 41 St 41 M/S 2000 – 81/St 31 N, BB 2000, 770.
[43] *Bittermann* VW 2005, 1214, 1217; *Dreher/Schmidt* WM 2008, 377.
[44] OLG Hamm, Beschl. v. 28. 9. 2005 – 20 U 105/05, NJW-RR 2006, 818, 819 = r+s 2006, 465, 466; *Dreher/Schmidt* WM 2008, 377.
[45] OLG Hamm, Urt. v. 19. 10. 2005 – 20 U 80/05, VersR 2006, 1245, 1246 = r+s 2006, 512.
[46] BeschlKE BAV v. 22.2. u. 11. 5. 1989, VerBAV 1989, 237.
[47] Versicherungsombudsmann, Entsch. v. 14. 8. 2003 – 1776/03 – W, r+s 2004, 297.
[48] Quelle für die Einzelheiten: ZfV 2001, 176. Siehe ferner *Schattschneider/Wittkamp*, Das Lebensversicherungsprodukt Dread Disease und seine Entwicklungspotentiale auf dem deutschen Versicherungsmarkt, VW 1997, 220 ff.; *Krause*, Der deutsche Markt ist reif für Dread Disease, VW 1998, 433 (I) u. 529 (II); *Fahr*, Die selbständige Dread-Disease-Versicherung unter aufsichtsrechtlichen Gesichtspunkten, NVersZ 1999, 20; *Radom/Bölscher*, Dread Disease Versicherungen in Deutschland, VW 2008, 50.

sagen, Creutzfeldt-Jacob), wird 28 Tage nach Diagnose 100% der vereinbarten Versicherungssumme ausgezahlt.[49] Gegen § 305c BGB verstößt folgende Krebsausschlussklausel in der Versicherung bei schweren Krankheiten nicht:[50]

„Krebs
Vorliegen eines histologisch nachgewiesenen Tumors, der charakterisiert ist durch eigenständiges Wachstum, infiltrative Wachstumstendenz und Metastasierungstendenz. Unter den Begriff Krebs fallen auch die Tumorformen des Blutes, der blutbildenden Organe und des Lymphsystems. Ausgeschlossen sind alle Hautkrebserkrankungen, außer malignen Melanomen. Ausgeschlossen sind weiterhin Carcinoma in situ und Tumore bei gleichzeitig bestehender HIV-Infektion."

Informiert sich der Versicherungsnehmer darüber, was sich hinter dem medizinischen Begriff Carcinoma in situ verbirgt, so wird er selbst bei oberflächlicher Recherche schnell zu der Erkenntnis kommen, dass es sich dabei um das Frühstadium eines Tumors ohne invasives Wachstum und ohne Metastasierungstendenz handelt, mithin um eine Tumorform, die nicht unter den Begriff „Krebs" im Sinne von Satz 1 fällt.[51]

b) Variable Annuities. Variable Annuities stellen eine sinnvolle Ergänzung der Produktpalette im deutschen Lebensversicherungsmarkt dar[52] und liegen im Trend.[53] Sie gehören zu den so genannten kapitalmarktnahen Produkten.[54] Die wesentliche Neuerung dieser Generation von fondsgebundenen Rentenversicherungen besteht darin, dass sie durch Garantiekomponenten und Optionen ergänzt und die Prämien des Versicherungsnehmers über die gesamte Vertragslaufzeit in den jeweils gewählten Fonds investiert werden.[55] Marktübliche Garantiebausteine, die einzeln oder in Kombination eingeschlossen werden können, sind
– eine garantierte Mindestrente ab einem vereinbarten Alter,
– eine garantierte Mindestablaufleistung zum Vertragsende/Ende der Ansparphase, die z.B. eine Höchststandgarantie, Mindestverzinsung oder Beitragsrückgewähr umfassen kann,
– eine garantierte Mindesttodesfallleistung,
– zeitlich befristete bzw. lebenslange Entnahmen.[56]

Die Kosten für die einzelnen Garantiekomponenten werden dabei explizit und transparent in Rechnung gestellt.[57] Fondsgebundene Versicherungen mit Garantien bilden damit eine Verbindung zwischen der Möglichkeit, an den Erträgen risikobehafteter Investments wie Aktien teilzuhaben und gleichzeitig von der Sicherheit einer garantierten Mindestleistung zu profitieren.[58] Dem Kunden werden allerdings Leistungen zugesagt, deren Erfüllung mit den herkömmlichen Methoden der Versicherungstechnik nicht mehr sichergestellt werden können.[59] Versicherer müssen für diese Produkte ihr Bestandsführungssystem anpassen und die

---
[49] Siehe ferner OGH, Beschl. v. 13. 5. 2009 – 7 Ob 81/09a, VersR 2010, 975: Versicherungsschutz bestand u. a. bei Operation am offenen Herzen zum Ersatz von Herzklappen.
[50] OLG Oldenburg, Beschl. v. 10. 12. 2009 – 5 U 87/09, VersR 2010, 752, 753.
[51] OLG Oldenburg, Beschl. v. 10. 12. 2009 – 5 U 87/09, VersR 2010, 752, 753.
[52] *Pechowski* Der Aktuar 2008, 90.
[53] ZfV 2008, 433, 434: Der Boom bei den Fondspolicen geht weiter; *Surminski*, Hoffnungsträger in Not – USA: Variable Annuities leiden unter dem Börsencrash, ZfV 2008, 748; *Dreher/Lange,* Variable Annuities – Rechtliche Konstruktion und aufsichtsrechtliche Zulässigkeit in Deutschland –, VersR 2010, 1109.
[54] *Feilmeier* Der Aktuar 2008, 188.
[55] GDV, Variable Annuities, 2009, S. 8.
[56] GDV, Variable Annuities, 2009, S. 8.
[57] GDV, Variable Annuities, 2009, S. 8.
[58] GDV, Variable Annuities, 2009, S. 8.
[59] *Ziewer* VW 2009, 90.

Anwendungslandschaft insbesondere um eine Hedging-Plattform und eine Steuerungskomponente für die Bewertung und das Controlling der Garantierisiken erweitern.[60] Der Absicherung der Garantien über Hedging-Strategien ist ein besonderes Augenmerk zu schenken.[61] Es handelt sich hierbei für die deutschen Lebensversicherungen um ein bisher weitgehend neues Risiko, das adäquat zu bewerten und zu kontrollieren ist.[62] Hervorzuheben ist, dass eine regelmäßige einzelvertragliche Bewertung der Garantierisiken erfolgen muss.[63] Variable Annuities werden in Deutschland ausschließlich aus Irland[64] und Luxemburg heraus angeboten, da das deutsche Aufsichtsrecht bisher diese Produkte nicht risikogerecht in seinen Reservierungsvorschriften berücksichtigt hat.[65]

4. Beispielrechnungen

7 Die Beispielrechnungen sollen nicht nur die erwarteten Wertentwicklungen ausweisen, sondern auch auf die Fondskosten eingehen.[66]

5. Mindestzuführung zur RfB

7a Die BaFin hat am 22. Dezember 2009 eine Auslegungsentscheidung zur Mindestzuführung in der fondsgebundenen Lebensversicherung veröffentlicht.[67] Demnach müssen Lebensversicherer Zahlungen bzw. Rückvergütungen, die sie von Kapitalanlagegesellschaften für Investitionen in deren Investmentfonds im Rahmen der fondsgebundenen Lebensversicherung erhalten, bei der Ermittlung der Mindestzuführung zur Rückstellung für Beitragsrückerstattung im übrigen Ergebnis berücksichtigen, wenn diese Zahlungen auf überschussberechtigte Verträge entfallen. Die Überschussbeteiligung kann gemäß dieser Auslegungsentscheidung nur insgesamt ausgeschlossen werden, nicht jedoch die Beteiligung an einzelnen Überschussquellen.

6. Besteuerung der Renten

8 Renten aus sofort beginnenden fondsgebundenen Rentenversicherungen ohne Kapitalwahlrecht, deren Höhe auch während der Auszahlungsphase an die Wertentwicklung der dem Vertrag zugrunde liegenden Fonds gekoppelt ist, gehören zu den Leibrenten im Sinne von § 22 Nr. 1 Satz 3 Buchst. a EStG.[68] Sie sind demzufolge mit dem Ertragsanteil nach der Tabelle des § 22 Nr. 1 Satz 3 Buchst. a Doppelbuchst. bb Satz 4 EStG zu besteuern.[69]

7. Abschluss der Versicherung

9 a) Beratung. Beabsichtigt ein Kunde die Zeichnung einer fondsgebundenen Lebensversicherung und wendet er sich wegen des Abschlusses an einen Vermittler, ist ein selbständiger Beratungsvertrag dann anzunehmen, wenn sich der Kapitalanleger mit dem Wunsch nach einer fachkundigen Bewertung und Beurteilung

---

[60] *Feilmeier* Der Aktuar 2008, 188, 189.
[61] *Feilmeier* Der Aktuar 2008, 188, 189.
[62] *Feilmeier* Der Aktuar 2008, 188, 189.
[63] *Helmert* Der Aktuar 2008, 190.
[64] Beispielsweise wird das Produkt „Allianz Invest4Life" über die irische Allianz-Tochter Darta Saving Life verkauft, vgl. ZfV 2008, 550.
[65] *Heinen* Der Aktuar 2008, 189.
[66] *Ras* VW 2008, 395.
[67] Abrufbar über www.bafin.de.
[68] *Goverts/Schubert* DB 2006, 1978, 1982.
[69] *Goverts/Schubert* DB 2006, 1978, 1982.

von Kapitalanlagen an einen unabhängigen Berater wendet.[70] Auch ein Makler ist als Interessenvertreter des Versicherungsnehmers zu einer umfassenden Betreuung aller Versicherungsinteressen seines Kunden und zu einer entsprechenden Beratung in Bezug auf den von ihm vermittelten Versicherungsvertrag verpflichtet.[71] Es gehört zu seinen Beratungspflichten, dafür zu sorgen, dass der Kunde nicht finanziell überfordert wird.[72] Erhöhte Anforderungen an die Beratungspflicht bestehen bei älteren Kunden, die einen Großteil ihres Geldvermögens anlegen.[73] Die Beratung hat abhängig von den individuellen Verhältnissen des Anlegers „anleger- und anlagegerecht" zu erfolgen.[74] Ob Beratungspflichten verletzt worden sind, die zum Schadensersatzanspruch führen, kann nur anhand des Einzelfalls entschieden werden.[75]

b) Anlagevermittlung. Eine reine Anlagevermittlung ist dagegen anzunehmen, wenn durch einen Vermittler für eine Kapitalanlage im Interesse des Kapitalsuchenden gegen Provision der Vertrieb von Kapitalanlagen übernommen wird.[76] Aber auch der für das LVU tätige Versicherungsvermittler hat die Pflicht, den Interessenten richtig und vollständig über die für seine Anlageentscheidung bedeutenden Umstände zu informieren,[77] insbesondere ihm Unterlagen auszu-

---

[70] BGH, Urt. v. 25. 11. 1981 – IV a ZR 286/80, NJW 1982, 1095 = VersR 1982, 194; BGH, Urt. v. 13. 5. 1993 – III ZR 25/92, NJW-RR 1993, 1114 = VersR 1993, 1104, 1105 = WM 1993, 1238 = ZIP 1993, 997; dazu *Brink* EWiR 1993, 765; BGH, Urt. v. 13. 1. 2000 – III ZR 62/99, NJW-RR 2000, 998 = WM 2000, 426 = ZIP 2000, 355, 356; dazu *Frisch* EWiR 2000, 425; BGH, Urt. v. 11. 9. 2003 – III ZR 381/02, NJW-RR 2003, 1690 = WM 2003, 2064 = ZIP 2003, 1928; dazu *Klanten* EWiR 2004, 175; BGH, Urt. v. 12. 5. 2005 – III ZR 413/04, NJW-RR 2005, 1082; BGH, Urt. v. 19. 10. 2006 – III ZR 122/05, NJW-RR 2007, 348, 349 = VersR 2007, 63, 64 = WM 2006, 2301, 2302 = BB 2006, 2605, 2606; BGH v. 22. 3. 2007, NJW-RR 2007, 925 = WM 2007, 873; BGH, Urt. v. 19. 4. 2007 – III ZR 75/06, NJW-RR 2007, 1271 = VersR 2007, 993 = WM 2007, 1020 = ZIP 2007, 1160, 1161 = DB 2007, 1304; dazu *Deblitz* EWiR 2007, 679; BGH v. 12. 7. 2007 – WM 2007, 1606, 1607; LG München I, Urt. v. 20. 9. 2007 – 25 O 17 025/06, VersR 2008, 626; BGH, Urt. v. 25. 10. 2007 – III ZR 100/06, WM 2007, 2228, 2229 = BB 2007, 2766, 2767 = DB 2007, 2591, 2592; BGH, Urt. v. 7. 10. 2008 – XI ZR 89/07, NJW 2008, 3700, 3701 = WM 2008, 2166, 2167; dazu *Zetzsche* WM 2009, 1020.
[71] BGH, Urt. v. 20. 1. 2005 – III ZR 251/04, r+s 2005, 222; LG Stuttgart, Urt. v. 19. 4. 2006 – 5 S 185/05, r+s 2008, 132.
[72] LG Stuttgart, Urt. v. 19. 4. 2006 – 5 S 185/05, r+s 2008, 132.
[73] *Drescher* EWiR 2005, 697, 698.
[74] BGH, Urt. v. 25. 11. 1981 – IV a ZR 286/80, NJW 1982, 1095 f. = WM 1982, 90 = ZIP 1982, 169 = MDR 1982, 465; BGH WM 2000, 1441, 1443 = ZIP 2000, 1204 (Fokker-Anleihe); dazu *Balzer* EWiR 2000, 709; KG, Urt. v. 20. 8. 2004 – 25 U 1/04; OLG Frankfurt/M., Urt. v. 15. 12. 2004 – 13 U 24/03; BGH, Urt. v. 8. 3. 2005 – XI ZR 170/04, ZIP 2005, 802; dazu *Micklitz* EWiR 2005, 491; OLG Jena, Urt. v. 17. 5. 2005 – 5 U 693/04, WM 2005, 1913, 1914 = NJW-RR 2005, 697; BGH, Urt. v. 19. 4. 2007 – III ZR 75/06, NJW 2008, 80 (Ls.) = NJW-RR 2007, 1271 = VersR 2007, 993 = WM 2007, 1020 = DB 2007, 1304; dazu *Deblitz* EWiR 2007, 679.
[75] *Reinelt* NJW 2009, 1, 5.
[76] BGH, Urt. v. 13. 5. 1993 – III ZR 25/92, NJW-RR 1993, 1114 = VersR 1993, 1104, 1105; LG München I, Urt. v. 20. 9. 2007 – 25 O 17 025/06, VersR 2008, 626.
[77] BGH, Urt. v. 25. 11. 1981 – IV a ZR 286/80, NJW 1982, 1095 = VersR 1982, 194; BGH, Urt. v. 17. 10. 1989 – XI ZR 173/88, NJW 1990, 506, 507 = VersR 1990, 157, 158 f.; BGH, Urt. v. 13. 5. 1993 – III ZR 25/92, NJW-RR 1993, 1114 = VersR 1993, 1104; BGH, Urt. v. 9. 7. 1998 – XI ZR 158/97, NJW-RR 1998, 1496 = r+s 1999, 38; BGH, Urt. v. 13. 1. 2000 – III ZR 62/99, NJW 2000, 2503 (Ls.) = NJW-RR 2000, 998 = VersR 2001, 240 = ZIP 2000, 355, 356; BGH, Urt. v. 13. 6. 2002 – III ZR 166/01, NJW 2002, 2641, 2642 = VersR 2003, 594; BGH, Urt. v. 11. 9. 2003 – III ZR 381/02, NJW-RR 2003, 1690 = VersR 2004, 238, 239; OLG Düsseldorf, Urt. v. 30. 3. 2004 – 4 U 137/03,

händigen, aus denen sich ergibt, dass er bei Kursrückgang der im Investmentfonds befindlichen Wertpapiere das Risiko der Wertminderung trägt.[78] Über Kick-Back-Zahlungen muss der Versicherungsnehmer nicht aufgeklärt werden, da im Falle eines Anlageberatungsvertrages über Wertpapiere für die Aufklärungspflicht der beratenden Bank andere Maßstäbe gelten[79] als bei der bloßen Vermittlung eines Versicherungsvertrages.[80] Bezeichnet der Versicherungsvermittler die gewählte Anlageform als ein nur geringes Risiko, während der Versicherer in seiner Verbraucherinformation von einem mittleren bis hohen, als spekulativ bezeichneten Anlagerisiko spricht und war in den ersten drei Jahren ein Einbruch von 60 bis 70% zu verzeichnen, so kann der Versicherungsnehmer aus Verschulden bei Vertragsabschluss Schadensersatz in Form der Rückgängigmachung des Vertrags (Rückzahlung der Beiträge) verlangen.[81] Eine Pflichtverletzung des Versicherungsvermittlers ist dem LVU gemäß § 278 BGB zuzurechnen.[82] Dem vom Versicherungsvermittler geworbenen Interessenten kann der Einwand des Mitverschuldens entgegengehalten werden.[83] Die Verjährung des Anspruchs aus Culpa in Contrahendo wegen Verletzung der Aufklärungspflichten richtet sich nach § 12 Abs. 1 VVG.[84]

II. Allgemeine Bedingungen für die Fondsgebundene Lebens- und Rentenversicherung (FLV 2008 und FRV 2008)

1. Allgemeine Bedingungen für die Fondsgebundene Lebensversicherung (FLV 2008)[85]

11 Sehr geehrte Kundin, sehr geehrter Kunde,
als Versicherungsnehmer sind Sie unser Vertragspartner; für unser Vertragsverhältnis gelten die nachfolgenden Bedingungen.

VersR 2005, 62 = r+s 2005, 342; BGH, Urt. v. 27. 10. 2005 − III ZR 71/05, NJW-RR 2006, 109, 110; BGH, Urt. v. 19. 10. 2006 − III ZR 122/05, NJW-RR 2007, 348, 349 = VersR 2007, 63, 64 = WM 2006, 2301, 2302 = BB 2006, 2605, 2606; BGH, Urt. v. 22. 3. 2007 − III ZR 218/06, NJW-RR 2007, 925 = VersR 2007, 944 = ZIP 2007, 871; BGH, Urt. v. 12. 7. 2007 − III ZR 83/06, NJW-RR 2007, 1690, 1691; Urt. v. 12. 7. 2007 − III ZR 145/06, NJW-RR 2007, 1692 = VersR 2008, 74, 75; LG München I, Urt. v. 20. 9. 2007 − 25 O 17 025/06, VersR 2008, 626; *Zugehör* WM Sonderbeil. Nr. 1/2010, S. 32.

[78] LG München I, Urt. v. 20. 9. 2007 − 25 O 17 025/06, VersR 2008, 626, 627.

[79] Siehe hierzu LG Hamburg, Urt. v. 1. 7. 2009 − 325 O 22/09, WM 2009, 1363, 1367 f.

[80] OLG Stuttgart, Urt. v. 26. 5. 2009 − 6 U 21/09, WM 2009, 1361, 1363.

[81] OLG Düsseldorf, Urt. v. 30. 3. 2004 − 4 U 137/03, VersR 2005, 62, 63 = r+s 2005, 342.

[82] LG München I, Urt. v. 20. 9. 2007 − 25 O 17 025/06, VersR 2008, 626; BGH, Urt. v. 25. 10. 2007 − III 100/06, VersR 2008, 352, 353 = BB 2007, 2766.

[83] BGH, Urt. v. 25. 11. 1981 − IVa ZR 286/80, NJW 1982, 1095, 1096 f. = VersR 1982, 194, 196; BGH, Urt. v. 13. 5. 1993 − III ZR 25/92, NJW-RR 1993, 1114 = VersR 1993, 1104, 1106.

[84] OLG Karlsruhe, Urt. v. 22. 4. 1998 − 13 U 109/97, VersR 1999, 477 = r+s 1998, 269; BGH, Urt. v. 21. 1. 2004 − IV ZR 44/03, VersR 2004, 361; LG München I, Urt. v. 20. 9. 2007 − 25 O 17 025/06, VersR 2008, 626.

[85] Stand: 2. 5. 2008; GDV-Rundschreiben Nr. 0850/2008 v. 7. 5. 2008: Diese Bedingungen sind für die Versicherer unverbindlich; ihre Verwendung ist rein fakultativ. Abweichende Bedingungen können vereinbart werden. Anm. des Verfassers: In den FLV 2008 werden die Bestimmungen des VVG 2008 genannt.

Inhaltsverzeichnis

§ 1 Welche Leistungen erbringen wir?
§ 2 Wie erfolgt die Überschussbeteiligung?
§ 3 Wann beginnt Ihr Versicherungsschutz?
§ 4 Wie verwenden wir Ihre Beiträge?
§ 5 Was gilt bei Wehrdienst, Unruhen, Krieg oder Einsatz bzw. Freisetzen von ABC-Waffen/-Stoffen?
§ 6 Was gilt bei Selbsttötung der versicherten Person?
§ 7 Was bedeutet die vorvertragliche Anzeigepflicht?
§ 8 Was haben Sie bei der Beitragszahlung zu beachten?
§ 9 Was geschieht, wenn Sie einen Beitrag nicht rechtzeitig zahlen?
§ 10 Wann können Sie Ihre Versicherung kündigen oder beitragsfrei stellen?
§ 11 Unter welchen Voraussetzungen können Sie Ihre Fondsgebundene Lebensversicherung in eine auf Euro lautende Lebensversicherung umwandeln?
§ 12 Unter welchen Voraussetzungen können Sie Ihre Versicherung verlängern?
§ 13 Wie werden die Abschluss- und Vertriebskosten verrechnet?
§ 14 Was ist zu beachten, wenn eine Versicherungsleistung verlangt wird?
§ 15 Welche Bedeutung hat der Versicherungsschein?
§ 16 Wer erhält die Versicherungsleistung?
§ 17 Wie können Sie den Wert Ihrer Versicherung erfahren?
§ 18 Was gilt bei Änderung Ihrer Postanschrift oder Ihres Namens?
§ 19 Welche Kosten stellen wir Ihnen gesondert in Rechnung?
§ 20 Welches Recht findet auf Ihren Vertrag Anwendung?
§ 21 Wo ist der Gerichtsstand?

§ 1 Welche Leistungen erbringen wir?

(1) **Die Fondsgebundene Lebensversicherung bietet Versicherungsschutz unter unmittelbarer Beteiligung an der Wertentwicklung eines Sondervermögens (Anlagestock). Der Anlagestock wird gesondert vom sonstigen Vermögen überwiegend in Wertpapieren angelegt und in Anteileinheiten aufgeteilt.**

(2) **Der Wert einer Anteileinheit richtet sich nach der Wertentwicklung des Anlagestocks.** Den Wert einer Anteileinheit ermitteln wir dadurch, dass der Geldwert des Anlagestocks am jeweiligen Stichtag durch die Anzahl der zu diesem Zeitpunkt vorhandenen Anteileinheiten geteilt wird; Zertifikate von Investmentfonds werden mit dem Rücknahmepreis angesetzt.

(3) Soweit die Erträge aus den im Anlagestock enthaltenen Vermögenswerten nicht ausgeschüttet werden, fließen sie unmittelbar dem Anlagestock zu und erhöhen damit den Wert der Anteileinheiten. Erträge des Anlagestocks, die ausgeschüttet werden, und Steuererstattungen rechnen wir in Anteileinheiten um und schreiben sie den einzelnen Versicherungsverträgen gut.

(4) **Da die Entwicklung der Vermögenswerte des Anlagestocks nicht vorauszusehen ist, können wir den ...[86] Wert der Leistung – außer im Todesfall – nicht garantieren.** Sie haben die Chance, insbesondere bei Kurssteigerungen der Wertpapiere des Anlagestocks einen Wertzuwachs zu erzielen; bei Kursrückgängen tragen Sie das Risiko der Wertminderung. Bei Werten, die nicht in Euro geführt werden, können Schwankungen der Währungskurse den Wert der Anlage zusätzlich beeinflussen. Im Todesfall ist jedoch die vereinbarte Todesfallleistung garantiert.

(5) **Die Höhe der Versicherungsleistungen ist vom Wert der insgesamt gutgeschriebenen Anteileinheiten (Deckungskapital) abhängig.** Das Deckungskapital Ihrer Versicherung ergibt sich aus der Anzahl der auf Ihre Versicherung entfallenden Anteileinheiten. Den Wert des Deckungskapitals ermitteln wir dadurch, dass wir die Anzahl der Anteileinheiten Ihrer Versicherung mit dem am ... (Stichtag)[87] ermittelten Wert einer Anteileinheit multiplizieren.

---

[86] Unternehmensindividuell festzulegen.
[87] Unternehmensindividuell festzulegen.

(6) Erlebt die versicherte Person den für den Ablauf der Versicherung vorgesehenen Termin, zahlen wir das während der Laufzeit der Versicherung angesammelte Deckungskapital aus. Als Stichtag zur Ermittlung des Wertes des Deckungskapitals legen wir den ...[88] zugrunde. Die Auszahlung der Versicherungsleistung erfolgt bei Fälligkeit.

(7) Stirbt die versicherte Person vor dem vorgesehenen Ablauftermin, zahlen wir ebenfalls das während der Laufzeit der Versicherung angesammelte Deckungskapital aus und zusätzlich die Differenz zwischen der zum Zeitpunkt des Todes maßgeblichen Todesfallleistung und dem Wert des Deckungskapitals, sofern dieser positiv ist. Als Stichtag zur Ermittlung des Wertes des Deckungskapitals legen wir den ...[89] zugrunde.

(8) Die Versicherungsleistungen erbringen wir grundsätzlich in Geld. Sie können jedoch abweichend hiervon die Leistung des Deckungskapitals nach Absatz 6 bzw. 7 in Anteileinheiten des Anlagestocks verlangen.[90]

§ 2 Wie erfolgt die Überschussbeteiligung?

Entscheidend für den Gesamtertrag des Vertrages ist die Entwicklung des Sondervermögens, an dem Sie unmittelbar beteiligt sind (vgl. § 1 Abs. 1). Darüber hinaus beteiligen wir Sie und die anderen Versicherungsnehmer gemäß § 153 des Versicherungsvertragsgesetzes (VVG) an den Überschüssen, die jährlich bei unserem Jahresabschluss festgestellt werden. Bei dieser Versicherung fallen keine Bewertungsreserven an. Die Überschüsse werden nach den Vorschriften des Handelsgesetzbuches ermittelt und jährlich im Rahmen unseres Jahresabschlusses festgestellt. Der Jahresabschluss wird von einem unabhängigen Wirtschaftsprüfer geprüft und ist unserer Aufsichtsbehörde einzureichen.

(1) Grundsätze und Maßstäbe für die Überschussbeteiligung der Versicherungsnehmer

(a) Überschüsse entstehen, wenn Sterblichkeit und Kosten niedriger sind, als bei der Tarifkalkulation angenommen. An diesen Überschüssen werden die Versicherungsnehmer nach der Verordnung über die Mindestbeitragsrückerstattung in der Lebensversicherung (Mindestzuführungsverordnung) angemessen beteiligt und zwar nach derzeitiger Rechtslage am Risikoergebnis (Sterblichkeit) grundsätzlich zu mindestens 75% und am übrigen Ergebnis (einschließlich Kosten) grundsätzlich zu mindestens 50% (§ 4 Abs. 4 u. 5, § 5 Mindestzuführungsverordnung).

(b) Die verschiedenen Versicherungsarten tragen unterschiedlich zum Überschuss bei. Wir haben deshalb gleichartige Versicherungen zu Gruppen zusammengefasst. Gewinngruppen bilden wir, beispielsweise, um das versicherte Risiko wie das Todesfall- oder Berufsunfähigkeitsrisiko zu berücksichtigen.[91] Die Verteilung des Überschusses für die Versicherungsnehmer auf die einzelnen Gruppen orientiert sich daran, in welchem Umfang sie zu seiner Entstehung beigetragen haben. Den Überschuss führen wir der Rückstellung für Beitragsrückerstattung zu, soweit er nicht in Form der sog. Direktgutschrift bereits unmittelbar den überschussberechtigten Versicherungen gutgeschrieben wird. Diese Rückstellung dient dazu, Ergebnisschwankungen im Zeitablauf zu glätten. Sie darf grundsätzlich nur für die Überschussbeteiligung der Versicherungsnehmer verwendet werden. Nur in Ausnahmefällen mit Zustimmung der Aufsichtsbehörde können wir hiervon nach § 56 a des Versicherungsaufsichtsgesetzes (VAG) abweichen, soweit die Rückstellung nicht auf bereits festgelegte Überschussanteile entfällt. Nach der

---

[88] Unternehmensindividuell festzulegen.
[89] Unternehmensindividuell festzulegen.
[90] Sofern es sich bei dem Sondervermögen um einen Spezialfonds handelt, sind die Bedingungen entsprechend zu modifizieren.
[91] Ggf. weitere unternehmensindividuelle Information über Gewinngruppen bzw. Untergruppen und deren Modalitäten; die Begriffe sind an die unternehmensindividuellen Gegebenheiten anzupassen.

derzeitigen Fassung des § 56a VAG können wir die Rückstellung, im Interesse der Versicherungsnehmer auch zur Abwendung eines drohenden Notstandes, zum Ausgleich unvorhersehbarer Verluste aus den überschussberechtigten Versicherungsverträgen, die auf allgemeine Änderungen der Verhältnisse zurückzuführen sind, oder – sofern die Rechnungsgrundlagen aufgrund einer unvorhersehbaren und nicht nur vorübergehenden Änderung der Verhältnisse angepasst werden müssen – zur Erhöhung der Deckungsrückstellung heranziehen.

(2) Grundsätze und Maßstäbe für die Überschussbeteiligung Ihres Vertrages
(a) Ihre Versicherung erhält Anteile an den Überschüssen derjenigen Gruppe, die in Ihrem Versicherungsschein genannt ist. Die Mittel für die Überschussanteile werden bei der Direktgutschrift zu Lasten des Ergebnisses des Geschäftsjahres finanziert, ansonsten der Rückstellung für Beitragsrückerstattung entnommen. Die Höhe der Überschussanteilsätze wird jedes Jahr vom Vorstand unseres Unternehmens auf Vorschlag des Verantwortlichen Aktuars festgelegt. Wir veröffentlichen die Überschussanteilsätze in unserem Geschäftsbericht. Den Geschäftsbericht können Sie bei uns jederzeit anfordern.
(b) ...[92]

(3) Informationen über die Höhe der Überschussbeteiligung
Die Höhe der Überschussbeteiligung hängt von vielen Einflüssen ab. Diese sind nicht vorhersehbar und von uns nur begrenzt beeinflussbar. Wichtigster Einflussfaktor ist dabei die Entwicklung des versicherten Risikos und der Kosten. Die Höhe der künftigen Überschussbeteiligung kann also nicht garantiert werden.

§ 3 Wann beginnt Ihr Versicherungsschutz?

Ihr Versicherungsschutz beginnt, wenn der Vertrag abgeschlossen worden ist, jedoch nicht vor dem mit Ihnen vereinbarten, im Versicherungsschein angegebenen Versicherungsbeginn. Allerdings entfällt unsere Leistungspflicht bei nicht rechtzeitiger Beitragszahlung (vgl. § 8 Abs. 2 und 3 und § 9).

§ 4 Wie verwenden wir Ihre Beiträge?

(1) Wir führen Ihre Beiträge, soweit sie nicht zur Deckung von Kosten bestimmt sind, dem Anlagestock (vgl. § 1 Abs. 1) zu und rechnen sie zum ... (Stichtag)[93] in Anteileinheiten um. Die zur Deckung des Todesfallrisikos bestimmten, nach anerkannten Regeln der Versicherungsmathematik berechneten Risikobeiträge und den bei Versicherungen gegen Einmalbeitrag sowie bei beitragsfreien Versicherungen kalkulierten Wert für den Versicherungsbetrieb entnehmen wir monatlich zum ...[94] (Stichtag) dem Deckungskapital.

(2) Bei Versicherungen gegen Einmalbeitrag und beitragsfreien Versicherungen kann die in Absatz 1 genannte monatliche Entnahme bei extrem ungünstiger Entwicklung der im Anlagestock enthaltenen Werte dazu führen, dass das gesamte Deckungskapital vor dem vereinbarten Ablauftermin der Versicherung aufgebraucht ist und der Versicherungsschutz damit erlischt. In einem solchen Fall werden wir Sie rechtzeitig darauf hinweisen und Ihnen Maßnahmen vorschlagen, wie Sie den Versicherungsschutz aufrechterhalten können.

---

[92] Hier sind folgende unternehmensindividuelle Angaben zu machen
a) Voraussetzung für die Fälligkeit der Überschussanteile (Wartezeit, Stichtag für die Zuteilung u. ä.)
b) Form und Verwendung der Überschussanteile (laufende Überschussanteile, Schlussüberschussanteile, Bonus, Ansammlung, Verrechnung, Barauszahlung u. ä.)
c) Bemessungsgrundlage für die Überschussanteile.
[93] Unternehmensindividuell festzulegen.
[94] Unternehmensindividuell festzulegen.

§ 5 Was gilt bei Wehrdienst, Unruhen, Krieg oder Einsatz bzw. Freisetzen von ABC-Waffen/-Stoffen?

(1) Grundsätzlich besteht unsere Leistungspflicht unabhängig davon, auf welcher Ursache der Versicherungsfall beruht. Wir gewähren Versicherungsschutz insbesondere auch dann, wenn die versicherte Person in Ausübung des Wehr- oder Polizeidienstes oder bei inneren Unruhen den Tod gefunden hat.

(2) Bei Ableben der versicherten Person in unmittelbarem oder mittelbarem Zusammenhang mit kriegerischen Ereignissen beschränkt sich eine für den Todesfall vereinbarte Kapitalleistung allerdings auf die Auszahlung des für den ... (Stichtag)[95] berechneten Rückkaufswertes Ihrer Versicherung (§ 10 Abs. 3 bis 5). Diese Einschränkung unserer Leistungspflicht entfällt, wenn die versicherte Person in unmittelbarem oder mittelbarem Zusammenhang mit kriegerischen Ereignissen stirbt, denen sie während eines Aufenthaltes außerhalb der Bundesrepublik Deutschland ausgesetzt und an denen sie nicht aktiv beteiligt war.

(3) Bei Ableben der versicherten Person in unmittelbarem oder mittelbarem Zusammenhang mit dem vorsätzlichen Einsatz von atomaren, biologischen oder chemischen Waffen oder dem vorsätzlichen Einsatz oder der vorsätzlichen Freisetzung von radioaktiven, biologischen oder chemischen Stoffen beschränkt sich unsere Leistungspflicht auf die in Absatz 2 Satz 1 genannte Leistung, sofern der Einsatz oder das Freisetzen darauf gerichtet sind, das Leben einer Vielzahl von Personen zu gefährden. Absatz 2 Satz 2 bleibt unberührt.

§ 6 Was gilt bei Selbsttötung der versicherten Person?

(1) Bei vorsätzlicher Selbsttötung der versicherten Person leisten wir, wenn seit Abschluss des Versicherungsvertrags drei Jahre vergangen sind.

(2) Bei vorsätzlicher Selbsttötung vor Ablauf der Dreijahresfrist besteht Versicherungsschutz nur dann, wenn uns nachgewiesen wird, dass die Tat in einem die freie Willensbestimmung ausschließenden Zustand krankhafter Störung der Geistestätigkeit begangen worden ist. Andernfalls zahlen wir eine für den Todesfall vereinbarte Kapitalleistung nur bis zur Höhe des für den ... (Stichtag)[96] berechneten Rückkaufswertes (§ 10 Abs. 3 bis 5).

(3) Die Absätze 1 und 2 gelten entsprechend bei einer unsere Leistungspflicht erweiternden Änderung oder bei einer Wiederherstellung der Versicherung. Die Frist nach Absatz 1 beginnt mit der Änderung oder Wiederherstellung der Versicherung bezüglich des geänderten oder wiederhergestellten Teils neu zu laufen.

§ 7 Was bedeutet die vorvertragliche Anzeigepflicht?

Vorvertragliche Anzeigepflicht

(1) Wir übernehmen den Versicherungsschutz im Vertrauen darauf, dass Sie alle vor Vertragsabschluss in Textform gestellten Fragen wahrheitsgemäß und vollständig beantwortet haben (vorvertragliche Anzeigepflicht). Das gilt insbesondere für die Fragen nach gegenwärtigen oder früheren Erkrankungen, gesundheitlichen Störungen und Beschwerden.

(2) Soll das Leben einer anderen Person versichert werden, ist auch diese – neben Ihnen – für die wahrheitsgemäße und vollständige Beantwortung der Fragen verantwortlich.

Rücktritt

(3) Wenn Umstände, die für die Übernahme des Versicherungsschutzes Bedeutung haben, von Ihnen oder der versicherten Person (vgl. Absatz 2) nicht oder nicht richtig angegeben worden sind, können wir vom Vertrag zurücktreten. Dies

---

[95] Unternehmensindividuell festzulegen.
[96] Unternehmensindividuell festzulegen.

gilt nicht, wenn uns nachgewiesen wird, dass die vorvertragliche Anzeigepflicht weder vorsätzlich noch grob fahrlässig verletzt worden ist. Bei grob fahrlässiger Verletzung der vorvertraglichen Anzeigepflicht haben wir kein Rücktrittsrecht, wenn uns nachgewiesen wird, dass wir den Vertrag auch bei Kenntnis der nicht angezeigten Umstände, wenn auch zu anderen Bedingungen, geschlossen hätten.

(4) Im Fall des Rücktritts besteht kein Versicherungsschutz. Haben wir den Rücktritt nach Eintritt des Versicherungsfalles erklärt, bleibt unsere Leistungspflicht jedoch bestehen, wenn uns nachgewiesen wird, dass der nicht oder nicht richtig angegebene Umstand weder für den Eintritt oder die Feststellung des Versicherungsfalles noch für die Feststellung oder den Umfang unserer Leistungspflicht ursächlich war. Haben Sie oder die versicherte Person die Anzeigepflicht arglistig verletzt, sind wir nicht zur Leistung verpflichtet.

(5) Wenn die Versicherung durch Rücktritt aufgehoben wird, zahlen wir den Rückkaufswert (§ 10 Abs. 3 bis 5). Die Regelung des § 10 Abs. 3 Satz 3 gilt nicht. Die Rückzahlung der Beiträge können Sie nicht verlangen.

Kündigung

(6) Ist unser Rücktrittsrecht ausgeschlossen, weil die Verletzung der vorvertraglichen Anzeigepflicht weder auf Vorsatz noch auf grober Fahrlässigkeit beruhte, können wir den Vertrag unter Einhaltung einer Frist von einem Monat kündigen.

(7) Wir haben kein Kündigungsrecht, wenn uns nachgewiesen wird, dass wir den Vertrag auch bei Kenntnis der nicht angezeigten Umstände, wenn auch zu anderen Bedingungen, geschlossen hätten.

(8) Kündigen wir die Versicherung, wandelt sie sich mit der Kündigung in eine beitragsfreie Versicherung um (§ 10 Abs. 7 bis 9).

Vertragsanpassung

(9) Können wir nicht zurücktreten oder kündigen, weil wir den Vertrag auch bei Kenntnis der nicht angezeigten Umstände, aber zu anderen Bedingungen, geschlossen hätten, werden die anderen Bedingungen auf unser Verlangen rückwirkend Vertragsbestandteil. Haben Sie die Anzeigepflichtverletzung nicht zu vertreten, werden die anderen Bedingungen ab der laufenden Versicherungsperiode Vertragsbestandteil.

(10) Erhöht sich durch die Vertragsanpassung der Beitrag um mehr als 10% oder schließen wir den Versicherungsschutz für den nicht angezeigten Umstand aus, können Sie den Vertrag innerhalb eines Monats nach Zugang unserer Mitteilung fristlos kündigen. In der Mitteilung werden wir Sie auf das Kündigungsrecht hinweisen.

Ausübung unserer Rechte

(11) Wir können uns auf die Rechte zum Rücktritt, zur Kündigung und zur Vertragsanpassung nur berufen, wenn wir Sie durch gesonderte Mitteilung in Textform auf die Folgen einer Anzeigepflichtverletzung hingewiesen haben. Wir müssen unsere Rechte innerhalb eines Monats schriftlich geltend machen. Die Frist beginnt mit dem Zeitpunkt, zu dem wir von der Verletzung der Anzeigepflicht, die das von uns geltend gemachte Recht begründet, Kenntnis erlangen. Bei Ausübung unserer Rechte müssen wir die Umstände angeben, auf die wir unsere Erklärung stützen. Zur Begründung können wir nachträglich weitere Umstände innerhalb eines Monats nach deren Kenntniserlangung angeben.

(12) Unsere Rechte auf Rücktritt, Kündigung und Vertragsanpassung sind ausgeschlossen, wenn wir den nicht angezeigten Umstand oder die Unrichtigkeit der Anzeige kannten.

(13) Die genannten Rechte können wir nur innerhalb von fünf Jahren seit Vertragsabschluss ausüben. Ist der Versicherungsfall vor Ablauf dieser Frist eingetreten, können wir die Rechte auch nach Ablauf der Frist geltend machen. Haben Sie oder die versicherte Person die Anzeigepflicht vorsätzlich oder arglistig verletzt, beträgt die Frist zehn Jahre.

Anfechtung

(14) Wir können den Versicherungsvertrag auch anfechten, falls durch unrichtige oder unvollständige Angaben bewusst und gewollt auf unsere Annahmeentscheidung Einfluss genommen worden ist. Handelt es sich um Angaben der versicherten Person, können wir Ihnen gegenüber die Anfechtung erklären, auch wenn Sie von der Verletzung der vorvertraglichen Anzeigepflicht keine Kenntnis hatten. Absatz 5 gilt entsprechend.

Leistungserweiterung/Wiederherstellung der Versicherung

(15) Die Absätze 1 bis 14 gelten bei einer unsere Leistungspflicht erweiternden Änderung oder bei einer Wiederherstellung der Versicherung entsprechend. Die Fristen nach Absatz 13 beginnen mit der Änderung oder Wiederherstellung der Versicherung bezüglich des geänderten oder wiederhergestellten Teils neu zu laufen.

Erklärungsempfänger

(16) Die Ausübung unserer Rechte erfolgt durch schriftliche Erklärung, die Ihnen gegenüber abzugeben ist. Sofern Sie uns keine andere Person als Bevollmächtigten benannt haben, gilt nach Ihrem Ableben ein Bezugsberechtigter als bevollmächtigt, diese Erklärung entgegenzunehmen. Ist auch ein Bezugsberechtigter nicht vorhanden oder kann sein Aufenthalt nicht ermittelt werden, können wir den Inhaber des Versicherungsscheins zur Entgegennahme der Erklärung als bevollmächtigt ansehen.

§ 8 Was haben Sie bei der Beitragszahlung zu beachten?

(1) Die Beiträge zu Ihrer Lebensversicherung können Sie je nach Vereinbarung in einem einzigen Betrag (Einmalbeitrag), durch Monats-, Vierteljahres-, Halbjahres- oder Jahresbeiträge (laufende Beiträge) entrichten. Die Versicherungsperiode umfasst bei Einmalbeitrags- und Jahreszahlungen ein Jahr, bei unterjähriger Beitragszahlung entsprechend der Zahlungsweise einen Monat, ein Vierteljahr bzw. ein halbes Jahr.

(2) Der erste oder einmalige Beitrag (Einlösungsbeitrag) ist unverzüglich nach Abschluss des Vertrages zu zahlen, jedoch nicht vor dem mit Ihnen vereinbarten, im Versicherungsschein angegebenen Versicherungsbeginn. Alle weiteren Beiträge (Folgebeiträge) werden zu Beginn der vereinbarten Versicherungsperiode fällig.

(3) Für die Rechtzeitigkeit der Beitragszahlung genügt es, wenn Sie fristgerecht alles getan haben, damit der Beitrag bei uns eingeht. Ist die Einziehung des Beitrags von einem Konto vereinbart, gilt die Zahlung als rechtzeitig, wenn der Beitrag zu dem in Absatz 2 genannten Termin eingezogen werden kann und Sie einer berechtigten Einziehung nicht widersprechen. Konnte der fällige Beitrag ohne Ihr Verschulden von uns nicht eingezogen werden, ist die Zahlung auch dann noch rechtzeitig, wenn sie unverzüglich nach unserer schriftlichen Zahlungsaufforderung erfolgt. Haben Sie zu vertreten, dass der Beitrag wiederholt nicht eingezogen werden kann, sind wir berechtigt, künftig die Zahlung außerhalb des Lastschriftverfahrens zu verlangen.

(4) Die Übermittlung Ihrer Beiträge erfolgt auf Ihre Gefahr und Kosten.

(5) Für eine Stundung der Beiträge ist eine schriftliche Vereinbarung mit uns erforderlich.

(6) Bei Fälligkeit einer Versicherungsleistung werden wir etwaige Beitragsrückstände verrechnen.

§ 9 Was geschieht, wenn Sie einen Beitrag nicht rechtzeitig zahlen?

(1) Wenn Sie den Einlösungsbeitrag nicht rechtzeitig zahlen, können wir – solange die Zahlung nicht bewirkt ist – vom Vertrag zurücktreten. Dies gilt nicht,

wenn uns nachgewiesen wird, dass Sie die nicht rechtzeitige Zahlung nicht zu vertreten haben. Bei einem Rücktritt können wir von Ihnen die Kosten der zur Gesundheitsprüfung durchgeführten ärztlichen Untersuchungen verlangen.

(2) Ist der Einlösungsbeitrag bei Eintritt des Versicherungsfalles noch nicht gezahlt, sind wir nicht zur Leistung verpflichtet, sofern wir Sie durch gesonderte Mitteilung in Textform oder durch einen auffälligen Hinweis im Versicherungsschein auf diese Rechtsfolge aufmerksam gemacht haben. Unsere Leistungspflicht besteht jedoch, wenn uns nachgewiesen wird, dass Sie die Nicht-Zahlung nicht zu vertreten haben.

(3) Wenn ein Folgebeitrag oder ein sonstiger Betrag, den Sie aus dem Versicherungsverhältnis schulden, nicht rechtzeitig gezahlt worden ist oder eingezogen werden konnte, erhalten Sie von uns auf Ihre Kosten eine Mahnung in Textform. Darin setzen wir Ihnen eine Zahlungsfrist von mindestens zwei Wochen. Begleichen Sie den Rückstand nicht innerhalb der gesetzten Frist, so entfällt oder vermindert sich Ihr Versicherungsschutz. Auf die Rechtsfolgen werden wir Sie in der Mahnung ausdrücklich hinweisen.

§ 10 Wann können Sie Ihre Versicherung kündigen oder beitragsfrei stellen?

Kündigung und Auszahlung des Rückkaufswertes

(1) Sie können Ihre Versicherung jederzeit zum Schluss der Versicherungsperiode ganz oder teilweise schriftlich kündigen.

(2) Kündigen Sie Ihre Versicherung nur teilweise, so ist die Kündigung unwirksam, wenn der fortzuzahlende Beitrag den Mindestbetrag von ...[97] unterschreitet. Wenn Sie in diesem Fall Ihre Versicherung beenden wollen, müssen Sie diese also ganz kündigen.

(3) Nach § 169 VVG haben wir den Rückkaufswert zu erstatten. Er ist der nach anerkannten Regeln der Versicherungsmathematik mit den Rechnungsgrundlagen der Prämienkalkulation zum Schluss der laufenden Versicherungsperiode berechnete Zeitwert der Versicherung. Mindestens erstatten wir jedoch den Zeitwert, der sich bei gleichmäßiger Verteilung der unter Beachtung der aufsichtsrechtlichen Höchstzillmersätze (vgl. § 13 Abs. 2 Satz 3) angesetzten Abschluss- und Vertriebskosten auf die ersten fünf Vertragsjahre ergibt. Von dem so ermittelten Wert erfolgt ein Abzug von ...[98] Mit dem Abzug wird die Veränderung der Risikolage des verbleibenden Versichertenbestandes ausgeglichen; zudem wird damit ein Ausgleich für kollektiv gestelltes Risikokapital vorgenommen. Weitere Erläuterungen sowie versicherungsmathematische Hinweise zum Abzug finden Sie im Anhang zu den Versicherungsbedingungen. Sofern Sie uns nachweisen, dass die dem Abzug zugrunde liegenden Annahmen in Ihrem Fall entweder dem Grunde nach nicht zutreffen oder der Abzug wesentlich niedriger zu beziffern ist, entfällt der Abzug bzw. wird – im letzteren Falle – entsprechend herabgesetzt.

Beitragsrückstände werden von dem Rückkaufswert abgezogen.

(4) Den Rückkaufswert erbringen wir grundsätzlich in Geld. Sie können jedoch abweichend hiervon die Leistung in Anteileinheiten des Anlagestocks verlangen. § 1 Abs. 8 gilt entsprechend. Der Ermittlung des Wertes des Deckungskapitals legen wir den ... (Stichtag)[99] zugrunde.

(5) Die Kündigung Ihrer Versicherung ist mit Nachteilen verbunden. In der Anfangszeit Ihrer Versicherung ist wegen der Verrechnung von Abschluss- und Vertriebskosten (vgl. § 13) nur ein geringer Rückkaufswert vorhanden. Der Rückkaufswert erreicht auch in den Folgejahren nicht unbedingt die Summe der eingezahlten Beiträge. Nähere Informationen zum Rückkaufswert, seiner Höhe und darüber, in welchem Ausmaß er garantiert ist, können Sie der beigefügten Tabelle entnehmen.

---

[97] Unternehmensindividuell festzulegen.
[98] Unternehmensindividuell zu ergänzen.
[99] Unternehmensindividuell festzulegen.

Umwandlung in eine beitragsfreie Versicherung

(6) Anstelle einer Kündigung nach Absatz 1 können Sie zu dem dort genannten Termin schriftlich verlangen, ganz oder teilweise von der Beitragszahlungspflicht befreit zu werden. In diesem Fall wird das nach Absatz 3 Sätze 2 und 3 berechnete Deckungskapital Ihrer Versicherung um einen Abzug in Höhe von ... sowie um rückständige Beiträge herabgesetzt.[100] Mit dem Abzug wird die Veränderung der Risikolage des verbleibenden Versichertenbestandes[101] ausgeglichen; zudem wird damit ein Ausgleich für kollektiv gestelltes Risikokapital vorgenommen.[102] Weitere Erläuterungen sowie versicherungsmathematische Hinweise zum Abzug finden Sie im Anhang zu den Versicherungsbedingungen. Sofern Sie uns nachweisen, dass die dem Abzug zugrunde liegenden Annahmen in Ihrem Fall entweder dem Grunde nach nicht zutreffen oder der Abzug wesentlich niedriger zu beziffern ist, entfällt der Abzug bzw. wird – im letzteren Falle – entsprechend herabgesetzt.

(7) Die Beitragsfreistellung Ihrer Versicherung ist mit Nachteilen verbunden. In der Anfangszeit Ihrer Versicherung sind wegen der Verrechnung von Abschluss- und Vertriebskosten (vgl. § 13) nur geringe Beträge zur Bildung einer beitragsfreien Versicherungssumme vorhanden. Auch in den Folgejahren stehen nicht unbedingt Mittel in Höhe der eingezahlten Beiträge für die Bildung einer beitragsfreien Versicherungssumme zur Verfügung. Nähere Informationen zur beitragsfreien Versicherungssumme können Sie der beigefügten Tabelle entnehmen.

(8) Haben Sie die vollständige Befreiung von der Beitragszahlungspflicht verlangt und erreicht die bis dahin gezahlte Beitragssumme den Mindestbetrag von ...[103] nicht, erhalten Sie den Rückkaufswert nach Absatz 3. Eine teilweise Befreiung von der Beitragszahlungspflicht können Sie nur verlangen, wenn der fortzuzahlende Beitrag den Mindestbetrag von ...[104] jährlich nicht unterschreitet.

Beitragsrückzahlung

(9) Die Rückzahlung der Beiträge können Sie nicht verlangen.

§ 11 Unter welchen Voraussetzungen können Sie Ihre Fondsgebundene Lebensversicherung in eine auf Euro lautende Lebensversicherung umwandeln?

(1) Sie können Ihre Fondsgebundene Lebensversicherung durch schriftliche Erklärung mit Frist von einem Monat zum Schluss einer jeden Versicherungsperiode, frühestens zum Ende des ersten Versicherungsjahres, in eine von uns zu diesem Zeitpunkt angebotene, auf Euro lautende Lebensversicherung umwandeln.

(2) Bei der Umwandlung bleiben die Beitragszahlungsweise und die Höhe Ihres Beitrags unverändert. Auch der bisher vorgesehene Ablauftermin der Versicherung ändert sich nicht. Die Versicherungsleistungen berechnen wir nach den anerkannten Regeln der Versicherungsmathematik auf Basis des neuen Tarifs. Dabei legen wir den Geldwert des Deckungskapitals am letzten Börsentag vor Wirksamwerden der Umwandlung zugrunde.[105] Soweit sich die vertraglich vereinbarte Leistung im Todesfall durch die Umwandlung erhöht, machen wir die Erhöhung vom Ergebnis einer erneuten Gesundheitsprüfung abhängig.

§ 12 Unter welchen Voraussetzungen können Sie Ihre Versicherung verlängern?

(1) Sie können spätestens einen Monat vor dem für den Ablauf der Versicherung vorgesehenen Termin schriftlich verlangen, dass Ihre Versicherung einmalig und ohne Gesundheitsprüfung für einen Zeitraum von höchstens fünf Jahren beitrags-

---

[100] Soweit bei Beitragsfreistellung ein Wechsel der Tarifform erfolgt, ist § 9 Abs. 4 entsprechend zu ergänzen.

[101] Ggf. unternehmensindividuell anpassen, wenn nur im eingeschränkten Umfang, also nicht aus allen genannten Gründen, ein Abzug erfolgt.

[102] Ggf. unternehmensindividuell anpassen, wenn nur im eingeschränkten Umfang, also nicht aus allen genannten Gründen ein Abzug erfolgen soll.

[103] Unternehmensindividuell festzulegen.

[104] Unternehmensindividuell festzulegen.

[105] Unternehmensindividuelle Festlegung des Stichtages.

frei verlängert wird, sofern die versicherte Person den ursprünglich vereinbarten Ablauftermin erlebt.

(2) Bei Inanspruchnahme dieser beitragsfreien Vertragsfortführung wird eine neue garantierte Mindesttodesfallsumme festgelegt; sie entspricht während des gesamten Verlängerungszeitraumes ...[106]

§ 13 Wie werden die Abschluss- und Vertriebskosten verrechnet?[107]

(1) Durch den Abschluss von Versicherungsverträgen entstehen Kosten. Diese sog. Abschluss- und Vertriebskosten (§ 43 Abs. 2 der Verordnung über die Rechnungslegung von Versicherungsunternehmen) sind bereits pauschal bei der Tarifkalkulation berücksichtigt und werden daher nicht gesondert in Rechnung gestellt.

(2) Für Ihren Versicherungsvertrag ist das Verrechnungsverfahren nach § 4 der Deckungsrückstellungsverordnung maßgebend. Hierbei werden die ersten Beiträge zur Tilgung eines Teils der Abschluss- und Vertriebskosten herangezogen, soweit die Beiträge nicht für Leistungen im Versicherungsfall, Kosten des Versicherungsbetriebs in der jeweiligen Versicherungsperiode und für die Bildung einer Deckungsrückstellung aufgrund von § 25 Abs. 2 RechVersV in Verbindung mit § 169 Abs. 3 VVG bestimmt sind.[108] Der auf diese Weise zu tilgende Betrag ist nach der Deckungsrückstellungsverordnung auf 4% der von Ihnen während der Laufzeit des Vertrages zu zahlenden Beiträge beschränkt.

(3) Die restlichen Abschluss- und Vertriebskosten werden während der vertraglich vereinbarten Beitragszahlungsdauer aus den laufenden Beiträgen getilgt.

(4) Die beschriebene Kostenverrechnung hat wirtschaftlich zur Folge, dass in der Anfangszeit Ihrer Versicherung nur geringe Beträge zur Bildung der beitragsfreien Leistung oder für einen Rückkaufswert vorhanden sind, mindestens jedoch die in § 10 genannten Beträge. Nähere Informationen können Sie der beigefügten Tabelle[109] entnehmen.

§ 14 Was ist zu beachten, wenn eine Versicherungsleistung verlangt wird?

(1) Leistungen aus dem Versicherungsvertrag erbringen wir gegen Vorlage des Versicherungsscheins.

(2) Der Tod der versicherten Person ist uns unverzüglich anzuzeigen. Außer dem Versicherungsschein sind uns einzureichen
– eine amtliche, Alter und Geburtsort enthaltene Sterbeurkunde
– ein ausführliches ärztliches oder amtliches Zeugnis über die Todesursache sowie über Beginn und Verlauf der Krankheit, die zum Tode der versicherten Person geführt hat.

(3) Zur Klärung unserer Leistungspflicht können wir notwendige weitere Nachweise und Auskünfte verlangen. Die mit den Nachweisen verbundenen Kosten trägt derjenige, der die Versicherungsleistung beansprucht.

(4) Unsere Geldleistungen überweisen wir dem Empfangsberechtigten auf seine Kosten. Bei Überweisungen in Länder außerhalb des Europäischen Wirtschaftsraumes trägt der Empfangsberechtigte auch die damit verbundene Gefahr.

(5) Bei Leistungen in Anteilen hat uns der Empfangsberechtigte ein Depot mitzuteilen, auf das wir die Anteile übertragen können. Für Kosten und Gefahrtragung gilt Absatz 4 entsprechend.

§ 15 Welche Bedeutung hat der Versicherungsschein?

(1) Den Inhaber des Versicherungsscheins können wir als berechtigt ansehen, über die Rechte aus dem Versicherungsvertrag zu verfügen, insbesondere Leis-

---

[106] Unternehmensindividuell sind nähere Angaben zu machen.
[107] Diese Bestimmung ist nur bei Verwendung des Zillmerverfahrens aufzunehmen.
[108] Ggf. unternehmensindividuell zu modifizieren.
[109] Unternehmensindividuell anzupassen.

tungen in Empfang zu nehmen. Wir können aber verlangen, dass uns der Inhaber des Versicherungsscheins seine Berechtigung nachweist.

(2) In den Fällen des § 16 Abs. 4 brauchen wir den Nachweis der Berechtigung nur dann anzuerkennen, wenn uns die schriftliche Anzeige des bisherigen Berechtigten vorliegt.

§ 16 Wer erhält die Versicherungsleistung?

(1) Die Leistung aus dem Versicherungsvertrag erbringen wir an Sie als unseren Versicherungsnehmer oder an Ihre Erben, falls Sie uns keine andere Person benannt haben, die bei Eintritt des Versicherungsfalls die Ansprüche aus dem Versicherungsvertrag erwerben soll (Bezugsberechtigter). Bis zum Eintritt des Versicherungsfalls können Sie das Bezugsrecht jederzeit widerrufen.

(2) Sie können ausdrücklich bestimmen, dass der Bezugsberechtigte sofort und unwiderruflich die Ansprüche aus dem Versicherungsvertrag erwerben soll. Sobald wir Ihre Erklärung erhalten haben, kann dieses Bezugsrecht nur noch mit Zustimmung des von Ihnen Benannten aufgehoben werden.

(3) Sie können Ihre Rechte aus dem Versicherungsvertrag auch abtreten oder verpfänden.

(4) Die Einräumung und der Widerruf eines Bezugsrechts sowie eine Abtretung oder Verpfändung von Ansprüchen aus dem Versicherungsvertrag sind uns gegenüber nur und erst dann wirksam, wenn sie uns vom bisherigen Berechtigten schriftlich angezeigt worden sind.

§ 17 Wie können Sie den Wert Ihrer Versicherung erfahren?

(1) Wir veröffentlichen ...[110] den Wert der Anteileinheiten in einer überregionalen Tageszeitung; falls diese Veröffentlichung nicht erfolgen sollte, werden wir Sie schriftlich über den Wert der Anteileinheiten informieren.

(2) Zum Ende eines jeden Versicherungsjahres[111] erhalten Sie von uns eine Mitteilung, der Sie den Wert der Anteileinheiten sowie den Wert des Deckungskapitals entnehmen können; der Wert des Deckungskapitals wird in Anteileinheiten und als (Geld)-Betrag aufgeführt.

(3) Auf Wunsch geben wir Ihnen den Wert Ihrer Versicherung jederzeit an.

§ 18 Was gilt bei Änderung Ihrer Postanschrift und Ihres Namens?

(1) Eine Änderung Ihrer Postanschrift müssen Sie uns unverzüglich mitteilen. Anderenfalls können für Sie Nachteile entstehen, da wir eine an Sie zu richtende Willenserklärung mit eingeschriebenem Brief an Ihre uns zuletzt bekannte Anschrift senden können. In diesem Fall gilt unsere Erklärung drei Tage nach Absendung des eingeschriebenen Briefes als zugegangen. Dies gilt auch, wenn Sie die Versicherung in ihrem Gewerbebetrieb genommen und Ihre gewerbliche Niederlassung verlegt haben.

(2) Bei Änderung Ihres Namens gilt Absatz 1 entsprechend.

§ 19 Welche Kosten stellen wir Ihnen gesondert in Rechnung?

(1) Falls aus besonderen, von Ihnen veranlassten Gründen ein zusätzlicher Verwaltungsaufwand verursacht wird, können wir die in solchen Fällen durchschnittlich entstehenden Kosten als pauschalen Abgeltungsbetrag gesondert in Rechnung stellen. Dies gilt bei

---

[110] Unternehmensindividuell zu ergänzen.
[111] Unternehmensindividuell zu ergänzen.

- Ausstellung eines neuen Versicherungsscheins,
- Fristsetzung in Textform bei Nichtzahlung von Folgebeiträgen,
- Rückläufern im Lastschriftverfahren,
- ....[112]

(2) Sofern Sie uns nachweisen, dass die dem pauschalen Abgeltungsbetrag zugrunde liegenden Annahmen in Ihrem Fall entweder dem Grunde nach nicht zutreffen oder der Höhe nach wesentlich niedriger zu beziffern sind, entfällt der Abgeltungsbetrag bzw. wird – im letzteren Falle – entsprechend herabgesetzt.

§ 20 Welches Recht findet auf Ihren Vertrag Anwendung?

Auf Ihren Vertrag findet das Recht der Bundesrepublik Deutschland Anwendung.

§ 21 Wo ist der Gerichtsstand?

(1) Für Klagen aus dem Versicherungsvertrag gegen uns bestimmt sich die gerichtliche Zuständigkeit nach unserem Sitz oder der für den Versicherungsvertrag zuständigen Niederlassung. Sind Sie eine natürliche Person, ist auch das Gericht örtlich zuständig, in dessen Bezirk Sie zur Zeit der Klageerhebung Ihren Wohnsitz oder, in Ermangelung eines solchen, Ihren gewöhnlichen Aufenthalt haben.

(2) Sind Sie eine natürliche Person, müssen Klagen aus dem Versicherungsvertrag gegen Sie bei dem Gericht erhoben werden, das für Ihren Wohnsitz oder, in Ermangelung eines solchen, den Ort Ihres gewöhnlichen Aufenthalts zuständig ist. Sind Sie eine juristische Person, bestimmt sich das zuständige Gericht nach Ihrem Sitz oder Ihrer Niederlassung.

(3) Verlegen Sie Ihren Wohnsitz in einen Staat außerhalb der Europäischen Gemeinschaft, Islands, Norwegens oder der Schweiz, sind die Gerichte des Staates zuständig, in dem wir unseren Sitz haben.

2. Allgemeine Bedingungen für die Fondsgebundene Rentenversicherung (FRV 2008)[113]

Sehr geehrte Kundin, sehr geehrter Kunde,
als Versicherungsnehmer sind Sie unser Vertragspartner; für unser Vertragsverhältnis gelten die nachfolgenden Bedingungen.

Inhaltsverzeichnis

§ 1 Welche Leistungen erbringen wir?
§ 2 Wie erfolgt die Überschussbeteiligung?
§ 3 Wann beginnt Ihr Versicherungsschutz?
§ 4 Wie verwenden wir Ihre Beiträge?
§ 5 Was gilt bei Wehrdienst, Unruhen, Krieg oder Einsatz bzw. Freisetzen von ABC-Waffen/-Stoffen?
§ 6 Was gilt bei Selbsttötung der versicherten Person?
§ 7 Was bedeutet die vorvertragliche Anzeigepflicht?
§ 8 Was haben Sie bei der Beitragszahlung zu beachten?
§ 9 Was geschieht, wenn Sie einen Beitrag nicht rechtzeitig zahlen?
§ 10 Wann können Sie Ihre Versicherung kündigen oder beitragsfrei stellen?
§ 11 Unter welchen Voraussetzungen können Sie Ihre Fondsgebundene Rentenversicherung in eine auf Euro lautende Rentenversicherung umwandeln?

---

[112] Unternehmensindividuell zu ergänzen.
[113] Stand: 2. 5. 2008. GDV-Rundschreiben Nr. 0850/2008 v. 7. 5. 2008: Diese Bedingungen sind für die Versicherer unverbindlich; ihre Verwendung ist rein fakultativ. Abweichende Bedingungen können vereinbart werden. Anm. des Verfassers: In den FRV 2008 werden die Bestimmungen des VVG 2008 genannt.

§ 12 Unter welchen Voraussetzungen können Sie Ihre Versicherung verlängern?
§ 13 Wie werden die Abschluss- und Vertriebskosten verrechnet?
§ 14 Was ist zu beachten, wenn eine Versicherungsleistung verlangt wird?
§ 15 Welche Bedeutung hat der Versicherungsschein?
§ 16 Wer erhält die Versicherungsleistung?
§ 17 Wie können Sie den Wert Ihrer Versicherung erfahren?
§ 18 Was gilt bei Änderung Ihrer Postanschrift und Ihres Namens?
§ 19 Welche Kosten stellen wir Ihnen gesondert in Rechnung?
§ 20 Welches Recht findet auf Ihren Vertrag Anwendung?
§ 21 Wo ist der Gerichtsstand?

§ 1 Welche Leistungen erbringen wir?

(1) Die Fondsgebundene Rentenversicherung bietet vor Beginn der Rentenzahlung (Aufschubzeit) Versicherungsschutz unter unmittelbarer Beteiligung an der Wertentwicklung eines Sondervermögens (Anlagestock). Der Anlagestock wird gesondert vom sonstigen Vermögen überwiegend in Wertpapieren angelegt und in Anteileinheiten aufgeteilt. Mit Beginn der Rentenzahlung wird dem Anlagestock der auf Ihren Vertrag entfallende Anteil entnommen und in unserem sonstigen Vermögen angelegt.

(2) Der Wert einer Anteileinheit richtet sich nach der Wertentwicklung des Anlagestocks. Den Wert der Anteileinheit ermitteln wir dadurch, dass der Geldwert des Anlagestocks am jeweiligen Stichtag durch die Anzahl der zu diesem Zeitpunkt vorhandenen Anteileinheiten geteilt wird; Zertifikate von Investmentfonds werden mit dem Rücknahmepreis angesetzt.

(3) Soweit die Erträge aus den im Anlagestock enthaltenen Vermögenswerten nicht ausgeschüttet werden, fließen sie unmittelbar dem Anlagestock zu und erhöhen damit den Wert der Anteileinheiten; Erträge, die ausgeschüttet werden, und Steuererstattungen rechnen wir in Anteileinheiten um und schreiben sie den einzelnen Versicherungsverträgen gut.

(4) Da die Entwicklung der Vermögenswerte des Anlagestocks nicht vorauszusehen ist, können wir die Höhe der Rente vor dem Beginn der Rentenzahlung nicht garantieren. Sie haben die Chance, insbesondere bei Kurssteigerungen der Wertpapiere des Anlagestocks einen Wertzuwachs zu erzielen; bei Kursrückgängen tragen Sie das Risiko der Wertminderung. Bei Werten, die nicht in Euro geführt werden, können Schwankungen der Währungskurse den Wert der Anlage zusätzlich beeinflussen. Das bedeutet, dass die Rente je nach Entwicklung der Vermögenswerte des Anlagestocks höher oder niedriger ausfallen wird.

(5) Die Höhe der Rente ist vom Wert der insgesamt gutgeschriebenen Anteileinheiten (Deckungskapital) bei Beginn der Rentenzahlung abhängig. Das Deckungskapital Ihrer Versicherung ergibt sich aus der Anzahl der auf Ihre Versicherung entfallenden Anteileinheiten. Den Wert des Deckungskapitals ermitteln wir dadurch, dass wir die Anzahl der Anteileinheiten Ihrer Versicherung mit dem am ... (Stichtag)[114] ermittelten Wert einer Anteileinheit multiplizieren.

(6) Erlebt die versicherte Person den vereinbarten Rentenzahlungsbeginn, zahlen wir die vereinbarte Rente je nach vereinbarter Rentenzahlungsweise jährlich, halbjährlich, vierteljährlich oder monatlich an den vereinbarten Fälligkeitstagen.
Erlebt die versicherte Person den vereinbarten Rentenzahlungsbeginn und ist eine Rentengarantiezeit vereinbart, zahlen wir die Rente mindestens bis zum Ablauf der Rentengarantiezeit, unabhängig davon, ob die versicherte Person diesen Termin erlebt.
Die Höhe der Rente wird aus dem zu Beginn der Rentenzahlung vorhandenen Wert des Deckungskapitals und dem im Versicherungsschein genannten Rentenfaktor ermittelt. Ergibt sich bei Rentenzahlungsbeginn eine Monatsrente von nicht mehr als ...,[115] wird anstelle einer Rente eine Kapitalabfindung gemäß Absatz 7 erbracht.

---

[114] Unternehmensindividuell festzulegen.
[115] Unternehmensindividuell festzulegen.

(7) Anstelle der Rentenzahlungen leisten wir zum Fälligkeitstag der ersten Rente eine Kapitalabfindung, wenn uns ein Antrag auf Kapitalabfindung spätestens ... Jahre (oder Monate)[116] vor dem Fälligkeitstag der ersten Rente zugegangen ist und wenn die versicherte Person diesen Termin erlebt (Kapitalwahlrecht).

(8) Stirbt die versicherte Person während der Aufschubzeit (vgl. Absatz 1), so werden bei vereinbarter Beitragsrückgewähr die eingezahlten Beiträge unverzinst und ohne die Beiträge für eingeschlossene Zusatzversicherungen ausgezahlt.

(9) Die Versicherungsleistungen erbringen wir grundsätzlich in Geld. Sie können jedoch abweichend hiervon die Kapitalabfindung nach Absatz 7 in Anteileinheiten des Anlagestocks verlangen.[117] Über dieses Wahlrecht werden wir Sie unterrichten, sobald uns Ihr Antrag auf Kapitalabfindung zugegangen ist. Zur Ausübung Ihres Wahlrechts räumen wir Ihnen eine Frist von ...[118] ein. Geht uns innerhalb dieser Frist kein entsprechender Antrag zu, leisten wir die Kapitalabfindung in Geld. Einen Deckungskapitalwert bis zur Höhe von ...[119] leisten wir immer in Geld. Als Stichtag zur Ermittlung des Wertes des Deckungskapitals für die Kapitalabfindung legen wir den ...[120] zugrunde.

§ 2 Wie erfolgt die Überschussbeteiligung?

Entscheidend für den Gesamtertrag des Vertrages vor Rentenbeginn ist die Entwicklung des Sondervermögens, an dem Sie unmittelbar beteiligt sind (vgl. § 1 Abs. 1). Darüber hinaus beteiligen wir Sie und die anderen Versicherungsnehmer gemäß § 153 des Versicherungsvertragsgesetzes (VVG) an den Überschüssen und Bewertungsreserven (Überschussbeteiligung). Die Überschüsse werden nach den Vorschriften des Handelsgesetzbuches ermittelt und jährlich im Rahmen unseres Jahresabschlusses festgestellt. Die Bewertungsreserven werden dabei im Anhang des Geschäftsberichtes ausgewiesen. Der Jahresabschluss wird von einem unabhängigen Wirtschaftsprüfer geprüft und ist unserer Aufsichtsbehörde einzureichen.

(1) Grundsätze und Maßstäbe für die Überschussbeteiligung der Versicherungsnehmer
(a) Vor Beginn der Rentenzahlung entstehen Überschüsse dann, wenn Lebenserwartung und Kosten niedriger sind, als bei der Tarifkalkulation angenommen. An diesen Überschüssen werden die Versicherungsnehmer nach der Verordnung über die Mindestbeitragsrückerstattung in der Lebensversicherung (Mindestzuführungsverordnung) angemessen beteiligt.
Nach Rentenbeginn stammen die Überschüsse im Wesentlichen aus den Erträgen der Kapitalanlagen des sonstigen Vermögens (vgl. § 1 Abs. 1). Von den Nettoerträgen derjenigen Kapitalanlagen, die für künftige Versicherungsleistungen vorgesehen sind (§ 3 Mindestzuführungsverordnung), erhalten die Versicherungsnehmer insgesamt mindestens den in dieser Verordnung genannten Prozentsatz. In der derzeitigen Fassung der Verordnung sind grundsätzlich 90% vorgeschrieben (§ 4 Abs. 3, § 5 Mindestzuführungsverordnung). Aus diesem Betrag werden zunächst die Zinsen gedeckt, die zur Finanzierung der garantierten Versicherungsleistungen benötigt werden. Die verbleibenden Mittel verwenden wir für die Überschussbeteiligung der Versicherungsnehmer. Weitere Überschüsse entstehen insbesondere dann, wenn Lebenserwartung und Kosten niedriger sind, als bei der Tarifkalkulation angenommen. Auch an diesen Überschüssen werden die Versicherungsnehmer angemessen beteiligt und zwar nach derzeitiger Rechtslage am Risikoergebnis (Lebenserwartung) grundsätzlich zu mindestens 75% und am übrigen Ergebnis (einschließlich Kosten) grundsätzlich zu mindestens 50% (§ 4 Abs. 4 u. 5, § 5 Mindestzuführungsverordnung).

---

[116] Unternehmensindividuell festzulegen.
[117] Sofern es sich bei dem Sondervermögen um einen Spezialfonds handelt, sind die Bedingungen entsprechend zu modifizieren.
[118] Unternehmensindividuell festzulegen.
[119] Unternehmensindividuell festzulegen.
[120] Unternehmensindividuell festzulegen.

Die verschiedenen Versicherungsarten tragen unterschiedlich zum Überschuss bei. Wir haben deshalb gleichartige Versicherungen zu Gruppen zusammengefasst. Gewinngruppen bilden wir beispielsweise, um das versicherte Risiko wie das Langlebigkeits- oder Berufsunfähigkeitsrisiko zu berücksichtigen.[121] Die Verteilung des Überschusses für die Versicherungsnehmer auf die einzelnen Gruppen orientiert sich daran, in welchem Umfang sie zu seiner Entstehung beigetragen haben. Den Überschuss führen wir der Rückstellung für Beitragsrückerstattung zu, soweit er nicht in Form der sog. Direktgutschrift bereits unmittelbar den überschussberechtigten Versicherungen gutgeschrieben wird. Diese Rückstellung dient dazu, Ergebnisschwankungen im Zeitablauf zu glätten. Sie darf grundsätzlich nur für die Überschussbeteiligung der Versicherungsnehmer verwendet werden. Nur in Ausnahmefällen und mit Zustimmung der Aufsichtsbehörde können wir hiervon nach § 56a des Versicherungsaufsichtsgesetzes (VAG) abweichen, soweit die Rückstellung nicht auf bereits festgelegte Überschussanteile entfällt. Nach der derzeitigen Fassung des § 56a VAG können wir die Rückstellung im Interesse der Versicherungsnehmer auch zur Abwendung eines drohenden Notstandes, zum Ausgleich unvorhersehbarer Verluste aus den überschussberechtigten Versicherungsverträgen, die auf allgemeine Änderungen der Verhältnisse zurückzuführen sind, oder – sofern die Rechnungsgrundlagen aufgrund einer unvorhersehbaren und nicht nur vorübergehenden Änderung der Verhältnisse angepasst werden müssen – zur Erhöhung der Deckungsrückstellung heranziehen.

(b) Bewertungsreserven entstehen, wenn der Marktwert der Kapitalanlagen über dem Wert liegt, mit dem die Kapitalanlagen in der Bilanz ausgewiesen sind. Die Bewertungsreserven sorgen für Sicherheit und dienen dazu, kurzfristige Ausschläge an den Kapitalmärkten auszugleichen. Ein Teil der Bewertungsreserven fließt den Versicherungsnehmern unmittelbar zu. Hierzu wird die Höhe der Bewertungsreserven jährlich neu ermittelt. Der so ermittelte Wert wird den Verträgen nach dem in Absatz 2 beschriebenen Verfahren zugeordnet (§ 153 Abs. 3 VVG). Aufsichtsrechtliche Regelungen zur Kapitalausstattung bleiben unberührt.

(2) Grundsätze und Maßstäbe für die Überschussbeteiligung Ihres Vertrages
(a) Ihre Versicherung erhält Anteile an den Überschüssen derjenigen Gruppe, die in Ihrem Versicherungsschein genannt ist. Die Mittel für die Überschussanteile werden bei der Direktgutschrift zu Lasten des Ergebnisses des Geschäftsjahres finanziert, ansonsten der Rückstellung für Beitragsrückerstattung entnommen. Die Höhe der Überschussanteilsätze wird jedes Jahr vom Vorstand unseres Unternehmens auf Vorschlag des Verantwortlichen Aktuars festgelegt. Wir veröffentlichen die Überschussanteilsätze in unserem Geschäftsbericht.
Den Geschäftsbericht können Sie bei uns jederzeit anfordern.
(b) ...[122]
(c) ...[123]

(3) Informationen über die Höhe der Überschussbeteiligung
Die Höhe der Überschussbeteiligung hängt von vielen Einflüssen ab. Diese sind nicht vorhersehbar und von uns nur begrenzt beeinflussbar. Wichtigster Einflussfaktor vor Rentenbeginn ist dabei die Entwicklung der versicherten Risiken und der Kosten. Nach Rentenbeginn treten die Erträge aus den sonstigen Kapitalanla-

---

[121] Ggf. weitere unternehmensindividuelle Information über Gewinngruppen bzw. Untergruppen und deren Modalitäten; die Begriffe sind an die unternehmensindividuellen Gegebenheiten anzupassen.

[122] Hier sind folgende unternehmensindividuelle Angaben zu machen:
a) Voraussetzung für die Fälligkeit der Überschussanteile (Wartezeit, Stichtag für die Zuteilung u. ä.)
b) Form und Verwendung der Überschussanteile (laufende Überschussanteile, Schlussüberschussanteile, Bonus, Ansammlung, Verrechnung, Barauszahlung u. ä.)
c) Bemessungsgrößen für die Überschussanteile.

[123] Hier ist der Verteilungsmechanismus, d. h. die Schlüsselung der ermittelten, verteilungsfähigen Bewertungsreserven auf den einzelnen Vertrag und die Bewertungsstichtage anzugeben. Vgl. hierzu auch Gesamtgeschäftsplan für die Überschussbeteiligung, Abschnitte 3.11.1 bis 3.11.11.

gen hinzu. Die Höhe der künftigen Überschussbeteiligung kann also nicht garantiert werden.

§ 3 Wann beginnt Ihr Versicherungsschutz?

Ihr Versicherungsschutz beginnt, wenn der Vertrag abgeschlossen worden ist, jedoch nicht vor dem mit Ihnen vereinbarten, im Versicherungsschein angegebenen Versicherungsbeginn. Allerdings entfällt unsere Leistungspflicht bei nicht rechtzeitiger Beitragszahlung (vgl. § 8 Abs. 2 und 3 und § 9).

§ 4 Wie verwenden wir Ihre Beiträge?

(1) Wir führen Ihre Beiträge, soweit sie nicht zur Deckung von Kosten bestimmt sind, dem Anlagestock (vgl. § 1 Abs. 1) zu und rechnen sie zum ... (Stichtag)[124] in Anteileinheiten um. Die zur Deckung des Todesfallrisikos bestimmten, nach anerkannten Regeln der Versicherungsmathematik berechneten Risikobeiträge und den bei Versicherungen gegen Einmalbeitrag sowie bei beitragsfreien Versicherungen kalkulierten Wert für den Versicherungsbetrieb entnehmen wir monatlich zum ... (Stichtag)[125] dem Deckungskapital.

(2) Bei Versicherungen gegen Einmalbeitrag und beitragsfreien Versicherungen kann die in Absatz 1 genannte monatliche Entnahme bei extrem ungünstiger Entwicklung der im Anlagestock enthaltenen Werte dazu führen, dass das gesamte Deckungskapital vor Rentenbeginn aufgebraucht ist und der Versicherungsschutz damit erlischt. In einem solchen Fall werden wir Sie rechtzeitig darauf hinweisen und Ihnen Maßnahmen vorgeschlagen, wie Sie den Versicherungsschutz aufrechterhalten können.

§ 5 Was gilt bei Wehrdienst, Unruhen, Krieg oder Einsatz bzw. Freisetzen von ABC-Waffen/-Stoffen?[126]

(1) Grundsätzlich besteht unsere Leistungspflicht unabhängig davon, auf welcher Ursache der Versicherungsfall beruht. Wir gewähren Versicherungsschutz, insbesondere auch dann, wenn die versicherte Person in Ausübung des Wehr- oder Polizeidienstes oder bei inneren Unruhen den Tod gefunden hat.

(2) Bei Ableben der versicherten Person in unmittelbarem oder mittelbarem Zusammenhang mit kriegerischen Ereignissen beschränkt sich eine für den Todesfall vereinbarte Kapitalleistung allerdings auf die Auszahlung des für den ... (Stichtag)[127] berechneten Rückkaufswertes Ihrer Versicherung (§ 10 Abs. 3). Diese Einschränkung unserer Leistungspflicht entfällt, wenn die versicherte Person in unmittelbarem oder mittelbarem Zusammenhang mit kriegerischen Ereignissen stirbt, denen sie während eines Aufenthaltes außerhalb der Bundesrepublik Deutschland ausgesetzt und an denen sie nicht aktiv beteiligt war.

(3) Bei Ableben der versicherten Person in unmittelbarem oder mittelbarem Zusammenhang mit dem vorsätzlichen Einsatz von atomaren, biologischen oder chemischen Waffen oder dem vorsätzlichen Einsatz oder der vorsätzlichen Freisetzung von radioaktiven, biologischen oder chemischen Stoffen beschränkt sich unsere Leistungspflicht auf die in Absatz 2 Satz 1 genannten Leistungen, sofern der Einsatz oder das Freisetzen darauf gerichtet sind, das Leben einer Vielzahl von Personen zu gefährden. Absatz 2 Satz 2 bleibt unberührt.

§ 6 Was gilt bei Selbsttötung der versicherten Person?[128]

(1) Bei vorsätzlicher Selbsttötung der versicherten Person leisten wir, wenn seit Abschluss des Versicherungsvertrags drei Jahre vergangen sind.

---

[124] Unternehmensindividuell festzulegen.
[125] Unternehmensindividuell festzulegen.
[126] Kann entfallen, wenn keine Zusatzversicherung eingeschlossen ist.
[127] Unternehmensindividuell festzulegen.
[128] Kann entfallen, wenn keine Zusatzversicherung eingeschlossen ist.

(2) Bei vorsätzlicher Selbsttötung vor Ablauf der Dreijahresfrist besteht Versicherungsschutz nur dann, wenn uns nachgewiesen wird, dass die Tat in einem die freie Willensbestimmung ausschließenden Zustand krankhafter Störung der Geistestätigkeit begangen worden ist. Andernfalls zahlen wir eine für den Todesfall vereinbarte Kapitalleistung nur bis zur Höhe des für den ... (Stichtag)[129] berechneten Rückkaufswertes (§ 10 Abs. 3 bis 4).

(3) Die Absätze 1 und 2 gelten entsprechend bei einer unsere Leistungspflicht erweiternden Änderung oder bei einer Wiederherstellung der Versicherung. Die Frist nach Absatz 1 beginnt mit der Änderung oder Wiederherstellung der Versicherung bezüglich des geänderten oder wiederhergestellten Teils neu zu laufen.

§ 7 Was bedeutet die vorvertragliche Anzeigepflicht?[130]

Vorvertragliche Anzeigepflicht

(1) **Wir übernehmen den Versicherungsschutz im Vertrauen darauf, dass Sie alle vor Vertragsabschluss in Textform gestellten Fragen wahrheitsgemäß und vollständig beantwortet haben (vorvertragliche Anzeigepflicht).** Das gilt insbesondere für die Fragen nach gegenwärtigen oder früheren Erkrankungen, gesundheitlichen Störungen und Beschwerden.

(2) **Soll das Leben einer anderen Person versichert werden, ist auch diese – neben Ihnen – für die wahrheitsgemäße und vollständige Beantwortung der Fragen verantwortlich.**

Rücktritt

(3) Wenn Umstände, die für die Übernahme des Versicherungsschutzes Bedeutung haben, von Ihnen oder der versicherten Person (vgl. Abs. 2) nicht oder nicht richtig angegeben worden sind, können wir vom Vertrag zurücktreten. Dies gilt nicht, wenn uns nachgewiesen wird, dass die vorvertragliche Anzeigepflicht weder vorsätzlich noch grob fahrlässig verletzt worden ist. Bei grob fahrlässiger Verletzung der vorvertraglichen Anzeigepflicht haben wir kein Rücktrittsrecht, wenn uns nachgewiesen wird, dass wir den Vertrag auch bei Kenntnis der nicht angezeigten Umstände, wenn auch zu anderen Bedingungen, geschlossen hätten.

(4) Im Fall des Rücktritts besteht kein Versicherungsschutz. Haben wir den Rücktritt nach Eintritt des Versicherungsfalles erklärt, bleibt unsere Leistungspflicht jedoch bestehen, wenn uns nachgewiesen wird, dass der nicht oder nicht richtig angegebene Umstand weder für den Eintritt oder die Feststellung des Versicherungsfalles noch für die Feststellung oder den Umfang unserer Leistungspflicht ursächlich war. Haben Sie oder die versicherte Person die Anzeigepflicht arglistig verletzt, sind wir nicht zur Leistung verpflichtet.

(5) Wenn die Versicherung durch Rücktritt aufgehoben wird, zahlen wir den Rückkaufswert (§ 10 Abs. 3 bis 4). Die Regelung des § 10 Abs. 3 Satz 3 gilt nicht. Die Rückzahlung der Beiträge können Sie nicht verlangen.

Kündigung

(6) **Ist unser Rücktrittsrecht ausgeschlossen, weil die Verletzung der vorvertraglichen Anzeigepflicht weder auf Vorsatz noch auf grober Fahrlässigkeit beruhte, können wir den Vertrag unter Einhaltung einer Frist von einem Monat kündigen.**

(7) **Wir haben kein Kündigungsrecht, wenn uns nachgewiesen wird, dass wir den Vertrag auch bei Kenntnis der nicht angezeigten Umstände, wenn auch zu anderen Bedingungen, geschlossen hätten.**

(8) **Kündigen wir die Versicherung, wandelt sie sich mit der Kündigung in eine beitragsfreie Versicherung um (§ 10 Abs. 7 bis 9).**

---

[129] Unternehmensindividuell festzulegen.
[130] Kann entfallen, wenn keine Zusatzversicherung eingeschlossen ist.

Vertragsanpassung

(9) Können wir nicht zurücktreten oder kündigen, weil wir den Vertrag auch bei Kenntnis der nicht angezeigten Umstände, aber zu anderen Bedingungen, geschlossen hätten, werden die anderen Bedingungen auf unser Verlangen rückwirkend Vertragsbestandteil. Haben Sie die Anzeigepflichtverletzung nicht zu vertreten, werden die anderen Bedingungen ab der laufenden Versicherungsperiode Vertragsbestandteil.

(10) Erhöht sich durch die Vertragsanpassung der Beitrag um mehr als 10% oder schließen wir den Versicherungsschutz für den nicht angezeigten Umstand aus, können Sie den Vertrag innerhalb eines Monats nach Zugang unserer Mitteilung fristlos kündigen. In der Mitteilung werden wir Sie auf das Kündigungsrecht hinweisen.

Ausübung unserer Rechte

(11) Wir können uns auf die Rechte zum Rücktritt, zur Kündigung und zur Vertragsanpassung nur berufen, wenn wir Sie durch gesonderte Mitteilung in Textform auf die Folgen einer Anzeigepflichtverletzung hingewiesen haben. Wir müssen unsere Rechte innerhalb eines Monats schriftlich geltend machen. Die Frist beginnt mit dem Zeitpunkt, zu dem wir von der Verletzung der Anzeigepflicht, die das von uns geltend gemachte Recht begründet, Kenntnis erlangen. Bei Ausübung unserer Rechte müssen wir die Umstände angeben, auf die wir unsere Erklärung stützen. Zur Begründung können wir nachträglich weitere Umstände innerhalb eines Monats nach deren Kenntniserlangung angeben.

(12) Unsere Rechte auf Rücktritt, Kündigung und Vertragsanpassung sind ausgeschlossen, wenn wir den nicht angezeigten Umstand oder die Unrichtigkeit der Anzeige kannten.

(13) Die genannten Rechte können wir nur innerhalb von fünf Jahren seit Vertragsabschluss ausüben. Ist der Versicherungsfall vor Ablauf dieser Frist eingetreten, können wir die Rechte auch nach Ablauf der Frist geltend machen. Haben Sie oder die versicherte Person die Anzeigepflicht vorsätzlich oder arglistig verletzt, beträgt die Frist zehn Jahre.

Anfechtung

(14) Wir können den Versicherungsvertrag auch anfechten, falls durch unrichtige oder unvollständige Angaben bewusst und gewollt auf unsere Annahmeentscheidung Einfluss genommen worden ist. Handelt es sich um Angaben der versicherten Person, können wir Ihnen gegenüber die Anfechtung erklären, auch wenn Sie von der Verletzung der vorvertraglichen Anzeigepflicht keine Kenntnis hatten. Absatz 5 gilt entsprechend.

Leistungserweiterung/Wiederherstellung der Versicherung

(15) Die Absätze 1 bis 14 gelten bei einer unsere Leistungspflicht erweiternden Änderung oder bei einer Wiederherstellung der Versicherung entsprechend. Die Fristen nach Absatz 13 beginnen mit der Änderung oder Wiederherstellung der Versicherung bezüglich des geänderten oder wiederhergestellten Teils neu zu laufen.

Erklärungsempfänger

(16) Die Ausübung unserer Rechte erfolgt durch schriftliche Erklärung die Ihnen gegenüber abzugeben ist. Sofern Sie uns keine andere Person als Bevollmächtigten benannt haben, gilt nach Ihrem Ableben ein Bezugsberechtigter als bevollmächtigt, diese Erklärung entgegenzunehmen. Ist auch ein Bezugsberechtigter nicht vorhanden oder kann sein Aufenthalt nicht ermittelt werden, können wir den Inhaber des Versicherungsscheins zur Entgegennahme der Erklärung als bevollmächtigt ansehen.

§ 8 Was haben Sie bei der Beitragszahlung zu beachten?

(1) Die Beiträge zu Ihrer Rentenversicherung können Sie je nach Vereinbarung in einem einzigen Betrag (Einmalbeitrag), durch Monats-, Vierteljahres-, Halbjahres-

oder Jahresbeiträge (laufende Beiträge) entrichten. Die Versicherungsperiode umfasst bei Einmalbeitrags- und Jahreszahlungen ein Jahr, bei unterjähriger Beitragszahlung entsprechend der Zahlungsweise einen Monat, ein Vierteljahr bzw. ein halbes Jahr.

(2) Der erste oder einmalige Beitrag (Einlösungsbeitrag) ist unverzüglich nach Abschluss des Vertrages zu zahlen, jedoch nicht vor dem mit Ihnen vereinbarten, im Versicherungsschein angegebenen Versicherungsbeginn. Alle weiteren Beiträge (Folgebeiträge) werden zu Beginn der vereinbarten Versicherungsperiode fällig.

(3) Für die Rechtzeitigkeit der Beitragszahlung genügt es, wenn Sie fristgerecht alles getan haben, damit der Beitrag bei uns eingeht. Ist die Einziehung des Beitrags von einem Konto vereinbart, gilt die Zahlung als rechtzeitig, wenn der Beitrag zu dem in Absatz 2 genannten Termin eingezogen werden kann und Sie einer berechtigten Einziehung nicht widersprechen. Konnte der fällige Beitrag ohne Ihr Verschulden von uns nicht eingezogen werden, ist die Zahlung auch dann noch rechtzeitig, wenn sie unverzüglich nach unserer schriftlichen Zahlungsaufforderung erfolgt. Haben Sie zu vertreten, dass der Beitrag wiederholt nicht eingezogen werden kann, sind wir berechtigt, künftig die Zahlung außerhalb des Lastschriftverfahrens zu verlangen.

(4) Die Übermittlung Ihrer Beiträge erfolgt auf Ihre Gefahr und Ihre Kosten.

(5) Für eine Stundung der Beiträge ist eine schriftliche Vereinbarung mit uns erforderlich.

(6) Bei Fälligkeit einer Versicherungsleistung werden wir etwaige Beitragsrückstände verrechnen.

§ 9 Was geschieht, wenn Sie einen Beitrag nicht rechtzeitig zahlen?

(1) Wenn Sie den Einlösungsbeitrag nicht rechtzeitig zahlen, können wir – solange die Zahlung nicht bewirkt ist – vom Vertrag zurücktreten. Dies gilt nicht, wenn uns nachgewiesen wird, dass Sie die nicht rechtzeitige Zahlung nicht zu vertreten haben. Bei einem Rücktritt können wir von Ihnen die Kosten der zur Gesundheitsprüfung durchgeführten ärztlichen Untersuchungen verlangen.

(2) Ist der Einlösungsbeitrag bei Eintritt des Versicherungsfalles noch nicht gezahlt, sind wir nicht zur Leistung verpflichtet, sofern wir Sie durch gesonderte Mitteilung in Textform oder durch einen auffälligen Hinweis im Versicherungsschein auf diese Rechtsfolge aufmerksam gemacht haben. Unsere Leistungspflicht besteht jedoch, wenn uns nachgewiesen wird, dass Sie die Nicht-Zahlung nicht zu vertreten haben.

(3) Wenn ein Folgebeitrag oder ein sonstiger Betrag, den Sie aus dem Versicherungsverhältnis schulden, nicht rechtzeitig gezahlt worden ist oder eingezogen werden konnte , erhalten Sie von uns auf Ihre Kosten eine Mahnung in Textform. Darin setzen wir Ihnen eine Zahlungsfrist von mindestens zwei Wochen. Begleichen Sie den Rückstand nicht innerhalb der gesetzten Frist, entfällt oder vermindert sich Ihr Versicherungsschutz. Auf die Rechtsfolgen werden wir Sie in der Mahnung ausdrücklich hinweisen.

§ 10 Wann können Sie Ihre Versicherung kündigen oder beitragsfrei stellen?

Kündigung

(1) Sie können Ihre Versicherung – jedoch nur vor dem vereinbarten Rentenbeginn – jederzeit zum Schluss der Versicherungsperiode ganz oder teilweise schriftlich kündigen.

(2) Kündigen Sie Ihre Versicherung nur teilweise, ist diese Kündigung unwirksam, wenn der fortzuzahlende Beitrag den Mindestbetrag von ...[131] jährlich unterschreitet. Wenn Sie in diesem Fall Ihre Versicherung beenden wollen, müssen Sie diese also ganz kündigen.

---

[131] Unternehmensindividuell zu ergänzen.

Auszahlung eines Rückkaufswertes bei Kündigung

(3) Ist für den Todesfall eine Leistung vereinbart, haben wir nach § 169 VVG den Rückkaufswert zu erstatten, höchstens jedoch die für den Todesfall vereinbarte Leistung (siehe Absatz 4). Der Rückkaufswert ist der nach anerkannten Regeln der Versicherungsmathematik berechnete Zeitwert der Versicherung. Mindestens erstatten wir jedoch den Zeitwert, der sich bei gleichmäßiger Verteilung der unter Beachtung der aufsichtsrechtlichen Höchstzillmersätze (vgl. § 13 Abs. 2 S. 3) angesetzten Abschluss- und Vertriebskosten auf die ersten fünf Vertragsjahre ergibt. Von dem so ermittelten Wert erfolgt ein Abzug von ...[132] Mit dem Abzug wird die Veränderung der Risikolage des verbleibenden Versichertenbestandes ausgeglichen; zudem wird damit ein Ausgleich für kollektiv gestelltes Risikokapital vorgenommen. Weitere Erläuterungen sowie versicherungsmathematische Hinweise zum Abzug finden Sie im Anhang zu den Versicherungsbedingungen. Sofern Sie uns nachweisen, dass die dem Abzug zugrunde liegenden Annahmen in Ihrem Fall entweder dem Grunde nach nicht zutreffen oder der Abzug wesentlich niedriger zu beziffern ist, entfällt der Abzug bzw. wird – im letzteren Falle – entsprechend herabgesetzt.

Beitragsrückstände werden von dem Rückkaufswert abgezogen.

(4) Für den Fall, dass eine Todesfallleistung vereinbart worden ist (vgl. § 1 Abs. 8), wird höchstens die bei Tod fällige Leistung ausgezahlt. Ein vorhandener Restbetrag wird für eine beitragsfreie Fondsgebundene Rentenversicherung ohne Todesfallleistung verwendet. Erreicht dieser Betrag nicht den Wert von ...,[133] erhalten Sie den vollen Rückkaufswert.

(5) Die Kündigung Ihrer Versicherung ist mit Nachteilen verbunden. In der Anfangszeit Ihrer Versicherung ist wegen der Verrechnung von Abschluss- und Vertriebskosten (vgl. § 13) nur ein geringer Rückkaufswert vorhanden. Der Rückkaufswert erreicht auch in den Folgejahren nicht unbedingt die Summe der eingezahlten Beiträge. Nähere Informationen zum Rückkaufswert, seiner Höhe und darüber, in welchem Ausmaß er garantiert ist, können Sie der beigefügten Tabelle entnehmen.

(6) Den Rückkaufswert erbringen wir grundsätzlich in Geld. Sie können jedoch abweichend hiervon die Leistung in Anteileinheiten des Anlagestocks verlangen. § 1 Abs. 9 gilt entsprechend. Der Ermittlung des Wertes des Deckungskapitals legen wir den ... (Stichtag)[134] zugrunde.

Umwandlung in eine beitragsfreie Versicherung

(7) Anstelle einer Kündigung nach Absatz 1 können Sie zu dem dort genannten Termin schriftlich verlangen, ganz oder teilweise von der Beitragszahlungspflicht befreit zu werden. Hierbei wird das nach Absatz 3 Satz 2 und 3 berechnete Deckungskapital Ihrer Versicherung um einen Abzug in Höhe von ...[135] sowie um rückständige Beiträge herabgesetzt. Mit dem Abzug wird die Veränderung der Risikolage des verbleibenden Versichertenbestandes ausgeglichen; zudem wird damit ein Ausgleich für kollektiv gestelltes Risikokapital vorgenommen. Weitere Erläuterungen sowie versicherungsmathematische Hinweise zum Abzug finden Sie im Anhang zu den Versicherungsbedingungen. Sofern Sie uns nachweisen, dass die dem Abzug zugrunde liegenden Annahmen in Ihrem Fall entweder dem Grunde nach nicht zutreffen oder der Abzug wesentlich niedriger zu beziffern ist, entfällt der Abzug bzw. wird – im letzteren Falle – entsprechend herabgesetzt.

(8) Die Beitragsfreistellung Ihrer Versicherung ist mit Nachteilen verbunden. In der Anfangszeit Ihrer Versicherung sind wegen der Verrechnung von Abschluss- und Vertriebskosten (vgl. § 13) nur geringe Beträge zur Bildung einer beitragsfreien Rente vorhanden. Auch in den Folgejahren stehen nicht unbedingt Mittel in

---

[132] Unternehmensindividuell zu ergänzen.
[133] Unternehmensindividuell anzupassen.
[134] Unternehmensindividuell anzupassen.
[135] Unternehmensindividuell zu ergänzen.

Höhe der eingezahlten Beiträge für die Bildung einer beitragsfreien Rente zur Verfügung. Nähere Informationen zur beitragsfreien Rente und ihrer Höhe können Sie der beigefügten Tabelle entnehmen.

(9) Haben Sie die vollständige Befreiung von der Beitragszahlungspflicht verlangt und erreicht die bis dahin gezahlte Beitragssumme den Mindestbetrag von ...[136] nicht, erhalten Sie den Rückkaufswert nach Absatz 3 bis 6. Eine teilweise Befreiung von der Beitragszahlungspflicht können Sie nur verlangen, wenn der fortzuzahlende Beitrag den Mindestbetrag von ...[137] nicht unterschreitet.

Beitragsrückzahlung

(10) Die Rückzahlung der Beiträge können Sie nicht verlangen.

§ 11 Unter welchen Voraussetzungen können Sie Ihre FondsgebundeneRentenversicherung in eine auf Euro lautende Rentenversicherung umwandeln?

(1) Sie können Ihre Fondsgebundene Rentenversicherung durch schriftliche Erklärung mit Frist von einem Monat zum Schluss einer jeden Versicherungsperiode, frühestens zum Ende des ersten Versicherungsjahres, in eine von uns zu diesem Zeitpunkt angebotene, auf ...[138] lautende Rentenversicherung umwandeln.

(2) Bei der Umwandlung bleiben Ihre Beitragszahlungsweise und die Höhe Ihres Beitrags unverändert. Auch der bisher vorgesehene Rentenzahlungsbeginn ändert sich nicht. Die Versicherungsleistungen berechnen wir nach den anerkannten Regeln der Versicherungsmathematik auf Basis des neuen Tarifs. Dabei legen wir den Geldwert des Deckungskapitals am ... (Stichtag)[139] zugrunde.

§ 12 Unter welchen Voraussetzungen können Sie Ihre Versicherung verlängern?

(1) Sie können spätestens einen Monat vor dem für den Beginn der Rentenzahlung vereinbarten Termin schriftlich verlangen, dass Ihre Versicherung einmalig und ohne Gesundheitsprüfung für einen Zeitraum von höchstens fünf Jahren beitragsfrei verlängert wird, sofern die versicherte Person den ursprünglich vereinbarten Beginn der Rentenzahlung erlebt.

(2) Bei Inanspruchnahme dieser beitragsfreien Vertragsfortführung wird eine garantierte Mindesttodesfallsumme festgelegt; sie entspricht während des gesamten Verlängerungszeitraumes ...[140]

§ 13 Wie werden die Abschluss- und Vertriebskosten verrechnet?[141]

(1) Durch den Abschluss von Versicherungsverträgen entstehen Kosten. Diese sog. Abschluss- und Vertriebskosten (§ 43 Abs. 2 der Verordnung über die Rechnungslegung von Versicherungsunternehmen) sind bereits pauschal bei der Tarifkalkulation berücksichtigt und werden daher nicht gesondert in Rechnung gestellt.

(2) Für Ihren Versicherungsvertrag ist das Verrechnungsverfahren nach § 4 der Deckungsrückstellungsverordnung maßgebend. Hierbei werden die ersten Beiträge zur Tilgung eines Teils der Abschluss- und Vertriebskosten herangezogen, soweit die Beiträge nicht für Leistungen im Versicherungsfall, Kosten des Versicherungsbetriebs in der jeweiligen Versicherungsperiode und für die Bildung der Deckungsrückstellung aufgrund von § 25 Abs. 2 RechVersV i.V.m. § 169 Abs. 3

---

[136] Unternehmensindividuell anzupassen.
[137] Unternehmensindividuell anzupassen.
[138] Unternehmensindividuell zu ergänzen bzw. festzulegen.
[139] Unternehmensindividuell zu ergänzen bzw. festzulegen.
[140] Unternehmensindividuell zu ergänzen bzw. festzulegen.
[141] Diese Bestimmung ist nur bei Verwendung des Zillmerverfahrens aufzunehmen.

VVG bestimmt sind. Der auf diese Weise zu tilgende Betrag ist nach der Deckungsrückstellungsverordnung auf 4% der von Ihnen während der Laufzeit des Vertrages zu zahlenden Beiträge beschränkt.

(3) Die restlichen Abschluss- und Vertriebskosten werden während der vertraglich vereinbarten Beitragszahlungsdauer aus den laufenden Beiträgen getilgt.

(4) Die beschriebene Kostenverrechnung hat wirtschaftlich zur Folge, dass in der Anfangszeit Ihrer Versicherung nur geringe Beträge zur Bildung der beitragsfreien Rente oder für einen Rückkaufswert vorhanden sind, mindestens jedoch die in § 10 genannten Beträge. Nähere Informationen können Sie der beigefügten Tabelle[142] entnehmen.

§ 14 Was ist zu beachten, wenn eine Versicherungsleistung verlangt wird?

(1) Leistungen aus dem Versicherungsvertrag erbringen wir gegen Vorlage des Versicherungsscheins und eines amtlichen Zeugnisses über den Tag der Geburt der versicherten Person.

(2) Wir können vor jeder Renten- oder Kapitalzahlung auf unsere Kosten ein amtliches Zeugnis darüber verlangen, dass die versicherte Person noch lebt.

(3) Der Tod der versicherten Person ist uns in jedem Fall unverzüglich anzuzeigen. Außer dem Versicherungsschein ist uns eine amtliche, Alter und Geburtsort enthaltende Sterbeurkunde einzureichen.

(4) Ist für den Todesfall eine Leistung vereinbart, ist uns ferner ein ausführliches ärztliches oder amtliches Zeugnis über die Todesursache sowie über den Beginn und Verlauf der Krankheit, die zum Tode der versicherten Person geführt hat, vorzulegen.

(5) Zur Klärung unserer Leistungspflicht können wir notwendige weitere Nachweise und Auskünfte verlangen. Die mit den Nachweisen verbundenen Kosten trägt derjenige, der die Versicherungsleistung beansprucht.

(6) Unsere Geldleistungen überweisen wir dem Empfangsberechtigten auf seine Kosten. Bei Überweisungen in Länder außerhalb des Europäischen Wirtschaftsraumes trägt der Empfangsberechtigte auch die damit verbundene Gefahr.

(7) Bei Leistungen in Anteilen hat uns der Empfangsberechtigte ein Depot mitzuteilen, auf das wir die Anteile übertragen können. Für Kosten und Gefahrtragung gilt Absatz 6 entsprechend.

§ 15 Welche Bedeutung hat der Versicherungsschein?

(1) Den Inhaber des Versicherungsscheins können wir als berechtigt ansehen, über die Rechte aus dem Versicherungsvertrag zu verfügen, insbesondere Leistungen in Empfang zu nehmen. Wir können aber verlangen, dass uns der Inhaber des Versicherungsscheins seine Berechtigung nachweist.

(2) In den Fällen des § 16 Abs. 3 brauchen wir den Nachweis der Berechtigung nur dann anzuerkennen, wenn uns die schriftliche Anzeige des bisherigen Berechtigten vorliegt.

§ 16 Wer erhält die Versicherungsleistung?

(1) Die Leistungen aus dem Versicherungsvertrag erbringen wir an Sie als unseren Versicherungsnehmer oder an Ihre Erben, falls Sie uns keine andere Person benannt haben, die die Ansprüche aus dem Versicherungsvertrag bei deren Fälligkeit erwerben soll (Bezugsberechtigter). Bis zur jeweiligen Fälligkeit können Sie das Bezugsrecht jederzeit widerrufen. Nach dem Tod der versicherten Person kann das Bezugsrecht nicht mehr widerrufen werden.

---

[142] Unternehmensindividuell anzupassen.

(2) Sie können ausdrücklich bestimmen, dass der Bezugsberechtigte sofort und unwiderruflich die Ansprüche aus dem Versicherungsvertrag erwerben soll. Sobald wir Ihre Erklärung erhalten haben, kann dieses Bezugsrecht nur noch mit Zustimmung des von Ihnen Benannten aufgehoben werden.

(3) Die Einräumung und der Widerruf eines Bezugsrechtes (vgl. Absatz 1 und 2) sind uns gegenüber nur und erst dann wirksam, wenn sie uns vom bisherigen Berechtigten schriftlich angezeigt worden sind. Das Gleiche gilt für die Abtretung und Verpfändung von Ansprüchen aus dem Versicherungsvertrag, soweit derartige Verfügungen überhaupt rechtlich möglich sind.

§ 17 Wie können Sie den Wert Ihrer Versicherung erfahren?

(1) Wir veröffentlichen ...[143] den Wert der Anteileinheiten in einer überregionalen Tageszeitung; falls diese Veröffentlichung nicht erfolgen sollte, werden wir Sie schriftlich über den Wert der Anteileinheiten informieren.

(2) Zum Ende eines jeden Versicherungsjahres[144] erhalten Sie von uns eine Mitteilung, der Sie den Wert der Anteileinheiten sowie den Wert des Deckungskapitals entnehmen können; der Wert des Deckungskapitals wird in Anteileinheiten und als (Geld)-Betrag aufgeführt.

(3) Auf Wunsch geben wir Ihnen den Wert Ihrer Versicherung jederzeit an.

§ 18 Was gilt bei Änderung Ihrer Postanschrift und Ihres Namens?

(1) Eine Änderung Ihrer Postanschrift müssen Sie uns unverzüglich mitteilen. Anderenfalls können für Sie Nachteile entstehen, da wir eine an Sie zu richtende Willenserklärung mit eingeschriebenem Brief an Ihre uns zuletzt bekannte Anschrift senden können. In diesem Fall gilt unsere Erklärung drei Tage nach Absendung des eingeschriebenen Briefes als zugegangen. Dies gilt auch, wenn Sie die Versicherung in Ihrem Gewerbebetrieb genommen und Ihre gewerbliche Niederlassung verlegt haben.

(2) Bei Änderung Ihres Namens gilt Absatz 1 entsprechend.

§ 19 Welche Kosten stellen wir Ihnen gesondert in Rechnung?

(1) Falls aus besonderen, von Ihnen veranlassten Gründen ein zusätzlicher Verwaltungsaufwand verursacht wird, können wir die in solchen Fällen durchschnittlich entstehenden Kosten als pauschalen Abgeltungsbetrag gesondert in Rechnung stellen.
Dies gilt bei
– Ausstellung eines neuen Versicherungsscheins,
– Fristsetzung in Textform bei Nichtzahlung von Folgebeiträgen,
– Rückläufern im Lastschriftverfahren,
– ...[145]

(2) Sofern Sie uns nachweisen, dass die dem pauschalen Abgeltungsbetrag zugrunde liegenden Annahmen in Ihrem Fall entweder dem Grunde nach nicht zutreffen oder der Höhe nach wesentlich niedriger zu beziffern sind, entfällt der Abgeltungsbetrag bzw. wird – im letzteren Falle – entsprechend herabgesetzt.

§ 20 Welches Recht findet auf Ihren Vertrag Anwendung?

Auf Ihren Vertrag findet das Recht der Bundesrepublik Deutschland Anwendung.

---

[143] Unternehmensindividuell festzulegen.
[144] Unternehmensindividuell zu ergänzen bzw. festzulegen.
[145] Unternehmensindividuell auszufüllen.

§ 21 Wo ist der Gerichtsstand?

(1) Für Klagen aus dem Versicherungsvertrag gegen uns bestimmt sich die gerichtliche Zuständigkeit nach unserem Sitz oder der für den Versicherungsvertrag zuständigen Niederlassung. Sind Sie eine natürliche Person, ist auch das Gericht örtlich zuständig, in dessen Bezirk Sie zur Zeit der Klageerhebung Ihren Wohnsitz oder, in Ermangelung eines solchen, Ihren gewöhnlichen Aufenthalt haben.

(2) Sind Sie eine natürliche Person, müssen Klagen aus dem Versicherungsvertrag gegen Sie bei dem Gericht erhoben werden, das für Ihren Wohnsitz oder, in Ermangelung eines solchen, den Ort Ihres gewöhnlichen Aufenthalts zuständig ist. Sind Sie eine juristische Person, bestimmt sich das zuständige Gericht nach Ihrem Sitz oder Ihrer Niederlassung.

(3) Verlegen Sie Ihren Wohnsitz in einen Staat außerhalb der Europäischen Gemeinschaft, Islands, Norwegens oder der Schweiz, sind die Gerichte des Staates zuständig, in dem wir unseren Sitz haben.

J. Allgemeine Bedingungen für die Risikoversicherung (RiV 2008)

Übersicht

	Rdn.
I. Vorbemerkung	1–7
1. Risikoversicherung mit gleich bleibender Versicherungssumme	1–3
2. Risikoversicherung mit Umtauschrecht	4
3. Sparplan mit Risikoversicherung	5
4. Bausparrisikoversicherung	6
5. Streitwert	7
II. Allgemeine Bedingungen für die Risikoversicherung (RiV 2008)	8

AuVdBAV: GB BAV 1970, 56 (Garantiewerte für selbständige Risikoversicherungen); VerBAV 1976, 432 (Musterbedingungen für die Risikoversicherung); VerBAV 1976, 435 (Geschäftsplanmäßige Erklärungen zu den AVB für die Risikoversicherung); VerBAV 1978, 80 (Änderung des § 12 AVB für die Risikoversicherung); VerBAV 1981, 98 (Änderung der §§ 1, 10 AVB für die Risikoversicherung); VerBAV 1981, 182 (Musterbedingungen für die Risikoversicherung); GB BAV 1982, 57 (Umtausch einer Risikoversicherung mit Berufsunfähigkeits-Zusatzversicherung); VerBAV 1984, 55, 216 und 232 (Allgemeine Bedingungen für die Risikoversicherung); VerBAV 1984, 87 (Geschäftsplan für die Risikoversicherung); GB BAV 1984, 56 (Überschussbeteiligung bei Risiko-(Zusatz)versicherungen); GB BAV 1985, 60 (Rückkaufswert und Stornoabzug); VerBAV 1986, 295 (Geschäftsplan für die Risikoversicherung); VerBAV 1986, 301 (Musterbedingungen für die Risikoversicherung); GB BAV 1989, 58 (Risikoversicherungen mit natürlichen Beiträgen).

Schrifttum: *Ammeter,* Das Kostenproblem in der privaten Lebensversicherung, ZVersWiss 1973, 205, 212; *Braa,* Der Geschäftsplan für die Risiko-Lebensversicherung, VerBAV 1973, 116 und 156; ferner VerBAV 1984, 221 und 256; *von Denffer,* Lebensversicherung und Inflation – international gesehen, ZVersWiss 1973, 155; *Farny,* Zur Rentabilität langfristiger gemischter Lebensversicherungen, ZVersWiss 1983, 363; *Fleischer/Karten,* Ertragsteuerliche Konsequenzen der Beteiligung an einem US-Lebensversicherungszweitmarktfonds, BB 2004, 1143; *Harlandt,* Risiko-Umtausch-Versicherung, VW 1974, 342, 402, 452; *Kürble/Hamann,* Sparplan mit Versicherungsschutz und gemischte Lebensversicherung als vergleichbare Produkte, ZVersWiss 1985, 371; *Lipperheide,* Geldentwertung und Prämienpolitik der Versicherungsunternehmen, ZVersWiss 1973, 155; *Schneider,* Bestimmung der Rentabilität gemischter Lebensversicherungen, ZVersWiss 1985, 403; *Storck,* Produktgestaltung in der Lebensversicherung bei steigendem Einkommen, ZVersWiss 1973, 177; *Oswald,* Die Todesfallrisikoversicherung im Steuerrecht, VP 1977, 33; *von Wartburg,* Sind Todesfall-Risiko-Versicherungen ein gutes Geschäft?, ZfV 1964, 805; *Wenk,* Zur Problematik der gemischten Lebensversicherungen, ZVersWiss 1964, 63; VW 1979, 1201 (Risiko-Lebensversicherung in Bewegung).

I. Vorbemerkung

1. Risikoversicherung mit gleich bleibender Versicherungssumme

1 Die Risikoversicherung ist eine reine Todesfallversicherung, die häufig auf eine kurze Zeit wie fünf oder zehn Jahre abgeschlossen wird, so dass der Versicherer ein zeitlich begrenztes Todesfallrisiko trägt. Sie dient in der Regel der Deckung eines vorübergehenden Schutzbedürfnisses, z. B. um die Abzahlung eines Kredits

zu sichern. Die Versicherungsleistung wird nur fällig, wenn der Todesfall innerhalb der vertraglich festgelegten Zeit eingetreten ist.[1] Für den Erlebensfall, d.h. nach Ablauf der vertraglichen Dauer ist keine Zahlung vorgesehen, da eine Kapitalbildung durch Ansparen nicht stattgefunden hat.

Für die Risikoversicherung gelten die §§ 174–176 VVG nicht, da sie ohne Bildung von Deckungskapital zulässig ist.[2] 2

Eine Beitragsänderungsklausel käme in der Risikolebensversicherung nicht in Betracht, weil in dieser Versicherungsart außergewöhnliche Schadenregulierungskosten nicht entstehen können und die Versicherungsdauern überwiegend nur zehn Jahre oder wenig mehr betragen.[3] 3

2. Risikoversicherung mit Umtauschrecht

Eine Risikoversicherung kann so gestaltet werden, dass sie jederzeit während 4 der Laufzeit, spätestens jedoch zum Ende des 10. Versicherungsjahres ohne erneute Gesundheitsprüfung in eine kapitalbildende Versicherung über dieselbe oder eine niedrigere Versicherungssumme umgetauscht werden kann.[4] Dieses Umtauschrecht kann der Versicherungsnehmer bedingungsgemäß dann ohne die Entrichtung eines besonderen Beitragszuschlages wahrnehmen.[5] Genehmigungsfähig ist die Vereinbarung eines erweiterten Umtauschrechts gegen Beitragszuschlag, wonach die zeitliche Begrenzung von zehn Jahren entfällt, der Umtausch jedoch spätestens im Alter von 55 Jahren erfolgen muss.[6] Der Versicherer schließt jedoch – um eine Gegenauslese zu vermeiden – durchweg das Recht aus, eine Berufsunfähigkeits-Zusatzversicherung gleichfalls in den Umtausch einzubeziehen.

3. Sparplan mit Risikoversicherung

Banken und Sparkassen bieten Sparpläne an, zu denen zusätzlich eine Risikolebensversicherung abgeschlossen werden kann, welche die Erreichung des Sparziels für den Fall garantieren soll, dass der Sparer vor Ablauf des Sparvertrages stirbt. Derartige Kombinationsangebote sind versicherungsaufsichtsrechtlich nicht zu beanstanden, sofern sowohl bei der Gestaltung des Antragsformulare als auch in der Werbung hinreichend klar ist, dass es sich jeweils um zwei rechtlich selbständige Verträge mit einem Kreditinstitut und mit einem Versicherungsunternehmen handelt und dass die die Risikoversicherung betreffenden Unterlagen auch im übrigen den für die Lebensversicherung geltenden Aufsichtsgrundsätzen genügen.[7] 5

4. Bausparrisikoversicherung

Die Bausparrisikoversicherung deckt das Risiko, dass beim Tode des Bausparers 6 die Sicherung für den sein Sparguthaben übersteigenden Teil des Darlehens entfällt.[8] Versichert wird daher als Risikosumme der Unterschied zwischen Darlehen und Sparguthaben des Bausparers.[9] Bei der Gewährung eines Zwischenkredits durch einen anderen Kreditgeber ist die Bausparkasse zum Abschluss einer Risi-

---

[1] VerAfP 1948, 419.
[2] BGH v. 31. 10. 1973, VersR 1974, 127, 128.
[3] BeschlKE BAV, VerBAV 1983, 64.
[4] VerBAV 1984, 89.
[5] GB BAV 1985, 60.
[6] GB BAV 1985, 60.
[7] GB BAV 1985, 54.
[8] BGH v. 26. 5. 1964, VersR 1964, 1009.
[9] BGH v. 26. 5. 1964, VersR 1964, 1009.

kolebensversicherung nicht verpflichtet.[10] § 2165 Abs. 1 Satz 2 BGB ist anwendbar, wenn ein durch Grundpfandrecht gesichertes Bauspardarlehen durch eine vom Erblasser abgeschlossene Risikolebensversicherung abgelöst werden soll.[11] Hat der Erblasser auf Verlangen der Bank zur Sicherung eines Darlehens eine Grundschuld bestellt und eine Risikolebensversicherung abgeschlossen, so kann nach seinem Tode der Grundstücksvermächtnisnehmer vom Erben die Löschungsbewilligung verlangen, wenn der Erbe die Darlehenssumme aus der Risikolebensversicherung zurückgezahlt und die Bank ihm daraufhin die Grundschuld abgetreten hat; § 2166 BGB ist nicht anwendbar.[12]

5. Streitwert

7   Der Streitwert einer Klage auf Feststellung des Fortbestehens einer Risikolebensversicherung beläuft sich regelmäßig auf 20% der Versicherungssumme.[13]

II. Allgemeine Bedingungen für die Risikoversicherung (RiV 2008)[14]

8   Sehr geehrte Kundin, sehr geehrter Kunde,
als Versicherungsnehmer sind Sie unser Vertragspartner; für unser Vertragsverhältnis gelten die nachfolgenden Bedingungen.

Inhaltsverzeichnis

§ 1   Welche Leistungen erbringen wir?
§ 2   Wie erfolgt die Überschussbeteiligung?
§ 3   Wann beginnt Ihr Versicherungsschutz?
§ 4   Was gilt bei Wehrdienst, Unruhen, Krieg oder Einsatz bzw. Freisetzen von ABC-Waffen/-Stoffen?
§ 5   Was gilt bei Selbsttötung der versicherten Person?
§ 6   Was bedeutet die vorvertragliche Anzeigepflicht?
§ 7   Was haben Sie bei der Beitragszahlung zu beachten?
§ 8   Was geschieht, wenn Sie einen Beitrag nicht rechtzeitig zahlen?
§ 9   Wann können Sie Ihre Versicherung kündigen oder beitragsfrei stellen?
§ 10 Wie werden die Abschluss- und Vertriebskosten verrechnet?
§ 11 Was ist zu beachten, wenn eine Versicherungsleistung verlangt wird?
§ 12 Welche Bedeutung hat der Versicherungsschein?
§ 13 Wer erhält die Versicherungsleistung?
§ 14 Was gilt bei Änderung Ihrer Postanschrift und Ihres Namens?
§ 15 Welche Kosten stellen wir Ihnen gesondert in Rechung?
§ 16 Welches Recht findet auf Ihren Vertrag Anwendung?
§ 17 Wo ist der Gerichtsstand?
§ 18 Unter welchen Voraussetzungen kann die Risikoversicherung in eine kapitalbildende Lebensversicherung umgetauscht werden?

---

[10] BGH v. 18. 5. 1989, NJW-RR 1990, 108 = WM 1989, 1165.
[11] BGH v. 12. 12. 1979, MDR 1980, 386.
[12] OLG München v. 19. 2. 1975, NJW 1975, 1521.
[13] BGH NJW-RR 1997, 1562; BGH, Urt. v. 13. 12. 2000 – IV ZR 279/99, VersR 2001, 601; OLG Hamm, Beschl. v. 14. 2. 2001 – 20 W 29/99, VersR 2002, 1578, 1579.
[14] Stand: 2. 5. 2008. GDV-Rundschreiben Nr. 0850/2008 v. 7. 5. 2008: Diese Bedingungen sind für die Versicherer unverbindlich; ihre Verwendung ist rein fakultativ. Abweichende Bedingungen können vereinbart werden. Anm. des Verfassers: In den RiV 2008 werden die Bestimmungen des VVG 2008 genannt.

§ 1 Welche Leistungen erbringen wir?

(1) Wir zahlen die vereinbarte Versicherungssumme bei Tod der versicherten Person während der Versicherungsdauer.

Bemerkung

§ 1 Abs. 1 ist wie folgt zu ändern bei Risikoversicherungen mit fallender Versicherungsleistung:
„Die vereinbarte Anfangsversicherungssumme fällt jährlich (halbjährlich, ...[15]), erstmalig nach einem Jahr (halben Jahr ...[16]) gleichmäßig um einen konstanten Betrag, so dass mit Ablauf der Versicherungsdauer die versicherte Summe Null ist.
Wir zahlen die jeweils versicherte Summe bei Tod der versicherten Person während der Versicherungsdauer."

(2) Außer den im Versicherungsschein ausgewiesenen garantierten Leistungen erhalten Sie weitere Leistungen aus der Überschussbeteiligung (siehe § 2).

§ 2 Wie erfolgt die Überschussbeteiligung?

Wir beteiligen Sie und die anderen Versicherungsnehmer gemäß § 153 des Versicherungsvertragsgesetzes (VVG) an den Überschüssen und ggf. an den Bewertungsreserven (Überschussbeteiligung). Die Überschüsse werden nach den Vorschriften des Handelsgesetzbuches ermittelt und jährlich im Rahmen unseres Jahresabschlusses festgestellt. Die Bewertungsreserven werden dabei im Anhang des Geschäftsberichts ausgewiesen. Der Jahresabschluss wird von einem unabhängigen Wirtschaftsprüfer geprüft und ist unserer Aufsichtsbehörde einzureichen.

(1) Grundsätze und Maßstäbe für die Überschussbeteiligung der Versicherungsnehmer

(a) Überschüsse entstehen dann, wenn Sterblichkeit und Kosten niedriger sind, als bei der Tarifkalkulation angenommen. An diesen Überschüssen werden die Versicherungsnehmer angemessen beteiligt und zwar nach der derzeitigen Rechtslage am Risikoergebnis (Sterblichkeit) grundsätzlich zu mindestens 75% und am übrigen Ergebnis (einschließlich Kosten) grundsätzlich zu mindestens 50% (§ 4 Abs. 4 u. 5, § 5 Mindestzuführungsverordnung).
Weitere Überschüsse stammen aus den Erträgen der Kapitalanlagen. Von den Nettoerträgen derjenigen Kapitalanlagen, die für künftige Versicherungsleistungen vorgesehen sind (§ 3 Mindestzuführungsverordnung), erhalten die Versicherungsnehmer insgesamt mindestens den in dieser Verordnung genannten Prozentsatz. In der derzeitigen Fassung der Verordnung sind grundsätzlich 90% vorgeschrieben (§ 4 Abs. 3, § 5 Mindestzuführungsverordnung). Aus diesem Betrag werden zunächst die Beträge finanziert, die für die garantierten Versicherungsleistungen benötigt werden. Die verbleibenden Mittel verwenden wir für die Überschussbeteiligung der Versicherungsnehmer.
Die verschiedenen Versicherungsarten tragen unterschiedlich zum Überschuss bei. Wir haben deshalb gleichartige Versicherungen zu Gruppen zusammengefasst. Gewinngruppen bilden wir beispielsweise, um das versicherte Risiko wie das Todesfall- oder Berufsunfähigkeitsrisiko zu berücksichtigen.[17] Die Verteilung des Überschusses für die Versicherungsnehmer auf die einzelnen Gruppen orientiert sich daran, in welchem Umfang sie zu seiner Entstehung beigetragen haben. Den Überschuss führen wir der Rückstellung für Beitragsrückerstattung zu, soweit er nicht in Form der sog. Direktgutschrift bereits unmittelbar den überschussberechtigten Versicherungen gutgeschrieben wird. Diese Rückstellung dient dazu, Ergebnisschwankungen im Zeitablauf zu glätten. Sie darf grundsätzlich nur für die Über-

---

[15] Unternehmensindividuell festzulegen.
[16] Unternehmensindividuell festzulegen.
[17] Ggf. weitere unternehmensindividuelle Information über Gewinngruppen bzw. Untergruppen und deren Modalitäten; die Begriffe sind an die unternehmensindividuellen Gegebenheiten anzupassen.

schussbeteiligung der Versicherungsnehmer verwendet werden. Nur in Ausnahmefällen und mit Zustimmung der Aufsichtsbehörde können wir hiervon nach § 56a des Versicherungsaufsichtsgesetzes (VAG) abweichen, soweit die Rückstellung nicht auf bereits festgelegte Überschussanteile entfällt. Nach der derzeitigen Fassung des § 56a VAG können wir die Rückstellung, im Interesse der Versicherungsnehmer auch zur Abwendung eines drohenden Notstandes, zum Ausgleich unvorhersehbarer Verluste aus den überschussberechtigten Versicherungsverträgen, die auf allgemeine Änderungen der Verhältnisse zurückzuführen sind, oder – sofern die Rechnungsgrundlagen aufgrund einer unvorhersehbaren und nicht nur vorübergehenden Änderung der Verhältnisse angepasst werden müssen – zur Erhöhung der Deckungsrückstellung heranziehen.

(b) Bewertungsreserven entstehen, wenn der Marktwert der Kapitalanlagen über dem Wert liegt, mit dem die Kapitalanlagen in der Bilanz ausgewiesen sind. Die Beiträge einer Risikoversicherung sind allerdings so kalkuliert, dass sie für die Deckung von Sterbefällen benötigt werden. Für die Bildung von Kapitalerträgen stehen deshalb keine oder allenfalls geringfügige Beträge zur Verfügung. Daher entstehen keine oder nur geringe Bewertungsreserven. Soweit Bewertungsreserven überhaupt entstehen, werden diese jährlich neu ermittelt und den Verträgen nach dem in Absatz 2 beschriebenen Verfahren zugeordnet (§ 153 Abs. 3 VVG). Bei Beendigung eines Vertrages[18] wird der für diesen Zeitpunkt aktuell ermittelte Betrag zur Hälfte zugeteilt und ausgezahlt. Aufsichtsrechtliche Regelungen zur Kapitalausstattung bleiben unberührt.

(2) Grundsätze und Maßstäbe für die Überschussbeteiligung Ihres Vertrages
(a) Ihre Versicherung erhält Anteile an den Überschüssen derjenigen Gruppe, die in Ihrem Versicherungsschein genannt ist. Die Mittel für die Überschussanteile werden bei der Direktgutschrift zu Lasten des Ergebnisses des Geschäftsjahres finanziert, ansonsten der Rückstellung für Beitragsrückerstattung entnommen. Die Höhe der Überschussanteilsätze wird jedes Jahr vom Vorstand unseres Unternehmens auf Vorschlag des Verantwortlichen Aktuars festgelegt. Wir veröffentlichen die Überschussanteilsätze in unserem Geschäftsbericht. Den Geschäftsbericht können Sie bei uns jederzeit anfordern.
(b) ...[19]
(c) ...[20]

(3) Information über die Höhe der Überschussbeteiligung
Die Höhe der Überschussbeteiligung hängt von vielen Einflüssen ab. Diese sind nicht vorhersehbar und von uns nur begrenzt beeinflussbar. Wichtigster Einflussfaktor ist dabei die Entwicklung des versicherten Risikos und der Kosten. Die Höhe der künftigen Überschussbeteiligung kann also nicht garantiert werden.

§ 3 Wann beginnt Ihr Versicherungsschutz?

Ihr Versicherungsschutz beginnt, wenn der Vertrag abgeschlossen worden ist, jedoch nicht vor dem mit Ihnen vereinbarten, im Versicherungsschein angegebenen Versicherungsbeginn. Allerdings entfällt unsere Leistungspflicht bei nicht rechtzeitiger Beitragszahlung (vgl. § 7 Abs. 2 und 3 und § 8).

Bemerkung
Bei unechter, unterjähriger Beitragszahlung ist auf § 7 Abs. 3 und 4 und § 8 der Bemerkungsfassung zu verweisen.

---

[18] Ggf. unternehmensindividuellen früheren Zuteilungszeitpunkt verwenden.
[19] Hier sind folgende unternehmensindividuelle Angaben zu machen:
a) Voraussetzung für die Fälligkeit der Überschussanteile (Wartezeit, Stichtag für die Zuteilung u. ä.)
b) Form und Verwendung der Überschussanteile (laufende Überschussanteile, Schlussüberschussanteile, Bonus, Ansammlung, Verrechnung, Barauszahlung u. ä.)
c) Bemessungsgrößen für die Überschussanteile
[20] Hier sind der Verteilungsmechanismus, d. h. die Schlüsselung der ermittelten, verteilungsfähigen Bewertungsreserven auf den einzelnen Vertrag und die Bewertungsstichtage anzugeben.

§ 4 Was gilt bei Wehrdienst, Unruhen, Krieg oder Einsatz bzw. Freisetzen von ABC-Waffen/-Stoffen?

(1) Grundsätzlich besteht unsere Leistungspflicht unabhängig davon, auf welcher Ursache der Versicherungsfall beruht. Wir gewähren Versicherungsschutz insbesondere auch dann, wenn die versicherte Person in Ausübung des Wehr- oder Polizeidienstes oder bei inneren Unruhen den Tod gefunden hat.

(2) Bei Ableben der versicherten Person in unmittelbarem oder mittelbarem Zusammenhang mit kriegerischen Ereignissen beschränkt sich unsere Leistungspflicht allerdings auf die Auszahlung des für den Todestag berechneten Rückkaufswertes der Versicherung (§ 9 Abs. 3 bis 5). Diese Einschränkung unserer Leistungspflicht entfällt, wenn die versicherte Person in unmittelbarem oder mittelbarem Zusammenhang mit kriegerischen Ereignissen stirbt, denen sie während eines Aufenthaltes außerhalb der Bundesrepublik Deutschland ausgesetzt und an denen sie nicht aktiv beteiligt war.

(3) Bei Ableben der versicherten Person in unmittelbarem oder mittelbarem Zusammenhang mit dem vorsätzlichen Einsatz von atomaren, biologischen oder chemischen Waffen oder dem vorsätzlichen Einsatz oder der vorsätzlichen Freisetzung von radioaktiven, biologischen oder chemischen Stoffen beschränkt sich unsere Leistungspflicht auf die Auszahlung des für den Todestag berechneten Rückkaufswertes der Versicherung (§ 9 Abs. 3 bis 5), sofern der Einsatz oder das Freisetzen darauf gerichtet sind, das Leben einer Vielzahl von Personen zu gefährden. Absatz 2 bleibt unberührt.

Bemerkung

Ist die Auszahlung eines Rückkaufswertes nicht vorgesehen, so lauten die Absätze 2 und 3 wie folgt:

„(2) Bei Ableben der versicherten Person in unmittelbarem oder mittelbarem Zusammenhang mit kriegerischen Ereignissen sind wir allerdings von der Verpflichtung zur Leistung frei. Nach Ablauf des ersten Versicherungsjahres entfällt diese Einschränkung unserer Leistungspflicht, wenn die versicherte Person in unmittelbarem oder mittelbarem Zusammenhang mit kriegerischen Ereignissen stirbt, denen sie während eines Aufenthaltes außerhalb der Bundesrepublik Deutschland ausgesetzt und an denen sie nicht aktiv beteiligt war.

(3) Bei Ableben der versicherten Person in unmittelbarem oder mittelbarem Zusammenhang mit dem vorsätzlichen Einsatz von atomaren, biologischen oder chemischen Waffen oder dem vorsätzlichen Einsatz oder der vorsätzlichen Freisetzung von radioaktiven, biologischen oder chemischen Stoffen sind wir von der Verpflichtung zur Leistung frei, sofern der Einsatz oder das Freisetzen darauf gerichtet sind, das Leben einer Vielzahl von Personen zu gefährden. Absatz 2 Satz 2 bleibt unberührt."

§ 5 Was gilt bei Selbsttötung der versicherten Person?

(1) Bei vorsätzlicher Selbsttötung leisten wir, wenn seit Abschluss des Versicherungsvertrags drei Jahre vergangen sind.

(2) Bei vorsätzlicher Selbsttötung vor Ablauf der Dreijahresfrist besteht Versicherungsschutz nur dann, wenn uns nachgewiesen wird, dass die Tat in einem die freie Willensbestimmung ausschließenden Zustand krankhafter Störung der Geistestätigkeit begangen worden ist. Anderenfalls zahlen wir den für den Todestag berechneten Rückkaufswert der Versicherung (§ 9 Abs. 3 bis 5).

(3) Die Absätze 1 und 2 gelten entsprechend bei einer unsere Leistungspflicht erweiternden Änderung oder bei einer Wiederherstellung der Versicherung. Die Frist nach Absatz 1 beginnt mit der Änderung oder Wiederherstellung der Versicherung bezüglich des geänderten oder wiederhergestellten Teils neu zu laufen.

Bemerkung

Ist die Auszahlung eines Rückkaufswertes nicht vorgesehen, so lautet Absatz 2 wie folgt:

1887

„(2) Bei Selbsttötung vor Ablauf der Dreijahresfrist besteht Versicherungsschutz nur dann, wenn uns nachgewiesen wird, dass die Tat in einem die freie Willensbestimmung ausschließenden Zustand krankhafter Störung der Geistestätigkeit begangen worden ist. Anderenfalls sind wir von der Leistung frei."

§ 6 Was bedeutet die vorvertragliche Anzeigepflicht?

(1) **Wir übernehmen den Versicherungsschutz im Vertrauen darauf, dass Sie alle vor Vertragsabschluss in Textform gestellten Fragen wahrheitsgemäß und vollständig beantwortet haben (vorvertragliche Anzeigepflicht).** Das gilt insbesondere für die Fragen nach gegenwärtigen oder früheren Erkrankungen, gesundheitlichen Störungen und Beschwerden.

(2) **Soll das Leben einer anderen Person versichert werden, ist auch diese – neben Ihnen – für die wahrheitsgemäße und vollständige Beantwortung der Fragen verantwortlich.**

Rücktritt

(3) **Wenn Umstände, die für die Übernahme des Versicherungsschutzes Bedeutung haben, von Ihnen oder der versicherten Person (vgl. Abs. 2) nicht oder nicht richtig angegeben worden sind, können wir vom Vertrag zurücktreten.** Dies gilt nicht, wenn uns nachgewiesen wird, dass die vorvertragliche Anzeigepflicht weder vorsätzlich noch grob fahrlässig verletzt worden ist. Bei grob fahrlässiger Verletzung der vorvertraglichen Anzeigepflicht haben wir kein Rücktrittsrecht, wenn uns nachgewiesen wird, dass wir den Vertrag bei Kenntnis der nicht angezeigten Umstände, wenn auch zu anderen Bedingungen, geschlossen hätten.

(4) **Im Fall des Rücktritts besteht kein Versicherungsschutz.** Haben wir den Rücktritt nach Eintritt des Versicherungsfalles erklärt, bleibt unsere Leistungspflicht jedoch bestehen, wenn uns nachgewiesen wird, dass der nicht oder nicht richtig angegebene Umstand weder für den Eintritt des Versicherungsfalles noch für die Feststellung oder den Umfang unserer Leistungspflicht ursächlich war. Haben Sie oder die versicherte Person die Anzeigepflicht arglistig verletzt, sind wir nicht zur Leistung verpflichtet.

(5) **Wenn die Versicherung durch Rücktritt aufgehoben wird, zahlen wir den Rückkaufswert (§ 9).** Die Regelung des § 9 Abs. 3 Satz 3 gilt nicht. Die Rückzahlung der Beiträge können Sie nicht verlangen.

Bemerkung

Ist die Auszahlung eines Rückkaufswertes nicht vorgesehen, so lautet Absatz 5 wie folgt:

„(5) Wenn die Versicherung durch Rücktritt aufgehoben wird, erlischt sie, ohne dass ein Rückkaufswert anfällt. Die Rückzahlung der Beiträge können Sie nicht verlangen."

Kündigung

(6) **Ist unser Rücktrittsrecht ausgeschlossen, weil die Verletzung der vorvertraglichen Anzeigepflicht weder auf Vorsatz noch auf grober Fahrlässigkeit beruhte, können wir den Vertrag unter Einhaltung einer Frist von einem Monat kündigen.**

(7) **Wir haben kein Kündigungsrecht, wenn uns nachgewiesen wird, dass wir den Vertrag auch bei Kenntnis der nicht angezeigten Umstände, wenn auch zu anderen Bedingungen, geschlossen hätten.**

(8) **Kündigen wir die Versicherung, wandelt sie sich mit der Kündigung in eine beitragsfreie Versicherung um (§ 9 Abs. 7 bis 9).**[21]

Vertragsanpassung

(9) **Können wir nicht zurücktreten oder kündigen, weil wir den Vertrag auch bei Kenntnis der nicht angezeigten Umstände, aber zu anderen Bedingungen, geschlossen hätten, werden die anderen Bedingungen auf unser Verlangen rückwir-

---

[21] Bei Versicherungen ohne Rückkaufswert muss auf § 9 Abs. 3 bis 6 verwiesen werden.

kend Vertragsbestandteil. Haben Sie die Anzeigepflichtverletzung nicht zu vertreten, werden die anderen Bedingungen ab der laufenden Versicherungsperiode Vertragsbestandteil.

(10) Erhöht sich durch die Vertragsanpassung der Beitrag um mehr als 10% oder schließen wir den Versicherungsschutz für den nicht angezeigten Umstand aus, können Sie den Vertrag innerhalb eines Monats nach Zugang unserer Mitteilung fristlos kündigen. In der Mitteilung werden wir Sie auf das Kündigungsrecht hinweisen.

Ausübung unserer Rechte

(11) Wir können uns auf die Rechte zum Rücktritt, zur Kündigung und zur Vertragsanpassung nur berufen, wenn wir Sie durch gesonderte Mitteilung in Textform auf die Folgen einer Anzeigepflichtverletzung hingewiesen haben. Wir müssen unsere Rechte innerhalb eines Monats schriftlich geltend machen. Die Frist beginnt mit dem Zeitpunkt, zu dem wir von der Verletzung der Anzeigepflicht, die das von uns geltend gemachte Recht begründet, Kenntnis erlangen. Bei Ausübung unserer Rechte müssen wir die Umstände angeben, auf die wir unsere Erklärung stützen. Zur Begründung können wir nachträglich weitere Umstände innerhalb eines Monats nach deren Kenntniserlangung angeben.

(12) Unsere Rechte auf Rücktritt, Kündigung und Vertragsanpassung sind ausgeschlossen, wenn wir den nicht angezeigten Umstand oder die Unrichtigkeit der Anzeige kannten.

(13) Die genannten Rechte können wir nur innerhalb von fünf Jahren seit Vertragsabschluss ausüben. Ist der Versicherungsfall vor Ablauf dieser Frist eingetreten, können wir die Rechte auch nach Ablauf der Frist geltend machen. Haben Sie oder die versicherte Person die Anzeigepflicht vorsätzlich oder arglistig verletzt, beträgt die Frist zehn Jahre.

Anfechtung

(14) Wir können den Versicherungsvertrag auch anfechten, falls durch unrichtige oder unvollständige Angaben bewusst und gewollt auf unsere Annahmeentscheidung Einfluss genommen worden ist. Handelt es sich um Angaben der versicherten Person, können wir Ihnen gegenüber die Anfechtung erklären, auch wenn Sie von der Verletzung der vorvertraglichen Anzeigepflicht keine Kenntnis hatten. Absatz 5 gilt entsprechend.

Leistungserweiterung/Wiederherstellung der Versicherung

(15) Die Absätze 1 bis 14 gelten bei einer unsere Leistungspflicht erweiternden Änderung oder bei einer Wiederherstellung der Versicherung entsprechend. Die Fristen nach Absatz 13 beginnen mit der Änderung oder Wiederherstellung der Versicherung bezüglich des geänderten oder wiederhergestellten Teils neu zu laufen.

Erklärungsempfänger

(16) Die Ausübung unserer Rechte erfolgt durch eine schriftliche Erklärung, die Ihnen gegenüber abzugeben ist. Sofern Sie uns keine andere Person als Bevollmächtigten benannt haben, gilt nach Ihrem Ableben ein Bezugsberechtigter als bevollmächtigt, diese Erklärung entgegenzunehmen. Ist auch ein Bezugsberechtigter nicht vorhanden oder kann sein Aufenthalt nicht ermittelt werden, können wir den Inhaber des Versicherungsscheins zur Entgegennahme der Erklärung als bevollmächtigt ansehen.

§ 7 Was haben Sie bei der Beitragszahlung zu beachten?

(1) Die Beiträge zu Ihrer Lebensversicherung können Sie je nach Vereinbarung in einem einzigen Betrag (Einmalbeitrag), durch Monats-, Vierteljahres-, Halbjahres- oder Jahresbeiträge (laufende Beiträge) entrichten. Die Versicherungsperiode umfasst bei Einmalbeitrags- und Jahreszahlung ein Jahr, bei unterjähriger Beitragszahlung entsprechend der Zahlungsweise einen Monat, ein Vierteljahr bzw. ein halbes Jahr.

(2) Der erste oder einmalige Beitrag (Einlösungsbeitrag) ist unverzüglich nach Abschluss des Vertrages zu zahlen, jedoch nicht vor dem mit Ihnen vereinbarten, im Versicherungsschein angegebenen Versicherungsbeginn. Alle weiteren Beiträge (Folgebeiträge) werden zu Beginn der vereinbarten Versicherungsperiode fällig.

(3) Für die Rechtzeitigkeit der Beitragszahlung genügt es, wenn Sie fristgerecht alles getan haben, damit der Beitrag bei uns eingeht. Ist die Einziehung des Beitrags von einem Konto vereinbart, gilt die Zahlung als rechtzeitig, wenn der Beitrag zu dem in Absatz 2 genannten Termin eingezogen werden kann und Sie einer berechtigten Einziehung nicht widersprechen. Konnte der fällige Beitrag ohne Ihr Verschulden von uns nicht eingezogen werden, ist die Zahlung auch dann noch rechtzeitig, wenn sie unverzüglich nach unserer schriftlichen Zahlungsaufforderung erfolgt. Haben Sie zu vertreten, dass der Beitrag wiederholt nicht eingezogen werden kann, sind wir berechtigt, künftig die Zahlung außerhalb des Lastschriftverfahrens zu verlangen.

(4) Die Übermittlung Ihrer Beiträge erfolgt auf Ihre Gefahr und Ihre Kosten.

(5) Für eine Stundung der Beiträge ist eine schriftliche Vereinbarung mit uns erforderlich.

(6) Bei Fälligkeit einer Versicherungsleistung werden wir etwaige Beitragsrückstände verrechnen.

Bemerkung

Bei Tarifen, bei denen die Versicherungsperiode nicht mit dem Beitragszahlungsabschnitt (unechte unterjährige Beiträge) übereinstimmt, lautet § 7 wie folgt:

„Was haben Sie bei der Beitragszahlung zu beachten?

(1) Die Beiträge zu Ihrer Lebensversicherung können Sie je nach Vereinbarung in einem einzigen Beitrag (Einmalbeitrag) oder durch jährliche Beitragszahlungen (Jahresbeiträge) entrichten. Die Jahresbeiträge werden zu Beginn eines Versicherungsjahres fällig.

(2) Nach Vereinbarung können Sie Jahresbeiträge auch in halbjährlichen, vierteljährlichen oder monatlichen Raten zahlen; hierfür werden Ratenzuschläge erhoben.

(3) Der erste oder einmalige Beitrag (Einlösungsbeitrag) ist unverzüglich nach Abschluss des Vertrages zu zahlen, jedoch nicht vor dem mit Ihnen vereinbarten im Versicherungsschein angegebenen Versicherungsbeginn. Alle weiteren Beiträge sind jeweils zum vereinbarten Fälligkeitstag an uns zu zahlen.

(4) Für die Rechtzeitigkeit der Beitragszahlung genügt es, wenn Sie fristgerecht alles getan haben, damit der Beitrag bei uns eingeht. Ist die Einziehung des Beitrags von einem Konto vereinbart, gilt die Zahlung als rechtzeitig, wenn der Beitrag zu dem in Absatz 3 genannten Termin eingezogen werden kann und Sie einer berechtigten Einziehung nicht widersprechen. Konnte der fällige Beitrag ohne Ihr Verschulden von uns nicht eingezogen werden, ist die Zahlung auch dann noch rechtzeitig, wenn sie unverzüglich nach unserer schriftlichen Zahlungsaufforderung erfolgt. Haben Sie zu vertreten, dass der Beitrag wiederholt nicht eingezogen werden kann, sind wir berechtigt, künftig die Zahlung außerhalb des Lastschriftverfahrens zu verlangen.

(5) Die Übermittlung Ihrer Beiträge erfolgt auf Ihre Gefahr und Ihre Kosten.

(6) Für eine Stundung der Beiträge ist eine schriftliche Vereinbarung mit uns erforderlich.

(7) Bei Tod der versicherten Person werden wir alle noch nicht gezahlten Raten des laufenden Versicherungsjahres und etwaige Beitragsrückstände mit der Versicherungsleistung verrechnen."

§ 8 Was geschieht, wenn Sie einen Beitrag nicht rechtzeitig zahlen?

(1) Wenn Sie den Einlösungsbeitrag nicht rechtzeitig zahlen, können wir – solange die Zahlung nicht bewirkt ist – vom Vertrag zurücktreten. Dies gilt nicht,

wenn uns nachgewiesen wird, dass Sie die nicht rechtzeitige Zahlung nicht zu vertreten haben. Bei einem Rücktritt können wir von Ihnen die Kosten der zur Gesundheitsprüfung durchgeführten ärztlichen Untersuchungen verlangen.

(2) Ist der Einlösungsbeitrag bei Eintritt des Versicherungsfalles noch nicht gezahlt, sind wir nicht zur Leistung verpflichtet, sofern wir Sie durch gesonderte Mitteilung in Textform oder durch einen auffälligen Hinweis im Versicherungsschein auf diese Rechtsfolge aufmerksam gemacht haben. Unsere Leistungspflicht besteht jedoch, wenn uns nachgewiesen wird, dass Sie die Nicht-Zahlung nicht zu vertreten haben.

(3) Wenn ein Folgebeitrag oder ein sonstiger Betrag, den Sie aus dem Versicherungsverhältnis schulden, nicht rechtzeitig gezahlt worden ist oder eingezogen werden konnte, erhalten Sie von uns auf Ihre Kosten eine Mahnung in Textform. Darin setzen wir Ihnen eine Zahlungsfrist von mindestens zwei Wochen. Begleichen Sie den Rückstand nicht innerhalb der gesetzten Frist, entfällt oder vermindert sich Ihr Versicherungsschutz. Auf die Rechtsfolgen werden wir Sie in der Mahnung ausdrücklich hinweisen.

§ 9 Wann können Sie Ihre Versicherung kündigen oder beitragsfrei stellen?

Kündigung und Auszahlung des Rückkaufswertes

(1) Sie können Ihre Versicherung jederzeit zum Schluss der Versicherungsperiode ganz oder teilweise schriftlich kündigen.

(2) Kündigen Sie Ihre Versicherung nur teilweise, ist die Kündigung unwirksam, wenn die verbleibende beitragspflichtige Versicherungssumme unter einen Mindestbetrag von ...[22] sinkt. Wenn Sie in diesem Fall Ihre Versicherung beenden wollen, müssen Sie diese also ganz kündigen.

(3) Entsprechend § 169 VVG werden wir – falls vorhanden – den Rückkaufswert erstatten. Er ist das nach anerkannten Regeln der Versicherungsmathematik mit den Rechnungsgrundlagen der Prämienkalkulation zum Schluss der laufenden Versicherungsperiode berechnete Deckungskapital der Versicherung. Mindestens erstatten wir jedoch den Betrag des Deckungskapitals, das sich bei gleichmäßiger Verteilung der unter Beachtung der aufsichtsrechtlichen Höchstzillmersätze (vgl. § 10 Abs. 2 S. 3) angesetzten Abschluss- und Vertriebskosten auf die ersten fünf Vertragsjahre ergibt. Von dem so ermittelten Wert erfolgt ein Abzug von ...[23]. Mit dem Abzug wird die Veränderung der Risikolage des verbleibenden Versichertenbestandes[24] ausgeglichen; zudem wird damit ein Ausgleich für kollektiv gestelltes Risikokapital[25] vorgenommen. Weitere Erläuterungen sowie versicherungsmathematische Hinweise zum Abzug finden Sie im Anhang zu den Versicherungsbedingungen. Sofern Sie uns nachweisen, dass die dem Abzug zugrunde liegenden Annahmen in Ihrem Fall entweder dem Grunde nach nicht zutreffen oder der Abzug wesentlich niedriger zu beziffern ist, entfällt der Abzug bzw. wird – im letzteren Falle – entsprechend herabgesetzt.

Beitragsrückstände werden von dem Rückkaufswert abgesetzt.

(4) Wir sind nach § 169 Abs. 6 VVG berechtigt, den nach Absatz 3 Satz 1 bis 3 errechneten Betrag angemessen herabzusetzen, soweit dies erforderlich ist, um eine Gefährdung der Belange der Versicherungsnehmer, insbesondere durch eine Gefährdung der dauernden Erfüllbarkeit der sich aus den Versicherungsverträgen

---

[22] Unternehmensindividuell ergänzen.
[23] Ggf. sind die Bezugsgröße und die Auswirkungen des Abzugs etwa in einer schriftlichen Erläuterung bzw. in einer Tabelle darzustellen, sofern der in Satz 3 definierte Abzug hierfür Anlass bietet.
[24] Ggf. unternehmensindividuell anpassen, wenn im Bedingungswerk eine andere Diktion veranlasst ist.
[25] Ggf. unternehmensindividuell anpassen, wenn auch aus anderen Gründen oder nur in eingeschränktem Umfang, also nicht aus allen oben genannten Gründen, ein Abzug erfolgen soll.

ergebenden Verpflichtungen, auszuschließen. Die Herabsetzung ist jeweils auf ein Jahr befristet.

(5) Zusätzlich zahlen wir die Ihrem Vertrag bereits zugeteilten Überschussanteile aus, soweit sie nicht bereits in dem nach den Absätzen 3 und 4 berechneten Rückkaufswert enthalten sind, sowie einen Schlussüberschussanteil, soweit ein solcher nach § 2 Abs. ...[26] für den Fall einer Kündigung vorgesehen ist.

(6) Die Kündigung Ihrer Versicherung ist mit Nachteilen verbunden. In der Anfangszeit Ihrer Versicherung ist wegen der Verrechnung von Abschluss- und Vertriebskosten (vgl. § 10) nur ein geringer oder kein Rückkaufswert vorhanden. Auch in den Folgejahren sind wegen der benötigten Risikobeiträge gemessen an den gezahlten Beiträgen nur geringe oder keine Rückkaufswerte vorhanden. Nähere Informationen zum Rückkaufswert, seiner Höhe und darüber, in welchem Ausmaß er garantiert ist, können Sie der beigefügten Tabelle entnehmen.

Umwandlung in eine beitragsfreie Versicherung anstelle einer Kündigung

(7) Anstelle einer Kündigung nach Absatz 1 können Sie zu dem dort genannten Termin schriftlich verlangen, ganz oder teilweise von der Beitragszahlungspflicht befreit zu werden. In diesem Fall setzen wir die Versicherungssumme ganz oder teilweise auf eine beitragsfreie Summe herab, die nach anerkannten Regeln der Versicherungsmathematik für den Schluss der laufenden Versicherungsperiode unter Zugrundelegung des Rückkaufswertes nach Absatz 3 Satz 1 bis 3 errechnet wird. Der aus Ihrer Versicherung für die Bildung der beitragsfreien Summe zur Verfügung stehende Betrag mindert sich um einen Abzug in Höhe von ... sowie um rückständige Beiträge.[27] Mit dem Abzug wird die Veränderung der Risikolage des verbleibenden Versichertenbestandes[28] ausgeglichen; zudem wird damit ein Ausgleich für kollektiv gestelltes Risikokapital vorgenommen.[29] Weitere Erläuterungen sowie versicherungsmathematische Hinweise zum Abzug finden Sie im Anhang zu den Versicherungsbedingungen. Sofern Sie uns nachweisen, dass die dem Abzug zugrunde liegenden Annahmen in Ihrem Fall entweder dem Grunde nach nicht zutreffen oder der Abzug wesentlich niedriger zu beziffern ist, entfällt der Abzug bzw. wird – im letzteren Falle – entsprechend herabgesetzt.

(8) Die Beitragsfreistellung Ihrer Versicherung ist mit Nachteilen verbunden. In der Anfangszeit Ihrer Versicherung stehen wegen der Verrechnung von Abschluss- und Vertriebskosten (vgl. § 10) keine Mittel für die Bildung einer beitragsfreien Versicherungssumme zur Verfügung. Auch in den Folgejahren stehen wegen der benötigten Risikobeiträge keine oder nur geringe Mittel für die Bildung einer beitragsfreien Versicherungssumme zur Verfügung. Nähere Informationen zur beitragsfreien Versicherungssumme und ihrer Höhe können Sie der beigefügten Tabelle entnehmen.

(9) Haben Sie die vollständige Befreiung von der Beitragszahlungspflicht verlangt und erreicht die nach Absatz 7 zu berechnende beitragsfreie Versicherungssumme den Mindestbetrag von ...[30] nicht, erhalten Sie den Rückkaufswert. Eine teilweise Befreiung von der Beitragszahlungspflicht können Sie nur verlangen, wenn die verbleibende beitragspflichtige Versicherungssumme mindestens ...[31] beträgt.

Beitragsrückzahlung

(10) Die Rückzahlung der Beiträge können Sie nicht verlangen.

---

[26] Unternehmensindividuell anzupassen.

[27] Soweit bei Beitragsfreistellung ein Wechsel der Tarifform erfolgt, ist § 9 Abs. 4 entsprechend zu ergänzen.

[28] Ggf. unternehmensindividuell anpassen, wenn im Bedingungswerk eine andere Diktion veranlasst ist.

[29] Ggf. unternehmensindividuell anpassen, wenn auch aus anderen Gründen oder nur in eingeschränktem Umfang, also nicht aus allen oben genannten Gründen, ein Abzug erfolgen soll.

[30] Unternehmensindividuell festzulegen.

[31] Unternehmensindividuell festzulegen.

Bemerkung:

1. Bei Tarifen, bei denen kein Rückkaufswert, aber die Bildung einer beitragsfreien Versicherung vorgesehen ist, lautet § 9 wie folgt:

„Wann können Sie Ihre Versicherung kündigen oder beitragsfrei stellen?

Kündigung

(1) Sie können Ihre Versicherung jederzeit ganz oder teilweise zum Schluss der Versicherungsperiode schriftlich kündigen.

(2) Kündigen Sie Ihre Versicherung nur teilweise, so ist diese Kündigung unwirksam, wenn die verbleibende beitragspflichtige Versicherungssumme unter einen Mindestbetrag von ...[32] sinkt. Wenn Sie in diesem Falle Ihre Versicherung beenden wollen, müssen Sie diese also ganz kündigen.

Umwandlung in eine beitragsfreie Versicherung bei Kündigung

(3) Bei Voll- oder Teilkündigung wandelt sich die Versicherung ganz bzw. teilweise in eine beitragsfreie Versicherung mit herabgesetzter Versicherungssumme um, wenn diese mindestens eine Höhe von ...[33] erreicht. Für die Berechnung der beitragsfreien Versicherungssumme gelten die Regelungen in Absatz 4. Wird die genannte Mindesthöhe von ...[34] nicht erreicht, so erlischt die Versicherung bzw. der gekündigte Teil der Versicherung. In diesem Fall erhalten Sie – soweit vorhanden – den Rückkaufswert nach § 169 VVG.

Umwandlung in eine beitragsfreie Versicherung anstelle einer Kündigung

(4) Anstelle einer Kündigung nach Absatz 1 können Sie zu dem dort genannten Termin schriftlich verlangen, ganz oder teilweise von der Beitragszahlungspflicht befreit zu werden. In diesem Fall setzen wir die Versicherungssumme ganz oder teilweise auf eine beitragsfreie Summe herab, die nach anerkannten Regeln der Versicherungsmathematik für den Schluss der laufenden Versicherungsperiode errechnet wird. Der aus Ihrer Versicherung für die Bildung der beitragsfreien Summe zur Verfügung stehende Betrag mindert sich um einen Abzug in Höhe von ... sowie um rückständige Beiträge.[35] Mit dem Abzug wird die Veränderung der Risikolage des verbleibenden Versichertenbestandes[36] ausgeglichen; zudem wird damit ein Ausgleich für kollektiv gestelltes Risikokapital vorgenommen.[37] Weitere Erläuterungen sowie versicherungsmathematische Hinweise zum Abzug finden Sie im Anhang zu den Versicherungsbedingungen. Sofern Sie uns nachweisen, dass die dem Abzug zugrunde liegenden Annahmen in Ihrem Fall entweder dem Grunde nach nicht zutreffen oder der Höhe nach wesentlich niedriger zu beziffern ist, entfällt der Abzug bzw. wird – im letzteren Falle – entsprechend herabgesetzt.

(5) Die Beitragsfreistellung Ihrer Versicherung ist mit Nachteilen verbunden. In der Anfangszeit Ihrer Versicherung stehen wegen der Verrechnung von Abschluss- und Vertriebskosten (vgl. § 10) keine Mittel für die Bildung einer beitragsfreien Versicherungssumme zur Verfügung. Auch in den Folgejahren stehen wegen der benötigten Risikobeiträge keine oder nur geringe Mittel für die Bildung einer beitragsfreien Versicherungssumme zur Verfügung. Nähere Informationen zur beitragsfreien Versicherungssumme und ihrer Höhe können Sie der beigefügten Tabelle entnehmen.

(6) Haben Sie die vollständige Befreiung von der Beitragszahlungspflicht verlangt und erreicht die nach Absatz 4 zu berechnende beitragsfreie Versicherungssumme den Mindestbetrag von ...[38] nicht, erhalten Sie den Rückkaufswert. Eine teilweise Befreiung

---

[32] Unternehmensindividuell festzulegen.
[33] Unternehmensindividuell festzulegen.
[34] Unternehmensindividuell festzulegen.
[35] Soweit bei Beitragsfreistellung ein Wechsel der Tarifform erfolgt, ist § 9 Abs. 4 entsprechend zu ergänzen.
[36] Ggf. unternehmensindividuell anpassen, wenn im Bedingungswerk eine andere Diktion veranlasst ist.
[37] Ggf. unternehmensindividuell anpassen, wenn auch aus anderen Gründen oder nur in eingeschränktem Umfang, also nicht aus allen oben genannten Gründen, ein Abzug erfolgen soll.
[38] Unternehmensindividuell festzulegen.

von der Beitragszahlungspflicht können Sie nur verlangen, wenn die verbleibende beitragspflichtige Versicherungssumme mindestens ...[39] beträgt.

Beitragsrückzahlung
(7) Die Rückzahlung der Beiträge können Sie nicht verlangen."

2. Bei Tarifen, bei denen die Versicherungsperiode nicht mit dem Beitragszahlungsabschnitt (unechte unterjährige Beiträge) übereinstimmt, lautet § 9 wie folgt:

„**Wann können Sie Ihre Versicherung kündigen oder beitragsfrei stellen?**[40]

Kündigung und Auszahlung des Rückkaufswertes
(1) Sie können Ihre Versicherung ganz oder teilweise schriftlich kündigen jederzeit zum Schluss des laufenden Versicherungsjahres,
bei Vereinbarung von Ratenzahlungen auch innerhalb des Versicherungsjahres mit Frist von einem Monat zum Schluss eines jeden Ratenzahlungsabschnitts, frühestens jedoch zum Schluss des ersten Versicherungsjahres.

(2) Kündigen Sie Ihre Versicherung nur teilweise, ist diese Kündigung unwirksam, wenn die verbleibende beitragspflichtige Versicherungssumme unter einen Mindestbetrag von ... sinkt. Wenn Sie in diesem Fall Ihre Versicherung beenden wollen, müssen Sie also ganz kündigen.

(3) Entsprechend § 169 VVG werden wir – falls vorhanden – den Rückkaufswert erstatten. Er ist das nach anerkannten Regeln der Versicherungsmathematik mit den Rechnungsgrundlagen der Prämienkalkulation zum Schluss der laufenden Versicherungsperiode berechnete Deckungskapital der Versicherung. Mindestens erstatten wir jedoch den Betrag des Deckungskapitals, das sich bei gleichmäßiger Verteilung der unter Beachtung der aufsichtsrechtlichen Höchstzillmersätze (vgl. § 10 Abs. 2 S. 3) angesetzten Abschluss- und Vertriebskosten auf die ersten fünf Vertragsjahre ergibt. Von dem so ermittelten Wert erfolgt ein Abzug von ...[41] Mit dem Abzug wird die Veränderung der Risikolage des verbleibenden Versichertenbestandes[42] ausgeglichen; zudem wird damit ein Ausgleich für kollektiv gestelltes Risikokapital vorgenommen.[43] Weitere Erläuterungen sowie versicherungsmathematische Hinweise zum Abzug finden Sie im Anhang zu den Versicherungsbedingungen. Sofern Sie uns nachweisen, dass die dem Abzug zugrunde liegenden Annahmen in Ihrem Fall entweder dem Grunde nach nicht zutreffen oder der Abzug wesentlich niedriger zu beziffern ist, entfällt der Abzug bzw. wird – im letzteren Falle – entsprechend herabgesetzt.

(4) Wir sind nach § 169 Abs. 6 VVG berechtigt, den nach Absatz 3 errechneten Betrag angemessen herabzusetzen, soweit dies erforderlich ist, um eine Gefährdung der Belange der Versicherungsnehmer, insbesondere durch eine Gefährdung der dauernden Erfüllbarkeit der sich aus den Versicherungsverträgen ergebenden Verpflichtungen, auszuschließen. Die Herabsetzung ist jeweils auf ein Jahr befristet.

(5) Zusätzlich zahlen wir die Ihrem Vertrag bereits zugeteilten Überschussanteile aus, soweit sie nicht bereits in dem nach den Absätzen 3 und 4 berechneten Rückkaufswert enthalten sind, sowie einen Schlussüberschussanteil, soweit ein solcher nach § 2 Abs. ...[44] für den Fall einer Kündigung vorgesehen ist.

(6) Die Kündigung Ihrer Versicherung ist mit Nachteilen verbunden. In der Anfangszeit Ihrer Versicherung ist wegen der Verrechnung von Abschluss- und Vertriebskosten (vgl. § 10) kein Rückkaufswert vorhanden. Auch in den Folgejahren sind wegen der benötigten Risi-

---

[39] Unternehmensindividuell festzulegen.
[40] Unternehmensindividuell festzulegen. Unternehmensindividuell festzulegen.
[41] Ggf. sind die Bezugsgröße und die Auswirkungen des Abzugs etwa in einer schriftlichen Erläuterung bzw. in einer Tabelle darzustellen, sofern der in Satz 3 definierte Abzug hierfür Anlass bietet.
[42] Ggf. unternehmensindividuell anpassen, wenn auch aus anderen Gründen oder nur in eingeschränktem Umfang, also nicht aus allen oben genannten Gründen, ein Abzug erfolgen soll.
[43] Ggf. unternehmensindividuell anpassen, wenn nur in eingeschränktem Umfang, also nicht aus allen oben genannten Gründen, ein Abzug erfolgen soll.
[44] Unternehmensindividuell anzupassen.

kobeiträge gemessen an den gezahlten Beiträgen nur geringe oder keine Rückkaufswerte vorhanden. Nähere Informationen zum Rückkaufswert, seiner Höhe und darüber, in welchem Ausmaß er garantiert ist, können Sie der beigefügten Tabelle entnehmen.

Umwandlung in eine beitragsfreie Versicherung

(7) Anstelle einer Kündigung nach Absatz 1 können Sie unter Beachtung der dort genannten Termine und Fristen verlangen, ganz oder teilweise von der Beitragszahlungspflicht befreit zu werden. In diesem Fall setzen wir die Versicherungssumme ganz oder teilweise auf eine beitragsfreie Summe herab, die nach anerkannten Regeln der Versicherungsmathematik für die Bildung beitragsfreier Versicherungssummen am Schluss der laufenden Ratenzahlungsabschnittes errechnet wird. Der aus Ihrer Versicherung für die Bildung der beitragsfreien Summe zur Verfügung stehende Betrag mindert sich um einen Abzug[45] in Höhe von ... sowie um rückständige Beiträge. Mit dem Abzug wird die Veränderung der Risikolage des verbleibenden Versichertenbestandes[46] ausgeglichen; zudem wird damit ein Ausgleich für kollektiv gestelltes Risikokapital vorgenommen.[47] Weitere Erläuterungen sowie versicherungsmathematische Hinweise zum Abzug finden Sie im Anhang zu den Versicherungsbedingungen. Sofern Sie uns nachweisen, dass die dem Abzug zugrunde liegenden Annahmen in Ihrem Fall entweder dem Grunde nach nicht zutreffen oder der Abzug wesentlich niedriger zu beziffern ist, entfällt der Abzug bzw. wird – im letzteren Falle – entsprechend herabgesetzt.

(8) Die Beitragsfreistellung Ihrer Versicherung ist mit Nachteilen verbunden. In der Anfangszeit Ihrer Versicherung ist wegen der Verrechnung von Abschluss- und Vertriebskosten (vgl. § 10) keine oder nur eine geringe beitragsfreie Versicherungssumme vorhanden. Auch in den Folgejahren stehen wegen auftretender Risikobeiträge gemessen an den gezahlten Beiträgen keine oder nur geringe Mittel für die Bildung einer beitragsfreien Versicherungssumme zur Verfügung. Nähere Informationen zur beitragsfreien Versicherungssumme und ihrer Höhe können Sie der beigefügten Tabelle entnehmen.

(9) Haben Sie die vollständige Befreiung von der Beitragszahlungspflicht beantragt und erreicht die nach Absatz 7 zu berechnende beitragsfreie Versicherungssumme den Mindestbetrag von ...[48] nicht, erhalten Sie den Rückkaufswert nach Absatz 3 bis 5. Eine teilweise Befreiung von der Beitragszahlungspflicht können Sie nur verlangen, wenn die verbleibende beitragspflichtige Versicherungssumme mindestens ...[49] beträgt.

Beitragsrückzahlung

(10) Die Rückzahlung der Beiträge können Sie nicht verlangen."

§ 10 Wie werden die Abschluss- und Vertriebskosten verrechnet?[50]

(1) **Durch den Abschluss von Versicherungsverträgen entstehen Kosten. Diese sog. Abschluss- und Vertriebskosten (§ 43 Abs. 2 der Verordnung über die Rechnungslegung von Versicherungsunternehmen) sind bereits pauschal bei der Tarifkalkulation berücksichtigt und werden daher nicht gesondert in Rechnung gestellt.**

(2) **Für Ihren Versicherungsvertrag ist das Verrechnungsverfahren nach § 4 der Deckungsrückstellungsverordnung maßgebend. Hierbei werden die ersten Beiträge zur Tilgung eines Teils der Abschluss- und Vertriebskosten herangezogen, soweit die Beiträge nicht für Leistungen im Versicherungsfall, Kosten des Versicherungsbetriebes in der jeweiligen Versicherungsperiode und für die Bildung**

---

[45] Soweit bei Beitragsfreistellung ein Wechsel der Tarifform erfolgt, ist § 9 Abs. 4 entsprechend zu ergänzen.
[46] Ggf. unternehmensindividuell anpassen, wenn im Bedingungswerk eine andere Diktion veranlasst ist.
[47] Ggf. unternehmensindividuell anpassen, wenn auch aus anderen Gründen oder nur in eingeschränktem Umfang, nicht aber allen o. g. Gründen, ein Abzug erfolgen soll.
[48] Unternehmensindividuell festzulegen.
[49] Unternehmensindividuell festzulegen.
[50] Diese Bestimmung ist nur bei der Verwendung des Zillmerverfahrens aufzunehmen.

der Deckungsrückstellung aufgrund von § 25 Abs. 2 RechversV i. V. m. § 169 Abs. 3 VVG bestimmt sind. Der auf diese Weise zu tilgende Betrag ist nach der Deckungsrückstellungsverordnung auf 4% der von Ihnen während der Laufzeit des Vertrages zu zahlenden Beiträge beschränkt.

(3) Die restlichen Abschluss- und Vertriebskosten werden während der vertraglich vereinbarten Beitragszahlungsdauer aus den laufenden Beiträgen getilgt.

(4) Die beschriebene Kostenverrechnung hat wirtschaftlich zur Folge, dass in der Anfangszeit Ihrer Versicherung kein Rückkaufswert und keine Mittel zur Bildung einer beitragsfreien Versicherungssumme vorhanden sind. Nähere Informationen können Sie der beigefügten Tabelle[51] entnehmen.

Bemerkung

Bei Tarifen, bei denen kein Rückkaufswert aber die Bildung einer beitragsfreien Versicherung vorgesehen ist, lautet Absatz 4 wie folgt:

„(4) Die beschriebene Kostenverrechnung hat wirtschaftlich zur Folge, dass in der Anfangszeit Ihrer Versicherung keine Mittel zur Bildung einer beitragsfreien Versicherungssumme vorhanden sind. Nähere Informationen können Sie der beigefügten Tabelle entnehmen."

§ 11 Was ist zu beachten, wenn eine Versicherungsleistung verlangt wird?

(1) Leistungen aus dem Versicherungsvertrag erbringen wir gegen Vorlage des Versicherungsscheins.

(2) Der Tod der versicherten Person ist uns unverzüglich anzuzeigen. Außer dem Versicherungsschein sind uns einzureichen
– eine amtliche, Alter und Geburtsort enthaltende Sterbeurkunde,
– ein ausführliches ärztliches oder amtliches Zeugnis über die Todesursache sowie über Beginn und Verlauf der Krankheit, die zum Tode der versicherten Person geführt hat.

(3) Zur Klärung unserer Leistungspflicht können wir notwendige weitere Nachweise und Auskünfte verlangen. Die mit den Nachweisen verbundenen Kosten trägt derjenige, der die Versicherungsleistung beansprucht.

(4) Unsere Leistungen überweisen wir dem Empfangsberechtigten auf seine Kosten. Bei Überweisungen in Länder außerhalb des Europäischen Wirtschaftsraumes trägt der Empfangsberechtigte auch die damit verbundene Gefahr.

§ 12 Welche Bedeutung hat der Versicherungsschein?

(1) Den Inhaber des Versicherungsscheins können wir als berechtigt ansehen, über die Rechte aus dem Versicherungsvertrag zu verfügen, insbesondere Leistungen in Empfang zu nehmen. Wir können aber verlangen, dass uns der Inhaber des Versicherungsscheins seine Berechtigung nachweist.

(2) In den Fällen des § 13 Abs. 4 brauchen wir den Nachweis der Berechtigung nur dann anzuerkennen, wenn uns die schriftliche Anzeige des bisherigen Berechtigten vorliegt.

§ 13 Wer erhält die Versicherungsleistung?

(1) Die Leistung aus dem Versicherungsvertrag erbringen wir an Sie als unseren Versicherungsnehmer oder an Ihre Erben, falls Sie uns keine andere Person benannt haben, die bei Eintritt des Versicherungsfalls die Ansprüche aus dem Versicherungsvertrag erwerben soll (Bezugsberechtigter). Bis zum Eintritt des Versicherungsfalls können Sie das Bezugsrecht jederzeit widerrufen.

---

[51] Unternehmensindividuell anzupassen.

(2) Sie können ausdrücklich bestimmen, dass der Bezugsberechtigte sofort und unwiderruflich die Ansprüche aus dem Versicherungsvertrag erwerben soll. Sobald wir Ihre Erklärung erhalten haben, kann dieses Bezugsrecht nur noch mit Zustimmung des von Ihnen Benannten aufgehoben werden.

(3) Sie können Ihre Rechte aus dem Versicherungsvertrag auch abtreten oder verpfänden.

(4) Die Einräumung und der Widerruf eines Bezugsrechts sowie eine Abtretung oder Verpfändung von Ansprüchen aus dem Versicherungsvertrag sind uns gegenüber nur und erst dann wirksam, wenn sie uns vom bisherigen Berechtigten schriftlich angezeigt worden sind.

§ 14 Was gilt bei Änderung Ihrer Postanschrift und Ihres Namens?

(1) Eine Änderung Ihrer Postanschrift müssen Sie uns unverzüglich mitteilen. Anderenfalls können für Sie Nachteile entstehen, da wir eine an Sie zu richtende Willenserklärung mit eingeschriebenem Brief an Ihre uns zuletzt bekannte Anschrift senden können. In diesem Fall gilt unsere Erklärung drei Tage nach Absendung des eingeschriebenen Briefes als zugegangen. Dies gilt auch, wenn Sie die Versicherung in Ihrem Gewerbebetrieb genommen und Ihre gewerbliche Niederlassung verlegt haben.

(2) Bei Änderung Ihres Namens gilt Absatz 1 entsprechend.

§ 15 Welche Kosten stellen wir Ihnen gesondert in Rechnung?

(1) Falls aus besonderen, von Ihnen veranlassten Gründen ein zusätzlicher Verwaltungsaufwand verursacht wird, können wir die in solchen Fällen durchschnittlich entstehenden Kosten als pauschalen Abgeltungsbetrag gesondert in Rechnung stellen. Dies gilt bei
– Ausstellung eines neuen Versicherungsscheins,
– Fristsetzung in Textform bei Nichtzahlung von Folgebeiträgen,
– Rückläufern im Lastschriftverfahren,
– ...[52]

(2) Sofern Sie uns nachweisen, dass die dem pauschalen Abgeltungsbetrag zugrunde liegenden Annahmen in Ihrem Fall entweder dem Grunde nach nicht zutreffen oder der Höhe nach wesentlich niedriger zu beziffern sind, entfällt der Abgeltungsbetrag bzw. wird – im letzteren Falle – entsprechend herabgesetzt.

§ 16 Welches Recht findet auf Ihren Vertrag Anwendung?

Auf Ihren Vertrag findet das Recht der Bundesrepublik Deutschland Anwendung.

§ 17 Wo ist der Gerichtsstand?

(1) Für Klagen aus dem Versicherungsvertrag gegen uns bestimmt sich die gerichtliche Zuständigkeit nach unserem Sitz oder der für den Versicherungsvertrag zuständigen Niederlassung. Zuständig ist auch das Gericht örtlich zuständig, in dessen Bezirk Sie zur Zeit der Klageerhebung Ihren Wohnsitz oder, in Ermangelung eines solchen, Ihren gewöhnlichen Aufenthalt haben.

(2) Sind Sie eine natürliche Person, müssen Klagen aus dem Versicherungsvertrag gegen Sie bei dem Gericht erhoben werden, das für Ihren Wohnsitz oder, in Ermangelung eines solchen, den Ort Ihres gewöhnlichen Aufenthalts zuständig ist. Sind Sie eine juristische Person, bestimmt sich das zuständige Gericht nach Ihrem Sitz oder Ihrer Niederlassung.

---

[52] Unternehmensindividuell auszufüllen.

(3) Verlegen Sie Ihren Wohnsitz in einen Staat außerhalb der Europäischen Gemeinschaft, Islands, Norwegens oder der Schweiz, sind die Gerichte des Staates zuständig, in dem wir unseren Sitz haben.

§ 18 Unter welchen Voraussetzungen kann die Risikoversicherung in eine kapitalbildende Versicherung umgetauscht werden?

Eine Risikoversicherung mit gleichbleibender Versicherungssumme können Sie jederzeit, spätestens jedoch zum Ende des ...[53] Versicherungsjahres, ohne erneute Gesundheitsprüfung in eine kapitalbildende Lebensversicherung mit gleicher oder geringerer Versicherungssumme umtauschen.

Bei Versicherungsdauern mit bis zu ...[54] Jahren müssen Sie Ihr Umtauschrecht spätestens ...[55] Monate vor Ablauf der Risikoversicherung ausüben.

---

[53] Unternehmensindividuell festzulegen.
[54] Unternehmensindividuell festzulegen.
[55] Unternehmensindividuell festzulegen.

K. Allgemeine Bedingungen für die Vermögensbildungsversicherung (VML 2008)

Übersicht

	Rdn.
I. Vorbemerkung	1–6
1. Tarifbeschreibung	1
2. Pflichten des Arbeitgebers	2
3. Arbeitnehmer-Sparzulage	3–6
a) Sperrfrist	3
b) Rückkaufswert	4
c) Höhe der Arbeitnehmer-Sparzulage	5
II. Allgemeine Bedingungen für die Vermögensbildungsversicherung (VML 2008)	7

AuVdBAV: GB BAV 1970, 49, 51 (Lebensversicherungsverträge nach dem Dritten Vermögensbildungsgesetz); GB BAV 1970, 55 (Darstellung und Erläuterung künftiger Überschussanteile bei Vermögensbildungsversicherungen); GB BAV 1972, 43 (Lebensversicherungsverträge nach dem Dritten Vermögensbildungsgesetz); GB BAV 1972, 44 (Lebensversicherungsverträge mit Gastarbeitern); GB BAV 1974, 46 (Lebensversicherungsverträge nach dem 3. VermBG, Kostennachweis und Überschussbeteiligung); VerBAV 1976, 158 (Musterbedingungen für die VML); GB BAV 1976, 45 (Abrechnungsverband Vermögensbildungsversicherung); VerBAV 1977, 289 (Mustergeschäftsplan für die Vermögensbildungsversicherung); VerBAV 1981, 159 (Musterbedingungen für die Vermögensbildungsversicherung); GB BAV 1981, 54 (Vertragsverlängerung von Vermögensbildungsversicherung); VerBAV 1982, 183 (Musterbedingungen für die Vermögensbildungsversicherung); VerBAV 1982, 244 (Mustergeschäftsplan für die Vermögensbildungsversicherung); VerBAV 1984, 142 (Geschäftsplan für die Vermögensbildungsversicherung); VerBAV 1984, 275 (Allgemeine Bedingungen für die Vermögensbildungsversicherung); VerBAV 1984, 338 (Musterbedingungen für die Vermögensbildungsversicherung); VerBAV 1984, 379 und VerBAV 1986, 27 (Merkblatt für Lebensversicherungsverträge nach dem 4. Vermögensbildungsgesetz); VerBAV 1986, 334 (Geschäftsplan für die Vermögensbildungsversicherung); VerBAV 1986, 341 (Musterbedingungen für die Vermögensbildungsversicherung); VerBAV 1987, 91 (Merkblatt für Lebensversicherungsverträge nach dem Vermögensbildungsgesetz); VerBAV 1989, 3 und 241 (Merkblatt für Lebensversicherungsverträge nach dem Vermögensbildungsgesetz); VerBAV 1990, 86 (Allgemeine Bedingungen für die Vermögensbildungsversicherung); VerBAV 1990, 78 mit Berichtigung VerBAV 1990, 129 (Geschäftsplan für die Vermögensbildungsversicherung).

Schrifttum: *Braa,* Der Geschäftsplan der Vermögensbildungsversicherung, VerBAV 1976, 196, 234; *derselbe,* Der Geschäftsplan für die Vermögensbildungsversicherung, VerBAV 1977, 289, 387 und VerBAV 1982, 244 und 275; *Claus/Müller,* Lebensversicherungsverträge nach dem Dritten Vermögensbildungsgesetz, VerBAV 1971, 55 u. 121; *Dau,* Lebensversicherung und Vermögensbildung einst und jetzt, FS Gehrhardt, 1975; *Müller,* Die Lebensversicherung im Strukturwandel der Vermögensbildung und ihre Zukunft im Wettbewerb der Sparformen, VW 1970, 476; *Rummel,* Die Lebensversicherung im Rahmen der Vermögensbildung, VP 1977, 89; *Schröder,* Das 624-DM-Gesetz in der betrieblichen Praxis, Köln 1979; *Thüsing-Leienbach,* Das 624-DM-Gesetz in der betrieblichen Praxis, 8. Aufl., Köln, 1983; *Werner,* Die Behandlung der Lebensversicherung im Rahmen der deutschen Sparförderungsmaßnahmen, VW 1973, 190.

I. Vorbemerkung

1. Tarifbeschreibung

Die vermögenswirksame Lebensversicherung kann in Form von Kapitalversicherungen auf den Todes- und Erlebensfall,[1] Versicherungen auf den Todes- und

---

[1] Vgl. LG Hamburg v. 15. 5. 1984, VersR 1984, 1169.

Erlebensfall für zwei verbundene Leben, Termfixversicherungen, Aussteuerversicherungen sowie von Versicherungen auf den Todes- und Erlebensfall mit Teilauszahlungen abgeschlossen werden.[2]

2. Pflichten des Arbeitgebers

2   Schließt der Arbeitnehmer eine sparzulagenbegünstigte Lebensversicherung ab, so ist der Arbeitgeber zur Abführung der vermögenswirksamen Leistungen an das LVU verpflichtet. Er haftet dem Versicherungsnehmer bzw. dem Bezugsberechtigten, wenn vermögenswirksame Leistungen nicht abgeführt wurden und es aus diesem Grund nur zur Auszahlung der beitragsfreien Versicherungssumme kommt.[3]

3. Arbeitnehmer-Sparzulage

3   a) **Sperrfrist.** Versicherungen nach dem Vermögensbildungsgesetz unterliegen einer Sperrfrist von mindestens 12 Jahren. Wird diese Sperrfrist nicht eingehalten, dann muss die gewährte Arbeitnehmersparzulage zurückgegeben werden; außerdem fällt Kapitalertragsteuer an. Die Sperrfrist von 12 Jahren zählt an und für sich vom Beginn der Versicherung an. Liegt aber zwischen dem technischen Versicherungsbeginn und der Ausfertigung des Versicherungsscheins sowie der Zahlung des Einlösungsbeitrags ein Zeitraum von mehr als drei Monaten, dann zählt die Sperrfrist ab Annahme des Vertrags. Daher muss bei einer Kündigung der Versicherung die Arbeitnehmersparzulage und die Kapitalertragsteuer von der Rückvergütung gekürzt und an das Finanzamt abgeführt werden, wenn vor Ablauf einer zwölfjährigen Laufzeit die Versicherung aufgegeben wird.

4   b) **Rückkaufswert.** Die Versicherungsverträge müssen schon im ersten Jahr der Vertragsdauer zu einem nicht kürzbaren Sparanteil von mindestens 50% des gezahlten Beitrages führen, so dass der Rückkaufswert mindestens 50% der tatsächlich gezahlten Beiträge beträgt; die Gewinnanteile müssen zur Erhöhung der Versicherungsleistung verwendet werden und die Versicherung darf nicht mit einer Unfall-, Berufsunfähigkeits- und Krankenzusatzversicherung verknüpft werden.

5   c) **Höhe der Arbeitnehmer-Sparzulage.** Vermögensbildende Lebensversicherungen, die vor dem 1. Januar 1989 abgeschlossen worden sind, werden bis zum Ablauf des 12. Versicherungsjahres mit einer Arbeitnehmer-Sparzulage von 10 v. H. der vermögenswirksam angelegten Beträge gefördert. Der jährliche Beitragsaufwand darf den Höchstbetrag von 624 DM nicht übersteigen. Der Versicherungsnehmer erhält die steuer- und sozialversicherungsfreie Arbeitnehmer-Sparzulage nur dann, wenn sein steuerpflichtiges Einkommen als Arbeitnehmer 27 000 DM (für Ehegatten bei Zusammenveranlagung 54 000 DM) jährlich nicht übersteigt.

6   Vom 1. Januar 1990 an wird eine Arbeitnehmer-Sparzulage für vermögensbildende Lebensversicherungen, die nach dem 31. Dezember 1988 abgeschlossen wurden, nicht mehr gewährt.[4]

---

[2] Ziffer 2.1 des Geschäftsplan für die Vermögensbildungsversicherung, VerBAV 1986, 334, 335 u. VerBAV 1982, 275.
[3] BAG v. 5. 3. 1981, NJW 1982, 956 = VersR 1982, 277 = VerBAV 1982, 273 = WM 1982, 245 = DB 1981, 2546.
[4] Siehe hierzu BMF, Schreiben v. 22. 12. 1989 – IV B 6 – S 2432 – 10/89, BB 1990, 262 f.

II. Allgemeine Bedingungen für die Vermögensbildungsversicherung (VML 2008)[5]

Sehr geehrte Kundin, sehr geehrter Kunde,
als Versicherungsnehmer sind Sie unser Vertragspartner; für unser Vertragsverhältnis gelten die nachfolgenden Bedingungen.

Inhaltsverzeichnis

§ 1 Welche Leistungen erbringen wir?
§ 2 Wie erfolgt die Überschussbeteiligung?
§ 3 Wann beginnt Ihr Versicherungsschutz?
§ 4 Was gilt bei Wehrdienst, Unruhen, Krieg oder Einsatz bzw. Freisetzen von ABC-Waffen/-Stoffen?
§ 5 Was gilt bei Selbsttötung der versicherten Person?
§ 6 Was bedeutet die vorvertragliche Anzeigepflicht?
§ 7 Was haben Sie bei der Beitragszahlung zu beachten?
§ 8 Was geschieht, wenn Sie einen Beitrag nicht rechtzeitig zahlen?
§ 9 Wann können Sie die Versicherung kündigen oder beitragsfrei stellen?
§ 10 Wie werden die Abschluss- und Vertriebskosten verrechnet?
§ 11 Was ist zu beachten, wenn eine Versicherungsleistung verlangt wird?
§ 12 Welche Bedeutung hat der Versicherungsschein?
§ 13 Wer erhält die Versicherungsleistung?
§ 14 Was gilt bei Änderung Ihrer Postanschrift und Ihres Namens?
§ 15 Welche Kosten stellen wir Ihnen gesondert in Rechung?
§ 16 Welches Recht findet auf Ihren Vertrag Anwendung?
§ 17 Wo ist der Gerichtsstand?
§ 18 Wie können Sie die Versicherungssumme erhöhen und die Versicherungsdauer verlängern?

§ 1 Welche Leistungen erbringen wir?

(1) **Wir zahlen die vereinbarte Versicherungssumme, wenn die versicherte Person den im Versicherungsschein genannten Ablauftermin erlebt oder wenn sie vor diesem Termin stirbt.**

(2) **Außer den im Versicherungsschein ausgewiesenen garantierten Leistungen erhalten Sie weitere Leistungen aus der Überschussbeteiligung (siehe § 2).**

§ 2 Wie erfolgt die Überschussbeteiligung?

Wir beteiligen Sie und die anderen Versicherungsnehmer gemäß § 153 des Versicherungsvertragsgesetzes (VVG) an den Überschüssen und Bewertungsreserven (Überschussbeteiligung). Die Überschüsse werden nach den Vorschriften des Handelsgesetzbuches ermittelt und jährlich im Rahmen unseres Jahresabschlusses festgestellt. Die Bewertungsreserven werden dabei im Anhang des Geschäftsberichtes ausgewiesen. Der Jahresabschluss wird von einem unabhängigen Wirtschaftsprüfer geprüft und ist unserer Aufsichtsbehörde einzureichen.

(1) **Grundsätze und Maßstäbe für die Überschussbeteiligung der Versicherungsnehmer**
(a) **Die Überschüsse stammen im Wesentlichen aus den Erträgen der Kapitalanlagen. Von den Nettoerträgen derjenigen Kapitalanlagen, die für künftige Versicherungsleistungen vorgesehen sind (§ 3 der Verordnung über die Mindestbei-**

---
[5] Stand: 2. 5. 2008. GDV-Rundschreiben Nr. 0850/2008 v. 7. 5. 2008: Diese Bedingungen sind für die Versicherer unverbindlich; ihre Verwendung ist rein fakultativ. Abweichende Bedingungen können vereinbart werden. Anm. des Verfassers: Die VML 2008 sind auf den Stand der vom GDV unter dem 14. 10. 2009 verlautbarten Fassung gebracht, vgl. www.gdv.de. In den VML 2008 werden die Bestimmungen des VVG 2008 genannt.

tragsrückerstattung in der Lebensversicherung, Mindestzuführungsverordnung), erhalten die Versicherungsnehmer insgesamt mindestens den in dieser Verordnung genannten Prozentsatz. In der derzeitigen Fassung der Verordnung sind grundsätzlich 90% vorgeschrieben § 4 Abs. 3, § 5 Mindestzuführungsverordnung). Aus diesem Betrag werden zunächst die Beträge finanziert, die für die garantierten Versicherungsleistungen benötigt werden. Die verbleibenden Mittel verwenden wir für die Überschussbeteiligung der Versicherungsnehmer.

Weitere Überschüsse entstehen insbesondere dann, wenn Sterblichkeit und Kosten niedriger sind, als bei der Tarifkalkulation angenommen. An diesen Überschüssen werden die Versicherungsnehmer angemessen beteiligt und zwar nach derzeitiger Rechtslage am Risikoergebnis (Sterblichkeit) grundsätzlich zu mindestens 75% und am übrigen Ergebnis (einschließlich Kosten) grundsätzlich zu mindestens 50% (§ 4 Abs. 4 u. 5, § 5 Mindestzuführungsverordnung).

Die verschiedenen Versicherungsarten tragen unterschiedlich zum Überschuss bei. Wir haben deshalb gleichartige Versicherungen zu Gruppen zusammengefasst. Gewinngruppen bilden wir beispielsweise, um das versicherte Risiko wie das Todesfall- oder Berufsunfähigkeitsrisiko zu berücksichtigen.[6] Die Verteilung des Überschusses für die Versicherungsnehmer auf die einzelnen Gruppen orientiert sich daran, in welchem Umfang sie zu seiner Entstehung beigetragen haben. Den Überschuss führen wir der Rückstellung für Beitragsrückerstattung zu, soweit er nicht in Form der sog. Direktgutschrift bereits unmittelbar den überschussberechtigten Versicherungen gutgeschrieben wird. Diese Rückstellung dient dazu, Ergebnisschwankungen im Zeitablauf zu glätten. Sie darf grundsätzlich nur für die Überschussbeteiligung der Versicherungsnehmer verwendet werden. Nur in Ausnahmefällen und mit Zustimmung der Aufsichtsbehörde können wir hiervon nach § 56 a des Versicherungsaufsichtsgesetzes (VAG) abweichen, soweit die Rückstellung nicht auf bereits festgelegte Überschussanteile entfällt. Nach der derzeitigen Fassung des § 56 a VAG können wir die Rückstellung, im Interesse der Versicherungsnehmer auch zur Abwendung eines drohenden Notstandes, zum Ausgleich unvorhersehbarer Verluste aus den überschussberechtigten Versicherungsverträgen, die auf allgemeine Änderungen der Verhältnisse zurückzuführen sind, oder – sofern die Rechnungsgrundlagen aufgrund einer unvorhersehbaren und nicht nur vorübergehenden Änderung der Verhältnisse angepasst werden müssen – zur Erhöhung der Deckungsrückstellung heranziehen.

(b) Bewertungsreserven entstehen, wenn der Marktwert der Kapitalanlagen über dem Wert liegt, mit dem die Kapitalanlagen in der Bilanz ausgewiesen sind. Die Bewertungsreserven sorgen für Sicherheit und dienen dazu, kurzfristige Ausschläge an den Kapitalmärkten auszugleichen. Ein Teil der Bewertungsreserven fließt den Versicherungsnehmern gemäß § 153 Abs. 3 VVG unmittelbar zu. Hierzu wird die Höhe der Bewertungsreserven jährlich neu ermittelt. Der so ermittelte Wert wird den Verträgen nach dem in Absatz 2 beschriebenen Verfahren zugeordnet (§ 153 Abs. 3 VVG). Bei Beendigung eines Vertrages[7] wird der für diesen Zeitpunkt aktuell ermittelte Betrag zur Hälfte zugeteilt und ausgezahlt. Aufsichtsrechtliche Regelungen zur Kapitalausstattung bleiben unberührt.

(2) Grundsätze und Maßstäbe für die Überschussbeteiligung Ihres Vertrages
(a) Ihre Versicherung erhält Anteile an den Überschüssen derjenigen Gruppe, die in Ihrem Versicherungsschein genannt ist. Die Mittel für die Überschussanteile werden bei der Direktgutschrift zu Lasten des Ergebnisses des Geschäftsjahres finanziert, ansonsten der Rückstellung für Beitragsrückerstattung entnommen. Die Höhe der Überschussanteilsätze wird jedes Jahr vom Vorstand unseres Unternehmens auf Vorschlag des Verantwortlichen Aktuars festgelegt. Wir veröffentlichen die Überschussanteilsätze in unserem Geschäftsbericht. Den Geschäftsbericht können Sie bei uns jederzeit anfordern.

---

[6] Ggf. weitere unternehmensindividuelle Information über Gewinngruppen bzw. Untergruppen und deren Modalitäten; die Begriffe sind an die unternehmensindividuellen Gegebenheiten anzupassen.

[7] Ggf. unternehmensindividuellen früheren Zuteilungszeitpunkt verwenden.

(b) ...⁸
(c) ...⁹

(3) Information über die Höhe der Überschussbeteiligung
Die Höhe der Überschussbeteiligung hängt von vielen Einflüssen ab. Diese sind nicht vorhersehbar und von uns nur begrenzt beeinflussbar. **Wichtigster Einflussfaktor ist dabei die Zinsentwicklung des Kapitalmarkts.** Aber auch die Entwicklung des versicherten Risikos und der Kosten sind von Bedeutung. Die Höhe der künftigen Überschussbeteiligung kann also nicht garantiert werden.

§ 3 Wann beginnt Ihr Versicherungsschutz?

Ihr Versicherungsschutz beginnt, wenn der Vertrag abgeschlossen worden ist, jedoch nicht vor dem mit Ihnen vereinbarten, im Versicherungsschein angegebenen Versicherungsbeginn. Allerdings entfällt unsere Leistungspflicht bei nicht rechtzeitiger Beitragszahlung (vgl. § 7 Abs. 2 und 3 und § 8).

§ 4 Was gilt bei Wehrdienst, Unruhen, Krieg oder Einsatz bzw. Freisetzen von ABC-Waffen/-Stoffen?

(1) Grundsätzlich besteht unsere Leistungspflicht unabhängig davon, auf welcher Ursache der Versicherungsfall beruht. Wir gewähren Versicherungsschutz insbesondere auch dann, wenn die versicherte Person in Ausübung des Wehr- oder Polizeidienstes oder bei inneren Unruhen den Tod gefunden hat.

(2) Bei Ableben der versicherten Person in unmittelbarem oder mittelbarem Zusammenhang mit kriegerischen Ereignissen beschränkt sich unsere Leistungspflicht allerdings auf die Auszahlung des für den Todestag berechneten Rückkaufswertes der Versicherung (§ 9 Abs. 3 bis 5), mindestens aber 50% der eingezahlten Beiträge. Diese Einschränkung unserer Leistungspflicht entfällt, wenn die versicherte Person in unmittelbarem oder mittelbarem Zusammenhang mit kriegerischen Ereignissen stirbt, denen sie während eines Aufenthaltes außerhalb der Bundesrepublik Deutschland ausgesetzt und an denen sie nicht aktiv beteiligt war.

(3) Bei Ableben der versicherten Person in unmittelbarem oder mittelbarem Zusammenhang mit dem vorsätzlichen Einsatz von atomaren, biologischen oder chemischen Waffen oder dem vorsätzlichen Einsatz oder der vorsätzlichen Freisetzung von radioaktiven, biologischen oder chemischen Stoffen beschränkt sich unsere Leistungspflicht auf die Auszahlung des für den Todestag berechneten Rückkaufswertes der Versicherung (§ 9 Abs. 3 bis 5), mindestens aber 50% der eingezahlten Beiträge, sofern der Einsatz oder das Freisetzen darauf gerichtet sind, das Leben einer Vielzahl von Personen zu gefährden. Absatz 2 Satz 2 bleibt unberührt.

§ 5 Was gilt bei Selbsttötung der versicherten Person?

(1) **Bei vorsätzlicher Selbsttötung leisten wir, wenn seit Abschluss des Versicherungsvertrags drei Jahre vergangen sind.**

---

⁸ Hier sind folgende unternehmensindividuelle Angaben zu machen:
a) Voraussetzung für die Fälligkeit der Überschussanteile (Wartezeit, Stichtag für die Zuteilung u. ä.)
b) Form und Verwendung der Überschussanteile (laufende Überschussanteile, Schlussüberschussanteile, Bonus, Ansammlung, Verrechnung, Barauszahlung u. ä.)
c) Bemessungsgrößen für die Überschussanteile.
⁹ Hier sind der Verteilungsmechanismus, d. h. die Schlüsselung der ermittelten, verteilungsfähigen Bewertungsreserven auf den einzelnen Vertrag und die Bewertungsstichtage anzugeben.

(2) Bei vorsätzlicher Selbsttötung vor Ablauf der Dreijahresfrist besteht Versicherungsschutz nur dann, wenn uns nachgewiesen wird, dass die Tat in einem die freie Willensbestimmung ausschließenden Zustand krankhafter Störung der Geistestätigkeit begangen worden ist. Anderenfalls zahlen wir den für den Todestag berechneten Rückkaufswert Ihrer Versicherung (§ 9 Abs. 3 bis 5), mindestens aber 50% der eingezahlten Beiträge.

(3) Die Absätze 1 und 2 gelten entsprechend bei einer unsere Leistungspflicht erweiternden Änderung oder bei einer Wiederherstellung der Versicherung. Die Frist nach Absatz 1 beginnt mit der Änderung oder Wiederherstellung der Versicherung bezüglich des geänderten oder wiederhergestellten Teils neu zu laufen.

§ 6 Was bedeutet die vorvertragliche Anzeigepflicht?

Vorvertragliche Anzeigepflicht

(1) Wir übernehmen den Versicherungsschutz im Vertrauen darauf, dass Sie alle vor Vertragsabschluss in Textform gestellten Fragen wahrheitsgemäß und vollständig beantwortet haben (vorvertragliche Anzeigepflicht). Das gilt insbesondere für die Fragen nach gegenwärtigen oder früheren Erkrankungen, gesundheitlichen Störungen und Beschwerden.

(2) Soll das Leben einer anderen Person versichert werden, ist auch diese – neben Ihnen – für die wahrheitsgemäße und vollständige Beantwortung der Fragen verantwortlich.

Rücktritt

(3) Wenn Umstände, die für die Übernahme des Versicherungsschutzes Bedeutung haben, von Ihnen oder der versicherten Person (vgl. Abs. 2) nicht oder nicht richtig angegeben worden sind, können wir vom Vertrag zurücktreten. Dies gilt nicht, wenn uns nachgewiesen wird, dass die vorvertragliche Anzeigepflicht weder vorsätzlich noch grob fahrlässig verletzt worden ist. Bei grob fahrlässiger Verletzung der vorvertraglichen Anzeigepflicht haben wir kein Rücktrittsrecht, wenn und nachgewiesen wird, dass wir den Vertrag auch bei Kenntnis der nicht angezeigten Umstände, wenn auch zu anderen Bedingungen, geschlossen hätten.

(4) Im Fall des Rücktritts besteht kein Versicherungsschutz. Haben wir den Rücktritt nach Eintritt des Versicherungsfalles erklärt, bleibt unsere Leistungspflicht jedoch bestehen, wenn uns nachgewiesen wird, dass der nicht oder nicht richtig angegebene Umstand weder für den Eintritt oder die Feststellung des Versicherungsfalles noch für die Feststellung oder den Umfang unserer Leistungspflicht ursächlich war. Haben Sie oder die versicherte Person die Anzeigepflicht arglistig verletzt, sind wir nicht zur Leistung verpflichtet.

(5) Wenn die Versicherung durch Rücktritt aufgehoben wird, zahlen wir den Rückkaufswert (§ 9), mindestens jedoch 50% der eingezahlten Beiträge. Die Regelung des § 9 Abs. 3 Satz 3 gilt nicht. Die Rückzahlung der Beiträge können Sie nicht verlangen.

Kündigung

(6) Ist unser Rücktrittsrecht ausgeschlossen, weil die Verletzung der vorvertraglichen Anzeigepflicht weder auf Vorsatz noch auf grober Fahrlässigkeit beruhte, können wir den Vertrag unter Einhaltung einer Frist von einem Monat kündigen.

(7) Wir haben kein Kündigungsrecht, wenn uns nachgewiesen wird, dass wir den Vertrag auch bei Kenntnis der nicht angezeigten Umstände, wenn auch zu anderen Bedingungen, geschlossen hätten.

(8) Kündigen wir die Versicherung, wandelt sie sich mit der Kündigung in eine beitragsfreie Versicherung um (§ 9 Abs. 7 bis 9).

Vertragsanpassung

(9) Können wir nicht zurücktreten oder kündigen, weil wir den Vertrag auch bei Kenntnis der nicht angezeigten Umstände, aber zu anderen Bedingungen, geschlossen hätten, werden die anderen Bedingungen auf unser Verlangen rückwir-

kend Vertragsbestandteil. Haben Sie die Anzeigepflichtverletzung nicht zu vertreten, werden die anderen Bedingungen ab der laufenden Versicherungsperiode Vertragsbestandteil.

(10) Erhöht sich durch die Vertragsanpassung der Beitrag um mehr als 10% oder schließen wir den Versicherungsschutz für den nicht angezeigten Umstand aus, können Sie den Vertrag innerhalb eines Monats nach Zugang unserer Mitteilung fristlos kündigen. In der Mitteilung werden wir Sie auf das Kündigungsrecht hinweisen.

Ausübung unserer Rechte

(11) Wir können uns auf die Rechte zum Rücktritt, zur Kündigung und zur Vertragsanpassung nur berufen, wenn wir Sie durch gesonderte Mitteilung in Textform auf die Folgen einer Anzeigepflichtverletzung hingewiesen haben. Wir müssen unsere Rechte innerhalb eines Monats schriftlich geltend machen. Die Frist beginnt mit dem Zeitpunkt, zu dem wir von der Verletzung der Anzeigepflicht, die das von uns geltend gemachte Recht begründet, Kenntnis erlangen. Bei Ausübung unserer Rechte müssen wir die Umstände angeben, auf die wir unsere Erklärung stützen. Zur Begründung können wir nachträglich weitere Umstände innerhalb eines Monats nach deren Kenntniserlangung angeben.

(12) Unsere Rechte auf Rücktritt, Kündigung und Vertragsanpassung sind ausgeschlossen, wenn wir den nicht angezeigten Umstand oder die Unrichtigkeit der Anzeige kannten.

(13) Die genannten Rechte können wir nur innerhalb von fünf Jahren seit Vertragsabschluss ausüben. Ist der Versicherungsfall vor Ablauf dieser Frist eingetreten, können wir die Rechte auch nach Ablauf der Frist geltend machen. Haben Sie oder die versicherte Person die Anzeigepflicht vorsätzlich oder arglistig verletzt, beträgt die Frist zehn Jahre.

Anfechtung

(14) Wir können den Versicherungsvertrag auch anfechten, falls durch unrichtige oder unvollständige Angaben bewusst und gewollt auf unsere Annahmeentscheidung Einfluss genommen worden ist. Handelt es sich um Angaben der versicherten Person, können wir Ihnen gegenüber die Anfechtung erklären, auch wenn Sie von der Verletzung der vorvertraglichen Anzeigepflicht keine Kenntnis hatten. Absatz 5 gilt entsprechend.

Leistungserweiterung/Wiederherstellung der Versicherung

(15) Die Absätze 1 bis 14 gelten bei einer unsere Leistungspflicht erweiternden Änderung oder bei einer Wiederherstellung der Versicherung entsprechend. Die Fristen nach Absatz 13 beginnen mit der Änderung oder Wiederherstellung der Versicherung bezüglich des geänderten oder wiederhergestellten Teils neu zu laufen.

Erklärungsempfänger

(16) Die Ausübung unserer Rechte erfolgt durch schriftliche Erklärung, die Ihnen gegenüber abzugeben ist. Sofern Sie uns keine andere Person als Bevollmächtigten benannt haben, gilt nach Ihrem Ableben ein Bezugsberechtigter als bevollmächtigt, diese Erklärung entgegenzunehmen. Ist auch ein Bezugsberechtigter nicht vorhanden oder kann sein Aufenthalt nicht ermittelt werden, können wir den Inhaber des Versicherungsscheins zur Entgegennahme der Erklärung als bevollmächtigt ansehen.

§ 7 Was haben Sie bei der Beitragszahlung zu beachten?

(1) Die Beiträge zu Ihrer Lebensversicherung können Sie je nach Vereinbarung durch Monats-, Vierteljahres-, Halbjahres- oder Jahresbeiträge (laufende Beiträge) entrichten. Die Versicherungsperiode umfasst ein Jahr, bei unterjähriger Beitragszahlung entsprechend der Zahlungsweise einen Monat, ein Vierteljahr bzw. ein halbes Jahr.

(2) Der erste Beitrag (Einlösungsbeitrag) ist unverzüglich nach Abschluss des Vertrages zu zahlen, jedoch nicht vor dem mit Ihnen vereinbarten, im Versicherungsschein angegebenen Versicherungsbeginn. Alle weiteren Beiträge (Folgebeiträge) werden zu Beginn der vereinbarten Versicherungsperiode fällig.

(3) Für die Rechtzeitigkeit der Beitragszahlung genügt es, wenn Sie fristgerecht alles getan haben, damit der Beitrag bei uns eingeht. Ist die Einziehung des Beitrags von einem Konto vereinbart, gilt die Zahlung als rechtzeitig, wenn der Beitrag zu dem in Absatz 2 genannten Termin eingezogen werden kann und Sie einer berechtigten Einziehung nicht widersprechen. Konnte der fällige Beitrag ohne Ihr Verschulden von uns nicht eingezogen werden, ist die Zahlung auch dann noch rechtzeitig, wenn sie unverzüglich nach unserer schriftlichen Zahlungsaufforderung erfolgt. Haben Sie zu vertreten, dass der Beitrag wiederholt nicht eingezogen werden kann, sind wir berechtigt, künftig die Zahlung außerhalb des Lastschriftverfahrens zu verlangen.

(4) Die Übermittlung der Beiträge erfolgt auf Ihre Gefahr und Ihre Kosten.

(5) Für eine Stundung der Beiträge ist eine schriftliche Vereinbarung mit uns erforderlich.

(6) Bei Fälligkeit einer Versicherungsleistung werden wir etwaige Beitragsrückstände verrechnen.

§ 8 Was geschieht, wenn Sie einen Beitrag nicht rechtzeitig zahlen?

(1) Wenn Sie den Einlösungsbeitrag nicht rechtzeitig zahlen, können wir – solange die Zahlung nicht bewirkt ist – vom Vertrag zurücktreten. Dies gilt nicht, wenn uns nachgewiesen wird, dass Sie die nicht rechtzeitige Zahlung nicht zu vertreten haben. Bei einem Rücktritt können wir von Ihnen die Kosten der zur Gesundheitsprüfung durchgeführten ärztlichen Untersuchungen verlangen.

(2) Ist der Einlösungsbeitrag bei Eintritt des Versicherungsfalles noch nicht gezahlt, sind wir nicht zur Leistung verpflichtet, sofern wir Sie durch gesonderte Mitteilung in Textform oder durch einen auffälligen Hinweis im Versicherungsschein auf diese Rechtsfolge aufmerksam gemacht haben. Unsere Leistungspflicht besteht jedoch, wenn uns nachgewiesen wird, dass Sie die Nicht-Zahlung nicht zu vertreten haben.

(3) Wenn ein Folgebeitrag oder ein sonstiger Betrag, den Sie aus dem Versicherungsverhältnis schulden, nicht rechtzeitig gezahlt worden ist oder eingezogen werden konnte, erhalten Sie von uns auf Ihre Kosten eine Mahnung in Textform. Darin setzen wir Ihnen eine Zahlungsfrist von mindestens zwei Wochen. Begleichen Sie den Rückstand nicht innerhalb der gesetzten Frist, entfällt oder vermindert sich Ihr Versicherungsschutz. Auf die Rechtsfolgen werden wir Sie in der Mahnung ausdrücklich hinweisen.

(4) Zahlen Sie nur zeitweise keine Folgebeiträge (z. B. wegen eines Arbeitsplatzwechsels), können wir entweder nach Absatz 4 verfahren oder die Versicherungssumme herabsetzen. Die Herabsetzung erfolgt im folgenden Kalenderjahr zum Jahrestag des Versicherungsbeginns; ihr Umfang hängt von dem Ausmaß der entstandenen Beitragslücke ab und wird nach den anerkannten Regeln der Versicherungsmathematik berechnet.

(5) Können Sie die Folgebeiträge nicht mehr aufbringen, weil Sie nach Abschluss des Vertrages arbeitslos geworden sind, können wir die fälligen Beiträge mit Ihren Überschussanteilen (vgl. § 2) verrechnen. Voraussetzung dafür ist, dass die Arbeitslosigkeit mindestens ein Jahr lang ununterbrochen bestanden hat und zum Zeitpunkt der Verrechnung noch besteht.

§ 9 Wann können Sie die Versicherung kündigen oder beitragsfrei stellen?

Kündigung und Auszahlung des Rückkaufswertes

(1) Sie können Ihre Versicherung jederzeit zum Schluss der Versicherungsperiode ganz oder teilweise schriftlich kündigen.

(2) Kündigen Sie Ihre Versicherung nur teilweise, ist die Kündigung unwirksam, wenn die verbleibende beitragspflichtige Versicherungssumme unter einen Mindestbetrag von ... sinkt. Wenn Sie in diesem Falle Ihre Versicherung beenden wollen, müssen Sie diese also ganz kündigen.

(3) Nach § 169 VVG haben wir den Rückkaufswert zu erstatten. Er ist das nach anerkannten Regeln der Versicherungsmathematik mit den Rechnungsgrundlagen der Prämienkalkulation zum Schluss der laufenden Versicherungsperiode berechnete Deckungskapital der Versicherung. Mindestens erstatten wir jedoch den Betrag des Deckungskapitals, das sich bei gleichmäßiger Verteilung der unter Beachtung der aufsichtsrechtlichen Höchstzillmersätze (vgl. § 10 Abs. 2 S. 3) angesetzten Abschluss- und Vertriebskosten auf die ersten fünf Vertragsjahre ergibt. Von dem so ermittelten Wert erfolgt ein Abzug von ...[10] Mit dem Abzug wird die Veränderung der Risikolage des verbleibenden Versichertenbestandes[11] ausgeglichen; zudem wird damit ein Ausgleich für kollektiv gestelltes Risikokapital vorgenommen.[12] Weitere Erläuterungen sowie versicherungsmathematische Hinweise zum Abzug finden Sie im Anhang zu den Versicherungsbedingungen. Sofern Sie uns nachweisen, dass die dem Abzug zugrunde liegenden Annahmen in Ihrem Fall entweder dem Grunde nach nicht zutreffen oder der Abzug wesentlich niedriger zu beziffern ist, entfällt der Abzug bzw. wird – im letzteren Falle – entsprechend herabgesetzt.

Der Rückkaufswert beträgt aber mindestens 50% der eingezahlten Beiträge. Beitragsrückstände werden von dem Rückkaufswert abgezogen.

(4) Wir sind nach § 169 Abs. 6 VVG berechtigt, den nach Absatz 3 Satz 1 bis 3 errechneten Betrag angemessen herabzusetzen, soweit dies erforderlich ist, um eine Gefährdung der Belange der Versicherungsnehmer, insbesondere durch eine Gefährdung der dauernden Erfüllbarkeit der sich aus den Versicherungsverträgen ergebenden Verpflichtungen, auszuschließen. Die Herabsetzung ist jeweils auf ein Jahr befristet.

(5) Zusätzlich zahlen wir die Ihrem Vertrag bereits zugeteilten Überschussanteile aus, soweit sie nicht bereits in dem nach den Absätzen 3 und 4 berechneten Rückkaufswert enthalten sind, sowie einen Schlussüberschussanteil, soweit ein solcher nach § 2 Abs. ...[13] für den Fall einer Kündigung vorgesehen ist. Außerdem erhöht sich der Auszahlungsbetrag ggf. um die Ihrer Versicherung gemäß § 2 Abs. 1 b zugeteilten Bewertungsreserven.

(6) Die Kündigung Ihrer Versicherung ist mit Nachteilen verbunden. In der Anfangszeit Ihrer Versicherung ist wegen der Verrechnung von Abschluss- und Vertriebskosten (vgl. § 10) nur ein geringer Rückkaufswert vorhanden. Der Rückkaufswert erreicht auch in den Folgejahren nicht unbedingt die Summe der eingezahlten Beiträge. Der Rückkaufswert beträgt aber mindestens 50% der eingezahlten Beiträge. Nähere Informationen zum Rückkaufswert, seiner Höhe und darüber, in welchem Ausmaß er garantiert ist, können Sie der beigefügten Tabelle entnehmen.

Umwandlung in eine beitragsfreie Versicherung

(7) Anstelle einer Kündigung nach Absatz 1 können Sie zu dem dort genannten Termin schriftlich verlangen, ganz oder teilweise von Ihrer Beitragszahlungspflicht befreit zu werden. In diesem Fall setzen wir die Versicherungssumme ganz oder teilweise auf eine beitragsfreie Summe herab, die nach anerkannten Regeln der Versicherungsmathematik für den Schluss der laufenden Versicherungsperiode

---

[10] Ggf. sind die Bezugsgröße und die Auswirkungen des Abzugs etwa in einer schriftlichen Erläuterung bzw. in einer Tabelle darzustellen, sofern in Satz 3 definierte Abzug hierfür Anlass bietet.

[11] Ggf. unternehmensindividuell anpassen, wenn im Bedingungswerk eine andere Diktion veranlasst ist.

[12] Ggf. unternehmensindividuell anpassen, wenn auch aus anderen Gründen oder nur in eingeschränktem Umfang, also nicht aus allen oben genannten Gründen, ein Abzug erfolgen soll.

[13] Unternehmensindividuell anzupassen.

unter Zugrundelegung des Rückkaufswertes nach Absatz 3 errechnet wird. Der aus Ihrer Versicherung für die Bildung der beitragsfreien Summe zur Verfügung stehende Betrag mindert sich um einen Abzug in Höhe von ... sowie um rückständige Beiträge;[14] er beträgt jedoch mindestens 50% der eingezahlten Beiträge. Mit dem Abzug wird die Veränderung der Risikolage des verbleibenden Versichertenbestandes[15] ausgeglichen; zudem wird damit ein Ausgleich für kollektiv gestelltes Risikokapital vorgenommen.[16] Weitere Erläuterungen sowie versicherungsmathematische Hinweise zum Abzug finden Sie im Anhang zu den Versicherungsbedingungen. Sofern Sie uns nachweisen, dass die dem Abzug zugrunde liegenden Annahmen in Ihrem Fall entweder dem Grunde nach nicht zutreffen oder der Abzug wesentlich niedriger zu beziffern ist, entfällt der Abzug bzw. wird – im letzteren Falle – entsprechend herabgesetzt.

(8) Die Beitragsfreistellung Ihrer Versicherung ist mit Nachteilen verbunden. In der Anfangszeit Ihrer Versicherung sind wegen der Verrechnung von Abschluss- und Vertriebskosten nach dem Zillmerverfahren (vgl. § 10) nur geringe Beträge für die Bildung einer beitragsfreien Versicherungssumme vorhanden. Auch in den Folgejahren stehen nicht unbedingt Mittel in Höhe der eingezahlten Beiträge für die Bildung einer beitragsfreien Versicherungssumme zur Verfügung. Nähere Informationen zur beitragsfreien Versicherungssumme und ihrer Höhe können Sie der beigefügten Tabelle entnehmen.

(9) Haben Sie die vollständige Befreiung von der Beitragszahlungspflicht verlangt und erreicht die nach Absatz 7 zu berechnende beitragsfreie Versicherungssumme den Mindestbetrag von ...[17] nicht, erhalten Sie den Rückkaufswert nach Absatz 3 bis 5. Eine teilweise Befreiung von der Beitragszahlungspflicht können Sie nur verlangen, wenn die verbleibende beitragspflichtige Versicherungssumme mindestens ...[18] beträgt.

Beitragsrückzahlung

(10) Die Rückzahlung der Beiträge können Sie nicht verlangen.

§ 10 Wie werden die Abschluss- und Vertriebskosten verrechnet?[19]

(1) Durch den Abschluss von Versicherungsverträgen entstehen Kosten. Diese sog. Abschluss- und Vertriebskosten (§ 43 Abs. 2 der Verordnung über die Rechnungslegung von Versicherungsunternehmen) sind bereits pauschal bei der Tarifkalkulation berücksichtigt und werden daher nicht gesondert in Rechnung gestellt.

(2) Für Ihren Versicherungsvertrag ist das Verrechnungsverfahren nach § 4 der Deckungsrückstellungsverordnung maßgebend. Hierbei werden die ersten Beiträge zur Tilgung eines Teils der Abschluss- und Vertriebskosten herangezogen, soweit die Beiträge nicht für Leistungen im Versicherungsfall, Kosten des Versicherungsbetriebs in der jeweiligen Versicherungsperiode und für die Bildung der Deckungsrückstellung aufgrund von § 25 Abs. 2 RechVersV i.V.m. § 169 Abs. 3 VVG bestimmt sind. Der auf diese Weise zu tilgende Betrag ist nach der Deckungsrückstellungsverordnung auf 4% der von Ihnen während der Laufzeit des Vertrages zu zahlenden Beiträge beschränkt.

(3) **Die restlichen Abschluss- und Vertriebskosten werden während der vertraglich vereinbarten Beitragszahlungsdauer aus den laufenden Beiträgen getilgt.**

---

[14] Soweit bei Beitragsfreistellung ein Wechsel der Tarifform erfolgt, ist § 9 Abs. 4 entsprechend zu ergänzen.

[15] Ggf. unternehmensindividuell anpassen, wenn im Bedingungswerk eine andere Diktion veranlasst ist.

[16] Ggf. unternehmensindividuell anpassen, wenn nur im eingeschränkten Umfang, also nicht aus allen oben genannten Gründen ein Abzug erfolgen soll.

[17] Unternehmensindividuell festzulegen.

[18] Unternehmensindividuell festzulegen.

[19] Diese Bestimmung ist nur bei Verwendung des Zillmerverfahrens aufzunehmen.

(4) Die beschriebene Kostenverrechnung hat wirtschaftlich zur Folge, dass in der Anfangszeit Ihrer Versicherung nur geringe Beträge zur Bildung der beitragsfreien Versicherungssumme oder für einen Rückkaufswert vorhanden sind, mindestens jedoch die in § 9 genannten Beträge. Nähere Informationen können Sie der beigefügten Tabelle[20] entnehmen.

§ 11 Was ist zu beachten, wenn eine Versicherungsleistung verlangt wird?

(1) Leistungen aus dem Versicherungsvertrag erbringen wir gegen Vorlage des Versicherungsscheins.

(2) Der Tod der versicherten Person ist uns unverzüglich anzuzeigen. Außer dem Versicherungsschein sind uns folgende Unterlagen einzureichen:
– eine amtliche, Alter und Geburtsort enthaltene Sterbeurkunde,
– ein ausführliches, ärztliches oder amtliches Zeugnis über die Todesursache sowie über Beginn und Verlauf der Krankheit, die zum Tode der versicherten Person geführt hat.

(3) Zur Klärung unserer Leistungspflicht können wir notwendige weitere Nachweise und Auskünfte verlangen. Die mit den Nachweisen verbundenen Kosten trägt derjenige, der die Versicherungsleistung beansprucht.

(4) Unsere Leistungen überweisen wir dem Empfangsberechtigten auf seine Kosten. Bei Überweisungen in Länder außerhalb des Europäischen Wirtschaftsraumes trägt der Empfangsberechtigte auch die damit verbundene Gefahr.

§ 12 Welche Bedeutung hat der Versicherungsschein?

(1) Den Inhaber des Versicherungsscheins können wir als berechtigt ansehen, über die Rechte aus dem Versicherungsvertrag zu verfügen, insbesondere Leistungen in Empfang zu nehmen. Wir können aber verlangen, dass uns der Inhaber des Versicherungsscheins seine Berechtigung nachweist.

(2) In den Fällen des § 13 Abs. 4 brauchen wir den Nachweis der Berechtigung nur dann anzuerkennen, wenn uns die schriftliche Anzeige des bisherigen Berechtigten vorliegt.

§ 13 Wer erhält die Versicherungsleistung?

(1) Die Leistung aus dem Versicherungsvertrag erbringen wir an Sie als unseren Versicherungsnehmer oder an Ihre Erben, falls Sie uns keine andere Person benannt haben, die bei Eintritt des Versicherungsfalls die Ansprüche aus dem Versicherungsvertrag erwerben soll (Bezugsberechtigter). Bis zum Eintritt des Versicherungsfalls können Sie das Bezugsrecht jederzeit widerrufen.

(2) Sie können ausdrücklich bestimmen, dass der Bezugsberechtigte sofort und unwiderruflich die Ansprüche aus dem Versicherungsvertrag erwerben soll. Sobald wir Ihre Erklärung erhalten haben, kann dieses Bezugsrecht nur noch mit Zustimmung des von Ihnen Benannten aufgehoben werden.

(3) Sie können Ihre Rechte aus dem Versicherungsvertrag auch abtreten oder verpfänden.

(4) Die Einräumung und der Widerruf eines Bezugsrechts sowie eine Abtretung oder Verpfändung von Ansprüchen aus dem Versicherungsvertrag sind uns gegenüber nur und erst dann wirksam, wenn sie uns vom bisherigen Berechtigten schriftlich angezeigt worden sind.

§ 14 Was gilt bei Änderung Ihrer Postanschrift und Ihres Namens?

(1) Eine Änderung Ihrer Postanschrift müssen Sie uns unverzüglich mitteilen. Anderenfalls können für Sie Nachteile entstehen, da wir eine an Sie zu richtende

---

[20] Unternehmensindividuell anzupassen.

Willenserklärung mit eingeschriebenem Brief an Ihre uns zuletzt bekannte Anschrift senden können. In diesem Fall gilt unsere Erklärung drei Tage nach Absendung des eingeschriebenen Briefes als zugegangen. Dies gilt auch, wenn Sie die Versicherung in Ihrem Gewerbebetrieb genommen und Ihre gewerbliche Niederlassung verlegt haben.

(2) Bei Änderung Ihres Namens gilt Absatz 1 entsprechend.

§ 15 Welche Kosten stellen wir Ihnen gesondert in Rechnung?

(1) Falls aus besonderen, von Ihnen veranlassten Gründen ein zusätzlicher Verwaltungsaufwand verursacht wird, können wir die in solchen Fällen durchschnittlich entstehenden Kosten als pauschalen Abgeltungsbetrag gesondert in Rechnung stellen. Dies gilt bei
– Ausstellung eines neuen Versicherungsscheins,
– Fristsetzung in Textform bei Nichtzahlung von Folgebeiträgen,
– Rückläufern im Lastschriftverfahren,
– ...[21]

(2) Sofern Sie uns nachweisen, dass die dem pauschalen Abgeltungsbetrag zugrunde liegenden Annahmen in ihrem Fall entweder dem Grunde nach nicht zutreffen oder der Höhe nach wesentlich niedriger zu beziffern sind, entfällt der Abgeltungsbetrag bzw. wird – im letzteren Falle – entsprechend herabgesetzt.

§ 16 Welches Recht findet auf Ihren Vertrag Anwendung?

Auf Ihren Vertrag findet das Recht der Bundesrepublik Deutschland Anwendung.

§ 17 Wo ist der Gerichtsstand?

(1) Für Klagen aus dem Versicherungsvertrag gegen uns bestimmt sich die gerichtliche Zuständigkeit nach unserem Sitz oder der für den Versicherungsvertrag zuständigen Niederlassung. Sind Sie eine natürliche Person, ist auch das Gericht örtlich zuständig, in dessen Bezirk Sie zur Zeit der Klageerhebung Ihren Wohnsitz oder, in Ermangelung eines solchen, Ihren gewöhnlichen Aufenthalt haben.

(2) Klagen aus dem Versicherungsvertrag gegen Sie müssen bei dem Gericht erhoben werden, das für Ihren Wohnsitz oder, in Ermangelung eines solchen, den Ort Ihres gewöhnlichen Aufenthalts zuständig ist.

(3) Verlegen Sie Ihren Wohnsitz in einen Staat außerhalb der Europäischen Gemeinschaft, Islands, Norwegens oder der Schweiz, sind die Gerichte des Staates zuständig, in dem wir unseren Sitz haben.

§ 18 Wie können Sie die Versicherungssumme erhöhen und die Versicherungsdauer verlängern?

(1) Sie können die Versicherungssumme jeweils zu Beginn einer Versicherungsperiode durch Entrichtung höherer laufender Beiträge für die restliche Laufzeit der Versicherung erhöhen. Die Summe der jährlichen Beiträge darf dabei den im Vermögensbildungsgesetz festgelegten Höchstbetrag vermögenswirksamer Leistungen aller Anlageformen nicht überschreiten.

(2) Ferner können Sie zur Erhöhung der Versicherungssumme neben den laufenden Beiträgen, die wir beim Abschluss der Versicherung vereinbart oder die Sie nach Absatz 1 erhöht haben, jederzeit weitere vermögenswirksame Leistungen als Zuzahlung verwenden. Zuzahlungen und laufende Beiträge sollen den jährlichen Höchstbetrag nach Absatz 1 nicht überschreiten.

---

[21] Unternehmensindividuell auszufüllen.

(3) **Sie sind berechtigt, Ihre ablaufende Versicherung mit gleichem Beitrag einmalig um mindestens ...[22] Jahre, höchstens um ...[23] Jahre zu verlängern. Dabei dürfen die Gesamtdauer des Versicherungsvertrages ...[24] Jahre und das neue Endalter ...[25] Jahre nicht überschreiten.**

(4) **Die Erhöhung der Versicherungssumme nach Absatz 1 und die Verlängerung der Versicherungsdauer nach Absatz 3 ist jedoch vom Ergebnis einer erneuten Gesundheitsprüfung abhängig.**

(5) **Die Bestimmungen des ursprünglichen Versicherungsvertrages gelten auch für die erhöhte Versicherungssumme sowie den verlängerten Versicherungsvertrag.**

Bemerkung

Die Versicherungsunternehmen können die AVB um die Bedingungsänderungs- und salvatorische Klauseln ergänzen.

---

[22] Unternehmensindividuell festzulegen.
[23] Unternehmensindividuell festzulegen.
[24] Unternehmensindividuell festzulegen.
[25] Unternehmensindividuell festzulegen.

L. Allgemeine Bedingungen für die Restschuldlebensversicherung (RLV 2008)

Übersicht

	Rdn.
I. Vorbemerkung	1–20
1. Zweck der Restschuldlebensversicherung	1
2. Verbundenes Geschäft im Sinne von § 9 Abs. 4 VerbrKrG, jetzt § 358 Abs. 3 BGB	2
3. Vertragsanbahnung und Vertragsdurchführung	3–7
a) Anbahnung	3
b) Abschlussvollmacht	4
c) Versicherungsfall	5
d) Sittenwidrigkeit	6
e) Auskunftsanspruch	7
4. Verhältnis zu den ALB	8
5. Besondere Regelungen	9–18
6. Beschränkung der Bezugsberechtigung	19
7. Anzeigepflichten nach § 33 Abs. 3 ErbStG	20
II. Allgemeine Bedingungen für die Restschuldlebensversicherung (RLV 2008)	21

AuVdBAV: GB BAV 1964, 38 (Risikoversicherungen mit fallender Versicherungssumme – Restschuldversicherung); GB BAV 1970, 59 (Schuldenerlass für den Todesfall als Lebensversicherungsgeschäft); GB BAV 1972, 49, GB BAV 1973, 42, VerBAV 1975, 456, GB BAV 1975, 40, VerBAV 1978, 3 und 203 sowie GB BAV 1978, 47 (Restschuldversicherung); VerBAV 1979, 47 (Restschuldversicherung: Kostenerstattung an die Rahmenvertragspartner, Restschuldversicherung mit gleich bleibender Versicherungssumme); VerBAV 1979, 166 (Restschuldversicherung mit gleich bleibender Versicherungssumme, Packing); GB BAV 1979, 51 (Keine Einrechnung der Mehrwertsteuer); VerBAV 1980, 35 (Wegfall der Mehrwertsteuer bei der Restschuldversicherung); VerBAV 1980, 230 (Gestaltung der Restschuldversicherung, Ermächtigungsklausel in der Lebensversicherung); GB BAV 1980, 56 (Restschuldversicherung); VerBAV 1985, 214 und GB BAV 1985, 59 (Grundsätze für die Restschuldlebensversicherung); VerBAV 1988, 47 (Musterbedingungen für die Restschuldlebensversicherung einschließlich Arbeitsunfähigkeits-Zusatzversicherung); VerBAV 1988, 379 (Anhebung der Anfangsversicherungssumme auf 80 000 DM); VerBAV 1991, 187 (Arbeitsunfähigkeits-Zusatzversicherung); VerBAV 1991, 413, 414 (Grundsätze für die Restschuldlebensversicherung); VerBAV 2000, 24 (Tarifkalkulation in der Restschuldversicherung); BaFin v. 26. 10. 2007 (Aufhebung des Verbots von Einheitsbeiträgen gemäß VerBAV 2000, 24).

Schrifttum: *Braa/Rekittke*, Neue Grundsätze für die Restschuldversicherung, VerBAV 1976, 107; *Dawe*, Verbraucherdarlehen und Restschuldversicherung im Insolvenzverfahren – Neue Wege der Massemehrung im Insolvenzverfahren des Verbrauchers -, NZI 2008, 513; *Derleder*, Die Restschuldversicherung zwischen Inhalts- und Äquivalenzkontrolle, VuR 2007, 241; *Drescher*, Die „Technische Novelle" des Verbraucherkreditgesetzes, WM 1993, 1445; *Freitag*, Die Unanwendbarkeit der bürgerlich-rechtlichen Verbundvorschriften (§§ 358, 359 BGB) auf die Restschuldversicherung, VersR 2009, 862; *Geßner*, Die Restschuldversicherung in der Äquivalenzprüfung des Darlehensvertrages, VuR 2008, 84; *derselbe*, Aufklärungspflichten über Kick-Backs bei der Distribution von Restschuldversicherungsverträgen, VuR 2009, 243; *Gissert*, Nochmals: Restschuldversicherung und Darlehensvertrag, ZfV 1979, 212; *Heinig*, Anwendbarkeit der Vorschriften über verbundene Verträge auf Verbraucherdarlehens- und Restschuldversicherungsverträge – Zugleich Besprechung des Urteils des BGH vom 15. 12. 2009 (XI ZR 45/09) VersR 2010, 469 -, VersR 2010, 863; *Helbig*,

L. Allg. Bed. für die Restschuldlebensversicherung

Die Arbeitsunfähigkeits-Zusatzversicherung zur Restschuld-Lebensversicherung, in: Geld, Banken und Versicherungen, Karlsruhe, VVW, 1984, S. 1343; *Hemmerde/von Rottenburg*, Die Angabe von Kosten einer Versicherung im Kreditvertrag nach § 4 Abs. 1 Satz 2 Nr. 1 des Verbraucherkreditgesetzes, WM 1993, 181; *Henrichs*, Die Restschuld-Versicherung. Ein kurzer Überblick, VW 1990, 341; *Höra/Jakob*, Blockiert die Ausschlussklausel die Kreditlebensversicherung?, ZfV 1995, 688; *Knappmann*, Bedingungsgemäßer Ausschluss bereits bei Antragstellung bestehender gefahrerheblicher Umstände, in: Kontinuität und Wandel des Versicherungsrechts, Festschrift für E. Lorenz, Karlsruhe, VVW, 2004, S. 399; *Knobloch*, Der Markt der Restschuldversicherungen in Deutschland – Zwischen Nischenmonopolen der Versicherer und Annahmezwang der Verbraucher –, VuR 2008, 91; *Knops*, Restschuldversicherung im Verbraucherkredit, VersR 2006, 1455; *derselbe*, Darlehens- und Restschuldversicherungsvertrag als verbundene Geschäfte – Rechtsfolgen für die Praxis, ZIP 2010, 1265; *Krämer*, Zustandekommen und Zulässigkeit von Risikoausschlussklauseln in der Kreditlebensversicherung, VersR 2004, 713; *Laars*, Restschuldversicherung und Preisangabenverordnung, VersR 2008, 1577; *Marlow/Spuhl*, Zur (Un-)Wirksamkeit von Ausschlussklauseln für „bekannte ernstliche Erkrankungen" in Restschuldversicherungsverträgen, r+s 2009, 177; *Mülbert/Wilhelm*, Rechtsfragen der Kombination von Verbraucherdarlehen und Restschuldversicherung, WM 2009, 2241; *Nies*, Vorerkrankung und Ausschluss der Leistungspflicht des Versicherers in der Auslandsreise-Krankenversicherung, NVersZ 2001, 535; *von Olshausen*, Die Rechtsprechung des BGH zur Sittenwidrigkeit bei vermittelten Ratenkrediten mit Restschuldversicherung, NJW 1982, 909; *derselbe*, Noch einmal: Der vermittelte Ratenkredit mit Restschuldversicherung, JuS 1983, 928; *derselbe*, Der schrittweise Abschied vom Gesamtkostenvergleich bei der Wucherprüfung von Ratenkrediten mit Restschuldversicherung, ZIP 1983, 539; *Pällmann*, Die Restschuldversicherung beim Konsumentenratenbarkredit – Eine rechtstatsächliche und zivilrechtliche Untersuchung, Diss. Bremen 1985; *Reifner*, „Legaler Betrug" bei der Restschuldversicherung, VuR 1992, 137; *derselbe*, Die Restschuldversicherung im Ratenkredit, WM 2008, 2329; *Reker*, Restschuldversicherung bei Arbeitslosigkeit, VW 1998, 1504; *Rudnik*, Erfahrungsbericht aus der Praxis – Probleme der Restschuldversicherung, in: Allgemeines Gleichbehandlungsgesetz – Private Krankenversicherung und Gesundheitsreform – Schwachstellen der VVG-Reform, Baden-Baden, Nomos, 2009, S. 177; *Schimikowski*, Informationspflichten des Versicherers bei echten Gruppenversicherungen und Kollektivversicherungen, in: Versicherung, Recht und Schaden, Festschrift für Johannes Wälder, München, Beck, 2009, S. 51; *Schmelz/Klute*, Konsumentenkredit und Kapitallebensversicherung, NJW 1988, 3113; *Schürnbrand*, Darlehensvertrag und Restschuldversicherung als verbundene Verträge, ZBB 2010, 123; *Schulz*, Kreditlebensversicherungs-Restschuldversicherung, 2. Aufl., Frankfurt/M., 1988; *Schulz/Stegmann/Uffmann*, Restkreditversicherung, 2007; ZfV 1982, 525 (25 Jahre Restschuldversicherung); *Wolters/Podewils*, Der Widerruf des mit einer Restschuldversicherung verbundenen Verbraucherdarlehensvertrages, ZVI 2010, 209; *Wriede*, Ausschluss „alter Leiden" in der Reisekranken- und Restschuldlebensversicherung, VersR 1996, 1473.

I. Vorbemerkung

1. Zweck der Restschuldlebensversicherung

Die Restschuldlebensversicherung auf den Todesfall ist eine Sonderform der Risikolebensversicherung,[1] mit der für den Fall der Arbeitsunfähigkeit eine Arbeitsunfähigkeits-Zusatzversicherung (AUZ) abgeschlossen werden kann. Sie ist – zumindest vorrangig – eine Versicherung auf fremde Rechnung.[2] Der Zweck der Restschuldlebensversicherung besteht darin bei Kredit- und Abzahlungsgeschäften dem Kreditnehmer das Risiko einer Unfähigkeit zur Erfüllung der durch den Kreditvertrag begründeten Verpflichtungen infolge Todes oder Eintritts der Ar-

1

---

[1] OLG Dresden, Urt. v. 30. 6. 2005 – 4 U 232/05, VersR 2006, 61.
[2] OLG Hamm VersR 1987, 354 (Ls.); OLG Karlsruhe, Urt. v. 2. 2. 2006 – 12 U 243/05, NJW-RR 2006, 605, 606 = VersR 2006, 637, 638 = r+s 2006, 427, 428; AG Breisach, Urt. v. 13. 6. 2006 – 2 C 18/06, VersR 2007, 936; krit. *Schimikowski* in: Festschrift für Johannes Wälder, 2009, S. 51, 52.

beitsunfähigkeit abzunehmen.³ Der Begriff der Arbeitsunfähigkeit ist unter Berücksichtigung des Zwecks der Versicherung auszulegen, wenn die Versicherungsbedingungen keine Begriffsbestimmung enthalten.⁴ Nach einer aktuellen Studie der GfK-Finanzmarktforschung wird mit jedem vierten Kreditvertrag eine Restschuldversicherung abgeschlossen.⁵

2. Verbundenes Geschäft im Sinne von § 9 Abs. 4 VerbrKrG, jetzt § 358 Abs. 3 BGB

2   Ist eine Restschuldversicherung und die mit dieser eine Einheit bildende Arbeitsunfähigkeits-Zusatzversicherung über einen Kredit finanziert worden, stellen der Kreditvertrag und die über diesen mitfinanzierte Restschuldversicherung nebst der damit gekoppelten Arbeitsunfähigkeits-Zusatzversicherung ein verbundenes Geschäft im Sinne von § 9 Abs. 1 und Abs. 4 VerbrKrG, jetzt § 358 Abs. 3 BGB, dar.⁶ Wurde der Versicherungsbeitrag für die Restschuldversicherung aus der dem Darlehensnehmer im Übrigen frei verfügbaren Darlehensvaluta unmittelbar an den Versicherer ausbezahlt, kann der Darlehensschuldner bei wirksamen Widerruf des Darlehensvertrages nach der gesetzlichen Regelung, § 358 Abs. 4 Satz 3 BGB, den vollen abgeflossenen Versicherungsbeitrag nicht vom Darlehensgeber zurückerstattet verlangen.⁷ Dies gilt auch für den Fall der Insolvenz des Darlehensnehmers.⁸

3. Vertragsanbahnung und Vertragsdurchführung

3   a) Anbahnung. Eine generelle Aufklärungspflicht über denkbare Risiken der Vertragsabwicklung besteht für den Versicherer nicht.⁹ Zur Aufklärungspflicht der Bank über den Umfang der Restschuldlebensversicherung hat sich die Rechtsprechung erklärt.¹⁰ Hat die Bank die Vermittlung einer die gesamte Kreditlaufzeit umfassenden Restschuldversicherung übernommen, haftet die Bank auf Schadensersatz, wenn die von ihr vermittelte Restschuldversicherung wegen Arbeitslosigkeit bereits mit Vollendung des 60. Lebensjahres des Darlehensnehmers endet, ohne dass dies aus den mit dem Darlehensantrag überreichten Versicherungsunterlagen hervorgeht.¹¹

---

³ KG, Urt. v. 28. 9. 1982 – 4 U 2328/81, NJW 1983, 291, 292 = VersR 1983, 365; OLG Hamm, Urt. v. 9. 11. 1988 – 20 U 56/88, NJW-RR 1989, 492 = VersR 1989, 694, 695; OLG Oldenburg, Urt. v. 28. 2. 1996 – 2 U 295/95, NJW-RR 1996, 1054, 1055 = VersR 1996, 1400, 1401 = WM 1996, 1397, 1398/1399; LG Berlin, Urt. v. 8. 7. 2008 – 7 O 146/08; LG Dortmund, Urt. v. 16. 7. 2009 – 2 O 29/08, NJW-RR 2010, 103, 104; *Henrichs* VW 1990, 341; *Höra* SpV 2004, 82; *Knops* VersR 2006, 1455.
⁴ OLG Hamm, Urt. v. 9. 11. 1988 – 20 U 56/88, NJW-RR 1989, 492 = VersR 1989, 694.
⁵ Quelle: VW 2010, 702.
⁶ OLG Rostock, Beschl. v. 23. 3. 2005 – 1 W 63/03, NJW-RR 2005, 1416 = MDR 2006, 39; OLG Schleswig, Urt. v. 26. 4. 2007 – 5 U 162/06, NJW-RR 2007, 1347, 1348; LG Bremen, Urt. v. 27. 8. 2009 – 2 S 374/08, WM 2009, 2215, 2216; BGH, Urt. v. 15. 12. 2009 – XI ZR 45/09, NJW 2010, 531, 532 = VersR 2010, 469, 470 = r+s 2010, 186, 187 = WM 2010, 166, 167 = ZIP 2010, 220, 221 = BB 2010, 462, 463; *Palandt/ Grünberg*, BGB, 68. Aufl., 2009, § 358 BGB Rdn. 7; *Heinig* VersR 2010, 863, 869; a. A. OLG Köln, Urt. v. 14. 1. 2009 – 13 U 103/08, WM 2009, 793, 794; *Freitag* VersR 2009, 862, 863; *Mülbert/Wilhelm* WM 2009, 2241, 2243.
⁷ OLG Stuttgart, Urt. v. 26. 5. 2009 – 6 U 21/09, WM 2009, 1361, 1362; OLG Celle, Urt. v. 17. 6. 2009 – 3 U 53/09, WM 2009, 1600, 1601; OLG Schleswig, Urt. v. 25. 6. 2009 – 5 U 3/09, WM 2009, 1606, 1607.
⁸ OLG Stuttgart, Urt. v. 26. 5. 2009 – 6 U 21/09, WM 2009, 1361, 1362.
⁹ OLG Frankfurt/M., Urt. v. 10. 1. 2002 – 7 U 108/01, NVersZ 2002, 400.
¹⁰ OLG Nürnberg, Urt. v. 26. 1. 1989 – 8 U 2313/88, NJW-RR 1989, 815; LG Köln, Urt. v. 12. 12. 1988 – 30 O 253/88, NJW-RR 1989, 816.
¹¹ OLG Koblenz, Urt. v. 5. 12. 2008 – 10 U 473/08, VersR 2009, 488, 489.

b) Abschlussvollmacht. Die Zustimmung zum Abschluss der Versicherung kann sich der Kreditgeber, wenn er zugleich Versicherungsnehmer ist, vom Kreditnehmer formularmäßig geben lassen.[12] In den Versicherungsbedingungen kann sich die Bank als Darlehensgeberin vom Versicherungsnehmer als Darlehensnehmer bevollmächtigen lassen, für den Versicherungsnehmer Erklärungen an den Versicherer abzugeben und von ihm entgegenzunehmen.[13] Mit Blick auf die Vollmachtsklausel ist der vom LVU gegenüber der Bank erklärte Rücktritt rechtswirksam.[14]

c) Versicherungsfall. Im Versicherungsfall muss der Darlehensgeber, der zugleich Versicherungsnehmer ist, zunächst Befriedigung aus der Versicherung suchen,[15] zumal er der Bezugsberechtigte für die Versicherungsleistung ist.[16] Wenn der Kreditvertrag nichtig ist, hat der vom Kreditnehmer abgeschlossene Restschuldversicherungsvertrag Bestand und lässt die Leistungspflicht des Versicherers unberührt.[17]

d) Sittenwidrigkeit. Im Rahmen der Prüfung der Sittenwidrigkeit eines Ratenkreditvertrages werden die Kosten einer Restschuldversicherung bei der Prüfung des auffälligen Missverhältnisses zwischen Leistung und Gegenleistung weder in die Berechnung des Vertrags- noch des Marktzinses einbezogen.[18] Allerdings verstoßen Restschuldversicherungsverträge, die für sich genommen bis zum zehnfachen des üblichen Preises für vergleichbare freie Versicherungsverträge vereinbaren und zudem noch etwa durch die Vorauszahlungspflichten der Prämie mit gebundener teurer Finanzierung sowie einer Reihe ungewöhnlicher Haftungsausschlussklauseln versehen sind, in aller Regel gegen die guten Sitten und sind nichtig.[19]

e) Auskunftsanspruch. Der Versicherte hat als Darlehensnehmer keinen individuellen Anspruch auf Offenlegung der Berechnung des Rückkaufswerts der Restschuldversicherung.[20] Es ist allein Sache der BaFin, im Interesse der Versicherten die notwendigen Auskünfte des Versicherers entgegenzunehmen und sachkundig zu überprüfen, insbesondere wenn es sich, wie beim Rückkaufswert, um wirtschaftliche Daten handelt, deren Offenlegung dem Versicherer aus Gründen des Wettbewerbs nicht zugemutet werden kann.[21]

---

[12] OLG Hamm, Beschl. v. 18. 11. 1986 – 20 W 33/86, VersR 1987, 354.
[13] OLG Köln, Urt. v. 26. 9. 1985 – 5 U 79/85, VersR 1986, 1186; OLG Hamm, Urt. v. 28. 4. 1989 – 20 U 266/88, VersR 1989, 1181; a.A. KG, Urt. v. 3. 12. 1991 – 6 U 3495/90, NJW-RR 1992, 859 = VersR 1993, 557.
[14] OLG Hamm, Urt. v. 28. 4. 1989 – 20 U 266/88, VersR 1989, 1181; a.A. KG, Urt. v. 3. 12. 1991 – 6 U 3495/90, NJW-RR 1992, 859, 860 = VersR 1993, 557, 558.
[15] BGH v. 7. 12. 1978, VersR 1979, 345, 346 = NJW 1979, 974 = VerBAV 1979, 297.
[16] LG Osnabrück, Urt. v. 23. 6. 1982 – 7 O 2/82, VersR 1983, 871.
[17] KG, Urt. v. 28. 9. 1982 – 4 U 2328/81, NJW 1983, 291; OLG Frankfurt/M. v. 6. 12. 1988, NJW 1989, 591; BGH, Urt. v. 30. 5. 1990 – IV ZR 22/89, NJW 1990, 2807 = VersR 1990, 884 = r+s 1990, 355 = DB 1990, 1404.
[18] BGH, Urt. v. 24. 3. 1988 – III ZR 24/87, NJW 1988, 1661 = DB 1988, 1316; OLG Düsseldorf v. 31. 3. 1988, WM 1989, 294; OLG Köln v. 18. 5. 1988, VersR 1989, 85; OLG Zweibrücken v. 18. 4. 1989, NJW-RR 1989, 874; BGH, Urt. v. 13. 7. 1989 – III ZR 78/88, NJW-RR 1989, 1321; OLG Köln, Urt. v. 31. 10. 1991 – 12 U 79/91, WM 1992, 434, 436; OLG Köln, Urt. v. 16. 1. 2002 – 13 U 161/00, WM 2003, 1119, 1122; OLG Oldenburg, Urt. v. 15. 1. 2009 – 8 U 122/08, WM 2009, 796, 799.
[19] OLG Hamm, Beschl. v. 19. 12. 2007 – 1-31 W 38/07; *Reifner* WM 2008, 2329, 2338.
[20] AG Breisach, Urt. v. 13. 6. 2006 – 2 C 18/06, VersR 2007, 936.
[21] BGH VersR 1983, 746; AG Breisach, Urt. v. 13. 6. 2006 – 2 C 18/06, VersR 2007, 936 f.

4. Verhältnis zu den ALB

8 Bei Selbstmord reicht gemäß § 8 AVB für die Todesfallversicherung mit sinkender Versicherungssumme, dass der Versicherte den Versicherungsfall vorsätzlich gefördert hat. Eine vorsätzliche Förderung des Versicherungsfalls ist gegeben bei unkontrollierter Einnahme von Drogen, die den Tod des Versicherten herbeiführen.[22] Leistungsfreiheit ist dagegen nicht gegeben bei einer fehlgeschlagenen und deshalb tödlich verlaufenen Selbstmorddemonstration.[23] Ein auf die Leistungsausschlussklausel für „alte Leiden"[24] gestützter Rücktritt wegen Verschweigens einer Lebererkrankung ist zulässig.[25]

5. Besondere Regelungen

9 Im Unterschied zur üblichen Risikolebensversicherung wird der Gesundheitszustand des Versicherungsnehmers bzw. des Versicherten bei Abschluss des Restschuldlebensversicherungsvertrags nicht geprüft.[26] Um trotz der unterlassenen Gesundheitsprüfung vor Abschluss des Versicherungsvertrags das Risiko überschaubar zu halten, sind Klauseln marktüblich, mit denen der Versicherungsschutz ausgeschlossen oder begrenzt wird.[27] Als wirksam angesehen wurde folgende Ausschlussklausel, die Fragen nach den Gesundheitsverhältnissen der zu versichernden Person durch einen zeitlich begrenzten Ausschluss von Erkrankungen des letzten Jahres ersetzt und seit 1985 verwendet wird:[28]

„Der Versicherungsschutz erstreckt sich nicht auf Gesundheitsstörungen, die die versicherte Person in den letzten 12 Monaten vor Beginn des Versicherungsschutzes hatte, wenn der Versicherungsfall innerhalb der nächsten 24 Monate seit Beginn des Versicherungsschutzes eintritt und mit diesen Gesundheitsstörungen in ursächlichem Zusammenhang steht."

10 Diese Klausel konnte vereinbart werden, wenn sich das LVU gegenüber der Aufsichtsbehörde verpflichtete, von der Klausel nur dann Gebrauch zu machen, wenn es sich um ernstliche Gesundheitsstörungen handelt, die bei einer Risikobeurteilung zum Zeitpunkt der Antragstellung zur Ablehnung des Versicherungsschutzes oder zu erheblichen Risikozuschlägen geführt hätten.[29] Die Klausel findet sich auch in folgender als wirksam angesehenen Fassung:[30]

„Hatte die versicherte Person in den letzten 12 Monaten vor Beginn des Versicherungsschutzes an Krankheiten, Gebrechen, Verletzungen oder sonstigen Gesundheitsstörungen gelitten, deretwegen sie ärztlich untersucht oder behandelt worden ist, so ist der Versicherer

---

[22] LG Hamburg, Urt. v. 23. 4. 1980 – 79 O 165/80, VersR 1980, 916.
[23] OLG Hamm v. 9. 12. 1988, NJW-RR 1989, 493.
[24] Siehe die Klauselbeispiele bei *Henrichs* VW 1990, 34.
[25] OLG Hamm v. 28. 4. 1989, VersR 1989, 1181.
[26] Vgl. *Krämer* VersR 2004, 713.
[27] OLG Dresden, Urt. v. 30. 6. 2005 – 4 U 232/05, VersR 2006, 61.
[28] OLG Köln, Urt. v. 4. 10. 1990 – 5 U 21/90, VersR 1990, 1381 m. zust. Anm. *Büsken* VersR 1991, 534; OLG Hamm, Beschl. v. 11. 12. 1990 – 20 W 49/90, NJW 1991, 1118 = VersR 1991, 798; OLG Nürnberg v. 8. 11. 1990, VersR 1991, 799; LG Frankfurt/M., Beschl. v. 23. 12. 1991 – 2/26 O 381/91, VersR 1992, 949; OLG Düsseldorf, Urt. v. 14. 1. 1992 – 4 U 38/91, VersR 1992, 948; OLG Hamm v. 28. 1. 1992 – 20 U 305/91, NJW-RR 1992, 1098 = VersR 1992, 1338 (Ls.) = r+s 1992, 391; OLG Düsseldorf, Urt. v. 31. 5. 1994 – 4 U 170/93, VersR 1995, 34/35 = r+s 1994, 355; zweifelnd OLG Frankfurt/M., Urt. v. 28. 7. 1999 – 7 U 14/98, NJW-RR 2000, 1556 = NVersZ 2000, 424, 425 = VersR 2000, 1135, 1136 = r+s 2001, 82.
[29] VerBAV 1985, 214.
[30] OLG Köln, Urt. v. 9. 2. 1990 – 6 U 239/89, VersR 1990, 369 (Berufungsurteil zu LG Köln VersR 1990, 76); a. A. *Wriede* VersR 1990, 1001.

bei Eintritt des Versicherungsfalles von seiner Verpflichtung zur Leistung frei, wenn der Versicherungsfall auf diesen Gesundheitsstörungen beruht."

Folgende Klausel hält jedoch der Inhaltskontrolle nicht Stand:[31] 11

„Eine Leistungspflicht besteht nicht für Krankheiten und deren Folgen sowie für Unfallfolgen, die vor Beginn des Versicherungsschutzes behandlungsbedürftig waren oder behandelt worden sind oder für die ein Leistungsausschluss vereinbart worden ist."

Dieser Leistungsausschluss ist auf jeden Fall dann unwirksam, wenn er im Widerspruch zu einer im Antragsformular enthaltenen Ausschlussklausel steht, die wie folgt lautet:[32] 12

„Die zu versichernde Person (VN) ist damit einverstanden, dass sich der Versicherungsschutz nicht auf die in Beantwortung der vorstehenden Frage angegebenen Gesundheitsstörungen und deren Folgen erstreckt, wenn der eingetretene Versicherungsfall hiermit in ursächlichem Zusammenhang steht. Werden Gesundheitsstörungen verschwiegen, können die Versicherer gem. §§ 16 ff. VVG vom Vertrag zurücktreten."

Nachdem der BGH[33] in der Reisekrankenversicherung die Klausel: 13

„Keine Leistungspflicht besteht für solche Krankheiten oder Unfallfolgen, die bereits vor Beginn des Versicherungsschutzes akut behandlungsbedürftig waren."

für unwirksam erklärt hatte, wurde es als zulässig angesehen, die entsprechende Ausschlussklausel in der Kreditlebensversicherung im Wege der ergänzenden Vertragsauslegung für die dem Versicherten bei Vertragsabschluss bekannten Gesundheitsstörungen wie folgt aufrecht zu erhalten:[34]

„Der Versicherungsschutz erstreckt sich nicht auf dem Versicherungsnehmer bekannte Gesundheitsstörungen, die er in den letzten 12 Monaten vor Beginn des Versicherungsschutzes hatte, wenn der Versicherungsfall innerhalb der nächsten 24 Monate seit Beginn des Versicherungsschutzes eintritt und mit diesen Gesundheitsstörungen in ursächlichem Zusammenhang steht."

Diese Klausel muss nicht im Widerspruch zur Entscheidung des BGH[35] stehen, 14 wonach sich die LVU auf die seit 1985 verwendete Ausschlussklausel wegen Verstoßes gegen die §§ 16 ff. VVG nicht gemäß § 34a VVG berufen dürfen. Das OLG Hamm und das OLG Düsseldorf haben allerdings folgende Klausel wegen Verstoß gegen das Transparenzgebot für unwirksam erklärt:[36]

„Ich bin damit einverstanden, dass sich der Versicherungsschutz nicht auf vorvertragliche Gesundheitsstörungen der jeweils versicherten Person erstreckt, die dieser bekannt sind und die sie auch in den letzten zwölf Monaten vor Beginn des Versicherungsschutzes hatte, wenn der Versicherungsfall in den nächsten 24 Monaten seit Beginn des Versicherungs-

---

[31] LG Berlin, Urt. v. 17. 5. 1990 – 7 O 357/88, VersR 1991, 577, 578.
[32] OLG Frankfurt/M., Urt. v. 22. 2. 1994 – 14 U 45/93, VersR 1995, 522, 523.
[33] BGH, Urt. v. 2. 3. 1994 – IV ZR 109/93, NJW 1994, 1534, 1536 = VersR 1994, 549, 551 = r+s 1994, 190 (Revisionsentscheidung zu OLG Frankfurt/M. VersR 1993, 1515); krit. dazu *Prölss* VersR 1994, 1216.
[34] OLG Hamm, Urt. v. 14. 12. 1994 – 20 U 144/94, NJW-RR 1995, 411, 412 = VersR 1995, 649, 650; OLG Köln, Urt. v. 18. 1. 1996 – 5 U 181/95, VersR 1996, 1399, 1400; *Höra/Jakob* ZfV 1995, 688, 689.
[35] BGH, Urt. v. 7. 2. 1996 – IV ZR 155/95, NJW 1996, 1409 = VersR 1996, 486 = VerBAV 1996, 209 = r+s 1996, 161, 162 = MDR 1996, 1246; ebenso schon KG, Urt. v. 10. 2. 1995 – 6 U 1740/92, VersR 1996, 1397, 1399 = r+s 1996, 198, 199; *Krämer* VersR 1994, 713, 714; *Nies* NVersZ 2001, 535, 536.
[36] OLG Hamm, Urt. v. 16. 10. 1998 – 20 U 33/98, NVersZ 1999, 164, 165 = r+s 1999, 294; OLG Düsseldorf, Urt. v. 17. 6. 1999 – 6 U 84/98, NVersZ 2001, 264, 265 = VersR 2000, 1093, 1094 = VerBAV 2000, 81, 82 = r+s 2002, 125; *Knappmann* in: Festschrift für Egon Lorenz, 2004, S. 399, 400.

schutzes eingetreten ist und mit diesen Gesundheitsstörungen in ursächlichem Zusammenhang steht."

15 Allerdings ist zu berücksichtigen, dass die Ausschlussklausel nunmehr in einer weiterentwickelten Form wie folgt verwendet wird, wenn es um die Risiken Tod, Arbeitsunfähigkeit und Unfall geht:[37]

„Der Versicherungsschutz erstreckt sich nicht auf die der versicherten Person bekannten ernstlichen Erkrankungen und Unfallfolgen, wegen derer sie in den letzten zwölf Monaten vor Beginn des Versicherungsschutzes ärztlich beraten oder behandelt wurde. Diese Einschränkung gilt nur, wenn der Versicherungsfall innerhalb der nächsten vierundzwanzig Monate seit Beginn des Versicherungsschutzes eintritt und mit diesen Erkrankungen und Unfallfolgen in ursächlichem Zusammenhang steht."

16 Diese Klausel verstößt weder gegen § 34a VVG noch gegen die §§ 305 ff. BGB.[38] Eine vergleichbare Klausel mit folgendem Wortlaut:

„Der Versicherungsschutz erstreckt sich nicht auf die der versicherten Person bekannten ernstlichen Erkrankungen (ernstliche Erkrankungen sind z. B. Erkrankungen des Herzens und des Kreislaufs, der Wirbelsäule und Gelenke, der Verdauungsorgane, Krebs, HIV-Infektion/ Aids, psychische Erkrankungen, chronische Erkrankungen) oder Unfallfolgen, wegen derer sie in den letzten zwölf Monaten vor Beginn des Versicherungsschutzes ärztlich beraten oder behandelt wurde. Diese Einschränkung gilt nur, wenn der Versicherungsfall innerhalb der nächsten 24 Monate seit Beginn des Versicherungsschutzes eintritt und mit diesen Erkrankungen und Unfallfolgen in ursächlichem Zusammenhang steht."

haben das OLG Dresden[39] und das OLG Koblenz[40] zutreffend für wirksam erklärt und keinen Verstoß gegen § 34a VVG oder die §§ 305 ff. BGB gesehen.[41] Dagegen erachtet das OLG Brandenburg eine vergleichbare Klausel für unwirksam, die wie folgt lautet:[42]

„(1) Der Versicherungsschutz erstreckt sich nicht auf die der versicherten Person bekannten ernstlichen Erkrankungen oder Unfallfolgen, wegen derer sie in den letzten zwölf Monaten vor Beginn des Versicherungsschutzes ärztlich beraten oder behandelt wurde. Diese Einschränkung gilt nur, wenn der Versicherungsfall innerhalb der nächsten zwölf Monate seit Beginn des Versicherungsschutzes eintritt und mit diesen Erkrankungen oder Unfallfolgen in ursächlichem Zusammenhang steht."
Der Begriff „ernstliche Erkrankungen" ist in der Fußnote zu dieser Regelung wie folgt definiert:
„Ernstliche Erkrankungen sind z. B. Erkrankungen des Herzens und des Kreislaufs, der Wirbelsäule und Gelenke, der Verdauungsorgane, Krebs, HIV-Infektion/Aids, psychische Erkrankungen, chronische Erkrankungen."
(2) Wir verpflichten uns, von der Ausschlussklausel nur dann Gebrauch zu machen, wenn es sich um ernstliche Gesundheitsstörungen handelt, wobei als ernstliche Gesundheitsstörungen solche gelten, die bei einer Risikobeurteilung zum Zeitpunkt der Antragstellung zur Ablehnung oder zu erheblichen Risikozuschlägen geführt hätten."

17 Sehen die Bedingungen des LVU vor, dass der Versicherungsschutz ausgeschlossen ist im Falle des Ablebens der versicherten Person durch vorsätzliche Herbei-

---

[37] Vgl. *Krämer* VersR 2004, 713, 714.
[38] OLG Dresden, Urt. v. 30. 6. 2005 – 4 U 232/05, VersR 2006, 61; a. A. Schleswig-Holsteinisches Oberlandesgericht, Urt. v. 30. 12. 2004 – 16 U 162/04, S. 6 ff.
[39] OLG Dresden, Urt. v. 30. 6. 2005 – 4 U 232/05, VersR 2006, 61; krit. dazu *Knappmann* VersR 2006, 495 ff.
[40] OLG Koblenz, Urt. v. 1. 6. 2007 – 10 U 1321/06, VersR 2008, 383, 384.
[41] Ebenso LG Köln, Urt. v. 26. 11. 2008 – 23 O 371/07, VersR 2009, 490.
[42] OLG Brandenburg, Urt. v. 25. 4. 2007 – 4 U 183/06, VersR 2007, 1071, 1072; vgl. auch OLG Hamm, Beschl. v. 13. 8. 2008 – 20 W 34/08, VersR 2009, 1482 = r+s 2010, 252; *Marlow/Spuhl* r+s 2009, 177, 185.

führung oder Förderung von Gesundheitsstörungen, kann der Versicherungsschutz unter Berufung auf diese Ausschlussklausel versagt werden, wenn die Versicherte an einer selbst injizierten Dosis Kokain verstirbt.[43]

Nicht wirksam ist hingegen eine Bestimmung, nach der der Eintritt der Berufsunfähigkeit zur Beendigung des Versicherungsvertrages führt.[44] **18**

6. Beschränkung der Bezugsberechtigung

Mitunter sehen die AVB für die Restschuldlebensversicherung vor, dass im Fall der Kündigung der zum Kündigungstermin berechnete nicht verbrauchte Einmalbeitrag (Rückvergütung) dem versicherten Kreditkonto gutgeschrieben wird. Bei dieser Regelung handelt es sich um eine Leistungsbestimmung, die nicht einseitig kündbar und insolvenzfest ist.45 **19**

7. Anzeigepflichten nach § 33 Abs. 3 ErbStG

Grundsätzlich sind Leistungen aus Restschuldversicherungen von den LVU gemäß § 33 Abs. 3 ErbStG den Finanzämtern anzuzeigen, da Versicherungsnehmer regelmäßig die darlehensgebenden Kreditinstitute sind und die Versicherungsleistungen an den Darlehensnehmer, der auch versicherte Person ist, ausgezahlt werden. Bei wiederkehrenden Leistungen aus einer Restschuldversicherung im Fall der Arbeitsunfähigkeit hat die Finanzverwaltung auf eine Anzeige nach § 33 Abs. 3 ErbStG verzichtet.[46] Gemeint sind die Fälle, in denen wiederkehrende Leistungen aus einer Restschuldversicherung aufgrund der Arbeitsunfähigkeit der versicherten Person/Darlehensnehmer an diese erbracht werden. Insoweit liegt mit der Erbringung der Versicherungsleistung an den Versicherungsnehmer als versicherte Person kein erbschaft- bzw. schenkungssteuerpflichtiger Vorgang vor, da die Versicherungsbeiträge unmittelbar oder in Form des Aufwendungsersatzes vom Darlehensnehmer selbst erbracht werden. Die Sachlage ist mit der des § 3 Abs. 3 Satz 1 ErbStDV vergleichbar, nach dem die Anzeigepflicht bei solchen Versicherungssummen entfällt, die auf Grund eines von einem Arbeitgeber für seine Arbeitnehmer abgeschlossenen Versicherungsvertrages bereits zu Lebzeiten des Versicherten (Arbeitnehmers) fällig und an diesen ausgezahlt werden. **20**

---

[43] OLG Frankfurt/M., Urt. v. 25. 4. 1990 – 17 U 207/88, NJW-RR 1991, 606 = VersR 1990, 1380.
[44] OLG Oldenburg, Urt. v. 28. 2. 1996 – 2 U 295/95, NJW-RR 1996, 1054 = VersR 1996, 1400, 1401 = WM 1996, 1397, 1398.
[45] AG Düsseldorf, Beschl. v. 16. 10. 2007 – 37 C 9497/07 u. LG Düsseldorf, Beschl. v. 26. 11. 2007 – 22 T 132/07, VersR 2008, 1197.
[46] OFD München, Vfg. v. 27. 1. 2003 – S 3844 – 28 St 353, DB 2003, 637; BMF-Schreiben v. 22. 5. 2003 – IV C 2 – S 3844 – 3/03.

II. Allgemeine Bedingungen für die Restschuldlebensversicherung (RLV 2008)[47]

Sehr geehrte Kundin, sehr geehrter Kunde,
für diesen Vertrag gelten die nachfolgenden Bedingungen.

Inhaltsverzeichnis

§ 1 Welche Leistungen erbringen wir?
§ 2 Wie erfolgt die Überschussbeteiligung?
§ 3 Wann beginnt Ihr Versicherungsschutz?
§ 4 Was gilt bei Wehrdienst, Unruhen, Krieg oder Einsatz bzw. Freisetzen von ABC-Waffen/-Stoffen?
§ 5 Was gilt bei Selbsttötung der versicherten Person?
§ 6 Was haben Sie bei der Zahlung des Einmalbeitrags zu beachten?
§ 7 Was geschieht, wenn Sie den Einmalbeitrag nicht rechtzeitig zahlen?
§ 8 Wann können Sie Ihre Versicherung kündigen?
§ 9 Was ist zu beachten, wenn eine Versicherungsleistung verlangt wird?
§ 10 Wer erhält die Versicherungsleistung?
§ 11 Welches Recht findet auf Ihren Vertrag Anwendung?
§ 12 Wo ist der Gerichtsstand?

§ 1 Welche Leistungen erbringen wir?

(1) **Wir zahlen die vereinbarte Versicherungssumme bei Tod der versicherten Person während der Versicherungsdauer.**

Bemerkung
§ 1 Abs. 1 ist bei anderer Leistungsbeschreibung entsprechend zu ändern, z. B. bei der Restschuldversicherung auf zwei verbundene Leben wie folgt:
„(1) Wir zahlen die vereinbarte Versicherungssumme bei Tod einer der versicherten Personen während der Vertragsdauer. Auch bei gleichzeitigem Tod beider versicherten Personen wird die vereinbarte Versicherungssumme nur einmal fällig."

(2) Die garantierte Leistung erhöht sich voraussichtlich um eine Überschussbeteiligung (§ 2).[48]

§ 2 Wie erfolgt die Überschussbeteiligung?[49]

Wir beteiligen Sie und die anderen Versicherungsnehmer gemäß § 153 des Versicherungsvertragsgesetzes (VVG) an den Überschüssen und ggf. an den Bewertungsreserven (Überschussbeteiligung). Die Überschüsse werden nach den Vorschriften des Handelsgesetzbuches ermittelt und jährlich im Rahmen unseres Jahresabschlusses festgestellt. Die Bewertungsreserven werden dabei im Anhang des Geschäftsberichtes ausgewiesen. Der Jahresabschluss wird von einem unabhängigen Wirtschaftsprüfer geprüft und ist unserer Aufsichtsbehörde einzureichen.

---

[47] Stand: 2. 5. 2008. GDV-Rundschreiben Nr. 0850/2008 v. 7. 5. 2008: Diese Bedingungen sind für die Versicherer unverbindlich; ihre Verwendung ist rein fakultativ. Abweichende Bedingungen können vereinbart werden. Anm. des Verfassers: Die RLV 2008 sind auf den Stand der vom GDV unter dem 14. 10. 2009 verlautbarten Fassung gebracht, vgl. www.gdv.de. In den RLV 2008 werden die Bestimmungen des VVG 2008 genannt.
[48] Je nach Ausgestaltung der Überschussbeteiligung ist Absatz 2 unternehmensindividuell anzupassen.
[49] Soll keine Überschussbeteiligung gewährt werden, muss entsprechend § 153 Abs. 1 VVG der Hinweis aufgenommen werden, dass ein Anspruch auf Überschussbeteiligung ausgeschlossen ist.

(1) Grundsätze und Maßstäbe für die Überschussbeteiligung der Versicherungsnehmer
(a) Überschüsse entstehen dann, wenn Sterblichkeit und Kosten niedriger sind, als bei der Tarifkalkulation angenommen. An diesen Überschüssen werden die Versicherungsnehmer angemessen beteiligt und zwar nach der derzeitigen Rechtslage am Risikoergebnis (Sterblichkeit) grundsätzlich zu mindestens 75% und am übrigen Ergebnis (einschließlich Kosten) grundsätzlich zu mindestens 50% (§ 4 Abs. 4 u. 5, § 5 Mindestzuführungsverordnung). Weitere Überschüsse stammen aus den Erträgen der Kapitalanlagen. Von den Nettoerträgen derjenigen Kapitalanlagen, die für künftige Versicherungsleistungen vorgesehen sind (§ 3 Mindestzuführungsverordnung), erhalten die Versicherungsnehmer insgesamt mindestens den in dieser Verordnung genannten Prozentsatz. In der derzeitigen Fassung sind grundsätzlich 90% vorgeschrieben (§ 4 Abs. 3, § 5 Mindestzuführungsverordnung). Aus diesem Betrag werden zunächst die Beträge finanziert, die für die garantierten Versicherungsleistungen benötigt werden. Die verbleibenden Mittel verwenden wir für die Überschussbeteiligung der Versicherungsnehmer.
Die verschiedenen Versicherungsarten tragen unterschiedlich zum Überschuss bei. Wir haben deshalb gleichartige Versicherungen zu Gruppen zusammengefasst. Gewinngruppen bilden wir beispielsweise, um das versicherte Risiko wie das Todesfall- oder Berufsunfähigkeitsrisiko zu berücksichtigen. Die Verteilung des Überschusses für die Versicherungsnehmer auf die einzelnen Gruppen orientiert sich daran, in welchem Umfang sie zu seiner Entstehung beigetragen haben. Den Überschuss führen wir der Rückstellung für Beitragsrückerstattung zu, soweit er nicht in Form der sog. Direktgutschrift bereits unmittelbar den überschussberechtigten Versicherungen gutgeschrieben wird. Diese Rückstellung dient dazu, Ergebnisschwankungen im Zeitablauf zu glätten. Sie darf grundsätzlich nur für die Überschussbeteiligung der Versicherungsnehmer verwendet werden. Nur in Ausnahmefällen und mit Zustimmung der Aufsichtsbehörde können wir hiervon nach § 56 a des Versicherungsaufsichtsgesetzes (VAG) abweichen, soweit die Rückstellung nicht auf bereits festgelegte Überschussanteile entfällt. Nach der derzeitigen Fassung des § 56 a VAG können wir die Rückstellung, im Interesse der Versicherungsnehmer auch zur Abwendung eines drohenden Notstandes, zum Ausgleich unvorhersehbarer Verluste aus den überschussberechtigten Versicherungsverträgen, die auf allgemeine Änderungen der Verhältnisse zurückzuführen sind, oder – sofern die Rechnungsgrundlagen aufgrund einer unvorhersehbaren und nicht nur vorübergehenden Änderung der Verhältnisse angepasst werden müssen – zur Erhöhung der Deckungsrückstellung heranziehen.
(b) Bewertungsreserven entstehen, wenn der Marktwert der Kapitalanlagen über dem Wert liegt, mit dem die Kapitalanlagen in der Bilanz ausgewiesen sind. Die Beiträge sind so kalkuliert, dass sie für die Deckung von Sterbefällen benötigt werden. Für die Bildung von Kapitalerträgen stehen deshalb bei der Risikoversicherung keine oder allenfalls geringfügige Beträge zur Verfügung. Daher entstehen keine oder nur geringe Bewertungsreserven. Soweit Bewertungsreserven überhaupt entstehen, werden diese jährlich neu ermittelt und den Verträgen nach dem in Absatz 2 beschriebenen Verfahren zugeordnet (§ 153 Abs. 3 VVG). Bei Beendigung eines Vertrages[50] wird der für diesen Zeitpunkt aktuell ermittelte Betrag zur Hälfte zugeteilt und ausgezahlt. Aufsichtsrechtliche Regelungen zur Kapitalausstattung bleiben unberührt.

(2) Grundsätze und Maßstäbe für die Überschussbeteiligung Ihres Vertrages
(a) Ihre Versicherung erhält Anteile an den Überschüssen derjenigen Gruppe, die in Ihrem Versicherungsschein genannt ist. Die Mittel für die Überschussanteile werden bei der Direktgutschrift zu Lasten des Ergebnisses des Geschäftsjahres finanziert, ansonsten der Rückstellung für Beitragsrückerstattung entnommen. Die Höhe der Überschussanteilsätze wird jedes Jahr vom Vorstand unseres Unternehmens auf Vorschlag des Verantwortlichen Aktuars festgelegt. Wir veröffent-

---

[50] Ggf. unternehmen sind ividuellen früheren Zuteilungszeitpunkt verwenden.

lichen die Überschussanteilsätze in unserem Geschäftsbericht. Den Geschäftsbericht können Sie bei uns jederzeit anfordern.

(b) ... [51]

(c) ... [52]

(3) **Information über die Höhe der Überschussbeteiligung**
Die Höhe der Überschussbeteiligung hängt von vielen Einflüssen ab. Diese sind nicht vorhersehbar und von uns nur begrenzt beeinflussbar. Wichtigster Einflussfaktor ist dabei die Entwicklung des versicherten Risikos und der Kosten. Die Höhe der künftigen Überschussbeteiligung kann also nicht garantiert werden.

§ 3 Wann beginnt Ihr Versicherungsschutz?

Ihr Versicherungsschutz beginnt, wenn der Vertrag abgeschlossen und die Darlehenssumme ausgezahlt worden ist, jedoch nicht vor dem mit Ihnen vereinbarten Versicherungsbeginn. Allerdings entfällt unsere Leistungspflicht bei nicht rechtzeitiger Beitragszahlung (vgl. § 6 und § 7).

§ 4 Was gilt bei Wehrdienst, Unruhen, Krieg oder Einsatz bzw. Freisetzen von ABC-Waffen/-Stoffen?

(1) Grundsätzlich besteht unsere Leistungspflicht unabhängig davon, auf welcher Ursache der Versicherungsfall beruht. Wir gewähren Versicherungsschutz insbesondere auch dann, wenn die versicherte Person in Ausübung des Wehr- und Polizeidienstes oder bei inneren Unruhen den Tod gefunden hat.

(2) Bei Ableben der versicherten Person in unmittelbarem oder mittelbarem Zusammenhang mit kriegerischen Ereignissen beschränkt sich unsere Leistungspflicht allerdings auf die Auszahlung des für den Todestag berechneten Rückkaufswertes der Versicherung (§ 8 Abs. 3 und 4). Diese Einschränkung unserer Leistungspflicht entfällt, wenn die versicherte Person in unmittelbarem oder mittelbarem Zusammenhang mit kriegerischen Ereignissen stirbt, denen sie während eines Aufenthaltes außerhalb der Bundesrepublik Deutschland ausgesetzt und an denen sie nicht aktiv beteiligt war.

(3) Bei Ableben der versicherten Person in unmittelbarem oder mittelbarem Zusammenhang mit dem vorsätzlichen Einsatz von atomaren, biologischen oder chemischen Waffen oder dem vorsätzlichen Einsatz oder der vorsätzlichen Freisetzung von radioaktiven, biologischen oder chemischen Stoffen beschränkt sich unsere Leistungspflicht auf die Auszahlung des für den Todestag berechneten Rückkaufswertes der Versicherung (§ 8 Abs. 3 und 4), sofern der Einsatz oder das Freisetzen darauf gerichtet sind, das Leben einer Vielzahl von Personen zu gefährden. Absatz 2 bleibt unberührt.

§ 5 Was gilt bei Selbsttötung der versicherten Person?

(1) Bei vorsätzlicher Selbsttötung leisten wir, wenn seit Abschluss des Versicherungsvertrages drei Jahre vergangen sind.

(2) Bei vorsätzlicher Selbsttötung vor Ablauf der Dreijahresfrist besteht Versicherungsschutz nur dann, wenn uns nachgewiesen wird, dass die Tat in einem die

---

[51] Hier sind folgende unternehmensindividuelle Angaben zu machen:
a) Voraussetzung für die Fälligkeit der Überschussanteile (Wartezeit, Stichtag für die Zuteilung u. ä.)
b) Form und Verwendung der Überschussanteile (laufende Überschussanteile, Schlussüberschussanteile, Bonus, Ansammlung, Verrechnung, Barauszahlung u. ä.)
c) Bemessungsgrößen für die Überschussanteile

[52] Hier sind der Verteilungsmechanismus, d. h. die Schlüsselung der ermittelten, verteilungsfähigen Bewertungsreserven auf den einzelnen Vertrag und die Bewertungsstichtage anzugeben.

freie Willensbestimmung ausschließenden Zustand krankhafter Störung der Geistestätigkeit begangen worden ist. Anderenfalls zahlen wir den für den Todestag berechneten Rückkaufswert Ihrer Versicherung (§ 8 Abs. 3 und 4).

(3) Die Absätze 1 und 2 gelten entsprechend bei einer unsere Leistungspflicht erweiternden Änderung der Versicherung. Die Frist nach Absatz 1 beginnt mit der Änderung der Versicherung bezüglich des geänderten Teils neu zu laufen.

§ 6 Was haben Sie bei der Zahlung des Einmalbeitrags zu beachten?

(1) Der Einmalbeitrag ist unverzüglich nach Abschluss des Vertrages zu zahlen, jedoch nicht vor dem mit Ihnen vereinbarten Versicherungsbeginn.

(2) Für die Rechtzeitigkeit der Beitragszahlung genügt es, wenn Sie fristgerecht alles getan haben, damit der Beitrag bei uns eingeht. Dies kann durch Vereinbarung der Darlehensverrechnung geschehen. Ist die Einziehung des Beitrags durch uns oder den Darlehensgeber von einem Konto vereinbart, gilt die Zahlung als rechtzeitig, wenn der Beitrag zu dem in Absatz 1 genannten Termin eingezogen werden kann und Sie einer berechtigten Einziehung nicht widersprechen. Konnte der fällige Beitrag ohne Ihr Verschulden von uns nicht eingezogen werden, ist die Zahlung auch dann noch rechtzeitig, wenn sie unverzüglich nach unserer schriftlichen Zahlungsaufforderung erfolgt.

§ 7 Was geschieht, wenn Sie den Einmalbeitrag nicht rechtzeitig zahlen?

(1) Wenn Sie den Einmalbeitrag nicht rechtzeitig zahlen, können wir – solange die Zahlung nicht bewirkt ist – vom Vertrag zurücktreten. Dies gilt nicht, wenn uns nachgewiesen wird, dass Sie die nicht rechtzeitige Zahlung nicht zu vertreten haben.

(2) Ist der Einmalbeitrag bei Eintritt des Versicherungsfalles noch nicht gezahlt, sind wir nicht zur Leistung verpflichtet, sofern wir Sie durch gesonderte Mitteilung in Textform oder durch einen auffälligen Hinweis im Versicherungsschein auf diese Rechtsfolge aufmerksam gemacht haben. Unsere Leistungspflicht besteht jedoch, wenn uns nachgewiesen wird, dass Sie die Nicht-Zahlung nicht zu vertreten haben.

§ 8 Wann können Sie Ihre Versicherung kündigen?

(1) Sie können Ihre Versicherung jederzeit mit einer Frist von zwei Wochen zum Schluss eines jeden Monats ganz oder teilweise schriftlich kündigen.

(2) Kündigen Sie Ihre Versicherung nur teilweise, so ist diese Kündigung unwirksam, wenn die verbleibende Versicherungssumme unter einen Mindestbetrag von ... sinkt. Wenn Sie in diesem Fall Ihre Versicherung beenden wollen, müssen Sie diese also ganz kündigen.

...[53]

§ 9 Was ist zu beachten, wenn eine Versicherungsleistung verlangt wird?

(1) Der Tod der versicherten Person ist uns unverzüglich anzuzeigen. An Unterlagen sind uns einzureichen
– eine Durchschrift des Versicherungsantrages,
– eine amtliche, Alter und Geburtsort enthaltende Sterbeurkunde,

---

[53] Unternehmen sollten an dieser Stelle ihre Regelungen zu den Rechtsfolgen einer Kündigung aufnehmen. Für die Berechnung eines Rückerstattungsbetrages kann § 169 Abs. 3 VVG oder eine andere angemessene Regelung Maßstab sein.

– ein ausführliches ärztliches oder amtliches Zeugnis über die Todesursache sowie über Beginn und Verlauf der Krankheit, die zum Tode der versicherten Person geführt hat.

(2) Zur Klärung unserer Leistungspflicht können wir notwendige weitere Nachweise und Auskünfte verlangen. Die mit den Nachweisen verbundenen Kosten trägt derjenige, der die Versicherungsleistung beansprucht.

(3) Unsere Leistungen überweisen wir dem Empfangsberechtigten auf seine Kosten. Bei Überweisung in Länder außerhalb des Europäischen Wirtschaftsraumes trägt der Empfangsberechtigte auch die damit verbundene Gefahr.

§ 10 Wer erhält die Versicherungsleistung?

Die Leistung aus dem Versicherungsvertrag erbringen wir an den Darlehensgeber zu Gunsten des Darlehenskontos.

§ 11 Welches Recht findet auf Ihren Vertrag Anwendung?

Auf Ihren Vertrag findet das Recht der Bundesrepublik Deutschland Anwendung.

§ 12 Wo ist der Gerichtsstand?

(1) Für Klagen aus dem Versicherungsvertrag gegen uns bestimmt sich die gerichtliche Zuständigkeit nach unserem Sitz oder der für den Versicherungsvertrag zuständigen Niederlassung. Sind Sie eine natürliche Person, ist auch das Gericht örtlich zuständig, in dessen Bezirk Sie zur Zeit der Klageerhebung Ihren Wohnsitz oder, in Ermangelung eines solchen, Ihren gewöhnlichen Aufenthalt haben.

(2) Sind Sie eine natürliche Person, müssen Klagen aus dem Versicherungsvertrag gegen Sie bei dem Gericht erhoben werden, das für Ihren Wohnsitz oder, in Ermangelung eines solchen, den Ort Ihres gewöhnlichen Aufenthalts zuständig ist. Sind Sie eine juristische Person, bestimmt sich das zuständige Gericht nach Ihrem Sitz oder Ihrer Niederlassung.

(3) Verlegen Sie Ihren Wohnsitz in einen Staat außerhalb der Europäischen Gemeinschaft, Islands, Norwegens oder der Schweiz, sind die Gerichte des Staates zuständig, in dem wir unseren Sitz haben.

M. Allgemeine Bedingungen für die Arbeitsunfähigkeits-Zusatzversicherung (AUZ 2008)

Übersicht

	Rdn.
I. Vorbemerkung	1–15
1. Zweck der AUZ	1
2. Begriff der Arbeitsunfähigkeit	2
3. Versicherungsfall	3
4. Leistungspflicht des Versicherers	4, 5
5. Wartezeit- und Anmeldefristklausel	6–10
a) Wartezeitklausel	6, 7
b) Anmeldefristklausel	8–10
6. Risikoausschlüsse	11–15
a) Vorvertragliche Gesundheitsstörungen	11–14
b) Gesundheitsstörungen nervöser oder psychischer Art	15
II. Allgemeine Bedingungen für die Arbeitsunfähigkeits-Zusatzversicherung (AUZ 2008)	16

AuVdBAV: VerBAV 1985, 214 (Grundsätze für die Restschuldlebensversicherung).

Schrifttum: *Helbig,* Die Arbeitsunfähigkeits-Zusatzversicherung zur Restschuld-Lebensversicherung, in: Geld, Banken und Versicherungen, Karlsruhe, VVW, 1984, S. 1343; *derselbe,* Die Arbeitsunfähigkeits-Zusatzversicherung zur Restschuld-Lebensversicherung mit Karenzzeiten unter zwei Monaten, in: Geld, Banken und Versicherungen, Karlsruhe, VVW, 1991; *Kamga/Klaus/Warmuth,* Bepreisung des Risikos Arbeitsunfähigkeit, VW 2008, 55; *Wagner/Warmuth,* Wertorientierte Bepreisung im Versicherungsgeschäft, Karlsruhe, VVW, 2005.

I. Vorbemerkung

1. Zweck der AUZ

Die AUZ bildet mit der Restschuldlebensversicherung eine Einheit und kann 1 ohne die Hauptversicherung nicht fortgesetzt werden. Sie soll dem Versicherten Schutz gewähren, wenn dieser infolge von Gesundheitsstörungen außer Stande ist, seine Arbeitskraft zum Zwecke des Gelderwerbs einzusetzen.[1] Letztlich dient die AUZ der Absicherung von Zahlungsverpflichtungen (z. B. Krediten) des Versicherten für den Fall der Arbeitsunfähigkeit.[2] Soweit eine Deckungslücke besteht, weil nach der Regelung in § 3 Abs. 1 Satz 2 EntgeltfortzG bei Erkrankungen infolge desselben Grundleidens die Sechswochenfrist des § 3 Abs. 1 Satz 1 EntgeltfortzG nicht – wie in der Regel (§ 3 Abs. 1 Satz 1 EntgeltfortzG) – bei jeder neuen Arbeitsunfähigkeit neu zu laufen beginnt, ist diese Vertragslücke im Wege der ergänzenden Vertragsauslegung zu schließen.[3]

2. Begriff der Arbeitsunfähigkeit

Der Begriff Arbeitsunfähigkeit steht zwischen den Begriffen Arbeitsunfähigkeit, 2 wie ihn die private Krankenversicherung für die Krankentagegeldversicherung

---

[1] LG Berlin, Urt. v. 25. 9. 2001 – 7 S 13/01, NVersZ 2002, 114, 115 = VersR 2002, 1235 = r+s 2002, 213, 214.
[2] Vgl. Ziff. 1 der Grundsätze für die Restschuldversicherung, VerBAV 1991, 413, 414; OLG Nürnberg, Urt. v. 9. 3. 2000 – 8 U 3929/99, NVersZ 2001, 216, 217.
[3] OLG Nürnberg, Urt. v. 9. 3. 2000 – 8 U 3929/99, NVersZ 2001, 216, 218.

verwendet, und dem Begriff der Berufsunfähigkeit in der Lebensversicherung.[4] Der im Sozialversicherungsrecht entwickelte Begriff der Arbeitsunfähigkeit lässt sich nicht ohne weiteres für den Bereich der Restschuldversicherung übernehmen.[5] Der wirtschaftliche Zweck der verschiedenen Versicherungssparten ist so unterschiedlich, dass eine für alle Sparten gleichermaßen gültige Begriffsbestimmung nicht sachgerecht erscheint.[6] Arbeitsunfähigkeit kann selbst dann zu bejahen sein, wenn sozialversicherungsrechtlich Erwerbsunfähigkeit, die auch auf die Verhältnisse des Arbeitsmarktes abstellt, und zudem eine hochgradige Schwerbehinderung festgestellt worden sind.[7]

3. Versicherungsfall

3   Versicherungsfall ist in der Arbeitsunfähigkeitszusatzversicherung die auf Krankheit oder Körperverletzung beruhende Unfähigkeit, die bisherige Tätigkeit oder eine Verweisungstätigkeit auszuüben.[8] Damit wird zum einen eine Heilbehandlung nicht vorausgesetzt und zudem der Versicherungsschutz auch auf die Fälle der Berufsunfähigkeit erstreckt.[9] Andererseits kann der Versicherte auf andere Tätigkeiten verwiesen werden.[10] Aus der Sicht des Versicherungsnehmers ist der Begriff „Arbeitsunfähigkeit" so zu verstehen, dass diese vorliegt, wenn der behandelnde Arzt dem Versicherten Arbeitsunfähigkeit bescheinigt.[11]

4. Leistungspflicht des Versicherers

4   Eine Leistungspflicht des Versicherers besteht, wenn die versicherte Person während der Dauer der Arbeitsunfähigkeits-Zusatzversicherung arbeitsunfähig wird. Arbeitsunfähigkeit besteht nur bei völliger Arbeitsunfähigkeit. Hat ein Streifenbeamter im Innendienst täglich 6 bis 8 Stunden gearbeitet, liegt keine Arbeitsunfähigkeit im Sinne der AUZ vor.[12]

5   Für Versicherungsfälle, die bereits vor Abschluss des Versicherungsvertrages eingetreten sind, hat der Versicherer nicht einzustehen.[13] Haben die Parteien vereinbart, dass der Versicherer für vorvertragliche Versicherungsfälle leistet, liegt eine Rückwärtsversicherung vor, welche sich als willkürliches persönliches Geschenk darstellt und die im Interesse der Versichertengemeinschaft gemäß § 138 BGB als nichtig anzusehen ist.[14]

In den Versicherungsbedingungen kann rechtswirksam vereinbart werden, dass die Leistungspflicht des Versicherers bei Eintritt unbefristeter Berufs- oder Erwerbsunfähigkeit endet.[15] Die Regelung, dass der Anspruch auf Arbeitsunfähigkeitsrente erlischt, wenn der Versicherungsnehmer unbefristet berufs- oder erwerbsunfähig wird, ist nicht überraschend gemäß § 305c Abs. 1 BGB.[16]

---

[4] Vgl. *Helbig* in: Geld, Banken und Versicherungen, 1984, S. 1343, 1344 ff.
[5] OLG Hamm, Urt. v. 9. 11. 1988 – 20 U 56/88, VersR 1989, 694.
[6] OLG Hamm, Urt. v. 9. 11. 1988 – 20 U 56/88, VersR 1989, 694.
[7] OLG Celle, Urt. v. 16. 6. 2005 – 8 U 174/04, SpV 2005, 83, 84.
[8] OLG Karlsruhe, Urt. v. 16. 6. 2005 – 12 U 381/04, VersR 2005, 1422, 1423.
[9] OLG Karlsruhe, Urt. v. 16. 6. 2005 – 12 U 381/04, VersR 2005, 1422, 1423.
[10] OLG Karlsruhe, Urt. v. 16. 6. 2005 – 12 U 381/04, VersR 2005, 1422, 1423.
[11] OLG Karlsruhe, Urt. v. 3. 4. 2008 – 12 U 10/08, r+s 2008, 520.
[12] AG Leipzig, Urt. v. 30. 3. 2005 – 113 C 6267/04, SpV 2005, 88, 89.
[13] OLG Hamm, Beschl. v. 20. 9. 2006 – 20 U 140/06, VersR 2007, 1271.
[14] BGH, Urt. v. 21. 3. 1990 – IV ZR 40/89, VersR 1990, 618; OLG Hamm, Urt. v. 30. 10. 1998 – 20 U 85/98, VersR 1999, 840; OLG Hamm, Urt. v. 7. 5. 1999 – 20 U 113/98, VersR 2000, 441; OLG Hamm, Beschl. v. 20. 9. 2006 – 20 U 140/06, VersR 2007, 1271.
[15] OLG Hamm VersR 1987, 354.
[16] LG Dortmund, Urt. v. 16. 7. 2009 – 2 O 29/08, NJW-RR 2010, 103, 104; OLG Dresden, Beschl. v. 7. 9. 2009 – 4 U 1043/09, VersR 2010, 760.

5. Wartezeit- und Anmeldefristklausel

a) **Wartezeitklausel.** Die Leistungen der AUZ zur Restschuld-Lebensversicherung bestehen in den während einer Arbeitsunfähigkeit aufzubringenden Tilgungsraten des der Versicherung zugrunde liegenden Kredites. Die AUZ kommt nur mit einer Karenzzeit vor. Darunter ist eine Zeitspanne vom Eintritt des versicherten Ereignisses, also der Arbeitsunfähigkeit, bis zum Einsetzen der Leistungen zu verstehen, wobei selbstverständlich vorausgesetzt wird, dass zu diesem Zeitpunkt der Zustand der Arbeitsunfähigkeit noch anhält. Seit 1984 wird die AUZ mit einer Karenzzeit von zwei Monaten angeboten. Zulässig sind aber seit der Beschlusskammerentscheidung vom 19. März 1991[17] auch Karenzzeiten von unter zwei Monaten, wobei dann Karenzzeiten von einem Monat bzw. von sechs Wochen üblich sind. Gegenstand einer Entscheidung des OLG Karlsruhe ist folgende Klausel:[18]

„Der Anspruch auf Arbeitsunfähigkeitsrente entsteht nach Ablauf von 42 Tagen nach Eintritt der Arbeitsunfähigkeit."

Diese Wartezeitklausel hält einer Inhaltskontrolle nach § 307 BGB stand.[19] Keine Bedenken bestehen gegen eine vergleichbare Regelung für die Zahlung von Arbeitsunfähigkeitsrente erst nach Ablauf einer Karenzzeit von 42 Tagen in der Krankentagegeldversicherung.[20]

b) **Anmeldefristklausel.** In den AUZ findet sich folgende Anmeldefristklausel:[21]

„Wird uns die Arbeitsunfähigkeit später als drei Monate nach ihrem Eintritt schriftlich mitgeteilt, entsteht der Anspruch auf Versicherungsleistung erst nach dem Beginn des Monats der Mitteilung."

Der Markt kennt aber auch Anmeldefristklauseln, wonach bei verspätetem Zugang der Anzeige der Arbeitsunfähigkeit die Arbeitsunfähigkeitsrente erst vom Zugangstag an gezahlt wird, jedoch nicht vor dem 43. Tag der 100%igen Arbeitsunfähigkeit.[22] Anzuführen ist ferner eine Regelung, nach der der Anspruch auf die Versicherungsleistung erst mit dem Monat beginnt, in dem die Anzeige beim Versicherer eingeht, wenn diese später als sechs Monate nach Eintritt der Arbeitsunfähigkeit erfolgt.[23] Die Regelung enthält eine Ausschlussfrist für den Fall, dass der Versicherte schuldhaft die Arbeitsunfähigkeit verspätet anzeigt.[24] Der Regelungsgehalt dieser Klausel war bereits Gegenstand der höchstrichterlichen Rechtsprechung.[25] Bei der Anmeldefristklausel handelt es sich in Übereinstimmung mit der Bewertung der vergleichbaren Klausel in den BUZ um eine Ausschlussfrist und nicht um eine Obliegenheit.[26]

---

[17] VerBAV 1991, 187.
[18] OLG Karlsruhe, Urt. v. 2. 2. 2006 – 12 U 243/05, NJW-RR 2006, 605, 606 = VersR 2006, 637 = r+s 2006, 427.
[19] Vgl. OLG Koblenz, Urt. v. 1. 6. 2007 – 10 U 1321/06, VersR 2008, 383, 385.
[20] AG Köln, Urt. v. 4. 2. 1992 – 115 C 655/91, VersR 1993, 597.
[21] OLG Karlsruhe, Urt. v. 2. 2. 2006 – 12 U 243/05, NJW-RR 2006, 605, 606 = VersR 2006, 637 = r+s 2006, 427.
[22] OLG Celle, Urt. v. 31. 5. 2007 – 8 U 271/06, VersR 2007, 1641, 1642.
[23] OLG Karlsruhe, Urt. v. 3. 4. 2008 – 12 U 10/08, r+s 2008, 520.
[24] OLG Karlsruhe, Urt. v. 3. 4. 2008 – 12 U 10/08, r+s 2008, 520.
[25] Vgl. für die entsprechende Klausel in den BUZ BGH NJW 1995, 82 = VersR 1995, 598.
[26] OLG Celle, Urt. v. 31. 5. 2007 – 8 U 271/06, NJW-RR 2007, 1520 (Ls.) = VersR 2007, 1641, 1642.

10 Die Klausel hält der Inhaltskontrolle gemäß § 307 Abs. 1 Satz 2 BGB stand,[27] wobei ein dem Versicherungsnehmer bei Antragstellung übergebenes gesondertes Merkblatt gemäß § 310 Abs. 3 Nr. 3 BGB als den Vertragsschluss begleitender Umstand im Rahmen der Prüfung einer Intransparenz von Allgemeinen Versicherungsbedingungen nach § 307 Abs. 1 Satz 2 BGB berücksichtigt werden kann.[28] Es liegt auch keine unangemessene Benachteiligung des Versicherungsnehmers gemäß § 307 Abs. 1 Satz 1 BGB vor.[29] Die Vorschrift dient dazu, den Versicherer davor zu schützen, dass er für möglicherweise lange vor der Anzeige entstandene Ansprüche einstehen muss, die ihm bis zur Anzeige unbekannt waren und für die deshalb auch keine Rückstellungen gebildet wurden.[30]

6. Risikoausschlüsse

11 **a) Vorvertragliche Gesundheitsstörungen.** Der AUZ liegt wie jeder anderen privaten Versicherung der Gedanke zugrunde, dass regelmäßig nur Schutz gegen zukünftige ungewisse Ereignisse geboten wird und Gefahren, die bei Vertragsabschluss bereits latent vorhanden sind, vom Versicherungsschutz ausgeschlossen sind.[31] Seit einer Verlautbarung der Aufsichtsbehörde[32] aus dem Jahre 1991 kann auf Gesundheitsfragen verzichtet werden, wenn mit dem Versicherungsnehmer folgende Ausschlussklausel vereinbart wird:

> „Der Versicherungsschutz erstreckt sich nicht auf Gesundheitsstörungen, die die versicherte Person in den letzten zwölf Monaten vor Beginn des Versicherungsschutzes hatte, wenn der Versicherungsfall innerhalb der nächsten 24 Monate seit Beginn des Versicherungsschutzes eintritt und mit diesen Gesundheitsstörungen in ursächlichem Zusammenhang steht."

12 Eine spontane Aufklärungs- und Hinweispflicht des LVU bezüglich dieser Ausschlussklauseln besteht nicht.[33] Die von der Aufsichtsbehörde verlautbarten Leistungsausschlussklauseln sind sowohl unter dem Gesichtspunkt der §§ 3, 9 AGBG als auch unter Berücksichtigung der gemäß § 34a VVG zwingenden Normen der §§ 16 ff. BGB rechtswirksam.[34] Rechtswirksam ist ferner folgende Klausel:[35]

---

[27] OLG Nürnberg, Urt. v. 9. 3. 2000 – 8 U 3929/99, NVersZ 2001, 216, 217; OLG Celle, Urt. v. 31. 5. 2007 – 8 U 271/06, NJW-RR 2007, 1520 (Ls.) = VersR 2007, 1641, 1643; OLG Karlsruhe, Urt. v. 3. 2. 2008 – 12 U 10/08, r+s 2008, 520.

[28] OLG Karlsruhe, Urt. v. 2. 2. 2006 – 12 U 243/05, NJW-RR 2006, 605, 606 = VersR 2006, 637 = r+s 2006, 427 = MDR 2006, 1170; OLG Karlsruhe, Urt. v. 3. 4. 2008 – 12 U 10/08, r+s 2008, 520.

[29] OLG Celle, Urt. v. 31. 5. 2007 – 8 U 271/06, NJW-RR 2007, 1520 (Ls.) = VersR 2007, 1641, 1643.

[30] OLG Celle, Urt. v. 31. 5. 2007 – 8 U 271/06, VersR 2007, 1641, 1643.

[31] OLG Köln VersR 1988, 1292; LG Köln, Urt. v. 20. 9. 1989 – 26 O 22/89, VersR 1990, 76, 77; OLG Köln, Urt. v. 9. 2. 1990 – 6 U 239/89, VersR 1990, 369 = r+s 1990, 137; OLG Köln, Urt. v. 4. 10. 1990 – 5 U 21/90, VersR 1990, 1381; OLG Hamm, Beschl. v. 11. 12. 1990 – 20 W 49/90, VersR 1991, 798; OLG Koblenz, Urt. v. 1. 6. 2007 – 10 U 1321/06, VersR 2008, 383, 385.

[32] Vgl. Ziff. 2.3 der Grundsätze für die Restschuldlebensversicherung, VerBAV 1991, 413, 414.

[33] OLG Köln, Urt. v. 4. 10. 1990 – 5 U 21/90, VersR 1990, 1381, 1382.

[34] OLG Köln, Urt. v. 4. 10. 1990 – 5 U 21/90, VersR 1990, 1381 m. zust. Anm. *Büsken* VersR 1991, 534; OLG Nürnberg, Urt. v. 8. 11. 1990 – 8 U 1611/90, VersR 1991, 799; OLG Düsseldorf, Urt. v. 14. 1. 1992 – 4 U 38/91, VersR 1992, 948; LG Frankfurt/M., Beschl. v. 23. 12. 1991 – 2/26 O 381/91, VersR 1992, 949 (Ls.); OLG Düsseldorf, Urt. v. 29. 6. 1993 – 4 U 106/92; OLG Hamm, Beschl. v. 28. 1. 1992 – 20 U 305/91, NJW-RR 1992, 1058 = VersR 1992, 1338 (Ls.) = r+s 1992, 391; OLG Düsseldorf, Urt. v. 31. 5. 1994 – 4 U 170/93, VersR 1995, 34; a. A. *Wriede* VersR 1990, 1001.

[35] LG Köln, Urt. v. 20. 9. 1989 – 26 O 22/89, VersR 1990, 76; OLG Köln, Urt. v. 9. 2. 1990 – 6 U 239/89, VersR 1990, 369; a. A. *Wriede* VersR 1990, 1001.

„Eine Leistungspflicht besteht nicht für Krankheiten und deren Folgen sowie für Unfallfolgen, die vor Beginn des Versicherungsschutzes behandlungsbedürftig waren oder behandelt worden sind oder für die ein Leistungsausschluss vereinbart worden ist."

Ebenfalls wirksam ist folgende Klausel:[36]   13

„Die zu versichernde Person ist damit einverstanden, dass sich der Versicherungsschutz nicht auf die Gesundheitsstörungen sowie deren Ursachen und Folgen erstreckt, die sie gegenwärtig hat oder in den letzten zwei Jahren hatte und die der Y-Versicherung entweder zu früher beantragten Versicherungen oder in Beantwortung der nachstehenden Frage angezeigt wurden, wenn der Versicherungsfall mit diesen Gesundheitsstörungen im ursächlichem Zusammenhang steht. Dabei ist Nr. 3 des „Merkblatts über die Restschuldversicherung" besonders zu beachten. Welche Gesundheitsstörungen haben Sie gegenwärtig oder hatten Sie in den letzten zwei Jahren?".

Zur Ausfüllung des Begriffs „Gesundheitsstörung" in der Ausschlussklausel können die von der Aufsichtsbehörde[37] aufgestellten Grundsätze für die Restschuldlebensversicherung herangezogen werden.[38] Danach muss es sich um ernstliche Gesundheitsstörungen handeln, wobei als ernstliche Gesundheitsstörungen solche gelten, die bei einer Risikobeurteilung zum Zeitpunkt der Antragstellung zur Ablehnung oder zu erheblichen Risikozuschlägen geführt hätten.[39] Eine HIV-Infektion gehört, auch wenn der Infizierte noch keine Krankheitssymptome wahrgenommen hat und er sich noch körperlich gesund fühlt, zu den ernstlichen Gesundheitsstörungen im Sinne der von der Aufsichtsbehörde aufgestellten Grundsätze.[40]   14

b) Gesundheitsstörungen nervöser oder psychischer Art. Rechtswirksam kann vereinbart werden, dass der Versicherer nicht leistet, wenn der Versicherungsfall durch Arbeitsunfähigkeit infolge einer behandlungsbedürftigen psychischen Erkrankung verursacht wird. Die entsprechende Klausel hält einer Inhaltskontrolle nach § 307 BGB stand.[41] Dies gilt auch für eine Klausel, wonach Gesundheitsstörungen nervöser und psychischer Art einschließlich ihrer Folgen vom Versicherungsschutz ausgenommen sind.[42]   15

II. Allgemeine Bedingungen für die Arbeitsunfähigkeits-Zusatzversicherung (AUZ 2008)[43]

Sehr geehrte Kundin, sehr geehrter Kunde,   16
als Versicherungsnehmer sind Sie unser Vertragspartner; für unser Vertragsverhältnis gelten die nachfolgenden Bedingungen:

---

[36] OLG Hamm, Beschl. v. 11. 12. 1990 – 20 W 49/90, VersR 1991, 798.
[37] VerBAV 1985, 214.
[38] OLG Düsseldorf, Urt. v. 14. 1. 1992 – 4 U 38/91, VersR 1992, 948, 949.
[39] Vgl. Ziff. 2.3 der Grundsätze für die Restschuldversicherung, VerBAV 1985, 214/215.
[40] LG Frankfurt/M., Urt. v. 4. 2. 1991 – 2/24 S 219/90, NJW-RR 1991, 607 = VersR 1992, 563; OLG Düsseldorf, Urt. v. 14. 1. 1992 – 4 U 38/91, VersR 1992, 948, 949.
[41] OLG Koblenz, Urt. v. 1. 6. 2007 – 10 U 1321/06, VersR 2008, 383, 386, OLG Karlsruhe, Urt. v. 15. 11. 2007 – 19 U 57/07, NJW-RR 2008, 477 = VersR 2008, 524 = MDR 2008, 267 m. zust. Anm. v. *Rixecker* zfs 2008, 162; OLG Stuttgart, Urt. v. 5. 6. 2008 – 7 U 28/08, VersR 2008, 1343.
[42] OLG Schleswig, Urt. v. 11. 12. 2003 – 16 U 87/02, r+s 2005, 119; zust. *Höra* SpV 2004, 82 f.; a. A. LG Berlin, Urt. v. 16. 2. 1999 – 7 S 55/98, VersR 2001, 1022, 1023.
[43] Stand: 2. 5. 2008. GDV-Rundschreiben Nr. 0850/2008 v. 7. 5. 2008: Diese Bedingungen sind für die Versicherer unverbindlich; ihre Verwendung ist rein fakultativ. Abweichende Bedingungen können vereinbart werden. Anm. des Verfassers: Die AUZ 2008 sind auf den Stand der vom GDV unter dem 14. 10. 2009 verlautbarten Fassung gebracht, vgl. www.gdv.de. In den AUZ 2008 werden die Bestimmungen des VVG 2008 genannt.

Inhaltsverzeichnis

§ 1 Welche Leistungen erbringen wir?
§ 2 Was ist Arbeitsunfähigkeit im Sinne dieser Bedingungen?
§ 3 In welchen Fällen ist der Versicherungsschutz ausgeschlossen?
§ 4 Welche Mitwirkungspflichten sind zu beachten, wenn Leistungen wegen Arbeitsunfähigkeit verlangt werden?
§ 5 Was gilt bei einer Verletzung der Mitwirkungspflichten nach Eintritt der Arbeitsunfähigkeit?
§ 6 Wie erfolgt die Überschussbeteiligung?
§ 7 Wie ist das Verhältnis zur Hauptversicherung?

§ 1 Welche Leistungen erbringen wir?

(1) Wird die versicherte Person während der Dauer dieser Zusatzversicherung arbeitsunfähig, zahlen wir eine monatliche Arbeitsunfähigkeitsrente.

(2) Der Anspruch auf Arbeitsunfähigkeitsrente entsteht nach Ablauf von ...[44] Monaten nach Eintritt der Arbeitsunfähigkeit. Wird uns die Arbeitsunfähigkeit später als drei Monate nach ihrem Eintritt schriftlich mitgeteilt, entsteht der Anspruch auf die Versicherungsleistung erst mit dem Beginn des Monats der Mitteilung.

(3) Der Anspruch auf Arbeitsunfähigkeitsrente erlischt, wenn die Arbeitsunfähigkeit endet, die versicherte Person stirbt oder die vereinbarte Leistungsdauer abläuft.

§ 2 Was ist Arbeitsunfähigkeit im Sinne dieser Bedingungen?

Arbeitsunfähigkeit liegt vor, wenn die versicherte Person infolge Gesundheitsstörungen, die ärztlich nachzuweisen sind, außerstande ist, ihre bisherige oder eine andere Tätigkeit auszuüben, die aufgrund ihrer Ausbildung und Fähigkeiten ausgeübt werden kann und ihrer bisherigen Lebensstellung entspricht.

§ 3 In welchen Fällen ist der Versicherungsschutz ausgeschlossen?

(1) Grundsätzlich besteht unsere Leistungspflicht unabhängig davon, wie es zu der Arbeitsunfähigkeit gekommen ist.

(2) Wir leisten jedoch nicht, wenn die Arbeitsunfähigkeit verursacht ist:
a) durch vorsätzliche Ausführung oder den Versuch einer Straftat durch die versicherte Person;
b) unmittelbar oder mittelbar durch Kriegsereignisse oder innere Unruhen, sofern die versicherte Person auf Seiten der Unruhestifter teilgenommen hat;
c) durch absichtliche Herbeiführung von Krankheiten oder Kräfteverfall, absichtliche Selbstverletzung oder versuchte Selbsttötung. Wenn uns jedoch nachgewiesen wird, dass diese Handlungen in einem die freie Willensbestimmung ausschließenden Zustand krankhafter Störung der Geistestätigkeit begangen worden sind, werden wir leisten;
d) durch eine Sucht (z. B. Drogen- oder Medikamentenmissbrauch) oder durch eine durch Trunkenheit bedingte Bewusstseinsstörung;
e) durch Schwangerschaft;
f) unmittelbar oder mittelbar durch den vorsätzlichen Einsatz von atomaren, biologischen oder chemischen Waffen oder den vorsätzlichen Einsatz oder die vorsätzliche Freisetzung von radioaktiven, biologischen oder chemischen Stoffen, sofern der Einsatz oder das Freisetzen darauf gerichtet sind, das Leben oder die Gesundheit einer Vielzahl von Personen zu gefährden.

§ 4 Welche Mitwirkungspflichten sind zu beachten, wenn Leistungen wegen Arbeitsunfähigkeit verlangt werden?

(1) Werden Leistungen aus dieser Zusatzversicherung verlangt, sind uns unverzüglich folgende Unterlagen einzureichen:

---

[44] Unternehmensindividuell zu ergänzen.

a) eine Durchschrift des Versicherungsantrages;
b) ein Bericht des behandelnden Arztes – möglichst auf unserem Berichtsvordruck – zum Nachweis der Arbeitsunfähigkeit und gegebenenfalls zum Nachweis ihres Fortbestehen über den Anerkennungszeitraum hinaus.
Die hierdurch entstehenden Kosten hat der Anspruchserhebende zu tragen.

(2) Wir können – dann allerdings auf unsere Kosten – weitere notwendige Nachweise sowie ärztliche Nachuntersuchungen durch von uns beauftragte Ärzte verlangen, insbesondere zusätzliche Auskünfte und Aufklärungen.

(3) Nach Anerkennung unserer Leistungspflicht sind wir berechtigt, das Fortbestehen der Arbeitsunfähigkeit nachzuprüfen. Zur Nachprüfung können wir auf unsere Kosten sachdienliche Auskünfte und eine Untersuchung der versicherten Person durch einen von uns zu beauftragenden Arzt verlangen.

(4) Die Aufnahme jeglicher Erwerbstätigkeit müssen Sie uns unverzüglich mitteilen.

§ 5 Was gilt bei einer Verletzung der Mitwirkungspflichten nach Eintritt der Arbeitsunfähigkeit?

Solange eine Mitwirkungspflicht nach § 4 von Ihnen, der versicherten Person oder dem Anspruchserhebenden vorsätzlich nicht erfüllt wird, sind wir von der Verpflichtung zur Leistung frei. Bei grob fahrlässiger Verletzung einer Mitwirkungspflicht sind wir berechtigt, unsere Leistung in einem der Schwere des Verschuldens entsprechendem Verhältnis zu kürzen. Dies gilt nicht, wenn Sie uns nachweisen, dass Sie die Mitwirkungspflicht nicht grob fahrlässig verletzt haben. Die Ansprüche aus der Zusatzversicherung bleiben jedoch insoweit bestehen, als die Verletzung ohne Einfluss auf die Feststellung oder den Umfang unserer Leistungspflicht ist. Wenn die Mitwirkungspflicht später erfüllt wird, sind wir ab Beginn des laufenden Monats nach Maßgabe dieser Bedingungen zur Leistung verpflichtet. Die vollständige oder teilweise Leistungsfreiheit tritt nur ein, wenn wir Sie durch gesonderte Mitteilung in Textform auf diese Rechtsfolge hingewiesen haben.

§ 6 Wie erfolgt die Überschussbeteiligung?

Wir beteiligen Sie und die anderen Versicherungsnehmer gemäß § 153 des Versicherungsvertragsgesetzes (VVG) an den Überschüssen und ggf. an den Bewertungsreserven (Überschussbeteiligung). Die Überschüsse werden nach den Vorschriften des Handelsgesetzbuches ermittelt und jährlich im Rahmen unseres Jahresabschlusses festgestellt. Die Bewertungsreserven werden dabei im Anhang des Geschäftsberichts ausgewiesen. Der Jahresabschluss wird von einem unabhängigen Wirtschaftsprüfer geprüft und ist unserer Aufsichtsbehörde einzureichen.

(1) Grundsätze und Maßstäbe für die Überschussbeteiligung der Versicherungsnehmer

(a) Überschüsse entstehen dann, wenn die Aufwendungen für das Arbeitsunfähigkeitsrisiko und die Kosten niedriger sind, als bei der Tarifkalkulation angenommen. An diesen Überschüssen werden die Versicherungsnehmer angemessen beteiligt und zwar nach der derzeitigen Rechtslage am Risikoergebnis (Arbeitsunfähigkeit) grundsätzlich zu mindestens 75% und am übrigen Ergebnis (einschließlich Kosten) grundsätzlich zu mindestens 50% (§ 4 Abs. 4 u. 5, § 5 Mindestzuführungsverordnung).
Weitere Überschüsse stammen aus den Erträgen der Kapitalanlagen. Von den Nettoerträgen derjenigen Kapitalanlagen, die für künftige Versicherungsleistungen vorgesehen sind (§ 3 Mindestzuführungsverordnung), erhalten die Versicherungsnehmer insgesamt mindestens den in dieser Verordnung genannten Prozentsatz. In der derzeitigen Fassung der Verordnung sind grundsätzlich 90% vorgeschrieben (§ 4 Abs. 3, § 5 Mindestzuführungsverordnung). Aus diesem Betrag werden zunächst die Beträge finanziert, die für die garantierten Versicherungsleistungen benötigt werden. Die verbleibenden Mittel verwenden wir für die Überschussbeteiligung der Versicherungsnehmer.

Die verschiedenen Versicherungsarten tragen unterschiedlich zum Überschuss bei. Wir haben deshalb gleichartige Versicherungen zu Gruppen zusammengefasst. Gewinngruppen bilden wir beispielsweise, um das versicherte Risiko wie das Arbeitsunfähigkeitsrisiko zu berücksichtigen.[45] Die Verteilung des Überschusses für die Versicherungsnehmer auf die einzelnen Gruppen orientiert sich daran, in welchem Umfang sie zu seiner Entstehung beigetragen haben. Den Überschuss führen wir der Rückstellung für Beitragsrückerstattung zu, soweit er nicht in Form der sog. Direktgutschrift bereits unmittelbar den überschussberechtigten Versicherungen gutgeschrieben wird. Diese Rückstellung dient dazu, Ergebnisschwankungen im Zeitablauf zu glätten. Sie darf grundsätzlich nur für die Überschussbeteiligung der Versicherungsnehmer verwendet werden. Nur in Ausnahmefällen und mit Zustimmung der Aufsichtsbehörde können wir hiervon nach § 56a des Versicherungsaufsichtsgesetzes (VAG) abweichen, soweit die Rückstellung nicht auf bereits festgelegte Überschussanteile entfällt. Nach der derzeitigen Fassung des § 56a VAG können wir die Rückstellung, im Interesse der Versicherungsnehmer auch zur Abwendung eines drohenden Notstandes, zum Ausgleich unvorhersehbarer Verluste aus den überschussberechtigten Versicherungsverträgen, die auf allgemeine Änderungen der Verhältnisse zurückzuführen sind, oder – sofern die Rechnungsgrundlagen aufgrund einer unvorhersehbaren und nicht nur vorübergehenden Änderung der Verhältnisse angepasst werden müssen – zur Erhöhung der Deckungsrückstellung heranziehen.

(b) Bewertungsreserven entstehen, wenn der Marktwert der Kapitalanlagen über dem Wert liegt, mit dem die Kapitalanlagen in der Bilanz ausgewiesen sind. Die Beiträge sind so kalkuliert, dass sie für die Deckung von Arbeitsunfähigkeitsrisiken benötigt werden. Für die Bildung von Kapitalerträgen stehen deshalb bei der Arbeitsunfähigkeits-Zusatzversicherung keine oder allenfalls geringfügige Beträge zur Verfügung. Daher entstehen keine oder nur geringe Bewertungsreserven. Soweit Bewertungsreserven überhaupt entstehen, werden diese jährlich neu ermittelt und den Verträgen nach dem in Absatz 2 beschriebenen Verfahren zugeordnet (§ 153 Abs. 3 VVG). Bei Beendigung eines Vertrages[46] wird der für diesen Zeitpunkt aktuell ermittelte Betrag zur Hälfte zugeteilt und ausgezahlt. Aufsichtsrechtliche Regelungen zur Kapitalausstattung bleiben unberührt.

(2) Grundsätze und Maßstäbe für die Überschussbeteiligung Ihres Vertrages
(a) Ihre Versicherung erhält Anteile an den Überschüssen derjenigen Gruppe, die in Ihrem Versicherungsschein genannt ist. Die Mittel für die Überschussanteile werden bei der Direktgutschrift zu Lasten des Ergebnisses des Geschäftsjahres finanziert, ansonsten der Rückstellung für Beitragsrückerstattung entnommen. Die Höhe der Überschussanteilsätze wird jedes Jahr vom Vorstand unseres Unternehmens auf Vorschlag des Verantwortlichen Aktuars festgelegt. Wir veröffentlichen die Überschussanteilsätze in unserem Geschäftsbericht. Den Geschäftsbericht senden Sie bei uns jederzeit anfordern.
(b) ...[47]
(c) ...[48]

---

[45] Ggf. weitere unternehmensindividuelle Information über Gewinngruppen bzw. Untergruppen und deren Modalitäten; die Begriffe sind an die unternehmensindividuellen Gegebenheiten anzupassen.

[46] Ggf. unternehmensindividuellen früheren Zuteilungszeitpunkt verwenden.

[47] Hier sind folgende unternehmensindividuelle Angaben zu machen:
a) Voraussetzung für die Fälligkeit der Überschussanteile (Wartezeit, Stichtag für die Zuteilung u. ä.)
b) Form und Verwendung der Überschussanteile (laufende Überschussanteile, Schlussüberschussanteile, Bonus, Ansammlung, Verrechnung, Barauszahlung u. ä.)
c) Bemessungsgrößen für die Überschussanteile.

[48] Hier sind der Verteilungsmechanismus, d. h. die Schlüsselung der ermittelten verteilungsfähigen Bewertungsreserven auf den einzelnen Vertrag und die Bewertungsstichtage anzugeben. Vgl. hierzu auch Gesamtgeschäftsplan für die Überschussbeteiligung, Abschnitte 3.11.1 bis 3.11.11.

(3) Information über die Höhe der Überschussbeteiligung
Die Höhe der Überschussbeteiligung hängt von vielen Einflüssen ab. Diese sind nicht vorhersehbar und von uns nur begrenzt beeinflussbar. Wichtigster Einflussfaktor ist dabei die Zinsentwicklung des Kapitalmarkts. Aber auch die Entwicklung des versicherten Risikos und der Kosten sind von Bedeutung. Die Höhe der künftigen Überschussbeteiligung kann also nicht garantiert werden.

§ 7 Wie ist das Verhältnis zur Hauptversicherung?

(1) Die Arbeitsunfähigkeits-Zusatzversicherung bildet mit der Restschuldlebensversicherung, zu der sie abgeschlossen worden ist (Hauptversicherung), eine Einheit; sie kann ohne die Hauptversicherung nicht fortgesetzt werden. Wenn der Versicherungsschutz aus der Hauptversicherung endet, erlischt auch die Zusatzversicherung.

(2) Die Zusatzversicherung können Sie nur zusammen mit der Hauptversicherung kündigen. Auf den Rückkaufswert ist § 8 Abs. 3 der Allgemeinen Versicherungsbedingungen der Hauptversicherung sinngemäß anzuwenden. Anerkannte Ansprüche aus der Arbeitsunfähigkeits-Zusatzversicherung werden durch Beendigung der Hauptversicherung nicht berührt.

N. Allgemeine Bedingungen für den vorläufigen Versicherungsschutz in der Lebensversicherung (VVSL 2008)

Übersicht

	Rdn.
I. Vorbemerkung	1–9
1. Produktbeschreibung	1, 2
2. Inhaltskontrolle	3–9
a) Zwei-Monats-Frist	3, 4
b) Ausschluss der Leistungspflicht	5–9
II. Allgemeine Bedingungen für den vorläufigen Versicherungsschutz in der Lebensversicherung (VVSL 2008)	10, 11
1. Allgemeine Bedingungen für den vorläufigen Versicherungsschutz in der Lebensversicherung (VVS-AntragsV 2008)	10
2. Allgemeine Bedingungen für den vorläufigen Versicherungsschutz in der Lebensversicherung (VVS-InvitatioV 2008)	11

AuVdBAV: GB BAV 1976, 43, VerBAV 1977, 34, GB BAV 1980, 55 und VerBAV 1981, 182 (Vorläufiger Versicherungsschutz in der Lebensversicherung); VerBAV 1985, 344 und VerBAV 1986, 215 (Musterbedingungen für den vorläufigen Versicherungsschutz in der Lebensversicherung); VerBAV 1986, 213 (Allgemeine Bedingungen für den vorläufigen Versicherungsschutz in der Lebensversicherung); VerBAV 1991, 59 (Änderung der Bedingungen für den vorläufigen Versicherungsschutz).

Schrifttum: *Freytag,* Vorläufige Deckungszusage in der Lebensversicherung, ZfV 1971, 570; *Gerlach,* Vorläufiger Versicherungsschutz in der Lebensversicherung, VerBAV 1978, 72; *Knappmann,* in: Kontinuität und Wandel des Versicherungsrechts, Festschrift für Egon Lorenz, Karlsruhe, VVW, 2004, S. 399; *Schimikowski,* Versicherungsschutz zwischen Antragstellung und Antragsannahme – Aktuelle Entwicklungen und Reformdiskussion –, in: Recht und Risiko, Festschrift für Helmut Kollhosser, Karlsruhe, VVW, 2004, S. 313; *Sieg,* Neuere Aspekte der vorläufigen und der Rahmen-Versicherungsverhältnisse, VersR 1986, 929; *Theda,* Rechtsprechung zur vorläufigen Deckungszusage, VW 1974, 1068; *Werber,* Gedanken zum Einfluss der Praxis auf das Recht der vorläufigen Deckungszusage, ZVersWiss 1984, 321.

I. Vorbemerkung

1. Produktbeschreibung

1 Ein vorläufiger Versicherungsschutz in der Lebensversicherung war bis 1977 ganz allgemein nicht vorgesehen.[1] Erst 1977 wurde ein vorläufiger Versicherungsschutz für Todesfälle eingeführt, die durch einen Unfall verursacht wurden.[2] Seit 1981 bestand die zunächst bis zum 31. Dezember 1985 befristete Möglichkeit, vorläufigen Versicherungsschutz auch für Todesfälle durch andere Ursachen zu gewähren, soweit die Todesursache erst nach Antragstellung entstanden bzw. erkennbar geworden ist.[3] Die Musterbedingungen sahen gemäß § 1 Abs. 2 VVSL 1986 eine Begrenzung des vorläufigen Versicherungsschutzes aus den für den Todesfall beantragten Leistungen einschließlich der Leistungen aus einer Unfall-

---

[1] Siehe hierzu LG München v. 24. 6. 1958, VersR 1958, 590; OLG Hamm v. 20. 5. 1975, VersR 1976, 144; *Gerlach* VerBAV 1978, 72.
[2] Vgl. VerBAV 1977, 34.
[3] VerBAV 1981, 182.

Zusatzversicherung auf einen Höchstbetrag von 200 000 DM vor.[4] Der vorläufige Versicherungsschutz begann gemäß § 3 Abs. 1 VVSL 1986 mit dem Tage des Eingangs des Versicherungsantrags, spätestens mit dem dritten Tag nach der Unterzeichnung des Antrags. Bestand ein Widerrufsrecht, so begann gemäß § 3 Abs. 1 VVSL 1986 der vorläufige Versicherungsschutz erst mit dem 11. Tag nach der Unterzeichnung des Antrags und nur wenn der Antragsteller den Antrag nicht widerrufen hatte.[5] § 187 Abs. 1 BGB findet bei Bestehen eines Widerrufsrechts mit der Folge Anwendung, dass der Tag der Antragstellung bei der Fristberechnung für den Beginn des vorläufigen Versicherungsschutzes nicht mitgerechnet wird. Der vorläufige Versicherungsschutz endet regelmäßig mit dem Beginn des Versicherungsschutzes aus der beantragten Versicherung oder mit der Ablehnung des Versicherungsantrages durch das LVU.[6]

Voraussetzung für den vorläufigen Versicherungsschutz ist neben weiteren Bedingungen (vgl. § 2 Musterbedingungen 1986), dass der Antragsteller den Einlösungsbeitrag für die beantragte Versicherung gezahlt oder dem Versicherer eine Ermächtigung zum Beitragseinzug erteilt. Ein besonderer Beitrag wird für die Gewährung des vorläufigen Versicherungsschutzes vom LVU nicht erhoben.[7]

Für die Gruppenversicherung gelten die Bestimmungen zur vorläufigen Risikoübernahme.[8]

2. Inhaltskontrolle

a) Zwei-Monats-Frist. Der BGH hatte über die Rechtswirksamkeit folgender Klausel aus den AVB für den vorläufigen Versicherungsschutz in der Lebensversicherung zu befinden:[9]

„§ 3 Wann beginnt und endet der vorläufige Versicherungsschutz?

(1) Der vorläufige Versicherungsschutz beginnt mit dem 11. Tag nach der Unterzeichnung des Antrages und nur, wenn Sie Ihren Antrag nicht widerrufen haben.

(2) Der vorläufige Versicherungsschutz endet spätestens zwei Monate nach der Unterzeichnung des Antrags. Er endet jedoch vor Ablauf dieser Frist, wenn

a) der Versicherungsschutz aus der beantragten Versicherung begonnen hat;
b) wir Ihren Antrag abgelehnt haben;
c) Sie Ihren Antrag angefochten oder bereits mit dem Eingang bei uns zurückgenommen haben;
d) …"

Nach Auffassung des BGH erweist sich die Regelung des § 3 Abs. 2 Satz 1 VVSL 1991 als unwirksam, weil sie den Versicherungsnehmer entgegen den Geboten von Treu und Glauben unangemessen benachteilige (§ 9 Abs. 1 AGBG). Zur Begründung seiner Ansicht führt der BGH aus, dass die Regelung die Erreichung des wesentlichen Vertragszwecks vereiteln würde, dem Antragsteller während der gesamten Dauer erfolgversprechender Vertragsverhandlungen Versicherungsschutz zu gewähren. Dies führe zu einer unangemessenen Benachteiligung des Versicherungsnehmers und damit zur Unwirksamkeit der Klausel.[10]

---

[4] VerBAV 1986, 213.
[5] Vgl. VerBAV 1986, 213, 214.
[6] Siehe hierzu BGH, Urt. v. 3. 4. 1996 – IV ZR 152/95, NJW-RR 1996, 856 = VersR 1996, 743 = VerBAV 1996, 211, 213 = r+s 1996, 284 = MDR 1996, 691.
[7] Vgl. VerBAV 1981, 182.
[8] VerBAV 1985, 71.
[9] BGH, Urt. v. 3. 4. 1996 – IV ZR 152/95, NJW-RR 1996, 856 = VersR 1996, 743 = VerBAV 1996, 211 = r+s 1996, 284 = MDR 1996, 691.
[10] BGH, Urt. v. 3. 4. 1996 – IV ZR 152/95, NJW-RR 1996, 856, 857 = VersR 1996, 743, 744 = VerBAV 1996, 211, 213 = r+s 1996, 284, 285 = MDR 1996, 691, 692.

5   **b) Ausschluss der Leistungspflicht.** Die AVB für den vorläufigen Versicherungsschutz in der Lebensversicherung enthielten zum Ausschluss der Leistungspflicht folgende Klausel:

> „Unsere Leistungspflicht ist – soweit nicht etwas anderes vereinbart ist – ausgeschlossen für Versicherungsfälle aufgrund von Ursachen, die vor Unterzeichnung des Antrags erkennbar geworden sind, auch wenn diese im Antrag angeben wurden."

6   Es handelt sich dabei um einen Risikoausschluss, der unabhängig ist von der Beantwortung der im Antrag gestellten Fragen, also auch gilt, wenn der Antragsteller alle Angaben richtig und vollständig gemacht hat.[11] Durch die Ausschlussklausel soll der Tatsache Rechnung getragen werden, dass der Versicherer ohne sie keine Möglichkeit hätte, den Versicherungsschutz interessengerecht zu begrenzen.[12] Zum Kreis der in Frage kommenden Ursachen gehören nur solche, die adäquat kausal sind, wobei je nach Sachlage auch gefahrerhebliche Umstände im Sinne von §§ 16, 17 VVG in Betracht kommen.[13]

7   Das OLG Koblenz[14] legt die Klausel des § 4 Abs. 1 VVSL 1991 dahin aus, dass der vorläufige Versicherungsschutz grundsätzlich nur dann ausgeschlossen ist, wenn die vor Unterzeichnung des Antrags erkennbare Ursache nach den Risikoprüfungsgrundsätzen des Versicherers zur Ablehnung des Anspruchs geführt hätte. Nach Auffassung des BGH[15] schränkt § 4 Abs. 1 VVSL 1991 wesentliche Rechte des Versicherungsnehmers, die sich aus der Natur eines Vertrages über vorläufigen Versicherungsschutz in der Lebensversicherung ergeben, so sehr ein, dass der Vertragszweck gefährdet wird (§ 9 Abs. 2 Nr. 2 AGBG). Das OLG Saarbrücken[16] sieht in der Klausel einen Verstoß gegen das Transparenzgebot. Nach Meinung des OLG Hamm[17] liegt eine Abweichung von den §§ 16 ff. VVG vor, auf die sich der Versicherer nicht berufen kann. Es wurde deshalb im Jahre 2001 die vom BGH für unwirksam erklärte Klausel im Wege der unverbindlichen Verbandsempfehlung durch § 4 Abs. 1 VVSL 2001 wie folgt ersetzt:

> „Unsere Leistungspflicht ist ausgeschlossen für die Versicherungsfälle aufgrund von Ursachen, nach denen im Antrag gefragt ist und von denen die versicherte Person vor seiner Unterzeichnung Kenntnis hatte, auch wenn diese im Antrag angegeben wurden. Dies gilt nicht für Umstände, die für den Eintritt des Versicherungsfalls nur mitursächlich geworden sind."

8   Der unverbindlichen Verbandsempfehlung wurde aber nicht durchgängig gefolgt, wie folgende Klausel zeigt, die aber für unwirksam erklärt worden ist:[18]

> „Unsere Leistungspflicht ist – soweit nicht etwas anderes vereinbart ist – ausgeschlossen für Versicherungsfälle, zu deren Eintritt gefahrerhebliche Erkrankungen, Beschwerden oder

---

[11] OLG Köln, Urt. v. 9. 2. 1994 – 11 U 231/93, VersR 1995, 89, 90 = r+s 1994, 274, 275.
[12] OLG Köln, Urt. v. 9. 2. 1994 – 11 U 231/93, VersR 1995, 89, 90 = r+s 1994, 274, 275.
[13] OLG Köln, Urt. v. 23. 10. 1996 – 5 U 84/96, r+s 1997, 211, 212.
[14] OLG Koblenz, Urt. v. 29. 10. 1999 – 10 U 1329/98, r+s 2001, 126.
[15] BGH, Urt. v. 21. 2. 2001 – IV ZR 259/99, NVersZ 2001, 262 = NJW-RR 2001, 741 = VersR 2001, 489 = VerBAV 2001, 242 = r+s 2001, 260 = MDR 2001, 813; LG Saarbrücken, Urt. v. 23. 7. 2001 – 12 O 478/00, r+s 2003, 187, 188; *Knappmann* in: Festschrift für Egon Lorenz, 2004, S. 399, 400; *Schimikowski* in: Festschrift für Helmut Kollhosser, 2004, S. 313, 317.
[16] OLG Saarbrücken, Urt. v. 21. 3. 2001 – 5 U 691/00-59, NVersZ 2001, 506 = NJW-RR 2002, 28 = VersR 2002, 41 = r+s 2002, 257.
[17] OLG Hamm, Beschl. v. 24. 9. 1999 – 20 W 10/99, NVersZ 2000, 517, 518.
[18] OLG Saarbrücken, Urt. v. 11. 7. 2007 – 5 U 643/06, NJW-RR 2008, 280, 281 ff. = VersR 2007, 621, 622 = r+s 2008, 478 ff.

Gesundheitsstörungen zumindest mitursächlich beigetragen haben, die Ihnen bzw. der zu versichernden Person bei Antragstellung bekannt waren, auch wenn diese im Antrag angegeben wurden. Gefahrerheblich sind solche Erkrankungen, Beschwerden oder Gesundheitsstörungen, die geeignet sind, auf unseren Entschluss, den Vertrag überhaupt oder zu dem vereinbarten Inhalt abzuschließen, einen Einfluss auszuüben. Erkrankungen, Beschwerden oder Gesundheitsstörungen, nach denen wir bei Antragstellung ausdrücklich und schriftlich gefragt haben, gelten im Zweifel als erheblich."

Demgegenüber hält § 1 Abs. 3 lit. a) VVSL 1991 der Inhaltskontrolle nach § 9 AGBG stand. Der BGH[19] hat nämlich folgende Klausel in einem Vertrag über vorläufigen Versicherungsschutz in der Berufsunfähigkeits-Zusatzversicherung für rechtswirksam erklärt:

„Voraussetzung für unsere Leistungspflicht ist außerdem, dass uns die Berufsunfähigkeit innerhalb von drei Monaten seit ihrem Eintritt angezeigt worden ist."

II. Allgemeine Bedingungen für den vorläufigen Versicherungsschutz in der Lebensversicherung (VVSL 2008)

1. Allgemeine Bedingungen für den vorläufigen Versicherungsschutz in der Lebensversicherung (VVS-AntragsV 2008)[20]

Sehr geehrte Kundin, sehr geehrter Kunde,
mit den nachfolgenden Bedingungen wenden wir uns an Sie als Antragsteller und künftigen Versicherungsnehmer.

Inhaltsverzeichnis

§ 1 Was ist vorläufig versichert?
§ 2 Unter welchen Voraussetzungen besteht vorläufiger Versicherungsschutz?
§ 3 Wann beginnt und endet der vorläufige Versicherungsschutz?
§ 4 In welchen Fällen ist der vorläufige Versicherungsschutz ausgeschlossen?
§ 5 Was kostet Sie der vorläufige Versicherungsschutz?
§ 6 Wie ist das Verhältnis zur beantragten Versicherung und wer erhält die Leistungen aus dem vorläufigen Versicherungsschutz?

§ 1 Was ist vorläufig versichert?

(1) Der vorläufige Versicherungsschutz erstreckt sich auf die für den Todesfall beantragten Leistungen. Wenn Sie eine Unfall-Zusatzversicherung beantragt haben, zahlen wir zusätzlich die Unfallversicherungssumme, wenn ein Unfall
a) während der Dauer des vorläufigen Versicherungsschutzes eingetreten ist und
b) innerhalb eines Jahres nach dem Unfalltage zum Tode der versicherten Person führt.

(2) Aufgrund des vorläufigen Versicherungsschutzes zahlen wir einschließlich der Leistungen aus einer Unfall-Zusatzversicherung höchstens ... Euro, auch wenn Sie höhere Leistungen beantragt haben. Diese Begrenzung gilt auch dann, wenn mehrere Anträge auf das Leben derselben Person bei uns gestellt worden sind.

---

[19] BGH, Urt. v. 7. 7. 1999 – IV ZR 32/98, NVersZ 1999, 471, 472 = BB 1999, 1729, 1730.
[20] Stand: 2. 5. 2008. GDV-Rundschreiben Nr. 0850/2008 v. 7. 5. 2008: Diese Bedingungen sind für die Versicherer unverbindlich; ihre Verwendung ist rein fakultativ. Abweichende Bedingungen können verwendet werden. Die Formulierungen passen ausschließlich für das **Antragsverfahren**. Wählt der Versicherer das Invitatio-Verfahren, sind die entsprechenden Allgemeinen Bedingungen für den vorläufigen Versicherungsschutz in der Lebensversicherung für das Invitatio-Verfahren einschlägig. Anm. des Verfassers: Die VVS-AntragsV 2008 sind auf den Stand der vom GDV unter dem 14. 10. 2009 verlautbarten Fassung gebracht, vgl. www.gdv.de. In den VVS-AntragsV 2008 werden die Bestimmungen des VVG 2008 genannt.

§ 2 Unter welchen Voraussetzungen besteht vorläufiger Versicherungsschutz?

Sofern nichts anderes vereinbart ist, ist Voraussetzung für den vorläufigen Versicherungsschutz, dass

a) der beantragte Versicherungsbeginn nicht später als ... nach der Unterzeichnung des Antrags liegt;
b) uns eine Ermächtigung zum Beitragseinzug erteilt worden ist. Bei Vermögensbildungsversicherungen reicht es aus, wenn uns der „Antrag auf Überweisung vermögenswirksamer Leistungen durch den Arbeitgeber" vorliegt;
c) Sie das Zustandekommen der beantragten Versicherung nicht von einer besonderen Bedingung abhängig gemacht haben;
d) Ihr Antrag nicht von den von uns gebotenen Tarifen und Bedingungen abweicht;
e) die versicherte Person bei Unterzeichnung des Antrags das ... Lebensjahr noch nicht vollendet hat.

§ 3 Wann beginnt und endet der vorläufige Versicherungsschutz?

(1) Der vorläufige Versicherungsschutz beginnt mit dem Tag, an dem Ihr Antrag bei uns eingeht, spätestens jedoch mit dem ... Tag nach der Unterzeichnung des Antrages.

(2) Soweit nichts anderes vereinbart ist, endet der vorläufige Versicherungsschutz, wenn

a) der Versicherungsschutz aus der beantragten Versicherung begonnen hat;
b) Sie Ihren Antrag angefochten oder zurückgenommen haben;
c) Sie von Ihrem Widerrufsrecht nach § 8 VVG Gebrauch gemacht haben;
d) Sie einer Ihnen gemäß § 5 Abs. 1 und 2 VVG mitgeteilten Abweichung des Versicherungsscheins von Ihrem Antrag widersprochen haben;
e) der Einzug des Einlösungsbeitrages aus von Ihnen zu vertretenden Gründen nicht möglich war oder dem Einzug widersprochen worden ist, sofern wir Sie durch gesonderte Mitteilung in Textform oder durch einen auffälligen Hinweis im Versicherungsschein auf diese Rechtsfolge aufmerksam gemacht haben.

(3) Jede Vertragspartei kann den Vertrag über den vorläufigen Versicherungsschutz ohne Einhaltung einer Frist kündigen. Unsere Kündigungserklärung wird jedoch erst nach Ablauf von zwei Wochen nach Zugang bei Ihnen wirksam.

§ 4 In welchen Fällen ist der vorläufige Versicherungsschutz ausgeschlossen?

(1) Unsere Leistungspflicht ist ausgeschlossen für die Versicherungsfälle aufgrund von Ursachen, nach denen im Antrag gefragt ist und von denen die versicherte Person vor seiner Unterzeichnung Kenntnis hatte, auch wenn diese im Antrag angegeben wurden. Dies gilt nicht für Umstände, die für den Eintritt des Versicherungsfalls nur mitursächlich geworden sind.

(2) Bei vorsätzlicher Selbsttötung der versicherten Person besteht Versicherungsschutz nur dann, wenn uns nachgewiesen wird, dass die Tat in einem die freie Willensbestimmung ausschließenden Zustand krankhafter Störung der Geistestätigkeit begangen worden ist.

(3) Bei Ableben der versicherten Person in unmittelbarem und mittelbarem Zusammenhang mit kriegerischen Ereignissen oder inneren Unruhen entfällt unsere Leistungspflicht, wenn die versicherte Person auf Seiten der Unruhestifter teilgenommen hat.

(4) Bei Ableben der versicherten Person in unmittelbarem oder mittelbarem Zusammenhang mit dem vorsätzlichen Einsatz von atomaren, biologischen oder chemischen Waffen oder dem vorsätzlichen Einsatz oder der vorsätzlichen Freisetzung von radioaktiven, biologischen oder chemischen Stoffen entfällt unsere Leistungspflicht, sofern der Einsatz oder das Freisetzen darauf gerichtet sind, das Leben einer Vielzahl von Personen zu gefährden.

§ 5 Was kostet Sie der vorläufige Versicherungsschutz?

Für den vorläufigen Versicherungsschutz erheben wir zwar keinen besonderen Beitrag. Erbringen wir aber Leistungen aufgrund des vorläufigen Versicherungsschutzes, behalten wir ein Entgelt ein. Das Entgelt entspricht dem Beitrag für einen Beitragszahlungsabschnitt. Bei Einmalbeitragsversicherungen ist dies der einmalige Beitrag. Wir berechnen Ihnen jedoch nicht mehr als den Tarifbeitrag für die Höchstsumme gemäß § 1 Abs. 2. Bereits gezahlte Beträge rechnen wir an.[21]

Bemerkung

Bei Tarifen, bei denen im Leistungsfall der Beitrag für das erste Versicherungsjahr des beantragten Versicherungsvertrages zu zahlen ist, lautet § 5 wie folgt:

„Für den vorläufigen Versicherungsschutz erheben wir zwar keinen gesonderten Beitrag. Erbringen wir aber Leistungen aufgrund des vorläufigen Versicherungsschutzes, behalten wir ein Entgelt ein. Das Entgelt entspricht dem Beitrag für das erste Versicherungsjahr des beantragten Versicherungsvertrages. Bei Einmalbeitragsversicherungen ist dies der einmalige Beitrag. Wir berechnen jedoch nicht mehr als den Tarifbeitrag für die Höchstsumme gemäß § 1 Abs. 2. Bereits gezahlte Beträge rechnen wir an."

§ 6 Wie ist das Verhältnis zur beantragten Versicherung und wer erhält die Leistungen aus dem vorläufigen Versicherungsschutz?

(1) Soweit in diesen Bedingungen nichts anderes bestimmt ist, finden die Allgemeinen und Besonderen Bedingungen für die beantragte Versicherung Anwendung, einschließlich derjenigen für eine mitbeantragte Unfall-Zusatzversicherung. Dies gilt insbesondere für die dort enthaltenen Einschränkungen und Ausschlüsse. Eine Überschussbeteiligung erfolgt jedoch nicht.

(2) Haben Sie im Antrag ein Bezugsrecht festgelegt, gilt dieses auch für die Leistungen aus dem vorläufigen Versicherungsschutz.

2. Allgemeine Bedingungen für den vorläufigen Versicherungsschutz in der Lebensversicherung (VVS-InvitatioV 2008)[22]

Sehr geehrte Kundin, sehr geehrter Kunde,
mit den nachfolgenden Bedingungen wenden wir uns an Sie als Anfragenden und künftigen Versicherungsnehmer.

Inhaltsverzeichnis

§ 1 Was ist vorläufig versichert?
§ 2 Unter welchen Voraussetzungen besteht vorläufiger Versicherungsschutz?
§ 3 Wann beginnt und endet der vorläufige Versicherungsschutz?
§ 4 In welchen Fällen ist der vorläufige Versicherungsschutz ausgeschlossen?
§ 5 Was kostet Sie der vorläufige Versicherungsschutz?
§ 6 Wie ist das Verhältnis zur beantragten Versicherung und wer erhält die Leistungen aus dem vorläufigen Versicherungsschutz?

---

[21] Es kann auch ein Betrag bis zur Höhe des Beitrages für die Zeit vom Beginn des vorläufigen Versicherungsschutzes bis zum Ende des Monats gewählt werden, in dem der Versicherungsfall eintritt.

[22] Stand: 2. 5. 2008. GDV-Rundschreiben Nr. 0850/2008 v. 7. 5. 2008: Diese Bedingungen sind für die Versicherer unverbindlich; ihre Verwendung ist rein fakultativ. Abweichende Bedingungen können verwendet werden. Die Formulierungen passen ausschließlich für das **Invitatio-Verfahren** und nur für den Fall, dass der Versicherer bereits ab Zugang der Anfrage vorläufigen Versicherungsschutz gewährt. Wählt der Versicherer einen anderen Zeitpunkt für den Beginn des vorläufigen Versicherungsschutzes, sind die Bedingungen für das Antragsverfahren einschlägig. Wählt der Versicherer einen anderen Zeitpunkt für den Beginn des vorläufigen Versicherungsschutzes, sind die Bedingungen entsprechend anzupassen. Anm. des Verfassers: Die VVS-InvitatioV 2008 sind auf den Stand der vom GDV unter dem 14. 10. 2009 verlautbarten Fassung gebracht, vgl. www.gdv.de. In den VVS-InvitatioV 2008 werden die Bestimmungen des VVG 2008 genannt.

§ 1 Was ist vorläufig versichert?

(1) Der vorläufige Versicherungsschutz erstreckt sich auf die für den Todesfall vorgesehenen Leistungen der Versicherungsanfrage. Wenn Sie eine Versicherungsanfrage für eine Unfall-Zusatzversicherung gestellt haben, zahlen wir zusätzlich die Unfallversicherungssumme, wenn ein Unfall
a) während der Dauer des vorläufigen Versicherungsschutzes eingetreten ist und
b) innerhalb eines Jahres nach dem Unfalltage zum Tode der versicherten Person führt.

(2) Aufgrund des vorläufigen Versicherungsschutzes zahlen wir einschließlich der Leistungen aus einer Unfall-Zusatzversicherung höchstens ... Euro, auch wenn Ihre Versicherungsanfrage höhere Leistungen vorsieht. Diese Begrenzung gilt auch dann, wenn mehrere Versicherungsanfragen auf das Leben derselben Person bei uns gestellt worden sind.

§ 2 Unter welchen Voraussetzungen besteht vorläufiger Versicherungsschutz?

Sofern nichts anderes vereinbart ist, ist Voraussetzung für den vorläufigen Versicherungsschutz, dass
a) der in der Versicherungsanfrage vorgesehene Versicherungsbeginn nicht später als ... nach der Unterzeichnung der Versicherungsanfrage liegt;
b) uns eine Ermächtigung zum Beitragseinzug erteilt worden ist. Bei Vermögensbildungsversicherungen reicht es aus, wenn uns der „Antrag auf Überweisung vermögenswirksamer Leistungen durch den Arbeitgeber" vorliegt;
c) Sie das Zustandekommen der Hauptversicherung nicht von einer besonderen Bedingung abhängig gemacht haben;
d) Ihre Versicherungsanfrage nicht von den von uns gebotenen Tarifen und Bedingungen abweicht;
e) die versicherte Person bei Unterzeichnung der Versicherungsanfrage das ... Lebensjahr noch nicht vollendet hat.

§ 3 Wann beginnt und endet der vorläufige Versicherungsschutz?

(1) Der vorläufige Versicherungsschutz beginnt mit dem Tag, an dem Ihre Versicherungsanfrage bei uns eingeht, spätestens jedoch mit dem ... Tag nach der Unterzeichnung der Versicherungsanfrage.

(2) Soweit nichts anderes vereinbart ist, endet der vorläufige Versicherungsschutz, wenn
a) der Versicherungsschutz aus der Hauptversicherung begonnen hat;
b) Sie Ihre Vertragserklärung angefochten oder zurückgenommen haben;
c) Sie von Ihrem Widerrufsrecht nach § 8 VVG Gebrauch gemacht haben;
d) Sie uns mitteilen, dass Sie am Abschluss der Hauptversicherung kein Interesse mehr haben;
e) der Einzug des Einlösungsbeitrages aus von Ihnen zu vertretenden Gründen nicht möglich war oder dem Einzug widersprochen worden ist, sofern wir Sie durch gesonderte Mitteilung in Textform oder durch einen auffälligen Hinweis im Versicherungsschein auf diese Rechtsfolge aufmerksam gemacht haben.

(3) Jede Vertragspartei kann den Vertrag über den vorläufigen Versicherungsschutz ohne Einhaltung einer Frist kündigen. Unsere Kündigungserklärung wird jedoch erst nach Ablauf von zwei Wochen nach Zugang bei Ihnen wirksam.

§ 4 In welchen Fällen ist der vorläufige Versicherungsschutz ausgeschlossen?

(1) Unsere Leistungspflicht ist ausgeschlossen für die Versicherungsfälle aufgrund von Ursachen, nach denen in der Versicherungsanfrage gefragt ist und von denen die versicherte Person vor ihrer Unterzeichnung Kenntnis hatte, auch wenn diese in der Versicherungsanfrage angegeben wurden. Dies gilt nicht für Umstände, die für den Eintritt des Versicherungsfalls nur mitursächlich geworden sind.

(2) Bei vorsätzlicher Selbsttötung der versicherten Person besteht Versicherungsschutz nur dann, wenn uns nachgewiesen wird, dass die Tat in einem die freie Willensbestimmung ausschließenden Zustand krankhafter Störung der Geistestätigkeit begangen worden ist.

(3) Bei Ableben der versicherten Person in unmittelbarem und mittelbarem Zusammenhang mit kriegerischen Ereignissen oder inneren Unruhen entfällt unsere Leistungspflicht, wenn die versicherte Person auf Seiten der Unruhestifter teilgenommen hat.

(4) Bei Ableben der versicherten Person in unmittelbarem oder mittelbarem Zusammenhang mit dem vorsätzlichen Einsatz von atomaren, biologischen oder chemischen Waffen oder dem vorsätzlichen Einsatz oder der vorsätzlichen Freisetzung von radioaktiven, biologischen oder chemischen Stoffen entfällt unsere Leistungspflicht, sofern der Einsatz oder das Freisetzen darauf gerichtet sind, das Leben einer Vielzahl von Personen zu gefährden.

§ 5 Was kostet Sie der vorläufige Versicherungsschutz?

Für den vorläufigen Versicherungsschutz erheben wir zwar keinen besonderen Beitrag. Erbringen wir aber Leistungen aufgrund des vorläufigen Versicherungsschutzes, behalten wir ein Entgelt ein. Das Entgelt entspricht dem Beitrag für einen Beitragszahlungsabschnitt. Bei Einmalbeitragsversicherungen ist dies der einmalige Beitrag. Wir berechnen Ihnen jedoch nicht mehr als den Tarifbeitrag für die Höchstsumme gemäß § 1 Abs. 2. Bereits gezahlte Beträge rechnen wir an.[23]

Bemerkung

Bei Tarifen, bei denen im Leistungsfall der Beitrag für das erste Versicherungsjahr des beantragten Versicherungsvertrages zu zahlen ist, lautet § 5 wie folgt:

„Für den vorläufigen Versicherungsschutz erheben wir zwar keinen gesonderten Beitrag. Erbringen wir aber Leistungen aufgrund des vorläufigen Versicherungsschutzes, behalten wir ein Entgelt ein. Das Entgelt entspricht dem Beitrag für das erste Versicherungsjahr des beantragten Versicherungsvertrages. Bei Einmalbeitragsversicherungen ist dies der einmalige Beitrag. Wir berechnen jedoch nicht mehr als den Tarifbeitrag für die Höchstsumme gemäß § 1 Abs. 2. Bereits gezahlte Beträge rechnen wir an."

§ 6 Wie ist das Verhältnis zur Hauptversicherung und wer erhält die Leistungen aus dem vorläufigen Versicherungsschutz?

(1) Soweit in diesen Bedingungen nichts anderes bestimmt ist, finden die Allgemeinen und Besonderen Bedingungen für die Hauptversicherung Anwendung, einschließlich derjenigen für eine Unfall-Zusatzversicherung, soweit für diese eine Versicherungsanfrage gestellt wurde. Dies gilt insbesondere für die dort enthaltenen Einschränkungen und Ausschlüsse. Eine Überschussbeteiligung erfolgt jedoch nicht.

(2) Haben Sie in der Versicherungsanfrage ein Bezugsrecht benannt, gilt dieses auch für die Leistungen aus dem vorläufigen Versicherungsschutz.

---

[23] Es kann auch ein Betrag bis zur Höhe des Beitrages für die Zeit vom Beginn des vorläufigen Versicherungsschutzes bis zum Ende des Monats gewählt werden, in dem der Versicherungsfall eintritt.

O. Besondere Bedingungen für die Lebensversicherung mit planmäßiger Erhöhung der Beiträge und Leistungen ohne erneute Gesundheitsprüfung (PLV 2008)

Übersicht

	Rdn.
I. Vorbemerkung	1–9
1. Anpassungsversicherung	1, 2
2. Anpassungsformen	3–7
a) Anpassungsmodus A	3
b) Anpassungsmodus P und L	4
c) Anpassungsklausel	5, 6
d) Andere Erhöhungsmaßstäbe	7
3. Rechtliche Gestaltung	8, 9
a) Erhöhungsantrag	8
b) Ausschluss der Beitragserhöhung	9
II. Besondere Bedingungen für die Lebensversicherung mit planmäßiger Erhöhung der Beiträge und Leistungen ohne erneute Gesundheitsprüfung (PLV 2008)	10

AuVdBAV: GB BAV 1965, 30 (Erhöhung der Versicherungssumme ohne erneute Gesundheitsprüfung); GB BAV 1972, 46 (Planmäßige Erhöhung des Versicherungsschutzes ohne erneute Gesundheitsprüfung); GB BAV 1973, 44 (Werbung in der Lebensversicherung mit der Bezeichnung „dynamisch"); GB BAV 1976, 47 (Wegfall von Vorversicherungen bei Anpassungsversicherungen); VerBAV 1982, 183 (Musterbedingungen); GB BAV 1983, 54 (Nachversicherungsgarantie); VerBAV 1984, 8 (Musterbedingungen); VerBAV 1984, 58 (Besondere Erhöhungsmaßstäbe bei dynamischen Lebensversicherungen); VerBAV 2000, 111 (Keine Vertragsänderung ohne Zustimmung des Versicherungsnehmers).

Schrifttum: *von Bargen u. a.,* Die Versicherung und die Währungsschwankungen (insbesondere Anpassung an den Lebenshaltungsindex und Gewinnbeteiligung), Teil Lebensversicherung, ZVersWiss 1970, 73; *Claus,* Der Geschäftsplan für Lebensversicherungen mit planmäßiger Erhöhung des Versicherungsschutzes, VerBAV 1974, 11, 25; *derselbe,* Der Geschäftsplan für die Großlebensversicherung, VerBAV 1981, 215; *Herde,* Der Geschäftsplan für die Berufsunfähigkeits-Zusatzversicherung, VerBAV 1990, 453.

I. Vorbemerkung

1. Anpassungsversicherung

1 Die Anpassungsversicherung ist eine Lebensversicherungsform mit institutionalisierter Vertragsänderung, bei der eine regelmäßige Erhöhung des Beitrags und der Versicherungsleistungen vorgesehen ist.[1] Dabei handelt es sich um eine automatische Anpassung der Beiträge und der Versicherungsleistungen insofern, als diese dem Grunde nach bei Vertragsbeginn fest vereinbart wird.[2]

2 Bei der Anpassungsversicherung können – und zwar sowohl bei der Kapital- als auch bei der Rentenversicherung – die Beiträge und Versicherungsleistungen laufend den sich ändernden wirtschaftlichen Verhältnissen und Versicherungsbedürfnissen ohne erneute Gesundheitsprüfung angepasst werden. Der Versicherungsnehmer ist zur Anpassung berechtigt, aber nicht verpflichtet.

---

[1] OLG Saarbrücken, Urt. v. 4. 4. 2001 – 5 U 670/00-57, VersR 2001, 1405, 1406.
[2] OLG Saarbrücken, Urt. v. 4. 4. 2001 – 5 U 670/00-57, VersR 2001, 1405, 1406.

2. Anpassungsformen

a) Anpassungsmodus A. Der Beitrag wird automatisch in vollem Umfang, um die Hälfte oder um ein Viertel des Betrages heraufgesetzt, um den der Höchstbeitrag in der Angestelltenversicherung steigt (Anpassungsmodus „A"). Dieser folgt frühestens nach dem Übergang auf den höheren weiterführenden Beitrag.

b) Anpassungsmodus P und L. Der Jahresbeitrag wird jährlich um einen festen Prozentsatz, höchstens um 10% heraufgesetzt.[3] Die Erhöhung bezieht sich beim Anpassungsmodus „P" auf den Jahresbeitrag im vorhergehenden Versicherungsjahr (progressive Erhöhung), beim Anpassungsmodus „L" auf den Jahresbeitrag im ersten Versicherungsjahr (lineare Erhöhung).

c) Anpassungsklausel. Es besteht die Möglichkeit, in Ausnahmefällen in der betrieblichen Altersversorgung eine Anpassungsklausel zu vereinbaren.

Die zusätzlichen Versicherungsleistungen errechnen sich jeweils nach Maßgabe des erreichten Lebensalters und der Restlaufzeit.

d) Andere Erhöhungsmaßstäbe. Andere Erhöhungsmaßstäbe waren genehmigungsfähig, wenn sie objektiv und eindeutig und durch das LVU überprüfbar sind.[4] Genehmigungsfähig waren Lebensversicherungen mit stufenweisem Aufbau der Versicherungsleistung gegen laufende Beiträge in variabler Höhe. Die Rückkaufswerte und beitragsfreien Versicherungssummen kann der Versicherungsnehmer nach jeder Erhöhung der Beiträge und Leistungen erfragen.[5]

3. Rechtliche Gestaltung

a) Erhöhungsantrag. Bei den Anpassungsversicherungen setzt die Vertragsausweitung eine nachträgliche Vereinbarung zwischen dem Versicherer und dem Versicherungsnehmer voraus.[6] Dies gilt auch für eine zusammen mit einer Lebensversicherung abgeschlossene Berufsunfähigkeits-Zusatzversicherung.[7] Der dem Versicherungsnehmer übersandte Erhöhungsnachtrag ist ein Antrag im Sinne von § 145 BGB, den der Versicherungsnehmer stillschweigend annehmen kann, weil der Versicherer gemäß § 151 Satz 1 BGB auf den Zugang der Annahmeerklärung von vornherein verzichtet hat.[8] Die späteren Erhöhungen können auch bereits mit dem Erstabschluss als vereinbart angesehen werden, dann entspricht es der Eigenart des Vertragstyps dem Versicherungsnehmer hinsichtlich der Erhöhungen ein Widerrufsrecht oder einen Rücktrittsvorbehalt zuzugestehen.[9]

b) Ausschluss der Beitragserhöhung. Gemäß § 5 Abs. 4 PLV hat der Versicherungsnehmer nach Eintritt der Berufsunfähigkeit keinen Anspruch auf Dynamisierung und jährliche Anpassung seiner Rente, wenn Leistungen aus der Berufsunfähigkeits-Zusatzversicherung gewährt werden.[10] Hierbei handelt es sich um

---

[3] GB BAV 1976, 47.
[4] GB BAV 1984, 58.
[5] VerBAV 1982, 184 und 1984, 8.
[6] LG Freiburg BB 1980, 225; BAV VerBAV 2000, 111 = NVersZ 2000, 368.
[7] OLG Hamm, Urt. v. 8. 2. 1995 – 20 U 228/94, VersR 1996, 47, 48 = r+s 1995, 194.
[8] LG Freiburg BB 1980, 225.
[9] BAG DB 1985, 50.
[10] OLG Karlsruhe, Urt. v. 15. 1. 1992 – 13 U 275/90, NJW-RR 1993, 739, 741 = VersR 1993, 873; OLG Koblenz, Urt. v. 16. 4. 1999 – 10 U 791/98, NVersZ 1999, 559 = VersR 1999, 876, 877 = r+s 1999, 432; OLG Koblenz, Urt. v. 31. 8. 2001 – 10 U 1540/00, NVersZ 2002, 116 = VersR 2002, 1269 (Ls.) = r+s 2002, 81; BGH, Urt. v. 3. 7. 2002 – IV ZR 145/01, NJW-RR 2002, 1386, 1387 = VerBAV 2002, 271, 272; OLG Koblenz, Urt. v. 11. 4. 2003 – 10 U 400/97, NJW-RR 2003, 1114, 1115; OLG Saarbrücken, Urt. v. 25. 11. 2009 – 5 U 116/09-30, VersR 2010, 519, 520; *Herde* VerBAV 1990, 453, 457.

eine objektive Risikobegrenzung.[11] Diese Regelung verstößt nicht gegen die §§ 3, 5, 9 AGBG[12] bzw. §§ 305 c Abs. 1, 305 BGB[13] und § 307 Abs. 1 Satz 1, Abs. 2 BGB.[14] Ist streitig, ob Berufsunfähigkeit gegeben ist, und fertigt der Versicherer vor endgültiger gerichtlicher Feststellung der Berufsunfähigkeit weiterhin jährliche Versicherungsnachträge mit planmäßigen Erhöhungen unter Bezugnahme auf seine Allgemeinen und Besonderen Versicherungsbedingungen aus, stehen diese Erklärungen des Versicherers über dynamisierte Beiträge und Leistungen unter dem Vorbehalt, dass keine bedingungsgemäße Berufsunfähigkeit vorliegt.[15] Der Versicherte kann daraus – nach gerichtlich festgestellter Berufsunfähigkeit – keinen Anspruch auf dynamisierte Leistungen für die Zeit nach Eintritt der Berufsunfähigkeit herleiten.[16]

II. Besondere Bedingungen für die Lebensversicherung mit planmäßiger Erhöhung der Beiträge und Leistungen ohne erneute Gesundheitsprüfung (PLV 2008)[17]

10 Sehr geehrte Kundin, sehr geehrter Kunde,
als Versicherungsnehmer sind Sie unser Vertragspartner; für unser Vertragsverhältnis gelten die nachfolgenden Bedingungen.

Inhaltsverzeichnis

§ 1 Nach welchem Maßstab erfolgt die planmäßige Erhöhung der Beiträge?
§ 2 Zu welchem Zeitpunkt erhöhen sich Beiträge und Versicherungsleistungen?
§ 3 Wonach errechnen sich die erhöhten Versicherungsleistungen?
§ 4 Welche sonstigen Bestimmungen gelten für die Erhöhung der Versicherungsleistungen?
§ 5 Wann werden Erhöhungen ausgesetzt?

§ 1 Nach welchem Maßstab erfolgt die planmäßige Erhöhung der Beiträge?

(1) **Der Beitrag für diese Versicherung einschließlich etwaiger Zusatzversicherungen erhöht sich jeweils im selben Verhältnis wie der an Ihrem Wohnort geltende Höchstbeitrag in der gesetzlichen Rentenversicherung der Angestellten.**

(2) **Die Beitragserhöhung bewirkt eine Erhöhung der Versicherungsleistungen ohne erneute Gesundheitsprüfung.**

(3) **Die Erhöhungen erfolgen bis zum Ablauf der Beitragszahlungsdauer, jedoch nicht länger, als bis die versicherte Person – bei Versicherung mehrerer Personen die älteste versicherte Person – das rechnungsmäßige Alter**[18] **von ... Jahren er-**

---

[11] Vgl. BGH NJW-RR 1993, 1049 = VersR 1993, 830, 831 = r+s 1993, 308; BGH NJW 1995, 784, 785 = VersR 1995, 328, 329.
[12] OLG Koblenz, Urt. v. 16. 4. 1999 – 10 U 791/98, NVersZ 1999, 559 = VersR 1999, 876, 877 = r+s 1999, 432; OLG Saarbrücken, Urt. v. 4. 4. 2001 – 5 U 670/00-57, VersR 2001, 1405, 1406.
[13] OLG Saarbrücken, Urt. v. 25. 11. 2009 – 5 U 116/09-30, VersR 2010, 519, 520
[14] OLG Saarbrücken, Urt. v. 25. 11. 2009 – 5 U 116/09-30, VersR 2010, 519, 521.
[15] OLG Koblenz, Urt. v. 16. 4. 1999 – 10 U 791/98, NVersZ 1999, 559 = VersR 1999, 876, 877 = r+s 1999, 432.
[16] OLG Koblenz, Urt. v. 16. 4. 1999 – 10 U 791/98, NVersZ 1999, 559 = VersR 1999, 876, 877 = r+s 1999, 432.
[17] Stand: 2. 5. 2008. GDV-Rundschreiben Nr. 0850/2008 v. 7. 5. 2008: Diese Bedingungen sind für die Versicherer unverbindlich; ihre Verwendung ist rein fakultativ. Abweichende Bedingungen können vereinbart werden.
[18] Das rechnungsmäßige Alter der versicherten Person, wobei ein bereits begonnenes, aber noch nicht vollendetes Lebensjahr hinzugerechnet wird, falls davon mehr als sechs Monate verstrichen sind.

reicht hat. Bei der Aussteuer-Versicherung erfolgt darüber hinaus die letzte Erhöhung, wenn das mitversicherte Kind das rechnungsmäßige Alter von ... Jahren erreicht hat.

Bemerkung
Bei einem anderen Erhöhungsmaßstab ist Absatz 1 entsprechend abzuändern.
Ist als Erhöhungsmaßstab eine feste prozentuale Beitragserhöhung, z. B. um 5% (max. um .... %), vorgesehen, so lautet Absatz 1:
„Der Beitrag für diese Versicherung einschließlich etwaiger Zusatzversicherungen erhöht sich um jeweils [5] % des Vorjahresbeitrages."
oder, sofern der Erhöhungsmaßstab im Versicherungsschein enthalten ist:
„Der Beitrag für diese Versicherung einschließlich etwaiger Zusatzversicherungen erhöht sich jeweils um den vereinbarten Prozentsatz des Vorjahresbeitrags."

§ 2 Zu welchem Zeitpunkt erhöhen sich Beiträge und Versicherungsleistungen?

(1) Die Erhöhungen des Beitrags und der Versicherungsleistungen erfolgen jeweils zu dem Jahrestag des Versicherungsbeginns, der auf eine Erhöhung des Höchstbeitrages in der gesetzlichen Rentenversicherung der Angestellten folgt oder mit ihr zusammenfällt.

(2) Sie erhalten rechtzeitig vor dem Erhöhungstermin eine Mitteilung über die Erhöhung. Der Versicherungsschutz aus der jeweiligen Erhöhung beginnt am Erhöhungstermin.

Bemerkung
Bei einem von der gesetzlichen Rentenversicherung unabhängigen Erhöhungsmaßstab entfällt der letzte Halbsatz des Absatzes 1.
Ist Erhöhungstermin der Beginn des jeweiligen Kalenderjahres, so ist Absatz 1 entsprechend abzuändern.

§ 3 Wonach errechnen sich die erhöhten Versicherungsleistungen?

(1) Die Erhöhung der Versicherungsleistungen errechnet sich nach dem am Erhöhungstermin erreichten rechnungsmäßigen Alter[19] der versicherten Person(en), der restlichen Beitragszahlungsdauer, dem bei Abschluss des Vertrages gültigen Tarif und den ursprünglichen Annahmebedingungen. Die Versicherungsleistungen erhöhen sich nicht im gleichen Verhältnis wie die Beiträge.

(2) Sind Zusatzversicherungen eingeschlossen, so werden ihre Versicherungsleistungen im selben Verhältnis wie die der Hauptversicherung erhöht.

Bemerkung
Soll die Erhöhung nach dem jeweils gültigen Tarif oder einer anderen Tarifform erfolgen, ist dies besonders deutlich herauszustellen.

Bemerkung: Wird als rechnungsmäßiges Eintrittsalter der versicherten Person die Differenz zwischen dem Beginnjahr und dem Geburtsjahr genommen, gilt folgende Alternativfassung: „Das rechnungsmäßige Alter der versicherten Person ist die Differenz zwischen dem Kalenderjahr des Versicherungsbeginns und dem Geburtsjahr."

[19] Das rechnungsmäßige Alter der versicherten Person, wobei ein bereits begonnenes, aber noch nicht vollendetes Lebensjahr hinzugerechnet wird, falls davon mehr als sechs Monate vergangen sind.

Bemerkung
Wird als rechnungsmäßiges Eintrittsalter der versicherten Person die Differenz zwischen dem Beginnjahr und dem Geburtsjahr genommen, gilt folgende Alternativfassung:
„Das rechnungsmäßige Alter der versicherten Person ist die Differenz zwischen dem Kalenderjahr des Versicherungsbeginns und dem Geburtsjahr."

§ 4 Welche sonstigen Bestimmungen gelten für die Erhöhung der Versicherungsleistungen?

(1) Alle im Rahmen des Versicherungsvertrages getroffenen Vereinbarungen, auch die Bezugsrechtsverfügung, erstrecken sich ebenfalls auf die Erhöhung der Versicherungsleistungen.

Bemerkung

Sofern Versicherungsunternehmen die Forderungen auf Ersatz der Zillmerkosten aus den einzelnen Erhöhungen aktivieren wollen, muss § 4 Abs. 1 um folgenden Satz 2 ergänzt werden: „Entsprechende Anwendung findet auch der § – „Wie werden die Abschluss- und Vertriebskosten verrechnet?" – der Hauptversicherung.

(2) Die Erhöhung der Versicherungsleistungen aus dem Versicherungsvertrag setzt die Fristen in den Paragraphen der Allgemeinen und besonderen Bedingungen für die Verletzung der vorvertraglichen Anzeigepflicht und der Selbsttötung nicht erneut in Lauf.

Bemerkung

Ggf. sind Angaben zum unternehmensindividuellen Überschusssystem an dieser Stelle aufzunehmen, z. B. besondere Wartezeiten für jede einzelne Erhöhung.

§ 5 Wann werden Erhöhungen ausgesetzt?

(1) Die Erhöhung entfällt rückwirkend, wenn Sie ihr bis zum Ende des ersten Monats nach dem Erhöhungstermin widersprechen oder den ersten erhöhten Beitrag nicht innerhalb von zwei Monaten nach dem Erhöhungstermin zahlen.

(2) Unterbliebene Erhöhungen können Sie mit unserer Zustimmung nachholen.

(3) Sollten Sie mehr als zweimal hintereinander von der Erhöhungsmöglichkeit keinen Gebrauch machen, so erlischt Ihr Recht auf weitere Erhöhungen; es kann jedoch mit unserer Zustimmung neu begründet werden.

(4) Ist in Ihrer Versicherung eine Berufsunfähigkeits-Zusatzversicherung oder Pflegerenten-Zusatzversicherung mit eingeschlossen, erfolgen keine Erhöhungen, solange wegen Berufsunfähigkeit oder Pflegebedürftigkeit Ihre Beitragszahlungspflicht ganz oder teilweise entfällt.

Bemerkung

Ist das Berufsunfähigkeits-Risiko bereits durch die Hauptversicherung gedeckt, so können in Absatz 4 die Wörter „eine Berufsunfähigkeits-Zusatzversicherung" durch „das Berufsunfähigkeits-Risiko" ersetzt werden.

P. Anhang: Aktienindexgebundene Lebensversicherung (AILV)

Übersicht

	Rdn.
I. Vorbemerkung	1–4
1. Produktbeschreibung	1, 2
2. Deckungsrückstellung	3
3. Steuerrechtliche Behandlung	4
II. Versicherungsbedingungen für die DAX®-Index-Police	5

Schrifttum: *Ahmadi*, Spezielle Aspekte der Aktienindexgebundenen Lebensversicherung, Ulm, IFA Ulm, 1999; *Ahmadi/Ruß*, Zur steuerlichen Behandlung der Aktienindexgebunden Lebensversicherung mit garantierter Mindestverzinsung (AILV), VW 1998, 1733; *dieselben*, Ermittlung der steuerpflichtigen Zinsen aus Fondsgebundenen und Aktienindexgebundenen Lebensversicherungen, VW 1999, 185; *Albrecht*, Zum systematischen Vergleich von Lebensversicherungs- und Fondsprodukten unter Performance- und Risikoaspekten, BetrAV 2002, 627; *Biller*, Praktische Anwendungen des Asset/Liability Matching bei anglo-amerikanischen Lebensversicherern, BDGVM XXII (1995), 71; *Blohm*, Überlegungen zum Produktdesign der Aktienindexgebundenen Lebensversicherung in Deutschland, Der Aktuar 1996, 12; *Claus*, Die sog. Aktienindexgebundene Lebensversicherung – ein Fall von § 54a VAG oder von § 54b VAG?, Der Aktuar 1997, 192; *Heidemann*, Aktienindexgebundene Lebensversicherungen, VP 1997, 180; *Herde*, Die Deckungsrückstellung bei der Aktienindexgebundenen Lebensversicherung, VW 1996, 1714; derselbe, Indexgebundene Lebensversicherung: Was noch zu klären ist, VW 1997, 1354; *Hipp*, Aktienindexgebundene Lebensversicherung mit garantierter Verzinsung, ZVersWiss 85 (1996), 195; *Horlemann*, Steuerrechtliche Behandlung von fonds- und aktienindexgebundenen Lebensversicherungen, DB 1998, 743; *Kosler/Bölke*, Die aktienindexgebundene Lebensversicherung aus der Sicht eines deutschen Erstversicherers, VW 1997, 428; *Luttermann/Backmann*, Rechtsverhältnisse bei Hedge-Fonds („Risikofonds") in Deutschland und in den USA, ZIP 2002, 1017; *Mattar*, Aktienindexgebundene Lebensversicherung in Deutschland – Chancen und Stolpersteine, Der Aktuar 1996, 51; *Meisch/Stolz*, Index-gebundene Lebensversicherung – Erfolgschancen auch in Deutschland?, VW 1996, 910; *Nonnenmacher*, Bestimmung des Partizipationssatzes bei der Aktienindexgebundenen Lebensversicherung, BDGVM XXIII (1998), 293; *derselbe*, Die zusätzliche Deckungsrückstellung bei der Aktienindexgebundenen Lebensversicherung, VW 1998, 257; *Nonnenmacher/Schittenhelm*, Zusätzliche Rückstellungen: Das Aus für die Aktienindexgebundene Lebensversicherung in Deutschland?, ZVersWiss 86 (1997), 393; *dieselben*, Ist die Aktienindexgebundene Lebensversicherung tot für deutsche Anbieter?, VW 1997, 435; *Puschmann*, Investmentfonds im Versicherungsvertrieb, Karlsruhe, VVW, 1999; *Ruß/Schittenhelm*, Unterscheidungskriterium Partizipationssatz bei der Aktienindexgebundenen Lebensversicherung, BDGVM XXIII (1998), 489; *Ruß/Zietsch*, Die Rolle des Rückversicherers bei der Aktienindexgebundenen Lebensversicherung mit garantierter Mindestverzinsung, ZfV 1998, 620.

I. Vorbemerkung

1. Produktbeschreibung

Die aktienindexgebundene Lebensversicherung wird seit Anfang der neunziger 1 Jahre des letzten Jahrhunderts in Großbritannien angeboten.[1] Sie ist in der deutschen Variante eine klassische Kapitallebensversicherung, bei der sich die Überschussbeteiligung an der Rendite eines Aktienindex ausrichtet.[2] Die erste aktien-

---

[1] *Biller* BDGVM XXII (1995), 71, 80.
[2] *Hipp* ZVersWiss 85 (1996), 195, 197; *Meisch/Stolz* VW 1996, 910, 911; *Claus* Der Aktuar 1997, 192, 193; BAV in: VerBAV 1998, 136, 138.

indexgebundene Lebensversicherung mit garantierter Mindestverzinsung wurde in Deutschland im August 1996 von einem ausländischen LVU angeboten.[3] Hierbei handelte es sich um die Standard Life, die eine Mindestverzinsung von 2% anbietet.[4] Gefolgt sind die AXA mit der DAX Comfort Police und die GOTHAER mit der Dax-Index-Police.[5] Die GOTHAER bietet als Garantie eine jährliche Verzinsung von 4% des Sparbeitrags.[6] Die INDEX-plus Police der Karlsruher garantiert eine Mindestverzinsung von 4% auf die Beteiligungsbeiträge.[7]

2   Das LVU garantiert dem Versicherungsnehmer bei der aktienindexgebundenen Lebensversicherung im Erlebensfall eine bei Vertragsabschluss bekannte Auszahlung.[8] Überdies ist die Versicherungsleistung an einen Aktienindex (z. B. den DAX 30) über den sog. Indexpartizipationssatz gekoppelt, so dass bei guter Performance des Index über die Laufzeit eine deutlich über der garantierten Summe liegende Erlebensfallleistung denkbar ist.[9]

Die Verwendung des Begriffs DAX in der Police verstößt nicht gegen die guten Sitten im Sinne von § 23 MarkenG, da die Übernahme des von der Deutsche Börse AG selbst veröffentlichten und deshalb für alle Marktteilnehmer allgemein zugänglichen Aktienindex als Bezugswert für ein Versicherungsprodukt keinen Verstoß gegen die anständigen Gepflogenheiten in Gewerbe oder Handel darstellt.[10]

2. Deckungsrückstellung

3   Um die Erfüllbarkeit der Ablaufleistung aus aufsichtsrechtlicher Sicht sicherzustellen, müssen bereits während der Laufzeit der aktienindexgebundenen Lebensversicherung Deckungsrückstellungen gebildet werden, die nach der prospektiven Methode mit einem Rechnungszins von maximal 4% berechnet werden.[11] Zur Sicherstellung der Erfüllbarkeit der Verpflichtung während der Laufzeit bei Storno und Tod muss die Deckungsrückstellung außerdem mindestens so hoch sein wie der Zeitwert der Kapitalanlage (retrospektive Methode).[12] Ist die retrospektiv gerechnete Deckungsrückstellung höher als die im Hinblick auf die garantierte Leistung prospektiv gerechnete Deckungsrückstellung, so wird die retrospektive als ausreichende Deckungsrückstellung ausgewiesen.[13] Ergibt die prospektiv gerechnete – mit höchstens dem vorgeschriebenen Höchstrechnungszins ermittelte – Deckungsrückstellung einen höheren Wert, so ist zusätzlich zu der retrospektiven noch die Differenz zwischen prospektiver und retrospektiver Deckungsrückstellung auszuweisen.[14]

3. Steuerrechtliche Behandlung

4   Nach der Produktkonstruktion handelt es sich grundsätzlich um eine Versicherung gegen laufende Beitragszahlung, die im Falle einer zwölfjährigen Laufzeit

---

[3] *Nonnenmacher* BDGVM XXIII (1998), 293; *Ruß/Zietsch* ZfV 1998, 620.
[4] *Herde* VW 1997, 1354.
[5] Vgl. Bericht über die Pressekonferenz der AXA v. 17. 7. 1997, VW 1997, 1104; *Herde* VW 1997, 1354.
[6] VW 1996, 1715: Selbst beim Börsen-Crash kein Verlust; *Herde* VW 1997, 1354.
[7] Siehe ZfV 1997, 540.
[8] *Nonnenmacher* BDGVM XXIII (1998), 293.
[9] *Nonnenmacher* BDGVM XXIII (1998), 293.
[10] Vgl. für Finanzprodukte BGH, Urt. v. 30. 4. 2009 – I ZR 42/07, WM 2009, 2026, 2028 = ZIP 2010, 96, 98 = BB 2009, 2612, 2614 m. Anm. *Hartig*.
[11] *Nonnenmacher/Schittenhelm* VW 1997, 435, 436.
[12] *Herde* VW 1996, 1714.
[13] *Herde* VW 1996, 1714.
[14] *Herde* VW 1996, 1714.

P. Anhang. Aktienindexgebundene LV   5 AILV

sowie mit Blick auf Kapitalzahlungen im Erlebens- und Todesfall als begünstigt im Sinne deutschen Steuerrechts einzustufen ist.[15] Die aktienindexgebundene Lebensversicherung ist daher mit der üblichen kapitalbildenden Lebensversicherung vergleichbar, weshalb die Beiträge als Vorsorgeaufwendungen abziehbar sind.[16]

II. Versicherungsbedingungen für die DAX®-Index-Police[17]

Sehr geehrte Kundin,   5
Sehr geehrter Kunde,
als Versicherungsnehmer sind Sie unser Vertragspartner; für unser Vertragsverhältnis gelten die nachfolgenden Bedingungen.

Versicherungsleistungen

§ 1 Was ist versichert?

(1) Die DAX®-Index-Police ist eine kapitalbildende Lebensversicherung auf den Todes- und Erlebensfall.

(2) Wenn die versicherte Person den im Versicherungsschein genannten Ablauftermin erlebt, zahlen wir einen Betrag, der sich wie folgt zusammensetzt:
– die bis zum Ablauftermin fällig gewordenen Beteiligungsbeiträge. Dieser Beitrag wird Ihnen im Versicherungsschein genannt.
– den Erlös aus der DAX®-Option nach Absatz 3 (Aktienbonus).
Wir zahlen mindestens jedoch die vereinbarte und im Versicherungsschein genannte Mindestleistung für den Erlebensfall.

(3) Der Erlös der DAX®-Option wird auf der Basis des DAX® ermittelt. Die DAX®-Option ist die Summe aus jährlichen, hintereinander geschalteten Optionsrechten.
In Abweichung vom Versicherungsjahr werden die jährlichen Optionen erst zum Ende eines jeden Kalenderjahres ermittelt. Sie errechnen sich aus dem Durchschnitt der Schlusskurse zu den Quartalsenden des jeweiligen Kalenderjahres. Übersteigt dieser Durchschnittswert den DAX® zum Beginn des Kalenderjahres, gilt das Optionsrecht für das abgelaufene Kalenderjahr als ausgeübt.
Der Erlös aus der jährlichen Option errechnet sich als Produkt der drei Faktoren
– die prozentuale Steigerung des am Ende des Kalenderjahres aus den Quartalswerten ermittelten Durchschnittswerts des DAX® gegenüber dem DAX® zum Beginn des Kalenderjahres,
– der im Versicherungsschein genannte Anteilsatz,
– die Summe der fällig gewordenen Beteiligungsbeiträge für die bereits voll abgelaufenen Versicherungsjahre.
Die der Ermittlung der DAX®-Option zugrunde liegenden Börsenkurse sind jeweils die Schlusskurse der letzten Börsentage zum Ende des jeweiligen Quartals des Kalenderjahres.
Der Erlös aus der jährlichen DAX®-Option wird jeweils zum Ende des abgelaufenen Kalenderjahres gutgeschrieben.
Bei der ersten Option wird der Berechnung der prozentualen Steigerung des DAX® nicht der DAX® zum Beginn des ersten Kalenderjahres sondern der niedrigste Schlusskurs des DAX® innerhalb des im Versicherungsschein genannten Zeitraums zugrunde gelegt.

(4) Wenn die versicherte Person vor dem im Versicherungsschein genannten Ablauftermin stirbt, so zahlen wir den größten der folgenden Beträge:

---

[15] *Nonnenmacher/Schittenhelm* ZVersWiss 86 (1997), 393, 408.
[16] *Horlemann* DB 1998, 743, 747; a. A. *Kosler/Bölke* VW 1997, 428, 430.
[17] DAX® ist ein eingetragenes Markenzeichen der Deutschen Börse AG. Es handelt sich bei diesen Versicherungsbedingungen um AVB aus dem Versicherungsmarkt. Der GDV hat nie Musterbedingungen zur aktienindexgebundenen Lebensversicherung veröffentlicht.

AILV 5

- die Summe der bereits fällig gewordenen Jahresbeiträge,
- 105% des Zeitwertes Ihrer Versicherung gemäß § 11 Absatz 3,
- die im Versicherungsschein genannte Mindestleistung für den Todesfall.

§ 2 Was ist der DAX®?

Ihrem Vertrag liegt der deutsche Aktienindex 30 (DAX® 30) zugrunde. Der DAX® 30 wird durch die Kurse der Anteilscheine von dreißig deutschen Unternehmen bestimmt, die zu den größten und bekanntesten zählen. Die Kursentwicklung dieser dreißig Werte sowie die Dividendenzahlungen der Unternehmen werden durch einen festgelegten Schlüssel im DAX® abgebildet.

Der DAX® 30 wird von der Deutsche Börse AG berechnet und bekannt gegeben. Die Deutsche Börse AG übernimmt keine Gewähr für etwaige fehlerhafte Angaben zu einem DAX®-Wert.

§ 3 Was passiert, wenn der DAX® nicht oder falsch ermittelt oder bekannt gegeben wird?

(1) Falls zu irgendeinem Zeitpunkt
- der DAX® zeitweilig nicht berechnet oder nicht bekannt gegeben wird,
- der Handel der Aktien, die dem DAX® zugrunde liegen, an einer der Börsen, an der diese normalerweise gehandelt werden, unterbrochen oder die Notierung zeitweilig ausgesetzt wird,
- es eine zeitweilige Unterbrechung des Handels an den Börsenplätzen gibt, an denen Optionen und Futures gehandelt und notiert werden, die mit dem DAX® zusammenhängen,

werden die Leistungen dieses Vertrages auf der Grundlage des Wertes des DAX® an einem Tag oder nach Eintritt des entsprechenden Ereignisses berechnet, der nach billigem Ermessen gemäß § 315 des Bürgerlichen Gesetzbuches zu bestimmen ist. Wird der DAX® an dem von uns gewählten Tag nicht berechnet, werden wir einen anderen angemessenen Wert des DAX® zugrunde legen.

(2) Falls zu irgendeinem Zeitpunkt
- der DAX® endgültig nicht mehr veröffentlicht wird,
- der DAX® von der Deutsche Börse AG endgültig nicht mehr berechnet oder nicht mehr bekannt gegeben wird,
- die Berechnungsweise des DAX® substantiell geändert wird,

dann wird gemäß § 315 des Bürgerlichen Gesetzbuches ein anderer Index bestimmt werden, um die Leistungen aus diesem Versicherungsvertrag zu berechnen. Eine solche Änderung des Index wird erst dann wirksam, wenn ein unabhängiger Treuhänder einer solchen Änderung zugestimmt hat.

(3) Wird der DAX® bekannt gegeben und in der Folgezeit berichtigt, behalten wir uns das Recht vor, dem Vertrag den korrigierten Wert des Index zugrunde zu legen. Falls wir auf Grund des fehlerhaften DAX® – Wertes eine zu hohe Versicherungsleistung an Sie ausgezahlt haben, sind Sie verpflichtet, den Teil, der zu hoch ist, an uns zurückzuzahlen.

Falls Sie aufgrund des fehlerhaften Wertes eine zu geringe Versicherungsleistung erhalten haben sollten, werden wir Ihnen den fehlenden Betrag nachzahlen, nachdem wir eine schriftliche Korrekturmeldung über den Wert des DAX® erhalten haben.

§ 4 Wann beginnt Ihr Versicherungsschutz?

Ihr Versicherungsschutz beginnt, wenn Sie den ersten Beitrag (Einlösungsbeitrag) gezahlt und wir die Annahme Ihres Antrags schriftlich oder durch Aushändigung des Versicherungsscheins erklärt haben. Vor dem im Versicherungsschein angegebenen Beginn besteht jedoch noch kein Versicherungsschutz.

§ 5 Was gilt bei Wehrdienst, Unruhen oder Krieg?

(1) Grundsätzlich besteht unsere Leistungspflicht unabhängig davon, auf welcher Ursache der Versicherungsfall beruht. Wir gewähren Versicherungsschutz insbesondere auch dann, wenn der Versicherte in Ausübung des Wehr- oder Polizeidienstes oder bei inneren Unruhen den Tod gefunden hat.

(2) Bei Ableben des Versicherten in unmittelbarem oder mittelbarem Zusammenhang mit kriegerischen Ereignissen beschränkt sich unsere Leistungspflicht allerdings auf die Auszahlung des für den Todestag berechneten Zeitwertes gemäß § 11.

§ 6 Was gilt bei Selbsttötung des Versicherten?

(1) Bei Selbsttötung vor Ablauf von zwei Jahren seit Zahlung des Einlösungsbeitrags besteht Versicherungsschutz nur dann, wenn uns nachgewiesen wird, dass die Tat in einem die freie Willensbestimmung ausschließenden Zustand krankhafter Störung der Geistestätigkeit begangen worden ist. Andernfalls zahlen wir den für den Todestag berechneten Zeitwert Ihrer Versicherung gemäß § 11.

(2) Bei Selbsttötung nach Ablauf der Zweijahresfrist bleiben wir zur Leistung verpflichtet.

§ 7 Wie sind Sie an den Überschüssen beteiligt?

Statt an den Überschüssen ist Ihr Versicherungsvertrag gemäß § 1 Absatz 3 an den Wertsteigerungen der zugrunde liegenden Kapitalanlagen beteiligt.

Beitragszahlung

§ 8 Was haben Sie bei der Beitragszahlung zu beachten?

(1) Die Jahresbeiträge zu Ihrer Lebensversicherung werden zu Beginn eines jeden Versicherungsjahres fällig.

(2) Bei Fälligkeit einer Versicherungsleistung werden wir etwaige Beitragsrückstände verrechnen.

(3) Der erste Beitrag (Einlösungsbeitrag) wird sofort nach Abschluss des Versicherungsvertrages fällig. Alle weiteren Beiträge (Folgebeiträge) sind jeweils zum vereinbarten Fälligkeitstag zu zahlen.

(4) Eine Stundung der Beiträge ist nicht möglich.

§ 9 Was geschieht, wenn Sie einen Beitrag nicht rechtzeitig zahlen?

(1) Einlösungsbeitrag: Wenn Sie den Einlösungsbeitrag nicht rechtzeitig zahlen, so können wir den Beitrag des ersten Versicherungsjahres verlangen. Stattdessen können wir — solange die Zahlung nicht geleistet ist — auch vom Versicherungsvertrag zurücktreten. Es gilt als Rücktritt, wenn wir unseren Anspruch auf den Einlösungsbeitrag nicht innerhalb von drei Monaten vom Fälligkeitstag an gerichtlich geltend machen. Bei einem Rücktritt können wir von Ihnen neben den Kosten einer ärztlichen Untersuchung eine besondere Gebühr für die Bearbeitung Ihres Vertrages verlangen. Diese Gebühr, die unserem durchschnittlichen Aufwand entspricht, beträgt 10% des Beitrags des ersten Versicherungsjahres.

(2) Folgebeiträge: Wenn Sie einen Folgebeitrag oder einen sonstigen Beitrag, den Sie aus dem Versicherungsvertrag schulden, nicht rechtzeitig zahlen, so erhalten Sie von uns auf Ihre Kosten eine schriftliche Mahnung. Darin setzen wir Ihnen eine Zahlungsfrist von mindestens zwei Wochen. Begleichen Sie den Rückstand nicht innerhalb der gesetzten Frist, so entfällt oder vermindert sich Ihr Versicherungsschutz. Die Bestimmungen von § 12 finden entsprechend Anwendung. Auf die Rechtsfolgen werden wir in der Mahnung ausdrücklich hinweisen.

§ 10 Welche Kosten stellen wir Ihnen gesondert in Rechnung?

(1) Die mit dem Abschluss Ihrer Versicherung verbundenen und auf sie entfallenden Kosten, etwa die Kosten für Beratung, Anforderung von Gesundheitsauskünften und Ausstellung des Versicherungsscheins, werden nicht gesondert in Rechnung gestellt.

(2) Falls aus besonderen, von Ihnen veranlassten Gründen ein zusätzlicher Verwaltungsaufwand verursacht wird, können wir die in solchen Fällen jeweils durchschnittlich entstehenden Kosten als pauschalen Abgeltungsbetrag gesondert in Rechnung stellen. Dies gilt beispielsweise für:
- Erstellung einer Ersatzurkunde für den Versicherungsschein,
- schriftliche Mahnung bei Nichtzahlung von Folgebeiträgen,
- Verzug mit Beiträgen oder
- Rückläufern in Lastschriftverfahren.

Rechte des Versicherungsnehmers

§ 11 Wann können Sie Ihre Versicherung kündigen?

(1) Sie können Ihre Versicherung jederzeit mit einer Frist von 14 Tagen zum Schluss des laufenden Versicherungsjahres kündigen. Damit entfällt eine Beteiligung am Erlös der DAX-Option für das im Kündigungszeitpunkt laufende Kalenderjahr.

(2) Nach § 176 Versicherungsvertragsgesetz haben wir nach der Kündigung den Rückkaufswert — soweit dieser bereits entstanden ist — zu erstatten. Er wird nach den anerkannten Regeln der Versicherungsmathematik für den Schluss des laufenden Versicherungsjahres als Zeitwert Ihrer Versicherung berechnet, wobei ein als angemessen angesehener Abzug erfolgt.
Dieser Abzug beträgt 1% des Zeitwertes für jedes noch nicht angefangene Jahr der Beitragszahlungsdauer.

(3) Der Zeitwert des Vertrages errechnet sich wie folgt:
- Die auf den Schluss des laufenden Versicherungsjahres abgezinste, zum Zeitpunkt der Kündigung garantierte Ablaufleistung für den Erlebensfall
abzüglich
- der auf den Schluss des laufenden Versicherungsjahres abgezinsten, noch nicht fällig gewordenen Beteiligungsbeiträge.

Bei dieser Berechnung wird der von Reuters Informationsdienst veröffentlichte „DM-Inter-Banken-Swapsatz" für die Restlaufzeit Ihres Vertrages zugrunde gelegt, der am internationalen Kapitalmarkt für Geldanlagen und Geldaufnahmen maßgeblich ist. Für Ihren Vertrag ziehen wir den Briefkurs heran, den Sie jeweils zum Monatsersten bei uns erfragen können.

(4) Für die DAX®-Index-Police können wir den Rückkaufswert der Höhe nach nicht garantieren. Eine Rückzahlung der Beiträge können Sie nicht verlangen.

§ 12 Wann können Sie Ihre Versicherung beitragsfrei stellen?

(1) Anstelle einer Kündigung nach § 11 können Sie unter Beachtung der dort genannten Termine und Fristen schriftlich verlangen, zum Schluss des laufenden Versicherungsjahres von der Beitragspflicht befreit zu werden.

(2) Haben Sie Ihren Vertrag beitragsfrei gestellt, werden wir die vereinbarte Todesfallsumme und die garantierte Erlebensfallsumme auf beitragsfreie Werte reduzieren.

(3) Die vereinbarte Mindestleistung für den Todes- und Erlebensfall wird jeweils um das Verhältnis der noch nicht fällig gewordenen Beiträge zu den insgesamt zu zahlenden Beiträgen gekürzt. Für die zukünftige Indexbeteiligung bilden die bereits fällig gewordenen, um einen Abzug gemäß § 11 Absatz 2 verminderten Beteiligungsbeiträge die Bezugsgröße. Bereits erfolgte Gewinnsicherungen bleiben in voller Höhe erhalten.

(4) Erreicht die beitragsfreie Erlebensfallsumme zum Zeitpunkt einer von Ihnen gewünschten Befreiung von der Beitragszahlungspflicht den Mindestbetrag von 5000 DM nicht, so erhalten Sie den Rückkaufswert nach § 11.

Umgang der Vertragspartner
§ 13 Was bedeutet die vorvertragliche Anzeigepflicht?

(1) Wir übernehmen den Versicherungsschutz im Vertrauen darauf, dass Sie alle in Verbindung mit dem Versicherungsantrag gestellten Fragen wahrheitsgemäß und vollständig beantwortet haben (vorvertragliche Anzeigepflicht). Das gilt insbesondere für die Fragen nach gegenwärtigen und früheren Erkrankungen, gesundheitlichen Störungen und Beschwerden.

(2) Soll das Leben einer anderen Person versichert werden, ist auch diese – neben Ihnen – für die wahrheitsgemäße und vollständige Beantwortung der Fragen verantwortlich.

(3) Wenn Umstände, die für die Übernahme des Versicherungsschutzes Bedeutung haben, von Ihnen oder der versicherten Person (vgl. Absatz 2) nicht oder nicht richtig angegeben worden sind, können wir binnen zehn Jahren seit Vertragsabschluss vom Vertrag zurücktreten. Den Rücktritt können wir aber nur innerhalb eines Monats erklären, nachdem wir von der Verletzung der Anzeigepflicht Kenntnis erhalten haben. Wenn uns nachgewiesen wird, dass die falschen oder unvollständigen Angaben nicht schuldhaft gemacht worden sind, wird unser Rücktritt gegenstandslos.
Haben wir den Rücktritt nach Eintritt des Versicherungsfalles erklärt, so bleibt unsere Leistungspflicht bestehen, wenn Sie bzw. der Anspruchsberechtigte nachweisen, dass die nicht oder nicht richtig angegebenen Umstände keinen Einfluss auf den Eintritt des Versicherungsfalles oder den Umfang der Leistung gehabt haben.

(4) Wir können den Versicherungsvertrag auch anfechten, falls durch unrichtige oder unvollständige Angaben bewusst und gewollt auf unsere Annahmeentscheidung Einfluss oder diese Folge billigend in Kauf genommen worden ist. Handelt es sich um Angaben der versicherten Person, so können wir Ihnen gegenüber die Anfechtung erklären, auch wenn Sie von der Verletzung der vorvertraglichen Anzeigepflicht keine Kenntnis hatten.

(5) Wenn die Versicherung durch Rücktritt oder Anfechtung aufgehoben wird, zahlen wir den Rückkaufswert (§ 11 gilt entsprechend). Ein Anspruch auf Rückzahlung der Beiträge besteht nicht (vgl. § 40 Absatz 1 Versicherungsvertragsgesetz).

(6) Sofern Sie keine andere Person als Bevollmächtigten benannt haben, gilt nach Ihrem Ableben ein Bezugsberechtigter als bevollmächtigt, eine Rücktritts- oder Anfechtungserklärung entgegenzunehmen. Ist auch ein Bezugsberechtigter nicht vorhanden oder kann sein Aufenthalt nicht ermittelt werden, so können wir den Inhaber des Versicherungsscheines zur Entgegennahme der Erklärung als bevollmächtigt ansehen.

§ 14 Was gilt für Mitteilungen, die sich auf das Versicherungsverhältnis beziehen?

(1) Mitteilungen, die das bestehende Versicherungsverhältnis betreffen, müssen von Ihnen stets schriftlich erfolgen. Sie werden wirksam, sobald sie uns zugegangen sind. Versicherungsvermittler sind zu ihrer Entgegennahme nicht bevollmächtigt.

(2) Eine Änderung ihrer Postanschrift müssen Sie uns unverzüglich mitteilen. Andernfalls können für Sie Nachteile entstehen, da eine an Sie zu richtende Willenserklärung mit eingeschriebenem Brief an Ihre uns zuletzt bekannte Wohnung abgesandt werden kann. Unsere Erklärung wird dann in dem Zeitpunkt wirksam, in welchem sie Ihnen ohne die Wohnungsänderung bei regelmäßiger Beförderung zugegangen sein würde. Dies gilt auch, wenn Sie die Versicherung in ihrem Gewerbebetrieb genommen und Ihre gewerbliche Niederlassung verlegt haben.

(3) Bei Änderung Ihres Namens gilt Absatz 2 entsprechend.

(4) **Wenn Sie sich für längere Zeit außerhalb der Bundesrepublik Deutschland aufhalten, sollten Sie uns auch in Ihrem Interesse eine im Inland ansässige Person benennen, die bevollmächtigt ist, unsere Mitteilungen für Sie entgegenzunehmen (Zustellungsbevollmächtigter).**

§ 15 Welche Bedeutung hat der Versicherungsschein?

(1) **Den Inhaber des Versicherungsscheins können wir als berechtigt ansehen, über die Rechte aus dem Versicherungsvertrag zu verfügen, insbesondere Leistungen in Empfang zu nehmen. Wir können aber verlangen, dass uns der Inhaber des Versicherungsscheins seine Berechtigung nachweist.**

(2) **In den Fällen des § 18 Absatz 4 brauchen wir den Nachweis der Berechtigten nur dann anzuerkennen, wenn uns die schriftliche Anzeige des bisherigen Berechtigten vorliegt.**

§ 16 Was ist bei Fälligkeit der Versicherungsleistung zu beachten?

(1) **Leistungen aus dem Versicherungsvertrag erbringen wir gegen Vorlage des Versicherungsscheins. Zusätzlich können wir auch den Nachweis der letzten Beitragszahlung verlangen.**

(2) **Der Tod des Versicherten ist uns unverzüglich anzuzeigen. Außer den in Absatz 1 genannten Unterlagen sind uns einzureichen:**
- eine amtliche, Alter und Geburtsort enthaltene Sterbeurkunde,
- ein ausführliches ärztliches oder amtliches Zeugnis über die Todesursache sowie über Beginn und Verlauf der Krankheit, die zum Tod des Versicherten geführt hat.

(3) **Zur Klärung unserer Leistungspflicht können wir vom Versicherungsnehmer oder einem sonstigen Anspruchsberechtigten notwendige weitere Nachweise oder erforderliche Erhebungen verlangen oder selbst anstellen.**

(4) **Die mit den Nachweisen verbundenen Kosten trägt derjenige, der die Versicherungsleistung beansprucht. Soweit Nachweise von uns zur Prüfung von Leistungsausschlussgründen erhoben werden, tragen wir die Kosten.**

§ 17 Wo sind die vertraglichen Verpflichtungen zu erfüllen?

(1) **Unsere Leistungen überweisen wir dem Empfangsberechtigten auf seine Kosten. Bei Überweisung in das Ausland trägt der Empfangsberechtigte auch die damit verbundene Gefahr.**

(2) **Die Übermittlung Ihrer Beiträge erfolgt auf Ihre Gefahr und Ihre Kosten. Für die Rechtzeitigkeit der Beitragszahlung genügt es, wenn Sie fristgerecht (vgl. § 8 Absatz 3 und § 9 Absatz 2) alles getan haben, damit der Beitrag bei uns eingeht.**

§ 18 Wer erhält die Versicherungsleistung?

(1) **Die Leistung aus dem Versicherungsvertrag erbringen wir an Sie als unseren Versicherungsnehmer oder Ihre Erben, falls Sie uns keine andere Person benannt haben, die bei Eintritt des Versicherungsfalls die Ansprüche aus dem Versicherungsvertrag erwerben soll (Bezugsberechtigter). Bis zum Eintritt des Versicherungsfalls können Sie das Bezugsrecht jederzeit widerrufen.**

(2) **Wenn Sie ausdrücklich bestimmen, dass der Bezugsberechtigte die Ansprüche aus dem Versicherungsvertrag unwiderruflich und damit sofort erwerben soll, werden wir Ihnen dies schriftlich bestätigen, bis zu dem der Widerruf des Bezugsrechts ausgeschlossen ist. Sobald Ihnen unsere Bestätigung zugegangen ist, kann das bis zu diesem Zeitpunkt noch widerrufliche Bezugsrecht nur mit Zustimmung des von Ihnen Benannten aufgehoben werden.**

(3) **Sie können Ihre Rechte aus dem Versicherungsvertrag auch abtreten oder verpfänden.**

(4) Die Einräumung und der Widerruf eines widerruflichen Bezugsrechts (vgl. Absatz 1) sowie eine Abtretung oder Verpfändung von Ansprüchen aus dem Versicherungsvertrag sind nur dann wirksam, wenn sie uns vom bisherigen Berechtigten schriftlich angezeigt worden sind. Der bisherige Berechtigte sind im Regelfall Sie; es können aber auch andere Personen sein, sofern Sie bereits vorher Verfügungen vorgenommen haben.

§ 19 Welches Recht findet auf Ihren Vertrag Anwendung?

Auf Ihren Vertrag findet das Recht der Bundesrepublik Deutschland Anwendung.

§ 20 Wo ist der Gerichtsstand?

Ansprüche aus Ihrem Versicherungsvertrag können gegen uns bei dem für unseren Geschäftssitz örtlich zuständigen Gericht geltend gemacht werden. Ist Ihre Versicherung durch Vermittlung eines Versicherungsvertreters zustande gekommen, kann auch das Gericht des Ortes angerufen werden, an dem der Vertreter zur Zeit der Vermittlung seine gewerbliche Niederlassung oder, wenn er eine solche nicht unterhielt, seinen Wohnsitz hatte.
Ferner können Sie uns in dem Bezirk eines Mitgliedstaates der Europäischen Union verklagen, in dem Sie ihren ständigen Wohnsitz haben.
Wir können Ansprüche aus dem Versicherungsvertrag an dem für Ihren Wohnsitz zuständigen Gericht geltend machen.
Weitere gesetzliche Gerichtsstände können sich an dem für den Sitz oder die Niederlassung Ihres Geschäfts- oder Gewerbebetriebs örtlich zuständigen Gericht ergeben.

§ 21 Welche Bestimmungen für Ihren Vertrag können geändert werden?

(1) Wir sind berechtigt, die Bestimmungen über den Rückkaufswert (vgl. § 11) und die beitragsfreie Versicherung (vgl. § 12), die vorvertragliche Anzeigepflicht (vgl. § 13), den Wehrdienst, die Unruhen oder den Krieg (vgl. § 5) und die Selbsttötung (vgl. § 6) mit Wirkung für bestehende Verträge zu ändern, wenn folgende Voraussetzungen erfüllt sind:
- die Änderung ist zur Wahrung der Belange der Versichertengemeinschaft erforderlich oder
- die Stellung der Versicherten wird durch die Änderung verbessert oder
- der Versicherer hat an der Änderung ein schutzwürdiges Interesse und die Belange der Versicherten werden dadurch nicht unangemessen benachteiligt.

Die Zulässigkeit der Änderung muss von einem unabhängigen Treuhänder bestätigt werden.

(2) Darüber hinaus sind wir berechtigt,
- Bei Änderung von Gesetzen, auf denen die Bestimmungen des Versicherungsvertrages beruhen
- bei unmittelbar den Versicherungsvertrag betreffenden Änderungen der höchstrichterlichen Rechtsprechung, der Verwaltungspraxis des Bundesaufsichtsamtes für das Versicherungswesen oder der Kartellbehörden
- im Fall der Unwirksamkeit von Bestimmungen sowie
- zur Abwendung einer kartell- oder aufsichtsbehördlichen Beanstandung

einzelne Bestimmungen mit Wirkung für bestehende Verträge mit Zustimmung eines unabhängigen Treuhänders zu ergänzen oder zu ersetzen. Die neuen Bestimmungen sollen der ersetzten rechtlich und wirtschaftlich weitestgehend entsprechen. Sie dürfen die Versicherten auch unter Berücksichtigung der bisherigen Auslegung in rechtlicher und wirtschaftlicher Hinsicht nicht unzumutbar benachteiligen.

Außerdem können wir zur Beseitigung von Auslegungszweifeln den Wortlaut von Bestimmungen ändern, wenn diese Anpassung im bisherigen Bedingungstext Anklang gefunden hat und den objektiven Willen sowie die Interessen beider Parteien, insbesondere das Interesse der Versicherungsgemeinschaft, berücksichtigt.

Teil 7. Kollektivlebensversicherung

Übersicht

	Seite
A. Gruppen- und Sammelversicherung	1956
B. Rückdeckungsversicherung	1965
C. Direktversicherung	1977
D. Gehaltsumwandlungsversicherung	2002

A. Gruppen- und Sammelversicherung

Übersicht

	Rdn.
I. Allgemeines	1
II. Richtlinien für die Gruppen- und Sammelversicherung (Altbestand)	2–6
1. Ausgangslage	2
2. Gruppenversicherung	3, 4
3. Sammelversicherung	5, 6
III. Hinweise für die Kollektivlebensversicherung (Neubestand)	7
IV. Rechtliche Besonderheiten der Kollektivlebensversicherung	8–15
1. Einwilligung des Versicherten	8, 9
a) § 159 Abs. 2 Satz 1 VVG	8
b) § 150 Abs. 2 Satz 1 VVG 2008	9
2. Einheit von LVU und Versicherungsnehmer	10–13
a) Ausgangslage	10
b) Sicht der Aufsichtsbehörde	11
c) Auffassung der Finanzbehörden	12
d) Zivilrechtliche Einordnung	13
3. Gesundheitsprüfung	14
4. Abschluss	15
V. Konsortialverträge	16–19
1. Abgrenzung	16
2. Konsortialführer	17
3. Überschussbeteiligung	18, 19

AuVdBAV: GB BAV 1959/60, 36 (Einbeziehung selbständiger Personen); GB BAV 1970, 58 (Keine Befriedigung des Firmeninhabers aus fremden Geldern in der Gruppenversicherung); GB BAV 1970, 59 (Mitversicherung in der Gruppenversicherung); VerBAV 1971, 66 (Gestaltung der Geschäftspläne für Gruppenversicherungsverträge und Verträge mit Sammelinkasso); VerBAV 1973, 128 und GB BAV 1974, 43 (R 1/73 v. 4. 5. 1973 – Sondervergütungen und Begünstigungsverträge in der Lebensversicherung); GB BAV 1973, 43 (Vorläufige Übernahme des Risikos in der Gruppenversicherung ohne vorhergehende Gesundheitsprüfung); GB BAV 1974, 50 (Gesetz zur Verbesserung der betrieblichen Altersversorgung, flexible Altersgrenze); VerBAV 1976, 251 und GB BAV 1976, 46 (R 8/76 v. 11. 6. 1976 – Sondervergütungen und Begünstigungsverträge in der Lebensversicherung); VerBAV 1976, 273, 312, 331; VerBAV 1976, 332; VerBAV 1976, 426 (Sondertarife der Gruppenversicherung); VerBAV 1978, 105 und GB 1978, 48 (Grundsätze für die Abtretung von Überschussanteilen in der Vereins-Gruppenversicherung); VerBAV 1979, 259 (Sondervergütungen und Begünstigungsverträge in der Lebensversicherung); VerBAV 1981, 121 (Gruppenversicherungsverträge mit stufenweisem Aufbau der Versicherungsleistung); VerBAV 1981, 145; VerBAV 1980, 210 (Vorläufige Risikoübernahme bei Gruppenversicherungsver-

A. Gruppen- und Sammelversicherung **KollLV A**

trägen mit Einzelgenehmigung); VerBAV 1981, 299; VerBAV 1982, 259 (Sondervergütungen und Begünstigungsverträge in der Lebensversicherung); VerBAV 1982, 280 und 288 (Firmen- und Verbands-Gruppenversicherung); VerBAV 1982, 306 (R 2/82 v. 25. 5. 1982 – Sondervergütungen und Begünstigungsverträge in der Lebensversicherung); VerBAV 1982, 323 und 326 (Sammelversicherung); GB BAV 1982, 55 (Sondervergünstigungen und Begünstigungsverträge in der Lebensversicherung); GB BAV 1982, 58 (Abkommen zur Übertragung von Direktversicherungen bei Arbeitgeberwechsel); VerBAV 1985, 71 (Rahmengeschäftsplan für die Firmen- und Verbands-Gruppenversicherung); VerBAV 1985, 160 (Rahmengeschäftsplan für die Vereins-Gruppenversicherung); VerBAV 1985, 208 (Rahmengeschäftsplan für die Sammelversicherung); VerBAV 1986, 199 (R 1/86 v. 20. 3. 1986 – Gruppen- und Sammelversicherungsverträge mit rechtsfähigen Vereinigungen von Arbeitgebern); VerBAV 1991, 142 (Rahmengeschäftspläne für die Gruppenversicherung); VerBAV 1992, 59 (Sondervergütungen und Begünstigungsverträge in der Lebensversicherung); VerBAV 1992, 235 (Rahmengeschäftspläne für die Gruppenversicherung); VerBAV 1995, 3 (R 3/94 v. 10. 11. 1994 – Hinweise zu Sondervergütungen und Begünstigungsverträgen in der Lebensversicherung); VerBAV 1996, 291 (Behandlung der „Sammelversicherung" in der externen und internen Rechnungslegung); BaFin v. 4. 6. 2007 (Rechnungsgrundlagen und Portabilität i. S. v. § 4 Abs. 3 BetrAVG).

Schrifttum: *Adam,* Der Gruppenvertrag in der Lebensversicherung, ZfV 1963, 124; *Blomeyer,* Die Direktversicherung zwischen Arbeits- und Versicherungsrecht, VersR 1979, 781; *derselbe,* Die Verpfändung von Rückdeckungsversicherungen an Versorgungsanwärter der betrieblichen Altersversorgung, VersR 1999, 653 = BetrAV 1999, 293; *Bogs,* Probleme neuer Insolvenzsicherungen für Arbeitnehmer, ZVersWiss 1975, 1; *Brumm,* Gruppenversicherung in Betriebs- und Tarifordnung, ZfV 1936, 696; *Claus/Drews,* Sondervergütungen und Begünstigungsverträge in der Lebensversicherung – Rahmengeschäftspläne für die Gruppenversicherung –, VerBAV 1982, 279; *dieselben,* Sondervergütungen und Begünstigungsverträge in der Lebensversicherung – Der Rahmengeschäftsplan für die Sammelversicherung –, VerBAV 1982, 323; *dieselben,* Sondervergütungen und Begünstigungsverträge in der Lebensversicherung – Neue Richtlinien für die Gruppen- und Sammelversicherung, VerBAV 1982, 366; *Dreher,* Die versicherungsaufsichtsrechtliche Zulässigkeit der internen Selbstversicherung durch Versicherungsunternehmen, in: Festschrift für Horst Baumann, Karlsruhe, VVW, 1999, S. 21; *Drews,* Sondervergütungen und Begünstigungsverträge in der Lebensversicherung, VerBAV 1981, 48; *derselbe,* Gruppen- und Sammelversicherungsverträge in der Lebensversicherung, ZfV 1984, 10; *derselbe,* Der Rahmengeschäftsplan für die Firmen- und Verbands-Gruppenversicherung, VerBAV 1985, 148; *derselbe,* Der Rahmengeschäftsplan für die Vereins-Gruppenversicherung, VerBAV 1985, 288; *Düby,* Die rechtliche Natur der Kollektivversicherung mit besonderer Berücksichtigung ihrer Stellung im Schweizer VVG, Diss. Bern 1930; *Ehrenzweig,* Rechtsgrundsätze des Gruppenversicherungsvertrages, VersR 1955, 196; *Finke,* Neue Bestimmungen über Gruppenversicherungsverträge mit Berufsverbänden, BB 1955, 418; *Fischer,* Technische Fragen der Lebensversicherung, VW 1969, 809; *Franz,* Informationspflichten gegenüber Versicherten bei Gruppenversicherungsverträgen – ein weißer Fleck auf der Landkarte des VVG?, VersR 2008, 1565; *Freytag,* Die neuen Richtlinien des Bundesaufsichtsamtes für das Versicherungswesen für die Gruppenversicherung, ZfV 1965, 406; *derselbe,* Die Rechte der versicherten Person in der Gruppenversicherung, ZfV 1964, 10; *derselbe,* Gewinnbeteiligung bei Kollektivverträgen in der Lebensversicherung, ZfV 1964, 324; *derselbe,* Gruppenverträge in der Lebensversicherung als Ergänzung tarifvertraglicher Regelungen, ZfV 1964, 222; *derselbe,* Kollektivverträge in der Lebensversicherung, ZfV 1963, 682; *Gärtner,* Das aufsichtsbehördliche Begünstigungsverbot für die Sachversicherung und die Praxis der Gewährung von Konkurrenzrabatten, VW 1967, 1088; *derselbe,* Zur Zulässigkeit von Sondervergütungen in der Sachversicherung unter besonderer Berücksichtigung der Rechtslage bei firmeneigenen Vermittlungsgesellschaften, VersR 1967, 1118; *Gerlach,* Zur Zulässigkeit aufsichtsbehördlicher Provisionsabgabeverbote, VerBAV 1972, 149; *Geilhardt,* Versicherungsschutz des Unternehmens und seiner Mitarbeiter, DB 1965, Beilage Nr. 7, Seite 14; *Grevemeyer,* Das Gesetz zur Verbesserung der betrieblichen Altersversorgung und die deutsche Lebensversicherung, VW 1975, 932, 1007; *derselbe,* Insolvenzsicherung der betrieblichen Altersversorgung – ein neuer Versicherungszweig, ZVersWiss 1975, 33; *Hafner,* Der heutige Stand der Gruppenlebensversicherung in Deutschland, in: Entwicklungslinien und Grundgedanken deutscher Versicherung, Veröffentlichungen des Deutschen Vereins für Versicherungswissenschaft, Heft 68, Berlin, Mittler & Sohn, 1941, S. 218; *Heilmann,* Die Gruppenlebensversicherung und der § 159, HRR 1941 Bd. 108, S. 97; *Heinen/Heep-Altiner/ Fix/Burghard/Nyqvist,* Kollektive Personenversicherung in Europa, Karlsruhe, VVW, 1995; *Herde/Drews,* Sondervergütungen und Begünstigungsverträge in der Lebensversicherung, VerBAV 1981, 145; *Herde,* Die Aufsichtspraxis im neuen aufsichtsrechtlichen Umfeld − Grundsätze für die Kollektiv-Lebensversicherung, BetrAV 1996, 52; *Kitzel,* Betriebliche Versorgung durch Lebensversicherungen (Treue-Police), DB 1966, Beilage Nr. 19, S. 8; *Klingmüller,* Neue Probleme um die Rückdeckungsversicherung, VersR 1971, 390; *Koch,* Konsequenzen der VAG-Novelle für die Kollektivlebensversicherung aus rechtswissenschaftlicher Sicht, BetrAV 1995, 147; *Kook,* Der Gruppenvertrag in der Kollektiv-Lebensversicherung, Diss. Berlin 1939; *Küstner,* Ist die Gruppenlebensversicherung eine Versicherung für fremde Rechnung?, VersR 1954, 575; *Lau,* Wahrung der Interessen der Versicherten in der Gruppenlebensversicherung, VW 1993, 1056; *Mauch,* Der Kollektiv-Lebensversicherungsvertrag. Seine Rechtsnatur und seine Funktion in der Schweizerischen Privatwirtschaft, Aarau 1962; *Merz,* Das Begünstigungsverbot im deutschen Versicherungsrecht nach der Anpassung an europäisches Recht, in: Festschrift für Ulrich Everling, Baden-Baden, Nomos, 1995, S. 835; *Metz,* Rahmenabkommen zwischen Lebensversicherern und Arbeitgebern, DB 1988, 1267; *Millauer,* Gruppenlebensversicherung für fremde Rechnung?, VersR 1955, 135; *derselbe,* Zur Gewinnverteilung bei Gruppenversicherungsverträgen, VersR 1955, 467; *derselbe,* Zum Begriff des Gruppenversicherungsvertrages, VersR 1957, 280; *derselbe,* Rechtsgrundsätze des Gruppenversicherungsvertrages, 2. Aufl., 1966; *derselbe,* Der Gruppenversicherungsvertrag in der Lebensversicherung, VersR 1965, 206; *derselbe,* Gruppenversicherung: Rechtsfolgen des Ausscheidens eines Risikoträgers aus der Gruppe und ihrer Auflösung, VersR 1965, 415; *derselbe,* Nochmals: Begriff des Gruppenversicherungsvertrages, VersR 1966, 803; *derselbe,* Die unechte Gruppenlebensversicherung, VersR 1965, 824; *Mohr,* Über das Verbot von Begünstigungsverträgen bei der Gruppenversicherung und die Rechtsnatur der Gruppenversicherungsrichtlinien, VersR 1963, 1094; *Möller,* Rechtsgrundsätze der Gefolgschaftsversicherung, Neum 1939, 731; *Müller,* Die Beitragsregelung in der Gruppenversicherung, in: Festschrift zu Ehren von Georg Höckner, Berlin, Mittler & Sohn, 1935, S. 50; *Neuroth,* Erste Erfahrungen mit der VVG-Reform, BetrAV 2008, 747; *Nolden,* Lebensgruppenversicherung und Versicherungsvertragsgesetz, VP 1955, 3; *Orlowski,* Zur Definition der Versicherung zugunsten Dritter, VersArch 1956, 155; *Parthier,* Beiträge zur Lehre von der Gruppen-Lebensversicherung, Diss. Tübingen 1937; *Pfropfe,* Rechtliche Fragen um die Gruppen-Lebensversicherung, Diss. Heidelberg 1936; *Price,* Gestaltung von Lebensversicherungsprodukten im europäischen Ausland, BetrAV 1994, 17; *Rein,* Nochmals: Zum Begünstigungsverbot in der Assekuranz, ZfV 1981, 181; *Reinecke,* Hinweis-, Aufklärungs- und Beratungspflichten im Betriebsrentenrecht, BetrAV 2005, 614; *Reinhard,* Konfusion bei Lebensversicherungsverträgen zur betrieblichen Altersversorgung für Arbeitnehmer von Lebensversicherungsunternehmen, VersR 1999, 1196; *Schwalbe,* Neuzeitliche Formen der Gruppenversicherung, in: Festschrift zum 125jährigen Geschäftsjubiläum der ALTE LEIPZIGER Lebensversicherungsgesellschaft auf Gegenseitigkeit, 1955; *Schimikowski,* Informationspflichten des Versicherers bei echten Gruppenversicherungen und Kollektivversicherungen, in: Versicherung, Recht und Schaden, Festschrift für Johannes Wälder, München, Beck, 2009, S. 51; *Simon/Kalwar,* Vertragsmuster für die Firmen-Gruppenversicherung, VerBAV 1965, 93; *Simon/Claus,* Sondervergütungen und Begünstigungsverträge in der Lebensversicherung − Neue Richtlinien für die Gruppenversicherung und Versicherungen mit Sammelinkasso −, VerBAV 1973, 162, 198, 223; *dieselben,* Sondervergütungen und Begünstigungsverträge in der Lebensversicherung, VerBAV 1976, 273, 312, 331 und VerBAV 1978, 219; *Späte,* Die Rundschreibenpraxis des Bundesaufsichtsamtes für das Versicherungswesen, VersR 1976, 1101; *Taeffner,* Gruppen-Lebensversicherungen, ZVersWiss 1926, 50; *Tesdorpf,* Die rechtliche Beurteilung der Gruppenlebensversicherung, ZVersWiss 1936, 135; *v. d. Thüsen,* Der unmittelbare Rechtsanspruch der Arbeitnehmer bei Gruppenversicherungsverträgen, VersR 1954, 155; *Weber,* Zur Begründung und aktuellen Tragweite eines Gleichbehandlungsgebots im Versicherungswesen, VW 1981, 1378; *Wilhelm/Fahl,* Konsequenzen der Anfechtung eines Gruppenversicherungsvertrags unter besonderer Berücksichtigung von § 40 Abs. 1 VVG und § 39 Abs. 1 VVG-E, VersR 2007, 1338; *Wieser,* Gruppenversicherungen, Juristische Schriftenreihe Band 216, Wien, Verlag Österreich GmbH, 2006; *Winter,* Die Gruppenspitze in der Gruppen-Lebensversicherung, ZfV 1968, 25, 56, 89; *Zimmermann,* Das neue Aufsichtsrecht: Seine Auswirkungen auf die Lebensversicherungspraxis im allgemeinen und im Kollektivgeschäft, BetrAV 1995, 28.

A. Gruppen- und Sammelversicherung 1, 2 **KollLV A**

I. Allgemeines

Die Kollektivlebensversicherung[1] ist vom Ursprung her keine deutsche Erfindung, sondern ein amerikanisches Versicherungsprodukt, das nach dem ersten Weltkrieg nach Deutschland importiert wurde.[2] Mit der Kollektivlebensversicherung bietet der Versicherer in bestimmten Fällen seine Versicherungsleistungen und insbesondere den Versicherungsschutz ganz bestimmten Vertragspartnern vorteilhafter an als dem Normalkunden.[3] Als in der Inflationszeit ein besonderer Wettbewerbsdruck auf den Lebensversicherern lastete, wurde im Jahre 1923 erstmals in § 81 Abs. 2 VAG die Ermächtigung für die Aufsichtsbehörde festgeschrieben, die Gewährung von Sondervergütungen und Begünstigungen untersagen zu können.[4] Auf der Grundlage dieser bis heute bestehenden Ermächtigung erließ die Aufsichtsbehörde die bekannte Anordnung von 1934,[5] die jegliche Sondervergütungen und Begünstigungen untersagt, soweit die Aufsichtsbehörde nicht bestimmte Ausnahmen für Begünstigungsverträge zulässt. Generell dürfen Gruppen- und Sammelversicherungsverträge nur solche Begünstigungen vorsehen, die versicherungstechnisch gerechtfertigt sind.[6] Seitens der Aufsichtsbehörde bestehen im Ausgangspunkt keine Bedenken, Kollektivlebensversicherungen zu dulden, wenn bestimmte Kriterien eingehalten werden, vor allem wenn die dauernde Erfüllbarkeit der Verträge und die Gleichbehandlung der Versicherten gewährleistet sind, die zugestandenen Begünstigungen gerechtfertigt sind und die anderen Versicherten dadurch keine Nachteile erleiden.[7] Gruppenversicherungsverträge,[8] die sich vor allem an den von der Aufsichtsbehörde verlautbarten Vertragsmustern orientieren, kommen in der Lebensversicherung insbesondere dann zustande, wenn Unternehmen im Rahmen der betrieblichen Altersversorgung für ihre Arbeitnehmer Direktversicherungen abschließen.[9]

1

II. Richtlinien für die Gruppen- und Sammelversicherung (Altbestand)

1. Ausgangslage

Bis 1994 galten für den Abschluss neuer Verträge die Richtlinien für die Gruppen- und Sammelversicherung gemäß R 2/82.[10] Das R 2/82 in der Fassung des R 1/86[11] unterscheidet zwischen Firmengruppenversicherungen, Vereinsgruppenversicherungen und Bauspargruppenversicherungen sowie Sammelversicherun-

2

---

[1] Zur Terminologie in der Kollektivlebensversicherung und den Versuchen einer Klärung der Begriffe Rahmen- und Sammelvertrag, Gruppen- oder Kollektivversicherung siehe *Schimikowski* in: Festschrift für Johannes Wälder, 2009, S. 51, 55 ff.
[2] *Schickinger*, Gruppenversicherung, insbesondere Gruppenlebensversicherung, in: Handwörterbuch der Versicherung, hrsg. v. Dieter Farny, Elmar Helten, Peter Koch, Reimer Schmidt, Karlsruhe, VVW, 1988, S. 239; *Koch*, Konsequenzen der VAG-Novelle für die Kollektivversicherung aus rechtswissenschaftlicher Sicht, BetrAV 1995, 147.
[3] *Herde* BetrAV 1996, 52, mit Hinweis auf *Drews*, Gruppen- und Sammelversicherungsverträge in der Lebensversicherung, unveröffentlichter Vortrag bei dem Arbeitskreis bayerischer Versicherer Anfang der 80er Jahre.
[4] *Herde* BetrAV 1996, 52.
[5] VerAfP 1934, 100.
[6] *Claus/Drews* VerBAV 1982, 366, 369; *Herde* BetrAV 1996, 52, 53.
[7] *Herde* BetrAV 1996, 52.
[8] Zur Terminologie in der Kollektivlebensversicherung siehe *Schimikowski* in: Festschrift für Johannes Wälder, 2009, S. 51, 55 ff.
[9] *Wilhelm/Fahl* VersR 2007, 1338.
[10] VerBAV 1982, 306.
[11] VerBAV 1986, 251.

gen. Für jeden dieser vier Bereiche ist festgelegt, welche Arten von Vertragspartnern für die Versicherer in Frage kommen und welche Personenkreise versichert werden dürfen. Die Personenkreise sind klar und eindeutig abzugrenzen, d. h., sie müssen versicherungstechnisch objektiv abgegrenzt sein. Die Richtlinien für die Gruppen- und Sammelversicherung gelten für den Altbestand weiter.[12]

2. Gruppenversicherung

3   Bei der Gruppenversicherung, die in der Lebensversicherung entweder Rückdeckungsversicherungen oder Direktversicherungen auf das Leben von Arbeitnehmern umfasst, ist der Gruppenversicherungsvertrag ein einheitlicher Versicherungsvertrag zwischen dem Versicherer und der Gruppenspitze (Verband, Arbeitgeber, rechtsfähige Vereinigungen von Arbeitgebern) als Versicherungsnehmer.[13] Der rechtlich einheitliche Versicherungsvertrag besteht versicherungstechnisch aus so vielen Versicherungsverhältnissen wie Gruppenmitglieder versichert sind.[14] Aus Gründen der Versicherungstechnik muss sich die Gruppenversicherung dabei auf eine einheitliche, allen Gruppenmitgliedern drohende Gefahr beziehen. Der Gruppenversicherungsvertrag bildet die Grundlage für den Inhalt der einzelnen Versicherungsverträge.[15] Der Versicherer schuldet aufgrund des Gruppenversicherungsvertrages für jedes Versicherungsverhältnis bei Eintritt des Versicherungsfalles die vereinbarte Leistung gesondert.[16]

4   Über die Gruppenversicherung besteht die Möglichkeit der Gewährung des Versicherungsschutzes zu einem besonders günstigen Gruppentarif und zu vorteilhaften Aufnahmebedingungen. Die niedrigeren Beitragssätze rechtfertigen sich wegen der Kosten mindernden Verwaltung einer größeren Anzahl gleichartiger Versicherungen und angesichts der Sammelzahlung durch die Gruppenspitze, also z. B. den Arbeitgeber.[17] Der Preisvorteil besteht in der Lebensversicherung aufgrund aufsichtsrechtlicher Reglementierung in einem Grundrabatt von 3%[18] und in der Ermäßigung der Unterjährigkeitszuschläge um 0,5%-Punkte bei halbjährlicher, um 1%-Punkt bei vierteljährlicher und 2,5%-Punkte bei monatlicher Beitragszahlungsweise.

3. Sammelversicherung

5   Bei der Sammelversicherung schließen Arbeitgeber und Versicherer einen Sammelversicherungsvertrag, mit welchem dem Arbeitgeber das Beitragsinkasso für mindestens zehn Einzelversicherungen übertragen wird. Der Arbeitgeber ist verpflichtet, die Beiträge gesammelt und im Namen und für Rechnung der Versicherungsnehmer in einem Betrag an den Versicherer zu übermitteln.

6   Wenn der Sammelinkassovertrag nichts anderes vorsieht, bleibt die Beitragszahlungspflicht des Versicherungsnehmers eine Schickschuld im Sinne von § 36 VVG. Da wesentlicher Vertragsinhalt eines Sammelinkassovertrages die Verpflichtung eines Arbeitgebers ist, die Beiträge seiner Arbeitnehmer von den monatlichen Bezügen einzubehalten und gesammelt an den Versicherer abzuführen, wird der Arbeitgeber zum Erfüllungsgehilfen des Versicherers und der Versicherungs-

---

[12] *Herde* BetrAV 1996, 52, 55.
[13] BFH, Urt. v. 30. 8. 1961 – II 234/58 U, BStBl. III 1961, 494, 496.
[14] FG Hamburg v. 24. 7. 1958, VersR 1958, 775.
[15] BMF-Schreiben v. 5. 7. 1993 – IV A 3 – S 7163 – 4/93, DB 1993, 1548.
[16] Vgl. OLG Karlsruhe, Urt. v. 15. 12. 1977 – 12 U 155/77, VersR 1978, 416; BFH, Urt. v. 11. 12. 2008 – VI R 9/05, DB 2009, 542, 543.
[17] Eingehend hierzu *Baer*, Neue steuerliche Entwicklungen bei Direktversicherungen und rückgedeckten Unterstützungskassen, BetrAV 1994, 36, 37 f.
[18] Vgl. *Schwebler* in: Handwörterbuch der Versicherung, Karlsruhe, VVW, 1988, 417, 421.

A. Gruppen- und Sammelversicherung 7, 8 **KollLV A**

nehmer hat seine Leistungshandlung bereits dann richtig erbracht, wenn und so lange er den Beitragsabzug von den Bezügen durch den Arbeitgeber zulässt. Die Erfüllung tritt bereits mit der Verrechnung der Beiträge gegen die Bezüge durch den Arbeitgeber ein, also mit der um die Beiträge gekürzten Auszahlung der Bezüge. Veruntreut der Arbeitgeber z.B einbehaltene Beiträge und gelangen diese nicht an den Versicherer, so ist durch die Erfüllungswirkung der Versicherungsnehmer vor einer Verpflichtung, den Beitrag noch einmal leisten zu müssen, geschützt. Der Versicherer muss gegebenenfalls den Sammelinkassovertrag fristlos kündigen, dies dem Versicherungsnehmer mitteilen und zum Normalinkasso übergehen.

III. Hinweise für die Kollektivlebensversicherung (Neubestand)

Im Zuge der Deregulierung der Versicherungswirtschaft im Jahre 1994 blieb 7 der Aufsichtsbehörde über § 81 Abs. 2 VAG die Befugnis erhalten, Anordnungen hinsichtlich des Abschlusses von Begünstigungsverträgen zu erlassen. Von dieser Befugnis hat das BAV Gebrauch gemacht, indem es „Hinweise zu Sondervergütungen und Begünstigungsverträgen in der Lebensversicherung mit dem Rundschreiben R 3/94[19] veröffentlicht hat.[20] Die Aufsichtsbehörde trug damit im Vorfeld der Deregulierung angestellten Überlegungen Rechnung, im Verbraucherinteresse seien „Rahmenrichtlinien für die Gruppenlebensversicherung" gefragt, die als Rechtsvorschrift des Allgemeininteresses für alle in Deutschland tätigen LVU zu beachten sind.[21] Nach dem Rundschreiben R 3/94 müssen sich Nachlässe, Rabatte und sonstige in der Kollektivlebensversicherung eingeräumte besondere Konditionen ausdrücklich selbst tragen und dürfen nicht zu Lasten der übrigen Versichertengemeinschaft führen.[22] Dies hat beispielsweise zur Folge, dass ein gewährter Nachlass beim Beitrag voraussetzt, dass eine entsprechende Einsparung bei den Kosten oder einer anderen Rechtsgrundlage vorliegen und nachweisbar sein muss.[23]

IV. Rechtliche Besonderheiten der Kollektivlebensversicherung

1. Einwilligung des Versicherten

a) § 159 Abs. 2 Satz 1 VVG. Wird die Versicherung für den Fall des Todes 8 eines anderen genommen und übersteigt die vereinbarte Leistung den Betrag der gewöhnlichen Beerdigungskosten, so ist gemäß § 159 Abs. 2 Satz 1 VVG zur Gültigkeit des Vertrages die schriftliche Einwilligung des anderen erforderlich. Die Anwendbarkeit dieser Bestimmung ist im Rahmen der Kollektivlebensversicherung umstritten. So soll nach einem Teil des Schrifttums in der Kollektivlebensversicherung das schriftliche Einverständnis der versicherten Person entbehrlich sein, wenn es sich um Direktversicherungen handelt oder die versicherten Versorgungsanwärter vom Versicherungsnehmer (der Firma) über den Versicherungsvertrag und seine wesentlichen Einzelheiten unterrichtet worden sind.[24] Für die Rückdeckungsversicherung wird die Auffassung vertreten, dass es der Zustim-

---

[19] VerBAV 1995, 3.
[20] Dazu *Zimmermann* BetrAV 1995, 28 ff.
[21] *Lau* VW 1993, 1056, 1058.
[22] *Herde* BetrAV 1996, 52, 54.
[23] *Herde* BetrAV 1996, 52, 54.
[24] *Blomeyer/Otto*, BetrAVG, 1984, Einl. Rdn. 42; *Prölss/Martin*, VVG, 1992, § 159 Anm 2B.

1961

mung der Arbeitnehmer gemäß § 159 Abs. 2 Satz 1 VVG nicht bedürfe, wenn sie für deren Rechnung genommen werde oder die Versicherungsentschädigung jedenfalls nicht über die Versorgungspflichten des Arbeitgebers (Versicherungsnehmers) hinausgehen könne.[25] Die ganz überwiegende Ansicht hält hingegen auch bei Kollektivlebensversicherungen am schriftlichen Einwilligungserfordernis des § 159 Abs. 2 Satz 1 VVG fest.[26] Eine Versicherung ohne Kenntnis des Arbeitnehmers ist generell unzulässig und unwirksam.[27] Die Nichtbeachtung des Einwilligungserfordernisses hat die Nichtigkeit der Versicherung zur Folge.[28] Der BGH hat die Frage zunächst nicht explizit entschieden, aber der herrschenden Meinung beiläufig zugestimmt.[29] In seinem Urteil vom 7. Mai 1997 hat der BGH entschieden, dass auch bei einer Gruppenversicherung in Form der Rückdeckungsversicherung die schriftliche Einwilligung der Gefahrspersonen nach § 159 Abs. 2 Satz 1 VVG erforderlich ist.[30] Da im Falle der Anwendbarkeit des § 159 Abs. 2 Satz 1 VVG die Nichtbeachtung des Einwilligungserfordernisses die Nichtigkeit der betreffenden Versicherung zur Folge hätte, wird in der Praxis schon im Interesse umfassender Rechtsvorsorge auf die Einholung des schriftlichen Einverständnisses der zu versichernden Person vor Abschluss einer Direktversicherung oder Rückdeckungsversicherung geachtet.

9 **b) § 150 Abs. 2 Satz 1 VVG 2008.** Im Zuge der Reform des VVG wurde eine Sonderregelung für die betriebliche Altersversorgung geschaffen. § 150 Abs. 2 Satz 1 VVG 2008 bestimmt: „Wird die Versicherung für den Fall des Todes eines anderen genommen und übersteigt die vereinbarte Leistung den Betrag der gewöhnlichen Beerdigungskosten, ist zur Wirksamkeit des Vertrags die schriftliche Einwilligung des anderen erforderlich; dies gilt nicht bei Kollektivlebensversicherungen im Bereich der betrieblichen Altersversorgung." Mit Blick auf diese Neuregelung ist seit der Geltung des VVG 2008 die Einwilligung des Versicherten nicht mehr notwendig.[31]

2. Einheit von LVU und Versicherungsnehmer

10 **a) Ausgangslage.** Zu den rechtlichen Besonderheiten der Kollektivlebensversicherung gehört, dass die LVU zur Abwicklung der betrieblichen Altersversorgung ihrer Mitarbeiter Direkt- und Rückdeckungsversicherungen im Bestand führen, die das LVU als Versicherungsnehmer und die Mitarbeiter als Versicherte ausweisen. Dies beruht darauf, dass ein LVU nicht gezwungen sein soll, die Lebensversicherung für die eigenen Mitarbeiter bei einem anderen LVU abschließen zu müssen.[32]

11 **b) Sicht der Aufsichtsbehörde.** Die Aufsichtsbehörde hat sich mit der versicherungstechnischen Durchführung und Abwicklung der betrieblichen Altersversorgung der Mitarbeiter von LVU durch das eigene LVU für einverstanden erklärt, wenn erstens die Durchführung und Abwicklung entsprechend den Di-

---

[25] *Klingmüller* VersR 1971, 392.
[26] *Winter* in: Bruck/Möller, VVG, Bd. V/2, 8. Aufl., 1988, Anm. C 34 ff.; *Hamann*, Die Rückdeckungsversicherung, 1991, S. 38 ff.; *Drews* VersR 1987, 634 ff.; für Rückdeckungsversicherungen von Höfer/Reiners/Wüst, BetrAVG, Bd. I, 3. Aufl., 1992, ART Rdn. 148 f.; *Blomeyer* BetrAV 1999, 293, 295; *Reinecke* BetrAV 2005, 614, 625.
[27] So zutreffend *Blomeyer,* Die Bedeutung des Versicherungsbeginns für die Unverfallbarkeit der betrieblichen Altersversorgung, DB 1992, 2499, 2501 = BetrAV 1993, 6, 9.
[28] Ebenso *Hamann*, Die Rückdeckungsversicherung, 1991, S. 41 f.
[29] BGH, Urt. v. 13. 5. 1953 – II ZR 197/52, VersR 1953, 249, 250.
[30] BGH, Urt. v. 7. 5. 1997 – IV ZR 35/96, VersR 1997, 1213, 1214.
[31] *Franz* VersR 2008, 1565, 1573; *Neuroth* BetrAV 2008, 747, 748.
[32] *Vogel* VersR 1976, 915.

A. Gruppen- und Sammelversicherung   12–15 **KollLV A**

rektversicherungen für andere Arbeitnehmer durch den jeweiligen Lebensversicherer und Arbeitgeber erfolgt und zweitens, wenn die Finanzbehörden diese Art der Durchführung der betrieblichen Altersversorgung anerkennen.[33]

c) **Auffassung der Finanzbehörden.** Wenn LVU die betriebliche Altersversorgung ihrer Mitarbeiter wie Direktversicherungen für betriebsfremde Arbeitnehmer durchführen und abwickeln, finden die für Direktversicherungen geltenden steuerrechtlichen Regelungen Anwendung.[34] Voraussetzung hierfür ist aber aus Sicht der Finanzverwaltung, dass der Treuhänder für den Deckungsstock (jetzt der Treuhänder für das Sicherungsvermögen) jeweils erklärt, dass er der Erbringung der Versicherungsleistungen aus dem Deckungsstock (heute Sicherungsvermögen) zustimmt, und dass das LVU jeweils eine Erklärung gegenüber dem bezugsberechtigten Arbeitnehmer abgibt, die der in Abschnitt 96 Abs. 5 der Lohnsteuer-Richtlinien bezeichneten Vereinbarung zwischen Versicherungsnehmer und Versicherer entspricht.[35] 12

d) **Zivilrechtliche Einordnung.** Wenn das LVU zugleich Versicherer und Versicherungsnehmer ist, stellt sich die Frage, ob eine Person einen vertraglichen Anspruch gegen sich selbst begründen kann. An sich lässt unsere Zivilrechtsordnung dies nicht zu, deshalb werden als rechtliche Konstruktion das Treuhandgeschäft und das Insichgeschäft angeführt.[36] Ausnahmsweise ist die vertragliche Doppelfunktion LVU/VN dann zulässig, wenn die Interessen der Beteiligten die Akzeptanz eines wirksamen Schuldverhältnisses in einer Person verlangen,[37] auch wenn es einen Insichvertrag im Sinne eines vertraglichen Insichgeschäfts rechtlich an sich nicht gibt und deshalb Grundlage der internen Selbstversicherung nur ein interner Willensbildungsakt des jeweiligen Risikoträgers sein soll.[38] Für das Interesse des versicherten Arbeitnehmers am Abschluss der Versicherung beim Arbeitgeber (LVU) sprechen die günstigeren Bedingungen des Haustarifs.[39] 13

3. Gesundheitsprüfung

Der Versicherer lässt für das Aufnahmeverfahren in die Kollektivlebensversicherung genügen, dass der Versicherte zum Zeitpunkt der Antragstellung voll seinen Dienst versieht und der Arbeitgeber ihn unverzüglich unterrichtet, wenn die zu versichernde Person zum vertraglich vorgesehenen Versicherungsbeginn ihren Dienst nicht voll versieht. Diese Vereinbarung ist als unwiderlegliche Vermutung vorvertraglicher Berufsfähigkeit auszulegen.[40] Erklärt der Arbeitgeber wahrheitswidrig auf eine entsprechende Frage des Versicherers, dass der Arbeitnehmer nach Kenntnis des Arbeitgebers „gesund" sei, kann der Versicherer nach Maßgabe der §§ 16 ff. VVG zum Rücktritt vom Vertrag berechtigt sein.[41] 14

4. Abschluss

Der Abschluss von Gruppenversicherungsverträgen in der betrieblichen Altersversorgung erfolgte bereits in der Vergangenheit üblicherweise im Anfrageverfah- 15

---

[33] *Reinhard* VersR 1999, 1196, 1197.
[34] *Reinhard* VersR 1999, 1196, 1197.
[35] Finanzministerium Niedersachsen, Erlass v. 13. 1. 1978 – S 2176 – 2331, DB 1978, 183.
[36] Einzelheiten bei *Vogel* VersR 1976, 915, ff.
[37] *Reinhard* VersR 1999, 1196, 1200.
[38] *Dreher* in: Festschrift für Horst Baumann, 1999, S. 21, 27.
[39] *Reinhard* VersR 1999, 1196, 1200.
[40] LG Hamburg, Urt. v. 2. 12. 1999 – 319 O 149/99, VersR 2002, 427.
[41] OLG Hamm, Urt. v. 18. 6. 2008 – I-20 U 208/07, VersR 2009, 622 = r+s 2009, 422, 423.

ren.[42] Der Gruppenversicherungsvertrag stellt das Angebot des Versicherers an den Versicherungsnehmer dar.[43] Die Angebotsannahme durch den Versicherungsnehmer erfolgt durch die Gegenzeichnung des Gruppenversicherungsvertrags.[44] Die nach dem VVG 2008 erforderlichen Informationen werden dem Versicherungsnehmer mit dem Gruppenversicherungsvertrag zur Verfügung gestellt.[45]

V. Konsortialverträge

1. Abgrenzung

16   Vom Eigengeschäft ist das Konsortialgeschäft zu unterscheiden. Beim Konsortialgeschäft stehen dem Versicherungsnehmer mehrere Versicherer gegenüber.[46] Dies ist z. B. der Fall, wenn Direktversicherungen in Übereinstimmung mit § 40b EStG mit mehreren Versicherern abgeschlossen werden.[47] Die Vertragsgestaltung hängt vom Einzelfall ab, insbesondere welche Pflichten dem Konsortialführer und den Konsorten obliegen.

2. Konsortialführer

17   Dem Konsortialführer obliegt regelmäßig die Geschäftsführung für alle am Konsortium beteiligten Versicherer. Er übernimmt insbesondere die Antrags- und Vertragsbearbeitung, die Risikoprüfung, das In- und Exkasso, den gesamten Schriftverkehr, die Abwicklung der Leistungsfälle sowie bei dem Riestergeschäft die Arbeitsabläufe im Rahmen des Zulagenverfahrens und der schädlichen Verwendung. Seine Vollmacht erstreckt sich auf alle Geschäfte und Rechtshandlungen, welche die Abwicklung des Vertragsverhältnisses mit sich bringt sowie auf alle Rechtsstreitigkeiten, die auf das Vertragsverhältnis Bezug haben. Ein gegen oder von dem Konsortialführer erstrittenes Urteil wird von den Mitversicherern als auch für sie verbindlich anerkannt. Der Konsortialführer haftet den Konsortialmitgliedern für die Erfüllung der Dienstleistungen nach den gesetzlichen Bestimmungen im Sinne des §§ 276, 278 BGB.

3. Überschussbeteiligung

18   Nach einer Vertragsvariante liegen die Vertragsdaten und Informationen zur Überschussbeteiligung den einzelnen Konsorten vor. Jeder Konsorte bestimmt die exakte Überschussbeteiligung und meldet diese dem Konsortialführer, der die Gesamtüberschussbeteiligung ermittelt.

19   Vorgesehen werden kann aber auch, dass der Pflichtenkreis des Konsortialführers signifikant dadurch erweitert wird, dass die Vertragsdaten und Informationen zu den Einzelversicherungen (wie Versicherungssumme, Versicherungsdauer, Beitragsrate, Deckungskapital, Überschussguthaben) dem Konsortialführer vorliegen bzw. bei ihm geführt werden. Im Weiteren kommt es darauf an, ob jeder Konsorte für die Kapitalanlagen seines Anteils selbst zuständig bleibt oder hierzu abweichende Regelungen getroffen werden, die auch die Vertragsabrechnungsverfahren betreffen.

---

[42] *Neuroth* BetrAV 2008, 747.
[43] *Neuroth* BetrAV 2008, 747.
[44] *Neuroth* BetrAV 2008, 747.
[45] *Neuroth* BetrAV 2008, 747.
[46] OLG Köln, Urt. v. 17. 6. 2008 – 9 U 26/08, VersR 2009, 385.
[47] FG Düsseldorf, Urt. v. 27. 4. 1992 – 1 K 469/88 L, BetrAV 1992, 207, 208.

B. Rückdeckungsversicherung

Übersicht

	Rdn.
I. Allgemeines	1–4
1. Begriff	1
2. Zweck	2
3. Verpfändung	3, 4
II. Bezugsberechtigung	5, 6
1. Einräumung	5
2. Widerruf	6
III. Abtretung	7
IV. Verwendung der Überschussanteile	8, 9
V. Insolvenz des Arbeitgebers	10, 11
1. Teil der Insolvenzmasse	10
2. Übergang auf den PSVaG	11
VI. Verpfändung der Rückdeckungsversicherung an Gesellschafter-Geschäftsführer	12–28
1. Zweck der Verpfändung	12
2. Pfandrechtsbestellung	13–15
3. Eintritt der Pfandreife	16
4. Auszahlung der Rückdeckungsversicherung vor Pfandreife	17
5. Insolvenz der Firma vor Pfandreife	18–21
a) Aufschiebend bedingte Forderung	18
b) Anspruch auf Sicherung	19
c) Ansprüche aus dem Pfandrecht an der Rückdeckungsversicherung	20
d) Rückkaufswert	21
6. §§ 30, 31, 32 a GmbHG	22
7. Zugriffsmöglichkeiten der Gläubiger des Versorgungsberechtigten	23–28
VII. Aktivierung von Ansprüchen aus einer Rückdeckungsversicherung	29
VIII. Personengesellschaft	30

Schrifttum: *Arteaga,* Unternehmerpensionszusagen im Unternehmenskonkurs, ZIP 1996, 2008; *Berenz,* Insolvenzsicherung der betrieblichen Altersversorgung: Systematik des Anspruchsübergangs nach § 9 Abs. 2 BetrAVG auf den PSVaG, DB 2004, 1098; *Blomeyer,* Verpfändung der Rückdeckungsversicherung, BetrAV 1999, 17; *derselbe,* Die Verpfändung von Rückdeckungsversicherungen an Versorgungsanwärter der betrieblichen Altersversorgung, VersR 1999, 653 = BetrAV 1999, 293; *Elfring,* Versicherungsverträge im Insolvenzrecht, BB 2004, 617; *Flick,* Unterstützungskassen mit Rückdeckungsversicherung – Eine zweckmäßige Gestaltungsform der betrieblichen Alters- und Hinterbliebenenversorgung, BB 1956, 462; *Flitsch/Herbst,* Lebensversicherungsverträge in der Insolvenz des Arbeitgebers – Auswirkungen des (geänderten) Gesetzes zur Verbesserung der betrieblichen Altersversorgung (BetrAVG), BB 2003, 317; *Goette,* Zur Insolvenzsicherung von Versorgungszusagen an „Mitunternehmer", ZIP 1997, 1317; *Hamann,* Die Rückdeckungsversicherung aus zivil-, versicherungs- und arbeitsrechtlicher Sicht, Diss. Hamburg 1990, Frankfurt am Main u. a., Lang, 1991; *Hartsoe/Neumeier,* Vorsicht bei der Verwendung von Widerrufsklauseln, VW 2005, 1172; *Höfer/Abt,* Insolvenzschutz bei vom Pensions-Sicherungsverein nicht gesicherten Gesellschafter/Geschäftsführern, DB 1982, 1501; *Kemsat/Wichmann,* Gebrauchte Lebensversicherungen und Rückdeckungsversicherungen im handelsrechtlichen Jahresabschluss, BB 2004, 2287; *Langohr-Plato/Teslau,* Das Verpfändungsmodell: Privatrechtliche Insolvenzsicherung durch Verpfändung einer Rückdeckungsversicherung, BetrAV 1999, 305; *Lohkamp/Fiala,* Probleme bei der Gestaltung einer „insolvenzsicheren" Pensionszusage an einen mehrheitsbeteiligten Gesellschafter-Geschäftsführer – Eine Kritik des Modells der verpfändeten Rückdeckungsversicherung –, VersR 2006, 331; *Ophoff/Walkiewicz*, Kostenneutrale und insolvenzsichere Gestaltung arbeitnehmerfinanzierter Pensionszusagen, DB 1996, 2240; *Perwein*, Pensionszusage und Rückdeckungsversicherung in der Insolvenz der GmbH: Kann der Gesellschafter-Geschäftsführer seine Ansprüche insolvenzfest machen?, GmbHR 2007, 589; *Rauser*, Direktversicherung oder rückversicherte Direktzusage, BB 1982, 1499; *Reuter*, Die Übertragung einer Rückdeckungsversicherung auf den Geschäftsführer der GmbH, GmbHR 2002, 6; *Richter*, Versicherungsmathematische Gutachten über unmittelbare Pensionsverpflichtungen und das Bilanzrichtlinien-Gesetz, BB 1988, 242; *Riewe*, Der privatrechtliche Insolvenzschutz in der betrieblichen Altersversorgung, DB 2010, 784; *Seppelt*, Die Reichweite des Pfandrechts bei wiederkehrenden Leistungen am Beispiel rückgedeckter unmittelbarer Pensionszusagen, VersR 2003, 292; *Stegmann/Lind*, Der Lebensversicherungsvertrag in der Insolvenz, NVersZ 2002, 193; *Thierer*, Betriebliche Altersversorgung für GmbH-Geschäftsführer: Bilanzierung von Rückdeckungsversicherungen im Rahmen von IAS 19, DB 2007, 1093 = BetrAV 2007, 425; *Veit*, BB-Rechtsprechungs-, Verwaltungs- und Gesetzgebungsreport zur Bilanzierung der betrieblichen Altersversorgung 2009/2010, BB 2010, 751; *Weber-Grellet*, BB-Rechtsprechungsreport zu 2009 veröffentlichten bilanzsteuerrechtlichen BFH-Urteilen, BB 2010, 43; *Wichmann*, Die rückgedeckte Pensionszusage des beherrschenden Gesellschaftergeschäftsführers, BB 1988, 521; *derselbe*, Die Rückdeckungsversicherung im handelsrechtlichen Jahresabschluss, BB 1989, 1228.

I. Allgemeines

1. Begriff

1 Die Rückdeckungsversicherung ist eine Personenversicherung.[48] Dies gilt nicht nur, wenn der Arbeitgeber als Versicherungsnehmer die Versicherung für Rechnung des Arbeitnehmers nimmt,[49] sondern auch, wenn der Arbeitgeber auch sein eigenes Interesse an dem Leben des Arbeitnehmer als Gefahrpersonen versichert. Wenn der Arbeitgeber Versicherungsnehmer, alleiniger Beitragszahler und Bezugsberechtigter auf die Versicherungsleistungen ist, ist gewährleistet, dass es sich bei der Rückdeckungsversicherung um keine verdeckte Direktversicherung handelt.[50]

2. Zweck

2 Die Rückdeckungsversicherung dient der Rückdeckung der arbeitsrechtlichen Versorgungszusage durch den Arbeitgeber und soll die Mittel zur Erfüllung von Versorgungszusagen sichern.[51] Ein Gruppenversicherungsvertrag einer Aktiengesellschaft mit einer Lebensversicherungsgesellschaft zur Deckung der Pensionsansprüche von Vorstandsmitgliedern gewährt daher diesen keine Ansprüche gegen den Lebensversicherer.[52] Schließt eine Unterstützungskasse eine Rückdeckungsversicherung ab, verschafft sie sich hierdurch nicht die Mittel für ihre Versorgungsleistungen, wenn sie die ihr zustehenden Rechte aus der Versicherung beleiht oder abtritt.[53] Einer Beleihung steht die Inanspruchnahme von Vorauszahlungen etwa im Wege eines Policendarlehens gleich.[54]

---

[48] *Klingmüller* VersR 1971, 392.
[49] Vgl. z. B. BFH BB 1970, 2202.
[50] BFH, Urt. v. 12. 7. 1957 – VI 3/56 U, BFHE 65, 147 = BStBl. III 1957, 289; BFH, Urt. v. 28. 6. 2001 – IV R 41/00, NZG 2002, 935, 936 = WPg 2002, 34, 35.
[51] BGH v. 13. 5. 1953, VersR 1953, 249 = VerBAV 1953, 197; BAG v. 25. 5. 1973, VersR 1974, 46; BAG v. 12. 6. 1975, BB 1975, 1065; BAG v. 29. 7. 1967, NJW 1967, 2425; BGH v. 24. 4. 1978, VersR 1978, 915; OLG Saarbrücken, Urt. v. 13. 4. 2005 – 5 U 842/01 – 67, VersR 2006, 778, 779; *Ophoff/Walkiewicz* DB 1996, 2240, 2242.
[52] OLG Hamm BB 1952, 814.
[53] BFH, Urt. v. 28. 2. 2002 – IV R 26/00, BetrAV 2002, 818, 819 = BB 2002, 975, 976 = DB 2002, 975 = WPg 2002, 673, 674.
[54] BFH, Urt. v. 19. 12. 1973 – VI R 339/70, BFHE 111, 305 = BStBl. II 1974, 237; FG Köln, Urt. v. 10. 11. 1999 – 13 K 2306/98, EFG 2000, 415; FG München, Urt. v. 7. 12.

B. Rückdeckungsversicherung   3–5 **KolILV B**

3. Verpfändung

Die Einräumung eines Bezugsrechts der zu versorgenden Person unterbleibt in der Regel schon aus steuerlichen Gründen; zur Sicherung der Ansprüche aus der erteilten Versorgungszusage können aber die Rechte und Ansprüche aus der Rückdeckungsversicherung verpfändet werden,[55] z. B. aus Rückdeckungsversicherungen einer Unterstützungskasse.[56] Bestehen keine Pfandrechte des Arbeitnehmers, kann der Arbeitgeber bei Ausscheiden des versicherten Arbeitnehmers frei über die Rückdeckungsversicherung verfügen, ohne dass es darauf ankommt, ob die Versorgungsanwartschaften des ausscheidenden Arbeitnehmers unverfallbar sind oder nicht.[57] **3**

Die Beiträge sind für den Arbeitgeber Betriebsausgaben.[58] Sie sind aber kein Arbeitseinkommen für die Arbeitnehmer, da diese aus dem zwischen dem Arbeitgeber und dem Versicherer geschlossenen Versicherungsvertrag keine Ansprüche gegen den Versicherer haben. **4**

II. Bezugsberechtigung

1. Einräumung

Mitunter räumt die Firma als Versicherungsnehmer der Rückdeckungsversicherung dem oder den Versorgungsberechtigten widerrufliche Bezugsrechte an der Rückdeckungsversicherung ein.[59] Durch die Erteilung einer lediglich widerruflichen Bezugsberechtigung hat der Bezugsberechtigte weder einen Anspruch aus dem Versicherungsvertrag (vgl. § 166 Abs. 2 VVG) noch eine sonstige gesicherte Rechtsposition – etwa ein Anwartschaftsrecht – erworben.[60] Vielmehr besitzt er lediglich eine mehr oder weniger starke tatsächliche Aussicht auf den Erwerb eines zukünftigen Anspruchs.[61] Da der Versicherungsnehmer sich allein durch die widerrufliche Benennung des Dritten keiner Rechte aus dem Vertrag begeben hat, also jederzeit die Bezugsberechtigung durch einseitige Erklärung auf sich selbst oder eine andere Person umleiten kann, verbleiben vor dem Eintritt des Versicherungsfalls alle vertraglichen Rechte bei ihm.[62] **5**

1999 – 2 K 2274/95, EFG 2000, 417; BFH, Urt. v. 28. 2. 2002 – IV R 26/00, BetrAV 2002, 818, 819 = BB 2002, 975, 976 = DB 2002, 975 = WPg 2002, 673, 674.
[55] OLG Saarbrücken, Urt. v. 3. 5. 2006 – 5 U 578/00 – 48, VersR 2007, 780, 781; *Riewe* DB 2010, 784, 785.
[56] BMF-Schreiben v. 7. 9. 1998 – IV B 2 – S 2144c – 36/98, BB 1998, 2244 = DB 1998, 1991, 1992; OFD Frankfurt/M., Vfg. v. 1. 10. 1998 – S 2144c A – 15 – St II 20, DB 1998, 2345; OFD Frankfurt/M., Vfg. v. 11. 11. 1998 – S 2723 A – 15 – St II 12, GmbHR 1999, 253, 254. Zur fondsgebundenen Lebensversicherung als Rückdeckungsversicherung mit einer Unterstützungskasse siehe BMF-Schreiben v. 13. 5. 1998 – IV B 2 – S 2144c – 12/98, BB 1998, 1789.
[57] LAG Düsseldorf, Urt. v. 29. 6. 1970, DB 1970, 2449; BAG v. 14. 7. 1972, DB 1972, 2068; BAG v. 10. 3. 1972, VersR 1972, 735.
[58] BFH, Urt. v. 28. 6. 2001 – IV R 41/00, NZG 2002, 935, 936 = GmbHR 2001, 1181 = WPg 2002, 34, 35; BFH, Urt. v. 7. 8. 2002 – I R 2/02, NJW-RR 2003, 254, 255; *Reuter* GmbHR 1997, 1125; *derselbe* GmbHR 2002, 6.
[59] Vgl. BGH, Urt. v. 7. 4. 2005 – IX ZR 138/04, NJW 2005, 2231 = VersR 2005, 923 = r+s 2005, 389 = WM 2005, 937 = ZIP 2005, 909 = DB 2005, 1453 = MDR 2005, 1075.
[60] BGH, Urt. v. 7. 4. 2005 – IX ZR 138/04, NJW 2005, 2231, 2232 = VersR 2005, 923 = WM 2005, 937, 938 = ZIP 2005, 909, 910 = DB 2005, 1453, 1454 = MDR 2005, 1075, 1076.
[61] BGH, Urt. v. 7. 4. 2005 – IX ZR 138/04, NJW 2005, 2231, 2232 = VersR 2005, 923 = WM 2005, 937, 938 = ZIP 2005, 909, 910 = DB 2005, 1453, 1454 = MDR 2005, 1075, 1076.
[62] BGH, Urt. v. 23. 10. 2003 – IX ZR 252/01, BGHZ 156, 350, 356 = NJW 2004, 214 = NZI 2004, 78 = ZVI 2003, 657 = VersR 2004, 93, 94 = WM 2003, 2479 = ZIP 2003,

2. Widerruf

6 Kündigt der Insolvenzverwalter die Rückdeckungsversicherung und verbindet er die Kündigung mit der Aufforderung an den Versicherer, den Rückkaufswert aus der Rückdeckungsversicherung auf ein näher bezeichnetes Massekonto zu zahlen, so liegt in der Kündigung zugleich der Widerruf der widerruflichen Bezugsberechtigung.[63]

III. Abtretung

7 Die Übertragung von Rechten aus einer Rückdeckungsversicherung, die zur Finanzierung einer Versorgungszusage abgeschlossen worden ist, auf den begünstigten Arbeitnehmer unter der aufschiebenden Bedingung, dass ein Vergleichs- oder Konkursantrag gestellt wird, verstößt gegen konkursrechtlich zwingende Bestimmungen[64] und kommt deshalb in der Vertragspraxis nicht mehr vor. Hinzukommt, dass eine Abtretung der Ansprüche aus der Rückdeckungsversicherung an den Versorgungsberechtigten aus steuerlichen Gründen problematisch ist. Die Rückdeckungsversicherung würde zur Direktversicherung mit der Folge werden, dass das für die Rückdeckungsversicherung gebildete Deckungskapital als dem Versorgungsberechtigten zugeflossen gelten und der Lohnsteuer unterliegen würde. In der Kautelarpraxis hat sich deshalb, insbesondere bei Gesellschaftergeschäftsführern, die Verpfändung der Rückdeckungsversicherung durchgesetzt,[65] die keinen lohnsteuerlichen Zufluss auslöst,[66] und zwar auch bei Verpfändung an einen beherrschenden Gesellschaftergeschäftsführer.[67] Ausschlaggebend hierfür war sicherlich auch, dass das „Verpfändungsmodell" von Instanzgerichten nicht beanstandet wurde.[68] Keine Berücksichtigung fand bislang der Vorschlag von *Arteaga*[69] die Insolvenzsicherung von Unternehmerzusagen dadurch sicherzustellen, dass die Rückdeckungsversicherung sicherheitshalber an den PSV abgetreten und der PSV verpflichtet wird, Insolvenzschutz insoweit zu gewährleisten, als die zugesagte Versorgung angemessen ist und durch die in der Rückdeckungsversicherung angesammelten Mittel gedeckt ist.

IV. Verwendung der Überschussanteile

8 Umfasst ein Versorgungsplan die Zusage von Überschussanteilen aus einer Rückdeckungsversicherung, stehen dem Arbeitnehmer beim Quotierungsverfahren die Überschussanteile ungekürzt zu, soweit sie bis zur Beendigung des Ar-

---

2307, 2309 = DB 2004, 703, 704 = MDR 2004, 596; BGH, Urt. v. 7. 4. 2005 – IX ZR 138/04, NJW 2005, 2231, 2232 = VersR 2005, 923 = WM 2005, 937, 938 = ZIP 2005, 909, 910 = DB 2005, 1453, 1454 = MDR 2005, 1075, 1076.
[63] BGH, Urt. v. 4. 3. 1993 – IX ZR 169/92, NJW 1993, 1994 = VersR 1993, 689, 690 = r+s 1993, 354 = WM 1993, 1057 = ZIP 1993, 600, 602; BGH, Urt. v. 7. 4. 2005 – IX ZR 138/04, NJW 2005, 2231, 2232 = VersR 2005, 923 = r+s 2005, 389 f. = WM 2005, 937, 938 = ZIP 2005, 909, 910 = DB 2005, 1453, 1454; *Elfring* BB 2004, 617, 619 f.
[64] BAG, Urt. v. 16. 6. 1978 – 3 AZR 783/76, DB 1978, 1843.
[65] Krit. dazu *Arteaga* ZIP 1996, 2008.
[66] Anerkannt für Arbeitnehmer: BMF-Schreiben v. 16. 4. 1982 – IV B 6 – S 2373 – 5/82, BB 1982, 849 = DB 1982, 880; vgl. auch Erlass des Nds. Finanzministers v. 24. 6. 1982 – S 2373 – 21 – 313, ZIP 1982, 1136; dazu *Höfer/Abt* GmbHR 1983, 49.
[67] *Wichmann* BB 1988, 521, 525.
[68] OLG Hamm, Urt. v. 12. 5. 1995 – 20 U 37/95, BB 1995, 2083 = WiB 1996, 219; LG Frankfurt/M., Urt. v. 24. 10. 1995 – 2/14 O 199/95, ZIP 1996, 340; dazu *Lehleiter* EWiR 1996, 7.
[69] *Arteaga* ZIP 1996, 2008, 2013.

B. Rückdeckungsversicherung 9–11 **KollLV B**

beitsverhältnisses durch das Versicherungsunternehmen erwirtschaftet bzw. ausgeschüttet werden; auf den Zeitpunkt einer – eventuell späteren – Gutschrift kommt es nicht an.[70]

Die Rückdeckungsversicherung wird von der Firma (Versicherungsnehmer und Arbeitgeber) auf das Leben des Arbeitnehmers abgeschlossen, um die dem Arbeitnehmer erteilte Versorgungszusage mit den Beiträgen zur Lebensversicherung zu finanzieren. Bezugsberechtigt im Todes- und Erlebensfall ist die Firma als Versicherungsnehmer. Dem versicherten Arbeitnehmer stehen aus der Rückdeckungsversicherung keine Ansprüche zu. Die Rückdeckungsversicherung steht damit rechtlich und wirtschaftlich im Vermögen der Firma. 9

V. Insolvenz des Arbeitgebers

1. Teil der Insolvenzmasse

Da es sich bei Rückdeckungsversicherungen um vom Unternehmen abgeschlossene Versicherungen handelt und die Versicherungsleistung der Firma zusteht, wenn keine Rechte Dritter bestehen, können nur Gläubiger des Unternehmens, nicht aber des Versorgungsberechtigten, Zugriff auf die Aktivwerte der Rückdeckungsversicherungen nehmen. Wird über das Vermögen des Arbeitgebers als Versicherungsnehmer das Insolvenzverfahren eröffnet, fällt die Rückdeckungsversicherung in die Insolvenzmasse. Der Arbeitnehmer ist nicht berechtigt, im Wege der Aussonderung zu verlangen, dass der Rückdeckungsversicherungsvertrag auf ihn übertragen wird.[71] Dies gilt auch dann, wenn der Arbeitnehmer ohne eigenes Verschulden aus den Diensten des Arbeitgebers ausgeschieden ist und wenn er nach der Versorgungszusage für diesen Fall die Übertragung der Rückdeckungsversicherung verlangen konnte. Das BAG hat dieses Urteil zutreffend damit begründet, für ein Aussonderungsrecht genüge es nicht, dass dem Arbeitnehmer ein schuldrechtlicher Anspruch und damit ein persönliches Recht auf die Übertragung des Versicherungsvertrages zusteht. § 43 KO setze außerdem voraus, dass der auszusondernde Gegenstand oder das auszusondernde Recht dem Gemeinschuldner nicht gehöre. Daran fehle es aber im vorliegenden Fall, da die Rückdeckungsversicherung rechtlich und wirtschaftlich zum Vermögen des Gemeinschuldners gehöre. 10

2. Übergang auf den PSVaG

Wenn der PSVaG aufgrund des Eintritts eines Sicherungsfalls Leistungen der betrieblichen Altersversorgung erbringt, geht der Anspruch des Versorgungsberechtigten aus der Versorgungszusage gegenüber dem Arbeitgeber nach § 9 Abs. 2 BetrAVG auf den PSVaG über. Der Forderungsübergang erfasst alle mit der Forderung auf betriebliche Altersversorgung akzessorisch verbundenen Rechte, die der Verstärkung der Forderung dienen.[72] Zu den vom Arbeitgeber dem Versorgungsberechtigten eingeräumten Sicherungsrechten, die nach § 9 Abs. 2 Satz 1 BetrAVG auf den PSVaG übergehen, gehören u.a. die Pfandrechte der Versorgungsberechtigten an Rückdeckungsversicherungen und sonstige Pfandrechte (z.B. an einem Wertpapierdepot).[73] Bei sog. Contractual Trust Arrangements (CTA-Modellen) gehen je nach Ausgestaltung des Modells die Pfandrechte der Versorgungsberechtigten an dem Rückübertragungsanspruch der auf den „Trust" 11

---

[70] BAG VersR 1987, 497 = WM 1987, 476 = DB 1987, 743.
[71] BAG, Urt. v. 29. 7. 1967 – 3 AZR 55/66, NJW 1967, 2425 = VersR 1967, 1190.
[72] BAG, Urt. v. 12. 12. 1989 – 3 AZR 540/88, DB 1990, 895; *Berenz* DB 2004, 1098.
[73] *Berenz* DB 2004, 1098, 1099.

1969

übergegangenen Vermögensgegenstände auf den PSVaG über oder bei der sog. doppelseitigen Treuhand das eigenständige Leistungsrecht (Sicherungstreuhand) des Versorgungsberechtigten gegenüber dem „Trust".[74]

VI. Verpfändung der Rückdeckungsversicherung an Gesellschafter-Geschäftsführer

1. Zweck der Verpfändung

12   Vor allem in anteilseignergeführten GmbHs werden regelmäßig zugunsten der Gesellschafter-Geschäftsführer Pensionszusagen erteilt.[75] Da Gesellschafter-Geschäftsführer in der Insolvenz der GmbH keinen Anspruch gegen den PSVaG haben,[76] werden regelmäßig zugleich mit der Erteilung der Pensionszusage durch die GmbH Rückdeckungsversicherungen abgeschlossen.[77] Um die Versorgungsansprüche des Versorgungsberechtigten und seiner Hinterbliebenen zu sichern, wird in der Praxis nach dem Verpfändungsmodell verfahren. Denn die Verpfändung der zur Finanzierung einer unmittelbaren Versorgungszusage abgeschlossenen Rückdeckungsversicherung an den Versorgungsberechtigten stellt aus insolvenz- und steuerrechtlichen Gründen die einzige Möglichkeit dar, um die Versorgungsrechte derjenigen GmbH-Geschäftsführer, die nicht unter den gesetzlichen Insolvenzschutz der §§ 7 bis 15 BetrAVG fallen, für den Insolvenzfall abzusichern. Sodann bietet eine solche Verpfändung anerkanntermaßen grundsätzlich auch eine insolvenzfeste Sicherung. Denn im Regelfall kann davon ausgegangen werden, dass eine Verpfändung einer insolvenzrechtlichen Prüfung vor allem auch unter dem Gesichtspunkt der Anfechtbarkeit standhält.[78]

2. Pfandrechtsbestellung

13   Die Verpfändung der Rückdeckungsversicherung erfolgt durch die Bestellung eines Pfandrechts. Die Besonderheit der Verpfändung gegenüber der Abtretung liegt gemäß § 1252 BGB in der Akzessorietät der Verpfändung, also in der Verknüpfung des Pfandrechts mit dem Bestehen der gesicherten Forderung. Die zu sichernde Forderung – die Versorgungszusage – muss wirksam erteilt sein und einen wirksamen Versorgungsanspruch begründet haben.[79] Mit dem rechtlichen Schicksal dieser Forderung ist das Pfandrecht in der Weise verbunden, dass das Pfandrecht automatisch erlischt, wenn die Forderung (Versorgungszusage) wegfällt.[80] Der Inhalt und der Umfang der Verpfändung ergeben sich aus der Verpfändungsvereinbarung.[81] Werden – wie im Normalfall üblich – alle Rechte und Pflichten aus dem Versicherungsvertrag erfasst, ist der Versicherungsnehmer nicht mehr ohne Mitwirkung des Pfandgläubigers in der Lage, über die Rechte und Ansprüche aus dem Rückdeckungsversicherungsvertrag zu verfügen.[82] Die Vereinbarung muss dem Rückdeckungsversicherer als Schuldner der verpfändeten Versicherungsleistung angezeigt werden. Erst hierdurch erlangt die Verpfändung gemäß §§ 1279, 1280 BGB Rechtswirksamkeit.

---

[74] *Küppers/Louven* BB 2004, 337, 340, 342; *Berenz* DB 2004, 1098, 1099.
[75] *Perwein* GmbHR 2007, 589.
[76] *Flitsch/Herbst* BB 2003, 317; *Elfring* NJW 2005, 2192.
[77] *Perwein* GmbHR 2007, 589.
[78] *Höfer/Abt* DB 1982, 1502; *Paschek* BetrAV 1987, 10, 11.
[79] *Blomeyer* BetrAV 1999, 17; *derselbe* BetrAV 1999, 293, 296.
[80] *Langohr-Plato/Teslau* BetrAV 1999, 305, 306.
[81] Vgl. das Muster mit Anmerkungen bei *Arteaga*, Endlich Konkurssicherheit für Unternehmer-Pensionszusagen, ZIP 1998, 276, 279 f.
[82] *Langohr-Plato/Teslau* BetrAV 1999, 305, 306.

B. Rückdeckungsversicherung   14–16 KollLV B

Sieht die Pensionszusage Hinterbliebenenleistungen vor, muss für jeden eventuell versorgungsberechtigten Hinterbliebenen ein eigenes Pfandrecht zur Sicherung seiner Versorgungsansprüche bestellt werden. Soweit in der Pensionszusage Waisen- oder Halbwaisenrenten vorgesehen sind, müssen eventuell vorhandene minderjährige Kinder hierbei von ihren gesetzlichen Vertretern vertreten werden. Werden für mehrere Personen Pfandrechte bestellt, ist eine Rangordnung der Pfandrechte erforderlich. Wird nichts anderes vereinbart, ergibt sich diese aus der zeitlichen Reihenfolge der Pfandrechtsbestellungen. Aus Beweisgründen sollte deshalb das Datum und gegebenenfalls die Uhrzeit auf dem Pfandvertrag festgehalten werden. Werden für vier Personen Pfandrechte bestellt, sind aus Gründen der Rechtsvorsorge die Unterschriften mit zeitlichem Abstand in der Reihenfolge a) bis d) zu leisten und die zugehörigen, zeitlich abweichenden Uhrzeiten a) bis d) zu vermerken. 14

Der Abschluss einer Vereinbarung über die Verpfändung der Rückdeckungsversicherung mit dem Gesellschafter-Geschäftsführer im Zusammenhang mit einer Versorgungszusage obliegt der Gesellschafterversammlung der GmbH und bedarf deshalb grundsätzlich eines Gesellschafterbeschlusses gemäß § 46 Nr. 5 GmbHG, sofern nicht durch den Gesellschaftsvertrag der GmbH die entsprechenden Kompetenzen auf andere Organe verlagern sind.[83] Dies gilt auch für die sog. „Ein-Mann-Gesellschaft", wobei die steuerrechtlichen Anforderungen zu beachten sind.[84] Allerdings kann in der Ein-Mann-Gesellschaft regelmäßig nicht die Abhaltung förmlicher Gesellschafterversammlungen erwartet werden; an die Stelle von Beschlüssen tritt vielmehr der „Entschluss" des Ein-Mann-Gesellschafters.[85] Ist ein Gesellschafterbeschluss zur Verpfändung der Rückdeckungsversicherung nicht förmlich protokolliert, ist der Protokollierungspflicht gemäß § 48 Abs. 3 GmbHG genügt, wenn anderweitige schriftliche Dokumente mit der gleichen Gewissheit über den Inhalt eines von der Ein-Mann-Gesellschaft gefassten Beschlusses Auskunft geben wie eine förmliche Protokollierung im Sinne des § 48 Abs. 3 GmbHG.[86] Als ausreichend wird betrachtet, wenn sich die Verpfändung der Rückdeckungsversicherung aus der ordnungsgemäß dokumentierten Versorgungszusage und den Versicherungsanträgen nebst Geschäftsführervertrag ergibt.[87] 15

3. Eintritt der Pfandreife

Für den Eintritt der Pfandreife genügt es gemäß § 1228 Abs. 2 Satz 1 BGB, dass die gesicherte Forderung je nach Vereinbarung zumindest zum Teil fällig wird und ein Teilschuldnerverzug eintritt.[88] Nach § 1282 Abs. 1 Satz 2 BGB kann sich der Versorgungsberechtigte bei Raten- und Rentenansprüchen jedoch nur 16

---

[83] BGH, Urt. v. 25. 3. 1991 – II ZR 169/90, NJW 1991, 1680 = ZIP 1991, 580, 582 = GmbHR 1991, 363; OLG Brandenburg, Urt. v. 13. 2. 2002 – 7 U 152/01, NZG 2002, 969 = GmbHR 2002, 432, 433.
[84] Siehe hierzu BMF-Schreiben v. 16. 5. 1994, BStBl. I 1994, 868 = DB 1994, 1112; BMF-Schreiben v. 21. 12. 1995, BStBl. I 1996, 50 = DB 1996, 17; *Mahlow*, Pensionszusagen an Gesellschafter-Geschäftsführer – Zu den Voraussetzungen einer wirksamen Zusage unter Berücksichtigung des BMF-Schreibens v. 14. 5. 1999 – IV C 6 – S 2742 – 9/99 (BStBl. I 1999, 512 = DB 1999, 1191) –, DB 1999, 2590.
[85] OLG Brandenburg, Urt. v. 13. 2. 2002 – 7 U 152/01, NZG 2002, 969, 970 = GmbHR 2002, 432, 433.
[86] OLG Brandenburg, Urt. v. 13. 2. 2002 – 7 U 152/01, NZG 2002, 969, 970 = GmbHR 2002, 432, 433 f.
[87] OLG Brandenburg, Urt. v. 13. 2. 2002 – 7 U 152/01, NZG 2002, 969, 970 = GmbHR 2002, 432, 433.
[88] *Blomeyer* BetrAV 1999, 17, 18.

sukzessive aus dem Pfand befriedigen.[89] Der Versicherer kann folglich an den Versorgungsberechtigten mit befreiender Wirkung nur insoweit leisten, als die Leistung zur Befriedigung des versorgungsberechtigten Pfandgläubigers erforderlich ist.

4. Auszahlung der Rückdeckungsversicherung vor Pfandreife

17   Wird die von dem Pfandrecht erfasste Leistung aus der Rückdeckungsversicherung vor Fälligkeit der gesicherten Forderung – also vor Fälligkeit des Versorgungsanspruchs – ausgezahlt, so kann gemäß § 1281 BGB diese Zahlung nur an den Pfandgläubiger (Versorgungsberechtigten) und den Gläubiger (Firma) gemeinsam erfolgen.[90] Weiterhin hat der Gläubiger daran mitzuwirken, dass die vom Schuldner (Rückdeckungsversicherer) eingezogene Forderung mündelsicher angelegt wird, sofern sich Gläubiger und Pfandgläubiger nicht über die Anlageform anderweitig einigen (§ 1288 BGB). Dem Pfandgläubiger ist an der Forderung, die durch Anlegen des Geldes z. B. gegenüber dem Kreditinstitut entsteht, wiederum ein Pfandrecht zu bestellen. Somit hat der Pfandgläubiger selbst nach einer vorzeitigen Auszahlung der Leistung aus der Rückdeckungsversicherung einen Anspruch auf erneute Pfandrechtsbestellung. Der Zugriff eines Gläubigers der Firma wird damit insbesondere dann praktisch unmöglich, wenn vor der Auszahlung von der Firma und dem Versorgungsberechtigten bestimmt wird, dass die Auszahlung auf ein Konto erfolgt, an welchem dem Versorgungsberechtigten vorher ein erstrangiges Pfandrecht bestellt worden ist. Können sich die Firma und der Pfandgläubiger nicht über die anderweitige Anlage einigen, hat der Pfandgläubiger gemäß § 1281 Satz 2 Halbsatz 2 BGB Anspruch auf Hinterlegung und die hiermit verbundene mündelsichere Anlage des Erlöses aus der Rückdeckungsversicherung.[91] Die Hinterlegung hat gemäß § 1 HintO beim örtlich zuständigen Amtsgericht zu erfolgen.

5. Insolvenz der Firma vor Pfandreife

18   **a) Aufschiebend bedingte Forderung.** Für das Schicksal der verpfändeten Rückdeckungsversicherung ist zunächst die Klassifizierung der Versorgungszusage von Bedeutung, die durch die Verpfändung der Rückdeckungsversicherung gesichert werden soll. Insoweit hat der BGH bereits zur Konkursordnung und später auch zur Insolvenzordnung entschieden, dass es sich bei Ansprüchen auf Altersruhegeld, Berufsunfähigkeitsrente und Hinterbliebenenrente nicht um betagte Ansprüche (§ 65 KO, jetzt § 41 InsO), sondern um aufschiebend bedingte Ansprüche im Sinne von § 67 KO handelt, wenn die Voraussetzungen noch nicht eingetreten sind.[92]

19   **b) Anspruch auf Sicherung.** Aus den §§ 191 Abs. 1 und 198 InsO folgt, dass der auf aufschiebend bedingte Forderungen entfallende Anteil nicht ausgezahlt, sondern hinterlegt wird, wobei § 203 Abs. 1 Nr. 1 InsO die Nachtragsverteilung anordnet, wenn derart zurückbehaltene Beträge später für die Verteilung frei werden.[93] Dies gilt gleichermaßen, wenn sich der Versorgungsfall als aufschie-

---

[89] *Blomeyer* BetrAV 1999, 17, 18.
[90] *Lohkamp/Fiala* VersR 2006, 331.
[91] *Blomeyer* BetrAV 1999, 17, 18.
[92] BGH, Urt. v. 10. 7. 1997 – IX ZR 161/96, BGHZ 136, 220, 223 = NJW 1998, 312 = VersR 1998, 329, 330 = BetrAV 1997, 282 = WM 1997, 1720 = ZIP 1997, 1596, 1597 = DB 1997, 2113, 2114; BGH, Urt. v. 7. 4. 2005 – IX ZR 138/04, NJW 2005, 2231, 2232 = VersR 2005, 923, 924 = r+s 2005, 389, 390 = WM 2005, 937, 938 = ZIP 2005, 909, 910 = DB 2005, 1453, 1454; *Seppelt* VersR 2003, 292, 299.
[93] BGH, Urt. v. 10. 7. 1997 – IX ZR 161/96, BGHZ 136, 220, 225 f. = NJW 1998, 312 = VersR 1998, 329, 330 f. = WM 1997, 1720 = ZIP 1997, 1596, 1598 = GmbHR 1997, 936 =

B. Rückdeckungsversicherung   20–22 KollLV B

bende Bedingung des gegen die Firma gerichteten Versorgungsanspruchs darstellt.[94]

c) Ansprüche aus dem Pfandrecht an der Rückdeckungsversicherung. 20
Der Pfandgläubiger ist gemäß §§ 1282 Abs. 1, 1228 Abs. 2 BGB erst bei Fälligkeit der gesicherten Forderung zur Einziehung des verpfändeten Rechts befugt.[95] Ist die Forderung nicht fällig, liegt das Verwertungsrecht vor der Pfandreife allein beim Insolvenzverwalter, der allerdings den Erlös in der Höhe der zu sichernden Forderung (vgl. § 45 Satz 1 InsO) zurückbehalten und vorrangig hinterlegen muss, bis die zu sichernde Forderung aus der Versorgungsanwartschaft fällig wird oder die Bedingung ausfällt (§§ 191 Abs. 1, 198 InsO).[96] Hat der Begünstigte vor Fälligkeit des Versorgungsanspruchs als Pfandgläubiger gegen den Insolvenzverwalter nur einen Anspruch auf Sicherung, weil seine Forderung aus der Versorgungszusage aufschiebend bedingt ist, kann der Drittschuldner nicht verlangen, dass die Klagesumme nur zum Zwecke der Hinterlegung zu zahlen ist (vgl. § 1281 Satz 2 BGB).[97]

d) Rückkaufswert. Der Rückkaufswert aus der Rückdeckungsversicherung 21
gebührt vorbehaltlich des Sicherstellungsrechts der Pfandgläubiger der Insolvenzmasse (§ 35 InsO) und der Insolvenzverwalter darf ihn auch dann einziehen (§ 80 Abs. 1 InsO), wenn die Ansprüche des Schuldners aus dem Versicherungsvertrag verpfändet sind, jedoch noch keine Pfandreife eingetreten ist, weil die zu sichernde Forderung unter einer aufschiebenden Bedingung steht.[98]

6. §§ 30, 31, 32 a GmbHG

Gelegentlich wird von Insolvenzverwaltern versucht, den Mehrheitsgesellschafter-Geschäftsführer zur Freigabe der Ansprüche aus einer Rückdeckungsversicherung zu zwingen, die zur Absicherung der vertraglich vereinbarten Versorgungs- 22

DB 1997, 2113, 2114; BGH, Urt. v. 7. 4. 2005 – IX ZR 138/04, NJW 2005, 2231, 2232 = VersR 2005, 923, 924 = r+s 2005, 389, 390 = WM 2005, 937, 938 = ZIP 2005, 909, 910 f. = DB 2005, 1453, 1454 = MDR 2005, 1075, 1076; *Lwowski/Bitter* in: Münchener Komm. zur InsO, § 42 InsO Rdn. 11; *Füchsl/Weishäupl* in: Münchener Komm. zur InsO, § 191 InsO Rdn. 8; *Kollhosser*, in: Prölss/Martin, VVG, 27. Aufl., § 165 VVG Rdn. 4; *Bitter* NZI 2000, 399, 400; *Blomeyer* VersR 1999, 653, 662 f.; *Küppers/Louven* BB 2004, 337, 341; *Stegmann/Lind* NVersZ 2002, 193, 201.

[94] BGH, Urt. v. 7. 4. 2005 – IX ZR 138/04, NJW 2005, 2231, 2232 = VersR 2005, 923, 924 = r+s 2005, 389, 390 = WM 2005, 937, 938 = ZIP 2005, 909, 911 = DB 2005, 1453, 1454 = MDR 2005, 1075, 1076.

[95] BGH, Urt. v. 7. 4. 2005 – IX ZR 138/04, NJW 2005, 2231, 2232 = VersR 2005, 923, 924 = r+s 2005, 389, 390 = WM 2005, 937, 938 = ZIP 2005, 909, 910 = DB 2005, 1453, 1454; *Fiala/Bosl*, Rückdeckungsversicherung nicht insolvenzsicher: Insolvenzverwalter kann Rückdeckung einer Pensionszusage des GGF einziehen, VW 2006, 71.

[96] BGH, Urt. v. 7. 4. 2005 – IX ZR 138/04, NJW 2005, 2231, 2232 = VersR 2005, 923, 924 = r+s 2005, 389, 390 = WM 2005, 937, 939 = ZIP 2005, 909, 910 = DB 2005, 1453, 1455 = MDR 2005, 1075, 1076; *Neumann* BB 1997, 2658, 2659; *Bitter* NZI 2000, 399, 400, 405; *Küppers/Louven* BB 2004, 337, 341; *Stegmann/Lind* NVersZ 2002, 193, 201; im Ergebnis auch *Marotzke*, ZZP 109 (1996), 429, 449 f.; *Blomeyer* VersR 1999, 653, 663; *Fiala*, Betriebliche Altersversorgung: Das Märchen vom GGF-Insolvenzschutz, insbesondere der Pensionszusage, ZfV 2006, 78; *Riewe* DB 2010, 784, 786.

[97] BGH, Urt. v. 7. 4. 2005 – IX ZR 138/04, NJW 2005, 2231, 2233 = VersR 2005, 923, 924 = r+s 2005, 389, 390 f. = WM 2005, 937, 939 = ZIP 2005, 909, 910 = DB 2005, 1453, 1455 = MDR 2005, 1075, 1076.

[98] BGH, Urt. v. 7. 4. 2005 – IX ZR 138/04, NJW 2005, 2231, 2232 = VersR 2005, 923 = r+s 2005, 389, 390 = WM 2005, 937, 938 = ZIP 2005, 909, 910 = DB 2005, 1453, 1454.

ansprüche des Mehrheitsgesellschafter-Geschäftsführers an diesen verpfändet worden sind.[99] Dies wird im Wesentlichen damit begründet, dass die Rückstellung für die erteilte Versorgungszusage sich in ein eigenkapitalersetzendes Darlehen verwandelt habe, die Auszahlung des Rückkaufswerts eine verdeckte Gewinnausschüttung darstelle, weil für die zusätzliche Sicherung keine adäquate Gegenleistung erbracht sei, und wegen der Vertiefung einer vorhandenen Unterbilanz eine Auszahlung nach den §§ 30, 31 GmbHG verboten sei.[100] Diese Auffassung hat zu Recht keine Zustimmung gefunden.[101] Das Fremdkapital in Form der Rückdeckungsversicherung kann auch nach Eintritt der Krise nicht als eigenkapitalersetzendes Darlehen angesehen werden, weil es durch Beitragszahlung des Unternehmens und damit im Wege der Innenfinanzierung aufgebaut wurde. Gegen den eigenkapitalersetzenden Charakter spricht außerdem, dass die Anwartschaft auf Versorgungsleistungen nicht aufgrund der gesellschaftsrechtlichen Stellung des Versorgungsberechtigten begründet worden ist, sondern als Gegenleistung für dessen entgeltliche Tätigkeit als Geschäftsführer. Schließlich ist entscheidend, dass selbst ein vor der Krise gewährtes Darlehen nur dann nachträglich als Eigenkapitalersatz qualifiziert werden kann, wenn der Gläubiger nach Eintritt der Krise rechtlich überhaupt die Möglichkeit hatte, das Darlehen zurückzufordern. Eine solche Möglichkeit hat der Versorgungsberechtigte vor Eintritt des Versorgungsfalls aber gerade nicht.

7. Zugriffsmöglichkeiten der Gläubiger des Versorgungsberechtigten

23   Eine erweiterte Zugriffsmöglichkeit für Gläubiger des Versorgungsberechtigten wird durch die Verpfändung der Rückdeckungsversicherung nicht geschaffen. Gläubiger des Versorgungsberechtigten können vor Eintritt des Versorgungsfalls keine Leistungen einziehen, da Ansprüche aus der unmittelbaren Versorgungszusage erst mit Eintritt des Versorgungsfalls entstehen. Hierin unterscheidet sich die Pfändbarkeit von Renten aus der gesetzlichen Rentenversicherung nicht von der Pfändbarkeit von Leistungen aus der Versorgungszusage eines Unternehmens. Auch nach Eintritt des Versorgungsfalls unterscheidet sich die Rechtslage nicht grundsätzlich. Beide Versorgungsleistungen sind dann im Rahmen der Pfändungsfreigrenzen des § 850c ZPO pfändbar.

24   Schon vor der Fälligkeit ist allerdings die Pfändung der zukünftigen Versorgungsleistungen möglich. Dies gilt sowohl für die Pfändung der Sozialversicherungsrente als auch für die Leistungen aus einer betrieblichen Altersversorgung. Eine Einziehung von Leistungen durch den Pfändungsgläubiger kann allerdings erst nach Fälligkeit der Forderungen erfolgen.

25   Die Pfändung der von dem Unternehmen zu zahlenden Rentenleistung führt allerdings in dem Spezialfall der Pfändung und Überweisung an erfüllungsstatt dazu, dass auch die dem Versorgungsberechtigten verpfändete Rückdeckungsversicherung dem Pfändungsgläubiger als Sicherheit dient. Dies zieht jedoch keine Schlechterstellung des Versorgungsberechtigten gegenüber den Rentenleistungen aus der gesetzlichen Rentenversicherung nach sich.

26   Wird die Versorgungsleistung von dem Unternehmen rechtzeitig erbracht – und zwar in der Höhe der Pfändungsfreigrenzen an den Versorgungsberechtigten und hinsichtlich des diese Grenzen übersteigenden Betrages an den Pfandgläubiger –, kann der Versorgungsberechtigte aus dem Pfandrecht keine Rechte mehr herleiten. Ein Sicherungsbedürfnis seinerseits besteht nicht mehr. Die Leistung aus der

---

[99] Vgl. KG, Beschl. v. 13. 10. 2003 – 2 W 25/03, ZIP 2003, 2253 f.
[100] *Breitling* EWiR 2004, 659.
[101] KG, Beschl. v. 13. 10. 2003 – 2 W 25/03, ZIP 2003, 2253 f. = GmbHR 2004, 56; zust. *Breitling* EWiR 2004, 659 f.

B. Rückdeckungsversicherung

Rückdeckungsversicherung steht dann – wegen des Erlöschens der Forderung von dem Pfandrecht unbelastet – dem Unternehmen zu.
Dass der Anspruch auf die Versorgungsleistung mit einem Pfandrecht behaftet ist, ändert an der Rechtslage nichts. Ebenso wie die Versorgungsleistung selbst nur in den durch § 850 c ZPO gezogenen Grenzen gepfändet werden kann, gilt dies auch für die die Versorgungsleistung ersetzende Versicherungsleistung.

Auch andere Möglichkeiten eines Gläubigers des Versorgungsberechtigten schon während der Anwartschaftszeit auf die Altersversorgung zuzugreifen, bestehen nicht. Ein Gläubiger des Versorgungsberechtigten ist insbesondere nicht in der Lage, das an der Rückdeckungsversicherung bestellte Pfandrecht selbst pfänden zu lassen. Dies ergibt sich schon aus §§ 1250 Abs. 1 Satz 2 BGB, 851 Abs. 1 ZPO. Danach kann ein Pfandrecht nicht ohne die Forderung übertragen werden, ein nicht übertragbares Recht wiederum ist nicht pfändbar. Dies bedeutet, dass der Gläubiger des Versorgungsberechtigten nur die Versorgungszusage selbst pfänden kann, aus dieser aber erst im Versorgungsfall und dann nur im Rahmen der Pfändungsfreigrenzen Vermögenswerte erhalten kann. Auch die Möglichkeit, die Befugnis des Versorgungsberechtigten zur Einziehung der Rückdeckungsversicherung zu pfänden, führt nicht zu einer Erweiterung der Rechte des Gläubigers, da auch dem Versorgungsberechtigten das Einziehungsrecht erst nach der Pfandreife zukommt. Vor Fälligkeit der Versorgungsleistung besteht weder seitens der Gläubiger des Unternehmens noch seitens der Gläubiger des Versorgungsberechtigten die Möglichkeit, auf die Rückdeckungsversicherung zuzugreifen.

VII. Aktivierung von Ansprüchen aus einer Rückdeckungsversicherung

Hat ein Unternehmen eine Versorgungszusage durch den Abschluss eines Versicherungsvertrages rückgedeckt, so ist der Versicherungsanspruch (Rückdeckungsanspruch) in der Steuerbilanz zu bilanzieren.[102] Ansprüche aus einer Rückdeckungsversicherung für eine Pensionsverpflichtung sind in Höhe der verzinslichen Ansammlung der vom Versicherungsnehmer geleisteten Sparanteile der Versicherungsprämien (zuzüglich etwa vorhandener Guthaben aus Überschussbeteiligungen) zu aktivieren.[103] Der (als Anschaffungskosten des jeweiligen Rückdeckungsanspruchs des Versicherungsnehmers zu aktivierenden) verzinslichen Ansammlung der geleisteten Sparbeiträge entspricht auf der Seite des Versicherers unter Zugrundelegung einer retrospektiven Betrachtung zum jeweiligen Bilanzstichtag begrifflich und betragsmäßig dessen geschäftsplanmäßiges Deckungskapital.[104] Ist bei einer mit der Kapitallebensversicherung verbundenen BUZ bereits der Leistungsfall eingetreten, ist auch für die Bewertung der Ansprüche aus der

---

[102] BFH, Urt. v. 28. 6. 2001 – IV R 41/00, NZG 2002, 935, 936 = WPg 2002, 34, 35; BFH, Urt. v. 7. 8. 2002 – I R 2/02, NJW-RR 2003, 254, 255.
[103] BFH, Urt. v. 25. 2. 2004 – I R 54/02, BB 2004, 1557 = BetrAV 2004, 552 = WPg 2004, 809; BFH, Urt. v. 9. 8. 2006 – I R 11/06, BB 2006, 2240, 2241 = DB 2006, 2039, 2040 = GmbHR 2006, 1167, 1169 = WPg 2006, 1417, 1418; *Wichmann*, Rückdeckungsversicherungsprämien im Jahresabschluss, DB 1992, 2205, 2206.
[104] BFH, Urt. v. 28. 11. 1961 – I 191/59 S, BFHE 74, 266 = BStBl. III 1962, 101; BFH, Urt. v. 5. 6. 1962 – I 221/60 U, BFHE 75, 407 = BStBl. III 1962, 416; BFH, BFHE 196, 94 = BStBl. II 2002, 724; BFH, Urt. v. 28. 6. 2001 – IV R 41/00, NZG 2002, 935, 936 = WPg 2002, 34, 35; BFH, Urt. v. 25. 2. 2004 – I R 54/02, BB 2004, 1557 = BetrAV 2004, 552 = WPg 2004, 809, 810; zust. *Heger* BB 2004, 1672; Schleswig-Holsteinisches FG, Urt. v. 25. 6. 2008 – 1 K 186/04, BB 2008, 1671; Abschn. 41 Abs. 26 EStR 1993; Abschn. R 41 Abs. 24 EStR 2003; BMF-Schreiben v. 19. 11. 1993 – IV B 2 – S 2176 – 66/93, BB 1994, 112; *Thierer* DB 2007, 1093, 1094 = BetrAV 2007, 425, 426.

BUZ auf das vom Versicherer gebildete Deckungskapital abzustellen.[105] Auch hinsichtlich der Zusage einer Witwenversorgung ist ein Rückdeckungsanspruch mit seinen Anschaffungskosten anzusetzen, die in den hierfür bis zum jeweiligen Bilanzstichtag unmittelbar aufgewendeten Sparanteilen der Versicherungsprämien (Sparbeiträgen) bestehen; dazu kommt deren rechnungsmäßige Verzinsung.[106] Beide Bestandteile ergeben das geschäftsplanmäßige Deckungskapital des Versicherers.[107] Eine Saldierung des Rückdeckungsanspruchs mit der Pensionsrückstellung ist gemäß § 246 Abs. 2 HGB nicht zulässig.[108] Der Rückdeckungsanspruch ist auch dann zu aktivieren, wenn das Unternehmen keine Pensionsrückstellung gebildet hat.[109]

VIII. Personengesellschaft

30   Hat eine Personengesellschaft eine Pensionszusage an einen Gesellschafter und dessen Hinterbliebene durch den Abschluss eines Versicherungsvertrags rückgedeckt, gehört der der Personengesellschaft zustehende Versicherungsanspruch (Rückdeckungsanspruch) nicht zum Betriebsvermögen der Gesellschaft.[110] Die Prämien für die Rückdeckungsversicherung stellen keine Betriebsausgaben dar.[111] Sie sind Entnahmen, die allen Gesellschaftern nach Maßgabe ihrer Beteiligung zuzurechnen sind.[112]

---

[105] Schleswig-Holsteinisches FG, Urt. v. 25. 6. 2008 – 1 K 186/04, BB 2008, 1671; BFH, Urt. v. 10. 6. 2009 – I R 67/08, BStBl. II 2010, 32 = BB 2009, 2249 m. Anm. *Heger* BB 2009, 2250 = DB 2009, 2184 = WPg 2009, 1144, 1145; *Veit* BB 2010, 751, 754; *Weber-Grellet* BB 2010, 43, 44.
[106] BFH, Urt. v. 9. 8. 2006 – I R 11/06, BStBl. II 2006, 762, 763.
[107] BFH, Urt. v. 9. 8. 2006 – I R 11/06, BStBl. II 2006, 762, 763.
[108] BFH, Urt. v. 28. 6. 2001 – IV R 41/00, NZG 2002, 935, 936 = WPg 2002, 34, 35; BFH, Urt. v. 7. 8. 2002 – I R 2/02, NJW-RR 2003, 254, 255; BFH, Urt. v. 9. 8. 2006 – I R 11/06, BStBl. II 2006, 762, 764; Schleswig-Holsteinisches FG, Urt. v. 25. 6. 2008 – 1 K 186/04, BB 2008, 1671; *Reuter* GmbHR 1997, 1125; *Engeländer/Slota* VW 2003, 311.
[109] BFH, Urt. v. 28. 6. 2001 – IV R 41/00, NZG 2002, 935, 936 = WPg 2002, 34, 35.
[110] BFH, Urt. v. 28. 6. 2001 – IV R 41/00, BStBl. II 2002, 724 = WPg 2002, 34, 35; BMF-Schreiben v. 29. 1. 2008 – IV B 2 – S 2176/07/2001, WPg 2008, 173, 175.
[111] BFH, Urt. v. 28. 6. 2001 – IV R 41/00, BStBl. II 2002, 724 = WPg 2002, 34, 35; BMF-Schreiben v. 29. 1. 2008 – IV B 2 – S 2176/07/2001, WPg 2008, 173, 175.
[112] BFH, Urt. v. 28. 6. 2001 – IV R 41/00, BStBl. II 2002, 724 = WPg 2002, 34, 36; BMF-Schreiben v. 29. 1. 2008 – IV B 2 – S 2176/07/2001, WPg 2008, 173, 175.

C. Direktversicherung

Übersicht

	Rdn.
I. Allgemeines	1–3
1. Merkmale der Direktversicherung	1
2. Auswahl des Vertragspartners	2
3. Abgrenzung	3
II. Versicherungsformen	4, 5
III. Beitragszahlung	6–15a
1. Laufende Beitragszahlung	6
2. Zeitraum	7, 8
a) Beitragsleistung des Arbeitgebers	7
b) Finanzierung aus Beiträgen der Arbeitnehmer	8
3. Prämienzahlungsverzug	9–11
a) Unwiderrufliches Bezugsrecht	9
b) Eingeschränkt unwiderrufliches Bezugsrecht	10
c) § 166 Abs. 4 VVG 2008	11
4. Steuerlicher Zufluss	12
5. Wechsel von der Pauschalversteuerung der Beiträge zur nachgelagerten Versteuerung der Versicherungsleistung	13, 14
6. Beitragspflicht zur gesetzlichen Krankenversicherung	15
7. Ehegatten-Arbeitsverhältnisse	15a
IV. Bezugsberechtigung	16–22
1. Allgemeines	16
2. Widerrufliches Bezugsrecht	17, 18
3. Unwiderrufliches Bezugsrecht	19
4. Unwiderrufliches Bezugsrecht mit Vorbehalt	20–22
V. Beleihung	23–27
1. Befugnis des Arbeitgebers	23
2. Vorbehalt	24
3. Wirksamkeit der Beleihung	25, 26
4. EStG	27
VI. Verwendung der Überschussanteile	28–30
1. Festlegung durch den Arbeitgeber	28, 29
2. Unterrichtung über die Höhe der Ablaufleistung	30
VII. Inanspruchnahme des Rückkaufswertes	31–35
1. Kündigung einer Direktversicherung mit widerruflichem Bezugsrecht	31, 32
2. Kündigung einer Direktversicherung mit unwiderruflichem Bezugsrecht	33
3. Vorzeitige Auszahlung von Direktversicherungsleistungen	34, 35
a) Verbot der Auszahlung des Rückkaufswertes	34
b) Rechtsfolge bei Verstoß	35
VIII. Pfändung der Ansprüche des Arbeitnehmers	36
IX. Insolvenz des Arbeitgebers	37–41
1. Vorrang der versicherungsvertraglichen Regelung	37
2. Widerrufliches Bezugsrecht	38
3. Unwiderrufliches Bezugsrecht	39
4. Unwiderrufliches Bezugsrecht mit Vorbehalt	40
5. Prämienverzug	41
X. Portabilität der Direktversicherung	42–46
1. Versichererwechsel	42–44
2. Private Fortführung	45, 46
a) Auskünfte	45
b) Besteuerung	46

KollLV C   Teil 7. Kollektivlebensversicherung

AuVdBAV: VerBAV 1978, 80 (Unterrichtung von uneingeschränkt unwiderruflich bezugsberechtigten Versicherten bei Direktversicherungsverträgen); GB BAV 1982, 58 (Abkommen zur Übertragung von Direktversicherungen bei Arbeitgeberwechsel); GB BAV 1987, 57 (Versicherungsschutz und Inanspruchnahme von Erziehungsgeld).

Schrifttum: *Abt,* Die Abfindung aufrechtzuerhaltender Anwartschaften bei Direktversicherungen aus arbeitsrechtlicher Sicht, BetrAV 1983, 40; *Baer,* Teilkündigung einer Direktversicherung gegen Einmalbeitrag nach Eintritt der Unverfallbarkeit, BetrAV 1975, 148; *Bethmann,* Widerspricht die Abtretung oder Beleihung einer Direktversicherung durch den Arbeitnehmer der Lohnsteuerpauschalierung nach § 40 b EStG?, DB 1980, 1864; *Bilsdorfer,* Die Üblichkeit als Kriterium zur steuerlichen Anerkennung einer Direktversicherung und einer Pensionszusage im Rahmen eines Ehegattenarbeitsvertrages, BB 1996, 2381; *Blomeyer,* Die Direktversicherung zwischen Arbeits- und Versicherungsrecht, BetrAV 1979, 110; *derselbe,* Beginn der Unverfallbarkeitsfristen gemäß § 1 Abs. 1 BetrVG bei betrieblicher Altersversorgung durch Direktversicherung, DB 1979, 835; *Blomeyer/Kanz,* Die Direktversicherung im Konkurs des Arbeitgebers, KTS 1985, 169; *Blomeyer,* Probleme des Verschlechterungsverbots des § 17 Abs. 3 BetrAVG, BetrAV 1988, 1; *derselbe,* Die Inanspruchnahme des Rückkaufswertes eines widerruflichen Direktversicherungs-Bezugsrechts im Unternehmenskonkurs, DB 1988, 962; *derselbe,* Arbeits- und insolvenzsicherungsrechtliche Probleme der ablösenden Direktversicherung, BetrAV 1989, 29; *derselbe,* Arbeits- und insolvenzrechtliche Probleme der ablösenden Direktversicherung, RdA 1990, 65; *Blumenstein,* Die Direktversicherung während des Erziehungsurlaubs, BetrAV 1988, 158; *dieselbe,* Neues Abkommen zur Übertragung von Direktversicherungen oder Versicherungen in einer Pensionskasse bei Arbeitgeberwechsel, DB 2006, 218; *dieselbe,* „Abkommen zur Übertragung von Direktversicherungen oder Versicherungen in einer Pensionskasse bei Arbeitgeberwechsel" und neues VVG, DB 2008, 1269; *Bode/Zimmermann,* Portabilität in der betrieblichen Altersversorgung, Der Aktuar 2009, 2; *Böhm,* Direktversicherung in der Insolvenz des Arbeitgebers – Stellungnahme zu einem Vorlagebeschluss des BAG an den Gemeinsamen Senat der obersten Gerichtshöfe des Bundes –, BB 2007, 1502; *Bürkle,* Mitteilungspflichten des Lebensversicherungsunternehmens gegenüber Arbeitnehmern im Rahmen der Direktversicherung, BB 2003, 2007; *derselbe,* Richterrechtliche Informationspflichten für externe Versorgungsträger im Betriebsrentensektor, BB 2007, 101; *Cisch,* Die Direktversicherung im Spiegel des Bilanzrichtlinien-Gesetzes, BB 1987, 300; *Diefenbach,* Einflüsse der neueren Rechtsprechung auf die Angebots- und Verwaltungspraxis eines Lebensversicherers, BetrAV 1993, 161; *Everhardt,* Der gesetzliche Insolvenzschutz bei Änderung des Durchführungswegs bereits bestehender betrieblicher Altersversorgung in Direktversicherungen. Erläuterungen zum neuen Merkblatt 300/M9 des PSVaG, BetrAV 1990, 37; *derselbe,* Insolvenzschutz für Direktversicherungen mit uneingeschränktem Bezugsrecht bei verspäteter Versicherungsleistung wegen Prämienrückständen?, DB 1994, 1470; *Fenge,* Arbeitsrechtliche Fragen der Direktversicherung im Rahmen der Betrieblichen Altersversorgung, VW 1975, 838; *Finger,* Direktversicherung und Ehescheidung, VersR 1992, 535; *Florian,* Das Alterseinkünftegesetz – Auswirkungen auf Bestand und Neugeschäft bei Direktversicherungen, BetrAV 2005, 26; *Franz,* Informationspflichten gegenüber Versicherten bei Gruppenversicherungsverträgen – ein weißer Fleck auf der Landkarte des VVG?, VersR 2008, 1565; *Freytag,* Überschussbeteiligung bei Direktversicherungen, ZfV 1967, 613; *derselbe,* Wechsel in der versicherten Person in der Firmen-Gruppenversicherung, ZfV 1966, 1042; *Funsch,* Ehegatten-Arbeitsverhältnis und zunehmende Direktversicherung des mitarbeitenden Ehegatten, VW 1989, 1292; *Gareis,* Zum Verbot der Kündigung einer widerruflichen Direktversicherung durch den Konkursverwalter, BB 1987, 2157; *Gauggel,* Steuer- und sozialversicherungsrechtliche Behandlung der betrieblichen Altersversorgung in Form der Direktversicherung, DB 1990, 1887; *Grab,* Anmerkungen zu den steuerlichen Rahmenbedingungen für Änderungen von Direktversicherungsverträgen, BetrAV 1989, 60; *Gradel,* Abfindung direktversicherter Arbeitnehmer bei Wahl der versicherungsvertraglichen Lösung nach dem BetrAVG, VersR 1998, 288; *Griebeling,* Unwirksamkeit der Beleihung einer Direktversicherung ohne Zustimmung des Arbeitnehmers auch bei eingeschränkt unwiderruflichem Bezugsrecht, EWiR 1996, 775; *Hartmann,* Die Direktversicherung im Strukturwandel der betrieblichen Altersversorgung, BetrAV 1979, 117; *Heidemann,* Was ist eine Liquidations-Direktversicherung?, VersPrax 2006, 33; *derselbe,* Die Haftung des Arbeitgebers im Rahmen der betrieblichen Altersversorgung (Teil II), VP 2006, 205; *derselbe,* Neue Tarifangebote in der bAV, VP 2007, 192; *Heither,* Aktuelle Rechtsprechung des Bundesarbeitsgerichts zur betrieblichen Al-

C. Direktversicherung   KollLV C

tersversorgung, BB 1996, 846 = BetrAV 1996, 2; *Heubeck,* Direktversicherung als Instrument der betrieblichen Altersversorgung, VP 1979, 85; *Holzwarth,* Mit der Direktversicherung zur europatauglichen Pensionsfondslösung – Zur Steigerung der Attraktivität der betrieblichen Altersversorgung in Deutschland, VW 1997, 825; *derselbe,* Auswirkungen der Rechnungszinsänderung auf die Direktversicherung, BetrAV 2000, 417; *Hoppenrath,* Die Direktversicherung als insolvenzgeschützte Versorgungsform, BetrAV 1991, 229; *Horlemann,* Steuerliche Beurteilung von Direktversicherungen – Blick über die Grenzen in Europa, BetrAV 1996, 183; *derselbe,* Änderungen des Direktversicherungsvertrages aus steuerlicher Sicht, BetrAV 1998, 11; *derselbe,* Steuerliche Neuregelungen des Alterseinkünftegesetzes, BetrAV 2004, 688; *Jansen,* Der Insolvenzschutz des Betriebsrentengesetzes in Altfällen, BB 1987, 1873; *Jauch,* Kündigung einer widerruflichen Direktversicherung durch den Konkursverwalter bei unverfallbarer Anwartschaft, ZInsO 1989, 809; *Kamps,* Neuere Rechtsprechung zur Direktversicherung und deren Auswirkungen auf die Praxis, BetrAV 1989, 57; *Kessel,* Die Direktversicherung im arbeitsrechtlichen Teil des Gesetzes zur Verbesserung der betrieblichen Altersversorgung, BetrAV 1975, 97; *derselbe,* Arbeitsrechtliche Fragen der Direktversicherung, BetrAV 1976, 117; *derselbe,* Direkt-Rentenversicherungen und Anpassung nach § 16 BetrAVG, DB 1981, 526; *derselbe,* Die Direktversicherung zur Ablösung von betrieblichen Versorgungsverpflichtungen aus Anlass der Liquidation eines Unternehmens, BetrAV 1982, 53; *Kreußler,* Aktuelle steuerliche Fragen der Direktversicherung, BetrAV 1987, 168 u. BetrAV 1990, 41; *derselbe,* Steuerliche Entwicklungen des Direktversicherung, BetrAV 1999, 198; *Kukat,* Einmalige Kapitalleistungen aus Direktversicherung: Beitragspflicht zur gesetzlichen Krankenversicherung?, DB 2008, 2481 = BetrAV 2009, 31; *Langohr-Plato,* Die Direktversicherung in der aktuellen Entwicklung des Insolvenzrechts – Zugleich Anmerkung zum BAG-Urteil vom 17. 11. 1992 – 3 AZR 51/91, DB 1993 S. 986 –, DB 1994, 325; *derselbe,* Die Direktversicherung in der aktuellen Rechtsentwicklung, BetrAV 1999, 4; *Leichum,* Die Direktversicherung in der betrieblichen Altersversorgung, Karlsruhe, VVW, 2005; *Lorz,* Die Firmendirektversicherung als Kombination der Vorteile von Leistungs- und Beitragszusage, BetrAV 1999, 10; *Marschler,* Die Fortentwicklung der Direktversicherung als flexibles personalwirtschaftliches Versorgungsinstrument für die Praxis, BetrAV 1997, 51; *Metz,* Rahmenabkommen zwischen Lebensversicherern und Arbeitgebern: Begünstigung der Mitarbeiter beim Abschluss privater Versicherungsverträge als betriebliche Sozialleistung, DB 1988, 1267; *Müller/Strobel,* Direktversicherung und Steuerreform, VW 1988, 1087; *Naumann,* Die Zusatzversorgung des öffentlichen Dienstes in den neuen Bundesländern und die Auswirkungen auf die Direktversicherung, VW 1997, 380; *Paschek,* Fragen zur Insolvenzsicherung bei nicht gesetzlich geschützten betrieblichen Versorgungen, BetrAV 1987, 10; *Pophal,* Die Berücksichtigung der Überschussbeteiligung im Pro-Rata-Verfahren unverfallbarer Direktversicherungen, BetrAV 1987, 165; *derselbe,* Die Ablösung unmittelbarer betrieblicher Versorgungsverpflichtungen durch Direktversicherungen, DB 1987, 834; *derselbe,* Insolvenzsicherung bei ablösender Direktversicherung, BetrAV 1988, 151; *derselbe,* Neuere Rechtsprechung zur Direktversicherung, BetrAV 1990, 35; *derselbe,* Direktversicherung als Beitrags- oder Leistungszusage, BetrAV 1997, 174; *derselbe,* Welche rechtlichen Probleme bereitet die Rentenreform dem Anwender der Direktversicherung?, BetrAV 2001, 713; *Rau,* Die steuerliche Neuregelung der Direktversicherung, VW 1975, 839; *Reichold,* Eintrittspflicht des PSV auch bei Zustimmung des Arbeitnehmers zur Beleihung einer Direktversicherung, EWiR 1996, 727; *Reinecke,* Zur Mitbestimmung des Betriebsrats in der betrieblichen Altersversorgung, BetrAV 2004, 633; *derselbe,* Hinweis-, Aufklärungs- und Beratungspflichten im Betriebsrentenrecht, BetrAV 2005, 614 = RdA 2005, 129; *derselbe,* Arbeitsrechtliche Rahmenbedingungen bei Unterstützungskassenzusagen, BetrAV 2009, 385; *Reuter,* Direktversicherung für den Geschäftsführer der GmbH und der GmbH & Co. KG, GmbHR 1992, 137 und GmbHR 1997, 1081; *Rössler,* Aktuelle Steuerfragen der Direktversicherung, BetrAV 1988, 154; *derselbe,* Die Direktversicherung nach der großen Steuerreform, BetrAV 1990, 168; *Rößler,* Wünsche des Anwenders an die Direktversicherung unter besonderer Berücksichtigung aktueller und europäischer Aspekte, BetrAV 1997, 61; *derselbe,* Das Bezugsrecht aus Direktversicherungsverträgen in der Insolvenz des Arbeitgebers – Zu den Hintergründen des Vorlagebeschlusses des Ruhegeldsenats des BAG an den Gemeinsamen Senat der Obersten Gerichtshöfe des Bundes –, NZI 2007, 631; *Rolfs/Witschen,* Widerruflichkeit des Bezugsrechts bei einer Direktversicherung zur betrieblichen Altersversorgung in der Insolvenz, BetrAV 2008, 740; *Schoor,* Steuerreformgesetz 1990: Die Direktversicherung im Steuer- und Sozialversicherungsrecht, VW 1989, 433;

1979

derselbe, Die steuerliche Behandlung der Direktversicherung ab 2005, VW 2004, 1828; *derselbe,* Steuerliche Fragen der betrieblichen Direktversicherung, VW 1996, 576; *Schulz,* Euro und Direktversicherung – die versicherungsmäßige Versorgungslösung bleibt attraktiv, BetrAV 1997, 41; *Schüler/Siklossy,* Betriebliche Altersversorgung durch Direktversicherungen: Eine finanzwirtschaftliche Analyse aus Arbeitnehmer- und Eigentümersicht, ZVersWiss 2007, 375; *dieselben,* Betriebliche Altersversorgung durch Direktversicherungen – Die Folgen der Unternehmenssteuerreform 2008 für die Verhandlungsposition von Arbeitgebern und Arbeitnehmern, ZVersWiss 2008, 291; *Sieg,* Richterliche Rechtsfortbildung beim Insolvenzschutz der betrieblichen Altersversorgung, in: Festschrift für Schwebler, 1986, S. 437; *Stegmann/Lind,* Der Lebensversicherungsvertrag in der Insolvenz, NVersZ 2002, 193; *Steinmeyer,* Betriebliche Altersversorgung – Widerruf einer Direktversicherung – Insolvenzschutz von Schadensersatzansprüchen, Anmerkung zum Urteil des BVerwG v. 28. 6. 1994 – 1 C 20.92 = SAE 1996, 45; *Thürmann,* Direktversicherungsverträge im Rahmen der betrieblichen Altersversorgung und Konkurs des Arbeitgebers, BB 1985, 1269; *Vogel,* Direktversicherung nach dem Betriebsrentengesetz bei Arbeitnehmern von Lebensversicherungsunternehmen, VersR 1976, 915; *Wellisch/Näth,* Betriebliche Altersvorsorge – steuerliche und sozialversicherungsrechtliche Behandlung und Gestaltungsansätze, BB 2002, 1393; *Westhelle/Miksch,* Die insolvenzrechtliche Abwicklung der Direktversicherung, ZIP 2003, 2054; *Wilhelm/Jeske,* Das AltEinkG und seine Auswirkungen auf die betriebliche Altersversorgung – Wesentliche arbeits- und steuerrechtliche Änderungen, VW 2004, 1120; *Zimmermann,* Probleme bei Direktversicherungen im Rahmen eines Gruppenversicherungsvertrages im Konkursverfahren, gerichtlichen Vergleichsverfahren und bei Betriebsübergang, VersR 1988, 885; *Zwanziger,* Die neuere Rechtsprechung des Bundesarbeitsgerichts in Insolvenzsachen, BB 2008, 946.

I. Allgemeines

1. Merkmale der Direktversicherung

1   Eine Direktversicherung ist gemäß Betriebsrentengesetz vom 19. Dezember 1974 eine Lebensversicherung auf das Leben des Arbeitnehmers, die durch den Arbeitgeber im Wege einer Gruppen- oder Einzelversicherung abgeschlossen worden ist, und bei der Arbeitnehmer oder seine Hinterbliebenen hinsichtlich der Leistungen des Versicherers ganz oder teilweise bezugsberechtigt sind (§ 1 Abs. 2 Satz 1 BetrAVG).[113] Bei einer solchen Versicherung ist der Arbeitgeber im versicherungsrechtlichen Deckungsverhältnis Inhaber aller Rechte und Pflichten aus dem Versicherungsvertrag[114] mit der Folge, dass der Arbeitgeber als Vertragspartner des Versicherungsvertrags der zuständige Empfänger für die vertragsbezogenen Erklärungen des Versicherers ist.[115] Mahnungen oder Kündigungen haben deswegen ihm gegenüber zu erfolgen.[116] Er schuldet die Prämienzahlungen, muss die Obliegenheiten erfüllen und kann den Versicherungsvertrag kündigen.[117]

2. Auswahl des Vertragspartners

2   Da der Arbeitgeber als Versicherungsnehmer der Direktversicherung der Vertragspartner des Versicherers ist, kann er bestimmen, mit welchem Versicherer der

---

[113] BSG, Urt. v. 14. 7. 2004 – B 12 KR 10/02 R, BetrAV 2004, 679, 680.
[114] BGHZ 45, 163, 167 = VersR 1966, 359, 360; OLG Düsseldorf, Urt. v. 17. 12. 2002 – 4 U 78/02, NJW-RR 2003, 1539, 1540 = VersR 2003, 627 = r+s 2005, 74 = BetrAV 2003, 476, 477 = BB 2003, 2019 = SpV 2004, 22.
[115] OLG Düsseldorf, Urt. v. 17. 12. 2002 – 4 U 78/02, NJW-RR 2003, 1539, 1540 = VersR 2003, 627 = r+s 2005, 74 = BetrAV 2003, 476, 477 = BB 2003, 2019 = SpV 2004, 22; *Heilmann* VersR 1972, 997, 999; *Wriede* VersR 1996, 873; *Bürkle* BB 2003, 2007; a. A. OLG München, Urt. v. 27. 10. 1994 – 19 U 3605/94, VersR 1995, 902.
[116] OLG Düsseldorf, Urt. v. 17. 12. 2002 – 4 U 78/02, NJW-RR 2003, 1539, 1540 = VersR 2003, 627 = r+s 2005, 74 = BetrAV 2003, 476, 477 = BB 2003, 2019 = SpV 2004, 22.
[117] *Westhelle/Miksch* ZIP 2003, 2054.

C. Direktversicherung 3–5 KollLV C

Versicherungsvertrag abgeschlossen wird.[118] Dies gilt auch für den Fall, dass die Direktversicherung auf Verlangen des Arbeitnehmers abgeschlossen wird.[119] Dem Betriebsrat steht – auch im Falle des Wechsels des LVU – kein Mitbestimmungsrecht nach § 87 Abs. 1 Nr. 10 BetrVG bei der Auswahl des Versicherungsunternehmens zu, mit dem der Arbeitgeber die Direktversicherungen abschließt.[120] Bei der Beauftragung des konkreten Versorgungsträgers ist der Arbeitgeber unter Umständen an das Kartellvergaberecht gebunden.[121]

3. Abgrenzung

Ist die Lebensversicherung vom Arbeitnehmer im eigenen Namen abgeschlossen worden, so liegt keine Direktversicherung vor.[122]   3

II. Versicherungsformen

Eine Lebensversicherung soll als Direktversicherung nur dann begünstigt sein,   4
wenn das der Lebensversicherung innewohnende typische Todesfall- oder Rentenrisiko dem Versicherungsvertrag das Gepräge gibt.[123] Direktversicherungen können demzufolge abgeschlossen werden als Kapital-, Renten-, Risiko-, fondsgebundene Lebensversicherungen oder Unfallversicherungen mit Prämienrückgewähr, bei denen die Arbeitnehmer Anspruch auf die Prämienrückgewähr haben.[124] Unfallzusatzversicherungen und Berufsunfähigkeitszusatzversicherungen, die im Zusammenhang mit einer Lebensversicherung abgeschlossen werden, rechnen ebenfalls zu den Direktversicherungen.[125] Ebenso rechnet die selbständige Berufsunfähigkeitsversicherung zu den Direktversicherungen.[126]

Keine Direktversicherungen liegen vor, wenn der betriebliche Zweck der Al-   5
tersversorgung nicht gegeben ist, wie z. B. bei vermögenswirksamen Lebensversicherungen, Ausbildungsversicherungen, Aussteuerversicherungen, Risikoversicherungen zur Sicherung einer Darlehensschuld des Arbeitnehmers gegenüber dem Arbeitgeber und sog. befreienden Lebensversicherungen.[127] Die selbständige Unfallversicherung ist ebenfalls keine Direktversicherung.[128]

---

[118] BAG, Beschl. v. 29. 7. 2003 – 3 ABR 34/02, VuR 2004, 197 = BetrAV 2004, 276; *Blomeyer* DB 2001, 1413, 1415; *Pophal* BetrAV 2001, 713, 716; *Reinecke* BetrAV 2004, 633, 635.
[119] Vgl. BAG, Beschl. v. 19. 7. 2005 – 3 AZR 502/04, NZA 2005, VII = BetrAV 2006, 96, 97 = DB 2005, 2252; *Klemm*, Fragen der Entgeltumwandlung nach dem Altersvermögensgesetz, NZA 2002, 1123, 1128.
[120] BAG, Beschl. v. 16. 2. 1993 – 3 ABR 29/92, VersR 1993, 1299, 1300; BAG, Beschl. v. 29. 7. 2003 – 3 ABR 34/02, ZIP 2004, 922, 924; zust. *Schumann* EWiR 2004, 417, 418; *Reinecke* BetrAV 2009, 385, 386.
[121] Zu den Einzelheiten *Schmidt*, Betriebliche Altersvorsorge im öffentlichen Dienst durch private Versicherungsunternehmen, VersR 2007, 760.
[122] BAG, Urt. v. 10. 3. 1992 – 2 AZR 153/91, r+s 1993, 433, 434 = DB 1993, 490, 491.
[123] BFH, Urt. v. 9. 11. 1990 – VI R 164/86, BStBl. II 1991, 189 = BB 1991, 963, 964 = DB 1991, 682.
[124] *Gauggel* DB 1990, 1887.
[125] *Gauggel* DB 1990, 1887.
[126] BMF-Schreiben v. 1. 8. 2006 – IV C 5 – S 2333 – 87/06, DB 2006, 1927; *Gauggel* DB 1990, 1887.
[127] *Gauggel* DB 1990, 1887.
[128] *Gauggel* DB 1990, 1887.

III. Beitragszahlung

1. Laufende Beitragszahlung

6 Die Verpflichtung des Arbeitgebers aus der Direktversicherungszusage kann auf die laufende Beitragszahlung gerichtet sein. In diesem Fall ist der Arbeitgeber nicht berechtigt, die Direktversicherung beitragsfrei zu stellen, und hat ggf. für die Nachteile Schadensersatz zu leisten, die durch ausstehende Beitragszahlungen entstehen.[129] Verletzt der Arbeitgeber seine Verpflichtungen, die Beiträge zur Direktversicherung abzuführen, so hat er dies dem Arbeitnehmer mitzuteilen.[130]

2. Zeitraum

7 a) **Beitragsleistung des Arbeitgebers.** Die Direktversicherungszusage kann eine Regelung enthalten, wonach der Arbeitgeber nur für solche Zeiträume zur Leistung von Direktversicherungsbeiträgen verpflichtet ist, in denen ein entgeltpflichtiges Arbeitsverhältnis besteht, also der Arbeitnehmer tatsächlich Gehalt bezieht.[131] Enthält die Direktversicherungszusage keine Regelung zu den Zeiten, in denen der Arbeitnehmer tatsächlich kein Gehalt bezieht, ist eine Beitragsfreistellung der Direktversicherung möglich, wenn der Arbeitgeber die Zahlung der Direktversicherungsbeiträge in Abhängigkeit vom bezogenen Gehalt zugesagt hat.[132] Eine nur auf Erziehungszeiten bezogene Regelung ist unter dem Gesichtspunkt der Diskriminierung weiblicher Arbeitnehmer unzulässig.[133]

8 b) **Finanzierung aus Beiträgen der Arbeitnehmer.** Sieht ein Tarifvertrag vor, dass die Arbeitnehmerinnen und Arbeitnehmer die Versicherungsprämien auch während eines Erziehungsurlaubs zu tragen haben, verstößt dies weder gegen das Grundgesetz noch gegen zwingendes Gesetzesrecht.[134] Der Tarifvertrag muss nicht vorsehen, dass die Direktversicherung während des Erziehungsurlaubs prämienfrei gestellt werden kann, auch wenn dies zweckmäßig und wünschenswert wäre.[135]

3. Prämienzahlungsverzug

9 a) **Unwiderrufliches Bezugsrecht.** Grundsätzlich besteht keine Verpflichtung des Versicherers, den Bezugsberechtigten vom Prämienverzug des Arbeitgebers als Versicherungsnehmer zu unterrichten[136] und auf die deswegen drohende Kündigung der Versicherung hinzuweisen.[137] Allerdings kann der Versicherer nach den Grundsätzen von Treu und Glauben verpflichtet sein, einen Dritten über Prämienrückstände des Versicherungsnehmers zu unterrichten.[138] Dies ist

---

[129] LAG Hamm v. 10. 11. 1987, BB 1988, 1532.
[130] *Reinecke* BetrAV 2005, 614, 622; *derselbe* BetrAV 2009, 385, 388 = DB 2009, 1182.
[131] *Doetsch* DB 1992, 1239, 1244.
[132] *Blumenstein* BetrAV 1988, 158.
[133] Vgl. BAG DB 1990, 1620; *Doetsch* DB 1992, 1239 und 1242.
[134] BAG, Urt. v. 15. 12. 1998 – 3 AZR 251/97, NZA 1999, 834, 836 = DB 1999, 1507, 1508.
[135] BAG, Urt. v. 15. 12. 1998 – 3 AZR 251/97, NZA 1999, 834, 836 = DB 1999, 1507, 1508.
[136] LG Berlin, Urt. v. 6. 5. 2003 – 7 S 65/02, NJW-RR 2003, 1261, 1262 = VersR 2004, 101; *Diefenbach* BetrAV 1993, 161, 169; *Reinecke* BetrAV 2005, 614, 622; *Bürkle* BB 2007, 101, 102.
[137] OLG Nürnberg VersR 1973, 413, 414; OLG Köln, Urt. v. 7. 12. 1989 – 5 U 232/88, VersR 1990, 1261, 1263 f.; OLG Düsseldorf, Urt. v. 17. 12. 2002 – 4 U 78/02, NJW-RR 2003, 1539, 1540 = VersR 2003, 627, 628 = r+s 2005, 74 = BetrAV 2003, 476, 477 = BB 2003, 2019 = SpV 2004, 22.
[138] OLG Köln, Urt. v. 7. 12. 1989 – 5 U 232/88, VersR 1990, 1261, 1264; BVerfG, Beschl. v. 14. 12. 2001 – 2 BvR 152/01, NJW 2002, 2164 = NVersZ 2002, 426, 428 = VersR 2002, 1405, 1407 = WM 2003, 1023, 1024.

der Fall, wenn dem Arbeitnehmer in einem Versicherungsvertrag im Rahmen der betrieblichen Altersversorgung ein unwiderrufliches Bezugsrecht eingeräumt worden ist.[139] In einem solchen Fall ergeben sich aus dem Versicherungsvertrag besondere Schutz- und Obhutspflichten zugunsten des Arbeitnehmers, dem im Falle einer Kündigung wegen Prämienrückstands erhebliche finanzielle Nachteile drohen.[140] Solche Nachteile sind nach dem Sinn und Zweck einer durch Steuervergünstigung staatlich geförderten Direktversicherung zur Altersvorsorge nicht hinzunehmen.[141] Dies liegt für den Versicherer auf der Hand, dem der soziale Zweck der Direktversicherung ebenso bekannt ist, wie der Umstand, dass die durch Prämienverzug bedingte Kündigung des Versicherungsvertrages mit erheblichen Nachteilen für den unwiderruflich Bezugsberechtigten verbunden ist.[142] Deswegen liegt es nahe, den Versicherer zu verpflichten, den bezugsberechtigten Arbeitnehmer so rechtzeitig vom Prämienrückstand zu informieren, dass er von der Möglichkeit, dem Versicherer die Leistung anzudienen (§ 35 a Abs. 1 VVG) oder dem Recht, die Versicherung anstelle des Arbeitgebers fortzuführen,[143] Gebrauch machen kann.[144] Um dieser Verpflichtung zu genügen, kann der Versicherer den Arbeitgeber darüber unterrichten, dass dieser seine Arbeitnehmer über einen Prämienverzug und die wirtschaftlichen Konsequenzen einer Beitragsfreistellung zu informieren habe, und kann diese Verpflichtung auch ausdrücklich zum Inhalt des Gruppenversicherungsvertrags machen.[145]

b) Eingeschränkt unwiderrufliches Bezugsrecht. Die Überlegungen zum unwiderruflichen Bezugsrecht gelten nicht, wenn dem Arbeitnehmer nur ein eingeschränkt unwiderrufliches Bezugsrecht zusteht.[146] Denn dieses Bezugsrecht gibt dem Arbeitnehmer noch keinen Anspruch auf die Leistung, vielmehr kann der Arbeitgeber in diesen Fällen als Versicherungsnehmer nicht nur den Vertrag kündigen oder anders gestalten, sondern auch über die Ansprüche aus dem Vertrag noch frei verfügen.[147]

c) § 166 Abs. 4 VVG 2008. Seit der Geltung des § 166 Abs. 4 VVG 2008 hat der Versicherer bei einer Lebensversicherung, die vom Arbeitgeber zugunsten seiner Arbeitnehmerinnen und Arbeitnehmer abgeschlossen worden ist, die versi-

---

[139] OLG Düsseldorf, Urt. v. 17. 12. 2002 – 4 U 78/02, NJW-RR 2003, 1539, 1540 = VersR 2003, 627, 628 = r+s 2005, 74 = BetrAV 2003, 476, 477 = BB 2003, 2019 = SpV 2004, 22.
[140] OLG Düsseldorf, Urt. v. 17. 12. 2002 – 4 U 78/02, NJW-RR 2003, 1539, 1540 = VersR 2003, 627, 628 = r+s 2005, 74 = BetrAV 2003, 476, 477 = BB 2003, 2019 = SpV 2004, 22.
[141] OLG Düsseldorf, Urt. v. 17. 12. 2002 – 4 U 78/02, NJW-RR 2003, 1539, 1540 = VersR 2003, 627, 628 = r+s 2005, 74 = BetrAV 2003, 476, 477 = BB 2003, 2019 = SpV 2004, 22.
[142] OLG Düsseldorf, Urt. v. 17. 12. 2002 – 4 U 78/02, NJW-RR 2003, 1539, 1540 = VersR 2003, 627, 628 = r+s 2005, 74 = BetrAV 2003, 476, 477 = BB 2003, 2019 = SpV 2004, 22.
[143] Vgl. dazu BAG, Urt. 17. 11. 1992 – 3 AZR 51/92, NJW 1994, 276, 278; OLG Düsseldorf, Urt. v. 30. 1. 2001 – 4 U 93/00, VersR 2002, 86, 88 = r+s 2002, 214, 215.
[144] BAG, Urt. 17. 11. 1992 – 3 AZR 51/92, NJW 1994, 276, 278; OLG Düsseldorf, Urt. v. 17. 12. 2002 – 4 U 78/02, NJW-RR 2003, 1539 = VersR 2003, 627, 628 = r+s 2005, 74 = BetrAV 2003, 476, 477 = BB 2003, 2019 = SpV 2004, 22; *Reinecke* BetrAV 2005, 614, 622; krit. dazu *Bürkle* BB 2003, 2007, 2009 ff.; *Langohr-Plato* VersR 2003, 628 ff.; *derselbe* BetrAV 2003, 478 ff.
[145] *Langohr-Plato* VersR 2003, 628, 630; *Heidemann* VP 2006, 205, 210.
[146] LG Berlin, Urt. v. 6. 5. 2003 – 7 S 65/02, NJW-RR 2003, 1261, 1262 = VersR 2004, 101.
[147] LG Berlin, Urt. v. 6. 5. 2003 – 7 S 65/02, NJW-RR 2003, 1261, 1262 = VersR 2004, 101.

cherte Person über die Bestimmung der Zahlungsfrist nach § 38 Abs. 1 VVG 2008 und die eintretende Umwandlung der Versicherung in Textform zu informieren und ihr eine Zahlungsfrist von mindestens zwei Monaten einzuräumen. Dabei macht es keinen Unterschied, ob es sich um eine rein arbeitgeberfinanzierte Altersversorgung oder um Entgeltumwandlung handelt.[148] Nur bei Rückdeckungsversicherungen findet § 166 Abs. 4 VVG 2008 nach seinem Wortlaut keine Anwendung.[149] Zweck der Norm ist es, den bezugsberechtigten Arbeitnehmern die Möglichkeit zu geben, mit eigenen Mitteln den Versicherungsschutz aufrechtzuerhalten.[150]

4. Steuerlicher Zufluss

12   § 19 Abs. 1 Satz 1 Nr. 1 EStG i. V. m. § 2 Abs. 2 Nr. 3 LStDVO rechnet die „Ausgaben" zum Arbeitslohn, die ein Arbeitgeber u. a. leistet, um seinen Arbeitnehmer für die Zukunft abzusichern.[151] Liegt die Zuwendung in der Ausgabe des Arbeitgebers, fließt dem Arbeitnehmer Lohn schon im Zeitpunkt der Beitragsleistung zu.[152] Erfolgt die Zahlung für die Direktversicherung an das LVU per Überweisungsauftrag, kommt es auf den Zeitpunkt des Zahlungsauftrags an, und nicht wann der Beitrag für die Direktversicherung vom Konto des Arbeitgebers abgebucht worden ist.[153] Voraussetzung ist allerdings, dass der Arbeitgeber aufgrund der Zahlungsanweisung die wirtschaftliche Verfügungsmacht über den Geldbetrag verloren hat.[154]

5. Wechsel von der Pauschalversteuerung der Beiträge zur nachgelagerten Versteuerung der Versicherungsleistung

13   Beiträge des Arbeitgebers für eine Direktversicherung des Arbeitnehmers konnten zunächst gemäß § 40b EStG mit 10% und ab 1990 mit 15% pauschal versteuert werden.[155] Später konnten sie bis zu einer Höhe von 3408,00 DM jährlich mit 20% pauschal besteuert werden.[156] Bis zum 31. Dezember 2000 kam es nicht darauf an, ob die Beiträge zusätzlich zum geschuldeten Arbeitslohn oder aufgrund von Vereinbarungen mit dem Arbeitnehmer anstelle des geschuldeten Barlohns erbracht wurden.[157] Ab dem 1. Januar 2001 ist hingegen in den Fällen der Gehaltsumwandlung Voraussetzung, dass die Beiträge aufgrund einer Vereinbarung mit dem Arbeitgeber über die Herabsetzung künftigen Arbeitslohns erbracht werden.[158] Denn Beiträge für eine Direktversicherung des Arbeitnehmers

---

[148] *Franz* VersR 2008, 1565, 1573.
[149] *Franz* VersR 2008, 1565, 1573; a. A. *Reinecke* BetrAV 2009, 385, 389 = DB 2009, 1182.
[150] BT-Drucks. 16/3945, S. 101.
[151] BFH, Urt. v. 12. 4. 2007 – VI R 55/05, BB 2007, 1315, 1316.
[152] BFH, Urt. v. 12. 9. 2001 – VI R 154/99, BFHE 196, 539 = BStBl. II 2002, 22; BFH, Urt. v. 7. 7. 2005 – IX R 7/05, ZIP 2005, 1780 = GmbHR 2005, 1314, 1315 = BB 2005, 1946, 1947 = BetrAV 2005, 593, 594.
[153] BFH, Urt. v. 7. 7. 2005 – IX R 7/05, ZIP 2005, 1780, 1781 = GmbHR 2005, 1314, 1315 = BB 2005, 1946, 1947 = DB 2005, 2060 = BetrAV 2005, 593, 594.
[154] BFH, Urt. v. 11. 8. 1987 – IX R 163/83, BFHE 152, 440 = BStBl. II 1989, 702 = BB 1988, 1167; BFH, Urt. v. 24. 8. 2004 – IX R 28/02, BFH/NV 2005, 49; BFH, Urt. v. 7. 7. 2005 – IX R 7/05, ZIP 2005, 1780, 1781 = GmbHR 2005, 1314, 1315 = BB 2005, 1946, 1947 = DB 2005, 2060 = BetrAV 2005, 593, 594.
[155] BFH, Urt. v. 9. 11. 1990 – VI R 164/86, BStBl. II 1991, 189 = BB 1991, 963 = DB 1991, 682.
[156] FinMin. NRW, Erl. v. 12. 1. 2000 – S 2373 – 2 V B 3, DB 2001, 175.
[157] FinMin. NRW, Erl. v. 12. 1. 2000 – S 2373 – 2 V B 3, DB 2001, 175.
[158] FinMin. NRW, Erl. v. 12. 1. 2000 – S 2373 – 2 V B 3, DB 2001, 175.

im Sinne des § 40 b EStG in der Fassung bis 2004 sind nur solche Leistungen des Arbeitgebers, die als Arbeitslohn zu qualifizieren sind.[159] Durch das Alterseinkünftegesetz vom 6. Juli 2004[160] wurde die Besteuerung der Rentenbezüge neu geregelt. Der Gesetzgeber reagierte damit auf das Urteil des BVerfG vom 6. März 2002,[161] in dem die Unvereinbarkeit der unterschiedlichen Besteuerung der Beamtenpensionen und der Renten aus der gesetzlichen Rentenversicherung mit dem Gleichbehandlungsgrundsatz festgestellt wurde.[162] Im Bereich der betrieblichen Altersversorgung räumte der Gesetzgeber einem Mitarbeiter mit einer vor dem 1. Januar 2005 erteilten Rentendirektversicherungszusage (Altzusage) ein Wahlrecht ein. Der Versorgungsberechtigte konnte wählen, ob er künftig die Steuerfreiheit der Beiträge nach § 3 Nr. 63 EStG nutzen oder darauf zu Gunsten einer Pauschalversteuerung der Beiträge nach § 40 b EStG verzichten will. Seit dem 1. Januar 2005 sind Beiträge des Arbeitgebers für eine Direktversicherung in Höhe von bis zu 4% der Beitragsbemessungsgrenze (BBG) der allgemeinen Rentenversicherung lohnsteuerfrei.[163] Dieser Höchstbetrag erhöhte sich ab 1. Januar 2005 um 1800,00 € jährlich, wenn die Beiträge aufgrund einer Direktversicherungszusage geleistet werden, die nach dem 31. Dezember 2004 erteilt wurde und nicht § 40 b EStG in der am 31. Dezember 2004 geltenden Fassung bei den Versorgungsberechtigten zur Anwendung kommt. Der Festbetrag von 1800,00 € (Aufstockungsbetrag) soll einen Ausgleich für die seit dem 1. Januar 2005 entfallene Möglichkeit der Pauschalversteuerung nach § 40 b EStG schaffen.[164] Abweichend zu pauschalversteuerten Direktversicherungsbeiträgen ist der Aufstockungsbetrag in der gesetzlichen Sozialversicherung nicht beitragsfrei.[165]

6. Beitragspflicht zur gesetzlichen Krankenversicherung

Nach der Rechtsprechung des BSG zu der bis zum 31. Dezember 2003 gültigen Rechtslage unterlag nur der fortwährende Versorgungsbezug aus der Direktversicherung uneingeschränkt der Beitragspflicht in der gesetzlichen Krankenversicherung. Demgegenüber wurde eine einmalige Kapitalleistung aus der Direktversicherung nicht von der Beitragspflicht erfasst, und zwar selbst dann nicht, wenn ursprünglich eine laufende Leistung vereinbart worden war, sie aber noch vor Eintritt des Versicherungsfalls in eine Kapitalleistung umgewandelt wurde.[166] Durch das Gesetz zur Modernisierung der gesetzlichen Krankenversicherung vom 14. November 2003[167] sind die maßgeblichen Bestimmungen zum 1. Januar 2004 geändert worden. Danach unterliegt die als Kapitalleistung erbrachte Direktversicherung nunmehr uneingeschränkt der Beitragspflicht in der gesetzlichen Krankenversicherung, auch wenn eine einmalige Kapitalzahlung von Anfang an oder vor Eintritt des Versicherungsfalls vereinbart wurde.[168] Die Neuregelung der Bei-

---

[159] BFH, Urt. v. 12. 4. 2007 – VI R 55/05, NJW 2007, 3088 (Ls.) = DStR 2007, 1029.
[160] BGBl. I 2004, 1427.
[161] BStBl. II 2002, 618.
[162] *Horlemann* BetrAV 2004, 688.
[163] *Heidemann*, Die fünf Durchführungswege der bAV – Teil II Direktversicherung, VP 2005, 114, 115.
[164] *Florian* BetrAV 2005, 26.
[165] *Wilhelm/Jeske* VW 2004, 1120, 1123.
[166] *Wellisch/Näth* BB 2002, 1393, 1401.
[167] BGBl. I 2003, 2190.
[168] BSG, Urt. v. 12. 12. 2007 – B 12 KR 2/07 R, S. 3; BSG, Urt. v. 12. 12. 2007 – B 12 KR 6/06, BetrAV 2008, 715, 716.

tragspflicht auf einmalige Kapitalleistungen verstößt nicht gegen den rechtsstaatlichen Vertrauensschutz.[169]

7. Ehegatten-Arbeitsverhältnisse

15a Aufwendungen für eine Direktversicherung, die im Rahmen eines steuerrechtlich anzuerkennenden Ehegatten-Arbeitsverhältnisses durch Umwandlung von Barlohn geleistet werden, sind der Höhe nach nur insoweit betrieblich veranlasst, als sie zu keiner Überversorgung führen.[170] Eine Überversorgung liegt vor, wenn die zugesagten Leistungen aus der Direktversicherung zusammen mit einer zu erwartenden Sozialversicherungsrente 75 v. H. des letzten steuerlich anzuerkennenden Arbeitslohns des Arbeitnehmer-Ehegatten übersteigen.

IV. Bezugsberechtigung

1. Allgemeines

16 Der Arbeitnehmer oder seine Hinterbliebenen müssen hinsichtlich der Leistungen des Versicherers ganz oder teilweise bezugsberechtigt sein (§ 1 Abs. 2 Satz 1 BetrAVG). Der versicherte Arbeitnehmer kann als außerhalb des Versicherungsverhältnisses stehender Dritter den Bezugsberechtigten nicht unmittelbar selbst bestimmen.[171] Der im (Außen)Verhältnis zu den Versicherern hierfür allein zuständige Arbeitgeber ist aber sowohl nach dem zugrunde liegenden Versorgungsversprechen als auch versicherungsrechtlich[172] an die Wünsche des versicherten Arbeitnehmers gebunden.[173] Dabei kann eine vertragliche Regelung, wonach Hinterbliebenenversorgung nicht an die ursprünglich begünstigte Ehefrau, sondern an eine Lebensgefährtin des Arbeitnehmers ausgezahlt werden soll, je nach den Umständen des Einzelfalles gegen die guten Sitten verstoßen; es gelten ähnliche Grundsätze, wie sie der BGH für letztwillige Verfügungen bei nichtehelichen Lebensgemeinschaften entwickelt hat.[174]

2. Widerrufliches Bezugsrecht

17 Bestellt der Arbeitgeber ein widerrufliches Bezugsrecht, so ist er verpflichtet, einen Insolvenzbeitrag an den PSV zu zahlen, wenn die Versorgungsanwartschaft aus der zugesagten Direktversicherung unverfallbar geworden ist.[175] Eine Versorgungsanwartschaft wird nach § 1 Abs. 1 Satz 1 BetrAVG unverfallbar, wenn der Arbeitnehmer bei Beendigung des Arbeitsverhältnisses das 35. Lebensjahr vollendet hat und die Versorgungszusage (Versicherung) für ihn mindestens zehn Jahre bestanden hat oder der Beginn der Betriebszugehörigkeit mindestens zwölf Jahre zurückliegt und die Versorgungszusage (Versicherung) für ihn mindestens drei Jahre bestanden hat.[176] Ab Eintritt der Unverfallbarkeit ist der Arbeitgeber (im Insolvenzfall der Insolvenzverwalter) arbeitsrechtlich nicht berechtigt, bei Beendi-

---

[169] BVerfG, Beschl. v. 7. 4. 2008 – 1 BvR 1924/07, WM 2008, 1114 = BB 2008, 1169; dazu *Kukat* DB 2008, 2481, 2482 = BetrAV 2009, 31, 33; *derselbe* BetrAV 2009, 781, 782 mit Hinweis auf eine erneut anhängige Verfassungsbeschwerde (1 BvR 739/08) und einen mit Blick hierauf vor dem LSG Nordrhein-Westfalen abgeschlossenen Vergleich.
[170] BFH, Urt. v. 16. 5. 1995 – XI R 87/93, BStBl. II 1995, 873 = BB 1996, 191.
[171] BGH VersR 1987, 660.
[172] § 159 VVG; BGHZ 32, 44, 49/50 = VersR 1960, 339, 340 = NJW 1960, 912.
[173] BGH VersR 1987, 660.
[174] BAG DB 1984, 887.
[175] BAG, Urt. v. 23. 10. 1990 – 3 AZR 305/89, VersR 1992, 80, 81 = r+s 1993, 78 = BetrAV 1991, 244, 245 = BB 1991, 2226; BVerwG, Urt. v. 28. 6. 1994 – 1 C 20/92, VersR 1995, 940, 941.
[176] Vgl. BAG v. 28. 7. 1987, VersR 1988, 255 = DB 1988, 507.

C. Direktversicherung   18, 19 **KollLV C**

gung des Arbeitsverhältnisses das versicherungsvertragliche Bezugsrecht zu widerrufen.[177] Versicherungsrechtlich ist der Arbeitgeber zum Widerruf berechtigt und der Versicherer verpflichtet, einen Widerruf zu beachten.[178]

Der Widerruf einer vertraglich unverfallbaren Versorgungsanwartschaft aus der **18** Direktversicherung verpflichtet den Arbeitgeber (im Insolvenzfall den Insolvenzverwalter) zum Schadensersatz.[179] Die Höhe des ersatzpflichtigen Schadens ergibt sich aus § 2 Abs. 2 BetrAVG.[180] Da in § 2 Abs. 2 BetrAVG vorgesehen ist, dass ein Arbeitnehmer, der mit einer unverfallbaren Versorgungsanwartschaft ausscheidet, sein Bezugsrecht aus der Erlebens- und Todesfallversicherung in Höhe der bis dahin angesparten Versicherungsleistung und der auf die Vertragszeit entfallenden Überschussanteile behält,[181] muss der Arbeitgeber für den Arbeitnehmer nach dem Grundsatz der Naturalrestitution eine beitragsfreie Versicherungsanwartschaft mit einem Wert begründen, wie ihn die alte Versicherungsanwartschaft bei Beendigung des Arbeitsverhältnisses erreicht hatte.[182] Dies kann dadurch geschehen, dass entweder die Rechte aus dem ursprünglichen Versicherungsvertrag erneut auf den Arbeitnehmer übertragen werden oder dass ein neuer Versicherungsvertrag mit einem gleichartigen Bezugsrecht abgeschlossen wird, der durch die gleichen Merkmale gekennzeichnet ist wie die bisher für den Arbeitnehmer geführte Direktversicherung.[183]

3. Unwiderrufliches Bezugsrecht

Bei dieser zweiten Möglichkeit gilt vom Abschluss der Versicherung an ein **19** unwiderrufliches Bezugsrecht, ohne irgendeinen Vorbehalt. Hierdurch erlangt der Arbeitnehmer einen verfestigten – „dinglichen" – Anspruch auf die Versicherungsleistung.[184] Dieses Bezugsrecht kann beispielsweise bei Direktversicherungen durch Gehaltsumwandlung zu vereinbaren. Es kann auch dann infrage kommen, wenn der Arbeitgeber dem Arbeitnehmer von vornherein die Leistung auf jeden Fall zukommen lassen will. Ist ein unwiderrufliches Bezugsrecht eingeräumt, besteht „natürliche" Insolvenzsicherheit, da Verfügungen nur mit Zustimmung des Arbeitnehmers erfolgen können.[185] Hat der Arbeitgeber dem Arbeitnehmer in der Direktversicherungszusage ein unwiderrufliches Bezugsrecht eingeräumt, ist ein Widerruf oder eine Änderung des Bezugsrechts ohne Zustimmung des Bezugsberechtigten nicht möglich.[186]

---

[177] BAG v. 28. 7. 1987, VersR 1988, 255 = DB 1988, 507; vgl. für den Insolvenzverwalter LAG Baden-Württemberg v. 8. 3. 1990, BB 1990, 1000; BVerwG, Urt. v. 28. 6. 1994 – 1 C 20/92, VersR 1995, 940, 941.
[178] Siehe LAG Hamm VerBAV 1980, 184, 198; BGH v. 22. 3. 1984, WM 1984, 818.
[179] BGHZ 117, 70, 74 = NJW 1992, 1103 = VersR 1992, 558, 560; OLG Hamm, Urt. v. 21. 4. 1995 – 20 U 344/94, NJW-RR 1996, 1311 = VersR 1996, 360/361 = r+s 1996, 242, 243 = WM 1996, 1743 = BB 1995, 2239 = BetrAV 1996, 90, 91; BVerwG, Urt. v. 28. 6. 1994 – 1 C 20/92, VersR 1995, 940, 941; *Berenz* r+s 1995, 436.
[180] BGH v. 22. 3. 1984, WM 1984, 818; BAG; Urt. v. 28. 7. 1987 – 3 AZR 694/85, VersR 1988, 255 = DB 1988, 507; vgl. für den Konkursverwalter LAG Baden-Württemberg v. 8. 3. 1990, BB 1990, 1000.
[181] BAG v. 29. 7. 1986, VersR 1987, 497 = DB 1987, 743.
[182] BAG v. 28. 7. 1987, VersR 1988, 255 = DB 1988, 507.
[183] BAG v. 28. 7. 1987, VersR 1988, 255 = DB 1988, 507.
[184] BGH VersR 1996, 1089; OLG Düsseldorf, Urt. v. 17. 12. 2002 – 4 U 78/02, NJW-RR 2003, 1539, 1540 = VersR 2003, 627 = r+s 2005, 74 = BetrAV 2003, 476, 477 = BB 2003, 2019 = SpV 2004, 22.
[185] *Paschek* BetrAV 1987, 10, 11. Siehe auch BGHZ 20, 88; *Möller-Winter* ZVersWiss 1970, 41; LG Berlin VersR 1987, 157.
[186] BGHZ 45, 162, 165 f. = NJW 1966, 1071 = VersR 1966, 359, 360 = MDR 1966, 483; BGH, Urt. v. 19. 6. 1996 – IV ZR 243/95, NJW 1996, 2731, 2732 = VersR 1996,

4. Unwiderrufliches Bezugsrecht mit Vorbehalt

20   In diesem Fall wird ein unwiderrufliches Bezugsrecht vereinbart, jedoch mit dem Vorbehalt, dass der Arbeitgeber das Recht hat, den Wert der Versicherung für sich in Anspruch zu nehmen, wenn das Arbeitsverhältnis vor Eintritt der Unverfallbarkeit endet oder wenn der Versicherte Handlungen begeht, die den Arbeitgeber berechtigen, die Versicherungsansprüche zu mindern oder zu entziehen.[187] Das eingeschränkt unwiderrufliche Bezugsrecht dient dazu, die Verpflichtung des Arbeitgebers zur Entrichtung eines Insolvenzsicherungsbeitrags zu begrenzen.[188] Für die Unternehmenspraxis ist folgendes Bezugsrecht kennzeichnend, mit dem sich der BGH zu befassen hatte:[189]

„Die beantragte Lebensversicherung soll als betriebliche Direktversicherung zur Altersversorgung des Arbeitnehmers dienen. Im Hinblick auf das Gesetz zur Verbesserung der betrieblichen Altersversorgung vom 19. 12. 1974 soll das Vertragsverhältnis so gestaltet werden, ... dass wir beim vorzeitigen Ausscheiden des Arbeitnehmers aus unseren Diensten vor Eintritt der Unverfallbarkeit (außer bei Direktversicherungen, die unter Verwendung von Barlohn des Arbeitnehmers abgeschlossen werden) frei über die Versicherungsansprüche verfügen können.
Zu diesem Zweck soll der Versicherungsvertrag – bei Kapitalversicherungen durch einen Nachtrag mit dem rückseitig abgedruckten Wortlaut – ergänzt werden.
Dieser Nachtrag lautet unter Nr. 6 wie folgt:
Dem Versicherten wird auf die Leistung aus der auf sein Leben abgeschlossenen Versicherung sowohl für den Todes- als auch für den Erlebensfall ein nicht übertragbares und nicht beleihbares unwiderrufliches Bezugsrecht unter dem nachstehenden Vorbehalt eingeräumt:
Dem Versicherungsnehmer bleibt das Recht vorbehalten, alle Versicherungsleistungen für sich in Anspruch zu nehmen, wenn das Arbeitsverhältnis vor Eintritt des Versicherungsfalls endet, es sei denn, der Versicherte hat die Voraussetzungen für die Unverfallbarkeit nach dem Gesetz zur Verbesserung der betrieblichen Altersversorgung erfüllt."

21   Maßgeblich für den Inhalt eines Bezugsrechts ist, welche konkrete Ausgestaltung der Versicherungsnehmer ihm in seiner Erklärung gegenüber dem Versicherer gegeben hat.[190] Im konkreten Fall steht das eingeschränkt unwiderrufliche Bezugsrecht in wirtschaftlicher und rechtlicher Hinsicht einem uneingeschränkt unwiderruflichen Bezugsrecht gleich, solange die tatbestandlichen Voraussetzungen des Vorbehalts nicht erfüllt sind.[191]

1089, 1090 = VerBAV 1996, 252, 253 = r+s 1996, 419, 420 = ZIP 1996, 1356, 1357 = BB 1996, 1579, 1580 = BetrAV 1996, 284, 285 = MDR 1996, 1243.
[187] Siehe hierzu BGH v. 5. 11. 1962, VersR 1963, 29; BAG v. 31. 3. 1969, VersR 1970, 700; OLG Karlsruhe v. 15. 12. 1977, VersR 1978, 416.
[188] BAG, Urt. v. 23. 10. 1990 – 3 AZR 305/89, VersR 1992, 80, 81 = r+s 1993, 78 = BetrAV 1991, 244, 245 = BB 1991, 2226; *Steinhaus* BetrAV 1978, 123.
[189] BGH, Urt. v. 8. 6. 2005 – IV ZR 30/04, NJW-RR 2005, 1412 = VersR 2005, 1134 = r+s 2005, 387, 388 = WM 2005, 2141 = ZIP 2005, 1373, 1374 = MDR 2005, 1348, 1349; LAG Hamm, Urt. v. 22. 9. 2006 – 4 Sa 629/06, ZIP 2007, 291; krit. dazu *Blank/Petersen* EWiR 2007, 307.
[190] BGH, Urt. v. 18. 6. 2003 – IV ZR 59/02, NJW 2003, 2679 = VersR 2003, 1021 = r+s 2003, 424 = BGHReport 2003, 992 m. Anm. *Castellví* VersR 2003, 1021; BGH, Urt. v. 8. 6. 2005 – IV ZR 30/04, NJW-RR 2005, 1412, 1413 = VersR 2005, 1134, 1135 = r+s 2005, 387, 388 = WM 2005, 2141, 2142 = ZIP 2005, 1373, 1374 = MDR 2005, 1348, 1349 = BetrAV 2005, 786; LAG Hamm, Urt. v. 22. 9. 2006 – 4 Sa 629/06, ZIP 2007, 291; krit. dazu *Blank/Petersen* EWiR 2007, 307.
[191] BGH, Urt. v. 8. 6. 2005 – IV ZR 30/04, NJW-RR 2005, 1412, 1413 = VersR 2005, 1134, 1135 = r+s 2005, 387, 388 = WM 2005, 2141, 2142 = ZIP 2005, 1373, 1374 = MDR 2005, 1348, 1349 = BetrAV 2005, 786, 787; LAG Hamm, Urt. v. 22. 9. 2006 – 4 Sa 629/06, ZIP 2007, 291; krit. dazu *Blank/Petersen* EWiR 2007, 307.

C. Direktversicherung 22–24 **KollLV C**

Vom Zeitpunkt der Unverfallbarkeit an hat der Arbeitgeber arbeitsrechtlich 22 nicht die Möglichkeit, das Bezugsrecht zu widerrufen, so dass durch die Einräumung des unwiderruflichen Bezugsrechts der Insolvenzbeitrag gespart wird. Es ist darauf zu achten, dass beim Bezugsrecht die Leistung nicht an den Arbeitgeber fallen kann, sonst besteht die Gefahr, dass die Finanzbehörde eine Aktivierung des Versicherungsanspruchs verlangt.[192]

V. Beleihung

1. Befugnis des Arbeitgebers

In § 1 Abs. 2 Satz 3 BetrAVG geht das Gesetz ausdrücklich davon aus, dass 23 auch bei Unverfallbarkeit der Rechte des begünstigten Arbeitnehmers der Arbeitgeber die Ansprüche aus dem Versicherungsvertrag abtreten oder beleihen kann.[193] Die Direktversicherung kann daher unabhängig davon, ob das Bezugsrecht widerruflich oder unwiderruflich ausgestaltet ist, durch den Arbeitgeber (Versicherungsnehmer) beliehen werden.[194] Allerdings ist der Arbeitgeber schuldrechtlich verpflichtet, den Arbeitnehmer bei Eintritt des Versicherungsfalles so zu stellen, als ob die Abtretung oder Beleihung nicht erfolgt wäre.[195] Ist der Arbeitgeber dazu wegen Insolvenz nicht mehr in der Lage, greift zu Gunsten des Arbeitnehmers der Insolvenzschutz des § 7 BetrAVG ein.[196] Das LVU ist berechtigt, im Wege der Feststellungsklage gegen den PSVaG zu klären, wer für die Versicherungsrenten aus den beliehenen Direktversicherungen einzustehen hat.[197]

2. Vorbehalt

In der Direktversicherungszusage,[198] der Vereinbarung zwischen Arbeitgeber 24 und Arbeitnehmer, ist in der Regel die Bestimmung enthalten, dass sich der Arbeitgeber das Recht vorbehält, während der Dauer des Arbeitsverhältnisses die Versicherung mit Zustimmung des Arbeitnehmers zu beleihen, wobei der Arbeitgeber die Bezugsberechtigten bei Eintritt des Versicherungsfalles so stellt, als ob die Beleihung nicht erfolgt wäre. Von dieser Bestimmung erhält der Arbeitnehmer Kenntnis, wenn er sein gemäß § 159 Abs. 2 Satz 1 VVG notwendiges Einverständnis zum Abschluss der Direktversicherung durch Unterzeichnung der Direktversicherungszusage erklärt. Mit der Erklärung des Einverständnisses gemäß § 159 Abs. 2 Satz 1 VVG ist allerdings nicht zugleich die Zustimmung zur Belei-

---

[192] Vgl. BFH v. 25. 11. 1987, DB 1988, 840; BFH v. 8. 2. 1989, DB 1989, 1063.
[193] LG Frankfurt/M., Urt. v. 29. 6. 1993 – 2/14 O 161/93, NJW-RR 1995, 162, 163 = r+s 1996, 245; OLG Celle, Urt. v. 15. 6. 1995 – 8 U 101/94, r+s 1996, 155.
[194] *Speidel*, Betriebliche Altersversorgung bei Einnahmenüberschussrechnung durch „arbeitgeberorientierte Direktversicherung", BB 1996, 2278, 2281.
[195] LG Frankfurt/M., Urt. v. 29. 6. 1993 – 2/14 O 161/93, NJW-RR 1995, 162, 163 = r+s 1996, 245; BAG, Urt. v. 23. 10. 1996 – 3 AZR 924/94; BAG, Urt. v. 29. 7. 1997 – 3 AZR 693/95.
[196] LG Frankfurt/M., Urt. v. 29. 6. 1993 – 2/14 O 161/93, NJW-RR 1995, 162, 163 = r+s 1996, 245; OLG Celle, Urt. v. 15. 6. 1995 – 8 U 101/94, r+s 1996, 155.
[197] OLG Köln, Urt. v. 18. 2. 1999 – 14 U 24/98, ZIP 1999, 816; a.A. Vorinstanz LG Köln, Urt. v. 13. 8. 1998 – 24 O 368/97, ZIP 1998, 1447, 1448; zust. *Blomeyer* EWiR 1998, 863, 864; krit. *Doetsch/Schuler* EWiR 1999, 575, 576.
[198] In der Praxis z.B. als „Urkunde über eine Direktversicherung" bezeichnet, vgl. BGH, Urt. v. 19. 6. 1996 – IV ZR 243/95, NJW 1996, 2731, 2732 = VersR 1996, 1089, 1090 = VerBAV 1996, 252, 253 = r+s 1996, 419, 420 = ZIP 1996, 1356, 1357 = BB 1996, 1579, 1580 = BetrAV 1996, 284, 285 = MDR 1996, 1243.

hung der Direktversicherung erteilt.[199] Aus der die Beleihung der Direktversicherung regelnden Bestimmung ist für den Arbeitnehmer lediglich zu entnehmen, dass die Direktversicherung nicht schon bei Abschluss des Versicherungsvertrages oder im Zeitpunkt der Vereinbarung zwischen Arbeitgeber und Arbeitnehmer, sondern erst später beliehen werden soll.[200] Der Arbeitgeber muss daher die Zustimmung des Arbeitnehmers gesondert einholen, wenn er zu einem späteren Zeitpunkt beabsichtigt, die Direktversicherung zu beleihen.

3. Wirksamkeit der Beleihung

25 Hat der Arbeitgeber die Zustimmung des unwiderruflich bezugsberechtigten Arbeitnehmers zur Beleihung der Direktversicherung nicht eingeholt, ist die Beleihung der Versicherung durch den Arbeitgeber im Verhältnis zwischen dem Arbeitgeber sowie dem Arbeitnehmer und den sonstigen aus dem Versicherungsvertrag Bezugsberechtigten unwirksam.[201] Ob die fehlende Zustimmung des Arbeitnehmers auch Einfluss auf das Rechtsverhältnis zwischen dem Arbeitgeber und dem Versicherer hat, hängt davon ab, ob ein unwiderrufliches Bezugsrecht mit dinglicher Wirkung vereinbart ist. Ist das unwiderrufliche Bezugsrecht nur im Verhältnis zwischen dem Versicherungsnehmer (Arbeitgeber) und dem Bezugsberechtigten (Arbeitnehmer) vereinbart, also nur im Valutaverhältnis, ist das Bezugsrecht allein schuldrechtlicher Natur und löst Rechte und Pflichten deshalb auch nur innerhalb des Valutaverhältnisses aus.[202] Dagegen erhält das Bezugsrecht dingliche Wirkung, wenn auch im Deckungsverhältnis, also zwischen Versicherungsnehmer und Versicherer bestimmt ist, dass der Dritte unwiderruflich zum Bezug der Versicherungsleistung berechtigt sein soll.[203] Dies ist der Fall, wenn die das unwiderrufliche Bezugsrecht enthaltende Direktversicherungszusage Bestandteil des Versicherungsvertrages ist.[204] Mit der Vereinbarung des unwiderruflichen Bezugsrechts auch im Verhältnis zwischen dem Versicherer und dem Versicherungsnehmer (Arbeitgeber) hat das Bezugsrecht dingliche Wirkung erhalten mit der Folge, dass allein der Arbeitnehmer als unwiderruflich Bezugsberechtigter verfügungsbefugt ist.[205] Eine Beleihung zu Lasten des Arbeitnehmers bedarf deshalb

---

[199] BGH, Urt. v. 19. 6. 1996 – IV ZR 243/95, NJW 1996, 2731, 2732 = VersR 1996, 1089, 1090 = VerBAV 1996, 252, 253 = r+s 1996, 419, 420 = ZIP 1996, 1356, 1357 = BB 1996, 1579, 1580 = BetrAV 1996, 284, 285 = MDR 1996, 1243.

[200] BGH, Urt. v. 19. 6. 1996 – IV ZR 243/95, NJW 1996, 2731, 2732 = VersR 1996, 1089, 1090 = VerBAV 1996, 252, 253 = r+s 1996, 419, 420 = ZIP 1996, 1356, 1357 = BB 1996, 1579, 1580 = BetrAV 1996, 284, 285/286 = MDR 1996, 1243, 1244.

[201] BGH, Urt. v. 19. 6. 1996 – IV ZR 243/95, NJW 1996, 2731, 2732 = VersR 1996, 1089, 1090 = VerBAV 1996, 252, 253 = r+s 1996, 419, 420 = ZIP 1996, 1356, 1357 = BB 1996, 1579, 1580 = BetrAV 1996, 284, 285/286 = MDR 1996, 1243, 1244.

[202] BGH, Urt. v. 19. 6. 1996 – IV ZR 243/95, NJW 1996, 2731, 2732 = VersR 1996, 1089, 1090 = VerBAV 1996, 252, 253 = r+s 1996, 419, 420 = ZIP 1996, 1356, 1357 = BB 1996, 1579, 1580 = BetrAV 1996, 284, 285/286 = MDR 1996, 1243, 1244.

[203] BGH, Urt. v. 25. 4. 1975 – IV ZR 63/74, NJW 1975, 1360 = VersR 1975, 706 = BB 1975, 813 = BetrAV 1975, 229; BGH, Urt. v. 19. 6. 1996 – IV ZR 243/95, NJW 1996, 2731, 2732 = VersR 1996, 1089, 1090 = VerBAV 1996, 252, 253 = r+s 1996, 419, 420 = ZIP 1996, 1356, 1357 = BB 1996, 1579, 1580 = BetrAV 1996, 284, 285/286 = MDR 1996, 1243, 1244.

[204] So im Fall BGH, Urt. v. 19. 6. 1996 – IV ZR 243/95, NJW 1996, 2731, 2732 = VersR 1996, 1089, 1090 = VerBAV 1996, 252, 253 = r+s 1996, 419, 420 = ZIP 1996, 1356, 1357 = BB 1996, 1579, 1580 = BetrAV 1996, 284, 285/286 = MDR 1996, 1243, 1244.

[205] BGH, Urt. v. 19. 6. 1996 – IV ZR 243/95, NJW 1996, 2731, 2732 = VersR 1996, 1089, 1090 = VerBAV 1996, 252, 253 = r+s 1996, 419, 420 = ZIP 1996, 1356, 1357 = BB 1996, 1579, 1580 = BetrAV 1996, 284, 285/286 = MDR 1996, 1243, 1244.

C. Direktversicherung 26, 27 **KollLV C**

seiner Zustimmung.²⁰⁶ Hat das unwiderrufliche Bezugsrecht des Arbeitnehmers dingliche Wirkung, kann der Versicherer nicht mit befreiender Wirkung gegenüber dem Bezugsberechtigten die Beleihungssumme an den Versicherungsnehmer (Arbeitgeber) auszahlen, wenn die Zustimmung des unwiderruflich bezugsberechtigten Arbeitnehmers fehlt.²⁰⁷ Diese Rechtslage ist aber für den Versicherer nicht nachteilig. Denn gerade weil Voraussetzung einer dinglichen Wirkung die Vereinbarung des unwiderruflichen Bezugsrechts auch im Verhältnis des Versicherungsnehmers zum Versicherer ist, hat der Versicherer die für eine Auszahlungsberechtigung notwendige Kenntnis und kann beurteilen, ob er mit befreiender Wirkung leistet.²⁰⁸

Haben die Parteien in der Direktversicherungszusage die Unwiderruflichkeit 26 des Bezugsrechts des Arbeitnehmers insofern eingeschränkt, als sich der Versicherungsnehmer (Arbeitgeber) von vornherein das Recht vorbehalten hat, während der Dauer des Arbeitsverhältnisses die Versicherung mit Zustimmung des Bezugsberechtigten zu beleihen, so ändert dies nichts daran, dass der Versicherer nur mit Zustimmung des Arbeitnehmers die Versicherung beleihen kann und eine Auszahlung gegenüber dem Arbeitnehmer nur befreiende Wirkung hat, wenn dessen Zustimmung vorliegt.²⁰⁹ Denn das so eingeschränkte unwiderrufliche Bezugsrecht steht dem uneingeschränkten Bezugsrecht mit der Folge gleich, dass bei dem Bezugsberechtigten die uneingeschränkte Verfügungsbefugnis über das Bezugsrecht bleibt.²¹⁰ Dies zeigt sich auch im Insolvenzfall. Im Fall der Insolvenz des Arbeitgebers, der Versicherungsnehmer einer Direktversicherung ist, ist das eingeschränkt unwiderrufliche Bezugsrecht rechtlich und wirtschaftlich dem uneingeschränkten Bezugsrecht gleichgestellt, auch wenn die Voraussetzungen des Vorbehalts nicht erfüllt sind.²¹¹

4. EStG

Die Beleihung der Direktversicherung ist gemäß § 10 (2) 3 b EStG nicht steu- 27 erschädlich. Bei widerruflichem Bezugsrecht muss sich der Arbeitgeber allerdings gemäß § 4b Satz 2 EStG gegenüber dem Arbeitnehmer schriftlich verpflichten, diesen bei Eintritt des Versicherungsfalls so zu stellen, als ob die Beleihung (Abtretung) nicht erfolgt wäre. Dies wird in der Regel bei Erteilung der Zusage vorsorglich vereinbart.

---

²⁰⁶ BGH, Urt. v. 19. 6. 1996 – IV ZR 243/95, NJW 1996, 2731, 2732 = VersR 1996, 1089, 1090 = VerBAV 1996, 252, 253 = r+s 1996, 419, 420 = ZIP 1996, 1356, 1357 = BB 1996, 1579, 1580 = BetrAV 1996, 284, 285/286 = MDR 1996, 1243, 1244.
²⁰⁷ BGH, Urt. v. 19. 6. 1996 – IV ZR 243/95, NJW 1996, 2731, 2732 = VersR 1996, 1089, 1090 = VerBAV 1996, 252, 253 = r+s 1996, 419, 420 = ZIP 1996, 1356, 1357 = BB 1996, 1579, 1580 = BetrAV 1996, 284, 285/286 = MDR 1996, 1243, 1244.
²⁰⁸ BGH, Urt. v. 19. 6. 1996 – IV ZR 243/95, NJW 1996, 2731, 2732 = VersR 1996, 1089, 1090 = VerBAV 1996, 252, 253 = r+s 1996, 419, 420 = ZIP 1996, 1356, 1357 = BB 1996, 1579, 1580 = BetrAV 1996, 284, 285/286 = MDR 1996, 1243, 1244.
²⁰⁹ BGH, Urt. v. 19. 6. 1996 – IV ZR 243/95, NJW 1996, 2731, 2732 = VersR 1996, 1089, 1090 = VerBAV 1996, 252, 253 = r+s 1996, 419, 420 = ZIP 1996, 1356, 1357 = BB 1996, 1579, 1580 = BetrAV 1996, 284, 285/286 = MDR 1996, 1243, 1244.
²¹⁰ BGH, Urt. v. 19. 6. 1996 – IV ZR 243/95, NJW 1996, 2731, 2732 = VersR 1996, 1089, 1090 = VerBAV 1996, 252, 253 = r+s 1996, 419, 420 = ZIP 1996, 1356, 1357 = BB 1996, 1579, 1580 = BetrAV 1996, 284, 285/286 = MDR 1996, 1243, 1244.
²¹¹ BAG, Urt. v. 26. 6. 1990 – 3 AZR 651/88, BAGE 65, 208 = NZA 1991, 60 = VersR 1991, 211 = r+s 1991, 142 = ZIP 1990, 1596 = DB 1990, 2474 = BetrAV 1991, 39 = MDR 1991, 182; dazu *Heilmann* EWiR 1991, 279; BGH, Urt. v. 19. 6. 1996 – IV ZR 243/95, NJW 1996, 2731, 2732 = VersR 1996, 1089, 1090 = VerBAV 1996, 252, 253 = r+s 1996, 419, 420 = ZIP 1996, 1356, 1357 = BB 1996, 1579, 1580 = BetrAV 1996, 284, 285/286 = MDR 1996, 1243, 1244.

VI. Verwendung der Überschussanteile

1. Festlegung durch den Arbeitgeber

28 Gemäß § 2 Abs. 2 BetrAVG ist vorgesehen, dass ein Arbeitnehmer, der mit einer unverfallbaren Versorgungsanwartschaft ausscheidet, sein Bezugsrecht aus der Erlebens- und Todesfallversicherung in Höhe der bis dahin angesparten Versicherungsleistung und der auf die Vertragszeit entfallenden Überschussanteile behält.[212] Der Arbeitgeber ist aber nicht gehindert, von vornherein festzulegen, dass anfallende Überschussanteile nicht dem versicherten Arbeitnehmer zufließen, sondern anderen Zwecken zugeführt werden sollen.[213] Werden die Überschussanteile nicht zur Verbesserung der Versicherungsleistung verwendet, hat ein ausscheidender Arbeitnehmer, für den die Unverfallbarkeit erfüllt ist, einen Anspruch auf den Teil der Versicherungsleistung, der dem Verhältnis der Dauer der Betriebszugehörigkeit zu der Zeit vom Beginn der Betriebszugehörigkeit bis zur Vollendung des 65. Lebensjahres oder des vereinbarten früheren Schlussalters entspricht (§ 2 BetrAVG). In diesem Fall muss der Arbeitgeber beim Ausscheiden des Arbeitnehmers unter Umständen eine gewisse Zusatzleistung finanzieren, insbesondere dann, wenn die Versicherung erst nach längerer Dienstzeit abgeschlossen wurde.[214] Bei diesem „Quotierungsverfahren" bleiben Überschussanteile zunächst außer Betracht. Sieht jedoch die Versorgungszusage vor, dass dem begünstigten Arbeitnehmer auch die Überschussanteile zustehen sollen, kann er sie ungekürzt verlangen, soweit sie während der Dauer des Arbeitsverhältnisses durch das LVU erwirtschaftet wurden.[215] Überschussanteile aus der Zeit nach der Beendigung des Arbeitsverhältnisses kann der Arbeitnehmer nicht beanspruchen.[216]

29 Regelt die Direktversicherungszusage nicht, wem die Überschussanteile aus der Direktversicherung zustehen sollen, fallen sie dem Begünstigten unmittelbar zu, wenn die Gewinnanteile vom LVU angesammelt werden.[217] Will der Arbeitgeber dieses Ergebnis vermeiden, muss er sich vorbehalten, dass die Überschussanteile mit den zu zahlenden Beiträgen verrechnet oder als besonderes Überschussguthaben zu seinen Gunsten verzinslich angesammelt werden.[218]

2. Unterrichtung über die Höhe der Ablaufleistung

30 Teilt der Versicherer dem Arbeitgeber als Versicherungsnehmer eines Gruppenversicherungsvertrages zu einer Direktversicherung seines Arbeitnehmers die Leistungsentwicklung im abgelaufenen Versicherungsjahr mit und informiert er dabei in Form eines Leistungsspiegels über die zukünftige Entwicklung mit den Worten, dass bei unverändertem Vertragszustand eine bestimmte Leistung garantiert wird, so ist diese Mitteilung nur als Information über die Leistungsentwicklung und nicht als das Vertragsverhältnis ändernde Erklärung zu verstehen.[219] Bei feh-

---

[212] BAG v. 29. 7. 1986, VersR 1987, 497 = DB 1987, 743; BAG v. 28. 7. 1987, VersR 1988, 256.
[213] BAG v. 29. 7. 1986, VersR 1987, 497 = DB 1987, 743, 744.
[214] BAG BB 1987, 692.
[215] BAG v. 29. 7. 1986, BB 1987, 692.
[216] LAG Frankfurt/M., Urt. v. 2. 11. 1984 – 6 Sa 204/84, DB 1985, 395/396; BAG v. 29. 7. 1986, BB 1987, 395.
[217] OLG Nürnberg VersR 1969, 608; LAG Hamm v. 10. 11. 1987, DB 1988, 507; LAG Hamm, Urt. v. 20. 1. 1998 – 6 Sa 992/97, BetrAV 1998, 98 = BB 1998, 542 = DB 1998, 631.
[218] LAG Hamm v. 10. 11. 1987, DB 1988, 507.
[219] OLG Stuttgart, Urt. v. 20. 7. 2000 – 7 U 255/99, NVersZ 2001, 17 = VersR 2002, 555, 556 = r+s 2001, 477.

C. Direktversicherung   31–33 KollLV C

lerhaften Mitteilungen über die Höhe der Ablaufleistung haftet der Versicherer für den Inhalt der Mitteilung nicht, wenn sie offensichtlich auf falschen Fakten beruht.[220]

VII. Inanspruchnahme des Rückkaufswertes

1. Kündigung einer Direktversicherung mit widerruflichem Bezugsrecht

Bei Direktversicherungen mit widerruflichem Bezugsrecht wird, wenn der Arbeitgeber als Versicherungsnehmer sein Kündigungsrecht ausübt, das Anwartschaftsrecht des versicherten Mitarbeiters aus dem Versicherungsvertrag ersatzlos aufgehoben. Das Bezugsrecht entfällt, der Anspruch auf den Rückkaufswert steht ausschließlich dem Arbeitgeber zu.[221] Dies gilt selbst dann, wenn bereits die Unverfallbarkeit der Versorgungsanwartschaft eingetreten ist.[222] Das arbeitsrechtliche Widerrufsverbot in § 1 Abs. 2 Satz 1 BetrAVG, das dem Arbeitgeber einen Widerruf der Bezugsberechtigung nach Eintritt der Unverfallbarkeit der Versorgungsanwartschaft verbietet, hat auf den Versicherungsvertrag keinen Einfluss; auch der Insolvenzverwalter ist berechtigt, von der in § 17 Abs. 1 KO vorgesehenen Möglichkeit zur Ablehnung weiterer Erfüllung dergestalt Gebrauch zu machen, dass er den Versicherungsvertrag gemäß §§ 165 ff. VVG kündigen und den Rückkaufswert gemäß § 117 Abs. 1 KO zur Masse ziehen kann.[223] Dies gilt sogar dann, wenn die Beiträge zur Direktversicherung vom Gehalt des Arbeitnehmers einbehalten wurden, diesem aber kein unwiderrufliches Bezugsrecht eingeräumt war.[224] 31

Der Entzug der Anwartschaftsposition hat zur Folge, dass die in der Vergangenheit durchgeführte (in der Regel pauschale) Lohnversteuerung der Beiträge rückgängig zu machen ist. Soweit der Arbeitgeber dem versicherten Mitarbeiter den Rückkaufswert zuwendet, handelt es sich um steuerlich nicht begünstigte sonstige Lohnzahlungen, die über die Jahrestabelle zu erfassen sind. Die in Abschnitt 96 Abs. 4 Satz 4 LStR vorgeschriebene Nichtabtretungsvereinbarung wird durch den Rückkauf eines mit widerruflichem Bezugsrecht ausgestatteten Direktversicherungsvertrags nicht berührt. 32

2. Kündigung einer Direktversicherung mit unwiderruflichem Bezugsrecht

Auch bei Bestellung eines unwiderruflichen Bezugsrechts zugunsten des versicherten Mitarbeiters bleibt der Arbeitgeber als Versicherungsnehmer Inhaber der Gestaltungsrechte.[225] Er ist zur Ausübung des Kündigungsrechts befugt.[226] Übt er dieses Recht aus, so entsteht ein originärer Anspruch des versicherten Mitarbeiters, der an die Stelle des Bezugsrechts auf die Versicherungsleistung tritt. Im Ergebnis wird damit gegen den in § 40b Abs. 1 Satz 2 EStG verankerten Rechtsgedanken verstoßen, dass der versicherte Arbeitnehmer nicht vor Vollendung des 33

---

[220] OLG Stuttgart, Urt. v. 20. 7. 2000 – 7 U 255/99, NVersZ 2001, 17 = VersR 2002, 555, 556 = r+s 2001, 477: Mitteilung eines Zeitwerts auf der Grundlage einer irrtümlich doppelt so hohen Jahresprämie.
[221] BAG, Urt. v. 26. 5. 2009 – 3 AZR 816/07, DB 2010, 287, 288.
[222] LG Frankfurt/M., Urt. v. 29. 6. 1993 – 2/14 O 161/93, NJW-RR 1995, 162, 163 = r+s 1996, 245; BAG, Urt. v. 26. 5. 2009 – 3 AZR 816/07, DB 2010, 287, 288.
[223] *Blomeyer/Kanz* KTS 1985, 169; *Thürmann* BB 1985, 1269; a. A. *Gareis* BB 1987, 2157.
[224] LAG München, Urt. v. 22. 7. 1987 – 4 Sa 60/87, BB 1988, 837 (Ls.) = MDR 1988, 608, 609.
[225] BGH, Urt. v. 2. 12. 2009 – IV ZR 65/09, VersR 2010, 517, 519.
[226] BGH, Urt. v. 2. 12. 2009 – IV ZR 65/09, VersR 2010, 517, 519.

59. Lebensjahrs über die im Direktversicherungsvertrag angesparten Mittel verfügen können soll. Wenn man nicht bereits in der Bestellung eines unwiderruflichen Bezugsrechts einen Verstoß gegen die Nichtabtretungsvereinbarung, wie sie in Abschnitt 96 Abs. 4 Satz 4 LStR in Ausformung des vorerwähnten Rechtsgedankens zur Voraussetzung der Pauschalversteuerung gemacht wird, sehen will, muss die Kündigung durch den Arbeitgeber als Verstoß gegen die Nichtabtretungsklausel gewertet werden.

3. Vorzeitige Auszahlung von Direktversicherungsleistungen

34 **a) Verbot der Auszahlung des Rückkaufswertes.** Gemäß § 2 Abs. 2 Satz 5 BetrAVG darf der nach Erfüllung der Voraussetzungen des § 1 Abs. 1 BetrAVG vor Eintritt des Versorgungsfalls ausgeschiedene Arbeitnehmer die Ansprüche aus dem Versicherungsvertrag (Direktversicherung) in Höhe des durch Beitragszahlungen des Arbeitgebers gebildeten geschäftsplanmäßigen Deckungskapitals weder abtreten noch beleihen. In dieser Höhe darf der Rückkaufswert aufgrund einer Kündigung des Versicherungsvertrages nicht in Anspruch genommen werden.[227] Im Falle einer Kündigung wird die Versicherung in eine prämienfreie Versicherung umgewandelt (§ 2 Abs. 2 Satz 5 BetrAVG). § 176 Abs. 1 VVG findet insoweit keine Anwendung (§ 2 Abs. 2 Satz 6 BetrAVG).[228] Die Verfügungsbeschränkung des § 2 Abs. 2 BetrAVG erfasst neben dem geschäftsplanmäßigen Deckungskapital auch die Überschussanteile und den Bonus einer Direktversicherung.[229] Zweck der Vorschrift ist nach Angaben des Gesetzgebers der Schutz des Arbeitnehmers vor sich selbst und möglicherweise auch der Schutz des Arbeitgebers vor Kündigungen seiner Arbeitnehmer, die in den Besitz des Rückkaufswertes gelangen wollen.[230] Das Verbot der vorzeitigen Auszahlung des Rückkaufswerts greift auch für den Fall der Invalidität vor Eintritt des Versorgungsfalls und kann nicht aus Gründen der Billigkeit im Einzelfall durchbrochen werden.[231] Art. 14 GG ist hierdurch nicht verletzt, weil dem Arbeitnehmer der Anspruch auf die Versicherungsleistung erhalten bleibt und die vorübergehende Verfügungsbeschränkung Ausprägung der Sozialpflichtigkeit des Eigentums und Äquivalent der staatlichen Förderung der betrieblichen Altersversorgung ist.[232] Die Verfügungsbeschränkung des § 2 Abs. 2 Satz 5 BetrAVG erfasst neben dem geschäftsplanmäßigen Deckungskapital auch die Überschussanteile.[233]

35 **b) Rechtsfolge bei Verstoß.** Die Rechtsfolge einer Verletzung des § 2 Abs. 2 Satz 5 u 6 BetrAVG ist nach h. M. die Nichtigkeit der Leistung des Versicherers (§ 134 BGB), so dass der Anspruch gegen den Versicherer gemäß § 362 BGB nicht als erfüllt gilt. Der Versicherer kann die Leistung gemäß § 812 BGB zurückfordern. Der Arbeitnehmer (und nach überwiegender Auffassung auch der Arbeitgeber) ist zur Rückzahlung des Empfangenen verpflichtet. Das Gesetz verbietet nur ihm die Inanspruchnahme des Betrages, nicht aber dem Versicherer die Auszahlung, so dass

---

[227] LG Hannover, Urt. v. 17. 5. 1995 – 12 O 404/94, r+s 1996, 77 (Ls.).
[228] *Gradel* VersR 1998, 288, 289.
[229] LG Hamburg, Urt. v. 30. 3. 2006 – 332 O 409/05, VersR 2006, 1525.
[230] OLG Saarbrücken v. 8. 6. 1988, VersR 1989, 577; LG Tübingen, Urt. v. 7. 5. 1996 – 3 O 6/96, VersR 1996, 1223; LG Berlin, Urt. v. 25. 1. 2001 – 7 O 337/00, VersR 2002, 342; *Blomeyer* BetrAV 1979, 144.
[231] OLG Frankfurt/M. NVersZ 1999, 263 = VersR 1999, 41 = NZA 1999, 1279; OLG Düsseldorf, Urt. v. 14. 5. 2002 – 4 U 203/01, NJW-RR 2003, 683 = VersR 2003, 95 = r+s 2003, 337.
[232] OLG Düsseldorf, Urt. v. 14. 5. 2002 – 4 U 203/01, NJW-RR 2003, 683 = VersR 2003, 95 = r+s 2003, 337.
[233] LG Tübingen, Urt. v. 7. 5. 1996 – 3 O 6/96, VersR 1996, 1223; LG Berlin, Urt. v. 25. 1. 2001 – 7 O 337/00, VersR 2002, 342.

dem Versicherer gemäß § 817 Satz 2 BGB die Rückforderung nicht abgeschnitten wird.[234] Bei Invalidität soll eine vorzeitige Inanspruchnahme zulässig sein, wenn die vertraglichen Vereinbarungen entsprechend ergänzt werden.[235]

VIII. Pfändung der Ansprüche des Arbeitnehmers

Eine vom Arbeitnehmer als Versicherungsnehmer fortgeführte Direktversicherung ist hinsichtlich des Teils sofort pfändbar, der aus eigenen Beiträgen finanziert worden ist.[236] Werden die Ansprüche aus einer vom Arbeitgeber finanzierten, aber vom Arbeitnehmer beitragsfrei fortgeführten Direktversicherung gepfändet, stellt sich die Frage, ob der Wirksamkeit der Pfändung das in § 2 Abs. 2 Satz 4 BetrAVG enthaltene Verbot der Abtretung und Beleihung entgegensteht. Grundsätzlich führt eine derartige Verfügungsbeschränkung im Zusammenspiel mit § 851 Abs. 1 ZPO zur Unpfändbarkeit.[237] Denn es ist Zweck des § 2 Abs. 2 Satz 4 BetrAVG den Arbeitnehmer daran zu hindern, selbst einen Tatbestand zu schaffen, der entweder unmittelbar (Übertragung bzw. Beleihung des Bezugsrechts zur Sicherung einer eigenen Vermögensverfügung) oder mittelbar (Pfändung durch Dritte wegen fehlender Deckung einer solchen Vermögensverfügung des Arbeitnehmers) zum Verlust oder zumindest zur Gefährdung der Altersversorgung führt.[238] Dem mit der Verfügungsbeschränkung des § 2 Abs. 2 Satz 4 BetrAVG verfolgten Sicherungszweck widerspricht es jedoch nicht, wenn in Bezug auf Unterhalts- bzw. sonstige familienrechtliche Ausgleichsansprüche mit dem Mittel der Pfändung bereits in der Anwartschaftsphase eine vorrangige Befriedigungsmöglichkeit für den späteren Zeitpunkt der Anspruchsfälligkeit gewährleistet wird, da Personen, denen der Arbeitnehmer Unterhalt bzw. einen sonstigen familienrechtlich begründeten Ausgleich schuldet, in den § 2 Abs. 2 BetrAVG zu Grunde liegenden Versorgungszweck einbezogen sind.[239] Die Verfügungsbeschränkung des § 2 Abs. 2 Satz 4 BetrAVG steht daher einer Pfändung nicht entgegen, soweit sie wegen des gesetzlichen Anspruchs der Ehefrau des Arbeitnehmers auf Unterhalt und Zugewinnausgleich erfolgt.[240] § 2 Abs. 2 Satz 4 BetrAVG gilt dann nicht mehr, wenn die Versorgungsanwartschaft zum Vollrecht erstarkt.[241]

IX. Insolvenz des Arbeitgebers

1. Vorrang der versicherungsvertraglichen Regelung

Die Ausgestaltung des Versicherungsvertrages entscheidet darüber, wem die Rechte aus dem Versicherungsvertrag zustehen, wenn der Arbeitgeber insolvent wird.[242] Dies gilt auch dann, wenn zwischen dem Arbeitgeber und dem Arbeit-

---

[234] *Blomeyer* BetrAV 1979, 114 m. Nw.; a. A. Höfer, § 2 Rdn. 61.
[235] *Blomeyer* BetrAV 1979, 114.
[236] *Merten* BetrAV 2004, 721, 725.
[237] OLG Stuttgart, Urt. v. 8. 6. 2000 – 7 U 13/00, NJW-RR 2001, 150, 151 = VersR 2001, 619, 620 = r+s 2003, 468.
[238] OLG Stuttgart, Urt. v. 8. 6. 2000 – 7 U 13/00, NJW-RR 2001, 150, 151 = VersR 2001, 619, 620 = r+s 2003, 468.
[239] OLG Stuttgart, Urt. v. 8. 6. 2000 – 7 U 13/00, NJW-RR 2001, 150, 151 = VersR 2001, 619, 620 = r+s 2003, 468.
[240] OLG Stuttgart, Urt. v. 8. 6. 2000 – 7 U 13/00, NJW-RR 2001, 150 = VersR 2001, 619.
[241] BGH, Beschl. v. 23. 10. 2008 – VII ZB 16/08, NJW-RR 2009, 211, 212.
[242] BAG, Urt. v. 8. 6. 1999 – 3 AZR 136/98, ZIP 1999, 1638, 1640 = DB 1999, 2069, 2070; BAG, Urt. v. 26. 2. 1991 – 3 AZR 213/90, VersR 1992, 341 = BB 1991, 1796 = BetrAV 1992, 49.

nehmer etwas anderes vereinbart war.[243] Hatten Arbeitgeber und Arbeitnehmer im Rahmen des Arbeitsvertrages die Einräumung eines unwiderruflichen Bezugsrechts vereinbart, verbessert dies die Rechtsstellung des Arbeitsnehmers im Insolvenzfall des Arbeitgebers nicht, wenn der Arbeitgeber im Direktversicherungsvertrag nur ein widerrufliches Bezugsrecht vorgesehen hat.[244] Macht der Arbeitgeber entgegen den arbeitsvertraglichen Vereinbarungen von seinem versicherungsrechtlich eingeräumten Widerrufsrecht Gebrauch, ist der Widerruf versicherungsrechtlich wirksam.[245] Daran ändert auch der Eintritt der Unverfallbarkeit nichts. Zwar verbietet § 1 Abs. 2 Satz 1 BetrAVG dem Arbeitgeber einen Widerruf des Bezugsrechts wegen Beendigung des Arbeitsverhältnisses. Diese Bestimmung ist aber keine dem Insolvenzrecht vorgehende Sonderregelung.[246] Die Vorschrift ist nicht anwendbar, wenn das Bezugsrecht nicht wegen der Beendigung des Arbeitsverhältnisses, sondern zum Zweck der gemeinschaftlichen Befriedigung der Insolvenzgläubiger widerrufen wird.[247]

2. Widerrufliches Bezugsrecht

38 Hat der Arbeitgeber dem Arbeitnehmer nur ein widerrufliches Bezugsrecht eingeräumt, gehört der Anspruch auf die Versicherungsleistungen in der Insolvenz des Arbeitgebers zur Insolvenzmasse.[248] Bis zum Eintritt des Versicherungsfalls hat der Arbeitnehmer im Insolvenzfall nur eine ungesicherte, wertlose Anwartschaft.[249] Er ist nicht zur Aussonderung dieses Vermögensgegenstandes gemäß § 47 InsO aus der Insolvenzmasse berechtigt.[250] Der Arbeitnehmer ist auf schuldrechtliche Verschaffungsansprüche gegen den Arbeitgeber angewiesen (§ 1 Abs. 2 Satz 3 BetrAVG). Ist der begünstigte Arbeitnehmer im Besitz des Versicherungsscheins, so führt ein ordnungsgemäß erklärter Widerruf dazu, dass der begünstigte Arbeitnehmer den Versicherungsschein an den Versicherungsnehmer (Arbeitgeber) bzw. den Insolvenzverwalter herausgeben muss.[251] Kündigt der Insolvenzverwalter die Versicherungsverträge und erhält den Rückkaufwert der Versicherungen ausbezahlt, erfolgt keine Rückerstattung der Lohnsteuer, soweit sie auf Versicherungsverträge mit unverfallbaren Ansprüchen entfiel.[252]

---

[243] *Heither* BB 1996, 846, 853 = BetrAV 1996, 2, 5.
[244] *Heither* BB 1996, 846, 853 = BetrAV 1996, 2, 6.
[245] *Heither* BB 1996, 846, 853 = BetrAV 1996, 2, 6.
[246] BAG, Urt. v. 17. 10. 1995 – 3 AZR 622/94, VersR 1996, 1439 (Ls.) = ZIP 1996, 965, 966 = BB 1995, 2663 = DB 1996, 1240; BAG, Urt. v. 8. 6. 1999 – 3 AZR 136/98, VersR 2000, 80, 82 = ZIP 1999, 1638, 1641 f. = BB 1999, 2195, 2197 = DB 1999, 2069, 2071; *Heither* BB 1996, 846, 853 = BetrAV 1996, 2, 6.
[247] BAG, Urt. v. 26. 2. 1991 – 3 AZR 213/90, VersR 1992, 341 = BB 1991, 1796; BAG, Urt. v. 17. 10. 1995 – 3 AZR 622/94, ZIP 1996, 965, 966 = BB 1995, 2663 = DB 1996, 1240.
[248] BAG, Urt. v. 28. 3. 1995 – 3 AZR 373/94, VersR 1996, 85, 86 = ZIP 1995, 2012, 2013 = DB 1995, 2174, 2175 = BB 1995, 2663; *Zimmermann* VersR 1988, 885, 886; *Hoppenrath* BetrAV 1991, 229, 231.
[249] *Heither* BB 1996, 846, 852.
[250] BAG, Urt. v. 26. 2. 1991 – 3 AZR 213/90, VersR 1992, 341 = BB 1991, 1796; BGH, Urt. v. 18. 7. 2002 – IX ZR 264/01, NJW 2002, 3253 = VersR 2002, 1294 = DB 2002, 2104, 2105; *Böhm* BB 2007, 1502.
[251] BAG, Urt. v. 8. 6. 1999 – 3 AZR 136/98, ZIP 1999, 1638, 1642 = BB 1999, 2195 = DB 1999, 2069; LAG Köln, Urt. v. 13. 11. 2002 – 8 (3) Sa 423/02, BB 2003, 1392 (Ls.) = MDR 2003, 816; dazu *Reichold* EWiR 2003, 675.
[252] FG Baden-Württemberg, Urt. v. 8. 8. 2005 – 5 K 603/03, EFG 2006, 495 = DB 2006, 1137; BFH, Urt. v. 5. 7. 2007 – VI R 58/05, BetrAV 2007, 585 = ZIP 2007, 1569 = BB 2007, 1823 = DB 2007, 1794.

3. Unwiderrufliches Bezugsrecht

Bei einem unwiderruflichen Bezugsrecht gehört der Anspruch auf die Leistungen aus der Direktversicherung in das Vermögen des Arbeitnehmers, dem deshalb in der Insolvenz seines Arbeitgebers ein Aussonderungsrecht gemäß § 47 InsO unabhängig vom Eintritt der gesetzlichen Unverfallbarkeit zusteht.[253] Hat der Arbeitgeber die Ansprüche aus dem Versicherungsvertrag beliehen, verpfändet oder an Dritte abgetreten, so ist er verpflichtet, den Arbeitnehmer bei Eintritt des Versicherungsfalls so zu stellen, als ob die Abtretung, Verpfändung oder Beleihung nicht erfolgt wäre (§ 1 Abs. 2 Satz 3 BetrAVG). Kann der Arbeitgeber diese Verpflichtung nicht mehr erfüllen, weil er inzwischen insolvent geworden ist, genießt der Bezugsberechtigte insoweit Insolvenzschutz (§ 7 Abs. 1 Satz 2 und Abs. 2 Satz 1 Nr. 2 BetrAVG).[254]

4. Unwiderrufliches Bezugsrecht mit Vorbehalt

Sind im Zeitpunkt der Eröffnung des Insolvenzverfahrens über das Vermögen des Arbeitgebers, der Versicherungsnehmer einer Direktversicherung ist, die Voraussetzungen der versicherungsvertraglich getroffenen Vorbehalte nicht erfüllt, steht das eingeschränkt unwiderrufliche Bezugsrecht einem unwiderruflichen Bezugsrecht gleich.[255] Eine Direktversicherung mit eingeschränkt unwiderruflichem Bezugsrecht gehört zum Vermögen des Bezugsberechtigten.[256] Der Vorbehalt, unter den das Bezugsrecht gestellt worden ist, gilt nicht für den Fall einer insolvenzbedingten Beendigung des Arbeitsverhältnisses.[257] Die Interessen eines red-

---

[253] BAG, Urt. v. 26. 6. 1990 – 3 AZR 651/88, BAGE 65, 208 = NZA 1991, 60 = VersR 1991, 211 = r+s 1991, 142 = ZIP 1990, 1596 = DB 1990, 2474 = BetrAV 1991, 39 = MDR 1991, 182; OLG Hamm, Urt. v. 13. 7. 1992 – 2 U 6/92, VersR 1993, 172; OLG Düsseldorf, Urt. v. 17. 4. 1998 – 22 U 197/97, NJW 1998, 3572 = VersR 1998, 1559 = ZIP 1998, 1037; OLG Hamm, Urt. v. 1. 4. 2009 – I-20 U 76/08, VersR 2010, 57; *Huntemann* EWiR 1998, 953; *Böhm* BB 2007, 1502; *Westhelle/Miksch* ZIP 2003, 2054, 2057; *Zwanziger* BB 2008, 946, 949.
[254] BAG, Urt. v. 17. 10. 1995 – 3 AZR 420/94, VersR 1996, 1042, 1043 = DB 1996, 1426 = BB 1996, 1389, 1390.
[255] OLG Bamberg, Urt. v. 9. 2. 2006 – 1 U 175/05, VersR 2006, 1389, 1390.
[256] BAG, Urt. v. 26. 6. 1990 – 3 AZR 651/88, NZA 1991, 60 = VersR 1991, 211 = r+s 1991, 142 = ZIP 1990, 1596 = MDR 1991, 182; dazu *Heilmann* EWiR 1991, 279; BAG, Urt. v. 26. 6. 1990 – 3 AZR 2/89, VersR 1991, 942; BGH, Urt. v. 19. 6. 1996 – IV ZR 243/95, NJW 1996, 2731 = VersR 1996, 1089 = r+s 1996, 419 = ZIP 1996, 1356 = MDR 1996, 1243; dazu *Griebeling* EWiR 1996, 775; BGH, Urt. v. 8. 6. 2005 – IV ZR 30/04, NJW-RR 2005, 1412, 1413 = VersR 2005, 1134, 1135 = r+s 2005, 387, 388 = WM 2005, 2141, 2142 = ZIP 2005, 1373, 1374 = MDR 2005, 1348, 1349 = BetrAV 2005, 786, 787.
[257] OLG Düsseldorf, Urt. v. 30. 1. 2001 – 4 U 93/00, NZA-RR 2001, 601 = NVersZ 2001, 504 = VersR 2002, 86, 87 = r+s 2002, 214, 215; OLG Karlsruhe, Urt. v. 15. 3. 2001 – 12 U 299/00, VersR 2001, 1501 = r+s 2002, 479; OLG Karlsruhe, Urt. v. 18. 6. 2003 – 12 U 29/03, juris; BGH, Urt. v. 8. 6. 2005 – IV ZR 30/04, NJW-RR 2005, 1412, 1413 = VersR 2005, 1134, 1135 = r+s 2005, 387, 388 = WM 2005, 2141, 2142 = ZIP 2005, 1373, 1375 = MDR 2005, 1348, 1349 = BetrAV 2005, 786, 787; BGH, Hinweisbeschl. v. 22. 9. 2005 – IX ZR 85/04; OLG Bamberg, Urt. v. 9. 2. 2006 – 1 U 175/05, NZI 2006, 355; BGH, Urt. v. 3. 5. 2006 – IV ZR 134/05, r+s 2006, 334 = BetrAV 2006, 587 = MDR 2007, 91; *Kollhosser* in: Prölss/Martin, VVG, 27. Aufl., § 165 VVG Rdn. 6a; *Stegmann/Lind* NVersZ 2002, 193, 201; *Gundlach/Frenzel* EWiR 2006, 661; **a. A.** LG Köln ZInsO 2003, 383; OLG Frankfurt am Main, Urt. v. 12. 5. 2005 – 3 U 21/04, S. 7 m. zust. Anm. *Höpfner* EWiR 2006, 81 f.; OLG Hamm, Urt. v. 24. 1. 2006 – 27 U 159/05, NZI 2006, 406; LAG Hamm, Urt. v. 15. 2. 2006 – 2 Sa 2064/05, juris; BAG, Beschl. der Vorlage an den Gemeinsamen Senat der obersten Gerichtshöfe des Bun-

lichen, vertragstreuen Arbeitgebers rechtfertigen es nicht, im Falle seiner Insolvenz dem versicherten Arbeitnehmer sein Bezugsrecht allein deshalb zu entziehen, um die Zugriffsmöglichkeiten der Insolvenzgläubiger erweitern zu können.[258] Bei einem insolvenzbedingten Ausscheiden steht dem Arbeitnehmer ein Aussonderungsrecht gemäß § 47 InsO an den Rechten aus dem Versicherungsvertrag zu, auch wenn die Unverfallbarkeitsvoraussetzungen nach dem Betriebsrentengesetz noch nicht erfüllt sind.[259] Die Insolvenzfestigkeit besteht auch zugunsten des Gesellschafter-Geschäftsführers mit Mehrheitsbeteiligung.[260]

5. Prämienverzug

41   Ein Insolvenzschutz für Schäden aus Prämienverzug bei Direktversicherungen mit unwiderruflichem Bezugsrecht ist gesetzlich nicht vorgesehen, weil dies der Gesetzgeber seinerzeit als nicht erforderlich angesehen hat.[261] Verringert sich die Versicherungsleistung durch Nichtzahlung von im Versicherungsvertrag ausbedungenen Versicherungsbeiträgen, so kann dies allenfalls einen Schadensersatzanspruch des Arbeitnehmers gegen seinen Arbeitgeber auslösen.[262] Dieser Schadensersatzanspruch ist jedoch nicht insolvenzgeschützt.[263] Der Vorschlag von *Langohr-Plato*,[264] der Gesetzgeber solle den Insolvenzschutz auf den Fall der Beschädigung einer Direktversicherung durch Prämienrückstände ausdehnen, wurde bislang nicht aufgegriffen. Der Beitragsrückstand führt damit in der Direktversicherung zu einem echten, weil gesetzlich nicht erfassten Insolvenzrisiko für den Versorgungsberechtigten.[265]

---

des v. 22. 5. 2007 – 3 AZR 334/06, NJW 2007, 3520 (Ls.) = NZA 2007, 1169 = VersR 2009, 134 = BetrAV 2007, 388 = ZIP 2007, 1869 = r+s 2007, 333 (Ls.) = DB 2007, 2779 = BetrAV 2007, 671; *Tetzlaff* EWiR 2003, 931; *Rolfs/Witschen* BetrAV 2008, 740, 745.
[258] BAG, Urt. v. 26. 6. 1990 – 3 AZR 651/88, NZA 1991, 60, 62 = VersR 1991, 211, 212 = ZIP 1990, 1596; BGH, Urt. v. 8. 6. 2005 – IV ZR 30/04, NJW-RR 2005, 1412, 1414 = VersR 2005, 1134, 1136 = r+s 2005, 387, 389 = WM 2005, 2141, 2143 = ZIP 2005, 1373, 1376 = BetrAV 2005, 786, 788.
[259] BGH, Urt. v. 8. 6. 2005 – IV ZR 30/04, NZI 2005, 555; krit. dazu *Blank* EWiR 2005, 801; BGH, Urt. v. 22. 9. 2005 – IX ZR 85/04, ZIP 2005, 1836; BGH, Urt. v. 3. 5. 2006 – IV ZR 134/05, NZI 2006, 527 = r+s 2006, 334 = BetrAV 2006, 587 = MDR 2007, 91; LAG Hamm, Urt. v. 22. 9. 2006 – 4 Sa 629/06, ZIP 2007, 291; krit. dazu *Blank/Petersen* EWiR 2007, 307; a. A. BAG, Urt. v. 19. 11. 2003 – 10 AZR 110/03, NJW 2004, 1196, 1197 = VersR 2005, 141, 142 = BetrAV 2004, 190, 192 = BB 2004, 332, 333 = ZIP 2004, 229, 230; zust. *Reichold* EWiR 2004, 299, 300.
[260] OLG Koblenz, Beschl. v. 24. 4. 2006 – 10 U 171/06, VersR 2007, 1068, 1069 = r+s 2007, 429 (Ls.); a. A. OLG Hamm, Urt. v. 24. 1. 2006 – 27 U 159/05, NZG 2006, 949, 950 = ZIP 2006, 719, 720 = r+s 2006, 336, 337; OLG München, Urt. v. 11. 7. 2008 – 25 U 2684/08, VersR 2009, 97, 98.
[261] Eingehend *Everhardt* DB 1994, 1470, 1471.
[262] BAG, Urt. v. 17. 11. 1992 – 3 AZR 51/92, NJW 1994, 276, 277 = BB 1993, 943 = DB 1993, 986 = BetrAV 1993, 196.
[263] BAG, Urt. v. 17. 11. 1992 – 3 AZR 51/92, NJW 1994, 276, 277 = BB 1993, 943 = DB 1993, 986 = BetrAV 1993, 196; krit. dazu *Langohr-Plato* BetrAV 1993, 211.
[264] *Langohr-Plato* DB 1994, 325, 327.
[265] *Langohr-Plato* BetrAV 1999, 4, 7.

C. Direktversicherung   42–44 KollLV C

X. Portabilität der Direktversicherung

1. Versichererwechsel

Wenn eine Direktversicherung von einem Versicherungsunternehmen auf ein 42
anderes Versicherungsunternehmen im Rahmen des „Abkommens zur Übertragung von Direktversicherungen oder Versicherungen in eine Pensionskasse bei Arbeitgeberwechsel" übertragen wird und wird der alte Vertrag unverändert fortgesetzt, handelt es sich bei diesem Vertrag nicht um einen neu abgeschlossenen Versicherungsvertrag.[266] Wird eine Versicherung außerhalb dieses Abkommens – z. B. weil der versicherte Arbeitnehmer seinen Arbeitgeber nicht gewechselt hat – von einem Versicherungsunternehmen auf ein anderes Versicherungsunternehmen übertragen, handelt es sich insoweit um einen neu abgeschlossenen Vertrag.[267] In diesen Fällen sind im Zeitpunkt der Beendigung des Altvertrages die entsprechenden Leistungen nach § 20 Abs. 1 Nr. 6 EStG in der für den Vertrag geltenden Fassung des Einkommensteuergesetzes zu erfassen.[268] Die Besteuerung der Leistungen aus dem Neuvertrag richtet sich im Leistungszeitpunkt auch nach der für diesen Vertrag geltenden Fassung des § 20 Abs. 1 Nr. 6 EStG.[269]

Durch das Alterseinkünftegesetz wurde mit Wirkung zum 1. Januar 2005 43
auch die Übertragung von betrieblichen Altersvorsorgeanwartschaften beim Arbeitgeberwechsel (Portabilität) neu geregelt. Intention des Gesetzgebers bei der Neuregelung der Portabilität ist es, dem einzelnen Beschäftigten bei einem Arbeitgeberwechsel die Mitnahme seiner beim ehemaligen Arbeitgeber erworbenen unverfallbaren Betriebsrentenanwartschaften problemlos zu ermöglichen. Vor diesem Hintergrund wurde geregelt, dass, soweit die betriebliche Altersversorgung über eine Direktversicherung durchgeführt worden ist, der Übertragungswert dem gebildeten Kapital im Zeitpunkt der Übertragung entspricht.[270] In der Begründung des Gesetzes wird der Begriff „gebildetes Kapital" näher dargelegt. Danach ist von dem gesamten Wert des den Beschäftigten begünstigenden Vertrages auszugehen; Abzüge dürfen ausdrücklich nicht vorgenommen werden.[271]

Soweit die betriebliche Altersversorgung über eine Direktversicherung durch- 44
geführt worden ist, ergibt sich das gebildete Kapital aus dem zum Zeitpunkt der Übertragung vorhandenen Deckungskapital für die ohne Abzüge ermittelte Anwartschaft des Arbeitnehmers zuzüglich des Guthabens aus der verzinslichen Ansammlung und dem Anteil am Schlussüberschuss. Soweit die Berechnung des Deckungskapitals nicht zum Geschäftsplan gehört, entspricht das gebildete Kapital dem Zeitwert der Versicherung einschließlich der Überschuss- und Schlussüberschussanteile gemäß § 176 Abs. 3 VVG ohne Abzüge.[272] Ob „ohne Abzüge" bedeutet, dass folgende Positionen nicht abgezogen werden dürfen:

---

[266] BMF-Schreiben v. 7. 8. 2007 – IV C 8 – S 2497/07/0003, BetrAV 2007, 556; Bayerisches Landesamt für Steuern, Vfg. v. 5. 9. 2007 – S 2221 – 40 St 32/St 33, DB 2007, 2062.
[267] BMF-Schreiben v. 7. 8. 2007 – IV C 8 – S 2497/07/0003, BetrAV 2007, 556; Bayerisches Landesamt für Steuern, Vfg. v. 5. 9. 2007 – S 2221 – 40 St 32/St 33, DB 2007, 2062.
[268] BMF-Schreiben v. 7. 8. 2007 – IV C 8 – S 2497/07/0003, BetrAV 2007, 556; Bayerisches Landesamt für Steuern, Vfg. v. 5. 9. 2007 – S 2221 – 40 St 32/St 33, DB 2007, 2062.
[269] BMF-Schreiben v. 7. 8. 2007 – IV C 8 – S 2497/07/0003, BetrAV 2007, 556; Bayerisches Landesamt für Steuern, Vfg. v. 5. 9. 2007 – S 2221 – 40 St 32/St 33, DB 2007, 2062.
[270] *Bode/Zimmermann* Der Aktuar 2009, 2, 3.
[271] BT-Drucks. 15/2150, S. 53 f.
[272] *Höfer*, Die Neuregelung des Betriebsrentengesetzes durch das Alterseinkünftegesetz, DB 2004, 1426, 1429.

1999

– Ein Ausgleich für die risikomäßige Verschlechterung des Versicherungsbestandes,
– die mit der Stornierung und Übertragung verbundenen Verwaltungskosten,
– die noch nicht getilgten Abschlusskosten (wobei im Wege der Zillmerung gedeckte Abschlusskosten als bereits getilgt gelten),
ist strittig.

Die Reform des VVG führte zu einer Überarbeitung des Abkommens zur Übertragung von Direktversicherungen oder Versicherungen in eine Pensionskasse bei Arbeitgeberwechsel.[273] Aufgrund des neuen § 169 VVG 2008 zum Rückkaufswert und der Verpflichtung des übertragenden Versicherers zur Mitgabe der dem Vertrag zugeordneten Bewertungsreserven (§ 153 VVG 2008) ist nunmehr der Rückkaufswert der Versicherung einschließlich bereits zugeteilter Überschussanteile, Schlussüberschussanteile und Bewertungsreserven wie bei einem Rückkauf zu übertragen. Der übertragende Versorgungsträger verzichtet dabei auf Abzüge. Die übertragenen Gutschriften aus Bewertungsreserven sind beim übernehmenden Versorgungsträger wie die übertragenen Guthaben aus der Überschussbeteiligung zu verwenden. Weitere Regelungen sind dem Abkommen zu entnehmen.[274]

2. Private Fortführung

45 **a) Auskünfte.** Bei einem Wechsel des Arbeitgebers liegt ein Irrtum des versicherten Arbeitnehmers nahe, dass der bisherige Versicherungsvertrag zu unveränderten Bedingungen weitergeführt werde.[275] Dem Arbeitnehmer steht daher in einem zwischen dem bisherigen Arbeitgeber und dem Versicherer zu seinen Gunsten geschlossenen privaten Rentenversicherungsvertrag für eine betriebliche Altersvorsorge ein Anspruch nach den Grundsätzen der gewohnheitsrechtlichen Erfüllungshaftung gegen den Versicherer zu, wenn der Versicherungsagent bei den zum Vertragsschluss führenden Gesprächen auf ausdrückliche Frage des Versicherten erklärt, im Falle eines Wechsels des Arbeitgebers sei die Fortführung des Vertrages mit keinen Änderungen verbunden, ohne hinzuzufügen, dass es wegen der unterschiedlichen Tarife und Konditionen in den von Versicherer mit dem alten und dem neuen Arbeitgeber geschlossenen Gruppenversicherungsverträgen Änderungen im Bereich von Prämie und Leistungen geben kann.[276]

46 **b) Besteuerung.** In der Begründung zum Jahressteuergesetz 2007 vom 13. Dezember 2006[277] zur Änderung des § 22 Nr. 5 EStG wird klargestellt, dass die Besteuerung auch dann nach § 22 Nr. 5 EStG erfolgt, wenn der Direktversicherungsvertrag ganz oder teilweise privat fortgeführt wurde.[278] § 22 Nr. 5 EStG ist als lex specialis auch auf Leistungen aus Direktversicherungen anzuwenden, die ausschließlich auf nicht geförderten Beiträgen beruhen.[279] Dies bedeutet, dass Kapitalauszahlungen u. a. aus Direktversicherungen nicht kapitalertragsteuerpflichtig sind und somit auch keine Pflicht des auszahlenden Versicherungsunter-

---

[273] Fassung v. 4. 12. 2007 abrufbar über www.gdv.de.
[274] Siehe ferner die Verlautbarung des GDV „Fragen und Antworten zum Übertragungsabkommen für Direktversicherungen oder Versicherungen in einer Pensionskasse bei Arbeitgeberwechsel" mit Stand v. 3. 8. 2009, abrufbar über www.gdv.de.
[275] OLG Celle, Urt. v. 13. 9. 2007 – 8 U 29/07, r+s 2008, 341, 342.
[276] OLG Celle, Urt. v. 13. 9. 2007 – 8 U 29/07, r+s 2008, 341, 342.
[277] BGBl. I 2006, 2878.
[278] BMF-Schreiben v. 3. 4. 2007 – IV C 8 – S 2257 – b/07/0003, DB 2007, 1055; Bayerisches Landesamt für Steuern, Vfg. v. 25. 5. 2007 – S 2257 b – 6 St 32/St 33, DB 2007, 1670.
[279] BMF-Schreiben v. 3. 4. 2007 – IV C 8 – S 2257 – b/07/0003, DB 2007, 1055; Bayerisches Landesamt für Steuern, Vfg. v. 25. 5. 2007 – S 2257 b – 6 St 32/St 33, DB 2007, 1670.

C. Direktversicherung 46 **KollLV C**

nehmens zum Einbehalt der Kapitalertragsteuer besteht.[280] Die Leistungen sind allerdings vom Versicherer zum einen nach § 22 Nr. 5 Satz 5 EStG dem Leistungsempfänger zu bescheinigen und zum anderen im Rahmen des Rentenbezugsmitteilungsverfahrens nach § 22a EStG der Finanzverwaltung zu melden.[281]

---

[280] BMF-Schreiben v. 3. 4. 2007 – IV C 8 – S 2257 – b/07/0003, DB 2007, 1055; Bayerisches Landesamt für Steuern, Vfg. v. 25. 5. 2007 – S 2257b – 6 St 32/St 33, DB 2007, 1670.

[281] BMF-Schreiben v. 3. 4. 2007 – IV C 8 – S 2257 – b/07/0003, DB 2007, 1055; Bayerisches Landesamt für Steuern, Vfg. v. 25. 5. 2007 – S 2257b – 6 St 32/St 33, DB 2007, 1670.

D. Gehaltsumwandlungsversicherung

Übersicht

	Rdn.
I. Allgemeines	1–4
1. Begriff	1
2. Abgrenzung	2
3. Steuerfragen	3, 3 a
a) Steuerbarer Zufluss	3
b) Ehegatten-Direktversicherungen aus Gehaltsumwandlung	3 a
4. Beitragsfreiheit in der Sozialversicherung	4
II. Rechtsanspruch auf Umwandlung	5
III. Rechtsnatur der Entgeltumwandlungsabrede	6, 7
1. Schuldänderungsvertrag	6
2. Treuhandverhältnis	7
IV. Auswahl des Versicherers und des Tarifs	8–10
1. Rechtsstellung und Befugnis des Arbeitgebers	8
2. Auswahl des Tarifs	9, 10
a) Auswahlentscheidung	9
b) Aufklärungspflichten gegenüber dem Versicherungsnehmer	10
V. Beitragszahlung	11–14
1. Zahlung durch den Arbeitgeber	11
2. Dauer der Zahlung der Beiträge	12
3. Insolvenz des Arbeitgebers	13
4. Prämienzahlungsverzug	14
VI. Bezugsberechtigung	15–18
1. Unwiderrufliches Bezugsrecht	15
2. Unwiderrufliches Bezugsrecht mit Vorbehalt	16, 17
3. Widerrufliches Bezugsrecht	18
VII. Vorzeitiges Ausscheiden des Arbeitnehmers	19–21
1. Arbeitsplatzwechsel	19
2. Fortführung der Versicherung	20
3. Auszahlungsverbot	21
VIII. Zwangsvollstreckungsmaßnahmen gegen den Arbeitnehmer	22
IX. Insolvenzschutz	23

Schrifttum: *Arteaga/Rieble/Veit*, Entgeltumwandlung. Direktversicherung, Direktzusage, Unterstützungskasse, Pensionskasse, Pensionsfonds, 2. Aufl., Köln, O. Schmidt, 2006; *Baer*, Erfahrungen und Zweifelsfragen bei Anwendung der neuen steuerlichen Vorschriften für die Direktversicherung, BetrAV 1976, 127; *Blomeyer*, Betriebsrentenrechtliche Probleme der Altersversorgung durch „Gehaltsumwandlung", in: Festschrift für Ahrend, Köln, 1992, S. 246; *derselbe,* Direktversicherung durch Gehaltsumwandlung – Inhalt und Grenzen der Vertragsgestaltung, DB 1994, 882; *derselbe,* Rechtsfragen der Entgeltumwandlung und Lösungsansätze, NZA 2000, 281; *v. Buddenbrock/Manhart,* Nachspielzeit für die Zillmerung?, BB 2009, 1129; *Cisch/Kruip*, Vereinbarung gezillmerter Tarife im Rahmen der Entgeltumwandlung unzulässig?, NZA 2007, 786; *Clemens*, Entgeltumwandlung zur betrieblichen Altersversorgung: Umfang und Grenzen der einzel- und tarifvertraglichen Gestaltungsfreiheit, Berlin, D&H, 2005; *Deist/Lange*, Entgeltumwandlung und Zillmerung, BetrAV 2008, 26; *Diefenbach,* Einflüsse der neueren Rechtsprechung auf die Angebots- und Verwaltungspraxis eines Lebensversicherers, BetrAV 1993, 161; *Doetsch*, Inhalt und Grenzen der Arbeitnehmerrechte in der bAV, insbesondere im Bereich der Entgeltumwandlung, BetrAV 2008, 21;

D. Gehaltsumwandlungsversicherung KolILV D

Döring/Grau, Neue Gefahren bei der Entgeltumwandlung – Gezillmerte Versicherungstarife in der betrieblichen Altersversorgung, BB 2007, 1564; *Erdmann,* Vom Zillmern, von Pensionskassen und vom Ruf nach strafrechtlichem Verbraucherschutz, ZfV 2003, 317; *Franz,* Informationspflichten gegenüber Versicherten bei Gruppenversicherungsverträgen – ein weißer Fleck auf der Landkarte des VVG?, VersR 2008, 1565; *Geiling,* Wie „Wertgleichheit" bei der Entgeltumwandlung festgestellt wird, ZfV 2009, 271; *Gerke/Heubeck,* Gutachten zur künftigen Funktionsfähigkeit der Insolvenzsicherung durch den Pensions-Sicherungs-Verein VVaG, BetrAV 2002, 433; *Grabner/Bode/Stein,* Finanzierungsalternativen für eine betriebliche Altersversorgung aus Entgeltumwandlung – Ein Günstigkeitsvergleich aus Sicht des Arbeitgebers –, DB 2002, 853; *Groeger,* Nochmals: Gehaltsumwandlungsversicherungen als betriebliche oder private Altersversorgung?, DB 1992, 2086; *Hanau/Arteaga/Rieble/Veit,* Entgeltumwandlung, 2. Aufl., Köln, O. Schmidt, 2006; *Hartsoe,* Zur Wertgleichheit der Beitragszusage mit Mindestleistung bei Entgeltumwandlung; *derselbe,* Aktueller Stand der Diskussion zur Zillmerung und Anmerkungen dazu, BetrAV 2006, 323; *derselbe,* Entgeltumwandlung – Zillmerung und (k)ein Ende?, VW 2007, 982; *Hanus,* Pensionskassen: Zillmerung zulässig?, ZfV 2003, 315; *Heubeck,* Direktversicherung als Alternative zur Gehaltserhöhung, BB 1977, 1409; *derselbe,* Direktversicherung als Instrument der betrieblichen Altersversorgung, VP 1979, 85; *Hessling,* Zillmerung und Verbraucherschutz, BetrAV 2006, 318; *Hopfner,* Schon wieder Neuerungen in § 1 BetrAVG? – Abgrenzungsfragen bei der arbeitnehmerfinanzierten Altersversorgung –, DB 2002, 1050; *derselbe,* Grenzen der Inhalts- und Preiskontrolle bei der Entgeltumwandlung, BetrAV 2007, 615 = DB 2007, 1810; *Huber,* Wertgleichheit einer Entgeltumwandlung beim Pensionsfonds, BetrAV 2008, 33; *Jaeger,* Das Widerrufsrecht beim Entgeltverzicht in der betrieblichen Altersversorgung, VersR 2003, 1497; *derselbe,* Zillmerung und Entgeltumwandlung, VersR 2006, 1033 = BetrAV 2006, 517; *derselbe,* Vorsicht vor dem Durcheinander: Die bAV nach der VVG-Reform, BetrAV 2008, 667 = VW 2008, 1248; *Joseph,* Vorteilhaftigkeit und Zukunft der Direktversicherung insbesondere aus Vermittlersicht, VW 2001, 1786; *Kießling,* Entgeltfinanzierte Direktversicherungen in der Insolvenz des Arbeitgebers, NZI 2008, 469; *Mauersberg,* Entgeltumwandlung in der betrieblichen Altersversorgung – Risiken für Arbeitnehmer, Handlungsdruck für Arbeitgeber, VersR 2008, 169; *Metz/Pascheck,* Sind durch Gehaltsumwandlung finanzierte Direktversicherungen auch für „Tarifangestellte" zulässig?, DB 1987, 1938; *Meyer/Janko/Hinrichs,* Arbeitgeberseitige Gestaltungsmöglichkeiten bei der Entgeltumwandlung, BetrAV 2009, 507 = DB 2009, 1533; *Osburg/Schulz,* Die selbständige Berufsunfähigkeits-Versicherung als Gruppenversicherung, BetrAV 1977, 157; *Reich/Rutzmoser,* Wertgleichheit bei Entgeltumwandlungen in der betrieblichen Altersversorgung, BetrAV 2007, 730 = DB 2007, 2314; *Reinecke,* Schutz des Arbeitnehmers im Betriebsrentenrecht: Informationspflichten des Arbeitgebers und Kontrolle von Versorgungsvereinbarungen, DB 2006, 555; *derselbe,* Hinweis-, Aufklärungs- und Beratungspflichten im Betriebsrentenrecht, BetrAV 2005, 614 = RdA 2005, 129; *Rössler,* Der Gehaltsverzicht bei Zukunftssicherungsleistungen und die Altersversorgung mitarbeitender Ehegatten im Steuerrecht, VW 1975, 1145, 1225; *derselbe,* Steuerrechtliche Fragen zur Direktversicherung, BetrAV 1977, 118; *Rüffert,* Die Rechtspflicht des Arbeitgebers zur Bereitstellung einer Durchführungsmöglichkeit für die Entgeltumwandlung, Baden-Baden, Nomos, 2007; *derselbe,* Bedeutung und Inhalt des Wertgleichheitsgebots i. S. v. § 1 Abs. 2 Nr. 3 BetrAVG, BetrAV 2008, 663; *Sajkow,* Aktuelle Entwicklungen in der Rechtsprechung zur Zillmerung im Rahmen der Entgeltumwandlung, BetrAV 2009, 221; *Schmid,* Verwendung von Gehaltsteilen für die betriebliche Altersversorgung, BB 1977, 700; *Schumacher,* Ersetzung von Barlohn durch Zukunftssicherungsleistungen, DB 1976, 522; *Schwintowski,* Schutzlücken in der betrieblichen Altersversorgung – aufsichts- und arbeitsrechtliche Grenzen bei Tarifwahl und Tarifwechsel für die Entgeltumwandlung, VuR 2003, 327; *Simmich,* Fallen „Gehaltsumwandlungsversicherungen" (Barlohnersetzung durch Versicherungsbeiträge nach § 40b EStG) unter das Betriebsrentengesetz?, DB 1977, 2377; *derselbe,* Gehaltsumwandlungsversicherungen als betriebliche oder private Altersversorgung?, DB 1992, 991; *Steinhaus,* Fragen zur Insolvenzsicherung bei der Direktversicherung, BetrAV 1978, 123; *Steinmeyer,* Die Gehaltsumwandlungsversicherung als betriebliche Altersversorgung, BB 1992, 1553, 1559 = BetrAV 1992, 192, 198; *derselbe,* Arbeitgeberhaftung und Beratungspflichten in der betrieblichen Altersversorgung, BetrAV 2008, 531; *Veit,* Zulässigkeit der Zillmerung bei Entgeltumwandlung, VersR 2008, 324; *dieselbe,* Abschluss eines Versicherungsvertrags mit gezillmerten Tarifen im Rahmen einer Entgeltumwandlung – Zugleich Anmerkung zum Urteil des LAG Köln vom 13. 8. 2008 (7 Sa 454/08) VersR 2009, 851 –, VersR 2009, 1046; *Vogel/Vieweg,*

KollLV D 1, 2 Teil 7. Kollektivlebensversicherung

Entgeltumwandlung zwischen Selbstverantwortung und Fürsorge, BetrAV 2006, 43; *dieselben*, Die Unterbrechung wertgleicher Entgeltumwandlung bei der Direktversicherung, BetrAV 2008, 550; *Walther*, Insolvenzschutz für auf Gehaltsumwandlung beruhende Direktversicherungen, BetrAV 1992, 254; *Wiele*, Die Würfel sind noch nicht gefallen! Entgeltumwandlung und Zillmerung in der betrieblichen Altersversorgung – Zum Urteil des LAG München vom 15. 3. 2007, VW 2008, 382; *Windel*, Aktuelle Fragen des Pensions-Sicherungs-Vereins, BetrAV 1977, 94.

I. Allgemeines

1. Begriff

1 Bei der Gehaltsumwandlungsversicherung handelt es sich um eine Lebensversicherung auf das Leben des Arbeitnehmers, die durch den Arbeitgeber abgeschlossen wird und bei der der Arbeitnehmer oder seine Hinterbliebenen hinsichtlich der Leistungen des Versicherers ganz oder teilweise bezugsberechtigt sind.[282] Kennzeichnend für die Gehaltsumwandlungsversicherung ist, dass der Arbeitgeber mit dem Arbeitnehmer die Umwandlung von Gehaltsteilen vereinbart und als Versicherungsprämie für die Lebensversicherung verwendet.[283] Erreicht wird dadurch ein Steuervorteil, da der Beitrag gemäß § 40b EStG statt mit dem individuellen Steuersatz des Arbeitnehmers nur einer Pauschalsteuer unterliegt.[284] Die Gehaltsumwandlungsvereinbarung führt im Ergebnis zu einer Vorsorge aus dem eigenen Vermögen des Arbeitnehmers.[285] Der Abschluss der Direktversicherung zwischen Arbeitgeber und LVU dient im Wesentlichen der Steuerersparnis und ggf. der Beitragsminderung aufgrund sog. Gruppentarife.[286]

2. Abgrenzung

2 Die Gehaltsumwandlungsvereinbarung steht im Einklang mit § 4 Abs. 3 bzw. Abs. 4 TVG[287] und verstößt nicht gegen die §§ 115 ff. GewO,[288] insbesondere wenn eine tarifliche Öffnungsklausel besteht.[289] In der üblicherweise praktizierten Form erfüllt die Gehaltsumwandlungsvereinbarung die Definitionsmerkmale der Direktversicherung, wie sie sich aus § 1 Abs. 2 BetrAVG ergeben.[290] Wesentlich ist, dass der Arbeitgeber Versicherungsnehmer ist und bleibt.[291] Eine Gehaltsum-

---

[282] BAG, Urt. v. 8. 6. 1993 – 3 AZR 670/92, VersR 1994, 378.
[283] Vgl. BAG, Urt. v. 8. 6. 1993 – 3 AZR 670/92, VersR 1994, 378; BSG, Urt. v. 14. 7. 2004 – B 12 KR 10/02 R, BetrAV 2004, 679, 681; *Groeger* DB 1992, 2086, 2087; *Blomeyer* DB 1994, 882.
[284] OLG Hamm, Hinweisbeschl. v. 19. 7. 2006 – 20 U 72/06, VersR 2007, 49, 50 = r+s 2006, 513; *Simmich* DB 1977, 2377.
[285] OLG Frankfurt/M., Urt. v. 12. 8. 1998 – 7 U 191/97, NZA 1999, 1279 = NVersZ 1999, 263, 264 = VersR 1999, 41, 42 = BetrAV 1999, 281.
[286] OLG Düsseldorf, Urt. v. 6. 3. 1992 – 17 U 201/91, NJW-RR 1992, 798, 799 = DB 1992, 1981 (Ls.).
[287] Vgl. *Schmid* BB 1977, 700 ff., 703; *Metz/Paschek* DB 1987, 1938 ff., 1939; *Hanau/Becker*, Die Gehaltsumwandlung zur Finanzierung von Gruppenkrankenversicherungen, VersR 1988, 1093 ff., 1102; *Steinmeyer* BB 1992, 1553, 1559 = BetrAV 1992, 192, 198.
[288] Ebenso *Metz/Paschek* DB 1987, 1938, 1941.
[289] *Kisters-Kölkes*, Rechtsfragen zur Entgeltumwandlung und beitragsorientierten Leistungszusage, in: Neue Chancen für Betriebsrenten: Die Novellierung des Betriebsrentengesetzes, hrsg. v. Höfer, Stuttgart, Schäffer-Poeschel, 1998, S. 33, 39.
[290] OLG Hamm, Hinweisbeschl. v. 19. 7. 2006 – 20 U 72/06, VersR 2007, 49, 50 = r+s 2006, 513; *Steinmeyer* BB 1992, 1553, 1554 = BetrAV 1992, 192, 193.
[291] BAG VersR 1979, 430 (Ls.) = BB 1978, 1417; BGH, Beschl. v. 10. 2. 1993 – XII ZB 80/88, VersR 1993, 728, 729.

D. Gehaltsumwandlungsversicherung　　　　　　　　3–4　**KollLV D**

wandlungsversicherung ist daher grundsätzlich wie eine Direktversicherung zu behandeln.[292]

3. Steuerfragen

a) Steuerbarer Zufluss. Die Umwandlung von Barlohn, für die auch eine 3 anstehende Lohnerhöhung verwendet werden kann, lässt die Aufwendung des Arbeitgebers im ganzen unverändert; sie ist betrieblich veranlasst und führt in Gestalt der Beitragsleistungen an das Versicherungsunternehmen zu Betriebsausgaben.[293] Da der Arbeitnehmer über den von der Gehaltsumwandlung erfassten Teil seiner Bezüge zu keinem Zeitpunkt vor Eintritt des Versorgungsfalles wirtschaftlich verfügen kann, nimmt die Finanzverwaltung[294] einen steuerbaren Zufluss nicht bereits mit dem Abschluss der Gehaltsumwandlungsvereinbarung beziehungsweise mit dem Zufluss der verminderten Barbezüge an, sondern erst zu dem Zeitpunkt, zu dem ehemaligen Mitarbeitern nach Eintritt des vertraglich festgelegten Versorgungsfalles Versorgungsleistungen gewährt werden.

b) Ehegatten-Direktversicherungen aus Gehaltsumwandlung. Im Rah- 3a men eines steuerlich anzuerkennenden Arbeitsverhältnisses dürfen Beiträge des Arbeitgebers zu einer Direktversicherung zugunsten des im Betrieb mitarbeitenden Ehegatten als Betriebsausgabe abgezogen werden, wenn die Verpflichtung aus der Zusage der Direktversicherung ernstlich gewollt sowie klar und deutlich vereinbart und dem Grund nach angemessen ist.[295] Die Angemessenheit der Beiträge zu einer Direktversicherung zugunsten des Arbeitnehmer-Ehegatten ist regelmäßig durch einen Vergleich mit den Beiträgen zu Direktversicherungen oder entsprechenden ernsthaften Angeboten auf Abschluss einer Direktversicherung zugunsten familienfremder Arbeitnehmer festzustellen.[296] Nicht zu prüfen ist, ob Ehegatten-Direktversicherungen, die aus Gehaltsumwandlung herrühren, zu einer Überversorgung führen.[297] Gegen die zusätzliche Prüfung einer Überversorgung spricht im Falle der echten Barlohnumwandlung, dass die betriebliche Altersversorgung aus eigenen Gehaltsanteilen des Begünstigten gespeist und aufgebaut wird.[298]

4. Beitragsfreiheit in der Sozialversicherung

Mit dem Gesetz zur Förderung der zusätzlichen Altersversorgung und zur Än- 4 derung des SGB III vom 10. Dezember 2007[299] hat der Gesetzgeber neben der Anpassung von steuerrechtlichen Vorschriften die Beitragsfreiheit der Entgeltumwandlung in der Sozialversicherung über den 31. Dezember 2008 hinaus dauerhaft fortgeschrieben.[300]

---

[292] BAG, Urt. v. 26. 6. 1990 – 3 AZR 651/88, VersR 1991, 241 = BB 1991, 482 = DB 1990, 2475 = BetrAV 1991, 67; krit. dazu *Simmich* DB 1992, 991 ff.
[293] Koordinierter Ländererlass des Niedersächsischen Finanzministeriums v. 1. 6. 1976, DB 1976, 1134; Abschnitt 96 Abs. 2 Satz 1 Lohnsteuerrichtlinien; BFH v. 5. 2. 1987, NJW 1988, 440.
[294] BMF-Schreiben v. 4. 2. 2000 – IV C 5 – S 2332 – 11/00, BStBl. I 2000, 354 = NZA 2000, 472 = BetrAV 2000, 123 = DB 2000, 353 = WPg 2000, 399, 400.
[295] BMF-Schreiben v. 17. 6. 1996 – IV B 2 – S 2144 a – 3/96, DB 1996, 1373.
[296] BMF-Schreiben v. 4. 9. 1984, BStBl. I 1984, 495 = DB 1984, 1958; BMF-Schreiben v. 17. 6. 1996 – IV B 2 – S 2144 a – 3/96, DB 1996, 1373.
[297] So aber BFH, Urt. v. 16. 1. 1995, BStBl. II 1995, 873 = DB 1995, 2249; BMF-Schreiben v. 17. 6. 1996 – IV B 2 – S 2144 a – 3/96, DB 1996, 1373.
[298] BFH, Urt. v. 10. 6. 2008 – VIII R 68/06, BetrAV 2008, 809, 811.
[299] BGBl. I 2007, 2838.
[300] *Meyer/Janko/Hinrichs* BetrAV 2009, 507 = DB 2009, 1533.

II. Rechtsanspruch auf Umwandlung

5   Seit der Einführung des § 1a BetrAVG kann der Arbeitnehmer vom Arbeitgeber verlangen, dass von seinen künftigen Entgeltansprüchen bis zu 4 vom Hundert der jeweiligen Beitragsbemessungsgrenze in der allgemeinen Rentenversicherung durch Entgeltumwandlung für seine betriebliche Altersversorgung verwendet werden (§ 1a Abs. 1 Satz 2 BetrAVG). Die dem Arbeitgeber obliegende Pflicht zur Entgeltumwandlung ist verfassungsgemäß.[301] Die Durchführung des Anspruchs des Arbeitnehmers auf Entgeltumwandlung wird durch Vereinbarung geregelt (§ 1a Abs. 1 Satz 2 BetrAVG). Der Arbeitnehmer hat gegen den Arbeitgeber keinen Anspruch, unaufgefordert über das Recht auf Entgeltumwandlung informiert zu werden.[302] Der Arbeitgeber ist auch nicht verpflichtet, den Arbeitnehmer über die fehlende Vererblichkeit aufzuklären.[303] Bis zur Einführung des § 1a BetrAVG bestand ein Rechtsanspruch auf Abschluss einer Gehaltsumwandlungsversicherung nicht, obwohl der Arbeitnehmer wirtschaftlich gesehen die Beiträge aufbringt und die verwaltungsmäßige Belastung des Arbeitgebers sich im Rahmen der üblichen Personalverwaltungsmaßnahmen hält.

III. Rechtsnatur der Entgeltumwandlungsabrede

1. Schuldänderungsvertrag

6   Die Entgeltumwandlungsabrede ist im Ausgangspunkt als Schuldänderungsvertrag zu verstehen, durch den der bisher auf Zahlung an den Arbeitnehmer gerichtete Entgeltanspruch hinsichtlich des umgewandelten Teils endgültig entfällt und durch einen Anspruch auf Leistung der Versicherungsprämien für die Direktversicherung ersetzt wird.[304] Die Rechtsstellung des Arbeitnehmers bestimmt sich ausschließlich nach dem Inhalt der vom Arbeitgeber mit dem LVU getroffenen Vereinbarung, auch wenn die Prämien zur Gehaltsumwandlungsversicherung im Wege der Umwandlung des Gehalts des Arbeitnehmers aufgebracht worden sind.[305]

2. Treuhandverhältnis

7   Ein Treuhandverhältnis besteht mit Blick auf die Überlassung der Gehaltsteile an die Firma zu treuen Händen für den Abschluss einer Direktversicherung zu

---

[301] BAG, Urt. v. 12. 6. 2007 – 3 AZR 14/06, VersR 2008, 1137 = BetrAV 2007, 668 = DB 2007, 2722 = MDR 2007, 1429.
[302] *Reinecke* BetrAV 2005, 614, 626; *Doetsch* BetrAV 2008, 21, 22; a. A. *Müller/Straßburger* BetrAV 2004, 239, 240.
[303] *Reinecke* BetrAV 2005, 614, 626; a. A. *Doetsch* BetrAV 2003, 48, 51; *Jaeger* VersR 2003, 1497, 1498; *Müller/Straßburger* BetrAV 2004, 239, 240.
[304] ArbG Limburg, Urt. v. 23. 2. 2000 – 1 Ca 156/99, DB 2000, 1823, 1824; OLG Karlsruhe, Urt. v. 18. 1. 2007 – 12 U 185/06, VersR 2007, 1111, 1113 = ZIP 2007, 286, 289; *Hanau/Arteaga/Rieble/Veit*, Entgeltumwandlung, 2. Aufl., Teil A Rdn. 45 ff.; *Blomeyer*, BetrAVG, 3. Aufl., § 1 BetrAVG Rdn. 122; *Hopfner* DB 2002, 1050, 1052.
[305] BAG NZA-RR 1996, 343 = ZIP 1996, 965; OLG Düsseldorf, Beschl. v. 18. 8. 1997 – 4 W 36/97, NJWE-VHR 1998, 4 = VersR 1998, 1405; BAGE 92, 1, 9 f. = NZA 2000, 776 = ZIP 1999, 1638, 1642; dazu *Blomeyer* EWiR 2000, 111; BGH, Urt. v. 18. 7. 2002 – IX ZR 264/01, NJW 2002, 3253, 3254 = NVersZ 2002, 495, 496 = NZG 2002, 1015, 1016 = VersR 2002, 1294 = r+s 2002, 520, 521 = WM 2002, 1852, 1853 f. = ZIP 2002, 1696, 1698 = BB 2002, 2350, 2351 = BetrAV 2003, 475, 476 = MDR 2002, 1455, 1456; *Blomeyer* EWiR 1996, 627; *Eckert* DStR 1997, 1463, 1464.

D. Gehaltsumwandlungsversicherung 8, 9 **KollLV D**

Gunsten des Arbeitnehmers (Gehaltsumwandlungsversicherung).[306] Das Treuhandverhältnis endet aber jeweils mit der Verwendung der Gehaltsteile für die Versicherungsprämien und setzt sich nicht im Wege der Surrogation an den Rechten aus dem Versicherungsvertrag fort.[307] Hieraus folgt, dass die Prämien für die Gehaltsumwandlungsversicherung aus dem wirtschaftlichen Vermögen des Arbeitnehmers stammen,[308] auch wenn dies nur mittelbar der Fall ist.

IV. Auswahl des Versicherers und des Tarifs

1. Rechtsstellung und Befugnis des Arbeitgebers

Als Versicherungsnehmer der Gehaltsumwandlungsversicherung hat der Arbeitgeber zu bestimmen, mit welchem Versicherer der Versicherungsvertrag abgeschlossen wird.[309] Der Arbeitnehmer kann nicht den Versicherungsträger auswählen, über den die Direktversicherung durchgeführt werden soll.[310] Auch ausweislich der Gesetzesbegründung zu § 1a BetrAVG hat der Arbeitgeber das Recht, den Versicherer zu bestimmen.[311] Sein Bestimmungsrecht hat der Arbeitgeber nach billigem Ermessen auszuüben (§ 315 BGB).[312] Dieser Verpflichtung genügt der Arbeitgeber, wenn er den Anbieter sorgfältig auswählt.[313] Nicht verpflichtet ist der Arbeitgeber, die bestmögliche Auswahl zu treffen.[314] Er schuldet nur eine Versicherungslösung von zumindest mittlerer Art und Güte.[315]

8

2. Auswahl des Tarifs

a) **Auswahlentscheidung.** Der Arbeitgeber kann zwischen ungezillmerten und gezillmerten Tarifen wählen. Bei ungezillmerten Tarifen tragen die Arbeitnehmer, die sich vertragstreu verhalten und die sich durchgehend an der Entgeltumwandlung beteiligen, die Aufwendungen für die vorzeitig ausscheidenden Arbeitnehmer anteilig mit.[316] Aus Sicht des an einer dauerhaften Teilnahme an der Versorgung interessierten Arbeitnehmers ist ein gezillmerter Tarif einem ungezillmerten Tarif vorzuziehen, da bei gezillmerten Tarifen die Abschlusskosten durch alle Versicherten gleichermaßen zu Beginn der Versicherung getragen wer-

9

---

[306] Vgl. BGH, Urt. v. 18. 7. 2002 – IX ZR 264/01, NJW 2002, 3253, 3254 = NVersZ 2002, 495, 496 = NZG 2002, 1015, 1016 = VersR 2002, 1294 = r+s 2002, 520 = WM 2002, 1852, 1853 = ZIP 2002, 1696, 1697 f. = BB 2002, 2350 f. = BetrAV 2003, 475, 476 = MDR 2002, 1455, 1456.

[307] BGH, Urt. v. 18. 7. 2002 – IX ZR 264/01, NJW 2002, 3253, 3254 = NVersZ 2002, 495, 496 = NZG 2002, 1015, 1016 = VersR 2002, 1294 = r+s 2002, 520, 521 = WM 2002, 1852, 1853 = ZIP 2002, 1696, 1698 = BB 2002, 2350, 2351 = BetrAV 2003, 475, 476 = MDR 2002, 1455, 1456; *Hessling* BetrAV 2006, 318, 322.

[308] A. A. LAG München, Urt. v. 22. 7. 1987 – 4 Sa 60/87, MDR 1988, 608, 609; BAG, Urt. v. 8. 6. 1999 – 3 AZR 136/98, VersR 2000, 80, 82 = ZIP 1999, 1638, 1642 = BB 1999, 2195, 2197 = DB 1999, 2069, 2071; zust. *Blomeyer* EWiR 2000, 111, 112; OLG Karlsruhe, Urt. v. 18. 1. 2007 – 12 U 186/06, VersR 2007, 1111, 1113 = ZIP 2007, 286, 289; *Schröder* EWiR 2007, 405, 406.

[309] BAG NZA 1993, 953 = BB 1993, 1291 = BetrAV 1993, 215; *Blomeyer* NZA 2000, 281, 290; *Meyer/Janko/Hinrichs* BetrAV 2009, 507, 511 = DB 2009, 1533, 1537.

[310] BAG, Beschl. v. 19. 7. 2005 – 3 AZR 502/04, BetrAV 2006, 96, 97 = DB 2005, 2252 = ZIP 2005, 1982 (Ls.).

[311] Vgl. BT-Drucks. 14/4595 v. 14. 11. 2000, S. 162.

[312] *Langohr-Plato*, Betriebliche Altersversorgung, Rdn. 232.

[313] Vgl. *Reinecke* BetrAV 2005, 614, 625; *Hessling* BetrAV 2006, 318, 321.

[314] *Hessling* BetrAV 2006, 318, 321; *Doetsch* BetrAV 2008, 21, 23.

[315] *Doetsch* BetrAV 2003, 48, 52.

[316] *Hessling* BetrAV 2006, 318, 321.

den.[317] Deshalb ist für diese Arbeitnehmer die Verrechnung nach dem Zillmerungsverfahren am günstigsten, weil dadurch die Abschlusskosten am schnellsten getilgt und bei längerfristiger Tilgung entstehende höhere Finanzierungskosten erspart werden.[318] Dieser Sicht darf der Arbeitgeber Rechnung tragen. Er ist nicht gehalten, sich gegen gezillmerte Tarife zu entscheiden.[319] Denn die Wertgleichheit nach § 1 Abs. 2 Nr. 3 Satz 3 BetrAVG richtet sich nach versicherungsmathematischen Grundsätzen und infolgedessen stellt die Zillmerung als versicherungsmathematisch anerkannte Methode keinen Verstoß gegen die Wertgleichheit dar.[320] Wenn das LAG München[321] die Auffassung vertritt, eine Entgeltumwandlungsvereinbarung sei im Falle der Auswahl eines gezillmerten Tarifs unwirksam, wird übersehen, dass weder der Rechtsprechung des BGH noch des BVerfG zu entnehmen ist, dass gezillmerte Tarife grundsätzlich unwirksam sind.[322] Das Urteil des LAG München hat daher zu Recht Widerspruch erfahren.[323] Soweit die Abschlusskosten in Versicherungstarifen über mindestens fünf Jahre verteilt werden, ist zumindest dies aufgrund der ausdrücklichen gesetzlichen Zulässigkeit einer solchen Gestaltung im Bereich geförderter Altersversorgung bzw. im Versicherungsvertragsgesetz grundsätzlich nicht zu beanstanden.[324] Dem Arbeitnehmer kann jedoch ein Anspruch auf Aufstockung der Versicherungsleistungen zustehen, wenn die vorgesehene Verrechnung der Abschluss- und Vertriebskosten einer Rechtskontrolle nicht standhält.[325]

---

[317] *Hessling* BetrAV 2006, 318, 321.
[318] BGH, Urt. v. 12. 10. 2005 – IV ZR 162/03, NJW 2005, 3559, 3566 = VersR 2005, 1565, 1571 = r+s 2005, 519, 525 = BetrAV 2005, 788, 791 = WM 2005, 2279, 2286 = ZIP 2005, 2109, 2117 = DB 2005, 2686, 2688; *Engeländer* VersR 1999, 1325; *Heinen* ZVersWiss 2002, 155; *Jaeger* VersR 2002, 133, 140; *Engeländer* NVersR 2002, 436, 438, 444; *Bergmann* VersR 2004, 549; *Hartsoe* BetrAV 2006, 323, 328.
[319] *Vogel/Vieweg* BetrAV 2008, 550, 557; a. A. ArbG Stuttgart, Urt. v. 17. 1. 2005 – 19 Ca 3152/04, BetrAV 2005, 692, 693; *Erdmann* ZfV 2003, 317; *Hanus* ZfV 2003, 315; *Schwintowski* VuR 2003, 327, 331; *derselbe*, Schutzlücken in der betrieblichen Altersversorgung – aufsichts- und arbeitsrechtliche Grenzen bei Tarifwahl und Tarifwechsel für die Entgeltumwandlung, in: Beiträge zur 13. Wissenschaftstagung des BdV, Baden-Baden, Nomos, VersWissStud. 26 (2004), S. 11, 43.
[320] LAG Köln, Urt. v. 13. 8. 2008 – 7 Sa 454/08, BetrAV 2009, 81, 82 = BB 2009, 671 (Ls.) m. Anm. *Drögsler/Thum*; BAG, Urt. v. 15. 9. 2009 – 3 AZR 17/09, abrufbar über www.bundesarbeitsgericht.de = BetrAV 2009, 671 (Pressemitteilung) = DB 2010, 61, 63; *Kollroß/Frank* DB 2007, 1146; *Buttler*, Zillmerung doch erlaubt?, VW 2008, 1288; *Rüffert* BetrAV 2008, 663, 666; *Sajkow* BetrAV 2009, 221, 222; *Veit* VersR 2009, 1046, 1047; a. A. *Mauersberg* VersR 2008, 169, 170.
[321] LAG München, Urt. v. 15. 3. 2007 – 4 Sa 1152/06, NZA 2007, 813 = VersR 2007, 968 = ZIP 2007, 978 = DB 2007, 1143 = BetrAV 2007, 370; so früher schon *Reinecke* BetrAV 2005, 614, 627; *derselbe* DB 2006, 555, 563.
[322] LAG Niedersachsen, Urt. v. 5. 5. 2009 – 11 Sa 107/08, BetrAV 2009, 559, 560; *Jaeger* VersR 2006, 1033, 1035 = BetrAV 2006, 517, 519; *Neumann/Schwebe* ZIP 2007, 981 f.; *Cisch/Kruip* NZA 2007, 786, 791; *Veit* VersR 2008, 324, 327.
[323] ArbG Siegburg, Urt. v. 27. 2. 2008 – 2 Ca 2831/07, BetrAV 2008, 629, 631; LAG Köln, Urt. v. 13. 8. 2008 – 7 Sa 454/08, VersR 2009, 851, 852 = ZIP 2009, 285 = DB 2009, 237, m. Anm. *Neumann; Döring/Grau* BB 2007, 1564, 1568; *Hartsoe* VW 2007, 982 f.; *Hopfner* BetrAV 2007, 615 = DB 2007, 1810; *Reich/Rutzmoser* BetrAV 2007, 730 = DB 2007, 2314; *Wiele* VW 2008, 382, 383 ff.
[324] Vgl. § 1 Nr. 8 AltZertG, § 169 Abs. 3 VVG 2008; BAG, Urt. v. 15. 9. 2009 – 3 AZR 17/09, abrufbar über www.bundesarbeitsgericht.de = BetrAV 2009, 671, 672 (Pressemitteilung) = DB 2010, 61, 64; *Doetsch* BetrAV 2008, 21, 25; *Deist/Lange* BetrAV 2008, 26, 32; *Geiling* ZfV 2009, 271.
[325] BAG, Urt. v. 15. 9. 2009 – 3 AZR 17/09, abrufbar über www.bundesarbeitsgericht.de = BetrAV 2009, 671, 672 (Pressemitteilung) m. Anm. *Evers* VW 2009, 1523 = DB 2010, 61, 64.

b) Aufklärungspflichten gegenüber dem Versicherungsnehmer. Der 10
Arbeitgeber kann über die richtige und vollständige Darstellung der Versorgungssituation hinaus verpflichtet sein, auf bestimmte Rechtslagen oder drohende Rechtsbeeinträchtigungen hinzuweisen und hierüber aufzuklären.[326] Er hat den Arbeitnehmer unaufgefordert über alle Umstände zu unterrichten, welche dem Arbeitnehmer unbekannt sind, die aber für Entscheidungen des Arbeitnehmers im Zusammenhang mit der Durchführung des Arbeitsvertrags erheblich sind.[327] Je größer das erkennbare Informationsbedürfnis des Arbeitnehmers ist und je leichter dem Arbeitgeber die entsprechende Information möglich ist, desto eher ergeben sich Auskunfts- und Hinweispflichten des Arbeitgebers.[328] Da die Versicherungswirtschaft bei der versicherungsförmigen Durchführung der Entgeltumwandlung eine Vielzahl von Tarifen und Tarifarten verwendet, die sich unterschiedlich auf die Entwicklung des Versorgungskapitals auswirken können, muss von einem gesteigerten Informationsbedürfnis des Arbeitnehmers ausgegangen werden, dem eine dementsprechende Informationspflicht des Arbeitgebers gegenüber steht.[329] Der Arbeitgeber muss deshalb seinen Arbeitnehmer, der in der Entscheidung, ob er Entgelt umwandeln will oder nicht, frei ist, über die Vor- und Nachteile des von ihm als Arbeitgeber für die Entgeltumwandlung ausgewählten Tarifs aufklären.[330] Nur dann kann der Arbeitnehmer das Risiko einkalkulieren, das im Falle der Entgeltumwandlung auf ihn zukommt, und ggf. von der Entgeltumwandlung absehen.[331] Zusammenfassend ist festzustellen, dass der Arbeitgeber die Pflicht hat, dafür zu sorgen, dass sich der Arbeitnehmer sachkundig machen kann,[332] und er dem Arbeitnehmer eine Entscheidungsgrundlage bietet.[333]

V. Beitragszahlung

1. Zahlung durch den Arbeitgeber

Wenn der Arbeitnehmer die Beiträge für die Direktversicherung durch Ge- 11
haltsumwandlung selbst aufbringt, ist der Arbeitgeber hinsichtlich der abzuführenden Beiträge für die Versicherung wie ein uneigennütziger Treuhänder anzusehen.[334] Durch den Verzicht auf den Barlohn überträgt der Arbeitnehmer nämlich aus seinem Vermögen einen entsprechenden Gegenwert in das Vermögen des Arbeitgebers, und zwar mit der Abrede, dass dieser den übertragenen Vermögensgegenstand in Form von Beitragsleistungen zwar im eigenen Namen jedoch nicht zu seinem Vorteil, sondern vielmehr zum Vorteil des Arbeitnehmers verwalten

---

[326] BAG, Urt. v. 18. 11. 2008 – 3 AZR 277/07, BetrAV 2009, 167, 170.
[327] BAG, Urt. v. 26. 7. 2007 – 8 AZR 707/06, VersR 2008, 558, 559.
[328] BAG, Urt. v. 26. 7. 2007 – 8 AZR 707/06, VersR 2008, 558, 560.
[329] *Vogel/Vieweg* BetrAV 2006, 43, 50; *v. Buddenbrock/Manhart* BB 2009, 1129, 1133.
[330] Vgl. ArbG Stuttgart, Urt. v. 17. 1. 2005 – 19 Ca 3152/04, S. 5; dazu *Heidemann*, Arbeitgeber haften für die Zillmerung in der betrieblichen Altersversorgung, Versicherungs-Praxis 2005, 232; *Reinecke* BetrAV 2005, 614, 627: „Verpflichtung des Arbeitgebers zu einem Hinweis auf die damit verbundenen Gefahren"; *Huber* BetrAV 2008, 33, 36; *Steinmeyer* BetrAV 2008, 531, 536; *Diwo*, Die Zillmerung in der betrieblichen Altersversorgung ein nach wie vor ungelöstes Problem, SpV 2009, 11.
[331] Vgl. ArbG Stuttgart, Urt. v. 17. 1. 2005 – 19 Ca 3152/04, S. 5; *Heidemann*, Kosten und administrativer Aufwand – Entscheidungskriterien des Arbeitgebers in der bAV, VP 2007, 9, 10.
[332] *Jaeger* BetrAV 2008, 667, 668 = VW 2008, 1248, 1250.
[333] *Franz* VersR 2008, 1565, 1570.
[334] OLG Düsseldorf, Urt. v. 6. 3. 1992 – 17 U 201/91, NJW-RR 1992, 798, 799 = DB 1992, 1981 (Ls.).

KollLV D 12–15 Teil 7. Kollektivlebensversicherung

soll.³³⁵ Allerdings endet die „Verwaltung der Beiträge" und damit das Treuhandverhältnis mit der jeweiligen Beitragszahlung.³³⁶

2. Dauer der Zahlung der Beiträge

12 In der Gehaltsumwandlungsvereinbarung wird in der Regel bestimmt, dass der Arbeitgeber die Versicherungsbeiträge in der vereinbarten Höhe nur so lange und insoweit entrichten wird, als er zur Zahlung ungekürzter Bezüge aus dem Dienstverhältnis verpflichtet ist. Endet die Lohnfortzahlungspflicht, ohne dass das Dienstverhältnis beendet wird, so sind die Beiträge, die auf den entsprechenden Zeitraum entfallen, vom Arbeitnehmer zu zahlen. Bei dieser Vertragsgestaltung ist der Arbeitgeber während eines Erziehungsurlaubs oder eines Ruhens des Arbeitsverhältnisses aus anderem Grund nicht dazu verpflichtet, Beiträge zur Gehaltsumwandlungsversicherung zu entrichten.³³⁷

3. Insolvenz des Arbeitgebers

13 Da hinsichtlich der für die Prämienzahlung verwandten Gelder ein Treuhandverhältnis besteht, kann der Insolvenzverwalter nicht die Rückzahlung vom LVU abgebuchter Prämien im Wege der Anfechtung nach § 130 Abs. 1 Nr. 2 InsO verlangen, auch wenn das LVU im Zeitpunkt des Eintritts der fingierten Genehmigung der Lastschrift nach Nr. 7 Abs. 3 AGB-Banken Kenntnis vom Antrag der Schuldnerin auf Eröffnung des Insolvenzverfahrens hatte.³³⁸

4. Prämienzahlungsverzug

14 Gemäß § 166 Abs. 4 VVG 2008 hat der Versicherer die Versicherten für den Fall, dass die fällige Prämie vom Arbeitgeber als Versicherungsnehmer nicht rechtzeitig gezahlt wird, über die Bestimmung der Zahlungsfrist und über die drohende Umwandlung der Versicherung in eine prämienfreie Versicherung zu informieren sowie ihnen vor der Kündigung der Versicherung eine Zahlungsfrist von mindestens zwei Monaten einzuräumen. Zweck der Norm ist, den bezugsberechtigten Arbeitnehmern die Möglichkeit zu geben, mit eigenen Mitteln den Versicherungsschutz aufrechtzuerhalten.³³⁹

VI. Bezugsberechtigung

1. Unwiderrufliches Bezugsrecht

15 Der Arbeitgeber ist bei Gehaltsumwandlungsversicherungen grundsätzlich verpflichtet, dem Arbeitnehmer ein unwiderrufliches Bezugsrecht einzuräumen.³⁴⁰

---

³³⁵ OLG Düsseldorf, Urt. v. 6. 3. 1992 – 17 U 201/91, NJW-RR 1992, 798, 799 = DB 1992, 1981 (Ls.).
³³⁶ OLG Düsseldorf, Urt. v. 6. 3. 1992 – 17 U 201/91, NJW-RR 1992, 798, 799 = DB 1992, 1981 (Ls.).
³³⁷ *Doetsch*, Betriebliche Altersversorgung und tatsächliche Unterbrechungen der Arbeitstätigkeit ohne Entgeltanspruch, DB 1992, 1239 ff.; *Kemper* BetrAV 1992, 250; *Oster* BetrAV 1992, 246; *Doetsch*, Auswirkungen des Erziehungsurlaubs und anderer Dienstzeiten ohne Entgeltanspruch auf die Direktversicherung – Praxisfragen und -lösungen –, BetrAV 1993, 157, 159; *Pophal*, Die Direktversicherung aus der Sicht des Arbeitgebers – Was ist zu beachten?, BetrAV 1994, 9, 11.
³³⁸ A. A. OLG Karlsruhe, Urt. v. 18. 1. 2007 – 12 U 185/06, VersR 2007, 1111 = ZIP 2007, 286; *Schröder* EWiR 2007, 405, 406.
³³⁹ BT-Drucks. 16/3945, S. 101.
³⁴⁰ BAG NZA 1994, 507; *Blomeyer* NZA 2000, 281, 287.

D. Gehaltsumwandlungsversicherung 16–18 **KollLV D**

Da die Versicherungsbeiträge wirtschaftlich aus dem Einkommen des Arbeitnehmers erbracht werden, soll diesem auch die Leistung uneingeschränkt zustehen.[341] Im Regelfall sehen denn auch die Gehaltsumwandlungsvereinbarungen vor, dass der Arbeitgeber dem Arbeitnehmer sofort und vorbehaltslos den Anspruch auf die Versicherungsleistungen (Versicherungssumme einschließlich Überschussbeteiligung) unwiderruflich zuwendet.[342] In einem solchen Fall ist das Recht auf die Versicherungsleistung, zu dem auch der Anspruch auf den Rückkaufswert gehört, aus dem Vermögen des Arbeitgebers ausgeschieden, sobald dieser durch Erklärung gegenüber dem LVU dem Arbeitnehmer ein unwiderrufliches Bezugsrecht eingeräumt hat.[343] Somit kann der Anspruch auf den Rückkaufswert in diesen Fällen bei Konkurseröffnung über das Vermögen des Arbeitgebers nicht in die Insolvenzmasse fallen, weil der Rückkaufswert zum Vermögen des aussonderungsberechtigten Arbeitnehmers gehört.[344] Oder anders formuliert: Das unwiderrufliche Bezugsrecht fällt bei Insolvenz des Arbeitgebers nicht in die Insolvenzmasse des Arbeitgebers.[345]

2. Unwiderrufliches Bezugsrecht mit Vorbehalt

Mitunter wird für künftige Jahre auf eine Gehaltserhöhung verzichtet und dafür **16** eine Direktversicherung mit folgender Bezugsberechtigung vereinbart:[346]

„Der Versicherte ist sowohl für den Todes- als auch für den Erlebensfall unter den nachstehenden Vorbehalten unwiderruflich bezugsberechtigt. Die Abtretung oder Beleihung des unwiderruflichen Bezugsrechts wird ausgeschlossen.
  Dem Arbeitgeber bleibt das Recht vorbehalten, alle Versicherungsleistungen für sich in Anspruch zu nehmen, wenn
– das Arbeitsverhältnis vor Eintritt des Versorgungsfalls endet, es sei denn, der Versicherte hat das 35. Lebensjahr vollendet und entweder die Versicherung hat zehn Jahre oder das Arbeitsverhältnis zwölf Jahre und die Versicherung drei Jahre bestanden;
– der Versicherte Handlungen begeht, die den Arbeitgeber berechtigen, die Versicherungsansprüche zu mindern oder zu entziehen."

Bei dieser Sachverhaltsgestaltung liegt keine Entgeltumwandlung im Sinne von **17** § 1 Abs. 5 BetrAVG vor, die dem Arbeitnehmer eine von vornherein unentziehbare Rechtsposition einräumt und mit der ihm die Unverfallbarkeit der Anwartschaft aus der Direktversicherung zugesagt wird.[347]

3. Widerrufliches Bezugsrecht

Hat der Arbeitgeber dem Arbeitnehmer gegenüber dem Versicherer lediglich **18** ein widerrufliches Bezugsrecht eingeräumt, kann sich der Insolvenzverwalter gegenüber dem Versicherer darauf berufen, dass nur ein widerrufliches Bezugsrecht besteht. Auch bei positiver Kenntnis des Versicherers von der Entgeltumwandlung ist die Vereinbarung eines widerruflichen Bezugsrechts möglich und grundsätzlich

---

[341] *Sonnen* BetrAV 1999, 344, 345.
[342] Vgl. OLG Düsseldorf, Urt. v. 6. 3. 1992 – 17 U 201/91, NJW-RR 1992, 798, 799 = DB 1992, 1981 (Ls.). Siehe hierzu auch VerBAV 1978, 80 wegen Unterrichtung.
[343] OLG Düsseldorf, Urt. v. 6. 3. 1992 – 17 U 201/91, NJW-RR 1992, 798, 799 = DB 1992, 1981 (Ls.).
[344] BGHZ 45, 162 = NJW 1966, 1071; OLG Düsseldorf, Urt. v. 6. 3. 1992 – 17 U 201/91, NJW-RR 1992, 798, 799 = DB 1992, 1981 (Ls.).
[345] BAG, Urt. v. 26. 2. 1991 – 3 AZR 213/90, VersR 1992, 341 = DB 1991, 2242.
[346] BAG, Urt. v. 8. 6. 1999 – 3 AZR 136/98, VersR 2000, 80 = ZIP 1999, 1638, 1639 = BB 1999, 2195, 2196.
[347] BAG, Urt. v. 8. 6. 1999 – 3 AZR 136/98, VersR 2000, 80, 81 = ZIP 1999, 1638, 1641 = BB 1999, 2195, 2196 = DB 1999, 2069, 2070.

2011

wirksam.[348] Bei der Insolvenz des Unternehmens geht der Arbeitnehmer dann regelmäßig leer aus.[349] Allerdings kann im Einzelfall ein Schadensersatzanspruch des Arbeitnehmers gegen den Versicherer gegeben sein, wenn dem Versicherer eine Verletzung nebenvertraglicher Pflichten aus dem Versicherungsvertrag vorgeworfen werden kann. Erwogen wird dies für den Fall, dass den Versicherer eine Hinweispflicht auf einen Sicherungsmangel trifft.[350] Diese Konstellation ist aber in der Praxis kaum vorstellbar, da die Versicherer in der Regel im Rahmen der Versicherungsvertragsgestaltung darauf achten, dass bei erkennbar als Gehaltsumwandlungsversicherungen abgeschlossenen Direktversicherungen vom Arbeitgeber als Versicherungsnehmer für den begünstigten Arbeitnehmer unwiderrufliche Bezugsrechte eingeräumt werden.

VII. Vorzeitiges Ausscheiden des Arbeitnehmers

1. Arbeitsplatzwechsel

19   Im Falle eines Arbeitsplatzwechsels ist das LVU in der Regel verpflichtet, der Vertragsübernahme durch den neuen Arbeitgeber des Versicherungsnehmers zuzustimmen, und darf die Zustimmung nicht davon abhängig machen, dass der neue Arbeitgeber z. B. eine Garantiezusage gemäß § 1 Abs. 2 Nr. 2 BetrAVG abgibt.[351]

2. Fortführung der Versicherung

20   Für den Fall des Ausscheidens des Arbeitnehmers vor Eintritt des Versicherungsfalls sehen die zwischen Arbeitgeber und Arbeitnehmer getroffenen Vereinbarungen über die Umwandlung von Barlohn in Versicherungsschutz regelmäßig vor, dass die Versicherung auf den ausscheidenden Arbeitnehmer als Versicherungsnehmer übertragen werden muss. Zugleich wird dem Arbeitnehmer dabei das Recht eingeräumt, die bisherige Gehaltsumwandlungsversicherung mit eigenen Beiträgen fortzuführen oder in eine beitragsfreie Versicherung umwandeln zu lassen. Die Übertragungsverpflichtung ist vom Arbeitgeber auch dann zu erfüllen, wenn dem Arbeitnehmer kein unwiderrufliches Bezugsrecht eingeräumt worden ist.[352]

3. Auszahlungsverbot

21   Der Anspruch auf Auszahlung des Rückkaufswerts ist nach § 2 Abs. 2 Satz 5 und 6 BetrAVG ausgeschlossen.[353] Nach dieser Vorschrift darf der Rückkaufswert auf Grund einer Kündigung der Versicherung nicht in Anspruch genommen werden. Im Falle einer Kündigung wandelt sich die Versicherung in eine prämienfreie Versicherung um. § 176 Abs. 1 VVG findet keine Anwendung.[354] Sinn und Zweck dieser Verfügungsbeschränkung ist es, die bestehende Versorgungsan-

---

[348] *Kießling* NZI 2008, 469, 470.
[349] BAG NZA 1999, 1103; *Blomeyer* NZA 2000, 281, 287.
[350] *Blomeyer* NZA 2000, 281, 287.
[351] OLG Karlsruhe, Urt. v. 17. 2. 2006 – 12 U 246/05, NJW-RR 2006, 817 = r+s 2007, 428.
[352] BAG, Urt. v. 8. 6. 1993 – 3 AZR 670/92, VersR 1994, 378, 379 = BB 1994, 73, 74.
[353] OLG Hamm, Hinweisbeschl. v. 19. 7. 2006 – 20 U 72/06, VersR 2007, 49 = r+s 2006, 513.
[354] OLG Frankfurt/M., Urt. v. 12. 8. 1998 – 7 U 191/97, NZA 1999, 1279 = NVersZ 1999, 263, 264 = VersR 1999, 41, 42 = BetrAV 1999, 281.

D. Gehaltsumwandlungsversicherung

wartschaft im Sinne des Versorgungszwecks aufrechtzuerhalten.[355] Es soll verhindert werden, dass der Arbeitnehmer die Anwartschaft liquidiert und für andere Zwecke verwendet.[356]

VIII. Zwangsvollstreckungsmaßnahmen gegen den Arbeitnehmer

Bei einer Lohnpfändung gegen den Arbeitnehmer erfasst die Lohnpfändung nur das Arbeitseinkommen, das dem Arbeitnehmer nach Vollzug der Gehaltsumwandlungsvereinbarung verbleibt. Der aufgrund der Gehaltsumwandlung untergegangene Entgeltanteil zählt nicht mehr zum gemäß § 850 Abs. 2 ZPO pfändbaren Arbeitseinkommen.[357]

IX. Insolvenzschutz

Besteht nur ein widerrufliches Bezugsrecht oder ist ein unwiderrufliches Bezugsrecht durch den Arbeitgeber beliehen, ist der Insolvenzschutz immer dann gewährleistet, wenn die Gehaltsumwandlungsvereinbarung den Begriffsmerkmalen der betrieblichen Altersversorgung im allgemeinen und denen der Direktversicherung im besonderen gerecht wird und wenn im übrigen die Unverfallbarkeitsfristen erfüllt sind (vgl. § 7 Abs. 2 Satz 1 Nr. 2 BetrAVG).[358] Ist letzteres nicht der Fall, ist die Position des Arbeitnehmers gefährdet, weil eine vertragliche Verpflichtung des Arbeitgebers, die Rechte aus der Versicherung abzutreten oder das Bezugsrecht nicht zu widerrufen, aus der Insolvenzmasse befriedigt werden muss.[359] Gleichermaßen ungesichert ist der Arbeitnehmer, der die Versicherung unmittelbar aus eigenem Vermögen finanziert hat, z. B. bestimmte Zahlungen an den Arbeitgeber zwecks Begründung einer unmittelbaren Versorgung geleistet hat oder aber Versicherungsbeiträge aus eigenem Vermögen im Namen des Arbeitgebers entrichtet hat.[360]

---

[355] OLG Frankfurt/M., Urt. v. 12. 8. 1998 – 7 U 191/97, NZA 1999, 1279 = NVersZ 1999, 263, 264 = VersR 1999, 41, 42 = BetrAV 1999, 281.
[356] OLG Frankfurt/M., Urt. v. 12. 8. 1998 – 7 U 191/97, NZA 1999, 1279 = NVersZ 1999, 263, 264 = VersR 1999, 41, 42 = BetrAV 1999, 281.
[357] BAG, Urt. v. 17. 2. 1998 – 3 AZR 611/97, NZA 1998, 707 = VersR 1999, 80 = BB 1998, 1009, 1010 = DB 1998, 1039 = BetrAV 1998, 219 = MDR 1998, 721, 722; *Hintzen* EWiR 1998, 575; *Blomeyer* NZA 2000, 281.
[358] BAG, Urt. v. 26. 6. 1990 – 3 AZR 651/88, VersR 1991, 241 = DB 1990, 2475; *Gerke/Heubeck* BetrAV 2002, 433, 441.
[359] *Blomeyer* DB 1994, 882, 885.
[360] *Blomeyer* DB 1994, 882, 885.

Sachregister

Fette Zahlen verweisen auf die Paragraphen des VVG oder der AVB, magere Zahlen verweisen auf Randnummern.
Fette Großbuchstaben bezeichnen den jeweiligen Teil der Einl. bzw. der Kollektivlebensvers (KollLV).

AILV = Teil 6 P; **ALB 1986** = Teil 4 B; **ALB 2006** = Teil 5 B; **ALB 2008** = Teil 6 A; **AltZertG** (RVAltZertG/FRVAltZertG) = Teil 6 H; **AUZ** = Teil 6 M; **BasisRV** = Teil 6 G; **BUZ** = Teil 6 B; **BV** = Teil 6 D; **Einl. A–H** = Teil 2 A–H; **FLV/FRV** = Teil 6 I; **KollLV A–D** = Teil 7 A–D; **MindZV** = Teil 3 D; **PLV** = Teil 6 O; **PRZ** = Teil 6 E; **RiV** = Teil 6 J; **RLV** = Teil 6 L; **RV** = Teil 6 F; **UZV** = Teil 6 C; **VML** = Teil 6 K; **VVG** 1908/2007 = Teil 3 A; **VVG 2008** = Teil 3 B; **VVG-InfoV** = Teil 3 C; **VVSL** = Teil 6 N

Abgrenzung der Berufsunfähigkeitsversicherung zur Sozialversicherung und anderen Versicherungsarten 2 BUZ 22 ff.
– Arbeitgeberzusage **2 BUZ** 43 f.
– Arbeitslosigkeitsversicherung **2 BUZ** 39 ff.
– Berufsgenossenschaften und Versorgungswerke **2 BUZ** 42
– Invaliditätszusatzversicherung **2 BUZ** 36 ff.
– Krankentagegeldversicherung **2 BUZ** 26 ff.
– Marktwertversicherung **2 BUZ** 38a
– Sozialversicherung **2 BUZ** 22 ff.
– Unfallversicherung **2 BUZ** 33 ff.
Abkommen zur Übertragung von Direktversicherungen KollLV C 44
Abkürzungsversicherung Vorb. ALB 1986 17
Abschluss des Versicherungsvertrages 3 ALB 2006 24 ff.; **3 ALB 2008** 24 ff.
– Allgemeines **3 ALB 2008** 24
– Annahme des Versicherungsantrags **3 ALB 2008** 68 ff.
– Antragsmodell **3 ALB 2006** 76
– Antragsprüfung **3 ALB 2008** 41 ff.; siehe auch dort
– Beginn des Versicherungsschutzes **3 ALB 2008** 71 f.
– besondere Vereinbarungen **3 ALB 2006** 77; **3 ALB 2008** 28 ff.
– grenzüberschreitende Geschäfte **3 ALB 2006** 25
– Policenmodell **3 ALB 2006** 28 ff.
– Rahmenvereinbarung **3 ALB 2006** 26 f.

– Vertragsabschlussverfahren **3 ALB 2006** 24
– Vertragsmodelle **3 ALB 2008** 25 ff.; siehe auch dort
– Widerrufsrecht des Versicherungsnehmers **3 ALB 2008** 73 ff.; siehe auch dort
Abschlusskostenverrechnungsklausel (§ 10 ALB 2006)
– Begrenzung der Abschlusskosten **10 ALB 2006** 29
– Berechnung der Deckungsrückstellung **10 ALB 2006** 27 f.
– Fassung **10 ALB 2006** 1 ff.
– Inhaltskontrolle **10 ALB 2006** 30 ff.
– Klauselersetzungsverfahren gemäß § 172 Abs. 2 VVG **10 ALB 2006** 39 ff.; siehe auch dort
– Nachforderungsanspruch des Versicherungsnehmers **10 ALB 2006** 68 ff.
– richterliche ergänzende Vertragsauslegung **10 ALB 2006** 62 ff.; siehe auch dort
– Rückkaufswertanspruch **10 ALB 2006** 69
– Schadensersatzanspruch **10 ALB 2006** 70
– Unterrichtung des Versicherungsnehmers **10 ALB 2006** 68
– Vereinbarung der Abschlusskostenverrechnung **10 ALB 2006** 24 ff.
– Verjährung **10 ALB 2006** 69 f.
– Verrechnung der Abschlusskosten **10 ALB 2006** 8 ff.
– Versteuerung der Nachzahlung **10 ALB 2006** 71 f.
– Vorgeschichte **10 ALB 2006** 6
– Zillmerungsverfahren **10 ALB 2006** 13 ff.; siehe auch dort
– Zweck **10 ALB 2006** 7

2015

Register

fette Zahlen = §§; fette Großbuchst. = Teile d. Einl./KollLV

AILV = Teil 6 P; **ALB 1986** = Teil 4 B; **ALB 2006** = Teil 5 B; **ALB 2008** = Teil 6 A; **AltZertG** (RVAltZertG/FRVAltZertG) = Teil 6 H; **AUZ** = Teil 6 M; **BasisRV** = Teil 6 G; **BUZ** = Teil 6 B; **BV** = Teil 6 D; **Einl. A–H** = Teil 2 A–H; **FLV/FRV** = Teil 6 I; **KollLV A–D** = Teil 7 A–D; **MindZV** = Teil 3 D; **PLV** = Teil 6 O; **PRZ** = Teil 6 E; **RiV** = Teil 6 J; **RLV** = Teil 6 L; **RV** = Teil 6 F; **UZV** = Teil 6 C; **VML** = Teil 6 K; **VVG** 1908/2007 = Teil 3 A; **VVG 2008** = Teil 3 B; **VVG-InfoV** = Teil 3 C; **VVSL** = Teil 6 N

Abtretung der Lebensversicherung
(§ 13 Abs. 3 ALB 2008) **13 ALB 2008** 122 ff.
– Abtretung der Rechte aus dem Versicherungsvertrag **13 ALB 2008** 135 ff.
– Abzugsrecht **13 ALB 2008** 196
– Anzeigeberechtigter **13 ALB 2008** 155 ff.
– Anzeige der Abtretung an das LVU **13 ALB 2008** 151 ff.
– Aufhebung der Abtretung **13 ALB 2008** 148 f.
– Aufrechnung durch den Versicherer **13 ALB 2008** 195
– Beitragsdepot **13 ALB 2008** 142
– Belastung mit einem Pfandrecht **13 ALB 2008** 134
– Einwendungen aus dem Abtretungsgeschäft **13 ALB 2008** 193
– Einwendungen des Versicherers **13 ALB 2008** 190 ff.
– Erfüllung durch Zahlung **13 ALB 2008** 190 f.
– Form **13 ALB 2008** 158
– formlose Abtretung **13 ALB 2008** 135
– Geltendmachung von Vertragsrechten **13 ALB 2008** 192
– gesetzliches Abtretungsverbot **13 ALB 2008** 128 ff.
– Handwerkerversorgungsgesetz **13 ALB 2008** 129
– Hinterlegung **13 ALB 2008** 191
– Inhalt und Umfang der Abtretung **13 ALB 2008** 136 ff.
– Inhalt der Vorschrift **13 ALB 2008** 151 f.
– Kündigungsrecht **13 ALB 2008** 166
– Mehrfachabtretung **13 ALB 2008** 146
– Nachweis der Abtretung **13 ALB 2008** 143 ff.
– Pflichten aus dem Versicherungsvertrag **13 ALB 2008** 164
– Prioritätsgrundsatz **13 ALB 2008** 147
– Rechte aus dem Versicherungsvertrag **13 ALB 2008** 165 ff.
– Rechtsfolgen der Abtretung **13 ALB 2008** 164 ff.
– Rechtsgrund der Abtretung **13 ALB 2008** 127
– rechtsgrundlose Zahlung **13 ALB 2008** 150
– Rechtswirksamkeit **13 ALB 2008** 162

– Rechtswirkung der Anzeige **13 ALB 2008** 163
– Sicherungsabtretung **13 ALB 2008** 169 ff.; siehe auch dort
– Unterrichtung über Zahlungsverzug **13 ALB 2008** 168
– vertragliches Abtretungsverbot **13 ALB 2008** 133
– Voll- und Teilabtretung **13 ALB 2008** 136 ff.
– Widerruf des Bezugsrechts **13 ALB 2008** 167
– Zugang und Kenntnis des LVU von der Abtretung **13 ALB 2008** 159 ff.
– Zulässigkeit der Abtretung **13 ALB 2008** 128 ff.
– Zulässigkeit der Aufrechnung gegen die abgetretene Forderung **13 ALB 2008** 194 f.
– Zusatzversicherungen **13 ALB 2008** 140 f.
– Zweck des Anzeigeerfordernisses **13 ALB 2008** 153 f.
Abweichende Vereinbarungen
(§§ 171, 175 VVG 2008), Regierungsbegründung **VVG 2008** 79, 88
Abweichungen von den AVB 17 ALB 1986 18 ff.
Abzug 176 VVG 20 ff.
Achtes Gesetz zur Änderung des Versicherungsaufsichtsgesetzes („8. VAG-Novelle") **Einl. B** 31 ff.
Ähnliche Versicherungsverträge (§ 177 VVG 2008), Regierungsbegründung **VVG 2008** 90
Änderung der Lebensversicherung 1 ALB 1986 158
– Angebote des Versicherers **1 ALB 1986** 158
– Annahme des Antrags **1 ALB 1986** 163
– Anträge des Versicherungsnehmers **1 ALB 1986** 159 ff.
– Behandlung des Antrags **1 ALB 1986** 162
– Einzelfälle **1 ALB 1986** 165
– Frist **1 ALB 1986** 159
– Inhalt des Antrags **1 ALB 1986** 160
– Pflichten des LVU bei Antragsaufnahme **1 ALB 1986** 161
– Rechtsnatur des Beitrags nach Vertragsänderung **1 ALB 1986** 164
– Steuerfragen **1 ALB 1986** 166 ff.

magere Zahlen = Rdn.

Register

AILV = Teil 6 P; **ALB 1986** = Teil 4 B; **ALB 2006** = Teil 5 B; **ALB 2008** = Teil 6 A;
AltZertG (RVAltZertG/FRVAltZertG) = Teil 6 H; **AUZ** = Teil 6 M; **BasisRV** = Teil 6 G;
BUZ = Teil 6 B; **BV** = Teil 6 D; **Einl. A–H** = Teil 2 A–H; **FLV/FRV** = Teil 6 I; **KollLV
A–D** = Teil 7 A–D; **MindZV** = Teil 3 D; **PLV** = Teil 6 O; **PRZ** = Teil 6 E; **RiV** = Teil 6 J;
RLV = Teil 6 L; **RV** = Teil 6 F; **UZV** = Teil 6 C; **VML** = Teil 6 K; **VVG** 1908/2007 =
Teil 3 A; **VVG 2008** = Teil 3 B; **VVG-InfoV** = Teil 3 C; **VVSL** = Teil 6 N

- steuerschädliche Vertragsänderungen 1 **ALB 1986** 166
- steuerunschädliche Vertragsänderungen 1 **ALB 1986** 167
Änderung, Aufhebung oder Abschluss eines neuen Versicherungsvertrages 3 **ALB 2008** 94 ff.
- Änderungsvertrag 3 **ALB 2008** 95 f.
- Neuabschluss 3 **ALB 2008** 94
Änderung der Postanschrift und des Namens (§ 14 **ALB 2008**)
- Änderung der Postanschrift (§ 14 Abs. 1 Satz 1 **ALB 2008**) 14 **ALB 2008** 1
- Änderung des Namens (§ 14 Abs. 2 **ALB 2008**) 14 **ALB 2008** 3 f.
- Anwendung des § 28 VVG 2008 14 **ALB 2008** 7
- Dreitagesfiktion 14 **ALB 2008** 6
- letzte Anschrift 14 **ALB 2008** 5
- Verlegung der gewerblichen Niederlassung (§ 14 Abs. 1 Satz 4 **ALB 2008**) 14 **ALB 2008** 2
- Zugangsfiktion (§ 14 Abs. 1 Satz 2 und 3 **ALB 2008**) 14 **ALB 2008** 5 f.
Änderungsvorbehaltsklausel (§ 17 **ALB** 1986)
- Abweichungen im Einzelfall 17 **ALB 1986** 19
- Abweichungen von den AVB 17 **ALB 1986** 18 ff.
- Abweichungen zugunsten des Versicherungsnehmers 17 **ALB 1986** 19
- Änderungsvorbehalt der Aufsichtsbehörde 17 **ALB 1986** 7 ff.
- Änderungsvorbehalt des LVU 17 **ALB 1986** 12 ff.
- Änderungsvorbehalte in AVB 17 **ALB 1986** 13 f.
- Änderungsvorbehalte in Satzungen 17 **ALB 1986** 12
- Anpassungsrecht des LVU 17 **ALB 1986** 14
- Aufklärungs- und Hinweispflichten des LVU bei neuen AVB 17 **ALB 1986** 25 f.
- ausdrückliche Vereinbarung 17 **ALB 1986** 20
- Benachrichtigung des Versicherungsnehmers 17 **ALB 1986** 17
- Einführung neuer AVB mit Zustimmung des Versicherungsnehmers 17 **ALB 1986** 22 ff.

- Einhaltung des Geschäftsplans 17 **ALB 1986** 18
- Fassung 17 **ALB 1986** 1 f.
- Mitwirkung der Aufsichtsbehörde 17 **ALB 1986** 15
- Rechtswirksamkeit von Abweichungen 17 **ALB 1986** 21
- ungünstige Abweichung 17 **ALB 1986** 20
- Unterrichtung der Bestandskunden 17 **ALB 1986** 25
- Verfahren bei VVaG 17 **ALB 1986** 15 f.
- Zustimmung der Organe 17 **ALB 1986** 16
- Zweck der Änderungsvorbehaltsklausel 17 **ALB 1986** 5 f.
Ärzteausschussverfahren (§ 6 Alt. 2 BUZ 1984) **Nach 5 BUZ** 10 ff.
- Anforderungen an die Belehrung **Nach 5 BUZ** 16
- Antrag auf Entscheidung **Nach 5 BUZ** 13 ff.
- Ausschluss nicht anerkannter Ansprüche **Nach 5 BUZ** 15 f.
- Bewertungsmängel **Nach 5 BUZ** 36
- Einigung **Nach 5 BUZ** 17
- Einleitung des Verfahrens **Nach 5 BUZ** 22
- Entscheidung **Nach 5 BUZ** 12
- Frist **Nach 5 BUZ** 13
- gerichtliche Entscheidung **Nach 5 BUZ** 14
- Kosten **Nach 5 BUZ** 27 f.
- Tatsachenmängel **Nach 5 BUZ** 33
- Rechtsmängel **Nach 5 BUZ** 34 f.
- Unverbindlichkeit der Entscheidung des Ärzteausschusses **Nach 5 BUZ** 29 f.
- Verfahren vor dem Ärzteausschuss **Nach 5 BUZ** 22 ff.
- Verfahrensmängel **Nach 5 BUZ** 37
- Verhandlung **Nach 5 BUZ** 23
- Zulässigkeit und Rechtsnatur **Nach 5 BUZ** 10
- Zusammensetzung des Ärzteausschusses **Nach 5 BUZ** 18 ff.
Ärztliche Anordnungen (§ 4 Abs. 4 BUZ 1990/1993) **4 BUZ** 37 ff.
- Anordnungen **4 BUZ** 39 f.
- Befolgung zumutbarer Anordnungen **4 BUZ** 41 ff.
- Beweislast **4 BUZ** 47

2017

Register

fette Zahlen = §§; fette Großbuchst. = Teile d. Einl./KollLV

> **AILV** = Teil 6 P; **ALB 1986** = Teil 4 B; **ALB 2006** = Teil 5 B; **ALB 2008** = Teil 6 A;
> **AltZertG** (RVAltZertG/FRVAltZertG) = Teil 6 H; **AUZ** = Teil 6 M; **BasisRV** = Teil 6 G;
> **BUZ** = Teil 6 B; **BV** = Teil 6 D; **Einl. A–H** = Teil 2 A–H; **FLV/FRV** = Teil 6 I; **KollLV
> A–D** = Teil 7 A–D; **MindZV** = Teil 3 D; **PLV** = Teil 6 O; **PRZ** = Teil 6 E; **RiV** = Teil 6 J;
> **RLV** = Teil 6 L; **RV** = Teil 6 F; **UZV** = Teil 6 C; **VML** = Teil 6 K; **VVG 1908/2007** =
> Teil 3 A; **VVG 2008** = Teil 3 B; **VVG-InfoV** = Teil 3 C; **VVSL** = Teil 6 N

- konkrete Empfehlungen **4 BUZ** 40
- Operationen **4 BUZ** 44 f.
- Schadenminderungspflicht **4 BUZ** 46
- untersuchender oder behandelnder Arzt **4 BUZ** 39
- unzumutbare Anordnungen **4 BUZ** 43
- zumutbare Anordnungen **4 BUZ** 42
- Zumutbarkeit von Operationen **4 BUZ** 44
- Zweck der Regelung **4 BUZ** 38
Ärztliche Berichte (§ 4 Abs. 1 lit. c BUZ) **4 BUZ** 14 ff.
- ärztlicher Bericht **4 BUZ** 15
- berufsgenossenschaftliche Gutachten **4 BUZ** 17 f.
- Gutachten nach dem BBG **4 BUZ** 22
- Gutachten nach dem RKG **4 BUZ** 20
- Krankengeldbescheid gemäß § 182 RVO **4 BUZ** 23
- Leistungen gemäß § 8 Abs. 2 AUB **4 BUZ** 24
- Rentenversicherungsgutachten **4 BUZ** 21
- versorgungsamtliche Gutachten **4 BUZ** 19
Ärztliche Untersuchung (§ 160 VVG; § 151 VVG 2008; § 3 ALB 2008) **160 VVG** 1; **VVG 2008** 40; **3 ALB 2008** 47 ff.
- Auftrag **3 ALB 2008** 47
- Durchführung **3 ALB 2008** 48
- Einsichtnahme in den ärztlichen Bericht **3 ALB 2008** 50 ff.
- Honoraranspruch **3 ALB 2008** 49
- Regierungsbegründung **VVG 2008** 40
Ärztliche Untersuchung und zusätzliche Auskünfte (§ 4 Abs. 2 BUZ) **4 BUZ** 28 ff.
- Benennungsrecht des Versicherers **4 BUZ** 31
- Entbindung von der Schweigepflicht **4 BUZ** 34
- Untersuchung durch den beauftragten Arzt **4 BUZ** 30 ff.
- Untersuchungsrecht des Versicherers **4 BUZ** 30
- Wegfall der Zustimmungspflicht des Versicherten **4 BUZ** 33
- Weigerung des Versicherten **4 BUZ** 32
- zusätzliche Auskünfte **4 BUZ** 35 f.
- Zweck der Regelung **4 BUZ** 29

Aktienindexgebundene Lebensversicherung (AILV)
- Deckungsrückstellung **AILV** 3
- Produktbeschreibung **AILV** 1 f.
- steuerrechtliche Behandlung **AILV** 4
- Versicherungsbedingungen für die DAX®-Index-Police **AILV** 5
Allgemeines Landrecht für die Preußischen Staaten von 1794 **Einl. B** 1
Allgemeine Versicherungsbedingungen als AGB Einl. F 3 ff.
- Antragsvordrucke **Einl. F** 12
- Besondere Bedingungen **Einl. F** 9
- Geschäftspläne **Einl. F** 4
- Hauptversicherungsbedingungen **Einl. F** 5 f.
- interne Richtlinien **Einl. F** 15
- Klauseln **Einl. F** 10
- Maklerbedingungen **Einl. F** 14
- Merkblätter **Einl. F** 11
- Satzungsbestimmungen **Einl. F** 3
- Tarifbestimmungen **Einl. F** 13
- Zusatzbedingungen **Einl. F** 7 f.
Alterseinkünftegesetz Einl. B 20; **D** 16 ff.
- Neuordnung **Einl. D** 16
- Versteuerung der Versicherungsleistung **Einl. D** 17 f.
Altersvermögensgesetz (AVmG) Einl. B 12
Altersvorsorgevertrag AltZertG 10
Anerkannte Regeln der Versicherungsmathematik 176 VVG 6 ff.
Anerkenntnis in der Berufsunfähigkeitsversicherung (§ 173 VVG 2008)
- Anerkennung der Leistungspflicht **VVG 2008** 85
- befristetes Anerkenntnis **VVG 2008** 86
- Regierungsbegründung **VVG 2008** 84
Anerkennung der Leistungspflicht in der BUZ (§ 5 BUZ) **5 BUZ** 15 ff.
- Bedeutung der Erklärung **5 BUZ** 25 f.
- bedingungswidrige Befristung **5 BUZ** 20
- befristete Leistungszusage **5 BUZ** 21 f.
- Entscheidungsrahmen **5 BUZ** 15 ff.
- Erklärung des LVU **5 BUZ** 15 ff.
- Form der Erklärung **5 BUZ** 18
- Geltungszeitraum **5 BUZ** 27
- individualvertragliche Vereinbarung **5 BUZ** 23
- Inhalt der Erklärung **5 BUZ** 19 ff.
- Rechtsnatur der Erklärung **5 BUZ** 25

2018

magere Zahlen = Rdn.

Register

AILV = Teil 6 P; **ALB 1986** = Teil 4 B; **ALB 2006** = Teil 5 B; **ALB 2008** = Teil 6 A;
AltZertG (RVAltZertG/FRVAltZertG) = Teil 6 H; **AUZ** = Teil 6 M; **BasisRV** = Teil 6 G;
BUZ = Teil 6 B; **BV** = Teil 6 D; **Einl. A–H** = Teil 2 A–H; **FLV/FRV** = Teil 6 I; **KollLV
A–D** = Teil 7 A–D; **MindZV** = Teil 3 D; **PLV** = Teil 6 O; **PRZ** = Teil 6 E; **RiV** = Teil 6 J;
RLV = Teil 6 L; **RV** = Teil 6 F; **UZV** = Teil 6 C; **VML** = Teil 6 K; **VVG** 1908/2007 =
Teil 3 A; **VVG 2008** = Teil 3 B; **VVG-InfoV** = Teil 3 C; **VVSL** = Teil 6 N

- Rückforderungsanspruch **5 BUZ** 28
- unbefristetes Anerkenntnis **5 BUZ** 19
- Unterlassung der Entscheidung **5 BUZ** 17
- Wirkung der Erklärung **5 BUZ** 27 f.
- zulässige Befristung **5 BUZ** 22

Anfechtung des Versicherungsvertrages wegen arglistiger Täuschung (§ 6 ALB 1986) 6 ALB 1986 132 ff.
- Anfechtung des Versicherungsvertrages **6 ALB 1986** 151 ff.
- Anfechtungsfrist **6 ALB 1986** 154
- Anspruchskonkurrenz **6 ALB 1986** 133 f.
- Anzeige an den Vermittler **6 ALB 1986** 149
- arglistige Täuschung **6 ALB 1986** 135 ff.
- Ausfüllen des Antrags **6 ALB 1986** 148
- Beweislast **6 ALB 1986** 141 ff.
- bewusste und gewollte Einflussnahme auf die Annahmeentscheidung **6 ALB 1986** 135 a ff.
- Einzelfälle **6 ALB 1986** 144 f.
- Erklärungsempfänger **6 ALB 1986** 151 ff.
- Inhalt der Anfechtungserklärung **6 ALB 1986** 155
- Kausalität **6 ALB 1986** 146 f.
- Kenntnis des Hausarztes **6 ALB 1986** 139
- Kenntnis des Versicherers **6 ALB 1986** 140
- Kenntnis des Versicherungsagenten **6 ALB 1986** 137
- Kenntnis des Versicherungsmaklers **6 ALB 1986** 138
- Kenntnis des Wissens- und Erklärungsvertreters **6 ALB 1986** 136
- Mitwirken des Vermittlers **6 ALB 1986** 148 ff.
- Teilanfechtung der Zusatzversicherung **6 ALB 1986** 163
- Umdeutung der Anfechtungserklärung **6 ALB 1986** 156 ff.
- unrichtige Auskünfte des Vermittlers **6 ALB 1986** 150
- unrichtige oder unvollständige Angaben **6 ALB 1986** 135
- unzulässige Rechtsausübung **6 ALB 1986** 163a
- Verzicht auf die Anfechtung **6 ALB 1986** 162

- vorläufiger Versicherungsschutz **6 ALB 1986** 164
- Wirkung der Anfechtungserklärung **6 ALB 1986** 159 ff.

Angestellte Arbeitnehmer Einl. E 56
Anordnungen der Aufsichtsbehörde Einl. G 5 ff.
Anrechnung von Lebensversicherungen bei der Gewährung von Arbeitslosen- oder Sozialhilfe 4 ALB 1986 4 ff.
- Absetzbarkeit von Versicherungsbeiträgen **4 ALB 1986** 14
- Arbeitslosenhilfe **4 ALB 1986** 8 ff.
- Grundfreibetrag **4 ALB 1986** 18
- Grundsicherung **4 ALB 1986** 12
- Hartz-IV-Gesetz **4 ALB 1986** 12 ff.
- Hilfebedürftigkeit **4 ALB 1986** 13
- Sozialhilfe **4 ALB 1986** 4 ff.
- Verwertung der Lebensversicherung **4 ALB 1986** 15 ff.

Anspruch auf den Rückkaufswert 176 VVG 4 f.
Antragsbindungsklausel 1 ALB 1986 87 ff.
Antragsklauseln 1 ALB 1986 83 ff.
- Antragsbindungsklausel **1 ALB 1986** 87 ff.
- Anzeigepflichtklausel **1 ALB 1986** 91 ff.
- AVB-Klausel **1 ALB 1986** 83 ff.
- Datenschutzermächtigungsklausel **1 ALB 1986** 103 ff.; siehe auch dort
- Lastschriftklausel **1 ALB 1986** 113
- Schriftformklausel **1 ALB 1986** 112
- Schweigepflichtentbindungsklausel **1 ALB 1986** 99 ff.
- Vollmachtsbeschränkungsklausel **1 ALB 1986** 96 ff.

Antragsmodell 3 ALB 2006 76; **3 ALB 2008** 26
Antragsprüfung 3 ALB 2008 41 ff.
- ärztliche Untersuchung **3 ALB 2008** 47 ff.; siehe auch dort
- Bonitätsprüfung **3 ALB 2008** 67a
- Eintrittsalter **3 ALB 2008** 42
- Identifizierungs- und Anzeigepflichten des GwG **3 ALB 2008** 62 ff.; siehe auch dort
- Risikoeinschätzung **3 ALB 2008** 60 f.
- Risikoprüfung **3 ALB 2008** 43 ff.; siehe auch dort
- Verhandlungsergebnis **3 ALB 2008** 41

2019

Register

fette Zahlen = §§; fette Großbuchst. = Teile d. Einl./KollLV

> **AILV** = Teil 6 P; **ALB 1986** = Teil 4 B; **ALB 2006** = Teil 5 B; **ALB 2008** = Teil 6 A; **AltZertG** (RVAltZertG/FRVAltZertG) = Teil 6 H; **AUZ** = Teil 6 M; **BasisRV** = Teil 6 G; **BUZ** = Teil 6 B; **BV** = Teil 6 D; **Einl. A–H** = Teil 2 A–H; **FLV/FRV** = Teil 6 I; **KollLV A–D** = Teil 7 A–D; **MindZV** = Teil 3 D; **PLV** = Teil 6 O; **PRZ** = Teil 6 E; **RiV** = Teil 6 J; **RLV** = Teil 6 L; **RV** = Teil 6 F; **UZV** = Teil 6 C; **VML** = Teil 6 K; **VVG** 1908/2007 = Teil 3 A; **VVG 2008** = Teil 3 B; **VVG-InfoV** = Teil 3 C; **VVSL** = Teil 6 N

Anwendung des VVG 2008 auf Altverträge (Art. 1 Abs. 2 EGVVG) **VVG 2008** 106
Anwendung des § 172 Abs. 2 VVG 9 ALB 2006 12 ff.
– Ausgangslage **9 ALB 2006** 12 ff.
– Ersetzung der Kündigungs- und Beitragsfreistellungsklausel **9 ALB 2006** 16 f.
– Ersetzung der Stornoklausel **9 ALB 2006** 15
Anzeige der Berufsunfähigkeit 1 BUZ 28 ff.
– Anwendung des § 6 Abs. 3 VVG **1 BUZ** 33
– Ausschlussfrist **1 BUZ** 31
– Entschuldigungsbeweis **1 BUZ** 32
– Form **1 BUZ** 28
– Inhalt **1 BUZ** 29
– Rechtswirkung **1 BUZ** 34
– Zugang **1 BUZ** 30
Anzeige des Versicherungsfalles 171 VVG 1; **9 ALB 1986** 4 ff.
– Anzeigepflichtiger **9 ALB 1986** 5
– Beweislast **9 ALB 1986** 11
– Dreitagesfrist **171 VVG** 1
– Frist **9 ALB 1986** 6 f.
– Form **9 ALB 1986** 8
– Inhalt der Anzeige **9 ALB 1986** 9
– verspätete Anzeige **9 ALB 1986** 10
– Versicherungsfall **9 ALB 1986** 4
Anzeigepflichtklausel 1 ALB 1986 91 ff.
Anzuwendende Vorschriften bei der Berufsunfähigkeitsversicherung (§ 176 VVG 2008), Regierungsbegründung **VVG 2008** 89
Arbeitgeberdarlehen 5 ALB 1986 41
Arbeitnehmerähnliche Selbständige Einl. E 59 ff.
Arbeitslosigkeitsversicherung 2 BUZ 39 ff.
– unfreiwillige Arbeitslosigkeit **2 BUZ** 39
– Wartezeit **2 BUZ** 40 f.
Arbeitsunfähigkeits-Zusatzversicherung (AUZ 2008)
– Anmeldefristklausel **AUZ** 8 ff.
– Begriff der Arbeitsunfähigkeit **AUZ** 2
– Gesundheitsstörungen nervöser oder psychischer Art **AUZ** 15
– Leistungspflicht des Versicherers **AUZ** 4 f.
– Risikoausschlüsse **AUZ** 11 ff.
– Versicherungsbedingungen **AUZ** 16

– Versicherungsfall **AUZ** 3
– vorvertragliche Gesundheitsstörungen **AUZ** 11 ff.
– Wartezeitklausel **AUZ** 6 f.
– Zweck **AUZ** 1
Aufbauversicherung Vorb. ALB 1986 15
Aufgaben des Versicherungsmaklers Einl. E 73 ff.
Aufhebung eines neuen Lebensversicherungsvertrages 3 ALB 2008 94 ff.
Aufklärungs- und Hinweispflichten des LVU bei neuen AVB 17 ALB 1986 25 f.
Aufrechnungsverbot des § 26 VAG 7 ALB 2008 5
Ausgleichsanspruch des Versicherungsvertreters Einl. E 233 ff.
– Anspruchsberechtigter **Einl. E** 234
– Anrechnung einer Altersversorgung **Einl. E** 243 ff.
– Anrechnung von Festvergütungen **Einl. E** 242
– Berechnung der Höhe des Ausgleichsanspruchs (§ 89 b HGB) für Rentenversicherungen und Kapitalisierungsprodukte (Altersvorsorgeverträge) i.S.d. § 1 Abs. 1 Nr. 7 lit. a Alterszertifizierungsgesetz (AltZertG) **Einl. E** 266
– Feststellung der Höhe des Ausgleichsanspruchs **Einl. E** 238 ff.
– Grundsätze Leben **Einl. E** 238
– Handelsbrauch **Einl. E** 239
– Minderung des Ausgleichsanspruchs **Einl. E** 240 f.
– Nachfolgeregelung **Einl. E** 236
– Provisionsverluste **Einl. E** 237
– Rückstellung **Einl. E** 247
– Sinn und Zweck **Einl. E** 233
– Teilbeendigung **Einl. E** 235
– Vererblichkeit **Einl. E** 246
– Vertreterrecht **Einl. E** 248
Auskunft über die Berechnung des Rückkaufswerts 176 VVG 37
Auslegung der Bezugsberechtigung (§ 167 VVG; § 160 VVG 2008)
– Anwachsung von einem Bezugsberechtigten nicht erworbenen Anteils **167 VVG** 4
– Gesetzesmaterialien **167 VVG** 1 ff.
– Regierungsbegründung **VVG 2008** 58

magere Zahlen = Rdn.

Register

AILV = Teil 6 P; **ALB 1986** = Teil 4 B; **ALB 2006** = Teil 5 B; **ALB 2008** = Teil 6 A; **AltZertG** (RVAltZertG/FRVAltZertG) = Teil 6 H; **AUZ** = Teil 6 M; **BasisRV** = Teil 6 G; **BUZ** = Teil 6 B; **BV** = Teil 6 D; **Einl. A–H** = Teil 2 A–H; **FLV/FRV** = Teil 6 I; **KollLV A–D** = Teil 7 A–D; **MindZV** = Teil 3 D; **PLV** = Teil 6 O; **PRZ** = Teil 6 E; **RiV** = Teil 6 J; **RLV** = Teil 6 L; **RV** = Teil 6 F; **UZV** = Teil 6 C; **VML** = Teil 6 K; **VVG 1908/2007** = Teil 3 A; **VVG 2008** = Teil 3 B; **VVG-InfoV** = Teil 3 C; **VVSL** = Teil 6 N

Auslegung von Allgemeinen Versicherungsbedingungen Einl. F 20 ff.
AVAD-Auskunft Einl. E 20
AVAD-Meldung Einl. E 21
AVB-Klausel 1 ALB 1986 83 ff.

Basisrente BasisRV 1
BasisRV 2008, siehe *Rentenversicherung gemäß § 10 Abs. 1 Nr. 2 lit. b EStG/Basisversorgung (BasisRV 2008)*
Basisversorgung, siehe *Rentenversicherung gemäß § 10 Abs. 1 Nr. 2 lit. b EStG/Basisversorgung (BasisRV 2008)*
Bauspargruppenversicherung KollLV A 2
Bausparrisikoversicherung RiV 6
Beamtendarlehensgeschäft 5 ALB 1986 33 ff.
– Darlehensbedingungen **5 ALB 1986** 40
– Sondergeschäftsplan **5 ALB 1986** 33 ff.
Beaufsichtigung der Lebensversicherungsunternehmen Einl. G 1 ff.
– Anordnungen der Aufsichtsbehörde Einl. G 5 ff.
– Beaufsichtigung des Altbestandes Einl. G 24 ff.
– Beaufsichtigung des Neubestandes Einl. G 29
– Beschwerdeverfahren Einl. G 30 ff.
– Bilanzierung und Bewertung von Versicherungsverträgen Einl. G 20 ff.; siehe auch *Bilanzierung und Bewertung von Versicherungsverträgen nach IFRS/IASB/IASC*
– Finanzaufsicht Einl. G 8 ff.
– geschäftsplanmäßige Erklärungen Einl. G 25 ff.; siehe auch dort
– Kapitalanlagevorschriften Einl. G 11 f.
– MaRiskVA Einl. G 15
– Ombudsmann Einl. G 33
– Rating-Agenturen Einl. G 17 ff.; siehe auch dort
– Sicherungsfonds der Lebensversicherer Einl. G 35 ff.; siehe auch dort
– Solvency II Einl. G 13 ff.
– Spartentrennung Einl. G 3 f.
– Stresstests Einl. G 16
– versicherungsfremde Geschäfte Einl. G 2
– zulässige Rechtsformen Einl. G 1
Bedeutung der Lebensversicherung für die private und betriebliche Altersversorgung Einl. C 1 ff.

– Absicherung von Einzel- und Unternehmerpensionszusagen Einl. C 14 ff.
– Absicherung von Gesamtversorgungszusagen Einl. C 12 f.
– Asset-Backing Einl. C 21
– Direktversicherung als eigener Durchführungsweg Einl. C 9 ff.
– Lebensversicherung als Säule der privaten Altersvorsorge Einl. C 1 f.
– Lebensversicherung in der betrieblichen Altersvorsorge Einl. C 3 ff.
– Pensionsgesellschaft Einl. C 23
– Refinanzierung von Pensionszusagen Einl. C 18 ff.
– Rückdeckungsversicherung als Instrument der Bilanzpolitik Einl. C 12 ff.
– Übertragung der Pensionsverbindlichkeiten auf einen Lebensversicherer Einl. C 22 f.
– Verbreitung der Direktversicherung Einl. C 9
– vorgelagerte Besteuerung Einl. C 11
– Wahl der Direktversicherung Einl. C 10
Bedingungsanpassung (§ 164 VVG 2008), Regierungsbegründung **VVG 2008** 62
Befragung und Beratung des Versicherungsnehmers 3 ALB 2008 2 ff.
– Angemessenheit des Beratungsaufwands **3 ALB 2008** 4
– Ausgangslage **3 ALB 2008** 2
– Ausschluss der Haftung **3 ALB 2008** 11
– Befragung **3 ALB 2008** 3
– Dokumentation **3 ALB 2008** 8
– Einzelfälle **3 ALB 2008** 6
– Form **3 ALB 2008** 7
– Geltungsbereich **3 ALB 2008** 13
– Grundsätze **3 ALB 2008** 5
– Haftung **3 ALB 2008** 10
– Pflichten des LVU **3 ALB 2008** 2 ff.
– Schadensersatzpflicht **3 ALB 2008** 10 ff.
– Verletzung der Beratungspflicht **3 ALB 2008** 12
– Verzicht auf Beratung **3 ALB 2008** 9
Befreiungsversicherung Vorb. ALB 1986 27 ff.
– Allgemeines Vorb. ALB 1986 27
– Anrechnung auf die Arbeitslosenhilfe Vorb. ALB 1986 38
– Aufrechterhaltung der Befreiungswirkung Vorb. ALB 1986 34 ff.
– Beitragshöhe Vorb. ALB 1986 34

2021

Register   fette Zahlen = §§; fette Großbuchst. = Teile d. Einl./KollLV

> **AILV** = Teil 6 P; **ALB 1986** = Teil 4 B; **ALB 2006** = Teil 5 B; **ALB 2008** = Teil 6 A;
> **AltZertG** (RVAltZertG/FRVAltZertG) = Teil 6 H; **AUZ** = Teil 6 M; **BasisRV** = Teil 6 G;
> **BUZ** = Teil 6 B; **BV** = Teil 6 D; **Einl. A–H** = Teil 2 A–H; **FLV/FRV** = Teil 6 I; **KollLV
> A–D** = Teil 7 A–D; **MindZV** = Teil 3 D; **PLV** = Teil 6 O; **PRZ** = Teil 6 E; **RiV** = Teil 6 J;
> **RLV** = Teil 6 L; **RV** = Teil 6 F; **UZV** = Teil 6 C; **VML** = Teil 6 K; **VVG** 1908/2007 =
> Teil 3 A; **VVG 2008** = Teil 3 B; **VVG-InfoV** = Teil 3 C; **VVSL** = Teil 6 N

- Befreiung von der Versicherungspflicht **Vorb. ALB 1986** 28 ff.
- Bezugsrecht **Vorb. ALB 1986** 35
- Erbschaftsteuerpflicht **Vorb. ALB 1986** 37
- Pfändbarkeit **Vorb. ALB 1986** 39
- Wechsel des Arbeitgebers oder der Tätigkeit **Vorb. ALB 1986** 36

Beginn des Versicherungsschutzes 1 **ALB 1986** 10 ff.; 3 **ALB 2008** 71 f.
Begrenzung der Abschlusskosten 10 **ALB 2006** 29
Begriff der Berufsunfähigkeit 2 **BUZ** 11 ff., 173
- Abweichung von der Musterdefinition 2 **BUZ** 18 ff.
- Definition der Berufsunfähigkeit 2 **BUZ** 13 ff.
- eigenständiger juristischer Begriff 2 **BUZ** 11 f.
- Inhaltskontrolle 2 **BUZ** 19 ff.
- Kausalität 2 **BUZ** 17
- teilweise Berufsunfähigkeit 2 **BUZ** 15 f.
- vertragliche Regelung 2 **BUZ** 18
- vollständige Berufsunfähigkeit 2 **BUZ** 14

Begünstigungsverträge KollLV A 7
Beispielrechnungen 16 **ALB 1986** 103 ff.
Beitragsdepot 3 **ALB 2008** 28 ff.
- aufsichtsrechtliche Grundsätze 3 **ALB 2008** 29 ff.
- Ausgangslage 3 **ALB 2008** 28
- Einrichtung eines Beitragsdepots 3 **ALB 2008** 28 ff.
- Hinweispflicht 3 **ALB 2008** 34
- Steuerpflichten 3 **ALB 2008** 32 f.

Beitragspflicht zur gesetzlichen Krankenversicherung, Direktversicherung **KollLV C** 15
Beitragsstundung 3 **ALB 1986** 93 ff.
- Auszahlung 3 **ALB 1986** 93
- Einzugsermächtigungsverfahren 3 **ALB 1986** 95
- Scheckzahlung 3 **ALB 1986** 96
- Stundung der Sparbeiträge 3 **ALB 1986** 94
- vorläufige Deckungszusage 3 **ALB 1986** 97

Beitragszahlung (§ 2 ALB 1986)
- Abgrenzung des Erst- und Folgebeitrags bei der Hauptversicherung 2 **ALB 1986** 28 ff.
- Abgrenzung des Erst- und Folgebeitrags bei Einschluss von Zusatzversicherungen oder bei Anpassungsversicherungen 2 **ALB 1986** 32 ff.
- Anfechtung des Versicherungsvertrages 2 **ALB 1986** 37 f.
- Arbeitsplatzschutzgesetz 2 **ALB 1986** 3 ff.
- Beginn und Ende des beitragspflichtigen Zeitraumes 2 **ALB 1986** 27
- Beitragshöhe 2 **ALB 1986** 26
- Beitragsraten 2 **ALB 1986** 39 ff.
- Beitragsverrechnung 2 **ALB 1986** 98
- Beitragszahlung 2 **ALB 1986** 25 ff.
- Beitragszahlungspflicht 2 **ALB 1986** 25
- Bestandsübertragung 2 **ALB 1986** 79
- Betriebsausgabe 2 **ALB 1986** 18 ff.
- Betriebsvermögen 2 **ALB 1986** 22 a
- Beweislast 2 **ALB 1986** 92
- Einschluss von Zusatz- und Anpassungsversicherungen 2 **ALB 1986** 33 f.
- Einzugsermächtigungsverfahren 2 **ALB 1986** 65 ff.; siehe auch dort
- Einkommensteuergesetz 2 **ALB 1986** 12 ff.
- Fälligkeit bei Antragsabweichung 2 **ALB 1986** 44
- Fälligkeit der Beiträge 2 **ALB 1986** 43 ff.
- Fälligkeit des Erstbeitrags 2 **ALB 1986** 43 ff.
- Fälligkeit der Folgebeiträge 2 **ALB 1986** 46
- Fälligkeitszeitpunkt 2 **ALB 1986** 43
- Fernabsatzgesetz 2 **ALB 1986** 10 f.
- Inhaltskontrolle 2 **ALB 1986** 24
- Jahresbeitrag 2 **ALB 1986** 39
- Konzerninkasso 2 **ALB 1986** 78
- Leistungen durch Dritte 2 **ALB 1986** 84
- Preisangabenverordnung 2 **ALB 1986** 8 f.
- Personalrabatt 2 **ALB 1986** 17
- Ruhensvereinbarung 2 **ALB 1986** 99
- Sonderausgabenabzug 2 **ALB 1986** 12 ff.
- Stundung der Beiträge 2 **ALB 1986** 93 ff.; siehe auch *Beitragsstundung*
- Teilleistungen 2 **ALB 1986** 80 ff.
- Übermittlung der Beiträge durch den Versicherungsnehmer 2 **ALB 1986** 49 ff.; siehe auch dort
- unterjährige Zahlungsweise 2 **ALB 1986** 40 ff.
- Veranlagungsjahr 2 **ALB 1986** 16

2022

magere Zahlen = Rdn.

Register

AILV = Teil 6 P; **ALB 1986** = Teil 4 B; **ALB 2006** = Teil 5 B; **ALB 2008** = Teil 6 A; **AltZertG** (RVAltZertG/FRVAltZertG) = Teil 6 H; **AUZ** = Teil 6 M; **BasisRV** = Teil 6 G; **BUZ** = Teil 6 B; **BV** = Teil 6 D; **Einl. A–H** = Teil 2 A–H; **FLV/FRV** = Teil 6 I; **KollLV A–D** = Teil 7 A–D; **MindZV** = Teil 3 D; **PLV** = Teil 6 O; **PRZ** = Teil 6 E; **RiV** = Teil 6 J; **RLV** = Teil 6 L; **RV** = Teil 6 F; **UZV** = Teil 6 C; **VML** = Teil 6 K; **VVG** 1908/2007 = Teil 3 A; **VVG 2008** = Teil 3 B; **VVG-InfoV** = Teil 3 C; **VVSL** = Teil 6 N

- Versicherungsteuergesetz 2 ALB 1986 23
- Vorauszahlung der Beiträge 2 ALB 1986 48
- Zahlung an Versicherungsagent 2 ALB 1986 85 ff.
- Zahlung an Versicherungsmakler 2 ALB 1986 91
- Zahlung an Versicherungsvermittler 2 ALB 1986 85 ff.
- Zahlung durch Dritte 2 ALB 1986 47
- Zurückbehaltungsrecht des Versicherungsnehmers 2 ALB 1986 45

Beitragszahlungsklausel (§ 7 ALB 2008)
- Aufrechnungsverbot des § 26 VAG 7 ALB 2008 5
- bargeldloser Zahlungsverkehr 7 ALB 2008 9 ff.
- Beitragszahlung 7 ALB 2008 8
- Eigentum am Beitrag 7 ALB 2008 4
- EG-Zahlungsdienste-Richtlinie 7 ALB 2008 10
- Einzugsermächtigung 7 ALB 2008 12
- Inhaltskontrolle 7 ALB 2008 6 f.
- Kalkulation des Beitrags 7 ALB 2008 2 f.
- Lastschriftverfahren 7 ALB 2008 11 ff.
- Mitteilungspflichten 7 ALB 2008 4
- Rahmenabkommen der Banken 7 ALB 2008 9
- Sterbetafel 7 ALB 2008 3
- Stundung der Beiträge 7 ALB 2008 15 ff.
- Widerspruch des Insolvenzverwalters 7 ALB 2008 14
- Widerspruch des Versicherungsnehmers 7 ALB 2008 13
- Zusammensetzung des Beitrags 7 ALB 2008 1

Beratungshonorarvereinbarung Einl. E 28 ff.

Berechtigter 4 ALB 1986 21 ff.
- Bezugsberechtigter 4 ALB 1986 22
- Insolvenzverwalter 4 ALB 1986 29
- Pfandgläubiger 4 ALB 1986 25
- Pfändungsgläubiger 4 ALB 1986 27
- Testamentsvollstrecker 4 ALB 1986 28
- Versicherter 4 ALB 1986 21
- Versicherungsnehmer 4 ALB 1986 23 f.
- Zessionar 4 ALB 1986 26

Berechtigung des LVU zum Abzug 176 VVG 20 ff.

Berufsunfähigkeits-Versicherung (BV 2008)
- Beitragsanpassung BV 7 ff.
- Bilanzdeckungsrückstellung BV 17
- Garantiewerte BV 13
- Meldepflicht BV 18
- Überschussbeteiligung BV 14
- Verhältnis zu den ALB und BUZ BV 16
- versicherte Gefahr BV 2 f.
- versicherte Leistungen BV 4 ff.
- Versicherungsbedingungen (BV 2008) BV 19
- Zusatzversicherung BV 15
- Zweck BV 1

Berufsunfähigkeits-Zusatzversicherung (BUZ 2008)
- Abgrenzung der Berufsunfähigkeitsversicherung zur Sozialversicherung und zu anderen Versicherungsarten 2 BUZ 22 ff.; siehe auch dort
- Ablauf der Beitragsdauer der Hauptversicherung 1 BUZ 39 f.
- Ablauf der BUZ 1 BUZ 38
- Ableben des Versicherten 1 BUZ 37
- Ablehnung des Verfahrens vor dem Ärzteausschuss Nach 5 BUZ 9
- Ablehnung des Leistungsanspruchs 4 BUZ 5
- Ablehnung der Versicherungsleistung 5 BUZ 33
- Ablehnung des Sachverständigen 2 BUZ 181
- absichtliche Herbeiführung des Versicherungsfalles als Ausschlusstatbestand (§ 3 Satz 2 lit. f BUZ) 3 BUZ 55 ff.
- Abtretung von Ansprüchen aus der Lebensversicherung 9 BUZ 9
- Abtretungs- und Verpfändungsverbot (§ 9 Abs. 8 BUZ) 9 BUZ 18 ff.
- Ärzteausschussverfahren (§ 6 Alt. 2 BUZ 1984) Nach 5 BUZ 10 ff.
- Ärzteklausel Vorb. BUZ 26 f.
- ärztliche Anordnungen (§ 4 Abs. 4 BUZ 1990/1993) 4 BUZ 37 ff.
- ärztliche Berichte (§ 4 Abs. 1 lit. c BUZ) 4 BUZ 14 ff.
- ärztlicher Nachweis (§ 2 Abs. 1 und 3 BUZ) 2 BUZ 77 ff.
- ärztliche Untersuchung und zusätzliche Auskünfte (§ 4 Abs. 2 BUZ) 4 BUZ 28 ff.

2023

Register

fette Zahlen = §§; fette Großbuchst. = Teile d. Einl./KollLV

AILV = Teil 6 P; **ALB 1986** = Teil 4 B; **ALB 2006** = Teil 5 B; **ALB 2008** = Teil 6 A; **AltZertG** (RVAltZertG/FRVAltZertG) = Teil 6 H; **AUZ** = Teil 6 M; **BasisRV** = Teil 6 G; **BUZ** = Teil 6 B; **BV** = Teil 6 D; **Einl. A–H** = Teil 2 A–H; **FLV/FRV** = Teil 6 I; **KollLV A–D** = Teil 7 A–D; **MindZV** = Teil 3 D; **PLV** = Teil 6 O; **PRZ** = Teil 6 E; **RiV** = Teil 6 J; **RLV** = Teil 6 L; **RV** = Teil 6 F; **UZV** = Teil 6 C; **VML** = Teil 6 K; **VVG 1908/2007** = Teil 3 A; **VVG 2008** = Teil 3 B; **VVG-InfoV** = Teil 3 C; **VVSL** = Teil 6 N

- allgemeine Dienstunfähigkeit **2 BUZ** 131
- Altersklausel **Vorb. BUZ** 38 f.
- Anerkennung der Leistungspflicht **5 BUZ** 15 ff.
- Anerkennung der Leistungspflicht gemäß § 173 Abs. 1 VVG 2008 **5 BUZ** 12
- Anfechtung **1 BUZ** 42
- Anforderungsprofil **2 BUZ** 88
- Angaben zur beruflichen Situation **4 BUZ** 26
- Anwendung der AVB der Hauptversicherung (§ 9 Abs. 9 BUZ) **9 BUZ** 19 f.
- Anwendung des VVG 2008 **1 BUZ** 4
- Anzeige der Berufsunfähigkeit **1 BUZ** 28 ff.; siehe auch dort
- Arbeitsmarktlage **2 BUZ** 94, 139
- Aufgaben des Berufungsgerichts **2 BUZ** 180
- Aufrechnungsverbot bei VVaG **1 BUZ** 44
- Aufstiegsmöglichkeiten **2 BUZ** 99 f.
- Augenklausel **Vorb. BUZ** 41 ff.
- Auslandsklausel **Vorb. BUZ** 37
- Auslegung der Ausschlussklauseln des § 3 BUZ **3 BUZ** 3
- Ausscheiden aus dem Berufsleben **2 BUZ** 161 ff.
- außermedizinischer Sachverhalt **2 BUZ** 172
- Außerstandesein zur Ausübung einer anderen Tätigkeit **2 BUZ** 86
- Außerstandesein zur Berufsausübung infolge Krankheit, Körperverletzung oder Kräfteverfalls **2 BUZ** 66 ff.
- Ausschluss der Verweisung **2 BUZ** 156
- Ausschlussklauseln zu § 2 BUZ **Vorb. BUZ** 40 ff.
- Ausschlusstatbestände (§ 3 BUZ) **3 BUZ** 4 ff.
- Aussetzung des Verfahrens (§ 148 ZPO) **5 BUZ** 38; **6 BUZ** 41
- Bandscheibenklausel **Vorb. BUZ** 45 ff.
- Beamtenklausel **Vorb. BUZ** 18; **2 BUZ** 123 ff.
- bedingungswidrige Befristung **5 BUZ** 21 f.
- Beendigung der BUZ **9 BUZ** 8b
- befristetes Anerkenntnis des LVU **5 BUZ** 13
- befristete Leistungszusage **5 BUZ** 21 f.
- Befolgung zumutbarer Anordnungen **4 BUZ** 41 ff.

- Beginn der Leistungspflicht (§ 1 Abs. 3 BUZ) **1 BUZ** 23 ff.; **2 BUZ** 57 f.
- Beginn des Versicherungsschutzes **1 BUZ** 5 ff.
- Begriff des Beamten **2 BUZ** 129
- Begriff der Berufsunfähigkeit **2 BUZ** 11 ff., 173; siehe auch dort
- Begriff der Krankheit **2 BUZ** 67 f.
- Beitragszahlungspflicht (§ 1 Abs. 5 BUZ) **1 BUZ** 43 f.
- Benennungsrecht des Versicherers **4 BUZ** 31
- Berechnung der Leistungen aus der Hauptversicherung (§ 9 Abs. 6 BUZ) **9 BUZ** 16
- Berichte zur Tätigkeit **4 BUZ** 27
- Berücksichtigung neu erworbener beruflicher Fähigkeiten **6 BUZ** 17 ff.
- berufliche Fortentwicklung **2 BUZ** 47
- Berufsklauseln zu § 2 BUZ **Vorb. BUZ** 17 ff.
- Berufsunfähigkeit nach Ausscheiden aus dem Berufsleben (§ 2 Abs. 4 BUZ) **2 BUZ** 161 ff.
- Berufsunfähigkeit wegen Pflegebedürftigkeit (§ 2 Abs. 5–9 BUZ) **2 BUZ** 166
- Berufswechsel ohne Umschulung **2 BUZ** 160
- Berufungsgericht **2 BUZ** 180
- Beschwer bei einer Feststellungsklage **5 BUZ** 45 ff.
- Beschwer bei einer Leistungsklage **5 BUZ** 50
- Besserung des Gesundheitszustandes **6 BUZ** 15 f.
- Bestand der BUZ **9 BUZ** 8 f.
- Besteuerung der Rentenleistungen **1 BUZ** 22
- Bestimmung des Grades der Berufsunfähigkeit **2 BUZ** 60 ff.
- Betriebsausweitung **2 BUZ** 115
- Beurteilung der Sachverständigengutachtens **2 BUZ** 178
- Beweislast **2 BUZ** 59, 83, 107 ff., 118, 151
- Beweisverfahren nach § 485 Abs. 2 ZPO **2 BUZ** 170
- Bindung des Versicherers **2 BUZ** 134
- Bindungswirkung des Anerkenntnisses gemäß § 173 Abs. 2 Satz 2 VVG 2008 **5 BUZ** 14

2024

magere Zahlen = Rdn.

Register

AILV = Teil 6 P; **ALB 1986** = Teil 4 B; **ALB 2006** = Teil 5 B; **ALB 2008** = Teil 6 A; **AltZertG** (RVAltZertG/FRVAltZertG) = Teil 6 H; **AUZ** = Teil 6 M; **BasisRV** = Teil 6 G; **BUZ** = Teil 6 B; **BV** = Teil 6 D; **Einl. A–H** = Teil 2 A–H; **FLV/FRV** = Teil 6 I; **KollLV A–D** = Teil 7 A–D; **MindZV** = Teil 3 D; **PLV** = Teil 6 O; **PRZ** = Teil 6 E; **RiV** = Teil 6 J; **RLV** = Teil 6 L; **RV** = Teil 6 F; **UZV** = Teil 6 C; **VML** = Teil 6 K; **VVG** 1908/2007 = Teil 3 A; **VVG 2008** = Teil 3 B; **VVG-InfoV** = Teil 3 C; **VVSL** = Teil 6 N

- Bindungswirkung des Leistungsanerkenntnisses **6 BUZ** 9
- Darlegungs- und Beweislast des Versicherers **2 BUZ** 110
- Darlegungslast des Versicherungsnehmers im Prozess **2 BUZ** 169
- Darlegungs- und Beweislast des Versicherungsnehmers **2 BUZ** 107 ff.
- Darstellung der Ursache für den Eintritt der Berufsunfähigkeit (§ 4 Abs. 1 lit. b BUZ) **4 BUZ** 11 f.
- Dauer der Beitragszahlungspflicht **1 BUZ** 43
- Dauer der Leistungsfreiheit **7 BUZ** 18
- Definition der Berufsunfähigkeit **2 BUZ** 13 ff.
- Dienstunfähigkeit **2 BUZ** 130 ff.
- Disposition über die Arbeitszeit **2 BUZ** 106
- Einheit von Haupt- und Zusatzversicherung (§ 9 Abs. 1 BUZ) **9 BUZ** 7 ff.
- Einholung eines medizinischen Sachverständigengutachtens **2 BUZ** 170 f.
- einkommensrelevante Zulagen **2 BUZ** 104
- Einkommenssicherung **2 BUZ** 113
- Einlösung der BUZ **1 BUZ** 5
- Einsatz von atomaren, biologischen oder chemischen Waffen als Ausschlusstatbestand (§ 3 Satz 2 lit. h BUZ) **3 BUZ** 60
- Einsatz weiterer Kräfte bei Betriebsumorganisation **2 BUZ** 115
- einstweilige Verfügung gemäß § 940 ZPO **6 BUZ** 42
- Einzelfälle **2 BUZ** 64 f., 75 f., 84 f., 119 f., 141 f., 146, 148, 158 f.
- energiereiche Strahlen als Ausschlusstatbestand (§ 3 Satz 2 lit. e BUZ) **3 BUZ** 52 ff.; siehe auch dort
- Ende der Berufunfähigkeit **1 BUZ** 36
- Ende der Leistungspflicht (§ 1 Abs. 4 BUZ) **1 BUZ** 36 ff.
- Entbindung von der Schweigepflicht **4 BUZ** 34
- Entlassung wegen Dienstunfähigkeit **2 BUZ** 130 ff.
- Erklärung über die Leistungspflicht **5 BUZ** 15 ff.
- Ermittlungs- und Feststellungskosten **4 BUZ** 48
- Erstattung des Sachverständigengutachtens **2 BUZ** 176 f.
- Erwerbsunfähigkeitsklausel **Vorb. BUZ** 32 ff.
- Fälligkeit der Versicherungsleistung **5 BUZ** 30 ff.
- Fassungen des § 2 BUZ **2 BUZ** 1 ff.
- Familieneinkommen **2 BUZ** 103
- Feststellung der Berufsunfähigkeit **2 BUZ** 45 ff.; siehe auch dort
- Feststellungs- bzw. Leistungsklage **5 BUZ** 36 f.
- Feuerwehrdienstunfähigkeit **2 BUZ** 136
- Fiktion der Berufsunfähigkeit **2 BUZ** 7
- Fluguntauglichkeitsklausel **Vorb. BUZ** 28
- Fortbestehen der Ansprüche aus der BUZ (§ 9 Abs. 7 BUZ) **9 BUZ** 17
- Fortbestehen der Berufsunfähigkeit **6 BUZ** 14
- Fragenkatalog zum Leistungsantrag **4 BUZ** 13
- freiwilliger Berufswechsel **2 BUZ** 48
- Fremdnachweise **2 BUZ** 79
- gedehnter Versicherungsfall **1 BUZ** 11
- gesundheitliche Beeinträchtigung **2 BUZ** 60
- Grad der Beeinträchtigung **2 BUZ** 63
- Grad der Berufsunfähigkeit **2 BUZ** 60 ff.; siehe auch dort
- grob fahrlässige Nichterfüllung der Mitwirkungspflichten **7 BUZ** 11 ff.
- Grundrecht auf informationelle Selbstbestimmung **4 BUZ** 6
- Hauptsacheverfahren **2 BUZ** 171
- Herabsetzung der versicherten Leistung (§ 9 Abs. 5 BUZ) **9 BUZ** 14
- Heraufsetzung der versicherten Leistung (§ 9 Abs. 5 BUZ) **9 BUZ** 15
- Identität ausgeübter Beruf/Verweisungsberuf **2 BUZ** 109
- Inhaltskontrolle des § 1 Abs. 3 Satz 2 BUZ 1990/1993 **1 BUZ** 3
- Inhaltskontrolle des § 2 BUZ 1990/1993 **2 BUZ** 7 ff.
- Inhaltskontrolle des § 4 BUZ 1990/1993 **4 BUZ** 6 ff.
- Inhaltskontrolle des § 5 Abs. 1 und 2 BUZ **5 BUZ** 8 ff.
- Inhaltskontrolle des § 6 BUZ 1984 **Nach 5 BUZ** 4 ff.
- Inhaltskontrolle des § 9 Abs. 6 BUZ 1990/1993 **9 BUZ** 3 f.

2025

Register

fette Zahlen = §§; fette Großbuchst. = Teile d. Einl./KollLV

> **AILV** = Teil 6 P; **ALB 1986** = Teil 4 B; **ALB 2006** = Teil 5 B; **ALB 2008** = Teil 6 A;
> **AltZertG** (RVAltZertG/FRVAltZertG) = Teil 6 H; **AUZ** = Teil 6 M; **BasisRV** = Teil 6 G;
> **BUZ** = Teil 6 B; **BV** = Teil 6 D; **Einl. A–H** = Teil 2 A–H; **FLV/FRV** = Teil 6 I; **KollLV
> A–D** = Teil 7 A–D; **MindZV** = Teil 3 D; **PLV** = Teil 6 O; **PRZ** = Teil 6 E; **RiV** = Teil 6 J;
> **RLV** = Teil 6 L; **RV** = Teil 6 F; **UZV** = Teil 6 C; **VML** = Teil 6 K; **VVG** 1908/2007 =
> Teil 3 A; **VVG 2008** = Teil 3 B; **VVG-InfoV** = Teil 3 C; **VVSL** = Teil 6 N

- Inhaltskontrolle einer Umstellungsklausel **9 BUZ** 5 f.
- Inhaltskontrolle einer Umorganisationsverpflichtung **2 BUZ** 10
- Inlandsklausel **Vorb. BUZ** 36
- innere Unruhen als Ausschlusstatbestand (§ 3 Satz 2 lit. b Alt. 2 BUZ) **3 BUZ** 26 ff.; siehe auch dort
- Kapitaleinsatz **2 BUZ** 117
- Kausalität **2 BUZ** 17
- Kenntnisse und Fähigkeiten **2 BUZ** 93
- Körperverletzung **2 BUZ** 71
- Kompensierung der Beeinträchtigung **2 BUZ** 74 ff.
- konkret ausgeübter Beruf **2 BUZ** 46
- konkret ausgeübte Tätigkeit **2 BUZ** 108
- konkrete Empfehlungen **4 BUZ** 40
- Kostenerstattung eines Privatgutachtens **5 BUZ** 51
- Kräfteverfall **2 BUZ** 72
- Kraftfahrzeugrennen als Ausschlusstatbestand (§ 3 Satz 2 lit. d BUZ) **3 BUZ** 45 ff.; siehe auch *Kraftfahrzeugrennen*
- Krankheit **2 BUZ** 67 ff.
- Kriegsereignisse als Ausschlusstatbestand (§ 3 Satz 2 lit. b Alt. 1 BUZ) **3 BUZ** 19 ff.; siehe auch dort
- Kündigungsrecht des Versicherers **9 BUZ** 11
- Kündigungsrecht des Versicherungsnehmers **9 BUZ** 10
- Kürzungsrecht des Versicherers **7 BUZ** 15
- Kündigung der beitragsfreien BUZ (§ 9 Abs. 3 BUZ) **9 BUZ** 12
- Kündigung der laufenden BUZ (§ 9 Abs. 2 BUZ) **9 BUZ** 10 f.
- Laufzeit der BUZ **9 BUZ** 7
- leidensbedingter Berufswechsel **2 BUZ** 49
- Leistungsfallschweigepflichtentbindungsklausel **4 BUZ** 7
- Leistungsfreiheit des Versicherers **1 BUZ** 7
- Leitungsaufgabe des Gerichts **2 BUZ** 174 f.
- Luftfahrtrisiko als Ausschlusstatbestand (§ 3 Satz 2 lit. c BUZ) **3 BUZ** 31 ff.; siehe auch dort
- Maßstab **2 BUZ** 91
- Mitwirkungspflichten nach Eintritt der Berufsunfähigkeit **4 BUZ** 5
- Modifizierung der Leistungsfallschweigepflichtentbindungsklausel **4 BUZ** 7
- Nachprüfung des Fortbestehens der Berufsunfähigkeit und ihres Grades (§ 6 Abs. 1 BUZ) **6 BUZ** 9 ff.; siehe auch dort
- Nachprüfungsrecht des Versicherers **6 BUZ** 9 ff.
- Nachweis des Zeitpunkt des Eintritts der Berufsunfähigkeit **2 BUZ** 80
- Neufestsetzung der Leistungen im Nachprüfungsverfahren (§ 6 Abs. 4 BUZ) **6 BUZ** 26 ff.; siehe auch dort
- nicht absehbare Zeit **2 BUZ** 55
- nicht einkommensrelevante Zulagen **2 BUZ** 105
- Nichtvereinbarung der Beamtenklausel bei Beamten **2 BUZ** 137 f.
- Niveau des bisherigen Berufs **2 BUZ** 98
- Obliegenheiten des Versicherten (§ 4 BUZ) **4 BUZ** 4 f.
- Obliegenheiten des Versicherten (§ 6 Abs. 2 BUZ) **6 BUZ** 22 ff.
- Operationen **4 BUZ** 44 f.
- Österreichische BUZ (Ö-BUZ) **Vorb. BUZ** 50
- Pfändung der Ansprüche aus der BUZ **9 BUZ** 18 a ff.
- Polizeidienstunfähigkeit **2 BUZ** 132
- Produktrating **Vorb. BUZ** 51 f.
- Prognose fehlender Besserung **2 BUZ** 53
- Prüfkompetenz des LVU **2 BUZ** 54
- Quote **2 BUZ** 102
- Rechtsentwicklung **Vorb. BUZ** 1 ff.
- Rechtsfolgenbelehrung **7 BUZ** 16
- Rechtskraft **5 BUZ** 43
- regionales Verweisungsgebiet **2 BUZ** 96
- Rehabilitation **6 BUZ** 25
- Rehabilitationskosten **4 BUZ** 50 f.
- Risikoabgrenzung **2 BUZ** 157
- Rücktritt **1 BUZ** 41
- Rückwärtsversicherung **1 BUZ** 6 f.
- Rückzahlung zu Unrecht empfangener Renten **5 BUZ** 34 f.
- sachdienliche Auskünfte **6 BUZ** 23
- Sachverständigengutachten **2 BUZ** 170 f., 176 f.
- Schadenminderungskosten **4 BUZ** 52
- Schadenminderungspflicht **4 BUZ** 46
- Sechs-Monats-Zeitraum **2 BUZ** 53 f.
- Seediensttauglichkeitsklausel **Vorb. BUZ** 31

magere Zahlen = Rdn.

Register

AILV = Teil 6 P; **ALB 1986** = Teil 4 B; **ALB 2006** = Teil 5 B; **ALB 2008** = Teil 6 A; **AltZertG** (RVAltZertG/FRVAltZertG) = Teil 6 H; **AUZ** = Teil 6 M; **BasisRV** = Teil 6 G; **BUZ** = Teil 6 B; **BV** = Teil 6 D; **Einl.** A–H = Teil 2 A–H; **FLV/FRV** = Teil 6 I; **KollLV** A–D = Teil 7 A–D; **MindZV** = Teil 3 D; **PLV** = Teil 6 O; **PRZ** = Teil 6 E; **RiV** = Teil 6 J; **RLV** = Teil 6 L; **RV** = Teil 6 F; **UZV** = Teil 6 C; **VML** = Teil 6 K; **VVG 1908/2007** = Teil 3 A; **VVG 2008** = Teil 3 B; **VVG-InfoV** = Teil 3 C; **VVSL** = Teil 6 N

– Sinn und Zweck der BUZ **Vorb. BUZ** 12 f.
– sofortiges Anerkenntnis **5 BUZ** 40
– Sonderklauseln zu § 2 BUZ **Vorb. BUZ** 17 ff.; siehe auch dort
– soziale Wertschätzung **2 BUZ** 97, 140
– Stellenangebot **2 BUZ** 95
– Stichtagsprinzip **2 BUZ** 89 f.
– Straftat als Ausschlusstatbestand (§ 3 Satz 2 lit. a BUZ) **3 BUZ** 4 ff.; siehe auch dort
– Streitstoff **2 BUZ** 167 f.
– Tätigkeit des gerichtlichen Sachverständigen **2 BUZ** 172 f.
– Tätigkeit des Versicherten **2 BUZ** 61
– Tätigkeitsklausel **Vorb. BUZ** 35
– Tarifformen **Vorb. BUZ** 14 f.
– teilweise Berufsunfähigkeit (§ 2 Abs. 2 BUZ) **2 BUZ** 15 f.
– Überforderungsverbot **2 BUZ** 92
– überpflichtmäßige Anstrengung **2 BUZ** 82
– überobligationsmäßiger Erwerb **6 BUZ** 17
– Überschussbeteiligung **8 BUZ**
– Umorganisation der Arbeit **2 BUZ** 114
– Umorganisation des Betriebs **2 BUZ** 112 ff.
– Umorganisationsverpflichtung **2 BUZ** 10
– Umwandlung in eine beitragsfreie Versicherung (§ 9 Abs. 4 BUZ) **9 BUZ** 13
– unbefristetes Anerkenntnis **5 BUZ** 19
– Unfähigkeit zur Berufsausübung **2 BUZ** 67 ff.
– Unfall-BUZ-Klausel **Vorb. BUZ** 16
– Unterlagen über den Beruf, die Stellung und die Tätigkeit des Versicherten (§ 4 Abs. 1 lit. d BUZ) **4 BUZ** 25 ff.
– unterlassene Verweisung **6 BUZ** 12
– Unternehmensrating **Vorb. BUZ** 53
– Untersuchung des Versicherten **6 BUZ** 24
– Untersuchung durch den beauftragten Arzt **4 BUZ** 30 ff.
– Untersuchungskosten **4 BUZ** 49
– Untersuchungsrecht des Versicherers **4 BUZ** 30
– unveränderte Berufsausübung **2 BUZ** 81 f.
– Unverbindlichkeit der Entscheidung des Ärzteausschusses **Nach 5 BUZ** 29 ff.
– unzumutbare Anordnungen **4 BUZ** 43

– Urteilstenor **5 BUZ** 41 f.
– veränderte Berufsausübung **2 BUZ** 50
– Veränderung der versicherten Leistung (§ 9 Abs. 5 BUZ) **9 BUZ** 14 f.
– Verdienstmöglichkeit **2 BUZ** 101 ff.
– Vereinbarung des Ärzteausschussverfahrens (§ 6 Alt. 2 BUZ 1984) **Nach 5 BUZ** 10 ff.
– Verfahren vor dem Ärzteausschuss **Nach 5 BUZ** 22 ff.
– Verfahrensbesonderheiten **5 BUZ** 36 ff.
– Verfahrensfragen **2 BUZ** 167 ff.; siehe auch dort
– Verfahrensrecht **6 BUZ** 37 ff.; siehe auch dort
– Vergleich **5 BUZ** 44
– Vergleichsberuf **2 BUZ** 62, 149
– Verhältnis zur Hauptversicherung **9 BUZ** 1 ff.
– Verletzung der Mitwirkungspflichten nach Eintritt der Berufsunfähigkeit **7 BUZ** 3 ff.; siehe auch dort
– Verlust der bisherigen Lebensstellung **2 BUZ** 97 ff.; siehe auch dort
– versicherte Leistungen (§ 1 Abs. 1 und 2 BUZ) **1 BUZ** 16 ff.; siehe auch dort
– versicherter Beruf **2 BUZ** 45 ff.
– versicherte Gefahr/Versicherungsfall (§ 1 Abs. 1 BUZ) **1 BUZ** 8 ff.; siehe auch dort
– Verstoß gegen das Grundrecht auf informationelle Selbstbestimmung **4 BUZ** 6
– Verweisbarkeit **2 BUZ** 150
– Verweisung nach Einarbeitung **2 BUZ** 152
– Verweisung nach Fallgruppen **2 BUZ** 111 ff.
– Verweisung nach Fortbildung **2 BUZ** 153
– Verweisung nach Umschulung **2 BUZ** 154 ff.
– Verweisung unter Berücksichtigung der Ausbildung und Erfahrung **2 BUZ** 86 ff.; siehe auch dort
– Verweisung von Angelernten **2 BUZ** 147 f.
– Verweisung von Auszubildenden **2 BUZ** 144 ff.
– Verweisung von Beamten **2 BUZ** 123 ff.; siehe auch dort
– Verweisung von Nichtselbständigen **2 BUZ** 121 f.

2027

Register fette Zahlen = §§; fette Großbuchst. = Teile d. Einl./KollLV

> **AILV** = Teil 6 P; **ALB 1986** = Teil 4 B; **ALB 2006** = Teil 5 B; **ALB 2008** = Teil 6 A;
> **AltZertG** (RVAltZertG/FRVAltZertG) = Teil 6 H; **AUZ** = Teil 6 M; **BasisRV** = Teil 6 G;
> **BUZ** = Teil 6 B; **BV** = Teil 6 D; **Einl. A–H** = Teil 2 A–H; **FLV/FRV** = Teil 6 I; **KollLV
> A–D** = Teil 7 A–D; **MindZV** = Teil 3 D; **PLV** = Teil 6 O; **PRZ** = Teil 6 E; **RiV** = Teil 6 J;
> **RLV** = Teil 6 L; **RV** = Teil 6 F; **UZV** = Teil 6 C; **VML** = Teil 6 K; **VVG** 1908/2007 =
> Teil 3 A; **VVG 2008** = Teil 3 B; **VVG-InfoV** = Teil 3 C; **VVSL** = Teil 6 N

- Verweisung von Selbständigen 2 **BUZ** 111 ff.; siehe auch dort
- Verweisung von Sportlern 2 **BUZ** 143
- Verweisung von Ungelernten 2 **BUZ** 149 ff.
- Verweisungsmöglichkeit 2 **BUZ** 8 f.
- Verwertung ärztlicher Berichte anderer Leistungsträger 4 **BUZ** 16 ff.
- Wechsel in abhängige Stellung 2 **BUZ** 111
- vollständige Berufsunfähigkeit (§ 2 Abs. 1 BUZ) 2 **BUZ** 14
- Vollstreckungsgegenklage 6 **BUZ** 37 ff.
- voraussichtlich dauernde Berufsunfähigkeit (§ 1 Abs. 1 BUZ) 2 **BUZ** 51 ff.
- Vorgaben des Gerichts an den Sachverständigen 2 **BUZ** 172 ff.
- vorhandene Leiden 2 **BUZ** 87
- Vorlage des Versicherungsscheins und Nachweis der Beitragszahlung (§ 4 Abs. 1 lit. a BUZ) 4 **BUZ** 10
- vorsätzliche Nichterfüllung der Mitwirkungspflichten 7 **BUZ** 7 ff.
- Vorschussleistung 5 **BUZ** 29
- vorzeitiger Ruhestand 2 **BUZ** 133 ff.
- Wechsel in abhängige Stellung 2 **BUZ** 111
- Weigerung des Versicherten 4 **BUZ** 32
- weitere Berufsausbildung 2 **BUZ** 155
- widerrechtliche Handlung als Ausschlusstatbestand (§ 3 Satz 2 lit. g BUZ) 3 **BUZ** 58 f.
- zeitliche Begrenzung des Anerkenntnisses gemäß § 173 Abs. 2 Satz 1 VVG 2008 5 **BUZ** 13
- Zeitpunkt des Eintritts der Berufsunfähigkeit 1 **BUZ** 12; 2 **BUZ** 56
- Zulagen 2 **BUZ** 104
- zumutbare Anordnungen 4 **BUZ** 42
- Zumutbarkeit der Umorganisation 2 **BUZ** 42
- zusätzliche Auskünfte 4 **BUZ** 35 f.
- Zusammensetzung des Ärzteausschusses Nach 5 **BUZ** 18 ff.

Beschwerdeverfahren Einl. G 30 ff.
Besondere nationale Rahmenbedingungen für Versicherungsvermittler Einl. E 10 ff.
- AVAD-Auskunft **Einl. E** 20
- AVAD-Meldung **Einl. E** 21
- Beratungshonorarvereinbarung **Einl. E** 28 ff.
- Firmierung **Einl. E** 22

- Gewerbeerlaubnis **Einl. E** 10 ff.
- Maklerverordnung **Einl. E** 11
- Provisionsannahmeverbot **Einl. E** 34
- Provisionsweitergabeverbot **Einl. E** 38 ff.; siehe auch dort
- Rechtsberatung **Einl. E** 23 ff.; siehe auch dort
- Rentenberatung **Einl. E** 36 f.
- Tippgeber **Einl. E** 13
- Versicherungsberatung **Einl. E** 32 ff.; siehe auch dort
- Verbot der Gewährung von Sondervergütungen **Einl. E** 41
- Vermittlung von Investmentanteilen **Einl. E** 10
- Versteuerung der Provisionsabgabe **Einl. E** 45
- Zuverlässigkeitsprüfung **Einl. E** 20 f.

Besondere Pflichten des Versicherers nach Abschluss des Versicherungsvertrages 3 ALB 2006 29
Bestandsanalysen Einl. E 28 ff.
Bestandsübertragung 16 ALB 1986 73; **3 ALB 2008** 98
Besteuerung der kapitalbildenden Lebensversicherung Einl. D 13 ff.
- Ausgangslage **Einl. D** 13 ff.
- Geltungsbereich **Einl. D** 15
- Sonderausgabenabzug **Einl. D** 13
- Versteuerung der Versicherungsleistung **Einl. D** 14

Besteuerung der Lebensversicherung Einl. D 1 ff.
- Alterseinkünftegesetz **Einl. D** 16 ff.; siehe auch dort
- Besteuerung der Berufsunfähigkeits-Zusatzversicherung **Einl. D** 32 f.
- Besteuerung der kapitalbildenden Lebensversicherung **Einl. D** 13 ff.; siehe auch dort
- Jahressteuergesetz 2009 **Einl. D** 29 ff.; siehe auch dort
- Steuerinformation **Einl. D** 1 f.; siehe auch dort
- Unternehmensteuerreformgesetz 2008/ Veranlagungszeitraum 2009 **Einl. D** 19 ff.; siehe auch dort
- Verlautbarungen des BMF **Einl. D** 3 ff.; siehe auch dort
- Versorgungsausgleich **Einl. D** 34

Besteuerung von Kapitalleistungen 2 ALB 2006 25 f.

magere Zahlen = Rdn.

Register

AILV = Teil 6 P; **ALB 1986** = Teil 4 B; **ALB 2006** = Teil 5 B; **ALB 2008** = Teil 6 A; **AltZertG** (RVAltZertG/FRVAltZertG) = Teil 6 H; **AUZ** = Teil 6 M; **BasisRV** = Teil 6 G; **BUZ** = Teil 6 B; **BV** = Teil 6 D; **Einl. A–H** = Teil 2 A–H; **FLV/FRV** = Teil 6 I; **KollLV A–D** = Teil 7 A–D; **MindZV** = Teil 3 D; **PLV** = Teil 6 O; **PRZ** = Teil 6 E; **RiV** = Teil 6 J; **RLV** = Teil 6 L; **RV** = Teil 6 F; **UZV** = Teil 6 C; **VML** = Teil 6 K; **VVG** 1908/2007 = Teil 3 A; **VVG 2008** = Teil 3 B; **VVG-InfoV** = Teil 3 C; **VVSL** = Teil 6 N

- Altverträge 2 ALB 2006 25
- Neuverträge 2 ALB 2006 26
- **Bezugsberechtigung** (§ 166 VVG; § 159 VVG 2008), Regierungsbegründung VVG 2008 57
- **Bezugsberechtigungsklausel** (§ 13 ALB 2008)
- Ableben 13 ALB 2008 97
- Anzeige der Einräumung und des Widerrufs des Bezugsrechts 13 ALB 2008 64 ff.
- Anwartschaft des Bezugsberechtigten 13 ALB 2008 75
- Anwendbarkeit des § 130 Abs. 2 BGB 13 ALB 2008 62 f.
- Arbeitgeber 13 ALB 2008 28
- Arbeitnehmer 13 ALB 2008 29
- Aufeinandertreffen der Begünstigung 13 ALB 2008 91
- Auflagen 13 ALB 2008 25
- Auskunftspflichten des Versicherers gegenüber Bezugsberechtigten 13 ALB 2008 108
- Auslegung der Begünstigungserklärung 13 ALB 2008 16 f.
- Ausschluss des Bezugsrechts gemäß § 170 Abs. 2 VVG 13 ALB 2008 70
- Ausübung 13 ALB 2008 43
- Befugnis zur Bezugsrechtseinräumung 13 ALB 2008 13 f.
- Befugnisse des unwiderruflich Bezugsberechtigten 13 ALB 2008 94 f.
- Befugnisse des widerruflich Bezugsberechtigten 13 ALB 2008 77 ff., 82
- Berechtigter 13 ALB 2008 41
- besondere Beendigungsgründe 13 ALB 2008 67 ff.
- Beweislast 13 ALB 2008 27
- Ehegatte 13 ALB 2008 30 ff.
- Einräumung des Bezugsrechts 13 ALB 2008 13 ff.
- Einzelfälle 13 ALB 2008 28 ff., 45 ff.
- Erben 13 ALB 2008 36
- Erbringung der Versicherungsleistung 13 ALB 2008 109 ff.
- Erlebensfallbezugsrecht 13 ALB 2008 88
- Ersatzbezugsberechtigter 13 ALB 2008 23 f.
- Fassung 13 ALB 2008 1 ff.
- Firma 13 ALB 2008 28
- Form für Einräumung und Widerruf des Bezugsrechts 13 ALB 2008 60
- Frist für Einräumung und Widerruf des Bezugsrechts 13 ALB 2008 61
- Gestaltungsrechte 13 ALB 2008 99
- Hinterbliebene 13 ALB 2008 37 f.
- Inhaber des Versicherungsscheins 13 ALB 2008 39
- Inhaltskontrolle des § 13 Abs. 1 Satz 2 ALB 1986 13 ALB 2008 10
- Inhaltskontrolle des § 13 Abs. 2 ALB 1986 13 ALB 2008 11
- Inhaltskontrolle des § 13 Abs. 4 ALB 1986 13 ALB 2008 12
- Inhalt und Umfang der Begünstigungserklärung 13 ALB 2008 18 f.
- Insolvenz 13 ALB 2008 59
- Insolvenzanfechtung 13 ALB 2008 375 ff.; siehe auch dort
- Insolvenzverfahren über das Vermögen des Versicherungsnehmers 13 ALB 2008 325 ff.; siehe auch dort
- Kinder 13 ALB 2008 35
- Leistungen aus der Lebensversicherung 13 ALB 2008 92
- mehrere Bezugsberechtigte 13 ALB 2008 40
- Nichterwerb des Bezugsrechts 13 ALB 2008 67
- Nichtigkeit des Bezugsrechts gemäß § 138 BGB 13 ALB 2008 71 ff.
- Pfändung 13 ALB 2008 58
- Pflichten des Versicherers bei Einräumung und Widerruf von Bezugsrechten 13 ALB 2008 107
- Rechte und Pflichten des Versicherungsnehmers 13 ALB 2008 76
- Rechtscharakter der Begünstigungserklärung 13 ALB 2008 15
- Rechtserwerb des unwiderruflich Bezugsberechtigten 13 ALB 2008 85 ff.
- Rechtserwerb des widerruflich Bezugsberechtigten 13 ALB 2008 81
- Rechtslage nach Eintritt des Versicherungsfalles 13 ALB 2008 81 ff.
- Rechtslage vor Eintritt des Versicherungsfalles 13 ALB 2008 75 ff.
- Rechtsnatur 13 ALB 2008 42
- Rechtsstellung des unwiderruflich Bezugsberechtigten 13 ALB 2008 85 ff.
- Rechtsstellung des Versicherungsnehmers bei Einräumung eines unwiderruflichen Bezugsrechts 13 ALB 2008 98 ff.

2029

Register fette Zahlen = §§; fette Großbuchst. = Teile d. Einl./KollLV

AILV = Teil 6 P; **ALB 1986** = Teil 4 B; **ALB 2006** = Teil 5 B; **ALB 2008** = Teil 6 A; **AltZertG** (RVAltZertG/FRVAltZertG) = Teil 6 H; **AUZ** = Teil 6 M; **BasisRV** = Teil 6 G; **BUZ** = Teil 6 B; **BV** = Teil 6 D; **Einl. A–H** = Teil 2 A–H; **FLV/FRV** = Teil 6 I; **KollLV A–D** = Teil 7 A–D; **MindZV** = Teil 3 D; **PLV** = Teil 6 O; **PRZ** = Teil 6 E; **RiV** = Teil 6 J; **RLV** = Teil 6 L; **RV** = Teil 6 F; **UZV** = Teil 6 C; **VML** = Teil 6 K; **VVG** 1908/2007 = Teil 3 A; **VVG 2008** = Teil 3 B; **VVG-InfoV** = Teil 3 C; **VVSL** = Teil 6 N

- Rechtsstellung des Versicherers **13 ALB 2008** 107 ff.
- Rechtsstellung des widerruflich Bezugsberechtigten **13 ALB 2008** 75 ff.
- Rechtswirksamkeit **13 ALB 2008** 44
- Schenkungsteuer **13 ALB 2008** 93
- Teilung der Begünstigung **13 ALB 2008** 90
- Todesfallbezugsrecht **13 ALB 2008** 89
- Todes- und Erlebensfallbezugsrecht **13 ALB 2008** 87
- Tod des Bezugsberechtigten **13 ALB 2008** 69
- unwiderrufliches Bezugsrecht **13 ALB 2008** 20 ff.
- Verlust der Vermögensrechte **13 ALB 2008** 98
- Verpfändung **13 ALB 2008** 57
- Vertragspflichten **13 ALB 2008** 100 f.
- Wegfall des Bezugsrechts **13 ALB 2008** 67 ff.
- Weitergeltung des Bezugsrechts nach Wiederherstellung einer erloschenen Versicherung **13 ALB 2008** 26
- Widerruf oder Änderung der Bezugsberechtigung **13 ALB 2008** 41 ff.
- Widerruf des widerruflichen Bezugsrechts durch Abtretung **13 ALB 2008** 45 ff.
- Widerruf durch Verfügung von Todes wegen **13 ALB 2008** 55 f.
- Zugang der Anzeige der Einräumung und des Widerrufs des Bezugsrechts **13 ALB 2008** 66
- Zurückweisung des Bezugsrechts gemäß § 333 BGB **13 ALB 2008** 68
- Zwangsvollstreckung **13 ALB 2008** 80, 83 f., 96, 102 ff.

Bilanzierung und Bewertung von Versicherungsverträgen nach IFRS/IASB/IASC Einl. G 20 ff.
- Rechnungslegungsstandards für Versicherungen **Einl. G** 20 ff.
- Übernahme internationaler Rechnungslegungsstandards **Einl. G** 23

Bilanzrechtsreformgesetz (BilReG) Einl. B 22

Bilanzrechtsmodernisierungsgesetz (BilMoG) Einl. B 54 ff.
- Allgemeines **Einl. B** 54
- Handelsbestand **Einl. B** 58
- Pensionsverpflichtungen **Einl. B** 57

- Saldierung von Rückstellungen **Einl. B** 56
- Ziel des Gesetzes **Einl. B** 55

Bioethik-Konvention 3 ALB 2008 54
Bonitätsprüfung 3 ALB 2008 67a
Buchauszug für den Versicherungsvertreter Einl. E 184 ff.
- Ausgangslage **Einl. E** 184
- Ausschlussklausel **Einl. E** 190
- Darstellungsform **Einl. E** 187
- Erfassung der Geschäfte **Einl. E** 186
- internes Datennetz **Einl. E** 189
- notwendige Angaben **Einl. E** 188
- Provisionsabrechnungsvereinbarung **Einl. E** 185
- Rechtsmissbrauch **Einl. E** 191

BVerfG VVG 2008 17 ff.
- Rückkaufswert **VVG 2008** 21
- Überschussbeteiligung **VVG 2008** 17 ff.

Captives Einl. E 54
CTA-Modelle, Übergang der Pfandrechte der Versorgungsberechtigten **KollLV B** 11

Darlehensgewährung durch den Versicherer 1 ALB 1986 114
Darlehensgewährung durch ein Kreditinstitut 1 ALB 1986 115
Datenschutzeinwilligungserklärung 3 ALB 2008 38
Datenschutzermächtigungsklausel 1 ALB 1986 103 ff.
- Ausgangslage **1 ALB 1986** 103
- Einwilligungsklausel **1 ALB 1986** 105 ff.
- Inhaltskontrolle **1 ALB 1986** 108 ff.
- Schriftform **1 ALB 1986** 104

Direktgutschrift 16 ALB 1986 83 a ff.
Direktversicherung
- Abgrenzung **KollLV C** 3
- Abkommen zur Übertragung von Direktversicherungen **KollLV C** 44
- Auswahl des Vertragspartners **KollLV C** 2
- Beitragsleistung des Arbeitgebers **KollLV C** 7
- Beitragspflicht zur gesetzlichen Krankenversicherung **KollLV C** 15
- Beitragszahlung **KollLV C** 6 ff.
- Beleihung **KollLV C** 23 ff.
- Beleihungsbefugnis des Arbeitgebers **KollLV C** 23

2030

magere Zahlen = Rdn.

Register

AILV = Teil 6 P; **ALB 1986** = Teil 4 B; **ALB 2006** = Teil 5 B; **ALB 2008** = Teil 6 A; **AltZertG** (RVAltZertG/FRVAltZertG) = Teil 6 H; **AUZ** = Teil 6 M; **BasisRV** = Teil 6 G; **BUZ** = Teil 6 B; **BV** = Teil 6 D; **Einl. A–H** = Teil 2 A–H; **FLV/FRV** = Teil 6 I; **KollLV A–D** = Teil 7 A–D; **MindZV** = Teil 3 D; **PLV** = Teil 6 O; **PRZ** = Teil 6 E; **RiV** = Teil 6 J; **RLV** = Teil 6 L; **RV** = Teil 6 F; **UZV** = Teil 6 C; **VML** = Teil 6 K; **VVG 1908/2007** = Teil 3 A; **VVG 2008** = Teil 3 B; **VVG-InfoV** = Teil 3 C; **VVSL** = Teil 6 N

- Besteuerung **KollLV C** 46
- Bezugsberechtigung **KollLV C** 16 ff.
- Ehegatten-Arbeitsverhältnisse **KollLV C** 15 a
- eigener Durchführungsweg **Einl. C** 9 ff.
- eingeschränkt unwiderrufliches Bezugsrecht **KollLV C** 10
- Festlegung der Verwendung der Überschussanteile durch den Arbeitgeber **KollLV C** 28 f.
- Finanzierung aus Beiträgen der Arbeitnehmer **KollLV C** 8
- Inanspruchnahme des Rückkaufswertes **KollLV C** 31 ff.
- Informationspflicht des Versicherers bei Zahlungsverzug des Arbeitgebers **KollLV C** 11
- Insolvenz des Arbeitgebers **KollLV C** 37 ff.
- Insolvenzschutz für Schäden aus Prämienverzug **KollLV C** 41
- Kartellvergaberecht **KollLV C** 2
- Kündigung einer Direktversicherung mit widerruflichem Bezugsrecht **KollLV C** 31 f.
- Kündigung einer Direktversicherung mit unwiderruflichem Bezugsrecht **KollLV C** 33
- laufende Beitragszahlung **KollLV C** 6
- Merkmale der Direktversicherung **KollLV C** 1
- Mitbestimmungsrecht des Betriebsrats **KollLV C** 2
- Pfändung der Ansprüche des Arbeitnehmers **KollLV C** 36
- Portabilität der Direktversicherung **KollLV C** 42 ff.
- Prämienzahlungsverzug **KollLV C** 9 ff., 41
- private Fortführung **KollLV C** 45 f.
- steuerlicher Zufluss **KollLV C** 12
- Unterrichtung über die Höhe der Ablaufleistung **KollLV C** 30
- unwiderrufliches Bezugsrecht **KollLV C** 9, 19, 39
- unwiderrufliches Bezugsrecht mit Vorbehalt **KollLV C** 20 ff., 40
- Verbot der Auszahlung des Rückkaufswertes **KollLV C** 34
- Verbreitung der Direktversicherung **Einl. C** 9
- Versichererwechsel **KollLV C** 42 ff.

- Versicherungsformen **KollLV C** 4 f.
- Verwendung der Überschussanteile **KollLV C** 28 ff.
- Vorrang der versicherungsvertraglichen Regelung **KollLV C** 37
- vorzeitige Auszahlung von Direktversicherungsleistungen **KollLV C** 34 f.
- Wahl der Direktversicherung **Einl. C** 10
- Wechsel von der Pauschalbesteuerung zur nachgelagerten Besteuerung **KollLV C** 13 f.
- widerrufliches Bezugsrecht **KollLV C** 17 f., 38

Doppelschutzversicherung Vorb. ALB 1986 19
Dread-Disease-Police FLV/FRV 4
Drittes Durchführungsgesetz/EWG zum VAG Einl. B 5
Drittes Gesetz zum Abbau bürokratischer Hemmnisse insbesondere in der mittelständischen Wirtschaft (Drittes Mittelstandsentlastungsgesetz) Einl. B 53

EG-Richtlinien zum Handelsvertreterrecht Einl. E 7 ff.
EG-Richtlinien zum Vermittlerrecht Einl. E 1
- Ausgangslage **Einl. E** 1
- Empfehlung 92/48/EWG **Einl. E** 3 f.
- Richtlinie 77/92/EWG **Einl. E** 2
- Richtlinie 2002/92/EG **Einl. E** 5 f.

EG-Zahlungsdienste-Richtlinie 7 ALB 2008 10
Ehegatten-Arbeitsverhältnisse, Direktversicherung **KollLV C** 15
Einbeziehung von AVB Einl. F 16 f.
Einführung neuer AVB mit Zustimmung des Versicherungsnehmers 17 ALB 1986 22 ff.
Einigungsvertrag Einl. B 4
Eintrittsalter 3 ALB 2008 42
Eintrittsrecht (§ 170 VVG 2008; § 13 ALB 2008)
- Anzeige **13 ALB 2008** 403
- Ausgangslage **13 ALB 2008** 400
- Ausübung des Eintrittsrechts **13 ALB 2008** 403 f.
- Befriedigung des Gläubigers bzw. der Insolvenzmasse **13 ALB 2008** 404
- Eintrittsrecht des Bezugsberechtigten **13 ALB 2008** 401

2031

Register

fette Zahlen = §§; fette Großbuchst. = Teile d. Einl./KollLV

> **AILV** = Teil 6 P; **ALB 1986** = Teil 4 B; **ALB 2006** = Teil 5 B; **ALB 2008** = Teil 6 A;
> **AltZertG** (RVAltZertG/FRVAltZertG) = Teil 6 H; **AUZ** = Teil 6 M; **BasisRV** = Teil 6 G;
> **BUZ** = Teil 6 B; **BV** = Teil 6 D; **Einl. A–H** = Teil 2 A–H; **FLV/FRV** = Teil 6 I; **KollLV**
> **A–D** = Teil 7 A–D; **MindZV** = Teil 3 D; **PLV** = Teil 6 O; **PRZ** = Teil 6 E; **RiV** = Teil 6 J;
> **RLV** = Teil 6 L; **RV** = Teil 6 F; **UZV** = Teil 6 C; **VML** = Teil 6 K; **VVG** 1908/2007 =
> Teil 3 A; **VVG 2008** = Teil 3 B; **VVG-InfoV** = Teil 3 C; **VVSL** = Teil 6 N

- Regierungsbegründung **VVG 2008** 78
- weitere Eintrittsberechtigte **13 ALB 2008** 402

Einwilligung des Versicherten 1 ALB 1986 69 ff.
- Anforderungen **1 ALB 1986** 71
- Ausgangslage **1 ALB 1986** 69
- Erklärung **1 ALB 1986** 72 f.
- Fehlen der Einwilligung **1 ALB 1986** 79 ff.
- Kollektivlebensversicherung **KollLV A** 8 f.
- Minderjährige **1 ALB 1986** 78
- Mitwirkungsbefugnis **1 ALB 1986** 82
- Schriftform **1 ALB 1986** 74
- Sonderregelung für Kollektivlebensversicherungen **VVG 2008** 39
- Vertretung **1 ALB 1986** 75 ff.
- Zweck **1 ALB 1986** 70

Einwilligungs- und Schweigepflichtentbindungsklausel 3 ALB 2008 39 f.

Einzugsermächtigung 7 ALB 2008 12
- Widerspruch des Insolvenzverwalters **7 ALB 2008** 14
- Widerspruch des Versicherungsnehmers **7 ALB 2008** 13

Einzugsermächtigungsverfahren 2 ALB 1986 65 ff.
- Anforderung **2 ALB 1986** 71
- Ankündigung **2 ALB 1986** 70
- Belehrung **2 ALB 1986** 72
- Erfüllung **2 ALB 1986** 77
- Erteilung der Einzugsermächtigung **2 ALB 1986** 66 ff.
- Inhalt der Einzugsermächtigung **2 ALB 1986** 69
- Pflichten der Schuldnerbank **2 ALB 1986** 75
- Pflichten des Versicherers **2 ALB 1986** 70 ff.
- Pflichten des Versicherungsnehmers **2 ALB 1986** 76
- Policenverfahren gemäß § 5 a VVG **2 ALB 1986** 73
- Rechte des Versicherungsnehmers **2 ALB 1986** 74
- Rechtsgrundlage **2 ALB 1986** 65

Energiereiche Strahlen als Ausschlusstatbestand (§ 3 Satz 2 lit. e BUZ)
- Beweislast **3 BUZ** 54
- Strahlenschäden **3 BUZ** 53

Enhanced Annuities RV 46

Entwicklung des Versicherungsvermittlerrechts Einl. E 1 ff.
- EG-Richtlinien zum Handelsvertreterrecht **Einl. E** 7 ff.
- EG-Richtlinien zum Vermittlerrecht **Einl. E** 1 ff.; siehe auch dort

Erbringung der Versicherungsleistung 9 ALB 1986 30 ff.
- Abschlagszahlungen **9 ALB 1986** 37 ff.; **11 ALB 2008** 2
- Anzeigepflichten gemäß EStG **9 ALB 1986** 43 f.
- Beschleunigungspflicht **9 ALB 1986** 34 f.
- Erbschaftsteuer **9 ALB 1986** 45 ff.
- Fälligkeit **9 ALB 1986** 31 ff.; **11 ALB 2008** 1
- Grundsatz **9 ALB 1986** 30
- Haftung des Versicherers gemäß § 20 Abs. 6 ErbStG **9 ALB 1986** 49 f.
- Hinterlegung **9 ALB 1986** 41; **11 ALB 2008** 6
- Kapitalertragsteuer **9 ALB 1986** 51 ff.; siehe auch dort
- Meldepflichten nach der Außenwirtschaftsordnung **9 ALB 1986** 42
- nötige Erhebungen **9 ALB 1986** 33
- Prämienbesteuerung **9 ALB 1986** 67
- Überweisung an den Empfangsberechtigten **11 ALB 2008** 5
- Verzug des Versicherers **9 ALB 1986** 36; **11 ALB 2008** 3 f.
- Zahlungsanweisung des Versicherungsnehmers **9 ALB 1986** 40

Erbringung der Versicherungsleistung an den Bezugsberechtigten 13 ALB 2008 13 ff.; siehe auch *Bezugsberechtigungsklausel*

Erbringung der Versicherungsleistung an den Versicherungsnehmer oder seine Erben 13 ALB 2008 113 ff.
- Herausgabe der Versicherungsleistung **13 ALB 2008** 119
- Pflichtteilsergänzungsanspruch **13 ALB 2008** 120
- Rechtsgrund für die Zuwendung der Bezugsberechtigung durch den Erblasser **13 ALB 2008** 114 ff.
- Rechtsstellung der Erben **13 ALB 2008** 114 ff.
- Rechtsstellung des Begünstigten **13 ALB 2008** 121

magere Zahlen = Rdn.

Register

AILV = Teil 6 P; **ALB 1986** = Teil 4 B; **ALB 2006** = Teil 5 B; **ALB 2008** = Teil 6 A; **AltZertG** (RVAltZertG/FRVAltZertG) = Teil 6 H; **AUZ** = Teil 6 M; **BasisRV** = Teil 6 G; **BUZ** = Teil 6 B; **BV** = Teil 6 D; **Einl. A–H** = Teil 2 A–H; **FLV/FRV** = Teil 6 I; **KollLV A–D** = Teil 7 A–D; **MindZV** = Teil 3 D; **PLV** = Teil 6 O; **PRZ** = Teil 6 E; **RiV** = Teil 6 J; **RLV** = Teil 6 L; **RV** = Teil 6 F; **UZV** = Teil 6 C; **VML** = Teil 6 K; **VVG** 1908/2007 = Teil 3 A; **VVG 2008** = Teil 3 B; **VVG-InfoV** = Teil 3 C; **VVSL** = Teil 6 N

- Rechtsstellung des Nachlassinsolvenzverwalters **13 ALB 2008** 121a
- Wegfall des Rechtsgrunds **13 ALB 2008** 118
- Zuwendung außerhalb des Nachlasses **13 ALB 2008** 114

Erbschaftsteuer 9 ALB 1986 45 ff.
- Haftung des Versicherers gemäß § 20 Abs. 6 ErbStG **9 ALB 1986** 49 f.

Erbschaftsteuerversicherung Vorb. ALB 1986 23 ff.
- Bezugsrecht **Vorb. ALB 1986** 26
- Regelung bis 1974 **Vorb. ALB 1986** 23
- Übergangsregelung **Vorb. ALB 1986** 24
- unechte Erbschaftsteuerversicherung **Vorb. ALB 1986** 25

Ergänzende Vertragsauslegung 10 ALB 2006 48 ff.

Erhebung personenbezogener Gesundheitsdaten bei Dritten (§ 213 VVG 2008)
- Befugnis zur Einwilligung **VVG 2008** 96a
- Beschlussempfehlung des Rechtsausschusses **VVG 2008** 93 ff.
- Einwilligung **VVG 2008** 96 a ff.
- Form der Erteilung der Einwilligung **VVG 2008** 97
- Geltung **VVG 2008** 95
- Nichterteilung der Einwilligung **VVG 2008** 98
- Regierungsbegründung **VVG 2008** 92
- Verwertung personenbezogener Gesundheitsdaten **VVG 2008** 99 ff.
- Zulässigkeit der Erhebung personenbezogener Gesundheitsdaten **VVG 2008** 96
- Zweck der Regelung **VVG 2008** 92 ff.

Erstattung des Rückkaufswerts 176 VVG
- Allgemeines **176 VVG** 3
- anerkannte Regeln der Versicherungsmathematik **176 VVG** 6 ff.
- Angemessenheit des Abzugs **176 VVG** 28 ff.
- Anspruch auf den Rückkaufwert **176 BUZ** 4 f.
- Anspruchsberechtigte **176 VVG** 4
- Auskunft über die Berechnung des Rückkaufswerts **176 VVG** 37
- Berechnung des Rückkaufswerts als Zeitwert der Versicherung **176 VVG** 6 ff.

- Berechnung des Zeitwerts **176 VVG** 10 ff.
- Berechnungsvereinbarung **176 VVG** 14 ff.
- Berechtigung des LVU zum Abzug **176 VVG** 20 ff.
- Drittberechtigte **176 VVG** 5
- Erstattung des Rückkaufswerts **176 VVG** 3 ff.
- Geltungsbereich **176 VVG** 1 f.
- Höhe des Abzugs **176 VVG** 25
- Inhaltskontrolle der Stornoabzugsklausel **176 VVG** 31 ff.
- Kontrollfähigkeit der Stornoabzugsklausel **176 VVG** 31 f.
- Prämienrückstände **176 VVG** 19
- Rechtsnatur des Abzugs **176 VVG** 22 ff.
- Stornoabzugsklausel **176 VVG** 26 f.
- Vereinbarung über Abzug **176 VVG** 20 ff.
- Vereinbarung über Zillmerung **176 VVG** 9
- Zillmerung **176 VVG** 8 ff.
- Zulässigkeit der Zillmerung **176 VVG** 8
- Zweck des Abzugs **176 VVG** 20 f.

Europäische Insolvenzsicherungsrichtlinie Einl. G 34

Europäisches Versicherungsvertragsrecht VVG 2008 16

Fälligkeit der Versicherungsleistung (§ 9 ALB 1986)
- Anwendung des § 81 a VAG **9 ALB 1986** 2
- Anzeige des Versicherungsfalles **9 ALB 1986** 4 ff.; siehe auch dort
- Fassung **9 ALB 1986** 1
- Klärung der Leistungspflicht durch den Versicherer **9 ALB 1986** 19 ff.; siehe auch dort
- Kostentragungspflicht **9 ALB 1986** 28 f.
- Nachweis des Ablebens **9 ALB 1986** 12
- Nachweis der letzten Beitragszahlung **9 ALB 1986** 18
- Nachweis der Todesursache **9 ALB 1986** 13
- Prämienbesteuerung **9 ALB 1986** 67
- Vorlage des Versicherungsscheins **9 ALB 1986** 14 ff.
- VVG 2008 **9 ALB 1986** 3

Feststellung der Berufsunfähigkeit 2 BUZ 45 ff.

2033

Register

fette Zahlen = §§; fette Großbuchst. = Teile d. Einl./KollLV

> AILV = Teil 6 P; **ALB 1986** = Teil 4 B; **ALB 2006** = Teil 5 B; **ALB 2008** = Teil 6 A; **AltZertG** (RVAltZertG/FRVAltZertG) = Teil 6 H; **AUZ** = Teil 6 M; **BasisRV** = Teil 6 G; **BUZ** = Teil 6 B; **BV** = Teil 6 D; **Einl. A–H** = Teil 2 A–H; **FLV/FRV** = Teil 6 I; **KollLV A–D** = Teil 7 A–D; **MindZV** = Teil 3 D; **PLV** = Teil 6 O; **PRZ** = Teil 6 E; **RiV** = Teil 6 J; **RLV** = Teil 6 L; **RV** = Teil 6 F; **UZV** = Teil 6 C; **VML** = Teil 6 K; **VVG** 1908/2007 = Teil 3 A; **VVG 2008** = Teil 3 B; **VVG-InfoV** = Teil 3 C; **VVSL** = Teil 6 N

- Beginn der Leistungspflicht 2 **BUZ** 57 f.
- berufliche Fortentwicklung 2 **BUZ** 47
- Beweislast 2 **BUZ** 59
- Grad der Berufsunfähigkeit 2 **BUZ** 60 ff.
- freiwilliger Berufswechsel 2 **BUZ** 48
- konkret ausgeübter Beruf 2 **BUZ** 46
- leidensbedingter Berufswechsel 2 **BUZ** 49
- nicht absehbare Zeit 2 **BUZ** 55
- Prognose fehlender Besserung 2 **BUZ** 53
- Prüfkompetenz des LVU 2 **BUZ** 54
- Sechs-Monats-Zeitraum 2 **BUZ** 53 f.
- veränderte Berufsausübung 2 **BUZ** 50
- versicherter Beruf 2 **BUZ** 45 ff.
- vertragliche Regelung 2 **BUZ** 45
- voraussichtlich dauernde Berufsunfähigkeit 2 **BUZ** 51 ff.
- Zeitpunkt des Eintritts des Versicherungsfalles 2 **BUZ** 56

Finanzaufsicht Einl. G 8 ff.

Firmengruppenversicherung KollLV A 2

Fondsgebundene Lebens- und Rentenversicherung (FLV 2008 und FRV 2008)
- Abschluss der Versicherung **FLV/FRV** 9 f.
- Abschlusskostenklausel **FLV/FRV** 1b
- Allgemeine Bedingungen für die Fondsgebundene Lebensversicherung (FLV 2008) **FLV/FRV** 11
- Allgemeine Bedingungen für die Fondsgebundene Rentenversicherung (FRV 2008) **FLV/FRV** 12
- Anlagevermittlung **FLV/FRV** 10
- Beispielrechnungen **FLV/FRV** 7
- Beratung **FLV/FRV** 9
- Besteuerung der Renten **FLV/FRV** 8
- Dread Disease **FLV/FRV** 6
- Inhaltskontrolle **FLV/FRV** 1 f.
- Merkmale der Fondsgebundenen Lebensversicherung **FLV/FRV** 3
- Mindestzuführung zur RfB **FLV/FRV** 7a
- Produktinnovationen **FLV/FRV** 4 ff.
- Rückkaufswertklausel **FLV/FRV** 1a
- Überschussbeteiligungsklausel **FLV/FRV** 2
- Variable Annuities **FLV/FRV** 5 f.

Fondsgebundene Rentenversicherung (FLV 2008 und FRV 2008); siehe auch *Fondsgebundene Lebens- und Rentenversicherung*

Fondsgebundene Rentenversicherung als Altersvorsorgevertrag i. S. d. Altersvorsorgeverträge-Zertifizierungsgesetzes (AltZertG)
- Allgemeine Bedingungen für eine Fondsgebundene Rentenversicherung mit Auszahlung des Deckungskapitals bei Tod als Altersvorsorgevertrag i. S. d. Altersvorsorgeverträge-Zertifizierungsgesetzes (FRVAltZertG2008) **AltZertG** 20
- Altersvorsorgevertrag **AltZertG** 10
- Anpassung an EU-Recht **AltZertG** 15a
- Einkommensteuergesetz **AltZertG** 14 ff.
- Fassungshistorie **AltZertG** 1 ff.
- Freizügigkeitsrecht der Arbeitnehmer in der EU **AltZertG** 15a
- geschlechtsunabhängige Kalkulation **AltZertG** 12
- Gesetz gegen den unlauteren Wettbewerb **AltZertG** 18
- Mitteilung über steuerpflichtige Leistungen **AltZertG** 15
- Neufassung 2004 **AltZertG** 1
- Neufassung 2006 **AltZertG** 2 ff.
- Neufassung 2008 **AltZertG** 7 f.
- Preisangabenverordnung **AltZertG** 13
- Pfändungsschutz bei steuerlich gefördertem Altersvorsorgevermögen **AltZertG** 16
- Versorgungsausgleich **AltZertG** 17
- Verteilung der Abschluss- und Vertriebskosten **AltZertG** 11
- Zertifizierung **AltZertG** 9
- zulageberechtigte Personen **AltZertG** 14

Formen der kapitalbildenden Lebensversicherung Vorb. ALB 1986 13 ff.

Fortsetzung der Lebensversicherung nach der Elternzeit (§ 212 **VVG 2008**)
- Geltungsbereich **VVG 2008** 91a
- Regierungsbegründung **VVG 2008** 91

Fremdfinanzierte Rentenversicherung gegen Einmalbeitrag RV 50 ff.
- Abzugsfähigkeit von Werbungskosten **RV** 57 ff.
- Einkunftserzielungsabsicht **RV** 53
- fremdfinanzierte Leibrentenversicherung **RV** 55 f.
- Kombi-Rente **RV** 50
- Sicherheitskompaktrente **RV** 51 f.

2034

magere Zahlen = Rdn.

Register

AILV = Teil 6 P; **ALB 1986** = Teil 4 B; **ALB 2006** = Teil 5 B; **ALB 2008** = Teil 6 A; **AltZertG** (RVAltZertG/FRVAltZertG) = Teil 6 H; **AUZ** = Teil 6 M; **BasisRV** = Teil 6 G; **BUZ** = Teil 6 B; **BV** = Teil 6 D; **Einl. A–H** = Teil 2 A–H; **FLV/FRV** = Teil 6 I; **KollLV A–D** = Teil 7 A–D; **MindZV** = Teil 3 D; **PLV** = Teil 6 O; **PRZ** = Teil 6 E; **RiV** = Teil 6 J; **RLV** = Teil 6 L; **RV** = Teil 6 F; **UZV** = Teil 6 C; **VML** = Teil 6 K; **VVG 1908/2007** = Teil 3 A; **VVG 2008** = Teil 3 B; **VVG-InfoV** = Teil 3 C; **VVSL** = Teil 6 N

- Verlustausgleichsgebot nach § 2 b EStG **RV** 54 ff.
- Umsatzsteuerfreiheit **RV** 60
- Versicherungsmodelle **RV** 59

Fremdwährungsversicherung Vorb. ALB 1986 40 ff.
- Anlage der Deckungsrückstellungen **Vorb. ALB 1986** 42
- Begriff **Vorb. ALB 1986** 40
- Beitragszahlung **Vorb. ALB 1986** 41
- Rechtsgrundlage **Vorb. ALB 1986** 40a
- Überschussbeteiligung **Vorb. ALB 1986** 43

Gefahränderung (§ 158 VVG 2008), Regierungsbegründung **VVG 2008** 56
Gefahrerhöhung 164 VVG 1
Gefahrminderung 164 a VVG 1
Gehaltsumwandlungsversicherung
- Abgrenzung **KollLV D** 2
- Anspruch auf Aufstockung der Versicherungsleistungen **KollLV D** 9
- Arbeitsplatzwechsel **KollLV D** 19
- Aufklärungspflichten gegenüber dem Versicherungsnehmer **KollLV D** 10
- Auswahl des Versicherers und des Tarifs **KollLV D** 8 ff.
- Auszahlungsverbot **KollLV D** 21
- Begriff **KollLV D** 1
- Beitragsfreiheit in der Sozialversicherung **KollLV D** 4
- Beitragszahlung **KollLV D** 11 ff.
- Bezugsberechtigung **KollLV D** 15 ff.
- Dauer der Zahlung der Beiträge **KollLV D** 12
- Ehegatten-Direktversicherungen aus Gehaltsumwandlung **KollLV D** 3a
- Fortführung der Versicherung **KollLV D** 20
- Insolvenz des Arbeitgebers **KollLV D** 13
- Insolvenzschutz **KollLV D** 23
- Prämienzahlungsverzug **KollLV D** 14
- Rechtsanspruch auf Umwandlung **KollLV D** 5
- Rechtsnatur der Entgeltumwandlungsabrede **KollLV D** 6 f.
- Rechtsstellung und Befugnis des Arbeitgebers **KollLV D** 8
- Schuldänderungsvertrag **KollLV D** 6
- Steuerfragen **KollLV D** 3 f.
- Treuhandverhältnis **KollLV D** 7

- unwiderrufliches Bezugsrecht **KollLV D** 15
- unwiderrufliches Bezugsrecht mit Vorbehalt **KollLV D** 16 f.
- vorzeitiges Ausscheiden des Arbeitnehmers **KollLV D** 19 ff.
- widerrufliches Bezugsrecht **KollLV D** 18
- Zahlung durch den Arbeitgeber **KollLV D** 11
- Zwangsvollstreckungsmaßnahmen gegen den Arbeitnehmer **KollLV D** 22

Geldwäschebeauftragter 3 ALB 2008 66
Geldwäschebekämpfungsgesetz Einl. B 18
Geltendmachung von Ansprüchen aus dem Versicherungsvertrag 17 ALB 2008 13 ff.
- Beginn der Verjährung **17 ALB 2008** 14 ff.
- Erhebung des Anspruchs **17 ALB 2008** 35 f.
- Frist **17 ALB 2008** 13
- Hemmung der Verjährung **17 ALB 2008** 22 ff.
- Unterbrechung der Verjährung **17 ALB 2008** 19 ff.

Geltungsdauer des § 12 Abs. 3 VVG (Art. 1 EGVVG) VVG 2008 110 ff.
- Geltung für bis zum 31.12.2007 gesetzte Fristen **VVG 2008** 110
- Geltung für nach 1.1.2008 gesetzte Fristen **VVG 2008** 111 ff.

Gendiagnostikgesetz Einl. B 61; **3 ALB 2008** 55
Genomanalyse 3 ALB 2008 53 ff.
- Bioethik-Konvention **3 ALB 2008** 54
- Gendiagnostikgesetz **3 ALB 2008** 55
- Zulässigkeit **3 ALB 2008** 53

Gerichtliche Geltendmachung 17 ALB 2008 37 ff.
- Erstattung der Rechtsanwaltskosten **17 ALB 2008** 79
- Klageerhebung **17 ALB 2008** 68 ff.
- Mahnbescheidsantrag **17 ALB 2008** 54 f.
- ordnungsgemäße Klage **17 ALB 2008** 57
- Prozesskostenhilfegesuch **17 ALB 2008** 56
- Teilklage **17 ALB 2008** 62
- Verlängerung der Klagefrist **17 ALB 2008** 64
- Versäumung der Klagefrist **17 ALB 2008** 71 ff.

2035

Register

fette Zahlen = §§; fette Großbuchst. = Teile d. Einl./KollLV

AILV = Teil 6 P; **ALB 1986** = Teil 4 B; **ALB 2006** = Teil 5 B; **ALB 2008** = Teil 6 A;
AltZertG (RVAltZertG/FRVAltZertG) = Teil 6 H; **AUZ** = Teil 6 M; **BasisRV** = Teil 6 G;
BUZ = Teil 6 B; **BV** = Teil 6 D; **Einl. A–H** = Teil 2 A–H; **FLV/FRV** = Teil 6 I; **KollLV**
A–D = Teil 7 A–D; **MindZV** = Teil 3 D; **PLV** = Teil 3 O; **PRZ** = Teil 3 E; **RiV** = Teil 6 J;
RLV = Teil 6 L; **RV** = Teil 6 F; **UZV** = Teil 6 C; **VML** = Teil 6 K; **VVG** 1908/2007 =
Teil 3 A; **VVG 2008** = Teil 3 B; **VVG-InfoV** = Teil 3 C; **VVSL** = Teil 6 N

– Zustellung „demnächst" **17 ALB 2008** 58 ff.
Gerichtsstand (§ 215 VVG 2008)
– Geltung **VVG 2008** 101
– Regierungsbegründung **VVG 2008** 100
Gerichtsstände bei Klagen des Versicherers 17 ALB 2008 12
Gerichtsstände bei Klagen gegen den Versicherer 17 ALB 2008 4 ff.
– Gerichtsstand gemäß § 48 VVG **17 ALB 2008** 4 f.
– Gerichtsstand gemäß § 215 Abs. 1 VVG 2008 **17 ALB 2008** 6 f.
– Gerichtsstand gemäß § 106 Abs. 2 VAG **17 ALB 2008** 8
– Gerichtsstand gemäß § 22 ZPO **17 ALB 2008** 9
– Gerichtsstand gemäß § 29 c ZPO **17 ALB 2008** 11
– Gerichtsstand im Mahnverfahren **17 ALB 2008** 10
Geschäftsplan 16 ALB 1986 71 f.
Geschäftsplanmäßige Erklärungen Einl. G 25 ff.; **16 ALB 1986** 37 ff.
– Begriff **Einl. G** 25
– Rechtswirkung **Einl. G** 27
– Vorgaben **Einl. G** 26
– Überschussbeteiligung **16 ALB 1986** 37 ff.
– Weitergeltung **Einl. G** 28
Gesetzlicher Sicherungsfonds Einl. G 38
Gesetz über den Versicherungsvertrag vom 30.5.1908 **Einl. B** 3
Gesetz über Fernabsatzverträge und andere Fragen des Verbraucherrechts sowie zur Umstellung von Vorschriften auf Euro Einl. B 8
Gesetz zur Änderung des Versicherungsaufsichtsgesetzes, insbesondere zur Durchführung der EG-Richtlinie 98/78/EG vom 27. Oktober 1998 über die zusätzliche Beaufsichtigung der einer Versicherungsgruppe angehörenden Versicherungsunternehmen sowie zur Umstellung von Vorschriften auf Euro („VAG-Novelle 2000") **Einl. B** 9 ff.
Gesetz zur weiteren Fortentwicklung des Finanzplatzes Deutschland („VAG-Novelle 2002") **Einl. B** 17

Gesetz zur Umsetzung aufsichtsrechtlicher Bestimmungen zur Sanierung und Liquidation von Versicherungsunternehmen und Kreditinstituten („VAG-Novelle 2003") **Einl. B** 19
Gesetz zur Änderung der Vorschriften über Fernabsatzverträge bei Finanzdienstleistungen Einl. B 21
Gesetz zur Änderung des Versicherungsaufsichtsgesetzes und anderer Gesetze („VAG-Novelle 2004") **Einl. B** 23 ff.
Gesetz zur Umsetzung europäischer Richtlinien zur Verwirklichung des Grundsatzes der Gleichbehandlung Einl. B 27 ff.
– Richtlinie 2004/113/EG **Einl. B** 28
– Richtlinie 2006/54/EG **Einl. B** 29
– umgesetzte Richtlinien **Einl. B** 27
Gesetz zur Neuregelung des Versicherungsvermittlerrechts Einl. B 30
Gesetz zur Reform des Versicherungsvertragsrechts (VVG 2008) **Einl. B** 43; **VVG 2008** 24 ff.
– Ausgangslage **VVG 2008** 1 ff.
– Beschlussempfehlung und Bericht des Rechtsausschusses **VVG 2008** 37
– Beschlussfassung durch den Bundestag **VVG 2008** 37a
– Entwurf der Kommission zur Reform des Versicherungsvertragsrechts (§§ 142–169 E-VVG) **VVG 2008** 1 ff., 12a
– europäisches Versicherungsvertragsrecht **VVG 2008** 16
– Gesetzentwurf vom 11.10.2006 **VVG 2008** 25 ff.
– Gesetzentwurf vom 20.12.2006 **VVG 2008** 36
– Gesetzestext, Regierungsbegründung und Beschlussempfehlung zu den Vorschriften über die Lebens- und Berufsunfähigkeitsversicherung **VVG 2008** 38 ff.
– Gesetzgebungsverfahren **VVG 2008** 35 ff.
– Kernpunkte einer Reform des VVG **VVG 2008** 22 f.
– Kommission zur Reform des Versicherungsvertragsrechts **VVG 2008** 5 ff.; siehe auch dort
– Pressemitteilung **VVG 2008** 25 ff.
– Referentenentwurf vom 13.3.2006 **VVG 2008** 24

2036

magere Zahlen = Rdn.

Register

AILV = Teil 6 P; **ALB 1986** = Teil 4 B; **ALB 2006** = Teil 5 B; **ALB 2008** = Teil 6 A; **AltZertG** (RVAltZertG/FRVAltZertG) = Teil 6 H; **AUZ** = Teil 6 M; **BasisRV** = Teil 6 G; **BUZ** = Teil 6 B; **BV** = Teil 6 D; **Einl. A–H** = Teil 2 A–H; **FLV/FRV** = Teil 6 I; **KollLV A–D** = Teil 7 A–D; **MindZV** = Teil 3 D; **PLV** = Teil 3 O; **PRZ** = Teil 6 E; **RiV** = Teil 6 J; **RLV** = Teil 6 L; **RV** = Teil 6 F; **UZV** = Teil 6 C; **VML** = Teil 6 K; **VVG** 1908/2007 = Teil 3 A; **VVG 2008** = Teil 3 B; **VVG-InfoV** = Teil 3 C; **VVSL** = Teil 6 N

– Resonanz auf den Gesetzentwurf **VVG 2008** 34
– Richtlinien der Europäischen Union **VVG 2008** 13 ff.
– Stellungnahme des Bundesrats vom 24.11.2006 **VVG 2008** 35
– Urteile des BVerfG (Rückkaufswerte, Überschussbeteiligung) **VVG 2008** 17 ff.
Gesetz zur Ergänzung der Bekämpfung der Geldwäsche und der Terrorismusfinanzierung (Geldwäschebekämpfungsergänzungsgesetz – GwBekErgG) Einl. B 49
Gesetz zur Verbesserung der Rahmenbedingungen für die Absicherung flexibler Arbeitszeitregelungen und zur Änderung anderer Gesetze Einl. B 50 ff.
Gesetz zur Modernisierung des Bilanzrechts (Bilanzrechtsmodernisierungsgesetz – BilMoG) Einl. B 54 ff.
Gesetz zur Umsetzung der Verbraucherkreditrichtlinie, des zivilrechtlichen Teils der Zahlungsdiensterichtlinie sowie zur Neuordnung der Vorschriften über das Widerrufs- und Rückgaberecht Einl. B 59
Gesetz zur Stärkung der Finanzmarkt- und der Versicherungsaufsicht („VAG-Novelle 2009") Einl. B 60
Gesetz über genetische Untersuchungen bei Menschen (Gendiagnostikgesetz – GenDG) Einl. B 61
Gewerbeerlaubnis zur Versicherungsvermittlung Einl. E 10 ff.
Grad der Berufsunfähigkeit 2 BUZ 60 ff.
– Bestimmung des Grades **2 BUZ** 60 ff.
– Einzelfälle **2 BUZ** 64 f.
– gesundheitliche Beeinträchtigung **2 BUZ** 60
– Grad der Beeinträchtigung **2 BUZ** 63
– Tätigkeit des Versicherten **2 BUZ** 61
– Vergleichsberuf **2 BUZ** 62
Grundzüge zur Leistungsdarstellung in der Lebensversicherung RV 96
Gruppen- und Sammelversicherung
– Abschluss **KollLV A** 15
– Begünstigungen **KollLV A** 1
– Einheit von LVU und Versicherungsnehmer **KollLV A** 10 ff.

– Einwilligung des Versicherten **KollLV A** 8 f.
– Gesundheitsprüfung **KollLV A** 14
– Gruppenversicherung **KollLV A** 3 f.
– Haustarif **KollLV A** 13
– Hinweise für die Kollektivlebensversicherung (Neubestand) **KollLV A** 7
– Konsortialverträge **KollLV A** 16 ff.
– rechtliche Besonderheiten der Kollektivlebensversicherung **KollLV A** 8 ff.
– Richtlinien für die Gruppen- und Sammelversicherung (Altbestand) **KollLV A** 2 ff.
– Sammelversicherung **KollLV A** 5 f.
– Sonderregelung für Kollektivlebensversicherungen (§ 150 VVG 2008) **VVG 2008** 39
– Sondervergütungen **KollLV A** 1
GVO-Novelle Einl. H 25 ff.

Haftung des Versicherungsmaklers Einl. E 94 ff.
– Berufshaftpflichtversicherung **Einl.** E 102
– Beweislast bei Pflichtverletzung **Einl.** E 98
– Haftung gemäß § 826 BGB **Einl.** E 99
– Haftung wegen Vertragsverletzung **Einl.** E 94 ff.
– persönliche Haftung des Versicherungsmaklers als Geschäftsführer einer GmbH **Einl.** E 100
– Schadensberechnung **Einl.** E 101
– Verjährung **Einl.** E 103
Handelsvertreter Einl. E 62 ff.
Hauptpunkte eines Vertrages für selbständige hauptberufliche Versicherungsvertreter gemäß §§ 84 Abs. 1, 92 HGB (Hauptpunkte 2000) **Einl.** E 122 ff.
Haustarif KollLV A 13
Hinterbliebenenrenten-Zusatzversicherung RV 36 ff., 93, 95
Hinweispflichten des Versicherers während der Vertragslaufzeit 1 ALB 1986 155 ff.
– Einzelfälle **1 ALB 1986** 157
– Vertragsverhandlungen **1 ALB 1986** 156
– Verwendung neuer Versicherungsbedingungen im Neugeschäft **1 ALB 1986** 155

2037

Register
fette Zahlen = §§; fette Großbuchst. = Teile d. Einl./KollLV

AILV = Teil 6 P; **ALB 1986** = Teil 4 B; **ALB 2006** = Teil 5 B; **ALB 2008** = Teil 6 A; **AltZertG** (RVAltZertG/FRVAltZertG) = Teil 6 H; **AUZ** = Teil 6 M; **BasisRV** = Teil 6 G; **BUZ** = Teil 6 B; **BV** = Teil 6 D; **Einl. A–H** = Teil 2 A–H; **FLV/FRV** = Teil 6 I; **KollLV A–D** = Teil 7 A–D; **MindZV** = Teil 3 D; **PLV** = Teil 6 O; **PRZ** = Teil 6 E; **RiV** = Teil 6 J; **RLV** = Teil 6 L; **RV** = Teil 6 F; **UZV** = Teil 6 C; **VML** = Teil 6 K; **VVG** 1908/2007 = Teil 3 A; **VVG 2008** = Teil 3 B; **VVG-InfoV** = Teil 3 C; **VVSL** = Teil 6 N

Identifizierung des Kunden gemäß GwG 3 ALB 2006 18 ff.
Identifizierungs- und Anzeigepflichten des GwG 3 ALB 2008 62 ff.
- allgemeine Sorgfaltspflichten **3 ALB 2008** 64 f.
- Ausgangslage **3 ALB 2008** 62
- Geldwäschebeauftragter **3 ALB 2008** 66
- Sanktionen **3 ALB 2008** 67
- Ziel und Neuerungen **3 ALB 2008** 63
IndexPolice RV 44 f.
Infektionsklausel (§ 3 Abs. 2 lit. i UZV 2008) **UZV** 29 ff.
- Angemessenheitskontrolle **UZV** 30
- Beweislast **UZV** 32
- Inhalt der Klausel **UZV** 31
- Inhaltskontrolle **UZV** 29 f.
- Transparenzgebot **UZV** 29
Information des Versicherungsnehmers vor Vertragsabschluss 3 ALB 2008 14 ff.
- Informationserteilung **3 ALB 2008** 14
- Modellrechnung **3 ALB 2008** 19
- Pflichten **3 ALB 2008** 14 ff.
- Produktinformationsblatt **3 ALB 2008** 17 f.
- rechtzeitige Mitteilung i. S. v. § 7 Abs. 1 VVG 2008 **3 ALB 2008** 20 ff.
- Textform **3 ALB 2008** 15
- Verzicht **3 ALB 2008** 16
Informationspflichten gemäß VAG 3 ALB 2006 6 ff.
- Ausgangslage **3 ALB 2006** 6 ff.
- culpa in contrahendo **3 ALB 2006** 15 ff.
- Form **3 ALB 2006** 11 ff.
- Informationsberechtigter **3 ALB 2006** 9 f.
- Rechtsfolgen der Verletzung von Informationspflichten **3 ALB 2006** 14 ff.
- Sittenwidrigkeit **3 ALB 2006** 14
Inhaberklausel (§ 12 ALB 2008)
- Abgrenzung **12 ALB 2008** 26
- Befreiungs- oder Liberationswirkung **12 ALB 2008** 6
- Befugnis des Inhabers des Versicherungsscheins **12 ALB 2008** 8
- Beweislast **12 ALB 2008** 27
- einfache Fahrlässigkeit **12 ALB 2008** 25
- Fassung **12 ALB 2008** 1 ff.
- grobe Fahrlässigkeit **12 ALB 2008** 22 f.
- Inhaber des Versicherungsscheins **12 ALB 2008** 9 ff.

- Inhalt der Inhaberklausel **12 ALB 2008** 6 ff.
- Inhaltskontrolle **12 ALB 2008** 5
- Leistungsbefreiung des Versicherers **12 ALB 2008** 18 ff.
- Nachweis der Verfügungsberechtigung **12 ALB 2008** 16 f.
- Nichtinanspruchnahme der Inhaberklausel **12 ALB 2008** 7
- positive Kenntnis des LVU **12 ALB 2008** 21
- Rechtsmissbrauch **12 ALB 2008** 24
- Verfügungsbefugnis des Inhabers des Versicherungsscheins **12 ALB 2008** 12 ff.
- Verlust des Versicherungsscheins **12 ALB 2008** 28 ff.
- Vorrang des § 1812 BGB **12 ALB 2008** 20
Inhaltskontrolle von Allgemeinen Versicherungsbedingungen Einl. F 1 ff.
- Allgemeine Versicherungsbedingungen als AGB **Einl. F** 3 ff.; siehe auch dort
- Antragsvordrucke **Einl. F** 12
- Auslegung von Allgemeinen Versicherungsbedingungen **Einl. F** 20 ff.
- Ausnahme Preisangebot **Einl. F** 26
- Besondere Bedingungen **Einl. F** 9
- Einbeziehung von AVB **Einl. F** 16 f.
- Einzelfälle **Einl. F** 23, 27 f., 34 ff.
- Geschäftspläne **Einl. F** 4
- Hauptversicherungsbedingungen **Einl. F** 5 f.
- Inhaltskontrolle nach §§ 9–11 AGBG (jetzt: §§ 307 Abs. 1 und 2, 308, 309 BGB) **Einl. F** 29 ff.
- interne Richtlinien **Einl. F** 15
- Klauseln **Einl. F** 10
- Klauselverbote gemäß § 10 AGBG **Einl. F** 47 ff.
- Klauselverbote gemäß § 11 AGBG **Einl. F** 51 ff.
- kontrollfähige Leistungsbeschreibung **Einl. F** 25
- Maklerbedingungen **Einl. F** 14
- Merkblätter **Einl. F** 7
- Nichteinbeziehung von Überraschungsklauseln **Einl. F** 18
- Sammelklage **Einl. F** 66
- Satzungsbestimmungen **Einl. F** 3
- Tarifbestimmungen **Einl. F** 13
- Teilunwirksamkeit **Einl. F** 33

2038

magere Zahlen = Rdn.

Register

AILV = Teil 6 P; **ALB 1986** = Teil 4 B; **ALB 2006** = Teil 5 B; **ALB 2008** = Teil 6 A; **AltZertG** (RVAltZertG/FRVAltZertG) = Teil 6 H; **AUZ** = Teil 6 M; **BasisRV** = Teil 6 G; **BUZ** = Teil 6 B; **BV** = Teil 6 D; **Einl. A–H** = Teil 2 A–H; **FLV/FRV** = Teil 6 I; **KollLV A–D** = Teil 7 A–D; **MindZV** = Teil 3 D; **PLV** = Teil 6 O; **PRZ** = Teil 6 E; **RiV** = Teil 6 J; **RLV** = Teil 6 L; **RV** = Teil 6 F; **UZV** = Teil 6 C; **VML** = Teil 6 K; **VVG 1908/2007** = Teil 3 A; **VVG 2008** = Teil 3 B; **VVG-InfoV** = Teil 3 C; **VVSL** = Teil 6 N

- Transformierung des AGB-Gesetzes **Einl. F** 1
- Umfang der Inhaltskontrolle **Einl. F** 24 ff.
- Unklarheitenregel **Einl. F** 19 ff.
- Unterlassungs- und Widerrufsanspruch gemäß § 1 UKlaG **Einl. F** 59 ff.; siehe auch dort
- Verstoß gegen das Transparenzgebot **Einl. F** 31 f.
- Vorrang der gesetzlichen Vorschriften **Einl. F** 24
- Zusatzbedingungen **Einl. F** 7 f.

Innere Unruhen als Ausschlusstatbestand (§ 3 Satz 2 lit. b Alt. 2 BUZ) 3 BUZ 26 ff.
- Begriff der inneren Unruhen **3 BUZ** 28
- Beweislast **3 BUZ** 30
- Sinn und Zweck des Ausschlusses **3 BUZ** 27
- Teilnahme des Versicherten **3 BUZ** 29

Insolvenzanfechtung 13 ALB 2008 375 ff.
- anfechtbare Rechtshandlung **13 ALB 2008** 376, 384, 389
- Aussonderungsrecht gemäß § 47 InsO **13 ALB 2008** 399
- Begriff der unentgeltlichen Leistung **13 ALB 2008** 395
- Beweislast **13 ALB 2008** 387, 393
- Gegenstand des Anfechtungsanspruchs **13 ALB 2008** 396
- Gläubigerbenachteiligung **13 ALB 2008** 379
- Grundsatz **13 ALB 2008** 375
- inkongruente Deckung **13 ALB 2008** 383 ff.
- Kenntnis des Gläubigers **13 ALB 2008** 386, 392
- kongruente Deckung **13 ALB 2008** 380 ff.
- Rechtshandlungen **13 ALB 2008** 376 ff.
- selbständige Rechtshandlung **13 ALB 2008** 378
- unentgeltliche Leistung **13 ALB 2008** 394 ff.
- Vornahme der Rechtshandlung **13 ALB 2008** 377
- Vorsatz des Schuldners **13 ALB 2008** 390 f.
- vorsätzliche Benachteiligung **13 ALB 2008** 388 ff.

- Zahlungsunfähigkeit **13 ALB 2008** 385
- Zeitpunkt der Vornahme der Rechtshandlung **13 ALB 2008** 397 f.

Insolvenzverfahren über das Vermögen des Versicherungsnehmers 13 ALB 2008 325 ff.
- abgesonderte Befriedigung **13 ALB 2008** 354
- Absonderungsrecht **13 ALB 2008** 350
- Abtretung der Todesfallansprüche **13 ALB 2008** 349
- Abwicklungsverhältnis **13 ALB 2008** 329
- Anwendbarkeit des § 1 Abs. 2 Satz 1 BetrAVG **13 ALB 2008** 356
- Anwendbarkeit des § 2 Abs. 2 Satz 4–6 BetrAVG **13 ALB 2008** 357, 363
- aufschiebend bedingte Abtretung **13 ALB 2008** 351
- Aussonderungsrecht des Arbeitnehmers **13 ALB 2008** 359 f., 361, 369
- Beachtung des Verwaltungs- und Verfügungsrechts des Insolvenzverwalters **13 ALB 2008** 340
- Bemessungsgrundlage des Vergütungsanspruchs des Insolvenzverwalters **13 ALB 2008** 334
- Beobachtungspflicht des LVU **13 ALB 2008** 335 f.
- eingeschränkt unwiderrufliches Bezugsrecht **13 ALB 2008** 364 ff.
- Eintritt der Unverfallbarkeit **13 ALB 2008** 355
- Entzug des Bezugsrechts **13 ALB 2008** 368
- Inhalt des eingeschränkt unwiderruflichen Bezugsrechts **13 ALB 2008** 366
- Insolvenzmasse **13 ALB 2008** 325 f.
- insolvenzrechtliche Wirksamkeit der Sicherung **13 ALB 2008** 353
- Kündigung **13 ALB 2008** 362
- Leistungen an den Schuldner **13 ALB 2008** 337 ff.
- Leistungen nach der amtlichen Bekanntmachung **13 ALB 2008** 339
- Leistungen vor der amtlichen Bekanntmachung **13 ALB 2008** 338
- Pflichten des Versicherers vor und nach Eröffnung des Insolvenzverfahrens **13 ALB 2008** 335 ff.
- Rechte des Insolvenzverwalters **13 ALB 2008** 325 ff.

2039

Register

fette Zahlen = §§; fette Großbuchst. = Teile d. Einl./KolILV

AILV = Teil 6 P; **ALB 1986** = Teil 4 B; **ALB 2006** = Teil 5 B; **ALB 2008** = Teil 6 A; **AltZertG** (RVAltZertG/FRVAltZertG) = Teil 6 H; **AUZ** = Teil 6 M; **BasisRV** = Teil 6 G; **BUZ** = Teil 6 B; **BV** = Teil 6 D; **Einl.** A–H = Teil 2 A–H; **FLV/FRV** = Teil 6 I; **KollLV A–D** = Teil 7 A–D; **MindZV** = Teil 3 D; **PLV** = Teil 6 O; **PRZ** = Teil 6 E; **RiV** = Teil 6 J; **RLV** = Teil 6 L; **RV** = Teil 6 F; **UZV** = Teil 6 C; **VML** = Teil 6 K; **VVG** 1908/2007 = Teil 3 A; **VVG 2008** = Teil 3 B; **VVG-InfoV** = Teil 3 C; **VVSL** = Teil 6 N

- Rechte des Pfandgläubigers **13 ALB 2008** 346
- Rechte des Pfändungsgläubigers **13 ALB 2008** 352 ff.
- Rechte des unwiderruflich Bezugsberechtigten **13 ALB 2008** 343 ff.
- Rechte des widerruflich Bezugsberechtigten **13 ALB 2008** 341 f.
- Rechte des Zessionars **13 ALB 2008** 347 ff.
- Rechtslage bei Direktversicherungen **13 ALB 2008** 355 ff.
- Rechtslage bei Rückdeckungsversicherungen **13 ALB 2008** 373 f.
- Sicherungsabtretung **13 ALB 2008** 348 ff.
- unbelastete Rückdeckungsversicherung **13 ALB 2008** 373
- unwiderrufliches Bezugsrecht **13 ALB 2008** 361 ff.
- Verfügungsbeschränkungen **13 ALB 2008** 370 ff.
- Vergütungsanspruch des Insolvenzverwalters **13 ALB 2008** 330 ff.
- verpfändete Rückdeckungsversicherung **13 ALB 2008** 374
- versprochene Versicherungsleistungen **13 ALB 2008** 367
- Verwaltungs- und Verfügungsrecht des Insolvenzverwalters **13 ALB 2008** 327 f.
- Verwertung des Rückkaufswerts **13 ALB 2008** 331 f.
- Verwertungskostenpauschale **13 ALB 2008** 333
- Vollzession **13 ALB 2008** 347
- Widerruf des widerruflichen Bezugsrechts **13 ALB 2008** 358
- widerrufliches Bezugsrecht **13 ALB 2008** 355 ff.

Interne Richtlinien Einl. F 15
Invaliditätszusatzversicherung 2 BUZ 36 ff.
Invitatiomodell 3 ALB 2008 27
Irreführende Werbung Einl. E 203

Jährliche Unterrichtung bei Versicherungen mit Überschussbeteiligung
(§ 155 VVG 2008)
- Regierungsbegründung **VVG 2008** 52
- Unterrichtung des Versicherungsnehmers **VVG 2008** 53

Jahressteuergesetz 2009 Einl. D 29 ff.
- Einmalbeitragsversicherungen **Einl. D** 31
- laufende Beitragszahlung **Einl. D** 30
- Mindesttodesfallschutz **Einl. D** 29

Kalkulation des Beitrags 7 ALB 2008 2 f.
Kapitalanlagevorschriften Einl. G 11 f.
Kapitalaufnahmeerleichterungsgesetz (KapAEG) Einl. B 6
Kapitalertragsteuer 9 ALB 1986 51 ff.
- Entwicklung der Kapitalertragsteuer **9 ALB 1986** 51 ff.
- Kapitalertragsteuer-Bescheinigung gemäß § 45 a Abs. 2 EStG **9 ALB 1986** 66
- Zeitpunkt der Erhebung der Kapitalertragsteuer **9 ALB 1986** 65

Kapitalgesellschaften- und Co-Richtlinie-Gesetz (KapCoRiLiG) Einl. B 7
Kapitalversicherung auf den Heiratsfall, Aussteuerversicherung 1 ALB 2008 28 ff.
- Absicherung **1 ALB 2008** 33
- Auskunftsanspruch **1 ALB 2008** 34
- Ausstattungsversprechen **1 ALB 2008** 32 f.
- Beitragszahlungspflicht **1 ALB 2008** 29
- Fälligkeit **1 ALB 2008** 30
- Inhalt des Ausstattungsversprechens **1 ALB 2008** 32
- Kündigung **1 ALB 2008** 31
- Rechtsmissbrauch **1 ALB 2008** 35
- Tarif Altbestand **1 ALB 2008** 28

Kapitalversicherung auf den Todes- und Erlebensfall 1 ALB 2008 2 ff.
- Kombination Kapitalversicherung mit Festdarlehen **1 ALB 2008** 5 ff.; siehe auch dort
- Kreditsicherung **1 ALB 2008** 3
- Kredittilgung **1 ALB 2008** 4
- mit steigenden Beiträgen **Vorb. ALB 1986** 16
- mit Teilauszahlung **1 ALB 2008** 24
- Verkauf von Krediten **1 ALB 2008** 23
- Zweck der Versicherung **1 ALB 2008** 2
- von zwei Personen **1 ALB 2008** 25 f.

Kapitalversicherung mit festem Auszahlungszeitpunkt, Termfixversicherung 1 ALB 2008 27
Kapitalwahlrecht in der Rentenversicherung RV 31 ff.

2040

magere Zahlen = Rdn.

Register

AILV = Teil 6 P; **ALB 1986** = Teil 4 B; **ALB 2006** = Teil 5 B; **ALB 2008** = Teil 6 A; **AltZertG** (RVAltZertG/FRVAltZertG) = Teil 6 H; **AUZ** = Teil 6 M; **BasisRV** = Teil 6 G; **BUZ** = Teil 6 B; **BV** = Teil 6 D; Einl. **A–H** = Teil 2 A–H; **FLV/FRV** = Teil 6 I; **KollLV A–D** = Teil 7 A–D; **MindZV** = Teil 3 D; **PLV** = Teil 6 O; **PRZ** = Teil 6 E; **RiV** = Teil 6 J; **RLV** = Teil 6 L; **RV** = Teil 6 F; **UZV** = Teil 6 C; **VML** = Teil 6 K; **VVG 1908/2007** = Teil 3 A; **VVG 2008** = Teil 3 B; **VVG-InfoV** = Teil 3 C; **VVSL** = Teil 6 N

- Abtretung von Ansprüchen **RV** 34
- Auskunft **RV** 35
- Ausübung **RV** 33
- Inhalt **RV** 31
Kartellaufsicht Einl. H 1 ff.
- Auswirkungen des EG-Kartellrechts auf das nationale Verfahrensrecht **Einl. H** 12
- Freistellung vom Kartellverbot **Einl. H** 2 ff.
- Grundsatz des Geheimwettbewerbs **Einl. H** 13
- GVO-Novelle **Einl. H** 25 ff.
- Informationsaustausch **Einl. H** 13 f.
- kartellrechtlich erhebliche Verhaltensweisen **Einl. H** 13 ff.
- Kartellverbot mit Erlaubnisvorbehalt **Einl. H** 1
- Legalitätspflicht **Einl. H** 14
- Mitversicherung **Einl. H** 16 ff.
- Organhaftungsansprüche **Einl. H** 14
- Rangverhältnis **Einl. H** 11
- Reputationsschäden **Einl. H** 14
- Umsatzsteuerfreiheit der Führungsprovision **Einl. H** 24
- unverbindliche Empfehlungen der Versichererverbände **Einl. H** 15
- Verordnung (EWG) Nr. 1534/91 **Einl. H** 2 f.
- Verordnung (EWG) Nr. 3932/92 **Einl. H** 4 f.
- Verordnung (EG) Nr. 358/2003 **Einl. H** 6 ff.
- Verordnung (EG) Nr. 1/2003 **Einl. H** 10
- Vorrang des EG-Kartellrechts **Einl. H** 1 ff.
- Zulässigkeit der Mitversicherung **Einl. H** 20 ff.
- Zurechnung kartellrechtswidrigen Verhaltens **Einl. H** 14
- Zustandekommen der Mitversicherung **Einl. H** 16 ff.
Kenntnis und Verhalten der versicherten Person (§ 161 VVG; § 156 VVG 2008), Regierungsbegründung **VVG 2008** 54
Klärung der Leistungspflicht durch den Versicherer 9 ALB 1986 19 ff.
- Ableben **9 ALB 1986** 12
- Anstellen von Erhebungen **9 ALB 1986** 22 f.
- Einwilligung in Obduktion und Exhumierung **9 ALB 1986** 25

- Kostentragungspflicht **9 ALB 1986** 28 f.
- Leichenöffnung und Exhumierung **9 ALB 1986** 24 f.
- Nachweis der letzten Beitragszahlung **9 ALB 1986** 18
- Prüfung der Anspruchsberechtigung **9 ALB 1986** 19
- Todesursache **9 ALB 1986** 13
- Verbleib der Nachweise **9 ALB 1986** 26 f.
- Verlangen nach weiteren Nachweisen **9 ALB 1986** 20 f.
- Vorlage des Versicherungsscheins **9 ALB 1986** 14 ff.
Klauselersetzungsverfahren gemäß § 172 Abs. 2 VVG 10 ALB 2006 39 ff.
- Ausgangslage **10 ALB 2006** 39
- ergänzende Vertragsauslegung **10 ALB 2006** 48 ff.
- Ergänzung durch den Versicherer **10 ALB 2006** 44
- gesetzliche Vorschriften **10 ALB 2006** 46
- Grundsatz **10 ALB 2006** 40
- Notwendigkeit der Ergänzung **10 ALB 2006** 41 ff.
- richterliche Kontrolle **10 ALB 2006** 45
- Wegfall der Abschlusskostenverrechnungsklausel **10 ALB 2006** 47
- Wirksamkeit der Ergänzung **10 ALB 2006** 45 f.
Kleinlebensversicherung Vorb. ALB 1986 44 ff.
- Formen der Kleinlebensversicherung **Vorb. ALB 1986** 44
- Musterbedingungen **Vorb. ALB 1986** 45
- Tarifbeschreibung **Vorb. ALB 1986** 46
Kollektivlebensversicherung
- Direktversicherung **KollLV C** 1 ff.
- Gehaltsumwandlungsversicherung **KollLV D** 1 ff.
- Gruppen- und Sammelversicherung **KollLV A** 1 ff.
- Rückdeckungsversicherung **KollLV B** 1 ff.
Kombination Kapitalversicherung mit Festdarlehen 1 ALB 2008 5 ff.
- Angabe der Kosten für die Kapitallebensversicherung **1 ALB 2008** 19
- Aufklärungspflicht des Kreditinstituts **1 ALB 2008** 9 ff.

2041

Register

fette Zahlen = §§; fette Großbuchst. = Teile d. Einl./KollLV

AILV = Teil 6 P; **ALB 1986** = Teil 4 B; **ALB 2006** = Teil 5 B; **ALB 2008** = Teil 6 A; **AltZertG** (RVAltZertG/FRVAltZertG) = Teil 6 H; **AUZ** = Teil 6 M; **BasisRV** = Teil 6 G; **BUZ** = Teil 6 B; **BV** = Teil 6 D; **Einl. A–H** = Teil 2 A–H; **FLV/FRV** = Teil 6 I; **KollLV A–D** = Teil 7 A–D; **MindZV** = Teil 3 D; **PLV** = Teil 6 O; **PRZ** = Teil 6 E; **RiV** = Teil 6 J; **RLV** = Teil 6 L; **RV** = Teil 6 F; **UZV** = Teil 6 C; **VML** = Teil 6 K; **VVG** 1908/2007 = Teil 3 A; **VVG 2008** = Teil 3 B; **VVG-InfoV** = Teil 3 C; **VVSL** = Teil 6 N

- Aufklärungspflicht des Versicherers 1 **ALB 2008** 15 ff.
- Aufklärungspflichten gegenüber dem Kreditnehmer 1 **ALB 2008** 9 ff.
- aufsichtsrechtliche Vorgaben 1 **ALB 2008** 6 ff.
- Effektivzinsberechnung 1 **ALB 2008** 20 ff.
- Koppelung 1 **ALB 2008** 5
- Preisangaben im Darlehensvertrag 1 **ALB 2008** 19 ff.

Kombi-Rente RV 50
Kommission zur Reform des Versicherungsvertragsrechts VVG 2008 5 ff.
- Ausgangslage **VVG 2008** 1 ff.
- Einsetzung **VVG 2008** 5
- Entwurf der Kommission zur Reform des Versicherungsvertragsrechts (§§ 142–169 E-VVG) **VVG 2008** 12a
- Referentenentwurf vom 13.3.2006 **VVG 2008** 24
- Vorschläge der Reformkommission **VVG 2008** 7 ff.
- Zwischen- und Abschlussbericht **VVG 2008** 6

Konsortialverträge KollLV A 16 ff.
Kostenklausel (§ 14 **ALB 1986**)
- Fassung 14 **ALB 1986** 1 ff.
- In-Rechnung-Stellung von Kosten und Gebühren 14 **ALB 1986** 6 ff.
- Preisangabenverordnung 14 **ALB 1986** 5
- Verhältnis zum VAG 14 **ALB 1986** 4

Kostenklausel (§ 15 **ALB 2008**)
- Ausfertigungsgebühren 15 **ALB 2008** 6
- Einordnung der Aufwendungsersatzansprüche 15 **ALB 2008** 8
- Hebegebühren 15 **ALB 2008** 7
- Inhaltskontrolle 15 **ALB 2008** 3 ff.
- Rechtsvergleich mit den Nebenentgelten der Banken 15 **ALB 2008** 3 f.
- Rücklastschrift 15 **ALB 2008** 5
- Zulässigkeit der Entgelte 15 **ALB 2008** 5 ff.
- Zweck der Klausel 15 **ALB 2008** 2

Kraftfahrzeugrennen (§ 3 Satz 2 lit. d BUZ) 3 **BUZ** 45 ff.
- Beteiligung an Fahrtveranstaltungen 3 **BUZ** 48
- Einzelfälle 3 **BUZ** 49
- höchstmögliche Geschwindigkeit 3 **BUZ** 48
- Rechtsnatur 3 **BUZ** 47

- Übungsfahrten 3 **BUZ** 50 f.
- Zweck der Regelung 3 **BUZ** 46

Krankentagegeldversicherung 2 **BUZ** 26 ff.
- Berufsunfähigkeit 2 **BUZ** 31 f.
- Versicherungsfähigkeit 2 **BUZ** 30
- Versicherungsfall 2 **BUZ** 28 f.
- Versicherungsschutz wegen Arbeitsunfähigkeit 2 **BUZ** 27
- Wesensmerkmale 2 **BUZ** 26

Kriegsereignisse als Ausschlusstatbestand (§ 3 Satz 2 lit. b Alt. 1 BUZ) 3 **BUZ** 19 ff.
- Begriff des Kriegsereignisses 3 **BUZ** 21 ff.
- Beweislast 3 **BUZ** 25
- Kausalität 3 **BUZ** 24
- Sinn und Zweck der Kriegsklausel 3 **BUZ** 20

Kriegsklausel (§ 4 **ALB 2008**)
- Auslandsklausel 4 **ALB 2008** 33 ff.
- Ausschluss des Kriegsrisikos 4 **ALB 2008** 14 ff.
- Ausschluss von Terrorrisiken 4 **ALB 2008** 7
- Ausschlussklausel für den vorsätzlichen Einsatz von ABC-Waffen/-Stoffen 4 **ALB 2008** 8 ff.
- Ausübung des Wehr- oder Polizeidienstes 4 **ALB 2008** 20 f.
- Bedingungsvergleich 4 **ALB 2008** 12
- Beschränkung der Leistungspflicht bei kriegerischen Ereignissen 4 **ALB 2008** 26 ff.
- Entwicklung der Kriegsversicherung 4 **ALB 2008** 15
- Fassung 4 **ALB 2008** 1 ff.
- Grundgedanke 4 **ALB 2008** 14
- Historie 4 **ALB 2008** 1 ff.
- innere Unruhen 4 **ALB 2008** 22 ff.
- kriegerische Ereignisse 4 **ALB 2008** 26 ff.
- Leistungsbeschreibung 4 **ALB 2008** 13
- Leistungspflicht des Versicherers 4 **ALB 2008** 19 ff., 30 f.
- Regelungsgegenstand und -zweck 4 **ALB 2008** 13 ff.
- Todesursache 4 **ALB 2008** 19
- Versicherbarkeit politischer Gefahren 4 **ALB 2008** 16 ff.
- Versicherungsschutz für Auslandsaufenthalte 4 **ALB 2008** 32 ff.

2042

magere Zahlen = Rdn.

Register

AILV = Teil 6 P; **ALB 1986** = Teil 4 B; **ALB 2006** = Teil 5 B; **ALB 2008** = Teil 6 A;
AltZertG (RVAltZertG/FRVAltZertG) = Teil 6 H; **AUZ** = Teil 6 M; **BasisRV** = Teil 6 G;
BUZ = Teil 6 B; **BV** = Teil 6 D; **Einl. A–H** = Teil 2 A–H; **FLV/FRV** = Teil 6 I; **KollLV
A–D** = Teil 7 A–D; **MindZV** = Teil 3 D; **PLV** = Teil 6 O; **PRZ** = Teil 6 E; **RiV** = Teil 6 J;
RLV = Teil 6 L; **RV** = Teil 6 F; **UZV** = Teil 6 C; **VML** = Teil 6 K; **VVG** 1908/2007 =
Teil 3 A; **VVG 2008** = Teil 3 B; **VVG-InfoV** = Teil 3 C; **VVSL** = Teil 6 N

Kündigung des Versicherers (§ 166
VVG 2008)
– Beschlussempfehlung des Rechtsausschusses **VVG 2008** 65
– Regierungsbegründung **VVG 2008** 64
Kündigung des Versicherungsnehmers
(§ 168 VVG 2008)
– Ausschluss der ordentlichen Kündigung **VVG 2008** 72
– Beschlussempfehlung des Rechtsausschusses **VVG 2008** 70 f.
– Regierungsbegründung **VVG 2008** 69
Kündigungsrecht des Versicherungsnehmers (§ 165 VVG)
– Ausschluss des Kündigungsrechts bei VVaG **165 VVG** 6
– Ausschluss des Kündigungsrechts zum Schutz des Altersvorsorgevermögens **165 VVG** 7 ff.
– Ausschluss des Rückkaufs **165 VVG** 14
– Basisrente gemäß § 10 Abs. 1 Nr. 2 lit. b EStG **165 VVG** 11
– beitragsfreie Versicherung **165 VVG** 15
– Beschränkung des Kündigungsrechts bei Risikorentenversicherungen **165 VVG** 13 ff.
– Fassung **165 VVG** 1 ff.
– Kündigungsrecht des Versicherungsnehmers **165 VVG** 5
– Riester-Verträge **165 VVG** 12
– Vermögen i.S.d. § 12 Abs. 1 SGB II **165 VVG** 16
– Verwertungsausschluss bei privaten Lebensversicherungen **165 VVG** 7 ff.
– Verwertungsausschluss bei staatlich geförderten Altersvorsorgeverträgen **165 VVG** 10 ff.
– vorzeitige Beendigung **165 VVG** 14 ff.
Kündigung des Versicherungsvertretervertrages durch den Versicherer
Einl. E 228 ff.
– Abmahnung **Einl. E** 231
– Fehlverhalten einer Hilfsperson **Einl. E** 229
– Frist **Einl. E** 230
– wichtiger Grund **Einl. E** 228
Kündigungs- und Beitragsfreistellungsklausel (§ 4 ALB 1986)
– Anfechtung wegen Irrtums **4 ALB 1986** 73 f.

– Anrechnung von Lebensversicherungen bei der Gewährung von Arbeitslosenhilfe oder Sozialhilfe **4 ALB 1986** 4 ff.
– Auskunftsanspruch des Versicherungsnehmers **4 ALB 1986** 71
– Auskunftspflicht des Versicherungsunternehmens **4 ALB 1986** 71 ff.
– Auslegung der Kündigungserklärung **4 ALB 1986** 33
– Auszahlung der Rückvergütung **4 ALB 1986** 38 ff.
– Berechtigter **4 ALB 1986** 21 ff. (Kündigung), 61 (Umwandlung); siehe auch dort
– Errechnung der beitragsfreien Versicherungssumme **4 ALB 1986** 67
– Bestimmtheit der Kündigungserklärung **4 ALB 1986** 32
– Fälligkeit **4 ALB 1986** 37
– Fassung **4 ALB 1986** 59
– Form und Frist **4 ALB 1986** 30 f. (Kündigung), 62 f. (Umwandlung)
– Fortführung als beitragsfreie Versicherung **4 ALB 1986** 67 f.
– Fortführung einer gekündigten Lebensversicherung **4 ALB 1986** 58
– Haftung bei fehlerhafter Auskunft **4 ALB 1986** 72
– Höhe der Rückvergütung **4 ALB 1986** 42 ff.
– Inhalt der Kündigungserklärung **4 ALB 1986** 32 f.
– Inhalt der Umwandlungserklärung **4 ALB 1986** 64
– Inhaltskontrolle **4 ALB 1986** 3
– Kündigungsrecht des Versicherers **4 ALB 1986** 19
– Kündigung durch den Versicherungsnehmer **4 ALB 1986** 20 ff.
– Mindestvertragszeit **4 ALB 1986** 41
– Rechtsfolgen der Kündigung **4 ALB 1986** 36 ff.
– Rechtsfolgen des Umwandlungsverlangens **4 ALB 1986** 66 ff.
– Rückkauf **4 ALB 1986** 68
– Rückvergütungsrecht **4 ALB 1986** 39 f.
– Rückzahlung der Beiträge **4 ALB 1986** 70
– Streitwert bei Auskunftsklage **4 ALB 1986** 75
– Überzahlung des Versicherungsnehmers **4 ALB 1986** 47

2043

Register

fette Zahlen = §§; fette Großbuchst. = Teile d. Einl./KollLV

> **AILV** = Teil 6 P; **ALB 1986** = Teil 4 B; **ALB 2006** = Teil 5 B; **ALB 2008** = Teil 6 A;
> **AltZertG** (RVAltZertG/FRVAltZertG) = Teil 6 H; **AUZ** = Teil 6 M; **BasisRV** = Teil 6 G;
> **BUZ** = Teil 6 B; **BV** = Teil 6 D; **Einl. A–H** = Teil 2 A–H; **FLV/FRV** = Teil 6 I; **KollLV
> A–D** = Teil 7 A–D; **MindZV** = Teil 3 D; **PLV** = Teil 3 O; **PRZ** = Teil 5 E; **RiV** = Teil 6 J;
> **RLV** = Teil 6 L; **RV** = Teil 6 F; **UZV** = Teil 6 C; **VML** = Teil 6 K; **VVG** 1908/2007 =
> Teil 3 A; **VVG 2008** = Teil 3 B; **VVG-InfoV** = Teil 3 C; **VVSL** = Teil 6 N

- Umdeutung der Kündigungserklärung 4 **ALB 1986** 34
- Umwandlung aufgrund Verlangens des Versicherungsnehmers 4 **ALB 1986** 59 ff.
- Unterrichtung der Versicherungsnehmer über ihre Garantiewerte 4 **ALB 1986** 52 ff.
- verbesserte Garantiewerte 4 **ALB 1986** 48 ff.
- Vertragsbeendigung 4 **ALB 1986** 36
- VVG 2008 4 **ALB 1986** 2
- Wiederherstellung der Lebensversicherung 4 **ALB 1986** 69
- Zinsbesteuerung 4 **ALB 1986** 46
- Zugang der Kündigungserklärung 4 **ALB 1986** 35
- Zugang der Umwandlungserklärung 4 **ALB 1986** 65

Kündigungs- und Beitragsfreistellungsklausel (§ 6 ALB 1994)
- Ausgangslage 9 **ALB 2006** 12 ff.
- Anwendung des § 172 Abs. 2 VVG 9 **ALB 2006** 12 ff.
- Auskunftsanspruch 9 **ALB 2006** 22
- Ersetzung der Kündigungs- und Beitragsfreistellungsklausel 9 **ALB 2006** 16 f.
- Ersetzung der Stornoklausel 9 **ALB 2006** 15
- Fassung 9 **ALB 2006** 4
- Geltung für VVaG 9 **ALB 2006** 20
- Heilung des Transparenzmangels 9 **ALB 2006** 21
- Inhaltskontrolle bei Kündigungs- und Beitragsfreistellungsklausel 9 **ALB 2006** 5 ff.
- Inhaltskontrolle bei Stornoklausel als Teil der Kündigungs- und Beitragsfreistellungsklausel 9 **ALB 2006** 11
- Mindestrückkaufswert 9 **ALB 2006** 18 f.
- richterliche ergänzende Vertragsauslegung 9 **ALB 2006** 18 ff.
- Stornoklausel als Teil der Kündigungs- und Beitragsfreistellungsklausel 9 **ALB 2006** 11

Kündigungs- und Beitragsfreistellungsklausel (§ 9 ALB 2006)
- ALB 1994 9 **ALB 2006** 4 ff.
- ALB 2001 9 **ALB 2006** 23 ff.
- ALB 2006 9 **ALB 2006** 39 f.
- EG-Recht 9 **ALB 2006** 1
- Inhaltskontrolle 9 **ALB 2006** 25 ff.
- Vorteil der Regelung 9 **ALB 2006** 2
- VVG 2008 9 **ALB 2006** 3

Kündigungs- und Beitragsfreistellungsklausel (§ 9 ALB 2008)
- Anspruch auf Überschussbeteiligung 9 **ALB 2008** 9
- Berücksichtigung von Abschluss- und Vertriebskosten 9 **ALB 2008** 4
- Darlegungs- und Beweislast 9 **ALB 2008** 7
- Darstellung des Abzugs 9 **ALB 2008** 5
- Erstattung des Rückkaufswerts 9 **ALB 2008** 3
- Grenzen des Abzugs 9 **ALB 2008** 6
- Herabsetzung des Rückkaufswerts 9 **ALB 2008** 8
- Inhaltskontrolle 9 **ALB 2008** 1
- Kündigung des Versicherungsnehmers 9 **ALB 2008** 2
- Stornokosten 9 **ALB 2008** 5 ff.
- Zahlungsanspruch 9 **ALB 2008** 3 ff.

Lastschriftklausel 1 **ALB 1986** 113
Lastschriftverfahren 7 **ALB 2008** 11 ff.
Lebensversicherungen als Finanzdienstleistungsprodukte Einl. **E** 46
Lebensversicherung als Säule der privaten Altersvorsorge Einl. **C** 1 f.
Lebensversicherung in der betrieblichen Altersvorsorge Einl. **C** 3 ff.
Lebensversicherungsunternehmen unter Kartellaufsicht Einl. **H** 1 ff.
Leistungen des Versicherers in der Berufsunfähigkeitsversicherung (§ 172 VVG 2008)
- Definition der Berufsunfähigkeit **VVG 2008** 83
- Erbringung der Leistung **VVG 2008** 82
- Regierungsbegründung **VVG 2008** 81

Leistungsdarstellung in der Lebensversicherung 2 **ALB 2006** 22; **RV** 96
Leistungsfreiheit in der Berufsunfähigkeitsversicherung (§ 174 VVG 2008), Regierungsbegründung **VVG 2008** 87
Leistungsfreiheit des Versicherers gemäß § 12 Abs. 3 VVG 17 **ALB 2008** 28 ff.
- Ablehnung des Anspruchs 17 **ALB 2008** 37 ff.
- Beginn der Frist 17 **ALB 2008** 31 f.

magere Zahlen = Rdn.

Register

AILV = Teil 6 P; **ALB 1986** = Teil 4 B; **ALB 2006** = Teil 5 B; **ALB 2008** = Teil 6 A; **AltZertG** (RVAltZertG/FRVAltZertG) = Teil 6 H; **AUZ** = Teil 6 M; **BasisRV** = Teil 6 G; **BUZ** = Teil 6 B; **BV** = Teil 6 D; **Einl. A–H** = Teil 2 A–H; **FLV/FRV** = Teil 6 I; **KollLV A–D** = Teil 7 A–D; **MindZV** = Teil 3 D; **PLV** = Teil 6 O; **PRZ** = Teil 6 E; **RiV** = Teil 6 J; **RLV** = Teil 6 L; **RV** = Teil 6 F; **UZV** = Teil 6 C; **VML** = Teil 6 K; **VVG 1908/2007** = Teil 3 A; **VVG 2008** = Teil 3 B; **VVG-InfoV** = Teil 3 C; **VVSL** = Teil 6 N

- Empfänger der Ablehnung 17 **ALB 2008** 49 ff.
- Geltungsbereich 17 **ALB 2008** 30
- Leistungsfreiheit des Versicherers 17 **ALB 2008** 28 ff.
- Nichteintritt der Leistungsfreiheit 17 **ALB 2008** 63 ff.
- Rechtsbelehrung 17 **ALB 2008** 43 ff.
- Rechtsnatur 17 **ALB 2008** 29
- VVG 2008 17 **ALB 2008** 33 f.
- Zusatzbelehrung 17 **ALB 2008** 48
- Zweck des § 12 Abs. 3 VVG 17 **ALB 2008** 28

Luftfahrtrisiko als Ausschlussstatbestand (§ 3 Satz 2 lit. c BUZ) 3 **BUZ** 31 ff.
- Besatzungsmitglieder 3 **BUZ** 42
- Beweislast 3 **BUZ** 44
- Fluggast 3 **BUZ** 40 f.
- Inhaltskontrolle 3 **BUZ** 29
- Luftfahrten 3 **BUZ** 38
- Luftfahrzeuge 3 **BUZ** 37
- Propeller- oder Strahlflugzeug, Hubschrauber 3 **BUZ** 43
- Reise- oder Rundflug 3 **BUZ** 39
- Zweck der Bestimmung 3 **BUZ** 35

Makler Einl. E 66 f.
Makleragent/Maklermehrfachagent Einl. E 68
Maklerbedingungen Einl. F 14
Maklerverordnung Einl. E 11
MaRiskVA Einl. G 15
Marktwertversicherung 2 **BUZ** 38a
Mehrfachagent Einl. E 65
Meilensteine der nationalen Gesetzgebung Einl. B 1 ff.
Merkblätter Einl. F 11
Mindestrückkaufswert 9 **ALB 2006** 18 f.
Mindestzuführungsverordnung 16 **ALB 1986** 89b
- Mindestbeteiligungssatz **MindZV** 1
- quantitative Vorgaben für eine Mindestbeteiligung am Risiko-, Kosten und sonstigen Ergebnis **MindZV** 1

Mitteilungsklausel (§ 12 ALB 1986)
- Abgrenzung 12 **ALB 1986** 8 f.
- Einschränkung der Empfangsvollmacht 12 **ALB 1986** 7
- Fassung 12 **ALB 1986** 1 ff.
- Inhaltskontrolle 12 **ALB 1986** 6 ff.
- Mitteilungen des Versicherers 12 **ALB 1986** 26 ff.; siehe auch dort

- Mitteilungen des Versicherungsnehmers 12 **ALB 1986** 10 ff.; siehe auch dort
- Schriftform 12 **ALB 1986** 6

Mitteilungen des Versicherers 12 **ALB 1986** 26 ff.
- Anforderungen des § 80 AktG 12 **ALB 1986** 29
- Anscheinsbeweis für Zugang 12 **ALB 1986** 40
- Anzeigepflicht des Versicherungsnehmers 12 **ALB 1986** 34
- Anwendung des § 10 VVG 12 **ALB 1986** 36
- Auslandszustellung 12 **ALB 1986** 48
- Beweislast für Zugang beim Versicherungsnehmer 12 **ALB 1986** 39 ff.
- Briefkasten 12 **ALB 1986** 46
- eigenhändige Unterzeichnung 12 **ALB 1986** 30
- Einschreibebrief als Zugangsbeweis 12 **ALB 1986** 41
- Einwurf-Einschreiben 12 **ALB 1986** 43 f.
- Faksimile 12 **ALB 1986** 31 f.
- Form 12 **ALB 1986** 28 ff.
- Postschließfach 12 **ALB 1986** 45
- Schriftform 12 **ALB 1986** 28
- Übergabe-Einschreiben 12 **ALB 1986** 42
- Unterzeichnung der Mitteilung 12 **ALB 1986** 30 ff.
- Vertretung des LVU 12 **ALB 1986** 27
- Willenserklärungen 12 **ALB 1986** 26
- Zugang beim Versicherungsnehmer 12 **ALB 1986** 34 ff.
- Zugangserleichterungen 12 **ALB 1986** 34
- Zugangsvereitelung 12 **ALB 1986** 49
- Zustellung an GmbH i. L. 12 **ALB 1986** 37
- Zustellung durch Gerichtsvollzieher 12 **ALB 1986** 47
- Zustellungsbevollmächtigter 12 **ALB 1986** 38

Mitteilungen des Versicherungsnehmers 12 **ALB 1986** 10 ff.
- Anzeigen 12 **ALB 1986** 12
- Begriff 12 **ALB 1986** 10 ff.
- E-Mail 12 **ALB 1986** 19
- Fernschreibnetz 12 **ALB 1986** 20
- Form 12 **ALB 1986** 18 ff.
- Rechtswirksamkeit 12 **ALB 1986** 22 f.
- Telefax 12 **ALB 1986** 21

2045

Register

fette Zahlen = §§; fette Großbuchst. = Teile d. Einl./KollLV

AILV = Teil 6 P; **ALB 1986** = Teil 4 B; **ALB 2006** = Teil 5 B; **ALB 2008** = Teil 6 A; **AltZertG** (RVAltZertG/FRVAltZertG) = Teil 6 H; **AUZ** = Teil 6 M; **BasisRV** = Teil 6 G; **BUZ** = Teil 6 B; **BV** = Teil 6 D; **Einl. A–H** = Teil 2 A–H; **FLV/FRV** = Teil 6 I; **KollLV A–D** = Teil 7 A–D; **MindZV** = Teil 3 D; **PLV** = Teil 6 O; **PRZ** = Teil 6 E; **RiV** = Teil 6 J; **RLV** = Teil 6 L; **RV** = Teil 6 F; **UZV** = Teil 6 C; **VML** = Teil 6 K; **VVG** 1908/2007 = Teil 3 A; **VVG 2008** = Teil 3 B; **VVG-InfoV** = Teil 3 C; **VVSL** = Teil 6 N

– Vertretung des Versicherungsnehmers 12 **ALB 1986** 13 ff.
– Vertretung des Versicherungsnehmers durch Ehefrau 12 **ALB 1986** 17
– Vertretung des Versicherungsnehmers durch Makler 12 **ALB 1986** 13 ff.
– Willenserklärungen 12 **ALB 1986** 11
– Zugang beim Vermittler 12 **ALB 1986** 24 a f.
– Zugang beim Versicherer 12 **ALB 1986** 24 f.
– Zugang beim Vorstand des VU 12 **ALB 1986** 24
Mitternachtsregelung 3 **ALB 2008** 72
Mitversicherung Einl. H 16 ff.
Modellrechnung (§ 154 VVG 2008; § 3 ALB 2008) 3 **ALB 2008** 19
– Regierungsbegründung **VVG 2008** 50
– Zweck der Regelung **VVG 2008** 51
Mündelsicherheit der Rentenversicherung RV 8

Nachprüfung des Fortbestehens der Berufsunfähigkeit und ihres Grades (§ 6 Abs. 1 BUZ) 6 **BUZ** 9 ff.
– Befristung 6 **BUZ** 10
– Berücksichtigung neu erworbener beruflicher Fähigkeiten 6 **BUZ** 17 ff.
– Besserung des Gesundheitszustandes 6 **BUZ** 15 f.
– Beweislast 6 **BUZ** 20 f.
– Bindungswirkung des Leistungsanerkenntnisses 6 **BUZ** 9
– Darlegungslast des Versicherers 6 **BUZ** 20
– Darlegungslast des Versicherungsnehmers 6 **BUZ** 21
– Fortbestehen der Berufsunfähigkeit 6 **BUZ** 14
– Nachprüfungsrecht des Versicherers 6 **BUZ** 9 ff.
– Neubeurteilung 6 **BUZ** 11
– relevante Veränderung 6 **BUZ** 13
– überobligationsmäßiger Erwerb 6 **BUZ** 17
– unterlassene Verweisung 6 **BUZ** 12
– Zeitpunkt 6 **BUZ** 19
Neuabschluss eines Lebensversicherungsvertrages 3 **ALB 2008** 94
Neufestsetzung der Leistungen im Nachprüfungsverfahren (§ 6 Abs. 4 BUZ) 6 **BUZ** 26 ff.

– Begründung 6 **BUZ** 28
– Gesundheitsbesserung 6 **BUZ** 29
– Gutachtenvorlage 6 **BUZ** 30
– Mitteilung 6 **BUZ** 27 ff.
– Nachholung 6 **BUZ** 33
– Nachvollziehbarkeit 6 **BUZ** 28 ff.
– neu erworbene berufliche Fähigkeiten 6 **BUZ** 31
– rechtlicher Hinweis 6 **BUZ** 35
– Umorganisation 6 **BUZ** 32
– unzureichende Mitteilung 6 **BUZ** 34
– Wirksamwerden der Neufestsetzung 6 **BUZ** 36
Neufestsetzung der Prämie und der Überschussbeteiligung; Ersetzung unwirksamer ALB 86-Klauseln (§ 172 VVG)
– Änderung der Bestimmungen zur Überschussbeteiligung (§ 172 Abs. 1 Satz 2 VVG) **172 VVG** 4
– Allgemeines **172 VVG** 1, 32 ff.
– Anstellung des Treuhänders **172 VVG** 22
– Benachrichtigung des Versicherungsnehmers **172 VVG** 28 ff.
– Bestellung des Treuhänders **172 VVG** 20 f.
– Ergänzung des Vertrages **172 VVG** 17
– ersetzte Klauseln **172 VVG** 35 ff.
– Ersetzung unwirksamer Lebensversicherungsbedingungen (§ 172 Abs. 2 VVG) **172 VVG** 6 ff.
– Ersetzungsbefugnis des Lebensversicherers **172 VVG** 11 f.
– Fortführung des Vertrages **172 VVG** 18 f.
– Funktion des Treuhänders **172 VVG** 23 f.
– Geltungsbereich **172 VVG** 9 f.
– Genehmigung durch die Aufsichtsbehörde (§ 172 Abs. 1 Satz 3 VVG) **172 VVG** 5
– Inhaltskontrolle der Vertragsanpassung **172 VVG** 32 ff.
– Mitwirkung des Treuhänders **172 VVG** 20 ff., 25 ff.
– Neufestsetzung der Prämie (§ 172 Abs. 1 Satz 1 VVG) **172 VVG** 2 f.
– Notwendigkeit der Vertragsergänzung **172 VVG** 14 ff.
– richterliche ergänzende Vertragsauslegung **172 VVG** 45
– unwirksame Bestimmung **172 VVG** 13

magere Zahlen = Rdn.

Register

AILV = Teil 6 P; **ALB 1986** = Teil 4 B; **ALB 2006** = Teil 5 B; **ALB 2008** = Teil 6 A; **AltZertG** (RVAltZertG/FRVAltZertG) = Teil 6 H; **AUZ** = Teil 6 M; **BasisRV** = Teil 6 G; **BUZ** = Teil 6 B; **BV** = Teil 6 D; **Einl. A–H** = Teil 2 A–H; **FLV/FRV** = Teil 6 I; **KollLV A–D** = Teil 7 A–D; **MindZV** = Teil 3 D; **PLV** = Teil 6 O; **PRZ** = Teil 6 E; **RiV** = Teil 6 J; **RLV** = Teil 6 L; **RV** = Teil 6 F; **UZV** = Teil 6 C; **VML** = Teil 6 K; **VVG** 1908/2007 = Teil 3 A; **VVG 2008** = Teil 3 B; **VVG-InfoV** = Teil 3 C; **VVSL** = Teil 6 N

- vertragliche Anpassungsklausel **172 VVG** 14
- verworfene Klauseln **172 VVG** 44
- Wirksamwerden der Vertragsergänzung **172 VVG** 31
- Zweck der Norm **172 VVG** 6 ff.

Neuntes Gesetz zur Änderung des Versicherungsaufsichtsgesetzes ("9. VAG-Novelle") Einl. B 44 ff.

Nichtbeitragszahlungsklausel (§ 8 ALB 2008)
- Unterrichtung Dritter über Beitragsrückstand **8 ALB 2008** 3
- vorläufige Deckung **8 ALB 2008** 4
- Zahlungsverzug bei Erstprämie **8 ALB 2008** 1
- Zahlungsverzug bei Folgeprämie **8 ALB 2008** 2

Nichterwerb des Begünstigten 168 VVG 1

Nichtzahlung des Einlösungsbeitrags (§ 3 Abs. 1 ALB 1986) 3 ALB 1986 5 ff.
- Beitragsrechnung **3 ALB 1986** 8
- Einklagung des Erstbeitrags **3 ALB 1986** 19 f.
- Einziehung der Beitragsforderung durch Inkassobüro **3 ALB 1986** 22 f.
- Einziehung der Beitragsforderung durch LVU **3 ALB 1986** 21
- Fälligstellung des Erstbeitrags im Einzugsermächtigungsverfahren **3 ALB 1986** 11
- Frist **3 ALB 1986** 18
- Geltendmachung des Erstbeitrags **3 ALB 1986** 18 ff.
- genaue Bezifferung des Erstbeitrags **3 ALB 1986** 9
- Geschäftsgebühr **3 ALB 1986** 27 f.
- Hinweispflicht des LVU bei vorläufiger Deckungszusage **3 ALB 1986** 10
- Inhalt der Vorschrift **3 ALB 1986** 5
- Leistungsfreiheit wegen Nichteinlösung **3 ALB 1986** 29 ff.
- Nichtzahlung des Einlösungsbeitrags **3 ALB 1986** 6 ff.
- qualifizierte Anforderung des Erstbeitrags **3 ALB 1986** 8 ff.
- rechtzeitige Zahlung des Erstbeitrags **3 ALB 1986** 13 ff.
- Rücktritt vom Versicherungsvertrag **3 ALB 1986** 24 ff.
- Rücktrittsfiktion **3 ALB 1986** 24 ff.

- sofortige Zahlung **3 ALB 1986** 13 ff.
- Übergabe des Versicherungsscheins **3 ALB 1986** 6 f.
- vollständige Zahlung **3 ALB 1986** 17
- Zahlungsaufforderung bei minderjährigem Versicherungsnehmer **3 ALB 1986** 12

Nichtzahlung des Folgebeitrags oder eines sonstigen Beitrags (§ 3 Abs. 2 ALB 1986) 3 ALB 1986 32 ff.
- Annahmeverweigerung **3 ALB 1986** 46
- Beitragsfreistellung **3 ALB 1986** 53 f.
- Beitragszahlungspflicht **3 ALB 1986** 56 ff.
- Beweislast **3 ALB 1986** 44
- Dauer der Beitragszahlungspflicht **3 ALB 1986** 56
- Einzelfälle **3 ALB 1986** 45
- Empfänger der Kündigung **3 ALB 1986** 55
- Empfänger der Mahnung **3 ALB 1986** 43
- Fälligstellung des Folgebeitrags im Einzugsermächtigungsverfahren **3 ALB 1986** 37
- genaue Bezifferung des Folgebeitrags **3 ALB 1986** 34 ff.
- Inhalt der Vorschrift **3 ALB 1986** 32 f.
- Kündigungsrecht des Versicherers bei Zahlungsverzug **3 ALB 1986** 53 ff.
- Leistungsfreiheit bei Verzug **3 ALB 1986** 49 ff.
- Nichtzahlung des Folgebeitrags **3 ALB 1986** 37
- qualifizierte Anmahnung des Folgebeitrags **3 ALB 1986** 34 ff.
- Rechtsfolgenbelehrung **3 ALB 1986** 39 ff.
- Verfassungsmäßigkeit des § 40 Abs. 2 Satz 1 VVG **3 ALB 1986** 57 f.
- verspätete Kündigung **3 ALB 1986** 59
- Vorfälligstellung bei Zahlungsrückstand **3 ALB 1986** 22
- Wiederherstellung der Lebensversicherung **3 ALB 1986** 61 f.
- Wiederinkraftsetzung der Lebensversicherung **3 ALB 1986** 60
- Zahlung des Beitragsrückstands **3 ALB 1986** 48
- Zahlungsfrist **3 ALB 1986** 38
- Zugang der Mahnung **3 ALB 1986** 44 ff.
- Zustellung an GmbH **3 ALB 1986** 47

2047

Register

fette Zahlen = §§; fette Großbuchst. = Teile d. Einl./KollLV

> AILV = Teil 6 P; **ALB 1986** = Teil 4 B; **ALB 2006** = Teil 5 B; **ALB 2008** = Teil 6 A; **AltZertG** (RVAltZertG/FRVAltZertG) = Teil 6 H; **AUZ** = Teil 6 M; **BasisRV** = Teil 6 G; **BUZ** = Teil 6 B; **BV** = Teil 6 D; **Einl. A–H** = Teil 2 A–H; **FLV/FRV** = Teil 6 I; **KollLV A–D** = Teil 7 A–D; **MindZV** = Teil 3 D; **PLV** = Teil 6 O; **PRZ** = Teil 6 E; **RiV** = Teil 6 J; **RLV** = Teil 6 L; **RV** = Teil 6 F; **UZV** = Teil 6 C; **VML** = Teil 6 K; **VVG** 1908/2007 = Teil 3 A; **VVG 2008** = Teil 3 B; **VVG-InfoV** = Teil 3 C; **VVSL** = Teil 6 N

Ombudsmann Einl. G 33

Partiarisches Rechtsverhältnis 16 ALB 1986 23 ff.
Pensionsversicherung RV 39
Pfändbarkeit der Basisrenten BasisRV 18
Pfändung von Versicherungsleistungen 13 ALB 2008 220 ff.
– Bedeutung des Pfändungspfandrechts **13 ALB 2008** 246
– Befugnisse des Schuldners **13 ALB 2008** 264
– Bestimmtheit der gepfändeten Ansprüche **13 ALB 2008** 227 ff.
– Einwendungen des Drittschuldners **13 ALB 2008** 291 ff.
– Hinterlegung durch Drittschuldner **13 ALB 2008** 305
– Hinterlegung durch Schuldner **13 ALB 2008** 306
– mehrfache Pfändung **13 ALB 2008** 247, 304
– Nichtbestehen der Forderung **13 ALB 2008** 296
– Pfändungs- und Überweisungsbeschluss **13 ALB 2008** 221 ff.
– Pflicht zur Auskunft und Herausgabe des Versicherungsscheins **13 ALB 2008** 265 ff.
– Rechtsbehelfe **13 ALB 2008** 324
– Rechtsstellung anderer Pfändungsgläubiger **13 ALB 2008** 322
– Rechtsstellung des Drittschuldners (LVU) **13 ALB 2008** 277 ff.
– Rechtsstellung des Gläubigers **13 ALB 2008** 256 ff.
– Rechtsstellung des Pfandgläubigers **13 ALB 2008** 323
– Rechtsstellung des unwiderruflich Bezugsberechtigten **13 ALB 2008** 314 f.
– Rechtsstellung des widerruflich Bezugsberechtigten **13 ALB 2008** 312 f.
– Rechtsstellung des Schuldners **13 ALB 2008** 264 ff.
– Rechtsstellung des Zessionars **13 ALB 2008** 316 ff.
– Rechtsstellung Dritter **13 ALB 2008** 312 ff.
– stille Abtretung **13 ALB 2008** 319 ff.
– Unpfändbarkeit von Lebensversicherungen **13 ALB 2008** 297 ff.
– Verteidigung gegen die vollstreckte Forderung **13 ALB 2008** 269 ff.
– Vorpfändung **13 ALB 2008** 252 ff.
Pfändungsschutz bei Altersrenten RV 9 ff.
– § 850 ZPO **RV** 9
– § 851 c ZPO **RV** 10 ff.
Pflegerenten-Zusatzversicherung (PRZ 2008)
– Ausschluss des Versicherungsschutzes **PRZ** 4
– Beitragszahlung **PRZ** 3
– Überschussbeteiligung **PRZ** 5
– versicherte Leistungen **PRZ** 1 f.
– Versicherungsbedingungen (PRZ 2008) **PRZ** 6
Pflichten des LVU nach Vertragsabschluss 3 ALB 2008 90 ff.
– Frage-, Beratungs- und Begründungspflicht **3 ALB 2008** 90
– Geltungsbereich **3 ALB 2008** 93
– Schadensersatzpflicht **3 ALB 2008** 92
– Verzicht des Versicherungsnehmers auf Beratung **3 ALB 2008** 91
Pflichten des LVU vor Vertragsabschluss 3 ALB 2008 2 ff.
– Befragung und Beratung des Versicherungsnehmers **3 ALB 2008** 2 ff.; siehe auch dort
– Information des Versicherungsnehmers **3 ALB 2008** 14 ff.; siehe auch dort
Planmäßige Erhöhung der Beiträge und Leistungen ohne erneute Gesundheitsprüfung (PLV 2008)
– Anpassungsformen **PLV** 3 ff.
– Anpassungsklausel **PLV** 5 f.
– Anpassungsversicherung **PLV** 1 f.
– Ausschluss der Beitragserhöhung **PLV** 9
– Besondere Bedingungen für die Lebensversicherung mit planmäßiger Erhöhung der Beiträge und Leistungen ohne erneute Gesundheitsprüfung (PLV 2008) **PLV** 10
– Erhöhungsantrag **PLV** 8
Policendarlehen 5 ALB 1986 9
Policenmodell 3 ALB 2006 28 ff.; **3 ALB 2008** 25
– Antrag und Annahme **3 ALB 2006** 41 ff.
– Antragsbindefrist **3 ALB 2006** 44 f.
– Ausgangslage **3 ALB 2006** 28 ff.
– Europarechtswidrigkeit des § 5 a VVG **3 ALB 2006** 32 ff.

2048

magere Zahlen = Rdn.

Register

AILV = Teil 6 P; **ALB 1986** = Teil 4 B; **ALB 2006** = Teil 5 B; **ALB 2008** = Teil 6 A; **AltZertG** (RVAltZertG/FRVAltZertG) = Teil 6 H; **AUZ** = Teil 6 M; **BasisRV** = Teil 6 G; **BUZ** = Teil 6 B; **BV** = Teil 6 D; **Einl. A–H** = Teil 2 A–H; **FLV/FRV** = Teil 6 I; **KollLV A–D** = Teil 7 A–D; **MindZV** = Teil 3 D; **PLV** = Teil 6 O; **PRZ** = Teil 6 E; **RiV** = Teil 6 J; **RLV** = Teil 6 L; **RV** = Teil 6 F; **UZV** = Teil 6 C; **VML** = Teil 6 K; **VVG** 1908/2007 = Teil 3 A; **VVG 2008** = Teil 3 B; **VVG-InfoV** = Teil 3 C; **VVSL** = Teil 6 N

– Kündigungsrecht 3 **ALB 2006** 74 f.
– Rechtswirksamkeit des § 5 a VVG 3 **ALB 2006** 31 ff.
– Rücktrittsrecht 3 **ALB 2006** 68 ff.
– Verfassungswidrigkeit des § 5 a VVG 3 **ALB 2006** 31
– Widerspruchsrecht 3 **ALB 2006** 46 ff.; siehe auch *Widerspruchsrecht des Versicherungsnehmers*
– Zeitpunkt des Vertragsabschlusses 3 **ALB 2006** 66 f.
Postanschriftänderung 12 **ALB 1986** 34; 14 **ALB 2008** 1
Prämienfreie Versicherung (§ 165 VVG 2008), Regierungsbegründung **VVG 2008** 63
Prämien- und Leistungsänderung (§ 163 VVG 2008), Regierungsbegründung **VVG 2008** 61
Produktinformationsblatt 3 **ALB 2008** 17 f.
– zur Fondsgebundenen Rentenversicherung **VVG-InfoV** 18
– zur Rentenversicherung **VVG-InfoV** 17
– zur Rentenversicherung mit Berufsunfähigkeits-Zusatzversicherung **VVG-InfoV** 19
Provisionsannahmeverbot Einl. E 34
Provisionsteilungsabrede Einl. E 193
Provisionsweitergabeverbot Einl. E 38 ff., 192 f.
– Ausgangslage **Einl. E** 38
– Einzelfälle **Einl. E** 43
– gesetzliche Regelung **Einl. E** 192
– Provisionsteilungsabrede **Einl. E** 193
– Rechtsfolgen **Einl. E** 44
– Verbot der Gewährung von Sondervergütungen **Einl. E** 41
– Vereinbarkeit mit dem EG-Recht **Einl. E** 42
– Versteuerung der Provisionsabgabe **Einl. E** 45
Pseudo-Makler Einl. E 55

Rahmenabkommen der Banken 7 **ALB 2008** 9
Rahmenvereinbarung zu Beginn des Kundenkontakts 3 **ALB 2006** 26 f.
Rating-Agenturen Einl. G 17 ff.
– Formen des Ratings **Einl. G** 18
– Rechtsschutz **Einl. G** 19
– Regulierung **Einl. G** 17

Realteilung RV 19 f.
Rechnungsgrundlagen der Lebensversicherung 16 **ALB 1986** 61 ff.
– Kalkulationsgrundsatz 16 **ALB 1986** 61 f.
– Kostenzuschläge 16 **ALB 1986** 69
– Rechnungszins 16 **ALB 1986** 66 ff.
– Sterbetafel 16 **ALB 1986** 63 ff.
Rechtsanwendungsklausel (§ 16 ALB 2008)
– Ausblick 16 **ALB 2008** 13
– Gerichtsstand 16 **ALB 2008** 11 f.
– internationale Zuständigkeit der deutschen Gerichte 16 **ALB 2008** 10 ff.
– Klagen des Versicherers 16 **ALB 2008** 12
– Klagen gegen den Versicherer 16 **ALB 2008** 11
– Versicherungsnehmer mit Aufenthalt innerhalb der Europäischen Gemeinschaft 16 **ALB 2008** 2 f.
– Versicherungsnehmer und versicherte Person mit Aufenthalt außerhalb der Europäischen Gemeinschaft 16 **ALB 2008** 9
Rechtsberatung Einl. E 23 ff.
– Beratungshonorarvereinbarung **Einl. E** 28 ff.
– Bestandsanalysen **Einl. E** 28 ff.
– erlaubte Tätigkeiten **Einl. E** 23
– Schranken der Versicherungsmaklertätigkeit **Einl. E** 24 ff.
– Versicherungsabschlussberatung **Einl. E** 31
Rechtsentwicklung der ALB Vorb. ALB 1986 1 ff.
– Musterbedingungen für die Großlebensversicherung (ALB 1957) **Vorb. ALB 1986** 4 ff.
– Musterbedingungen für die Großlebensversicherung (ALB 1975) **Vorb. ALB 1986** 10
– Musterbedingungen für die Großlebensversicherung (ALB 1981) **Vorb. ALB 1986** 11
– Normativbedingungen von 1909 **Vorb. ALB 1986** 1
– Normativbedingungen von 1932 **Vorb. ALB 1986** 2 f.
– verbraucherfreundliche Bedingungen in der Lebensversicherung (ALB 1984) **Vorb. ALB 1986** 12

2049

Register

fette Zahlen = §§; fette Großbuchst. = Teile d. Einl./KollLV

AILV = Teil 6 P; **ALB 1986** = Teil 4 B; **ALB 2006** = Teil 5 B; **ALB 2008** = Teil 6 A; **AltZertG** (RVAltZertG/FRVAltZertG) = Teil 6 H; **AUZ** = Teil 6 M; **BasisRV** = Teil 6 G; **BUZ** = Teil 6 B; **BV** = Teil 6 D; **Einl. A–H** = Teil 2 A–H; **FLV/FRV** = Teil 6 I; **KollLV A–D** = Teil 7 A–D; **MindZV** = Teil 3 D; **PLV** = Teil 6 O; **PRZ** = Teil 6 E; **RiV** = Teil 6 J; **RLV** = Teil 6 L; **RV** = Teil 6 F; **UZV** = Teil 6 C; **VML** = Teil 6 K; **VVG** 1908/2007 = Teil 3 A; **VVG 2008** = Teil 3 B; **VVG-InfoV** = Teil 3 C; **VVSL** = Teil 6 N

Rechtsnatur des Lebensversicherungsvertrages mit Überschussbeteiligungsklausel 16 ALB 1986 11 ff.
– Ausgangslage **16 ALB 1986** 10
– geschäftsplanmäßige Erklärung **16 ALB 1986** 37 ff.
– partiarisches Rechtsverhältnis **16 ALB 1986** 23 ff.
– Treuhandverhältnis **16 ALB 1986** 11 ff.
– Versicherungsvertrag gemäß § 1 VVG **16 ALB 1986** 44 ff.
Rechtsquellen der Lebensversicherung Einl. B 1 ff.
– Meilensteine der nationalen Gesetzgebung **Einl. B** 1 ff.
– neue Entwicklungen **Einl. B** 62
Rechtsstatus der Vermittler von Finanzdienstleistungen Einl. E 56 ff.
– angestellte Arbeitnehmer **Einl. E** 56
– arbeitnehmerähnliche Selbständige i. S. v. § 7 Abs. 4 SGB IV und § 2 Satz 1 Nr. 9 SGB VI **Einl. E** 59 ff.
– Handelsvertreter i. S. v. § 84 Abs. 1 HGB **Einl. E** 64
– Handelsvertreter i. S. v. § 92 a HGB **Einl. E** 62
– Handelsvertreter i. S. v. § 92 b HGB **Einl. E** 63
– Makler **Einl. E** 66 f.
– Makleragent/Maklermehrfachagent **Einl. E** 68
– Mehrfachagent **Einl. E** 65
– Rentenversicherungspflicht der GmbH-Geschäftsführer **Einl. E** 61
– Rentenversicherungspflicht der Versicherungsvertreter **Einl. E** 60
– scheinselbständige Arbeitnehmer **Einl. E** 57 f.
Rechtswirksamkeit des § 5 a VVG 3 ALB 2006 31 ff.
– Europarechtswidrigkeit **3 ALB 2006** 32 ff.
– Verfassungswidrigkeit **3 ALB 2006** 31
Rechtzeitige Mitteilung i.S.v. § 7 Abs. 1 VVG 2008 3 ALB 2008 20 ff.
– Auslegung der Vorschrift **3 ALB 2008** 23
– Rechtsvergleichung **3 ALB 2008** 22
– Regierungsbegründung **3 ALB 2008** 20 f.
Rentenberatung Einl. E 36 f.

Rentenversicherung (RV 2008)
– Abgrenzung zur gesetzlichen Rentenversicherung **RV** 7
– Abschluss der Rentenversicherung **RV** 83 ff.
– Abschlusskostenklausel **RV** 4a
– aktuelle Rechnungsgrundlagen **RV** 87
– Allgemeine Bedingungen für die Rentenversicherung mit aufgeschobener Rentenzahlung (RVAufschub 2008) **RV** 92
– Allgemeine Bedingungen für die Hinterbliebenenrenten-Zusatzversicherung zur Rentenversicherung mit aufgeschobener Rentenzahlung (HRZAufschub 2008) **RV** 93
– Allgemeine Bedingungen für die Rentenversicherung mit sofort beginnender Rentenzahlung (RVSofort 2008) **RV** 94
– Allgemeine Bedingungen für die Hinterbliebenenrenten-Zusatzversicherung zur Rentenversicherung mit sofort beginnender Rentenzahlung (HRZSofort 2008) **RV** 95
– Annahme des Antrags **RV** 90
– Anspruch des Versicherungsnehmers auf Überschussbeteiligung **RV** 70 f.
– aufsichtsrechtliche Regelungen zur Kapitalausstattung **RV** 82
– Auskunfts- und Hinweispflicht **RV** 83
– Beitragspflicht in der gesetzlichen Krankenversicherung **RV** 21
– Beispielrechnung für eine aufgeschobene Rentenversicherung mit Beitragsrückgewähr im Todesfall und Rentengarantiezeit **RV** 97 ff.
– Besteuerung der Zahlungen aus der Rentenversicherung **RV** 48 f.
– Besteuerung mit dem Ertragsanteil **RV** 49
– Beteiligung an den Bewertungsreserven **RV** 81
– Darlegungs- und Beweislast **RV** 88
– Deckungsrückstellung **RV** 63 ff.
– einkommensteuerrechtliche Behandlung der Überschussbeteiligung **RV** 74
– Enhanced Annuities **RV** 46
– Entwicklung der Musterbedingungen **RV** 1 ff.
– Formen der Überschussbeteiligung **RV** 68 f.

2050

magere Zahlen = Rdn.

Register

AILV = Teil 6 P; **ALB 1986** = Teil 4 B; **ALB 2006** = Teil 5 B; **ALB 2008** = Teil 6 A; **AltZertG** (RVAltZertG/FRVAltZertG) = Teil 6 H; **AUZ** = Teil 6 M; **BasisRV** = Teil 6 G; **BUZ** = Teil 6 B; **BV** = Teil 6 D; **Einl.** A–H = Teil 2 A–H; **FLV/FRV** = Teil 6 I; **KollLV** A–D = Teil 7 A–D; **MindZV** = Teil 3 D; **PLV** = Teil 6 O; **PRZ** = Teil 6 E; **RiV** = Teil 6 J; **RLV** = Teil 6 L; **RV** = Teil 6 F; **UZV** = Teil 6 C; **VML** = Teil 6 K; **VVG** 1908/2007 = Teil 3 A; **VVG 2008** = Teil 3 B; **VVG-InfoV** = Teil 3 C; **VVSL** = Teil 6 N

- fremdfinanzierte Rentenversicherung gegen Einmalbeitrag **RV** 50 ff.
- Garantiezeiten **RV** 85
- Grundzüge zur Leistungsdarstellung in der Lebensversicherung **RV** 96
- Hinterbliebenenrenten-Zusatzversicherung **RV** 36 ff.
- IndexPolice **RV** 44 f.
- Inhaltskontrolle **RV** 2 ff.
- jährliche Mitteilung über den Stand der Überschussbeteiligung einer aufgeschobenen Rentenversicherung mit Beitragsrückgewähr im Todesfall und Rentengarantiezeit und Aktualisierung der Beispielrechnung **RV** 103
- Kapitalwahlrecht **RV** 31 ff.
- Kausalität **RV** 89
- klassische Produkte **RV** 43
- Kombi-Rente **RV** 50
- Kündigungsklausel **RV** 2
- Mindestanforderungen bezüglich der Überschussverwendung **RV** 75
- Mündelsicherheit **RV** 8
- Neubewertung der Deckungsrückstellung **RV** 67
- Neugeschäftsanteil der Rentenversicherung **RV** 6
- Nichtanwendbarkeit des § 20 Abs. 1 Nr. 6 Satz 2 EStG **RV** 48
- Pensionsversicherung **RV** 39
- Pfändungsschutz bei Altersrenten **RV** 9 ff.
- Produkte Dritter **RV** 84
- Produktentwicklung **RV** 43 ff.
- Realteilung **RV** 19 f.
- Rechnungsgrundlagen **RV** 61 ff.
- Rentenbezugsmitteilung **RV** 91
- Rentenversicherung in variabler Höhe **RV** 40 f.
- Rentenversicherung mit sofort beginnender Rentenzahlung **RV** 25 ff.
- Rentenversicherung mit aufgeschobener Rentenzahlung **RV** 28 ff.
- Rückkaufswert- und Stornoabzugsklausel **RV** 3 f.
- Sicherheitskompaktrente **RV** 51 f.
- Standmitteilung zur Überschussbeteiligung **RV** 72 f.
- Sterbetafel **RV** 61 f.
- Tarifarten **RV** 23 ff.
- Überschussbeteiligung **RV** 68 ff.
- Überschussbeteiligungsklausel **RV** 5
- Umwandlung in eine beitragsfreie Versicherung **RV** 86
- Unterrichtung über die Garantiewerte **RV** 47
- vergleichende Untersuchung privater Rentenversicherungen **RV** 22
- Versorgungsausgleichskasse **RV** 18c
- Versorgungs- und Zugewinnausgleich **RV** 14 ff.
- Vertragsanbahnung **RV** 83 ff.
- verursachungsorientiertes Verfahren **RV** 77
- Zuordnung der Bewertungsreserven **RV** 78 ff.
- Zusatzversicherungen **RV** 42

Rentenversicherung gemäß § 10 Abs. 1 Nr. 2 lit. b EStG/Basisversorgung (BasisRV 2008)
- Abfindung einer Kleinbetragsrente **BasisRV** 2
- Allgemeine Bedingungen für die Rentenversicherung gemäß § 10 Abs. 1 Nr. 2 lit. b EStG/Basisversorgung (BasisRV 2008) **BasisRV** 19
- Allgemeine Bedingungen für die Hinterbliebenenrenten-Zusatzversicherung zur Rentenversicherung/Basisversorgung (BasisHRZ 2008) **BasisRV** 20
- Allgemeine Bedingungen für die Berufsunfähigkeits-Zusatzversicherung zur Basisrente (BasisBUZ 2008) **BasisRV** 21
- Basisrente **BasisRV** 1
- Beiträge i.S.d. § 10 Abs. 1 Nr. 2 lit. b EStG **BasisRV** 10
- Eintritt der Berufsunfähigkeit **BasisRV** 4 f.
- Fassung **BasisRV** 2
- Geltung des § 168 VVG 2008 **BasisRV** 9b
- Hinterbliebenenversorgung **BasisRV** 6 ff.
- Inhaltskontrolle **BasisRV** 2a
- Kleinbetragsrente **BasisRV** 2
- lebenslange Leibrente **BasisRV** 3
- Nichtvererblichkeit **BasisRV** 12 f.
- Pfändbarkeit der Basisrenten **BasisRV** 18
- Riester-Förderung **BasisRV** 1
- Rürup-Rente **BasisRV** 1
- Sonderausgabenabzug der Beiträge **BasisRV** 10 ff.
- Todesfallleistung **BasisRV** 9 c
- versicherte Leistung **BasisRV** 3 ff.

2051

Register

fette Zahlen = §§; fette Großbuchst. = Teile d. Einl./KollLV

AILV = Teil 6 P; **ALB 1986** = Teil 4 B; **ALB 2006** = Teil 5 B; **ALB 2008** = Teil 6 A; **AltZertG** (RVAltZertG/FRVAltZertG) = Teil 6 H; **AUZ** = Teil 6 M; **BasisRV** = Teil 6 G; **BUZ** = Teil 6 B; **BV** = Teil 6 D; **Einl. A–H** = Teil 2 A–H; **FLV/FRV** = Teil 6 I; **KollLV A–D** = Teil 7 A–D; **MindZV** = Teil 3 D; **PLV** = Teil 6 O; **PRZ** = Teil 6 E; **RiV** = Teil 6 J; **RLV** = Teil 6 L; **RV** = Teil 6 F; **UZV** = Teil 6 C; **VML** = Teil 6 K; **VVG** 1908/2007 = Teil 3 A; **VVG 2008** = Teil 3 B; **VVG-InfoV** = Teil 3 C; **VVSL** = Teil 6 N

- Voraussetzungen für den Sonderausgabenabzug **BasisRV** 11 ff.
- Zertifizierung **BasisRV** 17a
Rentenversicherung als Altersvorsorgevertrag i. S. d. Altersvorsorgeverträge-Zertifizierungsgesetzes (RVAltZertG 2008) AltZertG 2 ff.
- Allgemeine Bedingungen für eine Rentenversicherung mit Auszahlung des Deckungskapitals bei Tod als Altersvorsorgevertrag i. S. d. Altersvorsorgeverträge-Zertifizierungsgesetzes (RVAltZertG2008) **AltZertG** 19
- Altersvorsorgevertrag **AltZertG** 10
- Anpassung an EU-Recht **AltZertG** 15a
- Einkommensteuergesetz **AltZertG** 14 ff.
- Fassungshistorie **AltZertG** 1 ff.
- Freizügigkeitsrecht der Arbeitnehmer in der EU **AltZertG** 15a
- geschlechtsunabhängige Kalkulation **AltZertG** 12
- Gesetz gegen den unlauteren Wettbewerb **AltZertG** 18
- Mitteilung über steuerpflichtige Leistungen **AltZertG** 15
- Neufassung 2004 **AltZertG** 1
- Neufassung 2006 **AltZertG** 2 ff.
- Neufassung 2008 **AltZertG** 7 f.
- Preisangabenverordnung **AltZertG** 13
- Pfändungsschutz bei steuerlich gefördertem Altersvorsorgevermögen **AltZertG** 16
- Versorgungsausgleich **AltZertG** 17
- Verteilung der Abschluss- und Vertriebskosten **AltZertG** 11
- Zertifizierung **AltZertG** 9
- zulageberechtigte Personen **AltZertG** 14
Restschuldlebensversicherung (RLV 2008)
- Abschlussvollmacht **RLV** 4
- Anbahnung **RLV** 3
- Anzeigepflichten nach § 33 Abs. 3 ErbStG **RLV** 20
- Aufklärungspflicht **RLV** 3
- Auskunftsanspruch **RLV** 7
- Beschränkung der Bezugsberechtigung **RLV** 19
- besondere Regelungen **RLV** 9 ff.
- Sittenwidrigkeit **RLV** 6
- verbundenes Geschäft i. S. v. § 9 Abs. 4 VerbrKrG **RLV** 2
- Verhältnis zu den ALB **RLV** 8

- Versicherungsbedingungen **RLV** 21
- Versicherungsfall **RLV** 5
- Vertragsanbahnung und Vertragsdurchführung **RLV** 3 ff.
- Zweck der Restschuldlebensversicherung **RLV** 1
Richterliche ergänzende Vertragsauslegung 9 ALB 2006 18 ff.; **10 ALB 2006** 62 ff.
- ergänzende Vertragsauslegung außerhalb des Treuhänderverfahrens **10 ALB 2006** 64 ff.
- Geltung für VVaG **9 ALB 2006** 20
- Mindestrückkaufswert **9 ALB 2006** 18 f.
- wegen Unwirksamkeit der Vertragsergänzung nach § 172 Abs. 2 VVG **10 ALB 2006** 62 ff.
Richtlinien der Europäischen Union VVG 2008 13 ff.
Riester-Förderung BasisRV 1
Risikoeinschätzung 3 ALB 2008 60 f.
Risikoprüfung 3 ALB 2008 43 ff.
- ärztliche Untersuchung **3 ALB 2008** 47 ff.; siehe auch dort
- Ausgangslage **3 ALB 2008** 43
- Genomanalyse **3 ALB 2008** 53 ff.; siehe auch dort
- Selbstverpflichtungserklärung **3 ALB 2008** 56 ff.; siehe auch dort
- Umfang der Risikoprüfung **3 ALB 2008** 44 f.
- Versicherung ohne ärztliche Untersuchung **3 ALB 2008** 46
Risikoversicherung (RiV 2008)
- Bausparrisikoversicherung **RiV** 6
- Risikoversicherung mit gleich bleibender Versicherungssumme **RiV** 1 ff.
- Risikoversicherung mit Umtauschrecht **RiV** 4
- Sparplan mit Risikoversicherung **RiV** 5
- Streitwert **RiV** 7
- Versicherungsbedingungen **RiV** 8
Rückdeckungsversicherung
- Absicherung von Einzel- und Unternehmerpensionszusagen **Einl. C** 14 ff.
- Absicherung von Gesamtversorgungszusagen **Einl. C** 12 f.
- Abtretung **KollLV B** 7
- Aktivierung von Ansprüchen aus einer Rückdeckungsversicherung **KollLV B** 29
- Anspruch auf Sicherung **KollLV B** 19

2052

magere Zahlen = Rdn.

Register

AILV = Teil 6 P; **ALB 1986** = Teil 4 B; **ALB 2006** = Teil 5 B; **ALB 2008** = Teil 6 A; **AltZertG** (RVAltZertG/FRVAltZertG) = Teil 6 H; **AUZ** = Teil 6 M; **BasisRV** = Teil 6 G; **BUZ** = Teil 6 B; **BV** = Teil 6 D; **Einl. A–H** = Teil 2 A–H; **FLV/FRV** = Teil 6 I; **KollLV A–D** = Teil 7 A–D; **MindZV** = Teil 3 D; **PLV** = Teil 6 O; **PRZ** = Teil 6 E; **RiV** = Teil 6 J; **RLV** = Teil 6 L; **RV** = Teil 6 F; **UZV** = Teil 6 C; **VML** = Teil 6 K; **VVG** 1908/2007 = Teil 3 A; **VVG 2008** = Teil 3 B; **VVG-InfoV** = Teil 3 C; **VVSL** = Teil 6 N

- Ansprüche aus dem Pfandrecht an der Rückdeckungsversicherung **KollLV B** 20
- aufschiebend bedingte Forderung **KollLV B** 18
- Auszahlung der Rückdeckungsversicherung vor Pfandreife **KollLV B** 17
- Begriff **KollLV B** 1
- Bezugsberechtigung **KollLV B** 5 f.
- CTA **KollLV B** 11
- Eintritt der Pfandreife **KollLV B** 16
- Einräumung der Bezugsberechtigung **KollLV B** 5
- Geltung der §§ 30, 31, 32 a GmbHG **KollLV B** 22
- Insolvenz des Arbeitgebers **KollLV B** 10 f.
- Insolvenz der Firma vor Pfandreife **KollLV B** 18 ff.
- Instrument der Bilanzpolitik **Einl. C** 12 ff.
- Pfandrechtsbestellung **KollLV B** 13 ff.
- Personengesellschaften **KollLV B** 30
- Refinanzierung von Pensionszusagen **Einl. C** 18 ff.
- Rückkaufwert **KollLV B** 21
- Teil der Insolvenzmasse **KollLV B** 10
- Übergang auf den PSVaG **KollLV B** 11
- Verpfändung **KollLV B** 3 f.
- Verpfändung an Gesellschafter-Geschäftsführer **KollLV B** 12 ff.
- Verwendung der Überschussanteile **KollLV B** 8 f.
- Widerruf der Bezugsberechtigung **KollLV B** 6
- Zugriffsmöglichkeiten der Gläubiger des Versorgungsberechtigten **KollLV B** 23 ff.
- Zweck der Rückdeckungsversicherung **KollLV B** 2
- Zweck der Verpfändung **KollLV B** 12

Rückgewährquote-Berechnungsverordnung 16 ALB 1986 88a

Rückkaufswert (§ 169 VVG 2008)
- Beschlussempfehlung des Rechtsausschusses **VVG 2008** 74 f.
- Einmalbeitragsversicherungen und Versicherungen mit einer Beitragszahlungsdauer unter fünf Jahren **VVG 2008** 77 a
- europarechtliche Zulässigkeit der Mindestrückkaufwertregelung **VVG 2008** 77

- Geltungsbereich **VVG 2008** 76
- Regierungsbegründung **VVG 2008** 73

Rückwärtsversicherung 1 ALB 1986 17 ff.
- Ausgangslage **1 ALB 1986** 25 ff.
- Auswirkungen der Rückwärtsversicherung auf die Fristen der ALB **1 ALB 1986** 31 ff.
- Begriff **1 ALB 1986** 17
- Kenntnis vom Eintritt des Versicherungsfalles vor Antragstellung **1 ALB 1986** 28
- Kenntnis vom Eintritt des Versicherungsfalles nach Antragstellung **1 ALB 1986** 29
- Kenntnis des Vertreters und des Vertretenen vom Eintritt des Versicherungsfalles **1 ALB 1986** 30
- Leistungsfreiheit des LVU **1 ALB 1986** 25 ff.; **1 BUZ** 7
- Rücktrittsfrist des § 6 ALB 1986 **1 ALB 1986** 31
- Wartezeit des § 8 ALB 1986 **1 ALB 1986** 32 ff.
- Zulässigkeit **1 BUZ** 6
- Zustandekommen **1 ALB 1986** 18 ff.
- Zusatzversicherungen **1 ALB 1986** 36

Rürup-Rente BasisRV 1

Sammelinkassovertrag KollLV A 6
Sammelklage Einl. F 66
Sammelversicherung, siehe *Gruppen- und Sammelversicherung*
Scheinselbständige Arbeitnehmer Einl. E 57 f.
Schlussüberschussanteil 16 ALB 1986 102
Schriftformklausel 1 ALB 1986 112
Schweigepflichtentbindungsklausel 1 ALB 1986 99 ff.
Selbsttötung (§ 169 VVG; § 161 VVG 2008), Regierungsbegründung **VVG 2008** 59
Selbsttötungsklausel (§ 8 ALB 1986)
- Alkoholeinwirkung **8 ALB 1986** 27 f.
- Ausnahmetatbestand **8 ALB 1986** 15 f.
- Ausschlusstatbestand **8 ALB 1986** 7 f.
- Begriff des Einlösungsbeitrags **8 ALB 1986** 32
- Beweislast **8 ALB 1986** 20 ff., 40
- Darlegungs- und Beweislast **8 ALB 1986** 9 ff.
- Einzelfälle **8 ALB 1986** 13 f., 24 ff., 42 f.

2053

Register

fette Zahlen = §§; fette Großbuchst. = Teile d. Einl./KollLV

AILV = Teil 6 P; **ALB 1986** = Teil 4 B; **ALB 2006** = Teil 5 B; **ALB 2008** = Teil 6 A; **AltZertG** (RVAltZertG/FRVAltZertG) = Teil 6 H; **AUZ** = Teil 6 M; **BasisRV** = Teil 6 G; **BUZ** = Teil 6 B; **BV** = Teil 6 D; **Einl. A–H** = Teil 2 A–H; **FLV/FRV** = Teil 6 I; **KollLV A–D** = Teil 7 A–D; **MindZV** = Teil 3 D; **PLV** = Teil 6 O; **PRZ** = Teil 6 E; **RiV** = Teil 6 J; **RLV** = Teil 6 L; **RV** = Teil 6 F; **UZV** = Teil 6 C; **VML** = Teil 6 K; **VVG** 1908/2007 = Teil 3 A; **VVG 2008** = Teil 3 B; **VVG-InfoV** = Teil 3 C; **VVSL** = Teil 6 N

- Fassung **8 ALB 1986** 1
- freie Willensbestimmung **8 ALB 1986** 17
- Gemütserkrankung **8 ALB 1986** 25 f.
- Karenzzeit **8 ALB 1986** 30 f.
- krankhafte Störung der Geistestätigkeit **8 ALB 1986** 18
- maßgeblicher Zeitpunkt **8 ALB 1986** 19
- Neuabschluss **8 ALB 1986** 32a
- Psychopathie und Sucht **8 ALB 1986** 24
- Selbsttötung des Versicherten vor Ablauf der Wartezeit aus freier Willensbestimmung **8 ALB 1986** 7 ff.
- Selbsttötung des Versicherten im Zustand krankhafter Störung der Geistestätigkeit vor Ablauf der Wartezeit **8 ALB 1986** 15 ff.
- Selbsttötung nach Ablauf der Dreijahresfrist **8 ALB 1986** 30 ff.
- Sonderklausel **8 ALB 1986** 29
- Tötung des Versicherten durch den Versicherungsnehmer oder den Bezugsberechtigten **8 ALB 1986** 35 ff.
- Unfall-Zusatzversicherung **8 ALB 1986** 41 ff.
- Verfahren **8 ALB 1986** 23
- Verhältnis zu § 169 VVG (jetzt: § 161 VVG 2008) **8 ALB 1986** 2 ff.
- Vertragsänderung **8 ALB 1986** 33
- Wiederherstellung der Versicherung **8 ALB 1986** 34
- Zahlung des Einlösungsbeitrags **8 ALB 1986** 32 f.

Selbsttötungsklausel (§ 5 ALB 2006), Fassung **5 ALB 2006** 1 ff.
Selbsttötungsklausel (§ 5 ALB 2008)
- Beratungspflicht des LVU **5 ALB 2008** 8
- Fassung **5 ALB 2008** 1 f.
- gesetzliche Regelung der Selbsttötung **5 ALB 2008** 3 ff.

Selbstverpflichtungserklärung 3 ALB 2008 56 ff.
- Dauer **3 ALB 2008** 59
- Fassung **3 ALB 2008** 56 f.
- Zweck der Selbstverpflichtungserklärung **3 ALB 2008** 58

Sicherheitskompaktrente RV 51 f.
Sicherungsabtretung (§ 13 Abs. 3 ALB 2008) **13 ALB 2008** 169 ff.
- Abtretung der Todesfallansprüche **13 ALB 2008** 171 ff.
- Anwendbarkeit des § 1234 BGB **13 ALB 2008** 184
- Anwendung des § 366 Abs. 2 BGB **13 ALB 2008** 186
- Ausgangslage **13 ALB 2008** 169, 178 f.
- Ausgleichsansprüche nach § 426 BGB **13 ALB 2008** 189
- Auszahlung **13 ALB 2008** 187 f.
- Kautelarpraxis **13 ALB 2008** 171 ff.
- Kollision mit unwiderruflichem Bezugsrecht **13 ALB 2008** 175 f.
- Rückgabe der Sicherheit **13 ALB 2008** 180
- Rücksichtnahmepflicht **13 ALB 2008** 181
- Tilgungsbestimmungsrecht **13 ALB 2008** 185
- Umfang der Abtretungserklärung **13 ALB 2008** 174
- Umfang des Sicherungszwecks **13 ALB 2008** 170
- Verwertung der Sicherheit **13 ALB 2008** 181 ff.
- Verwertungsbeschränkung **13 ALB 2008** 182 f.
- Widerruf des widerruflichen Bezugsrechts **13 ALB 2008** 177

Sicherungseinrichtung der Lebensversicherer Einl. G 34 ff.
Sicherungsfonds der Lebensversicherer Einl. G 35 ff.
- gesetzlicher Sicherungsfonds **Einl. G** 38
- Vorgeschichte **Einl. G** 35 ff.

Siebtes Gesetz zur Änderung des Versicherungsaufsichtsgesetzes („7. VAG-Novelle") **Einl. B** 26
Sofortüberschussbeteiligung 16 ALB 1986 92
Solvency II Einl. G 13 ff.
- MaRiskVA **Einl. G** 15
- Richtlinie 2009/138/EG **Einl. G** 13 f.

Sonderklauseln zu § 2 BUZ
- Ärzteklausel **Vorb. BUZ** 26 f.
- Altersklausel **Vorb. BUZ** 38 f.
- Auslandsklausel **Vorb. BUZ** 37
- Beamtenklausel **Vorb. BUZ** 18 ff.
- Erwerbsunfähigkeitsklausel **Vorb. BUZ** 32 f.
- Flugtauglichkeitsklausel **Vorb. BUZ** 28
- Inlandsklausel **Vorb. BUZ** 36

magere Zahlen = Rdn.

Register

AILV = Teil 6 P; **ALB 1986** = Teil 4 B; **ALB 2006** = Teil 5 B; **ALB 2008** = Teil 6 A; **AltZertG** (RVAltZertG/FRVAltZertG) = Teil 6 H; **AUZ** = Teil 6 M; **BasisRV** = Teil 6 G; **BUZ** = Teil 6 B; **BV** = Teil 6 D; **Einl.** A–H = Teil 2 A–H; **FLV/FRV** = Teil 6 I; **KollLV** A–D = Teil 7 A–D; **MindZV** = Teil 3 D; **PLV** = Teil 6 O; **PRZ** = Teil 6 E; **RiV** = Teil 6 J; **RLV** = Teil 6 L; **RV** = Teil 6 F; **UZV** = Teil 6 C; **VML** = Teil 6 K; **VVG** 1908/2007 = Teil 3 A; **VVG 2008** = Teil 3 B; **VVG-InfoV** = Teil 3 C; **VVSL** = Teil 6 N

– Seedienstuntauglichkeitsklausel **Vorb. BUZ** 31
– Tätigkeitsklausel **Vorb. BUZ** 35
Sondervergütungen KollLV A 7
Sozialversicherung 2 **BUZ** 22 ff.
– Berufsunfähigkeit 2 **BUZ** 20
– Erwerbsunfähigkeit 2 **BUZ** 23 ff.
Spartentrennung Einl. G 3 f.
Sterbetafel 7 **ALB 2008** 3
Steuerinformation Einl. D 1 f.
– Praxis der LVU **Einl.** D 1
– Steuerfragen der Lebensversicherung **Einl.** D 2
Straftat als Ausschlusstatbestand (§ 3 Satz 2 lit. a BUZ) 3 **BUZ** 4 ff.
– Beweislast 3 **BUZ** 17
– Drogenfahrt 3 **BUZ** 13
– Einzelfälle 3 **BUZ** 18
– fehlende Fahrerlaubnis 3 **BUZ** 12
– Geltung des § 169 VVG 3 **BUZ** 6
– Inhaltskontrolle 3 **BUZ** 7
– Kausalität 3 **BUZ** 16
– Straftat 3 **BUZ** 8 ff.
– typische Straftaten 3 **BUZ** 11 ff.
– Verbrechen und Vergehen 3 **BUZ** 9
– Verweisung 3 **BUZ** 8
– Vorsatz 3 **BUZ** 14 f.
– zivilrechtliche Bewertung 3 **BUZ** 10
– Zweck der Regelung 3 **BUZ** 10
Stornoabzugsklausel 176 **VVG** 20 ff.
– Angemessenheit 176 **VVG** 28 ff.
– Berechtigung des LVU zum Abzug 176 **VVG** 20 ff.
– Höhe des Abzugs 176 **VVG** 25
– Inhaltskontrolle 176 **VVG** 31 ff.
– Kontrollfähigkeit 176 **VVG** 31 f.
– Rechtsnatur des Abzugs 176 **VVG** 22 ff.
– Vereinbarung des Abzugs 176 **VVG** 20 ff.
– Zweck des Abzugs 176 **VVG** 20 f.
Streitwert 17 **ALB 2008** 74 ff.
– Feststellungsklage 17 **ALB 2008** 74 ff.
– Leistungsklage 17 **ALB 2008** 77
– Nichtzulassungsbeschwerde 17 **ALB 2008** 78
Stress-Tests Einl. G 16
Stundung der Beiträge 2 **ALB 1986** 93 ff.; 7 **ALB 2008** 15 ff.

Teilhaberversicherung, betriebliche Versicherung 2 **ALB 1986** 21
Telefonklausel 3 **ALB 2008** 35 ff.

Termfix-Versicherung Vorb. ALB 1986 22; 1 **ALB 2008** 27
Tippgeber Einl. E 13
Todes- und Erlebensfallversicherung mit niedrigem Anfangsbeitrag Vorb. ALB 1986 20
Tötung durch Leistungsberechtigten (§ 162 VVG 2008), Regierungsbegründung **VVG 2008** 60
Tötung durch Versicherungsnehmer oder Begünstigten 170 **VVG** 1
Treuhandverhältnis 16 **ALB 1986** 11 ff.

Übergangsregelung bei Altverträgen (Art. 1 EGVVG)
– Beschlussempfehlung des Rechtsausschusses **VVG 2008** 103 f.
– Regierungsbegründung **VVG 2008** 102
– Umstellung der AVB der Altverträge **VVG 2008** 105
– Zweck der Regelung **VVG 2008** 102
Übergangsregelung bei Altverträgen (Art. 4 EGVVG)
– Beschlussempfehlung des Rechtsausschusses **VVG 2008** 115 f.
– Regierungsbegründung **VVG 2008** 114
Übermittlung der Beiträge durch den Versicherungsnehmer 2 **ALB 1986** 49 ff.; 10 **ALB 1986** 11
– Abbuchungsauftragsverfahren 2 **ALB 1986** 65
– Barzahlung 2 **ALB 1986** 51 f.
– Beweislast 2 **ALB 1986** 92
– Dauerauftrag 2 **ALB 1986** 58 f.
– Einzugsermächtigungsverfahren 2 **ALB 1986** 65 ff.; siehe auch dort
– Gefahrtragung 2 **ALB 1986** 49
– Rechtzeitigkeit der Überweisung 2 **ALB 1986** 53 ff.
– Rechtzeitigkeit der Zahlung 2 **ALB 1986** 50 ff.
– Scheckzahlung 2 **ALB 1986** 60 f.
– Überweisungsauftrag 2 **ALB 1986** 52a
– Verrechnung des Beitrags 2 **ALB 1986** 62 ff.
– Widerruf des Überweisungsauftrages 2 **ALB 1986** 57
– Zeitpunkt 2 **ALB 1986** 50
Übermittlung der Leistungen durch den Versicherer (§ 10 Abs. 2 ALB 1986) 10 **ALB 1986** 4 ff.

2055

Register

fette Zahlen = §§; fette Großbuchst. = Teile d. Einl./KollLV

AILV = Teil 6 P; **ALB 1986** = Teil 4 B; **ALB 2006** = Teil 5 B; **ALB 2008** = Teil 6 A; **AltZertG** (RVAltZertG/FRVAltZertG) = Teil 6 H; **AUZ** = Teil 6 M; **BasisRV** = Teil 6 G; **BUZ** = Teil 6 B; **BV** = Teil 6 D; **Einl. A–H** = Teil 2 A–H; **FLV/FRV** = Teil 6 I; **KollLV A–D** = Teil 7 A–D; **MindZV** = Teil 3 D; **PLV** = Teil 6 O; **PRZ** = Teil 6 E; **RiV** = Teil 6 J; **RLV** = Teil 6 L; **RV** = Teil 6 F; **UZV** = Teil 6 C; **VML** = Teil 6 K; **VVG** 1908/2007 = Teil 3 A; **VVG 2008** = Teil 3 B; **VVG-InfoV** = Teil 3 C; **VVSL** = Teil 6 N

- Fassung **10 ALB 1986** 1 ff.
- Gefahrtragung **10 ALB 1986** 5
- Kosten **10 ALB 1986** 9
- Leistungsempfänger **10 ALB 1986** 8
- Leistungsort **10 ALB 1986** 4
- Leistungspflicht **10 ALB 1986** 6
- Leistungsübermittlung durch den Versicherer **10 ALB 1986** 4 ff.
- Leistungszeit **10 ALB 1986** 7
- Meldepflichten nach der Außenwirtschaftsverordnung **10 ALB 1986** 10

Überschussbeteiligung (§ 153 VVG 2008)
- Beschlussempfehlung des Rechtsausschusses **VVG 2008** 46
- besondere Vorschriften für die Rentenversicherung **VVG 2008** 49
- jährliche Unterrichtung (§ 155 VVG 2008) **VVG 2008** 52 f.; siehe auch *Jährliche Unterrichtung bei Versicherungen mit Überschussbeteiligung*
- Regierungsbegründung **VVG 2008** 45

Überschussbeteiligungsklausel (§ 16 ALB 1986)
- Abbruchsklauseln **16 ALB 1986** 98 ff.
- Anforderungen des § 10 Abs. 1 Nr. 7 VAG **16 ALB 1986** 2 f.
- Anspruch des Versicherungsnehmers auf Auskunftserteilung über Grund und Höhe der Überschussbeteiligung **16 ALB 1986** 109 ff.
- AVB in Satzungen von VVaG **16 ALB 1986** 55
- Barauszahlung **16 ALB 1986** 92a
- Begrenzung der Rückstellung für Beitragsrückerstattung **16 ALB 1986** 74 ff.
- Beispielrechnungen **16 ALB 1986** 103 ff.
- Beitragsverrechnung **16 ALB 1986** 93
- Bestandsübertragung **16 ALB 1986** 73
- Bonus **16 ALB 1986** 95 ff.
- Darstellung und Erläuterung der Überschussbeteiligung **16 ALB 1986** 103 ff.
- Direktgutschrift **16 ALB 1986** 83 a ff.
- Fälligwerden der Überschussanteile **16 ALB 1986** 49
- Fassung **16 ALB 1986** 1
- Geltungsbereich **16 ALB 1986** 7 f.
- Genehmigungspflicht **16 ALB 1986** 106
- Geschäftsplan **16 ALB 1986** 71 f.
- Geschäftsplan als Entscheidungsgrundlage **16 ALB 1986** 47 f.
- geschäftsplanmäßige Erklärung **16 ALB 1986** 37 ff.
- Inhalt des Vertrages **16 ALB 1986** 44
- Kalkulationsgrundsatz **16 ALB 1986** 61 f.
- Kontrolle und Sicherstellung einer angemessenen Überschussbeteiligung **16 ALB 1986** 50 ff.
- Kontrollfähigkeit der Überschussbeteiligungsklausel **16 ALB 1986** 54 ff.
- Kostenzuschläge **16 ALB 1986** 69
- Mindestzuführungsverordnung **16 ALB 1986** 89b
- partiarisches Rechtsverhältnis **16 ALB 1986** 23 ff.
- Pflicht zur zeitnahen und angemessenen Beteiligung der Versicherungsnehmer am Überschuss **16 ALB 1986** 74 ff.
- Prognose **16 ALB 1986** 107
- Rechnungsgrundlagen der Lebensversicherung **16 ALB 1986** 61 ff.
- Rechnungszins **16 ALB 1986** 66 ff.
- rechtsmissbräuchliches Verhalten **16 ALB 1986** 53
- Rechtsnatur des Lebensversicherungsvertrages mit Überschussbeteiligungsklausel **16 ALB 1986** 11 ff.
- Reformbestrebungen **16 ALB 1986** 59 f.
- Rückkaufquote-Berechnungsverordnung **16 ALB 1986** 88a
- Schlussüberschussanteil **16 ALB 1986** 102
- Sicherstellung angemessener Zuführungen zur RfB **16 ALB 1986** 88 ff.
- Sofortüberschussbeteiligung **16 ALB 1986** 92
- Sterbetafel **16 ALB 1986** 63 ff.
- Treuhandverhältnis **16 ALB 1986** 11 ff.
- Überschussbeteiligung gemäß Geschäftsplan **16 ALB 1986** 70 ff.
- Umfang des Leistungsversprechens **16 ALB 1986** 45 f.
- Unterrichtung über die Überschussbeteiligung **16 ALB 1986** 108
- Versicherungsvertrag gemäß § 1 VVG **16 ALB 1986** 44 ff.
- Verteilungsgrundsätze **16 ALB 1986** 90
- Verteilungsverfahren **16 ALB 1986** 70
- Verwendung der jährlichen Überschussanteile **16 ALB 1986** 92a ff.
- Verweisung auf den Geschäftsplan **16 ALB 1986** 56 ff.

magere Zahlen = Rdn.

Register

AILV = Teil 6 P; **ALB 1986** = Teil 4 B; **ALB 2006** = Teil 5 B; **ALB 2008** = Teil 6 A; **AltZertG** (RVAltZertG/FRVAltZertG) = Teil 6 H; **AUZ** = Teil 6 M; **BasisRV** = Teil 6 G; **BUZ** = Teil 6 B; **BV** = Teil 6 D; **Einl. A–H** = Teil 2 A–H; **FLV/FRV** = Teil 6 I; **KollLV A–D** = Teil 7 A–D; **MindZV** = Teil 3 D; **PLV** = Teil 6 O; **PRZ** = Teil 6 E; **RiV** = Teil 6 J; **RLV** = Teil 6 L; **RV** = Teil 6 F; **UZV** = Teil 6 C; **VML** = Teil 6 K; **VVG** 1908/2007 = Teil 3 A; **VVG 2008** = Teil 3 B; **VVG-InfoV** = Teil 3 C; **VVSL** = Teil 6 N

- verzinsliche Ansammlung **16 ALB 1986** 94
- VVG 2008 **16 ALB 1986** 6
- Verordnung über die Mindestbeitragsrückerstattung in der Lebensversicherung (ZRQuotenV) **16 ALB 1986** 89a
- Zuteilung und Ausschüttung der Überschussanteile über die Abrechnungsverbände/Gewinnverbände an die Versicherungsnehmer **16 ALB 1986** 90 f.
Überschussbeteiligungsklausel (§ 2 ALB 2006)
- Altverträge **2 ALB 2006** 25
- aufsichtsrechtliche Vorgaben **2 ALB 2006** 9
- Aufteilung des Überschusses bei Teilkollektiven **2 ALB 2006** 16
- Aufteilung des Überschusses zwischen LVU und dem Kollektiv der Versicherungsnehmer **2 ALB 2006** 9 ff.
- Begriff des Überschusses **2 ALB 2006** 8
- Berichtspflicht des Verantwortlichen Aktuars **2 ALB 2006** 15
- Bestellung des Verantwortlichen Aktuars **2 ALB 2006** 12
- Besteuerung von Kapitalleistungen **2 ALB 2006** 25 f.
- Deklaration **2 ALB 2006** 17
- Festsetzung der individuellen Überschussanteile **2 ALB 2006** 17 f.
- Fortentwicklung der Überschussbeteiligungsklausel **2 ALB 2006** 2 ff.
- Geltung des VVG 2008 **2 ALB 2006** 1
- Haftung des Verantwortlichen Aktuars **2 ALB 2006** 15a
- Hochrechnung der Ablaufleistung **2 ALB 2006** 23
- Information des Versicherungsnehmers **2 ALB 2006** 21
- Inhaltskontrolle des § 17 ALB 1994 **2 ALB 2006** 3 ff.
- Leistungsdarstellung in der Lebensversicherung **2 ALB 2006** 22
- Mindestdividende der Aktionäre **2 ALB 2006** 11
- Mindestüberschussbeteiligung **2 ALB 2006** 10
- Neuverträge **2 ALB 2006** 26
- Überarbeitung der Überschussbeteiligungsklausel **2 ALB 2006** 6
- Überschussbeteiligung der Versicherungsnehmer **2 ALB 2006** 7 ff.

- Überschussergebnisquellen **2 ALB 2006** 7
- Unabhängigkeit des Verantwortlichen Aktuars **2 ALB 2006** 13
- Verlustabdeckung **2 ALB 2006** 18
- Veröffentlichung der Überschussanteilsätze **2 ALB 2006** 20
- Verwendung der Überschussanteile **2 ALB 2006** 19
- Vorschlag des Verantwortlichen Aktuars **2 ALB 2006** 12 ff.; siehe auch *Vorschlag des Verantwortlichen Aktuars zur Überschussbeteiligung*
- Vorschlagspflicht des Verantwortlichen Aktuars **2 ALB 2006** 14
- Wahrung des Gleichbehandlungsgrundsatzes bei der Verteilung der Überschüsse **2 ALB 2006** 24
Überschussbeteiligungsklausel (§ 2 ALB 2008)
- Angaben zur Überschussbeteiligung **2 ALB 2008** 3
- angemessene Zuführung zur Rückstellung für Beitragsrückerstattung **2 ALB 2008** 15 f.
- aufsichtsrechtliche Regelungen zur Kapitalausstattung **2 ALB 2008** 13
- Beispielrechnung für eine Kapitalversicherung auf den Todes- und Erlebensfall **2 ALB 2008** 22
- Dotierung und Verwendung der Rückstellung für Beitragsrückerstattung **2 ALB 2008** 18 f.
- endgültige Zuteilung **2 ALB 2008** 12
- Fassung **2 ALB 2008** 1
- frühere Zuteilung **2 ALB 2008** 11
- Grundsatz **2 ALB 2008** 4, 8
- Grundsätze und Maßstäbe für die Beteiligung der Versicherungsnehmer am Überschuss **2 ALB 2008** 4 ff.
- Grundsätze und Maßstäbe für die Beteiligung der Versicherungsnehmer an den Bewertungsreserven **2 ALB 2008** 8 ff.
- Grundzüge zur Leistungsdarstellung in der Lebensversicherung **2 ALB 2008** 20 f.
- Inhalt der Vereinbarung **2 ALB 2008** 2
- jährliche Ermittlung und Zuordnung **2 ALB 2008** 20
- jährliche Mitteilung über den Stand der Überschussbeteiligung zur Kapitalversicherung auf den Todes- und Erlebens-

2057

Register   fette Zahlen = §§; fette Großbuchst. = Teile d. Einl./KollLV

AILV = Teil 6 P; **ALB 1986** = Teil 4 B; **ALB 2006** = Teil 5 B; **ALB 2008** = Teil 6 A; **AltZertG** (RVAltZertG/FRVAltZertG) = Teil 6 H; **AUZ** = Teil 6 M; **BasisRV** = Teil 6 G; **BUZ** = Teil 6 B; **BV** = Teil 6 D; **Einl. A–H** = Teil 2 A–H; **FLV/FRV** = Teil 6 I; **KollLV A–D** = Teil 7 A–D; **MindZV** = Teil 3 D; **PLV** = Teil 6 O; **PRZ** = Teil 6 E; **RiV** = Teil 6 J; **RLV** = Teil 6 L; **RV** = Teil 6 F; **UZV** = Teil 6 C; **VML** = Teil 6 K; **VVG 1908/2007** = Teil 3 A; **VVG 2008** = Teil 3 B; **VVG-InfoV** = Teil 3 C; **VVSL** = Teil 6 N

fall und Aktualisierung der Beispielrechnung **2 ALB 2008** 23
- jährliche Unterrichtung **2 ALB 2008** 14
- Mindestzuführung **2 ALB 2008** 15 f.
- Mindestzuführungsverordnung **2 ALB 2008** 17
- Überschussbeteiligungszusage **2 ALB 2008** 2 f.
- vergleichbare angemessene Verteilungsgrundsätze **2 ALB 2008** 6
- verursachungsorientiertes Verfahren **2 ALB 2008** 5, 9
- Zeitpunkt der Verteilung **2 ALB 2008** 7

Umstellung der AVB der Altverträge (Art. 1 EGVVG) **VVG 2008** 105
- Anpassungsrecht des LVU **VVG 2008** 108
- Ausübung des Anpassungsrechts **VVG 2008** 108
- Kenntlichmachung der Unterschiede **VVG 2008** 109
- Obliegenheitsklauseln **VVG 2008** 107

Umwandlung der Versicherung zur Erlangung eines Pfändungsschutzes (§ 173 VVG; § 167 VVG 2008)
- maßgeblicher Zeitpunkt **VVG 2008** 68
- Pfändungsschutz **VVG 2008** 68
- Regierungsbegründung **VVG 2008** 68
- Rentenversicherungen mit Kapitalwahlrecht **173 VVG** 3
- Umwandlung in eine Rentenversicherung **VVG 2008** 68

Umwandlung in eine prämienfreie Versicherung (§ 174 VVG)
- Berechnung der prämienfreien Versicherungsleistung **174 VVG** 3
- Berechtigung des LVU zum Abzug **174 VVG** 4
- Verlangen der Umwandlung **174 VVG** 2
- Wiederherstellung der Versicherung **174 VVG** 5
- Zweck der Vorschrift **174 VVG** 1

Unabhängige Finanzdienstleister Einl. E 50 ff.
- Erscheinungsformen **Einl.** E 50
- Haftung **Einl.** E 52
- Schadensersatzanspruch **Einl.** E 53
- Vermittlerpflichten **Einl.** E 51

Unanfechtbarkeit bei Verletzung der Anzeigepflicht (§ 163 VVG)
- Erweiterung des Rücktrittsrechts auf die gesetzliche Höchstgrenze **163 VVG** 2

- Verkürzung in den AVB **163 VVG** 1

Unfall-Zusatzversicherung (UZV 2008)
- Abgrenzung **UZV** 1
- alkoholbedingte Bewusstseinsstörung **UZV** 17 ff.
- Ausschluss des Versicherungsschutzes **UZV** 15 ff.
- Belehrung des Versicherungsnehmers **UZV** 53 f.
- Berufsklauseln **UZV** 5
- Bezugsberechtigung **UZV** 56
- Diabetes-Klausel **UZV** 38
- drogenbedingte Bewusstseinsstörung **UZV** 20
- Erklärung über die Leistungspflicht **UZV** 57 ff.
- Erkrankungen und Gebrechen der versicherten Person **UZV** 39
- Frage nach Vorerkrankungen **UZV** 46 f.
- Geistes- oder Bewusstseinsstörungen **UZV** 16 ff.
- Geltung des VVG 2008 **UZV** 42
- Gesundheitsschädigungen durch Heilmaßnahmen oder Eingriffe **UZV** 25 a ff.
- grob fahrlässiges Verhalten **UZV** 49
- Heilmaßnahmen **UZV** 27
- Hinweispflicht des Versicherers **UZV** 55
- Infektionen **UZV** 29 ff.
- Leistungen **UZV** 7
- Leistungsablehnung **UZV** 60
- Leistungsfreiheit des Versicherers **UZV** 48 ff.
- Nachweis- und Auskunftspflicht des Versicherungsnehmers **UZV** 44 ff.
- Nichtangabe weiterer Unfallversicherungen **UZV** 45
- Pflicht zur Anzeige des Versicherungsfalles **UZV** 43
- Prämienkalkulation **UZV** 3
- psychische Reaktionen **UZV** 33 ff.
- Rechtscharakter der Erklärung des Versicherers über die Leistungspflicht **UZV** 58
- Relevanz der Obliegenheitsverletzung **UZV** 51 f.
- Relevanzrechtsprechung **UZV** 51
- Risikoprüfung **UZV** 4
- Schwindelanfall **UZV** 21
- Selbsttötung **UZV** 36 f.
- Überschussbeteiligung **UZV** 61
- Unfallanzeige **UZV** 44
- Unfallereignis **UZV** 12 f.

magere Zahlen = Rdn.

Register

AILV = Teil 6 P; **ALB 1986** = Teil 4 B; **ALB 2006** = Teil 5 B; **ALB 2008** = Teil 6 A;
AltZertG (RVAltZertG/FRVAltZertG) = Teil 6 H; **AUZ** = Teil 6 M; **BasisRV** = Teil 6 G;
BUZ = Teil 6 B; **BV** = Teil 6 D; **Einl. A–H** = Teil 2 A–H; **FLV/FRV** = Teil 6 I; **KollLV
A–D** = Teil 7 A–D; **MindZV** = Teil 3 D; **PLV** = Teil 6 O; **PRZ** = Teil 6 E; **RiV** = Teil 6 J;
RLV = Teil 6 L; **RV** = Teil 6 F; **UZV** = Teil 6 C; **VML** = Teil 6 K; **VVG 1908/2007** =
Teil 3 A; **VVG 2008** = Teil 3 B; **VVG-InfoV** = Teil 3 C; **VVSL** = Teil 6 N

– Verhältnis zur Hauptversicherung **UZV** 61
– Versicherungsbedingungen (UZV 2008) **UZV** 6 ff.
– Vertragstyp **UZV** 2
– vorsätzliche Ausführung einer Straftat oder deren Versuch **UZV** 23 ff.
– vorsätzliche Obliegenheitsverletzung **UZV** 48
Unrichtige Altersangabe (§ 162 VVG; § 157 VVG 2008), Regierungsbegründung **VVG 2008** 55
Unterlassungs- und Widerrufsanspruch gemäß § 1 UKlaG Einl. F 59 ff.
– Anhörung der Aufsichtsbehörde **Einl. F** 61
– Klagebefugnis **Einl. F** 60
– Rechtsfolgen **Einl. F** 65
– Sinn und Zweck der Verbandsklage **Einl. F** 59
– Unterlassungs- und Widerrufsanspruch **Einl. F** 62 ff.
Unternehmensteuerreformgesetz 2008/Veranlagungszeitraum 2009 Einl. D 19 ff.
– Abgeltungsteuer **Einl. D** 21 ff.
– Erhebung und Abführung der Kirchensteuer **Einl. D** 24
– Freistellungsauftrag oder Nichtveranlagungsbescheinigung **Einl. D** 25
– negativer Unterschiedsbetrag **Einl. D** 26 f.
– Sonderausgabenabzug **Einl. D** 19
– Veräußerung der Versicherungsansprüche **Einl. D** 28
– Versteuerung der Versicherungsleistung **Einl. D** 20
Unterrichtung der Bestandskunden 17 **ALB 1986** 25
Unverbindliche Empfehlungen der Versichererverbände Einl. H 15

Variable Annuities FLV/FRV 5 f.
Ventil-Lösung Einl. E 197 ff.
Verbot der Gewährung von Sondervergütungen Einl. E 41
Vereinsgruppenversicherung KollLV A 2
Verfahrensfragen 2 **BUZ** 167 ff.
– Ablehnung des Sachverständigen 2 **BUZ** 181
– Anhörung der Parteien 2 **BUZ** 179 f.

– Anspruch der Parteien auf Anhörung 2 **BUZ** 179
– Aufgaben des Berufsgerichts 2 **BUZ** 180
– außermedizinischer Sachverhalt 2 **BUZ** 172
– Begriff der Berufsunfähigkeit 2 **BUZ** 173
– Beurteilung des Gutachtens 2 **BUZ** 178
– Beweisverfahren nach § 485 Abs. 2 ZPO 2 **BUZ** 170
– Darlegungslast des Versicherungsnehmers 2 **BUZ** 169
– Einholung eines medizinischen Sachverständigengutachtens 2 **BUZ** 170 f.
– Erstattung des Gutachtens 2 **BUZ** 176 f.
– Hauptsacheverfahren 2 **BUZ** 171
– Leitungsaufgabe des Gerichts 2 **BUZ** 174 f.
– Streitstoff 2 **BUZ** 167 f.
– Tätigkeit der gerichtlichen Sachverständigen 2 **BUZ** 172 ff.
– Vorgaben des Gerichts an den gerichtlichen Sachverständigen 2 **BUZ** 172 f.
Verfahrensrecht 6 **BUZ** 37 ff.
– Aussetzung des Rechtsstreits 6 **BUZ** 41
– einstweilige Verfügung gemäß § 940 ZPO 6 **BUZ** 42
– Vollstreckungsgegenklage 6 **BUZ** 37 ff.
Vergleichende Werbung Einl. E 202
Verjährung (Art. 3 EGVVG)
– Anwendung des § 195 BGB **VVG 2008** 113
– Regierungsbegründung **VVG 2008** 112
Verkauf der Lebensversicherung 13 **ALB 2008** 414 ff.
– ertragsteuerliche Behandlung des Erwerbs „gebrauchter Lebensversicherungen" 13 **ALB 2008** 417
– Handel mit Kapitallebensversicherungspolicen 13 **ALB 2008** 414
– Sittenwidrigkeit 13 **ALB 2008** 415
– Zustimmung zum Versicherungsnehmerwechsel 13 **ALB 2008** 416
Verkauf von Krediten 1 **ALB 2008** 23
Verlautbarungen des BMF Einl. D 3 ff.
– Abzug von Altersvorsorgeaufwendungen, Besteuerung von Versorgungsbezügen und Rentenleistungen **Einl. D** 6
– Besteuerung von Versicherungsverträgen i. S. d. § 20 Abs. 1 Nr. 6 EStG **Einl. D** 3
– Einführung der Abgeltungsteuer auf Kapitalerträge **Einl. D** 8

2059

Register fette Zahlen = §§; fette Großbuchst. = Teile d. Einl./KollLV

> **AILV** = Teil 6 P; **ALB 1986** = Teil 4 B; **ALB 2006** = Teil 5 B; **ALB 2008** = Teil 6 A;
> **AltZertG** (RVAltZertG/FRVAltZertG) = Teil 6 H; **AUZ** = Teil 6 M; **BasisRV** = Teil 6 G;
> **BUZ** = Teil 6 B; **BV** = Teil 6 D; **Einl. A–H** = Teil 2 A–H; **FLV/FRV** = Teil 6 I; **KollLV**
> **A–D** = Teil 7 A–D; **MindZV** = Teil 3 D; **PLV** = Teil 6 O; **PRZ** = Teil 6 E; **RiV** = Teil 6 J;
> **RLV** = Teil 6 L; **RV** = Teil 6 F; **UZV** = Teil 6 C; **VML** = Teil 6 K; **VVG** 1908/2007 =
> Teil 3 A; **VVG 2008** = Teil 3 B; **VVG-InfoV** = Teil 3 C; **VVSL** = Teil 6 N

- Förderung der privaten Altersvorsorge und der betrieblichen Altersversorgung **Einl. D** 5
- grenzüberschreitende Zinszahlungen **Einl. D** 7
- Investmentfonds-Besteuerung **Einl. D** 9
- Unfallversicherungen **Einl. D** 10
- Rechtsbereinigung 2005 **Einl. D** 11
- Rechtsbereinigung 2007 **Einl. D** 12
- Vertragsänderungen bei Versicherungen auf den Erlebens- oder Todesfall **Einl. D** 4
- Weitergeltung von BMF-Schreiben zum Steuerrecht **Einl. D** 11 f.

Verletzung der Mitwirkungspflichten nach Eintritt der Berufsunfähigkeit (§ 7 BUZ)
- Beweislast 7 **BUZ** 17
- Dauer der Leistungsfreiheit 7 **BUZ** 18
- grob fahrlässige Nichterfüllung der Mitwirkungspflichten 7 **BUZ** 11 ff.
- Kausalität 7 **BUZ** 13 f.
- Kürzungsrecht 7 **BUZ** 15
- Leistungsfreiheit des Versicherers 7 **BUZ** 6 ff.
- Mitwirkungspflichten gemäß BUZ 7 **BUZ** 5
- Obliegenheiten 7 **BUZ** 3 f.
- Rechtsfolgenbelehrung 7 **BUZ** 16
- vorsätzliche Nichterfüllung der Mitwirkungspflichten 7 **BUZ** 7 ff.

Verlust der bisherigen Lebensstellung 2 **BUZ** 97 ff.
- Aufstiegsmöglichkeiten 2 **BUZ** 99 f.
- Disposition über die Arbeitszeit 2 **BUZ** 106
- einkommensrelevante Zulagen 2 **BUZ** 104
- Familieneinkommen 2 **BUZ** 103
- nicht einkommensrelevante Zulagen 2 **BUZ** 105
- Niveau des bisherigen Berufs 2 **BUZ** 98
- Quote 2 **BUZ** 102
- soziale Wertschätzung 2 **BUZ** 97
- Verdienstmöglichkeit 2 **BUZ** 101 ff.
- Zulagen 2 **BUZ** 104

Vermittlung und Betreuung der Lebensversicherung Einl. E 1 ff.
- AVAD-Auskunft **Einl. E** 20
- AVAD-Meldung **Einl. E** 21
- Beratungshonorarvereinbarung **Einl. E** 28 ff.
- besondere nationale Rahmenbedingungen für Versicherungsvermittler **Einl. E** 10 ff.; siehe auch dort
- EG-Richtlinien zum Vermittlerrecht **Einl. E** 1 ff.; siehe auch dort
- EG-Richtlinien zum Handelsvertreterrecht **Einl. E** 7 f.
- Entwicklung des Versicherungsvermittlerrechts **Einl. E** 1 ff.
- Firmierung **Einl. E** 22
- Gewerbeerlaubnis **Einl. E** 10 ff.
- Haftungsübernahme durch VU **Einl. E** 14
- Lebensversicherungen als Finanzdienstleistungsprodukte **Einl. E** 46
- Maklerverordnung **Einl. E** 11
- Provisionsannahmeverbot **Einl. E** 34
- Provisionsweitergabeverbot **Einl. E** 38 ff.; siehe auch dort
- Rechtsberatung **Einl. E** 23 ff.; siehe auch dort
- Rechtsstatus der Vermittler von Finanzdienstleistungen **Einl. E** 56 ff.; siehe auch dort
- Rentenberatung **Einl. E** 36 f.
- Tippgeber **Einl. E** 13
- Verantwortlichkeit des Versicherers bei Fehlverhalten des Versicherungsmaklers **Einl. E** 69
- Verbot der Gewährung von Sondervergütungen **Einl. E** 41
- Vermittlung der Lebensversicherung **Einl. E** 46 ff.; siehe auch *Vermittlung und Betreuung der Lebensversicherung durch den Versicherungsmakler* und *Vermittlung und Betreuung der Lebensversicherung durch den Versicherungsvertreter*
- Vermittlung und Betreuung durch den Versicherungsmakler **Einl. E** 69 ff.; siehe auch *Vermittlung und Betreuung der Lebensversicherung durch den Versicherungsmakler*
- Vermittlung und Betreuung durch den Versicherungsvertreter **Einl. E** 122 ff.; siehe auch *Vermittlung und Betreuung der Lebensversicherung durch den Versicherungsvertreter*
- Vermittlung von Investmentanteilen **Einl. E** 10
- Versicherungsberatung **Einl. E** 32 ff.; siehe auch dort
- Versteuerung der Provisionsabgabe **Einl. E** 45

magere Zahlen = Rdn.

Register

AILV = Teil 6 P; **ALB 1986** = Teil 4 B; **ALB 2006** = Teil 5 B; **ALB 2008** = Teil 6 A;
AltZertG (RVAltZertG/FRVAltZertG) = Teil 6 H; **AUZ** = Teil 6 M; **BasisRV** = Teil 6 G;
BUZ = Teil 6 B; **BV** = Teil 6 D; **Einl. A–H** = Teil 2 A–H; **FLV/FRV** = Teil 6 I; **KollLV
A–D** = Teil 7 A–D; **MindZV** = Teil 3 D; **PLV** = Teil 6 O; **PRZ** = Teil 6 E; **RiV** = Teil 6 J;
RLV = Teil 6 L; **RV** = Teil 6 F; **UZV** = Teil 6 C; **VML** = Teil 6 K; **VVG 1908/2007** =
Teil 3 A; **VVG 2008** = Teil 3 B; **VVG-InfoV** = Teil 3 C; **VVSL** = Teil 6 N

- Vertriebswege für Versicherungen **Einl. E** 47 ff.; siehe auch dort
- Zusammenarbeit mit VU **Einl. E** 15
- Zuverlässigkeitsprüfung **Einl. E** 20 f.
- **Vermittlung und Betreuung der Lebensversicherung durch den Versicherungsmakler Einl. E** 69 ff.
- Anbieteranalyse **Einl. E** 80
- Angebotsanalyse **Einl. E** 79
- Aufgaben des Versicherungsmaklers **Einl. E** 73 ff.
- Auskunft zum Deckungsumfang **Einl. E** 89
- Beendigung des Versicherungsmaklervertrags **Einl. E** 70 ff.
- Beratung und Unterstützung im Schadenfall **Einl. E** 90
- Berufshaftpflichtversicherung **Einl. E** 102
- Beweislast bei Pflichtverletzung **Einl. E** 98
- Bruttoprämien **Einl. E** 105 ff.
- Courtageanspruch bei Bestehen eines Maklerauftrags **Einl. E** 105 ff.
- Courtageanspruch trotz Wegfalls des Maklerauftrags **Einl. E** 113 ff.
- Deckungsanalyse **Einl. E** 82
- Deckungskonzept **Einl. E** 83
- Doppelrechtsverhältnis **Einl. E** 104
- Einschaltung unselbständiger und selbständiger Mitarbeiter **Einl. E** 93
- handels- und steuerrechtliche Behandlung der Courtagen **Einl. E** 118
- Haftung des Versicherungsmaklers **Einl. E** 94 ff.
- Haftung des Versicherungsmaklers gemäß § 826 BGB **Einl. E** 99
- Haftung wegen Vertragsverletzung **Einl. E** 94 ff.
- Kreditvermittlung gemäß § 4 Nr. 8 lit. a UStG **Einl. E** 120
- Kündigung **Einl. E** 72
- Kundendaten **Einl. E** 71, 117
- Marktanalyse **Einl. E** 78
- Nettoprämien **Einl. E** 109 ff.
- Offertenprüfung und Kundenpräsentation **Einl. E** 84
- persönliche Haftung des Versicherungsmaklers als Geschäftsführer einer GmbH **Einl. E** 100
- Pflicht zur Vertraulichkeit **Einl. E** 91
- Prämieneinzug **Einl. E** 116
- Rechenschaftspflicht **Einl. E** 92
- Rechtsverhältnis Versicherungsmakler – Versicherungsnehmer **Einl. E** 70 ff.
- Rechtsverhältnis Versicherungsmakler – Versicherungsunternehmen **Einl. E** 104 ff.
- Risikoanalyse **Einl. E** 81
- Schadensberechnung **Einl. E** 101
- Umsatzbesteuerung **Einl. E** 119 ff.
- Umsatzbesteuerung der Kreditvermittlung gemäß § 4 Nr. 8 lit. a UStG **Einl. E** 120
- Umsatzbesteuerung des Vertriebs von Kapitalbeteiligungen gemäß § 4 Nr. 8 lit. f UStG **Einl. E** 121
- Umsatzbesteuerung von Umsätzen gemäß § 4 Nr. 11 UStG **Einl. E** 119
- Verantwortlichkeit des Versicherers bei Fehlverhalten des Versicherungsmaklers **Einl. E** 69
- Vererbbarkeit des Courtageanspruchs **Einl. E** 112
- Verjährung **Einl. E** 103
- Versicherungsscheinprüfung **Einl. E** 86
- Vertragsabschluss **Einl. E** 70
- Vertragsanpassung **Einl. E** 88
- Vertragsplazierung **Einl. E** 85
- Vertragsverwaltung **Einl. E** 87
- Zustandekommen des Versicherungsmaklervertrags **Einl. E** 70 ff.
- **Vermittlung und Betreuung der Lebensversicherung durch den Versicherungsvertreter Einl. E** 122 ff.
- Abmahnkosten **Einl. E** 204
- Abschlussprovision **Einl. E** 160 ff.
- Abschlussprovisionsgarantie **Einl. E** 165
- Aktivierung und Passivierung des Provisionsanspruchs **Einl. E** 155
- Anfechtungsklausel **Einl. E** 152
- angemessene Sicherheitsleistung **Einl. E** 213
- Anlass zur Kündigung **Einl. E** 225
- Anrechnung einer Altersversorgung **Einl. E** 243 ff.
- Anrechnungsklausel **Einl. E** 219
- Anwendbarkeit des § 354 a HGB **Einl. E** 154
- Aufgaben des Vertreters **Einl. E** 128 ff.
- Aufrechnung **Einl. E** 205
- Ausgleichsanspruch des Versicherungsvertreters **Einl. E** 233 ff.; siehe auch dort
- AVAD-Auskunftsverkehr **Einl. E** 263

2061

Register

fette Zahlen = §§; fette Großbuchst. = Teile d. Einl./KollLV

> **AILV** = Teil 6 P; **ALB 1986** = Teil 4 B; **ALB 2006** = Teil 5 B; **ALB 2008** = Teil 6 A;
> **AltZertG** (RVAltZertG/FRVAltZertG) = Teil 6 H; **AUZ** = Teil 6 M; **BasisRV** = Teil 6 G;
> **BUZ** = Teil 6 B; **BV** = Teil 6 D; **Einl. A–H** = Teil 2 A–H; **FLV/FRV** = Teil 6 I; **KollLV
> A–D** = Teil 7 A–D; **MindZV** = Teil 3 D; **PLV** = Teil 6 O; **PRZ** = Teil 6 E; **RiV** = Teil 6 J;
> **RLV** = Teil 6 L; **RV** = Teil 6 F; **UZV** = Teil 6 C; **VML** = Teil 6 K; **VVG** 1908/2007 =
> Teil 3 A; **VVG 2008** = Teil 3 B; **VVG-InfoV** = Teil 3 C; **VVSL** = Teil 6 N

- Beendigung des Vertragsverhältnisses **Einl. E** 214 ff.
- Beratungs- und Sorgfaltspflichten **Einl. E** 136
- Berechnung der Höhe des Ausgleichsanspruchs **Einl. E** 266
- Betreuungswechsel **Einl. E** 170 ff.
- Beweislast **Einl. E** 143, 147
- Buchauszug **Einl. E** 184 ff.; siehe auch *Buchauszug für den Versicherungsvertreter*
- Computerhardware **Einl. E** 255
- culpa in contrahendo **Einl. E** 135
- Datengeheimnis **Einl. E** 261
- Datenschutz **Einl. E** 260 ff.
- eigenmächtiges Verhalten **Einl. E** 145
- Einklagung des Erstbeitrages **Einl. E** 177
- Einkommensteuer **Einl. E** 157
- elektronische Kommunikations- und Datenverarbeitungssysteme **Einl. E** 148 ff.
- Erfüllungshaftung **Einl. E** 134
- Falschauskunft **Einl. E** 139
- Folgeprovision **Einl. E** 166 f.
- Freistellungsklausel **Einl. E** 221 f.
- fristlose Kündigung **Einl. E** 226
- Garantieerklärung des Versicherers **Einl. E** 144
- Gerichtsstand **Einl. E** 264
- Geschäftsunterlagen **Einl. E** 253 ff.
- Geschäftsunterlagen und Schriftwechsel **Einl. E** 253 ff.
- Grundsätze Leben **Einl. E** 265
- Haftung des Versicherers für den Versicherungsvertreter **Einl. E** 133 ff.
- Haftung des Versicherungsvertreters **Einl. E** 131 ff.
- handels- und steuerrechtliche Behandlung der Provisionen **Einl. E** 155 ff.
- Informationspflicht **Einl. E** 128
- Inhaltskontrolle **Einl. E** 148 ff., 208, 217 ff.
- Inkassovollmacht **Einl. E** 129
- internes Datennetz **Einl. E** 189
- irreführende Werbung **Einl. E** 203
- Kombinationsprodukte **Einl. E** 141 f.
- Kündigung des Versicherers **Einl. E** 228 ff.; siehe auch dort
- Kündigung des Versicherungsvertreters **Einl. E** 225 ff.
- Kündigungsverzichtsklausel **Einl. E** 223 f.
- Kundendaten **Einl. E** 259
- Lebensversicherungsprodukte **Einl. E** 140
- Leistungsverweigerungsrecht **Einl. E** 258
- Mitverschulden **Einl. E** 146
- Nachbearbeitungspflicht **Einl. E** 174 ff.
- Pauschalierungsklausel **Einl. E** 220
- personenbezogene Daten **Einl. E** 260
- Provisionen des Vertreters **Einl. E** 148 ff.
- Provisionsabrechnung **Einl. E** 181 ff.
- Provisionsabrechnungsvereinbarung **Einl. E** 185
- Provisionsänderungsklausel **Einl. E** 149 f.
- Provisionsarten **Einl. E** 159 ff.
- Provisionsentstehungsklausel **Einl. E** 153
- Provisionskürzungsklausel **Einl. E** 151
- Provisionsteilungsabrede **Einl. E** 193
- Provisionsverzichtsklausel **Einl. E** 218, 232
- Provisionsvorauszahlung **Einl. E** 163
- Provisionsweitergabeverbot **Einl. E** 192 f.
- Rechte am Bestand **Einl. E** 130
- Rechtsstellung des Vertreters **Einl. E** 126 f.
- Registrierung **Einl. E** 126
- Revision **Einl. E** 206 f.
- Rückstellung **Einl. E** 156
- Rückzahlung der Provision bei Storno **Einl. E** 174 ff.
- Schweigepflicht **Einl. E** 262
- Sicherheitsleistung **Einl. E** 208 ff.
- Stornogefahrmitteilungen **Einl. E** 178 ff.
- Stornogefahrmitteilungen nach Vertragsbeendigung **Einl. E** 180
- Stornogefahrmitteilungen vor Vertragsbeendigung **Einl. E** 179
- Stornoreserve **Einl. E** 164
- Überhangprovisionen **Einl. E** 173
- Übernahme der Vertretung **Einl. E** 126 f.
- Umfang des Versicherungsschutzes **Einl. E** 137 f.
- Umsatzsteuer **Einl. E** 158
- unerlaubte Handlung **Einl. E** 132
- Unzulässigkeit der Abtretung von Provisionsansprüchen **Einl. E** 262
- Ventil-Lösung **Einl. E** 197 ff.
- Verantwortlichkeit des Vertreters **Einl. E** 131 f.
- vergleichende Werbung **Einl. E** 202
- Verjährung **Einl. E** 249 ff.
- Verkürzung der Verjährungsfrist **Einl. E** 250 ff.

magere Zahlen = Rdn.

Register

AILV = Teil 6 P; **ALB 1986** = Teil 4 B; **ALB 2006** = Teil 5 B; **ALB 2008** = Teil 6 A; **AltZertG** (RVAltZertG/FRVAltZertG) = Teil 6 H; **AUZ** = Teil 6 M; **BasisRV** = Teil 6 G; **BUZ** = Teil 6 B; **BV** = Teil 6 D; **Einl. A–H** = Teil 2 A–H; **FLV/FRV** = Teil 6 I; **KollLV A–D** = Teil 7 A–D; **MindZV** = Teil 3 D; **PLV** = Teil 6 O; **PRZ** = Teil 6 E; **RiV** = Teil 6 J; **RLV** = Teil 6 L; **RV** = Teil 6 F; **UZV** = Teil 6 C; **VML** = Teil 6 K; **VVG** 1908/2007 = Teil 3 A; **VVG 2008** = Teil 3 B; **VVG-InfoV** = Teil 3 C; **VVSL** = Teil 6 N

- vertragliche Eigenhaftung **Einl. E** 131
- Vertriebssoftware **Einl. E** 253
- Verwaltungsprovision **Einl. E** 168 f.
- Vollmachtsmissbrauch **Einl. E** 127
- Vorgaben der Aufsichtsbehörde **Einl. E** 209
- Wegfall des Ausgleichsanspruchs **Einl. E** 227
- Werbedrucksachen **Einl. E** 254
- Wettbewerb **Einl. E** 201 ff.
- Wettbewerbsrichtlinien der Versicherungswirtschaft **Einl. E** 201, 267
- wirtschaftliche Verhältnisse **Einl. E** 136
- Zurückbehaltungsrecht **Einl. E** 256 f.

Vermögensbildungsversicherung (VML 2008)
- Arbeitnehmer-Sparzulage **VML** 3 ff.
- Höhe der Arbeitnehmer-Sparzulage **VML** 5
- Pflichten des Arbeitgebers **VML** 2
- Rückkaufswert **VML** 4
- Sperrfrist **VML** 3
- Tarifbeschreibung **VML** 1
- Versicherungsbedingungen **VML** 7

Verordnung über Informationspflichten bei Versicherungsverträgen (VVG-Informationspflichtenverordnung – VVG-InfoV), siehe *VVG-Informationspflichtenverordnung*

Verordnung über die Mindestbeitragsrückerstattung in der Lebensversicherung (Mindestzuführungsverordnung), siehe *Mindestzuführungsverordnung*

Verpfändung der Lebensversicherung (§ 13 Abs. 3 ALB 2008) 13 ALB 2008 197 ff.
- Anzeige der Verpfändung an das LVU **13 ALB 2008** 202 ff.
- Anzeigeberechtigter **13 ALB 2008** 203
- Aufhebung und Änderung der verpfändeten Lebensversicherung **13 ALB 2008** 207
- Einziehung der Forderung nach der Pfandreife **13 ALB 2008** 212
- Einziehung der Forderung vor der Pfandreife **13 ALB 2008** 211 f.
- Erlöschen des Pfandrechts **13 ALB 2008** 208
- Form **13 ALB 2008** 200, 204
- Inhalt und Umfang der Verpfändung **13 ALB 2008** 201
- Leistungen aus der Versicherung nach Pfandreife **13 ALB 2008** 215
- Leistungen aus der Versicherung vor Pfandreife **13 ALB 2008** 213 f.
- Leistungen aus der Versicherung im Insolvenzfall **13 ALB 2008** 216 ff.
- Mehrheit von Pfandrechten **13 ALB 2008** 206
- Mitteilung der Verpfändung **13 ALB 2008** 202
- Pfandrecht **13 ALB 2008** 206 ff.
- Prioritätsgrundsatz **13 ALB 2008** 210
- Rechtsgrund der Verpfändung **13 ALB 2008** 197 f.
- Rechtswirkung der Anzeige **13 ALB 2008** 205
- steuerliche Aspekte **13 ALB 2008** 219
- Übergang des Pfandrechts auf den PSV **13 ALB 2008** 209
- Verpfändung der Rückdeckungsversicherung **13 ALB 2008** 197
- Verpfändung der Hypothekentilgungsversicherung **13 ALB 2008** 198
- Verpfändungsvereinbarung **13 ALB 2008** 199 ff.
- Verwertung des Pfandrechts **13 ALB 2008** 210 ff.
- Zulässigkeit **13 ALB 2008** 199

Verpfändungsmodell KollLV B 7

Verrechnung der Abschlusskosten 10 ALB 2006 8 ff.

Versicherte Gefahr/Versicherungsfall (§ 1 Abs. 1 BUZ) 1 BUZ 8 ff.
- Beweislast **1 BUZ** 15
- Eintritt der Berufsunfähigkeit **1 BUZ** 9 f.
- gedehnter Versicherungsfall **1 BUZ** 11
- Grad **1 BUZ** 14
- maßgeblicher Zeitraum **1 BUZ** 13
- Zeitpunkt des Eintritts der Berufsunfähigkeit **1 BUZ** 12

Versicherte Leistungen (§ 1 Abs. 1 und 2 BUZ) 1 BUZ 16 ff.
- Besteuerung der Rentenleistungen **1 BUZ** 22
- Höhe **1 BUZ** 19
- Leistung **1 BUZ** 17 f.
- Zahlungsweise **1 BUZ** 21
- Zeitraum **1 BUZ** 20

Versicherte Person (§ 159 VVG; § 150 VVG 2008)
- Regierungsbegründung **VVG 2008** 38

2063

Register

fette Zahlen = §§; fette Großbuchst. = Teile d. Einl./KollLV

AILV = Teil 6 P; **ALB 1986** = Teil 4 B; **ALB 2006** = Teil 5 B; **ALB 2008** = Teil 6 A; **AltZertG** (RVAltZertG/FRVAltZertG) = Teil 6 H; **AUZ** = Teil 6 M; **BasisRV** = Teil 6 G; **BUZ** = Teil 6 B; **BV** = Teil 6 D; **Einl. A–H** = Teil 2 A–H; **FLV/FRV** = Teil 6 I; **KollLV A–D** = Teil 7 A–D; **MindZV** = Teil 3 D; **PLV** = Teil 6 O; **PRZ** = Teil 6 E; **RiV** = Teil 6 J; **RLV** = Teil 6 L; **RV** = Teil 6 F; **UZV** = Teil 6 C; **VML** = Teil 6 K; **VVG 1908/2007** = Teil 3 A; **VVG 2008** = Teil 3 B; **VVG-InfoV** = Teil 3 C; **VVSL** = Teil 6 N

- Sonderregelung für die Kollektivlebensversicherung **VVG 2008** 39
Versicherter Beruf 2 BUZ 45 ff.
- berufliche Fortentwicklung **2 BUZ** 47
- freiwilliger Berufswechsel **2 BUZ** 48
- konkret ausgeübter Beruf **2 BUZ** 46
- leidensbedingter Berufswechsel **2 BUZ** 49
- veränderte Berufsausübung **2 BUZ** 50
- vertragliche Regelung **2 BUZ** 45
Versicherung auf den Todes- und Erlebensfall Vorb. ALB 1986 14 ff.
- Normaltarif **Vorb. ALB 1986** 14
Versicherung mit erhöhten Leistungen Vorb. ALB 1986 18
Versicherung mit stufenweisem Aufbau der Versicherungsleistungen gegen laufende Beiträge in variabler Höhe Vorb. ALB 1986 21
Versicherung ohne ärztliche Untersuchung 3 ALB 2008 46
Versicherungsabschlussberatung Einl. E 31
Versicherungsaufsichtsgesetz vom 12.5.1901 **Einl. B** 2
Versicherungsberatung Einl. E 32 ff.
- Beratungswerbung **Einl. E** 35
- Provisionsannahmeverbot **Einl. E** 34
- Rentenberatung **Einl. E** 36 f.
- Zulassung **Einl. E** 32 f.
Versicherungsfremde Geschäfte Einl. G 2
Versicherungskapitalanlagen-Bewertungsgesetz (VersKapAG) Einl. B 13 ff.
Versicherungsmakler Einl. E 69 ff.; siehe auch *Vermittlung und Betreuung der Lebensversicherung durch den Versicherungsmakler*
Versicherungsvertreter Einl. E 122 ff.; siehe auch *Vermittlung und Betreuung der Lebensversicherung durch den Versicherungsvertreter*
Versicherungsvorschlag 1 ALB 1986 4 ff.
- Anbahnung **1 ALB 1986** 5
- Ausgangslage **1 ALB 1986** 4
Versorgungsausgleich 13 ALB 2008 408 ff.
- Berufsunfähigkeitsversicherung **13 ALB 2008** 410
- Direktversicherung **13 ALB 2008** 412

- kapitalbildende Lebensversicherung **13 ALB 2008** 408 f.
- Lebensversicherungskapital **13 ALB 2008** 409
- Reform des Versorgungsausgleichs **13 ALB 2008** 413a
- Rentenversicherung **13 ALB 2008** 411
- Vereinbarung nach § 1587 o BGB **13 ALB 2008** 413
- Versorgungskapital **13 ALB 2008** 408
Versorgungsausgleichskasse RV 18c
Versicherungsvereine auf Gegenseitigkeit (VVaG)
- AVB in Satzungen von VVaG **16 ALB 1986** 55
- Mitwirkung der Aufsichtsbehörde **17 ALB 1986** 15
- Zustimmung der Organe **17 ALB 1986** 16
Versteuerung der Provisionsabgabe Einl. E 45
Vertragsabschlussklausel (§ 1 ALB 1986)
- Abweichung vom Versicherungsantrag **1 ALB 1986** 146 ff.
- Änderung der Lebensversicherung **1 ALB 1986** 158 ff.; siehe auch dort
- ärztliche Untersuchung **1 ALB 1986** 129
- Anbahnung **1 ALB 1986** 5
- Anfechtung der Annahmeerklärung durch LVU **1 ALB 1986** 154
- Annahme des Lebensversicherungsantrags **1 ALB 1986** 125 ff.
- Annahmeerklärung des Versicherers **1 ALB 1986** 134 ff.
- Annahmefrist **1 ALB 1986** 125 ff.
- Antrag auf Abschluss einer Lebensversicherung **1 ALB 1986** 47 ff.
- Antragsklauseln **1 ALB 1986** 83 ff.; siehe auch dort
- Antragsprüfung **1 ALB 1986** 129 ff.
- Antragswiderrufsrecht **1 ALB 1986** 117 ff.
- Aufhebung **1 ALB 1986** 168 ff.
- Ausschöpfung der Annahmefrist **1 ALB 1986** 138 ff.
- Beginn des Versicherungsschutzes **1 ALB 1986** 10 ff.
- besondere Vereinbarungen **1 ALB 1986** 114 f.
- Beweislast **1 ALB 1986** 144
- Darlehensgewährung durch den Versicherer **1 ALB 1986** 114

magere Zahlen = Rdn.

Register

AILV = Teil 6 P; **ALB 1986** = Teil 4 B; **ALB 2006** = Teil 5 B; **ALB 2008** = Teil 6 A; **AltZertG** (RVAltZertG/FRVAltZertG) = Teil 6 H; **AUZ** = Teil 6 M; **BasisRV** = Teil 6 G; **BUZ** = Teil 6 B; **BV** = Teil 6 D; **Einl. A–H** = Teil 2 A–H; **FLV/FRV** = Teil 6 I; **KollLV A–D** = Teil 7 A–D; **MindZV** = Teil 3 D; **PLV** = Teil 6 O; **PRZ** = Teil 6 E; **RiV** = Teil 6 J; **RLV** = Teil 6 L; **RV** = Teil 6 F; **UZV** = Teil 6 C; **VML** = Teil 6 K; **VVG 1908/2007** = Teil 3 A; **VVG 2008** = Teil 3 B; **VVG-InfoV** = Teil 3 C; **VVSL** = Teil 6 N

– Darlehensgewährung durch ein Kreditinstitut **1 ALB 1986** 115
– Dauer des Versicherungsschutzes **1 ALB 1986** 10 ff.
– Eintrittsalter **1 ALB 1986** 133
– Einwilligung des Versicherten **1 ALB 1986** 69 ff.; siehe auch dort
– Einzelfälle **1 ALB 1986** 157
– Ende des Versicherungsschutzes **1 ALB 1986** 15 f.
– Fassung **1 ALB 1986** 1 ff.
– Form der Annahmeerklärung des Versicherers **1 ALB 1986** 134 ff.
– Form des Lebensversicherungsantrags **1 ALB 1986** 48 ff.
– Gegenstand der Versicherung **1 ALB 1986** 7 ff.
– Gesundheitsprüfung bei Altbestand **1 ALB 1986** 129 ff.
– Hinweispflichten des Versicherers während der Vertragslaufzeit **1 ALB 1986** 155 ff.
– Rückwärtsversicherung **1 ALB 1986** 17 ff.; siehe auch dort
– Tod des Antragstellers **1 ALB 1986** 141 f.
– Übermittlung des Versicherungsscheins **1 ALB 1986** 149 ff.
– Versicherung ohne ärztliche Untersuchung **1 ALB 1986** 130 ff.
– Versicherungsvorschlag **1 ALB 1986** 6
– verspätete Annahmeerklärung des Versicherers **1 ALB 1986** 145
– Vertragsverhandlungen **1 ALB 1986** 156
– Vertretung des Versicherungsnehmers **1 ALB 1986** 52 ff.
– Verwendung neuer Versicherungsbedingungen im Neugeschäft **1 ALB 1986** 155
– vorläufiger Versicherungsschutz vor Vertragsabschluss und Einlösung **1 ALB 1986** 37 ff.; siehe auch dort
– Widerruf **1 ALB 1986** 123 f.
– Widerrufsbelehrung **1 ALB 1986** 121 f.
– Wiederinkraftsetzung und Wiederherstellung der Lebensversicherung **1 ALB 1986** 171 ff.; siehe auch dort
– Zugang der Annahmeerklärung des LVU **1 ALB 1986** 143
– Zugang des Antrags **1 ALB 1986** 116
– Zusatzerklärungen zum Antrag **1 ALB 1986** 51

– Zustimmung der gesetzlichen Vertreter und des Vormundschaftsgerichts bei minderjährigen Versicherungsnehmern **1 ALB 1986** 58 ff.; siehe auch dort
Vertragsabschlussklausel (§ 3 ALB 2006)
– Abschluss des Versicherungsvertrages **3 ALB 2006** 24 ff.
– Annahme des Antrags **3 ALB 2006** 78 ff.
– Antragsbindefrist **3 ALB 2006** 44 f.
– Antragsmodell **3 ALB 2006** 76
– Antrag und Annahme **3 ALB 2006** 41 ff.
– Beginn des Versicherungsschutzes **3 ALB 2006** 78 ff.
– besondere Pflichten des Versicherers bei Abschluss des Versicherungsvertrages **3 ALB 2006** 6 ff.
– besondere Pflichten des Versicherers nach Abschluss des Versicherungsvertrages **3 ALB 2006** 83
– besondere Vereinbarungen **3 ALB 2006** 77
– Fassung **3 ALB 2006** 1 ff.
– grenzüberschreitende Geschäfte **3 ALB 2006** 25
– Identifizierung des Kunden gemäß GeldwG **3 ALB 2006** 18 ff.
– Informationspflichten gemäß VAG **3 ALB 2006** 6 ff.
– Kündigungsrecht **3 ALB 2006** 74 f.
– Policenmodell **3 ALB 2006** 28 ff.; siehe auch dort
– Rahmenvereinbarung **3 ALB 2006** 26 f.
– Rechtsfolgen der Verletzung von Informationspflichten **3 ALB 2006** 14 ff.
– Rechtswirksamkeit des § 5 a VVG **3 ALB 2006** 31 ff.; siehe auch dort
– Regelungsgegenstand der Vorschrift **3 ALB 2006** 5
– Rücktrittsrecht **3 ALB 2006** 68 ff.
– Vertragsabschlussverfahren **3 ALB 2006** 24
– Widerspruchsrecht **3 ALB 2006** 46 ff.; siehe auch *Widerspruchsrecht des Versicherungsnehmers*
– Zahlung des Einlösungsbeitrags **3 ALB 2006** 81 f.
– Zeitpunkt des Vertragsabschlusses **3 ALB 2006** 66 f.
Vertragsabschlussklausel (§ 3 ALB 2008)
– Abschluss des Versicherungsvertrages **3 ALB 2008** 24 ff.

Register

fette Zahlen = §§; fette Großbuchst. = Teile d. Einl./KollLV

AILV = Teil 6 P; **ALB 1986** = Teil 4 B; **ALB 2006** = Teil 5 B; **ALB 2008** = Teil 6 A; **AltZertG** (RVAltZertG/FRVAltZertG) = Teil 6 H; **AUZ** = Teil 6 M; **BasisRV** = Teil 6 G; **BUZ** = Teil 6 B; **BV** = Teil 6 D; **Einl. A–H** = Teil 2 A–H; **FLV/FRV** = Teil 6 I; **KollLV A–D** = Teil 7 A–D; **MindZV** = Teil 3 D; **PLV** = Teil 6 O; **PRZ** = Teil 6 E; **RiV** = Teil 6 J; **RLV** = Teil 6 L; **RV** = Teil 6 F; **UZV** = Teil 6 C; **VML** = Teil 6 K; **VVG** 1908/2007 = Teil 3 A; **VVG 2008** = Teil 3 B; **VVG-InfoV** = Teil 3 C; **VVSL** = Teil 6 N

- Änderungsvertrag **3 ALB 2008** 95 f.
- ärztliche Untersuchung **3 ALB 2008** 47 ff.; siehe auch dort
- Angemessenheit des Beratungsaufwands **3 ALB 2008** 4
- Annahme des Versicherungsantrags **3 ALB 2008** 68 ff.
- Annahmefrist **3 ALB 2008** 68
- Antragsmodell **3 ALB 2008** 26
- Antragsprüfung **3 ALB 2008** 41 ff.; siehe auch dort
- Ausschluss der Haftung **3 ALB 2008** 11
- Befragung und Beratung des Versicherungsnehmers **3 ALB 2008** 2 ff.; siehe auch dort
- Beginn des Versicherungsschutzes **3 ALB 2008** 71 f.
- Beitragsdepot **3 ALB 2008** 28 ff.; siehe auch dort
- Beratung des Versicherungsnehmers vor Vertragsabschluss **3 ALB 2008** 4
- besondere Vereinbarungen **3 ALB 2008** 28 ff.
- Bestandsübertragung **3 ALB 2008** 98
- Beweislage bei Versicherungsabschluss **3 ALB 2008** 70
- Bioethik-Konvention **3 ALB 2008** 54
- Bonitätsprüfung **3 ALB 2008** 67a
- Datenschutzeinwilligungserklärung **3 ALB 2008** 38
- Dokumentation **3 ALB 2008** 8
- Einsichtnahme in den ärztlichen Bericht **3 ALB 2008** 50 ff.
- Eintrittsalter **3 ALB 2008** 42
- Einwilligungs- und Schweigepflichtentbindungsklausel **3 ALB 2008** 39 f.
- Fassung **3 ALB 2008** 1
- Frage-, Beratungs- und Begründungspflicht **3 ALB 2008** 90
- Geldwäschebeauftragter **3 ALB 2008** 66
- Geltungsbereich **3 ALB 2008** 93
- Gendiagnostikgesetz **3 ALB 2008** 55
- Genomanalyse **3 ALB 2008** 53 ff.; siehe auch dort
- Identifizierungs- und Anzeigepflichten des GwG **3 ALB 2008** 62 ff.; siehe auch dort
- Information des Versicherungsnehmers vor Vertragsabschluss **3 ALB 2008** 14 ff.; siehe auch dort
- Invitatiomodell **3 ALB 2008** 27
- Mitternachtsregelung **3 ALB 2008** 72
- Modellrechnung **3 ALB 2008** 19
- Neuabschluss **3 ALB 2008** 94
- Nichtzahlung **3 ALB 2008** 82
- Pflichten des LVU vor Vertragsabschluss **3 ALB 2008** 2 ff.; siehe auch dort
- Pflichten des LVU nach Vertragsabschluss **3 ALB 2008** 90 ff.; siehe auch dort
- Policenmodell **3 ALB 2008** 25
- Produktinformationsblatt **3 ALB 2008** 17 f.
- rechtzeitige Mitteilung i. S. v. § 7 Abs. 1 VVG 2008 **3 ALB 2008** 20 ff.; siehe auch dort
- Risikoeinschätzung **3 ALB 2008** 60 f.
- Risikoprüfung **3 ALB 2008** 43 ff.; siehe auch dort
- Schadensersatzpflicht **3 ALB 2008** 92
- Selbstverpflichtungserklärung **3 ALB 2008** 56 ff.; siehe auch dort
- Telefonklausel **3 ALB 2008** 35 ff.
- Umfang der Risikoprüfung **3 ALB 2008** 44 f.
- Verhandlungsergebnis **3 ALB 2008** 41
- Versicherung ohne ärztliche Untersuchung **3 ALB 2008** 46
- Vertragsmodelle **3 ALB 2008** 25 ff.
- Vertragsübernahme **3 ALB 2008** 97
- Vertretenmüssen der Nichtzahlung **3 ALB 2008** 83 ff.
- Verzicht des Versicherungsnehmers auf Information **3 ALB 2008** 16
- Verzicht des Versicherungsnehmers auf Beratung **3 ALB 2008** 9, 91
- vorläufiger Versicherungsschutz **3 ALB 2008** 40
- Warnhinweis **3 ALB 2008** 89
- Wegfall des Versicherungsschutzes **3 ALB 2008** 82 ff.; siehe auch dort
- Widerrufsrecht des Versicherungsnehmers **3 ALB 2008** 73 ff.; siehe auch dort

Vertragsabschlussverfahren 3 ALB 2006 24

Vertragsmodelle 3 ALB 2008 25 ff.
- Antragsmodell **3 ALB 2008** 26
- Invitatiomodell **3 ALB 2008** 27
- Policenmodell **3 ALB 2006** 28 ff.; **3 ALB 2008** 25; siehe auch dort

Vertragsübernahme 3 ALB 2008 97

Vertriebswege für Versicherungen Einl. E 47 ff.
- Angestellter im Außendienst **Einl. E** 48
- Captives **Einl. E** 54

magere Zahlen = Rdn.

Register

AILV = Teil 6 P; **ALB 1986** = Teil 4 B; **ALB 2006** = Teil 5 B; **ALB 2008** = Teil 6 A;
AltZertG (RVAltZertG/FRVAltZertG) = Teil 6 H; **AUZ** = Teil 6 M; **BasisRV** = Teil 6 G;
BUZ = Teil 6 B; **BV** = Teil 6 D; **Einl. A–H** = Teil 2 A–H; **FLV/FRV** = Teil 6 I; **KollLV
A–D** = Teil 7 A–D; **MindZV** = Teil 3 D; **PLV** = Teil 6 O; **PRZ** = Teil 6 E; **RiV** = Teil 6 J;
RLV = Teil 6 L; **RV** = Teil 6 F; **UZV** = Teil 6 C; **VML** = Teil 6 K; **VVG 1908/2007** =
Teil 3 A; **VVG 2008** = Teil 3 B; **VVG-InfoV** = Teil 3 C; **VVSL** = Teil 6 N

– Firmenrepräsentanten **Einl. E** 48 f.
– Pseudo-Makler **Einl.** E 55
– unabhängige Finanzdienstleister **Einl. E** 50 ff.; siehe auch dort
– Vermittler **Einl.** E 49
– Vertriebswege **Einl.** E 47
Verweisung von Beamten 2 BUZ 123 ff.
– allgemeine Dienstunfähigkeit **2 BUZ** 131
– Arbeitsmarktlage **2 BUZ** 139
– Beamtenklauseln **2 BUZ** 123 ff.
– Begriff des Beamten **2 BUZ** 129
– Bindung des Versicherers **2 BUZ** 134
– Einzelfälle **2 BUZ** 141 f.
– Entlassung wegen Dienstunfähigkeit **2 BUZ** 130 ff.
– Feuerwehrdienstunfähigkeit **2 BUZ** 136
– Nichtvereinbarung der Beamtenklausel bei Beamten **2 BUZ** 137 f.
– soziale Wertschätzung **2 BUZ** 140
– Polizeidienstunfähigkeit **2 BUZ** 132
– vorzeitiger Ruhestand **2 BUZ** 133 ff.
– weitere Amtstätigkeit **2 BUZ** 135
Verweisung von Selbständigen 2 BUZ 111 ff.
– Betriebsausweitung **2 BUZ** 116
– Beweislast **2 BUZ** 118
– Einkommenssicherung **2 BUZ** 113
– Einsatz weiterer Kräfte **2 BUZ** 115
– Einzelfälle **2 BUZ** 119 f.
– Kapitaleinsatz **2 BUZ** 117
– Umorganisation der Arbeit **2 BUZ** 114
– Umorganisation des Betriebs **2 BUZ** 112 ff.
– Wechsel in abhängige Stellung **2 BUZ** 111
– Zumutbarkeit **2 BUZ** 112
Verweisung unter Berücksichtigung der Ausbildung und Erfahrung 2 BUZ 86 ff.
– Anforderungsprofil **2 BUZ** 88
– Arbeitsmarktlage **2 BUZ** 94 ff.
– Grundsatz **2 BUZ** 94
– Kenntnisse und Fähigkeiten **2 BUZ** 93
– Maßstab **2 BUZ** 91
– regionales Verweisungsgebiet **2 BUZ** 96
– Stellenangebot **2 BUZ** 95
– Stichtagsprinzip **2 BUZ** 89 f.
– Überforderungsverbot **2 BUZ** 92
– vorhandene Leiden **2 BUZ** 87
Verzicht des Versicherungsnehmers auf Beratung 3 ALB 2008 91

Vollmachtsbeschränkungsklausel 1 **ALB 1986** 96 ff.
Vorauszahlungsklausel (§ 5 **ALB** 1986)
– Abzugsrecht des Versicherers **5 ALB 1986** 18 f.
– Angabe des effektiven Jahreszinses **5 ALB 1986** 25
– Antragsberechtigter **5 ALB 1986** 13 ff.
– Anzeige der Beleihung **5 ALB 1986** 29
– Anzeigepflicht **5 ALB 1986** 26
– Arbeitgeberdarlehen **5 ALB 1986** 41
– Beamtendarlehensgeschäft **5 ALB 1986** 33 ff.
– Besteuerung der außerrechnungsmäßigen und rechnungsmäßigen Zinsen **5 ALB 1986** 32
– Bestimmung des Zinssatzes **5 ALB 1986** 24
– Darlehensbedingungen **5 ALB 1986** 40
– Erhebung von Gebühren **5 ALB 1986** 16
– Fassung **5 ALB 1986** 1 ff.
– Gewährung einer Vorauszahlung durch den Versicherer **5 ALB 1986** 9 ff.
– Höhe des Zinssatzes **5 ALB 1986** 24 ff.
– Inhaltskontrolle Zinsanpassungsklausel **5 ALB 1986** 22 ff.
– Nichtzahlung der Zinsen **5 ALB 1986** 17
– Rechtsnatur der Vorauszahlung **5 ALB 1986** 9 ff.
– Sondergeschäftsplan **5 ALB 1986** 33 ff.
– steuerliche Behandlung des Policendarlehens **5 ALB 1986** 27 ff.
– Unzulässigkeit des Sonderausgabenabzugs **5 ALB 1986** 30
– Verwendung der Lebensversicherung **5 ALB 1986** 27 f.
– vormundschaftsgerichtliche Genehmigung **5 ALB 1986** 14
– Zinsanpassungsklausel **5 ALB 1986** 20 ff.
– Zulässigkeit des Betriebsausgabenabzugs **5 ALB 1986** 31
Vorläufiger Versicherungsschutz in der Lebensversicherung (VVSL 2008)
– Allgemeine Bedingungen für den vorläufigen Versicherungsschutz in der Lebensversicherung (VVS-AntragsV 2008) **VVSL** 10
– Allgemeine Bedingungen für den vorläufigen Versicherungsschutz in der Lebensversicherung (VVS-InvitatioV 2008) **VVSL** 11

2067

Register

fette Zahlen = §§; fette Großbuchst. = Teile d. Einl./KollLV

AILV = Teil 6 P; **ALB 1986** = Teil 4 B; **ALB 2006** = Teil 5 B; **ALB 2008** = Teil 6 A;
AltZertG (RVAltZertG/FRVAltZertG) = Teil 6 H; **AUZ** = Teil 6 M; **BasisRV** = Teil 6 G;
BUZ = Teil 6 B; **BV** = Teil 6 D; **Einl. A–H** = Teil 2 A–H; **FLV/FRV** = Teil 6 I; **KollLV
A–D** = Teil 7 A–D; **MindZV** = Teil 3 D; **PLV** = Teil 6 O; **PRZ** = Teil 6 E; **RiV** = Teil 6 J;
RLV = Teil 6 L; **RV** = Teil 6 F; **UZV** = Teil 6 C; **VML** = Teil 6 K; **VVG** 1908/2007 =
Teil 3 A; **VVG 2008** = Teil 3 B; **VVG-InfoV** = Teil 3 C; **VVSL** = Teil 6 N

- Ausschluss der Leistungspflicht **VVSL** 5 ff.
- Inhaltskontrolle **VVSL** 3 ff.
- Produktbeschreibung **VVSL** 1 f.
- Zwei-Monatsfrist **VVSL** 3 f.

Vorläufiger Versicherungsschutz vor Vertragsabschluss und Einlösung 1 ALB 1986 37 ff.
- Ausgangslage **1 ALB 1986** 37
- Beginn und Ende **1 ALB 1986** 44
- deckende Stundung **1 ALB 1986** 46
- Erteilung **1 ALB 1986** 42 f.
- Inhalt der vorläufigen Deckung **1 ALB 1986** 45
- vorläufige Deckungszusage **1 ALB 1986** 28 ff.

Vorschlag des Verantwortlichen Aktuars zur Überschussbeteiligung 2 ALB 2006 12 ff.
- Berichtspflicht **2 ALB 2006** 15
- Bestellung **2 ALB 2006** 12
- Haftung **2 ALB 2006** 15a
- Unabhängigkeit **2 ALB 2006** 13
- Vorschlagspflicht **2 ALB 2006** 14

Vorvertragliche Anzeigepflichtklausel (§ 6 ALB 1986)
- Adressat der Rücktritts- und Anfechtungserklärung **6 ALB 1986** 171 ff.
- Änderung der Versicherung **6 ALB 1986** 166
- Angaben gegenüber dem untersuchenden Arzt **6 ALB 1986** 43 f.
- angemessener Zeitraum **6 ALB 1986** 65
- Ansprüche aus culpa in contrahendo **6 ALB 1986** 7 f.
- Ansprüche aus unerlaubter Handlung **6 ALB 1986** 9
- Anspruchskonkurrenz **6 ALB 1986** 6 ff.
- Antragsfragen **6 ALB 1986** 30 ff.
- Anwendbarkeit des § 119 BGB **6 ALB 1986** 6
- Anzeigepflicht nach Antragstellung **6 ALB 1986** 45 f.
- Anzeigepflichtiger **6 ALB 1986** 25 ff.
- Ausschluss der Zurechnung **6 ALB 1986** 86 ff.
- Ausschluss des Rücktritts wegen mangelnder Kausalität **6 ALB 1986** 109 ff.
- Ausschluss des Rücktritts bei mangelndem Verschulden des Anzeigepflichtigen **6 ALB 1986** 89 ff.
- Ausübung des Rücktritts **6 ALB 1986** 115 ff.
- Begrenzung der Rechtsfolgen **6 ALB 1986** 109 ff.
- Bevollmächtigter **6 ALB 1986** 27 ff.
- Beweislast **6 ALB 1986** 25, 55 f., 66, 107 f., 113 f.
- Darlegungs- und Beweislast **6 ALB 1986** 52 f.
- EG-Recht **6 ALB 1986** 20
- Einzelfälle **6 ALB 1986** 46
- Empfangsbevollmächtigte für die Rücktritts- und Anfechtungserklärung **6 ALB 1986** 172 ff.
- Erklärungsempfänger **6 ALB 1986** 115 ff.
- Ermittlung der Tatsachen **6 ALB 1986** 64
- Falschanzeige **6 ALB 1986** 24
- Fassung **6 ALB 1986** 1 ff.
- Feststellung der Gefahrerheblichkeit **6 ALB 1986** 49 ff.
- Folgen der Aufhebung der Versicherung **6 ALB 1986** 170
- frühere Erkrankungen **6 ALB 1986** 42
- gefahrerhebliche Umstände **6 ALB 1986** 48, 51
- Gefahrerheblichkeit verschwiegener Umstände **6 ALB 1986** 48 ff.
- gefahrunerhebliche Umstände **6 ALB 1986** 50
- gegenwärtiger Gesundheitszustand **6 ALB 1986** 39 ff.
- indizierende Umstände **6 ALB 1986** 112
- Inhalt der Rücktrittserklärung **6 ALB 1986** 120 ff.
- Kenntnis des Anzeigepflichtigen **6 ALB 1986** 54
- Kenntnis des Dritten **6 ALB 1986** 57 f.
- Kenntnis des gefahrerheblichen Umstandes **6 ALB 1986** 54 ff.
- Kenntnis des Maklers **6 ALB 1986** 83 f.
- Kenntnis des Versicherers **6 ALB 1986** 67 ff.
- Kenntnis des Versicherungsagenten **6 ALB 1986** 74 ff.
- Kenntnis des vom Versicherer beauftragten Arztes **6 ALB 1986** 72 f.
- Kenntnis des zuständigen Mitarbeiters **6 ALB 1986** 71
- Kündigungsrecht des Versicherers **6 ALB 1986** 47

magere Zahlen = Rdn.

Register

AILV = Teil 6 P; **ALB 1986** = Teil 4 B; **ALB 2006** = Teil 5 B; **ALB 2008** = Teil 6 A; **AltZertG** (RVAltZertG/FRVAltZertG) = Teil 6 H; **AUZ** = Teil 6 M; **BasisRV** = Teil 6 G; **BUZ** = Teil 6 B; **BV** = Teil 6 D; **Einl. A–H** = Teil 2 A–H; **FLV/FRV** = Teil 6 I; **KollLV A–D** = Teil 7 A–D; **MindZV** = Teil 3 D; **PLV** = Teil 6 O; **PRZ** = Teil 6 E; **RiV** = Teil 6 J; **RLV** = Teil 6 L; **RV** = Teil 6 F; **UZV** = Teil 6 C; **VML** = Teil 6 K; **VVG 1908/2007** = Teil 3 A; **VVG 2008** = Teil 3 B; **VVG-InfoV** = Teil 3 C; **VVSL** = Teil 6 N

- maßgeblicher Zeitpunkt für die Anzeigepflicht **6 ALB 1986** 45 ff.
- Mitverschulden mitversicherter Personen **6 ALB 1986** 95
- Mitwirkung des untersuchenden Arztes **6 ALB 1986** 103 f.
- Mitwirkung des Versicherungsagenten **6 ALB 1986** 96 ff.
- Mitwirkung eines Maklers **6 ALB 1986** 105
- Monatsfrist **6 ALB 1986** 62
- Nichtanzeige **6 ALB 1986** 23
- Pflicht zur Anzeige gefahrerheblicher Umstände **6 ALB 1986** 30 ff.
- positive Kenntnis **6 ALB 1986** 63
- Rangfolge **6 ALB 1986** 175
- Rechte aus § 41 VVG **6 ALB 1986** 10
- Rechte des Versicherers **6 ALB 1986** 7
- Rechte des Versicherungsnehmers **6 ALB 1986** 8
- Rechtsnatur der Anzeige **6 ALB 1986** 21
- Rechtsvergleichung **6 ALB 1986** 17 ff.
- Risikoprüfungsobliegenheit des Versicherers **6 ALB 1986** 68 ff.
- Rücktrittsfrist **6 ALB 1986** 59 ff.
- Rücktritt vom Versicherungsvertrag **6 ALB 1986** 59 ff.
- Schriftform **6 ALB 1986** 22
- Umdeutung des Rücktritts **6 ALB 1986** 128 ff.
- unrichtige oder unvollständige Anzeige **6 ALB 1986** 21 ff.
- Vertretung durch Bevollmächtigten **6 ALB 1986** 106
- vorvertragliche Anzeigepflicht **6 ALB 1986** 21 ff.
- VVG 2008 **6 ALB 1986** 14 ff.
- Weitergeltung des § 6 ALB 1986 **6 ALB 1986** 16
- Wiederherstellung der Versicherung **6 ALB 1986** 167 ff.
- Wirkung des Rücktritts **6 ALB 1986** 125 ff.
- Zehn- bzw. Dreijahresfrist **6 ALB 1986** 59 ff.
- Zeitpunkt der Kenntniserlangung **6 ALB 1986** 63 ff.
- Zurechnung der Kenntnis in besonderen Fällen **6 ALB 1986** 85
- Zurechnungstatbestände **6 ALB 1986** 71 ff.
- Zusatzversicherung **6 ALB 1986** 131

Vorvertragliche Anzeigepflichtklausel (§ 6 ALB 2006), Fassung **6 ALB 2006** 1 f.
Vorvertragliche Anzeigepflichtklausel (§ 6 ALB 2008)
- andere Bedingungen **6 ALB 2008** 20
- Anfechtung **6 ALB 2008** 37 ff.
- Anzeigepflicht des Versicherungsnehmers **6 ALB 2008** 2 ff.
- arglistige Täuschung **6 ALB 2008** 35 ff., 39
- Ausschluss des Rücktrittsrechts, aber Kündigungsrecht des Versicherers bei fahrlässiger Verletzung der Anzeigepflicht **6 ALB 2008** 10 ff.
- Ausschluss des Rücktrittsrechts und des besonderen Kündigungsrechts des Versicherers **6 ALB 2008** 16 ff.
- Ausschlussfrist **6 ALB 2008** 33 f.
- Ausübung der Rechte durch den Versicherer **6 ALB 2008** 27 ff.
- Beweislast des Versicherers **6 ALB 2008** 8
- Beweislast des Versicherungsnehmers **6 ALB 2008** 14, 18
- Einzelfälle **6 ALB 2008** 39a
- Erklärung **6 ALB 2008** 27 ff.
- Fragepflicht des Versicherers **6 ALB 2008** 3
- Frist **6 ALB 2008** 28
- Gefahrerhöhung **6 ALB 2008** 42 ff.
- gesonderte Mitteilung **6 ALB 2008** 22
- Geltendmachung der Gefahrerhöhung **6 ALB 2008** 43
- grobe Fahrlässigkeit **6 ALB 2008** 12 f.
- Herabsetzung der Prämie **6 ALB 2008** 44
- Hinweispflicht des Versicherers und Ausschluss der Rechte **6 ALB 2008** 21 ff.
- Inhalt der Erklärung **6 ALB 2008** 29
- Kenntnis des Sachbearbeiters **6 ALB 2008** 24
- Kenntnis des Versicherers **6 ALB 2008** 23 f.
- Kenntnis des Versicherungsvertreters **6 ALB 2008** 24
- Kenntnis und Verhalten der versicherten Person **6 ALB 2008** 6
- Kündigungsrecht des Versicherers **6 ALB 2008** 15
- Kündigungsrecht des Versicherungsnehmers **6 ALB 2008** 25
- Leistungsfreiheit des Versicherers **6 ALB 2008** 31 f., 40

2069

Register

fette Zahlen = §§; fette Großbuchst. = Teile d. Einl./KollLV

AILV = Teil 6 P; **ALB 1986** = Teil 4 B; **ALB 2006** = Teil 5 B; **ALB 2008** = Teil 6 A; **AltZertG** (RVAltZertG/FRVAltZertG) = Teil 6 H; **AUZ** = Teil 6 M; **BasisRV** = Teil 6 G; **BUZ** = Teil 6 B; **BV** = Teil 6 D; **Einl. A–H** = Teil 2 A–H; **FLV/FRV** = Teil 6 I; **KollLV A–D** = Teil 7 A–D; **MindZV** = Teil 3 D; **PLV** = Teil 6 O; **PRZ** = Teil 6 E; **RiV** = Teil 6 J; **RLV** = Teil 6 L; **RV** = Teil 6 F; **UZV** = Teil 6 C; **VML** = Teil 6 K; **VVG** 1908/2007 = Teil 3 A; **VVG 2008** = Teil 3 B; **VVG-InfoV** = Teil 3 C; **VVSL** = Teil 6 N

– Nachmelden von Gefahrumständen **6 ALB 2008** 4
– Nachschieben von Gründen **6 ALB 2008** 30
– Rücktrittsrecht des Versicherers bei Altvertrag **6 ALB 2008** 9
– Rücktrittsrecht des Versicherers wegen Verletzung der Anzeigepflicht **6 ALB 2008** 7 ff.
– Schicksal der Prämie **6 ALB 2008** 41
– spontane Anzeigepflicht des Versicherungsnehmers **6 ALB 2008** 5
– Vertragsänderung **6 ALB 2008** 19 f.
– Vertreter des Versicherungsnehmers **6 ALB 2008** 26
– Vorsatz **6 ALB 2008** 11
– Zeitpunkt **6 ALB 2008** 19

VVG-Informationspflichtenverordnung
– Ausweis der Abschluss- und Verwaltungskosten **VVG-InfoV** 5
– Befugnisse der Versicherungsaufsicht **VVG-InfoV** 3
– Fassung **VVG-InfoV** 10 ff.
– Internetversicherung **VVG-InfoV** 9
– Kostendarstellung in der Lebensversicherung **VVG-InfoV** 5 ff.
– Produktinformationsblatt zur Fondsgebundenen Rentenversicherung **VVG-InfoV** 18
– Produktinformationsblatt zur Rentenversicherung **VVG-InfoV** 17
– Produktinformationsblatt zur Rentenversicherung mit Berufsunfähigkeits-Zusatzversicherung **VVG-InfoV** 19
– rechtliche Einordnung **VVG-InfoV** 2
– Rechtsvergleichung **VVG-InfoV** 8
– Reformbestrebungen **VVG-InfoV** 7
– Regelungszweck **VVG-InfoV** 1
– Renditeangabe **VVG-InfoV** 6
– Stellung des Versicherungsmaklers **VVG-InfoV** 4

Wegfall des Versicherungsschutzes 3 ALB 2008 82 ff.
– Beweislast **3 ALB 2008** 88
– Grundsatz **3 ALB 2008** 83
– Nichtzahlung **3 ALB 2008** 82
– Vertretenmüssen der Nichtzahlung **3 ALB 2008** 83 ff.
– Warnhinweis **3 ALB 2008** 89
– Zeitpunkt **3 ALB 2008** 84 ff.

Wettbewerbsrichtlinien der Versicherungswirtschaft Einl. E 201
– Abmahnkosten **Einl.** E 204
– irreführende Werbung **Einl.** E 203
– vergleichende Werbung **Einl.** E 202

Widerrufsrecht des Versicherungsnehmers (§ 152 VVG 2008; § 3 ALB 2008) **3 ALB 2008** 73 ff.
– Ausgangslage **3 ALB 2008** 75
– Beginn der Frist **3 ALB 2008** 75 ff.
– Beschlussempfehlung des Rechtsausschusses **VVG 2008** 42 f.
– fehlende oder unrichtige Begründung **VVG 2008** 44
– Form **3 ALB 2008** 74
– Frist **3 ALB 2008** 73
– Nichtbestehen des Widerrufsrechts **3 ALB 2008** 80
– Rechtsfolgen des Widerrufs **3 ALB 2008** 81
– Regierungsbegründung **VVG 2008** 41
– Textform **3 ALB 2008** 76
– Wahlrecht **VVG 2008** 44
– Verzicht **3 ALB 2008** 79
– Widerrufsbelehrung **3 ALB 2008** 78
– Zugang der Vertragsunterlagen **3 ALB 2008** 77

Widerspruchsrecht des Versicherungsnehmers 3 ALB 2006 46 ff.
– Ausübung des Widerspruchsrechts **3 ALB 2006** 61 ff.
– Belehrung **3 ALB 2006** 49 ff.
– Form **3 ALB 2006** 47
– Inhalt **3 ALB 2006** 48
– Verbraucherinformation **3 ALB 2006** 54 ff.
– Widerspruchsfrist **3 ALB 2006** 57 ff.
– Zweck **3 ALB 2006** 46

Wiederinkraftsetzung und Wiederherstellung der Lebensversicherung 1 ALB 1986 171 ff.
– Anwendung des § 39 Abs. 3 Satz 3 VVG **1 ALB 1986** 171
– Anwendung des Geschäftsplans **1 ALB 1986** 172
– Besonderheiten bei der Wiederherstellung **1 ALB 1986** 174 f.
– Vereinbarung **1 ALB 1986** 173
– Wiederherstellung **3 ALB 1986** 61 f.
– Wiederinkraftsetzung **3 ALB 1986** 60

Wirtschaftliche Bedeutung der Lebensversicherung Einl. A 1 ff.